THE COLLECTION OF
THE SUPREME PEOPLE'S COURT'S
JUDICIAL RULES

新编版

最高人民法院司法观点集成

商事卷

I

总主编｜刘德权　本卷主编｜俞宏雷

中国法制出版社

图书在版编目(CIP)数据

最高人民法院司法观点集成:新编版.商事卷/刘德权,俞宏雷主编.—北京:中国法制出版社,2017.7

ISBN 978-7-5093-8604-0

Ⅰ.①最… Ⅱ.①刘…②俞… Ⅲ.①商法-法律解释-中国 Ⅳ.①D920.5

中国版本图书馆CIP数据核字(2017)第128682号

策划人 曾 健　　责任编辑 李小草 黄会丽　　封面设计 乔智炜

最高人民法院司法观点集成:新编版.商事卷

ZUIGAO RENMIN FAYUAN SIFA GUANDIAN JICHENG:XINBIAN BAN. SHANGSHI JUAN

主编/刘德权 俞宏雷

经销/新华书店

印刷/北京华联印刷有限公司

开本/730毫米×1030毫米 16开　　(全5册)总印张/235.5 字数/4184千

版次/2017年8月第1版　　2017年8月第1次印刷

中国法制出版社出版

书号 ISBN 978-7-5093-8604-0　　(全5册)总定价:578.00元

北京西单横二条2号　　值班电话:010-66026508

邮政编码:100031　　传真:010-66031119

网址:http://www.zgfzs.com　　**编辑部电话:010-66070084**

市场营销部电话:010-66033393　　**邮购部电话:010-66033288**

(如有印装质量问题,请与本社编务印务管理部联系调换。电话:010-66032926)

编辑出版说明

法律的生命在于实施。习近平总书记在中央政法工作会议上的讲话中指出:“天下之事,不难于立法,而难于法之必行。”随着中国特色社会主义法律体系的构建完成,最高人民法院监督、指导地方各级人民法院和专门法院在审判工作中正确、统一适用法律的任务更加艰巨,责任更加重大,意义更加深远。党的十八大以来,最高人民法院院长周强同志多次强调,要认真研究具体法律适用中出现的新情况、新问题,通过制定或修改司法解释、下发指导性意见、发布指导性案例等方式及时解决,确保法律适用和裁判尺度的统一。

由于历史发展、发布载体等原因,蕴藏于最高人民法院司法解释、司法业务文件、指导性案例、领导讲话、会议纪要、个案答复、裁判文书等素材和依据中的大量司法观点,存在相对分散、没有集中梳理、不便于查阅以及新旧文件内容发展变化、不同文件阐述不完全一致等问题,从而在某种程度上影响了广大法官以及其他法律职业者对法律的正确理解与统一适用。为解决此问题,相关图书出版单位做了较多工作,出版了大量汇集、解读最高人民法院司法观点的图书。但这些书籍,囿于编者司法实务经验等方面的原因,仍不能完全满足广大读者对权威、有效、实用、系统的司法观点的需求,为此,我们专门策划、编辑了《最高人民法院司法观点集成》(新编版)。

一

顾名思义，《最高人民法院司法观点集成》（新编版）是一部可以通览最高人民法院各类司法观点的权威司法实务指导用书，其对于统一各类案件裁判标准，指导司法实务工作，不断提高广大法官准确理解和适用法律的能力，有着积极的参考指导作用。

我们编写本套丛书最大的出发点是解决司法实务工作者在实际办案中遇到难点、疑点、热点以及前沿问题时寻找确定性司法依据的需求问题。我国是成文法国家，以法律条文为审判的根本依据，但抽象的法律文本落实到复杂的现实纠纷中存在很大的适用和解释空间，常常给具体办理案件的法官、律师等实务工作者带来困扰。作为最高审判机关的最高人民法院，为统一裁判尺度，确保司法公正，制定和公布了大量的司法解释以及司法解释性意见，还通过其他多种形式表达其适用法律的观点，如：全国性审判工作会议上的院、庭长讲话，发布专项司法指导性政策文件，在一些典型案件的判决中宣示其司法立场，发布指导性案例或者在《最高人民法院公报》上选登地方法院典型案例以肯定其做法。最高人民法院各审判业务庭也常以"函复""庭推精要""解答""专题论述"等形式阐述对具体法律适用问题的意见或倾向性意见，在不同程度和层面上反映和代表最高人民法院的司法态度和立场。此外，最高人民法院的法官对审判实务中的新情况、新问题，特别是疑难复杂问题，推出了大量的研究著述，对司法实务也有很大影响。

对于司法实务工作者而言，上述司法观点对他们的实际办案无疑具有极强的指导和参考价值。但这些司法观点的载体，形式多样、效力各异，虽然互联网越来越发达、法律数据库的种类也越来越多，但仍不能满足法官们集中查找、理解与适用的需求，而对于并不经常收集和翻阅各类审判指导刊物的读者来说，就更难以全面、准确和及时地知悉。

为此，我们组织既有审判实务经验，又注重法学理论研究的作者，以最高人民法院发布的司法解释、司法政策、指导性案例、答复、通知、裁判文书和《最高人民法院公报》刊载的案例等为素材和依据，将散见于各种司法文件中的对审判工作具有指导性、参考性的内容进行收集、分类、归纳，从最具实践价值和理论意义的内容中提炼出最高人民法院的司法观点；选摘部分最高人民法院法官的著述，对司法观点进行解说；对某些重要问题加以编者说明，整理编写而成这套《最高人民法院司法观点集成》（新编版）。

二

《最高人民法院司法观点集成》（新编版）秉承立足实践、突出实用、重在指导、体现权威的编辑宗旨，致力于为广大法官以及其他法律职业者提供系统完整的、有针对性的、权威的实务指导和参考。

努力提升司法观点的精细程度，使之更具权威性、时效性、实用性、系统性，是我们编写本书的目标。在策划、编辑过程中，我们广泛听取了各级人民法院法官、律师和其他法律从业人员的意见与建议，也征求了一些法学专家、学者的意见与建议。根据这些意见与建议，我们用近三年的时间，全面梳理、深入挖掘、精准归纳最高人民法院司法观点，于是就有了呈现在广大读者面前的《最高人民法院司法观点集成》（新编版）。

本套丛书的特点有三：其一，以司法解释为核心。本书编入的司法观点首先注重从现行有效的司法解释中提炼，突出观点来源的权威性。其二，全面梳理、立体呈现。以司法解释为核心，全面收集最高人民法院各种政策文件、指导性案例、裁判文书等，形成对司法观点多维度、多层面的立体支撑。其三，仔细甄别、去旧选新。对最高人民法院公布的各项司法解释、指导性案例、司法政策文件、裁判文书等进行仔细甄别，对已失效的内容予以排除，只选取现行有效的文件和资料。

三

《最高人民法院司法观点集成》（新编版）共有司法观点 8007 个，字数近 1800 万，分为 6 卷 24 分册，即：民事卷（5 册 1598 个司法观点）、商事卷（5 册 1897 个司法观点）、刑事卷（5 册 1541 个司法观点）、民事诉讼卷（4 册 1477 个司法观点）、行政及国家赔偿卷（3 册 1079 个司法观点）、知识产权卷（2 册 415 个司法观点）。

本套丛书整体包括以下栏目：

——**关键词**：从司法观点中提取；

——**最高人民法院司法解释**：以现行有效为标准，并围绕所提炼的最高人民法院司法观点进行摘编；

——**最高人民法院指导性案例**：由最高人民法院确立并统一发布的对全国法院审判、执行工作具有指导作用的指导性案例，各级人民法院审判类似案件时应当参照；

——**最高人民法院司法政策**：主要包括最高人民法院单独或与其他部门联合发布的通知、全国性的审判业务会议纪要、最高人民法院院领导在有关审判工作会议或其他会议上代表最高人民法院所做的重要讲话等；

——**最高人民法院答复**：由最高人民法院及各业务庭、局、室就下级法院或其他部门对法律适用问题或具体案件的处理问题的请示、函等所做的答复；

——**最高人民法院审判业务意见：**主要包括最高人民法院各业务庭、局、室发布的关于审判工作和具体法律适用问题的意见，最高人民法院各业务庭、局、室组织编写的审判指导丛书中的庭推纪要、倾向性意见、审判综述等内容，最高人民法院各业务庭、局、室有关负责人答记者问等；

——**《最高人民法院公报》案例：**《最高人民法院公报》除登载最高人民法院裁判文书外，所选登的案例都是由最高人民法院正式选编并作为参考性案例对外公布的，虽然其中的大部分案例不是由最高人民法院直接审判，但这些案例所涉及的法律适用问题得到了最高人民法院的认可，直接反映了最高人民法院对有关法律适用问题的具体意见；

——**最高人民法院裁判文书：**由最高人民法院审判并确立了新的裁判规则的案例，或者虽未确立新的裁判规则，但对法律、司法解释中不够具体的规则进行了界定、解释或者例证的案例，包括在中国裁判文书网上公布的裁判文书；

——**最高人民法院审判参考性案例：**由最高人民法院各业务庭、局、室所编选推出的典型案例，体现了最高人民法院各业务庭、局、室对相关案例中所涉裁判观点的认识和立场；

——**链接：最高人民法院法官著述：**主要包括最高人民法院法官发表在最高人民法院机关刊《人民司法》杂志，各业务庭、局、室编著的审判指导类刊物以及新法、新司法解释理解与适用类图书中的观点。这些著述反映了最高人民法院法官对一些法律问题的研究情况和倾向性意见，虽然是以个人名义发表，从法理上说属于学理解释，但无疑也颇具参考价值，故作为“链接”供读者借鉴；

——**编者说明：**由编者对一些司法观点的变更与沿革进行解说，或对某些司法观点加以进一步的学理解读。

四

《最高人民法院司法观点集成》（新编版）部分内容来自于：《最高人民法院公报》，最高人民法院机关刊《人民司法》杂志，“中国审判指导丛书”，“法律与司法解释理解与适用丛书”，最高人民法院各业务庭、局、室编写的司法实务类著作等公开出版物，以及最高人民法院网、中国裁判文书网等网站公开发布的信息。在编辑过程中编者对原文做了必要的提炼，但对其所引用的法律简称、法条序号等均保留原貌，未做更动；对于原文中引用的法律文本已经修改的情形，除特别注明的之外，一般也不再注明；本书中所引用的文件和著述，除司法解释、司法政策、指导性案例、答复外，亦尽量注明其出处。

在本套丛书出版前，恰逢《中华人民共和国民法总则》颁布，虽然相关的司法解释尚未推出，但我们组织编者对“民事卷”“商事卷”等卷中所涉及的相关内容进行了整理，对其中与以往的司法观点有衔接或冲突的内容以编者说明的形式进行了提示。

本套丛书中收集的各类司法文件截止日期为2017年3月31日。

五

我们邀请王松、俞宏雷、陈裕琨、缪蕾、何帆担任《最高人民法院司法观点集成》（新编版）各分卷主编、副主编，主持相应分卷编写工作。这些同志不仅具有丰富的司法实务经验，而且长期致力于最高人民法院司法观点的研究、梳理工作，对他们在编辑本套丛书过程中所作出的积极贡献，我们致以敬意！

在本套丛书中，我们精心节选了部分最高人民法院法官的合作作品、个人专著，他们深入细致的阐述有助于读者更清晰地了解最高人民法院司法观点的深刻含义，以便读者在实务工作中正确适用。对于这些作者，我们由衷地表示感谢！

由于我们所掌握的资料和编写水平有限，对最高人民法院司法政策精神、司法观点的理解、提炼可能不尽准确，所梳理的最高人民法院司法观点仅在司法实务中参考适用，故凡与法律、司法解释不一致的，或者法律、司法解释有新规定的，应当按照法律、司法解释的规定适用。本套丛书的编辑内容和体例尚有可改进之处，请读者给我们多提宝贵意见，以便将来继续修订更新。

刘德权

2017 年 8 月

CONTENTS

本卷总目

本册细目

CONTENTS

第一章　商事审判工作总论

第二章　公司诉讼

本册关键词索引

INDEX

E

F

G

H

J

R

S

T

第一章 | CHAPTER 01

商事审判工作总论

001

发挥商事裁判的规范引导功能，维护正常的交易秩序

关键词｜商事裁判｜商事审判职能｜

【最高人民法院司法政策】

依法制裁违约行为，鼓励诚信交易，降低维权成本，提高违约成本。发挥司法裁判对市场交易的评价、规范、引导功能，推动形成有序规范、激励创新、公平透明、充满活力的法治化市场竞争环境。

——周强：《深入贯彻五大发展理念，加强民事商事审判工作，为实施“十三五”规划提供有力司法服务和保障——在第八次全国法院民事商事审判工作会议上的讲话》(2015年12月23日)，载景汉朝主编、最高人民法院立案庭编：《立案工作指导》总第45辑，人民法院出版社2016年版，第34页。

正确认定民商事合同效力，保障非公有制经济的合法交易。要处理好意思自治与行政审批的关系，对法律、行政法规规定应当办理批准、登记等手续生效的合同，应当允许当事人在判决前补办批准、登记手续，尽量促使合同合法有效。要正确理解和适用合同法第五十二条关于无效合同的规定，严格限制认定合同无效的范围。对故意不履行报批手续、恶意违约的当事人，依法严格追究其法律责任，保护守信方的合法权益。要依法审理涉及非公有制经济主体的金融借款、融资租赁、民间借贷等案件，依法支持非公有制经济主体多渠道融资。要根据物权法定原则的最新发展，正确认定新型担保合同的法律效力，助力提升非公有制经济主体的融资担保能力。

——《最高人民法院关于依法平等保护非公有制经济促进非公有制经济健康发展的意见》(2014年12月17日，法发〔2014〕27号)

营造良好的融资创业环境。妥善审理非金融借贷纠纷案件，正确认定非金融借贷合同效力，既要维护金融安全和社会稳定，又要保护合法的民间借贷和企业融资行为，维护债权人合法权益，拓宽企业尤其是中小微企业的融资渠道，促进企业健康发展。

依法保障现代服务业发展。对于旅游、电信、物流、信息、研发、工业设计、商

务、节能环保等服务合同纠纷案件，要合理平衡服务提供者与消费者利益，既要支持和保障面向生产、服务民生的现代服务业的自身发展，又要及时纠正服务提供者的不当行为，规范和引导服务提供者不断完善经营管理、提高服务水平。加强与服务业主管部门、行业协会的信息交流，及时通报案件审理中发现的服务行业发展存在的问题，提出司法建议。

——《最高人民法院关于充分发挥审判职能作用推动国家新型城镇化发展的意见》(2014 年 11 月 14 日，法发〔2014〕20 号)

发挥司法裁判的导向作用。要在准确把握法律精神、全面体察社情民意的基础上，依法公正裁判，充分发挥司法裁判对彰显法治精神、强化规则意识、引领社会风尚、维护公共秩序的重要作用，坚决维护法律的严肃性，体现正确的价值导向。

——《最高人民法院关于切实践行司法为民大力加强公正司法不断提高司法公信力的若干意见》(2013 年 9 月 6 日，法发〔2013〕9 号)

三是要加强诚信建设，维护公正高效的市场交易秩序。市场经济是法治经济，也是信用经济。要把维护诚信作为商事审判的重要目标和价值取向，通过发挥商事审判的职能作用，强化对守法守约者诚信行为的保护，加大对违法违约行为的制裁与惩罚，切实维护和弘扬诚实守信的市场交易秩序。要正确运用民商法上的诚信原则解释合同文本、阐明法律本意，明确裁判指引。通过在裁判文书的说理部分增加对失信行为的评判和否定的方式，彰显诚信原则在市场经济中的重要作用。严格执行新《民事诉讼法》中有关诚信诉讼的规定，依法惩治虚假诉讼、恶意诉讼、滥用诉权的行为。加大宣传力度，增强市场主体的诚信认知程度。通过向社会公布人民法院依法制裁违约失信行为和商事违法行为的典型案例，发挥司法裁判的教育、评价、指引和示范等功能，引导社会公众增强遵守经济和社会管理秩序的意识，从源头上预防和减少商事纠纷。

——《深化商事理念，维护公平正义，为经济社会持续健康发展提供有力司法保障——全国法院商事审判工作座谈会材料》(2013 年 9 月 17 日)，载最高人民法院民事审判第二庭编：《商事审判指导》总第 34 辑，人民法院出版社 2013 年版，第 8 页。

商事裁判一方面要解决个案纠纷，另一方面还要发挥规范引导和警示作用。

在现代商业社会中,商事主体需要通过已发生纠纷的裁判结果,预判司法对自己类似行为的评判。一项商事交易是否安全,或者交易主体判断交易安全系数的成本是否适当,在很大程度上取决于我们的商事裁判的确定性和可预测性。因此,相对传统民事审判而言,商事裁判的规范引导功能应该得到充分重视。要针对商事审判中出现的涉及经济和社会管理的共性问题,通过规范意见、指导性案例等形式确立行为规则,维护正常的交易秩序和社会管理秩序;要加强对商事审判的宣传工作,增强商事审判的社会影响力;要通过向社会公布人民法院依法制裁违约失信行为和商事违法行为的典型案例,引导社会公众增强遵守经济和社会管理秩序的意识,预防和减少商事纠纷。

——《积极推进三项重点工作,保障经济发展方式转变,能动回应经济社会发展对商事审判工作的新要求——全国法院商事审判工作会议材料》(2010年8月17日),载最高人民法院民事审判第二庭编:《商事审判指导》总第23辑,人民法院出版社2011年版,第16页。

【最高人民法院审判业务意见】

第一,关于诚实信用原则。

各级法院在案件审理中要高度重视诚实信用原则的适用,坚持"任何人不得从其违法行为中获利"的原则,积极制裁恶意违约行为,注重保护守约方的合法权益,依法支持守约方关于实际履行合同的诉讼请求。合同形式虽存在瑕疵或设定有生效条件,一方履行大部分义务,对方当事人接受或未提异议,而又主张合同无效或未生效的,不予支持。在仲裁的司法审查案件中,也应贯彻诚信原则,仲裁裁决作出后,申请仲裁的一方当事人以仲裁协议无效为由申请撤销涉外仲裁裁决或申请拒绝承认与执行外国仲裁裁决的,不予支持。

——最高人民法院民四庭庭长张勇健:《在全国涉外商事海事审判庭长座谈会上的讲话》(2016年4月7日),载贺荣主编、最高人民法院民事审判第四庭编:《涉外商事海事审判指导》总第32辑,人民法院出版社2017年版,第17页。

【链接:最高人民法院法官著述】

商事审判不仅具有定分止争的功能,由于商事交易模式的创新和商事交易立法相对滞后的矛盾关系，商事审判还具有对市场交易、金融创新的评价和指引功能。由此所导致的后果是，在立法机关、金融监管机关未就特定商事交易模式、金融创新模式明示态度之时，交易实践中的个案则成为市场判断交易合法性的重要指引。也正因如此，也就不难理解为什么有关"对赌协议第一案""资产收益权信托第一案"等商事个案会被特定行业反复、深入解读，并以此作为交易模式合法性认定的重要导向性因素。在此意义上，不仅最高人民法院所制定的司法解释、司法政策、发布的指导性案例会对商事交易产生重要的导向作用，而且任何一个受理新类型商事案件的基层法院、中级法院也会因其作出的个案判决，而对特定交易模式产生重要指引和影响。因此，坚持尊重交易实践、审慎包容创新商事审判理念在新类型商事案件中的运用，不仅影响到个案当事人的实体权益，也将可能影响到特定类型交易模式的法律效力、行业整体的权益划分和责任承担，而这样的商事审判理念导向，对各级法院的商事审判部门、法官均具有非常重要的现实意义。

——李志刚：《商事审判理念三论：本源、本体与实践》，载最高人民法院民事审判第二庭编：《商事审判指导》总第37辑，人民法院出版社2014年版，第79页。

002

深化商事审判理念，尊重商事审判工作客观规律

关键词｜商事审判理念｜商事审判规律｜商法解释方法｜

【最高人民法院司法政策】

二是尊重契约自由。改革开放以来，特别是1999年新合同法生效后，我国已建立起以"严格合同主义"为特征的合同法律体系。只要当事人在平等自愿基础上订立合同，不损害国家利益、公共利益和第三人合法权益，就应当受到充分的尊重和保护。党的十八届四中全会提出倡导契约精神，很重要的一个方面就是要切实尊重契约自由。同时，还应当正确处理契约自由与契约正义的关系。契约自由是基础，通过尊重契约自由，充分发挥市场主体的能动性，促进提升市场经济活力、增加社会财富。契约正义是克服契约自由敝端的矫正器，应当通过法律和司法解释来实现其目的。人民法院应当严格按照法律和司法解释规定认

定合同性质、合同无效、可撤销、可解除等情形，努力实现契约正义。

——周强：《深入贯彻五大发展理念，加强民事商事审判工作，为实施“十三五”规划提供有力司法服务和保障——在第八次全国法院民事商事审判工作会议上的讲话》（2015年12月23日），载景汉朝主编、最高人民法院立案庭编：《立案工作指导》总第45辑，人民法院出版社2016年版，第39~40页。

在价值追求上，民事审判侧重于对人的生存与发展的保护，可以概括为以人为本；商事审判则侧重于鼓励交易，增进财富，系以交易的安全和快捷为目的。在公平与效率的关系方面，民事审判侧重于公平优先，商事审判强调二者并重，有时更侧重于效率优先。正是因为两者在价值追求上存在差异，客观上要求两者在法律规则的设定和审判理念的实践上应当有所区分。由于我国采民商合一的立法体例，商事理念在商事单行法中有较为清晰的体现，但在合同法、物权法、侵权责任法等民事基本法领域，“民”与“商”的差异在法律中体现并不明显。因而，在司法实践领域，更有进一步区分的必要。具体而言，二者的差异主要体现在以下五个方面：

一是主体的交易能力与司法介入的着力点不同。民事案件的当事人主要是自然人，民事审判在承认当事人的缔约能力存在差异的前提下，强调对弱者的特殊保护，以实现交易结果公平，实质公平。例如，在普通民事买卖合同中，对消费者权益的特殊保护。商事案件的当事人主要是企业，作为职业的经营者，应当推定其具有专业的判断能力、当然的注意义务和对等的交易能力。因此在商事审判中，更侧重保护当事人的缔约机会公平、形式公平，强调意思自治、风险自担。

二是对财产安全的保护重心不同。民事审判所涉财产以自然人的生活、消费财产为主，侧重对所有权的归属和物的占用使用的保护，以维护财产的静态安全。例如，通过对自然人住房的登记、流转的严格保护，来维护个人的生活安定。商事审判涉及的财产更多的是动态的资本，侧重对物的交换价值、担保价值的利用，通过维护资本的动态安全，来促进资本的高效流转。如票据纠纷中，背书的连续性本身即具有对持票人享有票据权利的证明力，而无需持票人就票据转让的根据及其合法性另行举证。

三是责任承担的依据和标准不同。民事审判侧重主观的过错与结果的公平，例如，在民事案件中对显失公平的结果或过高的违约金约定，人民法院可以根据公平原则予以认定和必要调整。商事审判侧重风险的承担而非过错的有无，追求的是促进效益最大化而不仅限于道义的维护及过错的惩罚。在司法的干预上，应当有所为、有所不为，法官应尽量减少以事后的、非专业的判断，代替市场主体缔约时的、专业的商业判断。相应地，在违约金的处理上，不仅要看到法律行为上的意思表示因素和交易结果的比较，还要注意考察特定的市场交易环境和主体的风险承担，充分考虑商事主体的专业判断能力和风险承担能力，在是否对违约金予以调整以及调整的幅度上，均应区别于普通民事案件。

四是损失补偿的内容与范围不同。民事审判既强调对财产性损失的补偿，也强调对伦理亲情、生活安定以及个人声誉的维护，在财产性损失的补偿范围上，一般以实际损失的补偿为原则。商事审判中当事人的利益诉求一般可以量化为实际的货币补偿，在损失补偿的范围上，不仅包括实际损失，还包括可得利益损失。

五是判决与调解的功能作用不同。民事纠纷多发生在属于“熟人社会”的家庭内部、邻里社区之间。以调解方式结案，不仅有利于化解个案纠纷，也有利于伦理亲情的修复和家庭、邻里生活的和谐稳定。因而，在民事审判中先行调解、侧重调解，甚至在某些案件中将调解作为一个必经程序，都是十分必要的。但商事审判中的当事人多为理性的“经济人”，其更加注重市场交易规则的遵守和预期利益的实现，更多情况下，以判决方式解决纠纷，有利于明晰责任、确立规则、维护诚信。因此，就裁判方式而言，调解和判决在商事审判中各有其优势，不应一概而论。对于事实清楚，责任明确，违法失信者试图以调解方式逃避和减轻责任的商事案件，要依法及时判决，严格追究违法失信者的法律责任，充分保障诚实守信方的合法权益。对于以调解方式更有利于实现各方最大利益的合同继续履行纠纷、公司内部治理结构纠纷、企业破产重整纠纷等商事案件，也要在辨法析理，分清是非的基础上，引导当事人对自身利益理性权衡后作出调解。要坚决避免以拖压调、以判压调，以牺牲权利人的权利为代价来刻意追求调解率。

当然，在立法上，我国属于民商合一的立法体例，民法和商法的关系，在本质上属于一般法和特别法的关系，我们提出商事审判理念与民事审判理念的区分，并不是要否定民法、商法之间的一般法与特别法关系，而是强调在法律适用上，要在准确适用民法规范和民法基本原则的同时，注意商法规范的特殊性，处理好一般法与特别法之间的关系。同时，应当看到，对商事审判理念和商事审判规律的认识是一个渐进深化的过程。希望从事商事审判工作的法官，结合商事审判实践，不断总结经验，推动商事审判理念的深化和对商事审判规律的认知。

——《深化商事理念，维护公平正义，为经济社会持续健康发展提供有力司法保障——全国法院商事审判工作座谈会材料》（2013 年 9 月 17 日），载最高人民法院民事审判第二庭编:《商事审判指导》总第34辑,人民法院出版社2013年版,第9~11页。

虽然在立法体系上我国属民商合一的国家,我国并没有统一的商法典或商法通则,但这并不能否认我国存在大量商事单行法的事实。实践中商事行为和民事行为的区别是客观存在的。人民法院商事审判应该尊重商事审判自身的客观规律,坚持符合商事审判要求的裁判理念。但是,因受民商合一立法体系以及人民法院内部大民事格局下各项民事审判职能尚不清晰的影响,在过去较长时间内,我们对商事纠纷案件特点的分析、对商事审判规律的探索和研究还不够,在总结商事审判原则、树立商法意识以及掌握工作主动权方面还有较大的欠缺,这在一定程度上影响了商事审判工作的发展。

——《积极推进三项重点工作,保障经济发展方式转变,能动回应经济社会发展对商事审判工作的新要求——全国法院商事审判工作会议材料》(2010年8月17日),载最高人民法院民事审判第二庭编:《商事审判指导》总第23辑,人民法院出版社2011年版,第14、17页。

第一,要树立合同自由与合同正义兼顾的意识。以合同自由为代表的意思自治是民商法的基石,以诚实信用为代表的权利本位是民商法的中心。要谨慎介入当事人自治领域,充分尊重当事人对公司的自治权利和合同自由权利。特别是对市场经济发展过程中出现的新类型合同以及传统合同形式中新类型条款的约定,除非符合合同无效的法定情形,否则不能轻易否定合同效力。要防止滥用自由裁量权,充分尊重自治,保护权利,鼓励交易,维护交易的稳定性,最大限度地增进社会财富。但是,合同自由不是绝对的自由。对于因合同自由而引发的恶意竞争、追逐暴利及其所导致的当事人事实上的不平等、滥用权利等负面影响,人民法院应当依据法律规定予以适当的干预,以落实法律规定的诚实信用、公序良俗和公平原则,实现合同自由与合同正义之间的平衡。

第二,要树立交易效率与交易安全并重的意识。与传统民法规范相比,商法更加注重保护交易便捷和交易安全。为保障交易便捷,商法确立了契约定型化、权利证券化、交易简便化等制度。为保障交易安全,商法强调公示主义、外观主义、严格责任主义等规则。公示主义规则,要求商事主体应将其与交易相对人关系密切的事项以公告、登记、公示、文件备案等方式予以公开,如公司的登记、上市公司关联交易的披露等制度;外观主义规则,将当事人的外观行为推定为真实意思表示的行为，如票据法中票据的文义性特征；严格责任主义，则对交易当事人的义务和责任予以严格的要求，确保交易的安全、诚信与公平。由此可见，商法的灵魂是确保交易效率和保障交易安全。没有效率的交易安全，是不符合市场规律的；没有安全的交易效率，市场行为将是无序的。民商事法官要善于把握和处理市场交易效率与交易安全之间的矛盾，既要促使交易行为便捷，提高交易效率，又要保障交易关系稳定，确保交易安全。

第三，要树立尊重商事交易规则和惯例的意识。基于商事交易实践中对商事交易习惯的高度依赖，我国《合同法》第六十一条已经赋予交易习惯以补充合同条款的一般解释性功能的效力。因此，商事交易习惯可谓民商事审判的法律渊源之一。民商事法官在确定当事人权利义务和责任时，应当尊重并重视一些行业组织的章程，会计师协会和交易所等中介机构的业务规则，并可以将其作为审理商事案件时的重要参考依据。

——《充分发挥民商事审判职能作用，为构建社会主义和谐社会提供司法保障——全国民商事审判工作会议材料》（2007 年 5 月 30 日），载最高人民法院民事审判第二庭编：《民商事审判指导》总第 11 辑，人民法院出版社 2007 年版，第 51 ~52 页。

【链接：最高人民法院法官著述】

第二，要形成一套有效的商法解释方法。一直以来，我们解释商法规则时多是沿用传统民法的解释方法。但是商法有其自身独立的品格，商法解释中往往需要导入更多的外部资源，比如交易主体差异、交易动机、盈利结构等，所以商法的解释需要在更广阔的视域中来进行，相应地也需要形成专门的商法解释方法。当前在上海自贸区实践中，一些法律法规在自贸区内可能不实施，这就可能导致自贸区内外规则适用上的不一致，这时候也就更需要运用商法解释方法恰当解释法律，化解规则间的冲突。第三，要重视商事判例在完善商法中的重要作用。法院就商事案件作出的裁判不仅可以阐释法律规则，而且还可以通过演绎推理、利益衡量等方式进一步弥补法律的疏漏。所以，法院在认真审理商事案件过程中还要注重调研，要注重发掘具有典型性、指导性的案例，要尽力为商法发展累积更多经验。商法研究和法治建设中也应当注重研究商事判例，从判例中提炼“活法”，汲取营养，健全商法体系和机制。

——张勇健：《创新商法理论研究　推动商事司法工作——在中国商

法学研究会2014年年会上的致辞》(2014年9月20日),载最高人民法院民事第二庭编:《商事审判指导》总第38辑,人民法院出版社2015年版,第11页。

如何在审判工作中体现出理念的要求,是商事审判理念实践的现实问题。从商事审判理念的运用角度看,主要涉及如何处理好与法律规范、裁判方法及裁判文书的关系问题。在审判理念与法律规范的关系上,应坚持以下原则:一是有明确的法律规范的,应当直接援引法律规范;法律规范优先于审判理念,审判理念不能突破法律规范。二是在法律规定不明,存在法律解释的不同选项和法律适用的选择余地时,才涉及审判理念运用。三是以商事审判理念作为个案裁判中的价值判断标准,体现商事审判的价值取向。

——李志刚:《商事审判理念三论:本源、本体与实践》,载最高人民法院民事审判第二庭编:《商事审判指导》总第37辑,人民法院出版社2014年版,第80页。

当前商事审判中必须坚持商法的理念。首先要坚持合同自由,鼓励交易的理念。合同法等法律法规规定的交易类型不能满足商主体营利动机的需要,商主体间订立的交易,只要不违背法律法规的强制性规定,都不应否认其效力。比如实践中委托理财合同中约定的保底条款,其有利于委托人风险的最小化,也有助于金融机构融资,对这类合同是否一概认定其无效,是值得考虑的;其次要坚持保护交易安全的理念。民法对交易安全的保护机制是区分善、恶意,这种机制一定程度上还考虑主观动机及其他因素,而商事交易的快捷性、连续性使得交易主体无法事事查证真实权利状态,法院也无从判定商人的主观状态,所以商事交易更应采用外观主义(或文义主义),而限制"推定知道"的范围,商人根据相关外观作出的行为原则上都应当保护;再次要坚持商主体维持的原则。维持企业生存有利于促进经济的发展和繁荣。在企业强制清算或破产案件中,要综合考虑各种因素,审慎处理企业消亡的问题。

商事权利虽寓于民事权利之中,但民事权利不能涵盖全部的商事权利。民事权利多基于当事人的自由约定而产生,但很多商事权利仅由当事人的约定还不足以产生、还必须符合商法的特殊规定,而有的商事权利则不待当事人的约定直接基于商法的规定产生。所以在认定商事权利时必须熟谙商法规范,清楚地认识权利的性质,这样才能依法保护商事权利。比如股东请求公司支付年度利润，公司拿出股东签收的单据证明其已向股东支付，股东主张该单据系伪造或意思表示瑕疵，公司予以否认。法院如果按照一般民法观念，首先审查单据是否伪造或意思瑕疵，就会偏离问题的实质。事实上，《公司法》对利润分配有程式性规定，即需要股东会作出决议，未经决议不得分配利润，法院首先需要考察的是股东会是否作出了决议，如果没有股东会决议，股东无权请求支付利润，此时单据的真实性及有效性问题也没有实际意义了。可见，在认定商事权利时，如果仅囿于民事法律的一般规则，将有违商事立法之精神，无法找到合理的解决方案。对商事权利需要运用商法的规范进行检视。

——宋晓明、杜军：《商事诉讼形势之应对与审判制度完善的思考》，载最高人民法院民事审判第二庭编：《商事审判指导》总第 22 辑，人民法院出版社 2010 年版，第 17 ~ 18 页。

编者说明

2007 年全国民商事审判工作会议提出“要正确认识民商事审判规律，牢固树立民商事裁判理念”后，2009 年 4 月，人民法院应对金融危机商事审判工作座谈会在福建召开，这是最高人民法院首次正式在会议中使用“商事审判”的称谓。最高人民法院民事审判第二庭所编的审判指导丛书也从 2009 年第 3 辑（总第 19 辑）开始更名为《商事审判指导》，而不再使用《民商事审判指导》之名。2010 年 8 月 17 日至 18 日，全国商事审判工作会议在济南召开，这是最高人民法院召开的首次商事审判工作的全国性会议，也是第一次以“商事审判”的称谓召开的全国性审判业务会议，此次商事审判工作会议在我国人民法院的审判史上具有里程碑意义，会议明确提出了强化和确立商事审判理念问题，为全国法院商事审判工作提供了指引。

在 2013 年 9 月召开的全国法院商事审判工作座谈会进一步指出，民事审判在价值追求上侧重于以人为本，体现对人的生存与发展的特殊保护；商事审判则侧重于鼓励交易，增进财富，系以交易的安全和快捷为目的。并从主体的交易能力与司法介入的着力点、对财产安全的保护重心、责任承担的依据和标准、损失补偿的内容与范围和判决与调解的功能作用等五个方面，阐述了民事审判和商事审判理念的差异。

理论界所称的商法思维，既包括了商法的价值追求对商事立法的要求，也包括了对商法审判的指引。但从人民法院的司法审判工作来看，法官运用商法思维，则主要体现为商事审判理念，亦即以什么样的理念、规则、价值取向来指导商事审判实践。

003

商事审判要尊重商事交易规则和惯例

关键词｜商事审判｜商事交易规则｜商事交易惯例｜行业习惯｜

【最高人民法院司法政策】

要密切关注党和国家的大政方针，及时追踪宏观经济形势变化，有效运用司法政策服务党和国家的经济建设大局。要加强对经济、金融知识的学习，不断完善知识结构，增进对商事交易惯例和新生交易模式的关注和了解，在掌握基本的交易程序和交易结构的基础上，准确认定交易表象背后的法律关系，引导行业和市场的规范发展。

——《深化商事理念，维护公平正义，为经济社会持续健康发展提供有力司法保障——全国法院商事审判工作座谈会材料》（2013年9月17日），载最高人民法院民事审判第二庭编：《商事审判指导》总第34辑，人民法院出版社2013年版，第11页。

基于商事交易实践中对商事交易习惯的高度依赖，我国《合同法》第六十一条已经赋予交易习惯以补充合同条款的一般解释性功能的效力。因此，商事交易习惯可谓民商事审判的法律渊源之一。民商事法官在确定当事人权利义务和责任时，应当尊重并重视一些行业组织的章程，会计师协会和交易所等中介机构的业务规则，并可以将其作为审理商事案件时的重要参考依据。

——《充分发挥民商事审判职能作用，为构建社会主义和谐社会提供司法保障——全国民商事审判工作会议材料》（2007年5月30日），载最高人民法院民事审判第二庭编：《民商事审判指导》总第11辑，人民法院出版社2007年版，第52页。

【《最高人民法院公报》案例】

曾意龙与江西金马拍卖有限公司、中国银行股份有限公司上饶市分行、徐声炬拍卖纠纷案［最高人民法院（2005）民一终字第43号民事判决书］

最高人民法院认为：根据《合同法》《拍卖法》的有关规定，拍卖是以公开竞价的形式，将特定物品或者财产权利转让给最高应价者的买卖方式，拍卖活动必须遵守法律规定和行业惯例，必须符合公平、公正的原则。在拍卖活动中，拍卖师的拍卖行为违反法律规定和行业习惯做法，侵害有关竞买人的合法权益的，应认定其拍卖行为无效。

——《最高人民法院公报》2006 年第 1 期

【最高人民法院裁判文书】

北京奇虎科技有限公司、奇智软件(北京)有限公司与腾讯科技(深圳)有限公司、深圳市腾讯计算机系统有限公司不正当竞争纠纷案[最高人民法院(2013)民三终字第 5 号民事判决书]

最高人民法院认为：在市场经营活动中，相关行业协会或者自律组织为规范特定领域的竞争行为和维护竞争秩序，有时会结合其行业特点和竞争需求，在总结归纳其行业内竞争现象的基础上，以自律公约等形式制定行业内的从业规范，以约束行业内的企业行为或者为其提供行为指引。这些行业性规范常常反映和体现了行业内的公认商业道德和行为标准，可以成为人民法院发现和认定行业惯常行为标准和公认商业道德的重要渊源之一。当然，这些行业规范性文件同样不能违反法律原则和规则，必须公正、客观。互联网协会《自律公约》第十八条规定终端软件在安装、运行、升级、卸载等过程中，不应恶意干扰或者破坏其他合法终端软件的正常使用；第十九条规定除恶意广告外，不得针对特定信息服务提供商拦截、屏蔽合法信息内容及页面。该自律公约系互联网协会部分会员提出草案，并得到包括本案当事人在内的互联网企业广泛签署，该事实在某种程度上说明了该自律公约确实具有正当性并为业内所公认，其相关内容也反映了互联网行业市场竞争的实际和正当竞争需求。人民法院在判断其相关内容合法、公正和客观的基础上，将其作为认定互联网行业惯常行为标准和公认商业道德的参考依据，并无不当。

——中国裁判文书网，http://wenshu.court.gov.cn。

004

商事审判要为大局服务，为加快经济发展方式转变提供司法保障和服务

关键词｜商事审判工作｜

【最高人民法院司法政策】

人民法院的商事审判工作，要紧紧围绕调结构、促改革、稳增长的要求，保障国家宏观经济政策的贯彻落实。要通过依法审理股权转让、公司诉讼、破产重整等商事案件，促进产能过剩的化解和生产要素的流动整合，实现优胜劣汰和结构升级；要通过规范和促进融资租赁、新类型担保等适合小微企业发展的融资方式，引导金融资本支持实体经济发展，依法解决小微企业融资难融资贵的问题；要通过依法稳妥审理金融借款、票据等传统银行类金融案件和信托、委托理财等影子银行类金融案件，有效防范系统性和区域性金融风险；要通过平等保护各类市场主体的合法权益及参与竞争的机会，落实国家鼓励和引导民间投资的各项政策，促进民间投资健康发展。

——《深化商事理念，维护公平正义，为经济社会持续健康发展提供有力司法保障——全国法院商事审判工作座谈会材料》（2013年9月17日），载最高人民法院民事审判第二庭编：《商事审判指导》总第34辑，人民法院出版社2013年版，第6~7页。

要发挥好审判工作对经济社会发展的保障和促进作用，推动依法解决经济社会发展中的深层次问题。人民法院审理的案件是经济社会发展中各种问题的反映，是经济社会发展的风向标。人民法院要高度关注经济社会运行情况，及时对审判中发现的新情况、新问题进行深入分析调研，提出应对举措，为党委政府决策提供参考。同时，要按照中国特色社会主义事业"五位一体"总布局，依法妥善处理经济社会发展中发生的矛盾纠纷。特别是要着眼于促进加快转变经济发展方式，依法妥善审理涉及金融改革、民间借贷、非法集资、小微企业资金链断裂等案件，规范市场经济秩序。

——周强：《努力让人民群众在每一个司法案件中都感受到公平正义——在全国高级法院院长座谈会上的讲话》（2013年7月4日），载《人民法院报》2013年7月23日。

要依法妥善审理加快转变经济发展方式过程中出现的各类案件，特别是金融、投资、商贸、物流、消费、企业改制、节能减排、环境保护等方面的案件，为保持经济长期平稳较快发展提供有力司法保障。

——《最高人民法院印发〈关于充分发挥审判职能作用加强和创新社

会管理的若干意见〉的通知》(2011年10月27日,法发〔2011〕16号)

人民法院要认真研究加快经济发展方式转变对审判工作提出的新问题、新任务、新要求,为切实加快经济发展方式转变提供有效的司法保障和服务。从长远看,加快经济发展方式转变,必然极大地促进我国经济平稳较快发展,更好地满足人民群众日益增长的物质文化需求,有助于减少社会矛盾纠纷,有助于减轻人民法院审判工作的压力。但从近期看,加快经济发展方式转变有可能引发一些新的矛盾纠纷,如淘汰落后企业和产能,公司清算、企业破产、兼并和重组等情形将增多;加快城乡结构调整,土地征收、房屋拆迁等情形将增多,由上述活动引发的矛盾纠纷相当部分会进入诉讼程序,这就使得人民法院的审判工作面临着新的挑战。因此,各级人民法院必须坚持能动司法,见事早、行动快、积极应对,妥善施策。要准确把握司法政策导向,依法保障、引导、支持有利于加快经济发展方式转变的经济活动和经济行为,保证加快经济发展方式转变工作早见成效。依法积极引导落后企业、高耗能高污染企业退出市场,对不利于加快经济发展方式转变的经济活动和经济行为依法不予支持。

——《最高人民法院印发〈关于为加快经济发展方式转变提供司法保障和服务的若干意见〉的通知》(2010年6月29日,法发〔2010〕18号)

005

依法平等保护非公有制经济

关键词｜平等保护｜非公有制经济｜

【最高人民法院司法政策】

7.坚持平等保护原则。为各类产权主体提供平等的司法保护,坚持法律面前人人平等,畅通产权申诉案件的立案渠道,规范适用再审审理程序,确保诉讼地位平等、诉讼权利平等、法律适用平等。

——《最高人民法院印发〈关于依法妥善处理历史形成的产权案件工作实施意见〉的通知》(2016年11月28日,法发〔2016〕28号)

1. 坚持平等保护。坚持各种所有制经济权利平等、机会平等、规则平等，对各类产权主体的诉讼地位和法律适用一视同仁，确保公有制经济和非公有制经济财产权不可侵犯。注重对非公有制产权的平等保护。妥善审理各类涉外案件，平等保护中外当事人的诉讼权利和实体权益。

——《最高人民法院关于充分发挥审判职能作用切实加强产权司法保护的意见》(2016 年 11 月 28 日，法发〔2016〕27 号)

一、积极贯彻落实中央精神，依法保障民间投资健康发展

非公有制经济是稳定经济的重要基础，是国家税收的重要来源，是技术创新的重要主体，是金融发展的重要依托，是经济持续健康发展的重要力量。党的十八届三中、四中、五中全会对完善产权保护制度、平等保护各种所有制经济提出了明确要求。习近平总书记强调，国家保护各种所有制经济产权和合法利益，坚持权利平等、机会平等、规则平等，激发非公有制经济活力和创造力。依法平等保护非公有制经济，促进民间投资健康发展，是推进供给侧结构性改革的重要内容。各级人民法院要深入贯彻落实中央精神，充分发挥民事商事审判职能作用，坚持保护产权、契约自由、平等保护、权利义务责任相统一、诚实守信、程序公正与实体公正相统一六大原则，依法化解民间投资中的各类矛盾纠纷，保障民间投资健康发展，服务“创新、协调、绿色、开放、共享”五大发展。

二、统一严格执法，依法平等保护非公有制经济

法律面前人人平等是我国宪法确立的基本原则。各级人民法院审理民事商事案件时，要依法平等保护非公有制经济的合法权益，坚持各类市场主体的诉讼地位平等、法律适用平等、法律责任平等，为各种所有制经济提供平等司法保障。坚持诉讼地位平等，公有制经济主体与非公有制经济主体享有相同的诉讼权利，承担相同的诉讼义务。坚持法律适用平等，公有制经济主体与非公有制经济主体适用相同的交易规则，平等使用生产要素、公平参与市场竞争。坚持法律责任平等，公有制经济主体和非公有制经济主体都必须遵守法律，违反法律应依法承担法律责任。

——《最高人民法院关于依法审理和执行民事商事案件保障民间投资健康发展的通知》(2016 年 9 月 2 日，法〔2016〕334 号)

第二章 | CHAPTER 02

公司诉讼

一、审理公司诉讼案件的一般规则

006

审理公司诉讼案件的基本原则

关键词｜公司诉讼｜基本原则｜

【最高人民法院司法政策】

第一，正确认识公司自治与司法介入之间的关系问题。首先，充分认识人民法院审理公司纠纷案件的积极意义。司法介入公司治理，是保障公司自治、矫正公司自治机制失效的重要手段。司法介入公司治理，既是《公司法》对人民法院民商事审判工作的法定要求，也是完善公司治理结构的内在需要。因此，人民法院对于公司内部各有关主体之间的各类纠纷，应根据《公司法》就有关主体的民事权利保护的规定依法介入，而不能仅以争议属于公司自治范畴而不予受理。其次，坚持受理公司纠纷案件的法定条件。公司是股东自治的产物，公司的管理与运营也是公司自治的范畴，司法介入只是对公司自治机制的补充和救济。因此，人民法院对于公司股东、董事、监事和高级管理人员以及他们与公司之间产生的内部纠纷，应采取慎重态度，坚持穷尽内部救济原则。《公司法》明文规定应当首先履行内部程序的，人民法院受理相关案件应以满足了法定条件为前提。当事人没有履行内部程序即提起诉讼的，人民法院应不予受理或者驳回其诉讼请求。最后，司法介入公司治理，应当尊重公司自治。在审理涉及《公司法》适用问题的民商事案件过程中，尊重公司章程的规定和股东之间的约定，准确识别公司法规范的性质。对不违反《公司法》禁止性规范的公司内部约定，应当依法认定有效。

第二，要尊重公司的团体性，维护商事主体的稳定。在公司僵局问题的处理上，要正确把握《公司法(2005)》第一百八十三条关于股东请求解散公司规定的立法宗旨。股东提起公司解散诉讼的事由必须是公司经营管理发生严重困难，继续存续会使股东利益受到重大损失的情形。这里的经营管理的严重困难不能理解为资金缺乏、亏损严重等经营性困难，而应当理解为管理方面的严重内部障碍，主要是股东会机制失灵，无法就公司的经营管理进行决策；这里的股东利益受损不是指个别股东利益受到损失，而是指由于公司瘫痪导致公司无法经营造成的出资者整体利益受损。在审理过程中要注意充分运用调解手段，首先寻求诉讼当事人之间的和解，当事人之间不能和解的，要尽量促成当事人通过股权转让、减少注册资本等途径实现纠纷股东的分离，以保持公司作为商事主体的存续，维护公司、股东以及公司债权人等相关主体的整体利益。只有在各种可能的手段和途径穷尽后仍不能解决矛盾的情况下，方可采取判令强制解散的方式处理。

第三，正确适用外观主义原则，注意维持公司内部各民事主体之间约定的效力。公司法律关系具有很强的涉他性，公司机关的内部决策、内部各民事主体的意思自治，往往涉及公司外部当事人的利益。在审理公司纠纷案件过程中，要注意贯彻外观主义原则，在维护公司内部当事人约定的效力的同时，优先保护外部善意当事人的权利。在审理涉及股东资格认定及其与外部第三人之间关系方面的有关纠纷案件时，要准确理解和适用《公司法（2005）》第三十三条的规定。在股东与公司之间的内部关系上，股东可以依据股东名册的记载向公司主张权利，公司亦可依据股东名册的记载识别股东，并仅向记载于股东名册的人履行诸如通知召开股东会、分配利润等义务。实际出资人与记载于股东名册的股东之间有关“名实出资”的约定，仅在定约人之间产生效力，一般不能对抗公司。在股东与公司之外的第三人之间的外部关系上，应当坚持外观主义原则，即使因未办理相关手续导致公司登记机关的登记与实际权利状况不一致，也应优先保护善意第三人因合理信赖公司登记机关的登记而作出的行为效力。

第四，正确处理资本多数决原则和少数股东权的保护之间的关系。少数股东利益的保护一直是公司诉讼的焦点问题。一方面，我们要认识到，资本多数决原则是公司法的一项基本原则，是维持公司治理结构的正常运转所不可或缺的基础性制度，应当在案件审理过程中得到充分的贯彻。但是，当前公司诉讼也反映出存在大量的控股股东利用对公司的控制地位，滥用资本多数决原则侵害少数股东权利的现象。因此，在案件审理过程中，要注意在资本多数决原则和少数股东权保护之间寻求妥当的利益平衡，实现对资本多数决原则的遵守和少数股东权的保护并重。在审判实务中，要注意区分股东权的类型，正确选择保护方式。对于股东因其固有的、非经股东自身同意不可剥夺的权利，遭受控股股东侵害请求救济的，应予以支持；对属于资本多数决处分范围的股东权，要尊重公司多数股东的意志；对虽属资本多数决原则处分范围的股东权，但被控股股东滥用权利予以侵害的，要依照《公司法（2005）》第二十条关于不得滥用权利的规定，保护少数股东的正当权益。

——《充分发挥民商事审判职能作用,为构建社会主义和谐社会提供司法保障——全国民商事审判工作会议材料》(2007年5月30日),载最高人民法院民事审判第二庭编:《民商事审判指导》总第11辑,人民法院出版社2007年版,第58~59页。

【最高人民法院审判业务意见】

第一,要正确处理公司自治与司法介入之间的关系。一方面,要充分认识到司法介入公司治理,是保障公司自治、矫正公司自治机制失效的重要手段。另一方面,受理公司诉讼案件时也要坚持法定的条件。公司是股东在市场经济环境中自治的产物,公司的管理与运营一般属于公司自治的范畴。人民法院对公司股东、董事、监事和高级管理人员相互之间以及他们与公司之间产生的纠纷,应依法慎重对待。尤其是要注重正确适用内部救济为先的原则。目前看,下列公司诉讼纠纷应先行内部救济:(1)因股东知情权产生纠纷的,股东应首先向公司提出行使知情权的请求并说明目的;(2)因公司不召开股东会或者股东大会讨论决策公司重大问题的,股东可以提议,并依次由董事会、监事会直至股东自行召集股东会;(3)公司连续5年盈利而股东会决议不分配的,股东应自决议通过之日起60日内就股权收购问题与公司进行协商;(4)股东在提起股东代表诉讼前,应当先以书面形式,请求董事、监事以公司的名义对违法行为提起诉讼。另外还要注意,司法介入公司治理,应当尊重公司自治。要尊重公司章程规定和股东之间的约定,准确识别《公司法》规范的性质,特别是要注意《公司法》中管理性规范和效力性规范的区别。对不违反《公司法》效力性规范的公司内部约定,一般应当依法认定有效。

第二,要正确处理维护商事主体的稳定与完善公司的市场退出机制的关系。当出现公司僵局,股东起诉请求解散公司时,要正确把握《公司法》关于股东请求解散公司规定的立法宗旨。在审理过程中要注意充分运用调解手段,寻求诉讼当事人之间的和解。当事人之间不能和解的,要尽量促成当事人通过股权转让、减少注册资本等途径实现纠纷股东的退出,以达到股东虽离散但公司不解散的效果,保持公司作为商事主体的存续,维护公司、股东以及公司债权人等相关主体的整体利益。要看到,在市场经济转轨时期,我国的公司,特别是国有或国有控股公司还承担着一定的社会责任,只有在不依法解散就不足以解决矛盾的情况下，方可采取判令强制解散公司的方式处理。

第三，要正确处理维护公司外部债权人利益与维持公司内部各参与者之间约定效力的关系。公司内部法律关系也具有较强的涉他性。公司机关的决策、内部各参与者的意思自治，往往影响到公司外部当事人的利益。在审理公司诉讼案件过程中，要注重贯彻外观主义原则，在维持公司内部当事人约定的效力的同时，注重保护外部善意当事人的权利。

在股东与公司之间的内部关系上，股东可以依据股东名册等法律文件的记载向公司主张权利，公司亦可依据股东名册等法律文件的记载识别股东，并向其履行诸如通知召开股东会、分配利润等义务。实际出资人与记载于股东名册的股东之间有关“名实分离”的约定，一般应在订约人之间产生效力，但不能当然对抗公司。在股东与公司之外的第三人之间的外部关系上，应按照外观主义的要求，即使未办理相关手续导致公司登记机关的登记与实际权利状况不一致，也应优先保护善意第三人因合理信赖公司登记机关的登记而作出的行为效力。

第四，要正确处理资本多数决规则与少数股东权利保护之间的关系。资本多数决规则是《公司法》的一项基本规则，应当在案件审理过程中充分贯彻。但是，也要正视公司诉讼实践中反映出的控股股东利用对公司的控制地位，滥用资本多数决侵害少数股东权利的现象。在案件审理过程中，要注意在资本多数决和少数股东权利保护之间寻求妥当的利益平衡，实现对资本多数决规则的遵守和少数股东权利的保护并重。《公司法》第二十条规定的禁止股东滥用权利规则一定程度上可以发挥矫正资本多数决不利影响的功能，但如何正确妥善适用该条规定在当前还是一个比较困难的问题

——宋晓明：《二十年来公司诉讼司法的有关情况——在纪念〈公司法〉颁布20周年研讨会上的讲话》(2013年11月30日)，载最高人民法院民事审判第二庭编：《商事审判指导》总第35辑，人民法院出版社2014年版，第11～12页。

编者说明

审理公司案件在注意保护商主体交易相对人权利的同时，还应当注意尽可能地维持商主体的稳定。这里理论上也被称为商事主体维持原则，即商法通过种种手段确保商事主体组织的稳定、协调和健康发展，维持商事主体的人格，防止既存的商事主体因为其在设立过程中所存在的瑕疵而无效，防止既存的商事主体因为其成员的死亡、退出或少于法定最低人数而解散，防止既存的商事主体因为轻微的违法行为而被强制性解散，防止既存的商事主体因为其成

员之间的矛盾和冲突而被强制性解散等。

所谓“资本多数决”，又称股份多数决，是指在符合法定人数或表决权数的股东大会上，决议以出席股东大会股东表决权的多数通过才能生效，法律则将股东大会中多数股东的意思视为公司的意思，并对少数派股东产生拘束力。

007

企业兼并重组中产生的公司诉讼案件审理的司法政策

关键词｜公司诉讼｜企业兼并重组｜司法政策｜

【最高人民法院司法政策】

一、坚持围绕中心服务大局，以法治方式保障企业兼并重组工作依法有序推进

1. 要自觉将司法审判工作置于党和国家全局工作中，积极回应企业兼并重组工作的司法需求。企业兼并重组工作是党中央、国务院在新时期深化经济体制改革、转变经济发展方式、调整优化产业结构的重要举措。随着中央和地方各级政府部门关于企业兼并重组任务的逐步落实，一些纠纷将不可避免地通过诉讼程序进入人民法院。各级人民法院要充分认识到企业兼并重组涉及的矛盾复杂、主体广泛和利益重大，要强化大局意识和责任意识，紧密结合党的十八大、十八届三中全会精神和国务院《关于进一步优化企业兼并重组市场环境的意见》（国发〔2014〕14 号）要求，依法充分发挥人民法院的职能作用，切实保障企业兼并重组工作的稳步推进。

2. 要正确处理贯彻党的方针政策与严格执法的关系，实现企业兼并重组法律效果和社会效果的有机统一。党的十八大和十八届三中全会作出的重大战略部署是我国在新的历史起点上全面深化改革的科学指南和行动纲领。党的方针政策和国家法律都是人民根本意志的反映，二者在本质上是一致的。不断完善和发展中国特色社会主义制度，推进国家治理体系和治理能力现代化，对人民法院正确贯彻党的方针政策与严格执法提出了更高的要求。人民法院要从强化国家战略的高度深刻认识为转变经济发展方式、调整优化产业结构提供司法保障的重大意义，通过严格执行法律，公正高效地审理案件，实现兼并重组案件审理法律效果和社会效果的有机统一。

3. 要高度重视企业兼并重组工作，依法保障企业兼并重组政策的顺利实施。企业兼并重组不仅关涉企业自身，还广泛涉及依法平等保护非公经济、防止国有资产流失、维护金融安全、职工再就业和生活保障以及社会稳定等一系列问题。人民法院要提前研判、分类评估、适时介入，依法保障企业兼并重组工作有序进行。要加强与政府部门沟通，根据需要推动建立企业兼并重组工作协调机制，实现信息共享、程序通畅。在案件审理执行中发现的重大性、苗头性问题，要及时向有关职能部门反馈或者提出司法建议。

4. 要依法及时受理审理兼并重组相关案件，通过司法审判化解企业兼并重组中的各类纠纷。人民法院要依法及时受理审理企业兼并重组过程中出现的合同效力认定、股权转让、投资权益确认、民间融资、金融债权保障、职工权益维护、企业清算、企业重整、经济犯罪等案件，无法定理由不得拒绝受理，不得拖延审理。

5. 要按照利益衡平原则，依法妥善处理各种利益冲突。企业兼并重组广泛涉及参与兼并重组的各方企业、出资人、债权人、企业职工等不同主体的切身利益，在此期间的利益博弈与权利冲突无法回避。人民法院要注意透过个案的法律关系，分析利益冲突实质，识别其背后的利益主体和利益诉求，依法确定利益保护的优先位序。法律法规没有明文规定的情形下，在个体利益冲突中应当优先寻找共同利益，尽可能实现各方的最大利益；在个体利益与集体利益、社会公共利益，地方利益与全局利益等不同主体利益的并存与冲突中，要在保护集体利益、社会公共利益和全局利益的同时兼顾个体利益、地方利益。坚决克服地方保护主义、行业及部门保护主义对司法审判工作的不当干扰。

二、强化商事审判理念，充分发挥市场在资源配置中的决定性作用

6. 依法认定兼并重组行为的效力，促进资本合法有序流转。要严格依照合同法第五十二条关于合同效力的规定，正确认定各类兼并重组合同的效力。结合当事人间交易方式和市场交易习惯，准确认定兼并重组中预约、意向协议、框架协议等的效力及强制执行力。要坚持促进交易进行，维护交易安全的商事审判理念，审慎认定企业估值调整协议、股份转换协议等新类型合同的效力，避免简单以法律没有规定为由认定合同无效。要尊重市场主体的意思自治，维护契约精神，恰当认定兼并重组交易行为与政府行政审批的关系。要处理好公司外部行为与公司内部意思自治之间的关系。要严格依照公司法第二十二条的规定，从会议召集程序、表决方式、决议内容等是否违反法律、行政法规或公司章程方面，对兼并重组中涉及的企业合并、分立、新股发行、重大资产变化等决议的法

律效力进行审查。对交叉持股表决方式、公司简易合并等目前尚无明确法律规定的问题,应结合个案事实和行为结果,审慎确定行为效力。

7. 树立平等保护意识,鼓励、支持和引导非公经济积极参与企业兼并重组。非公经济是社会主义市场经济的重要组成部分,要依法保障非公经济平等使用生产要素,公开公平参与市场竞争。要统一适用法律规则,优化非公经济投资的司法环境,促进公平、竞争、自由的市场环境形成。要积极配合市场准入负面清单管理方式的实施,推动非公经济进入法律法规未禁入的行业和领域。保护各种所有制企业在投融资、税收、土地使用和对外贸易等方面享受同等待遇,提升非公经济参与国有企业混合所有制兼并重组的动力。要充分尊重企业的经营自主权,反对各种形式的强制交易,最大限度地激发非公经济的活力和创造力。

8. 正确适用公司资本法律规则,消除对出资行为的不当限制。要准确把握修改后的公司法中公司资本制度的立法精神,正确认识公司资本的作用与功能,支持企业正常合理的资金运用行为。要按照新修改的公司法有关放宽资本结构的精神审慎处理股东出资问题。职工持股会、企业工会等组织代为持有投资权益是目前部分企业资本结构中的特殊形态,企业兼并重组中涉及投资权益变动的,人民法院要依法协调好名义股东与实际出资人间的利益关系。除法律法规有明确规定外,要注重方便企业设立和发展,在企业资本数额设定、投资义务履行期限等方面要充分尊重投资者的约定和选择,保障投资者顺利搭建重组平台。

9. 促进融资方式的多元化,有效解决企业兼并重组的资金瓶颈。对于符合条件的企业发行优先股、定向发行可转换债券作为兼并重组支付方式,要依法确认其效力。审慎处理发行定向权证等衍生品作为支付方式问题。积极支持上市公司兼并重组中股份定价机制改革,依法保障非上市公司兼并重组中的股份协商定价。要依法督促企业尤其是上市公司规范履行信息披露义务,增强市场主体投资信心,切实保障中小投资者合法权益。同时,要积极配合金融监管部门依法履职。

三、加强国有资产保护,依法保障企业资产的稳定与安全

10. 依法正确审理国有企业兼并重组案件,实现国有资产的保值增值。要正确认识国有企业深化改革与企业兼并重组之间的关系,切实保障有条件的国有企业改组为国有资本投资公司,不断增强国有经济的控制力和影响力。在现行法律框架范围内支持有利于企业壮大规模、增强实力的企业发展模式。要注意防范企业借管理者收购、合并报表等形式侵占、私分国有资产。严格遵循评估、

拍卖法律规范，通过明晰和落实法律责任促进中介服务机构专业化、规范化发展，提升关键领域、薄弱环节的服务能力，防范和避免企业兼并重组过程中的国有资产流失。

11. 依法规制关联交易，严厉禁止不当利益输送。严格防范以关联交易的方式侵吞国有资产。要依照公司法等法律法规的规定依法妥当处理企业兼并重组中的关联交易行为。公司股东、董事、高级管理人员与公司之间从事的交易，符合法律法规规定的关联交易程序规则且不损害公司利益的，应当认定行为有效。对公司大股东、实际控制人或者公司董事等公司内部人员在兼并重组中利用特殊地位将不良资产注入公司，或者与公司进行不公平交易从而损害公司利益的行为，应当严格追究其法律责任。

12. 严厉打击企业兼并重组中的违法犯罪行为。各级人民法院要充分发挥刑事审判职能，坚持依法从严惩处的方针，严厉打击国有企业兼并重组中的贪污贿赂、挪用公款、滥用职权、非法经营等犯罪行为，依法严厉惩处非国有企业兼并重组中的职务侵占、挪用企业资金等犯罪行为，维护企业资产安全，同时，要努力挽回相关主体的经济损失。

——《最高人民法院印发〈关于人民法院为企业兼并重组提供司法保障的指导意见〉的通知》（2014 年 6 月 3 日，法发〔2014〕7 号）

编者说明

党的十八大和十八届三中全会提出，加快转变经济发展方式，调整优化产业结构，着力构建现代产业发展新体系。企业是现代市场经济的主体，企业兼并重组有利于加强资源整合、实现快速发展，也有利于提升经济竞争力、提高发展质量和效益。2014 年 3 月 12 日，国务院颁布了《关于进一步优化企业兼并重组市场环境的意见》，明确了规范、服务企业兼并重组的主要目标、基本原则和相关措施。为充分发挥司法在维护主体权益、平等适用规则、保障程序正义、实现利益衡平方面的积极作用和特殊功能，最高人民法院下发了《关于人民法院为企业兼并重组提供司法保障的指导意见》，要求各级人民法院充分认识审判工作在企业兼并重组中的重要作用，依法有序推进企业兼并重组的顺利进行。

008

审理公司诉讼案件要注意各方权利的兼顾

关键词 | 公司诉讼 | 权利兼顾 |

【最高人民法院司法政策】

四、依法妥善审理权益纠纷案件，保护合法投资利益

充分发挥民事商事审判职能，理顺产权关系，既要依法保护公有制经济，有效防止国有资产流失，也要防止超越法律规定和合同约定，不当损害非公有制经济主体的正当权利。对产权有争议的挂靠企业，要在认真查明投资事实的基础上明确所有权，防止非法侵占非公有制经济主体财产。严格按照有关法律、法规和政策，审理企业改制纠纷案件，准确界定产权关系，保护非公有制经济主体的合法权益。妥善审理涉及境外投资案件，保障非公有制经济主体实施"走出去"战略，扩大对外投资。严格按照《公司法解释（三）》，妥善审理各类股东资格纠纷案件，依法维护实际出资的非公有制经济股东的合法权益。依法审理股东的知情权、利润分配请求权、请求确认董事会、股东会或者股东大会决议无效或撤销董事会、股东会或者股东大会决议等纠纷案件，维护各类投资主体的股东权益。通过股权转让纠纷案件的审理，畅通股权转让渠道，依法保障各类投资主体退出公司的权利。在审理公司债权人请求公司偿还债务的纠纷案件时，依法区分公司财产与股东个人财产、家庭共有财产，正确认定公司的责任财产，防止在没有法律依据的情况下将股东个人财产和家庭共有财产用于偿还公司债务，切实维护非公有制经济股东的合法权益。

——《最高人民法院关于依法审理和执行民事商事案件保障民间投资健康发展的通知》（2016年9月2日，法〔2016〕334号）

【最高人民法院审判业务意见】

在商事审判中，我们要充分尊重和维护市场主体的权利，保护和兼顾不同的市场主体的利益。当然，不同的市场主体之间的权利可能存在冲突，如在公司案件中，我们既要维护公司股东的权利，也要维护公司整体的权利，还要维护公司债权人、公司职工的权利。在不同的权利相互冲突时，要统筹兼顾各方权利，在严格依法维护当事人合法权益的同时，正确运用利益衡量的方法，妥善解决不同主体之间的利益纠纷。当然，在保护商事主体个体利益的同时，我们还要注意维护社会公共利益。

——《以法治思维推进商事审判，用法治方式保障经济发展——就学习贯彻党的十八大会议精神专访最高人民法院民二庭庭长宋晓明》，载最

高人民法院民事审判第二庭编：《商事审判指导》总第32辑，人民法院出版社2013年版，第3页。

009

公司诉讼案件审理应适用可诉性标准与司法救济的正当性标准

关键词 | 公司诉讼 | 可诉性标准 | 正当性标准 |

【最高人民法院审判业务意见】

在确定当事人的纠纷能否被人民法院处理的问题上，存在以下两个衡量标准：公司纠纷的可诉性标准与司法救济的正当性标准。

公司纠纷的可诉性标准要求该纠纷具有诉的利益，主要是当事人提起的诉中应当具备法院对诉讼请求作出裁判的必要性和实效性。衡量诉的利益，一般倾向于从诉讼主体的角度来进行：一方面，是原告与国家之间的利益衡量，即是否有必要以提供司法裁判的形式给予当事人救济；另一方面，是原告与被告之间的利益衡量，即在原告获得司法裁判与公司生产经营不受无端干扰这两种利益之间予以适当平衡。总体上讲，公司诉讼的形态可分为给付之诉、确认之诉和形成之诉，按照可诉性标准的要求，就要认真研究以上三种诉讼的具体判断和受理标准。目前来看，确认之诉是公司诉讼中最为复杂的诉讼类型，其次是形成之诉。给付之诉的很多规则都可以借鉴《合同法》的内容（如要约、承诺的意思表示），这个要相对简单一些。

司法救济的正当性标准在理解上应当注意三点：一是司法能力的有限性，这决定了并非所有纠纷都可以由法院或法官来作出裁判；二是司法资源的有限性以及我国目前法律制度在制裁滥诉方面的相对不足，这决定了并非所有纠纷都应当由法院或法官来作出裁判；三是诉讼的对等性、平等性，这决定了保护一方当事人诉权，应注意防止损害对方利益。

——宋晓明：《二十年来公司诉讼司法的有关情况——在纪念〈公司法〉颁布20周年研讨会上的讲话》（2013年11月30日），载最高人民法院民事审判第二庭编：《商事审判指导》总第35辑，人民法院出版社2014年版，第7～8页。

010

公司修改章程不承担继受而来债务的，应有法律依据或者经债权人同意，否则不能对抗债权人

关键词｜章程修改｜对抗债权人｜

【最高人民法院裁判文书】

中国信达资产管理公司西安办事处与阳江市国阳实业发展公司、阳江市长发实业公司和广东华龙集团股份有限公司拖欠借款纠纷上诉案[最高人民法院(2004)民二终字第186号民事判决书]

最高人民法院认为：华龙公司1996年章程修改后并未将1993年章程第五条关于“华龙公司承担长发公司、金岛公司和龙江冷冻厂三家企业的全部资产及债权、债务”径行变更为“华龙公司不承担长发公司等三家企业债务”，而是根据公司法等的要求对整个章程进行了规范性的修订。且即使华龙公司1996年章程修改中将1993年章程第五条径行变更为“华龙公司不承担长发公司等三家企业债务”，亦应有法律依据，或经债权人同意，否则，其修改不能对抗债权人，信达公司西安办仍然可以按照华龙公司成立的事实状况要求其承担债务。故华龙公司关于其1996年章程已经对1993年章程中关于由其承担长发公司债务的规定予以修改，其不应再按照1993年章程的规定承担长发公司债务的答辩理由，不予支持。

——最高人民法院民事审判第二庭编：《民商事审判指导》总第9辑，人民法院出版社2006年版，第177～198页。

011

有限责任公司股东会无权对股东处以罚款，除非公司章程另有约定；公司章程如赋予股东会罚款权，应明确标准和幅度

关键词｜公司章程｜股东会决议｜对股东罚款｜

【《最高人民法院公报》案例】

南京安盛财务顾问有限公司诉祝鹃股东会决议罚款纠纷案（江苏省南京市鼓楼区人民法院民事判决书）

裁判摘要：公司章程关于股东会对股东处以罚款的规定，系公司全体股东所预设的对违反公司章程股东的一种制裁措施，符合公司的整体利益，体现了有限公司的人合性特征，不违反公司法的禁止性规定，应合法有效。但公司章程在赋予股东会对股东处以罚款职权时，应明确规定罚款的标准、幅度，股东会在没有明确标准、幅度的情况下处罚股东，属法定依据不足，相应决议无效。

江苏省南京市鼓楼区人民法院认为：一、有限公司的股东会无权对股东处以罚款，除非公司章程另有约定。

《公司法(2005)》第三十七条规定，有限责任公司股东会由全体股东组成，股东会是公司的权力机构，依照本法行使职权。第三十八条规定，股东会行使下列职权：（一）决定公司的经营方针和投资计划；（二）选举和更换非由职工代表担任的董事、监事，决定有关董事、监事的报酬事项……（十）修改公司章程；（十一）公司章程规定的其他职权。由上可见，有限公司的股东会作为权力机构，其依法对公司事项所作出决议或决定是代表公司的行为，对公司具有法律约束力。股东履行出资义务后，其与公司之间是平等的民事主体，相互之间具有独立的人格，不存在管理与被管理的关系，公司的股东会原则上无权对股东施以任何处罚。这从《公司法(2005)》第三十八条第（一）项至第（十）项所规定的股东会职权中并不包含对股东处以罚款的内容中亦能得到体现。因此，在公司章程未作另行约定的情况下，有限公司的股东会并无对股东处以罚款的法定职权，如股东会据此对股东作出处以罚款的决议，则属超越法定职权，决议无效。

《公司法(2005)》第十一条规定，设立公司必须依法制定公司章程。公司章程对公司、股东、董事、监事、高级管理人员具有约束力。第二十条规定，公司股东应当遵守法律、行政法规和公司章程，依法行使股东权利。由此可见，公司章程是公司自治的载体，既赋予股东权利，亦使股东承担义务，是股东在公司的行为准则，股东必须遵守公司章程的规定。本案中，原告安盛公司章程第三十六条虽主要是关于取消股东身份的规定，但该条第二款明确记载有“股东会决议罚款”，根据章程本身所使用的文义进行解释，能够得出在出现该条第一款所列八种情形下，安盛公司的股东会可以对当事股东进行罚款。鉴于上述约定是安盛公司的全体股东所预设的对违反公司章程股东的一种制裁措施，符合公司的整体利益，体现了有限公司的人合性特征，不违反公司法的禁止性规定，被告祝鹃亦在章程上签字予以认可，故包括祝鹃在内的所有股东都应当遵守。据此，安盛公司的股东会依照《公司法(2005)》第三十八条第(十一)项之规定，享有对违反公司章程的股东处以罚款的职权。

二、有限公司的公司章程在赋予股东会对股东处以罚款职权的同时，应明确规定罚款的标准和幅度，股东会在没有明确标准和幅度的情况下处罚股东，属法定依据不足，相应决议无效。

被告祝鹃在原告安盛公司和瑞派尔公司委托记账合同关系停止后，仍作为瑞派尔公司的经办人向税务部门申请取消一般纳税人资格业务，该行为属于《安盛同业禁止规定》第一条及公司章程第三十六条第一款第(六)项的约定范畴，应认定祝鹃违反了公司章程，安盛公司股东会可以对祝鹃处以罚款。安盛公司章程第三十六条第二款所规定"罚款"是一种纯惩罚性的制裁措施，虽与行政法等公法意义上的罚款不能完全等同，但在罚款的预见性及防止权力滥用上具有可比性。而根据我国行政处罚法的规定，对违法行为给予行政处罚的规定必须公布；未经公布的，不得作为行政处罚的依据，否则该行政处罚无效。本案中，安盛公司在修订公司章程时，虽规定了股东在出现第三十六条第一款的八种情形时，股东会有权对股东处以罚款，但却未在公司章程中明确记载罚款的标准及幅度，使得祝鹃对违反公司章程行为的后果无法作出事先预料，况且，安盛公司实行"股东身份必须首先是员工身份"的原则，而《安盛员工手册》的《奖惩条例》第七条所规定的五种处罚种类中，最高的罚款数额仅为2000元，而安盛公司股东会对祝鹃处以5万元的罚款已明显超出了祝鹃的可预见范围。故安盛公司临时股东会所作出对祝鹃罚款的决议明显属法定依据不足，应认定为无效。

——《最高人民法院公报》2012年第10期

012

公司内部意思形成过程虽存在瑕疵，但对外表示行为不存在无效情形的，公司应受其表示行为的制约

关键词 | 公司内部意思 | 公司对外表示行为 | 股东会决议 | 董事会决议 |

【《最高人民法院公报》案例】

绵阳市红日实业有限公司、蒋洋诉绵阳高新区科创实业有限公司股东会决议效力及公司增资纠纷案[最高人民法院(2010)民提字第48号民事判决书]

裁判摘要：在民商事法律关系中，公司作为行为主体实施法律行为的过程可以划分为两个层次，一是公司内部的意思形成阶段，通常表现为股东会或董事会决议；二是公司对外作出意思表示的阶段，通常表现为公司对外签订的合同。出于保护善意第三人和维护交易安全的考虑，在公司内部意思形成过程存在瑕疵的情况下，只要对外的表示行为不存在无效的情形，公司就应受其表示行为的制约。

最高人民法院认为：2003年12月18日科创公司与陈木高签订的《入股协议书》系科创公司与该公司以外的第三人签订的合同，应适用合同法的一般原则及相关法律规定认定其效力。虽然科创公司2003年12月16日作出的股东会决议部分无效，导致科创公司达成上述协议的意思存在瑕疵，但作为合同相对方的陈木高并无审查科创公司意思形成过程的义务，科创公司对外达成协议应受其表示行为的制约。上述《入股协议书》是科创公司与陈木高作出的一致意思表示，不违反国家禁止性法律规范，且陈木高按照协议约定支付了相应对价，没有证据证明双方恶意串通损害他人利益，因此该协议不存在《合同法》第五十二条所规定的合同无效的情形，应属有效。《入股协议书》对科创公司新一届董事会的组成及董事长、总经理人选等公司内部事务作出了约定，但上述约定并未排除科创公司内部按照法律和章程规定的表决程序作出决定，不导致合同无效。二审法院根据《民法通则》第五十八条第一款第(五)项的规定认定该《入股协议书》无效属适用法律错误，本院予以纠正。

——《最高人民法院公报》2011年第3期

013

股东会表决过程中，股东是否滥用股东权利通过资本多数决侵害公司和其他股东利益的认定

关键词｜滥用股东权｜资本多数决｜

【最高人民法院裁判文书】

海南海钢集团有限公司与中国冶金矿业总公司、三亚渡假村有限公司损害股东利益责任纠纷案[最高人民法院(2013)民二终字第43号民事判决书]

最高人民法院认为:(二)关于中冶公司是否滥用了股东权利并由此给海钢集团造成损失的问题。

2006年10月22日,渡假村公司召开股东会,讨论了该公司与海韵公司合作开发事宜,并决定于同年11月7日之前全体股东就该事项进行书面表决。此后,公司的股东按照董事会要求进行了书面表决,其结果为:包括中冶公司在内的三家股东赞成,海钢集团等两家股东反对,另有一家股东(单位)弃权。同年11月17日,渡假村公司董事会作出《三亚渡假村有限公司股东会决议》,公布了表决结果,其称股东会以61.24%的赞成票通过了渡假村公司与海韵公司的合作开发方案。该文落款为"三亚渡假村有限公司董事会,董事长邹健",并加盖了渡假村公司的公章。其后,渡假村公司与海韵公司相继签订了《三亚渡假村合作开发协议》《补充协议》等协议,并实施了合作开发事项。本院认为,在渡假村公司股东会进行上述表决过程中,中冶公司作为该公司的股东投了赞成票,系正当行使其依法享有表决权的行为,该表决行为并不构成对其他股东权利及利益的侵害。基于全体股东的表决结果,渡假村公司董事会制定了《三亚渡假村有限公司股东会决议》,其载明:"根据公司法规定:渡假村公司股东会通过渡假村公司与海韵公司合作开发方案。"此后,双方签订了合作开发协议,并将之付诸实施。这些行为及经营活动均是以"渡假村公司董事会、董事长"名义而实施,其对内为董事会行使职权,对外则代表了"渡假村公司"的法人行为,没有证据证明是中冶公司作为股东而实施的越权行为。尽管大股东中冶公司的法定代表人邹健同时担任渡假村公司董事会的董事长,但此"双重职务身份"并不为我国《公司法》及相关法律法规所禁止,且该董事长系由渡假村公司股东会依公司章程规定选举产生,符合我国《公司法》第四十五条第三款的规定。在此情形下,渡假村公司及其股东中冶公司均为人格独立的公司法人,不应仅以两公司的董事长为同一自然人,便认定两公司的人格合一,进而将渡假村公司董事会的行为认定为中冶公司的行为,这势必造成公司法人内部决策机制及与其法人单位股东在人格关系上的混乱。此外,两公司人格独立还表现为其财产状况的独立和明晰,在没有证据证明公司与其股东之间存在利益输送的情况下,此类"董事长同一”并不自然导致“法人人格否认原理”中的“人格混同”之情形,不能据此得出中冶公司的表决行为损害了渡假村公司及其股东海钢集团利益的结论。因此,原审判决依“中冶公司利用其董事长邹健同时为渡假村公司董事长的条件和掌管渡假村公司公章的权力自行制作《三亚渡假村有限公司股东会决议》”,认定中冶公司“系滥用股东权利,并由此侵犯了海钢集团的合法权益”,没有事实和法律依据。

——最高人民法院民事审判第二庭编:《商事审判指导》总第35辑,人民法院出版社2014年版,第213~215页。

【链接:最高人民法院法官著述】

(2)应明确资本多数决行使的权利界限,资本多数决的滥用往往会涉及董事、监事等管理人员职责与股东权利的区分、公司人格混同的判定及商业判断准则的运用等诸多问题,应结合个案事实具体分析,作出审慎的认定。(3)在控股股东滥用股东权利侵害股东权利时,对其他股东的损害赔偿应综合考量损失造成的原因、公司经营状况、利润分配状况及股东自身责任等因素确定,而不宜机械地将公司直接损失与股权比例之乘积作为股东损失的计算依据。

——张颖:《资本多数决与中小股东保护的救济选择与司法适用》,载最高人民法院民事审判第二庭编:《最高人民法院商事裁判观点》总第1辑,法律出版社2015年版,第177~178页。

(二)关于公司决策机制与股东滥用权利的界限分析

通常情况下,司法尊重公司意思自治,承认公司机关的分化及公司独立人格,但出于对控股股东诚信义务的必要规范及平衡资本多数决与中小股东权益保护之切实需要,在特殊情况下,司法亦可基于“禁止资本多数决的滥用”对公司内部运行机制予以合理审慎的介入审查。资本多数决的实质为由资本所转化的股东表决多数决,当多数股东为实现自身或第三人利益,行使其基于多数股东资格的表决权或影响力损害或限制其他股东或公司利益时,应考虑其是否构成资本多数决的滥用。同时亦应意识到,“禁止资本多数决的滥用”应具备严格的适用条件,并非多数股东实施的所有对小股东可能产生不利的行为都可被认为系权利的滥用,应结合相应事实依据审慎界定。

——张颖:《资本多数决与中小股东保护:救济选择与司法适用——海

南海钢集团有限公司与中国冶金矿业总公司、三亚渡假村有限公司损害股东利益责任纠纷案》,载杜万华主编:《最高人民法院民商事案件审判指导》第3卷,人民法院出版社2015年版,第437~439页。

014

公司诉讼案件地域管辖的确定

关键词｜公司诉讼｜地域管辖｜

【最高人民法院司法解释】

第二十二条 因股东名册记载、请求变更公司登记、股东知情权、公司决议、公司合并、公司分立、公司减资、公司增资等纠纷提起的诉讼,依照民事诉讼法第二十六条规定确定管辖。

——《最高人民法院关于适用〈中华人民共和国民事诉讼法〉的解释》(2015年1月30日,法释〔2015〕5号)

第二十四条 解散公司诉讼案件和公司清算案件由公司住所地人民法院管辖。公司住所地是指公司主要办事机构所在地。公司办事机构所在地不明确的,由其注册地人民法院管辖。

基层人民法院管辖县、县级市或者区的公司登记机关核准登记公司的解散诉讼案件和公司清算案件;中级人民法院管辖地区、地级市以上的公司登记机关核准登记公司的解散诉讼案件和公司清算案件。

——《最高人民法院关于适用〈中华人民共和国公司法〉若干问题的规定(二)》(2008年5月5日最高人民法院审判委员会第1447次会议通过,根据2014年2月17日最高人民法院审判委员会第1607次会议《关于修改关于适用〈中华人民共和国公司法〉若干问题的规定的决定》修正)

【链接:最高人民法院法官著述】

公司诉讼案件由公司住所地法院管辖,便于确定管辖法院,便于公司和利害关系人参加诉讼，便于公司提供以及人民法院调查各种证据，便于送达诉讼文书，并且便于事后可能发生的强制执行。

对于公司住所地的确定，《民法通则》和《公司法》都有相应规定。《民法通则》第三十九条规定，法人以它的主要办事机构所在地为住所。《公司法》第十条规定，公司以其主要办事机构所在地为住所。而根据《公司登记管理条例》第十二条的规定，公司的住所应当在其公司登记机关辖区内，因此，公司的住所是公司注册地。对此，《公司法解释（二）》第二十四条也规定，解散公司诉讼案件由公司住所地人民法院管辖，公司住所地是指公司主要办事机构所在地，公司办事机构所在地不明确的，由其注册地人民法院管辖。

并非所有与公司有关的诉讼都属于公司诉讼，也并非都适用本条规定的公司住所地管辖规则。比如，股东与股东之间的出资违约责任纠纷、股权转让纠纷，公司与股东之间的出资纠纷等，主要属于给付之诉性质的案件，均或多或少牵涉公司。但是，该等诉讼或者属于传统的民事纠纷范畴，或者虽涉及公司法上的权利义务关系，但并不具有组织法上纠纷的性质，也不涉及多面法律关系，因此可以适用一般的民事诉讼程序进行审理和裁判。所以，对于与公司有关的诉讼是否由公司住所地管辖，要综合进行判断分析，包括纠纷是否涉及公司利益、对该纠纷的法律适用法等。

——李相波：《关于修改后〈民事诉讼法〉中有关公司诉讼案件特殊地域管辖规定的理解与适用》，载最高人民法院民事审判第二庭编：《商事审判指导》总第 31 辑，人民法院出版社 2013 年版，第 122 ~ 129 页。

编者说明

《民法总则》第六十三条进一步明确，法人以其主要办事机构所在地为住所；依法需要办理法人登记的，应当将主要办事机构所在地登记为住所。

015

法律无特别规定的情况下，股权受侵害的诉讼时效适用普通民法诉讼时效的规定

关键词 | 股权纠纷 | 诉讼时效 |

【最高人民法院答复】

江苏省高级人民法院：

你院〔2002〕苏民终字第038号文《关于中国电子进出口公司江苏公司与江苏省信息产业厅等股权纠纷一案的请示》收悉。本庭经研究，提出以下意见。

从本案卷宗材料反映的基本案情看，苏发公司的合资协议、工商登记、公司章程等文件均记载江苏省电子局（江苏省信息产业厅的前身）为苏发公司的股东。江苏省电子局实际参与了苏发公司的设立，并以自己的名义委派工作人员担任苏发公司的高级管理人员参与公司运营。如果江苏省电子局与中国电子进出口公司江苏公司之间没有明确约定一方形式投资、另一方实际投资，似可认定江苏省电子局为苏发公司30%股份的权利人。

股权关系不仅涉及纠纷当事人，而且还对公司以及其他股东甚至公司债权人等诸多主体产生影响，因股权归属产生的纠纷应及时解决。因此，在法律没有特别规定的情况下，当股权受到他人侵害时，请求法律保护的诉讼时效应适用《民法通则》第一百三十五条的规定。

以上意见，仅供参考。

——《最高人民法院对江苏省高级人民法院关于中国电子进出口公司江苏公司与江苏省信息产业厅等股权纠纷一案的请示的答复》(2002年11月15日，〔2001〕民二他字第19号)

编者说明

最高人民法院法官认为，诉讼时效制度归根结底是为了督促当事人及时行使权利，以维护社会稳定，避免权利义务关系长期处于不稳定状态。股权作为一种特殊的权利，既有物权性质，亦有债权性质，但又不同于一般的物权或债权。股权关系不仅是当事人之间的问题，它还对公司、其他股东甚至公司债权人等诸多主体产生影响；公司经营活动频繁、经济流转迅速，要求涉及公司的各当事人之间关系明确、稳定，从这个意义上说，当公司股权受到他人侵害时，请求法律保护的诉讼时效不应过长，至少不应超过《民法通则》规定的关于侵权行为的诉讼时效；关于物权请求权不受诉讼时效约束的观点，更不应适用于股权受到侵害时的情形。①

在此需要说明的是，《民法总则》第一百八十八条已将普通诉讼时效期间明确为三年。

---

① 张勇健：《投资阶段约定不明产生股权纠纷如何确定权利归属的若干问题浅析》，载李国光主编、最高人民法院民事审判第二庭编：《民商审判指导与参考》总第2卷，人民法院出版社2003年版，第145页。

二、公司主体资格

016

《企业国有资产产权登记证》具有确认企业性质与产权归属的法律效力

关键词｜产权登记证｜企业性质｜产权归属｜

【最高人民法院裁判文书】

温州新纪元教育发展有限公司与新疆维吾尔自治区畜产进出口公司、新疆维吾尔自治区商务厅案外人执行异议纠纷案[最高人民法院(2012)民二终字第69号民事判决书]

裁判要旨：根据《企业国有资产产权登记管理办法》第二条、第七条，《企业国有资产产权登记管理办法实施细则》第四条第一款的规定，《企业国有资产产权登记证》作为依法确认企业产权归属关系的法律凭证和政府对企业授权经营国有资本的基本依据，应当具有确认储运公司企业性质、产权归属的法律效力。据此，应当认定储运公司系由国家资本金拨付设立的国有独资企业，商务厅经授权代表国家履行出资人职责，储运公司相关权益应属国家所有。

最高人民法院认为：2004年12月20日，自治区国资委作出的2004第1号公告明确将储运公司纳入其监管的100家企业名单中，并由商务厅经授权代表国家行使出资人职责；2006年2月22日自治区国资委核发给储运公司的《企业国有资产产权登记证》亦反映，储运公司占有使用的为100%国有资本，而非国有法人资本；根据《企业国有资产产权登记管理办法》第二条、第七条，《企业国有资产产权登记管理办法实施细则》第四条第一款的规定，《企业国有资产产权登记证》作为依法确认企业产权归属关系的法律凭证和政府对企业授权经营国有资本的基本依据，应当具有确认储运公司企业性质、产权归属的法律效力。据此，应当认定储运公司系由国家资本金拨付设立的国有独资企业，商务厅经授权代表国家履行出资人职责，储运公司相关权益应属国家所有。本案债权债务关系成立于1997年，新纪元公司于2006年经转让获得对畜产公司的债权，其交易相对方为中国东方资产管理公司兰州办事处而非畜产公司，畜产公司的资产状况仅仅是其判断交易标的价值的权衡因素，而非其对于交易相对方的信赖内容。

因此，新纪元公司主张以工商登记内容确认畜产公司对储运公司的权益缺乏依据。况且，即使认可新纪元公司受让债权的交易是出于其对畜产公司偿债能力的信赖，且以受让债权时畜产公司资产状况为基础，即新纪元公司在受让本案债权时，储运公司未及时在登记部门办理出资人变更登记，其出资人仍显示为畜产公司，但2004年自治区国资委已以2004第1号公告对外公布将储运公司纳入其监管范围，并授权商务厅履行出资人职责，新纪元公司在受让本案债权债务时，应当知晓该公告内容，其对储运公司工商登记及年检材料中出资人系畜产公司的记载，缺乏合理信赖的基础。即便本案中因历史原因储运公司若干年度《企业法人年检报告书》显示的出资者为畜产公司，亦不影响新纪元公司在受让债权时基于自治区国资委公告对储运公司出资人状况的判断。新纪元公司未能否定自治区国资委对储运公司国有资产性质的界定，其债权的取得也不是基于针对畜产公司对外投资权益的交易行为，其对储运公司工商登记的出资人记载事项缺乏合理信赖利益。故上诉人新纪元公司关于原审认定事实有误，适用法律错误的主张，缺乏事实和法律依据，本院不予支持。

——最高人民法院民事审判第二庭编：《最高人民法院商事审判指导案例(2012)·公司与金融》，中国民主法制出版社2013年版，第347~357页。

017

企业的开办单位在出资以及转移该企业财产等方面无过错的，不应对该企业的债务承担连带赔偿责任

关键词｜企业开办单位｜过错｜连带赔偿责任｜

【最高人民法院司法解释】

广东省高级人民法院：

你院《关于审理企业开办的其他企业被撤并后的经济纠纷案件是否适用国发〔1990〕68号文规定的请示》收悉。经研究，答复如下：

一、企业开办的其他企业被撤销、歇业或者依照《企业法人登记管理条例(1988)》第二十二条规定视同歇业后，其民事责任承担问题应根据下列不同情况分别处理：

企业开办的其他企业领取了企业法人营业执照并在实际上具备企业法人条件的，根据《民法通则》第四十八条的规定，应当以其经营管理或者所有的财产

独立承担民事责任。

企业开办的其他企业已经领取了企业法人营业执照,其实际投入的自有资金虽与注册资金不符,但达到了《企业法人登记管理条例实施细则(1988)》第十五条第(七)项或者其他有关法规规定的数额,并且具备了企业法人其他条件的,应当认定其具备法人资格,以其财产独立承担民事责任。但如果该企业被撤销或者歇业后,其财产不足以清偿债务的,开办企业应当在该企业实际投入的自有资金与注册资金差额范围内承担民事责任。

企业开办的其他企业虽然领取了企业法人营业执照,但实际没有投入自有资金,或者投入的自有资金达不到《企业法人登记管理条例实施细则(1988)》第十五条第(七)项或其他有关法规规定的数额,或者不具备企业法人其他条件的,应当认定其不具备法人资格,其民事责任由开办该企业的企业法人承担。

——《最高人民法院关于企业开办的其他企业被撤销或者歇业后民事责任承担问题的批复》(1994 年 3 月 30 日,法复〔1994〕4 号)

【最高人民法院答复】

宁夏回族自治区高级人民法院:

你院〔1991〕宁经请字第 2 号《关于金光股份有限公司的主管部门是否应承担清偿责任的请示报告》及《关于强制执行金光公司南洋大厦 B 座 3 层 574 平方米房产的请示报告》收悉。经研究,答复如下:

一、金光股份有限公司是由深圳市装饰工程工业总公司申请,经深圳市人民政府批准成立的。市政府批文规定:公司为股份有限公司,注册资金为 60 万元人民币,发行股票 6 千股,其中国家股占 40%,由装饰工程工业总公司出资;集体、国外和港澳股份占 30%;私人股份 30%,由装饰工程工业总公司职工购买。1987 年 2 月 24 日经深圳市工商局批准,核发了营业执照。经你院调查核实,金光股份有限公司实有资产 58.56 万元,其中深圳市装饰工程工业总公司以固定资产办公楼房 139.87 平方米折抵股金 25.1786 万元人民币投入,超过了市政府规定的认购比例。综上所述,金光股份有限公司具有企业法人资格,深圳市装饰工程工业总公司已按规定认购了相应的股份,不应再对金光股份公司的债务承担清偿责任。

——《最高人民法院关于金光股份有限公司的主管部门是否应承担清偿责任问题的复函》[1991 年 12 月 9 日,法(经)函〔1991〕146 号]

【《最高人民法院公报》案例】

美国矿产金属有限公司与厦门联合发展(集团)有限公司债务纠纷案[最高人民法院(2004)民四终字第4号民事判决书]

裁判摘要:经国家主管部门核准登记的具有法人资格的企业,依法应当独立承担民事责任。确定该企业的开办单位是否应当对该企业的债务承担民事责任,应严格审查开办单位对该企业的出资情况以及开办单位有无抽逃该企业注册资本、有无恶意转移该企业财产等情形。开办单位在上述方面无过错的,不应对该企业的债务承担连带赔偿责任。

最高人民法院认为:《民法通则》第三十六条第一款规定:法人是具有民事权利能力和民事行为能力,依法独立享有民事权利和承担民事义务的组织。《公司法》第三条第二款规定:有限责任公司,股东以其出资额为限对公司承担责任,公司以其全部资产对公司的债务承担责任。美国矿产公司提起本案诉讼的实质是要否认联发贸易公司的公司人格。股东滥用公司人格、利用有限责任的面纱侵犯公司及其债权人利益的实质,包括转移财产、逃避债务并以其财产成立新公司,或者新公司成立后抽逃资本,或者将公司财产与股东财产混同,或者股东任意干预公司的事务使公司的经营自主权名存实亡,等等。在对公司登记的管理体制上,中国主要是通过工商行政管理部门的企业登记来确定有限责任的适用范围。凡登记为法人的企业,其设立者或者投资人只对企业的债务负有限责任。从公司管理角度看,工商行政管理部门在进行企业法人登记时,无法对所有被申请设立的企业是否具备法人条件进行实质的、严格的审查。防止有限责任被滥用,仅凭形式要件是不够的,还需要具备实质要件。从本案的实际情况看,联发贸易公司的设立过程以及注册资本的变更均经过了政府主管部门的批准,美国矿产公司并没有证据证明厦门联发公司转移财产恶意逃债的事实存在,也没有证据证明厦门联发公司有抽逃资本的事实存在。况且,美国矿产公司是在联发贸易公司成立六年后与联发贸易公司进行的贸易行为。因此,否认联发贸易公司的公司人格缺乏事实依据。

关于法复〔1994〕4号《关于企业开办的其他企业被撤销或者歇业后民事责任承担问题的批复》的问题,该批复第一条第(二)项规定"企业开办的其他企业已经领取了企业法人营业执照,其实际投入的自有资金虽与注册资金不符,但达到了《企业法人登记管理条例施行细则(1988)》第十五条第(七)项或者其他有关法规规定的数额,并且具备了企业法人其他条件的,应当认定其具备法人资格，以其财产独立承担民事责任。但如果该企业被撤销或者歇业后，其财产不足以清偿债务的，开办企业应当在该企业实际投入的自有资金与注册资金差额范围内承担民事责任”；第一条第（三）项规定“企业开办的其他企业虽然领取了企业法人营业执照，但实际没有投入自有资金，或者投入的自有资金达不到《企业法人登记管理条例施行细则（1988）》第十五条第（七）项或其他有关法规规定的数额，或者不具备企业法人的其他条件的，应当认定其不具备法人资格，其民事责任由开办该企业的企业法人承担”。究其实质，只有在开办该企业的企业法人注资不足或没有注资时，开办该企业的企业法人才在注资不足的范围内承担民事责任或承担全部民事责任。而本案并不符合上述规定的情形。

——《最高人民法院公报》2005 年第 12 期

018

股东会或股东不能以自身名义直接作为公司对外法律关系的参与者及后果的承受者

关键词｜股东｜股东会｜公司对外法律关系｜

【最高人民法院裁判文书】

武汉中恒消费电子有限公司与武汉厦华中恒电子有限公司、厦门华侨电子股份有限公司承包经营合同纠纷案[最高人民法院（2005）民二终字第 90 号民事判决书]

最高人民法院认为：股东会对公司的经营方针进行决策，必须按照法律和公司章程的规定进行议事和表决，其决议也只能以股东会的名义作出，而不能以某个股东的名义作出和发布，股东仅享有出资比例的表决权。公司一经注册成立，便拥有自己独立的财产与独立的人格，其可以独立对外实施民事行为，承担民事责任。而股东仅是以投入到公司的财产对公司的债务承担有限责任。且经营方针的实施也只能以公司法人本身的名义进行，公司的股东会或股东本身并不能以自身的名义直接作为公司对外法律关系的参与者及后果的承受者。因此，当事人主张签订合同时有股东代表的签字便让该公司承担责任，人民法院不予支持。

——最高人民法院民事审判第二庭编：《最高人民法院商事审判指导

案例·合同卷》，中国法制出版社2011年版，第625~626页。

019

商业银行分支机构越权从事民事活动，不能对抗善意第三人

关键词 | 商业银行分支机构 | 越权行为 | 善意第三人 |

【最高人民法院裁判文书】

中国工商银行内蒙古自治区通辽分行与通辽市科尔沁区工商农村信用合作社借款合同纠纷案[最高人民法院(2005)民二终字第210号民事判决书]

最高人民法院认为：国有商业银行对其分支机构实行授权授信制，在授权范围内，其分支机构可以以自己的名义对外独立从事民事活动，其是否越权属于内部关系，不能对抗善意第三人。通辽工行并无充分证据证明工商信用社在签订《还款协议》时存在恶意，故通辽工行关于其超越职权签订《还款协议》、该协议无效的上诉理由不能成立，本院不予支持。

——最高人民法院民事审判第二庭编：《民商事审判指导》总第9辑，人民法院出版社2006年版，第240页。

020

分支机构于公司法人变更过程中是否注销，不影响公司基于法人行使其分支机构所享有的权利、承担其所负有的义务

关键词 | 公司分支机构 |

【《最高人民法院公报》案例】

泛华工程有限公司西南公司与中国人寿保险(集团)公司商品房预售合同纠纷案[最高人民法院(2005)民一终字第85号民事判决书]

裁判摘要：根据《公司法(1993)》第十三条的规定，公司可以设立分公

司，分公司不具有企业法人资格，其民事责任由公司承担。因此，公司分支机构于公司法人变更过程中是否已实际经工商部门注销完毕，不影响公司基于独立法人资格行使其分支机构所享有的民事权利、承担其分支机构所负有的民事义务。

最高人民法院认为：本案所涉《商品房预售（预购）合同》的一方签约主体为中保人寿重庆分公司。该公司系属中保人寿保险有限公司设立的分公司。1999年3月22日，经中国保险监督管理委员会批准，中保人寿保险有限公司更名为中国人寿保险公司，随之，作为中保人寿保险有限公司分公司的中保人寿重庆分公司亦于同年4月20日变更公司名称为中国人寿重庆分公司。2003年7月8日，中国人寿保险公司再次更名为人寿（集团）公司。上述事实表明，人寿（集团）公司与本案签约主体中保人寿重庆分公司的总公司中保人寿保险有限公司仅为变更前后公司名称的差异，实系同一法人。人寿（集团）公司变更设立后，中国人寿重庆分公司虽未因之变更相应名称，但2004年7月14日，人寿（集团）公司向重庆市工商行政管理局出具《关于注销原中国人寿重庆市分公司及其所属分支机构的函》，申请注销中国人寿重庆分公司，同时表明原中国人寿重庆分公司及所属分支机构的相关债权债务由该公司承担。人寿（集团）公司申请注销中国人寿重庆分公司的行为，属公司基于经营发展需要对其分支机构的变更调整。根据《公司法》第十三条的规定，公司可以设立分公司，分公司不具有企业法人资格，其民事责任由公司承担。因此，公司分支机构于法人变更过程中是否已实际经工商注销完毕，不影响公司基于独立法人性质行使对其分支机构所享有的民事权利和民事义务。人寿（集团）公司于本案中以原告身份向泛华公司主张《商品房预售（预购）合同》项下的合同权利符合法律规定。泛华公司上诉提出的截至2005年5月18日，中国人寿重庆分公司未办理注销手续，仍为合法存续的法人分支机构，人寿（集团）公司不具备合法诉讼主体资格，无权提起本案诉讼的主张，与事实不符，亦无法律根据。一审判决认为人寿（集团）公司属于本案适格原告，认定事实及适用法律正确，予以维持。

——《最高人民法院公报》2008年第2期

021

公司分支机构依法设立、具有一定的运营资金和行为能力，具有诉讼主体资格

关键词｜公司分支机构｜诉讼主体资格｜

【最高人民法院司法解释】

第五十二条 民事诉讼法第四十八条规定的其他组织是指合法成立、有一定的组织机构和财产,但又不具备法人资格的组织,包括:

……

(五)依法设立并领取营业执照的法人的分支机构;

(六)依法设立并领取营业执照的商业银行、政策性银行和非银行金融机构的分支机构;

……

——《最高人民法院关于适用〈中华人民共和国民事诉讼法〉的解释》(2015 年 1 月 30 日,法释〔2015〕5 号)

【《最高人民法院公报》案例】

天同证券公司与健康元公司、天同证券深圳营业部证券合同纠纷案[最高人民法院(2005)民二终字第 160 号民事裁定书]

最高人民法院认为:天同证券深圳营业部系天同证券的分支机构,虽不是法人,但其依法设立并领有工商营业执照,具有一定的运营资金和在核准的经营范围内开展证券交易等业务的行为能力,属于《民事诉讼法》规定的其他组织,可以作为民事诉讼的当事人。

——《最高人民法院公报》2006 年第 6 期

【链接：最高人民法院法官著述】

《人民司法》研究组认为:2005 修订的《公司法》第十四条规定,有限责任公司可以设立分公司,分公司不具有法人资格,其民事责任由公司承担。《民事诉

讼法》第四十九条、最高人民法院《民诉法意见》第四十条第(五)项规定,法人依法设立并领取营业执照的分支机构可以作为独立的民事诉讼主体。这些规定并不矛盾,《公司法》的规定解决的是实体民事责任的最终承担问题,而《民事诉讼法》规定的是诉讼主体资格问题。有限责任公司的分公司依法设立,并领取营业执照,又有自己的财产,可以独立参加民事诉讼,以方便诉讼。对此,最高人民法院其他司法解释也持此种态度。当然,分公司参加诉讼,但最终的民事权利义务实际上由有限责任公司享有和承担。

——《人民司法》2007 年第 1 期

022

分公司与公司之间有关权利义务及责任划分的内部约定，不具公示效力，不能对抗第三人

关键词｜分公司｜内部约定｜对抗第三人｜

【最高人民法院司法解释】

78. 被执行人为企业法人的分支机构不能清偿债务时,可以裁定企业法人为被执行人。企业法人直接经营管理的财产仍不能清偿债务的,人民法院可以裁定执行该企业法人其他分支机构的财产。

若必须执行已被承包或租赁的企业法人分支机构的财产时,对承包人或承租人投入及应得的收益应依法保护。

——《最高人民法院关于人民法院执行工作若干问题的规定(试行)》(1998 年 7 月 8 日,法释〔1998〕15 号)

【《最高人民法院公报》案例】

李建国与孟凡生、长春圣祥建筑工程有限公司等案外人执行异议之诉案［最高人民法院(2016)最高法民再 149 号民事判决书］

裁判摘要:一、法律规则是立法机关综合衡量取舍之后确立的价值评判标准,应当成为司法实践中具有普遍适用效力的规则,除非法律有特别规定,否则

在适用时不应受到某些特殊情况或者既定事实的影响。

二、分公司的财产即为公司财产,分公司的民事责任由公司承担,这是《公司法》确立的基本规则。以分公司名义依法注册登记的,即应受到该规则调整。至于分公司与公司之间有关权利义务及责任划分的内部约定,因不足以对抗其依法注册登记的公示效力,进而不足以对抗第三人。

最高人民法院认为:(一)建和分公司系圣祥公司的分支机构,其与圣祥公司之间的关系应当受到《公司法》规定的调整。《公司法》第十四条第一款规定:“公司可以设立分公司。设立分公司,应当向公司登记机关申请登记,领取营业执照。分公司不具有法人资格,其民事责任由公司承担。”根据以上规定,分公司的财产属于公司所有,分公司对外进行民事活动所产生的民事责任由公司承担。《关于人民法院执行工作若干问题的规定(试行)》第七十八条第一款亦规定,被执行人为企业法人的分支机构不能清偿债务时,可以裁定企业法人为被执行人。同理,当被执行人为企业法人时,如果不能执行该企业法人分支机构的财产,将有违权利义务对等原则。

根据已查明的事实,圣祥公司之前身东亚公司于2006年3月17日向长春市工商行政管理局申请设立分支机构建和分公司。2006年3月24日,长春市工商行政管理局颁发了建和分公司营业执照,经营范围为在所隶属的公司经营范围内,从事工程承包经营,其民事责任由所属的公司承担。建和分公司作为圣祥公司的分公司在工商行政管理机关依法注册登记,圣祥公司与建和分公司之间即形成法律上的公司与分公司之间的关系,应当受到《公司法》所确立的公司与分公司之间各项规则的调整。具体表现为:分公司的财产即为公司财产,分公司的民事责任由公司承担。本院同时注意到,本案再审申请人孟凡生申请执行一案的起因即是其与祥泽分公司之间的买卖合同纠纷,该判决因祥泽分公司系圣祥公司的分公司,据此判令圣祥公司承担债务责任并进而执行圣祥公司的财产。李建国在庭审中陈述,圣祥公司多个分公司经营模式基本相同,即以注册成立分公司的形式利用圣祥公司资质承揽建筑工程。在此情形下,对于一个分公司的民事行为适用《公司法》关于公司与分公司之间的规则判令公司承担责任,而对于另一个分公司如不适用该规则而使其免除责任,将有违权利义务对等原则以及法律适用的统一性。

(二)李建国提出的其与圣祥公司关于建和分公司经营模式的内部约定,不具有对抗第三人的法律效力。如前所述,建和分公司作为圣祥公司的分公司在工商行政管理机关依法注册登记,应当受到《公司法》既有规则的调整。无论当时圣祥公司与建和分公司内部如何约定双方之间的权利义务关系及责任划分标准,该约定内容均不足以对抗其在工商行政管理机关依法注册登记的公示效力,进而不足以对抗第三人。建和分公司、李建国如认为其为圣祥公司承担责任有违其与圣祥公司之间的内部约定,可与圣祥公司协商解决。

既然建和分公司系圣祥公司的分支机构,而案涉争议款项又在建和分公司银行账户内,故该笔款项在法律上就是圣祥公司的财产。在对圣祥公司强制执行时,如未出现法定的可以不予执行之情形,人民法院可以执行该笔款项。

……

综上所述,建和分公司系圣祥公司的分支机构,建和分公司账户内的案涉争议款项在法律上即为圣祥公司的财产。建和分公司与圣祥公司之间的内部承包合同,不具有对抗第三人的法律效力,亦不应包括在《关于人民法院执行工作若干问题的规定(试行)》第七十八条规定的承包经营之列。原判决适用《关于人民法院执行工作若干问题的规定(试行)》第七十八条的规定,认定案涉争议款项系李建国个人财产,适用法律错误,应予纠正。李建国对案涉争议款项提出的异议,不足以阻却人民法院的强制执行。

——《最高人民法院公报》2017 年第 2 期

023

法定代表人以个人名义委托他人处理其在公司中全部事务的法律效力只能约束本人而不能约束公司

关键词｜法定代表人｜委托代理｜

【最高人民法院裁判文书】

北京中裕安泰能源投资有限公司、吉林市裕华盛世商品批发城有限公司与吉林市荣德汽贸有限责任公司合同纠纷上诉案(最高人民法院民事判决书)

法理提示:公司法定代表人对外执行公司事务的行为是为了公司利益,而非其个人利益,故应以公司名义进行,其行为效力约束的是公司而非法定代表人个人。但是,当公司法定代表人以个人名义而非公司名义委托他人处理其在公司中的全部事务时,应理解为该行为仍属于个人之间的委托代理,其法律后果应由其个人承担,而不宜直接认定为他人因此已经得到公司授权代表公司对外从事法律行为并且由公司承担相关法律后果。

最高人民法院认为:(二)关于《补充协议》是否对荣德公司有约束力的问题。

一审法院认为,《补充协议》是张成、韩荣举等人就转让裕华煤矿股权一事达成的补充协议,荣德公司并非该煤矿的股东,该转让股权行为与荣德公司并无法律关系。韩荣举不能同时既以个人身份,又以荣德公司代理人或代表人的身份签订该《补充协议》,为其个人利益而给荣德公司设定义务。荣德公司出示的授权委托文书表明,韩荣举仅有权代表荣德公司"洽谈处理企业兼并及公证事宜"。对此,中裕公司、裕华公司和作为裕华公司的法定代表人的张成都是知晓的。韩荣举超越荣德公司的授权范围签订《补充协议》,既不能认定为是对荣德公司的代理行为,也不能认定是对荣德公司的代表行为,故《补充协议》对荣德公司不产生法律效力。中裕公司、裕华公司上诉认为,《补充协议》的主要内容都是对《合作协议书》的补充。韩梅出具的《委托公证书》明确认可了韩荣举为公司实际控制人的身份和权利。一审法院既已认为韩荣举签订《合作协议书》构成表见代理,且在后来韩梅的授权中追认了对韩荣举的授权同时,却又认定其后来所签的《补充协议》反而不构成表见代理,于法无据。韩荣举是荣德公司实际控制人,有权签订《合作协议书》。而且《委托公证书》也具有事后追认效力。基于上述事实,韩荣举同样有权签订《补充协议》。因此,《补充协议》应对荣德公司产生约束力。

对中裕公司、裕华公司的该主张,最高人民法院不予支持。

(1)韩荣举签订《合作协议书》的行为不构成表见代理。中裕公司、裕华公司认为韩荣举有权代表荣德公司签订《合作协议书》的主要理由是韩荣举与韩梅是父女关系,曾是荣德公司的董事长和总经理,属于荣德公司实际控制人。韩梅出具的《委托公证书》对韩荣举签署《合作协议书》进行了追认。不管签订协议时韩荣举是否有权,当事人均以实际行为对《合作协议书》进行了有效履行。因此,即便韩梅的委托授权存在瑕疵,韩荣举的行为也构成表见代理。一审法院也认为韩荣举签订《兼并协议》,荣德公司同意中裕公司借其房屋注册成立裕华公司,并对施工队给予配合等行为,使中裕公司、裕华公司有理由相信韩荣举有代理权。从本案二审查明事实可知,上述观点均不能成立。首先,荣德公司与韩荣举是各自独立的民事主体,韩荣举代表荣德公司签订的《合作协议书》有效的前提是有荣德公司的授权。韩荣举与荣德公司法定代表人韩梅的父女关系以及在签订《合作协议书》前曾担任荣德公司董事长的经历,并不能当然得出其在签订《合作协议书》时，是该公司实际控制人且有权代表荣德公司的结论；其次，韩梅出具的《委托公证书》并未对韩荣举签订《合作协议书》的行为进行事后追认。一般而言，授权他人处理某项事宜，往往针对的是尚未发生的事项，也即授权发生在被代理行为发生之前。即便要通过授权对他人在得到授权之前代表自己的行为进行追认，也应有对他人之前行为进行追认的明确意思表示。本案中，案涉《委托公证书》出具时间为2007年5月下旬，晚于《合作协议书》的签订时间2007年3月。而且，案涉《委托公证书》主要内容为"委托韩荣举先生全权处理本人在国内的吉林省吉林市荣德汽贸商场有限公司的全部事项"。从文义而言，该内容并无对韩荣举之前签订《合作协议书》行为予以追认的意思表示。而从随后不到20天即由韩荣举代表荣德公司与裕华公司签订《兼并协议》可知，韩梅出具案涉《委托公证书》的意图与韩荣举代表荣德公司处理兼并事宜关联更大。再次，裕华公司为荣德公司垫付工程款、借款和土地出让金及签订相关施工合同的行为与履行《合作协议书》并无直接关联。根据《合同法》第四十九条"行为人没有代理权、超越代理权或者代理权终止后以被代理人名义订立合同，相对人有理由相信行为人有代理权的，该代理行为有效"之规定，构成表见代理至少应具备两个要件：一是具有足以使相对人相信行为人有代理权的外观事实；二是该外观事实应在签订合同时已经具备，并成为相对人决定是否签订合同的重要参考。从2011年2月14日，一审的庭前交换证据笔录记载可知，中裕公司、裕华公司为证明其已开始履行《合作协议书》提供了第三组和第四组证据。第三组证据拟证明裕华公司为荣德公司垫付了工程款、借款和土地出让金。第四组证据拟证明裕华公司为完成案涉建设工程，签订了施工合同等相关协议。但上述第三组证据、第四组证据所涉事项发生在《合作协议书》签订之后，不会影响裕华盛世公司对韩荣举是否有权代表荣德公司签订《合作协议书》的判断。而且，与荣德公司签订《合作协议书》《兼并协议》的分别是裕华盛世公司、裕华公司。两家公司是各自独立的法人，具有独立民事主体资格。根据合同相对性原则，在没有证据证明裕华公司是替裕华盛世公司履行《合作协议书》中义务的情形下，裕华公司的上述行为不能被看作是裕华盛世公司的行为。进而，荣德公司即便知道裕华公司上述行为而不表示反对意见，也不能被认为是认可了韩荣举与裕华盛世公司签订的《合作协议书》。最后，张成与荣德公司签订的《借房协议》不足以证明韩荣举有权代表荣德公司签订《合作协议书》。签订《借房协议》的时间在2007年3月7日，晚于《合作协议书》签订时间，且约定的是荣德公司将吉林市船营区越山路177号房屋无偿借给张成使用，张成并未表明是代表中裕公司或裕华公司,也未明确该房作为裕华公司营业场所。故不能由此得出荣德公司追认了韩荣举代表荣德公司签署的《合作协议书》效力。由上,既然韩荣举代表荣德公司签订《合作协议书》的行为不构成表见代理,那么《合作协议书》就不能对荣德公司产生约束力。

——最高人民法院民事审判第一庭编:《民事审判指导与参考》总第52辑,人民法院出版社2013年版,第165~180页。

024

法定代表人以公司财产偿还其个人及其控制的公司的债务,属违反忠实义务的无权代表行为,应当认定无效

关键词|法定代表人|忠实义务|无权代表|

【最高人民法院裁判文书】

宁波绣丰彩印实业有限公司与浙江杭州湾汽配机电市场经营服务有限公司、慈溪逍新投资咨询有限公司、慈溪逍新汽配贸易有限公司、慈溪市一得工贸有限公司、孙跃生合同纠纷案[最高人民法院(2012)民提字第208号民事判决书]

最高人民法院认为:关于孙跃生以机电公司名义签订协议的效力。《公司法(2005)》第一百四十八条规定:“董事、监事、高级管理人员应当遵守法律、行政法规和公司章程,对公司负有忠实义务和勤勉义务。董事、监事、高级管理人员不得侵占公司的财产。”法定代表人不得利用职权,以公司财产为其个人偿还债务,是公司法规定的忠实义务的基本要求,不论公司章程是否作出特别规定。本案孙跃生私刻公章,以机电公司财产偿还其个人及个人控制的一得公司的债务,属于违反法定忠实义务的无权代表行为。

关于孙跃生无权代表行为的对外效力。《合同法》第五十条规定:“法人或者其他组织的法定代表人、负责人超越权限订立的合同,除相对人知道或者应当知道其超越权限的以外,该代表行为有效。”相对人是否知道或者应当知道法定代表人越权,应当结合法律规定、交易的性质和金额以及具体交易情境予以综合判定。假定孙跃生作为法定代表人以机电公司名义转让房产,绣丰公司向机电公司支付相应转让款,此属于公司正常的经营活动,即使机电公司内部章程对孙

跃生代表权有限制性规定,也不具有对抗外部相对人的效力。然而本案所涉的协议条款使机电公司只承担巨额债务而不能获得任何对价,不属于公司正常的经营活动,且孙跃生同时代表公司和个人签约,行为后果是将公司利益转移给个人,具有明显地超越代表权的外观。《公司法》第十六条第二款规定:“公司为公司股东或者实际控制人提供担保的,必须经股东会或者股东大会决议。”该条款说明公司法对关联担保这种无对价的特殊交易,对代表权做了限制性规定,必须经股东会同意。为股东及法定代表人清偿债务的性质较关联担保更为严重,公司直接对外承担债务而不能取得经营利益,如未经股东会同意,将构成侵占公司财产的行为。绣丰公司知晓机电公司由几名股东组成,并专门聘请律师草拟协议,在孙跃生不能提供股东会同意证明的情形下,绣丰公司根据协议内容理应知道孙跃生的行为不是为机电公司经营活动所从事的职务行为,而是违反公司法强制性规定的侵占公司财产行为。绣丰公司以协议和委托书加盖了机电公司公章为由主张善意信赖孙跃生代表权的理由不能成立。综合考虑本案的交易过程和事实,绣丰公司应当知道孙跃生的签约超越代表权限,绣丰公司不属于《合同法》第五十条保护的善意相对人,浙江高院认定孙跃生代表行为无效、房地产转让协议不能约束机电公司并无不当。机电公司对本案协议的签订并不知情,对孙跃生私刻公章的行为也不具有管理上的失职,绣丰公司要求机电公司依据房地产转让协议承担责任的诉请于法无据,本院不予支持。

——中国裁判文书网,http://wenshu.court.gov.cn。

025

公司董事会决议虽未标明为授权委托书,但内容已体现出授权委托的意思表示,应当认定公司已作出委托行为

关键词|董事会决议|授权委托|

【《最高人民法院公报》案例】

巴菲特投资有限公司与上海自来水投资建设有限公司股权转让纠纷上诉案(上海市第二中级人民法院民事判决书)

上海市第二中级人民法院一审认为:根据《民法通则》第六十五条的规定,

对于民事法律行为的委托代理，既可以书面形式，也可以口头形式。本案所争议的被告自来水公司形成的董事会决议，虽然未标明为“授权委托书”，但其内容已体现出授权委托的意思表示，符合授权委托的基本要素。尽管自来水公司在授权时未以“授权委托书”形式出现，但自来水公司的董事会决议无论在程序还是内容方面，均无违反法律法规和公司章程的规定，依法应认定自来水公司已全权委托第三人上海水务公司办理转让讼争股权的事宜。况且，自来水公司在事后的函件中承认曾委托上海水务公司办理股权变更事宜。现自来水公司以该决议只是一份公司内部文件，董事会超越职权，以及股东会事后不予追认等理由否认其授权效力，缺乏事实依据和法律依据。上海水务公司以自己名义在自来水公司授权范围内与原告巴菲特公司签订的股权转让协议，已载明上海水务公司与自来水公司之间有委托代理关系，根据《合同法》第四百零二条的规定，该协议可以直接约束自来水公司。根据《合同法》第四百零三条第二款的规定，因自来水公司的原因对巴菲特公司不履行合同义务的，巴菲特公司有权选择自来水公司或者上海水务公司主张权利。因此，自来水公司与巴菲特公司在本案中构成股权转让关系。巴菲特公司起诉要求自来水公司履行股权转让协议，在程序上并无不当。同理，自来水公司反诉要求确认股权转让协议无效，在程序上亦无不当。

——《最高人民法院公报》2010 年第 4 期

026

受让人通过股权转让取得公司全部股权，成为法定代表人，并依法进行了工商登记，有权代表公司对外签署协议

关键词｜股权转让｜法定代表人｜有权代表｜

【最高人民法院裁判文书】

刘聿、宗勇与金守红、天津市津通房地产开发有限公司、天津市小客车修理厂、天津市交通（集团）有限公司确认合同无效纠纷案［最高人民法院（2013）民二终字第 8 号民事判决书］

最高人民法院认为：认定 9 · 20 协议的效力，最核心的问题是金守红是否有

权代表津通公司对外签订协议。津通公司作为独立法人，是与其全体股东和管理人员相互分离的实体，独立享有权利和承担义务。刘聿、宗勇依据其与金守红、天津市银翔经济发展中心签订的《股权转让框架合同》，将其持有的津通公司股权转让给金守红，使公司股东、表意机构、公司资产发生了相应的变更，但这并不影响津通公司作为独立法人存在。9·20 协议是交通集团、津通公司与小客车厂就案涉 51 号宗地地上建筑物及其他附着物的拆迁等事宜签署的协议。2002 年 4 月 10 日，刘聿代表津通公司与天津市规划和国土资源管理局签订《天津市国有土地使用权出让合同》，约定由津通公司受让案涉 51 号宗地土地使用权，并完成拆迁工作和承担所需费用。刘聿、宗勇与金守红签订的《股权转让框架合同》第 2.2.10 条约定，拆迁款的支付条件为刘聿、宗勇已“以津通公司的名义”与该地块上的所有被拆迁人达成拆迁合同。由此可见，承担拆迁工作、签订拆迁合同的主体为津通公司。在 9·20 协议签署之前，金守红已经取得津通公司全部股权，是津通公司的法定代表人，并依法进行了工商登记。因此，金守红有权代表津通公司对外签署 9·20 协议。

——最高人民法院民事审判第二庭编：《最高人民法院商事审判指导案例（2014）》，中国民主法制出版社 2015 年版，第 35 ~ 44 页。

027

公司法人提起诉讼与自然人不同，必须由公司法定代表人进行

关键词 | 公司诉讼 | 法定代表人 |

【最高人民法院裁判文书】

冯光成、华夏银行股份有限公司杭州和平支行与青海碱业有限公司损害公司利益责任纠纷申请再审案[最高人民法院（2014）民提字第 145 - 1 号民事裁定书]

最高人民法院认为：根据我国《公司法》的规定，在董事给公司造成损失的情况下，公司可以作为原告起诉董事。但在董事长作为公司法定代表人给公司造成损失的情况下，由于《民事诉讼法》第四十八条第二款规定，只有法定代表人才能代表公司进行诉讼，因此，不会出现法定代表人代表公司起诉法定代表人

的情况发生。为此,《公司法》第一百五十一条专门进行规范。根据该条的规定,当出现董事长作为法定代表人给公司造成损失的情况时,符合条件的股东可以书面请求监事会或者不设监事会的有限责任公司的监事向人民法院提起诉讼。监事会、不设监事会的有限责任公司的监事收到股东书面请求后拒绝提起诉讼,或者自收到请求之日起三十日内未提起诉讼,或者情况紧急、不立即提起诉讼将会使公司利益受到难以弥补的损害的,股东有权为了公司的利益以自己的名义直接向人民法院提起诉讼。本案中,青海碱业的股东没有书面请求监事会起诉冯光成,公司股东也没有起诉冯光成,青海碱业是以自己的名义起诉其法定代表人冯光成的。对此,再审申请人提出异议,认为青海碱业的起诉未经公司股东会、监事会同意,不是青海碱业的真实意思表示,其原告主体资格不适格。原审法院认为,本案是因公司高管侵害公司利益而提起的诉讼,青海碱业股东会、监事会出现僵局,冯光成作为公司法定代表人不能主动停止侵害公司的行为,青海碱业即成为当然的诉讼主体。本院认为,根据我国法律规定,青海碱业作为法人提起诉讼,与自然人不同,必须由公司法定代表人进行。本案中,青海碱业的起诉状虽加盖有青海碱业的公章,但该起诉行为没有经过法定代表人同意,没有经过股东会讨论通过,公司股东也没有请求监事会起诉冯光成,故青海碱业起诉状上的公章和授权委托书上的公章皆非青海碱业的法定代表人或股东会同意加盖,不能认定为是青海碱业的意思表示。青海碱业的"代理人"的授权委托取得不合法,青海碱业的"代理人"无权代理本案诉讼,其以青海碱业名义提起的诉讼不能认定为是青海碱业的意思表示,因此,本案的起诉既不符合《民事诉讼法》第四十八条第二款的规定,也不符合《公司法》第一百五十一条的规定,应予驳回。

——中国裁判文书网,http://wenshu.court.gov.cn。

青海碱业有限公司与冯光成、华夏银行股份有限公司杭州和平支行一般损害公司权益纠纷案[最高人民法院(2014)民提字第144-1号民事裁定书],青海碱业有限公司与宁波市康盛投资有限公司、冯光成一般损害公司权益纠纷案[最高人民法院(2014)民提字第143-1号民事裁定书],青海碱业有限公司与中国银行股份有限公司绍兴县支行、冯光成一般损害公司权益纠纷案[最高人民法院(2014)民提字第142-1号民事裁定书],青海碱业有限公司与中国工商银行股份有限公司绍兴分行、冯光成一般损害公司权益纠纷案[最高人民法院(2014)民提字第141-1号民事裁定书],青海碱业有限公司与中国东方资产管

理公司杭州办事处、冯光成一般损害公司权益纠纷案[最高人民法院(2014)民提字第140－1号民事裁定书]，冯光成、中国民生银行股份有限公司杭州分行等与青海碱业有限公司损害公司利益责任纠纷申请再审案[最高人民法院(2014)民提字第132－1号民事裁定书]，青海碱业有限公司与冯光成、绍兴银行股份有限公司一般损害公司权益纠纷案[最高人民法院(2014)民提字第131－1号民事裁定书]，冯光成、绍兴银行股份有限公司等与青海碱业有限公司与公司有关的纠纷申请再审案[最高人民法院(2014)民提字第130－1号民事裁定书]，冯光成、绍兴银行股份有限公司等与青海碱业有限公司损害公司利益责任纠纷申请再审案[最高人民法院(2014)民提字第129－1号民事裁定书]，冯光成、中信银行股份有限公司宁波分行等与青海碱业有限公司损害公司利益责任纠纷申请再审案[最高人民法院(2014)民提字第128－1号民事裁定书]，冯光成、中国建设银行股份有限公司绍兴支行等与青海碱业有限公司损害公司利益责任纠纷申请再审案[最高人民法院(2014)民提字第127－1号民事裁定书]，青海碱业有限公司与上海浦东发展银行股份有限公司绍兴分行、冯光成一般损害公司权益纠纷案[最高人民法院(2014)民提字第123－1号民事裁定书]，冯光成、华夏银行股份有限公司杭州高新支行等与青海碱业有限公司损害公司利益责任纠纷申请再审案[最高人民法院(2014)民提字第122－1号民事裁定书]，青海碱业有限公司与上海银行股份有限公司宁波分行、冯光成一般损害公司权益纠纷案[最高人民法院(2014)民提字第121－1号民事裁定书]，冯光成、青海碱业有限公司损害公司利益责任纠纷申请再审案[最高人民法院(2014)民提字第120－1号民事裁定书]，冯光成、绍兴凯盛国际贸易有限公司等与青海碱业有限公司损害公司利益责任纠纷申请再审案[最高人民法院(2014)民提字第119－1号民事裁定书]，冯光成、浙江凌达实业有限公司等与青海碱业有限公司损害公司利益责任纠纷申请再审案[最高人民法院(2014)民提字第118－1号民事裁定书]

以上裁判理由与前引裁判文书基本一致(略)。

——中国裁判文书网，http://wenshu.court.gov.cn。

028

公司股东、表意机构或资产发生变更，不影响公司作为独立法人存在

关键词｜公司变更｜

【最高人民法院裁判文书】

刘聿、宗勇与金守红、天津市津通房地产开发有限公司、天津市小客车修理厂、天津市交通(集团)有限公司确认合同无效纠纷案[最高人民法院(2013)民二终字第8号民事判决书]

裁判要旨:公司作为独立法人,是与其全体股东和管理人员相互分离的实体,独立享有权利和承担义务。公司股东、表意机构、公司资产发生变更,并不影响公司作为独立法人存在,不影响公司对外所签署的协议的效力。

——最高人民法院民事审判第二庭编:《最高人民法院商事审判指导案例(2014)》,中国民主法制出版社2015年版,第35~44页。

三、公司设立纠纷

029

设立中的公司具备司法拍卖竞买人资格

关键词｜设立中公司｜司法拍卖｜竞买人｜

【最高人民法院司法解释】

第三条 发起人以设立中公司名义对外签订合同，公司成立后合同相对人请求公司承担合同责任的，人民法院应予支持。

公司成立后有证据证明发起人利用设立中公司的名义为自己的利益与相对人签订合同，公司以此为由主张不承担合同责任的，人民法院应予支持，但相对人为善意的除外。

——《最高人民法院关于适用〈中华人民共和国公司法〉若干问题的规定（三）》（2010 年 12 月 6 日最高人民法院审判委员会第 1504 次会议通过，根据 2014 年 2 月 17 日最高人民法院审判委员会第 1607 次会议《关于修改关于适用〈中华人民共和国公司法〉若干问题的规定的决定》修正）

【最高人民法院答复】

安徽省高级人民法院：

你院（2013）皖执他字第 00146 号《关于司法拍卖程序中竞买人资格审查问题的请示报告》收悉。经研究，答复如下：

设立中公司虽然不具有法人资格，但是可以从事设立公司所必需的民事行为。发起人为设立中公司购买财产，并以设立中公司名义参与司法拍卖的，不应仅以竞买人是设立中公司为由否定司法拍卖的效力。

——《最高人民法院〔2014〕执他字第 4 号函》（2014 年 4 月 9 日）

【链接：最高人民法院法官著述】

设立中公司应具有一定的法律人格，可将其视为准民商事法律主体，享有有限的法律人格，可以从事在法律上和经济上以公司设立和开业准备为目的所必需的行为。按照公司法司法解释的规定，发起人为设立公司而采取的行为，法律后果归属于设立中公司。公司成立时，此法律后果再由设立中公司转归成立后的公司；公司不能成立时，发起人对设立中公司的债务负连带责任，但在责任顺序上，设立中公司负第一顺序的责任。

最近，我国已经将设立公司的注册资本制改为注册资本认缴制，这大大降低了设立公司的门槛，使设立公司本身成了一件很容易的事情，原来由于公司设立不成功而使之前发起人为设立公司而做出的各种行为产生法律纠纷的可能性也随之大大降低。在法规已经明确，成立后的公司要为公司设立过程中发起人的行为承担责任的情况下，就更加不宜以公司尚未成立而否定设立公司过程中行为的法律效力。

——谷峻杰：《设立中的公司是否具备司法拍卖竞买人资格之探讨》，载江必新、刘贵祥主编，最高人民法院执行局编：《执行工作指导》总第52辑，人民法院出版社2015年版，第93～95页。

030

未申请办理设立公司的审批及国有资产产权登记等手续，属于公司设立不规范，不能据此否定设立公司资产的国有属性

关键词｜公司设立｜国有资产产权登记｜

【最高人民法院裁判文书】

乔连生与蚌埠日报社股权转让合同纠纷案［最高人民法院（2014）民申字第175号民事裁定书］

最高人民法院认为：（一）关于兴文公司资产性质的认定问题。

兴文公司是蚌埠日报社独资公司，资产来源于蚌埠日报社的现金投入。蚌

埠日报社是蚌埠市委直属事业单位，为正县级建制，其资产纳入行政事业单位资产进行管理。依据财政部令第三十六号《事业单位国有资产管理暂行办法》等相关规定，行政事业单位资产依法属于国有资产。蚌埠日报社利用国有资产独资设立兴文公司，不发生资产性质的改变，再结合处分兴文公司资产须经蚌埠市财政局批准、乔连生与蚌埠日报社也约定“按国有资产处置有关规定整体收购兴文公司”的情况，应认定兴文公司资产属于国有资产，本案二审判决对兴文公司资产性质的认定有事实和法律依据。蚌埠日报社未向有关行政部门申请办理投资设立兴文公司的审批手续以及兴文公司未办理国有资产的产权登记等问题，属于公司设立不规范的问题，并不能据此否定兴文公司资产的国有属性。国有独资公司属于一人有限责任公司，兴文公司注册登记为一人有限责任公司而不是国有独资公司的事实，不能证明该公司的资产不属于国有资产。因此，乔连生关于兴文公司资产不属于国有资产的申请再审主张和理由不成立。

——杜万华主编、最高人民法院民事审判第一庭编：《民事审判指导与参考》总第 62 辑，人民法院出版社 2016 年版，第 201 ~211 页。

031

公司设立行为人应具备为设立公司签署公司章程、认购出资或者股份以及履行公司设立职责等特征

关键词｜公司设立｜设立行为人｜

【最高人民法院司法解释】

第一条 为设立公司而签署公司章程、向公司认购出资或者股份并履行公司设立职责的人，应当认定为公司的发起人，包括有限责任公司设立时的股东。

——《最高人民法院关于适用〈中华人民共和国公司法〉若干问题的规定(三)》(2010 年 12 月 6 日最高人民法院审判委员会第 1504 次会议通过，根据 2014 年 2 月 17 日最高人民法院审判委员会第 1607 次会议《关于修改关于适用〈中华人民共和国公司法〉若干问题的规定的决定》修正)

【最高人民法院裁判文书】

海南海联工贸有限公司与海南天河旅业投资有限公司、三亚天阔置业有限公司及三亚丽源投资管理有限公司、王家金、中国爱地房地产开发有限责任公司、杭州富丽达置业有限公司合作开发房地产合同纠纷申请再审案[最高人民法院(2015)民提字第63号民事判决书]

最高人民法院认为:一、关于天阔公司是否系海联公司与天河公司共同设立的项目公司的问题。

根据查明的事实,2007年4月23日,海联公司与天河公司签订《合作项目合同书》,约定:海联公司提供46.5亩建设用地及项目开发权,天河公司提供全部建设资金合作开发房地产项目,所建成的商品房销售收入,按海联公司23.8%,天河公司76.2%的比例分配;为保障双方权益及便于管理,双方同意就本项目开发组成具备独立法人资格的项目有限责任公司。项目公司注册资本为1000万元,海联公司出资238万元,占23.8%股权,天河公司出资762万元,占76.2%股权,海联公司应缴的出资由天河公司代付。但随后,双方并未按照《合作项目合同书》的约定成立项目公司,而是借用了早在2006年10月16日即已设立的天阔公司作为合作开发的项目公司。根据天阔公司的工商注册登记显示,天阔公司注册资金1000万元,全部为货币出资,股东为天河公司和三个自然人,其中天河公司出资687万元,占68.7%股权;王家金出资75万元,占7.5%股权;邢坚出资138万元,占13.8%股权;邢伟出资100万元,占10%的股权。为履行《合作项目合同书》的约定,2007年5月9日,海联公司和天河公司联合致函三亚市发展和改革局,请求将三亚市政府原决定由海联公司与世英公司开发建设的"世英花园"项目业主变更为天阔公司,项目名称也变更为"天阔广场"。同年5月11日,三亚市发展和改革局批准将"世英花园"的项目名称变更为"天阔广场",业主变更为天阔公司。随后,根据海联公司的申请,"天阔广场"项目的《建设规划许可证》《拆迁许可证》等政府批文全部变更为天阔公司。2008年4月1日,海联公司又致函三亚市政府,承诺将三亚市政府尚未兑现的三亚金融开发区投资补偿权益转让给天阔公司。根据该承诺,海口仲裁委于2009年2月2日裁决将海联公司与三亚市政府之间的投资补偿合同关系及三亚市政府向海联公司协议出让土地,变更为三亚市政府与天阔公司之间的投资补偿关系,三亚市政府向天阔公司协议出让天阔广场项目土地使用权。至此,海联公司完成了《合作项目合同书》约定的义务,天阔公司成为海联公司与天河公司合作开发建设“天阔广场”的项目公司。虽然天阔公司承担了“天阔广场”项目的开发建设职能，但天阔公司并非是由海联公司与天河公司按照《合作项目合同书》约定共同设立的合作开发项目公司，其只是被海联公司和天河公司为合作开发“天阔广场”而借用的一个项目公司，从其成立的时间和股东构成也可得到进一步证实。天阔公司成立于 2006 年 10 月 16 日，股东为天河公司和邢坚、邢伟、王家金；而海联公司与天河公司签订《合作项目合同书》则是在 2007 年 4 月 23 日，合作方为海联公司与天河公司。据此，可以认定，天阔公司并非是由海联公司和天河公司共同设立的项目公司。

尽管海联公司在起诉状中也自认天阔公司系其与天河公司共同成立的项目公司，而且在后期海联公司致三亚市发展和改革局《关于变更“世英花园”项目和项目业主的请示》声明、海联公司向海口仲裁委员会提交的《承诺书》中等均声明天阔公司是其与天河公司共同设立的项目公司，但正如海联公司在声明中所称，海联公司与天河公司联合投资，成立了天阔公司作为项目公司，项目由天阔公司投资建设和经营管理，请求将该项目的用地选址意见和《建设用地规划许可证》办理到天阔公司名下，以便项目的顺利开发。这恰恰说明，天阔公司是海联公司与天河公司为便于合作项目的顺利开发而借用天阔公司作为项目公司，海联公司是在按照《合作项目合同》的约定履行义务。如何认定天阔公司是海联公司与天河公司共同设立的项目公司，应当依据《公司法》的规定，而不应仅仅凭借当事人的自认。根据《公司法》关于有限责任公司设立的规定看，设立有限责任公司应由全体股东指定的代表或者共同委托的代理人向公司登记机关报送登记申请书、公司章程、验资证明等文件，申请设立登记；股东应当按期足额缴纳公司章程中规定的各自认缴的出资额；有限责任公司成立后，应当向股东签发出资证明书。而天阔公司并非是海联公司与天河公司申请设立的，也没有共同制定天阔公司的章程，没有按章程缴纳出资，天阔公司也没有向海联公司签发出资证明书，更没有将海联公司登记在天阔公司的股东名册上。如果认定天阔公司为海联公司与天河公司共同设立，天阔公司的工商注册股东就应当是海联公司与天河公司，即便如海南高院所认定的，天阔公司股权登记在邢坚、邢伟名下是和天河公司共同商量的，那么天阔公司的另一个股东王家金又是如何成为海联公司与天河公司合作项目的成员。尽管天阔公司作为开发天阔广场的项目公司，是各方当事人均认可的客观事实，并承担了合作项目公司的职能，但不能就此认定天阔公司是海联公司与天河公司共同设立的项目公司，三亚中院和海南高院认定天阔公司是海联公司与天河公司共同设立的项目公司显属不当。即便如海南高院判决所认定的天阔公司是海联公司与天河公司共同设立的项目公司，但天阔公司也仅是天河公司与海联公司双方按照《合作项目合同书》约定为进行天阔广场项目合作开发，履行各自权利义务的载体，并非是《合作项目合同书》的合同主体，更不是海联公司、天河公司在合作开发协议中的合同相对方。

——中国裁判文书网，http://wenshu. court. gov. cn。

【链接：最高人民法院法官著述】

1. 发起人是为设立公司而签署公司章程的人。公司章程是由设立公司的股东制定并对公司、股东、公司经营管理人员具有约束力的、调整公司内部组织关系和经营行为的自治规则。公司章程的制定包括起草、讨论、协商、签署等多个环节，其中"起草""讨论""协商"等环节的参与者对公司章程的通过没有决定效力，只有公司章程的签署人，才能对公司章程的制定和通过具有实质性影响。因此，只有公司章程的签署人才是公司的发起人。

2. 发起人是向公司认购出资或者股份的人。根据《公司法》第二十六条的规定，有限责任公司的注册资本为在公司登记机关登记的全体股东认缴的出资额。根据《公司法》第八十条的规定，股份有限公司采取发起设立方式设立的，注册资本为在公司登记机关登记的全体发起人认购的股本总额。据此，认购是指有限责任公司股东认缴出资和股份有限公司股东认购股本的行为。认购出资或者股份与实际缴纳出资或者股款不同，出资人或者购股人只要作出了认购行为，无论其是否已经实际缴纳出资，均可认定为公司发起人。

3. 发起人是履行公司设立职责的人。公司设立职责是指发起人基于其发起人身份，依照法律的规定和合同的约定而应该享有的权利、应该负有的义务和应该承担的责任。履行公司设立职责，并非要求发起人实际参与、实际经办筹办事务。发起人可以授权其他发起人代表自己为实际的具体行为，不论发起人是否参与具体的筹办事务，都需要对公司设立事务承担责任。

为设立公司"签署公司章程""向公司认购出资或者股份""履行公司设立职责"，构成了公司发起人同时具有的三个法律特征。同时，这三个特征也可以视为公司发起人的三个法定条件，依照《公司法》和《公司法解释(三)》追究公司发起人的法律责任时，该发起人应同时具备以上三个条件。

——最高人民法院民事审判第二庭编著：《最高人民法院关于公司法解释(三)、清算纪要理解与适用(注释版)》，人民法院出版社2014年版，第23~24页。

032

公司未能依法设立，设立人在筹建公司期间的关系应属合伙关系

关键词 | 公司设立 | 合伙关系 |

【最高人民法院司法解释】

第四条 公司因故未成立，债权人请求全体或者部分发起人对设立公司行为所产生的费用和债务承担连带清偿责任的，人民法院应予支持。

部分发起人依照前款规定承担责任后，请求其他发起人分担的，人民法院应当判令其他发起人按照约定的责任承担比例分担责任；没有约定责任承担比例的，按照约定的出资比例分担责任；没有约定出资比例的，按照均等份额分担责任。

因部分发起人的过错导致公司未成立，其他发起人主张其承担设立行为所产生的费用和债务的，人民法院应当根据过错情况，确定过错一方的责任范围。

——《最高人民法院关于适用〈中华人民共和国公司法〉若干问题的规定（三）》（2010 年 12 月 6 日最高人民法院审判委员会第 1504 次会议通过，根据 2014 年 2 月 17 日最高人民法院审判委员会第 1607 次会议《关于修改关于适用〈中华人民共和国公司法〉若干问题的规定的决定》修正）

【最高人民法院裁判文书】

谢海桥与南昌市红谷滩新区乡镇企业城管理委员会、江西智光实业发展有限公司联营合同纠纷申请再审案［最高人民法院（2016）最高法民申 37 号民事裁定书］

最高人民法院认为：关于本案定性问题。本案纠纷系由长凌管委会和两个案外人未能依约共同设立合资公司而引起，由于合资企业未能依法设立，当事人在公司筹建期间的关系应属合伙关系，公司筹建期间各方当事人投入和积累的财产收益归各方当事人共同共有。原审法院根据当事人的具体诉讼请求将本案定性为联营合同纠纷并将各方当事人在公司筹建期间的关系认定为合伙关系并无不当。

——中国裁判文书网，http://wenshu.court.gov.cn。

四、股东出资纠纷

(一)股东瑕疵出资的认定

033

《公司法》修改后审理公司出资纠纷案件的一般要求

关键词 | 公司出资纠纷 |

【最高人民法院审判业务意见】

第一,要按照既有法律规则正确审理公司资本纠纷。新《公司法》虽然对股东出资作出灵活规定,但其本身并未免除股东对公司的出资义务。法律只是将股东的出资义务由法律强行规定调整为由股东公司章程自行决定。公司章程对股东出资数额、时间和方式作出规定后,股东就必须按照章程的规定缴纳出资。股东未按照章程规定缴纳出资时,法院仍应按照新《公司法》和《公司法解释(三)》中出资义务、责任的规定判令股东履行出资义务。

需要注意,《公司法》2013年修改前公司章程就股东出资义务作出的规定,如果新法施行后章程未被修改,仍应当按照原先章程的规定确定股东出资义务和责任。

在公司资本纠纷中,尤其不能因为新《公司法》将出资事宜交由股东灵活决定,就无视注册资本规则,放纵投资者背信行为。还要注意,公司设立时在章程中规定出资数额及出资方式后,公司运营中有的股东尤其是公司大股东通过股东会决议修改章程,要么延长自己的出资期限、要么减少自己的出资数额。对此,应当按照《公司法》第二十二条的规定审查修改公司章程的决议是否有效,或者按照《公司法》规定的减资规则审查股东减少出资的程序是否合法。股东作出减资决议减少出资数额,但未进行变更登记的,不得对抗善意第三人。

——杨临萍:《关于当前商事审判工作中的若干具体问题》(2015年12月24日),载杜万华主编:《商事法律文件解读》总第134辑,人民法院出版社2016年版,第15~16页。

【最高人民法院裁判文书】

天同证券有限责任公司破产管理人与中天城投集团股份有限公司等公司出资纠纷申请再审案[最高人民法院(2016)最高法民申1551号民事裁定书]

最高人民法院认为:(一)中天城投公司是否存在虚假出资。中天城投公司在2003年6月23日通过银行将1亿元出资汇入天同公司的银行账户;2003年6月24日,山东正源和信有限责任会计师事务所出具鲁正信验字(2003)第200013号《验资报告》,确认了中天城投公司的出资行为;2003年11月7日,天同公司在工商登记机关办理了相关的股权变更登记,将中天城投公司登记为股东之一。至此,中天城投公司已经履行了出资义务。在天同公司已经办理股权变更登记的情况下,又主张办理股权变更登记时的《验资报告》已经失效,进而认为中天城投公司出资不实,于法无据,亦有违诚信,本院不予支持。

(三)天同公司主张中天城投公司是使用的"过桥资金"虚假出资证据不足。天同公司主张中天城投公司的注册资金来源于与西南证券公司的重组的过桥资金,但重组西南证券公司的当事人是天同公司及西南证券公司与其股东,中天城投公司并非重组当事人,重组当事人就重组事宜达成的相关协议及函件,其约束力应限于重组当事人,与中天城投公司无关。天同公司没有证据证明案涉1.9亿元资金转出前,中天城投公司已经参与了对西南证券公司的重组。天同公司与西南证券公司的重组问题不属于本案审理范围。天同公司主张山东省高级人民法院(2012)鲁商终字第66号案认定的"天同证券在2003年6月30日将涉案的6000万元汇入国恒利公司是转出注册资金的行为",该判决认为转款行为系天同公司的行为,而非中天城投公司的行为,亦未认定该6000万元就是中天城投公司汇入的1亿元注册资金的一部分。故天同公司主张应依据上述生效判决认定中天城投公司抽逃出资证据不足,本院不予支持。

——中国裁判文书网,http://wenshu.court.gov.cn。

034

实物出资评估作价的具体方法中包括投资者协商一致

关键词｜实物出资｜评估作价｜

【最高人民法院裁判文书】

宁波大榭开发区大寸金经贸有限公司等与深圳皇族珠宝艺术有限公司联合联营合同纠纷申请再审案(最高人民法院民事判决书)

最高人民法院经审理认为:1994 年《公司法》第二十四条规定,对作为投资的实物、工业产权、非专利技术或者土地使用权,必须进行评估作价,核实财产,不得高估或者低估作价。但该法对如何"评估作价"未作规定,亦未排除投资者协商作价或价值鉴定的方法。中国注册会计师协会《独立审计实务公告第 1 号-验资(95 年版)》作为验资行为的准则,其规定的评估作价方式明确包括了投资者协商一致。故实物评估方式并未违反法律法规禁止性规定。

——苏泽林主编、最高人民法院立案庭编:《立案工作指导》总第 26 辑,人民法院出版社 2011 年版,第 113 ~114 页。

035

股东实际出资的实物价值超过其承诺的实物出资价值，且不存在侵害公司财产事实的，仅依其出资财产对公司债务承担有限责任

关键词｜实物出资｜有限责任｜

【最高人民法院裁判文书】

邢佩国、大庆市银兴化工有限公司、太福化工集团有限公司与中国信达资产管理股份有限公司黑龙江省分公司借款合同纠纷案[最高人民法院(2010)民二终字第 77 号民事判决书]

最高人民法院认为:关于邢佩国是否履行了出资义务的问题。2001 年 1 月,太福化工公司增加了注册资本,由原 1500 万元变更为 12500 万元,并办理了工商变更登记,其中邢佩国投入价值 2712. 5 万元的实物出资,包括评估值为 15435224 元的房产,该房产已实际交付银兴公司使用,但因该房产未取得产权证明书等合法手续,致使其无法过户到太福化工公司名下。根据太福化工公司于 2000 年 12 月 15 日形成的《公司章程修正案》《股东会议纪要》等记载,邢佩

国虽以实物出资，但并未明确该“实物”财产的具体类别。并且，大庆中行发放本案6500万元贷款时，借款人太福化工公司的注册资本为1.25亿元，没有证据证明其是基于对邢佩国出资中评估价值仅为15435224元房产的信赖而发放该笔贷款。而根据工商部门登记的太福化工公司的《企业动产抵押登记档案》中的记载，大庆中行同样可查询到以邢佩国于2001年将其购买的价值1650万元的拉丝机、蒸汽锅炉投入银兴公司供其使用，并作为银兴公司所有的财产抵押给了农行大庆分行等相关事实，使其相信银兴公司的财产除1.25亿注册资本外，还有这部分价值1650万元的机器设备。因此，邢佩国承诺出资的房产虽未完成过户手续，但并不影响大庆中行发放贷款时对太福化工公司的资信能力所作出的实质性判断，对其决策亦不构成外观上的误导和欺诈。邢佩国购买上述1650万元机器设备的凭证虽不是正式发票，但其购买机器设备的《收据》，以及此前用予抵押登记并由工商机关提供的《企业动产抵押登记档案》等证据，足以证明其购买行为及作为出资投入银兴公司的事实是真实的，对此，银兴公司亦明确认可。故本院对邢佩国以价值1650万元的机器设备作为出资投入银兴公司的事实予以确认。综上，邢佩国向银兴公司实际投入的资产已超过其在《章程修正案》《股东会议纪要》等文件中承诺的2712.5万元，不存在其向银兴公司出资不足的事实。本案系信达黑龙江分公司与银兴公司之间的债权债务纠纷，在没有证据证明银兴公司不能清偿本案债务及股东邢佩国侵害公司资产的情况下，信达黑龙江分公司以其对银兴公司的债权而向其股东邢佩国主张代位求偿权，没有法律依据。上诉人邢佩国关于其不应对银兴公司的债务承担民事责任的上诉理由成立，本院予以支持。

——最高人民法院民事审判第二庭编：《最高人民法院商事审判指导案例（第五卷）》（下），中国法制出版社2011年版，第413～421页。

036

法院对非货币财产进行评估作价的前提是出资人以该非货币财产进行出资，否则无须委托评估作价

关键词｜非货币财产出资｜评估作价｜

【最高人民法院司法解释】

第九条 出资人以非货币财产出资，未依法评估作价，公司、其他股东或者公司债权人请求认定出资人未履行出资义务的，人民法院应当委托具有合法资格的评估机构对该财产评估作价。评估确定的价额显著低于公司章程所定价额的，人民法院应当认定出资人未依法全面履行出资义务。

——《最高人民法院关于适用〈中华人民共和国公司法〉若干问题的规定（三）》（2010 年 12 月 6 日最高人民法院审判委员会第 1504 次会议通过，根据 2014 年 2 月 17 日最高人民法院审判委员会第 1607 次会议《关于修改关于适用〈中华人民共和国公司法〉若干问题的规定的决定》修正）

【最高人民法院裁判文书】

陕西华钠矿业有限公司与郝丽华股东出资纠纷申请再审案［最高人民法院（2014）民申字第 1448 号民事裁定书］

最高人民法院认为：一、登记在华钠公司名下的探矿权能否认定为郝丽华对华钠公司的出资。

在本案中，若郝丽华以探矿权出资，在华钠公司设立时应有用探矿权出资的意思表示，即在华钠公司的《公司章程》和工商部门的注册资料中应载明股东出资方式为以探矿权出资。但郝丽华并未提交相关的证据证明其在华钠公司设立时有这样的意思表示。在华钠公司设立时的《陕宏设验（2011）第 0012 号验资报告》和增资时的《陕宏变验（2011）第 128 号验资报告》均载明："出资方式为货币。"郝丽华也认可华钠公司成立和增资时，均由陕西宏达会计师事务所有限公司代垫资金，在验资完成当日即转出还给垫资机构。故二审判决认定郝丽华未实际履行出资义务，承担补足出资义务于法有据。郝丽华主张其与李丽娜 2010 年 7 月 1 日签署《出资协议书》的真实意思是以购买的探矿权作为对华钠公司的出资。但该协议约定："甲方与陕西顺昌科工贸有限公司签订了一份探矿权转让协议，经双方协商共同出资支付探矿权转让价款，为此达成以下出资协议。"从协议的目的和内容看，该协议是双方对购买探矿权的出资比例达成的协议，而非双方在设立华钠公司时达成以探矿权作为出资的协议。郝丽华关于其以探矿权弥补了出资的申请再审理由，缺乏事实和法律依据，本院不予支持。

二、一、二审法院是否应当对探矿权进行评估作价。

根据《公司法解释（三）》第九条“出资人以非货币财产出资，未依法评估作价，公司、其他股东或者公司债权人请求认定出资人未履行出资义务的，人民法院应当委托具有合法资格的评估机构对该财产评估作价”的规定，郝丽华主张一、二审法院应当对华钠公司名下的探矿权进行评估作价。但人民法院对非货币财产进行评估作价的前提是出资人以该非货币财产进行出资，如前所述，郝丽华在华钠公司设立时并非以非货币财产进行出资，故一、二审法院未对探矿权委托评估作价并无不当。

——中国裁判文书网，http://wenshu.court.gov.cn。

【链接：最高人民法院法官著述】

“未依法评估作价”，包括未进行评估作价和评估作价不合法两种情形。第一种情形比较少见，因为根据《公司法》及《公司登记管理条例》的相关规定，出资人以非货币财产出资，必须依法进行评估作价，如果公司登记机关审查发现作为出资的非货币财产未经评估作价，将不予进行公司设立登记。但在实践中，因公司在《公司法》实施前成立，或者由于公司登记机关审查不严，也会存在非货币财产出资未经评估作价的情形。第二种情形比较常见，出资人以非货币财产出资，虽然履行了评估作价程序，但评估作价不合法。主要表现为评估机构不具有合法资格、评估作价程序违法、评估方法不当、评估结果不真实合理等。

——最高人民法院民事审判第二庭编著：《最高人民法院关于公司法解释（三）、清算纪要理解与适用（注释版）》，人民法院出版社2014年版，第188～189页。

037

经营许可证属于禁止流通物，其本身并不具备资产价值，不得计入公司资产总额

关键词｜经营许可证｜资产价值｜

【最高人民法院裁判文书】

中国金谷国际信托投资有限责任公司因天津市冶金供销运输总公司被宣告破产申诉案[最高人民法院(2005)民二监字第56号民事裁定书]

最高人民法院认为:经营许可证系政府对于企业从事特定行业所发放的经营许可证书,其性质属于行政许可,该证书依法不得转让,属于禁止流通物,其本身并不具备资产价值。故债务人的有关经营许可证不得计入该公司资产总额,债权人上述申诉内容没有法律依据,人民法院依法不予支持。

——最高人民法院民事审判第二庭编:《最高人民法院商事审判指导案例·公司卷》,中国法制出版社2011年版,第339~341页。

038

股东未按期实际交付动产实物出资的,应当认定没有履行出资义务

关键词|动产实物出资|股东出资义务|

【《最高人民法院公报》案例】

中国长城资产管理公司乌鲁木齐办事处与新疆华电工贸有限责任公司、新疆华电红雁池发电有限责任公司、新疆华电苇湖梁发电有限责任公司、新疆华电哈密发电有限责任公司、新疆华电喀什发电有限责任公司、新疆华电昌吉热电有限责任公司、乌鲁木齐红能物业管理有限公司、新疆金马物业管理有限责任公司、新疆苇湖梁发电厂华源电力安装公司借款合同纠纷上诉案[最高人民法院(2008)民二终字第79号民事判决书]

裁判摘要:根据《物权法》第二十三条的规定,动产物权的设立和转让自交付时发生效力,动产所有权的转移以实际交付为准。股东以动产实物出资的,应当将作为出资的动产按期实际交付给公司。未实际交付的,应当认定股东没有履行出资义务,其出资没有实际到位。

最高人民法院终审认为:本案二审主要争议焦点是工贸公司各股东单位是否已经足额出资,是否应当对工贸公司所负本案债务承担民事责任。

工贸公司的股东出资分为两个部分：货币出资和实物出资。关于货币出资部分，在工贸公司设立过程中，红能公司、金马公司、安装公司分别以25万元、10万元、15万元人民币向工贸公司履行了货币出资义务。长城乌鲁木齐办事处关于红能公司、金马公司、安装公司抽逃出资的诉讼主张没有事实证据，本院不予支持。工贸公司收到上述货币出资，已经达到公司法规定的最低企业法人注册资本额，满足了企业法人设立的基本条件，依法具有独立的企业法人资格。长城乌鲁木齐办事处关于工贸公司不具有法人资格，各股东应当对工贸公司债务承担连带责任的主张没有事实和法律依据，本院不予支持。

关于实物出资部分。在工贸公司设立过程中，红雁池发电公司、苇湖梁发电公司、哈密发电公司、喀什发电公司、昌吉热电公司作为出资的库房未办理所有权变更手续，属于出资不到位。后经工贸公司股东会同意，上述股东承诺将各自的储油罐、供油泵等相关设备置换房产作为实物重新出资。但至本案诉前，上述设备未实际交付工贸公司，仍由股东单位占有使用，工贸公司出具的实物交接手续未能反映本案真实情况。上述设备属于动产，根据《物权法》第二十三条的规定，动产物权的设立和转让，自交付时发生效力。动产所有权的转移以实际交付为准。本案上述股东承诺出资的相关设备并未实际交付给工贸公司，应当认定上述股东未能实际履行实物出资承诺，相关出资没有实际到位。新疆宏昌有限责任会计师事务所出具的〔2006〕8－074号《验资报告》以及工贸公司补足出资的相关工商登记备案资料未能反映真实出资情况，本院不予采信。

——《最高人民法院公报》2009年第2期

【最高人民法院商事审判参考性案例】

七、沈阳重型冶矿机械制造公司四厂与沈阳北重冶矿电站设备研制有限公司等股东出资纠纷案

（一）基本案情

2010年10月18日，国有企业沈阳重型冶矿机械制造公司四厂（以下简称沈重四厂）与民营企业沈阳北重冶矿电站设备研制有限公司（以下简称北重公司）签订了《合资合作协议书》，约定：沈重四厂将五座厂房、办公楼评估作价，以固定资产方式入股到北重公司，所占投资比例为45%；另有五个自然人以货币出资350万元，占北重公司股份的55%；各方按照投资比例进行利益分红；沈重四厂的五处出资房产，经评估入股后归属北重公司，待具备一定条件时，办理产权变更手续。因沈重四厂一直未将出资房产过户至北重公司名下，北重公司诉至法院，要求沈重四厂履行出资义务。

（二）裁判结果

辽宁省沈阳市皇姑区人民法院一审认为：本案争议焦点在于沈重四厂是否已履行出资义务？《公司法》第二十八条第一款规定："股东应当按期足额缴纳公司章程中规定的各自所认缴的出资额。股东以货币出资的，应当将货币出资足额存入有限责任公司在银行开设的账户；以非货币财产出资的，应当依法办理其财产权的转移手续。"本案中，沈重四厂虽然将出资厂房交付北重公司使用，但未办理房产变更手续，沈重四厂未履行完出资义务，构成违约，应向北重公司履行出资义务。判决：沈重四厂于判决生效后十日内向北重公司履行股东出资义务，并协助办理房产的更名过户手续。沈重四厂上诉后，沈阳市中级人民法院判决驳回上诉、维持原判。

（三）典型意义

本案是规范国有企业依法履行出资义务的典型案例。沈重四厂与其他五个自然人股东共同出资设立北重公司，但没有按照出资协议履行出资义务，北重公司与其他股东通过诉讼寻求救济。人民法院受理该案后，认真审查沈重四厂出资义务的履行情况，根据《公司法》以及相关司法解释关于实物出资的规定，驳回沈重四厂关于已经履行出资义务的主张，依法支持北重公司与其他五个自然人股东要求沈重四厂履行出资义务的请求，体现了对不同所有制股东平等保护的法律原则，有效地维护了非公有制股东的合法权益。

国有资本、集体资本、非国有资本等交叉持股、相互融合的混合所有制经济，是我国基本经济制度的重要实现形式。发展混合所有制经济，必须平等保护国有资本与非国有资本。从公司出资来看，不管是公有制股东还是非公有制股东，都应依法履行出资义务，任何一方未履行出资义务的，另一方均可以依法要求其承担补足出资的违约责任。本案的审理，体现了不同所有制主体出资义务平等的理念，有效保护了混合所有制企业各类股东的合法权益。

——《最高人民法院关于依法平等保护非公有制经济，促进非公有制经济健康发展民事商事典型案例》（2016 年 4 月 8 日），载最高人民法院网，http://www.court.gov.cn。

编者说明

前述最高人民法院（2008）民二终字第 79 号案一、二审法院对股东是否足额出资作出的评价大相径庭，原因就在于对各股东是否已经将作为出资的实物实际交付的认识截然不同。最高人民法院法官认为，就实践中如何衡量股东出资已经确实到位的问题，要根据股东出资方式而定。我国民事法律历来坚持以交付作为动产所有权转移生效要件的原则。依据物权法理论，交付有观念和实际交付两种，具体实务中应适用何种方式交付，要根据立法目的和不损害债权人利益原则而定。《公司法》关于股东出资的规定，其目的在于保障公司拥有自己独立的财产，并以此财产开展经营和承担风险，有利于保护债权人的合法权益。基于这一目的和原则，公司股东交付作为出资的非货币财产应以实际交付为认定完成交付的标准，而不应适用观念交付。①

039

用以出资的房屋尚未建成的，应认定未完成出资义务

关键词 | 房屋出资 | 股东出资义务 |

【最高人民法院裁判文书】

北京城建集团有限责任公司与北京瑞丰恒基房地产开发有限公司、金志云等合同纠纷审判监督案[最高人民法院(2015)民提字第122号民事判决书]

最高人民法认为：关于《重组协议》约定的城建集团对城建四公司的出资是否到位的问题。根据一审查明的事实，签订《重组协议》时该价值3000万元的办公楼尚处于待建状态，其所有权更是处于不确定状态。本院再审中，城建四公司亦承认该办公楼至今尚未建成。故城建集团只是认缴了该部分出资，但未实缴，即并未出资到位。《公司法》第二十八条规定，股东以非货币资产出资的，应当依法办理其财产权转移手续。原判决在没有证据证明该价值3000万元的办公楼已经建成，且所有权已经由城建集团转移至城建四公司的情况下，依据评估报告认定城建集团完成了该部分出资义务，属于认定事实错误，本院予以纠正。《重组协议》约定的城建集团对城建四公司该部分出资未到位，其出资义务并未完成。

——中国裁判文书网，http://wenshu.court.gov.cn。

① 杨善明：《中国长城资产管理公司乌鲁木齐办事处诉新疆华电工贸有限责任公司等借款合同纠纷案》，载最高人民法院中国应用法学研究所编：《人民法院案例选》总第70辑，人民法院出版社2010年版，第143～145页。

040

股东出资方式在公司设立后是否发生变更应结合股东会决议、公司章程及工商登记事项作出综合认定

关键词｜股东出资方式变更｜

【最高人民法院裁判文书】

海南三亚国家级珊瑚礁自然保护区管理处与周春梅等股东出资纠纷申请再审案[最高人民法院(2016)最高法民再87号民事判决书]

最高人民法院认为:(二)关于珊瑚礁管理处的出资方式是否由实物出资变更为货币出资的问题。

原审查明,珊瑚礁管理处与周春梅于2002年4月28日订立《合作合同》,约定共同设立中海公司,珊瑚礁管理处主要以9454m^2土地和已建好的码头设施参股。中海公司2002年公司章程载明,珊瑚礁管理处以9454m^2土地作价150万元出资。依据上述合同及公司章程,珊瑚礁管理处的出资义务应为实物出资,即其应向中海公司交付约定的9454m^2土地,并将该土地使用权变更登记到中海公司名下。中海公司设立后,珊瑚礁管理处将案涉土地交付给中海公司使用,但未办理权属变更手续。股东出资是指股东根据协议的约定以及法律和章程的规定向公司交付财产或履行其他给付义务,股东出资义务既属于约定义务又属于法定义务,故股东出资方式在公司设立后是否发生变更应结合股东会决议、公司章程及公司工商登记事项作出综合认定。中海公司2006年公司章程、2006年12月10日《股东会决议书》以及《章程修正案》涉及的是中海公司原股东方锦文转让股权给周春梅,周春梅在中海公司的股份比例由49%变更为70%,并未涉及珊瑚礁管理处的出资方式变更事项。珊瑚礁管理处提供的中海公司2013年公司章程为复印件,该章程落款处加盖的珊瑚礁管理处的公章名称为“三亚国家珊瑚礁自然保护区管理处”,与其设立登记的名称即“海南三亚国家级珊瑚礁自然保护区管理处”并不相符,故对珊瑚礁管理处提供的中海公司2013年公司章程的真实性,本院不予确认。退一步而言,即使该章程落款处加盖的公章真实,该公司章程亦与中海公司股东为修正该章程而于2013年3月24日作出的《股东会议决议》的内容不相符,该决议载明公司章程修正案为修改公司的经营范围,并明确章程的其他各项不变,即未对珊瑚礁管理处的出资方式作出

变更的决议。故珊瑚礁管理处虽主张其出资方式由土地使用权出资变更为货币出资，但提交的股东会决议及公司章程修正案等证据材料尚不足以证明该事项。另，珊瑚礁管理处提交的海南华合会计师事务所出具的《验资报告》及银行现金缴款单等证据材料，与一审法院委托的海南华联会计师事务所出具的《司法会计鉴定报告》确认的中海公司实收资本500万元并非股东真实出资相互矛盾，也不足以证明其出资方式已发生变更并已实际履行。原判决据此认定珊瑚礁管理处的出资方式未发生变更，其仍应以土地使用权出资，并无不当。珊瑚礁管理处主张其出资义务变更为货币出资，且已实际履行，依据不足，本院不予支持。

——中国裁判文书网，http://wenshu.court.gov.cn。

041

《鉴定报告》并未作出股东虚假出资或抽逃出资的结论，不能据此认定股东虚假出资或抽逃出资

关键词｜虚假出资｜抽逃出资｜

【最高人民法院裁判文书】

海南金楚国际实业公司与中国建银投资有限责任公司、河南租赁公司、河南省金博大开发建设总公司及海南金博大房地产开发公司与公司有关的纠纷申请再审案［最高人民法院（2013）民申字第1032号民事裁定书］

最高人民法院认为：（二）关于海南金博大的股东是否虚假出资或抽逃注册资本的问题。

1992年9月11日，海南金博大经海南省工商行政管理局核准登记，注册资金为2000万元，其股东及所占股权比例分别为：河南信托（其债权债务由建银公司承继），投资700万元，占35%；河南租赁公司，投资300万元，占15%；河南金博大，投资300万元，占15%；河南豫州水泥有限公司，投资200万元，占10%；香港安富工程公司，投资500万元，占25%。1992年9月26日，河南信托向海南金博大汇款2000万元，银行单据上明确注明资金用途为投资。虽然海南金博大收款后在账面上将该笔款项记载于“短期借款”科目下，但这只是其单方内部

记账行为,不能否认河南信托将该2000万元作为出资的真实意思。由于海南金博大的注册资本已经足额到位,河南租赁公司、河南金博大等其他股东是否另行缴纳出资,都不会降低海南金博大对外承担债务的能力。股东之间是否存在相互委托代为出资的行为,属于公司股东内部权利义务关系,与公司债权人无关。故金楚公司关于海南金博大的股东虚假出资的主张不能成立。

金楚公司提交了海南中恒信会计师事务所于2008年7月16日作出的中恒信审字〔2007〕1202号《鉴定报告》,并以该报告为依据主张海南金博大的股东虚假出资或抽逃注册资本。根据《鉴定报告》中载明的河南信托与海南金博大之间的银行存款往来记录,河南信托于1992年9月26日向海南金博大汇款2000万元作为注册资本,而在此之前,海南金博大已于1992年9月7日向河南信托汇出1500万元,款项用途为还款,说明除了注册资金外,河南信托与海南金博大之间还存在其他资金往来。虽然海南金博大于1992年10月8日又向河南信托汇出2000万元,款项用途亦为还款,但该2000万元在海南金博大的账面上记载在"其他应收款"科目下,而非短期借款。此外,海南金博大与河南信托之间有大量的资金往来,海南金博大账面余额在1992年底为3500万元,在1993年底、1994年底、1995年底均为2950万元,在1996年底为5650万元,说明从1992年至1996年海南金博大的账面余额未低于2000万元的注册资本。故二审判决认定没有证据证明海南金博大于1992年10月8日还款2000万元即是对1992年9月26日2000万元投资款的抽逃,并无不当。

《鉴定报告》还载明海南金博大就其账面上"短期借款"科目内的款项支付和计提了利息,但其支付利息的数额与河南信托2000万元的投资款不能一一对应,金楚公司也未能举证证明海南金博大支付的利息数额。此外,《鉴定报告》的鉴定结论是:"本次鉴定无法确认河南信托汇入海南金博大的2000万元款项到底是投资款还是短期借款,从而无法判断河南信托是否抽逃了注册资金。"在《鉴定报告》关于"海南金博大中外各方股东认缴、实缴及抽逃的注册资本"的汇总列表中,对河南信托实缴注册资本的金额及占其认缴的比例及抽逃注册资本栏中,填写的也均是"无法确认"。故《鉴定报告》并未作出河南信托虚假出资或抽逃注册资本的结论。金楚公司仅以《鉴定报告》为依据,主张河南信托虚假出资或抽逃注册资本,理由不能成立。

——中国裁判文书网,http://wenshu.court.gov.cn。

042 公司设立出资不规范，但股东在公司设立后陆续补缴出资的，可以作为履行出资义务处理

关键词｜补缴出资｜股东出资义务｜

【最高人民法院裁判文书】

三亚嘉宸房地产开发有限公司与海马汽车集团股份有限公司股东损害公司债权人利益责任纠纷案[最高人民法院(2015)民二终字第85号民事判决书]

最高人民法院认为：一、海马公司作为通海公司的股东是否依法履行其出资义务，是否应当承担出资不实的法律责任。

《通海公司章程》规定，海马公司对通海公司注册资本的出资额为1725万法国法郎的等值(资产)，占注册资本的50%；海马公司应以下列作为出资：工厂场地的土地使用权、砂现场的土地使用权和提取权、工厂。由此，海马公司作为通海公司的股东应依照章程规定以实物出资的形式足额履行其1725万法国法郎的出资义务。

其一，鄂发会计所出具的鄂发会验字(1996)第228号《验资报告》对海马公司的出资行为及出资数额予以确认。该验资报告载明：截至1996年8月31日，通海公司共投入注册资本3450万法国法郎，其中中方(海马公司)出资30152281.28法国法郎，作为注册资本投入1725万法国法郎，分别为第一期中方投入11217300法国法郎[经海南博达会计师事务所以博验字(1995)016号文验证确认]，和第三期中方以实物厂区投入18934981.28法国法郎[经鄂发会计所鄂发会评字(1996)第224号文评估]。本案中，海马公司亦进一步确认，上述验资报告中载明的第一期出资是土地证证号为海口市国用(2004)第002036号的土地使用权等实物，第三期出资是土地证证号为海口市国用(2004)第002036号的土地上建好的厂房及附属设施等实物。

其二，相关生效裁判文书对海马公司的实际出资行为予以了确认。一是海口中院(2005)海中法民二初字第103号通海公司借款合同纠纷一案的执行情况：依嘉宸公司的申请，海口中院依法评估、拍卖了登记在海马公司名下，证号为海口市国用(2004)第002036号的土地使用权、地上厂房、PVC生产线等资产，成交价格为人民币2350万元。二是最高人民法院(2011)民二终字第83号民事

判决确认:海口中院在强制执行中拍卖处置的土地使用权、厂房是通海公司设立时海马公司缴纳的出资。

本院认为,本案中,海马公司已先后将其用以出资的位于海口市金盘工业开发区金盘路的18172.45平方米的土地使用权[证号为海口市国用(2004)第002036号]和厂房实际交付通海公司使用,海马公司虽未办理上述资产的权属变更登记,但并未影响通海公司对该财产的利用和处分,也未使通海公司及其债权人承担可能无法处分该项出资财产的法律风险。且从上述资产的实际处置情况看,海马公司的上述资产已经实际承担了通海公司的另案债务,嘉宸公司作为另案的债权人也已取得了相应资产的拍卖价款。虽然通海公司设立过程中存在《通海公司章程》仅规定了海马公司用以出资的非货币财产为工厂场地的土地使用权、砂现场的土地使用权和提取权、工厂,而具体出资财产指向不明;以及海马公司未按照《外商投资企业申请登记表》载明的出资缴纳期限缴纳出资,而是在通海公司设立后陆续履行的缴纳出资义务,包括通过另案拍卖执行完成的出资等不规范的情形,但鉴于,一是鄂发会验字(1996)第228号《验资报告》载明海马公司已经分两期出资分别为11217300法国法郎、18934981.28法国法郎,已远高于《通海公司章程》中载明的海马公司应缴纳出资额1725万法国法郎;二是嘉宸公司并未举出充分证据证明海马公司的上述出资财产存在出资不实的事实;三是通海公司于1992年设立时我国《公司法(1993)》尚未实施,实践中对于公司设立均不规范等原因,本院对于嘉宸公司关于海马公司应当承担出资不实责任的主张,不予支持。

——中国裁判文书网,http://wenshu.court.gov.cn。

【链接:最高人民法院法官著述】

非货币财产出资,由于其权利变动的特殊性,法律往往规定应符合交付使用和变更登记的"双重标准",欠缺任何一种都构成出资义务之履行瑕疵。《公司法》第二十八条第一款规定了有限责任公司的股东以非货币财产出资的,应当依法办理其财产权的转移手续,即以房屋、土地使用权或者其他需要办理权属登记的财产出资,出资人若要完全履行其出资义务,就必须依法办理该项出资财产的权属变更手续,将该财产从自己名下移转到公司名下,使其成为公司的法人财产。否则,即使该财产已经实际交付给公司使用,但由于所有权仍归于出资人,不仅影响公司对该财产的利用和处分,也使公司承担将来无法处分该项财产的法律风险。《公司法解释(三)》第十条建立了出资财产瑕疵交付行为的治愈制度,即法院可以通过责令当事人在指定的合理期间内办理权属变更手续的方式,治愈瑕疵交付行为,一旦当事人在该合理期间办理了权属变更手续,法院应当认定其履行了出资义务。

——刘敏、王蓓蓓、刘静:《股东瑕疵出资责任的免除及公司法人人格混同的举证责任分配》,载刘贵祥主编:《最高人民法院第一巡回法庭精选案例裁判思路解析(一)》,法律出版社 2016 年版,第 386 ~ 388 页。

043

股东抽逃出资与股东借款的区别与认定

关键词 | 抽逃出资 | 股东借款 |

【最高人民法院司法解释】

第十二条　公司成立后,公司、股东或者公司债权人以相关股东的行为符合下列情形之一且损害公司权益为由,请求认定该股东抽逃出资的,人民法院应予支持:

(一)制作虚假财务会计报表虚增利润进行分配;

(二)通过虚构债权债务关系将其出资转出;

(三)利用关联交易将出资转出;

(四)其他未经法定程序将出资抽回的行为。

——《最高人民法院关于适用〈中华人民共和国公司法〉若干问题的规定(三)》(2010 年 12 月 6 日最高人民法院审判委员会第 1504 次会议通过,根据 2014 年 2 月 17 日最高人民法院审判委员会第 1607 次会议《关于修改关于适用〈中华人民共和国公司法〉若干问题的规定的决定》修正)

【最高人民法院裁判文书】

张文军与天津宏凯房地产开发有限公司股东出资纠纷申请再审案[最高人民法院(2015)民申字第 162 号民事裁定书]

最高人民法院认为:一、股东未经法定程序将出资抽回,损害公司权益的,属于抽逃出资。2013年修订前后的《公司法》均规定:“公司成立后,股东不得抽逃出资。”《最高人民法院关于修改关于适用〈中华人民共和国公司法〉若干问题的规定的决定》(法释〔2014〕2号)和《公司法解释(三)》(法释〔2011〕3号)关于抽逃出资的认定中,均有“其他未经法定程序将出资抽回的行为”属抽逃出资的规定。张文军主张宏凯公司转出的款项是正常的股东借款,但是未提交证据证明。故原判决依据公司法认定张文军以公司资金归还张文军个人借款和利息的行为属于抽逃出资,与法释〔2014〕2号司法解释的相关规定一致,不属于适用法律确有错误。抽逃出资的责任主体是公司股东,而非具体经办人员,本案宏凯公司的700余万元资本被抽逃后,用于归还股东张文军的个人借款,故张文军是抽逃出资的责任主体。二、张文军主张抽逃出资数额以货币出资数额为限,其主张并无法律依据。张文军主张宏凯公司减资后,其货币出资仍为600万元,但股东抽逃出资具有隐蔽性和欺诈性,其主张不足为据。三、张文军主张,即使存在抽逃出资,其也已经通过将价值2000万元的土地及房产转让宏凯公司进行了补足。但其在2009年将2007年过户至宏凯公司的土地及房产又无偿过户回其个人名下;其在2010年将土地及房产再次过户至宏凯公司,是基于《房地产买卖协议书》的有偿过户,均不属于补足出资,其关于抵销的主张也不成立。

——中国裁判文书网,http://wenshu.court.gov.cn。

【链接:最高人民法院法官著述】

《公司法解释(三)》第十二条第(一)项规定“将出资款项转入公司账户验资后又转出”属于抽逃出资,但是最高人民法院2014年2月颁布的《最高人民法院关于修改关于适用〈中华人民共和国公司法〉若干问题的规定的决定》又将该项删除。笔者认为,之所以删除该项,主要的考虑可能是:一是该项之描述是对行为过程和状态的一种描述,其中“将出资款项……转出”之规定彰显了行为的外在表现,即将一定的款项转出,但是转出该款项的目的是抽逃出资还是普通的关联交易,该项并未明确区别。所以,按照该项来界定抽逃出资可能范围就较宽。如果说原先公司法下因注册资本与债权人保护间尚存紧密关系故不必过分计较抽逃出资的行为范围的话,那么当前注册资本与债权人保护之间的关系已经淡化,此时更加严格地界定和区分抽逃出资就更有必要了。二是在新公司法中,股东出资时间由公司章程规定,所以即便股东出资了,但是股东可以通过修改章程来顺延出资时间,顺延后股东从公司取回出资似乎还不能轻易认定为抽逃出资。除非该章程未能修改，个别股东采取擅自行为从公司划走资金。这些情况毕竟是实践中的少数情况。所以，适当限制抽逃出资的范围与新法的精神在方向上是一致的。三是删除后，即便股东划走资金构成抽逃出资，也可以归入同条第（五）项中的兜底条款中，司法解释也不会放纵违法行为。

——杜军：《公司资本制度的原理、演进与司法新课题》，载最高人民法院民事审判第二庭编：《商事审判指导》总第38辑，人民法院出版社2015年版，第50~52页。

实践中，区分股东抽逃出资行为和股东向公司借款行为是司法中的一个难题。是否有真实合理的债权债务关系成为区分二者的关键问题。股东向公司借款时，有真实的债权债务关系且符合有关金融管理、财务制度等规定。[①] 股东抽逃出资，往往在股东与公司之间无实质的债权债务关系，如无需支付对价和提供担保，无返还期限的约定等，或者违反了有关金融管理、财务制度的规定，等等。具体而言，应综合考虑以下几大因素：(1)金额。股东取得公司财产占其出资财产大部分的，抽逃出资的概率高；股东取得公司财产不占其出资财产大部分的，借款的概率高。(2)利息。以股东从公司取得财产金额有无对价为准，股东取得公司财产无利息约定的，抽逃出资的概率高；股东取得公司财产有利息约定的，借款的概率高。(3)偿还期限。以股东从公司取得财产金额有无偿还期限为准，股东取得公司财产无返还期限约定的，抽逃出资的概率高；股东取得公司财产有返还期限约定的，借款的概率高。(4)担保。以股东从公司取得财产金额有无担保手段为准，股东取得公司财产无担保手段的，抽逃出资的概率高；股东取得公司财产有担保手段的，借款的概率高。(5)程序。以股东从公司取得财产金额有无履行公司内部决策程序为准，股东取得公司财产未履行公司内部决策程序（如股东会决议、董事会决议）的，抽逃出资的概率高；股东取得公司财产履行了公司内部的决策程序的，借款的概率高。(6)主体。以从公司取得财产的股东有无控制地位为准，积极的控制股东、当权派股东取得公司财产的，抽逃出资的概率高；消极的非控制股东、在野党股东取得公司财产的，借款的概率高。(7)会计处理方式。以公司对股东取得财产的财务会计处理方式为准，公

① 参见《国家工商行政管理总局关于股东借款是否属于抽逃出资行为问题的答复》（工商企字〔2002〕第180号），国家工商行政管理总局2002年7月25日发布。

司的财务会计报告将股东取得公司财产的行为作为应收款处理、确认公司对该股东债权事实的,借款的概率高;公司的财务会计报告对股东取得公司财产的行为未作应收款处理的,抽逃出资的概率高。该标准注意到了公司财务会计报告的重要性,也具有很强的可操作性。遗憾的是,财务会计报告时有虚假陈述行为发生,因此,不能以财务会计报告中的会计处理方式作为唯一判断标准。(8)透明度。以股东取得公司财产行为是否对外公开为准。股东取得公司财产行为向其他股东公开的,借款的概率高;不公开者抽逃出资的概率高。(9)行为发生期限。以股东抽逃出资的行为与公司成立之时的时间间隔为准。股东在公司成立很久后转移出资的,借款的概率高;股东在公司成立不久后转移出资的,抽逃出资概率高。①

——最高人民法院民事审判第二庭编著:《最高人民法院关于公司法解释(三)、清算纪要理解与适用(注释版)》,人民法院出版社 2014 年版,第 264 ~ 266 页。

股东抽逃出资行为不仅与公司减资等合法行为有很大不同,与其他股东违反出资义务的行为相比,也有其独特的特点。

(一)股东已经出资

……

(二)违法性

在程序上,股东抽逃出资是违反法定程序,股东擅自而为的行为,具有违法性。此点与公司合法减资恰恰相反,合法减资是在法定条件下,按照法定程序减少公司资本的合法行为。在实质上,股东抽逃出资是对股东权利和有限责任的滥用,违反了《公司法》第三十五条"公司成立后,股东不得抽逃出资"以及第二十条"公司股东应当遵守法律、行政法规和公司章程,依法行使股东权利,不得滥用股东权利损害公司或者其他股东的利益;不得滥用公司法人独立地位和股东有限责任损害公司债权人的利益。公司股东滥用股东权利给公司或者其他股东造成损失的,应当依法承担赔偿责任。公司股东滥用公司法人独立地位和股东有限责任,逃避债务,严重损害公司债权人利益的,应当对公司债务承担连带责任"的规定。而合法减资是公司为了提高资本效用,依照法定条件和法定程序减少公司"剩余"的资本的合法行为。

---

① 刘俊海:《新公司法的制度创新:立法争点与解释难点》,法律出版社 2006 年版,第 128 页。

（三）隐蔽性、欺诈性

隐蔽性是指，股东抽逃出资多采取隐蔽、秘密的手段，通过制造虚假的财务报表，虚构债权债务关系或虚增利润进行分配，从而将出资全部或部分据为己有。在公司财务账册上，关于实收资本的记载是真实的，股东在公司成立时足额将股款存于公司或将财产转移给公司，而后再以常提、撤回、转移、混同、抵销等违反公司章程或财务会计准则的手段将股东出资从公司转移为股东个人所有，但财务上却以“应收账款”“长期投资”的方式记录等。因此不经调查、审计，只从财务记录上，很难发现抽逃出资的行为。欺诈性是指，股东与公司往往无基础的交易关系，或交易关系虚假，股东所为是对公司的欺诈。如股东通过虚构债权债务关系，拆东补西、关联投资等欺诈性交易，将公司财产据为己有。有时则是股东和公司之间恶意串通，抽回出资，欺诈公司的债权人。

（四）多为控股股东所为

《公司法》第二百一十六条规定：“控股股东，是指其出资额占有限责任公司公司资本总额百分之五十以上或者其持有的股份占股份有限公司股本总额百分之五十以上的股东；出资额或者持有股份的比例虽然不足百分之五十，但依其出资额或者持有股份所享有的表决权已足以对股东会、股东大会的决议产生重大影响的股东。”该条分别从形式上和实质上认定控股股东。形式上的标准是指股东持有的股份占公司股份总额的半数以上，实质上的标准，是其表决权足以对股东产生重大影响。据此，判断公司的股东是否为控制股东的标准并非完全以其持股比例是否达到某一数额而论，而是以其实际拥有的控制权为标准，即“大股东与小股东是一组相对应的概念，这对概念是由具体公司股权结构反映出来的，它表明的是权力关系而不是单纯的固定的数字比例”。[①]“公司控制权”“实质上是权利主体对公司经济资源表现占据、把握和处分，并由之对公司事务作出决策的权能”。[②]从而认为公司控制权是“从股东所有权中派生出来的经济性权利”。[③]控制权为股东抽逃出资提供了可能，利用控制权是控股股东抽逃出资的主要手段。

控股股东享有控制权，而中小股东拥有的股权较为分散，因此，控股股东可以通过在公司股东大会中的投票权优势控制股东大会任免董事，进而在董事会

---

① 齐斌：《股份有限公司小股东权益的保障》，载王保树主编：《商事法论集》第 3 卷，法律出版社 1999 年版，第 596 页。

② 甘培忠：《公司控制权的正当行使》，法律出版社 2006 年版，第 1、284 页。

③ 甘培忠：《公司控制权的正当行使》，法律出版社 2006 年版，第 1、284 页。

中占据绝大部分席位,通过操纵董事会使公司的经营决策服从控股股东的意志;同时,在监督机制欠缺的情况下,控股股东利用自己的强势地位,通过截留公司资金、直接扣划公司的现金,强令公司代偿债务等方式将公司的利益无对价地转移至控股股东手中;信息披露制度不完善的情况下,控股股东利用股东间信息的严重失衡,通过虚假信息披露、内幕交易,“套牢”中小股东,从而将公司财产不合理地转移。在控股股东控制公司抽逃出资时,小股东只能被动地“用脚投票”。正是资本多数决下的股权的实质不平等,为股东的抽逃出资创造了可能性,因此,一般抽逃出资多为控股股东所为,中小股东往往处于被动受害的地位。

——最高人民法院民事审判第二庭编著:《最高人民法院关于公司法解释(三)、清算纪要理解与适用(注释版)》,人民法院出版社2014年版,第269~270页。

044

验资后,在无正当交易关系的情况下又将出资转出公司的,系抽逃出资

关键词 | 抽逃出资 |

【最高人民法院答复】

河北省高级人民法院:

你院《关于上诉人李建成、常振敬与被上诉人河北鼎利房地产开发有限公司、原审被告河北亚森房地产开发有限公司、李庆林、徐玉军等权属及侵权纠纷一案适用法律问题的请示》收悉。经研究,答复如下:

2014年2月20日发布的《公司法解释(三)》施行后尚未终审的股东出资相关纠纷案件,人民法院经审理查明,公司成立后,股东将出资款项转入公司账户验资后,未经法定程序又转出,损害公司权益的,可以依照该规定第十二条第四项的规定,认定该股东抽逃出资。

综上,同意你院审委会第二种意见。以上意见供参考。

——《最高人民法院关于李建成、常振敬与河北鼎利房地产开发有限

公司等权属及侵权纠纷一案适用法律问题的请示的答复》(〔2014〕民二他字第19号)

【最高人民法院裁判文书】

徽商银行股份有限公司池州长江南路支行与东莞勤上光电股份有限公司、安徽省勤上光电科技有限公司等金融借款合同纠纷申请再审案[最高人民法院(2016)最高法民申2178号民事裁定书]

最高人民法院认为:东莞勤上公司主张其向安徽勤上公司收取的1500万元为有真实交易关系的设备预付款,其对该主张的事实负有举证证明责任。对此,东莞勤上公司认为1500万元转账凭证的备注内容和31份合同足以证明。但东莞勤上公司并未向本院提交上述证据材料,也未在原一、二审中提交31份合同。《公司法解释(三)》第十二条规定:"公司成立后,公司、股东或者公司债权人以相关股东的行为符合下列情形之一且损害公司权益为由,请求认定该股东抽逃出资的,人民法院应予支持:(一)制作虚假财务会计报表虚增利润进行分配;(二)通过虚构债权债务关系将其出资转出;(三)利用关联交易将出资转出;(四)其他未经法定程序将出资抽回的行为。"本案安徽勤上公司于2010年12月1日向东莞勤上公司转款1500万元的事实,各方均无争议,且东莞勤上公司无证据证明收取该款项基于真实交易,故原第一、二审判决认定其为抽逃出资,不缺乏事实和法律依据。

东莞勤上公司已经于2011年11月25日向安徽勤上公司支付1120万元人民币为缴纳土地出让金,没有证据证明与上述1500万元存在联系。后安徽润磊公司根据《出资变更协议》,将该1120万元连同东莞勤上公司的首期出资中的285万元退还给东莞勤上公司。至此,东莞勤上公司已经在其首期出资1815万元中抽逃了1785万元。东莞勤上公司主张上述1405万元(1120万元+285万元)为股权转让款,但东莞勤上公司在收到1405万元后持有安徽勤上公司股权比例由51%减至30%,根据安徽勤上公司章程,该公司注册资本金为10000万元,以股东首期出资额为公司注册资本金的35%计算,东莞勤上公司也应出资1050万元(10000万元×30%×35%)。即便如东莞勤上公司所称其所持有的30%股权为名义上持有,但该理由不能对抗债权人。因此,原审认定东莞勤上公司抽逃出资1785万元的事实并不缺乏证据证明。

——中国裁判文书网,http://wenshu.court.gov.cn。

天同证券有限责任公司破产管理人与中天城投集团股份有限公司等公司出资纠纷申请再审案[最高人民法院(2016)最高法民申1551号民事裁定书]

最高人民法院认为:(二)中天城投公司是否存在抽逃出资。中天城投公司按照案涉《参股合同》的约定将用于增资的1亿元资金支付给天同公司并办理工商变更登记后,该1亿元出资便转为天同公司法人财产,并由天同公司根据自己经营需要予以支配和处分。2003年6月30日天同公司将6000万元和1.3亿元的款项划至国恒利公司开设在西南证券公司上海西乡路证券营业部在建行开设的资金账户,在汇款凭证上天同公司注明为“股权转让款”。尽管天同公司以中天城投公司董事李军华亦成为天同公司董事为由,主张中天城投公司明知天同公司重组方案的内容、实施步骤以及约定将增资资金按原路径返回,不走减资办法,但中天城投公司董事李军华担任天同公司第三届董事会董事的时间是在天同公司上述汇款1.9亿元的行为发生之后,天同公司的该主张不能成立。天同公司现有证据不足以证明中天城投公司指令天同公司进行的上述划款行为或者中天城投公司收到了相应款项,天同公司主张中天城投公司抽逃出资证据不足,本院不予支持。

——中国裁判文书网,http://wenshu.court.gov.cn。

毛彦杰与青岛凯航国际物流有限公司、青岛巨丰圣源国际贸易有限公司、刘同涛海上、通海水域货运代理合同纠纷申请再审案[最高人民法院(2016)最高法民申516号民事裁定书]

最高人民法院认为:原审判决认定毛彦杰、刘同涛抽逃出资,并不缺乏证据证明。从凯航公司提供的巨丰公司工商登记材料、验资报告所载内容看,巨丰公司章程规定注册资金为1000万元,毛彦杰、刘同涛各认缴出资300万元、700万元,分二期出资,第二次出资时间为2013年6月9日前,刘同涛、毛彦杰分别于2012年3月27日、28日向巨丰公司出资各560万元、240万元,共计800万元。根据《公司法解释(三)》第十二条第四项之规定,未经法定程序将出资抽回的行为属于抽逃出资。应凯航公司申请一审法院调取了巨丰公司银行账户流水账单,该账单显示2012年3月30日巨丰公司分两笔向宇田公司汇出700万元。凯航公司依据上述证据主张巨丰公司股东毛彦杰、刘同涛抽逃出资,已完成举证责任。《公司法解释(三)》第二十条规定,“当事人之间对是否已履行出资义务发生争议,原告提供对股东履行出资义务产生合理怀疑证据的,被告股东应当就其已履行出资义务承担举证责任”。据此,毛彦杰主张700万元款项的汇出行为不属抽逃出资,应承担举证责任。而其对向巨丰公司转入800万元验资款后4天内向宇田公司汇出700万元是否系巨丰公司的经营行为,巨丰公司与宇田公司之间是否存在债权债务关系,该汇款行为是否经法定程序而为,未能举证证明。原审判决认定“对于该700万元汇出的原因,巨丰公司及刘同涛、毛彦杰均不能提供存在正常的贸易往来证据,巨丰公司账面上没有记载,刘同涛、毛彦杰作为巨丰公司的股东有能力控制巨丰公司,该笔资金的转出应视为抽逃出资的行为”,判决支持凯航公司关于认定刘同涛、毛彦杰抽逃注册资金的主张,具备事实和法律依据。根据《公司法解释(三)》第十四条第二款规定,股东抽逃出资应承担的法律责任是在抽逃出资本息范围内对公司债务不能清偿的部分承担补充赔偿责任,原审判决判令毛彦杰、刘同涛承担连带责任确有不当。但是,考虑到巨丰公司应承担的债务为200495元,不超过700万元,原审判决将毛彦杰、刘同涛承担连带责任的范围明确界定为在“抽逃出资本息的范围内”;而毛彦杰申请再审并未提供巨丰公司具有案涉债务履行能力的相关证据,原审判决判令毛彦杰对巨丰公司的债务承担连带责任并不导致其实体权利受到损害,因此,原审判决结果并无不妥。

——中国裁判文书网,http://wenshu.court.gov.cn。

源润控股集团股份有限公司与上海浦东发展银行股份有限公司天津分行及天津港保税区国臣国际贸易有限公司、天津国信集团有限公司、天津市通泰实业发展有限公司、天津国臣集团有限公司、孙建国借款合同纠纷案[最高人民法院(2011)民提字第89号民事判决书]

裁判要旨:股东将资金转入公司账户验资后,在无正当交易关系的情况下又将出资转出的,系抽逃出资行为。该行为导致公司责任资产减少,损害了公司和债权人利益。公司债权人据此请求判令该股东在其抽逃范围内对公司债务不能清偿部分承担补充赔偿责任的,人民法院应予支持。

最高人民法院认为:一、关于源润公司是否是本案适格当事人的问题。浦发银行以源润公司抽逃出资为由请求人民法院判令其承担相应责任,根据《公司法(2005)》第三十六条之规定,股东不得抽逃出资。故公司债权人请求抽逃出资的股东在抽逃出资范围内对公司债务不能清偿的部分承担责任属于人民法院受理范围,源润公司关于应将通泰公司的现任与前任股东都列为当事人的主张无法律依据,本院不予支持。

二、关于源润公司是否应对通泰公司债务向浦发银行承担相应责任的问题,根据本案查明事实，源润公司先将5000万元存入通泰公司账户，在相关会计师事务所出具验资报告后于3日内又直接或间接地全部收回。该种将资金转入公司账户验资后又转出的行为，损害公司和债权人利益，为抽逃出资行为，应承担相应责任。在源润公司直接或间接收回出资的行为足以使债权人对其是否履行出资义务产生合理怀疑的情况下，源润公司应当就其已履行出资义务承担举证责任，但本案一、二审期间，源润公司未能合理解释其收回出资有合法原因。本案再审期间，源润公司提交了两份《商品房买卖合同》的复印件，但未在本院指定期限内提交相应原件，且浦发银行对该两份复印件不予质证，根据《民事诉讼证据规定》第六十九条第（四）项之规定，本院对该两份《商品房买卖合同》的复印件不予采信。源润公司在本案再审期间还提交了孙建国出具的《情况说明》。孙建国系本案原审被告之一通泰公司的法定代表人，也是源润公司在通泰公司出资的最终受让人。因此，源润公司承担责任与否关系到孙建国的利益，故孙建国系源润公司与浦发银行法律关系的利害关系人，且源润公司也未提交该《情况说明》的其他辅助证据，故本院对该《情况说明》不予采信。另外，源润公司委托代理人在本案再审庭审中虽不认可源润公司抽逃出资，但表示本案所涉5000万元为源润公司对通泰公司的尚未偿还的欠款。该表示应视为源润公司对抽回上述5000万元的确认。因此，源润公司关于其行为不构成抽逃出资的申诉理由无事实和法律依据，本院不予采纳。

股东抽逃出资，减少公司资本，损害公司和债权人利益，应当在其抽逃范围内对公司债务不能清偿部分承担补充赔偿责任。浦发银行在提起本案诉讼时请求判令源润公司承担连带偿还责任。原审判决判令源润公司对通泰公司债务承担的补充给付责任与连带偿还责任相比，补充赔偿责任的承担人享有在对主债务人进行强制执行之前拒绝承担责任的抗辩权，故其责任轻于连带偿还责任，故原审判决事项并未超出原告请求范围。源润公司的关于原审判决超出当事人请求范围的申诉理由无法律依据，本院不予采纳。

——最高人民法院民事审判第二庭编：《商事审判指导》总第33辑，人民法院出版社2013年版，第226～237页。

【链接：最高人民法院法官著述】

为适应新修正的公司法及司法审判实践，2014年4月20日，最高人民法院对《公司法解释（三）》亦进行了相应的修正，鉴于新修正的公司法将公司注册资本改为了认缴制(募集设立的股份有限公司除外),简化了登记事项和登记文件,尤其是公司登记时,不再需要提交验资报告,故本次最高人民法院对《公司法解释(三)》的修正删除了第十二条第(一)项,即将出资款项转入公司账户验资后又转出的行为不再作为一项明文规定的股东抽逃出资的典型行为。那这是否意味着股东将出资金款项转入公司账户后又转出的行为一律不再作为抽逃出资认定?笔者认为恐怕不能形成绝对的答案,需结合个案仔细甄别、认定。主要理由在于:对于股东而言,遵守公司章程,按其认缴的出资额或认购的股份金额,依约定期限向公司缴纳股款并不得抽回出资是股东向公司负有的基本义务,其中足额缴纳所认缴的出资及不得抽回出资也是资本维持原则的内在要求。在笔者看来,对公司资本制度改革取消了最低资本额的要求,但变更多的是公司法自身的规制方式顺应商业实践发展而进行的调整,并非理所当然地反映"资本"本身对于公司不再重要,以禁止股东抽逃出资为核心的资本维持原则,仍是公司法功能的经典诠释。虽然新修正的公司法及司法解释作出了以上修改,但并不意味着股东对公司负有的以上义务也取消了,股东认缴出资后,仍负有足额缴纳出资及不得抽回的义务。

——张小洁:《股东将出资转入公司账户验资后即转出是否构成抽逃出资的司法认定——李建成、常振敬与河北鼎利房地产开发有限公司、河北亚森房地产开发有限公司、李庆林、徐玉军等权属及侵权纠纷案》,载杜万华主编、最高人民法院民事审判第二庭编:《商事审判指导》总第40辑,人民法院出版社2016年版,第89~90页。

045

股东之间约定出资款由公司承担利息以及公司在盈利后须向出资人归还部分出资款,违反有关股东出资义务的强制性规定,关于公司承担义务的约定无效

关键词|股东出资义务|

【最高人民法院裁判文书】

邱月雄、龙正兰与北川羌族自治县天健建材有限公司、邱黄辉股权转让纠纷

申请再审案[最高人民法院(2013)民申字第2057号民事裁定书]

最高人民法院认为:(二)关于二审法院对《扩股协议》性质的认定是否错误的问题。根据公司法基本理论和《公司法(2005)》第二十八条、第三十六条的规定,股东应当如实出资,不得附有其他条件,一旦出资后,其出资已转化为公司的资产,股东对该资产不享有权利,股东只享受股权,无权要求公司返还出资或主张利息。因此,二审法院关于《扩股协议》中出资款项由公司承担利息以及公司在盈利后须向出资人归还部分出资款的约定违反了《公司法》中有关股东出资义务的强制性规定,从而只在三方之间有效,关于公司承担义务的部分认定无效并无不当。

——中国裁判文书网,http://wenshu. court. gov. cn。

046

股东实际出资大于应缴出资，性质上属于公司的资本公积金，股东以此作为借款债权而与公司以物抵债的，构成变相抽逃出资

关键词|股东出资|资本公积金|变相抽逃出资|

【最高人民法院裁判文书】

江门市江建建筑有限公司与江门市金华物业投资管理有限公司、江门市金华投资有限公司执行异议之诉案[最高人民法院(2013)民提字第226号]

裁判要旨:股东实际出资大于应缴出资形成的资本溢价,性质上属于公司的资本公积金,不构成股东对公司的借款,股东以此作为借款债权而与公司以物抵债的,构成变相抽逃出资,不符合《最高人民法院关于人民法院民事执行中查封、扣押、冻结财产的规定》第十七条规定的阻却人民法院执行的条件,不发生标的物所有权变动的法律效力。

最高人民法院认为:(一)林金培对金华投资公司的额外出资不是借款,而属于资本公积金,林金培对金华投资公司所谓的借款债权并不成立。首先,金华投资公司1995年设立时,公司章程规定首期投资总额1.46亿元,而公司注册资本只有100万元,故包括林金培在内的各股东还需额外出资,公司章程第十一条也因此规定各股东"应按工程进度及各方相应的出资额按期投入资金"。但对

于股东在注册资本之外的出资属于什么性质,章程并未明确规定。1993 年 1 月 7 日财政部发布的《房地产开发企业会计制度》第 311 号科目“资本公积”部分规定:“一、本科目核算企业取得的资本公积,包括接受捐赠、资本溢价、法定资产重估增值、资本汇率折算差额等……”对于资本溢价的范围,第二款明确规定:“投资人交付的出资额大于注册资本而产生的差额,作为资本溢价。”《公司法(1993)》第一百七十八条规定,国务院财政主管部门规定列入资本公积金的其他收入,应当列入公司资本公积金。据此可知,股东对公司的实际出资大于应缴注册资本部分的,应属于公司的资本公积金。金华物业公司主张林金培对金华投资公司多缴的出资属于林金培对金华投资公司的借款,但未提供证据证明双方事先对该出资的性质为借款以及借款期限、借款利息等有特别约定,在此情形下,根据财政部的规定,林金培多缴的出资应为资本公积金,而非借款。其次,《国务院关于固定资产投资项目试行资本金制度的通知》(国发〔1996〕35 号)规定:从 1996 年开始,对各种经营性投资项目,包括国有单位的基本建设、技术改造、房地产开发项目和集体投资项目,试行资本金制度,投资项目必须首先落实资本金才能进行建设;在投资项目的总投资中,除项目法人从银行或资金市场筹措的债务性资金外,还必须拥有一定比例的资本金;投资项目资本金,是指在投资项目总投资中,由投资者认缴的出资额,对投资项目来说是非债务性资金,项目法人不承担这部分资金的任何利息和债务;投资者可按其出资的比例依法享有所有者权益,也可转让其出资,但不得以任何方式抽回;投资项目的资本金一次认缴,并根据批准建设的进度按比例逐年到位。本案中的金华商业中心项目是金华投资公司挂靠城建公司开发的,金华商业中心于 1996 年 1 月开工建设,1999 年完工,国务院上述通知对其具有规范效力。因此,认定林金培对金华投资公司的出资为资本公积金,符合国务院的相关规定,具有政策依据。再次,二审期间,被申请人提供的手写书证记载:“金华投资公司注册资本为一百万元,现将各股东多投入的资本转为资本公积。佛山三角洲公司:5473433.23;市外经贸易进出口公司:6073133.13;科埠有限公司:3885966.49;华联投资开发公司:558483.37。资本公积合计:15991016.22。”由此证明,金华投资公司各股东对多缴出资的性质为资本公积金也是明知并认可的。最后,二审期间,被申请人提供的林金培通过香港科埠公司向金华投资公司出资的 53 张会计凭证原始记录即为“资本公积”,虽后来被更改为“长期借款”,但根据会计法的规定,会计凭证不得变造,金华投资公司变造上述会计凭证的行为违反会计法,应属无效。

(二)资本公积金属于公司的后备资金,股东可以按出资比例向公司主张所有者权益,但股东出资后不能抽回,也不得转变为公司的债务计算利息,变相抽逃。2003 年 5 月 14 日,金华投资公司董事会决议用本案的房产抵顶林金培多投入的出资本息,实质是将林金培本属于资本公积金的出资转变为公司对林金培的借款,并采用以物抵债的形式予以返还,导致林金培变相抽逃出资,违反了公司资本充实原则,与公司法和国务院上述通知的规定相抵触,故董事会决议对林金培借款债权的确认及以物抵债决定均应认定为无效。

——最高人民法院民事审判第二庭编:《商事审判指导》总第 37 辑,人民法院出版社 2014 年版,第 236～249 页。

047

出资资金是在验资期间通过复杂的金融手段频繁划转资金虚构而来，应认定股东未履行出资义务

关键词|股东出资|虚假出资|

【最高人民法院裁判文书】

成都前锋电子股份有限公司与五洲证券有限公司缴纳出资纠纷案[最高人民法院(2014)民二终字第 22 号民事判决书]

最高人民法院认为:本案二审争议的焦点问题是:前锋公司应否向五洲证券履行 8700 万元的出资义务及支付相应利息。前锋公司认为,其已通过自己账户将 8700 万元汇入五洲证券开设的验资账户并经验资报告确认,已经实际履行出资义务,无需再次缴纳出资。根据河南证监局作出的豫证监发(2005)153 号调查报告和北京中兴宇会计师事务所有限责任公司出具的审计报告所确认的事实,前锋公司在内的 8 家新增股东的应缴出资款,均是利用金正科技股份有限公司及李结义、杜宣等 6 人的共计 1 亿元的资金,在验资期间由五洲证券与广东发展银行深圳福田支行及深圳发展银行布吉支行进行配合,通过复杂的金融手段频繁划转资金虚构而来,上述资金最终于 2004 年 3 月 16 日(验资日)返还给李结义及金正科技股份有限公司。其中,前锋公司虽于 2004 年 3 月 3 日和 2004 年 3 月 5 日分别汇入广发福田 026 户 770 万元和 7930 万元,但随后该资金同广发福田 026 户的其他资金于 2004 年 3 月 5 日流出广发福田 026 户。截至 2004

年3月16日（验资日）止，五洲证券在广东发展银行深圳福田支行及深圳发展银行布吉支行开立的广发福田026户和深布吉2501户两个账户的资金余额均为零。可见，前锋公司并未真实履行出资义务，五洲公司可以根据《公司法解释（三）》第十三条关于“股东未履行或未全面履行出资义务，公司或者其他股东请求其向公司依法全面履行出资义务的，人民法院应予支持”之规定，请求前锋公司全面履行出资义务。前锋公司认为，其对出资款从验资账户转走毫不知情，更没有参与，且验资账户上转出的出资款并未转回到其账户，不应承担任何责任。在案事实虽无直接证据证明前锋公司与验资款项被转走存在直接关系，但从前锋公司所主张的代山东鑫融公司持股的事实来看，前锋公司提供名义代替山东鑫融公司出资，并且明确知道无须缴纳出资即替山东鑫融公司代为持股，这足以证明前锋公司对不履行真实出资义务等事实是知悉或者说是放任的，前锋公司认为其对出资款转走不存在过错的抗辩与事实不符，故对其以不存在过错为由要求免除责任的主张，本院不予支持。至于验资账户上的出资款被转至何处，不能改变五洲证券账户上的资金在验资日前为零的事实，并不影响对前锋公司并未真实履行出资义务的认定，故前锋公司要求以验资账户上转出的出资款并未转回到其账户为由免除责任的主张亦不能得到支持。

——中国裁判文书网，http://wenshu.court.gov.cn。

048

股东是否构成抽逃出资，系以股东是否损害了公司的财产权益为认定标准，而与其他股东对抽逃出资行为是否知晓无关

关键词｜抽逃出资｜

【最高人民法院裁判文书】

方海涛与深圳市博世汽车电子科技有限公司等追收抽逃出资纠纷、股东出资纠纷申请再审案［最高人民法院(2015)民申字第1467号民事裁定书］

最高人民法院认为：《公司法》第三十五条规定：“公司成立后，股东不得抽逃出资。”《公司法解释(三)》第十二条规定：“公司成立后，公司、股东或者公司债权人以相关股东的行为符合下列情形之一且损害公司权益为由，请求认定该

股东抽逃出资的，人民法院应予支持：(一)制作虚假财务会计报表虚增利润进行分配；(二)通过虚构债权债务关系将其出资转出；(三)利用关联交易将出资转出；(四)其他未经法定程序将出资抽回的行为。”第十四条第一款规定：“股东抽逃出资，公司或者其他股东请求其向公司返还出资本息、协助抽逃出资的其他股东、董事、高级管理人员或者实际控制人对此承担连带责任的，人民法院应予支持。”根据上述规定，股东是否构成抽逃出资，系以股东是否损害了公司的财产权益为认定标准，而与其他股东对抽逃出资行为是否知晓无关。因此，无论王春富是否知晓或同意方海涛从博世公司账户中取出100万元，只要方海涛不能证明取出的款项用于了博世公司的生产经营，即不影响方海涛构成抽逃出资的认定。而其他股东知晓并协助抽逃出资的，将产生承担连带责任的法律后果。本案一、二审判决以方海涛未能就取款用于博世公司举出合理、充分的证据证明为由，认定方海涛的行为构成抽逃出资，并无不当。方海涛关于一、二审判决认定其构成抽逃出资错误的申请再审理由不能成立。

——中国裁判文书网，http://wenshu.court.gov.cn。

049

原告提供对股东抽逃出资产生合理怀疑的证据，被告股东不能就其已履行出资义务承担举证责任的，认定为抽逃出资成立

关键词 | 抽逃出资 | 举证责任 |

【最高人民法院司法解释】

第二十条 当事人之间对是否已履行出资义务发生争议，原告提供对股东履行出资义务产生合理怀疑证据的，被告股东应当就其已履行出资义务承担举证责任。

——《最高人民法院关于适用〈中华人民共和国公司法〉若干问题的规定(三)》(2010年12月6日最高人民法院审判委员会第1504次会议通过，根据2014年2月17日最高人民法院审判委员会第1607次会议《关于修改关于适用〈中华人民共和国公司法〉若干问题的规定的决定》修正)

【最高人民法院裁判文书】

崔孝娥与山东世纪利华能源有限公司及山东华青电力燃料有限公司、苏兆平追偿权纠纷案[最高人民法院(2015)民申字第1755号民事裁定书]

最高人民法院认为,本案再审审查的焦点为:二审判决关于崔孝娥抽逃出资的事实认定是否缺乏证据证明。

关于崔孝娥是否存在抽逃出资行为的问题。利华公司提供了华青公司注册资金情况明细表作为证据,该证据表明崔孝娥、李洵分别向华青公司出资1100万元、900万元,公司成立后短时间内(华青公司成立时间为2011年3月1日,款项转出时间为2011年3月3日),华青公司即将与出资数额一致的款项分三次转入日照国能电力燃料有限公司和日照开发区汇贤经贸有限公司账户。利华公司作为华青公司的债权人,已就对华青公司股东存在抽逃出资行为产生合理怀疑提供了证据。一、二审法院根据证据距离理论和《公司法解释(三)》第二十条之规定,判令由崔孝娥对其不存在抽逃出资行为负举证责任,并无不当。崔孝娥虽主张上述款项汇出系用于支付日照国能电力燃料有限公司、日照开发区汇贤经贸有限公司煤炭粉业务款,但其提供的2011年3月3日华青公司与上述两公司签订的买卖合同仅系复印件,华青公司纳税明细亦未载明销方单位名称,不能证明其主张。崔孝娥作为华青公司的法定代表人、出资1100万元占比55%的股东,虽主张其对华青公司不具有掌控力,但并未提供充分证据予以证明,亦与公司法中有关法定代表人、股东的相关规定不符。根据《民事诉讼法》第六十四条第一款"当事人对自己提出的主张,有责任提供证据"、《民诉法解释》第九十条"当事人对自己提出的诉讼请求所依据的事实或者反驳对方诉讼请求所依据的事实,应当提供证据加以证明,但法律另有规定的除外。在作出判决前,当事人未能提供证据或者证据不足以证明其事实主张的,由负有举证证明责任的当事人承担不利的后果"之规定,二审判决综合判断全案证据,认定崔孝娥存在抽逃出资行为,合法有据,本院予以维持。

——中国裁判文书网,http://wenshu.court.gov.cn。

050

股权收购中出资人在不能证明其除注册资金之外还有其他形式资金投入的情况下，其收回在公司债权的行为属于抽逃出资

关键词｜股权收购｜抽逃出资｜

【最高人民法院裁判文书】

长春市商业银行北国支行与新产业投资股份有限公司、吉林省商务厅及吉林新产业投资有限责任公司借款合同纠纷案[最高人民法院(2007)民二终字第215号民事判决书]

裁判要旨:股权收购是企业兼并的一种形式,股权收购的价格取决于企业资产的价值,即使是股权收购也应该对公司的整体资产和负债进行评估。在净资产评估结果为负值的情况下,股权的价值当然为负值,对零价格收购而言,评估资产或评估股权价值并无实质的差异。公司的出资人在不能证明除注册资金之外还有其他形式资金投入的情况下,对出资人收回在公司债权的行为,应当认定为该债权系公司资产的组成部分,出资人收回该部分债权,属于抽逃公司资产的行为,该行为损害了公司以及公司债权人的合法权益。因公司系独立的民事主体,其对外所负债务首先应以其自有财产清偿,如果公司的财产不足以清偿债务,则出资人应就其抽逃资产的行为对公司的债务承担相应的赔偿责任。

最高人民法院认为:关于新产业公司收购外贸公司资产的性质以及其是否应当对外贸公司的债务承担清偿责任问题。根据本案查明的事实,吉林省外贸厅与新产业公司签订的《收购协议书》载明,经双方协商,就吉林省外贸厅转让外贸公司股权、新产业公司受让外贸公司股权达成一致意见,并同意签订本协议。该《收购协议书》第1条还载明,按零价格收购,接受部分资产。吉林省外贸厅同意将其持有的外贸公司95%的股权按零价格转让给新产业公司。本院认为,上述证据材料中出现的以零价格收购公司、以企业兼并进行评估立项、对公司整体资产和负债进行的评估以及对上述评估结果的确认等内容,与当事人意图实施的股权收购行为并不矛盾。股权收购是企业兼并的一种形式,股权收购的价格取决于企业资产的价值,即使是股权收购也应该对公司的整体资产和负债进行评估。在本案净资产评估结果为负值的情况

下，股权的价值当然为负值，对本案零价格收购而言，评估资产或评估股权价值并无实质的差异。新产业公司收购外贸公司的并不是其全部资产和债务，原审法院依照《公司法》以及《最高人民法院关于审理与企业改制相关的民事纠纷案件若干问题的规定》，认定新产业公司不应对外贸公司的债务承担清偿责任，该认定不违反双方当事人在《收购协议书》中的真实意思表示，也不违反我国法律、行政法规的强制性规定，本院予以维持。

关于吉林省商务厅是否应当对外贸公司的债务承担民事责任问题。在本案原一审审理作出判决后，吉林省商务厅向本院提起上诉，认为其不应对外贸公司的债务在4159万元范围内承担清偿责任。本院在原二审审理过程中，通知吉林省商务厅对如下事实负有举证责任：(1)在外贸公司设立时，吉林省外贸厅4400万元出资的证据；(2)上述4400万元出资的具体形式以及有关部门验资报告；(3)外贸公司返还吉林省外贸厅4159万元债权与吉林省外贸厅4400万元出资之间关系的证据，即该4159万元债权是否属于4400万元出资的组成部分。吉林省商务厅均未能提供证据。后本院以事实不清为由将本案发回原审法院重审。原审法院重审中，吉林省商务厅仍未能就上述事实举证，吉林省商务厅即应承担不利的法律后果。原审法院将举证责任归于商行北国支行不当，应予纠正。根据本案现有证据来看，由于外贸公司在工商行政管理部门注册登记的档案材料缺失，该公司投资设立的基本情况已无法考查。但是，根据外贸公司营业执照载明的注册资金为4400万元，可以认定吉林省外贸厅已经足额出资，对此，各方当事人均没有提出异议。在吉林省外贸厅与新产业公司签订的《收购协议书》以及吉林省外贸厅《关于对新产业投资集团股份公司零价收购省外贸投资总公司的批复》中，均载有新产业公司同意吉林省外贸厅在外贸公司设立时投入的债权尚有4159万元没有收回，由吉林省外贸厅收回的内容。本案诉讼中，吉林省商务厅不否认其前身吉林省外贸厅已经实际从外贸公司收回4159万元债权的事实，但其辩称该4159万元债权与4400万元注册资金无关，却始终不能提交上述4400万元出资的具体形式的证据以及证明外贸公司返还吉林省外贸厅的4159万元债权与吉林省外贸厅4400万元出资之间关系的证据。据此，应视为吉林省商务厅不能证明除4400万元注册资金之外，吉林省外贸厅对外贸公司还有其他形式的资金投入，故本院认定上述4159万元债权系外贸公司资产的组成部分，吉林省外贸厅收回该部分债权，属于吉林省外贸厅抽逃外贸公司资产的行为，该行为损害了外贸公司以及外贸公司债权人的合法权益。因外贸公司系独立的民事主体，其对外所负债务首先应以其自有财产清偿，如果外贸公司的财产不足以清偿债务，则吉林省外贸厅应就其抽逃资产的行为对外贸公司的债务承担相应赔偿责任。原审法院认定吉林省外贸厅对外贸公司向商行北国支行的借款不应在4159万元范围内承担赔偿责任不当，本院予以纠正。

——最高人民法院民事审判第二庭编：《商事审判指导》总第21辑，人民法院出版社2010年版，第172～174页。

051

公司未经法定程序在未给其他股东分红的情况下，单独给某一股东预期分红作为买断股权对价，属于抽逃出资

关键词｜股东分红｜抽逃出资｜

【最高人民法院裁判文书】

赵长勋与辽宁中智房屋开发有限公司股权确认纠纷再审审查案[最高人民法院(2013)民申字第286号民事裁定书]

最高人民法院认为：赵长勋主张，不论本案1500万元的款项性质如何，其都不应当返还中智公司已经支付的红利1000万元。本院认为，股东分红依法应由股东会作出决议。本案中，中智公司未经法定程序，在其他股东未分红的情况下，单独给付赵长勋预期分红，作为买断其股权的对价，存在损害其他股东和公司债权人合法利益的可能性。鉴于中智公司退还赵长勋1500万元股权投资款和1000万元红利后，双方没有办理相应的减资或股权变更手续，赵长勋亦否认上述行为为退股，从而导致赵长勋在已没有实际出资的情况下仍具有股东身份并继续享有股东权利。根据《公司法解释(三)》第十二条之规定，赵长勋的上述行为属于“其他未经法定程序将出资抽回的行为”，应认定为抽逃出资。而对于该抽逃出资的行为，根据《公司法解释(三)》第十七条之规定，有限责任公司股东抽逃出资的，公司可以对其利润分配请求权、新股优先认购权、剩余财产分配请求权作出相应的合理限制。一、二审法院在中智公司起诉主张赵长勋或者归还2500万元投资款和红利或者股东权利受到限制的情况下，判令赵长勋在没有补足应缴出资款前限制其相应的股东权利，依据充分，亦未超出中智公司的诉讼请求。赵长勋申请再审认为1500万元系工程投资款，另1000万元是工程投资

款的投资收益而非分红不应退还的理由，不能成立。

——中国裁判文书网，http://wenshu.court.gov.cn。

052

公司董事会作出决议，与股东签订协议收购股东所持公司股权，不违反《公司法》关于不得抽逃出资的规定

关键词｜董事会决议｜股权回购｜抽逃出资｜

【最高人民法院裁判文书】

沛县舜天房地产开发有限公司与叶宇文股权转让纠纷申请再审案［最高人民法院（2009）民申字第453号民事裁定书］

最高人民法院认为：公司董事会作出决议，与公司股东签订协议收购股东所持公司股权，并不违反《公司法（2005）》第三十六条关于股东不得抽逃出资的规定，虽然与《公司法》及相关司法解释规定情形不完全一致，但符合立法的原意和目的，应当认定为有效。

——苏泽林主编、最高人民法院立案庭编：《立案工作指导》总第22辑，人民法院出版社2010年版，第78～81页。

【链接：最高人民法院法官著述】

2. 现有立法规定股东可以行使股东回购请求权。《公司法》规定股东不得抽逃出资，但《公司法》并不禁止股东在公司成立之后以合法方式退出公司，包括以公司回购股权的形式退出公司。《公司法（2005）》第七十五条规定的股东回购请求权是法定的股东回购请求权，根据该条规定的情形，股东可以请求公司按照合理价格收购其股权；股东与公司不能达成协议的，股东可在法定期限内向人民法院提起诉讼。除该条规定的情形股东可行使法定的回购请求权外，《公司法》上仍有股东与公司以其他情形通过协议而由公司回购股权的余地。《公司法解释（二）》第五条规定，人民法院审理解散公司诉讼案件，当事人协商同意由公司或者股东收购股份，或者以减资等方式使公司存续，且不违反法律、行政法规强制

性规定的,人民法院应予支持。公司的成立本身是股东意思表示一致的结果,公司存在的意义不在于将股东困于公司中不得脱身,而在于谋求股东利益最大化。在股东之间就公司的经营发生分歧,或者股东因其自身原因不能正常行使股东权利时,股东与公司达成协议由公司回购股东的股权,既符合有限责任公司封闭性和人合性特点,又可打破公司僵局、避免公司解散的最坏结局,使得公司、股东、公司债权人的利益得到平等保护。《公司法》允许公司与股东在公司解散诉讼案件中,协商由公司回购股东股份,以打破公司僵局,使公司保持存续而免遭解散,那么允许公司与股东在公司僵局形成之初、股东提请解散公司之前,即协商由公司回购股份以打破公司僵局、避免走向公司解散诉讼,符合《公司法》立法原意。因此,本案的董事会决议以及股权转让协议并不违反法律规定……

4. 关于申请再审人舜天公司提出法律规定公司收购股东股权,必须是公司与原告股东达成股权收购协议,必须对股权处理作出适当安排,否则人民法院不应予以支持的问题。本案的被申请人叶宇文已经与公司达成了股权转让的协议,公司已经支付了部分转让款,该协议已经部分履行。就合同履行的结果而言,舜天公司可以向公司以内的股东或公司以外的股东转让该股权,也可以将该股份通过减资程序注销,并在工商行政管理机关进行相应的变更登记,舜天公司不存在无法对股权作出适当安排的问题。

——包剑平:《公司董事会决议与公司股东签订协议收购股权,是否违反〈公司法〉第三十六条的规定——沛县舜天房地产开发有限公司与叶宇文股权转让纠纷申请再审案》,载苏泽林主编、最高人民法院立案庭编:《立案工作指导》总第22辑,人民法院出版社2010年版,第82~84页。

053

未履行法定减资程序，减少被开办企业的资金属于变相抽逃出资

关键词|减资程序|变相抽逃出资|

【最高人民法院裁判文书】

中国三江航天工业集团公司与中国汽车工业进出口厦门公司、湖北航天汽车工业公司购销合同纠纷申请再审案[最高人民法院(2001)民二监字第152号

驳回申请再审通知书]

最高人民法院认为:企业集团内部的财务中心的结算依据未经审计,不能对抗第三人,当事人不能以该依据主张已经履行了减资程序,该行为属于未履行法定减资程序,减少被开办企业资金的行为属于变相抽逃资金,应在所抽走资金范围内承担法律责任。

——沈德咏主编、最高人民法院审判监督庭编:《审判监督指导与研究》总第7卷,人民法院出版社2002年版,第154~157页。

054

股东不得以任何形式用公司资产清偿其债务,否则构成实质上的返还投资即抽逃出资

关键词 | 公司资产 | 股东债务 | 抽逃出资 |

【最高人民法院裁判文书】

玉门市勤峰铁业有限公司、汪高峰、应跃吾与李海平、王克刚、董建股权转让纠纷案[最高人民法院(2012)民二终字第39号民事判决书]

裁判要旨:公司资产为公司所有债权人债权的一般担保,公司法规定股东必须向公司缴纳其认缴的注册资本金数额,公司必须在公司登记机关将公司注册资本金及股东认缴情况公示,在未经公司注册资本金变动及公示程序的情形下,股东不得以任何形式用公司资产清偿其债务构成实质上的返还其投资。

最高人民法院认为:《还款协议》约定,汪高峰、应跃吾依据《股权转让协议》应向李海平等三人支付的1700万元和100万元共计1800万元转化为其债务,勤峰公司承诺对该笔债务提供担保。该约定不符合《公司法(2005)》第三十六条关于股东缴纳出资后不得抽回的规定。李海平等三人与汪高峰、应跃吾等人原均为勤峰公司股东,其间发生股权转让由公司提供担保,即意味着在受让方不能支付股权转让款的情形下,公司应向转让股东支付转让款,从而导致股东以股权转让的方式从公司抽回出资的后果……在未经公司注册资本金变动及公示程序的情形下,股东不得以任何形式用公司资产清偿其债务构成实质上的返还其投资。因此,《还款协议》中关于勤峰公司承担担保责任的部分内容,因不符合

公司法的有关规定,应认定无效,勤峰公司不应承担担保责任。原审法院关于勤峰公司担保有效,并据此判令勤峰公司向李海平等三人承担担保责任属于适用法律错误,本院予以纠正。

——最高人民法院民事审判第二庭编:《最高人民法院商事审判指导案例(2012)·公司与金融》,中国民主法制出版社2013年版,第245~256页。

055

未履行法定程序并经变更登记的股权退出协议,应认定为名为减资实为抽逃出资

关键词 | 股权退出协议 | 减资 | 抽逃出资 |

【最高人民法院裁判文书】

安徽新集煤电(集团)有限公司与如东县农村信用合作联社、上海恒德置地有限公司借款合同纠纷案[最高人民法院(2010)民提字第79号民事判决书]

裁判要旨:根据公司法的相关规定,减资行为并不属于抽逃资金,但是,本案因公司资产的减少缩小了公司承担责任的能力,直接影响到公司债权人的利益,所以,法律对公司减少资本规定了比增加资本更加严格的法律程序。

最高人民法院认为:本案纠纷因如东信用社向恒德公司主张担保债权,并以煤电公司从恒德公司抽逃资金为由请求其在抽逃资金范围内承担连带担保责任而产生,争议焦点为,还款承诺担保书的效力,煤电公司从恒德公司退出,是撤回出资性质,还是合法减资性质,煤电公司应否为恒德公司的担保债务承担连带责任。

关于煤电公司从恒德公司退出的性质及责任承担问题。根据本案一审、二审及再审查明的事实可以得知,1997年10月6日,煤电公司与恒德公司签订《还款及股权转让协议》,根据该协议,恒德公司以其开发的恒德花园一、二期房折价4562.18万元并加现金70.82万元一并抵给煤电公司,煤电公司退出恒德公司。从上述事实看,恒德公司将房产加现金抵偿给煤电公司,煤电公司退出,其结果是恒德公司最终减少注册资本,因此,煤电公司股权转让并不是真正意义上的转让,其实质是恒德公司减少注册资本。根据公司法的相关规定,减资行为

并不属于抽逃资金，但是，本案因公司资产的减少缩小了公司承担责任的能力，直接影响到公司债权人的利益，所以，法律对公司减少资本规定了比增加资本更加严格的法律程序。《公司法（2005）》第一百八十六条规定：“公司需要减少注册资本时，必须编制资产负债表及财产清单。公司应当自作出减少注册资本决议之日起十日内通知债权人，并于三十日内在报纸上至少公告三次。债权人自接到通知书之日起三十日内，未接到通知书的自第一次公告之日起九十日内，有权要求公司清偿债务或者提供相应的担保。公司减少资本后的注册资本不得低于法定的最低限额。”《公司法（2005）》第一百八十八条第二款规定：“公司增加或者减少注册资本，应当依法向公司登记机关办理变更登记。”本案股权转让协议虽然成立，但签订时并未生效，需要恒德公司履行上述法定程序，并经工商变更登记后才生效。本案中，恒德公司在退股或减资时均没有明确的财产清单；未进行减资公告，就进行实际减资。1997 年 10 月 6 日，煤电公司在既没有董事会的决议也没有公告的情况下，就进行以房抵股、以房抵债的减资行为。（2001）沪一中刑终字第 525 号刑事判决（第 8 页）认定：“煤电公司撤股的行为从 1997 年 10 月双方签订撤股协议并开始实际履行时就已经发生了……不能认为恒德公司的注册资本变更登记完成后煤电公司才开始撤资”，而董事会的减资决议在 1998 年 7 月 8 日才作出，恒德公司于 1998 年 6 月 10 日、15 日、17 日才进行减资公告，即在实质性减资的一年后才作出董事会决议并进行公告。其次，恒德公司在办理减资登记时，没有向工商机关提交以公司房产抵偿煤电公司剩余的 2000 多万元债务的事实，没有说明与如东信用社之间存在 2000 余万元担保债务的事实，违反了如实提交变更资料的法定义务。故煤电公司从恒德公司退出，违反了减资的法定程序，应认定为名为减资，实为抽逃出资性质，煤电公司应在其 2500 万元出资范围内为恒德公司的担保债务承担连带责任。

——最高人民法院民事审判第二庭编：《最高人民法院商事审判指导案例（7）· 公司与金融卷》，中国法制出版社 2013 年版，第 4 ~ 50 页。

056

出资未记入公司注册资本中，股东身份也未经登记确认，将出资转为借款不属于公司减资，应为有效

关键词 | 出资转借款 |

【最高人民法院裁判文书】

北京恒业物通商贸有限公司与山西利民煤炭气化有限公司企业借贷纠纷申请再审案[最高人民法院(2015)民申字第1084号民事裁定书]

最高人民法院认为:本案再审审查争议焦点是案涉1500万元的性质是出资款还是借款欠款问题。

本案中,2004年6月28日,恒业公司法定代表人齐保贵与利民公司法定代表人蔡竹清及郝凡林签订利民公司《合作建厂协议书》,约定:蔡竹清负责注入资金2100万元(占股份60%)、齐保贵与郝凡林共出资900万元(占股份40%)。各方确保建厂所缺的4000万元资金按比例全部到位。凡退股者股金按实际入股现金数额退股,按入股资金到公司账户开始计算,按贷款利息最高额结算。按照该协议,齐保贵的真实意思是投资部分资金到利民公司,但出资者也可退股。该协议签订后,齐保贵共同利民公司支付2000万元。2006年6月6日,齐保贵与利民公司签订《借款转成出资合同》,约定:一、经核对利民公司欠齐保贵1950万元。二、将齐保贵的借款全部转为对利民公司的出资。三、本合同签订后,变更财务手续,由利民公司给齐保贵开据出资证明,变更工商登记。2009年11月11日,齐保贵与蔡竹清签字确认,齐保贵在利民公司的股权2000万元(包括吉普车折合50万元)。上述合同签订后,双方并未办理工商变更登记。现利民公司工商登记的股东为蔡竹清、蔡丙峰、冯润拴。所谓隐名股东,是指与名义股东达成协议,由隐名股东出资,由名义股东代其持股,在公司章程、股东名册、工商登记中记载名义股东为股东的股东。本案中,并无证据证明齐保贵与蔡竹清、蔡丙峰、冯润拴中的一人或者多人达成合意,由齐保贵实际出资,由上述工商登记的股东中的一人或者多人代其持股,作为名义股东。因此,原审判决关于齐保贵不是隐名股东的认定正确。本案中,在约定将齐保贵的2000万元借款转为其向利民公司的出资后,利民公司并未办理工商登记手续。齐保贵的出资并未登记在公司的注册资本中,其股东身份也未经工商登记确认。因此,将齐保贵1500万元出资转为借款的行为并不属于利民公司减少公司注册资本金的行为。2009年11月11日,齐保贵与利民公司的法定代表人蔡竹清签字确认,就齐保贵在利民公司的股权2000万元转为1500万元债权和500万元投资款。2011年9月1日,恒业公司和利民公司签订协议,约定将利民公司的1500万元债权转入恒业公司实施挂账。上述将1500万元出资转为借款的协议并不违反公司法的相关规定,应认定有效。原审法院关于案涉1500万元纠纷系债权纠纷的认定正确。申请人关于原审法院适用法律错误的申请理由不能成立,本院不予支持。如前所述,齐保贵并非隐名股东。因此,原审判决对齐保贵并非隐名股东这一基本事实认定正确。申请人关于"原判决认定的基本事实缺乏证据证明"的申请理由不能成立,本院亦不予支持。

——中国裁判文书网,http://wenshu.court.gov.cn。

057

股东未履行或者未全面履行非货币资产出资义务,公司或者其他股东有权请求其向公司依法全面履行出资义务

关键词 | 非货币资产出资 | 股东出资义务 |

【最高人民法院司法解释】

第十三条第一款 股东未履行或者未全面履行出资义务,公司或者其他股东请求其向公司依法全面履行出资义务的,人民法院应予支持。

——《最高人民法院关于适用〈中华人民共和国公司法〉若干问题的规定(三)》(2010年12月6日最高人民法院审判委员会第1504次会议通过,根据2014年2月17日最高人民法院审判委员会第1607次会议《关于修改关于适用〈中华人民共和国公司法〉若干问题的规定的决定》修正)

【最高人民法院裁判文书】

大连华仁调元五味精生物制品集团有限公司与大连工美企业有限责任公司联营合同纠纷案[最高人民法院(2013)民一终字第41号民事裁定书]

最高人民法院认为:关于华仁集团公司是否与本案有直接利害关系,是否为适格原告的问题。一、华仁养生公司为发生争议的《组建集团入股协议书》的签订一方,本案原告华仁集团公司为该公司更名而来。2003年7月1日,华仁养生公司与工美公司及刘贤忠签订《组建集团入股协议书》,2003年8月12日,经工商局批准,华仁养生公司更名为华仁集团公司,更名后注册资本、股东均未变

更，华仁养生公司的权利义务全部由华仁集团公司继受。二、根据入股协议约定及相关法律规定，工美公司对华仁集团公司负有出资义务，华仁集团公司有权起诉请求该公司履行义务及承担违约责任。入股协议中约定工美公司负有出资义务，即以评估价值为2638万元的固定资产（甘井子291号，占地面积3万平方米、建筑面积1.6万平方米）出资入股，但协议签订后，工美公司未对已交付华仁养生公司使用的拟出资资产办理权属变更手续。《公司法》第二十八条规定："股东应当按期足额缴纳公司章程中规定的各自所认缴的出资额。股东以货币出资的，应当将货币出资足额存入有限责任公司在银行开设的账户；以非货币财产出资的，应当依法办理其财产权的转移手续"；最高人民法院《公司法解释（三）》第十条规定："出资人以房屋、土地使用权或者需要办理权属登记的知识产权等财产出资，已经交付公司使用但未办理权属变更手续，公司、其他股东或者公司债权人主张认定出资人未履行出资义务的，人民法院应当责令当事人在指定的合理期间内办理权属变更手续；在前述期间内办理了权属变更手续的，人民法院应当认定其已经履行了出资义务；出资人主张自其实际交付财产给公司使用时享有相应股东权利的，人民法院应予支持"；第十三条规定："股东未履行或者未全面履行出资义务，公司或者其他股东请求其向公司依法全面履行出资义务的，人民法院应予支持。"《合同法》第六十条规定："当事人应当按照约定全面履行自己的义务"；第一百零七条规定："当事人一方不履行合同义务或者履行合同义务不符合约定的，应当承担继续履行、采取补救措施或者赔偿损失等违约责任。"根据《公司法》《合同法》的以上规定，无论工美公司是否实际成为华仁集团公司的股东，华仁养生公司作为《组建集团入股协议书》的签订主体有权请求出资人工美公司履行出资义务及承担违约责任，华仁集团公司作为华仁养生公司的继受主体与本案有直接利害关系，有权作为原告起诉请求工美公司根据协议履行出资义务。

——中国裁判文书网，http://wenshu.court.gov.cn。

【链接：最高人民法院法官著述】

对于以房屋、土地使用权或者需要办理权属登记的知识产权等财产出资的，办理权属变更手续解决的是出资财产的法律归属和处分权利问题，而财产的实际交付解决的则是该项出资财产能否为公司实际利用并发挥资本效能的问题。从公司运营的现实来看，某项出资财产是否对公司产生意义，应当看公司能否实际利用该出资财产并从中直接获得收益。如果某项非货币财产出资虽未办理权属变更手续，但该财产已经实际交付公司使用，那么，公司的收益中也就包含了该财产的贡献，从实际效果上看，也就实质上达到了出资的目的。因此，如果出资人事后能够补办权利移转手续，对于从出资人将财产实际交付给公司使用，到补办权利移转手续这段期间内，由于出资财产实际交付，已经为公司发挥资产效用，本着尊重事实的原则，可以认定自其实际交付财产给公司使用时起享有相应的股东权利。

——最高人民法院民事审判第二庭编著：《最高人民法院关于公司法解释（三）、清算纪要理解与适用（注释版）》，人民法院出版社 2014 年版，第 211 ~212 页。

一、土地使用权出资的法律要件

（一）实体性要件

1. 就出资的标的而言，与货币和房屋等出资形式不同，土地的出资是使用权的出资，而不是所有权的出资。我国社会主义公有制的基本经济制度决定了土地的所有权只能归属于国家和集体，除此之外，任何单位和个人都不享有土地所有权，而只能依法获得土地的使用权。因此，任何企业或公司对土地的占有都不是所有者的占有，而是使用者的占有，企业或公司对土地享有的权利是使用权，而不是所有权，当企业以土地出资的时候，所出资的标的是土地的使用权而不是土地的所有权。①

2. 就出资的类型而言，用于出资的土地使用权仅限于国有土地使用权，而不能是集体土地使用权。虽然我国的物权立法对于集体土地的流转性作了更为宽松的规定，但在集体土地所有权出资的问题上，现行法律仍然采取了严格限制的态度。根据《公司法》确立的“可以用货币估价并可以依法转让”的非货币财产出资的抽象性标准，用于出资的财产必须具有可转让性。对于可转让性应作具体解释，就是转让的对方也即受让主体中必须包含公司，否则即使财产可以转让，但因为不能转让给公司，无法进行投资，该财产也就无法成为公司法上适格的出资形式。集体经济组织欲以集体土地出资，只能先通过国家征用的途径将集体所有的土地变成国有土地，然后再以土地出让的方式重新获得该国有土地的使用权，其后，才可用于出资。

① 赵旭东：《公司法》，高等教育出版社 2006 年版，第 276 页。

3. 就出资的取得方式而言，用于出资的土地使用权只能是通过出让方式取得的土地使用权，划拨土地使用权不能直接用于出资。我国国有土地使用权的取得方式分为出让和划拨两种……我国法律法规禁止划拨土地使用权直接用于投资。只有在特定的情况下，并履行了法定手续之后，划拨土地使用权才可以出资入股，如国企改革中涉及的划拨土地使用权可采取国家以土地使用权作价出资入股方式予以处置。以划拨方式取得国有土地使用权的股份制企业，在补办土地使用权出让手续、补缴出让金、进行土地登记后，土地使用权由股份制企业持有。

4. 就出资的权利状态而言，用于出资的土地使用权应是未设权利负担的土地使用权。出资人对于公司的出资对内构成公司成立和运营的基础，对外构成公司债权人利益的重要保障。因此，出资人必须保证其用于出资的土地使用权是没有任何权利负担的，否则，公司对于该项权利的行使和处置就会受到其他权利人的限制，出资财产的价值也难免因其他权利人行使追索权而发生贬损，甚至完全失去其投资价值。这种存在权利瑕疵的土地使用权若用于出资，既不利于公司资本的维持与确定，也严重威胁着债权人的利益，因而不能作为适格的出资。

（二）程序性要件

1. 评估作价。由于土地使用权的价值难以直接确定，为了公平地确定出资人的股权份额和保证企业法人的资本充实，需要依照法律的规定，对作为出资的土地使用权进行评估。未经评估的土地使用权不得出资，即使已经出资，利害关系人也可以向人民法院提起诉讼，请求认定出资人未履行出资义务。《公司法》第二十七条第二款规定："对作为出资的非货币财产应当评估作价，核实财产，不得高估或者低估作价。法律、行政法规对评估作价有规定的，从其规定。"

2. 土地交付使用。虽然不动产物权变动的法定生效要件是登记而非交付，但在以土地使用权等不动产对公司出资的情况下，出资人不仅要办理不动产权属登记，还要将不动产实际交付给公司，否则无法完整地履行其出资义务。因为交付表明对标的物占有和控制的移转，公司之所以接纳出资人以土地使用权出资，其基本目标就是要获得对该土地的占有和控制，在此基础上实现对土地的利用。

3. 办理土地权属登记。依据物权公示原则，物权变动需要经过登记或交付的法定形式。土地使用权属于不动产物权，出资人以该项不动产物权出资，就必须依照法律规定的程序办理土地使用权登记手续，将该项权利过户至公司名下，从而实现权利由出资人向公司的移转。由于我国《物权法》在不动产的物权变动上主要采登记生效主义，因此，登记对于土地使用权出资发生着生效要件的作用，只有经过登记，接受投资的公司才能取得完整的土地使用权，出资人的出资义务才算履行完毕。如果出资人只完成了交付，而未办理权属登记，那么，公司就会面临该项出资随时都有可能被出资人收回的风险。

——最高人民法院民事审判第二庭编著：《最高人民法院关于公司法解释（三）、清算纪要理解与适用（注释版）》，人民法院出版社2014年版，第215～219页。

058

土地使用权虽未转移登记至公司名下，但公司又以其出资设立其他公司并直接登记至其他公司名下的，应当认定土地使用权出资到位

关键词｜土地使用权出资｜转移登记｜

【最高人民法院裁判文书】

中国长城资产管理公司沈阳办事处与新东北电气（沈阳）高压隔离开关有限公司、沈阳北富机械制造有限公司、沈阳新泰仓储物流有限公司等金融不良债权追偿纠纷案［最高人民法院（2013）民二终字第66号民事判决书］

最高人民法院认为：二、东北电气公司出资设立高压开关公司时是否全面履行了出资义务。

长城资产公司主张东北电气公司设立高压开关公司时未全面履行出资义务的理由是，目前尚有部分土地使用权仍在东北电气公司名下，故东北电气公司应当在未出资的固定资产价值9606万元本息范围内对高压开关公司的债务承担赔偿责任。

根据本案查明的事实，1995年5月26日，东北电气公司出资14492.5万元（其中包括流动资金4886.2万元、固定资产价值9606.3万元）与锦州电力出资1元设立高压开关公司。对于上述出资，沈阳会计师事务所于1995年4月28日出具《关于沈阳高压开关有限责任公司股本验证报告书》载明，东北输变电机械制造股份有限公司入股14492.5万元已全部到位。但在高压开关公司以上述实物资产出资设立隔离开关公司、北富机械制造公司、新泰仓储物流公司时，相关验资报告载明，高压开关公司用以出资的建筑物及设备的产权证书均由东北电气公司持有。本案中，长城资产公司即是以景星北街38号、沈铁东路39号土地

使用权的流转过程来证明东北电气公司未全面履行出资义务的事实。

关于景星北街38号土地使用权,原审法院已查明,上述资产在东北电气公司投资组建高压开关公司时没有办理更名过户手续,但已经实际交付高压开关公司使用,高压开关公司又以之与其他实物资产评估作价16160.59万元投入到新泰仓储物流公司。据此,高压开关公司获得新泰仓储物流公司95%股权。东北电气公司于2005年向辽宁省沈阳市铁西区土地局申请将该土地使用权直接变更到了新泰仓储物流公司名下。关于沈铁东路39号土地使用权,原审法院查明,2004年2月26日,高压开关公司以该块土地使用权等实物资产出资1600万美元,与其他公司合资成立了隔离开关公司,高压开关公司据此获得隔离开关公司74.4%股权。因该块土地产权使用者登记在东北电气公司名下,东北电气公司曾于2010年5月21日申请将该资产直接更名至隔离开关公司名下,但未获批准。在另案东北电气公司与隔离开关公司借款合同纠纷中,该块土地使用权被执行拍卖。

从上述土地使用权的正常流转过程来看,应当是由东北电气公司过户至高压开关公司,再由高压开关公司过户至新泰仓储物流公司、隔离开关公司;而实际的流转过程则是,景星北街38号土地使用权由东北电气公司直接过户至新泰仓储物流公司,沈铁东路39号土地使用权则一直在东北电气公司名下,直至被拍卖。上述土地使用权的实际流转过程确实存在一定瑕疵。但该种瑕疵是否导致东北电气公司对高压开关公司债权人承担出资补充赔偿责任,则应当从上述瑕疵行为是否损害了高压开关公司的资产充实进而损害了高压开关公司债权人长城资产公司的利益来分析判定。

根据本案查明的事实,上述两块土地均已由东北电气公司实际交付高压开关公司占有、使用,高压开关公司并以上述土地使用权出资设立了新泰仓储物流公司、隔离开关公司。在此过程中,高压开关公司实际利用了该土地,并兑换获得了新泰仓储物流公司、隔离开关公司的相应股权财产。此种情形下,高压开关公司的资产并未受到实际损害,其资本是充实的,高压开关公司债权人长城资产公司的利益亦未由此受到损害。因此,该种情况下可以视为上述土地使用权已由东北电气公司实际出资到位。长城资产公司关于东北电气公司应在9606万元本息范围内对高压开关公司的债务承担赔偿责任的主张,本院不予支持。

——中国裁判文书网,http://wenshu.court.gov.cn。

059

出资土地系划拨用地，当事人未能在法院指定的合理期间内办理变更登记手续，公司再请求将土地过户登记至其名下没有法律依据

关键词｜土地使用权出资｜变更登记｜过户登记｜

【最高人民法院裁判文书】

海南三亚国家级珊瑚礁自然保护区管理处与周春梅等股东出资纠纷申请再审案[最高人民法院(2016)最高法民再87号民事判决书]

最高人民法院认为:(三)关于珊瑚礁管理处是否应将案涉土地使用权转移登记至中海公司名下的问题。

案涉出资土地系国有划拨用地,依据《土地管理法》等相关法律法规,划拨土地使用权只能用于划拨用途,不能直接用于出资。出资人欲以划拨土地使用权作为出资,应由国家收回直接作价出资或者将划拨土地使用权变更为出让土地使用权。《公司法解释(三)》第八条规定的本意就是考虑到在司法实践中如果划拨土地使用权存在的权利瑕疵可以补正,且在法院指定的合理期限内实际补正的,可以认定当事人以划拨土地使用权出资的效力。但能否补正瑕疵的决定权在于土地所属地方政府及其土地管理部门,人民法院判断出资行为的效力应以瑕疵补正的结果作为前提。因而,《公司法解释(三)》第八条等规定"人民法院应当责令当事人在指定的合理期间内办理土地变更手续",即人民法院应当在诉讼过程中给当事人指定合理的期间,由其办理相关的土地变更手续,并视变更手续完成的结果再行作出判决。本案中,本院在再审审查期间已给予当事人相应的时间办理土地变更手续,再审审理过程中又为当事人指定了两个月(2016年4月23日—6月22日)的合理期限办理土地变更登记手续,但当事人未能在本院指定的期间内完成土地变更登记行为,即其无法自行补正划拨土地使用权出资的瑕疵。故珊瑚礁管理处虽将案涉土地交付给中海公司使用,但未将案涉土地过户登记至中海公司名下,因而其以案涉土地使用权出资的承诺并未履行到位。周春梅、中海公司请求确认珊瑚礁管理处未履行作为中海公司股东的出资义务,有事实和法律依据,本院予以支持。但因案涉出资土地系划拨用地,当事人未能在本院指定的合理期间内办理土地变更登记手续,故周春梅、中海公司请求将案涉土地办理过户登记至中海公司名下,没有法律依据,本院不予

支持。一、二审法院直接判决珊瑚礁管理处将案涉划拨土地使用权变更登记到中海公司名下,适用法律错误,应予撤销。

——中国裁判文书网,http://wenshu.court.gov.cn。

060

股东以土地使用权的部分年限对应价值作价出资,期满后取回剩余年限的土地使用权不构成抽逃出资

关键词 | 土地使用权出资 | 抽逃出资 |

【最高人民法院答复】

辽宁省高级人民法院:

你院〔2006〕辽民二终字第314号《关于鞍山市人民政府与大连大锻锻造有限公司、鞍山第一工程机械股份有限公司、鞍山市国有资产监督管理委员会加工承揽合同欠款纠纷一案的请示报告》收悉。经研究,答复如下:

根据我国《公司法》及相关法律法规的规定,股份有限公司设立时发起人可以用土地使用权出资。土地使用权不同于土地所有权,其具有一定的存续期间即年限,发起人将土地使用权出资实际是将土地使用权的某部分年限作价用于出资,发起人可以将土地使用权的全部年限作价用于出资,作为公司的资本。发起人将土地使用权的部分年限作价作为出资投入公司,在其他发起人同意且公司章程没有相反的规定时,并不违反法律法规的禁止性规定,此时发起人投入公司的资本数额应当是土地使用权该部分年限作价的价值。

在该部分年限届至后,土地使用权在该部分年限内的价值已经为公司所享有和使用,且该部分价值也已经凝结为公司财产,发起人事实上无法抽回。由于土地使用权的剩余年限并未作价并用于出资,所以发起人收回土地使用权是取回自己财产的行为,这种行为与发起人出资后再将原先出资的资本抽回的行为具有明显的区别,不应认定为抽逃出资。发起人取回剩余年限的土地使用权后,公司的资本没有发生变动,所以无须履行公示程序。

本案中,你院应当查明作为股东的鞍山市人民政府在公司即鞍山一工设立时投入的570620平方米土地使用权作价1710万元所对应的具体年限。如果该

作价1710万元的土地使用权对应的出资年限就是10年,在10年期满后,鞍山市人民政府将剩余年限的土地使用权收回,不构成抽逃出资,也无须履行公示程序;反之,则鞍山市人民政府存在抽逃出资的行为,其应当承担对公司债务的赔偿责任,但以抽逃出资的价值为限。

以上意见,仅供参考。

——《最高人民法院民事审判第二庭关于股东以土地使用权的部分年限对应价值出资,期满后取回剩余年限的土地使用权是否构成抽逃出资的答复》①(2009年7月29日,〔2009〕民二他字第5号)

【链接：最高人民法院法官著述】

鞍山一工资本项中土地使用权部分的价值是10年的土地使用权。在这10年中,该部分土地使用权属于鞍山一工的资产,鞍山一工可以对土地进行使用、收益和支配,作为股东的鞍山市政府不能随意抽回,否则可能导致净资产低于资本从而违反资本维持原则。在10年期满后,公司对土地享有的权利已届满,土地使用权在该部分年限内的价值已经为鞍山一工所享有和使用,且该部分价值也已经凝结为公司财产,鞍山市政府事实上无法抽回。由于土地使用权的剩余年限并未作价并用于出资,该部分就不是公司资本的构成项,也不是鞍山一工的资产,发起人收回土地使用权是将本已不属于公司资产的土地使用权取回,这种行为的性质不属于抽逃出资。抽逃出资中抽逃的对象是出资人出资后在公司形成的"资本",本案中鞍山市政府出资形成的资本是"10年的土地使用权",而不是"长期的土地使用权",所以抽逃出资的行为只可能发生在10年中。在10年期满后,土地使用权被作为股东的市政府收回,这是正常的取回财产的行为,与抽逃出资有本质的区别。在本案的情形中,鞍山市政府将土地使用权取回后,鞍山一工股东大会并没有决议减资,所以公司的资本项并不发生变动,因而鞍山一工无须作出公示,作为股东的鞍山市政府更谈不上作出公示了。综上所述,鞍山市政府的行为不构成抽逃出资。

——杜军:《股东以土地使用权的部分年限对应价值作价出资,期满后收回土地是否构成抽逃出资》,载最高人民法院民事审判第二庭编:《商事审判指导》总第20辑,人民法院出版社2010年版,第99~100页。

① 本答复标题为编者所拟,原名"〔2009〕民二他字第5号函"。

061

国有控股公司以其控股国有企业的划拨土地对外投资构成抽逃出资

关键词 | 划拨土地 | 抽逃出资 |

【最高人民法院审判业务意见】

国有控股公司以其控股国有企业的划拨土地对外投资时构成抽逃出资,应当承担民事责任。

国家通过企业产权重组建立国有控股公司,评估后又以出让土地使用权的形式改变原土地使用权的性质,将其出让土地使用权的价值折成股本金,作为该国有控股公司的对外投资。近日,本庭审判长联席会议结合典型案例,对国有控股公司上述投资方式及投资关系中所涉及的问题,进行了讨论和研究。现将主要内容介绍如下:

一、关于国有控股公司与国有企业形成母子公司关系后,国有划拨土地的财产性质

划拨土地产生于计划经济时期,土地使用权经历了对土地严格禁止交易到严格限制交易直至有条件地进行交易的过程。1990 年 5 月 19 日,国务院发布了《城镇国有土地使用权出让和转让暂行条例》,对政府部门无偿收回其划拨的土地使用权,可予以出让的情形作了明确规定,该《条例》第四十七条规定了无偿取得的划拨土地使用权的土地使用者,因迁移、解散、撤销、破产或其他原因而停止使用土地的,可无偿收回划拨土地。国家土地管理局〔1996〕国土函字第 51 号《对关于现代企业制度试点中土地资产处置有关问题的请示的答复》指出,划拨土地不属于企业财产或国家授权经营管理的财产。1998 年 2 月 17 日,国有土地管理局发布的《国有企业改革中划拨土地使用权管理暂行规定》,确立了对国有企业划拨土地使用权依法逐步实行有偿使用的制度,但仍未完全明确该土地使用权和企业法人财产权的关系。1999 年 11 月 25 日,国土资源部发布的〔1999〕433 号文件,即《关于加强土地资产管理促进国有企业改革的发展的若干意见》中,明确规定根据国企改革的需要,可采取授权经营和国家作价出资(入股)方式配置土地,国家以作价转为国家资本金或股本的方式,向集团公司或企业注入土地资产。因此,国家在国有企业改革中,为了使划拨土地充分发挥作用,以部门规章的形式允许将划拨土地通过转化为出让土地而成为国家投资的一部分。

关于国有划拨土地是否应计入企业资产，国土资源部国土字发〔2001〕44号《关于改革土地估价结果确认和土地资产处置审批办法的通知》作了规定：为支持和促进企业改革，企业改制时，可依据划拨土地的平均取得和开发成本，评定划拨土地使用权价格，作为原土地使用者的权益，计入企业资产。由此看来，只有在国有企业因《条例》规定的原因停止使用土地的，国家将土地无偿收回，交与国有控股公司作为股本金向其他公司投资，或通过变更土地使用权性质，由国有企业有偿使用，或作为该企业对外投资。另外，土地的使用与增值，使其财产内容发生了变化，抑或出现财产混同情形。在国有企业改制过程中，国有控股公司拟将该土地的使用权作为自己的资产向第三方投资时，必须考虑对原企业法人财产权利的保护，以及是否构成对原企业债权人利益的侵害。因此种情况下，国有划拨土地使用权已经成为国有控股公司代表国家向其控股企业（公司）投资的一部分，投资后的财产或财产权利已成为该企业（公司）法人财产或财产权利的内容。

二、关于国有控股公司该投资行为性质的分析及认定

实践中，国有控股公司一般可分为两种不同类型：一种是纯粹的控股公司，主要是经营产权，不直接从事具体的生产经营活动，只是通过股权的管理与经营来实现资产保值增值的目的。另一种是混合控股公司。它除了控制子公司和股权外，本身也进行生产经营活动，其持股、控股往往更多是出于自身经营活动发展的需要。就国有资产运营主体——国有控股公司的组织形式而言，曾存在五种形式：国家投资公司、国有资产控股公司、国有资产经营公司、企业集团的集团公司、国家授权的部门。国有控股公司无论以何种形式出现，只要其作为民事主体参与民商事活动，首先应当明确界定产权关系，保证其法人的独立性，在其与被控股企业（公司）之间，都必须做到出资者所有权与企业法人财产权相分离，明确其股东地位，对被控股公司（企业）只享有股东的权利。国有控股公司的组建与运行必须以《公司法》为法律依据，严格遵循《公司法》和《民法通则》等民商事法律确定的原则，接受上述法律规范的调整。按照《公司法》的有关规定，国有控股公司针对其控股企业而言，只能享有作为出资者的权利即股东权，严格区分股东权与企业法人财产权之间的界限。简言之，国有控股公司以市场主体的身份出现，国家从原来的所有者身份通过国有控股公司转变为股东，而国有企业或改制后的公司，将对控股公司的出资拥有独立的企业（公司）法人财产权。土地使用权是《公司法》规定的股东出资的法定形式之一，作为国有控股公司以控股企业土地使用权作为对外出资，必须处理

好股东权与企业法人财产权之间的关系。否则,根据《公司法(1999)》第三十四条"股东在公司成立后,不得抽回出资"的规定,如果控股公司将其作为自己的资产向第三方投资,就有构成对该国有企业法人财产权利的侵犯,应承担抽逃出资的责任。实践中,这种情况常发生在国有企业改制、资产重组过程中。通常由地方政府主管部门通过文件的形式,先无偿收回原国有企业使用的划拨土地,然后经过土地评估确定划拨土地使用权的价值,再由地方国土部门与新设企业(公司)签订国有土地出让合同,以划拨土地使用权价值和土地出让金构成的出让土地使用权价值,折合成股本金,作为国有控股公司在新设企业(公司)享有的股权。一般说来,划拨土地的使用权只能由原使用人自己使用,而不能用于对外投资。如果原国有企业或改制后的公司从国家手里通过土地出让的方式重新获得国有土地的使用权,然后进行对外投资是可以的。但如果作为该国有企业或公司的股东的控股公司,将一直由原国有企业使用的土地使用权作为自己的投资,则无疑违背了法人财产原则。因此,划拨土地实际上构成原企业的实收资本,而该部分正是国有控股公司代表国家向企业出资的部分。既然构成国有控股公司对原国有企业(公司)的出资,则作为股东通过变更土地使用权性质(通过政府行为),将其作为出资投入到其他公司,性质上应属股东抽逃出资行为。

三、国有控股公司以原国有企业土地使用权出资,构成抽逃出资时民事责任的承担

根据《公司法》规定,股东存在瑕疵出资的,应承担相应的行政责任。构成犯罪的,承担刑事责任。但《公司法》对股东瑕疵出资的民事责任未作规定。我们认为,股东抽逃出资的,构成对企业(公司)的法人财产权利的侵犯。但在国有企业改制中,国有控股公司往往是控股企业(公司)的唯一股东,不存在与其他股东之间的权利之争。相对于该企业的债权人而言,根据法人应以法人财产独立承担民事责任的原则,一般不应涉及股东责任。但对存在股东抽逃出资的情况下,债权人将债务人及其股东一并列为被告向人民法院提起诉讼,其诉权应当予以保护。但在确定股东承担民事责任时,应严格区别法人的民事责任和股东抽逃出资的责任。在企业(公司)仍具有法人主体资格的情况下,股东一般对企业(公司)债权人承担的是补充责任,即在抽逃出资的范围内,承担补充赔偿责任。在处理此类案件中,还应注意把握以下几个方面:

1. 国有控股公司与其控股企业(公司)之间必须形成母子公司关系。在控

股公司公司章程以及地方政府组建控股公司相关文件中，一般都对控股公司的地位以及双方之间的法律关系有明确规定。从另一个角度说，被控股企业应当具备法人资格，并未因企业改制而使原企业法人主体消灭，这是控股公司承担瑕疵出资民事责任的前提。法人以其全部财产对外承担民事责任，也即法人独立责任决定了抽逃出资的控股公司（股东）应在抽逃出资的范围内，对原企业债务对债权人承担补充赔偿责任。

2. 出让土地使用权评估值扣除土地出让金后构成抽逃出资额范围，并以此作为控股公司向被控股企业债权人承担赔偿责任的范围。

3. 控股公司以出让土地使用权向第三方出资，虽有土地出让合同，办理了土地使用权变更登记手续，但并未实际交付土地，并不影响其对第三方出资的完成，控股公司仍应承担抽逃出资责任。是否将认缴出资的标的物财产权利移转归公司享有成为确定股东是否履行了出资义务的标准。出资人未交付土地，意味着其仍占有着公司的财产，无疑损害了该公司的利益。另外，未办产权登记则意味着出资人对土地使用权的保留，公司对土地的占有和利用在法律上仍缺乏对抗第三人之效力，随时有被他人主张权利之风险。二者均属瑕疵出资。实践中，控股公司以被控股公司（企业）土地使用权向第三方投资时，对只实际交付土地而未办产权变更登记的，不构成控股公司对被控股公司（企业）抽逃出资。对办理了产权登记而未实际交付土地的情况，虽构成控股公司向第三方出资义务的部分履行或未完全履行，但此系控股公司与第三方公司之间的法律关系，并不影响其对被控股的原国有企业（公司）抽逃出资的认定。

4. 控股公司由于是控股企业唯一股东，因此其抽逃出资并不产生对企业（公司）其他股东的侵权责任。但是，该抽逃出资行为构成对被控股企业（公司）债权人债权的侵害。因此，应在抽逃出资的范围内承担对控股企业债权人的赔偿责任。原国有企业债权人因对该企业只享有债上请求权，与该企业对控股公司的物上请求权不属于同一性质的权利。因此，债权人不能通过代位权行使实现债权的权利，可直接依据第三方侵害债权为由，将债务人国有企业和它的控股股东一并列为被告提起诉讼。

5. 控股公司抽逃出资后，致使被控股公司（企业）的实有资本金低于法定最低注册资本限额时，应当认定该公司（企业）不具备法人资格，其民事责任由控股公司承担。

6. 控股公司用于出资的土地使用权应是未设权利负担的土地使用权。因使用者的经营行为，土地使用权经常会背负如抵押权之类的权利负担，这种土地使用权不仅在权利的行使和处置上受到法律和抵押权人等其他权利人的限制，而且因其可能被其他权利人追索而在财产价值上发生贬损，甚至完全失去投资的价值。这种存在权利瑕疵的权利如用于出资，将使投资者或股东的出资变得不实，违反《公司法》所确定的资本确定原则，在所投资的公司内部会损害其他投资者的利益，在外部则会损害所投资的公司债权人的利益。因此，用于出资的土地不应背负权利负担。

——官邦友：《国有控股公司以其控股国有企业的划拨土地对外投资时构成抽逃出资，应当承担民事责任》，载江必新主编、最高人民法院民事审判第二庭编：《民商审判指导与参考》总第3卷，人民法院出版社2003年版，第120～125页。

062

公司注册资金来源非法，其后的转款行为属于赃款资金的非法流动，不能认定为抽逃或者挪用

关键词｜注册资金｜赃款｜

【最高人民法院裁判文书】

石德毅与中国欧美进出口公司、湖北益丰贸易公司、上海君合贸易公司代理进口合同纠纷上诉案［最高人民法院（2005）民二终字第148号民事判决书］

最高人民法院认为：股东挪用或者抽逃资金的前提是注册资金来源合法，没有合法的资金来源，就谈不上抽逃或者挪用的问题。君合公司用于注册的3000万元，经北京市高级人民法院（2001）高刑终字第227号刑事裁定书认定，系黄丰刑事诈骗案件赃款中的一部分。验资后，该款项被汇往石德毅之妻的股票账户，不论是受黄丰的指令还是属于君合公司的经营行为，不管资金如何流动，都改变不了其赃款的属性。原审判决一方面认定君合公司的注册资金系赃款，导致公司注册资金的缺失，另一方面又认定款项汇往石德毅之妻的股票账户属股东抽逃或挪用公司资金，的确存在矛盾之处。

——最高人民法院民事审判第二庭编：《民商事审判指导》总第9辑，人民法院出版社2006年版，第163～169页。

063

资金划转完毕后公司资金并未减少，公司并未因涉案资金划转遭受任何损失，不应认定股东抽逃出资

关键词 | 资金划转 | 抽逃出资 |

【最高人民法院裁判文书】

中银集团投资有限公司与香港信诺投资有限公司莱州渤海盐业有限公司借款合同纠纷再审案[最高人民法院(2011)民四终字第9号民事判决书]

最高人民法院认为：二、中银公司的行为是否构成从渤盐公司抽逃出资或者先行收回投资490万美元以及中银公司应否对渤盐公司的对外债务承担连带责任。

本案各方当事人对2000年8月1日涉案资金划转的事实均无异议。本院认为，在涉案资金划转中，中银公司的行为不构成从渤盐公司抽逃出资或者先行收回投资。理由如下：首先，信诺公司就中银公司对渤盐公司出资到位的事实并无异议，中银公司对渤盐公司的出资经验资证明仅为300万美元，原审判决认定中银公司从渤盐公司抽逃出资490万美元，缺乏证据证明，亦与事实不符。其次，涉案资金划转不是仅在渤盐公司和中银公司两家公司之间进行，而是于一天内在六家公司和银行之间完成的。因此，应将涉案资金划转过程作为一个整体考察其产生的后果。渤盐公司将其从莱州中行贷出的490万美元通过直接或间接途径支付给中银公司后，中银公司又支付给来银公司，来银公司又返还给渤盐公司，渤盐公司又将该490万美元还给莱州中行。在涉案资金划转完毕后，从渤盐公司的银行对账单上看，其现金并未有任何减少，现金总量未发生任何变化。虽然莱州市政府《会议纪要》等证据提及了在涉案资金划转之外置换盐发基金等事宜，但是涉案资金划转的实际过程与《会议纪要》并不相同，信诺公司未能证明在涉案资金划转的实际过程中，中银公司向渤盐公司支付490万美元时，渤盐公司为此付出了其他对价如置换盐发基金、减少债权或者增加负债等。渤盐公司并未因涉案资金划转遭受任何损失。本案二审期间，信诺公司明确表示，中银公司系提前收回投资而不是原审判决认定的抽逃出资。但是，无论是抽逃出资还是先行收回投资，其前提均是股东的行为对公司造成损失，减少了公司的对外偿债能力。本案中，在渤盐公司未遭受任何损失的前提下，信诺公司割裂整个

资金划转过程，仅从中截取渤盐公司向中银公司支付490万美元的部分事实，主张中银公司构成抽逃出资或者先行收回投资，与事实不符，亦与法律相悖，其主张不能成立。原审判决未考察整个资金划转过程以及渤盐公司未受到损失的实际后果即认定中银公司构成抽逃出资，确有不当。中银公司上诉称渤盐公司没有受到任何损失故其不构成抽逃出资或者先行收回投资，有相关事实和法律依据，本院予以支持。

——中国裁判文书网，http://wenshu.court.gov.cn。

064

合同当事人可以约定单方面终止继续履行的权利，但不能对抗《公司法》项下的资本充足义务

关键词 | 合同履行 | 资本充足义务 |

【最高人民法院裁判文书】

浙江新湖集团股份有限公司与浙江玻璃股份有限公司公司增资纠纷案［最高人民法院（2010）民二终字第101号民事判决书］

裁判要旨：根据《合同法》第九十一条的规定，合同各方当事人可以采取约定方式终止合同的权利义务。因此合同约定在一方违约的情形下守约方有权要求单方面终止合同继续履行的，该约定有效。但在增资扩股协议项下，如果已经办理了新增资本的工商登记，认购新增资本的股东就负有公司法上足额缴付注册资本的义务。负有增资义务的一方在对方违约的情况下虽然可以按照约定终止履行合同，仍然要足额缴付已经登记在其名下的股权所对应的资本，即股东缴付出资的义务不能以股东之间的内部约定予以免除。

最高人民法院认为：新湖集团请求终止继续履行《增资扩股协议书》项下的出资义务，依据是《增资扩股协议书》第72条的约定。根据《合同法》第九十一条的规定，合同各方当事人可以采取约定方式终止合同的权利义务。本案各方当事人明确约定，在一方违约的情形下守约方有权要求单方面终止《增资扩股协议书》的继续履行，这一约定是各方当事人共同的意思表示，且不违反法律法规的禁止性规定，应当得到遵守。但青海碱业的增资已经办理了工

商登记,其营业执照显示,青海碱业的注册资本为84316.770万元,实收资本为71117.5023万元,尚有131992676.80元注册资本未实际缴付。鉴于上述未实际缴付的注册资本所对应的股权系登记在新湖集团名下,虽然新湖集团终止继续出资有其合同依据,但公司登记的注册资本数额具有公示效力,股东出资不足会直接影响包括公司债权人在内的第三人的合法权益,因此股东缴付出资的义务不能以股东之间的内部约定予以免除,新湖集团应按照《公司法》第二十八条第一款的规定足额缴付青海碱业注册资本的差额。股东足额缴纳出资系法定义务,即使浙江玻璃存在瑕疵出资的情形,新湖集团的出资义务也不能获得相应减免。故新湖集团申请对浙江玻璃是否依法、足额向青海碱业缴纳了注册资本金进行司法鉴定本院不予批准。而新湖集团出资中的资本公积金部分系基于各方约定,对此,无工商登记或其他形式的公示,新湖集团当可依约定终止履行。原审法院对此处理正确,本院予以维持。上述对新湖集团是否应继续履行40460万元出资义务的认定系基于新湖集团的本诉请求和浙江玻璃的反诉请求而作出,浙江玻璃主张原审判决超越其诉讼请求没有事实依据,本院不予支持。

——最高人民法院民事审判第二庭编:《最高人民法院商事审判指导案例(第五卷)》(下),中国法制出版社2011年版,第433~455页。

(二)股东瑕疵出资责任

065

公司发起人股东虚报注册资本骗取登记的不影响公司法人资格

关键词 | 发起人股东 | 虚报注册资本 | 法人资格 |

【最高人民法院裁判文书】

泉州紫星房地产开发有限公司与厦门京鼎体育文化发展有限公司股权转让纠纷案[最高人民法院(2015)民二终字第433号民事判决书]

最高人民法院认为:关于紫星公司的诉讼主体是否适格的问题。虽然紫星公司法定代表人国显军已被福建省泉州市丰泽区人民法院以虚报注册资本罪为由追究了刑事责任，但本院查明的事实表明，紫星公司系经工商管理部门登记成立的企业法人，其企业法人资格至今仍存在，并未被工商管理部门注销。根据《民事诉讼法》第四十八条“公民、法人和其它组织可以作为民事诉讼的当事人”之规定，原审法院认定紫星公司的诉讼主体适格具有事实与法律依据，并无不当。京鼎公司有关紫星公司不具备独立法人资格、无权提起本案诉讼的上诉理由，缺乏事实与法律依据，不能成立，本院不予支持。

——中国裁判文书网，http://wenshu.court.gov.cn。

066

公司对未履行足额出资义务的股东享有诉权

关键词 | 股东出资义务 | 公司诉权 |

【最高人民法院司法解释】

第十三条第一款 股东未履行或者未全面履行出资义务，公司或者其他股东请求其向公司依法全面履行出资义务的，人民法院应予支持。

——《最高人民法院关于适用〈中华人民共和国公司法〉若干问题的规定(三)》(2010年12月6日最高人民法院审判委员会第1504次会议通过，根据2014年2月17日最高人民法院审判委员会第1607次会议《关于修改关于适用〈中华人民共和国公司法〉若干问题的规定的决定》修正)

【最高人民法院裁判文书】

玉门市勤峰铁业有限公司与李海平、王克刚、董建出资纠纷案[最高人民法院(2012)民二终字第39-1号民事裁定书]

最高人民法院认为：根据《公司法》第二十八条规定，股东应当按期足额缴纳公司章程中规定的各自所认缴的出资额。股东不按照前款规定缴纳出资的，除应当向公司足额缴纳外，还应当向已按期足额缴纳出资的股东承担违约责任。根据该规定，公司对未足额缴纳出资的股东享有诉权，勤峰公司有权依据《投资合作协议书》起诉请求判令李海平等三人承担违约责任。对勤峰公司的诉讼请求是否支持,应在查明《投资合作协议书》的约定、李海平等三人履行《投资合作协议书》的情况等相关事实后作出判决。一审法院在未查明相关事实的情况下,以勤峰公司并非《投资合作协议书》当事人等为由驳回勤峰公司的诉讼请求属于认定事实不清,适用法律错误,本院裁定发回重审,原审法院应将本案移交有管辖权的法院审理。

——最高人民法院民事审判第二庭编:《最高人民法院商事审判指导案例(2012)·公司与金融》,中国民主法制出版社2013年版,第220~222页。

067

有关股份有限公司发起人缴足出资连带责任法律规定的溯及力

关键词｜股份有限公司｜发起人｜缴足出资｜连带责任｜

【最高人民法院司法解释】

第一条 公司法实施后,人民法院尚未审结的和新受理的民事案件,其民事行为或事件发生在公司法实施以前的,适用当时的法律法规和司法解释。

——《最高人民法院关于适用〈中华人民共和国公司法〉若干问题的规定(一)》(2006年3月27日最高人民法院审判委员会第1382次会议通过,根据2014年2月17日最高人民法院审判委员会第1607次会议《关于修改关于适用〈中华人民共和国公司法〉若干问题的规定的决定》修正)

【最高人法院裁判文书】

莱州市高新投资有限责任公司、周希刚与烟台银行股份有限公司、莱州市盐业集团有限责任公司、莱州市昊巍新型建材有限公司、莱州市东风盐场、莱州市誉鑫碘盐厂、莱州市玖旺工贸有限责任公司、莱州市博爱卫生用品有限公司、莱州市盐业总公司、深圳市天成投资集团有限公司、山东雪圣科技股份有限公司借款担保合同纠纷案[最高人民法院(2012)民提字第113号民事判决书]

裁判要旨:根据《公司法(2005)》第九十四条规定,自现行公司法施行之日起,股份有限公司的发起人之间应就未缴足的出资互负连带责任。对于现行公司法施行之前所发生的民事行为,根据《公司法解释(一)》第一条的规定,公司法实施后,人民法院尚未审结的和新受理的民事案件,其民事行为或事件发生在公司法实施以前的,适用当时的法律法规和司法解释。因现行公司法施行前的法律并未就发起人连带责任作出规定,而承担连带责任应以法律明确规定为前提,故适用前法,股份有限公司的发起人不应就未缴足的出资互负连带责任。

最高人民法院认为:本案系因烟台银行与盐业集团之间的借款法律关系引发的争议,雪圣公司为盐业集团向烟台银行的借款提供连带责任保证,原一、二审法院认定保证担保合同无效,雪圣公司对盐业集团不能清偿的债务,在50%范围内承担赔偿责任,各方当事人对此均无异议,本院予以维持。原一、二审法院在判令雪圣公司承担上述责任的基础上,认定盐业集团作为雪圣公司的发起人未缴足出资,应在出资不实范围内对雪圣公司在本案中的民事责任承担赔偿责任,并根据《公司法(2005)》第九十四条之规定要求另两位发起人高新投资公司、周希刚在盐业集团未缴足出资的范围内承担连带责任。《公司法(2005)》第九十四条规定:“股份有限公司成立后,发起人未按照公司章程的规定缴足出资的,应当补缴;其他发起人承担连带责任。股份有限公司成立后,发现作为设立公司出资的非货币财产的实际价额显著低于公司章程所定价额的,应当由交付该出资的发起人补足其差额;其他发起人承担连带责任。”《公司法(2005)》自2006年1月1日起施行,此前与公司纠纷相关的立法中并未作出股份有限公司的发起人应就未缴足的出资互负连带责任的规定。雪圣公司成立于2001年12月3日,本案借款合同及雪圣公司提供保证担保的合同订立时间为2005年9月15日,均早于《公司法(2005)》施行时间。《公司法解释(一)》第一条规定:“公司法实施后,人民法院尚未审结的和新受理的民事案件,其民事行为或事件发生在公司法实施以前的,适用当时的法律法规和司法解释。”本案是关于担保行为发生时公司发起人对于其他发起人应缴付的出资是否承担连带责任的认定问题,故应当适用担保合同订立时的法律规定,即2004年8月28日修订施行的《公司法(2004)》。因该法并未就发起人连带责任作出规定,而承担连带责任应以法律明确规定为前提,故高新投资公司、周希刚在本案中不应因其系公司发起人而对盐业集团未缴足的出资承担连带责任。原一、二审法院适用《公司法(2005)》第九十四条之规定判令高新投资公司、周希刚承担责任不当,本院予以纠正。

各方当事人对于盐业集团是否足额缴付出资存在争议,但高新投资公司、周希刚依法无须对盐业集团未缴足的出资承担连带责任,因此盐业集团的出资情况不影响高新投资公司、周希刚在本案中应承担的法律责任,本院对此不予审查。

——最高人民法院民事审判第二庭编:《最高人民法院商事审判指导案例(2012)·合同与借贷担保》,中国民主法制出版社 2013 年版,第 394~409 页。

068

公司有权要求抽逃出资的股东补缴出资本息，该民事责任不因承担行政与刑事责任而免除

关键词 | 抽逃出资 | 补缴出资 |

【最高人民法院裁判文书】

新疆创世纪转基因技术有限公司与新疆新建投资管理(集团)有限公司借款纠纷抗诉案[最高人民法院(2011)民抗字第28号民事判决书]

裁判要旨:《企业法人营业执照》是工商行政管理机关对公司设立进行有效确认和公示的法定文件,公司自获得《企业法人营业执照》之日起便具有独立法人资格。股东在获取执照当日从验资账户中无正当理由而转移资金属抽逃出资,公司有权追究抽逃出资股东的民事责任。

最高人民法院再审认为:本案的争议焦点为新建公司转款 1600 万元行为的性质以及新建公司是否应当支付尚欠的 725.787956 万元及利息。

关于新建公司从创世纪公司账户转款 1600 万元的行为性质,创世纪公司和新建公司提供了不同版本的《股东大会决议》,以证明各自主张。对转账的 1600 万元,双方的版本分别表述为“欠款”和“股本金”。再审认为,对当事人行为性质的认定应当综合各种相关证据进行判断。创世纪公司提供的《股东大会决议》虽然来自工商档案,但工商档案中存档的仍然是复印件,不是原件,创世纪公司始终无法提供原件。创世纪公司的法定代表人马秋里在 2002 年《致全体股东的信》和向新建公司所发的函件中,提到了新建公司“出资不到位”或“欠缴股本金”,但均未提及“欠款”。创世纪公司亦不能提供其他书面证据证明双方之间存

在借贷关系。新建公司所提供的《股东大会决议》为原件,与另一大股东深圳创世纪公司所持有并经公证的《股东大会决议》原件记载一致,均为“股本金”。从创世纪公司提供的新建公司已支付800多万元款项的相关证据看,并没有任何一笔款项显示为归还借款,相反有部分款项明确为“入股金”。综上,创世纪公司所提供的证据在证明新建公司所转的1600万元属于借款方面,无法形成证明优势。二审认定创世纪公司与新建公司之间存在借贷关系缺乏依据,并无不当。

《企业法人营业执照》是工商行政管理机关对公司设立进行有效确认和公示的法定文件。创世纪公司于2000年12月28日取得了工商行政管理机关核发的《企业法人营业执照》后,即应认定该公司已经依法成立,并享有独立的法人财产权。二审认为新建公司在创世纪公司设立当天即从创世纪公司的验资账户中转走1600万元,属于抽逃出资正确。但二审又认为股东抽逃出资应当依法承担行政责任和刑事责任,并应向已足额缴纳出资的股东承担违约责任,而公司对于其股东所欠的股本金没有诉权不当。资本维持原则是公司设立和存续的重要原则之一。《公司法(1999)》第四条规定:“公司享有由股东投资形成的全部法人财产权,依法享有民事权利,承担民事责任”;第三十四条规定:“股东在公司登记后,不得抽回出资”。本案新建公司在没有任何正当理由的情形下转走1600万元,显然侵犯了公司的法人财产权,应当承担民事责任,这与《公司法》《公司登记管理条例》《公司注册资本登记管理暂行规定》等所规定的行政责任及刑事责任承担并不矛盾。

虽然创世纪公司诉称新建公司的转款行为属于借款性质与有关证据资料证明的情况不符,但要求新建公司归还所欠款项的诉讼请求是明确的。而且,创世纪公司在再审中亦称,无论是抽逃出资、挪用资金还是借款,新建公司均应承担转款的民事法律责任。本案为给付之诉,创世纪公司的诉讼请求就是要求新建公司给付725.787956万元及利息,至于该诉讼请求的具体依据和理由并非区别不同诉讼标的的识别标准。另新建公司若认为其转款行为涉嫌犯罪,可依法向有关部门反映,但并不影响本案民事责任的承担。故创世纪公司的请求应予支持。

——江必新主编、最高人民法院审判监督庭编:《审判监督指导》总第39辑,人民法院出版社2012年版,第166~167页。

编者说明

上述案例裁判理由表明,公司有权要求抽逃出资的股东补缴出资本息,该抽逃出资的民事责任不因承担行政与刑事责任而免除。对此,《民法总则》第一百八十七条亦明确,“民事主体因同一行为应当承担民事责任、行政责任和刑事责任的，承担行政责任或者刑事责任不影响承担民事责任；民事主体的财产不足以支付的，优先用于承担民事责任”。另外，民事责任的承担也并不意味着本应承担的行政责任甚至刑事责任的免除。①

069

公司章程或者股东会决议可以对股东逾期出资的违约责任作出规定

关键词｜公司章程｜股东会决议｜出资违约责任｜

【最高人民法院裁判文书】

沧州华风国富良种繁育有限公司与新疆天川毛纺织（集团）有限责任公司股东出资纠纷案［最高人民法院（2015）民二终字第248号民事判决书］

最高人民法院认为：二、关于天川公司应否向华风公司承担逾期出资的违约责任的问题。

根据《合同》约定，天川公司出资额为1400万元，其中现金100万元，另外1300万元为实物出资，在2007年10月23日前完成出资义务，并明确“任何一方未按合同第七条规定依期如数提交出资额时，每逾期一日，违约方应向另一方支付出资额的1‰违约金。如逾期三个月仍未提交的，另两方有权解除合同”。而根据天川公司、华风公司及昌吉市国资中心在《公司章程》和《股东纪要》中的约定，天川公司已实缴货币200万元，剩余1200万元于2009年11月7日之前缴足；至于违约责任，《股东会纪要》第九条中仅明确“各股东应按本纪要商定的期限按期出资，凡逾期出资的，应加付银行利息……”从《公司章程》和《股东会纪要》内容看，已对《合同》中约定股东出资方式、出资时限及违约责任等进行了变更。股东的出资方式、出资时间及逾期出资的违约责任，应以变更后的合同来认定。天川公司未按照《公司章程》和《股东会纪要》中的规定履行出资义务，相关民事责任的承担也应依章程和股东会纪要来确认。故华风公司要求天川公司按

---

① 王朝辉：《公司有权要求抽逃出资的股东补缴出资本息——新疆创世纪转基因技术有限公司与新疆新建投资管理（集团）有限公司借款纠纷抗诉案》，载杜万华主编：《最高人民法院民商事案件审判指导》第2卷，人民法院出版社2015年版，第452~453页。

照《合同》的约定向其支付违约金,本院不予支持。

——中国裁判文书网,http://wenshu.court.gov.cn。

070

未出资股东应当履行补足出资的责任，并按规定支付利息

关键词|未出资股东|补足出资|利息|

【最高人民法院裁判文书】

沧州华风国富良种繁育有限公司与新疆天川毛纺织(集团)有限责任公司股东出资纠纷案[最高人民法院(2015)民二终字第248号民事判决书]

最高人民法院认为:一、关于天川公司应否向天川华风公司缴纳1200万元的出资并支付利息的问题。

根据《公司章程》规定,天川公司应当缴纳的出资额为1400万元,已交纳200万元,剩余1200万元在2009年11月7日之前履行完毕。但天川公司一直未向天川华风公司补足1200万元的出资额,其对此事实亦无异议。天川公司上诉称因《合同》中约定的出资方式违反了公司法的强制性规定,导致各方股东均未认缴第二期出资,其不存在逾期出资的违约问题。本院认为,虽然《合同》中约定天川公司以"洗毛、制涤设备及厂房、土地等资产和现金100万元,共计1400万元出资入股"。但是,《公司章程》及《股东会决议》中规定天川公司已实缴货币出资200万元,未交纳出资1200万元,并未明确该1200万元是否均为实物出资。且天川华风公司已经注册成立,各股东也负有按工商登记中承诺的出资方式履行出资的义务。根据天川华风公司在工商登记申请书中的记载,华风公司、昌吉市国资中心的出资方式均为实物出资,而天川公司的出资方式则为货币和实物。故天川公司所承担的1200万元中的出资中既包括实物,也包括现金,其负有按法律规定的货币数额出资的义务。天川公司辩称《合同》中约定的出资方式不符合公司法的强制性规定,不能实际履行,理由不能成立。

《公司法》第二十八条第一款规定:"股东应当按期足额缴纳公司章程中规定的各自所认缴的出资额。股东以货币出资的,应当将货币出资足额存入

有限责任公司在银行开设的账户；以非货币财产出资的，应当依法办理其财产权的转移手续。”《公司法解释（三）》第十三条第一款规定：“股东未履行或者未全面履行出资义务，公司或者其他股东请求其向公司依法全面履行出资义务的，人民法院应予支持。”本案中，天川公司未依章程规定全面履行出资义务，依法应当向天川华风公司承担相应的民事责任。天川华风公司在华风公司提起本案诉讼前，虽然已被吊销营业执照，但该事实并不影响股东继续向公司履行出资义务，也与股东在公司清算程序、破产清算中继续履行出资义务不相矛盾。天川公司辩称，天川华风公司已被吊销营业执照，涉及天川公司出资的问题应先行在公司清算程序中予以确定和处理，该主张因缺乏法律依据，本院不予支持。

根据《公司章程》规定，天川公司应当在 2009 年 11 月 7 日之前补足欠缴的注册资本 1200 万元。天川华风公司被吊销营业执照后，不再正常经营，且现已进入强制清算程序，天川公司继续履实物出资部分，确实已无任何意义。本院认为，天川公司应向天川华风公司缴纳 1200 万元的实物和现金出资，均应变更为现金出资，该变更有利于天川华风公司清算程序的进行，且也不会因此加重天川公司的出资负担。同时，根据《股东会纪要》第九条“各股东应按本纪要商定的期限按期出资，凡逾期出资的，就加付银行利息”之约定，天川公司应自 2009 年 11 月 8 日起，以未交纳的 1200 万元出资额为基数，按照中国人民银行同期存款基准利率向天川华风公司支付未缴纳出资额的利息。

——中国裁判文书网，http://wenshu. court. gov. cn。

071

公司注册资本不同于公司资产，即使公司净资产大于注册资本，亦不影响股东承担抽逃出资的责任

关键词 | 注册资金 | 净资产 | 抽逃出资 |

【最高人民法院裁判文书】

黑龙江省绥棱农场与黑龙江农垦建工有限公司等建设工程施工合同纠纷申请再审案［最高人民法院（2015）民申字第 2996 号民事裁定书］

最高人民法院认为:一、关于二审判决认定绥棱农场存在抽逃出资的事实是否正确的问题。根据本案查明的事实,冰雪公司作为绥棱农场的全资子公司,于2008年9月1日经工商登记取得独立法人资格,原注册资本500万元,实缴资本500万元。后绥棱农场决议增加冰雪公司注册资本5500万元,于2010年12月6日通过中国农业银行股份有限公司绥化惠通支行汇入冰雪公司新增注册资金5500万元,并由黑龙江德源会计师事务所有限公司完成验资,同时进行了工商变更登记。2012年12月16日,绥棱农场即以"返还验资"的形式将5500万元连同利息一并予以收回。上述事实有建工公司一审举示的黑龙江德源会计师事务所有限公司为冰雪公司出具的验资报告、建工公司申请一审法院调取的绥棱农场在中国农业银行股份有限公司绥化惠通支行自2010年12月6日至2010年12月16日的资金往来、绥棱农场一审举示的冰雪公司工商登记档案予以证明。绥棱农场对上述证据的真实性均予以认可,且认可在对冰雪公司增资过程中,现金验资后又将验资款予以收回的事实,只是认为该行为不构成抽逃出资的行为,认为绥棱农场对冰雪公司冷冻食品加工项目的建设投入已经远远超过冰雪公司的注册资本价值,注册资本的体现形式可以是现金也可以是实物作价,只要注册资本金的总额不减少,不低于公司的注册资本额度,就不能认为绥棱农场存在抽逃出资的行为。本院认为,足额向公司缴纳出资是股东的法定义务。绥棱农场作为冰雪公司股东,将5500万元新增资本转入冰雪公司账户完成验资后,未经法定程序,即以"返还验资"的形式将新增资本的本金及利息全额予以收回,未对"返还验资"作出合理解释;其虽提出冰雪公司实有净资产达一亿四千万元,不低于注册资本,应认定其已履行了出资义务,显然是混淆了公司注册资本与公司资产的区别,缺乏法律依据。因此,一、二审法院认定绥棱农场的行为构成抽逃出资的事实,具有相应的事实和法律依据,并无不当。

二、关于一、二审法院适用法律是否正确的问题。如上所述,绥棱农场作为冰雪公司股东,将5500万元新增注册资本转入冰雪公司账户完成验资后,即以"返还验资"的形式将新增资本的本金及利息予以收回,构成了抽逃出资的行为,符合《公司法解释(三)》第十二条规定的情形。根据《公司法解释(三)》第十三条第二款的规定,公司债权人请求未履行或者未全面履行出资义务的股东在未出资本息范围内对公司债务不能清偿的部分承担补充赔偿责任的,人民法院应予支持。因此一、二审法院判决绥棱农场在抽逃出资5500万元的范围内对本案冰雪公司的付款义务承担补充赔偿责任,在适用法律上并无不当。

——中国裁判文书网,http://wenshu.court.gov.cn。

072

公司股东、董事、高管人员等实施了协助股东抽逃出资的行为即应承担连带责任，而与协助行为对抽逃出资所起作用的大小、是否为必要条件等无关

关键词｜协助抽逃出资｜连带责任｜

【最高人民法院司法解释】

第十四条　股东抽逃出资，公司或者其他股东请求其向公司返还出资本息、协助抽逃出资的其他股东、董事、高级管理人员或者实际控制人对此承担连带责任的，人民法院应予支持。

公司债权人请求抽逃出资的股东在抽逃出资本息范围内对公司债务不能清偿的部分承担补充赔偿责任、协助抽逃出资的其他股东、董事、高级管理人员或者实际控制人对此承担连带责任的，人民法院应予支持；抽逃出资的股东已经承担上述责任，其他债权人提出相同请求的，人民法院不予支持。

——《最高人民法院关于适用〈中华人民共和国公司法〉若干问题的规定（三）》（2010年12月6日最高人民法院审判委员会第1504次会议通过，根据2014年2月17日最高人民法院审判委员会第1607次会议《关于修改关于适用〈中华人民共和国公司法〉若干问题的规定的决定》修正）

【最高人民法院裁判文书】

李勤义与平安银行股份有限公司深圳坪山新区支行、中国房地产开发集团公司、王永和、深圳市科瑞德投资发展有限公司、中房集团海外发展有限公司、北京鑫威尔经贸发展有限责任公司、北京恩培医药技术有限公司、于勇、北京润博房地产开发有限公司金融借款合同纠纷案［最高人民法院（2015）民申字第996号民事裁定书］

最高人民法院认为：本案中，抽逃出资行为是以中房海外公司对外开具转账支票的形式进行的，出资款转入中房海外公司账户的当日，中房海外公司出具转账支票，加盖了李勤义的名章将出资款转出，李勤义不能提供证据证明其名章的使用系他人盗盖，即李勤义作为中房海外公司的董事长，在中房海外公司出具的

转账支票上加盖其法人印章将出资款转出,应认定李勤义实施了协助抽逃出资行为,故一、二审法院判决李勤义承担法律责任并无不当。

——中国裁判文书网,http://wenshu.court.gov.cn。

光彩宝龙兰州新区建设有限公司、宝纳资源控股(集团)有限公司等与袁玉岷、龙湾港集团有限公司一般股东权纠纷案[最高人民法院(2014)民二终字第00092号民事判决书]

最高人民法院认为:(一)关于袁玉岷是否协助龙湾港公司抽逃了出资,应否承担连带返还责任问题。

原审判决认定龙湾港公司抽逃了对光彩宝龙公司的1439万元出资,龙湾港公司和袁玉岷对此均未提出上诉,故本院予以确认。龙湾港公司抽逃出资的方式,是通过虚构光彩宝龙公司与疏浚公司之间的工程款债务,将款项从光彩宝龙公司转入疏浚公司,再从疏浚公司转入瑞福星公司,用以偿还了龙湾港公司欠瑞福星公司的借款。在光彩宝龙公司为龙湾港公司抽逃出资而出具的《资金使用申请单》上,袁玉岷签字同意。虽然该行为发生在款项已经转出之后,但仍代表袁玉岷对龙湾港公司抽逃出资行为的认可。根据《公司法解释(三)》第十四条第一款规定,公司的其他股东、董事、高管人员等,只要实施了协助股东抽逃出资的行为,即应承担连带责任,而与协助行为对抽逃出资所起作用的大小、是否为抽逃出资的必要条件等无关。故原审法院认定袁玉岷实施了协助抽逃出资的行为,应当承担连带责任并无不妥。

从主观上看,龙湾港公司、光彩宝龙公司、疏浚公司之间通过虚构债务、间接转款用以抽逃出资、偿还债务的行为,显然系精心设计、相互配合、故意而为之,采用间接转款的隐蔽方式是为了规避公司法关于禁止股东抽逃出资的规定,袁玉岷一方在庭审中对此也是认可的。龙湾港公司、光彩宝龙公司、疏浚公司的时任法定代表人均为袁玉岷,从常理上判断,袁玉岷对其控制的三个关联公司之间故意实施的抽逃出资行为应是明知或应知的,袁玉岷在虚构工程款以抽逃出资的资金使用申请单上签字同意亦可证明此点。袁玉岷主张抽逃出资行为系宝纳公司的法定代表人贾文成授意其委派到光彩宝龙公司担任财务经理的刘燕所实施,目的是为了将1439万元尽快转至瑞福星公司,而其本人对此主观上并不知情,客观上也未实施协助行为,本院认为不足采信。首先,刘燕虽然是宝纳公司委派的人员,但光彩宝龙公司的另一财务人员李某却不是,根据光彩宝龙公司的财务制度,一万元以上的对外付款必须经袁玉岷批准,且由刘燕和李某分别签章才能完成。故没有光彩宝龙公司人员的配合,即便贾文成授意刘燕帮助龙湾港公司抽逃出资,刘燕也无法完成。在刘燕明知付款行为无法掩饰,而擅自付款又将承担巨大法律责任的情况下,其未经袁玉岷的同意而擅自对外付款,也与常理不符。其次,如果系贾文成授意刘燕不经袁玉岷的同意而擅自转款,以便尽快偿还龙湾港公司欠瑞福星公司的借款,那么刘燕为何会舍近求远,避简就繁,不将款项直接转入贾文成控制的瑞福星公司,而是先转入刘燕和贾文成均不掌控,但却是袁玉岷担任法定代表人的疏浚公司?再次,从疏浚公司向外转款的过程看,款项是由时任龙湾港公司人事部经理、疏浚公司人事部总经理的梁宁镯指示疏浚公司出纳王雪峰,于1439万元到账后的第二天即转出支付给了瑞福星公司。而梁宁镯恰是当初龙湾港公司向瑞福星公司借款时,受袁玉岷委托,在借款协议上签字的经办人员。梁宁镯是疏浚公司的人事部总经理,财务事宜并不在其工作职责范围之内,如果不是法定代表人袁玉岷的授权指使,其何以能够得知1439万元款项到账的事实,又何来权力指令财务人员将款项转给瑞福星公司?综上,本院认为,从本案的一系列事实分析判断,有充足的理由使人相信,袁玉岷对通过其担任法定代表人的三个关联公司之间故意虚构债务以抽逃出资的行为主观上存在过错,客观上也实施了协帮的行为,应当承担连带返还责任。

——中国裁判文书网,http://wenshu.court.gov.cn。

073

帮助他人设立注册资金虚假的公司应在注册资金不实的范围内承担补充赔偿责任

关键词｜帮助他人设立公司｜注册资金不实｜补充赔偿责任｜

【最高人民法院答复】

上海市高级人民法院:

你院〔2000〕沪高经他字第23号《关于帮助他人设立注册资金虚假的公司应当如何承担民事责任的请示》收悉,经研究答复如下:

一、上海鞍福物资贸易有限公司(以下简称鞍福公司)成立时,借用上海砖桥贸易城有限公司(以下简称砖桥贸易城)的资金登记注册,虽然该资金在鞍福公司成立后即被抽回,但鞍福公司并未被撤销,其民事主体资格仍然存在,可以作为诉讼当事人。如果确认鞍福公司应当承担责任,可以判决并未实际出资的设立人承担连带清偿责任。

二、砖桥贸易城的不当行为,虽然没有直接给当事人造成损害后果,但由于其行为,使得鞍福公司得以成立,并从事与之实际履行能力不相适应的交易活动,给他人造成不应有的损害后果。因此,砖桥贸易城是有过错的。砖桥贸易城应在鞍福公司注册资金不实的范围内承担补充赔偿责任。

此复。

——《最高人民法院关于对帮助他人设立注册资金虚假的公司应当如何承担民事责任的请示的答复》(2001 年 9 月 13 日,〔2001〕民二他字第 4 号)

【最高人民法院裁判文书】

陕西科技大学、王全杰等借款合同纠纷申请再审案[最高人民法院(2015)民提字第 127 号民事判决书]

最高人民法院认为:二、关于珠玑公司对烟台皮革公司借款本息应否承担清偿责任的问题。长城公司济南办事处主张,珠玑公司给烟台皮革研究所划款 500 万元帮助其虚假验资,后又抽逃资金,造成烟台皮革研究所违法减资,降低了其偿债能力,损害了长城公司济南办事处的合法权益,珠玑公司理应承担债务清偿责任。本院认为,1997 年烟台皮革研究所注册资金 40 万元,烟台南大街工行向烟台皮革研究所借款 270 万元。1999 年 4 月 1 日烟台南大街工行与烟台皮革研究所签订编号为 99 烟工南字第 063 号的借款合同,此合同为原欠款而签订,并未再发放新的借款。因此,此笔借款的真实时间是 1997 年,当时仅是基于烟台皮革研究所的 40 万元注册资金而订立,与烟台皮革研究所后来增加的 500 万元注册资金没有关系。后增加的注册资金 500 万元并不构成先成立债权的担保,后来的减资行为亦与先成立的债权无关。因此,珠玑公司不应对烟台皮革研究所的债务承担清偿责任。《最高人民法院关于对帮助他人设立注册资金虚假的公司应当如何承担民事责任的请示的答复》是本院的个案答复,主要是指对于专门从事为他人虚假注资业务的公司而言,珠玑公司不属于专门从事此种业务的公司,原审予以引用亦属不当。

——中国裁判文书网,http://wenshu.court.gov.cn。

074

未缴纳出资的股权转让后，出资缴纳义务的承担

关键词 | 股权转让 | 出资缴纳 |

【最高人民法院司法解释】

第十八条 有限责任公司的股东未履行或者未全面履行出资义务即转让股权,受让人对此知道或者应当知道,公司请求该股东履行出资义务、受让人对此承担连带责任的,人民法院应予支持;公司债权人依照本规定第十三条第二款向该股东提起诉讼,同时请求前述受让人对此承担连带责任的,人民法院应予支持。

受让人根据前款规定承担责任后,向该未履行或者未全面履行出资义务的股东追偿的,人民法院应予支持。但是,当事人另有约定的除外。

——《最高人民法院关于适用〈中华人民共和国公司法〉若干问题的规定(三)》(2010 年 12 月 6 日最高人民法院审判委员会第 1504 次会议通过,根据 2014 年 2 月 17 日最高人民法院审判委员会第 1607 次会议《关于修改关于适用〈中华人民共和国公司法〉若干问题的规定的决定》修正)

【最高人民法院审判业务意见】

公司为被执行人的案件,股东出资不到位导致公司注册资金不实,无财产可供执行。执行中股东将公司股权变卖,新股东加入,应当追加原股东还是新股东为被执行人?

主要观点:股东未完全履行出资义务即转让股权,致公司无财产可供执行的,应依法追加原股东为被执行人,除有证据证明新股东不知道或不应当知道原股东未完全履行出资义务的外,也可以追加新股东为被执行人。上述情形下追加被执行人应经过听证程序。

主要理由:公司注册资金是公司正常运营的物质基础,是独立承担民事责任的物质保障。原股东未履行或未全面履行出资义务即转让股权的,对公司债务仍要承担相应的清偿责任,此时,申请执行人请求人民法院追加原股东为被执行人的,应予支持。

股权转让行为完成后,转受让双方会通过公司章程、股东名册的变更登记完

成股权变动公示。此时,第三人有理由相信股权公示的股东即为真实的股东,如第三人有证据证明新股东明知或应知老股东出资不实仍受让该股权,请求追加该新股东为被执行人的,根据受让权利应同时承担相应义务的原则,人民法院应予支持。对此,《公司法解释(三)(2010)》第十九条规定:“有限责任公司的股东未履行或者未全面履行出资义务即转让股权,受让人对此知道或者应当知道,公司请求该股东履行出资义务、受让人对此承担连带责任的,人民法院应予支持;公司债权人依照本规定第十三条第二款向该股东提起诉讼,同时请求前述受让人对此承担连带责任的,人民法院应予支持。”可见,根据该条规定,被执行人未履行出资义务即变卖股权,且新股东知道或者应当知道的,新股东亦应当对债务承担清偿责任。

如果工商行政机关登记的材料显示股权交易时注册资金到位,且新股东有证据证明其确不知情,亦支付了合理对价的,则不宜追加新股东为被执行人。

——最高人民法院执行局编:《执行工作指导》总第46辑,人民法院出版社2013年版,第49页。

【最高人民法院裁判文书】

新乡新起机器设备有限公司与肖玉玺、肖胜荣及肖波荣、胡素荣股东出资纠纷申请再审案[最高人民法院(2016)最高法民申2232号民事裁定书]

最高人民法院认为:本案系股东出资纠纷。根据新起公司的再审申请,本案审查重点是:肖玉玺、肖胜荣在出资不足的情况下转让股权,新起公司是否可以要求其履行补足出资的义务。

首先,原审查明,新起公司的原股东为肖波荣、肖玉玺、肖胜荣。根据上述三人签订的《股权转让协议》的约定,肖波荣受让肖玉玺、肖胜荣二人在新起公司的全部股权,但其仅按照肖玉玺、肖胜荣二人的实际出资数额支付转让款,并未按照全部股权数额支付相应的价款,可以认定肖波荣对肖玉玺、肖胜荣二人出资不足,其应当承担补足出资义务系明知。其次,新起公司的股权变更后,虽然登记股东变更为肖波荣和胡素荣,但根据《股权转让协议》签订的过程以及胡素荣并未支付转让价款的事实等,原审法院认定《股权转让协议》的当事人为新起公司全部股东,应当视为新起公司知道并同意由肖波荣承担补足注册资本的义务,并无不当。该协议的签订代表新起公司的意思表示,视为新起公司已经同意由肖波荣承担补足注册资本的义务,不再由肖玉玺、肖胜荣履行补足出资的义务。

原审判决对新起公司的诉讼请求不予支持，并无明显不当。

——中国裁判文书网，http://wenshu.court.gov.cn。

东平中联美景水泥有限公司与聊城美景中原水泥有限公司股东出资纠纷申请再审案［最高人民法院（2013）民申字第1795号民事裁定书］

最高人民法院认为：本案的争议焦点是聊城美景公司是否应当按照《公司法解释（三）（2010）》第十九条的规定，对其前任股东的抽逃出资行为向东平美景公司承担连带责任。

《公司法解释（三）（2010）》第十九条的字面意思只规定了原股东虚假出资转让股权后，受让股东明知或应知的，对公司承担连带责任。对于原股东抽逃的责任是否也由受让股东承担没有明确。从《公司法解释（三）（2010）》规定的前后体例看，涉及虚假出资和抽逃出资的相关规定，并未全部作为同一条文规定，也没有基于互相包含的关系而只列举一种情形规定，因此，严格按照文义理解更符合该规定的精神。抽逃出资和虚假出资从后果看，都是导致公司不拥有该部分注册资本，但从内涵上讲是有区别的。虚假出资是公司成立之前的股东单方行为，因公司尚未成立，故公司不能够表达否定意志，责任在于股东，新股东受让后原则上要对公司承担原股东的义务，此时可谓公司没有过错。抽逃出资行为是发生在公司设立之后，任何股东抽逃出资都必须经公司履行相关手续，从形式上看公司作出的是“同意”的意思表示，此时推定公司具有过错，股权转让后，公司不能够在同意原股东抽逃行为的前提下，又向新股东主张责任，否则，有悖诚实信用。因此，二审法院对《公司法解释（三）（2010）》第十九条的解释不包括股东抽逃出资的情形，聊城美景公司不应承担连带责任的结论正确。

——中国裁判文书网，http://wenshu.court.gov.cn/。

【链接：最高人民法院法官著述】

瑕疵股权转让后股东如何承担民事责任，不能仅仅以公平原则为依据进行判断，对此应当从法律体系完整性和法律内在逻辑性进行体系化思考，从而做出正确判断。应当明确的是，股权的本质是股东和公司之间的法律关系，既包括股东对公司享有的权利，亦包括股东对公司的出资义务，因此，股权的转让导致股东权利义务的概括转移。毫无疑问，受让人获得股权、成为股东后当然应该承担出资的义务。然而，如果只由受让人承担出资义务，在受让人财产能力不足、无力履行出资义务的情况下,将导致公司资本的虚假,并危及债权人利益,而转让股东在公司已形成亏损的情况下,将很有可能利用股权的转让逃脱本应承担的经济责任和出资风险,甚至可能发生转让人和受让人恶意串通逃避债务的严重行为。因此,瑕疵股权转让后,应当要求受让人承担第一位出资义务,同时要求转让股东承担补充出资义务。出资期限尚未届至的股权的转让与瑕疵股权转让的法理和逻辑相同,故对其出资义务主体确定问题,应当做同样的处理。

——最高人民法院民事审判第二庭编著:《最高人民法院关于公司法司法解释(一)、(二)理解与适用》,人民法院出版社2015年版,第490~491页。

(一)受让人不知的处理原则

根据《合同法》的规定,当事人因为受到欺诈或者胁迫导致其意思表示不真实的,有权请求撤销合同。如果转让人与受让人签订股权转让合同时,隐瞒了出资瑕疵的事实,受让人并不知道也不应当知道出资瑕疵的事实,并因此而受让股权,则受让人有权以欺诈为由请求撤销或者变更股权转让合同;如果受让人考虑到公司经营前景较好,不愿撤销股权转让协议,法院应当确认转让合同的效力。当然,对于是否构成隐瞒出资瑕疵的欺诈行为,在现实中应当具体分析,同时要看受让人的受让股权行为是否受到出资瑕疵的重大影响。

(二)受让人明知或应知的处理原则

转让人与受让签订股权转让合同时,将出资瑕疵的事实告知受让人,或者受让人知道或者应当知道出资瑕疵的事实,仍然受让转让人转让的股权,则股权转让合同有效。因为,股权受让人知道或应当知道转让人出资存在瑕疵仍然受让股权,不再适用《合同法》第五十四条的规定,股权转让合同有效,不能撤销。受让人应当就出资瑕疵承担补足出资的责任。至于对"应知"的理解,则需要根据受让人的具体情况进行判定。

(三)不得对抗第三人

股权转让合同存在瑕疵出资的,受让人不能以自身不知并不应知出资瑕疵为由对抗公司债权人、主张不承担相应责任。当公司的债权人能够举证证明公司的注册资本没有实际到位时,即有权将工商登记在册的股东(包括受让人)与公司一同列为被告,追究其相应的连带责任。受让人向公司债权人承担清偿责任后,有权向转让人追偿。

这也是遵循商事外观主义的需要。具体而言,在瑕疵股权转让后,转让人即脱离公司，受让人成为公司的新进股东，工商行政管理的有关登记内容随之变更，这样一来，在公司外部人看来，受让人已经是名副其实的公司股东了。此时，如果追究股东对公司承担资本充实责任、对公司债权人承担民事责任时，受让人显然难以置身事外。原因在于：(1)受让人已经成为公司章程、股东名册及工商登记中记载着公司的现存股东，这在交易过程中具有公示公信力，对公司外部债权人形成了权利上的外观；(2)相对第三人有理由相信工商登记中的股东即为现实中的真实股东，从而，其在交易过程中基于这种信赖而为的法律行为，应受到法律保护。因此，在商事外观主义下，瑕疵股权转让后的出资责任承担者中应当包括受让人，即受让人与转让人共同承担连带责任，这有利于在最大限度上保护公司债权人和交易相对人的利益，对维护交易安全具有重要的积极意义，是符合商法的精神的。

——最高人民法院民事审判第二庭编著：《最高人民法院关于公司法解释(三)、清算纪要理解与适用(注释版)》，人民法院出版社2014年版，第398～400页。

实务中未缴纳出资的情形可能是多种多样的。例如，公司章程约定的缴纳期限没有到来，公司章程约定为保留资本，公司章程约定的缴纳期限已经届满，转让股东认购的资本已经变为公司的催收资本等。对未缴纳资本即转让股权的问题，公司章程中有规定的，应遵从公司章程的规定，如果公司章程没有规定的，应首先采取协商确定的方式，股权转让时双方协商并将协商方案报送公司，公司及其他股东同意后再履行股权转让合同。否则，如果转让双方未向公司通报，公司选择向任何一方催收资本，均具有一定的法理依据。

——王东敏：《公司法资本制度修改对几类民商事案件的影响》，载《人民司法·应用》2013年第5期。

075

增资协议合法并已经实际履行完毕，再主张确认协议无效于法无据

关键词｜增资协议｜

【最高人民法院裁判文书】

宁夏广播电视网络有限公司与宁夏鸿雪隆房地产开发有限公司、徐红学、王静、何勇合同纠纷案[最高人民法院(2011)民二终字第54号民事判决书]

裁判要旨:公司成立后,为筹集资金、扩大经营规模,可依照法定的条件和程序增加公司的注册资本数额,公司资本一经增加,非依法定程序不可随意变更。本案中鸿雪隆公司增资行为经股东大会全体股东决议通过,并相应变更公司章程及工商登记,符合公司增资的法定条件和程序。增资行为一旦成立,网络公司即享有对鸿雪隆公司出资对应的股权,可依法行使股东权利,但不得抽回出资。网络公司向鸿雪隆公司自主投资,其应对市场风险、公司发展有充分了解和独立判断,公司及原股东的承诺不能成为其规避投资风险、抽回出资的理由,更不能以此否认增资效力。

最高人民法院认为:公司成立后,为筹集资金、扩大经营规模,可依照法定的条件和程序增加公司的注册资本数额,我国《公司法》对公司增资具体要求作出明确规定。公司资本一经增加,非依法定程序不可随意变更。因公司以资本为信用,对外具有公示效力的公司资本股东不得抽回。本案中鸿雪隆公司增资行为经股东大会全体股东决议通过,并相应变更公司章程及工商登记,网络公司以1850万元出资占有鸿雪隆公司增资后51.4%的股权,符合公司增资的法定条件和程序,《增资协议书》已实际履行。增资行为一旦成立,网络公司即享有对鸿雪隆公司出资对应的股权,可依法行使股东权利,但不得抽回出资。网络公司向鸿雪隆公司自主投资,其应对市场风险、公司发展有充分了解和独立判断,公司及原股东的承诺不能成为其规避投资风险、抽回出资的理由,更不能以此否认增资的效力。因此,《增资协议书》关于鸿雪隆公司增资1850万元,由网络公司以现金方式投入的约定符合公司增资的法定要求,并已实际履行完毕,网络公司主张确认协议无效并返还增资款1850万元及相应利息的诉讼请求于法无据,本院不予支持。

——最高人民法院民事审判第二庭编:《最高人民法院商事审判指导案例(2012)·公司与金融》,中国民主法制出版社2013年版,第257~263页。

076

股东因公司设立后的增资瑕疵应对增资后的公司债权人承担责任

关键词 | 增资瑕资 |

【最高人民法院司法解释】

第十三条第四款 股东在公司增资时未履行或者未全面履行出资义务，依照本条第一款或者第二款提起诉讼的原告，请求未尽公司法第一百四十七条第一款规定的义务而使出资未缴足的董事、高级管理人员承担相应责任的，人民法院应予支持；董事、高级管理人员承担责任后，可以向被告股东追偿。

——《最高人民法院关于适用〈中华人民共和国公司法〉若干问题的规定(三)》(2010 年 12 月 6 日最高人民法院审判委员会第 1504 次会议通过，根据 2014 年 2 月 17 日最高人民法院审判委员会第 1607 次会议《关于修改关于适用〈中华人民共和国公司法〉若干问题的规定的决定》修正)

【最高人民法院答复】

江西省高级人民法院：

你院赣高法报〔2006〕3 号、4 号、20 号报告收悉。经研究并征求我院有关庭室意见，答复如下：

由于赣州市章贡区农村信用合作联合社、赣州市商业银行与昆仑证券有限责任公司的债权债务关系发生在西宁特殊钢铁(集团)有限公司和青海省企业技术创新投资管理有限责任公司对昆仑证券增资扩股之前，因此赣州市中级人民法院直接追加西钢集团和青海创投为被执行人不符合法律规定，应予纠正。

此外，在我院〔2005〕497 号明传通知对涉昆仑证券案件实行“三暂缓”的情况下，如果只对赣州农信社和商业银行与西钢集团和青海创投案强制执行，将损害其他债权人的合法权益，故赣州市中级人民法院执行西钢集团和青海创投违反了我院上述明传通知精神。

——《最高人民法院关于股东增资扩股不实或抽逃增资扩股资金如何承担责任的请示答复》(2006 年 9 月 12 日，〔2005〕执他字第 32 号)

江苏省高级人民法院：

你院〔2002〕苏执监字第171号《关于南通开发区富马物资公司申请执行深圳龙岗电影城实业有限公司一案的请示报告》收悉，经研究，答复如下：

我们认为，公司增加注册资金是扩张经营规模、增强责任能力的行为，原股东约定按照原出资比例承担增资责任，与公司设立时的初始出资是没有区别的。公司股东若有增资瑕疵，应承担与公司设立时的出资瑕疵相同的责任。但是，公司设立后增资与公司设立时出资的不同之处在于，股东履行交付资产的时间不同。正因为这种时间上的差异，导致交易人（公司债权人）对于公司责任能力的预期是不同的。股东按照其承诺履行出资的义务是相对于社会的一种法定的资本充实义务，股东出资或增资的责任应与公司债权人基于公司的注册资金对其责任能力产生的判断相对应。本案中，南通开发区富马物资公司与深圳龙岗电影城实业有限公司的交易发生在龙岗电影城变更注册资金之前，富马公司对于龙岗电影城责任能力的判断应以其当时的注册资金500万元为依据，而龙岗电影城能否偿还富马公司的债务与此后龙岗电影城股东深圳长城（惠华）实业企业集团增加注册资金是否到位并无直接的因果关系。惠华集团的增资瑕疵行为仅对龙岗电影城增资注册之后的交易人（公司债权人）承担相应的责任，富马公司在龙岗电影城增资前与之交易所产生的债权，不能要求此后增资行为瑕疵的惠华集团承担责任。

——《最高人民法院执行工作办公室关于股东因公司设立后的增资瑕疵应否对公司债权承担责任问题的复函》（2003年12月11日，〔2003〕执他字第33号）

【最高人民法院裁判文书】

成都前锋电子股份有限公司与五洲证券有限公司缴纳出资纠纷案［最高人民法院（2014）民二终字第22号民事判决书］

最高人民法院认为：根据当事人的上诉、答辩情况，本案二审争议的焦点问题是：前锋公司应否向五洲证券履行8700万元的出资义务及支付相应利息。前锋公司认为，其已通过自己账户将8700万元汇入五洲证券开设的验资账户并经验资报告确认，已经实际履行出资义务，无需再次缴纳出资。根据河南证监局作出的豫证监发（2005）153号调查报告和北京中兴宇会计师事务所有限责任公司出具的审计报告所确认的事实，前锋公司在内的8家新增股东的应缴出资款，均是利用金正科技股份有限公司及李结义、杜宣等 6 人的共计 1 亿元的资金，在验资期间由五洲证券与广东发展银行深圳福田支行及深圳发展银行布吉支行进行配合，通过复杂的金融手段频繁划转资金虚构而来，上述资金最终于 2004 年 3 月 16 日（验资日）返还给李结义及金正科技股份有限公司。其中，前锋公司虽于 2004 年 3 月 3 日和 2004 年 3 月 5 日分别汇入广发福田 026 户 770 万元和 7930 万元，但随后该资金同广发福田 026 户的其他资金于 2004 年 3 月 5 日流出广发福田 026 户。截至 2004 年 3 月 16 日（验资日）止，五洲证券在广东发展银行深圳福田支行及深圳发展银行布吉支行开立的广发福田 026 户和深布吉 2501 户两个账户的资金余额均为零。可见，前锋公司并未真实履行出资义务，五洲公司可以根据《公司法解释（三）》第十三条关于“股东未履行或未全面履行出资义务，公司或者其他股东请求其向公司依法全面履行出资义务的，人民法院应予支持”之规定，请求前锋公司全面履行出资义务。前锋公司认为，其对出资款从验资账户转走毫不知情，更没有参与，且验资账户上转出的出资款并未转回到其账户，不应承担任何责任。在案事实虽无直接证据证明前锋公司与验资款项被转走存在直接关系，但从前锋公司所主张的代山东鑫融公司持股的事实来看，前锋公司提供名义代替山东鑫融公司出资，并且明确知道无须缴纳出资即替山东鑫融公司代为持股，这足以证明前锋公司对不履行真实出资义务等事实是知悉或者说是放任的，前锋公司认为其对出资款转走不存在过错的抗辩与事实不符，故对其以不存在过错为由要求免除责任的主张，本院不予支持。至于验资账户上的出资款被转至何处，不能改变五洲证券账户上的资金在验资日前为零的事实，并不影响对前锋公司并未真实履行出资义务的认定，故前锋公司要求以验资账户上转出的出资款并未转回到其账户为由免除责任的主张亦不能得到支持。

——中国裁判文书网，http://wenshu.court.gov.cn。

077

基于投资关系产生的缴足出资请求权与追偿权不适用诉讼时效期间的规定

关键词｜缴足出资请求权｜追偿权｜诉讼时效｜

【最高人民法院司法解释】

第十九条 公司股东未履行或者未全面履行出资义务或者抽逃出资,公司或者其他股东请求其向公司全面履行出资义务或者返还出资,被告股东以诉讼时效为由进行抗辩的,人民法院不予支持。

公司债权人的债权未过诉讼时效期间,其依照本规定第十三条第二款、第十四条第二款的规定请求未履行或者未全面履行出资义务或者抽逃出资的股东承担赔偿责任,被告股东以出资义务或者返还出资义务超过诉讼时效期间为由进行抗辩的,人民法院不予支持。

——《最高人民法院关于适用〈中华人民共和国公司法〉若干问题的规定(三)》(2010年12月6日最高人民法院审判委员会第1504次会议通过,根据2014年2月17日最高人民法院审判委员会第1607次会议《关于修改关于适用〈中华人民共和国公司法〉若干问题的规定的决定》修正)

【最高人民法院审判业务意见】

问:司法解释对诉讼时效制度适用的权利范围进行了规定,请您谈一下该规定的意义以及具体内容。

答:诉讼时效制度适用的权利范围,涉及哪些权利因诉讼时效期间届满、义务人提出诉讼时效抗辩而不会得到法院保护的重大问题,对权利人的权利保护意义重大。该问题既是司法实务亟须规定的问题,又是争论较大的问题。经过深入研究和反复论证,我们在对该问题进行规定时,采纳了理论界通行观点,认为债权请求权以财产利益为内容,不具支配性。若权利人长期怠于行使权利,会使法律关系处于不确定状态,不利于维护社会交易秩序稳定,故债权请求权适用诉讼时效的规定。但对于支付存款本息请求权、兑付国债、金融债券以及向不特定对象发行的企业债券本息请求权以及基于投资关系产生的缴付出资请求权作了除外规定。这是因为前两种请求权的实现关系到社会公共利益的保护,如果适用诉讼时效的规定,则将使民众的切身利益受到损害。缴付出资请求权不适用诉讼时效的规定,否则,有违公司资本充足原则,且不利于对其他足额出资的股东及公司债权人的保护。

——《最高人民法院民二庭负责人就〈最高人民法院关于审理民事案

件适用诉讼时效制度若干问题的规定〉答记者问》(2008 年 9 月 1 日)，载最高人民法院民事审判第二庭编著:《最高人民法院关于民事案件诉讼时效司法解释理解与适用》，人民法院出版社 2008 年版，第 11 页。

【链接：最高人民法院法官著述】

公司拥有充足的资本是其开展正常经营活动的保证，公司资产也系其对外承担民事责任的一般担保，因此，足额出资是股东对公司的法定义务。缴付出资请求权是基于股东的法定出资义务而由公司享有的法定债权请求权，不同于基于当事人合意产生的意定债权请求权，可以由当事人自由约定处置。如果规定出资请求权适用诉讼时效的规定，则有违公司资本充足原则，不利于公司的发展，也不利于对其他足额出资的股东及公司债权人的保护。

——最高人民法院民事审判第二庭编著:《最高人民法院关于民事案件诉讼时效司法解释理解与适用》，人民法院出版社 2008 年版，第 48～49 页。

编者说明

最高人民法院法官认为，根据我国《公司法(2005)》第三十一条的规定，公司享有的缴足出资请求权，不仅是针对未足额缴纳出资的股东，也包括足额缴纳出资的其他公司原始股东。其他承担连带补足出资责任的原始股东承担了补足出资的连带责任后，对未缴足出资的股东享有追偿权，该追偿权为债权请求权，应适用诉讼时效的规定，其起算点应从该原始股东承担缴纳出资的连带责任之日起算。①

078

股东出资瑕疵的，其股东权利应受到限制

关键词 | 出资瑕疵 | 股东权利限制 |

【最高人民法院司法解释】

第十六条 股东未履行或者未全面履行出资义务或者抽逃出资，公司根据

① 最高人民法院民事审判第二庭编著:《最高人民法院关于民事案件诉讼时效司法解释理解与适用》，人民法院出版社 2008 年版，第 48～49 页。

公司章程或者股东会决议对其利润分配请求权、新股优先认购权、剩余财产分配请求权等股东权利作出相应的合理限制,该股东请求认定该限制无效的,人民法院不予支持。

——《最高人民法院关于适用〈中华人民共和国公司法〉若干问题的规定(三)》(2010 年 12 月 6 日最高人民法院审判委员会第 1504 次会议通过,根据 2014 年 2 月 17 日最高人民法院审判委员会第 1607 次会议《关于修改关于适用〈中华人民共和国公司法〉若干问题的规定的决定》修正)

【最高人民法院裁判文书】

余汉平、余滢等股东资格确认纠纷申请再审案[最高人民法院(2014)民申字第 597 号民事裁定书]

最高人民法院认为:虽然西宁义乌公司的工商登记档案和公司章程记载厉军出资 500 万元,但从厉军提供的证据看,其实际出资只有 300 万元。根据《公司法》第三十四条以及《公司法解释(三)》第十六条关于"股东未履行或者未全面履行出资义务或者抽逃出资,公司根据公司章程或者股东会决议对其利润分配请求权、新股优先认购权、剩余财产分配请求权等股东权利作出相应的合理限制,该股东请求认定该限制无效的,人民法院不予支持"的规定精神,公司可以根据股东未履行或未全面履行出资的实际情况对其财产方面的权益作出相应限制。法院应参照此两条规定精神,对于侵权赔偿的审理,以实际出资确定赔偿比例。按 1998 年工商登记的 46.3% 计算赔偿数额,不符合权利义务相一致的原则。因此,如查明的事实表明厉军实际出资 300 万元,对其侵权的赔偿,宜以其实际出资份额为计算依据。原审按照工商登记的 46.3% 为计算依据,属于适用法律不当。

兰州义乌公司和余滢与安德利公司和祁崇实签订的《股权转让协议书》约定:"股权转让前:西宁义乌公司的债权转让给转让方兰州义乌公司享有,西宁义乌公司的债务由转让方兰州义乌公司全部承担。"根据此协议,兰州义乌公司和余滢获得股权转让款 9980 万元的条件是其概括受让了西宁义乌公司的全部债权和债务。原审未对此事实进行审查,直接以 9980 万元乘以 46.3% 作为对厉军的赔偿数额,缺乏事实依据。

——中国裁判文书网,http://wenshu.court.gov.cn。

北京双鹤药业股份有限公司与贵州益佰制药股份有限公司、湖北恒康双鹤医药股份有限公司、湖北省医药有限公司买卖合同货款纠纷案[最高人民法院(2008)民抗字第59号民事判决书]

裁判要旨:由于出资瑕疵的股东将其股权转让给其他民事主体后,便产生了该瑕疵股权出资责任的承担主体问题,因此,在处理上要遵循股权转让双方当事人的真实意思表示和过错责任相当的基本原则。就股权转让的受让人而言,核实转让股权是否存在瑕疵出资是受让人应尽的基本义务。如果其明知或应当知道受让的股权存在瑕疵而仍接受转让的,应当推定其知道该股权转让的法律后果。

最高人民法院认为:股权的本质是股东和公司之间的法律关系,既包括股东对公司享有的权利,也包括股东对公司的出资义务,因此,股权的转让导致股东权利义务的概括转移。受让人所受让的并不是股东的出资,而是股东的资格权利,受让人受让他人的股权而成为公司的股东。同时,股东的出资义务与其获得股权属于不同的法律关系,民事主体获得股权的前提是其取得相应的股东资格,而取得股东资格主要依据在于公司章程、股东名册和工商登记的确认,并不以履行出资义务为必要条件。湖北医药公司与北京双鹤药业公司在股份转让协议中约定以每股0.893元的价格,受让湖北医药公司所持有的湖北恒康药业公司的2700万国有股,北京双鹤药业公司向湖北医药公司支付的2411.1万元是股权的对价,而不是北京双鹤药业公司完成了对湖北双鹤医药公司2700万元的出资义务。而且,无论从湖北双鹤医药公司的章程、股东名册,还是工商登记来看,北京双鹤药业公司已是湖北双鹤医药公司占67.5%股份的股东。鉴于股东的瑕疵出资民事责任是公司股东的特有民事责任,除法律法规有特别规定和当事人有特别约定外,该责任应当由公司的股东承担,而不是由公司股东以外的人承担。由于出资瑕疵的股东将其股权转让给其他民事主体后,便产生了该瑕疵股权出资责任的承担主体问题,因此,在处理上要遵循股权转让双方当事人的真实意思表示和过错责任相当的基本原则。就股权转让的受让人而言,核实转让股权是否存在瑕疵出资是受让人应尽的基本义务,如果其明知或应当知道受让的股权存在瑕疵而仍接受转让的,应当推定其知道该股权转让的法律后果,即受让人明知其可能会因受让瑕疵股权而承担相应的民事责任,但其愿意承受,这并不超出其可预见的范围,司法没有必要对其加以特别保护而免除其承担出资瑕疵的民事责任。北京双鹤药业公司委托中发国际评估有限公司对湖北恒康药业公司的评估、湖北省财政厅鄂财企复字〔2003〕109号《关于〈湖北医药公司关于落实湖北恒康药业公司股本金等有关问题的请示〉的批复》以及与湖北医药公司双方签订的《股份转让协议》等均可证实，北京双鹤药业公司明知湖北医药公司用于向湖北恒康药业公司出资的土地未过户到湖北恒康药业公司名下，但仍然自愿受让湖北医药公司的股份并成为湖北恒康药业公司的股东。故北京双鹤药业公司通过受让的方式享有湖北双鹤医药公司瑕疵股权2700万股份，应负有承担出资瑕疵责任的义务。虽然北京双鹤药业公司通过增资扩股向湖北双鹤医药公司增加出资2588.9万元，但北京双鹤药业公司和湖北医药公司始终未补足原股东湖北医药公司应向湖北双鹤医药公司的出资2700万元，不能因其对湖北双鹤医药公司增资扩股而免除其应出资的义务。对湖北双鹤医药公司的债务，北京双鹤药业公司、湖北医药公司均应在未足额出资部分2700万元的范围内承担补充清偿责任。原审判决北京双鹤药业公司对湖北双鹤医药公司不能清偿贵州益佰制药公司的债务，在2700万元范围内承担连带清偿责任不当，应予改判。

——江必新主编、最高人民法院审判监督庭编：《审判监督指导》总第28辑，人民法院出版社2010年版，第140～147页。

安达新世纪·巨鹰投资发展有限公司与北京首都国际投资管理有限责任公司、协和健康医药产业发展有限公司股东权确权赔偿纠纷上诉案[最高人民法院(2007)民二终字第93号民事判决书]

裁判摘要：根据公司法的规定和民法基本原则，股东出资不到位并不影响其股东资格的取得，但其享有股东权利的前提是承担股东义务，违反出资义务，也就不应享有股东的相应权利。

最高人民法院认为：关于安达巨鹰公司的股东权利是否应当受到限制，根据公司法的规定，股东出资不到位并不影响其股东资格的取得，但其享有股东权利的前提是承担股东义务，违反出资义务，也就不应享有股东的相应权利，这亦是民法中权利与义务统一、利益与风险一致原则的具体体现。本案中，由于安达巨鹰公司并没有履行出资义务，其股东权利的行使应当受到一定的限制，这种限制应根据具体的股东权利的性质确定，即与出资义务相对应的股东权利只能按出资比例来行使。故原审法院判决安达巨鹰公司如不能补足出资，则其不享有对协和健康公司16500万股的表决权、利润分配请求权及新股认购权并无不当。

——最高人民法院民事审判第二庭编：《民商事审判指导》总第12辑，人民法院出版社2008年版，第203～214页。

【链接：最高人民法院法官著述】

与出资义务的履行关系密切的权能，在出资瑕疵的情况下，应当受到限制。而与出资义务关系相对较远的权能，则不应受到限制。

（一）股东自益权原则上应当限制

毋庸置疑，公司红利来自股东出资，股东出资设立公司的目的就是为了获得红利收益。而获得红利分配是股东最重要的财产权利、股东的其他财产权利都是围绕红利分配产生，那么股东出资和股东的财产权利之间就有了原因与结果、手段和目的的直接关系。对于这些权利，在股东出资瑕疵的情况下，当然应当限制。① 如前所述，根据股东权的内容，可将股东权分为自益权和共益权，其中自益权就是股东获取财产利益的权利。所以，对未出资的股东，可以限制其股东自益权。有限责任公司股东自益权中最主要的内容是股利分配请求权、剩余财产分配请求权、建设利息分配请求权、新股认购优先权、股份买取请求权、股票交付请求权、股份转让权等。如前所述，股利分配请求权、剩余财产分配请求权、建设利息分配请求权等直接要求公司给付金钱的请求权来源于股东的出资，《公司法》第三十四条即明文规定在章程未作相反约定的情况下，股东只能按照实缴份额行使这些权利；而对于新股认购优先权、股份买取请求权，基于其前面认购的股份出资义务没有履行，当然不能允许其认购新股，否则其不出资的范围越来越大，公司的"亏空"越来越大，公司和其他股东的风险也越来越大，因此对这两种权利也应当限制。对于股票交付请求权，因为股票除了是其股东身份的象征外，也是出资款已经缴纳的凭证，未出资的股东当然不能要求交付股票。

应指出的是，对存在出资瑕疵的股权，股东并不当然丧失转让的权利，股权也不由此失去可转让性，②但公司是可以对其转让作出特别限制的。同时对这种转让可以区分不同情况予以处理。如果股份受让人知道股份出让人尚未履行出资义务，并同意受让股份后出资，同时公司的其他股东也不持反对意见，则没有必要限制其转让股份。

（二）股东共益权原则上不应限制

与股东自益权相对应的是股东共益权。共益权是股东对公司重大事务参与

---

① 叶林：《公司股东出资义务研究》，载《河南社会科学》2008 年 7 月。

② 古锡麟、李洪堂：《股权转让若干审判实务问题》，载《法律适用》2007 年第 3 期。

管理的权利,笔者认为对于未出资股东的共益权原则上不应限制。从与股东出资关系的远近来说,共益权表现为对公司经营决策的参与和对公司机关行为的监督与纠正,没有直接的财产内容,与出资的联系比较远……

有限责任公司股东共益权的内容主要包括:表决权、股东大会召集请求权和召集权、提案权、质询权、知情权(包括会计文件查阅权、会计账簿查阅权、重要文件查阅权等)、董事监事和清算人解任请求权、董事会违法行为制止请求权、公司解散请求权和公司重整请求权等。虽然股权并非社员权,但其参与经营管理的权能与社员权类似。在这种意义上,股东作为社团成员,除非经过除权程序或者其他原因失去股权,其参与经营管理的权利不应受到限制。虽然有些国家公司法对股东行使这些权利(如查阅权、股东会召集权等)设定了持股比例的限制,即必须是持有一定股份的一个或者数个股东才能行使,但这些规定是为了防止股权滥用、损害公司利益的技术规定,其限制的原因并非基于股东的出资瑕疵。例如某股东虽然没有根据公司章程的规定完成出资义务,但其要求查阅公司财务资料、查阅公司股东会会议记录,属于行使股东共益权的范围,除非公司能够证明其查阅是直接为谋求个人经济利益服务,否则还是应当予以保护。

(三)对表决权行使的特殊考虑

……

虽然,表决权从绝对的本质意义上看是每个股东参与公司管理经济民主权利,但从相对的功能意义上看,表决权是一种控制权,具有工具性质。对公司而言,表决权使得公司的运营更为有效,没有表决权公司就会缺乏基本的决策和行动的依据,无法组织有效的行动;对股东而言,凭借表决权的行使,股东选择或罢免董事,从根本上选择公司的运营方式,是对董事牵制的最后工具。真正关心公司运营、应当控制公司走向的,是与公司利益关系最密切的人——股东。而没有出资的股东虽然要承担违约的责任,但其投资的风险要明显低于已出资的股东,对公司的关心和投入通常也不如实际已经出资的股东,如果让没有出资的股东通过表决权的行使控制公司,将不符合利益风险一致原则,也不利于公司的长远发展。

综上分析,对于未尽出资义务的股东,公司有权限制其股东权利。但是如果将本条司法解释理解为除了这三项股东权利,未履行出资义务股东的其他股东权利均不受限制,则可能缩小了其应受限制的股东权范围。因此,对未出资股东的表决权是否应予限制,是有待进一步探索和研究解决的问题。以自益权和共益权的划分来确定对未出资股东股东权限制的范围只是一个初步的标准,恰当与否还有待司法实践的检验。

——最高人民法院民事审判第二庭编著:《最高人民法院关于公司法解释(三)、清算纪要理解与适用(注释版)》,人民法院出版社 2014 年版,第 359 ~362 页。

编者说明

最高人民法院法官认为,虽然《公司法解释(三)》规定了股东未履行或未完全履行出资义务的责任以及公司章程或股东会议对未尽出资义务股东的股东权利可以限制,但另一方面却更加明确了瑕疵出资并不否认股东资格;对存在出资瑕疵的,股东并不必然丧失转让的权利,股权也不由此失去可转让性。① 举重以明轻,尚未实际缴足出资的股权当然可以出质。此外,从未完全出资股权的流通性看,在司法实践中,未缴足出资的股权的转让是没有任何障碍的,只是其交易价格会考虑未实缴部分。因此,未实际缴足出资的股权出质没有流通障碍,是可以成为出质标的的。如果因不完全出资而否认股东身份,剥夺其股权,而出资人利用"股权"侵害债权人利益,债权人不能通过股权质权制度保护其债权,那公司法必将为后人诟病。而现行股权质权制度设计恰好避免了这一情况,并对公司和相对人利益均有保障,进而亦可保证经济秩序的稳定。②

079

有限责任公司有权以股东会决议形式解除未履行出资义务人的股东资格

关键词｜股东资格｜未出资股东｜股东会决议｜股东资格解除｜

【最高人民法院司法解释】

第十七条 有限责任公司的股东未履行出资义务或者抽逃全部出资,经公司催告缴纳或者返还,其在合理期间内仍未缴纳或者返还出资,公司以股东会决议解除该股东的股东资格,该股东请求确认该解除行为无效的,人民法院不予支持。

---

① 最高人民法院民事审判第二庭编著:《最高人民法院关于公司法解释(三)、清算纪要理解与适用》,人民法院出版社 2011 年版,第 265 页。

② 杨心忠:《股权质押法律适用问题之探析》,载江必新主编、最高人民法院审判监督庭编:《审判监督指导》总第 38 辑,人民法院出版社 2012 年版,第 227 ~228 页。

在前款规定的情形下,人民法院在判决时应当释明,公司应当及时办理法定减资程序或者由其他股东或者第三人缴纳相应的出资。在办理法定减资程序或者其他股东或者第三人缴纳相应的出资之前,公司债权人依照本规定第十三条或者第十四条请求相关当事人承担相应责任的,人民法院应予支持。

——《最高人民法院关于适用〈中华人民共和国公司法〉若干问题的规定(三)》(2010年12月6日最高人民法院审判委员会第1504次会议通过,根据2014年2月17日最高人民法院审判委员会第1607次会议《关于修改关于适用〈中华人民共和国公司法〉若干问题的规定的决定》修正)

【最高人民法院裁判文书】

上海高金股权投资合伙企业、许建荣等与谢兴楠等损害公司利益责任纠纷申请再审案[最高人民法院(2015)民申字第2204号民事裁定书]

最高人民法院经审查认为:关于上海高金合伙企业股东资格问题。依据原审查明的事实,在案件审理过程中,华东有色公司股东会根据增资协议约定,在上海高金合伙企业未按增资协议约定缴纳第三期增资款,经过两次函告仍未缴纳的情况下,于2014年5月28日召开股东会年度会议并作出决议,以减少注册资本的形式解除了上海高金合伙企业的股东资格。根据《公司法》及相关司法解释规定,有限责任公司的股东会有权以股东会决议形式解除股东资格。华东有色公司股东会年度会议关于解除上海高金合伙企业股东资格的决议已经生效。依照《公司法》第二十二条的规定,股东可以提起确认股东会决议无效之诉。然而,截至一审裁定作出时,上海高金合伙企业并没有依法提起申请撤销股东会决议诉讼或申请确认股东会决议无效诉讼。因此,原审认定上海高金合伙企业在本案中丧失了股东资格,无权提起股东代表诉讼,裁定驳回起诉,有事实和法律依据。

——中国裁判文书网,http://wenshu.court.gov.cn。

依马木·苏甫尔与库车彩虹房地产开发有限责任公司、艾山·买买提、阿布拉江·买买提股权确认纠纷申请再审案[最高人民法院(2013)民申字第542号民事裁定书]

最高人民法院认为:(二)关于依马木·苏甫尔是否完成出资,进而享有股东权利的问题。依马木·苏甫尔主张,2005年彩虹公司成立时,其已交付了150

万元股本金，有当时的股东会决议、验资报告、出资证明等予以证实。彩虹公司、阿布拉江·买买提认为2005年公司成立时，依马木·苏甫尔、艾山·买买提和阿布拉江·买买提三人均未实际出资。本院认为，依据中国农业银行股份有限公司库车老城营业所出具的证明，彩虹公司的验资账户在2005年10月1日起共有400208.02元存款本息，2005年11月15日账户内存款被取出并销户。后经彩虹公司公告通知依马木·苏甫尔召开股东会，依马木·苏甫尔未参加会议，也未交清股本金，彩虹公司召开股东会，取消依马木·苏甫尔的股东资格，公司减资，并已经变更工商登记。依马木·苏甫尔主张98.3万元现金出资，但并未提交将该款交付公司的证据，其余51.7万元出资，也无证据证实。依马木·苏甫尔提交的股东会决议、验资报告、出资证明等并非其向公司出资的直接证据，尚不足以证明依马木·苏甫尔实际出资150万元的事实，也不应享有股东权利。

——中国裁判文书网，http://wenshu.court.gov.cn。

【链接：最高人民法院法官著述】

解除股东资格这种严厉的措施只应用于严重违反出资义务的情形，即“未出资”和“抽逃全部出资”，未完全履行出资义务和抽逃部分出资的情形不应包括在内。对于股东未完全履行出资义务和抽逃部分出资的情形，公司可以根据本司法解释第十六条的规定，对该股东的利润分配请求权、新股认购请求权、剩余财产分配权等权利作出相应的合理限制。

公司在对未履行出资义务或者抽逃全部出资的股东除名前，应给该股东补正的机会，即应当催告该股东在合理期间内缴纳或者返还出资。只有该股东在公司催告的合理期间内仍未履行出资义务的，公司方能以股东会决议解除该股东的股东资格，法院才能确认公司这种除名行为的效力。

公司解除未履行出资义务或者抽逃全部出资股东的股东资格，应当依法召开股东会，作出股东会决议。根据《公司法》的规定，股东会决议分为一般事项决议和特别事项决议，一般事项决议需经代表1/2以上表决权的股东通过，特别事项决议需经代表2/3以上表决权的股东通过。公司作出股东除名行为，不属于《公司法》规定的特别事项，如果章程没有特别规定，经代表1/2以上表决权的股东通过即可。

公司将未履行出资义务或抽逃全部出资的股东除名后，被除名的股东所认缴的出资依旧处于“空洞”状态。为向公司债权人传达更真实的信息，保证公司债权人的利益，法院在判决确定股东除名行为的效力时，应当向公司释明，要求公司及时办理法定减资程序或者由其他股东或第三人缴纳相应的出资，以消除公司资本中的“空洞”。公司办理法定减资程序或者其他股东或第三人缴纳相应的出资之前，被除名的股东仍然应当承担此前由于其未履行出资义务或者抽逃全部出资所导致的对公司债权人的法律责任。

——最高人民法院民事审判第二庭编著：《最高人民法院关于公司法解释（三）、清算纪要理解与适用（注释版）》，人民法院出版社2014年版，第363～364页。

080

公司只有两名股东，同时各占股份50%，一方股东在未经任何催告或无任何有效凭证证明另一方虚假出资等情形下，不能作出股东除名决议

关键词 | 虚假出资 | 股东除名 |

【最高人民法院裁判文书】

徐延国与鸡西市申太房地产开发有限公司公司解散纠纷申请再审案[最高人民法院(2016)最高法民申2868号民事裁定书]

最高人民法院认为：申太房地产公司提出的徐延国不具备诉讼主体资格及二审法院适用法律错误的主张，不能成立。具体事实和理由如下：

（一）关于徐延国是否具备本案诉讼主体资格的问题。申太房地产公司主张徐延国有虚假出资和抽逃注册资本行为，并根据《公司法解释（三）》，通过股东会会议解除徐延国股东身份，因此认为徐延国不具备本案诉讼主体资格。首先，依据《公司法》第四十一条之规定“召开股东会会议，应当于会议召开十五日前通知全体股东；但是，公司章程另有规定或者全体股东另有约定的除外”，根据一、二审查明的事实，申太房地产公司的章程中并没有对股东会召开通知事项有约定，故其股东会的召开应该依据《公司法》该规定进行。依据申太房地产公司提供的现有证据来看，本次股东会会议召开并未通知徐延国，因此本次会议在召开程序上即存在明显瑕疵。其次，1. 申太房地产公司主张已经提供徐延国有

虚假出资和抽逃注册资本行为的证据,根据《公司法解释(三)》第二十条的规定,徐延国应"就其已履行出资义务承担举证责任",原判决没有证据证明徐延国出资就认定其股东身份,属于诉讼主体资格缺乏证据证明。但本案是徐延国作为一审原告诉请解散申太房地产公司的诉讼,并非《公司法解释(三)》第二十条规定的对是否已履行出资义务发生争议的情形,故申太房地产公司该项主张的举证责任分配并不适用该条款。2. 经一、二审法院查明,申太房地产公司现法定代表人王成于2013年5月向鸡西市公安局指控徐延国、徐延丰抽逃申太房地产公司注册资金,经该局立案侦查,2014年8月28日该局直属分局对该案作出撤案决定;申太房地产公司亦没有其他能够证明其认为徐延国虚假出资及抽逃注册资金的法律文书及主管行政部门有效文书。3. 根据一、二审法院查明事实,申太房地产公司成立时验资报告显示徐延国出资500万元;公司章程制定及第一次股东会会议均由徐延国以股东身份参加;申太房地产公司工商登记中徐延国为股东;同时申太房地产公司2008年至2011年提交给鸡西工商局《公司年检报告书》中均确认徐延国的股东身份,其并未提供充分有效证据对上述证据予以推翻。综上,对于徐延国是否虚假出资和抽逃注册资金的事实,并未经有效法律文书认定或经有权主管行政机关予以认定,申太房地产公司也未提供充分证据证明,故一、二审法院对徐延国诉讼主体资格认定并无不当,申太房地产公司该项主张无事实和法律依据,不予支持。

(二)关于二审法院适用法律是否适当的问题。申太房地产公司提出,二审法院认定其行使股东除名权应当超过二分之一的股东表决属适用法律错误,并提出公司章程中的"以上",根据《民法通则》规定应当包括本数。申太房地产公司作为本案涉案公司,只有两名股东,同时各占股份50%。如果作为占有50%股份的一方股东在未经任何催告或无任何有效凭证证明另一方虚假出资等情形下,即可以作出股东除名决议,这势必导致作为对方股东相关权益受损或者股东权利损失,与《公司法解释(三)》第十八条规定之精神亦根本不符。故一、二审法院认定该公司一方股东单独作出解除另一方股东资格的决议不符合章程规定,并无不妥。申太房地产公司提出的二审法院适用法律错误的主张,无事实和法律依据,不应得到支持。

——中国裁判文书网,http://wenshu.court.gov.cn。

081

股份有限公司的信用基础是公司资本而非股东个人资本，界定公司投资范畴的首要依据是《公司法》及公司章程

关键词｜股份有限公司｜信用基础｜投资范畴｜

【最高人民法院裁判文书】

枣庄市海天房地产开发有限公司与单县太和房地产开发有限公司企业借贷纠纷申请再审案[最高人民法院(2016)最高法民再307号民事裁定书]

最高人民法院认为:一、二审判决在认定事实和适用法律上均存在错误。主要理由如下:第一,将案涉1545万元认定为海天公司向太和公司的投资,没有事实和法律依据。根据《公司法》的规定,作为股份有限公司,太和公司的设立、组织机构、股东大会、董事会、财务、增资、减资原则均应遵循法律的直接规定。由于股份有限公司的信用基础是公司资本而非股东个人资本,公司章程对于公司及其股东均具有约束力。因此,界定太和公司投资范畴的首要依据是《公司法》及太和公司章程。太和公司章程第四条规定:"公司增加或减少注册资本,必须召开股东会并由全体股东通过并作出决议。公司减少注册资本,还应当自作出决议起十日内通知债权人,并于30日内在报纸上公告。公司变更注册资本应依法向登记机关办理变更登记手续。公司减资后的注册资本,不得低于法定的最低限额。"该章程第六条规定:"公司成立后,应向股东签发出资证明书。"本案中,如果太和公司主张案涉1545万元是海天公司向其追加的投资款,则应当提供太和公司股东大会的增资决议以及太和公司变更注册资本后向公司登记机关办理变更登记的手续。没有股东会决议,仅凭所谓的口头约定和证人证言主张海天公司汇入太和公司的案涉款项为海天公司向太和公司增加的投资的主张,既缺少事实依据,也不符合太和公司章程的规定。第二,《公司法》第一百零三条第二款规定:"股东大会作出决议,必须经出席会议的股东所持表决权过半数通过。但是,股东大会作出修改公司章程、增加或者减少注册资本的决议,以及公司合并、分立解散或者变更公司形式的决议,必须经出席会议的股东所持表决权的三分之二以上通过。"太和公司主张该公司增资,却没有提交股东大会决议。其主张显然与上述法律规定不符。第三,对于本案各方当事人的资金往来,太和公司按照出资、借款资金性质的不同分别建账,20笔汇入资金均由其记入

借款名项之下。海天公司的会计账册也是按照出资、借款分别建账记录的，20笔款项也记录为长期应付款，即在借款名项之下，与太和公司的会计账册登记一致。太和公司与浩然公司将长期应付款解释为投资款，不符合《企业会计通则》对长期投资款的解释。第四，菏泽江天联合会计师事务所根据太和公司的委托进行审计后出具的江天核审（2012）735号审计报告，将海天公司借给太和公司20笔注入资金长期应付款，法律性质认定为借款。第五，太和公司为支持其有关海天公司向其转款为投资款的抗辩理由所举的证据均不能达到其证明目的。1.海天公司向太和公司转款的银行凭证上，将款项性质大多写为"投资款"。但转账凭条上的记载不能作为认定案涉款项性质的依据，尤其是当其与太和公司账册记载的款项性质不一致的情况下。2.海天公司与太和公司之间没有就案涉借款达成的书面借款合同。与股份有限公司的增资行为需要遵循《公司法》和公司章程的规定不同，签订书面合同并非民间借贷法律关系成立的必要条件。既然本案各方当事人均认可案涉1545万元的性质不是投资款就是借款，在有海天公司款项支付凭证和太和公司出具收条的情况下，如果能够排除案涉款项为海天公司追加的投资款，就可以确定案涉款项的性质。3.海天公司对菏泽江天联合会计师事务所出具的江天核审（2012）735号审计报告的反馈意见和律师函均认可其汇入太和公司的款项为投资款。对此海天公司提出，上述文件均是在单县政协组织的调解中，为一次性了结双方争议而作出的妥协。退一步说，即使海天公司的上述观点不能成立，假设目前案涉"阳光水岸"项目盈利，海天公司以案涉款项系其增加的投资款为由主张增加分红比例而涉诉，人民法院仍然应当以《公司法》有关股份有限公司股东增资的规定和太和公司章程有关股东增资的规定，作为衡量其诉讼请求能否得到支持的标准。

——中国裁判文书网，http://wenshu.court.gov.cn。

（三）验资审计（资金证明）责任

082

当事人与公司发生交易行为在前，会计师事务所因重大过失出具不实增资报告在后，与当事人的损失不存在因果关系，不应承担侵权责任

关键词 | 虚假出资 | 会计师事务所 | 侵权责任 |

【最高人民法院司法解释】

第二条第一款 因合理信赖或者使用会计师事务所出具的不实报告,与被审计单位进行交易或者从事与被审计单位的股票、债券等有关的交易活动而遭受损失的自然人、法人或者其他组织,应认定为注册会计师法规定的利害关系人。

第六条第一款 会计师事务所在审计业务活动中因过失出具不实报告,并给利害关系人造成损失的,人民法院应当根据其过失大小确定其赔偿责任。

——《最高人民法院关于审理涉及会计师事务所在审计业务活动中民事侵权赔偿案件的若干规定》(2007 年 6 月 11 日,法释〔2007〕12 号)

【最高人民法院裁判文书】

侯晓峰、刘洪建、邹城贵和有限责任会计师事务所、邹城赛维太阳能生态园发展有限公司与赛维 LDK 光伏科技(新余)工程有限公司一般买卖合同纠纷案[最高人民法院(2014)民二终字第 71 号民事判决书]

最高人民法院认为:关于焦点二,即侯晓峰应否在 1200 万元出资不实范围内承担补充赔偿责任以及刘洪建应否在 1500 万元出资不实范围内承担补充赔偿责任问题。首先,《公司法解释(三)(2010)》第十三条第二款规定,公司债权人请求未履行或者未全面履行出资义务的股东在未出资本息范围内对公司债务不能清偿的部分承担补充赔偿责任的,人民法院应予支持。本案中,2011 年 10 月 25 日,邹城赛维公司进行增资,侯晓峰认缴 600 万元,出资方式均为实物出资,提供的实物发票均系赛维光伏公司给邹城赛维公司出具的增值税专用发票。该院认为,侯晓峰作为股东将公司的资产投入公司,未实际增加公司财产,虽然有邹城赛维公司出具投入实物的证明,仍不能认定其实际出资到位。赛维光伏公司请求侯晓峰在 600 万元未出资范围内对公司债务不能清偿的部分承担补充赔偿责任,予以支持。同样,薛怀斌实物增资的 600 万元也属虚假出资。《公司法解释(三)(2010)》第十九条规定,有限责任公司的股东未履行或者未全面履行出资义务即转让股权,受让人对此知道或者应当知道,公司请求该股东履行出资义务、受让人对此承担连带责任的,人民法院应予支持;公司债权人依照本规定第十三条第二款向该股东提起诉讼,同时请求前述受让人对此承担连带责任的,人民法院应予支持。本案中,侯晓峰受让薛怀斌持有的 1000 万元股权，其中包含了薛怀斌虚假增资的600万元。对此，侯晓峰应是明知的，故侯晓峰对受让薛怀斌的600万元虚假增资，亦应对公司债务不能清偿的部分承担补充赔偿责任。其次，刘洪建应否在1500万元出资不实范围内承担补充赔偿责任问题。本案中，刘洪建受让的是陈力的1500万元股权，因陈力的3000万元出资中有1200万元为实际出资，本案中陈力及侯芊均是案外人，刘洪建也不是发起人，现没有证据证明刘洪建明知其受让的股权属陈力的虚假出资，故对赛维光伏公司要求刘洪建在1500万元范围内对公司债务承担补充赔偿责任的主张，不予支持。

关于焦点三，即贵和会计师事务所应否在出具不实报告范围内承担过错赔偿责任问题。《最高人民法院关于审理涉及会计师事务所在审计业务活动中民事侵权赔偿案件的若干规定》（以下简称《会计师事务所侵权规定》）第六条规定，会计师事务所在审计业务活动中因过失出具不实报告，并给利害关系人造成损失的，人民法院应当根据其过失大小确定其赔偿责任。本案中，贵和会计师事务所于2011年10月25日出具邹贵会验报字（2011）522号验资报告，验资事项载明本次新增实收资本3000万元，陈力、侯晓峰、薛怀斌以多晶组件实物出资，实物出资的依据是赛维光伏公司给邹城赛维公司开具的增值税发票。虽然邹城赛维公司出具证明该3000万元系出资人购买，但贵和会计师事务所未审查实际支付凭证。该院认为，贵和会计师事务所对此存在重大瑕疵。但由于本案买卖合同发生于2010年9月，会计师事务所出具增资验资报告在后，对双方交易判断并未产生影响，故贵和会计师事务所出具的不实报告与邹城赛维公司损失之间并无直接因果关系。因此，对赛维光伏公司的该诉讼请求，不予支持。

——中国裁判文书网，http://wenshu.court.gov.cn。

083

会计师事务所出具验资报告时所验资金真实存在，其不可能阻止股东在后的抽逃行为，不应当承担连带赔偿责任

关键词｜会计师事务所｜抽逃出资｜连带赔偿责任｜

【最高人民法院司法解释】

第七条 会计师事务所能够证明存在以下情形之一的，不承担民事赔偿责任：

……

（四）已经遵照验资程序进行审核并出具报告，但被验资单位在注册登记后抽逃资金；

……

——《最高人民法院关于审理涉及会计师事务所在审计业务活动中民事侵权赔偿案件的若干规定》（2007年6月11日，法释〔2007〕12号）

【最高人民法院裁判文书】

桐乡市崇福宏王达裘皮制品厂与嘉兴诚洲联合会计师事务所侵权纠纷申请再审案［最高人民法院（2013）民申字第1789号民事裁定书］

最高人民法院认为：本案存在的争议焦点是诚洲会计所为金巴蕾公司的注册出具的验资报告是否为虚假验资报告。依据本案已经查明的事实，金巴蕾公司用于注册的50万元现金确系借款，且系由作为注册会计师的李敏文担任法定代表人的嘉善诚洲企业登记代理咨询有限公司出借，并在完成注册登记之后一个月内抽回归还给该企业。但依据中国农业银行现金缴款单和银行询证函证实该笔款项已于诚洲会计所验资前缴入金巴蕾公司在该银行的账户，对这一事实双方并没有争议。而作为诚洲会计所据此出具验资报告属于所验资金真实存在，会计师事务所的验资行为无论是否明知所验资金是借入及股东日后将抽逃，均没有义务审查并阻止，且也不可能阻止任何企业股东的抽逃行为。因此，诚洲会计所依据金巴蕾公司银行验资账号中真实有效的50万元注册资本出具的验资报告具有真实性，不构成虚假验资，不应当对金巴蕾公司的债权人承担连带赔偿责任。另外，相关法律对于虚假出资、出具虚假验资报告、抽逃出资、第三人出借款项用以注册并抽回归还等各行为主体分别规定了相应的民事责任，不应就各个主体及相应的行为再做交叉理解和适用，对于李敏文明知“金巴蕾的注册资本将被抽回”仍为其出具的验资报告的行为不应再作“虚假”解释，故二审判决并无不当。

——中国裁判文书网，http://wenshu.court.gov.cn。

084 金融机构出具虚假资信证明文件应承担相应赔偿责任

关键词｜金融机构｜虚假资信证明｜赔偿责任｜

【最高人民法院司法解释】

四川省高级人民法院：

你院《关于验资单位对多个案件债权人损失应如何承担责任的请示》(川高法〔1997〕77 号)收悉。经研究,答复如下：

金融机构、会计师事务所为公司出具不实的验资报告或者虚假的资金证明,公司资不抵债的,该验资单位应当对公司债务在验资报告不实部分或者虚假资金证明金额以内,承担民事赔偿责任。

验资单位对一个或多个债权人在验资不实部分之内承担的责任累计已经达到其应当承担责任部分限额的,对于公司其他债权人则不再承担赔偿责任。

对于多个债权人同时要求受偿的,验资单位应当在其出具的被验资单位不实的注册资金、证明金额内,就其应当承担责任的部分按比例分别承担赔偿责任。

——《最高人民法院关于验资单位对多个案件债权人损失应如何承担责任的批复》(1997 年 12 月 31 日,法释〔1997〕10 号)

【最高人民法院司法政策】

各省、自治区、直辖市高级人民法院,新疆维吾尔自治区高级人民法院生产建设兵团分院：

近年来,我院陆续发布了一些关于验资单位承担民事责任的司法解释,对各级人民法院正确理解和适用民法通则、注册会计师法,及时审理关于验资单位因不实或者虚假验资承担民事责任的相关案件,起到了积极作用。但是,也有一些法院对有关司法解释的理解存在偏差。为正确执行我院的司法解释,规范金融机构不实或者虚假验资案件的审理和执行,现就有关问题通知如下：

一、出资人未出资或者未足额出资,但金融机构为企业提供不实、虚假的验资报告或者资金证明,相关当事人使用该报告或者证明,与该企业进行经济往来而受到损失的,应当由该企业承担民事责任。对于该企业财产不足以清偿债务的,由出资人在出资不实或者虚假资金额范围内承担责任。

二、对前项所述情况,企业、出资人的财产依法强制执行后仍不能清偿债务的,由金融机构在验资不实部分或者虚假资金证明金额范围内,根据过错大小承担责任,此种民事责任不属于担保责任。

三、未经审理,不得将金融机构追加为被执行人。

四、企业登记时出资人未足额出资但后来补足的,或者债权人索赔所依据的合同无效的,免除验资金融机构的赔偿责任。

五、注册会计师事务所不实或虚假验资民事责任案件的审理和执行中出现类似问题的,参照本通知办理。

——《最高人民法院关于金融机构为企业出具不实或者虚假验资报告资金证明如何承担民事责任问题的通知》(2002年2月9日,法〔2002〕21号)

【最高人民法院答复】

四川省高级人民法院:

你院川高法〔1995〕194号《关于金融机构为行政机关批准开办的公司提供注册资金验资报告不实,应否承担公司资不抵债的还款责任问题的请示》已收悉。经研究,答复如下:

金融机构根据行政机关出具的注册资金证明,为该行政机关批准开办的公司出具不实的验资报告,公司因资不抵债无力偿还债务,给债权人造成损失的,金融机构除应退出收取的验资手续费外,还应当在该注册资金范围内承担与其过错相应的民事责任;金融机构按照验资程序进行审查核实,公司注册登记后又抽逃资金的,金融机构不承担退出验资手续费和赔偿损失的责任。

——《最高人民法院关于金融机构为行政机关批准开办的公司提供注册资金验资报告不实应当承担责任问题的批复》(1996年3月27日,法复〔1996〕3号)

085

金融机构出具虚假资金证明是否承担责任，取决于债权人的损失与该证明是否具有因果关系

关键词 | 金融机构 | 虚假资金证明 | 因果关系 |

【《最高人民法院公报》案例】

深圳市商业银行宝安支行与湖南长炼兴长集团有限责任公司、深圳民鑫实业有限公司、广东金汇源投资担保有限责任公司、西北亚奥信息技术股份有限公司、吴忠仪表集团有限公司、深圳国安会计师事务所有限公司返还资金保证合同纠纷案[最高人民法院(2007)民二终字第26号民事判决书]

裁判摘要：金融机构为债务人出具虚假资金证明，是否应当对债权人的损失承担出具虚假资金证明的赔偿责任，应当审查债权人的损失是否基于对金融机构出具的虚假资金证明的合理信赖或者使用所造成，即债权人的损失与金融机构出具虚假资金证明的行为之间是否存在因果关系。如果债权人的损失与金融机构出具虚假资金证明的行为之间并不存在因果关系，则金融机构不应对债权人的损失承担出具虚假资金证明的赔偿责任。

最高人民法院认为：本案二审争议的主要问题是宝安支行是否应当就金汇源公司对兴长公司的担保债务承担出具虚假资金证明的赔偿责任。2004年1月1日，兴长公司与民鑫公司、金汇源公司就民鑫公司拖欠的兴长公司保证金本金1.3亿元签订了还款协议书，金汇源公司对该笔款项的偿还提供了担保。金汇源公司于同年1月5日在工商登记中将公司注册资本由原5000万元变更为3亿元。一审庭审中有关当事人提交了同年2月6日加盖有宝安支行公章的银行询证函，该询证函载明2月6日金汇源公司在宝安支行的0282100346110账号内由金汇源公司的股东西北亚奥公司、吴忠仪表公司和青海证券有限责任公司共计缴入了2.5亿元投资款，但后经有关法院查询，上述资金证明虚假，金汇源公司追加的注册资金并未实际缴付到位。宝安支行是否应当承担出具虚假资金证明的赔偿责任，应当视其是否出具了上述加盖其公章的虚假资金证明，以及兴长公司有关金汇源公司提供担保所造成的损失是否基于对宝安支行出具的虚假资金证明的合理信赖或者使用所造成。即本案中宝安支行是否存在侵权行为，以及兴长公司的损失发生与宝安支行的侵权行为之间是否存在因果关系，是认

定宝安支行是否应当对金汇源公司的两个瑕疵出资股东即西北亚奥公司和吴忠仪表公司不能承担瑕疵出资责任时,在虚假验资范围内承担补充赔偿责任的关键。鉴于兴长公司与金汇源公司签订保证合同时,加盖有宝安支行的银行询证函尚未出具,兴长公司并非基于对该银行询证函上载明的追加出资内容的信赖而签订的保证合同,其有关金汇源公司因追加出资不实所造成的担保责任不能完全实现的损失与加盖有宝安支行的银行询证函之间没有必然的因果关系。兴长公司与金汇源公司签订保证合同时,虽然金汇源公司的章程和股东会决议对追加出资已经作出决议和记载,但章程的记载与股东会决议的通过与宝安支行是否承担赔偿责任没有任何关系,兴长公司应是基于对金汇源公司的信赖签订的保证合同,而非基于对加盖宝安支行公章的资金证明的信赖。因此,兴长公司关于宝安支行应当对西北亚奥公司和吴忠仪表公司瑕疵出资责任承担相应的赔偿责任的主张,缺乏事实依据和法律依据,本院不予支持。原审法院关于宝安支行出具资金证明系补充验资行为,即使出具在保证合同签订之后仍应视为对其予以使用的认定不当,本院予以纠正。宝安支行关于兴长公司与金汇源公司签订保证合同与加盖有宝安支行公章的资金证明之间没有因果关系,其在本案中不应承担出具虚假出资证明责任的上诉请求,本院予以支持。对于加盖有宝安支行公章的资金证明是否系宝安支行出具、公章是否虚假等,因不影响本院认定宝安支行不承担兴长公司的本案债务,故本院不再予以审查。如果上述资金证明确系宝安支行出具,其虽然不承担本案债务,但并不能当然免除其他有关出具该虚假资金证明的赔偿责任。宝安支行关于民鑫公司非为本案债务的债务主体等上诉理由,亦因不影响本院关于其不承担本案赔偿责任的认定,本院亦不再予以审查。宝安支行关于由兴长公司承担其律师费用的上诉请求,本院不予支持。

——《最高人民法院公报》2007 年第 9 期

南方航空旅游公司诉玉龙旅行社等代销合同纠纷案(海南省海口市中级人民法院二审民事判决书)

海口市中级人民法院认为:最高人民法院法释〔1997〕10 号《关于验资单位对多个案件债权人损失应如何承担责任的批复》规定:“金融机构、会计师事务所为公司出具不实的验资报告或者虚假的资金证明,公司资不抵债的,该验资单位应当对公司债务在验资报告不实部门或者虚假资金证明金额以内,承担民事赔偿责任。”上诉人海府建行作为金融机构,在原审被告玉龙社进行工商登记注册时出具虚假的存款证明，应当在虚假证明数额的范围内，为玉龙社不能清偿的到期债务承担赔偿责任。海府建行的存款证明是给工商行政管理部门出具的，说明海府建行是要以此向工商行政管理部门证明玉龙社的资金实力。虽然该存款证明没有直接在工商局使用，但事实上已经为玉龙社起到证实资金的作用。该证明上的数额被玉龙社擅自涂改成50万元，虽然玉龙社的这一造假行为不能由海府建行负责，但也不能掩盖海府建行出具虚假资金证明的违法性，海府建行还应在虚假资金数额内承担连带赔偿责任。玉龙社1994年有了48万余元的净资产，并不说明该社从成立时起就具有合法的法人资格。海府建行上诉称并非自己出具虚假证明书使玉龙社得以成立并从事经营活动，二者之间没有因果关系，不应当连带为玉龙社承担责任的理由，不能成立，应予驳回。

——《最高人民法院公报》2000年第2期

【最高人民法院裁判文书】

中国农业银行烟台市芝罘区支行与烟台地王房地产开发有限公司、刑同波等房屋买卖纠纷案［最高人民法院（2003）民一提字第7号民事判决书］

最高人民法院认为：当事人持金融机构出具的虚假进账单注册成立了公司，并给他人造成了损失，在该公司资不抵债时，由于金融机构实施了出具虚假银行进账单的行为，导致当事人注册的公司得以通过验资，并取得企业法人营业执照。因此，金融机构对该公司虚报注册资金并取得企业法人营业执照具有明显过错，应当在虚假验资证明范围内对该公司的债务不能清偿部分承担民事赔偿责任。

——苏泽林主编、最高人民法院审判监督庭编著：《最后的裁判——最高人民法院典型疑难百案再审实录·房地产与公司企业案件卷》，中国长安出版社2007年版，第150～157页。

编者说明

因银行出具虚假资金证明涉诉案件在各大商业银行特别是四大国有银行中频频发生，银行不断作为被告或追加为共同被告被债权人起诉要求承担责任，这不仅造成国有资产的严重流失，加大了我国的金融风险，而且给社会带来了一定的负面影响。最高人民法院陆续发布了一些对银行因出具虚假资金证明而承担民事责任的司法政策、司法解释，对审理相关案件起到积极作用。不过，随着我国公司资本制度改革的进行，此类案件将会减少。

086 发起人股东在公司设立时虽未按照章程约定足额出资，但在其后已补足出资的，验资金融机构不应再承担出具虚假资金证明的责任

关键词｜补足出资｜金融机构｜虚假资金证明｜

【最高人民法院裁判文书】

中国农业银行中宁县支行与福田雷沃国际重工股份有限公司等买卖合同纠纷申请再审案[最高人民法院(2014)民提字第101号民事判决书]

最高人民法院认为:本案再审争议焦点为农行中宁支行是否应向福田雷沃公司承担赔偿责任的问题。福田雷沃公司主张农行中宁支行承担赔偿责任的理由是其在恒通伟业公司设立时出具了虚假的进账单和询证函,导致恒通伟业公司在股东出资不实的情况下通过验资设立,给福田雷沃公司造成损失。据此可知,福田雷沃要求农行中宁支行承担的是金融机构出具不实的资金证明而产生的侵权责任。

依据宁夏正中信会计师事务所于2004年出具的《石嘴山市恒通伟业冶金有限公司资产评估报告书》(宁正信评发〔2004〕第098号)所示,截至2004年8月16日恒通伟业公司的资产评估价值为19767795.08元,该部分资产均为2004年购置或建成的企业生产经营所必要投入的实物资产,恒通伟业公司为冶炼型企业,通常需要一定的先期投入后方能有所收益,公司建筑物的建成时间和土地所有权的取得时间表明该部分资产在公司设立初始即已存在,本案中无证据证明公司成立初期即发生重大经营收入并转化为实物资产,亦无证据显示该企业其时系负债经营,因此宁夏正中信会计师事务所出具的评估报告能够反映公司设立前后股东的实际投入。尽管福田雷沃公司对该资产评估报告中所列的土地使用权等资产项目是否属于恒通伟业公司所有存有异议,但据一审法院于2011年12月23日作出的(2011)潍执字第146－3号执行裁定书中载明的评估拍卖清单可知,其处置资产与2004年公司设立时的初始资产基本一致,且无人对上述资产的权利提出异议,由此可证明评估报告中所列的恒通伟业公司资产真实存在,且资产价值直至2011年执行拍卖时仍高于500万元。故恒通伟业公司的发起股东在公司设立时虽未按照章程约定以货币方式足额出资,但在其后已通过实物方式补足了出资,履行了出资义务。验资金融机构的责任为补充赔偿责任,即对于出资不到位的出资人应予赔偿而不能清偿的部分承担责任。根据本案查

明的事实,恒通伟业公司的出资人出资应无瑕疵,或者虽有瑕疵亦已补正,出资人已无向公司债权人承担责任的事实基础。因此,农行中宁支行提出恒通伟业公司出资人实际出资到位,其不应承担赔偿责任的主张本院予以支持。

——中国裁判文书网,http://wenshu. court. gov. cn。

087

因金融机构出具的资金证明造成工商登记的注册资金不实，损害相关债权人利益，金融机构应承担相应责任

关键词｜金融机构｜资金证明｜赔偿责任｜

【最高人民法院裁判文书】

山东威海农村商业银行股份有限公司与中国四海控股有限公司、宫文丽等企业承包经营合同纠纷申请再审案［最高人民法院(2015)民申字第1651号民事裁定书］

最高人民法院认为:三、《最高人民法院关于验资单位对多个案件债权人损失应如何承担责任的批复》及《最高人民法院关于金融机构为企业出具不实或虚假验资报告资金证明如何承担民事责任问题的通知》明确,出具虚假资金证明的金融机构应当承担相应的补充赔偿责任。应当说,对上述规定的适用并不限于企业设立时金融机构出具验资证明的情况。在企业存续期间,因金融机构出具的资金证明造成工商登记的注册资金不实,损害相关债权人利益,金融机构也应承担相应责任。上述批复同时规定:“对于多个债权人同时要求受偿的,验资单位应当在其出具的被验资单位不实的注册资金、证明金额内,就其应当承担责任的部分按比例分别承担赔偿责任。”威海农商行在明知四海公司提起诉讼要求其承担赔偿责任的情形下,通过抵债形式,主动向江勇承担全部赔偿责任,其行为损害了他人利益,更与上述规定不符。如果江勇要求威海农商行承担赔偿责任,威海农商行完全可以告知江勇通过申请参加本案诉讼,主张其应按比例获得赔偿的权利。因此,二审法院判令威海农商行向四海公司承担补充赔偿责任,符合上述司法解释规定,亦不显失公平。如果本案二审判决损害了江勇等其他振华公司的债权人利益,也不应由威海农商行主张。威海市环翠区人民法院

的相关执行裁定书仅对威海农商行与江勇之间的行为作了认定,无法约束他人的另案诉讼。故上述执行裁定不是本案二审依法判决的障碍,二审判决适用法律并无不当。

——中国裁判文书网,http://wenshu. court. gov. cn。

088

金融机构出具银行存款证明后又划转企业验资账户内注册资金,属故意提供虚假资金证明,应在出具虚假资金证明范围内承担责任

关键词|金融机构|虚假资金证明|

【最高人民法院裁判文书】

中国长城资产管理公司杭州办事处与杭州市商业银行、杭州市商业银行西湖支行侵权损害赔偿纠纷上诉案[最高人民法院(2001)民二终字第113号民事判决书]

最高人民法院认为:浙江省高级人民法院审理(1999)浙经初字第13号案件过程中,杭州市商业银行和西湖支行向该院提交了原杭大信用社出具的《银行存款证明书》、进账单等复印件,以证明在开具《银行存款证明书》的当日金都公司账户上确有相应款项,并明确表示上述证据是真实的。该行为已表明杭州市商业银行和西湖支行承认原杭大信用社出具过《银行存款证明书》的事实。因此,原审判决对"杭大信用社为金都公司验资而向浙华会计师事务所出具了《银行存款证明书》"事实的认定是正确的。被上诉人关于"上诉人应当提供《银行存款证明书》原件"的主张,本院不予支持。无论金融机构为哪个会计师事务所提供企业验资专户的资金证明,其内容都应是真实而可信的。杭大信用社在《银行存款证明书》中将"浙华会计师事务所"写成了"浙江会计师事务所",但该证明的内容(及进账单)足以表明,其目的就是为金都公司的注册验资而提供资金证明。浙华会计师事务所受金都公司的委托而为其出具验资报告,在没有相反证据证明的情况下,应认定浙华会计师事务所系以正当方式取得的银行存款证明、进账单等验资资料原件,并据此出具的验资报告。因此,被上诉人关于"杭大信用社没有向浙华会计师事务所提供过存款证明""验资报告与其没有任

何联系”的答辩,本院不予采信。

在《银行存款证明书》中,杭大信用社不仅明确证实3300万元的验资款已经到位,而且还承诺待金都公司领取法人营业执照后,由其负责将上述资金划入正式的银行账户。然而,杭大信用社违反该承诺,在3300万元验资款进入金都公司验资专户的第二天就又将其转出,并最终划回到自己的账户。在没有取得有关部门出具的撤销该公司注册申请通知(或证明)的情况下,这种划转企业验资账户内注册资金的做法,违反了国家有关验资专户管理的规定。因此,被上诉人杭州市商业银行、西湖支行在本案二审时提出的“杭大信用社的退款行为符合银行操作规范”的答辩理由,没有法律依据。杭大信用社明知其出具了存款证明却又将款项转走的做法,违背了金融机构的职责和信誉要求,属于故意提供虚假的资金证明的行为。该行为侵犯了与金都公司进行正当交易并对其依法享有债权的市场主体的合法权利。依照《民法通则》及本院《关于验资单位对多个案件债权人损失应如何承担责任的批复》(法释〔1997〕10号)之相关规定,杭州市商业银行及西湖支行应当在原杭大信用社出具的3300万元虚假资金范围内,向杭州办事处承担赔偿责任。因农行浙江营业部3784万元债权是在金都公司成立之前发生的,且是由景达公司利用该行核发的金穗信用卡透支造成;1996年10月21日农行浙江营业部与景达公司、金都公司签订的保证担保借款协议实质是对该透支用款的确认,而不是实际发放贷款。金都公司在农行浙江营业部3784万元债务已经发生且不能有效追索的情况下为景达公司提供担保,而最终无能力承保,农行浙江营业部丧失了及时向景达公司追款的有利时机。故杭大信用社应根据金都公司该过错的程度,承担相应的赔偿责任。农行浙江营业部因管理不善,对该笔款项的损失亦应承担相应的责任。

——李国光主编、最高人民法院民事审判第二庭编:《民商审判指导与参考》总第2卷,人民法院出版社2003年版,第407~413页。

089

金融机构为企业出具的资金来源证明是用于基建项目报批而非用于企业验资，不应为企业出资不实承担责任

关键词｜金融机构｜资金来源证明｜

【最高人民法院裁判文书】

中国农业银行股份有限公司溧阳市支行与江苏耀德资产管理有限公司、溧阳市供销合作总社、溧阳众诚会计师事务所有限公司借款合同纠纷案[最高人民法院(2010)民提字第136号民事判决书]

裁判要旨:当事人出具《资金来源证明》的目的并非用于相关企业验资,而是用于基建项目报批,因而不应为相关当事人出资不实承担责任。

最高人民法院认为:本案再审的关键在于溧阳支行在资金来源证明上加盖公章即该资金来源证明的性质,其直接决定溧阳农行再审请求应否得到支持。

作为新证据,溧阳支行申请再审时提交了溧阳会计师事务所1994年《国内企业验资报告》部分档案,即溧阳会计师事务所溧会资(94)字第148号《查验注册资金证明书》以及1994年9月2日供销总社出具的800万元注册资金《资金来源证明》。经质证,其真实性可以确定,且符合《最高人民法院关于适用〈中华人民共和国民事诉讼法〉审判监督程序若干问题的解释》(以下简称《审判监督程序解释》)第十条第一款第(一)项即“原审庭审结束前已客观存在庭审结束后新发现的证据”的规定,可以认定为再审“新的证据”。根据该证据,溧阳美食城曾经进行过两次验资,第一次验资为1994年9月2日,供销总社出具了800万元《资金来源证明》,其中包括200万元固定资金和600万元流动资金。同日,溧阳会计师事务所依据该证明出具查验注册资金证明书即溧会资(94)字第148号;第二次验资为1994年11月8日,供销总社出具了400万元《资金来源证明》,内容为400万元流动资金。同日,溧阳会计师事务所依据该证明出具查验注册资金证明书即溧会资(94)字第182号。而在1994年11月8日的工商注册登记中,也载明长江商城的注册资金为固定资金200万元、流动资金600万元,与上述验资情况一致。而溧阳支行加盖公章的1994年8月31日的《资金来源证明》实际上是由供销集团公司和供销总社出具的,溧阳支行只是在上面签注“资金来源情况属实”并加盖了营业部的印章。该《资金来源证明》虽然在工商登记材料附件中出现,载明的资金数额是1200万元,即固定资金为400万元、流动资金为800万元,其资金构成与上述工商注册和验资情况并不一致。而且,如果溧阳会计师事务所是依据8月31日的溧阳支行的《资金来源证明》验资,则无需供销总社又分别于9月2日和11月8日提交《资金来源证明》。同时,溧阳会计师事务所也应该直接依据该《资金来源证明》作出资金收入为1200万元的验资证明才符合逻辑。溧阳支行为证明其主张，于本案二审期间曾向法院提交了该项目审批的有关规定及相关报批文件，并提交了溧阳市发展和改革局（注：溧阳市发展和改革局前身为该项目当时的审批单位溧阳市计划委员会）出具的《证明》，内容为“根据国家建设项目管理规定，建设项目立项报批，立项单位必须落实与项目建设相应的额配套资金来源。1994 年 8 月，溧阳市美食城建设项目立项时，溧阳农行在该项目相关报批栏内盖章‘同意上报’。根据建设项目审批规定的要求，审批部门要求溧阳农行补出具项目建设资金来源证明，溧阳农行于 1994 年 8 月 31 日为该项目立项出具了 1200 万元的资金来源证明”。根据我国基建项目审批的要求，基建项目报批之前报批单位用于项目建设的资金来源必须落实，一般由银行等金融机构向计委等项目审批管理部门出具证明或出具贷款的意向函或承诺函。此函件的本质就是向国家审批部门证明申请项目报批的单位是有资金用于基建项目。而企业验资资金证明则是证明投资人用于企业注册的资金真实到位情况。市场交易主体为避免交易风险，在与相关企业交易之前查验的对象亦是该企业在工商部门登记的内容和验资机构出具的验资证明。工商登记材料附件中出现溧阳支行盖章的上述函件与耀德公司在受让不良资产债权中的风险预估无涉。上述证据与新证据互相佐证，其逻辑关系成立。据此，可以认定溧阳支行的抗辩主张成立，即溧阳支行加盖公章的《资金来源证明》是用于长江商城基建项目报批，而不是用于长江商城的注册验资。因此，溧阳支行不应为供销总社出资不实承担责任。

关于二审法院适用《最高人民法院关于金融机构为企业出具不实或虚假验资报告资金证明如何承担民事责任问题的通知》（法〔2002〕21 号）作出判决是否得当。该《通知》第一条规定“出资人未出资或者未足额出资，但金融机构为企业提供不实、虚假的验资报告或者资金证明，相关当事人使用该报告或者证明，与该企业进行经济往来而受到损失的，应当由该企业承担民事责任。对于该企业财产不足以清偿债务的，由出资人在出资不实或者虚假资金额范围内承担责任”；第四条规定“企业登记时出资人未足额出资但后来补足的，或者债权人索赔所依据的合同无效的，免除验资金融机构的赔偿责任”。本案中，耀德公司作为不良金融资产的受让人，其主张权利时长江商城早已被注销主体资格，故耀德资产公司从未和长江商城有过经济往来，更没有因经济往来遭受损失；其次，溧阳支行加盖公章的《资金来源证明》是用于长江商城基建项目报批，而并非用于长江商城的注册验资。因此，溧阳支行不应作为验资机构为溧阳供销社的出资不到位行为向耀德公司承担赔偿责任。二审法院判令溧阳支行承担赔偿责任，属于认定事实和适用法律错误，应予纠正。

基于上述事实的认定，溧阳支行不存在提供虚假出资证明的事实，因此无需为此案债务人的债务承担任何责任。长江商城注册资金是否到位，开办单位供销总社是否补足出资与本案申请再审请求无涉，且供销总社亦未对此提出再审申请，故本案再审对此事实不再审理。

——最高人民法院民事审判第二庭编：《最高人民法院商事审判指导案例(7)·公司与金融卷》，中国法制出版社2013年版，第14~29页。

五、股东资格确认

090

审理股东资格确认纠纷案件的处理原则

关键词｜股东资格确认｜

【最高人民法院审判业务意见】

2005 年修订后的《公司法》第三十三条较之前增加了两个方面的内容：一是有限责任公司股东行使股东权利的依据；二是未经公司登记机关登记的股东，如存在关于“股东资格”的内部约定或认定，则该约定或认定不得对抗第三人。这是审理股东资格确认纠纷案件的原则，在具体案件审理中则要结合具体案情及证据作出判断。

具体而言，可以区分以下两种情况处理：第一，就股东与公司之间的关系而言，股东可以凭借股东名册上的记载，行使股东权利。如果股东名册没有记载，股东可以依据出资协议书、出资证明书、股东会会议记录和公司章程等证据，请求确认其股东资格，并要求公司记载于股东名册。第二，在审理涉及“已登记股东”的股东资格确认案件时，应强调“登记资格优先”的原则。但以非法手段骗取登记或伪造登记的情形，则不受该原则保护。

当然，司法实践中的问题可能还要复杂一些，上述两种情况只是原则上的划分。具体到个案时，应结合权利人的具体诉求进行具体分析和判断。

——宋晓明：《研究公司法务，指导审判实践——就新公司法适用中若干疑难问题答记者问》，载最高人民法院民事审判第二庭编：《民商事审判指导》总第 11 辑，人民法院出版社 2007 年版，第 92 页。

091

公司有效设立是认定公司股东资格的前提

关键词｜公司有效设立｜股东资格｜

【最高人民法院裁判文书】

赵海梅与辉县市电业局、辉县市电力设备厂、河南佰恩电力企业有限公司股权确认纠纷申请再审案[最高人民法院(2013)民申字第2178号民事裁定书]

最高人民法院认为:1998年3月26日,电力设备厂以实物出资338万元,电业局以现金出资170万元共同设立佰恩公司,并在工商部门办理了登记,注册资本为508万元,股东为电力设备厂和电业局。1998年10月佰恩公司开始为股份合作制积极筹备,将包括赵海梅在内的115名职工原集资款108.9万元转为佰恩公司股金,并向全体职工发放了股权证,制作了股东名册、公司章程,但未在工商部门备案。其中,赵海梅提供的股东名册载明其丈夫刘云中当时出资29.1万元。2009年12月赵海梅向佰恩公司职工收购出资,加上原出资的29.1万元,赵海梅共出资55.95万元。后佰恩公司向除赵海梅外的71名职工退还了51.65万元。在佰恩公司的上述改制过程中,因为国有土地置换、政府没有批文以及职工信访等问题,改制手续尚不完备。认定公司股东资格的前提是公司有效设立,根据《公司法》第六条"设立公司,应当依法向公司登记机关申请设立登记。符合本法规定的设立条件的,由公司登记机关分别登记为有限责任公司或者股份有限公司;不符合本法规定的设立条件的,不得登记为有限责任公司或者股份有限公司"的规定,经过公司登记机关依法进行公司设立登记,是公司设立的条件,故佰恩公司实际上是否以公司化运作并不能认定佰恩公司股份合作制改制工作已经完成,佰恩公司并未最终完成改制,故二审判决认定赵海梅要求确认其为改制后的佰恩公司的股东身份及所占股份比例的条件尚不成就具有事实和法律依据。

——中国裁判文书网,http://wenshu.court.gov.cn。

092

出资证明书、公司章程、股东名册、股权登记在股东资格认定中的法律效力

关键词｜出资证明书｜公司章程｜股东名册｜股权登记｜

【最高人民法院裁判文书】

万家裕与丽江宏瑞水电开发有限公司其他股东权纠纷审判监督案[最高人民法院(2014)民提字第00054号民事判决书]

最高人民法院认为:股东身份的确认,应根据当事人的出资情况以及股东身份是否以一定的形式为公众所认知等因素进行综合判断。根据本案查明的事实,本院认为万家裕已经取得了宏瑞公司的股东身份。

首先,万家裕已经向宏瑞公司实缴出资,万家裕打入宏瑞公司账户的510万元为出资款而非借款。2008年6月,代表宏瑞公司处理日常事务的唐振云及宏瑞公司股东张正云与万家裕协商,由万家裕向宏瑞公司出资510万元,占30%的股权。由此证明,万家裕在出资之前,已经与宏瑞公司及其股东就出资事宜达成了合意。2008年7月29日,万家裕向云南省丽江市古城区信用合作社贷款530万元,贷款用途明确约定为"电站投资"。2008年8月4日,万家裕将所贷的510万元打入了宏瑞公司的账户,实缴了出资,履行了先前约定的出资义务,宏瑞公司的会计凭证也将该510万元记载为"实收资本"。直至2011年3月15日,唐振云还认可万家裕投入宏瑞公司的510万元是投资款。2011年6月20日及23日,宏瑞公司作出的《账务自查结论》仍然注明"实收万家裕资本金510万元"。以上事实足以证明,万家裕已经按认缴的出资额向宏瑞公司实缴了出资,万家裕支付的510万元为出资款而非借款。

其次,万家裕的股东身份已经记载于《宏瑞公司章程》,万家裕也以股东身份实际参与了宏瑞公司的经营管理。2008年8月10日,唐振云、张正云和万家裕共同修订并签署了新的《宏瑞公司章程》。虽然在《宏瑞公司章程》上签字的自然人股东只有唐振云、张正云两人,但由于唐振云同时还代表宏瑞公司的另一法人股东博尔晟公司,故宏瑞公司章程的修改经过了代表三分之二以上表决权的股东通过,符合法定的修改程序,宏瑞公司的另一股东双河电站在本案二审中也明确表示认可修订后的《宏瑞公司章程》,故其应为合法有效。《宏瑞公司章程》中载明,万家裕于2008年8月10日认缴出资510万元,占宏瑞公司注册资本的30%。其后,万家裕以宏瑞公司董事长的身份,出席了双河电站的复工典礼,并多次参加宏瑞公司的股东会,讨论公司经营管理事宜,实际行使了股东权利。

宏瑞公司主张,《宏瑞公司章程》第六十四条规定:"本章程经公司登记机关登记后生效”，但该章程事实上并未在工商部门登记，因而没有生效。本院认为，该章程除第六十四条规定了章程的生效问题外，还在第六十六条同时规定：“本章程于二〇〇八年八月十日订立生效”。这就出现了同一章程对其生效时间的规定前后不一致的情形，此时根据章程本身已经无法确定生效的时间，而只能根据相关法律规定和法理，对《宏瑞公司章程》的生效问题作出判断认定。公司章程是股东在协商一致的基础上所签订的法律文件，具有合同的某些属性，在股东对公司章程生效时间约定不明，而公司法又无明确规定的情况下，可以参照适用合同法的相关规定来认定章程的生效问题。参照合同生效的相关规定，本院认为，经法定程序修改的章程，自股东达成修改章程的合意后即发生法律效力，工商登记并非章程的生效要件，这与公司设立时制定的初始章程应报经工商部门登记后才能生效有所不同。本案中，宏瑞公司的股东在2008年8月10日即按法定程序修改了原章程，修订后的《宏瑞公司章程》合法有效，因此应于2008年8月10日开始生效，宏瑞公司关于《宏瑞公司章程》并未生效的主张，本院不予支持。宏瑞公司章程的修改，涉及公司股东的变更，宏瑞公司应依法向工商机关办理变更登记，宏瑞公司未办理变更登记，应承担由此产生的民事及行政责任，但根据《公司法》(2005年10月27日修订)第三十三条的规定，公司股东变更未办理变更登记的，变更事项并非无效，而仅是不具有对抗第三人的法律效力。综上，宏瑞公司关于《宏瑞公司章程》未生效、无效的主张，无法律及事实依据，本院不予采信。

万家裕主张，以2010年1月3日所作的《股东会决议》为依据，确认其持有宏瑞公司53%的股权。但该《股东会决议》是为宏瑞公司对外转让股权这一特定事宜而作出，后来因未能找到受让方，股权转让事宜并没有付诸实施。《股东会决议》确定的股东持股比例是以各股东当时到账的出资数而非以股东认缴的出资数为依据计算出来的，主要目的在于分配股权转让款，《股东会决议》本身并没有对《宏瑞公司章程》中确定的各股东出资数及持股比例作出改变，也不涉及宏瑞公司的减资事项，在股东会决议事项并未实施，《宏瑞公司章程》依然合法有效，各股东仍应按其中所认缴的出资数额继续履行出资义务的情况下，应以《宏瑞公司章程》为据确定万家裕持有宏瑞公司的股权比例，即万家裕持有宏瑞公司的股权比例为30%，其主张持有宏瑞公司53%的股权，本院不予支持。

——中国裁判文书网，http://wenshu.court.gov.cn。

赵长勋与辽宁中智房屋开发有限公司股权确认纠纷再审审查案[最高人民法院(2013)民申字第286号民事裁定书]

最高人民法院认为:关于赵长勋是否为中智公司股东的问题。赵长勋虽然自本案成诉以来一直否认自己为中智公司股东,主张任同生才是公司合法股东,变更股东的工商登记材料系公司相关人员伪造。但赵长勋的上述异议业已经过沈阳市工商行政管理局、辽宁省工商行政管理局行政核准和复议,确认中智公司股东、股权变更登记行为为合法有效。2009年3月27日赵长勋向中智公司出具内容为"今收到辽宁中智房屋开发有限公司返还投资借款人民币壹仟伍佰万元整,收到分红款含税壹仟万元整,打入我账号:海南南疆建筑工程公司沈阳分公司(海南军海建设有限公司沈阳分公司)124904434210501 注:共计收到人民币贰仟伍佰万元整"的《收条》,一审诉讼期间赵长勋于2011年4月23日以股东身份向中智公司提交《股东查阅公司会计账簿申请书》要求行使股东知情权,2011年6月21日赵长勋又以中智公司为被告,向沈阳市和平区法院提起诉讼请求行使股东知情权称"2008年1月本人成为公司股东后,公司从未通知本人参加一次股东会"等形成了完整的证据链,足以证明任同生已将其股份转让给了赵长勋,且赵长勋已通过多次要求行使股东权利的行为承认了自己的股东身份。据此,一、二审判决认定赵长勋具有中智公司股东身份,具有充分的事实根据。赵长勋否认自己的股东身份,有悖诚信,本院对此不予支持。

——中国裁判文书网,http://wenshu.court.gov.cn。

【链接:最高人民法院法官著述】

认定股东资格应当根据内外法律关系和案件的具体情况,依据以下原则处理:

1.公司成立并存续。股东资格的取得以公司成立和存续为前提条件。公司没有成立,或者设立失败,投资者不可能取得股东资格。公司成立的资本要件,是股东出资达到法定资本最低限额,股东对公司的出资是取得股东资格的要件。

2.出资和资格可以分离。我国《公司法》规定,股东可以认缴出资,《公司法》并不要求股东出资与股东资格互为条件。也就是说,法律允许股东出资与股东资格可以分离。股东虽未出资,公司可以成立,没有出资仍可取得股东资格。

3.外观形式要件。商法的外观主义。根据外观形式的要件,就能确认某种事实的存在或者某种资格的取得。例如,《物权法》上的物权公示原则,即"记载于不动产登记簿的人是该不动产的权利人,动产的占有人是该动产的权利人";《合同法》上的表见代理制度都是以外观形式来确定法律效力。其主要目的在于维护交易秩序和交易安全。在股东资格问题上,公司章程记载、股东名册记载、工商部门登记、出资证明书或者股票等形式要件,具有向社会公示的作用,具有使社会公众相信其有效的公信力,因此符合股东资格及股权的外观形式,即便股东违反出资义务,也应确认股东资格。

——最高人民法院民事审判第二庭编著:《最高人民法院关于公司法解释(三)、清算纪要理解与适用(注释版)》,人民法院出版社2014年版,第382页。

出资证明书只能对抗公司和股权的转让人,不能对抗善意第三人。因为,出资证明书的效力及于公司与股东之间或股权转让双方之间。凡是可以其他方式证明实际出资人的出资事实存在时,就不应仅以出资证明书否定实际出资人的股东资格。出资证明书并不是认定股东资格的必要条件,在诉讼中需要与其他证据相互印证。出资证明书具有证明股东资格的效力,证明股东已向公司出资,本身并无设权效力。只要股东持有出资证明书就应当认定其已合法出资,但不能仅以出资证明书认定出资人具有股东资格。持有出资证明书不是认定股东资格的必要条件,没有出资证明书的也可能被认定为股东。因此,出资证明书在认定股东资格时无决定性的效力。

出资证明书只是股东对抗公司证明自己已经履行对公司出资义务的凭证,不是法律承认的流通证券,不能像股权证券化的股票那样具有设权证券的功能,不能通过交付出资证明书或者背书方式产生股权变动的效果。其证明效力是在出资证明书上对股东情况的记载与股东名册上的记载一致时才有具有,如果二者记载不一致时,将以股东名册的记载为准。

公司章程对股权确认的重要意义得到普遍认可。因为公司章程由全体股东共同制定,并记载了有关公司的主要事项,包括公司名称和住所、公司的注册资本、股东的出资方式、出资额等,股东要在公司章程中签字并盖章。在公司设立时,公司将章程提交公司登记机关核准,转让股权时要变更公司章程并到公司登记机关申请变更登记。据此,公司章程不仅表明了出资者向公司出资,有作为公司股东的真实意思表示,而且也在一定程度上起到了公示的作用。所以,公司章程所记载的有关股东身份的内容可以作为确定股权的依据。

总的来说，股东名册作为公司的内部文件，其效力主要及于公司和股东之间。基于股东名册的“权利推定效力”，股东名册上记载的股东可以被认定为公司的股东，否认股东名册上记载的股东之权益的人要承担举证责任。通常情况下，公司只需对在册的股东履行义务。但是在一些特殊情况下，如公司未置备股东名册，或者股东名册未予记载或记载错误时，股东名册对股东资格及股权的确认效力大大削弱，需要结合其他证据来确定股东资格。

工商登记机关对股权的登记只是一种宣示性登记，只要投资人认购出资或股份后，股东名册对投资人的情况进行了记载，那么投资人就可以向公司主张其股权。公司未到工商机关进行登记，则股东的权利只能向公司主张而不能对抗以工商登记为依据而主张权利的第三人。由此可见，工商登记是对股权情况的公示，与公司交易的善意第三人有权信赖依据工商机关登记的股权情况作出判断。股权变动后，如果在股东名册上进行了变更记载，而未在工商登记机关进行变更登记，则善意第三人可以依据工商登记文件对原股东的记载要求其承担责任。《公司法（2005）》第三十三条规定，公司应当将股东的姓名或者名称及其出资额向公司登记机关登记；登记事项发生变更的，应当办理变更登记。未经登记或者变更登记，不得对抗第三人。

——最高人民法院民事审判第二庭编著：《最高人民法院关于公司法解释（三）、清算纪要理解与适用》，人民法院出版社 2011 年版，第 352 ~ 354、359 页。

编者说明

关于股东资格的认定，一直是公司诉讼裁判实务中的难点与热点问题之一。就司法实践来看，主要还是基于出资证明书、公司章程与股东名册的记载以及工商登记机关对股东的登记等作出具体的判断，本题编入的最高人民法院若干裁判文书，以及专家法官的相关论述，进一步阐述了上述判断要素在认定股东资格时的具体作用与效力。

093

基于工商登记的公示效力，在无相反证据时，应当按照登记判断公司股权归属

关键词 | 股权归属 | 工商登记 |

【最高人民法院裁判文书】

王红兵与李晓辉申请再审案[最高人民法院（2016）最高法民申3223号民事裁定书]

最高人民法院认为：本案系案外人执行异议之诉，王红兵在其就案涉股权被查封提出的执行异议申请被人民法院裁定驳回的情形下，在法律规定的期限内，提起执行异议之诉，应当提供证据证明其对执行标的即案涉汉宝公司37.5%的股权享有足以排除强制执行的民事权益。现案涉汉宝公司37.5%的股权登记在张某某名下，基于工商登记的公示效力，在无相反证据的情形下，应当按照登记判断公司股权归属。而王红兵原审提交的证据不足以证明其对案涉股权享有足以排除强制执行的民事权益。1.《股权转让协议》已实际履行完毕的证据不足。原审中，王红兵虽然提供了其与张某某于2007年5月10日签订的《股权转让协议》，且张某某分别于2007年8月24日和2011年6月9日出具了收到王红兵支付股权转让款的收条两份，但双方至今未到工商部门办理上述股权转让的变更登记手续。而在此期间，2010年1月22日，汉宝公司召开股东会，决定变更公司注册资本，其中记载张某某出资300万元，占37.5%的股份，王红兵出资397.3万元，占49.7%的股份。2014年10月18日汉宝公司的股东会决议和公司章程修正案中均载明王红兵出资450万元，占注册资本总额的56.25%，张某某出资300万元，占注册资本总额的37.5%。2015年1月8日汉宝公司的变更登记申请表中仍显示张某某是变更登记后的股东，在上述登记材料中均未再备注张某某名下股权的实际持有人为王红兵。因此，上述事实使得张某某持有的股权是否已经实际转让归王红兵享有的事实不明。2.王红兵没有提供证据证明其未办理股权工商变更登记不存在过错。王红兵在本院询问时主张案涉股权在双方签订《股权转让协议》前的2005年即因张某某涉嫌刑事犯罪而被有关部门查封，致使其不能办理工商变更登记，但对于因涉嫌刑事犯罪导致案涉股权被查封的起止时间，王红兵在一、二审及申请再审期间均未提交证据予以证明，并且，如案涉股权确实于2005年被查封，则王红兵与张某某签署股权转让协议时，案涉股权已经处于禁止交易状态，张某某的处分权受到限制，王红兵也能够预见到该转让行为将可能因查封的持续存在而导致履行不能，在此情形下其仍自愿受让案涉股权，不能认定王红兵对于无法办理股东变更登记手续不存在过错。3.王红兵没有提供相关证据佐证其已支付了全部股权转让价款。根据《股权转让协议》约定，王红兵以300万元的价格受让案涉股权。原审中，王红兵仅提供张某某签字的两份收条，证明其已经履行了支付股权转让款的义务。由于张某某未参加本案诉讼，在原审中也未到庭作证，其是否认可王红兵主张的案涉《股权转让协议》的签订及股权转让款支付的事实并不清楚。本院审查期间，对于支付股权转让款项的相关佐证证据，王红兵在本院指定的期限内也未提供。据此，综合本案事实证据，原审认定王红兵提供的证据与汉宝公司工商档案登记内容相悖，不能证明其与张某某之间的股权转让权利义务已经全部履行完毕，张某某名下的股权实际为王红兵所有，并判决驳回王红兵的诉讼请求，有事实依据，并无不当。王红兵该申请再审主张证据不足，理由不成立。

——中国裁判文书网，http://wenshu.court.gov.cn。

094

是否实际履行出资义务在股东资格认定中的作用

关键词｜股东资格｜实际出资｜

【最高人民法院裁判文书】

云南华强工贸有限公司、怒江兴源中小水电开发有限公司等与云南贡山华龙电力开发有限公司股东资格确认纠纷申请再审案［最高人民法院(2016)最高法民申2613号民事裁定书］

最高人民法院认为：(二)关于江东公司持有华龙公司股权是否从18%增长到65%的问题。江东公司认为根据第一届四次股东会议决议，江东公司完成了垫资义务，因此按照决议约定获得了65%的股权，并且按照决议缴纳了6917万元资本金，完成了出资义务。华龙公司、华强公司、兴源公司认为，按照决议要求江东公司应该在收购怒江水电站和迪麻洛河水电站二个项目上同时垫资，才能获得华龙公司65%的股权，否则该约定无效。而江东公司只垫资收购了怒江水电站项目，但也没有按照决议要求垫资一年，而是只用三个月。对迪麻洛河水电站就没有按约垫资，所以决议中给其65%的股权的约定无效。本院认为，从2004年5月23日华龙公司第一届四次股东会决议的内容看，股东会决议既约定华龙公司对外收购怒江小水电站电源资产、迪麻洛河水电站两个项目由江东公司垫资事项，又约定华龙公司各股东的股权及项目资本金按比例调整江东公司65%、华强公司12%、秦云公司12%、兴源公司11%的事项。根据一、二审查明的事实，江东公司完成了怒江水电站项目垫资借款20683万元的义务，且至今款项还未收回，故华强公司、兴源公司认为其未完全履行怒江水电站项目垫资借款的义务的主张不能成立。由于在迪麻洛河水电站垫资时，双方因怒江州项目垫资及股权比例发生纠纷，垫资问题处于争议状态，且华龙公司也未举证证明曾向江东公司要求履行迪麻洛河水电站垫资的义务。故江东公司未向迪麻洛河水电站垫资不是江东公司的责任。虽然在第三条约定了“如果垫资未能实现，则第一条、第二条的约定不能成立”，但该条同时还约定“各股东应按照附表《华龙公司各股东资本金调整情况表》所列投资股份执行，即在本决议（意见稿）签章完毕后一个月内将附表所列‘尚需到位的出资股本金’注入公司资本金账户或转入工商行政部门指定的给资账户。迟延交付的应按每日0.05%向已足额交付的股东承担滞纳金，逾期30天仍未交付或交付不足时，未交付部分即视为放弃股份比例。公司股份按各股东股本金实际到账额重新确定股份比例”。按照《华龙公司各股东资本金情况调整表》，江东公司应承担资本金7410万元，已经到位资本金493万元，尚需到位资本金6719万元。2004年5月28日华龙公司出具给江东公司的资本金到位凭单，载明收到第二期资本金6917万元。江东公司已经按照决议缴纳了6917万元增资股本资本金，完成了其应承担的65%股份应交纳的数额，一、二审判决按照公平对等及第一届四次股东会议决议的约定，确认江东公司获得了华龙公司65%的股权，并无不当。

——中国裁判文书网，http://wenshu.court.gov.cn。

贺秉晨与阿拉善盟华晨矿产有限责任公司、任文明等股东出资纠纷申请再审案[最高人民法院(2015)民申字第1818号民事裁定书]

最高人民法院认为：一、二审判决认定贺秉晨为华晨公司股东并享有该公司50%的股权是否妥当，本案适用法律是否正确。

根据本案在案证据显示，贺秉晨与任少华经协商并经过投资概算，就新建选矿厂并设立华晨公司进行合伙经营签订了《合伙协议》，协议约定双方的出资额、股权比例、利润分配均按照各占50%处理。协议签订后，贺秉晨按约支付了投资款；华晨公司成立后，虽在工商登记机关的记载中未将贺秉晨作为股东登记，但华晨公司实际由贺秉晨与任少华负责经营管理，贺秉晨还多次代表华晨公司对外签订合同；在贺秉晨经营管理华晨公司期间，贺秉晨与任少华按照各占

50%的比例分取华晨公司利润。根据上述证据内容,一、二审法院认定贺秉晨系华晨公司实际投资人和实际股东,该认定事实清楚、证据充分,并无不当。《公司法解释(三)》第二十三条规定:“当事人之间对股权归属发生争议,一方请求人民法院确认其享有股权的,应当证明以下事实之一:(一)已经依法向公司出资或者认缴出资,且不违反法律法规强制性规定;(二)已经受让或者以其他形式继受公司股权,且不违反法律法规强制性规定。”该解释第二十四条规定:“当事人依法履行出资义务或者依法继受取得股权后,公司未根据公司法第三十二条、第三十三条的规定签发出资证明书、记载于股东名册并办理公司登记机关登记,当事人请求公司履行上述义务的,人民法院应予支持。”贺秉晨在一、二审诉讼中所提交的证据能够证明其向华晨公司出资的事实存在,且实际按照50%的比例分享公司利润,但华晨公司未按照公司法规定确认其股东身份,现其基于华晨公司实际投资人及实际股东的身份,请求华晨公司确认其股权,有充分的事实依据和法律依据,一、二审法院判决贺秉晨享有华晨公司相应股权并由华晨公司将该股权变更至贺秉晨名下并无不当。

——中国裁判文书网,http://wenshu.court.gov.cn。

郑修德与和静县备战矿业有限责任公司、中建东方控股有限公司股东资格确认纠纷案[最高人民法院(2015)民申字第1671号民事裁定书]

最高人民法院经审查认为:

一、关于郑修德与中建东方是否约定中建东方所持备战公司股权的20%归郑修德所有

备战公司设立时,验资报告记载的出资人,以及在公司登记机关登记、公司章程和股东名册记载的原始股东均为新疆地质矿产勘查开发局第十一地质大队和中建东方,不包括郑修德。郑修德主张其为备战公司的实际出资人,须证明其与中建东方之间存在关于郑修德实际出资并享有投资权益、中建东方为名义股东的约定,并根据约定向备战公司实际履行了出资义务。

郑修德提供的其与中建东方签订的《协议书》约定,双方同意共同创办一家新公司,新公司的原始股权郑修德占20%、中建东方占80%,新公司成立后,将中建东方持有的备战公司股权转交新公司,后期投资以新公司名义投入。按照该《协议书》,双方计划成立一家新公司,由新公司持有备战公司股权,该《协议书》并未约定中建东方持有备战公司股权中的20%属于郑修德所有。

郑修德在再审申请中主张《协议书》已得到实际履行,双方仅是对履行方式

作了变更,但郑修德并未举证证明双方曾就变更《协议书》的履行方式达成一致,郑修德也没有举证证明其与中建东方就持有备战公司股权达成其他协议,因此,郑修德关于其与中建东方约定中建东方所持备战公司股权的20%归其所有的主张不能成立。

二、关于郑修德是否向备战公司实际出资50万元

根据本案证据及一审法院的调查,郑修德曾给马军农行卡上汇款50万元,之后马军账户的50万元转账到备战公司账上,转账原因记载为"中建东方公司李文胜投资款注册资金"。郑修德提供的备战公司筹建时的《洽谈纪要》《新疆和静县备战铁矿风险勘查开发合作协议书》等均显示,郑修德系作为中建东方的代表在文件上签字,上述郑修德给马军汇款的事实不能说明是郑修德的个人行为还是代表中建东方的行为。另据一审法院查明,在郑修德向马军汇款前后,中建东方向郑修德银行卡上有过数次打款,因此,郑修德提供的证据不足以证明其向马军汇款的50万元是其本人向备战公司的出资。

三、关于郑修德与中建东方的关系

郑修德主张其与中建东方是借名和委托代持股的合作关系,而不是代理关系。郑修德提供了其与中建东方股东李文峰于2014年7月1日签订的《协议书》,证明郑修德与中建东方在2014年就有过共同开发矿产资源的合作关系。该证据与本案事实没有关联,郑修德与中建东方之前有过合作关系不能证明双方在成立备战公司一事中仍是相同的关系。

郑修德提供了一枚"中建东方控股有限公司"印章,在二审期间向法院申请对该印章进行鉴定。但郑修德申请的鉴定与其主张的双方是借名和委托代持股关系并无关联。并且,根据郑修德的陈述,该印章是中建东方的股东、法定代表人交给其使用,说明郑修德是受中建东方委派、代表中建东方行事。

郑修德提供的其他证据也证明郑修德是代表中建东方而不是借中建东方之名。在备战公司筹建阶段签订的《新疆和静县备战铁矿风险勘查开发合作协议书》中,郑修德在中建东方控股有限公司的"委托代表"项下签字。在《洽谈纪要》中,郑修德在"中建东方控股有限公司"后签字,该《洽谈纪要》记载"会议结束时,双方表示就上述问题向各自单位的领导进行汇报后,再做回复",如果郑修德是借中建东方之名洽谈,而不是代表中建东方,就不需要向中建东方的领导汇报后再做回复。郑修德称,备战公司的前期筹建、初始注册资本投入、前期经营与备战铁矿风险勘查工作都是其本人做的,中建东方并未介入,但《洽谈纪要》显示中建东方方面的参加人除了郑修德外,还有中建东方能源部经理朱建

军等，备战公司成立后的第一次股东大会即有中建东方法定代表人李文胜参加，并签署股东大会决议，之后备战公司多次股东大会决议、会议纪要、董事会决议、签署的协议书等都有中建东方李文胜或李文峰签字，中建东方在备战公司成立后的四次增资中均履行了出资义务，上述证据证明中建东方作为备战公司的股东实质性地参与了备战公司的设立和运营。郑修德主张中建东方没有介入备战公司前期筹建、前期经营，双方是借名关系和委托代持股关系没有依据。

——中国裁判文书网，http://wenshu.court.gov.cn。

金民生与吴排安、休宁县新世纪房地产有限公司股权确认纠纷申请再审案

要点提示：有限责任公司股东资格的认定是公司理论和实务中的重要命题。股东资格确认的实质关涉表征股东资格的证据采信问题。公司章程、出资行为、出资证明书、股东名册、工商登记、对股东权利的实际行使，均是影响股东资格认定的因素。其中，出资行为作为实质要件，在涉及公司内部关系的股权归属认定中，具有决定性的证明效力。但出资本身，又是一个复杂的因素。

最高人民法院认为：各股东投入款明细表载明吴排安投入款14万元——出资形式包括实物出资和货币出资；三份投入款收据表明吴排安共投入14万元，交款事由为“投入款”，上述证据相互印证，可以证明吴排安的出资事实，也与新世纪公司向陈纪民出具的股东出资手续相同，且新世纪公司、陈纪民亦均认可吴排安的股东资格。虽新世纪公司章程规定，股东转让股权应由股东会作出决议，但2002年程新社、陈纪民向金民生转让股权时，系以董事会决议形式确定。现有证据表明新世纪公司经营过程中组织机构的运行并不十分规范。吴排安出资虽未签订书面入股协议，但结合其出资后具有参与公司经营、决策和管理，在相关文件上签字等情形，金民生对此亦从未提出过异议，表明吴排安已实际享有股东权利。一、二审判决确认吴排安的股东资格，并无不当。

——杜万华主编：《最高人民法院民商事案件审判指导》第3卷，人民法院出版社2015年版，第451～455页。

095

企业改制章程关于“在职持股，退职退股”的约定不违反法律规定，可以作为认定股东资格的依据

关键词｜股东资格｜企业改制｜在职持股｜退职退股｜

【最高人民法院裁判文书】

董海凤与河南天海电器有限公司股东资格确认纠纷申请再审案[最高人民法院(2015)民申字第710号民事裁定书]

最高人民法院认为:二审判决已经查明,天海公司的前身是天海集团,天海集团为集体所有制企业。2003年5月24日鹤壁市企业改革工作领导小组办公室发布了〔2003〕1号关于印发《鹤壁市深化企业改革实施方案》的通知,该方案明确了天海集团的改制办法。2006年7月5日,经天海集团申请,鹤壁市企业改革工作领导小组办公室批准同意天海集团改制为有限责任公司。同年7月25日天海集团制定了《实施改制和加快发展的方案》以及《改制方案实施细则》。该方案中具体规定了参加改制人员范围、天海集团的净资产处置和配股方案。现董海凤依据《民事诉讼法》第二百条第(六)项"原判决、裁定适用法律确有错误"为由向本院申请再审,故对于董海凤的再审事由能否成立,必须以天海集团改制过程中形成的相关文件并结合当时改制的目的、意义和相关事实为依据进行分析判断。

关于董海凤申请再审所称"河南天海电器集团有限公司章程"是否因欠缺法定要件而无效的问题。本院认为,公司章程是关于公司的组织结构、内部关系和开展公司业务活动的基本规则和依据,亦是股东自治意思规则的载体,具有公司自治特点,只要股东达成合意,且不违背法律的强制性规范,公司章程即为有效。本案中,在天海集团改制过程中,为规范公司与职工股东之间以及职工股东之间的权利义务关系,制定了"河南天海电器集团有限公司章程",该章程是在天海集团改制过程中经股东代表会议一致通过的法律文件,是全体股东的真实意思表示,对此,董海凤是明知的。该章程虽没有记载"注册资本、股东姓名、出资额及出资比例"等事项,但其并未违反法律强制性规定,不能否认其效力,该章程已经经过股东代表会议一致通过,其应该作为处理公司与职工股东之间权利义务关系的依据。所以,原审法院依据天海集团改制的相关文件以及特定的历史事实,认定该章程合法有效并作为处理公司与职工之间的权利义务关系的依据,是符合当时天海集团改制的客观事实的,董海凤申请再审所称"河南天海电器集团有限公司章程没有记载注册资本、股东姓名、出资额及出资比例等事项无效"的理由,不能成立。

关于董海凤申请再审所称"河南天海电器集团有限公司章程"中规定"在职持股,退职退股"是否有效的问题。本院认为,"河南天海电器集团有限公司章程”中约定的“在职持股,退职转股、退股”,是基于天海公司进行企业改制的特殊背景而形成的意思自治约定,该规定已经经过股东代表会议一致通过且实施,是全体股东意思自治的结果,也是全体股东真实意思表示。董海凤选择缴纳股金的行为亦表明其接受“河南天海电器集团有限公司章程”的约定。此外,二审判决已经查明,具备天海集团在职职工身份,是获得改制后公司股权的前提条件,同时,天海集团的改制架构和募集资金的方式,也决定了其在公司章程中作出“在职持股,退职退股”的约定。故二审判决基于天海集团改制的特殊背景,认定“在职持股,退职退股”的约定不违反法律规定,并无不当,也未侵犯董海凤的财产权。董海凤的该项再审理由也不能成立。

关于董海凤申请再审所称“河南天海电器集团有限公司章程”第十二条及第十四条的规定是否违反禁止抽逃出资规定的问题。本院认为,根据“河南天海电器集团有限公司章程”第十二条及第十四条以及天海公司首届五次董事会2007年4月12日通过的“关于对董事长代持职工离职时所转移股权的决议”,董海凤持有的36万元股权由天海公司董事长代持,36万元认缴现金由工会借支给董事长,再由董事长退还给董海凤。该种安排实为天海公司职工股权转让的形式,目的是为了保证天海公司注册资本的完整,该约定不违反禁止抽逃出资的规定。董海凤的该项再审理由亦不能成立。

——中国裁判文书网,http://wenshu.court.gov.cn。

096 是否具有成为股东的意思表示是判断当事人是否是公司股东的重要标准

关键词 | 股东资格 | 意思表示 |

【最高人民法院裁判文书】

湖北省利用世界银行贷款项目办公室与湖北东方农化中心、襄樊市襄阳区农业开发经济技术协作公司股权纠纷案[最高人民法院(2010)民二终字第113号民事判决书]

裁判要旨:1.是否具有成为股东的意思是判断当事人是否是公司股东的重

要标准。公司设立时,当事人受他人委托向公司支付出资款,因当事人自己并没有成为股东的意思,故其不是公司股东,其仅与该他人之间构成一般的债务关系,该他人才是公司股东。其他当事人虽对出资款项本身主张权利,但只要不能证明其在公司设立时具有成为股东的意思且以该款项作为出资款,也不能认定其为公司股东。

最高人民法院认为:本案二审的焦点问题是东方农化向钾肥公司出资形成的股权及相应收益是否应属世行办所有。

1997 年,东方农化与盐湖集团等七家公司约定设立钾肥公司,同年 4 月 11 日东方农化以汇票形式向盐湖集团汇款 37 万元,同年 4 月 15 日机设公司以汇票形式向盐湖集团汇款 237 万元,该两份汇票上备注栏虽载明“货款”,但同年 5 月 2 日东方农化向盐湖集团出具的《关于对“银行汇票”之“备注栏”中填写错误的说明》表明上述两份汇票备注栏错写为“货款”,该合计金额:274 万元为投入钾肥公司的股本金。钾肥公司筹委会于 1997 年 4 月 16 日向东方农化出具的手写收据也载明收到东方农化银行汇票二张,金额分别为 37 万元和 237 万元,合计金额 274 万元,为投资股本(200 万股),且没有证据证明机设公司对前述 237 万元汇款属东方农化向钾肥公司的出资有异议,这表明东方农化在钾肥公司设立过程中以上述两张汇票向钾肥公司实际出资 274 万元。世行办主张东方农化给盐湖集团的前述 37 万元汇款不是东方农化出资款而是东方农化归还钾肥公司的货款,因东方农化在 1997 年向盐湖集团出具的《关于对“银行汇票”之“备注栏”中填写错误的说明》中已明确该款项为收入钾肥公司的股本金,钾肥公司也未对该款项性质属于出资款提出异议,且钾肥公司认可东方农化为其发起人股东,故世行办的主张与该款项的实际用途不符,对其主张本院不予采信。对东方农化以前述两份汇票向钾肥公司出资 274 万元的事实,本院予以确认。

世行办主张东方农化向钾肥公司出资的款项来源于农业项目办,东方农化系挪用公款(即世行贷款)购买股份,故应认定世行办出资购买了 200 万股钾肥公司股份,该股份及形成的收益应归世行办所有。对此,因东方农化向钾肥公司出资的 274 万元中的 37 万元系东方农化自己以汇票形式缴付,世行办未提供证据证明该 37 万元出资款系来源于农业项目办或挪用公款(即世行贷款),故世行办就该 37 万元提出的前述主张,缺乏事实依据。该 37 万元属东方农化向钾肥公司的出资款,本院予以认定。东方农化向钾肥公司出资款中的另外 237 万元,由机设公司以汇票形式缴付。世行办申请对 1997 年 4 月 13 日东方农化向机设公司出具的委托书、1997 年 4 月 14 日机设公司向东方农化出具的委托书的印章作真伪鉴定，对东方农化提交的机设公司2007年11月9日出具的《说明》作真伪鉴定，对东方农化提交的编号为0051155、0051153两份收据进行真实性调查，因上述文件是否系伪造，均不能影响关于机设公司以汇票形式缴付出资款的事实认定，且黄涛以农业项目办名义与机设公司订立的《湖北省农业厅周转金借款合同书》虽约定农业项目办向机设公司借款350万元，但因没有证据表明该合同成立时农业项目办具有向钾肥公司出资并成为股东的意思，所以无论机设公司以汇票形式缴付的237万元出资款是否来源于农业项目办或者由农业项目办向机设公司偿还，农业项目办均不能就该237万元出资款形成的股份主张权利，所以鉴定结论不会影响本案的处理，故本院对世行办的鉴定申请不予准许。世行办主张该出资款因来源于农业项目办故形成的相应股份及收益应归世行办所有，缺乏事实及法律依据，本院不予支持。此外，世行办未提供证据证明机设公司以汇票形式缴付的237万元出资款属于东方农化挪用公款（即世行贷款），湖北省高级人民法院对黄涛作出的生效刑事裁判中也没有认定机设公司的缴款行为属于东方农化与黄涛共同挪用公款，故世行办主张东方农化系挪用公款（即世行贷款）向钾肥公司出资，亦难以成立，对其主张不应支持。东方农化主张其向钾肥公司出资274万元故应享有200万股股权及历年收益，具有事实及法律依据，应予支持。

——最高人民法院民事审判第二庭编：《最高人民法院商事审判指导案例(7)·公司与金融卷》，中国法制出版社2013年版，第70～87页。

097

双方系按照公司治理模式进行的合作，其投入的资金性质明确为股本，双方间的关系应为公司成员，而非合伙企业的合伙成员

关键词 | 公司成员 | 合伙成员 |

【最高人民法院裁判文书】

毕节市贵福房地产开发有限责任公司、陈庭贵与陈潇翔等股东资格确认纠纷申请再审案[最高人民法院(2014)民申字第2248号民事裁定书]

最高人民法院认为：一、关于案涉《重组合同》的性质问题。

本案双方对合同中约定的出资系针对项目合伙或公司股权有不同理解，依

据《合同法》第一百二十五条之规定，各方当事人对合同理解产生争议，应按照合同解释体系予以分析判断。

从合同文义而言，由陈潇翔、陈庭贵、张家俊、刘学智、曾永利等五人作为甲方与龙兵、黄钟侣两人作为乙方签订的《关于贵州省毕节市贵福房地产开发有限公司股份重组的合同》，从名称上即表明其系对于贵福公司的股份重组合同。在合同的具体内容中亦约定由甲乙双方重组贵福公司，甲方责任及权利包括按公司法的章程，建立、健全现代企业制度；负责组织投入所需资金，其中第一期资金 165 万元为甲方股本；由甲乙双方组成新的董事会成员等。乙方责任及权利则包括负责办理公园路项目的有关手续；本着为公司获取最大的利益宗旨，策划开发项目并报公司董事会批准；与甲方共同决策公司相关问题和日常管理；投入资金 20 万元为乙方股本等。由此可见双方系按照公司治理模式进行的合作而非仅系对公园路项目的合伙关系，其投入的资金性质明确为股本，双方间的关系亦同为公司董事会成员，而非合伙企业的合伙成员。

从合同目的而言，《重组合同》是在贵福公司原部分股东退出公司，剩余股东为募集资金而邀请其他投资者加入公司所签订的，双方的缔约本意应系通过股权转让、股份重组以实现公司利益最大化，通过妥善经营公司名下的公园路项目而使各股东获利。虽双方在合同中出现有关项目的表述，但因公园路项目本身附属于贵福公司，且为双方签订《重组合同》时贵福公司的主要经营项目和可预期利润收益点，该表述并不构成对实质法律关系的改变。合同签订后陈庭贵未将甲方其余四人登记为股东即酿成纠纷及乙方在庭审中的陈述等相关事实，进一步证明合同签订双方的缔约本意在于成为贵福公司股东而非仅对公园路项目参与合伙。

从合同体系而言，既然陈庭贵系依据《重组合同》取得案涉股权，则该合同亦可成为甲方其余四人取得股权的依据。陈庭贵主张其获取股权系基于 2003 年 5 月 16 日另行签订的《毕节市贵福房地产开发有限责任公司股金、股份转让协议》，但据二审已查明的事实可知，该协议系为办理工商变更登记而形成，黄钟侣、龙兵对该事实均予以认可，其中所约定的股权转让金额及比例亦与实际履行情况不符，故实质上陈庭贵取得案涉 65% 的股权即源于各方在《重组合同》中的约定，亦进一步证明《重组合同》中“甲方在公司占项目利润的 65% 股份”，“乙方投入资金 20 万元为乙方股本，占公司该项目利润 35% 的股份”系指向对于公司股权的持有比例而非仅系项目利润的分配比例。既然陈庭贵自身因《重组合同》取得股权，则其不应以同一事由否认其余四人取得股权的合理依据，故陈潇翔等五人作为合同甲方应同享有贵福公司股权。

因此，尽管《重组合同》的表述存在诸多不规范之处，但通过合同解释应认为陈潇翔等五人作为甲方系对贵福公司进行股权投资而非仅为对公园路项目享有权益，至于陈潇翔等人应否进行后期投入则非本案争议及审理范围，亦不影响对《重组合同》各方间系股权合作性质的认定。贵福公司、陈庭贵进而提出的双方合伙关系应予解除的再审申请理由缺乏事实与法律基础，本院不予支持。

——中国裁判文书网，http://wenshu. court. gov. cn。

098

审计事务所验资说明不能作为公司股东资格确认的唯一依据

关键词｜验资说明｜股东资格｜

【最高人民法院裁判文书】

申银万国证券股份有限公司与武汉长江证券俱乐部有限公司、武汉物业发展股份有限公司企业确权、返还股金纠纷案［最高人民法院（1998）经终字第285号民事判决书］

最高人民法院认为：长证公司是一家经武汉市体改委批准成立的从事证券咨询、培训业务的股份制公司，长证公司作为股份制公司业经登记注册，领取企业法人营业执照，至今一直开展经营活动；万国公司在长证公司的发起人协议、公司章程上签字、盖章，投入了所认缴的股本金，其股东地位既得到其他股东承认，也得到政府相关主管部门确认；万国公司以股东身份向长证公司投资，同时行使股东权利，包括委派代表担任长证公司董事长、副总经理，参与公司宏观策划及经营管理，应当认定是长证公司的合法股东，且武汉市工商行政管理局从未将长证公司作为物业公司的全资子公司登记注册，核发营业执照。万国公司上诉所称长证公司是物业公司全资子公司，其主要依据是1994年1月20日《企业法人登记审验注册资金报告》中武汉基建审计事务所出具的一份“验资说明”，其中有“武汉长江证券俱乐部有限公司，由武汉市经济体制改革委员会武体改〔1993〕118号文批准设立，并由物业公司拨款”。判断一个公司的性质不应仅凭一份验资说明，而要纵观其全部文件和实质要件，尤其是发起人协议、公司章程、主管部门批文、工商部门登记、营业执照及实际注入资金等，不能仅用一份验资说明的内容来否定其他文件,进而改变公司性质。长证公司的投资由各家股东实际投入,不是由物业公司拨款,也不是由物业公司用其他股东之款项以自己名义投入,而是各个股东按协议直接向长证公司人资,有万国公司等人资凭证及长证公司的验资报告为证。因此,万国公司上诉所称其所投股金未作长证公司注册资金,长证公司是物业公司全资子公司,其不是长证公司股东,要求返还股金及利息的理由是不能成立的。

——李国光主编、最高人民法院经济审判庭编:《经济审判指导与参考》第1卷,法律出版社1999年版,第382~388页。

099

出资人出资资金的来源并不影响其为公司设立人及股东资格的事实

关键词 | 出资资金来源 | 股东资格 |

【最高人民法院裁判文书】

赵蕴炜、李伟文、缪瑾瑜与安徽苏乐医药材料有限公司、华牛、王有总股权转让纠纷申请再审案[最高人民法院(2016)最高法民申2001号民事裁定书]

最高人民法院认为:关于二审判决认定王有总享有凯瑞公司股东权益是否存在错误的问题。二审判决系根据合作协议、公司验资报告和工商登记等证据认定该项事实,缪瑾瑜、赵蕴炜、李伟文虽然申请法院调取银行划款进账凭证等证据,但该证据即使可以证明王有总的出资系借款所得,与本案争议法律关系亦不属于同一范畴,不影响本案关于王有总系凯瑞公司股东事实的认定。缪瑾瑜、赵蕴炜、李伟文以二审法院未就王有总出资来源进行审查为由,认为二审判决认定王有总享有凯瑞公司股东权益错误的申请再审理由不能成立。

——中国裁判文书网,http://wenshu.court.gov.cn。

成都市春来天然饲料添加剂有限公司与重庆医科大学附属第二医院、重庆海扶(HIFU)技术有限公司联营合同纠纷案[最高人民法院(2009)民提字第60号民事判决书]

裁判摘要:二、出资人出资资金的来源并不影响其作为公司设立人及股东的事实，当事人提出的因出资人没有出资所以不能根据其参与制定章程认定股东资格的主张，人民法院不予支持。

最高人民法院认为：1999 年 6 月 24 日成立的焦点公司，其成立时的公司章程、股东出资协议书均载明该公司的设立人和股东为超声聚焦公司与徐长久，这表明焦点公司是由超声聚焦公司和徐长久共同设立。徐长久出资资金的来源并不影响其作为焦点公司设立人及股东的事实，春来公司提出的因徐长久没有出资所以不能根据其参与制定认定股东资格的主张，于法无据，本院不予支持。春来公司提交的由四川省工商行政管理局出具的《处罚决定》不能改变焦点公司是徐长久与超声聚焦公司共同设立的事实。

——最高人民法院民事审判第二庭编：《最高人民法院商事审判指导案例 · 公司卷》，中国法制出版社 2011 年版，第 3 ~ 16 页。

100

出资资金来源非法并不影响出资行为的有效性，亦不影响出资人据此取得的初始股东资格

关键词｜出资资金来源｜股东资格｜

【最高人民法院裁判文书】

姜文松、殳伟民等与李国柱、肖进股权转让纠纷申请再审案［最高人民法院(2014)民申字第 1703 号民事裁定书］

最高人民法院认为：二审判决确认了江苏省宝应县人民检察院宝检诉刑不诉(2009)2 号不起诉决定书的真实性，根据该决定书认定的事实，李国柱系以非法挪用的资金进行出资，故该节争议事实已经查明，姜文松、殳伟民认为原判决基本事实缺乏证据证明的申请再审理由不能成立。关于以违法犯罪所得的资金出资是否导致出资无效的问题，由于货币是种类物，货币占有人推定为货币所有人，因此货币出资投入公司后，公司作为善意相对人即对该笔货币出资享有所有权，出资相应转化为公司的独立财产，故出资资金来源非法并不影响出资行为的有效性，亦不影响出资人据此取得的初始股东资格。对于以违法犯罪所得的资金进行出资的行为，司法机关应当追究、处罚该违法犯罪行为，并有权以拍卖或

者变卖的方式处置股权，即追缴出资人已经取得的股权，剥夺其股东资格。本案中，根据江苏省宝应县人民检察院不起诉决定书认定的事实和处理结果，因李国柱具有犯罪情节轻微、案发后已退还全部赃款等情节，决定对李国柱不起诉，故司法机关最终并未对李国柱利用涉案资金取得的股权予以处置及追缴。因此，李国柱仍然具有合法的股东资格，并基于股东身份而享有股东优先购买权。姜文松、殳伟民关于李国柱因股东资格无效而不享有优先购买权的申请再审理由不能成立，本院不予支持。

——中国裁判文书网，http://wenshu.court.gov.cn。

姜文松与李国柱、马红其股权转让纠纷申请再审案[最高人民法院(2014)民申字第1705号民事裁定书]

该裁判理由与前引裁判文书基本一致(略)。

——中国裁判文书网，http://wenshu.court.gov.cn。

101

挪用国有企业改制前资金出资，改制后企业的股东资格认定

关键词｜股东资格｜挪用资金出资｜

【最高人民法院答复】

山东省高级人民法院：

昌邑市华星矿业有限责任公司系由政府主导下进行的国有企业改制而来。鉴于姜光先在昌邑市华星矿业有限责任公司的14万元出资系挪用改制前的国有企业资金的犯罪行为且已被判处刑罚，其14万元出资款已全部被没收追缴，昌邑市体改委和经贸局组织有关部门研究决定取消了姜光先的股东资格，由其他人认购该14万元出资份额。昌邑市华星矿业有限责任公司也就此召开股东会并形成决议，取消姜光先股东资格，由赵安会等人认购该部分出资并已完成出资验证。鉴于上述情况以及参照2006年施行的《公司法》第二十七条关于非法财产不得作为出资的规定精神，同意你院的第二种处理意见，即认定姜光先股东资格无效。

——《最高人民法院关于昌邑市华星矿业有限责任公司与姜光先股东

资格确认和公司盈余分配权纠纷一案的请示的答复》(2009年10月21日，〔2009〕民监他字第6号)

编者说明

本案处理意见之所以与前引案例有所不同，是因为本案中违法出资已经被追缴，且公司召开股东会取消了姜光先的股东资格。

102

借名投资关系中股东资格的认定及责任承担

关键词｜借名投资｜股东资格｜

【最高人民法院司法解释】

第二十四条　有限责任公司的实际出资人与名义出资人订立合同，约定由实际出资人出资并享有投资权益，以名义出资人为名义股东，实际出资人与名义股东对该合同效力发生争议的，如无合同法第五十二条规定的情形，人民法院应当认定该合同有效。

前款规定的实际出资人与名义股东因投资权益的归属发生争议，实际出资人以其实际履行了出资义务为由向名义股东主张权利的，人民法院应予支持。名义股东以公司股东名册记载、公司登记机关登记为由否认实际出资人权利的，人民法院不予支持。

实际出资人未经公司其他股东半数以上同意，请求公司变更股东、签发出资证明书、记载于股东名册、记载于公司章程并办理公司登记机关登记的，人民法院不予支持。

——《最高人民法院关于适用〈中华人民共和国公司法〉若干问题的规定(三)》(2010年12月6日最高人民法院审判委员会第1504次会议通过，根据2014年2月17日最高人民法院审判委员会第1607次会议《关于修改关于适用〈中华人民共和国公司法〉若干问题的规定的决定》修正)

【最高人民法院裁判文书】

池国顺与张雪、阜新黑土地油脂有限公司等股东资格确认纠纷案[最高人民法院(2016)最高法民申653号民事裁定书]

最高人民法院认为:本案争议的核心问题是张雪是否为黑土地公司的实际出资人,应否享有黑土地公司100%股权。本案之中,二审法院已经查明,池国顺没有参加筹备组建黑土地公司第一次临时股东大会,其本人也未在该股东会决议上作为股东进行签名;设立黑土地公司的工商手续均为赵晶办理,池国顺亦从未参与;公司章程上的股东池国顺的签名亦非其本人所签。池国顺在申请再审中提供的2009年9月22日参加股东协议的签章、2012年12月18日由其授权张晓波办理向阜新银行中银支行申请固定资产的借款合同、股东会议决议签名的证据及2012年12月19日再审申请人为该笔借款主合同承担保证责任的保证合同的签名证据,旨在证明其参与了黑土地公司的经营事项,但并不必然证明其向黑土地公司出资的事实,名义股东亦可实施上述行为,也不能以此对抗实际出资人对公司股权及其资格的各项主张。

对于再审申请人池国顺提出的二审判决认定张雪为公司实际投资人与事实不符的主张,根据一审法院已经查明的事实,张雪自2009年4月20日起至2013年6月27日间,通过银行汇款的形式,将2428万元汇入赵晶银行卡内,赵晶于2009年4月24日、5月22日返还张雪700万元,除2009年12月13日、21日、22日、25日,赵晶以收玉米借款之事由,向张雪借款100万元以外,其他款项均系张雪通过赵晶投入到黑土地公司用于公司交纳土地出让金、建设厂房及购置机械设备的筹备建设。刘金朋亦明确黑土地公司全部由张雪个人出资,共计约1800万元。因此再审申请人池国顺主张的张雪与原公司股东赵晶之间的借贷关系,仅存在于100万玉米款中,其余款项均属于被申请人张雪对黑土地公司的资金投入。另一审中,黑土地公司及赵晶主张证明该事实的证据均载于公司账簿,并申请法院向实际控制该账簿的池国顺调取。一审法院据此要求池国顺提交黑土地公司的全部账簿,池国顺没有提交,也未向法院说明不能提交账簿的正当理由;第二次庭审时,池国顺以其他账簿遗失为由仅提交了存在多处修改痕迹的会计传票,其对传票上存在的改动情况所作解释未能提供证据予以证明。二审法院根据《民事诉讼证据规定》第七十五条"有证据证明一方当事人持有证据无理由拒不提供,如果对方当事人主张该证据的内容不利于证据持有人,可以推定该主张成立”的规定，推定张雪的主张成立，认定张雪汇入赵晶账户内的除返还的700万元及100万元借款外的其他款项，均已通过赵晶投入到了黑土地公司。二审法院对此问题的认定并无不当，这进一步证明了被申请人张雪与黑土地公司之间存在资金投入关系。

张雪、原黑土地公司法定代表人赵晶从始至终主张双方存在口头协议，并约定由张雪投资，赵晶经营组建黑土地公司；赵晶找到池国顺一起注册公司时，其向张雪做了汇报，张雪虽表示担心但未反对；黑土地公司现法定代表人刘金朋亦在一、二审庭审中始终确认，其在进入公司之前就知道张雪是黑土地公司的实际出资人，其进入公司同赵晶、池国顺等一样也均未出资，均为黑土地公司的挂名股东；赵晶、刘金朋同时确认刘金朋任黑土地公司法定代表人亦系张雪的安排。赵晶与池国顺同为顺鑫公司股东，赵晶与张雪亦系合作伙伴关系，赵晶之于池国顺、张雪间具有同等的利害关系，而赵晶、刘金朋所作陈述显系对己不利。而且，前述证据所证明的池国顺等人均未对黑土地公司进行任何投入的事实，能够与赵晶、刘金朋关于黑土地公司均系张雪个人投入的陈述相互印证。二审法院对赵晶、刘金朋的相关陈述，予以确认，以及根据《民事诉讼证据规定》第六十六条关于“审判人员对案件的全部证据，应当从各证据与案件事实的关联程度、各证据之间的联系等方面进行综合审查判断”的规定，对被申请人张雪与赵晶、池国顺等人间存在口头隐名代持股份协议的主张，予以采信，并无不当。口头隐名代持股份协议不违反法律规定，其效力应予确认。

同时，二审法院已经查明，2009年4月20日上午9时许，张雪通过建行汇至赵晶账户370万元，同日上午11时许，赵晶将款项汇入高新园区财政局；2009年4月22日赵晶收到张雪汇入款项310万元，4月23日，赵晶将款项通过转账方式付给高新园区财政局。2009年5月20日，高新园区财政局将300万元以扶持资金的名义付至黑土地公司账户；5月25日，黑土地公司将上述300万元自其临时账户向阜新通宝科技实业有限公司开出300万元转账支票，同日，阜新通宝科技实业有限公司将该款项以现金提出，随后以赵晶、池国顺投资款名义存入黑土地公司验资账户。此事实可以确认，张雪汇入赵晶账户的680万元款项均用于黑土地公司履行与高新园区管委会间《协议书》约定的交付土地出让金事宜，而高新园区财政局付至黑土地公司账户的300万元实质系基于赵晶将张雪汇款投入黑土地公司交付土地出让金的资金投入后，才以拨付扶持资金名义返还的款项，这是政府对公司进行实际投资、使公司固定资产达到划拨扶持资金条件的投资人的肯定，而黑土地公司的资金投入主要来源于被申请人张雪。再审申请人池国顺虽否认张雪系实际出资人，但对于其主张出资的147万元的来源，一审时，池国顺起初主张其对黑土地公司的出资是顺鑫公司的款项，后又主张顺鑫公司作为出资人与赵晶一起筹建黑土地公司，但均未能提供证据予以证明。二审中，又改称其出资来源于政府向黑土地公司拨付的扶持资金。再审申请中，其又主张黑土地公司办理工商登记注册资本金的来源系阜新高新经济园区财政局于2009年5月20日向黑土地公司拨付的扶持资金，但其始终未能提供其本人向黑土地公司进行实际出资或其他投入的证据，不能证明其对黑土地公司有合理的出资意愿和出资事实，由此不能证明其为黑土地公司的实际出资人。因此，再审申请人池国顺主张二审判决认定张雪为公司实际投资人与事实不符的理由不能成立，对其该项主张，本院不予支持。

由于黑土地公司的实际投资人系张雪，张雪作为黑土地公司的唯一出资人，享有黑土地公司100%股权，池国顺系名义股东。二审法院援引《公司法解释（三）》第二十四条第二款规定，适用法律正确。对再审申请人池国顺提出的二审法院适用法律错误的主张，本院亦不予支持。

——中国裁判文书网，http://wenshu.court.gov.cn。

海南海联工贸有限公司与海南天河旅业投资有限公司、三亚天阔置业有限公司及三亚丽源投资管理有限公司、王家金、中国爱地房地产开发有限责任公司、杭州富丽达置业有限公司合作开发房地产合同纠纷申请再审案[最高人民法院（2015）民提字第63号民事判决书]

最高人民法院认为：二、关于邢坚、邢伟是否代海联公司持有天阔公司股权的问题。

最高人民法院认为，根据《公司法》的规定，股东资格的认定是以工商登记和股东名册进行确认。本案事实表明，天阔公司的股东是天河公司、邢坚、邢伟、王家金，没有海联公司。即便邢坚、邢伟应认缴的238万元天阔公司注册资金为天河公司法定代表人高彪代付，但这仅是高彪与邢坚、邢伟之间的债权债务关系，不能就此否认邢坚、邢伟没有出资，否定其公司股东资格。虽然《合作项目合同书》第六章第一款有项目公司注册资本中海联公司出资238万元占公司股权的23.8%股权，海联公司应缴付的出资由天河公司代付的约定，但这是海联公司与天河公司之间的约定，况且海联公司与天河公司根本没有按照《合作项目合同书》的约定申请设立项目公司。天河公司法定代表人高彪代邢坚、邢伟出资是天河公司、邢坚、邢伟、王家金四方在设立天阔公司过程中发生的债权债务关系，不能据此认定邢坚、邢伟不实际缴付238万元注册资金而享有天阔公司23.8%的股权，系海联公司在《合作项目合同书》中的权利，海联公司既没有向天阔公司缴纳注册资金，更不能成为天阔公司的股东，其所享有的23.8%权益是依据《合作项目合同书》对合作项目“天阔广场”的利益分配比例，而非天阔公司的股东权。既然海联公司非天阔公司股东，也没有委托邢坚、邢伟代为持股的事实，就不能认定邢坚、邢伟在天阔公司的股权是代海联公司持股。三亚中院、海南高院仅仅以邢坚作为海联公司的法定代表人，是实际控制人，在履行合作开发“天阔广场”项目过程中的一系列行为，而认定海联公司已形骸化，海联公司与邢坚本人之间已构成人格混同，从而判定邢坚、邢伟系代海联公司持有天阔公司23.8%股权，没有事实和法律依据。公司是否已经形骸化，公司与股东之间是否构成人格混同，应严格按照法律关于公司法人终止、股东是否滥用权利、是否在财产、业务、人员等多方面出现混同等因素进行判定。从本案事实看，海联公司并不存在形骸化和公司与股东人格混同的情形。邢坚、邢伟所持有的天阔公司23.8%的股权不能视为海联公司在《合作项目合同书》中的合同权益，海联公司是否为天阔公司的股东，不影响其在《合作项目合同书》中所应享有的权利。

——中国裁判文书网，http://wenshu.court.gov.cn。

王云与青海珠峰虫草药业有限公司、王辉等股东资格确认纠纷申请再审案［最高人民法院(2015)民申字第692号民事裁定书］

最高人民法经审查认为，首先，关于申请人王云与被申请人王辉之间是否有存在合法有效的代持股合意问题。从王云在本案一审、二审中举证情况看，王云未能提供其与王辉及海科公司之间存在书面代持股合意的证据，王辉与海科公司亦否认存在代持股合意；王云与王辉的父母、姐姐虽然出庭证明珠峰公司是由王云筹资建立，家庭会议商定王云出资、王辉代王云持股45%，2008年王云将自己持有的珠峰公司股份全部转让给王辉，实际是由王辉代持股的意思，这也经家庭会议商定，但上述家庭成员证人证言并未明确对于珠峰公司2012年4月增资至5000万元过程中，由王云实际出资王辉代其持有相应股份的行为经过了家庭会议讨论决定，家庭会议也没有形成任何书面记载，王辉亦否认曾参加过家庭会议。而且，家庭成员对于海科公司成为珠峰公司股东并持有股份的事宜亦均不知情；王云提交的珠峰公司相关人员的证人证言，主要内容为珠峰公司由王云筹建，由王云实际控制并行使公司的经营管理权，这些证人证言不足以证明王云与王辉之间存在代持股的合意，以及珠峰公司2012年4月增资之时王云实际认缴注册资本；王云签署珠峰公司文件的行为,亦不足以证明王云与王辉之间存在代持股的合意。

其次,关于申请人王云是否已向珠峰公司实际出资问题。王云主张其向珠峰公司实际出资不少于12494万元,一审判决只认定其中2500万元为王云对珠峰公司增资至5000万元时的出资。而一审判决认定为王云对珠峰公司出资的两笔共计2500万元,第一笔1500万元王健转账给王辉的时间为2011年12月21日,第二笔1000万元美信公司转入珠峰公司的时间为2011年12月23日,而珠峰公司决定增加注册资本为5000万元的时间为2012年4月5日,且该两笔款项经数个账户流转后被王辉用于增资,更没有证据证明王云明确表示该两笔转款系用于认缴珠峰公司此次增加的注册资本。

因此基于上述事实,原审判决所作出的"由于在珠峰公司2012年4月增资至5000万元过程中,并无证据证明王云与王辉及海科公司之间达成了合法有效的代持股合意,王云委托王健和美信公司转款系用于此次增资的意图亦不明确,因此即便增资资金来源于王云,亦不能就此认定王云对记载于王辉及海科公司名下珠峰公司股权享有股东权益,故王云要求确认王辉及海科公司在珠峰公司的相应股权由其享有的诉讼请求,因证据不足,本院不予支持"的认定,并不存在王云申请再审所称认定案件基本事实缺乏证据证明,适用法律错误的问题。

——中国裁判文书网,http://wenshu.court.gov.cn。

王云与青海珠峰虫草药业有限公司股东资格确认纠纷案[最高人民法院(2014)民二终字第21号民事判决书]

最高人民法院经审理认为:本案当事人二审争议的焦点问题为:一、王云与王辉及海科公司就珠峰公司相关股权是否存在代持股合意;二、王云是否向珠峰公司实际出资及其出资数额;三、珠峰公司是否应当为王云签发出资证明、记载于股东名册和办理工商登记的相应变更手续。

最高人民法院认为:珠峰公司在成立之初,王云作为原始股东之一享有珠峰公司40%的股权,其后经历2005年增资和2008年股权转让,王云所持珠峰公司股份全部转让给了王辉,截至本案一审诉讼前,王云在珠峰公司不持有任何股份,其已不是珠峰公司股东名册上记载的股东。根据《公司法》第三十二条第二款的规定,王云无权直接向珠峰公司主张股东权利。按照《公司法解释(三)》第二十四条的规定,王云如要取得珠峰公司股东身份,应建立在其与王辉及海科公司之间存在合法有效的代持股协议,且王云向珠峰公司实际出资,并经公司其他股东过半数同意其显名为公司股东的基础上。

本案中，王云以珠峰公司注册资本均由其提供，并实际参与了珠峰公司经营管理拥有重大事项决策权，王辉只是代为持有股份为由，主张登记在王辉和海科公司名下的珠峰公司相应股权应由其享有，但王云并未提供其与王辉及海科公司之间存在书面代持股合意的证据，王辉与海科公司亦否认存在代持股合意。虽然，原审中王云与王辉的父母、姐姐均出庭证明珠峰公司是由王云起意筹资建立，并在珠峰公司成立初期由家庭会议就王云出资、王辉代王云持股45%的事宜进行了商定，其后至2008年王云将自己持有的珠峰公司股份全部转让给王辉，实际是由王辉代持股的意思，也经家庭会议商定，但家庭会议未就有关王云与王辉之间存在代持股合意的问题达成任何书面记载，且上述家庭成员证人证言并未明确对于珠峰公司2012年4月增资至5000万元过程中，由王云实际出资王辉代其持有相应股份的行为经过了家庭会议讨论决定，另外，家庭成员对于海科公司成为珠峰公司股东并持有股份的事宜均不知情。此外，原审认定王辉增资4250万元中2500万元系王云通过王健和美信公司的出资，但该两笔资金转入时间均为2011年底，且并未直接用于王辉对珠峰公司增资，而是历经了数个账户流转后于2012年4月才被王辉用于增资。对此，本院认为，在王云与王辉及海科公司之间就2012年4月增资过程中代持股事宜缺乏明确合意的情况下，结合上述资金的转入及流转过程，王云对于此次增资具有出资的意思表示并协商由王辉及海科公司代为持股的证据不足。

另外，根据王云起诉状及二审答辩状中的陈述，其选择隐名的原因在于规避《专利权转让合同》为沈南英垫资的义务，以及避免离婚有关财产分割争议、避免以前经营存在的纠纷对珠峰公司产生不利影响等事由。因此，即便认为通过家庭会议形式对有关代持股事宜达成口头约定，但该代持股合意目的在于逃避相关债务、损害第三人利益，根据《合同法》第五十二条第（三）项的规定，应属无效。

综上，最高人民法院认为：由于在珠峰公司2012年4月增资至5000万元过程中，并无证据证明王云与王辉及海科公司之间达成了合法有效的代持股合意，王云委托王健和美信公司转款系用于此次增资的意图亦不明确，因此即便增资资金来源于王云，亦不能就此认定王云对记载于王辉及海科公司名下珠峰公司股权享有股东权益，故王云要求确认王辉及海科公司在珠峰公司的相应股权由其享有的诉讼请求，因证据不足，本院不予支持。在此基础上，王云要求珠峰公司为其签发出资证明书、将其记载于股东名册并办理工商登记，缺乏事实和法律依据，本院亦不予支持。股权具有财产权和人身权的双重法律属性，根据公司法的规定，股东应当在公司章程上签名、盖章，公司应当置备股东名册记载股东姓名及出资额，记载于股东名册的股东有权向公司主张行使股东权利。选择隐名出资方式而由他人代持股权的出资人，无权向公司主张行使股东权利。王云基于投入珠峰公司相关款项产生的合法财产权益可依其他法律关系另行主张。

——中国裁判文书网，http://wenshu.court.gov.cn。

张辉、孙存卫等与张政民、史民安与公司有关纠纷申请再审案[最高人民法院(2014)民申字第1364号民事裁定书]

最高人民法院经审查认为：关于孙存卫与张政民之间就收购金澳公司和丰镐公司原股东利华持有的股权所形成的关系问题，根据2007年10月15日的《备忘录》、2007年10月16日的《股权收购协议》等书证所记载的内容，孙存卫和张政民共同收购利华所持有的金澳公司和丰镐公司股权，张政民负责支付首期股权转让款500万元，孙存卫负责以优惠的价格购买公司将来开发的项目中的部分房产，并以此财产支付剩余2100万元股权转让款。《备忘录》对收购完成后双方各自所占的份额未作明确约定，依法应按照各自的出资比例加以确定。《备忘录中》关于“孙存卫在股权买卖合同中担保责任完全解除后，剩余股权及法人代表过户到张政民名下”的约定，系双方关于股权登记名义的安排。从嗣后的履行情况来看，由张政民将其出资购买的部分股权登记在孙存卫的名下，故孙存卫代张政民持有部分股权应系不争之事实。至于孙存卫是否实际向利华支付款项，是其在股权收购协议项下的义务履行问题，并不影响其与张政民之间共同收购关系中的份额比例划分。根据2011年12月20日的《协议书》之约定，孙存卫退出公司的条件，是以张政民向孙存卫支付收益1000万元并承担孙存卫与利华的股权收购协议项下的全部负债为对价。由此可见，张政民并未因孙存卫未向利华支付款项这一客观事实而否认孙存卫在股权共同收购中的利益。综上，一、二审判决关于张政民与孙存卫之间存在隐名代持股权关系的认定，有事实依据，但一、二审判决以孙存卫未向利华支付股权转让款为由认定孙存卫与张政民之间系委托收购的认定，并无充分的事实和法律依据，本院予以纠正。申请人张辉、孙存卫关于孙存卫享有全部讼争股权的所有权的申请理由不能成立，本院不予支持。

——中国裁判文书网，http://wenshu.court.gov.cn。

【链接：最高人民法院法官著述】

虽然向公司出资是一种商行为，但本质是以表意为特征的民事行为，必须关注当事人的意思表示。隐名出资通常是以契约的形式予以约定，在不违反法律强制性法规的条件下，这种契约与普通契约并无本质上的差别。因此，在公司内部认定股东资格时，只要存在双方达成的合意，就不应当否定其法律约束力。①

——最高人民法院民事审判第二庭编著：《最高人民法院关于公司法解释（三）、清算纪要理解与适用（注释版）》，人民法院出版社 2014 年版，第 419～420 页。

由于《公司法》对借名出资能否取得股东资格问题未作明确的规定，致使司法实践中对此类行为的司法态度也不完全一致。处理借名出资者能否取得股东资格问题，不能背离公司法作为团体法的性质。公司法作为团体法，处理公司、股东和第三人之间的关系理应考虑团体法所遵循的规则。在与公司相关的法律关系中，有些属于团体法上的法律关系，应当优先考虑团体法规则的适用，如公司与股东之间的关系。有些属于个人法上的法律关系，应优先考虑个人法上的规则适用，如投资协议。对于借名行为，并非仅表现为借名协议中，实际上，借名行为之实现须为公司登记机关所确认，对外具有公示性，简言之，名义出资人在对外关系上是作为公司法上的股东出现的，作为交易关系中的第三人是无法探求公司背后真实情况的，因此，为保护交易安全，在对外关系上应由名义出资人承担股东所应承担的民事责任。

在实际出资人与名义出资人之间，按照实质法律事实，实际出资人实际出资并且行使了全部股东权益，而名义出资人虽然是股东名册登记的股东，但是由于名义出资人并没有成为公司股东的意思，也没有行使公司股权之意愿，名义出资人并不享有任何实际权利，也不对实际出资人承担任何义务。这不同隐名投资。隐名投资中，由于名义股东行使了股权，按照其与实际出资人之约定，名义股东应当对实际出资人承担相应之契约责任。

对于借名投资对外的效力，在借名投资的对外关系上，应遵循外观主义原则，即以公司对外公示材料中记载的股东为享有股东资格者，以保护善意第三人

① 蒋大兴：《公司法的展开与评判——方法 · 判例 · 制度》，法律出版社 2001 年版，第 468 页。

的利益,维护交易的稳定。因公司股东有未按时出资、出资不足、虚假出资、抽逃出资等行为,公司债权人可以向名义出资人主张其承担连带清偿责任。

如果有证据证明经登记注册的股东仅仅是被别人借名而挂名,并未参与公司的治理,未享有过真正的股东权利,也未履行过股东义务,那么法律不会保护其作为“股东”而应享有的权利。因为对公司履行出资义务是享有股东权利的基础,而并未实际出资的挂名股东,则不会享有基于出资而享有的公司知情权、表决权、选举权和被选举权、转让出资权、收益权等股东权利。相反,在公司资不抵债时,因为其股东身份已向社会公示,实际出资人与挂名股东之间的这种私下借名行为不能对抗善意第三人,所以名义出资人不但不会享有股东的权利,却存在在实际出资人未缴出资范围内对公司债务承担连带责任的法律风险。

——最高人民法院民事审判第二庭编著:《最高人民法院关于公司法解释(三)、清算纪要理解与适用》,人民法院出版社 2011 年版,第 429 ~ 431 页。

对于隐名股东的资格确认问题,应当区分内部关系和外部关系,分别对待。

首先,当纠纷涉及股东间关系时,应尽可能尊重股东的真实意思表示,对股权确认,应着重审查名实股东之间的合同约定、股东会决议等股东间关于股权问题的真实意思表示,或者根据股东实际享有股东权利、参与公司经营管理等事实行为推定出股东间关于股权问题的意思表示。隐名股东身份的确认还需有其他股东认可其股东身份的意思表示。基于有限责任公司的人合性,如果其他股东并不知道隐名股东的存在,也不同意与其存在共同投资关系的,该隐名股东则不能被显名确认为公司股东。

其次,当纠纷涉及公司与股东间的关系时,在确认股权时应着重审查股东名册的记载。股东名册具有推定效力,即在没有相反证据时,股东名册就是股东资格的证明,股东可以依据股东名册的记载向公司主张权利。股东名册具有免责效力,即公司依据股东名册的记载识别股东,并仅向记载于股东名册的人履行诸如通知召开股东会、分配利润等义务,即可免除可能发生错误的责任。实质上的权利人未登记于股东名册之前,不能对抗公司,向公司主张股东权利。当然,股东名册也可以被其他证据推翻。且这一规定主要是保护公司的利益,如果有证据明知实际权利人的存在,则其不能仅仅依据股东名册履行义务。如实质上的权利人虽未被记载于股东名册,但其已居公司实际享有股东权利,或其他股东对其身份予以认可的,其股东身份亦应予以确认。

再次，纠纷涉及股东与第三人的外部关系时，应着重审查工商登记的内容。工商登记具有对善意第三人宣示股东资格的证权功能，第三人有理由依赖登记材料的真实性。即使登记内容存在瑕疵，按照商法公示主义与外观主义原则，第三人仍可以基于对该登记内容的信赖，对登记于公司登记机关的股东主张权利。

最后，隐名股东不能以规避法律的强制性规定为目的。隐名股东是我国公司设立、运作不规范以及公司法存在某些不足而导致的一种较为特殊的法律现象，应为阶段性的。在实际出资人隐名持有股份的情况下，会发生某种规避法律、法规的现象。例如，隐名股东可能逃避证券监管或客观上逃避司法强制执行程序等。但是隐名股东不能以规避法律的强制性规定为目的。例如，法律禁止某些主体投资特定行业，或禁止某类主体从事商行为，如为规避此种禁止性规定，实际出资人以他人名义投资，造成的股东隐名的现象，则不能保护此种隐名股东的股东权利。

——潘勇锋：《认定实际出资人股东资格的必要条件——对一起有限责任公司股权纠纷案的点评》，载最高人民法院民事审判第二庭编：《商事审判指导》总第14辑，人民法院出版社2008年版，第216～217页。

编者说明

实践中，由于各种原因，在公司相关文件中记名的人（名义出资人）与真正投资人（实际出资人）相分离的情形屡见不鲜，此种行为在实践中引起了较多争议，相关处理原则也随着有关司法解释的出台而逐渐清晰。

103

在公司内部纠纷中，法律并未明确规定未经登记的股东不具备股东资格，应当结合其他证据综合认定

关键词｜公司内部纠纷｜股东资格｜

【最高人民法院裁判文书】

毛光随与焦秀成、焦伟等股权转让纠纷［最高人民法院（2016）最高法民终18号民事判决书］

最高人民法院认为：一、关于《股权认购协议书》的效力以及毛光随是否享

有石圪图煤炭公司合法有效股权的问题。

根据本案已经查明的事实,毛光随与石圪图煤炭公司于2009年1月12日签订了《股权认购协议书》,并盖有石圪图煤炭公司印章,焦伟及毛光随亦均签字捺印。根据该协议书中首部的内容可以认定,石圪图煤炭公司已经确认焦伟与毛光随享受石圪图煤炭公司股东的权利及义务。在该认购协议书的具体条款中,石圪图煤炭公司进一步确认毛光随的股份占该公司总股份的12%,还明确了“现公司股权以本协议为准,与工商注册无关”以及“此协议是确认股东身份的唯一依据”等内容。

第一,对于焦秀成、焦伟上诉认为该《股权认购协议书》实质为“增资扩股”的主张,本院认为,依据《公司法》及相关司法解释的规定,所谓有限责任公司的“增资扩股”应当是公司基于增加注册资本金之目的而增加新股东或原股东增持股份的行为。但从《股权认购协议书》的首部及具体条款的内容看,该认购协议书的目的在于确认焦伟、毛光随为石圪图煤炭公司股东的身份,并确定毛光随持股之比例,而并未有增加注册资本金的约定。至于是否存在焦秀成、焦伟所称的“债转股”的行为,单凭该《股权认购协议书》的内容尚不足以确认,且其对此也未能进一步提供证据予以证明。因此,焦秀成、焦伟关于《股权认购协议书》实质为“增资扩股”,并认为非经法定程序的“增资扩股”依法无效的主张缺乏事实依据,本院不予支持。

第二,对于毛光随是否具备股东资格的问题,从《股权认购协议书》首部内容看,焦伟于2008年3月19日与石圪图煤炭公司全体股东签订了《准格尔旗川掌镇石圪图煤炭有限责任公司股权转让协议书》,但依据石圪图煤炭公司的工商登记材料,焦伟始终未出现在石圪图煤炭公司工商登记的股东名册中。据此,可以认定石圪图煤炭公司存在登记股东与实际股东不一致的情形,因此,不能仅依据工商登记之有无而断定毛光随是否为石圪图煤炭公司的股东。本院认为,在公司内部涉及股东之间的纠纷中,法律并未明确规定未经登记的股东不具备股东资格,而是应当结合其他证据综合认定。石圪图煤炭公司以签订《股权认购协议书》的形式,确认了焦伟及毛光随股东之身份,并认可该二人享有公司股东的权利及义务,据此,可以确认毛光随系石圪图煤炭公司隐名股东这一身份,其股东资格不因未经工商登记而被否定。

第三,对于《股权认购协议书》中确定毛光随持有12%的股权是否有效的问题,本院认为,对公司外部而言,公司的股权应当以对外公示的工商登记为准;而在公司内部,有关隐名股东身份及持股份额之约定等属于公司与实际出资人或名义股东与实际出资人之间形成的债权债务的合意,除非隐名股东要求变更为显名股东外,该约定不会引起外界其他法律关系的变化,亦不会破坏有限责任公司的人合性,故一般应当认可其有效性。在案涉的《股权认购协议书》中,石圪图煤炭公司确认了毛光随享有12%的股权,明确了其投资份额,无论此协议的签订是基于其他实际出资人股权之转让抑或其他原因,该协议所确定之内容均不违反法律法规的效力性强制性规定,应当依法确认其合法性。因此,就本案纠纷而言,毛光随依据《股权认购协议书》享有以隐名股东身份持有12%的股权。

第四,对于焦秀成上诉认为《股权认购协议书》系焦伟无权代理签订故不应当认定其效力的问题,本院认为,尽管在石圪图煤炭公司的工商登记信息中并未反映出焦伟与该公司之间的关系,但从2008年2月26日焦伟以石圪图煤炭公司法定代表人的身份与毛光随签订《石圪图煤炭公司露天煤矿第一工段生产责任制协议》以及在石圪图煤炭公司为毛光随出具的3000万元收款收据上签字的行为可见,石圪图煤炭公司对于焦伟以该公司名义与毛光随所从事的行为是认可的,加之焦伟与石圪图煤炭公司的法定代表人焦秀成之间系同胞兄弟之关系,再考虑到焦伟系石圪图煤炭公司对外公示的法人股东内蒙古恒华煤炭(集团)有限公司的法定代表人之身份,可以看出焦伟与石圪图煤炭公司之间存在明显而紧密的利益关系。焦秀成主张焦伟无权代表石圪图煤炭公司签字,进而否认《股权认购协议书》的效力的上诉主张是不能成立的。

综合上述分析,一审法院作出的《股权认购协议书》合法有效的认定正确,毛光随享有石圪图煤炭公司12%的股权合法有效,其有权转让该股权。

——中国裁判文书网,http://wenshu.court.gov.cn。

104

虽然是登记股东,但并未参与公司治理,未享有过股东权利,也未履行过股东义务,对公司股权全部变更从未提出异议的,在公司内部纠纷中应认定不具备股东资格

关键词|登记股东|股东权利|股东义务|股东资格|

【最高人民法院裁判文书】

李守攀与闫瑞发、赵忠林、赵清波及磐石市升旺供热有限公司股权转让纠纷申请再审案[最高人民法院(2015)民申字第2435号民事裁定书]

最高人民法院认为:李守攀是否具备东方园公司的股东资格。李守攀主张其与闫瑞发对东方园公司各享有50%的股权,但根据原一、二审法院查明的案件事实,李守攀在主张其继受取得股权的过程中,没有提供股权转让协议及出资证明书;在公司多次重大经营活动中,没有召开过股东会议,没有参与过决策;在公司多次贷款和公司财产抵押过程中,全部由闫瑞发实际操作,李守攀也未参与公司管理;在闫瑞发转让公司全部资产时,李守攀未提出过异议;尤其是在闫瑞发被羁押追究刑事责任时,李守攀也未主张过股东权利,或实际参与对公司的管理。反而在东方园公司的所有设施以350万元转让给赵清波两个月之后,李守攀却作为磐石市另一公司的股东,分别在该公司章程、股东会决议、股权转让协议书等公司重要资料上签字,在2005年7月5日李守攀担任该公司的法定代表人。显然,李守攀知悉公司股东会和股权转让的法律效力,但却在六年时间里没有向闫瑞发、赵清波和升旺公司主张过50%的股权。虽然李守攀提交了升旺公司前身东方园公司由磐石市盘龙物业管理有限公司更名而来时的《公司变更登记申请书》、东方园公司向工商部门申请变更经营范围、延长经营期限的《变更登记申请事项》及公司年检报告等工商登记资料有股东李守攀字样的证据,但未提供李守攀继受取得公司股权向工商部门申请变更登记的证据。按照一、二审法院查明的事实,东方园公司是闫瑞发实际出资并且行使了全部股东权益,而李守攀虽然是工商部门登记材料的股东,但其并未参与公司的治理,未享有过真正的股东权利,也未履行过股东义务。尤其是2005年4月30日,磐石市工商行政管理局磐石分局依据东方园公司于2005年4月30日出具的《关于股权转让决议》,将东方园公司的股东变更为赵清波、赵忠林,公司法定代表人变更为赵清波后,闫瑞发即将东方园公司交由赵清波、赵忠林进行经营管理,李守攀随即亦离开了东方园公司,之前李守攀为该公司库管员,对上述公司变更行为并未提出过异议。因此,二审法院依据《公司法解释(三)》第二十二条"当事人之间对股权归属发生争议,一方请求人民法院确认其享有股权的,应当证明以下事实之一:(一)已经依法向公司出资或者认缴出资,且不违反法律法规强制性规定;(二)已经受让或者以其他形式继受公司股权,且不违反法律法规强制性规定"

的规定，认定李守攀不具有东方园公司的股东资格，并判决驳回李守攀的诉讼请求，在认定事实和适用法律上均无不当。

——中国裁判文书网，http://wenshu.court.gov.cn。

105

有限责任公司的实际出资人要求变更股东登记名册，须符合《公司法》的有关规定

关键词 | 实际出资人 | 股权变更登记 |

【最高人民法院司法解释】

第二十四条第三款 实际出资人未经公司其他股东半数以上同意，请求公司变更股东、签发出资证明书、记载于股东名册、记载于公司章程并办理公司登记机关登记的，人民法院不予支持。

——《最高人民法院关于适用〈中华人民共和国公司法〉若干问题的规定（三）》（2010年12月6日最高人民法院审判委员会第1504次会议通过，根据2014年2月17日最高人民法院审判委员会第1607次会议《关于修改关于适用〈中华人民共和国公司法〉若干问题的规定的决定》修正）

【最高人民法院司法政策】

8. 正确适用公司资本法律规则，消除对出资行为的不当限制。要准确把握修改后的公司法中公司资本制度的立法精神，正确认识公司资本的作用与功能，支持企业正常合理的资金运用行为。要按照新修改的公司法有关放宽资本结构的精神审慎处理股东出资问题。职工持股会、企业工会等组织代为持有投资权益是目前部分企业资本结构中的特殊形态，企业兼并重组中涉及投资权益变动的，人民法院要依法协调好名义股东与实际出资人间的利益关系。除法律法规有明确规定外，要注重方便企业设立和发展，在企业资本数额设定、投资义务履行期限等方面要充分尊重投资者的约定和选择，保障投资者顺利搭建重组平台。

——《最高人民法院印发〈关于人民法院为企业兼并重组提供司法保

障的指导意见〉的通知》(2014 年 6 月 3 日,法发〔2014〕7 号)

【《最高人民法院公报》案例】

张建中诉杨照春股权确认纠纷案(上海市静安区人民法院民事判决书)

裁判摘要:有限责任公司的实际出资人与名义出资人订立合同,约定由实际出资人出资并享有投资权益,以名义出资人为名义股东,该合同如无《合同法》第五十二条规定的情形,应当认定为有效。实际出资人有权依约主张确认投资权益归属。如实际出资人要求变更股东登记名册,须符合《公司法(2005)》第七十二条的有关规定。

人民法院在审理实际出资人与名义出资人之间的股权转让纠纷中,以在所涉公司办公场所张贴通知并向其他股东邮寄通知的方式,要求其他股东提供书面回复意见,公司其他股东过半数表示同意股权转让的,应当认定该股权转让符合《公司法(2005)》第七十二条的规定,名义出资人应依约为实际出资人办理相应的股权变更登记手续。

——《最高人民法院公报》2011 年第 5 期

【最高人民法院裁判文书】

甘肃三丰农业生产资料有限公司、朱永忠、兰州市三丰农业生产资料有限公司、甘肃融丰工贸有限责任公司股东资格确认纠纷申请再审案[最高人民法院(2016)最高法民申 2998 号民事裁定书]

最高人民法院认为:一审审理期间,兰州三丰公司提出的第一项诉讼请求是:第三人朱永忠所持有的甘肃三丰公司 85% 股权归兰州三丰公司所有,并依法确认兰州三丰公司的股东资格。原判决依据查明事实,认定兰州三丰公司是甘肃三丰公司股东,该公司 85% 的股权归兰州三丰公司所有并不违反法律规定。甘肃三丰公司、朱永忠称兰州三丰公司没有提出确认股东之诉与兰州三丰公司的诉讼请求不相符,称原判决在没有确认兰州三丰公司股东身份的情况下即认定甘肃三丰公司股权归其所有错误的申请再审理由缺乏事实依据和法律依据。

2005 年 4 月 5 日,甘肃三丰公司成立,其在工商登记中有三个股东,分别是朱永忠出资 850 万元(持股比例 85%),融丰公司出资 100 万元以及睿丰公司出资 50 万元。虽然甘肃三丰公司登记的股东是朱永忠,但 850 万资金系兰州三丰公司出资。该事实已经生效的甘肃省高级人民法院(2011)甘民再字第173号民事判决、最高人民法院(2012)民再申字第130号民事裁定以及兰州市中级人民法院(2012)兰法刑二终字第81号刑事裁定确认。该笔款项先由兰州三丰公司出纳阮陇伟个人账户转入兰州三丰公司,又由兰州三丰公司转入朱永忠账户850万元,再由朱永忠账户将850万元转入甘肃三丰公司验资账户。甘肃三丰公司、朱永忠称850万元系其个人出资依据不足,该项申请再审理由不能成立。

《公司法解释(三)》第二十二条规定,"当事人之间对股权归属发生争议,一方请求人民法院确认其享有股权的,应当证明以下事实之一:(一)已经依法向公司出资或者认缴出资,且不违反法律法规强制性规定";第二十四条第三款规定,"实际出资人未经公司其他股东半数以上同意,请求公司变更股东、签发出资证明书、记载于股东名册、记载于公司章程并办理公司登记机关登记的,人民法院不予支持"。本案中,甘肃三丰公司股东出资比例在2012年11月15日进行了变更,变更后朱永忠持股90%,融丰公司持股10%。融丰公司在一审审理期间,认可兰州三丰公司的股东资格,二审庭审后向原审法院提交书面意见,表示只要不损害并保障其合法权益,对二审判决不持异议。即实际出资人兰州三丰公司请求甘肃三丰公司变更股东已经公司其他股东过半数同意。据此,原判决根据兰州三丰公司实际出资的事实,认定兰州三丰公司系甘肃三丰公司股东并持有85%股权有事实与法律依据。甘肃三丰公司、朱永忠以原判决在未经甘肃三丰公司股东过半数同意的情况下,即认定兰州三丰公司是甘肃三丰公司股东违反法律规定的再审申请理由不能成立。

——中国裁判文书网,http://wenshu.court.gov.cn。

王成与安徽阜阳华纺和泰房地产开发有限公司股东资格确认纠纷案[最高人民法院(2014)民二终字第185号民事判决书]

最高人民法院认为:关于王成应享有和泰公司股权的比例。《公司法解释(三)》)第二十四条第一款规定,有限责任公司的实际出资人与名义出资人订立合同,约定由实际出资人出资并享有投资权益,以名义出资人为名义股东,实际出资人与名义股东对该合同效力发生争议的,如无《合同法》第五十二条规定的情形,人民法院应当认定该合同有效。该条第二款前款规定的实际出资人与名义股东因投资权益的归属发生争议,实际出资人以其实际履行了出资义务为由向名义股东主张权利的,人民法院应予支持。名义股东以公司股东名册记载、公司登记机关登记为由否认实际出资人权利的,人民法院不予支持。该条第三款规定:实际出资人未经公司其他股东半数以上同意,请求公司变更股东、签发出资证明书、记载于股东名册、记载于公司章程并办理公司登记机关登记的,人民法院不予支持。根据该第三款的规定,实际出资人请求登记为股东的,应获得公司其他股东半数以上同意。王成以和泰公司为被告提起诉讼,请求确认其为和泰公司股东及其持股比例。其诉讼请求能否获得支持,取决于王成与和泰公司的出资关系及和泰公司股东是否同意。

——中国裁判文书网,http://wenshu.court.gov.cn。

编者说明

在公司内部股东资格发生争议时,主要是公司内部的问题,应当遵循契约自由、意思自治的原则,如果实际出资人的股东资格认定与名义股东之间的协议系双方真实意思表示,原则上应当认定实际出资人的股东资格,但必须公司知晓实际出资人与名义股东的协议,并且已经认可以其身份行使权利,则是公司对实际出资人股东资格的认可。如果公司对他们之间的隐名投资合同不知晓,则实际出资人就不能以该协议对抗公司。因此,实际出资人要被确认为股东,需要经过公司其他股东的认可,以保护有限责任公司的人合性不被其破坏。对于"经公司其他股东半数以上同意"的判断,不能简单地理解为必须限定在诉讼中征得其他股东同意,而是应以公司经营期间其他股东一直认可作为审查基础,来把握实际出资人要求显名的法律要件。①

106

实际出资人以出资款系其支付为由主张股东权利的不予支持,但可依据有效委托协议享有代购股权项下的相关财产性权益

关键词 | 实际出资人 | 股东权利 |

【最高人民法院裁判文书】

海南发展银行与海南泛华高速公路股份有限公司、海南泛华实业有限公司财产损害赔偿纠纷案[最高人民法院(2013)民提字第144号民事判决书]

最高人民法院认为:本案的争议焦点为:一、泛华高速是否是海发行涉案40

---

① 上海市高级人民法院民二庭:《关于〈公司法〉纠纷案件法律适用疑难问题的研讨综述(一)》,载最高人民法院民事审判第二庭编:《商事审判指导》总第31辑,人民法院出版社2013年版,第174~175页。

张股权证的权利人，是否有权基于该40张股权证向海发行主张权利；二、海发行信贷部收取泛华实业的海发行涉案40张股权证的事实是否构成了泛华高速或者泛华实业与海发行之间的质押法律关系；三、海发行信贷部收取泛华实业的海发行涉案40张股权证是否给泛华高速造成损失，海发行是否应当承担赔偿责任。

一、关于泛华高速是否是海发行涉案40张股权证的权利人，是否有权基于该40张股权证向海发行主张权利问题。

泛华高速以泛华实业持有的海发行股票系泛华高速实际出资且海发行清楚泛华高速系海发行隐名股东等为由，主张本案所涉登记在泛华实业名下的4000万股股权证的权利人为泛华高速，缺乏法律依据。海发行《企业法人年检报告书》载明泛华实业是海发行的出资人，实际出资额为6000万元，并无泛华高速是海发行出资人的记载。企业法人出资人的确定应以工商登记材料和公司股东名册等的记载为准。即使上述泛华实业出资到海发行的6000万元款项确系泛华高速实际支付，在确定该笔出资项下的出资人名义时也应按照工商登记的泛华实业来确定。泛华高速在不具备向金融机构投资资格的情况下，通过委托泛华实业代其购买海发行股份的行为，不能得出泛华高速系相关股权的权利人的结论。在泛华高速与泛华实业签订的《委托协议书》不违反法律法规强制性规定的前提下，泛华高速可以依据《委托协议书》的约定，享有代购股权项下的相关财产性权益，但并非是对海发行的股东权益。对海发行而言，该部分股权的权利人仍为泛华实业。泛华高速只有在将相关股权从泛华实业依法变更到其名下后尚可行使出资人权利。因此，在本案所涉40张股权证的权利人仍记载为泛华实业的情况下，泛华高速无权以权利人身份就该40张股权证向海发行主张权利。泛华高速仅以其为所涉股权的实际出资人和海发行明知其为实际出资人为由，认为其有权对相关股权主张权利，于法无据，本院不予支持。海南高院认定泛华高速系海发行股东不当，本院依法予以纠正。

……

三、海发行信贷部收取泛华实业的海发行涉案40张股权证是否给泛华高速造成损失，海发行是否应当承担赔偿责任。

股权证仅仅是出资人享有出资者身份和权益的凭证，而不是财产本身。海发行占有涉案40张股权证并不当然导致相关股权价值的贬损。海发行股权的价值贬损系因经营管理不善所致，与海发行占有股权证没有直接的因果关系。现泛华高速亦无证据证明，泛华高速曾通过泛华实业向海发行主张返还相关股权证,而海发行不予返还,因此而造成泛华高速无法通过泛华实业及时转让相关股份而导致其财产损失。泛华高速主张40张股权证因海发行占有控制而丧失经济价值,缺乏事实和法律依据。因此,本院对其要求海发行因长期占有上述股权证应承担赔偿责任的主张亦不予支持。

——最高人民法院民事审判第二庭编:《最高人民法院商事审判指导案例(2014)》,中国民主法制出版社2015年版,第209~218页。

107

工商登记之外的第三人基于登记信息而与公司交易，公司登记信息与实际情况是否相符，不影响其与公司之间交易行为的效力

关键词｜商事外观主义原则｜工商登记｜挂名股东｜

【最高人民法院裁判文书】

冷水江信用合作社与周求华借款合同纠纷申请再审案

要点提示:工商登记的企业产权性质与实际投资情况不符合时,应根据"谁投资,谁所有"的原则来确认。在公司股权确认纠纷中,挂名股东与实际投资人发生争议时,亦适用该原则。但对于工商登记之外的第三人,因为其基于公司登记信息而与之交易,公司登记信息与实际情况是否相符合,均不影响其与公司之间交易行为的效力。根据商事外观主义原则,挂名股东或登记投资主体是无权否认第三人向其主张权利的,同样第三人也不能以公司登记错误为由向实际投资人主张权利。

最高人民法院经审查认为:冷水江经济开发区与周求华之间如果对华洲公司企业所有权性质产生争议,应当适用"谁投资,谁所有"来处理。但在实际投资人与登记权利人对企业产权性质未进行确认的情况下,第三人能否直接请求实际投资人对企业债务承担民事责任,应根据商事外观主义原则来判断。根据商事外观主义原则,挂名权利人的行为所表现出来的或者有关权利公示所表现出来的构成某种法律关系的外观,导致第三人对于该两种法律关系产生信赖,并出于此信赖而为某种民事法律行为,即使有关法律关系的真实状况与第三人主观信赖的状况不符,只要该第三人的主观信赖合理,其据以作出的民事法律行为

效力受法律的优先保护。而本案中，冷水江信用合作社并未基于工商登记的外观主义原则要求登记产权人冷水江经济开发区承担民事责任，而是直接要求实际出资人周求华承担民事责任。冷水江信用合作社的主张与商事外观主义原则规定相违背。对于“红帽子”企业产权纠纷处理程序，《最高人民法院行政审判庭关于“红帽子”企业产权纠纷处理有关问题的意见》（2004 年 1 月 16 日）中也明确指出：程序上可以通过“红帽子”企业产权利害关系人向工商行政管理部门申请变更企业登记项目，工商行政管理部门拒绝变更的，申请人可依法向人民法院提起行政诉讼，人民法院可以根据有关证据作出裁判。因此，根据商事外观主义原则及“红帽子”企业产权纠纷处理程序的相关规定，冷水江信用合作社正常的救济途径，应当直接请求冷水江经济开发区对华洲公司的债务承担责任。冷水江信用合作社作为投资主体之外的第三人，应基于对华洲公司企业登记外观主义的信赖，请求其开办单位冷水江经济开发区承担未履行企业清算义务的相关民事责任。因此，冷水江信用合作社的再审申请不符合《民事诉讼法》（2007 年）第一百七十九条规定的情形，裁定驳回冷水江信用合作社的再审申请。

——杜万华主编：《最高人民法院民商事案件审判指导》第 2 卷，人民法院出版社 2015 年版，第 397 ~ 400 页。

【链接：最高人民法院法官著述】

根据外观主义原则，名义权利人的行为所表现出来的或者有关权利公示所表现出来的构成某种法律关系的外观，导致第三人对该两种法律关系产生信赖，并出于此信赖而为某种民事法律行为，即使有关法律关系的真实状况与第三人主观信赖的状况不符，只要该第三人的主观信赖合理，其据以作出的民事行为效力受法律的优先保护。对于工商登记之外的第三人，因为其基于企业登记信息而与其交易，企业登记信息与实际情况是否相符合，均不影响其与公司、企业之间交易行为的效力。根据商事外观主义原则，持名股东或登记投资主体是无权否认第三人向其主张权利的，同样，第三人也不能以企业登记错误为由向实际投资人主张权利。否则，会害及商事外观主义原则。

综上，企业所有权性质的界定，属于投资主体之间的内部关系，应以双方当事人之间的真实法律关系来确认，并不以工商登记的内容来认定；对于企业投资主体之外的第三人，企业工商登记内容则具有公示效力。

——李玉林：《关于商事登记公信力效力的理解与适用——冷水江信用

合作社与周求华借款合同纠纷申请再审案》,载杜万华主编:《最高人民法院民商事案件审判指导》第2卷,人民法院出版社2015年版,第401~403页。

编者说明

《民法总则》第六十五条明确规定,法人的实际情况与登记的事项不一致的,不得对抗善意相对人。

108

隐名股东在公司对外关系上不具有公示地位,不能以其与显名股东之间的约定对抗外部债权人

关键词 | 显名股东 | 隐名股东 | 对抗债权人 |

【最高人民法院裁判文书】

哈尔滨国家粮食交易中心与哈尔滨银行股份有限公司科技支行、黑龙江粮油集团有限公司、黑龙江省大连龙粮贸易总公司、中国华粮物流集团北良有限公司执行异议纠纷案[最高人民法院(2013)民二终字第111号民事判决书]

裁判要旨:一、本案系执行异议纠纷,根据我国公司法、民事诉讼法的相关规定,当事人在本案中提起的股东资格确认之诉与执行异议之诉不属于必要的共同诉讼,不应合并审理。

二、根据《公司法(2005)》第三十三条第三款的规定,依法进行登记的股东具有对外公示效力,隐名股东在公司对外关系上不具有公示股东的法律地位,其不能以其与显名股东之间的约定为由对抗外部债权人对显名股东主张的正当权利。

最高人民法院认为:

一、关于交易中心提起的确认之诉与执行异议之诉能否合并审理的问题。

原审判决认定交易中心提起的确认其为三力期货公司的实际出资人、股东、享有投资权益的诉讼请求,与其提起的执行异议之诉,属于不同的法律关系,故其该项诉讼主张不属本案的审理范围,对此不予审理。交易中心对此向本院提起上诉,主要理由是:交易中心是三力期货公司的实际出资人,应当享有三力期货公司的投资权益,因此其提起了案外人执行异议之诉,故所提起的确认其为三力期货

公司的实际出资人等诉讼请求，应当属于本案的审理范围。本院认为，交易中心的一审诉讼请求中涉及两个法律关系，一是交易中心与粮油集团、龙粮公司之间存在的股权确认法律关系，二是交易中心对抗外部债权人对股权申请强制执行的执行异议法律关系。对其股权确认方面的请求而言，属于公司股东资格确认纠纷，根据《公司法》及本院《公司法解释（三）》的相关规定，交易中心提起股东资格确认之诉，适格的诉讼当事人应当是三力期货公司、粮油集团和龙粮公司。因此，如交易中心提起股东资格确认之诉，则该诉与科技支行和北良公司并不存在法律上的关系，科技支行、北良公司均不是该确认之诉适格的诉讼主体。本案系执行异议纠纷，根据我国民事诉讼法的相关规定，本案与股东资格确认纠纷不属于必要的共同诉讼，不应合并审理。故原审判决认定交易中心提起的确认之诉不属于本案审理范围并无不当。交易中心的该项上诉理由不能成立，本院不予支持。

二、关于交易中心提出停止执行三力期货公司股权的上诉请求及理由是否成立的问题。

原审判决认定对粮油集团和龙粮公司持有的三力期货公司股权采取的执行行为合法，对该股权应予继续执行。交易中心对此向本院提起上诉，主要理由是：粮油集团、龙粮公司只是三力期货公司股权名义上的持有人，该股权不应成为其责任财产，不能用以清偿自身债务，强制执行必然损害实际出资人交易中心的合法权益。本院认为，《公司法(2005)》第三十三条第三款规定：“公司应当将股东的姓名或者名称及其出资额向公司登记机关登记；登记事项发生变更的，应当办理变更登记。未经登记或者变更登记的，不得对抗第三人。”依据该条规定，依法进行登记的股东具有对外公示效力，隐名股东在公司对外关系上不具有公示股东的法律地位，其不能以其与显名股东之间的约定为由对抗外部债权人对显名股东主张的正当权利。因此，当显名股东因其未能清偿到期债务而成为被执行人时，其债权人依据工商登记中记载的股权归属，有权向人民法院申请对该股权强制执行。根据本案原审查明的事实，三力期货公司工商登记记载的股东为粮油集团和龙粮公司，科技支行依另案生效判决向法院申请冻结并强制执行粮油集团和龙粮公司在三力期货公司的股权，有事实和法律依据。因此，本案中，交易中心是否为三力期货公司的实际出资人，不影响科技支行实现其请求对三力期货公司股权进行强制执行的权利主张。故交易中心关于停止对粮油集团和龙粮公司所持有三力期货公司股权强制执行的请求，没有事实和法律依据，本院不予支持。

——最高人民法院民事审判第二庭编：《最高人民法院商事审判指导案例(2014)》，中国民主法制出版社 2015 年版，第 172 ~ 178 页。

编者说明

关于隐名股东针对股权冻结而提出的异议，最高人民法院法官认为，应当适用《最高人民法院关于人民法院办理执行异议和复议案件若干问题的规定》第二十七条第（四）项，可以对隐名股东提出案外人异议进行判定，在显名股东负有生效法律文书确定的债务情形下，执行法院将公示登记在显名股东名下股权予以冻结，如隐名股东提出案外人异议，执行法院对争议问题只能进行形式审查，即以公司章程、股东名册及工商登记为准，即使隐名股东提出足够推翻公示登记的证据，案外人异议也不能成立。①

109

有限责任公司作为人合性质的团体，其对某一公司成员股东身份的承认意味着所有其他股东作为一个整体对该成员股东资格的认可

关键词 | 股东权纠纷 | 股东资格 |

【最高人民法院答复】

河南省高级人民法院：

你院《关于股东未出资，亦未向股权转让人支付对价的股东地位如何认定问题的请示》收悉。经研究，答复如下：

原则同意你院第二种意见。从案卷反映的事实看，1993年12月30日，思达设备公司变更公司章程，以书面形式确认新老股东之间就股份转让以及转让的具体份额达成的一致意见，即在公司注册资金100万元不变的情况下，原始股东思达科技公司和胡克将部分股份转让给李欣、魏若其、李立、杨为民、王卫平等五位新股东。1994年4月18日思达设备公司股东会决议，同意吸收李立、李欣、王卫平、魏若其、杨为民为新的股东，原始股东各方的出资部分转让给该五位股东。此后，河南省工商行政管理局对思达设备公司进行年检时在年检报告“投资者投资情况”一栏将公司新老股东及其所占股份予以记载，该项记载具备将公司

---

① 张元：《隐名股权的强制执行》，载江必新、刘贵祥主编，最高人民法院执行局编：《执行工作指导》总第59辑，国家行政学院出版社2016年版，第100页；杜万华主编、最高人民法院民事审判第一庭编：《民事审判指导与参考》总第67辑，人民法院出版社2017年版，第70页。

股东向社会公示的意义。从思达设备公司新老股东就股份转让达成合意、到公司股东会认可新股东的身份,直至工商行政管理部门通过年检报告将公司股东予以公示,思达设备公司股东完成了李立等人获得股东身份的必要程序。且李立等人自1993年12月30日受让股份,以股东身份行使权利(参与股东大会、参与公司运营决策等)已近10年,此时再否认其股东资格缺乏事实依据。股份转让时各当事人未就股份转让的对价问题作出明示约定,原始股东若就支付对价提出请求,可另案提起诉讼。

此复。

——《最高人民法院关于胡克诉王卫平、李立、李欣股东权纠纷一案的答复》(2003年5月15日,〔2003〕民二他字第4号)

【链接:最高人民法院法官著述】

参照《最高人民法院关于胡克诉王卫平、李立、李欣股东权纠纷一案的答复》(2003年5月15日,〔2003〕民二他字第4号)的规定,应当认定该当事人具有股东资格。理由是:第一,确认股东权的归属须综合考虑多种因素,而在有限责任公司,最关键的是公司对股东的承认或认可。有限责任公司作为一种具备人合性质的团体,其对某一公司成员股东身份的承认意味着所有其他股东作为一个整体对该成员股东资格的认可,其他个别成员的异议不能与之对抗。公司对股东身份承认的形式是股东名册登记或者公司章程的记载。第二,通过出资而成为股东者,其出资瑕疵并不必然导致股东身份的丧失;通过受让股份而成为股东者,其未支付对价也不能成为直接否认其股东资格的理由。对于出资瑕疵者或未支付对价的受让人,其他股东或转让股份的原股东作为权利人可向其主张违约责任;其在合理期限内仍不履行出资义务或支付对价义务的,其他股东或原股东可依照《合同法》第九十四条的规定,主张解除合同,进而解除出资瑕疵者或未支付对价之受让人的股东身份。但无论是对于出资瑕疵者,或是对于未支付对价之受让人,权利人主张解除合同应在合理期限内为之。

——张勇健:《当事人未出资亦未支付股权转让对价其股东地位如何认定》,载江必新主编、最高人民法院民事审判第二庭编:《民商审判指导与参考》总第3卷,人民法院出版社2003年版,第134页。

110

股东是否实际出资并不影响其股东资格的确认，只产生向公司补足出资以及向已经实际出资的股东承担未出资违约责任的法律后果

关键词｜股东资格｜实际出资｜违约责任｜

【最高人民法院裁判文书】

王宏与辽宁华龙贸易有限公司、辽宁金域食府餐饮有限公司股东资格确认纠纷申请再审案［最高人民法院(2015)民申字第373号民事裁定书］

最高人民法院认为：王宏与华龙公司就金域食府中55%的股权归属发生争执，本案系股东资格确认纠纷。王宏主张该部分股权系其实际出资，应归属其个人所有，华龙公司从未实际出资，亦未实际参与任何经营，不应作为金域食府股东。首先，在王宏与华龙公司的法律关系上，王宏所举出的主要证据有，经过公证处公证的王华于2010年7月29日作出的《证明》、辽宁北方贸易有限公司出具的《证明》，以及陈志东与王宏签订的《协议书》等，并没有举出王宏与华龙公司签订协议书等有效的书面证据加以证明。王华所出具的《证明》属于证人证言，而王华系王宏的妹妹，二人系亲属关系即有利害关系，依据我国民事诉讼证据规则要求，该证人证言不应采信。辽宁北方贸易有限公司出具的《证明》，以及陈志东提供的《协议书》均属于间接证据，并不能直接证明王宏与华龙公司的法律关系。由王书生保管的《说明》上虽然有华龙公司的公章，但上面签章处的具体时间为空白，且王宏未说明该《说明》来源的合法性。华龙公司2012年工商年检报告书仅反映该公司的对外债务等信息，仍然无法直接印证本案王宏与华龙公司的法律关系。综上，在法律关系形成方面，王宏并未举出合法有效证据证明其与华龙公司在1999年金域食府设立时建立了实际出资与隐名出资关系。其次，在股东实际出资问题上，一方面，依据我国公司法一贯采取的有限责任公司股东出资要求看，股东是否实际出资，并不影响其股东资格的确认，只是可能产生未实际出资的股东应当向公司补足出资款项以及向已经实际出资的股东承担未实际出资或者出资不足的违约责任的法律后果而已。另一方面，本案查明的事实表明，金域食府成立时公司银行账户中只有45万元，王宏的个人农行账户中尽管有25万元，但是，该25万元并没有打入金域食府账户中，王宏主张该25万元系其个人向金域食府的出资，缺乏法律依据。二审判决依据出资事实确认上述45万元系王宏与陈志东的个人

出资,具有事实与法律依据,并无不当。另外,王宏主张其持有10万元实物发票否定金域食府《实物投资明细表》载明的实物投资者为华龙公司的结论,证据不足,二审判决未予采信,并无不妥。至于王宏主张的二审判决适用法律及诉讼程序均有错误等理由,既缺乏事实证明,又不足以启动再审程序。

——中国裁判文书网,http://wenshu.court.gov.cn。

【链接：最高人民法院法官著述】

现行法律并未规定未出资或其他出资瑕疵属于否定股东资格的法定理由。即出资瑕疵或未出资并不必然导致股东身份的丧失;通过受让股份而成为股东者,也不能简单以其未支付对价为由直接否认股东资格。基于稳定公司运营、保护善意第三人利益、维护交易秩序的立场,如果具备认定股东身份的其他因素,就应当赋予股东资格,是否实际出资不应成为决定性因素。[①] 但值得注意的是,虽不因此丧失股东资格,但并不意味着其股东权利不受任何限制,《公司法解释(三)(2010)》第十七条规定:"股东未履行或者未全面履行出资义务或者抽逃出资,公司根据公司章程或者股东会决议对其利润分配请求权、新股优先认购权、剩余财产分配请求权等股东权利作出相应的合理限制,该股东请求认定该限制无效的,人民法院不予支持。"

——梁曙明、刘牧晗:《有限责任公司股东资格的认定——金民生与吴排安、休宁县新世纪房地产有限公司股权确认纠纷申请再审案》,载景汉朝主编:《最高人民法院立案工作指导案例解析》,人民法院出版社2015年版,第531~533页。

编者说明

虽然在实践中不应以股东出资瑕疵而直接否认其股东资格,但是根据《公司法解释(三)》第十七条的规定,有限责任公司的股东未履行出资义务或者抽逃全部出资,经公司催告缴纳或者返还,其在合理期间内仍未缴纳或者返还出资的,公司可以以股东会决议解除该股东的股东资格。

---

① 陈建勋:《商法公示主义、外观主义在股东身份确认案件中的应用》,载《人民司法》2011年第6期。

111

通过股权转让继受取得股东资格的认定

关键词 | 股权转让 | 股东资格 | 继受取得 |

【最高人民法院裁判文书】

云南华强工贸有限公司、怒江兴源中小水电开发有限公司等与云南贡山华龙电力开发有限公司股东资格确认纠纷申请再审案[最高人民法院(2016)最高法民申2613号民事裁定书]

最高人民法院认为:(一)关于江东公司是否具有华龙公司股东资格以及持有华龙公司18%的股权问题。江东公司认为是华强公司、兴源公司、秦云公司各自转让6%的股权得到,并支付了华龙公司493万元。其中包括了转让的股权款和追加的投入款。华龙公司、华强公司、兴源公司认为,兴源公司没有盖章,其法定代表人李正权的签字不能确认其真实性,要求鉴定。并且当时华龙公司的公章被江东公司盗窃,所以不能认定江东公司持有了18%的股权。本院认为,根据《公司法解释(三)》第二十二条规定,当事人主张股东资格和股东权利,必须满足两个要件,即实质要件和形式要件。实质要件是以出资为取得股东资格的必要条件,形式要件是对股东出资的记载和证明,是实质要件的外在表现。股权取得实质要件是向公司认购出资或者股份而取得股权,包括原始取得和继受取得。股权取得形式要件多见于股东完成出资后在公司章程上的记载、股东名册上的记载和工商机关的登记。本案中,根据华龙公司第一届三次股东会决议、同日变更的公司章程,以及2004年4月9日华龙公司出具给江东公司的《一期资本金到位凭单》《收据》,证明华强公司、兴源公司、秦云公司均认可江东公司系华龙公司股东,取得华龙公司18%的股权,并收到江东公司支付的18%股权的对价,第一届三次股东会决议得到了实际履行。而且江东公司根据第一届三次股东会决议持有华龙公司18%的股权、是华龙公司的股东,业经最高人民法院(2009)民二终字第88号民事判决书、2010年9月16日昆明市中级人民法院(2010)昆民五终字第43号民事判决和云南省高级人民法院2012年11月6日作出的(2012)云高民二终字第192号民事判决确认。故一、二审判决确认江东公司系华龙公司股东,取得公司18%的股权并无不当。华强公司、兴源公司在二审时虽然主张华龙公司第一届三次股东会决议上兴源公司法定代表人李正权的签字是伪造的，但没有提供相应证据予以证明，二审判决基于李正权已经身故，不具备鉴定条件，未支持其主张并无不当。

——中国裁判文书网，http://wenshu.court.gov.cn。

王兴华等四人、宁蒗县羊场煤矿有限公司与瞿照贵等七人股东资格确认纠纷申请再审案［最高人民法院（2013）民申字第2094号民事裁定书］

最高人民法院认为：本案再审审查的核心问题是，羊场煤矿公司原股东王兴华等四人与瞿照贵等七人之间是否存在股权转让关系，瞿照贵等七人是否为羊场煤矿公司的股东。

2007年7月，王兴华等四人申请设立羊场煤矿公司，公司注册资本为300万元，其中王兴华占40%股份，杨兴海占26.6%股份，王兴周占16.7%股份，王兴昌占16.7%股份，经营范围为羊场煤矿矿山基建。2007年11月12日，宁蒗县工商行政管理局同意预先核准“宁蒗县羊场煤矿有限公司”名称。2008年7月，王兴华等四人领取了企业法人营业执照。羊场煤矿公司由王兴周、王书昌、杨兴海三个股东各自投资经营三个井口，王兴华收取整个煤矿每吨煤7元的收益。王兴华等四人系羊场煤矿公司的原始股东。

2007年10月4日，王书昌与瞿照贵、吴座华签订《协议书》约定，原由王书昌、王平合伙入股的羊场煤矿三号井，现由于王平要求退股，王书昌又无力独自经营，所以邀请瞿照贵、吴座华共同合伙经营该矿井，三号井估价200万，由瞿照贵、吴座华各出资66.6667万元，和王书昌均摊三号井的产权，还约定王书昌在羊场煤矿公司的一切权利由三人按三分之一的比例共同享用，三人按合伙经营规定承担无限赔偿责任。2008年10月14日，杨兴海与陈全及案外人王兴贵签订了《煤矿转让合同书》，约定杨兴海、王兴贵将羊场煤矿主井的开采权、经营权、管理权、收益处分权等全部转让给陈全，转让价款为360万元，其中约定“乙方（陈全）受让后，甲方（杨兴海、王兴贵）在原宁蒗县羊场煤矿有限公司所享有的一切权利转让给乙方。乙方仍按原公司合同及管理规定执行”。之后，陈全又同李永富、江华订立《合伙合同》，明确了主井合伙投资开发与生产经营管理及投资利润分配，陈全出资360万元，李永富、江华各出资180万元，后续建设资金不足的部分承包期间由合伙人即承包人江华、倪志友自行承担。2010年7月7日，王兴周与陈明华签订了《宁蒗县羊场煤矿有限公司通风井合伙合同书》，约定通风井资产及资源估价630万元，王兴周原始投资折合315万元，陈明华投资315万元，各占50%股权。羊场煤矿公司在合同见证方处签章，王兴华作为证明人签字。上述《协议书》《煤矿转让合同书》《宁蒗县羊场煤矿有限公司通风井合伙合同书》的名称虽然各不相同，但核心内容是王书昌、杨兴海、王兴周将其持有的羊场煤矿的全部或者部分股份转让给瞿照贵等七人，并明确约定了转让价款及份额，故二审判决认定上述合同实质上均为股份转让协议，并无不当。

2008年6月27日，王兴华等四人签订《补充合同书》，其中明确："原羊场煤矿内部转让合同全部生效，……各井可以对外自行转让，价格自行做主，厂上不能干涉。"说明公司股东可以向股东以外的人转让公司股份，各股东均已明确放弃优先购买权。

2011年1月3日，王兴周、王书昌、瞿照贵、吴座华、陈全、李永富、江华、倪志友、陈明华及法定代表人王兴华经协商，签订了《羊场煤矿矿井整合合伙协议》，明确约定，经实际投资人王兴周、王书昌和瞿照贵等七人协商，一致同意三口井进行实质整合，股份按三口井平均分配，每口井33.3333%，各井又按实际投资比例直接分配到个人，股份分配如下：王兴周16.6667%、王书昌11.1111%、瞿照贵11.1111%、吴座华11.1111%、陈全16.6667%、李永富8.3333%、江华、倪志友8.3333%、陈明华16.6667%，王兴华仅有7元/吨的收益权，没有实际股份。在《羊场煤矿矿井整合合伙协议》上，有王书昌、王兴华、王兴周三人和瞿照贵等七人的签字，还加盖有羊场煤矿公司的印章。该协议签订后，瞿照贵等七人实际参与了羊场煤矿的经营管理，并按该协议约定的份额分配利润。因此，二审判决认定羊场煤矿公司及其股东对瞿照贵等七人为实际投资人的事实是知晓并同意的，且进行了确认，划分了股份份额，并据此确认瞿照贵等七人为羊场煤矿公司的股东，各自依照《羊场煤矿矿井整合合伙协议》的约定占有相应的股份，认定事实与适用法律均无不当。

——中国裁判文书网，http://wenshu.court.gov.cn。

112

有限责任公司全体股东不按实际出资比例持有股权的约定有效

关键词 | 实际出资比例 | 持股比例 |

【《最高人民法院公报》案例】

深圳市启迪信息技术有限公司与郑州国华投资有限公司、开封市豫信企业管理咨询有限公司、珠海科美教育投资有限公司股权确认纠纷案[最高人民法院(2011)民提字第6号民事判决书]

裁判摘要：在公司注册资本符合法定要求的情况下，各股东的实际出资数额和持有股权比例应属于公司股东意思自治的范畴。股东持有股权的比例一般与其实际出资比例一致，但有限责任公司的全体股东内部也可以约定不按实际出资比例持有股权，这样的约定并不影响公司资本对公司债权担保等对外基本功能实现。如该约定是各方当事人的真实意思表示，且未损害他人的利益，不违反法律和行政法规的规定，应属有效，股东按照约定持有的股权应当受到法律的保护。

最高人民法院认为：股东认缴的注册资本是构成公司资本的基础，但公司的有效经营有时还需要其他条件或资源，因此，在注册资本符合法定要求的情况下，我国法律并未禁止股东内部对各自的实际出资数额和占有股权比例作出约定，这样的约定并不影响公司资本对公司债权担保等对外基本功能实现，并非规避法律的行为，应属于公司股东意思自治的范畴。《10.26协议》约定科美投资公司1000万元的注册资本全部由国华公司负责投入，而该协议和科美投资公司的章程均约定股权按照启迪公司55%、国华公司35%、豫信公司15%的比例持有。《10.26协议》第十四条约定，国华公司7000万元资金收回完毕之前，公司利润按照启迪公司16%，国华公司80%，豫信公司4%分配，国华公司7000万元资金收回完毕之后，公司利润按照启迪公司55%，国华公司30%，豫信公司15%分配。根据上述内容，启迪公司、国华公司、豫信公司约定对科美投资公司的全部注册资本由国华公司投入，而各股东分别占有科美投资公司约定份额的股权，对公司盈利分配也作出特别约定。这是各方对各自掌握的经营资源、投入成本及预期收入进行综合判断的结果，是各方当事人的真实意思表示，并未损害他人的利益，不违反法律和行政法规的规定，属有效约定，当事人应按照约定履行。该1000万元已经根据《10.26协议》约定足额出资，依法进行了验资，且与其他变更事项一并经工商行政机关核准登记，故该1000万元系有效出资。以启迪公司名义对科美投资公司的500万元出资最初是作为保证金打入科美咨询公司账户，并非注册资金，后转入启迪公司账户，又作为投资进入科美投资公司账户完成增资，当时各股东均未提出任何异议，该500万元作为1000万元有效出资的组成部分,也属有效出资。按照《10.26 协议》的约定,该500万元出资形成的股权应属于启迪公司。启迪公司作为科美投资公司的股东按照《10.26 协议》和科美投资公司章程的约定持有的科美投资公司55%股权应当受到法律的保护。

——《最高人民法院公报》2012 年第 1 期

【链接:最高人民法院法官著述】

公司各个股东的出资比例和持股比例如何,对公司资本是否充足和公司债权人债权并没有影响,仅对公司股东的权利义务有影响。对股东而言,股权行使的意义明显大于持有股权多少的意义,通过上述分析可知,股东是否按照出资比例行使股权属于股东意思自治的范围,那么股东是否按照出资比例持有股权自然也属于股东意思自治的范围。

……

2. 股东的出资比例和持股比例不一致的约定,需经有限责任公司全体股东一致同意方可生效

尽管有限责任公司股东出资比例和持股比例是否一致属于股东意思自治的范畴,但是,为了防止出现大股东或者多数股东欺压小股东或者少数股东的情况,应严格限制该约定的生效条件为全体股东一致同意。

——刘崇理:《有限责任公司股东约定不按实际出资比例持有股权的效力——深圳市启迪信息技术有限公司与郑州国华投资有限公司、开封市豫信企业管理咨询有限公司、珠海科美教育投资有限公司股权确认纠纷案》,载最高人民法院民事审判第二庭编:《商事审判指导》总第 27 辑,人民法院出版社 2012 年版,第 242 ~ 243 页。

113

关于公司新增资本时原告请求确认股东资格问题的处理规则

关键词 | 新增资本 | 股东资格 |

【最高人民法院审判业务意见】

问:关于公司新增资本时原告请求确认股东资格问题应如何处理?

答：实务中因认购公司新增资本主张确认享有公司股东资格的案件比较多，因公司增资是一个多方复合的团体法律行为，由多个主体主导或者参与完成，公司增资行为完成后，出资人才有可能获得股东身份。公司法对该部分内容规定得不够详细，我们拟根据公司法及其他法律对该法律行为的完成需要具备的实质要件和程序要件作出完善规定，以统一该类纠纷的执法尺度。首先，对于有限责任公司来说，公司增资应召开股东会决议增资，股东会决议应当合法有效。实务中有可能存在决议因存在违法事由通过诉讼被法院判决撤销或者宣告无效，或者公司股东会重新作出决议，撤销了原股东会决议增资内容的情况。公司股东会决议被撤销或者被认定无效，公司增资扩股将没有依据，是否增资扩股是公司股东会或者股东大会的职权，法院不能越俎代庖，强行股东会作出增资扩股的决议。其次，股东会决议新增资本总额已经全部安排认缴。公司新增资本时可能分散由几个民事主体认缴，待全部资本认缴完毕后再进行增资，保证新增全部资本都有对应的股东，完成由股东投资兑换股权的安排，之后再向公司登记机关请求增资批准。公司登记机关对公司决定增加的资本全部到位，并有相应的股东对这部分资本承担认缴责任时，才可能批准增资。全部资本必须有民事主体承担资本认购责任，是公司登记机关审查后许可增资的实质要件，因此，在判决公司履行增资义务，确认原告股东资格时，公司的这些行为必须完成，否则，公司因不具备增资的基本条件，原告主张确认股东资格，不能支持。第三，新增资本已经向公司缴纳并经依法设立的验资机构验资。公司决定增资后，应与新认购股东签订协议等方式建立法律关系，然后开始履行合同，认购新股的股东应当向公司缴纳出资，公司对缴纳上来的出资组织验资，在符合公司登记机关关于增加注册资本基本要件后，向公司登记机关提出变更登记的申请。原告起诉要求确认其股东资格时，其必须完成了向公司缴纳出资的义务。如果未缴纳出资，其主张确认其股东资格的，不予支持。第四，有限责任公司原告股东主张认缴的份额符合其出资比例，公司全体股东对新增资本有特殊约定的，符合特殊约定。《公司法(2005)》第三十五条规定，公司新增资本时，股东有权优先按照实缴的出资比例认缴出资。但是全体股东约定不按照出资比例优先认缴出资的除外。这是有限责任公司增资扩股时为维护公司的人合性对保护原股东股权结构的特殊安排，因此，有限责任公司增资扩股时必须符合公司法的这条规定，否则，原告主张在合法性上是欠缺的。第五，公司为其颁发了认股书、缴款凭证等或者与其签订的认购合同真实合法有效。一般情况是在公司内部股东会决定增资后，由公司与准备加入公司的民事主体签订认购合同，签发认股书，缴款收据等。公开募集股份的，按《公司法(2005)》第八十九条委托银行代收股款，银行出具收款收据，银行再为缴款人出具证明。上述证据主要是保证原告和公司已经建立了真实合法的认购新股法律关系。对于股份有限公司增加注册资本，程序更加复杂，对于依法需要报经国务院证券监督管理机构核准的，应当取得核准，未经核准的，不得作出支持确认股东资格的判决。对于上市公司的增资，应注意《证券法》第十三条的规定，上市公司非公开发行新股，应当符合经国务院批准的国务院证券监督管理机构规定的条件，并报国务院证券监督管理机构核准。该规定明确上市公司定向增资时必须经证监会核准，在未履行该批准手续前，认购新股合同未生效。凡是法律行政法规对股份公司增资扩股有特殊规定，应按照特殊规定履行相应的批准手续。

——理喻：《涉公司股东权益司法实务问题答疑——专访最高人民法院民二庭负责人》，载《法律适用》2013 年第 7 期。

114

以合法形式掩盖利益输送、损害他人利益等非法目的的增资协议无效，不能依此增资并取得股东资格

关键词｜增资协议｜股东资格｜

【最高人民法院裁判文书】

余盛与贵州泰邦生物制品有限责任公司、贵阳大林生物技术有限公司及贵州益康制药有限公司、贵州捷安投资有限公司、深圳市亿工盛达科技有限公司股权确认、盈余分配纠纷再审审查案[最高人民法院(2013)民申字第 2141 号民事裁定书]

最高人民法院经审查认为：公司增资扩股是一个包含一系列民事行为的过程。一个完整的增资扩股行为，从投资人与目标公司磋商，股东会进行决议开始，一直到公司变更注册资本登记，投资人取得股东资格结束。公司增资扩股行为不仅包括增资额度和作价，也包括公司各股东(或者公司的外部投资人)认缴及认购事宜。根据黔峰公司 006 号股东会决议记载，各股东是一致同意黔峰公司启动增资扩股行为，其中有 9% 的表决权不同意引进战略投资者。但本次股

东会并没有确定引进的战略投资者具体人选，认购的股份数额等事宜。公司法规定股东会有权对公司增加注册资本作出决议，该决议的内容应当包括确定公司外部认购股份人选、认购股份数额、缴纳认购款程序等增资扩股行为的部分或者全部内容。公司可以通过多次股东会决议完成增加注册资本事宜。涉案《增资协议》是在黔峰公司决议增资扩股的大背景下形成的，但该协议中余盛作为认购人，出资购买占黔峰公司增资后注册资本的14.35%的股份等还应当经由黔峰公司再次召开股东会进行确认。公司法规定股东会作出增加注册资本的决议可以不召开股东会的前提条件是公司股东以书面形式对该事项表示同意，全体股东在决议文件上签名、盖章。而二审中樊某某、高某所作证人证言，2010年10月19日黔峰公司的股东益康公司出具的《证明》等不能证明黔峰公司以不召开股东会的方式决议确定了具体战略投资者人选，认购的股权数额，缴纳认购款的程序等事宜。余盛所称黔峰公司2009年1月13日股东会，虽然余某某代表余盛等三人参加了该次会议，但重庆大林公司法定代表人林东签名备注“本次股东大会的代表应为现公司在工商注册的各方股东为合法股东”，捷安公司、亿工盛达公司代表段刚签名备注“……否决龙某某、胡某某股东身份，不符合有关法律和相关事实和依据”。余盛所称黔峰公司2009年9月5日股东会，该次股东会决议中提及战略投资者分红待完善法律手续后，再行分配。但该次股东会决议内容是黔峰公司2009年公司盈利的预分配方案，而不是讨论确定具体的战略投资者等增资扩股事宜。在该预分配方案列表中股东名称及持股比例仍是黔峰公司工商登记的股东和各自的持股比例，并没有体现余盛等三人的股份数和持股比例。进一步而言，泰邦公司于2013年1月21日召开临时股东会征集各股东是否确认余盛等三人成为泰邦公司股东的意见，反对余盛成为公司股东占全部股权比例81%。公司法并未明确认股人缴纳认股款之后，办理验资、登记等手续的时限要求，余盛仅以黔峰公司控制权发生变化从而拒绝为余盛办理股东登记的理由不能否认泰邦公司该次股东会决议的有效性。至于余盛在申请再审时提交的中国生物制品有限公司的年报，中国生物制品有限公司是泰邦公司的控制股东贵州大林公司的关联企业，年报中关于黔峰公司引进私人战略投资者以及相关诉讼情况的说明并不能代表泰邦公司的全体股东的意思表示，不能作为人民法院认定黔峰公司的各股东认可余盛等三人股东资格的事实依据。余盛所称有新证据能够推翻二审判决认定的主要事实的理由不能成立，余盛所主张的证人证言以及黔峰公司于2009年1月13日、9月5日召开的股东会等证据足以认定二审判决认定案件主要事实缺乏证据证明的理由不能成立。

本案是由于公司进行增资扩股产生的纠纷。公司法规定股东会作出增加注册资本决议应由代表三分之二以上表决权的股东通过。此处公司增加注册资本事项应当理解为完整的公司增资扩股行为,公司法三分之二以上表决权的规定应当适用于完整的增资扩股全部过程。余盛不能提交黔峰公司曾经有代表三分之二以上表决权的股东通过确认其为黔峰公司股东的股东会决议,黔峰公司内部也未对公司股东名册等进行重新登记。并且泰邦公司于2013年作出股东会决议进一步明确否认了余盛作为认购人的资格。余盛认为二审判决认定增资协议无效属于适用法律错误,其目的在于通过确认增资协议的效力进而确认其股东身份。本案查明的事实能够认定余盛没有能够以增资扩股的方式成为黔峰公司股东,余盛所称二审判决适用法律错误的再审申请事由不能成立。

——景汉朝、孙华璞主编,最高人民法院审判监督庭编:《审判监督指导》总第52辑,人民法院出版社2016年版,第103~107页。

余盛与贵州泰邦生物制品有限责任公司、贵阳大林生物技术有限公司、贵州益康制药有限公司等股权确认、盈余分配纠纷案[最高人民法院(2013)民二终字第19号民事判决书]

最高人民法院认为:本案是因有限责任公司外部增资引发的纠纷,增资方请求确认其股东身份和基于股东身份请求公司盈余分配,本案是确认和给付并存之诉,确认之诉是给付之诉的前提,给付之诉是确认之诉的法律后果。

本案黔峰公司为确保改制上市,就引入战略投资者议案召开股东会,以91%股权赞成引入战略投资者形成股东会决议。该股东会决议是各股东自愿约束股权和充分表达意志基础上投票形成的,决议内容没有违反法律规定或损害他人利益,故合法有效。黔峰公司增资股东会决议有两个具体目的,一是为了改制上市,二是引入战略投资者。所以,黔峰公司对外签订增资协议时,应当引入战略投资者并实现改制上市的目的,但本案增资协议并未按照股东会决议引入战略投资者。

对于战略投资者的概念,资本市场上一般理解为,符合法律规定要求,按照发行人发行配售条件签订认购协议,且与发行人业务紧密长期持有发行人股票的法人。具体而言,战略投资者在资金、技术、管理、市场、人才等方面具有优势,能够对发行人起到促进产业升级、增强创新和竞争力、拓展市场占有率等作用。故而战略投资者一般为法人,自然人除了资金以外,其他优势很难企及。本案余盛等人,作为德邦证券高管的近亲属,除了资金一项以外,其他方面均不符合战略投资者的条件。黔峰公司股东会决议，是为了引入战略投资者而增资，增资对象应当是对公司改制上市起到促进和帮助作用，对公司发行上市后仍起到积极促进作用，而非仅是投入资本金的投资者。原黔峰公司法定代表人高翔，在对外签订增资协议时，没有按照股东会决议设定的条件要求，而将余盛作为战略投资者与之签订了增资协议，超越了黔峰公司股东会决议范畴。

有限公司改制上市，根据中国证监会相关规定，要经历改制和上市辅导、发行申报与审核、股票发行与挂牌等程序。在改制环节，证券公司等中介机构要为标的公司提供财务顾问服务，进行资产评估、出资和股权规范等。在发行上市环节，证券公司作为保荐机构还要做尽职调查与辅导、申报申请文件，中国证监会审核通过后，证券公司要进行路演询价和定价、股票发行上市等工作。中国证券业协会在《证券从业人员执业行为准则》规定，证券公司在对客户提供服务时，证券公司的从业人员必须尽职勤勉，不得从事下列禁止性行为：一是不得损害所在机构或者他人的合法权益；二是不得从事与其履行职责有利益冲突的业务；三是不得从事或协同他人从事欺诈、内幕交易等非法活动；四是《证券法》第四十三条规定的“证券交易所、证券公司和证券登记结算机构的从业人员、证券监督管理机构的工作人员以及法律、行政法规禁止参与股票交易的其他人员，在任期或者法定期限内，不得直接或者以化名、借他人名义持有、买卖股票，也不得收受他人赠送的股票”。德邦证券为黔峰公司改制上市提供财务顾问服务，余盛作为时任德邦证券总经理余云辉的弟弟，被德邦证券作为战略投资者推荐给黔峰公司，与黔峰公司签订的增资协议，在合同合法表面下掩盖了利益输送、损害他人利益等非法目的。德邦证券为黔峰公司提供服务，是要使得黔峰公司符合发行上市的条件，从而公开发行股票和上市交易。如果黔峰公司发行上市，余云辉及余盛的行为将违反内幕交易和从业人员买卖股票的禁止性的规定，构成内幕交易和从业人员买卖股票的违法行为。之所以没有最终构成该两类违法行为，是因为德邦证券和余盛意志以外的因素所导致，即黔峰公司控制股东控制权变化而放弃了公开发行和上市的计划，并非德邦证券和余盛自行终止或消除了即将发生的违法行为。因此，余盛与黔峰公司签订的本案增资协议，是属于以合法形式掩盖非法目的的无效合同，故余盛确认新增资本股东身份的诉讼请求不应获得支持，本院对其已完成出资业已取得股东资格的上诉主张不予支持。本院对泰邦公司和贵阳大林公司关于德邦证券高管人员隐瞒事实，为近亲属进行利益输送，谋求不正当利益，违反了诚实信用原则，损害了黔峰公司及其股东的权益的答辩主张予以支持。基于余盛不享有新增股东资格,故其也不应享有黔峰公司盈余分配的权利。因本案系余盛诉请确认股东身份和盈余分配,且二审中与泰邦公司无法达成调解,故其向黔峰公司已付资金可以通过其他途径解决。

——最高人民法院民事审判第二庭编:《最高人民法院商事审判指导案例(2014)》,中国民主法制出版社 2015 年版,第 436 ~448 页。

115

增资扩股行为的核心构成事项应经股东会三分之二以上表决权通过

关键词 | 增资扩股 | 表决权 |

【最高人民法院裁判文书】

余盛与贵州泰邦生物制品有限责任公司、贵阳大林生物技术有限公司及贵州益康制药有限公司、贵州捷安投资有限公司、深圳市亿工盛达科技有限公司股权确认、盈余分配纠纷再审审查案[最高人民法院(2013)民申字第 2141 号民事裁定书]

裁判要旨:《公司法》第四十三条规定股东会作出增加注册资本决议应由代表三分之二以上表决权的股东通过。在增资扩股条件下,公司增加注册资本表决事项应当理解为完整的增资扩股行为中心核心事项,包括了认购人的确定、认购价格及其他重要交易条件的确定等。

本案是由于公司进行增资扩股产生的纠纷。公司法规定股东会作出增加注册资本决议应由代表三分之二以上表决权的股东通过。此处公司增加注册资本事项应当理解为完整的公司增资扩股行为,公司法三分之二以上表决权的规定应当适用于完整的增资扩股全部过程。余盛不能提交黔峰公司曾经有代表三分之二以上表决权的股东通过确认其为黔峰公司股东的股东会决议,黔峰公司内部也未对公司股东名册等进行重新登记。并且泰邦公司于 2013 年作出股东会决议进一步明确否认了余盛作为认购人的资格。余盛认为二审判决认定增资协议无效属于适用法律错误,其目的在于通过确认增资协议的效力进而确认其股东身份。本案查明的事实能够认定余盛没有能够以增资扩股的方式成为黔峰公司股东，余盛所称二审判决适用法律错误的再审申请事由不能成立。

——景汉朝、孙华璞主编，最高人民法院审判监督庭编：《审判监督指导》总第52辑，人民法院出版社2016年版，第103～107页。

116

股份转让当事人未就转让对价作出明示约定，原始股东若就支付对价提出请求，可另案提起诉讼，但不应因此否定受让人的股东资格

关键词｜股份转让｜股东资格｜

【最高人民法院答复】

河南省高级人民法院：

你院《关于股东未出资，亦未向股权转让人支付对价的股东地位如何认定问题的请示》收悉。经研究，答复如下：

原则同意你院第二种意见。从案卷反映的事实看，1993年12月30日，思达设备公司变更公司章程，以书面形式确认新老股东之间就股份转让以及转让的具体份额达成的一致意见，即在公司注册资金100万元不变的情况下，原始股东思达科技公司和胡克将部分股份转让给李欣、魏若其、李立、杨为民、王卫平等五位新股东。1994年4月18日思达设备公司股东会决议，同意吸收李立、李欣、王卫平、魏若其、杨为民为新的股东，原始股东各方的出资部分转让给该五位股东。此后，河南省工商行政管理局对思达设备公司进行年检时在年检报告"投资者投资情况"一栏将公司新老股东及其所占股份予以记载，该项记载具备将公司股东向社会公示的意义。从思达公司新老股东就股份转让达成合意、到公司股东会认可新股东的身份，直至工商行政管理部门通过年检报告将公司股东予以公示，思达设备公司股东完成了李立等人获得股东身份的必要程序。且李立等人自1993年12月30日受让股份，以股东身份行使权利（参与股东大会、参与公司运营决策等）已近10年，此时再否认其股东资格缺乏事实依据。股份转让时各当事人未就股份转让的对价问题作出明示约定，原始股东若就支付对价提出请求，可另案提起诉讼。

——《最高人民法院关于胡克诉王卫平、李立、李欣股东权纠纷一案的答复》（2003年5月15日，〔2003〕民二他字第4号）

117 中央级财政资金转为国家资本金不违反国家政策规定的，其出资人权益应予认可

关键词 | 中央财政资金 | 国家资本金 | 出资人权益 |

【最高人民司法政策】

各省、自治区、直辖市高级人民法院，解放军军事法院，新疆维吾尔自治区高级人民法院生产建设兵团分院：

7月18日，国务院国有资产监督管理委员会、国家发展和改革委员会、财政部联合下发了《关于进一步做好中央级财政资金转为部分中央企业国家资本金有关工作的通知》（国资发法规〔2012〕103号，以下简称《通知》）。为妥善审理涉及中央级财政资金转为部分中央企业国家资本金的有关纠纷案件，现将该《通知》转发给你们。同时，经商国务院相关部委，就有关问题通知如下：

一、有关中央企业就《通知》所涉中央级财政资金转为国家资本金引发的确认公司或企业出资人权益、返还资金等纠纷提起民事诉讼的，人民法院应予受理。《通知》发布前人民法院已经受理的相关案件，人民法院可以继续审理。

有关中央企业请求返还资金案件的案由为资金返还纠纷。

二、《通知》发布前，当事人之间就确认公司或企业出资人权益、资金返还等达成的协议，不违反国家关政策规定的，其效力应予认可。

三、除人民法院已经受理的案件外，有关中央企业返还资金请求权的诉讼时效期间自《通知》第五条规定的期限届满之日起算。

当事人主张确认公司或企业出资人权益请求权不适用诉讼时效的规定。

四、有关中央企业请求用资企业返还资金，并请求按照银行同时期同档次贷款基准利率自《通知》第五条规定的期限届满之日起计付利息的，人民法院应予支持。

五、本通知发布前尚未审结的一、二审案件适用本通知；本通知发布前已经审结的案件，当事人申请再审或按审判监督程序提起再审的案件，不适用本通知。但依照《最高人民法院关于因政府调整划转企业国有资产引起的纠纷是否受理问题的批复》（法复〔1996〕4号）的规定或者以相关政策不明确为由，作出

不予受理或者驳回起诉裁定的案件除外。

各级人民法院在审理涉及中央级财政资金转为部分中央企业国家资本金纠纷案件过程中遇到的问题，可逐级报告最高人民法院。

——《最高人民法院关于审理中央级财政资金转为部分中央企业国家资本金有关纠纷案件的通知》(2012 年 12 月 11 日，法〔2012〕295 号)

六、股东知情权纠纷

118

股东知情权的义务人系公司而非其他主体，具有特殊性和不可替代性

关键词 | 股东知情权 |

【最高人民法院裁判文书】

宁源国际有限公司与重庆中原房地产开发有限公司股东知情权纠纷申诉、申请再审案[最高人民法院(2016)最高法民申3733号民事裁定书]

最高人民法院认为：宁源公司申请再审称：1.中原公司与中行九支行的住所地一致，且自1995年3月31日起中行九支行一直是中原公司的实际经营人。其已经于2012年3月24日向中原公司和中行九支行送达了《关于查阅公司经营资料和会计账簿的专函》。故原审认定中原公司和中行九支行未收到其行使股东知情权要求的事实错误。2.中原公司虽然处于歇业状态，但事实上，由于中行九支行占有公司的营业执照、组织机构代码证、税务登记证、房地产开发企业资质证书、公章、财务专用章、外汇登记证等重要资料，并利用控制管理公司的权利，通过伪造公司文件等方式，恶意处置公司资产，导致公司及股东利益遭受巨大损害。综上，原审法院不顾中原公司和中行九支行之间特殊关系，剥夺其正当权利，故依照《民事诉讼法》第二百条的规定申请再审。

本院经审查认为，根据《公司法(2005)》第三十四条的规定，股东知情权的义务人系公司而非其他主体，知情权的主要内容除了可以查阅、复制公司章程、股东会会议记录、董事会会议决议、监事会会议决议外，还包括股东在满足法定要求后可以查阅公司会计账簿、了解公司财务情况。由此可知，股东知情权纠纷所指向的诉讼标的系公司应当履行而未履行的配合行为，该行为的履行主体和履行内容具有特殊性和不可替代性。本案中，负有配合股东行使知情权的协助义务人系中原公司。因此，原审法院判令中原公司将其历年的股东会议决议提供给宁源公司查阅，驳回了宁源公司要求本案第三人中行九支行、中国东方资产管理公司重庆办事处、浙江融达企业管理有限公司履行该特定义务的诉讼请求，并无不当。

——中国裁判文书网，http://wenshu.court.gov.cn。

宁源国际有限公司与重庆中原房地产开发有限公司股东知情权纠纷申诉、申请再审案[最高人民法院(2016)最高法民申3785号民事裁定书]

本裁判理由与前引裁判文书基本一致(略)。

——中国裁判文书网,http://wenshu.court.gov.cn。

119

股东行使知情权正当目的的判断及查阅账簿范围的确定

关键词 | 股东知情权 | 正当目的 | 查阅公司账簿 |

【最高人民法院审判业务意见】

《公司法》规定了有限责任公司股东知情权的范围,但审判实践中对股东知情权的行使还存在诸多疑问。诸如原始会计凭证是否能够查阅、查阅的具体方式是否包括复制和摘抄、是否可以委托专业人员代理查阅或审计等。对此《公司法》没有作出更详细的规定,在理论界和司法实践中也存在争议。我们的倾向性观点是,查阅原始会计凭证是股东行使知情权的主要途径,在符合《公司法(2005)》第三十四条规定的其他条件下,应当允许股东查阅和复制、摘抄需要的内容;若需要支付必要费用的,股东应当支付。对于股东提出的由他人代为查阅或者对公司进行审计等要求,则应当征得公司的同意,因为这些要求可能与公司商业秘密保护相冲突。

——宋晓明:《加强调查研究,探索解决之道——就在全国民商事审判工作会议中提出的若干疑难问题答记者问》,载最高人民法院民事审判第二庭编:《民商事审判指导》总第11辑,人民法院出版社2007年版,第73页。

【《最高人民法院公报》案例】

李淑君、吴湘等诉江苏佳德公司股东查阅原始账据知情权纠纷案(江苏省宿迁市中级人民法院二审民事判决书)

裁判摘要:一、公司股东有权查阅公司账簿,除非公司证明或审理认定其具有不正当目的,并可能损害公司合法利益,否则不应限制。

二、股东账簿查阅权行使的范围应当包括会计账簿(含总账、明细账、日记账和其他辅助性账簿)和会计凭证(含记账凭证、相关原始凭证及应作为原始凭证附件入账备查的有关资料)。

江苏省宿迁市中级人民法院经审理认为:

(一)关于四上诉人起诉要求行使知情权是否符合《公司法》规定的前置条件。股东知情权是指法律赋予股东通过查阅公司的财务会计报告、会计账簿等有关公司经营、管理、决策的相关资料,实现了解公司的经营状况和监督公司高管人员活动的权利。股东知情权分为查阅权、检查人选任请求权和质询权。本案中,四上诉人诉请的性质为查阅权。

《公司法(2005)》第三十四条第二款规定:"股东可以要求查阅公司会计账簿。股东要求查阅公司会计账簿的,应当向公司提出书面请求,说明目的。公司有合理根据认为股东查阅会计账簿有不正当目的的,可能损害公司合法利益的,可以拒绝提供查阅,并应当自股东提出书面请求之日起十五日内书面答复股东并说明理由。公司拒绝提供查阅的,股东可以请求人民法院要求公司提供查阅。"依据上述法律规定,股东提起账簿查阅权诉讼的前置条件是股东向公司提出了查阅的书面请求且公司拒绝提供查阅。这一前置条件设定的目的在于既保障股东在其查阅权受侵犯时有相应的救济途径,也防止股东滥用诉权,维护公司正常的经营。本案中,四上诉人于 2009 年 4 月 8 日向佳德公司提出要求查阅或复制公司的所有资料(含公司会计账簿、原始凭证、契约、通信、传票、通知等)以了解公司实际财务状况的书面请求,虽然 4 月 14 日四上诉人至一审法院起诉时佳德公司尚未作出书面回复,但佳德公司在 4 月 20 日的复函中并未对四上诉人的申请事项予以准许,且在庭审答辩中亦明确表明拒绝四上诉人查阅、复制申请书及诉状中所列明的各项资料。至此,四上诉人有理由认为其查阅权受到侵犯进而寻求相应的法律救济途径,此时不宜再以四上诉人起诉时 15 天答复期未满而裁定驳回其起诉,而应对本案作出实体处理,以免增加当事人不必要的讼累。

(二)关于四上诉人要求行使知情权是否具有不正当目的。由于股东的知情权涉及股东和公司之间的利益冲突,在保护股东利益的同时也应适当照顾公司的利益,使双方利益衡平,故知情权的行使应当符合一定的条件并受有一定的限制。本案中,四上诉人向被上诉人佳德公司提出书面请求说明其行使知情权的目的是了解公司实际经营现状,显属其作为有限责任公司股东应享有的知情权。佳德公司以四上诉人具有不正当目的为由拒绝其查阅,则应对四上诉人是否具有不正当目的并可能损害其合法利益承担举证责任。

被上诉人佳德公司认为四上诉人查阅会计账簿的目的是为了收集并向广厦公司提供工程款纠纷仲裁一案中对佳德公司不利的证据，损害佳德公司及其他股东的合法利益，其主要证据是四上诉人提交的申请书、诉状及授权委托书中均有张育林代李淑君签名，而张育林的身份系广厦公司派驻佳德公司工程的项目经理，且直接参与了广厦公司与佳德公司的仲裁一案。佳德公司所举证据不足以证明四上诉人查阅公司会计账簿具有不正当的目的，且可能损害佳德公司合法利益。理由如下：1. 因李淑君的股份系受让自张育林，故其临时委托张育林代为签名也在情理之中。其后李淑君本人在诉状及授权委托书上亲自签名，表明提起知情权诉讼系其真实意思表示。张育林之前受李淑君委托在诉状及授权委托书中代为签名，其法律效力及法律后果应由李淑君承担，张育林本身不是本案主张行使知情权的主体，并非如佳德公司所主张的系代替李淑君行使知情权。最终能够实际行使知情权的也只能是佳德公司股东李淑君，而非张育林。2. 四上诉人合计持有佳德公司 54% 的股权，其与佳德公司的利益从根本上是一致的。佳德公司如在与广厦公司仲裁一案中失利，客观上将对四上诉人的股东收益权造成不利影响。且提起本案诉讼的系上诉人李淑君、吴湘、孙杰、王国兴四名股东，而非李淑君一名股东，佳德公司仅以张育林代李淑君签名，而认为四上诉人提起本案诉讼的目的在于为其利益冲突方广厦公司收集仲裁一案的不利证据，显然依据不足。3. 佳德公司主张四上诉人在查阅公司会计账簿后可能会为广厦公司收集到直接导致佳德公司在仲裁一案中多支付工程款的相关证据，但未明确证据的具体指向。法院认为，《公司法(2005)》第三十四条规定的公司拒绝查阅权所保护的是公司的合法利益，而不是一切利益。基于诚实信用原则，案件当事人理应对法庭或仲裁庭如实陈述，并按法庭或仲裁庭要求提供自己掌握的真实证据，以拒不出示不利于己的证据为手段而获得不当利益，为法律所禁止。如佳德公司持有在仲裁一案中应当提供而未提供相关证据，则不能认定股东查阅公司账簿可能损害其合法利益。综上，股东知情权是股东固有的、法定的基础性权利，无合理根据证明股东具有不正当目的并可能损害公司利益，则不应限制其行使。佳德公司拒绝四上诉人对公司会计账簿行使查阅权的理由和依据不足，不予采信。

(三)关于四上诉人主张行使知情权的范围是否符合法律规定。四上诉人请求查阅、复制佳德公司的会计账簿、议事录、契约书、通信、纳税申报书等(含会计原始凭证、传票、电传、书信、电话记录、电文等)所有公司资料。被上诉人佳德公司辩称其已向四上诉人提交了自公司成立起的全部工商设立、变更、年检登记文件及审计报告等资料,履行了配合股东行使知情权的法定义务。对此,法院认为,股东知情权是股东享有对公司经营管理等重要情况或信息真实了解和掌握的权利,是股东依法行使资产收益、参与重大决策和选择管理者等股东私权利的基础性权利。从立法价值取向上看,其关键在于保护中小股东合法权益。《公司法(2005)》第三十四条第二款规定:“股东可以要求查阅公司会计账簿。”账簿查阅权是股东知情权的重要内容。股东对公司经营状况的知悉,最重要的内容之一就是通过查阅公司账簿了解公司财务状况。《会计法》第九条规定:“各单位必须根据实际发生的经济业务事项进行会计核算,填制会计凭证,登记会计帐簿,编制财务会计报告。”第十四条规定:“会计凭证包括原始凭证和记帐凭证。办理本法第十条所列的各项经济业务事项,必须填制或者取得原始凭证并及时送交会计机构……记帐凭证应当根据经过审核的原始凭证及有关资料编制。”第十五条第一款规定:“会计帐簿登记,必须以经过审核的会计凭证为依据,并符合有关法律、行政法规和国家统一的会计制度的规定。”因此,公司的具体经营活动只有通过查阅原始凭证才能真正知晓,不查阅原始凭证,中小股东可能无法准确了解公司真正的经营状况。根据会计准则,相关契约等有关资料也是编制记账凭证的依据,应当作为原始凭证的附件入账备查。据此,四上诉人查阅权行使的范围应当包括会计账簿(含总账、明细账、日记账和其他辅助性账簿)和会计凭证(含记账凭证、相关原始凭证及应作为原始凭证附件入账备查的有关资料)。对于四上诉人要求查阅其他公司资料的诉请,因超出了《公司法(2005)》第三十四条规定的股东行使知情权的查阅范围,不予支持。关于查阅的时间和地点,《公司法》赋予股东知情权的目的和价值在于保障股东权利的充分行使,但这一权利的行使也应在权利平衡的机制下进行,即对于经营效率、经营秩序等公司权益未形成重要不利影响。因此,四上诉人查阅的应当是和其欲知情的事项相互关联的材料,而并非对公司财务的全面审计,故查阅应当在公司正常的业务时间内且不超过10个工作日,查阅的方便地点应在佳德公司。

(四)关于四上诉人要求复制被上诉人佳德公司会计账簿及其他公司资料的诉讼请求,法院认为,《公司法》赋予了股东获知公司运营状况、经营信息的权利,但同时也规定了股东行使知情权的范围。《公司法(2005)》第三十四条第一款将股东有权复制的文件限定于公司章程、股东会会议记录、董事会会议决议、监事会会议决议和财务会计报告。第二款仅规定股东可以要求查阅公司财务会计账簿,但并未规定可以复制,而佳德公司章程亦无相关规定,因此四上诉人要求复制佳德公司会计账簿及其他公司资料的诉讼请求既无法律上的规定，又超出了公司章程的约定，不予支持。

综上，江苏省宿迁市中级人民法院认为，一审判决认定四上诉人行使股东知情权具有不正当目的的错误，导致实体处理不当，依法应予纠正。

——《最高人民法院公报》2011 年第 8 期

【最高人民法院裁判文书】

天津北方食品有限公司、香港捷成有限公司股东知情权纠纷案［最高人民法院（2012）民申字第 635 号民事裁定书］

最高人民法院认为：《公司法（2005）》第三十四条规定了有限责任公司股东的知情权，根据该条规定，“股东有权查阅、复制公司章程、股东会会议记录、董事会会议决议、监事会会议决议和财务会计报告”；“股东可以要求查阅公司会计账簿。股东要求查阅公司会计账簿的，应当向公司提出书面请求，说明目的。公司有合理根据认为股东查阅会计账簿有不正当目的，可能损害公司合法利益的，可以拒绝提供查阅，并应当自股东提出书面请求之日起十五日内书面答复股东并说明理由。公司拒绝提供查阅的，股东可以请求人民法院要求公司提供查阅”。现代公司所有权与经营权的分离和公司法人财产权的确定促成了相对独立的三方利益主体——公司、股东和董事。法律与公司章程则尽可能做出相应规定，以平衡三方利益。我国公司法明确规定股东知情权，即股东享有知道和了解公司经营状况重要信息的权利，就是为了能够有效保护股东的权益。对于股东要求查阅、复制公司章程、股东会会议记录、董事会会议决议、监事会会议决议和财务会计报告的，《公司法（2005）》第三十四条没有规定股东在符合特定条件的情况下才可以主张该权利，即没有特别限制；对于股东要求查阅公司会计账簿的，由于会计账簿能够体现公司深层次的经营管理活动，为了防止股东有“不正当目的”，维护公司的正常经营秩序，《公司法（2005）》第三十四条则明确要求股东应当向公司提出书面请求，说明目的，股东不得有可能损害公司合法利益的“不正当目的”。本案中，捷成公司是合资企业北方食品公司的外方股东，因此，其有权查阅并复制北方食品公司的董事会会议决议、财务会计报告等资料，二审判决支持捷成公司查阅并复制北方食品公司的董事会会议决议、财务会计报告等资料是正确的；对于查阅会计账簿，捷成公司曾向北方食品公司提出书面请求，北方食品公司未予回复，且北方食品公司并没有举出证据证明捷成公司有

"不正当目的",二审判决支持捷成公司查阅北方食品公司的会计账簿是正确的。捷成公司是否委派人员担任北方食品公司的经营管理人员,并非捷成公司主张股东知情权的预设条件。也就是说,李斌是否被捷成公司撤换,不影响捷成公司主张股东知情权。捷成公司2009年6月4日的董事会决议是否有效,与本案无关。北方食品公司关于在李斌尚未被解除董事职务的情况下捷成公司能完全知悉北方食品公司的财务状况,因此不能认为北方食品公司侵犯了捷成公司的股东知情权的申请再审理由不能成立。

虽然《公司法》没有明确规定股东可以查阅会计凭证,然而基于利益平衡以及确保信息真实的考虑,知情权范围不宜限定在一个不可伸缩的区域,尤其对于人合性较高的有限责任公司,严格限定知情权范围并不利于实现知情权制度设置的目的。因此,二审判决支持捷成公司查阅北方食品公司会计凭证的诉讼请求,并无不妥。北方食品公司关于二审判决适用法律错误的申请再审理由亦不能成立。

——中国裁判文书网,http://wenshu.court.gov.cn。

【链接:最高人民法院法官著述】

《公司法》扩大有限责任公司股东知情权的范围,并明确股东知情权的可诉性,将董事会会议记录、监事会会议记录、公司债券存根等列入查阅范围,对会计账簿的查阅作出了特殊规定。对公司会计账簿的查阅,应当注意以下几个问题:第一,股东应向公司提出书面申请并说明查阅目的;第二,公司拒绝查阅时应当在15日内向申请人作出书面答复并说明不予查阅的理由;第三,股东对该项权利具有诉权,公司拒绝提供查阅的,股东可以提起诉讼。

——王东敏:《新修订的公司法与审判实务有关的问题》,载《人民司法》2006年第1期。

编者说明

股东知情权是指法律赋予股东通过查阅公司的财务会计报告、会计账簿等有关公司经营、决策、管理的相关资料以及询问与上述有关的问题,实现了解公司的运营状况和公司高级管理人员业务活动的权利。对股东知情权正当目的以及范围的判断原则应当是以公司经营过程中发生的对股东利益有重大影响的信息为基本标准。

股东只有具有善意、正当的目的,才可能正确行使查阅或质询的权利。《公司法》第三十三条规定采取的是概括式立法，未具体列明不正当目的的情形，将其留给法官自由裁量。一般来说，正当目的可以分解为以下四个层面来解读：(1)正当目的必须是一个从股东身份出发的目的，即股东身份性。换言之，某个人提出查阅请求时，所主张的目的不能是纯粹其个人的而与股东身份无关的目的。(2)正当目的与基于股东身份的个人利益具有合理关联性，即合理相关性。合理相关性的要求，是一个相当抽象的标准，主要是指股东查阅公司信息是为了与在公司投资相关的原因，换言之，该目的应当是关乎公司经济利益（最终表现为股东的经济利益）或者投资人股票价值的。(3)该目的本身必须合法且不能违背公司利益。(4)这些目的必须是善意的，股东提出查阅请求时不是为了满足好奇心，也不是为了投机或者骚扰公司以及使公司管理层陷于尴尬等目的。即使陈述的目的在法律上是充分的，如果陈述的目的不是出于善意，则法院仍将不允许查阅。出于股东权保护之理念，对于目的的正当性采用推定主义。当然，股东也应当提出证明自己存在正当性目的的基础证据或者初步证据。

120

确认股东资格之诉与股东知情权之诉均属确认之诉并可适用普通程序审理

关键词｜股东资格确认｜股东知情权｜合并审理｜

【最高人民法院裁判文书】

呼伦贝尔市富田房地产开发有限公司、赵永军等与刘佩勇股权转让纠纷申请再审案[最高人民法院(2015)民申字第893号民事裁定书]

最高人民法院认为：(二)关于一、二审法院将确认股东资格之诉与股东要求查阅公司会计账簿之诉合并审理是否违反法律规定的问题。《公司法》第三十三条规定，股东可以要求查阅公司会计账簿，公司拒绝提供查阅的，股东可以请求人民法院要求公司提供查阅。可以要求查阅会计账簿是法律赋予股东的基本权利之一。确认股东资格之诉与股东要求查阅公司会计账簿之诉的关系同股东提起解散公司之诉与要求法院对公司进行清算之诉的关系不同。股东请求解散公司之诉属于变更之诉，公司清算案件属于非诉案件，两案不能合并审理。前者在诉讼程序上应适用普通诉讼程序，不能适用简易程序。股东请求解散公司之诉应当以判决的形式结案，不应使用裁定形式，因此不能同解散公司之诉一并判决在法定期限内进行清算。确认股东资格之诉与股东要求查阅公司会计账簿之诉均属确认之诉并可适用普通程序审理。有股东资格就有查阅权,无股东资格即无查阅权。在同一份判决中先确认股东资格,然后赋予该股东查阅权并未违反法律规定。一、二审法院将确认股东资格之诉与股东要求查阅公司会计账簿之诉合并审理有利于减少当事人的讼累和节约司法资源。

——中国裁判文书网,http://wenshu.court.gov.cn。

七、公司盈余分配纠纷

121

是否分配利润是股东会或股东大会的职权，在公司没有作出决议之前，不宜直接作出判决

关键词｜公司盈余分配纠纷｜公司决议｜

【最高人民法院审判业务意见】

我们认为，根据《公司法》的规定，公司是否分配利润是股东会或股东大会的职权，在公司没有作出决议之前，不宜直接作出判决。审判实务中的关键问题是公司不召开股东会或股东大会，如果司法不介入，公司中的中小股东的利益很难受到保护。此类案件可以根据有限责任公司和股份有限公司的不同情况采取不同的方法予以处理：

1. 由于有限责任公司的股东会不是每年召开，对没有召开股东会的，公司章程有具体分配方案、公司盈余符合分配方案，且方案合法的，人民法院可以根据《民事诉讼法》第一百一十九条之规定，以通知的形式征求公司其他股东的意见作为共同原告参加诉讼，根据多数意见作出是否根据公司章程进行分红的判决。

2. 对于股份有限公司，因《公司法》规定每年要召开股东大会，所以如果没有股东大会决议或决议不合法的，人民法院应当驳回原告股东的起诉。

——宋晓明：《加强调查研究，探索解决之道——就在全国民商事审判工作会议中提出的若干疑难问题答记者问》，载最高人民法院民事审判第二庭编：《民商事审判指导》总第 11 辑，人民法院出版社 2007 年版，第 73 页。

【最高人民法院裁判文书】

山东汉诺集团有限公司与山西寿阳段王集团平安煤业有限公司、山西寿阳段王煤业集团公司其他合同纠纷案[最高人民法院(2014)民二终字第 74 号民事裁定书]

最高人民法院认为：关于汉诺集团起诉主张分配公司利润的诉讼请求应否

受理的问题,汉诺集团认为其提出该项主张的依据为其与段王集团所签的股权转让协议,该协议第三条第一款约定段王集团给予汉诺集团 2010 年基建期的全部收益权。一审法院认为,公司是否分配利润以及分配利润的数额,属于公司和股东自治范畴,公司决定分配利润的权利在股东会,而非个别股东。《公司法(2005)》第三十五条仅规定股东有权按照实缴的出资比例分配红利,但在股东会作出利润分配方案之前,并未赋予股东越过股东会直接提起分配利润诉讼的请求权,也并未将分配利润作为对公司的强制性规范,一审据此裁定驳回汉诺集团要求分配利润的起诉。本院认为,对于当事人提起的某项诉讼请求应否受理的判断,并非要求该项诉讼请求需获得实体法上的支持,而是应以民事诉讼法关于案件受理标准的一般法律规定并结合与该具体诉请相关的具体法律规定进行综合认定。本案中,汉诺集团依据股权转让协议的有关约定起诉请求分配公司利润,根据民事诉讼法、公司法以及相关司法解释的规定,该诉请的受理标准和条件法律均无要求公司内部先行决议的特别前置性规定。因此,一审裁定驳回汉诺集团的该项诉请,属于适用法律错误,人民法院应当受理该项诉讼请求。至于案件受理以后,当事人的该项诉讼请求能否获得实体法上的支持,需待案件实体审理以后由人民法院以实体判决的方式予以处理。

——中国裁判文书网,http://wenshu.court.gov.cn。

河南思维自动化设备有限公司与胡克公司盈余分配纠纷案[最高人民法院(2006)民二终字第110号民事判决书]

最高人民法院认为:根据修订前《公司法》第三十八条和第四十六条的规定,有限责任公司利润分配方案应由公司会制订并由公司股东会审议批准。2005 年 10 月 27 日修订后的《公司法》亦保留了上述内容。据此,在公司董事会、股东会未就公司利润分配方案进行决议之前,公司股东直接向人民法院起诉请求判令公司向股东分配利润缺乏法律依据,其诉讼请求不予支持。由于公司是否分配利润以及分配多少利润属公司董事会、股东会决策权范畴,原审判决认定公司有巨额利润而长期不向股东分配损害了占股比例较小的股东的利益,并据此径行判决公司向股东分配利润不符合法律规定,予以纠正。

——最高人民法院民事审判第二庭编:《最高人民法院商事审判指导案例·公司卷》,中国法制出版社 2011 年版,第 293~298 页。

【链接：最高人民法院法官著述】

有限责任公司股东通过司法途径主张公司利润的强制分配的，应提交该公司股东会或股东大会已经通过的载明具体分配方案的决议。如股东会或股东大会未通过股东分配利润决议，股东直接向人民法院起诉请求判令公司向股东分配利润的，人民法院不予受理。

——《司法介入有限责任公司利润强制分配纠纷的相关问题》，载最高人民法院民事审判第二庭编：《最高人民法院商事裁判观点》总第1辑，法律出版社2015年版，第165页。

司法介入公司利润分配的前提是公司的股东会已经就公司的利润分配作出决议。否则，法院不应受理股东提起的请求公司分配利润之诉，这更符合我国的公司发展水平和审判实践。而主张“在当前国情下，司法介入力度应当较国外发达国家积极，借助法院的适当干预，以培育公司自治意识，规范公司自治，提升公司自治的水平”的意见并不符合目前我国此类纠纷的审判实践。另外，还有的意见主张，对于此类诉讼应以民事诉讼法关于案件受理标准的一般规定予以受理，至于案件受理以后，当事人的该项诉讼请求能否获得实体法上的支持，在案件实体审理以后再由人民法院以实体判决的方式予以处理。我们认为，这种观点也是欠妥当的。因为如果股东会未作出分配利润决议前人民法院就“以民事诉讼法关于案件受理标准的一般规定”受理案件，而人民法院受理以后又不能直接作出公司分配利润的判决，只能以股东的起诉不符合法律规定而驳回其诉讼请求，这样裁判实际并未达到股东起诉的目的，不利于问题的解决和纠纷的化解。因此，我们认为，在公司股东会未就公司利润分配方案进行决议之前，公司股东直接向人民法院起诉请求判令公司向股东分配利润缺乏法律依据，人民法院应该不予受理。

——《司法介入有限责任公司利润强制分配纠纷的相关问题》，载最高人民法院民事审判第二庭编：《最高人民法院商事裁判观点》总第1辑，法律出版社2015年版，第163～165页。

如果公司股东会或者股东大会作出不分配利润的决议，中小股东能否认为公司决议不合理，而诉请强制分配利润？本文倾向于否定意见。人民法院对公司决议的审查应当是合法性的审查，而不是合理性的审查。故如果公司决议的程序合法，决议内容本身未违反法律、行政法规的规定，不属于无效。是否应当分配利润,在本质上属于商业判断,应当按照商业的逻辑、资本多数决的规则确定。就司法对公司内部事务的干预而言,仍应当严格遵守立法所确定的界限,区分法定与意定的边界,将是否应当进行利润分配交由公司的意思形成机关按照公司内部的意思形成程序确定。

——李志刚:《商事审判理念三论:本源、本体与实践》,载最高人民法院民事审判第二庭编:《商事审判指导》总第 37 辑,人民法院出版社 2014 年版,第 86 页。

编者说明

最高人民法院法官认为,公司实际分配股利与否,除了取决于公司是否有可资分配的利润外,还取决于公司的意思。只有当公司治理机构宣布分配股利时,股东的具体股利分配请求权才得以产生。

另外,在实践中,还会遇到这样的情形,即股东请求公司支付年度利润,公司拿出股东签收的单据证明其已向股东支付,股东主张该单据系伪造或意思表示瑕疵,公司予以否认。法院如果按照一般民法观念,首先审查单据是否伪造或者意思瑕疵,就会偏离问题的实质。事实上,公司法对利润分配有程式性规定,即需要股东会作出决议,未经决议不得分配利润,法院首先需要考察的是股东会是否作出了决议,如果没有股东会决议,股东无权请求支付利润,此时单据的真实性及有效性也没有实际意义了。①

122

出资人依据协议约定和实际出资分配红利，而与股东名册登记无关

关键词|分配红利|实际出资|股东名册|

【最高人民法院裁判文书】

华夏银行股份有限公司与润华集团股份有限公司、联大集团有限公司股权确认纠纷案[最高人民法院(2006)民二终字第 6 号民事判决书]

最高人民法院认为:本案华夏银行股份公司、联大集团、汽车销售公司三

① 宋晓明、杜军:《商事诉讼形势之应对与审判制度完善的思考》,载最高人民法院民事审判第二庭编:《公司案件审判指导》,法律出版社 2014 年版,第 457 页。

方于1997年8月15日签订的《协议书》《补充协议》《协议》，以及汽车销售公司与华夏银行就出售汽车贸大厦而签订的房屋转让合同，反映了在华夏银行股份公司成立时，联大集团、汽车销售公司共同出资3亿元，其中汽车销售公司出资2亿元的基本事实。三方在协议中关于“分派股息、红利”以及待“条件允许”“汽车销售公司正式成为华夏银行股份公司股东”的约定，系当事人的意思表示，且不违反当时相关法律、行政法规的禁止性规定，应认定有效。

在三方签订的《协议》中，华夏银行股份公司承诺在历次分红派息时直接向联大集团、汽车销售公司支付股息、红利。联大集团、汽车销售公司同意并确认。汽车销售公司变更为润华集团后，华夏银行股份公司依约向润华集团支付了1998年、1999年和2000年的红利。但在分派2003年下半年和2004年红利时，华夏银行股份公司将全部股息支付给了联大集团，并用于扣收了联大集团在该行的贷款，而未向润华集团支付。本院认为，华夏银行股份公司的上述行为违反了其在三方《协议》中的承诺，未经润华集团同意而擅自变更《协议》约定其应承担的义务，属于违约的行为。华夏银行股份有限公司关于其“根据联大集团的指示将其2003年、2004年的红利直接向联大集团支付或清偿债务，应视为其对三方协议中相关约定的变更，该变更无需征得润华集团的同意”的上诉理由，没有法律依据，本院不予采纳。润华集团获取该部分红利的依据是其真实的出资行为以及三方当事人的协议约定，而不是以其是否为华夏银行股份公司的在册股东为条件。华夏银行股份公司关于“润华集团与华夏银行股份公司之间未形成股权投资关系，无权从华夏银行股份公司获得投资收益”的上诉理由与本案的基本事实不符。原是判决按照润华集团的实际出资比例计算并认定2003年下半年和2004年全年的红利25178203.83元，并判决其直接给付润华集团正确，应予以维持。

——最高人民法院民事审判第二庭编：《最高人民法院商事审判指导案例 · 公司卷》，中国法制出版社2011年版，第233～240页。

123

股东虽提出盈余分配诉讼请求，但纠纷实为股权转让合同关系引起，在双方没有特别约定且目标公司亦没有相应分配决议的情形下，不予支持

关键词 | 盈余分配 | 股权转让 |

【最高人民法院裁判文书】

深圳市朗钜实业集团有限公司与甘肃天昱置业有限公司股东出资及公司盈余分配纠纷案[最高人民法院(2012)民二终字第28号民事判决书]

裁判要旨:上诉人二审提出两项诉讼请求,其一,请求返还其作为原公司股东时所支付的增资款项,属于事实问题;其二,主张返还因目标公司的资产增值(主要是土地价格上涨)而使其原持有的股权比例所对应的资产价值增加的部分。本案上诉人(一审原告)虽提出了盈余分配诉讼请求,但其与被上诉人之间的纠纷实为股权转让合同关系而引起,在双方没有特别约定且目标公司亦没有相应分配决议的情形下,上诉人主张该项"盈余分配",没有法律依据。

最高人民法院认为:依据朗钜公司的上诉请求,本案二审争议的焦点问题是:一、朗钜公司请求天昱公司返还其增资款3060万元的主张是否应予支持;二、朗钜公司主张返还其管理天昱公司期间该公司资产增值中应属于朗钜公司51%权益相对应的9180万元款项,是否应予支持。

一、关于朗钜公司请求天昱公司返还其增资款3060万元的主张是否应予支持的问题。

本案争议的内容与陈晓晨、牛芸、罗爱玲向中拍公司、朗钜公司转让天昱公司股权的事实相关联。2007年1月1日,陈晓晨与中拍公司及天昱公司签订一份《股权转让合同书》,约定中拍公司及与其一致行动的第三人受让天昱公司股东持有的100%股权。在履行该股权转让合同中,常聪英、刘扬波分别代表转让方、受让方签订了一份《公司财产、营业执照、文件资料交接清单》,证明受让方接收了转让方移交的天昱公司的营业执照、公章、公司文件资料(土地使用证资料、地热井资料、财务资料)等。此后,天昱公司章程显示的各股东出资为:朗钜公司出资510万元占51%,中拍公司出资290万元占29%,陈晓晨出资200万元占20%。天昱公司据此进行了股东变更工商登记,公司的法定代表人变更为李海茂(朗钜公司的法定代表人),刘扬波兼任公司经理等。同年6月29日,甘肃省工商局颁发了企业法人营业执照。上述事实及证据表明,朗钜公司作为股权变动后天昱公司的控股股东,其已实际接收了天昱公司的相关财产、财务资料等,并负责天昱公司的经营及运行。

二审中,朗钜公司诉称,其在经营天昱公司期间,通过三次增资,将天昱公司的注册资本由1000万元增加到7000万元，其共计认缴出资3060万元，其请求天昱公司予以返还。而天昱公司则依据甘肃省工商行政管理局的信函、兰州市工商行政管理局兰工商公处字〔2011〕第3号行政处罚决定书、兰州市公安局经侦支队出具的天昱公司专项审计报告，以及朗钜公司退出天昱公司时该公司的五个银行账户剩余资金仅265.9元等证据和事实，证明朗钜公司的增资款已被其抽逃、将天昱公司2007年至2009年的财务账册带走等事实，其辩称朗钜公司请求返还3060万元出资无依据。此外，另据原审查明的事实，在天昱公司三次增资前后及期间，天昱公司与朗钜公司、李海茂、深圳市万安贸易有限责任公司存在多笔款项往来，其中2007年6月22日朗钜公司汇入天昱公司账户2000万元，同月25日，又从该账户汇给朗钜公司2000万元。本院认为，天昱公司提出的上述证据，其目的在于证明朗钜公司在退出天昱公司时已将其缴付的3060万元增资款抽走，朗钜公司关于返还3060万元增资款的请求不能成立。在此基础上，依据《民事诉讼证据规定》的相关规定，朗钜公司应对其主张“未抽逃天昱公司的资金”的事实承担相应的举证责任。但朗钜公司未能提出相关的证据，证明天昱公司的上述抗辩理由不成立。因此，朗钜公司应承担其举证不能的法律后果，故本院确认天昱公司提出的关于“朗钜公司请求返还3060万元增资款的主张不能成立”的抗辩理由成立，应予支持。

此外，公安机关已对朗钜公司涉嫌隐匿财务账册案立案侦查，该案虽尚无结论，但并不影响朗钜公司实施上述举证行为，也不影响人民法院对本民事纠纷案件的处理。因此，原审法院一审诉讼中恢复本案的民事案件审理程序亦无不当。

二、关于朗钜公司主张返还其管理天昱公司期间该公司资产增值中应属于朗钜公司51%权益相对应的9180万元款项的诉讼请求是否应予支持的问题。

当事人在履行本案《股权转让合同书》《股东出资转让协议》的过程中，因受让方未能依约支付股权转让款，遂产生争议并诉至兰州市中级人民法院。该院作出(2008)兰法民二初字第00128号民事判决，解除了当事人之间的股权转让合同关系，且该判决已发生法律效力。之后，天昱公司的股权已恢复至为原股东持有的状态。原审法院一审作出的(2010)甘民二初字第09号民事判决，判令陈晓晨、牛芸、罗爱玲返还朗钜公司股权转让款34332026.86元及其利息4406464.12元，并驳回朗钜公司请求三被告支付违约金4114027.74元的诉讼请求。朗钜公司不服该案一审判决，向本院提出上诉，本院已以(2010)民二终字第122号民事判决驳回其上诉，维持原判。至此，朗钜公司与陈晓晨、牛芸、罗爱玲之间因返还股权转让款而形成的纠纷已解决完毕。

本案中,当事人之间通过签订《股权转让合同书》《股东出资转让协议》,确立了股权转让法律关系,转让的标的为天昱公司的股权而非该公司的资产。在股权转让合同履行期间,天昱公司名下的资产仍属其法人财产,即使其土地等资产的价值因市场变化而产生了增值,如未依法定经营程序对其进行处置,未表现为公司经营利润的增加,则该"增值"对股东的收益分配便不具有实际意义。二审期间,朗钜公司未能提出相关的证据,证明在其经营天昱公司期间存在着"公司实施过利润分配,但其未获得相应收益"的事实;或者存在着"公司虽未进行分配,但确有相应的利润收入且符合规定的分配条件,应当进行分配"的情形。因此,本案中,上诉人朗钜公司主张天昱公司应返还其管理公司期间"该公司资产增值中其持有的51%股权对应的9180万元款项"的诉讼请求,没有法律和事实依据,本院不予支持。

——最高人民法院民事审判第二庭编:《商事审判指导》总第32辑,人民法院出版社2013年版,第206~220页。

124

资产评估公司已有相应股东会决议情况下,股东退股要求分配已计提五年以上结存的职业风险基金可予支持

关键词|股东会决议|股东退股|职业风险基金|

【《最高人民法院公报》案例】

上海大成资产评估有限公司诉楼建华等其他与公司有关的纠纷案(上海市第二中级人民法院二审民事判决书)

裁判摘要:一、公司章程是公司组织及活动的基本准则。在作为特殊企业的资产评估公司章程规定股东退休时必须退股,退股时以退股月份上月为结算月份,退还其在公司享有的净资产份额时,股东与公司应该按章履行。

二、职业风险基金系会计师事务所、资产评估机构等按规定提取的用于职业风险赔偿的准备金。财政部财企〔2009〕26号《资产评估机构职业风险基金管理办法》规定:资产评估机构持续经营期间,应保证结余的职业风险基金不低于近5年评估业务收入总和的5%,在此前提下,经股东会或合伙人决议,可将已计提

5年以上结存的职业风险基金转作当年可供分配利润进行分配。所以,在资产评估公司已有相应股东会决议的情况下,股东退股时要求分配已计提5年以上结存的职业风险基金可予支持。

上海市闸北区人民法院一审认为:被告楼建华持有原告资产评估公司股权的比例应为其实际持股比例16.66%,其业已退休,原告章程规定股东退休时必须退股,2008年6月27日原告根据章程规定召开股东会表决通过的第(1)项被告退出其16.66%原告股份的决议未被判决撤销,应为有效,该项决议表决通过之日,被告丧失其股东身份,现被告也予同意,法院对原告本诉请求中确认被告从2008年6月27日起不再为原告股东等不涉及退股金具体金额的诉请予以支持。针对本、反诉各方争议的退股金具体金额、退股金利息以及职业风险基金的问题,法院认为:

第一,关于退股金具体金额的问题。涉及该具体金额的2008年6月27日原告资产评估公司股东会第(2)、(3)项决议已被法院生效判决撤销。根据原告章程规定,股东退股时,以退股月份上月为结算月份,退还其在原告享有的净资产份额。鉴于被告楼建华占股16.66%,从2008年6月27日起不再为原告股东,故本案应以2008年5月为结算月份,退还被告享有的16.66%原告净资产,对此各方已无争议。现审计结论为原告2008年5月31日净资产系912940.29元。被告对此予以确认,而原告主张因原告与两第三人收入、成本、费用混淆,原告应按收入比例再增摊年终奖、工资、办公用房费用合计221460元,净资产应减少至691480.29元。法院认为,如按原告主张,所有费用均需按比例分摊,但如此分摊,结论将为原告与两第三人的利润平均化。因原告是资产评估公司,两第三人分别为咨询公司、房地产估价公司,三公司业务涉及的领域并不相同,实际收入也不应相同,且从原告自行计得的收入比例看,两第三人收入低,故利润平均化并不合理,原告的上述主张依据不足,不予采信。原告2008年5月31日净资产为912940.29元,以被告持股比例16.66%计,原告应支付被告退股金152095.85元,法院对被告相应反诉请求予以支持(原告相关本诉请求包含在内)。

第二,关于退股金利息的问题。根据原告资产评估公司章程规定,如原告一次退还退股金有困难的,可分期退还,但不得超过一年,并比照中国人民银行同期利率支付自退股日至实际偿付日止的利息。因被告楼建华从2008年6月27日起不再为原告股东,此时,原告理应支付被告退股金,但原告未付该款,其理应按章程规定从此时起支付被告利息,法院对被告主张从2008年7月1日起计退股金利息的反诉请求予以支持。

第三，关于职业风险基金的问题。2004 年 6 月 30 日后的职业风险基金被告楼建华保留诉权，对被告本案反诉之前的职业风险基金，2004 年 10 月 22 日《关于代持股股份退出备忘录》约定若原告资产评估公司在五年之内(2009 年 6 月 30 日前)合并、歇业等发生清算事项(包括职业风险基金)，或对职业风险基金的提取、处置上级有新规定，本备忘录涉及出资人可按出资份额享受 2004 年 6 月 30 日前所得的权益，承担同样份额的风险。现各方确认上述有关职业风险基金的内容系因当时规定职业风险基金不可分配才作约定的，所以，如现有规定可分配并符合分配条件，则应按上述备忘录的约定予以分配。鉴于 2009 年 2 月财政部财企〔2009〕26 号《资产评估机构职业风险基金管理办法》已规定在保证规定结余的前提下，经股东会或合伙人决议，可将已计提五年以上结存的职业风险基金转作当年可供分配利润进行分配，且 2004 年 10 月 21 日原告股东会已有决议按上述备忘录规定执行，故现原告 2004 年 6 月 30 日前职业风险基金符合分配条件，可予分配。经审计，原告 2004 年 6 月 30 日前风险基金为 1231898.49 元，涉案备忘录明确被告 2004 年 6 月 30 日前占股 10%，即原告应付被告其中的 10%，即 123189.84 元，被告主张 2004 年 6 月 30 日前职业风险基金的反诉请求应得支持。至于原告提出 2004 年 6 月 30 日前职业风险基金的企业所得税问题，根据《企业所得税税前扣除办法》，职业风险基金应在税后扣除，且原告在 2005 年前为代征税，即相关部分的企业所得税已按收入金额代征缴纳，但是，如以后对此确需缴纳，则原告可按实际已缴税款的税率、方式等另行向被告主张。另外，本案审计费合计 12 万元，综合原、被告原先的主张，以及原告举证的财务报表与审计结论相差甚大的情况，法院确定由原告负担 96000 元、被告负担 24000 元。

上海市第二中级人民法院二审认为：本案各方当事人对于被上诉人楼建华自 2008 年 6 月 27 日起不再为上诉人资产评估公司股东一节均无异议，法院予以确认。对于第一项争议焦点，上诉人 2008 年 5 月 31 日的净资产已经沪求会业〔2009〕鉴字第 9 号司法会计鉴定予以确定，上诉人称应分摊两原审第三人的成本，既无事实依据，也不符合相关会计准则，且求是所也已依据审计材料作出相应调整，故上诉人的此项观点法院不予支持；上诉人称根据财政部的规定，11 万余元的职工旅游费不可冲抵福利费，但该规定系 2009 年 11 月发布施行的，其效力不溯及款项发生及司法会计鉴定之时，对此观点，法院不予采信；关于 15 万元未扣缴税款一节，上诉人并未缴纳相关税款，至今亦未收到纳税通知，故对 15 万元是否应缴税及应税金额均无法确定，司法会计鉴定未在上诉人净资产中扣除相关税款并无不当，如上诉人日后确有实际税收支出的，可另行主张。对于第二项争议焦点，根据上诉人公司章程及2008年6月27日的股东会决议，被上诉人退出股份是明确的，双方仅对退股金金额的计算有所争议，而上诉人关于被上诉人退股金金额计算的股东会决议，已被法院生效判决所撤销，因此，上诉人未及时按规定如实支付退股金，有所不当，应依照章程的规定，支付相应利息。至于利率标准，上诉人称应以银行同期存款利率为准，缺乏事实依据，法院不予采信。对于第三项争议焦点，上诉人在2004年股东会决议中已明确，上级对职业风险金的处分有新规定的，相关出资人可按出资份额享受2004年6月30日前的权益。因此，上诉人的股东会对于职业风险基金的分配已作出决议，符合财政部财企〔2009〕26号文件规定的分配条件，可予分配。至于上诉人所称职业风险基金应先行纳税一节，原审判决已作充分阐述，不再赘述。综上所述，原审认定事实清楚，判决并无不当，上诉人的上诉请求，缺乏事实及法律依据。

——《最高人民法院公报》2012年第5期

125

股权转让协议约定股份附带的所有权利、权益一并转移至受让人的，原属于转让人名下的股份因转增而带来的收益应归属于受让人

关键词｜股权转让｜股份转增｜

【最高人民法院裁判文书】

中国长城资产管理公司沈阳办事处与北京万方源房地产开发有限公司债权置换股份合同纠纷案［最高人民法院（2015）民二终字第366号民事判决书］

最高人民法院认为：（二）关于原判决确定的赔偿损失计算依据问题。

上诉人万方源公司认为，依据《意向协议》的约定，被上诉人长城资产沈阳办事处享有的是5250万元债权，而并非1400万股万方发展股份的折现款。本院认为，根据《债权置换股权协议书》约定，长城资产沈阳办事处已经将债权转让给万方源公司作为置换股权的对价，万方源公司负有将股权变更到长城资产沈阳办事处名下的义务，即将股权交付给长城资产沈阳办事处。根据法律规定，

债权人可以请求履行,在债务人不能履行时,债权人可以请求其承担相应的违约责任,即债权人可以请求法院判决其强制履行、赔偿损失或者支付相应的违约金。本案中,因万方源公司拒不履行合同义务,长城资产沈阳办事处要求万方源公司赔偿损失并支付违约金,符合法律规定。此外,根据《债权置换股权协议书》第九条约定"本协议正式生效后,双方应积极履行有关义务,任何一方违反本协议规定的行为均构成违约。违约方应向守约方支付本协议第一条第一款约定的债权本金金额5%的违约金,并赔偿守约方因此遭受的全部损失。"长城资产沈阳办事处要求万方源公司支付违约金并赔偿损失,亦符合上述合同约定。

根据合同法规定,当事人一方不履行合同义务或者履行合同义务不符合约定,给对方造成损失的,损失赔偿额应当相当于因违约所造成的损失,包括合同履行后可以获得的利益。依据双方签订的《股权质押合同》《深圳证券交易所上市公司证券质押登记声明书》和《深圳证券交易所上市公司证券登记申请书》的约定,万方源公司向长城资产沈阳办事处质押的700万股万方发展股份,因质押派生的红股及配股一并予以质押登记,质押期限至长城资产沈阳办事处申请解除质押登记止。而且,《债权置换股份协议书》第四条第三项约定"将本协议项下股份过户给长城资产沈阳办事处,股份附带的所有权利、权益一并转移至长城资产沈阳办事处"。2013年4月1日,万方发展股本结构发生变动,每10股转增10股。虽然《意向协议》中涉及折现的是700万股万方发展股权,但是依据上述约定,原属于长城资产沈阳办事处名下质押的700万股因转增而带来的收益,仍应归属于其名下。因此,长城资产沈阳办事处对于质押在其名下的万方发展1400万股股份主张权利,于法有据。

至于上诉人提出的原判决以案涉股票在一审开庭前20个交易日的平均收盘价作为赔偿损失的计算依据问题。由于股票市场的特殊性,该1400万股股份对应的市场价值在不断变化,至长城资产沈阳办事处提起诉讼之日案涉股票价格已明显上涨,在万方源公司持有上述股份拒不交付的情况下,长城资产沈阳办事处无法实现其正常权益,故该办事处要求按照股票交易价格作为损失计算的依据,符合法律规定。根据民事诉讼法及司法解释规定,原告当庭增加诉讼请求的,人民法院可以合并审理。因此,长城资产沈阳办事处在一审开庭前提出增加诉讼请求,符合法律规定。另外,万方源公司曾于2012年11月29日致函长城资产沈阳办事处,同意以该股权解除限售之日前20个交易日的平均价格作为其回购700万股权的依据,虽然该股权回购方案没有实施,但至少表明万方源公司曾经同意以20个交易日的股票平均价格来计算折现价款这种计算方式,故原判决充分考虑到股票交易特点和双方当事人的合法权益,在长城资产沈阳办事处增加诉讼请求后,参考一审开庭前20个交易日的股票平均收盘价作为损失计算依据,并无不妥。万方源公司上诉主张原审确定损失缺乏依据的理由不能成立,本院不予支持。

——中国裁判文书网,http://wenshu.court.gov.cn。

八、股权转让纠纷

126

股权转让合同的履行期限跨越新旧《公司法》案件的适用法律

关键词 | 股权转让合同 | 履行期限 | 法律适用 |

【最高人民法院答复】

云南省高级人民法院：

你院云高法报〔2006〕114 号《关于股份转让合同的履行期限跨越新旧公司法如何适用法律的请示》收悉。经研究，答复如下：

修订前的《公司法》第十二条规定了公司对外投资"所累计投资额不得超过本公司净资产的 50%"，但对公司超过该限额的对外投资行为是否有效的问题，该法并没有作出明确规定。2006 年 1 月 1 日实施的修订后的《公司法》从维护公司权益及其独立人格的角度出发，取消了上述限制。因此，依据本院《公司法解释(一)》第二条的规定，本案不应以修订前的《公司法》第十二条规定否定《股权转让协议》的效力。故同意你院审判委员会的倾向性意见。

此复。

——《最高人民法院民事审判第二庭关于对云南高院〈关于股份转让合同的履行期限跨越新旧公司法如何适用法律的请示〉的答复》(2007 年 5 月 16 日，〔2007〕民二他字第 3 号)

(一)股权转让合同效力认定

127

合同约定的资产交割问题仅是新旧股东之间对目标公司资产的交接，资产所有权仍属于公司，其性质应为股权转让合同

关键词 | 股权转让合同 | 资产转让合同 |

【最高人民法院裁判文书】

中国房地产开发合肥有限公司与海亮地产控股集团有限公司、海亮集团有限公司股权转让纠纷案[最高人民法院(2015)民一终字第81号民事判决书]

最高人民法院认为：关于《产权转让合同》的性质是股权转让合同还是资产转让合同问题。所谓股权转让合同，一般是指公司股东将其享有的股权转让他人，他人支付价款并取得公司的股东地位的合同。而资产转让合同，通常是指资产所有人将标的物的所有权转让他人，他人支付价款并取得标的物所有权的合同。由此可见，两者在交易主体、交易客体及交易目的上存在显著不同。具体到本案中，双方所签合同的名称虽然为《产权转让合同》，但从交易主体和合同内容看，中房合肥公司系将其持有的中房置业公司100%股权转让给海亮地产公司，海亮地产公司支付相应价款并取得股东地位；从履行情况看，中房合肥公司已将其股权变更登记至海亮地产公司名下。虽然合同中约定了资产交割问题，但此仅是新旧股东之间对目标公司资产的交接，资产的所有权仍然属于目标公司。由以上分析可以看出，《产权转让合同》符合股权转让合同的一般特征，其性质应为股权转让合同。故海亮地产公司主张《产权转让合同》系资产转让合同的观点不能成立。当然，本院还注意到，根据合同的约定，股权的转让价款是通过评估公司评估中房置业公司的土地使用权、固定资产、在建工程及其他全部资产确定的，且在资产评估报告中列明了股权所对应的资产、负债及相关情况。此外，双方在合同中还约定了包括房地产项目在内的各项资产的交割问题，即原股东中房合肥公司将所掌控的中房置业公司的资产移交给新股东海亮地产公司。由此可见，《产权转让合同》性质虽然为股权转让合同，但其履行内容不限于股权转让，还包括股权所对应资产的交割等问题，故《产权转让合同》也包含了资产转移的特征，一审法院对合同性质的认定并无不当。鉴此，双方应当按照合同的约定及诚实信用原则行使权利，履行义务。

——中国裁判文书网，http://wenshu.court.gov.cn。

128

虽然协议有处分公司资产和土地转让的内容，但是从整个协议看，主要是转让股权，协议性质不属公司资产转让

关键词｜公司资产转让｜股权转让｜

【最高人民法院裁判文书】

刘晓、黄强等股权转让纠纷申请再审案[最高人民法院(2016)最高法民申368号民事裁定书]

最高人民法院认为：一、关于《协议》的性质与效力问题。首先，刘晓主张《协议》不是股权转让协议而是公司资产转让协议，这与其在一、二审期间的主张明显相悖。刘晓在一、二审期间明确表示《协议》是股权转让协议，现其又主张属于公司资产转让协议，违反了诚实信用原则。同时，虽然《协议》上有处分骏祥公司资产和土地转让事宜的内容，但是从整个协议的约定看，其主要约定的是转让刘晓和刘俊芳的股权，而非骏祥公司资产，这从之后刘晓、刘俊芳将所持有的骏祥公司股权过户给黄强、黄泰榕并收取股权转让款的行为完全可以得到印证。因此，刘晓关于《协议》性质应为公司资产转让协议，骏祥公司不能转让骏祥公司的股权，故《协议》涉及股权转让的内容是无效的等申请理由不能成立。其次，从刘晓提供的骏祥公司的工商登记资料看，虽然在签订《授权委托书》时刘俊芳并非骏祥公司股东，登记股东是陈致祥，但陈致祥系刘俊芳丈夫，且在上述《委托授权书》《协议》签订及本案一、二审诉讼中，刘俊芳都是以股东身份参与，加之，2010年4月21日股东已由陈致祥变更为刘俊芳，故应认定刘俊芳向吴雨明出具《授权委托书》转让所持骏祥公司股权系有权处分，刘晓关于2009年10月9日对吴雨明的授权委托存在瑕疵，因为刘俊芳在出具《授权委托书》时并非骏祥公司股东等申请理由不能成立。

——中国裁判文书网，http://wenshu.court.gov.cn。

129

股权转让合同的认定不仅应从合同的名称、内容去审查，还应考察当事人的真实意思表示

关键词｜股权转让合同｜

【最高人民法院答复】

福建省高级人民法院：

你院〔2006〕闽民终字第498号“关于上诉人练志伟与被上诉人陈如明及原审被告林惠贞、郑秀英及原审第三人福州市常青实业有限公司股权转让一案”的请示报告收悉。经研究，答复如下：

同意你院合议庭及审判委员会多数人意见，本案合同应定性为股权转让合同。

你院合议庭及审判委员会多数人认为对于合同的性质应从合同的名称、内容去审查认定，同时还应考察签约双方的真实意思表示进行分析认定是正确的。第一，本案合同的名称明确表明是“企业股份转让”。第二，本案合同签约主体甲方是“福州市常青实业有限公司（以下简称常青公司）股东代表：练长清”，乙方为“陈如明”。练长清以常青公司股东代表的身份签订该合同，符合股权转让合同的主体特征，而如果是企业财产转让合同，则不应由股东而应由企业作为转让的主体。第三，从合同的内容看，合同前言部分表明甲乙就“……股份（权）转让给乙方的有关事宜经友好协商达成如下条款”；合同第一条在表述企业的位置、面积时亦明确表明是“甲方转让股权企业”的位置、面积；合同第二条表明“甲方转让以上工厂股份（权）……”；合同第三条第三项明确表述乙方应支付甲方“股权（份）转让金”，第三条第四项约定甲方负责合同签订后三个月内中止属本合同范围内的租约，迁出所有人员，至此该工厂“股权全部属乙方所有”；合同第三条第五项约定“甲方负责承担企业股权转让前的所有债权债务”。根据以上合同内容，可以充分认定该合同系股权转让合同，当事人的真实意思表示是转让股权而非转让企业财产。另，合同第三条第三项约定乙方支付款项后，甲、乙双方即办理企业法定地址及法人代表变更，办妥手续后，甲方把营业执照、公司公章及相关证件移交给乙方；合同第三条第五项约定“甲方负责承担企业股权转让前的所有债权债务”。当事人的上述约定进一步表明该合同系股权转让合同而非财产转让合同，因为如果是企业财产转让合同，则无需变更企业法定代表人，常青公司原股东也无必要把营业执照、公司公章及相关证件移交给受让人陈如明，更无须就转让前企业的债权债务承担问题作出约定。第四，常青公司2000年10月12日出具一份承诺书，该承诺书载明：“鉴于福州市常青实业有限公司股东代表练长清与陈如明于2000年7月6日签订《企业股份转让合同》并已开始履行。在该股份未办妥工商变更登记之前，我公司承诺陈如明先生有权对该股份转让合同所约定的范围进行投资建设并使用。”该承诺书的内容进一步证明本案所涉合同性质为股权转让合同。且根据你院请示报告所述，本案的原审被告林惠贞即常青公司的另一股东亦始终认为是股权转让。

综上，根据本案合同的名称、签约主体、合同的内容以及其他证据材料，可以充分认定本案合同为股权转让合同，你院合议庭及审判委员会多数人意见是正确的。

另，根据你院请示报告所述事实，常青公司原为全民所有制企业，诉争地块土地使用权的性质系划拨地，合法使用人是常青公司。本案常青公司股东通过签订股权转让合同，是否实质将该土地使用权转让他人从而改变了国有划拨土地使用权的性质，你院在审理案件时应予以注意，认真审查。

——《最高人民法院关于上诉人练志伟与被上诉人陈如明及原审被告林惠贞、郑秀英及原审第三人福州市常青实业有限公司股权转让一案的请示的复函》(2006年11月13日，〔2006〕民四他字第22号)

130

当事人针对同一股权签订两份股权转让合同，对于实际履行的是哪份合同，除当事人约定外，应当结合实际履行情况作出正确认定

关键词｜股权转让合同｜

【最高人民法院裁判文书】

梦幻侏罗纪探险时代(北京)投资管理有限责任公司与大庆市三环钻井工程有限公司及大庆万年房地产开发有限公司、大庆市大正建筑安装有限公司股权转让合同纠纷案[最高人民法院(2014)民二终字第59号民事判决书]

裁判要旨：本案所涉股权转让过程中，双方当事人针对同一笔股权共签订两份《股权转让合同》，对于实际履行的是哪份合同，双方当事人各执一词。在案件审理中，除审查当事人在合同中的约定外，应当结合实际履行情况，对股权转让的相关事实作出正确认定。

最高人民法院认为：(二)关于北京侏罗纪公司将案涉股权转让给三环公司

的相关事实认定问题。

在北京侏罗纪公司将圣地置业公司24.5%的股权转让给三环公司时,双方先后签订了两份合同,一份签订于2012年1月1日,转让价款为人民币1.7333亿元,另一份签订于同年11月16日,转让价款为735万美元。原审判决认定前一份合同未生效,双方实际履行的是后一份合同。北京侏罗纪公司上诉称,双方履行的是2012年1月1日签订的《股权转让合同》,而后一份合同只是为了在工商部门变更登记备案所用,并未实际履行。本院认为,本案一审中,三环公司针对北京侏罗纪公司的反诉辩称,其已经将1.7333亿元股权转让款支付完毕。大正公司亦确认其已代三环公司向北京侏罗纪公司支付了1.7333亿元股权转让款。此外,三环公司将该部分股权再转回北京侏罗纪公司时,除约定了1.771亿元股权转让款外,还约定双方为办理股权转让工商变更登记而另行签订总额为735万美元对价的股权转让合同。由此可见,北京侏罗纪公司将案涉股权转让给三环公司时,双方实际履行的是2012年1月1日签订的合同,三环公司实际支付的转让款是1.7333亿元,而不是735万美元。并且针对该部分股权的转让,北京侏罗纪公司、圣地置业公司已经履行了相关程序,并已得到大庆市商务局的批准。原审认定双方实际履行的是2012年11月16日签订的《股权转让合同》,与本案事实不符,应予纠正。北京侏罗纪公司的该项上诉理由成立,本院予以支持。

——最高人民法院民事审判第二庭编:《商事审判指导》总第39辑,人民法院出版社2015年版,第237~252页。

131

将债权转化为股金并转让的，为股权转让而非债权转让

关键词 | 股权转让 | 债转股 | 债权转让 |

【最高人民法院裁判文书】

大连雅风集团公司与中国石油审计服务中心、中国石油天然气集团公司股权转让纠纷上诉案[最高人民法院(2000)经终字第113号民事判决书]

最高人民法院认为:石油审计中心先与案外人辽河油田签订股权转让协议,

约定转让的标的是辽河油田在东北经济公司的股权，该股权约定转让的价值为2154万元，同时石油审计中心还与东北经济公司签订了继续合资建设经营野马乐园项目的协议。该两份协议欲确立股权变更法律关系，以及新股东在野马乐园项目上股份比例划分和继续投资的权利义务。石油审计中心虽支付了约定的2000万元对价，但因其没有按照约定和法律规定以股东身份参与东北经济公司的经营管理和继续出资、更没有在工商行政管理部门办理股东变更登记，也因东北经济公司拖欠工程款使得野马乐园资产被强制执行给他人，从而导致石油审计中心未能完成股权取得行为。而本案审理的建立在上述两份协议和相应民事行为基础之上的石油审计中心与雅风公司之间的股权转让协议在订立时，约定转让的股权尚处于未定状态。雅风公司在支付了约定的2600万元对价后，石油审计中心未能全面有效地履行股权交付义务，使得雅风公司获取股权的权利也最终无法实现。作为出让方，石油审计中心没有完成取得并交付标的物的民事行为，须承担其与雅风公司的股权转让协议履行不能的全部责任，应返还雅风公司2600万元购股款并赔偿相应利息损失。雅风公司与石油审计中心签订协议和依约履行付款义务，与石油审计中心最终未取得股权和无法转让股权及协议无法履行没有因果关系，故雅风公司请求改判石油审计中心支付自占用股款本金之日起至终审判决之日止期间的全部价款孳息的上诉请求，本院予以支持。

本案所涉协议转让的标的，源于辽河油田中级人民法院主持调解下，通过债权转股权方式确认的辽河油田在东北经济公司的股本金。石油审计中心以约定受让的该股本金和继续投资经营野马乐园的权利义务，转手让与雅风公司。该标的物本质是有限责任公司股东依其出资而对公司产生的权利，不仅包括股东对其出资部分的占有、收益和处分权利，还包括股东参与公司经营管理权、限制其他股东转让出资的优先购买权等。尽管股权在不同主体之间交换时可以形成债权，但交换过程不能改变股权本身的人与财产结合的物权属性，这与根据合同约定或者依照法律规定在特定当事人之间产生的债权性质完全不同。债权人不能对债务人的财产行使占有、收益和处分等权利，也不能根据债权直接参与债务人的经营管理，只有当债务人与债权人履行一定行为和程序后，方可导致债权消灭和物权的产生。石油审计中心上诉称其与雅风公司转让的是债权并已实际履行，这与东北经济公司在野马乐园的投资、辽河油田与东北经济公司债转股的完成和确认、石油审计中心与辽河油田的股权转让，以及本案雅风公司与石油审计所的股权转让行为等一系列事实相悖，故本院对石油审计中心关于改判其不承担返还款项的上诉请求不予支持。

——宋晓明主编、最高人民法院民事审判第二庭编:《最高人民法院民商审判要案精析》,人民法院出版社 2006 年版,第 128 ~ 132 页。

编者说明

本裁判意见阐明了股权与债权的性质区别认定的要点。股权具有物权的属性,是依据股东身份而获得的权益,是公司内部股东依法享有的权益。它不仅包括股东对公司股份的所有权、收益权,还包括参与公司经营管理权和在出资范围内承担风险的义务。债权是根据协议、法律规定而产生的权益。债权人不能根据债权直接参与公司的经营管理,更不能对债务人的财产行使所有、收益等权利,它的实现需要债务人的配合和债务履行。只有当债务人与债权人履行一定法律程序后,债权才可以转为股权。①

132

股权转让法律关系的确立及补充协议的效力

关键词 | 股权转让 |

【最高人民法院裁判文书】

郭苏焕与杨晓宇、杨晓岚、陈道宜、陈汉湘、深圳市恒运泰投资发展集团有限公司股权转让合同纠纷案[最高人民法院(2011)民二终字第 62 号民事判决书]

最高人民法院认为:杨晓宇方与恒运泰公司签订的《协议书》明确约定,将杨晓宇方持有的大宇公司股权出让给恒运泰公司,恒运泰公司可指定第三方受让大宇公司股权,并就股权转让价格、双方权利义务、转让价款的支付方式、项目交接及股权过户、违约责任等内容作出了约定,双方确立的系股权转让的法律关系。后双方签订的《补充协议书》《补充协议书(二)》和《补充协议书(三)》,系双方就股权转让价款作出的特别约定,并未改变双方基于《协议书》所确立的股权转让法律关系。即使如杨晓宇、杨晓岚、陈道宜、陈汉湘上诉主张的双方系有条件的股权转让合同关系,该条件也仅体现为在项目规模扩大的情况下,在双方原协商的 5040 万元股权转让价款基础上就超面积部分的奖励股权价款的计付

① 刘德权主编:《最高人民法院裁判意见精选》(下),人民法院出版社 2011 年版,第 780 ~ 781 页。

方式。因此,原审法院以双方系股权转让关系,而不是项目联建或者合作关系,双方当事人签订的协议中没有恒运泰公司取得大宇公司股权后应何时启动项目、何时到位项目资金的约定,驳回杨晓宇、杨晓岚、陈道宜、陈汉湘关于恒运泰公司迟迟不到位项目建设资金侵害其利益、合同应予解除的诉讼请求,并无不当,应予维持。杨晓宇、杨晓岚、陈道宜、陈汉湘上诉主张原审法院认定双方合同关系为股权转让合同错误的上诉请求,本院不予支持。

——最高人民法院民事审判第二庭编:《最高人民法院商事审判指导案例(7)·公司与金融卷》,中国法制出版社2013年版,第127~142页。

133

股权置换意向协议属于预约合同的范畴

关键词 | 股权置换 | 意向协议 | 预约合同 |

【最高人民法院裁判文书】

中国长城资产管理公司沈阳办事处与北京万方源房地产开发有限公司债权置换股份合同纠纷案[最高人民法院(2015)民二终字第366号民事判决书]

最高人民法院认为:(一)关于《意向协议》的性质和效力。

首先,《意向协议》属于预约合同的范畴。所谓预约合同是指约定将来订立一定合同的合同。预约合同本身也是一种合同,其成立、生效、履行、违约责任等适用合同法的一般规定。万方源公司与长城资产沈阳办事处签订的《意向协议》已经双方签字盖章生效,并不违反法律、行政法规的效力性强制性规定,应当认定为合法、有效。但《意向协议》仅具有预约合同的性质。因为:第一,《意向协议》并没有明确约定股权折现的具体时间、价格和支付方式,双方还需要通过签订和履行《股权折现协议》,来实现《意向协议》中约定的股权折现的目的;第二,根据《意向协议》,并不能直接发生支付折现款的法律后果,对于已质押股份的折现,亦需要得到合同双方的再行确认;第三,《意向协议》约定了签订《股权折现协议》的两个履行条件,即由万方源公司向长城资产沈阳办事处支付签约保证金,股权折现方案还需要通过长城资产沈阳办事处的上级机关中国长城资产管理公司的审核批准,而全部履行上述两项义务,才能使签订本约合同即

《股权折现协议》成为可能。

其次，分析《意向协议》的具体内容，共涉及两部分。一部分是对于磋商过程和签约背景的表述，该部分内容对当事人双方并不具有约束力。另一部分是合同的实质性内容，主要是对于万方源公司交纳保证金的数额、时间以及违约责任作出了约定，该部分内容具备合同的要素，权利义务内容明确，具有合同约束力。虽然，《意向协议》有“……将质押股份折现人民币伍仟贰佰伍拾万元整(5250万元)”的内容，但该部分内容系作为合同程序性条款中予以表述，是对合同签订背景的客观性描述，并非合同的实质性内容，该部分内容对合同双方不具有约束力。

最后，《意向协议》的实质性内容并没有得到完全履行。虽然长城资产沈阳办事处对股权折现方案履行了内部审批程序，但是《意向协议》约定为了担保签订《股权折现协议》并完全履行，万方源公司须在该协议生效后7日内交纳2625000元保证金，而直至长城资产沈阳办事处提起本案诉讼时，万方源公司始终没有按照《意向协议》的约定支付保证金。在万方源公司没有依约支付保证金、双方亦没有签订正式《股权折现协议》的情况下，《意向协议》涉及的股份折现价格的内容自然对双方不具有拘束力，故双方仍应按照原《债权置换股份协议书》继续履行。

综上，上诉人万方源公司主张《意向协议》依法订立并有效的观点虽然成立，但该公司提出的《意向协议》可以取代《债权置换股份协议书》和《股份质押合同》中的相关权利义务，并要求继续履行《意向协议》的上诉主张不能成立，本院不予支持。

——中国裁判文书网，http://wenshu.court.gov.cn。

134

股东会决议关于股权转让的内容虽基本成立，但因当事人还特别约定另需订立股权转让合同，不宜认定股权转让合同已经成立

关键词｜股东会决议｜股权转让合同｜

【最高人民法院裁判文书】

张玉琪、北京王忠诚医疗科技有限公司与佛山市顺德区银景房产有限公司、

佛山市顺德区德利企业管理顾问有限公司等股权转让纠纷申请再审案[最高人民法院(2016)最高法民申200号民事裁定书]

最高人民法院认为:2.关于股权转让合同或法律关系是否成立问题。案涉《股权转让合同书》《补充协议》以及2012年6月28日《广东同江医院有限公司股东会决议》对股权转让事宜仅作出了初步的约定。2012年6月28日《广东同江医院有限公司股东会决议》中虽有关于"现股东和北京核心医疗管理团队同意将同江医院现有股权结构进行重新分配"及分配方式的约定,从形式上看股权转让法律关系的主体、名称以及数量等核心内容已有涉及,但该合同还有关于"决议形成后,现股东应在三日内与北京核心医疗管理团队签订正式的股权转让协议"这一仍需另行订立正式股权转让合同的特别约定,故根据《合同法解释(二)》第一条第一款关于"当事人对合同是否成立存在争议,人民法院能够确定当事人名称或者姓名、标的和数量的,一般应认定合同成立。但法律另有规定或者当事人另有约定的除外"的规定,《广东同江医院有限公司股东会决议》中关于同江医院股权转让的条款虽基本成立,但因当事人还有特别约定另需订立股权转让合同,不宜认定股权转让合同已经成立,故王忠诚公司、张玉琪关于股权转让合同本约直接成立的主张并无法律依据而不能成立。王忠诚公司、张玉琪还主张案涉合同即便为预约合同,由于其已履行主要义务、同江医院及其股东予以接受则本约亦已成立,但从《最高人民法院关于审理买卖合同纠纷案件适用法律问题的解释》(以下简称《买卖合同解释》)第二条关于"当事人签订认购书、订购书、预订书、意向书、备忘录等预约合同,约定在将来一定期限内订立买卖合同,一方不履行订立买卖合同的义务,对方请求其承担预约合同违约责任或者要求解除预约合同并主张赔偿的,人民法院应予支持"的规定来看,预约合同作为一个独立的合同,其违约责任形式可以包括继续履行,但可由人民法院强制缔结本约的法律依据并不充分,否则有违合同意思自治原则,亦不符合强制执行限于物或行为的给付而不包括意志给付的基本原理。另从事实上看,王忠诚公司、张玉琪并未举证证明《广东同江医院有限公司股东会决议》签订后同江医院股东履行了股权变动手续,而实际上同江医院股东于次日另行召开股东会撤销了前述决议,并不存在所谓已实际履行、相对方予以接受之事实,故王忠诚公司、张玉琪关于股权转让合同实质成立的主张因无事实根据和法律依据而不能成立。

——中国裁判文书网,http://wenshu.court.gov.cn。

135 转让价格将股权、房产及土地使用权作为整体计算，是股权及附属于股权的其他财产性权益的一并转让，相关诉讼可以确定为股权转让纠纷

关键词｜股权转让｜财产性权益一并转让｜

【最高人民法院裁判文书】

天水兰凌实业(集团)有限公司、薛水玲与兰州大畜投资有限公司股权转让纠纷申请再审案[最高人民法院(2016)最高法民申2238号民事裁定书]

最高人民法院认为：根据兰凌公司、薛水玲与大畜公司签订的《转让协议》，转让标的为天水华凌纳菲酒店有限公司100%的股权、土地使用权及房产，转让价格亦是将上述股权、房产及土地使用权作为整体来计价的，因此原判决认定该协议是股权及附属于股权的其他财产性权益的一并转让，应视为一个整体，从而确定本案案由为股权转让纠纷，并无不当。大畜公司申请再审还主张兰凌公司、薛水玲隐瞒标的物的真实状况，原判决未予认定不当。根据《转让协议》第一条的约定，转让的不动产包括国有土地使用权和该幅土地上的房产以及兰凌公司修建使用的其他建筑物、构筑物，并明确了已办理房屋产权证的房屋建筑面积为5097.46平方米。该协议第三条约定，剩余款项在双方将房屋产权转让及土地使用权转让变更登记材料递交至房屋管理机关及土地管理机关后，取得相关部门受理回执单据后，且天水华凌纳菲酒店有限公司的100%股权在工商登记部门变更至大畜公司或其指定的第三方名下，在领取颁发给大畜公司的新房屋所有权证及国有土地使用权证后两个工作日内一次性支付至兰凌公司、薛水玲指定账户内。《转让协议》并未明确约定5097.46平方米建筑面积以外的其他房产应由兰凌公司取得房产证并变更登记至大畜公司名下后，转让款余额的支付条件方才成就。因此，原判决根据华凌纳菲酒店股权已交割完毕、《转让协议》约定的建筑面积5097.46平方米房屋产权已由相关主管部门变更登记完毕、华凌纳菲酒店已由大畜公司实际经营管理的事实，认定大畜公司未领取房屋产权证书，系故意阻止付款条件成就，进而认定本案转让款余额的支付条件已经成就，大畜公司构成违约，并无不当。大畜公司主张原判决错误认定大畜公司违约责任的申请再审理由不能成立，本院予以驳回。

——中国裁判文书网，http://wenshu.court.gov.cn。

136

合同约定转让公司全部股权及资产，在实际履行中仅对股权办理过户手续，未办理资产产权变动手续的，应认定实际为股权转让法律关系

关键词｜股权转让｜资产转让｜

【最高人民法院裁判文书】

燕子堂、康正君、艾绍宏、严玉春、薛金军与陈秀光、韩建厚、林秉桐股权转让合同纠纷案[最高人民法院(2012)民二终字第64号民事判决书]

裁判要旨:当事人在合同中约定转让的内容包括煤矿区域产权、开采权等资产及公司的全部股权。但在协议的实际履行中,《采矿许可证》《煤炭生产许可证》未发生变动,股权变更登记到受让方名下,转让方向受让方移交了公司的资产及采矿许可证副本、公司财务、印章等,据此应认定当事人在履行协议的过程中,仅实际转让了公司的股权。

最高人民法院认为:通过2008年1月20日、6月4日、6月9日《股权转让协议》《补充协议(一)》《补充协议(二)》的签订和实际履行,本案当事人之间实际建立了股权转让法律关系。

2008年1月20日《股权转让协议》主要载明,天祝县大滩煤矿将大滩煤矿区域产权、开采权及矿山机械设备等资产、全部股权一次性转让给陈秀光等人,转让价款为6800万元。同年6月4日、9日,又签订了《补充协议(一)》《补充协议(二)》,主要载明了燕子堂等人承继《股权转让合同》中约定的天祝县大滩煤矿的权利义务及合同的履行方式和违约责任等。根据上述三份协议的约定,天祝县大滩煤矿及燕子堂等人转让的内容包括天祝县大滩煤矿区域产权、开采权等资产及华隆公司的全部股权。在上述协议的实际履行中,燕子堂等人将天祝县大滩煤矿变更为华隆公司,将《采矿许可证》《煤炭生产许可证》办理在华隆公司名下,并将其持有的华隆公司部分股权过户到陈光秀等人及其安排的他人名下,同时向陈秀光等人移交了华隆公司的资产及采矿许可证副本、公司财务、印章等,据此应认定燕子堂等人与陈秀光等人在履行上述协议过程中,仅实际转让了华隆公司的股权。在《股权转让合同》中,有关于转让大滩煤矿区域“产权”“开采权”等表述,但在上述协议的履行过程中,天祝县大滩煤矿的《采矿许可证》实际登记在华隆公司名下,陈秀光等人并未实际取得大滩煤矿的采矿权。

根据物权法的规定，物权变动经依法登记发生法律效力，未经登记，不发生效力。因涉案《采矿许可证》仍登记在华隆公司名下，该采矿权应属于华隆公司所有，故根据《股权转让合同》的约定和实际履行情况，应认定陈秀光等人并未受让华隆公司的采矿权，燕子堂等人上诉认为本案合同涉及转让采矿权的主张与事实不符，本院不予采信。陈秀光等人答辩关于本案当事人并未转让采矿权的观点成立，本院予以支持。原审判决认定本案当事人在上述协议中涉及资产转让的内容实际为新旧股东对公司资产以及相关证照、资料的确定和移交，本案应为股权转让合同纠纷，符合当事人之间发生民事法律关系的实际情况，本院予以维持。

根据本案当事人签订和履行案涉《股权转让协议》《补充协议（一）》《补充协议（二）》的事实，应认定本案当事人在上述协议中约定转让华隆公司股权，是其真实意思表示，协议内容不违反法律法规规定，原审判决认定上述协议合法有效，应予以维持。燕子堂等人以股权转让其受到欺诈、股权过户到案外人名下、林秉桐并非合同主体无诉权等为由主张股权转让合同无效的理由不成立，本院不予支持。合同签订后，陈秀光等人依约支付部分股权转让款，燕子堂等人将80%的股权过户到陈秀光等人及其安排的他人名下，并将华隆公司相应的经营管理权移交给陈秀光等人，当事人已经履行了协议约定的大部分内容，陈秀光等人已经接管了华隆公司并已经实施了多年的经营管理，原审法院判决本案当事人继续履行其协议，符合其通过协议确定的订立本案上述协议的预期目的，应属妥当。

——最高人民法院民事审判第二庭编：《最高人民法院商事审判指导案例（2012）· 合同与借贷担保》，中国民主法制出版社2013年版，第238～250页。

137

仅具有形式特征的股权转让行为本质体现为投资法律关系

关键词 | 股权转让 | 投资关系 |

【最高人民法院裁判文书】

美国向艺实业有限公司与福建全通资源再生工业园有限公司、全通集团有限公司股东出资纠纷申请再审案［最高人民法院（2015）民申字第3081号民事裁定书］

最高人民法院认为：1999年10月29日，福建全通公司设立时，全通公司持有福建全通公司90%的股份。2001年1月29日，福建全通公司增加注册资本为6600万美元，并在工商登记机关办理了变更登记，其中全通公司的持股比例仍然是90%。结合原审查明的事实可知，在该次增资扩股过程中，全通公司没有实际认购增资扩股的股份，只是名义上持有福建全通公司90%的股权，该部分增资扩股就是引入外部投资人。具体而言，向艺公司投资款的收取和使用单位是福建全通公司；向艺公司作为福建全通公司的创始股东，参与了福建全通公司的股东会议，签署了相关股东会决议和备忘录；全通公司与向艺公司签订《股权转让协议》后，福建全通公司的股权结构变为全通公司持股49%，万威实业股份有限公司持股25%，向艺公司持股6%。故涉案增资扩股的实际操作模式是，全通公司将名义上持有的增资扩股后的股份通过股权转让的方式，转让给向艺公司等外部投资人。各方当事人的真实意思表示是引入外部投资人，投资于福建全通公司，作为福建全通公司的创始股东参与经营管理活动。现向艺公司并未取得福建全通公司的股东资格，其有权要求福建全通公司返还占有资金而无须进行投资损益清算。二审判决在综合考虑到各方当事人的真实意思表示，股权转让行为与客观事实不符，保护守约方的合法权益等因素的基础上，认定向艺公司与福建全通公司之间形成出资法律关系，有事实和法律依据。福建全通公司、全通公司认为，本案是股权转让法律关系，向艺公司是挂名全通公司下的实际投资者，应当适用《最高人民法院关于审理外商投资企业纠纷案件若干问题的规定(一)》第十五条、第十六条、第十七条规定处理，投资款未经清算不应全额返还的理由不能成立。

——中国裁判文书网，http://wenshu.court.gov.cn。

福建全通资源再生工业园有限公司、全通集团有限公司与万威实业股份有限公司股东出资纠纷申请再审案[最高人民法院(2015)民申字第2944号民事裁定书]

本裁判理由与前引裁判文书基本一致(略)。

——中国裁判文书网，http://wenshu.court.gov.cn。

万威实业股份有限公司、全通集团有限公司与福建全通资源再生工业有限公司出资纠纷上诉案[最高人民法院(2015)民四终字第15号民事判决书]

最高人民法院认为：福建全通公司在1999年设立之后，其注册资本存在增资后又减资的过程，即2000年12月8日，注册资本由原来的1200万美元增加到6600万美元;2006年8月8日,合资双方又将注册资本由6600万美元减少到原来的1200万美元。本案中,并无证据证明合资各方增资后如数出资,亦无证据证明减资后合资公司向股东进行了退资。本案所涉一系列事实均发生于福建全通公司增资并决定引进外来投资者之后。万威公司作为福建全通公司的股东身份、地位、占股比例、股东权利及万威公司成为股东后需要办理公司营业执照、合资合同及章程等工商变更登记手续等事宜,在福建全通公司2001年3月2日《第一次股东会议备忘录》、9月7日《股东会议备忘录》、11月4日《特别股东会议决议》及2002年1月4日第六次《股东会(暨董事会)会议记录》中均有明确的记载。福建全通公司还在2001年9月16日出具《到资证明》明确承认万威公司的投资款400万美元已到账无误。上述文件还证明,福建全通公司决定通过香港全通公司对外联系外来投资者认购福建全通公司相应的股份。2001年9月16日,香港全通公司与万威公司三方签订《创始股东投资合同书》。其中第二条投资专案第(4)项明确约定,万威公司以1650万美元的投资取得福建全通公司发行股票6600万股中1650万股,占注册资本的25%。第四条约定,福建全通公司的投资法人以香港全通公司为代表,福建全通公司委由香港全通公司在香港代收投资款,并即转入福建全通公司账户。香港全通公司在本专案的投资权益与义务属于股东全体。事实上,万威公司投资款的支付完全符合上述约定。因此,虽然万威公司要成为福建全通公司的股东必须通过受让香港全通公司在福建全通公司持有的股权才能得以实现,但是从福建全通公司增资后决定通过香港全通公司引进外来投资者的实际需求及在相关备忘录、决议及合同中的安排,万威公司作为福建全通公司创始股东及其所投款项实际用于福建全通公司,得到了各方当事人的一致认可。香港全通公司、福建全通公司有关万威公司系挂名在香港全通公司名下的实际投资者的主张与福建全通公司的相关文件规定及香港全通公司与万威公司之间合同约定明显不符,本院不予采信。鉴于香港全通公司在本案中受福建全通公司委托行事,且香港全通公司未举证证明其对增资部分有实际出资。故香港全通公司的股权转让在本案中仅具有形式特征而并不具有实质意义。香港全通公司向万威公司转让股权的行为,要更多地依附于、服务于福建全通公司的对外筹资及吸引外来投资者的行为,或者为后者所吸收。因此,本案当事人之间的法律关系在本质上体现的是福建全通公司与万威公司之间的投资法律关系,而非香港全通公司与万威公司之间的股权转让法律关系。一审判决认定本案法律关系基于股权转让虽有事实依据,但不够客观、全面、准确,也不符合各方当事人的真实意思表示。本案所涉法律关系应定性为投资法律关系,相应地,本案案由应确定为出资纠纷。

——人民法院出版社法规编辑中心编:《最高人民法院裁判观点精编(2014~2015)》,人民法院出版社2016年版,第312~313页;贺荣主编、最高人民法院民事审判第四庭编:《涉外商事海事审判指导》总第30辑,人民法院出版社2016年版,第117~136页。

万威实业股份有限公司与全通集团有限公司、福建全通资源再生工业园有限公司股东出资纠纷案[最高人民法院(2015)民四终字第16号民事判决书]

本裁判理由与前引裁判文书基本一致(略)。

——中国裁判文书网,http://wenshu.court.gov.cn。

138

股份转让协议因无对价约定、无法履行而未成立,缔约双方应各自承担相应责任

关键词 | 股份转让协议 | 缔约过失责任 |

【最高人民法院裁判文书】

魏凤娇与吴笑月等股份转让纠纷上诉案[最高人民法院(2002)民二终字第2号民事判决书]

最高人民法院认为:本案所审理的《股份转让协议》,各方当事人均承认其属于有偿合同,所约定的转让标的为嘉濠集团的股份。但是在两份股份转让协议中,对魏凤娇所持嘉濠集团27.62%股份和吴纪元所持的0.38%股份转让给吴笑月,却均没有约定对价。根据《合同法》第十二条规定,有偿合同应当约定价款或报酬。该法第六十一、六十二条规定,当事人就价款没有约定或约定不明的,可以协议补充;不能达成补充协议的,按照合同有关条款或交易习惯确定;仍不能确定的,按照订立合同时履行地的市场价格履行。故价款或报酬是有偿合同的必备条款,缺少该内容,合同则无法履行。

公司股份不同于有形财产,其价值由多种因素构成,如固定资产和流动资金、知识产权或专有技术以及产品赢利能力和人员素质等。只有经过评估机构

专门评估后，公司股份的价值才能体现或接近客观真实，在该基础上约定股份转让对价，才能体现当事人签订股份转让协议的真实意愿。吴笑月担任嘉濠商厦董事长和向嘉濠商厦出资，其实质是吴笑月获得嘉濠商厦的经营管理权和嘉濠商厦的资本得到补充，而非为魏凤娇转让其股份所获得的对价。如认定吴笑月担任嘉濠商厦董事长和向嘉濠商厦出资，是魏凤娇转让嘉濠集团股份的对价，则必须得到魏凤娇的认可并且经过特别约定，否则，吴笑月的行为作为股份出让的对价不能成立。然而吴笑月主张的这种对价，在股份转让协议中却未有约定，魏凤娇事实上也未予认可。本案二审期间，本合议庭主持双方为此进行调解，但终因存在分歧而未能达成新的协议。故本案股份转让协议因无对价约定，无法履行而未成立，缔约双方因协议不成立各自应承担相应责任。魏凤娇以《股份转让协议》未就主要条款达成合意、协议未成立为由，请求撤销原判，本院予以支持。合同生效与否、有无效力，皆应以合同成立为前提，没有成立的合同，自开始即对当事人没有约束力。原审判决认定吴笑月担任嘉濠商厦董事长和向嘉濠商厦出资，是魏凤娇转让嘉濠集团部分股份的对价，而判决该两份股份转让协议有效，属认定事实不清、适用法律不当，应予纠正。吴笑月关于本案《股份转让协议》有效的诉讼请求应予驳回。

——最高人民法院办公厅编：《最高人民法院公布裁判文书（2003年）》，人民法院出版社2004年版，第164～172页。

【链接：最高人民法院法官著述】

股份的价值不可能按交易习惯和订立合同时履行地的市场价格来确定。因公司股份与有形财产不同，其价值由多种因素构成，如公司固定资产、流动资金、知识产权、专有技术、产品的竞争力、公司的经营管理水平等，甚至包括员工和领导层的素质在内。公司股份只有经过评估机构专门评估后，方可确定其价值。在此基础上当事人达成转让对价的约定，方能客观真实反映出股份转让协议内容。并且行为一般不能作为股份出让的对价，如果以行为作为股份转让的对价，则必须经过特殊约定。本案一审判决吴笑月担任董事长和出资的行为是股份转让的对价，违反了市场经济中最一般的价值规律，也与民事活动必须等价有偿原则相违背。如按一审执行，将担任董事长和出资该两种行为认定为股份转让的对价，则本案协议也有失公平。

——贾纬：《本案核心是股份转让协议的效力问题还是其是否成立的

问题》,载李国光主编、最高人民法院民事审判第二庭编:《民商事审判指导与参考》总第2卷,人民法院出版社2003年版,第264~275页。

139

股权转让与股权置换合同的认定,应综合审查股份交付、款项支付、债务抵销等相关事实以及实际履行情况

关键词｜股权转让合同｜股权置换合同｜

【最高人民法院裁判文书】

许尚龙、吴娟玲与何健、张康黎、张桂平股权转让纠纷案[最高人民法院(2013)民二终字第52号民事判决书]

裁判要旨:本案当事人之间签订了《股权置换协议》《委托处置股份协议》《借款协议》等多份协议,对于上述协议在当事人之间产生的法律关系的性质,双方当事人产生争议。就此类纠纷,应通过审查股份的交付、款项的支付、债务的抵销等相关事实,以双方当事人的实际履行情况,认定本案所涉三份协议在当事人之间是否形成股权转让关系。

最高人民法院认为:关于本案所涉三份协议的性质问题,许尚龙、吴娟玲上诉认为,《股权置换协议》、南京浦东公司股东会决议均明确双方当事人之间属于股权等值置换,且置换标的价值相当;最高人民法院(2008)民二终字第54号民事判决亦认定双方当事人之间系股权置换关系。本院认为,根据本案查明的事实,2007年6月21日,许尚龙、吴娟玲与何健在《股权置换协议》中约定,许尚龙、吴娟玲将其持有的南京浦东公司2200万股份转让给何健,何健将其享有权利的苏宁环球公司2200万股份转让给许尚龙、吴娟玲;许尚龙、吴娟玲需在2007年6月21日起10个工作日内将南京浦东公司股份变更登记至何健名下。同日,何健与许尚龙、吴娟玲在《借款协议》中约定,何健于2007年6月29日前,向许尚龙、吴娟玲提供借款3.92亿元,许尚龙、吴娟玲若不能按期归还借款,同意将其通过置换方式获得的苏宁环球公司2200万股份交给何健清偿债务,何健处置该股份的处置款无论高于或低于3.92亿元,盈亏均与许尚龙、吴娟玲无关。亦在同日,许尚龙、吴娟玲与何健又在《委托处置股份协议》中约定,因许尚龙、

吴娟玲对何健负有3.92亿元债务，何健对许尚龙、吴娟玲负有交付苏宁环球公司2200万股份的义务，双方协商同意债务相互抵销；许尚龙、吴娟玲委托何健自行处理苏宁环球公司2200万股份。同年6月29日，苏宁集团公司代何健向许尚龙、吴娟玲支付3.90236亿元，许尚龙、吴娟玲出具收条，载明收到苏宁集团公司代何健支付的股权转让款3.92亿元，实际收到3.90236亿元；还写明上述款项是实际履行双方签署的《股权置换协议》和《借款协议》。上述事实表明，许尚龙、吴娟玲与何健签订《股权置换协议》时，虽约定双方通过置换的方式，将各自持有或享有权利的股份转让给对方，但在双方同日签订的《借款协议》和《委托处置股份协议》中，因何健向许尚龙、吴娟玲提供借款而形成3.92亿元债务，双方约定该债务与何健依《股权置换协议》应履行的交付苏宁环球公司2200万股份的债务相互抵销，即何健无需再向许尚龙、吴娟玲履行转让苏宁环球公司股份的义务。因此，双方当事人通过签订系列协议的方式，对双方之间的股权转让达成了一致的意思表示。特别是在许尚龙、吴娟玲收到苏宁集团公司代何健支付的3.90236亿元后，明确表示该款项为股权转让款并确认系履行双方之间的《股权置换协议》等相关协议。据此，应当确认许尚龙、吴娟玲收到的3.90236亿元并非借款，而是何健受让南京浦东公司2200万股份后向许尚龙、吴娟玲支付的股权对价，该对价已经双方协议确认，且许尚龙、吴娟玲承诺，何健处置苏宁环球公司股份的处置款无论高于或低于3.92亿元，盈亏均与许尚龙、吴娟玲无关，亦说明许尚龙、吴娟玲收取的3.92亿元股权转让款，不因苏宁环球公司2200万股份价值的高低而发生任何变化。故许尚龙、吴娟玲仍以《股权置换协议》、南京浦东公司股东会决议的内容主张双方之间系股权置换关系，显然已与双方履行合同后的客观实际情况不符。关于本院(2008)民二终字第54号民事判决，该案系许尚龙、吴娟玲与张桂平之间关于南京浦东公司的股权纠纷，涉及许尚龙、吴娟玲提起该案诉讼时在南京浦东公司的股东身份问题，并未就本案中许尚龙、吴娟玲与何健之间的争议进行审理。故许尚龙、吴娟玲关于本院(2008)民二终字第54号民事判决认定其与何健之间系股权置换关系的上诉理由没有事实和法律依据。综上，原审判决关于本案当事人之间形成的是股权转让关系的认定正确，应予维持。许尚龙、吴娟玲关于当事人之间系股权置换关系的上诉理由不能成立，本院不予支持。

关于何健是否构成违约以及张康黎、张桂平是否应当承担民事责任问题。如上分析，根据当事人约定，何健已经无需履行《股权置换协议》中关于向许尚龙、吴娟玲交付苏宁环球公司2200万股份的义务，且其已依约向许尚龙、吴娟玲支付了股权转让款，双方之间的协议已经履行完毕。许尚龙、吴娟玲主张何健构成违约，没有事实依据。张康黎作为何健履约行为的保证人，亦不应承担保证责任。张桂平虽代何健与许尚龙、吴娟玲签订了三份协议，但对张桂平的代理签约行为，许尚龙、吴娟玲在签约时并未提出任何异议，且没有证据证明其签约系受张桂平胁迫所致。在此后的实际履行过程中，许尚龙、吴娟玲收取了苏宁集团公司代何健支付的股权转让款，足以证明许尚龙、吴娟玲对所签协议是认可的。故张桂平不是本案所涉协议的当事人，许尚龙、吴娟玲主张其承担民事责任没有事实和法律依据。综上，许尚龙、吴娟玲关于何健应当承担违约责任、张康黎承担保证责任、张桂平承担连带责任的上诉请求不能成立，本院不予支持。

——最高人民法院民事审判第二庭编：《商事审判指导》总第38辑，人民法院出版社2015年版，第217~230页。

140

股权转让关系中表见代理的认定

关键词｜股权转让｜表见代理｜

【最高人民法院裁判文书】

张静与襄樊市奎晟房地产开发有限公司、张传斌、李华东、高勇股权转让纠纷申请再审案［最高人民法院(2013)民申字第104号民事裁定书］

最高人民法院认为：2008年6月，奎晟公司、李华东、黄运河（后由张传斌继受权利）与张静签订《股权转让合作经营合同》。合同内容为张静将福隆酒店80%的份额分别转让给奎晟公司、李华东、黄运河，并将名下的诉争土地使用权过户到奎晟公司名下。该合同由高勇签字，张静未签字盖章。因双方当事人就合同履行产生争议，张静向人民法院提起诉讼要求继续履行。该案经审理确认《股权转让合作经营合同》合法有效，判决奎晟公司、李华东、黄运河按照合同约定支付股权转让款。判决生效后，当事人双方达成《执行和解协议书》与《股权转让合同书》，确认张静将福隆酒店全部份额转让给奎晟公司、李华东、张传斌，并将诉争土地使用权过户到奎晟公司名下。经查，上述两份协议同为高勇签字，形式与《股权转让合作经营合同》相同，内容与《股权转让合作经营合同》密切相关，是《股权转让合作经营合同》的合理沿袭，再结合高勇与张静系夫妻关系的事实，足以使奎晟公司一方相信高勇系有权代理。根据《合同法》第四十九条"行为人没有代理权、超越代理权或者代理权终止后以被代理人名义订立合同，相对人有理由相信行为人有代理权的，该代理行为有效"的规定，即使高勇未经张静授权，其代理张静签订《执行和解协议书》与《股权转让合同书》仍应有效。张静以自己不是合同当事人为由不履行义务缺乏法律依据，本院不予支持。

——中国裁判文书网，http://wenshu.court.gov.cn。

海南虹艳贸易有限公司与海南金泰房地产开发公司股权转让纠纷案［最高人民法院(2012)民提字第35号民事判决书］

裁判要旨：公司印章是公司人格的象征，交易文本上加盖了公司印章，便具有推定为公司意思表示的法律效力，但这种推定效力并非绝对不可动摇。如他人盗窃或者拾得公司印章后予以使用，公司印章脱离公司主体的控制而被他人滥用，印章所表征的意思表示与公司的真实意思表示并不一致，因而印章的意思表示推定效力应予否定。本案中，关静玉未经金泰公司同意而使用其印章，擅自以金泰公司名义对外签订股权转让协议的行为应属无权代理，虹艳公司对此是知道或者应当知道的，故不能主张表见代理。

最高人民法院认为：本案再审争议的焦点问题是股权转让协议应否继续履行。解决这一争议焦点，关键取决于对关静玉代理行为的性质、股权转让协议的效力、股权转让款是否已经实际支付等的认定。

一、关静玉是否有权代理金泰公司对外签订股权转让协议问题。根据最高人民法院《民事诉讼证据规定》第五条的规定，对关静玉是否有权代理金泰公司对外签订股权转让协议，应由虹艳公司承担举证责任。虹艳公司提供了盖有金泰公司设立时所刻制的印章（以下简称原印章）和金泰公司原法定代表人姚尔强私章的授权委托书，以证明关静玉的代理行为已经得到了金泰公司的授权，因而转让协议合法有效，应继续履行。金泰公司否认授权关静玉使用该印章，主张关静玉所使用的印章在1995年即已丢失，金泰公司对关静玉使用其印章签订转让协议既未同意也不知情，因而不能认定为其意思表示。本院认为，公司印章是公司人格的象征，交易文本上加盖了公司印章，便具有推定为公司意思表示的法律效力。但这种推定效力并非绝对不可动摇，而是可以为相反的证据所推翻，因为公司印章既可能被公司授权的人持有和合法使用，也可能被未经公司授权的人占有和滥用,如他人盗窃或者拾得公司印章后予以使用等,此时公司印章脱离公司主体的控制而被他人滥用,印章所表征的意思表示与公司的真实意思表示并不一致,因而其意思表示推定效力应予否定。本案中,金泰公司声称原印章丢失,按常理应以登报声明或公示催告等方式对外公示,以防遭受不测之虞,但金泰公司未能提供上述直接证据,仅是提供了一系列间接证据予以佐证,故金泰公司的主张是否成立,应视该间接证据的效力如何而定。金泰公司在1996年后刻制、启用了一枚新的印章,且在工商机关备案,虹艳公司对此并无异议。金泰公司称启用新的公章后,未再使用原公章,虹艳公司在诉讼中并无证据证明金泰公司存在新旧印章混用的情形,故本院对此予以认可。2000年签订股权转让协议时,金泰公司的原公章出现在关静玉手中,而关静玉并非金泰公司职员,其持有、使用金泰公司的印章,应经金泰公司的批准,但没有证据证明关静玉持有、使用金泰公司的印章经过了金泰公司批准。综合判断考量,本院认为上述间接证据已经形成了一个完整的证据链,足以使人确信金泰公司的印章已经丢失。原审经鉴定认定,授权委托书和转让协议上加盖的印章恰为金泰公司的原印章,因1996年以后金泰公司已经不再以该印章作为公司的意思表征,故授权委托书和转让协议上的签章并不能代表金泰公司的真实意思表示。金泰公司印章丢失,应按相关行政法律法规的规定,履行法定的批准程序刻制使用新的印章,金泰公司擅自刻制使用新的印章,属于行政违法,应由相关行政机关予以相应的行政制裁,但金泰公司的这一行政违法行为并不必然导致由其自行承担印章被他人盗用的民事法律后果。授权委托书上法定代表人处盖有姚尔强的私章,同样不能证明金泰公司已授权关静玉代理签订股权转让协议,因为在签订股权转让协议时,姚尔强已不是金泰公司的法定代表人,姚尔强的签章最多只能代表其本人的意思表示,但不能代表金泰公司的意思表示。从证据来源上看,授权委托书为海南证券交易中心印制的格式文本,其上所盖印章被关静玉所掌握,该授权委托书究竟系金泰公司出具还是关静玉利用掌握印章之机伪造而成不无疑问。在庭审中,虹艳公司自认,金泰公司和姚尔强的章都是签订转让协议时关静玉所盖,故并不能排除授权委托书上金泰公司和姚尔强的印章同样系关静玉利用掌握印章之机自行伪造的可能性。此外,授权委托书上并没有签发日期和有效期限,关静玉实施代理行为时该授权委托书是否有效,亦无法证明。综上,本院认为,关静玉提供的授权委托书上虽盖有金泰公司的原印章和金泰公司原法定代表人姚尔强的私章,但无法证明金泰公司作出了授权委托的真实意思表示,因而关静玉的代理行为应属无权代理。

二、关于虹艳公司对关静玉的无权代理行为是否明知或应知。根据虹艳公司的陈述，在签订股权转让协议之前，虹艳公司与关静玉从未有过业务往来，在签订股权转让协议时，虹艳公司对关静玉并非金泰公司员工的身份也是清楚的，在此情况下，关静玉声称受托代理金泰公司转让股权，虹艳公司理应对关静玉是否具有代理权进行查证核实，以尽到一个善意相对人应有的审慎注意义务。关静玉提供的授权委托书中“法定代表人”处加盖的是姚尔强的私章，但在此一年多以前，金泰公司的法定代表人即已变更为杜青，并在工商机关进行了变更登记；关静玉提供的金泰公司的营业执照副本也已过期作废，对此类明显瑕疵，虹艳公司均是知道或应当知道的。即便虹艳公司主观上确实不知，然如能稍加注意，略加查证，即可明辨识别，但虹艳公司怠于查实，主观上无疑具有过错。此外，授权委托书中授权时间不明，有效期限不清；股权转让协议双方住所地均在海口，却专程到三亚去签订协议；股权转让的价格不到原购入价的1/3；近百万元的转让款却以现金方式支付，收款人为代理人关静玉而非金泰公司；股权转让协议签订后近五年时间里，虹艳公司从未向金泰公司主张过股权过户，也未按补充协议的约定向金泰公司要求支付股息。凡此种种，无一不有悖于正常的交易惯例(2012)，也可以证明虹艳公司在本案中难谓善意相对人，表见代理制度自无适用的余地。

——最高人民法院民事审判第二庭编：《最高人民法院商事审判指导案例(2012)·公司与金融》，中国民主法制出版社2013年版，第223～232页。

141

公司股东发生变更而未办理变更登记的，不得对抗善意第三人

关键词｜股东变更登记｜善意第三人｜

【最高人民法院裁判文书】

符瀚文、海口同山商贸有限公司与王官耀、海南欣达实业有限公司、海南美瑞实业发展有限公司、重庆宝庄商贸有限公司股权转让纠纷案［最高人民法院(2016)最高法民终455号民事判决书］

最高人民法院认为：(一)关于符瀚文、同山公司与宝庄公司之间是否存在

直接的股权转让合同关系问题。2010 年 2 月 10 日，符瀚文、同山公司与海南源集实业投资有限公司（现欣达公司）、美瑞公司签订《股权转让协议书》，该协议约定：符瀚文、同山公司将其持有的金川公司 80% 股权以 4800 万元的价格转让给欣达公司和美瑞公司，股权转让工商变更登记后的金川公司股权结构为：欣达公司占 58%、美瑞公司占 22%，符瀚文占 20%，王官耀担任法定代表人。符瀚文、同山公司、欣达公司、美瑞公司均在该协议上签字、盖章。该协议签订后王官耀向符瀚文支付了 350 万元，但双方未到工商部门办理股权变更登记手续，仅将金川公司法定代表人由符瀚文变更为王官耀。2011 年 3 月 13 日同山公司股东会决议一致同意同山公司将所持有的金川公司 20.5% 股权以 512 万元的对价转让给欣达公司。同年 3 月 15 日，金川公司股东会决议一致同意同山公司将所持有的金川公司 20.5% 股权以 512 万元的对价转让给欣达公司。同日，同山公司与欣达公司、符瀚文、美瑞公司签订《股权转让协议书》，该协议约定：同山公司将其持有的金川公司 20.5% 的股权以 512 万元的价格转让给欣达公司，本协议条款若与四方于 2010 年 2 月 10 日《股权转让协议书》有冲突或抵触的，以本协议之约定为准。符瀚文、王官耀、沈晁进、同山公司、欣达公司、美瑞公司均在该协议上签字、盖章。该《股权转让协议书》签订后，双方仍未到工商部门办理股权变更登记手续。基于以上事实，根据《公司法》第三十二条关于"有限责任公司应当置备股东名册，记载下列事项：（一）股东的姓名或者名称及住所；（二）股东的出资额；（三）出资证明书编号。记载于股东名册的股东，可以依股东名册主张行使股东权利。公司应当将股东的姓名或者名称向公司登记机关登记；登记事项发生变更的，应当办理变更登记。未经登记或者变更登记的，不得对抗第三人"的规定，符瀚文、同山公司虽与欣达公司、美瑞公司就金川公司 80% 股权签订转让合同，同山公司亦与欣达公司就金川公司 20.5% 股权签订转让合同，但均未依法到公司登记机关办理变更登记手续，直至 2011 年 3 月 24 日宝庄公司签订《股权转让合同》时，金川公司企业机读档案备案登记资料仍然显示符瀚文、同山公司持有金川公司 100% 股权，因此宝庄公司有充分理由相信其交易对象应为符瀚文与同山公司，符瀚文、同山公司关于已与欣达公司、美瑞公司另行签订股权转让合同、金川公司股权已经转移的主张并不能对抗宝庄公司。符瀚文、同山公司主张王官耀实际控制欣达公司与美瑞公司，但未提交充分证据证明欣达公司与美瑞公司丧失独立法人人格，而王官耀系欣达公司控股股东以及向符瀚文支付 350 万元股权转让款之事实尚不足以证明其为前述两次股权交易的实际当事人，故符瀚文、同山公司关于与欣达公司、美瑞公司另行签订股权转让合同、金川公司股权已经转移的主张亦不能对抗王官耀。

——中国裁判文书网，http://wenshu.court.gov.cn。

142

依据信托计划进行股权投资和清退，在清退出资时采取协议出让股权的方式符合相关规定，不同于企业借贷

关键词 | 信托合同 | 股权投资 | 股权转让 | 企业借贷 |

【最高人民法院裁判文书】

范安禄与北方国际信托股份有限公司、云创(天津)投资有限公司等股权转让纠纷申请再审案[最高人民法院(2015)民申字第1198号民事裁定书]

最高人民法院认为：一、北方信托公司是否以信托的合法形式掩盖发放高利贷的非法目的，原审判决是否对此事实认定不清。本案中，2012年6月11日，北方信托公司作为受托人与委托人滨奥公司签订《单一资金信托合同》，约定滨奥公司将14000万元人民币作为信托资金划款至北方信托公司指定账户，北方信托公司将信托资金用于向滨奥公司指定的企业禹丰公司进行股权投资。北方信托公司与禹丰公司、禹丰公司的股东云创公司及范安禄签订《增资入股协议》。2012年6月11日，北方信托公司作为甲方与乙方云创公司签订了《股权转让协议书》，协议写明，北方信托公司已将信托计划项下的信托资金14000万元用于向禹丰公司增资，相关增资手续已全部完成，现持有标的公司58.33%股权。为保证北方信托公司及时对信托计划进行清退，乙方(云创公司)愿意受让甲方(北方信托公司)所持有的全部标的公司58.33%的股权并支付行权费及股权转让价款。由上述约定可见，本案是基于北方信托公司发起的信托计划，在北方信托公司以信托资金对禹丰公司增资入股、信托期限届满后，对信托资金进行清退而引发的股权转让纠纷。中国银监会颁布的《信托公司管理办法》第四条规定："信托公司从事信托活动，应当遵守法律法规的规定和信托文件的约定，不得损害国家利益、社会公共利益和受益人的合法权益。"中国银监会颁布《信托公司私人股权投资信托业务操作指引》第十五条规定："信托公司在管理私人股权投资信托计划时，可以通过股权上市、协议转让、被投资企业回购、股权分配等方式，

实现投资退出。”第二十条规定:“信托公司管理私人股权投资信托,可收取管理费和业绩报酬……”由上述规定可见,北方信托公司依据信托计划进行股权投资和清退,在清退出资时采取协议出让股权的方式,符合相关规定。根据信托计划进行股权投资和清退与企业之间借贷并不相同。北方信托公司将案涉资金投入禹丰公司完成增资入股、登记为股东后,即应承担持股期间出资人的责任。而企业之间借贷,出借人只是借款人的债权人,并非股东,不承担出借款项期间借款人股东的责任。而且,本案中,接受增资方为禹丰公司,受让股权方为云创公司,接受资金方和给付资金方并非同一主体,不能因股权转让事实认定北方信托公司与禹丰公司之间实质为企业之间借贷法律关系。本案中,北方信托公司的资金来源是滨奥公司,申请人并无证据证明信托资金的来源非法。依据相关业务规则,信托公司有权收取管理费,案涉当事人在合同中对该费用进行了安排。退一步而言,即使本案实质为企业之间借贷法律关系,但由于其约定的15.4%的行权费并不高于中国人民银行规定的同期同类贷款基准利率的四倍,故也不能认为出借人非法收取高息。因此,申请人关于原审法院对北方信托公司以信托的合法形式掩盖发放高利贷的非法目的的事实没有查清的再审理由不能成立,本院不予支持。

——中国裁判文书网,http://wenshu.court.gov.cn。

北京时光房地产开发有限公司与新华信托股份有限公司、兴安盟时光房地产开发有限公司合同纠纷案[最高人民法院(2014)民二终字第261号民事判决书]

最高人民法院认为:(二)原审判令本案信托资金退出,并由北京时光公司向信托公司承担支付12173万元的责任,认定事实及适用法律是否正确。

信托公司的营业执照核准的“经营范围”包括:动产、不动产依托;经营企业资产重组、并购及项目融资等业务;以存放同业、拆放同业、贷款、租赁、投资方式运用固有资产;以固有财产为他人提供担保等。本案交易实际内容是信托公司以受让并定期出售股权,或转让信托资产份额,或到期清算目标公司财产的方式,向兴安盟时光公司投资10920万元,用于房地产项目开发,到期获取固定资金收益(股权收益或利息),属于信托公司正常的业务经营活动。本案当事人签订的《合作协议》等相关协议,其意思表示真实,内容不违反法律法规的禁止性规定,原审认定其为有效合同,适用法律正确。信托公司依约履行了投资及受让股权等合同义务,但合同约定期满后,北京时光公司未按照约定回购该股权、返还融资款项及收益,已构成违约。据此,信托公司主张北京时光公司应按照合同约定的信托资金退出方式，给付投融资及收益12173万元，证据充分，应予支持。原审判令北京时光公司向信托公司支付该款，适用法律正确，应予以维持。北京时光公司关于应按照第三种方式，先由信托公司处置兴安盟时光公司资产后，其对不足部分再补足差额的上诉主张，证据不足，本院不予支持。

——杜万华主编、最高人民法院民事审判第二庭编：《商事审判指导》总第40辑，人民法院出版社2016年版，第144～156页。

【链接：最高人民法院法官著述】

应当说，采用股权转让、股权回购方式退出信托资金，是遵循公司法的相关规定进行的合法约定。因此，尽管上述中国证监会的规定在性质上属于行政规章，在司法适用上，并不能直接援引适用。但由于该领域，直接对股权退出方式进行规定的最高位阶的法律规范就是该行政规章，该行政规章的规定符合法律的原则性规定，故在司法实务中，我们可以参照适用。由上规定可见，信托公司可以通过股权协议转让、被投资企业回购等方式，实现信托资金的退出。

——张雪楳：《以股权转让形式退出信托资金的效力认定及相关法律问题》，载杜万华主编、最高人民法院民事审判第二庭编：《商事审判指导》总第40辑，人民法院出版社2016年版，第157页。

143

附生效条件的股权转让合同，一方以不正当方式阻止条件成就的，视为条件成就

关键词 | 股权转让合同 | 附生效条件 |

【最高人民法院裁判文书】

江苏南大高科技风险投资有限公司与太平洋机电（集团）有限公司股权转让纠纷案［最高人民法院（2009）民提字第51号民事判决书］

裁判摘要：1.要约收购豁免批准是法律赋予证券监管部门的行政审批权，但股权收购双方是否取得豁免要约，并不影响收购双方的合同成立及生效，也即豁

免要约不是合同生效的必要条件,而是收购双方以什么方式对抗上市公司其他所有股东的法律条件。

2. 南大公司为自己的利益设置障碍的行为显而易见。根据《合同法》第四十五条第二款的规定,南大公司为自己的利益不正当地阻止协议生效的条件成就的,应视为条件已成就。

最高人民法院认为:本案争议焦点为本案股权转让协议是否生效、是否合法有效以及是否继续履行等问题。

关于股权转让协议是否生效问题。本案股权转让协议约定:"生效日"是指"本协议经双方签字盖章并报上海证券交易所,以及证监会未对本次目标股权收购而提交的收购报告书在法律、法规规定的期限内提出异议,豁免受让方的要约收购义务之日"。《证券法》第九十六条第一款规定:"采取协议收购方式的,收购人收购或者通过协议、其他安排与他人共同收购一个上市公司已发行的股份达到百分之三十时,继续进行收购的,应当向该上市公司所有股东发出收购上市公司全部或者部分股份的要约。但是,经国务院监督管理机构免除发出要约的除外。"本院认为,要约收购豁免批准是法律赋予证券监督管理部门的行政审批权,也即豁免要约不是合同生效的必要条件,而是收购双方以什么方式对抗上市公司其他所有股东的法律条件。2006 年 7 月 26 日,证监会受理了太平洋公司提交的中纺机股权收购文件以及豁免要约收购的申请,因标的股权被南大公司的案外债权人追索而被南京中院冻结,客观上导致证监会豁免要约收购批准审查程序无法继续进行。对此事实,本案双方当事人均予认可。南大公司在股权转让协议中承诺"目标股权在转让完成之日前系转让方合法所有,其上未存在任何质押、债务负担或任何形式的第三者权益,权利或限制或任何索赔,也不会遭遇被质押、查封、冻结的潜在威胁,同时承诺本协议一经签署即构成对转让方合法有效并可依法强制执行的义务"。然而,南大公司未能履行其承诺,而且还拒绝太平洋公司为实现解除查封标的股权而提出的代其偿还债务的方案,直接导致标的股权被冻结至今,证监会受理的要约豁免申请审查程序被迫中止。基于以上事实,南大公司为自己的利益设置障碍的行为显而易见。根据《合同法》第四十五条第二款的规定,南大公司为自己的利益不正当地阻止协议生效的条件成就的,应视为条件已成就。故原审法院认定《股权转让协议》已经生效正确,应予维持。

关于股权转让协议是否合法有效以及可否解除问题。南大公司申诉主张,本案《股权转让协议》签订时,太平洋机电及其上级单位领导胁迫南大公司实际控制人签订本协议,价格显失公平。本案经一审、二审及再审审查,南大公司未能提交受胁迫导致不得已而签约的事实及证据，故其此点申诉理由不能成立。关于转让价格显失公平问题，本案股权转让协议第 4.1 条、4.2 条约定，“本协议项目下的目标权转让的对价将依据上海众华沪银会计师事务所出具的沪众会字 2006 第 0227 号《审计报告》所反映的账面净资产价格为基础协商确定”。该约定明确、具体。而且本案争议的股权，是 2002 年太平洋公司以 0.14 元/股的价格转让给南大公司，当时的股票二级市场价格已达到 10.5 元/股。2006 年，南大公司同意以 0.25 元/股的价格向太平洋公司出让股权时，股票二级市场的价格只有 7.5 元/股。鉴于中纺机法人股属于非流通股，所以双方转让股权的价格并不以二级市场价格为测算依据，而是买卖双方从多种因素考虑的结果。现在，随着非流通股可以在股权分置改革后流通，市场价格存在上升预期的情况下，南大公司仅以“转让价格过低”为由主张解除协议，因无诸如双方当事人地位不平等、交易能力不平等以及无交易经验等事实佐证，故对南大公司关于是失公平、协议应予解除的申诉理由不能成立，本院不予支持。

关于协议是否已终止履行问题。股权转让协议约定，“如果在 2006 年 12 月 29 日下午 5 时前（或太平洋公司另行书面同意的较长期限），任何先决条件未被太平洋公司接受、豁免或放弃，则协议将立即终止”。依此约定，南大公司主张在约定期限内太平洋公司没有以约定形式主张权利，故协议因逾履行期限而终止。在实际履行过程中，太平洋公司于 2006 年 8 月在以诉讼方式要求南大公司继续履行股权转让协议，通过司法机关向南大公司送达了相关法律文书。本院认为，在股权转让协议期限届满前，太平洋公司已经用诉讼方式明确表达了其继续履行协议的意愿，且提起诉讼的日期没有超过双方在股权转让协议中约定的最后期限。无论在形式要件上和主观意思表示上都满足了协议的约定。故南大公司的此点申诉理由亦不能成立。因证监会已受理太平洋公司提交的要约豁免申请，且太平洋公司已将股权转让款交法院提存，故本案股权转让协议能够继续履行。

——最高人民法院民事审判第二庭编：《最高人民法院商事审判指导案例 · 公司卷》，中国法制出版社 2011 年版，第 215 ~ 222 页。

144

合同义务不能成为附条件股权转让合同中的条件

关键词 | 股权转让合同 | 附生效条件 |

【最高人民法院裁判文书】

乔连生与蚌埠日报社股权转让合同纠纷案[最高人民法院(2014)民申字第175号民事裁定书]

法理提示:附条件合同中的条件,与合同义务是不同的。条件的实质是当事人对民事法律行为所添加的限制,由于这个限制,使法律效果的发生、变更、消灭系于将来不确定的事实,法律行为经附条件后就处在一种不确定状态。合同义务是依法成立并生效的合同的内容,合同义务确定且明确,当事人未全面、适当履行义务应承担违约责任。当事人依约履行合同义务的结果具有不确定性,不同于条件成就与否的不确定性,不应将合同义务认定为限制合同生效的条件。

最高人民法院认为:2. 关于诉争股权转让合同的效力以及法律后果的认定问题。

乔连生与蚌埠日报社虽未签订正式的股权转让合同,但从乔连生出具的承诺书、蚌埠日报社会议纪要的内容以及该社收取保证金的行为来看,双方当事人就转让兴文公司全部股权达成了合意,双方成立股权转让合同关系。双方约定“按国有资产处置的相关规定进行股权转让”,这是双方当事人对股权转让方式作出的约定,该内容明确且确定。依据该约定,蚌埠日报社负有将兴文公司股权提交交易所进行挂牌交易的合同义务,乔连生参与竞买,至于挂牌交易后乔连生能否摘得股权,是合同履行的结果问题,合同履行结果的不确定不是条件的不确定,不应将上述约定视为限制合同生效的条件,诉争股权转让合同不构成附生效条件的合同。因双方当事人转让股权的意思表示真实,不违反法律、行政法规的强制性规定,且蚌埠日报社转让兴文公司股权经过了蚌埠市财政局批准,故诉争合同应为依法成立的有效合同,本案二审判决对合同效力定性不当。但是,蚌埠日报社已依据其与乔连生的结算赔偿了乔连生为履行合同而支付的费用132万余元,并返还了200万元的项目保证金,本案二审判决还判其承担项目保证金的利息损失,乔连生遭受的损失已得到了填补。对于乔连生请求蚌埠日报社赔偿177.6万元损失的主张,因其在本案一、二审中所举证据不能证明除132万元之外,其还存在177.6万元的实际损失,故二审判决不支持乔连生的该项请求,结果并无不当。对于乔连生请求蚌埠日报社赔偿80万元可得利益损失的主张,因乔连生参与股权竞买后能否受让股权并不确定,其所主张的可得利益也是不确定的,故二审判决不支持乔连生的该项请求,结果并无不当。对于乔连生请求蚌埠日报社支付100万元违约金的主张，因双方当事人未约定违约金，且违约金的主要功能是填补损害，在当事人的损失已得到赔偿时，再判令违约方承担违约金责任将使非违约方双倍受偿，故二审判决不支持乔连生的该项请求，结果并无不当。基于以上分析，虽然本案二审判决对合同效力定性不当，但判决结果并无不妥，二审判决应予维持。

——杜万华主编、最高人民法院民事审判第一庭编：《民事审判指导与参考》总第62辑，人民法院出版社2016年版，第201～211页。

【链接：最高人民法院法官著述】

在审判实务中容易混淆的问题是，将合同义务认定为附条件合同中的条件，合同义务不能成为条件，理由在于：第一，合同义务的确定直接决定债务人的履行内容，债务人应当全面、适当地履行合同义务；而条件只是一种事实，是否能够成就是不确定的，当事人不负有使条件成就的义务。第二，合同义务没有完成，当事人要承担违约责任；而条件没有成就，影响的是合同是否生效的问题，当事人不承担违约责任。第三，合同义务没有完成，原则上不能拟制其已经完成；而拟制成就是条件制度的重要内容。第四，依法成立的合同具有约束力和确定性，所谓附条件法律行为的不确定性是合同确定性的例外。如果将条件的范围扩大到合同义务，那么条件天然的不确定性将毁灭合同的确定性本身。第五，条件的作用是限制合同效力，如果合同义务可以作为条件，则合同效力将完全取决于当事人的履行意愿。第六，合同义务可以是法定的，而条件必须是当事人意定而不是法定的。

——潘杰：《合同义务不能成为附条件合同中的条件——再审申请人乔连生与被申请人蚌埠日报社股权转让合同纠纷案》，载杜万华主编、最高人民法院民事审判第一庭编：《民事审判指导与参考》总第62辑，人民法院出版社2016年版，第211～212页。

145

股权转让合同将公司核心资产土地使用权价值与股权转让价格直接挂钩的，土地使用权保留于公司名下是股权转让的实质要件

关键词｜股权转让合同｜

【最高人民法院裁判文书】

符瀚文、海口同山商贸有限公司与王官耀、海南欣达实业有限公司、海南美瑞实业发展有限公司、重庆宝庄商贸有限公司股权转让纠纷案[最高人民法院(2016)最高法民终455号民事判决书]

最高人民法院认为:(二)关于金川公司名下402亩土地使用权被收回是否影响股权转让合同的履行问题。就买卖合同而言,出卖人不仅负担交付标的物、转移所有权等基本义务,还应向买受人承担标的瑕疵担保义务,即若买卖标的上存有买受人不接受的瑕疵的,出卖人应当消除瑕疵以保证标的物的形式完整及法律上无障碍。这一担保义务不仅存在于有体物的买卖合同中,亦存在于以权利为标的的买卖合同之中。而该义务所对应的商事责任即瑕疵担保责任,对于本案所涉以股权为标的的转让合同亦应适用。就本案而言,土地使用权对房地产开发公司的重要性不言而喻,符瀚文、同山公司与欣达公司、美瑞公司于2010年2月10日签订的《股权转让协议书》关于"目标公司拥有陵水县光坡镇香水湾地区402亩国有土地使用权,为出让性质的旅游用地,土地证号为陵国有(旅)字第9351号,以及402亩土地上的《山林权证》"的表述,说明各方认可案涉402亩土地使用权是金川公司唯一资产或者核心资产。而符瀚文、同山公司与宝庄公司签订的《股权转让合同》关于"双方同意并确认:本协议转让之股权所对应的全部权益为本协议所约定的402亩国有土地使用权,即402亩国有出让旅游用地使用权的对价为3亿元人民币(暂作价),每亩单价为74.62万元,转让总价格以新换发土地证所确定的面积为准"的约定,更是将案涉402亩土地使用权的价值与股权转让的价格直接挂钩。综上所述,案涉402亩土地使用权保留于金川公司名下是该公司股权得以转让的实质要件,符瀚文、同山公司关于本案是股权转让纠纷而非土地使用权转让纠纷、一审判决将金川公司名下402亩土地使用权能否恢复认定为关系案涉金川公司转让协议效力的唯一要素存在明显错误的主张因无事实根据和法律依据而不能成立。

——中国裁判文书网,http://wenshu.court.gov.cn。

146

需政府主管部门批准的股权转让合同，未经批准不能认定为一方为自己的利益不正当阻止条件成就

关键词｜股权转让合同｜附生效条件｜

【最高人民法院裁判文书】

上海阳亨实业投资有限公司与江苏省盐业集团有限责任公司、李晗股权转让纠纷申请再审案[最高人民法院(2016)最高法民申474号民事裁定书]

最高人民法院认为：二、盐业集团应否履行给付股权转让款的义务。如前所述，作为国有独资企业，案涉股权购买行为属于需政府主管部门批准的重大事项，政府部门批准属于《合同法》第四十四条第二款规定的合同法定生效要件。该条件具备与否，取决于政府主管部门是否审批，并非盐业集团单方行为可以决定，不能据此认定盐业集团“为自己的利益不正当阻止条件成就”，不能适用《合同法》第四十五条的规定，当然认定合同的生效要件已经成就。在合同尚未经审批、未生效的情形下，给付股权转让款的合同义务尚不具有可履行性。

——中国裁判文书网，http://wenshu. court. gov. cn。

147

证券公司变更持有百分之五以上股权的股东应经证券监督管理机构批准的规定，不属于效力性强制性规定

关键词｜证券公司｜股东变更｜效力性强制性规定｜

【最高人民法院裁判文书】

广东梅雁吉祥水电股份有限公司与吉富创业投资股份有限公司、广州高金技术产业集团有限公司等股权转让纠纷申请再审案[最高人民法院(2015)民申字第383号民事裁定书]

最高人民法院认为：《证券法》第一百二十九条规定，证券公司变更持有百

分之五以上股权的股东,须经国务院证券监督管理机构批准。该法第二百一十八条第二款规定:“证券公司违反本法第一百二十九条的规定,擅自变更有关事项的,责令改正,并处以十万元以上三十万元以下的罚款。对直接负责的主管人员给予警告,并处以五万元以下的罚款。”《证券公司监督管理条例》第七十一条规定:“任何单位或者个人未经批准,持有或者实际控制证券公司5%以上股权的,国务院证券监督管理机构应当责令其限期改正;改正前,相应股权不具有表决权。”据此,法律和行政法规对于证券公司变更持有百分之五以上股权的股东未经国务院证券监督管理机构批准的,规定了国务院证券监督管理机构应当责令限期改正,并处罚款以及相应股权不具有表决权等,但未规定只有经该机构批准相关股权转让合同才生效或者未经批准合同无效。故梅雁公司称依上述《证券法》第一百二十九条等规定,主张其与吉富公司订立的《股份转让协议》及《股份转让协议之补充协议》因未经行政审批而属于未生效合同,并无法律依据。原审判决基于上述协议出于双方真实意思表示,维持该合同效力不损害公共利益,认定梅雁公司与吉富公司转让广发证券8.4%的股权未经办理批准手续,违反了证券管理的相关规定,但不对合同效力产生影响,双方之间股权转让协议应属有效合同,适用法律并无不当。

吉富公司与高金公司等分别于2006年和2008年签订的《股权转让协议》、《股份转让协议》,亦属各方真实意思表示,证券监督管理机构对上述股份转让行为无异议,且上述协议均已全部履行完毕,高金公司等已成为广发证券合法股东。原审判决确认吉富公司与高金公司等之间的股份转让协议和转让行为有效,亦无不当。梅雁公司申请再审认为吉富公司与高金公司等订立的2006年《股权转让协议》属于以合法形式掩盖非法目的的无效合同或者可撤销合同、吉富公司与高金公司等属于委托代持股份关系,以及吉富公司与高金公司等分别订立的2008年的《股份转让协议》属于伪造,均缺乏证据证明。

——中国裁判文书网,http://wenshu.court.gov.cn。

吉富创业投资股份有限公司与广东梅雁吉祥水电股份有限公司股权转让纠纷案[最高人民法院(2009)民二终字第117号民事判决书]

最高人民法院认为:根据上诉人的请求与被上诉人的答辩,本案二审争议焦点为股权转让协议的效力问题。

关于修订后的《证券法(2005)》是否适用于本案的问题。《证券法(2005)》于2005年10月27日修订,于2006年1月1日起施行。本案争议的《股份转让协议》是梅雁公司与吉富公司于2004年9月13日签订的，虽然签订于《证券法(2005)》修订前，但因协议转让广发证券8.4%的股份未获批准而被证券监管机构要求整改，吉富公司于2006年6月将其受让股份分别转让给第三人高金公司、水牛公司、信宏公司、宜华公司，相关转让合同条款于2008年才最终确定，并于2010年及2011年年度财务报告中确认该转让协议履行完毕。整个过程跨越了《证券法(2005)》修订实施日期，因此，修订后的《证券法(2005)》有关规定亦应作为本案适用的法律依据。

关于变更持有百分之五以上股权的股东未经批准的法律后果问题。修订后的《证券法(2005)》第一百二十九条规定："证券公司设立、收购或者撤销分支机构，变更业务范围或者注册资本，变更持有百分之五以上股权的股东、实际控制人，变更公司章程中的重要条款，合并、分立、变更公司形式、停业、解散、破产，必须经国务院证券监督管理机构批准。"而根据2004年7月1日同时施行的《行政许可法》和国务院令第412号《国务院对确需保留的行政审批项目设定行政许可的决定》附件第389项"证券公司变更股东或者股权审批证监会"对证券公司变更股东需证监会批准，决定予以保留并设定行政许可之规定，证券公司变更相应股东或者股权应当经中国证监会审批。

2002年3月1日施行的中国证监会《证券公司管理办法》第九条规定："证券公司的股东资格应当符合法律法规和中国证监会规定的条件。直接或间接持有证券公司5%及以上股份的股东，其持股资格应当经中国证监会认定。有下列情形之一的，不得成为证券公司持股5%及以上的股东：(一)申请前三年内因重大违法、违规经营而受到处罚的；(二)累计亏损达到注册资本百分之五十的；(三)资不抵债或不能清偿到期债务的；(四)或有负债总额达到净资产百分之五十的；(五)中国证监会规定的其他情形。"但上述《证券公司管理办法》规定国务院的审批是对证券公司的股东持股资格的认定，并非是对签订股权转让合同资格的认定。根据《合同法》第九条第一款之规定，"当事人订立合同，应当具有相应的民事权利能力和民事行为能力"，签订合同的当事人主体是否适格，应从权利能力与行为能力两方面来判定。持股资格不能等同于行为人签订合同的资格，上述审批并非合同成立的要件，未经审批不影响当事人签订股权转让协议的权利能力与行为能力。《证券法(2005)》及《国务院对确需保留的行政审批项目设定行政许可的决定》等均未明确规定只有经过批准股权转让合同才生效，因此上述批准行为也不属于合同生效要件。梅雁公司关于其与吉富公司签订的《股份转让协议》与《股份转让协议之补充协议》因未经中国证监会批准而未生效的主张没有法律依据,本院不予支持。

根据《合同法》第五十二条第五项之规定,违反法律、行政法规的强制性规定的合同无效。根据《合同法(二)》第十四条之规定,"合同法第五十二条第(五)项规定的'强制性规定',是指效力性强制性规定"。法律、行政法规的强制性规定进一步区分为效力性强制性规定和管理性强制性规定,只有违反效力性强制性规定的才能导致否认行为效力。《证券法(2005)》第一百二十九条规定了证券公司变更持有百分之五以上股权的股东必须经国务院证券监督管理机构批准,而根据《证券法(2005)》第二百一十八条第二款之规定,"证券公司违反本法第一百二十九条的规定,擅自变更有关事项的,责令改正,并处以十万元以上三十万元以下的罚款。对直接负责的主管人员给予警告,并处以五万元以下的罚款"。《行政许可法》第八十一条规定:"公民、法人或者其他组织未经行政许可,擅自从事依法应当取得行政许可的活动的,行政机关应当依法采取措施予以制止,并依法给予行政处罚;构成犯罪的,依法追究刑事责任。"而《证券公司监督管理条例》第七十一条规定,"任何单位或者个人未经批准,持有或者实际控制证券公司5%以上股权的,国务院证券监督管理机构应当责令其限期改正;改正前,相应股权不具有表决权",即未经中国证监会批准而持有证券公司百分之五以上股权的,其股权部分权能受到限制,具体是指股权表决权的行使。中国证监会对于违反《证券法(2005)》第一百二十九条的规定,未经批准持有或实际控制证券公司百分之五以上股权的,实施责令限期改正、罚款、警告等行政处罚直至追究刑事责任,但并未规定相应转让合同无效。在本案一审时,中国证监会广东监管局在致广东高院复函中亦确认,对于证券公司股权转让未经审批的,证券监管机构的做法主要是采取限期整改、限制股东权利和责令转让等监管措施进行纠正,对于本案争议的股权转让,证券监管机构实际采取了限期整改的措施。本案中梅雁公司与吉富公司签订的《股权转让协议》及《股权转让协议之补充协议》出于双方真实意思表示,维持该合同效力并不损害公共利益,不能仅以梅雁公司与吉富公司协议转让广发证券8.4%的股权未经证券监管机构批准而认定双方签订的转让合同无效。

综上,梅雁公司与吉富公司转让广发证券8.4%的股权未经办理批准手续,违反了证券管理的相关要求,但不对合同效力产生影响,该股权转让合同有效。梅雁公司关于其与吉富公司签订的《股份转让协议》与《股份转让协议之补充协议》未生效或无效的主张,没有法律依据,本院不予支持。

关于吉富公司与第三人之间的股权转让协议与股权转让行为的效力问题。

吉富公司与宜华公司等四家第三人分别签订的合同中，各自协议转让的股权比例都低于百分之五，依据2006年6月22日《中国证监会关于证券公司变更持有5%以下股权的股东有关事项的通知》（证监机构字〔2006〕177号）“证券公司变更持有5%以下股权的股东，不需报我会审批，但应当事先向注册地证监局报告”之规定，经报告后证券监管机构对此次股权转让不持异议。从证监会审批的目的而言，应为确保证券公司股权结构的稳定性和透明性，确保证券市场的公平秩序，对于未经批准持有证券公司超过百分之五的股权的，其限制股东表决权权能，是为了防止大股东或实际控制人未经批准控制证券公司，进而操纵证券市场，扰乱市场秩序。而从吉富公司与四家第三人之间签订的合同内容及查明的履行情况来看，其最终并未改变约定转让的股权比例，也未对表决权问题作出规避性约定，从其目的看，指向的是经济利益，如“所有者权益”“股权转让价格”等，从实际履行看，其也确实只是变动了股权转让的价格，而股权转让价格不涉及公共利益，因此，不能认为吉富公司与四家第三人之间签订的合同是以合法形式掩盖非法目的的合同。

本案争议的广发证券股权由梅雁公司转让于吉富公司，再由吉富公司分别转让给高金公司、水牛公司、信宏公司以及宜华公司，股权转让目标公司广发证券的股东名册进行了相应变更，并分别于2004年10月22日和2006年8月23日经广东省工商行政管理局核准股权变更登记。根据《公司法（2005）》第三十三条第二款及第三款之规定，“记载于股东名册的股东，可以依股东名册主张行使股东权利。公司应当将股东的姓名或者名称向公司登记机关登记；登记事项发生变更的，应当办理变更登记。未经登记或者变更登记的，不得对抗第三人”，股权转让形式要件已经完成。即使吉富公司因未通过中国证监会审批而没有取得本案争议的股权，其与梅雁公司签订的《股份转让协议之补充协议》中也明确约定了“如果因为吉富公司的证券公司持股资格审批等问题造成股权无法完成过户，由吉富公司寻求解决办法并承担其全部后果，吉富公司有权将该股权及其全部权利转让给第三方，梅雁公司对此无异议并配合办理相关手续”等内容，吉富公司通过上述协议取得了对于争议股份的处分权，吉富公司具有转让相应股权的权利。中国证监会及广东监管局对吉富公司向第三人转让股权行为无异议，且中国证监会2010年2月5日向延边公路建设股份有限公司、广发证券发出的《关于核准延边公路建设股份有限公司定向回购股份及以新增股份换股吸收合并广发证券股份有限公司的批复》的附件“广发证券股东名单及其持股比例”中，宜华公司等四家第三人及其持股比例包括于内。宜华公司等四家第三人取得广发证券的股权。因此,梅雁公司关于吉富公司与宜华公司等第三人之间股权转让无效,本案第三人应承担返还股份义务的主张没有事实与法律依据,本院不予支持。

——中国裁判文书网,http://wenshu.court.gov.cn。

148

关于股权转让协议生效条件的理解,应结合签订协议的目的和相关内容进行目的解释和整体解释

关键词|股权转让协议|附生效条件|合同解释|

【最高人民法院裁判文书】

范安禄与北方国际信托股份有限公司、云创(天津)投资有限公司等股权转让纠纷申请再审案[最高人民法院(2015)民申字第1198号民事裁定书]

最高人民法院认为:二、原审判决关于案涉合同性质以及效力的认定是否存在适用法律确有错误问题。如前所述,本案实质为北方信托公司基于信托计划、在以股权转让方式实现信托资金的清退时因股权转让引发的纠纷,故原审法院将本案案由界定为股权转让纠纷并无不当。北方信托公司(甲方)与云创公司(乙方)签订的《股权转让协议书》第四条"股权转让的条件"约定:"仅在以下条件全部成就时,甲方应根据本协议的规定,就标的股权向乙方进行股权转让:1.本协议已经签署并生效;2.乙方已按本协议的约定按时足额支付全部行权费及股权转让价款。"第二十条"文本及生效"约定:"2.本协议在双方法定代表人或授权代表签字或盖章并加盖法人公章或合同专用章之日起成立,并于股权转让条件成就日起正式生效。"由前述约定可见,该协议书约定的生效条件是股权转让条件成就日,而股权转让条件的成就条件是该协议已经签署并生效,并且乙方已按该协议的约定按时足额支付全部行权费及股权转让价款,上述约定存在逻辑上的矛盾。因此,关于《股权转让协议书》生效条件的理解,应结合当事人签订该协议书的目的和相关内容进行目的解释和整体解释。根据前述《增资入股协议》《单一资金信托合同》《股权转让协议书》签订的目的和内容进行解释,北方信托公司将其在禹丰公司中的股权转让给云创公司的目的是为了实现信托资

金依法依约清退。根据该目的，各方当事人订立协议书并在协议上签字、盖章之日，给付股权转让款和行权费的条款即已经发生法律效力。云创公司应依约履行给付上述款项的义务。因此，申请人关于原审判决适用法律错误的再审申请理由不能成立，本院不予支持。

——中国裁判文书网，http://wenshu.court.gov.cn。

149

股权置换合同根据履行情况可以认定为部分有效，部分未生效

关键词｜股权置换合同｜部分有效｜

【最高人民法院裁判文书】

桂林旅游股份有限公与青海省创业（集团）有限公司股权置换合同纠纷案［最高人民法院（2013）民二终字第53号民事判决书］

裁判要旨：两个相互关联但又相互可分的股权转让行为虽然约定在同一份《股份置换合同》项下，但各自价款约定明确，任何一部分不生效或无效，不影响另一部分的效力。

最高人民法院认为：

二、关于《股份置换合同》的效力

《股份置换合同》是两个相关联但相互可分的股权转让行为构成，两个部分的约定虽然在同一合同下，但相互具有可分性，各自价款约定明确，任何一部分不生效或无效，不影响另一部分的效力。其中，青海创业向桂林旅游转让井冈山旅游股份的约定没有违反法律、行政法规的强制性或禁止性规定，应当认定有效且已经实际过户完毕，应当继续履行。而桂林旅游向青海创业转让庆泰信托股份的约定因无法办理过户登记手续而属于《合同法》第一百一十条第一款第（一）项规定的履行不能情形，应认定为合同成立但未生效，应当终止履行。原审判决未加区分两部分股份转让关系而全部认定为未生效不当，本院予以调整。

三、关于违约事实的认定与责任承担

依据《股份置换合同》有效部分的约定，青海创业向桂林旅游交付了1320万股井冈山旅游股权，并于2004年12月16日协助办理了股权变更登记手续，

全面履行了合同约定的义务。而桂林旅游除向青海创业支付了股份置换交易中应补偿的差价款及利润2600万元之外，尚欠股份对价款4000万元人民币未付，已构成违约，应当继续履行合同义务并承担相应的违约责任。桂林旅游应依约向青海创业偿还尚欠的4000万元股份对价款，并自2004年12月16日受让1320万井冈山股份之日起按照同期贷款利率向青海创业支付逾期还款利息。《股份置换合同》中关于桂林旅游向青海创业转让庆泰信托股份部分的约定，因双方当事人意志以外的原因而不能履行，属于未生效的合同，应当终止履行，双方互不承担违约责任。桂林旅游上诉提出的4000万庆泰信托股份因司法冻结而致交付完毕、应当全部驳回青海创业诉讼请求的上诉理由因缺乏实际过户的事实依据、有违《股份置换合同》部分未能生效的实际情况以及等价有偿、诚实信用原则而不能成立，本院不予支持。

——最高人民法院民事审判第二庭编:《最高人民法院商事审判指导案例(2014)》，中国民主法制出版社2015年版，第459～476页。

150

股份有限公司发起人在股份禁止转让期内签订的约定在禁止转让期满后再办理转让手续的股份转让协议，应当认定有效

关键词｜股份有限公司｜股份禁止转让期｜股权转让协议｜

【《最高人民法院公报》案例】

张桂平诉王华股权转让合同纠纷案(江苏省高级人民法院二审民事判决书)

裁判摘要:一、《公司法(2004)》第一百四十七条第一款关于“发起人持有的本公司股份，自公司成立之日起三年内不得转让”的规定，旨在防范发起人利用公司设立谋取不当利益，并通过转让股份逃避发起人可能承担的法律责任。

二、股份有限公司的发起人在公司成立后三年内，与他人签订股权转让协议，约定待公司成立三年后为受让方办理股权过户手续，并在协议中约定将股权委托受让方行使的，该股权转让合同不违反《公司法(2004)》第一百四十七条第一款的规定。协议双方在《公司法》所规定的发起人股份禁售期内，将股权委托

给未来的股权受让方行使，也并不违反法律的强制性规定，且在双方正式办理股权登记过户前，上述行为并不能免除转让股份的发起人的法律责任，也不能免除其股东责任。因此，上述股权转让合同应认定为合法有效。

江苏省高级人民法院认为：

一、关于本案《股份转让协议》及《过渡期经营管理协议》是否有效、能否撤销的问题

（一）本案原告、反诉被告张桂平和本案被告、反诉原告王华作为浦东公司的发起人，在浦东公司成立两年后，于 2004 年 10 月 22 日签订《股份转让协议》及《过渡期经营管理协议》，约定"过渡期"后王华将所持的标的股份转让于张桂平名下。上述约定并不违反《公司法》第一百四十七条关于"发起人持有的本公司股份，自公司成立之日起三年内不得转让。公司董事、监事、经理应当向公司申报所持有的本公司的股份，并在任职期内不得转让"的规定，不违反《浦东公司章程》的相关规定，亦不违反社会公共利益，应认定为合法有效。

第一，股份有限公司发起人的主要职责在于设立公司，发起人需要对公司设立失败的后果负责，在公司设立过程中因发起人的过错造成公司损失的，发起人也需要承担相应的责任。公司成功设立后，发起人的身份就被股东的身份所替代，其对公司的权利义务与其他非发起人股东相同。考虑到有些不当发起行为的法律后果和法律责任的滞后性，如果发起人在后果实际发生前因转让股份退出了公司，就很难追究其责任，不利于保护他人或社会公众的合法权益，因此，需要在一定时期内禁止发起人转让其持有的公司股份。《公司法（2004）》第一百四十七条第一款的立法目的即在于防范发起人利用公司设立谋取不当利益，并通过转让股份逃避发起人可能承担的法律责任。该条第二款关于"公司董事、监事、经理应当向公司申报所持有的本公司的股份，并在任职期内不得转让"的规定，也是基于相同的立法目的。

第二，《公司法（2004）》第一百四十七条所禁止的发起人转让股份的行为，是指发起人在自公司成立之日起三年内实际转让股份。法律并不禁止发起人为公司成立三年后转让股份而预先签订合同。只要不实际交付股份，就不会引起股东身份和股权关系的变更，即拟转让股份的发起人仍然是公司的股东，其作为发起人的法律责任并不会因签订转让股份的协议而免除。因此，发起人与他人订立合同约定在公司成立三年之后转让股权的，并不违反《公司法（2004）》第一百四十七条的禁止性规定，应认定为合法有效。本案中，根据双方当事人所签订的《股份转让协议》第 5 条、第 6 条关于过渡期的规定、第 7 条关于"办理股份变

更手续”的规定、第10条关于“依照《公司法》的规定,合法有效地将甲方所持有的股份转让于乙方名下”和“如遇法律和国家政策变化,修改了股份有限公司发起人股份的转让条件和限制,将依照新的法律和政策的规定相应调整合同的生效时间”的规定等协议内容,可以确定双方对公司发起人转让股份的限制有着清醒的认识,故双方虽然在公司成立后三年内签订股份转让协议,但明确约定股份在“过渡期”届满即浦东公司成立三年之后再实际转让。同时,双方签订《股份转让协议》和《过渡期经营管理协议》后,本案被告、反诉原告王华即签署了向浦东公司董事会提出辞去该公司董事职务的申请,不再担任公司董事。综上,双方当事人的上述约定显然并不违反《公司法》第一百四十七条的规定,亦不违反《浦东公司章程》的相关规定,应认定为合法有效的合同。

第三,本案原告、反诉被告张桂平和本案被告、反诉原告王华未在公司成立后三年内实际转让股份,不存在违反《公司法(2004)》第一百四十七条的行为。本案中,王华所持有的是记名股票,根据《公司法(2004)》第一百四十五条关于“记名股票,由股东以背书方式或者法律、行政法规规定的其他方式转让。记名股票的转让,由公司将受让人的姓名或者名称及住所记载于股东名册”的规定,判断记名股票转让与否应当以股东名册和工商登记的记载为依据。本案中,根据浦东公司股东名册及该公司工商登记的记载,王华仍是浦东公司的股东和发起人,涉案标的股份至今仍属于王华所有。

第四,根据本案原告、反诉被告张桂平和本案被告、反诉原告王华所签订的《过渡期经营管理协议》和《授权委托书》,王华在过渡期内作为股东的全部权利和义务都授权张桂平行使。该《过渡期经营管理协议》的性质属于股份或股权的托管协议,双方形成事实上的股份托管关系,即法律上和名义上的股东仍是王华,而实际上王华作为浦东公司股东的权利和义务由张桂平享有、承担。由于我国《公司法》对公司股份的托管行为和托管关系并无禁止性规定,因此,本案当事人所签订的《过渡期经营管理协议》合法有效。尽管双方在协议中约定过渡期内王华作为浦东公司股东的一切义务和责任由张桂平承担,但这种约定只在双方当事人之间内部有效,而对第三人并不具有法律约束力。正因为该《过渡期经营管理协议》并不能免除王华作为发起人、股东的责任,故王华与张桂平签订《过渡期经营管理协议》和《授权委托书》的行为应确认为合法有效。

第五,上述《股份转让协议》和《过渡期经营管理协议》不存在以合法形式掩盖非法目的的情形。如上所述,双方订立合同的根本目的是公司成立三年后转让股份，过渡期内由本案原告、反诉被告张桂平代行本案被告、反诉原告王华的股权，这一目的并不违法。上述协议形式、内容均合法有效，也不违反《浦东公司章程》第28条关于“发起人持有的公司股票自公司成立之日起三年以内不得转让”的规定。王华关于上述协议的签订和履行，使张桂平实际取得王华在浦东公司的股份项下的全部权利和利益，王华不再承担其作为股东的风险和义务，双方已实质性转让股份，故上述协议违反《公司法》和《浦东公司章程》有关公司发起人转让股份的禁止性规定，应确认为无效协议的反诉主张，没有事实和法律依据，不予采纳。

——《最高人民法院公报》2007年第5期

【最高人民法院裁判文书】

平江县国有资产管理局与湖南泰和集团股份有限公司股权转让纠纷上诉案［最高人民法院（2002）民二终字第180号民事判决书］

最高人民法院认为：《公司法（1993）》第一百四十七条规定：发起人持有的本公司股份，自公司成立起三年内不得转让。天一科技于1998年11月18日成立，其发起人在2001年11月18日之前依法不得转让股份。泰和公司为天一科技发起人，其与国资局签订协议时将股份转让时间约定在2002年2月3日，没有违反《公司法（1993）》关于限制发起人转让股份期间的规定，应当认定双方当事人之间的股份转让协议内容有效。当事人在《协议书》和《补充协议》中均明确约定，自协议签订之日起，泰和公司持有的天一科技股票分红、送配股的权利由国资局享有，该协议内容不违反法律、法规的规定，应当认定有效。

——江必新主编、最高人民法院民事审判第二庭编：《民商审判指导与参考》总第3卷，人民法院出版社2003年版，第214～231页。

编者说明

上述两案发生于2005年修订的《公司法》实施前，原《公司法》规定发起人持有的股份自公司成立之日起三年内不得转让，股份有限公司的发起人在公司成立后三年内，与其他发起人或他人签订股权转让协议，并在协议中约定将股权委托受让方行使，公司成立三年后为受让方办理股权过户手续，该股权转让合同不违反《公司法》关于发起人在一定期限内禁止转让股份的立法目的，协议双方在《公司法》所规定的发起人股份禁售期内，将股权委托给未来的股权受让方行使也并不违反法律的强制性规定，在双方办理股权登记过户前，上述行为并不能使转让股份的发起人免于发起人责任的承担，也不能免除其股东责任的承担。因此，上述股权转让合同应依法确认有效。《公司法（2005）》只是缩短了禁售期，并未作出实质性修改，因此本案仍有一定参考意义。

151

受让方受让股份的价格没有明显偏低的情形，尽到了谨慎注意义务，转让方称其受托人和受让方恶意串通损害其合法权益的主张不能成立

关键词 | 股权转让 | 注意义务 | 恶意串通 |

【最高人民法院裁判文书】

吴文南与厦门市中山房地产开发有限公司、厦门市森宇房地产开发有限公司、厦门市恒东置业有限公司、徐敏股权转让纠纷案［最高人民法院（2013）民申字第62号民事裁定书］

最高人民法院认为：吴文南提交的《合股投资经营厦门富强娱乐有限公司协议书》是复印件，签章部分模糊不清，不能证明加盖了其所称的厦门汇丰律师事务所签证章，故不能否定该协议书的真实性。吴文南称《厦门富强娱乐有限公司股权转让协议》签订时其私章由徐敏控制，没有证据能够证明。本院对其有关该两项证据属伪造的主张不予支持。

从《授权委托书》的内容上看，徐敏有权代表吴文南进行公司的股权转让。该《授权委托书》亦是吴文南据以提起本案诉讼的主要证据之一，吴文南称该《授权委托书》为伪造，没有证据证明。至于股权转让款的支付、归属问题，不在吴文南提出的诉讼请求范围之内，不属本案审理范围。

根据资产评估情况，股权受让方中山公司、森宇公司、恒东公司受让股份的价格没有明显偏低的情形。徐敏合法持有吴文南的《授权委托书》，受让方尽到了谨慎注意义务，吴文南称徐敏和股权受让方恶意串通损害其合法权益，没有证据证明，其该项申请再审的理由不能成立。

——中国裁判文书网，http://wenshu.court.gov.cn。

152

股权转让合同约定转让方不需向受让方开具发票的条款属以损害国家税收利益为目的，应为无效条款

关键词｜股权转让合同｜发票｜无效条款｜

【最高人民法院裁判文书】

四川京龙建设集团有限公司与简阳三岔湖旅游快速通道投资有限公司等及成都星展置业顾问有限公司等股权转让纠纷案［最高人民法院（2013）民二终字第54号民事判决书］

最高人民法院认为：三岔湖公司、刘贵良及京龙公司于2009年7月22日签订的《股权转让协议》中关于"不论在任何情况下，三岔湖公司、刘贵良不须、亦不应就或为本协议项下的任何股权转让价款等向京龙公司提供任何形式的发票，但需出具三岔湖公司、刘贵良自行签发的收据或收条"的约定及同年10月22日签订的《补充协议》第8条关于"京龙公司同意并保证，在办理过户手续时，只向相关审批机构提供《股权转让协议》的附件二所列的股权转让协议而非《股权转让协议》或《补充协议》，否则，应视为京龙公司单方违约，京龙公司应向三岔湖公司、刘贵良支付定额违约金2000万元"的约定，均以损害国家税收利益为目的，根据《合同法》第五十二条第（二）项关于"恶意串通，损害国家、集体或者第三人利益"的合同无效的规定，应为无效条款。《股权转让协议》及其《补充协议》中的其余内容系各方当事人的真实意思表示，根据《合同法》第五十六条关于"合同部分无效，不影响其他部分效力的，其他部分仍然有效"的规定，《股权转让协议》及其《补充协议》的其他条款不违反法律、行政法规的强制性规定，合法有效，对当事人具有法律约束力。

——最高人民法院民事审判第二庭编：《商事审判指导》总第36辑，人民法院出版社2014年版，第210～232页。

153

是否存在通过签订协议逃避税费应由税务机关等作出认定，不影响股权转让合同其他条款的效力

关键词｜股权转让合同｜逃避税费｜

【最高人民法院裁判文书】

湖南拓展集团有限公司与海航机场集团有限公司等股权转让纠纷申请再审案[最高人民法院(2016)最高法民申763号民事裁定书]

最高人民法院认为:二、关于合同效力问题。双方签订的《协议书》和《补充协议书》系当事人真实意思表示,且未违反法律、行政法规的强制性规定,应属有效协议,双方应严格按照约定履行。关于拓展公司认为海航公司通过订立合同以合法形式掩盖非法目的,逃避不动产交易高额税费,损害国家和社会公共利益的问题,《协议书》第12.1条已明确规定,含产权、股权过户在内的交易全部税费,海航公司承担500万元(已包含在总收购款中),其余均由拓展公司一方承担,即交易实际履行过程中产生的税费按照约定都是由拓展公司负责缴纳。因此,减免税费的受益方实为拓展集团而非海航公司。至于拓展公司和海航公司是否存在通过签订《协议书》和《补充协议书》逃避税费的问题,应由税务机关等行政主管部门作出认定,而截至目前相关部门并未作出此类认定和处罚。因此,拓展公司该项再审申请理由不能成立。

——中国裁判文书网,http://wenshu.court.gov.cn。

154

股权转让协议中关于土地出让金溢价分成的约定不违反法律、行政法规的禁止性规定,不宜否定协议效力

关键词 | 股权转让协议 | 土地出让金 | 溢价款分成 |

【最高人民法院裁判文书】

陶向群、孙苹与许建明、吴平、安徽奥泰克置业投资有限公司股权转让纠纷案[最高人民法院(2016)最高法民终264号民事判决书]

最高人民法院认为:(五)关于土地出让金溢价分成条款的效力问题。

首先,土地出让金溢价分成的约定是陶向群、孙苹向许建明、吴平转让奥泰克公司100%股权的股权转让款组成部分,许建明、吴平作为奥泰克公司的新股东是

同意和认可的。因此,土地出让金溢价分成的约定不会损害许建明、吴平作为公司股东的合法权益,更不会涉及损害其他股东权益的问题。其次,2016 年 1 月 7 日安徽辰星会计师事务所出具的《奥泰克公司验资报告》载明,未有债权人要求奥泰克公司清偿债务或对债务提供相应担保。故该项约定亦不会损害奥泰克公司债权人的权益。再次,土地出让金溢价分成的约定是陶向群、孙苹与许建明、吴平、奥泰克公司达成的一致意思表示,不存在陶向群、孙苹滥用股东权利损害公司利益的情形,不会因此动摇公司的独立法人地位,并未违反《公司法》第三条和第二十条的规定。最后,在《股权转让合同》签订之前的 2010 年 12 月 2 日,陶向群、孙苹已向奥泰克公司实际出资 4446 万元,履行了作为原股东对奥泰克公司的全部出资义务。在陶向群、孙苹向许建明、吴平转让奥泰克公司股权时,奥泰克公司通过公开拍卖取得了二号地块土地出让金溢价分成的权利。该项权利是陶向群、孙苹经营奥泰克公司期间预期获得的收入,对于该笔收入进行分配是双方当事人的意思自治行为,且已经奥泰克公司确认,不构成陶向群、孙苹抽逃出资的事实。

综上事实分析,本案《股权转让协议》中关于土地出让金溢价分成的约定没有损害公司、公司股东、公司债权人的合法权益,没有违反法律、行政法规的禁止性规定,不宜否定其效力。根据《股权转让协议》关于陶向群、孙苹应当自行承担土地溢价分成款“相应的税金”的约定,许建明、吴平应当向陶向群、孙苹支付土地出让金溢价款 8205.12 万元的 40% 计 3282.048 万元,按照陶向群、孙苹的持股比例 66.68∶33.32 分别予以支付,相应税金由陶向群、孙苹自行向税务机关缴纳。

——中国裁判文书网,http://wenshu.court.gov.cn。

155

股权转让协议是否违背当事人真实意思的判断

关键词 | 股权转让协议 | 真实意思 |

【最高人民法院裁判文书】

胡晓琳与杨长志、洛阳市泰益德房地产开发有限公司股权确认纠纷案[最高人民法院(2012)民二终字第 7 号民事判决书]

最高人民法院认为:一、“5·13 协议”是否存在胁迫、乘人之危及显失公平的情形。根据本案查明的事实，胡晓琳为河南钢城的控股股东。2007 年 4 月 18 日，河南钢城、胡晓琳与杨长志签订“4 · 18 协议”。同日，胡晓琳与杨长志签订《股权转让协议》。“4 · 18 协议”载明，河南钢城已经取得了涉案 200 余亩土地，拟成立洛阳钢城作为开发主体，杨长志将获得洛阳钢城 51% 的股权，其支付的对价是 5406 万元，在杨长志支付预付款但不能获得洛阳钢城股权时，胡晓琳对河南钢城退还杨长志预付款承担担保责任，担保财产为胡晓琳在河南钢城持有的 51% 的股份。为落实胡晓琳的担保责任，胡晓琳与杨长志在其间签订的《股权转让协议》中特别注明，河南钢城 51% 的股权，只限于洛阳项目 200 余亩土地的股权。

上述协议签订后，杨长志支付了预付款 3530 万元，代河南钢城缴纳土地出让金 11323697.40 元。此后，洛阳钢城未成立，河南钢城未退还预付款，2007 年 11 月 19 日，胡晓琳等人设立泰益德公司，胡晓琳为泰益德公司大股东，河南钢城将涉案 200 余亩土地申请变更登记到泰益德公司名下开发。随后不久，杨长志以胡晓琳合同诈骗为由向司法机关提出刑事控告，司法机关以涉嫌合同诈骗等罪名批准逮捕胡晓琳。

依据“4 · 18 协议”及《股权转让协议》的约定，在河南钢城未设立洛阳钢城及退还杨长志预付款的情况下，胡晓琳应对杨长志承担担保责任，其担保落实为河南钢城 51% 的股权所对应的涉案 200 余亩土地。胡晓琳作为河南钢城的大股东，在明知存在上述约定的情形下，和他人一起新设泰益德公司，并将涉案 200 余亩土地的使用权变更到泰益德公司名下，其直接后果是导致“4 · 18 协议”与《股权转让协议》约定的杨长志投资目的及胡晓琳提供的以股权担保所针对的财产均告落空。在杨长志提出刑事控告，胡晓琳因此被羁押期间，双方签订本案“5 · 13 协议”，约定将胡晓琳持有的泰益德公司 51% 的股权转让给杨长志。“5 · 13 协议”是本案当事人在“4 · 18 协议”的基础上根据其间发生的新情况所作的安排。在杨长志支付预付款及缴纳土地出让金后，胡晓琳将涉案 200 余亩土地的使用权从其控股的河南钢城转移到其控股的泰益德公司名下，在其因此被提起公诉后为摆脱困境胡晓琳又与杨长志签订“5 · 13 协议”，使杨长志以通过获得泰益德公司股权的方式重新参与开发涉案 200 亩土地，为此，杨长志撤销对胡晓琳的指控。上述事实表明，在签订“5 · 13 协议”时虽然存在杨长志控告胡晓琳涉嫌犯罪导致胡晓琳被羁押等情形，但不能因此认定该协议违背胡晓琳的真实意思。“5 · 13 协议”约定，胡晓琳将其持有的泰益德公司 51% 的股权转让给杨长志，杨长志因此取得涉案 200 亩土地使用权开发的合同利益。该约定的内容表明,"5·13 协议"是双方根据当时涉案土地已经过户至泰益德公司的实际情况,针对胡晓琳违反合同义务而采取的补救措施,其内容与"4·18 协议"相吻合,应认定其符合双方的真实意思。胡晓琳上诉主张"5·13 协议"存在采取胁迫手段、乘人之危的情形,系违背其真实意思签订的等理由不成立,本院难以支持。

关于"5·13 协议"是否显失公平的问题。胡晓琳认为基于土地的市场估值,杨长志获得泰益德公司股权在 2009 年的价值不低于 2 亿元,而其仅应对杨长志向河南钢城支付的 3000 多万元款项的退还承担责任,杨长志获得的股权价值与胡晓琳承担的担保责任不相当,因而"5·13 协议"显失公平。根据 2007 年当事人签订"4·18 协议"的约定,杨长志获得洛阳钢城 51% 的股权及投资开发涉案 200 余亩土地支付的对价是 5406 万元,且设立洛阳钢城的唯一目的是开发该宗土地。一般情况下,公司股权的定价,应当以公司资产价值为标准,2007 年签订"4·18 协议"对股权的定价应当是以当时涉案 200 余亩土地的价值为标准的,胡晓琳作为河南钢城的大股东及"4·18 协议"的担保人对此应当是明知的。在"5·13 协议"中双方当事人明确协商的是继续合作事宜,故双方的合作是 2007 年"4·18 协议"的延续,"4·18 协议"约定的内容仍然是双方合作的基础,胡晓琳主张按 2009 年的标准确定股权价值进而认为"5·13 协议"显失公平的理由不成立,应不予支持。原审法院根据"5·13 协议"对杨长志取得的土地份额没有变更,没有额外加重胡晓琳的负担及杨长志认可"4·18 协议"约定的价格等情形认定"5·13 协议"是当事人的真实意思表示,不存在显失公平的理由正确,本院予以维持。

——最高人民法院民事审判第二庭编:《最高人民法院商事审判指导案例(2012)·公司与金融》,中国民主法制出版社 2013 年版,第 191 ~ 203 页。

156

受让人担任公司财务经理,对公司的财务账目情况属明知,其以转让人隐瞒未完全出资情况为由主张撤销股权转让合同的,不予支持

关键词 | 股权转让合同 | 撤销权 |

【最高人民法院裁判文书】

彭建森与李伟、毛秀娥股权转让纠纷申请再审案[最高人民法院(2016)最高法民申3355号民事裁定书]

最高人民法院认为:(一)本案股权转让协议的效力认定及处理的问题。

彭建森与李伟于2012年11月16日签订《公司股东股权转让协议》,该协议是双方当事人的真实意思表示,且不违反法律法规的禁止性规定,应当认定为有效合同。协议签订后,股权转让方彭建森按照协议约定在工商行政管理机关办理了相应的股权转让变更手续,将其在鑫城公司34%的股权变更登记到李伟名下,履行了合同项下的义务,受让方李伟则应当依约向彭建森支付股权转让价款。双方约定股权转让的价款为股权转让款800万元加股本金额。李伟再审申请称因彭建森故意隐瞒真实情况及受到错误账面凭证误导,误以为彭建森已履行前期全部投资义务,因此对股权价值作出错误判断,从而签订股权转让协议。该股权转让协议系因重大误解而签订的显失公平之合同,李伟据此主张撤销股权转让协议,并要求彭建森返还股权转让款200万元。根据一审、二审查明的事实,鑫城公司于2011年1月16日作出鄂鑫发2011〔001〕号《关于公司组织机构设立和人事任命及责任分工的通知》文件,文件中明确规定李伟自2011年1月起担任鑫城公司的财务总经理,主管公司的财务工作。因此李伟应当充分了解鑫城公司的财务状况、资产价值和彭建森的出资情况,对公司的财务账目情况,如账目不规范、财务管理混乱等情况也是明知的。李伟基于对鑫城公司股权价值的认识作出收购股权的商业判断,风险应由其自行承担。

——中国裁判文书网,http://wenshu.court.gov.cn。

157

股权转让各方当事人以协议约定而不以登记机关的登记作为判断公司实际股权状况的依据,并不违反法律禁止性规定

关键词|股权转让合同|

【最高人民法院裁判文书】

中国地质物资供销北京储运有限公司与广西海通投资集团有限公司合同纠纷申请再审案[最高人民法院(2016)最高法民申953号民事裁定书]

最高人民法院认为:(一)关于《股权及债权转让协议》转让的标的问题。

股权的创设及股权的转让,本质上属于私法自治的行为。法律并不禁止各方通过协议约定而不以登记机关的登记作为判断公司实际股权状况的依据。就公司内部关系而言,股权变动应当遵照意思主义原则,公司登记机关的股权变更登记不是股权变动的生效要件,其仅在公司外部关系上,具有对抗第三人的效力。在不涉及名义股东与实际股东之间的纠纷,且没有证据显示名义股东对于实际股东与受让人之间约定股权转让有异议的情况下,解决实际股东与受让人之间就实际股东所享有的权益的转让而产生的纠纷,完全可以适用合同法的一般规定,只要相关约定不违反法律的强制性规定等导致合同无效的情形,即在当事人之间具有法律约束力。

本案中,海通公司并不否认洲际公司的登记股东与实际股东存在不一致的问题。事实上,该公司登记设立不久,海通公司即作为一方当事人与相关方签订《印度洲际再生资源有限公司股东协议书》,对该公司的实际股权结构进行了与登记不同的约定,其中约定"海通公司出资600万元,占60%股权"等。该协议书及相关证据表明,该公司的股权实际权利人的确定及实际经营管理,是通过实际股东之间的协议约定进行的,各方按照实际股东之间的协议履行相关权利义务,而不以办理当地的正式登记手续为准。实际股权的历次转让中,有关的股权变更登记也并非股权受让方所追求的实质要求。二审判决并未认定储运公司向海通公司转让的股权与原来海通公司向储运公司转让的股权完全等同,只是认定"各方通过签订协议的方式转让投资权益形成了较为一致的意见和交易习惯"。上述判断不存在明显违背客观事实与合同双方缔约意愿的问题。

本案《股权及债权转让协议》的"鉴于"条款中,对于洲际公司的实际股权状况及储运公司投入情况,做了如下确认:"1. 2008年2月20日海通公司、胡方宁、杨本春、汪国元、熊小熊、倪文勤六方签订《印度洲际再生资源有限公司股东协议书》,就设立洲际公司等相关事宜进行了约定,约定洲际公司股本总额为人民币1000万元,其中海通公司出资600万元,占60%股权;其余五方出资400万元,占40%股权。2. 海通公司与北京储运公司代表张景合于2008年7月15日签订的《股权转让协议》约定海通公司将其持有的洲际公司60%股权转让给张景合,转让价为5865728.30元,由张景合将出资补足到600万元。3.为支持洲际公司发展,储运公司及其委托人2008年共为洲际公司支付资金12957640.44元(含5865728.30元),其中800万元确定为北京储运公司出资,占洲际公司80%股权,其余4957640.44元确定为借款。4.至本协议签订日,洲际公司股权结构为北京储运公司通过张景合持有80%股权,汪国元持有20%股权。同时洲际公司向北京储运公司借入流动资金4957640.44元。”上述约定表明,洲际公司的实际持股情况与登记机关的登记不一致,是双方合同中认可和接受的事实。海通公司称二审法院忽略2008年7月15日海通公司与储运公司代表张景合签订的《股权转让协议》以及2008年8月20日胡方宁、杨本春与张景合签署的《股权转让协议书》中,均约定了必须在协议生效15日至30日办结股东变更登记的事实。但双方签订《股权及债权转让协议书》时,应当知晓股权是否进行了变更登记的实际状况,而在协议中确认股权状况的条款中,并未特别提及股权变更登记对双方交易的影响问题,结合协议中约定的股权变更登记及其他相关内容,只能得出双方约定转让的股权不以实际进行了登记为必要条件,不能得出其“明显以在册股权为转让标的”、收购的目的是使海通公司“正式成为洲际公司的在册股东”的结论。

同时,《股权及债权转让协议》转让的标的,双方明确约定为洲际公司80%的股权和495万余元债权。双方就储运公司对洲际公司的实际投资数额进行了明确的确认,将储运公司及其委托人2008年共为洲际公司支付的资金人民币12957640.44元(含5865728.30元)中的800万元确定为储运公司出资,占洲际公司80%股权,其余4957640.44元确定为借款。从上述内容及双方后来签署的《经济往来备忘录》可以看出,本案《股权及债权转让协议书》实际上也是双方之间各种经济往来的一种结算方式,实质是投资人因对洲际公司实际投入的资产而形成的对洲际公司的权益的转让,其中有的界定为股权,有的界定为债权,也存在股权和债权根据当事人约定灵活相互转换的情况。

鉴于“投资权益”可以是股权的一种比较宽泛的表达,也可以概括指称包括股权和债权等各种形式投资而产生的权利,而本案转让的标的也包括一部分债权,且双方约定转让的股权只是在股东之间有约束力而非必须经登记机关登记的权益,故二审判决认为上述协议的转让标的并非法律意义上的股权,而是转让方在洲际公司的实际投资权益,并无不当。

——中国裁判文书网,http://wenshu.court.gov.cn。

158

转让股权应由参与交易的商事主体自行判断交易价格，在没有足够证据证明的情况下，不应认定构成显失公平

关键词｜股权转让合同｜商事判断｜显失公平｜

【最高人民法院裁判文书】

王璞与苑勤、上海正龙投资有限公司、新疆拜城音西铁热克煤业有限公司股权转让纠纷案[最高人民法院(2014)民抗字第21号民事判决书]

最高人民法院认为:2003年7月28日,煤业公司领取营业执照,根据公司法的相关规定煤业公司即告成立。2006年6月23日,根据煤业公司的变更申请,新疆维吾尔自治区工商行政管理局对该公司予以变更工商登记,将刘斌持有的煤业公司的40%股权变更为苑勤持有煤业公司的10%股权。在2006年工商登记变更前,煤业公司股权状况为王璞60%、刘斌40%,变更后为王璞90%、苑勤10%。对此,苑勤提出申请退出煤业公司10%股权以及随后签订的股权转让协议中,对自己持有煤业公司10%股权的事实,未持异议。工商部门的变更登记具有公示公信效力,本院予以确认。苑勤在一审诉讼请求中,仅请求撤销上述《股权转让协议》并将上述10%股权在工商管理部门变更登记至其名下。故本案所要查明的事实应当紧紧围绕当事人的诉讼请求进行,并就王璞从苑勤处获得10%股权是否构成欺诈、重大误解以及显失公平的法律要件作出判断。根据2008年5月10日苑勤的退股申请,苑勤请求转出煤业公司10%的股份,双方当事人于2008年7月18日签订《股权转让协议》,并将《股权转让协议》的日期确定为同年5月30日。该协议中的对价为300万元,王璞在约定期限内支付300万元完毕,加之随后支付的700万元,王璞实际共支付1000万元。本案中,退股申请书由苑勤签名,应当认定该申请是苑勤的真实意思表示。此事实发生在正龙公司与王璞2008年6月12日签订协议之前,苑勤并未提交证据证明王璞存在欺诈行为使其提出退股申请。根据王璞与正龙公司签订的《股权转让协议》,在对煤业公司财产进行评估的基础上,王璞以每1%股200万元的价格转让股权。上述两份股权转让协议属于不同的法律关系。因此,苑勤主张王璞获得其10%的股权仅支付对价1000万元,构成欺诈,本院不予支持。苑勤作为煤业公司的股东,是完全民事行为能力主体,对于出让其持有的股权以及价格,应当自

行作出判断,故其主张王璞获得其10%的股权仅支付对价1000万元构成重大误解,本院亦不予支持。王璞与苑勤的转让股权协议,以苑勤不再承担任何义务为前提,而王璞在与正龙公司转让股权时,对煤业公司可能的负债还需承担民事责任,两者之间交易的条件不一样;根据工商登记,王璞在向正龙公司转让51%股权时即持有煤业公司90%股权,苑勤亦未提供证据证明上述51%股权中包含有王璞受让其的10%股权;上述两项转让股权行为均为商事交易行为,应由参与相关交易的商事主体自行判断交易价格,在没有足够证据证明的情况下,不应认定构成显失公平。因此,苑勤与王璞之间签订的股权转让协议并不存在合同法第五十四条规定的可撤销的情形。

——中国裁判文书网,http://wenshu.court.gov.cn。

159

股权价格虽与公司的资产状况等多种因素有关,但仅凭公司实有资产状况与约定相比在量上有所减少即主张显失公平难以成立

关键词|股权价格|资产状况|显失公平|

【最高人民法院裁判文书】

内蒙古天宇创新投资集团有限公司与张磊股权转让纠纷申请再审案[最高人民法院(2016)最高法民申2626号民事裁定书]

最高人民法院认为:天宇公司在原一审抗辩和反诉的主要理由是:张磊在签订本案股权转让合同时,故意隐瞒了股权交易项下的新星煤炭水源地准保护区问题,以致天宇公司产生重大误解,导致股权转让价格显失公平。即便认定天宇公司诉讼中的相关主张成立,依据《合同法》第五十四、五十五条,天宇公司应在知道或应当知道相关情形之日起一年内行使变更或撤销的权利,逾期未行使,则相关权利消灭。而依据原审认定的事实,张磊于2012年2月即将新星煤炭51%股权变更至天宇公司名下,并完成了工商变更登记,天宇公司在2012年5、6月份即知悉了水源保护地事宜。但天宇公司没有提交任何证据证明其在知道相关情形的一年时间内对此提出异议,或主张对协议进行变更或撤销。因此,即便认定天宇公司诉讼中的相关主张成立,但因其未在规定期限内主张相关权利,其要

求变更股权价款的请求也无法获得支持，故原审相关处理并无不当。

——中国裁判文书网，http://wenshu.court.gov.cn。

内蒙古天宇创新投资集团有限公司与张磊股权转让纠纷案[最高人民法院(2015)民二终字第304号民事判决书]

最高人民法院认为：张磊签定本案股权转让合同时，是否故意隐瞒了股权交易项下的新星煤矿水源地准保护区问题，以致当事人产生重大误解，导致股权转让价格显失公平，天宇公司是否有权依据合同履行抗辩权拒付剩余款项1.15亿元。

天宇公司上诉主张张磊在签订本案股权转让合同之前，已经知道新星煤炭所拥有的矿区面积因水源地保护区问题导致新星煤炭矿区内有0.6平方公里因属水源地保护区不能开采、相应原煤储量减少三分之一的事实，却故意隐瞒上述情况，导致其重大误解，股权转让价格显失公平。为此，天宇公司提供了内蒙古自治区人民政府2011年5月25日内政字〔2011〕145号《内蒙古自治区人民政府关于自治区旗县级以上集中式饮用水水源保护区划定方案的批复》，以及乌海市环境保护局于2015年9月7日出具的一份表明了实施上述文件《证明》。本院认为，尽管上述文件真实，但是天宇公司并没有提供证据证明上述文件确实下发到了新星煤炭，也没有提供证据证明张磊作为新星煤炭的股东确实知道上述文件的存在以及新星煤炭确有0.6平方公里矿区面积被划定为水源地准保护区，故意隐瞒新星煤炭的资产状况，使天宇公司商定股权转让价格时产生重大误解。股权转让合同虽对新星煤炭的资产状况作了陈述和承诺，但本案当事人双方于2011年12月26日签订本案股权转让合同时，新星煤炭的主要业务是洗煤厂业务，当时新星煤炭的《采矿许可证》以及续办的《采矿许可证》，均写明开采方式为地下开采。双方当事人并没有在股权转让合同中明确表示天宇公司需要改变或者变更新星煤炭的开采方式等内容。天宇公司进入新星煤炭后自行改变开采方式，因水源地保护而导致开采量受限的问题才得以凸显。原审法院认定张磊在出让其所拥有的新星煤炭51%股权时未隐瞒事实，也未作虚假承诺，不存在违约行为，具有事实根据和法律依据，本院予以支持。

本案当事人之间转让的标的物是股权，而非新星煤炭的实物资产。股权的价格虽与公司的资产状况存在一定关联，但并不完全取决于公司的实有资产状况，还与公司的经营状况、发展前景、受让方是否存在特殊用途、参与竞买人的多少等多种因素有关。仅凭公司实有资产状况与约定相比在量上有所减少，即主张股权转让价格显失公平难以成立。此外，天宇公司在2012年5、6月份即知悉了水源保护地事宜，但没有证据证明其对此提出了异议，而是仍按原协议约定支付股权转让款，一直持续到2014年，前后两年多，由此也可以证明其在合理的期限内以实际履行行为放弃了异议权，对约定的股权转让价格是认可的。

——中国裁判文书网，http://wenshu.court.gov.cn。

160

股权转让合同双方协议取消受让人一方保证人的权利和义务，该保证人是否签章不影响股权转让合同的生效

关键词｜股权转让合同｜保证人签章｜合同生效｜

【最高人民法院裁判文书】

深圳市华汇投资有限公司与湖南东能投资集团有限公司及陈莘莘股权转让合同纠纷申请再审案［最高人民法院(2016)最高法民申686号民事裁定书］

最高人民法院认为：

一、《股权转让协议》是否生效。本案所涉《股权转让协议》的内容为东能公司将其对东能置业公司的70%股权转给华汇公司，金宝利公司为华汇公司及时支付股权转让款提供担保，陈莘莘是东能置业公司的另一股东，同时为华汇公司及时支付股权转让款提供担保。基于以上权利义务关系，《股权转让协议》第五条第一项约定，协议经甲乙丙丁四方签章后生效。《股权转让协议》签订后，金宝利公司并未签章，东能公司与华汇公司于是在《股权转让协议》上签署意见，同意取消金宝利公司的权利、责任和义务。既然金宝利公司权利、责任和义务已经取消，其与该《股权转让协议》没有法律上的关系，故其是否签章不影响《股权转让协议》的生效。华汇公司主张，东能公司与华汇公司取消金宝利公司的担保责任，实为一份新的协议，但从案件查明事实看，东能公司与华汇公司是在《股权转让协议》上签署意见，同意取消金宝利公司的责任，并没有订立新的协议，华汇公司该项主张与事实不符，本院不予支持。华汇公司还主张，二审法院认定《股权转让协议》生效侵害了陈莘莘的利益，并进而损失华汇公司的利益。

陈莘莘在《股权转让协议》中具有东能置业公司股东与华汇公司支付股权转让款担保人两个身份。作为东能置业公司的股东，陈莘莘在《股权转让协议》上签字表明其已同意东能公司对外转让股权，《股权转让协议》生效并未侵犯其利益。作为华汇公司支付股权转让款担保人，陈莘莘在《股权转让协议》上签字表明其已同意为华汇公司支付股权转让款提供担保，且协议中没有写明要以金宝利公司提供担保为条件，故《股权转让协议》生效并未侵犯其利益。华汇公司该项主张亦缺乏依据，本院不予支持。

——中国裁判文书网，http://wenshu.court.gov.cn。

161

被撤销的股权转让合同自始没有法律约束力，因该合同取得的财产应当予以返还

关键词 | 可撤销合同 | 股权转让合同 |

【最高人民法院裁判文书】

阮奇恩与杨立鑫、杨锦股权转让纠纷申请再审案［最高人民法院（2015）民申字第1922号民事裁定书］

最高人民法院认为：再审申请人阮奇恩与被申请人杨立鑫、案外人郑定银2006年3月15日订立的《合伙合同》是书面合同，三名签订者中，杨立鑫和案外人郑定银均对签订日期予以认可。阮奇恩主张合同存在倒签情节，证据不足。

在实际履行《合伙合同》的过程中，杨立鑫和阮奇恩共同出资设立了天津中欣不锈钢市场有限公司并在其后更名为中欣公司。由于阮奇恩隐瞒了其取得外国国籍的事实，该《合伙合同》以违背诚实信用原则和真实意思表示为由被生效判决予以撤销。根据《合同法》第五十六条和第五十八条的规定，被撤销的合同自始没有法律约束力，因该合同取得的财产，应当予以返还。因此，在杨立鑫和阮奇恩之间，自始就不存在共同投资的法律关系。如阮奇恩所言，其与杨立鑫2006年10月15日签订的《合伙合同》是对出资关系的书面确认。故此，即使存在签订日期不同的《合伙合同》，也并不能理解为在阮奇恩和杨立鑫之间存在一

个以上的投资法律关系。因约定投资关系的《合伙合同》被生效判决解除,故阮奇恩也自始不具备中欣公司的股东资格。阮奇恩要求返还股份,没有事实和法律依据,其出资事实上已经通过生效判决得到返还。

由于阮奇恩在中欣公司自始没有股东权益,因此在《股权转让协议》被认定为无效后,不存在返还股权的问题。中欣公司的现股权结构亦与本案无关。

——中国裁判文书网,http://wenshu.court.gov.cn。

162

自然人股东死亡后，除公司章程另有规定外，其合法继承人可以继承股东资格，并自主处分股权

关键词 | 自然人股东 | 股东资格继承 |

【最高人民法院裁判文书】

王璞与刘胜远、上海兆信恒投资有限公司、新疆拜城音西铁热克煤业有限责任公司确认合同无效纠纷案[最高人民法院(2013)民二终字第91号民事判决书]

裁判要旨:自然人股东死亡后,除公司章程另有规定的,其合法继承人可以继承股东资格。将自己持有的股权依法转让给公司其他股东,系自主处分财产权利的合法行为。目标公司根据股权交割证明对公司章程进行相应修改,并办理股权变更登记,其他股东未能举证证明目标公司上述行为存在违法情形的,该其他股东无权要求目标公司与转让股权的股东对其承担连带责任。

最高人民法院认为:二、关于2011年5月13日刘胜远与兆信恒公司签订的股权转让协议(交割证明)是否存在无效的情形,刘胜远是否应向王璞返还投资收益款124139170.39元。

首先,(2009)新民二终字第97号民事判决确认刘胜远继承其父亲刘斌股权后,持有音西铁热克煤业公司30%的股权,之后工商登记对其持股予以确认。依据《公司法》第七十六条“自然人股东死亡后,其合法继承人可以继承股东资格;但是,公司章程另有规定的除外”之规定。音西铁热克煤业公司章程中没有限制自然人股东的合法继承人继承其股东资格的除外规定。尽管在刘斌死后法

院判决和工商变更登记之前，刘斌生前所持有的股权处于权利主体不明确的状态，且一审法院对音西铁热克煤业公司股权变动的整个过程未给出一个清晰、完整的描述，然而可以确定在刘胜远与兆信恒公司签订该股权转让协议时，刘胜远是音西铁热克煤业公司的股东，其将自己持有的股权转让给公司其他股东，系自主处分财产权利的合法行为。股权转让协议是双方当事人真实意思表示，协议内容未违反法律或行政法规的强制性规定，未损害国家、集体或第三人的利益，王璞亦未能举出充分证据证明刘胜远转让股权的行为侵害其合法权益或股权转让协议存在其他应当被确认为无效的法定情形。

其次，王璞主张应依据《公司法解释(三)(2010)》第二十五条、第二十六条之规定，确认刘胜远与兆信恒公司之间的股权转让协议无效。实际上，由于音西铁热克煤业公司自成立以来未进行过增资扩股活动，刘斌在音西铁热克煤业公司成立之初即通过出资40万元获得音西铁热克煤业公司40%的股权，其死亡后其子刘胜远继承了音西铁热克煤业30%的股权，并不属于上述司法解释中的“名义股东”，王璞援引的相关规定在本案中没有适用的前提条件，其理由不能成立。

最后，音西铁热克煤业公司自成立以来未进行增资扩股，刘斌、刘胜远也不存在出资不实的情形，刘胜远依法处置自己名下的财产权利，没有证据证明其行为侵害王璞的利益，王璞要求刘胜远向其返还股权投资收益款的主张没有事实和法律依据。

——最高人民法院民事审判第二庭编：《最高人民法院商事审判指导案例(2014)》，中国民主法制出版社2015年版，第120～135页。

163

没有利害关系的第三人不具备提起确认转让协议无效诉讼的主体资格

关键词 | 利害关系人 | 股权转让协议 | 确认无效 | 主体资格 |

【最高人民法院裁判文书】

张一辉、蒙颖芝等与叶伟雄、梁启天股权转让纠纷申请再审案[最高人民法院(2016)最高法民申1691号民事裁定书]

最高人民法院认为：本案再审审查的争议焦点问题为：再审申请人张一辉等

三人是否具有提起本案诉讼的主体资格。对此,本院具体分析如下:

关于彭剑伟分别与叶伟雄、梁启天签订的《股权转让协议》效力的问题。首先,张一辉与梧州市万辉商贸投资有限公司(以下简称万辉公司)原股东潘志敏、彭剑艇于2011年11月3日签订万辉(股转)第20111103001号《股权转让协议书》后,虽有相关款项的支付行为,但并未对涉及的全部股权进行工商变更并登记于张一辉或其代持人名下,故双方的《股权转让合同》并未完全履行完毕。其次,彭剑伟分别与叶伟雄、梁启天于2012年8月20日签订《股权转让协议》后,实际履行了工商变更登记手续,万辉公司也形成两份《股东会议决议》对该股权转让行为予以确认,林丽清、彭剑伟、蒙炳兰、叶伟雄、梁启天均在《股东会议决议》上签字,后万辉公司将上述变更情况记载于公司章程。2012年8月22日,梧州市工商行政管理局对上述变更情况予以核准。故叶伟雄、梁启天受让上述股权符合法律规定。再次,根据原审法院查明事实,并无证据证明2012年8月20日彭剑伟分别与叶伟雄、梁启天签订的《股权转让协议》是履行2012年8月18日蒙炳兰与叶伟雄、梁启天签订的《股权质押协议》。因此,彭剑伟分别与叶伟雄、梁启天签订的《股权转让协议》合法有效,再审申请人张一辉等三人不具有对该《股权转让合同》提起请求确认无效之诉的主体资格,其申请理由不能成立。

关于叶伟雄与梁启天于2013年7月16日签订的《股权转让合同》效力的问题。《股权转让合同》约定叶伟雄将其持有的万辉公司21%股权以840万元的价格转让给梁启天,同日,叶伟雄与梁启天在《股权交割证明》上签字,确认叶伟雄已收到梁启天的股权转让金840万元。同日,万辉公司形成两份《梧州市万辉商贸投资有限公司股东会决议》,同意叶伟雄将其持有的万辉公司9%股权转让给张宇丽,另外21%股权转让给梁启天,转让后梁启天出资2040万元占公司51%股权,叶伟雄出资1200万元占公司30%股权,张宇丽出资760万元占公司19%股权,张宇丽、叶伟雄、梁启天均在《梧州市万辉商贸投资有限公司股东会决议》上签字。同日,万辉公司将上述股东变更情况记载于公司章程,并根据上述股东变更情况向梧州市工商行政管理局提出变更申请,2013年7月24日梧州市工商行政管理局核准变更。由此,再审申请人张一辉等三人并无证据证明叶伟雄与梁启天之间的该股权转让行为侵犯了其合法权利,叶伟雄将登记于其名下的股权转让给梁启天符合法律规定。综上,案涉《股权转让合同》均合法有效,再审申请人张一辉等三人并无证据证明与案涉《股权转让合同》有利害关系,故不具有对案涉三份《股权转让合同》提起请求确认无效之诉的主体资格,其关于原审裁定认定事实错误、遗漏必须参加诉讼的当事人、认定其主体不适格属适用法律错误等申请理由均不能成立。

——中国裁判文书网,http://wenshu.court.gov.cn。

（二）涉国资股权转让合同效力认定

164

国有企业转让单一债权后又以该债权转让前未经评估为由主张合同无效的，不予支持

关键词｜国有企业｜单一债权转让｜资产评估｜

【最高人民法院裁判文书】

亢文钧与包头边境贸易公司、包头市对外贸易（集团）有限责任总公司债权转让合同纠纷再审案[最高人民法院(2008)民提字第40号民事判决书]

最高人民法院认为：双方当事人再审中的争议，主要集中在对亢文钧与外贸总公司签订的债权转让协议书的效力问题上。对于该协议书签订的过程、协议书文本的真实性，双方当事人均无异议。双方当事人就协议效力发生的争议，主要是该协议书是否因违反了国家法律法规的禁止性规定而导致无效。边贸公司提出，导致该协议书无效的原因是由于外贸总公司转让的120万元的债权属于边贸公司，而边贸公司的性质是国有企业，根据《国有资产评估管理办法》第三条的规定，转让国有资产应当进行评估。国有资产管理局《关于加强资产评估管理工作的紧急通知》中规定："凡是国有资产在产权变动中未按'国务院第91号令'的规定评估，而造成国有资产流失的，要坚决追究有关当事人的责任"，故该债权转让协议书因转让国有资产未经评估，违反国家行政法规的禁止性规定而无效。边贸公司上述观点的错误在于：企业应收账款，主要是指企业在经营过程中由于赊销等原因而形成的尚未收回的款项。由于存在回收不能的风险，因此，转让这类债权时进行评估主要是为了解决两个问题：一是清查核实应收账款的数额；二是判断可能的坏账损失，目的是确定以什么价格来转让这类债权。基

本公式为，应收账款的评估值等于应收账款账面价值减去已确定的坏账损失，再减去预计坏账损失。本案中，评估工作无疑应当由转让债权的一方即外贸总公司和边贸公司进行。亢文钧作为拟受让债权的个人，并无义务要求对上述债权进行评估，其只是根据债权转让方提出的转让价款和自己对该笔债权收回可能的判断来决定最终是否受让债权。从国家对国有资产保护的角度看，为避免国有资产因低价转让而流失所采取的主要措施，是对国有资产的占有、使用、经营主体，规定严格的义务和责任，其中包括转让国有资产应当进行评估，对违反法定义务，造成国有资产流失的国有资产的占有、使用、经营主体及其主要责任人，依法追究责任。但这并不等于在流通领域特别是在市场主体间就财产流转发生争议时，要对占有、使用、经营国有资产的民事主体给予特殊保护。因为，平等保护所有民事主体的合法权益是我国包括合同法在内的一切民事法律共同确认的基本原则。如果在民事司法中支持转让国有资产的民事主体事后以财产未经评估，可能造成国有资产流失为由请求认定合同无效的主张，则不仅会影响正常的市场流转秩序，也不利于国有企业以平等的市场主体身份参与市场竞争。第二，《国有资产评估管理办法》虽然规定了转让国有资产应当进行评估的原则，并规定了评估方法，但其中并未针对单项债权转让是否应当评估以及如何评估作出规定，有关政府主管部门也并无转让单项债权必须进行评估的规定。2002 年 6 月 28 日《财政部关于单一债权转让是否需要进行资产评估的意见》明确了“在实践中，对单一债权转让进行评估的操作难度很大。如果出现单一债权转让，可以由有关当事人进行协商，在报经主管部门同意后，按照相关协议进行处理”。根据包头市国有资产管理局 1999 年 6 月 9 日出具的《关于包头市边境贸易公司转让债权的意见》，“包头市对外贸易集团总公司作为包头市边境贸易公司的上级公司有权依法批准该项债权的转让”。外贸总公司是签订债权转让协议书的主体，因此，其代表边贸公司签订债权转让协议书的行为，应当视为边贸公司所有的 120 万元债权转让已经得到了其主管部门的同意。而且边贸公司在 1999 年 5 月 12 日又与亢文钧和债务人宏业钢铁厂就转让 120 万元债权事宜签订了债权转让协议。内蒙古自治区高级人民法院采信边贸公司的观点，简单地引用《国有资产评估管理办法》第三条之规定，即得出本案中双方当事人之间所签订的债权转让协议书因违反国家行政法规而无效的结论，缺少国家法律或行政法规作为依据。第三，从本案一、二审法院向当地国有资产管理部门征求意见的情况看，单一债权的评估比较复杂，难以操作。至 2001 年 9 月 6 日，包头市国有资产管理局在给内蒙古自治区财政厅的请示报告中仍然称“自组建以来从来也没有受理过这样的评估案例”。因此，边贸公司关于转让单一债权也必须进行评估，否则转让协议无效的观点也不符合本案所涉债权转让合同成立时，内蒙古自治区范围内单项债权转让的实际做法。第四，本案所涉合同签订于1998年5月11日，即《合同法》实施之前，故内蒙古自治区高级人民法院适用《民法通则》第五十八条第一款第五项之规定，判决该债权转让《协议书》因“违反法律或者社会公共利益”而无效。但实际上当时并无一部法律明确规定国有企业转让单一债权未经评估，转让合同即为无效。因此，本案应根据最高人民法院《合同法解释（一）》第一条、第四条有关“合同法实施以前成立的合同发生纠纷起诉到人民法院的，除本解释另有规定的以外，适用当时的法律规定，当时没有法律规定的，可以适用合同法的有关规定”“合同法实施以后，人民法院确认合同无效，应当以全国人大及其常委会制定的法律和国务院制定的行政法规为依据，不得以地方性法规、行政规章为依据”的规定，确认合同效力。亢文钧与外贸总公司之间的债权转让《协议书》，既然是双方当事人真实的意思表示，又不违反国家法律和行政法规的禁止性规定，应当认定为合法、有效。边贸公司有关合同无效的观点缺乏事实和法律依据，不予支持。

——最高人民法院民事审判第一庭编：《民事审判指导与参考》总第37集，法律出版社2009年版，第199～201页。

【链接：最高人民法院法官著述】

最高人民法院就本案进行再审改判的意义在于，纠正民事审判实践中存在的对国家有关国有资产保护的法律、法规的错误理解，通过判决阐释国家为了避免国有资产因低价转让而流失所采取的主要措施，是对国有资产的占有、使用、经营主体，规定严格的义务和责任，其中包括转让国有资产应当进行评估，对违反法定义务，造成国有资产流失的国有资产的占有、使用、经营主体及其主要责任人，依法追究责任。但这并不等于在流通领域特别是在市场主体间就财产流转发生争议时，要对占有、使用、经营国有资产的民事主体给予特殊保护。因为，平等保护所有民事主体的合法权益是我国包括合同法在内的一切民事法律共同确认的基本原则。如果在民事司法中支持转让国有资产的民事主体事后以财产未经评估，可能造成国有资产流失为由请求认定合同无效的主张，则不仅会影响正常的市场流转秩序，也不利于国有企业以平等的市场主体身份参与市场竞争。针对案件无法回避的国有企业转让单一债权是否必须进行评估的问题，说明了作为企业应收账款的单一债权,转让时评估的目的、方法和实践中面临的问题,进而解释了在国家和地方的主管部门均不组织评估的情况下,要求当事人进行评估并支持转让方事后以未作评估为由请求认定合同无效的主张的不合理性,指出该行为既缺少法律依据,也不符合诚信原则。如果对其主张给予支持,不符合民事司法平等保护各类民事主体合法权益的原则,也不利于国有企业作为市场主体,平等地参与市场竞争。

——韩玫:《国有企业转让单一债权后又以未经评估为由主张合同无效人民法院不予支持——亢文钧与包头边境贸易公司、包头市对外贸易(集团)有限责任总公司债权转让合同纠纷再审案》,载最高人民法院民事审判第一庭编:《民事审判指导与参考》总第37集,法律出版社2009年版,第202页。

编者说明

国家为避免国有资产的流失而采取的主要措施,是对国有资产的占有、使用、经营者,规定严格的义务和责任,而不是在流通领域,特别是在市场主体之间就财产流转发生纠纷时,对占有、使用、经营国有资产的民事主体给予特殊保护。如果在民事司法中支持转让国有资产的民事主体事后以财产未经评估,可能造成国有资产流失为由主张合同无效,则不仅影响正常的市场流转秩序,也不利于国有企业以平等的市场主体身份参与市场竞争。

165

国有股权虽未进行评估但股权转让合同已经被批准并实际履行的,合同有效

关键词 | 国有股权转让 | 股权评估 |

【最高人民法院裁判文书】

青海铝型材厂与青海省同仁县国有资产管理局股权转让合同纠纷案[最高人民法院(2005)民二终字第157号]

最高人民法院认为:同仁国资局与铝型材厂根据黄南铝业2002年期末的账面资产、负债率等实际情况,将其持有的黄南铝业的股权转让给铝型材厂。铝型材厂与同仁国资局签订的《股权转让协议》,虽然没有进行评估,但是股权转让

协议的双方当事人通过协商一致，并经同仁国资局上级主管部门黄南藏族自治州财政局的批准。同时黄南铝业分别召开了股东大会和董事会，同意公司股东、股权变更，补选公司董事会董事，修改公司章程的相关内容。黄南铝业向黄南州工商行政管理局申请变更营业执照登记，将股东同仁国资局变更为铝型材厂，法定代表人变更为刘国兴，并在工商行政管理局将股权登记于股东名册之中。因此，《股权转让协议》是双方当事人的真实意思表示，符合法律规定，应当确认股权转让协议合法有效。股权转让协议成立生效后，铝型材厂向同仁国资局支付了部分转让价金，并取得了黄南铝业的股东地位，铝型材厂进驻黄南铝业，开展经营活动，股权转让协议已经实际履行。

——最高人民法院民事审判第二庭编：《最高人民法院商事审判指导案例 · 公司卷》，中国法制出版社 2011 年版，第 326 ~ 332 页。

166

评估报告仍在有效期内，且经国资部门审核同意按变更后的信息重新挂牌的，股权转让协议有效

关键词 | 股权转让 | 国资审核 | 评估报告 |

【最高人民法院裁判文书】

庆云青旅电子科技有限公司与南京医药股份有限公司及南京市公共资源交易中心股权转让纠纷申请再审案［最高人民法院（2016）最高法民申 1931 号民事裁定书］

最高人民法院认为：关于原判决的基本事实问题。庆云青旅公司主张原判决认定的基本事实缺乏证据证明，是指 2015 年 8 月 25 日南京医药公司出具的《情况说明》中称北京智博公司增资扩股未影响国有权益经过了南京市国资委审核认定，同意按变更后的信息重新挂牌，但证明该审核的证据即合法专业的审核文书始终未提供。经审查，南京国资委在《情况说明》上签署“情况属实”，并由经办人签字且加盖了单位印章。上述签署行为表明国有资产主管机关对于国有权益未受影响以及同意北京智博公司重新挂牌进行了确认，而庆云青旅公司在接到南京交易中心的函询后回函表达了受让意向，并未对此提出异议。一审

法院的调查笔录则表明南京市国资委在《情况说明》上签署并盖章经过了内部流程审批。因此,原判决认定南京市国资委已对相关情况进行了审核有相应的事实依据,庆云青旅公司关于原判决基本事实缺乏证据证明的主张不能成立。

关于涉案合同的效力问题。庆云青旅公司认为涉案交易第二次挂牌所依据的评估报告已失去效力,合同应认定无效。涉案评估报告特别事项载明,评估结论的有效使用期限一般为一年,自评估基准日 2014 年 3 月 31 日起至 2015 年 3 月 30 日止。根据原审查明的事实,涉案交易由南京交易中心于 2015 年 3 月 9 日重新挂牌,故评估报告仍在有效期限内,庆云青旅公司据此主张涉案合同无效缺乏事实和法律依据。事实上,南京市国资委通过签署《情况说明》认可了股权交易行为已获批准并同意重新挂牌。原判决认定产权交易合同有效符合法律法规规定,并无不当。

关于产权交易合同约定的生效条件的问题。庆云青旅公司认为涉案股权转让未按照合同的约定由南京医药公司股东会审议通过,故不具备生效条件。根据原审查明的事实,南京医药公司于 2015 年 1 月 29 日召开第一次临时股东大会,同意公司公开挂牌转让所持有的北京智博公司股权,并授权公司董事会确定股权受让方及受让价格。随后,南京医药公司召开第七届董事会临时会议,决议相关事项。因此,庆云青旅公司关于涉案股权转让未经南京医药公司股东会审议通过的主张缺乏事实依据,本院亦不予支持。

——中国裁判文书网,http://wenshu. court. gov. cn。

167

《国有资产评估管理办法》关于国有资产占有单位在资产拍卖、转让等情形下应当进行评估的规定并非效力性强制性规定

关键词 | 国有资产评估 | 效力性强制性规定 |

【最高人民法院裁判文书】

中国华电集团财务有限公司与天津国恒铁路控股股份有限公司股权转让纠纷申请再审案[最高人民法院(2015)民申字第 715 号民事裁定书]

最高人民法院认为:首先,案涉《股权转让及保证协议》第四条声明与保证

4.1(2)载明，甲方(华电财务公司)已经获得签署本协议以及履行本协议项下责任所必需的授权和批准；其次，华电财务公司即使作为国有控股企业，向华商基金公司投资3400万元，取得华商基金公司34%的股权涉及国有资产，但《企业国有产权转让管理暂行办法》《国有资产评估管理办法》等法律、法规并未作出企业国有资产转让未经评估则行为无效的强制性规定。《国有资产评估管理办法施行细则》第十条规定："对于应当进行资产评估的情形没有进行评估，或者没有按照《办法》及本细则的规定立项、确认，该经济行为无效。"但该细则系部门规章。依照《合同法》第五十二条第(五)项之规定，违反法律、行政法规的强制性规定的合同无效，案涉股权转让未经评估并未违反法律、行政法规的强制性规定。华电财务公司主张其向国恒公司转让华商基金公司34%股权的行为违反行政法规及部门规章，双方签订的《股权转让与保证协议》无效的再审申请理由不能成立。

——中国裁判文书网，http://wenshu.court.gov.cn。

联大集团有限公司与安徽省高速公路控股集团有限公司股权转让纠纷案
[最高人民法院(2013)民二终字第33号民事判决书]

最高人民法院认为：关于案涉股权转让中资产评估对《股权转让协议书》效力的影响。上诉人联大集团主张案涉股权转让未经评估，违背了有关国有资产处置的强制性规定，一审认定有效，适用法律错误。纵观本案，上诉人联大集团始终主张确认其股权回购的权利，但股权回购权的确认必须以《股权转让协议书》有效为前提。联大集团上诉主张既要求确认《股权转让协议书》无效，又主张确认回购权，故其主张理由相互矛盾，难以自圆其说，此其一；其二，1992年国务院发布的《国有资产评估管理办法》性质虽为行政法规，但其第三条关于国有资产占有单位在资产拍卖、转让等五种情形下，应当进行评估的规定虽为强制性规定，但根据《合同法》第五十二条及《合同法解释(二)》第十四条的规定，该内容并非效力性强制性规定。国家国有资产管理局于1992年经国务院授权制定的《国有资产评估管理办法施行细则》性质应属部门规章，原审法院关于该细则系行政法规的认定错误，应予纠正。该细则第十条规定："对于应当进行资产评估的情形没有进行评估，或者没有按照《办法》及本实施细则的规定立项、确认，该经济行为无效。"鉴于该细则属于部门规章，不是法律、行政法规，根据《合同法》第五十二条规定，不能直接否认案涉《股权转让协议书》的效力。

——最高人民法院民事审判第二庭编：《商事审判指导》总第37辑，人民法院出版社2014年版，第203～222页。

编者说明

从1991年的《国有资产评估管理办法》到2016年的《企业国有资产交易监督管理办法》，诸多企业国有资产交易方面的法律、法规和规章，确立了评估、审批和进场交易这三大企业国有资产交易原则。

关于国有资产评估转让的问题，2009年5月1日施行的《企业国有资产法》第四十七条关于"国有独资企业、国有独资公司和国有资本控股公司合并、分立、改制，转让重大财产，以非货币财产对外投资，清算或者有法律、行政法规以及企业章程规定应当进行资产评估的其他情形的，应当按照规定对有关资产进行评估"的规定和第七十二条关于"在涉及关联方交易、国有资产转让等交易活动中，当事人恶意串通，损害国有资产权益的，该交易行为无效"的规定，可资借鉴。

最高人民法院关于东风汽车贸易公司、内蒙古汽车修造厂与内蒙古环成汽车技术有限公司、内蒙古物资集团有限责任公司、赫连佳新、梁秋玲及第三人内蒙古东风汽车销售技术服务联合公司侵权纠纷再审案作出的(2008)民申字第461号民事裁定书认为，根据《国有资产评估管理办法》第三条的规定，国有资产占有单位进行资产转让的，应当进行资产评估。该规定属于强行性规定，而非任意性规定。国有资产占有单位进行资产转让时未依照上述规定进行资产评估的，转让合同无效；受让人在知道或者应当知道所受让的资产属于国有资产，且未依法进行报批和评估的情况下，仍以明显不当的低价受让该国有资产的，不属于善意受让人。①

而在《合同法解释(二)》出台后，最高人民法院在相关案件的裁判中明确，《企业国有资产法》和《国有资产评估管理办法》中关于国有评估管理的规定系管理性规范而不是效力性规范，不能据此认定未经评估的交易合同无效。

最高人民法院(2013)民二终字第33号民事判决书认为，《国有资产评估管理办法》性质虽为行政法规，但其第三条关于国有资产占有单位在资产拍卖、转让等五种情形下，应当进行评估的规定虽为强制性规定，但根据《合同法》第五十二条及《合同法解释(二)》第十四条的规定，该内容并非效力性强制性规定。

最高人民法院关于山西能源产业集团煤炭有限公司、山西嘉鑫煤化工科技有限公司项目转让合同纠纷申请再审案的(2013)民申字第2036号民事裁定书中亦认为：《国有资产评估管理办法》第三条关于国有资产在转让前应当进行评估的规定属于管理性强制性规定而非效力性强制性规定，违反上述规定并不必然导致合同无效。该条的立法目的是为了保护国有资产，避免国有资产因低价转让而流失。但这并不等于在流通领域特别是市场主体间就财产流转发生争议时，要对占有、使用、经营国有资产的民事主体给予特殊保护。因为，平等保护所有民事主体的合法权益，是我国一切民事法律共同确认的基本原则。如果在民事司法中支持转让国

---

① 载《最高人民法院公报》2009年第2期。

有资产的民事主体事后以财产未经评估，可能造成国有资产流失为由请求认定合同无效的主张，则不仅会影响正常的市场流转秩序，也不利于国有企业以平等的市场主体身份参与市场竞争。综合上述分析，煤炭公司以本案国有资产未经评估，违反了法律和行政法规强制性规定为由申请再审不能成立。

最高人民法院关于甘肃省中国青年旅行社与林嘉锋、陈国良房屋买卖合同纠纷审判监督案的（2014）民提字第216号民事判决书中认为：《全民所有制工业企业转换经营机制条例》《国有资产评估管理办法》以及《企业国有资产监督管理暂行条例》中关于国有资产转让应当进行评估、批准等程序的规定，系对履行出资人职责的机构及相关人员行为的规范，是法律对国有资产管理者科以的义务，要求管理者审慎地履行自己的职责，上述规定均属规范内部程序的管理性规定，而非效力性强制性规定，不应影响国有企业与第三人签订合同的效力。

在最高人民法院裁判过程中，对《国有资产评估管理办法》第三条规定的性质认定，经历了一个从效力性规范到管理性规范的认识过程。

168

当事人明知所涉股权未经评估而签订国有股权转让协议的，若属于明显不合理的低价，可认定为恶意串通

关键词 | 国有股权转让 | 资产评估 | 低价转让 | 恶意串通 |

【最高人民法院裁判文书】

苏州工业园区广程通信技术有限公司与中国北方工业公司股权转让合同纠纷案[最高人民法院（2009）民二终字第15号民事判决书]

最高人民法院认为：国有资产转让不仅应当由国有资产监督管理部门审批，而且应当由国有资产评估资格的评估机构进行评估。当事人明知所涉股权未经过评估而签订国有股权转让协议的，可以认定当事人明知或应知其行为将造成国家的损失，而故意为之，说明当事人并非善意。如果签订转让协议后评估价格属于明显不合理的低价，且受让方明知价格明显低于市场价格仍与之交易，牟取不当利益的，即可认定为恶意串通。在上述情形下，应认定为该股权转让协议无效。

——最高人民法院民事审判第二庭编：《最高人民法院商事审判指导案例·公司卷》，中国法制出版社2011年版，第167～181页。

169

股份转让协议应当办理批准手续，但未能得到有权机关批准，应认定为不生效

关键词｜股份转让协议｜批准手续｜合同不生效｜

【最高人民法院裁判文书】

上海阳亨实业投资有限公司与江苏省盐业集团有限责任公司、李晗股权转让纠纷申请再审案[最高人民法院(2016)最高法民申474号民事裁定书]

最高人民法院认为：一、二审法院关于案涉阳亨公司与盐业集团之间签订的股权转让合同未生效的认定是否属于认定事实和适用法律错误。本案中，二审法院认定"审批程序构成案涉股权回购合同的约定生效要件"的主要依据是《股权转让专题会议纪要》中"4. 江苏盐业公司按规定履行股权受让相关程序"的表述。2013年6月23日，由南京诚行创富投资企业(有限合伙)(以下简称诚行企业)执行事务合伙人代表狄敏、阳亨公司法定代表人刘清、江苏盐业公司常务副总经理杨廷华共同签署的《股权转让专题会议纪要》记载："1. 江苏盐业公司同意受让诚行企业、阳亨公司持有的新世纪盐化公司股权；2. 受让价格按原承诺价格执行；3. 江苏盐业公司同意2015年12月31日内完成股权受让；4. 江苏盐业公司按规定履行股权受让相关程序……"由上述约定可见，盐业集团与阳亨公司就盐业集团购买阳亨公司持有的新世纪盐化公司股权的事宜达成了一致意见。但《合同法》第四十四条规定："依法成立的合同，自成立时生效。法律、行政法规规定应当办理批准、登记等手续生效的，依照其规定。"《企业国有资产法》第三十条规定："国家出资企业合并、分立、改制、上市，增加或者减少注册资本，发行债券，进行重大投资，为他人提供大额担保，转让重大财产，进行大额捐赠，分配利润，以及解散、申请破产等重大事项，应当遵守法律、行政法规以及企业章程的规定，不得损害出资人和债权人的权益。"《企业国有资产监督管理暂行条例》第二十三条规定："国有资产监督管理机构决定其所出资企业的国有股权转让。"对于重要子企业的重大事项，《公司法》第六十六条规定："国有独资公司不设股东会，由国有资产监督管理机构行使股东会职权。国有资产监督管理机构可以授权公司董事会行使股东会的部分职权，决定公司的重大事项。"依据上述法律、行政法规规定的文义和立法目的，国有资产重大交易，应经国有资产

管理部门批准,合同才生效。本案中,盐业集团系江苏省国资委独资的国有企业,其因对外重大投资而签订的案涉股权买卖合同需经国资管理部门审批后,合同才能生效。因此,案涉《股权转让专题会议纪要》中关于“4. 江苏盐业公司按规定履行股权受让相关程序”的表述应解读为“盐业集团按规定履行股权受让的内外部审批手续”。由于上述审批手续未能完成,依据《合同法解释(一)》第九条的规定,应认定案涉股权转让合同并未生效。二审法院关于该合同未生效的认定并无不当。

——中国裁判文书网,http://wenshu. court. gov. cn。

陈发树与云南红塔集团有限公司股权转让纠纷申请再审案[最高人民法院(2015)民申字第1号民事裁定书]

最高人民法院认为:一、陈发树与红塔有限公司于2009年9月10日签订《股份转让协议》,约定红塔有限公司将其持有的云南白药集团股份有限公司总股本的股份转让给陈发树,并约定红塔有限公司在转让协议生效并收到全部价款后,应当及时办理所有与本次目标股份转让有关的报批、信息披露等法律手续。陈发树按照约定支付总价款2207596050.22元,云南白药集团股份有限公司则于2009年9月11日刊登《关于云南红塔集团有限公司拟整体协议转让所持云南白药股权进展情况的公告》、2009年9月14日刊登《云南红塔集团有限公司简式权益变动报告书》和《陈发树简式权益变动报告书》,对本次股份转让交易进行信息披露。2009年9月11日,红塔有限公司向其上级机构红塔集团公司上报了《云南红塔集团有限公司关于将所持云南白药集团股份有限公司的股份整体协议转让给自然人陈发树的请示》,并附上了相应的附件。2009年9月11日,红塔集团公司向其上级机构云南中烟有限公司(以下简称云南中烟公司)上报了《红塔集团关于将云南红塔集团有限公司所持云南白药集团股份有限公司的股份整体协议转让给自然人陈发树的请示》,并附上了相应的附件。2009年12月2日,云南中烟公司向其上级机构中国烟草总公司(以下简称中烟总公司)上报了《云南中烟工业公司关于云南红塔集团有限公司协议转让所持云南白药集团股份有限公司股份的请示》,并附上了相应的附件。2011年4月27日,陈发树向红塔有限公司发出《办理股份过户登记催促函》,红塔有限公司2011年5月10日回函称其积极向上级主管机构进行了相关报批工作,现并未收到任何书面批复意见,本次股份转让事宜存在批复同意或被否决的可能性,若有任何变化或进展,将及时予以通知。2012年1月17日,中烟总公司作出《中国烟草总公司关于不同意云南红塔集团有限公司转让所持云南白药集团股份有限公司股份事项的批复》后，云南中烟公司和红塔集团公司分别于2012年1月18日和2012年1月19日作出了不同意本次股份转让的相关批复。2012年1月19日，红塔有限公司致函陈发树称，因上级主管单位批复不同意本次股份转让，本次股份转让的过户条件不成就；请你于接到通知之日，尽快提供收款账户的信息，我公司将按约定退还你所支付的全部履约保证金；《股份转让协议》按约定解除。

上述事实说明，红塔有限公司已经按照《股份转让协议》的约定，积极履行了报批、信息披露等法律手续，只是由于其上级主管机构中烟总公司不同意本次股权转让导致《股份转让协议》未生效。二审判决据此未予认定红塔有限公司构成缔约过失责任，有事实依据。

二、因《股份转让协议》未生效，二审判决参照《合同法》第五十八条关于“合同无效或者被撤销后，因该合同取得的财产，应当予以返还”的规定，判令红塔有限公司负有返还财产的义务。返还财产旨在使财产关系恢复到合同订立前的状态，其范围应包含本金及利息，二审判决判令红塔有限公司按照银行同期贷款利率计算利息返还陈发树并无不当，对陈发树要求更改利息为赔偿损失的主张，不予支持。

——中国裁判文书网，http://wenshu.court.gov.cn。

陈发树与云南红塔集团有限公司一般股权转让侵权纠纷案[最高人民法院(2013)民二终字第42号民事判决书]

最高人民法院认为：二、关于陈发树是否有权要求红塔有限公司继续履行《股份转让协议》并承担违约责任的问题。该问题的前提是《股份转让协议》是否有效、是否能够继续履行。对此，最高人民法院认为，本案所涉《股份转让协议》依法属于应当办理批准手续的合同，但未能得到有权机关批准，故应依法认定为不生效合同。

第一，本案所涉《股份转让协议》依法属于应当办理批准手续的合同。《企业国有资产监督管理暂行条例》第二十三条规定，国有资产监督管理机构决定其所出资企业的国有股权转让。对于重要子企业的重大事项，《企业国有资产监督管理暂行条例》第二十四条规定，所出资企业投资设立的重要子企业的重大事项，需由所出资企业报国有资产监督管理机构批准的，管理办法由国务院国有资产监督管理机构另行制定，报国务院批准。根据以上规定，国务院国有资产监督管理委员会与中国证券监督管理委员会经国务院同意，于2007年联合颁布了《国有股东转让所持上市公司股份管理暂行办法》（以下简称《上市股份办法》），对国有股东转让所持上市公司股份行为进行规范。《上市股份办法》规定，国有股东所持上市公司股份的协议转让至少需要经过两次上报：一是国有股东拟协议转让上市公司股份的，在内部决策后，应当及时按照规定程序逐级书面报告省级或省级以上国有资产监督管理机构；二是国有股东与拟受让方签订股份转让协议后，应及时履行信息披露等相关义务，同时应按规定程序报国务院国有资产监督管理机构审核批准。本案红塔有限公司是国有企业，拟转让的是所持云南白药集团的上市股份，转让的形式是与受让人协议转让，故双方当事人签订《股份转让协议》后，应按照《暂行办法》要求的程序办理相关手续。本案双方当事人对本案所涉股权的转让需要经过审批均是明知的。根据《股份转让协议》的约定，双方当事人在订立《股份转让协议》时知悉该协议需要经过审批，并通过《股份转让协议》第四条予以确认，同时双方还在第十二条、第二十六条对审批手续的办理以及不能得到审批的后果作了明确、清晰的约定。

第二，《股份转让协议》未得到有权机关批准。对于烟草行业产权转让的审批程序和权限，《财政部关于烟草行业国有资产管理若干问题的意见》（以下简称《财政部意见》）规定："中烟总公司所属烟草单位向非烟草单位的产权转让，主业评估价值在1亿元以上（含1亿元）、多种经营在2亿元以上（含2亿元）的，由各单位逐级上报中烟总公司（国家烟草专卖局），由中烟总公司（国家烟草专卖局）报财政部审批。"本案《股份转让协议》签订时，双方拟转让的股份价值20多亿元，根据《财政部意见》的精神，应由红塔有限公司逐级上报至中烟总公司，由中烟总公司报财政部批准。红塔有限公司在与陈发树签订《股份转让协议》后，即按程序将相关材料上报至红塔集团公司，红塔集团公司则按程序上报至云南中烟公司，云南中烟公司也按程序上报至中烟总公司，现中烟总公司收到上报材料后，明确作出不同意本次转让的批复。据此，《股份转让协议》已无法经由财政部批准。陈发树认为，中烟总公司批复不同意本案股份转让，而且不按规定将《股份转让协议》报送财政部审批，应属红塔有限公司内部决策程序中的行为，不属于有权审批，不应产生对本案股权转让不批准的法律效力，其行为应构成红塔有限公司对陈发树的违约。根据《财政部意见》的精神，本案所涉《股份转让协议》的有权审批主体虽是财政部，中烟总公司无权批准本次股权转让行为，但作为红塔有限公司的出资人，中烟总公司等根据国有资产监督管理相关规定，行使股东重大决策权和国有资产出资人权利，其作出的不同意本次股权转让的批复,终结了《股份转让协议》的报批程序。此外,中烟总公司等是红塔有限公司的出资人,属于独立的主体,且不是《股份转让协议》的当事人,将中烟总公司等的行为视为红塔有限公司违约亦缺乏法律依据。

第三,《股份转让协议》依法应认定不生效。关于审批对合同效力的影响,《合同法》第四十四条第二款规定:“法律、行政法规规定应当办理批准、登记等手续生效的,依照其规定。”《合同法解释(一)》第九条进一步明确:“依照合同法第四十四条第二款的规定,法律、行政法规规定合同应当办理批准手续,或者办理批准、登记等手续才生效,在一审法庭辩论终结前当事人仍未办理批准手续的,或者仍未办理批准、登记等手续的,人民法院应当认定该合同未生效。”本案所涉《股份转让协议》依法属于应当办理批准手续的合同,需经财政部批准才能生效,但因红塔有限公司上级主管部门中烟总公司不同意本次股权转让,报批程序已经结束,《股份转让协议》已确定无法得到有权机关批准,故应依法认定为不生效合同。值得注意的是,《合同法》第四十四条和《合同法解释(一)》第九条对合同生效的要求,是合同的法定生效条件,属于强制性规定,不允许当事人通过约定的方式予以变更,故尽管当事人对合同生效有相关约定,仍应依据以上法律规定来判断合同的效力。一审法院根据《股份转让协议》第三十条关于“本协议自签订之日起生效”之约定认定《股份转让协议》合法有效,属适用法律错误,应予纠正。既然《股份转让协议》不生效,其第二十六条关于协议解除的约定也不产生效力,红塔有限公司提出的《股份转让协议》应按第二十六条第(三)项之约定解除的主张亦不能成立。

因《股份转让协议》不生效,陈发树要求红塔有限公司继续履行《股份转让协议》并承担违约责任的主张缺乏合同依据,本院不予支持。《股份转让协议》不生效后,当事人应比照《合同法》第五十八条关于“合同无效或者被撤销后,因该合同取得的财产,应当予以返还”之规定,向对方承担返还取得财产的义务,故红塔有限公司应将已经收取的2207596050.22元款项返还给陈发树,并给付相应利息,其利息标准根据公平原则应按照银行同期贷款利率计算。

——中国裁判文书网,http://wenshu.court.gov.cn。

170

上市公司股权置换协议未办理审批手续，股权置换条款因不具备生效要件而未生效

关键词 | 股权置换 | 审批手续 |

【最高人民法院裁判文书】

中国华融资产管理公司贵阳办事处与贵州钢绳（集团）有限责任公司、贵州省冶金国有资产管理有限责任公司股权置换纠纷上诉案［最高人民法院（2007）民二终字第190号民事判决书］

裁判摘要：在仅系股权转让条款未经批准才生效的情形下，未经批准，股权转让条款未生效。法院应依据当事人请求继续办理报批手续的诉请，在可以继续办理报批手续的情形下，判令当事人办理报批手续以促使合同生效。

最高人民法院认为：（一）《股权置换协议》未经财政部审批，是否生效问题。《合同法》第四十四条规定："法律、行政法规规定应当办理批准、登记等手续才生效的，依照其规定。"因此，如果法律和行政法规规定合同须经批准才生效的，合同经批准后才生效。《财政部国有股权管理通知》规定，国有股变现筹资以及地方股东单位的国家股权、发起人国有法人股权发生转让等事宜需报财政部审核批准的规定。2001年6月6日颁布实施的国发〔2001〕22号《国务院关于减持国有股筹集社会保障资金管理暂行办法》第十五条规定，本办法实施后，上市公司国有股协议转让，包括非发起人国有股协议转让，由财政部审核。该办法属于行政法规，该行政法规明确规定从2001年6月6日后，上市公司国有股协议转让须经财政部审核。该行政法规颁布在《财政部国有股权管理通知》之后，将《财政部国有股权管理通知》关于需经财政部审批的规定以行政法规的形式进一步予以明确。2007年6月30日，国务院国有资产监督管理委员会与中国证券监督管理委员会联合发布的第19号令《国有股东转让所持上市公司股份管理暂行办法》第七条规定，国务院国有资产监督管理机构负责国有股东转让上市公司股份的审核工作。中央国有及国有控股企业、有关机构、部门、事业单位转让上市公司股份对国民经济关键行业、领域和国有经济布局与结构有重大影响的，由国务院国有资产监督管理机构报国务院批准。地方国有及国有控股、有关机构、部门、事业单位转让上市公司股份不再拥有上市公司控股权的，由省级国有

资产监督管理机构省级人民政府批准后报国务院国有资产监督管理机械审核。在条件成熟时，国务院国有资产监督管理机构应按照《国有资产条例》的要求，将地方国有及国有控股企业、有关机构、部门、事业单位转让上市公司股份逐步交由省级国有资产监督管理机构审核。该办法是在国家国有资产管理部门由财政部变更为国务院国有资产监督管理委员会（以下简称国资委）后明确国资委是国有上市公司股权转让的审批单位的规定。尽管该暂行办法同《财政部国有股权管理通知》并非行政法规，但其与作为行政法规《国务院减持国有股暂行办法》规定的原则是一致的，其法理也是相同的，即国有法人股属于国家财产，故国有企业不能自主转让国有股权，须经国家授权的具有管理职权的代理人财政部以及之后行使该项职能的国资委代表国家行使审批权。由于上市公司的国有股权的转让关系到国有资产的保值增值以及资本市场的稳定问题，故上述规定仍将该审批权集中在中央，而未下放到地方。本案中，股权转让协议约定转让的股权为上市公司贵绳股份的发起人股份。股权置换协调会议召开于2003年10月31日，当事人于2005年6月8日正式签订了《股权置换协议》，故本案应适用《国务院减持国有股权暂行办法》的规定，该协议中关于股权置换的条款应由财政部（国资委成立后，非金融类上市公司国有股权转让的审批机关为国资委，金融类上市公司的国有股权转让仍由财政部审批）审批后才生效。在本案一审法庭辩论终结前，当事人尚未办理股权置换的审批手续，故应认定该股权置换协议中的股权置换条款未生效。而对于《股权置换协议》中的其他条款，如股权置换协议的报批义务、履行程序、违约金条款等，由于系当事人各方的真实意思表示，且并无法律和行政法规规定其所约定的内容须经审批才能生效，故其并未违反法律、行政法规的禁止性规定，应认定有效，对当事人具有拘束力且具有可履行性。

二、在股权置换条款未生效的情形下，各方当事人的责任承担。在股权置换条款未生效，而依据合同的其他条款合同当事人应履行报批义务，且对方当事人请求继续履行办理生效要件促使合同生效，并存在继续办理生效要件可能性的情形下，法院应判令义务人承担继续办理有关生效手续的责任。本案中，贵绳集团抗辩称由于其已经股改，其股票已向社会公众公开出售，故本案股权置换协议无法履行。本院认为，《股权置换协议》第9.2条明确约定，贵绳集团承诺，在本协议约定的股权置换过渡期内，不得将其用于本协议项下的置出股权通过任何形式转让给第三方。贵绳股份的股票尽管成为流通股，但其卖与保方仍由其决定，并不影响本案股权转让协议的履行。即使其部分股权尚处于限售期，但在限售期届满后，其仍然可以转让股权。因此，本案存在着《股权置换协议》可继续报经审批机关审批的条件，存在着被批准的可能性。因此，贵绳集团与冶金公司应承担继续履行在合理期限内办理《股权置换协议》报批手续的责任。考虑到贵州省国资委对股权置换协议的实施方案作出的指示为力争在三个月内完成置换工作，而报批仅属于其中一个环节，故将该报批的合理期限限定为本判决生效后的两个月内较为适宜。由于贵绳集团未积极履行报批手续行为系违反《股权置换协议》关于其负有报批义务约定的行为，故贵绳集团应依约按比例对华融公司承担给付 628.3 万元违约金的责任。当然，能否依约被批准置换股权，主要取决于是否符合国务院国有资产管理委员会的审批条件，因此，华融公司关于应判令贵绳集团、冶金公司按照《股权置换协议》的约定进行股权置换的诉讼请求尚未具备相关主管部门批准的生效条件而不能得到支持。

——最高人民法院民事审判第二庭编：《商事审判指导》总第 19 辑，人民法院出版社 2010 年版，第 219～229 页。

编者说明

本案后颁布的最高人民法院《合同法解释（二）》第八条规定，依照法律、行政法规的规定经批准或者登记才能生效的合同成立后，有义务办理申请批准或者申请登记等手续的一方当事人未按照法律规定或者合同约定办理申请批准或者未申请登记的，属于《合同法》第四十二条第（三）项规定的"其他违背诚实信用原则的行为"，人民法院可以根据案件的具体情况和相对人的请求，判决相对人自己办理有关手续；对方当事人对由此产生的费用和给相对人造成的实际损失，应当承担损害赔偿责任。本案判决结果是由对方当事人办理报批手续，在《合同法解释（二）》施行后，应按《合同法解释（二）》第八条的规定作出裁判。

171

再审中对未经审批的国有股权转让协议，应当综合考虑原判决作出后的法律效果和社会效果，不宜轻易否定其效力

关键词｜再审｜国有股权转让｜

【最高人民法院裁判文书】

赤峰龙达石油液化气有限公司、圣雄投资集团有限公司与内蒙古自治区财政厅等单位股权转让侵权纠纷再审案[最高人民法院(2006)民一提字第8号民事判决书]

裁判要旨：公司法对股份有限公司股权转让规定了明确的法律要件，股权转让协议是否必须是书面形式并非法定要件。同一股权转让给不同的受让人，尽管各次转让行为都可能存在形式上的瑕疵，应当根据立法所设定的程序和条件进行比对，保护更加满足股权转让法定要件的转让行为。需要注意的是在具有一定封闭性的股份有限公司中，股权转让应当尽可能符合当事人的真实意思。股份有限公司中国有股权的转让，应最大限度满足国有资产管理立法的宗旨。未经审批的国有股权的转让，涉及国家利益和社会公共利益，鉴于很多现实条件，事后补办的资产评估、交易方式的模拟都无法对当时的交易条件作出令人满意的补正。对程度要求的放松，导致的将是国有资产的大量流失。因此，在一、二审程序中处理该类纠纷上应当严格要求，不宜将未经审批的股权转让行为认定为不生效。但从再审程序来考虑如何妥当解决该类纠纷，基于再审案件的特殊性考虑，再审审理该类纠纷，应当综合考虑原审判决作出之后的法律效果和社会效果，地方政府及国有资产管理部门的基本立场，不宜轻易否定转让行为的效力。

最高人民法院经审理认为：蒙申公司是由内蒙古自治区股份制试点领导小组，按照国家体改委《股份有限公司规范意见》的规定，于1992年11月9日批准成立的股份有限公司，公司设立时间是1993年3月18日，发起方式为定向募集，发起人认购公司股份比例以及发起人的人数、公司最低注册资本金等符合当时的法定条件，并经上海市工商行政管理局核准注册登记。1994年公司法颁布之后，国务院于1995年7月1日作出了国发〔1995〕17号《关于原有有限责任公司和股份有限公司依照〈公司法〉进行规范的通知》，通知规定：根据公司法的规定，原有有限责任公司和股份有限公司必须依照公司法进行规范。涉案股权转让行为的发生时间系在1994年公司法颁布之后，1998年蒙申公司重新制定的公司章程第十六条第五款规定，按公司法有关规定转让股份。故蒙申公司股东如果进行股权转让，应当遵照蒙申公司章程，按照公司法规定进行转让。对于股份有限公司的股权转让，《公司法(1993)》第一百四十三条规定，股东持有的股份可以依法转让。第一百四十四条规定，股东转让其股份，必须在依法设立的证券交易场所进行。第一百四十五条规定记名股票，由股东以背书方式或者法律、行政法规规定的其他方式转让。记名股票的转让，由公司将受让人的姓名或者名称及住所记载于股东名册。股东大会召开前三十日内或者公司决定分配股利的基准日前五日内，不得进行前款规定的股东名册的变更登记。

涉及本案纠纷的股权，发生过两次转让。第一次为圣雄公司、龙达公司与内蒙工行、内蒙财政厅和内蒙经贸委之间的股权转让；第二次为民族集团、鑫源公司与内蒙工行、内蒙财政厅和内蒙经贸委之间的股权转让，现将两次股权转让按照公司法对股份有限公司股权转让规定进行对比如下：内蒙工行于 1998 年、内蒙财政厅和内蒙经贸委于 1999 年向蒙申公司提出转让股份申请，当时内蒙工行、内蒙财政厅和内蒙经贸委没有找到受让对象，希望由蒙申公司代为寻找，蒙申公司通过召开董事会形式，告知有三家受让（包括圣雄公司和龙达公司）对象时，内蒙工行、内蒙财政厅和内蒙经贸委没有提出异议，随后收取了圣雄公司、龙达公司的购股款，并为圣雄公司、龙达公司出具了收据。蒙申公司随即将内蒙工行、内蒙财政厅和内蒙经贸委的转股事宜以蒙董发〔1999〕第 12 号、第 13 号公告形式，送达给蒙申公司各股东，内蒙工行、内蒙财政厅和内蒙经贸委均对公告进行了签收。虽然蒙董发〔1999〕第 13 号公告系复印件，内蒙财政厅和内蒙经贸委对其内容有异议，但无证据否认原审对其已签收公告事实的认定。因蒙申公司没有发行股票，属于记名股东，蒙申公司召开了由圣雄公司和龙达公司参加的第五次股东大会 1999 年第一次临时股东会，会议通报了公司股权转让情况，决定更改公司章程，变更工商登记。蒙申公司向上海市工商行政管理局提交了《关于准予办理〈上海蒙申股份有限公司章程〉工商备案登记的报告》，并将股东名册上进行了变更，圣雄公司、龙达公司以新股东的身份记载于股东名册。上述系列行为表明，第一次股权转让系各方当事人的真实意思表示，转让行为不违反法律规定，转让股权之前，各方均知晓拟转让的股权数量、转让价格、转让对象，受让方支付了购股款，出让方接受购股款，新股东已记载于股东名册。据此第一次转让完成了法律规定的股份有限公司股权转让的行为，应当认定转让行为有效。第二次股权转让发生在民族集团、鑫源公司与内蒙工行、内蒙财政厅和内蒙经贸委之间，根据历次审理查明的事实，第二次股权转让发生在圣雄公司、龙达公司向内蒙工行、内蒙财政厅和内蒙经贸委支付购股款之后，内蒙工行、内蒙财政厅和内蒙经贸委没有将已经收取圣雄公司、龙达公司购股款并已出具收据、签收了公告等事实告知民族集团、鑫源公司，虽然收取了民族集团、鑫源公司的购股款，但在签订股权转让合同时,内蒙财政厅存在着时间倒签、出现了两份时间不同、内容矛盾的合同;内蒙经贸委在与安峡公司(圣雄公司)签订了转让合同后,又与鑫源公司重新签订转让合同,内蒙工行、内蒙财政厅和内蒙经贸委的上述行为,不仅违反了诚实信用原则,侵害了圣雄公司、龙达公司利益,也没有在蒙申公司的股东名册进行变更登记,没有按法律规定的形式履行该次股份有限公司股权转让行为,故不能认定第二次转让行为有效。内蒙古高级人民法院再审判决认定第一次转让行为无效的理由是没有签订书面合同、蒙申公司为转受让双方同时代理、不是内蒙财政厅真实意思表示等,然而法律、法规及涉案公司章程均未对股份有限公司的股权转让协议的形式,以及公司代理进行转让股份作出禁止性规定。且第二次转让即使签订了书面合同、出具了委托书,但此时的内蒙工行、内蒙财政厅和内蒙经贸委已经丧失股东权利,其已不是蒙申公司的股东。因此,内蒙古高级人民法院再审判决认定第二次转让有效的结论缺乏事实和法律依据,应当予以纠正。

——江必新主编、最高人民法院审判监督庭编:《审判监督指导》总第31辑,人民法院出版社2010年版,第118~120页。

【链接:最高人民法院法官著述】

最高人民法院认为,股权转让协议是否必须是书面形式并非法定要件。国有股权转让的,应最大满足国有资产管理立法的宗旨。未经审批的国有股权的转让,涉及国家利益和社会公共利益,事后补办的资产评估、交易方式的模拟都无法对当时的交易条件作出令人满意的补正。为避免国有资产的大量流失,在一、二审程序中处理该类纠纷应当严格要求,不宜将未经审批的股权转让行为认定为不生效。但在再审程序中,基于再审案件的特殊性考虑,应当综合考虑原审判决作出之后的法律效果和社会效果,地方政府及国有资产管理部门的基本立场,不宜轻易否定转让行为的效力。

——丁俊峰:《未经审批的国有股权转让协议的效力认定——赤峰龙达石油液化气有限公司、圣雄投资集团有限公司与内蒙古自治区财政厅等单位股权转让侵权纠纷再审案》,载江必新主编、最高人民法院审判监督庭编:《审判监督指导》总第31辑,人民法院出版社2010年版,第122~126页。

编者说明

未依法取得审批的企业国有资产交易合同是否有效，最高人民法院对其的认定同样有一个发展变化的过程。

172

未在依法设立的产权交易机构中公开进行企业国有产权转让，该场外交易行为无效

关键词｜国有产权转让｜产权交易机构｜场外交易｜

【《最高人民法院公报》案例】

巴菲特投资有限公司与上海自来水投资建设有限公司股权转让纠纷上诉案（上海市第二中级人民法院民事判决书）

裁判摘要：根据《企业国有资产监督管理暂行条例》第十三条的规定，国务院国有资产监督管理机构可以制定企业国有资产监督管理的规章、制度。根据国务院国资委、财政部制定实施的《企业国有产权转让管理暂行办法》第四、五条的规定，企业国有产权转让应当在依法设立的产权交易机构中公开进行，企业国有产权转让可以采取拍卖、招投标、协议转让等方式进行。企业未按照上述规定在依法设立的产权交易机构中公开进行企业国有产权转让，而是进行场外交易的，其交易行为违反公开、公平、公正的交易原则，损害社会公共利益，应依法认定其交易行为无效。

上海市第二中级人民法院一审认为：第三人上海水务公司虽然取得自来水公司的授权，可以代理自来水公司转让讼争股权，但在实施转让行为时，应当按照国家法律和行政规章所规定的程序和方式进行。讼争股权的性质为国有法人股，其无疑是属于企业国有资产的范畴。对于企业国有资产的转让程序和方式，国务院、省级地方政府及国有资产监管机构均有相应的规定。根据国务院国资委、财政部制定实施的《企业国有产权转让管理暂行办法》第四、五条的规定，企业国有产权转让应当在依法设立的产权交易机构中公开进行，企业国有产权转让可以采取拍卖、招投标、协议转让等方式进行。根据上海市政府制定实施的《上海市产权交易市场管理办法》的规定，本市所辖国有产权的交易应当在产权

交易市场进行,根据产权交易标的的具体情况采取拍卖、招标或竞价方式确定受让人和受让价格。上述两个规范性文件虽然不是行政法规,但均系依据国务院的授权对《企业国有资产监督管理暂行条例》的实施所制定的细则办法。根据《企业国有资产监督管理暂行条例》第十三条的规定,国务院国有资产监督管理机构可以制定企业国有资产监督管理的规章、制度。而且,规定企业国有产权转让应当进场交易的目的,在于通过严格规范的程序保证交易的公开、公平、公正,最大限度地防止国有资产流失,避免国家利益、社会公共利益受损。因此,《企业国有产权转让管理暂行办法》《上海市产权交易市场管理办法》的上述规定,符合上位法的精神,不违背上位法的具体规定,应当在企业国有资产转让过程中贯彻实施。上海水务公司在接受自来水公司委托转让讼争股权时,未依照国家的上述规定处置,擅自委托第三人金槌拍卖公司拍卖,并在拍卖后与原告巴菲特公司订立股权转让协议,其行为不具合法性。上海水务公司认为讼争股权属于金融类企业的国有产权,该类国有产权的转让不适用《企业国有产权转让管理暂行办法》的规定,其观点显然与法相悖。自来水公司认为上海水务公司违法实施讼争股权的拍卖,并依拍卖结果与巴菲特公司订立的股权转让协议无效的观点成立。

综上,原告巴菲特公司要求被告自来水公司履行《光大银行法人股股权转让协议》,将 16985320 股光大银行国有法人股转让给原告的诉讼请求,不予支持。被告要求确认原告与第三人上海水务公司签订的《光大银行法人股股权转让协议》无效的反诉请求,予以支持。

——《最高人民法院公报》2010 年第 4 期

173

即使出让股权未在产权交易场所公开进行、未办理评估备案,但在没有充足证据证明国有资产监督管理机关否定的情形下,不宜直接认定出让行为无效

关键词 | 股权转让 | 产权交易所 | 评估备案 | 国有资产监督管理 |

【最高人民法院裁判文书】

北京安联置业发展有限公司与北京安恒达投资有限公司、国澳投资有限公司股权转让纠纷案[最高人民法院(2015)民二终字第399号民事判决书]

最高人民法院认为：安联公司与安恒达公司签订《交易框架安排协议》约定安联公司将涉诉世纪中珠公司49%股权转让给安恒达公司，因该49%股权系国有资产，所以协议各方应当依照国有资产转让的法律法规完善相关程序和手续。安联公司提供的其控股股东及上级主管企业安徽交控集团2011年8月12日《会议纪要》，虽然安恒达公司不认可其真实性，但因安恒达公司未提供证据予以推翻，故对上述《会议纪要》的真实性应予采纳。该《会议纪要》表明上级主管企业安徽交控集团对安联公司出让涉诉股权并无异议，安徽省国资委2014年6月16日作出的《监督检查意见书》也可在一定程度上表明涉诉49%股权转让未脱离国有资产监督管理机关的监管，所以，即使安联公司出让上述股权未在产权交易场所公开进行、未办理股权资产评估备案，但在没有充足证据证明国有资产监督管理机关否定股权转让的情形下，不宜直接认定安联公司出让涉诉股权的行为无效。

——中国裁判文书网，http://wenshu. court. gov. cn。

编者说明

《企业国有资产法》第五十四条第二款规定："除按照国家规定可以直接协议转让的以外，国有资产转让应当在依法设立的产权交易场所公开进行……"重申了企业国有产权转让要进专用交易的原则性规定。前引《最高人民法院公报》所刊载的巴菲特投资有限公司与上海自来水投资建设有限公司股权转让纠纷上诉案，是以国有股权转让未在产权交易场所公开进行为由判决确认合同无效的案件。而本条所引最高人民法院关于上诉人北京安联置业发展有限公司与被上诉人北京安恒达投资有限公司、国澳投资有限公司股权转让纠纷一案的判决书中则对此增加了限制适用的条件，即如果该交易行为得到国有监督管理机构审核同意的，则不宜认定合同无效。

（三）涉土地使用权股权转让协议

174

转让公司股权后仅发生公司股东的变更而不是公司持有的土地使用权主体的变更，股权转让协议有效

关键词｜股权转让｜股东变更｜土地使用权｜

【最高人民法院裁判文书】

马庆泉、马松坚与湖北瑞尚置业有限公司股权转让纠纷案[最高人民法院(2014)民二终字第264号民事判决书]

最高人民法院认为：（二）关于本案所涉股权转让协议及补充协议是否有效的问题。首先，根据《公司法》第七十一条的规定，有限责任公司的股东之间可以相互转让其全部或者部分股权。股东向股东以外的人转让股权，应当经其他股东过半数同意。乘风公司的股东马庆泉、马松坚同意将其持有的乘风公司的全部股权转让给瑞尚公司，双方签订了股权转让协议并已实际履行，且办理了公司股权变更登记手续。本案股权转让协议及补充协议的内容和形式并不违反法律法规的强制性规定。第二，瑞尚公司主张本案所涉合同系名为股权转让实为土地使用权转让，规避法律关于土地使用权转让的禁止性规定而无效。股权转让与土地使用权转让是完全不同的法律制度。股权是股东享有的，并由公司法或公司章程所确定的多项具体权利的综合体。股权转让后，股东对公司的权利义务全部同时移转于受让人，受让人因此成为公司股东，取得股权。依据《物权法》第一百三十五条之规定，建设土地使用权，是权利人依法对国家所有的土地享有占有、使用和收益的权利，以及利用该土地建造建筑物、构筑物及其附属设施的权利。股权与建设用地使用权是完全不同的权利，股权转让与建设用地使用权转让的法律依据不同，两者不可混淆。当公司股权发生转让时，该公司的资产收益、参与重大决策和选择管理者等权利由转让方转移到受让方，而作为公司资产的建设用地使用权仍登记在该公司名下，土地使用权的公司法人财产性质

未发生改变。乘风公司所拥有资产包括建设用地使用权(工业用途)、房屋所有权(厂房)、机械设备以及绿化林木等,股权转让后,乘风公司的资产收益、参与重大决策和选择管理者等权利,或者说公司的控制权已由马庆泉、马松坚变为瑞尚公司,但乘风公司包括建设用地使用权在内的各项有形或无形、动产或不动产等资产,并未发生权属改变。当然,公司在转让股权时,该公司的资产状况,包括建设用地使用权的价值,是决定股权转让价格的重要因素。但不等于说,公司在股权转让时只要有土地使用权,该公司股权转让的性质就变成了土地使用权转让,进而认为其行为是名为股权转让实为土地使用权转让而无效。股权转让的目标公司乘风公司为有限责任公司,依据我国《公司法》的规定,依法独立享有民事权利及承担民事责任,公司股东的变更不对公司的权利能力和行为能力构成影响,不论瑞尚公司购买乘风公司全部股权是为将乘风公司名下的工业用地土地使用权性质变性后进行房地产开发或是其他经营目的,均不因此而影响股权转让合同的效力。第三,瑞尚公司提出在工商登记机关备案的协议与双方当事人实际履行的协议内容不一致,规避了我国税法对于土地使用权转让交易的税收规定,规避缴纳营业税、土地增值税,是不合法的。瑞尚公司与马庆泉、马松坚对本案所涉的股权转让协议及两份补充协议的内容均无异议,且对应实际履行的协议内容无争议,故虽然出现备案的合同内容与实际履行的合同内容不一致,不影响案涉股权转让合同效力。由于转让股权和转让土地使用权是完全不同的行为,当股权发生转让时,目标公司并未发生国有土地使用权转让的应税行为,目标公司并不需要缴纳营业税和土地增值税。如双方在履行合同中有规避纳税的行为,应向税务部门反映,由相关部门进行查处。第四,马庆泉、马松坚是否存在虚构事实骗取瑞尚公司签订协议的问题。签订股权转让协议时,马庆泉、马松坚并未隐瞒目标公司的一、二期土地为工业用地的事实,瑞尚公司没有证据证明马庆泉、马松坚有虚构事实骗取瑞尚公司签订协议的行为,也不能举证证明马庆泉、马松坚非法转让、倒卖土地使用权的事实。据此,马庆泉、马松坚与瑞尚公司签订的《股权转让协议》《股权转让补充协议一》《股权转让补充协议二》不存在《合同法》第五十二条规定的法定无效情形。瑞尚公司主张确认股权转让协议及补充协议无效,判令马庆泉、马松坚返还转让款、支付代乘风公司归还的债务及赔偿经济损失的上诉请求,没有事实和法律依据,本院不予支持。

——中国裁判文书网,http://wenshu.court.gov.cn。

简阳三岔湖旅游快速通道投资有限公司、刘贵良与成都山鼎阳光房地产投资有限公司股权转让纠纷案[最高人民法院(2012)民二终字第22号民事判决书]

裁判要旨:一、根据《公司法(2005)》第七十二条的规定,有限责任公司股东可依法转让其享有的公司股权。当事人据此将其持有公司股权进行转让并不违背法律、行政法规等强制性规定。当事人之间转让公司的股权后仅发生公司股东的变更而不是公司持有的土地使用权主体的变更。

二、根据《合同法》第五十六条的规定,合同部分无效,不影响其他部分效力的,其他部分仍然有效。当事人以合同部分无效主张合同全部无效的,人民法院不予支持。

最高人民法院认为:关于双方所签订的《目标公司股权转让协议》性质及效力问题。山鼎公司上诉称,《目标公司股权转让协议》是以股权转让的形式而达到非法转让土地的目的,并以此主张协议,认为原审认定协议有效错误。本院认为,根据本院及一审法院查明的事实,在2009年11月至2010年2月间,四家目标公司(丰凯公司、雅代公司、通泽公司、兴利公司)先后取得了简阳市人民政府核发的简国用〔2009〕第06886号、简国用〔2009〕第06884号、简国用〔2009〕第06887号、简国用〔2010〕第00127号《国有土地使用权证》。经查,上述四份《国有土地使用权证》中"土地使用权人"一栏登记的分别是丰凯公司、雅代公司、通泽公司和兴利公司。而依据《目标公司股权转让协议》约定,三岔湖公司和刘贵良与山鼎公司之间转让的仅是三岔湖公司和刘贵良持有的四家目标公司的股权而非土地使用权,即使三岔湖公司、刘贵良转让的是其持有的四家目标公司的全部股权,协议履行后也仅发生四家目标公司股东的变更而不是土地使用权主体的变更。因此,双方所签订的《目标公司股权转让协议》属于股东转让股权的范畴,从法律形式看,其性质仍属于对四家目标公司股权的转让而不是对四家目标公司所取得的土地使用权的转让。因此,三岔湖公司、刘贵良根据《公司法(2005)》第七十二条"有限责任公司股东可依法转让其享有的公司股权"的规定,将其持有的四家目标公司的全部股权转让给山鼎公司并不违背法律、行政法规等强制性规定。所以,原审判决认定《目标公司股权转让协议》为股权转让协议而非土地转让协议并认定该协议为合法有效正确。

——最高人民法院民事审判第二庭编:《最高人民法院商事审判指导案例(2012)·公司与金融》,中国民主法制出版社2013年版,第40~61页。

175

转让房地产公司全部股权并不改变公司本身亦未变动土地使用权主体，不能认定为变相转让土地使用权并据此认定股权转让合同无效

关键词｜股权转让｜土地使用权转让｜

【最高人民法院裁判文书】

付学玲、沙沫迪等与周盈岐、营口恒岐房地产开发有限公司等股权转让纠纷案[最高人民法院(2016)最高法民终222号民事判决书]

最高人民法院认为:(一)关于《公司股权转让合同书》的效力问题。合同效力应当依据《合同法》第五十二条之规定予以判定。在上诉中,周盈岐、恒岐公司主张《公司股权转让合同书》第六条第一款、第二款、第四款第一项、第二项因违反法律法规的强制性规定而无效,其无须履行否则会给社会造成危害。但经审查上述条款,第六条第一款约定了合同生效后,恒岐公司所有董事及法定代表人即失去法律赋予的所有权利,意在表明沙建武受让全部股权后即实际控制恒岐公司;第二款约定了合同生效后,涉案土地交由沙建武开发使用;第四款第一项约定沙建武支付第一笔5000万元转让款后,恒岐公司应将涉案土地的所有资料原件交由沙建武保管,沙建武可开发使用,勘探、设计、施工、销售等相关人员可进入;第四款第二项进一步约定恒岐公司应当将工商、税务有关证件交给沙建武,印章由恒岐公司派人持有并配合使用。可见,上述条款约定的内容属股权转让中的具体措施及方法,并未违反法律法规所规定的效力性强制性规定,亦未损害国家、集体或其他第三人利益。此外,本院已经注意到,该《公司股权转让合同书》存在以股权转让为名收购公司土地的性质,且周盈岐因此合同的签订及履行而被另案刑事裁定[(2015)营刑二终字第00219号刑事裁定书]认定构成非法倒卖土地使用权罪,但对此本院认为,无论是否构成刑事犯罪,该合同效力亦不必然归于无效。本案中业已查明,沙建武欲通过控制恒岐公司的方式开发使用涉案土地,此行为属于商事交易中投资者对目标公司的投资行为,是基于股权转让而就相应的权利义务以及履行的方法进行的约定,既不改变目标公司本身亦未变动涉案土地使用权之主体,故不应纳入土地管理法律法规的审查范畴,而应依据《公司法》中有关股权转让的规定对该协议进行审查。本院认为,在无效力性强制性规范对上述条款中的合同义务予以禁止的前提下,上述有关条款

合法有效。另,在周盈岐签署的《公司股权转让合同书》中约定将周盈岐所持100%的股权予以转让,虽然该合同主体为恒岐公司与沙建武,但鉴于周盈岐在其一人持股的恒岐公司中担任法定代表人、且股东个人财产与公司法人财产陷入混同的特殊情形,即便有合同签订之主体存在法人与股东混用的问题,亦不影响该合同在周盈岐与沙建武之间依法产生效力。因此,周盈岐、恒岐公司提出部分条款无效的主张缺乏法律依据,本院不予支持。

——中国裁判文书网,http://wenshu.court.gov.cn。

八、周盈岐、营口恒岐房地产开发有限公司与付学玲、沙沫迪、王凤琴、营口经济技术开发区明虹房地产开发有限公司股权转让纠纷案[最高人民法院(2016)最高法民终222号民事判决书]

(三)典型意义

本案当事人跨越辽宁与北京两省市,集人民法院正确适用民事诉讼程序规则、树立刑民交叉案件处理正确理念、确认商事投资行为合法性等民事审判热点问题于一体,具有较强的指导意义。在程序上,本案是新民事诉讼法司法解释施行后,囊括多项新增条款于一案的典型案例。对于民事案件二审中,一审遗漏当事人诉讼请求而当事人并未就此提出上诉、上诉人在二审阶段请求撤回部分起诉、二审中反诉原告增加独立的诉讼请求、未上诉的当事人以抗辩形式提出独立的诉讼请求等诸多情形,本案进行了范本式地回应。在实体上,本案一方面对刑民交叉案件的区分处理标准进行了强调;另一方面,进一步明确在股权转让行为中,不应因涉及取得目标公司的土地使用权而即认定为无效。

——《最高人民法院第二巡回法庭关于公正审理跨省重大民商事和行政案件典型案例》(2016年10月31日),载最高人民法院网,http://www.court.gov.cn。

佳隆集团有限公司与香港宏业橡胶轮胎贸易有限公司、烟台中策橡胶有限公司股权转让纠纷案[最高人民法院(2014)民四终字第23号民事判决书]

最高人民法院认为:一、佳隆集团与宏业公司、中策公司于2010年9月30日签订的《协议书》之效力。

根据本案当事方于2010年9月30日签订的《协议书》内容,佳隆集团以股权转让款3000万元人民币分两次受让取得中策公司100%股权,并以6000万元人民币和4000平米(或者2000万元人民币)公建房为对价取得中策公司名下土地后续独立开发运作权等相关权益,上述安排的目的是佳隆集团通过受让股权并继而对控股公司持有的土地实现商业开发,并非直接转让土地使用权。该《协议书》体现了当事人之间股权转让的真实意思,相关交易模式系房地产开发中的常见模式,不违反法律的强制性规定,不存在"以合法形式掩盖非法目的"的情形。宏业公司上诉称《协议书》和2010年10月15日签订的《股权转让协议》及《补充协议》,是以股权转让形式掩盖土地使用权转让目的,应认定为无效合同的上诉理由缺乏事实依据,本院不予支持。

本案《协议书》及《股权转让协议》是当事方通过股权转让以实现土地开发的一种商业安排,应当作为一个整体判断其效力,当事人的权利义务亦应作为一个整体进行考察。佳隆集团的合同义务,主要包括直接支付宏业公司3000万元、代偿中策公司6000万元银行贷款、给付宏业公司4000平米公建房(或2000万元)。该合同义务履行后,佳隆集团再通过受让股权并通过开发控股公司的土地实现股权增值而获得利益,上述义务应当视为宏业公司取得股权转让回报的整体表现形式。尽管本案《协议书》签订后仅得到部分履行,即:佳隆集团支付了3000万元人民币股权转让款以及约定代偿的中策公司6000万元银行贷款,根据《协议书》签订的50%股权的转让合同得到了审批机关审查批准并办理了公司变更登记手续。但是,上述《协议书》中相关约定仅得到部分实际履行的事实推导不出佳隆集团已经支付款项可以单独区分为各自独立之交易的结论。一审判决将佳隆集团代偿6000万元人民币银行贷款与资产处置、土地使用权转让进行捆绑,并作为一个独立的部分判断其效力与违约责任缺乏事实依据。佳隆集团关于《协议书》中双方的权利、义务是不可分割的整体,其所支付的9000万元款项应一并依据《协议书》第五条第2项约定的标准计算违约赔偿金的上诉请求具有事实及法律依据,本院予以支持。

——中国裁判文书网,http://wenshu.court.gov.cn。

湖南金长润科技实业有限公司、湖南兴嘉置业发展有限公司与深圳泰邦地产有限公司等股权转让合同纠纷案[最高人民法院(2012)民二终字第23号民事判决书]

裁判要旨:本案争议双方两次股权转让后,虽然出让方将房地产公司的全部股权转让给了受让方,但原属该目标公司的建设用地使用权权属始终登记于目标公司名下,属于目标公司的资产,并未因股权转让而发生流转。因此,不能仅以转让了房地产公司的全部股权，而认定该股权转让行为实为建设用地使用权转让行为，并因此认定股权转让合同无效。

最高人民法院认为：关于本案股权转让合同条款的效力问题，就本案各方当事人诉争的兴荣公司的股权，兴嘉公司等通过与泰邦公司于2006年3月31日签订的《股权转让及合作协议》，以及通过和金长润公司共同与泰邦公司于2006年7月5日签订的《湖南兴荣投资有限公司股东股份转让协议》将兴荣公司30%的股权转让给泰邦公司；其后，2010年1月31日兴嘉公司、金长润公司又通过与泰邦公司签订的《股权内部转让合同书》及其《补充协议》，以及2010年2月1日签订的《湖南兴荣投资有限公司股东股份转让协议》将兴荣公司70%的股权转让给泰邦公司。上述两次股权转让后，虽然金长润公司和兴嘉公司将兴荣公司的全部股权转让给了泰邦公司，但原属兴荣公司的浅水湾项目建设用地使用权权属始终登记于兴荣公司名下，属于兴荣公司的资产，并未因股权转让而发生流转。因此，不能仅以泰邦公司受让了兴荣公司全部股权，而认定该两次股权转让行为实为建设用地使用权转让行为。《城市房地产管理法》第三十九条有关“以出让方式取得土地使用权的，转让房地产时，属于房屋建设工程的，应完成开发投资总额的百分之二十五以上”的规定，明确规范的是转让房地产的行为而非公司股权转让行为，本案合同约定标的物及实际转让的标的物并非房地产而均是公司股权，故金长润公司、兴嘉公司关于应依据上述规定确认本案股权转合同条款无效的主张，法律依据不足，本院不予支持。原审判决对本案合同效力认定正确，本院予以维持。因二公司所主张的合同条款无效的前提不成立，故其以合同条款无效为由提出的要求泰邦公司、合荣讯公司、海尔地产公司、丰盛集团公司向其返还股权或者折价赔偿损失的上诉请求亦不能成立，对其请求本院不予支持。因在前述两次股权转让中兴嘉公司均转让了其所持股份，故该公司有权一并请求人民法院确认两次转让行为的效力。该公司起诉时并未针对两次股权转让合同的全部当事人分别提起两个不同的合同效力确认之诉，故本案不涉及合并审理规则的适用，泰邦公司、兴荣公司关于两次股权转让合同不应合并审理的上诉理由，本院不予采信。金长润公司、兴嘉公司请求泰邦公司返还所受让兴荣公司100%的股权的诉讼请求，本院不予支持。

——最高人民法院民事审判第二庭编：《最高人民法院商事审判指导案例(2012)·公司与金融》，中国民主法制出版社2013年版，第62～104页。

编者说明

土地作为一种稀缺的不可再生资源，是支撑和推动一国经济发展最为重要的生产资料之一，同时也是满足人们日常生活的基础性生活资料，正是如此，我国建立了相对完善的房地产法律制度包括涉及的税收法律制度，但是对于股权流转所涉及的税收法律制度却不完备，故实践中出现了以股权转让方式实现土地转让目的的合同，对此类合同如何处理，也成为公司诉讼中的难点问题之一。

最高人民法院在石艳春、刘春华、刘瑛、刘冬英、刘文英、刘步书与新疆盈科投资集团有限公司、新疆盈科房地产开发有限公司股权转让纠纷案中所作的最高人民法院（2013）民二终字第40号民事判决书认为，虽然根据《股权转让协议》的表面内容，盈科集团公司与刘步书等人双方签订该协议的真实意思表示是转让工贸公司全部股权。但根据《股权转让协议》所反映的实质交易内容，盈科集团公司受让工贸公司全部股权后，同意将工贸公司名下的土地及办公楼以外的其他财产如生产设备等均无偿赠与工贸公司原股东；同意工贸公司原股东仍以工贸公司名义进行轧钢、炼钢等原有生产经营活动并继续持有工贸公司原公章使用；盈科集团公司不接收工贸公司任何职工，由工贸公司原股东负责工贸公司职工的解聘和安置事宜；在工贸公司原股东按期完成厂房搬迁、拆除工作并移交全部土地后的3个月内，盈科集团公司将持有的工贸公司100%股权无偿返还给工贸公司原股东；等等。以上协议内容表明，本案诉讼中，刘步书等人也承认其在签订相关股权转让协议时亦明知盈科集团公司的真实意图不是购买股权，而是受让工贸公司的土地进行房地产开发。据此，作为股权受让方的盈科集团公司在订立相关《股权转让协议》时，其真实意思表示并不是为实际经营工贸公司而持有公司股权；作为股权转让方的刘步书等人，其真实意思表示也并非将工贸公司股权和资产全部转让从而退出经营，且双方对该掩藏在股权转让形式下的真实意思表示在主观上均明知。由此可以认定，双方在签订本案所涉股权转让协议时所作意思表示构成虚伪表示。根据《民法通则》第五十五条的规定，本案所涉股权转让协议因缺乏真实意思表示而应认定为无效。① 因作为主合同的本案所涉股权转让协议无效，刘步书等人与盈科集团公司签订的《〈股权转让协议〉补充协议》《补充协议书（二）》亦属无效。② 最高人民法院法官著述中认为，法院审理这类案件，应当分析实质的法律关系，当事人通过股权转让合同规避房地产项目和土地使用权转让应当符合的法定条件，以合法形式掩盖非法目的。通过股权转让协议，股权受让人取得了房地产开发项目或者土地使用权，而股权转让人则在转卖房地产开发项目获利的同时逃避国家税收。转让人在股权转让合同中约定的股权转让价格并没有体现公司股权真正市场价值的价格，而是人为压低，从

---

① 《民法总则》第一百四十六条亦规定，行为人与相对人以虚假的意思表示实施的民事法律行为无效。——编者注

② 最高人民法院民事审判第二庭编：《最高人民法院商事审判指导案例（2014）》，中国民主法制出版社2015年版，第151～171页。

而规避溢价转让股权时应缴纳的税收。当事人在股权转让合同中约定低价，逃避税收，属于恶意串通，损害国家利益的行为，应当认定此种行为无效。法律应当制裁通过股权转让方式掩盖房地产项目和土地使用权的非法买卖行为，通过案件的正确审理，进一步规范城市房地产市场。①

但是同时期的最高人民法院裁判也有不同，如前引最高人民法院(2012)民二终字第23号民事判决书，其后，(2016)最高法民终222号民事判决书更是明确，转让房地产公司全部股权，并不改变目标公司本身亦未变动涉案土地使用权之主体，不能认定为变相转让土地使用权并据此认定股权转让合同无效。在最高人民法院关于申请人新疆盈科投资集团与被申请人刘步书等股权转让纠纷申请再审一案的民事判决书中[最高人民法院(2015)民再字第2号]，最高人民法院认为(2013)民二终字第40号民事判决"仅以盈科集团公司与工贸公司原股东均知道股权转让的目标不是由盈科集团进行实际经营为由，依照《民法通则》第五十五条的规定认定股权转让行为因缺乏真实意思表示而无效，与本案事实不符，适用法律不当"，并作出了改判。应当说，再审判决更符合法律规定的基本精神。

176

以股权转让方式取得土地使用权有别于土地使用权转让，标的公司所控制的土地使用权是否达到开发投资总额的25%，并非判断股权转让合同效力的依据

关键词｜股权转让｜土地使用权转让｜

【最高人民法院裁判文书】

朱岳海与海南万宁大花角海洋文化城有限公司、赵守仁股权纠纷案[最高人民法院(2011)民二终字第2号民事调解书]

调解要旨：1.《城市房地产管理法》第三十九条关于土地转让时投资应达到开发投资总额25%的规定，是对土地使用权转让合同标的物设定的于物权变动时的限制性条件，转让的土地未达到25%以上的投资，属合同标的物的瑕疵，并不直接影响土地使用权转让合同的效力。该条规定的性质，系管理性规范。

2. 当事人之间以股权转让的方式取得土地使用权有别于直接的土地使用权

① 金剑锋等：《公司诉讼理论与实务问题研究》，人民法院出版社2008年版，第378～379页。

转让，标的公司所控制的土地使用权是否达到开发投资总额的25%，并非判断股权转让合同效力的依据。

——最高人民法院民事审判第二庭编：《最高人民法院商事审判指导案例(2012)·公司与金融卷》，中国法制出版社2013年版，第199～209页。

177

以转让房地产项目公司股权形式实现土地使用权或项目转让的目的，并不违反法律及行政法规的效力性禁止性规定

关键词｜股权转让｜土地使用权转让｜效力性禁止性规定｜

【最高人民法院裁判文书】

蓝鸿泽、张涛与雷帮桦、彭金江、于香锦、吴增义及贵州省黔东南州新鸿基房地产开发有限公司股权转让纠纷案［最高人民法院(2015)民二终字第320号民事判决书］

最高人民法院认为：关于案涉《股权转让补充协议书》的法律效力及应否予以撤销的问题。第一，虽然案涉《股权转让协议一》《股权转让协议二》约定800万元股权转让价，目的在于办理股权变更工商登记手续并规避国家有关税收，根据《合同法》第五十二条第（二）项“损害国家、集体、第三人利益的合同为无效合同”之规定，原审判决认定为无效合同正确。但该两份协议中体现的当事人转让与受让新鸿基公司股权系当事人真实意思表示，属于客观事实，当事人将该意思表示延展到《股权转让补充协议书》中，订立《股权转让补充协议书》的直接目的就是股权转让。从《股权转让补充协议书》的内容看，系围绕转让新鸿基公司全部股权展开，包括股权转让价格与支付办法、受让方的股权比例分配、定金条款、公司项目资料、公章等财产的移交、新鸿基公司债权债务的处理、违约责任等等。原审判决认定该《股权转让补充协议书》系股权转让性质正确。至于案涉土地使用权转让问题，蓝鸿泽、张涛通过签订一系列案涉协议受让新鸿基公司股权，从而达到开发土地并获利的最终目的，因而在《股权转让补充协议书》第一条首先约定了“项目概况”，但这并不影响《股权转让补充协议书》系股权转让性质的结论。案涉土地原由案外人燕子岩公司享有土地使用权，至2010年4月14

日，四份土地使用权证已办理至新鸿基公司名下，并由新鸿基公司在该土地上开展"在水一方"项目建设。两年后的2012年11月，本案双方当事人才签订股权转让相关协议，因此，违法办理土地更名问题存在与否与蓝鸿泽、张涛签订案涉协议是否受欺诈并无直接因果关系；而土地更名中的问题因属于国家土地管理部门行政管理范畴，不能成为案涉《股权转让补充协议书》应予撤销的理由，且蓝鸿泽、张涛未提供案涉土地违法更名的相应证据，故蓝鸿泽、张涛以案涉土地违法更名为由主张案涉《股权转让补充协议书》应予撤销的上诉请求，缺乏事实依据，本院不予支持。

——中国裁判文书网，http://wenshu.court.gov.cn。

蓝鸿泽、张涛与雷帮桦、彭金江等股权转让纠纷案［最高人民法院（2015）民二终字第321号民事判决书］

本裁判理由与前引裁判文书基本一致（略）。

——中国裁判文书网，http://wenshu.court.gov.cn。

薛惠玶与陆阿生、江苏苏浙皖边界市场发展有限公司、江苏明恒房地产开发有限公司委托代理合同纠纷案［最高人民法院（2013）民一终字第138号民事判决书］

最高人民法院认为：二、关于陆阿生与边界公司签订的《股权转让协议》效力问题。

基于前述，陆阿生与边界公司签订《股权转让协议》转让本案争议股权的行为构成无权处分。《买卖合同解释》第三条第一款规定，当事人一方以出卖人在缔约时对标的物没有所有权或者处分权为由主张合同无效的，人民法院不予支持。根据上述规定，薛惠玶主张陆阿生与边界公司签订的《股权转让协议》无效，无法律依据，本院不予支持。此外，在薛惠玶未能提供充分证据证明陆阿生与边界公司存在恶意串通损害其利益的情况下，亦不能因此否认案涉《股权转让协议》的效力。

薛惠玶主张，案涉《股权转让协议》实质是以股权转让形式实质转移土地使用权的行为，系以合法形式掩盖非法目的，应认定为无效。本院认为，公司股权转让与作为公司资产的土地使用权转让为两个独立的法律关系，现行法律并无效力性强制性规定禁止以转让房地产项目公司股权形式实现土地使用权或房地产项目转让的目的。薛惠玶的该项主张无法律依据,本院不予支持。

——杜万华主编、最高人民法院民事审判第一庭编:《民事审判指导与参考》总第66辑,人民法院出版社2016年版,第199~212页。

178

当事人约定实质将新增土地价款作为股权转让的部分对价，并不违反法律、行政法规的禁止性规定，应认定有效

关键词｜股权转让合同｜新增土地价款｜股权转让对价｜

【最高人民法院裁判文书】

蓝鸿泽、张涛与雷帮桦、彭金江、于香锦、吴增义及贵州省黔东南州新鸿基房地产开发有限公司股权转让纠纷案[最高人民法院(2015)民二终字第320号民事判决书]

最高人民法院认为:关于如何确定当事人给付案涉股权转让款数额的问题。第一,付款条件成就与否。《股权转让补充协议书》约定公司股权折价6560万元,雷帮桦等四人办理完成大于5小于6的容积率方案批准后七日内,蓝鸿泽、张涛分三次支付。2013年7月5日的《补充协议》约定,新增容积率双方协商改为4.5,最低不少于3.5范围内。该约定系对前述《股权转让补充协议书》有关付款条件的变更。2013年1月16日双方办理了股权变更工商登记手续,案涉土地容积率亦已于2013年10月17日由当地政府批准变更为3.5。故至2013年10月18日,《股权转让补充协议书》约定的前两次付款条件已经成就。依照该协议约定,蓝鸿泽、张涛应支付的两次股权转让款共计4000万元,但蓝鸿泽、张涛仅支付了3011万元,尚欠989万元未支付。而在已给付的3011万元中,有2445万元于2013年10月24日前支付,566万元于2013年11月13日支付。因此原审判决以两次已给付款项的数额为基数分段计算利息,具有事实依据,并无不当。至于第三次付款条件,《股权转让补充协议书》约定"办理好建设施工许可证后十天内支付剩余2560万元"。对此,雷帮桦等四人在一审中提供了大量

的相关证据，双方当事人进行了质证，蓝鸿泽、张涛对相关证据的真实性予以认可。但是，原审判决并未针对雷帮桦等四人提供的上述相关证据展开调查，未分析造成建设施工许可证始终未办理的原因，亦未依据合同法就是否存在一方当事人阻却第三次付款条件成就作出认定，而是直接以建设施工许可证未办理为由认定第三次付款条件未成就，并作出相应判决。雷帮桦等四人二审中仅答辩第三次付款条件已经成就，未向本院提起上诉。故本院对原审判决有关第三次付款条件问题的判决予以维持，雷帮桦等四人可就第三次付款问题另行起诉，主张自己的权利。第二，新增土地价款问题。案涉《股权转让补充协议书》与《补充协议》内容表明，当事人应当给付的合同对价包括三部分，一是股权转让款6560万元；二是容积率提升后的费用分担，雷帮桦等四人最终仅承担增容费750万元及土地平基费100万元，共计850万元；三是新增土地价款，实际新增土地5亩，价值400万元。三部分款项各自独立，不存在包含与因果关系。《股权转让补充协议书》中明确约定“土地的价格为每亩80万元，新增土地待取得土地证后另行计算，仍按每亩80万元交易”，当事人如此约定，实质是将新增土地价款作为股权转让的部分对价。雷帮桦等四人作为新鸿基公司原全体股东，系《股权转让补充协议书》签订主体，其签订协议的行为当然代表了新鸿基公司的真实意思表示，该条款内容并不违反法律、行政法规的禁止性规定，应认定为合法有效，原审认定该条款无效，缺乏事实与法律依据，本院予以纠正。

——中国裁判文书网，http://wenshu.court.gov.cn。

（四）涉矿股权转让协议

179

矿业权主体未发生变动，当事人以股权转让合同内容违法主张合同无效的请求不能成立

关键词｜股权转让｜矿业权｜

【《最高人民法院公报》案例】

大宗集团有限公司、宗锡晋与淮北圣火矿业有限公司、淮北圣火房地产开发有限责任公司等股权转让纠纷案[最高人民法院(2015)民二终字第236号二审民事判决书]

裁判摘要:矿业权与股权是两种不同的民事权利,如果仅转让公司股权而不导致矿业权主体的变更,则不属于矿业权转让,转让合同无需地质矿产部门审批,在不违反法律、行政法规强制性规定的情况下,应认定合同合法有效。迟延履行生效合同约定义务的当事人以迟延履行期间国家政策变化为由主张情势变更的,不予支持。

最高人民法院认为:(二)关于一审判决认定股权转让协议有效、协议是否应继续履行的问题。

2013年3月24日,大宗公司、宗锡晋与圣火矿业公司签订的《股权转让协议》,系双方真实意思表示,且不违反法律、行政法规的禁止性规定,一审判决认定该协议合法有效并无不当。双方在协议中约定,大宗公司、宗锡晋将合法持有宿州宗圣公司和淮北宗圣公司各44%的股权全部转让给圣火矿业公司,圣火矿业公司支付转让款项。三处煤炭资源的探矿权许可证和采矿权许可证始终在两个目标公司名下,不存在变更、审批的问题。《股权转让协议》签订后,圣火矿业公司也实际控制了两个目标公司,实现了合同目的。因此,双方系股权转让的法律关系,圣火矿业公司主张本案系转让探矿权,因未经审批合同未生效,对该主张,本院不予支持。

鉴于大宗公司、宗锡晋的一审诉讼请求只是请求判令圣火矿业公司支付第一期股权转让款及违约金,并无请求进一步继续履行案涉协议的诉求,故尽管一审判决中有"由于股权转让协议合法有效,大宗公司、宗锡晋要求圣火矿业公司继续履行,支付已到期应给付的股权转让款1亿元及尚未支付的违约金1000万元的主张,本院予以支持"等相关表述,但仍然是基于大宗公司、宗锡晋请求支付第一笔股权转让款及违约金的诉求,而对于案涉《股权转让协议》是否应进一步继续履行,需要当事人以积极的行为进行主张。圣火矿业公司主张本案符合情势变更原则,协议不应再继续履行,但由于案涉第一笔股权转让款的支付不符合情势变更原则,圣火矿业公司针对第一笔股权转让款项支付的抗辩不能成立。至于案涉《股权转让协议》是否应进一步继续履行、是否应予解除的问题,由于大宗公司、宗锡晋在一审中并没有主张,圣火矿业公司亦未提出反诉,故该部分事项已经超出了本案二审的审理范围,本院不予审理。

——《最高人民法院公报》2016 年第 6 期

【最高人民法院裁判文书】

李克林与黄兴虎、杨万华等股权转让纠纷申请再审案[最高人民法院(2015)民申字第 2672 号民事裁定书]

最高人民法院认为:关于本案性质及合同效力。对于李克林与杨万华、黄兴虎于 2011 年 11 月 19 日签订的《股权转让协议》的性质,黄兴虎认为三方签订《股权转让协议》的目的是进行采矿权交易买卖,故本案纠纷应认定为股权及采矿权转让合同纠纷,由于协议三方均不具备转让受让采矿权的民事主体资格,且未经行政机关审批,故涉案转让协议应认定无效。根据本案股权转让协议的约定内容,当事人之间表面上似乎转让了两项内容,一是李克林在目标公司即寻甸金林钛矿有限公司的 100% 股权,二是目标公司所属的钛矿采矿权。然而,采矿权主体在目标公司股份转让前后并没有发生任何变更,始终属于目标公司。我国矿产资源法确实规定了采矿权转让须经依法批准,但本案并不存在寻甸金林钛矿有限公司转让其依法取得的采矿权的事实,杨万华、黄兴虎并没有通过《股权转让协议》从寻甸金林钛矿有限公司处受让采矿权,杨万华、黄兴虎作为股权受让方是通过股东身份而参与目标公司的经营管理,并通过目标公司享有的采矿权而获得其相应的投资利益。因此,虽然转让协议中约定了转让采矿权的内容,但事实上采矿权并未在当事人之间进行转让,涉案转让协议的实质仍为股权转让而非采矿权转让,故原审判决认定转让协议合法有效并无不当,黄兴虎关于本案转让协议应认定无效的主张缺乏事实和法律依据,本院不予支持。

——中国裁判文书网,http://wenshu.court.gov.cn。

申峻山、曹志杰与林锡聪、周泽辉、林柏清、周成金、张寿薪、李国光、项学元、王建新、卢福星、项洪元、陈朱华股权转让纠纷案[最高人民法院(2011)民二终字第 106 号民事判决书]

裁判要旨:股权及资产转让协议的履行并不当然发生矿业权的转让。在矿业权主体未发生变动情形下,当事人以股权转让合同内容违法因而主张该合同无效的诉讼请求不能成立。

最高人民法院认为:经开庭审理,本案当事人各方矛盾焦点围绕是否通过股权转让协议从而转让矿业权，也即是否存在规避法律和行政法规关于采矿权转让必须经过主管部门批准的目的展开。因此，本案能否以当事人以合法形式掩盖非法目的订立合同为由确认合同无效成为关键。根据《矿产资源法》第六条规定，已取得采矿权的矿山企业，因企业合并、分立、与他人合资、合作经营，或者因企业资产出售以及有其他变更企业资产产权的情形而需要变更采矿权主体的，经依法批准可以将采矿权转让他人采矿。禁止将探矿权、采矿权倒卖牟利。《探矿权采矿权转让管理办法》第六条亦明确规定，转让采矿权的矿山企业应当在收入采矿生产满一年后方可进行转让。因此，国家法律和行政法规对矿山企业探矿权及采矿权的转让有严格的条件限制，即应当取得采矿权并生产满一年以上，经过主管部门的批准，转让的主体是享有该矿业权的矿山企业，因企业合并、分立等形式变更企业资产产权的情形而需要变更采矿权主体的等。但根据本院及一审法院查明的事实，虽然 2010 年 6 月 18 日，金鹰公司召开股东会并形成股东会决议，决定全体股东将其全部股权一次性对外转让，股权转让协议签订后金鹰公司的“矿业权审批备案”事宜及“资源费”由受让股权方承担，同时，2010 年 8 月 1 日金鹰公司全体股东出具《授权委托书》，授权股东周泽辉、周成金全权负责办理金鹰公司股权转让事宜，授权期限为 2010 年 6 月 30 日至 2010 年 12 月 31 日，但案涉采矿权系 2010 年 9 月 9 日，金鹰公司通过与青海省国土资源厅签订《采矿权出让合同》，从而取得青海省格尔木市那陵郭勒河东铁矿为期 12 年的矿业权。因此本案矿业权的主体是金鹰公司而非全体股东，只有金鹰公司才有权在符合法律规定的条件下，依法转让矿业权。2010 年 12 月 29 日，周泽辉、周成全代理金鹰公司全体股东与申峻山、曹志杰签订《股权及资产转让协议书》，虽然约定转让股东股权及其资产，其中明确列明“资产包括证号为：C6300002010092110074690 青海省格尔木市那陵郭勒河东铁矿矿业权”，但即便全体股东转让所有股权也不能得出转让公司享有的矿业权的结论。因此本案《股权及资产转让协议书》所涉资产，仍属股东股权范畴，并不涉及金鹰公司的矿业权的转让。即本案股权及资产转让协议的履行不当然发生金鹰公司矿业权转让的效力。本案矿业权主体未发生变动，仍为金鹰公司。林锡聪等十一人上诉主张案涉《股权及资产转让协议书》构成以合法形式掩盖非法目的，但未提供充分证据佐证，故仅此不能否认《股权及资产转让协议书》的有效性。在案事实表明，金鹰公司全体股东货币出资额为 1012 万元，《股权及资产转让协议书》约定的转让价款 2355 万元即为金鹰公司所有股东转让的股权价值。案涉《股权及资产转让协议书》性质上仍属于对金鹰公司股权的转让，其并不违背法律、行政法规定的强制性规定。

——最高人民法院民事审判第二庭编:《最高人民法院商事审判指导案例(7)·公司与金融卷》,中国法制出版社 2013 年版,第 189 ~ 198 页。

编者说明

实践中,有的公司股权涉及采矿权的变更或者转让问题,而后者对股权协议的效力是否存在影响,是审理此类合同纠纷的重点问题,本专题收集了最高人民法院的相关裁判文书和案例,可以看出最高人民法院的相关审理思路。

180

矿山企业股权转让涉及变动的是股权而非采矿权等资产,不适用《矿产资源法》

关键词 | 股权转让 | 矿业权转让 |

【最高人民法院裁判文书】

青海汇吉实业集团有限责任公司、周卫军与杜红亚、李占云、高冠生及徐良庆、袁建明、周健股权转让纠纷案[最高人民法院(2012)民二终字第 86 号民事判决书]

裁判要旨:当事人之间签订《公司收购协议书》《补充协议》,约定矿山企业的全体股东将股权全部转让并过户给受让方安排接受股权的人,并约定了收购对价、办理股权过户及公司资产移交等相关内容,该两份合同不违反国家法律法规规定,不损害他人合法权益,应认定合法有效。当事人主张按照《矿产资源法》《探矿权采矿权转让管理办法》等规定,《公司收购协议书》及《补充协议》应未生效,因本案法律关系涉及变动的是股权,并非采矿权等资产,上述法律对矿山企业股权变动并没有限制性规定,其主张适用上述法律的观点应不予支持。

最高人民法院认为:2009 年 3 月 16 日,汇吉公司与冷湖钾肥公司签订《公司收购协议书》,安排由汇吉公司整体收购冷湖钾肥公司,合同约定了汇吉公司保障支付价款及冷湖钾肥公司保障办理股权过户及移交冷湖钾肥公司所有的全部资产、采矿权许可证、法人所属的其他文件等。同年 5 月 15 日,双方又签订

《补充协议》,具体约定了支付款项的时间、办理股权过户手续及移交公司的相关事宜。在上述合同的履行中,冷湖钾肥公司的股东杜红亚三人将股权过户给汇吉公司安排的徐良庆、周卫军、袁建明、周健四人;冷湖钾肥公司的公章、财务手续及其他公司文件等被移交给汇吉公司安排的人员接管;冷湖钾肥公司的《采矿权许可证》办理了续期手续,《采矿权许可证》仍办理在冷湖钾肥公司名下,冷湖钾肥公司法人资格未发生变动,其资产所有权未发生变动。鉴于上述事实,应认定涉案法律关系引起了冷湖钾肥公司的股东变更,实际发生了股权转让,冷湖钾肥公司仍保留其独立法人资格和财产权利。汇吉公司、周卫军上诉称本案涉及买卖实物资产,存在 8 个不同的法律关系,一审判决把冷湖钾肥公司的实物财产、采矿权当成了 3 名自然人股东的个人财产等观点不成立,本院不予支持。汇吉公司及周卫军上诉时提交青海省冷湖行政委员会国土资源和环境保护局(冷行国土环〔2010〕14 号)文件、青海省海西州国土资源局(西国土资源矿〔2010〕155 号)文件,拟依此文件证明本案涉及采矿权的转让。因该文件日期为 2010 年 4 月和 5 月,而根据本案查明的事实,杜红亚三人在 2009 年 7 月已经将公司的公章等管理权限移交给汇吉公司,汇吉公司及周卫军不能证明其管理公司期间的公司行为与杜红亚三人有关,且涉案合同未约定《采矿权许可证》权利主体需要变动,目前《采矿权许可证》仍然在冷湖钾肥公司名下,汇吉公司和周卫军提交的上述证据材料与本案事实缺乏关联性,不能作为证据使用,其主张本院不予支持。

汇吉公司与冷湖钾肥公司于 2009 年 3 月 16 日、5 月 15 日签订《公司收购协议书》《补充协议》,约定冷湖钾肥公司的全体股东杜红亚三人将股权过户给由汇吉公司安排接收股权的人,并约定了收购对价、办理股权过户及公司资产移交等相关内容,该两份合同不违反国家法律法规规定,不损害他人合法权益,应认定合法有效。汇吉公司、周卫军上诉主张按照《矿产资源法》《探矿权采矿权转让管理办法》等规定,《公司收购协议书》及《补充协议》应为未生效。因本案法律关系涉及变动的是股权,并非采矿权等资产,上述法律对企业股权变动并没有限制性规定,汇吉公司、周卫军上诉主张适用上述法律的观点不成立,本院不予支持。

——最高人民法院民事审判第二庭编:《商事审判指导》总第 31 辑,人民法院出版社 2013 年版,第 238 ~ 243 页。

【链接：最高人民法院法官著述】

二、矿山法人企业股权转让合同的效力认定

第一，此类合同中，股权转让是现实的、真实发生的，与“以合法形式掩盖非法目的”中合同形式是虚拟的不同。传统民法将此种规避行为界定为脱法行为，并不等同于应给予否定性评价的违法行为，应予尊重。尤其是，在探求当事人是否具备“非法目的”的过程中，因客观标准难以建立，有以法官“自由裁量”取代当事人意思自治的危险。第二，任何股权变动都会伴随资产控制效应的变化，不能因股权转让对特定资产的控制权变化而认定股权转让的效力。尤其是企业控制权的变更和转移，除可以通过股权结构调整实现以外，设定实际控制人、关联企业以及其他安排均可以实现，相当复杂，单纯依据股权转让比例规范转让合同效力，难度很大。第三，从司法权和行政权的界限角度来说，矿业权转让中的税费征收，和矿业权权利行使过程中的实际勘查、开采行为，属行政机关的事后监管对象，不应因此影响司法权对二级交易市场中合同效力的法律评价。第四，从诚实信用原则来看，司法实践中当事人主张矿山法人企业股权转让无效的诉讼动机，多数是基于政策环境或者市场行情发生变化，希望通过诉讼来转移风险，如果认定股权转让无效实际就是纵容了此种有悖诚信的行为。就实际做法来说，各地法院，尤其是最高人民法院近年来的民商事审判中，对矿山法人企业的股权转让合同多数按照有效来认定。

唯应注意，对矿山法人企业股权转让合同的司法审查，除应根据当事人缔约过程中明确表达的主观意图、转让股权的比例、矿业权在目标公司占有的资产份额等因素综合判断外，还应就矿山法人企业的股权变化是否违反国家产业政策，是否违反关于特定矿种勘查、开采主体资格限制，是否违反关于外商投资的禁止性规定等进行审慎检视，保证国家能源战略安全。

——刘牧晗：《矿山法人企业股权转让合同的性质和效力认定》，载《人民法院报》2016 年 12 月 7 日。

编者说明

前述相关裁判明确了关于股权转让与矿业权转让的区分，从而厘清了相关合同纠纷法律适用与效力认定问题。

181

转让协议虽包括矿产合作，但未涉及探矿权人变更，属基于股权转让所产生的附随权利义务，协议实质仍属股权转让

关键词｜股权转让｜探矿权转让｜附随权利义务｜

【最高人民法院裁判文书】

西藏国能矿业发展有限公司与薛梦懿、薛梦蛟等股权转让纠纷案［最高人民法院（2014）民二终字第205号民事判决书］

最高人民法院认为：一、关于案涉合作协议及转让合同的性质和效力问题。

案涉合作协议的性质应认定为探矿权转让还是股权转让，主要应取决于探矿权人更名与否的事实以及合作协议约定的内容是否涉及探矿权转让等因素。根据本案查明事实，案涉探矿权系登记在一审被告龙辉公司名下，协议内容中，双方当事人仅约定由薛梦懿、薛梦蛟将其持有龙辉公司的股份转让给国能公司以及与该股权转让相关的事宜，并未涉及探矿权人更名的内容；再者，作为协议转让方的薛梦懿、薛梦蛟，该二人并非案涉探矿权持有人，其无权在协议中处置龙辉公司所持有的探矿权；而作为探矿权人龙辉公司，其并非案涉合作协议的当事人，亦不可能在该协议中进行探矿权转让。协议中虽包括矿产合作的相关内容，但均属基于股权转让所产生的附随权利义务，探矿权人仍系龙辉公司，该协议的实质仍然属于股权转让。因此，本案国能公司与薛梦懿、薛梦蛟所签订的合作协议应认定为股权转让协议，而非探矿权转让协议。关于协议效力，《合同法》第四十四条规定："依法成立的合同，自成立时生效。法律、行政法规规定应当办理批准、登记等手续生效的，依照其规定。"由于本案合作协议属股权转让性质，并不属于法律、行政法规规定应当办理批准、登记等手续生效的情形，协议成立时即生效。协议中双方当事人在第十四条14.1款约定："本协议经各方签署后协议成立，并经各方有权机构批准后生效。"由于协议各方当事人并不存在其他有权机构，当事人自身对协议成立均无异议，即视为批准。因此，根据上述法律规定及当事人约定，本案合作协议依法成立并生效。当事人虽在协议第一条"定义"部分载明："除本协议另有解释外，本协议中出现的下列术语含义如下：……股权转让生效日指经龙辉矿业向工商行政管理局办理完股权转让变更登记之日"，但该约定系当事人对协议术语"股权转让生效日"作相应的解释和

备注,约定的内容仅针对协议中出现该术语的相应条款所特指的情形,而并非对合作协议生效条件的约定。一审判决将该约定内容认定为协议生效条件,并认为与当事人约定的其他协议生效条款相矛盾不当,但该认定不影响最终协议效力的认定结果。此外,"西藏政府矿产管理意见"不属于法律法规范畴,不是认定合同效力的依据,案涉合作协议的效力认定不受其约束。

同理,转让合同的性质亦属股权转让合同而非探矿权转让合同。关于转让合同的效力,根据《公司法解释(三)(2010)》第二十八条第一款及《物权法》第一百零六条规定,公司股权转让后未办理变更登记,出让人再次处分该股权,受让人请求认定处分行为无效的,人民法院可以参照《物权法》第一百零六条关于无权处分及善意取得的规定处理。即除非二次受让人符合善意取得的条件,否则股权原受让人有权追回被处分的股权。本案中,国能公司根据合作协议取得龙辉公司股权后未办理工商变更登记,股权出让方薛梦懿、薛梦蛟在此情况下又与王如生、薛云琦签订了转让合同,将案涉股权再次转让给王、薛二人。按照上述法律及司法解释规定,薛梦懿、薛梦蛟将股权再次转让的行为属无权处分行为。由于王如生、薛云琦系在明知该股权已经转让给国能公司的情况下与薛梦懿、薛梦蛟完成的股权转让,且系采用欺骗手段获取龙辉公司相关登记资料后办理的股权变更登记,其行为明显不具有善意;此外,王如生、薛云琦受让该股权的价款仅为500万元,不足注册资本5020万元的十分之一,与国能公司转让价款4583万元相比也相差巨大,该转让价款应属不合理对价。综合以上事实,王如生、薛云琦受让股权的行为不构成法律规定"善意取得"的条件,薛梦懿、薛梦蛟向其转让股权的行为属无权处分行为,基于该无权处分行为所签订的转让合同应为无效合同。

——中国裁判文书网,http://wenshu.court.gov.cn。

编者说明

最高人民法院法官认为,股权与矿业权是不同的民事权利,其性质、内容及适用的法律应有所区别。矿山企业的股权属社员权,由股东享有,受公司法调整。矿山企业的股权转让导致股东变化,不当然导致矿业权主体变更,不构成以合法的矿山企业股权转让之形式,逃避行政监管,实现实质上非法的矿业权转让的目的,不宜认定为变相的矿业权转让,径行判令无效。若股权转让合同中同时约定了矿业权转让、矿业权人变更等实质性内容,则应根据矿业权转让的法律法规认定该部分内容的效力。

182

矿业企业股权转让合同包含探矿权转让内容，涉及探矿权转让的约定因未履行相关行政审批手续而未生效，其他内容仍有效

关键词 | 股权转让 | 探矿权转让 | 审批手续 |

【最高人民法院裁判文书】

陕西南海矿业建设工程有限责任公司与北京金澜投资管理有限公司其他合同纠纷案[最高人民法院(2014)民二终字第48号民事判决书]

最高人民法院认为：

一、《股权转让协议书》建立的民事法律关系性质

《股权转让协议书》内容表明，本案当事人对其间合作开发尚合煤矿建立的法律关系进行了概括性的约定。在协议书的第一自然段描述了南海公司取得探矿权的状况并约定南海公司将探矿权70%的股权转让给金澜公司；第一部分约定了煤矿总股份及股权转让，确定尚合煤矿所有股份由南海公司所有，70%转让给金澜公司；第二部分约定煤矿总价及支付办法；第三部分约定双方权利和义务，涉及煤矿永久收益权、对该项目的投资及风险分担等；第四部分关于其他约定，涉及在矿井建设期间及煤矿投产后双方当事人对经营管理权力的安排等。从文字表述上看，《股份转让协议书》中约定的转让标的可以有探矿权和尚合煤矿的企业股权两种解读。《股权转让协议书》第一段文字表述有南海公司将该探矿权的70%股权向金澜公司永久性扩股转让的约定，该约定表明是对探矿权的转让，但其对探矿权权益份额的划分使用了企业股份的概念；而在《股权转让协议书》第一部分和第二部分约定转让的标的为尚合煤矿70%的股份。探矿权和尚合煤矿股权是两个不同的法律概念，探矿权是一种物权，直接对探矿权享有占有、使用、收益、处分等权利；而尚合煤矿股权显然是指对企业实体享有的股东权利，通过对企业享有权利，间接享有企业所有的探矿权。两种权益安排均为通往双方当事人共同合作开发建设涉案煤矿项目的路径。根据本案查明的事实，在《股权转让协议书》签订时南海公司已经取得了探矿权，可以依法向金澜公司转让探矿权，也可以依法将其股权直接转让给金澜公司，南海公司具备向金澜公司出让探矿权或者股权的客观条件。显然，基于南海公司取得探矿权的事实及该探矿权可能带来的经济效益，各方当事人均有合理预期，在《股权转让协议书》

中虽然没有明确选择采取哪一种方式固定各方当事人在该项目上享有的民事权利,即采取对探矿权享有权利还是采取对企业享有股权的方式等对涉案项目享有权利,但双方当事人对投资比例、收益、风险及合作期间对涉案项目经营管理权力的分配等均有明确的约定。结合《股权转让协议书》签订前后发生的案件事实,应当认定该协议既有转让探矿权或者股权的权益安排,也有合作开发涉案煤矿项目的安排,原审判决认定案涉《股份转让协议书》系合作转让合同并无不妥。

二、《股份转让协议书》是否生效

南海公司主张《股份转让协议书》涉及探矿权转让,因未经国家相关行政管理机关审批而未生效。根据《矿产资源法》第六条之规定,探矿权人在完成规定的最低勘查投入后,经依法批准,可以将探矿权转让他人。根据该规定,履行报批手续是转让探矿权的必经法律程序。根据《合同法》第四十四条关于"依法成立的合同,自成立时生效。法律、行政法规规定应当办理批准、登记等手续生效的,依照其规定"的规定,涉案协议关于探矿权转让法律关系,属于依法需要办理批准手续才生效。根据本案现有证据查明的案件事实,并未发生向国家相关主管部门提交关于探矿权转让报批手续的情形,应认定《股权转让协议书》中涉及探矿权转让法律关系的约定成立但未生效。《股权转让协议书》除约定转让探矿权内容外,还有关于股权转让的约定及合作开发建设涉案项目的其他内容,且按照双方当事人合作的投资比例,金澜公司已经向金澜公司支付了两亿多元款项,《股权转让协议书》已经开始履行,应认定《股权转让协议书》中涉及探矿权转让外的其他内容依法成立并生效。原审法院判决全部合同未生效,属于适用法律不当,本院予以纠正。

……

综上,《股权转让协议书》系双方当事人为合作开发建设尚合煤矿而签订的书面协议,从该协议约定的内容看,既涉及转让探矿权及股权的内容,也涉及双方当事人对开发建设项目的具体投资比例、收益、风险及管理权益等合作内容。南海公司主张该协议为探矿权转让合同及金澜公司主张该协议为股权转让合同的观点,均为片面认识,与合同约定的全部内容不符,本院均不予采纳。《股权转让协议书》既有转让权益安排,也有共同合作开发建设煤矿的安排,并非单一的探矿权转让或者股权转让,原审判决认定合同性质为合作转让合同并无不妥,本院予以维持,但原审判决认定合同未生效不够准确,除涉及探矿权转让的内容未生效外,其他内容发生法律效力,本院对此予以纠正。

——中国裁判文书网,http://wenshu.court.gov.cn。

183

矿山企业股权收购合同虽然约定探矿权转让内容，但并未发生探矿权流转，一方主张合同无效的，不予支持

关键词 | 股权转让 | 探矿权转让 |

【最高人民法院裁判文书】

西安东为实业(集团)有限公司与王小龙、熊道军、李国辉、李长友其他合同纠纷案[最高人民法院(2014)民二终字第78号民事判决书]

最高人民法院认为:《公司收购协议》为东为公司委托熠锦公司及王耕银与宜盛公司签订的合同,该协议不违反法律法规规定,应当认定合法有效。在《公司收购协议》中,当事人约定了由东为公司收购宜盛公司全部股权及其所有的探矿权,应认定该协议约定了转让股权和探矿权的内容。其中,关于转让股权,因宜盛公司为目标公司而非公司股东,其承诺的股权转让须经宜盛公司股东认可。该协议签订后,宜盛公司股东与东为公司指定的股权受让人签订了《股权转让协议书》并办理了股权过户手续,东为公司为此支付了股权转让款共计3450万元,实际履行了《公司收购协议》中约定的股权转让。关于转让探矿权,《公司收购协议》虽然约定了转让探矿权及该矿区面积及金品位等,但根据本案查明的事实,当事人之间并未再进一步协商约定转让探矿权或者实际履行转让探矿权。在办理宜盛公司股权过户手续的同时,公司法定代表人及监事也变更为东为公司指定受让股权的王耕银和杨成宗,至此,宜盛公司的企业所有权及经营管理权等实际移交给了东为公司,《公司收购协议》约定的东为公司收购宜盛公司目的已经实现。因《公司收购协议》签订后,涉案当事人按该协议约定实际安排了股权转让并完成了公司收购,故原审判决认定《公司收购协议》为股权转让协议并无不妥,本院予以维持。东为公司上诉主张宜盛公司的股权转让实际是对探矿权的买卖,违反《矿产资源法》及《合同法》等规定,应为无效合同。因《公司收购协议》虽然约定有探矿权转让内容,但未实际发生探矿权所有人的流转,涉案探矿权仍为宜盛公司的主要资产。《矿产资源法》等行政法律法规对转让探矿权规定了相应的行政审批手续,但对转让矿山企业股权未作出任何强制性规定,故东为公司关于合同无效及返还转让款的主张法律依据不足,本院不予支持。熊道军答辩认为《公司收购协议》有效的主张成立,本

院予以采信。

——中国裁判文书网,http://wenshu. court. gov. cn。

184 股权转让不影响矿业权归属,一方以合同真实意思是变更矿业权人而主张合同无效的,不予支持

关键词 | 股权转让 | 矿业权转让 |

【最高人民法院裁判文书】

王能新与徐春勤、青海南部矿业有限公司股权转让纠纷申请再审案[最高人民法院(2014)民申字第1421号民事裁定书]

最高人民法院认为:由于法人的财产独立于股东,股东不能直接支配矿业权,仅股权的变化不能认定为矿业权人的变化,一、二审判决查明的事实以及王能新自己提交的证据均能证明在本案股权转让前后,矿业权人没有发生变化,故涉案合同属于股权转让合同而非矿业权转让合同。法律并未禁止民事主体通过转让股权的形式,成为享有矿业权的法人的股东。当事人通过股权转让间接变更对矿业权的实际经营,在股权转让不影响矿业权归属的情况下,一方当事人以合同双方真实意思是变更矿业权人,进而主张合同无效,不能予以支持。

——中国裁判文书网,http://wenshu. court. gov. cn。

【链接:最高人民法院法官著述】

实践中,需要注意矿山法人企业股权转让与矿业权转让的区别,最高人民法院的法官认为这些区别表现在以下几个方面:一是交易标的不同。股权转让中,作为转让标的的是目标公司的股权,由股东个人享有,其性质上存在所有权、债权抑或社员权之争;在矿业权转让中,转让标的则是矿业权,由矿山法人企业享有,属法人财产权。二是交易主体不同。股权转让是股权受让人与矿山法人企业股东之间的交易;而矿业权转让则是矿业权受让人与享有矿业权的矿山法人企业之间的交易。三是交易的审批程序不同。股权转让无需国土资源主管部门

的审查批准；矿业权转让则需国土资源主管部门的审查批准，尤其在未经批准的矿业权转让合同的效力认定上，目前还存在较为复杂的理论认识和实践处理。四是适用的法律不同。股权转让适用公司法、公司登记管理条例等法律法规，除受发起人股权转让年限，竞业禁止，国有企业、外商投资企业、上市公司股权转让的特殊审批监管程序等限制外，采取股权转让自由原则；矿业权转让则适用物权法、矿产资源法和国务院《探矿权采矿权转让管理办法》等法律法规，在转让方式、转让条件以及受让主体的资质条件等方面多有限制。五是产生的法律后果不同。股权转让中，矿山企业的法人主体地位未发生变化，其所享有的矿业权及其他财产的权属不发生转移或者变更；矿业权转让则以矿业权主体变更为实质表征，外观上亦需将矿业权权属变更登记至受让人名下。

——刘牧晗：《矿山法人企业股权转让合同的性质和效力认定》，载《人民法院报》2016 年 12 月 7 日。

185

以转让公司股权的方式实现矿业企业资产转让的，不违反国家强制性规定

关键词 | 股权转让 | 矿业资产转让 | 强制性规定 |

【最高人民法院裁判文书】

昆明安宁永昌物资经贸集团有限公司与香格里拉县博峰矿业有限责任公司、林毅、程启开、拉茸春平、云南恒达华星矿业有限公司企业出售合同纠纷案［最高人民法院（2012）民一终字第 98 号民事判决书］

最高人民法院认为：关于当事人所签协议的性质和效力问题。从本案双方当事人签订的《整体收购博峰公司协议》《股权转让协议》及相关补充协议内容看，双方当事人的真实意思系转让博峰公司的全部股权，永昌公司因此取得博峰公司及其全部资产的控制权。包括属于无形资产的探矿权。本院认为，股权转让均会伴随着资产控制权的主体发生变化。由于目前尚无对此类变化应办理相关审批手续的规定，因此，以转让公司及股权的方式实现企业资产转让的，不违反国家强制性规定。关于逃避税收问题。如果依照国家税收管理规定，当事人的转让行为应缴

纳相关税费而未缴纳，其属于行政处罚调整的范围，并不导致转让协议的无效。故一审判决认定双方当事人签订的《整体收购博峰公司协议》《股权转让协议》及相关补充协议有效是正确的。永昌公司该项上诉请求法律依据不足，不予支持。

——中国裁判文书网，http://wenshu.court.gov.cn。

186

煤矿所有权人明确出让标的是经营权而非所有权的，因投资形成的权益不能认定为股东权而系其他债权

关键词｜股权确认｜合同标的｜

【最高人民法院裁判文书】

王钧、李青明与山西朔州市平鲁区陶村乡人民政府、山西朔州大恒煤业有限公司、山西龙矿能源投资开发有限公司股权确认纠纷案[最高人民法院(2011)民二终字第79号民事判决书]

最高人民法院认为：一、关于应否确认王钧为歇马关煤矿、大恒煤业的股东。歇马关煤矿原为陶村乡政府开办的集体企业，1992年，陶村乡政府作为歇马关煤矿的所有权人，在“4.22批复”中明确要求：“所有村民集资入股者可在规定的期限内参与分红（不计利息）和监督，但不是所有权的股份者。故歇马关煤矿性质为歇马关村集体所有。”可见，陶村乡政府的意思表示很明确：歇马关煤矿出让给歇马关村，村民可以集资入股，但不能成为所有权人。因此，无论王钧等村民投资歇马关煤矿的主观目的是什么，其只能依据“4.22批复”享有分红和监督的权利，而不能成为歇马关煤矿的所有权人或者股东。2001年，陶村乡政府对歇马关煤矿进行托管招标，亦非所有权转让，王钧对歇马关煤矿投资的60万元系托管费，而非所有权转让款。依据托管文件的规定，王钧等托管人取得的是独立完整的经营自主权，而不是歇关煤矿的所有权，2002年王钧向陶村乡政府申请将其在歇马关煤矿的“股份”承包给他人，也证明王钧享有的仅是歇马关煤矿的经营权。故王钧不是歇马关煤矿的所有权人，更不是股东。大恒煤业系在歇马关煤矿与小岭煤矿整合的基础上成立的公司企业法人，但王钧对大恒煤业无出资，其对歇马关煤矿的60万元投资也未转为对大恒煤业的出资。因此，王钧

并非大恒煤业的股东。一审法院驳回王钧关于确认其享有大恒煤业30%的股权的诉讼请求并无不当。

——最高人民法院民事审判第二庭编:《最高人民法院商事审判指导案例(2012)· 合同与借贷担保》,中国民主法制出版社2013年版,第348~360页。

(五)转让涉他股权与股权的善意取得

187

所涉股权系第三人所有情况下，股权转让合同的效力认定

关键词｜股权转让合同｜第三人股权｜

【最高人民法院裁判文书】

钱广许与钱集龙、张江涛等股权转让合同纠纷申请再审案[最高人民法院(2016)最高法民申1594号民事裁定书]

最高人民法院认为:2014年3月31日的《股权转让协议》,是钱集龙以张江涛的名义签订的,此时作为股权转让人的张江涛是该股权的登记名义人,由于钱集龙未能提供其在签订该协议时有张江涛的相应授权委托,故钱集龙的该行为构成无权代理。在签订该协议后,协议所涉鑫通公司股权已经登记至宋彦军名下,张江涛于事后(包括在本案诉讼中)对钱集龙代其签订上述协议,将案涉股权转让给宋彦军的行为明确予以认可。根据《合同法》第四十九条、第五十一条之规定,该行为的法律后果归属于张江涛。而由于2013年4月3日钱集龙以钱广许的名义与张江涛签订的《股权转让协议》因并非钱广许的真实意思表示而效,故张江涛对于该协议所涉的鑫通公司97%的股权并无处分权,张江涛将该部分股份转让给宋彦军的行为构成无权处分。而对于2014年3月31日《股权转让协议》中有关鑫通公司97%的股权转让的约定,根据《合同法》第一百七十四条的规定,可参照买卖合同的有关规定,对其效力加以认定。《买卖合同解释》第三条第一款规定,当事人一方以出卖人在缔约时对标的物没有所有权或

者处分权为由主张合同无效的,人民法院不予支持。因此,2014 年 3 月 31 日《股权转让协议》中有关鑫通公司 97% 的股权转让的约定并不因张江涛无处分权而无效。现钱广许亦无证据能够证明上述约定存在《合同法》第五十二条规定的情形,故原判决认定该协议有效,适用法律并无不当。

——中国裁判文书网,http://wenshu. court. gov. cn。

广东中岱企业集团有限公司、广东中岱电讯产业有限公司、广州市中珊实业有限公司与广东达宝物业管理有限公司股权转让合作纠纷案[最高人民法院(2010)民提字第 153 号民事判决书]

裁判要旨:股权转让合同中,即使双方约定转让的股权系合同外的第三人所有,但只要双方的约定只是使一方负有向对方转让股权的义务,而没有实际导致股权所有人的权利发生变化,就不能以出让人对股权无处分权为由认定股权转让合同系无权处分合同进而无效。

最高人民法院认为:达宝公司与中岱电讯公司、中珊公司签订的《合作协议书》约定三方共同对目标地块进行房地产开发,中岱电讯公司将其持有的中珊公司 100% 股权中的 10% 股权转让给达宝公司。虽然在该协议签订时中珊公司的股东是夏乘风、苏雄,中岱电讯公司不持有中珊公司的股权,但该协议只是使得中岱电讯公司负有向达宝公司转让股权的义务,而没有使得达宝公司实际获得股权从而导致中珊公司股权发生变化,该协议也没有为中珊公司的股东夏乘风、苏雄设定义务,没有侵害夏乘风、苏雄对中珊公司享有的股权,故《合作协议书》不因中岱电讯公司不是中珊公司股东这一事实而无效。因《合作协议书》没有导致夏乘风、苏雄持有的中珊公司的股权受到侵害,达宝公司也没有向夏乘风、苏雄主张权利,故夏乘风、苏雄与本案的处理没有法律上的利害关系。广州国土局解除其与夏乘风、苏雄签订的土地使用权出让合同属另外的法律关系,其并不影响达宝公司按照《合作协议书》向中岱电讯公司主张权利。故原审法院没有追加夏乘风、苏雄及广州国土局为案件当事人并无不当。《合作协议书》约定达宝公司向中岱电讯公司购买中珊公司的股权以共同对涉诉土地进行开发,并约定在不能就土地合作事宜正式签订协议时达宝公司有权退出合作。后来中珊公司没有取得涉诉土地的使用权,土地合作事宜无法达成协议,达宝公司要求退出合作,这可以表明签订《合作协议书》时达宝公司的目的是受让股权从而参与开发土地并获利,而不是向中岱电讯公司拆借资金。《合作协议书》第十一条关于中岱电讯公司以 5285 万元买回股权的约定是协议各方为达宝公司退出合作时设定的利益安排，其不违反法律法规的强制性规定。《合作协议书》没有导致中珊公司股权实际发生变化，该协议并不违反《公司法（2005）》第七十二条的规定。《合作协议书》的当事人有无房地产开发资质只是对该协议能否履行可能产生影响，并不影响该协议的效力。故申诉人以《合作协议书》属企业间拆借资金、《合作协议书》第十一条属保底条款、《合作协议书》违反《公司法》的相关规定以及《合作协议书》签约各方无房地产开发资质而主张其无效，缺乏事实及法律依据，对其主张本院不予支持。《合作协议书》属各方当事人真实意思表示，不违反法律法规的强制性规定，该协议应为有效。

——最高人民法院民事审判第二庭编：《最高人民法院商事审判指导案例（7）·公司与金融卷》，中国法制出版社2013年版，第170～188页。

188

股东对于代理人的两次授权并未明确是否包括股权处分，但受让人有足够理由相信代理人有权代理处分股权的情况下，构成表见代理

关键词｜股权处分｜表见代理｜

【最高人民法院裁判文书】

田文栋与李江海、曾祥辉、雷建辉、雷世明、李渝生、潘拥军、宋秀英股权转让纠纷案［最高人民法院（2013）民提字第85号民事判决书］

裁判要旨：一、股东代理人与受让人签订《出资转让协议》转让其中一公司股权，股东对于代理人的两次授权并未明确是否包括股权处分，但受让人有足够理由相信代理人有权代理股东处分其股权的情况下，该代理行为构成表见代理。

最高人民法院认为：一、《出资转让协议》关于转让恒通公司股份的部分是否合法有效。

本案中，李江海于2003年5月18日授权李渝生负责处理在湖北省咸丰县竞买汽车运输公司并组织新公司的一切相关事宜，以及全权负责对新公司的经营、管理和资产处置。2006年8月9日恒通公司董事会议决议记载，李江海委托李渝生全权接管本公司一切事务。本院认为，两次授权并未明确是否包括股权处分，但田文栋有足够理由相信李渝生有权代理李江海处分其在恒通公司的

股权,李渝生转让李江海股权的行为应构成表见代理。

第一,《出资转让协议》签订时李渝生约定取得股权的条件已成就,且恒通公司已向田文栋披露了这一事实。2006 年 8 月 6 日,恒通公司召开董事会临时会议,会议决议记载李江海主持召开会议,李渝生作为李江海在公司的全权代表出席。会议要求李渝生和公司总经理杨秀伦分别以个人名义在 2006 年 8 月 10 日 16 时前为公司融资 500 万元整,任何一人先筹齐人民币 500 万元并偿还县建行贷款即拥有恒通公司全部股份,其他人即无条件放弃其本人(或其委托人)在公司的所有股份和身份。2006 年 8 月 9 日,李渝生出具借条向田文栋、黄玉平夫妇借款人民币 500 万元,并于当天将该款转入恒通公司在咸丰建行的账户。之后,李江海召开了恒通公司董事会议,田文栋及其妻黄玉平列席了该次董事会议并签字。该会议决议尾部明确载明:附 2006 年 8 月 6 日上午由董事长李江海主持召开的公司董事会临时会议决议。因此,田文栋在签订《出资转让协议》时,恒通公司已向其披露 2006 年 8 月 6 日董事会决议内容,而该决议中记载的李渝生取得公司全部股权的条件已经成就,田文栋有理由相信李渝生有权处分恒通公司股权。

第二,李江海对李渝生的授权并未被其他授权所取代。恒通公司 2006 年 8 月 6 日董事会议决议、8 月 7 日会议纪要均记载,李渝生作为李江海的全权代表出席会议。2006 年 8 月 9 日恒通公司董事会议决议记载,李江海委托李渝生全权接管本公司一切事务。二审法院认为 2003 年 5 月 18 日李江海对李渝生授权后,7 月 24 日对王艾龙、2004 年 1 月 28 日对杨秀伦的授权,取代了对李渝生的授权,依据不足。

第三,李渝生在代表李江海处理恒通公司事务过程中曾对股权进行处分,李江海对此未提出异议且以行为表示认可。2004 年 1 月 18 日,李渝生代表恒通公司与原总经理杨秀伦签订的《合同书》,其中第 4 条第 2 款及第 8 条载明李渝生代表李江海将恒通公司 18% 以上的股权赠送给杨秀伦。2006 年 8 月 9 日,李江海、雷世明与田文栋签订的《股权转让协议》第 3 条载明,李江海、雷世明与杨秀伦于 2004 年 1 月 18 日签订的《合同书》由李江海、雷世明负责解除,与田文栋无关。上述约定表明李江海对李渝生 2004 年 1 月 18 日的股权处分行为是知道且认可的。同时,杨秀伦作为当时恒通公司的总经理对于公司内部情况以及李渝生是否有权处分股权应当十分清楚,其与李渝生签订《合同书》表明李渝生有权代理李江海处分股权。李渝生以往处分恒通公司股权的行为、李江海对该行为的认可以及原总经理杨秀伦的行为,使田文栋有理由相信李渝生有权代理处分李江海在恒通公司的股权。

第四，恒通公司2006年8月9日董事会以及2006年10月2日李渝生、雷世明与田文栋签订《出资转让协议》时，本案中李江海的委托代理人、律师刘咸生均以见证人的身份列席会议并签字，使得田文栋更有理由相信李渝生有权代理李江海处分其在恒通公司的股权。

李渝生与李江海为兄弟关系、李渝生与雷世明为夫妻关系，恒通公司为人合性较强的公司。综合考量上述因素，应当认定李渝生处分李江海持有的恒通公司股权的行为构成表见代理。雷世明对自己股权的处分效力，也应予以认定。综上，本院认为，《出资转让协议》关于转让恒通公司股份的部分应为合法有效。

——最高人民法院民事审判第二庭编：《最高人民法院商事审判指导案例（2014）》，中国民主法制出版社2015年版，第219～234页。

189

转让他人名下股权属于无权处分，未经股东同意和有效追认，应为无效

关键词 | 股权转让 | 无权处分 | 效力待定 |

【最高人民法院裁判文书】

田文栋与李江海、曾祥辉、雷建辉、雷世明、李渝生、潘拥军、宋秀英股权转让纠纷案［最高人民法院（2013）民提字第85号民事判决书］

裁判要旨：二、转让人与受让人签订《出资转让协议》转让另一标的公司的股权，该股权登记在他人名下，转让没有取得登记股东的授权。该股权转让行为属于无权处分，未经股东同意和有效追认，应认定为无效。

最高人民法院认为：二、《出资转让协议》关于转让畅达公司股份的部分是否合法有效。

本案中，《出资转让协议》签订之时，畅达公司工商登记的股东为曾祥辉、雷建辉、宋秀英、潘拥军四人。李渝生、雷世明与田文栋签订《出资转让协议》，转让曾祥辉等四人名下的股权，没有取得登记股东的授权。但同时，田文栋受让曾

祥辉等四人名下的股权亦未尽到合理注意义务,应当承担相应的后果。咸丰县工商局所作咸工商处字(2006)第146号行政处罚决定书虽责令畅达公司整改,但并没有否定曾祥辉等四人的股东身份,不能产生对抗工商登记的效力。故李渝生、雷世明转让畅达公司股份的行为属于无权处分。

关于潘拥军与田文栋于2013年8月8日签订的《权益转让书及授权协议书》的效力问题。本院认为,《公司法解释(三)(2010)》第十八条第一款规定,有限责任公司的股东未履行出资义务或者抽逃全部出资,经公司催告缴纳或者返还,其在合理期间内仍未缴纳或者返还出资,公司以股东会决议解除该股东的股东资格,该股东请求确认该解除行为无效的,人民法院不予支持。本案中,宋秀英、潘拥军自2004年10月被列为畅达公司股东以来,完全未履行出资义务。2011年9月5日,畅达公司通知宋秀英、潘拥军务必于2011年9月20日前缴纳出资,逾期则视为放弃股东资格。宋秀英、潘拥军仍未按期缴纳出资。此种情形下,畅达公司已出资股东曾祥辉、雷建辉有权召集股东会解除宋秀英、潘拥军股东资格,宋、潘二人作为被决议解除股东资格的对象,对于该项表决应予回避。畅达公司于2011年9月21日股东会一致通过的公司章程列明曾祥辉与雷建辉为公司股东,且有曾、雷二人亲笔签名,应当认定畅达公司已出资股东就解除宋秀英、潘拥军股东资格达成一致意见,形成股东会决议。故潘拥军与田文栋签订《权益转让书及授权协议书》时,已丧失股东资格,无权对《出资转让协议》进行追认,也无权转让股权。《权益转让书及授权协议书》关于追认《出资转让协议》以及将潘拥军在畅达公司工商登记的全部出资权益转让给田文栋的约定,事实上不能履行。

因此,《出资转让协议》有关转让畅达公司股份的约定,未经股东同意和有效追认,应认定为无效。关于转让款结算相关问题,当事人可另行解决。

——最高人民法院民事审判第二庭编:《最高人民法院商事审判指导案例(2014)》,中国民主法制出版社2015年版,第219~234页。

190

夫妻一方转让共同共有的公司股权的行为属对夫妻共同财产做重要处理,其效力应综合案件事实予以认定

关键词|夫妻共同财产|共有股权|股权转让|

【《最高人民法院公报》案例】

彭丽静与梁喜平、王保山、河北金海岸房地产开发有限公司股权转让侵权纠纷上诉案[最高人民法院(2007)民二终字第219号民事判决书]

裁判摘要：一、夫妻双方共同出资设立公司的，应当以各自所有的财产作为注册资本，并各自承担相应的责任。因此，夫妻双方登记注册公司时应当提交财产分割证明。未进行财产分割的，应当认定为夫妻双方以共同共有财产出资设立公司，在夫妻关系存续期间，夫或妻名下的公司股份属于夫妻双方共同共有的财产，作为共同共有人，夫妻双方对该项财产享有平等的占有、使用、收益和处分的权利。

二、根据最高人民法院《婚姻法解释（一）》第十七条第（二）项的规定，夫或妻非因日常生活需要对夫妻共同财产做重要处理决定，夫妻双方应当平等协商，取得一致意见。他人有理由相信夫或妻一方作出的处理为夫妻双方共同意思表示的，另一方不得以不同意或不知道为由对抗善意第三人。因此，夫或妻一方转让共同共有的公司股权的行为，属于对夫妻共同财产作出重要处理，应当由夫妻双方协商一致并共同在股权转让协议、股东会决议和公司章程修正案上签名。

三、夫妻双方共同共有公司股权的，夫或妻一方与他人订立股权转让协议的效力问题，应当根据案件事实，结合另一方对股权转让是否明知、受让人是否为善意等因素进行综合分析。如果能够认定另一方明知股权转让，且受让人是基于善意，则股权转让协议对于另一方具有约束力。

最高人民法院认为：本案股权转让合同的内容和形式并不违反法律法规的强制性规定，股权转让已经实际履行，并办理了公司变更登记手续，应当认定股权转让合同合法有效。上诉人彭丽静主张其未在股权转让合同上签名，股权转让合同无效。本案涉及的股权转让合同书第13条约定：本合同自甲乙双方四人、金海岸公司签字后生效，各保证人盖章后保证合同生效。上诉人彭丽静主张合同书未满足约定的生效要件和有效成立的法定条件，不应受法律保护。但是，该股权转让合同书约定了两个生效条款，除上述条款外，合同书第4.1条还约定了：“合同签订后20日内，乙方（王保山）以金海岸公司的名义支付预备役师土地转让费1500万元（包括前期已打入预备役师指定账户的200万元），乙方支付此款之日起合同生效。”在这两个条款中，合同书第4.1条的约定是附条件的合同生效条款，王保山实际履行了合同。股权转让合同的条件成就，该合同有效成立。因此股权转让合同生效并实际履行。彭丽静未在股权转让合同上签名，只是股东在办理股份转让和公司变更手续方面存在的瑕疵，而这一瑕疵并未影响股权转让合同的实际履行。彭丽静对此明知，且并未提出异议，因此，股权转让的瑕疵不影响股权转让合同的效力。

关于梁喜平代彭丽静订立股权转让合同、签署股东会决议、公司章程修正案的效力问题。本案的上诉人彭丽静与被上诉人梁喜平系夫妻关系，金海岸公司是其夫妻二人共同开办的，丈夫梁喜平占80%的股份，妻子彭丽静占20%的股份。夫妻二人共同出资设立公司，应当以各自所有的财产作为注册资本，并各自承担相应的责任。因此，夫妻二人登记注册公司时应当提交财产分割证明。但是，本案当事人夫妻二人在设立公司时并未进行财产分割，应当认定是以夫妻共同共有财产出资设立公司。彭丽静和梁喜平用夫妻共同共有财产出资成立公司，在夫妻关系存续期间，丈夫或者妻子的公司股份是双方共同共有的财产，夫妻作为共同共有人，对共有财产享有平等的占有、使用、收益和处分的权利。根据本院《婚姻法解释(一)》第十七条第(二)项规定："夫或妻非因日常生活需要对夫妻共同财产做重要处理决定，夫妻双方应当平等协商，取得一致意见。他人有理由相信其为夫妻双方共同意思表示的，另一方不得以不同意或不知道为由对抗善意第三人。"彭丽静与梁喜平转让金海岸公司股权的行为属于对夫妻共同财产做重要处理，二人均应在股权转让合同、股东会决议、公司章程修正案上签名。但是，对于梁喜平代彭丽静订约、签名的效力问题应当综合本案事实，根据彭丽静对于股权转让是否明知、王保山是否为善意等因素予以分析认定。本案查明的事实是，彭丽静与梁喜平夫妻二人由中间人尹广宗介绍认识了王保山，共同协商股权转让事宜；王保山在签订股权转让协议前，通过上诉人夫妇提供的部队账户，以金海岸公司的名义向预备役师支付土地出让金200万元；在签订股权转让协议时，夫妇共同开办的石家庄市远大市政工程有限公司提供保证；在股权转让协议签订后，向夫妇共同开办的远大公司和河北海岸房地产开发有限公司交付股权转让款；王保山持有彭丽静的身份证复印件，办理股权变更的工商登记；王保山持有金海岸公司的全部证照、印章、资料原件，金海岸公司的住所地进行变更；王保山已经支付了4944万元的股权转让款，变更了金海岸公司的股东手续，股权转让合同履行后实际控制了金海岸公司。上述事实证明上诉人彭丽静参与股权转让的签订和履行，转让股权是夫妻二人的真实意思表示。王保山有理由相信梁喜平能够代表妻子彭丽静签订股权转让合同、股东会决议、公司章程修正案。梁喜平陈述彭丽静曾中途停止谈判，股权不再转让。但是，彭丽静不能举证证明其是否通知王保山终止股权转让。彭丽静知道股权转让的事实，并未提出异议和阻止其丈夫梁喜平转让其股份，应当视为同意转让，梁喜平代彭丽静订约、签名转让股权，对于彭丽静有约束力。彭丽静上诉主张股权转让合同的当事人梁喜平和王保山恶意串通，侵犯了其优先购买权，但是，彭丽静并没有提供证据证明王保山与梁喜平恶意串通构成侵权的事实。因此，上诉人彭丽静以其没有在股权转让合同、股东会决议上签名，请求确认转让合同无效，被上诉人梁喜平和王保山恶意串通侵犯其优先购买权，没有事实和法律依据，其上诉理由不能成立，本院不予支持。

——《最高人民法院公报》2009 年第 5 期

编者说明

《公司法》并未规定夫妻设立公司应当遵循何种规则，也就是说，《公司法》对夫妻设立公司采取与一般自然人等同对待的原则。在学界和司法实践中，对于夫妻双方以各自财产作为注册资本登记注册公司未进行财产分割的，是否认定为以共同财产出资设立公司，存在争议和不同做法。目前在司法实践中多数认为，对于未分割夫妻共同财产而设立的公司可以视为一人公司，进而可以适用一人公司法人格否认的相关规则。

191

当事人以自己的意思处分冒名登记在他人名下的股权，其处分行为有效

关键词｜冒名登记｜股权处分｜

【最高人民法院裁判文书】

涂开元、舒鑫、攀枝花市开明房地产开发有限责任公司与许光全、许光友股权纠纷案［最高人民法院（2011）民提字第 78 号民事判决书］

最高人民法院认为：因许光全、许光友将身份证复印件借给涂开元时，二人并没有与涂开元共同设立开明房产公司的意思表示，涂开元亦没有与二人共同设立公司的意思表示，因此，涂开元向许光全、许光友隐瞒借用身份证复印件的真实目的，并暗中将开明房产公司的部分股权登记在许光全、许光友名下，系冒

名出资行为。因被冒名的股东名下股权的实际权益人系涂开元,涂开元以自己的意思处分其事前暗中登记在他人名下的股权,系实际出资人处分自己投资权益的行为,该行为虽可能损害他人姓名权,但没有损害被冒名者的股东权益,故其处分行为应认定有效,受让人舒鑫的股东资格应予确认。原二审判决关于该转让行为无效,舒鑫不能因此取得开明房地产公司的股东资格的认定,本院依法予以纠正。许光全、许光友关于请求确认舒鑫不是开明公司股东的诉讼请求亦应予以驳回。

——最高人民法院民事审判第二庭编:《最高人民法院商事审判指导案例(7)·公司与金融卷》,中国法制出版社2013年版,第30~42页。

编者说明

在司法实践中,冒名股东包括以根本不存在的人的名义(死人或虚构者)出资并登记和盗用真实的人的名义出资并登记两种情形。① 对以根本不存在的人的名义(死人或虚构者)出资并登记的,应认定实际出资人取得股东资格。以根本不存在的人的名义出资,应当由实际出资者取得股东资格,行使股东权利、承担股东义务。② 对盗用真实的人的名义出资并登记的,也不应当认定被盗名人为股东,被盗名人对内对外都不承担责任,因为被盗名人对此一无所知,没有作公司股东的真实意思表示,不具备股东的本质特征。

192

实际出资人转让股权的效力

关键词 | 实际出资人 | 股权转让 |

【最高人民法院司法解释】

第二十五条 名义股东将登记于其名下的股权转让、质押或者以其他方式处分,实际出资人以其对于股权享有实际权利为由,请求认定处分股权行为无效的,人民法院可以参照物权法第一百零六条的规定处理。

名义股东处分股权造成实际出资人损失,实际出资人请求名义股东承担赔

---

① 江苏省高级人民法院民二庭:《有限责任公司股东资格的认定》,载《法律适用》2002年第12期。

② 蒋大兴:《公司法的展开与评判》,法律出版社2001年版,第462页。

偿责任的，人民法院应予支持。

——《最高人民法院关于适用〈中华人民共和国公司法〉若干问题的规定(三)》(2010 年 12 月 6 日最高人民法院审判委员会第 1504 次会议通过，根据 2014 年 2 月 17 日最高人民法院审判委员会第 1607 次会议《关于修改关于适用〈中华人民共和国公司法〉若干问题的规定的决定》修正)

【最高人民法院裁判文书】

毛光随与焦秀成、焦伟等股权转让纠纷[最高人民法院(2016)最高法民终 18 号民事判决书]

最高人民法院认为：二、关于焦秀成是否应当向毛光随支付转让款并承担违约金的问题。

2013 年 12 月 28 日毛光随与焦秀成签订了《股权转让合同》，约定将毛光随持有的石圪图煤炭公司 12% 的股份转让给焦秀成。本院认为，该转让合同涉及隐名股东即实际出资人转让股权的效力问题。前已分析，毛光随在石圪图煤炭公司内部享有的隐名投资人地位以及 12% 的股权依法应当得到确认和保护，因此，毛光随在满足一定条件下，可以依法转让该股权。毛光随拟转让之股权，系来源于石圪图煤炭公司《股权认购协议书》之确认，作为时任法定代表人的焦秀成应当知晓该事实。在明知毛光随为隐名股东的情形下，焦秀成与毛光随之间转让该 12% 股权的行为依法成立。根据本案的实际，石圪图煤炭公司就该转让行为不但未提出异议，而且在 2014 年 12 月 6 日的《补充协议书》中承诺承担连带保证责任，并出具了《担保书》，此外，亦未见石圪图煤炭公司的其他时任登记股东提出任何异议。因此，焦秀成与毛光随之间签订的《股权转让合同》合法有效，焦秀成、毛光随、焦伟、石圪图煤炭公司四方基于此而签订的《补充协议书》亦合法有效，各方均应当依约履行合同。基于已经查明的事实，在《股权转让合同》及《补充协议书》签订后，焦秀成未能如约履行支付股权转让款的义务，毛光随主张焦秀成继续履行付款义务并承担违约责任的主张符合约定和法律规定。

——中国裁判文书网，http://wenshu.court.gov.cn。

李立冬与重庆诚信宝丰线缆有限公司股权转让纠纷案[最高人民法院(2015)民申字第 165 号民事裁定书]

最高人民法院认为：首先，李立冬作为重庆宝丰线缆有限公司(以下简称宝丰线缆公司)的名义股东,其股东资格经过了宝丰线缆公司股东名册及工商登记记载的确认,其与诚信线缆公司于2012年3月22日签订的《股份转让协议》,系双方当事人的真实意思表示,不违反法律、行政法规的强制性规定,应属有效。郑保忠作为实际出资人,同一天就同一标的,亦与诚信线缆公司签订转让合同的事实,表明李立冬与诚信线缆公司签订的《股份转让协议》是其真实意愿的体现。该协议签订后,李立冬配合诚信线缆公司将案涉股权过户到了该公司的名下,履行了合同义务,而诚信线缆公司未按约支付股权转让款,构成违约,应承担继续履行的责任。在此情况下,李立冬作为原告提起本案诉讼,并不违反法律法规的规定。其次,《合同法》第四百零二条主要是规定,在间接代理情况下,若第三人在订立合同时知道受托人与委托人之间的代理关系的,则委托人享有介入权,委托人可以直接向第三人主张及行使有关权利,而本案实际出资人郑保忠并未向法院提起诉讼以向诚信线缆公司主张股权转让款,故二审法院未适用《合同法》第四百零二条,并不存在适用法律错误的问题。最后,在本案终审判决后,如郑保忠基于案涉股权,向诚信线缆公司主张股权转让款,诚信线缆公司可以以本案判决结果主张其不应重复履行。诚信线缆公司若有证据证明郑保忠对其负有到期债务,亦可另行主张,即本案二审判决并未损害诚信线缆公司的实际权益。另外,李立冬系以其本人身份作为原告提起本案诉讼,并非作为郑保忠的委托代理人参加,故本案程序并不违反代理的相关规定。

——中国裁判文书网,http://wenshu.court.gov.cn。

【链接:最高人民法院法官著述】

第三人明知实际出资人的存在,并从实际出资人处受让股权时,如果名义股东以工商登记为由提出反对,应当进入确权程序。也就是说,实际出资人必须要先向公司申请确认其股东资格,得到公司的确认后,股权转让方能进行。在确权的过程中,公司及其股东应当禁止名义股东转让股权。如果公司反对确认实际出资人的股东资格,其可以向法院诉请确认。一旦认定实际出资人为股东的判决确定后,股权转让行为即可发生效力,名义股东不得再主张股权转让无效。

第三人明知实际出资人的存在,并从实际出资人处受让股权时,如果名义股东并没有提出反对的,则可以认定该转让有效。此时在实际出资人和第三人之间转让的不是股权,因为此时股权仍然归名义股东享有,其转让的仅是实际出资人的隐名投资地位,相当于一种债权债务的移转。其在实际出资人和第三人之间的转让不会引起两者之外其他法律关系的变化，因为如果名义出资人同意继续由其行使股权而由新的受让人享受股权投资收益；当新的受让人欲取代名义股东显名化时需要经过公司其他股东过半数同意，这并不会给公司的人合性带来任何破坏。

——最高人民法院民事审判第二庭编著：《最高人民法院关于公司法解释（三）、清算纪要理解与适用》，人民法院出版社2011年版，第394～395页。

编者说明

《公司法解释（三）》第二十五条对隐名出资情形下名义股东转让登记于其名下股权的处理作出了规定，而本题则指出了实际出资人转让股权的效力认定问题。

193

名义股东转让登记在其名下的股权，受让人有理由相信其有处分权的，可以适用善意取得

关键词 | 股权转让 | 名义股东 | 善意取得 |

【最高人民法院裁判文书】

钱广许与钱集龙、张江涛等股权转让合同纠纷申请再审案［最高人民法院（2016）最高法民申1594号民事裁定书］

最高人民法院认为：《公司法解释（三）》第二十五条第一款规定：“名义股东将登记于其名下的股权转让、质押或者以其他方式处分，实际出资人以其对于股权享有实际权利为由，请求认定处分股权行为无效的，人民法院可以参照物权法第一百零六条的规定处理。”因此，在一定情形下，认定当事人能否善意取得股权，可以参照适用《物权法》第一百零六条之规定。虽然根据已查明的案件事实，尚不能确定钱广许是否为鑫通公司的实际出资人，但由前所述可知，在宋彦军受让股权前，钱广许是鑫通公司97%股权的合法权利人，其在本案纠纷中所处的法律地位与《公司法解释（三）》第二十五条第一款所称的“实际出资人”相似，故对于宋彦军能否取得该部分股权，可根据《公司法解释（三）》第二十五条之规定，参照《物权法》第一百零六条及相关司法解释的规定加以处理。《物权

法解释(一)》第十五条规定:“受让人受让不动产或者动产时,不知道转让人无处分权,且无重大过失的,应当认定受让人为善意。”“真实权利人主张受让人不构成善意的,应当承担举证证明责任。”本案中,案涉股权登记在张江涛名下,钱广许没有证据证明宋彦军受让案涉股权时知道张江涛无处分权。虽然钱集龙并未举证证明其在与宋彦军进行案涉股权转让交易时有张江涛的相应授权委托,但这与张江涛是否为案涉股权的真实权利人以及宋彦军对此事实是否知道或应当知道并无直接必然的联系。实际上,就案涉股权从张江涛名下转移登记至宋彦军名下等事实看,宋彦军有合理理由相信钱集龙有权代理张江涛处分案涉股权,而且张江涛事后也对钱集龙转让股权的行为予以认可。故钱集龙代张江涛转让案涉股权给宋彦军的行为并不影响宋彦军受让股权的善意。因此,钱广许主张宋彦军受让股权是非善意的证据不足,其相应主张不能成立。此外,根据已查明的案件事实,宋彦军已经支付了300万元股权转让款,钱广许虽主张该对价因低于鑫通公司股权的现值而不合理,但对此缺乏证据证明,故可认定该股权转让的对价是合理的。另,案涉股权已经登记至宋彦军名下。因此,宋彦军受让案涉股权符合善意取得的构成要件,原判决认定宋彦军已经善意取得案涉股权并无不当。

——中国裁判文书网,http://wenshu.court.gov.cn。

194

无权处分人将他人股权转让,如受让人在受让该股权时是善意的,可取得相应股权

关键词 | 股权转让 | 无权处分 | 善意取得 |

【最高人民法院裁判文书】

海南迪发天然剑麻制品有限公司与中国建设银行股份有限公司阳泉分行、阳泉市矿区建达物资贸易中心、海南证券交易中心清算组、海南证华非上市公司股权登记服务有限公司股权纠纷申请再审案[最高人民法院(2012)民再申字第179号民事裁定书]

最高人民法院认为:三、关于迪发公司受让股权是否构成善意取得的问题。首先,诉争股权于1998年被郑荣等人非法转让到三亚天元装饰有限责任公司名

下,该行为构成违法应无疑义。此后,诉争股权又先后转让给海口顺旺来贸易有限公司、迪发公司。在三次股权转让中,股价均为每股0.1元,总价仅2万元。而根据海南椰岛(集团)股份有限公司审计报告反映,上述股权在当时每股净值应为1.2元,法人股股息4.8万元(城海公司已领取2万元,尚余2.8万元未领取),总计26.8万元。由于海口顺旺来贸易有限公司、迪发公司受让诉争股权的价格远低于其实际价值,故原再审判决认定迪发公司不构成善意取得并无不当,迪发公司应将诉争股权返还建达物贸。

——中国裁判文书网,http://wenshu.court.gov.cn。

崔海龙、俞成林与无锡荣耀置业有限公司、燕飞等四人及孙建源等五人股权转让纠纷上诉案[最高人民法院(2006)民二终字第1号民事判决书]

裁判摘要:在股权转让法律关系中,出让人在无权处分的情况下,将股权持有人的股权转让给他人,如果受让人在受让该股权时是善意的,应当认定受让人取得相应股权。原权利人因丧失股权和股东身份,可以向相关侵权人主张承担民事责任。

最高人民法院认为:本案当事人之间的争议焦点是:孙建源等五人受让荣耀公司、燕飞等四人在世纪公司的股权,能否适用善意取得制度的问题。

根据本案一、二审查明的事实,荣耀公司、燕飞等四人伪造崔海龙、俞成林的签名,制作虚假的《股东会决议》《股权转让协议》,并到工商行政管理机关办理了股权变更登记手续,将崔海龙、俞成林在世纪公司60%的股权,变更到荣耀公司、燕飞等四人名下。此后,荣耀公司、燕飞等四人通过与孙建源等五人签订《股权转让协议》,将已经在工商行政管理机关登记其名下的世纪公司80%的股权转让给孙建源等五人。上述荣耀公司、燕飞等四人伪造签名制作的《股东会决议》《股权转让协议》载明的股权转让法律关系应不成立。荣耀公司、燕飞等四人与孙建源等五人签订的《股权转让协议》,因荣耀公司、燕飞等四人并非股权所有人,该协议处分的部分股权,应属于崔海龙、俞成林所有,而崔海龙、俞成林并不追认荣耀公司、燕飞等四人的股权转让行为,根据《合同法》第五十一条的规定,上述《股权转让协议》属于无权处分他人财产的合同。从上述事实可以看出,孙建源等五人受让荣耀公司、燕飞等四人在世纪公司的股权,是基于荣耀公司、燕飞等四人的无权处分行为,认定孙建源等五人是否合法享有受让的股权,即关系到是否适用善意取得制度的问题。

善意取得是指财产占有人无权处分其占有的财产,如果其将该财产转让给第三人,善意受让人能够有偿取得该财产的一种权利取得方式。在我国物权法颁布前,法律法规对所有权的善意取得没有完整的规定。在传统的善意取得理论中,善意取得的财产仅适用于动产,而以登记作为公示的不动产的取得则不适用善意取得。但是,在我国一些不动产的登记制度并不完善,导致许多权利人的权利得不到保障,这也引起审判实践中对善意取得制度适用范围的争论。善意取得制度的逻辑基础是物权公示公信原则,而对不动产善意取得给予保护,亦是根据公示公信原则,即不动产以登记为公示形式,基于不动产登记的公信力,即使登记错误或有遗漏,因相信登记正确而与登记人进行交易的善意第三人,其所得利益应当受法律保护。所以,将善意取得制度适用于不动产,不仅能够最大限度地保护善意第三人的利益,更体现了民商法在维持交易秩序、促进交易便利、保护交易安全的基本原则和价值目标,即对财产动态的安全保护优于对表态的安全保护,对交易安全的保护优于对所有人的利益保护。随着我国物权法的颁布施行,对所有权善意取得制度适用于动产和不动产已经予以明确。

股权不属于动产或者不动产,但却是具有特殊性质的财产形式。所以在股权被无权处分人转让的情形下,受让人能否取得该股权,还需要结合我国公司法的相关规定进行分析认定。在股权转让中的无权处分行为一般基于下面的因素而发生:第一,我国公司法规定,有限责任公司应当置备股东名册,记载于股东名册的股东,可以依股东名册行使股东权利;同时又规定公司应当将股东的姓名或者名称及其出资额向公司登记机关登记;登记事项发生变更的,应当办理变更登记。未经登记或者变更登记的,不得对抗第三人。这就产生了工商登记中的股东非法处分股东名册上的股东股权的可能。第二,股东登记与其他登记一样,都可能出现登记的错误,错误登记的股东对股权的转让是一种无权处分行为。第三,在隐名投资关系中,名义股东未经隐名股东的同意对股权进行转让。在股权转让交易中,如果转让行为发生在公司内部,该转让行为的效力以股东名册为准,如果转让给公司以外的第三人,则以工商登记为准。由此可以看出,股权亦是以登记为其公示形式,其权利取得及变动原则与不动产物权基本相同,因此,在股权转让中适用善意取得制度,与不动产的善意取得有着相同的法律依据。

股权转让适用善意取得制度,并不能仅以登记的公信力为要件,而应当符合善意取得的全部构成要件,即受让人受让股权时为善意、转让的股权为有偿并价格合理、转让的股权依照法律规定已经登记。本案中,孙建源等五人与荣耀公司、燕飞等四人在签订本案《股权转让协议》时,曾经到工商行政管理机关查阅过世纪公司的股权登记,对于荣耀公司和燕飞等四人是否享有该公司股权尽了审慎审查的义务。在协议签订后，孙建源等五人履行了合同规定的主要义务，已经向对方支付了部分股权转让款，并于2003年12月29日在工商行政管理机关办理了股权变更登记。此后，孙建源开始进入公司为公司法定代表人，参加公司的经营和管理。上述事实表明，孙建源等五人在与荣耀公司、燕飞等四人进行股权受让行为时，尽到了充分的注意义务，并依据协议支付了部分股权转让款，股权变更登记已经经过多年。根据本案现有证据，不能证明孙建源等五人在股权受让过程中存在恶意，以及协议约定的股权受让价格不合理等情况，可以认定孙建源等五人受让股权系善意。虽然孙建源等五人系从无处分股权的荣耀公司、燕飞等四人处受让股权，但孙建源等五人在本案涉及的股权交易中没有过错，为维护社会经济秩序的稳定，应认定其取得世纪公司的相应股权。

对于股权原权利人崔海龙、俞成林而言，由于其原有权利因受让人的善意取得，使其对股权的所有权发生消灭，崔海龙、俞成林主张确认其享有世纪公司股权、恢复其股东身份的请求不能得到支持。由于转让人对原权利人的标的物不享有处分权，而仍然将该标的物转让给他人，构成对原权利人财产所有权的侵害，故本院认为，在本判决生效后，本案争议的股权原权利人崔海龙、俞成林因丧失股权和股东身份，可以向相关侵权人主张承担民事责任，如果发生争议，可以另行起诉。

——最高人民法院民事审判第二庭编：《民商事审判指导》总第14辑，人民法院出版社2008年版，第146～157页。

195

股权既非动产也非不动产，其善意取得不能直接适用《物权法》，但可以类推适用

关键词｜股权善意取得｜类推适用｜

【最高人民法院裁判文书】

四川京龙建设集团有限公司与简阳三岔湖旅游快速通道投资有限公司等及深圳市合众万家房地产投资顾问有限公司等股权确认纠纷案［最高人民法院(2013)民二终字第29号民事判决书］

裁判要旨：根据《公司法解释(三)(2010)》第二十八条第一款的规定，受让

股东主张原股东处分股权的行为无效应当以其享有实际的股东权利为前提。如受让人并未对目标公司享有实际的股东权利,但仍以参照《物权法》第一百零六条有关善意取得的规定而主张认定处分股权行为无效的,人民法院不予支持。

最高人民法院认为:对华仁公司能否依据善意取得制度取得锦云公司、思珩公司的全部股权问题,根据本院《公司法解释(三)(2010)》第二十八条第一款有关"股权转让后尚未向公司登记机关办理变更登记,原股东将仍登记于其名下的股权转让、质押或者以其他方式处分,受让股东以其对于股权享有实际权利为由,请求认定处分股权行为无效的,人民法院可以参照物权法第一百零六条的规定处理"的规定,受让股东主张原股东处分股权的行为无效应当以支付股权转让价款并享有实际股东权利为前提。但本案中,京龙公司既未向三岔湖公司、刘贵良支付锦云公司、思珩公司的股权转让价款,也未对锦云公司、思珩公司享有实际股东权利,且合众公司系在京龙公司之后的股权受让人,而非原股东,故本案情形并不适用该条规定。我国《公司法》并未就股权的善意取得制度作出明确的法律规定,但《物权法》第一百零六条规定了动产及不动产的善意取得制度,其立法意旨在于维护善意第三人对权利公示之信赖,以保障交易秩序的稳定及安全。股权既非动产也非不动产,故股权的善意取得并不能直接适用《物权法》第一百零六条之规定。股权的变动与动产的交付公示及不动产的登记公示均有不同。根据《公司法(2005)》第三十三条第三款有关"公司应当将股东的姓名或者名称及其出资额向公司登记机关登记;登记事项发生变更的,应当办理变更登记。未经登记或者变更登记的,不得对抗第三人"之规定,股权在登记机关的登记具有公示公信的效力。本案中锦云公司及思珩公司的股权已变更登记在合众公司名下,华仁公司基于公司股权登记的公示方式而产生对合众公司合法持有锦云公司及思珩公司股权之信赖,符合《物权法》第一百零六条所规定的维护善意第三人对权利公示之信赖,以保障交易秩序的稳定及安全之意旨。故本案可类推适用《物权法》第一百零六条有关善意取得之规定。

因华仁公司与合众公司进行股权交易时,锦云公司、思珩公司均登记在合众公司名下,且华仁公司已委托会计师事务所、律师事务所对锦云公司、思珩公司的财务状况、资产状况、负债情况、所有者权益情况、银行查询情况等事项进行尽职调查并提供尽职调查报告,京龙公司亦无证据证明华仁公司在交易时明知其与三岔湖公司、刘贵良之间的股权交易关系的存在,故可以认定华仁公司在受让锦云公司、思珩公司股权时系善意。京龙公司以目标公司股权在一个月内两次转手、华仁公司对股权交易项下所涉土地缺乏指标的事实属于明知、华仁公司在明知目标公司的债权人无合法票据证明的情况下仍为目标公司偿还59480830.42元债务、华仁公司委托的会计师事务所及律师事务所所作的尽职调查存在明显虚假和瑕疵为由，主张华仁公司不构成善意。但股权转让的次数与频率、目标公司财产权益存在的瑕疵、华仁公司为目标公司代偿债务的行为，均不能证明华仁公司明知京龙公司与三岔湖公司、刘贵良的交易情况。京龙公司虽主张此两份尽职调查报告存在明显虚假和瑕疵，但亦未提供证据证明，故对京龙公司有关华仁公司受让目标公司股权不构成善意的主张，本院不予支持。

京龙公司认为华仁公司受让目标公司股权的价格既高于京龙公司的受让价格，也远高于同期同一地域位置的地价，且交易仅有手写的普通收据，开具时间是2010年9月13日，而银行付款时间是9月14日，内容为业务往来款而非股权转让款，无有效的付款凭证，故不符合以合理价格受让的条件。但对善意取得受让价格是否合理的认定，系为防止受让人以显著低价受让，而高于前手的交易价格，则常为出卖人一物再卖之动因，并不因此而当然构成受让人的恶意。华仁公司的付款时间与付款形式并不影响对华仁公司支付股权转让价款的事实认定，故对京龙公司有关华仁公司未以合理价格受让目标公司股权的主张，本院不予支持。

因京龙公司无证据证明华仁公司在受让目标公司股权时系恶意，且华仁公司已支付了合理对价，锦云公司、思珩公司的股权也已由合众公司实际过户到华仁公司名下，华仁公司实际行使了对锦云公司、思珩公司的股东权利，符合《物权法》第一百零六条有关善意取得的条件，故应当认定华仁公司已经合法取得了锦云公司、思珩公司的股权。

——最高人民法院民事审判第二庭编:《最高人民法院商事审判指导案例(2014)》，中国民主法制出版社2015年版，第87~110页。

196

即使公司并无盈利，但股权系溢价转让的，因被他人侵权转让而丧失股权的股东可以转让收益作为损失依据

关键词 | 股权转让 | 溢价转让 |

【最高人民法院裁判文书】

赵蕴炜、李伟文、缪瑾瑜与安徽苏乐医药材料有限公司、华牛、王有总股权转让纠纷申请再审案[最高人民法院(2016)最高法民申2001号民事裁定书]

最高人民法院认为:关于二审判决以2011年12月10日凯瑞公司整体股权转让时的转让价款为依据认定侵权损害赔偿数额是否错误的问题。本院认为,王有总所持有的凯瑞公司股权虽然在2009年9月15日被伪造签订股权转让协议转让给凯瑞公司另一股东李伟文,但此时股权转让关系发生在凯瑞公司内部,发生变化的仅为各股东所持股权份额。而2011年12月10日凯瑞公司原股东股权整体对外转让时,王有总所应持有的股权份额全部彻底丧失且难以恢复。缪瑾瑜、赵蕴炜、李伟文申请调取凯瑞公司在上述两次股权转让协议签订时的《资产负债表》,用以证明凯瑞公司并不存在盈利,但该证据不能推翻其与整体股权受让人之间签订股权转让协议所确定的股权转让价格的事实。换言之,即使可以证明凯瑞公司在缪瑾瑜、赵蕴炜、李伟文整体对外转让股权时存在亏损,但由于股权受让人接受股权溢价转让价格,故凯瑞公司原股东仍可获得实际股权收益。而因缪瑾瑜、赵蕴炜、李伟文伪造转让股权协议的行为,使得王有总所应持有的凯瑞公司股权丧失,未能获得股权整体对外转让时应当获取的溢价款,该部分损失应当认定为王有总因本案侵权行为所遭受的实际损失。鉴此,二审判决以2011年12月10日整体股权转让的交易价格,作为认定王有总因缪瑾瑜、赵蕴炜、李伟文伪造签名转让其股权而遭受损失的依据并无不当。缪瑾瑜、赵蕴炜、李伟文申请调取的上述两项证据,均对其所主张的待证事实的证明无实际意义,根据《民诉法解释》第九十五条的规定,二审法院对此未予准许正确。对于其在再审审查阶段再次提出调取该两项证据的申请,本院依法亦不予准许。

——中国裁判文书网,http://wenshu.court.gov.cn。

（六）股东优先购买权

197

股东对外转让股权侵犯其他股东的优先购买权案件的管辖问题，应按一般侵权纠纷确定管辖

关键词｜股权转让｜股东优先购买权｜管辖｜

【最高人民法院裁判文书】

深圳市阳光佳润投资有限公司、深圳佳兴和润投资有限公司等与贵州赤天化股份有限公司、厦门京道凯翔投资合伙企业等管辖案［最高人民法院（2016）最高法民辖终216号民事裁定书］

最高人民法院认为：《民事诉讼法》第二十六条规定："因公司设立、确认股东资格、分配利润、解散等纠纷提起的诉讼，由公司住所地人民法院管辖。"《民诉法解释》第二十二条规定："因股东名册记载、请求变更公司登记、股东知情权、公司决议、公司合并、公司分立、公司减资、公司增资等纠纷提起的诉讼，依照民事诉讼法第二十六条规定确定管辖。"上述条款系针对公司诉讼案件的管辖所作出的特别规定。公司诉讼主要是关涉公司的组织法性质的诉讼，存在与公司组织相关的多数利害关系人，涉及多数利害关系人的多项法律关系的变动，且胜诉判决往往产生对世效力。本案纠纷源于赤天化公司将其拥有的高特佳公司的股权转让给京道凯翔企业，阳光佳润公司、佳兴和润公司、鹏瑞公司、速速达公司作为高特佳公司的股东，认为该股权转让行为损害其优先购买权，请求撤销上述《股权转让合同》，并判令其以同等条件行使优先购买权。因而，本案纠纷系高特佳公司的股东与股东以及第三人因股权转让行为而产生。该诉讼虽与公司有关，但不具有公司组织法上纠纷的性质，也不涉及多项法律关系，该案判决仅对股权转让方、受让方及高特佳公司其他股东发生法律效力。因此，本案诉讼应适用一般地域管辖规定确定管辖法院。一审法院认为本案诉讼系与公司有关的诉讼，应适用公司诉讼的特殊地域管辖的规定，并据此裁定其享有本案管辖权不当，本院予以纠正。案涉《股权转让合同》的双方当事人是赤天化公司与京道凯

翔企业，因阳光佳润公司等并非《股权转让合同》的缔约方，故不应受上述合同约定的管辖限制。赤天化公司主张适用该合同约定的协议管辖条款确定管辖法院，没有事实和法律依据，本院不予支持。

本案系阳光佳润公司等以其股权优先购买权受到侵害而提起，即认为其民事权益受到侵害，故本案应适用《民事诉讼法》第二十八条"因侵权行为提起的诉讼，由侵权行为地或者被告住所地人民法院管辖"的规定确定管辖法院。根据阳光佳润公司等提起的诉讼请求以及事实和理由，阳光佳润公司等认为赤天化公司与京道凯翔企业签订《股权转让合同》、转让股权的行为侵害其优先购买权，故上述《股权转让合同》签订地即为侵权行为地。经审查，案涉《股权转让合同》载明该合同在贵阳观山湖区赤天化大厦 17 楼签订。本案诉讼所直接指向的对象应当是阳光佳润公司等所认为的股权转让方赤天化公司及股权受让方京道凯翔企业，高特佳公司仅为股权转让目标公司，与案涉股权转让行为各方均无实质性争议，其与本案没有法律上的直接利害关系。阳光佳润公司等称可依高特佳公司住所地确定管辖法院，本院不予支持。案涉侵权行为地及赤天化公司的住所地均为贵州省贵阳市，京道凯翔企业的住所地在福建省厦门市，依据侵权行为地或被告住所地确定管辖法院的规定，结合案涉争议标的金额的实际情况，贵州省高级人民法院和福建省高级人民法院对本案有管辖权。

——中国裁判文书网，http://wenshu.court.gov.cn。

198

股东之间转让股权系股权内部收购行为，其他股东不享有优先购买权

关键词 | 股权转让 | 内部收购 | 股东优先购买权 |

【最高人民法院裁判文书】

云南华强工贸有限公司、怒江兴源中小水电开发有限公司等与云南贡山华龙电力开发有限公司股东资格确认纠纷申请再审案[最高人民法院(2016)最高法民申 2613 号民事裁定书]

最高人民法院认为：(三)关于江东公司受让联重公司持有华龙公司 12% 股

份的问题。2007 年 6 月 26 日，江东公司与联重公司签订了股权转让协议，联重公司将所持有的华龙公司 12% 股权转让给江东公司，该事实业经昆明市中级人民法院（2010）昆民五终字第 43 号民事判决确认。本院认为，本案中，江东公司与联重公司均为华龙公司的股东，江东公司受让联重公司持有的华龙公司 12% 股权系股东内部收购行为，不违反《公司法（2005）》第七十二条的规定，一、二审判决予以确认并无不当。华强公司、兴源公司主张江东公司不是公司股东，华强公司、兴源公司应该享有优先购买权的理由依法不能成立，本院不予支持。

——中国裁判文书网，http://wenshu.court.gov.cn。

199

向股东以外的人转让股权的，应将股权数量、价格、支付方式和期限等转让事项书面通知其他股东征求同意

关键词｜股权转让｜股权转让通知｜

【最高人民法院裁判文书】

朱晏秦、王强与嘉峪关嘉恒房地产开发有限公司股权转让纠纷再审案［最高人民法院（2016）最高法民再 195 号民事判决书］

最高人民法院认为：股东向公司股东以外的其他人转让股权，应当遵循法定程序，将其股权转让事项，包括转让股权的数量、价格、支付方式和期限书面通知其他股东征求同意。本案中，王士敬向王强转让嘉恒公司股权，已将转让股权的价格、数量通知朱晏秦，但未具体通知支付方式和期限，一审法院关于王士敬履行通知义务不完整，影响朱晏秦行使优先购买权的认定符合法律规定。由于转让股东王士敬未适当履行通知义务，导致朱晏秦无法行使优先购买权，故本案股权转让程序受阻，王强关于案涉股权转让合同内容、形式合法，嘉恒公司、朱晏秦应为其办理股权转让的工商变更登记手续的诉请应予支持的主张依据不足，二审法院对此予以支持属于适用法律有误，本院予以纠正。

——中国裁判文书网，http://wenshu.court.gov.cn。

200

转让股东撤销对外转让股权时，不得损害享有优先购买权的其他股东的合法权益

关键词 | 股权转让 | 股东优先购买权 |

【最高人民法院裁判文书】

楼国君与方樟荣、毛协财、王忠明、陈溪强、王芳满、张铨兴、徐玉梅、吴广灯股权转让与优先购买权纠纷案[最高人民法院(2011)民提字第113号民事判决书]

裁判要旨:股东对外转让股权,其他股东在同等条件下享有优先购买权;转让股东撤销对外转让股权时,不得损害享有优先购买权的其他股东的合法权益。

《公司法(2005)》第七十二条规定,股东对外转让股权时应当书面通知股权转让事项,在同等条件下,其他股东有优先购买权。本案当事人未如实向公司其他股东通报股权转让真实条件,公司其他股东知情后起诉主张以同等条件行使优先购买权时,转让股东在表明放弃转让的同时又与受让股东达成转让协议,对其股权是否转让及转让条件作了多次反复的处理。受让股东为继续经营公司,两次按照转让股东的合同行为准备价款,主张行使优先购买权,但均被转让股东以各种理由予以拒绝。转让股东虽然合法持有股权,但其不能滥用权利,损害相对人的合法民事权益。在此情形下应支持其他股东行使优先购买权。

最高人民法院认为:2009年6月3日,天山公司在株洲日报上发布召开股东会通知及所议股权转让的事项。楼国君采取向方樟荣寄信、在报纸上刊登《通知》的方式明确表示要按同等条件行使优先购买权,并于同年7月1日以向法院提起诉讼的方式主张行使优先购买权,形成本案。同年7月6日,天山公司股东会如期召开,讨论方樟荣等八名股东转让股份事宜。方樟荣等八名股东将股权转让条件确认为转让价格88249320元,付款方式为一次性付清。楼国君主张购买,但要求按方樟荣等八名股东与伍志红等三人签订的合同行使优先购买权。各方未形成一致意见。上述事实表明,方樟荣等八名股东在与伍志红等三人签订股权转让合同后,楼国君主张按照方樟荣等八名股东对外签订的股权转让条件行使优先购买权时双方发生了纠纷。方樟荣等八名股东因转让股权于2009年4月至5月期间先后与伍志红等三人签订三份协议,明确表达了转让股

权的意思及转让条件等，但在同年7月6日召开的股东会中其在履行征求其他股东是否同意转让及是否行使优先购买权时，隐瞒了对外转让的条件，仅保留了转让价格，对合同约定的履行方式及转让股权后公司债务的承担等予以变更。《公司法(2005)》第七十二条规定，股东对外转让股权时应当书面通知股权转让事项，在同等条件下，其他股东有优先购买权。方樟荣等八名股东在签订对外转让股权合同后，在公司股东会中公布转让股权事项时有所隐瞒，将其转让股权款的支付方式，由对伍志红等三人转让合同的先交付1000万元定金、交付4000万元的股权转款后办理股权过户，过户完毕后再交付余款等，变更为一次性支付股权转让款；对伍志红等三人转让合同中约定的债务由转让股东方樟荣等八名股东承担等内容不再涉及。方樟荣等八名股东在股东会中提出的股权转让条件与其对伍志红等三人签订股权转让合同约定的条件相比，虽然价格一致，但增加了股权受让方的合同义务和责任。方樟荣等八名股东的该行为，未如实向公司其他股东通报股权转让真实条件，采取内外有别的方式提高股权转让条件，不符合《公司法》相关规定，有违诚实信用原则。楼国君在自己获悉方樟荣等八名股东对伍志红等三人的股权转让合同后，坚持明确主张按方樟荣等八名股东对伍志红等三人转让合同的条件行使优先购买权，系合理主张共有权益人的权利，符合《公司法》的规定，楼国君的主张应获得支持。

在本案一审诉讼期间，7月20日，方樟荣等八名股东与伍志红等三人签订《解除股权转让协议》，约定解除其间涉及转让本案股权的三份合同，方樟荣等八名股东退还定金1000万元，赔偿损失200万元。9月11日，天山公司召开股东会，方樟荣等八名股东在会上明确表示不再对外转让。方樟荣等八名股东的上述行为表明其恶意撤销已经成就的他人行使优先权的条件，原一、二审法院判决认为方樟荣等八名股东与楼国君之间存在要约与承诺，合同应当成立的观点虽然理由欠妥，但结果并无不当。

在本案再审程序中，方樟荣等八名股东与楼国君协商，将楼国君与天山公司的其他债务及涉及本案转让的股权一并处理，双方又重新达成协议，方樟荣等八名股东又再次明确其转让股权的意思，且双方对股权转让的价格及公司债务的承担等达成一致意见并签署了协议，但双方关于股权转让款先支付到哪一个共管账户的问题未形成一致意见。在楼国君按照协议的约定备足股权转让款时，方樟荣等八名股东又提出反悔意见。其中，吴广灯、徐玉梅表示全面反悔协议内容，方樟荣表示在先支付股权转让款的情况下可以转让股权，其余五名股东表示在保证拿到股权转让款的情况下，履行约定的内容。

根据本案在一审、二审及再审程序中查明的事实，方樟荣等八名股东因转让股权，有两次签订合同的行为，第一次是在受理本案之前与伍志红等三人，第二次是在再审程序中与楼国君，又先后选择放弃合同，对其股权是否转让及转让条件作了多次反复的处理。方樟荣等八名股东虽然合法持有天山公司股权，但其不能滥用权利，损害相对人的合法民事权益。作为公司其他股东的楼国君为受让方樟荣等八名股东股权，继续经营公司，两次按照方樟荣等八名股东的合同行为准备价款，主张行使优先购买权，但方樟荣等八名股东均以各种理由予以拒绝。尤其是在本院再审期间，方樟荣等八名股东已经同意将股权转让给楼国君，并将公司与股东及公司以外的其他债务均一并进行了处理，但方樟荣等八名股东在签订协议后又反悔。在此情形下，本院如果支持了方樟荣等八名股东的再审主张，允许方樟荣等八名股东多次随意变更意思表示，不顾及对交易相对人合理利益的维护，对依法享有优先购买权的公司其他股东明显不公平，同时也纵容了不诚信的行为。

——最高人民法院民事审判第二庭编：《最高人民法院商事审判指导案例(7)·公司与金融卷》，中国法制出版社2013年版，第159～169页。

201

股东未明示放弃优先购买权的，产权交易所自行制定的未进场则视为放弃优先购买权的交易规则无效

关键词 | 股东优先购买权 | 产权交易所 |

【《最高人民法院公报》案例】

中静实业(集团)有限公司诉上海电力实业有限公司等股权转让纠纷案(上海市第二中级人民法院二审民事判决书)

裁判摘要：虽然国有产权转让应当进产权交易所进行公开交易，但因产权交易所并不具有判断交易一方是否丧失优先购买权这类法律事项的权利，在法律无明文规定且股东未明示放弃优先购买权的情况下，享有优先购买权的股东未进场交易，并不能根据交易所自行制定的“未进场则视为放弃优先购买权”的交易规则，得出其优先购买权已经丧失的结论。

上海市第二中级人民法院二审认为：本案争议焦点为：被上诉人中静公司是否已经丧失了涉案股权的股东优先购买权。

法院认为，中静公司并未丧失涉案股权的股东优先购买权。

第一，考虑到有限公司的人合性特征，我国《公司法》等相关法律法规规定了股东向股东以外的人转让股权的，应当向其他股东充分履行通知义务。其他股东在同等条件下享有优先购买权。此处所涉通知的内容，应当包括拟转让的股权数量、价格、履行方式、拟受让人的有关情况等多项主要的转让条件。结合本案，首先，在上诉人电力公司于一审第三人新能源公司股东会议中表示了股权转让的意愿后，被上诉人中静公司已明确表示不放弃优先购买权。其次，电力公司确定将股权转让给上诉人水利公司后，也并未将明确的拟受让人的情况告知中静公司。故而对于中静公司及时、合法的行权造成了障碍。而权利的放弃需要明示，故不能当然地认定中静公司已经放弃或者丧失了该股东优先购买权。

第二，被上诉人中静公司在一审第三人产交所的挂牌公告期内向产交所提出了异议，并明确提出了股东优先购买权的问题，要求产交所暂停挂牌交易。但产交所未予及时反馈，而仍然促成上诉人电力公司与水利公司达成交易，并在交易完成之后，方通知中静公司不予暂停交易，该做法明显欠妥。需要说明的是，产交所的性质为经市政府批准设立，不以盈利为目的，仅为产权交易提供场所设施和市场服务，并按照规定收取服务费的事业法人。基于此，产交所并非司法机构，并不具有处置法律纠纷的职能，其无权对中静公司是否享有优先购买权等作出法律意义上的认定。故当中静公司作为新能源公司的股东在挂牌公告期内向产交所提出异议时，产交所即应当暂停挂牌交易，待新能源公司股东之间的纠纷依法解决后方恢复交易才更为合理、妥当。故其不应擅自判断标的公司其余股东提出的异议成立与否，其设定的交易规则也不应与法律规定相矛盾和冲突。

——《最高人民法院公报》2016 年第 5 期

【最高人民法院商事审判参考性条例】

八、中静实业（集团）有限公司与上海电力实业有限公司、中国水利电力物资有限公司、上海新能源环保工程有限公司、上海联合产权交易所股权转让纠纷案

（三）典型意义

本案是保护民营企业在有限责任公司股权转让时享有优先购买权的典型案

例。电力公司作为国有企业,转让其股权时必须进场交易,但进场交易不能侵害其他股东的权利。产权交易所在中静公司提出异议却未告知是否如期交易的情况下,将电力公司的股权转让给水利公司,侵害了中静公司的优先购买权。人民法院审理本案时,平等对待不同所有制股东,依法保护非公有制企业中静公司的优先购买权。

混合所有制经济中,应当平等保护公有制经济主体与非公有制经济主体。由于混合所有制企业中,不同所有制经济主体的权利体现为对混合所有制企业的股权,故保护非公有制经济主体的权利就体现为对其股东权利的保障。有限责任公司中,股东对外转让股权时,其他股东的优先购买权是股权的重要内容之一,应依法予以保护。人民法院支持中静公司要求行使优先购买权的主张,体现了对混合所有制企业中非公有制股东的平等保护。

——《最高人民法院关于依法平等保护非公有制经济,促进非公有制经济健康发展民事商事典型案例》(2016 年 4 月 8 日),载最高人民法院网,http://www. court. gov. cn。

202

《公司法》关于股权转让同意权制度和优先购买权制度规范的性质

关键词 | 股权转让 | 股东同意权 | 股东优先购买权 |

【最高人民法院裁判文书】

东莞市恒锋实业有限公司与东莞市华源集团有限公司、东莞市厚华贸易有限公司、东莞市富成石材有限公司、中山市恒富物业投资实业有限公司委托收购股权合同赔偿纠纷案[最高人民法院(2012)民二终字第 13 号民事判决书]

最高人民法院认为:2005 年修正的《公司法》第三十五条规定:“股东向股东以外的人转让出资时,必须经全体股东过半数同意;不同意转让的股东应当购买该转让的出资,如果不购买该转让的出资,视为同意转让。股东同意转让的出资,在同等条件下,其他股东对该出资有优先购买权。”恒锋公司拟受让股权的展览中心的《公司章程》第十三条规定:“股东向股东以外的人转让其出资时,必须经股东会过半数以上股权同意,且在同等的条件下,其他股东对该出资有优先购买权。”上述规定系基于维护有限责任公司的人合性的目的，对有限责任公司股东向股东以外的人转让股权，规定了同意权制度和优先购买权制度予以限制。上述规定为强行性规定，对于拟受让有限责任公司股权的股东之外的第三人而言，其取得该公司股权，必须受上述规定的约束。应予明确的是，《公司法(2005)》第三十五条规定的认定有限责任公司同意转让的条件是“全体股东过半数同意”，而展览中心的《公司章程》第十三条规定的是“股东会过半数以上股权同意”，两者内容并不相同。由于《公司法》的该条规定是强行法的规定，不允许公司在其章程中放宽同意的条件，股权的过半数并不一定能够达到其他股东的过半数同意，因此，在公司章程中的规定宽于《公司法》的规定时，应以《公司法》的规定为准。本案中，恒锋公司拟取得的股权是展览中心的股权，展览中心系有限责任公司，依据上述规定，如恒锋公司受让股权，必须经展览中心全体股东过半数以上股东同意，如果其他股东不同意，则应行使优先购买权，在其他股东行使优先购买权的情形下，恒锋公司并不能取得案涉股权。此外，本案中，恒锋公司委托华源公司购买的股权系集体股股权。2002 年 10 月 4 日施行的《东莞市农村集体资产管理实施办法》第五条规定：“……镇区农村集体资产管理部门是……镇人民政府管理经联社、经济社两级农技集体资产的监督管理部门，负责指导和监督农村社区集体经济组织……产权交易。”由上述规定可见，对于村镇集体股权的转让，应受镇政府的监督管理。上述政府部门的意见对于集体股权的转让发挥着重要作用。正因为如此，本案中，在拟收购本案所涉展览中心集体股权时，华源公司是向东莞市厚街镇委、镇政府专责部门先行递交《关于受让广东现代国际展览中心有限公司集体股的申请》，并且，华源公司与恒锋公司在《委托协议书》中约定，当厚街镇委、镇政府提出的具体条件与原《关于受让广东现代国际展览中心有限公司集体股的申请》有区别的情况下，双方需要就有区别的部分进行协商并签订补充协议。在 2005 年 11 月 25 日，东莞市厚街镇政府拟转让股权的集体股股东与华源公司签订《集体股权转让合同书》。该合同书载明，东莞市厚街资产经营管理公司是东莞市厚街镇政府下属企业，持有股份为 35.93%，东莞市厚街镇政府已征得他们同意……转让给华源公司。由上述规定和事实可见，在本案所涉有限公司中的集体股股权转让给股东之外第三人时，应受两种规定的限制。简言之，恒锋公司能否根据《委托协议书》和《补充协议》的约定取得本案所涉股权，取决于上述两种规定的限制，本案所涉股权并非应当当然转让给恒锋公司。本案中，2006 年 5 月 30 日，华源公司向恒锋公司发出《解除合同通知书》，要求解除委托收购协议，其理由为“该公司在与恒锋公司签订股权转让协议前,未获得展览中心全债权股东过半数同意,违反《公司法》的相关规定”。在一、二审答辩时,其称解除合同是由厚街镇政府知道其替恒锋公司收购股权后对其进行了批评。从本案事实来看,尽管华源公司未提交厚街镇政府在其发出解除通知之时,明确表明不同意将本案所涉股权转让给恒锋公司的证据,但在得知该事实后,2006 年 9 月 11 日,东莞市厚街镇委、镇政府给展览中心董事会发出一份《关于展览中心股权重组有关问题的意见》,以及同年 11 月 28 日,恒锋公司提交的《关于恒锋公司秘密参与收购展览中心股份有关问题的会议纪要》载明,厚街镇委、镇政府在华源公司收购本案所涉股权时,并不知晓两者隐名收购事实,恒锋公司在已进入司法程序后的 9 月 1 日再单方面向各原股东发放了相关资料(包括私下签订的委托收购协议书和受让展览中心集体股申请,省高院受理通知书、有关收据等)等行为是不道德的。镇委、镇政府对华源公司是否有能力受让股份和能否经营好展览中心等进行了反复论证,最后认为对华源公司的条件综合起来最为符合要求。简言之,在得知隐名收购事实后,厚街镇委、镇政府仍然认为华源公司最符合受让股东的条件,并无明确同意恒锋公司可以受让股权的意思表示。而且,尽管在华源公司发出解除通知后,展览中心的 6 个股东中的 4 名股东东莞市兴业集团有限公司、东莞市宝龙实业有限公司、东莞市华伟实业有限公司、东莞市金业实业发展有限公司曾应恒锋公司请求,出具《股权转让意见书》,同意华源公司以 9994.6 万元的价格向恒锋公司转让展览中心 55% 的股权,但事后上述四名股东也出具《声明》,称其出具的《股权转让意见书》,系在不了解有关真实情况下作出的,非公司真实意思表示,声明自即日起撤销该意见书及有关意思表示,不同意华源公司将所收购的展览中心 59% 股权转归恒锋公司名下,最终结果是展览中心的全体股东过半数不同意将股权过户给恒锋公司,且行使了优先购买权。综上,在本案所涉股权并非依法当然应当过户给恒锋公司的情形下,华源公司在解除合同后未将股权转让给恒锋公司具有客观理由,没有充分证据认定是因华源公司的过错导致恒锋公司的股权差价款损失,因此,对于恒锋公司据此要求华源公司承担赔偿损失责任以及其他被上诉人承担连带责任的上诉请求,本院不予支持。此外,华源公司与恒锋公司基于《委托协议书》和《补充协议》建立的是委托收购股权关系,双方约定华源公司收购股权的目的是取得股权后将股权转让给恒锋公司,而未明确约定在股权不能转让给恒锋公司的情形下,应由华源公司代为持股。华源公司在行使法定的任意解除权、发出解除合同通知之时,明确表示将股权转让款退还恒锋公司的行为表明,其在解除合同、不再将案涉股权过户给恒锋公司的情形下,并不同意代恒锋公司持股，而系其自己持有股权。因此，华源公司依法处分上述股权，将其转让给行使优先购买权的展览中心的股东，不能认定对恒锋公司构成侵权，对于恒锋公司基于该事实请求华源公司赔偿其损失以及其他被上诉人承担赔偿损失的连带责任的上诉请求，本院不予支持。

——最高人民法院民事审判第二庭编：《商事审判指导》总第 32 辑，人民法院出版社 2013 年版，第 179～205 页。

【链接：最高人民法院法官著述】

基于《公司法》的制度性规定，经研究，倾向性意见认为，本案中，恒锋公司并不能当然取得委托收购的股权。在展览中心股东行使了优先购买权的情形下，恒锋公司依法不能取得案涉股权。华源公司之所以不能将受托购买股权转让给恒锋公司，并非基于其自身原因，因此，其无需承担赔偿责任。

——最高人民法院民事审判第二庭第一合议庭：《委托合同任意解除权的行使与损害赔偿问题——上诉人东莞市恒锋实业有限公司与被上诉人东莞市华源集团有限公司、东莞市厚华贸易有限公司、东莞市富成石材有限公司、中山市恒富物业投资实业有限公司委托收购股权合同赔偿纠纷案》，载最高人民法院民事审判第二庭编：《商事审判指导》总第 32 辑，人民法院出版社 2013 年版，第 179～205 页。

203

股东优先购买权的行使应以股权转让形成合意为前提条件

关键词｜股东优先购买权｜股权转让｜

【最高人民法院裁判文书】

丁祥明、李晴、冯月琴与瞿斐建优先认购权纠纷再审案［最高人民法院(2012)民抗字第 31 号民事判决书］

裁判摘要：股东优先购买权的本质是一项消极、防御性质的权利，即用于防御股东以外的人（在未获得其他股东同意的情况下）加入公司的情形。其积极权能(即其他股东收购拟出让股权)是附属于上述消极权能的,其作用仅在于避免出现僵局。因此,当股权外流的情形实际发生时,优先购买权方有行使的必要,该项情形未发生时,不必通过优先购买权加以修正。且股东优先购买权的成立条件,需拟出让股东与股东以外的人已经就股权转让达成合意,该合意不仅包括对外转让的意思表示,还应包括价款数额、付款时间、付款方式等在内的完整对价。

最高人民法院再审认为:股东优先购买权是相比于股东以外的买受人而享有的优先权,因此,股东行使优先购买权的前提是,拟出让股东与股东以外的人已经就股权转让达成合意,该合意不仅包括对外转让的意思表示,还应包括价款数额、付款时间、付款方式等在内的完整对价。而在本案中,虽然在股东会前全体股东均被通知,将于下午与股东以外的受让人签约,但在股东会上,受让人并未到场,也没有披露他们的身份或者与他们签订的合同,因此,直至股东会结束签署决议时,对外转让的受让方仍未确定,股东行使优先购买权的前提也未成就。瞿斐建认为其在股东会决议上签署要求行使优先购买权的意见,即为实际行使优先购买权,与法律规定不符。此后,陈京桂等五名股东自愿将股权转让给瞿斐建,属于在股东之间互相转让股权的行为,也不是瞿斐建行使优先购买权的结果。

关于9月10日股东会上是否讨论过股权转让合同稿的问题,从本院再审查明的事实看,瞿斐建在股东会之前即已取得该份合同稿,因此股东会议上不是取得该稿的唯一机会,也就不能由此认定该稿必然在股东会上进行过讨论,考虑到陈京桂等五人因出售股份而与瞿斐建形成一定的利害关系,因此仅依据瞿斐建和陈某某等五人的陈述,不足以证明该合同稿是9月10日股东会的材料,最高人民检察院就此提出的抗诉意见成立。同时,二审判决亦载明,该合同稿在股权转让的具体价格、股权转让款的支付方式(主要是时间、具体分期支付的款项)处为空白,双方当事人对此亦无异议,因此该合同稿本身并不能证明股权转让款的支付时间、分期支付的方式等目前争议的问题,二审判决以此作为证明9月10日股东会上讨论过的交易条件的依据不当。

瞿斐建还认为,丁祥明等三人与曹宝康、富强恶意串通,采取多种手段阻碍瞿斐建行使优先购买权。本院认为,瞿斐建目前主张的是自己行使优先购买权的条件在9月10日股东会上已经形成,而双方当事人均承认丁祥明等三人与曹宝康、富强所签订的各份合同内容及其条件均未在9月10日股东会上进行通知或披露,瞿斐建也拒绝按照丁祥明等三人与曹宝康、富强之间的交易条件行使优先购买权。因此,一审判决以这些交易条件作为判断瞿斐建行使优先购买权的同等条件，显属不当，但丁祥明等三人与曹宝康、富强之间的交易行为，对瞿斐建证明自己行使优先购买权的条件已经成就而言，也无影响，因此也不能以此作为支持瞿斐建诉讼主张成立的依据。

——中国裁判文书网，http://wenshu.court.gov.cn。

丁祥明、李晴、冯月琴与瞿斐建优先认购权纠纷案［最高人民法院（2012）民抗字第32号民事判决书］

本裁判理由与前引裁判文书基本一致（略）。

——中国裁判文书网，http://wenshu.court.gov.cn。

【链接：最高人民法院法官著述】

优先购买权本质上是一项消极、防御性质的权利，即主要用于防御股东以外的人（在未获其他股东同意的情况下）加入公司的情形，从而维持有限责任公司的人合性。因此，当股权外流的情形实际发生时，优先购买权始有行使的必要，该项情形未发生时，不必通过优先购买权加以修正；在外流过程中，应准许出让股东等相关人员自行修正以阻却该项事实的发生。

在实践中，一般存在以下两种不应作为行使股东优先购买权基础的情形：第一，出让股东以对外转让的意思表示（即使包含全部转让条件而形似出让要约）并征求其他股东意见时，该意思表示本身并非合同法意义上的转让股权的要约，被征求意见的股东亦不能就此作出承诺，如被征求意见的股东不同意，拟出让股东可以自行撤回该项意思表示。但是，如果拟出让股东明确作出其他股东得就此承诺买受的意思表示的，可以发生承诺的法律后果。第二，即使出让股东与第三人达成协议，在其他股东不同意对外转让的情况下亦得反悔，出让股东与第三人之间的股权转让行为可能因此产生构成违约、缔约过失或正当解除等法律后果，但此时股权外流的风险已经消除，其他股东亦不得就此再行使优先购买权。

——马赫宁：《股东优先购买权的行使应以股权转让形成合意为前提——丁祥明、李晴、冯月琴与瞿斐建优先认购权纠纷抗诉案》，载景汉朝主编、最高人民法院审判监督庭编：《审判监督指导》总第47辑，人民法院出版社2014年版，第171～186页。

204

股权转让经过全体股东一致同意，且不违反法律、行政法规的禁止性规定，应当认定有效

关键词｜股权转让｜

【最高人民法院裁判文书】

孙建明与新疆生产建设兵团农二师华盛商贸有限公司、新疆库尔勒鑫金三角有限责任公司、新疆生产建设兵团农业建设第二师、新疆生产建设兵团农业建设第二师三十团、新疆生产建设兵团农业建设第二师二十二团(中心团场)、新疆生产建设兵团农二师后勤服务中心股东权纠纷案[最高人民法院(2006)民二终字第42号民事判决书]

最高人民法院认为:1999年6月23日,农二师协调小组召开协调会,协商解决三角地商贸城建设问题。会后形成《关于解决三角地商贸城建设问题的会议纪要》记载:孙建明、沈凤鸣代表浩源公司和威龙公司一致同意将金三角公司的注册资本增加到1000万元,其上由德丰商厦出资510万元,浩源公司出资245万元,威龙公司出资245万元。孙建明在会议纪要上签字,表示同意扩股方案。此后,孙建明、沈凤鸣分别受让了浩源公司、威龙公司的股权。同年7月6日,金三角公司变更为鑫金三角公司,其股东为德丰商厦、孙建明和沈凤鸣,并办理了工商登记。基于上述事实,本院认为,金三角公司引入德丰商厦成为其股东的扩股方案是经孙建明、沈凤鸣同意后实施的,其代表了股东浩源公司、威龙公司的真实意思。因此,上诉人孙建明提出“该扩股方案剥夺了浩源公司、威龙公司的优先购买权,侵犯了公司原股东合法权益,应认定德丰商厦入股鑫金三角公司的行为无效”的上诉主张,没有事实依据,本院不予支持。

2001年6月22日,鑫金三角公司召开股东会,决定:德丰商厦将其510万元的出资全部转让给农垦公司;鑫金三角公司的注册资本由1000万元增加到46961329元,以农垦公司以出让方式获得的62.2亩土地使用权的价值投入。扣除金三角公司已交纳的补偿费、拆迁费及安置费等,农垦公司实际新增出资37061329元,加上原德丰商厦出资510万元,共计42161329元,占89.779%;孙建明出资245万元(占5.217%),沈凤鸣出资235万元(占5.004%)。2002年1月15日,农垦公司与农二师签订《出资转让协议书》。同年1月24日,鑫金三角

公司召开股东会，一致同意农垦公司与农二师之间的股权转让，并同意修改公司章程。同年8月22日，鑫金三角公司股东会作出决议，同意农二师将其持有的670万元出资，分别转让给三十团(250万元)、二十二团(250万元)、服务中心(170万元)。经本院二审对有关证据进行审查、质证，孙建明均在上述相关股东会决议等文件上签字确认，表示同意上述股权转让。因此，本院认为，上述股权转让经过了全体股东的一致同意，且不违反国家法律、行政法规的禁止性规定，应当认定转让行为有效。

——最高人民法院民事审判第二庭编：《最高人民法院商事审判指导案例 · 公司卷》，中国法制出版社2011年版，第250～262页。

205

股东在相同转让价格时有机会受让而没有受让并支付股权转让款，不再享有优先受让权

关键词｜股东优先购买权｜

【最高人民法院裁判文书】

吴桂文与洪正珠、洪四午、谭优华、胡新传、丁定邦、胡吉祥、冯石安及喻春、胡益群合伙纠纷再审审查案[最高人民法院(2013)民申字第157号民事裁定书]

最高人民法院认为：关于2004年2月12日(农历正月22日)签订的《猴子洞煤矿转让协议》效力问题。吴桂文的申请再审理由是其他股东虚构买受人，吴桂文在受蒙骗的情况下签字同意出让自己的股份；吴桂文在得知买受人是洪正珠时，当即提出异议不同意转让股份；其他股东以谭优华为代表与洪正珠、洪四午之间相互串通压低煤矿转让价格，侵犯吴桂文的利益，转让协议不是吴桂文的真实意思表示，转让协议无效。吴桂文认为208万元将煤矿整体转让是压低了价格，不同意转让给洪四午开采经营，将此事闹到乡政府，乡政府组织双方当事人调解，双方同意以同样价格208万元由吴桂文受让，但吴桂文没有按照调解会议结论履行、双方没有重新签订协议，吴桂文也没有支付相应的转让款。相反，洪四午按照2004年2月12日(农历正月22日)转让协议将转让款交付给谭优华，谭优华将款支付给各个股东，吴桂文也通过谭优华得到了经过结算的相应

转让款。因此，吴桂文在相同转让价格有机会可以受让的情况下没有受让，没有支付其他股东股权转让款，说明该转让价较为合理，并不存在其他股东故意压低价格之情形。因此，在相同价格的情况下进行转让没有损害吴桂文的利益，洪四午予以受让，应该说是各个股东的真实意思表示，转让协议应属有效。吴桂文认为相同价格只能转让给股东以外的其他人或吴桂文自己才有效，转让给洪四午就无效的理由不能成立。再审判决认定转让协议合法有效并无不当。

——中国裁判文书网，http://wenshu.court.gov.cn。

206

股东主张其行使购买权的价格应根据评估的价值确定，缺乏依据

关键词 | 股东优先购买权 |

【最高人民法院裁判文书】

王博女与李建村、胡凤飞及泾县国华方解石开发有限公司股东资格确认纠纷申请再审案[最高人民法院(2016)最高法民申3118号民事裁定书]

最高人民法院认为：(一)关于李建村与胡凤飞签订的《股权转让协议》是否侵犯了王博女的权利。

国华公司章程第十三条约定，股东之间可以相互转让其全部或者部分股权。股东向股东以外的人转让股权，应当经其他股东过半数同意。股东应就其股权转让事项书面通知其他股东征求同意，其他股东自接到书面通知之日起满三十日未答复的，视为同意转让。其他股东半数以上不同意转让的，不同意的股东应当购买该转让的股权；不购买的，视为同意转让。上述约定与《公司法(2005)》第七十二条第一款、第二款规定相符。李建村在转让国华公司股权之前，与国华公司股东边防、王博女进行过磋商，未达成协议。李建村与胡凤飞签订《股权转让协议》，并以书面通知方式征求边防、王博女对转让股权的意见，同时告知他们在同等条件下享有优先购买权，符合国华公司章程及公司法律规定的股权转让程序。边防、王博女在三十日内作出不同意李建村向胡凤飞转让股权的意思表示，却未表示按照同样的价格购买，二审判决认定王博女放弃优先购买权，视为同意李建村向胡凤飞转让股权，并无不当。

王博女主张其与股东边防均不同意李建村对外转让股份,故本案不应适用《公司法(2005)》第七十二条第三款规定。对此,本院认为,《公司法(2005)》第七十二条第二款和第三款存在联系,不能分割适用,王博女未购买李建村的股权应视为同意转让,李建村有权向股东以外的人转让。二审判决适用《公司法(2005)》第七十二条第三款规定,并无不当。王博女主张其行使购买权的价格应根据评估的价值确定,缺乏依据。李建村与胡凤飞签订的《股权转让协议》并未侵犯王博女的权利。二审判决适用《民诉法解释》第三百条第一款第三项规定,驳回王博女的诉讼请求,适用法律正确。

——中国裁判文书网,http://wenshu. court. gov. cn。

（七）股权公开竞拍挂牌交易

207

以公开挂牌拍卖方式转让股权的，转让方负有信息披露义务，而受让方也负有及时对相关情况进行审查的义务

关键词｜股权挂牌拍卖｜信息披露义务｜审查义务｜

【最高人民法院裁判文书】

安徽实嘉房地产开发有限公司与合肥鑫城国有资产经营有限公司股权转让纠纷案[最高人民法院(2013)民二终字第83号民事判决书]

裁判要旨:出让方委托产权交易中心通过公开挂牌方式转让其股权,并由产权交易中心发布转让公告,对转让标的、转让标的企业的基本情况、转让底价及转让价款支付方式等内容进行说明,明确告知了资产评估报告和审计报告的文号,且进行了风险、不确定因素的提示。在公开挂牌交易时,出让方再次对目标公司的重大资产变化情况进行了补充披露。同时,基于出让方的提示及相关资料反映的事实,竞买者亦应负有及时进行相关情况的审查义务,并应对其所作出的竞买决定自行承担经营及市场风险,承担相应的民事法律后果。

最高人民法院认为:(一)关于鑫城公司在转让案涉股权时是否履行了信息

披露义务,实嘉公司是否因其信息披露瑕疵而受到了重大损失的问题。

鑫城公司委托合肥市产权交易中心通过公开挂牌方式转让其持有的城开公司70%国有股权,并由合肥市产权交易中心发布《城开公司70%国有股权转让公告》对转让标的、转让标的企业的基本情况,转让标的企业主要财务指标数据、资产评估核准或备案情况,产权转让行为的内部决策及批准情况,转让底价及转让价款支付方式,意向受让方应具备的基本条件、交易条件,竞买保证金及产权交易服务费、履约保证金,特别事项等内容进行了说明,公告同时明确表述了确定转让标的企业资产、主要财务指标等情况所依据的资产评估报告和审计报告的文号和作出机构,并指出资产评估、审计的基准日是2010年4月30日,初步履行了披露转让标的基本情况的义务。公告亦提示意向受让方充分关注、调查与本次产权转让标的相关的所有事宜、信息、或有风险、不确定因素及可能对转让标的企业资产及企业经营管理造成的影响。对于实嘉公司提出异议的康城水云间、康城商业中心等项目,案涉审计报告“其他事项说明部分”和案涉公告“特别事项说明”部分对其在资产评估、审计基准日之前的情况进行了说明。审计报告正文末尾同时载明其附件包括资产负债表、会计事项调整表及各项资产负债明细审定表。其中,各项资产负债明细审定表对康城水云间项目预收房款的情况,在预收款项目栏进行了记载,并列明了预售住宅、门面房的楼号、房号等信息。同时,根据原审法院查明事实,在资产评估、审计基准日之后,城开公司将此前预售的康城水云间项目住宅、门面房交付业主,其他项目也如约予以开展,目前并无证据证明相关项目的开展存在违法之处。因此,对于实嘉公司关于鑫城公司披露转让标的信息的文件不完整、不真实、不准确的主张,本院不予支持。

鑫城公司在转让案涉股权时基本履行了信息披露义务,但对资产评估、审计基准日之后至公开挂牌交易之前,城开公司资产的重大变化情况没有及时进行补充披露;从本案现有证据看,信息披露材料虽表明康城水云间预售房收入属于预收款,但没有直接明确康城水云间项目的存量房产总面积与处于预售状态的存量房面积之间的关系。原审法院认为鑫城公司上述信息披露过程中存在的瑕疵,在一定程度上增加了竞买者产生模糊认识的可能性,但不足以影响实嘉公司在竞买活动中作出的最终决策,并无不妥。

作为案涉股权的竞买者和独立商事主体,实嘉公司在作出交易标的额高达数亿元的商业决定前,理应认真研读公告和公告中列明的资产评估报告、审计报告及其附件,以便在对交易标的有充分了解之后作出理性的商业判断。而上述资料对资产评估、审计基准日为2010年4月30日,康城水云间项目有预售情况、预售房款属于预收款等情况均有明确披露。若鑫城公司如实嘉公司所称未完整提交并公开相应文号的资产评估报告、审计报告及其附件，实嘉公司亦有权在参与竞拍之前，要求其予以完整公开。同时，实嘉公司在竞买过程中，已向合肥市产权交易中心出具《履行合同义务的承诺函》，明确表示“已仔细阅读并研究了贵方的城开公司股权转让文件及其附件”，“完全熟悉其中的要求、条款和条件，并充分了解标的情况”。因此，原审法院认定实嘉公司作为房地产开发企业，在竞买过程中负有审慎审查义务，且其未能全面履行竞买者的审慎审查义务，并无不妥。事实上，实嘉公司在参与股权竞买过程中，可以通过研读公告和公告中列明的资产评估报告、审计报告及其附件等资料，及时了解城开公司翔实的经营状态，在这方面并不存在实质性障碍。且实嘉公司亦未能提供充分证据证明因鑫城公司的信息披露瑕疵使其受到了经济损失。故实嘉公司主张的该项上诉请求，缺乏事实和法律依据，本院不予支持。

（二）关于实嘉公司要求鑫城公司承担违约责任和瑕疵担保责任，进而减少其向鑫城公司支付的股权转让剩余款项的主张是否成立的问题。

实嘉公司参与竞买城开公司70%国有股权，并与鑫城公司签订《产权转让合同》，该合同是双方当事人的真实意思表示，不违反法律、行政法规的强制性规定，合法有效，当事人均应依约履行各自义务。签订合同后，城开公司完成股东工商登记变更手续，实嘉公司成为该公司股东，持股比例为70%，鑫城公司已履行了合同约定义务，转让标的股权本身并无瑕疵。实嘉公司主张鑫城公司承担违约金和瑕疵担保责任，没有事实和法律依据。按《产权转让合同》约定，实嘉公司应如期履行给付股权转让剩余款项的义务，其主张以鑫城公司承担的违约金抵减股权转让剩余款项的理由不成立，本院不予支持。

——最高人民法院民事审判第二庭编：《最高人民法院商事审判指导案例（2014）》，中国民主法制出版社2015年版，第235～245页。

208

公开挂牌转让股份的，转让方需对目标公司自评估基准日以来的重大资产变化情况进行补充披露，竞买者亦应负及时审查相关情况的义务

关键词 | 股权转让 | 补充披露 | 审查义务 |

【最高人民法院裁判文书】

合肥鑫城国有资产经营有限公司与安徽实嘉房地产开发有限公司及安徽蓝鼎控股集团有限公司股权转让纠纷案[最高人民法院(2013)民二终字第67号民事判决书]

裁判要旨:出让方委托产权交易中心通过公开挂牌方式转让其股权,并由产权交易中心发布转让公告,对转让标的、转让标的企业的基本情况、转让底价及转让价款支付方式等内容进行说明,明确告知资产评估报告和审计报告的文号,且进行风险、不确定因素的提示,属初步履行了信息披露义务。在公开挂牌交易时,出让方需对目标公司自评估基准日以来的重大资产变化情况进行补充披露。同时,基于出让方的提示及相关资料反映的事实,竞买者亦应负有及时审查相关情况的义务,并应对其所作出的竞买决定自行承担经营及市场风险,承担相应的民事法律后果。

最高人民法院认为,鑫城公司委托合肥市产权交易中心通过公开挂牌方式转让其持有的城开公司70%国有股权,并由合肥市产权交易中心发布《城开公司70%国有股权转让公告》,对转让标的、转让标的企业的基本情况、转让底价及转让价款支付方式等内容进行了说明,初步履行了披露转让标的基本情况的义务。该公告在描述"转让标的的基本情况"和"转让标的企业资产评估或备案情况"时,明确表述了资产评估报告和审计报告的作出机构,并直接引述了资产评估报告和审计报告的文号。该公告同时载明了资产评估、审计的基准日是2010年4月30日,并在"特别事项说明"部分指出:评估基准日至《产权转让合同》签订之日止期间的城开公司产生的经营损益,由鑫城公司按其持股比例承担或享有,具体数额由鑫城公司与案涉股权受让方在《产权转让合同》签订之日起10日内,共同委托会计师事务所进行审计确认。一审中,鑫城公司提交的证据十一中包括资产评估报告、审计报告和合肥市产权交易中心出具的函等证据,用以证明其信息披露材料包含了审计报告、资产评估报告及所附内容。对此,实嘉公司在原审质证过程中表示,对该组证据的真实性、关联性并无异议,只是不认可其合法性和证明目的,但并未提交否定其合法性的相关证据。因此,实嘉公司上诉提出的有关"鑫城公司向意向受让人交付的产权转让文件不包括《审计报告》及《资产评估报告》,其也从未告知产权转让文件附件的名称、内容、份数、页数等信息,资产披露文件不完整"等主张,因证据不足,本院不予采纳。

案涉公告“特别事项说明”部分第（八）项指出，“资产评估报告书载明”紫蓬山、康城商业中心、皖江厂等项目在评估基准日前的相关情况和项目进一步发展可能对城开公司资产产生的影响。案涉审计报告“其他事项说明部分”分别对紫蓬山、康城商业中心、康城水云间、皖江厂等项目进行了特别说明，相关内容与案涉公告相同。该审计报告正文末尾载明，报告附件包括资产负债表、会计事项调整表及各项资产负债明细审定表。其中，各项资产负债明细审定表预收款项目栏对康城水云间项目预收房款的情况进行了记载。同时，根据原审法院查明事实，在资产评估、审计基准日之后，城开公司已将此前预售的康城水云间项目住宅、门面房交付业主；已按照与合肥恒一投资有限公司的约定，向城开公司为康城商业中心项目设立的账户汇款；合肥新站综合开发试验区管委会通过该区财政局退还了 3000 万元保证金。鑫城公司对上述相关交易事项在资产评估、审计基准日之前的情况均进行了如实披露；在基准日之后，相关交易活动如约进行，目前也并无证据证明相关交易活动存在违法之处。由此可见，鑫城公司虽未将资产评估、审计基准日之后至公开挂牌交易之前城开公司的上述相关资产的变化进行披露，但其已明确所披露的内容均为“基准日之前目标公司的情况”，并在公告中提示意向受让方充分关注、调查与本次产权转让标的相关的所有事宜、信息、或有风险、不确定因素及可能对转让标的企业资产及企业经营管理造成的影响。故实嘉公司关于鑫城公司披露转让标的信息不真实、不准确的主张不能成立。

另外，作为案涉股权的竞买者和独立商事主体，实嘉公司在作出交易标的额高达数亿元的商业决定前，理应认真研读公告和公告中列明的资产评估报告、审计报告及其附件，以便在对交易标的有了充分了解后作出理性的商业判断。公告中已列明资产评估报告、审计报告的作出机构和具体文号，审计报告正文末尾也注明了报告所包含的附件名称。若鑫城公司如实嘉公司所称未完整提交并公开相应文号的资产评估报告、审计报告及其附件，实嘉公司亦有权在参与竞拍之前，要求其予以完整公开。同时，在竞买过程中，实嘉公司向合肥市产权交易中心出具了《履行合同义务的承诺函》，承诺“已仔细阅读并研究了贵方的城开公司股权转让文件及其附件”“完全熟悉其中的要求、条款和条件，并充分了解标的情况”。因此，原审判决关于“实嘉公司作为房地产开发企业，在竞买过程中负有审慎审查义务，且其未能全面履行竞买者的审慎审查义务”的认定得当，实嘉公司应对其所作的商业决定自行承担相应的市场风险及法律后果。

实嘉公司与鑫城公司签订《产权转让合同》，系双方当事人的真实意思表示，不违反法律、行政法规的强制性规定，合法有效，当事人均应依约履行各自义务。签订合同后，城开公司完成股东工商登记变更手续，实嘉公司成为该公司股东，持股比例为70%，鑫城公司已履行了合同约定义务，结合前述关于披露转让标的相关情况的分析，本院对实嘉公司主张由鑫城公司承担违约责任的请求不予支持。

——最高人民法院民事审判第二庭编：《商事审判指导》总第36辑，人民法院出版社2014年版，第233～249页。

209

股权交易竞拍中举牌申请人知晓变更情况并参加交易，交易结束后又请求确认该信息变更无效的，不予支持

关键词 | 股权竞拍 |

【《最高人民法院公报》案例】

周益民诉上海联合产权交易所、华融国际信托有限责任公司股权转让纠纷案(上海市第二中级人民法院二审民事判决书)

裁判摘要：产权交易所发布的产权交易信息是向不特定主体发出的要约邀请。根据产权交易市场的交易管理办法和交易习惯，信息一经发布，公告期内一般不得变更，但在无举牌申请人举牌的情况下，可以按照产权出让人的意愿，根据产权交易所的有关规则进行信息变更。举牌申请人在信息变更之后签收载明新信息的相关法律文件并举牌参加交易，应视为清楚并认可产权交易信息的变更。举牌申请人知晓变更情况并参加交易，在交易结束之后，又请求确认该信息变更无效的，人民法院不予支持。

上海市第二中级人民法院二审认为：本案被上诉人华融信托公司委托被上诉人联交所在其网站、交易大厅显示屏以及《中国证券报》上所发布的涉案股权转让信息公告，虽载明有挂牌转让的价格、期限和交易方式等信息内容，但实际是向不特定主体发出的以吸引或邀请相对方发出要约为目的的意思表示，故应认定为要约邀请。依照一般要约邀请的法律性质，除了法定的不得撤销的情形外，只要未给善意相对人造成信赖利益的损失，要约邀请人可以变更或撤回要约

邀请。本案中,通过产权交易所向不特定主体公开发布的特殊要约邀请,其信息的变更或撤销,应受相关产权交易市场的交易管理办法和操作细则的限制。这种限制是合法且必要的,有利于保证交易信息的稳定、保护信赖交易信息而履行了一定前期准备工作的相对人的经济利益。由于本案华融信托公司通过联交所挂牌交易的450万股银联数据公司股权,实际并不具有国有产权的性质,而是银联数据公司、银联数据员工持股会基于员工信托持股计划而交由华融信托公司托管的信托资产,其股权所有权人为银联数据公司的员工,故该股权的转让不能直接适用《企业国有产权转让管理暂行办法》《企业国有产权交易操作规则》的相关规定,而应受《上海市产权交易市场管理办法》及其实施细则以及《上海市产权转让信息公开发布活动管理规则》的约束。根据上述相关交易规则,在产权转让公告中的受让条件,一经发布不得擅自变更,因特殊原因确需变更信息公告内容的,应当由产权出让批准机构出具文件,由联交所在原信息发布渠道进行公告,并重新计算公告期。据此,涉案股权转让的交易信息公告后,可以进行变更,但要有特殊原因且应当由产权出让机构批准。对于特殊原因的解释,《上海市产权交易市场管理办法实施细则》《上海市产权转让信息公开发布活动管理规则》的相关条文未明确限定。但在不影响举牌申请人利益的情况下,适度保护产权转让人的交易自由,原则上可以尊重产权出让批准机构作出的合理解释。就本案而言,涉案股权转让的交易信息公告变更前并未有人递交举牌申请书,而且,权利人已就交易信息的变更作出决议并有合理的理由,在此情形下华融信托公司通过联交所变更交易信息并不实质性损害举牌申请人的权益,又有利于实现股权转让人的交易目的,并无不当。上海市产权管理办公室亦表示,该公告信息的变更符合相关交易程序,不违反产权交易规则。至于在原信息发布渠道公告的认定问题,根据《上海市产权交易市场管理办法实施细则》《上海市产权转让信息公开发布活动管理规则》中相关信息发布的规定,产权转让信息应当由联交所在其网站和省级以上报刊上进行公告。涉案股权转让的两次信息,联交所均在其网站和指定的报刊上进行了公告,并且还通过设在联交所交易大厅的显示屏对外予以发布。虽然联交所在信息变更的当日未选择由之前的《中国证券报》,而是由《上海证券报》刊登变更后的交易信息公告,但嗣后联交所又于2009年9月26日再次就上述信息的变更在《中国证券报》上刊登了相应的公告。因此,上诉人周益民以信息变更未在原信息发布渠道公告为由否定变更公告的效力,理由不充分。综上,2009年9月22日华融信托公司、联交所就之前发布的涉案股权交易信息公告进行变更的行为,未违反我国相关法律、行政法规的规定，且与现行的产权交易规则亦不相悖。

——《最高人民法院公报》2011年第6期

（八）股权转让合同的履行

210

股权受让一方违约，在案涉股权价格大幅度升值的情况下，又主动要求履行意向协议，有悖诚实信用原则

关键词 | 股权转让 | 诚实信用原则 |

【最高人民法院裁判文书】

九、北京万方源房地产开发有限公司与中国长城资产管理公司沈阳办事处债权置换股份协议纠纷案[最高人民法院(2015)民二终字第366号民事判决书]

（一）基本案情

2007年11月1日，中国长城资产管理公司沈阳办事处（简称长城资产沈阳办事处）与北京万方源房地产开发有限公司（简称万方源公司）签订《债权置换股份协议书》，约定长城资产沈阳办事处将其持有的5000余万元的债权，置换万方源公司持有的某公司的700万股法人股股权。协议签订后，长城资产沈阳办事处将上述债权转让给万方源公司，但万方源公司没有履行股权转让义务。2013年双方签订《意向协议》，约定万方源公司向长城资产沈阳办事处支付5250万元股权折现款，不再履行股权转让义务，但双方应当签订正式《股权折现协议》。《意向协议》签订后，万方源公司没有按照协议约定交纳保证金及折现款。在长城资产沈阳办事处提起本案诉讼后，万方源公司认为双方应当履行《意向协议》，拒绝支付股权的现值，仅同意支付5250万元。

（二）裁判结果

辽宁省高级人民法院一审认为，虽然双方签订了《意向协议》，但万方源公司没有据此交纳保证金，双方也未签订正式的《股权折现协议》。万方源公司应当按照《债权置换股份协议书》约定，向长城资产沈阳办事处支付其股权现值。

判决万方源公司赔偿长城资产沈阳办事处 18844 万元;支付违约金 2941935 元。万方源公司不服,上诉至最高人民法院。最高人民法院第二巡回法庭二审判决驳回上诉,维持原判。

(三)典型意义

本案当事人跨越辽宁与北京两省市,是一起诉讼标的额较大且跨行政区划的商事案件,双方当事人住所地分别在北京和沈阳,争议发生在辽宁。本庭在审判过程中,充分尊重当事人意思自治,注重维护商事交易秩序,倡导诚实信用原则,公正作出了裁判。本案中,万方源公司在签订《意向协议》后,没有与长城资产沈阳办事处签订正式的《股权折现协议》,也没有交纳保证金,属于违约方。在案涉股权价格大幅度升值(截止二审判决作出时已高达 3 亿多元)的情况下,万方源公司又主动要求履行《意向协议》,显然有悖诚实信用原则。因此,我们既坚持违约方不能因其违约行为而获益,又注意充分尊重当事人的意思表示,将股权升值后的大部分利益判归守约方长城资产沈阳办事处所有。本案的处理结果,依法保护了守约方长城资产沈阳办事处的合法权益,充分体现了诚实信用原则在司法审判中的准确适用,对于促进当事人在民事活动中平等协商、诚实守信、遵守规则,具有重要的指导意义。

——《最高人民法院第二巡回法庭关于公正审理跨省重大民商事和行政案件典型案例》(2016 年 10 月 31 日),载最高人民法院网,http://www.court.gov.cn。

211

股权转让合同已实际履行,受让方从未对转让价格提出异议,其后又要求变更转让价格的,不予支持

关键词 | 股权转让合同 |

【最高人民法院裁判文书】

郑浩、唐光玲与毛高亮等股权转让合同纠纷申请再审案[最高人民法院(2016)最高法民申 511 号民事裁定书]

最高人民法院认为:本案的焦点问题是郑浩、唐光玲请求变更股权转让价格

有无事实和法律依据。根据原审查明的事实,郑浩等申请再审的事实和法律根据不足。理由如下:第一,2011 年 3 月 1 日,毛高亮与郑浩等所订股权转让合同明确约定高望都宾馆所有资产折价 1.1 亿元,并据此按各方的持股比例确定毛高亮部分的股权转让价款为 7425 万元。该转让价款虽与案涉股东会纪要中反映双方股权转让的价格基本一致,但股权转让合同在股东会之后签订,郑浩等以股东会纪要中的有关事实否定股权转让合同中意思表示的真实性,没有法律根据。第二,股权转让合同价格的确定即使与股东会纪要中的价格存在关联,但郑浩等根据国家税务部门行政处罚决定中有关购票单位与开票单位不一致、票据不规范及部分无票据之认定主张毛高亮投资不实,事实依据和法律依据亦有不足。企业财务票据属于企业内部管理范畴,国家税务管理机关根据行政职权对企业管理进行的处罚决定,难以作为法院认定投资不实之依据。第三,股权转让后,郑浩等对该合同予以了实际履行,通过《股权转让结算说明》对后来剩余的转让款予以了确认,表明郑浩等对股权转让价格一直未提出异议。第四,郑浩属于宏都公司实际控制人,宏都公司与毛高亮签订合作设立有限责任公司的合同,并约定对毛高亮 2007 年 9 月 20 之前对外签订的装修宾馆合同予以确认。本院审查期间,毛高亮认为郑浩方在高望都宾馆经营中一直派有财务人员参与,作为合作经营方,郑浩等对案涉投资情况是掌握的,也参与了公司管理,而在股权转让后二年多的时间内,郑浩一直未提出异议,现郑浩等提出股东会议纪要确定的财务账目存在虚假,与常理不符。对此,郑浩等并未作出合理解释。第五,郑浩等虽提供高望都宾馆装修中受托设计单位人员的证词及装修预算,申请再审期间还提供了 2007 年至 2008 年毛高亮装修、装饰宾馆实际投入的工程造价鉴定报告对其主张予以证明,但其主张仍难以采信。原审中,宾馆装修受托设计单位人员的证词,因证人并未出庭质证,原审法院对其证词未予采纳,依法有据;再审申请中郑浩等提供的工程造价鉴定,属于自行委托,难以作为证据使用,且根据原审查明的事实,宾馆已经另行装修,工程造价鉴定的客观性也难以认定。

——中国裁判文书网,http://wenshu.court.gov.cn。

212

股权转让价格的确定依据并不仅限于目标公司的净资产价值

关键词 | 股权转让 | 净资产 |

【最高人民法院裁判文书】

中交天津航道局有限公司与秦皇岛中港船舶重工有限公司侵权纠纷案[最高人民法院(2013)民二终字第5号民事判决书]

裁判要旨：一、股权转让，指股东将蕴含股东权、股东地位或资格的股份移转于他人的民事行为。股权转让后，受让人因此成为公司股东，取得股东权。凡股东基于股东地位对公司所发生的全部权利义务关系均一体移转给受让人，原股东不再享有与股东身份相关的权利义务。

二、公司有独立的法人财产，享有法人财产权。所谓独立，是指公司财产独立于该公司股东的财产，两者的财产是相互分离的。同时，公司对股东投资形成的财产和运行中增值的财产享有法人财产权，即依法享有占有、使用、收益和处分的权利。

三、股权转让时股权价格的确定依据并不仅是目标公司的净资产价值，本案中就是通过《股权转让协议》根据净资产确定了股权的当前价值，通过《委托管理协议》约定了股权预期价值的分配。

最高人民法院认为：根据改制方案，2005年7月3日航道局公司与天津世纪集团有限公司签订《股权转让协议》，航道局公司以1772.03万元的价款将其持有的中港船舶公司股权转让给天津世纪集团有限公司，涉案的土地使用权并未纳入中港船舶公司改制时的资产评估范围。2005年7月26日，天津世纪集团有限公司办理了股权变更登记手续。2005年7月28日，航道局公司、航通中心与中港船舶公司签订了两份《委托管理协议》，该协议约定，中港船舶公司已退休职工、内退职工，以及不参加改制的工伤职工由改制后的中港船舶公司进行管理。上述职工的安置费用来源于航道局公司、航通中心交付给改制后的中港船舶公司的股权转让收益、原中港船舶公司占用的划拨土地出让收益。该土地出让收益支付职工安置费用后若有剩余，由航道局公司、航通中心收回。

上述《股权转让协议》《委托管理协议》是各方当事人真实意思表示，且不违反法律、行政法规的强制性规定，应认定为合法有效。航道局公司亦是通过上述协议的签署，完成了对拟转让股权的定价，即通过《股权转让协议》根据净资产确定了股权的当前价值，通过《委托管理协议》约定了股权预期价值的分配。航道局公司主张根据国土资源部《关于改革土地评估结果确认和土地资产处置审批办法的通知》（国土资发〔2001〕44号）中"为支持和促进企业改革，企业改制时，可根据划拨土地的平均取得和开发成本，划定土地使用权价格，作为原划拨土地使用者的权益，计入企业资产"的相关规定，企业改制时划拨土地使用权也是有价值的，航道局公司应该对涉案土地收益享有权利。本院认为，上述通知对于划拨土地使用权价格在改制时可计入企业资产并非强制性规定，故企业改制时未将划拨土地使用权价格计入企业资产并无不当，且航道局公司在中港船舶公司改制时是通过《委托管理协议》的相关约定对涉案土地利益进行了分配，故现航道局公司主张涉案土地收益的基础应是《委托管理协议》中的相关约定。关于《委托管理协议》中提到的"土地出让收益"，根据相关改制政策及当事人的约定，是指将诉争土地由划拨变性为出让时，中港船舶公司缴纳土地出让金后，经有关政府批准，将该土地出让金返还用于职工安置的款项。本案约定的"土地出让收益"，因土地开发中心收回诉争土地，中港船舶公司并未取得土地出让金，故《委托管理协议》中"划拨土地出让收益"并未实际发生。

——最高人民法院民事审判第二庭编：《最高人民法院商事审判指导案例(2014)》，中国民主法制出版社2015年版，第16~23页。

213

股权转让协议仅是履行离婚协议具体行为的，支付股权对价款的约定并非双方真实意思表示

关键词｜股权转让协议｜离婚协议｜

【最高人民法院裁判文书】

张檄与宁培艳股权转让纠纷申请再审案[**最高人民法院(2015)民申字第3079号民事裁定书**]

最高人民法院认为：张檄与宁培艳曾系夫妻关系，后因夫妻感情确已破裂，两人协议离婚，并于2012年12月15日签订《自愿离婚协议书》。该协议约定："夫妻共有财产归妻子宁培艳和儿女们所有。我(即张檄)同意将甘肃省庆阳市腾祥混凝土有限责任公司及腾祥房地产开发有限责任公司自己名下的所有股份权利及其他一切所有权归妻子宁培艳及儿女所有。"2012年12月27日，张檄与宁培艳在银川市兴庆区民政局办理了离婚手续，在婚姻登记机关所留档的《自

愿离婚协议书》财产分割内容与上述约定精神吻合。根据《婚姻法解释(二)》第八条的规定,上述离婚协议内容合法有效,对张檄和宁培艳均具有法律约束力。张檄所提本案没有证据证明其已自愿将腾祥房地产公司90%股权在离婚时分割给宁培艳的再审主张,与事实不符,本院对此依法不予支持。

张檄与宁培艳自愿离婚后,双方于2013年1月7日就张檄所持有的腾祥房地产公司90%股权签订了《股权转让协议》,并依据该协议于2013年1月10日在工商登记部门办理了股权过户手续,宁培艳登记为持有腾祥房地产公司90%股权的股东。张檄在原审和再审申请时,均以宁培艳未向其支付上述《股权转让协议》所约定的900万股权转让款为由,要求解除《股权转让协议》及宁培艳赔偿损失400万元。经查,上述《股权转让协议》虽约定宁培艳需支付900万元取得张檄名下的腾祥房地产公司90%股权,但结合双方在《自愿离婚协议书》确定的夫妻共同财产分割内容,足以认定双方签订《股权转让协议》仅是履行离婚协议内容的具体行为,《股权转让协议》所约定的上述900万股权对价款,并非双方的真实意思表示。因此,二审判决驳回张檄要求解除《股权转让协议》并赔偿损失的诉请请求,事实依据和法律依据充分。二审基于宁培艳依照案涉《自愿离婚协议书》的约定承继案涉股权的事实,在判决说理部分阐明宁培艳无需支付900万股权转让款,此为驳回张檄诉讼请求的理由,并不属于判决超出诉讼请求的情形。

——中国裁判文书网,http://wenshu.court.gov.cn。

214

股权转让完成后转让方退出公司，受让方已掌管公司，在办理公司采矿权变更和续期过程中，转让方仅负有协助和配合义务

关键词｜股权转让｜采矿权变更｜协助义务｜

【最高人民法院裁判文书】

张春利、高俭、高金龙与王恩重、王久利、王丽丽股权转让纠纷申请再审案［最高人民法院(2014)民申字第1822号民事裁定书］

最高人民法院审查认为:在完成股权的转让后,张春利一方退出公司,王恩重一方进入公司生产经营、成立了新的股东会、办理了工商登记,具有了对抗第

三人的效力。王恩重一方掌管了公司生产经营,因此在办理采矿权变更和续期过程中,张春利一方应当仅负有协助和配合的义务。而王恩重一方在 2010 年 11 月 24 日申请对口山萤石矿的采矿权进行延期时,并未申请对备案法人同时进行变更,亦未提交证据证实其曾向张春利一方提出过张春利一方办理备案法人变更的授权委托书等相关手续和要求,双方未办理口山萤石矿的采矿许可证备案法人的变更手续并未影响王恩重一方的正常经营,也没有给王恩重一方造成损失,原审据此认定张春利一方不存在违约行为,王恩重一方应当支付剩余转让款 288.65 万元及利息正确。王恩重一方认为张春利一方违约,其可以拒付股权剩余价款的理由不能成立。

——中国裁判文书网,http://wenshu.court.gov.cn。

215

受让方取得公司股权后实现了对公司的经营管理和控制,转让方是否移交公章及相应证照资料并不影响受让方受让股权交易目的的实现

关键词|股权转让|

【最高人民法院裁判文书】

吴善媚、李耀生与梁新业、宋汉之等股权转让纠纷案[最高人民法院(2016)最高法民终 51 号民事判决书]

最高人民法院认为:一、在 5500 万股权转让款及对应的股权交付问题上,究竟哪一方构成违约,以及如何承担违约责任。

关于受让方是否违约问题。首先看受让方是否已按照合同的约定支付首期款 1000 万元。根据“8 月 11 日协议”及相关补充协议的约定,受让方在支付 1000 万元股权转让款后,转让方应先将 20% 的股权转让给受让方。截至 2009 年 12 月 23 日,受让方共向转让方支付 1000 万元,尽管受让方并未完全按照上述协议约定的日期支付该笔款项,但受让方仍然受领,金汛公司于 2009 年 9 月 1 日召开股东会决议,将 20% 的股权转让给梁新业,并于 2009 年 9 月 16 日办理了股权变更登记,前述行为表明,受让方以实际受领并履行相应的股权变更义务的

方式变更了上述协议关于1000万元股权转让款的履行期限。同理，受让方于2010年1月6日支付的股权转让款200万元虽然晚于约定的2009年12月23日的支付日期，但转让方受领且在本案诉讼中未提出异议。因此，受让方于此部分的义务，并无违约行为，本院予以确认。

至于剩余的股权转让及款项支付问题，"5月6日承诺书"明确约定，转让方将吴善媚持有的金汛公司的剩余80%股权中的70%分别转让给受让方，由受让方支付剩余的4200万元，并约定"上述事宜同时进行，任何一方如不履行上述承诺，则作违约处理"。当天，金汛公司即召开股东会转让了上述70%的股权，并于2010年5月14日办理了相应的股权变更登记，而受让方则至今尚欠1900万元余款未付，显然，受让方未依照"5月6日承诺书"的约定履行付款义务，构成违约。

受让方辩称转让方未移交备案公章及相关证照资料，其依法享有履行抗辩权，有权在转让方移交公章和相关证照资料前拒绝支付剩余的股权转让款。本院认为，首先，从双方当事人的约定看，并未将转让方移交公章及相关证照资料的义务作为与受让方给付全部转让价款相对应的义务。其次，从案涉一系列的协议性质和内容看，受让方的目的是通过受让金汛公司股权的方式实现控制该公司。但从案涉协议的履行过程来看，在受让方取得金汛公司的股权后，通过召开股东会、刊登公告、申请刻制金汛公司公章以及申请核发新的公司《企业法人营业执照》（正、副本）以及原《企业法人营业执照》（正、副本）登报作废等程序，实现了对金汛公司的经营管理和控制。这也说明，转让方是否移交公章及相应证照资料并不影响受让方成为金汛公司股东并对该公司进行经营管理的这一交易目的的实现，该义务与受让方支付股权转让款的义务并非处于对待给付地位。所以，受让方以转让方尚未履行该义务作为拒绝履行股权转让款的抗辩理由不成立，一审判决认定受让方构成违约，判令其继续支付剩余的1900万元股权转让款并无不当。受让方在二审答辩中还主张，其即便应承担违约责任，约定的违约金也明显过高，表明其已经提出了违约金过高的抗辩。从本案受让方履行合同的情况看，其毕竟已向转让方支付了3600万元，仅剩1900万元余款未付，根据《合同法解释（二）》第二十九条第一款有关"当事人主张约定的违约金过高请求予以适当减少的，人民法院应当以实际损失为基础，兼顾合同的履行情况、当事人的过错程度以及预期利益等综合因素，根据公平原则和诚实信用原则予以衡量，并作出裁决"之规定，应以受让方未付的剩余款项为基础考量违约金约定是否过高。当事人约定以总价款的30%计付违约金，显然属于约定的违约金过分高于所造成的损失的情形，本院根据《合同法》第一百一十四条以及前述司法解释第二十七条、第二十九条之规定，以受让方未付的股权转让款 1900 万元为基础，将违约金调整为 1900 万元的 30% 即 570 万元。在受让方已经支付了约三分之二转让款的情况下，一审判决完全根据当事人的约定，判令受让方按照总价款的 30% 支付高达 1650 万元的违约金，有失公允，应予纠正。

关于转让方是否违约问题。受让方以转让方怠于交付公章及相关证照资料、未全部转让 100% 股权、提出合同解除之诉以及隐瞒土地被查封等为由，认为转让方构成违约，从而要求转让方承担违约责任。对此，本院分析如下：

(1)关于交付公章及相关证照资料问题。公司的公章及相关证照资料等属于公司的财产，通常情况下，转让公司股权的原股东不得处分该财产，受让公司股权的股东在股权变更之后应以公司的名义请求控制该财产的原股东交付。但是，根据案涉协议的约定，受让方的目的是为了取得金汛公司的全部股权并进行经营管理。在股权转让之前，金汛公司的全部股东和实际控制人为吴善媚、李耀生，且吴善媚是法定代表人，金汛公司的公章及相关证照资料实际也由两人控制。案涉交易履行完毕的结果也是由受让方成为持有金汛公司全部股权的股东。在此背景下，根据案涉股权转让合同及其补充协议的交易目的，将交付金汛公司公章及相关证照资料的义务解释为转让方的义务，即具有合理性。因此，尽管双方签订的系列协议中并无转让方交付公司公章及相关证照资料的约定，但根据《合同法》第六十条的规定，转让方依据诚实信用原则和合同目的及金汛公司股权转让前后的实际情况，转让方应将公司的公章及相关证照资料交付受让方。虽然受让方在公司股权变更后已经重新办理了新的公司公章、《企业法人营业执照》(正、副本)、《税务登记证》(国税及地税正、副本)等证照，但是，这些证照及财务资料的交付仍具有避免转让方滥用权利，进而保护受让方以及金汛公司权益的作用，属于《合同法》第六十条规定的基于诚实信用原则所派生的附随义务。所以，一审判令转让方向受让方交付公章及相关证照资料并无不当，本院予以维持。

(2)关于转让全部股权问题。转让方已依约向受让方转让了 90% 股权，根据“5 月 5 日补充协议”第四条第二款的约定，剩余的 10% 股权作为受让方支付 1.3 亿元一次性补偿款的担保，只有在受让方付完该笔补偿款并完税后才转至受让方名下。在受让方未一次性支付 1.3 亿元补偿款的情况下，转让方保留 10% 股权系依法行使合同约定的权利，不存在违约问题。

(3)关于合同解除之诉问题。受让方认为，转让方提起合同解除之诉本身就意味着其拒绝履行合同，故而认为转让方违约在先。但转让方在提起合同解除诉讼之前已经依约履行了合同义务，并以受让方违约为由提起合同解除之诉。尽管生效判决以受让方的违约行为尚未构成根本违约为由驳回了转让方的诉讼请求，但不能由此就认为转让方起诉解除合同的诉讼行为就属于违约行为，受让方的该项上诉理由不能成立。

(4)关于隐瞒土地查封事实问题。金汛公司的资产被查封发生在受让方受让股权两年以后，转让方根据股权转让合同的约定向受让方交付股权时，金汛公司包括土地在内的资产并未被查封，不存在隐瞒土地查封事实的问题。受让方主张案涉土地之所以被查封，是由于金汛公司的实际控制人李金源涉嫌经济犯罪所导致，但案涉土地被公安机关查封一年多后又被解封的事实表明，受让方因土地被查封并可能因此遭受的损失，并非转让方的原因所致，受让方的此节上诉理由亦不能成立。

综上，除交付公章及相关证照资料外，受让方有关转让方违约的其他诉请及抗辩均缺乏事实和法律依据。

——中国裁判文书网，http://wenshu. court. gov. cn。

216

当事人可以根据实际需要约定股权转让时点及是否进行变更登记，不影响股东资格取得和股东权行使

关键词 | 股权转让 |

【最高人民法院裁判文书】

中国地质物资供销北京储运有限公司与广西海通投资集团有限公司合同纠纷申请再审案［最高人民法院（2016）最高法民申 953 号民事裁定书］

最高人民法院认为：（二）关于储运公司是否履行了《股权及债权转让协议》项下的主要义务，海通公司是否享有先履行抗辩权的问题。

股权转让虽然通常需要履行一定的手续，受让方才可行使股权，但并不排除当事人之间根据实际需要另行约定股权转让的时点。转让的时点意味着权益的归属和风险的转移。在合同中有专门约定的情况下，股权转让的实现，实际上主要取决于转让时点的约定。按照《股权及债权转让协议》第三条第 1 项的约定，

“协议生效之日起,海通公司享有洲际公司上述80%股权的股东权益,包括但不限于洲际公司的资本公积、滚存利润及以后年度的分红权利,储运公司不再享有上述股权的股东权益”。协议中并未对目标公司有关文件资料和有形财产的交付进行约定。该约定不违反法律规定,也无证据表明违背当事人自由意志,海通公司事后也未提出该约定存在无效或可撤销的情形问题。故该约定合法有效,应以之作为处理双方权利义务关系的依据。其法律效果是,自上述协议生效之日起,海通公司即享有洲际公司的股东权益,在股权发生转让效果的问题上,并不以公司有关文件资料和有形财产的交付等具体的履行行为为前提。对于这种约定,应推定受让方有能力对公司资产等各方面进行实际控制,其实际是否有能力对公司进行控制,应当是在合同签订之前,已经预先作出了充分的判断,而不是签订合同之后才涉及的履行问题。如其签订协议后不对公司进行实际控制,则是自己的过错。且海通公司网站上登载的有关印度公司的内容,能够佐证海通公司对洲际公司实际行使了股权,海通公司对该等内容的证明力虽予以否认,但并无合理解释。而是否实际进行公司变更登记,只是涉及对公司及双方以外的第三人的对抗效力问题,并不影响股权在双方之间已经转让完成的事实状态,不影响海通公司股东资格的取得和股东权益的行使。综上,二审判决认定协议生效即视为储运公司履行了主要义务,与双方约定的实际效果相符,并无不当。

——中国裁判文书网,http://wenshu.court.gov.cn。

217

公司经营范围发生变化或者被宣告破产,不影响以公司股权为标的物的转让合同的履行

关键词 | 股权转让合同 | 宣告破产 | 合同履行 |

【最高人民法院裁判文书】

中国中旅(集团)公司与华证资产管理有限公司股权转让合同纠纷案[最高人民法院(2012)民提字第175号民事判决书]

裁判要旨:当事人订立股权转让合同后,公司经营范围发生变化或者被宣告

破产，不影响合同的继续履行。股权因公司经营范围发生变化或被宣告破产导致的贬值损失属于正常商业风险，当事人应根据合同约定承担。

最高人民法院认为：中旅集团与华证公司签订的《股份转让合同》合法有效，且未被解除，中旅集团在订立《股份转让合同》后并不存在违反《股份转让合同》的行为，华证公司要求中旅集团退还股权转让款并赔偿损失没有法律依据。

第一，当事人订立的《股份转让合同》合法有效，且未终止，华证公司无权要求中旅集团返还股权转让款。华证公司认为本案的《股份转让合同》违反原《公司法(2005)》第一百四十七条的规定，并提起确认合同无效之诉，但603号判决已经对此进行审理，并认为该《股份转让合同》不因违反以上规定而无效，该《股份转让合同》仍有效存在。华证公司认为，华夏证券已经被撤销证券业务许可，并已被法院宣告破产，股权已经无法实际交付，合同没有继续履行的必要。从现有法律来看，合同是否能够履行并不当然影响合同的效力，更不会直接导致合同终止，因此，股权无法交付并不导致股权转让合同无效或者终止。从案件查明事实来看，现有事实尚不能导致《股份转让合同》无法履行。首先，华夏证券被撤销营业资格并不影响股权的交付。当事人双方转让的标的物是华夏证券的股份，《股份转让合同》第一条第1.1款第(3)项对转让对象的承载主体华夏证券进行界定，但这只是对华夏证券相关情况的说明，并不意味着华夏证券具备证券营业资格是转让的条件，因此，华夏证券被撤销证券业务许可并不影响华夏证券股权的转让。其次，华夏证券进入破产程序也不会导致合同无法履行。尽管华夏证券进入破产程序，但其尚未注销，华夏证券的股份仍然存在，仍可以进行转让，华证公司主张华夏证券进入破产程序导致股权无法变更缺乏法律依据。现有法律法规虽没有明确将办理股权变更手续作为清算组或管理人的职责，但该事项应属于《企业破产法》第二十五条第一款第（三）项所指的“内部管理事务”，在不侵犯其他股东和债权人的利益的情况下，管理人可以协助办理相关手续并不违反法律规定。此外，根据《股份转让合同》约定，中旅集团应在2006年2月8日将股份转让给华证公司，而华夏证券直到2008年6月20日才被裁定进入破产程序，显然，在华夏证券进入破产程序之前，双方具有充足的时间办理股权交割手续。华证公司所提出的华夏证券进入破产导致股权无法交付的主张不符合客观事实，不予支持。

第二，股权并未交付的责任不应由中旅集团承担，华证公司无权要求中旅集团赔偿相应损失。根据《股份转让合同》的约定，中旅集团应在成为华夏证券发起人届满三年之后的2006年2月8日起将股份转让给华证公司,并于2006年5月8日前将股份转让行为上报相关主管部门或机关,于获批准后共同协助华夏证券申办工商变更登记手续,但双方至今未就华夏证券的股份办理交割手续。从案件事实来看,中旅集团在订立《股份转让合同》后,按照约定与华证公司签订了《股权托管协议》,并授权华证公司参加股东大会和董事会;积极将股权转让行为上报国务院国有资产监督管理委员会,并取得相关批复;多次致函华证公司,要求办理股权变更相关手续。可见,中旅集团一直积极主动履行合同。相反,华证公司在知道华夏证券可能被取消证券业务许可后,一方面,向证监会报送《关于中旅集团股权转让事项的紧急报告》,认为股权转让行为严重违反有关政策,属无效行为;另一方面,自2006年以来先后提出三个诉讼,要求确认股权转让合同无效或者解除股权转让合同,以此来否认其受领股权的义务。显然,华夏证券股权至今尚未交割并非出于中旅集团的原因,华证公司要求中旅集团对此承担责任缺乏法律依据。

第三,华夏证券股权的贬值损失属于正常商业风险,应由华证公司承担。中旅集团与华证公司订立《股份转让合同》是基于华证公司出具的《承诺函》。该《承诺函》称:"华夏证券增资扩股后,公司资产质量将明显改善,盈利能力将大幅提高,净资产将得到有效提升,我公司对此充满信心。"可见,作为华夏证券的子公司,华证公司之所以会与中旅集团订立《股份转让合同》,是基于其对华夏证券股份大幅增值的商业预期。基于该预期,双方在《股份转让合同》第3.2条对于合同签订后至股份转让时的风险承担作了明确约定:"甲(中旅集团)、乙(华证公司)双方协商同意以华夏证券的2003年度年报的财务数据为依据,将每股转让价格确定为人民币1元,转让价共计7048.51万元。双方同意,无论转让时实际每股净资产状况如何及甲方持有的股份数额是否因送股、配股、公积金转增等原因发生变化,转让总价格不再发生变化。"根据该约定,无论是股权贬值还是增值,华证公司均按合同约定的价格支付转让款。因此,华夏证券股份价值的严重贬值乃至无交付并非是不可抗力导致,也不属于情势变更,而属于正常的商业风险,应由作为买受人的华证公司自行承担。

——最高人民法院民事审判第二庭编:《最高人民法院商事审判指导案例(2012)·合同与借贷担保》,中国民主法制出版社2013年版,第267~282页。

218

当事人就股权转让形成一致意思表示，受让人应当支付股权转让款

关键词｜股权转让｜

【最高人民法院裁判文书】

金新信托投资股份有限公司与宗申产业集团有限公司股权转让合同纠纷案[最高人民法院(2004)民二终字第248－1号民事判决书]

最高人民法院认为:2003年6月8日宗申集团与金新信托公司签订股权转让协议约定,宗申集团如果愿意转让其持有的德恒证券股份,可以在德恒证券成立之日起12个月以后至24个月止,即2003年3月14日至2004年3月14日止转让,转让价格按原始出资金额3000万元年增值率12%计算。金新信托公司上诉主张从宗申集团提供的证据看,并无证据证明在上述协议签订后宗申集团在约定的期限内向金新信托公司提出了股权转让的意思表示,因此,双方并未形成债权债务关系。但综观以下证据,可以认定宗申集团在约定期限内已向金新信托公司主张了股权转让。一是金新信托公司、德恒证券、皇丰公司、金络公司,以及案外人重庆国际实业投资股份有限公司,均为关联企业;二是德恒证券在2003年6月8日宗申集团和金新信托公司签订股权转让协议的当日向金新信托公司出具的书面承诺书中载明:"宗申集团与金新信托公司签订的股权转让协议、补充协议中,约定宗申集团愿意将其所持有的德恒证券股份转让给金新信托公司……对上述转让协议,德恒证券向金新信托公司作出如下承诺……";三是宗申集团提供的一份显示由金新信托公司代表"王宏"签字的《会议纪要》(虽然纪要上的"王宏"签字非为王宏本人所签)载明,2004年6月8日,金新信托公司、宗申集团在金新信托公司就金新信托公司未按约定期限支付宗申集团股权转让款3360万元一事进行了协商;四是2004年6月8日皇丰公司给宗申集团的担保函载明:"根据贵公司与金新信托公司于2003年6月8日签订的《股权转让协议》,以及双方2004年6月8日达成的《会议纪要》,贵公司已将持有的德恒证券3000万股股权以3000万元及利息360万元转让给金新信托公司……";五是2004年6月11日金络公司给宗申集团的担保函载明:"根据贵公司与金新信托公司于2003年6月8日签订的《股权转让协议》,以及双方于2004年6月8日达成的《会议纪要》,贵公司已将持有的德恒证券3000万股股权(其中本金3000万元,应得收益360万元)转让给金新信托公

司……”以上证据，虽然不能单独证明宗申集团在约定期限内向金新信托公司主张了股权转让，但所形成的证据链应该能够证明宗申集团关于其在2003年6月8日双方签订股权转让协议之日即提出了股权转让意思表示的抗辩，本院对其抗辩予以采信。因此，原审法院认定宗申集团和金新信托公司就3000万元股权转让形成了一致的意思表示，金新信托公司应当支付宗申集团3360万元本息，有事实和法律依据。但是，鉴于2012年7月24日新疆维吾尔自治区乌鲁木齐市中级人民法院(2012)乌中民三破字第2号民事裁定书已裁定受理了申请人乌鲁木齐德胜祥工贸有限公司对被申请人金新信托公司破产清算的申请，根据《企业破产法》第十六条和第四十六条的规定，金新信托公司应当偿还宗申集团的3360万元自破产申请受理之日起停止计息，且不得个别清偿。

——最高人民法院民事审判第二庭编：《最高人民法院商事审判指导案例(2012)·公司与金融》，中国民主法制出版社2013年版，第19~26页。

219

股权转让合同履行中，一笔款项的用途特定化后，当事人不得单方另行主张其他用途

关键词 | 股权转让 | 合同履行 |

【最高人民法院裁判文书】

广东逸涛集团有限公司与刘载瑗、古小苑、广州经济技术开发区升华环境技术工程有限公司、广州千安房地产开发有限公司股权转让纠纷案[最高人民法院(2010)民二终字第3号民事判决书]

裁判要旨：债权人按照约定对特定款项的用途作出选择，并请求人民法院予以保护，该款项的用途即被特定化，该债权人在以后的诉讼中主张该款项的其他用途的，人民法院不予支持。

最高人民法院认为：关于逸涛公司支付的股权转让款数额。1. 关于2002年9月20日的1000万元。双方当事人于2002年9月20日签订的《再补充合同》第二条第二款明确约定："乙方(即逸涛公司)于签订本合同当天支付1000万元支票给南沙国土办交甲方(即刘载瑗等人)原欠的土地款"，故逸涛公司称其"在

接管千安公司之前无需向国土部门缴纳土地款”，与合同约定不符，而逸涛公司提供的证据载明该款项用途为“土地款”，与合同约定相吻合，故该证据只能证明该1000万元为土地款而非股权转让款。2. 关于2002年9月28日的172万元。一审判决认为，“逸涛公司只提供刘载瑗所写的《收条》，因《收条》载明是还款，没写是还股权转让款，不能排除双方有其他经济往来，故应认定该款为还款，而不属本案股权转让款”。但根据二审查明的证据情况，并非刘载瑗、古小苑和升华公司所称，凡刘载瑗收到涉及股权转让款项的，均清晰写有“股权转让款”。由于该《收条》系刘载瑗所写，未写明还款具体用途，刘载瑗应提供证据证明系偿还其他债务。在刘载瑗不能提供相应证据证明该款项具体用途的情况下，其应承担举证不利的后果，一审分配举证责任有误，本院予以纠正。该172万元应认定为本案股权转让款。3. 关于2003年3月11日的100万元。逸涛公司提供的证据明确载明的款项用途是“土地款”，而非其主张的“股权转让款”4. 关于2003年4月15日的1300万元。无论逸涛公司最初支付该1300万元的用途如何，按照2003年4月逸涛公司与泛科新公司签订、刘载瑗作为保证人签字的《补充协议书》约定，逸涛公司有权选择该1300万元的用途，或者作为应收账款向泛科新公司主张债权，或者转为应付给刘载瑗的股权转让款向刘载瑗等人履行债务，但这两种用途显然是不能并存的。逸涛公司于2006年4月5日向广州市中级人民法院起诉，请求判决泛科新公司返还借款1300万元，这表明逸涛公司选择了向泛科新公司主张债权，而放弃了将该笔款项转为应付给刘载瑗的股权转让款，因此，一审法院认定该1300万元不属于股权转让款是正确的。5. 关于2003年6月13日的1040万元。逸涛公司提供的支票存根载明用途为“转让款”，收款人为泛科新公司。逸涛公司称：“根据刘载瑗的指示，将该款支付至刘载瑗担任法定代表人的泛科新公司”，但是逸涛公司并未提供刘载瑗发出付款指示的证据，相反，其在一审中提供的2006年5月10日逸涛公司与珠江华侨公司《对账确认书》证明逸涛公司与泛科新公司有其他经济往来，故该支票上虽有刘载瑗的签名，但刘载瑗系泛科新公司的法定代表人，仅凭现有的证据无法证明刘载瑗是以股权转让方收款人的身份签字的。故一审未认定该1040万元为股权转让款是正确的。综上，逸涛公司主张其另支付了3612万元股权转让款，但除172万元一笔外，其他四笔款项因证据不足，本院不予认定。一审认定172万元并非股权转让款错误，本院予以纠正，一审认定其他四笔款项不属于股权转让款并无不妥，本院予以维持。

——最高人民法院民事审判第二庭编：《最高人民法院商事审判指导案例（第五卷）》（下），中国法制出版社2011年版，第518～546页。

220

受让方以公司债权转让作为股权转让对价，未损害股东合法权益，且受让方已实际代公司对外清偿债务，无案外债权人提出异议的，应为有效

关键词 | 股权转让 | 债权转让 | 股权对价 |

【最高人民法院裁判文书】

曹国良与张志欣股权转让纠纷案[最高人民法院(2015)民二终字第340号民事判决书]

最高人民法院认为：一、关于《协议书》及《承诺书》的效力问题。

关于《协议书》的效力。2004年9月30日，曹国良与张志欣签订了一份《协议书》，约定曹国良将其持有的万隆钢铁公司的全部股权转让给张志欣，转让价款为740万元。该协议系双方当事人真实的意思表示，且不违反法律、行政法规的规定，应认定为有效。

关于《承诺书》的效力。2004年9月30日，张志欣将万隆钢铁公司对万隆房产公司的540万债权转让给曹国良，并向曹国良出具了一份盖有万隆钢铁公司印章的《承诺书》，内容为：承诺人同意将其在万隆房产公司的540万债权转让给曹国良，作为张志欣支付曹国良的股权转让款项，相关手续由承诺人办理。原审判决认定，张志欣不能擅自将公司的财产用以偿还个人债务，张志欣的行为违反了《公司法》第二十条的规定，损害了公司和其他股东及公司债权人的利益，张志欣的行为也是不能被法律认可的。该认定实质是否定了540万元付款《承诺书》的效力。《公司法》第二十条第一款规定："公司股东应当遵守法律、行政法规和公司章程，依法行使股东权利，不得滥用股东权利损害公司或者其他股东的利益；不得滥用公司法人独立地位和股东有限责任损害公司债权人的利益。"根据本案查明的事实，万隆钢铁公司设立时共有四名股东，其中曹国良与张志欣以《承诺书》的形式约定了以万隆钢铁公司债权转让的方式抵偿该双方股东之间的股权转让款。而丁福友和张育才两名股东亦在万隆钢铁公司董事会决议上以签字的方式表示同意该债权转让行为。上述事实表明，万隆钢铁公司的全体股东已经以签订《承诺书》以及内部决议的方式认可了公司的债权转让行为。张志欣作为万隆钢铁公司的法定代表人，在《承诺书》上加盖公司印章的

行为已经得到了全体股东的授权。故案涉债权转让行为并未损害万隆钢铁公司四名股东的合法权益。由此产生的张志欣应当向万隆钢铁公司偿还其所获得的利益，因张志欣已实际代万隆钢铁公司对外清偿了债权人的债务，且无案外债权人对本案债权转让行为持有异议，故可以认定该债权转让行为亦未损害万隆钢铁公司以及公司债权人的利益。综上分析，曹国良以《承诺书》违反了公司法的相关规定而应当认定为无效的抗辩理由不能成立。

——中国裁判文书网，http://wenshu.court.gov.cn。

221

股权转让中的共同债权人，原则上应当按照各自的债权比例受领款项，但债权人内部有特别约定且不损害债务人利益的，该约定有效

关键词｜股权转让｜共同债权人｜

【最高人民法院裁判文书】

赵志林、窦桂芬、樊丽丽、唐山市丰润区金洋商贸有限公司与广州市万正投资有限公司、广州市太行投资有限公司股权转让纠纷案［最高人民法院（2012）民二终字第38号民事判决书］

裁判要旨：两个以上债权人作为共同一方接受债务人的履行，原则上应当按照各自的债权比例受领款项，但如果债权人内部存在关于各自受偿比例的约定，且并未损害债务人利益的，人民法院应当认定该约定有效。

最高人民法院认为：关于赵志林支付的7500万元福马公司的股权转让款在万正公司和太行公司之间应当如何分配的问题。本院认为，由于双方当事人在股权转让协议中约定了万正公司和太行公司作为共同一方接收赵志林的付款，故在万正公司和太行公司之间，原则上应当按照各自的股权比例受领款项。但在本案中，从万正公司和太行公司提起一审诉讼的诉讼请求来看，被上诉人万正公司和太行公司之间对于股权转让后的价款支付，达成了万正公司先应得的股权转让款7700万元，从赵志林支付的第一期款项中先行受偿7500万元，余款200万元在赵志林后期支付的股权转让款中受偿；太行公司应得的股权转让款3300万元，在赵志林第二期支付的股权转让款3500万元中受偿的约定。这一

约定，系债权人内部关于各自受偿比例的约定，且从本案的实际情况来看，并未损害债务人赵志林的利益。故上诉人关于赵志林尚欠万正公司福马公司股权转让款为2450万元、尚欠太行公司福马公司股权转让款为1050万元的诉讼理由，无事实和法律依据，本院不予支持。

关于赵志林清偿债务的支出能否抵销其在股权转让合同项下的付款义务问题。本院认为，根据《唐山建源钢铁有限公司股权转让协议》第十三条的约定以及万正公司（甲方）、魏世华等（乙方）、赵志林（丙方）于2010年2月9日签订的《协议书》之约定，建源公司债权债务的清理工作由清理小组全权负责，赵志林应向清理小组支付1亿元专项资金用于从事清理债权债务工作，清偿建源公司债务的资金来源包括清收的债权、赵志林支付的1亿元资金和建源公司的资产盈余三个部分；对以上三个部分的收入不足以清偿债务的部分，由万正公司承担连带责任。但在本案中，赵志林在接手建源公司之后，并未依约支付该部分偿债资金，导致清理小组未能如约开展债权债务的催收清偿工作，系违约行为。诉讼中，赵志林虽然举证证明其清偿了建源公司的债务，但其举证内容并不包括清收债权和资产盈余，尚不能证明万正公司依约应当对建源公司的债务承担连带责任的责任范围。故一审法院关于其反诉请求不宜在本案中一并处理，对此部分双方可另行主张的处理方式并无不当，本院予以维持。因股权转让双方并未约定股权转让款的给付以完成建源公司债权债务清理为条件，故赵志林拒付剩余转让款违约，一审判决股权转让款的相应违约金并无不当。上诉人赵志林等关于清偿建源公司债务的支出应当抵销其应付的股权转让款，万正公司和太行公司应对其抵销后的超出部分负偿还责任，其不应承担违约责任上诉请求，因无事实和法律依据，本院不予支持。

——最高人民法院民事审判第二庭编：《最高人民法院商事审判指导案例（2012）·公司与金融》，中国民主法制出版社2013年版，第119～132页。

222

共同的股权受让人在股权转让协议中未明确约定转让款比例的，共同受让人应当承担连带责任

关键词 | 股权受让人 | 连带责任 |

【最高人民法院裁判文书】

吴善媚、李耀生与梁新业、宋汉之等股权转让纠纷案[最高人民法院(2016)最高法民终51号民事判决书]

最高人民法院认为：关于违约责任的承担问题。本案当事人签订的六份协议中，仅“8月17日补充协议”以及“5月6日承诺书”中有受让方占股比例的约定，其余四份均无约定。其中，“8月17日协议”约定的是梁新业40%、王兆远30%、宋汉之30%，而“5月6日承诺书”仅对受让的70%股权约定了比例，分别是梁新业16%、王兆远27%、宋汉之27%，与前一协议约定的占股比例并不一致。且所有的六份协议均无受让方按何种比例支付股权转让款的约定，相反，都是将受让方作为一个整体来约定的。从实际付款的情况看，受让人所为的给付，亦作为受让人所应履行的整体付款义务的一部分而存在，并非履行各自份额内的责任。再结合王兆远、梁新业、宋汉之作为共同的受让人与另一方签订系列股权转让合同等事实，应认为该三人系共同的股权受让人。根据《民法通则》第八十七条有关连带之债的规定，彼此享有连带债权，相应地，对案涉合同债务亦应承担连带责任，一审法院判令其承担连带责任并无不当，受让方有关应承担按份责任的上诉理由不能成立。

——中国裁判文书网，http://wenshu.court.gov.cn。

223

股东虽未尽公司委托向债务人代收欠款的义务，并不因此负有代为清偿的责任

关键词｜股东｜委托收款｜代为清偿｜

【最高人民法院裁判文书】

西安中国国际旅行社集团有限责任公司与西安纪元石化工业有限公司等借款纠纷案[最高人民法院(2004)民二提字第21号民事判决书]

最高人民法院认为：公司股东和董事会决议，授权股东(即受托人)向股权受让人代收转让款，股东应负有向股权受让人收取股权转让款的权利和义务。

但该收款义务不等同于代为清偿义务。从该决议的语序文义应当理解为委托人对受托人挪用转让款享有追偿权。且该决议并未记载受托人在受让人不履行付款义务时的代为清偿责任,以及由其承担受让人的债务。鉴于债务代为清偿的法律责任明显区别于委托合同的法律责任,应以明确约定作为认定依据,故原审法院以受托人负有追偿转让款义务为由,认定其承担清偿责任,超越了本案当事人约定的受托义务的范畴,应予纠正。

——苏泽林主编、最高人民法院审判监督庭编著:《最后的裁判——最高人民法院典型疑难百案再审实录·房地产与公司企业案件卷》,中国长安出版社 2007 年版,第 180 ~ 186 页。

224

股权转让合同双方当事人在诉讼中同意提前支付股权转让款的,应予支持

关键词 | 股权转让合同 |

【最高人民法院裁判文书】

杨耘智与屠秋、新疆源泰矿业有限责任公司股权转让合同纠纷案[最高人民法院(2013)民二终字第16号民事判决书]

最高人民法院认为:关于杨耘智要求屠秋支付剩余股权转让款的条件是否成就问题。本案所涉《股权及资产转让协议》对剩余股权转让款约定了两种支付方式:一是若卡特里西铜锌矿进入实际采掘作业,剩余价款以每年实际开采的矿石量折算成金属铜量为基数计算,每年一结;二是在经详勘确定可开采矿石总量(可开采品位定义为2%铜金属含量)基础上,剩余款项在10年内支付完毕。鉴于本案起诉时卡特里西铜锌矿尚未进入实际采掘作业,且依约定10年内完成付款的期限也尚未届满,故一审据此作出的杨耘智要求屠秋立即支付剩余转让价款缺乏事实及法律依据的认定并无不当。但因屠秋在本案一审中表示愿意提前支付剩余股权转让款,杨耘智亦未拒绝,根据《合同法》第七十一条之规定,对双方关于提前支付股权转让款的协定本院予以支持。

——中国裁判文书网,http://wenshu.court.gov.cn;人民法院出版社法

规编辑中心编:《最高人民法院裁判观点精编(2014～2015)》,人民法院出版社 2016 年版,第 328～329 页;最高人民法院民事审判第二庭编:《最高人民法院商事审判指导案例(2014)》,中国民主法制出版社 2015 年版,第 846～855 页。

225

股权转让款可就双方均认可的部分作出部分判决

关键词 | 股权转让 | 部分判决 |

【最高人民法院裁判文书】

杨耘智与屠秋、新疆源泰矿业有限责任公司股权转让合同纠纷案[最高人民法院(2013)民二终字第 16 号民事判决书]

最高人民法院认为:争议双方均同意将铜金属 122b 基础储量 2.43 万吨作为符合合同约定的计价基数计算股权转让款的事实,上述储量应视为本案已查清的案件事实。依《民事诉讼法》第一百五十三条规定,可依法对以 2.43 万铜金属吨计价部分先行判决。结合《股权及资产转让协议》对股权转让价格作出的“按实际开采量计算、总价不超过 2 亿元”约定,如今后矿山实际开采出来的铜金属量或经详勘确定可开采矿石总量(可开采品位定义为 2% 铜金属含量)超过 2.43 万吨,即计算得出的总股权转让款超过 2430 万,那么,在不超过 2 亿元范围内,杨某还可依 55% 的债权比例继续要求受让方屠某支付剩余股权转让款。

——中国裁判文书网,http://wenshu.court.gov.cn;人民法院出版社法规编辑中心编:《最高人民法院裁判观点精编(2014～2015)》,人民法院出版社 2016 年版,第 328～329 页;最高人民法院民事审判第二庭编:《最高人民法院商事审判指导案例(2014)》,中国民主法制出版社 2015 年版,第 846～855 页。

226

未约定股权转让方移交公司经营权和分红权为转让价款支付前提条件的，受让方以此为由拒绝支付价款，不予支持

关键词｜股权转让合同｜

【最高人民法院裁判文书】

安晨晖与彭智明、彭志辉股权转让纠纷案[最高人民法院(2015)民二终字第416号民事判决书]

最高人民法院认为：结合当事人的诉辩情况，本案的争议焦点为安晨晖是否应当向彭智明、彭志辉支付剩余股权转让款5000万元及自2014年5月5日至付清时止的利息(按年利率5.35%计算)。

首先，本案《股权转让协议》和《补充协议》是双方当事人在平等自愿、协商一致的基础上签订的，意思表示真实，对双方均有法律约束力，各方当事人应依约履行。基于《股权转让协议》，双方当事人的主要合同权利义务是彭智明、彭志辉将鹏兴公司40%股权转让与安晨晖，并取得转让价款；安晨晖将约定的1亿元股权转让价款支付给彭智明、彭志辉，并取得鹏兴公司40%股权。安晨晖上诉认为，《股权转让协议》的核心内容是将鹏兴公司的经营权和分红权移交给安晨晖，鉴于彭智明、彭志辉并未实际履行《股权转让协议》约定的移交义务，彭智明、彭志辉无权要求安晨晖支付剩余5000万元股权转让款。彭智明、彭志辉认为，不存在未移交经营权的问题，即使公司经营权未移交，亦是公司内部的管理问题，与股权转让无关。本院认为，股权转让协议的根本特征是一方转让股权取得对价，一方支付对价取得股权，虽案涉《股权转让协议》约定有移交鹏兴公司经营权的内容，但该协议和《补充协议》并未约定若彭智明、彭志辉不移交鹏兴公司经营权和分红权，则安晨晖有权拒绝支付剩余转让款。安晨晖并未提交证据证明其在取得鹏兴公司40%股权后曾经对彭智明、彭志辉未移交鹏兴公司经营权提出异议，且一审中亦未提出该主张。依据《股权转让协议》和本案查明的事实，在彭智明、彭志辉已经将约定的鹏兴公司40%股权转让与安晨晖，并办理了工商变更登记手续后，安晨晖应当依照约定支付1亿元股权转让款。

——中国裁判文书网，http://wenshu.court.gov.cn。

赵俊海与杨秀玉及赤峰双源矿业有限公司股权转让纠纷案[最高人民法院(2013)民申字第1587号民事裁定书]

裁判要旨:股权转让中,如果双方当事人未约定股权出让人履行其他义务系股权转让价款支付的前提条件的,受让人以出让人未履行其他义务为由拒绝支付价款的,法院应不予支持。

最高人民法院经审查认为:杨秀玉与赵俊海于2011年9月27日签订的《股权转让合同》中并未约定杨秀玉向赵俊海提供双源公司财务账目是赵俊海支付股权转让款的条件。所以,在杨秀玉依据上述《股权转让合同》请求赵俊海支付股权转让款及相应违约金的情形下,赵俊海以杨秀玉未提供公司财务账目为由进行抗辩,该抗辩不能成立。杨秀玉是否应当提供财务账目以及其未提供财务账目时的法律责任,属另外的法律关系,对此本院不予审查。《股权转让合同》中虽约定双方履行合同发生争议后60日内无法协商解决任何一方可以向法院起诉,但该约定不能排除当事人向法院起诉的权利,而且在本案一、二审审理期间赵俊海也没有向杨秀玉支付相应股权转让款,所以本案一审法院受理杨秀玉的起诉并无不当。因赵俊海与杨秀玉所争议的100万元款项的付款方名称不是赵俊海,赵俊海也未提供证据证明该100万元款项系其向杨秀玉支付的股权转让款,而且,杨秀玉与他人发生的另案诉讼系另外的法律关系,杨秀玉在该诉讼中向他人主张款项的数额也属于杨秀玉自行决定的事项,该诉讼中杨秀玉所主张的数额在法律上并不决定本案中赵俊海向杨秀玉的实际付款数额。所以,赵俊海以杨秀玉在另案诉讼中起诉数额之调整来主张上述100万元款项系其向杨秀玉支付的股权转让款,尚缺乏充足的事实依据。

——最高人民法院民事审判第二庭编:《最高人民法院商事审判指导案例(2014)》,中国民主法制出版社2015年版,第204~207页。

227

股权转让合同未约定转让方先履行股权登记变更义务，受让方不能以转让方未履行该义务为由，主张拒绝支付股权转让款

关键词 | 股权转让 | 变更登记 | 股权转让款 |

【最高人民法院裁判文书】

武汉桥都物资贸易有限公司与陈思股权转让合同纠纷申请再审案[最高人民法院(2016)最高法民申2366号民事裁定书]

最高人民法院认为:

三、关于陈思是否构成根本违约的问题

根据《股权转让协议》的约定,陈思应在协议签订后双方商定的时间,办理完毕股权转让有关的法律手续。而桥都公司未按合同约定期限支付全部股权转让款,明显存在违约。陈思在桥都公司未支付全部股权转让款的前提下,有权拒绝履行办理股权转让变更义务,且桥都公司也未提交任何证据,证明其向陈思主张履行办理股权转让手续。桥都公司申请再审称其支付了70%多的股权转让款后,陈思仍然未按照合同约定转让基准日后的股东权利义务,已构成根本违约,理由不能成立。

四、关于桥都公司是否正当行使抗辩权的问题

根据《股权转让协议》的约定,桥都公司的主要义务是支付股权转让款,并未约定陈思应先履行股权登记变更义务后,桥都公司才承担支付股权转让款的义务。故桥都公司以陈思未履行股权变更登记义务,主张其享有先履行抗辩权,没有合同依据。桥都公司主张陈思应当按照合同约定在合同签订前获得有关批准、董事会授权决议后再履行股权转让义务,但根据《股权转让协议》第三条第一款"双方承诺关于本次股权转让各方已取得有关主管部门,董事会(或股东会)之批准、授权,并已获得合营他方的同意"的约定,并未明确陈思提供书面董事会决议作为桥都公司付款的前提条件,且在协议实际履行过程中,桥都公司也未以此为由提出履行抗辩。故桥都公司申请再审称陈思未履行股权变更登记义务及提交书面《董事会决议》为由,主张其有权行使先履行抗辩权,没有合同及法律依据,理由不能成立。

——中国裁判文书网,http://wenshu.court.gov.cn。

中国地质物资供销北京储运有限公司与广西海通投资集团有限公司合同纠纷申请再审案[最高人民法院(2016)最高法民申953号民事裁定书]

最高人民法院认为:关于海通公司应按照协议的约定履行其支付转让款的义务问题。《股权及债权转让协议》第二条关于"受让价款的支付"项下并非如

海通公司所称约定“款项支付在合同生效三年后支付”，而是约定：“由于海通公司资金紧张，北京储运公司同意其延期支付 12957640.44 元受让价款，自本协议签订日起，海通公司确认对北京储运公司 12957640.44 元欠款。该欠款偿还期限为三年，即最迟于 2012 年 3 月 6 日一次性还本付息，待实际还款时双方再行商定付款方式。该笔欠款利息计算方法为自 2011 年 1 月 1 日起开始计息，年利率为 10%，2011 年 1 月 1 日前免息。”此既表明还款期限为合同生效后三年之内，而不是三年后，同时亦表明，双方已经将股权转让款转化为自合同签订之日起的欠款，只是利息自 2011 年 1 月 1 日起开始计算，而不需要依赖股权的登记变更。同时，该 12957640.44 元受让价款中除了 80% 股权转让款外，还包括 4957640.44 元债权的转让价款，该债权转让依法及依据双方协议第三条第 7 项的约定，均自协议生效之日起发生法律效力，其对价款的支付与股权转让手续的办理完全无关。

虽然《股权及债权转让协议》第五条约定协议生效 15 日内，双方需共同委托洲际公司办理股权变更登记手续，但该条同时也约定了洲际公司应办理转让登记及变更手续，而洲际公司本身已经作为协议的见证方签字盖章；且第三条约定的是双方“对洲际公司办理登记变更等法律程序提供必要的协作与配合”。即使是以登记股权为转让标的，除非合同中另有约定，该股权变更登记手续的办理也只是合同的从义务，而不是主义务。而根据本案协议为实际投资权益转让的性质，该义务至多属于储运公司的附随义务。海通公司无权以储运公司未履行附随义务为由，对抗储运公司对其主给付义务的履行请求。并且协议关于海通公司支付受让价款时间的约定，与储运公司的委托办理变更登记义务之间，是各自独立的约定，并不存在相互牵连的履行关系，故尽管协议约定的办理股权变更手续的时间客观上在付款的最后期限之前，二者并不能形成对应的先后履行顺序关系。海通公司如确需将股权变更登记到其名下，其可以在协议签订后随时单独请求储运公司依约予以协助配合。无证据表明海通公司在合同签订后对于协议的履行情况提出过任何异议或者涉及办理股权变更登记手续存在障碍的问题。此外，协议中洲际公司已经作为见证方签字盖章，委托洲际公司进行股权变更登记的意思已经在协议中明确体现，实际上是否需要储运公司再行出具委托手续，并不具有重大实质意义，洲际公司完全可以根据协议及海通公司的单方要求予以办理。故未办理股权变更登记手续乃至后来洲际公司被取消注册登记，应推定为出于海通公司的选择，其责任应归于海通公司。综合以上分析，海通公司在本案中并不享有先履行抗辩权，不能以未完成股权变更登记为由拒绝支付股权转让款。

——中国裁判文书网,http://wenshu.court.gov.cn。

228 转让方在转让公司全部股权后不再具备股东身份，关于以股东分红冲抵转让款的约定已经不具备履行条件，受让方应当支付剩余转让款

关键词 | 股权转让 | 股东分红 |

【最高人民法院裁判文书】

安晨晖与彭智明、彭志辉股权转让纠纷案[最高人民法院(2015)民二终字第416号民事判决书]

最高人民法院认为:第三,关于彭智明、彭志辉失去鹏兴公司股东身份是否影响“公司股东分红冲抵剩余股权转让款”约定的继续履行问题。彭智明、彭志辉认为因其在鹏兴公司及配套企业的股权已全部转让给林伟青,丧失在公司的股东地位,以股东分红冲抵股权转让款的约定条件不复存在,安晨晖应当立即履行清偿股权转让价款的义务。安晨晖上诉认为,该约定是双方当事人真实意思表示,不因彭智明、彭志辉失去股东身份而受影响,应当继续履行,且冲抵剩余股权转让款的前提是公司股东分红。本院认为,在彭智明、彭志辉不再具有鹏兴公司股东身份情况下,该二人难以了解公司经营和分红情况,难以控制或者影响分红款的分配,基于合同的相对性,其只能向安晨晖主张股权转让款,而不能向鹏兴公司主张直接把安晨晖的分红款支付给彭智明、彭志辉,即已不具备直接以分红款抵偿股权转让款的条件。如果令双方继续履行该约定,则意味着公司如果持续不分红,安晨晖就可以一直拒绝支付剩余股权转让款,不利于保护债权人的合法权益。因此,在彭智明、彭志辉转让鹏兴公司全部股权,不再具备股东身份情况下,《补充协议》关于以股东分红冲抵转让款的约定已经不具备履行条件,安晨晖应当履行支付剩余转让款的合同义务。

——中国裁判文书网,http://wenshu.court.gov.cn。

229

受让方拒绝支付约定的股权转让款，应当承担定金责任

关键词 | 股权转让款 | 定金 |

【最高人民法院裁判文书】

王新辉、刘安与刘天牧、刘冰琳股权转让纠纷案[最高人民法院(2015)民二终字第423号民事判决书]

最高人民法院认为:《意向协议》《补充协议》既为合法有效之合同,则双方当事人均应严格遵守。虽然双方当事人对于《意向协议》第三条第(二)款第3项约定的第一期股权转让款的支付时间是在股权转让协议签订之前还是之后产生争议,但双方随后签订的《补充协议》对此问题予以了明确。《补充协议》第三条约定:王新辉、刘安承诺在2011年7月31日之前向刘天牧、刘冰琳支付第一期股权转让款3000万元,如未能按期支付,《意向协议》自动解除,前期已经支付的2000万元定金不再退还;《补充协议》第四条还约定,《补充协议》与《意向协议》的约定有不同之处的,以《补充协议》为准。上述两个条款对于第一期股权转让款支付时间以及违约责任的约定明确、具体,没有歧义,王新辉、刘安作为合同当事人应当按约履行合同义务,如违约则应按约承担违约责任。而根据本案查明的事实,在《补充协议》将第一期股权转让款支付时间延期到2011年7月31日的情况下,王新辉、刘安仍未能履行按期支付的合同义务,已构成违约。之后,刘天牧、刘冰琳又于2011年8月3日分别向王新辉、刘安送达了《关于尽快签订股权转让协议的催告函》,王新辉虽在该函上签字,但并未在该函所给予的宽限期即收到该函后三日内支付约定的股权转让款并签订股权转让协议;刘安则予以拒收,以其行为表明其拒绝支付约定的股权转让款并签订股权转让协议的态度。此种情况下,刘天牧、刘冰琳有权按照《补充协议》的约定向王新辉、刘安主张违约责任,即已经支付的2000万元定金不再退还。

至于王新辉、刘安上诉主张原审判决驳回其诉讼请求有失公平的问题,考虑定金的法律性质以及双方合同的约定,本案不存在显失公平的情形。首先,《合同法》第一百一十五条规定:当事人可以依照《担保法》约定一方向对方给付定金作为债权的担保;债务人履行债务后,定金应当抵作价款或者收回;给付定金的一方不履行约定的债务的,无权要求返还定金,收受定金的一方不履行约定的

债务的,应当双倍返还定金。由此可见,定金作为一种担保方式,其所担保的对象就是合同双方当事人的履约合意,并以适用定金罚则为手段实现担保之目的,因此其本质特征是惩罚性。定金与违约金不同,违约金的性质以补偿性为主、惩罚性为辅,违约方为其违约行为付出的代价应与给对方造成的实际损失大致相当,在违约金约定过高的情况下允许违约一方提出调减的请求。而在适用定金罚则时,从目前法律规定看,违约方承受的丧失定金的责任仅取决于违约行为本身,并未考虑是否给对方造成损失,因此法律亦未规定可对定金数额进行调整。但对违约行为进行惩罚并非定金制度的根本目的,以惩罚为手段来实现合同目的才是制度的价值取向。基于此,《担保法》第九十一条规定:定金的数额由当事人约定,但不得超过主合同标的额的百分之二十。该条规定通过对当事人约定的定金数额进行限制,将定金的惩罚性限制在一定范围内,就是为了保证双方的公平。具体到本案,主合同标的系 1.4 亿元,双方约定 2000 万元的定金并不超过上述法律规定的限额。该种约定仅存在于当事人双方之间,是当事人自由意志的体现,是双方对风险和不公平的容忍,不触犯公共利益和第三人利益,因此不应作过多干预。其次,在《补充协议》第三条已经对第一期股权转让款支付时间以及违约责任有明确约定,刘天牧、刘冰琳又对前述合同义务给予一定宽限期并进行催告的情况下,王新辉、刘安仍未按约履行合同义务,导致股权转让协议未能签订,此种情况下刘天牧、刘冰琳一方不退还定金具有合同依据。最后,即便考量定金数额与违约造成的实际损失是否大体平衡的问题,原判决亦不存在损害实质公平的情形。双方当事人约定的股权转让交易是在 2011 年,股权转让对价为 1.4 亿元,该对价与双方交易当时的目标公司资产状况、双方的权利义务是相匹配的;而刘天牧、刘冰琳将股权转让他人系在王新辉、刘安未按约履行《补充协议》导致股权转让协议未签订的情况下对自己权利的处置,不构成违约,且转让时间已是 2014 年 2 月,此时目标公司资产与 2011 年相比较必定已发生变化,相应的股权转让对价有所提高也应是股权价值正常上升的结果,因此不能仅因刘天牧、刘冰琳 2014 年转让股权的价格高于 2011 年与王新辉、刘安约定的价格即得出双方约定的定金数额大大高于实际损失造成实质性不公平的结论。

——中国裁判文书网,http://wenshu.court.gov.cn。

230

股权转让方因自身债务被查封股权，无法完成股权过户义务，应承担违约责任，受让方可拒绝继续付款

关键词 | 股权转让 | 股权查封 |

【最高人民法院裁判文书】

中建集团有限公司与湖北省和济投资有限公司、湖北三星贸易发展实业总公司瑞华置业有限公司股权转让纠纷案[最高人民法院(2013)民申字第431号民事裁定书]

最高人民法院认为：虽然双方在《股权收购协议书》中约定，和济公司分期支付股权转让款，中建公司分期办理股权过户登记手续，但在实际履行中，为避免多次审批，中建公司向有关部门及东西湖分局申请一次性办理高尔夫公司100%股权过户登记手续。中建公司的一次性履行有利于和济公司，和济公司也未对此提出异议，但这并不意味着和济公司放弃了其依约享有的先履行抗辩权。根据《股权收购协议》约定，只有中建公司办理了30%高尔夫公司股权过户登记手续后，和济公司才负有继续付款的义务。至2009年4月，和济公司付款有一亿多元，但中建公司未将任何高尔夫公司的股份依约办理合法的变更登记。中建公司作为股权出让方负有权利瑕疵担保义务，在依法解除查封前，查封措施足以导致合同履行不能。尽管高尔夫公司股权曾在2008年1月24日进行了变更登记，三星公司也签收了新营业执照，但如前所述，中建公司无法完成法律意义上的履行义务，也不能认定和济公司曾经有过对中建公司股权转让的事实上的受领替代了法律上的受领。《合同法》第一百零七条规定，当事人一方不履行合同义务或履行合同义务不符合约定的，应当承担违约责任。可见，我国合同法采用严格责任，不管债务人是否有过错，只要其未履行相应义务，即可构成违约。本案中建公司因其自身债务而被查封高尔夫公司65%的股权，导致其在解封前无法完成股权过户义务，应承担违约责任，即和济公司享有拒绝继续付款的先履行抗辩权。2009年7月22日，在东西湖分局的主持下，双方通过高尔夫公司和三星公司达成了《会议纪要》，其中明确一周内不能解决外方股权查封问题，高尔夫公司可备齐相关资料提出只变更中方股权登记。此时，除查封的65%股权外，中建公司完全可以重新办理相关

手续,先将未查封的剩余股权过户至和济公司指定人名下,但中建公司并未履行该义务,应自行承担责任。

——中国裁判文书网,http://wenshu.court.gov.cn。

231

股权转让合同中先履行抗辩权的行使及放弃的认定

关键词|股权转让合同|先履行抗辩权|

【最高人民法院裁判文书】

联大集团有限公司与安徽省高速公路控股集团有限公司股权转让纠纷案[最高人民法院(2013)民二终字第33号民事判决书]

最高人民法院认为:在案涉股权回购条件成熟时,各方当事人可以直接按照双方达成的《股权转让协议书》之约定履行,至于双方在股权回购磋商中提出的种种条件,在未达成一致前,均为单方意思表示。该意思表示不构成对原《股权转让协议书》的变更,亦不影响各方按照该《协议》履行各自的义务。

《合同法》第六十二条第(五)项规定,履行方式不明确的,按照有利于实现合同目的的方式履行。本案股权回购过程中,联大集团在安徽高速陆续发出按照指定账户汇款下,其可以选择索要具体账户或提存等方式履行合同约定的付款义务。上诉人联大集团在本案审理中坚称其有足够的履约能力,但在安徽高速数次函告要求其按照指定账户履行《股权转让协议书》约定的付款义务时,却始终坚持先过户后付款。由于该履约方式违背《股权转让协议书》约定,变更了协议约定的履行方式,最终导致超过该协议约定的回购期限。《合同法》第六十七条规定:"当事人互负债务,有先后履行顺序,先履行一方未履行的,后履行一方有权拒绝其履行要求。先履行一方履行债务不符合约定的,后履行一方有权拒绝其相应的履行要求。"安徽高速依照法律规定及《股权转让协议书》约定,在联大集团违背约定,符合拒绝接受其履约条件下,拒绝其超出约定内容的关于先过户后付款的回购主张,事实及法律根据充分,应予支持。上诉人联大集团依据《合同法》第六十八条第(三)项关于应当先履行债务的当事人,有确切证据证明对方丧失商业信誉的,可以中止履行的规定,主张不安抗辩没有证据支持,本院不予采信。

——最高人民法院民事审判第二庭编:《商事审判指导》总第 37 辑,人民法院出版社 2014 年版,第 203 ~222 页。

浙江宋都控股有限公司与百科投资管理有限公司、宋都基业投资股份有限公司股权转让纠纷案[最高人民法院(2013)民二终字第 26 号民事判决书]

裁判要旨:二、根据《股权转让协议》约定的履行顺序,宋都控股应在百科投资履行土地抵押义务之后,支付股权转让款余款。根据《合同法》第六十七条规定,当事人互负债务,有先后履行顺序,先履行一方未履行的,后履行一方有权拒绝其履行要求。先履行一方履行债务不符合约定的,后履行一方有权拒绝其相应的履行要求。据此,在百科投资履行土地抵押义务之前,宋都控股有权拒绝支付股权转让款余款。

最高人民法院认为:《框架协议》的双方当事人是百科投资和案外人宋都集团,并不包括本案被告宋都控股,且百科投资系依据《股权转让协议》要求宋都控股支付股权转让款。因此,确定本案当事人权利义务的依据应是《股权转让协议》及相关合同,而不是《框架协议》。宋都控股与百科投资签订的《股权转让协议》是双方的真实意思表示,不违反法律、行政法规的强制性规定,合法有效,双方应依约履行。一审中,针对百科投资的起诉,宋都控股答辩中提出两个抗辩理由:1. 不支付 5000 万元属行使先履行抗辩权;2. 该 5000 万元属于百科投资的履约保证金,不应支付。这也是宋都控股主要的上诉理由。如果两个上诉理由之一成立,宋都控股的上诉即应得到支持。

关于宋都控股是否享有先履行抗辩权。1. 先履行抗辩权的合同及法律依据。根据《股权转让协议》第 3 条的约定,(1)在《股权转让协议》生效之日起 14 个工作日内,即 2010 年 1 月 6 日前,宋都控股向百科投资支付股权转让款 1 亿元,百科投资将标的股权登记过户至宋都控股的证券账户内。(2)百科投资将标的股权登记过户至宋都控股的证券账户之日起 7 日内,宋都控股再向百科投资支付 1 亿元股权转让款,该款用于解除沈南国用〔2003〕字第 0016 号等三块土地的抵押。该三块土地解押后,应立即抵押给宋都基业。(3)余款 1 亿元作为百科投资与宋都基业签订的《保证合同》中的履约保证款,支付至共管账户。根据《股权转让协议》约定的履行顺序,宋都控股应在百科投资将沈南国用〔2003〕字第 0016 号等三块土地抵押给宋都基业之后,支付余款即第三笔 1 亿元股权转让款。《合同法》第六十七条规定,当事人互负债务,有先后履行顺序,先履行一方未履行的,后履行一方有权拒绝其履行要求。先履行一方履行债务不符合约定的,后履行一方有权拒绝其相应的履行要求。据此,在百科投资将沈南国用〔2003〕字第0016号等三块土地抵押给宋都基业之前,宋都控股有权拒绝支付第三笔1亿元股权转让款。百科投资陈述经其与宋都控股协商同意,解除了以土地抵押形式作出担保的有关内容,但百科投资未能提供其他证据证明。故本院对其该陈述不予采信。2.宋都控股是否放弃了先履行抗辩权。一审法院认为,宋都控股在百科投资未将解押后的土地抵押给宋都基业的情况下,支付了第三笔股权转让款1亿元中的5000万元,属于宋都控股对未抵押土地的认可。该认定实际上是推定宋都控股完全放弃了先履行抗辩权。宋都控股主张其系被迫支付了第三笔转让款中的5000万元,百科投资则认为是双方协商的结果,但无论宋都控股因何支付该5000万元,在没有其他证据的情况下,推定其放弃了该5000万元部分的先履行抗辩权,并进而推定其亦放弃了尚未支付5000万元的先履行抗辩权显属不当。宋都控股在本案中主张先履行抗辩权,表明宋都控股并未放弃其尚未支付的5000万元股权转让款的先履行抗辩权。3.百科投资以《框架协议》的约定等作为不履行抵押义务的理由能否成立。(1)前文已经分析,《框架协议》不能作为确定本案双方当事人权利义务的依据,故《框架协议》关于土地抵押的约定不能成为百科投资不履行土地抵押义务的依据。(2)百科投资与宋都控股2009年12月15日签订的《协议书》涉及土地抵押的内容,但该《协议书》约定,如果宋都控股与百科投资共同成立公司的合作不能完成,百科投资必须将该三块土地立即抵押给宋都基业。双方对共同成立公司的合作未能完成的事实并无异议。故根据《协议书》的约定,涉案的三块土地亦应抵押给宋都基业。(3)宋都控股和百科投资均认可,土地抵押有为百科投资应对宋都基业承担的责任提供担保的目的。宋都基业所有的货币资金不能作为百科投资对宋都基业应承担责任的担保,故百科投资以宋都基业所有的货币资金足以偿付债务为由不履行土地抵押义务亦不能成立。《框架协议》与《资产置换协议》对宋都控股的重组中置出资产的归属约定不一致,因置出资产的归属问题,百科投资与宋都控股等产生了一系列诉讼,其中有案件已进入申请再审立案审查程序。百科投资与宋都控股对于百科投资是否应承担相应的担保责任亦有争议,虽然宋都控股申请撤回了相关诉讼,但其表示将另案起诉。在置出资产的归属和百科投资应否承担担保责任尚有争议的情况下,百科投资未履行《股权转让协议》约定的其应先履行的土地抵押义务,而要求宋都控股履行其在后的支付股权转让款的义务,缺乏法律依据。4.关于宋都控股行使先履行抗辩权的意义。《保证合同》第4条约定，百科投资和案外人宋都基业实际控制人潘广超的保证范围为《资产置换协议》约定的应由宋都基业承担的交割日前产生的宋都基业的未披露负债和或有负债等所产生的责任。《保证合同》第5条约定，抵押是百科投资及潘广超履行《保证合同》的担保形式之一。宋都基业的控股股东百科投资、实际控制人潘广超向宋都基业提供担保，符合《上市公司收购管理办法》第七条的要求，除了保证宋都基业的合法权益，还有保证宋都基业控股股东发生变化后的所有股东合法权益的作用。因此，在百科投资不履行其在先的土地抵押义务时，宋都控股行使先履行抗辩权，其意义不限于保护自身的合同权利，还有保护宋都基业及宋都基业其他股东合法权益的作用。总之，宋都控股主张先履行抗辩权有合同及法律依据，其并未放弃先履行抗辩权，百科投资拒不履行其在先合同义务的理由不能成立，且宋都控股主张先履行抗辩权还有保护宋都基业及宋都基业其他股东合法权益的意义，故宋都控股主张先履行抗辩权应予支持，百科投资关于宋都控股、宋都基业连带向其支付5000万元欠款及违约金的主张没有事实和法律依据。

——最高人民法院民事审判第二庭编：《最高人民法院商事审判指导案例（2014）》，中国民主法制出版社2015年版，第46～58页。

232

不应通过司法行为代替当事人对股权转让协议义务的先后履行顺序进行安排

关键词｜股权转让｜合同履行｜

【最高人民法院裁判文书】

海南六福丰麟实业有限公司、海南华地置业有限公司、海南六福房地产开发投资有限公司、刘福与琼海博鳌华晟房地产开发有限公司股权转让纠纷案［最高人民法院（2015）民二终字第72号民事判决书］

最高人民法院认为：

一、关于案涉协议履行过程中哪一方存在违约行为的问题

案涉《股权转让协议》《补充协议书》均系各方当事人真实意思表示，未违反

法律、行政法规的强制性规定，合法有效。依照《合同法》第六十条之规定，各方当事人均应按协议约定全面履行自己的义务。

（一）关于六福丰麟公司等在履行协议过程中是否存在违约行为的问题。1.《股权转让协议》第4条第（2）项约定，自工商部门受理股权变更登记并出具受理单之日起3个月内，六福丰麟公司一次性支付第二期股权收益款2000万元给华晟公司。后华晟公司因上述第二期股权转让款的支付问题提起诉讼，海南省第一中级人民法院（2013）海南一中民初字第102号生效民事判决认定六福丰麟公司未按约定时间支付上述款项构成违约。六福丰麟公司等未能提供相反的证据推翻上述事实，故其主张六福丰麟公司等并非故意违约，而是因合同履行细节发生争议，且六福丰麟公司等主动将2078万元汇入法院账号，以表明履约诚意的理由，与事实明显不符，本院不予支持。2.《补充协议书》第四条约定，华晟公司与华地公司设立银行共管账户，六福丰麟公司等保证所有售房款（包括但不限于以其他名义收取但实质为房屋销售款的销售代理款、定金、订金、售房款等）全部进入该共管账户，并确认按每笔项目售房款的30%支付给华晟公司，以冲抵股权收益款。如有售房款未进入共管账户，则视为六福丰麟公司等违约。2013年12月10日，华晟公司与华地公司在银行开设共同监管账户。六福丰麟公司等在共管账户设立后应按照约定确保所有售房款全部进入该共管账户。经审理查明，该共管账户在2013年12月30日后再无款项进入。而华地公司制作的网签明细表载明，截至2014年5月5日，华地公司售房80套，收取款项27167971元（其中签约时间在2013年12月29日之前的有10套，收取款项为3136341元）。故六福丰麟公司等主张其在2013年12月3日以后停止销售房屋且未收取售房款的抗辩理由，与事实不符，本院不予支持。另，华地公司制作的网签明细表及六福丰麟公司等提供的客户付款明细表均载明在2013年12月30日之后六福丰麟公司等存在签订房产销售合同并收取售房款的情形。六福丰麟公司等收取的售房款均未进入约定的共管账户，也未将30%的售房款支付给华晟公司，违反了该补充协议第四条的约定。《补充协议书》约定在共管账户设立后所有的售房款均应进入该账户，并未区分房产销售、网签备案时间与共管账户设立时间的先后顺序，故六福丰麟公司等关于备案时间与实际付款时间不一致，原判决仅依据华晟公司提供的网签备案表记载的时间，将在共管账户设立之前收取的售房款认定为是在共管账户设立之后收取的售房款的辩解理由，与事实不符，本院不予支持。3.根据《补充协议书》的约定，六福丰麟公司等有税费、股权转让款逾期利息、30%的售房款等付款义务。六福丰麟公司等虽在2014年4

月底付清税费、股权转让款逾期利息等,但未按约定履行将每笔售房款的30%支付给华晟公司的义务,故其主张已按约履行全部付款义务,并未构成违约,依据不足,本院不予支持。综上,六福丰麟公司等未按约定履行付款义务,构成违约。原判决认定其在履行协议过程中构成违约,有事实和法律依据,本院予以维持。

(二)关于华晟公司在履行协议过程中是否存在违约行为的问题。1.华晟公司在六福丰麟公司按约定支付相应股权转让款的前提下,配合六福丰麟公司办理股权变更登记手续,将股权转让给六福丰麟公司,完成了协议约定的主要义务。其发函同意华地公司申领“华地永发栖岸”项目一期的《建设工程施工许可证》,配合华地公司办理了项目第一期1—5号楼的预售许可证手续,履行了协议约定的相应义务,并不存在违约行为。2.《股权转让协议》第7条第(3)项约定,在不损害华晟公司合法利益前提下,华晟公司应无条件出具同意函配合办理房产预售许可证手续。《补充协议书》第六条约定,如六福丰麟公司等未履行原协议及补充协议约定的义务,在六福丰麟公司等纠正其违约行为并支付约定违约金前,华晟公司有权拒绝履行协助六福丰麟公司等办理项目的任何规划报建、预售许可、房产证等手续及其他后履行的义务。如前所述,六福丰麟公司等在履行协议过程中存在逾期支付股权转让款、售房款未按约定进入共管账户及将30%的售房款支付给华晟公司等违约行为,华晟公司依约有权拒绝协助办理相关报建及预售许可证等手续。故六福丰麟公司等关于华晟公司拒绝配合办理相关的报建及预售许可证手续,已构成违约的上诉理由,没有事实根据和法律依据,本院不予支持。

二、关于违约责任的后果如何确定的问题

(一)关于六福丰麟公司等是否应承担违约责任的问题。由于六福丰麟公司等在履约过程中构成违约,依照《合同法》第一百零七条之规定,其应当承担相应的违约责任。1.关于六福丰麟公司、华地公司是否应提前向华晟公司支付股权转让款16680万元及六福房地产公司、刘福是否应对上述债务承担连带清偿责任的问题。依据《股权转让协议》的约定,第四期股权转让款9000万元应于2014年12月30日之前支付,第五期股权转让款7680万元应于2015年12月30日之前付清。依据《补充协议书》的约定,如六福丰麟公司等违约,则华晟公司有权要求六福丰麟公司、华地公司提前支付应付款项。同时,该补充协议还约定,六福房地产公司、刘福为六福丰麟公司支付上述股权转让款承担连带保证责任。现因六福丰麟公司等构成违约,在上述第四、五期股权转让款的支付期限尚未届至时,华晟公司诉请六福丰麟公司、华地公司向其支付上述股权转让款以及六福房地产公司、刘福对上述债务承担连带保证责任,有事实根据和法律依据。《股权转让协议》《补充协议书》均明确约定六福丰麟公司等履行相关付款义务在前,华晟公司配合办理规划、施工报建及预售许可证等手续在后,这是当事人对于协议履行顺序事宜所作的安排。案涉项目未能及时办理规划、施工报建及预售许可证等相关手续,由于六福丰麟公司等违约在先,华晟公司依约有权拒绝办理,六福丰麟公司等无权行使《合同法》第六十七条规定的先履行抗辩权,故其关于原判决未考虑实际情况、不合情理,其应顺延十二个月支付第四期股权转让款的上诉理由不成立,本院不予支持。原审法院以案涉项目的相关规划、施工报建及预售许可证未能及时办理,影响房屋销售为由,判决第四期股权转让款及余款分别在判决生效后一个月和六个月内付清,违背了当事人之间的约定,与事实明显不符。因华晟公司仅对第四期股权转让款的支付时间提出上诉主张,而未对剩余股权转让款的支付时间提出异议,故依照《民事诉讼法》第一百六十八条关于二审法院应围绕上诉请求的有关事实和适用法律进行审查的规定,本院仅对其上诉的第四期股权转让款 9000 万元的支付时间予以纠正。本院需要指出的是,华晟公司基于协议约定向华地公司提出由其与六福丰麟公司共同承担股权转让款及违约金支付义务的诉讼请求后,华地公司未提出抗辩,且在原审法院支持该诉讼请求后,华地公司亦未对此提起上诉,故原审法院关于华地公司的上述判决事项,可以维持。2. 关于六福丰麟公司等是否应向华晟公司支付 500 万元违约金的问题。《股权转让协议》约定六福丰麟公司逾期付款超过 3 个月的,应按未付款的 25% 支付违约金给华晟公司。《补充协议书》也约定如六福丰麟公司等违约,则按未进入共管账户售房款的 30% 支付违约金。前已述及,截至 2014 年 5 月 5 日,六福丰麟公司等已收房款 27167971 元未进入共管账户,另有在 2014 年 5 月 5 日以后销售房屋的款项尚未统计,华晟公司仅请求六福丰麟公司等向其支付 500 万元违约金,属于其处分自己权利的行为。原判决支持华晟公司的违约金请求正确,本院予以维持。

(二)关于华晟公司是否应承担违约责任的问题。华晟公司配合六福丰麟公司办理股权转让工商变更登记,并按约定出具同意办理案涉项目施工、预售许可证手续的函件,其履行协议并不构成违约。1. 因协议对当事人之间的先后履行顺序作出了明确安排,即在六福丰麟公司等按约定适当全面履行义务的前提下,华晟公司才应出具同意函,并配合办理相关规划、施工报建及预售许可证手续。原审法院判决华晟公司在判决生效之日起 3 日内出具同意函,并配合华地公司办理相关规划、施工报建及预售许可证手续,与上述约定明显不符,于法无据，本院予以纠正。华晟公司主张撤销上述判决事项，理由成立，本院予以支持。但在六福丰麟公司等履行本判决确定的股权转让款及违约金等支付义务后，华晟公司也应当按照协议约定，出具同意函，积极配合华地公司办理相关规划、施工报建及预售许可证手续。2. 华地公司上诉主张华晟公司应当赔偿其损失8309.21109万元，并与六福丰麟公司、华地公司尚未支付的股权转让款相互抵扣，由于华晟公司在履行案涉协议中不存在违约行为，且华地公司并未提供有效证据证明存在上述损失，故对华地公司的该上诉主张，本院不予支持。

——人民法院出版社法规编辑中心编：《最高人民法院裁判观点精编（2014～2015）》，人民法院出版社2016年版，第337～341页。

233

股权转让方未按约定披露公司对外担保的事实，但股权转让后该担保已被撤销的，不构成受让方不支付股权转让款的抗辩事由

关键词｜股权转让｜对外担保｜股权转让款｜抗辩事由｜

【最高人民法院裁判文书】

金水志、何建武等与方勇军股权转让纠纷申请再审案［最高人民法院（2015）民申字第2026号民事裁定书］

最高人民法院认为：一、关于四再审申请人是否存在违约行为及应否承担违约责任。根据一、二审查明的事实，方勇军在担任贵州毕节江天水泥有限公司法定代表人期间，以毕节江天公司名义为遵义江天水泥有限公司的1900万元贷款提供保证担保，其在将毕节江天公司股份转让给金水志等四再审申请人后，没有按照《股权转让协议》第5条第5款的约定将担保情况向受让人进行披露，违反了协议约定，属违约行为。但方勇军在收到毕节江天公司发出的协商函后即向遵义市汇川区农村信用合作联社珠海路分社提出撤销保证担保的申请，该社于2013年1月24日将该保证担保撤销，金水志等四再审申请人不再享有拒绝支付股权转让款的抗辩权。金水志等四再审申请人称其在一审庭审中才知道撤销保证担保的事实，但其在知道该事实后仍未足额支付剩余的股权转让款。鉴于金水志等四再审申请人在受让了案涉全部股权后确实存在未按协议支付股权转让余款的事实，故

二审判决认定金水志等四再审申请人存在违约行为有事实和法律依据。

——中国裁判文书网,http://wenshu.court.gov.cn。

234

转让协议对股权价款未作约定且公司严重资不抵债的,不能认定受让方拒绝支付股权价款构成严重违约

关键词 | 股权转让 |

【最高人民法院裁判文书】

赵玉生、李文秀与张贤、张有来、顾印红股权转让纠纷案[最高人民法院(2013)民二终字第32号民事判决书]

最高人民法院认为:一、赵玉生、李文秀是否应当依据约定支付股权对价款,不履行支付股权对价款义务是否构成严重违约,是否应当判决解除转让合同。

1.张贤主张赵玉生、李文秀不履行支付股权对价款义务构成严重违约没有事实和法律依据。张贤与赵玉生、李文秀签订的股权《转让协议书》中不仅没有约定受让方赵玉生、李文秀应当支付的股权转让款数额,而且也没有约定受让方赵玉生、李文秀应当履行支付转让款的时间和履行方式等义务。协议书中载明的"拥有的股份8463万元股份""拥有的股份6422万元股份"应是双方对所转让股份标的的描述,而非对股权转让价款的约定。被上诉人张贤关于上述表述即为双方约定的股权转让款的抗辩,本院不予支持。退一步讲,即使根据合同法的规定,对于一般情况下当事人就价款、质量、履行地点等内容没有约定或者约定不明确的,可以通过协议补充或者按照合同有关条款或者交易习惯确定等方式进行补救,但就本案而言,一是没有证据证明双方对合同转让价款及履行义务等事后达成了补充协议;二是因本案所涉股权转让协议签订时,强兴公司已属严重资不抵债,股权价值为负,如果没有特别约定,很难得出受让人应当支付高额转让款项的结论。更何况,从当事人诉辩来看,本案并非一般情况下当事人对价款等内容没有约定或者约定不明的情形,本案两个受让人自始主张其受让股权系基于承债式受让,不存在有偿受让股权问题。作为股权转让方在转让其重大资产即签订股权转让协议时,一般情况下不可能不对受让人应当支付的股权对

价款数额和支付时间、方式等义务作出有效安排，而仅约定简单几个条文。因此，本案原审原告张贤在《转让协议书》没有约定受让方应当支付的股权转让款数额和支付转让款的时间、履行方式等支付对价义务的情况下，以两原审被告赵玉生、李文秀拒绝履行支付股权转让款构成根本违约为由，主张解除股权转让协议，没有事实和法律依据。

2. 张有来、顾印红主张李文秀不履行支付股权对价款义务构成严重违约亦无事实和法律依据。张有来与李文秀，顾印红与李文秀分别签订的两份股权《转让协议书》中亦未对所涉股权转让价款作出约定。协议书中载明的“拥有的326万元股份”“拥有的200万元股份”亦应是双方对所转让股份标的的描述，而非对股权转让价款的约定。被上诉人张有来、顾印红关于上述表述即为双方约定的股权转让款的抗辩，本院亦不予支持。虽然上述两份《转让协议书》中有“乙方同意接受，并于本协议生效后即刻办理股份转让款项的交割手续”的字样，但是，(1)鉴于张有来、顾印红在针对本案是否应当合并审理的答辩中一再强调“虽然本案所涉股权转让涉及三个转让协议，但从股东会决议等来看，实质上系整体转让和受让，诉讼标的是同一的，缺少任一个另两个都不可能转让”；(2)该两份《转让协议书》所涉转让股份仅占强兴公司股份的3.1%，强兴公司高达86.9%的股份转让体现在张贤与赵玉生、李文秀签订的《转让协议书》中；(3)从2006年6月9日唐山曙光实业集团有限公司作为转让方将其对强兴公司享有的股权分别转让给张贤(96.9%)、张有来(2%)、顾印红(1.1%)，转让方法定代表人为张春来，相关《股份转让协议书》中未体现股权转让价款，以及张春来与张贤的父子关系、与张有来的兄弟关系，以及张春来代为或参与签订了本案所涉多份合同，以及举报人是张春来等事实看，张春来应当可以认定为强兴公司的实际控制人；(4)张有来、顾印红亦无证据证明在强兴公司严重资不抵债情况下各方对所转让给李文秀的强兴公司3.1%股权的转让款具体数额作出了明确约定或者补充约定。因此，张有来、顾印红仅基于其二人与李文秀签订的《转让协议书》中载明的“乙方同意接受，并于本协议生效后即刻办理股份转让款项的交割手续”字样，以李文秀拒绝履行支付股权转让款构成根本违约为由，主张解除股权转让协议，亦无事实和法律依据。

综上，原审法院在张贤、张有来、顾印红主张赵玉生、李文秀应当按照各方约定支付股权对价款的情况下，将股权转让没有对价的举证责任分配给原审被告，显属举证责任分配不当。原审法院关于“被告主张实际履行的是《投资协议书》……股权转让协议仅是办理股权变更登记的手续，是形式，没有对价，两被告对

90%股权的受让应以投资协议约定的偿债数额为准,属承债式受让。对此被告没有证据支持其主张”“股权转让协议和投资协议中没有明确说明股权转让没有对价,在2010年4月3日原、被告签订股权转让协议时,虽然强兴公司属资不抵债,但并不能必然推断出该公司股权没有价值及该公司没有发展前景,并且股权价款是可协商的,且原告一直向被告追要转让款,故不能认定股权转让没有对价”等认定,不符合法律规定。根据《民事诉讼法》第六十四条的规定,作为原审原告的张贤、张有来、顾印红,对其自己提出的主张,有责任提供证据。如三原告无法举证证明各方对受让人应当支付的股权转让对价款和其他应当履行的义务形成了合意,或者无法举证证明股权转让时存有价值的,应当承担举证不能的法律后果。原审法院将当事人之间签订的股权转让协议书和投资协议等大量相关事实简单割裂开来处理不当。即使根据现有证据尚无法认定赵玉生、李文秀系承债式受让股权,但在各方签订的《转让协议书》对股权价款未作约定、且强兴公司严重资不抵债的情况下,也很难得出受让人赵玉生、李文秀拒绝履行支付股权对价款已构成严重违约的结论。原审法院以赵玉生、李文秀拒绝支付股权对价款已构成根本违约为由判决解除股权转让协议,于法无据,本院依法予以纠正。

——中国裁判文书网,http://wenshu.court.gov.cn。

235

股权转让合同不能履行,转让方退还价款时应一并返还以银行同期活期存款利率计算的利息

关键词 | 股权转让 | 不能履行 | 利息 |

【最高人民法院裁判文书】

西昌锌业有限责任公司破产清算小组与四川省国有资产经营投资管理有限责任公司、四川富临实业集团有限公司股权转让合同纠纷案[最高人民法院(2010)民二终字第34号民事判决书]

裁判要旨:股权转让合同订立后,因相关监管部门不予批准股权转让导致该合同无法履行时,出卖人应当退还买受人已支付的价款。从买受人付款日到监管部门不予批准转让决定日的期间内,出卖人占有该款项产生的相应利息属于

出卖人不当获得的利益，出卖人应当将其一并返还给买受人。利率标准方面，在买受人不能提供证据证明出卖人将上述款项用于发放贷款并获利时，应当认为作为普通企业的出卖人会将该款项作为流动资金存入银行，故出卖人返还的利息应当以中国人民银行同期活期存款利率计算。

最高人民法院认为：国资公司与西昌锌业在《股权转让协议》中虽约定国资公司将持有的华西证券的股权转让给西昌锌业，但该股权转让由于中国证监会不予批准，所以不发生股权转让的效力。西昌锌业于2003年11月26日、同年12月17日、2004年4月8日分三笔分别向国资公司支付了500万元、9445万元、4000万元股权转让款，从上述付款之日到中国证监会2004年3月31日作出不予批准转让决定的期间内，国资公司占有该款项应产生相应的利息。在国资公司与西昌锌业间股权转让不能实现时，上述股权转让款及利息属于国资公司不当获得的利益，国资公司应当将其返还给西昌锌业。国资公司与西昌锌业在《股权转让协议》中虽约定因西昌锌业自己的原因，包括但不限于股东资格瑕疵，未获国家有关部门的批准而导致股权受让最终失败，则责任由西昌锌业承担，但该约定并未明确免除国资公司返还从上述西昌锌业实际付款日开始计算的利息的义务。国资公司依据该约定主张其不应承担支付利息的义务，缺乏事实依据。原审判决依据上述约定认定从西昌锌业付款到中国证监会2005年3月31日作出不予批准转让决定期间、西昌锌业因资金被占用而产生的利息损失由其自行承担，有失妥当，应予纠正。国资公司主张西昌锌业实际享有《股权转让协议》中的权利故上述利息无需向西昌锌业返还，因双方对此并无明确的约定，故国资公司的主张难以成立，本院不予采纳。所以，对西昌锌业关于国资公司应支付从西昌锌业付款之日到2005年3月31日之间利息的主张，本院予以支持。

国资公司与西昌锌业未对计算该利息时应选择的利率达成一致，因西昌锌业向国资公司支付上述三笔款项后到中国证监会2004年3月31日作出不予批准转让决定前，国资公司与西昌锌业间的股权转让能否实现并不明确，国资公司是否应向西昌锌业返还上述款项也未确定，所以作为企业一般会将款项作为流动资金存入银行，西昌锌业也未提供证据证明国资公司将上述款项用于发放贷款并获利，故西昌锌业主张按照人民银行同期贷款利率分别计算其支付的上述三笔款项的利息，缺乏事实依据，本院不予支持。对国资公司关于该段时间内的利率应当以中国人民银行同期活期存款利率计算的主张，应予支持。

——最高人民法院民事审判第二庭编：《最高人民法院商事审判指导案例（第五卷）》（下），中国法制出版社2011年版，第470～482页。

编者说明

本裁判意见对股权转让合同因不能履行而产生的转让人向受让人退还股权转让价款同时应当计付的利息计算标准作了明确,可以为类似案件的审理提供参考。

236

股权转让合同受让方承担的应是支付违约金并返还股权的责任,不应再判令其支付逾期付款利息

关键词 | 股权转让合同 | 违约责任 |

【最高人民法院裁判文书】

深圳昌富源房地产开发有限公司、厦门惠迪投资有限公司等与厦门华澄集团有限公司、闽能置业集团有限公司股权转让纠纷案[最高人民法院(2014)民二终字第126号民事判决书]

最高人民法院认为:第二,关于原审法院判决华澄公司同时赔偿昌富源公司、皆荣公司、惠迪公司违约金及逾期付款利息是否妥当的问题。就股权转让余款的支付、逾期付款责任等问题,《合作协议书》约定:2012年2月29日前华澄公司应支付给昌富源公司、皆荣公司、惠迪公司余款78905600元,未付清余款前华澄公司应按月1%的标准计算未付款的利息(计息时间从工商局出件确认股权变更完成之日起计算);若华澄公司未能在2012年5月31日前付清股权转让余款,昌富源公司、皆荣公司、惠迪公司有权立即解除《合作协议书》,要求华澄公司及其指定公司返还股权并要求华澄公司按照股权转让总额的20%支付违约金。从华澄公司与昌富源公司、皆荣公司、惠迪公司的以上约定来看,就股权转让余款及利息支付、逾期付款责任等问题,双方形成了以下合意:即如果华澄公司在2012年5月31日前付清了余款,则合同继续履行,由华澄公司按照月1%的标准支付逾期付款利息;如果华澄公司至2012年5月31日仍未付清余款,则昌富源公司、皆荣公司、惠迪公司有权解除合同,华澄公司应承担按照股权转让总额的20%支付违约金、返还股权的违约责任。以上两种情形的约定属于选择性条款,不应同时适用。而本案的实际情况是华澄公司至昌富源公司、皆荣公司、惠迪公司提起一审诉讼仍未付清股权转让余款,依照双方以上约定,其应

承担的是支付违约金并返还股权的责任。原审法院判决华澄公司支付违约金的同时，还判决华澄公司支付从2012年5月31日起至实际返还股权之日止的逾期付款利息，有失妥当，本院予以纠正。

——中国裁判文书网，http://wenshu.court.gov.cn。

237

股权转让合同受让方迟延付款违约金约定过高的调整

关键词｜股权转让合同｜迟延付款｜违约金调整｜

【最高人民法院裁判文书】

深圳市金州投资有限公司与周玉贤、何逢玲、珙县天顺水泥有限公司等股权转让纠纷案［最高人民法院（2016）最高法民终12号民事判决书］

最高人民法院认为：二、关于金州公司是否应当承担违约责任及违约金数额的确定问题。

金州公司无充分证据证明其在2014年6月26日行使合同解除权时合同约定的解除条件已成就，而周玉贤、何逢玲、天顺公司已经按合同约定履行了股权出让义务，但金州公司未按照约定支付欠付股权转让款，故对金州公司有关其依法行使合同解除权，案涉合同已解除的上诉主张，本院不予支持。案涉《四方协议》《五方协议》合法有效，金州公司未按约履行合同义务，周玉贤、何逢玲、天顺公司诉请金州公司承担违约责任，有事实和法律依据，本院予以支持。

根据《五方协议》第十条“违约责任”条款的约定，迟延付款的违约金按日千分之一利率计付。金州公司以约定违约金过高为由，请求调减。原审法院按照《合同法》第一百一十四条第二款“约定的违约金低于造成的损失的，当事人可以请求人民法院或者仲裁机构予以增加；约定的违约金过分高于造成的损失的，当事人可以请求人民法院或者仲裁机构予以适当减少”及《合同法解释（二）》第二十九条第一款“当事人主张约定的违约金过高请求予以适当减少的，人民法院应当以实际损失为基础，兼顾合同的履行情况、当事人的过错程度以及预期利益等综合因素，根据公平原则和诚实信用原则予以衡量，并作出裁决”的规定，以合理融资成本为据，将合同约定的违约金酌减为按年利率24%计付，符合法律规定。金州公司主张原审认定按照年利率24%的比例确定违约金金额仍然过高,但其并未提供证据证明按照年利率24%的比例确定的违约金仍过分高于损失,其主张应按照中国人民银行同期贷款利率标准确定违约金计付标准,无法律依据。故对金州公司有关应当按照中国人民银行同期贷款利率标准确定违约金计付标准的主张,本院不予支持。

——中国裁判文书网,http://wenshu.court.gov.cn。

238

股权转让后的公司法定代表人以原法定代表人的意思表示受前股东操控为由主张不承担股权转让前的债务的，不予支持

关键词 | 股权转让 | 法定代表人 |

【最高人民法院裁判文书】

宜昌嘉华置业有限公司与华垦国际贸易有限公司债务纠纷案[最高人民法院(2007)民二终字第100号民事判决书]

最高人民法院认为:对于长期以来形成的公司债务,公司在老股东与新股东订立股权转让协议之前,已通过签订债务清偿协议作了明确和安排。尽管在签订该协议之时公司仍为老股东控股有全资子公司,但并无证据表明老股东操纵了公司的行为或者滥用了公司的法人主体资格。新股东以代表公司签订上述债务清偿协议的法定代表人同时也是老股东的法定代表人为由,否定以上协议是公司真实意思表示的理由,不能成立。

——吴庆宝主编:《权威点评最高人民法院公司法指导案例》,中国法制出版社2010年版,第276~284页。

编者说明

本裁判意见的实质是,公司的意思显然不可能完全脱离股东的意思,但不能因为公司的意思表示在一定程度上受到股东意思的影响就否定其为公司的真实意思表示。①

① 李晓云:《股东意思与公司意思——宜昌嘉华置业有限公司与华垦国际贸易有限公司债务纠纷案》,载吴庆宝主编:《权威点评最高人民法院公司法指导案例》,中国法制出版社2010年版,第284~285页。

239

受让股权却不登记为公司股东是对其民事权利的处分，不能以此否定股权转让合同的履行

关键词｜股权转让｜股东登记｜合同履行｜

【最高人民法院裁判文书】

林金泉与孙惠强、吴志强、林文俊、曾恒志、陈杰、赵丹云股权转让合同纠纷案[最高人民法院(2013)民申字第583号民事裁定书]

最高人民法院认为：二、曾恒志是明阳公司完成股权和法定代表人变更后的法定代表人，其与孙惠强签订《明阳矿业移交清单》的行为足以证明股权转让方已经履行移交义务。曾恒志在一审时对其在《明阳矿业移交清单》上的签名不持异议，二审时又表示其质证意见与被上诉人孙惠强、吴志强、林文俊相同，即《明阳矿业移交清单》的当事人已经确认移交，林金泉称孙惠强与曾恒志恶意串通，没有证据支持，本院不予采信。

三、《股权转让合同》签订后，明阳公司新的法定代表人和股东已经工商行政管理机关审核登记，其中没有林金泉的名字。在此情况下，林金泉仍然在《明阳矿业股权转让付款及交接补充协议》上签字，确认股权转让当事人已完成明阳公司股权及法定代表人变更手续。这说明，该股权变更的事实已得到林金泉的认可。林金泉受让股权却不登记为公司股东，是对其民事权利的自行处分，一、二审判决并未损害其投资权益。林金泉称其支付余款的前提应当是其取得明阳公司股权，没有合同依据，本院不予采纳。

——中国裁判文书网，http://wenshu.court.gov.cn。

240

股权转让未办理变更登记手续不得对抗第三人，但不影响转让合同的效力

关键词｜股权转让｜变更登记｜合同效力｜对抗第三人｜

【《最高人民法院公报》案例】

申银万国证券股份有限公司诉上海国宏置业有限公司财产权属纠纷案(上海市高级人民法院二审民事判决书)

裁判摘要:根据《公司法》和《证券法》的相关规定,公司股权转让应办理变更登记手续,以取得对外的公示效力,否则不得对抗第三人。同时,根据证券法公开、公平、公正的交易原则以及上市公司信息公开的有关规定,对上市公司信息披露的要求,关系到社会公众对上市公司的信赖以及证券市场的交易安全和秩序。因此,作为上市公司,其股东持有股权和变动的情况必须以具有公示效力的登记为据。

上海市高级人民法院二审认为:申银万国与国宏置业签订股权转让协议后已在中登公司办理了股权转让的变更登记手续,故系争股权已移转于受让人国宏置业名下,即股权变动已发生法律效力。根据我国《公司法》和《证券法》的相关规定,公司股权转让应办理变更登记手续,以取得对外的公示效力,否则不得对抗第三人。该规定遵循的是商法的外观主义原则,立法目的在于维护商事交易安全。该种对抗性登记所具有的公示力对第三人而言,第三人有权信赖登记事项的真实性。同时,根据证券法公开、公平、公正的交易原则以及上市公司信息公开的有关规定,对上市公司信息披露的要求,关系到社会公众对上市公司的信赖以及证券市场的交易安全和秩序。因此,上海九百作为上市公司,其股东持有股权和变动的情况必须以具有公示效力的登记为据。申银万国称其为了规避证监会有关规定而通过关联企业国宏置业隐名持有股权,并要求确认已登记在国宏置业名下的股权实际为其所有,显然不符合上述相关法律规定,也有违《公司法》所规定的诚实信用原则。现国宏置业被法院执行的债务达亿元之多,而其名下系争股权市值仅3000余万元,远不足以支付对外债务。故国宏置业的债权人基于中登公司登记而申请法院查封执行国宏置业名下系争股权的信赖利益,应依法予以保护。因此,即使如申银万国所称有实际的代持股权关系存在,系争股权也不能归申银万国所有。

——《最高人民法院公报》2010年第3期

【最高人民法院裁判文书】

深圳市蒲公堂信息咨询服务有限公司与深圳市南山区投资管理公司、深圳市科汇通投资控股有限公司撤销权纠纷案[最高人民法院(2007)民二终字第32号民事裁定书]

最高人民法院认为:《公司法》并未明确规定股权转让合同是否以工商变更登记为生效条件。尽管新《公司法(2005)》第三十三条规定“登记事项发生变更的,应当办理变更登记”,新《公司登记管理条例》第三十五条规定“有限责任公司股东转让股权的,应当自转让股权之日起30日内申请变更登记”,但并不能从上述规定中得出工商登记是股权转让的生效要件。就股权转让行为的性质而言,股权转让实质上是在公司内部产生的一种民事法律关系,股权转让合同签订后,是否办理工商变更登记,属于合同履行问题。就股权转让行为的外部效果而言,股权的工商变更登记仅为行政管理行为,该变更登记并非设权性登记,而是宣示性登记,旨在使公司有关登记事项具有公示效力。因此,是否进行工商变更登记对股权转让合同的效力问题不应产生影响,工商登记并非股权转让合同效力的评价标准。质言之,股权转让合同签订后,是否办理工商变更登记,不应导致股权转让行为是否生效或有效问题,仅应产生当事人是否违约以及是否具备对抗第三人效力的问题。

——最高人民法院民事审判第二庭编:《最高人民法院商事审判指导案例·合同卷》,中国法制出版社2011年版,第194~210页。

中国黄金集团公司与莱州市仓上金矿、莱州金仓矿业有限公司偿还黄金基金纠纷案[最高人民法院(2006)民二终字第78号民事判决书]

最高人民法院认为:关于基本建设经营性基金“债转股”未办理工商登记的法律效力问题,基建基金实施“债转股”行为已完成了要约与承诺过程,虽未办理工商登记,但只是不对第三人产生法律效力,债转股协议在当事人之间仍具有拘束力。工商登记只是股权变更的公示方式,只影响股权变更的外部效力,对双方的内部关系来说则不产生影响。上诉人主张因未完成工商登记变更手续,非法律上的出资人而应为债权人的理由不能成立,应予以驳回。

——最高人民法院民事审判第二庭编:《最高人民法院商事审判指导案例·合同卷》,中国法制出版社2011年版,第82~93页。

兰州常柴西北车辆有限公司、宁夏常宁动力机械有限公司与中国农业银行银川市新市区支行等借款担保纠纷案[最高人民法院(2005)民二终字第109号民事判决书]

最高人民法院认为:当事人认为股权变更的工商登记是依法确立股东合法身份的法律依据,对方进行股权转让没有经过工商登记和年检,不是公司股东。工商行政管理机关是企业依法登记注册成立的法定部门,登记不是确定股东地位的唯一要件。对方当事人已实际控制了公司,可以认定是公司股东。原审判决关于此事实认定不当,予以纠正。

——吴庆宝主编:《权威点评最高法院公司法指导案例》,中国法制出版社2010年版,第296~305页。

【链接:最高人民法院法官著述】

工商登记机关对股权的登记只是一种宣示性登记,只要投资人认购出资或股份后,股东名册对投资人的情况进行了记载,那么投资人就可以向公司主张其股权。公司未到工商机关进行登记,则股东的权利只能向公司主张而不能对抗以工商登记为依据而主张权利的第三人。由此可见,工商登记是对股权情况的公示,与公司交易的善意第三人有权信赖依据工商机关登记的股权情况作出判断。股权变动后,如果在股东名册上进行了变更记载,而未在工商登记机关进行变更登记,则善意第三人可以依据工商登记文件对原股东的记载要求其承担责任。《公司法(2005)》第三十三条规定,公司应当将股东的姓名或者名称及其出资额向公司登记机关登记;登记事项发生变更的,应当办理变更登记。未经登记或者变更登记,不得对抗第三人。

——最高人民法院民事审判第二庭编著:《最高人民法院关于公司法解释(三)、清算纪要理解与适用》,人民法院出版社2011年版,第359页。

编者说明

关于工商登记在股权转让中的性质与效力认定问题,最高人民法院历来的裁判意见与司法观点是基本一致的,即认为依法成立的股权转让合同自成立时生效,法律法规规定股权转让合同办理批准、登记手续才能生效的,应当办理批准、登记手续。《公司法》对于普通的股权转让合同并无办理批准、登记手续后才生效的规定,因此,工商登记不是股权转让合同生效的要件。工商登记机关对股权转让的变更登记只是一种宣示性登记,是对已经发生的股权转让事实的确认，在股权转让合同生效才可进行。

同时，基于公司纠纷案件审理中内外有别的原则，司法实务中一贯认为，股权转让的变更登记在性质上也属于对抗性登记，对于未办理股权变更登记的，第三人有权信赖登记事项的真实性，善意第三人可以依据工商登记文件对原股东的记载而要求其承担责任。

241 以土地使用权过户作为办理转让股权过户手续前提条件的认定

关键词 | 股权过户 | 土地使用权过户 |

【最高人民法院裁判文书】

黄世就与柯国庆及茂名市伟恒地产有限公司等民间借贷及股权转让纠纷申请再审案[最高人民法院(2015)民提字第211号民事判决书]

最高人民法院认为：(二)关于《合同书》中约定的土地使用权过户给航宇公司是否是黄世就办理伟恒公司和志同公司股权过户手续的前提条件。

本案《合同书》序言部分第1项约定，“乙方持有丙方和志同公司各50%股权，乙方同意按本合同约定的条件转让给甲方并变更到甲方指定的人名下”。这里的“本合同约定的条件”，应对双方的权利义务关系具有统领的意义，表明黄世就退出伟恒公司与志同公司，需要满足合同各项相关条款所约定的内容，由此可以说黄世就退出两公司是合同的主要目的，但也不能忽视其退出的条件也是黄世就签订合同的目的。《合同书》第一条约定“甲方欠乙方的股权转让款(即甲方应退还乙方的投资款)及借款本金，经甲乙双方结算确认为6893万元”，“甲方同意另补偿人民币250万元给乙方”。双方认可该条所称的“股权转让款(即甲方应退还乙方的投资款)”，是指黄世就以取得两公司股权为目的而已经投入到伟恒公司中的资金或股本金，故以“即甲方应退还乙方的投资款”加以限定，而并非双方在本《合同书》中约定的黄世就向柯国庆转让两公司股权的转让款。该条并未如通常的股权转让合同那样明确约定本股权转让所应支付的转让款，只是可以从全部合同条款中判断，柯国庆取得黄世就的股权，需要支付尚欠的“借款”及“股权转让款”6893万元，同时另外补偿黄世就250万元，这些构成与股权转让相对应的全部金钱给付义务。《合同书》其他条款亦未明示只要柯国庆以现金支付这些款项,黄世就即应无条件转让股权,而又约定了特定的支付方式,即伟恒公司将《项目转让合同》和《国有土地使用权转让合同》项下的土地使用权过户到博汇公司及其指定的航宇公司名下,博汇公司将应支付给伟恒公司的项目和土地使用权转让款支付给黄世就。这些内容表明,该《合同书》对于黄世就如何退出两公司,确实可以说做了一种比较特殊的交易安排。

上述价款支付安排中,不仅仅是博汇公司取得伟恒公司的项目和土地使用权后将部分价款支付给黄世就,重要的是其中包含博汇公司指定将土地使用权过户到航宇公司名下这一细节。航宇公司的实际控制人是黄世就,故如果完成土地使用权向航宇公司的过户,则黄世就能够间接取得相应利益。由于合同中特别约定了土地使用权过户给航宇公司,因此黄世就有期待该约定的效果实现的利益。尽管《国有土地使用权转让合同》的主体是伟恒公司与博汇公司,土地使用权过户是伟恒公司对博汇公司负有的义务,但柯国庆实际控制伟恒公司,其有能力决定伟恒公司是否履行该义务,因此该义务在某种意义上也相当于柯国庆对博汇公司的义务。他人之间合同义务之履行,虽然最终意义上是不确定的事实,但因该种义务履行受合同法的拘束,故仍具有高度的确定性和可信赖性。将伟恒公司与博汇公司作为《合同书》的当事人,并将其所签订的《项目转让合同》和《国有土地使用权转让合同》作为《合同书》签订的前提条款,充分表明该两份合同的履行对于股权转让的至关重要性,以及黄世就对该事实之发生,从确信合同法义务应当得到诚信履行的意义上,予以高度信赖和合理期待。

《合同书》中多处提到了土地使用权过户到航宇公司名下,足以表达该项内容的重要性。而其中两个条款具有控制该内容按照约定方向发展的效果。《合同书》第一条将股权转让款及借款利息的支付,与土地使用权过户相关联,要求柯国庆支付给黄世就的 6893 万元的利息计算到"直至《项目转让合同》和《国有土地使用权转让合同》所涉及的土地使用权已全部变更至丁方指定的茂名市航宇投资有限公司的名下止"。《合同书》第三条约定《国有土地使用权转让合同》项下伟恒公司向博汇公司转让的土地使用权过户到航宇公司名下三日内,黄世就将两公司股权过户给柯国庆指定的股东名下。伟恒公司与博汇公司签订的《国有土地使用权转让合同》则明确约定,签订合同后三日内伟恒公司有义务协助办理将土地使用权过户给航宇公司,土地使用权过户到航宇公司名下之后,六个月内博汇公司向黄世就付款。此表明土地使用权过户不仅仅是履行顺序在先,而且其重要性被充分显著地予以强调。当然,伟恒公司的土地使用权转让给博汇公司并过户给航宇公司的交易安排,具有确保柯国庆向黄世就支付款项的作用。但如果其仅仅具有这一保障作用,则不需要把土地使用权过户到航宇公司名下作为柯国庆支付利息和黄世就变更股权的时间节点,而应以黄世就收到博汇公司代为支付的款项的时间作为其节点。上述关于履行顺序和时间节点的特殊安排,显然对柯国庆取得股权做了某种限制,使黄世就得以利用该特定的时间节点,来控制和延迟其履行股权过户义务的时间,以此对股权转让的受益人柯国庆施加影响,使其按照该约定所预设的方向实现土地使用权向航宇公司过户。该约定虽未将土地使用权过户给航宇公司设定为柯国庆对黄世就所负的合同义务,故黄世就无权请求柯国庆履行该行为,但可以在该行为完成前不办理其名下股权的变更手续。

《合同书》第五条约定:"如《项目转让合同》和《国有土地使用权转让合同》所约定的项目和土地无法全部变更到丁方及丁方指定的航宇公司名下,则丁方按实际成交项目或土地承担付款责任。如前述项目和土地均不能成交,则丁方不承担付款责任。"该条所说的土地无法过户的情形,只是与博汇公司相关联,其文字意思是博汇公司在未能受让土地使用权的情况下,不承担代为支付相应款项的责任。该条虽然含有某种暗示并从而使黄世就预见到《土地使用权转让合同》有不能履行的可能,但此仍符合条件的实现具有不确定性的特点。该条对于黄世就和柯国庆之间关系,并未改变第一条和第三条,并未设定新的利息支付和股权过户的时间节点,并不能表示柯国庆控制的伟恒公司是否按照约定履行土地使用权过户的义务与黄世就股权过户义务的履行无关,并不能排除黄世就对柯国庆及伟恒公司依据诚实信用原则履行合同具有的合理期待及以股权过户时间节点予以制约的权利。

综上,尽管《合同书》中没有直接使用"附条件"这样的文字对双方之间的关系加以概括,也没有从相反的角度约定如果柯国庆不完成土地使用权过户黄世就即有权不进行股权过户,但将全部条款综合起来解释《合同书》文字所具有的客观意思,应认定具有这种实际效果,即土地使用权过户给航宇公司,构成黄世就向柯国庆履行股权过户义务的停止条件。双方对合同条款在签订合同时的动机不一致,以及事后理解意思不一致,应当以该条款所能被受约束方感知的意思为准。柯国庆作为受限制一方,应当能够明确感知此意思,其没有不清楚合同全部条款的意义及其中所隐含的制约条件的理由。柯国庆即使一开始就不想履行该土地使用权转让给博汇公司及过户到航宇公司的义务,但此只能是其内心真意的保留,不能以之否定《合同书》的文字意思。在签订《合同书》时,黄世就虽然应当知道柯国庆没有将土地使用权直接给予黄世就作为其退出公司的补偿的意思，但其不应当知道柯国庆自始即没有使伟恒公司受土地使用权转让合同条款约束的意思。故本案土地使用权转让作为股权过户的附带条件，应已因双方通过《合同书》所表达的意思一致而成立。

——中国裁判文书网，http://wenshu.court.gov.cn。

242

股权转让合同附随义务的确定

关键词｜股权转让合同｜附随义务｜

【最高人民法院裁判文书】

北京康正恒信担保有限公司与河北天人化工股份有限公司、北京华夏建龙矿业科技有限公司、河北省矾山磷矿有限公司股权转让合同纠纷案[最高人民法院(2012)民二终字第44号民事判决书]

裁判要旨：我国《合同法》第六十条对合同当事人附随义务作了原则性规定，但对具体什么样情况下才能认定当事人构成必须履行的附随义务即适用条件、如何适用并不清晰。合同中未约定或约定不明、不确定事项，并非必然构成合同相对方当事人的附随义务，而是必须具备一定的条件，即根据合同的性质、目的和交易习惯从诚实信用原则出发自然推导出的一个有关履行通知、协助、保密等义务应由哪一方当事人承担。也并非得出一方当事人的权利即为另一方当事人的义务的结论，需根据案件的具体情况而决定。其次，即使构成合同一方附随义务且未履行的情况下，如有证据证明相对方对有关事实已经知晓或者应当知道，而无须对方承担所谓附随义务的通知等义务也能实现合同有关权利时，一方当事人仅以对方未履行附随通知义务要求相应的救济，不应支持，否则有违诚实信用原则。

最高人民法院认为：本案争议问题在于本案《协议书》内容特别是第三条约定应否得到各方当事人履行以及承担相应的责任。本案有关当事人于2009年7月12日签订的《协议书》第三条约定"在新公司注册后，丁方(指中油公司)必须在三个月内选择以下方式(分别列举为收购、参股、放弃)投资参股新公司，并按选择确定的方案同时支付款项"，但是该《协议书》对如何让丁方中油公司(康正公司)知晓所称的改制重组后矾山磷矿成立的有限责任公司作为新公司注册的事实，并没有约定相应的方式和责任，从而引起当事人之间的争议。这不仅牵涉到对本案矾山磷矿股份拟转让方是否具有向拟受让方告知矾山磷矿新公司注册时间的附随义务的认定，是否构成我国《合同法》第六十条规定的相应通知等义务；同时，也牵涉到对本案《协议书》的性质应当如何认定，以及有关条款约定的权利义务如何平衡问题；以及条款约定期限性质及期限起点如何确定。

我国《合同法》第六十条规定："当事人应当按照约定全面履行自己的义务。当事人应当遵循诚实信用原则，根据合同的性质、目的和交易习惯履行通知、协助、保密等义务。"这被认为是合同附随义务的法律依据。本案《协议书》没有约定如何让拟收购方知晓矾山磷矿新公司已经注册事实的方式和义务，但是并非在一切合同约定有漏洞、概念不确定的情况下，自然构成相对方的附随义务，而是必须具备一定的条件，即根据合同的性质、目的和交易习惯从诚实信用原则出发自然推导出的一个有关履行通知、协助、保密等义务由哪一方当事人履行的问题。就本案而言，本案《协议书》内容为当事人就正在改制中矾山磷矿有关收购、投资参股等权利所作的意向性框架协议，表明了矾山磷矿的股权转让方天人公司、建龙公司对其股权转让所需要的条件的陈述，其目的在于等待相对方作出选择以及股权拟收购方所表示的承诺。因此，对矾山磷矿的股权拟收购方来说，它可以作出全部收购、投资参股或者放弃收购的选择，为其履行权利，同时也必须有义务履行遵守股权拟转让方所提出的有关股权转让的条件，即必须在矾山磷矿新公司注册后3个月内作出选择，并按选择确定的方案同时支付款项，否则便不构成完全有效的承诺。本案矾山磷矿作为新公司注册成立的事实，并非属于如股权拟转让方不告知，股权拟收购方便无从知晓的相应信息。有关企业成立信息属公开公示信息，有关当事人完全有能力、有条件采取各种手段措施知晓矾山磷矿新公司注册成立的事实。中油公司并没有提出有关天人公司、建龙公司对其询问矾山磷矿新公司注册事实时拒绝透露相关信息的情况和证据材料。因此，根据本案《协议书》的性质和目的，知晓矾山磷矿新公司注册成立的事实既是中油公司胡权利、同时也是中油公司履行其选择权必须主动应尽的注意义务。此时，并不构成股权拟转让方必须对相对方作出有关矾山磷矿新公司注册事实进行主动通知的义务。原审法院判决对此论述详尽全面，本院予以支持。康正公司上诉关于原审法院认定天人公司、建龙公司对矾山磷矿新公司成立时间、股权结构变化等进展情况不负有通知义务，违反法律规定的理由不能成立，本院不予支持。

本案《协议书》效力不为本案当事人所异议。本案《协议书》性质为收购股权的意向性框架协议，类似预约合同，该协议书只是约定了当事人选择权，包括收购、参股、放弃投资参股新公司，并没有直接约定转让股权的行为，但是其权利义务内容相对比较全面，不论当事人是否进一步签订本约合同，本案协议书效力是得到法律上的认可的，同时也为本案当事人所认可。正如上述，本案《协议书》没有约定拟收购人如何知晓矾山磷矿作为新公司注册成立时间的方式和义务，首先构成了矾山磷矿新公司的股权拟收购方自己审慎地跟进、关注、询问和了解的注意义务。对于矾山磷矿新公司的股权拟转让方来说，从法律义务和责任的角度，不构成拟转让方向对方通知的附随法律义务。如果此时股权拟转让方有什么义务的话，只是在股权拟收购方进行询问有关矾山磷矿新公司成立时间等信息时有如实告知的义务，不得拒绝的义务，而非主动的告知义务。对于2009年11月24日《会议纪要》，康正公司并不否认该会议的存在，也没有提出该《会议纪要》哪些内容不真实，该会议对矾山磷矿正在进行的改制进程予以通报，并预计新公司注册争取在明年4月底完成，因此，可以推定康正公司对矾山磷矿作为新公司注册时间是应当有所预知的。客观上，康正公司也是有条件、能力及时知晓矾山磷矿新公司注册成立时间，从而作出本案《协议书》约定的选择权。但本案情况表现出中油公司漠视或怠于行使自己一方的注意义务，而对于注意义务的实现所采取的跟进了解、询问调查等措施也是当事人可以行使的权利。本案股权收购行为之所以错过约定的时限条件，首先在于拟收购方没有尽到自己的注意义务，对此，拟收购方有过错。如果仅以拟转让方没有履行告知拟收购方关于矾山磷矿新公司注册成立时间的附随义务而要求按照《协议书》约定真实履行投资新公司的行为，除非重新获得有关当事人认可，否则对拟转让方来说有失公允，且有违本案事实，亦有违诚实信用原则。

——最高人民法院民事审判第二庭编：《最高人民法院商事审判指导案例(2012)·公司与金融》，中国民主法制出版社2013年版，第133~147页。

243

股权转让合同未约定在支付股权转让款时应扣除代扣代缴税款的，扣除税款并非支付转让款的前提条件

关键词｜股权转让合同｜税款｜

【最高人民法院裁判文书】

北京泓源投资集团有限公司与王彦章等股权转让纠纷申请再审案[最高人民法院(2015)民申字第1157号民事裁定书]

最高人民法院认为:本案当事人争议的焦点问题为在确定泓源公司应当支付的股权转让款金额时是否应扣除代扣代缴税款。

关于该问题,泓源公司申请再审主张在确定泓源公司应当支付的股权转让款金额时应当扣除代扣代缴税款。首先,本案系股权转让纠纷,从合同内容来看,主要是约定王彦章将其持有的绥中宏泰房地产开发有限公司30%的股权转让给泓源公司,股权转让价款为2500万元;并约定如不能按期支付股权转让价款,泓源公司按逾期时间按年息10%向王彦章支付应付款项的利息。双方在合同中并未约定泓源公司在支付股权转让价款时应扣除代扣代缴税款,扣除代扣代缴税款并非泓源公司支付股权转让价款的前提条件。其次,从代扣代缴税款的义务主体来看,《税务事项通知书》载明的代扣代缴税款义务人是绥中宏泰房地产开发有限公司而非泓源公司,泓源公司无权提出扣除代扣代缴税款的主张。再次,从泓源公司提出扣除代扣代缴税款主张的时间来看,泓源公司是在二审庭审中提出上述主张的,并请求二审法院在计算逾期付款利息时,考虑上述情况,对利息进行相应扣减。因泓源公司并未就扣除代扣代缴税款问题在上诉状中提出相应的上诉请求,也未在二审庭审中提出增加或变更上诉请求的申请,故二审法院对泓源公司的上述请求不予审理并无不当。最后,从本案审理范围来看,本案是因泓源公司未按约支付股权转让价款而产生的股权转让纠纷,如绥中宏泰房地产开发有限公司已代王彦章实际支付了股权转让个人所得税款,则绥中宏泰房地产开发有限公司与王彦章之间产生的是垫付税款纠纷,两纠纷的主体不同,案涉事实和法律关系也不同,绥中宏泰房地产开发有限公司与王彦章之间的垫付税款纠纷与本案没有关联性,不属于本案审理范围。

——中国裁判文书网,http://wenshu.court.gov.cn。

244

股权转让方依法负有的纳税义务不得约定改由他人承担；但税费作为一种金钱之债，可以约定由他人代为履行

关键词 | 股权转让 | 代为履行 | 税费 |

【最高人民法院裁判文书】

吴善媚、李耀生与梁新业、宋汉之等股权转让纠纷案[最高人民法院(2016)最高法民终51号民事判决书]

最高人民法院认为：四、关于税费负担问题。

在股权转让场合，转让方依法负有的缴纳个人所得税等纳税义务，系其作为纳税义务人所负有的法定义务，不得通过约定改由他人承担。但税费作为一种金钱之债，却可通过约定由他人代为履行。"8月11日协议"第7条约定由受让方支付相关税费，该约定不违反法律、行政法规的强制性规定，应属合法有效。然而"8月11日协议"仅约定由受让方负担相关税费，对于何时缴纳何种税费及缴纳多少税费，都没有约定。在税费种类及额度均未确定，转让方也没有实际缴纳相关税费的情况下，其要求受让方支付相关税费的诉讼请求缺乏事实依据，本院不予支持。当然，在税务征收部门催缴税费的情况下，转让方可根据合同的约定要求受让方代为缴纳相关费用。转让方根据有关规定缴纳了相关税费后，也可根据约定向受让方求偿。

——中国裁判文书网，http://wenshu.court.gov.cn。

(九)股权转让合同的解除

245

受让方付款后，转让方长期不办理股权变更手续致受让方合同目的无法实现，受让方有权主张解除股权转让协议

关键词 | 股权转让协议 | 合同目的 | 合同解除 |

【最高人民法院裁判文书】

北京九洲华汉广告中心与管国敏、金松股权转让纠纷案[最高人民法院(2015)民提字第45号民事判决书]

最高人民法院认为：本案系九洲华汉以金松一直未办理股权转让登记手续，致其合同目的无法实现为由，主张解除股权转让协议，返还转让费而引发的股权转让纠纷。

根据本案已有证据和查明事实，九洲华汉与金松之间签订的股权转让协议书是双方真实意思表示，合法有效，双方均应全面适当履行。按照协议约定，金松只是在"正式的股权变更前"作为持股代表人，正式转股一旦完毕，金松持股代表人的身份即应消失。且作为酬劳，给予金松"10%（最优惠形式的）管理股"。金松作为持股代表人还有义务"协助甲方，以最小的代价持续收购公司其他股东的(甚至全部)股份"。此外，金松收到200万元转让款后，"股东缺位"这一不能召开股东会和变更股权登记的障碍或原因消除后，作为义务人的金松就应积极办理九洲华汉正式转入股东权益及身份的各项工作，即召开股东会、通过股权转让事宜、正式办理工商股权变更登记。这些既是双方在协议中的约定，也是金松应尽的义务。原审判决一方面强调金松作为持股代表人的权利，另一方面却未提及金松应积极履行股权变更的义务，明显不当。本案金松的行为属于根本违约，主要理由如下：

第一，股权转让协议书签订于2003年12月3日，九洲华汉在股权转让协议书签订后的当月，即于2003年12月9日和12月17日将200万元汇入金松指定的账户。但是，直至2010年12月本案起诉时，金松、管国敏仍未办理股权转让变更手续。根据金松2008年12月17日出具的《关于股权尚未变更的说明》可以推定，九洲华汉2008年12月17日之前曾向金松催办过股权转让事宜，至九洲华汉2010年起诉，已远远超过合理的履行宽限期，应认定金松、管国敏属于履行迟延。在金松出具《关于股权尚未变更的说明》事实的情况下，原审判决把"并无证据证明九洲华汉要求金松将旭鹰公司的相应股份变更至其名下"的举证责任让九洲华汉承担，属于举证分配错误，适用法律不当。

第二，工商登记信息证据显示，在2006年和2008年旭鹰公司进行了二次股东(权)的变更登记。特别是2008年初，金松作为法定代表人的品扬公司，也变更登记为了旭鹰公司的股东。金松、管国敏都直接参与了股东变更登记事项。事实说明,旭鹰公司股东不仅可以变更并进行了两次,但金松在完全能办理九洲华汉股东变更的情况下不予办理,拒不履行协议书约定的义务,已构成违约。

第三,在2008年初巴士资产经营公司就已不是旭鹰公司的股东,取而代之的是金松作为法定代表人的品扬公司。而金松向九洲华汉出具的《关于股权尚未变更的说明》中仍以所谓股东"巴士股份领导未认同收购股权"为由,拒绝变更。可见,金松非但长期不履行协议书约定的义务,而且以自己的实际行为表明了不履行约定的义务,已构成根本违约。

九洲华汉付款7年以后,依然没有获得股东身份,股权仍然没有变更,违背了合同订立的目的。根据《合同法》第九十四条的规定,当事人一方迟延履行主要债务,经催告后在合理期限内仍未履行的,当事人可以解除合同。本案属于经催告后在合理期限内仍未履行,致使合同目的不能实现的情形,因此,九洲华汉请求解除合同,并要求返还股权转让款的请求合法有据,应予支持。

——中国裁判文书网,http://wenshu.court.gov.cn。

246 股权转让合同主要内容大部分得到履行,一方主张解除合同的,不予支持

关键词 | 股权转让 | 合同履行 | 合同解除 |

【最高人民法院裁判文书】

西安新世纪通信有限公司与西安高新技术产业风险投资有限责任公司股权转让纠纷申请再审案[最高人民法院(2014)民申字第1918号民事裁定书]

最高人民法院认为,本案的争议焦点:一是新世纪公司是否能够实现合同目的;二是风险投资公司是否按照《股权转让协议》履行了合同义务。

关于新世纪公司是否能够实现合同目的问题。本案为股权转让合同纠纷,依据《公司法》及双方签订的《股权转让协议》,可认定新世纪公司的合同目的是取得翔宇公司22.28%的股权。翔宇公司章程第二十九条规定,股东名册是证明股东持有股份的有效凭证。从本案情况看,2013年1月,新世纪公司已经被

记载于翔宇公司的股东名册,且翔宇公司也明确认可这一事实。新世纪公司可以向翔宇公司主张股东权利,其合同目的已经能够实现。此外,相关法律及公司章程并没有规定未办理工商变更登记的,股份有限公司股权转让行为无效,也没有规定办理股份有限公司股权变更登记需要提交股东大会决议,因此,是否办理工商变更登记不影响股东权利的行使。另外,翔宇公司发起成立时及以后并未向股东签发记名股票,双方在《股权转让协议》中亦未约定背书转让记名股票事宜,是否取得股票并不影响新世纪公司获得股东身份。综上,新世纪公司在已被记载于股东名册的情况下,仍以风险投资公司没有背书转让、没有股东大会决议,没有履行协助办理工商变更登记义务等导致合同目的无法实现为由要求解除合同,没有法律依据。

关于风险投资公司是否履行合同义务的问题。风险投资公司主要义务是在收到股权转让款后,退出翔宇公司经营,并在翔宇公司办理案涉工商变更登记时积极配合。双方对风险投资公司退出翔宇公司经营未提出异议,主要争议在于是否配合翔宇公司进行了工商变更登记。从工商变更登记的主体看,应当是翔宇公司。在新世纪公司已经取得股东身份的情况下,可以向翔宇公司主张。现有证据不足以认定翔宇公司否认为其办理工商登记变更或者风险投资公司不积极配合、阻碍办理。且风险投资公司也通过函件形式表明愿意配合办理。因此,新世纪公司主张风险投资公司违反合同约定,长期没有履行协助办理工商变更登记义务以及二审法院对证明函的认定有失公正的理由,本院不予支持。

——中国裁判文书网,http://wenshu.court.gov.cn。

呼和浩特市圣坤矿业有限责任公司与朱向阳、内蒙古乾坤金银精炼股份有限公司、北京德润逸生珠宝首饰有限公司、刘海英、刘思岩股权转让纠纷案[最高人民法院(2011)民二终字第122号民事判决书]

裁判要旨:当事人在合同中约定转让公司全部股权和资产,受让方在支付部分转让款后主张解除合同。其主要理由是公司拖延办理股权过户手续及土地使用权证、房产证未办理在公司名下。因在签订合同时当事人对该资产的状况是明知的,土地使用权证和房产证仅是转让企业资产涉及的一小部分,且受让方已经支付了一半以上的转让价款,接收了《采矿证》,符合《合同书》约定的办理股权过户的条件,转让方和公司明确表示随时可以办理过户手续,对当事人提出的解除合同的请求应不予支持。

最高人民法院认为：圣坤公司、朱向阳及乾坤公司于2007年12月3日参加签订的《合同书》约定，朱向阳受让圣坤公司100%的股权及东伙房金矿全部资产，转让价款7000万元，资产范围以武川县国有资产管理局与赵德海签署的《出让资产合同书》为全部内容等，合同签订后，朱向阳支付了定金和股权转让款共计4000万元，圣坤公司向朱向阳移交了采矿权证、土地使用权证及房产证。二审当事人对《合同书》的效力及履行的上述内容没有争议，因此，本案争议的主要焦点为朱向阳以圣坤公司拖延办理股权过户及土地使用权证、房产证未办理在圣坤公司名下为由请求解除《合同书》应否获得支持。

朱向阳与圣坤公司签订的《合同书》约定，朱向阳在支付4000万元价款后即可以开始办理股权过户手续，但对如何办理未作详细约定。依据我国现行《公司法》及公司登记管理的相关法律、法规规定，公司发生股东变更事项的，应当向公司登记机关提交申请书及股权转让合同、变更股东的相关情况等文件材料。显然，办理股权变更登记需要以公司名义申请公司登记机关办理，同时也需要受让股东提交其相关材料予以配合。朱向阳未向圣坤公司提交过办理股权过户的相关材料，也未要求过圣坤公司为其办理股权过户，将至今未办理股权过户的原因全部归之于圣坤公司不妥。在朱向阳与圣坤公司签订《合同书》后，圣坤公司的登记股东发生变动，但现登记股东刘思岩在本案一审及二审中均明确表示其是转让股东退出公司后安排的代持，其只是名义持股，随时可以无条件将其名下的股份转还给朱向阳。朱向阳签订受让股权合同时并非是与圣坤公司的登记股东直接签订，而是与圣坤公司签订的，圣坤公司及现登记股东已经明确表示可以为朱向阳办理股权过户手续，因此，圣坤公司登记股东的变化对朱向阳实现受让股权的合同目的未发生实质影响，其以此为由请求解除合同难以获得支持。根据本案现已查明的事实，朱向阳可以根据合同的约定和《公司法》及公司登记管理的相关法律、法规规定，要求圣坤公司办理股权过户手续，但同时朱向阳也应向圣坤公司提交相关的材料予以配合。

除转让股权外，《合同书》还约定出让标的物为东伙房金矿，金矿资产以武川县国有资产管理局出让给赵德海的合同为全部内容。武川县国有资产管理局与赵德海签订的《资产出让合同书》约定，转让资产范围包括金矿现有的地表建筑物、井下设施、机械设施及土地使用权；武川县国有资产管理局负责为赵德海办理《国有土地使用权证》《房屋产权证》《采矿证》等。圣坤公司与朱向阳之间的合同引用了武川县国有资产管理局与赵德海之间的合同内容，但该合同约定的《国有土地使用权证》《房产权证》是被赵德海取得，并非圣坤公司取得，对此各方当事人在签订《合同书》时是明知的。对东伙房金矿资产涉及的土地使用权、房屋产权的实际情况，圣坤公司在工商行政管理机关有明确的备案材料，朱向阳在一审期间向法院提交了的复印自武川县物价工商行政管理局的关于圣坤公司的档案材料中包括涉案土地使用权证及房屋所有权证。上述事实表明，在签订合同时朱向阳对圣坤公司资产的状况是知道或者应当知道的，但合同双方当事人在签订《合同书》时并未将土地使用权证及房屋产权证办理到圣坤公司名下作为合同条款，朱向阳以土地使用权证和房产证未办理到圣坤公司名下为由主张圣坤公司违约，依据不足。

鉴于本案当事人签订《合同书》的主要目的是转让圣坤公司100%的股权及东伙房金矿，土地使用权证和房产证仅是转让企业资产涉及的一小部分问题。朱向阳已经支付了一半以上的转让价款，接收了《采矿证》，符合《合同书》约定的办理股权过户的条件，且圣坤公司及登记股东本案当事人刘思岩已经明确表示可随时无条件将其名下的股权转还给朱向阳，双方当事人应当继续履行合同，进一步协商接收东伙房金矿资产及办理股权过户等遗留问题。乾坤公司应当根据《合同书》的约定继续承担担保责任。圣坤公司因受让取得东伙房金矿及相关资产，朱向阳在接管圣坤公司经营管理权后，可以圣坤公司名义依法解决圣坤公司土地使用权证及房产证的办理问题。朱向阳单方请求解除《合同书》缺乏法律依据，本院不予支持；圣坤公司关于驳回朱向阳诉讼请求的主张成立，本院予以支持。原审法院关于解除《合同书》及关于圣坤公司向朱向阳返还相关款项，乾坤公司对返还款项承担连带责任的判决，本院一并予以纠正。

——最高人民法院民事审判第二庭编：《最高人民法院商事审判指导案例（2012）· 公司与金融》，中国民主法制出版社2013年版，第27～39页。

247

受让方已经支付大部分股权转让款，余款未付不构成根本违约，不应再解除合同

关键词｜股权转让｜根本违约｜合同解除｜

【最高人民法院裁判文书】

曹国良与张志欣股权转让纠纷案[最高人民法院(2015)民二终字第340号民事判决书]

最高人民法院认为:三、关于违约责任的认定及《协议书》是否应予解除的问题。

双方约定股权转让款为740万元,张志欣已经支付了540万元,尚欠200万元未予支付,应当构成一般性违约。本案《协议书》约定,“如到期张志欣未付清全部款项,曹国良有权选择依本协议索要相关款项或者继续行使余款的相应股权”。根据两审查明的事实,张家口德泰全特种钢铁集团有限公司的股权结构已经发生重大改变,一方面,股东情况由出让时的四个自然人股东变更为现有的两个;另一方面,注册资金也由股权转让时的1800万元变更为现有的5000万元,且均经过了工商变更登记手续。根据双方的实际履行情况,应认定股权转让合同的目的已经基本实现。曹国良起诉请求解除双方签订的《协议书》,判令张志欣返还价值10260万元的22.22%万隆钢铁公司股权。因张志欣欠付200万元股权转让款的行为并未构成根本性违约,不符合上述合同约定的解除条件,亦不属于《合同法》第九十四条规定的法定解除情形,故双方应当继续履行《协议书》,由张志欣向曹国良偿还200万元股权转让款及相应的利息。经本院释明,曹国良仍然坚持原诉讼请求,要求解除本案《协议书》,返还全部股权。因该诉讼请求缺乏事实与法律依据,不能得到支持。原审法院以张志欣未能支付740万元股权转让款为由,按照曹国良原有的持股比例判令张志欣返还曹国良对张家口德泰全特种钢铁集团有限公司22.22%的股权,属部分事实认定不清,适用法律不当,本院予以改判。

——中国裁判文书网,http://wenshu.court.gov.cn。

248

受让人有延迟或者拒付等违约情形,转让人要求解除股权转让合同的,不适用《合同法》关于分期付款买卖合同解除的规定

关键词|股权转让合同|合同解除|分期付款|

【最高人民法院指导性案例】

汤长龙诉周士海股权转让纠纷案(最高人民法院指导案例67号)

裁判要点:有限责任公司的股权分期支付转让款中发生股权受让人延迟或者拒付等违约情形,股权转让人要求解除双方签订的股权转让合同的,不适用《合同法》第一百六十七条关于分期付款买卖中出卖人在买受人未支付到期价款的金额达到合同全部价款的五分之一时即可解除合同的规定。

法院生效裁判认为:本案争议的焦点问题是周士海是否享有《合同法》第一百六十七条规定的合同解除权。

一、《合同法》第一百六十七条第一款规定,“分期付款的买受人未支付到期价款的金额达到全部价款的五分之一的,出卖人可以要求买受人支付全部价款或解除合同”。第二款规定,“出卖人解除合同的,可以向买受人要求支付该标的物的使用费”。《买卖合同解释》第三十八条规定,“合同法第一百六十七条第一款规定的‘分期付款’,系指买受人将应付的总价款在一定期间内至少分三次向出卖人支付。分期付款买卖合同的约定违反合同法第一百六十七条第一款的规定,损害买受人利益,买受人主张该约定无效的,人民法院应予支持”。依据上述法律和司法解释的规定,分期付款买卖的主要特征为:一是买受人向出卖人支付总价款分三次以上,出卖人交付标的物之后买受人分两次以上向出卖人支付价款;二是多发、常见在经营者和消费者之间,一般是买受人作为消费者为满足生活消费而发生的交易;三是出卖人向买受人授予了一定信用,而作为授信人的出卖人在价款回收上存在一定风险,为保障出卖人剩余价款的回收,出卖人在一定条件下可以行使解除合同的权利。

本案系有限责任公司股东将股权转让给公司股东之外的其他人。尽管案涉股权的转让形式也是分期付款,但由于本案买卖的标的物是股权,因此具有与以消费为目的的一般买卖不同的特点:一是汤长龙受让股权是为参与公司经营管理并获取经济利益,并非满足生活消费;二是周士海作为有限责任公司的股权出让人,基于其所持股权一直存在于目标公司中的特点,其因分期回收股权转让款而承担的风险,与一般以消费为目的分期付款买卖中出卖人收回价款的风险并不同等;三是双方解除股权转让合同,也不存在向受让人要求支付标的物使用费的情况。综上特点,股权转让分期付款合同,与一般以消费为目的分期付款买卖合同有较大区别。对案涉《股权转让资金分期付款协议》不宜简单适用《合同法》第一百六十七条规定的合同解除权。

二、本案中,双方订立《股权转让资金分期付款协议》的合同目的能够实现。汤长龙和周士海订立《股权转让资金分期付款协议》的目的是转让周士海所持青岛变压器集团成都双星电器有限公司 6.35% 股权给汤长龙。根据汤长龙履行股权转让款的情况,除第 2 笔股权转让款 150 万元逾期支付两个月,其余 3 笔股权转让款均按约支付,周士海认为汤长龙逾期付款构成违约要求解除合同,退回了汤长龙所付 710 万元,不影响汤长龙按约支付剩余 3 笔股权转让款的事实的成立,且本案一、二审审理过程中,汤长龙明确表示愿意履行付款义务。因此,周士海签订案涉《股权转让资金分期付款协议》的合同目的能够得以实现。另查明,2013 年 11 月 7 日,青岛变压器集团成都双星电器有限公司的变更(备案)登记中,周士海所持有的 6.35% 股权已经变更登记至汤长龙名下。

三、从诚实信用的角度,《合同法》第六十条规定,"当事人应当按照约定全面履行自己的义务。当事人应当遵循诚实信用原则,根据合同的性质、目的和交易习惯履行通知、协助、保密等义务"。鉴于双方在股权转让合同上明确约定"此协议一式两份,双方签字生效,永不反悔",因此周士海即使依据《合同法》第一百六十七条的规定,也应当首先选择要求汤长龙支付全部价款,而不是解除合同。

四、从维护交易安全的角度,一项有限责任公司的股权交易,关涉诸多方面,如其他股东对受让人汤长龙的接受和信任(过半数同意股权转让),记载到股东名册和在工商部门登记股权,社会成本和影响已经倾注其中。本案中,汤长龙受让股权后已实际参与公司经营管理、股权也已过户登记到其名下,如果不是汤长龙有根本违约行为,动辄撤销合同可能对公司经营管理的稳定产生不利影响。

综上所述,本案中,汤长龙主张的周士海依据《合同法》第一百六十七条之规定要求解除合同依据不足的理由,于法有据,应当予以支持。

——《最高人民法院关于发布第 14 批指导性案例的通知》(2016 年 9 月 19 日,法〔2016〕311 号)

249

股权转让协议约定的探矿权转让仍然具备履行条件，转让方要求解除协议的，不予支持

关键词|股权转让协议|合同履行|合同解除|

【最高人民法院裁判文书】

陕西南海矿业建设工程有限责任公司与北京金澜投资管理有限公司其他合同纠纷案[最高人民法院(2014)民二终字第48号民事判决书]

最高人民法院认为：三、《股权转让协议书》是否应予解除。

《股权转让协议书》系本案当事人之间依法设立的民事法律关系，为双方当事人真实意思表示，合同内容不违反法律法规规定，合同一经双方当事人签字即成立，对双方当事人具有法律约束力。对法律法规规定需要履行报批或者登记手续的，负有申请报批或者登记义务的一方当事人应积极履行相关义务，向国家相关行政主管部门提出申请，积极促成合同约定内容的实现。本案合同涉及探矿权转让，而转让探矿权属于国家行政审批范围，双方当事人在签订涉案合同时应当是明知的。按一般交易习惯，应当由探矿权所有人向国家相关行政主管部门提出权利变动申请。根据本案查明的事实，截至本案诉讼期间，涉案探矿权仍然在南海公司名下，《股权转让协议书》约定的探矿权转让仍然具备履行条件。在金澜公司依据《股份转让协议书》约定支付相关款项后，南海公司作为探矿权权利人，并未向国家相关行政主管部门提交探矿权转让申请，消极抵制合同目的的实现的意图明显。根据《民法通则》第五十七条关于"法律行为从成立时起具有法律约束力。行为人非依法律规定或者取得对方同意，不得擅自变更或者解除"的规定，南海公司请求解除合同的主张不成立，依法不应当获得支持。原审法院判决《股权转让协议书》不再履行没有法律依据，属于适用法律错误，本院予以纠正。

——中国裁判文书网，http://wenshu.court.gov.cn。

250 股权转让合同一方经催告仍不履行约定义务，另一方有权解除合同

关键词｜股权转让合同｜履行催告｜合同解除｜

【最高人民法院裁判文书】

河北威远集团有限公司与中国工商银行河北省分行营业部股权转让纠纷案[最高人民法院(2006)民二终字第59号民事判决书]

最高人民法院认为：《股本转让协议书》签订后，威远集团即将合同约定的

转让价款 2800 万元支付给工商分行,但工商分行没有履行合同约定的义务,未向威远集团交付其在投资公司的股份和际通公司的投资及债权,构成违约。2002 年 7 月 10 日,威远集团致函工商分行,主张不再受让股份并退回股权转让款后,工商分行仍没有履行合同义务。2004 年 11 月 18 日,威远集团向河北省高级人民法院提起诉讼,再次主张返还股权转让款及利息。根据《合同法》第九十四条第(三)项关于当事人一方迟延履行主要债务,经催告在合理期限内仍未履行,当事人可以解除合同及第九十七条关于合同解除后,已经履行的,根据履行情况和合同性质,当事人可以要求恢复原状,采取其他补救措施,并有权要求赔偿损失之规定,工商分行在签订本案合同后经催告仍不履行合同义务,自威远集团履行合同义务至其提起诉讼时已经经过近五年时间,威远集团请求工商分行返还股权转让款 2800 万元及利息的主张,本院予以支持。工商分行在答辩中虽然称,威远集团从 1998 年开始享有股东权利,但未提供相关证据,本院不予支持,其关于《股本转让协议书》没有失去履行条件,双方可以继续办理股权登记的主张,本院亦不予支持。

——最高人民法院民事审判第二庭编:《最高人民法院商事审判指导案例·公司卷》,中国法制出版社 2011 年版,第 273 ~278 页。

251

解除股权转让合同的约定条件未能成就,解除通知不能产生解除合同的法律效果

关键词 | 股权转让合同 | 合同解除 |

【最高人民法院裁判文书】

叶依光与吕磊股权转让纠纷案[最高人民法院(2013)民二终字第 74 号民事判决书]

裁判要旨:《承诺书》承诺股权过户后才能支付相应款项,在股权过户手续没有完成的情况下,当事人的付款条件未能成就。另一方当事人以未能如期付款为由发出的解除《股权转让合同》的通知不能产生解除合同的法律效果。

最高人民法院认为：叶依光与吕磊于2011年2月19日签订的《股权转让合同》《股权转让补充合同》以及相关的《福州鸿业房地产有限公司股权转让协议》，系双方当事人真实的意思表示，且不违反法律和行政法规的规定，应当认定为有效。2011年4月20日，鸿业公司100%股权已经过户完毕，鸿业公司原股东对此股权转让行为没有任何争议。本案二审争议焦点为，本案《股权转让合同》等系列合同是否符合解除条件，是否已经解除。

《股权转让合同》是对目标公司整体股权及债务转让的概括约定，其中对于股权转让款的约定总价不超过2.5亿元，至今吕磊已累计支付涉及转让款的法院诉讼债务、其他相关债务及具结房屋金额达2亿多元，且所付金额均通过银行转账的方式处理，不存在拒不偿还正常债务导致合同目的无法实现的情况，不构成根本性违约。2011年6月28日，叶依光向吕磊发出了关于解除《股权转让合同》等系列合同的通知，但根据吕磊2011年2月28日出具的《承诺书》，吕磊方在2011年3月15日前支付1亿元到法院账户，但前提是叶依光等股东要将股权过户给吕磊（不仅是叶依光持有的51%股权），而100%股权变更事宜于2011年4月20日才完成，《承诺书》生效的前提条件未成就。叶依光该解除通知不能产生解除合同的法律效果。故叶依光提出的请求确认本案《股权转让合同》等系列合同已经解除的上诉理由不能成立。结合本案股权转让已经过户完毕、案涉偿债项目也已经大部分得到履行的实际情况，为稳定交易秩序，促进鸿业公司剩余债务尽快得到清偿，从各方实际利益考虑，本案《股权转让合同》应当继续履行。

——最高人民法院民事审判第二庭编：《最高人民法院商事审判指导案例（2014）》，中国民主法制出版社2015年版，第246～251页。

252

证据不足以证明股权转让合同约定的解除条件成就的，解除合同的请求不予支持

关键词 | 股权转让合同 | 合同解除 |

【最高人民法院裁判文书】

深圳市金州投资有限公司与周玉贤、何逢玲、珙县天顺水泥有限公司等股权转让纠纷案[最高人民法院(2016)最高法民终12号民事判决书]

最高人民法院认为:一、关于金州公司行使合同解除权的条件是否成就的问题。

金州公司发出的《解除协议通知书》分别援引《五方协议》第4.1.3款及《四方协议》第15.1.5款、第15.1.9款作为其行使解除权的依据;根据《五方协议》第十一条第11.5项有关“本协议解除后,原股权转让协议恢复履行”的约定,《四方协议》亦并未因《五方协议》的订立而废止,而是与《五方协议》共同构成确定缔约各方权利义务关系的合同依据。故对周玉贤、何逢玲、天顺公司有关金州公司行使解除权的依据是《四方协议》的陈述保障条款而非《五方协议》的解除权条款且《四方协议》已被《五方协议》替代的答辩意见,本院不予支持。

《五方协议》第四条“交易条件”第4.1.3款和第4.2款约定:金州公司向出让方转让价款及各方按约办理股权交割的前提为“目标公司及其资产、负债情况在过渡期内(基准日2013年5月31日至交割日2014年5月20日期间)未发生重大不利影响”,如该条件未达成,金州公司有权解除该协议。

金州公司以落款时间2014年4月28日、收文单位为镇雄县国土资源局的《紧急报告》,加盖大海子公司的《损失计算》、2015年11月17日云南省煤矿司法鉴定中心作出的《鉴定意见书》《刘家坡煤矿、大海子煤矿巷道平面图》为据,主张刘家坡公司在过渡期内越界开采导致大海子公司向其索赔8135.37万元,面临镇雄县国土资源局的行政处罚,导致刘家坡公司的资产、负债情况在过渡期内发生重大不利影响为由,主张合同解除条件已成就。

然而,根据已查明的事实,大海子公司虽于2014年5月22日向镇雄县政府办公室提出《紧急报告》,镇雄县国土局亦于2015年4月10日出具《证明》证明其受理了大海子公司所反映的越界开采一事,但在金州公司于2014年6月16日发出解除合同的通知时,金州公司尚无证据证明刘家坡公司在过渡期内即已存在越界开采的事实,亦无证据证明镇雄县国土资源局已经作出了存在越界开采的事实认定且大海子公司已经向金州公司索赔。

云南省煤矿司法鉴定中心所作的《鉴定意见书》系鉴定机构受镇雄县国土资源局委托所作,既非由本案各方当事人协商确定,亦非受人民法院委托确定。

《鉴定意见书》有关“特别事项说明”载明：“该鉴定部分资料系基于涉鉴定方或相关部门提供的材料为依据，其提供的相关资料的完整真实程度对鉴定结论产生直接影响。若因此依据的相关资料虚假、不全导致鉴定结论失实、错误的，该机构及鉴定人不承担相应的责任”；“此意见书仅供委托书具明的目的使用，未经该中心同意，不得将该意见书用作其他用途或引用意见书中的内容”，但镇雄县国土资源局截至本案二审诉讼时并未据该《鉴定意见书》作出刘家坡公司存在越界开采行为及越界开采时间的认定。金州公司主张以该《鉴定意见书》作为认定本案事实的证据与《鉴定意见书》载明的使用目的不符。

《鉴定意见书》后附镇雄县国土资源局《关于组织大海子公司与刘家坡公司就两矿井下鉴定中大海子公司对刘家坡公司井下 3 个采煤工作面已采空范围存在质疑的协商情况复函》载明：刘家坡公司及大海子公司均不要求对争议区域通过其他技术手段进行查证；对争议的刘家坡公司井下 1513 机采面、1514 机采面和 15103 炮采面采空范围长度认定问题，由刘家坡公司向该中心提供其开采图纸及数据进行认定。云南省煤矿司法鉴定中心 2016 年 3 月 17 日发给天顺公司的《关于〈关于调取司法鉴定基础资料并作出说明的申请〉答复函》载明：争议的 1513 工作面因已封闭无法进入勘验测量；对争议区域及采空区的确定是依据镇雄县国土资源局 2015 年 8 月 20 日组织大海子公司及刘家坡公司协商后提交的《关于组织大海子煤矿与刘家坡煤矿就两矿井下鉴定中大海子煤矿对刘家坡煤矿井下 3 个采煤工作面已采空范围存在质疑的协商情况复函》作出。上述书证显示，该《鉴定意见书》所作出的“刘家坡煤矿 1513 工作面采空区已越界进入大海子煤矿界范围内，存在越界开采”的意见并非根据该鉴定中心人员实际进入该工作面进行实地勘测所得，也未采用技术手段进行查证，而是根据刘家坡公司向该中心提供的开采图纸及数据进行认定所得出。因此时刘家坡公司已由路红公司及金州公司实际控制，金州公司股东许光兰亦系路红公司的监事，故在未采取实地勘验等技术手段进行检测的情况下，在本案一审诉讼期间，以刘家坡公司提供的开采图纸及数据作为认定是否越界的依据并据此作出结论，不足以作为认定本案事实的依据。

云南省煤矿司法鉴定中心 2016 年 3 月 17 日发给天顺公司的《关于〈关于调取司法鉴定基础资料并作出说明的申请〉答复函》载明：此次委托未要求界定越界采空区形成的时间。故该《鉴定意见书》亦不足以证明刘家坡公司在 2013 年 5 月至 2014 年 5 月 20 日的过渡期内存在越界开采行为。

大海子公司虽于本案进入一审阶段后在 2014 年 8 月 25 日就财产损害赔偿

事宜向昭通仲裁委员会申请仲裁，但其并未预交仲裁费，已被视为撤回仲裁申请。金州公司二审提交的《损失计算》载明的损失计算内容仅仅为文字表述，未附相关证据证明，亦无大海子公司要求刘家坡公司据此数额进行赔偿的表述。《损失计算》的页脚注明周天强于 2015 年 2 月 16 日即收到《损失计算》，但其正文内容载明吨煤利润、盗采周长系按《鉴定意见书》确定，而《鉴定意见书》形成于 2015 年 11 月，2015 年 2 月 16 日鉴定机构尚未接受镇雄县国土资源局的委托。而 2016 年 2 月 16 日大海子煤矿出具的《情况说明》却载明 2015 年 2 月 16 日由大海子公司派副总经理孙相逢交给刘家坡公司法人代表周天强越界盗采大海子煤矿的损失索赔表作为索赔损失金额。故该《损失计算》显系大海子公司参与的虚假编制，不能作为认定本案事实的依据。金州公司亦未以其他合法有效的证据证明大海子公司以其他方式向刘家坡公司主张 8135.37 万元的损害赔偿。

镇雄县国土资源局 2015 年 4 月 10 日出具的《证明》载明，该局对镇雄县大海子煤矿反映镇雄县刘家坡煤矿越界开采一事已受理、正在调查中。至本案二审庭审结束前，该局仍未作出存在越界开采事实的认定，而金州公司主张于 2014 年 6 月 26 日行使合同解除权时刘家坡公司即面临镇雄县国土资源局的行政处罚，导致刘家坡公司在合同约定的过渡期内（基准日 2013 年 5 月 31 日至交割日 2014 年 5 月 20 日期间）发生重大不利影响，事实依据不足。

综上，金州公司主张其行使合同解除权已符合《五方协议》第 4 条“交易条件”第 4.1.3 款和第 4.2 款的约定，事实依据不足，本院不予采信。

金州公司在本院二审期间申请刘家坡公司副总经理、刘家坡煤矿矿长蔡思法及总工程师肖波到庭作证，据以证明 2014 年 5 月 20 日之前，刘家坡公司的生产及销售由周玉贤负责，周玉贤知道刘家坡煤矿存在越界开采的问题。但蔡思法当庭质证陈述其于 2012 年 3 月 6 日承包刘家坡煤矿的井下生产，在 2015 年鉴定机构鉴定完毕后才知道有关越界开采的情况，大海子煤矿系在 2015 年第一次找其交涉越界开采问题。肖波到庭陈述：其于 2013 年 5 月受聘担任刘家坡煤矿总工程师，其在 2013 年 3 月左右的刘家坡公司高管会议上曾经提出要注意煤矿的控制点，包括周玉贤在内的刘家坡公司高管均未给予明确答复，但肖波并未在此次会议上提出已经存在越界开采的问题，亦表示在开采过程中无法看出是否存在越界开采行为。故蔡思法、肖波的证人证言不足以证明金州公司有关周玉贤在 2014 年 5 月 20 日之前即已知道刘家坡公司存在越界开采情况的主张。

金州公司在本案二审期间另行提交了镇雄县煤炭工业局 2013 年 5 月 15 日、8 月 8 日先后出具的两份《关于镇雄县刘家坡煤矿“一采一审”的批复》（镇煤技准〔2013〕11 号、镇煤准产〔2013〕25 号），刘家坡公司 2015 年 12 月 28 日出具的《关于 1513 机采工作面施工情况说明》，镇雄县煤炭工业局作出的 2014 年 4 月 16 日《关于转发省、市、县人民政府办公厅室关于全省 9 万吨/年以下煤矿立即停车整顿的紧急通知》，云南省煤炭工业局等单位于 2014 年作出的《关于切实做好煤炭产业转型升级有关工作的通知》（云煤技改〔2014〕18 号），据以证明刘家坡煤矿的越界开采行为发生在 2013 年 5 月 31 日至 2014 年 5 月 20 日的过渡期内。但刘家坡公司 2015 年 12 月 28 日出具的《关于 1513 机采工作面施工情况说明》仅系案涉当事人的单方陈述，不足为据；且上述其他证据均无存在越界开采行为及越界开采时间的具体表述，故不足以证明 2014 年 5 月 20 日以前刘家坡公司即已存在越界开采行为，且周玉贤、何逢玲、天顺公司已经知道刘家坡公司存在越界开采行为。

金州公司在本院二审期间另行提交 2013 年 11 月 8 日刘家坡公司《股东会决议》《章程修正案》《公司变更申请表》《煤矿企业法人变更审查表》及《公司章程修正案》、刘煤〔2012〕18 号及刘煤〔2013〕8 号《关于调整领导班子的通知》、刘家坡公司工资表 14 份、刘家坡公司《安全生产目标管理责任书》及《补充条款》，据以证明周玉贤在 2014 年 5 月 19 日前担任刘家坡煤矿的法定代表人并主导该煤矿的生产经营管理。但本院二审查明，2013 年 3 月 1 日，刘家坡公司任命周杰担任其总经理，主持公司全面工作，向董事会负责；蔡思法担任副总经理，负责安全、生产，向总经理负责。周杰担任刘家坡煤矿总经理系由路红公司于 2013 年 2 月 21 日推荐。刘家坡公司 2013 年 10 月 25 日的《刘家坡公司管理权移交书》载明：因刘家坡公司董事长兼法定代表人周玉贤目前处于股权转让交接期，且刘家坡公司的生产经营及安全职责事实上已由路红公司指派的总经理周杰行使，故周玉贤现将《公司法》及《公司章程》所规定的生产经营管理权及安全职责的权利（不含主持股东会、董事会及签署公司涉及股权转让的文件的权利）移交给周杰。故自 2013 年 3 月 1 日起即由路红公司推荐的周杰实际控制刘家坡公司的生产经营，金州公司主张自 2014 年 5 月 20 日股权交割前刘家坡公司生产经营仍由周玉贤实际控制，且知道存在越界开采行为与事实不符。

大海子公司向刘家坡公司提出的损害赔偿仲裁请求业已因大海子公司未缴纳仲裁费用而视为其自行撤回，金州公司亦未提供其他有效证据证明在其 2014 年 6 月 26 日行使解除权时已经存在越界开采行为及大海子公司已就与刘家坡公司的越界争议提出赔偿请求及诉讼，且原股东知道上述情形，故金州公司以周玉贤、何逢玲、天顺公司违反了《四方协议》第十二条“各方的陈述和保证”第

12.5.9 款有关“原股东及目标公司无违反法律、法规、规范性文件且可能给目标公司资产、经营带来重大不利影响的事实；目标公司不存在尚未了结或可预见的任何损害赔偿请求、诉讼、仲裁或其他司法程序，亦不存在针对目标公司的任何稽查或其他类似调查；目标公司未开始办理破产或类似法律程序，且在可知范围内无此风险”的约定，主张第十五条“协议解除”第 15.1.5 款、第 15.1.6 款有关“交割日后，目标公司发生的或有负债累计金额超过人民币 500 万元以上（含本数）的”或“原股东、目标公司在重大方面的陈述和保证并非真实、准确、完整的，或原股东、目标公司违反其在本协议中作出的陈述和保证的”的解除条件已成就，事实依据不足，本院不予支持。

——中国裁判文书网，http://wenshu.court.gov.cn。

253

一方对前期合同违约，对方有权解除前期合同和以其为前提的股权转让合同

关键词 | 前期合同 | 违约 | 股权转让 | 合同解除 |

【最高人民法院裁判文书】

中国石油化工股份有限公司与重庆英达实业有限公司股权转让纠纷案[最高人民法院(2011)民二终字第 109 号民事判决书]

裁判要旨：根据《合同法》规定，当事人一方有违约行为致使不能实现合同目的的，当事人可以解除合同。当事人之间签订的股权交易合同以前期签订的租赁合同为前提，一方没有履行前期租赁合同主要条款，致该合同与股权交易合同的目的无法实现，则相对方可以行使解除权解除前期租赁合同和股权交易合同。

最高人民法院认为：本案的项目股权交易协议包含了加气（油）站租赁和股权交易两部分内容，共同为实现股权交易这一目的。租赁合同是双方为履行约定的股权交易而签订的，是整个项目股权交易协议的一部分，也是整个股权交易的前期履行部分。英达公司收取的租金 4710 万元，是股权转让协议约定的总价款的 30%，最后也要在全部股权交易费冲抵。英达公司签订合同的目的

是收取股权转让款，在英达公司交付加气（油）站后长达7个月的时间内既没有收到经营利润费，加气（油）站的正常经营又受到影响，在重庆市政府有关部门的协调下并未解决矛盾，使得英达公司签订合同的交易目的落空，其依法行使解除租赁合同的权利并无不当。鉴于《项目股权交易协议书》中的前期租赁合同在履行中已经实际解除，导致项目股权交易合同没有再履行的可能，中石化公司请求确认英达公司解除《项目股权交易协议书》无效的请求，本院不予支持。

——最高人民法院民事审判第二庭编：《最高人民法院商事审判指导案例(2012)·合同与借贷担保》，中国民主法制出版社2013年版，第102～113页。

254

转让人主张解除股权转让合同超过行使解除权的合理期间的，不予支持

关键词｜股权转让合同｜合同解除｜合理期间｜

【最高人民法院裁判文书】

深圳市兆佳旺实业发展有限公司与衡阳市石油化工集团公司、衡阳市人民政府国有资产监督管理委员会股权转让纠纷案[最高人民法院(2015)民二终字第225号民事判决书]

最高人民法院认为：三、关于涉案《股权转让协议》《补充协议》应否解除的问题。

《股权转让协议》及《补充协议》中对办理三化公司股权过户手续、企业改制、资产置换等事项明确了责任主体及完成时间，各方应依据合同约定及时履行所负义务。2006年1月，衡阳石化公司向一审法院起诉请求解除与兆佳旺公司之间签订的《股权转让协议》及《补充协议》，兆佳旺公司则辩称协议已实际履行，双方之间的股权转让行为已经完成。一审法院(2006)湘高法民二初字第12号民事判决当事人继续履行上述协议，双方均未提起上诉。该事实表明，涉案《股权转让协议》及《补充协议》在2006年之前不存在合同解除的法定情形，各方应按约定继续履行合同义务。此后，三化公司因涉债务纠纷，土地及厂房被法

院查封拍卖。2011 年 12 月 27 日,三化公司进入破产清算程序,兆佳旺公司向三化公司的破产管理人申报了债权。兆佳旺公司对三化公司未办理股权过户手续、企业改制、资产置换等事实是明知的。但在此期间,兆佳旺公司既未要求衡阳石化公司履行办理股权过户手续等义务,亦未以此主张解除《股权转让协议》及《补充协议》,至 2015 年 5 月 5 日才以其受让的三化公司的股权未办理过户手续,衡阳石化公司、衡阳市国资委严重违约为由,请求解除《股权转让协议》及《补充协议》。《合同法》第九十五条规定:"法律规定或者当事人约定解除权行使期限,期限届满当事人不行使的,该权利消灭。法律没有规定或者当事人没有约定解除权行使期限,经对方催告后在合理期限内不行使的,该权利消灭。"自 2001 年 5 月双方当事人签订《股权转让协议》,至三化公司进入破产清算,合同履行十多年后,兆佳旺公司于 2015 年 5 月提出解除《股权转让协议》及《补充协议》,已超过行使合同解除权的合理期间,也与其在一审法院(2006)湘高法民二初字第 12 号民事案件中的辩称相悖。虽然兆佳旺公司在该案中以衡阳石化公司存在违反披露目标公司的资产、负债及重大涉诉事项等合同义务提起反诉,但因未按期交纳诉讼费用,一审法院裁定撤诉后,八年后其又以相同事由要求衡阳石化公司承担违约责任,该主张也超过法定诉讼时效期间。故衡阳石化公司起诉请求解除合同、返回购买股权转让款、赔偿投资损失及支付违约金的诉讼请求,理由均不成立,应予驳回。

——中国裁判文书网,http://wenshu.court.gov.cn。

255

股权转让合同一方承担违约责任并不必然享有解除合同的权利

关键词 | 股权转让合同 | 违约责任 | 合同解除 |

【最高人民法院裁判文书】

解巍与王吉财股权转让纠纷案[最高人民法院(2015)民二终字第 392 号民事判决书]

最高人民法院认为:本案争议的焦点为案涉《股权转让协议书》及《补充协议》是否应予解除。

解巍主张依据另案生效判决的认定，其依法享有合同解除权。经审查，该生效判决仅是向解巍释明其关于合同无法继续履行的事由不属于该案审理的范围，而非认定解巍享有解除合同的实体权利。解巍解除合同的主张能否成立，仍然要看案涉合同是否具备约定解除条件或法定解除条件。

解巍主张根据双方签订的《股权转让协议书》第四条的约定，"如乙方原因合同不能履行，乙方投入及收益不予返还并承担违约责任"，其可以以放弃目标公司的投入及收益并承担违约责任为代价而解除合同。从合同约定来看，该条款是对违约责任而非对合同解除条件的约定，在解巍违约的情形下，其承担违约责任并不能必然享有解除合同的权利。因合同的解除是法律允许非违约方在对方违约的情况下可采取的补救方式，是否愿意继续受到合同约束的选择权在于非违约方。具体到本案，即使解巍的经济状况严重恶化，可能导致王吉财的股权转让对价难以实际全部实现，但王吉财作为非违约方，仍然愿意继续履行案涉股权转让协议，以转让全部股权为代价获取对解巍的金钱债权，其该项选择权应得到法律保护。故解巍以该合同条款的约定作为其行使合同解除权的依据不能成立。

解巍主张根据《合同法》第一百一十条的规定，案涉合同事实上不能履行，应当解除。从上述法律规定的适用前提来看，其适用的债务种类为"非金钱债务"，而在本案中非违约方王吉财选择继续履行合同以获取对解巍的金钱债权，解巍对王吉财所负的债务为金钱债务，故上述法律规定并不适用于本案。解巍二审时提交两份证据以证明辽阳钢铁有限公司发生严重经营困难，造成其无力继续履行给付义务，但其经济情况仅能影响王吉财的股权转让对价是否能够得以实际全部实现，并不能因此赋予解巍合同解除权，故对解巍二审所举证据与本案的关联性，本院不予确认；对解巍对其本人名下全部财产进行审计的请求，本院亦不予准许。解巍的经济状况恶化与否并非解除合同的法定事由，也不能以此为由阻碍非违约方主张合同权益。故解巍主张合同已具备法定解除条件的理由不能成立。

——中国裁判文书网，http://wenshu. court. gov. cn。

256

具有相对独立性的补充合同被解除并不影响另一合同的效力及履行

关键词｜合同解除｜

【最高人民法院裁判文书】

华人(中国)置业有限公司、华人国际投资有限公司与上海华晖建设(集团)有限公司、上海宁国房地产有限公司股权纠纷案[最高人民法院(2011)民二终字第19号民事判决书]

裁判要旨:虽然投资补充协议合同名称中带有“补充”字样,但从合同内容看,投资补充协议与投资协议均具有相对独立性,解除投资补充协议并不影响投资协议的效力及履行的相关内容。

最高人民法院认为:(二)关于投资协议、投资补充协议应否予以解除。

华人置业公司、华人国际公司与华晖公司、宁国公司签订投资协议主要约定了其昌公司为筹措资金增资扩股及由华人置业公司、华人国际公司认缴新增资本等内容。根据本案查明的事实,华人置业公司、华人国际公司交纳增资部分的出资后,其昌公司增加注册资本金、股东及持股比例的变更事项已经在工商行政管理机关办理了相应的变更登记手续,其昌公司的股东和注册资本等已经发生了实质性变化,投资协议的主要内容已经履行完毕,各方当事人签订投资协议的目的已基本实现。原审判决认定投资协议当事人合同目的未能实现,与事实不符。投资协议的履行,不仅涉及本案当事人的股东权利等,还涉及其昌公司注册资本金的变更,涉及其昌公司增资后与其他案外人交易秩序的稳定,原审判决解除投资协议,属于适用法律欠当,本院予以纠正。

华人置业公司、华人国际公司与华晖公司、宁国公司签订投资补充协议,主要约定了华人置业公司、华人国际公司收购华晖公司、宁国公司持有的其昌公司股权,围绕该内容又安排了收购前华晖公司、宁国公司股东权利由华人置业公司、华人国际公司代理行使及华晖公司、宁国公司移交公司经营管理文件材料和放弃分红权利等内容。

投资补充协议约定的股权收购有三个条件:1. 在其昌公司取得清水湾项目全部有效土地使用权证书后的六个月内,华人置业公司、华人国际公司按照与华晖公司、宁国公司实缴的出资额相等的价格收购华晖公司、宁国公司在其昌公司的全部股权。2. 如果因为其昌公司或华人置业公司、华人国际公司未能按有关部门要求及时支付土地出让金、导致迟延或无法取得清水湾项目全部土地证书的,则华人置业公司、华人国际公司应在有关部门通知办证之日起的六个月内向华晖公司、宁国公司方付清股权转让款(但前提是华晖公司、宁国公司方的股权已按约定转让给华人置业公司、华人国际公司双方中的一方或两方）。3. 在本协议签订之后到其昌公司取得清水湾项目全部有效土地使用权证书时的这一时间内，华人置业公司、华人国际公司中的一方或两方可以按照上述第一个条件约定的价格随时收购华晖公司、宁国公司的股权。

《土地登记规则》[（1995）国土〔法〕字第 184 号，国家土地管理局 1995 年 12 月 28 日印发]第二十六条第二款规定，成片开发用地采取一次出让、分期付款、分期提供出让国有土地使用权的，受让方应当在每期付款后三十日内，持土地使用权出让合同和土地使用权出让金支付凭证申请国有土地使用权设定登记。根据该款规定，其昌公司只有在付清土地出让金后，才能办理 N0. 2006G01 地块其余 500 亩土地的使用权证。可见其昌公司付清土地出让金是办理土地使用权证的先决条件。此外，国家土地政策对其昌公司能否取得其他 500 亩土地使用权证也有影响，即其昌公司能否取得全部土地使用权证受多种因素的影响，有很大的不确定性。投资补充协议约定的第三个条件能否成就则完全取决于华人置业、华人国际公司一方的意愿。根据本案当事人之间约定，股权收购款应为 2550 万元，数额巨大，华晖公司、宁国公司能否收回该笔投资，完全取决于案涉地块土地使用权证的取得及华人置业公司、华人国际公司是否愿意主动收购。在投资补充协议生效后近五年的时间里，华晖公司、宁国公司无法取得约定的股权转让款，且在房地产行业股权价值普遍提升的情况下，由于投资补充协议约定的收购股权价格已经确定，虽未发生股权转让的实际后果，但华晖公司、宁国公司也不能得到股权升值的利益。投资补充协议的该约定导致华人置业公司、华人国际公司与华晖公司、宁国公司之间的利益严重失衡。华人置业公司、华人国际公司取得其昌公司 74. 5% 的股权后，成为其昌公司的控股股东，其将约定应当交纳土地出让金的 1600 万元支付给其关联公司，违背出资用于交纳土地出让金的约定。华晖公司、宁国公司拒绝向华人置业公司、华人国际公司移交公司相关管理文件资料等。双方互有违约行为，相互不信任，并形成了多起诉讼。鉴于投资补充协议约定的权利义务关系失衡，且协议签订后长达近五年的时间里合同约定的条件未能成就，双方因彼此不信任发生多次纠纷并引起诉讼，合同目的难以实现，而投资补充协议关于股份收购的拖延履行，导致华人置业公司、华人国际公司和华晖公司、宁国公司之间利益的进一步失衡，故本院支持华晖公司、宁国公司关于解除投资补充协议的诉讼请求。

除股权收购外，投资补充协议还对其他事项作了约定。投资补充协议第一条关于华晖公司、宁国公司向华人置业公司、华人国际公司移交其昌公司所有印章、证照等全部文件和资料的约定已经履行完毕;725 号判决与 726 号判决确定了华晖公司、宁国公司的违约责任,本案解除投资补充协议对上述事项应无溯及力。投资补充协议关于华晖公司、宁国公司委托华人置业公司、华人国际公司行使股东权利及其昌公司的盈亏与华晖公司、宁国公司无关,华晖公司、宁国公司放弃分红权利的约定不再有效,华晖公司、宁国公司依法应当享有相应的股东权利。

虽然投资补充协议合同名称中带有“补充”字样,但从合同内容看,投资补充协议与投资协议均具有相对独立性;解除投资补充协议并不影响投资协议的效力及履行的相关内容。

——最高人民法院民事审判第二庭编:《最高人民法院商事审判指导案例(7)·公司与金融卷》,中国法制出版社 2013 年版,第 51 ~ 69 页。

257

股权转让合同与重组等协议之间存在关联性,但并不能否定其独立性,可以分别解除

关键词 | 股权转让 | 关联合同解除 |

【最高人民法院裁判文书】

中财公益源彩票销售有限公司与乔彤、于永会、北京建贸永信玻璃实业有限责任公司股权转让合同纠纷抗诉案(最高人民法院再审民事判决书)

裁判要旨:合同之间存在一定关联性的事实,并不能当然否定它们的相互独立性。普通的关联性合同不属于主从合同关系,效力各自独立,可以分别解除。

最高人民法院认为:

1.《致爽公司股权转让协议与重组协议》是否可以单独解除

乔彤、于永会与公益源、建贸永信签订的《致爽公司股权转让与重组协议及补充协议(二)》,系双方当事人真实意思表示,内容不违反法律法规的禁止性规定,属于有效合同。依据《致爽公司股权转让与重组协议》第六条的约定,协议签订后,公益源和建贸永信负有向乔彤、于永会支付 1/2 股权转让款的义务,乔彤、于永会负有将致爽公司的公章、财务章及其他一切证照、公司账册等手续、文件、材料全部移交给公益源的义务。待工商机关办理完股权变更登记后,公益源

和建贸永信负有向乔彤、于永会支付另1/2股权转让款的义务。本案诉争发生时，乔彤、于永会已依约转让股权并将股权变更登记完成，而公益源、建贸永信未依约向乔彤、于永会支付任何股权转让款。由于履行协议不符合约定，公益源、建贸永信对乔彤、于永会构成根本违约，乔彤、于永会依法可以解除合同。

虽然《补充协议（二）》明确约定，致爽公司股权转让与重组目的是为建贸永信的宗地开发，但本质上，股权转让与重组协议和合作开发协议属于两个独立的合同。两个合同不仅主体各不相同，给付行为也相互独立，股权转让与重组协议的给付行为是股权转让，合作开发协议的给付行为是房地产开发。两个合同存在一定事实的关联性，并不能否定其相对性及相互独立性。一个合同与另一个合同具有一定关联性，从而认为两个合同不能因此而各自解除，缺乏事实和法律依据。这一点，从股权转让与重组协议第十四条关于“若一方违约，守约方还有权选择采取如下一种或多种救济措施以维护其权利：（1）要求违约方实际履行；（2）暂时停止履行义务，待违约方违约情势消除后恢复履行；（3）发出书面通知单方解除本协议，要求对方返还已付款项或将致爽公司结构恢复至股权转受让之前的状态（致爽公司的资产权益应不受到减损）”的约定，可以得到印证。2005年4月，致爽公司的股权转让变更登记已经完成，但时至今日，合作开发协议因为种种原因仍没有正常履行。因为前面的合同与后面的合同具有关联性，后面的合同可以长久的不履行，但前面的合同却必须履行不能解除，公益源公司的这种主张有违公平，不予支持。

2.《致爽公司股权转让与重组协议》解除的程序是否违反法律规定

依据法律规定，合同的解除分为法定解除和约定解除两种。《致爽公司股权转让与重组协议》第十四条明确约定了合同解除的条件，即“若一方违约，守约方还有权选择采取如下一种或多种救济措施以维护其权利：……（3）发出书面通知单方解除本协议，要求对方返还已付款项或将致爽公司结构恢复至股权转受让之前的状态”。由此，在公益源、建贸永信未履行向乔彤、于永会支付股权转让款义务，对乔彤、于永会构成根本违约的情况下，乔彤、于永会享有约定的合同解除权。对于合同解除权的行使，既可以通过一方当事人向另一方当事人发出书面通知，通知解除，也可以通过诉讼解除。本案中，乔彤、于永会在2006年6月19日向法院提起诉讼，请求解除股权转让与重组协议时，已经通过诉讼告知公益源、建贸永信解除合同的意图。对此诉讼请求，公益源虽然不同意，但不能否认乔彤、于永会已明确向其作出要求解除合同的意思表示。由此，乔彤、于永会解除股权转让协议的程序不违反法律规定。

3. 在双方当事人都有过错的情况下,《致爽公司股权转让与重组协议》是否可以解除

公益源、建贸永信因未依约向乔彤、于永会支付股权转让款,对乔彤、于永会构成违约。同时,乔彤、于永会在转让致爽公司的全部股权后,只约定移交致爽公司的公章、财务章、证照、公司账册等文件、材料,但其不移交公司固定资产实物及流动资金的做法,会导致公司财产与公司相分离,进而影响到致爽公司对外承担责任的能力,可能影响交易安全,乔彤、于永会对此也有过错。虽然双方当事人都存在过错,但并不影响股权转让协议的解除。合同是否可以解除,依据在于是否符合法定解除条件或约定解除条件,而不在于当事人是否具有过错。即使双方当事人对合同的履行均有过错,只要法定解除条件或约定解除条件成就,当事人依法仍享有合同解除权,可以解除合同。本案中,虽然乔彤、于永会也有过错,但约定的合同解除条件已经成就,可以要求解除合同。

——景汉朝主编:《最高人民法院审判监督指导案例解析》,人民法院出版社 2015 年版,第 373 ~ 383 页。

【链接:最高人民法院法官著述】

1. 普通的关联性合同不属于主从合同,效力各自独立,可以分别解除

关联性合同,是指不同合同间因具有某种事实上的联系,从而导致这些合同产生互为彼此的履行基础或履行保障关系的合同。关联性合同一般分为两种,一种是主从合同,另一种是普通的关联性合同。所谓主从合同,是指不依赖其他合同的存在而能够独立存在的合同;相对地,从合同,是指必须以其他合同的存在为前提才能存在的合同。在主从合同关系中,主合同具有主体性,关系到交易合同的根本目的。从合同具有从属性,本身没有独立的合同目的,没有独立的履行行为,其履行是为实现主合同目的服务的。在成立时间方面,主合同成立在前,从合同成立在后,主合同不成立则从合同当然无效,主合同解除则从合同当然解除,从合同居于从属地位,从合同无效不影响主合同的效力,从合同一般也不得单独解除。依据法律规定,担保合同属于从合同,主债权债务合同属于主合同,它们二者表现出鲜明的主从合同特征。其他的具有事实上履行关联关系的合同(如商品房买卖合同及在此基础上成立的房地产抵押担保借款合同、货物买卖合同及在此基础上成立的财产保险合同等),因为不具有主从合同的这些特征,则不构成主从合同关系,属于普通的关联性合同,作为履行基础性的前一

个合同成立或者其后成立的后续性合同效力各自独立，可以分别解除。

——张能宝：《普通的关联性合同不属于主从合同，效力各自独立可以分别解除——中财公益源彩票销售有限公司与乔彤、于永会、北京建贸永信玻璃实业有限责任公司股权转让合同纠纷抗诉案》，载景汉朝主编：《最高人民法院审判监督指导案例解析》，人民法院出版社 2015 年版，第 383 ~ 384 页。

258

未生效股权转让合同设定了促成合同生效及准备合同履行等义务，可适用合同解除的规则

关键词｜股权转让合同｜合同未生效｜合同解除｜

【最高人民法院裁判文书】

中静四海实业有限公司与合肥市高科技风险投资有限公司股权转让合同纠纷案［最高人民法院（2012）民二终字第 45 号民事判决书］

裁判要旨：合同依法成立后即为当事人设定了促成合同生效及准备合同履行等义务，为免除当事人的上述义务，可适用《合同法》有关合同解除的规定。本案中，双方当事人对《股份转让协议》是否生效产生较大争议，但对该协议已成立并无争议。享有合同解除权一方已发出解除，且另一方当事人收到通知后至提起本案诉讼，已经超过最高人民法院《合同法解释（二）》第二十四条所规定的提出异议的期限，故本案《股份转让协议》应认定为已经解除。

最高人民法院认为：二、关于本案《股份转让协议》是否已解除的问题。本案双方当事人在《股份转让协议》中约定："如有权部门明确本协议项下股份交割所需前置审批及或核准及或备案手续的全部或部分不能实现，甲方应在有权部门明确意见后 3 个工作日内向乙方返还该 100 万元定金之本金和利息。"该部分内容明确了如有权部门的审批、核准及备案手续全部或部分不能实现，高科风投公司即向中静四海公司返还定金及相应利息。定金和相应利息的退还表明合同各方当事人将不再履行合同，即合同权利义务关系终止。据此可认定有权部门的审批、核准及备案手续全部或部分不能实现为双方约定的合同解除条件。

根据《商业银行法》第二十四条、《中国银行业监督管理委员会中资商业银行行政许可事项实施办法》第六十四条及《中国银行业监督管理委员会中资商业银行行政许可事项申请材料目录及格式要求》等规范的规定，因中静四海公司注册地不在安徽省，其入股徽商银行的股份变更申请，应由安徽省银监局受理，中国银监会审查并决定，股份变更申请应包括徽商银行的股东会或董事会同意变更股权的决议。根据上述规定可认定，如徽商银行股东会或董事会不同意相关股权变更事宜，徽商银行就不能形成同意股权变更的决议，也无法向安徽省银监局报送股权变更申请。本案中，徽商银行董事会两次决议均未通过中静四海公司受让相关股份的议案，徽商银行即不能向银监局报送相关股权变更申请。虽然双方当事人对"有权部门"是否包括徽商银行董事会存在异议，但即使徽商银行董事会不属于双方约定的"有权部门"，因徽商银行董事会未通过中静四海公司受让相关股份议案，安徽省银监局依规定也就不能受理股份转让申请，中国银监会更无法审查股份转让申请，也进而就无从明确审查意见。故应认定本案实际发生的上述情形已使《股份转让协议》规定的合同解除条件成就。从高科风投公司于2006年11月13日致中静四海公司的函件内容来看，高科风投公司不能继续履行协议、终止合同权利义务关系，即解除合同的意思明确。虽然高科风投公司在上述函件中表示退还定金和利息的依据是《股份转让协议》第八条第四款，该款有关"违约与免责"的约定，不是解除条件，但合同解除通知中的合同解除意思表示明确即可，并不要求解除原因必须正确，故应认定该函为高科风投公司发出的《股份转让协议》的解除通知。高科风投公司又于2007年9月22日致函中静四海公司，重申了解除《股份转让协议》的意思，并于2007年12月5日完成向中静四海公司的退还定金和利息行为。根据《合同法》第九十六条之规定，《股份转让协议》自2006年11月13日函件到达中静四海公司时解除。虽然高科风投公司在本案审理中未证明上述解除通知到达中静四海公司的时间，但中静四海公司承认收到了该函件。即使按本案一审查明的各方均没有争议的中静四海公司收到高科风投公司所退定金的时间"2007年12月5日"计算，至中静四海公司就本案争议向安徽省休宁县人民法院起诉的2009年2月5日，也远超过最高人民法院《合同法解释(二)》第二十四条规定受解除通知当事人提出异议的3个月的期限，故本案《股份转让协议》已解除，中静四海公司已丧失主张解除异议的诉讼权利，其关于高科风投公司继续履行《股份转让协议》的请求无合同和法律依据。本案双方当事人对《股份转让协议》是否生效产生较大争议，但对该协议已成立并无争议。因合同依法成立后即为当事人设定了促成合同生效及准备合同履行等义务，可适用《合同法》有关合同解除的规定。根据以上分析，无论《股份转让协议》是否生效，该协议都已解除。至于中静四海公司在本案二审中有关“高科风投公司在没有得到有权部门的明确的不能给予批准的情况下，应当继续向徽商银行董事会提出转让申请”的主张，本院认为，高科风投公司在本案《股份转让协议》签订后，向徽商银行董事会提交了出让股份的议案，并且从徽商银行董事会第二次不通过本案股份转让事宜至高科风投公司致函中静四海公司解除《股份转让协议》历时 3 个多月，故从高科风投公司已经提交决议和等待时间两方面可认定其已经依约合理履行了合同义务，其行为不违反协议的约定或法律的规定，不应承担违约责任。中静四海公司关于高科风投公司应支付违约金和赔偿损失的请求无事实和法律依据，本院不予支持。

——最高人民法院民事审判第二庭编：《最高人民法院商事审判指导案例（2012）· 合同与借贷担保》，中国民主法制出版社 2013 年版，第 123 ~ 133 页。

259

一方在诉讼期间发出解除股权转让合同通知的行为，不能改变诉讼前已经确定的合同效力及履行状态

关键词 | 股权转让合同 | 解除通知 |

【最高人民法院裁判文书】

四川京龙建设集团有限公司与简阳三岔湖旅游快速通道投资有限公司等及成都星展置业顾问有限公司等股权转让纠纷案［最高人民法院（2013）民二终字第 54 号民事判决书］

裁判要旨：合同当事人因合同履行情况发生争议，起诉到人民法院后，对于该合同的效力及履行情况，应当由人民法院依法作出认定。主张合同已解除的一方在诉讼期间发出解除合同通知的行为，并不能改变诉讼前已经确定的合同效力及履行状态。当事人在诉讼过程中行使合同解除权，以对抗合同相对方要求其继续履行合同的诉讼请求，有违诚信原则，且与人民法院行使的审判权相冲突，故其在诉讼过程中实施的该行为不能产生解除合同的法律效力。

最高人民法院认为：三岔湖公司、刘贵良以其未收到京龙公司在 2010 年 3

月22日之后支付的5460万元价款、京龙公司实际支付的20000万元价款尚不足总价款的一半、京龙公司将天骋公司的股权转让给张玲构成根本违约导致合同无法继续履行、其在诉讼前及诉讼中均已通知京龙公司合同解除为由，主张《股权转让协议》及其《补充协议》已经解除。京龙公司则以三岔湖公司、刘贵良接受其逾期支付的5460万元价款且未表示异议证明三岔湖公司、刘贵良愿意继续履行合同以及三岔湖公司、刘贵良在本案诉前未行使合同解除权、诉讼中发出《解除函》不能产生解除合同的法律效力为由，主张《股权转让协议》及其《补充协议》未解除。

根据三岔湖公司、刘贵良2009年7月24日向京龙公司出具的《代收款授权委托书二》所载，三岔湖公司、刘贵良授权并委托星河置业公司在该代收款委托书签发之日起，代三岔湖公司、刘贵良收取《股权转让协议》第四条所述的股权转让价款，直至其另行通知京龙公司为止。因京龙公司向星河置业公司给付5460万元价款期间，三岔湖公司、刘贵良并未另行通知京龙公司取消该项授权，且星河置业公司于2010年7月29日出具收条，注明收到京龙公司8笔款项共5460万元，故应认定京龙公司向三岔湖公司、刘贵良支付了5460万元价款。因该授权委托书未就出具收据的主体与所收款项的性质差异作出约定，故该5460万元所对应的收据系由星河置业公司出具并不影响星河置业公司收取该5460万元款项所实际产生的法律效力。三岔湖公司、刘贵良主张委托书中的代收“《股权转让协议》第四条所述的股权转让价款”的授权仅限于在2010年3月22日的最后付款日之前，但根据对该授权委托书的文义解释及体系解释，委托书所载“直至另行通知京龙公司为止”已经对委托收款时间作出了明确约定，此处的“第四条所述的股权转让价款”仅系限定所收款项的数额及性质，而不包括收款期限。否则，该委托书中则出现了两个不同的“委托收款期限”，二者显然是矛盾的。三岔湖公司、刘贵良在一审反诉状中已明确京龙公司至其提出反诉之日起尚余290399500元价款未予支付，亦表明其自认已收到京龙公司支付的股权转让价款计25460万元。故对三岔湖公司、刘贵良有关未收到该5460万元股权转让价款的主张，本院不予支持。

因京龙公司未按合同约定于2010年3月22日前付清全部股权转让款，已构成违约。根据《股权转让协议》及其《补充协议》的约定，三岔湖公司、刘贵良享有合同解除权。但三岔湖公司、刘贵良无证据证明其在本案诉讼程序开始前曾经向京龙公司发出过解除合同的通知，且其接受了京龙公司在2010年3月22日至7月29日期间陆续支付的5460万元价款，而未就京龙公司的逾期付款行为提出异议。据此，可以认定《股权转让协议》及其《补充协议》仍在履行，三岔湖公司、刘贵良在本案诉讼程序开始前并未行使合同解除权,《股权转让协议》及其《补充协议》并未解除,对双方当事人仍有法律约束力。

三岔湖公司、刘贵良以其于2011年2月22日、7月26日、28日发出的三份《解除函》为据,主张其再次向京龙公司发出了解除合同的通知,并主张其在京龙公司违约的情况下,有权根据合同约定随时行使合同解除权,该权利并不因京龙公司向法院提起诉讼而消灭。此三份《解除函》虽明确包含了三岔湖公司、刘贵良解除合同的意思表示,但在合同当事人因对合同履行情况发生争议,起诉到人民法院后,对于该合同的效力及履行情况,应当由人民法院依法作出认定。三岔湖公司、刘贵良在本案一审诉讼期间发出解除合同通知的行为,并不能改变本案诉讼前已经确定的合同效力及履行状态。诉前事实表明,三岔湖公司、刘贵良在享有合同解除权的情况下,未行使合同解除权,并接受了京龙公司逾期支付的价款而未提出异议,表明其已接受京龙公司继续履行合同的事实,故《股权转让协议》及其《补充协议》并未解除,仍在履行之中。根据合同约定,5460万元款项支付完毕后,京龙公司已将星展公司的股权转让款支付完毕,合同的履行义务转移到三岔湖公司、刘贵良一方,即应当由三岔湖公司、刘贵良负责办理星展公司的股权变更手续。此时三岔湖公司、刘贵良既未对逾期支付的款项提出异议,也未办理星展公司的股权变更手续,而是将已经约定转让给京龙公司的案涉股权再次转让给了鼎泰公司、合众公司并办理了工商登记变更手续,阻碍生效合同的继续履行,已构成违约。三岔湖公司、刘贵良在京龙公司提起本案及(2011)川民初字第3号案件的诉讼过程中行使合同解除权,以对抗京龙公司要求其继续履行合同的诉讼请求,有违诚信原则,一审判决根据《合同法》第六条"当事人行使权利、履行义务应当遵守诚实信用原则"的规定,认定三岔湖公司、刘贵良在本案及(2011)川民初字第2号案件的诉讼过程中行使合同解除权的行为不能产生解除合同的法律效果,并无不妥,本院予以维持。

京龙公司于2011年1月29日将天骋公司的全部股权转让给张玲的行为,虽违反了《补充协议》第五条的约定,已构成违约,但三岔湖公司、刘贵良亦未以此为由行使合同解除权。

综上,《股权转让协议》及其《补充协议》未解除,对合同当事人均有法律约束力。对三岔湖公司、刘贵良有关《股权转让协议》及其《补充协议》已经解除的主张,本院不予支持。

——最高人民法院民事审判第二庭编:《商事审判指导》总第36辑,人民法院出版社2014年版,第210~232页。

260

股权转让合同解除后，转让方迟延退款的，通常仅应赔偿受让方的利息损失

关键词｜股权转让合同｜合同解除｜利息｜

【最高人民法院裁判文书】

深圳市朗钜实业集团有限公司与陈晓晨、牛芸、罗爱玲股权转让纠纷案[最高人民法院(2010)民二终字第122号民事判决书]

裁判要旨:股权转让协议解除后,转让方未及时退还转让款的,依法应承担因此给受让方造成的经济损失。就迟延付款一方而言,其能预见到的因迟延付款给对方造成的损失通常仅限于该款项的利息损失;就受让方而言,如果其及时另行贷款亦可避免对方迟延付款给自己造成更大的损失,如果收款方系因没有采取适当措施而致使损失扩大,就扩大的损失其不得要求迟延付款方赔偿。

最高人民法院认为:原审判决认定朗钜公司系依据(2008)兰法民二初字第00128号判决解除中拍公司与陈晓晨签订的《股权转让合同书》以及朗钜公司与陈晓晨、牛芸、罗爱玲签订《股东出资转让协议》的事实,提起本案诉讼,对此,朗钜公司和本案其他各方当事人均无异议,本院予以确认。原审判决确认,前述《股权转让合同书》及《股东出资转让协议》解除后,陈晓晨、牛芸、罗爱玲应返还朗钜公司股权转让款34332026.86元,各方当事人对此均无异议,本院予以维持。(2008)兰法民二初字第00128号判决发生法律效力后,陈晓晨、牛芸、罗爱玲理应及时将上述款项退还朗钜公司,其未及时退款依法应承担因此给朗钜公司造成的经济损失。就迟延付款一方而言,其能遇见到的因迟延付款给对方造成的损失通常仅限于该款项的利息损失;就收款方而言,如果其及时另行贷款亦可避免对方迟延付款给自己造成更大的损失,收款方如果系因没有采取适当措施而致使损失扩大,就扩大的损失其不得要求迟延付款方赔偿。因此,原审判决按朗钜公司的起诉请求判令陈晓晨、牛芸、罗爱玲向朗钜公司赔偿利息损失4406464.12元,可以弥补迟延退款给朗钜公司造成的损失。朗钜公司在获得上述利息赔偿之外,另行主张陈晓晨、牛芸、罗爱玲就迟付款项每日向其支付万分之三的违约金,不符合《合同法》第一百一十三条、第一百一十九条的规定,对其主张本院不予支持。陈晓晨、牛芸、罗爱玲在本案一审答辩中

虽未直接主张朗钜公司诉请的违约金高于该公司遭受的经济损失，但陈晓晨、牛芸、罗爱玲均主张陈晓晨与中拍公司已经在相关和解协议中互相免除了对方的赔偿责任，并据此主张朗钜公司无权主张利息损失和迟延付款违约金，原审判决根据当事人的抗辩对朗钜公司关于支付迟延付款违约金的诉请是否正当进行审查，程序并无不当，朗钜公司关于原审判决程序错误的上诉理由，本院不予支持。

——最高人民法院民事审判第二庭编：《最高人民法院商事审判指导案例（第五卷）》（下），中国法制出版社 2011 年版，第 507～517 页。

261

因双方过错导致股权转让协议终止履行，一方因准备履行及实际履行中产生的损失，应由双方共同承担

关键词 | 股权转让协议 | 履行终止 | 双方过错 |

【《最高人民法院公报》案例】

北京新奥特公司诉华融公司股权转让合同纠纷案［最高人民法院（2003）民二终字第 143 号民事判决书］

裁判摘要：因双方当事人的过错，导致股权转让协议终止履行，一方当事人因准备协议履行及实际履行中产生的损失，应由双方共同承担民事责任。

最高人民法院认为：华融公司与新奥特集团、比特科技签订的股权转让协议是当事人的真实意思表示，且不违反相关的法律、行政法规的禁止性规定，属有效合同。股权转让协议未能继续履行的原因在于北京仲裁委员会生效的裁决书裁决案外人电子公司对华融公司拟转让的股权享有同等条件的优先购买权，且电子公司与华融公司已在仲裁裁决指定的时间内，签订协议并向华融公司给付了 3 亿元股权转让款。电子公司实际行使优先权的行为，使华融公司与新奥特集团签订的股权转让协议的标的不复存在，继续履行已不可能。原审判令该股权转让协议终止履行并无不当，双方当事人也未对此提起上诉，故本院对该项判决予以维持。

现本案争议的焦点之一是，股权转让协议终止履行后，给新奥特集团造成的

损失如何承担。华融公司和新奥特集团在签订股权转让协议时,均知悉《公司法》规定的其他股东在同等条件下享有优先购买权,也知悉电子公司不放弃优先权的态度。由于法律对股东行使优先权的方式、期限等没有明确规定,华融公司采取通知函的形式,限期电子公司行使优先权,逾期视为放弃。新奥特集团完全认同华融公司已经以此方式排除了电子公司行使优先权的权利。双方在认为电子公司已丧失优先权的情况下签订了股权转让协议。此后的仲裁裁决没有支持华融公司与新奥特集团在优先权问题上的判断,而裁决电子公司有权行使优先权。电子公司实际行使优先权的行为,最终导致本案股权转让协议终止履行。由于华融公司与新奥特集团在签约时,应当预见该合同可能因电子公司行使优先权而终止,但没有预见,造成合同终止履行,对此双方均有过错。新奥特集团因准备合同履行及实际履行中产生的损失应由华融公司、新奥特集团各自承担50%。原审认定华融公司的责任大于新奥特集团,与事实不符,本院应予纠正。华融公司认为其履行生效的仲裁裁决而无法继续履行与新奥特集团的股权转让协议,没有过错,不应承担新奥特集团的损失,其理由与事实不符,本院不予支持。华融公司以协议约定股权不能过户的风险由新奥特集团承担为由,要求不承担协议终止履行造成的损失,因华融公司与新奥特集团在协议中,只约定了股权迟延过户的风险,并没有约定不能过户风险的承担问题,故华融公司的该上诉理由也不能成立,本院不予支持。优先购买权是法律规定股东在同等条件下对其他股东拟对外转让的股份享有的优先购买的权利,是一种为保证有限责任公司的人合性而赋予股东的权利。优先权的规定并不是对拟转让股份的股东股权的限制或其自由转让股份的限制。电子公司依法行使优先权,并不能证明华融公司对其持有的股权不享有完全的、排他的权利。新奥特集团以华融公司违反协议约定为由,要求其承担全部赔偿责任的上诉请求,没有事实和法律依据,本院不予支持。

——《最高人民法院公报》2005 年第 2 期

【最高人民法院裁判文书】

湖南海之心投资有限公司与谢灿强、愿景集团控股有限公司股权转让纠纷申请再审案[最高人民法院(2014)民申字第 1931 号民事裁定书]

最高人民法院认为:二、关于谢灿强应否承担定金双倍返还违约责任的问题。

《合同法》第一百一十五条规定："当事人可依照《中华人民共和国担保法》约定一方向对方给付定金作为债权的担保。债务人履行债务后，定金应当换作价款或者收回。给付定金的一方不履行约定的债务的，无权要求返还定金；收受定金的一方不履行约定的债务的，应当双倍返还定金。"本案中，海之心公司与谢灿强对《股权转让协议》不能继续履行均有过错。海之心公司在自身亦违反报批义务的情形下，要求谢灿强承担定金双倍返还的违约责任，缺乏法律依据。因此，二审判决对海之心公司关于谢灿强承担定金双倍返还的主张未予以支持，适用法律并无不当。

三、关于二审判决谢灿强承担100万元的赔偿责任是否损害了海之心公司合法权益的问题。

海之心公司自身存在违反报批义务的行为，依法不能请求合同相对方承担定金双倍返还的全部违约责任。但是，由于海之心公司与谢灿强对合同不能继续履行均存有过错，而谢灿强的过错程度要大于海之心公司，即谢灿强承担的违约责任亦应大于海之心公司，如果对海之心公司的全部诉讼请求不予支持，有失公平。因此，二审判决根据双方的过错程度，在海之心公司并未提供证据证明其因《股权转让协议》未能继续履行而造成实际经济损失的情形下，酌定由谢灿强承担100万元的赔偿责任，目的是为了弥补协议不能继续履行给海之心公司造成的经济损失，结果并未损害海之心公司的合法权益。

——中国裁判文书网，http://wenshu.court.gov.cn。

编者说明

合同不能履行情况下损失的计算是本案争议的焦点，股权转让合同关系的调整虽然不能完全适用合同法的规定，但是对于合同法关于违约责任的规定基本上还是可以适用的，对于违约责任中违约一方当事人应当向守约方赔偿因违约而造成的损失的计算，应当遵循可预见性规则的要求，前引公报案例的裁判意见也确立了股权转让合同不能履行时所产生的损失的计算原则，即守约方为实现合同目的，诚意履约而实际支付或必须对外支付的款项。推而广之，合同不能履行时，计算过错方应赔偿的损失，应遵循诚实信用原则，须为实现合同目的，且损失必须是实际发生的。①

① 刘德权主编：《最高人民法院裁判意见精选》（下），人民法院出版社2011年版，第785页。

262

因双方共同认识错误导致股权转让协议履行不能不构成单方违约

关键词｜股权转让协议｜履行不能｜共同认识错误｜

【最高人民法院裁判文书】

王强、崔连娜与大连丰利达科技发展有限公司、大连东特房地产有限公司及大连正达房地产有限公司股权转让纠纷案[最高人民法院(2013)民提字第88号民事判决书]

裁判要旨:本判决在查清相关事实的基础上,认定《协议书》确认首龙公司已经取得52号地块国有土地使用证等事实系双方当事人共同错误认识,并据此纠正了原再审对股权转让方单方违约的认定。根据双方当事人对股权价值构成的约定,对因双方共同过错可能造成的股权价值减损作出了具体认定,就股权转让款争议分别部分支持了受让方的履行抗辩权和转让方的付款请求权。

最高人民法院认为:各方当事人在《协议书》中一致确认首龙公司已于2004年5月26日取得了52号地块《国有土地使用证》(该协议附件四为该证复印件),系出让土地使用权,现用途为教育用地(王强、崔连娜负责变为商住用地),面积为5171.70平方米,土地使用年限至2069年12月14日,首龙公司已交清了全部转让款,该地块无法律纠纷及债务负担。而据沈阳中院调查,2004年5月首龙公司与万众公司曾到大连市规划和国土资源局中山分局办理过52号地块土地使用权转让登记,该局保存有以首龙公司为所有权人的2004年5月26日颁发的大中国用(2004)字第00021号国有土地使用证原件。由于万众公司未将旧房证交回,故转让未成立,该地块仍为万众公司所有。在本案原一审庭审中,东特公司、正达公司特别授权委托代理人承认:在王强、崔连娜交付《国有土地使用证》复印件后,东特公司、正达公司曾通过他人核实大连市规划和国土资源局中山分局存有该证原件。综上可以认定,在《协议书》订立及履行过程中,股权转让双方对52号地块权属登记状况是明知的,《协议书》确认首龙公司已经取得52号地块国有土地使用证等事实系双方共同错误认识。由于《协议书》涉及的部分相关交易基础自始不存在,导致相关约定的实际履行陷入困难。双方当事人对此均有过错。因此,不能认定王强、崔连娜单方违约,东特公司、正达公司关于王强、崔连娜违约的主张不成立,原再审判决判令王强、崔连娜依据

《协议书》第 11 条承担违约责任不当，本院予以纠正。

因首龙公司未取得 52 号地块国有土地使用证，而仅享有对万众公司相关合同权益，可能导致该公司股权价值相应减损，东特公司、正达公司可据此就其负有的支付股权转让款义务对王强、崔连娜行使同时履行抗辩权。王强、崔连娜关于东特公司、正达公司应当支付全部剩余股权转让款人民币 2100 万元的理由不成立，本院不予支持。根据《协议书》约定，双方股权交易价格由股权原值（共 800 万元）、原股东为首龙公司取得土地权益所支付前期费用（共 2950 万元，其中 52 号地块相应费用为 1500 万元）和前期投资补偿（共 1100 万元，应认定为溢价）三部分组成。本案中所涉股权价值减损主要应体现在后两部分。现东特公司、正达公司已行使同时履行抗辩权，尚未支付 52 号地块对应的前期费用 1500 万元，对此应予支持。同时，对与 52 号地块相对应的前期投资补偿，东特公司、正达公司亦应有同时履行抗辩权。由于双方对前期投资补偿的具体构成约定不明，本院参照 52 号地块（面积 5171.7 平方米）占《协议书》约定的首龙公司合同权益（涉及土地面积 15714.6 平方米）的比例（约 30%），确定该款项为 330 万元。对尚未支付的与 52 号地块无关的 600 万元股权转让款，东特公司、正达公司仍应向王强、崔连娜支付。综上，由于东特公司、正达公司尚未支付的股权转让款总金额为 2100 万元，故其应向王强、崔连娜支付 2100 万元－1500 万元－330 万元＝270 万元。

——最高人民法院民事审判第二庭编：《最高人民法院商事审判指导案例（2014）》，中国民主法制出版社 2015 年版，第 136～150 页。

263

股权转让合同的守约方获得的赔偿除了实际损失外，还可以获得不超过实际损失 30% 的违约金

关键词｜股权转让合同｜赔偿损失｜违约金｜

【最高人民法院裁判文书】

甘彦海、刘馨、陈飞武、新疆星湖湾房地产开发有限公司与刘富田等股权转让纠纷案［最高人民法院（2015）民二终字第 310 号民事判决书］

最高人民法院认为：原审法院判令甘彦海自 2014 年 6 月 1 日起既支付资金

占用利息又判令其支付违约金是否妥当的问题。第一,自2014年6月1日起按月息27.5‰计算资金占用损失系董文博、翟冬梅、刘富田与甘彦海、星湖湾公司、彦海公司等多个商事主体在2014年5月13日在案涉第二份《补充协议书》中达成的合意,符合《合同法》第一百一十四条第一款"当事人可以约定一方违约时应当根据违约情况向对方支付一定数额的违约金,也可以约定因违约产生的损失赔偿额的计算方法"之规定。第二,尽管原审法院在裁判文书对计算这笔损失赔偿额公式表述有误,但计算结果为5864854.92元正确,双方当事人对此没有异议。第三,上述资金占用损失只计算到2014年11月4日。第四,对于双方当事人之间约定过高的违约金原审法院已经根据甘彦海的要求做了较大幅度调整,从起初当事人双方约定的2910万元减少到775232.87元。第五,双方约定的资金占用损失不是违约金,只要不违反法律的相关规定,人民法院不宜随意行使自由裁量权。第六,根据《合同法解释(二)》第二十九条第二款之规定,守约方获得的赔偿除了实际损失外,还可以获得不超过实际损失30%的违约金。2014年6月1日以后,即使案涉损失只按5864854.92元计算,违约金也可以计算到1759456.5元(5864854.92元+5864854.92元×30%)。第七,上述违约金计算的起止日期为2014年6月1日至2015年6月28日,因刘富田没有提出上诉,二审法院不宜延长违约金的计算时间。第八,775232.87元违约金相对于5700万剩余债务而言数额不大,原审法院在调整违约金时也考虑了资金占用损失的因素。第九,如全部利息损失计算至原审判决利息截止日2015年6月28日,按银行同期贷款利息四倍计算利息损失为13082232元,加收30%违约金,合计为:17006901.60元,这个数额已经超过了全案原审判决的资金损失和违约金之和15640087.79元(900万元+5864854.92元+775232.87元)。因此,原审法院对资金占用损失和利息问题的处理结果并无不当,甘彦海、刘馨、陈飞武和星湖湾公司上诉主张原审法院判令甘彦海既支付资金占用利息又判令其支付违约金属于事实认定和适用法律错误的理由不能成立,本院不予支持。

——中国裁判文书网,http://wenshu.court.gov.cn。

（十）委托持股（股权托管）协议

264

事实上的股份或股权托管协议在双方当事人之间内部有效，对第三人不具有法律约束力

关键词｜股权托管协议｜

【《最高人民法院公报》案例】

张桂平诉王华股权转让合同纠纷案（江苏省高级人民法院二审民事判决书）

裁判摘要：二、股份有限公司的发起人在公司成立后三年内，与他人签订股权转让协议，约定待公司成立三年后为受让方办理股权过户手续，并在协议中约定将股权委托受让方行使的，该股权转让合同不违反《公司法（2004）》原第一百四十七条第一款的规定。协议双方在《公司法》所规定的发起人股份禁售期内，将股权委托给未来的股权受让方行使，也并不违反法律的强制性规定，且在双方正式办理股权登记过户前，上述行为并不能免除转让股份的发起人的法律责任，也不能免除其股东责任。因此，上述股权转让合同应认定为合法有效。

——《最高人民法院公报》2007 年第 5 期

265

代持股关系应当基于委托关系形成

关键词｜代持股｜委托｜

【最高人民法院裁判文书】

刘婧与王昊及江苏圣奥化学科技有限公司股东资格确认纠纷案[最高人民法院(2015)民二终字第96号民事判决书]

最高人民法院认为:刘婧在本案诉讼中主张,其为登记在王昊名下的江苏圣奥公司股权实际出资人,其与王昊之间为代持股关系,请求确认其为股权所有人,王昊配合办理相应的股权变更登记手续等。刘婧提交的证据主要有银行资金划转凭证、证人证言、其他书面证据材料等。其中,银行资金划转凭证证明刘婧于2008年5月13日和6月10日向王昊银行账户两次汇款650.4万元和4487.76万元,王昊在收到该两笔款项后于当日即汇入江苏圣奥公司银行账户,用于在该公司的股权出资及增资。刘婧向王昊汇款,但未说明汇款用途,也未能提交具有委托王昊认购江苏圣奥公司股份内容的其他证据。王昊以自己名义使用了汇款资金,认购了江苏圣奥公司股份,并以自己名义在江苏圣奥公司登记股东和行使股东权利。根据本案现有证据、双方当事人及代理人的诉辩意见,王昊也有向刘婧的汇款行为,刘婧与王昊在相当长一段时间内存在特殊关系,其间多笔高额资金往来未以人们通常习惯的方式留下建立法律关系性质的凭证。由于资金往来性质存在多种可能性,委托投资、共同投资、赠与、借款、还款等等,他人很难判断当时刘婧和王昊之间实际发生的事实及其真实意思表示。王昊收到刘婧汇款资金后已经将货币资金转换为股权财产,财产形态的转换是基于王昊的意思表示和行为完成的,刘婧没有提供其参与处分将其汇款货币资金转换为股权财产形态的证据,其可以依法向王昊主张货币资金债权,但据此主张股权所有权没有法律依据。刘婧提交的银行资金划转凭证能够证明存在资金流转关系,但仅凭其汇入王昊账户的该两笔资金在数额和时间上与王昊向江苏圣奥公司的投资相吻合的事实,难以认定刘婧和王昊对资金的用途形成了共同意思表示,不能根据资金流转的事实推定刘婧委托王昊并以王昊名义向江苏圣奥公司投资。刘婧上诉主张王昊未提交证据证明其间存在借款关系,但原审法院却以不能排除王昊借款出资为由作出否定委托投资关系的认定是错误的。因刘婧向王昊汇款未说明用途,故关于该笔资金的用途有多种可能,原审法院仅列举借款的一种可能,并同时作出刘婧汇款的性质并不能必然、排他地认定为出资的论证,未进一步落实该笔款项是否为借款关系,并无不妥,原审法院关于仅凭往来资金款项不能推定委托出资关系的观点正确。

刘婧提交的证人证言涉及的证人主要有江苏圣奥公司财务经理、法务总监、公司原股东，刘婧另案委托代理人，兰溪公司原法定代表人等，王昊均以存在利害关系为由否认上述证人证言的真实性。因刘婧和王昊均参与江苏圣奥公司及关联公司的经营管理，王昊主张证人与刘婧或者其本人有利害关系的理由合理。民事主体之间建立法律关系需要各方当事人本人自愿并达成共同意思表示，他人直接替代建立法律关系需要符合法律规定。根据本案查明的事实，上述证人没有直接参加王昊与刘婧设立法律关系的证据，故其证人证言属于传来证据，证明力相对较弱。在本案中，刘婧陈述其与王昊之间为代持股关系，其为江苏圣奥公司股东，而在其与石光强的纠纷案件中，刘婧、王昊、江苏圣奥公司一方的诉讼观点是否认其间存在代持股关系，刘婧对此解释为诉讼策略的需要及系受王昊主导影响。可见，人证属于言词证据，有易变的特点，证人或者当事人事后关于案件情节的描述，存在根据利害关系重新取舍的可能，故在没有其他种类证据予以佐证的情形下，对证人证言及当事人陈述原审法院不予采信正确。

刘婧提交的其他书面材料包括一致行动函、董事会决议、全权委托书、股东会决议等书面材料，没有关于刘婧与王昊之间存在委托投资及代持股关系、王昊名下股权属于刘婧所有或者刘婧为江苏圣奥公司股东等类似内容的记载，与刘婧主张的代持股关系不具有关联性，这些书面证据材料不能支持刘婧的主张，原审法院不予采信正确。

刘婧主张其以股东身份在江苏圣奥公司担任董事长，为江苏圣奥公司的实际控制人，而王昊对刘婧的主张予以否认。根据《公司法》第二百一十六条关于“实际控制人，是指虽不是公司股东，但通过投资关系、协议或者其他安排，能够实际支配公司行为的人”的规定，能够实际控制公司的人，除股东外还可能存在其他关系人。现刘婧以代持股份唯一法律关系解释其在公司的实际控制地位，虽然有一定的合理成分，但并不能排除可能发生的其他合理情形，故其关于实际控制人地位系基于股东身份的观点，本院不予采纳。

在二审期间刘婧追加提交新的证据材料《股权转让协议》，该协议载明王昊向刘婧转让江苏圣奥公司股权，但该协议存在如下问题：第一，王昊与刘婧签名页是独立的，与合同其他内容不连接，不能确定是否为合同原件；第二，协议载明的签约日期为 2008 年 1 月 16 日，而江苏圣奥公司于 2008 年 5 月 14 日才设立，即上述协议签订时江苏圣奥公司尚未成立。基于该协议存在的上述问题及刘婧不能说明一审未提交该证据材料的正当理由，本院难以认定该证据材料的真实性，对此不予采信。刘婧提交的长春市公安局经济犯罪侦查支队证明和其他境外法院证据材料等，其内容与刘婧在本案中的主张不具有关联性，本院不予采纳。刘婧提交的其他证据材料为复印件，王昊不予认可其真实性，因本院难以核实复印件的真实性，故所涉及的复印材料不能作为证据使用。

刘婧上诉提出，本案系隐名股东请求确认股东资格纠纷，原审法院要求刘婧提交股东会决议等证据存在举证责任分配及采信证据等方面适用法律错误的问题。因王昊为江苏圣奥公司登记股东，刘婧主张其与王昊之间存在代持股份关系，应承担举证责任，在刘婧未能提交书面合同的情况下，原审法院根据公司活动特点和股东行使权利可能留下证据的情形，列举记载股权事项的公司各类文件，拟在排除遗漏记载股东身份的可能性，并不存在安排举证责任及采信证据片面的问题，刘婧的该上诉观点本院不予采纳。刘婧上诉主张在法院征求相关股东意见未反馈的情况下，原审法院即作出判决不妥。因原审法院对该调查事项的必要性在原审判决书中已经作出明确论证，未等反馈意见即作出判决不违反法律规定，刘婧的该项主张本院不予支持。刘婧上诉主张对其提交的经过公证的其与王昊的电话录音证据，原审法院未回应违反法律规定。该电话通话内容反映，刘婧与王昊协商其间纠纷的处理，协商中刘婧主动提出要求王昊承认股权代持关系，王昊对该问题未作回答。因为不能以王昊对刘婧提出的问题未回答，推定王昊默认了其名下有重大价值的股权财产为刘婧所有，所以，该电话录音不能支持刘婧的主张，原审法院未采信该证据并无不妥。刘婧上诉认为原审判决违背以事实为根据，以法律为准绳的观点不成立，本院不予采纳。

根据本案现有证据查明的案件事实，王昊为江苏圣奥公司登记股东，以股东身份完成出资、增资、分红及股权转让行为等。王昊取得的股东身份登记，具有公示效力。刘婧在诉讼中主张其与王昊之间存在代持股关系，证据不充分。代持股关系应当基于委托关系形成，委托关系为双方法律行为，需双方当事人有建立委托关系的共同意思表示，签订委托合同或者代持股协议，对未签订合同但双方当事人有事实行为的，也可以依法认定存在委托代持股关系，并以此法律关系确定双方当事人的民事权利和义务。单方法律行为不能建立委托代持股份关系。本案中刘婧未提交其与王昊之间关于建立委托关系或者代持股关系的协议，其提交的其他证据也不能证明其与王昊之间对委托关系或者代持股关系形成了共同意思表示或者其间实际形成了事实上的代持股份关系。因刘婧在本案中未能提供直接证据证明其主张，提交的间接证据未能形成完整的证据链，不具有排他性，举证不具有优势，其在本案中的诉讼主张，本院不予支持。王昊与刘婧之间的资金往来实际存在,其资金关系可以另行解决。

——中国裁判文书网,http://wenshu.court.gov.cn。

266

判断双方之间是否存在代持股关系，应当以双方是否存在相应的约定为依据

关键词｜代持股｜

【最高人民法院裁判文书】

周国江与山东鲁阳节能材料股份有限公司、李同安等侵权责任纠纷申请再审案[最高人民法院(2015)民申字第2889号民事裁定书]

最高人民法院认为:(二)关于周国江是否代李同安等九人持有鲁阳公司股份的问题。虽然招股意向书及工商登记资料显示李同安等九人的股份已经全部对外转让,但本案属于鲁阳公司名义股东与隐名股东之间发生的纠纷,判断双方之间是否存在代持股关系,应当以双方是否存在相应的约定为依据。

第一,周国江在一、二审中均承认,其与李同安等九人签订的《股权受托证明》系其本人签字,且知道其名下股权存在为他人挂名的情况。周国江作为完全民事行为能力人,且系鲁阳公司法律事务处工作人员,应当知道在《股权受托证明》上签字的法律后果。虽然《股权受托证明》留有空白,但周国江并未提出异议,而是予以签字,该行为应视为其同意代持股的意思表示。

第二,周国江承认《暂存单》的真实性,该《暂存单》明确载明"送转股后,截止到2008.1.2号,委托出售后,剩余股数44268股"。周国江认可其已于2008年1月2日委托鲁阳公司出售的股票数为44200股,加上前述剩余股票数44268股,共计88468股。也即周国江认可截止到2008年1月2日,其出售股票前实际持有的股票总额为88468股。而如果周国江名下的股票全部归其所有,那么89226股原始股经过分红送股后是231934股,与周国江持有的《暂存单》载明的数额相矛盾,这也间接证明了周国江名下55200股原始股系其代李同安等九人持有的事实。

第三,周国江主张其所持有的股份被排除在鲁阳公司清理股份的范围之外,该申请理由与事实并不相符。2003年鲁阳公司清理股份时,对于周国江被清理

的 55200 股份支付了对价,共计 110400 元。该笔款项存于鲁阳公司工会,鲁阳公司工会已于 2003 年 10 月 1 日开具了交款单位为周国江的收款收据,周国江可据此领取上述款项。周国江是否领取该笔清理款并不影响其所持原始股被缩减的事实以及其和李同安等九人签订的《股权受托证明》的效力。

第四,周国江向本院提交了淄博中院(2013)淄商终字第 287 号民事判决,借以证明二审判决认定其与李同安等九人之间存在代持股关系错误。该申请理由不能成立。因为上述案件与本案不属于同一法律关系,案件情况也不相同,该证据不属于《民事诉讼法》第二百条第一项规定的新证据,故不能作为认定本案二审判决是否存在错误的依据。同理,周国江申请二审法院调取白彩虹、刘东生、白如君等人的案件材料,因与本案无关,故二审法院未予准许并无不当。

综上,《股权受托证明》的内容不违反法律和行政法规的禁止性规定,周国江与李同安等九人之间的委托持股关系应认定有效。鲁阳公司将周国江代李同安等九人持有的股票出售后,已将款项支付给李同安等九人,故一、二审判决对于周国江要求鲁阳公司返还上述股票款以及利息的诉请未予支持并无不妥。关于周国江提出的《股权受托证明》不具备合同成立有效的必备要件,二审判决认定《股权受托证明》有效错误,以及《暂存单》不能说明周国江账户名下存在他人股权挂靠情形等申请理由,因缺乏事实及法律依据,本院不予支持。

——中国裁判文书网,http://wenshu. court. gov. cn。

267

未签订代持股权书面合同的,应当综合案件事实认定双方之间的真实法律关系性质

关键词 | 股权代持 |

【最高人民法院裁判文书】

薛惠玶与陆阿生、江苏苏浙皖边界市场发展有限公司、江苏明恒房地产开发有限公司委托代理合同纠纷案[最高人民法院(2013)民一终字第 138 号民事判决书]

法理提示:双方未签订代持股权的书面合同,但已经实际支付了股权转让

款，对方虽然主张为借款法律关系，但未能提供其他证据证明的，依据优势证据原则并结合相关案件事实，确信双方代持股权法律关系的存在具有高度可能性的，应当予以确认。

最高人民法院认为：一、关于薛惠玶与陆阿生之间法律关系的性质。

虽然薛惠玶与陆阿生之间未签订委托收购股权并代持股权的书面合同，但薛惠玶向陆阿生汇付款项的事实客观存在。对该笔款项的性质，陆阿生虽然主张为借款，但未能提供任何证据证明。一审判决综合全部案件事实，依据优势证据原则认定双方之间存在薛惠玶委托陆阿生收购股权并且代持股权的关系，理据充分，并无不当。陆阿生就此提起上诉，但未能提供证据足以否认一审判决的认定，本院对陆阿生的该项上诉主张不予支持。

——杜万华主编、最高人民法院民事审判第一庭编：《民事审判指导与参考》总第66辑，人民法院出版社2016年版，第199～212页。

268

股权代持协议终止后，受托人应当适当履行协助委托人处置股权和领取分红款的义务

关键词｜股权代持协议｜协助义务｜

【最高人民法院裁判文书】

首都机场集团公司与广联（南宁）投资股份有限公司委托合同纠纷案［最高人民法院（2011）民二终字第63号民事判决书］

裁判要旨：《合同法》第九十二条规定，合同的权利义务终止后，当事人应当遵循诚实信用原则，根据交易习惯履行通知、协助、保密等义务。《代持协议》属于委托合同，委托合同终止后，受托人首都机场应当履行协助委托人广联公司处置股权和领取分红款的义务。

最高人民法院认为：关于《代持协议》与首都机场的协助义务。首都机场以具体经办人犯罪等为由怀疑《代持协议》的真实性和合法性，但首都机场并无证据证明具体经办人的犯罪事实涉及本案，《代持协议》已经实际履行完毕，签订

《代持协议》的时间对本案的审理并无影响,且已经生效的第53号判决认定《代持协议》有效,并判令首都机场代理领取分红款后支付给广联公司,因此,首都机场否认《代持协议》真实性和合法性的主张不成立。原审法院以双方当事人没有另行签订协议,对原协议约定的委托事项及各自的权利义务亦没有作出变更的意思表示为由认为双方当事人在事实上延续了《代持协议》的委托期限,原审法院如此认定缺乏依据,首都机场认为《代持协议》因履行期限届满已经终止的主张成立。但是,《合同法》第九十二条规定,合同的权利义务终止后,当事人应当遵循诚实信用原则,根据交易习惯履行通知、协助、保密等义务。《代持协议》属于委托合同,委托合同终止后,受托人首都机场应当履行协助委托人广联公司处置股权和领取分红款的义务。

关于原审判令首都机场根据广联公司的申请,出具股权转让所需的所有法律文件的可操作性问题。完成涉案股权的转让需要首都机场的协助,但首都机场的协助仅是完成股权转让的必要条件之一,另外还需要相关行政机关审批、国元信托公司与国元投资公司股东的同意等条件,该股权转让能否取得需要的所有法律文件并非首都机场能够决定。故原审判令首都机场出具股权转让所需的所有法律文件不妥,首都机场该上诉理由成立。但是,首都机场代广联公司持有国元信托公司与国元投资公司的股权,股权转让程序的启动、推进及最终的完成均有赖于首都机场的协助、配合,首都机场如果不启动转让程序,其他的股权转让步骤无法完成。首都机场亦有义务协助广联公司完成股权转让,本院对广联公司要求首都机场依《代持协议》履行协助义务的诉讼请求予以支持。

——最高人民法院民事审判第二庭编:《最高人民法院商事审判指导案例(6)·合同与借贷担保卷》,中国法制出版社2013年版,第165~173页。

269

法人股转让协议中确定了转让对价以及所有权转移事项的,不属股权代持或挂靠

关键词 | 股权代持 | 股权挂靠 | 股权转让 |

【《最高人民法院公报》案例】

申银万国证券股份有限公司诉上海国宏置业有限公司财产权属纠纷案（上海市高级人民法院二审民事判决书）

裁判摘要：股权的挂靠或代持行为，也就是通常意义上的法人股隐名持有。法人股隐名持有存在实际出资人和挂名持有人，双方应签订相应的协议以确定双方的关系，从而否定挂名股东的股东权利。对于一方原本就是法人股的所有人，对方则是通过有偿转让的方式取得法人股的所有权，双方所签订的是法人股转让协议，协议中确定了转让对价以及所有权的转移问题的，不属于股权的代持或挂靠，可以认定双方是通过出售方式转移法人股的所有权，即使受让方没有支付过任何对价，出让方也已丧失了对系争法人股的所有权，而只能根据转让协议主张相应的债权。

上海市高级人民法院二审认为：第一，上诉人申银万国与一审被告国宏置业所签订的系争法人股转让协议书，“转让”的意思表示明确并约定了转让对价，协议内容并没有“代持”的意思存在。而且，协议经过了公证，转让的真实意思也已经公证确认，之后，双方又办理了股权转让的登记手续。因此，系争股权转让协议清楚地反映了双方的股权转让关系。国宏置业没有依约履行支付股权对价的义务，仅说明其对申银万国负有债务，并不能证明实际存在代持关系。

第二，上诉人申银万国与一审被告国宏置业在股权转让后又于 2002 年和 2005 年两次签订了还款质押协议，协议明确国宏置业对申银万国负有 640 万元股权转让对价未履行的债务，且将国宏置业名下的系争法人股设定为质押，并办理了质押登记手续。该前后两份还款质押协议对双方债务关系的确认，说明了申银万国与国宏置业签订系争股权转让协议之时的真实意思应是“股权转让”，而不是“股权代持”。

第三，按照上诉人申银万国陈述，其签订股权转让协议是为了规避前五大股东不能获得配股承销权的证监会规定。但是，上海九百 1999 年年报显示，当时排位第六大股东的持股数为 280 万股。申银万国若要合法获得承销权，减持股数只需满足相关规定即可，协议约定出让 400 万股股数不合常理。申银万国关于签订股权转让协议是为了取得配股承销权的陈述，法院难以采信。

第四，按照证监会关于前五大股东不能获得配股承销权的规定，上诉人申银万国作为前五大股东，要取得配股承销权，就必须减持股份，退出前五大股东之列。也就是说,申银万国在获取配股承销权与继续持有相应股权之间,必须作出选择,两者不可兼而得之。既然申银万国选择了获取配股承销权,就只能放弃继续持有相应股权。因此,从申银万国的选择行为来看,能够推断申银万国签订系争股权转让协议之时的意愿应是股权转让,而不应是股权代持。

第五,上诉人申银万国所提供的相关证据难以证明其有关代持的主张。宝鼎公司2002年4月15日出具的报告,其中"及时转回"的表述,并不能当然得出一审被告国宏置业为申银万国代持的结论。因为转回的方式包括了协议转让等依法转让方式,而不只是无对价的归还,即使当时证监会加强了非流通股管理,转回也可理解为国宏置业表达了依法转回的意愿,并不能证明股权转让协议和还款质押协议签订时双方存在代持的意思表示。至于申银万国职员出席上海九百股东会,正如一审法院所认为的,也不能证明申银万国具有隐名持股的事实。国宏置业2006年9月向申银万国所出具承诺书中的挂靠说法,系在法院对其执行期间所作出,其在涉诉后认可申银万国的陈述也是事后说法,均不足以否定双方签约之时所表达的股权转让意思。

综上,上诉人申银万国与一审被告国宏置业之间所存在的应是股权转让关系,申银万国关于其与国宏置业实际是股权代持关系的主张,证据不足,不予采信。系争股权转让协议真实合法,应属有效,系争法人股已依法变更至国宏置业名下,则不能归属申银万国所有。国宏置业没有依约履行支付股权对价的义务,申银万国可向其主张要求支付股权转让对价的债权。

即使按上诉人申银万国所称其与一审被告国宏置业存在实际的代持股权关系,申银万国要求确认系争法人股归其所有的主张,依法亦不能予以支持。因为,申银万国与国宏置业签订股权转让协议后已在中登公司办理了股权转让的变更登记手续,故系争股权已移转于受让人国宏置业名下,即股权变动已发生法律效力。根据我国《公司法》和《证券法》的相关规定,公司股权转让应办理变更登记手续,以取得对外的公示效力,否则不得对抗第三人。该规定遵循的是商法的外观主义原则,立法目的在于维护商事交易安全。该种对抗性登记所具有的公示力对第三人而言,第三人有权信赖登记事项的真实性。同时,根据《证券法》公开、公平、公正的交易原则以及上市公司信息公开的有关规定,对上市公司信息披露的要求,关系到社会公众对上市公司的信赖以及证券市场的交易安全和秩序。因此,上海九百作为上市公司,其股东持有股权和变动的情况必须以具有公示效力的登记为据。申银万国称其为了规避证监会有关规定而通过关联企业国宏置业隐名持有股权,并要求确认已登记在国宏置业名下的股权实际为其所有,显然不符合上述相关法律规定,也有违《公司法》所规定的诚实信用原则。现国宏置业被法院执行的债务达亿元之多,而其名下系争股权市值仅3000余万元,远不足以支付对外债务。故国宏置业的债权人基于中登公司登记而申请法院查封执行国宏置业名下系争股权的信赖利益,应依法予以保护。因此,即使如申银万国所称有实际的代持股权关系存在,系争股权也不能归申银万国所有。

——《最高人民法院公报》2010年第3期

编者说明

本案裁判明确了法人股的代持或者挂靠与股权转让行为的区分标准问题。关于"代持"行为的法律性质,有不同意见。多数认为,基于私法自治、合同自由原则,当事人得在不违反法律强制规定及公序良俗之范围内自行订立合同及选择合同类型。这些约定对当事人具有约束力,法院也应根据合同约定相应确定当事人的权利义务。形成"代持"的原因复杂,不能一概而论,而应根据相关合同所约定权利义务的不同而区别认定。对"代持"行为的效力,应当根据《合同法》有关无效情形的规定进行审查,如不存在法定的无效情形,就不能仅以违反行政监管部门制定的证券发行和交易的规范性文件和规则而认定无效。①

270

股权托管公司有权依照法律和公司章程规定以特定价格转让托管股份

关键词｜股权托管｜股权转让｜

【最高人民法院裁判文书】

山东省企业托管经营股份有限公司与济南海东发实业有限公司、赵晓平股权转让纠纷案[最高人民法院(2012)民提字第118号民事判决书]

最高人民法院认为:本案股权转让协议的合法性、有效性涉及诸多方面,包括海东发公司、赵晓平对托管公司的授权是否合法存在、股权转让程序是否合法、借款协议无效是否必然导致股权转让协议无效以及股权转让协议本身的效

---

① 上海市高级人民法院课题组:《上市公司法人股案件若干法律问题研究》,载最高人民法院民事审判第二庭编:《商事审判指导》总第22辑,人民法院出版社2010年版,第141页。

力问题。1. 关于海东发公司、赵晓平的授权。根据本案查明的事实，海东发公司、赵晓平在借款协议中明确授权托管公司在海东发公司不能按时归还借款时转让其公司股份并优先用于归还借款，相关各方还事先签订了股权转让协议以便执行。至托管公司实际办理转让股份时，海东发公司、赵晓平不仅未承担担保责任，而且从未撤回对托管公司的上述授权。2007年6月19日的会议纪要虽记载了海东发公司、赵晓平不再继续提供担保的事实，但不能构成对托管公司转让海东发公司、赵晓平股份授权的撤回。赵晓平在本院再审审查期间声称忘记了股权转让协议一事，在本院提审期间又主张交付给托管公司的股权转让协议为空白协议，无论从哪一角度看，均不能证明海东发公司、赵晓平撤销了对托管公司的授权，因此，托管公司在办理本案股权转让事宜时，海东发公司、赵晓平的授权依然合法存在。海东发公司、赵晓平于2007年6月24日、25日在《齐鲁晚报》上刊登声明称“自本声明之日起，现在不委托托管公司以每股1.26元或任何价格转让上述股权”，该声明发生在股权转让行为发生之后，不能影响此前已经发生的股权转让行为的效力。2. 关于股权转让程序。托管公司的章程规定了公司股东转让公司股份时其他股东享有的优先购买权，托管公司在办理转让海东发公司、赵晓平股份事宜时，事先向公司其他所有股东发出了购买股份的通知，同时也办理了解除股份质押手续，因此，托管公司在办理转让海东发公司、赵晓平股份事宜时履行了公司内部程序，符合公司章程及相关法律的规定，本案股权转让在程序上没有瑕疵。3. 关于借款协议与股权转让协议的关联性。本案借款协议属于企业之间的借贷，已被生效判决确认为无效。本案股权转让协议系因借款协议而派生，两者之间存在一定的关联性，但股权转让协议显然属于另一法律关系，其目的与宗旨不同于借款协议，其内容亦不为我国法律法规所禁止，因此，借款协议的无效不能必然地导致股权转让协议无效，股权转让协议的效力应当依据其本身的效力要素进行审查和认定。4. 关于股权转让协议的效力。股权转让协议的效力涉及协议主体、客体及内容三个方面。从主体看，海东发公司、赵晓平合法拥有托管公司股份，有权依照法律和公司章程的规定以特定价格转让其股份；托管公司作为目标公司和受托方，有权同时亦有义务依据公司章程和委托人的委托办理股权转让事宜；张德俊作为受托人，在公司其他股东未行使优先购买权时，有权依照公司章程的规定购买转让方拟转让的股份。本案并无证据证明其受让股份存在恶意，张德俊受让股份的资金来源于公司其他股东本身并不为法律法规或者公司章程所禁止。从客体看，本案股权转让方所转让的股份并非为法律所禁止的转让物。从内容看，海东发公司、赵晓平在股权转让协议中事先填好了转让方、拟转让的股份数额、转让价格、违约责任、争议解决方式，承诺拟转让的股份未设定任何抵押、质押等担保物权，并在转让方处签字、盖章，构成了确定的要约，一旦受让人承诺，股权转让协议即告成立。本案股权转让协议之内容，正是因受让方张德俊的合法、有效承诺而确定的。由于协议内容系转让方和受让方的真实意思表示，亦不为我国法律法规所禁止，股权转让协议第八条还明确约定“本协议自三方签字盖章之日起生效”，故本案股权转让协议已于2007年6月22日发生法律效力。一、二审判决认定本案股权转让协议无效缺乏事实和法律依据，依法应予纠正。

此外，股权转让的价格是否合理也是衡量股权转让协议效力的因素之一。本院在再审审查及提审期间均曾要求各方当事人就本案股权转让价格是否合理提供证据及质证意见。对此，海东发公司、赵晓平主张本案股价应该在1.4亿元左右，但未提供证据支持；托管公司则认为海东发公司、赵晓平的主张没有计入公司的成本、负债以及公司持有上市公司股票的限售股性质。结合公司在通知其他股东购买海东发公司、赵晓平股份时没有股东愿意购买、同时期托管公司其他股东公告出售股份的价格、其他股东实际转让公司股份的价格以及公司的年度审计报告等事实和证据，托管公司认为公司的股价在本案转让行为发生时应在每股1.2元至1.8元之间，并愿意向海东发公司、赵晓平补偿最高价1.8元与实际转让价1.26元之间的差额部分。由于各方分歧极大且海东发公司、赵晓平在本院调解期间发函明确表示不同意继续调解，因此，本案调解工作无法继续进行。综合考虑各方当事人提供的证据，海东发公司、赵晓平的主张没有考虑托管公司的成本、负债以及持有上市公司股票的限售股性质，而托管公司的主张则综合考虑了公司成本、负债、持有上市公司股票的限售股性质，同时有其他股东拒绝购买海东发公司及赵晓平股份、同时期其他股东转让股份的价格、同时期其他股东公告出售股份但未达成交易的价格以及托管公司的年度审计报告等事实和证据予以佐证。但因无评估机构对股权转让时的股份价值进行评估，本院目前尚难以认定本案股权转让价格是否合理。何况，价格是否合理，是否存在差价损失的争议不是本案审理范围，本院对此节事实不予审理。双方对此存在争议，可另循法律途径解决。

——中国裁判文书网，http://wenshu. court. gov. cn。

张德俊与山东省企业托管经营股份有限公司、济南海东发实业有限公司股权转让纠纷案［最高人民法院(2012)民提字第116号、第117号民事判决书］

本案裁判理由与前引裁判文书基本一致。（略）

——中国裁判文书网，http://wenshu. court. gov. cn。

271

虽未签订股权托管协议，但一方已经履行了出资义务且对方接受的，应视为合同成立并生效

关键词 | 股权托管 | 合同成立 |

【最高人民法院裁判文书】

新疆科纺棉业(集团)有限责任公司与中国华融资产管理公司乌鲁木齐办事处资产转让及股权委托管理合同纠纷案[最高人民法院(2006)民二终字第32号民事判决书]

最高人民法院认为:采用合同书形式订立合同,在签字或者盖章之前,当事人一方已经履行主要义务,对方接受的,该合同成立。本案双方当事人虽未最终签订股权托管协议,但被上诉人已经实际上履行了出资义务,且上诉人也已接受。上诉人关于被上诉人在科纺股份公司没有投资以及双方当事人没有股权托管的事实主张不能成立,人民法院不予支持。

依法成立的合同,自成立时生效。双方的股权托管关系依法成立且合法有效。因此,当事人应当全面履行协议。

——最高人民法院民事审判第二庭编:《最高人民法院商事审判指导案例·公司卷》,中国法制出版社2011年版,第241~246页。

272

实际出资人不能以存在委托投资关系为由主张股东地位

关键词 | 实际出资人 | 名义股东 |

【最高人民法院司法解释】

第十五条 合同约定一方实际投资、另一方作为外商投资企业名义股东,不具有法律、行政法规规定的无效情形的,人民法院应认定该合同有效。一方当事人仅以未经外商投资企业审批机关批准为由主张该合同无效或者未生效的,人

民法院不予支持。

实际投资者请求外商投资企业名义股东依据双方约定履行相应义务的，人民法院应予支持。

双方未约定利益分配，实际投资者请求外商投资企业名义股东向其交付从外商投资企业获得的收益的，人民法院应予支持。外商投资企业名义股东向实际投资者请求支付必要报酬的，人民法院应酌情予以支持。

——《最高人民法院关于审理外商投资企业纠纷案件若干问题的规定（一）》（2010年8月15日，法释〔2010〕9号）

【最高人民法院裁判文书】

博智资本基金公司与鸿元控股集团有限公司其他合同纠纷案［最高人民法院（2013）民四终字第20号民事判决书］

最高人民法院认为：一、关于《委托投资及托管协议》《协议书》的效力及本案所涉股权的归属。

在本案中，博智公司主张其与鸿元公司签订的《委托投资及托管协议》《协议书》有效，故案涉股权应归属博智公司；鸿元公司则主张案涉股权归其享有，理由是其与博智公司之间签订的《委托投资及托管协议》《协议书》旨在规避我国上述有关金融管理的规定，系"以合法形式掩盖非法目的"，故应被认定为无效。经查，我国现行的金融法规对于境外公司向境内保险机构投资作了明确的限制性规定。2004年6月15日起施行的《保险公司管理规定》第四十五条规定："全部境外股东参股比例应当低于保险公司股份总额的25%。全部境外股东投资比例占保险公司股份总额25%以上的，适用外资保险公司管理的有关规定。境外股东投资上市保险公司的，不受前款规定的限制。"2010年6月10日起施行的《保险公司股权管理办法》第二条规定："本办法所称保险公司，是指经中国保险监督管理委员会（以下简称"中国保监会"）批准设立，并依法登记注册的外资股东出资或者持股比例占公司注册资本不足25%的保险公司。"可见，尽管我国法律并未禁止境外企业持有境内保险公司股权，但中国保监会根据监管的需要对于外资股东的持股比例作了限制性的规定，即对于境内非上市保险公司，全部境外股东的投资比例不能超过保险公司股份总额的25%，否则即应适用外资保险公司管理的规定。本案中，博智公司委托鸿元公司的前身亚创公司投资新华人寿，正是由于外资股东投资境内保险公司受到上述投资比例的限制。虽然鸿元公司是受博智公司的委托投资新华人寿,但鸿元公司并未以博智公司的名义投资,也未将案涉股权登记在博智公司的名下,而是以自己的名义投资并将案涉股权登记在鸿元公司的名下,且该投资行为不仅已经获得保监会的批准,鸿元公司还以其名义参与了新华人寿的管理,履行了股东的义务并行使了股东的权利,因此不能认为案涉股权归博智公司享有,而应认定案涉股权归鸿元公司享有。就此而言,博智公司委托鸿元公司以鸿元公司的名义投资新华人寿,与保监会的上述规章并无抵触,自然不能作为"以合法形式掩盖非法目的"的情况而否定双方之间委托投资协议的效力。也就是说,股权归属关系与委托投资关系是两个层面的法律关系,前者因合法的投资行为而形成,后者则因当事人之间的合同行为形成,保监会的上述规章仅仅是对外资股东持股比例所作的限制,而非对当事人之间的委托合同关系进行规制,因此,实际出资人不能以存在合法的委托投资关系为由主张股东地位,受托人也不能以存在持股比例限制为由否定委托投资协议的效力。

本案中,博智公司与鸿元公司签订的《委托投资及托管协议》《协议书》,不仅包括双方当事人关于委托投资的约定,还包括当事人之间关于股权归属以及股权托管的约定。根据双方当事人关于股权归属以及股权托管的约定,鸿元公司的前身亚创公司系代博智公司持有股权而非自己享有股权。虽然上述协议均系双方当事人真实意思表示,但由于股权归属关系应根据合法的投资行为依法律确定,不能由当事人自由约定,因此,尽管当事人约定双方之间的关系是股权代持关系,也不能据此认定双方之间的关系属股权代持关系,而应认定双方之间系委托投资合同关系。一审判决未能区分股权归属关系与委托投资关系,仅以双方签订的《委托投资及托管协议》及《协议书》系双方真实意思表示为由认定上述协议均有效,并据此认定博智公司作为案涉股权的实际出资人,享有所有者投资权益,而鸿元公司作为名义股东,系依约代博智公司行使股权,属法律适用错误,也与鸿元公司一直以股东身份行使股权及相关权益的事实不符,应予纠正。

——中国裁判文书网,http://wenshu.court.gov.cn。

273

实际出资人以委托持股的方式进行股权投资,委托持股与委托投资不相互排斥

关键词｜实际出资人｜委托持股｜委托投资｜

【最高人民法院裁判文书】

李奕基与福建东方艺术建筑设计工程有限公司合同纠纷审判监督案[最高人民法院(2014)民提字第217号民事判决书]

最高人民法院认为:一、双方之间的委托持股合同关系是否成立、有效。

首先要解决委托持股合同关系是否成立问题。二审判决查明:东方公司认为其曾受李奕基委托代持股,且双方就李奕基占新国际公司20%股份形成合意。李奕基也认为双方之间存在委托持股合同关系。因此,应当认定双方之间的委托持股合同成立。一、二审判决均已认定李奕基实际出资了人民币18万元,也就应当认定双方之间事实上也形成了委托持股合同关系。一审判决认为双方之间未形成委托持股关系,是错误的。二审判决虽未直接否认双方之间存在委托持股关系,但从合法性角度出发,认为李奕基要求确认其与东方公司存在委托持股关系缺乏法律依据。这实际上属于已成立合同的效力问题。

关于委托持股合同的效力,有关司法解释已经有明确规定。《公司法解释(三)》第二十四条第一款规定:"有限责任公司的实际出资人与名义出资人订立合同,约定由实际出资人出资并享有投资权益,以名义出资人为名义股东,实际出资人与名义股东对该合同效力发生争议的,如无合同法第五十二条规定的情形,人民法院应当认定该合同有效。"《最高人民法院关于审理外商投资企业纠纷案件若干问题的规定(一)》第十五条第一款规定:"合同约定一方实际投资、另一方作为外商投资企业名义股东,不具有法律、行政法规规定的无效情形的,人民法院应认定该合同有效。一方当事人仅以未经外商投资企业审批机关批准为由主张该合同无效或者未生效的,人民法院不予支持。"依照上述规定,本案双方当事人之间的委托持股合同、委托持股关系有效。被申请人称应认定为双方之间存在委托投资合同关系,而不是委托持股合同关系。事实上,李奕基是以委托持股的方式进行股权投资,委托持股与委托投资这两个概念不相互排斥。因此,认定双方之间存在委托持股关系,与被申请人所称存在委托投资关系并不矛盾。

综上,当事人双方之间存在有效的委托持股合同关系。至于事实上代持了多少股份,则需根据各方实际出资等情况来确定。因李奕基未请求确认实际委托持股份额,故本院不作处理。二审判决认为李奕基要求确认委托代持股权关系实质上是要求确认其在新国际公司的股东身份及享有的股权,这曲解了李奕基的诉讼请求。事实上,李奕基在本案之前起诉的另一案件中要求确认其股东身份,而在本案中只要求确认其与东方公司之间存在委托持股合同关系。故应支持李奕基要求确认其委托东方公司代持有新国际公司股权的委托持股合同关系成立、有效的诉讼请求。

——中国裁判文书网,http://wenshu.court.gov.cn。

274

以股权托管方式规避股权转让审批程序,因未获批准导致合同不能履行而解除的,双方应依同等过错承担损失

关键词｜股权托管｜股权转让｜

【最高人民法院裁判文书】

邯郸丛台酒业股份有限公司与中国广顺房地产开发唐山有限公司、中晟华融投资有限公司股权转让合同纠纷案[最高人民法院(2008)民二终字第53号民事判决书]

裁判要旨:由于股权转让双方均系在已经预见到股权转让可能因中国证监会不予审批而存在无法实际交付的风险的情况下,有意违规采取股权托管的方式以规避股权转让审批程序,故在股权转让合同因未获得监管机构的审批无法实际履行而解除时,对托管期间股权价值贬损双方负有同等过错,各承担50%的责任。

最高人民法院认为:丛台公司与中晟华融公司在2003年5月签订《股权转让协议》,约定转让河北证券股权及托管事宜,双方当事人均不否认该协议是其真实意思的表示。在协议签订之时,法律和法规对于转让证券公司的股权并未规定特别的审批程序,原审法院依据《合同法解释(一)》第四条之规定确认上述协议有效,该认定并无不当。

《股权转让协议》签订之后,中晟华融公司支付了全部3000万元股权转让款,但股权转让未获中国证监会的批准,也没有办理股权变更的工商登记。虽然合同约定丛台公司应自收到股权转让全款后与中晟华融公司签署股权托管协议,但双方并无签订股权托管协议之事实。由于河北证券严重违规经营,中国证

监会于2006年11月8日下发了《关于撤销河北证券有限责任公司的决定》。2007年7月24日，河北省石家庄市中级人民法院已裁定受理河北证券的破产申请。因此，股权转让事实上已不可能获得监管机构的审批，丛台公司与中晟华融公司的股权转让协议不能实际履行，对上述因监管机关不予审批而导致无法实际履行的合同，本院予以解除。由于本案股权转让协议没有约定实际履行的最终期限，现股权最终无法交付系因河北证券进入破产程序，并无证据表明股权不能过户是由于中晟华融公司所致，丛台公司关于过户不能的责任应由中晟华融公司承担的上诉理由不能成立。

丛台公司与中晟华融公司虽未依约签订股权托管协议，但中国证监会石家庄证券监管特派员办事处的现场检查报告表明，包括中晟华融公司在内的关联企业已经获得了对包括丛台公司股权在内的大多数河北证券股份的实际控制权，时任唐山博斯特工贸公司总经理的李辉担任了河北证券公司费用控制负责人，实行财务控制一支笔审批。且丛台公司为了担保中晟华融公司的关联企业博泓公司履行资金托管义务，将本案争涉的3000万元股权质押给河北证券，该行为表明，中晟华融公司已经实际享受了3000万元股份的权益，使博泓公司获得了质押融资利益。上述实际控制行为基于本案的股权转让协议。同时，丛台公司与中晟华融公司并有以股权托管方式规避股权转让审批程序的行为，中国证监会河北监管局曾明令双方限期纠正。因此，本案股权转让协议解除后，前述实际控制行为亦应回复原状。由于本案股权转让协议约定丛台公司的主要义务是向中晟华融公司转让股权，而根据协议的约定，股权托管只是在股权转让获得审批之前的中晟华融公司变通享有股东权利的方式，故托管股权不能代替丛台公司应当履行交付股权的合同义务。丛台公司上诉称当事人双方对不能过户已有预见，并且约定了救济措施，故中晟华融公司获得实际控制权即实现了合同之权利义务，该理由本院不予支持。

根据《合同法》第九十七条的规定，本案股权转让协议解除后，中晟华融公司有权要求丛台公司返还股权转让款，丛台公司亦有权要求中晟华融公司赔偿股权托管期间股权价值贬损所造成的损失。由于双方均系在已经预见到股权转让可能因中国证监会不予审批而存在无法实际交付的风险的情况下，有意违规采取股权托管的方式以规避股权转让审批程序，故对在此期间股权价值贬损双方负有同等过错。因河北证券已进入破产清算程序，本案争议股权所对应的资产可推定为已不能清偿公司债务，故上述股权的价值可推定为全部损失。对该项损失，丛台公司与中晟华融公司各应承担50%的责任。该项责任与丛台公司应予返还中晟华融公司的股权转让款本金折抵后，则丛台公司仅需返还中晟华融公司1500万元。中晟华融公司股权转让款被丛台公司占用期间虽存在一定的利息损失，但中晟华融公司通过对河北证券的实际控制及为关联企业博泓公司质押融资而获取了利益，因此，对股权转让款的利息部分，本院不予支持。前述返还方案系按股权无实际价值确定，如河北证券破产清算程序终结后，本案争议股权仍有残余价值，则应由丛台公司和中晟华融公司对该股权残值各按50%分享。广顺公司的债权受让自中晟华融公司，故广顺公司向丛台公司主张权利应以中晟华融公司的权利为限。

——最高人民法院民事审判第二庭编：《商事审判指导》总第23辑，人民法院出版社2010年版，第149~152页。

九、股权收购与股权回购(对赌协议)

275

非因自身过错未能参加股东会的股东，对公司转让主要财产明确提出反对意见，其请求公司以公平价格收购其股权的，应予支持

关键词｜股权收购｜公平价格｜

【《最高人民法院公报》案例】

袁朝晖与长江置业(湖南)发展有限公司请求公司收购股份纠纷案[最高人民法院(2014)民申字第2154号民事裁定书]

裁判摘要:根据《公司法》第七十四条之规定,对股东会决议转让公司主要财产投反对票的股东有权请求公司以合理价格回购其股权。非因自身过错未能参加股东会的股东,虽未对股东会决议投反对票,但对公司转让主要财产明确提出反对意见的,其请求公司以公平价格收购其股权,法院应予支持。

最高人民法院认为:一、关于袁朝晖是否有权请求长江置业公司回购股权的问题。2010年3月5日,长江置业公司形成股东会决议,明确由沈良、钟继光、袁朝晖三位股东共同主持工作,确认全部财务收支、经营活动和开支、对外经济行为必须通过申报并经全体股东共同联合批签才可执行,对重大资产转让要求以股东决议批准方式执行。但是,根据长江置业公司与袁朝晖的往来函件,在实行联合审批办公制度之后,长江置业公司对案涉二期资产进行了销售,该资产转让从定价到转让,均未取得股东袁朝晖的同意,也未通知其参加股东会。根据《公司法》第七十四条之规定,对股东会决议转让公司主要财产投反对票的股东有权请求公司以合理价格回购其股权。本案从形式上看,袁朝晖未参加股东会,未通过投反对票的方式表达对股东会决议的异议。但是,《公司法》第七十四条的立法精神在于保护异议股东的合法权益,之所以对投反对票作出规定,意在要求异议股东将反对意见向其他股东明示。本案中袁朝晖未被通知参加股东会,无从了解股东会决议,并针对股东会决议投反对票,况且,袁朝晖在2010年8月19日申请召开临时股东会时,明确表示反对二期资产转让,要求立即停止转让

上述资产,长江置业公司驳回了袁朝晖的申请,并继续对二期资产进行转让,已经侵犯了袁朝晖的股东权益。因此,二审法院依照《公司法》第七十四条之规定,认定袁朝晖有权请求长江置业公司以公平价格收购其股权,并无不当。

同时,长江置业公司《公司章程》中规定,股东权利受到公司侵犯,股东可书面请求公司限期停止侵权活动,并补偿因被侵权导致的经济损失。如公司经法院或公司登记机关证实:公司未在所要求的期限内终止侵权活动,被侵权的股东可根据自己的意愿退股,其所拥有的股份由其他股东协议摊派或按持股比例由其他股东认购。本案中,长江置业公司在没有通知袁朝晖参与股东会的情况下,于2010年5月31日作出股东会决议,取消了袁朝晖的一切经费开支,长江置业公司和其股东会没有保障袁朝晖作为股东应享有的决策权和知情权,侵犯了袁朝晖的股东权益,符合长江置业公司《公司章程》所约定的"股东权利受到公司侵犯"的情形。因此,袁朝晖有权根据《公司章程》的规定,请求公司以回购股权的方式让其退出公司。

从本案实际处理效果看,长江置业公司股东之间因利益纠纷产生多次诉讼,有限公司人合性已不复存在,通过让股东袁朝晖退出公司的方式,有利于尽快解决公司股东之间的矛盾和冲突,从而保障公司利益和各股东利益。如果长江置业公司有证据证明袁朝晖存在侵占公司资产的行为,可以另行主张。综上,袁朝晖请求长江置业公司收购其20%股权符合《公司法》和长江置业公司《公司章程》的规定。

——《最高人民法院公报》2016年第1期

276

对股权回购有明确约定,股东请求公司收购其股份的,股权收购款应按约定计算

关键词 | 股权回购 | 公司收购股份 |

【最高人民法院裁判文书】

中国信达资产管理股份有限公司与太西集团有限责任公司请求公司收购股份纠纷案[最高人民法院(2016)最高法民终34号民事判决书]

最高人民法院认为:本案上诉争议焦点为信达公司是否有权依照《公司法》

第七十四条规定请求太西集团收购其股份以及收购股权价格如何确定和是否应当支付利息的问题。

2011 年 8 月 18 日，太西集团向信达公司等股东发出《关于以信函方式召开太西集团临时股东会会议的通知》，决定采取信函方式于 2011 年 8 月 28 日召开临时股东会会议并形成股东会决议，上述内容为太西集团召集临时股东会会议及形成决议的时间，并非限制各股东对决议的异议期限。信达公司在太西集团三个股东中有两个股东于 2011 年 8 月 28 日形成了《关于太西集团有限责任公司延长经营期限股东会决议》的情况下，于 2011 年 9 月 13 日向太西集团发出《关于对太西集团有限责任公司临时股东会议题表决的函》，表示不同意延长太西集团经营期限，并在法定期限内向原审法院提起诉讼，请求太西集团以合理的价格收购其在太西集团的股份，符合《公司法》第七十四条第一款第三项规定的"公司章程规定的营业期限届满或者章程规定的其他解散事由出现，股东会会议通过决议修改章程使公司存续的"法定收购股权条件，信达公司对太西集团关于延长经营期限的股东会决议书面提出反对意见，当然有权依法请求太西集团按照合理的价格收购其股权，且符合相应程序规定。太西集团关于信达公司超出决议表决期作出无效反对表决，不符合公司收购股东股份条件，信达公司无权请求太西集团收购其股权的理由，不符合事实，缺乏法律依据。

对于本案股权收购款项的计算方式，信达公司主张应以太西集团净资产投入为纽带，分别确定太西集团在宁夏煤业集团及神华宁煤集团的股权占比，进而确定信达公司持有太西集团的股权价值，太西集团应以信达公司所持有的太西集团 4.65% 股份的合理价格进行收购，即 28245.23 万元 + 神华宁煤集团 2012 年净资产增加额 ×0.97% +2007 年至 2012 年应该通过太西集团从神华宁煤集团分配的股利，以及上述款项 2012 年之后至实际偿还之日的利息，利息按照中国人民银行逾期利息计算。太西集团认为本案股权回购价格，应当根据信达公司持股比例及太西集团实际资产状况确定合理价格，应在太西集团章程规定及《债权转股权协议》及其补充协议框架下，结合太西集团实际经营状况，信达公司所占股份原值大幅减少，应对其股权回购价格作出调整。信达公司无权要求太西集团依照神华宁煤集团的资产价值折算回购价格。本院认为，在股东之间对股权回购有明确约定的情况下，《公司法》第七十四条有关股东请求公司以合理的价格收购其股权的规定，并非能够完全脱离原出资协议约定而另行确定。太西集团章程第七十一条规定资产管理公司所持股权按《债权转股权协议》和

《债权转股权补充协议》实施。信达公司于2000年5月29日及6月9日与石炭井矿务局及华融公司三方签订的《债权转股权协议》和《债权转股权补充协议》，不仅对上述三方股东共同设立太西集团的出资形式和比例作了约定，亦对各股东股权的退出及收购方式作了特别约定。2000年5月29日《债权转股权协议》第十章股权退出，约定信达公司以及华融公司所持有太西集团的股权，可以采取新公司回购、债权方向第三方转让和丙方石炭井矿务局收购三种退出方式，退出的时间为7年，从2000年开始退出，在2007年前全部退出。且对太西集团股权回购或者丙方石炭井矿务局收购计划约定了每年的股权退出比例、股权退出数以及按照溢价率计算的每年股权退出的总价款。2000年6月9日，信达公司与石炭井矿务局、华融公司三方股东就股权退出问题及分取红利、股权退出价款支付计划调整等签订《债权转股权补充协议》作了进一步约定，其中第二条针对股权退出补充约定：债权方的股权通过新公司回购方式退出时，股权退出价格为债权方转股债权原值，不采取溢价方式计算，即当事人实际取消原协议中关于股权退出按照一定股权溢价率支付回购价款的约定。对此约定，并不违反国务院办公厅2003年2月23日国办发〔2003〕8号《关于进一步做好国有企业债权转股权工作的意见》第三条第5项对债转股协议和方案中"要求原企业全部购买金融资产管理公司股权的有关条款"予以废止的规定，上述规定中"原企业"是指当时的丙方石炭井矿务局，本案当事人争议的是信达公司是否有权请求由石炭井矿务局、华融公司及信达公司三方股东共同出资设立的新公司太西集团收购或回购其股权以及以何种价格收购或回购，而并非要求原出资一方购买股权，二者有本质区别。至于原出资人石炭井矿务局主体资格演变如何认定，并不影响对本案中由原出资一方购买股权和新设立的公司购买股权两种性质的判断。当事人约定由三方股东设立的新公司太西集团回购股份，回购方式也非一次性全部回购，而是约定分期分批进行，并没有加大新公司的负担。原审判决认定本案《债权转股权协议》及《债权转股权补充协议》为当事人意思表示真实，内容形式不违反法律、行政法规的强制性规定，协议合法有效，并无不当。信达公司上诉关于本案《债权转股权协议》《债权转股权补充协议》约定的回购方式，因违反国务院办公厅国办发〔2003〕8号《关于进一步做好国有企业债权转股权工作的意见》第三条第5项有关规定，对当事人已不再具有效力的理由，不能成立，本院不予支持。太西集团主张原审判决不应该按照太西集团2002年股份账面原值计算收购股权价值，原审没有考虑太西集团资产因所属单位政策性破产而带来的股权价值变化的上诉理由，亦不能成立。对于股权退出方式及价格，是三方股东根据自愿原则自由商定的,对当事人具有法律约束力。至于成立的新公司后来资产发生了变化,并非必然导致股权价值的变化,股权价值还取决于公司其他因素。不能以股权回购时企业财产的实际状况已经发生减少,约定的股权收购价值就必须相应减少,当事人对此亦没有明确约定。况且信达公司债权转为股权作为对太西集团的出资,为太西集团减负,支持其经营,所起作用是显然的,要求相应减少股权回购款,对信达公司亦有不公。太西集团关于原审判决其承担2007年1月1日至判决生效之日的利息无事实和法律依据的上诉主张,本院认为,鉴于双方当事人在《债权转股权协议》《债权转股权补充协议》约定信达公司股权必须到2007年前退出完毕,但太西集团并没有按照约定履行其义务,太西集团迟延履行支付回购股权的款项,相应地给予利息,属法定孳息,具有合法依据。

——中国裁判文书网,http://wenshu.court.gov.cn。

277

股东依法请求公司收购其股份,可以根据原有约定确定股权退出方式及价格,公司资产变化并不必然导致股权价值变化

关键词|公司收购股份|债转股|

【最高人民法院裁判文书】

中国信达资产管理股份有限公司与太西集团有限责任公司请求公司收购股份纠纷申请再审案[最高人民法院(2016)最高法民申2907号民事裁定书)]

最高人民法院认为:2000年5月29日,信达公司与中国华融资产管理公司(以下简称华融公司)、石炭井矿务局签订了《石炭井矿务局债权转股权协议》,同年6月9日签订了《债权转股权补充协议》。《石炭井矿务局债权转股权协议》约定,债权方信达公司、华融公司以转股债权按照1:1转换比例折合的债转股资产作为出资,石炭井矿务局以转入新公司的净资产按照1:1转换比例折合的资产作为出资,共同设立太西集团。协议还约定,华融公司、信达公司所持有新公司的股权可采取新公司回购、债权方转让和丙方(石炭井矿务局)收购三种退出方式,退出的时间为7年,从2000年开始退出,在2007年前全部退出。《债

权转股权补充协议》约定债权方的股权通过新公司回购方式退出时,股权退出价格为债权方转股债权原值,不采取溢价方式计算,即在补充协议约定的回购期限内,债权方通过新公司回购债权方股权所得金额等于转股债权原值。原协议股权退出价款支付计划,按如下原则调整:原协议中债权方每年的股权退出比例、股权退出数额及股权全部退出年限不变,取消原计划中关于股权退出按一定股权溢价率支付回购价款的约定,新公司在每具体回购年度按照原计划中约定的回购股权本金比率实施回购,新公司回购股权价款绝对金额按上述原则重新确定。据此,《债权转股权补充协议》对债权方的股份通过新公司回购方式退出作了按原值计算的特别约定,同时明确股份退出数额及股份全部退出年限不变。在股东之间对股权回购有明确约定的情况下,原审没有支持信达公司提出"应以太西集团净资产投入为纽带,分别确定太西集团在宁夏煤业集团及神华宁煤集团的股权占比,进而确定信达公司持有太西集团的股权价值"的主张,不存在认定本案基本事实缺乏证据证明的情形,适用法律并无不当。

——中国裁判文书网,http://wenshu.court.gov.cn。

278

有限责任公司可以与股东约定《公司法》第七十四条规定之外的其他股份回购情形

关键词 | 股份回购 |

【最高人民法院裁判文书】

杨玉泉、山东鸿源水产有限公司请求公司收购股份纠纷申请再审案[最高人民法院(2015)民申字第2819号民事裁定书]

最高人民法院认为:二、关于鸿源公司对再审申请人的股权进行回购是否合法的问题。申请人于2004年1月成为鸿源公司股东时签署了"公司改制征求意见书",该"公司改制征求意见书"约定"入股职工因调离本公司,被辞退、除名、自由离职、退休、死亡或公司与其解除劳动关系的,其股份通过计算价格后由公司回购"。有限责任公司可以与股东约定《公司法》第七十四条规定之外的其他回购情形。《公司法》第七十四条并未禁止有限责任公司与股东达成股权回购的约定。本案的"公司改制征求意见书"由申请人签字,属于真实的意思表示,内容上未违背公司法及相关法律的强行性规范,应属有效。故鸿源公司依据公司与申请人约定的"公司改制征求意见书"进行回购,并无不当。

——中国裁判文书网,http://wenshu.court.gov.cn。

279

审慎认定公司股权估值调整协议等新类型合同的效力

关键词 | 股权投资 | 企业估值调整协议 | 股份转换协议 | 对赌协议 |

【最高人民法院司法政策】

要坚持促进交易进行,维护交易安全的商事审判理念,审慎认定企业估值调整协议、股份转换协议等新类型合同的效力,避免简单以法律没有规定为由认定合同无效。

——《最高人民法院印发〈关于人民法院为企业兼并重组提供司法保障的指导意见〉的通知》(2014年6月3日,法发〔2014〕7号)

【最高人民法院审判业务意见】

认定对赌协议效力的主要依据是合同法和公司法及其他法律法规。对赌协议中有关公司财务业绩、公司上市、大股东及实际控制人等回购公司股份的约定,如未违反公司法及其他法律法规的强制性规定,不构成认定合同无效的要素。

——王东敏:《风险投资的司法保护与"对赌协议"的效力认定》,载最高人民法院民事审判第二庭编:《最高人民法院商事裁判观点》总第1辑,法律出版社2015年版,第143页。

【《最高人民法院公报》案例】

甘肃世恒有色资源再利用有限公司等与苏州工业园区海富投资有限公司增资纠纷再审案[最高人民法院(2012)民提字第11号民事判决书]

裁判摘要:在民间融资投资活动中,融资方和投资者设置估值调整机制(投资者与融资方根据企业将来的经营情况调整投资条件或给予投资者补偿）时要遵守公司法和合同法的规定。投资者与目标公司本身之间的补偿条款如果使投资者可以取得相对固定的收益，则该收益会脱离目标公司的经营业绩，直接或间接地损害公司利益和公司债权人利益，故应认定无效。但目标公司股东对投资者的补偿承诺不违反法律法规的禁止性规定，是有效的。在合同约定的补偿条件成立的情况下，根据合同当事人意思自治、诚实信用的原则，引资者（目标公司股东）应信守承诺，投资者应当得到约定的补偿。

最高人民法院认为：2009年12月，海富公司向一审法院提起诉讼时的诉讼请求是请求判令世恒公司、迪亚公司、陆波向其支付协议补偿款1998.2095万元并承担本案诉讼费用及其他费用，没有请求返还投资款。因此二审判决判令世恒公司、迪亚公司共同返还投资款及利息超出了海富公司的诉讼请求，是错误的。

海富公司作为企业法人，向世恒公司投资后与迪亚公司合资经营，故世恒公司为合资企业。世恒公司、海富公司、迪亚公司、陆波在《增资协议书》中约定，如果世恒公司实际净利润低于3000万元，则海富公司有权从世恒公司处获得补偿，并约定了计算公式。这一约定使得海富公司的投资可以取得相对固定的收益，该收益脱离了世恒公司的经营业绩，损害了公司利益和公司债权人利益。

一审法院、二审法院根据《公司法》第二十条和《中外合资经营企业法》第八条的规定认定《增资协议书》中的这部分条款无效是正确的。但二审法院认定海富公司1885.2283万元的投资名为联营实为借贷，并判决世恒公司和迪亚公司向海富公司返还该笔投资款，没有法律依据，本院予以纠正。

《增资协议书》中并无由陆波对海富公司进行补偿的约定，海富公司请求陆波进行补偿，没有合同依据。此外，海富公司称陆波涉嫌犯罪，没有证据证明，本院对该主张亦不予支持。

但是，在《增资协议书》中，迪亚公司对于海富公司的补偿承诺并不损害公司及公司债权人的利益，不违反法律法规的禁止性规定，是当事人的真实意思表示，是有效的。迪亚公司对海富公司承诺了众星公司2008年的净利润目标并约定了补偿金额的计算方法。在众星公司2008年的利润未达到约定目标的情况下，迪亚公司应当依约应海富公司的请求对其进行补偿。

——《最高人民法院公报》2014年第8期

【链接：最高人民法院法官著述】

对赌协议中的股权回购条款与保底条款有类似的地方,但也有本质上的区别。类似的地方表现为投资方向融资方企业投资后成为融资企业股东并参与公司经营管理,在未达到对赌协议约定的投资目的时,投资方有可能要退出公司收回投资。二者有本质上的区别:第一,对赌协议中约定的投资对象一般是有限责任公司,投资后投资方成为融资企业股东,依法对公司债务承担有限责任。联营合同中的联营方式有多种,联营各方投资并非设立有限责任公司。第二,对赌协议中融资公司未达到约定条件,公司大股东或者实际控制人按约定的价格回购股权,股权转让不违反公司法的规定。联营合同中的保底条款约定不论联营体是否盈利,投资方均可以要求联营体定期向其分红,投资方也有权向联营体收回投资。第三,对赌协议中安排由大股东或者实际控制人以股权回购的方式保障投资方投资的基本安全,投资方收回投资,不涉及公司资产的减少,不构成抽逃公司资本,不影响公司债权人的利益。联营合同中的保底条款约定直接以联营体的财产返还投资人,侵犯其他投资人的利益,侵犯联营体债权人的利益。从投资人的角度来看,对赌协议中的投资方的投资最终可以通过股权回购的方式返还,有保底的性质,但此保底非联营关系中的保底,并不当然无效。

证监会依法有权决定是否批准公司上市,但无权决定取缔对赌协议。人民法院有权依法认定对赌协议无效,但无权决定该融资企业是否可以上市。人民法院认定以公司上市为条件的对赌协议有效,不当然鼓励有对赌协议的公司上市,人民法院关于对赌协议合同效力的裁判对行政监管机关的上市审批行为不发生影响。证监会对上市公司的监管行为属于依法行使行政职权,人民法院对合同效力的认定属于依法行使司法权,行政权和司法权有不同的主管领域和权力宗旨,在维护市场经济秩序中发挥不同的作用。人民法院依据合同法认定对赌协议的合同效力,维持或者取缔当事人之间设定的民事法律关系,督促民事主体诚实可信,其根本目的是促进和保障市场经济的良序发展。

——王东敏:《风险投资的司法保护与"对赌协议"的效力认定》,载最高人民法院民事审判第二庭编:《最高人民法院商事裁判观点》总第 1 辑,法律出版社 2015 年版,第 138 ~ 139、141 ~ 143 页。

作为司法机关，在纠纷发生时，应当引导谨慎投资。要抑制过分投资，防止金融风险。同时对引资的一方也要倡导契约精神，信守承诺，不要借此圈钱。引导投资者，使PE回归VAM的本原谨慎投资、使融资者诚实守信，是法官在判决类似案件时的基本考量点。

二、"对赌协议"是投资协议，法律上对其没有特殊保护

无论PE还是VAM，不过是经济现象，它必须通过一般民事法律行为才能实现。在法律上，其表现为投资的法律关系，并不具有法律意义上的特殊性，因此也不能得到一些私募投资者所希冀的特殊保护。

概念不可能代替本质。投资行为必须遵守法律，在现行的法律框架内进行。"对赌协议"是投资与融资的组合行为，不能要求法律去特别单独应对，也没有这个必要，特别是对于司法行为来说。实际上，在本案中，即使是当事人自己，也没有以PE等概念作为诉辩理由，而是实事求是地将争议定位于增资过程中产生的纠纷。

——罗东川、杨弘磊：《"对赌协议"纠纷的法律规制及裁判规则》，载《人民司法·案例》2014年第10期。

编者说明

对赌协议（Valuation Adjustment Mechanism，VAM），又称估值调整协议，是私募股权投资（PE）中常用的一种价值调整机制与合同安排。"对赌协议"并不是简单的赌博合同，而是近几年来在我国资本市场上新兴的一类以"估值调整机制"为基础的融资方式，其条款是对于目标公司是否可以实现某种业绩或者目标，作出正反两种或然性的约定。"对赌"非"赌"，其实质是投融资双方对股权投资价值的或然性安抚，是一种投资保障工具、价格发现工具和管理激励工具。即当目标达成时，投资方将继续持有股份，融资方分得投资带来的高额回报；相反，假如目标没有实现，则融资方需溢价回购投资方股权作为对投资者的补偿。对赌协议的产生一方面作为投资方私募基金的投资安全提供了保护，另一方面则对于目标公司的经营者起到了充分的激励作用。

对赌协议的基本特征：合同当事人一方为股权投资方，另一方为融资企业方，通常参与签订合同的为融资企业大股东或者实际控制人及管理层人员等。对赌协议的基本内容一般为投资方认购融资企业股份，融资企业获得资金并由大股东等承诺一定财务业绩或者非财务业绩等，根据一定年限后承诺目标是否实现来兑现当事人对各自权利与义务所作出的安排。对于投资企业来说，因为股权投资属于一个长期投资，追求的是远期利益，投资前对融资企业真实的基本面有明确的评估，包括融资企业所处的某个行业的整体走势，宏观经济环境对融资企业的可能影响，融资企业过去几年经营的历史表现，融资企业未来的成长空间，等等。投资企业

对融资企业投资获得远期利益，系期待股权升值后回笼货币或者短期持有不断升值的股权资本。从对赌协议的内容可以透视出投资方的根本目的并非要成为融资企业的股东或者实际控制及经营融资企业等，而是将融资企业作为资本投资的对象，在融资企业获得成长后投资企业获得丰厚的资本权益，随时可以通过股权变价分享融资企业的经营成果，获得远期投资收益。对于融资企业一方来说，参与对赌的可能是融资企业、公司大股东、实际控制人及公司管理层的高管等。融资企业一方获得投资方注入企业的资金，达到预期财务业绩或者其他目标，获得股权激励，继续控制公司。融资企业或者大股东、实际控制人等让渡部分股权给投资方，但并非要放弃公司的经营管理和实际控制；相反，对公司经营更加谨慎，控制更加严密，以期按时完成各项指标来维持其在公司享有的股权份额或者控制地位，或者进而获得更多的股权奖励，避免发生对投资方的赔偿。①

最高人民法院在被称为“对赌协议第一案”中认定了无效情形仅限于以目标公司为主体的回购和补偿条款，而对于股东与投资方签订的补偿承诺，不违反法律法规的禁止性规定，是当事人的真实意思表示，应属有效。

280

当事人在《投资协议书》外特别设立的保护投资人利益的条款，属于对投资合作商业风险的安排，应为有效

关键词｜股权回购｜对赌协议｜

【最高人民法院裁判文书】

蓝泽桥、宜都天峡特种渔业有限公司、湖北天峡鲟业有限公司与苏州周原九鼎投资中心（有限合伙）投资合同纠纷上诉案［最高人民法院（2014）民二终字第111号民事判决书］

最高人民法院二审经审理认为：

（一）关于案涉《投资协议书》和《补充协议》中回购条款的法律效力问题

首先，从诉争的两份协议书的内容看，立约各方为达到使宜都天峡公司增资、在中国境内资本市场公开发行股票并上市之目的，先签订了《投资协议书》，

① 王东敏：《风险投资的司法保护与“对赌协议”的效力认定》，载最高人民法院民事审判第二庭编：《最高人民法院商事裁判观点》总第1辑，法律出版社2015年版，第137～138页。

约定蓝泽桥、宜都天峡公司以资产及股权增资，九鼎投资中心则以资金注入方式对目标公司宜都天峡公司进行增资，协议包括业绩承诺与股权奖励等条款内容；同日，为保证投资方基本投资利益的实现，各方当事人又签订了《补充协议》，主要包括在一定条件下被投资方股东回购股份的承诺等内容。案涉两份协议系典型的商事合同，《补充协议》系对《投资协议书》的补充约定，二者系同一天达成，共同完整地构成了各方当事人的意思表示。《补充协议》中有关两种情形下被投资方股东应当回购股份的承诺清晰而明确，是当事人在《投资协议书》外特别设立的保护投资人利益的条款，属于缔约过程中当事人对投资合作商业风险的安排。该条款与《投资协议书》中的相关股权奖励条款相对应，系各方当事人的真实意思表示。其次，案涉协议关于在一定条件下被投资方股东回购股份的内容不违反国家法律、行政法规的禁止性规定，不存在《合同法》第五十二条所规定的有关合同无效的情形。诉争协议系各方当事人专为此次交易自愿达成的一致约定，并非单方预先拟定或者反复使用，不属于我国合同法所规定的格式合同或者格式条款，不存在显失公平的问题。蓝泽桥、湖北天峡公司提出回购股份的条款属于格式条款、有违公平原则的上诉理由缺乏事实与法律依据，不能成立。因此，原审判决认定案涉《补充协议书》与《补充协议》，包括在一定条件下被投资方股东回购股份的承诺等内容合法有效正确，本院予以维持。

(二)关于蓝泽桥与湖北天峡公司是否应当承担回购股份的民事责任问题

本案中，宜都天峡公司委托作出的评估报告与该公司自己编制的财务报表显示，宜都天峡公司存在财务虚假，且虚假程度已超过《补充协议》中约定的10%差额上限；宜都天峡公司在2012年出现亏损，湖北天峡公司在《投资协议书》中的相关业绩承诺并未实现，根据公司法、证券法等法律法规有关企业公开发行股票并上市的条件规定，宜都天峡公司在2014年12月31日前无法上市已呈事实状态，《补充协议》所约定的股份回购条件业已成就。蓝泽桥与湖北天峡公司应当依约履行自己的合同义务，向九鼎投资中心承担回购股份的民事责任。一审判决认定蓝泽桥与湖北天峡公司应当承担回购股份的民事责任，具有合同与法律依据。

关于九鼎投资中心在本案中是否存在违约行为，以及是否影响本案民事责任承担的问题。本案中，蓝泽桥与湖北天峡公司未提供充分证据证实九鼎投资中心存在为自身利益不正当地促成回购股份条件成就的情形，其提出九鼎投资中心不正当阻止公司上市的抗辩理由不能成立，本院不予支持。其一，关于高管人员离职问题。九鼎投资中心派出的部分高管人员离职后，宜都天峡公司仍在生产经营，而公司财务造假属人为因素造成，高管人员离职的事实不应成为宜都天峡公司财务报表出现虚假的理由，更不是公司无法上市的直接原因。其二，关于宜都天峡公司部分银行贷款没有到位的问题。从《投资协议书》第8.4条九鼎投资中心承诺并保证的内容看，九鼎投资中心的合同义务是“协助宜都天峡公司获取1亿元贷款融资额度”，该义务仅为协助义务，且该协助义务并无相应的细化约定，故认定九鼎投资中心违约缺乏事实依据。因此，蓝泽桥与湖北天峡公司有关因九鼎投资中心存在违约行为应免除其回购股权民事责任的上诉理由缺乏事实与法律依据，本院不予支持。

——最高人民法院民事审判第二庭编：《商事审判指导》总第39辑，人民法院出版社2015年版，第178～189页。

【链接：最高人民法院法官著述】

4. 案涉《补充协议》有关回购股权的约定系当事人在《投资协议书》外特地安排的保护投资人利益的条款，在考量其法律效力时，还应当进一步考虑的因素有是否损害被投资公司宜都天峡公司及其利益相关方的利益。《补充协议》约定的第一种回购股权情形中，负责回购股权的主体有被投资公司宜都天峡公司、蓝泽桥与湖北天峡公司；第二种回购股权情形中，负责回购股权的主体只有乙方湖北天峡公司。在第一种情形中，由于宜都天峡公司系有限责任公司性质，从《公司法》第七十一条有关有限责任公司股权转让的一般规定看，是允许有限责任公司购买本公司股份的，故上述回购约定并没有法律障碍；但如果宜都天峡公司属股份有限公司性质，一旦触发并履行该条款，则会出现公司回购本公司股份的情况，根据《公司法》第一百四十二条规定除例外情形“公司不得收购本公司股份”，上述合同约定将会产生违反公司法禁止性规定的情形，客观上将可能导致公司财产受损，并随之影响到公司股东及公司债权人的利益，因此，当宜都天峡公司作为股份有限公司存在的情况下，上述《补充协议》中有关在一定条件下由宜都天峡公司受让九鼎投资中心持有宜都天峡公司股份的约定就只能认定无效，其他内容仍应有效。巧的是，蓝泽桥起诉请求执行回购股份条款仅针对蓝泽桥与湖北天峡公司，并没有要求宜都天峡公司受让股份，一审判决也没有判宜都天峡公司承担回购责任。这就使得案件变得相对简单一些。对此，承办法官愿意与读者共同讨论。

5. 作为股权价格调整条款或估值调整机制的“对赌协议”，往往给人感觉是对投资方旱涝保收的承诺，违背商事活动等价有偿、风险共担的基本原则，从而损害正常的经济秩序与公共利益。二审合议庭经过考量，本案并不存在这种情形。一审判决依照《补充协议》中当事人约定的回购（受让）股份的具体计算公式计算出应当支付的股份款项达 8989.2869 万元，比九鼎投资中心实际投入资金 7000 万元多出近 2000 万元。一审判决的判项是否存在案涉“对赌协议”条款非正义导致其无效呢？答案是否定的。因为投资者在这场交易中往往不仅投入资金成本，亦包括帮助清理产权关系、激励完善公司治理结构以及以公司上市为目标的资本运作，且投资人一旦以固定身份进入目标公司，依公司法的规定，对目标公司经营亏损等问题必须按照合同约定或者持股比例来承担相应损失。交易本身是一种商业博弈，有亏有盈，法律并不保证一项特定的交易中各方可以同等受益。换句话说，商事活动中的正义体现的是过程正义，而非结果正义。

综上，案涉《投资协议书》《补充协议》包括其中的回购股份条款内容，是当事人在《投资协议书》外特别设立的保护投资人利益的条款，属于缔约过程中当事人对投资合作商业风险的安排，与《投资协议书》中的相关股权奖励条款相对应，均系各方当事人的真实意思表示。且不违反国家法律、行政法规的禁止性规定，不存在《合同法》第五十二条所规定的有关合同无效的情形，亦不属于我国合同法所规定的格式合同或者格式条款，不存在显失公平的问题。

——李京平：《“对赌协议”中股东承诺回购股份的法律规制——蓝泽桥、宜都天峡特种渔业有限公司、湖北天峡鲟业有限公司为与苏州周原九鼎投资中心（有限合伙）投资合同纠纷上诉案》，载最高人民法院民事审判第二庭编：《商事审判指导》总第 39 辑，人民法院出版社 2015 年版，第 192 ~ 195 页。

281

股权回购条件是未能实现约定净利润指标，并不损害目标公司及债权人利益，应为有效

关键词 | 股权回购 |

【最高人民法院裁判文书】

北京中金国联富盈投资发展中心与甘肃三洲实业集团有限公司、北京金丰科华房地产开发有限公司等股权转让纠纷案[最高人民法院(2016)最高法民终205号民事判决书]

最高人民法院认为：一、关于股权回购的约定是否有效，股权回购的条件是否已成就问题。

富盈中心与三洲集团公司、金丰科华公司、三洲实业公司、储小晗、三洲特钢公司在《股权回购框架协议》鉴于部分确认了如下事实："鉴于整体经济形势、市场环境及其他主客观原因，己方(三洲特钢公司)未能实现《股权转让协议一》和《股权转让协议二》约定的净利润指标，已经触发《股权转让协议一》和《股权转让协议二》第7.7条约定的股权回购条款"；"鉴于己方(三洲特钢公司)的现状及未来前景，2013年5月17日，甲方(富盈中心)向乙方(三洲集团公司)及戊方(储小晗)发出《股权回购通知》，乙方(三洲集团公司)及戊方(储小晗)于2013年5月18日签收《股权回购通知回执》。"对于《股权回购框架协议》确认的三洲特钢公司未能实现《股权转让协议一》和《股权转让协议二》约定的净利润指标的事实，上诉人三洲集团公司、金丰科华公司并无异议，但认为《股权转让协议一》和《股权转让协议二》中关于股权回购的约定应为无效，且股权回购的条件并未成就。对此，本院认为，三洲集团公司、金丰科华公司的上诉主张不能成立。理由如下：第一，富盈中心起诉所依据的并非《股权转让协议一》和《股权转让协议二》，而是《股权回购框架协议》，《股权转让协议一》和《股权转让协议二》不属本案审理范围，且对于《股权回购框架协议》的效力，三洲集团公司、金丰科华公司并无异议。第二，三洲集团公司、金丰科华公司虽认为《股权转让协议一》和《股权转让协议二》中关于股权回购的约定应为无效，但是并未有生效法律文书确认该约定为无效。第三，《股权转让协议一》和《股权转让协议二》中约定的股权回购条件是未能实现双方约定的净利润指标，而关于净利润指标的约定是股权转让方(转让前和转让后均是目标公司的控股股东)与股权受让方基于商业风险判断的真实意思表示，并不损害目标公司的利益，也不损害目标公司债权人的利益。第四，三洲集团公司、金丰科华公司上诉主张股权回购条件并未成就，但该主张与其确认的三洲特钢公司未能实现《股权转让协议一》和《股权转让协议二》约定的净利润指标的事实相冲突，也无证据支持,不能成立。

——中国裁判文书网,http://wenshu.court.gov.cn。

282 股权转让及回购协议并非以长期牟利为目的,而是出于短期融资需要,应为有效

关键词 | 股权转让 | 股权回购 |

【最高人民法院裁判文书】

联大集团有限公司与安徽省高速公路控股集团有限公司股权转让纠纷案[最高人民法院(2013)民二终字第33号民事判决书]

裁判要旨:股权协议转让、股权回购等作为企业之间资本运作形式,已成为企业之间常见的融资方式。如果并非以长期牟利为目的,而是出于短期融资的需要产生的融资,其合法性应予承认。据此,当事人关于双方股权转让实为融资借贷应认定无效的上诉理由不能成立。

最高人民法院认为:本案双方争议的焦点是案涉《股权转让协议书》的效力及股权回购条件是否成就。

关于《股权转让协议书》是否名为股权转让,实为企业间借贷的协议。联大集团上诉提出《安徽省高速公路总公司、联大集团关于安联高速公路股份回购致安徽省国资委的请示函》第三段载明"2002年10月联大因流动资金周转暂时困难,拟将所持有安联的股份转让给江苏悦达集团,安高出于双方一贯合作良好且将继续合作、拓展业务的考虑,不希望联大离开安联,并愿意在联大将股权作为质押担保的前提下,借款给联大"。但依据原审法院查明的事实,该函件系联大集团单方起草的请示稿件,未经安徽高速确认,因此不能作为本案的定案依据。联大集团上诉称,在金安公司案件中,安徽高速主动提供了该份材料作为证据,但在本案审理中,安徽高速称该文件系按照法院的要求提供,并不因此当然代表其对前述联大集团拟稿文内容的真实性、合法性的认可。鉴于原审法院对其真实性不予认可,本院二审上诉人未提交新的证据充分证明其主张,故联大集团关于以此函件证明双方存在资金借贷关系的上诉主张不能得到支持。同时,

安徽省政府关于股权转让的批复文件中已经明确记载，股权转让并非当事人诉称借贷关系。

股权协议转让、股权回购等作为企业之间资本运作形式，已成为企业之间常见的融资方式。如果并非以长期牟利为目的，而是出于短期融资的需要产生的融资，其合法性应予承认。据此，本案上诉人关于双方股权转让实为融资借贷应认定无效的上诉理由不能成立，故其该点上诉主张，本院不予支持。

——最高人民法院民事审判第二庭编：《商事审判指导》总第37辑，人民法院出版社2014年版，第203~222页。

283

股权回购协议履行基础已经发生颠覆性变化时，不能按约定期限和比例履行回购义务的，不构成违约

关键词｜股权回购协议｜

【最高人民法院裁判文书】

陈月明、陈万月、王齐生与北京国投公路建设发展有限公司合同纠纷再审案［最高人民法院（2012）民申字第1588号民事裁定书］

最高人民法院认为：关于公路公司是否违约以及《分配协议》应否解除的问题。按照《分配协议》的约定，公路公司在天虹公司注册资本增至9050万元的三年后回购北国投持有的二航局信托股权，成为天虹公司的股东需满足以下基本条件：一是北国投用二航局9000万元信托资金增资入股占天虹公司99.45%股权；二是天虹公司的注册资本在增资后为9050万元，股东结构为北国投公司、陈月明等三人（双方持股比例为99.45%：0.55%）；三是三年后由公路公司受让北国投持有的二航局在天虹公司的信托股权9000万。但是，在协议约定的期限尚未届满前，由于天虹公司公路建设项目总投资的增加，作为合同一方当事人的陈月明等三人（天虹公司股东）与天虹公司另一股东北国投及信托股权委托人二航局之间通过协商另行约定对天虹公司进行第二次增资扩股，并于2006年9月新增注册资本6000万元，天虹公司资本金增至15050万元。北国投、二航局因直接投资而成为了天虹公司股东。至此，《分配协议》履行的前提条件已

发生根本变化。一审法院在天虹公司通过第二次增资扩股,公司股权结构(北国投 59.80%、二航局 39.87%、陈月明等三人 0.33%)、信托股权数额(3000万)、注册资本金(15050 万元)等均发生重大变化,公路公司能否依约回购、何时回购及回购比例均没有确定的情况下,以《分配协议》履行的基础已发生了颠覆性变化为由,认定公路公司不能按照《分配协议》约定的期限和比例履行回购义务不构成违约,本案不符合《合同法》第九十四条第(四)项规定的行使法定解除权的条件,判决驳回陈月明等三人要求解除与公路公司的合同的诉讼请求,并无不当。

——中国裁判文书网,http://wenshu.court.gov.cn。

284

股权回购请求被驳回，待条件成就时仍可再主张

关键词｜股权回购｜

【最高人民法院裁判文书】

中铁置业集团有限公司与青岛中金实业股份有限公司其他合同纠纷申请再审案[最高人民法院(2013)民申字第 161 号民事裁定书]

最高人民法院经审查认为:(一)关于中金公司是否有权回购中铁公司持有的中金渝能公司股权的问题。中金公司在本案中的诉讼请求虽有多项,但结合其在起诉时陈述的事实,可知中金公司起诉的核心内容是要求回购中铁公司所持有的中金渝能公司全部股权,其援引的合同依据也是《投资合作协议》第八条。故本案原审围绕《投资合作协议》第八条第二款所约定的条件是否具备进行审理,是正确的。《投资合作协议》第八条第二款明确约定了中金公司回购中铁公司所持全部股权的五项条件。在本案二审判决作出前,除第一项条件已具备外,对于其余四项条件,中金公司均未能提交相应证据证明其已具备。二审判决据此认定“在协议约定的股权回购条件全部成就之前,中金公司并不享有回购该股权的权利”,并无不当。二审判决的此项认定,并未否定在协议约定的条件全部具备后,中金公司可以行使回购中铁公司所持全部股权的合同权利。二审判决的此项认定,亦未否定中金公司可以援引《投资合作协议》第九条等约定,要求就

引入其他战略投资者等问题与中铁公司协商。因此，中金公司依据《投资合作协议》约定享有的回购股权的权利，不因中金公司的诉讼请求被驳回而丧失。通过签订《投资合作协议》以及股权转让协议、形成股东会决议、修改公司章程并进行工商变更登记等行为，中铁公司受让了中金渝能公司原股东的股权，中铁公司具备了作为中金渝能公司股东的所有法律要件。《投资合作协议》中所称阶段性持股是相对于股权回购事实发生而言，在中铁公司持有中金渝能公司股权的期间，中金公司并不对中铁公司持有的上述股权享受任何权利。中金公司称二审判决认定中金公司没有回购权的结论错误，是对原判决的错误理解，理由不能成立。

（二）关于中金公司是否有权请求中铁公司、中金渝能公司配合其立即实现《投资合作协议》第八条第二款约定的股权回购条件的问题。《投资合作协议》第二条关于“合作模式”中约定：“项目物业达到销售条件后，公司物业销售的回款应首先满足中铁公司的投资及收益的回收。”第七条关于“甲方投资及收益”中约定：“项目达到预售条件后，公司即行销售，销售回款首先应偿还中铁公司投资本金及收益。”据此，销售项目物业是双方约定的实现合同权利的履行方式。中铁公司行使此项合同权利，由中金渝能公司对项目物业进行销售，亦可以促进《投资合作协议》第八条第二款约定的股权回购条件的实现。但在本案二审判决作出前，项目物业并未进行销售，中铁公司未能通过项目销售获得收益。中金公司在本案诉讼中提出要求中铁公司、中金渝能公司履行协助股权回购条件实现的义务，所援引的合同依据是《投资合作协议》第八条第二款。该条款约定的股权回购条件是中铁公司的合同履行内容，由于中金公司通过诉讼查封了本案房地产项目土地，导致中铁公司无法顺利进行项目建设和施工。中金公司没有履行积极协助与配合的义务，而不是中铁公司。中金公司在诉讼中向法庭提交的其与第三方金融机构签订的融资协议，该融资协议表明了可能的融资意向，而不是保证中铁公司能够获得合同约定的投资本金及收益。至于中金公司提出的可以通过引入战略投资者，也可自筹资金随时支付来保证中铁公司的权益，这是公司经营过程中的商业决策问题，而不是人民法院支持其回购股权的理由。中金公司申请再审称二审判决此项认定错误，理由不能成立。

（三）关于中铁公司、中金渝能公司是否负有协助义务，将相关股权变更到中金公司或其指定的第三方战略投资者名下的问题。中金公司在本案原审诉讼期间，请求中铁公司、中金渝能公司配合其立即实现股权回购条件，所援引的合同依据主要是《投资合作协议》第十一条第六款。该款内容为“为保证本协议约定的各项内容的顺利进行，一方遇有协助义务的，另一方应积极协助与配合”。

根据这一约定,中铁公司、中金渝能公司负有协助义务将相关股权变更至中金公司名下的前提是,《投资合作协议》第八条第二款约定的内容已经实现。而在本案二审判决作出前,《投资合作协议》第八条第二款约定的内容尚未实现,中金公司当时并不享有回购中铁公司所持中金渝能公司92%股权的权利。故在此阶段,中铁公司、中金渝能公司不负有协助中金公司变更、过户相应股权的义务。中金公司申请再审称二审判决此项认定错误,理由不能成立。综上,在项目物业尚未销售,且本案合同没有相关约定的情况下,二审判决认定中金公司不享有“请求中铁公司立即实现回购条件”的权利,是正确的。

(四)中金公司提交证据说明涉案房地产项目情势发生变化,可以实现回购的问题。1. 青岛国贸中心2011年3月7日和2012年5月17日的《商品房预售许可证》,并不能证明《投资合作协议》第八条第二款所约定的股权回购条件已全部具备,不足以推翻原判决;且2012年5月17日的《商品房预售许可证》属于原判决生效后新发生的事实,故不符合民事诉讼法第二百条第(一)项的规定。2. 项目物业的销售等事实发生在本案二审判决作出之后。如果中金公司认为此等新的事实已使协议约定的股权回购条件完全具备,或者其权益因此等新的事实受到侵害,则可另行提起诉讼主张权利。

本案二审判决并未否定在协议约定的条件全部具备后,中金公司可以行使回购中铁公司所持全部股权的合同权利。且中金公司现已在山东省高级人民法院提起另案诉讼,要求回购中铁公司持有的项目公司部分股权,因此,中金公司的股权纠纷并非不能通过另案诉讼解决。

——中国裁判文书网,http://wenshu. court. gov. cn。

青岛中金实业股份有限公司与青岛中金渝能置业有限公司、中铁置业集团有限公司、青岛荣置地顾问有限公司投资合作协议纠纷案[最高人民法院(2011)民二终字第108号民事判决书]

最高人民法院认为:上诉人是否有权回购被上诉人所持有的股份;上诉人是否有权请求被上诉人立即实现约定的股权回购条件。经审查,双方当事人协议中明确约定了回购股权的五项条件,除第一项条件已具备外,其余四项条件均未成就。上诉人还称金融机构为其提供了16.2亿元的最高额保证,其具备回购该股权的资金条件。但这与双方约定的“股权回购条件”没有关系,故以此为依据请求回购被上诉人持有的股权,其理由不成立。

——最高人民法院民事审判第二庭编:《最高人民法院商事审判指导

案例(7)·公司与金融卷》，中国法制出版社2013年版，第173～190页。

285

股权转让与对赌协议的区别认定

关键词 | 股权转让 | 对赌协议 |

【最高人民法院裁判文书】

安晨晖与彭智明、彭志辉股权转让纠纷案[最高人民法院(2015)民二终字第416号民事判决书]

最高人民法院认为：第二，关于《补充协议》"公司股东分红冲抵剩余股权转让款"条款的解释问题。安晨晖上诉主张，其与彭智明、彭志辉签订的《补充协议》性质为对赌协议，以股东分红作为支付股权对价的方式是该对赌协议的本质内容。彭智明、彭志辉认为，该协议是股权转让协议，标的是40%股权，对价为1亿元人民币，不是对赌协议。本院认为，《补充协议》系对《股权转让协议》中规定的后两期股权转让款的支付方式进行的变更，并没有关于彭智明、彭志辉保证安晨晖享有一定数额的公司分红，否则安晨晖可以不支付剩余的股权转让款的约定，不符合对赌协议的特征。根据该协议约定，双方主观上均无若股东不分红则免去安晨晖支付剩余5000万元股权转让款义务的意思表示，安晨晖关于该《补充协议》系对赌协议的上诉理由，缺乏事实和法律依据，不能成立。依据《合同法》第一百二十五条，"当事人对合同条款理解有争议的，应当按照合同所使用的词句、合同有关条款、合同目的、交易习惯以及诚实信用原则，确定该条款的真实意思"，对于有争议合同条款应本着诚实信用和有利于合同目的实现的原则予以理解和解释。如果将《补充协议》该约定理解为附条件的付款约定，当公司分红条件不成就时，安晨晖得以免责，不负担付款义务，并不符合当事人本意，亦不符合股权转让法律关系中，转让人获取约定的股权转让对价，受让人获取目标公司相应股权的合同目的，且有悖于诚实信用和有效合同全面履行的原则。因此，一审法院认定该条款为付款履行期限约定不明的约定，并无不当。安晨晖应当履行支付剩余股权转让价款的义务。

——中国裁判文书网，http://wenshu.court.gov.cn。

十、公司决议瑕疵诉讼

286

股东大会决议效力的认定

关键词 | 股东大会决议 |

【最高人民法院裁判文书】

北京天客隆集团有限责任公司与北京物美商业集团股份有限公司、北京超市发连锁股份有限公司职工持股会、北京超市发国有资产经营公司、北京超市发连锁股份有限公司股权转让侵权纠纷案[最高人民法院(2013)民申字第1051号民事裁定书]

最高人民法院认为:一、天客隆公司申请再审称,该公司有"新证据"证明超市发公司2004年度临时股东大会违反法定程序,足以推翻原审认定。天客隆公司所提交的"新证据"为超市发公司股东北京江园图书设备公司出具的两份《情况说明》,但是,该公司在原审中已将该两份《情况说明》作为证据17向原审法院提交,不属于《民事诉讼法》第二百条第(一)项规定的"新的证据";物美公司与超市发职工持股会签订《股权转让协议书》,履行出资义务,超市发公司将物美公司记载于超市发公司的股东名册,物美公司已经具备了合法的股东身份,有权召开临时股东大会,且所作出的决议内容没有违反法律、行政法规以及超市发公司章程的相关规定。原审判决认为天客隆公司"从法律上否认股东大会决议的效力,依据不足",对天客隆公司该项主张未予支持,并无不当。天客隆公司申请再审称超市发公司变更股东大会会议地点没有通知天客隆公司,未将股东大会召开事宜通知北京江园图书设备公司、北京硅谷置业投资管理有限公司两股东,应认定超市发公司临时股东大会决议无效,该理由不足以推翻原审认定。二、天客隆公司与超市发公司签订《资产重组协议书》和《增资协议》后,天客隆公司以其北京地区的连锁超市、配送中心的净资产,入资到超市发公司,完成了资产评估和验资;2002年8月27日,进行工商变更登记,领取了新的企业法人营业执照;统一对外经营。原审判决据此认定超市发公司资产重组完成,并不缺乏证据证明。三、超市发职工持股会章程第五条规定，“职工持股会会员以其出资为限，对职工持股会承担责任；职工持股会以其全部出资为限，对公司承担责任”，第十四条规定，“会员代表大会行使下列职权：……（二）对职工持股会向公司其他股东和股东以外的人转让股份作出决议”。2004 年 4 月 19 日超市发职工持股会召开会员代表大会，同意将职工股转让给物美公司，由谈判小组负责签订《股权转让协议书》。原审判决据此认为天客隆公司关于超市发职工持股会所持职工股不能对外转让，该转让行为无效的上诉理由没有法律依据，对天客隆公司该项上诉主张未予支持，适用法律并无不当。天客隆公司申请再审称超市发职工持股会股权转让违反重组双方约定，恶意规避了重组双方对职工持股会事宜的处理方法，以达到物美公司的非法目的，转让行为无效。但是，本案中没有证据证明天客隆公司与超市发公司对超市发职工持股会的股权处置事宜作出明确约定，天客隆公司此项理由不足以推翻原审认定。

——中国裁判文书网，http://wenshu. court. gov. cn。

287

公司股东会决议内容是否损害公司利益的认定

关键词｜股东会决议｜

【最高人民法院裁判文书】

辽阳鑫昊机械制造有限公司与辽阳骏马电器设备制造有限公司、艾素荣损害公司利益责任纠纷申请再审案［最高人民法院（2016）最高法民申 2021 号民事裁定书］

最高人民法院认为：根据案情及法律规定，鑫昊公司的申请再审事由不能成立，理由如下：

第一，鑫昊公司主张骏马公司、艾素荣滥用股东权利没有证据支持。首先，根据《公司法》第二十二条的规定，股东会或者股东大会、董事会的会议召集程序、表决方式违反法律、行政法规或者公司章程，或者决议内容违反公司章程的，股东可以自决议作出之日起 60 日内，请求人民法院撤销。鑫昊公司的法定代表人李光升作为该公司控股股东，如认为骏马公司、艾素荣通过决议决定由骏马公司出资继续施工鑫昊公司厂房违法,应在决议作出之日起60日内请求人民法院撤销,但李光升没有请求人民法院撤销该股东会决议,该股东会决议依然有效。其次,2012年4月15日,骏马公司负责人周文桥、艾素荣及施工方的负责人在骏马公司召开会议,商讨恢复鑫昊公司厂房建设事宜,与会各方形成的《会议纪要》载明由骏马公司直接出资承建后续未完工程,李光升不再参与厂房后续建设一切事宜。李光升虽未在该《会议纪要》上签字,但根据2015年4月15日辽阳市太子河区沙岭镇人民政府出具的《情况说明》及辽宁省第三建筑工程公司(以下简称辽宁三建)出具的《证明》可以证明李光升参与了此次会议。另外,李光升2012年7月9日向辽阳市太子河区沙岭镇人民政府出具的《关于鑫昊公司目前存在的几个问题的说明》载明按照骏马公司的口头承诺,厂房建成后将租赁给李光升经营,租金多少暂且不论,目前双方应该先把协议签订下来。由此,李光升对骏马公司出资继续施工鑫昊公司厂房是知情且默认的。此次申请再审中,李光升虽提供了辽阳市太子河区沙岭镇人民政府出具的《说明》及原沙岭镇党委书记姜树峰出具的《关于骏马公司2012年4月15日会议纪要的说明》,但该两份证言关于李光升是否出席会议的表述前后矛盾,不能证明其主张,也不能据此推翻原审判决认定的事实。再次,从利益归属来看,骏马公司出资施工鑫昊公司厂房是为鑫昊公司的利益并非为骏马公司、艾素荣的股东个人利益,没有证据证明骏马公司、艾素荣后续组织施工行为侵害了鑫昊公司的利益。

第二,鑫昊公司没有证据证明其存在实际损失。鑫昊公司申请再审称涉案厂房39根排架柱侧身弯曲不满足《混凝土结构工程质量验收规范》的规定,但骏马公司仅委托辽宁三建对16根排架柱进行了处理,其余23根未修复,造成鑫昊公司厂房存在严重质量问题,至今未能竣工验收,给鑫昊公司造成了损失。经审查,《检测报告》载明通过测量发现39根排架柱侧身弯曲不满足《混凝土结构工程质量验收规范》对侧向弯曲允许偏差的要求,但根据上述检测结果,结合设计图纸对产生侧向弯曲排架柱的承载力进行核算,经验算满足现行国家设计规范对承载力的要求。建议废除21－N轴排架柱,并对其他侧向弯曲超差的排架柱进行修复处理。骏马公司接手涉案工程后,委托辽宁三建严格按照辽宁省建设科学研究院、辽宁省工程质量检测中心出具的修复方案对16根排架柱予以更换,其他进行找平、纠偏等修复处理及对排架柱预埋件进行纠偏。因此,涉案23根排架柱也已经进行过修复,鑫昊公司没有证据证明因23根排架柱未予修复给其造成了实际损失。

第三,鑫昊公司没有证据证明其所称可能受到的损失与骏马公司出资继续施工涉案厂房有因果关系。涉案工程的部分排架柱存在质量问题发生于鑫昊公司法定代表人李光升管理工程施工期间，骏马公司接手涉案工程施工后，修复措施是否存在问题，修复措施与涉案工程目前存在的质量问题是否存在因果关系，鑫昊公司均未提供证据证明。鑫昊公司在原审中仅申请对涉案厂房质量是否合格，修复厂房所需的费用进行鉴定，但并未申请对骏马公司修复行为与涉案工程目前存在质量问题的因果关系申请鉴定。如果涉案工程仍存在质量问题，那么该质量问题是骏马公司修复方案不当造成的，还是李光升前期管理施工或辽宁三建具体施工造成的，仍无法判断，原审法院对其鉴定申请不予准许并无不当。在此种情况下，鑫昊公司要求骏马公司、艾素荣赔偿损失没有事实和法律依据，原审判决不予支持并无不当。

——中国裁判文书网，http://wenshu.court.gov.cn。

厦门市公益公交有限公司与杨燕煌、陈羡珍等损害公司利益责任纠纷案［最高人民法院(2016)最高法民申378号民事裁定书］

最高人民法院认为：二、关于2010年12月13日公益公交公司股东会决议的内容是否损害公益公交公司权益的问题。1.证据表明在公益公交公司名下从事经营的171辆中巴车不是公司出资购买的，只是挂靠在其名下经营。2.上述171辆中巴车不是公益公交公司的财产，该公司也没有将这些车辆列入公司固定资产科目。3.2006至2007年，公益公交公司因车辆已到更新年限而重新购置100辆中巴车，也是由车主出资或车主以公司的名义贷款，但贷款由车主偿还的方式购买的。4.《公司法》第三十七条第一项规定：股东会有权决定公司的经营方针和投资计划，2010年12月13日召开的股东会决议被公益公交公司持有90.4189%股份的股东通过，该股东会决议合法有效。5.上述股东会决议选择将挂靠其名下的171辆中巴车更换为出租车，并投入其他三家公司运营的经营方针，实质上就是允许这些车主脱离与公司的挂靠关系，并没有损害公司的权益。其一，上述出租车即使挂靠在其他公司，依据当时厦门市政府对中巴车的改革政策，他们有权将其置换为出租车。其二，公益公交公司后来被注销的中巴车牌号和《道路运输证》都是与挂靠中巴车的权利相对应的，公益公交公司只是参与了对这些车辆和线路的管理。其三，171辆中巴车置换为出租车后选择到其他公司营运，而不是留在公益公交公司，是车主根据各公司的管理水平、收费标准、发展前景以及这些车辆同原挂靠公司的关系等多方面因素决定的，车主具有选择权。而且公益公交公司亦作出了让他们离开的股东会决议。公益公交公司主张:2010 年 12 月 13 日公益公交公司股东会决议损害公司权益的理由缺乏事实和法律依据。

三、关于公益公交公司将中巴车置换成出租车后投入其他公司经营的行为是否符合厦门市政府的中巴改革政策要求的问题。公司公交公司再审申请称,厦门市道路运输管理处和厦门市交通委员会为贯彻落实厦门市政府的中巴改革政策的操作方案中,记载厦门市中巴置换出租车后的经营模式之一是:公益公交中巴置换出租车后,变更为公益出租车公司,车身颜色为玫瑰红,车顶灯标识“公益”。换言之,公益公交公司名下的中巴车置换为出租车后,按照厦门市交通部门的要求应当留在该公司经营,否则就违背了政府的改革政策。本院认为,为了支持厦门市中巴车行业的改革,厦门市政府制定了四种可供选择的改革方案,其中之一就是中巴车置换为出租车。至于置换的出租车在哪个公司营运不是政府政策的核心要求,因为出租车在任何一家公司营运都不影响它提供出租交通服务的特征。对公益公交公司的该项再审申请理由,本院不予支持。

——中国裁判文书网,http://wenshu.court.gov.cn。

288

股东大会在股东未参加的情况下作出转让该股东股份的决议,侵犯了股东合法权益,应当认定无效

关键词|股权转让|股东大会决议|股东权|

【最高人民法院裁判文书】

四川普瑞高新技术产业公司与四川普瑞药业有限责任公司侵权纠纷案[最高人民法院(2000)经终字第121号民事判决书]

最高人民法院认为:1998 年 7 月 21 日普瑞药业第四届股东大会,是在没有普瑞高新参加的情况下召开的,大会所作出的同意普瑞高新将所持 80% 的股份及收回的 9.5% 的赠股转让给思达公司的决议,违反了公司法的规定,侵害了普瑞高新的合法权益,因而应认定该决议无效。《公司法(1993)》第一百一十一条规定,股东大会、董事会的决议违反法律、行政法规,侵犯股东合法权益的,股东

有权向人民法院提起要求停止该违法行为和侵害行为的诉讼。1998 年 10 月 26 日，普瑞药业关于投资组建普瑞生物集团的董事会和临时股东（扩大）大会的决议，也是在排除了普瑞高新等股东权益而由思达公司取代情况下形成的，故普瑞药业投资 850 万元发起组建普瑞生物集团的股东大会和董事会的决议也无效。

——李国光主编、最高人民法院民事审判第二庭编：《民商审判指导与参考》总第 1 卷，人民法院出版社 2002 年版，第 239～247 页。

编者说明

本案是在 2005 年《公司法》修订之前作出的确认股东大会决议无效的裁判，其裁判意见也是与其后修订的《公司法》关于公司决议瑕疵诉讼的精神基本相符，而且也与公司资本多数决原则的正确适用精神相符。

289

公司解聘经理的事由不属于公司决议撤销之诉的司法审查范围

关键词｜董事会决议｜公司决议撤销｜司法审查｜

【最高人民法院指导性案例】

李建军诉上海佳动力环保科技有限公司公司决议撤销纠纷案（最高人民法院指导案例 10 号）

裁判要点：人民法院在审理公司决议撤销纠纷案件中应当审查：会议召集程序、表决方式是否违反法律、行政法规或者公司章程，以及决议内容是否违反公司章程。在未违反上述规定的前提下，解聘总经理职务的决议所依据的事实是否属实，理由是否成立，不属于司法审查范围。

法院生效裁判认为：根据《公司法》第二十二条第二款的规定，董事会决议可撤销的事由包括：一、召集程序违反法律、行政法规或公司章程；二、表决方式违反法律、行政法规或公司章程；三、决议内容违反公司章程。从召集程序看，佳动力公司于 2009 年 7 月 18 日召开的董事会由董事长葛永乐召集，三位董事均出席董事会，该次董事会的召集程序未违反法律、行政法规或公司章程的规定。从表决方式看，根据佳动力公司章程规定，对所议事项作出的决定应由占全体股东三分之二以上的董事表决通过方才有效，上述董事会决议由三位股东（兼董事）中的两名表决通过，故在表决方式上未违反法律、行政法规或公司章程的规定。从决议内容看，佳动力公司章程规定董事会有权解聘公司经理，董事会决议内容中"总经理李建军不经董事会同意私自动用公司资金在二级市场炒股，造成巨大损失"的陈述，仅是董事会解聘李建军总经理职务的原因，而解聘李建军总经理职务的决议内容本身并不违反公司章程。

董事会决议解聘李建军总经理职务的原因如果不存在，并不导致董事会决议撤销。首先，公司法尊重公司自治，公司内部法律关系原则上由公司自治机制调整，司法机关原则上不介入公司内部事务；其次，佳动力公司的章程中未对董事会解聘公司经理的职权作出限制，并未规定董事会解聘公司经理必须要有一定原因，该章程内容未违反公司法的强制性规定，应认定有效，因此佳动力公司董事会可以行使公司章程赋予的权力作出解聘公司经理的决定。故法院应当尊重公司自治，无需审查佳动力公司董事会解聘公司经理的原因是否存在，即无需审查决议所依据的事实是否属实，理由是否成立。综上，原告李建军请求撤销董事会决议的诉讼请求不成立，依法予以驳回。

——《最高人民法院关于发布第三批指导性案例的通知》（2012 年 9 月 18 日，法〔2012〕227 号）

【链接：最高人民法院法官著述】

（三）公司决议解聘经理的事由是否属于司法审查范围

《公司法》第二十二条第二款对可撤销公司决议的司法审查内容已有规定，但实践中仍然存在一些困惑。本案例中的主要争议在于，董事会决议中所表述的罢免理由及相关事实对董事会决议的效力是否产生影响，法院是否需对相关事实和理由进行审查。一审法院认为，该事实是否存在是解决案件争议的关键，从而对相关事实进行了审查，并认为董事会决议所依据的理由存在重大偏差，在该失实基础上形成的董事会决议是失当的。董事会决议撤销诉讼旨在恢复董事会意思形成的公正性及合法性，故判决撤销该董事会决议。二审法院认为法院对该事实是否存在不应当进行审查与认定，并作出改判，驳回原告李建军请求撤销董事会决议的诉讼请求。笔者认为，二审法院的判决是正确的，理由主要有以下三个方面。

1. 强调公司自治原则。公司自治是现代公司法的灵魂，也是私法自治和市场经济的要求。公司自治精神的核心是尊重公司的商业判断，尊重公司、股东、董事依法作出的自主选择。只有当公司自治机制被滥用或失灵时，才能启动司法程序。从公司法的规定看，对公司行为的规制着重体现在程序上，原则上不介入公司内部事务，以最大限度赋予公司内部自治的权力。总经理的聘任和解聘关涉到公司日常经营决策的核心和关键，公司董事会基于公司发展需要而调整公司高级管理人员，是行使公司的自治权。

2. 尊重公司章程的规定。公司章程是公司的自治规章，对公司及其股东、董事、监事和其他高级管理人员均具有约束力。如果公司章程对经理的聘任和解聘有特殊规定，只要没有违反法律和行政法规的强制性规定，就应当按照章程规定处理。公司法中规定聘任和解聘经理是董事会的职权，未作其他特殊规定。本案中的公司章程也仅规定董事会有权解聘经理，未对董事会解聘公司经理的职权作出限制，也未规定董事会解聘公司经理必须说明原因，该章程的内容未违反法律和行政法规的强制性规定，应认定有效。因此佳动力公司董事会可以行使公司章程赋予的权力作出解聘公司经理的决定。至于解聘经理是出于什么原因、基于何种理由，以及解聘的理由是否真实存在、是否合理，均属公司自治的范畴，法院不应予以审查。

3. 符合董事会与经理之间委托代理关系的法律性质。现代公司运营的专业化、技术性和市场化，需要具有专业技能和管理能力的专门人才从事公司的日常经营工作。因此，董事会需要聘任经理人专门从事公司的经营管理。关于董事会与经理之间的关系，法学界一般认为是委托代理关系。经理之所以能够参与公司的经营管理，能够对外进行交易行为，是源于董事会的聘任，董事会聘任合同的法律性质即是委托合同，基于该委托而使经理人拥有经理的身份，授权其行使各种职权。委托合同是以当事人之间的信任关系为基础的，而信任关系属于主观信念的范畴，具有主观任意性，没有严格的判断标准。如果当事人在信任问题上产生疑问或者动摇，即使强行维持双方之间的委托关系，也势必会影响委托合同目的的实现，故委托合同中当事人具有任意解除权。《合同法》第四百一十条规定，委托人或者受托人可以随时解除委托合同。根据委托代理关系的法律性质，董事会可以随时解聘经理，法院也无须审查其解聘事由。

此外，公司法对于解除董事职务的规定，对于董事会解聘经理的问题具有参照作用。尽管学界对董事与股东之间的法律关系是信托关系还是代理关系尚有争议，但董事与股东之间的关系也是以信任关系为基础的，这与董事会和经理之间的委托代理关系是基于信任关系具有共通性。公司法曾对解除董事职务有所限制,《公司法(1993)》第一百一十五条第二款规定:“董事在任职届满前,股东大会不得无故解除其职务。”在2005年修订时,删除了不得无故解除董事职务的规定,这表明公司法放弃了对股东罢免董事的强制约束。从国外的相关立法看,多数国家和地区的公司法对于董事的解除是否需要理由采取了公司在章程中自行选择的办法。

在本案例中,董事会由上海佳动力环保科技有限公司(以下简称佳动力公司)董事长召集,三位董事均出席董事会,两位董事表决通过,在召集程序和表决方式上未违反法律、行政法规以及公司章程的规定。从决议内容看,公司章程规定董事会有权解聘公司经理,董事会决议内容中“总经理李建军不经董事会同意私自动用公司资金在二级市场炒股,造成巨大损失”的陈述,仅是董事会解聘李建军总经理职务的原因,而解聘李建军总经理职务的决议内容本身并不违反公司章程。综上,本案不存在公司决议可撤销的原因。如果司法机关深入审查解聘理由所涉事实是否属实,则对公司的内部治理就会干预过度,影响公司的正常运作。

(四)其他需要说明的问题

1. 因解聘给对方造成损失的,除不可归责于公司的事由以外,公司应当赔偿损失。《合同法》第四百一十条规定:“委托人或者受托人可以随时解除委托合同。因解除合同给对方造成损失的,除不可归责于该当事人的事由以外,应当赔偿损失。”董事会无正当理由在聘任期限未届满之时解聘经理,并给经理造成损失的,被解聘的经理可以向公司请求赔偿损失。因为董事会决议是公司的意思表示,其法律后果应由公司承担。但该请求与公司决议撤销之诉是不同的法律关系,被解聘的经理可以另行主张。

——最高人民法院案例指导工作办公室:《指导案例10号〈李建军诉上海佳动力环保科技有限公司公司决议撤销纠纷案〉的理解与参照》,载江必新主编:《最高人民法院司法解释与指导性案例理解与适用》第1卷,人民法院出版社2013年版,第631~635页。

编者说明

该案例涉及法院对解聘总经理职务的董事会决议如何进行审查的问题,旨在为明确公司决议撤销之诉的司法审查范围提供指导。该案例有利于强化法官的商事审判思维,鼓励公司在市场经济条件下依法自治和健康发展。

290

股东申请确认虚构或者伪造的公司会议及其决议无效的，应予支持

关键词｜虚构决议｜伪造决议｜决议无效｜

【最高人民法院审判业务意见】

问：实务中有的股东会决议或者董事会决议是伪造的，对这种伪造的文件应如何认定？

答：针对这个问题及类似的其他情况，我们尝试采取列举的方式作出规定。我国公司法只有撤销和无效之诉的划分，《公司法》第二十二条采用两分法，对决议无效和撤销制度作出规定，实际上其他国家公司法还有决议不存在或者表见决议之诉制度。

决议不存在之诉，是指决议的程序严重违法，以至于决议的本身也无法认可，或者达到了可以视为会议不存在的程度，此时当事人可以提起决议不存在诉讼。例如，在召集程序和决议方法上有重大瑕疵，以至于不能认定为是一次股东会或者董事会决议。决议不存在之诉的认定要件为违反程序，但该程序是严重违法，与公司法规定的撤销之诉涉及的程序瑕疵有质的区别，因此国外公司法对决议不存在之诉的提诉人规定得比较广泛，包括投赞成票的股东也可以提起诉讼，而且没有提诉期间的限制。表见决议之诉，是指根本就没有召集会议，有关人员伪造会议记录，或者根本就不存在召集会议的事实而制作的会议记录或者召开不能被视为股东大会的会议并制作的会议记录，存在这种瑕疵时，称为表见决议。对实务中存在的一些不规范的公司会议活动或者某些看起来与公司会议有关的行为效力等问题引发的纠纷，也可以纳入机关会议决议制度中予以规范。

——理喻：《涉公司股东权益司法实务答疑——专访最高人民法院民二庭负责人》，载《法律适用》2013 年第 7 期。

【《最高人民法院公报》案例】

张艳娟诉江苏万华工贸发展有限公司、万华、吴亮亮、毛建伟股东权纠纷案（南京市玄武区人民法院民事判决书）

裁判摘要：一、有限责任公司召开股东会议并作出会议决议，应当依照法律

及公司章程的相关规定进行。未经依法召开股东会议并作出会议决议，而是由实际控制公司的股东虚构公司股东会议及其会议决议的，即使该股东实际享有公司绝大多数的股份及相应的表决权，其个人决策亦不能代替股东会决议的效力。在此情况下，其他股东申请确认虚构的股东会议及其决议无效的，人民法院应当支持。

二、《公司法》第二十二条关于“股东会或者股东大会、董事会的会议召集程序、表决方式违反法律、行政法规或者公司章程，或者决议内容违反公司章程的，股东可以自决议作出之日起六十日内，请求人民法院撤销”的规定，是针对实际召开的公司股东会议及其作出的会议决议作出的规定，即在此情况下股东必须在股东会决议作出之日起60日内请求人民法院撤销，逾期则不予支持。而对于上述虚构的股东会议及其决议，只要其他股东在知道或者应当知道自己的股东权利被侵犯后，在法律规定的诉讼时效内提起诉讼，人民法院即应依法受理，不受《公司法》第二十二条关于股东申请撤销股东会决议的60日期限的规定限制。

南京市玄武区人民法院认为：有限责任公司的股东会议，应当由符合法律规定的召集人依照法律或公司章程规定的程序，召集全体股东出席，并由符合法律规定的主持人主持会议。股东会议需要对相关事项作出决议时，应由股东依照法律、公司章程规定的议事方式、表决程序进行议决，达到法律、公司章程规定的表决权比例时方可形成股东会决议。有限责任公司通过股东会对变更公司章程内容、决定股权转让等事项作出决议，其实质是公司股东通过参加股东会议行使股东权利、决定变更其自身与公司的民事法律关系的过程，因此公司股东实际参与股东会议并作出真实意思表示，是股东会议及其决议有效的必要条件。本案中，虽然被告万华享有被告万华工贸公司的绝对多数的表决权，但并不意味着万华个人利用控制公司的便利作出的个人决策过程就等同于召开了公司股东会议，也不意味着万华个人的意志即可代替股东会决议的效力。根据本案事实，不能认定2004年4月6日万华工贸公司实际召开了股东会，更不能认定就该次会议形成了真实有效的股东会决议。万华工贸公司据以决定办理公司变更登记、股权转让等事项的所谓“股东会决议”，是当时该公司的控制人万华所虚构，实际上并不存在，因而当然不能产生法律效力。

被告万华工贸公司、万华、吴亮亮主张原告张艳娟的起诉超过了2005年修订后《公司法》第二十二条规定的申请撤销股东会决议的期限，故其诉讼请求不应支持。对此法院认为，本案发生于《公司法》修订(2005)前，应当适用当时的法律规定。鉴于修订后的《公司法》第二十二条规定股东可以对股东会决议提起确认无效之诉或者申请撤销之诉，而修订前的《公司法》未对相关问题作出明确规定，因此根据最高人民法院《公司法解释（一）》第二条的规定，本案可以参照适用修订后《公司法》第二十二条的规定。但是，修订后的《公司法》第二十二条关于“股东会或者股东大会、董事会的会议召集程序、表决方式违反法律、行政法规或者公司章程，或者决议内容违反公司章程的，股东可以自决议作出之日起六十日内，请求人民法院撤销”的规定，是针对实际召开的公司股东会议及其作出的会议决议作出的规定，即在此情况下股东必须在股东会决议作出之日起60日内请求人民法院撤销，逾期则不予支持。而本案中，2004年4月6日的万华工贸公司股东会及其决议实际上并不存在，只要原告在知道或者应当知道自己的股东权利被侵犯后，在法律规定的诉讼时效内提起诉讼，人民法院即应依法受理，不受修订后《公司法》第二十二条关于股东申请撤销股东会决议的60日期限的规定限制。

——《最高人民法院公报》2007年第9期

【最高人民法院裁判文书】

三亚保力房地产投资开发有限公司、宝恒投资有限公司公司决议撤销纠纷申请再审案［最高人民法院（2016）最高法民申300号民事裁定书］

最高人民法院认为：根据原审法院查明的事实，保力公司召开的涉案临时股东会及董事会均存召集程序瑕疵、表决方式违法、会议内容违反公司章程等情形。本案中，保力公司只有在天久公司与宝恒公司两个股东，且天久公司为持有90%股份的大股东，在宝恒公司未参加临时股东会和董事会的情形下，临时股东会和董事会的召集程序和表决方式应认为存在重大瑕疵，形式上虽有临时股东会决议和董事会决议存在，实质上的临时股东会决议和董事会决议应认为不存在。即未经依法召开股东会或董事会并作出会议决议，而是由实际控制公司的股东单方开或虚构公司股东会、董事支及其会议决议的，即使该股东实际享有公司绝大多数的股份及相应的表决权，其单方形成的会议决议不能具有相应效力。故再审申请人保力公司关于原审法院认定事实错误、判决逻辑错误的申请理由本院不予支持。

再审申请人保力公司认为原审法院适用法律错误，被申请人宝恒公司在超过60日法定除年度计划期间后起诉撤销股东会决议、董事会决议，其法定的撤销权已经丧失。本院认为，《公司法》第二十二条关于“股东会或者股东大会、董事会的会议召集程序、表决方式违反法律、行政法规或者公司章程，或者决议内容违反公司章程的,股东可以自决议作出之日起60日内,请求人民法院撤销”的规定,是针对实际召开的公司股东会的会议决议作出的规定,即在此情况下请求撤销相关会议决议应受60日期限的限制,逾期则不予支持。本案中,相关会议决议均为天久公司单方作出,如前所述,保力公司只有天久公司与宝恒公司两个股东,此种情形下相关会议决议不具有相应效力,应认定其实质上并不存在。故宝恒公司可以从知道或者应当知道自己的股东权利被侵犯后,在法律规定的诉讼时效内提起诉讼,可以不受《公司法》第二十二条关于股东申请撤销股东会决议期限的限制。故本院对再审申请人保力公司的该申请理由不予支持。

——中国裁判文书网,http://wenshu. court. gov. cn。

【链接:最高人民法院法官著述】

股东不知道决议作出是因为没有通知该股东召开股东会或者对未通知事项进行了表决。如果将这两种情况视为决议不成立,而不是可撤销,就不存在起算点是否公平的问题了。

——潘勇锋:《公司法国际学术专题研讨会会议综述》,载最高人民法院民事审判第二庭编:《公司案件审判指导》,法律出版社2014年版,第457~458页。

所谓公司决议的不成立,是指不具备公司决议的成立要件。法律行为欠缺成立要件时,为法律行为不成立。同理,当公司决议欠缺成立要件时,应称为“决议不成立”。公司决议的成立要件有:(1)有会议召开的事实要件。(2)具备会议召集程序要件,包括:由召集人召集;向全体股东发出召集通知;决议事项限于会议通知事项。(3)具备决议程序要件,即达到法定的表决权数,符合团体法律行为之逻辑。公司决议必须同时符合上述成立要件,才能说公司决议成立,才有进一步探究公司决议是否无效或可撤销原因的必要。

——潘勇锋:《程序瑕疵的公司会议决议效力研究》,载最高人民法院民事审判第二庭编:《公司案件审判指导》,法律出版社2014年版,第463页。

公司决议不存在之诉,是指股东会、董事会的召集程序或者表决方式存在重大瑕疵,股东可以向法院提起诉讼,请求确认股东会决议或者董事会决议不存在的诉讼。决议不存在的原因为股东会或者董事会的召集程序或者表决方式存在重大瑕疵,可以视为股东会或者董事会的决议不存在的程度。公司决议不存在之诉包括股东会决议不存在之诉和董事会决议不存在之诉。

《公司法》规定将实质上的瑕疵归于决议无效之诉,将形式上的瑕疵归于决议撤销之诉。公司决议存在的瑕疵明显重大,就连决议的存在本身也无法认可时,可以提起公司决议不存在的确认之诉。

——金剑锋等:《公司诉讼理论与实务问题研究》,人民法院出版社 2008 年版,第 287～289 页。

编者说明

关于公司决议瑕疵诉讼的类型,从我国《公司法》的规定来看,只规定了公司决议无效和撤销之诉,而未规定公司决议不存在之诉或者表见决议之诉。而从公司诉讼的司法实践以及国外相关法律规定来看,公司决议不存在恰是客观现象,应当赋予此种情况下股东等的救济权利。并且由于《公司法》第二十二条并未对此种情形下的权利救济作出规范,所以在实践中,股东提起公司决议不存在之诉时,可以不受《公司法》第二十二条规定的限制。

291

公司决议真实性的认定

关键词｜股东会决议｜董事会决议｜

【最高人民法院裁判文书】

厦门市公益公交有限公司与杨燕煌、陈羡珍等损害公司利益责任纠纷案［最高人民法院(2016)最高法民申 378 号民事裁定书)］

最高人民法院认为:一、关于 2010 年 12 月 13 日公益公交公司股东会决议的真实性问题。1. 一、二审法院查明:2010 年 12 月 13 日召开的股东会除陈福良没有参会外,其余 12 名股东均到会。陈福良在公益公交公司中的持股比例为 9.5808%。公益公交公司再审申请称另外的两名股东何振成、刘德民也没有到会缺乏证据证明。2. 公益公交公司在本案的一、二审期间对上述股东会决议的真实性没有提出异议,只是主张此次股东会决议的内容损害了公司权益。

3. 2011 年 6 月 20 日公益公交公司召开的股东会除何振成外,其他股东均到会并作出了股东会决议。该股东会决议的内容是在确认 2010 年 12 月 13 日公益公交公司股东会决议内容的基础上规定股东之间怎样办理股权转让手续。陈福良也在该份股东会决议上签字。陈福良在该份股东会决议上的签字行为可以视为对 2010 年 12 月 13 日公益公交公司股东会决议的追认或认可。2011 年 11 月 16 日陈福良与其他 6 名公益公交公司的股东办理股权转让变更登记手续的行为,以及同另外 6 名股东就股权转让达成的调解协议,也系陈福良对 2010 年 12 月 13 日公益公交公司股东会决议认可的意思表示。4. 关于 2010 年 12 月 13 日公益公交公司股东会决议,实际上已经在公司后面的一系列行为中得到了实际履行。公益公交公司再审申请主张:2010 年 12 月 13 日公益公交公司股东会决议系虚构的理由,有违诚实信用原则,且没有事实依据。

——中国裁判文书网,http://wenshu. court. gov. cn。

库门瑙尔(北京)煤机配件有限公司与斯文·帕萨尔格损害公司利益责任纠纷申请再审案[最高人民法院(2016)最高法民再 278 号民事判决书]

最高人民法院认为:本案双方当事人确认本案争议焦点为“董事会会议记录”是否真实、若“董事会会议记录”真实则还款数额如何认定。

关于 2011 年 11 月 10 日“董事会会议记录”的真实性问题。根据本案查明的事实,“董事会会议记录”虽有如此名称,但并非库门瑙尔公司因召开董事会会议而产生的记录,该记录共有两页,第一页上没有斯文·帕萨尔格的签字,第二页上有斯文·帕萨尔格的签字。第一页的主要内容是斯文·帕萨尔格及其妻子的还款计划,第二页的主要内容是斯文·帕萨尔格承诺和其妻子会根据本协议履行其义务,以及斯文·帕萨尔格在其签名旁的“签注”即“接受并承诺履行我们的义务”。从两页的文字内容看,意思表述是连续的,完整地表达了斯文·帕萨尔格履行还款义务的原因、还款计划以及重申遵守协议。对于该记录如何形成,斯文·帕萨尔格在不同场合有多种表述,斯文·帕萨尔格认可其签字及签注的真实性,但在北京三中院审理的另案中称其是在空白页上签字;在本案一、二审阶段则称第二页是单独签署的,与第一页无关,第一页的内容不真实;在本案再审审查阶段,其代理人则称“两人均在场,库门瑙尔公司出了一个文件,斯文·帕萨尔格认为未拿公司钱,签字不会受影响,就签字了”。斯文·帕萨尔格对于其签字页即第二页如何形成以及履行什么义务始终无法自圆其说,其应承担举证不力的法律后果。“董事会会议记录”业已经人民法院生效判决认定其真实性，而斯文·帕萨尔格亦无证据予以推翻。因此，本院确认“董事会会议记录”的真实性，该记录系本案双方当事人的真实意思表示，斯文·帕萨尔格应依照其承诺履行还款义务。

——中国裁判文书网，http://wenshu.court.gov.cn。

292

公司未设立董事会情形下产生的董事会纪要并非董事会决议，不能代表公司的决定

关键词｜董事会纪要｜董事会决议｜

【最高人民法院裁判文书】

任帅与马成、藏梅股权转让侵权纠纷案［最高人民法院（2011）民提字第225号民事判决书］

裁判要旨：在公司未设立董事会的情形下产生的董事会纪要并非公司董事会决议。

在没有证据证明公司成立了董事会的情况下形成的《董事会纪要》，不能代表公司的决定，应为拟制文件，为参与制作者的个人行为，其发生的法律后果由个人承担。

最高人民法院认为：2006年6月30日，藏梅主持召开会议并形成《董事会纪要》，决定将北方铸石公司全部股权转让给任帅，该《董事会纪要》属于拟制文件。根据本案查明的案件事实，北方铸石公司2005年11月6日修改的《公司章程》第十九条规定，北方铸石公司不设董事会，只设一名执行董事，执行董事是公司的决策者。北方铸石公司2005年11月6日召开的第二届第一次定期《股东会决议》载明，公司股东会由自然人股东藏梅与马成组成，藏梅为执行董事，马成为监事。上述事实表明，北方铸石公司未设董事会。任帅提供的2005年10月7日由藏梅主持，焦志军、任帅、殷维钧等人参加的会议形成《股东会纪要》，该《股东会纪要》载明了成立北方铸石公司董事会等内容，但在随后的时间11月6日发生的北方铸石公司修改《公司章程》及《股东会决议》上并未体现上述《股东会纪要》内容，藏梅参加了10月7日和11月6的

两次会议,并在11月6日修改的《公司章程》上签名,对两次会议内容和《公司章程》应是知情和明确的,但在11月6日修改的《公司章程》及《股东会决议》上并未确认成立北方铸石公司董事会的内容,因此,很难认定北方铸石公司成立了董事会。在没有证据证明北方铸石公司成立了董事会的情况下形成的《董事会纪要》,不能代表北方铸石公司的决定,应为藏梅等个人行为。藏梅为北方铸石公司的执行董事,在公司授权范围内有权处置公司经营管理事务,但无权处分公司股东名下的股份,公司股份属于股东个人财产。藏梅以召开会议形成《董事会纪要》,未经马成同意转让马成股份,构成对马成股东权利的侵犯。马成依据《公司法(2005)》第一百五十三条之规定请求藏梅停止侵权的主张应当予以支持,原大同市城区法院(2006)城民初字第1155号民事判决确认藏梅主持召开的董事会决议无效,藏梅立即停止侵权行为,依法保护了当事人的合法权益。山西高院(2009)晋民终再字第55号民事判决书根据马成增加诉讼请求和其股权被一审第三人任帅变更权属登记的情况,在认定董事会决议无效的同时,又对停止侵权进一步明确为恢复马成股东地位,判决结果正确,应予以维持。

——最高人民法院民事审判第二庭编:《最高人民法院商事审判指导案例(7)·公司与金融卷》,中国法制出版社2013年版,第104~114页。

293

诉讼调解程序中有限责任公司全体股东在法院主持下所形成的股东会决议,对各股东均有约束力

关键词 | 股东会决议 |

【《最高人民法院公报》案例】

钱碧芳、华宁公司与祝长春、华宇公司、祝明安及汪贤琛股东权纠纷案[最高人民法院(2005)民一终字第25号民事判决书]

裁判摘要:在诉讼调解程序中,经人民法院主持,由有限责任公司全体股东召开股东会会议,就股权转让、公司债权债务及资产的处置等问题形成的《股东会决议》,对各股东均有约束力。故该有限责任公司的股东又就《股东会决议》

涉及的问题提起新的诉讼时，如不属于依法应予支持的情形，则应当判令当事人各自遵守和执行股东会决议。

——《最高人民法院公报》2006 年第 7 期

294

股东会决议新增资本由某一股东以现金方式缴付，属股东间的约定，而非股东会作为公司权力机构行使职权作出的决议

关键词 | 股东会决议 | 新增资本 | 股东协议 |

【最高人民法院裁判文书】

曹桐勇与许长安、杨凤兰、天津瑞丰投资控股有限公司、天津龙灏投资有限公司等增资纠纷案［最高人民法院（2015）民二终字第 313 号民事判决书］

最高人民法院认为：一、许长安等申请撤销的协议内容属股东间的协议还是股东会决议，该撤销权的行使应适用《合同法》还是《公司法》。

许长安等一审最终确定的诉讼请求第一项为"依法撤销 2013 年 1 月被告单方向第三人增资 2000 万元取得公司 30% 增资股权（股权价值约 1 亿元）及四原告放弃优先认缴权的股东协议内容"。从现有证据看，案涉《债权确认书》和 2013 年 1 月 25 日滨海公司《股东会决议》为同一日作出，2013 年 1 月 29 日滨海公司《股东会决议》为四日后作出。《债务确认书》载明，因曹桐勇及其父在获取滨海公司原始股权、购置房屋及"其他事物方面"许长安多次给予资金支持，向许长安多次借用款项，又得到许长安同意并配合曹桐勇通过增资方式增持滨海公司股权至 40%，为妥善解决曹桐勇对许长安此前形成的个人债务问题，曹桐勇确认了"截止本协议签署之日"曹桐勇及其父欠付许长安个人债务的本金数额，承诺了还款时间、以股权进行质押担保等事宜；2013 年 1 月 25 日滨海公司《股东会决议》明确是全体股东就曹桐勇清偿所欠许长安债务事宜，将其所持滨海公司全部股权质押给许长安之事宜所达成，决议第四项内容为全体股东均知悉并同意监督曹桐勇于 2013 年 1 月 25 日向许长安出具的《债务确认书》中的其他承诺事项的履行；2013 年 1 月 29 日滨海公司《股东会决议》第二项记载滨海公司新增注册资本 2000 万元由曹桐勇以现金方式缴付。从上述文件的签署日

期及所载内容看,全体股东就股东间的债权债务关系和公司增资如何认缴等事宜作出了整体交易安排,故在确认各股东权利、义务、可能承担的法律责任时,需将上述文件作为一个整体加以分析认定。同时,2013 年 1 月 29 日滨海公司《股东会决议》载明的内容,并非全部属于股东会职权范围。股东会有权对公司增加注册资本作出决议,但对股东是否认缴公司新增资本、认缴多少则不能作出决议。依据股东会作出该决议时适用的《公司法》第三十五条关于"公司新增资本时,股东有权优先按照实缴的出资比例认缴出资"的规定,认缴新增资本是股东的法定权利。滨海公司全体股东在 2013 年 1 月 29 日《股东会决议》签章同意的关于新增注册资本 2000 万元由曹桐勇以现金方式缴付的内容,本质上属于股东间对新增资本优先认缴权的约定,属于股东之间的协议,而非股东会作为公司的权力机构行使职权作出的决议。一审法院认定上述三份文件的内容具有相互关联性,认定滨海公司全体股东就曹桐勇同意偿还许长安 3800 万元债务,许长安等同意曹桐勇单独增资并放弃优先认缴出资的权利达成协议,许长安等申请撤销的协议内容属于股东间的协议,应当适用《合同法》的相关规定,并无不妥。曹桐勇关于本案属于请求撤销股东会决议、应当适用《公司法》及相关司法解释的主张不能成立。

——中国裁判文书网,http://wenshu.court.gov.cn。

295

提起公司会议机关决议无效之诉的原告包括公司以外的人

关键词 | 公司决议效力确认之诉 |

【最高人民法院审判业务意见】

问:关于公司会议机关决议无效之诉的提起权赋予谁,学术界有不同的观点,在审理相关问题时应如何处理?

答:《公司法》第二十二条仅规定了公司机关决议无效的实质要件,未规定无效的程序要件,关于谁有权提起无效之诉存在很大争议,主要有三种观点,第一种观点认为提诉权限制在公司内部人员,与诉讼有最大的利害关系,赋予能够终于诉讼的履行者诉权;第二种观点认为无效之诉的主体应当仅限缩为公司股东,董事、监事等高管也不得提起该类诉讼,因为董事、高管等是与公司有劳动合同法律关系的人，不应对公司会议机关决议提起无效之诉；第三种观点认为提诉权人包括公司以外的人。主要理由有两个。第一，只要有诉的利益即有提诉权，例如，受让人获得股权后，公司董事会决议不予办理变更登记，股东会决议分配利润方案违反公司法等，侵占债权人利益，这时的股权受让人和公司债权人并非公司内部人员，但公司机关的决议使其权益面临危险和不安，他们的权利是民事权利，并非道德或者伦理的，或者行政争议等，他们具有诉的利益，法院对其主张的判决具有必要性和实效性，应当赋予其诉权。第二，公司法对无效之诉的提诉权人是开放性规定，没有作出限制。《公司法》第二十二条对无效之诉与撤销之诉作了区别规定，即对撤销之诉的提诉权和提诉时间作了特殊规定。对这个问题，我们也展开了充分的论证和调研，多数意见倾向第三种观点。

——理喻：《涉公司股东权益司法实务答疑——专访最高人民法院民二庭负责人》，载《法律适用》2013 年第 7 期。

编者说明

一般认为，公司决议无效确认之诉的原告应为存在诉益者。《公司法》对公司决议确认无效之诉的原告并无限制。实务中，股东、董事起诉要求确认股东（大）会、董事会决议无效的诉讼比较常见。此外，理论上讲，公司债权人等第三人只要有诉的利益，也可以作为原告，但这种情形只会在公司决议存在对外效力时发生，如果公司决议只具有对内效力，则公司外部人员一般不可能作为原告。

296

股份公司股东大会决议在被确认无效前，其效力不因股东是否认可及决议是否实际履行而受影响

关键词｜股东大会决议效力｜

【《最高人民法院公报》案例】

兰州神骏物流有限公司与兰州民百（集团）股份有限公司侵权纠纷案［最高人民法院（2009）民二终字第 75 号民事判决书］

裁判摘要：一、股份公司股东大会作出决议后，在被确认无效前，该决议的效

力不因股东是否认可而受到影响;股东大会决议的内容是否已实际履行,并不影响该决议的效力。

二、公司因接受赠与而增加的资本公积金属于公司所有,是公司的资产,股东不能主张该资本公积金中与自己持股比例相对应的部分归属于自己。上市公司股权分置改革中,公司股东大会作出决议将资本公积金向流通股股东转增股份时,公司的流通股股东可以按持股比例获得相应的新增股份,而非流通股股东不能以其持股比例向公司请求支付相应的新增股份。即使该股东大会决议无效,也只是产生流通股股东不能取得新增股份的法律效果,而非流通股东仍然不能取得该新增的股份。

三、上市公司股权分置改革中,公司以资本公积金向流通股股东转增资本,不会导致公司资产减损。非流通股股东以资产减损为由主张自己应获得减损数中相应份额的补偿,不应支持。

最高人民法院终审认为:民百公司《股权分置改革方案》经该公司股东大会决议通过后,该方案的效力不因神骏公司是否认可而受到影响。民百公司《股权分置改革方案》规定,红楼集团向民百公司注入的红楼房地产开发有限公司36.6045%的股权(该权益性资产经审计账面价值为3000万元),由民百公司向其流通股股东实施资本公积金转增28379137股股份,除红楼集团外的其他非流通股股东向流通股股东共计支付9589497股股份,这表明红楼集团注入民百公司的3000万元资产是红楼集团为其所持有的民百公司股份取得流通权而支付给流通股股东的对价,并非民百公司所有非流通股股东支付给流通股股东的对价。神骏公司提出的民百公司转增的28379137股新股应作为全体非流通股股东支付给全体流通股股东的对价,而不仅是红楼集团支付给流通股股东的对价的主张,缺乏事实依据,本院不予支持。

民百公司《股权分置改革方案》中规定,为使红楼集团注入民百公司的3000万元权益性资产完全由流通股股东享有,由民百公司向流通股股东实施资本公积金定向转增28379137股,这表明红楼集团将3000万元权益性资产注入民百公司是为了让流通股股东享受该部分资产的利益。在《股权分置改革方案》通过时,神骏公司是民百公司的非流通股股东,不应享受该部分资产转增而形成的股份。神骏公司主张其应依照同股同权原则与其他流通股股东一样按比例获得该定向转增的股份1753800股,因民百公司股东大会决议通过的《股权分置改革方案》明确该定向转增股份由民百公司流通股股东享有,所以神骏公司的主张不符合上述方案的规定,本院不予采纳。对民百公司提出的神骏公司不能就民百公司转增后形成的股份主张权利,本院予以支持。神骏公司提交的《验资事项说明》载明，民百公司定向转增后的28379137股新股已经于2006年6月6日记入民百公司流通股股东证券账户，所以神骏公司主张该28379137股新股仍然归红楼集团所有，与事实不符，本院不予采信。

民百公司《股权分置改革方案》明确规定了采用资本公积金转增股份，至于民百公司采用何种资本公积金将红楼集团注入的3000万元权益性资产转化为股份由全体流通股股东享有，这属于民百公司内部财务处理事项。民百公司虽然用资本公积金项目下的股本溢价部分为全体流通股股东转增股份，但在此过程中民百公司资产数目并没有发生减损。神骏公司主张民百公司用属于公司所有的公积金转增股份从而神骏公司应当分得相应的股份数额，没有事实和法律依据，本院不予支持。

神骏公司上诉主张民百公司接受的3000万元资产定向转增新股构成非公开发行，该非公开发行未经中国证监会批准，所以股东大会决议通过的《股权分置改革方案》中3000万元资产转增为28379137股新股的内容无效。因神骏公司在原审起诉中要求民百公司赔偿1753800股股份折合赔偿人民币20081010元，其实质是以股东大会决议及其通过的《股权分置改革方案》有效为前提，如果股东大会决议及《股权分置改革方案》无效，神骏公司的诉讼请求就没有依据，且神骏公司在本案原审中没有请求确认股东大会决议及《股权分置改革方案》无效，其在二审中主张无效，超出了本上诉案审理范围，本院不予审理。神骏公司主张的民百公司因违反《证券法》非公开发行的规定而构成刑事犯罪，不属本案审理范围，本院不予审理。

神骏公司没有提供证据证明其因接受无偿赠送而获得了1753800股民百公司的股份，也没有提供证据证明民百公司非法处分神骏公司接受赠送后得到的股份，所以神骏公司主张的民百公司把神骏公司接受无偿赠送而形成的1753800股民百公司新增股份非法赠送给他人，缺乏事实依据。神骏公司要求民百公司赔偿其侵权而造成的损害，于法无据，本院不予支持。

——《最高人民法院公报》2010年第2期

297

变更股东与董事的公司股东会决议被确认无效的，被变更人仍具有股东与董事身份

关键词｜股东会决议｜公司决议效力确认之诉｜

【最高人民法院裁判文书】

孙茂才与候小滨、孙立兵等损害公司利益责任纠纷申请再审案[最高人民法院(2016)最高法民申3320号民事裁定书]

本院经审查认为,本案再审审查的重点为一、二审判决认定候小滨具有损害圣鲁公司利益的情形是否正确。

根据本案已查明事实,2001年12月,圣鲁公司设立之初,候小滨系该公司董事长兼法定代表人、股东。后虽圣鲁公司持股东会决议等材料通过工商变更登记手续于2003年6月24日将其法定代表人由候小滨变更为孙茂才、股东候小滨的持股比例由60%变更为41.66%,于2008年7月10日将股东候小滨变更为孙立兵,但嗣后候小滨提起公司决议效力确认之诉,山东省济宁市中级人民法院作出(2011)济商初字第57号生效民事判决,确认前述2003年6月24日、2008年7月10日圣鲁公司股东会决议无效。一审、二审判决基于上述事实,认定候小滨自始具备圣鲁公司股东、董事身份,并无不当。2002年至2014年期间,候小滨先后以兖州希尔康泰有限公司、江西希尔康泰制药有限公司的名义与圣鲁公司发生业务,业务往来期间,候小滨同时系兖州希尔康泰有限公司、江西希尔康泰制药有限公司的法定代表人和控股股东。一审、二审判决认定候小滨以分配利润名义扣收应支付给圣鲁公司加工费7822756.4元,有孙茂才提交的候小滨收到利润的收款条、郝玉生的证明以及当事人的陈述等证据相互印证,足以形成完整证据链条。且圣鲁公司年度审计报告显示,2002年至2011年,圣鲁公司可供分配的利润以及可供投资者分配的利润均为负数。候小滨申请再审提交泗水县地方税务局稽查局税务处理决定书、江西希尔康泰制药有限公司证明以及泗水县利丰小额贷款有限公司工商登记信息,拟证明候小滨仅扣收过110万元分红,并已经税务机关追缴,无扣收江西希尔康泰制药有限公司应付加工费的行为,且圣鲁公司利润并非负数。但上述证据材料中,泗水县地方税务局稽查局税务处理决定书系2005年5月9日作出,其中主要违法事实载明候小滨2002年至2003年5月24日具有取得投资分红共计160万元的事实,税务机关追缴个人所得税的处理决定,不因此否定候小滨违法分红的事实,更不能证明2005年之后候小滨不再具有分红事实;江西希尔康泰制药有限公司证明仅载明“候小滨先生从未将我公司应当支付给山东圣鲁制药有限公司的加工费截留后抵扣在该公司的分红”,并无其他证据佐证,结合候小滨为该公司法定代表人、控股股东之事实，该陈述证明力不足；泗水县利丰小额贷款有限公司工商登记信息虽载明圣鲁公司系该公司股东，于2010年11月5日认缴、实缴出资1500万元，但不能证明出资来源即为圣鲁公司每年结余分红后的自有资金，上述证据材料不符合《民诉法解释》第三百八十七条的规定，不构成再审新证据。候小滨申请再审还称孙茂才、圣鲁公司提交的交款单位为江西希尔康泰制药有限公司的加工费中扣除税后利润分配的说明，圣鲁公司称其自2005年至2011年利润为负数的陈述以及孙茂才提交的翟昆、吕保富、孙立兵的签字回函均为伪造，但并未提供任何证据予以佐证，不能成立。一审、二审判决依据候小滨具有圣鲁公司股东、董事身份，以兖州希尔康泰有限公司、江西希尔康泰制药有限公司的名义与圣鲁公司发生业务往来，并以分配利润名义扣收应支付给圣鲁公司加工费等事实，认定候小滨具有损害圣鲁公司利益之情形，认定事实和适用法律均无不当，本院予以维持。

——中国裁判文书网，http://wenshu.court.gov.cn。

编者说明

根据《公司法》第二十二条第四款规定，公司根据股东会或者股东大会、董事会决议已办理变更登记的，人民法院宣告该决议无效或者撤销该决议后，公司应当向公司登记机关申请撤销变更登记。

298

股东以其他股东为被告请求确认公司决议有效的，应予驳回

关键词｜公司决议效力确认之诉｜

【最高人民法院裁判文书】

刘聿与金守红股权转让合同纠纷案［最高人民法院（2010）民二终字第85号民事裁定书］

最高人民法院认为：根据《公司法》第二十二条之规定，股东对公司决议提起确认效力之诉，应由不服公司决议的股东以公司为被告提起无效或者撤销之诉。公司股东以公司其他股东为被告，请求确认公司决议有效，不符合《公司法》的规定，亦无诉的利益，为不合法之诉，应依法予以驳回。

——中国裁判文书网，http://wenshu.court.gov.cn。

编者说明

《公司法(2005)》第二十二条对被告的问题未作规定。股东会是公司的权力机关,诉讼的结果是撤销决议效力或者宣告决议无效,因此,只能以公司为被告,因为股东会决议的效力涉及以公司为中心的所有的法律关系。①

① 金剑锋等:《公司诉讼理论与实务问题研究》,人民法院出版社 2008 年版,第 290 页。

十一、股东代表诉讼

299

股东在起诉后将其股份转让并办理股权变更登记的，无权再以股东身份继续进行股东代表诉讼

关键词 | 股东代表诉讼 | 股权转让 |

【最高人民法院司法解释】

第四条 公司法第一百五十一条规定的180日以上连续持股期间，应为股东向人民法院提起诉讼时，已期满的持股时间；规定的合计持有公司百分之一以上股份，是指两个以上股东持股份额的合计。

——《最高人民法院关于适用〈中华人民共和国公司法〉若干问题的规定(一)》(2006年3月27日最高人民法院审判委员会第1382次会议通过，根据2014年2月17日最高人民法院审判委员会第1607次会议《关于修改关于适用〈中华人民共和国公司法〉若干问题的规定的决定》修正)

【最高人民法院审判业务意见】

《公司法(2005)》第一百五十二条规定了股份有限公司股东提起诉讼的持股比例和持股时间，但没有规定持股时间起算点和当时持股与连续持股的问题，这些问题直接涉及原告资格。

对持股时间的起算点，多数意见认为应当采取简单方便并且是放宽计算的方法，即自股东起诉之日向前推算满180日即符合持股时间。

对于起诉人在侵权行为发生当时是否必须持股的问题，征求意见过程中，多数意见认为此问题应不作规定，主要理由是侵权行为情况比较复杂，侵权行为发生的时间有时也难以界定，有的甚至是持续性的，如果规定当时持股，其程序性审查需要占用更多的司法资源，加大司法成本，更重要的是股东代表诉讼是为了维护公司的整体利益。另外，借鉴国外立法经验，对股东代表诉讼限制性规定应

当与公司制度发展状况和诉讼案件发生情况相适应,我国现阶段股东代表诉讼案件还不是很多,对股东代表诉讼尚不需要作出更加严格的限制,这样规定有利于促使公司依法经营管理,亦有利于提高股东的维权意识,因此,以不规定侵权行为发生时持股原则为宜。至于在诉讼过程中丧失股东资格的,可以依照公司法和民事诉讼法的有关规定驳回起诉。

《公司法(2005)》第一百五十二条规定的单独或者合计持有公司百分之一以上股份的股东,是指多个股东股份数额的合计,该问题同样涉及到原告股东资格问题,《公司法解释(一)》明确合计持有公司百分之一以上股份,是指两个以上股东持股份额的合计。对该类案件的受理,可能会出现共同原告提起诉讼的问题。

——《最高人民法院民二庭负责人对〈关于适用《中华人民共和国公司法》若干问题的规定(一)〉答记者问》,载最高人民法院民事审判第二庭编著:《最高人民法院关于公司法司法解释(一)、(二)理解与适用》,人民法院出版社 2015 年版,第 15 ~ 16 页。

【最高人民法院裁判文书】

李健与郝贵东、通化矿业(集团)有限责任公司损害股东利益责任纠纷申请再审案[最高人民法院(2016)最高法民申 84 号民事裁定书]

最高人民法院认为:本案争议问题是李健的起诉是否符合《民事诉讼法》第一百一十九条第一项规定的“原告是与本案有直接利害关系的公民、法人和其他组织”的起诉条件,原审裁定驳回其起诉是否存在适用法律确有错误的情形。

从李健起诉所主张的事实及理由看,其主张在其为道清选煤公司的股东期间,公司董事长郝贵东存在对外低价销售公司精煤的行为,给公司和其本人造成了经济损失,因而要求郝贵东承担赔偿责任,通化矿业集团对郝贵东的行为承担连带责任,并引用《公司法》第一百四十九条、第一百五十二条以及《民法通则》第一百零六条的规定作为其行使请求权的法律依据。由此可见,李健是基于其曾为道清选煤公司的股东身份才提起本案诉讼的。而李健提起本案诉讼时已将其持有的道清选煤公司 30% 股份全部转让,已不再具备股东资格。股份的全部转让,意味着附着在上述股份上的股东权利亦概括转移至受让人。因李健已不再是该公司股东,亦不再享有相应的股东权利及诉权,故李健对于其提出的诉讼请求，并无法律上的利害关系，其起诉不符合《民事诉讼法》第一百一十九条第一项规定的起诉条件。虽然李健主张是在其为股东期间发生了上述损失而要求赔偿，但根据公司法的相关规定，其所主张的“损失”与其并没有直接的利害关系。理由是：首先，对于李健提出的公司董事长郝贵东在其持股期间存在对外低价销售精煤的行为，给公司以及作为股东的李健造成了损失而要求赔偿的主张，根据《公司法》第一百四十九条“董事、监事、高级管理人员执行公司职务时违反法律、行政法规或者公司章程的规定，给公司造成损失的，应当承担赔偿责任”的规定，公司高管人员给公司造成损失的应向公司承担赔偿责任。而本案李健并非代表道清选煤公司向公司董事长提起诉讼，并未要求公司董事长郝贵东向道清选煤公司承担赔偿责任。况且，李健已将其股权全部转让，已不具备股东资格，无权代表道清选煤公司向公司高管人员提起公司代表诉讼。据此，李健在起诉状中引用上述法律规定作为自己行使请求权的法律依据，显然不符合法律规定，其不具备原告主体资格。其次，根据《公司法》第一百五十二条“董事、高级管理人员违反法律、行政法规或者公司章程的规定，损害股东利益的，股东可以向人民法院提起诉讼”的规定，虽然法律赋予股东可以就高管人员的侵权行为提起股东直接诉讼，但李健在本案中所主张的“损失”与其主张的公司董事长郝贵东上述行为之间是否存在直接利害关系，对此，本院认为，根据《公司法》第四条“公司股东依法享有资产收益、参与重大决策和选择管理者等权利”以及第三十四条“股东按照实缴的出资比例分取红利”等相关规定，李健在向公司完成出资、成为公司股东后只能依据公司法以及公司章程的规定享有分取红利、分配剩余财产等权利，即公司财产与股东财产相分离。而在本案中即便存在李健所主张的公司董事长郝贵东低价销售精煤的行为，首先是对道清选煤公司造成“损失”，仅是间接损害了李健作为股东的利益，而与其自身财产权益之间并没有直接的因果关系。且因其股权的转让，李健主张的所谓损失与其并无利害关系。因此，就本案而言，基于李健已转让其股权，不再具有股东身份，其与本案无直接利害关系，不具备本案原告主体资格。第三，虽然李健在起诉状中将《民法通则》第一百零六条即“公民、法人违反合同或者不履行其他义务的，应当承担民事责任。公民、法人由于过错侵害国家的、集体的财产，侵害他人财产、人身的，应当承担民事责任。没有过错，但法律规定应当承担民事责任的，应当承担民事责任”的规定作为其行使请求权的法律依据，但本案系李健基于其曾是公司股东的身份而对公司董事提起的诉讼，并非一般意义上的侵权之诉，故应当适用公司法的相关规定审查其与本案是否存在直接利害关系。基于前述分析，原审裁定驳回李健起诉并无不当。

——中国裁判文书网,http://wenshu.court.gov.cn。

赖立克与周少兰、中国农业银行股份有限公司顺德北滘支行损害公司利益责任纠纷案[最高人民法院(2015)民一终字第66号民事裁定书]

最高人民法院认为:股东代表诉讼的适格原告应为公司股东。赖立克在起诉后将其享有的新达公司的股份转让给区丽钏并办理股权变更登记,已经不再是新达公司的股东。新达公司现任股东在一审时明确表示不同意赖立克继续本案诉讼,赖立克在二审时亦未提交新达公司其他股东同意作为原告继续诉讼的证据,故赖立克作为股东为新达公司主张权利的事实基础已不存在,无权再以股东身份为新达公司利益继续进行本案诉讼。

——中国裁判文书网,http://wenshu.court.gov.cn。

北京金伦多资源技术有限公司与上海迈卡尔得工贸有限公司、孙毅等损害公司利益责任纠纷案[最高人民法院(2015)民二终字第38号民事裁定书]

最高人民法院认为:《公司法(2005)》第一百五十三条规定:"董事、高级管理人员违反法律、行政法规或者公司章程的规定,损害股东利益的,股东可以向人民法院提起诉讼。"根据该条规定,公司股东对直接侵害其利益的行为,可以向人民法院提起诉讼。金伦多公司在起诉状中称"由于左利华、李昌等永鑫汇公司高级管理人员实际控制永鑫汇公司的经营和管理,永鑫汇公司无法自行提起诉讼",才提起本案诉讼,具有代表永鑫汇公司提起诉讼的意思表示。依据公司法的规定,股东代表诉讼的适格原告为公司股东。金伦多公司在起诉后将其享有的永鑫汇公司的股份转让给沈嗣骧并办理了股权变更登记,已经不再是永鑫汇公司的股东。经本院释明,金伦多公司在二审时未在规定期限内提交沈嗣骧或者永鑫汇公司其他股东同意作为原告继续诉讼的证据,故金伦多公司作为股东代表永鑫汇公司主张权利的事实基础已不存在,无权再以股东身份继续进行本案诉讼。

——中国裁判文书网,http://wenshu.court.gov.cn。

【链接:最高人民法院法官著述】

在股东与公司所有和经营的法律关系中,公司具有独立的法人地位,股东并非公司权益损害的直接权利主体。但公司的财产与股东的股权有着不可分割的关系：没有股东的投资，就没有公司的财产。因此应该认为：在有限责任公司中，因其人数有限，故只要是股东都“与本案有直接利害关系”，能成为代表诉讼的适格原告；而在股份有限公司中，股权的分散性决定了只有与公司利益联系相当紧密的股东才可以提起代表诉讼。我国《公司法》是通过持股时间和持股数量来判断股份有限公司股东与公司的利益关联程度的，即只有连续180日以上单独或者合计持有公司1%以上股份的股东才能成为代表诉讼的适格原告。

——最高人民法院民事审判第二庭编著：《最高人民法院关于公司法司法解释（一）、（二）理解与适用》，人民法院出版社2015年版，第89页。

2. 代表诉讼的原告股东在诉讼期间丧失股东资格或不满足持股数量要求时该如何处理

代表诉讼是股东代表公司向侵权人主张权利，其诉权来源于公司，股东推进诉讼的全部目标是恢复公司利益。然而，股东毕竟是两造中的一方，当股东在诉讼中丧失股东资格或不满足持股比例要求时，公司的利益就与他无关，法院应裁定驳回起诉。但随之而来的另一个问题是继受股东地位的人可否继受代表诉讼的原告资格。答案根据公司类型的不同而有所区别。在股份有限公司中，股东只有连续持股180日以上才具有代表诉讼的原告资格。而继受股东的持股时间应从受让股份之时开始计算，那么，在代表诉讼进行过程中继受股东地位的人当然不具有原告资格。而在有限责任公司中，只要是股东都具有代表诉讼原告资格，受让公司股份的人因受让行为而具有了股东身份，也就当然的具备了代表诉讼的原告资格。

——最高人民法院民事审判第二庭编著：《最高人民法院关于公司法司法解释（一）、（二）理解与适用》，人民法院出版社2015年版，第92页。

300

未履行出资义务的股东，因股东会决议解除其股东资格的，无权提起股东代表诉讼

关键词 | 股东代表诉讼 | 股东会决议 | 股东资格 |

【最高人民法院裁判文书】

上海高金股权投资合伙企业与许建荣、谢兴楠等损害公司利益责任纠纷申请再审案[最高人民法院(2015)民申字第2204号民事裁定书]

最高人民法院经审查认为:关于上海高金合伙企业股东资格问题。依据原审查明的事实,在案件审理过程中,华东有色公司股东会根据增资协议约定,在上海高金合伙企业未按增资协议约定缴纳第三期增资款,经过两次函告仍未缴纳的情况下,于2014年5月28日召开股东会年度会议并作出决议,以减少注册资本的形式解除了上海高金合伙企业的股东资格。根据《公司法》及相关司法解释规定,有限责任公司的股东会有权以股东会决议形式解除股东资格。华东有色公司股东会年度会议关于解除上海高金合伙企业股东资格的决议已经生效。依照《公司法》第二十二条的规定,股东可以提起确认股东会决议无效之诉。然而,截至一审裁定作出时,上海高金合伙企业并没有依法提起申请撤销股东会决议诉讼或申请确认股东会决议无效诉讼。因此,原审认定上海高金合伙企业在本案中丧失了股东资格,无权提起股东代表诉讼,裁定驳回起诉,有事实和法律依据。

关于是否应在本案中一并审理华东有色公司股东会决议效力的问题。股东资格诉讼与股东代表诉讼虽然都是与公司有关的诉讼,但两类诉讼的诉讼请求不同、法律关系不同,诉讼中当事人的诉讼地位也不同,是两个完全独立的诉讼,前一诉讼是前提,是基础,两类诉讼不符合诉的合并的条件。因此,原审认定上海高金合伙企业就华东有色公司股东会决议效力问题,可以另行向有管辖权的人民法院提起申请确认股东会决议无效之诉,适用法律并无不当。

——中国裁判文书网,http://wenshu.court.gov.cn。

上海高金股权投资合伙企业与许建荣、谢兴楠等损害公司利益责任纠纷案[最高人民法院(2014)民一终字第295号民事裁定书]

最高人民法院认为:一、关于上诉人股东资格问题。上诉人上海高金合伙企业向一审法院起诉时依据增资协议和有关工商登记,证明其具有华东有色公司股东资格,因此,一审法院受理本案并无不当。在案件审理过程中,华东有色公司股东会根据增资协议约定,在上诉人上海高金合伙企业未按增资协议约定缴纳第三期增资款,经过两次函告仍未缴纳的情况下,于2014年5月28日召开股东会年度会议并作出决议,以减少注册资本的形式解除了上海高金合伙企业的股东资格。根据《公司法》及相关司法解释规定，有限责任公司的股东会有权以股东会决议形式解除股东资格。华东有色公司股东会年度会议关于解除上诉人股东资格的决议已经生效。《公司法》第二十二条规定，如果股东认为"股东会或者股东大会、董事会的会议召集程序、表决方式违反法律、行政法规或者公司章程，或者决议内容违反公司章程的，股东可以自决议作出之日起六十日内，请求人民法院撤销"；或者认为"公司股东会或者股东大会、董事会的决议内容违反法律、行政法规的"，股东可以提起确认股东会决议无效之诉。然而，截至一审裁定作出时，上诉人并没有依法提起申请撤销股东会决议诉讼或申请确认股东会决议无效诉讼。因此，一审裁定以上诉人在本案中丧失了股东资格，无权提起股东代表诉讼，裁定驳回起诉，并无不当。

二、关于上诉人提出的应在本案中一并审理华东有色公司股东会决议效力的问题。本院认为，确认股东资格问题，不仅是股东代表诉讼中面临的一个事实审查认定问题，同时也涉及诉的合并问题。股东资格诉讼与股东代表诉讼虽然都是与公司有关的诉讼，但两类诉讼的诉讼请求不同、法律关系不同，诉讼中当事人的诉讼地位也不同。在申请撤销或确认股东会决议解除股东资格无效之诉中，股东为原告，公司为被告；而在损害公司利益责任纠纷的股东代表诉讼中，虽然股东也是原告，但其是代表公司进行诉讼，诉讼利益完全归于公司，在该诉讼中，损害公司利益的法人或者个人为被告，公司只能是以第三人的身份出现。因此，确认股东资格诉讼和损害公司利益责任诉讼是两个完全独立的诉讼，前一诉讼是前提，是基础，两类诉讼不符合诉的合并的条件。如果在股东代表诉讼中对于股东资格发生争议，人民法院应当向当事人释明，告知当事人可以通过提起撤销股东会决议诉讼或者确认股东会决议无效诉讼来解决。因此，上诉人认为华东有色公司股东会决议解除其股东资格无效，可以另行向有管辖权的人民法院提起申请确认股东会决议无效之诉。

——中国裁判文书网，http://wenshu.court.gov.cn。

301

在二审过程中丧失股东资格的，也丧失提起股东代表诉讼的资格

关键词｜股东代表诉讼｜股东资格｜

【最高人民法院裁判文书】

南京东驰汽车工业(集团)有限公司与江苏春兰自动车有限公司、泰州春兰销售公司及南京徐工汽车制造有限公司股东滥用股东权利赔偿纠纷申请再审案[最高人民法院(2013)民申字第645号民事裁定书]

最高人民法院认为:(一)关于东驰公司在二审诉讼过程中丧失了股东资格,是否也相应地丧失股东代表诉讼的主体资格问题。股东代表诉讼是指当公司的正当利益受到控制股东、董事、高级管理人员或者其他人的侵害,而公司怠于通过诉讼追究侵害人的责任以及实现其他民事权利时,具备法定资格的股东为了公司的利益,依据法定程序以自己的名义提起的诉讼。根据《公司法(2005)》第一百五十二条的规定,公司董事、高级管理人员或公司控股股东侵犯公司合法权益,给公司造成损失的,有限责任公司的其他股东可以书面请求监事会或者不设监事会的有限责任公司的监事向人民法院提起诉讼,监事会、不设监事会的有限责任公司的监事,或者董事会、执行董事收到股东书面请求后拒绝提起诉讼,或者自收到请求之日起三十日内未提起诉讼,或者情况紧急、不立即提起诉讼将会使公司利益受到难以弥补的损害的,股东有权为了公司的利益以自己的名义直接向人民法院提起诉讼。根据上述规定,具备公司股东身份是有限责任公司股东提起股东代表诉讼的身份要件。本案中,虽然东驰公司提起诉讼时持有徐工汽车公司40%的股份,具备徐工汽车公司股东的身份,符合法律关于股东代表诉讼原告资格的要求,但是,在二审法院审理过程中,东驰公司将其所持股份全部转让给徐工机械公司,并办理了工商变更登记,由此,东驰公司已丧失了徐工汽车公司股东的身份,不符合股东代表诉讼的主体资格要求,丧失了在本案中继续以徐工汽车公司股东身份进行股东代表诉讼的资格。因此,二审法院认定东驰公司在丧失徐工汽车公司股东身份时,相应地丧失了股东代表诉讼的诉讼主体资格,有事实和法律依据。

(二)关于东驰公司丧失股东代表诉讼的主体资格后应否裁定驳回其起诉的问题。根据《公司法(2005)》第一百五十二条的规定,公司高级管理人员或控股股东等以不当行为侵害公司利益,公司在不当行为控制之下不能或怠于以自己名义主张权利,公司股东为了公司利益,以自己的名义对不当行为人提起诉讼的,人民法院应予受理。提起诉讼的原告应是公司现任股东,被告应为有不当行为的董事、监事、经理等高级管理人员、控股股东以及相关交易相对人,公司应作为第三人参加诉讼。本案中,东驰公司在二审诉讼过程中已丧失了徐工汽车公司股东的身份，不符合股东代表诉讼原告的要求，相应地丧失了股东代表诉讼的诉讼主体资格。因此，二审判决认为“东驰公司在丧失徐工汽车公司股东身份之后，再以自己的名义要求春兰自动车公司、春兰销售公司向徐工汽车公司进行赔偿，无相应的法律依据”，并无不当。二审法院在东驰公司已不再具备诉讼主体资格的情形下，依据《公司法（2005）》第一百五十二条及《民事诉讼法（2007）》第一百零八条、第一百五十三条第一款第（三）项的规定，裁定驳回东驰公司的起诉，适用法律并无不当。而且，在本案二审裁定发生法律效力后，徐工汽车公司已于2012年3月20日以该公司作为原告、春兰自动车公司和春兰销售公司为被告，向江苏省南京市中级人民法院提起诉讼，并以东驰公司丧失了继续以徐工汽车公司股东身份进行股东代表诉讼的资格已被法院驳回起诉及春兰自动车公司、春兰销售公司滥用股东权利损害公司利益为由，请求法院判令春兰自动车公司、春兰销售公司赔偿徐工汽车公司5500万元的经济损失。2012年12月20日，江苏省南京市中级人民法院（2012）宁商初字第18号民事判决驳回徐工汽车公司的诉讼请求。徐工汽车公司对该判决未提起上诉，现该判决已发生法律效力。该事实说明，东驰公司为维护公司利益而提起的股东代表诉讼所涉争议事实，已经过江苏省南京市中级人民法院（2012）宁商初字第18号案件实体审理，该判决结果对徐工汽车公司原股东东驰公司亦具有相应法律效力，东驰公司不得就同一事由再次提起诉讼。因此，东驰公司以二审法院裁定驳回起诉适用法律错误为由请求再审本案，本院不予支持。

——中国裁判文书网，http://wenshu.court.gov.cn。

南京东驰汽车工业（集团）有限公司与江苏春兰自动车有限公司、春兰（集团）公司及南京徐工汽车制造有限公司公司控股股东、实际控制人损害公司利益赔偿纠纷申请再审案［最高人民法院（2013）民申字第1173号民事裁定书］

本裁判理由与前引裁判文书基本一致（略）。

——中国裁判文书网，http://wenshu.court.gov.cn。

302

公司高管利用职权将公司专利权申请为个人名下，侵害公司利益的，其他股东有权提起股东代表诉讼

关键词｜股东代表诉讼｜高级管理人员｜专利权｜

【《最高人民法院公报》案例】

吴林祥、陈华南诉翟晓明专利权纠纷案(江苏省高级人民法院二审民事判决书)

裁判摘要:一、《公司法(2005)》第一百四十八条规定:“董事、监事、高级管理人员应当遵守法律、行政法规和公司章程,对公司负有踏实义务和勤勉义务。董事、监事、高级管理人员不得利用职权收受贿赂或者其他非法收入,不得侵占公司的财产。”该法第一百五十二条规定:“董事、高级管理人员违反法律、行政法规或者公司章程的规定,损害股东利益的,股东可以向人民法院提起诉讼。”根据上述规定,公司董事、高级管理人员或控股股东等人员违反法律、行政法规或者公司章程的规定,侵害公司利益,而公司在上述人员控制之下不能或怠于以自己的名义主张权利,导致其他股东利益受到损害的,其他股东为维护自身合法权益以及公司的利益,有权向人民法院提起诉讼。

——《最高人民法院公报》2008 年第 1 期

编者说明

本案裁判中股东提起代表诉讼,其代表公司所行使的是归入权。

303

证券公司股东起诉公司清算组、托管组等在行政处置期间损害公司利益的诉讼,属于股东代表诉讼

关键词|股东代表诉讼|证券公司清算组|证券公司托管组|

【最高人民法院裁判文书】

深圳市海信汇通国际投资有限公司与北京市万商天勤律师事务所、甘肃证券有限责任公司清算组、海通证券股份有限公司、海通证券股份有限公司深圳分公司红岭南路证券营业部侵权纠纷上诉案[最高人民法院(2008)民二终字第151号民事裁定书]

最高人民法院认为：证券公司股东起诉证券公司清算组、托管组及其成员在行政处置期间损害证券公司利益的诉讼，属于《公司法(2005)》第一百五十二条第三款规定的股东代表诉讼。由于股东代表诉讼是股东提起的诉讼，诉讼的结果直接归属于公司，与公司在利害关系，因此公司应列为股东代表诉讼的第三人参加诉讼。在公司进入破产程序后，该公司的股东提起的股东代表诉讼依据《企业破产法》第二十一条的规定向受理破产申请的人民法院提起。

——苏泽林主编、最高人民法院立案庭编：《立案工作指导》总第20辑，人民法院出版社2009年版，第224～226页。

编者说明

本裁判意见明确了公司作为股东代表诉讼的直接利害关系人的地位和享有的诉讼权利，该诉讼权利应受法律保护，并明确了破产程序中公司股东提起股东代表诉讼的管辖法院，本裁判意见认为，公司进入破产程序以后，该公司的股东提起的股东代表诉讼应当属于《企业破产法》第二十一条所称的“有关债务人的民事诉讼”，故应当根据该法的规定向受理破产申请的人民法院提起。①

304

股东代表诉讼的被告是以不当行为侵害公司利益而公司机关又怠于起诉的侵权人

关键词 | 股东代表诉讼 |

【最高人民法院裁判文书】

青岛金天祺科技开发有限公司与航天信息股份有限公司、青岛航天信息有限公司及青岛航天金穗电子技术有限公司清算组股东代表诉讼纠纷提审案[最高人民法院(2015)民提字第123号民事判决书]

最高人民法院认为：本案中，航天信息公司为整合青岛市防伪税控服务体

---

① 刘德权主编：《最高人民法院裁判意见精选》(下)，人民法院出版社2011年版，第761页。

系,将青岛金穗公司、运达公司、金科公司这三家业已存在的服务单位整合为一个服务平台,拟新设青岛航天信息公司统一运营青岛市的增值税防伪税控服务业务。其在2005年11月28日提出的《组建协议》和章程中所提出的方案是航天信息公司、青岛金天祺科技公司、运达公司、金科公司在新设公司中各占股51%、19%、19%和11%。青岛金天祺科技公司认为该方案扩大了航天信息公司的权益,侵害了青岛金天祺科技公司的权益,主张按照之前青岛金穗公司和运达公司、金科公司所占的市场份额,运达公司和金科公司在新公司中占比30%,其余70%由航天信息公司和青岛金天祺科技公司按照双方在青岛金穗公司中51%和49%的持股比例相应划定。本院认为,根据本案的实际情况,青岛金天祺科技公司的这一利益诉求,有其相应的事实依据和正当理由。但面对这一分歧,航天信息公司没有选择通过商业谈判来加以解决,而是径行撇开青岛金天祺科技公司,直接与运达公司、金科公司合作设立了与青岛金穗公司经营相同业务的青岛航天信息公司,并实施了通过司法诉讼意图解散青岛金穗公司、取缔青岛金穗公司的防伪税控服务单位资格、将青岛金穗公司的员工推荐到青岛航天信息公司就业等一系列的行为,使得青岛金穗公司的经营基础丧失。《公司法(2005)》第一百五十一条规定:有限责任公司合法权益受到他人侵犯,给公司造成损失的,股东在公司、董事会、监事会收到其提交的书面请求后拒绝提起诉讼的,有权为了公司的利益以自己的名义直接向人民法院提起诉讼。本案中,青岛金天祺科技公司于2008年2月14日分别向青岛金穗公司董事会和两名监事发出《关于依法维护公司权益的函》,提出因航天信息公司将公司主营业务交其控股公司青岛航天信息公司,致使青岛金穗公司无法按照公司章程正常经营,系航天信息公司利用关联公司侵害了青岛金穗公司的权益,请求依法提起诉讼。在公司董事会和监事拒绝提起诉讼的情况下,青岛金天祺公司向一审法院提起本案诉讼,符合法律规定。原审判决将本案案由认定为股东代表诉讼纠纷正确,本院予以确认。《合同法》第一百二十二条规定:“因当事人一方的违约行为,侵害对方人身、财产权益的,受损害方有权选择依照本法要求其承担违约责任或者依照其他法律要求其承担侵权责任。”虽然航天信息公司与青岛金穗公司之间存在着合同关系,但从青岛金天祺科技公司的一审诉讼请求及其理由来看,其核心诉求是主张航天信息公司实施的设立青岛航天信息公司经营同类业务、取缔青岛金穗公司的防伪税控服务单位资格系侵权行为并应承担相应的赔偿责任,故原审判决以当事人之间的合同关系为依据对本案进行审理,偏离了当事人的诉讼请求,本院予以纠正。

——中国裁判文书网,http://wenshu.court.gov.cn。

东风汽车贸易公司、内蒙古汽车修造厂与内蒙古物资集团有限公司、内蒙古环成汽车技术有限公司、赫连佳新、梁秋玲、内蒙古东风汽车销售技术服务联合公司共同侵权纠纷上诉案[最高人民法院(2007)民一终字第49号民事判决书]

最高人民法院认为：联合公司与环成公司均主张，汽贸公司、汽修厂不是《土地使用权转让协议书》和《房屋买卖合同书》的当事人，所以无权请求人民法院认定这两份合同无效。2005年10月27日修订通过、2006年1月1日施行的《公司法(2005)》第一百五十条规定："董事、监事、高级管理人员执行职务时违反法律、行政法规或者公司章程的规定，给公司造成损失的，应当承担赔偿责任。"该法第一百五十二条规定："董事、高级管理人员有本法第一百五十条规定的情形的，有限责任公司的股东、股份有限公司连续一百八十日以上单独或者合计持的公司百分之一以上股份的股东，可以书面请求监事会或者不设监事会的有限责任公司的监事向人民法院提起诉讼；监事有本法第一百五十条规定的情形的，前述股东可以书面请求董事会或者不设董事会的有限责任公司的执行董事向人民法院提起诉讼。监事会、不设监事会的有限责任公司的监事，或者董事会、执行董事收到前款规定的股东书面请求后拒绝提起诉讼，或者自收到请求之日起三十日内未提起诉讼的，或者情况紧急、不立即提起诉讼将会使公司利益受到难以弥补的损害的，前款规定的股东有权为了公司的利益以自己的名义直接向人民法院提起诉讼。他人侵犯公司合法权益，给公司造成损失的，本条第一款规定的股东可以依照前两款的规定向人民法院提起诉讼。"这是新公司法关于股东代表诉讼的规定。也就是说，当公司的董事、监事、高级管理人员侵害了公司权益，而公司怠于追究其责任时，符合法定条件的股东可以自己的名义代表公司提起诉讼。在股东代表诉讼中，股东个人的利益并没有直接受到损害，只是由于公司的利益受到损害而间接受损，因此，股东代表诉讼是股东为了公司的利益而以股东的名义直接提起的诉讼。相应地，胜诉后的利益归于公司。通常情况下，当公司的权益受到损害时，公司可以直接追究侵权人的责任。然而，当侵权人为公司的控股股东或者公司的高级管理人员时，因为存在利益关系，公司就可能不追究或者怠于追究上述人员的责任，这样就会导致其他股东的利益受损。在这种情况下，新公司法就通过股东代表诉讼制度保护公司其他股东的权益。最高人民法院《公司法解释(一)》第二条规定："因公司法实施前有关民事行为或者事件发生纠纷起诉到人民法院的，如当时的法律法规和司法解释没有明确规定时，可参照适用公司法的有关规定。"据此，本案的诉讼可以参照新公司法规定的股东代表诉讼进行处理。由于联合公司没有设立监事会或者监事，参照新公司法的规定，联合公司的股东汽贸公司和汽修厂认为联合公司的高级管理人员梁秋玲代表联合公司与环成公司签订的合同侵犯了联合公司的合法权益时，可以以自己的名义请求确认《土地使用权转让协议书》和《房屋买卖合同书》无效。因此，联合公司与环成公司认为汽贸公司和汽修厂主体不符的主张不能成立，不予支持。

——最高人民法院民事审判第一庭编：《民事审判指导与参考》总第33集，法律出版社2008年版，第169～188页。

【链接：最高人民法院法官著述】

公司的利益是股东和债权人利益赖以实现的根本保障，而公司机关是公司运转的载体。因此，理论上当公司利益受到侵害时，公司机关应当及时行使公司诉权通过司法救济的途径恢复公司的财产权益。但在某些特殊情形下，公司机关的组成人员本身（如董事）即是侵权人，或者虽不是侵权人但因与其有各种利害关系而拒绝提起诉讼（如监事），这就势必造成公司诉权行使之懈怠。股东代表诉讼的被告正是这些以不当行为侵害公司利益而公司机关又怠于起诉的侵权人。

——最高人民法院民事审判第二庭编著：《最高人民法院关于公司法司法解释（一）、（二）理解与适用》，人民法院出版社2015年版，第89页。

根据《公司法（2005）》第一百五十二条第一、二款之规定，公司的董事、监事、高级管理人员均可成为股东代表诉讼的被告。该条第三款还规定，他人侵犯公司合法权益，给公司造成损失的，该条第一款规定的股东可以依照前两款的规定向人民法院提起诉讼。据此可见，公司法对股东代表诉讼的被告没有作任何限制，凡是侵害了公司合法权益的人，都可能成为股东代表诉讼的被告。因此，控股股东、实际控制人、其他股东、公司董事、公司高级管理人员、公司监事以及公司外部人员均可成为股东代表诉讼的被告。

——杨永清：《股东代表诉讼如何行使与恶意串通的认定——东风汽车贸易公司、内蒙古汽车修造厂与内蒙古物资集团有限公司、内蒙古环成汽车技术有限公司、赫连佳新、梁秋玲、内蒙古东风汽车销售技术服务联合公司共同侵权纠纷上诉案》，载最高人民法院民事审判第一庭编：《民事审判指导与参考》总第33集，法律出版社2008年版，第185页。

为了保护股东正当权益，《公司法（2005）》第一百五十二条第二款和第三款规定了比较宽泛的股东代表诉讼的被告,既包括公司的董事、监事、控制股东,也包括公司内部的高级管理人员,还包括公司之外的第三人。如此规定,堪称妥当。股东代表诉讼对于属于公司的诉权而言,在符合法定程序和条件下,股东都可以代表公司行使公司的诉权。这样不仅可以预防和救济公司机关组成人员滥用权利,而且可以阻止和消除第三人对公司的侵害。

——李国光、王闯:《审理公司诉讼案件的若干问题——贯彻新修订后的〈公司法〉的司法思考》,载最高人民法院民事审判第二庭编:《民商事审判指导》总第8辑,人民法院出版社2006年版,第73页。

305

股东代表诉讼中公司与其他股东的诉讼地位

关键词｜股东代表诉讼｜

【最高人民法院裁判文书】

东风汽车贸易公司、内蒙古汽车修造厂与内蒙古物资集团有限公司、内蒙古环成汽车技术有限公司、赫连佳新、梁秋玲、内蒙古东风汽车销售技术服务联合公司共同侵权纠纷上诉案[最高人民法院(2007)民一终字第49号民事判决书]

详见前条所引裁判文书(略)。

——最高人民法院民事审判第一庭编:《民事审判指导与参考》总第33集,法律出版社2008年版,第169~183页。

中国科学院软件研究所与湖南湘投控股集团有限公司、中科软件集团有限公司损害公司利益纠纷案[最高人民法院(2006)民二终字第227号民事裁定书]

最高人民法院认为:就股东直接诉讼而言,虽然《公司法(2005)》第二十一条、第二十二条和第一百五十三条等明确规定了股东的直接诉讼,但股东在根据该法第二十一条关于"公司的控股股东、实际控制人、董事、监事、高级管理人员不得利用关联交易损害公司利益。违反前者规定,给公司造成损失的,应当承担赔偿责任"或该法第一百五十三条关于"董事、高级管理人员违反法律、行政法规或者公司章程的规定,损害股东利益的,股东可以向人民法院提起诉讼”之规定提起直接诉讼时,应以公司的控股股东、实际控制人、董事、监事、高级管理人员等个人为被告,不能以公司为被告。在根据该法第二十二条等规定提起直接诉讼时,公司方属适格被告。否则,将会出现混淆直接诉讼中公司的高级管理人员与公司关系的结果。

由于股东间接诉讼具有代表性和代位性,事实上原告股东行使的是公司的诉权,因此公司并无参加诉讼之必要。但鉴于民事诉讼的意思自治之品质,可以由公司自主选择是否参加间接诉讼。在公司自主选择参加诉讼的情形下,其在间接诉讼中的地位问题较为复杂,在目前司法实践中尚存争议,司法实务通常认为公司在股东代表诉讼中不宜作为被告,最高人民法院认为,人民法院可以根据案件的实际情况来具体界定公司的诉讼地位。

——最高人民法院民事审判第二庭编:《最高人民法院商事审判指导案例·公司卷》,中国法制出版社2011年版,第311~317页。

306

公司应当作为股东代表诉讼中无独立请求权的第三人参加诉讼,不应作为被告

关键词|股东代表诉讼|无独立请求权第三人|

【最高人民法院裁判文书】

大连天河百盛购物中心有限公司与大连天河大厦有限公司财产损害赔偿纠纷案[最高人民法院(2005)民二终字第149号民事判决书]

最高人民法院认为:作为保护中小股东利益的一项重要司法制度,股东代表诉讼已成为法中保护中小股东权利的一种特殊救济方式。只要是对公司实施了不录行为侵害公司利益的当事人,都属于被告之列。因为公司是利益实际受到损害的主体,是实质上的原告,案件的处理结果与其有着直接的关系。因此,在股东代表诉讼中,公司必须作为第三人参加诉讼。

如果由于天河百盛的高管人员不作为,导致天河百盛的利益受到损害,按照现代公司法关于股东代表诉讼的理论,天河百盛的股东天河大厦可以向人

民法院提起代表诉讼,但是在股东代表诉讼中,被告人应当是天河百盛的高管人员、狮贸控股公司以及损害天河百盛利益的狮贸控股的关联公司,天河百盛应当以第三人的身份参加诉讼,但不应成为本案的被告。天河大厦以合资公司天河百盛作为被告提起诉讼,属被告选择上存在错误,应当在实体审理中由天河大厦予以变更和调整;如该公司坚持诉讼天河百盛,则其诉求应当予以驳回。

——最高人民法院民事审判第二庭编:《最高人民法院商事审判指导案例 · 公司卷》,中国法制出版社 2011 年版,第 458 ~462 页。

307

股东提起代表诉讼应当经过前置程序

关键词｜股东代表诉讼｜前置程序｜

【最高人民法院审判业务意见】

从《公司法(2005)》第一百五十二条规定的字面理解,所称的“前置程序”只是法院在受理案件时,基于“理顺公司内部治理、强化公司决策机关(管理层)的责任意识”的考虑而掌握的一条具有“释明性”“指引性”的条文,并非是一条强制性的规范程序,且其规定了“紧急情况”的例外。至于何为“紧急情况”? 应由法官根据个案情况及“商业裁判准则”作出判定。如认为“不立即受理该代表诉讼案件,将会使公司利益受到难以弥补损害”的,就应当直接受理股东提起的代表诉讼,而不受“前置程序”的约束。

之所以作出该“释明性”“指引性”的规定,其意义在于鼓励并引导股东与公司保持有效的意思联络,促使股东在维护公司利益方面尽量与公司决策机构形成一致的利益认同,避免出现分歧。在规范董事、高管人员及关联债务人与公司之间的关系时,要求公司从自身独立的人格和利益出发,维护其正当权益,进而实现最大限度地保护股东利益的目标。

——宋晓明:《研究公司法务,指导审判实践——就新〈公司法〉适用中若干疑难问题答记者问》,载最高人民法院民事审判第二庭编:《民商事审判指导》总第 11 辑,人民法院出版社 2007 年版,第 93 页。

【最高人民法院裁判文书】

宁源国际有限公司与中国银行股份有限公司重庆九龙坡支行返还原物纠纷申请再审案[最高人民法院(2016)最高法民申3737号民事裁定书]

最高人民法院认为:公司股东以自己名义为公司利益提起诉讼,应当针对《公司法》第一百四十九条规定的"董事、监事、高级管理人员执行公司职务时违反法律、行政法规或者公司章程的规定,给公司造成损失的"情形,并且符合该法第一百五十一条的规定条件,即股东书面请求公司监事或者董事机构向人民法院提起诉讼后,存在有关公司机构拒不履行或怠于履行起诉职责或者"情况紧急、不立即提起诉讼将会使公司利益受到难以弥补的损害"的情形。本案中,宁源公司起诉的对象中行九支行系中原公司的股东,既非公司董事、监事、高级管理人员,也非与公司无关的第三人;所主张的损害事实是同为公司股东的中行九支行通过代管公司、实际掌握公司管理权力而实施的侵害公司的行为,既非公司高级管理人员的不当履职行为,也非他人侵犯公司合法权益的侵权行为;且中原公司已歇业多年,本案也不存在"情况紧急、不立即提起诉讼将会使公司利益受到难以弥补的损害"的情形。宁源公司的起诉不符合《公司法》第一百五十一条的规定,原审法院裁定驳回其起诉并无不当。

——中国裁判文书网,http://wenshu.court.gov.cn。

正源中国地产有限公司与富彦斌公司证照返还纠纷申请再审案[最高人民法院(2015)民申字第2767号民事裁定书]

最高人民法院认为:《公司法》第一百五十一条规定了股东代表诉讼制度,公司董事、监事、高级管理人员以及他人侵害公司合法权益的,公司股东有权向人民法院提起诉讼,但要遵循前置程序的要求,即股东应书面请求监事会或者不设监事会的有限公司的监事、董事会或执行董事提起诉讼;监事会、监事或者董事会、执行董事收到书面请求后拒绝提起诉讼,或者自收到请求之日起三十日内未提起诉讼,或者情况紧急、不立即提起诉讼将会使公司利益受到难以弥补的损害的,股东有权为了公司的利益以自己的名义直接向人民法院提起诉讼。该前置程序是一项法定的强制性义务,除非存在情况紧急不立即诉讼公司将会受到不可弥补的损害的情形,才可免除前置程序。本案中,正源公司代表正源市政请求原执行董事返还证照,但未履行股东代表诉讼的法定前置程序,其无充分证据证明本案存在免除前置程序的例外情形,原裁定据此驳回其起诉并无不当。正源公司关于本案不适用前置程序的主张缺乏事实和法律依据,本院不予支持。

——中国裁判文书网,http://wenshu.court.gov.cn。

陈达文与北京朝阳公园开发经营公司与公司有关的纠纷申请再审案[最高人民法院(2015)民申字第599号民事裁定书]

最高人民法院经审查认为,二审判决列明的诉讼主体是作为公司股东的朝阳公司,被诉一方是曾经在北京明达公司担任董事及法定代表人的陈达文,第三人是北京明达公司。二审判决对于诉讼主体的确认符合股东派生诉讼主体资格的要件。

——中国裁判文书网,http://wenshu.court.gov.cn。

北京朝阳公园开发经营公司与陈达文其他股东权纠纷案[最高人民法院(2013)民二终字第30号民事判决书]

最高人民法院认为:一、关于朝阳公司是否已经履行了股东代表诉讼的前置程序。陈达文认为,朝阳公司未履行要求监事会提起诉讼的义务,不符合提起股东代表诉讼的法律规定。原审已查明,2006年11月1日、2007年1月5日,朝阳公司两次致函北京明达要求北京明达通过诉讼解决销售款损失问题,两份函件均被北京明达签收。本院认为,《中外合资经营企业法》并未规定中外合资经营企业必须设立监事会,陈达文亦未提交证据证明北京明达设有监事会。即使北京明达设有监事会,朝阳公司未明确其致函对象为北京明达监事会,属于形式上的瑕疵,其两次的函已经明确表达出了要求通过诉讼解决销售款损失的意思。故对陈达文以该形式瑕疵否定朝阳公司履行股东代表诉讼程序行为效力的主张,本院不予支持。

——中国裁判文书网,http://wenshu.court.gov.cn。

东风汽车贸易公司、内蒙古汽车修造厂与内蒙古物资集团有限公司、内蒙古环成汽车技术有限公司、赫连佳新、梁秋玲、内蒙古东风汽车销售技术服务联合公司共同侵权纠纷上诉案[最高人民法院(2007)民一终字第49号民事判决书]

详见前条所引裁判文书(略)。

——最高人民法院民事审判第一庭编:《民事审判指导与参考》总第33集,法律出版社2008年版,第169~183页。

【链接：最高人民法院法官著述】

《公司法(2005)》第一百五十二条分三款对股东代表诉讼的条件和前置程序作了明确规定,此外,根据《公司法(2005)》第一百五十二条第二款的规定,在紧急情况下股东可以不经前置程序所规定的等候期限,直接提起股东代表诉讼。由于联合公司没有监事(会),所以,参照《公司法(2005)》第一百五十二条的规定,汽贸公司与汽修厂可以直接提起股东代表诉讼。

——杨永清:《股东代表诉讼如何行使与恶意串通的认定——东风汽车贸易公司、内蒙古汽车修造厂与内蒙古物资集团有限公司、内蒙古环成汽车技术有限公司、赫连佳新、梁秋玲、内蒙古东风汽车销售技术服务联合公司共同侵权纠纷上诉案》,载最高人民法院民事审判第一庭编:《民事审判指导与参考》总第33集,法律出版社2008年版,第186页。

308

股东向董事会提出起诉请求而董事会不起诉的，即完成前置程序，可提起代表诉讼

关键词｜股东代表诉讼｜前置程序｜董事会｜

【《最高人民法院公报》案例】

浙江和信电力开发有限公司、金华市大兴物资有限公司与通和置业投资有限公司、广厦控股创业投资有限公司、上海富沃企业发展有限公司及通和投资控股有限公司损害公司权益纠纷上诉案[最高人民法院(2008)民二终字第123号民事调解书]

裁判摘要:有限责任公司的股东依照《公司法(2005)》第一百五十二条的规定,向公司的董事、监事、高管人员或者他人提起股东代表诉讼后,经人民法院主持,诉讼各方达成调解协议的,该调解协议不仅要经过诉讼各方一致同意,还必须经过提起股东代表诉讼的股东所在的公司和该公司未参与诉讼的其他股东同意后,人民法院才能最终确认该调解协议的法律效力。

——《最高人民法院公报》2009年第6期

【链接：最高人民法院法官著述】

当公司利益受到第三人(他人)侵害时,其救济程序体现在《公司法》第一百五十二条第三款。但是该款没有明确规定应当如何救济,只是规定股东可以依照同条第一款、第二款的规定向法院提起诉讼。这里“如何依照”值得探讨,尤其是在股东请求公司提起诉讼时,应当履行何种前置程序。依照同条第一、二款的规定,第三人侵害公司利益,公司不主动提起诉讼时,股东仍然应当请求公司机关直接提起诉讼。而根据该两款的规定,作为经营机关的董事会和作为监督机关的监事会都可以作为被请求的机关,在第三人侵害的场合应当向哪一机关提出请求法律没有明确规定,对此有进一步解释的必要。笔者认为,第三人侵害公司利益时,该第三人与公司董事会间的关系一般不如董事与董事会间的关系那样容易使机关丧失独立的判断,从公司诉讼的效率化和程序便捷的角度考虑,由股东向董事会提出请求比较合理,即只要股东向董事会提出了起诉的请求,董事会不提起诉讼时,股东就完成了前置程序,就可以直接对第三人提起诉讼。这样可以避免股东承担过重负担,因为在第一百五十二条前两款的规定中,股东只需根据侵害人的身份就可以准确地确定相应的请求机关,股东在选择请求机关上所付的成本较少。同样第三款也应当遵循相同的标准,应当方便股东选择恰当的机关,毕竟,对第三人与公司机关间关系进行判断不是股东所能胜任的。

——杜军:《第三人侵害时有限公司股东代表诉讼的前置程序及法院对调解协议的审查》,载最高人民法院民事审判第二庭编:《民商事审判指导》总第 18 辑,人民法院出版社 2009 年版,第 188 ~ 189 页。

309

股东代表诉讼前置程序的规定适用于公司治理的一般情况

关键词｜股东代表诉讼｜前置程序｜

【最高人民法院裁判文书】

陈二与何栢强、罗顺兴、罗润秋、何少珍及广州天奥企业文化咨询有限公司损害公司利益责任纠纷案[最高人民法院(2015)民提字第 230 号民事裁定书]

裁判要点:法律不会要求当事人徒为毫无意义之行为。对于《公司法》第一百五十一条有关股东提起代表诉讼,须以先行书面请求公司监事会或监事、董事会或执行董事提起诉讼而无果为前置程序的规定，应当认为其所针对的是公司治理形态的一般情况;对于确属股东申请无益即客观事实足以表明公司监事会或监事、董事会或执行董事不可能接受股东的上述申请的情况,应当认为已经“竭尽公司内部救济”,《公司法》的本意并不要求这种情况下的股东代表诉讼,仍然要经过“书面请求公司机关起诉”这一前置程序。在此场合,应当允许符合条件的股东直接提起股东代表诉讼。

最高人民法院认为:《公司法》第一百五十一条在赋予股东为了公司的利益以自己的名义直接向人民法院提起诉讼即股东代表诉讼之权利的同时,规定提起股东代表诉讼须以股东经书面请求监事会或监事、董事会或执行董事提起诉讼而监事、执行董事等拒绝或者怠于提起诉讼为条件,亦即“竭尽公司内部救济”的前置程序。设定该前置程序的主要目的和意义,在于促使公司内部治理结构充分发挥作用,以维护公司的独立人格、尊重公司的自主意志以及防止股东滥用诉权、节约诉讼成本。根据该条款的文字内容和生活常理,应当认为《公司法》规定的该项“前置程序”所针对的是公司治理形态的一般情况,即在股东向公司的有关机构或人员提出书面申请之时,后者是否会依股东的请求而提起诉讼尚处于不定状态,抑或存在监事会、监事或者董事会、执行董事依股东申请而提起诉讼的可能性;换言之,法律不应要求当事人徒为毫无意义之行为,对于股东申请无益即客观事实足以表明不存在前述可能性的情况,不应理解为《公司法》第一百五十一条所规制的情况。

本案中,原审已经查明嘉莉诗公司仅有陈二和何栢强、罗顺兴三名股东,公司不设董事会和监事会,何栢强、罗顺兴分别担任该公司的执行董事和监事,而陈二代表公司提起诉讼所指向的被告恰是何栢强、罗顺兴等人,且在陈二提出起诉前,双方已就诉争的事实产生争议。由此表明,即使陈二就相关事实请求分别作为公司执行董事和监事的何栢强、罗顺兴提起诉讼,何栢强、罗顺兴必然拒绝。故本案中不存在公司的执行董事或监事接受股东申请对股东所主张的被告提起诉讼的可能性,亦可谓公司内部的救济途径已经穷尽,据此应当认为陈二提起本案诉讼并不违反《公司法》第一百五十一条的规定。因而,无论广州奥林匹克大厦将被拍卖的情况是否属于《公司法》第一百五十一条规定的“情况紧急、不立即提起诉讼将会使公司利益受到难以弥补的损害”的情形,如果陈二的起诉符合《民事诉讼法》规定的起诉条件,则人民法院应当予以受理并进行审理。

综上,原审以陈二尚未进行公司内部救济的前置程序、提起本案诉讼不符合起诉条件为由驳回陈二的起诉，适用法律不当，应当予以纠正；陈二的申请再审的理由成立，对其再审诉讼请求应当予以支持。

——人民法院出版社法规编辑中心编：《最高人民法院裁判观点精编（2014～2015）》，人民法院出版社 2016 年版，第 331～333 页。

310

监事及除原告之外的其他董事会成员皆为被告的特殊情况下，应免予履行前置程序

关键词｜前置程序｜股东代表诉讼｜

【最高人民法院裁判文书】

李陆与周宇峰、刘桂芝损害公司利益责任纠纷案［最高人民法院（2015）民四终字第 54 号民事裁定书］

最高人民法院认为：结合本案当事人的诉辩情况，本案争议焦点为，李陆是否有权提起股东代位诉讼。

首先，《公司法》第一百五十一条设定了股东代位诉讼的前置程序。其目的在于，尽可能地尊重公司内部治理，通过前置程序使公司能够了解股东诉求并自行与有关主体解决相关纠纷，避免对公司治理产生不当影响。通常情况下，只有经过了前置程序，公司有关机关决定不起诉或者怠于提起诉讼，股东才有权提起代位诉讼。但中兴公司的三名董事，分别是原审原告李陆与原审两被告周宇峰、刘桂芝，周宇峰还兼任中兴公司监事，客观上，中兴公司监事以及除李陆之外的其他董事会成员皆为被告，与案涉纠纷皆有利害关系。从《公司法》第一百五十一条之规定来看，起诉董事需向监事会或监事而非董事会提出书面请求，起诉监事则需向董事会或执行董事而非监事会或监事本人提出书面请求，此规定意在通过公司内部机关的相互制衡，实现利害关系人的回避，避免利益冲突。在本案的特殊情况下，已无途径达成该目的。中兴公司被告董事会成员和监事在同一案件中，无法既代表公司又代表被告。为及时维护公司利益，在本案的特殊情况下，应予免除李陆履行前置程序的义务。其次，尽管一般而言，如果股东本身是公司的法定代表人，不应舍近求远提起股东代位诉讼，但本案中李陆并不掌握公

司公章,难以证明自身的法定代表人身份,故其以公司名义提起诉讼在实践中确有困难。且其提供了初步证据证明,其曾以中兴公司名义起诉而未能为法院受理。如不允许其选择股东代位诉讼,将使其丧失救济自身权利的合理途径。综合以上情况,并且原审已经就本案进行了长达两年半的审理,再要求李陆履行前置程序后另行起诉,显然不利于及时维护公司权利,也给当事人造成不必要的讼累,故李陆关于其有权提起股东代位诉讼的上诉主张,本院予以支持。

——中国裁判文书网,http://wenshu. court. gov. cn。

311

股东代表诉讼后的利益归属于公司

关键词｜股东代表诉讼｜

【最高人民法院裁判文书】

东风汽车贸易公司、内蒙古汽车修造厂与内蒙古物资集团有限公司、内蒙古环成汽车技术有限公司、赫连佳新、梁秋玲、内蒙古东风汽车销售技术服务联合公司共同侵权纠纷上诉案[最高人民法院(2007)民一终字第49号民事判决书]

最高人民法院认为:在股东代表诉讼中,股东个人的利益并没有直接受到损害,只是由于公司的利益受到损害而间接受损,因此,股东代表诉讼是股东为了公司的利益而以股东的名义直接提起的诉讼。相应地,胜诉后的利益归于公司。

——最高人民法院民事审判第一庭编:《民事审判指导与参考》总第33集,法律出版社2008年版,第169~183页。

【链接:最高人民法院法官著述】

6. 股东代表诉讼的法律后果

股东代表诉讼的法律后果不仅及于原告、被告和公司本身,而且也及于公司其他股东。根据一事不再理的原理,在股东代表诉讼的裁决生效后,其他股东不得以同一事实和理由再行向法院起诉,在这类案件中,股东胜诉的,其权益归公司，而不归原告。就本案而言，权益归联合公司，而不归汽贸公司和汽修厂。这再次印证了在这类诉讼中，公司本身的诉讼地位应该列为第三人，而不应该列为被告。如果原告败诉，则由提起诉讼的股东承担不利后果。

7. 诉讼费用的负担

本案中，汽贸公司和汽修厂胜诉，原因是联合公司的高级管理人员梁秋玲代表联合公司与环成公司签订的房屋买卖合同和土地使用权转让合同无效。那么按照常理，因合同无效导致环成公司败诉，无效合同的双方都应该分担诉讼费用。处理本案的诉讼费用负担时，笔者一度也是这样考虑的。但实际上这一观点是不正确的，因为汽贸公司和汽修厂胜诉，就表明联合公司胜诉。既然如此，联合公司就不应该负担诉讼费用。诉讼费的负担应该由联合公司的高级管理人员梁秋玲与环成公司负担。之所以让梁秋玲来承担部分败诉费用，是因为梁秋玲作为联合公司的高级管理人员，违背了法律的规定。导致合同无效的真正原因，就合同的当事人一方联合公司而言，其实并不是联合公司，而是梁秋玲。既然如此，梁秋玲就应该为合同无效负担部分诉讼费。

——杨永清：《股东代表诉讼如何行使与恶意串通的认定——东风汽车贸易公司、内蒙古汽车修造厂与内蒙古物资集团有限公司、内蒙古环成汽车技术有限公司、赫连佳新、梁秋玲、内蒙古东风汽车销售技术服务联合公司共同侵权纠纷上诉案》，载最高人民法院民事审判第一庭编：《民事审判指导与参考》总第33集，法律出版社2008年版，第186～187页。

编者说明

股东代表诉讼，是指当公司的董事、监事、高级管理人员侵害了公司权益，而公司怠于追究其责任时，符合法定条件的股东可以自己的名义代表公司提起诉讼。在股东代表诉讼中，股东个人的利益并没有直接受到损害，只是由于公司的利益受到损害而间接受损，因此，股东代表诉讼是股东为了公司的利益而以股东的名义直接提起的诉讼。相应地，胜诉后的利益归于公司。①

① 杨永清：《股东代表诉讼如何行使与恶意串通的认定——东风汽车贸易公司、内蒙古汽车修造厂与内蒙古物资集团有限公司、内蒙古环成汽车技术有限公司、赫连佳新、梁秋玲、内蒙古东风汽车销售技术服务联合公司共同侵权纠纷上诉案》，载最高人民法院民事审判第一庭编：《民事审判指导与参考》总第33集，法律出版社2008年版，第169页。

312

以他人侵犯公司合法权益为由提起股东代表诉讼的案件中，不仅要考虑是否发生侵权行为，而且要考虑公司是否遭受损失

关键词｜股东代表诉讼｜侵权行为｜

【最高人民法院裁判文书】

维嘉冶金工业需求股份公司与绥芬河鑫耐科技发展有限责任公司等侵权责任纠纷申请再审案[最高人民法院(2016)最高法民申2145号民事裁定书]

最高人民法院认为：德国维嘉公司起诉所依据的法律和被诉对象表明，德国维嘉公司是依据《公司法》的有关规定提起诉讼的。

《公司法》第二十条第二款规定："公司股东滥用股东权利给公司或者其他股东造成损失的，应当依法承担赔偿责任。"第二十一条规定："公司的控股股东、实际控制人、董事、监事、高级管理人员不得利用其关联关系损害公司利益。违反前款规定，给公司造成损失的，应当承担赔偿责任。"同时，第一百五十二条第三款规定："他人侵犯公司合法权益，给公司造成损失的，本条第一款规定的股东可依该前两款的规定向人民法院提起诉讼。"根据《公司法》的有关规定，持股达到法定期间或者法定比例的股东，在他人侵犯公司合法权益、给公司造成损失情况下，在履行法定程序后且符合法定条件的，可以为了公司的利益以自己的名义直接向人民法院提起诉讼。审理此类案件不仅要考虑是否发生了侵权行为，而且要考虑公司是否遭受损失。就本案而言，鑫耐公司编造了公司更名的事实，将涉案土地使用权变更登记到鑫耐公司名下。但是，二审判决认为鑫耐公司的上述行为并没有给绥芬河维嘉公司造成损失，故驳回了德国维嘉公司的诉讼请求。德国维嘉公司则认为二审判决是错误的。因此，解决本案争议的关键在于：有关土地使用权的价值是否大于绥芬河维嘉公司对鑫耐公司的负债，如果大于负债，则绥芬河维嘉公司遭受了损失；如果等于或者小于负债，则无损失。为涉案国有建设用地使用权支付的出让款和税款总额为15811003.80元，事后，绥芬河市人民政府支付了购地补贴款851万元。因此，实际支付的成本为730余万元。德国维嘉公司称购地补贴款作为优惠待遇是只能由外资企业享有，但没有证据证明。从二审判决查明的情况看，当地政府为了鼓励市内外企业积极进入绥芬河保税区，对特定期间入区的企业均按一定标准给予建设扶持资金。这

实际上是普遍优惠。名义上的土地出让款和税减去政府支付的建设扶持资金或者购地补贴款，就是当时土地使用权的市场价。因此，认定涉案土地使用权当时价值为730余万元并未低估其价值。从2015年4月23日起，绥芬河市人民政府确定有关土地基准地价标准为每平方米213元。按此标准计算，涉案土地基准地价为421余万元。自2010年以来，绥芬河综合保税区土地出让价格未见上涨，且至今仍有部分闲置土地未能出让。而鑫耐公司于2011年8月21日出借给绥芬河维嘉公司借款达1591万元人民币，除了部分还款外，还欠借款本金740万元及利息、违约金等。因此，土地使用权价值从未高于欠款金额。即使以物抵债违反了《担保法》规定，也没有给绥芬河维嘉公司造成任何损失。因此，对于德国维嘉公司以土地使用权价值远大于欠款金额、绥芬河维嘉公司遭受损失为依据提出的诉讼请求，二审判决予以驳回，并无不当。

——中国裁判文书网，http://wenshu.court.gov.cn。

313

股东提起代表诉讼可要求行为人向公司承担赔偿责任

关键词 | 股东代表诉讼 |

【最高人民法院裁判文书】

山西省贸易行业管理办公室与山西同至人物贸集团有限公司企业股份合作合同纠纷案[最高人民法院(2007)民二终字第133号民事判决书]

裁判摘要：公司董事、监事、高级管理人员，对公司负有忠实义务和勤勉义务，其在执行公司职务时违反法律、行政法规或者公司章程规定，给公司造成损失的，应当承担赔偿责任。公司经营不善，原则上并不产生股东对公司的赔偿责任，更不存在股东对股东的赔偿责任。因此，股东要求公司控股股东向其承担经营性损失，没有法律依据，法院不予支持。若该股东有证据证明公司控股股东和公司的董事、监事、高级管理人员等侵犯了公司合法权益，给公司造成损失的，可根据《公司法》的规定代表公司提起诉讼，要求上述侵害主体向公司承担赔偿责任，但无权要求上述侵害主体直接向其承担赔偿责任。

——最高人民法院民事审判第二庭编：《最高人民法院商事裁判指导

案例·公司卷》,中国法制出版社2011年版,第35~49页。

314

因第三人侵害公司权益而提起股东代表诉讼的，侵权人向公司作出损害赔偿的认定

关键词｜股东代表诉讼｜

【最高人民法院裁判文书】

青岛金天祺科技开发有限公司与航天信息股份有限公司、青岛航天信息有限公司及青岛航天金穗电子技术有限公司清算组股东代表诉讼纠纷提审案[最高人民法院(2015)民提字第123号民事判决书]

最高人民法院认为:关于航天信息公司取缔青岛金穗公司的防伪税控服务单位资格是否构成侵权行为并应承担相应的赔偿责任的问题。航天信息公司与青岛金穗公司于2005年12月27日签订的《开票金税卡加密加载软件及设备安全保管与使用协议》约定:青岛金穗公司必须在加载工作完成后的10个工作日内将加密加载设备如数返还航天信息公司,自该协议签订之日起,青岛金穗公司负责区域内发生任何违反该协议规定的行为时,航天信息公司有权对青岛金穗公司采取相应的惩罚措施,包括取消服务单位资格等。在本案诉讼过程中,航天信息公司主张其系因青岛金穗公司没有返还加密加载设备这一违约行为而取消其服务资格。对此,本院认为,首先,根据相关规章的要求,撤销青岛金穗公司防伪税控服务单位资格必须符合一定的条件。《增值税防伪税控系统服务监督管理办法》第十六条规定了取消服务单位资格的条件,明确该资格的取消必须符合两个条件:在实体方面,必须有违反该办法规定的行为;在程序方面,必须由当地税务机关向上一级税务机关报告,由上一级税务机关会同授权单位进行联合调查,经调查属实的,才能由授权单位进行严肃处理,直至终止其服务资格。由此可见,航天信息公司并没有随意解除青岛金穗公司授权单位服务资格的权力。故原审判决关于国家税务总局赋予航天信息公司对防伪税控系统省级服务单位和省内服务网络负责建立和管理的权力后,没有对航天信息公司授权及取消服务单位资格的方式予以限制的认定不当,本院予以纠正。其次,航天信息公司于

2006年4月25日作出的关于取缔青岛金穗公司的省级服务单位资格的通知中，只是笼统地指称青岛金穗公司存在“诸多严重违规行为”，并未具体指明青岛金穗公司系因没有依约返还加密加载设备而被取消服务单位资格，且本案中并无证据表明青岛金穗公司股东之间的内部分歧已直接影响到该公司对外业务的开展及服务的提供。本院注意到，自2005年8月8日开始，青岛金穗公司的董事长和总经理分别由航天信息公司委派的龚保国和王英猛出任，在这种管理和控制格局下，即便发生未按时返还加密设备的问题，正常情况下控股股东不会对子公司采用取消服务单位资格这种使其无法正常经营和存续的极端措施。故航天信息公司在诉讼中提出的青岛金穗公司系因未依约返还加密加载设备而被取消服务资格的抗辩理由，难以令人信服，本院不予采信。最后，从航天信息公司实施系列行为的时间顺序来看，取缔青岛金穗公司的服务资格是其故意实施的侵权行为。本案中，航天信息公司在其2005年11月28日提出的《组建协议》和章程被青岛金天祺科技公司拒绝后，因2006年2、3月份双方因为总经理王英猛的任职等事宜发生分歧及青岛金天祺科技公司不同意其关于设立新公司统一开展青岛地区的防伪税控业务的方案内容，航天信息公司于2006年3月22日与运达公司、金科公司共同设立青岛航天信息公司，于同年4月3日即向法院提起诉讼要求解散青岛金穗公司，继而于4月25日发文取缔青岛金穗公司的服务资格，将其所有业务交由青岛航天信息公司承担。从航天信息公司实施的一系列行为来看，其之所以终止青岛金穗公司的服务单位资格，是在与青岛金天祺科技公司就新设公司中的股权比例划分不能达成一致意见的情况下，利用其垄断经营防伪税控系统企业专用设备的发售管理，负责管理和建立省级服务单位和相应服务网络的优势地位，单方、恣意配置其所掌控的垄断资源，无视青岛金穗公司及其另一股东青岛金天祺科技公司的正当利益诉求，另行设立青岛航天信息公司经营同类业务，并对青岛金穗公司的经营业务资格予以剥夺，其行为有违正常的商业道德和商业伦理，系故意实施侵权行为以侵害他人权利。《民法通则》第一百零六条第二款规定：“公民、法人由于过错侵害国家的、集体的财产，侵害他人财产、人身的，应当承担民事责任。”根据青岛金穗公司章程的规定，该公司的唯一经营范围是防伪税控业务，且该业务具有专营的特殊性，在服务资格被终止后，青岛金穗公司的业务无法开展，公司继续存续难以为继，故应当认定航天信息公司的侵权行为给青岛金穗公司所造成的损失即为该公司因此所受的营业损失。

关于航天信息公司对青岛金穗公司承担的损失赔偿数额问题。本案的实际情况表明，在青岛航天信息公司成立之前，青岛地区的防伪税控业务是由青岛金穗公司、运达公司、金科公司共同经营。对三方各自占有的市场份额，青岛金天祺科技公司虽然主张青岛金穗公司占有70%的市场份额,但未能提供相应的证据加以证明。考虑到青岛金穗公司与航天信息公司所从事的业务均具有特许经营的同质性,本院认为,可以将航天信息公司在青岛航天信息公司中所占的61%的股权比例作为确定青岛金穗公司、运达公司和金科公司此前所占市场份额的参考依据。由此,本院认定,在青岛航天信息公司所获得的经营利润中,有61%的经营利润是原本应该由青岛金穗公司获得的。故对青岛金天祺科技公司所主张的青岛航天信息公司所取得的全部利润即为青岛金穗公司的损失这一诉讼理由,本院部分予以支持。根据本案查明的事实,青岛航天信息公司2006年度的经营利润为500.79万元,2007年度的经营利润为887.69万元,合计为1388.48万元,扣除运达公司和金科公司按股权比例应得的39%的份额之后,航天信息公司的应得利润为846.9728万元,因本案纠纷系航天信息公司故意实施侵权行为所致,故本院认定该846.9728万元利润即为青岛金穗公司2006和2007年度的经营利润损失,不再考虑是否实际参与经营管理等其他因素加以酌减。对青岛金天祺科技公司所主张的公司资产减少损失,因其主要是人员工资支出,系其开展经营所必须支出的成本,航天信息公司在赔偿其应得利润损失的情况下,对青岛金穗公司的该部分支出不应再重复赔偿。故本院对青岛金天祺科技公司的此项诉讼请求,不予支持。原审判决以青岛航天信息公司和青岛金穗公司的注册资本数额为主要标准酌定损失,并无充分的事实和法律依据,本院予以纠正。

——中国裁判文书网,http://wenshu.court.gov.cn。

315

股东以其他股东滥用股东权利给其造成损失为由起诉要求赔偿的,属于股东直接诉讼

关键词 | 股东直接诉讼 | 滥用股东权利 |

【最高人民法院裁判文书】

海南海钢集团有限公司与中国冶金矿业总公司及三亚渡假村有限公司损害股东利益责任纠纷案[最高人民法院(2013)民二终字第43号民事判决书]

裁判要旨:在资本多数决原则下,大股东依据其资本控制地位而主导公司经

营决策,进而形成公司的意志,其法律后果自然应由公司承担。实践中,应严格把握"滥用股东权利行为的认定"及其与"正常的商业经营风险"之间是否具有因果关系。中小股东将"正常的商业经营风险"所造成的损失完全归于大股东行使决策权,并以此为由主张其利益受损而请求大股东赔偿损失,没有法律依据。本案海南海钢集团有限公司依据我国《公司法》第二十条第二款之规定起诉大股东"滥用股东权利",虽其具有诉权,但就实体而言,其主张赔偿损失并没有事实及法律依据,不予支持。此外,若中小股东认为大股东控制了公司且违法决策,损害了公司权益,则可提起股东代表诉讼,维护公司的利益(间接地保护全体股东的利益)。

最高人民法院认为:本案中,海钢集团以中冶公司滥用其在渡假村公司的控股股东地位、侵害海钢集团的股东利益为由,提起损害赔偿之诉,属于股东直接诉讼,诉讼利益归于海钢集团。其提出的法律依据是我国《公司法》第二十条第一款和第二款关于"公司股东应当遵守法律、行政法规和公司章程,依法行使股东权利,不得滥用股东权利损害公司或者其他股东的利益";"公司股东滥用股东权利给公司或者其他股东造成损失的,应当依法承担赔偿责任"的规定。

本案的原、被告双方均为渡假村公司的股东,且均为独立的公司法人,依法享有相应的民事权利并承担民事义务,具有参加民事诉讼的主体资格。原告海钢集团提起本案民事诉讼,主张被告中冶公司侵害了其权益,其诉讼请求和事实理由明确、具体,其涉案争议亦属于人民法院受理范围,符合我国《民事诉讼法》第一百一十九条规定,原审法院予以受理并无不当。中冶公司关于本案原、被告均不适格的上诉理由不成立,本院不予采纳。

——最高人民法院民事审判第二庭编:《商事审判指导》总第35辑,人民法院出版社2014年版,第213~215页。

【链接：最高人民法院法官著述】

当股东自身权益受到直接侵害时,其可提起股东直接诉讼,而当股东因公司利益受损而股东权益间接受损时,则可以股东代表诉讼来维护自身权益……然而,由于公司法实践的复杂性和多样性,中小股东为保护自身权益寻求司法救济时,提起直接诉讼与代表诉讼所选择的事实依据并非全然有别,通常互为交织混同。有观点认为,依据海钢集团提供的事实与理由,其所主张的损失(若确实存在损失的前提下)并非为其股东权益的直接损失,而系渡假村公司的损失,该诉讼利益应归于渡假村公司,故本案之诉实为符合股东代表诉讼的构成要件。在公司怠于行使权利的前提下,海钢集团应提起股东代表诉讼,而非以其自身权益受损为由提起本案股东权益纠纷赔偿之诉,故对本案应驳回起诉。然倾向性意见认为,驳回起诉是对原告程序意义上诉权的否定,驳回诉讼请求则是经人民法院实体审理后对当事人实体胜诉权的否定。海钢集团认为中冶公司滥用股东权利的行为致其自身权益受损,我国《公司法》第二十条之相关规定为海钢集团提起本案之诉提供了法律依据。在股东的权益纠纷中,股东之间存在直接利害关系,原告适格,被告明确,有具体的诉讼请求和事实理由,亦属于法院受理范围,符合我国《民事诉讼法》第一百一十九条的规定,不存在提起诉讼的法律障碍,海钢集团应具有程序意义上的诉权。况且海钢集团提出的诉讼请求之一为认定中冶公司在通过2006年11月17日《三亚渡假村有限公司股东会决议》的过程中滥用股东权利,不仅仅为股东代表诉讼中其代渡假村公司向中冶公司要求损害赔偿,故人民法院应对海钢集团提出的事实和理由能否支持其诉讼请求作出实体审理和裁判。因此,海钢集团以中冶公司滥用控股股东地位损害股东权益为由提起损害赔偿之诉,符合我国公司法和民事诉讼法相关规定,本案诉讼当事人适格。

——张颖:《资本多数决与中小股东保护:救济选择与司法适用——海南海钢集团有限公司与中国冶金矿业总公司、三亚渡假村有限公司损害股东利益责任纠纷案》,载杜万华主编:《最高人民法院民商事案件审判指导》第3卷,人民法院出版社2015年版,第435~437页。

316

股东与公司财产权相分离,股东对公司财产不享有直接请求权

关键词 | 股东代表诉讼 | 股东财产权 | 公司财产权 |

【最高人民法院裁判文书】

黎经炜、黎桂芬、香河彩星经纬家居城有限公司与谭利兴其他股东权纠纷申请再审案[最高人民法院(2014)民申字第693号民事裁定书]

最高人民法院认为:谭利兴向河北省高级人民法院提起本案诉讼,所提出的诉讼请求为:1. 确认黎经炜与廊坊天元会计师事务所有限公司前负责人刘澜恶意串通,虚假评估;2. 确认黎经炜、黎桂芬以彩星公司名义恶意串通、侵占谭利兴

的土地使用权和其他财产权，判令黎经炜、黎桂芬及彩星公司返还强占的（依当时市价约 1.5 亿余元）与谭利兴股权比例相应的土地，将土地使用权变更登记到谭利兴名下，并赔偿房屋损失 3 千余万元。河北省高级人民法院受理谭利兴的起诉后，就本案与前述四个案件是否构成重复起诉问题向本院请示，按照本院答复意见，该院向谭利兴释明明确诉讼请求，谭利兴据此变更诉讼请求为：确认黎经炜、黎桂芬、彩星公司损害谭利兴股东利益，请求判令三被告共同赔偿谭利兴损失 3.08 亿元。谭利兴提起本案诉讼，所陈述的事实和理由为：黎经炜作为经纬公司执行董事，不顾谭利兴反对以 60% 简单多数在股东会上强行通过《公司资产作价出让的议案》《资产转让合同》，在执行经纬公司股东会决议以及经纬公司资产转让过程中，与黎桂芬、彩星公司恶意串通，放宽公司资产转让条件，以超低价格将公司资产出售给由其胞妹黎桂芬和经纬公司其他股东的亲属组成的、黎桂芬担任法定代表人、黎经炜担任总经理的彩星公司，将经纬公司当时市值 4.004 亿元的土地使用权仅以 2800 余万元的超低价转让，使谭利兴 40% 股权当时价值 1.5 亿元现值 3.08 亿元的股东财产权被各被告侵吞。可见，谭利兴在本案中的诉求，实质是在主张黎经炜、黎桂芬、彩星公司低价转让案涉资产侵害了经纬公司的财产权益，并进而侵害其股权所代表的财产权益。而股东的财产权与公司的财产权相互分离，股东对公司的财产并不享有直接请求权。谭利兴只能按照《公司法（2005）》第一百五十二条规定，要求公司监事、执行董事提起诉讼，在公司怠于提起诉讼时，才能提起公司代表诉讼。而事实上，经纬公司已经根据谭利兴的通知向彩星公司提起诉讼，谭利兴依据《公司法（2005）》第一百五十二条所享有的权利已经行使。《公司法（2005）》第一百五十三条关于“董事、高级管理人员违反法律、行政法规或者公司章程的规定，损害股东利益的，股东可以向人民法院提起诉讼”的规定，规范的是直接侵害股东权益的行为，如上所述，谭利兴提起本案诉讼的事实依据和理由即为黎经炜、黎桂芬、彩星公司低价转让案涉资产侵害了经纬公司的利益进而侵害其股东利益，谭利兴所诉不符合《公司法（2005）》第一百五十三条规定的情形。谭利兴主张其请求由黎经炜、黎桂芬、彩星公司赔偿被低价转让的经纬公司的资产中属于自己的 40% 的份额，属于股东直接诉讼，本案应当适用《公司法（2005）》第一百五十三条规定，理由不成立。原审判决认定“谭利兴对其主张的权益不享有依据《公司法（2005）》第一百五十三条规定的权利，无权请求黎经炜、彩星公司及黎桂芬承担赔偿责任”，判决驳回谭利兴的诉讼请求，不存在谭利兴所称适用法律错误的问题。

——中国裁判文书网，http://wenshu.court.gov.cn。

谭利兴与黎经炜、黎桂芬、香河彩星经纬家居城有限公司、刘澜董事、高级管理人员损害股东利益赔偿纠纷案[最高人民法院(2013)民一终字第126号民事判决书]

最高人民法院认为:关于谭利兴是否有权请求黎经炜、彩星公司及黎桂芬承担损害赔偿责任的问题。谭利兴在本案中主张黎经炜、彩星公司及黎桂芬低价转受让案涉资产侵害其利益,其实质是主张黎经炜、彩星公司及黎桂芬转让案涉资产侵害经纬公司的财产权益,并进而侵害其股权所代表的财产权益。本院认为,公司制度的核心在于股东的财产权与公司的财产权相互分离,股东以投入公司财产为代价获得公司的股权。股东对公司财产并不享有直接权利。经纬公司是案涉资产的所有权人,谭利兴仅对其投资享有股东权益,对公司的财产并不享有直接请求权。正是基于此,《公司法(2005)》第一百五十二条和第一百五十三条区分侵害公司权益与侵害股东权益两种情形分别作出不同的规定。《公司法(2005)》第一百五十二条规定,在董事、监事、高级管理人员执行公司职务时违反法律、行政法规或者公司章程的规定,给公司造成损失的,符合一定条件的股东有权要求公司监事、执行董事提起诉讼;在公司怠于提起诉讼时,符合一定条件的股东才能提起公司代表诉讼。而本案中的经纬公司已经根据谭利兴的通知向彩星公司提起诉讼并形成河北省高级人民法院(2008)民二初字第21号案件,经纬公司在该诉讼中败诉。谭利兴依据《公司法(2005)》第一百五十二条所享有的权利已经行使,在此情形下,谭利兴再提起本案诉讼,其事实依据及法律理由仍然是案涉交易造成经纬公司损失并进而侵害其股东利益,显然不能成立。

《公司法(2005)》第一百五十三条规范的是直接侵害股东权益例如资产收益、参与重大决策以及选举管理者等权益的行为。本案中,谭利兴主张以《公司法(2005)》第一百五十三条为请求权基础,其实质是主张其作为股东享有的剩余财产分配请求权遭受损害因而请求损害赔偿。本院认为,侵害剩余财产分配权的形态表现为,在公司清算解散的前提下,董事、监事、高级管理人员未按照法律、行政法规或者公司章程的规定向股东分配公司剩余财产。而在公司未进入清算解散程序的情况下,执行董事根据有效的股东会决议转让公司资产的行为,不能认定为侵害股东剩余财产权的行为。即使该交易转让价格明显过低,股东也只能依据《公司法(2005)》第一百五十二条规定的途径寻求救济。换言之,本案中,谭利兴对其主张的权益不享有依据《公司法(2005)》第一百五十三条规定的权利,无权请求黎经炜、彩星公司及黎桂芬承担赔偿责任。因此,一审判决以

《公司法(2005)》第一百五十三条的规定为依据,认为经纬公司执行董事代表经纬公司与彩星公司签订的《资产转让合同》侵害了谭利兴的股东权益,显然与该规定的规范目的不相符合,也间接排除了公司解散、清算等程序、制度的适用,同时也违反了公司制度的设立目的。

——中国裁判文书网,http://wenshu.court.gov.cn。

317

股东代表诉讼与股东直接诉讼不应合并审理

关键词｜股东代表诉讼｜股东直接诉讼｜合并审理｜

【最高人民法院裁判文书】

海南海钢集团有限公司与中国冶金矿业总公司及三亚渡假村有限公司损害股东利益责任纠纷案[最高人民法院(2013)民二终字第43号民事判决书]

最高人民法院认为:关于海钢集团所主张损失的性质问题。海钢集团诉称,渡假村公司与海韵公司合作开发项目中,其对土地价格的评估远低于当时的市场价,给渡假村公司造成了巨大的损失,按其持有的股权比例,请求中冶公司赔偿海钢集团同类地段同类价格同等数量(23.4亩)的土地使用权。本院认为,海钢集团诉称的"损失"产生于渡假村公司与海韵公司合作开发建设过程中,依双方约定,渡假村公司拿出部分土地给海韵公司开发建设,海韵公司则为渡假村公司建设一幢四星级酒店及职工宿舍等。海钢集团据此主张由中冶公司赔偿其相应的损失,没有事实和法律依据,理由是:一、渡假村公司在该合作开发项目中的"损失"不属于本案审理的范围,本院在此不能作出判定;二、即使该"损失"存在,请求该项"损失"救济的权利人应是渡假村公司,而非海钢集团;三、如海钢集团代渡假村公司主张权利,则诉讼权利受益人仍是渡假村公司,这与本案不属于同一法律关系,亦不属于本案审理范围。

——最高人民法院民事审判第二庭编:《商事审判指导》总第35辑,人民法院出版社2014年版,第213～215页。

编者说明

股东直接诉讼，是指股东纯粹为了自己的利益而对公司或其他侵害人提起的诉讼；而股东代表诉讼是因为公司利益受到了损害，为了保护公司利益而提起诉讼，属于公益权的行使。在许多案件中，一个行为既可能侵害了股东的合法权益，也可能侵害了公司的合法权益，是提起股东派生诉讼，还是提起股东直接诉讼，需要仔细辨别。股东代表诉讼和直接诉讼的诉讼标的并不相同或同种类；股东代表诉讼和直接诉讼之间并不必然具有利害关系，更不存在哪个诉的当事人有独立的请求权的情形；股东代表诉讼和股东直接诉讼亦不属原告增加诉讼请求和反诉的情形，故两诉不存在符合上述法律规定可以合并审理的情形；而且，前者有前置程序限制，后者没有，两个诉不能适用相同的诉讼程序审理。因此，如果原告股东同案提起股东代表诉讼和股东直接诉讼，法院在受理该案时应当及时行使释明权，告知当事人起诉标准，建议其对诉讼请求进行区分。①

① 张华荣：《股东不能同案提起股东派生诉讼和股东直接诉讼》，载《人民司法·案例》2012 年第 10 期。

十二、公司新增资本纠纷

318

增资扩股协议在《公司法》修订后实施的，适用新法规定

关键词 | 增资扩股 |

【最高人民法院司法解释】

第一条 公司法实施后，人民法院尚未审结的和新受理的民事案件，其民事行为或事件发生在公司法实施以前的，适用当时的法律法规和司法解释。

——《最高人民法院关于适用〈中华人民共和国公司法〉若干问题的规定(一)》(2006年3月27日最高人民法院审判委员会第1382次会议通过，根据2014年2月17日最高人民法院审判委员会第1607次会议《关于修改关于适用〈中华人民共和国公司法〉若干问题的规定的决定》修正)

【最高人民法院裁判文书】

广安市思源矿业集团有限公司与甘肃华亭煤电股份有限公司股权确认纠纷案[最高人民法院(2007)民二终字第246号民事判决书]

最高人民法院认为：思源公司与华亭公司签订《增资扩股协议书》以及思源公司向华亭公司交付500万元出资的行为虽发生于《公司法(2005)》实施之前，按照修订前《公司法(2004)》第一百三十九条的规定，“股东大会作出发行新股的决议后，董事会必须向国务院制空权的部门或者省级人民政府申请批准”，但是华亭公司自与思源公司签订《增资扩股协议书》后直至2006年《公司法(2005)》实施，其增资扩股行为尚未完成。因修订后《公司法(2005)》已经删除了有关股份有限公司发行新股审批程序的规定，故本案《增资金扩股协议书》虽然签订于《公司法(2005)》实施之前，但由于协议书约定的增资扩股行为至今尚未完成，华亭公司办理增资金扩股时应可适用《公司法(2005)》迳行到工商行政管理部门办理注册资本的变更手续，不需要按照修订前《公司法》之规定履行审

批程序。原审判决认定本案应适用1994年7月1日起施行的《公司法(1993)》,系对本院《公司法解释(一)》理解不当,本院依法予以纠正。华亭公司答辩称该公司增资扩股需报请相关行政机关审批,法律依据不足,本院不予采纳。

——最高人民法院民事审判第二庭编:《最高人民法院商事审判指导案例·公司卷》,中国法制出版社2011年版,第50~58页。

319

股东对于公司新增资本的优先认缴权属于形成权,应当在合理期间内行使

关键词|新增资本|优先认缴权|合理期间|

【《最高人民法院公报》案例】

绵阳市红日实业有限公司、蒋洋诉绵阳高新区科创实业有限公司股东会决议效力及公司增资纠纷案[最高人民法院(2010)民提字第48号民事判决书]

裁判要旨:二、根据《公司法(2005)》第三十五条的规定,公司新增资本时,股东有权优先按照实缴的出资比例认缴出资。从权利性质上来看,股东对于新增资本的优先认缴权应属形成权。现行法律并未明确规定该项权利的行使期限,但从维护交易安全和稳定经济秩序的角度出发,结合商事行为的规则和特点,人民法院在处理相关案件时应限定该项权利行使的合理期间,对于超出合理期间行使优先认缴权的主张不予支持。

最高人民法院认为:根据本案的事实和双方当事人的诉辩主张,本案再审程序中有以下两个争议焦点:一、2003年12月16日科创公司作出的股东会决议和2003年12月18日科创公司与陈木高签订的《入股协议书》是否有效;二、红日公司和蒋洋是否能够行使对科创公司2003年新增的615.38万股股份的优先认缴权。

关于第一个争议焦点。2003年12月16日科创公司作出股东会决议时,现行公司法尚未实施,根据《公司法解释(一)》第二条的规定,当时的法律和司法解释没有明确规定的,可参照适用现行公司法的规定。《公司法(1999)》第三十三条规定:"公司新增资本时,股东可以优先认缴出资。"根据《公司法(2005)》第

三十五条的规定,公司新增资本时,股东的优先认缴权应限于其实缴的出资比例。2003年12月16日科创公司作出的股东会决议,在其股东红日公司、蒋洋明确表示反对的情况下,未给予红日公司和蒋洋优先认缴出资的选择权,迳行以股权多数决的方式通过了由股东以外的第三人陈木高出资800万元认购科创公司全部新增股份615.38万股的决议内容,侵犯了红日公司和蒋洋按照各自的出资比例优先认缴新增资本的权利,违反了上述法律规定。《公司法(2005)》第二十二条第一款规定:"公司股东会或者股东大会、董事会的决议内容违反法律、行政法规的无效。"根据上述规定,科创公司2003年12月16日股东会议通过的由陈木高出资800万元认购科创公司新增615.38万股股份的决议内容中,涉及新增股份中14.22%和5.81%的部分因分别侵犯了蒋洋和红日公司的优先认缴权而归于无效,涉及新增股份中79.97%的部分因其他股东以同意或弃权的方式放弃行使优先认缴权而发生法律效力。四川省绵阳市中级人民法院(2006)绵民初字第2号民事判决认定决议全部有效不妥,应予纠正。该股东会将吸纳陈木高为新股东列为一项议题,但该议题中实际包含增资800万元和由陈木高认缴新增出资两方面的内容,其中由陈木高认缴新增出资的决议内容部分无效不影响增资决议的效力,科创公司认为上述两方面的内容不可分割缺乏依据,本院不予支持。

2003年12月18日科创公司与陈木高签订的《入股协议书》,系科创公司与该公司以外的第三人签订的合同,应适用合同法的一般原则及相关法律规定认定其效力。虽然科创公司2003年12月16日作出的股东会决议部分无效,导致科创公司达成上述协议的意思存在瑕疵,但作为合同相对方的陈木高并无审查科创公司意思形成过程的义务,科创公司对外达成协议应受其表示行为的制约。上述《入股协议书》是科创公司与陈木高作出的一致意思表示,不违反国家禁止性法律规范,且陈木高按照协议约定支付了相应对价,没有证据证明双方恶意串通损害他人利益,因此该协议不存在《合同法》第五十二条所规定的合同无效的情形,应属有效。《入股协议书》对科创公司新一届董事会的组成及董事长、总经理人选等公司内部事务作出了约定,但上述约定并未排除科创公司内部按照法律和章程规定的表决程序作出决定,不导致合同无效。二审法院根据《民法通则》第五十八条第一款第(五)项的规定认定该《入股协议书》无效属适用法律错误,本院予以纠正。

关于第二个争议焦点问题,虽然科创公司2003年12月16日股东会决议因侵犯了红日公司和蒋洋按照各自的出资比例优先认缴新增资本的权利而部分无效,但红日公司和蒋洋是否能够行使上述新增资本的优先认缴权还需要考虑其是否恰当地主张了权利。股东优先认缴公司新增资本的权利属形成权,虽然现行法律没有明确规定该项权利的行使期限,但为维护交易安全和稳定经济秩序,该权利应当在一定合理期间内行使,并且由于这一权利的行使属于典型的商事行为,对于合理期间的认定应当比通常的民事行为更加严格。本案红日公司和蒋洋在科创公司 2003 年 12 月 16 日召开股东会时已经知道其优先认缴权受到侵害,且作出了要求行使优先认缴权的意思表示,但并未及时采取诉讼等方式积极主张权利。在此后科创公司召开股东会、决议通过陈木高将部分股权赠与固生公司提案时,红日公司和蒋洋参加了会议,且未表示反对。红日公司和蒋洋在股权变动近两年后又提起诉讼,争议的股权价值已经发生了较大变化,此时允许其行使优先认缴出资的权利将导致已趋稳定的法律关系遭到破坏,并极易产生显失公平的后果,故四川省绵阳市中级人民法院(2006)绵民初字第 2 号民事判决认定红日公司和蒋洋主张优先认缴权的合理期间已过并无不妥。故本院对红日公司和蒋洋行使对科创公司新增资本优先认缴权的请求不予支持。

——《最高人民法院公报》2011 年第 3 期

编者说明

本裁判意见明确了股东在公司新增资本时优先认缴权的形成权性质,对同类案件的处理具有示范意义。

320

部分股东在增资扩股中放弃优先认缴权，其他股东是否享有优先认购权应视公司章程有无特别规定处理

关键词 | 增资扩股 | 新增资本份额 | 优先认购权 |

【最高人民法院裁判文书】

贵州捷安投资有限公司与贵阳黔峰生物制品有限责任公司等股权确权及公司增资扩股出资份额优先认购权纠纷申请再审案[最高人民法院(2010)民申字第 1275 号再审民事裁定书]

裁判要旨:增资扩股不同于股权转让,两者最明显的区别在于公司注册资

本是否发生变化。此外，资金的受让方和性质、表决程序采取的规则、对公司的影响等均存在不同之处。优先购买权作为一种排斥第三人竞争效力的权利，对其相对人权利影响重大，必须基于法律明确规定才能享有。有限责任公司新增资本时，部分股东欲将其认缴出资份额让与外来投资者，在我国公司法无明确规定其他股东有优先认购权的情况下，其他股东不能依据与增资扩股不同的股权转让制度行使《公司法 2005》第七十二条所规定的股权转让过程中的优先购买权。

最高人民法院经审查认为：根据捷安公司的申请再审理由，本案争议焦点在于黔峰公司增资扩股所涉股东会决议的效力以及捷安公司是否对其他股东承诺放弃认缴的新增出资份额享有优先认购权。正如本院二审判决所认定，黔峰公司各股东对增资扩股是没有争议的，但捷安公司不同意引进战略投资者，尽管如此，股东会以多数意见形成引进战略投资者的决议，决议内容符合黔峰公司章程的有关规定，与我国公司法有关内容并不冲突。因此该股东会增资扩股决议是有效的，各股东应按照股东会决议内容执行。捷安公司认为原审判决对黔峰公司增资所涉股东会决议效力的确认违反了公司法相关规定没有法律依据，不予支持。增资扩股不同于股权转让，两者最明显的区别在于公司注册资本是否发生变化上。此外，增资扩股与股权转让资金的受让方是截然不同的。增资扩股中的资金受让方为标的公司，而非该公司的股东，资金的性质属于标的公司的资本金；而股权转让中的资金由被转让股权公司的股东受领，资金的性质属于股权转让的对价。捷安公司将增资扩股行为混同于股权转让却认为原审判决适用法律错误，本院不予支持，优先购买权作为一种排斥第三人竞争效力的权利，对其相对人权利影响重大，必须基于法律明确规定才能享有。其发生要件及行使范围须以法律的明确规定为根据。《公司法（2005）》第三十五条明确规定了全体股东无约定的情况下，有限责任公司新增资本时股东优先认缴出资的权利以及该权利的行使范围以“实缴的出资比例”为限，超出该法定的范围，则无所谓权利的存在。当然，有限责任公司的股东会完全可以有权决定将此类事情及可能引起争议的决断方式交由公司章程规定，从而依据公司章程规定方式作出决议，当然也可以包括股东对其他股东放弃的认缴出资有无优先认购权问题。但本案中黔峰公司股东会对优先权问题没有形成决议，故应当依据公司法规范来认定。本案捷安公司已根据《公司法（2005）》第三十五条之规定按照其实缴的出资比例行使了优先认购权，其对黔峰公司享有的支配权和财产权仍然继续维持在原有状态，不存在受到侵害的事实或危险。在公司法无明确规定有限责任公司新增资本时,部分股东欲将其认缴出资份额让与外来投资者其他股东有优先认购权的情况下,捷安公司不能依据与增资扩股不同的股权转让制度行使《公司法(2005)》第七十二条所规定的股权转让过程中的优先购买权。综上,捷安公司提出的再审事由不符合《民事诉讼法(2007)》第一百七十九条规定的再审条件,本案不应再审,裁定驳回贵州捷安投资有限公司的再审申请。

——景汉朝主编:《最高人民法院审判监督指导案例解析》,人民法院出版社2015年版,第385~393页。

贵州捷安投资有限公司与贵阳黔峰生物制品有限责任公司、重庆大林生物技术有限公司、贵州益康制药有限公司、深圳市亿工盛达科技有限公司股权确权及公司增资扩股出资份额优先认购权纠纷案[最高人民法院(2009)民二终字第3号民事判决书]

裁判摘要:二、我国公司法规定公司新增资本时,股东有权优先按照其实缴的出资比例认缴出资,直接规定认缴权范围和方式,并没有直接规定股东对其他股东放弃的认缴出资比例增资份额有无优先认购权,也并非完全等同于全体股东可以约定不出资比例优先认缴出资的除外所列情形,公司法所列情形完全针对股东对新增资本的认缴权而言,这与股东在行使认缴权之外对其他股东放弃认缴的增资份额有无优先认购权并非完全一致。

最高人民法院认为:对于第二个问题,关于股份对外转让与增资扩股的不同,原审判决对此已经论述得十分清楚,本院予以认可。我国《公司法(2005)》第三十五条规定"公司新增资本时,股东有权优先按照其实缴的出资比例认缴出资",直接规定认缴权范围和方式,并没有直接规定股东对其他股东放弃的认缴出资比例增资份额有无优先认购权,也并非完全等同于该条但书或者除外条款即全体股东可以约定不按照出资比例优先认缴出资的除外所列情形,此款所列情形完全针对股东对新增资本的认缴权而言的,这与股东在行使认缴权之外对其他股东放弃认缴的增资份额有无优先认购权并非完全一致。对此,有限责任公司的股东会完全可以有权决定将此类事情及可能引起争议的决断方式交由公司章程规定,从而依据公司章程规定方式作出决议,当然也可以包括股东对其他股东放弃的认缴出资有无优先认购问题,该决议不存在违反法律强行性规范问题,决议是有效的,股东必须遵循。只有股东会对此问题没有形成决议或者有歧义理解时,才有依据公司法规范适用的问题。即使在此情况下,由于公司增资扩股行为与股东对外转让股份行为确属不同性质的行为，意志决定主体不同，因此二者对有限责任公司人合性要求不同。在已经充分保护股东认缴权的基础上，捷安公司在黔峰公司此次增资中利益并没有受到损害。当股东个体更大利益与公司整体利益或者有限责任公司人合性与公司发展相冲突时，应当由全体股东按照公司章程规定方式进行决议，从而有个最终结论以便各股东遵循。至于黔峰公司准备引进战略投资者具体细节是否已经真实披露于捷安公司，并不能改变事物性质和处理争议方法。

——最高人民法院民事审判第二庭编：《最高人民法院商事审判指导案例·公司卷》，中国法制出版社2011年版，第25～34页。

321

《公司法》未就股东对外转让增资股份作出规定，股东会有权对此情形作出决议

关键词 | 增资扩股 | 增资股份转让 | 股东会决议 |

【最高人民法院裁判文书】

贵州捷安投资有限公司与贵阳黔峰生物制品有限责任公司、重庆大林生物技术有限公司、贵州益康制药有限公司、深圳市亿工盛达科技有限公司股权确权及公司增资扩股出资份额优先认购权纠纷案［最高人民法院（2009）民二终字第3号民事判决书］

裁判摘要：一、决议内容应当认为符合黔峰公司章程有关规定。该章程第十七条第一款第（九）项规定股东会以公司增加或者减少注册资金、分立、合并、解散或者变更公司形式作出决议，必须经过代表三分之二以上表决权的股东通过，其中对公司增资事宜不仅包括增资数额也包括各股东认缴及认购事宜。公司章程是公司治理结构的总纲领，该章程规定性质上并不违反我国公司法有关强行性规范，与我国公司有关内容并不冲突。因此该股东会决议是有效的，各股东应按照股东会决议内容执行。

最高人民法院认为：《公司法（2005）》第三十五条规定，“公司新增资本时，股东有权优先按照其实缴的出资比例认缴出资”，直接规定股东认缴权范围和

方式,并没有直接规定股东对其他股东放弃的认缴出资比例增资份额有无优先认购权,也并非完全等同于该条但书或者除外条款即全体股东可以约定不按照出资比例优先认缴出资的除外所列情形,此款所列情形完全针对股东对新增资本的认缴权而言的,这与股东在行使认缴权之外对其他股东放弃认缴的增资份额有无优先认购权并非完全一致。对此,有限责任公司的股东会完全可以有权决定将此类事情及可能引起争议的决断方式交由公司章程规定,从而依据公司章程规定方式作出决议,当然也可以包括股东对其他股东放弃的认缴出资有无优先认购权问题,该决议不存在违反法律强行规范问题,决议是有效力的,股东必须遵循。只有股东会对此问题没有形成决议或者有歧义理解时,才有依据《公司法》规范适用的问题。即使在此情况下,由于公司增资扩股行为与股东对外转让股份行为确属不同性质的行为,意志决定主体不同,因此二者对有限责任公司人合性要求不同。当股东个体更大利益与公司整体利益或者有限责任公司人合性与公司发展相冲突时,应当由全体股东按照公司章程规定方式进行决议,从而有个最终结论以便各股东遵循。

——最高人民法院民事审判第二庭编:《最高人民法院商事审判指导案例·公司卷》,中国法制出版社 2011 年版,第 25 ~ 34 页。

322

股东未经其他股东同意单方向公司增资的,不能产生减少其他股东出资份额的法律后果

关键词 | 单方增资 | 出资份额 |

【最高人民法院裁判文书】

周昆、西双版纳海诚房地产开发有限公司与李亚泉股权纠纷案[最高人民法院(2010)民二终字第 60 号民事判决书]

裁判要旨:在有限责任公司章程对公司各股东的出资数额和出资方式已经作出明确规定,并且在各股东并未放弃按章程约定份额向公司出资的权利且事实上已经向公司履行出资义务的情况下,即便一名股东向公司投入 350 万元现金属实,因其出资行为未经公司股东会表决同意也未得到其他股东认可,不能因

此产生减少其他股东出资份额的法律后果。

最高人民法院认为：李亚泉为设立海诚有限公司与周昆、曾莹广于2002年10月12日签订了《组建公司协议书》，并且以书面形式将公司设立事务委托给曾莹广办理，其与周昆、曾莹广共同设立海诚有限公司的意思表示明确。海诚有限公司在公司登记机关备案的章程明确载明该公司的出资方式为实物（房产）出资，注册资本为350万元，李亚泉与周昆、曾莹广出资份额分别为40%、40%、20%。允诚会计师事务所为海诚有限公司设立出具的《验资报告书》进一步确认公司注册资本为350万元，均为实物出资，李亚泉与周昆、曾莹广等三名股东出资金额与章程规定的数额相符。据此，可认定李亚泉与周昆、曾莹广在海诚公司设立时约定的出资方式为实物出资。作为海诚有限公司注册资本350万元所用的房产，在公司成立时其所有权没有登记在三名股东的名下。该房产当时系以致和公司的名义出具的房产证明，而致和公司是由李亚泉以及案外人周勇作为股东，李亚泉作为法定代表人成立的公司。海诚有限公司注册成立后，作为出资的房屋产权登记到海诚有限公司名下。本案一审期间，李亚泉、周昆均认可，海诚有限公司更名为海诚房地产公司后，海诚房地产公司曾以出资的房产作为抵押物向银行申请过贷款。据此，可以认定李亚泉已经按章程约定实际履行了以实物向海诚有限公司出资的义务。周昆关于李亚泉系海诚有限公司名义股东及李亚泉未实际向海诚有限公司出资的主张，没有事实依据，本院不予支持。

周昆主张，其在海诚有限公司注册成立后以现金方式认缴了公司的全部注册资金，但经原审法院委托的司法鉴定机构对周昆提交的证据进行鉴定，认为无法确认周昆主张的现金出资是否及时存入公司基本账户并提请注册会计师进行资本验证。据此，周昆关于其以现金方式认缴了公司的全部注册资金的主张，事实依据有欠充分。在海诚有限公司章程对公司各股东的出资数额和出资方式已经作出明确规定，并且在李亚泉并未放弃按章程约定份额向公司出资的权利且事实上已经向公司履行出资义务的情况下，即便周昆向公司投入350万元现金属实，但因其出资行为未经公司股东会表决同意也未得到李亚泉认可，不能产生减少其他股东出资份额的法律后果，因此，周昆是否向海诚有限公司投入现金不影响本院对李亚泉的股东资格和出资比例的认定。据此，本案二审期间周昆提交的关于请求本院调取相关证据以证明其向公司交付现金的申请，本院不予支持。原审法院虽以复印件作为检材委托进行笔迹鉴定，但周昆在原审法院征求当事人意见时未提出异议，且二位鉴定人员的执业类别包括文书鉴定，周昆申请本院二审重新鉴定，对其申请本院不予准许。

海诚有限公司更名为海诚房地产公司后，该公司通过资本公积金、未分配利润以及周昆追加出资的方式转增资本，经绿园会计师事务所验资，确认海诚房地产公司注册资本增加至2000万元后，李亚泉的出资比例为26.16%，原审判决认可绿园会计师事务所的上述验证结论，事实依据充分，本院予以维持。周昆未经李亚泉同意冒用李亚泉名义将李亚泉的股份转让给自己，侵犯了李亚泉的股东权益，原审判决判令周昆向李亚泉返还被侵占的股份，事实和法律依据充分，本院亦予以维持。

——最高人民法院民事审判第二庭编：《最高人民法院商事审判指导案例（第五卷）》（下），中国法制出版社2011年版，第483～490页。

323

股东会增加注册资本及修改公司章程的决议，没有经多数股股东同意，应认定无效

关键词｜股东会决议｜增资决议｜

【最高人民法院裁判文书】

夏舸中与贵州省黔西交通运输联合有限公司、何红阳等公司决议效力确认纠纷申请再审案[最高人民法院（2016）最高法民申334号民事裁定书]

最高人民法院认为：案涉股东会决议作出于2010年，本案应适用2005年修订版《公司法》。根据一审、二审查明的案件事实，夏舸中向代明贵出具的授权委托书并不包括代其参加股东会并对决议内容发表意见的内容，故2010年3月30日、6月20日、6月24日、6月29日黔西交通公司召开的股东会所做出的关于增加注册资本以及修改公司章程的股东会决议内容，没有经过当时仍持有公司93.33%股权的夏舸中的同意，也没有证据证明夏舸中就公司的该次增资已知悉并明确放弃了优先认缴权，故上述决议内容违反了《公司法（2005）》第三十五条关于“股东有权优先按照实缴的出资比例认缴出资”的规定，侵犯了夏舸中认缴增资的合法权益，依据《公司法（2005）》第二十二条第一款规定，应认定无效。二审判决关于是否侵害夏舸中优先认购权的认定缺乏证据证明。同时，根据《公司法（2005）》第四十四条第二款规定，无论公司章程如何规定，股东会会

议做出修改公司章程、增加或者减少注册资本的决议，以及公司合并、分立、解散或者变更公司形式的决议，必须经代表三分之二以上表决权的股东通过，故二审判决认定"上述股东会决议内容经潘万华、何红阳二位股东通过，符合《公司法》及黔西交通公司章程的相关规定"为适用法律错误。

——中国裁判文书网，http://wenshu. court. gov. cn。

324

未经有效股东会决议，他人虚假向公司增资即使已向登记机关备案登记，仍应认定无效

关键词｜股东会决议｜虚假增资｜

【《最高人民法院公报》案例】

黄伟忠诉陈强庆等股东资格确认案（上海市第二中级人民法院二审民事判决书）

裁判摘要：未经公司有效的股东会决议通过，他人虚假向公司增资以"稀释"公司原有股东股份，该行为损害原有股东的合法权益，即使该出资行为已被工商行政机关备案登记，仍应认定为无效，公司原有股东股权比例应保持不变。

上海市第二中级人民法院二审认为：宏冠公司系被上诉人黄伟忠与一审被告陈强庆、陈琳、张洋、顾惠平、王秀英共同出资设立，设立时原告依法持有宏冠公司20%股权。在黄伟忠没有对其股权作出处分的前提下，除非宏冠公司进行了合法的增资，否则原告的持股比例不应当降低。宏冠公司的章程明确约定公司增资应由股东会作出决议。现经过笔迹鉴定，宏冠公司和新宝公司的股东会决议上均非黄伟忠本人签名，不能依据书面的股东会决议来认定黄伟忠知道增资的情况。出资买地与公司增资之间不具有必然的关联性。因此，在没有证据证明黄伟忠明知且在股东会上签名同意宏冠公司增资至1500万元的情况下，对宏冠公司设立时的股东内部而言，该增资行为无效，且对于黄伟忠没有法律约束力，不应以工商变更登记后的1500万元注册资本金额来降低黄伟忠在宏冠公司的持股比例，而仍旧应当依照20%的股权比例在股东内部进行股权分配。

——《最高人民法院公报》2015年第5期

十三、公司法人人格否认

325

适用公司法人人格否认制度的原则

关键词｜公司法人人格否认｜

【最高人民法院答复】

一个企业是否是独立的法人，具有法人资格，是由工商行政机关予以审核，并颁发企业法人营业执照的。法院在执行过程中，往往发现有些企业法人实际并不符合企业法人成立要件，并不具有企业法人资格，否认其法人资格。我们认为，法院不宜在执行程序中直接裁定否定公司的法人资格，而应依照一定的诉讼程序，通过实体审判来解决企业法人资格真实与否问题。执行机构应以工商登记为准来处理相关事宜。

——《最高人民法院执行工作办公室关于深圳金安集团公司和深圳市鹏金安实业发展有限公司执行申诉案的复函》(2001年11月23日，〔2001〕执监字第188号)

【最高人民法院审判业务意见】

与“未出资”(包括未完全出资)、“瑕疵出资”情形有关的争议还涉及新《公司法》第二十条“揭开公司面纱原则”的具体适用问题。在外国公司法的审判实践中，当股东严重出资不足且公司不能对外清偿债务时，法院可能依据“揭开公司面纱原则”，判令股东对公司的债务向债权人承担连带清偿责任。该判例规则有否被运用到我国的审判工作当中，目前也处于研讨阶段。

——宋晓明：《研究公司法务，指导审判实践——就新〈公司法〉适用中若干疑难问题答记者问》，载最高人民法院民事审判第二庭编：《民商事审判指导》总第11辑，人民法院出版社2007年版，第93页。

【最高人民法院裁判文书】

中信国安盟固利电源技术有限公司与青岛澳柯玛新能源技术有限公司、青岛澳柯玛新能源配套有限公司买卖合同纠纷申请再审案

内容摘要：揭开公司面纱作为否定公司法人格的一项拟定法制度，法院在判断关联公司是否构成法人格混同时以及处理上要从严掌握，法院适用揭开公司面纱的标准应是过度控制标准。

最高人民法院审查认为：本案《购货合同》系澳柯玛配套公司与中信国安公司签订的，澳柯玛技术公司非本案合同的当事人；澳柯玛配套公司接收了中信国安公司所供货物并支付了部分货款。对于欠货款，双方经多次对账均予以认可。故可以认定中信国安公司与澳柯玛配套公司之间存在买卖合同关系，澳柯玛技术公司与中信国安公司之间没有买卖合同关系。澳柯玛技术公司与澳柯玛配套公司为各自独立的法人公司，澳柯玛技术公司虽系澳柯玛配套公司的股东，但双方均系独立经营、独立核算、自负盈亏，并不存在法人人格混同的事实。中信国安公司提交的董俊凯的录音资料不能推翻现有书面证据。中信国安公司申请法院调查澳柯玛配套公司的账务，二审法院未予同意并无不当。

——景汉朝主编：《最高人民法院立案工作指导案例解析》，人民法院出版社 2015 年版，第 475 ~ 478 页。

【链接：最高人民法院法官著述】

第一，应当审慎适用。公司人格独立、股东承担有限责任是基本原则，而公司法人格否认原则是一种例外适用原则。维护公司法人独立地位是公司法的主要价值取向，只有在公司独立人格和股东有限责任原则被滥用，严重损害债权人利益时，才能为保护债权人利益而例外地适用。因此，在否认公司独立人格时，应当采取谨慎的态度，只有具有明确的人格混同的事实，并且严重损害债权人利益，无法通过其他途径救济时，才能否认公司独立人格。

第二，关于判决的效力范围。法人格否认理论只对特定个案中公司的独立人格予以否认，而不是对该公司法人格全面、彻底、永久地否认。也就是说，否认公司法人格的判决效力不涉及该公司的其他法律关系，并且不影响该公司作为一个公司独立实体合法地继续存在。这与公司因解散、破产而注销，从而在制度上绝对、彻底丧失法人资格的情形完全不同,只是“一时一事”地否认公司法人格,具有相对性和特定性,而不具有绝对性和对世性。

——最高人民法院案例指导工作办公室:《指导案例 15 号〈徐工集团工程机械股份有限公司诉成都川交工贸有限责任公司等买卖合同纠纷案〉的理解与参照》,载江必新主编:《最高人民法院司法解释与指导性案例理解与适用》第 2 卷,人民法院出版社 2014 年版,第 436 ~ 442 页。

(三)关于是否应当以股东抽逃出资为由否认公司独立人格的问题

《公司法》第二十条虽然规定了揭开公司面纱制度,但是,股东有限责任依然是原则,揭开公司面纱依然是例外。为此,人民法院应当慎用揭开公司面纱制度,应从人员、机构、业务、财务、财产等多方面判断股东与公司的人格是否高度混同,股东是否滥用了公司法人独立地位和股东有限责任,是否严重损害了公司债权人的利益,不宜因为存在单一的、非关键的混淆现象而径行否定公司法人资格,更不能动辄便将其视为人民法院解决执行难的灵丹妙药。因此,本案不宜仅仅以股东抽逃出资为由就否定公司法人人格,进而判令股东对公司应补缴的拍卖价差款承担连带责任。

——司艳丽:《最高人民法院研究室关于执行程序中能否直接裁定追加股东对公司债务承担连带责任的研究意见》,载沈德咏主编、最高人民法院研究室编著:《司法研究与指导》总第 4 辑,人民法院出版社 2014 年版,第 135 页。

编者说明

最高人民法院在坚持《民法通则》确立的法人独立承担民事责任原则的同时,自 20 世纪 80 年代末 90 年代初就案件审理和司法解释两方面,对公司法人人格滥用问题开始了积极探索。

在案件审理方面,例如,宁夏回族自治区某市政府出资开办的公司的责任,中央某报社开办的公司的责任等,最高人民法院根据《民法通则》和国务院有关文件的规定并没有局限于公司自身的财产。在 1992 年 3 月 17 日针对法人资格认定问题的答复中认为:依照《民法通则》第四十一条之规定,企业具备法人条件,经主管机关核准登记,取得法人资格。根据《企业法人登记管理条例(1988)》第四条之规定,企业法人登记主管机关是国家工商行政管理局和地方各级工商行政管理局。请示中的集体企业聊城市柳园供销公司符合法定条件并经工商行政管理机关核准依法领取有企业法人营业执照,其法人资格应予承认。至于申报单位出资不足问题,可责令其补足注册资金的差额部分,不宜仅据此而否定聊城市柳园供销公司的法人资格。在审理南方航空旅游公司诉玉龙旅行社等代销合同纠纷案时认为:被告玉龙旅行社是由玉龙工贸申请开办、1993 年 2 月经海南省旅游局批准筹建的三类旅行社，其注册资金是 50 万元，玉龙工贸向玉龙旅行社当初投入开办费 10 万元，虽未达到注册资金数额，但已达到国家有关经营第三类旅行社应有 3 万元以上注册资本的规定，且玉龙旅行社也实际领取了企业法人营业执照，故玉龙旅行社具备法人资格，应当独立承担民事责任。现玉龙旅行社已被撤销，其财产不足以清偿债务，开办单位玉龙工贸应当在实际投入资金与注册资金差额 40 万元的范围内承担民事责任。原审认定玉龙旅行社不具备法人资格，其民事责任完全由玉龙工贸承担不妥。

在司法解释方面，1994 年 3 月 30 日，最高人民法院法复〔1994〕4 号规定明确：企业已经领取了《企业法人营业执照》，其实际投入的自有资金虽与注册资金不符，但达到了规定的数额，并且具备了企业法人其他条件的，应当认定其具有法人资格。但如果该企业被撤销或者歇业后，其财产不足以清偿债务的，开办企业应当在该企业实际投入的自有资金与注册资金差额范围内承担民事责任；企业开办的企业虽然领取了《企业法人营业执照》，但实际没有投入自有资金，或投入的自有资金达不到规定的数额，应当认定其不具备法人资格，其民事责任由开办该企业的企业法人承担；对虽然领取了《企业法人营业执照》，但实际上并不具备企业法人资格的企业，应当依据已查明的事实，提请核准登记该企业法人的工商行政管理部门吊销其《企业法人营业执照》。工商行政管理部门不予吊销的，人民法院在审理案件中，对该企业的法人资格不予认定。这里正确区别了法人的条件与法人的资格、法人的核心与外壳。

最高人民法院法复〔1997〕2 号批复明确规定：对注册资金投入未达到规定的最低限额，被依法吊销《企业法人营业执照》之前签订的经济合同，不宜因其注册资金投入未到法律规定的最低限额而确认为无效。这里并没有彻底否认法人资格。

最高人民法院 2001 年 2 月 6 日法释〔2001〕8 号第二条、第三条规定：被开办企业领取了企业法人营业执照，虽然实际投入的资金与注册资金不符，但已达到了《企业法人登记管理条例实施细则（2000）》第十五条第（七）项规定数额的，应当认定其具备法人资格，开办单位应当在该企业实际投入资金与注册资金的差额范围内承担民事责任；被开办企业虽然领取了企业法人营业执照，但投入的资金未达到规定数额的，或者不具备企业法人其他条件的，应当认定其不具备法人资格，其民事责任由开办单位承担。从其第十一条“被开办企业或者债权人向人民法院申请破产的，不论开办单位的注册资金是否足额到位，人民法院均应当受理”的规定来看，其法人资格并没有被泛泛地否认，而是就案论案。

上述解释贯穿的理念是：公司股东滥用公司法人独立地位和股东有限责任，严重损害公司债权人利益的，应当对公司债务承担（有限）连带责任。

在很长的一段时期内，我国司法实践中都是将股东出资是否达到法定最低限额是公司资本是否充实、公司信用高低和考察公司股东是否企图或者实际滥用公司人格的重要因素。但是，2013 年 10 月 25 日，国务院常务会议提出推进公司注册资本登记制度改革，其中之一就是放宽注册资本登记条件。2013 年 12 月 28 日全国人大常委会决定对《公司法》的相关内容作出相应修改，包括删去第七条第二款中的“实收资本”；将第二十三条第（二）项修改为：“（二）

有符合公司章程规定的全体股东认缴的出资额”；将第二十六条修改为：“有限责任公司的注册资本为在公司登记机关登记的全体股东认缴的出资额。法律、行政法规以及国务院决定对有限责任公司注册资本实缴、注册资本最低限额另有规定的，从其规定”；删去第二十七条第三款等内容。公司法人格否认制度的适用将会更加重要。

326

适用公司法人人格否认制度的一般要件

关键词 | 公司法人人格否认 |

【最高人民法院司法政策】

关于公司法中的法人人格否认问题。

1. 关于适用条件。《公司法》第二十条的规定为适用公司法人人格否认制度提供了法律依据，但应予强调的是，法人人格独立是公司法的基本原则，人格否认是公司制度的例外。因此，要从严掌握法人人格否认制度的适用条件。在程序上，适用法人人格否认制度应当以当事人主张为前提，人民法院不得依职权主动适用。在实体上，须同时具备《公司法》第二十条所规定主体要件、行为要件和结果要件，避免因滥用该制度而动摇法人人格独立原则的基石。

2. 关于人格混同的认定与举证责任的分配。股东与公司存在财产混同、业务混同、人事混同、住所混同情形的，可以认定股东与公司人格混同。对上述事实，应当由公司债权人承担举证责任，但一人公司除外。公司债权人能够提供初步证据证明股东滥用公司独立法人地位和股东有限责任，但因公司经营情况的证据由公司掌握而无法进一步提供证据予以证明的，人民法院可以根据公平原则和诚实信用原则，确定进一步证明是否存在滥用法人人格行为的举证责任由公司或股东承担。

3. 关于法人人格的逆向否认与横向否认。根据《公司法》第二十条的规定，法人人格否认制度的适用对象仅限于公司股东。但司法实践，也存在公司与股东人格不分，由此导致股东的债权人要求公司对股东的债务承担连带责任的情形，以及因关联公司之间人格不分，导致公司债权人要求该公司的关联公司也承担连带责任的情形。对于这些案件,能否适用公司人格否认制度,存有争议。在学理上,因股东滥用公司独立人格逃避债务,进而由股东为公司之债负连带责任的模式,被称为法人人格的顺向否认。股东的债权人诉请公司对其股东的债务承担连带责任的情形,以及公司的债权人诉请该公司的关联公司对该公司的债务承担连带责任的情形,则被称为法人人格的逆向否认或横向否认。严格地说,只有顺向否认的模式才符合《公司法》第二十条所规定的适用法人人格否认的条件,但逆向否认或横向否认是否适用《公司法》第二十条所规定的法人人格否认制度之法理,可在今后审判实践中进一步研究总结。

——《深化商事理念,维护公平正义,为经济社会持续健康发展提供有力司法保障——全国法院商事审判工作座谈会材料》(2013 年 9 月 17 日),载最高人民法院民事审判第二庭编:《商事审判指导》总第 34 辑,人民法院出版社 2013 年版,第 14 ~ 15 页。

【《最高人民法院公报》案例】

美国矿产金属有限公司与厦门联合发展(集团)有限公司债务纠纷案[最高人民法院(2004)民四终字第 4 号民事判决书]

裁判摘要:经国家主管部门核准登记的具有法人资格的企业,依法应当独立承担民事责任。确定该企业的开办单位是否应当对该企业的债务承担民事责任,应严格审查开办单位对该企业的出资情况以及开办单位有无抽逃该企业注册资本、有无恶意转移该企业财产等情形。开办单位在上述方面无过错的,不应对该企业的债务承担连带赔偿责任。

——《最高人民法院公报》2005 年第 12 期

【最高人民法院裁判文书】

中国长城资产管理公司沈阳办事处与新东北电气(沈阳)高压隔离开关有限公司、沈阳北富机械制造有限公司、沈阳新泰仓储物流有限公司等金融不良债权追偿纠纷案[最高人民法院(2013)民二终字第 66 号民事判决书]

最高人民法院认为:根据本案查明的事实,在 2004 年高压开关公司与东北电气公司股权置换时,东北电气公司通过对添升公司、万里公司、新峰公司、诚安公司的控股关系实际控制着高压开关公司,但股权置换行为已被本院判决予以撤销,股权也实际回转到了高压开关公司名下,高压开关公司的责任能力已被恢复。其后高压开关公司又将股权转让给德佳公司,此时因添升公司已于2004年6月将持有的万里公司90%股权转让他人,东北电气公司对高压开关公司股权上的控制关系已然隔断。对于高压开关公司将股权转让给德佳公司以及德佳公司又将股权转让的事实,长城资产公司未举出充足证据证明是受东北电气公司实际控制而为或者与东北电气公司有直接关系。因此本案证据尚不足以认定东北电气公司实际控制高压开关公司实施了逃废债务的行为。

另外,长城资产公司主张揭开高压开关公司面纱,即否认高压开关公司法人人格。《公司法》第二十条规定了公司法人人格否认制度,即公司股东不得滥用公司法人独立地位和股东有限责任损害公司债权人的利益;公司股东滥用公司法人独立地位和股东有限责任,逃避债务,严重损害公司债权人利益的,应当对公司债务承担连带责任。根据该条规定,适用法人人格否认制度应当具备三个条件:一是主体要件,即滥用的主体限于公司股东;二是行为要件,即存在滥用公司独立人格和股东有限责任的行为;三是结果要件,即严重损害了公司债权人的利益。而本案中,虽然东北电气公司在高压开关公司设立时的确是高压开关公司的股东,但之后东北电气公司将所持高压开关公司股权全部转让,不再是高压开关公司的股东。本案情形不符合上述法人人格否认制度适用的条件。因此,长城资产公司关于东北电气公司滥用高压开关公司法人独立地位,损害债权人利益,要求揭开高压开关公司面纱的主张,缺乏事实和法律依据,本院不予支持。

——中国裁判文书网,http://wenshu.court.gov.cn。

【链接:最高人民法院法官著述】

根据我国司法实践,适用公司法人格否定制度规则,应当具备以下三个方面的要件:

1. 主体要件。包括原告和被告两个方面的内容:原告只能是因股东滥用公司法人格的行为而受到损害的公司债权人,包括自然人、法人和其他组织,公司本身和公司股东不能成为原告。被告则只能是实施了滥用公司人格和股东有限责任的行为的积极的控制股东。具体来说,一是这些股东必须是该公司中握有实质控制能力的股东,即控制股东或支配股东;二是控制股东必须是积极股东,那些不作为的消极股东即没有参与公司经营管理权利的或者有权参与公司经营管理但不能或不愿参与公司经营管理的股东,不能成为被告;三是公司董事、经理等高级管理人员不能成为被告，如果他们利用职务之便滥用公司法人格，向公司转移风险，谋取个人利益的，只能根据公司章程和有关《公司法》的规定追究其责任，除非这些董事、经理或其他高级职员在以支配股东的身份滥用公司法人格时，才可能成为被告。

2. 行为要件，即公司人格利用者实施了滥用公司人格和股东有限责任的行为，主要包括两类：一是利用公司法人格规避合同或法律义务的行为，二是公司法人格形骸化的行为。

(1)利用公司法人格规避合同义务和法律义务的行为。其中，滥用公司法人格回避契约义务的行为主要表现为：负有竞业禁止等合同上特定的不作为义务的当事人为回避该义务而设立新公司，或者利用旧公司掩盖其真实行为；负有交易上巨额债务的公司支配股东通过抽逃资金或解散该公司或宣告该公司破产后，再以原有的营业场所、董事会、公司职员等设立经营目的完全相同的新公司，以达到逃脱原来公司巨额债务之不当目的；利用公司对债权人进行诈欺以逃避合同义务等。滥用公司法人格回避法律义务的行为主要表现为：控制股东利用新设公司或既存公司的法人格，人为地改变了强制性法律规范的适用前提，达到规避法律义务的真正目的，从而使法律规范的目的和实效性落空。例如，为防止公司业务的不法行为可能导致的巨额赔偿，将本属于一体化的企业财产分散设立若干公司，使每一公司资产只达到法定的最低标准，并只投保最低限额的保险，因而难以补偿受害人的损失；或者利用公司形式逃避税务责任、社会保险责任或其他法定义务等。

(2)公司法人格形骸化的行为。公司法人格形骸化实质上是指公司与股东完全混同，使公司成为股东的或另一公司的另一个自我，或成为其代理机构和工具，以至于形成股东即公司、公司即股东的情况。通常来说，公司形骸化的重要表征是人格、财产、业务等发生混同。首先，人格混同是指公司与股东之间或者公司与其他公司之间没有严格的分别。公司实践中，一套人马、两块牌子，名为公司实为个人等均属于人格混同的情况。其次，当公司的财产不能与该公司的成员及其他公司的财产作清楚的区分时，即发生财产混同。这已经完全背离了财产分离原则，极易导致公司财产的隐匿、非法转移或被股东私吞、挪作他用。财产混同通常表现为：公司营业场所、主要设备与股东的营业场所或居所等完全同一，公司与股东使用同一办公设施；公司与股东的资本或其他财产混合，公司资本或财产移转为非公司使用；公司与股东或一公司与他公司利益一体化等，从而使股东自己即可将公司的盈利当作自己的财产随意调用，或转化为股东个人财产,或转化为另一公司的。由于财产混同无法保证公司贯彻资本维持和资本不变的原则,进而影响到公司对外承担清偿债务的物质基础,因此财产混同是人民法院揭开公司面纱时所要重点考察的内容。至于仅仅公司账目混乱是否可以适用公司人格否认制度,则应视具体情况而定,若账目混乱并未导致公司的财产与公司成员和其他公司财产的混合,则不能适用。最后,业务混同在公司与股东之间特别是公司集团内部各公司之间比较常见。例如,公司与股东或不同公司之间从事相同的业务活动;具体交易行为不单独进行,而是受同一控制股东或同一董事会指挥、支配、组织;公司集团内部实施大量的交易活动,交易行为、交易方式、交易价格等都以母公司或公司集团的整体利益的需要为准,根本无独立、自由竞争可言,资金也因此在公司之间随意流动;公司对业务活动无真实记录或连续记录等。以上种种足以使公司与股东之间或母子公司、姐妹公司之间在外观上几乎丧失了独立性。

此外,鉴于《公司法》第二十条并未明确规定公司法人格利用者必须在主观上具备恶意的不当目的或违法意图,因此,为真正体现权利滥用禁止的法律精神的本意,并减轻法人格滥用目的的举证困难,人民法院在公司人格否认诉讼中不应过分强调权利滥用的主观要件。

3. 结果要件,即公司法人格利用者滥用公司法人格的行为必须给他人或社会造成损害。具体来说,第一,滥用公司法人格的行为必须给公司债权人造成严重的损害,影响到平衡的利益体系。第二,滥用公司法人格的行为与造成的损失之间有直接的因果关系,对此应由受损害的当事人承担举证责任。第三,这种损害不能通过公司自身获得赔偿。也就是说,即使控制股东滥用公司人格和股东有限责任的实现其不当目的,并且给公司债权人带来损害,但只要公司有足够的财产弥补债权人损失,公司债权人就不能提起揭开公司面纱之诉。

——李国光、王闯:《审理公司诉讼案件的若干问题——贯彻实施修订后的〈公司法〉的司法思考》,载最高人民法院民事审判第二庭编:《民商事审判指导》总第8辑,人民法院出版社2006年版,第65~70页。

编者说明

关于公司法人人格否认的适用要件,理论界与实践部门对此均有较早的研究,但也在诸多方面存在不同的认识。2013年全国法院商事审判工作座谈会上的讲话材料中对部分问题作了明确。

327

认定公司滥用法人人格和有限责任的法律责任，应综合多种因素作出判断

关键词 | 滥用法人人格 |

【《最高人民法院公报》案例】

邵萍与云南通海昆通工贸有限公司、通海兴通达工贸有限公司民间借贷纠纷案[最高人民法院(2015)民一终字第260号民事判决书]

裁判摘要:依据《公司法》第二十条第三款的规定,认定公司滥用法人人格和有限责任的法律责任,应综合多种因素作出判断。在实践中,公司设立的背景,公司的股东、控制人以及主要财务人员的情况,该公司的主要经营业务以及公司与其他公司之间的交易目的,公司的纳税情况以及具体债权人与公司签订合同时的背景情况和履行情况等因素,均应纳入考察范围。

最高人民法院认为:本案的争议焦点为昆通公司是否应当就案涉债务承担连带责任。

第一,2009年6月10日在玉溪市中级人民法院的主持下所形成的《涉及通海昆通工贸公司债权人会议纪要》的内容显示,由于昆通公司被法院查封难以继续经营,为使债权人债权得到清偿,由华盛源公司与昆通公司合作,昆通公司资产交由华盛源公司代为管理,对外债务由华盛源公司汇入法院账户协助执行。虽然华盛源公司与昆通公司之后未按照上述会议纪要的内容合作,但是,该会议纪要能够证明昆通公司由于被法院强制执行而陷入不能经营的状态这一事实。

第二,从工商登记资料及身份证明上看,昆通公司的法定代表人自2007年11月18日变更为岳跃,岳跃系该公司两股东岳修宽与张淑芬之子。岳贤系昆通公司监事,杨琼华系昆通公司工作人员,孔丽菠系昆通公司财务人员。而兴通达公司的工商登记资料显示,兴通达公司于2009年8月27日申请设立登记。岳贤同时为兴通达公司的股东,杨琼华担任兴通达公司的监事,孔丽菠也担任兴通达公司的财务人员。上述证据说明,兴通达公司在财务人员、主要工作人员以及股东的构成上,存在相互交叉或者相互重合的情形。

第三,邵萍在二审中提供的岳贤与昆通公司于2009年8月30日签订的《约定协议》,虽然在形式上系复印件,但是结合岳贤与邵萍的微信记录、两人于

2015 年 12 月 1 日的通话录音以及陈建明的当庭陈述，可以认定岳贤系代理昆通公司持有兴通达公司的股权。这说明，昆通公司实际上是通过岳贤持有兴通达公司股权的。

第四，2009 年 7 月 18 日和 2009 年 9 月 20 日昆通公司与兴通达公司签订的两份租赁协议可以证明，虽然双方系通过租赁合同的形式由兴通达公司承租昆通公司的办公用房及货场和料场，但从其租金约定的数额畸低这一事实来看，双方实际上存在着办公地点、经营设备、生产场地混同的情形。

第五，由昆通公司和兴通达公司于 2009 年 9 月 16 日及 2011 年 10 月 25 日联合向通海县国税局、秀山分局呈报的《关于昆通公司和兴通达公司生产经营情况的报告》和《关于昆通公司和兴通达公司税负情况形成原因的报告》的内容显示，昆通公司在 2009 年已因拖欠税款被国税部门扣留税控机，自 2009 年 9 月兴通达公司对外采购原材料销售给昆通公司，昆通公司所产产品销售给兴通达公司，由兴通达公司再对外销售。兴通达公司作为“昆通公司原、辅料的采购及产品（副产品）销售商，不以盈利为目的，因此对昆通公司的采购和销售采取①原材料平进平出；②产品销售提留微量进销差价（以维持兴通达公司日常基本费用）的方式”。上述证据结合前述 2009 年 6 月 10 日在玉溪市中级人民法院的主持下所形成的《涉及通海昆通工贸公司债权人会议纪要》可知，昆通公司由于被人民法院查封和被国税部门扣留税控机无法继续经营，在与华盛源公司未实际履行上述会议纪要的前提下，又通过岳贤和罗海东代持股权的方式与陈建明设立兴通达公司，兴通达公司设立的目的是为了恢复昆通公司的生产经营。

第六，邵萍与兴通达公司于 2011 年 3 月 29 日签订的两份《借款协议》，数额分别为 2920 万元和 1716 万元，两份《借款协议》上除陈建明作为借款方兴通达公司法定代表人签字之外，还有昆通公司法定代表人岳跃和岳升（系岳跃之弟）的签名。2011 年 4 月 18 日兴通达公司向邵萍出具的数额为 490.5 万元的收据上，除了陈建明签名之外，岳跃也在该收据上签名。2011 年 10 月 10 日，兴通达公司向邵萍出具的数额为 1889.5 万元的《收款收据》上，除了陈建明签名之外，岳跃也在该收据上签名。上述签名的法律含义可以解释为一审法院所认定的岳跃系作为见证人签名。另外一种则是结合前述昆通公司与兴通达公司在股东持股、财务人员、办公场所等方面存在高度混同的事实，将该签名的法律含义解释为，兴通达公司与邵萍签订借款协议时，均明知兴通达公司的设立目的是为了通过兴通达公司实现昆通公司的经营，所出借的款项实际用途也都是用于昆通公司的恢复生产及经营。因此,岳跃在上述借款凭证签名的行为实际上是代表昆通公司确认借款关系的行为。本院认为,将岳跃签名的法律意义认定为是见证行为,无其他证据辅佐,也与前述一系列证据所证明的事实形成冲突。岳跃在前述借款凭证上签名的行为也从另外一个侧面说明,昆通公司与兴通达公司存在着高度混同的现象。

综合上述多个证据,可以认定,兴通达公司的设立目的是为了通过兴通达公司恢复昆通公司的生产经营,昆通公司通过岳贤、罗海东等持股的方式成为兴通达公司的股东,两公司在财务人员、工作人员、经营场所、生产经营等方面存在高度混同的现象。昆通公司通过此种方式设立兴通达公司并利用了兴通达公司的法人独立地位和股东有限责任,损害了邵萍作为债权人的利益。根据《公司法》第二十条第三款的规定,昆通公司应当对以兴通达公司的名义向邵萍的借款债务承担连带责任。邵萍的上诉主张部分成立,本院予以支持。

综上,由于一审判决未能就多个证据作出综合判断,未能对证据作出准确评价,认定事实错误,仅以兴通达公司非为昆通公司的代理人为由驳回邵萍要求昆通公司承担连带责任的请求,适用法律错误。

——《最高人民法院公报》2017 年第 3 期

328

股东滥用公司法人独立地位和股东有限责任的，应当对公司债务承担连带责任

关键词｜公司法人人格否认｜

【最高人民法院审判业务意见】

对于公司所负债务,公司无财产可供执行,又无财务账目或拒不提供财务账目,是否可以追加股东为被执行人?

主要观点:公司无财务账目或拒绝提供财务账目,经听证程序后,可以追加股东为被执行人。

主要理由:公司没有财务账目或者拒不提供公司财务账目,且不能提供相反证据证明不存在财产混同情况的,可以视为公司法人与公司股东之间存在财产

混同的情形。我国《公司法》第二十条规定:"公司股东应当遵守法律、行政法规和公司章程,依法行使股东权利,不得滥用股东权利损害公司或者其他股东的利益;不得滥用公司法人独立地位和股东有限责任损害公司债权人的利益。公司股东滥用股东权利给公司或者其他股东造成损失的,应当依法承担赔偿责任。公司股东滥用公司法人独立地位和股东有限责任,逃避债务,严重损害公司债权人利益的,应当对公司债务承担连带责任。"该条规定表明了有限责任公司的法理基础就在于股东的财产与公司的财产分离,股东以其出资为限对公司的债务承担有限责任,股东与公司的财产一旦混同,自然不能得到有限责任的保护,执行法院可以变更追加公司股东为被执行人。

——最高人民法院执行局编:《执行工作指导》总第46辑,人民法院出版社2013年版,第47页。

【最高人民法院裁判文书】

广西南宁鸿发建筑劳务有限公司与张强股东损害公司债权人利益责任纠纷申请再审案[最高人民法院(2015)民申字第1379号民事裁定书]

最高人民法院认为:本案争议的焦点问题是张强作为恒思公司股东是否应对恒思公司的债务承担连带责任。《公司法》第二十条对股东滥用权利的责任规定为,股东"不得滥用公司法人独立地位和股东有限责任损害公司债权人的利益","公司股东滥用公司法人独立地位和股东有限责任,逃避债务,严重损害公司债权人利益的,应当对公司债务承担连带责任"。根据上述规定,认定公司股东滥用权利,应当对公司债务承担连带责任,应当具备以下两个要件,一是股东实施了滥用公司法人独立地位和股东有限责任的行为,二是股东滥用权利的行为损害了公司债权人的利益,即股东的行为与公司债权人的损失之间存在因果关系。在本案中,张强作为恒思公司的法定代表人,有权代表公司从事经营活动,包括代表恒思公司收取款项及出具收条等相关民事行为,张强对外代表公司从事的相关民事行为系履行法定代表人职务的行为,应当视为恒思公司的行为,不能仅凭张强上述行为即认定张强滥用公司法人独立地位和股东有限责任,导致股东财产与公司财产发生混同,从而否认本案原审第三人恒思公司的独立法人地位。原判决已经查明,恒思公司是由张强与何素银两个股东申请设立的,再审申请人鸿发公司主张股东张强个人财产与恒思公司的资产存在混同,应当对此举证加以证明,在举证不能的情况下应当承担不利的法律后果,原判决依据《民事诉讼法》第六十四条第一款和《民事诉讼证据规定》第二条的规定,判决驳回鸿发公司的诉讼请求，适用法律并无不当。

——中国裁判文书网，http://wenshu.court.gov.cn。

宜昌市万佳百货公司等与中国农业银行股份有限公司三峡夷陵支行借款合同纠纷申请再审案[最高人民法院(2012)民申字第531号民事裁定书]

裁判要旨：本案是比较典型的适用公司法人人格否认制度的案例。公司法人人格否认又称“揭开公司面纱”“公司法人资格否认”“股东有限责任待遇例外”“股东直索责任”，是指控股股东为逃避法律义务或责任而违反诚实信用原则，滥用法人资格或股东有限责任待遇、致使债权人利益严重受损时，法院或仲裁机构有权责令该股东直接向公司债权人履行法律义务、承担法律责任。我国《公司法》第二十条第三款规定，公司股东滥用公司法人独立地位和股东有限责任，逃避债务，严重损害公司债权人利益的，应当对公司债务承担连带责任。

最高人民法院审查意见认为：……3. 从人员构成看，段晓虎身兼万佳百货公司、万佳物业公司、万佳实业公司法定代表人的身份，系上述三公司的实际控制人。龙江、肖常华则同时担任了三公司的高管。三公司存在人员混同。从公司工商登记地址看，万佳物业公司成立时登记地址为宜昌市西陵二路46号，与万佳百货公司地址相同。后万佳物业公司将地址变更至宜昌市夷陵路95号，又与之后设立的万佳实业公司地址相同。三公司存在地址混同。从资产流转情况看，1997年8月，万佳百货公司出资设立了万佳物业公司，由万佳物业公司负责经营管理由万佳百货公司投资兴建的万佳市场，承担相关债务。此后万佳物业公司替万佳百货公司支付了工程款243.42万元及违约金。在1993年万佳市场被强制拆除后，根据万佳物业公司的申请，宜昌市人民政府将拆除万佳市场的补偿款给付万佳物业公司，并被万佳物业公司用于购买宜昌市夷陵路95号土地使用权。2004年3月28日，段晓虎等人在未支付对价的情况下即以宜昌市夷陵路95号部分土地使用权出资设立了万佳实业公司。2005年9月，经宜昌市国土资源局审批，万佳实业公司又以零对价将宜昌市夷陵路95号全部土地使用权变更至自己名下。2005年9月至2008年9月，万佳实业公司代万佳物业公司偿还宜昌市城郊农村信用合作社联合社欠款2353.6万元。2008年5月，万佳实业公司承诺与万佳物业公司共同偿还万佳物业公司对宜昌兆丰工贸有限公司的欠款65万元。三公司之间存在资产混同。在实现优质资产向万佳实业公司转移后，万佳百货公司、万佳物业公司相继因未年检而被吊销营业执照。综合上述事实，在段晓虎的实际控制下，万佳百货公司、万佳物业公司、万佳实业公司存在资产混同、人员混同的情况,且上述行为具有明显恶意规避债务的特征,二审判决认为构成欺诈亦无不当。根据《公司法》第二十条第三款关于“公司股东滥用公司法人独立地位和股东有限责任,逃避债务,严重损害公司债权人利益的,应当对公司债务承担连带责任”的规定,万佳物业公司、万佳实业公司、段晓虎应当对万佳百货公司的债务承担连带清偿责任。

——杜万华主编:《最高人民法院民商事案件审判指导》第3卷,人民法院出版社2015年版,第475~483页;最高人民法院审判管理办公室编:《最高人民法院优秀裁判文书》第2辑,法律出版社2014年版,第71~74页。

【链接:最高人民法院法官著述】

常见的“滥用”行为可以归纳为公司资本不充足和股东对公司过度控制:

1. 公司资本不充足。这里的公司资本不充足一般是指股东通过虚假出资证明、虚假验资、抽逃出资等违法方式使公司并无真实注册资本或注册资本低于法定标准。此时股东诈欺意图明显,如果因此对债权人利益造成严重损害的,则构成滥用法人独立人格,应当由股东对公司的债务承担连带责任。换一种角度看,在公司未达到最低注册资本的情况下,应当视为公司不具备法人资格,股东同样应当承担责任。

有观点认为,鉴于《公司法》已大幅下调公司的最低注册资本,注册资本在保护债权人方面的神话已经破灭,所以判断资本不足不能拘泥于最低注册资本,而应当综合考虑公司所属的行业性质、经营规模、雇工规模和负债规模、责任保险等相关因素,判断股权资本与债权资本之间的比例是否过低。① 如果过低,则构成股东滥用公司法人人格。我们认为,尽管该观点似有一定道理,但在法律未对此作出规定的情况下,由审判人员对合法成立的公司做出“以非常小的资本从事规模、风险都不能与之相适应的事业”②的评判,并借此要求股东对公司的债务承担连带责任显然并不适当,对公司和股东而言也并不公平。不仅如此,这一制度设计在现阶段来看弹性过大,无法确定具体的标准,既缺乏可操作性,也容易导致在实践中被滥用。

2. 股东对公司实施过度控制。股东对公司实施过度控制包括股东将自己的财务与公司的财务相混同或吸收公司财产,在公司决策中不遵守公司程式,以股

---

① 刘俊海:《揭开公司面纱制度应用于司法实践的若干问题研究》,载《法律适用》2011年第8期。

② 朱慈蕴:《公司法人格否认:从法条跃入实践》,载《清华法学》2007年第2期。

东行为代替公司行为。例如,公司不设或虚设股东会或董事会,由控股股东直接控制公司决策。又如,公司与股东之间人事交叉、业务混同,“两个牌子一套人马”。再如,姐妹公司之间相互恶意串通,将优质财产转移后故意使原负债公司不年检进而被吊销营业执照。例如本案中的万佳百货公司、万佳物业公司、万佳实业公司的行为就符合上述情形。这些行为,都使得公司无法独立、理性地在法律范围内运营,从而丧失了其独立人格。

——叶阳:《公司法人人格否认的法律适用——宜昌市万佳百货公司等与中国农业银行股份有限公司三峡夷陵支行借款合同纠纷申请再审案》,载杜万华主编:《最高人民法院民商事案件审判指导》第3卷,人民法院出版社2015年版,第475～483页。

1.《公司法》第二十条的适用对象

该条系针对所有股东、所有股东行为的规范,而非仅禁止股东压制。在本文所及的股东压制视野内,禁止股权滥用原则表现为该条第一款“公司股东应当遵守法律、行政法规和公司章程,依法行使股东权利,不得滥用股东权利损害公司或者其他股东的利益”。该款可拆为两部分。第一部分是前半段对公司股东行为合法性或合约性的要求,即“应当遵守法律、行政法规和公司章程”;第二部分则是后半段对股东行为合理性的要求,即“不得滥用股东权利”。从逻辑上看,滥用股东权利既可能侵犯其他股东的合法权利,也可能侵犯其他股东的利益甚至是合理期待。通过对第一款的细分,该款对股东行为的合法性与合理性两方面都作了要求,而禁止股东滥用原则的司法适用实际上主要锁定为对股东行为的合理性判断。因为,如果股东行为违反了法律、行政法规或公司章程的规定,那么,受侵害股东完全可以直接依据法律、行政法规或公司章程的规定提请保护,而无必要再依据禁止股权滥用的原则性规定寻求救济。所以,当适用禁止股权滥用原则保护股东利益时,所针对的情形应当是法律、行政法规以及公司章程所未规定或无约定的情形。

2.第二十条的法律效果

该条第二款以“公司股东滥用股东权利给公司或者其他股东造成损失的,应当依法承担赔偿责任”字样,落实了滥用股权行为的法律责任,这“显然已经为股东提起损害赔偿之诉提供了足够的诉讼理由”。[①] 然而,公司治理实践中的

① 施天涛:《公司法论》(第二版),法律出版社2006年版,第436页。

股权滥用行为具有复杂性,其结果并非滥用行为直接对其他股东造成侵害,而是经过了一种转化,即控股股东滥用股权行为通过决议机制转化为公司意志。而第二十条第二款仅是对股东滥用表决权行为本身规定了损害赔偿责任,而未对由此所形成的滥用多数决之决议的效力进行规定,并未完全涵盖所有法律后果。无疑,此系公司法决议效力制度的空白。

——邓江源:《股东压制视野中的股东会决议效力》,载《人民司法·应用》2014 年第 15 期。

329

对案涉工程结算等具体事务直接干预的过度管理行为损害公司的独立法人地位,构成股东权利滥用,应对公司承担连带责任

关键词 | 公司法人人格否认 |

【最高人民法院裁判文书】

霍州煤电集团有限责任公司与山西建筑工程(集团)总公司等建设工程施工合同纠纷申请再审案[最高人民法院(2016)最高法民申字 918 号民事裁定书]

最高人民法院认为:

(一)霍州煤电对晋北煤业的管理、监督行为损害了晋北煤业的独立法人地位,构成股东权利的滥用

霍州煤电与山西建设公司签订建设工程施工合同系双方当事人的真实意思表示,双方当事人应当按照合同约定全面履行自己的义务。但是根据一、二审判决及本院审查查明事实表明,晋北煤业在履行建设工程施工合同时,无论在案涉工程设计变更、增加施工项目、调整材料价格、增加工程费用投资等方面均须按照霍州煤电要求,向霍州煤电请示,经其批准,方可履行。本院认为,霍州煤电作为晋北煤业的股东,应当通过董事会、股东会等符合公司法规定的方式履行表决权,行使其权利。而霍州煤电以未经批准晋北煤业不能对外履行合同义务这一行为,损害了晋北煤业的法人独立地位。霍州煤电认为其管理、监督等行为未损害晋北煤业公司的法人独立地位,事实依据不足。二审判决认定霍州煤电滥用股东权利,并无不当。

（二）霍州煤电对晋北煤业部分项目的管理、监督行为，严重损害了山西建设公司的债权利益

根据本案已查明事实，山西中天华工程造价咨询有限公司接受晋北煤业委托，对案涉工程造价进行审核，对该审核结果山西建设公司与晋北煤业均签字盖章予以认可。后因霍州煤电基建部不同意，晋北煤业又否认了该审核报告，造成晋北煤业未按已达成的工程价款数额及期限履行义务。本院认为，根据《公司法》第二十条第三款："公司股东滥用公司法人独立地位和股东有限责任，逃避债务，严重损害公司债权人利益的，应当对公司债务承担连带责任。"霍州煤电滥用股东权利，对案涉工程结算等具体事务直接干预，过度的管理行为损害了山西建设公司的工程款债权利益，二审判决霍州煤电对山西建设公司享有的晋北煤业应偿付的工程款及其利息的债权承担连带责任，符合民法通则的公平原则，事实清楚、法律适用正确，霍州煤电该项申请再审理由不能成立。

关于霍州煤电认为其与晋北煤业不存在财务混同、人事混同、业务混同、资产混同等公司人格混同，二审判决错误的问题，因二审判决并未对此作出认定，其该项申请理由不能成立。

——中国裁判文书网，http://wenshu. court. gov. cn。

330

多个公司法人表面上彼此独立，但实质上构成人格混同，损害债权人合法权益的，应承担连带责任

关键词｜人格混同｜连带清偿责任｜关联公司｜

【《最高人民法院公报》案例】

中国信达资产管理公司成都办事处与四川泰来装饰工程有限公司、四川泰来房屋开发有限公司、四川泰来娱乐有限责任公司借款担保合同纠纷案［最高人民法院（2008）民二终字第55号民事判决书］

裁判摘要：存在股权关系交叉、均为同一法人出资设立、由同一自然人担任各个公司法定代表人的关联公司，如果该法定代表人利用其对于上述多个公司的控制权，无视各公司的独立人格，随意处置、混淆各个公司的财产及债权债务

关系,造成各个公司的人员、财产等无法区分的,该多个公司法人表面上虽然彼此独立,但实质上构成人格混同。因此损害债权人合法权益的,该多个公司法人应承担连带清偿责任。

最高人民法院认为:关于装饰公司、房屋公司、娱乐公司是否存在人格混同的问题。根据原审查明的本案事实,装饰公司、房屋公司、娱乐公司股权关系交叉,均为关联公司,实际均为沈氏公司出资设立,沈华源作为公司的董事长,同时身兼三公司的法定代表人,其利用对三公司的控制权,将装饰公司贷款大量投入娱乐公司中国酒城项目;在未办理工商变更登记的情况下,将娱乐公司对装饰公司欠款7392万元和对房屋公司欠款1086万元转为两公司对娱乐公司的投资款,且2003年以后装饰公司对娱乐公司的投资只有2795万元,装饰公司的3597万元投资款去向不明;并将中国酒城项目的经营收益用于支付所谓泰来集团名下所有公司的房租、水电费、员工工资;将沈氏公司对房屋公司的投资用于支付中国酒城项目设计费;装饰公司、房屋公司、娱乐公司还共同为装饰公司贷款还本付息,装饰公司、房屋公司、娱乐公司均认为对"流金岁月"及"茵梦湖"项目的资产享有处分权,以并不存在的泰来集团名义向贷款人出具函件,致使贷款人也无法区分三者间的人员及财产。装饰公司、房屋公司、娱乐公司还存在同一地址办公、联系电话相同、财务管理人员在一段时期内相同的情况。上述事实表明,装饰公司、房屋公司、娱乐公司表面上是彼此独立的公司,但各公司之间已实际构成了人格混同。其行为,违背了法人制度设立的宗旨,违反了诚实信用和公平原则,损害了债权人利益。因此,原审法院判令装饰公司的债务应由娱乐公司和房屋公司承担连带清偿责任并无不当,本院予以维持。

——《最高人民法院公报》2008年第10期

【最高人民法院裁判文书】

四川通信服务公司、四川金融租赁股份有限公司与中国建设银行成都市金河支行、四川金租实业有限公司融资租赁合同纠纷上诉案[最高人民法院(2003)民二终字第111号民事判决书]

最高人民法院认为:金租实业公司系由金融租赁公司控股50%成立的有限责任公司,董事长曹建希及其财会人员等均由金融租赁公司职员兼任。金租实业公司成立后,除对通信公司办理了两项租赁业务外,未进行其他经营活动。金租实业公司的公章、法定代表人印鉴等在因本案所涉有关合同的履行由金融租赁公司交付通信公司前,均由金融租赁公司负责保管。金租实业公司和金融租赁公司在人员、财产、业务上形成了混同。金融租赁公司作为非银行金融机构,为规避有关金融政策关于融资的限制,将金租实业公司作为其融资的工具,由金租实业公司代其向建行金河支行申请借款并支付购货款。根据诚实信用原则和权利不得滥用原则,金融租赁公司应当对该笔贷款承担偿还责任。且根据金融租赁公司与金租实业公司签订的委托代理采购协议中“金融租赁公司按时回收租金及时归还垫付货款”以及双方签订的设备付款补充协议中“金融租赁公司在承兑汇票到期日前一天归还金租实业公司支付的设备到货款”等约定,承担金租实业公司贷款的偿还责任应系金融租赁公司真实意思表示,也是符合公平原则的。金融租赁公司关于其与本案没有任何法律关系,原审法院将其列为本案当事人不当的上诉理由,于法无据,本院不予支持。金融租赁公司应为本案共同被告,原审法院追加其为本案第三人不当。但鉴于不影响最终实体判决,本院对此不再予以变更。因金融租赁公司对金租实业公司在财物、人员、业务和公章上的过度控制,且其为金租实业公司开立账户的非银行金融机构,故不能仅以金融租赁公司出具的有关偿还垫付款项的对账单证明其已实际偿还了金租实业公司代其垫付的 103570238.72 元购货款。如果金融租赁公司在 1998 年至 2000 年期间已经按照与金租实业公司签订的委托代理采购协议约定的内容偿还了金租实业公司垫付的购货款,因其与金租实业公司之间已经不存在任何法律关系,其没有必要再于 2002 年 3 月 4 日与建行金河支行、通信公司和金租实业公司签订补充协议约定“为解决金租实业公司贷款即将到期,由金融租赁公司迅速筹集资金用于归还金租实业公司在金融租赁公司账户中的存款,保证金租实业公司能够有足够的还贷能力如期归还建行金河支行贷款”等。故金融租赁公司关于其已经偿还了金租实业公司垫付货款的主张,本院不予采信。且金租实业公司对账单显示,2001 年 12 月 31 日,金租实业公司在金融租赁公司开立的 21201001010204 账户上有 8400 万元存款被转出,因金融租赁公司为该笔存款的开户行,其对此款的划转凭证依法负有举证责任。原审法院和二审法院均要求金融租赁公司举证证明金租实业公司该笔款项的划付情况,但一审中金融租赁公司以其无举证责任为由拒绝提供有关证据,二审中金融租赁公司以保管该划款凭证的控股股东拒绝提供,其无法举证为由,请求法院予以调取。本院根据金融租赁公司提供的线索,委托浙江省绍兴市中级人民法院对此予以调查,但未能取得有关凭证。根据《民事诉讼法》第六十四条和《民事诉讼证据规定》第二条的规定,对此举证不能的法律后果应由金融租赁公司承担。根据 2002 年 3 月 4

日建行金河支行、通信公司、金融租赁公司和金租实业公司签订的补充协议中关于“金融租赁公司应迅速筹集资金用于归还金租实业公司在金融租赁公司账户中的存款，保证金租实业公司能够有足够的还贷能力如期归还建行金河支行贷款”的约定，金租实业公司在金融租赁公司账户中的存款是用以保障金租实业公司偿还建行金河支行9000万元贷款的。现因金融租赁公司无法举证证明该笔款项的划转系基于金租实业公司的意志，故即使撇开其与金租实业公司人格混同的情由，金融租赁公司亦因对该笔存款流失负有过错应承担相应的民事赔偿责任。金融租赁公司关于其不应承担偿还金租实业公司该笔贷款的上诉理由，本院不予支持。原审法院关于金融租赁公司与金租实业公司共同偿还该笔借款本息的判决，于法有据，本院予以维持。

——最高人民法院民事审判第二庭编：《商事审判指导》总第7辑，人民法院出版社2005年版，第192～205页。

编者说明

上述中国信达资产管理公司成都办事处与四川泰来装饰工程有限公司、四川泰来房屋开发有限公司、四川泰来娱乐有限责任公司借款担保合同纠纷案称得上是“弥补了立法之不足”和“达到了以审判实践弥补法律漏洞的效果”，因其不仅在裁判中适用了法人人格否认，更为重要的是创造性地对人格混同的关联企业揭开了公司面纱。这就不再是对《公司法》抽象规定的具体应用，更是对《公司法》所规定的法人人格否认规则的突破。因为从2005修订后《公司法》第二十条的规定来看，无论第一款还是第三款所指向的都是公司的股东，唯有“公司股东”不得滥用公司法人独立地位和股东有限责任，也唯有“公司股东”需因其滥用行为对公司的债务承担连带责任。而在本案中，判决对公司的债务承担连带责任的单位并非都是该公司的股东，而是公司的关联企业，即在关联企业人格混同的情况下适用了法人人格否认，这就与《公司法》所规定的以直刺股东式的法人人格否认有了根本的不同。突破条文的桎梏也就是对法律漏洞的填补。对于关联企业的人格混同可以适用法人人格否认，这便是本案及本裁判意见的范本意义之所在。①

本案评审法官在评析本案时还阐述道：在对人格混同的关联企业适用法人人格否认时，并不能够简单地套用《公司法》第二十条的规定。《公司法》第二十条所规定的“公司股东滥用公司法人独立地位和股东有限责任”以“逃避债务”的情形实际上只是滥用公司法人人格行为的一种。由于滥用公司法人人格而可得法人人格否认的行为实则包括两类，除却上述股东利用公司法人人格规避法律义务和契约义务的行为之外，另一类行为便是公司法人人格的形骸化。

---

① 裴莹硕、李晓云：《关联企业人格混同的法人人格否认》，载《人民司法·案例》2009年第2期。

我国《公司法》只引入了法人人格否认，对于公司法人人格形骸化这一类行为却未有涉及，以致找不到人格否认适用于关联企业人格混同的具体条文。在审判实践中，要对人格混同的关联企业实行人格否认只能依据民法基本原则准用《公司法》法人人格否认理论，而不能直接适用《公司法》第二十条。这也正是本案判决中未引用《公司法》第二十条的原因。①

331

多个公司系同一住所地、同一法定代表人、使用同一财务报表和账户，管理层和基本职能机构相同，构成人格混同

关键词｜人格混同｜关联公司｜

【最高人民法院指导性案例】

徐工集团工程机械股份有限公司诉成都川交工贸有限责任公司等买卖合同纠纷案(最高人民法院指导案例15号)

裁判要点:1.关联公司的人员、业务、财务等方面交叉或混同,导致各自财产无法区分,丧失独立人格的,构成人格混同。

2.关联公司人格混同,严重损害债权人利益的,关联公司相互之间对外部债务承担连带责任。

法院生效裁判认为:川交工贸公司与川交机械公司、瑞路公司人格混同。一是三个公司人员混同。三个公司的经理、财务负责人、出纳会计、工商手续经办人均相同,其他管理人员亦存在交叉任职的情形,川交工贸公司的人事任免存在由川交机械公司决定的情形。二是三个公司业务混同。三个公司实际经营中均涉及工程机械相关业务,经销过程中存在共用销售手册、经销协议的情形;对外进行宣传时信息混同。三是三个公司财务混同。三个公司使用共同账户,以王永礼的签字作为具体用款依据,对其中的资金及支配无法证明已作区分;三个公司与徐工机械公司之间的债权债务、业绩、账务及返利均计算在川交工贸公司名下。因此,三个公司之间表征人格的因素(人员、业务、财务等)高度混同,导致各自财产无法区分,已丧失独立人格,构成人格混同。

① 刘德权主编:《最高人民法院裁判意见精选》(下),人民法院出版社2011年版,第741页。

川交机械公司、瑞路公司应当对川交工贸公司的债务承担连带清偿责任。公司人格独立是其作为法人独立承担责任的前提。《公司法》第三条第一款规定:“公司是企业法人,有独立的法人财产,享有法人财产权。公司以其全部财产对公司的债务承担责任。”公司的独立财产是公司独立承担责任的物质保证,公司的独立人格也突出地表现在财产的独立上。当关联公司的财产无法区分,丧失独立人格时,就丧失了独立承担责任的基础。《公司法》第二十条第三款规定:“公司股东滥用公司法人独立地位和股东有限责任,逃避债务,严重损害公司债权人利益的,应当对公司债务承担连带责任。”本案中,三个公司虽在工商登记部门登记为彼此独立的企业法人,但实际上相互之间界限模糊、人格混同,其中川交工贸公司承担所有关联公司的债务却无力清偿,又使其他关联公司逃避巨额债务,严重损害了债权人的利益。上述行为违背了法人制度设立的宗旨,违背了诚实信用原则,其行为本质和危害结果与《公司法》第二十条第三款规定的情形相当,故参照《公司法》第二十条第三款的规定,川交机械公司、瑞路公司对川交工贸公司的债务应当承担连带清偿责任。

——《最高人民法院关于发布第四批指导性案例的通知》(2013 年 1 月 31 日,法〔2013〕24 号)

【最高人民法院裁判文书】

朱孔文与临沂市源丰物资回收有限公司、临沂市昆和物资有限公司买卖合同纠纷申请再审案[最高人民法院(2016)最高法民申 3168 号民事裁定书]

最高人民法院认为:(二)关于昆和公司与源丰公司是否存在法人人格混同的问题。

《公司法》第二十条第三款规定:“公司股东滥用公司法人独立地位和股东有限责任,逃避债务,严重损害公司债权人利益的,应当对公司债务承担连带责任。”上述规定为否认法人独立人格提供了法律依据。但法人人格独立是公司法的基本原则,对法人人格否认应予慎重适用。参照《最高人民法院关于发布第四批指导性案例的通知(法〔2013〕24 号)》指导性案例 15 号“徐工集团工程机械股份有限公司诉成都川交工贸有限责任公司等买卖合同纠纷案”,判断公司法人人格混同通常适用三个标准,即人员混同、业务混同、财产混同。对于不存在持股关系的关联公司而言,认定人格混同、要求关联公司承担连带责任,更需有证据证实公司之间表征人格的因素(人员、业务、财务等)高度混同,导致各自财产无法区分,已丧失独立人格,构成人格混同,而且这种混同状态给债权人带来债务主体辨认上的困难,使关联公司逃避巨额债务,最终危害到债权人的利益。本案中,朱孔文主张昆和公司与源丰公司人格混同,导致各自财产无法区分,请求判令昆和公司对源丰公司的债务共同承担连带偿付责任。朱孔文的再审主张能否成立,不仅需判断昆和公司与源丰公司是否在人员、业务、财产方面构成混同,而且需判断昆和公司、源丰公司是否藉此逃避债务、损害朱孔文的债权利益。

首先,在公司人员方面,昆和公司与源丰公司法定代表人、股东不同。昆和公司股东为黄后田、黄后军,法定代表人为黄后田。源丰公司股东为陈芝梅、黄玉玺,法定代表人为陈芝梅。两公司在具体员工范围上并不完全重合,只是存在交叉。公司作为拟制的民事主体,其意志是通过股东、董事、经理、负责人等等表达出来的。陈芝梅、黄后田系夫妻关系,同时有证人证言、案涉刑事判决等证据证实黄后田实际控制源丰公司。因此,昆和公司与源丰公司存在关联关系,昆和公司法人代表、源丰公司实际控制人均为黄后田一人,两公司存在被同一人实际控制的情形。

其次,在公司业务方面,两公司在本案中涉及的业务范围均包括钢材买卖,但根据营业执照记载,源丰公司另有经营范围为废旧物资回收,昆和公司另有经营范围为加工。昆和公司申请再审过程中提出昆和公司另有收入来源,朱孔文亦未否认。因此,两公司在业务范围上存在一定差别。

其三,在公司财产方面,昆和公司否认与源丰公司财务混同,朱孔文提交证据不足以证实源丰公司与昆和公司财务账簿混同,也未提供证据证实昆和公司、源丰公司之间资金转移频繁任意。因此,二审法院认为朱孔文没有证据证明两公司之间财产界限不明确,两公司账簿、账户混同或者两者之间不当冲账,并无不妥。

其四,在其他方面,如两公司注册地址并不相同,昆和公司的住所地为临沂经济技术开发区芝麻墩办事处前兰墩村,而源丰公司的住所地为临沂经济开发区芝麻墩街道毛墩屯;朱孔文亦未提供昆和公司滥用源丰公司法人独立地位和股东有限责任、逃避源丰公司债务、严重损害朱孔文债权利益的证据。

因此,二审法院认为昆和公司与源丰公司存在一定的关联关系,尚不足以导致两公司人格混同,并无不当。朱孔文该项再审申请理据不足,本院不予支持。

——中国裁判文书网,http://wenshu.court.gov.cn。

太原三晋国际饭店、太原三晋大厦与山西省第六建筑工程有限责任公司建筑工程欠款纠纷上诉案[最高人民法院(2003)民一终字第29号民事判决书]

最高人民法院经审理认为:省六建公司与原万豪国际酒店筹建处签订的建

设工程合同一直得到履行,三晋国际饭店系原万豪国际酒店筹建处在港方资金撤走后的企业法人的更名,依法应享有原万豪国际酒店筹建处的权利并承担义务。三晋大厦始终是该工程项目的投资人之一,也是后来与省六建公司签订的一些分项合同的当事人。三晋国际饭店是对外营业的称谓,与三晋大厦系同一住所地、同一法定代表人、使用同一财务报表和账户,管理层和基本职能机构相同,三晋国际饭店和三晋大厦承接了原万豪国际酒店筹建处的全部权利和义务。因此一审判决三晋国际饭店和三晋大厦共同承担支付拖欠工程款的责任,并无不当。三晋国际饭店和三晋大厦主张其分别为独立的企业法人,应各自承担责任的理由不成立,不予支持。

——最高人民法院民事审判第一庭编:《最高人民法院二审民事案件解析》第3集,法律出版社2007年版,第47~58页。

【链接:最高人民法院法官著述】

认定关联公司人格混同,一般可以从以下方面进行分析判断:

1. 关联公司人格混同的表征因素

(1)人员混同。这是指关联公司之间在组织机构和人员上存在严重的交叉、重叠。如公司之间董事相互兼任,公司高级管理人员交叉任职,甚至雇员也相同,最典型的情形是“一套人马,多块牌子”。

(2)业务混同。这是指关联公司之间从事相同的业务活动,在经营过程中彼此不分。如同一业务有时以这家公司名义进行,有时又以另一公司名义进行,以至于与之交易的对方当事人无法分清与哪家公司进行交易活动。

(3)财务混同。这是指关联公司之间账簿、账户混同,或者两者之间不当冲账。需要注意的是,关联公司依法合并财税报表,以及在分开记账、支取自由前提下的集中现金管理,不应被视为财务混同。

上述三种情形,是关联公司人格混同的典型表面特征,是人格混同的常见表现形式。实践中,人格混同的情形也不限于上述三个方面的表征因素,还有诸如电话号码一致、宣传内容一致等。在认定人格混同时,还需要注意的是,在集团公司、母子公司结构之下,控制公司对其下属公司的人员、业务、财务进行统一管理是一种经常性的状态。比如,在人员方面,集团公司会向下属公司派遣管理人员;在业务方面,集团公司会对下属公司制定统一的业务规范,下达统一的生产经营计划,进行统一考核;在财务方面,集团公司会建立统一的财务管理制度,等等。我们认为，这种统一的管理，只要是在合法的范围内，在控制公司没有滥用权利、侵犯下属公司独立人格的前提下，不属于人格混同。

2. 关联公司人格混同的实质因素

财产混同，指关联公司之间的财产归属不明，难以区分各自的财产。如关联公司的住所地、营业场所相同，共同使用同一办公设施、机器设备，公司之间的资金混同，各自的收益不加区分，公司之间的财产随意调用，等等。这是关联公司人格混同的实质因素，因为财产混同违背了公司财产与股东财产相分离、公司资本维持和公司资本不变等基本原则，潜藏着公司财产被隐匿、非法转移或被私吞、挪用的重大隐患，严重影响公司对外清偿债务的能力。《公司法》第三条第一款规定："公司是企业法人，有独立的法人财产，享有法人财产权。公司以其全部财产对公司的债务承担责任。"可见，公司的独立财产是公司独立承担责任的物质保证，公司的独立人格也突出地表现在财产的独立上。

3. 关联公司人格混同的结果因素

关联公司人格混同的结果因素，是指人格混同的程度必须达到"严重损害债权人利益"的后果时，法院才否认关联公司的法人格，让关联公司之间承担连带责任。该结果因素实际上包含了两方面的内容：其一，债权人的权益因为关联公司人格混同而受到了严重的侵害；其二，如果不适用法人格否认，将无从保障债权人的利益。本案例裁判要点第二点明确地表达了这一内涵。也就是说，即使具有关联公司人格混同的情形，但实际上未给他人造成损失，也不能否认公司法人格。这是因为法人制度中的人格独立、股东有限责任以及公司法人格否认的宗旨，都是为了将利益和风险在公司的出资人和公司的债权人之间公平地分配，实现一种利益平衡关系。当公司独立人格被滥用，导致债权人的利益受损时，必然使利益失衡，从而需要否定公司独立人格，对债权人的损失进行弥补，实现一种利益补偿。若债权人利益没有受损，则不需要否认公司独立人格去矫正并未失衡的利益体系。至于如何认定"严重损害债权人利益"？我们认为，衡量的标准是公司的偿债能力，即公司能否偿还债权人的到期债权。如果公司能够偿还债务，债权人就不能主张否认公司独立人格。

（三）关于本案例的法律适用

1. 关于《公司法》第二十条的法律适用……

我们认为，司法实践中，法官不可避免地需要对法律进行解释，在解释中应当遵循解释的基本原则，如忠实于法律文本的原则、忠实于立法目的和立法意图原则等。扩张解释作为一种解释方法，虽然对法律用语作比通常含义更广的解释,但不能超出法律用语可能具有的含义,只能在法律文义的“射程”范围内进行解释。从《公司法》第二十条的文义来看,其规制的对象是股东,行为主体和责任主体都是股东,将股东扩张解释至关联公司,则显然超出了扩张解释的范畴。但是,关联公司人格混同的原因多是由于股东滥用了公司法人独立地位和股东有限责任所致,否认关联公司各自的独立人格,将关联公司视为一体,对其中特定公司的债权人的请求承担连带责任,实质就是将滥用关联公司人格的股东责任延伸至完全由其控制的关联公司上,由此来救济利益受损的债权人。因此,本案例比照最相类似的条款,按照类似情况类似处理的原则,参照适用了《公司法》第二十条第三款,判决关联公司之间承担连带责任。

——最高人民法院案例指导工作办公室:《指导案例15号〈徐工集团工程机械股份有限公司诉成都川交工贸有限责任公司等买卖合同纠纷案〉的理解与参照》,载江必新主编:《最高人民法院司法解释与指导性案例理解与适用》第2卷,人民法院出版社2014年版,第436~442页。

编者说明

前引指导性案例涉及关联公司人格混同的认定及法律责任承担问题,进一步完善了我国公司法人人格否认制度,有利于防止关联公司滥用公司法人独立地位和股东有限责任,恶意逃避债务,损害公司债权人利益;有利于规范关联公司的经营行为,促进企业依法生产经营和健康发展。

332

是否构成人格混同,应当从是否存在财产混同、组织机构混同以及业务混同等方面进行综合分析判断

关键词 | 人格混同 |

【最高人民法院裁判文书】

中国长城资产管理公司沈阳办事处与辽宁中百商厦集团有限公司、颜士琴、锦州中百(集团)公司其他借款合同纠纷[最高人民法院(2014)民二终字第76号民事判决书]

最高人民法院认为:一、从辽宁省锦州市工商行政管理局工商企字(1988)

第258号企业法人申请变更登记注册书载明的内容看，“锦州中百商厦（集团）公司”与“锦州中百商厦”登记在同一个企业法人名下，其工商登记记载事项完全一致。申请变更登记事项记载的“企业法人名称”进一步明确，“锦州中百商厦（集团）公司”与“锦州中百商厦”系同一个企业法人的两个名称。可见，锦州中百商厦与锦州中百商厦（集团）公司系同一企业法人。根据《民法通则》第三十六条、第三十七条的规定，法人是具有民事权利能力和民事行为能力，依法独立享有民事权利和承担民事义务的组织。法人的民事权利能力和民事行为能力，从法人成立时产生，到法人终止时消灭。法人应当具备下列条件：（一）依法成立；（二）有必要的财产或者经费；（三）有自己的名称、组织机构和场所；（四）能够独立承担民事责任。根据《企业法人登记管理条例》第七条的规定，申请企业法人登记的单位应当具备下列条件：（一）名称、组织机构和章程；（二）固定的经营场所和必要的设施；（三）符合国家规定并与其生产经营和服务规模相适应的资金数额和从业人员；（四）能够独立承担民事责任；（五）符合国家法律、法规和政策规定的经营范围。锦州中百商厦与锦州中百商厦（集团）公司的财产、组织机构、场所、资金规模、从业人员、经营范围等内容完全一致，并不存在两个能够独立承担民事责任的企业法人。1998年3月3日，“锦州中百商厦”的企业名称被取消，只保留“锦州中百商厦（集团）公司”名称。后“锦州中百商厦（集团）公司”再次更名为“锦州中百（集团）公司”。被上诉人辽宁中百商厦集团有限公司、颜士琴关于锦州中百商厦与锦州中百（集团）公司是两个独立企业法人的诉讼主张既与事实不符，也不符合上述法律、行政法规等规定，本院不予支持。

二、被上诉人辽宁中百商厦集团有限公司、颜士琴提供的《关于修改中百商厦集团公司章程的决议》中有关于“新设立锦州中百商厦（股份合作制企业）”的内容，锦州市贸易局锦贸发（1998）64号文件中有关于“经局研究同意将已经企业改制的锦州中百商厦从中百商厦（集团）公司成员单位中拨（剥）离出去；拨（剥）离后的中百商厦（集团）公司变更企业名称为锦州中百（集团）公司”的内容，但上述内容均系锦州中百（集团）公司内部或主管单位的单方意思表示，既未清产核资、通知相关债权人，也未办理企业分立所需的工商变更登记手续。相反，除企业名称变更外，所有企业的法定代表人、住所、注册资金、经营范围等内容均未发生改变。故上述行为不能对外产生锦州中百（集团）公司与锦州中百商厦分立为两个独立企业法人的民事法律效力。

三、在工商机关取消“锦州中百商厦”企业名称登记后，“锦州中百商厦”不再是一个规范的企业名称，更不是独立的企业法人。锦州市贸易局与王锦林于

1998年9月29日所签订的《产权交易合同书》《中百商厦产权出售补充协议》中所指的"锦州中百商厦"并不是独立于锦州中百商厦(集团)公司之外的企业法人,而是同一企业法人。根据《企业改制案件规定》第二十六条、第二十七条的规定,企业售出后,买受人将所购企业重新注册为新的企业法人,所购企业法人被注销的,所购企业出售前的债务,应当由新注册的企业法人承担。但买卖双方另有约定,并经债权人认可的除外。企业售出后,应当办理而未办理企业法人注销登记,债权人起诉该企业的,人民法院应当根据企业资产转让后的具体情况,告知债权人追加责任主体,并判令责任主体承担民事责任。王锦林购买锦州中百商厦(集团)公司产权后成立锦州中百商厦有限责任公司,后更名为辽宁中百商厦集团有限公司。锦州中百商厦(集团)公司出售前所欠长城沈阳办事处本案债务依法应由辽宁中百商厦集团有限公司承担。锦州中百商厦(集团)公司应当办理而未办理企业法人注销登记,而是于1998年10月28日再次更名为锦州中百(集团)公司。现债权人长城沈阳办事处起诉该企业并追加辽宁中百商厦集团有限公司为责任主体并无不当,辽宁中百商厦集团有限公司依法应在接收原锦州中百商厦(集团)公司资产范围内对本案所涉债务承担连带清偿责任。

——中国裁判文书网,http://wenshu.court.gov.cn。

中国长城资产管理公司沈阳办事处与新东北电气(沈阳)高压隔离开关有限公司、沈阳北富机械制造有限公司、沈阳新泰仓储物流有限公司等金融不良债权追偿纠纷案[最高人民法院(2013)民二终字第66号民事判决书]

最高人民法院认为:判断公司与其他公司是否构成人格混同,应当从公司之间是否存在财产混同、组织机构混同以及业务混同等方面进行综合分析判断。财产混同是公司人格混同的重要考察要素,其外在表征主要有,公司在经营场所、主要办公、生产设备以及财务等方面混同,其本质则是财产混同情形违背了公司财产与股东财产相分离、公司资本维持和公司资本不变的基本原则,严重影响了公司对外清偿债务的物质基础。本案中,长城资产公司从上述公司部分实物资产的实际占用人与权利人不相符以及公司经营场所曾经在同一地址等方面进行了举证说明,但未进一步提供证明上述公司在生产设备、财务、账目等其他方面混同的证据。公司组织机构混同的外在表征主要有,公司的股东、董事、经理、负责人与其他公司的同类人员相混同,其本质则是组织机构混同情形导致公司不能形成独立的完全基于本公司利益而产生的意志,致使公司的独立性丧失,独立承担责任的基础丧失。本案中,根据长城资产公司所举证据,上述公司的部分高管确实存在交叉任职的情况,但该种情形是否足以导致公司丧失独立性则无相应证据予以证明。公司业务混同的外在表征主要有,公司之间的经营业务、经营行为、交易方式、价格确定等持续混同,其本质则是业务混同情形导致公司失去了经营自主权和独立人格。本案中,从上述公司企业法人营业执照记载的经营范围看,高压开关公司与隔离开关公司、兆利电气设备公司的经营范围确实存在部分重合,其他公司的经营范围未有明显交叉;除此之外,长城资产公司未提交证明上述公司业务混同的其他证据。

综合分析以上事实和证据,虽然上述公司在经营场所、经营范围、高管任职等方面确实存在时间或者空间上交叉的情形,存在公司人格混同的若干外在表征,但上述外在表征尚不足以证实上述公司在财产、组织机构、业务等方面存在持续的重叠情形,更不足以证实上述外在表征与长城资产公司所主张的高压开关公司丧失独立承担民事责任资格的后果具有因果关系。因此,长城资产公司关于上述公司人格混同的主张,缺乏事实和法律依据,本院不予支持。

——中国裁判文书网,http://wenshu. court. gov. cn。

福建省青州造纸有限责任公司与福建省青山纸业股份有限公司股东占用公司资金纠纷案[最高人民法院(2008)民二终字第49号民事判决书]

最高人民法院认为:第一,青州造纸公司与青山股份之间是否存在人格混同问题。从青山股份的最初设立看,其是在青州造纸厂的整体改制基础上发展而来。青州造纸厂在改制成青山股份后即被注销,三年后又重新恢复了法人资格和名称。两家公司共同由福建省轻纺公司领导,从两家公司的发展上看,两家公司的经营管理了存在着非常密切的阶段。从卷中的材料显示,在1998~2001年期间,两家公司在公司的管理上一向共同发文,包括财务管理方面的规章制度,生产经营计划、年度的工作计划和年度工作报告等。但在生产经营计划中和完成任务指标中是分别列明各自的经营计划和完成指标的情况。在这段期间内,两家公司存在着大量的关联交易。虽然青州造纸厂债转股后公司名称变更为青州造纸公司,公司的股东发生了变化,但该公司始终是青山股份的大股东。从2001年青州造纸公司实行债转股后,中国信达资产管理公司、中国长城资产管理公司和中国东方资产管理公司成为了青州造纸公司的大股东。由以上事实尚不能得出两家公司人格混同的结论。况且,人格混同仅仅是混同者的债权人权利的理由。青州造纸公司以两公司间人格混同问题作为上诉理由不能得到支持。

——最高人民法院民事审判第二庭编:《最高人民法院商事审判指导

案例·公司卷》,中国法制出版社2011年版,第59~65页。

333 认定是否存在人格混同，应当充分考察财产、财务、管理、经营状况尤其是财产的独立性

关键词｜人格混同｜

【最高人民法院裁判文书】

山东临淄农村商业银行股份有限公司与淄博明珠物资有限公司、淄博泉泰经贸有限公司等金融借款合同纠纷申请再审案[最高人民法院(2015)民申字第213号民事裁定书]

最高人民法院认为:本案争议的焦点是明珠公司是否应当对金旗瑞公司所涉担保债务承担连带清偿责任。

本案中,临淄农商行主张明珠公司与金旗瑞公司人格混同,导致各自财产无法区分,请求判令明珠公司对金旗瑞公司的本案所涉担保债务承担连带责任,并为此提供了相关证据。针对临淄农商行的该项诉请,原审判决确认如下事实:明珠公司与金旗瑞公司的工商登记联系电话及工商登记住址一致;两公司工商登记的经办人为同一人吕玫,其在经办两公司工商登记手续时,既不是明珠公司的职工,也不是金旗瑞公司的职工;两公司均在吉林延边农村商业银行股份有限公司开立有银行账户;在2007年4月至2009年1月间,王富刚在两公司均任股东,此后,两公司股东不再有重合;两公司的股东成员之间存在亲属关系;金旗瑞公司于2012年底将215辆汽车所有权过户于明珠公司名下。上述事实表明,金旗瑞公司与明珠公司存在关联关系,并且金旗瑞公司向明珠公司转移了资产。因此,确认金旗瑞公司与明珠公司是否存在人格混同的情形,应进一步查明金旗瑞公司与明珠公司是否存在财产混同,以及其向明珠公司转移资产是否有合法的依据。本案中临淄农商行无法进一步举证金旗瑞公司与明珠公司具体财务状况,明珠公司抗辩认为其与金旗瑞公司不存在财产混同,其应当承担相应的举证责任。原审判决没有查明相关事实,即认定明珠公司与金旗瑞公司不存在财产混同,事实依据不足,适用法律不当。

——中国裁判文书网,http://wenshu.court.gov.cn。

江西富华工业瓷有限公司与董凯债务纠纷申请再审案［最高人民法院（2012）民申字第861号民事裁定书］

裁判要旨：公司的法定代表人虽以个人名义出具借条，但借款债权人有理由相信该借款行为是代表公司的，应认定公司为债务人。原借款债务人虽未注销，但已停止生产经营且其所有资产均已并入另一公司的分支机构，与该分支机构系两块牌子一班人马，案发时该分支机构已被注销。为保护债权人利益，可以依据关联企业人格混同理论，将原借款债务人与另一公司视为同一主体，判令另一公司承担连带清偿责任。

最高人民法院认为：1. 关于还款主体的问题。1998年借款时的湘东工业瓷厂虽是独立的集体所有制企业法人，但该厂在2000年已经政府批准将全部注册资金（包括厂房、设备）并入富华公司，已无自有注册资金，且在此之后无证据证明该厂有独立于富华公司的生产经营、参加年检等经营行为，故即使该厂未被注销，也不具备独立法人的法定条件，实际上成为一个空壳企业。富华公司的土地坐落位置及其分支机构富华公司湘东工业瓷厂的营业场所与湘东工业瓷厂一致，再结合富华公司宣传资料的内容和对外签订合同所使用的名称来看，应认定湘东工业瓷厂实际为富华公司的生产厂区，与富华公司的分支机构富华公司湘东工业瓷厂是两块牌子一班人马，二者具有关联关系，实为同一主体。富华公司的分支机构于2008年注销后其债权债务由富华公司承担，故应认定原借款债务人湘东工业瓷厂与富华公司人格混同，富华公司应对湘东工业瓷厂的借款债务承担连带还款责任。

——最高人民法院审判管理办公室编：《最高人民法院优秀裁判文书》第2辑，法律出版社2014年版，第153～158页。

无锡太湖国家旅游度假区管理委员会与中商企业集团公司、无锡太湖国家旅游度假区发展总公司、无锡市锡佛建筑装潢装饰总公司借款纠纷案［最高人民法院（2009）民监字第598号民事裁定书］

要点提示：法人人格混同如何认定，即在怎样的条件下可以认定两个独立的法人人格混同系本案的主要争议焦点。

最高人民法院认为：现有证据并不能充分证明发展总公司与管委会之间主体混同。

首先，市政府285号文件虽有发展总公司与管委会系"一套班子、两块牌子"的表述，但仅以此表述即认定二者人员混同显然依据不足。

其次,发展总公司与管委会系各自独立的、不同性质的法人,若仅依据发展总公司注册资金和增资中的部分资金系管委会的土地出让金,而当然地认定二者资产混同,亦不妥当。

最后,根据《公司法》第二十条的规定,公司法人人格否认系在公司股东滥用股东权利时方可援引。而原审法院在二审及再审复查中,就管委会的股东资格问题均未涉及。对发展总公司成立之后的资金走向,发展总公司与管委会之间的资金往来情况,以及二者的资产、账目等情况也未查实,即认定发展总公司与管委会之间主体混同,进而否认发展总公司的主体资格,在证据上亦不充分。

综上,原审判决认定事实不清、适用法律错误,判处结果对申诉人无锡太湖国家旅游度假区管理委员会显失公平,无锡太湖国家旅游度假区管理委员会的申诉符合法律规定的再审条件,裁定指令江苏省高级人民法院再审本案。

——杜万华主编:《最高人民法院民商事案件审判指导》第3卷,人民法院出版社2015年版,第441~447页。

【链接:最高人民法院法官著述】

最高人民法院(2009)民监字第598号案中,二审法院认定管委会与发展总公司二者混同的理由在于认为二者"人员混同、资产混同"。

其依据一是市政府285号文件中对于发展总公司与管委会"一套班子、两块牌子"的表述。该文件中对此的全部表述是"发展总公司与管委会为一套班子、两块牌子,隶属于市人民政府领导,为独立核算、自负盈亏的县团级全民所有制企业"。虽然该表述中有"一套班子,两块牌子",但是,亦明确为"独立核算、自负盈亏",由此可见,发展总公司仍系独立的法人,其与管委会"一套班子、两块牌子"的表述应当是从机构、人员的设置力求精干、高效角度而言的,并不能因此即推定二者人员混同。

其依据二是发展总公司的注册资金5000万元,实际并非由马山区财政局出资,而是由管委会出资。据此,二审法院认定二者资产混同。对此,即使出资人并非马山区财政局,也仅存在出资人即股东的认定问题,并不存在资产混同问题。原审法院据此即直接认定二者资产混同,证据并不充分。

其依据三是管委会的职能是对土地开发按项目实行有偿出让、转让、出租和抵押等。而发展总公司的职能是统一受理开发区内国有土地的受让和转让业务。据此,原审法院认定二者职能混同。但是作为政府派出机构的管委会行使国有土地有偿出让、转让等职能系政府管理职能，其与发展总公司的受让转让业务并不能混同。否则，所有具有国有土地受让、转让业务的房地产开发公司均可认定与管委会职能混同了。

本案发生在20世纪90年代初期，人员混同的情况是当时历史条件下的特殊产物，也是比较常见的，但这不必然导致该公司没有独立的经营管理人员和独立的财产，况且即使在设立之初存在人员混同的管理问题，在发展过程中也有可能发生变化，因此仅人员混同不能成为认定主体混同的依据。本案最主要的是资产是否混同的问题。发展总公司的注册资金实际是管委会的土地出让金，原审法院以此为由认定二者资产混同。但是，对于该公司在成立之后发展过程中是否资产混同、资金走向是否不分彼此、是否同一账户账册，原审法院并未作进一步查证，也没有证据证明发展总公司的资产是由管委会掌控。因此，原审判决在证据上存在欠缺说服力、事实不清之处。

——梁爽：《对法人人格混同的认定与处理——无锡太湖国家旅游度假区管理委员会与中商企业集团公司、无锡太湖国家旅游度假区发展总公司、无锡市锡佛建筑装潢装饰总公司借款纠纷案》，载杜万华主编：《最高人民法院民商事案件审判指导》第3卷，人民法院出版社2015年版，第448～449页。

334

法定代表人或控股股东随意处置、混淆各公司的财产及债权债务关系，造成各公司人员、财产等无法区分的，构成法人人格混同

关键词 | 关联公司 | 人格混同 |

【最高人民法院裁判文书】

黑龙江天博行汽车销售服务有限公司、哈尔滨市天博行汽车销售服务有限公司、李彤与北汽福田汽车股份有限公司北京欧曼重型汽车厂买卖合同纠纷申请再审案[最高人民法院(2009)民申字第1737号民事裁定书]

要点提示：存在财产关系混同、控股股东相同、由同一自然人担任法定代表人的关联公司，如果该法定代表人或控股股东利用其对各关联公司的控制权，无

视各公司的独立人格,随意处置、混淆各个公司的财产及债权债务关系,造成各个公司的人员、财产等无法区分的,各个关联公司虽然表面上彼此独立,但实质上构成法人人格混同。如各关联公司因此损害债权人合法权益的,各公司法人应当承担连带清偿责任。

最高人民法院认为:黑龙江天博行和哈尔滨天博行法定代表人和控股股东混同,在一定程度上已构成人格混同。李彤利用自己在两个公司的实际控制权,操纵哈尔滨天博行将其本应偿还欧曼汽车厂的货款挪用于黑龙江天博行,黑龙江天博行和哈尔滨天博行显然也已经构成财产的混同。一审、二审法院据此判令黑龙江天博行和哈尔滨天博行共同偿还欧曼汽车厂的货款,在认定事实和适用法律上均无不当。

——杜万华主编:《最高人民法院民商事案件审判指导》第2卷,人民法院出版社2015年版,第421~426页。

335

股权转让并不导致公司主体发生变化，不适用法人人格否认

关键词｜公司法人人格否认｜股权转让｜

【最高人民法院裁判文书】

上海美田摩托车有限公司与温岭市正田摩托车零部件制造有限公司一般买卖合同纠纷申请再审案[最高人民法院(2014)民申字第909号民事裁定书]

最高人民法院认为:公司拥有独立的法人财产,享有独立的法人人格,具有独立承担民事责任的能力。股东作为公司资本的提供者,因其认缴出资享有公司资产收益、参与重大决策等股东权利。公司财产独立于股东个人财产,公司责任独立于股东个人责任,股东的变更不构成公司法人人格的变更,亦不影响公司对外享有民事权利、承担民事义务。本案中,作为具有独立法人人格的美田公司一直存续,并未发生解散、破产等导致法人人格消灭的事由。而美田公司的现任股东通过受让原股东股权成为美田公司的新股东,仅是公司内部出资人的变化,并不构成对美田公司法人人格的任何影响,亦不影响美田公司对外享有合同权利、承担合同义务。因此,美田公司申请再审称其现任股东出资受让原股东股权

的行为导致美田公司主体发生变化，美田公司不应承担《协议书》权利义务，缺乏法律依据，本院不予支持。

——中国裁判文书网，http://wenshu.court.gov.cn。

336

子公司有意冒充母公司名义误导合同相对方的行为不产生合同主体变更的法律效力

关键词 | 子公司 | 母公司 | 冒充行为 |

【最高人民法院裁判文书】

西安飞机工业铝业股份有限公司与振兴集团有限公司、山西振兴集团有限公司买卖合同纠纷案[最高人民法院(2011)民二终字第71号民事判决书]

裁判要旨：母子公司住所地相同，部分董事和高级管理人员在两公司交叉任职，子公司在母公司更名后，将公司名称变更为母公司的原名称，在母子公司均未告知合同相对方合同主体发生变化、合同相对方从母子公司的行为上也无从得知合同主体变化的情况下，即授权在母子公司都担任职务的高级管理人员以子公司的新名称（母公司的原名称）与曾与母公司签订有《长期合作协议》的相对方签订合同，变更了原协议内容。该行为系子公司有意冒充母公司名义误导合同相对方的行为，使其在违背真实意愿的情况下签订了新合同，故新合同的签订不发生变更原《长期合作协议》所确定合同各方权利义务的效力。

最高人民法院认为：一、关于振兴集团应否向西飞铝业承担本案合同预付款返还责任的问题。2006年3月5日形成的《铝锭预付款采购协议书》的甲方是“山西振兴集团有限公司”，根据相关工商登记档案，此时的“山西振兴集团有限公司”是振达铝业几次更名后的公司名称，是其母公司振兴集团的原名称，而振兴集团和山西振兴集团在本案中仅抗辩与西飞铝业发生合同关系的是山西振兴集团，其并未主张或证实在签订2006年3月5日《铝锭预付款采购协议书》时，振兴集团或山西振兴集团告知过西飞铝业缔结该协议书的主体的是由振达铝业变更来的“山西振兴集团有限公司”。由振达铝业更名的山西振兴集团虽然没有而且也不可能与西飞铝业于2004年2月27日签订《长期合作协议书》、于

2005年3月5日签订年度《铝锭采购协议》,但该公司竟在《铝锭预付款采购协议书》中与西飞铝业约定“本协议生效后,甲、乙双方于2004年2月27日签订的《长期合作协议书》及2005年3月5日签订的年度《铝锭采购协议》,同时废止”,该行为应认定为系山西振兴集团冒充振兴集团误导西飞铝业的行为。

根据本案查明事实,振兴集团(当时名称为“山西振兴集团有限公司”)与西飞铝业于2004年2月27日签订《长期合作协议书》后,已于2004年4月17日更名为“振兴集团”。但本案2004年6月3日形成的《铝锭购销协议》、同年6月26日形成的《铝锭供货协议》、2005年3月形成的《铝锭采购协议》上所加盖印章的印文均为“山西振兴集团有限公司”,且该三份协议上均有振兴集团工作人员的签字。因振达铝业于2005年7月5日才更名为“山西振兴集团有限公司”,故上述三份协议不是由振达铝业更名来的山西振兴集团签订的,其签订的主体应为振兴集团,但其在合同文件上盖印的名称仍为“山西振兴集团有限公司”。而且,振达铝业2005年7月5日虽已更名为“山西振兴集团有限公司”,但振兴集团在2005年9月22日向与其有业务往来的“各有关单位”发出的通知上加盖印章的印文仍为“山西振兴集团有限公司”。根据以上事实,可以认定振兴集团在其名称已经变更的情况下,仍以“山西振兴集团有限公司”的名称对外签订协议;在振达铝业已经更名为“山西振兴集团有限公司”的名称的情况下,振兴集团亦仍在使用“山西振兴集团有限公司”的名称对外发出通知。

由于山西振兴集团有意冒用振兴集团的原名称,振兴集团在更名后仍与子公司混用“山西振兴集团有限公司”的名称,且二公司住所地相同、签订协议的代表曹三海同时兼任二公司高级管理人员,故西飞铝业对未能识别出2006年3月5日的《铝锭预付款采购协议书》的签约方系由振达铝业更名的山西振兴集团并无过错。山西振兴集团冒用原合同当事人振兴集团的名义与西飞铝业缔结的《铝锭预付款采购协议书》变更了原协议的内容,且试图将应由振兴集团承担的义务通过名称混用的手段转由自己承担,该协议的变更系在西飞铝业不知道此时缔约的“山西振兴集团有限公司”不是原来与自己缔约且已经接受自己支付的预付款的“山西振兴集团有限公司”(即振兴集团)的情况下,违背真实意愿签订的,西飞铝业在本案一审诉讼时发现上述情形,主张对上述变更内容不予认可,对其主张,本院予以支持。原审判决根据西飞铝业与振兴集团在《长期合作协议书》中有关西飞铝业有权查阅振兴集团财务报表的约定,认定西飞铝业应当知道合同主体发生了变化,依据不足,本院予以纠正。

——最高人民法院民事审判第二庭编:《最高人民法院商事审判指导

案例(7)·公司与金融卷》,中国法制出版社2013年版,第115～126页。

337 子公司的财产财务等均未与母公司混同的，不适用法人人格否认

关键词｜母公司｜子公司｜公司法人人格否认｜

【最高人民法院裁判文书】

中国建设银行保定裕东办事处与保定瑞丰糖业有限公司等借款担保纠纷上诉案[最高人民法院(2002)民二终字第95号民事判决书]

最高人民法院认为:糖业公司的前身是集团公司的糖科,系集团公司的分支机构,不具有企业法人资格。但其于1993年6月9日变更为集团公司的子公司,在工商行政管理部门注册登记,并取得企业法人营业执照。在注册登记时,集团公司将糖科净资产966088.72元转入新成立的糖业公司,作为集团公司的出资。糖业公司在1993年度年检时,其资产总额为5373万元。因此,建行裕东办关于集团公司未对糖业公司实际出资,糖业公司没有独立的财产,不具有法人资格的主张没有事实依据。

糖业公司成立后,虽然没有在商业银行开立独立的账户,但在集团公司的所谓内部银行开立了独立的账户,建立了一套完整的与集团公司及其他子公司相独立的账册、账务记录,并进行独立核算,不存在与集团公司财务混同的情况;虽然集团公司将其300平方米的营业场地交给糖业公司长期无偿使用,但产权仍归属于集团公司,且糖业公司的账目与集团公司的账目相互独立,财产归属明晰,不存在财产混同的情况;虽然糖业公司在经营中所需资金由集团公司向商业银行统一借贷,再由集团公司发放给糖业公司使用,但集团公司并非是无偿划拨,而是以借贷的形式进行,双方因此形成债权债务关系,且历年的往来账目中对糖业公司欠集团公司的款项均有记载。故不能据此认定糖业公司无权独立对外进行民事活动及自主经营;虽然糖业公司成立后未进行税务登记及独立缴纳税款,但其在独立核算的基础上,根据自己的营业及利润情况将自己的应缴纳税款交付给集团公司,再由集团公司统一向税务机关代为缴纳,这只是集团公司对子公司进行管理与控制的一种模式。如果集团公司对子公司过度控制,以至于损害子公司及其债权人的利益,可能产生集团公司对子公司的债务承担连带责

任的后果,而不能据此反向推论由子公司对其母公司的债务承担连带责任。综观上述事实,集团公司对其子公司糖业公司确定采取了统一对外贷款、统一汇总纳税、统一上交利润等控制措施,但糖业公司经工商行政管理部门注册登记,取得了企业法人营业执照,独立核算、自负盈亏,且其财产、财务均未与集团公司混同。因此,建行裕东办关于糖业公司应对集团公司的债务承担连带责任的上诉理由与请求没有事实与法律依据,本院不予支持。

——李国光主编、最高人民法院民事审判第二庭编:《民商审判指导与参考》总第2卷,人民法院出版社2003年版,第359~371页。

编者说明

实践中证明母子公司存在人格混同的情形虽然较多,但是判断其是否存在混同的证据也是多种多样的,在实践中应当结合具体案情,综合各种证据、严格掌握标准,不宜因为存在单一的、非关键的混淆现象而认定公司与股东之间存在混同的结果。

338

不应以控股公司对子公司实行一体化管理或者母子公司合并报表而简单认定存在人格混同

关键词|控股公司|母子公司|人格混同|

【最高人民法院裁判文书】

中国华融资产管理股份有限公司深圳市分公司与青海水泥厂、青海水泥股份有限公司等金融借款合同纠纷案[最高人民法院(2015)民二终字第244号民事判决书]

最高人民法院认为:(三)关于青海水泥公司与盐湖新域公司、盐湖股份公司是否存在人格混同。

华融公司认为,青海水泥公司、盐湖新域公司、盐湖股份公司存在人格混同主要理由有二:一是其已经提供证据证明盐湖股份公司通过盐湖新域公司对青海水泥公司实行一体化管理,青海水泥公司丧失独立性,并申请对青海水泥公司、盐湖新域公司、盐湖股份公司财务进行司法审计;二是盐湖股份公司将青海水泥公司的资产和利润合并报表。

关于一体化管理是否表明青海水泥公司丧失独立人格。本案中,盐湖股份公司是盐湖新域公司的控股股东,盐湖新域公司是青海水泥公司的控股股东,盐湖股份公司通过盐湖新域公司间接控股青海水泥公司,对青海水泥公司等企业的统一管理,可以是基于股权法律关系,通过行使股权来实现,因此,不能简单认为控股公司对子公司的一体化管理必然会导致子公司丧失独立法人人格。华融公司以盐湖股份公司对青海水泥公司实行一体化管理为由认为二者存在人格混同,缺乏事实依据。华融公司在缺乏合理理由的情况下,要求对青海水泥公司、盐湖新域公司、盐湖股份公司的财务进行审计,缺乏法律依据,不予支持。

关于合并报表是否表明青海水泥公司丧失独立人格。根据财政部制定的《企业合并报表会计准则——合并财务报表》,合并财务报表,是指反映母公司和其全部子公司形成的企业集团整体财务状况、经营成果和现金流量的财务报表;母公司,是指控制一个或一个以上主体(含企业、被投资单位中可分割的部分,以及企业所控制的结构化主体等)的主体;控制,是指投资方拥有对被投资方的权力,通过参与被投资方的相关活动而享有可变回报,并且有能力运用对被投资方的权力影响其回报金额。可见,合并报表仅表明母公司对子公司的控制,并不能以合并表报为由简单得出子公司丧失独立法人人格的结论。因此,在华融公司未提交其他证据证明青海水泥公司、盐湖新域公司、盐湖股份公司在业务、人员、财产等存在混同的情况下,仅以合并表报为由要求盐湖股份公司、盐湖新域公司承担连带责任,缺乏事实和法律依据,不予支持。

——中国裁判文书网,http://wenshu.court.gov.cn。

339

公司与他人联合设立的公司不应在无合同或者侵权事实的情况下,承担股东公司债务

关键词|股东有限责任|

【最高人民法院裁判文书】

兰州常柴西北车辆有限公司、宁夏常宁动力机械有限公司与中国农业银行

银川市新市区支行等借款担保纠纷案[最高人民法院(2005)民二终字第109号民事判决书]

最高人民法院认为:当事人是母公司与其他公司组成的新的有限责任公司。针对一审判决中所称当事人"应当在母公司的出资范围内承担责任"的认定,《公司法》第十二条规定:"公司可以向其他有限责任公司、股份有限公司投资,并以该出资额为限对所投资公司承担责任。"股东以出资额为限对所投资的公司承担责任,而不是公司以股东的出资额为限对股东承担责任。当事人的股东如果有对外负债,债权人可以申请人民法院执行债务人在当事人公司的股权或分红。原审判决适用最高人民法院《企业改制案件规定》判定当事人公司在母公司出资范围内承担连带清偿责任错误。最高人民法院《企业改制案件规定》中的企业改制主要是对解决国有企业改制的问题所作的界定。本案不存在改制问题。当事人是具有独立法人资格的有限责任公司,不应在无合同关系或侵权事实的情况下,承担股东所欠其他债权人的债务。

——吴庆宝主编:《权威点评最高人民法院公司法指导案例》,中国法制出版社2010年版,第296~305页。

340

公司之间虽然发生重大关联交易,但财产独立、交易往来账目清晰的,不适用法人人格否认

关键词 | 重大关联交易 | 公司法人人格否认 |

【最高人民法院裁判文书】

中国东方资产管理公司哈尔滨办事处与中粮生化能源(肇东)有限公司、黑龙江金玉集团有限公司等借款合同纠纷案[最高人民法院(2012)民四终字第14号民事判决书]

最高人民法院认为:本案中东方资产公司要求中粮生化公司承担责任的主要理由是华润金玉公司的人员、资产、业务无偿转移至中粮生化公司,华润金玉公司丧失了偿债能力,中粮生化公司2003年重组时,未支付人民币2.1亿元现金价款,又虚构对华润金玉公司人民币1.3亿元债权,冲抵了资产重组的对价,

因此中粮生化公司应在人民币3.4亿元额度内承担连带清偿责任。本院认为，首先，关于东方资产公司所称的华润金玉公司人员、资产、业务无偿转移至中粮生化公司的问题。东方资产公司未提供充分的证据证明上述事实的存在。一审法院根据中粮生化公司的前身华润酒精公司工商年检报告书所附经过德勤会计师事务所审计确认的会计报表所反映的内容，认定华润金玉公司虽然与华润酒精公司发生了销售、采购、债务重组、经营租赁等重大关联交易，但华润金玉公司和华润酒精公司是两个独立的法律实体和经营实体，双方财产独立，交易往来账目清晰，从而对于东方资产公司关于华润金玉公司的人员、资产、业务等无偿转移至中粮生化公司的主张不予支持，依据充分。

——中国裁判文书网，http://wenshu.court.gov.cn。

341

非持股关系的公司之间只有在构成公司人格混同的情形下，才能否定公司法人人格，让其他公司对本公司的侵权行为承担连带责任

关键词｜人格混同｜连带责任｜

【最高人民法院裁判文书】

四川锦阳数码通信有限公司、重庆渝蓉锦阳数码通信有限公司与重庆苏宁电器有限公司及重庆雨田房地产开发有限公司占有物损害赔偿纠纷案

法理提示：不存在持股与被持股关系的两个公司隶属同一集团公司、使用同一商标注册和特定人员在两个公司先后任职等事实，均只能证明两个公司存在关联关系，而不能作为认定公司人格混同的依据。不存在持股与被持股关系的两个关联公司之间是否构成公司人格混同，应综合业务混同、人员混同和财务混同等标准加以认定。只有在确有充分证据构成公司人格混同的情形下，才能通过否定公司法人人格让非持股关系的公司之间相互承担连带责任。

最高人民法院认为：四川锦阳公司、重庆锦阳公司以重庆苏宁与苏宁连锁公司之间存在公司人格混同为由主要求其承担侵权责任缺乏事实依据。四川锦阳公司、重庆锦阳公司的主张成立需要具备两个条件：一是苏宁连锁公司实施了针对四川锦阳公司、重庆锦阳公司的侵权行为；二是重庆苏宁公司与苏宁连锁公司

之间人格混同。首先,苏宁连锁公司是否针对四川锦阳公司、重庆锦阳公司实施了侵权行为,既无苏宁连锁公司的自认,也无生效裁判的确认。在并无证据证明苏宁连锁公司曾自认其对四川锦阳公司、重庆锦阳公司实施了侵权行为的情形下,四川锦阳公司、重庆锦阳公司只能通过司法裁判确认侵权行为的存在。但从本案情况来看,一审中,苏宁连锁公司并非本案当事人,故一审法院没有对苏宁连锁公司是否对四川锦阳公司、重庆锦阳公司实施了行为作出认定并无不妥。因此,苏宁连锁公司是否应对四川锦阳公司、重庆锦阳公司承担侵权责任并不确定。其次,在不能确认苏宁连锁公司对四川锦阳公司、重庆锦阳公司实施了侵权行为的情况下,无论重庆苏宁公司与苏宁连锁公司是否构成法人人格混同,均得不出重庆苏宁公司要为苏宁连锁公司承担案涉侵权责任的结论。况且,本案并无充分证据证明重庆苏宁公司与苏宁连锁公司构成人格混同,由苏宁连锁公司清算时委托重庆苏宁川渝有限责任公司保存相关资料等事实,也不能当然得出两公司财务、财产混同并因此人格混同的结论。由上,对于四川锦阳公司、重庆锦阳公司关于重庆苏宁公司与苏宁连锁公司构成人格混同的主张不予认可。

——最高人民法院民事审判第一庭编:《民事审判指导与参考》总第57辑,人民法院出版社2014年版,第172~186页。

342

即使公司接受了股东的财产，也不构成对股东的债务共同承担责任的理由

关键词 | 法人人格 |

【最高人民法院裁判文书】

梁清泉与襄樊豪迪房地产开发有限公司、雷鸣委托合同及撤销权纠纷案
[最高人民法院(2009)民二终字第97号民事判决书]

裁判要旨:无论是否为一人公司,均不影响其具有独立的法人人格。公司与股东是不同的民事主体,公司财产独立于股东的自有财产,即使公司接受了股东的财产,也不构成公司对股东的债务共同承担责任的理由。

最高人民法院认为：关于豪迪公司是否应与雷鸣共同承担雷鸣的个人债务的问题。本院经审查认为，豪迪公司系有效成立，其与湖北省襄樊市土地储备供应中心、金泰公司签订的土地使用权出让合同已经生效，该三块土地的使用权归属豪迪公司所有。原审法院根据《公司法》第二十条和第六十四条的规定，认定豪迪公司与雷鸣财产混同，并否定豪迪公司的独立法人人格的证据不足。无论豪迪公司是否为一人公司，均不影响其具有独立的法人人格。公司与股东是不同的民事主体，公司财产独立于股东的自有财产，即使公司接受了股东的财产，也不构成公司对股东的债务承担共同责任的理由。当股东的债权人依法受偿时，可申请法院强制执行股东对公司所享有的股权。故原审法院判令豪迪公司与雷鸣共同承担雷鸣的个人债务不当，应予纠正。

——最高人民法院民事审判第二庭编：《最高人民法院商事审判指导案例·合同卷》，中国法制出版社 2011 年版，第 107～117 页。

343

实际用款人与名义借款人身份混同的，构成共同债务人，应当共同偿还贷款

关键词 | 实际用款人 | 名义借款人 | 身份混同 |

【《最高人民法院公报》案例】

中国东方资产管理公司大连办事处诉辽宁华曦集团公司等借款担保纠纷上诉案[最高人民法院(2003)民二终字第 93 号民事判决书]

裁判摘要：贷款的实际用款人系借款人申请组建，借款人为实际用款人唯一核心企业，实际用款人的注册资金，包含有借款人及其分公司的固定资产，实际用资人与借款人两家公司也曾经有办公地点和法人代表同一的事实，因此，可以认定两家公司之间存在一定的关联关系。借款合同项下贷款到期后，实际用款人向金融机构发出关于贷款展期的申请，承认自己为实际用款人。因此在此借款关系中，实际用款人与名义贷款人之间存在借款人身份混同的事实，两者之间构成了共同债务人关系，应当共同承担偿还该笔贷款的法律责任。

最高人民法院认为：华曦集团系畜产公司申请组建，畜产公司为华曦集团唯

一核心企业,华曦集团的注册资金,包含有畜产公司及其分公司的固定资产,两家公司也曾经有办公地点和法人代表同一的事实,因此,可以认定两家公司之间存在一定的关联关系。95001 号借款合同项下贷款到期后,华曦集团向省中行发出《关于美元贷款展期的申请》,根据该申请载明的内容,华曦集团使用 95001 号借款合同项下的贷款用于进口水貂皮和狐狸皮加工出口服装,华曦集团为贷款的实际使用人,并且在该申请书中华曦集团也承认自己为贷款人。本院认为,根据华曦集团与畜产公司之间存在一定关联关系的基本事实,以及华曦集团向省中行发出的《关于美元贷款展期的申请》,在 95001 号借款合同形成的借款关系中,华曦集团与畜产公司之间存在借款人身份混同的事实,两者之间构成了共同债务人关系,华曦集团应当与畜产公司共同承担偿还该笔贷款的法律责任。原审判决关于华曦集团不承担 95001 号借款合同项下贷款本金及利息的裁判,应予纠正。

——《最高人民法院公报》2003 年第 6 期

344

双重职务身份并不为法律法规所禁止，不应仅以此认定其人格混同

关键词｜人格混同｜

【最高人民法院裁判文书】

海南海钢集团有限公司与中国冶金矿业总公司及三亚渡假村有限公司损害股东利益责任纠纷案[最高人民法院(2013)民二终字第 43 号民事判决书]

最高人民法院认为:2006 年 10 月 22 日,渡假村公司召开股东会,讨论了该公司与海韵公司合作开发事宜,并决定于同年 11 月 7 日之前全体股东就该事项进行书面表决。此后,公司的股东按照董事会要求进行了书面表决,其结果为:包括中冶公司在内的三家股东赞成,海钢集团等两家股东反对,另有一家股东(单位)弃权。同年 11 月 17 日,渡假村公司董事会作出《三亚渡假村有限公司股东会决议》,公布了表决结果,其称股东会以 61.24% 的赞成票通过了渡假村公司与海韵公司的合作开发方案。该文落款为“三亚渡假村有限公司董事会,董事长邹健”,并加盖了渡假村公司的公章。其后,渡假村公司与海韵公司相继

签订了《三亚度假村合作开发协议》《补充协议》等协议，并实施了合作开发事项。本院认为，在渡假村公司股东会进行上述表决过程中，中冶公司作为该公司的股东投了赞成票，系正当行使其依法享有表决权的行为，该表决行为并不构成对其他股东权利及利益的侵害。基于全体股东的表决结果，渡假村公司董事会制定了《三亚渡假村有限公司股东会决议》，其载明："根据公司法规定：渡假村公司股东会通过渡假村公司与海韵公司合作开发方案。"此后，双方签订了合作开发协议，并将之付诸实施。这些行为及经营活动均是以"渡假村公司董事会、董事长"名义而实施，其对内为董事会行使职权，对外则代表了"渡假村公司"的法人行为，没有证据证明是中冶公司作为股东而实施的越权行为。尽管大股东中冶公司的法定代表人邹健同时担任渡假村公司董事会的董事长，但此"双重职务身份"并不为我国公司法及相关法律法规所禁止，且该董事长系由渡假村公司股东会依公司章程规定选举产生，符合我国《公司法（2005）》第四十五条第三款的规定。在此情形下，渡假村公司及其股东中冶公司均为人格独立的公司法人，不应仅以两公司的董事长为同一自然人，便认定两公司的人格合一，进而将渡假村公司董事会的行为认定为中冶公司的行为，这势必造成公司法人内部决策机制及与其法人单位股东在人格关系上的混乱。此外，两公司人格独立还表现为其财产状况的独立和明晰，在没有证据证明公司与其股东之间存在利益输送的情况下，此类"董事长同一"并不自然导致"法人人格否认原理"中的"人格混同"之情形，不能据此得出中冶公司的表决行为损害了渡假村公司及其股东海钢集团利益的结论。因此，原审判决依"中冶公司利用其董事长邹健同时为渡假村公司董事长的条件和掌管渡假村公司公章的权力自行制作《三亚渡假村有限公司股东会决议》"，认定中冶公司"系滥用股东权利，并由此侵犯了海钢集团的合法权益"，没有事实和法律依据。

——最高人民法院民事审判第二庭编：《商事审判指导》总第35辑，人民法院出版社2014年版，第213～215页。

345

不应仅因为自然人股东代收法人账款即否定公司法人人格，判令公司股东承担连带责任

关键词｜自然人股东｜代收账款｜公司法人人格否认｜

【最高人民法院裁判文书】

太原市嘉登房地产有限公司与赵兵、山西谦娜房地产开发有限公司合同纠纷申请再审案[最高人民法院(2015)民申字第2083号民事裁定书]

最高人民法院认为:(二)关于赵兵是否应当对谦娜公司的债务承担连带责任的问题。《公司法》第三条规定:"公司是企业法人,有独立的法人财产,享有法人财产权。公司以其全部财产对公司的债务承担责任。有限责任公司的股东以其认缴的出资额为限对公司承担责任;股份有限公司的股东以其认购的股份为限对公司承担责任。"第二十条第三款规定:"公司股东滥用公司法人独立地位和股东有限责任,逃避债务,严重损害公司债权人利益的,应当对公司债务承担连带责任。"《公司法》确定之公司法人财产制和股东有限责任制,是公司法人制度的精髓和公司法的基本原则,《公司法》鼓励投资者通过有限财产、承担有限责任的方式去参与市场行为。作为对于法人独立财产制和公司有限责任制之公司法基本原则的例外规定,刺破公司面纱,判令公司股东承担连带责任应当掌握较为严格的认定标准。依据《公司法》的规定与基本精神,其标准应当包括:1. 公司股东存在滥用公司法人独立地位的行为,具体表现为人员、业务、财务的混同导致已经无法区分法人的独立人格;2. 上述行为已经严重损害公司债权人利益。就本案而言,在诉争房地产开发的项目合作过程中,谦娜公司是以自己的名义销售房屋,而非以赵兵的名义销售房屋,不存在谦娜公司与赵兵的业务混同;虽然赵兵以个人名义收取房款,违反了公司的财务制度,但并不会导致账目混同。如仅因为自然人股东代收法人账款即刺破公司面纱,判令公司股东承担连带责任,在整个公司法的视角下,有违其基本精神和规则。虽然原审判决适用《公司法》第二十条第三款的规定不当,但鉴于本案的具体情况,再审申请人赵兵等通过个人账户收取嘉苑小区的购房款,在实体上存在占用公司资金的行为,理应返还公司涉及嘉苑小区项目收取的购房款项。同时,原审判决主文中只是判令:"被告山西谦娜房地产开发有限公司、赵兵于本判决生效之日起十日内给付原告太原市嘉登房地产有限公司购房款21067155元、车位款4540000元、违约金2560715.50元,共计28167870.50元。"并未明确判令赵兵承担连带责任,其判决结果正确。为减少当事人诉累,节约司法资源,对再审申请人赵兵的请求,不予支持。

——中国裁判文书网,http://wenshu.court.gov.cn。

346

生效判决确认人格混同的，除非当事人举证予以推翻，否则应当依法承担责任

关键词｜人格混同｜

【最高人民法院裁判文书】

瓮福国际贸易股份有限公司、广西海湾资源开发有限公司、万通实业(集团)有限公司、万通冶金化学有限公司与昆明华鹤商贸有限公司、张鹤龄、张文娟合同纠纷案[最高人民法院(2013)民一终字第26号民事判决书]

最高人民法院认为:根据《还款协议》《债权转移协议》的约定内容,首先应当认定海湾公司和冶化公司应当分别作为该笔74972677.59元款项的权利主体和义务主体。瓮福公司已经通过《债权转让协议》将其债权转让给海湾公司,其不再对冶化公司享有任何债权,无权要求冶化公司履行任何义务。该协议生效后,瓮福公司即已丧失债权人地位。本案涉及的债权债务具有整体性,不论万通公司是应当作为主债务人之一还是冶化公司债务的连带责任人,瓮福公司均不再享有其所主张债权的债权人地位。据此,瓮福公司在本案中,不具有法律规定的原告主体资格。一审法院没有认定瓮福公司的债权人地位正确,但其在一审判决第二项中从实体上驳回瓮福公司的诉讼请求错误。对此,本院将另行制作民事裁定。

从海湾公司一审诉讼请求看,其是将万通公司作为主债务人之一,但其在一审诉讼中也明确提到,万通公司、冶化公司长期存在“公司人格混同”、损害公司债权人利益的情形,并要求万通公司依法承担连带责任。现海湾公司上诉要求万通公司对冶化公司债务承担连带清偿责任,该上诉请求与其一审诉讼请求之间虽有差异,但从准确理解当事人诉讼请求的角度看,应当认定其并未超出一审诉讼请求范围。虽然本案争议所基于的具体的交易合同都是冶化公司和瓮福公司签订的,但根据本案一、二审查明的案件事实,应当认定万通公司也是这一系列交易中瓮福公司的对方当事人。然而,万通公司此种地位随着《债权转移协议》的签订和生效,已经发生了变化,即只有冶化公司才是案涉相关债务的债务人。主债务人范围的这种变化,是债权人处分其民事权利的自由,依法无须干涉。海湾公司另主张,万通公司属于债务加入人,应当承担连带责任。本院认

为,债务加入属于债务承担范畴,在类型上属于并存的债务承担。并存的债务承担,是指原债务人并没有脱离债的关系,而第三人加入债的关系,并与债务人共同向同一债权人承担债务。根据当事人特别约定的具体情形,并存的债务承担有两种形式:一是第三人承担债务人的部分债务,但对债务人的全部债务,第三人并不承担连带责任;二是第三人加入债的关系,并与债务人承担连带债务。海湾公司在本案中要求万通公司对冶化公司全部债务承担连带责任没有债务加入的事实依据和法律依据。云南高院30号判决在本案一审诉讼程序启动之前即已生效,海湾公司在本案一审诉讼期间虽未提交给一审法院,但并非出于故意、重大过失或者有意在二审期间实施突袭。根据《最高人民法院关于适用〈关于民事诉讼证据的若干规定〉中有关举证时限规定的通知》第十条和《民事诉讼证据规定》第九条的规定,海湾公司对已为人民法院生效判决确认的万通公司与冶化公司之间存在"人格混同"并损害冶化公司债权人利益的事实,无须举证证明,除非万通公司提出相反证据足以推翻。本案中,万通公司没有提出足以推翻云南高院30号判决所查明和确认事实的相反证据,而且本案事实亦足以证明万通公司、冶化公司属于《公司法》所称的公司,万通公司存在滥用公司独立地位和股东有限责任,逃避债务,严重损害公司债权人利益的情形。根据《公司法》第二十条之规定,万通公司应当对冶化公司案涉债务承担连带责任。一审法院判决驳回海湾公司要求万通公司承担连带责任的诉讼请求,认定事实和适用法律均有错误,亦应予以纠正。

——中国裁判文书网,http://wenshu.court.gov.cn。

347

公司法人人格否认诉讼中不当然适用举证责任倒置

关键词|公司法人人格否认|举证责任倒置|

【《最高人民法院公报》案例】

应高峰诉嘉美德(上海)商贸有限公司、陈惠美其他合同纠纷案(上海市第一中级人民法院二审民事判决书)

裁判摘要:一、在一人公司法人人格否认之诉中,应区分作为原告的债权人起诉所基于的事由。若债权人以一人公司的股东与公司存在财产混同为由起诉要求股东对公司债务承担连带责任，应实行举证责任倒置，由被告股东对其个人财产与公司财产之间不存在混同承担举证责任。而其他情形下需遵循关于有限责任公司法人人格否认举证责任分配的一般原则，即折中的举证责任分配原则。

——《最高人民法院公报》2016 年第 10 期

【最高人民法院裁判文书】

三亚嘉宸房地产开发有限公司与海马汽车集团股份有限公司股东损害公司债权人利益责任纠纷案[最高人民法院(2015)民二终字第 85 号民事判决书]

最高人民法院认为：二、海马公司是否滥用通海公司法人独立地位和股东有限责任，是否应适用举证责任倒置原则分配举证责任，海马公司是否应当对通海公司债务承担连带责任。

根据《民事诉讼证据规定》第七条关于“在法律没有具体规定，依本规定及其他司法解释无法确定举证责任承担时，人民法院可以根据公平原则和诚实信用原则，综合当事人举证能力等因素确定举证责任的承担”的规定，在审理法人人格否认案件时，考虑到债权人处于信息劣势而举证困难等因素，人民法院通常会根据上述规定合理分配举证责任，在债权人用以证明股东滥用公司法人独立地位和股东有限责任的证据令人产生合理怀疑的情形下，将没有滥用的举证责任分配给被诉股东。但上述举证责任调整的前提，应是作为原告方的债权人已举出盖然性的证据证明股东存在滥用公司法人独立地位和股东有限责任的行为以及由此产生了损害的结果，而不是当然的举证责任倒置。

本案嘉宸公司提出的其已举证证明海马公司与通海公司存在法人人格混同的情形：1. 嘉宸公司主张通海公司可支配现金资产 10018 万法国法郎去向不明。对此，本院认为，工行海南分行与通海公司签订的《买方信贷转贷款合同》明确约定，“一、贷款内容。1. 银行转贷款种类：法国巴黎巴银行出口信贷。……4. 借款用途：用于购买借方和法国 BEFS 技术公司签署的技术、服务及销售合同项下的 PVC－石英砂地板胶生产设备、技术许可证及劳务并且用于支付法国对外贸易保险公司保险费。……三、用款。贷方收到法国巴黎巴银行寄来的与销售合同和技术服务合同项下付款条款有关的单据后，应即转交借方根据商务合同审单。借方的审单期为五天，贷方在收到借方审单无误的确认后，即给法国巴黎巴银行发付款指示，支用贷款”。海马公司主张，上述合同所贷的款项 89313351 法国法郎，依照合同约定直接通过法国巴黎巴银行向 PVC 生产线的供货商进行了支付。嘉宸公司没有提供相反证据证明上述款项未按照合同约定支付给供货商。同时，对于其他款项，海马公司主张系用于通海公司日常经营、偿还利息等，嘉宸公司亦未提供相反证据予以否定。2. 嘉宸公司认为通海公司的 PVC 生产线建设与海马公司出资的厂房建设周期重合，厂房及附属设施等是否系海马公司出资不明。对此，本院认为，在嘉宸公司没有证据推翻通海公司基于《买方信贷转贷款合同》所贷的款项 89313351 法国法郎已经依据合同约定通过法国巴黎巴银行直接支付给 PVC 生产线供货商的情况下，海马公司用以出资的厂房的建设周期是否与 PVC 生产线建设周期重合、厂房与生产线等资产权属是否清楚、资金来源如何，均与海马公司是否滥用通海公司法人独立地位无关。3. 嘉宸公司主张通海公司 PVC 生产线购建活动中断后，通海公司持续处于停产状态，自始从未实际经营。对此，本院认为，通海公司 PVC 生产线购建活动是否中断，通海公司是否处于停产状态、是否实际经营，均为企业自主经营的范畴，与股东是否滥用公司法人独立地位没有关系。4. 嘉宸公司主张通海公司一直没有外方员工参与经营，没有召开董事会作出决议。对此，本院认为，公司是否有外方员工参与经营、是否召开董事会，亦与股东是否滥用公司法人独立地位没有关系。

综上，嘉宸公司提出的四项证明内容均不能证明海马公司滥用通海公司法人独立人格和股东有限责任，未达到对法人人格混同可能性的合理怀疑程度，本案不具备对嘉宸公司法人人格否认主张适用举证责任倒置原则的前提。嘉宸公司关于海马公司滥用通海公司法人独立地位和股东有限责任，海马公司应当对通海公司债务承担连带责任的主张，本院不予支持。

——中国裁判文书网，http://wenshu.court.gov.cn。

【链接：最高人民法院法官著述】

考虑到在法律、司法解释未明文设置公司法人人格否认案件普遍适用举证责任倒置规则；“亦无压倒性的理由需要针对法人人格否认案件改变证明责任分配之一般规则而另辟蹊径”①；且举证责任倒置，易发生诉讼结果的逆转；以及

① 参见朱慈蕴：《公司法人格否认制度理论与实践》，人民法院出版社 2009 年版，第 157 页。

法经济学要求应当“要把损失分配给能以最低成本承担这种损失风险的一方”[①]等因素，在将举证责任分配具体运用到公司法人人格否认案件中时，除《公司法》在一定程度上采纳了学界的观点，在一人公司财产混同[②]等场合下实行举证责任倒置，在其他公司法人人格否认适用场合下，不能轻易改变《公司法》将证明责任分配给原告的规定，[③]依然需要严格按照诉讼法的一般举证责任进行举证责任的分配，由提起诉讼的一方负责就公司资产不足、人格混同等足以导致公司法人否认后果的事实承担举证责任。但同时人民法院在审判实务中往往依从现代民法追求实质公平的价值取向、举证责任分配的基本规则等认识，在审理法人人格否认案件时，考虑到债权人处于信息劣势而举证困难等因素，采取减轻原告证明责任的方法，即通常会依照《民事诉讼证据规定》第七条规定，根据公平原则和诚实信用原则合理分配举证责任，在债权人用以证明股东滥用公司法人独立地位和股东有限责任的证据令人产生合理怀疑的情形下，将没有滥用的举证责任分配给被诉股东。但必须明确，上述举证责任调整的前提，应是作为原告方的债权人已举出盖然性的证据证明股东存在滥用公司法人独立地位和股东有限责任行为以及由此产生了损害的结果，而不是当然的举证责任倒置。

——刘敏、王蓓蓓、刘静：《股东瑕疵出资责任的免除及公司法人人格混同的举证责任分配》，载刘贵祥主编：《最高人民法院第一巡回法庭精选案例裁判思路解析（一）》，法律出版社2016年版，第390～391页。

对于主张公司法人人格否认的诉讼中双方当事人之间举证责任分担问题我国法律没有相关规定，仅对于一人公司中股东与公司财产独立方面设置了举证责任倒置，即《公司法(2005)》第六十四条规定：“一人有限责任公司的股东不能证明公司财产独立于股东自己的财产的，应当对公司债务承担连带责任。”但这还远远不够，由于举证责任倒置制度在此问题上的适用范围过于狭小，没有起到真正的平衡双方当事人举证责任的作用。

在设置举证责任倒置后，不能简单地认为原告无须承担任何举证责任，否则

---

① 参见[美]罗伯特·考特、托马斯·尤伦：《法和经济学》，张军译，上海三联书店、上海人民出版社1995年版，第3页。转引自朱慈蕴：《公司法人格否认制度理论与实践》，人民法院出版社2009年版，第155页。

② 《公司法》第六十三条规定：“一人有限责任公司的股东不能证明公司财产独立于股东自己的财产的，应当对公司债务承担连带责任。”

③ 参见蒋大兴：《一人公司法人格否认之法律适用》，载《华东政法学院学报》2006年第6期。

又将从一个极端走向另一个极端,即原告滥用诉权损害公司及其股东利益的情形。具体来说,原告的举证责任体现于原告应当举出盖然性的证据证明股东存在滥用公司人格的行为以及由此产生了损害的结果,如举证证明被告存在滥用公司人格的外部表象、公司运营过程中存在明显瑕疵等,原告的举证应达到合理怀疑的程度,并使法官相信被告股东存在滥用公司法人人格的较大可能。

——最高人民法院民事审判第二庭编著:《最高人民法院关于公司法解释(三)、清算纪要理解与适用》,人民法院出版社 2011 年版,第 329 ~ 331 页。

编者说明

关于公司法人人格否认案件中,是否可以适用举证责任倒置,是存在不同意见的。实际上,在公司法人人格否认诉讼中,除一人公司外,并不适用完全的举证责任倒置,而是先由原告举出盖然性的证据证明股东存在滥用公司人格的行为以及由此产生了损害的结果,对此应当注意。

348

自贸试验区内注册于同一地址的关联公司法人人格否认的适用

关键词 | 关联公司 | 公司法人人格否认 |

【最高人民法院审判业务意见】

三、要合理平衡公司注册便利化和债权人利益保护

由于自贸区地域范围的有限性和房屋的稀缺性,为方便和吸引市场主体在自贸区登记设立,各地大多允许市场主体使用同一地址作为不同市场主体的经营场所登记,这一现象日益有增多的趋势。有的地方允许以同上地址作为不同市场主体的经营场所登记,有的允许有直接或间接投资关联关系的市场主体使用同一地址作为住所登记,而登记机关对场所的产权权属、使用功能、法定用途都不再予以严格审查。有的地方还规定"允许将住房用作安全、环保、不扰民行业的市场主体住所登记,允许市场主体将住所同时作为经营场所"。此类规定可能会使民宅商用现象增多。

不可忽视的是,公司之间的财产混同,有更大的隐蔽性和操作空间,在逃避

债务、损害他人利益方面为害甚大。对于法人，有自己的机构和场所是其成为独立法人的必要条件。允许各自独立或关联公司使用同一地址注册并营业，可能造成法人财产的混同，进而造成法人人格的混同，有损于公司法人制度。对于债权人来讲，注册于同一地址的关联公司和债务人会导致其难以分辨债务人，对顺利主张权利造成阻碍。

在便利化与债权人利益之间进行平衡，人民法院既要尊重市场主体的现实需求，也要充分保护债权人的合法权利。对不同市场主体使用同一地址作为住所登记的，在不涉及第三人权利保护时，应依法维护其法人的人格地位。债权人提出法人人格否认请求的，要注意综合审查法人之间是否存在财产混同、人格混同等具体情况，充分维护债权人利益。

——最高人民法院民四庭庭长张勇健：《加强自贸区司法保障，打造法治化营商环境——在第三届中国自由贸易试验区司法论坛上的主旨发言》（2016年4月28日），载贺荣主编、最高人民法院民事审判第四庭编：《涉外商事海事审判指导》总第32辑，人民法院出版社2017年版，第27~28页。

349

一人公司与股东个人财产是否混同，应当结合是否建立独立规范的财务制度、财务支付是否明晰、是否具有独立的经营场所等进行综合考量

关键词 | 一人公司 | 财产混同 |

【《最高人民法院公报》案例】

应高峰诉嘉美德（上海）商贸有限公司、陈惠美其他合同纠纷案（上海市第一中级人民法院二审民事判决书）

裁判摘要：二、一人公司的财产与股东个人财产是否混同，应当审查公司是否建立了独立规范的财务制度、财务支付是否明晰、是否具有独立的经营场所等进行综合考量。

上海市第一中级人民法院二审认为：第二，关于上诉人陈惠美个人是否应承

担连带还款责任的问题。根据《公司法》第六十三条之规定,一人有限责任公司的股东不能证明公司财产独立于股东自己的财产的,应当对公司债务承担连带责任。上述法律规定要求一人有限责任公司的股东将公司财产与个人财产严格分离,且股东应就其个人财产是否与公司财产相分离负举证责任。本案中,陈惠美提供了上诉人嘉美德公司的相关审计报告,可以反映嘉美德公司有独立完整的财务制度,相关财务报表亦符合会计准则及国家外汇管理的规定,且未见有公司财产与股东个人财产混同的迹象,可以基本反映嘉美德公司财产与陈惠美个人财产相分离的事实。应高峰认为上述证据不足以证明嘉美德公司财产与陈惠美个人财产没有混同,并提出如下异议:审计报告未反映本案诉讼情况;嘉美德公司一审中提供的银行收支报告反映,应高峰投资后仅一周,嘉美德公司就向均岱公司转移了96万余元,包括发放均岱公司员工工资等。法院认为,《公司法》第六十四条的规定,意在限制一人有限责任公司股东采用将公司财产与个人财产混同等手段,逃避债务,损害公司债权人的利益,因此股东对公司债务承担连带清偿责任的前提是该股东的个人财产与公司财产出现了混同。然而从本案目前的证据材料可以看出,嘉美德公司收到应高峰的投资款后,虽有部分用于支付均岱公司的员工工资及货款等费用,但是,根据双方投资合同的约定,应高峰投资后,均岱公司的业务将全部转入嘉美德公司,因此均岱公司的业务支出与应高峰的投资项目直接有关;这些费用的支出均用于均岱公司的业务支出,并无款项转入陈惠美个人账户的记录,而审计报告中是否记载本案诉讼的情况也与财产混同问题无涉。因此,应高峰提出的异议并不能反映嘉美德公司财产与陈惠美个人财产有混同的迹象,不足以否定上诉人的举证。陈惠美的上诉理由成立,一审判令陈惠美对嘉美德公司的债务承担连带清偿责任不当,应依法予以纠正。

——《最高人民法院公报》2016年第10期

十四、公司关联交易及相关纠纷

350

公司关联交易的判断标准

关键词 | 关联交易 |

【最高人民法院司法政策】

11. 依法规制关联交易，严厉禁止不当利益输送。严格防范以关联交易的方式侵吞国有资产。要依照公司法等法律法规的规定依法妥当处理企业兼并重组中的关联交易行为。公司股东、董事、高级管理人员与公司之间从事的交易，符合法律法规规定的关联交易程序规则且不损害公司利益的，应当认定行为有效。对公司大股东、实际控制人或者公司董事等公司内部人员在兼并重组中利用特殊地位将不良资产注入公司，或者与公司进行不公平交易从而损害公司利益的行为，应当严格追究其法律责任。

——《最高人民法院印发〈关于人民法院为企业兼并重组提供司法保障的指导意见〉的通知》（2014 年 6 月 3 日，法发〔2014〕7 号）

【最高人民法院裁判文书】

新疆信润发商贸有限公司与兖矿新疆煤化工有限公司房屋租赁合同纠纷申请再审案[最高人民法院(2016)最高法民申 3029 号民事裁定书]

最高人民法院认为：《公司法》第二百一十六条规定，高级管理人员是指公司的经理、副经理、财务负责人，上市公司董事会秘书和公司章程规定的其他人员。关联关系是指公司控股股东、实际控制人、董事、监事、高级管理人员与其直接或者间接控制的企业之间的关系，以及可能导致公司利益转移的其他关系。但是，国家控股的企业之间不仅因为同受国家控股而具有关联关系。根据原审查明的事实，信润发公司六位股东中，有五位均在兖矿公司任部门正职或副职，这五位股东共计持股 80%，其中的张大鹏、程稳分别任计划财务部部长、副部长,兖矿公司总经理谢书胜在2011年8月前也是信润发公司股东。二审判决认定信润发公司与兖矿公司签订《租赁合同》属于关联交易并无不当。

——中国裁判文书网,http://wenshu.court.gov.cn。

广州紫云山庄房地产有限公司与中国一拖集团有限公司等保证合同纠纷申请再审案[最高人民法院(2014)民提字第111号民事判决书]

最高人民法院认为:关于案涉土地使用权转让是否为关联交易的问题。自紫云山庄公司成立起,至2005年1月罗兰德公司和香港国际公司将紫云山庄公司股权转让给于敬轩之前,罗兰德公司被樊迎朝、于敬轩通过香港德奥投资有限公司间接控制,紫云山庄公司为樊迎朝、于敬轩通过罗兰德公司和香港国际公司间接控制。此后,至2007年7月20日广东省增城市新塘管委会同意延期办理紫云山庄公司股权变更手续之前,罗兰德公司仍处于于敬轩、樊迎朝间接控制之下,紫云山庄公司则为于敬轩所控制。紫云山庄公司主张1992年的香港律师说明书不能证明2005年到2006年香港德奥投资有限公司的董事仍然是樊迎朝和于敬轩,但并无证据予以反证。此外,2006年1月24日,樊迎朝与于敬轩签署《约定》,约定双方在处理罗兰德公司资产时必须与紫云山庄公司项下资产捆绑共同整体转让。在2006年9月至2007年3月期间,罗兰德公司与紫云山庄公司法定代表人均为于敬轩。而本案实际履行的土地转让协议订立于2006年5月30日,有关发票开具于2007年3月至2007年6月期间。上述事实表明,在案涉土地使用权转让期间内,紫云山庄公司与罗兰德公司存在共同被控制的关系,其相互之间的交易可能导致公司利益转移。根据《公司法》第二百一十六条第(四)项关于"关联关系,是指公司控股股东、实际控制人、董事、监事、高级管理人员与其直接或者间接控制的企业之间的关系,以及可能导致公司利益转移的其他关系"的规定,原审法院认定罗兰德公司和紫云山庄公司之间具有关联关系,案涉土地使用权转让为关联交易并无不妥。

——中国裁判文书网,http://wenshu.court.gov.cn。

【链接:最高人民法院法官著述】

(一)如何认定"关联公司"

我国《公司法》是以单一公司为原型设计的,对关联公司的概念未作规定,但随着规模经济的发展,公司之间出现多种形式的联合,涉及关联公司的法律问题越来越多，需要对相关问题进行法律规制。本案例涉及关联公司人格混同问题，首先需要了解什么是“关联公司”。

我国《公司法》虽未明确何为关联公司，但《企业所得税法实施条例》第一百零九条规定：“企业所得税法第四十一条所称关联方，是指与企业有下列关联关系之一的企业、其他组织或者个人：（一）在资金、经营、购销等方面存在直接或者间接的控制关系；（二）直接或者间接地同为第三者控制；（三）在利益上具有相关联的其他关系。”《税收征收管理法实施细则》（2012 年修订）第五十一条也作出了类似规定，并且国家税务总局发布的《特别纳税调整实施办法（试行）》（国税发〔2009〕2 号）作了进一步明确列举，其中第九条列举了八种构成关联关系的情形，对《企业所得税法实施条例》中规定的三个方面关联关系作了细化规定，更具有可操作性。我们认为，在我国《公司法》尚未对关联公司作出明确法律界定时，可以参考上述规定来认定关联公司。

——最高人民法院案例指导工作办公室：《指导案例 15 号〈徐工集团工程机械股份有限公司诉成都川交工贸有限责任公司等买卖合同纠纷案〉的理解与参照》，载江必新主编：《最高人民法院司法解释与指导性案例理解与适用》第 2 卷，人民法院出版社 2014 年版，第 436 ~ 442 页。

关联公司有纵向建立的，也有横向建立的……

实际上，无论是纵向建立的关联公司，还是横向建立的关联公司，以及兼具两种控制方式的关联公司，它们之间有一些共同的特点，即关联公司之间实际存在控制与从属关系，或者相互控制关系，这种控制与从属或者相互控制关系是持续的、经常的，是关联公司之间存在的一种管理体制，关联公司整体存在统一组织、一致行动、相互配合与衔接等全局利益关系，关联公司中被控制的成员有可能丧失独立人格与意志。因履行合同或者其他关系存在的一次的、偶然的控制，不构成关联公司。

关联公司的控制一般体现在人事控制、财务控制及业务经营控制等。例如，控制公司任命从属公司董事、经理等高管人员；互相控制公司之间均为对方保留董事席位；由控制公司统一主管财务，安排利润转移以逃避税收；控制公司统一安排调度业务经营，使从属公司进行不符合常规的业务或者不利益的经营等。

——王东敏：《浅谈关联公司制度及关联交易中对公司债权人、公司中小股东、被控制公司利益的保护》，载最高人民法院民事审判第二庭编：《商事审判指导》总第 37 辑，人民法院出版社 2014 年版，第 50 页。

编者说明

公司关联交易，也称公司关联方交易、公司关联人交易，是指公司与关联人之间发生的有关转移资源或者义务事项的安排行为。从国外有关关联交易的立法来看，对关联交易的界定，主要是从公司关联人的确定、交易动机、交易行为与交易结果等方面进行。

351

公司董事明知业务属于公司商业机会，仍然交给其关联公司经营，拒不将收益交给公司的，构成侵权

关键词 | 关联公司 |

【最高人民法院裁判文书】

邹焱、戴小苹等与常州三立环保设备工程有限公司等损害公司利益责任纠纷申请再审案［最高人民法院（2015）民申字第 1877 号民事裁定书］

最高人民法院认为：江苏高院二审判决综合考量涉案证据，根据三立公司的经营范围、作为三立公司董事的邹焱的职责，以及提供涉案业务的日本企业与三立公司的关系认定涉案来自日本企业的业务与三立公司的经营活动存在关联；根据三立公司股东技连通公司在入股三立公司出资经营合同中的明确承诺、技连通公司原委派到三立公司的董事高桥寿光在 2009 年 4 月 15 日就技连通公司股权转让事宜与三立公司法定代表人陈白淮谈话确认的内容、包括技连通公司在内的三立公司的股东在 2011 年 6 月 15 日的三立公司股东会决议中一致确认的内容认定日本企业有给予三立公司该商业机会的明确意愿，以及是否有充分证据证明三立公司放弃了该商业机会等，最终认为案涉来自日本企业的业务系三立公司的商业机会，有相关的依据。

根据三立公司 2006 年 7 月 26 日董事会会议资料的记载，香港三立公司 2004 年 10 月已委派邹焱为三立公司董事。邹焱作为与会董事对该董事会会议资料签字确认。二审判决据此认定邹焱实际担任三立公司董事职务的时间是 2004 年 10 月依据充分。再审申请人关于二审判决对邹焱担任三立公司董事的

起始时间认定有误,邹焱担任三立公司董事的起始时间是2005年6月19日的申请再审理由不能成立,同样,再审申请人基于邹焱自2005年6月19日才开始担任三立公司董事这一事实而主张的涉案业务在邹焱担任三立公司董事之前已在士通公司与技连通公司及住友公司等日企间发生,该等业务的商业机会是申请人邹焱一方固有业务,与三立公司无关的申请再审理由不能成立。

二审判决结合邹焱在三立公司2005年6月8日、2006年7月26日董事会通过的对涉案业务的运营情况进行总结的三立公司2004年、2005年年度公司运营总结报告予以签字确认以及从未对涉案业务属于三立公司提出异议等事实,认定涉案业务属于三立公司的商业机会,邹焱是明知的,同时进一步认定邹焱在明知涉案业务属于三立公司商业机会的情况下,仍然将该业务交给其关联公司士通公司和世界之窗公司经营,拒不将涉案业务带来的收益交给三立公司,邹焱的行为构成侵权,最终判决邹焱及共同实施侵权行为的士通公司、世界之窗公司承担赔偿责任,依据充分,并无不当。

——中国裁判文书网,http://wenshu.court.gov.cn。

352

国有企业集团与所属关联公司的隶属关系，不能作为关联公司负有向国有企业集团申报重大资产处置事项义务的依据

关键词｜国有企业集团｜关联公司｜重大资产处置｜

【最高人民法院裁判文书】

青岛市城阳区物资集团总公司与山东华港房地产开发有限公司、青岛市城阳物资贸易中心撤销权纠纷再审案[最高人民法院(2011)民提字第25号民事判决书]

法理提示:企业集团是对关联企业的一种描述,本质上是企业联合体,或者说,企业集团,是指在统一管理之下,由法律上独立的若干企业或公司联合组成的团体。由于企业集团该种法律地位,决定了其不具有国有资产监督管理的职能。在我国,国有资产监督管理机构履行对国有企业资产监督管理的职能。因此,人民法院审理涉及国有企业集团与关联公司,关联公司与第三人的相关纠纷案件,不能简单以国有企业集团与所属关联公司的隶属关系,认定关联公司负有

向国有企业集团申报重大资产处置事项的义务。

最高人民法院再审认为:2003 年 5 月 27 日,国务院发布的《企业国有资产监督管理暂行条例》第三十条规定:“国有资产监督管理机构依照国家有关规定,负责企业国有资产的产权界定、产权登记、资产评估监管、资产核资、资产统计、作出评价等基础工作。”第三十二条规定:“国有资产监督管理机构对其所出资的企业国有资产收益依法履行出资人职责;对其所出资企业的重大投资规划、发展战略和规划,依照国家发展规划和产业政策履行出资人职责。”第三十三条规定:“所出资企业中的国有独资企业、国有独资公司的重大资产处置,需由国有资产监督管理机构批准的,依照有关规定执行。”涉案〔1995〕4 号文件载明,青岛市城阳区深化企业改革工作领导小组为本辖区国有企业资产核资、资产评估的主管单位。

上述《国有资产条例》与〔1995〕4 号文件内容表明,国有资产监督管理机构履行对国有企业资产监督管理的职能。据此,本案 2003 年 8 月 8 日贸易中心与华港公司签订《终止协议》,以华港公司 26 套房产折价 12991680 元抵顶 3100 万元借款,贸易中心对此重大资产处置行为,负有向青岛市城阳区国资委申报批准的义务。物资集团与贸易中心各自为独立企业法人,物资集团无权履行作为国有资产监督管理的职责。山东高院以物资集团为贸易中心的上级主管部门为据,认定物资集团应知道涉案《终止协议》,理据不足。

另据查明的案件事实,李沧区法院依据(1998)李经民初字第 321 号民事判决作出的(1999)李执字第 154 号民事裁定,已变卖物资集团所属价值 5235260 元房产归商业银行所有;李沧区法院依据(2001)李经民初字第 975 号民事判决作出的(2002)李经初字第 1292 号民事裁定,因物资集团无财产可供执行,商业银行放弃债权凭证,该案终结执行。

此后,李沧区法院依据该院(1998)李民初字第 350 号民事判决作出的(1999)李执字第 155 号民事裁定及依据(2002)李经字第 19 号民事判决作出的(2002)李执字第 1248 号民事裁定,均不涉及物资集团。2003 年 11 月 7 日,李沧区法院就上述四案作出(1999)李执字第 154 号、第 155 号、(2002)李执字第 1248 号、第 1292 号民事裁定与公告,物资集团不是被执行人与公告受送达人。上述裁定与公告亦未体现《终止协议》的内容。山东高院以此为据,认定物资集团应知道《终止协议》签订的事实,显然证据不足。2003 年 8 月 8 日《终止协议》订立后,贸易中心与华港公司曾就《终止协议》解除与否互致信函,华港公司认可《联营协议》为倒签。此情况下,推定物资集团知道《终止协议》签订的事实,亦不能成立。

此外，贸易中心法定代表人吕龙祥在《询问笔录》中的陈述，属于单方证言，且吕龙祥为本案被告贸易中心的法定代表人，并与物资集团和华港公司存在利害关系，物资集团法定代表人张志成对《询问笔录》内容不予认可。《民事诉讼证据规定》第六十九条第(二)项规定“与一方当事人或其他代理人有利害关系的证人出具的证言”不能单独作为认定案件事实的依据；第七十六条规定：“当事人对自己的主张，只有本人陈述而不能提供其他相关证据的，其主张不予支持。但对方当事人认可的除外。”据此，在作为物资集团是否知晓《终止协议》的《询问笔录》所证明的事实发生变化，客观事实不确定和物资集团法定代表人不予认可的情况下，山东高院以此认定物资集团知道《终止协议》签订的事实，显然不妥。

综上，虽物资集团为贸易中心上级主管部门和为其借款担保，但由于各自为独立企业法人，不能以此推定物资集团知道贸易中心放弃到期债权。物资集团享有的到期债权，已经生效的(2004)城民初字第2751号民事调解书确认。贸易中心在明知尚欠物资集团到期债务没有归还的情况下与华港公司签订《终止协议》，并以明显不合理的价格抵顶贸易中心债权和转让物资集团到期债权，免除华港公司应偿还的剩余债务，造成国有资产流失，主观具有恶意。华港公司受益该债权时，亦应知道贸易中心的行为将有损于物资集团合法债权。由于贸易中心与华港公司签订《终止协议》，使物资集团到期债权的实现陷入困境和不可能，物资集团在华港公司2005年1月17日向李沧区法院提交《异议书》后，以贸易中心与华港公司《终止协议》损害其利益为由，于同年5月9日提起诉讼，其行使《终止协议》撤销权未超过法定一年除斥期间。山东高院判决认定事实错误，证据不足，应予以纠正。

——最高人民法院民事审判第一庭编：《民事审判指导与参考》总第47辑，人民法院出版社2011年版，第159～174页。

【链接：最高人民法院法官著述】

公司集团，亦称企业集团，并非一个严格的法律概念。1987年，国家体改委、经委下发的《关于组建和发展企业集团的几点意见》认为，企业集团具有多层次的组织结构，一般由紧密联合的核心层，半紧密联合层以及松散联合层组成；核心层、半紧密联合层的企业共同享受利益并承担责任，松散联合层的企业独立经营，各自承担民事责任。1998年国家工商行政管理局发布的《企业集团登记管理暂行规定》规定，企业集团是以资本为主要联结纽带的企业法人联合体，企业集团不具有企业法人资格。然而，《企业集团登记管理暂行规定》同时规定企业集团不但要满足注册资本、子公司数量等要求，而且必须具备统一的企业集团章程；组建企业集团，应当办理登记，未经登记不得以企业集团名义从事活动。可见，《企业集团登记管理暂行规定》虽明确企业集团不具有企业法人资格，但对企业集团却是按照企业法人进行管理。企业集团是对关联企业的一种描述，本质上是企业联合体，只不过这些诸多关联企业借助股权关系或合同关系置于控制企业的统一管理下，以取得协同的经济效益，但企业集团本身没有独立的财产。所谓企业法人其实就是指控制公司和子公司、参股公司、从属公司以及其他关联公司的经济联合体。①

2005年颁布的《公司法》以及2005年最高人民法院公布的《公司法解释(一)》及《公司法解释(二)》，依然没有明确企业集团的概念及其法律地位。有学者认为，企业集团是指在统一管理之下，由法律上独立的若干企业或公司联合组成的团体。公司集团中处于主导地位的为母公司或支配公司，公司集团的成员都属于关联公司或称从属公司。公司集团本身只是表明母公司与众多子公司之间的一种特殊联系，其本身并不能成为一个独立的法律主体，不具有法人地位。企业集团作为若干关联企业构成的联合体，具有较为特殊的法律地位。一方面，企业集团在经营活动的许多方面表现出来整体的存在和意志，一些商业活动甚至是以集团的名义进行的。因此，企业集团成为一种法律主体，并受到经济法(尤其是反垄断法)、公司法、税法、劳动法等特别法律的调整。另一方面，企业集团也不可能取得一般商业团体那样的独立法律人格或民事主体身份。②

——张雅芬：《国有企业集团与所属关联公司的隶属关系，不能作为一方当事人请求关联公司向国有企业集团申报重大资产处置事项的依据——青岛市城阳区物资集团总公司与山东华港房地产开发有限公司、青岛市城阳物资贸易中心撤销权纠纷再审案》，载最高人民法院民事审判第一庭编：《民事审判指导与参考》总第47辑，人民法院出版社2011年版，第170～174页。

① 王林清、顾卫东：《新公司法实施以来热点问题适用研究》，人民法院出版社2009年版，第22页。

② 赵旭东主编：《商法学》，高等教育出版社2007年版，第171、185页。

353

公司陈述认可其与股东间存在债权债务关系，但无其他证据证明，其他股东有异议的，对公司陈述不予采信

关键词｜关联企业｜

【《最高人民法院公报》案例】

宁夏瀛海建材集团有限公司与宁夏瀛海银川建材有限公司、中国石油宁夏化工厂债权纠纷案[最高人民法院(2010)民二终字第19号民事判决书]

裁判摘要：对于股东主张其与公司之间存在债权债务关系且公司予以认可，但公司其他股东对此持有异议的案件，人民法院应对各方证据进行综合分析。证据不足以证明该债权债务关系存在的，人民法院对该债权债务关系不予认定。

最高人民法院认为：关于本案现有证据能否证明瀛海集团与瀛海银川公司间存在债权债务关系。瀛海集团提供原材料单作为其与瀛海银川公司间存在债权债务关系的证据，但该证据材料系间接证据材料，仅能够证明瀛海银川公司有相应数量的材料和原料入库，对材料来源和原因及去向缺乏证据证明，无法证明材料来源于瀛海集团，且用于瀛海银川公司生产或者销售，也没有证据证明瀛海银川公司与瀛海集团建立了何种法律关系，不能形成证明二者形成债权债务关系的证据链，故无法证明瀛海集团与瀛海银川公司之间存在债权债务关系。尽管瀛海银川公司承认其与瀛海集团存在债权债务关系，但由于该债权债务关系存在与否，直接影响到瀛海银川公司另一股东宁夏化工厂的利益，而瀛海集团与瀛海银川公司是关联企业，法定代表人间又存在姻亲关系，且瀛海银川公司也未提供其他证据弥补瀛海集团证据的缺陷，故本院对瀛海银川公司承认其与瀛海集团间存在债权债务关系的陈述不予采信。另外，关于材料的来源，瀛海集团的陈述自相矛盾，一审中陈述为来源于瀛海集团为瀛海银川公司垫资代购，二审中陈述为来源于瀛海集团公司技术改造剩余的部分材料。综上，本案现有证据不能证明瀛海集团与瀛海银川公司间存在债权债务关系，对瀛海集团关于其与瀛海银川公司存在债权债务的主张，本院不予支持。

——《最高人民法院公报》2011年第7期

354

当事人越权处置公司资产，将股权转让过户给关联公司，关联公司未支付转让价款的，应返还股权

关键词 | 股权转让 | 关联公司 |

【最高人民法院裁判文书】

郑振欣与龙岩恒发电业有限公司等损害公司利益责任纠纷申请再审案[最高人民法院(2015)民申字第1866号民事裁定书]

最高人民法院认为：

二、关于原审并未认定恒发电业公司和漳州紫金公司之间的股份代持关系是否认定错误的问题

郑振欣与漳州紫金公司以《委托持股协议》及相关资金往来证据证明股权系为漳州紫金公司隐名投资形成，恒发电业公司为代持股。但根据查明的案件事实，上述资金往来款中第一笔资金发生时距紫金恒发公司设立尚有半年时间，且漳州紫金公司与郑振欣之间存在关联关系，郑振欣在代理行使恒发电业公司法定代表人职务期间具有随时签订合同的便利，《委托持股协议》形成时郑振欣已经被陈某某授权行使法定代表人职权，故原审“仍不能排除郑振欣滥用权力与漳州紫金公司签订虚假文件的嫌疑，仅依据《委托持股协议》不能证明该股权实际为漳州紫金公司所有”的认定并无不当，且原审亦明确“隐名持股关系涉及确认涉案股权所有权的归属，已构成独立的诉讼请求，可以另案起诉”的救济途径。

三、关于原审适用《公司法》对公司高级管理人员忠实、勤勉义务的有关规定是否适用法律错误的问题

《1·4股权转让协议》签订之后，陈某某作为恒发电业公司董事长身份并未改变，郑振欣也接受恒发电业公司及陈某某的委托担任了公司总经理。在公司内部，郑振欣的身份仍然是高级管理人员，是总经理。根据《公司法》规定，董事、监事、高级管理人员应当遵守法律、行政法规和公司章程，对公司负有忠实义务和勤勉义务，不论是否是公司实际控制人、事实股东还是高级管理人员，均应尊重公司独立的合法权益，无权违法占有公司财产和相关资料。郑振欣任职总经理期间，负有对公司忠实及勤勉的义务，离职后，不再有经营管理公司之权，继续占有公司资产、财务资料、证照及文件没有依据。郑振欣在诉讼中主张《1·4

股权转让协议》有效，应继续履行，其有权依约占有、保管和使用恒发电业公司资产等，因该协议仅为其与陈某某之间的合同，对恒发电业公司没有约束力。恒发电业公司为独立法人，郑振欣以其与陈某某之间的合同有效为由主张占有恒发电业公司资产等观点不成立。恒发电业公司以郑振欣未尽公司高级管理人员勤勉、忠实义务提起诉讼并无不当，原审适用法律亦无不妥。

——中国裁判文书网，http://wenshu.court.gov.cn。

郑振欣、漳州紫金建材有限公司与龙岩恒发电业有限公司及刘晓萍公司高级管理人员损害公司利益赔偿纠纷案［最高人民法院（2012）民二终字第66－1号民事判决书］

裁判要旨：根据公司章程规定，董事会决定公司一切重大事宜，本案纠纷涉及转让价值3865万元的公司股权，当事人以法定代表人代理人及公司总经理职务身份自行决定以公司名义签订股权转让协议并将股权过户给其关联公司，当事人行为属于越权处置公司资产，关联公司未支付股权转让价款，有义务向公司返还股权。

最高人民法院认为：在签订涉案《12·19股权转让协议》时郑振欣在恒发电业公司有两个身份：一个是基于陈进强的个人委托代理行使法定代表人职权；另一个是行使恒发电业公司总经理职权。根据恒发电业公司章程规定，董事会决定公司一切重大事宜，《12·19股权转让协议》涉及转让恒发电业公司持有福建紫金恒发公司30%的股权，合同约定的转让价格为3865万元，属于对公司重要资产的处置，应当由公司董事会作出决议，郑振欣以法定代表人或者公司总经理职务身份自行决定签订上述协议无疑系越权处置公司资产。

根据本案查明的事实，郑振欣系龙岩紫金集团董事局主席，该集团包括福建紫金集团、漳州紫金公司等成员单位，在2006年4月26日至同年10月8日期间，郑振欣还曾经担任漳州紫金公司董事职务。郑振欣在恒发电业公司担任公司总经理并受法定代表人委托代行法定代表人职权，同时又在龙岩紫金集团中担任董事局主席，漳州紫金公司为该集团成员单位，且郑振欣曾经在漳州紫金公司担任过董事，根据《公司法》第二百一十六条第（四）项关于"关联公司，是指公司控股股东、实际控制人、董事、监事、高级管理人员与其直接或者间接控制的企业之间的关系"的规定，应当认定郑振欣与漳州紫金公司之间构成关联关系。该法第二十一条还规定："公司的控股股东、实际控制人、董事、监事、高级管理人员不得利用其关联关系损害公司利益。"郑振欣利用其在恒发电业公司有权代理法定代表人签字及担任总经理职务的便利，利用公司名义与其关联公司漳州紫金公司签订涉案《12·19股权转让协议》，在未交付股权转让款的情形下安排将恒发电业公司的股权过户给漳州紫金公司，系双方联手侵占恒发电业公司利益。郑振欣及漳州紫金公司主张该股权原为其投资形成，无需再支付对价，故该《12·19股权转让协议》仅为办理股权过户手续需要的文件材料，恒发电业公司与漳州紫金公司之间并不存在真实的股权转让法律关系。郑振欣越权代表恒发电业公司与漳州紫金公司签订表面具备合同全部要素的协议，但实际上该协议系郑振欣以恒发电业公司名义与漳州紫金公司串通所作的虚假意思表示，其目的为获得相关行政管理机关关于股权过户审批和变更登记。因该协议载明设立的法律关系为双方当事人的虚假意思表示，不符合《民法通则》第五十五条第（二）项关于民事法律行为应当具备意思表示真实的条件，原审法院判决认定该《12·19股权转让协议》无效正确，应予以维持。对依据该协议过户的股权，漳州紫金公司应予以返还。

郑振欣与漳州紫金公司对该股权主张系为漳州紫金公司隐名投资形成，恒发电业公司为代持股，并提供了载明签订日期为2006年6月20日的《委托持股协议》及自2006年9月27日至2007年12月16日期间有关企业、个人等关于3865万元资金往来的相关证据。因漳州紫金公司与郑振欣之间存在关联关系，郑振欣在代理行使恒发电业公司法定代表人职务期间具有随时签订合同的便利，《委托持股协议》形成时郑振欣已经被陈进强授权行使法定代表人职权，故仍不能排除郑振欣滥用权力与漳州紫金公司签订虚假文件的嫌疑，仅依据《委托持股协议》不能证明该股权实际为漳州紫金公司所有。郑振欣和漳州紫金公司提交的有关企业、个人等关于3865万元资金往来的相关证据，主张以发生的资金往来款证明股权系漳州紫金公司投资形成。根据一审查明的案件事实，上述资金往来款发生在2006年9月27日至2007年12月6日期间，第一笔资金发生时距紫金恒发公司设立尚有半年时间，应认定该资金往来情况并不能简单证明登记在恒发电业公司名下的股权系依据漳州紫金公司的意愿在目标公司福建紫金恒发公司投资创设的，郑振欣及漳州紫金公司以此作为否定郑振欣滥用权力及漳州紫金公司应保留股权的抗辩理由不成立。漳州紫金公司主张登记在恒发电业公司名下的股权为其所有，该主张涉及确认涉案股权所有权的归属，已构成独立的诉讼请求，可以另案起诉。漳州紫金公司上诉主张本案案由为高管侵权，一审对《12·19股权转让协议》涉及的股权转让进行审理并判决其返还股权，但对《委托持股协议》表明的隐名股东关系判决另行解决，有失公正。因本案系恒发电业公司提起的公司高管侵权之诉，而《12·19股权转让协议》涉及的股权系侵权之诉的标的物，恒发电业公司通过请求认定该协议无效而达到追求返还股权的诉讼目的，故该《12 · 19 股权转让协议》属于本案审理范围。漳州紫金公司提出的隐名持股关系涉及涉案股权在福建紫金恒发公司设立时是由谁创设的，涉及该股权的所有权确认，该法律关系与一审原告起诉涉及的法律关系是分别独立的，原审法院对此没有合并审理，决定由漳州紫金公司另案起诉符合法律规定，漳州紫金公司的该上诉主张本院不予支持。

综上，《1 · 4 股权转让协议》为陈进强与郑振欣之间的协议，郑振欣以履行该协议为由主张为恒发电业公司事实股东或者实际控制人，并进而主张有权保留恒发电业公司的相关财务账册、财务文件及汽车和房产等观点不成立。在签订《12 · 19 股权转让协议》之前，该协议涉及股权为登记在恒发电业公司名下的资产，郑振欣对与其有关联关系的交易事项未提交董事会决议，而是利用职务便利采用签署虚假协议的非法手段将股权变更登记到其关联公司漳州紫金公司名下。漳州紫金公司未支付股权转让款，与郑振欣有关联关系，其并非善意第三人，应返还涉案股权。

——最高人民法院民事审判第二庭编：《商事审判指导》总第 39 辑，人民法院出版社 2015 年版，第 213 ~ 236 页。

355

公司与其关联公司恶意串通转移资产，损害债权人合法利益的，债权人有权要求关联公司承担侵权责任

关键词 | 关联公司 | 恶意串通 | 转移资产 | 侵权责任 |

【最高人民法院裁判文书】

广州紫云山庄房地产有限公司与中国一拖集团有限公司等保证合同纠纷申请再审案［最高人民法院（2014）民提字第 111 号民事判决书］

最高人民法院认为：关于案涉关联交易是否存有不当的问题。本案实际履行的土地使用权转让协议约定：在紫云山庄公司回购信达公司对罗兰德公司债权的前提下，转让总价为 7200 万元，另外征地所欠南安村的征地款 37292100 元由紫云山庄公司承担，双方签字盖章生效后紫云山庄公司向罗兰德公司支付

100 万元履约定金,双方在政府部门全部手续办妥,紫云山庄公司领到国土证后,即将余款 7100 万元一次性付清。关于支付转让价款的实际履约情况,双方当事人对二审法院认定的紫云山庄公司向一拖集团公司支付的 700 万元、向罗兰德公司支付的 3316525.93 元和南安村征地款 37292100 元并无异议,本院予以确认。由于双方明确约定在紫云山庄公司回购有关债权的前提下,转让总价为人民币 7200 万元整,故对紫云山庄公司关于该回购价款 5500 万元应当冲抵尚未支付的土地使用权转让价款的主张,本院不予支持。紫云山庄公司主张其代罗兰德公司偿付的其他债务应冲抵土地使用权转让价款,但并无相关证据证明,本院不予支持。该协议的补充协议中约定增加的价款系为调高容积率而约定,而罗兰德公司并未负责落实调高容积率,亦未证明其补缴了土地使用权出让款,故原审法院将该款项计入转让价款不妥,本院予以纠正。综上,紫云山庄公司还应当向罗兰德公司支付土地使用权转让款 61683474.07 元(7200 万元应付转让价款减去紫云山庄公司已经支付的 700 万元及 3316525.93 元)。对此,紫云山庄公司不能提供相关银行凭证证明其已经付款。但罗兰德公司向紫云山庄公司开具了金额高达 3 亿余元的相关发票,双方并签署了内容为罗兰德公司收到紫云山庄公司支付 3 亿余元土地使用权转让款的确认书,虚构紫云山庄公司已经全部履行付款义务的事实。上述事实表明,案涉土地使用权交易构成不当关联交易,损害了罗兰德公司的利益,并且在罗兰德公司不能履行到期债务的情况下,也损害了该公司债权人一拖集团公司的合法权益。

关于紫云山庄公司应否承担相应赔偿责任的问题。根据《侵权责任法》第八条关于"二人以上共同实施侵权行为,造成他人损害的,应当承担连带责任"的规定,以及该法第十三条关于"法律规定承担连带责任的,被侵权人有权请求部分或者全部连带责任人承担责任"的规定,紫云山庄公司应当在前述其虚构已付但实际并未支付的款项范围内承担连带责任。但对原审法院判决紫云山庄公司承担补充赔偿责任而非承担连带责任,一拖集团公司未提出再审申请,本院予以维持。原审法院未依据在案证据查明案涉不当关联交易造成的实际损害后果,而判决紫云山庄公司对一拖集团公司对罗兰德公司的全部剩余债权承担赔偿责任事实依据欠充分,本院予以纠正。紫云山庄公司还主张一审法院适用《公司法》第二十一条判决其承担赔偿责任属于适用法律错误。对此,本院认为,本案所涉罗兰德公司和紫云山庄公司之间共同被控制的关系属于前引《公司法》第二百一十六条第(四)项所定义的关联关系,亦为实际控制人利用以损害罗兰德公司利益,在《公司法》仅以第二十一条规定利用关联关系侵权的责任主体但未包括共同被控制的关联公司的情况下，应参照适用该规定认定共同被控制的关联公司的侵权责任。因此，原审法院依据对案涉不当关联交易的依法认定，参照适用《公司法》第二十一条规定，认定紫云山庄公司应当承担相应侵权赔偿责任并无不妥，本院予以维持。

关于案涉土地使用权及股权交易是否价格过低的问题。一拖集团公司主张案涉土地使用权交易价格过低，但并无证据证明，本院不予支持。因注册资本与公司股权的市场价值并无直接对应关系，故原审法院仅依据转让价格远低于注册资本即认定罗兰德公司、香港国际公司向于敬轩转让紫云山庄公司股权的价格均过低不妥。因紫云山庄公司为该股权交易的目标公司而非股东，故即使此项交易价格过低，也应由相应股东而非紫云山庄公司承担责任。紫云山庄公司的有关主张成立，本院予以支持。

二、关于本案原审审理程序是否合法的问题。

关于一拖集团公司诉罗兰德公司和紫云山庄公司应否合并审理的问题。一拖集团公司依据案涉反担保协议提起诉讼，请求判令罗兰德公司承担反担保责任，并认为紫云山庄公司与罗兰德公司恶意串通，转移罗兰德公司资产，造成罗兰德公司偿债能力丧失，损害了其合法利益，请求判令紫云山庄公司承担侵权责任。该两项诉讼请求涉及的法律事实具有牵连性，合并审理可以方便当事人诉讼。此外，紫云山庄公司在一审被追加为被告参加本案诉讼后，其对一拖集团公司的诉讼请求进行了应诉和抗辩，亦没有在法定的期限内提出管辖权异议。故原审法院将上述两项诉讼请求合并审理并无不妥，紫云山庄公司有关主张不成立，本院不予支持。

——中国裁判文书网，http://wenshu. court. gov. cn。

356 公司的控股股东等利用其关联关系损害公司利益，其法律后果是承担赔偿责任

关键词 | 关联交易 | 赔偿责任 |

【最高人民法院裁判文书】

济南玉清制水有限公司与山东尚志投资咨询有限公司股权转让纠纷申请再

审案［最高人民法院（2016）最高法民申724号民事裁定书］

最高人民法院认为：关于原审判决认定本案《股权转让协议书》有效是否正确。首先，本案中，玉清公司主张本案《股权转让协议书》系关联交易应为无效，并向原审法院和本院提交证据，欲证明本案《股权转让协议书》签订时玉清公司的法定代表人王超是远耀公司的实际控制人、远耀公司与玉清公司具有关联关系、本案股权转让损害了玉清公司利益等事实。但是，《公司法》第二十一条规定，“公司的控股股东、实际控制人、董事、监事、高级管理人员不得利用其关联关系损害公司利益。违反前款规定，给公司造成损失的，应当承担赔偿责任”。根据该规定，当公司的控股股东、实际控制人、董事、监事、高级管理人员利用其关联关系且损害了公司利益时，其法律后果是承担赔偿责任，而不是关联交易行为无效，因此玉清公司主张的事实并不能成为本案《股权转让协议书》无效的依据，玉清公司举证的证明目的与《股权转让协议书》效力的认定并无关联性。原审判决认为本案《股权转让协议书》的效力应当依据《合同法》第五十二条的规定予以认定，并无不当。其次，根据原审判决查明的事实，本案《股权转让协议书》已经过政府主管部门审批同意，其内容不违反法律和法规的强制性规定，原审判决据此认定该协议合法有效具有充分的事实依据。玉清公司主张远耀公司高价转让本案股权导致其公司利益受损。但是由于在本案《股权转让协议书》签订之前的2009年7月2日玉清公司即召开董事会议并形成《董事会决议》，该决议载明，鉴于商丘市水务市场发展潜力具有良好投资价值，玉清公司各股东委派的董事一致同意以5200万元收购本案股权并签字确认。玉清公司向本院提交的张岩青和陈来贵关于其在《董事会决议》中的签字不真实的书面说明，用以证明《董事会决议》无效。但是由于这两份书面说明出具于2016年4月14日和4月25日，系原审判决生效之后形成的证言类证据，在没有其他证据予以佐证的情况下，本院不予采信。据此可见，本案股权转让事宜及价格系经玉清公司董事会讨论予以确定，在没有证据证明玉清公司受到胁迫和欺诈的情况下，原审判决认定本案股权转让价格是玉清公司与远耀公司双方协商一致的结果，并不影响本案股权转让协议效力，事实依据充分，并无不当。由于玉清公司提交的证据不足以推翻原审判决关于本案《股权转让协议书》有效的认定，玉清公司关于该股权转让协议无效的主张，缺乏事实和法律依据，不能予以支持。

——中国裁判文书网，http://wenshu.court.gov.cn。

十五、其他公司纠纷

357

公司印章、证照持有纠纷的法律适用

关键词｜印章、证照持有纠纷｜

【最高人民法院司法政策】

91. 外商投资企业以持有该外商投资企业公章的自然人、法人或者其他组织为被告向人民法院提起诉讼，请求返还公章的，人民法院应予受理。

——《最高人民法院第二次全国涉外商事海事审判工作会议纪要》（2005 年 12 月 26 日，法发〔2005〕26 号）

【链接：最高人民法院法官著述】

印章、证照等，是民事主体人格的象征，民事主体使用印章、证照，具有证明和确定其主体资格和能力的法律效果，故民事主体对其印章、证照享有专用权、使用权和支配权。印章、证照的物的价值，一般是可以忽略不计的，但其法律价值却可以等同于民事主体本身，视同民事主体的化身，具有无形财产性。由此可见，印章、证照是民事主体所享有的民事权利的客体。民事主体在为组织体情况下，其印章、证照，是为具体的自然人掌管和占有的，而其掌管和占有是基于组织体的授权，为有权掌管和占有。因此，组织体内的有权掌管和占有的自然人一旦被解除授权（多数情况下为解除其原职务），其就无权继续掌管和占有这种有形物，应当交还于组织体；如果不交还，即转化为非法持有，并构成对组织体的有形物权利和其代表的组织体的人格权和其他合法民事权益的侵害，同时妨害组织体进行正常的经营活动。所以，排除这种妨害，对组织体来说最具现实意义和直接利益。在这种情况下，无论持有人是否还是该组织体的成员，因其已被解除授权，其继续掌管和占有就没有了法律依据，在交出其原占有的印章、证照这个问题上，双方即成为平等的民事主体关系，组织体即有权对该自然人提起排除妨害和返还占有物的诉讼,并为保证正常的经营活动而同时要求采取保全措施或先予执行措施。

——杨洪逵:《〈天都木制品公司诉王义红在被免去职务后拒不交出公司印章要求交出案〉责任编辑按》,载最高人民法院中国应用法学研究所编:《人民法院案例选》总第28辑,人民法院出版社1999年版,第104~108页。

358

一人兼任多个企业的法定代表人,其不同的私章是否分别代表不同的企业法人属于内部关系,对外无法律约束力

关键词|法定代表人|印章|

【《最高人民法院公报》案例】

温州国际信托投资公司清算组与湖北幸福实业股份有限公司、幸福集团公司债权债务转让合同纠纷案[最高人民法院(2002)民二终字第67号民事判决书]

最高人民法院二审认为:上诉人关于一审法院仅以《债权债务转让协议》上加盖的担保人公章不是实业公司的印章,也不是实业公司名称变更前在工商管理部门登记备案并合法使用的印章为由,认定在该转让协议担保人栏内盖章不是实业公司的真实意思表示不能成立的上诉理由,本院予以支持。在签订《债权债务转让协议》时,周作亮同为集团公司和实业公司的法定代表人,其"周作亮印"和"周作亮章"两枚私章是否分别代表集团公司和实业公司,只是其内部区别,对外无法律约束力,一审法院关于罗邦良所持《授权书》上加盖的"周作亮印"仅代表集团公司,而不代表实业公司的认定不当。

——《最高人民法院公报》2004年第2期

【链接:最高人民法院法官著述】

对罗邦良代表实业公司签订《债权债务转让协议》时所持《授权书》上加盖的"周作亮印"私章,实业公司答辩认为该私章不是周作亮任实业公司法定代表

人所用私章，周作亮作为集团公司和实业公司的法定代表人，其以“周作亮印”和“周作亮章”两枚印章分别对外代表集团公司和实业公司，故该《授权书》亦不是实业公司的真实意思表示。但是由于周作亮同时兼任集团公司和实业公司的法定代表人，其“周作亮印”和“周作亮章”是否分别代表集团公司和实业公司，只是其企业内部的规定。周作亮授权罗邦良签订《债权债务转让协议》是其真实意思表示，故一审法院关于罗邦良所持《授权书》上加盖的“周作亮印”仅代表集团公司，而不代表实业公司的认定不当。

——刘敏：《关于保证人身份的确定及保证合同的效力认定——温州信托公司清算组与幸福实业公司等债权债务转让合同纠纷上诉案》，载江必新主编、最高人民法院民事审判第二庭编：《民商审判指导与参考》总第3卷，人民法院出版社2003年版，第267页。

359

公司滥用诉权，其诉讼请求不应得到支持

关键词 | 滥用诉权 | 诉讼请求 |

【最高人民法院裁判文书】

北京益明投资管理有限公司与兰州亚太工贸集团有限公司债权转让合同纠纷案［最高人民法院（2010）民二终字第124号民事判决书］

最高人民法院认为：亚太公司与益明公司签订的《债权转让合同》《〈债权转让合同〉之补充协议》系当事人之间真实意思表示，其内容并不违反法律、法规的禁止性规定，依法确认有效。益明公司上诉称亚太公司与太华公司恶意串通，以事先约定的价格参与司法拍卖，损害了其他竞买人的合法权益没有事实依据。正如在亚太公司上诉状中所述，在2009年5月10日的司法拍卖会上，共有15位竞买人参与竞买22563500股*ST联油股份，起拍价4150万元，经过35轮激烈竞价，太华公司以7350万元竞买成功。拍卖交易过程中并无违法之处。益明公司关于拍卖损害了其他竞买人的合法权益而导致本案债权转让合同无效的上诉理由显然不能成立。

关于益明公司有无违约行为的问题。根据《〈债权转让合同〉之补充协议》

第二条的约定,亚太公司委托益明公司收取执行案款的委托期限从2009年5月1日至2009年10月1日。该协议的签订日期是2009年4月16日。亚太公司在签订上述补充协议后不到一个月就到兰州市中级人民法院申请诉前保全,在亚太公司正式起诉时,益明公司还没有收到法院的执行款。从本案一、二审查明的事实可以认定,益明公司在亚太公司起诉时,既无违约迹象,也不存在违约行为。亚太公司滥用诉权,在合同履行期内就起诉。导致本案成讼。亚太公司在合同履行期内,且益明公司尚未收到法院执行款便开始起诉益明公司违约,没有事实和法律依据。益明公司没有违约行为的存在,因此不应承担违约责任。

——最高人民法院民事审判第二庭编:《最高人民法院商事审判指导案例(第五卷)》(下),中国法制出版社2011年版,第564~572页。

360

重新注册和更名成立新的法人，资产是从原法人承接而来，其承担前一主体债务的责任不免除

关键词｜企业新设｜债务承担｜

【最高人民法院裁判文书】

三九企业集团与中国工商银行哈尔滨市北环支行借款合同纠纷上诉案[最高人民法院(2003)民二终字第56号民事判决书]

最高人民法院认为:原龙滨酒厂被兼并后,三九集团将其重新注册为三九龙滨酒厂。根据哈尔滨市审计事务所出具的企业法人注册资金验资证明记载,三九龙滨酒厂2000万元注册资本来源为原龙滨酒厂积累的固定资本1000万元和流动资本1000万元。2002年10月三九龙滨酒厂又更名为龙滨酒厂,并向北环支行承诺三九龙滨酒天长的债务由变更后的龙滨酒厂承担。由此证明原龙滨酒天长、三九龙滨酒厂与现在的龙滨酒厂之间存在承继关系。无论是纯粹的更名,或是注销原法人,成立新法人,主体之间的债权债务承接关系均没有发生变化。所成立的新的法人资产也是从原法人主体承接而来,其承担前一主体债务的责任不能免除。

——最高人民法院民事审判第二庭编:《民商事审判指导》总第5辑,人民法院出版社2004年版,第251页。

361

公司合并虽未经股东会决议，但所有股东均同意且不损害公司利益的，合并有效

关键词｜公司合并｜股东会决议｜

【最高人民法院裁判文书】

中国农业银行黄梅县支行、湖北省博仁制药有限公司与湖北正昌现代农业股份有限公司企业兼并合同纠纷案[最高人民法院(2002)民二终字第137号民事判决书]

最高人民法院认为：本案的焦点是《资产重组协议书》的效力问题，根据原审判决和当事人之间的争议，影响《资产重组协议书》效力的因素集中在三个方面：一是博仁公司股东会未形成决议是否导致《资产重组协议书》无效；二是博仁公司未将湖北中平咨询评估有限公司的评估报告和1660万元的欠款主体为三梅公司的事实告知正昌农业公司是否违背诚实信用原则而导致《资产重组协议书》无效；三是《资产重组协议书》的履行与其效力的关系。

关于博仁公司未形成股东大会决议对《资产重组协议书》效力的影响：《公司法(1993)》第三十八条规定："股东大会行使下列职权：对公司合并、分立、变更公司形式、解散和清算等事项作出决议。"第一百八十二条规定："公司的合并或者分立，应当由公司的股东会作出决议。"这两条规定是强制性规范，当事人不得以约定排除适用，但这里的强制性体现在公司与股东之间的关系上，通过赋予股东大会相应的权利而限制公司的行为，从立法目的解释该两条是以保护股东权为出发点，公司未经股东大会决议作出公司合并等重大事项的决定，公司股东即相应地产生了对该行为确认无效或撤销的权利。本案博仁公司的三家股东虽未召开股东大会形成决议，但对与正昌农业公司的合并意向均表示同意，事后亦不认为合并行为侵害其利益，因此，博仁公司即具有与正昌农业公司签订《资产重组协议书》的权利能力，正昌农业公司不是《公司法(1993)》第三十八条、第一百八十二条规定的权利人，无权以违反该两条规定为由主张合同无效，原审法院以博仁公司未形成股东大会决议违反公司法规定，认定《资产重组协议书》无效的理由不能成立。根据《资产重组协议书》第一条、第六条的约定，正昌农业公司与博仁公司的合并形式是吸收式合并，其后果是博仁公司作为市场主体的资格被消

灭。博仁公司签订消灭自身合同的权利来源于股东,其作为缔约人代表了股东的意思。况且,《资产重组协议书》第一条就是处分博仁公司的全部资产,《资产重组协议书》履行的第一步是处置博仁公司的资产,博仁公司有资格作为处置自身资产的签约人。因此,博仁公司可以作为《资产重组协议书》的签约人。

关于正昌农业公司抗辩博仁公司未将湖北中平咨询评估有限公司的评估报告和1660万元的欠款主体为博仁公司的股东之一三梅公司的事实告知正昌农业公司是否违背诚实信用原则而导致《资产重组协议书》无效的问题:诚实信用原则作为民法的一项基本原则,应当为民事主体所遵守。但《合同法》并没有规定违反诚实信用原则导致合同无效。原审判决适用了《经济合同法》(已废止)第七条的规定确认《资产重组协议书》无效。《经济合同法》第七条第一款第(二)项规定,采取欺诈、胁迫等手段所签订的合同无效,如果适用该条规定认定《资产重组协议书》无效,则需证明博仁公司的行为构成了欺诈。博仁公司构成欺诈需具备以下要件:1. 具有欺诈的故意;2. 告知对方虚假情况或者故意隐瞒真实情况,诱使正昌农业公司订立合同;3. 该行为给正昌农业公司造成了损失。从《资产重组协议书》的内容看,正昌农业公司希望取得的是博仁公司的全部资产,并承担全部债务,《资产重组协议书》本身并不能反映出博仁公司的资产状况,即博仁公司没有在《资产重组协议书》中作出违背事实的陈述,正昌农业公司答辩中所称《资产重组协议书》反映博仁公司的净资产为零,没有依据。如果正昌农业公司将博仁公司净资产状况的好坏作为其签约的条件,该公司就应要求博仁公司提供有关材料,如果博仁公司拒不提供或提供虚假陈述,则博仁公司具有欺诈的故意,并实施了该行为,正昌农业公司可以拒绝签订《资产重组协议书》。但本案没有证据表明正昌农业公司要求博仁公司出具评估报告及对债务构成进行说明,正昌农业公司不能证明博仁公司具有欺诈的故意。因此,即使博仁公司未将湖北中平咨询评估有限公司的评估报告和1660万元的欠款主体为三梅公司的事实告知正昌农业公司,其行为亦不构成欺诈。正昌农业公司可以就该1660万元欠款的争议,另行提起诉讼。原审判决关于以博仁公司不履行告知义务,违反诚实信用原则为由,确认《资产重组协议书》无效的认定不当,本院予以纠正。

关于本案《资产重组协议书》的履行情况对《资产重组协议书》效力的影响:至本案诉讼过程中,博仁公司仍然存在,《资产重组协议书》约定转移所有权的资产仍然是博仁公司的法人财产,虽然正昌农业公司已投入部分资金并履行了部分管理职能,但其并没有完全控制博仁公司,在本案诉讼中,博仁公司并不依附于正昌农业公司的诉讼意见即可证明此项事实，所以《资产重组协议书》的主要条款并没有得到履行。但是，如无特殊约定，合同义务履行与否并不影响合同的效力，正昌农业公司主张《资产重组协议书》未履行的事实不能支持其关于《资产重组协议书》无效的诉讼请求。

——法律家网（案例裁判文书查询），http://www.fae.cn。

编者说明

本案中公司合并虽然没有经股东大会决议决定，但是所有的股东对该行为是知道并且表示同意的，事后也并不认为损害公司利益，在某种意义上讲，股东的一致也可以视为取得与股东会或者股东大会决议相同的效果。

362

原开办企业注册资金不实的责任，在企业分立后应由分立后的企业在原开办企业未投入的注册资金范围内按比例承担

关键词 | 企业分立 | 注册资金不实 |

【最高人民法院裁判文书】

海南省国际信托投资公司与上海工艺品进出口公司、海南海信（集团）投资有限公司借款合同纠纷案[最高人民法院（2001）民二提字第9号民事判决书]

最高人民法院认为：虽然与债权人发生借款法律关系是在原开办企业分立并重新登记两年后，但因债务人的开办企业已不存在，原开办企业注册资金不实的责任，应由分立后的企业在原开办企业未投入的注册资金范围内，按比例承担清偿责任。

——苏泽林主编、最高人民法院审判监督庭编著：《最后的裁判——最高人民法院典型疑难百案再审实录 · 房地产与公司企业案件卷》，中国长安出版社2007年版，第143～148页。

【链接：最高人民法院法官著述】

人民法院在具体界定分立前债务承担时，应当从以下几个层次考虑：

第一，公司在分立前与债权人就债务清偿没有达成书面协议的，原有债务由分立后各个公司承担连带责任；承担后内部按照获得财产的比例分担。

第二，公司在分立前与债权人就债务清偿达成书面协议的，按照协议约定承担债务（注意如果债务清偿协议系全体债权人同意，则该协议对全体债权人产生法律约束力；如是部分债权人同意，则对不同意的债权人没有约束力——仍然由各分立公司连带承担清偿责任）。

第三，分立的公司之间就债务清偿达成书面协议，但未通知债权人或者债权人未同意的，仍由各分立后公司承担连带责任，分立公司之间的约定不得对抗债权人。承担连带责任后的公司，可按照约定向其他分公司追偿。

——刘敏：《公司合并分立中的债权人利益之保护——在21世纪商法论坛国际研讨会上的主旨发言》，载最高人民法院民事审判第二庭编：《公司案件审判指导》，法律出版社2014年版，第549~550页。

编者说明

在前引案件中，对原公司分立后形成的两个独立的企业法人是否应在本案中承担连带责任问题产生了争论，最后经最高人民法院审判委员会研究认为，考虑到当时的历史状况，一些单位在开办新的企业时，所办理的各种手续以及程序并不规范，企业分立时，将对企业自身有利的资产留下，将一些经营管理不善的企业以及不良资产剥离出去的情形。本案原企业开办新企业时，没有提供向该公司拨款的证据，不能证明成立新企业时投入了注册资金。该新企业成立后的经营状况并不好，企业分立时，存在将不良企业剥离之嫌。虽然本案纠纷的发生是在企业分立后，但让分立后的企业按比例承担是比较公平的。①

363

违反公司分立通知公告程序规定的法律后果是公司不能以其分立对抗债权人，而非否定分立协议的效力

关键词 | 公司分立 | 通知公告程序 | 对抗债权人 |

---

① 陈佳：《企业分立后新设立的各企业对分立前的债务责任应如何承担——海南省国际信托投资公司与上海工艺品进出口公司、海南海信（集团）投资有限公司借款合同纠纷案》，载苏泽林主编、最高人民法院审判监督庭编著：《最后的裁判——最高人民法院典型疑难百案再审实录·房地产与公司企业案件卷》，中国长安出版社2007年版，第149页。

【最高人民法院裁判文书】

吉林市恒信实业有限责任公司、沈小龙与沈小嘉、沈小林损害公司权益纠纷案[最高人民法院(2014)民申字第905号民事裁定书]

最高人民法院认为：沈小嘉、沈小龙和沈小林于2000年7月3日所签订的《协议书》载明：恒信公司是沈氏家族企业，恒信公司的所有者权益中扣除干部及重要岗位员工所持股权证的份额后，沈小龙持有55%的股份，沈小嘉持有25%的股份，沈小林持有20%的股份。沈小龙担任董事长职务，沈小嘉担任公司总经理职务，沈小林担任公司副总经理兼路桥公司经理职务，以上三人组成公司常务董事会，决策公司重大事项。因沈小嘉、沈小龙、沈小龙系同胞兄弟，《协议书》是沈小龙将其在恒信公司工商登记中记载的股权比例作为沈氏家族共同财产并在三兄弟之间进行分配，该协议并未损害恒信公司其他股东的权益和份额，亦不违反法律、行政法规的强制性规定，应当认定为合法有效。根据《协议书》的约定，沈小嘉、沈小林是否对恒信公司实际出资，不能成为衡量其是否享有股权及行使股东权利的标准。相关另案判决关于沈小龙、沈小嘉、沈小林持有公司99.2%的股权比例的认定，系基于恒信公司增资后的事实所作出的认定，与李亚杰在公司增资之前出资6万元，占公司注册资本106万元的5.7%这一基本事实并不矛盾。故申请人恒信公司、沈小龙关于沈小嘉等未实际出资即不能成为股东并享有股东权利的申请理由不能成立，本院不予采信。本案《恒信实业有限公司财产分割协议》的签订背景，是在兄弟之间嫌隙不睦的情况下，经王军人等四位见证人的调停，沈小龙等三人在互相谅解的基础上，将恒信公司的部分资产和债权债务予以分割，以期维护沈氏大家庭的和睦氛围。该财产分割协议的内容涉及公司股东退出公司、公司固定资产分割、债权转让和债务承担等内容，其性质类似于公司分立协议。本案中，沈小龙等人实施的分割公司财产的行为，虽未依照《公司法》的规定履行股东会决议、通知债权人及公告等法定程序，但不宜以此为由否定财产分割协议的法律效力。一方面，就公司股东意思的形成来看，恒信公司本身系沈小龙、沈小嘉、沈小林三人协议共同持有控制股权的家族企业，除沈小龙之妻李亚杰之外的其他股东所持有的股权均系源自沈小龙之赠与，且该等其他股东当时均在恒信公司任职，应当知道沈小龙等三人之间签订了财产分割协议，且其他股东在分割协议签订之后，并未主动提出异议。故不能仅以该协议在签订之时未经股东会议决议的程序瑕疵为由，否认该协议在股东之前的效力。另一方面，《公司法》就公司分立所规定的通知债权人和公告等程序,系为保护债权人利益而设,违反上述规定的法律后果是公司不能以其分立行为对抗债权人,而非否定分立协议在公司股东之间的法律效力。故原审判决在考量了沈小龙等三人的持股比例和其他股东分别选择到分立后的公司工作等实际情况的基础上,认定财产分割协议有效是正确的,本院予以确认。申请人恒信公司、沈小龙关于财产分割协议违反法定程序无效的申请理由,无事实和法律依据,本院不予支持。

——中国裁判文书网,http://wenshu.court.gov.cn。

364

公司部分财产与债务同时转让的行为为公司分立

关键词|公司分立|

【最高人民法院裁判文书】

中国进出口银行、广州市华南橡胶轮胎有限公司、中国工商银行广东省分行营业部与广州市万宝冰箱有限公司、广州万宝冰箱电器有限公司借款担保与委托代理纠纷案[最高人民法院(2001)民二终字第166号民事判决书]

最高人民法院认为:在万宝电器公司的改制中,该公司的部分财产随同部分债务从该公司剥离出来,并入万宝冰箱公司。当公司部分财产和债务直接从公司分离设立成为新公司,将构成公司简单分立,如无债权人之同意,分立的公司对分立前公司的债务应当承担连带责任;如果该部分财产和债务分离后与其他已经存在的企业合并,则构成合并分立,如无债权人之同意,接受分立财产的企业应当在接受财产价值范围内对分立前公司的债务承担连带责任。从本案实际情况看,万宝电器公司与万宝冰箱公司的改制即构成合并分立,万宝电器公司与万宝冰箱公司等各方当事人在《转让协议》中所作的债务划分安排,因未取得债权人进出口银行的同意,该协议中有关债务划分的内容对进出口银行不生效,万宝冰箱公司应当在接受万宝电器公司财产价值范围内对万宝电器公司的债务承担连带责任。因此,上诉人进出口银行所提出的万宝冰箱公司应当承担万宝电器公司所欠债务的上诉请求成立,本院予以支持。

——李国光主编、最高人民法院民事审判第二庭编著:《最高人民法院关于企业改制司法解释条文精解与案例解析》，人民法院出版社 2003 年版，第 121 ~ 136 页。

365 股东与公司签订的承包经营合同，内容不违反法律强制性规定的，应为有效

关键词 | 股东承包 | 合同效力 |

【最高人民法院审判业务意见】

关于股东与公司签订承包经营合同的效力问题。

关于这个问题，一种观点认为，公司法定主义原则作为公司法的一项重要原则，得到了理论界的普遍认同。作为公司法定原则的重要方面，公司机构法定在我国《公司法》中得到了充分体现。《公司法》所确定的股东会、董事会与监事会的组织结构，当事人设立公司必须遵循这些规定，否则将导致行为无效的法律后果。由于公司设立后股东将公司承包给股东之外的第三人并不必然违背上述公司法定主义原则，因此，对公司与股东签订的承包合同的效力不能一概而论。有些承包合同虽然只选择一个经营者，但公司经营管理并不拒绝适用《公司法》中关于公司治理、会计制度等规定中的强制性法律规范，对此，应认定承包合同有效，反之则可认定无效。另一种观点认为，将公司以承包合同发包给股东承包经营，实质上是以承包经营的方式代替董事会亲自经营管理公司，该行为违反了《公司法》和公司章程关于董事会职责的具体规定。有限责任公司董事会并不是公司的所有权人，董事会对公司的经营管理职权来自于《公司法》和公司章程的规定，以及股东会对个别经营管理事项的特别授权。《公司法(2005)》第四十七条明确规定，董事会应当决定公司的经营计划和投资方案，制定公司的年度财务预算、决算方案等。将公司发包给他人经营管理，不亲自履行经营和管理公司的职责，违反了《公司法》的规定，违反了《公司法》关于公司治理机构设置及其职权的规定。因此，对承包合同应认定无效。

——宋晓明：《加强调查研究，探索解决之道——就在全国民商事审判工作会议中提出的若干疑难问题答记者问》，载最高人民法院民事审判第二

庭编:《民商事审判指导》总第11辑,人民法院出版社2007年版,第75页。

【最高人民法院裁判文书】

王国富与华建良、陈建伟、张建东、张建勇及无锡市华银不锈钢集团有限公司承包合同纠纷案[最高人民法院(2014)民申字第1434号民事裁定书]

最高人民法院审查认为:本案争议焦点为二审法院判决解除案涉承包协议是否有事实和法律依据的问题。

1. 案涉《承包协议书》形式上是甲方(华建良、张建东、张建伟、范志荣)、乙方(王国富)和丙方(华银公司)签订的,实际上是华盈公司将公司的经营权承包给甲方,丙方华银公司为承包方提供担保的协议。(1)从《承包协议书》约定的内容来看,系华盈公司将公司的承包经营权承包给公司的四个股东(华建良、张建东、张建伟、范志荣)经营,公司的另外一位股东王国富不参与承包,但享有公司资产收益权,丙方华银公司为甲方的承包提供担保。案涉承包协议第一段载明,"现经董事会研究决定,将共同成立的华盈公司经营权承包给甲方"。这里的董事会实际上是指该公司的股东会。承包协议书第二项约定,甲方的年承包金为800万元,该承包金各位股东按股份享有。承包协议书第八项约定本协议不明条款由董事会负责解释,这里的董事会亦是指股东会。承包协议书上加盖有华盈公司的公章。(2)王国富作为案涉公司的股东,在不参与公司经营的情况下,通过让渡参与公司重大决策权和选择管理者等权利,获得公司的资产收益权利。公司经营权属于公司,不属于股东王国富所有。王国富无权向其他四位股东发包公司经营权。(3)承包协议履行过程中,承包人之一范志荣将所持公司股权转让给张建勇以及范志荣的股东权利和义务均由张建勇承继的决议,亦是由公司股东会决定。华建良等四人遵守了股东会的决议并承诺承包协议书继续生效。王国富也没有表示反对。

2. 2012年11月25日股东大会的决议具有法律依据。依据《公司法(2005)》第三十八条第一款第(一)项之规定,公司有权决定公司的经营方针和投资计划。2012年11月25日,公司股东大会根据公司近几年的经营状况,决定终止2009年7月1日《承包协议书》的履行并决定承包金支付期限于法有据。王国富和其他四位承包经营的股东都应遵守公司股东大会的决议。

——最高人民法院民事审判第二庭编:《商事审判指导》总第39辑,人民法院出版社2015年版,第199~209页。

深圳市金源实业股份有限公司与重庆钢铁(集团)有限责任公司、舞阳钢铁有限责任公司、交通银行重庆分行、中国工商银行舞钢市支行承包经营合同纠纷案[最高人民法院(2004)民二终字第239号民事判决书]

最高人民法院认为:关于《承包合同》的效力问题,深圳市人民政府办公厅1991年12月30日作出的关于确认金源公司为符合深圳市股份有限公司的规范条件的股份有限(内部)公司的批复以及金源公司在本院二审期间为证明其已经完成股份制改造而提交的10份证据表明,在本案《承包合同》签订之前,金源公司经政府主管部门批准已经完成股份制改造和对公司法人股东和个人股东的股权证发行工作,系符合当时规范条件的股份有限公司。金源公司的上述证据虽于本院二审期间提交,因本案系于1996年起诉至今尚未终审的案件,本院和原审法院在本案一、二审期间均未对当事人限定举证期限,重钢公司、舞钢公司以金源公司二审期间提交的证据不属于《民事诉讼证据规定》中规定的新证据为由,请求本院对上述证据不予受理质证的主张,本院不予支持。金源公司作为股份有限公司,根据1992年5月15日国家体改委颁布的《股份有限公司规范意见》以及1992年深圳市人民政府颁布的《深圳市股份有限公司暂行规定》的有关规定,金源公司股东会有权审议、批准董事会和监事会的报告,董事会有权审定公司生产发展规划和年度经营计划。金源公司1992年8月1日的《第二次股东大会和第二届董事会第一次会议纪要》所载内容表明:公司董事会提出实行承包经营责任制之后,公司股东大会在决议事项中重申了董事会所提出的承包经营方案,并确定由董事会组织股东单位公开投标具体实施承包经营。据此,并结合承包结束之后金源公司第三次股东大会仍以决议形式要求承包方履行《承包合同》的事实,可认定金源公司实行承包经营得到了股东大会认可,董事会组织投标选定承包单位并代表金源公司签订《承包合同》得到了股东大会的授权和认可。重钢公司、舞钢公司关于《承包合同》系金源公司董事长凭无效董事会决议对外签订的答辩理由与事实不符,本院不予采信。重钢公司、舞钢公司以公开投标的方式提出承包经营条件之后,经有重钢公司股东代表樊道理参加的金源公司董事会投票选举中标,在此基础上,金源公司与重钢公司、舞钢公司签订了《承包合同》。根据上述合同订立的具体程序,应认定《承包合同》系当事人真实意思表示,并且,法律、行政法规对股份有限公司实行承包经营均无禁止性规定,据此,本院根据《合同法解释(一)》第四条和《合同法》第五十三条的规定,确认本案《承包合同》有效。在金源公司已经改制为包括国有股和个人股等多种所有制成分并存的股份有限公司并且已经建立符合规范条件的公司治理结构的情况下，在金源公司营业执照副本所载企业经济性质已于一审期间由“股份（全民）”变更为“股份有限公司”的情况下，原审判决仍以《全民所有制工业企业承包经营责任制暂行条例》第十四条的规定作为判断股份有限公司对外签订的承包经营合同效力的依据，适用法律错误，本院依法予以纠正。重钢公司、舞钢公司作为金源公司股东和《承包合同》当事人，在有重钢公司代表樊道理参加的金源公司股东大会和董事会决定实行承包经营时以及在其与金源公司董事会签订《承包合同》时均未提出金源公司实行承包经营不符合公司章程的规定；相反，在其与金源公司《承包合同》已实际履行完毕之后，在有效执行该《承包合同》可能导致对其不利后果的情况下，重钢公司、舞钢公司以金源公司董事会签订《承包合同》不符合公司章程规定为由请求认定《承包合同》无效，本院不予支持。重钢公司、舞钢公司在《承包合同》中承诺在三年承包经营期间向金源公司上缴承包利润款5100万元，系重钢公司、舞钢公司作为《承包合同》当事人应履行的合同义务，该义务与重钢公司、舞钢公司可取得超出承包基数利润的55%的权利相对应，并且该义务与重钢公司、舞钢公司作为金源公司股东以其出资为限对金源公司承担有限责任并不矛盾，因此，重钢公司、重钢公司关于其上缴固定承包利润的规定系投资保底条款的理由本院不予支持。在《承包合同》履行过程中，樊道理作为金源公司的总经理在金源公司对外的经营活动中系金源公司的代理人，其行为后果由金源公司承担；同时，在金源公司与重钢公司、舞钢公司的承包经营关系中，樊道理作为重钢公司、舞钢公司的代理人，其履行《承包合同》的后果由重钢公司、舞钢公司承担，樊道理在两重不同的合同关系和法律关系中具有两种不同的身份，二者并不冲突，重钢公司、舞钢公司按所谓逻辑学的矛盾律推论樊道理的两重身份必有一重无效的理由，本院不予支持。

——最高人民法院民事审判第二庭编：《最高人民法院商事审判指导案例（第五卷）》（上），中国法制出版社2011年版，第187～217页。

【链接：最高人民法院法官著述】

依据我国现有法律的规定，由封闭性公司的所有股东达成的一项影响或改变公司管理程序的协议在很大范围上都是有效的。公司可以不设董事会，而由股东或者依据合伙的形式或者采取其他一些管理体制来运作企业。承包经营形式就是其中之一。当然，对这些协议也不是完全没有限制。例如，协议约定公司高管对公司或股东不负有忠实义务和勤勉义务就违反了公司法的强制性规定。

此外，股东之间有效的这些协议也不会自动约束政府、债权人或第三人。例如，一项股东协议约定只授权公司总经理有权签订合同，并不能排除第三人依据一般代理原则信赖其他的公司高级职员，只要有证据证明从被代理人的行为上可以使一个合理谨慎的第三人通过仔细的判断足以相信代理人有他或她所声称的有权行使的权力，公司就应当受所签合同的约束。

——方金刚：《公司承包经营的法律关系解构——再审申请人王国富与被申请人华建良、陈建伟、张建东、张建勇及一审被告无锡市华银不锈钢集团有限公司承包合同纠纷案》，载最高人民法院民事审判第二庭编：《商事审判指导》总第39辑，人民法院出版社2015年版，第210～211页。

编者说明

关于公司由股东租赁经营或者承包经营的效力认定，也是公司诉讼裁判中争议较大的问题之一。处理此类问题的基本要求就是：看相关合同是否违反法律、行政法规的强制性规定，是否有损公司独立法人人格，是否违反公司治理的基本原则等。

366

股东未经公司同意与债权人约定由公司代他人偿还债务的无效

关键词 | 债务承担 |

【最高人民法院裁判文书】

四川省德阳市信托投资公司与中国建设银行德阳市分行及海南盛兴租赁公司资金拆借合同纠纷上诉案［最高人民法院（2001）民二终字第75号民事判决书］

最高人民法院认为：1996年5月16日，就德阳建行从信托公司脱钩问题，中国建设银行四川省分行、德阳政府及信托公司的两股东德阳建行和德阳市财政局四家共同达成的《会议纪要》，符合国务院国发〔1995〕11号精神。但其中涉及信托公司为其子公司盛兴公司承担债务的约定，因债务承担者信托公司和原债务人盛兴公司没有参加会议，故该约定不是当事人的意思表示。该约定的形成，虽有信托公司两股东的参加及认可，但信托公司作为公司法人有自己的独立意志,股东无权为公司法人设定还款义务。两股东的行为属股东侵犯公司独立法人人格,最终损害公司的利益。因此,该约定应当确认无效。根据《会议纪要》的精神,1996年7月25日,中国建设银行四川省分行和德阳市政府作为监督方、信托公司的两股东德阳建行和德阳市财政局四家又签订了《退股协议书》和《退股补充协议书》。作为《退股补充协议书》的附件《还款协议书》也于当日由信托公司和德阳建行签订。上述协议中涉及的信托公司为其子公司盛兴公司还债的约定,属于债务承担性质,因其法律后果是由新债务人代替原债务人向债权人承担债务,原债务人不再承担责任,因此,关于债务承担的约定,新债务人的意思表示应当没有瑕疵。而本案信托公司当时的法定代表人李自萍虽在上述协议上签字,并加盖信托公司公章,但因其同时具有阳建行副行长的双重身份,存在着代理人人格混同,其实质上是双重代理的一种表现形式。其行为违背了诚实信用原则。尤其是李自萍在签订上述协议后即回到德阳建行继续任职,更进一步表明其与德阳建行有着直接的利害关系。且在李自萍离任后,信托公司即以上述约定不是其真实意思表示为由拒绝为盛兴公司承担债务,并多次向债权人德阳建行明示盛兴公司的债务应由其自行承担。另外,盛兴公司成立后,实际上一直处于德阳建行直接领导和管理下,双方还签订有承包经营合同。该笔债务也是因德阳建行直接指令盛兴公司从事开发房地产经营而产生,并从中收取高额利润的违规贷款。后因房地产市场疲软,致盛兴公司不能及时还贷。对此,德阳建行亦是知情的。身为原股东的德阳建行借其退股之机,利用信托公司法定代表人李自萍又是德阳建行副行长的双重代理身份,将该笔债务转嫁给信托公司,无疑损害了信托公司的合法利益,有悖公平原则。因此,上述协议中关于信托公司为盛兴公司承担债务的约定,因不是信托公司的真实意思表示,应当确认该约定无效。

——李国光主编、最高人民法院民事审判第二庭编:《民商审判指导与参考》总第2卷,人民法院出版社2003年版,第283~299页。

【链接:最高人民法院法官著述】

如确认该债务承担约定有效,必须同时具备两个条件:一是信托公司无独立意志;二是该债务承担的约定是信托公司真实意思表示。两个条件缺一不可,方可认定该约定有效。但本案恰恰不具备上述两个条件。第一,信托公司设立后,作为独立的公司法人,有着自己独立的意志,并以其所有的财产对外承担民事责任。股东作为独立于公司之外的企业法人,无权为公司设定还款义务,无权超越公司的意志，以不属于自己所有的公司财产弥补公司股东的亏损。该项义务的设定，不仅擅自加大了信托公司的责任，损害了公司利益，而且侵犯了公司独立法人人格。第二，该债务承担的约定出自1996年5月16日《会议纪要》。该《会议纪要》的形成，因没有新债务人信托公司和原债务人盛兴公司的参加，所以，其中涉及信托公司为盛兴公司向德阳建行偿还7200万元欠款的约定，不是信托公司和盛兴公司的真实意思表示。基于此，经本院审判委员会讨论决定，该债务承担约定应当确认无效。

——叶小青：《本案债务承担约定的效力应当如何认定——四川省德阳市信托投资公司与中国建设银行德阳市分行、原审第三人海南盛兴租赁公司资金拆借合同纠纷上诉案》，载李国光主编、最高人民法院民事审判第二庭编：《民商审判指导与参考》总第2卷，人民法院出版社2003年版，第283～299页。

367

整体承接被清理整顿信托投资公司债权债务的，具体承担债务时不应区分证券与非证券业务

关键词 | 债务接收 |

【最高人民法院裁判文书】

中国信达信托投资公司清算组与中国农业银行债券兑付委托协议纠纷上诉案［最高人民法院（2002）民二终字第227号民事判决书］

最高人民法院认为：依照中国人民银行《公告》决定，在依法关闭中农信公司以后，中农信公司的债务划分为两种情况清理，一是中农信公司所属的证券经营机构由信达公司接收，其债权债务统一由信达公司承接；一是中农信公司总部及其金融性分支机构的债务本金，由中国建设银行全额偿付，不支付利息。此后经中国人民银行确认，中农信北证亦属于信达公司所接收的对象。故原审法院认定中农信北证的债权债务自中农信公司关闭后，已由信达公司承接，本案所涉债务亦包括其中，有事实依据。信达清算组在二审审理中对此已不持异议。

关于信达清算组提出的对中农信公司债务的接收,应区分证券业务与非证券业务两种性质,以确定适用国家有关兑付债务政策的上诉主张。根据中国人民银行前述《公告》决定,信达公司接收的是中农信北证的全部债权债务,而根据中农信北证长期自主经营所形成债务的特殊性,其所涉及的债务应是多方面的,且在涉及接收中农信公司证券机构的所有文件中,均没有依证券业务与非证券业务所形成不同债务而采取不同偿付政策的规定,因此,可以认定,对中农信北证债务的接收应是对其所有债务的接收。虽然《公告》第一条中有证券经营机构正常营业、客户保证金继续保证支付的内容,但不能因此得出本条规定仅适用于因证券业务所产生的债务,而非证券业务产生的债务应适用《公告》第二条决定的结论。故信达清算组的上诉主张不能成立,本院不予采纳。信达清算组以上述主张为由,提出本案的判决应依照中国人民银行《公告》第二条和本院《关于审理涉及中农信公司经济纠纷案件有关问题的通知》第二条的规定,不承担债务利息的上诉请求,由于中国人民银行《公告》已对关闭中农信公司时有关债务的处理作了明确界定,即对中农信公司总部及金融性分支机构的境内法人机构的债务进行清算,在偿付该部分债务时只支付本金不支付利息;而对中农信北证的债务不予清算,转由信达公司接收并继续经营,对该部分债务,并没有规定不支付利息的政策。本院《关于审理涉及中农信公司经济纠纷案件有关问题的通知》,是针对中国人民银行《公告》第二条所确定的主体,即以中农信公司总部和金融性分支机构为被告的案件,规定人民法院在判决时对资金利息不再予以保护。本案涉及的债务主体是信达清算组,故本院《关于审理涉及中农信公司经济纠纷案件有关问题的通知》的规定,不能适用于本案。

关于信达清算组提出的原审认定中引用了中国人民银行办公厅银办函〔1998〕137 号文,即"中农信北证的债权债务由中国信达信托投资公司承接",而该文件中并无此文字,依此推导出来的法律结论是错误的这一上诉主张。经查该 137 号文件中确无这样的表述。但中国人民银行 1997 年 3 月 6 日、1998 年 2 月 24 日发布的公告、信达公司 1998 年 4 月 27 日致中国人民银行非银司的请示以及中国建设银行(托管办)下发的通知,均明确了中农信北证的债权债务由信达公司承接,原审法院虽在引用文件时有欠准确,但并不影响其结论的正确性。

——最高人民法院办公厅编:《最高人民法院公布裁判文书(2003 年)》,人民法院出版社 2004 年版,第 242 ~ 250 页。

368 在被清理整顿信托投资公司中，信托投资公司与证券公司分业经营前债务的划分

关键词｜债务划分｜

【最高人民法院裁判文书】

中国工商银行兰州市金城支行诉兰州华龙证券有限责任公司、兰州市信托投资公司等借款担保合同纠纷案[最高人民法院(2004)民二终字第131号民事判决书]

最高人民法院认为：本案二审主要争议发生在工行金城支行与华龙证券之间，即华龙证券是否须在其接收的兰州信托证券类资产范围内对兰州信托的债务承担连带责任问题。根据1999年2月7日国务院办公厅国办发〔1999〕12号《国务院办公厅转发中国人民银行整顿信托投资公司方案的通知》关于“信托业与证券业分业经营、分别设立、分业管理”的要求，经中国人民银行、中国证券监督管理委员会批准，甘肃省人民政府将兰州信托与所属证券部分业，其证券类资产转入新组建的华龙证券，兰州信托与甘肃省信托投资公司、天水市信托投资公司、白银市信托投资公司合并重组为一家信托投资公司。甘政发〔1999〕23号《甘肃省人民政府关于报批整顿合并省内信托投资公司并组建证券公司方案的函》具体载明：“四家信托投资公司在清产核资基础上，对到期或须偿还的债务进行偿还或办理债务展期手续，留存的债权、债务分别由合并及组建后的信托投资公司和证券公司承接。”嗣后，兰州信托根据上述文件要求及中国人民银行、中国证券监督管理委员会的复函，于2001年6月29日在《中国证券报》上以公告的形式刊登其分业后的债权债务分配方案，即兰州信托的债权债务由合并后的信托投资公司承继；兰州信托下属证券营业部的债权债务由华龙证券承继。该公告明确了不同的承继主体，该行为非为兰州信托与华龙证券平等协商、意思自治的产物，系根据国家政策要求及有关行政文件精神作出的，亦与国务院办公厅国办发〔1999〕12号、甘政发〔1999〕23号文件精神相一致。同时，兰州信托在全国发行的《中国证券报》上刊登此公告方案，履行了对债权人告知义务，并未损害债权人的合法权益，该债权债务分配方案应认定为合法有效。公告还写明：“对本公司债务安排有异议的单位、个人，请在公告之日起90天内与我公司联

系”，债权人工行金城支行未在90天异议期内提出异议，应视为对兰州信托债权债务分配方案的认可。因本案担保债务并非兰州信托下属证券营业部之债务，显属兰州信托的非证券类债务，依甘政发〔1999〕23号文件精神及兰州信托公告的意思表示，应由兰州信托合并重组后的信托投资公司承担。

——最高人民法院民事审判第二庭编：《民商事审判指导》总第6辑，人民法院出版社2004年版，第212～226页。

【链接：最高人民法院法官著述】

清理整顿全国信托投资公司是我国金融领域的一项重大举措。为此，国务院转发了人总行清理整顿信托投资公司的方案。该文件为国办发〔1999〕12号，在人总行整顿信托投资公司方案中明确要求将信托业与证券业分业经营、分业管理；分别设立后的信托公司、证券公司和证券经纪公司业务分别由人总行和证监会管理；自该方案下达一个月内各省、自治区均需要根据该方案的要求对本地区的信托公司关闭或破产、撤销或重组、合并、保留的方案，报人总行批准后执行。为此，甘肃省政府根据国办发〔1999〕12号文件的精神作出了甘政发〔1999〕23号“关于报批整顿、合并信托投资公司并组建证券公司的方案”，并以此向人总行报批。人总行于1999年12月28日，以银办函〔1999〕667号“关于甘肃省整顿信托投资公司方案的复函”，同意了省政府整顿方案。2000年1月20日，人总行又以银办发〔2000〕20号“关于甘肃省四家信托投资公司与所避税证券部分业的复函”，同意四家信托公司与所属证券部分业，具体方案报证监会审批。2000年11月13日，证监会以证监机构字〔2000〕162号“关于同意组建华龙证券有限责任公司并增资扩股的批复”。同意甘肃省政府以四家信托公司所属证券营业部联合组建华龙证券公司并增资扩股的方案。

根据国务院、人总行、证监会的上述文件，甘肃省政府〔1999〕23号文件是政府的行政行为应是可以认定的。在该文件第2条“整顿、合并信托投资公司并组建证券公司的方案”中，明确规定了对原四家信托投资公司按分业经营的原则，划分信托类和证券类资产，取消原公司各自法人资格，将原信托投资公司出资者转为合并组建的信托投资公司和证券公司的股东，通过增资扩股组建注册资金分别为各5亿元的甘肃信托投资公司、华龙证券公司；在该文件第3条“主要措施”的第2项清偿债务中，明确规定了对四家信托投资公司留存的债权债务分别由合并组建后的信托公司和证券公司承接。正是根据上述一系列的行政行为，原兰州信托的资产被划分到甘肃省信托公司和华龙证券公司。

从证监会证监机构字〔2000〕261 号“关于同意组建华龙证券有限责任公司并增资扩股的批复”中，可以得知甘肃省政府是以甘政函〔2000〕16 号《关于申请组建华龙证券有限责任公司的函》、甘政函〔2000〕111 号《关于申请批准成立华龙证券有限责任公司的函》的形式报经证监会批复同意的。在该批复中，列出了华龙证券公司除了接收甘肃省四家信托公司证券营业部的资产以外，还会现甘肃省财政厅、甘肃省电力建设投资开发公司、酒泉钢铁（集团）有限责任公司、深圳市怡泉投资有限责任公司、酒钢集团宏昌机械制造有限公司、永登水泥厂、甘肃皇台酒业有限公司等 7 家新的股东共出资 54588 万元，共同组建了华龙证券公司。

华龙证券公司接收兰州信托 5 家营业部资产，是根据政府的行政行为而取得，更重要的是华龙证券公司是根据上述行政行为增资扩股而成立的。所以，原兰州信托的担保债权人诉语汇华龙证券公司承担民事责任，从根本上讲不能逾越上述一系列的行政行为。

——沙玲：《信托投资公司与证券公司分业经营前的债务应如何划分——中国工商银行兰州市金城支行诉兰州华龙证券有限责任公司、兰州市信托投资公司等借款担保合同纠纷案所涉信托公司与证券公司分业经营前无约定债务分业后应如何划分的研究》，载最高人民法院民事审判第二庭编：《民商事审判指导》总第 6 辑，人民法院出版社 2004 年版，第 212～226 页。

编者说明

上述案件是在根据国务院国发〔1995〕11 号文件精神进行的信托投资公司撤、并、转、关中形成的案件，根据《中国人民银行关于中国工商银行等四家银行与所属信托投资公司脱钩的意见》，银行与信托投资公司实行分业管理，在机构、资金、财政、业务、人事、行政等方面彻底脱钩，不再保持隶属关系或者挂靠关系，在这一过程中产生了一系列的纠纷，其中包括一些转嫁债务的纠纷。最高人民法院在二审审结的一系列案件中，以务实的态度阐明了对此类纠纷案件进行裁判的思路。

十六、公司解散与公司清算

369

审理公司清算案件中权利人的保护

关键词 | 公司清算 |

【最高人民法院司法政策】

要依法审理好公司清算案件。要按照公司法及其司法解释的规定,积极稳妥受理公司清算案件,平等维护债权人和股东合法权益,强化投资者的清算义务,依法追究怠于履行清算义务侵害债权人利益的投资者的民事责任,保障市场主体退出过程规范有序,促进市场法治环境的不断优化。

——《最高人民法院印发〈关于为维护国家金融安全和经济全面协调可持续发展提供司法保障和法律服务的若干意见〉的通知》(2008 年 12 月 3 日,法发〔2008〕38 号)

370

判断企业法人资格存续与否,应以工商行政管理机关是否注销其法人资格为标准

关键词 | 企业法人资格 | 注销 |

【《最高人民法院公报》案例】

重庆台华房地产开发有限公司与重庆晨光实业发展(集团)有限责任公司、重庆晨光百货有限责任公司、重庆晨光大酒店有限责任公司房屋搬迁纠纷案[最高人民法院(2005)民一终字第 57 号民事裁定书]

裁判摘要:吊销企业法人营业执照是工商行政管理机关依据国家工商行政法规对违法企业法人作出的行政处罚。企业法人被吊销营业执照后应当依法进

行清算，清算程序结束并办理工商注销登记后，该企业法人才归于消灭。判断企业法人资格存续与否，应当以工商行政管理机关是否注销其法人资格为标准，只要该企业尚未被注销，即使被吊销营业执照，仍具有法人资格，仍具有诉讼的权利能力和行为能力，有权以自己的名义进行诉讼活动。

最高人民法院认为：关于台华公司是否具备本案原告的诉讼主体资格。台华公司系于1992年10月22日依法注册成立的企业法人，当时台华公司的董事长即法定代表人为鲍扬波。后台华公司于1994年6月14日将董事长变更为吴胜刚至今。2001年12月18日，市工商局以台华公司未依法进行年检为由，吊销台华公司的企业法人营业执照，但并未注销台华公司。台华公司作为一个独立的企业法人，其法人资格存续与否应以工商行政管理机关是否已经注销其法人资格为标准。尽管按照《合营合同》的约定，台华公司的合营期限已满，但只要其未被注销就不能否定其仍具有法人资格。吊销企业法人营业执照是工商行政管理机关依据国家工商行政法规对违法的企业法人作出的一种行政处罚。企业法人被吊销营业执照后，应当依法进行清算，清算程序结束并办理工商注销登记后，该企业法人才归于消灭。企业法人被吊销营业执照至其被注销登记前，该企业法人仍应视为存续，可以自己的名义进行诉讼活动。故台华公司在被吊销营业执照后，仍然具有诉讼的权利能力和行为能力，有权以自己的名义提起民事诉讼。台华公司没有成立清算组织，不应成为限制其参与民事诉讼的理由。

——《最高人民法院公报》2006年第10期

编者说明

《民法总则》第七十二条再次明确规定，清算期间法人存续，只是不得从事与清算无关的活动。

371

“业务标志”的注销并非企业法人资格的注销

关键词 | 注销 | 企业法人资格 |

【最高人民法院裁判文书】

天津惠亨贸易有限公司与天津开发区腾宇置业有限公司、天津江胜建设发展有限公司确认合同效力纠纷案[最高人民法院(2016)最高法民申2198号民事裁定书]

最高人民法院认为:

(一)关于腾宇公司的诉讼主体资格

腾宇公司在一、二审期间未能提交营业执照副本及组织机构代码证。一审法院依职权到工商行政主管部门进行了调查,所调取的工商登记资料显示,腾宇公司存在"注册升号"的情形,即自1996年4月25日成立时起至1999年3月10日工商登记注册号为"23880491",1999年3月10日后为"19-06763",原号23880491依工商部门行政管理程序办理了注销手续。腾宇公司在2000年因未参加上一年度年检,被工商行政主管部门吊销营业执照。企业法人被吊销营业执照后,应当依法进行清算,清算程序结束并办理工商注销登记后,该企业法人才归于消灭。企业法人被吊销营业执照后至被注销登记前,该企业法人仍存续,可以自己的名义进行诉讼活动。一、二审法院认定腾宇公司具有诉讼主体资格正确。

惠亨公司在再审申请中提供天津市工商行政管理局档案馆于2016年6月23日、7月1日、8月19日出具的三份《市场主体基本信息》和天津市滨海新区市场和质量监督管理局于2016年7月1日出具的《依申请公开信息告知书》,拟证明腾宇公司已经注销,不具有法人资格。上述三份《市场主体基本信息》载明腾宇公司的基本信息,包括:"业务标志:注销1999-03-10";"年检情况:2011年度未检2012年度未检"等。从上述年检等情况的记载看,上述"业务标志"的注销并非企业法人资格的注销,这与一、二审法院查明腾宇公司1999年3月10日原工商登记注册号注销后"注册升号"的事实相吻合。上述《依申请公开信息告知书》载明:注册号为23880491的腾宇公司于1996年7月2日申领企业法人代码证书;注册号为19-06763的腾宇公司未办理企业法人代码证书,相关记录不存在。该《依申请公开信息告知书》没有关于腾宇公司是否注销的信息,不能证明腾宇公司的企业法人资格已经注销。惠亨公司提供上述新的证据,并不能推翻一、二审判决对腾宇公司存续状况和诉讼主体资格的认定。

——中国裁判文书网,http://wenshu.court.gov.cn。

372

撤销公司登记无溯及效力，不能以此否定公司被撤销登记之前民事行为的效力

关键词｜撤销公司登记｜溯及力｜

【最高人民法院裁判文书】

西安东鹏防伪新技术有限公司清算组诉咸阳市广播电视局合作合同纠纷案［最高人民法院（2002）民二终字第230号民事判决书］

最高人民法院认为：公司设立中的出资行为属于公司投资人行为，公司成立以后，公司股东应对出资不实负有相应的法律责任。为维护交易安全和经济秩序的稳定，公司在取得登记以后又被撤销的，其撤销的效力没有溯及力，不影响公司在被撤销之前与第三人发生的民事权利义务关系。

——最高人民法院民事审判第二庭编：《民商事审判指导》总第5辑，人民法院出版社2004年版，第128～142页。

【链接：最高人民法院法官著述】

公司依法被撤销登记后，其此前的民事行为的效力应如何认定。我们认为，撤销公司登记是行政处罚的一种，行政处罚一般不应成为否定民事行为效力的依据，作为行政处罚撤销公司登记没有溯及力。根据《公司法（2005）》第一百八十一条第一款第（四）项的规定，撤销公司登记是公司解散的法定事由之一，公司被依法撤销登记后，应当进行清算，清算程序结束并办理工商注销登记后，该企业法人才归于消灭。因此，撤销公司登记无溯及效力，不能以此为理由否定公司被撤销登记之前的民事行为的效力。

——本书研究组：《撤销公司登记无溯及效力，不能以此为理由否定公司被撤销登记之前的民事行为的效力》，载最高人民法院民事审判第一庭编：《民事审判指导与参考》总第46辑，人民法院出版社2011年版，第246～247页。

373

公司歇业、撤销或被吊销营业执照后的诉讼主体资格

关键词｜公司歇业｜公司撤销｜吊销营业执照｜诉讼主体资格｜

【最高人民法院司法政策】

第一，诉讼主体的确认。企业在歇业、被撤销或被吊销营业执照后，是否可以作为诉讼主体参加诉讼，应当根据不同情况区别对待：其一，对企业歇业情形下的处理。如果企业成立清算组负责清理债权债务的，可以清算组为诉讼主体；如果企业歇业后完成注销登记，但未成立清算组的，可以清算主体为诉讼主体；如果企业歇业后，既未办理注销登记，又未成立清算组的，可以歇业企业及清算主体为共同诉讼主体。其二，对企业被其主管部门或开办单位撤销情形下的处理。如果已经成立相应的清算组，可以清算组为诉讼主体；如果没有成立清算组，则可以清算主体为诉讼主体。其三，对企业被吊销营业执照情况下的处理。鉴于确定诉讼主体的目的主要在于明确民事诉讼权利义务的承担者，故而在法律原则范围内应当尽量避免司法行为与行政行为之间不必要的冲突。应当注意的是，无论在企业歇业、被撤销或被吊销营业执照情形中，如果存在多个清算主体的，均应成为共同诉讼主体。

第二，清算主体的认定。由于将企业因歇业、被撤销或被吊销营业执照情形中的清算主体确定为诉讼主体，因此对于不同性质的企业如何确定其清算主体就成为诉讼程序的关键。依照各国通例，股东和董事会负有在企业终止后清算企业债权债务的责任并被确定为企业基本的清算主体。依据我国《公司法(1999)》第一百九十一条和第一百九十二条以及有关法律法规的规定，我们认为，清算主体应是企业的股东或具有股东性质的开办单位、上级主管部门。具体而言，国有企业的清算主体是其上级主管部门；集体企业的清算主体是其开办单位；联营企业的清算主体是其联营各方；有限责任公司的清算主体是其全体股东；股份有限公司的清算主体是其控股股东。

——李国光：《认清形势，提高认识，努力实践公正与效率世纪主题，开拓民商事审判工作新局面——在全国法院民商事审判工作会议上的讲话》(2001年11月13日)，载李国光主编、最高人民法院民事审判第二庭编：《民商审判指导与参考》总第1卷，人民法院出版社2002年版，第20～21页。

【最高人民法院答复】

辽宁省高级人民法院：

你院《关于企业法人营业执照被吊销后，其民事诉讼地位如何确定的请示》收悉。经研究，答复如下：

吊销企业法人营业执照，是工商行政管理机关依据国家工商行政法规对违法的企业法人作出的一种行政处罚。企业法人被吊销营业执照后，应当依法进行清算，清算程序结束并办理工商注销登记后，该企业法人才归于消灭。因此，企业法人被吊销营业执照后至被注销登记前，该企业法人仍应视为存续，可以自己的名义进行诉讼活动。如果该企业法人组成人员下落不明，无法通知参加诉讼，债权人以被吊销营业执照企业的开办单位为被告起诉的，人民法院也应予以准许。该开办单位对被吊销营业执照的企业法人，如果不存在投资不足或者转移资产逃避债务情形的，仅应作为企业清算人参加诉讼，承担清算责任。你院请示中涉及的问题，可参照上述精神办理。

此复。

——《最高人民法院关于企业法人营业执照被吊销后，其民事诉讼地位如何确定的复函》(2000 年 1 月 29 日，法经〔2000〕24 号)

甘肃省高级人民法院：

你院〔1999〕甘经终字第 193 号请示报告收悉。经研究，答复如下：

吊销企业法人营业执照，是工商行政管理局对实施违法行为的企业法人给予的一种行政处罚。根据《民法通则》第四十条、第四十六条和《企业法人登记管理条例(1996)》第三十三条的规定，企业法人营业执照被吊销后，应当由其开办单位(包括股东)或者企业组织清算组进行清算，停止清算范围外的活动。清算期间，企业民事诉讼主体资格依然存在。本案中人民法院不应以甘肃新科工贸有限责任公司(以下简称新科公司)被吊销企业法人营业执照，丧失民事诉讼主体资格为由，裁定驳回起诉。本案债务人新科公司在诉讼中被吊销企业法人营业执照后，至今未组织清算组依法进行清算，因此，债权人兰州岷山制药厂以新科公司为被告，后又要求追加该公司全体股东为被告，应当准许，追加该公司的股东为共同被告参加诉讼，承担清算责任。

——《最高人民法院关于人民法院不宜以一方当事人公司营业执照被

吊销，已丧失民事诉讼主体资格为由，裁定驳回起诉问题的复函》(2000年1月29日，法经〔2000〕23号)

【最高人民法院审判业务意见】

在司法实践中经常遇到已经歇业、撤销或被吊销了企业法人营业执照的企业，因经济纠纷被起诉到人民法院。在这种情况下，人民法院应当如何确定当事人？针对此问题，2000年1月26日经济庭庭务会对此问题进行了讨论，并形成以下意见：

一、企业歇业后的诉讼问题

庭务会讨论认为，按照我国《民法通则》第四十条的规定，法人终止应当依法进行清理，停止清理范围外的活动。按照法人理论，在清算范围内法人资格视为存续，性质属于清算法人。清算法人负责清理企业的债权债务，并起诉应诉。企业歇业无疑是法人终止的一种情形，企业歇业后应当依法进行清算应无疑义。因此，负有清算企业之责的主体(以下称清算主体)如果不尽清算之责，债权人可以起诉该清算主体，人民法院也可以判令清算主体履行清算义务。至于是否可以起诉企业的开办者、股东，则取决于企业的开办者、股东是否为清算主体。这个问题在下面还要集中谈到。综上所述，企业歇业后的诉讼问题可以总结如下：

1. 企业歇业后，如企业成立清算组负责清理债权债务的，清算组为诉讼主体，可以起诉应诉。债权人起诉歇业企业应以清算组为被告。

2. 企业歇业后，被登记主管部门注销登记，但无清算组织负责清理债权债务的，负有清算之责的主体为诉讼主体。债权人起诉歇业企业应以清算主体为被告。

3. 企业歇业后未注销登记，也无清算组织负责清理债权债务的，企业和清算主体为共同诉讼主体。债权人起诉歇业企业可以企业和清算主体为共同被告。

二、企业撤销后的诉讼问题

撤销企业是企业主管部门决定企业主动退出市场的行为。企业因撤销而注销其法人营业执照的，属于法人终止，应当办理注销登记，并对其债权债务进行清理。如企业成立有清算组清理企业的债权债务，清算组当然是诉讼主体，可以起诉应诉。如没有清算组负责清理债权债务的，清算主体为诉讼主体。在这一诉讼问题上应当与企业歇业是一致的。

讨论中认为，最高人民法院《民诉法意见》第五十一条规定："企业法人未经清算即被撤销，有清算组织的，以该清算组织为当事人；没有清算组织的，以作出撤销决定的机构为当事人。"由于可以作出撤销企业决定的机构必然是企业的上级，该机构也必然对企业的债权债务负有清算之责，因此，以清算主体为诉讼主体与《民诉法意见》第五十一条以作出撤销决定的机构为当事人的规定是一致的。

三、企业被吊销营业执照后的诉讼问题

登记主管机关吊销企业法人营业执照的行为属于对企业的行政处罚行为，企业因法人营业执照被吊销而终止，属于被动退出市场。根据《企业法人登记管理条例（1996）》第三十三条的规定："企业法人被吊销《企业法人营业执照》，登记主管机关应当收缴其公章，并将注销登记情况告知其开户银行，其债权债务由主管部门或者清算组织负责清理。"因此，被吊销营业执照的企业有清算组负责清理债权债务的，清算组为诉讼主体，可以起诉应诉，没有清算组的，清算主体（如主管部门）为诉讼主体。

四、清算主体

按照我国《公司法（1999）》第一百九十一条和第一百九十二条和有关法律法规的规定，企业的清算主体也是企业股东或有股东性质的开办者、上级主管部门。针对我国企业不同的性质，对清算主体归纳如下：

1. 国有企业。国有企业的投资主体是国家，国家是国有企业的唯一股东，其上级主管部门代表国家管理国有企业。国有企业终止后，其上级主管部门为清算主体。

2. 集体企业。集体企业的投资主体是集体组织，集体组织是集体企业的股东，我国通常称之为开办者。集体企业终止后，其开办者为清算主体。

3. 联营企业。联营企业是不同投资主体共同投资成立的，联营各方是企业股东。联营企业终止后，联营各投资主体为清算主体。与此相关，合资企业、参股企业等由多个股东，多个发起人成立的企业，各发起人都是企业终止后的清算主体。只有一个投资主体的企业，其投资主体为唯一清算主体。如子公司的清算主体是其母公司。

4. 有限责任公司。按照我国《公司法（1999）》第一百九十一条的规定，有限责任公司的清算组由股东组成，股东是清算主体。按照《公司法（1999）》该条的规定，可以理解为有限责任公司的全体股东都有在公司终止后清理公司债权债务的责任，全体股东都是清算主体，均可以起诉应诉。

5. 股份有限公司。按照《公司法（1999）》第一百九十一条的规定，股份有限公司的清算组由股东大会选定股东人选组成。因此，根据该条的规定，只有股东大会选定的股东才是清算主体,并不是全体股东都有清理公司债权债务的义务。但有一点是肯定的,清算主体不会超出股东的范围。基于此,如果股东大会不选定股东人选,清算主体不能确定,再加上起诉股份有限公司的全体股东在实践中也行不通,因此诉讼问题是个难题。针对这个问题,庭务会讨论中认为,如果股东大会不选定股东人选,可以根据《公司法》关于股东大会由董事长召集、清算组由股东大会选定股东组成的规定,确定股份有限公司的董事会为清算主体。董事会由公司的主要股东组成,是公司的常设权力机构,负有在公司终止后清理公司债权债务的责任。因此,在股东大会不选定股东人选组成清算组的情况下,董事会应当是清算主体,可以起诉应诉。另外根据《公司法(1999)》第一百九十一条的规定,在"逾期不成立清算组的情况下",人民法院有权根据债权人的申请指定清算组进行清算,因此指定清算组是人民法院的一项职权。人民法院如指定公司董事会进行清算,应当符合《公司法》的规定。

——曹士兵整理:《关于企业歇业、撤销或被吊销营业执照后的诉讼问题》,载李国光主编、最高人民法院经济审判庭编:《经济审判指导与参考》第2卷,法律出版社2000年版,第147~151页。

【《最高人民法院公报》案例】

广西北生集团有限责任公司与北海市威豪房地产开发公司、广西壮族自治区畜产进出口北海公司土地使用权转让合同纠纷案[最高人民法院(2005)民一终字第104号民事判决书]

裁判摘要:法人被依法吊销营业执照后没有进行清算,也没有办理注销登记的,不属于法人终止,依法仍享有民事诉讼的权利能力和行为能力。此类法人与他人产生合同纠纷的,应当以自己的名义参加民事诉讼。其开办单位因不是合同当事人,不具备诉讼主体资格。

最高人民法院认为:关于北海公司是否具备原告的主体资格。经查,威豪公司是由北海公司申办成立的。由于威豪公司未按规定申报工商年检,2003年11月26日,广西壮族自治区北海市工商行政管理局作出行政处罚决定书,决定吊销威豪公司的营业执照,但至今尚未成立清算组进行清算。根据《民法通则》第三十六条的规定:"法人是具有民事权利能力和民事行为能力,依法独立享有民事权利和承担民事义务的组织。法人的民事权利能力和民事行为能力,从法人成立时产生,到法人终止时消灭。"《公司登记管理条例(1994)》第三十八条规定:“经公司登记机关核准注销登记,公司终止。”威豪公司虽然系由北海公司申请开办,但被依法吊销了营业执照之后并没有进行清算,也没有办理公司的注销登记,因此威豪公司仍然享有民事诉讼的权利能力和行为能力,即有权以自己的名义参加民事诉讼。北海公司作为威豪公司的开办单位,虽然有权利和义务对威豪公司的债权债务进行清理,但在威豪公司尚未注销时,其开办单位作为当事人共同参加诉讼,没有法律依据。北海公司不是威豪公司与北生集团所签合同的缔约人,其与北生集团之间没有直接的民事法律关系。因此,一审法院认定北海公司为本案适格原告,于法无据。北生集团关于北海公司不具备本案原告的诉讼主体资格的上诉请求,应予支持。

——《最高人民法院公报》2006 年第 9 期

重庆台华房地产开发有限公司与重庆晨光实业发展(集团)有限责任公司、重庆晨光百货有限责任公司、重庆晨光大酒店有限责任公司房屋搬迁纠纷案[最高人民法院(2005)民一终字第 57 号民事裁定书]

本裁判理由与前引裁判文书基本相同(略)。

——《最高人民法院公报》2006 年第 10 期

【最高人民法院裁判文书】

中国工商银行成都市总府支行与成都金骊实业有限公司借款合同纠纷案[最高人民法院(2003)民二终字第 133 号民事判决书]

最高人民法院认为:根据《民法通则》第三十六条第二款、第四十六条的规定,法人的民事权利能力和民事行为能力,从法人成立时产生,到法人终止时消灭。企业法人终止,应当向登记机关办理注销登记并公告。法人的主体资格在登记机关办理注销登记后归于消灭。本案中,工行信托公司虽于 1996 年 10 月被中国人民银行批准撤销,但该公司的《企业法人营业执照》直至 1998 年 7 月才被登记机关核准注销,在此之前其法人资格依然存在。主管机关的撤销行为是对工行信托公司民事行为能力的一种限制,即对工行信托公司从事普通金融业务的特许主体资格进行限制,但该限制并不包括处置不良债权在内的其他民事行为能力。工行信托公司依法有权就处理原债权债务问题签订有关合同。本案协议书并不因工行信托公司被主管机关撤销而无效。

——天平法律网,http://www.tianpingfalv.com。

【链接：最高人民法院法官著述】

《最高人民法院关于企业法人营业执照被吊销后，其民事诉讼地位如何确定的复函》(法经〔2000〕24 号)规定精神，包括两种情形下参与诉讼的方式：一是一般参与诉讼方式，即企业被吊销营业执照后，可以自己的名义进行诉讼活动。该情形适用在企业只存在被吊销营业执照的较单一事实，企业没有出现发生地址变更，法人代表没有逃避债务的意思和行为，可以随时接受债权债务清理等正常情况。二是例外情形。即若存在"该企业法人组成人员下落不明，无法通知参加诉讼"的，主办单位也可以为成为被告主体，但主办单位承担责任的方式有两种：(1)开办单位对被吊销营业执照的企业法人，如果不存在投资不足或者转移资产逃避债务情形的，仅应作为企业清算人参加诉讼，承担清算责任；(2)开办单位对被吊销营业执照的企业法人，如果存在投资不足或者转移资产逃避债务情形的，应依照相关法律和司法解释的规定，在一定范围内承担偿还债务的民事责任。后种方式设定"该企业法人组成人员下落不明，无法通知参加诉讼"这一条件，解决了三个问题：使被吊销执照的企业资产能依据国家法律法规进行及时清理、清算；对主办企业的单位产生有效的约束；解决了企业可能会逃避债务，债权人不能有效、及时追索债务的困惑。

——宁晟：《企业法人营业执照被吊销后，诉讼地位如何确定——齐齐哈尔市格立非物资经销有限责任公司与齐齐哈尔市商务局一般买卖合同纠纷申请再审案》，载杜万华主编：《最高人民法院民商事案件审判指导》第 2 卷，人民法院出版社 2015 年版，第 684 ~ 686 页。

人民司法研究组认为：根据有关法律法规，以及《最高人民法院《关于企业法人营业执照被吊销后，其民事诉讼地位如何确定的复函》(法经〔2000〕24 号)函示精神，吊销企业法人营业执照是工商行政管理机关依据国家工商行政法规对违法的企业法人作出的一种行政处罚。企业法人被吊销营业执照后，应当依法进行清算，清算程序结束并办理工商注销登记后，该企业法人才归于消灭。因此，企业法人被吊销营业执照后至被注销登记前，该企业法人仍应视为存续，可以自己的名义进行诉讼活动。如果该企业法人组成人员下落不明，无法通知参加诉讼，债权人以被吊销营业执照企业的开办单位为被告起诉的，人民法院也应予以准许。该开办单位对被吊销营业执照的企业法人，如果不存在投资不足或者转移资产逃避债务情形的，仅应作为企业清算人参加诉讼，承担清算责任。

——《人民司法·应用》2010 年第 3 期

人民司法研究组认为：企业法人被吊销营业执照或者被注销后，企业法人的民事主体资格问题因为法律没有明确规定，实践中一直有争议。按照《民法通则》第四十五条、第四十六条、第四十七条和《公司法（2005）》第八章的规定来看，清算程序应当是企业法人注销或者被吊销的前置程序，只有清算结束，即企业法人债权债务处理完结以后，才可以注销并公告；不申请注销的，企业法人登记机关应当吊销营业执照并公告。企业法人被撤销的，也应当由主管机关或者人民法院组织有关机关和有关人员成立清算组织，进行清算，清算结束后注销企业。所以，企业法人被吊销营业执照或者被注销前，应当进行清算，由清算组代表企业法人行使民事权利，清算组为合格的民事诉讼主体。如果企业未经清算即被吊销营业执照或者被注销的，法人的主体资格不能认为已经消灭。企业法人仍应依法进行清算，成立清算组后，由清算组代表该企业法人参加诉讼。如果不需要清算而未成立清算组的，需要追索企业法人对外债权的，应当以该企业法人的名义来起诉。对股东以个人名义起诉的，人民法院应当告知其应以企业法人名义起诉。

——《人民司法》杂志社编：《司法信箱集》第 4 辑，人民法院出版社 2007 年版，第 191 页。

编者说明

关于企业法人歇业、撤销或被吊销营业执照后的诉讼主体资格问题，最高人民法院的主流观点主要体现在前述司法解释、答复、副院长讲话精神、经济庭庭推精要、公报案例和司法信箱上，具体来说：

在《公司法解释（二）》颁布实施之前，法院应当将企业因歇业、被撤销或被吊销营业执照情形中的清算主体确定为诉讼主体，包括三种情形：一是企业歇业，企业成立清算组清理债权债务的，以清算组为诉讼主体；企业歇业后完成注销登记，但未成立清算组的，以清算主体为诉讼主体；企业歇业后，既未办理注销登记，又未成立清算组的，以歇业企业及清算主体为共同诉讼主体。二是企业被其主管部门或开办单位撤销，已经成立清算组的，以清算组为诉讼主体；没有成立清算组的，以清算主体为诉讼主体。三是企业被吊销营业执照，有清算组负责清理债权债务的，清算组为诉讼主体；没有清算组的，清算主体（如主管部门）为诉讼主体。在清算主体的认定上，应将企业的股东或具有股东性质的开办单位、上级主管部门作为清算主体，即：国有企业的清算主体是其上级主管部门；集体企业的清算主体是其开办单位；联营企业的清算主体是其联营各方;有限责任公司的清算主体是其全体股东;股份有限公司的清算主体是其控股股东。

在《公司法解释(二)》颁布实施之后,公司出现解散事由、依法清算完毕前,有关公司的民事诉讼,仍应以公司自己的名义进行。清算期间,有关公司的民事诉讼,成立清算组的,由清算组负责人代表公司参加诉讼活动;没有成立清算组的,则仍由原法定代表人代表公司参加诉讼活动。

374

公司依法清算成立清算组的,由清算组负责人代表公司参加诉讼;尚未成立清算组的,由原法定代表人代表公司参加诉讼

关键词 | 公司清算 | 清算组 | 诉讼主体 |

【最高人民法院司法解释】

第六十四条 企业法人解散的,依法清算并注销前,以该企业法人为当事人;未依法清算即被注销的,以该企业法人的股东、发起人或者出资人为当事人。

——《最高人民法院关于适用〈中华人民共和国民事诉讼法〉的解释》(2015年1月30日,法释〔2015〕5号)

第十条 公司依法清算结束并办理注销登记前,有关公司的民事诉讼,应当以公司的名义进行。

公司成立清算组的,由清算组负责人代表公司参加诉讼;尚未成立清算组的,由原法定代表人代表公司参加诉讼。

——《最高人民法院关于适用〈中华人民共和国公司法〉若干问题的规定(二)》(2008年5月5日最高人民法院审判委员会第1447次会议通过,根据2014年2月17日最高人民法院审判委员会第1607次会议《关于修改关于适用〈中华人民共和国公司法〉若干问题的规定的决定》修正)

【最高人民法院审判业务意见】

公司解散是指引起公司人格消灭的法律事实,除公司因合并、分立需要解散的外,公司因本身不能存续的事由导致的解散是公司终止的原因和前奏,或者

说是公司终止程序的一个环节，公司解散并不立即导致公司人格的消灭，而是应当停止积极活动，进入清算程序了结公司既有的法律关系，进入最终目标为公司消灭的事实状态和法律状态。公司在清算目的范围内视为依然存续，清算中的公司与解散事由出现前的公司在法律人格上系同一民事主体。对此，公司法已经作出了明确规定。在此基础上，我们明确公司出现解散事由、依法清算完毕前，有关公司的民事诉讼，仍应以公司自己的名义进行。公司解散后依法成立的清算组取代原公司执行机关，行使清算中公司的代表及执行机关的职能，对内执行清算事务，对外代表公司了结债权债务，在清算目的范围内，与解散事由出现前公司的机关具有同等的法律地位。因此，公司出现解散事由、依法清算完毕前，有关公司的民事诉讼，成立清算组的，应当由清算组负责人代表公司参加诉讼活动；没有成立清算组的，则仍由原法定代表人代表参加诉讼活动。

——《最高人民法院民二庭负责人对〈关于适用《中华人民共和国公司法》若干问题的规定（二）〉答记者问》，载最高人民法院民事审判第二庭编著：《最高人民法院关于公司法司法解释（一）、（二）理解与适用》，人民法院出版社 2015 年版，第 21 ~ 22 页。

【最高人民法院裁判文书】

海口向海娱乐有限公司清算组与冷雪钢、刘小白等案外人执行异议之诉案［最高人民法院（2016）最高法民终 443 号民事裁定书］

最高人民法院认为：案外人执行异议程序虽然是提起执行异议诉讼的前提，但执行异议程序中对案件的实体处理以及对当事人主体资格问题的认定，对执行异议之诉程序没有约束力，执行异议之诉程序中有权重新审查确定当事人的诉讼主体资格。《公司法（2005）》第一百八十五条第一款第七项规定的清算组在清算期间“代表公司参与民事诉讼活动”，是指公司参加诉讼时以清算组作为公司的代表机关，诉讼的主体仍是公司，而不是清算组。上诉人引用该条规定认为“以清算组起诉即是代表企业法人起诉”，系对法律的误读。对此，2008 年 5 月 19 日起施行的《公司法解释（二）》第十条进一步明确规定：“公司依法清算结束并办理注销登记前，有关公司的民事诉讼，应当以公司的名义进行。公司成立清算组的，由清算组负责人代表公司参加诉讼。尚未成立清算组的，由法定代表人代表公司参加诉讼。”本案诉讼前施行的《民诉法意见》第六十四条的规定与上述法律和司法解释的规定是一致的。一审法院适用《民诉法意见》第六十四条的规定,认定海口向海公司清算组的诉讼主体资格不适格,并不存在法律适用方面的错误。海口向海公司于2000年被吊销营业执照,如果此后未经注销或重新注册成立,也未发生更名为文昌向海公司和地址迁移到文昌的事实,则仍应在清算的范围内继续存在,应以公司的名义主张权利和参加诉讼。如涉及营业执照和印章丢失的问题,应先向有关部门寻求救济。

——中国裁判文书网,http://wenshu.court.gov.cn。

海南香江德福大酒楼、海南香江实业有限公司清算组与海口市国土资源局建设用地使用权出让合同纠纷案[最高人民法院(2015)民一终字第83号民事裁定书]

最高人民法院认为:《公司法解释(二)》第十条规定:"公司依法清算结束并办理注销登记前,有关公司的民事诉讼,应当以公司的名义进行。公司成立清算组的,由清算组负责人代表公司参加诉讼;尚未成立清算组的,由原法定代表人代表公司参加诉讼。"企业法人主体资格终止的时间节点为其在工商行政管理机关进行注销登记之时。在企业法人清算期间但尚未注销前,企业法人主体资格继续存在,相关的诉讼活动,应当以企业法人名义进行。《公司法》第一百八十四条规定:"清算组在清算期间行使下列职权:……(七)代表公司参与民事诉讼活动。"《公司法解释(二)》第十条对此进一步明确:在企业成立清算组的情况下,由清算组负责人代表公司进行诉讼。2015年2月4日公布实施的《民诉法解释》第六十四条亦对此做出规定:"企业法人解散的,依法清算并注销前,以该企业法人为当事人;未依法清算即被注销的,以该企业法人的股东、发起人或者出资人为当事人。"本案中,香江公司成立清算组对公司债权债务进行清算,但未办理注销登记,依照前述规定,应当以香江公司作为诉讼当事人,由香江公司清算组负责人代表公司参加诉讼。原审裁定关于香江公司清算组作为诉讼主体不适格的认定正确。因香江公司清算组无法提供盖有香江公司公章的诉讼主体变更申请书,原审裁定在列明香江公司清算组为原审原告的同时,以其诉讼主体不适格作为驳回其起诉的理由之一,并无不当。香江酒楼、香江公司清算组上诉理由中对《公司法解释(二)》第十条及《公司法》第一百八十四条之规定理解有误。而《民通意见(试行)》第六十条规定与前述相关新司法解释的规定不尽一致,按照新的规定优先于旧的规定的一般法律适用原则,应当优先适用前述新司法解释的规定,并据此认定香江公司清算组诉讼主体不适格。故香江酒楼、香江公司清算组此节上诉理由不成立,本院不予支持。

——中国裁判文书网,http://wenshu.court.gov.cn。

375

公司被吊销营业执照后设立的留守处负责人在贷款核对单上签字是否表明公司对贷款本息数额的重新确认，应当综合分析认定

关键词｜吊销营业执照｜留守处｜

【最高人民法院裁判文书】

七台河市区农村信用合作联社红旗信用社与七台河市鹿山煤炭集团有限公司金融借款合同纠纷案［最高人民法院（2013）民二终字第14号民事判决书］

最高人民法院认为：本案争议的问题是，鹿山集团公司留守处负责人在该贷款核对单上签字的行为是否表明鹿山集团公司对于182586983.49元债务的重新确认。本院认为，该问题应当根据鹿山集团公司留守处的法律地位、留守处负责人的职责权限以及该贷款核对单的形成过程等因素综合分析认定。

根据本案查明的事实，鹿山集团公司被吊销营业执照后设立留守处负责协调解决鹿山集团公司因国企改制遗留的信访和稳控工作，负责企业生产经营期间历史遗留问题的调查和解释工作。王全才为鹿山集团公司留守处主任，负责留守处的日常管理工作。2011年5月19日，王全才持介绍信和身份证复印件前往红旗信用社，介绍信和身份证复印件明确载明为“核对双方贷款账目”所用，据此应当认为双方形成2011年贷款核对单具有明确的核对双方债权债务数额之目的。在此情况下，债务人应当对贷款核对单的法律意义和后果有明确认知，即债务人签字意味着对贷款核对单载明的债务数额的确认。综合考虑鹿山集团公司留守处负责人的职责权限以及2011年贷款核对单的形成过程，应当认为鹿山集团公司留守处负责人在贷款核对单上签字的行为系职务行为，行为后果应由鹿山集团公司承担，即鹿山集团公司应当对2011年贷款核对单载明的债务承担偿还责任。故红旗信用社上诉所称鹿山集团公司对于2011年贷款核对单载明的本金、利息数额予以重新确认的理由有事实依据，本院予以支持。原审判决仅以2011年贷款核对单解决本案债权的诉讼时效问题，而未认定双方当事人已经在诉讼过程中对债权债务数额予以重新确认的事实，导致判决结果不当，本院予以纠正。

——中国裁判文书网，http://wenshu.court.gov.cn。

376

公司歇业、撤销或被吊销营业执照后清算主体的法律责任

关键词 | 清算主体 |

【最高人民法院司法政策】

由于清算主体在清理企业的债权债务过程中的主要职能和义务,就是尽量保全企业的财产,采取合法的措施回收企业的对外债权,从而实现企业财产的保值甚至增值;加之,清算责任是我国《民法通则》《公司法》和《企业法》直接规定的法律责任,因此,如果清算主体不履行清算义务而实际损害了企业债权人的合法权益,人民法院可以判令其在限定期限内承担清算责任,以被清算企业财产为限对该企业的债务承担清偿责任。此外,根据法人制度原则,虽然对于歇业、被撤销或被吊销营业执照情形下的企业债务,清算主体不应以其自己的财产承担清偿责任,但是如果清算主体在人民法院限定的期限内不尽清算责任,造成企业财产毁损、灭失、贬值,甚至私分企业财产,致使债权人的债权受到实际损失的,则无疑对债权人构成侵权,应对债权人因此产生的损失承担侵权赔偿责任。

——李国光:《认清形势,提高认识,努力实践公正与效率世纪主题,开拓民商事审判工作新局面——在全国法院民商事审判工作会议上的讲话》(2001 年 11 月 13 日),载李国光主编、最高人民法院民事审判第二庭编:《民商审判指导与参考》总第 1 卷,人民法院出版社 2002 年版,第 21 页。

【最高人民法院审判业务意见】

鉴于清算主体的法律责任问题在经济审判中经常遇到,且属于疑难问题,2000 年 7 月 11 日最高人民法院经济庭庭务会专门对此问题进行了研究。现将研究的内容分述如下。

对于清算主体在企业歇业、撤销或被吊销营业执照后,不尽清算责任,债权人向人民法院起诉的,清算主体或清算主体和企业(限于未注销的企业)为共同被告。人民法院可以结合债权人的诉讼请求,判令清算主体承担相应的法律责任。在现行的法律背景下,根据案件的具体情况,人民法院可以判令清算主体承担的法律责任大体有以下几种类型:

一、清算责任，即在企业终止后清理企业的债权债务的责任。清算责任以保护企业的合法权益，保护债权人的权益为出发点，而不是为了甩包袱，因此，负有清算责任的清算主体在清理企业的债权债务过程中，要尽量保全企业的财产，采取合法的措施回收企业的在外债权，实现企业的财产保值，甚至增值。正当的清算程序可以有效地保护债权人的利益，并维护清算主体作为企业开办人的商业信誉。如果清算主体不尽清算责任，任凭开办的企业歇业、注销或被吊销营业执照而不采取措施进行清理，保护企业的权益，甚至私分企业的财产，即实际损害了企业债权人的合法权益。债权人起诉清算主体要求清算主体承担清算责任的，人民法院应当予以支持，判令清算主体在限定期限内依照《民法通则》《公司法》的规定，对企业进行清算。清算责任是我国《民法通则》《公司法》规定的法律责任，责任的来源是法律的直接规定，对所有不尽清算责任的清算主体，人民法院均可以根据债权人的起诉，援引法律的规定径行判决。

二、不尽清算之责对债权人的赔偿责任。当清算主体在人民法院判决限定的时间内不尽清算责任，或在企业歇业、被吊销营业执照后的长时间内不清理企业，造成企业财产流失、贬值，甚至私分企业的财产，致使债权人的债权受到实际损失的，清算主体应当承担对债权人的赔偿责任。清算主体不尽清算之责对债权人的赔偿责任，性质上属于侵权责任，在责任构成上，有四个要件：1. 清算主体不尽清算责任；2. 企业财产流失、贬值，甚至被私分；3. 造成债权人实际损失；4. 债权人的损失与清算主体不尽清算责任之间存在因果关系。至于清算主体承担的责任范围，在讨论中有两种意见：一是主张承担企业全部的债务；二是主张对积极损害债权人权益行为和消极（不作为）损害债权人权益的行为造成的损失承担责任。第一种意见责任范围容易确定，但与法人有限责任以及侵权责任的构成存在冲突；第二种意见在责任范围的确定上复杂些，需要证据证明侵权责任的范围，但与法人的有限责任不冲突，且严格按照侵权责任的构成要求，该意见在讨论中为多数意见。

清算主体不尽清算之责对债权人的赔偿责任，性质上属于侵权责任，人民法院在裁判中可依据《民法通则》关于法人终止应当清理债权债务的规定和关于侵权责任的规定。另外，人民法院也可以参照《企业破产法（试行）》关于破产清算人的赔偿责任的思路……破产清算人与清算主体的共同点是均对企业负有清算责任，前者受法院指定而产生，后者因与企业有所有关系和经营管理关系而产生，前者违反义务在造成债权人损失时要承担责任，后者作为企业的所有者或经营管理者违反义务更应当承担责任。

三、投资不足的补偿责任。清算主体是企业的开办者，具有实际上或名义上（仅指国有企业的主管部门）的股东地位，当清算主体存在对所开办的企业投资不足的情况，人民法院可以判令清算主体补足投资。这是清算主体的补偿责任。人民法院判令清算主体补足投资，是依据作为股东的清算主体违反其在开办企业时的投资承诺，因而补偿责任具有违约责任的性质。另外，我国法律和相关司法解释均规定开办单位投资不足应当进行补足，因此，清算主体的补偿责任也同时具有法定责任的性质。人民法院在清算主体投资不足时，可以根据上述两种思路进行审理和裁判。

四、清偿责任。在特定情况下，清算主体也不排除对企业债务应当承担直接的清偿责任。即当清算主体撤销所开办的企业，到工商行政管理部门办理注销手续，在其向工商行政管理部门要求撤销企业的申请中，承诺企业的债权债务已经清理完毕而实际上又未予清理时，清算主体应当承担对企业债务的清偿责任。在这种情况下，人民法院判令清算主体承担清偿责任是依据清算主体在给工商行政管理部门的申请中的承诺，即清算主体向工商行政管理部门承诺企业的债权债务已经清理完毕，该承诺具有对公承诺的效力，而非仅为个人的债务承担性质。由于任何人均可承诺承担任何人的债务，法律并不限制第三人主动加入到债务承担中，因此只要清算主体的承诺有对公承诺的性质，依其承诺，人民法院可以判令清算主体承担对企业债务的清偿责任。这种债务承担与法人制度和有限责任原则不冲突。该清偿责任的性质具有允诺责任的性质，是根据清算主体的对公允诺而产生的。对公允诺具有强制执行效力，人民法院可以根据该允诺进行裁判。

——曹士兵：《关于企业歇业、撤销或被吊销营业执照后清算主体的法律责任问题》，载李国光主编、最高人民法院经济审判庭编：《经济审判指导与参考》第3卷，法律出版社2000年版，第97～101页。

【最高人民法院裁判文书】

中国农业银行新疆维吾尔自治区分行营业部与乌鲁木齐市公安局、乌鲁木齐市保安服务公司、乌鲁木齐市公安局公共交通治安分局借款合同纠纷上诉案［最高人民法院（2001）民二终字第182号民事判决书］

最高人民法院认为：恒安工贸公司在工商管理部门办理注销手续时，其开办单位治安分局在企业的人员安置、设备、设施、物资、债务等处理情况栏内载明

“企业的人员、设备、设施、物资一并归入保安公司。债权债务由治安分局承担”。并提交了恒安移动公司和恒安工贸公司价值29537855.51元的财产清单备案，包括恒安移动公司价值为28757894.90元的财产和恒安工贸公司价值为779960.61元的财产。上述财产由治安分局和保安公司接收。因治安分局系乌市公安局的下属职能分局，不具备独立法人资格，根据《关于审理军队、武警部队、政法机关移交、撤销企业与党政机关脱钩企业相关纠纷案件若干问题的规定》第七条规定，乌市公安局和保安公司在其接收财产范围即29537855.51元内对恒安工贸公司15000000元借款本息承担偿还责任。鉴于治安分局和保安公司在恒安工贸公司注销时所接收的恒安工贸公司和恒安移动公司的财产系账面金额，并未经过评估，故乌市公安局和保安公司承担偿还责任时应首先以接收的实物偿还，实物不能偿还时，应以相应的价款偿还。

——李国光主编、最高人民法院民事审判第二庭编：《民商审判指导与参考》总第2卷，人民法院出版社2003年版，第235～244页。

编者说明

关于企业法人歇业、撤销或被吊销营业执照后清算主体的法律责任问题，最高人民法院的主流观点主要体现在前述司法解释、李国光副院长的讲话精神和经济庭庭推精要上，具体来说：

在《公司法解释（二）》颁布实施之前，法院可以判令清算主体承担的法律责任包括四种类型：一是清算责任，即在企业终止后清理企业的债权债务的责任。二是不尽清算职责对债权人的赔偿责任，即清算主体不尽清算职责造成债权人实际损失的，应承担赔偿责任，这种赔偿责任具有侵权责任的性质。三是投资不足的补偿责任，即依据作为股东的清算主体违反其在开办企业时的投资承诺，判令其补足投资，这种补偿责任具有违约责任的性质。四是清偿责任，即清算主体在工商部门办理注销所开办企业的手续时，承诺企业的债权债务已经清理完毕，但实际上又未予清理时，清算主体应当承担对企业债务的清偿责任，这种清偿责任具有允诺责任的性质。

在《公司法解释（二）》颁布实施之后，根据《公司法》的规定，有限责任公司的股东和股份有限公司的董事、控股股东应为公司解散后的清算义务人。清算义务人可能承担以下四种责任：一是不作为的侵权民事责任，即未在法定期限内成立清算组开始清算，导致公司财产贬值、流失、毁损或者灭失的，应在造成损失范围内对公司债务承担赔偿责任；因怠于履行义务，导致公司主要财产、账册、重要文件等灭失，无法进行清算，则应对公司债务承担连带清偿责任。二是作为的侵权民事责任，即在公司解散后，恶意处置公司财产给债权人造成损失，或者未经依法清算，以虚假的清算报告骗取公司登记机关办理法人注销登记的，应对公司债务承担相应的赔偿责任。三是未经清算注销的民事责任,即公司未经清算即办理注销登记,导致公司无法进行清算的,应对公司债务承担清偿责任;公司未经依法清算即办理注销登记,股东或者第三人在公司登记机关办理注销登记时承诺对公司债务承担责任的,股东或者第三人应承担相应的民事责任。四是未缴出资的民事责任,即公司解散时,公司财产不足以清偿债务,未缴出资股东、公司设立时的其他股东或者发起人在未缴出资范围内应对公司债务承担连带清偿责任。此外,清算组成员从事清算事务时,违反法律、行政法规或者公司章程给公司或者债权人造成损失的,也应当承担相应的赔偿责任。

377

公司清算义务人应当依法履行清算义务，不能以其不是实际控制人或者未实际参加公司经营管理为由要求免除

关键词 | 公司清算义务人 | 免除清算义务 |

【最高人民法院指导性案例】

上海存亮贸易有限公司诉蒋志东、王卫明等买卖合同纠纷案(最高人民法院指导案例9号)

裁判要点:有限责任公司的股东、股份有限公司的董事和控股股东,应当依法在公司被吊销营业执照后履行清算义务,不能以其不是实际控制人或者未实际参加公司经营管理为由,免除清算义务。

法院生效裁判认为:存亮公司按约供货后,拓恒公司未能按约付清货款,应当承担相应的付款责任及违约责任。房恒福、蒋志东和王卫明作为拓恒公司的股东,应在拓恒公司被吊销营业执照后及时组织清算。因房恒福、蒋志东和王卫明怠于履行清算义务,导致拓恒公司的主要财产、账册等均已灭失,无法进行清算,房恒福、蒋志东和王卫明怠于履行清算义务的行为,违反了公司法及其司法解释的相关规定,应当对拓恒公司的债务承担连带清偿责任。拓恒公司作为有限责任公司,其全体股东在法律上应一体成为公司的清算义务人。公司法及其相关司法解释并未规定蒋志东、王卫明所辩称的例外条款,因此无论蒋志东、王卫明在拓恒公司中所占的股份为多少,是否实际参与了公司的经营管理,两人在拓恒公司被吊销营业执照后,都有义务在法定期限内依法对拓恒公司进行清算。

关于蒋志东、王卫明辩称拓恒公司在被吊销营业执照前已背负大量债务,即

使其怠于履行清算义务，也与拓恒公司财产灭失之间没有关联性。根据查明的事实，拓恒公司在其他案件中因无财产可供执行被中止执行的情况，只能证明人民法院在执行中未查找到拓恒公司的财产，不能证明拓恒公司的财产在被吊销营业执照前已全部灭失。拓恒公司的三名股东怠于履行清算义务与拓恒公司的财产、账册灭失之间具有因果联系，蒋志东、王卫明的该项抗辩理由不成立。蒋志东、王卫明委托律师进行清算的委托代理合同及律师的证明，仅能证明蒋志东、王卫明欲对拓恒公司进行清算，但事实上对拓恒公司的清算并未进行。据此，不能认定蒋志东、王卫明依法履行了清算义务，故对蒋志东、王卫明的该项抗辩理由不予采纳。

——《最高人民法院关于发布第三批指导性案例的通知》（2012年9月18日，法〔2012〕227号）

【链接：最高人民法院法官著述】

2. 实际控制人不是法定的清算义务人。

理论上公司控制权掌握在董事会和控股股东手里，但是在现代商业环境下，非股东以及董事在幕后对公司加以控制的情形屡见不鲜。为了回应现实，各国都对公司实际控制人做出了界定。根据《公司法（2005）》第二百一十七条第（三）项的规定，实际控制人是指虽不是公司的股东，但通过投资关系、协议或者其他安排，能够实际支配公司行为的人。

公司实际控制人虽然不是公司的股东，不能直接参与公司的经营管理决策，但是通过投资关系、协议以及其他关联关系，能够影响甚至决定公司的经营管理。根据《公司法（2005）》第二十一条的规定，公司实际控制人利用关联关系损害公司利益，给公司造成损失的，应当承担赔偿责任。据此，公司解散后，如果实际控制人利用其控制地位，导致公司不能在法定期间内组成清算组依法对公司进行清算，造成公司财产损失或者无法清算的，根据公司法的规定和侵权责任理论，应当承担相应的民事责任。但是应当明确的是实际控制人不是法定清算义务人，因为公司实际控制人在公司解散后没有对公司组织清算的直接法定义务。虽然实际控制人能够通过关联关系等方式控制公司的经营和管理，但公司解散后，如果实际控制人没有利用其对公司的控制力或者影响造成公司未依法进行清算的后果，则不应承担民事责任。从另一个角度来看，实际控制人一般需经司法或行政认定才能被确定，也就是说实际控制人是被司法机关或相关行政部门认定的结果,与有限责任公司的股东、股份有限公司的董事和控股股东的确定性和容易直接认定不同。可以说,有限责任公司的股东、股份有限公司的董事和控股股东在公司解散后承担的是积极作为的清算义务,而实际控制人在公司解散后承担的则是消极的不作为义务,只要其没有阻止公司进行清算的行为,或者其行为并未造成公司未依法组织清算或无法清算的后果,就不承担民事责任。目前有观点将实际控制人也归入法定清算义务人一类,理解上有所偏颇,本案的裁判要点实际上也是对这一问题的进一步澄清。

……

(四)关于对未实际参加公司经营管理的理解

实践中,有些有限责任公司的股东、股份有限公司的董事和控股股东以未实际参加公司经营管理为由,要求免除清算义务,不承担怠于清算的赔偿责任。上文关于有限责任公司的股东、股份有限公司的董事和控股股东的清算义务人地位中已有论述,之所以确定有限责任公司的股东、股份有限公司的董事和控股股东为法定的清算义务人,已经充分考虑了该三种主体对公司经营管理决策的支配地位。目前,由于职业经理人的发达,越来越多的有限责任公司的股东、股份有限公司的董事和控股股东已经不参与实际的经营管理,实际的经营管理大多由公司的高级管理人员完成,其仅在公司重大决策、选举董事等方面拥有控制权,也就是说更多的是控制公司而不是管理公司。正是其这种控制公司的权利,才使其可以怠于履行清算义务,因此,对于法定清算义务人来说,其清算义务的承担不以其是否实际参加公司经营管理为必要条件。这也是本案例裁判要点强调的另一个重点所在。在本案例中,即使蒋志东和王卫明从未参与过公司经营管理,因其是该有限责任公司的股东,负有在公司被依法吊销营业执照之日起15日内组织清算的法定义务,其并未履行该义务,在有实际控制人原因不能清算的情况下,也未及时向人民法院申请对公司进行清算,其当然应当承担相应的民事责任。

——最高人民法院案例指导工作办公室:《指导案例9号〈上海存亮贸易有限公司诉蒋志东、王卫明等买卖合同纠纷案〉的理解与参照》,载江必新主编:《最高人民法院司法解释与指导性案例理解与适用》第1卷,人民法院出版社2013年版,第622~630页。

编者说明

该案例旨在为如何认定公司的清算义务人提供指导,明确了有限责任公司的股东、股份有限公司的董事和控股股东，不能以其不是实际控制人或者未实际参加公司经营管理为由，免除清算义务。目前，大量存在公司解散后应当清算而不清算，甚至故意借解散之机逃废债务的情形，严重损害债权人利益并危害市场经济秩序。《公司法》第二十条对股东滥用权利的责任作出了规定，《公司法解释（二）》第十八条对股东怠于履行清算义务所导致的侵权民事责任作出了规定。审判实践中，有的有限责任公司的股东、股份有限公司的董事和控股股东，以不是实际控制人或者未参加实际经营管理为由进行抗辩，各地对此认识不一，处理也不尽一致。该案例确定的法律适用标准，对于构建合理有序的公司清算程序有良好的示范意义，且可以督促小股东在大股东不积极履行清算义务的情况下依法申请人民法院对公司进行清算，对于保护债权人利益、倡导诚实守信经营、形成良好的市场经济秩序，具有重要意义。

378

转让股权但未办理工商变更登记，不能对抗第三人，转让人仍应承担公司清算义务

关键词｜股权转让｜变更登记｜对抗第三人｜清算义务｜

【最高人民法院裁判文书】

邢台轧辊异型辊有限公司与李桂芬、李荣丰清算责任纠纷申请再审案［最高人民法院（2015）民申字第1416号民事裁定书］

最高人民法院认为：本案再审中争议焦点为李桂芬是否应当承担清算赔偿责任。《公司法》第三十二条第三款规定：“公司应当将股东的姓名或者名称向公司登记机关登记；登记事项发生变更的，应当办理变更登记。未经登记或者变更登记的，不得对抗第三人。”本案中李荣丰与李桂芬是华丰公司股东，虽然两人签订股权转让协议，李桂芬将所持有的华丰公司50%股权转让给李荣丰，但并未在工商登记机关办理股权转让和股东变更登记，因此华丰公司的股权变更不能对抗债权人轧辊公司。对于轧辊公司而言，李桂芬仍然具有华丰公司股东的身份，承担华丰公司股东的责任。《公司法》第一百八十三条规定：“有限责任公司的清算组由股东组成”，李桂芬作为华丰公司股东之一，承担组成清算组，依法清算的义务。《公司法解释（二）》第十一条规定：“公司清算时，清算组应当按照第的规定，将公司解散清算事宜书面通知全体已知债权人，并根据公司规模和营业地域范围在全国或者公司注册登记地省级有影响的报纸上进行公告。清

算组未按照前款规定履行通知和公告义务,导致债权人未及时申报债权而未获清偿,债权人主张清算组成员对因此造成的损失承担赔偿责任的,人民法院应依法予以支持。”本案中华丰公司清算组疏于履行公司清算时的通知和公告义务,导致债权人轧辊公司未及时申报债权,现华丰公司已注销,轧辊公司向清算组成员要求损害赔偿,原审法院支持轧辊公司的诉讼请求并无不当。

——中国裁判文书网,http://wenshu.court.gov.cn。

379

被吊销营业执照但尚未注销的公司进行债务清偿的法定程序

关键词|吊销营业执照|债务清偿|

【《最高人民法院公报》案例】

雷远城与厦门王将房地产发展有限公司、远东房地产发展有限公司财产权属纠纷案[最高人民法院(2006)民一终字第29号民事判决书]

裁判摘要:根据相关法律、法规和司法解释的规定,法人被吊销营业执照后应当依法进行清算,其债权、债务由清算组负责清理。法人被吊销营业执照后未依法进行清算的,债权人可以申请人民法院指定有关人员组成清算组进行清算。法人被吊销营业执照后没有依法进行清算,债权人也没有申请人民法院指定有关人员组成清算组进行清算,而是在诉讼过程中通过法人自认或者法人与债权人达成调解协议,在清算之前对其债权债务关系作出处理、对法人资产进行处分,损害其他债权人利益的,不符合公平原则,人民法院对此不予支持。

最高人民法院认为:关于雷远城是否为王将公司名下的王将花园项目房地产的所有权人问题。依据《城市房地产管理法》的规定,房地产权属证书是确定房地产所有权人的法定凭证。王将公司取得海沧新区01－C地块7700.24平方米的土地使用权证及王将花园(一期)项目的商品房预售许可证后,依法成为王将花园(一期)项目房地产的所有权人。雷远城在不否认王将公司取得王将花园项目讼争房地产权属证书合法性的情形下,认为其为讼争房地产实际所有权人的主张,不符合“一物一权”的物权确权原则,本院不予支持。《公司法(2005)》第一百八十四条规定,公司因被吊销营业执照而解散的,应当在解散事由出现之日起15日内成立清算组,开始清算。逾期不成立清算组进行清算的,债权人可以申请人民法院指定有关人员组成清算组进行清算。人民法院应当受理该申请,并及时组织清算组进行清算。《企业法人登记管理条例》第三十三条规定:企业法人被吊销《企业法人营业执照》,其债权债务由主管部门或者清算组织负责清理。《最高人民法院关于企业法人营业执照被吊销后,其民事诉讼地位如何确定的复函》及《最高人民法院经济审判庭关于人民法院不宜以一方当事人公司营业执照被吊销,已丧失民事诉讼主体资格为由,裁定驳回起诉问题的复函》意见表明,企业被吊销营业执照后,应当依法进行清算。企业未进行清算,债权人可以起诉企业股东或者开办单位承担清算责任。根据上述法律规定,并参照最高人民法院函复意见,王将公司被吊销营业执照后,应当启动清算程序。雷远城可以通过清算程序确认其所享有的权益,并在确认基础上履行相应义务。如王将公司及其股东远东房地产公司不履行清算义务,雷远城可依法申请人民法院组成清算组进行清算或请求判令王将公司及远东房地产公司承担清算义务。王将公司在诉讼中认可雷远城提出的全部主张,同意将王将花园房地产权属确权给雷远城。本院二审中,王将公司与雷远城主张调解,王将公司同意将王将花园项目确权给雷远城所有。王将公司上述诉讼中的自认及提出的调解意见,均是对王将花园项目房地产的处分,在其未启动清算程序,对雷远城享有权益进行确认前,对公司主要资产进行处分,不符合法律规定的债务履行程序。如果王将公司尚有其他债务,其在清算前将公司主要资产处分给雷远城,必然损害其他债权人利益,不符合公平原则,故王将公司通过自认或调解方式对公司资产进行的处分,本院均不予支持。

——《最高人民法院公报》2007年第11期

编者说明

本案主要涉及如何确定被吊销营业执照但尚未注销的企业法人清偿债务的法定程序。依照规定,企业被吊销营业执照后,应当依法进行清算,并停止清算外的活动。《最高人民法院关于企业法人营业执照被吊销后,其民事诉讼地位如何确定的复函》及《最高人民法院经济审判庭关于人民法院不宜以一方当事人公司营业执照被吊销,已丧失民事诉讼主体资格为由,裁定驳回起诉问题的复函》中明确指出,企业未进行清算,债权人可以起诉企业股东或者开办单位承担清算责任。上述法律规定及最高人民法院函复精神表明,清算是企业被吊销营业执照后,进行债务清偿的必经程序。企业进行诉讼活动,是通过诉讼明确债权债务的一种方式,以帮助企业对资产进行清算。但诉讼活动不是企业清算行为,诉讼程序亦不能等同于企业清算程序，企业通过诉讼对资产的处分因不符合停止清算外活动的规定而应予以限制。①

380

公司能否解散取决于公司是否存在僵局且符合《公司法》规定的实质条件，而不取决于公司僵局产生的原因和责任

关键词｜公司解散｜公司僵局｜

【最高人民法院司法解释】

第一条 单独或者合计持有公司全部股东表决权百分之十以上的股东，以下列事由之一提起解散公司诉讼，并符合公司法第一百八十二条规定的，人民法院应予受理：

（一）公司持续两年以上无法召开股东会或者股东大会，公司经营管理发生严重困难的；

（二）股东表决时无法达到法定或者公司章程规定的比例，持续两年以上不能做出有效的股东会或者股东大会决议，公司经营管理发生严重困难的；

（三）公司董事长期冲突，且无法通过股东会或者股东大会解决，公司经营管理发生严重困难的；

（四）经营管理发生其他严重困难，公司继续存续会使股东利益受到重大损失的情形。

股东以知情权、利润分配请求权等权益受到损害，或者公司亏损、财产不足以偿还全部债务，以及公司被吊销企业法人营业执照未进行清算等为由，提起解散公司诉讼的，人民法院不予受理。

——《最高人民法院关于适用〈中华人民共和国公司法〉若干问题的规定（二）》（2008年5月5日最高人民法院审判委员会第1447次会议通过，根据2014年2月17日最高人民法院审判委员会第1607次会议《关于修改关于适用〈中华人民共和国公司法〉若干问题的规定的决定》修正）

---

① 《被吊销营业执照但尚未注销的企业法人进行债务清偿的法定程序——雷远城与厦门王将房地产发展有限公司、远东房地产发展有限公司财产权属纠纷上诉案》，载最高人民法院民事审判第一庭编：《最高人民法院二审民事案件解析》第6集，法律出版社2008年版，第263页。

【最高人民法院审判业务意见】

最后，关于公司法所规定的“通过其他途径不能解决”这个前置性条件，我们司法解释中没有再作解释，但我们认为，公司法之所以做此规定，是基于对公司永久存续性特征考虑的，即当公司经营管理发生严重困难，继续存续会使股东利益受到重大损失时，还是寄希望于公司能够通过公司自治等方式解决股东、董事之间的僵局，从而改变公司瘫痪的状态，而不轻易赋予股东通过司法程序强制解散公司的权利。因此，人民法院在受理解散公司诉讼案件时，还是有必要审查这个条件是否成就。当然，对于何为“通过其他途径不能解决”，人民法院可能更多的是形式审查，对于起诉股东而言其声明应归结为其已经采取了能够采取的其他方法而不能得到解决，“不得不”寻求司法救济的表述，该前置性条件的意义更多在于其导向性。

——《最高人民法院民二庭负责人对〈关于适用《中华人民共和国公司法》若干问题的规定（二）〉答记者问》，载最高人民法院民事审判第二庭编著：《最高人民法院关于公司法司法解释（一）、（二）理解与适用》，人民法院出版社 2015 年版，第 18～19 页。

【《最高人民法院公报》案例】

富钧新型复合材料（太仓）有限公司、仕丰科技有限公司、永利集团有限公司公司解散纠纷上诉案［最高人民法院（2011）民四终字第 29 号民事判决书］

裁判摘要：一、《公司法（2005）》第一百八十三条既是公司解散诉讼的立案受理条件，同时也是判决公司解散的实质审查条件，公司能否解散取决于公司是否存在僵局且符合《公司法（2005）》第一百八十三条规定的实质条件，而不取决于公司僵局产生的原因和责任。即使一方股东对公司僵局的产生具有过错，其仍然有权提起公司解散之诉，过错方起诉不应等同于恶意诉讼。

最高人民法院认为：本案系公司解散纠纷，被请求解散的富钧公司是由两名外国投资者在中华人民共和国境内以有限责任公司形式设立的外资企业，根据《公司法（2005）》第二条以及第二百一十八条的规定，在中国境内设立的公司之解散纠纷应当适用中国法律。各方当事人对本案应适用中国法律解决争议均无异议，本院予以确认。由于《外资企业法》以及《外资企业法实施细则》没有对股东请求人民法院解散公司的情形作出具体规定,根据《公司法(2005)》第二百一十八条“外商投资的有限责任公司和股份有限公司适用本法”的规定,本案应当根据《公司法(2005)》第一百八十三条以及《公司法解释(二)》的规定审查仕丰公司请求解散富钧公司的主张能否成立。

《公司法(2005)》第一百八十三条规定:“公司经营管理发生严重困难,继续存续会使股东利益受到重大损失,通过其他途径不能解决的,持有公司全部股东表决权百分之十以上的股东,可以请求人民法院解散公司。”《公司法解释(二)》第一条第一款规定:“单独或者合计持有公司全部股东表决权百分之十以上的股东,以下列事由之一提起解散公司诉讼,并符合《公司法(2005)》第一百八十三条规定的,人民法院应予受理:(一)公司持续两年以上无法召开股东会或者股东大会,公司经营管理发生严重困难的;(二)股东表决时无法达到法定或者公司章程规定的比例,持续两年以上不能做出有效的股东会或者股东大会决议,公司经营管理发生严重困难的;(三)公司董事长期冲突,且无法通过股东会或者股东大会解决,公司经营管理发生严重困难的;(四)经营管理发生其他严重困难,公司继续存续会使股东利益受到重大损失的情形。”上述规定既是公司解散诉讼的立案受理条件,同时也是判决公司解散的实质审查条件。

首先,关于富钧公司是否经营管理发生严重困难。公司经营管理严重困难包括两种情况:一是公司权力运行发生严重困难,股东会、董事会等权力机构和管理机构无法正常运行,无法对公司的任何事项作出任何决议,即公司僵局情形;二是公司的业务经营发生严重困难,公司经营不善、严重亏损。如公司仅业务经营发生严重困难,不存在权力运行严重困难的,根据《公司法解释(二)》第一条第二款的规定,不符合《公司法(2005)》第一百八十三条的解散公司条件。

本案中,根据富钧公司章程第十七条、第二十一条的规定,富钧公司董事会是公司最高权力机关,仕丰公司和永利公司均以委派董事的形式对富钧公司进行经营管理,即由董事会直接行使董事会和股东会的双重职能。同时,根据富钧公司章程第十九条的规定,生产销售计划、财务预算决算方案、财务决算盈利和亏损的处理方法、经理级以上高级职员的任免等公司经营管理事项均需要全体董事同意才能生效。富钧公司治理结构由股东特别约定而实行的严格一致表决机制,使得人合性成为富钧公司最为重要的特征。自2005年4月起,永利公司和仕丰公司因富钧公司的厂房租赁交易、公司治理结构安排、专利权许可使用等问题发生了实质分歧,股东之间逐渐丧失了信任和合作基础。富钧公司董事会不仅长期处于无法召开的状态,而且在永利公司和仕丰公司各自律师的协调下召开的唯一一次临时董事会中，也因为双方股东存在重大分歧而无法按照章程规定的表决权比例要求形成董事会决议。富钧公司权力决策机制长期失灵，无法运行长达七年时间，属于《公司法解释（二）》第一款第（一）、（二）项规定的经营管理严重困难的公司僵局情形。

其次，关于公司解散是否应当考虑公司僵局产生的原因以及过错。富钧公司上诉认为，仕丰公司委派的董事张博钦擅自离职，不参加董事会会议，人为制造公司僵局，损害富钧公司利益，法院不应支持仕丰公司具有恶意目的的诉讼；仕丰公司则抗辩认为永利公司以欺诈方式取得董事长职位而导致公司僵局。本院认为，公司能否解散取决于公司是否存在僵局以及是否符合《公司法（2005）》第一百八十三条规定的实质条件，而不取决于公司僵局产生的原因和责任。《公司法（2005）》第一百八十三条没有限制过错方股东解散公司，因此即使一方股东对公司僵局的产生具有过错，其仍然有权依据该条规定，请求解散公司。本案中仕丰公司提出解散富钧公司的背景情况为，富钧公司已陷入公司僵局并由永利公司单方经营管理长达七年，仕丰公司持有60%的股份，其行使请求司法解散公司的诉权，符合《公司法（2005）》第一百八十三条的规定，不属于滥用权利、恶意诉讼的情形。至于仕丰公司委派的董事张博钦，是否存在违反董事竞业禁止义务的过错行为、应否承担赔偿富钧公司损失的民事责任，由富钧公司通过另案解决，与本案无涉。

最后，关于富钧公司继续存续是否会使股东利益受到重大损失。从富钧公司经营情况看，富钧公司僵局形成后，公司经营即陷入非常态模式，在永利公司单方经营管理期间，富钧公司业务虽然没有停顿，但持续亏损，没有盈利年度，公司经营能力和偿债责任能力显著减弱，股东权益已大幅减损至不足实收资本的二分之一。富钧公司关于其生产经营正常，亏损额正在减少，有望扭亏转盈的上诉理由没有充分证据证明，本院不予采信。另从富钧公司注册资本到位情况看，仕丰公司和永利公司至今均未足额出资，在双方股东不愿意共同经营富钧公司、冲突对立无法调和的情况下，富钧公司注册资本难以充实，无法实现预期的经营目的。综合上述情况，富钧公司不仅丧失了人合基础，权力运行严重困难，同时业务经营也处于严重困难状态，继续存续将使股东利益受到重大损失。

……

综上所述，富钧公司经营管理发生严重困难，继续存续会使股东利益受到重大损失，通过其他途径不能解决，仕丰公司作为持有60%股份的股东，提出解散富钧公司的请求，符合《公司法（2005）》第一百八十三条的规定，应予准许。

——《最高人民法院公报》2014年第2期

【最高人民法院裁判文书】

十堰中东房地产开发有限公司、包头市永生房地产开发有限公司等与李建忠公司解散纠纷申请再审案[最高人民法院(2015)民申字第2530号民事裁定书]

最高人民法院认为:(二)关于中东公司是否符合公司解散的法定条件。根据一、二审判决认定的事实,首先,永生公司承接中东公司80%股权后,中东公司仅有李建忠和永生公司两个股东,由于股东之间长期存在矛盾,争议无法调和,甚至发生暴力冲突,导致公司持续三年无法召开股东会,也无法形成股东会决议,虽经双方多次协商亦无法达成一致。中东公司监事设置缺失,诉讼中未能提交近年来的财务报表,公司盈利、亏损状况难以判断,内部管理混乱,经营活动已陷入困境。据此,可以认定该公司的经营管理已经发生严重困难,如果公司继续存续,将使其股东利益受到重大损失。其次,李建忠持有中东公司20%股权,符合"持有公司全部股东表决权百分之十以上的股东可以提起诉讼"的诉讼主体。最后,在诉讼中,一、二审法院对双方当事人多次组织调解,终因双方情绪极度对立,难以沟通,均不肯让步而未能达成一致。在我院对本案再审审查中,亦组织双方当事人进行调解,仍因双方对于股权价值的判断和主张收购股权的价格差异太大,未能达成一致。由此表明,本案通过调解、协商等其他途径亦不能解决公司现状问题。因此,李建忠提起公司解散诉讼符合法定的诉讼主体,中东公司符合公司解散的法定条件。中东公司、永生公司申诉所提李建忠的诉讼请求不符合公司强制解散的法定条件、公司僵局可以化解等理由,无事实、法律依据。

——中国裁判文书网,http://wenshu.court.gov.cn。

石家庄市正定金石化工有限公司、河北正华实业集团有限公司等与河北中远特钢物流有限公司、河北广远投资股份有限公司公司解散纠纷申请再审案[最高人民法院(2015)民申字第505号民事裁定书]

最高人民法院认为:关于广远公司是否具备解散条件的问题。根据本案一、二审法院查明的事实,2010年7月,中远公司、金石公司、正华公司发起成立了广远公司,三个月后股东间即因资金、担保等问题产生矛盾;正华公司亦提出退出公司申请;2011年金石公司代表广远公司起诉中远公司损害公司利益赔偿之诉，之后三股东之间又引发多起诉讼，广远公司股东之间的纠纷经过三级法院长达三年的审理仍未能缓和，中远公司仍提起了解散广远公司的诉讼。二审法院据此认定广远公司股东间存在长期冲突，对公司是否应存续等重大经营事项未能通过股东会解决，广远公司经营管理发生严重困难，并无不妥。申请人主张公司稳健持续经营，但未提供充分证据加以证明。故申请人关于二审法院认定的基本事实缺乏证据证明的主张不能成立。

二审法院认定广远公司股东对公司重大经营事项未能通过股东会解决，并非是违法介入公司的内部事务，而是对广远公司经营长期陷入僵局状态的事实作出的客观认定。当公司经营管理出现严重困难、公司决策机关长期陷入僵局状态而无法解决时，持有公司全部表决权 10% 以上的股东依法有权提起解散公司之诉，维护其合法权益。二审法院依据广远公司经营管理发生严重困难、通过其他途径不能解决等事实，适用《公司法》第一百八十二条、《公司法解释（二）》第一条第一款第（四）项之规定，作出解散广远公司的判决，适用法律并无不妥。

——中国裁判文书网，http://wenshu.court.gov.cn。

【链接：最高人民法院法官著述】

公司持续两年以上无法召开股东会或者股东大会：首先，“无法召开”是指应当召开而不能召开，因我国《公司法》对股东（大）会出席的股东人数和持股数没有特殊要求，这一“无法召开”主要表现为“无人召集”或者“召集之后没有一个股东出席会议”等两种情形；另外，这种“无法召开”的状态要持续“两年以上”，在持续两年以上的时间里，“应该召开”的股东（大）会定期会议和临时会议都没有召开，公司经营管理发生严重困难的情况下，适格股东可以依照《公司法》第一百八十二条的规定提起解散公司的诉讼。……

从目前的情况来看，对于“其他经营管理发生严重困难”情形的理解，在《公司法》及本条司法解释的内容框架下，在把握须同时满足“经营管理严重困难”和“公司继续存续会使股东利益受到重大损失”的原则条件下，还有待于理论研究和审判实践的进一步研究和总结。

——最高人民法院民事审判第二庭编著：《最高人民法院关于公司法司法解释（一）、（二）理解与适用》，人民法院出版社 2015 年版，第 121、124～125 页。

381

股东请求解散公司诉讼事由的把握

关键词 | 公司解散 |

【最高人民法院裁判文书】

依不拉音·毛拉、艾力江·毛拉与阿瓦提县新世纪运输有限责任公司、买合木提·热依木、斯拉木·斯拉依、艾斯卡尔·莫明公司解散纠纷申请再审案(最高人民法院再审民事裁定书)

最高人民法院裁定驳回再审申请。理由如下：

3. 新世纪公司注册资金50万元,依不拉音·毛拉、艾力江·毛拉出资15万元。而买合木提·热依木等其他股东出资共35万元,持有该公司2/3以上的股权,依据公司法的相关规定,依不拉音·毛拉、艾力江·毛拉与买合木提·热依木等其他股东之间的矛盾不会影响股东会机制的正常运行,也不会导致公司在管理上出现严重内部障碍。目前新世纪公司名下虽然只有一辆车,但有80余辆车挂靠该公司经营,公司每年都通过工商行政管理部门的年检,按时缴纳税款。依不拉音·毛拉、艾力江·毛拉主张公司经营严重亏损缺乏证据证明,也不属于公司解散的事由。依不拉音·毛拉、艾力江·毛拉以股东关系破裂、公司亏损严重为由提出解散公司,缺乏事实与法律依据。

4. 公司法赋予了股东查阅、复制公司财务会计报告,查阅会计账簿,召开临时股东会,转让、受让股权等各项权利。依不拉音·毛拉、艾力江·毛拉可以通过行使股东权利了解新世纪公司的经营状况、参与公司决策经营、要求分配利润或者退出公司。现依不拉音·毛拉、艾力江·毛拉未通过上述合法途径维护自己权利即提出解散公司,法院不予支持。

此外,买合木提·热依木担任公司法定代表人不适当,艾斯卡尔·莫明作为国家工作人员经营公司违法等均不属于公司解散的事由,可向有关主管部门反映解决。

——苏泽林、景汉朝主编,最高人民法院立案一庭、立案二庭编:《立案工作指导》总第31辑,人民法院出版社2012年版,第112~113页。

重庆正浩实业(集团)公司与重庆国能投资有限公司、重庆正浩机电工业有限公司股东知情权及公司解散纠纷案[最高人民法院(2007)民二终字第31号民事判决书]

最高人民法院认为:正浩机电公司自1999年成立以来,未按公司法和公司章程的规定召开定期股东会,五年之内召开的两次股东会并未对公司的重大经营事项作出具体报告,也未反映公司的经营状况,国能公司因不能获知公司经营的实际情况,在股东会表决时投了反对票或者弃权票。正浩实业国能公司放弃知情权和多次召开股东会、正浩机电通过股东会、董事会汇报公司经营状况。

根据2002年12月12日正浩机电召开的第一次临时董事会刘佳丽所作的《总经理工作报告》,其时“正浩机电处于停产状态、使企业亏损继续加大”,而并非正浩实业主张是因2005年基于国能公司申请而由重庆市高级人民法院作出的对正浩机电财产保全才导致的公司经营困难。同时,正浩实业因不能清偿浦发银行的债权,正浩公司的抵押资产将被执行,正浩机电为正浩实业承担巨额债务已成必然。

……

综上所述,正浩机电成立五年之内仅召开两次股东会,且股东会、董事会长期不能达成决议,导致公司经营管理困难并陷入僵局,继续经营将损害公司和股东利益,通过其他途径也无法解决。本案经原审法院和二审法院多次努力,国能公司与正浩实业之间至今仍不能达成调解,因此,根据《公司法(2005)》第一百八十三条之规定,正浩机电符合公司解散的条件。

——最高人民法院民事审判第二庭编:《最高人民法院商事审判指导案例·公司卷》,中国法制出版社2011年版,第114～125页。

上海印刷(集团)有限公司与厦门市闽隆发工贸发展有限公司、上海印刷集团吉安印刷有限公司损害公司权益纠纷案[最高人民法院(2007)民二终字第21号民事判决书]

最高人民法院认为:吉安公司成立以后,董事会决议及股东印刷集团公司与闽隆发公司签订《承包补充合同》,决定将公司采取承发包方式经营。2005年12月17日,在承包期限即将届满时,吉安公司董事会决定公司进入过渡期,由投资的双方股东共同决定公司事务。由于股东印刷集团公司与闽隆发公司在共同管理公司期间产生矛盾,致使吉安公司无法进行正常的经营管理活动。在本案一审期间,经司法鉴定确认,吉安公司成立三年期间连续亏损,截至 2005 年 12 月 31 日,吉安公司所有者权益(净资产)合计 -414207.49 元。鉴于吉安公司两个股东之间的关系陷入僵局,且公司的两个股东印刷集团公司与闽隆发公司均同意解散公司,根据《公司法(2005)》第一百八十三条之规定,印刷集团公司请求解散吉安公司的请求,应予以支持。原审法院关于解散吉安公司的判决,本院予以维持。根据《公司法(2005)》第一百八十四条规定,吉安公司应当在解散公司的判决生效之日起十五日内成立清算组开始清算,在公司对外清算完毕后,如果吉安公司的股东印刷集团公司和闽隆发公司发生财产争议,可以另行起诉。

——最高人民法院民事审判第二庭编:《最高人民法院商事审判指导案例·公司卷》,中国法制出版社 2011 年版,第 437~444 页。

【链接:最高人民法院法官著述】

根据公司法的规定,公司解散的标准为公司经营管理出现严重困难,继续存续会使股东利益受到巨大损失,且通过其他途径无法解决。我们认为,这里的"经营管理出现严重困难"应当理解为公司在决策、管理层面上的困难导致自治机制失灵,主要指股东会机制失灵,无法就公司的经营管理进行决策,而不包括一般的经营性亏损或其他困难。理由在于,首先,公司解散应对的是公司僵局,而公司僵局顾名思义就是指公司决策、管理层的僵持与对峙。其次,公司经营亏损的原因是多方面的,例如工作效率低下、产品不符合市场的需求、成本过高、宣传不足等。对此,公司决策层可以针对性地采取加强企业管理、提高工作效率、增加产能、降低成本等措施,也可以通过合并、分立或重组使得公司走出困境。退一步说,即使公司已经陷入资不抵债、无法维持的境地,也可以申请破产使其主体资格消灭。总而言之,不论公司出现经营性亏损还是其他困难,只要其内部自治机制还未失灵,就应当最大限度地发挥其功能并予以充分尊重。而只有在公司决策、管理方面陷入僵局,自治机制失灵的情况下,才存在由法院判决解散公司的可能。与此相对应的,这里的"股东利益受到巨大损失"也应当理解为因公司僵局所导致的股东利益受到损失,而不包括部分股东利益受损或因其他原因导致股东利益受损的情形。

——叶阳:《股东请求解散公司诉讼事由的把握——依不拉音·毛拉、艾力江·毛拉与阿瓦提县新世纪运输有限责任公司、买合木提·热依木、斯拉木·斯拉依、艾斯卡尔·莫明公司解散纠纷申请再审案》,载苏泽林、景汉朝主编，最高人民法院立案一庭、立案二庭编：《立案工作指导》总第31辑，人民法院出版社2012年版，第113～114页。

382

涉及公司解散的约定只能基于章程或者公司特别决定而不能基于设立协议

关键词 | 公司解散 | 公司章程 | 设立协议 |

【最高人民法院裁判文书】

杨剑强与保山东成石材有限公司及东莞市东成矿业投资有限公司公司解散纠纷案[最高人民法院(2013)民提字第110号民事判决书]

最高人民法院经审理认为：本案审理的焦点问题是保山东成公司是否存在经营管理发生严重困难，继续存续会使股东利益受到重大损失，通过其他途径不能解决的情形，是否应予司法解散的问题。

司法解散公司是解决公司僵局的一项重要法律制度。公司僵局是由公司管理权争夺而导致的成员内部矛盾极端化的特殊描述，往往表现为股东失去合作基础、股东管理受到排挤、管理机关运转失灵或者管理者仅接受个别股东的指示管理公司事务，背离了公司经营的初衷和目的，导致股东的期待落空。本案中保山东成公司的两个股东杨剑强和东莞东成公司在合作中产生分歧，至2010年8月保山东成公司董事会会议免除杨剑强总经理职务时矛盾激化，后东莞东成公司单方对保山东成公司办公场地进行搬迁，登报声明原公司证照、印章作废，重新办理了保山东成公司的企业法人变更登记手续，更换了相关证照和银行印鉴等，保山东成公司自此之后再未召开过股东会，杨剑强于2010年12月向法院提起诉讼请求解散公司。虽然对于保山东成公司经营管理是否发生了严重困难这一事实，保山东成公司、东莞东成公司方和杨剑强方各执一词，但是，从2010年7月23日保山东成公司董事长王文光（系控股股东东莞东成公司派出人员，原东莞东成公司法定代表人）作为会议召集人向东莞东成公司和杨剑强发出的《召开临时股东会会议的通知》上明确载明的“鉴于公司经营管理长期发生严重困难，如继续经营可能导致巨额亏损并损害股东利益，现由公司控股股东东莞东成公司提议召开公司股东会临时会议……”的内容看，该通知系保山东成公司和东莞东成公司方发出的，通知发出时保山东成公司和东莞东成公司对保山东成公司经营管理已经长期发生严重困难的事实是认可的。且本案审理过程中，保山东成公司和东莞东成公司对该临时通知的真实性从未予以否认。另外，自2010年杨剑强和东莞东成公司矛盾激化以来，双方再未召开过股东会，公司的正常经营活动也因两股东之间的纠纷受到了严重影响。因此，认定保山东成公司经营管理已经发生了严重困难，于法有据。云南省高级人民法院依据保山市招商局盖章的《情况说明》等认定保山东成公司经营管理并未发生严重困难，缺乏事实依据，本院依法予以纠正。鉴于杨剑强和东莞东成公司两股东之间严重矛盾所形成的公司僵局，对于双方股东而言，如任由该僵局继续存续将会使二者的利益均受到重大的损失。本案审理中，组织双方当事人进行了大量调解工作，试图通过一方股东以合理对价收购另一方股东股权的方式，实现双方矛盾的化解和公司法人人格的保全，但终因双方未能达成一致的意思表示而未能通过其他途径解决公司僵局。因此，杨剑强关于保山公司应予司法解散的再审申请理由，本院予以支持。

在案件审理中，杨剑强为实现其解散保山东成公司的目的，除提出公司因出现僵局应予判决解散的主张外，还以其与东莞东成公司签订的《协议要件》中有关公司约定解散事由发生，以及《股东会特别决议》已决定解散公司等为由提出主张。根据《公司法(2005)》第一百八十一条的规定，公司因股东会决议解散、公司章程规定的解散事由发生而解散，以及人民法院依照公司法规定判决解散等，分属不同的解散事由。本院在前述已依据公司法的规定，以保山东成公司因经营管理发生严重困难，继续存续会使股东利益受到重大损失，通过其他途径不能解决为由，判决解散公司的情形下，不再对保山东成公司是否存在约定的解散事由发生，以及股东会是否已决议解散等有关事项进行审查。保山东成公司和东莞东成公司就杨剑强上述主张提交的相关证据向本院提出的鉴定申请和延期审理申请等，本院也不再予以考虑。

杨剑强向法院提起解散保山东成公司诉请时，同时提出要按照其投资总额的30%分割属于其的财产，该项诉请性质上属于公司清算中的事项之一。根据公司法的规定，公司解散事由发生后，应当依法进行清算，在清理公司财产、清偿公司全部债务后仍有剩余时，才涉及公司剩余财产在股东之间的分配问题。因此，根据《公司法解释(二)》第二条关于“股东提起解散公司诉讼，同时又申请人民法院对公司进行清算的，人民法院对其提出的清算申请不予受理”的规定，本院依法驳回其该项起诉。

——中国裁判文书网，http://wenshu.court.gov.cn；杜万华主编：《最高人民法院民商事案件审判指导》第3卷，人民法院出版社2015年版，第470～473页。

杨剑强与保山东成石材有限公司、东莞市东成矿业投资有限公司公司解散纠纷申请再审案[最高人民法院(2012)民申字第1058号民事裁定书]

要点提示：本案争议的焦点在于司法强制解散公司的适用标准如何认定，石材公司是否符合解散的法定要件。

云南省高级人民法院二审认为：

1. 关于本案是否符合公司股东约定解散的条件

根据我国公司法理论，公司章程是根据法律制定，用来约束整个公司的管理性法律文件且对外公示。解散公司是终止公司法律人格的重大法律行为，是公司存续期间最为重要的法律事项，因此，涉及公司解散的约定只能基于股东间具有最高效力的约定——章程的约定或者公司特别决定而不能基于设立协议。综上，本案《协议要件》并非公司章程，亦非章程规定的解散公司股东会特别决议；在《合作经营保山东成矿业开发有限公司合同书》以及章程中均没有出现《协议要件》的类似约定解散公司条款的情况下，《协议要件》中关于公司终止条件的约定无效，本案不符合《公司法》(2005年)第一百八十一条“公司章程规定的其他解散事由出现”和“股东会或者股东大会决议解散”的条件。一审判决关于“《协议要件》是股东双方合作经营石材公司的特别约定，其效力等同于股东会决议”的说理混淆了设立协议与公司章程、股东会决议的概念和效力，应当予以纠正。

2. 关于石材公司是否出现公司僵局，依法应予强制解散的问题

判定石材公司是否形成公司僵局，应当严格按照《公司法》(2005年)第一百八十三条的规定进行分析：

首先，石材公司经营管理并未发生严重困难。从双方举证情况看，杨剑强在一审中举出《召开临时股东会会议的通知》、申请证人证明公司召开过解散的会议。但石材公司和矿业公司均不予认可，并认为《召开临时股东会会议的通知》的内容并非是讨论解散公司，开会讨论意味着“通过其他途径可以解决”。此外，石材公司和矿业公司提供了若干证据证明公司仍然在正常经营，其中有政府部门的证明、公司会计报表等，虽经二审法院多次询问，杨剑强仍以“证据为对方单方制作”为由对以上全部证据不予认可，但以上证据是审查石材公司是否

出现严重经营困难的关联性证据，其中在保山市招商局盖章的《情况说明书》上明确了石材公司的发展现状和前景良好，杨剑强并未提出其他证据予以否认，该院对《情况说明》的真实性和证明力予以采信。《召开临时股东会会议的通知》虽有“鉴于公司经营管理长期发生严重困难，如继续经营可能导致巨额亏损并损害股东利益……”等内容，但《保山东成石材有限公司章程》第十九条规定了“临时股东会不得决议通知未载明的事项”，二审法院对杨剑强据此证明公司召开过解散会议的主张不予支持。结合石材公司在2010年仍能够正常召开股东会议的事实，可见石材公司并未出现股东会、董事会等机构运行出现持续性的严重困难，二审法院对石材公司和矿业公司关于公司仍然在正常经营的主张予以支持。

其次，石材公司并不存在“继续存续会使股东利益受到重大损失，通过其他途径不能解决的”情形。本案中，双方所举证据能够证明石材公司在2005～2010年均正常召开股东会，2008年以前均正常分配红利，且现在杨剑强仍然是石材公司副董事长和持股30%的股东。因此，杨剑强所举的证据只能证明公司近几年出现亏损未分红、股东之间发生矛盾，尚不能证明石材公司股东会、董事会等机构运行出现持续性的严重困难、继续存续会使股东利益受到重大损失且通过其他途径不能解决。一审判决关于“作为股东之一的杨剑强提出要求解散公司，说明股东之间已不再相互信任，公司经营管理发生困难，继续存续会使股东利益受到损失”的认定不妥，应予纠正。

综上，二审法院认为，杨剑强诉请解散和清算石材公司，一审判决根据《公司法解释(二)》(2008年)第二条的规定对其提出的清算申请不予审理处理正确；但杨剑强并未举出充分证据证实石材公司达到公司章程约定的解散条件或经营管理发生严重困难、继续存续会使各方股东利益受到重大损失且通过其他途径不能解决，因此，其诉请不符合法律规定，依法应予驳回；杨剑强可通过请求公司按照合理的价格收购其股权等其他救济途径解决纠纷。石材公司与矿业公司所举证据能够证明石材公司仍然在正常经营，二审法院对两公司关于石材公司不符合解散条件的上诉主张予以支持。一审判决审理程序合法，认定事实清楚，但判决解散石材公司处理欠妥，应当予以纠正。经二审法院主持调解，各方当事人未能达成调解协议；本案经二审法院审判委员会讨论，依照《公司法》(2005年)第一百八十一条、第一百八十三条，《民事诉讼法》(2007年)第一百五十三条第一款第(三)项之规定，判决：撤销一审判决；驳回杨剑强的诉讼请求。

最高人民法院经审查认为，杨剑强的再审申请符合《民事诉讼法》第二百条第(二)项、第(六)项规定的情形。依照《民事诉讼法》第二百零四条、第二百零六条之规定,裁定提审本案。

——杜万华主编:《最高人民法院民商事案件审判指导》第3卷,人民法院出版社2015年版,第462~467页。

383

股东提起解散公司诉讼，同时又申请对公司进行清算的，对其清算申请不予受理

关键词｜公司解散｜公司清算｜

【最高人民法院司法解释】

第二条 股东提起解散公司诉讼,同时又申请人民法院对公司进行清算的,人民法院对其提出的清算申请不予受理。人民法院可以告知原告,在人民法院判决解散公司后,依据公司法第一百八十三条和本规定第七条的规定,自行组织清算或者另行申请人民法院对公司进行清算。

——《最高人民法院关于适用〈中华人民共和国公司法〉若干问题的规定(二)》(2008年5月5日最高人民法院审判委员会第1447次会议通过,根据2014年2月17日最高人民法院审判委员会第1607次会议《关于修改关于适用〈中华人民共和国公司法〉若干问题的规定的决定》修正)

【最高人民法院审判业务意见】

股东请求解散公司和申请人民法院对公司进行清算,系两个独立的诉请。我们在司法解释中之所以规定人民法院在受理股东提起的解散公司诉讼时暂不受理其提出的清算申请,原因在于,一是两个诉的种类截然不同,股东请求解散公司诉讼是变更之诉,公司清算案件是非讼案件,审判程序不同,无法合并审理;二是在股东提起解散公司诉讼时,公司解散的事实并未发生,公司是否解散尚需人民法院的生效判决予以确定;且即使人民法院判决解散后,按照《公司法(2005)》第一百八十四条的规定,原则上仍应由公司在解散事由出现之日起十

五日内成立清算组自行清算，只有在公司逾期不成立清算组进行清算时，方可向人民法院申请强制清算。

——《最高人民法院民二庭负责人对〈关于适用《中华人民共和国公司法》若干问题的规定(二)〉答记者问》，载最高人民法院民事审判第二庭编著：《最高人民法院关于公司法司法解释(一)、(二)理解与适用》，人民法院出版社2015年版，第19页。

【最高人民法院裁判文书】

依不拉音·毛拉、艾力江·毛拉与阿瓦提县新世纪运输有限责任公司、买合木提·热依木、斯拉木·斯拉依、艾斯卡尔·莫明公司解散纠纷申请再审案(最高人民法院再审民事裁定书)

最高人民法院认为：1.《公司法解释(二)》第二条规定，股东提起解散公司诉讼，同时又申请人民法院对公司进行清算的，人民法院对其提出的清算申请不予受理。本案依不拉音·毛拉、艾力江·毛拉起诉请求返还入股资金及支付利润应视为主张对公司财产进行清算。因此，二审判决对此项诉讼请求未予支持并无不当。

——苏泽林、景汉朝主编，最高人民法院立案一庭、立案二庭编：《立案工作指导》总第31辑，人民法院出版社2012年版，第112～113页。

重庆正浩实业(集团)公司与重庆国能投资有限公司、重庆正浩机电工业有限公司股东知情权及公司解散纠纷案[最高人民法院(2007)民二终字第31号民事判决书]

最高人民法院认为：原审判决所针对的本案当事人主要争议是公司解散之诉，双方诉辩所涉及的正浩实业是否转嫁安置费给正浩机电、是否控制正浩机电将土地高价低卖、是否用正浩机电土地抵押贷款的问题，咨询报告的证明效力问题，国能投资根据审计结论在一审中增加诉讼请求，请求正浩实业赔偿正浩机电损失的问题，申请公司解散并清算的问题，因其属于股东直接诉讼与股东代表诉讼和公司解散之诉与公司清算之诉等不同类型的诉讼，上述诉讼，当事人的诉讼地位、讼争权源、权利义务和责任归属均不一致，因此不能合并审理，当事人所提出的事实、主张，本案未予审理的，可以在公司解散后在公司清算中一并解决。

——最高人民法院民事审判第二庭编：《最高人民法院商事审判指导案例·公司卷》，中国法制出版社2011年版，第114～125页。

【链接：最高人民法院法官著述】

关于股东请求解散公司诉讼的结案形式及相关表述。股东请求解散公司之诉应当以“判决”的形式结案，而不应该使用“裁定”的书面形式。① 在解散公司的判决书中不能一并判决在法定期限内进行清算，但可以在判决书中将公司应当在法定期限内进行清算及逾期不清算的后果等内容叙明，作为向当事人告知权利与义务的内容予以明示。写明公司应当在法定期限内成立清算组开始清算，实际上也就是向相关当事人“告知”其应当自觉履行的法定义务。

——最高人民法院民事审判第二庭编著：《最高人民法院关于公司法司法解释（一）、（二）理解与适用》，人民法院出版社 2015 年版，第 163 页。

384

股东未依照《公司法》和公司章程的规定行使其股东权利以寻求救济而直接要求解散公司的请求不予支持

关键词｜公司解散｜

【最高人民法院裁判文书】

张拥军与陕西通用（集团）锅炉制造有限公司公司解散纠纷申请再审案［最高人民法院（2015）民申字第 289 号民事裁定书］

最高人民法院认为：股东请求法院解散公司作为一种特殊的制度安排，根据《公司法》第一百八十三条的规定，必须符合“公司经营管理发生严重困难，继续存续会使股东利益受到重大损失”和“通过其他途径不能解决”两个实质要件。本案中，通用公司是张裕峰、张胜利和张拥军三兄弟开设的公司，股东之间因同胞兄弟这一血缘关系而具有天然的人合性，且三兄弟所占股权比例分别为 40%、30%、30%，并未形成由某一个人绝对控股的局面。申请人张拥军在本案中所主张的解散事由，核心诉求是其被排除在公司经营管理之外，至于其所列举

① 如果在诉讼的过程中适用了调解程序，调解成功后的结案形式则为“调解书”。

的股东之间群殴打架、张裕峰将其和张胜利赶出公司、张裕峰伪造决议处分公司资产等导致其权利受到侵害的事由，均可以通过提议召开股东会讨论人事任免、转让股权和请求公司回购以退出公司等其他合法途径获得救济，并无通过司法诉讼强制解散公司的必要。而在本案中，张拥军对其所主张的股东权利受到侵害的情节，直至采取了对其长兄张裕峰不断进行控告和诉讼的方式，并未依照《公司法》和通用公司章程的规定行使其股东权利以寻求救济，故其关于解散公司的诉讼请求依法不应得到支持。原审判决在通用公司和其他股东均未到庭的情况下，认定通用公司符合公司解散的条件，在事实认定和法律适用方面确实存在错误，但前述瑕疵对案件的实体处理结果并不产生实质性的影响。

——中国裁判文书网，http://wenshu.court.gov.cn。

385

公司虽处于盈利状态，但股东会机制长期失灵，内部管理有严重障碍，已陷入僵局状态，可以认定为经营管理发生严重困难

关键词 | 公司解散 | 公司僵局 |

【最高人民法院指导性案例】

林方清诉常熟市凯莱实业有限公司、戴小明公司解散纠纷案（最高人民法院指导案例8号）

裁判要点：《公司法(2005)》第一百八十三条将"公司经营管理发生严重困难"作为股东提起解散公司之诉的条件之一。判断"公司经营管理是否发生严重困难"，应从公司组织机构的运行状态进行综合分析。公司虽处于盈利状态，但其股东会机制长期失灵，内部管理有严重障碍，已陷入僵局状态，可以认定为公司经营管理发生严重困难。对于符合公司法及相关司法解释规定的其他条件的，人民法院可以依法判决公司解散。

法院生效裁判认为：首先，凯莱公司的经营管理已发生严重困难。根据《公司法(2005)》第一百八十三条和《公司法解释(二)》第一条的规定，判断公司的经营管理是否出现严重困难，应当从公司的股东会、董事会或执行董事及监事会或监事的运行现状进行综合分析。"公司经营管理发生严重困难"的侧重点在

于公司管理方面存有严重内部障碍，如股东会机制失灵、无法就公司的经营管理进行决策等，不应片面理解为公司资金缺乏、严重亏损等经营性困难。本案中，凯莱公司仅有戴小明与林方清两名股东，两人各占50%的股份，凯莱公司章程规定“股东会的决议须经代表二分之一以上表决权的股东通过”，且各方当事人一致认可该“二分之一以上”不包括本数。因此，只要两名股东的意见存有分歧、互不配合，就无法形成有效表决，显然影响公司的运营。凯莱公司已持续4年未召开股东会，无法形成有效股东会决议，也就无法通过股东会决议的方式管理公司，股东会机制已经失灵。执行董事戴小明作为互有矛盾的两名股东之一，其管理公司的行为，已无法贯彻股东会的决议。林方清作为公司监事不能正常行使监事职权，无法发挥监督作用。由于凯莱公司的内部机制已无法正常运行、无法对公司的经营作出决策，即使尚未处于亏损状况，也不能改变该公司的经营管理已发生严重困难的事实。

其次，由于凯莱公司的内部运营机制早已失灵，林方清的股东权、监事权长期处于无法行使的状态，其投资凯莱公司的目的无法实现，利益受到重大损失，且凯莱公司的僵局通过其他途径长期无法解决。《公司法解释（二）》第五条明确规定了“当事人不能协商一致使公司存续的，人民法院应当及时判决”。本案中，林方清在提起公司解散诉讼之前，已通过其他途径试图化解与戴小明之间的矛盾，服装城管委会也曾组织双方当事人调解，但双方仍不能达成一致意见。两审法院也基于慎用司法手段强制解散公司的考虑，积极进行调解，但均未成功。

此外，林方清持有凯莱公司50%的股份，也符合公司法关于提起公司解散诉讼的股东须持有公司10%以上股份的条件。

综上所述，凯莱公司已符合公司法及《公司法解释（二）》所规定的股东提起解散公司之诉的条件。二审法院从充分保护股东合法权益，合理规范公司治理结构，促进市场经济健康有序发展的角度出发，依法作出了上述判决。

——《最高人民法院关于发布第二批指导性案例的通知》（2012年4月9日，法〔2012〕172号）

【链接：最高人民法院法官著述】

（二）对公司经营管理发生严重困难的认定

通常而言，公司经营管理发生严重困难，可以分为公司外部的经营困难和公司内部的管理困难。经营困难，即公司的生产经营状况发生严重亏损的情形；管理困难,则是指公司的股东会、董事会等公司机关处于僵持状态,有关经营决策无法作出,公司日常运作陷入停顿与瘫痪状态。如上所述,《公司法(2005)》第一百八十三条并未规定公司经营管理发生严重困难的认定标准,《公司法解释(二)》第一条虽列举了4种公司经营管理发生严重困难的情形,但是司法实践中对如何具体认定公司经营管理发生严重困难仍存在不同认识。一种意见认为,公司持续两年以上无法召开股东会或者股东大会、公司董事长期冲突且无法通过股东会或者股东大会解决等情形本身就是公司经营管理发生严重困难的表现形式,公司存在这些情形,就可以认定公司经营管理发生严重困难。另一种意见认为,上述公司持续两年以上无法召开股东会或者股东大会等情形仅是公司经营管理发生严重困难的原因,认定公司经营管理发生严重困难还需要从公司经营状况本身进行判断。

该指导性案例的裁判要点确认了判断公司的经营管理是否出现严重困难,应当从公司的股东会、董事会或执行董事及监事会或监事的运行现状进行综合分析的规则,公司是否处于盈利状况并非判断公司经营管理发生严重困难的必要条件。公司经营管理发生严重困难的侧重点在于公司管理方面存有严重内部障碍,如股东会机制失灵、无法就公司的经营管理进行决策等,不应片面理解为公司资金缺乏、严重亏损等经营性困难。

……

(三)对股东申请人民法院解散公司其他要件的认定

依照《公司法(2005)》第一百八十三条及《公司法解释(二)》第一条第一款的规定,股东申请人民法院解散公司,除了要满足公司经营管理发生严重困难的要求外。还应同时符合以下条件:

1. 公司僵局状态的继续存续会使股东利益遭受重大损失。在该指导性案例中,由于凯莱公司的内部运营机制早已失灵,林方清的股东权、监事权长期处于无法行使的状态,其投资凯莱公司的目的也无法实现,可以认定凯莱公司的僵局状态已经使得林方清的利益受到重大损失,若这种状态持续下去,必然会使其遭受更大损失。2. 公司僵局状态无法通过其他途径解决。从立法目的的角度考虑,《公司法(2005)》第一百八十三条规定的通过其他途径不能解决其目的是为了防止中小股东滥用司法解散制度,鼓励当事人通过其他非诉讼途径解决僵局,同时也是为了使法院审慎适用强制解散公司的手段。但这并非是要求对于公司僵局的处理必须以穷尽其他救济途径为前提。正因如此,《公司法解释(二)》第五条明确规定,"当事人不能协商一致使公司存续的,人民法院应当及时判决"。

在该指导性案例中，林方清在提起公司解散诉讼之前，已通过其他途径试图化解与戴小明之间的矛盾，江苏常熟服装城管理委员会调解委员会两次组织双方进行调解但仍不能达成一致意见。审理该案件的苏州市中级人民法院、江苏省高级人民法院也基于慎用司法手段强制解散公司的考虑，积极进行调解，但均未成功。由此可以认定，凯莱公司的僵局状态已经无法通过其他途径解决。3. 申请解散公司的股东持有股权比例达到法定要求。在该指导性案例中，林方清持有凯莱公司 50% 的股份，符合《公司法（2005）》第一百八十三条关于提起公司解散诉讼的股东须持有公司 10% 以上股份的条件。

——最高人民法院案例指导工作办公室：《指导案例 8 号〈林方清诉常熟市凯莱实业有限公司、戴小明公司解散纠纷案〉的理解与参照》，载江必新主编：《最高人民法院司法解释与指导性案例理解与适用》第 1 卷，人民法院出版社 2013 年版，第 608 ~ 611 页。

编者说明

该指导性案例主要解决的是如何判断《公司法》第一百八十二条规定的公司经营管理发生严重困难及依法妥善处理公司僵局状态的问题。公司经营管理发生严重困难是认定公司是否处于僵局状态的重要因素，但对于如何进行具体判断，在司法实务中存在认识上的不统一。该指导性案例的裁判要点结合《公司法》及有关司法解释的规定，对此作了明确，能够对类似案件的处理提供指导和参考。

386

公司僵局并不必然导致公司解散，凡有其他途径能够维持公司存续的，不应轻易解散公司

关键词 | 公司僵局 | 公司解散 | 公司存续 |

【《最高人民法院公报》案例】

富钧新型复合材料（太仓）有限公司、仕丰科技有限公司、永利集团有限公司公司解散纠纷上诉案［最高人民法院（2011）民四终字第 29 号民事判决书］

裁判摘要：二、公司僵局并不必然导致公司解散，司法应审慎介入公司事务，凡有

其他途径能够维持公司存续的,不应轻易解散公司。当公司陷入持续性僵局,穷尽其他途径仍无法化解,且公司不具备继续经营条件,继续存续将使股东利益受到重大损失的,法院可以依据《公司法(2005)》第一百八十三条的规定判决解散公司。

最高人民法院认为:其四,关于替代解决途径的可行性。《公司法解释(二)》第五条第一款规定:"人民法院审理解散公司诉讼案件,应当注重调解。当事人协商同意由公司或者股东收购股份,或者以减资等方式使公司存续,且不违反法律、行政法规强制性规定的,人民法院应予支持。当事人不能协商一致使公司存续的,人民法院应当及时判决。"公司僵局并不必然导致公司解散,司法应审慎介入公司事务,凡有其他途径能够维持公司存续的,不应轻易解散公司。然而本案经过一、二审法院多轮的调解,永利公司和仕丰公司始终不能就转让股权、公司回购或减资等维系富钧公司存续的解决方案达成合意。尤其是在二审调解过程中,仕丰公司愿意受让永利公司股权,使富钧公司存续,其与永利公司就股权转让价格亦基本达成一致,但由于富钧公司不愿意全面公开在永利公司单方经营期间的经营状况和对外债务,故最终未能达成调解协议。公司法没有确立解决公司僵局的其他替代性救济措施,现富钧公司的持续性僵局已经穷尽其他途径仍未能化解,如维系富钧公司,股东权益只会在僵持中逐渐耗竭。相较而言,解散富钧公司能为双方股东提供退出机制,避免股东利益受到不可挽回的重大损失。

——《最高人民法院公报》2014 年第 2 期

【最高人民法院裁判文书】

程铁柱与河北鑫旺达房地产开发有限公司及史海英公司解散纠纷申请再审案[最高人民法院(2016)最高法民申 2978 号民事裁定书]

最高人民法院认为:根据本案查明事实,程铁柱持有鑫旺达地产公司 10%以上的股份,具备提起解散公司诉讼的资格;鑫旺达公司已长达近五年没有召开股东大会,形式上符合《公司法解释(二)》第一条规定的解散公司情形。但综合下列因素,本院认为,原判认定不解散公司为宜并无不当:首先,鑫旺达公司股东只有程铁柱和史海英两人,其特殊性在于其是"二人公司",虽然鑫旺达公司形式上已多年没有召开股东大会,但其原因在于股东私自销售公司住宅楼房或者将公司售楼款项打入股东关联人个人账户,导致股东之间矛盾。其次,从《公司法》规定公司解散条件而言,公司经营管理发生严重困难、继续存续会使股东利益受到重大损失、通过其他途径不能解决为解散公司必要条件,即陷入公司僵局,并非仅指公司经营管理发生严重困难,而且无法通过其他途径化解的公司状态。就本案而言,鑫旺达公司目前仍有开发项目,且根据鑫旺达公司提交证据显示,一审诉讼期间鑫旺达公司仍交纳相关税费、销售涉案住建楼房,公司经营管理发生严重困难依据并不充分。从其他救济途径而言,根据《公司法》的规定,股东程铁柱有权要求查阅、复制公司章程、股东会会议记录和财务会计报告,如果公司拒绝,其可以请求人民法院判令公司提供查阅;若程铁柱认为股东侵害公司或其股东个人合法权益,亦可通过其他途径救济,即本案并非通过其他途径无法解决。再次,鑫旺达公司开发的邯郸市涉县鑫达苑小区正处于工程收尾阶段,若公司解散,法人主体消亡,有可能损害其他民事主体的合法权益。原判认定鑫旺达公司虽然经营管理发生困难,但并不是通过其他途径无法解决,鑫旺达公司应当通过公司自治的方式解决程铁柱与史海英之间的争议,目前不解散公司为宜。

——中国裁判文书网,http://wenshu. court. gov. cn。

马菁、张鹭鹭等与山西鑫四海煤炭经销有限公司、李国英其他合同纠纷申请再审案[最高人民法院(2014)民申字第836号民事裁定书]

最高人民法院经审查认为:本案再审审查主要涉及鑫四海煤炭公司是否应予解散。

《公司法》第一百八十二条规定:“公司经营管理发生严重困难,继续存续会使股东利益受到重大损失,通过其他途径不能解决的,持有公司全部股东表决权百分之十以上的股东,可以请求人民法院解散公司。”可见,解散公司必须具备公司经营管理发生严重困难,继续存续会使股东利益受到重大损失,且通过其他途径不能解决等条件。而鑫四海煤炭公司目前尚在正常运营,马菁、张鹭鹭提供的证据也不足以证明鑫四海煤炭公司的经营管理发生严重困难,继续存续会使股东利益受到重大损失。且解散公司既涉及公司股东利益,也涉及公司债权人、公司员工等相关方的利益,解散公司对公司而言,是最严厉、最具破坏性的结果,若非万不得已,就不宜选择解散公司的办法来解决股东之间的争议,以保持市场主体的稳定性、严肃性,本案现有证据不足以证明股东之间的争议必须通过解散公司才能解决。

——中国裁判文书网,http://wenshu. court. gov. cn。

387

股东以知情权等权益受到损害等为由提起解散公司诉讼的，不予支持

关键词｜股东知情权｜公司解散｜

【最高人民法院裁判文书】

海口状园实业有限公司与海口翰星房地产投资有限公司、海南昌茂企业(集团)有限公司公司解散纠纷申请再审案[最高人民法院(2016)最高法民申379号民事裁定书]

最高人民法院认为:本案争议的焦点在于翰星公司是否符合公司解散的条件。《公司法》第一百八十二条规定:"公司经营管理发生严重困难,继续存续会使股东利益受到重大损失,通过其他途径不能解决的,持有公司全部股东表决权百分之十以上的股东,可以请求人民法院解散公司。"《公司法解释(二)》第一条第一款规定:"单独或者合计持有公司全部股东表决权百分之十以上的股东,以下列事由之一提起解散公司诉讼,并符合公司法第一百八十二条规定的,人民法院应予受理:(一)公司持续两年以上无法召开股东会或者股东大会,公司经营管理发生严重困难的;(二)股东表决时无法达到法定或者公司章程规定的比例,持续两年以上不能做出有效的股东会或者股东大会决议,公司经营管理发生严重困难的;(三)公司董事长期冲突,且无法通过股东会或者股东大会解决,公司经营管理发生严重困难的;(四)经营管理发生其他严重困难,公司继续存续会使股东利益受到重大损失的情形。"根据前述法律及司法解释的规定,股东请求解散公司的必要条件为"公司经营管理发生严重困难"从而导致公司继续存续会使股东利益受到重大损失。如何理解"公司经营管理发生严重困难",是判断一个公司是否应予解散的关键。《公司法解释(二)》第一条第一款前三项列举了三种情形,总结而言,公司经营管理发生严重困难,主要指公司股东(大)会、董事会等权力机构和管理机构运行失灵,无法对公司的任何事项作出决议,公司的一切事务处于瘫痪状态,即已经形成公司僵局,而这种持续的公司僵局使得股东的利益在僵持中逐渐耗竭。本案中,状园公司与昌茂公司已就共同设立翰星公司合作开发"翰林西苑"项目,达成了"状园公司以提供项目土地使用权、完成项目规划报建及方案设计为合作条件,昌茂公司以承担状园公司应承担的

义务和费用以外的全部项目开发建设所需资金为合作条件；昌茂公司负责项目的设计修改、策划、建设等，状园公司不参与管理，但可派人对工程建设进行监督”的约定，即翰星公司由昌茂公司负责经营管理，状园公司不参与该公司的管理。翰星公司系为开发“翰林西苑”项目设立的项目公司，该项目房产建成后，主要业务是销售项目房产。现有证据显示，翰星公司所开发的“翰林西苑”项目报建住宅房总套数630套、商品铺面总套数50套，该房产项目于2010年12月14日取得预售许可证并进行销售后，已售出住宅房558套、商品铺面47套，可见，翰星公司成立后，经营销售情况正常。公司超过两年时间未召开过股东会，并未出现公司运行机制失灵，经营管理陷入严重困难的情形。至于状园公司所主张翰星公司超过两年未召开股东会，以及其分得的房产中有44套住宅和3套铺面因“昌茂公司把控翰星公司的全部证照、公章印鉴，状园公司无法自行销售变现”的问题，属于股东知情权、财产收益权受损的范畴，根据《公司法解释（二）》第一条第二款“股东以知情权、利润分配请求权等权益受到损害，或者公司亏损、财产不足以偿还全部债务，以及公司被吊销企业法人营业执照未进行清算等为由，提起解散公司诉讼的，人民法院不予受理”之规定，并不属于公司应予以解散的事由。状园公司可循其他救济途径予以解决。

——中国裁判文书网，http://wenshu.court.gov.cn。

388

股东提起解散公司诉讼应当以公司为被告

关键词 | 公司解散 |

【最高人民法院司法解释】

第四条第一款 股东提起解散公司诉讼应当以公司为被告。

——《最高人民法院关于适用〈中华人民共和国公司法〉若干问题的规定（二）》（2008年5月5日最高人民法院审判委员会第1447次会议通过，根据2014年2月17日最高人民法院审判委员会第1607次会议《关于修改关于适用〈中华人民共和国公司法〉若干问题的规定的决定》修正）

【最高人民法院审判业务意见】

鉴于解散公司诉讼案件性质上属于变更之诉，系变更股东和公司之间的出资与被出资的法律关系，属有关公司组织方面的诉讼，因此，股东请求解散公司诉讼的被告应当是公司。股东之间关于出资设立公司的协议随着公司的成立已经履行完毕，不存在解除设立协议的问题，因此其他股东不应作为解散公司诉讼案件的被告。考虑到解散公司诉讼案件，一是可能影响到其他公司股东的利益，二是基于有关调解工作尚需其他股东参与诉讼，因此，原告提起解散公司诉讼时应当告知其他股东，或者由人民法院通知其参加诉讼，其他股东可以以共同原告或者第三人的身份参加诉讼。

——《最高人民法院民二庭负责人对〈关于适用《中华人民共和国公司法》若干问题的规定(二)〉答记者问》，载最高人民法院民事审判第二庭编著：《最高人民法院关于公司法司法解释(一)、(二)理解与适用》，人民法院出版社2015年版，第20页。

【链接：最高人民法院法官著述】

一、公司是股东请求解散公司诉讼中的唯一适格被告

股东请求解散公司诉讼案件性质上属于变更之诉，系变更股东和公司之间的出资与被出资的法律关系，该诉的被告应为公司。就原告股东与公司之间的关系而言，公司作为法律上的独立主体，在该诉中属于责任主体，因为该诉中要解决的是该公司是否应该解散的法律判断，如果符合解散条件，法院支持原告的起诉请求，则公司应该解散，继而公司进入清算程序，如果不符合解散条件，则公司继续存续，公司始终是该诉法律效果的直接对象。另外，关于原告股东与其他股东之间的关系，随着公司的成立，股东之间关于出资设立公司的协议已经履行完毕，由于公司主体的出现，股东之间的设立协议关系也已经转化为股东与公司之间的出资与被出资关系，不存在解除设立协议的问题，因此，其他股东不应作为解散公司诉讼案件的被告。因此，在股东解散公司诉讼案件中，唯一的适格被告就是公司。

——最高人民法院民事审判第二庭编著：《最高人民法院关于公司法司法解释(一)、(二)理解与适用》，人民法院出版社2015年版，第181页。

389

仲裁裁决解散公司没有法律依据

关键词｜公司解散｜仲裁裁决｜

【最高人民法院裁判文书】

中海石油化学股份有限公司与山西华鹿阳坡泉煤矿有限公司、山西华鹿热电有限公司公司解散纠纷申请再审案[最高人民法院(2016)最高法民再202号民事裁定书]

最高人民法院认为:《公司法》第一百八十二条规定:"公司经营管理发生严重困难,继续存续会使股东利益受到重大损失,通过其他途径不能解决的,持有公司全部股东表决权百分之十以上的股东,可以请求人民法院解散公司。"第一百八十条规定:"公司因下列原因解散:……(五)人民法院依照本法第一百八十二条的规定予以解散。"据此,在公司陷入僵局、公司自治已无法实现的情况下,符合条件的股东可以请求人民法院解散公司。现行法律并未赋予仲裁机构解散公司的裁决权。因仲裁机构裁决解散公司没有法律依据,即便阳坡泉煤矿的公司章程规定了公司解散事宜,且约定因执行本章程所发生的或与本章程有关的任何争议均可提请中国国际经济贸易仲裁委员会进行仲裁,其有关公司解散的仲裁协议亦不能发生相应的法律效力。华鹿热电公司有关本案应提交仲裁解决,人民法院不应受理的主张不能成立。

——中国裁判文书网,http://wenshu.court.gov.cn。

390

公司未清算前，投资款返还问题的处理

关键词｜公司清算｜投资款返还｜

【最高人民法院裁判文书】

香港南华策略地产发展有限公司与青岛建青实业总公司等房地产合作合同

纠纷案[最高人民法院(1999)民终字第19号民事判决书]

最高人民法院经审理认为:建青公司受让取得的是"爵士山庄"75亩土地的使用权,南华公司与建青公司从商业利益考虑,先就15亩土地签订合作开发合同,该合同已经有关部门发放《商品房预售许可证》《建设工程规划许可证》《临时建筑工程施工许可证》《山东省工程建设项目报建证》等,南华公司作为负责该工程建设方,可以在该地块上进行开发建设,但建青公司未将土地使用权办理到合作公司名下,仍属违反合同约定的行为。南华公司未按合同约定进行投资,构成违约。本案合同有效,南华公司向东建公司投资,是履行合同的行为,鉴于该合同已经另案被解除,在东建公司财产没有清算之前,南华公司请求返还投资款及代垫费用没有法律依据。

——肖扬总主编、最高人民法院民事审判第一庭编:《中华人民共和国最高人民法院判案大系》(民事卷-1999年卷),人民法院出版社2003年版,第57~59页。

编者说明

合作企业期满或者提前终止时,应当按照法定程序对资产和债权、债务进行清算,根据清算结果,合作各方按合作合同的约定确定各自的权利义务,清算前合作方不得以任何理由要求返还向合作企业的投资款项,否则将会损害合作企业的债权人的合法利益,也不利于公平合理地解决合作各方之间的利益分配。

391

公司清偿债务后注销前可以将其债权分配给股东

关键词|公司债务清偿|债权分配|

【最高人民法院裁判文书】

王磊与民生投资管理股份有限公司借款纠纷申诉案[最高人民法院(2011)民提字第127号民事裁定书]

法理提示:公司是享有民事财产权的企业法人,以其全部财产对公司的债务承担责任。公司解散前应当对经营期间的债权债务依法进行清算。公司债务清偿完毕后注销前，股东会有权对其剩余债权进行处分。公司注销标志着公司法人人格消灭，不再具有民事权利能力和民事行为能力，此后原有的债权也随之消灭。

——最高人民法院民事审判第一庭编:《民事审判指导与参考》总第 47 辑，人民法院出版社 2011 年版，第 147～158 页。

【链接：最高人民法院法官著述】

认定公司注销前处分债权是否有效，主要应从以下三方面考虑：

1. 依法进行清算，公司未经清算不能注销。清算包括成立清算组处理公司未了结的业务，清缴所欠税款，清理债权债务，处理公司清偿债务后的剩余财产等。公司财产在未依法清偿前，不得分配给股东。因为公司财产是法人的独立财产，公司解散前依法负有清偿债务的义务。如果未经偿债程序即将公司财产分配给股东，很可能会侵犯公司债权人的利益。

2. 依法对处分公司债权进行确认。在公司注销前决定公司债权由某一股东承继，属于最终处分公司资产，不同于公司经营期间的股权转让，通常公司股东之间转让股权由双方约定，并依公司章程或者相关规定进行股权转让登记后完成。而公司注销前处分其债权，未经股东会、股东大会或者人民法院确认的，该处分行为无效。股东会或者股东大会有权将公司债权按比例分配或者处分给其中一个或者几个股东，也可以赠与第三人。

3. 在公司注销前处分债权。公司注销前属于公司存续期间，具有民事主体资格和民事行为能力。其行为只要符合公司章程和法律规定，即应认定为有效。公司注销标志着公司法人人格消灭，其后不再具有民事行为能力，不得再进行民事活动，尚未处理的债权视为放弃，债务人因此免除民事责任。

——张进先:《公司清偿债务后注销前可以将其债权分配给股东——王磊与民生投资管理股份有限公司借款纠纷申诉案》，载最高人民法院民事审判第一庭编:《民事审判指导与参考》总第 47 辑，人民法院出版社 2011 年版，第 157～158 页。

392 行使剩余财产分配请求权的前提是享有公司股权

关键词 | 剩余财产分配请求权 |

【最高人民法院裁判文书】

陈文等与陈关祥损害股东利益责任纠纷申请再审案[最高人民法院(2015)民申字第1519号民事裁定书]

最高人民法院经审查认为:陈文等24人认为陈关祥注销建工集团后用该公司剩余财产出资设立新公司,侵害了他们的权利,遂提起本案诉讼请求判令陈关祥返还建工集团剩余财产,将剩余财产清算后按照该24人所占股权份额进行分配。该24人上述诉讼请求的实质是在行使作为股东所享有的剩余财产分配请求权,其前提是该24人必须享有建工集团的股权,为该公司的股东。而从原审查明的事实看,1999年12月7日《迪庆建工集团总公司改制股份合作制(企业)实施方案》载明,改制后的公司设置"职工个人股和集体共有股"。职工个人股购股的资金来源:一是员工直接现金购买;二是企业历年结余的应付工资应付福利费分配给职工个人的部分;三是终止企业的在职职工安置补助费。集体共有股的股资来源主要是:"企业历年来在财务账面结余的应付职工福利费","在职职工必须交现金入股,人均最低不得少于3000元,多购者不限","购股凭证管理:企业员工认购股份后,由企业负责登记发给股权证,作为入股和分红的凭证,股权证不得上市交易";《迪庆建工集团总公司(股份合作制)章程》规定,"集体共有股所有权属集体共有,按职工工龄等配售职工个人。配售到职工个人的集体共有股,人在股在,人走股消","职工个人股由在职职工安置费和现金认购股份组织,归职工个人所有,可以继承","职工持有股份份额以股权证形式确定。职工个人认购部分全部由人民币购买。在职职工安置费一次性转为职工个人股"。原审还查明如下事实:陈文等24名再审申请人中,12人在2000年11月至2002年10月期间先后与公司达成解除劳动关系协议后进行公证,领取各项费用后离开公司至今;2003年,建工集团(股份合作制)第二次改制分为建工集团和迪庆跨世纪大酒店,其中2名职工申请调入迪庆跨世纪大酒店,5名职工依法被开除,2名职工因拖欠所在企业款项被企业放弃债权后除名;2006年建工集团第三次深化改革时,3名职工申请调离建工集团至今。陈关祥于2008年5月

25 日以建工集团清算组的名义，向迪庆州工商行政管理局提出建工集团企业法人注销登记申请，同年 7 月 3 日被核准注销；2010 年 8 月 18 日，迪庆州工商行政管理局根据陈关祥的申请核准设立迪庆建工集团广茂工程总承包有限责任公司。在本案中陈文等 24 名再审申请人未能提供证据证明持有建工集团股权证以及所享有的股权份额。原审裁定基于上述情况，认定陈文等 24 人缺乏证据证明享有原建工集团的股份，不具备本案诉讼主体资格，裁定驳回该 24 人的起诉，并不存在认定事实和适用法律错误的问题。

——中国裁判文书网，http://wenshu.court.gov.cn。

393

审理公司强制清算案件应当遵循的原则

关键词｜公司强制清算｜

【最高人民法院司法政策】

公司作为现代企业的主要类型，在参与市场竞争时，不仅要严格遵循市场准入规则，也要严格遵循市场退出规则。公司强制清算作为公司退出市场机制的重要途径之一，是公司法律制度的重要组成部分。人民法院在审理此类案件时，应坚持以下原则：

第一，坚持清算程序公正原则。公司强制清算的目的在于有序结束公司存续期间的各种商事关系，合理调整众多法律主体的利益，维护正常的经济秩序。人民法院审理公司强制清算案件，应当严格依照法定程序进行，坚持在程序正义的基础上实现清算结果的公正。

第二，坚持清算效率原则。提高社会经济的整体效率，是公司强制清算制度追求的目标之一，要严格而不失快捷地使已经出现解散事由的公司退出市场，将其可能给各方主体利益造成的损失降至最低。人民法院审理强制清算案件，要严格按照法律规定及时有效地完成清算，保障债权人、股东等利害关系人的利益及时得到实现，避免因长期拖延清算给相关利害关系人造成不必要的损失，保障社会资源的有效利用。

第三，坚持利益均衡保护原则。公司强制清算中应当以维护公司各方主体利益平衡为原则，实现公司退出环节中的公平公正。人民法院在审理公司强制清算案件时，既要充分保护债权人利益，又要兼顾职工利益、股东利益和社会利益，妥善处理各方利益冲突，实现法律效果和社会效果的有机统一。

——《最高人民法院印发〈关于审理公司强制清算案件工作座谈会纪要〉的通知》(2009年11月4日，法发〔2009〕52号)

编者说明

公司强制清算，是指公司出现解散事由后，公司未在法定期限内成立清算组开始清算，或者有其他清算的障碍时，基于权利人的申请，由法院等公权力介入而进行的清算。① 按照最高人民法院2016年7月16日《关于调整强制清算与破产案件类型划分的通知》，自2016年8月1日起，强制清算案件与破产案件从民事案件中分出，单独作为一大类案件。

关于公司强制清算问题，最高人民法院《公司法解释(二)》对有关问题已经作出规定，但是鉴于该类案件具有非讼程序的特点以及目前对公司强制清算程序还没有具体规范的法律规定，还不完善，因此，最高人民法院下发了《关于审理公司强制清算案件工作座谈会纪要》(以下简称《强制清算纪要》)，该纪要与《公司法》以及《公司法解释(二)》共同构成审理公司强制案件的法律依据。

394

公司强制清算的申请

关键词｜公司强制清算申请｜

【最高人民法院司法解释】

第七条 公司应当依照公司法第一百八十三条的规定，在解散事由出现之日起十五日内成立清算组，开始自行清算。

有下列情形之一，债权人申请人民法院指定清算组进行清算的，人民法院应予受理：

(一)公司解散逾期不成立清算组进行清算的；

(二)虽然成立清算组但故意拖延清算的；

(三)违法清算可能严重损害债权人或者股东利益的。

具有本条第二款所列情形，而债权人未提起清算申请，公司股东申请人民法

① 刘敏：《公司解散清算制度》(修订版)，北京大学出版社2012年版，第130页。

院指定清算组对公司进行清算的，人民法院应予受理。

——《最高人民法院关于适用〈中华人民共和国公司法〉若干问题的规定（二）》（2008 年 5 月 5 日最高人民法院审判委员会第 1447 次会议通过，根据 2014 年 2 月 17 日最高人民法院审判委员会第 1607 次会议《关于修改关于适用〈中华人民共和国公司法〉若干问题的规定的决定》修正）

【最高人民法院司法政策】

7. 公司债权人或者股东向人民法院申请强制清算应当提交清算申请书。申请书应当载明申请人、被申请人的基本情况和申请的事实和理由。同时，申请人应当向人民法院提交被申请人已经发生解散事由以及申请人对被申请人享有债权或者股权的有关证据。公司解散后已经自行成立清算组进行清算，但债权人或者股东以其故意拖延清算，或者存在其他违法清算可能严重损害债权人或者股东利益为由，申请人民法院强制清算的，申请人还应当向人民法院提交公司故意拖延清算，或者存在其他违法清算行为可能严重损害其利益的相应证据材料。

——《最高人民法院印发〈关于审理公司强制清算案件工作座谈会纪要〉的通知》（2009 年 11 月 4 日，法发〔2009〕52 号）

【最高人民法院审判业务意见】

问：公司法规定债权人可以申请人民法院指定有关人员组成清算组进行清算。这类案件属于什么性质的案件，在受理该类案件后人民法院应当从哪些方面进行审理？

答：公司解散后原则上应当自行组织清算，公司未自行清算的，基于对有关权利人利益保护以及社会经济秩序维护的考虑，公司法赋予了债权人向人民法院申请强制清算的权利。公司清算案件，性质上属于非讼案件，类似于我们熟悉的破产案件，只不过由于启动的原因和进行的清算程序不同，人民法院介入的程度不同而已。因强制清算受理的理论前提还是公司资产足以偿还全部债务，故在这种清算程序中人民法院介入的程度相对于破产清算而言非常有限。人民法院在强制清算中主要职责包括指定和更换清算组成员、确认清算方案和清算报告、决定是否延长清算期限、裁定终结强制清算程序。应当注意的是，公司清算案件不是人民法院指定完清算组成员就审结了，而是需要监督整个清算程序完毕、裁定终结清算程序后，案件才算审结。《公司法解释（二）》一是将清算组故意拖延清算，以及有其他违法清算、可能严重损害公司股东或者债权人利益的行为这两种情形均作为申请强制清算的事由（事实上系自行清算向强制清算的转化）；二是将强制清算的申请主体扩大到股东。

——《最高人民法院民二庭负责人对〈关于适用《中华人民共和国公司法》若干问题的规定（二）〉答记者问》，载最高人民法院民事审判第二庭编著：《最高人民法院关于公司法司法解释（一）、（二）理解与适用》，人民法院出版社 2015 年版，第 22～23 页。

编者说明

最高人民法院的法官还认为，从债权的法律属性来看，无特定财产担保的债权之间具有平等性，无论债权金额的大小、债权发生时间的早晚、债权发生的原因、债权主体类型的差异，无特定财产担保的债权人之间是平等的，而基于该债权衍生出的所有权利也应当是平等的。因此，无论债权金额的大小，在出现法定事由的情况下，债权人均可以向人民法院提起强制清算公司的申请。

对于抵押权人，如果抵押物的价值足以清偿债务，基于物权优先效力，公司清算与否与债权能否得到完全满足并无利害关系，因此该抵押权人应无申请权。

附条件的债权人，都不享有破产申请权。但是，解除条件尚未成就的债权人可以成为强制清算的申请人。只要解除条件未成就，债权人就继续对被解散公司享有债权，因而可以作为申请人。

隐名股东能否申请公司强制清算，是司法实践中的一个重要问题。隐名股东是指虽然向公司实际投资，但在公司章程、股东名册及工商登记资料上将其出资登记在他人名下的公司出资人。目前，关于隐名股东的资格认定的学说众说纷纭。

隐名股东申请人以其为公司实际出资人为由申请强制清算，但不能提供公司股东名册记载其为股东等证据材料，人民法院是否应当受理其强制清算申请？最高人民法院法官认为，隐名出资人提出的股权确认之诉请或者股权变更诉请是否得到支持的问题虽然在《公司法解释（三）》中已有定论，但隐名出资人是否享有股权仍然需要通过诉讼程序予以确认或者变更，应当在提出强制清算申请之前明确，故被申请人对其股权提出异议时，人民法院应当告知其另行诉讼或者通过其他途径确认其股东身份后再行申请强制清算，其坚持申请的，人民法院应当裁定不予受理。①

395

是否存在违法清算行为的举证责任分配

关键词｜违法清算｜举证责任分配｜

① 最高人民法院民事审判第二庭编著：《最高人民法院关于公司法解释（三）、清算纪要理解与适用》，人民法院出版社 2011 年版，第 467～469、510 页。

【最高人民法院裁判文书】

香港配餐有限公司与青岛航空食品有限公司、青岛民航机场宾馆、民航上海华东生活服务中心、青岛国际机场集团有限公司公司清算纠纷案[最高人民法院(2012)民申字第636号民事裁定书]

最高人民法院认为:申请人认为被申请人存在违法清算损害股东等利益和拖延清算的情形,其依据是租赁合同约定的租金低于市场价格以及清算组没有解决厂房权属问题。依照《民事诉讼法》第六十四条第一款“当事人对自己提出的主张,有责任提供证据”的规定,申请人应对其上述主张承担举证责任。但申请人没有提交证据证明之。申请人称被申请人应证明租金合理,被申请人有义务证明清算不存在过错,这是没有法律依据的。是否申请鉴定完全属于当事人自行决定的事项,人民法院没有义务也不能违反中立原则引导一方当事人申请鉴定,不存在申请人所称的程序违法问题。评估也是为了确定租金是否合理,在申请人没有其他证据证明租金不合理的情况下进行评估,实质上是要求被申请人证明自身没有过错,不符合举证责任分配的法定原则。《公司法解释(一)》第七条规定:清算组故意拖延清算,债权人和股东申请人民法院指定清算组对公司进行清算的,人民法院应予受理。但对于是否存在拖延清算的情形,申请人也没有提交证据予以证明,从原审查明的情况看,清算工作也在进行之中,不存在拖延清算的情形,更不存在故意拖延的情形。

——中国裁判文书网,http://wenshu. court. gov. cn。

396

债权人或者股东有权申请启动公司强制清算案件审查的听证程序

关键词｜公司强制清算｜听证会｜

【最高人民法院司法政策】

9. 审查强制清算案件的审判庭审查决定是否受理强制清算申请时,一般应当召开听证会。对于事实清楚、法律关系明确、证据确实充分的案件,经书面通知被申请人,其对书面审查方式无异议的,也可决定不召开听证会,而采用书面方式进行审查。

——《最高人民法院印发〈关于审理公司强制清算案件工作座谈会纪要〉的通知》(2009年11月4日,法发〔2009〕52号)

【最高人民法院裁判文书】

香港邦泰国际(集团)有限公司与邯郸金叶餐饮娱乐有限公司强制清算案[最高人民法院(2011)民提字第269号民事裁定书]

最高人民法院认为:《强制清算纪要》第十条指出:公司股东、实际控制人等利害关系人可以申请参加人民法院召开的听证会。股东和实际控制人虽然不是案件的当事人,但可以对强制清算申请发表自己的意见,包括提出异议。本案再审时,金叶公司的股东邯郸烟草公司也以金叶公司实际控制人的名义发表意见,邦泰公司对邯郸烟草公司的身份没有异议,并对邯郸烟草公司的意见进行了反驳。因此,一、二审法院审查邯郸烟草公司提出的异议,并无不当。另外,不论金叶公司是否在一、二审时提出过异议,金叶公司作为被申请人在本院再审时已经提出了异议,由于法律没有规定提出异议的期间,故对其异议也应予以审理。

但是,金叶公司和邯郸烟草公司提出的异议事项已经为生效法律文书确认。已经发生法律效力的仲裁裁决和(2001)邯经初字第20号民事判决均确认金叶公司和邯郸烟草公司合资成立了金叶公司,均确认合资合同和公司章程得到批准机关批准、金叶公司领取了营业执照。作为金叶公司领取营业执照重要依据的河北省人民政府颁发的《台港澳侨投资企业批准证书》,也载明金叶公司的投资者为邯郸烟草公司和邦泰公司。仲裁裁决的第二项更加明确:邦泰公司和邯郸烟草公司依据《投资方式确认协议书》对合营公司所作的实际投入,在合营公司的清算过程中确定,并依法返还(包括折价支付)给实际出资方。可见,邦泰公司是金叶公司股东的事实已经为两份生效法律文书所确认。尽管上述生效法律文书均未确定邦泰公司的实际出资金额,没有认定邦泰公司为"实际出资股东",但是,是否实际出资在清算中主要是影响其剩余财产分配权,邦泰公司不因此丧失股东地位和申请清算的权利。《强制清算纪要》第十三条指出:"被申请人就申请人对其是否享有债权或者股权……提出异议的,人民法院对申请人提出的强制清算申请应不予受理。……但对上述异议事项已有生效法律文书予以确认……的除外。”因此，应当根据《公司法解释（二）》第七条第三款关于“公司股东申请人民法院指定清算组对公司进行清算的，人民法院应予受理”的规定，受理邦泰公司的强制清算申请。

——中国裁判文书网，http://wenshu.court.gov.cn。

【链接：最高人民法院法官著述】

审判机关可以依职权启动听证程序，但对于债权人或者股东提出强制清算申请时是否有权申请启动听证程序，并没有予以规定。听证程序的设立就是为了保证双方当事人平等使用攻防武器，各自拥有主张和抗辩的机会，使得强制清算申请的审查程序更加公开、公平、公正。因此，实践中应当赋予当事人申请启动听证程序的权利。《强制清算纪要》规定，对于事实清楚、法律关系明确、证据确定充分的案件，经书面通知被申请人，其对书面审查方式无异议的，也可决定不召开听证会。明确赋予了被申请人对于书面审查享有异议的权利，但是被申请人的异议权是否属于否决权，从而直接产生听证审查的效力，还是应由法院先行审查被申请人的异议再决定是否由书面审查转为听证审查，并不明确。考虑到引入听证程序可能会造成法律及适用上的冲突，增加司法成本，阻碍司法效率，为防止听证适用的扩大化，所以实践中应由审判机关对被申请人的异议进行审查，再决定是否转为听证程序，以防止被申请人滥用异议权，恶意拖延强制清算的启动时间。但在司法实践中，被申请人异议被驳回的情况下，应当赋予被申请人救济的途径，否则该条文就形同虚设。

——最高人民法院民事审判第二庭编著：《最高人民法院关于公司法解释（三）、清算纪要理解与适用》，人民法院出版社 2011 年版，第 481 ~ 482 页。

397

被申请人的异议程序是强制清算申请审查的必经程序

关键词｜被申请人异议｜强制清算申请｜

【最高人民法院司法政策】

11. 人民法院决定不召开听证会的,应当及时通知申请人和被申请人,并向被申请人送达有关申请材料,同时告知被申请人若对申请人的申请有异议,应当自收到人民法院通知之日起7日内向人民法院书面提出。

13. 被申请人就申请人对其是否享有债权或者股权,或者对被申请人是否发生解散事由提出异议的,人民法院对申请人提出的强制清算申请应不予受理。申请人可就有关争议单独提起诉讼或者仲裁予以确认后,另行向人民法院提起强制清算申请。但对上述异议事项已有生效法律文书予以确认,以及发生被吊销企业法人营业执照、责令关闭或者被撤销等解散事由有明确、充分证据的除外。

——《最高人民法院印发〈关于审理公司强制清算案件工作座谈会纪要〉的通知》(2009年11月4日,法发〔2009〕52号)

【链接:最高人民法院法官著述】

异议是必经程序。只要债权人或者股东提出申请,不管被申请人是否有异议,人民法院都要及时在法定的期限内向被申请人送过申请书及相关材料,被申请人是否有异议,是否提出异议是其权利,由被申请人自己决定。人民法院不能推定为被申请人肯定无异议,从而省略此异议程序。如果省略该异议程序,实际是对被申请人异议权利的剥夺。所以,在启动公司强制清算程序前,存在一个前置程序,给予被申请人行使异议权的机会。

——最高人民法院民事审判第二庭编著:《最高人民法院关于公司法解释(三)、清算纪要理解与适用》,人民法院出版社2011年版,第499页。

398

公司强制清算案件中对公司实际控制人异议的审查

关键词 | 公司强制清算 | 实际控制人 | 异议审查 |

【最高人民法院司法政策】

9. 审理强制清算案件的审判庭审查决定是否受理强制清算申请时，一般应当召开听证会。对于事实清楚、法律关系明确、证据确实充分的案件，经书面通知被申请人，其对书面审查方式无异议的，也可决定不召开听证会，而采用书面方式进行审查。

10. 人民法院决定召开听证会的，应当于听证会召开五日前通知申请人、被申请人，并送达相关申请材料。公司股东、实际控制人等利害关系人申请参加听证的，人民法院应予准许。听证会中，人民法院应当组织有关利害关系人对申请人是否具备申请资格、被申请人是否已经发生解散事由、强制清算申请是否符合法律规定等内容进行听证。因补充证据等原因需要再次召开听证会的，应在补充期限届满后十日内进行。

——《最高人民法院印发〈关于审理公司强制清算案件工作座谈会纪要〉的通知》(2009 年 11 月 4 日，法发〔2009〕52 号)

399

应当对驳回强制清算申请的适用期间作出合理的限制

关键词 | 驳回强制清算申请 | 合理期间 |

【最高人民法院司法政策】

14. 申请人提供被申请人自行清算中故意拖延清算，或者存在其他违法清算可能严重损害债权人或者股东利益的相应证据材料后，被申请人未能举出相反证据的，人民法院对申请人提出的强制清算申请应予受理。债权人申请强制清算，被申请人的主要财产、账册、重要文件等灭失，或者被申请人人员下落不明，导致无法清算的，人民法院不得以此为由不予受理。

15. 人民法院受理强制清算申请后，经审查发现强制清算申请不符合法律规定的，可以裁定驳回强制清算申请。

——《最高人民法院印发〈关于审理公司强制清算案件工作座谈会纪

要〉的通知》(2009年11月4日,法发〔2009〕52号)

【链接:最高人民法院法官著述】

驳回强制清算申请的制度设计,与不予受理制度相互配合,有效限制非正当性强制清算申请,合理控制滥用强制清算申请。对不符合受理条件的强制清算申请而言,绝大多数在立案审查阶段就过滤在清算大门之外了,需要法院裁定驳回"漏网"的不应当受理的强制清算申请概率不高,其适用的现实可能性和范围应当说相当有限。因此,我们认为,应当对驳回强制清算申请的适用期间作出合理的限制,可以有效地保障程序的安定性,保证实体审理在正当程序的基础上进行。同时也为法官在审判程序中任意扩大驳回强制清算申请的适用范围,设置了必要的防线。《民事诉讼法》及其司法解释中,对案件的程序性审查期间其实也有许多类似的规定。如《民事诉讼法》规定当事人应当在提交答辩状的期间内提出管辖权异议。最高人民法院《民事诉讼证据规定》第三十四条第三款规定对于原告增加或变更诉讼请求,被告提出反诉,应当在举证期限届满前提出。由于强制清算程序一旦启动必将产生清算费用,因此可以将驳回强制清算申请的适用期间确定在清算费用发生之前为宜,具体而言,可以考虑确定在指定清算组之前。因为清算组一旦成立就将开始工作,就会即时产生清算费用,清算程序也将难以逆转。

——最高人民法院民事审判第二庭编著:《最高人民法院关于公司法解释(三)、清算纪要理解与适用》,人民法院出版社2011年版,第516页。

400

公司强制清算申请撤回的条件

关键词 | 公司强制清算 |

【最高人民法院司法政策】

八、关于强制清算申请的撤回

17. 人民法院裁定受理公司强制清算申请前,申请人请求撤回其申请的,人民法院应予准许。

18. 公司因公司章程规定的营业期限届满或者公司章程规定的其他解散事由出现，或者股东会、股东大会决议自愿解散的，人民法院受理强制清算申请后，清算组对股东进行剩余财产分配前，申请人以公司修改章程，或者股东会、股东大会决议公司继续存续为由，请求撤回强制清算申请的，人民法院应予准许。

19. 公司因依法被吊销营业执照、责令关闭或者被撤销，或者被人民法院判决强制解散的，人民法院受理强制清算申请后，清算组对股东进行剩余财产分配前，申请人向人民法院申请撤回强制清算申请的，人民法院不予准许。但申请人有证据证明相关行政决定被撤销，或者人民法院作出解散公司判决后当事人又达成公司存续和解协议的除外。

——《最高人民法院印发〈关于审理公司强制清算案件工作座谈会纪要〉的通知》(2009 年 11 月 4 日，法发〔2009〕52 号)

【链接：最高人民法院法官著述】

公司强制解散的，法院受理强制清算申请后准许申请人撤回申请的要件：

1. 提出撤回申请的人必须是申请人或者经过申请人特别授权的委托代理人。被申请人不得提出撤回申请。申请人向法院撤回申请时必须提交书面的撤回申请书，说明申请撤回的事实和理由，同时附上吊销营业执照、责令关闭或者撤销公司等相关行政决定被撤销或公司股东会、股东大会达成一致同意公司继续存续的和解协议等证据材料，以便法院对该撤回申请进行审查。

2. 撤回申请必须自愿。申请撤回强制清算申请是申请人处分自己诉讼权利的行为，除非申请人有明确的意思表示，任何人包括法院不得强迫申请人撤回公司强制清算申请，否则，该撤回申请行为无效。

3. 撤回强制清算申请必须符合法律规定，不得侵犯国家、集体或者他人的合法权益，不得违反公序良俗或者规避法律企图逃避法律制裁。在公司强制清算程序启动后，申请人请求撤回强制清算申请必须受到两方面的限制：首先，经清算组核查，被申请人的资产应当足以清偿全部债务，这是强制清算程序进行的前提，也是强制清算程序区别于破产清算程序的重要特征。在公司资产不足以清偿全部债务的情形下，即使吊销营业执照、责令关闭或者撤销公司的相关行政决定被撤销，或者股东会、股东大会达成同意公司继续存续的和解协议，申请人也不得向法院请求撤回强制清算申请，因为虽然公司强制清算程序不能继续进行，但公司已经达到破产界限，理应转为破产清算，以公平保护全体债权人的利益和维护交易安全。其次,在公司资产足以清偿全部债务的情形下,申请人请求撤回强制清算申请也不得损害其他债权人或利害关系人的利益。法院审理公司强制清算案件必须坚持利益均衡保护原则,既要充分保护债权人利益,又要兼顾债务人利益、股东利益和社会利益的平衡,妥善处理各方利益冲突,实现公司退出环节的公平、公正。因此,在相关行政决定被撤销或公司股东会、股东大会达成公司继续存续的和解协议时,法院应当审查撤回申请是否损害申请人及其他利害关系人的合法权益。如果撤回申请不损害股东、债权人及其他相关权利人的利益,则法院应当准许申请人撤回强制清算申请。

撤回强制清算申请应在清算组对股东进行剩余财产分配前提出。因为清算组对股东进行剩余财产分配是公司财产分配的最后一个环节,一旦公司全部财产分配完毕,强制清算工作也就基本完成,清算组将申请法院终结公司强制清算程序。此时,申请人再申请撤回强制清算申请,无法达到使公司继续存续的目的,事实上也不可能挽救公司消亡的命运。另外,公司强制清算程序中,一旦清算组对股东进行剩余财产分配,即意味着股东出资权益的返还,股东依据其出资份额领取了公司剩余财产后,其股东权益便不复存在,此时,股东会或股东大会再就公司继续存续事宜达成和解协议也不再具有法律效力。因此,撤回强制清算申请应在清算组对股东进翻余财产分配前提出。

——最高人民法院民事审判第二庭编著:《最高人民法院关于公司法解释(三)、清算纪要理解与适用(注释版)》,人民法院出版社 2014 年版,第 548 ~ 549 页。

401

公司强制清算中清算组的议事机制

关键词|公司强制清算|清算组|

【最高人民法院司法政策】

26. 公司强制清算中的清算组因清算事务发生争议的,应当参照《公司法(2005)》第一百一十二条的规定,经全体清算组成员过半数决议通过。与争议事项有利害关系的清算组成员可以发表意见,但不得参与投票;因利害关系人回避表决无法形成多数意见的，清算组可以请求人民法院作出决定。与争议事项有直接利害关系的清算组成员未回避表决形成决定的，债权人或者清算组其他成员可以参照《公司法》第二十二条的规定，自决定作出之日起六十日内，请求人民法院予以撤销。

——《最高人民法院印发〈关于审理公司强制清算案件工作座谈会纪要〉的通知》(2009 年 11 月 4 日，法发〔2009〕52 号)

【链接：最高人民法院法官著述】

清算组与公司解散前的董事会地位相当，清算组成立后即"接管董事会的全部权力，对外代表清算公司表示意思，对内执行清算事务，与公司解散前的董事会地位基本相同"。而目前清算制度下对于清算组的召集程序、议事规则和表决程序均没有明确法律依据，所以在清算过程中经常会发生问题：一方或多方故意不参加会议致使清算会议无法召开，或虽参加会议但由于议事规则不清晰，而不能达成一致或多数意见，构成清算僵局，使得清算无法正常进行。

为了保证清算事务正常、有序进行，《强制清算纪要》将议事方式规定为一人一票，所有决议应当经过半数以上的成员通过方为有效，没有按照《公司法(2005)》第四十九条和第一百一十二条规定，将有限责任公司和股份有限公司加以区别，即股份有限公司的董事会决议是过半数通过即可，而有限责任公司的表决则由公司章程规定。由于进入强制清算程序中的公司，一般其内部治理结构已经不能正常运转，许多公司因陷入僵局而被司法判令解散，根据公司章程规定的表决机制不能起作用。因此，纪要对强制清算中的清算组议事方式统一规定为过半数通过即可有效，避免将导致公司解散的僵局因素带入强制清算程序。

——最高人民法院民事审判第二庭编著：《最高人民法院关于公司法解释(三)、清算纪要理解与适用》，人民法院出版社 2011 年版，第 558～559 页。

402

法院依股东申请对公司财产采取保全措施的，在判令公司解散的判决生效后，不宜马上解除

关键词｜公司解散｜财产保全｜

【最高人民法院司法政策】

27. 人民法院受理强制清算申请后,公司财产存在被隐匿、转移、毁损等可能影响依法清算情形的,人民法院可依清算组或者申请人的申请,对公司财产采取相应的保全措施。

——《最高人民法院印发〈关于审理公司强制清算案件工作座谈会纪要〉的通知》(2009 年 11 月 4 日,法发〔2009〕52 号)

【链接:最高人民法院法官著述】

强制清算中的财产保全具有以下几个特点:第一,强制清算中的财产保全是程序保全,而非程序前保全。保全申请只能在人民法院受理强制清算申请后才能提起,不能在强制清算申请之前单独提起,也不能与强制清算申请一并提起。第二,强制清算中的财产保全必须由当事人提出申请,不能由法院依职权采取。人民法院采取保全措施,必须依清算组或者申请人的申请。第三,强制清算中的财产保全申请主体可以是清算组,也可以是申请对公司进行强制清算的申请人。清算组申请财产保全的决定,必须符合《强制清算纪要》第二十六条规定的清算组议事规则。第四,公司财产存在被隐匿、转移、毁损等可能影响依法清算的情形。这是人民法院对公司清算财产采取保全措施的实质要件。

公司解散诉讼期间,法院依股东申请对公司财产采取保全措施的,在法院判令公司解散的判决生效后,为防止公司财产在公司依法清算之前流失,不宜马上解除财产保全措施,而应当保留一段时间。根据《公司法解释(二)》关于解散事由出现后,公司清算义务人组织自行清算的 15 日除斥期间的,再加上自行清算可能出现障碍,债权人或者股东申请法院强制清算的合理期间,保留的期限建议确定为 30 日。30 日内,债权人或者股东提出强制清算申请,且申请对公司财产采取保全措施的,原公司解散诉讼期间采取的财产保全措施可以接续;超过 30 日,债权人或者股东未提出强制清算申请的,或者提出强制清算申请后,未申请财产保全的,原公司解散诉讼期间采取的财产保全措施解除,从而便于公司解散诉讼期间的财产保全与公司强制清算期间财产保全措施的有效衔接。

——最高人民法院民事审判第二庭编著:《最高人民法院关于公司法

解释(三)、清算纪要理解与适用》,人民法院出版社 2011 年版,第 559 ~ 562 页。

2. 公司解散案件中采取的财产保全措施可以延续至强制清算程序公司解散诉讼期间,法院依股东申请对公司财产采取保全措施的,在法院判令公司解散的判决生效之后,为防止公司财产在公司依法清算之前流失,不宜马上解除财产保全措施,而应当保留一段时间。根据《公司法解释(二)》关于解散事由出现后,公司清算义务人组织自行清算的 15 天除斥期间,再加上自行清算可能出现障碍,债权人或者股东申请法院强制清算的合理期间,保留的期限建议确定为 30 日。30 日内,债权人或者股东提出强制清算申请,且申请对公司财产采取保全措施的,原公司解散诉讼期间采取的财产保全措施可以接续;超过 30 日,债权人或者股东未提出强制清算申请的,或者提出强制清算申请后,未申请财产保全的,原公司解散诉讼期间采取的财产保全措施解除,从而便于公司解散诉讼期间财产保全与公司强制清算期间财产保全措施的有效衔接。

——最高人民法院民事审判第二庭编著:《最高人民法院关于公司法解释(三)、清算纪要理解与适用(注释版)》,人民法院出版社 2014 年版,第 588 ~ 590 页。

403

提起清算责任纠纷诉讼的前提条件是公司债权人或公司的合法权益受到损害

关键词 | 清算责任纠纷诉讼 |

【最高人民法院裁判文书】

姜贵军与程祥华、李淑玲等与公司有关的纠纷申请再审案[最高人民法院(2016)最高法民申 1195 号民事裁定书]

最高人民法院认为:关于原裁定适用法律是否确有错误问题。根据《公司法》第一百九十条、《公司法解释(二)》规定,清算责任纠纷是指,有限责任公司的股东、股份有限公司的董事和控股股东，以及公司的实际控制人，未在法定期限内成立清算组开始清算，导致公司财产贬值、流失、毁损或者灭失；或者因怠于履行义务，导致公司主要财产、账册、重要文件等灭失，无法进行清算；或者恶意处置公司财产，给债权人造成损失；或者未经清算即办理注销登记，甚至以虚假的清算报告骗取公司登记机关办理法人注销登记，以及存在其他违反公司法和司法解释规定的行为，公司债权人有权向有限责任公司股东、股份有限公司董事和控股股东、公司实际控制人以及其他负有清算义务的人员提起清算责任纠纷诉讼，主张上述人员承担相应的赔偿责任或者连带清偿责任。根据上述规定，提起清算责任纠纷诉讼的前提条件是公司债权人或公司的合法权益受到损害，公司债权人和公司可以提起清算责任纠纷诉讼，同时司法解释也规定，公司股东为了维护公司利益，也可以自己的名义提起清算责任纠纷诉讼。在本案中，姜贵军起诉原雅美公司清算组成员和其他股东，是认为上述人员侵犯了其个人的合法权益，并非为了保护公司债权人利益或公司利益，因此，姜贵军以清算责任纠纷提起本案诉讼，不符合该纠纷的起诉条件。

另外，根据一、二审法院查明的事实，原雅美公司解散系该公司股东会决议决定，该公司清算组系依据公司股东会决议成立，具体清算分配方案和清算报告也已经过该公司股东会认可。因此，姜贵军所诉实际上是对原雅美公司股东会关于该公司解散及清算等相关决议内容提出的异议，原裁定根据其在二审庭审中主张的程祥华等七人所召开的股东会决议无效，该股东会决议及此后成立清算组并进行的清算程序违法的理由，认定本案是“姜贵军系对雅美公司的股东会决议存在异议而产生的纠纷，不属于清算责任纠纷”，进而裁定驳回姜贵军的起诉，适用法律并无不当，亦未对当事人的权利造成实质影响，故姜贵军的该项再审事由不能成立，本院不予支持。

——中国裁判文书网，http://wenshu. court. gov. cn。

404

《公司法解释（二）》第十八条的理解与适用

关键词｜清算义务人责任｜

【最高人民法院司法解释】

第十八条 有限责任公司的股东、股份有限公司的董事和控股股东未在法定期限内成立清算组开始清算，导致公司财产贬值、流失、毁损或者灭失，债权人主张其在造成损失范围内对公司债务承担赔偿责任的，人民法院应依法予以支持。

有限责任公司的股东、股份有限公司的董事和控股股东因怠于履行义务，导致公司主要财产、账册、重要文件等灭失，无法进行清算，债权人主张其对公司债务承担连带清偿责任的，人民法院应依法予以支持。

上述情形系实际控制人原因造成，债权人主张实际控制人对公司债务承担相应民事责任的，人民法院应依法予以支持。

——《最高人民法院关于适用〈中华人民共和国公司法〉若干问题的规定(二)》(2008 年 5 月 5 日最高人民法院审判委员会第 1447 次会议通过，根据 2014 年 2 月 17 日最高人民法院审判委员会第 1607 次会议《关于修改关于适用〈中华人民共和国公司法〉若干问题的规定的决定》修正)

【最高人民法院审判业务意见】

在适用《公司法解释(二)》第十八条时，应当注意：

第一，该条第一款规定“有限责任公司的股东、股份有限公司的董事和控股股东未在法定期限内成立清算组开始清算，导致公司财产贬值、流失、毁损或者灭失，债权人主张其在造成损失范围内对公司债务承担赔偿责任的，人民法院应依法予以支持”。在这里，股东等清算义务人“未在法定期间内成立清算组”的行为只是导致公司财产贬损，而不是导致公司无法进行清算。虽然公司财产发生贬损，但只要公司仍然可以进行清算，公司还应当进行清算，清算后因财产贬损而使债权人无法受偿的，清算义务人才在造成损失的范围内承担补充赔偿责任。而且需要特别注意的是，该款中的“导致公司财产贬值、流失、毁损或者灭失”应当适用因果关系推定和举证责任倒置两个原则。即公司解散后，原则上应当推定只要公司依法进行清算，债权人都可以得到全额清偿。债权人在经强制执行债务人财产后不能获得清偿的部分，推定为属于清算义务人未及时启动清算程序所造成的公司责任财产的减少部分，此时，除非清算义务人能举证证明该减少的财产不是其不作为所造成,而是非人为原因造成,否则应对公司不能清偿的部分予以清偿。

第二,该条第二款规定前述清算义务人"因怠于履行义务,导致公司主要财产、账册、重要文件等灭失,无法进行清算,债权人主张其对公司债务承担连带清偿责任的,人民法院应依法予以支持"。这里规定的是清算义务人怠于启动清算程序的行为导致了公司事实上无法进行清算,此时清算义务人就应当对公司债务直接承担连带责任。虽然公司财产灭失,但如果公司仍可以进行清算,债权人就不能依照该第二款的规定直接向清算义务人主张责任,而应当以前述第一款的规定主张权利。该第二款规定的是"无法进行清算"的情形,所以适用该款时不以必须履行清算程序为前提。只要债权人能够证明由于清算义务人怠于履行义务,导致无法清算,比如清算义务人或主要责任人下落不明,公司重要会计账簿、交易文件灭失,无法查明公司资产负债情况;公司主要财产灭失无法合理解释去向;公司财务制度不规范无法确定公司账簿真实性和完整性而无法清算等。此时法院就可以判决清算义务人承担连带责任。所以该款中的"无法进行清算",主要涉及当事人举证和法院认定证据的问题。法院在破产清算或者强制清算程序中作出的无法清算或无法依法全面清算的终结裁定具有当然、充分的证据效力。

——宋晓明:《商事审判若干疑难问题的探讨——在全国法院商事审判工作会议上的讲话(摘录)》,载最高人民法院民事审判第二庭编:《商事审判指导》总第23辑,人民法院出版社2011年版,第28~30页。

【链接:最高人民法院法官著述】

在具体适用过程中,该赔偿责任(指《公司法解释(二)》第十八条第一款规定)从行为方式上比较好认定,即只要清算义务人在规定期限内未成立清算组织进行清算即可。重点在于公司财产减少的范围如何确定,而财产减少范围的确定首先是举证责任的承担问题,如果按照传统的"谁主张、谁举证"的原则,将举证责任分配给债权人,可能有失公平,也不客观不现实,因为,相对公司清算义务人而言,公司债权人系"局外人",其不掌握清算义务人公司的主要财产,更不掌握其账册、重要文件,离这些证据的距离远,举证能力弱。而且清算义务人已经违反了法定的清算义务,既然清算义务人已经违反了该义务,如果其主张免责,其就要承担举证责任。这样也更符合公平、诚实信用原则和当事人的实际举证能力。因此,应当将举证责任分配给清算义务人。但有一定要注意,该损失如果是由于实际控制人原因造成的,此时举证责任仍应由债权人承担,而不应由实际控制人承担,因为实际控制人不是法定的清算义务人,组织清算不是其法定义务,其仅负有不得阻碍清算或者不因其原因导致未及时清算的义务。这一点上与清算义务人的举证责任分配不同。

……

审判实务中,对该款(指《公司法解释(二)》第十八条第二款的规定)的把握重点在于“无法进行清算”的认定上,此处“无法进行清算”是指由于公司据以进行清算的财产、账册、重要文件等灭失,无法按照法律规定的程序对公司的债权债务进行正常的清理,造成公司的财产和负债范围无法确定,债权人的债权无法得以清偿。① 这主要是针对“借解散之机逃废债务”“人去楼空”现象作出的特别规定。最主要的问题还是当事人的举证问题,根据一般的举证原则,只要债权人能够举证证明由于上述清算义务人怠于履行义务,导致公司主要财产、账册、重要文件等灭失,无法进行清算的,人民法院支持其要求清算义务人承担连带清偿责任的诉讼请求,应无异议。问题在于如果债权人无法举证证明债务人“无法进行清算”,如何处理?我们认为,债权人可以先行向人民法院申请对债权人进行强制清算或者破产清算。人民法院依法受理债权人的申请后,由于债务人“人去楼空”无法提交,或者债务人的有关人员拒不向人民法院提交,或者提交材料不真实,人民法院以无法清算或者无法依法全面清算为由裁定终结破产清算程序或者强制清算程序的,债权人可以依据人民法院作出的终结裁定,另行向人民法院提起诉讼,请求判决有限责任公司的股东、股份有限公司的董事和控股股东等清算义务人对公司债务承担连带清偿责任,人民法院可以根据无法清算和无法依法全面清算的裁定,径行判决清算义务人对公司债务承担连带清偿责任,而无需债权人另行举证证明。当然,如果导致不能清算是由于实际控制人的原因造成的,一般仍应由债权人承担举证责任。这里还有一点要明确,债权人申请强制清算或破产清算不是清算义务人承担连带责任的前置条件,只要债权人能够举证证明由于上述清算义务人怠于履行义务,导致无法进行清算的,人民法院就可以支持其要求清算义务人承担连带清偿的诉讼请求。

——最高人民法院案例指导工作办公室:《指导案例 9 号〈上海存亮贸

① 最高人民法院民事审判第二庭编著:《最高人民法院关于公司法司法解释(一)、(二)理解与适用》,人民法院出版社 2008 年版,第 352 页。

易有限公司诉蒋志东、王卫明等买卖合同纠纷案〉的理解与参照》，载《人民司法·应用》2013年第5期。

405

《公司法解释（二）》第十八条第二款规定的清算义务人应承担连带清偿责任的溯及力

关键词｜清算义务人｜连带责任｜溯及力｜

【最高人民法院裁判文书】

上海丰瑞投资咨询有限公司与上海汽车工业销售有限公司、扬州市机电设备总公司借款合同纠纷申请再审案［最高人民法院（2016）最高法民再37号民事判决书］

最高人民法院认为：本案再审审理争议焦点问题是作为清算义务人，上汽公司应否对上汽扬州公司所欠丰瑞公司的债务本息承担连带清偿责任。

本案中，上汽扬州公司章程中载明的经营期限为至1999年2月28日止。2001年11月2日，因该公司没有年检，被吊销营业执照。根据"法无溯及力"的基本原则，在行为发生当时，如果法律对行为有规定的，应适用行为之时的法律。我国于1993年制定了《公司法》。1999年、2004年、2005年、2013年分别对其进行了修订。1999年修订的《公司法》第一百九十条规定："公司有下列情形之一的，可以解散：（一）公司章程规定的营业期限届满或者公司章程规定的其他解散事由出现；（二）股东会决议解散；（三）因公司合并或者分立需要解散的。"第一百九十一条规定："公司依照前条第（一）项、第（二）项规定解散的，应当在十五日内成立清算组，有限责任公司的清算组由股东组成，股份有限公司的清算组由股东大会确定其人选；逾期不成立清算组进行清算的，债权人可以申请人民法院指定有关人员组成清算组，进行清算。人民法院应当受理该申请，并及时指定清算组成员，进行清算。"第一百九十二条规定："公司违反法律、行政法规被依法责令关闭的，应当解散，由有关主管机关组织股东、有关机关及有关专业人员成立清算组，进行清算。"本案中，上汽扬州公司章程规定的经营期限届满，但在经营期限届满后并未解散，后在2001年被吊销营业执照不再经营，应予解散。

1999年修订的《公司法》第一百九十二条规定的是"公司违反法律、行政法规被依法责令关闭的,应当解散"的情形,违法责令关闭和被吊销营业执照而应予解散并不相同,2005年修订的《公司法》第一百八十一条第(四)项在规定"公司解散的原因"时即将"依法被吊销营业执照"和"责令关闭"列为并列的两个不同事由。因此,1999年修订的《公司法》第一百九十二条对吊销营业执照而应予解散的情形并不适用,该法并未对公司因被吊销营业执照而应解散的情形进行明确规定。2004年修订的《公司法》对该问题也没有明确规定。2005年修订的《公司法》第一百八十一条规定:"公司因下列原因解散:……(四)依法被吊销营业执照、责令关闭或者被撤销;……"第一百八十四条规定:"公司因本法第一百八十一条第(一)项、第(二)项、第(四)项、第(五)项规定而解散的,应当在解散事由出现之日起十五日内成立清算组,开始清算。有限责任公司的清算组由股东组成,股份有限公司的清算组由董事或者股东大会确定的人员组成。"《公司法解释(一)》第二条规定:"因公司法实施前有关民事行为或者事件发生纠纷起诉到人民法院的,如当时的法律法规和司法解释没有明确规定时,可参照适用公司法的有关规定。"根据上述规定,本案可参照适用2005年修订的《公司法》的规定确定清算义务主体。本案中,上汽公司与机电公司在1997年2月18日签订的《上海汽车工业扬州销售公司章程》第五十条也明确载明:"公司解散应在十五日内由股东双方、有关主管机关和有关专业人员成立清算组,依照有关法律、法规规定的程序进行清算。"由上述规定和约定可见,上汽公司作为上汽扬州公司的股东,应为清算义务主体。

《公司法解释(二)》第十八条第二款规定:"有限责任公司的股东、股份有限公司的董事和控股股东因怠于履行义务,导致公司主要财产、账册、重要文件等灭失,无法进行清算,债权人主张其对公司债务承担连带清偿责任的,人民法院应依法予以支持。"该条规定的是清算义务人怠于履行清算义务应承担的对债务人债权人的侵权责任。其适用的法理基础是法人人格否定理论和侵害债权理论。因此,清算义务人承担上述清算赔偿责任,应符合以下构成要件:第一,清算义务人有违反法律规定,怠于履行清算义务的行为,即在公司解散后未在法定时间内开展清算事务或未在法定时间内完成清算事务,主观上存在不作为的过错,或者不适当执行清算事务,侵犯债权人利益。第二,清算义务人的行为造成了公司债权人的直接损失。第三,清算义务人怠于履行清算义务的行为与公司财产或债权人的损失之间具有法律上的因果关系。

本案中,尽管案涉被清算公司扬州公司在2001年11月2日被吊销了营业执照后应予解散并清算,至今作为其清算义务人的两个股东上汽公司和机电公司均未履行清算义务,但对于上汽公司而言,本案并不符合《公司法解释(二)》第十八条第二款规定的清算义务人应履行连带清偿责任的条件,上汽公司不应承担案涉丰瑞公司对上汽扬州公司债权的连带清偿责任。主要有两个理由:第一,从上汽公司在主张自己对上汽扬州公司享有债权而申请强制执行的行为可以得出,上汽公司已对上汽扬州公司的资产进行了清理,其未履行清算义务与丰瑞公司的损失之间并无因果关系。1999 年 12 月 21 日作出的(1999)扬经初字第 163 号民事判决书,判令上汽扬州公司给付上汽公司货款 9424216.95 元。根据上汽扬州公司工商档案显示,该公司最后一次年检是 1999 年度,相关表格中显示该公司此时的资产总额 426 万元,负债总额 663 万元。该时,上汽扬州公司负债大于资产。根据本院再审查明的事实,扬州公司实际运作中,没有独立聘用工作人员,其财务的具体的业务由机电公司的汽车科工作人员负责;也没有专门的财务管理部门,其财务管理实际由机电总公司财务科代管。财务也由扬州机电公司管理。被清算公司的董事长由机电公司的人担任。上汽公司申请强制执行后,在强制执行程序中,负责上汽扬州公司财务的机电公司以及上汽扬州公司也向法院出具了《上海汽车扬州销售有限公司现状汇报》《资产负债表》《损益表》《上汽扬州公司债权清单》等证据,用以核查公司资产,清偿债务。上述证据表明,该公司当时已无资产可供还债。正因为此,扬州市中级人民法院于 2000 年 12 月 27 日作出的(2000)扬执字第 96 号民事裁定书载明:“在执行过程中查明,被执行人扬州公司因经营亏损,已处于歇业状态,对外债权因其债务人均歇业或者破产而难以收回。本院曾于 2000 年 9 月 1 日裁定中止执行,期间申请人销售公司亦提供不出被执行人的财产线索。”该院据此裁定终结执行。由上述事实可见,基于保护自己债权的考虑,上汽公司在强制执行案中已尽其所能清查上汽扬州公司的责任资产,机电公司也提供了相关财务报表和说明,但该公司已无偿债资产。在上汽扬州公司于 2001 年已无偿债能力且被吊销营业执照的情形下,即使当时进行清算,其也无责任资产偿还丰瑞公司的案涉债权,故上汽公司未履行清算义务的行为并未造成丰瑞公司的损失,上汽公司未履行清算义务的行为与丰瑞公司案涉债权未得到清偿所致损失并无因果关系。第二,从法律、司法解释的规定、司法实务的现实以及避免当事人滥用连带责任规定的角度进行分析。在 2008 年,《公司法解释(二)》颁布实施前,我国并无关于清算义务人未履行清算义务应承担连带清偿责任的规定。本案被清算公司发生清算事由在 2001 年。在当时,尽管公司法有关于清算义务的规定,但并没有关于未履行清算义务应承担何种责任的明确规定,故在司法实务中,对清算义务人追究法律责任的案例极少。虽然根据“补缺例外”的法无溯及力的除外原则,本案应适用《公司法解释(二)》的规定,但考虑到对于当事人期限利益的保护,让当事人根据法律事实出现多年之后才颁布实施的《公司法解释(二)》的规定承担连带清偿责任,有失公正,尤其是在清算义务人已尽其所能未能在强制执行程序中使自己对被清算主体的900万元债权得到清偿的情形下。

——中国裁判文书网,http://wenshu.court.gov.cn。

406

公司清算组仅在报纸上进行公告,不构成对债权人的有效通知

关键词|公司清算组|通知债权人|

【最高人民法院裁判文书】

浙江龙生房地产开发集团有限公司与陈维香申请再审案[最高人民法院(2015)民申字第2249号民事裁定书]

最高人民法院认为:关于公司清算的通知义务问题。本案中,原中纺公司清算组于2012年6月24日出具了《公司清算报告》,并于2012年6月27日经杭州市工商行政管理局核准办理了注销登记。陈维香作为清算组成员以及原中纺公司董事会成员在《公司清算报告》中签字确认原中纺公司已清算完毕。《公司法》要求清算组应当通知债权人,并在报纸上进行公告,仅履行刊登公告义务尚不构成对债权人的有效通知。因此原中纺公司清算组虽然在报纸上刊登了公告,但没有提供证据证明已书面通知债权人龙生公司有关公司清算及申报债权的事宜,从而导致龙生公司未能及时申报债权而遭受损失。因此,在原中纺公司已经注销的情况下,原审判决认定由原中纺公司清算组成员陈维香在接受原中纺公司资产范围内对涉案债务承担民事责任并无不当。陈维香关于已履行清算通知义务的再审申请理由亦不能成立。

——中国裁判文书网,http://wenshu.court.gov.cn。

407

公司无法清算的认定和处理

关键词｜无法清算｜

【最高人民法院司法政策】

28. 对于被申请人主要财产、账册、重要文件等灭失，或者被申请人人员下落不明的强制清算案件，经向被申请人的股东、董事等直接责任人员释明或采取罚款等民事制裁措施后，仍然无法清算或者无法全面清算，对于尚有部分财产，且依据现有账册、重要文件等，可以进行部分清偿的，应当参照企业破产法的规定，对现有财产进行公平清偿后，以无法全面清算为由终结强制清算程序；对于没有任何财产、账册、重要文件，被申请人人员下落不明的，应当以无法清算为由终结强制清算程序。

29. 债权人申请强制清算，人民法院以无法清算或者无法全面清算为由裁定终结强制清算程序的，应当在终结裁定中载明，债权人可以另行依据《公司法解释（二）》第十八条的规定，要求被申请人的股东、董事、实际控制人等清算义务人对其债务承担偿还责任。股东申请强制清算，人民法院以无法清算或者无法全面清算为由作出终结强制清算程序的，应当在终结裁定中载明，股东可以向控股股东等实际控制公司的主体主张有关权利。

——《最高人民法院印发〈关于审理公司强制清算案件工作座谈会纪要〉的通知》（2009年11月4日，法发〔2009〕52号）

【链接：最高人民法院法官著述】

根据《公司法解释（二）》的规定，有限责任公司的股东、股份有限公司的董事和控股股东因怠于履行义务，导致公司主要财产、账册、重要文件等灭失，无法进行清算的，应当对公司的债务承担连带清偿责任。“无法进行清算”是指由于公司据以进行清算的财产、账册、重要文件等灭失，无法按照法律规定的程序对公司的债权债务进行正常的清理。主要是针对“借解散逃废债务”“人去楼空”的现象。公司无法进行正常的清算，并不意味着公司可以不再经过清算即可直接向公司登记机关申请注销登记。根据《公司登记管理条例》的规定，进行清算并提交清算报告,仍是申请公司注销登记的必经程序。清算过程中,如果发现据以进行清算的客观依据已经灭失,无法全面、客观地进行债权债务清理的,清算组仍应出具清算报告并在清算报告中对此情形予以说明。

——最高人民法院民事审判第二庭编著:《最高人民法院关于公司法司法解释(一)、(二)理解与适用》,人民法院出版社 2008 年版,第 352 ~ 353 页。

408

代持股东虽称不知公司已被解散并依据虚假清算报告办理了注销登记，但作为登记股东，亦属于怠于履行清算义务

关键词｜代持股东｜虚假清算｜注销登记｜

【最高人民法院司法解释】

第十九条 有限责任公司的股东、股份有限公司的董事和控股股东,以及公司的实际控制人在公司解散后,恶意处置公司财产给债权人造成损失,或者未经依法清算,以虚假的清算报告骗取公司登记机关办理法人注销登记,债权人主张其对公司债务承担相应赔偿责任的,人民法院应依法予以支持。

第二十条 公司解散应当在依法清算完毕后,申请办理注销登记。公司未经清算即办理注销登记,导致公司无法进行清算,债权人主张有限责任公司的股东、股份有限公司的董事和控股股东,以及公司的实际控制人对公司债务承担清偿责任的,人民法院应依法予以支持。

公司未经依法清算即办理注销登记,股东或者第三人在公司登记机关办理注销登记时承诺对公司债务承担责任,债权人主张其对公司债务承担相应民事责任的,人民法院应依法予以支持。

第二十一条 有限责任公司的股东、股份有限公司的董事和控股股东,以及公司的实际控制人为二人以上的,其中一人或者数人按照本规定第十八条和第二十条第一款的规定承担民事责任后,主张其他人员按照过错大小分担责任的,人民法院应依法予以支持。

——《最高人民法院关于适用〈中华人民共和国公司法〉若干问题的规

定(二)》(2008 年 5 月 5 日最高人民法院审判委员会第 1447 次会议通过，根据 2014 年 2 月 17 日最高人民法院审判委员会第 1607 次会议《关于修改关于适用〈中华人民共和国公司法〉若干问题的规定的决定》修正)

【最高人民法院裁判文书】

温进才与李殷英等借款合同纠纷申请再审案[最高人民法院(2015)民申字第 2509 号民事裁定书]

最高人民法院认为：(二)关于二审判决适用《公司法解释(二)》第二十条确定温进才、李殷英对案涉借款承担清偿责任是否属于认定事实和适用法律错误问题。

首先，《公司法解释(二)》第十九条规定的“未经依法清算，以虚假的清算报告骗取公司登记机关办理法人注销登记”，其主体是“有限责任公司的股东、股份有限公司的董事和控股股东，以及公司的实际控制人”。本案温进才、李殷英所提供的其他法院的相关判决和裁定，只是认定方圆公司申请注销登记时向登记机关提交的关于解散公司的三次股东会纪要和方圆公司清算报告均为案外人李英伪造股东签名的文件，并确认其为无效，而并未认定是实际控制人北泰公司伪造或指使案外人伪造上述文件。温进才、李殷英主张案外人李英的行为是受北泰公司指使实施的，缺乏证据。故本案的相关事实虽然在行为方式上符合《公司法解释(二)》第十九条“以虚假的清算报告骗取公司登记机关办理法人注销登记”这一积极作为的条件，但并未符合该条规定的主体条件。一审判决未依据《公司法解释(二)》第十九条的规定，而基于“北泰公司是方圆公司的唯一出资人和实际控制人，其不清楚方圆公司的财产状况，怠于履行监管职责，造成方圆公司未经依法清算即被注销，导致方圆公司无法进行清算”，根据该司法解释第二十条第一款的规定，判令北泰公司对公司债务承担清偿责任，不论是结果还是所依据的事实和法律，均无错误。况且，即使实际控制人确实实施了第十九条规定的以虚假的清算报告骗取公司登记机关办理注销登记的行为(此种情况下，根据第二十一条的规定，实际控制人不得请求其他股东分担相应责任)，也并不能当然排除对其他股东，包括名义股东适用第二十条第一款的规定追究责任。在第十九条之后设置第二十条的规定，可以理解为增加了公司债权人追究股东或实际控制人责任的途径选择，而并不能推断出在符合第十九条规定的情况下，当然解除其他股东或名义股东责任的意思。故温进才、李殷英主张应以

《公司法解释(二)》第十九条的规定为依据,判决北泰公司承担公司债务责任,同时不能适用第二十条的规定判决温进才、李股英承担责任,系混淆本案的基本事实,同时并无充分法律依据。

其次,根据商法上的公示公信和外观主义原则,第三人对公司登记信息的信赖利益应当受到保护。代持股关系属于代持股人与被代持股人之间的合同法律关系,不能以此对抗公司债权人。在公司的外部关系方面,经工商登记备案的代持股的名义股东属于法律意义上的公司股东,其是对外承担股东责任的直接主体,无论实际控制人是否承担相应的责任,只要未实际向债权人承担责任,代持股的名义股东就应当对外承担股东的责任。这一原则在《公司法解释(三)》第二十六条(2014年修订前为第二十七条)中关于经公司登记机关登记的股东不得以其仅为名义股东而拒绝债权人要求其履行出资义务的规定中,已经明确体现。《公司法解释(二)》第二十一条规定中也隐含股东不管过错有无、过错大小,对外必须承担股东责任,不能以自己没有过错为由对抗公司债权人的原则。温进才、李股英虽系代北泰公司持有方圆公司的股权,但并非被北泰公司冒名登记为股东,代持股是符合其自己的意志和利益的行为,且也并无证据显示南头城公司在向方圆深圳分公司提供借款时知悉并认可温进才、李股英的代持股人身份及北泰公司的实际出资人地位,故温进才、李股英应当承担相应的法律责任风险。温进才、李股英尽管没有签署决定解散方圆公司的股东会文件和清算报告,并称也不知道方圆公司已被解散并依据虚假的清算报告办理了注销登记,即未直接实施损害公司债权人利益的行为,但作为方圆公司经登记的股东,上述情形亦属于其怠于行使股东权利和履行股东监管职责及清算义务,导致公司被非法注销而无法清算,损害公司债权人利益。该情形已经符合《公司法解释(二)》第二十条第一款规定的承担责任的条件。本案二审判决依据该条款判令温进才、李股英对公司债务承担责任,并无不当。

——中国裁判文书网,http://wenshu.court.gov.cn。

409

股东未经依法清算即以虚假的清算报告骗取办理注销登记，应当对公司债务承担相应赔偿责任

关键词|虚假清算报告|注销登记|赔偿责任|

【最高人民法院司法解释】

第十九条 有限责任公司的股东、股份有限公司的董事和控股股东,以及公司的实际控制人在公司解散后,恶意处置公司财产给债权人造成损失,或者未经依法清算,以虚假的清算报告骗取公司登记机关办理法人注销登记,债权人主张其对公司债务承担相应赔偿责任的,人民法院应依法予以支持。

——《最高人民法院关于适用〈中华人民共和国公司法〉若干问题的规定(二)》(2008年5月5日最高人民法院审判委员会第1447次会议通过,根据2014年2月17日最高人民法院审判委员会第1607次会议《关于修改关于适用〈中华人民共和国公司法〉若干问题的规定的决定》修正)

【最高人民法院裁判文书】

林铭洋、林华与烟台银行股份有限公司清算责任纠纷案[最高人民法院(2015)民申字第916号民事裁定书]

最高人民法院经审查认为:《公司法》所规定的公司解散清算程序,是指在公司非因破产原因解散后,按照《公司法》规定的程序所进行的清算活动。适用该解散清算程序的前提是公司的财产能够清偿全部债务,当公司财产不能足额清偿债务或者明显缺乏清偿能力时,依法应当进行破产清算。《公司法》第一百八十七条第一款规定:"清算组在清理公司财产、编制资产负债表和财产清单后,发现公司财产不足清偿债务的,应当依法向人民法院申请宣告破产。"《企业破产法》第七条第三款规定:"企业法人已解散但未清算或者未清算完毕,资产不足以清偿债务的,依法负有清算责任的人应当向人民法院申请破产清算。"据此,本案中,申请人林铭洋和林华夫妻作为康宇公司、永恩公司的仅有两名股东,分别担任两公司的法定代表人,在自行清算的过程中,在明知该两公司的资产不足以清偿案涉烟台银行债权的情况下,既未通知烟台银行申报债权,亦未依法向人民法院申请进行破产清算,反而以虚假的清算报告骗取公司登记机关办理了注销登记,其行为损害了债权人烟台银行的利益,依法应当认定为故意侵权行为。关于申请人林铭洋、林华应当承担的责任范围问题,一方面,《公司法》第一百八十九条第三款规定:"清算组成员因故意或者重大过失给公司或者债权人造成损失的,应当承担赔偿责任。"申请人的违法清算行为的直接后果,就是导致债权人烟台银行因债务清偿主体消灭而无法主张债权。故原审判决将申请人的违法清算行为给烟台银行所造成的损失认定为债权本息的全部,并无不当,本院予以维持。另一方面,在债务人企业资不抵债的情况下,通过依法进行破产清算的制度设计,在保证债权人就公司全部财产公平受偿的同时,也为债务人企业提供了破产免责的救济。该破产免责的法律后果在合法免除债务人企业不能清偿的部分债务的同时,也隔断了股东对公司债务的责任,使得股东受到有限责任原则的保护。本案中,申请人林铭洋、林华自行实施的违法清算行为,系对法人独立地位和股东有限责任的滥用,既不能产生债务人康宇公司和永恩公司免于清偿部分债务的法律后果,同时,作为股东的林铭洋、林华也不再受到股东有限责任原则的保护。《公司法》第二十条第三款规定:"公司股东滥用公司法人独立地位和股东有限责任,逃避债务,严重损害公司债权人利益的,应当对公司债务承担连带责任。"据此,申请人林铭洋、林华亦应当对康宇公司和永恩公司的全部债务承担责任。

——中国裁判文书网,http://wenshu.court.gov.cn。

410

清算组成员在公司清算过程中，对职工工伤待遇损失未尽查知责任的，应承担连带赔偿责任

关键词｜清算组｜职工工伤保险待遇损失｜赔偿责任｜

【《最高人民法院公报》案例】

邹汉英诉孙立根、刘珍工伤事故损害赔偿纠纷上诉案(扬州市中级人民法院二审民事判决书)

裁判摘要:公司法定代表人在组织公司清算过程中,明知公司职工构成工伤并正在进行工伤等级鉴定,却未考虑其工伤等级鉴定后的待遇给付问题,从而给工伤职工的利益造成重大损害的,该行为应认定构成重大过失,应当依法承担赔偿责任。作为清算组成员的其他股东在公司解散清算过程中,未尽到其应尽的查知责任,也应认定存在重大过失,承担连带赔偿责任。

扬州市中级人民法院终审认为:对于上诉人孙立根、刘珍提出的新威电器解

散清算时，被上诉人邹汉英的工伤等级鉴定结果未出，其工伤保险待遇未发生的上诉理由，法院认为，被上诉人于2007年3月23日于工作期间受伤，并已于同年12月4日被认定为工伤，即依法享有工伤保险待遇。工伤等级鉴定结果是确定工伤保险待遇具体内容的主要依据，被上诉人的工伤等级鉴定结果未出，虽然无法确定工伤保险待遇的具体内容和数额，但并不影响被上诉人工伤保险待遇的发生。新威电器解散前，作为股东之一的孙立根清楚知晓被上诉人遭受工伤，因此，公司解散清算时，虽然被上诉人的工伤等级尚未鉴定出来，但作为公司的法定代表人，也是清算组成员的孙立根，在明知被上诉人受伤一事且已经认定工伤，正在进行工伤等级鉴定的情况下，亦应当在公司清算过程中将被上诉人的工伤保险待遇计算在内。

综上所述，上诉人孙立根在组织公司清算过程中，明知被上诉人邹汉英构成工伤并正在进行工伤等级鉴定，却未考虑被上诉人工伤等级鉴定后的待遇给付问题，从而给被上诉人的利益造成了重大损害，此行为明显构成重大过失。根据《公司法(2005)》第一百九十条的规定，清算组成员因故意或者重大过失给公司或者债权人造成损失的，应当承担赔偿责任。对此，孙立根应依法承担赔偿责任。上诉人刘珍系新威电器股东之一，也是清算组成员，在该公司解散清算过程中，刘珍对于实际存在的被上诉人工伤事实未能及时查知，显然未尽到清算组成员应尽的责任，也无证据证明另一清算组成员即孙立根在清算过程中，对其故意隐瞒了被上诉人工伤的事实，故对于被上诉人工伤待遇损失，刘珍的行为也构成重大过失，应与孙立根承担连带赔偿责任。如果刘珍认为相关责任人对此存在过错，可在承担责任后，依法向相关责任人主张权利。

——《最高人民法院公报》2010年第3期

编者说明

本裁判意见明确，公司法定代表人在组织公司清算过程中，明知公司职工构成工伤并正在进行工伤等级鉴定之中，却未考虑其工伤等级鉴定后的待遇给付问题，从而给工伤职工的利益造成重大损害的，该行为应认定为《公司法(2005)》第一百九十条规定的“清算组成员因故意或者重大过失给公司或者债权人造成损失的，应当承担赔偿责任”的情形，对《公司法(2005)》第一百九十条的规定进行了阐释。

411

以股东不履行清算义务为由要求各股东对公司债务承担连带赔偿责任的，应当适用诉讼时效

关键词｜清算责任｜诉讼时效｜

【最高人民法院裁判文书】

中国远东国际贸易总公司与上海新华房地产发展公司等股东损害公司债权人利益责任纠纷申请再审案[最高人民法院(2015)民申字第284号民事裁定书]

最高人民法院认为：再审申请人向人民法院起诉上海寅正置业有限公司的股东(本案申请人)，以股东不履行清算义务为由，要求各股东对公司的债务承担连带赔偿责任，属于行使请求权，依法应当适用法律关于诉讼时效的规定。

在2004年11月16日有关法院因上海寅正置业有限公司无可供执行的财产，裁定中止执行后，再审申请人作为执行案件的申请人，理应关注上海寅正置业有限公司的经营情况，包括其是否正常营业和是否存在营业执照被吊销的情况。按照《公司法》的规定，公司因营业执照被吊销等法定事由解散的，应当在解散事由出现之日起十五日内成立清算组，开始清算。《公司法解释(二)》也规定，逾期不成立清算组进行清算的，债权人可以申请人民法院指定有关人员组成清算组进行清算。再审申请人在上海寅正置业有限公司营业执照被吊销和《公司法解释(二)》施行后至提起本案诉讼长达四至五年期间，既未要求上海寅正置业有限公司的股东履行清算义务，也未向人民法院申请强制清算或者请求被申请人承担赔偿责任，超过了二年诉讼时效期间。

被申请人上海新华纶毛纺织有限公司、洪斌缺席一、二审的审理程序，不属于到庭而不提出超过诉讼时效期间抗辩的情形。诉讼时效问题对三个被申请人是相同的，再审申请人认为诉讼时效抗辩应由所有被申请人提出，没有法律依据。因此，二审判决以超过诉讼时效期间为由驳回再审申请人的诉讼请求，也无不当。

——中国裁判文书网，http://wenshu.court.gov.cn。

412

自愿解散撤销导致的公司强制清算程序终结的适用

关键词 | 自愿解散 | 强制清算终结 |

【最高人民法院司法政策】

37. 公司因公司章程规定的营业期限届满或者公司章程规定的其他解散事由出现,或者股东会、股东大会决议自愿解散的,人民法院受理债权人提出的强制清算申请后,对股东进行剩余财产分配前,公司修改章程、或者股东会、股东大会决议公司继续存续,申请人在其个人债权及他人债权均得到全额清偿后,未撤回申请的,人民法院可以根据被申请人的请求裁定终结强制清算程序,强制清算程序终结后,公司可以继续存续。

——《最高人民法院印发〈关于审理公司强制清算案件工作座谈会纪要〉的通知》(2009 年 11 月 4 日,法发〔2009〕52 号)

【链接:最高人民法院法官著述】

《公司法》规定的终结程序的事由是标准的模型。根据《公司法(2005)》第一百八十九条的规定,终结程序的标准事由是清算事务全部完成的。但是,审判实务中出现的问题是丰富多彩的,在未完成全部清算事务的情况下,也有可能终结清算程序。如在清算中,发现公司财产不足以偿还债务,强制清算程序要向破产清算程序转换。这时,清算程序终结。在清算程序中,申请人撤回强制清算申请,人民法院准予撤回的,强制清算程序也要终结。同样,在清算程序进行中,公司清算事由可能被撤回或者消除,公司继续存续的,清算程序也要终结,并不是强制清算程序开始后,就要一直向消灭公司人格方向进行。

——最高人民法院民事审判第二庭编著:《最高人民法院关于公司法解释(三)、清算纪要理解与适用》,人民法院出版社 2011 年版,第 623 页。

413

破产原因和强制清算原因竞合时，债权人享有申请破产清算或强制清算的选择权

关键词｜破产清算｜公司强制清算｜

【最高人民法院司法解释】

第五条 企业法人已解散但未清算或者未在合理期限内清算完毕，债权人申请债务人破产清算的，除债务人在法定异议期限内举证证明其未出现破产原因外，人民法院应当受理。

——《最高人民法院关于适用〈中华人民共和国企业破产法〉若干问题的规定（一）》（2011 年 9 月 9 日，法释〔2011〕22 号）

【最高人民法院司法政策】

15. 依法审理企业清算、破产案件，畅通企业退出渠道。要充分发挥企业清算程序和破产程序在淘汰落后企业或产能方面的法律功能，依法受理企业清算、破产案件，督促市场主体有序退出。人民法院判决解散企业后应当告知有关人员依法及时组织企业清算。企业解散后债权人或股东向人民法院提出强制清算申请的，人民法院应当审查并依法受理。公司清算中发现符合破产清算条件的，应当及时转入破产清算。当事人依法主张有关人员承担相应清算责任的，人民法院应予支持。

——《最高人民法院印发〈关于人民法院为企业兼并重组提供司法保障的指导意见〉的通知》（2014 年 6 月 3 日，法发〔2014〕7 号）

【最高人民法院审判业务意见】

企业法人解散但未清算、破产原因和强制清算原因竞合的情况下，债权人对于向人民法院直接申请债务人破产清算还是申请强制清算依法享有选择权。债权人申请强制清算符合法律规定，人民法院应当受理。

某公司被吊销营业执照后未依照《公司法（2005）》第一百八十四条的规定

成立清算组进行清算,该公司债权人依据上述规定和《公司法解释(二)》第七条的规定,向人民法院申请强制清算。一、二审法院均以该公司经人民法院强制执行无法清偿债务,其已出现不能清偿到期债务且明显缺乏清偿能力的破产原因为由,裁定不予受理该强制清算申请。最高人民法院审理认为,虽然《企业破产法》规定企业法人不能清偿到期债务且明显缺乏清偿能力系债务人破产原因之一,但在企业法人解散但未清算、破产原因和强制清算原因竞合的情况下,债权人对是向人民法院直接申请债务人破产清算还是申请强制清算依法享有选择权。债权人依法申请强制清算后,如经清算,债务人财产足以偿还全部债务的,人民法院应当在债务人财产清偿全部债务并分配剩余财产给出资人后依法裁定终结强制清算程序;如经清算,债务人财产不足以清偿全部债务的,除清算组依据《公司法解释(二)》第十七条的规定依据其与全体债权人协商确定的清偿方案清偿债务的外,清算组应当依据《公司法(2005)》第一百八十八条和《企业破产法》第七条第三款的规定,向人民法院申请破产清算。该公司债权人的强制清算申请符合法律规定,人民法院应当受理该申请,并及时组织清算组进行清算。

——最高人民法院民事审判第二庭:《最高人民法院民二庭近两年发回重审、指令再审案件审理情况》(2013 年 1 月),载最高人民法院民事审判第二庭编:《商事审判指导》总第 32 辑,人民法院出版社 2013 年版,第 21 ~ 22 页。

【最高人民法院裁判文书】

中国国旅贸易有限责任公司与长江农业开发有限公司强制清算案(最高人民法院再审民事裁定书)

一审法院认为:债务人不能清偿到期债务并且明显缺乏清偿能力的,应当认定其具备破产原因。长江农业开发有限公司未向中国国旅贸易有限责任公司清偿生效判决所确定的债务,经人民法院强制执行,仍无法清偿债务,应当认定其明显缺乏清偿能力。据此,长江农业开发有限公司已具备破产条件,应当依照企业破产法清理债务,故中国国旅贸易有限责任公司对长江农业开发有限公司提出的强制清算申请不符合受理条件。依法裁定:不予受理中国国旅贸易有限责任公司对长江农业开发有限公司提出的强制清算申请。

二审法院认为:长江农业开发有限公司未向中国国旅贸易有限责任公司清偿生效判决所确定的债务,经人民法院强制执行,仍无法清偿债务,根据《企业破产法解释(一)》的规定,应认定长江农业开发有限公司不能清偿到期债务且明显缺乏清偿能力,已具备破产原因。在这种情形下,中国国旅贸易有限责任公司作为债权人申请对长江农业开发有限公司强制清算不符合受理条件,一审法院裁定不予受理其申请正确,中国国旅贸易有限责任公司的上诉理由不成立,其上诉请求该院不予支持。

最高人民法院经审查认为:申请再审人中国国旅贸易有限责任公司的申请符合《民事诉讼法》第一百七十九条第一款第(六)项规定的情形,依照《民事诉讼法》第一百八十一条之规定,裁定:指令北京市高级人民法院再审本案。

——杜万华主编:《最高人民法院民商事案件审判指导》第2卷,人民法院出版社2015年版,第467~472页。

【链接:最高人民法院法官著述】

在企业法人解散但未清算、破产原因和强制清算原因竞合的情况下,债权人对是向人民法院直接申请债务人破产清算还是申请强制清算依法享有选择权。债权人依法申请强制清算后,如经清算,债务人财产足以偿还全部债务的,人民法院应当在债务人财产清偿完毕全部债务并分配剩余财产给出资人后依法裁定终结强制清算程序;如经清算,债务人财产不足以清偿全部债务的,除清算组依据《公司法解释(二)》第十七条的规定,依据其与全体债权人协商确定的清偿方案清偿债务的外,清算组应当依据《公司法(2005)》第一百八十八条的规定,以及《企业破产法》第七条的规定,向人民法院申请破产清算。反之,如果债权人在上述情况下径行选择了破产清算,在清理债务人财产后,发现债务人财产足以清偿全部债务的,最终理论上还存在破产清算向强制清算的转化,即仍应对清偿完毕债务人对外债务后的剩余财产分配后终结相关清算程序。

——刘敏:《破产原因和强制清算原因竞合时,债权人依法享有申请破产清算或强制清算的选择权——申请再审人中国国旅贸易有限责任公司与被申请人长江农业开发有限公司强制清算案》,载最高人民法院民事审判第二庭编:《商事审判指导》总第31辑,人民法院出版社2013年版,第209~216页。

麦读

MyRead

THE COLLECTION OF
THE SUPREME PEOPLE'S COURT'S
JUDICIAL RULES

新编版

最高人民法院司法观点集成

商事卷

II

总主编｜刘德权　本卷主编｜俞宏雷

中国法制出版社

CONTENTS

本卷总目

本册细目

CONTENTS

第六章 票据纠纷

本册关键词索引

INDEX

D

E

F

G

H

J

K

L

M

N

P

Q

X

Y

Z

第三章 | CHAPTER 03

其他商事主体纠纷

414

开办单位已经按规定投入注册资金，不应承担注册资金不实的责任

关键词｜开办单位｜注册资金｜

【最高人民法院答复】

新疆维吾尔自治区高级人民法院：

你院新高法明传〔1992〕96号关于应如何确认地矿部宝石公司连带清偿责任的请示报告收悉。现中国地质宝石矿物公司（以下称“宝石公司”）提出其在为申请开办宝石公司新疆经营部（以下称“新疆经营部”）而给新疆维吾尔自治区工商局的〔1988〕028号函和给新疆维吾尔自治区政府的〔1988〕029号函中均申明新疆经营部注册资金为20万元，而新疆经营部最终取得注册资金为120万元的营业执照，是由于新疆经营部筹建负责人崔志远个人私自将宝石公司1988年5月10日出具的资金信用证明和经宝石公司盖章的商业企业开业申请登记表中所填的资金数额由20万元篡改为120万元的结果。1988年6月9日，远大金融服务社虽证明新疆经营部账面金额为80万元，但这80万元不是新疆经营部的自有资金，而且新疆经营部在筹建期间的开户银行不是远大金融服务社，而是工商银行天山区办事处，宝石公司1988年6月6日向新疆经营部投入的20万元资金即是汇入该办事处的。自治区工商局对此未能查实，即予办理了注册登记。1990年9月19日公司清理整顿审批表上所称的新疆经营部注册资金为120万元、现有实际资金是160万元，是新疆经营部自行填报的，并未经宝石公司核实盖章。你院的报告中对上述问题并未做出结论。

我们认为，如果宝石公司反映的上述情况属实，则说明该公司在开办新疆经营部时只承诺负担投入20万元注册资金的责任，新疆经营部负责人崔志远将注册资金擅自篡改为120万元的增加部分，宝石公司不应承担。因宝石公司实际已向新疆经营部汇入20万元注册资金，因此即不存在承担经营部注册资金不实的责任问题了。

现将当事人的申诉材料转去，请你院对该案进行复查，如当事人反映的情况属实，即应对原判决予以纠正。建议复查期间中止执行。

——《最高人民法院经济审判庭关于中国地质宝石矿物公司新疆经营部注册资金不实责任承担问题的复函》（1992年11月12日，法经〔1992〕176号）

415

企业主管单位变更后，新主管单位应在原主管部门出资不实范围内对被主管企业的债务承担责任

关键词｜企业主管单位｜出资不实｜债务承担｜

【最高人民法院答复】

辽宁省高级人民法院：

你院〔2006〕辽民二终字130号请示报告收悉。关于大连保税区投资开发总公司(以下简称开发公司)应否在大连保税区发展建设总公司(以下简称发展建设公司)原主办单位注册资金不实的范围内对发展建设公司的2400万元及其利息的债务承担补充民事责任的问题,经研究,答复如下:

根据你院请示报告反映的案件事实,我们原则上同意你院审判委员会少数意见,即开发公司应当在发展建设公司原主办单位注册资金不实的范围内对发展建设公司的2400万元及其利息的债务承担补充民事责任。但应指出的是,本案开发公司与保税区管委会签订协议约定,发展建设公司变更主管部门后,其变更前后的一切债权债务均由开发公司承担,其中的“债权债务”,应当理解为原主办单位保税区管委会对发展建设公司所负的责任,而非发展建设公司自身的债权债务。该约定并不构成债务的加入,也不构成对发展建设公司债权债务的承继。该约定仅表明,开发公司在成为发展建设公司的主办单位后,原主办单位对发展建设公司的责任、义务将无条件的转给开发公司,其中包括原主办单位注资不足的责任。

以上意见,仅供参考。

——《最高人民法院民事审判第二庭关于企业主管部门变更后,新主管单位应否在原主管部门出资不实的范围内对被主管企业的债务承担民事责任的复函》(2008年5月15日,〔2008〕民二他字第2号)

416

新成立法人对被吊销营业执照的法人财产进行经营管理的，视为对被吊销法人债务的继承

关键词｜新设法人｜债务继承｜

【最高人民法院裁判文书】

新疆山海实业有限公司与中国农业银行新疆生产建设兵团分行乌鲁木齐市五星路支行借款合同纠纷案[最高人民法院(2001)民二终字第39号民事判决书]

最高人民法院认为:农行兵支行与山海经贸部于1992年8月5日和12月26日签订的两份《抵押借款协议书》及1994年1月10日和2月4日农行兵支行与山海乌总部签订的两份《担保借款协议书》,是双方当事人的真实意思表示,符合法律规定,合法有效。农行五星路支行依法接受并管理原农行兵支行、原农行兵支行营业部与山海新疆总部的贷款业务,是本案适格的诉讼主体。山海经贸部的名称变更为山海乌总部,后变更为山海新疆总部。名称的变更,不影响该民事主体原有的民事权利义务关系,山海新疆总部应对其未清偿的债务承担偿还责任。山海新疆总部被工商行政部门依法吊销《企业法人营业执照》后,原山海新疆总部法定代表人韩学文作为共同发起人申请设立了山海实业公司并担任新公司的法人代表。鉴于山海实业公司在原山海新疆总部资产未依法进行清算之前,在原山海新疆总部经营规模的基础上,将该"总部"出租汽车队、汽修厂、汽车配件等主要业务以新成立的山海实业公司的名义进行经营,原山海新疆总部的资产亦由该公司实际使用、控制。山海实业公司成立后下发的《关于变更企业名称的通知》亦称总公司的名称由新疆经贸总部变更为山海实业公司;其向农行兵支行出具的《关于归还贷款的报告》上也明确表示其偿还原山海新疆总部的债务的意思;另在农行五星路支行发出的抬头为"海南山海集团公司"三份《逾期贷款催收通知单》上,山海实业公司均加盖公章予以签收确认,其应对山海新疆总部的上述债务负责。因此,原判确认山海实业公司继承了山海新疆总部的债权债务并无不当。山海实业公司应对山海新疆总部所欠农行五星路支行的债务承担偿还责任。

——肖扬总主编、最高人民法院民事审判第二庭编:《中华人民共和国最高人民法院判案大系》(民商事卷-2001年卷),人民法院出版社2003年版,第103~106页。

417

企业被撤销后主体资格消灭的，其债务由其开办者在接收财产范围内承担民事责任

关键词｜企业撤销｜债务承担｜

【最高人民法院裁判文书】

中国农业银行新疆维吾尔自治区分行营业部与乌鲁木齐市公安局、乌鲁木齐市保安服务公司、乌鲁木齐市公安局公共交通治安分局借款合同纠纷上诉案［最高人民法院（2001）民二终字第182号民事判决书］

最高人民法院认为：本案债权债务纠纷起源于新合信用社分别与恒安工贸公司、恒安移动公司签订的两份借款合同，该两份借款合同不违反法律禁止性规定，应为有效。人行新疆分行营业部通过与发展银行新疆分行营业部、恒安移动公司、大得公司、新合信用社签订《债权转让协议书》，将新合信用社上述两笔贷款本金1500万元及利息转让给发展银行新疆分行营业部，虽然农行新疆分行营业部主张该两笔贷款系人行新疆分行营业部委托新合信用社贷出，但并未提供人行新疆分行营业部委托新合信用社贷款的有关证据予以佐证。且上述债权再次从发展银行新疆分行营业部转让给农行新疆分行营业部虽是根据中国人民银行、中国农业银行、中国农业发展银行、财政部银传〔1998〕21号《关于把农业发展银行扶贫、开发等专项贷款业务划归农业银行的通知》和中国人民银行、中国农业发展银行、中国农业银行、中国工商银行银传〔1998〕68号《关于粮棉油附营企业占用信贷资金划转及清算的通知》精神转让的，但没有任何具体的转让手续。故在农行新疆分行营业部是否依法享有此案所涉债权问题上，确实存有瑕疵，其对此负有过错。但是由于本案所涉债务的原债权人新合信用社作为受托方在《债权转让协议书》中签了字，并未对人行新疆分行营业部转让其债权提出异议。且在1999年1月11日农行乌市支行农资信贷科就上述两笔贷款分别向恒安工贸公司和恒安移动公司送达《逾期贷款催收通知单》催收债务时，恒安工贸公司和恒安移动公司均予签收，亦未提出异议。乌市公安局、保安公司在二审中亦未对农行新疆分行营业部的债权人地位提起上诉，故对农行新疆分行营业部是否享有本案债权问题，该院不再予以审查，原审认定农行新疆分行营业部享有本案债权部分应予维持。

恒安移动公司和恒安工贸公司的上述两笔债务在1997年的《债权转让协议书》中表述为恒安移动公司一家的债务，截至1999年5月确认利息时，上述债务

又由恒安工贸公司一并确认。对此,债权人未曾提出异议,故该院对上述债务转移的效力问题不予审查。恒安工贸公司在工商管理部门办理注销手续时,其开办单位治安分局在企业的人员安置、设备、设施、物资、债务等处理情况栏内载明"企业的人员、设备、设施、物资一并归入保安公司。债权债务由治安分局承担",并提交了恒安移动公司和恒安工贸公司价值29537855.51元的财产清单备案,包括恒安移动公司价值为28757894.90元的财产和恒安工贸公司价值为779960.61元的财产。上述财产由治安分局和保安公司接收。农行新疆分行营业部关于其在得知恒安工贸公司的财产归入保安公司后即将其追加为本案共同被告,并未超过诉讼时效的上诉主张,该院予以支持。因治安分局系乌市公安局的下属职能分局,不具备独立法人资格,根据该院《关于审理军队、武警部队、政法机关移交、撤销企业与党政机关脱钩企业相关纠纷案件若干问题的规定》第七条规定,乌市公安局和保安公司在其接收财产范围即29537855.51元内对恒安工贸公司1500万元借款本息承担偿还责任。鉴于治安分局和保安公司在恒安工贸公司注销时所接收的恒安工贸公司和恒安移动公司的财产系账面金额,并未经过评估,故乌市公安局和保安公司承担偿还责任时应首先以接收的实物偿还,实物不能偿还时,应以相应的价款偿还。

——李国光主编、最高人民法院民事审判第二庭编:《民商审判指导与参考》总第2卷,人民法院出版社2003年版,第235~244页。

418

债权人事先对债务人与第三人的资产置换行为明知且未提出异议,应视为同意

关键词|资产置换|债权人同意|

【最高人民法院裁判文书】

中国长城资产管理公司西安办事处与宝鸡市劳动就业服务处、宝鸡市人民政府第二招待所、宝鸡市劳动和社会保障局借款合同纠纷案[最高人民法院(2007)民二终字第28号民事判决书]

最高人民法院认为:在债务人与第三人的资产置换行为中,债权人如认为该

置换系以不合理的低价转让财产，侵害其债权实现，可以在资产置换之初要求债务人提供新的担保；亦可在资产置换之后，根据《合同法》第七十四条、第七十五条的规定在法定期限内提起撤销权之诉，请求人民法院依法撤销该资产置换行为。如果有证据证明债权人事先即为明知且未提出异议，则应视为债权人同意该资产置换行为，其要求接收财产的第三人承担责任人民法院不予支持。

企业之间的资产置换行为是平等市场主体间的民事行为，不属于在企业产权制度改造中发生的民事纠纷，不适用最高人民法院《企业改制案件规定》，而应适用《民法通则》及《合同法》。即使资产置换行为因涉及国有资产，须经地方政府的协调或批准同意，但上述政府行为应当认为是履行国有资产的监管职责，不是对国有资产的调整划转，不影响资产置换的民事行为性质。

——最高人民法院民事审判第二庭编：《最高人民法院商事审判指导案例·借款担保卷》，中国法制出版社2011年版，第284～291页。

419

债权转为资本金的双方已经办理债权转移手续，债权已经实现的，债权应当作为资本金予以认定

关键词｜债权转资本金｜注册资金｜

【最高人民法院答复】

湖北省高级人民法院：

你院请示收悉，经研究，答复如下：

仙桃市财政局于1992年10月将其享有的1072万元债权划拨给原属事业单位仙桃国债办作资本金使用，双方已经办理合法有效的债权转移手续，仙桃国债办已经享有该项债权。后经仙桃市财政局申报，仙桃市国有资产管理局对仙桃国债办所占有的包括上述1072万元债权形成的资本金在内的1080万元国有资产进行审定，于1994年12月28日予以登记，发给国有资产产权登记表。1994年12月30日，仙桃国债办申请注册成立企业法人，申报注册资金1080万元（其中固定资产50万元，流动资金1030万元），企业名称仍为"仙桃市国债办事处"，经湖北仙桃会计师事务所验资和仙桃市工商行政管理局实地调查、审核

属实，获准企业法人开业登记，并领取企业法人营业执照。截至1998年10月16日，仙桃国债办已经全部实现上述1072万元债权。因此，在本案中，仙桃市财政局先前划拨给原仙桃国债办的1072万元债权，已经形成为该办事处的资本金，可以作为该办事处后来注册成立企业法人时的一部分注册资金予以认定。

此复。

——《最高人民法院关于企业的开办单位所划拨的债权能否作为该企业注册资金的答复》(1998年12月29日，法经〔1998〕505号)

420

股份合作制企业是一种独立的企业形态，相关纠纷应参照原国家体改委指导意见的精神和企业章程规定处理

关键词 | 股份合作制 | 企业章程 |

【最高人民法院裁判文书】

代清泉、王奎禄与沈阳长白钢窗厂、史桂云侵害企业出资人权益纠纷申请再审案[最高人民法院(2016)最高法民申3061号民事裁定书]

最高人民法院认为：二、原审判决认定事实具有证据支持。

第一，原审判决认定长白钢窗厂为股份合作制企业并无不当。长白钢窗厂企业章程第二条载明，本企业是股份合作制企业，实行入股自愿、股权平等、民主管理、按劳分配与按股分红相结合的原则。1995年3月24日，沈阳市东陵区乡镇企业管理局作出沈东乡企〔1995〕第7号《关于沈阳市长白钢窗厂申办股份合作制企业的批复》也明确载明长白钢窗厂实行法人(相互)持股与企业内部职工持股相结合的股份合作制，按照乡镇集体企业(股份合作制)管理。原审判决据此认定长白钢窗厂为股份合作制企业并无不当。代清泉、王奎禄关于长白钢窗厂为乡镇企业，应适用《乡镇企业法》规定的申请再审理由，没有事实依据，应当不予支持。

第二，原审判决认定长白钢窗厂股东大会、董事会扩大会议决议合法具有证据支持。首先，会议通知程序合法。长白钢窗厂多位企业职工出庭证实在股东大会、董事会扩大会议召开之前，亲自到代清泉、王奎禄家中通知其参会，其应当

知道长白钢窗厂召开股东大会、董事会扩大会议的事实。代清泉、王奎禄申请再审称长白钢窗厂没有通知其参加会议不符合本案事实情况。其次,会议决议表决方式合法。一审法院作出的(2007)沈中民三合终字第43号生效民事判决已对长白钢窗厂股东会决议实行一人一票的表决方式予以认定,涉案股东会决议适用一人一票的表决方式并无不当。根据上述分析,加之代清泉、王奎禄的家属已经实际领取了股东会决议分配的部分拆迁补偿款,其二人关于股东大会、董事会扩大会议决议违法的申请再审理由,没有证据证明,应当不予支持。

……

第四,关于长白钢窗厂、史桂云是否侵害代清泉、王奎禄出资人权益的问题。企业的可分配利润是企业的税后利润扣除法定公积金和公益金以及任意公积金后的剩余部分,长白钢窗厂作为股份合作制企业,在未经清算、审计的情况下,无法确认该企业可分配利润的具体数额,也无法确认该拆迁补偿款是否属于该企业的可分配利润。长白钢窗厂通过股东大会、董事会扩大会议决议以长白钢窗厂的拆迁补偿款支付的各项费用,性质上是为了企业的整体利益,并非是对该企业利润的不当分配。代清泉、王奎禄主张长白钢窗厂、史桂云侵害其出资人权益,没有证据支持。另外,沈阳特种门窗厂与长白钢窗厂均具有独立法人资格,史桂云是否侵占沈阳特种门窗厂财产与本案不是同一法律关系,代清泉、王奎禄也没有证据证明史桂云等侵占了该厂101万元。代清泉、王奎禄主张长白钢窗厂、史桂云侵犯其合法权益,要求史桂云返还880万元拆迁补偿款没有事实和法律依据,应当不予支持。

三、原审判决适用法律并无不当。

《公司法》第二条规定:"本法所称公司是指依照本法在中国境内设立的有限责任公司和股份有限公司。"该条对《公司法》的适用范围作了明确规定,即依照该法设立的有限责任公司和股份有限公司。长白钢窗厂作为股份合作制企业,是一种独立的企业形态,不属于股份有限公司、有限责任公司,只能参照原国家体改委《关于发展城市股份合作制企业的指导意见》(1997年8月6日)的精神和企业章程规定进行处理。长白钢窗厂对拆迁补偿款的处分也不适用《公司法》关于按股权比例表决的有关规定。代清泉、王奎禄关于原审判决适用法律错误的申请再审理由没有法律依据,应当不予支持。

——中国裁判文书网,http://wenshu.court.gov.cn。

421

股份合作制企业纠纷在企业内部没有约定的情况下，可以参照《公司法》或者《合伙企业法》的相关规定处理

关键词｜股份合作制｜法律适用｜

【最高人民法院裁判文书】

李世江与荣成市铸钢厂董事损害公司权益纠纷案[最高人民法院(2013)民提字第129号民事判决书]

裁判要旨:本案争议涉及的铸钢厂系股份合作制企业,目前我国未颁行实施股份合作制企业法律法规。股份合作制企业兼具有公司制企业或者合伙制企业组织的部分特征,但其既不是公司企业,也不是合伙企业,因此,有关股份合作制企业纠纷的处理,应首先尊重企业内部的规定、决定或者约定等,在企业内部没有约定的情况下,可以参照公司法或者合伙企业法的相关规定处理。公司法和合伙企业法对离任董事的竞业禁止义务没有明确规定,涉案企业对离任董事的竞业禁止义务也没有特殊规定,因此当事人主张离任董事离任后从事相关行业,违反竞业禁止义务的主张没有法律依据和合同依据,依法不应获得支持。

最高人民法院认为:本案争议涉及的铸钢厂系股份合作制企业,目前我国未颁行实施股份合作制企业法律法规。股份合作制企业兼具有公司制企业或者合伙制企业组织的部分特征,但其既不是公司企业,也不是合伙企业,因此,有关股份合作制企业纠纷的处理,应首先尊重企业内部的规定、决定或者约定等,在企业内部没有约定的情况下,可以参照公司法或者合伙企业法的相关规定处理。铸钢厂起诉时称李世江是在2002年底离开铸钢厂后投资设立的四维铸钢厂,根据本案查明的事实,李世江在投资设立四维铸钢厂后未在铸钢厂行使董事职权,未领取过工资报酬,应认定李世江在成立四维铸钢厂时已经不再参与铸钢厂的管理事务,不存在同时担任董事职务和开办其他企业的行为。在该案的审理中铸钢厂始终未能提交其企业有关于董事离任后应不得经营与本企业同类业务等涉及竞业禁止义务内容的相关规定、决议或者约定等,其主张李世江离开企业设立其他同类企业违反董事忠实义务等没有合同依据。《公司法(2005)》第一百四十九条对在任董事忠实义务有明确规定,对董事离任后是否应当承担相关义

务等没有明确规定，因铸钢厂诉讼主张李世江是在离开铸钢厂后发生的设立其他公司行为，公司法中没有类似的规定可以参照适用。《合伙企业法》第三十二条规定，合伙人不得自营或者同他人合作经营本合伙企业相竞争的业务，因铸钢厂是以李世江为董事和副厂长身份起诉的，并非以李世江的股东身份起诉，且在山东省文登市人民法院（2011）文商初字第472号民事案件中，铸钢厂主张李世江离开该企业后即丧失股东身份，该院一审判决和山东省威海市中级人民法院（2011）威商终字第310号终审民事判决支持了铸钢厂的主张，自李世江离开铸钢厂之日起对其股东身份予以除名，故对李世江离厂后的行为也不宜参照适用《合伙企业法》。原二审、再审法院参照适用公司法和合伙企业法，属于适用法律错误，应予以纠正。因铸钢厂未能提交关于李世江利用其在铸钢厂的职务身份侵占其利益，四维铸钢厂的经营收入与李世江在铸钢厂的职务有直接关系等方面的证据，其主张四维铸钢厂的经营收入应归其所有，不符合承担侵权民事责任的法律规定。综上分析，铸钢厂请求李世江承担赔偿责任的依据不足，其诉讼请求应当予以驳回。

——最高人民法院民事审判第二庭编：《最高人民法院商事审判指导案例（2014）》，中国民主法制出版社2015年版，第179～185页。

422

集体企业法人开办人无法定事由不应直接承担开办企业的债务

关键词｜集体企业法人｜开办人｜债务承担｜

【最高人民法院裁判文书】

博山区八陡镇增福村民委员会与青岛泓海投资有限公司保证合同纠纷案［最高人民法院（2011）民提字第298号民事判决书］

最高人民法院认为：东方红陶瓷厂是独立法人，增福村委会作为东方红陶瓷厂的开办人和主管单位，已履行对东方红陶瓷厂的出资义务，泓海公司起诉增福村委会承担本案债务，但并未陈述增福村委会对东方红陶瓷厂所负债务承担清偿责任的事实和理由，不符合《民事诉讼法（2007）》第一百零八条第一款第（三）项规定的起诉条件，本案原一、二审未依法驳回泓海公司对增福村委会的起诉不当,本院予以纠正。增福村委会向本院提交的审计报告表明,东方红陶瓷厂在被注销登记时尚有剩余财产,且增福村委会并无证据证明其已依法成立清算组织对东方红陶瓷厂进行了清算,应推定其取得了东方红陶瓷厂的剩余财产。根据《审判监督程序解释》第二十五条关于给付之诉中再审被申请人终止后无可供执行的财产且无应当承担义务的人的,人民法院方可终止再审申请审查的规定的原则精神,山东高院在再审程序中将增福村委会列为被申请人并无不妥,但增福村委会作为独立的民事主体,如无法定事由不应直接承担东方红陶瓷厂的民事责任。山东高院再审判令增福村委会对泓海公司承担100万元的清偿责任,缺乏事实和法律依据,应予纠正。增福村委会作为开办人和主管单位,对东方红陶瓷厂负有清算义务,其未予清算即注销东方红陶瓷厂,取得该厂的剩余财产,并向工商行政管理机关承诺东方红陶瓷厂"所有债权、债务已清理完毕,如有遗留由八陡镇增福村民委员会承担"等事实,是否构成对债权人利益的侵害,应否承担相应的民事责任,属另外的法律关系,债权人可另寻途径解决。

——最高人民法院民事审判第二庭编:《最高人民法院商事审判指导案例(6)·合同与借贷担保卷》,中国法制出版社2013年版,第425~432页。

423

法人内设部门采取何种经营方式以及他人是否对其投入资产等均不能改变其法人内设部门的法律属性

关键词|企业法人内设部门|

【《最高人民法院公报》案例】

李显志诉长春建工集团界定产权、返还财产纠纷案[最高人民法院(2004)民二终字第190号民事判决书]

裁判摘要:一、法人内设部门因不具备法人资格,没有独立的法人财产,其设立不以是否有财产投入为前提;

二、法人内设部门成立后采取何种性质的经营方式以及他人是否对其投入资产等均不能改变其法人内设部门的法律属性;

三、出资者对法人出资后,仅能对其所持股份主张相应的股份权益,其出资为法人财产不可分割的部分。

最高人民法院认为：一建五处是市一建公司根据企业发展需要，经其主管部门建工局审批设立的企业内部独立核算单位，不具备法人资格，不是法律意义上的民事主体，没有独立的法人财产，其全部财产均为市一建公司法人财产不可分割的部分。作为法人内设部门的设立，仅仅是法人内部组织机构的增加，不同于法人的成立，故其设立并不以是否有财产投入为前提。故李显志关于市一建公司并未对一建五处投入任何财产的主张，对认定一建五处的性质并无实质意义。一建五处成立后采取什么性质的经营方式以及李显志是否对其进行投入等均不能改变一建五处系市一建公司内设部门的法律属性。从市一建公司《关于对一建五处实行独立核算自负盈亏经营承包的暂行办法》和《关于对一建五处试行股份经营制的规定》载明的内容看，市一建公司将一建五处作为其承包经营和股份制经营的试点，仅仅是在经营方式上采取了特殊的方式，并未因此改变法人的属性和投资结构。即使如李显志主张市一建公司曾试图对一建五处采取股份制的经营方式，但因市一建公司最终并未正式实行股份合作制改造，即市一建公司国有企业的法律属性并未变更，其投资主体仍仅限于国家，并无其他性质的投资主体加入，故市一建公司《关于一建五处试行股份经营制的规定》和1988年合同中虽然对李显志125209元固定资产的投入有“个人入股”“投入股额”等字样，但亦不宜简单据此认定李显志个人对市一建公司有投资，亦即李显志并非市一建公司的投资主体之一。且即使认定李显志通过股份制改造对市一建公司有投入，其也仅能作为市一建公司的出资者对市一建公司主张有关股份权益，一建五处仍然是市一建公司的内设部门，其全部财产仍然是市一建公司法人财产不可分割的部分。故李显志关于一建五处系其个人投资成立，一建五处的全部财产权利均属其个人所有，要求建工集团予以返还的诉讼请求，缺乏事实和法律依据，本院不予支持。

因一建五处并非独立的民事主体，故李显志和一建五处之间所体现的应该是李显志和市一建公司之间的法律关系。因本案所涉有关事实发生在我国改革开放之初，企业改制尚处摸索阶段，从市一建公司1985年《成立一建五处的请示报告》《关于对一建五处实行独立核算自负盈亏经营承包的暂行规定》，到1987年《关于对一建五处试行股份经营制的规定》，以及1988年《关于选聘张文仕（包括李显志）等五十九名同志为行政中层干部的通知》等内部文件看，对李显志参加一建五处经营的关系先后有承包经营、投资入股、聘任等不同的表述，这种混乱和不确定，是由当时的社会大背景所导致。从现有证据看，市一建公司和李显志双方当时对二者之间的法律关系缺乏明确的界定，在双方均予认可的1988年合同中同时包含有“承包经营”“投资入股”“股息(年息)”“降低成本额”和“分红”等性质各异的表述,所以在事隔十几年后以规范的法律概念来准确界定双方当时的真实法律关系,确实存在一定的困难。但是这并不影响准确界定合同双方当事人的权利和义务。根据《民法通则》第八十四条关于“债是按照合同的约定或者依照法律的规定,在当事人之间产生的特定的权利和义务关系”的规定,因李显志和市一建公司签订的1988年合同系双方真实意思表示,对各自的权利和义务约定明确,亦不违反法律和行政法规的规定,应当作为人民法院界定双方权利、义务的依据。李显志有权要求建工集团按照合同约定的内容履行义务。原审法院根据1988年合同将二者之间的法律关系界定为承包经营和借款双重法律关系,虽然在字面上不甚相符,但对公平保护各方权益是有其积极意义的,故本院对此予以维持。因李显志参加到市一建公司经营中来时,并无一具体的法人实体存在,一建五处更非其个人设立的民事主体,故李显志关于其系以一建五处挂靠于市一建公司的主张,本院不予支持。

——《最高人民法院公报》2005年第10期

编者说明

企业承包经营合同,是指在不改变企业所有权归属的情况下,按照所有权与经营权相分离的原则,由发包方(企业的所有者或者授权管理者)与承包方签订的明确相互间权利义务关系的协议。上述案件所涉有关事实发生在改革开放之初,本裁判意见在对合同性质及客观事实进行分析的基础上,对争议的财产归属问题作出了明确的判定。

424

企业设立分支机构或内设部门,不因其未申报登记而免除民事责任

关键词|企业分支机构|企业内设部门|申报登记|

【《最高人民法院公报》案例】

中国农业银行云南省分行营业部诉深圳国际信托公司等证券回购纠纷案
[最高人民法院(2000)经终字第87号民事判决书]

裁判摘要:企业分支机构的工作人员,持分支机构代表人签署并加盖公章的

授权文件,经申请和公示,取得证券交易中心席位,并以申请证券交易中心席位时备案的业务专用章及个人名章,所为的确认证券交易行为,在该分支机构撤销后,应由其所在的企业承担民事责任。

最高人民法院认为:一个企业设立分支机构或内部职能部门是否及时进行工商管理登记,已反映在该企业的营业执照中,有诸多因素。不能仅根据营业执照来确定一个企业行为时是否设立了这个部门或机构。即使法定应当登记而未登记的情况发生,未申报登记的企业并不因此免除民事责任。

——《最高人民法院公报》2004 年第 5 期

425

企业法人名称前虽冠以开办单位的名称，仍应依法独立承担民事责任

关键词｜企业名称｜开办单位｜

【最高人民法院裁判文书】

长沙市食品公司与云南一心食品开发有限公司、长沙市食品公司肉食批发部购销农副产品合同纠纷提审案[最高人民法院(2001)民提字第 3 号民事判决书]

最高人民法院认为:批发部领取了企业法人营业执照,其开办单位已将注册资金足额投入到位,并且已有营业场所,实行经理负责制,有独立核算的财务制度。虽然批发部名称前冠以开办单位的名称,只能说明批发部的名称尚不规范,但不能以此否认批发部的法人资格,应由其独立承担偿还拖欠的货款及利息的责任。

——沈德咏主编、最高人民法院审判监督庭编:《审判监督指导与研究》总第 4 卷,人民法院出版社 2002 年版,第 203 ~ 208 页。

426

企业集团属于企业法人联合体，不具有法人资格

关键词｜企业集团｜法人联合体｜法人资格｜

【最高人民法院裁判文书】

中国工商银行哈尔滨融汇支行诉中植企业集团担保纠纷上诉案[最高人民法院(2003)民二终字第55号民事判决书]

最高人民法院认为:在1995年5月17日伊春市工商行政管理局为中植企业集团颁发企业法人营业执照之时,中植企业集团公司及伊春宏源有限公司、伊春宏业矿产开发有限公司、五营区第二建筑工程公司、伊春市强力包装有限公司、五营兴隆实业公司都早已独立存在,并且均为企业法人;1998年4月8日,中植企业集团年检登记时,黑龙江中植企业集团公司及其5个紧密层企业也都同时存在。伊春市注册审计师事务所1995年3月20日出具的验资证明以及1995年5月17日伊春市工商行政管理局核发的"企业法人营业执照"中虽载明中植企业集团的注册资金为5000万元,但事实上所谓中植企业集团的注册资金5000万元,就是黑龙江中植企业集团公司及5个紧密层企业的资产。由此可见,虽然伊春市工商行政管理局为其办理了"企业法人营业执照",但中植企业集团并不拥有独立承担民事责任的资产,其只是具有一定规模的企业法人联合体,不具有法人资格,也不具备作为担保主体的资格。所以,中植企业集团与融汇支行于1999年6月14日签订的99110号最高额保证合同、1999年6月22日签订的99019号最高额保证合同因其不具有担保主体资格,而应认定为无效;中植企业集团与融汇支行于2000年2月1日签订的2000046号最高额保证合同、2002年2月2日签订的200003号最高额保证合同以及1999年12月25日、12月22日、12月29日、2000年1月7日、1月19日签订的99110号、99019号、99149号、99019号、99024号、99026号6份保证贷款展期协议书,违反了《企业集团登记管理暂行规定》关于"经核准的企业集团名称可以在宣传和广告中使用,但不得以企业集团名义订立经济合同,从事经营活动"的规定,中植企业集团的担保行为也应认定为无效。对造成以上保证合同和协议无效,融汇支行和中植企业集团均有过错,均应承担相应民事责任。原审判决中植企业集团应对新泰公司的债务不能清偿部分承担50%的赔偿责任、其余损失由融汇支行自行承担并无不当,应予维持。

如上所述,1999年7月2日之前,中植企业集团虽然持有伊春市工商行政管理局颁发的"企业法人营业执照",但实质上其仍属于企业法人联合体;1999年7月2日,黑龙江省工商行政管理局为黑龙江中植企业集团颁发《企业集团登记证》，只是依照《关于国家试点企业集团登记管理实施办法（试行）》《企业集团登记管理暂行规定》对该公司进行规范并办理了重新登记，并非法人向非法人企业联合体过渡。由此，对上诉人融汇支行关于“在中植企业集团从法人向非法人的企业联合体转变过程中，依照我国法律对法人制度的规定，发起人对原法人资产、债权、债务具有组织清算的义务，否则，应当对其债务承担连带责任。中植企业集团1亿元注册资金的清算情况在工商档案中没有任何体现，中植企业集团的发起人并未进行任何清算活动。中植企业集团的发起人对中植企业集团的担保责任也应承担连带责任”的上诉主张，不予支持。

——民商律师网，http://mslsw.cn.china.cn。

427

未经登记的临时机构被撤销后，其对外发生民事行为的责任应由各成员连带承担

关键词｜临时机构｜

【最高人民法院裁判文书】

胡永鹏与河南日报报业集团、河南日报报业集团有限公司、郑州市郑东新区管理委员会和郑州市海源石化有限责任公司票务代理合同纠纷案［最高人民法院（2012）民二终字第8号民事判决书］

裁判要旨：二、本案中，组委会是为了举办嘉年华活动成立且未经工商或民政部门登记的临时机构，故以嘉年华组委会名义对外发生的民事行为法律后果，应由组委会各成员连带承担。根据郑州市文化局的批复，管委会、报业集团是嘉年华活动的主办方，海源公司为承办方，三方联合主办嘉年华活动成立组委会并与胡永鹏发生票务代理协议民事法律关系，因此组委会的民事责任应由管委会、报业集团和海源公司连带承担。

最高人民法院认为：组委会撤销后民事责任如何承担。嘉年华组委会是为了举办嘉年华活动成立且未经工商或民政部门登记的临时机构，2006年10月8日嘉年华活动结束后便不再存在，故以嘉年华组委会名义对外发生的民事行为法律后果，应由组委会各成员连带承担。根据郑州市文化局的批复，管委会、报

业集团是嘉年华活动的主办方,海源公司为承办方,三方联合主办嘉年华活动成立组委会并与胡永鹏发生票务代理协议民事法律关系,因此组委会的民事责任应由管委会、报业集团和海源公司连带承担。

报业集团和报业公司以胡永鹏和刘鹏出具了承诺书而抗辩其民事责任承担的上诉理由不能成立。因承诺书形式上是复印件,如前所述不能单独作为证据使用。根据合同相对性原则,本案合同履行与组委会直接关联,事实上组委会根本违约,终止了嘉年华活动,即终止了与胡永鹏签订的协议。报业集团和报业公司以海源公司、华源公司和聚力公司发起并实际运营嘉年华活动为由抗辩其民事责任承担的理由亦不能成立。虽然该三家公司在2005年年底有过共同出资筹办嘉年华活动的约定,但该份协议与本案审理的票务代理协议并无关联,如前所述,华源公司和聚力公司并非本案当事人。由于胡永鹏与组委会签订的票务代理协议约定的嘉年华活动没有举办,且绝大多数已印制的门票被报业集团收回,故一审判决全额返还胡永鹏1000万元本金及利息并赔偿30万元损失并无不当。本院对报业集团和报业公司关于撤销一审民事判决,改判其不承担民事责任以及判决胡永鹏承担本案全部诉讼费用的上诉请求不予支持。根据报业集团向河南省国资委报送组建报业公司文件,报业公司承担管理报业集团资产,负责报业集团的经营活动和国有资产保值增值,报业公司和报业集团的法定代表人和办公地点相同。在本案嘉年华活动中,报业公司和报业集团名称多次混同使用。故报业公司以其与报业集团是相互独立的企业和事业法人、各自拥有经营范围和资产为由抗辩不应对报业集团债务承担连带责任的上诉请求,因无事实依据,本院不予支持。

管委会以其与报业公司3月25日形成的会议纪要证明其已退出嘉年华活动而抗辩其民事责任承担的上诉理由不能成立,因为该会议纪要内容是组委会内部成员之间的分工和约定,在以组委会名义与第三人发生民事法律关系时,如果管委会没有明确知晓于第三人,则该纪要内容不得对抗第三人。况且,5月5日,管委会与报业公司召开协调会并形成纪要,决定终止胡永鹏独家代理销售门票的嘉年华活动,封存已印制的门票和组委会印章,该行为导致了组委会对胡永鹏独家代理销售门票协议的根本违约,尽管其没有具体承办嘉年华活动,但其仍应与报业集团共同承担民事责任。本院对管委会关于请求撤销一审判决、改判驳回胡永鹏对管委会的诉讼请求并由胡永鹏承担全部诉讼费用的上诉请求不予支持。

海源公司是嘉年华活动的承办人,系嘉年华组委会成员之一,其应与报业集团、管委会共同对胡永鹏承担民事责任。因胡永鹏未向其主张权利，一审没有判决其承担民事责任。故海源公司与嘉年华组委会其他成员之间的内部责任问题可以另行解决。

——最高人民法院民事审判第二庭编：《最高人民法院商事审判指导案例（2012）· 公司与金融》，中国民主法制出版社2013年版，第204～219页。

428

行为人在签订合同时不是企业的法定代表人，又未得到企业授权，其行为不能认定是企业的行为

关键词 | 法定代表人 | 无权代表 |

【最高人民法院裁判文书】

王国雄与泉州市物资再生利用公司泉港区经营部船舶打捞合同纠纷再审案
［最高人民法院（2013）民申字第9号民事裁定书］

最高人民法院认为：本案系船舶打捞合同纠纷案。根据申请人的申请理由，本案审查的主要问题为：王国雄所为的民事行为是否是代表公司的职务行为。

一、王国雄在签订涉案一系列合同时是否为拆船公司的法定代表人。根据原审判决认定的事实，拆船公司于1993年6月12日工商登记注册，企业注册号“15625413－9”，法定代表人王国雄。1994年1月16日由惠安县工商行政管理局核发的注册号为“15625413－9”的拆船公司营业执照记载，法定代表人已变更登记为林碧珠。1998年12月3日拆船公司被工商部门依法吊销了营业执照。尽管王国雄提交的注册号为“25989204－4”、法定代表人为“王国雄”的拆船公司1995年11月29日《企业法人营业执照》上“惠安县工商行政管理局”的印章印文是真实的，但泉港区工商局证实“未发现由惠安县工商行政管理局1995年11月29日核发的企业名称‘惠安县肖厝镇拆船公司（注册号：25989204－4－1）’的企业登记档案”。原审判决认为工商行政管理机关的登记备案资料与营业执照发生矛盾时，应以工商登记备案资料为准并无不当。王国雄并无充分证据证明其签订涉案一系列合同时是拆船公司的法定代表人。

二、王国雄签订涉案合同时是否有拆船公司的授权。根据原审判决查明的

事实,王国雄在和泉港经营部合作期间与各方签订的七份合同中,除《打捞"福达"轮沉船合同书》中盖有"惠安县肖厝镇拆船公司财务专用章"和《转让"福达"轮沉船合同书》及《购买沉船合同》中盖有"惠安县肖厝镇拆船公司"印章外,其余四份合同的签订一方拆船公司均为王国雄个人签名。而《转让"福达"轮沉船合同书》《购买沉船合同》中盖有的"惠安县肖厝镇拆船公司"印章,经鉴定皆为私刻,因此,王国雄未能证明其签订涉案合同时有拆船公司的授权,且1998年12月3日拆船公司已被工商部门依法吊销了营业执照,王国雄之后也无权以拆船公司名义对外为民事行为。

综上,王国雄在签订合同时的身份既不是拆船公司的法定代表人,其签订合同的行为又未得到拆船公司的授权,其行为不能认定是公司的行为。

——中国裁判文书网,http://wenshu.court.gov.cn。

429

个人独资企业性质的认定

关键词 | 个人独资企业 |

【最高人民法院答复】

陕西省高级人民法院:

你院〔2000〕陕经再字第28号《关于饶天禄与西安市莲湖区环城西路生产、生活服务公司侵权赔偿再审一案的请示报告》收悉。

经研究认为,西安标准件经销站(以下简称经销站)的营业执照虽然登记为西安市莲湖区环城西路生产、生活服务公司(以下简称服务公司)开办的集体企业,但服务公司在开办经销站之初和营业中均未直接投资,该经销站是饶天禄以服务公司名义申请开办、利用赊销的15万元标准件经销运营并逐步发展起来的;经销站自负盈亏,自担经营风险,人员录用、辞退、工资及奖金发放均由饶天禄一人决定,服务公司并不干涉,也未派员参与经营管理;经销站每年仅向服务公司交纳一定数额的管理费。西安市工商行政管理局正式给西安市中级人民法院复函,认定经销站"属于饶天禄等人筹资开办起来,并挂靠在环城企业总公司名下的私营(合伙)企业"。故同意你院审判委员会第一种意见,即西安市标准件经销站的性质为私营企业。

此复。

——《最高人民法院关于饶天禄与西安市莲湖区环城西路生产、生活服务公司侵权赔偿再审一案的复函》(2001年4月18日,〔2001〕民监他字第3号)

宁夏回族自治区高级人民法院：

你院"关于华丰供销公司的债务应由谁偿还的请示"收悉。经研究答复如下：

一、据所报材料,华丰供销公司系吴建国个人申请开办,并非石咀山市政府申报成立的。石咀山市政府不是该公司的上级主管部门,因此,本案不应列市政府为被告,承担连带责任。

二、对华丰供销公司的性质,应根据国家工商行政管理局《关于处理个体合伙经营及私营企业领有集体企业〈营业执照〉问题的通知》精神,提请当地工商局加以重新确认。如当地工商局不予重新确认,受诉法院应实事求是地按其本来性质认定处理。

三、华丰供销公司经重新确认,如属个体性质,应列该公司的财产所有者为被告,承担无限责任;如属集体性质,即应以公司的财产承担有限责任,若公司已无财产可供执行,受诉法院应终结诉讼。

此复。

——《最高人民法院经济审判庭关于华丰供销公司的债务应由谁偿还问题的电话答复》(1989年10月17日)

【最高人民法院裁判文书】

晋江市深沪华峰民运车队加油站、林志愿与马超杰合伙纠纷案[最高人民法院(2013)民申字第581号民事裁定书]

最高人民法院认为:二、关于华峰加油站的性质。再审申请人提交的《组织机构代码证》记载,华峰加油站的机构类型是"企业非法人"。华峰加油站的《营业执照》上则记载,华峰加油站的投资人是林志愿。因此,华峰加油站是林志愿个人投资开办的非法人企业。林志愿在填写《个人独资企业设立登记申请书》时明确以家庭共有财产作为个人出资,其法律后果是以其家庭共有财产对华峰加油站的债务承担无限责任,不能否定华峰加油站是林志愿个人投资开办的事实。本院对再审申请人的该项主张不予采信。

——中国裁判文书网,http://wenshu.court.gov.cn。

430

个人独资企业的投资人发生变更未办理变更登记，不影响企业转让的效力

关键词|个人独资企业|变更登记|企业转让|

【《最高人民法院公报》案例】

王见刚与王永安及岚县大源采矿厂侵犯出资人权益纠纷案[最高人民法院(2012)民 终字第65号民事判决书]

裁判摘要:夫妻一方转让个人独资企业,即使未经另一方同意,相对人有理由相信行为人有代理权的,则构成表见代理,该代理行为有效。个人独资企业的投资人发生变更的,应向工商登记机关申请办理变更登记,但该变更登记不属于转让行为有效的前提条件,未办理变更登记,依照法律规定应当受到相应的行政处罚,但并不影响转让的效力。《个人独资企业法》第十五条的规定应视为管理性的强制性规范而非效力性的强制性规范。

最高人民法院认为:就王见刚与袁永乐签订的《采矿厂转让协议》的效力而言,本院认为,第一,2001年4月大源采矿厂在工商部门初始登记的投资人虽为陈国平,但1999年陈国平就办理了国外移民的手续,袁永乐从2001年至2003年7月签订《采矿厂转让协议》之前,一直实际控制和经营管理大源采矿厂,当地村民只知道该矿矿主为袁八则(即袁永乐),因此将该矿称为"袁八则矿",并不知道陈国平其人,且袁永乐与陈国平为夫妻关系,故王见刚有理由相信袁永乐有权处分大源采矿厂,袁永乐的转让行为构成表见代理。第二,从转让协议的履行情况看,《采矿厂转让协议》签订后至2006年9月15日与王永安签订《大源采矿厂整体转让协议》的三年期间,陈国平并未提出过异议并主张自己的权利,应当视为对袁永乐的转让行为予以默认。第三,按照《个人独资企业法》第十五条规定,个人独资企业存续期间登记事项发生变更的,应当在作出变更决定之日起的十五日内依法向登记机关申请办理变更登记。王见刚与袁永乐签订《采矿厂

转让协议》后，虽未对大源采矿厂变更投资人向工商登记机关申请办理变更登记，但变更登记不属于转让行为有效的前提条件，未办理变更登记，依照法律规定应当受到相应的行政处罚，但并不影响转让的效力。《个人独资企业法》第十五条应视为管理性规范而非强制性规范。综合以上，王见刚与袁永乐签订的《采矿厂转让协议》依法应认定为有效，王永安提出的《采矿厂转让协议》无效的上诉理由，本院不予支持。

——《最高人民法院公报》2013 年第 5 期

编者说明

根据《个人独资企业法》第十七条的规定，个人独资企业投资人对本企业的财产依法享有所有权，其有关权利可以依法进行转让或继承。因此，个人独资企业可以依法进行转让。

431

个人独资企业解散后，原投资人对个人独资企业存续期间的债务仍应承担偿还责任

关键词｜个人独资企业｜企业解散｜债务偿还｜

【最高人民法院裁判文书】

芜湖华宇小额贷款股份有限公司与万甫银、繁昌县草山铁矿有限公司等企业借贷纠纷申请再审案［最高人民法院(2014)民申字第 2244 号民事裁定书］

最高人民法院经审查认为，本案再审审查的争议焦点问题是：万甫银对本案所涉债务是否应当承担连带清偿责任。

根据本案原审查明的事实，草山铁矿系万甫银个人投资设立的非公司私营企业，其为本案所涉借款提供了连带责任担保。草山铁矿于 2013 年 1 月 30 日在工商部门登记注销，吴东平持有该企业印章和万甫银身份证复印件在提交给工商部门的申请书中代万甫银签名，并注明“债权债务由投资人个人承担”。同时，铁矿公司在工商部门登记设立，万甫银为公司唯一股东并任法定代表人。根据《个人独资企业法》的规定，个人独资企业解散后，原投资人对个人独资企业存续期间的债务仍应承担偿还责任，但债权人在五年内未向债务人提出偿债请

求的,该责任消灭。基于上述事实及相关法律规定,原审判决认定万甫银作为个人独资非公司企业草山铁矿的投资人,其应对草山铁矿的债务承担连带清偿责任,具有事实和法律依据,判决结果正确。

——中国裁判文书网,http://wenshu. court. gov. cn。

432

个人独资企业可以参照适用《企业破产法》规定的破产清算程序进行清算

关键词 | 个人独资企业 | 破产清算 | 法律适用 |

【最高人民法院司法解释】

贵州省高级人民法院:

你院《关于个人独资企业清算是否可以参照适用破产清算程序的请示》(〔2012〕黔高研请字第2号)收悉。经研究,批复如下:

根据《企业破产法》第一百三十五条的规定,在个人独资企业不能清偿到期债务,并且资产不足以清偿全部债务或者明显缺乏清偿能力的情况下,可以参照适用企业破产法规定的破产清算程序进行清算。

根据《个人独资企业法》第三十一条的规定,人民法院参照适用破产清算程序裁定终结个人独资企业的清算程序后,个人独资企业的债权人仍然可以就其未获清偿的部分向投资人主张权利。

——《最高人民法院关于个人独资企业清算是否可以参照适用企业破产法规定的破产清算程序的批复》(2012年12月11日,法释〔2012〕16号)

【链接:最高人民法院法官著述】

《企业破产法》第一百三十五条规定:"其他法律规定企业法人以外的组织的清算,属于破产清算的,参照适用本法规定的程序。"这种折中规定,应该说是我国破产法的一大进步,为将来破产法律制度的进一步发展和完善作了有益的尝试和铺垫。因此,虽然目前我国破产法尚未将企业法人以外的其他主体作为破产法适用的对象，但对于企业法人以外的其他经济组织，是可以参照适用破产清算程序进行清算的。鉴于目前施行的《个人独资企业法》制定于1999年，其在《企业破产法》2007年施行后尚未通过修订与《企业破产法》的上述规定进行衔接，但类似主体合伙企业的破产清算问题，在与《企业破产法》同时修订的《合伙企业法》中专门对此作出了衔接性的规定，即《合伙企业法》第九十二条规定："合伙企业不能清偿到期债务的，债权人可以依法向人民法院提出破产清算申请，也可以要求普通合伙人清偿。合伙企业依法被宣告破产的，普通合伙人对合伙企业债务仍应承担无限连带责任。"因此，个人独资企业应当符合《企业破产法》第一百三十五条的准用性规定。

——刘敏：《〈最高人民法院关于个人独资企业清算是否可以参照适用企业破产法规定的破产清算程序的批复〉的理解与适用》，载江必新主编：《最高人民法院司法解释与指导性案例理解与适用》第1卷，人民法院出版社2013年版，第364~365页。

编者说明

《民法总则》第四章"非法人组织"部分第一百零八条规定："非法人组织除适用本章规定外，参照适用本法第三章第一节的有关规定。"而第三章第一节关于法人的"一般规定"中，就包含了法人破产清算的规定，故个人独资企业参照适用破产清算程序进行清算，亦符合《民法总则》规定的精神。

433

是否为合伙组织或者合伙组织成员，应以书面合伙协议为基础，从当事人的意思表示、投资行为、经营行为、盈余分配及债务承担等综合判断

关键词 | 合伙组织 | 合伙协议 |

【最高人民法院裁判文书】

凌明芳、凌仁利与凌丽芳、凌建芳合伙协议纠纷抗诉案［最高人民法院(2015)民抗字第27号民事判决书］

(二)关于凌仁利是否为合伙人的问题。凌仁利主张其出资5000元，除其

自身陈述、凌明芳陈述及部分有利害关系的人的证言外,没有其他任何证据证明,故原判未认定凌仁利为合伙人并无不当。在合伙期间,凌明芳、凌丽芳和凌建芳均使用合伙资金购买了个人住房及其他大量生活用品,但凌仁利并未使用合伙资金,也未获得分红;且在合伙人之间发生争议后,1999 年 5 月 17 日对库存货物进行清点时,凌仁利也未参与清点,以上事实亦可证明凌仁利没有出资,并非合伙人。凌明芳和凌仁利主张凌仁利为合伙人,理由不能成立,本院不予支持。

(三)关于合伙财产如何分配的问题。本案双方当事人未签订书面合伙协议,亦无其他充分证据可以证明双方对合伙期间的出资比例、利润分配和亏损分担等事项作出了明确约定。依照《民法通则》第三十二条第二款"合伙经营积累的财产,归合伙人共有"的规定,以及《民通意见(试行)》第八十八条"对于共有财产,部分共有人主张按份共有,部分共有人主张共同共有,如果不能证明财产是按份共有的,应当认定为共同共有"的规定,原判认定龙盛食品经销部的财产为三合伙人共同共有、债务应共同承担并无不当。凌明芳在本院再审中主张"本案证据能够证明当事人的出资比例,应当按照出资比例分配财产",理由不能成立,本院不予支持。

——中国裁判文书网,http://wenshu. court. gov. cn。

李志健与霍松、刘伟庆、麦树陵合伙纠纷再审案[最高人民法院(2011)民提字第 53 号民事判决书]

法理提示:《民法通则》第三十条规定:"个人合伙是指两个以上公民按照协议,各自提供资金、实物、技术等,合伙经营、共同劳动。"与公司"资合"特征不同,"人合"是合伙关系的基础,对于是否是合伙组织或者判断个人是否是合伙组织的成员,应该以书面合伙协议为基础,从当事人的意思表示、投资行为、经营行为、盈余分配及债务承担等方面综合判断。仅仅因为款项被合伙体占用而无其他证据佐证,不能得出合伙关系存在的结论。

最高人民法院认为:合伙以合伙人的意思表示一致为基础,公民在平等、自愿的基础上,就出资数额、盈余分配、债务承担、入伙、退伙、合伙终止等事项,经过充分协商,达成一致协议。合伙人的意思表示一致,构成合伙成立和存在的基础。个人合伙的性质决定了合伙人之间具有共同的经济目的和紧密一致的经济利害关系,原则上合伙人既要共同出资,也要共同参加经营决策和日常经营活动。本案中,荷村厂自成立至 1998 年的生产经营过程,均是麦树陵、李志健、刘伟庆三人参与生产经营、管理决策和分配利润,霍松从没有参加荷村厂的生产经营活动和利润分配，对荷村厂的生产经营活动没有付出任何的劳动，且工商登记资料也没有显示霍松是荷村厂的合伙人或股东。根据《民通意见(试行)》第四十六条的规定："公民按照协议提供资金或实物，并约定参与合伙盈余的分配，但不参与合伙经营、劳动的……视为合伙人。"霍松未能提供其与李志健等人关于其不参加荷村厂经营管理而参与合伙盈余分配的约定的证据。霍松认为其在腾冲厂也不参加经营管理，不参加荷村厂的经营管理，是其委托了麦树陵进行管理。经查，霍松提供的1991年2月3日与麦树陵签订《协议书》的内容来看，也只是委托麦树陵代监理腾冲厂的经营管理，并没有委托麦树陵对荷村厂进行管理，且该协议是霍松与麦树陵签订的，李志健与刘伟庆并不认可，对其并不具有约束力。故霍松认为其不参加荷村厂的经营管理已委托麦树陵代为管理的主张依据不足，不予支持，对该《协议书》亦不予采信。广东省高级人民法院二审对此认定正确。

另外，李志健申请再审称，企业挂靠集体的性质决定了荷村厂不可能是腾冲厂的搬迁。腾冲厂和荷村厂都是挂靠集体经济组织的私营合伙企业，虽然都是领取集体企业的营业执照，但是集体企业仅仅为当事人提供营业执照、账户、印鉴，不投入资金、不参与管理、不承担风险。这种企业特点是不能离开所在的农村集体经济组织，即企业经营地点必须是集体企业所在的村，因此荷村厂是新的、独立的法律主体，而不是腾冲厂的搬迁。对此意见予以认可。

综上，霍松主张其是荷村厂的合伙人，不符合《民法通则》有关合伙的法律特征，霍松主张其是荷村厂的合伙人依据不足。

——最高人民法院民事审判第一庭编：《民事审判指导与参考》总第48辑，人民法院出版社2011年版，第174～189页。

【链接：最高人民法院法官著述】

关于合伙协议。从合同的角度观察，合伙的首要法律特征在于它的合意性，而合意性的直接体现就是合伙协议。《民法通则》第三十一条规定，合伙人应当对出资数额、盈余分配、债务承担、入伙、退伙、合伙终止等事项，订立书面协议。根据该条规定，成立合伙必须有合伙协议，且一般应当是书面协议，可使合伙组织有章可循，有利于合伙的巩固和发展，一旦发生争议，也有据可查。但法律并不排斥口头协议的存在。《民通意见(试行)》第五十条规定，当事人之间没有书面合伙协议，又未经工商行政管理部门核准登记，但具备合伙的其他条件，又有两个以上无利害关系人证明有口头合伙协议的，人民法院可以认定为合伙关系。

由此可见法律认可口头合伙协议的效力，本案虽然李志健主张荷村厂存在口头合伙协议证据不足，但对本案原合伙关系是否发生变化或者存在新的合伙关系的评判不能简单以《办厂协议书》为依据，应综合判断。

关于共同投资。共同投资是合伙成立的物质前提和合伙财产形成的方法。至于投资的种类、数量，可以由合伙人协议确定。投资的种类可以是资金、实物、技术、劳务等。投资是合伙人基于公平自愿基础上的法律行为，对其性质应该得到其他合伙人的认可，这也是合伙体人合性的体现，仅仅因为有款项在合伙体中未领取而无当事人直接的意思表示或其他证据予以佐证，不能作为合伙人的投资认定。

关于共同经营。个人合伙的性质决定了合伙人之间具有共同的经济目的和紧密一致的经济利害关系，因此，原则上合伙人既要共同出资，也要共同参加经营决策和日常经营活动。《民法通则》第三十四条规定，个人合伙的经营活动，由合伙人共同决定，合伙人有执行和监督的权利。尽管《民通意见（试行）》第四十六条规定“公民按照协议提供资金或者实物，并约定参与合伙盈余分配，但不参与经营、劳动的……视为合伙人”，肯定仅出资而不参与经营的情形，但此种情形应该在合伙协议中明确或者得到其他合伙人的认定。本案中，霍松一直未参与荷村厂的经营活动，且其他合伙人也不予认可，明显与合伙组织的人合性相悖。

——李琪：《人合是合伙关系的基础——李志健与霍松、刘伟庆、麦树陵合伙纠纷再审案》，载最高人民法院民事审判第一庭编：《民事审判指导与参考》总第48辑，人民法院出版社2011年版，第188～189页。

434

合同有共同经营、共同出资和共享收益意思表示的，表明其性质为合伙经营

关键词 | 合伙经营 | 意思表示 |

【最高人民法院裁判文书】

张映彬、林钦盛与许汝锋合伙纠纷抗诉案［最高人民法院（2012）民抗字第1号民事判决书］

最高人民法院经审理认为：（二）三人之间成立合伙经营矿山的合伙关系。

合伙是指两个以上的民事主体以经营共同的事业为目的，自愿签订合同，共同出资、经营，共享收益、共担风险，对外负无限连带责任的联合体。合伙由合伙合同与合伙组织两个不可分割的部分组成，前者是对合伙人有约束力的内部关系的体现，后者是全体合伙人作为整体与第三人发生法律关系的外部形式。所以，合伙人内部是否成立合伙关系，应以合伙合同为据，合伙合同中只要确定合伙人、出资数额及合伙的意思表示这三个必要条款，即成立合伙关系。合伙合同中欠缺合伙体亏损负担及退伙、解散等条款并不影响合伙合同的成立。

涉案《合同书》包括了以下几个方面的内容：(1)成立合伙的意思表示，即“甲方（许汝锋）决定同乙方（张映彬、林钦盛）组成三股东共同经营”，“以后该矿山权属和开采权三股东共同所有”。(2)合伙各方的出资方式及数额是，许汝锋以其前期投入资金作为出资；张映彬、林钦盛各自出资 32.8 万元。(3)具体合伙事务的经营方式是合伙人各自内部承包，即一号锡矿体由张映彬、林钦盛各自承包，3 号铁矿体由张映彬投资承包，并约定了缴纳承包费的数额，在张映彬、林钦盛承包两年后，安排一条生产线由许汝锋承包，承包方式与张映彬、林钦盛二人一样。这一具体合伙事务的安排，是合伙中各合伙人具体经营事务的需要。(4)盈余分配方式是，三人各自承包经营后向合伙体缴纳各自采矿收入的 20%，该费用除用于合伙体的经营和发展外，剩余部分三人协商决定分配。

上述约定表明各方当事人之间有共同经营涉案矿山、共同出资和共享收益的意思表示，《合同书》的约定表明其性质为合伙经营矿山合同。

同时，《合同书》约定的“乙方的投资风险由乙方自己负担，甲方不负责”，并不影响合伙关系的成立。风险共担是指合伙体作为一个整体与合伙体外部的关系而言的，属于合伙的基本特征，并非合伙关系成立的要件。无论合伙协议是否约定风险共担，合伙体内各合伙人对其外部的债务都应承担连带责任。同时，合伙体内部，则可以约定合伙事务的执行者对因执行合伙事务产生的风险自行承担责任，这种约定仅在合伙体内部具有约束力，不能对抗和改变合伙体内各合伙人对外部的债务共同承担责任的风险共担原则，所以，合伙体内部关于各合伙人经营风险负担的约定不影响合伙关系的成立。本案中，在三人共同拥有矿山开采权的前提下，合同另约定了三人各自的开采矿段和开采时间，在各自的开采矿段和开采时间范围内，合同约定了各自的风险自负，合同书的这种约定，是合伙体内部经营方式的体现，并不能因此影响三人之间合伙关系的成立。

连平县油溪镇汝锋采矿场的工商营业执照将其登记为许汝锋的个人独资企业，以及采矿许可证上载明采矿权人连平县油溪镇汝锋采矿场为私营独资企业，也不影响合伙关系的成立。三人签订《合同书》约定矿山权属和开采权由三人共同所有之后,还需要先申办工商营业执照,再申办采矿许可证,在证照齐全的条件下才能按照合同书的约定正式经营矿山。三合伙人共同商定将合伙体的字号定为连平县油溪镇汝锋采矿场,申办的工商营业执照将连平县油溪镇汝锋采矿场登记为许汝锋的个人独资企业,随后申办的采矿许可证上载明采矿权人连平县油溪镇汝锋采矿场为私营独资企业。对此,许汝锋在2004年10月28日连平县工商行政管理局的询问笔录中和广东省河源市中级人民法院二审庭审中均陈述:连平采矿是我、张映彬、林钦盛三人合伙,三人签订了合同书。采矿须办理采矿许可证,而申办采矿许可证之前,须先申办工商营业执照。办这份营业执照是我们三人同意的,委托一个人去办。办这份营业执照是因为要与采矿许可证的名称相同,加上时间比较紧张,所以,同意办一份个人经营的个体工商户营业执照,用我的名作为经营者姓名,这是我们三个人都同意的。营业执照是张映彬到工商局办理的,办理营业执照和采矿许可证的费用都是我们三人共同支付的,办好证件为我们三人所有。采矿许可证的正本由我保管,副本由张映彬保管,由我们三人共同使用。许汝锋的上述陈述与张映彬、林钦盛的主张是一致的。

上述事实说明,营业执照和《采矿许可证》虽然将字号为连平县油溪镇汝锋采矿场的合伙体登记为许汝锋的私营独资企业,但无论从《合同书》的内容,还是三人之间办理以许汝锋个人名义的营业执照和采矿许可证的约定,以及从办理证照的过程、办证费用的缴纳和证照的保管和使用情况来看,均应认定涉案矿山名义上虽然登记为许汝锋个人的私营企业,但实质上是三人的合伙企业。

——杜万华主编:《最高人民法院民商事案件审判指导》第3卷,人民法院出版社2015年版,第487~499页。

【链接:最高人民法院法官著述】

合伙是人合性的法律制度,不同于资合性质的公司法律制度,合伙的法律规定并不细致,有强烈的模糊性,当事人之间签订的合伙合同也常常具有不规范性。现实中,由于并非每一个人都是专业法律人士,要求所有人签订的协议均符合法律的形式要件是非常困难也是不合理的。也正是由于合伙的人合性,法院对合伙关系成立与否的判断不能过于机械。合同的关键在于对当事人真实意思表示的探究，落实到合伙协议，关键是对联合体"共同出资、合伙经营、共享收益、共担风险"这一原则的确认，而本案《合同书》的内容则体现了上述原则。

……

合伙企业作为一种独立的联合体，具有团体属性，这种属性主要表现为合伙组织的人格、财产利益和民事责任等方面均具有相对的独立性，但是这种独立性并没有法人那么高的要求，团体的属性也没有法人那么强，根源在于合伙这种组织形态的人合性与合伙人对合伙企业所负的无限连带责任。由于对合伙关系的认定主要依据的是合伙协议，合伙企业的形式要求并不像法人企业那般严格。如果说法人是一种高级的组织形态，那么合伙则是一种低级的组织形态，这种低级的组织形态并不要求合伙组织的各方面均符合法律规定的要式条件，而是要求联合体能够符合合伙这一本质的核心要件，即《合伙企业法》第八条规定的相关内容。

——沈忱：《如何正确理解合伙关系的成立条件——张映彬、林钦盛与许汝锋合伙纠纷抗诉案》，载杜万华主编：《最高人民法院民商事案件审判指导》第3卷，人民法院出版社2015年版，第501~502页。

435

无协议的，认定合伙应当有其他证据证明具备合伙的其他条件，且需要有两个以上无利害关系人的证明

关键词｜合伙关系｜合伙协议｜

【最高人民法院裁判文书】

邓兴林与王珍合伙协议纠纷申请再审案［最高人民法院（2015）民申字第2990号民事裁定书］

最高人民法院认为：本案再审审查主要涉及以下问题：二、关于邓兴林与王珍之间是否存在事实上的合伙关系的问题。

合伙需经各方当事人协商一致，口头合伙也须具备合伙的要件。本案中，邓兴林主张其与王珍之间存在合伙关系，但其提供的录音资料、证人证言及其他证据均不足以证明双方当事人对出资数额、盈余分配、债务负担、经营方式等合伙事项已达成过一致的意思表示。虽然，邓兴林提供证据欲证明其对涉案宾馆进

行装修施工，并为此支付相关款项，但这些证据不能排除上述支出是基于邓兴林垫付装修工程款产生的。因此，一、二审判决认定邓兴林与王珍之间不存在合伙关系，对其要求确认合伙关系并对宾馆资产及经营收益进行评估并参与分配的诉讼请求未予支持，并无不当。

——中国裁判文书网，http://wenshu. court. gov. cn。

白山市旺达建筑有限责任公司与徐健钧、唐建田追偿权纠纷申请再审案［最高人民法院（2015）民申字第1119号民事裁定书］

最高人民法院认为：本案争议焦点是徐健钧与唐建田之间是否存在合伙关系、徐健钧应否承担连带责任问题。首先，旺达公司与徐健钧之间就涉案工程不存在合同关系。旺达公司承包涉案工程后，于2009年9月28日转包给唐建田，与唐建田签订了生产岗位承包合同书及安全生产岗位承包责任状，双方建立了转包合同关系，而并非如旺达公司所称其转包给了唐建田和徐健钧二人。且，旺达公司既未提供任何证据证明其与徐健钧之间存在转包关系，又未提供证据证明其转包给唐建田时，唐建田是以个人合伙的名义与其达成转包协议，因此，旺达公司与徐健钧之间不存在合同关系。其次，没有充分证据证明唐建田与徐健钧之间构成合伙关系。《民法通则》第三十条规定，个人合伙是指两个以上公民按照协议，各自提供资金、实物、技术等，合伙经营、共同劳动。《民法通则》第三十五条第一款规定，合伙的债务，由合伙人按照出资比例或者协议的约定，以各自的财产承担清偿责任。《民通意见（试行）》第五十条规定，当事人之间没有书面合伙协议，又未经工商行政管理部门核准登记，但具备合伙的其他条件，又有两个以上无利害关系人证明有口头合伙协议的，人民法院可以认定为合伙关系。可见，个人合伙一般是共同出资、共同经营、共同劳动，并在合伙经营中共担风险、共负盈亏。在证明合伙关系存在的证据方面，当事人应当提供合伙的书面协议，若无协议，应当有其他证据证明具备合伙的其他条件，且需要有两个以上无利害关系人的证明，方可认定为合伙关系。本案经原审法院查明，唐建田出具授权书授权徐健钧与开发商结算，有证据证实徐健钧管理涉案工程，参与购买工程材料等事实，仅仅能够反映出唐建田就转包合同的履行及工程管理的具体方式，并不能直接证明唐建田和徐健钧构成合伙关系。对于旺达公司所称的有关证人证言，经审查，诚致公司的施工现场负责人管国运的证言虽能证明徐健钧在施工工地上参与工程管理，但并不能证明徐健钧与唐建田之间存在合伙关系；旺达公司在一审法院申请出庭的证人中李永丰、孙宇平、孙晓平即为涉案工程款的原债权人,因旺达公司已给付三人涉案工程款,双方之间存在利害关系,故该三证人证言不能作为定案依据。据此,上述证人证言均不能证明唐建田与徐健钧之间存在合伙关系。因此,旺达公司的此项主张缺乏事实依据,二审法院未予采信并无不当。再次,就旺达公司行使追偿权的对象而言,《民法通则》第三十五条第二款“合伙人对合伙的债务承担连带责任,法律另有规定的除外。偿还合伙债务超过自己应当承担数额的合伙人,有权向其他合伙人追偿”的规定中,合伙人承担连带责任所指向的是“合伙的债务”,而旺达公司在本案所主张的追偿权指向的债务,均是唐建田以个人名义欠付李永丰、孙宇平、孙晓平的工程款,并无证据证明涉案债务为唐建田、徐健钧二人的合伙债务,故应当认定为唐建田的个人债务。

——中国裁判文书网,http://wenshu.court.gov.cn。

436

既无书面合伙协议，又无两个以上无利害关系人证明，可以根据其他证据并结合有关事实，认定存在合伙关系

关键词 | 合伙关系 | 合伙协议 |

【最高人民法院裁判文书】

郭卫红与王备华、李新良合伙协议纠纷申请再审案[最高人民法院(2016)最高法民申1279号民事裁定书]

最高人民法院认为:首先,《民通意见(试行)》第五十条规定:“当事人之间没有书面合伙协议,又未经工商行政管理部门核准登记,但具备合伙的其他条件,又有两个以上无利害关系人证明有口头合伙协议的,人民法院可以认定为合伙关系。”该条并非将“两个以上无利害关系人证明有口头合伙协议”作为在没有书面合伙协议时认定个人合伙关系的必备条件,没有排除在既无书面合伙协议,又无两个以上无利害关系人证明有口头合伙协议的情形下,根据其他证据并结合有关事实,认定存在合伙关系的可能。因此,二审法院以《自行和解协议》作为认定案件事实的依据,并不违反法律规定……

再次,2005年6月13日王备华、李新良、郭卫红与案外人曾相齐达成的《自行和解协议》,可以证明王备华、李新良、郭卫红就租赁办学一事存在合伙关系,

且曾相齐退伙后王备华、李新良、郭卫红仍继续合伙。对此,王备华没有证据加以推翻。至于是否出资以及合伙事务如何安排,属于合伙人的内部约定,王备华并无证据证明当事人之间存在相关约定,即使存在相应的约定,也不能因此推翻当事人之间存在合伙关系的事实。因此,原判决以《自行和解协议》作为认定三方存在合伙关系的依据,于法有据。

——中国裁判文书网,http://wenshu.court.gov.cn。

437

合伙协议约定的合作项目能否取得核准,是协议履行问题,不影响合伙协议效力

关键词|合伙协议|合伙协议效力|

【最高人民法院裁判文书】

杨世宏与黄金华合伙协议纠纷再审案[最高人民法院(2012)民申字第1399号民事裁定书]

最高人民法院认为:涉案《入伙合同》只约定合伙经营杨世宏拥有的山场木材经营项目,但双方均确认山场位于缅甸境内。《云南省对缅木材矿产品合作管理暂行办法》并未禁止到缅甸开展木材合作项目,仅要求需办理核准手续后方可实施。能否取得核准,是合伙协议履行中的问题,不影响合伙协议的效力,杨世宏主张一、二审法院认定涉案《入伙合同》及《补充合同》有效属适用法律错误,没有法律依据。

——中国裁判文书网,http://wenshu.court.gov.cn。

438

合伙协议拟设立的企业是否成立等,均属于协议履行问题,不影响协议效力

关键词|合伙协议|合伙协议效力|

【最高人民法院裁判文书】

李套军、王开跃与任建国及巴彦淖尔市万德龙房地产开发有限责任公司合资、合作开发房地产合同纠纷案[最高人民法院(2014)民提字第37号民事裁定书]

最高人民法院认为：一、关于李套军、王开跃与任建国签订的两份合伙协议的效力问题。

从案涉两份合伙协议的内容来看，第一份《合伙协议》主要约定了各方在拟成立的房地产公司中的出资和利润分配比例，第二份《合伙协议》则主要就房地产项目开发的具体事宜进行了约定。合伙协议中当事人的意思表示真实、明确，即约定成立房地产公司以运作房地产项目，协议约定的内容并不违反法律、行政法规的强制性规定，合法有效。《建筑法》《城市房地产管理法》及《最高人民法院关于审理涉及国有土地使用权合同纠纷案件适用法律问题的解释》等均是对已成立的企业从事房地产开发和建设的资质和准入进行规制，而不是对如何设立房地产公司进行规制，故不能适用于本案对《合伙协议》的效力认定上。而且，两份《合伙协议》拟设立的企业是否成立、是否办理工商登记或能否取得房地产开发资质等，均属于协议履行中的问题，与设立企业协议本身的效力无关。至于任建国成立的东任公司汇龙华庭项目部与挂靠万德龙公司借用资质而签订的《协议书》的效力问题，也不能影响涉案《合伙协议》的效力，二者属于不同的法律关系。本案中，巴彦淖尔中院、内蒙古高院以李套军、王开跃和任建国未办理工商登记、未取得房地产开发经营资质，依据《最高人民法院关于审理涉及国有土地使用权合同纠纷案件适用法律问题的解释》第十五条关于当事人双方均不具有房地产开发资质的，认定合同无效的规定，判决认定涉案两份《合伙协议》无效属于适用法律错误，应予纠正。

——中国裁判文书网，http://wenshu. court. gov. cn。

439

无法证明各合伙人出资比例的，可以按共同共有判定

关键词｜合伙人出资比例｜共同共有｜

【最高人民法院裁判文书】

凌明芳、凌仁利与凌丽芳、凌建芳合伙协议纠纷抗诉案[最高人民法院(2015)民抗字第27号民事判决书]

最高人民法院认为:(一)关于各合伙人出资金额及比例的问题。在诉讼中,凌明芳主张其出资20万元,凌丽芳出资3000元,凌建芳出资1000元,要求按此出资金额计算各合伙人的出资比例并分割合伙财产和分担合伙债务。为支持自己的主张,凌明芳在原审中提交了有业务往来的乳品生产厂家、业务竞争对手、销售对象、朋友和亲属等人员的证言,以及部分进货发票等证据材料,还提供了其单方录制的录音资料。对此,本院认为,凌明芳提供的有业务往来的乳品生产厂家、业务竞争对手等人员的证言,虽然能够证明凌明芳在合伙经营中承担联系进货等工作的事实,但并不能证明各合伙人出资的具体金额。凌明芳提供的部分进货发票,同样也不能证明各合伙人的出资情况。凌明芳提供的证人杨某和孙某,虽作证称凌明芳曾向其借款,但没有相关书证等予以证实,且二人均系凌明芳之夫杨大志的亲属,为利害关系人,其证言不能采信。凌明芳提交的录音资料,在二审期间经当庭播放,其内容不能证实各合伙人的出资情况。因此,原判认定龙盛食品经销部的财产为三合伙人共同共有,债务应共同承担,对凌明芳与凌丽芳、凌建芳合伙期间的出资比例、财产分割、利润分配和对外债务,均应按三人的合伙关系平均分配,并无不当。

——中国裁判文书网,http://wenshu.court.gov.cn。

440

公民与企业之间形成的合伙关系，不应适用有关认定个人合伙的规定

关键词|合伙关系|个人合伙|

【最高人民法院裁判文书】

宋富裕与罗建伟、辽宁辽河泰利达石油技术有限公司等承揽合同纠纷申请再审案[最高人民法院(2016)最高法民申775号民事裁定书]

最高人民法院认为:宋富裕、罗建伟和中天公司三方之间是否属于合伙关

系、泰利达公司具体如何支付三方工程款应否另行解决。

一、关于宋富裕、罗建伟和中天公司三方之间是否属于合伙关系的问题。本案宋富裕、罗建伟和中天公司三方之间并没有订立合伙关系的书面协议，仅是泰利达公司与中天公司签订了《辽河油田电视台有线电视网络串接改造工程合同》，由中天公司承揽涉案工程。但根据中天公司、宋富裕在一、二审诉讼以及在本院询问中的陈述看，除具体比例各方陈述不同外，两方对于与罗建伟之间形成三方利润分成之约定均不持异议。并且，结合罗建伟之陈述看，三方对于由中天公司对外承揽工程、签订合同，罗建伟、宋富裕投资并进行施工、三方参与分配工程款之表述基本吻合。依据上述内容，本院认为，原判决认定中天公司、罗建伟、宋富裕三方之间形成了合伙关系并无不当。尽管罗建伟与宋富裕之间就投资主体、投资款项以及是否存在借款等事实存在争议，但该部分争议均属于合伙关系内部中有关投资比例、利益分配等问题，并不影响三方合伙关系的认定。故，原判决认定宋富裕、中天公司和罗建伟构成合伙关系不存在缺乏证据证明的情形。宋富裕此项主张不能成立，本院不予支持。

二、关于宋富裕提出的认定个人合伙应当有两个以上利害关系人证明的主张。合伙关系是民事主体之间依据协议而形成的共同出资、共同经营、共享利益、共担风险的民事法律关系。从合伙主体角度划分，合伙可分为公民之间的个人合伙、企业之间的企业合伙以及公民与企业之间的混合合伙。《民法通则》第三十条规定了公民与公民之间形成的合伙关系即个人合伙，第五十二条规定了企业与企业之间形成的合伙关系即合伙型联营，但对于公民与企业之间形成的合伙关系未作规定。本院认为，宋富裕、中天公司和罗建伟所形成之合伙关系属于公民与企业之间形成的合伙关系，不属于公民之间形成的个人合伙，故不应适用有关认定个人合伙的法律规范。况且本案三方均认为三方有权利参与涉案工程款的利益分配，故无需其他利害关系人的证明。因此，原判决认定宋富裕、中天公司和罗建伟构成合伙关系不存在适用法律错误的问题。

三、关于泰利达公司具体如何支付宋富裕、罗建伟、中天公司三方工程款应否另行解决的问题。基于宋富裕、罗建伟、中天公司三方之间存在合伙关系的事实，泰利达公司支付各方具体的工程款数额有待确认该三方之间的具体约定或投资比例等予以分配。本案作为承揽合同纠纷，仅处理泰利达公司应否支付工程款的问题。对于宋富裕、罗建伟、中天公司基于合伙关系而如何分配该工程款则属于另一法律关系，故，原判决认定此问题另行解决并无不当，不存在适用法律错误的问题。宋富裕的此项再审申请亦不能成立。

——中国裁判文书网,http://wenshu. court. gov. cn。

441

合伙人之间的连带责任是指全体合伙人相互之间所负的连带责任,而非合伙人与合伙企业之间的连带责任

关键词|合伙企业|合伙人|连带责任|

【《最高人民法院公报》案例】

南通双盈贸易有限公司诉镇江市丹徒区联达机械厂、魏恒聂等六人买卖合同纠纷案(江苏省高级人民法院二审民事判决书)

裁判摘要:合伙企业债务的承担分为两个层次:第一顺序的债务承担人是合伙企业,第二顺序的债务承担人是全体合伙人。《合伙企业法》第三十九条所谓的"连带责任",是指合伙人在第二顺序的责任承担中相互之间所负的连带责任,而非合伙人与合伙企业之间的连带责任。

江苏省高级人民法院认为:上诉人卞跃等人的出资数额、出资比例不明确以及原审被告联达厂名义上的个人独资企业性质均不影响本案中各合伙人的民事责任。

出资数额、出资比例是合伙协议的重要内容,但仅涉及合伙企业各合伙人的内部关系,依法不应影响合伙企业及合伙人对外的责任承担。因此,尽管根据现有证据合伙人的出资数额及比例尚不清楚,但这不影响上诉人卞跃等合伙人在本案中的责任承担。

原审被告联达厂虽在工商行政管理部门登记为个人独资企业,但实质系上诉人卞跃、原审被告魏恒聂、蒋振伟、祝永兵、尹宏祥、洪彬合伙经营的企业。联达厂欠被上诉人双盈公司的1213785.95元货款发生于合伙期间,属于合伙企业的债务。对合伙债务如何承担,《民法通则》、《民通意见(试行)》以及《合伙企业法》均有相关规定。《合伙企业法》第三十九条规定:"合伙企业对其债务,应先以其全部财产进行清偿。"第四十条第一款规定:"以合伙企业财产清偿合伙企业债务时,其不足的部分,由各合伙人按照本法第三十二条第一款规定的比例,

用其在合伙企业出资以外的财产承担清偿责任。”据此,合伙企业债务的承担分为两个层次:第一顺序的债务承担人是合伙企业,第二顺序的债务承担人是全体合伙人。由于债权人的交易对象是合伙企业而非合伙人,合伙企业作为与债权人有直接法律关系的主体,应先以其全部财产进行清偿。因合伙企业不具备法人资格,普通合伙人不享受有限责任的保护,合伙企业的财产不足清偿债务的,全体普通合伙人应对合伙企业未能清偿的债务部分承担无限连带清偿责任。因而,《合伙企业法》第三十九条所谓的“连带责任”,是指合伙人在第二顺序的责任承担中相互之间所负的连带责任,而非合伙人与合伙企业之间的连带责任。本案中,对于联达厂欠双盈公司的货款,联达厂应先以其全部财产进行清偿。联达厂的财产不足清偿该债务的,卞跃等合伙人对不能清偿的部分承担无限连带清偿责任。原审判决对联达厂与卞跃等合伙人的责任顺序未作区分,应予纠正。

——《最高人民法院公报》2011 年第 7 期

442

合伙人故意不将企业性质据实变更为合伙企业的，不应成为各合伙人不承担法律责任的理由

关键词｜企业性质｜合伙人｜个人独资企业｜合伙企业｜

【《最高人民法院公报》案例】

南通双盈贸易有限公司诉镇江市丹徒区联达机械厂、魏恒聂等六人买卖合同纠纷案(江苏省高级人民法院二审民事判决书)

裁判摘要:在当事人约定合伙经营企业仍使用合资前个人独资企业营业执照,且实际以合伙方式经营企业的情况下,应据实认定企业的性质。各合伙人共同决定企业的生产经营活动,也应共同对企业生产经营过程中对外所负的债务负责。合伙人故意不将企业的个人独资企业性质据实变更为合伙企业的行为,不应成为各合伙人不承担法律责任的理由。

江苏省高级人民法院认为:由于合伙合同明确约定合伙后的企业仍沿用原企业名称与营业执照、原个人独资企业营业执照自合伙合同签订之日起归合伙企业所有、原投资人魏恒聂不得再单独使用该营业执照,故尽管原审被告联达厂

实质上已变更为合伙性质、生产经营活动由各合伙人共同决策，但联达厂在工商行政管理部门仍登记为个人独资企业。换言之，联达厂未据实变更企业性质系各合伙人作出的不合法的安排。各合伙人既然共同决定联达厂的生产经营活动，就应对联达厂生产经营过程中对外所负的债务负责。上诉人卞跃等合伙人故意不将联达厂的个人独资企业性质据实变更为合伙企业的行为，不仅应当受到相关行政法规的规制，亦不应当成为各合伙人不承担民事法律责任的理由，否则交易安全得不到保护，相关法律规制合伙企业及合伙人的目的将会落空。

——《最高人民法院公报》2011 年第 7 期

443

合伙企业的实际性质与营业执照记载不一致时，不涉及第三人的，应当以实际性质为准

关键词｜合伙企业｜企业性质｜

【最高人民法院裁判文书】

王良等与张和平等人合伙纠纷再审案(最高人民法院民事判决书)

最高人民法院认为：合伙企业的实际性质与企业营业执照记载的性质不一致时，应当以企业的实际性质为准。企业的对内性与对外性应严格区分。在不涉及第三人的情况下，应当以当事人设立企业时的真实意思表示来确定企业的性质。

——最高人民法院民事审判第一庭编：《民事审判指导与参考》总第 42 集，法律出版社 2010 年版，第 217～218 页。

【链接：最高人民法院法官著述】

最高人民法院在本判决中认为，在双方当事人对企业性质无争议的情况下，应充分尊重当事人设立企业时的真实意思表示，企业工商登记不能对抗外部法律关系，但在当事人一致认可的情况下，应以双方之间真实的法律关系进行审理。企业的对内性与对外性应严格区分。在不涉及第三人的情况下，应当以当事人设立企业时的真实意思表示来确定企业的性质。企业的实际性质与企业营

业执照记载的性质不一致时,应当以企业的实际性质为准。

——王毓莹:《企业的性质如何认定——王良等与张和平等人合伙纠纷再审案》,载最高人民法院民事审判第一庭编:《民事审判指导与参考》总第42集,法律出版社2010年版,第217~218页。

编者说明

关于企业的实际性质与工商登记或者其营业执照记载的性质不一致时如何处理的问题,在司法实践中一直就存在不同意见。从法院不能在案件审理中对企业性质直接作出与工商登记不同的认定,到认为人民法院完全可以依据司法权,对企业性质作出认定。但是,应当注意到,涉及企业性质的认定,一般情况下是属于商法以及商事审判的范畴,应当遵循商事审判的原则,即应当遵循外观主义。上述裁判意见正是体现了这一精神的要求,其处理关键是看是否涉及第三人利益。

444

按照合伙协议所设立的企业登记为“企业法人”的,各合伙人因经营该企业所产生的纠纷应按照合伙协议处理

关键词|合伙协议|企业登记|企业法人|

【最高人民法院裁判文书】

李光辉与冷水江市梓龙乡更生五矿、蔡长明等合伙协议纠纷申请再审案[最高人民法院(2015)民抗字第25号民事判决书]

最高人民法院认为:一、关于双方基本法律关系及责任承担方式问题。

根据《合伙企业法》第十五条和第六十二条的规定,合伙企业名称中应当标明“普通合伙”或“有限合伙”字样;根据《企业法人登记管理条例》第三条的规定,企业领取《企业法人营业执照》,取得法人资格。本案在更生五矿成立之初,《冷水江市东明煤矿与大石岭煤矿合并补充合同》将更生五矿约定为股份制企业,后登记为集体所有制的企业法人,并明确了法定代表人,领取了《企业法人营业执照》。更生五矿并未在其名称中标明“普通合伙”或“有限合伙”字样,也未在经营期间对企业名称进行过变更。同时,《合伙合同书》第四条约定:“本煤

矿是一家由全体合伙人共同出资、共同经营、共享收益、共负盈亏、合伙人承担无限连带法律责任、具有独立法人资格的合伙企业。”此后的合伙人会议决议和董事会决议均是根据《合伙合同书》,对煤矿经营、李光辉问题等内部合伙事项所作的处理。可见,更生五矿并非合伙企业,其对外具有独立法人资格;蔡长明等7人与李光辉共同签订并履行《合伙合同书》,并对更生五矿进行投资、经营,由此产生本案纠纷。本案虽然还涉及李光辉替更生五矿对外垫付的费用及其工资奖金,但双方主要争议在于《合伙合同书》的履行和李光辉合伙出资款的返还,故本案基本法律关系应为合伙协议纠纷,一、二审将更生五矿认定为合伙企业,并进而将本案定性为合伙企业纠纷不当,应予纠正。基于此,处理本案李光辉与蔡长明等7人之间的法律关系,应当以《合伙合同书》以及双方认可的相关内部协议为依据,不应适用抗诉机关所引用的《合伙企业法》,一、二审对此适用法律亦属不当,应一并纠正。《合伙合同书》为李光辉与蔡长明等全体协议合伙人所签订,并加盖有更生五矿印章;李光辉的出资款由更生五矿收取,投入生产经营。若更生五矿应向李光辉返还相应出资款,蔡长明等其他协议合伙人作为《合伙合同书》的合同相对方,且均在处理李光辉退伙问题的会议纪要中签字同意,故应当对出资款的返还负有连带责任。

——中国裁判文书网,http://wenshu.court.gov.cn;景汉朝、孙华璞主编,最高人民法院审判监督庭编:《审判监督指导》总第55辑,人民法院出版社2017年版,第89~100页。

445

合伙人擅自将合伙份额转让给他人的,其他合伙人无须等待合伙份额恢复原状即可就该合伙份额行使优先购买权

关键词 | 合伙份额转让 | 优先购买权 |

【最高人民法院裁判文书】

曲陆宝、王洪章、赵兴田、姜天明、魏长清、金忠、赵明光与王哲、王晓平普通合伙纠纷申请再审案[最高人民法院(2012)民再申字第230号民事裁定书]

裁判要旨:合伙人违反法律规定及合伙人之间的约定,在未经其他合伙人同

意的情况下将合伙份额形式上转让给另一合伙人，但实质上转让给合伙人之外的人，系以合法形式掩盖非法目的，其转让行为无效；其他合伙人无需等待合伙份额恢复原状即可就该合伙份额直接行使优先购买权。

最高人民法院认为：《合伙企业法》第二十二条第一款规定：“除合伙协议另有约定外，合伙人向合伙人以外的人转让其在合伙企业中的全部或者部分财产份额时，须经其他合伙人一致同意。”王哲、王晓平、曲陆宝、王洪章、赵兴田、姜天明、魏长清等人于2003年12月24日签署的《合伙开办宝清县大禹煤矿协议书》第六条“入伙与退伙”约定：“入伙与退伙，由本人提出申请，由全体合伙人讨论决定，经工商登记主管机关核准，修改本协议方能有效。”曲陆宝等人违反上述法律规定及合伙人之间的约定，在未经王哲、王晓平同意的情况下将案涉煤矿的份额形式上转让给王洪章，但实质上转让给合伙人之外的赵明光，系以合法形式掩盖非法目的，其转让行为无效。

《合伙企业法》第二十三条规定：“合伙人向合伙人以外的人转让其在合伙企业中的财产份额的，在同等条件下，其他合伙人有优先购买权；但是，合伙协议另有约定的除外。”案涉合伙协议并未就优先购买权另行作出约定，故当曲陆宝等人向合伙人以外的人转让其在合伙企业中的份额时，王哲、王晓平有优先购买权。《内部转让协议》虽然无效，但其所约定的交易条件是确定的，即曲陆宝等人的合伙份额各以175万元的价格转让，王哲、王晓平请求在同等条件下优先购买曲陆宝等人的份额，再审判决予以支持，符合法律规定。

依照上述法律规定，《内部转让协议》被确认无效后，王哲、王晓平即对曲陆宝等人本次转让的合伙份额享有优先购买权，而无需等待曲陆宝等人将合伙份额恢复原状后再行转让。黑龙江省高级人民法院64号民事判决关于“曲陆宝等六人在各自享有的大禹煤矿的份额因无效而被返还后，如将该份额再行转让，王哲、王晓平在同等条件下对该份额享有优先购买权”的认定不当，但该判决维持了双鸭山中院作出的一审判决，判决结果正确。曲陆宝等人仅以64号民事判决中的该段认定为依据，主张只有当其再行转让案涉煤矿份额时，王哲、王晓平二人才享有优先购买权，缺乏事实与法律依据，不能成立。

——中国裁判文书网，http://wenshu.court.gov.cn。

446

合伙各方将利润按比例分割转为资本金并制作了年度财务报表，合伙人未提出异议的，无权主张按出资比例分割利润

关键词 | 合伙企业 | 利润转资本 |

【最高人民法院裁判文书】

张中山与闫国平合伙纠纷上诉案[最高人民法院(2000)民终字第8号民事判决书]

最高人民法院认为：张中山与闫国平之间虽然没有订立书面合伙协议，但双方当事人均承认其合伙关系，又具备合伙的其他条件，故双方之间的合伙关系应予认定。合伙经营积累的财产，应归张中山和闫国平共有。因双方约定合伙经营期间按5∶5的比例分割利润和承担风险，在实际履行中双方将利润在账面上按5∶5比例分割转为资本金并据此制作了年度财务报表，对此张中山并未提出过异议。现张中山主张按出资比例分割利润，缺乏依据，本院不予支持。

——最高人民法院办公厅编：《最高人民法院公布裁判文书(2000年)》，人民法院出版社2001年版，第273~278页。

编者说明

本裁判意见解决了合伙经营中各合伙人未约定的情况下利润如何分配的问题，合伙是基于合伙人意思自治的结果，合伙的经营管理、利润分配、责任的承担比例等都依照各合伙人的约定。合伙人之间没有约定的或者约定不明的，如果合伙人已经在事实上按照一定的比例进行利润分配或者分担责任，除非合伙人有证据证明其曾经提出过异议，或者属于可撤销的民事行为范畴，否则该比例应当视为符合合伙人的意志，应当予以维系。本裁判意见对于合伙中基于利润分配产生纠纷的处理具有一定的指导和参考意义。①

① 刘德权主编：《最高人民法院裁判意见精选》(下)，人民法院出版社2011年版，第827页。

447

合伙企业应是合伙财产分割所指向的对象，而非参与合伙财产分割的主体

关键词｜合伙企业｜合伙财产分割｜

【最高人民法院裁判文书】

迁西县正同铁选厂与高春林合伙纠纷申请再审案[最高人民法院(2013)民申字第152号民事裁定书]

最高人民法院认为:关于铁选厂的诉讼地位问题。本案系合伙财产分配之诉。铁选厂作为张玉贵和高春林成立的合伙体,应是合伙财产分割所指向的对象,而非有资格参与合伙财产分割的主体,且一、二审判决也未判令铁选厂承担责任,铁选厂对本案诉讼标的缺乏诉的利益,因此铁选厂是否参与本案诉讼,以及二审判决对于合伙财产如何分割,均不影响铁选厂的诉讼利益和实体利益。况且,对于铁选厂提出的二审法院在未经合法传唤的情况下,缺席审理,剥夺了其辩论权等权利的主张,经查二审卷宗,铁选厂系经传票传唤未到庭参加诉讼,故该主张不能成立。

——中国裁判文书网,http://wenshu.court.gov.cn。

448

合伙财产在合伙经营过程中因经营管理不善而灭失，应当由合伙人承担责任

关键词｜合伙企业｜合伙财产灭失｜

【最高人民法院裁判文书】

钟镜波与钟伟波合伙协议纠纷案[最高人民法院(2015)民申字第158号民事裁定书]

最高人民法院认为:根据本案一、二审查明的事实,钟镜波负责投资、钟伟波

负责经营管理。对此,钟镜波和钟伟波均无异议。依据《民法通则》关于合伙的相关规定,钟镜波与钟伟波之间已经构成合伙关系。案涉船舶虽为钟镜波以其个人名义出资购买,但投入合伙经营后,应为合伙人共同所有。合伙财产的显著特点就是相对独立和完整性。合伙财产由于合伙经营过程中因为经营管理不善而灭失,应当由合伙人承担责任。

鉴于合伙财产的相对独立性特点,在未查清合伙财务账目、盈亏尚未确定的情况下,合伙财产不宜做分割。本案中用于合伙经营的船舶已经灭失,由于双方当事人对合伙财产的处理没有书面协议,权益分配比例无法确定,钟镜波在没有请求解除合伙关系、对合伙财产进行清算的情况下要求其合伙人钟伟波对此承担赔偿责任法律依据不足。二审法院对此的处理结果并无不当。但钟镜波并没有丧失诉权,其可提起新的诉讼寻求救济,请求解除合伙关系并分配合伙财产。

——中国裁判文书网,http://wenshu.court.gov.cn。

449

有限合伙企业中执行合伙事务的合伙人怠于行使诉讼权利的，不执行合伙事务的有限合伙人可以为了合伙企业利益以自己的名义提起诉讼

关键词｜有限合伙｜怠于行使权利｜有限合伙人｜

【《最高人民法院公报》案例】

世欣荣和投资管理股份有限公司与长安国际信托股份有限公司等信托合同纠纷案[最高人民法院(2016)最高法民终19号民事判决书]

裁判要点:一、有限合伙企业中,如果执行合伙事务合伙人怠于行使诉讼权利时,不执行合伙事务的有限合伙人可以为了合伙企业的利益以自己的名义提起诉讼。

——《最高人民法院公报》2016年第12期

450

当事人对合伙财产的处理既无书面协议，又不能协商一致，亦无法证实出资额，可以基于实际酌定平均分配合伙盈余

关键词｜合伙财产｜合伙盈余分配｜

【最高人民法院裁判文书】

郭卫红与王备华、李新良合伙协议纠纷申请再审案[最高人民法院(2016)最高法民申1279号民事裁定书]

最高人民法院认为：最后，个人合伙是合伙人之间共享利润、共担风险的约定。《民通意见(试行)》第五十五条规定："合伙终止时，对合伙财产的处理，有书面协议的，按协议处理；没有书面协议，又协商不成的，如果合伙人出资额相等，应当考虑多数人意见酌情处理；合伙人出资额不等的，可以按出资额占全部合伙额多的合伙人的意见处理，但要保护其他合伙人的利益。"本案中，对于合伙财产的处理，当事人之间既无书面协议，又不能协商一致，亦均无法提供证据证实相应的出资额，法律对于此种情况下应如何分配合伙盈余并无明确规定。二审法院基于本案实际，酌定平均分配合伙盈余，符合个人合伙的特性以及处理合伙财产分配时所应遵循的基本原则，没有证据证明导致当事人利益的显失平衡，王备华认定原判决对合伙盈余分配不公的主张不能成立。

——中国裁判文书网，http://wenshu. court. gov. cn。

451

合伙账目不清的，可以采取酌定的方式确定利益分配标准

关键词｜合伙协议｜合伙财产分配｜

【最高人民法院裁判文书】

韦文虎、何湘宁与梁桂华、南丹县精诚矿业有限责任公司合伙协议纠纷案[最高人民法院(2015)民申字第1480号民事裁定书]

最高人民法院认为：从本案事实可以看出，双方当事人之间的合伙经营并不

规范，双方从未及时对账、清算。“7.17”矿难事故发生后，兴发矿会计吴光华与精诚公司会计杜海民之间虽曾经对账，但均未获韦文虎方与梁桂华方的共同认可，在没有证据证明吴光华系受韦文虎方之托代理其与梁桂华方对账的情况下，不能认定吴光华行为的法律后果归于韦文虎方承担。此外，本案一审期间，一审法院曾经委托双方认可的广西众益司法鉴定所对“1995 年兴发矿兴办之日起至 2007 年 9 月 26 日止原告与被告在合伙实体（即兴发矿窿，包括地区公路局矿窿、兴路矿、以精诚公司名义拼盘加入 105 号矿体详查工程）中的全部财务关系内容，包括但不限于合伙实体的开办及合伙经营过程中的投资、出资总额，原告与被告的各自出资份额，合伙实体现在的资产价值，合伙实体的合伙经营收益及去向”进行司法鉴定，但鉴定结论为“由于所提供的均为零散的、不系统的资料，有的也只是报表或明细账，无相应的原始凭证以供核对。当事人未提供合伙实体在合伙期间的全部会计凭证、账本、报表及有关的合同协议，故我们无法按委托方的鉴定要求发表相关的鉴定意见”。在此情况下，二审法院结合本案实际情况，考虑南丹“7.17”矿难事故发生后全部矿山企业被封停产，梁桂华、精诚公司积极参与富源公司组织的为恢复生产所作的努力并进行了部分资金投入，后期主要是梁桂华、精诚公司守护矿山等因素，酌定从获得的 57350038.80 元补偿款中先提取 48% 即 27528018 元给梁桂华、精诚公司进行适当补偿，剩余的 52% 即 29822020 元再按各 50% 分配，判决梁桂华、精诚公司向韦文虎、何湘宁支付 14911010 元，并驳回梁桂华、精诚公司提出的 82729779.31 元损失赔偿的反请求，并无不妥。韦文虎、何湘宁关于二审判决酌情从 57350038 元补偿款中先提取 48% 即 27528018 元给梁桂华、精诚公司违反了公平原则的申请再审理由不能成立。

关于高峰公司 2.75% 的股权问题。该股权是精诚公司根据富源公司的安排实际支付现金所得；更重要的是，购买高峰公司股权是发生在韦文虎与梁桂华散伙之后的行为。二审判决判令梁桂华、精诚公司向韦文虎、何湘宁支付补偿款 14911010 元，是因双方散伙后未经清算而确定的对合伙期间韦文虎、何湘宁利益的补偿金额。此外，韦文虎、何湘宁无权再根据合伙协议主张权益。因此，韦文虎、何湘宁无权主张分配精诚公司在高峰公司 2.75% 股份中 50% 的份额。一、二审判决驳回韦文虎、何湘宁该项诉讼请求，结论是正确的。韦文虎、何湘宁关于应当支持其对高峰公司 1.375% 股权的购买权的申请再审理由不能成立。

二审法院基于合伙账目不清的客观事实，结合案件的具体情况，采取酌定的方式确定本案的利益分配标准是正确的，符合公平原则。尽管二审法院对合同效力及合伙期间认定欠妥，但其实际是按合同有效的思路作出的实体处理，即对散伙后合伙财产根据合伙合同的约定在双方当事人之间进行了合理分配。

——中国裁判文书网,http://wenshu. court. gov. cn。

梁桂华、南丹县精诚矿业有限责任公司等合伙协议纠纷申请再审案[最高人民法院(2015)民申字第416号民事裁定书]

本裁判理由与前引裁判文书基本一致(略)。

——中国裁判文书网,http://wenshu. court. gov. cn。

452

已经退出合伙关系的合伙人，无权主张剩余合伙财产价值

关键词 | 合伙人退伙 | 合伙财产 |

【最高人民法院裁判文书】

李先忠与赵仕义、刘照基及李宗忠等渔船合伙纠纷案[最高人民法院(2015)民申字第634号民事裁定书]

最高人民法院认为:本案为渔船合伙纠纷。根据李先忠的再审申请,本案争议焦点为:李先忠领取16万元款项的行为是否表明终结合伙关系。根据一、二审查明的事实,2011年12月16日李先忠向赵仕义出具收条,载明收到赵仕义船份钱4万元,但确认实际收到的款项为16万元。本院认为,李先忠实际收取16万元但仅出具4万元收据的行为不符合常理。结合2011年2月至4月期间,涉案船舶其他六位合伙人收取4万元即退出合伙的事实,以及李先忠在一审庭审中不否认其退出合伙关系,仅主张其应继续分得相应的合伙财产的事实,可以确定李先忠在领取16万元时已同意退出合伙关系。此外,李先忠在出具收条时并未注明其保留继续主张剩余合伙财产价值的权利,在无相反证据证明的情况下,可以推定其同意以16万元价格终结合伙关系。据此,二审判决作出李先忠退出合伙关系,无权主张剩余合伙财产价值的认定并无不当。申请再审期间,李先忠并未提供证据推翻二审法院关于此节事实的认定以支持其主张。李先忠提出的再审申请理由不能成立。

——中国裁判文书网,http://wenshu. court. gov. cn。

453

合伙人退出合伙企业，其他合伙人应按退伙时的合伙财产状况进行结算，退还退伙人的财产份额

关键词｜合伙人退伙｜

【最高人民法院裁判文书】

王新中与李元春、黄树华确认合同效力纠纷再审案[最高人民法院(2014)民提字第117号民事判决书]

最高人民法院认为:从《协议书》第一条约定的内容看:“王新中就开发建设承天综合楼所投资六十三万元由李元春负责偿还,王新中就此撤出,不涉及其他经济责任。”虽然该条约定的文字表述可以看出,是王新中从李元春处收回六十三万元投资款后退出合伙,不再涉及其他经济责任。而且案件事实也证实王新中收到了六十三万元,但是,根据查明的案件事实,李元春、黄树华、王新中合伙开发建设承天商厦,后因欠付昌泰典当公司到期贷款,为应对承天商厦被拍卖,李元春、黄树华、王新中三人协商签订了虚假的分割合伙财产协议书。《民法通则》第五十四条规定:“民事法律行为是公民或者法人设立、变更、终止民事权利和民事义务的合法行为”;第五十五条规定:“民事法律行为应当具备下列条件:(一)行为人具有相应的民事行为能力;(二)意思表示真实;(三)不违反法律或者社会公共利益”;第五十七条规定:“民事法律行为从成立时起具有法律约束力。”可见,民事法律行为只有在符合上述法律规定的前提下,才具有法律约束力。结合本案事实,王新中、黄树华、李元春三人签订《协议书》的目的是针对承天商厦将被昌泰典当行拍卖而作出的虚假分割合伙财产协议,并非当事人的真实意思表示,因此,不具有法律约束力,对当事人不产生法律效力。另,根据《合伙企业法》第五十一条的规定:“合伙人退伙,其他合伙人应当与该退伙人按照退伙时的合伙企业财产状况进行结算,退还退伙人的财产份额。”退伙意味着原合伙人与其他合伙人脱离了由合伙协议所设定的一切权利义务,将导致合伙人部分出资的返还和盈余的分配,对债权人来说,退伙将意味着减少了一个债务担保人和一份担保财产,因此,合伙人退伙时都必须对合伙企业的财产状况进行结算,结算的目的就是要合伙人能够对合伙企业的财务状况全面了解,以便确定退伙人应分得的财产份额,同时也明确其应承担的债务。从本案查明的事实看,承

天商厦系李元春、黄树华、王新中合伙开发建设，于2001年11月竣工，同年12月开业，在2003年11月14日三人签订协议的时已实际运营两年，合伙财产已实际存在，同时也有大量的债务。李元春、黄树华、王新中三方在签订协议书时对合伙企业的利润分配、债务负担等问题均未进行清理和了结。即便协议书约定了王新中不涉及其他经济责任，由李元春来单独承担合伙企业的债务，但如前述，该协议书是为应对承天商厦将被昌泰典当行拍卖而作出的虚假分割合伙财产意思表示，且已被赤峰中院一审、内蒙古高院二审判决认定为无效，因此，《协议书》关于退伙结算的约定对三方当事人没有法律约束力。在《协议书》有关合伙财产分割和债务分担的约定均已被认定为无效的情况下，单纯以王新中已经实际收回六十三万元投资款为由，认定《协议书》第一条合法有效，王新中已经据此退伙，缺乏法律依据。内蒙古高院二审判决一方面认定，合伙主体应共同投资共担风险，内部清算前应先行处理对外债权债务，方可收回投资进行分配合伙成果，承天商厦仍没有对外进行清算，对外债务仍在偿还中，三方不是在清算合伙事宜，而是明确由合伙人之一的李元春负责偿还另一位合伙人王新中的投资，另一方面却以王新中已实际收回投资，认定王新中就此与合伙事宜即三方的合伙关系因收回投资这一法律事件的产生而终止，缺乏事实依据，显属不当，应予纠正。

——中国裁判文书网，http://wenshu.court.gov.cn。

454

隐名合伙关系下各合伙人投资份额的确定

关键词 | 隐名合伙 |

【最高人民法院裁判文书】

李生堂与白正祥、横山县韩岔乡庙渠煤矿企业出资人权益确认纠纷再审案
［最高人民法院（2013）民提字第23号民事判决书］

裁判要旨：根据合伙企业法的相关规定，合伙企业是由合伙人共同签订合伙协议并出资设立的，合伙人享有与其出资相对应的合伙份额，并承担相应责任。但在实践中，有的合伙企业实际出资人与签订合伙协议的合伙人不相一致，可能存在多层次的出资关系，以及不同于合伙协议及工商登记记载的实际出资份额。

对于这种情况,在合伙企业内部应尊重当事人之间的约定,不应以合伙协议或工商登记记载为依据否认实际出租人的权益。

此外,合伙企业中不同层次的出资人之间还可能存在约定的出资依附关系,即由名义出资人代实际出资人对外行使权利、履行义务,行为后果归于实际出资人的法律关系。由于出资依附关系的确认对于实际出资人的利益具有重大影响,如果各方对于出资依附关系的成立和被依附主体存在争议,在没有相反证据证明的情况下,应尊重实际出资人自身的意思表示。

最高人民法院认为:本案中各方当事人所主张的出资份额依附关系,系指由名义出资人代实际出资人对外行使权利、履行义务,行为后果归于实际出资人的法律关系。由于出资份额依附关系的确认对于实际出资人的利益具有重大影响,故在没有相反证据证明的情况下,应尊重实际出资人自身的意思表示。本案诉讼期间,李建林明确表示其系独立出资,在李生堂、白正祥两人中依附于李生堂,并同意李生堂对其出资份额的处分行为;而石守社则主张其出资依附于白正祥,对白正祥提起本案诉讼的行为表示认可。李建林、石守社对于其各自出资的依附关系作出的上述确认,本院予以认定。因此,在李生堂、白正祥受让庙渠煤矿160万元股金份额所支付的219万元中,李建林、石守社的出资依其各自的意思表示分别依附于李生堂和白正祥,原审法院认定李建林、石守社的出资均依附于白正祥,从而确认白正祥在160万元股金份额中享有112.1461万元份额,事实和法律依据不足,本院予以纠正。根据本案各方当事人的陈述及相关证据,李生堂、白正祥、石守社、李建林四人名下的出资中还包含有其他数十名自然人的实际出资,但上述实际出资人均未在本案中主张权益,应视为认可名义出资人代其行使权利,故本院对该部分出资人的权益不予审理。

——最高人民法院民事审判第二庭编:《最高人民法院商事审判指导案例(2014)》,中国民主法制出版社2015年版,第59~74页。

455

审理合伙对外债务纠纷案件应区分情况决定是否一并确定合伙各方的债务份额

关键词 | 合伙债务 |

【最高人民法院答复】

广西壮族自治区高级人民法院：

你院〔1991〕桂法（经）字第23号《关于审理合伙联营体和个人合伙对外债务纠纷应否一并确定合伙内部各方的债务份额的请示报告》收悉。经研究，答复如下：

合伙型联营体和个人合伙的财产能够清偿联营或合伙债务的，应当以合伙型联营体或个人合伙的财产清偿。

合伙型联营体、个人合伙无财产清偿或者其财产不足清偿联营、合伙债务的，应当由联营成员或合伙人承担责任。根据《民法通则》的规定，除法律另有规定的外，合伙人对合伙的债务承担连带责任；合伙型联营各方，依照法律的规定或者协议约定负连带责任的，承担连带责任。如果联营体成员之间、合伙人之间权利义务关系明确，联营体各成员、各合伙人承担债务的份额容易确定，各联营体成员、合伙人之间争议不大的，为简化诉讼程序，可以在审理合伙型联营体、个人合伙对外债务纠纷案件时一并确定联营、合伙各方承担债务的份额，但应在裁判文书中指明合伙型联营各方、各合伙人之间承担连带责任。如果联营各方、合伙人之间对如何承担责任争议较大，将联营体、合伙组织对外债务纠纷与联营、合伙纠纷一并处理不利于案件及时审结的，可以分开审理。如果依照法律的规定或者协议的约定，合伙型联营各方对联营债务不负连带责任的，在审理合伙型联营体对外债务纠纷案件时，必须确定联营各方应当承担清偿债务的份额。

——《最高人民法院关于审理合伙型联营体和个人合伙对外债务纠纷案件应否一并确定合伙内部各方的债务份额的复函》（1992年3月18日，法函〔1992〕34号）

456

合同约定出资一方不参加经营，除到期收回本息外还收取固定利润，又约定遇到不可抗拒的特殊情况双方承担损失的，应为联营合同

关键词｜联营合同｜

【最高人民法院答复】

广西壮族自治区高级人民法院:

你院〔1991〕桂法(经)字第21号《关于联营一方投资不参加共同经营既约定收回本息和固定利润又约定因不可抗力造成损失由双方承担的合同定性问题的请示报告》收悉。经研究,答复如下:

从你院的报告和所提供合同的情况看,双方当事人签订联营合同,约定出资一方不参加经营,除到期收回本息外,还收取固定利润,又约定遇到不可抗拒的特殊情况,双方承担损失,这类合同应为联营合同。联营中的风险由双方共同承担,但出资方承担的责任最多以其投入的资金为限。

——《最高人民法院经济审判庭关于联营一方投资不参加经营既约定收回本息又收取固定利润的合同如何定性问题的复函》(1992年4月6日,法经〔1992〕53号)

457

组建联营公司的内部约定不能对抗债权人

关键词｜联营公司｜内部约定｜对抗债权人｜

【最高人民法院裁判文书】

中国国际石油化工联合公司与中国银行重庆信托咨询公司、重庆恒昌国际石油化工联合公司、重庆恒昌商贸联合公司债务纠纷上诉案[最高人民法院(1997)民终字第7号民事判决书]

最高人民法院认为:联营各方对联营公司外欠的债务有义务以其出资额承担清偿责任。但联营各方在联营公司未向债权人清偿到期债务,亦未对联营公司的债权、债务进行清算、清偿,即签订解除联营的《会议纪要》,并约定联营公司的债务均由已不具备正常经营能力的联营一方单方承担,显属恶意逃债,损害了债权人的合法债权。因此,债权人向人民法院提起诉讼的,各联营方不能凭其内部约定进行对抗,必须承担相应的责任。

——肖扬总主编、最高人民法院民事审判第一庭编:《中华人民共和国最高人民法院判案大系》(民事卷－1997年卷),人民法院出版社2003年版,第17～19页。

编者说明

本案的裁判意见确立了联营的内部债务分担和解除联营关系的内部约定不能对抗债权人的规则。①

458

一方采用欺诈手段骗取另一方与之签订联营合同，其后联营亏损，被骗一方有权要求欺诈方赔偿损失

关键词｜联营合同｜欺诈｜

【最高人民法院裁判文书】

广西中电设备集团公司与陕西中保经贸开发公司及中保人寿保险有限公司陕西省分公司联营合同纠纷上诉案[最高人民法院(1998)经终字第386号民事判决书]

最高人民法院认为:1995年10月24日、12月5日,中电公司与中保公司分别签订关于合作生产"中华剑口服液",并组建"中华剑科技有限责任公司"的合同。按合同约定,中电公司投资380万元,中保公司以批文号及"中华剑口服液专有技术"作价380万元作为投资,并负责口服液的加工和生产。1995年12月,由中保公司负责生产出成品后,被国家及陕西省卫生管理部门查处并确认:"中华剑口服液""含有毒、有害物质"。中保公司所使用的(95)陕卫新食准字108号卫生许可证为借用。中保公司作为中华剑口服液配方及生产工艺的持有人,明知以其配方及技术生产产品为国家禁止,却谎称已取得国家及陕西省卫生部门的许可,并与他人签订联营合同,显然属故意违法和欺诈行为。中电公司是被中保

① 金民珍:《中国国际石油化工联合公司与中国银行重庆信托咨询公司、重庆恒昌国际石油化工联合公司、重庆恒昌商贸联合公司债务纠纷上诉案——债务人之间的内部约定能否对抗债权人》,载唐德华主编、最高人民法院民事第一庭编:《民事审判指导与参考》总第4卷,法律出版社2001年版,第204～205页。

公司的欺诈行为所蒙蔽,在不知实情的情况下与中保公司签订的联营合同。根据《民法通则》第五十八条第(三)项、《经济合同法》(已失效)第七条第(二)项规定及最高人民法院的有关司法解释,中电公司与中保公司所订立的联营合同,是中保公司故意隐瞒真实情况,诱使中电公司作出错误意思表示的结果,应当认定为无效合同。中电公司对中保公司借用他人食品卫生的批文进行戒毒药品的生产经营,虽无主观恶意,也不知"中华剑口服液"含有毒有害物质的真相,但其应当知道生产经营药品及戒毒药品必须取得国家卫生行政管理机关的许可。因此,对本案无效联营造成的经济损失,中保公司应承担主要责任,中电公司亦应承担相应责任。

——李国光主编、最高人民法院经济审判庭编:《经济审判指导与参考》第4卷,法律出版社2001年版,第264~273页。

编者说明

根据《合同法》的规定,因欺诈而签订的合同除损害国家利益外,属于可撤销的合同而不是当然无效的合同。

459

联营合同一方利用优势或者利用对方没有经验,致使双方的权利与义务明显违反公平、等价有偿原则的,可以认定为显失公平

关键词 | 联营合同 | 显失公平 |

【最高人民法院裁判文书】

贵阳华宇石化产品有限公司与茂名市穗深发展有限公司联营合同纠纷申请再审案[最高人民法院(2012)民申字第1561号民事裁定书]

最高人民法院认为:关于合同显失公平的认定问题。1. 双方签订的《合作经营补充合同书(2)》约定,华宇公司所欠穗深公司的货款金额为2668520.11元,穗深公司以此债权作为出资并需另行出资1331479.89元,总计出资400万元人民币;穗深公司需先向华宇公司支付70万元的出资(剩余出资631479.89元在合同签订后三个月内付清),华宇公司以此穗深公司出资的70万元为保证金再加上自己另外提供的70万元担保向银行办理140万元的承兑汇票,然后以

滚动经营方式累计向银行申请800万元的承兑汇票,此800万元的本息以双方共同经营的收入偿还。实际上,穗深公司共需支付400万人民币现金,而华宇公司只需出具70万人民币的担保,且800万元银行贷款的本息还需双方共同经营的收入偿还,可见双方的投资比例相差悬殊。在利润分配上,华宇公司先提取利润的10%作为利润公积金并予以支配;剩余的90%,华宇公司提取70%,穗深公司提取30%,则华宇公司对利润的提取比例达到73%,即华宇公司是以70万元的担保,取得公司利润73%的收益,故二审法院认定合同约定的双方权利义务明显违反公平、等价有偿原则,并无不当。2.《民通意见(试行)》第七十二条规定:“一方当事人利用优势或者利用对方没有经验,致使双方的权利与义务明显违反公平、等价有偿原则的,可以认定为显失公平。”本案中,华宇公司拖欠穗深公司货款在先,且在2009年1月16日签订《合作经营合作书》时还未确认其欠款数额,直至2009年6月20日,华宇公司才通过《合作经营补充合同(2)》及《关于茂名市穗深发展有限公司发给贵阳华宇石化产品有限公司油品的亏损协议》确认尚欠货款数额为2668520.11元,但又将该欠款以穗深公司债权的形式转化为投资。因此,双方在签订合作经营合同时,穗深公司处于债权不能实现的劣势,华宇公司在签订合同时实际上是具有优势的,其提出的“华宇公司无任何优势可用”的理由并不成立。3.双方在合同中既没有具体约定客户资源的作价,也没有约定将客户资源作为华宇公司的投资。合同约定华宇公司负责销售并收回货款实际上是双方在合作经营中的分工,穗深公司亦负有货物采购的义务。虽然《合作经营合同书》约定华宇公司对货款的收回承担全部责任,但该合同第八条还约定,双方合作经营期间,共同经营的石化产品产生的债权债务由双方共同承担连带责任。《合作经营补充合同(2)》也约定合作经营前,华宇公司的一切债权债务由其负责,合作经营期间,非双方共同经营的项目,华宇公司自行产生的债权债务与穗深公司无关,由华宇公司自行承担。因此,虽然双方约定华宇公司在合作经营关系中承担收回货款的义务,但并非单独承担货款不能收回的法律后果,其在合作经营中的销售和收回货款的义务不能成为否定合同显失公平的理由。4.虽然《合作经营合同书》约定,华宇公司提供货物的仓储、保管,但双方并没有明确将其约定为华宇公司的出资,也没有明确约定提供该仓储、保管的具体价值。相反,《合作经营合同书》第7条第5项中约定,华宇公司对于每采购一吨石化产品货物,其按10元提取相关仓储、保管成本。因此,华宇公司对于提供仓储、保管是提取了成本的,并不是作为出资,华宇公司以此认为合同没有显失公平的理由也不成立。因此,二审判决认定本案属于可撤销的合同有事实依据,且适用法律正确。

——中国裁判文书网,http://wenshu.court.gov.cn。

460

以技术作为投资的一方提供的技术不成熟导致其他联营各方投入资金无法收益的，应当承担赔偿责任；联营他方知道或者应当知道该情况但继续联营的，也应承担相应责任

关键词 | 联营合同 | 技术出资 | 赔偿责任 |

【最高人民法院裁判文书】

中国石油化工集团公司北京化工研究院与中国国营林场开发总公司、宜兴市和桥蚕种场联营合同纠纷案[最高人民法院(1999)经终字第449号民事判决书]

最高人民法院认为:根据一、二审查证的事实,在合同签订后,林场公司、蚕种场履行了投资等合同约定的主要义务,而化研院作为投资入股所提供的技术在历经389釜试验后仍不能达到批量生产的标准,无法实现合同约定的年产2000吨的计划。根据一审期间审计和资产评估的结论,宜达公司目前已经资不抵债达438.15万元。造成这一后果的根本原因在于化研院未依约提供成熟、可靠的"能够年产2000吨PVDC树脂工业生产装置全套技术",这已经构成根本违约。根据《民法通则》第一百一十二条有关"当事人一方违反合同的赔偿责任,应当相当于另一方因此所受到的损失"的规定、《最高人民法院关于审理联营合同纠纷案件若干问题的解答》(以下简称《联营合同解答》)第六条有关"联营合同既未订明违约金数额或比例,又未订明赔偿金计算方法的,应由过错方赔偿实际经济损失"的规定以及各方当事人签订的《建办宜达公司联营合同书》第三十三条的约定,原审以林场公司、蚕种场的投资数额为基础确定化研院的赔偿数额并判令终止联营合同的履行并无不当。鉴于林场公司、蚕种场在联营过程中应当知道化研院提供的技术不成熟,却仍然与化研院签订合同,并自1994年底至1998年继续联营,该两方对于联营的损失,亦有一定责任。故对于其投资本金的利息损失,应由其分别自行承担。

——李国光主编、最高人民法院经济审判庭编:《经济审判指导与参

考》第 4 卷,法律出版社 2001 年版,第 364 ~ 374 页。

461

开证行为开证申请人开立信用证并拟从其销售盈利中收回贷款，并无参与联营内容，不能认定为联营合同关系

关键词 | 联营合同 | 信用证开证行 |

【最高人民法院裁判文书】

重庆国际信托投资公司与交通银行重庆分行等借款担保合同纠纷上诉案[最高人民法院(2000)经终字第 208 号民事判决书]

最高人民法院认为:1996 年 3 月 8 日,贸易公司作为三业公司进口电解铜代理商,向交行申请开立以嘉能柯为受益人的信用证,总金额为 17600000 美元。当日,信托公司向交行出具了担保书,保证在上述信用证对外付款前一周,负责将全部资金划到贵行指定的账户上,之后,又书面承诺其保证方式为连带责任保证。由此,信托公司与交行、贸易公司三方形成了信用证项下的付款保证关系。信用证到期,为解决信用证项下的对外付款问题,三方又于 1997 年 4 月 3 日和 4 月 4 日,分别签订了借款合同和连带责任保证合同。依该借款合同,贸易公司从交行实际贷款 35856284.22 元。贸易公司到期未还,保证人信托公司依约应当承担连带保证责任。尽管交行与信托公司于 1996 年 3 月 8 日曾就向三业公司收回欠款一事达成过协议书,但该协议仅表明交行同意为三业公司进口电解铜开立信用证,并拟从三业公司销售盈利中收回其拖欠的贷款,并无参与联合经营电解铜的内容。后三方签订的备忘录及补充备忘录,也不能说明交行参与了联合经营电解铜。因此,原审法院以三方存在信用证项下的借款、担保关系为由,判决贸易公司承担还款责任,信托公司承担连带清偿责任,并无不妥。上诉人信托公司主张与交行是联营关系,借款本息应按各方在联营中的地位及过错分担,缺乏事实根据,本院不予支持。

——最高人民法院办公厅编:《最高人民法院公布裁判文书(2001 年)》,人民法院出版社 2002 年版,第 154 ~ 162 页。

462

为终止合作关系而订立的还款协议书的性质与效力认定

关键词｜联营公司｜重大误解｜

【最高人民法院裁判文书】

益阳市鹏兴建材有限公司与深圳市湛联墓础建筑工程有限公司联营合同纠纷案[最高人民法院(2011)民二终字第87号民事判决书]

裁判要旨:本案当事人为终止合作关系而订立的还款协议书所确定的还款数额是对投入方付出的劳务、物资和金钱及其他损失的概括性补偿。事后协议一方当事人以约定还款数额与对方当事人实际投资额不符,及对合同的存在重大误解为由,请求对对方当事人的实际投资额予以审计并根据实际投资额确定其还款义务,应不予支持。

一方当事人依据还款协议提起本案诉讼后,对方当事人另案提起确认该《还款协议书》的诉讼,属一事两诉,其主张本案中的事实应以另案裁判为依据并请求中止本案诉讼,对其请求应不予支持。

——最高人民法院民事审判第二庭编:《最高人民法院商事审判指导案例(6)·合同与借贷担保卷》,中国法制出版社2013年版,第270~274页。

463

法人间合伙型联营的合伙人要承担连带责任,应以法律规定或当事人约定为前提

关键词｜合伙型联营｜连带责任｜

【《最高人民法院公报》案例】

大连渤海建筑工程总公司与大连金世纪房屋开发有限公司、大连宝玉房地产开发有限公司、大连宝玉集团有限公司建设工程施工合同纠纷案[最高人民法院(2007)民一终字第39号民事判决书]

裁判摘要:债权属于相对权,相对性是债权的基础,故债权在法律性质上属

于对人权。债是特定当事人之间的法律关系，债权人和债务人都是特定的。债权人只能向特定的债务人请求给付，债务人也只对特定的债权人负有给付义务。即使因合同当事人以外的第三人的行为致使债权不能实现，债权人不能依据债权的效力向第三人请求排除妨害，也不能在没有法律依据的情况下突破合同相对性原则要求第三人对债务承担连带责任。

最高人民法院认为：一审判决认定金世纪公司与宝玉集团合作开发是合伙行为，应对外承担连带责任，属于认定事实错误，适用法律不当。

金世纪公司与宝玉集团之间肯定不是个人合伙，当然不受《民法通则》第二章“公民（自然人）”之第五节“个人合伙”中关于“合伙人对合伙的债务承担连带责任”的法律规定的调整。金世纪公司与宝玉集团从无合伙的意思表示，也没有签订合伙协议，双方之间也不属于法人间的合伙型联营。即使认定金世纪公司与宝玉集团之间属于法人间合伙型联营，金世纪公司也不应承担连带责任。通说认为，《民法通则》第五十二条规定的是法人间合伙型联营关系，一审判决也是以此作为金世纪公司承担连带责任的法律依据。但必须指出，该条恰恰并没有规定合伙型联营的合伙人必须承担连带责任，而明确规定“依照法律的规定或者协议的约定负连带责任的，承担连带责任”，也就是说，合伙人要承担连带责任，只有在法律有规定或当事人有约定的前提下才成立。这正是法人间的合伙型联营与个人合伙的区别，个人合伙是合伙人当然对合伙债务承担连带责任，而法人间的合伙型联营却是有前提的。在本案中，即使认定金世纪公司与宝玉集团属法人间的合伙型联营，但没有金世纪公司应承担连带责任的前提。首先是金世纪公司与宝玉集团之间没有承担连带责任的协议。其次，《建筑法》《城市房地产管理法》及相关司法解释均没有联建方应对另一方债务承担连带责任的法律规定。一审判决也没有指出相关的法律依据，只是在“一审法院认为”部分笼统讲“合伙人应当对合伙债务承担责任”。此论点不能成立，其一，这并不是一条法律规定，也没有这条法律规定；其二，也没说明要承担什么责任，如果指的是连带责任，则恰恰是《民法通则》在个人合伙部分的规定，不适用于本案。所以，一审判决混淆了个人合伙与法人间合伙联营的区别，属适用法律不当。

——《最高人民法院公报》2008 年第 11 期

464

乡（镇）政府与其他单位签订的联营协议的效力

关键词｜乡(镇)政府｜联营协议效力｜

【最高人民法院答复】

江苏省高级人民法院、河南省高级人民法院：

苏法(经)〔1987〕9号和〔1987〕豫法经字第12号《关于乡政府与其他企业签订的联营协议是否有效的请示》收悉。经研究，答复如下：

农村乡一级政权组织政企分开的工作正在进行，许多乡政府实际上仍在行使着政府和合作经济组织的职权。因此，对乡政府与其他单位联营办企业的协议效力认定问题应区别对待。

一、对于在中发〔1986〕6号《中共中央、国务院关于进一步制止党政机关和党政干部经商、办企业的规定》文件以后，政企尚未分开的乡政府，以其名义签订的联营协议，应视为乡政府在行使着政府和乡合作经济组织的双重职权，如无违法情况，可不按无效协议处理。需要继续履行的，应随着政企分开的进展，及时变更联营主体，完备各项法律手续。

二、对于中发〔1986〕6号文件以后，政企已经分开的乡政府，仍以其为联营一方签订的联营协议，根据中发〔1986〕6号文件的规定原则上应认定无效。但在审判实践中，要注意对具体情况进行具体分析。如联营协议虽然是以乡政府名义签订的，实际上却是由乡合作经济组织执行的，协议的内容又不违背有关法律、政策规定，作无效协议处理，不利于经济发展的，也可不作无效协议处理。需要继续履行的，应对联营主体进行变更，完备各项法律手续。

——《最高人民法院关于乡政府与其他单位签订的联营协议效力问题的批复》[1988年1月9日，法(经)复〔1988〕3号]

465

联营合同一方按约投资经营并非合同成立生效的要件

关键词｜联营合同｜合同成立｜

【最高人民法院答复】

广西壮族自治区高级人民法院：

你院法经字〔1989〕第24号《关于一方未按联营合同约定投资经营，联营合同是否成立，另一方单方投资经营责任如何承担问题的请示》收悉。经研究答复如下：

一、广西柳州机械厂物资供销公司（以下称供销公司）与北海市海星联合贸易公司（以下称贸易公司）于1987年2月10日签订的《联合经营柳北综合服务公司协议书》，其联营合同应具备的主要条款齐备，且经合同当事人双方签字盖章，并据此合同，柳北综合服务公司经当地工商行政管理部门审核批准，领取了营业执照，正式开业经营。虽联营一方供销公司未按约投资经营，但这并非合同成立生效的要件，而仅属联营一方的违约行为应承担违约责任。因此，该合同应为已经生效的合同。

二、据你院请示中反映的情况，柳北综合服务公司似属于合伙型联营体，且贸易公司一直也是以该联营体的名义对外进行经营活动的，因此，供销公司虽未按约履行义务，但对联营体的盈余和债务，仍有权利分享和有义务承担。

以上意见供参考。

——《最高人民法院经济审判庭关于一方未按联营合同约定投资经营联营合同是否成立另一方单方投资经营责任如何承担问题的电话答复》（1990年3月10日）

466

特许经营权归属于联营体，不属于联营各方

关键词｜特许经营权｜联营体｜

【最高人民法院裁判文书】

长沙市出租汽车公司与广东中创湖南租赁公司等联营合同纠纷案［最高人民法院（2001）民二抗字第15号民事判决书］

最高人民法院提审认为：本案双方当事人的主要争议焦点实际上是100块

出租车牌经营权的归属。从本案实际情况看,中创公司是在投资购进100台拉达牌轿车后,为办理牌照而与城建公司和出租车公司签订联营协议,由于出租车公司在联营合同中未进行投资,仅是作为联营体的业务主管部门收取管理费,故其与中创公司和城建公司的联营不符合联营合同的法律特征,该合同关于出租车公司不出资联营体的条款应为无效。三家拟组成的联营体由于未经工商管理部门登记,未依法成立。原再审认为该联营体实际为中创公司与城建公司组成是正确的。中创公司与城建公司在未告知出租车公司的情况下,两家另签订联营合同的行为虽有不当,但该合同实际上是双方对原三方合同有效部分的重新确认,亦未改变原三家联营合同中关于该联营实际上是中创公司与城建公司两家联营的基本事实。双方约定上缴出租车公司管理费,是其对自己民事权利的处分,新成立的联营体,也实际履行了对出租车公司上缴管理费的约定,并未损害出租车公司的合法权益,故该合同应为有效合同。出租车公司的主管部门长沙市城建局在中创公司已购进100台车、三方联营合同已签订的情况下,向市政府申请牌照。该局虽以扩大长沙市出租车公司的运力为名进行申请,但牌照批下即落在拟成立的联营体名下,并依法办理了相应的营运手续,因此,该100块车牌的经营权从一开始就不属出租车公司享有。不能因为原三方联营体的名称前冠以出租车公司的名称,该车牌就当然属出租车公司享有。出租车公司主张收回100块出租车牌,缺乏事实和法律依据。出租车号牌代表的是一种特许经营权,由政府授权而取得。原再审根据原三方联营的情况及城建局申请长沙市政府批准100台车牌照及该车牌落户的事实,已经明确认定,该100块车牌的经营权应属中创公司与城建公司、出租车公司成立的联营体享有。有无《报告》作为证据,并不影响驳回出租车公司收回车牌的诉讼请求。本院再审开庭时,曾组织各方当事人对《报告》进行质证,出租车公司对《报告》的真实存在并无异议。依据《经济合同法》(已废止)第二十六条第二款规定:"因变更或解除经营合同使一方遭受损失的,除依法可以免除责任的以外,应由责任方负责赔偿。"变更或解除经济合同应承担赔偿责任的必须具备两个条件:一是必须使一方遭受损失;二是对遭受的损失有责任。中创公司与城建公司、出租车公司三方的联营,出租车公司仅是作为主管部门收取管理费,没有投资和参与利润分配。联营公司获得100块出租车牌后,出租车公司并未为此淘汰旧车,长沙市政府也没有核减其车牌。出租车公司也未能举证证明其遭受的其他实际损失。出租车公司关于100块车牌是其对联营体投资的主张缺乏事实和合同依据。原再审判决未判令中创公司、城建公司赔偿出租车公司损失,适用法律并无不当。

——苏泽林主编、最高人民法院审判监督庭编著:《最后的裁判——最高人民法院典型疑难百案再审实录 · 房地产与公司企业案件卷》,中国长安出版社 2007 年版,第 166 ~ 172 页。

467

在联营期间产生的经营管理权争议，不属于法院受理的民事争议范围

关键词｜联营合同｜民事诉讼受案范围｜

【最高人民法院裁判文书】

内蒙古天富房地产股份有限公司与内蒙古自治区医院等侵权、联营合同纠纷上诉案[最高人民法院(2002)民一终字第 23 号民事判决书]

最高人民法院经审理认为:天富公司与达康总公司签订的联建协议,约定将内蒙医院划拨取得的土地用于建设病房楼,虽然没有办理土地使用权出让转让的法律手续,但双方兴建的病房楼实际用于公益事业单位保健分院的医疗服务,该病房楼是由内蒙医院和达康总公司申请建设批准手续兴建的,故达康总公司经内蒙医院同意在其院内划拨土地上建设保健分院病房楼的行为不属于商品房的开发建设,而是联营保健分院的手段,划拨土地并未进入市场,天富公司对病房楼的投资实际上已经转化为对联营保健分院的出资,因此,双方当事人签订的联建协议、补充协议没有违反法律和行政法规的强制性规定,应为有效合同。上述合同中关于内蒙医院出资的约定,实际上是内蒙医院对达康总公司的出资,并非对保健分院的直接投资。保健分院章程是天富公司和达康总公司的法定代表人签订的,不能证明内蒙医院是保健分院的直接投资主体,该章程虽然没有加盖双方当事人单位的印章,但其中关于出资额的约定是双方当事人真实意思表示,亦为有效。依据有效合同,对双方当事人关于联营出资的约定依法应予保护,对病房楼的造价没有必要鉴定,内蒙医院和达康总公司在二审中申请对病房楼的造价进行重新鉴定,理由不成立,予以驳回。因保健分院并非是天富公司和达康总公司依照国务院《医疗机构管理条例》的规定独立申请开办的医疗机构,故双方当事人签订的保健分院章程中关于保健分院管理

体制和董事会职权的约定,未经行政主管部门批准,不能产生对抗内蒙古自治区卫生厅和内蒙古自治区编制委员会行政批复的效力。根据内蒙古自治区卫生厅和内蒙古自治区编制委员会的批复以及双方当事人在保健分院章程中的约定,内蒙医院是保健分院的行政主管部门,有权决定保健分院的负责人和经营管理机构,双方之间因此产生的争议不是平等民事主体之间的争议,不属于人民法院民事侵权案件的受理范围,根据《联营合同解答》第一条第(二)项的规定,因联营体内部机构设置、人员组成等管理方面的问题发生纠纷向人民法院起诉的,人民法院不予受理,故一审法院对天富公司请求判令内蒙医院停止侵权、恢复保健分院董事会和领导班子、赔偿损失的主张予以驳回是正确的,依法应予维持。

——最高人民法院办公厅编:《最高人民法院公布裁判文书(2003 年)》,人民法院出版社 2004 年版,第 51 ~62 页。

编者说明

本裁判意见厘清了联建与联营合同的区别,提出了审判实践中处理既有联建又有联营的法律问题的裁判尺度;为联营而产生的联建行为应当从宽认定其效力。同时,本裁判意见还明确了联营体内部管理机构设置之争是否应由法院受理的问题,并明确了该种争议的属性。

468

联营企业解散时,一方作为另一方的担保人向债权人履行债务后,可以行使追偿权

关键词|联营企业解散|担保人追偿权|

【最高人民法院裁判文书】

吉林省红石林业局与吉林省靖宇县人民政府联营合同纠纷案[最高人民法院(2003)民二提字第 19 号民事判决书]

最高人民法院认为:联营的终止,其债务应当由联营各方分担承担。联营的一方作为另一方的担保人向债权人履行债务后,有权向对方追偿。县政府作为联营一方具有民事主体资格和民事责任能力,应当承担相应的民事责任。

——苏泽林主编、最高人民法院审判监督庭编著:《最后的裁判——最高

人民法院典型疑难百案再审实录·房地产与公司企业案件卷》，中国长安出版社 2007 年版，第 158～162 页。

469

联营合同终结且已经支付结算款项后，一方不能再主张重复赔偿

关键词｜联营合同终结｜重复赔偿｜

【最高人民法院裁判文书】

广东省惠来县供销物资总公司与中国人民解放军陕西省军区联营结算纠纷上诉案[最高人民法院(2003)民二终字第 29 号民事判决书]

最高人民法院认为：惠来公司要求按联营开发合同分配二区利润，该联营开发合同已于 1995 年 3 月 12 日终止，惠来公司在终止协议中并未提出要求分配二区利润。同时，联营合同约定分配利润的前提是惠来公司投资全部到位，大厦完工并销售完毕。但当时的情况是由于惠来公司无力投资，项目中途被转让，省军区主张不同意给惠来公司分配利润，并且要追究其违约责任，因协议并未约定追究任何一方的违约责任，故法院对违约责任不予追究。上述情况表明，虽然联营已经解除，双方仅存在资金结算问题，并不存在其他经济利益的分配问题，然省军区的内部文件说明省军区当时愿意给予惠来公司一定的经济补偿。按双方签订的终止协议，惠来公司的投资全部作为对一区的投资，那么惠来公司在二区就没有投资，也就不会产生利息。惠来公司请求省军区向其支付二区贷款的利息 3534600 元，没有事实与证据支持，本院予以驳回。至于二区是否存在利润以及利润的多少，已经与惠来公司无关。但考虑给予惠来公司一定补偿也不违反省军区的初衷，亦符合公平原则，可给予惠来公司适当补偿，一审判定的补偿数额并无不当。

——宋晓明主编、最高人民法院民事审判第二庭编：《最高人民法院民商审判要案精析》，人民法院出版社 2006 年版，第 90～101 页。

编者说明

本裁判意见涉及联营合同双方解除合同后的责任承担以及在此过程中产生的联营项目利

润分配问题，本案裁判意见认为，由于当事人主张依照联营开发合同分配房地产开发利润，而该联营合同约定分配利润的前提是对方投资全部到位，项目完工并销售完毕。但当时的情况是由于对方无力投资，项目中途被转让，已经构成违约，本应被追究违约责任，而不是分配利润的问题，因解除联营合同的协议并未约定追究任何一方的违约责任，故法院对违约责任不予追究。只是基于军区当时愿意给予对方一定的经济补偿，考虑给予一定经济补偿也不违反军区的初衷，故给予对方一定的经济上的补偿是符合公平、合理的基本原则的。①

470

特许人故意隐瞒、提供不真实经营信息和虚假宣传，构成欺诈并足以影响被特许人作出错误意思表示的，被特许人有权申请撤销合同

关键词 | 特许经营合同 | 欺诈 | 可撤销合同 |

【最高人民法院裁判文书】

呼和浩特市捭阖道餐饮管理有限责任公司与丁莲征特许经营合同纠纷申请再审案[最高人民法院(2015)民申字第2427号民事裁定书]

最高人民法院认为：(二)一、二审法院认定捭阖道公司构成欺诈，丁莲征因其欺诈而作出错误的意思表示是否正确。

《商业特许经营管理条例》第二十三条规定，特许人向被特许人提供的信息应当真实、准确、完整，不得隐瞒有关信息，或者提供虚假信息。特许人隐瞒有关信息或者提供虚假信息的，被特许人可以解除特许经营合同。《民通意见(试行)》第六十八条规定，一方当事人故意告知对方虚假情况，或者故意隐瞒真实情况，诱使对方当事人作出错误意思表示的，可以认定为欺诈行为。

根据一、二审法院查明的事实，捭阖道公司与丁莲征签订的《品牌技术使用协议》具备商业特许经营合同的特征，且双方对合同性质均无争议，其性质为特许经营合同。双方在签订协议时，捭阖道公司隐瞒了“变态薯”商标并未注册的事实，并于2011年7月22日在签发给丁莲征包头市青山区加盟店的证书以及变态薯产品培训手册、宣传彩页以及公司网站网页上均使用了“变态薯”文字及

① 刘德权主编：《最高人民法院裁判意见精选》(下)，人民法院出版社2011年版，第834～835页。

图形组合商标标识,并在该标识右上角明显位置标注了注册商标的符号©,隐瞒了“变态薯”商标当时未核准注册的事实;而且捭阖道公司在“变态薯”商标图样右下角标注有 HOLLAND POTATO－1982,在公司网页上也宣传“变态薯”为其旗下品牌,于2008年从荷兰直接引进,亦会使包括丁莲征在内的相关客户及消费者误认为其所使用的马铃薯产品及“变态薯”品牌源自荷兰,且捭阖道公司无法证实该宣传的真实性。综上,本院认为,捭阖道公司故意隐瞒真实情况,向丁莲征提供不真实的经营信息和虚假宣传,直接影响到丁莲征对捭阖道公司的客观认知,进而在加盟项目选择、经营发展以及未来预期中可能作出错误的意思表示。故一、二审法院判决认为捭阖道公司的行为构成欺诈并足以影响丁莲征作出错误的意思表示并无不妥。捭阖道公司的相关主张没有事实和法律依据,本院不予支持。

此外,捭阖道公司主张本案在二审庭审之日合同已经自然终止,不可能再被撤销。对此,本院认为,根据合同法的规定,被撤销的合同自始没有法律约束力。因此本案合同的自然终止与合同被依法撤销具有不同的法律后果,并不能成为本案合同不应被撤销的理由和依据。

——中国裁判文书网,http://wenshu.court.gov.cn。

471

特许人对被特许人对外债务是否承担责任，应根据具体情况处理

关键词｜特许人｜被特许人｜债务承担｜表见代理｜

【最高人民法院答复】

重庆市高级人民法院:

你院渝高法〔2003〕101号《关于特许使用企业名称的特许人应否对使用人债务承担责任适用法律问题的请示》收悉。经研究,答复如下:

现行法律和行政法规对于特许经营模式下的民事责任关系问题尚未作出明确规定,亦无相应的司法解释,故不宜在个案中直接解决特许经营模式下特许人应否对被特许人的债务承担责任等抽象问题,而应根据本案具体情况作出相应的处理。

就你院请示的万州区金平商贸行诉重庆市万州区卓立发展有限公司、成

都人民商场(集团)股份有限公司及重庆市万州区卓立发展有限公司成都人民商场万州分场买卖合同纠纷一案,可以根据《合同法》规定的表见代理制度来考察万州区金平商贸行、重庆市万州区卓立发展有限公司(重庆市万州区卓立发展有限公司成都人民商场万州分场)及成都人民商场(集团)股份有限公司与重庆市万州区卓立发展有限公司成都人民商场万州分场是否存在表见代理关系的客观表象的基础上,根据作为独立企业法人的万州区金平商贸行在商业交易中是否尽到谨慎的注意义务、是否善意无过失来判定表见代理法律关系是否成立,进而决定成都人民商场(集团)股份有限公司是否应当承担民事责任。

以上意见,供你院参考。

——《最高人民法院民二庭〈关于特许使用企业名称的特许人应否对使用人债务承担责任适用法律问题的请示〉的复函》(〔2003〕民二他字第23号)

【链接:最高人民法院法官著述】

1. 关于特许经营与连锁经营。根据目前国内相关部委行政规章的规定,可以初步明晰特许经营与连锁经营的区别。我国目前关于特许经营的行政法规是由国务院于2007年2月6日制定颁布的《商业特许经营管理条例》,这是目前我国专门调整商业特许经营合同的行政法规规范,而在此之前,我国调整特许经营的仅仅是一些行政规章。从调整特许经营的行政法规与调整连锁经营的行政规章的内容来看,特许经营与连锁经营是有区别的,国内贸易部最初是将特许经营商业模式划入连锁经营的一种,其后又将其分离出来而单独规定,但对两者并未定性分明。

2. 关于特许经营与挂靠。挂靠经营方式兴于20世纪80年代末和90年代初,挂靠者向往被挂靠者"国有"或者"集体"这一特殊身份所享有的各种优惠政策,而被挂靠者乐于收取一定的挂靠费用,因而双方对外结成所属关系,内部实际上完全各自独立。严格地讲,挂靠实际上是一种典型的规避法律和政策、双方牟利的行为。相比较而言,特许经营固然也是双方获利的经营模式,但其既不属于脱法行为,也未损害国家、集体或者第三人的合法权益,特许者与被特许者之间的特许经营合同是依法签订的合法合同。据此合同,意味着特许者提供商号、经营模式、产品、被特许者缴纳费用这一双方长期交易的开始。因此特许经营与挂靠关系无论是在产生原因、存在形式、合同关系、法律性质、发展前景等各个方面皆不相同，对其纠纷的处理结果自然不能机械类比套用。

3. 关于特许经营与联营。联营是双方或者多方投资成立新的联营体，共同经营、共担风险的一种经营形式。联营各方不需要有特别的商标、商品或者经营形式，而特许经营模式中的特许人必须具备；成立的联营体不必与联营各方本来的经营形式一致，而特许经营模式下的被特许人则必须如此；联营体可能是法人，也可能是合伙，而特许经营模式下的被特许人必须是法人；联营的最本质特征是利益共享、风险共担，联营各方的收益取决于联营体的经营效益，而特许人对被特许人只要尽到约定的监督、提供产品及服务等义务，其收取固定的管理费，被特许人的亏损与其无关。由此可见，特许经营与联营的区别已经决定了对两者遇到纠纷时不能简单地等同处理。

4. 关于特许经营与民事代理。特许人与被特许人是两个独立的民事主体，总部与分部之间没有所有权属关系，它们之间是以合同为基础而形成的以特许权转让为中心的权利义务关系。同时，分店与第三人所为的民事法律行为不仅仅是为了总部的利益，更为主要的是这些法律行为与其自身有着密切的利益，故而这种关系超越了我国《合同法》旧的代理的涵义和性质，在特许经营方式下产生的法律后果不能简单地等同于一般民事代理所产生的法律后果，不能理所当然地导出被特许者的经营后果应归于被特许人的结论。

——王闯：《表见代理：考量特许经营合同特许人对使用人对外债务是否承担责任的一个法律视角——关于特许使用企业名称的特许人应否对使用人债务承担责任适用法律问题的请示答复之解说》，载最高人民法院民事审判第二庭编：《民商事审判指导》总第5辑，人民法院出版社2004年版，第25～36页。

编者说明

根据2007年2月6日颁布的《商业特许经营管理条例》第三条规定，商业特许经营，是指拥有注册商标、企业标志、专利、专有技术等经营资源的企业（即特许人），以合同形式将其拥有的经营资源许可其他经营者（即被特许人）使用，被特许人按照合同约定在统一的经营模式下开展经营，并向特许人支付特许经营费用的经营活动。

472

特许人应当对被特许人因合同履行不能使第三人遭受的损失承担民事责任

关键词 | 特许人 | 被特许人 | 合同履行不能 |

【最高人民法院裁判文书】

北京西单友谊集团与陈桂芹、高爽等242人及秦皇岛圣地置业有限公司、秦皇岛华商资产管理有限公司商品房买卖合同、房屋产权委托经营管理合同及侵权纠纷申请再审案[最高人民法院(2009)民申字第1601号民事裁定书]

最高人民法院认为:特许人与受许人签订《管理输出合同》,通过许可使用特许人字号、输出管理及委派董事的方式与受许人联合组建新公司。特许人对受许人采用返租方式出售房屋明知且同意,且直接参与了相关合同的履行,给业主造成误导。故特许人应对受许人因合同履行不能而给购房业主造成折损失承担民事责任。二审判决对受许人不能给付而造成的损失部分由特许人承担80%补充赔偿责任并无不当。

——苏泽林主编、最高人民法院立案庭编:《立案工作指导》总第25辑,人民法院出版社2010年版,第152~159页。

473

因特许人的经营模式不成熟,被特许人无法实现合同目的的,有权要求解除合同

关键词 | 合同目的 | 合同解除 |

【最高人民法院裁判文书】

济南瑞鑫餐饮技术有限公司与陈美娜特许经营合同纠纷申请再审案[最高人民法院(2016)最高法民申1614号民事裁定书]

最高人民法院认为:本案的争议焦点在于,瑞鑫公司是否存在根本违约行为

导致陈美娜无法实现涉案合同目的；二审法院判决瑞鑫公司返还相应费用是否存在适用法律错误。

《商业特许经营管理条例》第三条规定："本条例所称商业特许经营（以下简称特许经营），是指拥有注册商标、企业标志、专利、专有技术等经营资源的企业（以下称特许人），以合同形式将其拥有的经营资源许可其他经营者（以下称被特许人）使用，被特许人按照合同约定在统一的经营模式下开展经营，并向特许人支付特许经营费用的经营活动。"第七条规定："特许人从事特许经营活动应当拥有成熟的经营模式，并具备为被特许人持续提供经营指导、技术支持和业务培训等服务的能力。"第十四条规定："特许人应当向被特许人提供特许经营操作手册，并按照约定的内容和方式为被特许人持续提供经营指导、技术支持、业务培训等服务。"第二十二条规定："特许人应当向被特许人提供以下信息：……（二）特许人的注册商标、企业标志、专利、专有技术和经营模式的基本情况；……（五）为被特许人持续提供经营指导、技术支持、业务培训等服务的具体内容、提供方式和实施计划……"第二十三条规定："特许人向被特许人提供的信息应当真实、准确、完整，不得隐瞒有关信息，或者提供虚假信息。"根据原审法院查明的事实，涉案合同第一条约定，瑞鑫公司允许陈美娜使用"冠味至尊"商号、商标、广告宣传用语、服务标志等经营资源。第二条约定，瑞鑫公司向陈美娜提供"冠味至尊红泥美味小栈"店的全套经营模式、营销策略、技术服务和培训；培训掌握"冠味至尊红泥美味小栈"的全套生产工艺。在履行涉案合同中，"冠味至尊"并非瑞鑫公司的注册商标，也不是瑞鑫公司的商号及服务标志；瑞鑫公司没有证据证明其向陈美娜提供过经营模式、营销策略等信息和特许经营操作手册；瑞鑫公司提交的《带店师傅调查表》仅表明其派人去陈美娜处进行过培训，也不能证明瑞鑫公司将其经营资源及经营模式等信息真实、准确、完整地提供给陈美娜；《带店师傅调查表》中载明的"物流太慢、瓦罐安放无法解决"等问题也说明瑞鑫公司并不拥有成熟的经营模式。综上，瑞鑫公司违反了《商业特许经营管理条例》及涉案合同的约定，导致陈美娜无法使用建立在成熟经营模式基础上的经营资源从事商业特许经营活动，也就无法实现涉案合同目的。因此，二审判决关于瑞鑫公司的违约行为致使不能实现涉案合同目的的认定是正确的，其适用《合同法》第九十四条规定认定陈美娜有权要求解除合同并不存在适用法律错误。在涉案合同约定的履行期限届满的情况下，二审判决以已经没有解除必要为由未判决解除涉案合同，其本意是涉案合同因为不存在继续履行的问题而没有必要解除合同，并非认定涉案合同不应当解除。在此前提下，二审判决以涉案合同解除系因瑞鑫公司的根本违约行为导致为由,判决瑞鑫公司将因涉案合同取得的加盟费 79800 元、保证金 10000 元、管理费 5000 元均应返还陈美娜不存在适用法律错误。

——中国裁判文书网,http://wenshu.court.gov.cn。

474

被挂靠单位在收取挂靠费的范围内承担被注销挂靠单位的民事责任

关键词 | 挂靠单位 | 挂靠费 |

【最高人民法院裁判文书】

大连市物资开发协作总公司、河北省国际货运代理公司与河北省进出口贸易公司等联营合同纠纷案[最高人民法院(2000)经终字第 156 号民事判决书]

最高人民法院认为:本案所涉 601 号合同属于合同型联营,原审法院确认 601 号合同为联营合同性质,定性基本准确……在履行 601 号合同中,海达分公司未能及时开证、修证,及与外方紧密配合解决好应由其与外方解决的检验问题、验收问题等项工作,构成根本违约。海达分公司应当承担合同不能履行的民事责任。海达分公司现已被注销,海达分公司的债务,应由其实际开办单位及债务承担者运代公司承担。省外贸公司作为海达分公司的被挂靠单位,应当在所收取的 2 万元挂靠费范围内承担民事责任。

——肖扬总主编、最高人民法院民事审判第二庭编:《中华人民共和国最高人民法院判案大系》(民商事卷 - 2000 年卷),人民法院出版社 2003 年版,第 418 ~ 423 页。

编者说明

挂靠经营关系是被挂靠者向挂靠者提供挂靠经营所需的各种法律文件,挂靠者以自己享有权益的财产独立经营,经营收益归挂靠者所有,由挂靠者向被挂靠者交付一定报酬或者管理费用的合同关系。因此,挂靠双方的权利义务经合同约定为主,以法律法规的规定作为补充。1997 年企业产权界定与改革工作采取“谁投资、谁所有、谁受益”的产权界定原则在国家政策层面上确立了国家对财产权利人不分所有制形式一体保护的法律原则。与此相应,最高人民法院也以法函〔1996〕7 号《关于王长春诉江苏省江都县建筑安装配套公司确认财产所有权纠纷一案有关问题的复函》开始对挂靠合同纠纷案件的处理进行规范。其后的《民事案件案由规定》也明确将挂靠合同纠纷列入与企业有关的纠纷中。①

475

被挂靠单位在管理上投入的人力、物力不属于投资，不能据此取得对挂靠单位的直接经管管理权

关键词｜挂靠单位｜

【《最高人民法院公报》案例】

马艳梅诉青海东建工贸工程有限公司侵权纠纷案(青海省高级人民法院二审民事判决书)

青海省高级人民法院经审理认为:一审判决认定事实清楚,证据确实、充分。二处的财产都是被上诉人马艳梅的夫妻共同财产,对此双该当事人没有争议。二处挂靠在上诉人东建公司内,东建公司在管理上投入了人力、物力,但这不是投资,不能据此取得对二处的直接经营管理权,并且东建公司在这方面的投入已经由二处交纳的管理费补偿。祁占禄在世时,二处的事务就是由马艳梅夫妻在东建公司内部相对独立共同经营。祁占禄在世时二处与他人的债权债务关系,按照东建公司与二处的约定,一直由二处自理。对此,马艳梅是知情的,其对二处的债务也负有偿还的义务。只是由于祁占禄病故后,东建公司擅自任命他人主持二处事务,并发出由其处理二处债权债务的通告,拒绝让马艳梅管理二处,才使二处的债务无法确定,债权人纷纷找到东建公司要求偿还。这是东建公司侵犯二处财产所有权带来的必然结果。东建公司以此为由提出的上诉,不能成立。一审适用法律正确,判处适当。

——《最高人民法院公报》2001 年第 3 期

---

① 参见刘德权主编:《最高人民法院裁判意见精选》(下),人民法院出版社 2011 年版,第 843 ~ 844 页。

476

挂靠经营关系中，挂靠方有独立财产权和诉权

关键词｜挂靠｜财产权｜诉权｜

【最高人民法院裁判文书】

北京市北协建设工程公司与原北京市北协建设工程公司第三工程处挂靠经营纠纷案[最高人民法院(2006)民二终字第71号民事判决书]

最高人民法院认为:当事人作为公司内部的机构,有自己独立的财产与组织机构,自主经营,自负盈亏,自行招聘人员,并且独立承担相应的民事责任。因此,其符合《民诉法意见》第四十条所规定的"其他组织"的特征,具备诉讼主体资格,可依法行使自己的诉权。

当事人作为公司内部的机构,是自主经营,自主招聘人员,独立核算,自负盈亏,自己交纳相关税费,自身滚动发展而获得资产、设备,只是固定向公司支付管理费,而不需要再支付任何其他费用,该公司亦不承担该内部机构的任何风险及其他民事责任,其与该公司之间所形成的法律关系是挂靠经营法律关系,而不是承包经营关系。

挂靠经营者依法应享有对自身财产的所有权。我国的法律、法规并未对挂靠经营者的财产处分事宜作出明确规定,双方当事人亦没有约定,因此具体的处分方式应综合考虑该部分财产的形成过程、各方的投入与作用大小,依据公平的原则予以确定。

——最高人民法院民事审判第二庭编:《最高人民法院商事审判指导案例·公司卷》,中国法制出版社2011年版,第87~96页。

编者说明

本判决的法律结论和2003年8月28日《最高人民法院关于原北京市北协建设工程公司第三工程处起诉北京市北协建设工程公司解除挂靠经营纠纷是否受理问题的复函》(〔2003〕民立他字第3号)都表明了最高人民法院对因挂靠关系而产生的产权纠纷的司法意见,该复函指出:原北京市北协建设工程公司第三工程处符合最高人民法院《民诉法意见》第四十条第(九)项规定的"其他组织"的条件,其作为原告起诉北京市北协建设工程公司解除挂靠经营关系,人民法院应予受理。

477

被挂靠单位与挂靠单位实际没有投资关系，不应承担抽逃出资的责任

关键词｜挂靠｜抽逃出资｜

【最高人民法院裁判文书】

陕西科技大学、王全杰等借款合同纠纷申请再审案[最高人民法院(2015)民提字第127号民事判决书]

最高人民法院认为：烟台皮革研究所成立时挂靠在实业公司名下，此公司为独立法人。此时烟台皮革研究所与陕西科技大学并不存在挂靠关系。实业公司注销后，1998年12月，王全杰与陕西科技大学签订《解除挂靠协议》，证明陕西科技大学承继了实业公司法律上的权利义务。长城公司济南办事处据此主张陕西科技大学在抽逃出资的范围内对烟台皮革研究所的涉案借款承担清偿责任。长城公司济南办事处的主张不成立。陕西科技大学仅是烟台皮革研究所的挂靠单位，对其实际没有投资关系，也不存在抽逃资金行为，不应对烟台皮革研究所的债务承担责任。公司的注册资本对以后发生的债权具有担保的意义，但本案的借款行为实际发生于1997年，早于增资时间。借款与之后的增资减资行为无关，烟台皮革研究所后来的增资行为不构成对先成立债权的担保。原审认为由于陕西科技大学的过错造成烟台皮革研究所减资的行为成就，损害了长城公司济南办事处的合法权利，故陕西科技大学应在烟台皮革研究所偿还债务不能的范围内承担补充赔偿责任的理由不能成立。

——中国裁判文书网，http://wenshu.court.gov.cn。

478

挂靠经营企业出资人权益的确认

关键词｜挂靠｜出资人权益｜

【最高人民法院裁判文书】

赵某帅与永昌县农牧局企业出资人权益确认纠纷申请再审案[最高人民法院(2013)民申字第808号民事裁定书]

最高人民法院认为：(一)关于本案一、二审裁定适用法律是否错误的问题。根据一、二审查明的事实，农机总公司在工商行政管理部门登记的投资人系县农机局即改制后的县农牧局，该局于1999年1月20日、2010年7月28日、2010年8月18日先后出具证明，说明该局对农机总公司并无任何投资，农机总公司系赵某帅的私营企业，该公司所有权利义务都由赵某帅个人承担。在本案一审庭审及向本院提交的答辩意见中，县农牧局对上述事实皆予以认可。永昌县工商局作出的答复称："根据2012年8月20日县农牧局《关于重新界定农机总公司主体的申请》(永农牧发〔2012〕161号)和2012年7月26日金昌市人民检察院《关于赵某帅申诉上访案件涉及农机总公司有关情况的调查报告》(金检院〔2012〕74号)的内容及要求，该公司名为集体企业，实为个人承包经营的'红帽子'企业。"根据1993年12月21日国家国有资产管理局国资法规发〔1993〕68号发布的《国有资产产权界定和产权纠纷处理暂行办法》第四条规定，产权界定基本原则是"谁投资，谁拥有产权"。因此正确界定企业性质需从投资主体、企业经营的积累等诸方面综合分析。《民通意见〈试行〉》第四十九条规定："个人合伙或者个体工商户，虽经工商行政管理部门错误地登记为集体所有制的企业，但实际为个人合伙或者个体工商户的，应当按个人合伙或者个体工商户对待。"故可以确认农机总公司性质为赵某帅个人投资开办的个体工商户。至于赵某帅所称"由于企业性质模糊不清，导致农机总公司承担多起刑事、民事纠纷法律责任时法院选择性适用法律，判决相互矛盾，侵犯了其利益"一节，与本案无直接关联，可依个案依法寻求救济。

——中国裁判文书网，http://wenshu.court.gov.cn。

479

新设企业与原挂靠并注销企业之间承继关系的认定及债务的承担

关键词 | 挂靠企业 | 新设企业 | 债务承担 |

【最高人民法院裁判文书】

鹰潭市赣东实业有限公司与付才保及江西信义房地产开发集团有限公司项目转让合同纠纷上诉案[最高人民法院(2005)民一终字第78号民事判决书]

最高人民法院认为:挂靠政府部门的私营企业,按照国家解除私营企业挂靠政策,申请注销登记,同时设立新企业。老企业的注销与新企业的设立是相关行政部门及挂靠私营企业解除挂靠,还原企业原本性质的方式。新设企业承接注销企业的全部资产,亦应承担注销企业的全部债务,两企业之间具有法律上的承继关系,新设企业因此对注销企业无权代理人的代理行为享有追认权,并基于追认行为承担代理人代理行为的法律后果。

——最高人民法院民事审判第一庭编:《民事审判指导与参考》总第27集,法律出版社2006年版,第234～248页。

【链接：最高人民法院法官著述】

由于我国历史上计划经济体制对私营经济的限制,经济组织形式中曾出现过大量私营企业挂靠国营企业、集体企业或者政府部门,工商登记为国营企业或者集体企业,以规避计划经济体制对私营企业的限制性政策。企业发展过程中,常出现挂靠企业与被挂靠单位之间企业资产界定不明,被挂靠单位侵吞、占有挂靠企业资产的情形,这损害了私营企业利益,阻碍了我国私营企业的发展。在我国进行改革开放,确定社会主义市场经济体制后,国家开始鼓励和保护私营经济的发展,其中包括禁止被挂靠企业侵占挂靠企业资产,对挂靠企业进行清产核资,脱离挂靠,恢复企业原本性质。1998年3月24日,财政部、国家工商行政管理局、国家经济贸易委员会、国家税务局联合发布了《关于印发〈清理甄别挂靠集体企业工作的意见〉的通知》,规定对于挂靠企业进行清产核资,产权界定,在此基础上对挂靠企业性质作出认定,区分不同情况对挂靠的私营企业进行保护。对于挂靠企业全部由个人投资,并由挂靠企业自主经营的,将挂靠企业确定为私营企业,企业全部资产归投资者所有。党的十五大报告中明确非公有制是公有制经济的有利补充,对个体、私营非公有制经济要继续鼓励、引导,使之健康发展。之后,各地人民政府加大了挂靠企业的清理工作,俗称“摘除红帽子”政策。实践中,解除私营企业挂靠主要有两种方法:一是对于沿用原有挂靠企业名称,经营范围不予变更的,可以仅进行企业性质变更登记;二是挂靠企业申请注销登记,原有挂靠企业注销,重新成立新的私营企业,注销的挂靠企业权利义务转移给新成立的私营企业。挂靠企业解除挂靠过程中,由于产权不明晰,产权界定及企业性质确定非常复杂。但是"摘除红帽子"政策是我国政府针对经济组织中出现的特殊情况,为了保护私营企业利益,引导私营企业健康发展而制定,其制定目的与《公司法》的立法目的并不冲突,因此审判实践中可以根据企业按照国家政策解除挂靠的具体行为,判断解除挂靠后企业与原挂靠企业之间的法律关系。在多数情况下,新设立的企业实际上就是原挂靠企业还原私营企业性质后的延续。

——关丽:《新设企业与注销企业之间承继关系的认定及新设企业对注销企业无权代理人代理行为追认的法律效力——鹰潭市赣东实业有限公司与付才保及江西信义房地产开发集团有限公司项目转让合同纠纷上诉案》,载最高人民法院民事审判第一庭编:《民事审判指导与参考》总第27集,法律出版社2006年版,第234~248页。

480

挂靠人私刻公司公章并多次使用从事一系列经营活动,且该公章已为相关政府职能部门确认的,公司应当对外承担相应民事责任

关键词|挂靠|私刻公章|

【最高人民法院裁判文书】

江山市江建房地产开发有限责任公司与雷伟程及江西四季青生态科技有限公司、吴自旺、俞小貂民间借贷纠纷案[最高人民法院(2016)最高法民申425号民事裁定书]

最高人民法院认为:

二、关于江建公司是否应当承担担保责任

吴自旺与雷伟程达成的《还款协议》是双方真实意思表示,应为有效,《还款协议》上江建公司作为担保人加盖公章。虽然该公章已被刑事判决认定为吴自旺伪造,但从一审查明的情况看,吴自旺多次使用该枚公章从事一系列经营活动,且该公章已为施工单位和相关政府职能部门确认。本案中,吴自旺通过挂靠江建公司,

取得了“金迪商厦”项目的开发人资格，吴自旺是该项目的实际控制人，吴自旺所借款项部分用于“金迪商厦”项目。江建公司为涉案款项提供担保的行为合法有效。吴自旺在《招标通知书》和《建设工程施工招标备案资料》以及与施工单位订立的《建设工程施工合同》中均使用了该枚私刻的公章。上述法律行为必须要使用公章，在此情况下，二审判决推定江建公司对于吴自旺使用该枚公章知情并无不当。且依据一审时的鉴定结论，吴自旺使用的该枚公章与其向东乡县房管局申报《承诺书》中的公章相同。上述事实使雷伟程对于该公章形成合理信赖，雷伟程的合理信赖利益应当受到保护。一、二审判决认定江建公司承担担保责任并无不当。

——中国裁判文书网，http://wenshu.court.gov.cn。

481

承包合同不具有采矿权转让的特征，不应认定为以承包方式转让采矿权

关键词 | 承包合同 | 采矿权转让 |

【最高人民法院裁判文书】

青岛平度市旧店金矿与赵典业其他合同纠纷案［最高人民法院（2014）民一终字第46号民事判决书］

最高人民法院认为：关于案涉承包合同是否有效的问题。旧店金矿认为，案涉承包合同实质上是以承包方式变相转让采矿权，合同内容违反《合同法》第五十二条第五款规定，应属无效合同。本院认为，案涉承包合同是否构成采矿权的转让应看是否具备转让采矿权的特征。采矿权转让的法律后果为转让人取得转让采矿权的价款，而受让人则取得采矿权并进而获得所开采的矿产资源。转让采矿权，不仅需要当事人之间签订转让合同，而且有关转让合同还需要经政府主管部门的批准。因而，可以说受让人一旦取得采矿权，除非出现合同无效、解除或者可变更、可撤销情形，否则，不存在将采矿权返还给转让人的可能。根据本案当事人之间签订的承包合同的约定，赵典业是以支付3600万元承包费为代价取得了约定矿区10年开采生产权及其相关设施设备等10年的使用权，承包期内赵典业所开采加工的矿粉必须全部出售给旧店金矿，赵典业则根据其开采加工的矿粉数量和质量获取收益。承包期内并不变更采矿权证，案涉采矿权证仍

然登记在旧店金矿名下。可见,承包期内采矿权人还是旧店金矿,赵典业对于旧店金矿只是内部生产性承包,并不对外经营。合同期满后,赵典业应将约定矿区及所有设施、设备返还给旧店金矿。也即,10 年承包期满后,赵典业不能再在相应矿区继续采矿。这显然不符合采矿权一经转让,受让人即拥有该权利的全部处分权,出让人不得收回的特征。因此,案涉承包合同并不具有采矿权转让的特征,不能认定为以承包方式转让采矿权。旧店金矿主张案涉承包合同是以承包方式变相转让采矿权,缺乏事实和法律依据,不能成立。赵典业与旧店金矿签订的承包合同,内容并不违反法律、行政法规的强制性规定,应为合法有效。

——中国裁判文书网,http://wenshu.court.gov.cn。

482

企业实行承包经营责任制,其所有制性质不变

关键词 | 承包经营 |

【最高人民法院答复】

云南省高级人民法院:

你院云高法〔1992〕59 号《关于沈参雄诉昆明磷酸盐厂承包合同纠纷案在合资企业昆明云通磷酸盐厂成立以后原承包合同应视为实际上解除的请示》收悉。经研究,答复如下:

根据《乡镇企业承包经营责任制规定》,“企业实行承包经营责任制,其社会主义劳动群众集体所有制性质不变。企业的全部财产(包括承包后新增的资产)仍属举办该企业的全体劳动群众集体所有”。因此,承包人在承包期间不能以中方企业的财产、以全额投资的方式与外商举办合资企业并取得股东地位。我们同意你院意见,可以确认在合资企业成立以后,沈参雄与昆明磷酸盐厂的承包合同视为实际上已解除。但有关承包过程中的其他权利义务,仍应实事求是,妥善处理,公正保护发包人和承包人双方的合法权益。

——《最高人民法院经济审判庭关于沈参雄诉昆明磷酸盐厂承包合同纠纷案在合资企业昆明云通磷酸盐厂成立以后原承包合同应视为实际上解除问题的复函》[1992 年 12 月 17 日,法(经)〔1992〕210 号]

483
承包人在承包期间所得收入依据当时的国家政策应当归承包人所有

关键词｜承包经营｜

【最高人民法院裁判文书】

刘福田与平定县城镇集体工业联合社、平定县二轻工业局汽车驾驶员培训基地、平定县交通机械职业学校确权侵权纠纷上诉案[最高人民法院(2004)民一终字第103号民事判决书]

最高人民法院经审理认为:1986年10月26日,刘福田与汽车队签订的《厂房租赁承包合同》约定,以租赁承包的形式由刘福田代表该企业进行独立的经营活动。虽然合同中称“刘福田为代表三人组合”,但事实上系刘福田个人对修理部进行承包经营,且刘福田为承包修理部向汽车队缴纳了1000元款项。双方在《厂房租赁承包合同》中还约定,承包经营期为5年,刘福田每年向汽车队缴纳租赁承包费1.2万元,在合同终止时双方盘点核对,对汽车队租赁给刘福田的财产,如有丢失,刘福田照价赔偿,如有结余,归刘福田所有。双方签订合同后,刘福田对修理部进行了承包经营,并履行了合同约定的义务。根据案件查明的事实,刘福田与汽车队签订的《厂房租赁承包合同》系双方当事人的真实意思表示,不违反法律、行政法规的强制性规定,该合同应认定为有效。

刘福田在承包经营修理部期间还承包经营了汇丰商场,并按期足额地付清了承包费用。对此,罗家峪村与刘福田无异议。对该问题,城镇联社虽称汇丰商场是汽车队与罗家峪村联合投资兴建的,罗家峪村无权单方对外承包。但是,在承包给刘福田以前,汇丰商场是由罗家峪村经营管理的,而且在刘福田租赁承包汇丰商场期间,汽车队未提出过异议。因此,刘福田与罗家峪村签订的汇丰商场承包合同亦应认定为有效合同,城镇联社的主张不能给予支持。

刘福田在承包修理部和汇丰商场期间还成立了驾驶员培训班,该培训班后改为培训基地。经鉴定确认,刘福田在承包修理部和汇丰商场期间所得收益已全部投入到培训基地。因此,刘福田在租赁承包期间所得收益应归刘福田所有,并由培训基地将该财产返还给刘福田。因刘福田原承包汽车修理部合同系与二轻局汽车队签订的,二轻局现更名为城镇联社,故培训基地返还刘福田财产不足时,城镇联社应承担补充赔偿责任。根据鉴定结论,刘福田认为职业学校有其财产，事实依据不足，应予驳回。

刘福田与汽车队签订的是租赁承包合同，在承包经营期间，刘福田仅具有独立的经营管理及对其经营收入的支配权。而所承包的企业的性质不能改变，该企业性质仍为集体企业。对此，修理部的《商业企业开业申请登记表》《税务登记表》《税务登记证》均可以证实。因此，刘福田主张培训基地等其他企业的全部财产归其所有没有事实和法律依据，不予支持。

——最高人民法院民事审判第一庭编：《民事审判指导与参考》总第26集，法律出版社2006年版，第202～212页。

484

企业承包经营合同违约责任的认定

关键词｜承包经营合同｜违约责任｜

【最高人民法院裁判文书】

宣威市巾帼社区清洗服务有限公司与宣威市人民政府招待所承包合同纠纷申请再审案［最高人民法院（2013）民申字第540号民事裁定书］

最高人民法院认为：关于巾帼公司提出的《营业执照》《特种行业经营许可证》问题。1.巾帼公司主张招待所未履行为其办理《营业执照》的义务，但从涉案合同的约定看，双方明确约定的是招待所将客房部承包给巾帼公司，没有办理营业执照的内容。巾帼公司承包客房部后进行了正常经营，开具发票等一系列手续系以招待所名义办理。2.巾帼公司主张《特种行业经营许可证》系招待所事后花500元通过舞弊的方式取得，但并未提交充分的证据，不能予以支持。故巾帼公司该项再审申请理由不能成立。

关于巾帼公司主张承包合同约定的"争取宽松的外部经营环境"的内容即招待所有义务保证巾帼公司停车场使用、蒸汽和餐饮供应问题。该主张依据不足，理由是：1.从文义看，涉案合同中"争取宽松的外部经营环境"所在自然段的内容是关于招待所及时向巾帼公司传达党和国家的方针政策，文件精神，做好政策咨询和协调服务管理工作，该段内容中的"经营环境"与停车场使用、蒸汽和餐饮供应等内容关联性不足。同时，涉案承包合同对"承包标的"的内容作了详细约定，却未约定停车场使用、蒸汽和餐饮供应的内容。在没有明确约定的情况下，巾帼公司主张将合同约定的“争取宽松的外部经营环境”理解为招待所有义务保证巾帼公司停车场使用、蒸汽和餐饮供应，依据不充分。2. 从承包合同的履行看，巾帼公司在经营时，使用停车场以及蒸汽等场地设备时支付了相应的费用，如果巾帼公司的主张成立，则巾帼公司无需另行付费，巾帼公司不但交纳了费用，亦未提交证据证明其曾对此提出异议，上述事实显然与巾帼公司的主张矛盾。故巾帼公司该主张不能成立。

关于巾帼公司主张招待所擅自断水、断电和停止供应蒸汽违反承包合同约定的问题。巾帼公司主张的断水、断电等情形，发生在巾帼公司拒付租金几个月之后。巾帼公司拒付租金的行为在另案生效判决中已经被认定为违约，招待所断水断电等行为，属于行使同时履行抗辩权，巾帼公司主张招待所违约依据不足。

关于巾帼公司主张其不应承担20%损失的问题。由于本案处理装修等问题的原因是涉案合同被解除发生返还，合同被解除的原因应当作为折价的考虑因素，另案生效判决已经认定巾帼公司违约，一、二审判决认定巾帼公司承担20%的损失并无不当。

——中国裁判文书网，http://wenshu.court.gov.cn。

485

承租人有能力和条件对加油站证照可能无法变更的商业风险作出合理判断，不能将证照未能变更导致合同目的无法实现归责于出租人

关键词 | 出租人 | 承租人 | 证照变更 |

【最高人民法院商事审判参考性案例】

十、海门市海永农机经营部与中国石油天然气股份有限公司上海销售分公司租赁合同纠纷案

（一）基本案情

2010年8月19日，民营企业海门市海永农机经营部（以下简称海永农机部）与中国石油天然气股份有限公司上海销售分公司（以下简称中石油上海分

公司）签订《加油站资产及经营权租赁合同》，由中石油上海分公司向海永农机部租赁某加油站资产及整体经营权；租赁期限为15年，自加油站交接之日起计算租期，前两年租金为每年23万元，第三年起每年18万元。合同签订后，双方于2010年9月1日办理交接手续，加油站由中石油上海分公司管理经营，但因相应证照无法变更，中石油上海分公司没有按期给付租金。海永农机部诉至法院，请求判令中石油上海分公司支付租金和违约金。中石油上海分公司反诉称，由于海永农机部未改制为公司制企业，不同意变更营业执照，导致中石油上海分公司不能正常合法经营加油站，合同目的无法实现，中石油上海分公司有权要求解除合同，请求判令解除《加油站资产及经营权租赁合同》，并要求海永农机部赔偿损失35403803元。

（二）裁判结果

上海市浦东新区人民法院一审认为，海永农机部与中石油上海分公司签订的《加油站资产及经营权租赁合同》合法有效。中石油上海分公司作为业内知名企业的分公司，具有能力亦有条件对商业风险作出合理判断，对商业决策失误可能造成的损失应有充分认知。合同订立时，双方进行了沟通与协商，对合同履行期间可能出现的证照无法变更情形及解决方案亦有过考量与约定。合同签订后，双方办理了交接手续，海永农机部亦履行了协助义务，在证照无法变更的情况下，双方未达成补充协议，由此引发的合同目的无法实现之风险，不应归责于海永农机部。根据《合同法》第九十七条关于"合同解除后，尚未履行的，终止履行；已经履行的，根据履行情况和合同性质，当事人可以要求恢复原状、采取其他补救措施、并有权要求赔偿损失"之规定，判决：一、解除《加油站资产及经营权租赁合同》；二、中石油上海分公司应于判决生效之日起十日内支付海永农机部租金；三、中石油上海分公司应于判决生效之日起十日内支付海永农机部迟延付款违约金；四、中石油上海分公司应于判决生效之日起十日内支付海永农机部合同解除违约金56万元；五、驳回中石油上海分公司其余反诉请求。中石油上海分公司上诉后，上海市第一中级人民法院判决驳回上诉、维持原判。

（三）典型意义

本案是人民法院依法审理大型国有企业与非公有制企业之间租赁合同纠纷的典型案例。本案争议焦点在于如何认定加油站相应证照无法变更时海永农机部与中石油上海分公司各自应承担的责任。中石油上海分公司作为大型国有企业，有能力亦有条件对加油站证照可能无法变更的商业风险做出合理判断与认知。因此，在合同仅对海永农机部课以协助办理并提供必要材料的义务时，中石油上海分公司不能将证照未能变更导致的合同目的无法实现归责于海永农机部,而应自行承担这一商业风险所带来的后果。本案双方当事人不仅所有制性质不同,而且市场地位、经济实力悬殊。人民法院严格遵循平等保护原则,综合考虑合同双方缔约能力和行业经验,依法准确区分商业风险和主观过错,确定了合同目的不能实现的原因和后果,依法公正保护了不同规模、不同区域、不同所有制主体的合法权益。

——《最高人民法院关于依法平等保护非公有制经济,促进非公有制经济健康发展民事商事典型案例》(2016 年 4 月 8 日),载最高人民法院网,http://www.court.gov.cn。

486

民办学校举办者对民办学校的出资份额所形成的财产权益可以继承

关键词｜民办学校｜出资份额｜权益继承｜

【最高人民法院答复】

安徽省高级人民法院:

你院〔2011〕皖民二终字第 00093 号《关于上诉人安徽省黄山市歙州学校、洪献忠与被上诉人洪文琴、洪绍轩,原审第三人方建成、洪善华、方爱香确认民办学校举办者、出资纠纷一案的请示》收悉。经研究,答复如下:

依据《民事诉讼法》第一百零八条、《民办教育促进法(2002)》第五十四条及《民办非企业单位登记管理暂行条例》第十五条之规定,确认或否定(变更)民办学校举办者纠纷包含有对举办者身份(资格)行政许可的内容,该纠纷不属于人民法院民事诉讼受理的范围。

依据《民办教育促进法(2002)》第三条、第五十一条之规定,民办学校举办者对民办学校的出资份额不能继承,但因该出资所形成的财产权益,可以依据《民办教育促进法(2002)》和《继承法》的规定依法继承。

——《最高人民法院关于安徽省黄山市歙州学校、洪献忠与洪文琴、洪绍轩、方建成、洪善华、方爱香确认民办学校举办者、出资纠纷一案请示的答复》(2011 年 12 月 8 日,〔2011〕民二他字第 21 号)

487

民事诉讼中不应对民办高校举办者身份予以确认，出资人诉请成为实质举办者的，应驳回起诉

关键词｜民办学校｜实际出资人｜民事诉讼受案范围｜

【《最高人民法院公报》案例】

李稳博诉上海虹口区艺术合子美术进修学校合同纠纷案(上海市第二中级人民法院二审民事裁定书)

裁判摘要:一、对于根据《民办教育促进法》等法律法规的规定,经教育部门许可并通过民政部门登记设立的民办学校,当事人以其系该民办学校的实际出资人为由诉请变更举办人身份的,属于行政许可范围,不属于民事诉讼受案范围。

二、对于经教育部门许可并通过民政部门登记设立的民办学校,当事人以其系该民办学校实际出资人为由诉请确认其出资份额的,因该类民办学校系公益性组织,对该类学校的出资在本质上属于向社会的捐赠,民办学校对于已投入的资产享有独立法人财产权,且投入的财产终极归属于社会而非归属于出资人,故出资人对学校财产不具有财产权益,其要求确认出资份额的诉请没有法律上的财产权依据。

三、对于没有法律上的权利基础的事实确认,不能作为独立的诉讼请求。当事人诉请要求确认没有法律权利基础的某项事实的,人民法院应裁定不予受理或驳回起诉。

上海市第二中级人民法院二审认为:属于民办非企业法人的民办学校不同于公司(或企业法人),具有公益性和非营利性。非企业法人的民办学校对投入学校的资产和积累享有独立的法人财产权,出资人对学校财产不享有所有权或共有权,出资人对学校也不享有类似于公司股东的财产权利。就本案而言,被上诉人合子学校在申请设立时,在由其举办者及全体董事(含李稳博)共同签章的提交申请许可和登记的学校《章程》中明确“举办者不要求回报”,“学校清偿后的剩余财产用于公益性或者非营利性目的,或者由登记管理机关转赠与本校性质、宗旨相同的组织,并向社会公告”。这是学校举办者和全体董事在学校设立时向社会作出的承诺,也是取得行政许可和民政登记的条件,亦符合《民办教育

促进法》对投入民办学校的财产终极归属于社会而非归属出资人的立法本意。民办非企业学校的《章程》内容是取得行政许可和登记的条件，在学校设立后，学校董事不能随意对章程作出有悖于学校公益性质的变更或另行作出与《章程》性质不符的约定。根据本案合子学校的《章程》规定和该校作为民办非企业法人的公益性质，该校的出资人（举办者）对其投入学校的资产不具有所有权，也不具有根据出资多少来获得回报、分配剩余财产等的其他财产权利。故李稳博要求确认其对合子学校的出资份额没有法律上的财产权基础，其要求确认出资份额只是要求确认一项事实，没有法律权利基础的事实确认不能作为独立的诉讼请求。

对于上诉人李稳博是否对被上诉人合子学校投入过资金及投入多少资金，本案不作实体审查。如果李稳博对合子学校确实投入过资金，且李稳博投入该资金是以其成为合子学校出资人（举办者）的身份为目的，而不是单纯向学校的捐赠行为；那么，在以该目的的出资未能获得合子学校董事会接受，也未能获得行政机关变更许可和登记的情况下，李稳博可以另行主张要求接受其投入资金的受让人予以返还。

综上，本案中上诉人李稳博诉请确认其对被上诉人合子学校具有35%的出资份额的实质是李稳博要求确认其成为合子学校的举办者，而确认和变更举办者属于行政许可范围。而对于作为民办非企业法人的学校，确认非举办者身份的出资人地位没有现行法律依据，且根据合子学校的《章程》和《民办教育促进法》等法律法规的规定，出资人（举办者）对于其出资形成的学校财产也没有法律上的财产权，李稳博要求确认其出资份额只是要求确认一项事实，不能作为独立的民事诉讼请求。故一审裁定于法有据，二审予以维持。

——《最高人民法院公报》2016年第9期

【最高人民法院裁判文书】

西安点石投资管理有限公司、西安天元房地产开发有限责任公司与西安交大博通资讯股份有限公司、西安交通大学城市学院、西安交通大学损害公司利益责任纠纷案[最高人民法院(2012)民二终字第95号民事裁定书]

裁判要旨：根据《民办教育促进法》《行政许可法》的相关规定，民办高校的举办行为及举办者身份均属于审批核准的范围，是教育行政部门行政许可需要审查的内容。民事诉讼的当事人要求按照公司法股东身份确认诉讼的方式对民办高校举办人的身份予以确认，其实质是要求人民法院对于教育行政部门行政许可的内容进行审查判断，根据《民事诉讼法》第三条之规定，该项诉请不属于人民法院受理民事案件的范围，人民法院应予以驳回。

当事人基于民办高校举办人身份而提出的其他具有财产内容的诉讼请求，例如对于民办高校的管理权、经营权及经营收益等，属于民事法律关系范畴，在举办人身份得以确认的基础上可以提起相应的民事诉讼。

最高人民法院认为：对于博捷公司是否应当被认定为城市学院举办者的问题。2004 年 5 月 10 日，教育部作出《关于同意西安交通大学与西安交大博通资讯股份有限公司合作试办西安交通大学城市学院的批复》，同意西安交大与博通公司合作试办城市学院。2004 年 7 月 23 日，经陕西省民政厅陕民办发〔2004〕212 号文批复，同意城市学院成立登记。从上述情况看，城市学院的举办是经过教育部及陕西省民政厅等相关主管部门审批的，核准的申请者是西安交大、合作者是博通公司。《民办教育促进法(2002)》第十一条规定："举办实施学历教育、学前教育、自学考试助学及其他文化教育的民办学校，由县级以上人民政府教育行政部门按照国家规定的权限审批；举办实施以职业技能为主的职业资格培训、职业技能培训的民办学校，由县级以上人民政府劳动和社会保障行政部门按照国家规定的权限审批，并抄送同级教育行政部门备案。"《行政许可法》第二条规定："本法所称行政许可，是指行政机关根据公民、法人或者其他组织的申请，经依法审查，准予其从事特定活动的行为。"本案中城市学院属于实施学历教育的民办学校，其举办活动应由相应教育行政部门审批，属于行政许可的范围。《民办教育促进法(2002)》第十二条规定："申请筹设民办学校，举办者应当向审批机关提交下列材料……(二)举办者的姓名、住址或者名称、地址……"《民办教育促进法实施条例》第十六条规定："申请正式设立民办学校有下列情形之一的，审批机关不予批准，并书面说明理由：(一)举办民办学校的社会组织或者个人不符合法律、行政法规规定的条件，或者实施义务教育的公办学校转为民办学校的……"上述规定表明，在民办高校的举办活动中，举办者身份亦属审批核准的范围，是行政许可需要审查的内容。点石公司、天元公司起诉要求确认博捷公司的举办者身份，其实质是要求人民法院对于教育行政部门行政许可的内容进行审查判断，根据《民事诉讼法》第三条之规定，该项诉请不属于人民法院受理民事案件的范围，故本院对点石公司、天元公司要求确认博捷公司为城市学院举办者的起诉予以驳回。点石公司、天元公司提出的要求博通公司向博捷公司返还城市学院的法人财产权、管理权、经营权以及返还收益的主张，其请求权基础在于博捷公司作为城市学院举办者的身份得到确认，因此对于上述民事权益的主张本院不予审理。点石公司、天元公司主张博捷公司已经向城市学院投入520万元，因基于该笔款项产生的权利义务争议不属本案诉讼请求范围，本院不予审理。对于该笔款项是否属于博捷公司按照与博通公司的约定向城市学院的出资、其能否主张投资收益或返还资金的问题，权利人可通过另行起诉的方式解决。

——最高人民法院民事审判第二庭编：《最高人民法院商事审判指导案例(2012) · 公司与金融》，中国民主法制出版社2013年版，第371～379页。

488

民办学校被撤销登记之后办理注销登记之前，其法人资格依然存在，但只能开展清算范围之内的活动

关键词｜民办学校｜撤销登记｜法人资格｜

【《最高人民法院公报》案例】

中国农业银行股份有限公司吉林市东升支行与吉林市碧碧溪外国语实验学校借款担保合同纠纷执行案[最高人民法院(2015)执申字第55号执行裁定书]

裁判摘要：一、豁免执行必须有法律法规的明确规定，现行法律法规中没有规定对教育用地或教育设施豁免执行，学校应以学校的财产包括教育用地与教育设施负担其债务。

二、债权实现与维护社会公共利益之间应当保持平衡，法院采取的执行措施不能影响社会公益设施的使用。为保障社会公益事业发展，保障公众受教育权等基本权益，对教育用地与教育设施的执行不能改变其公益性用途，不能影响实际使用。

最高人民法院认为：首先，关于碧碧溪学校的主体资格问题。在本案恢复执行之前，碧碧溪学校被吉林市民政局公告撤销民办非企业(法人)单位登记。根据《民办非企业单位登记管理暂行条例》第二十七条“未经登记，擅自以民办非企业单位名义进行活动的，或者被撤销登记的民办非企业单位继续以民办非企

业单位名义进行活动的，由登记管理机关予以取缔，没收非法财产；构成犯罪的，依法追究刑事责任；尚不构成犯罪的，依法给予治安管理处罚”之规定，碧碧溪学校本不能继续以碧碧溪学校名义进行活动，但碧碧溪学校尚未办理注销登记，根据《民办非企业单位登记管理暂行条例》第十六条第二款“民办非企业单位在办理注销登记前，应当在业务主管单位和其他有关机关的指导下，成立清算组织，完成清算工作。清算期间，民办非企业单位不得开展清算以外的活动”之规定，碧碧溪学校被撤销登记之后，办理注销登记之前，其法人资格依然存在，但权利能力与行为能力受到限制，只能开展清算范围之内的活动。碧碧溪学校作为被执行人参与执行程序，应为债权债务清理工作的一部分。而碧碧溪学校尚未按照法律规定成立清算组织，不允许碧碧溪学校以单位名义参与执行程序，则无法进行相应的债权债务清理工作。参照《公司法解释（二）》第十条关于“公司依法清算结束并办理注销登记前，有关公司的民事诉讼，应当以公司的名义进行。公司成立清算组的，由清算组负责人代表公司参加诉讼；尚未成立清算组的，由原法定代表人代表公司参加诉讼”之规定，碧碧溪学校在注销登记之前，能够以单位名义参与执行程序，进行债权债务清理工作。本案中，碧碧溪学校以单位名义从事活动，必须严格限定在参与执行程序的必要活动中，不得从事清理既有债权债务关系之外的活动。碧碧溪学校为民办学校，根据《民办教育促进法》第三条第一款之规定，“民办教育事业属于公益性事业，是社会主义教育事业的组成部分”。因此，农行东升支行有关碧碧溪学校法人资格已不存在，其也不再是公益事业单位的主张没有事实与法律依据，本院不予支持。

——《最高人民法院公报》2016 年第 10 期

489

因资不抵债无法继续办学而被终止的民办学校的清算程序

关键词｜民办学校｜清算程序｜

【最高人民法院司法解释】

贵州省高级人民法院：

你院《关于遵义县中山中学被终止后人民法院如何受理“组织清算”的请

示》(〔2010〕黔高研请字第1号)收悉。经研究,答复如下:

依照《民办教育促进法》第九条批准设立的民办学校因资不抵债无法继续办学被终止,当事人依照《民办教育促进法(2002)》第五十八条第二款规定向人民法院申请清算的,人民法院应当依法受理。人民法院组织民办学校破产清算,参照适用《企业破产法》规定的程序,并依照《民办教育促进法(2002)》第五十九条规定的顺序清偿。

——《最高人民法院关于对因资不抵债无法继续办学被终止的民办学校如何组织清算问题的批复》(2010年12月31日,法释〔2010〕20号)

编者说明

2003年安徽省人大常委会向全国人大常委会法工委请示:一是民办学校因资不抵债无法继续办学的由哪个机关作出终止决定,是由法院决定还是由审批机关或政府决定;二是法院组织清算的操作程序依据什么规定来进行。全国人大常委会法工委答复:从法律角度说,中学的终止及清算问题涉及对学校性质的认定,如果该中学是个人独资企业,可适用《个人独资企业法》关于个人独资企业的解散和清算的规定。2005年8月,广东省高级人民法院向最高人民法院就深圳市宝安区教育局申请华茂学校、建华职院终止清算案请示,最高人民法院作出答复:人民法院根据《民办教育促进法(2002)》第五十八条的规定对因资不抵债无法继续办学而被终止的民办学校组织清算时,如果该民办学校不属于企业法人,则可以参照《民事诉讼法》中的破产还债程序进行清算。其债务清偿顺序应当适用《民办教育促进法(2002)》第五十九条规定。上述两个答复适用范围不尽相同。全国人大常委会法工委的答复适用于未取得法人资格的民办独资学校,最高人民法院的答复适用于不属于企业法人的民办学校。2007年《民事诉讼法》修正,删除破产还债程序的相关内容,民办学校破产清算的法律适用再次出现困难。2010年5月,贵州省高级人民法院就民办学校因资不抵债无法继续办学被终止的,人民法院如何受理、组织清算问题,向最高人民法院请示。鉴于贵州省高级人民法院所请示的问题具有一定普遍性,尤其在《企业破产法》实施后,情况发生变化,有必要制定司法解释予以规范,因此作出批复。①《民法总则》第三章关于法人的一般规定部分,在第七十二条规定"法人被宣告破产的,依法进行破产清算";第四章"非法人组织"部分的第一百零八条规定,"非法人组织除适用本章规定外,参照适用本法第三章第一节的有关规定"。根据上述规定精神,组织民办学校破产清算仍可以参照适用《企业破产法》规定的程序。

① 孙佑海、吴兆祥、孙茜:《解读〈最高人民法院关于对因资不抵债无法继续办学被终止的民办学校如何组织清算问题的批复〉》,载《人民司法·应用》2011年第5期。

第四章 | CHAPTER 04

企业改制纠纷

490 审理企业改制纠纷案件中妥善处理各种利益的衡平与保护

关键词｜企业改制｜利益衡平｜

【最高人民法院司法政策】

5.要按照利益衡平原则,依法妥善处理各种利益冲突。企业兼并重组广泛涉及参与兼并重组的各方企业、出资人、债权人、企业职工等不同主体的切身利益,在此期间的利益博弈与权利冲突无法回避。人民法院要注意透过个案的法律关系,分析利益冲突实质,识别其背后的利益主体和利益诉求,依法确定利益保护的优先位序。法律法规没有明文规定的情形下,在个体利益冲突中应当优先寻找共同利益,尽可能实现各方的最大利益;在个体利益与集体利益、社会公共利益,地方利益与全局利益等不同主体利益的并存与冲突中,要在保护集体利益、社会公共利益和全局利益的同时兼顾个体利益、地方利益。坚决克服地方保护主义、行业及部门保护主义对司法审判工作的不当干扰。

……

六、充分保障职工合法权益,全力维护社会和谐稳定

19.依法保护劳动者合法权益,切实保障民生。实现改革发展成果更多更公平惠及全体人民是我们各项事业的出发点和落脚点。企业职工虽然不是企业兼并重组协议的缔约方,但其是利益攸关方。人民法院在审判执行中要及时发现和注意倾听兼并重组企业职工的利益诉求,依法保障企业职工的合法权益,引导相关企业积极承担社会责任,有效防范兼并重组行为侵害企业职工的合法权益。

——《最高人民法院印发〈关于人民法院为企业兼并重组提供司法保障的指导意见〉的通知》(2014 年 6 月 3 日,法发〔2014〕7 号)

(六)关于保护企业职工利益,维护企业和社会稳定问题

国有企业改革,不仅是企业自身体制的变革,而且涉及到对企业职工利益的保护。不容忽视的是,企业改制中侵害职工利益的行为时有发生。如企业改制中,没有充分考虑职工的利益,不听取职工的意见,甚至在未安置好企业职工的情况下,一改了之,一卖了之,引起矛盾激化,严重影响企业和社会稳定。应当指出,企业作为市场经济的主体,只有企业职工稳定了,企业才能稳定;只有企业稳

定了,社会才能稳定;只有社会稳定了,才能有条件深化企业产权制度的改革,搞活企业,增强企业的市场竞争力,最终完成经济体制的改革,建立完善的社会主义经济体制。因此,人民法院在审理与企业改制相关的民事纠纷案件中,应当特别注意对企业职工合法权益的保护,维护企业和社会的稳定。对违规进行企业改制的,要坚决制止;对有损企业职工利益的行为,绝不迁就姑息。严防“群体事件”的发生,维护企业和社会的稳定。这也是《企业改制案件规定》的精髓。

——李国光:《在公布〈最高人民法院关于审理与企业改制相关的民事纠纷案件若干问题的规定〉新闻发布会上的讲话》(2003 年 1 月 3 日),载李国光主编、最高人民法院民事审判第二庭编著:《最高人民法院关于企业改制司法解释条文精释及案例解析》,人民法院出版社 2015 年版,第 16 ~ 17 页。

491

中外企业合资、合作以及外资企业在中国的投资行为，不属于国有企业改制范畴

关键词｜企业改制｜

【最高人民法院答复】

中华人民共和国商务部:

你部于 2003 年 9 月 12 日发给本院的商法函〔2003〕33 号《关于请确认〈关于审理与企业改制相关的民事纠纷案件若干问题的规定〉是否适用于外商投资的函》收悉。经研究,答复如下:

中国企业与外国企业合资、合作的行为,以及外资企业在中国的投资行为,虽然涉及到企业主体、企业资产及股东的变化,但他们不属于国有企业改制范畴,且有专门的法律、法规调整,因此,外商投资行为不受上述司法解释的调整。

——《最高人民法院对〈商务部关于请确认《关于审理与企业改制相关的民事纠纷案件若干问题的规定》是否适用于外商投资的函〉的复函》(2003 年 10 月 20 日,〔2003〕民二外复第 13 号)

【最高人民法院裁判文书】

大连嘉骏粮油贸易有限公司与大京延吉纺织有限公司、延吉纺织厂一般借款合同纠纷申请再审案[最高人民法院(2013)民申字第2421号民事裁定书]

最高人民法院认为:大京公司不应在接收延吉纺织厂财产的范围内对讼争借款承担连带清偿责任。

1.《最高人民法院对〈商务部关于请确认《关于审理与企业改制相关的民事纠纷案件若干问题的规定》是否适用于外商投资的函〉的复函》(以下简称《复函》)规定,中国企业与外国企业合资、合作的行为,以及外资企业在中国的投资行为,虽然涉及到企业主体、企业资产及股东的变化,但他们不属于国有企业改制范畴,且有专门的法律、法规调整,因此,外商投资行为不受上述司法解释的调整。该《复函》是对《企业改制案件规定》适用范围的进一步明确,属于上述规定的一个组成部分,并非如嘉骏公司所主张的不具备法律效力。同时,从商务部给最高人民法院《关于请确认〈关于审理与企业改制相关的民事纠纷案件若干问题的规定〉是否适用于外商投资的函》内容看,前述《复函》的出台背景是《企业改制案件规定》颁布后,外国投资者对于该司法解释关于企业公司制改制后债务承担问题所确定的有关规则表示关注,担心该司法解释如果适用于外商投资,将会影响外资参与国内企业改组的顺利进行,商务部出于创造更好的投资环境以及进一步吸引外国投资的考虑,函请最高人民法院就该司法解释是否适用于外商投资的问题予以说明。据此可以认定《复函》已经明确将外国投资者参与的国有企业改制排除在《企业改制案件规定》的适用范围之外。具体到本案,大京公司系由延吉纺织厂与大韩民国甲乙纺织株式会社成立的甲乙延吉纺织有限公司变更而来,延吉纺织厂与大韩民国甲乙纺织株式会社成立中外合资企业的行为属于《复函》规定的“中国企业和外国企业合资、合作的行为”,故本案不应适用《企业改制案件规定》。

2.延吉纺织厂虽将其主要资产投入大京公司,但是其对外承担债务的责任财产并没有减少,只是责任财产的形态发生了变化,转换成为对大京公司享有的股权。虽然1999年修正的《公司法》第十二条规定公司向其他有限责任公司、股份有限公司累计投资额不得超过本公司净资产的50%,但是该规定并非效力性规定,不能据此认定延吉纺织厂的出资行为无效。因此,延吉纺织厂的债权人包括嘉骏公司在内的债权并没有受到侵害,嘉骏公司只能是在延吉纺织厂清偿不能时请求执行上述股权，而无权要求大京公司在接收财产的范围内承担连带清偿责任。并且，国资公司已将延吉纺织厂在大京公司的全部股权以50万美元的价格出售给大京株式会社，从《股权转让协议书》的约定看，该转让价格系根据大京公司的资产、负债和经营状况，并参照了大京株式会社受让大韩民国甲乙纺织株式会社股权的转让价款确定，且履行了职工大会审议和报请延边朝鲜族自治州人民政府批准等手续。因此，延吉纺织厂在大京公司已经不持有股权，故嘉骏公司对于大京公司不享有任何的请求权，包括执行程序中的请求权。至于嘉骏公司提到的50万美元转让价格是否合理的问题，不属于本案审理的范围，其应在知道或者应当知道上述转让行为之日起一年内向法院提出撤销之诉。

3. 嘉骏公司主张延吉纺织厂、国资公司和大京株式会社签订的《股权转让协议书》第一条约定转让的是国资公司持有的在大京公司的33.33%股份及相应的债权债务，其中的债务应包括本案债务，故大京公司应对延吉纺织厂的债务承担责任。该申请理由不能成立。因为《股权转让协议书》约定的是股权转让双方的权利义务，故即使嘉骏公司的主张成立，上述债务也应由作为股权受让方的大京株式会社承担，而非由合资公司大京公司承担。

4. 虽然延吉纺织厂和中国工商银行延吉市支行签订的《财产抵押借款合同》将延吉纺织厂用于向大京公司出资的土地、厂房和办公楼约定为讼争借款的抵押物，但是上述抵押物均没有办理抵押登记手续，故抵押权并没有生效，嘉骏公司不能对上述已移转登记至大京公司名下的不动产行使抵押权。

——中国裁判文书网，http://wenshu.court.gov.cn。

492

法院只受理平等民事主体间在企业产权制度改造中发生的民事纠纷案件

关键词｜企业改制｜民事诉讼受案范围｜

【最高人民法院司法解释】

第一条　人民法院受理以下平等民事主体间在企业产权制度改造中发生的

民事纠纷案件：

（一）企业公司制改造中发生的民事纠纷；

（二）企业股份合作制改造中发生的民事纠纷；

（三）企业分立中发生的民事纠纷；

（四）企业债权转股权纠纷；

（五）企业出售合同纠纷；

（六）企业兼并合同纠纷；

（七）与企业改制相关的其他民事纠纷。

第三条 政府主管部门在对企业国有资产进行行政性调整、划转过程中发生的纠纷，当事人向人民法院提起民事诉讼的，人民法院不予受理。

第十四条第二款 政策性债权转股权，按照国务院有关部门的规定处理。

——《最高人民法院关于审理与企业改制相关的民事纠纷案件若干问题的规定》(2003 年 1 月 3 日，法释〔2003〕1 号)

【最高人民法院裁判文书】

高文杰与定西市熙海油脂有限责任公司股东资格确认纠纷申请再审案[最高人民法院(2016)最高法民再 97 号民事裁定书]

最高人民法院认为：《企业改制案件规定》第三条规定，政府主管部门在对企业国有资产进行行政性调整、划转过程中发生的纠纷，当事人向人民法院提起民事诉讼的，人民法院不予受理。即对于政府主管部门依据行政命令，对企业国有资产进行调整、划转的行政性行为，当事人以民事纠纷起诉的，人民法院不予受理。根据《民法通则》《公司法》《合同法》等有关法律、行政法规及相关政策，国有企业改制需经有审批权的地方人民政府审批后才能进行。政府对企业改制进行指导、审批，是行使国家赋予的行政职权，并不改变企业改制的民事行为性质。因此，与企业改制相关的纠纷，原则上应属于人民法院受理民事案件的范围。

本案中，2003 年 11 月 7 日，高文杰经职工推举参加了政府组织的拍卖程序。同年 12 月 1 日，原定西地区行政公署 2003 年第十三次常务会议研究正式确定高文杰为永新油脂公司资产受让人。同年 12 月 9 日，高文杰与原定西地区行政公署粮食处签订了《甘肃省永新油脂化工有限公司产权转让及职工安置合同》。同年 12 月 25 日，股东大会召开。2004 年 1 月 9 日，熙海公司经工商行政管理机关注册成立。政府及其主管部门并未依据行政职权，对企业国有资产进行行政性调整、划转。高文杰起诉请求法院对其在熙海公司的股东资格及股权份额进行确认，属于平等主体之间的民事纠纷。二审法院依据《企业改制案件规定》第三条的规定裁定驳回高文杰的起诉，适用法律错误。至于高文杰的诉讼请求能否予以支持，熙海公司主张的案涉企业改制违法，以及秦耀林等 14 人与张维忠等 47 人主张的有关股东退股、转股的行为性质等事实或者抗辩能否成立，均需受案法院经实体审理后依法予以判定。

——中国裁判文书网，http://wenshu. court. gov. cn。

陕西省技术进步投资有限责任公司与陕西中联重科土方机械有限公司、陕西黄河工程机械集团有限责任公司企业借贷纠纷申请再审案［最高人民法院(2014)民申字第 315 号民事裁定书］

最高人民法院认为：(一)关于黄工集团出资设立新黄工公司的行为是否属于政策性债转股的问题。政策性债转股是国家决定剥离银行不良资产和解除国有企业负债的一种改革机制，这种债转股是依据国家政策操作的，对哪些企业可以实施债转股份，那些企业不能实施债转股，是由政府职能部门划定范围的。债转股是在国有商业银行的资产管理公司与国有企业之间进行的，需要经过特殊的审批程序，根据《企业改制案件规定》，政策性债权转股权，不属于人民法院受理民事案件的范围，应按国务院有关部门的规定处理。法院查明的事实为，2001 年 12 月 26 日经陕西省经济贸易委员会批准，黄工集团、中国华融资产管理公司、中国东方资产管理公司签订《出资协议》，黄工集团以实物净资产出资 3361 万元，占 11. 84%，于 2002 年 1 月 24 日设立新黄工公司，设立时股东为黄工集团、中国华融资产管理公司、中国东方资产管理公司。从上述事实看，黄工集团将其部分财产(实物净资产)从企业中剥离，与其他民事主体(中国华融资产管理公司、中国东方资产管理公司)共同组建新公司(新黄工公司)，同时，原企业法人(黄工集团)资格仍然存在。黄工集团对新黄工公司的出资行为不是债权转股权，更不符合政策性债权转股权的情形。此外，从本案纠纷的原因看，黄工集团因未按约定偿还银行贷款，作为贷款保证人陕技投公司承担保证责任后向黄工集团追偿导致本案诉争，本案并不是债权转股权纠纷。因此，中联公司申请再审认为黄工集团出资设立新黄工公司的行为属于政策性债转股的事由不能成立。

——中国裁判文书网，http://wenshu. court. gov. cn。

陕西中联重科土方机械有限公司与陕西省技术进步投资有限责任公司、陕西黄河工程机械集团有限责任公司一般借款合同纠纷申请再审案[最高人民法院(2014)民申字第316号民事裁定书]

本裁判理由与前引裁判文书基本一致(略)。

——中国裁判文书网,http://wenshu.court.gov.cn。

抚顺市融达投资有限公司与抚顺天湖啤酒有限公司债务纠纷申请再审案[最高人民法院(2013)民申字第96号民事裁定书]

最高人民法院认为:《民事诉讼法》第一百一十九条规定:"起诉必须符合下列条件:……(四)属于人民法院受理民事诉讼的范围和受诉人民法院管辖。"从天湖公司向一审法院起诉的诉讼请求、事实和理由等因素分析,融达公司主张的诉讼请求依据为2001年3月20日抚顺市信托投资公司与天湖公司签订的《资产偿还协议书》。而《资产偿还协议书》所涉债权缘于抚顺市国有资产管理委员会划拨给融达公司的3600万元财政委托贷款,融达公司所享有的债权由政府主管部门划转取得,不是基于产权变动双方平等民事主体的自由意思表示。同时,从抚顺市人民政府办公厅的《关于抚顺天湖啤酒有限公司转制工作的备忘录》《关于抚顺天湖啤酒有限公司改制工作会议纪要》及抚顺市经济委员会的《关于抚顺天湖啤酒有限公司改制的批复》等相关政府文件看,融达公司与天湖公司之间的债权债务关系形成于政府相关部门主导下对天湖公司进行企业改制的过程中,涉及地方政府对天湖公司企业改制的政策行为。综上,从涉案债权形成的原因、过程等因素分析,融达公司与天湖公司之间的纠纷不宜适用民事诉讼程序予以处理,融达公司可依企业改制政策请求地方政府解决。

——中国裁判文书网,http://wenshu.court.gov.cn。

【链接:最高人民法院法官著述】

对企业国有资产进行行政性调整、划转一般是发生在国有企事业单位之间的,因管理体制和组织机构调整等,将属于一个国有企事业单位的资产划拨给另外一个企事业单位。这种调整和划转是实现国有企业产权重组的一种重要方式,是国家资产管理局根据财政部规定的范围和手续操作的。从该行为的法律性质上考察,调整和划转资产是无偿的,不是等价交换的市场交易行为,是国家资产管理部门对所属企事业单位的行政管理行为,不是平等主体间民商事法律行为,因此在调整和划转过程中发生纠纷不能适用民事诉讼程序获得司法救济,应按相关机制予以解决。

政府主管部门对企业国有资产进行行政性调整、划转的行为与结果,与企业产权制度改造过程中的一些经济行为方式与结果相似,如企业兼并、分立、出售等行为也发生企业资产转移的结果,且有些资产转移时需要经由相关政府管理部门办理有关手续,二者容易混淆。实践中应当根据纠纷的性质,把握二者的区别,准确作出受理与不予受理的决定。政府主管部门的调整、划转与企业改制中的资产转移是有根本区别的,首先,政府主管部门的调整、划转资产是由政府部门决定的,不是由企业可以决定的,企业改制中的资产转移是由作为当事人的企业根据自身的经济利益决定的,是企业自由意志的体现。企业改制中的资产转移,对有些资产有可能需要经由相关政府部门办理有关手续,但这种政府部门的行为属于一般行政管理行为,与政府部门直接划拨企业资产行为有本质的区别。其次,政府主管部门的调整、划转是无偿的,资产转移无须支付对价,企业改制中的资产转移是商品交易的结果,是等价有偿的。最后,政府主管部门与被调整和划转资产的各方当事人在法律关系中的地位是不平等的,具有从属关系,企业改制中的各方当事人地位是平等的。

——李国光主编、最高人民法院民事审判第二庭编著:《最高人民法院关于企业改制司法解释条文精释及案例解析》,人民法院出版社 2015 年版,第 23、31 页。

493

对于“行社脱钩”财产纠纷，应区分不同类型分别处理

关键词 | 行社脱钩 |

【最高人民法院裁判文书】

大庆农村商业银行股份有限公司大同支行与中国农业银行股份有限公司大庆分行案[最高人民法院(2016)最高法民终 30 号民事裁定书]

最高人民法院认为:1996 年 8 月 22 日,国务院下发《国务院关于农村金融体制改革的决定》(国发〔1996〕33 号),明确提出改革农村信用社管理体制。

1996年8月28日,国务院农村金融体制改革部际协调小组印发《农村信用社与中国农业银行脱离行政隶属关系实施方案》(农金改〔1996〕2号)。1996年9月24日,黑龙江省人民政府印发《黑龙江省农村金融体制改革实施方案》,对农村信用社与农业银行脱离行政隶属关系工作做出安排部署。在“行社脱钩”之前,农村信用社虽系独立企业法人,但隶属农业银行领导,接受农业银行管理,双方之间是领导与被领导、管理与被管理的关系,而非平等民事主体之间的民事法律关系。且在农村信用社和农业银行之间“行社脱钩”的过程中,确实存在着一批基于双方行政隶属关系而形成的内部资产划转、强制划转存贷款及其他资产负债、指令性贷款等具有行政色彩的债权债务。

具体到本案而言,在1996年9月24日之前,大同农商行的前身即原大同信用社隶属大庆农行领导,接受大庆农行管理,双方并非平等的民事主体。大同农商行主张,大庆农行通过将自己科目内核算并已形成逾期的贷款打包划转、指令发放贷款方式,侵占大同农商行本金43285596.94元及利息31953427.66元。经查,大同农商行主张的这些款项均发生在1996年9月24日之前,即属于“行社脱钩”之前,基于双方行政隶属关系而产生的资金划转行为。因此,即便大同农商行主张属实,由于前述款项系双方因行政隶属关系从而进行内部资产划转而形成,具有一定的行政色彩,而非平等民事主体之间的民事法律关系;且根据中国人民银行1998年7月13日发布的《关于农村信用合作社清偿对中国农业银行债务有关问题的通知》(银传〔1998〕39号)规定,“农村信用社难以接受的债务,当地人民银行应合情合理地进行调解。县(市)支行解决不了的,可报经人民银行省分行进行仲裁”。故该纠纷不应属于人民法院受理民事诉讼的范围。

——中国裁判文书网,http://wenshu.court.gov.cn。

鄂州市鄂城区杜山农村信用合作社与中国农业银行鄂州市分行鄂城支行返还财产纠纷抗诉案(最高人民法院再审民事裁定书)

裁判要旨:对于“行社脱钩”财产纠纷,应区分不同类型分别处理。对于农业银行与农村信用社之间基于借贷、拆借、担保关系产生的纠纷,应当按照民事案件进行审理。对于农业银行与农村信用社相互划转存贷款的行为,属于基于行政管理关系而产生的内部资产划转,应当按照有关政策及行政法相关原理处理,不属于人民法院民事案件受案范围。

最高人民法院再审认为:农业银行与农村信用社脱钩遗留资金纠纷是在我国金融体制改革过程中形成的历史遗留问题。对于此类纠纷是否应由人民法院受理，湖北省高级人民法院二审裁定认为，本案纠纷形成于农业银行对农村信用社代管期间，双方之间相互划转存贷款是基于双方之间存在的行政管理关系而产生的内部资产划转活动，此后双方的上级行政主管部门曾多次对此类纠纷进行过政策性协调，并有较明确的行政处理原则，因此，该类纠纷不属于人民法院审理民事纠纷案件的受理范围。

——景汉朝主编：《最高人民法院审判监督指导案例解析》，人民法院出版社2015年版，第3～8页。

【链接：最高人民法院法官著述】

（二）“行社脱钩”财产纠纷应坚持二元化解决机制

对于此类纠纷，应区分不同类型，按照民事法律关系与行政法律关系二元化解决模式进行处理。

1. 对于农业银行与农村信用社之间基于借贷、拆借、担保关系产生的纠纷，应当按照民事案件进行审理

民事法律关系，调整的是平等主体间的公民、法人、其他组织间的人身关系和财产关系。它与行政法律关系的本质区别在于，行政法律关系的主体是不平等的，行政相对人是被动的，其对行政主体的行政行为只能接受服从，没有商讨余地。而民事法律关系的主体是平等的，一方不能对另一方进行强迫，双方在意思表示一致的基础上进行民事行为。虽然根据国务院有关文件精神，农村信用社与农业银行之间在“行社脱钩”前具有行政隶属关系，农业银行对农村信用社具有领导管理权，但法人是民事法律关系的重要主体，根据《民法通则》第五十五条“民事法律行为应当具备下列条件：（一）行为人具有相应的民事行为能力；（二）意思表示真实；（三）不违反法律或者社会公共利益”的规定，具有行政隶属关系的两个法人在遵循平等、自愿、有偿的民法原则基础上，同样可以形成相应的民事法律关系。农业银行与农村信用社之间正常的借贷、拆借、担保关系属于在平等、自愿、有偿基础上形成的关系，此类纠纷属于人民法院民事案件受案范围，应当按照民事案件审理。

2. 对于农业银行与农村信用社相互划转存贷款行为，属于基于行政管理关系而产生的内部资产划转，应当按照有关政策及行政法相关原理处理，不属于人民法院民事案件受案范围

依照规定，行社脱钩改革中涉及的人员、财产、资金关系等问题由有关部门

协调解决,如《关于农村金融体制改革的决定》(国发〔1996〕33号)规定:"在农村信用社与中国农业银行行政隶属关系的改革中,涉及到的人员、财产、资金关系等问题,应在中国人民银行领导下,会同有关部门协调解决。"《关于农村信用社清偿对中国农业银行债务有关问题的通知》(银传〔1998〕39号)规定:"解决社行遗留问题,要以1995年12月29日以来中国人民银行、中国农业银行两总行关于维护行社双方合法权益的有关电报、文件为依据,行社双方应尊重历史、客观公开、实事求是、互谅互让。对明显违背政策规定,农村信用社难以接收的债务,当地人民银行应合情合理地进行调解。县(市)支行解决不了的,可报经人民银行省分行进行仲裁。"湖北省农村金融体制改革领导小组《湖北省农村信用社与农业银行脱离行政隶属关系实施方案》(鄂农金改〔1996〕5号)规定:"对行社交叉贷款、撤所留社转移给农村信用社的贷款,要认真进行清理,并根据有关政策协调解决,确实通过协商不能解决的,报请上一级农村金融体改领导小组办公室裁决。"

——张能宝:《"行社脱钩"财产纠纷应坚持二元化的解决机制——鄂州市鄂城区杜山农村信用合作社与中国农业银行鄂州市分行鄂城支行返还财产纠纷抗诉案》,载景汉朝主编:《最高人民法院审判监督指导案例解析》,人民法院出版社2015年版,第10~11页。

494

资产买卖、租赁关系与企业改制关系的区分认定及责任承担

关键词 | 资产买卖 | 不动产租赁 | 企业改制 |

【最高人民法院裁判文书】

中国东方资产管理公司南京办事处与江苏汤沟酒业有限公司、江苏汤沟两相和酒业有限公司及灌南压铸机有限公司借款担保合同纠纷案[最高人民法院(2011)民二终字第64号民事判决书]

裁判要旨:两相和公司与汤沟公司系各自独立成立的企业法人,双方之间基于《出售合同》与《关于〈出售合同〉的补充协议》,形成了资产买卖与不动产租赁的法律关系,不应因为两相和公司收购或者租赁汤沟公司资产而认定双方系企

业改制关系，从而要求两相和公司对汤沟公司的债务承担民事责任。两相和公司以代汤沟公司支付职工债权的方式实际支付买卖及租赁对价，并不违法，且已全部实际履行，汤沟公司破产，所遗留的债务与新成立的两相和公司无关。

最高人民法院认为：案涉 9 份借款合同、7 份保证合同、1 份最高额保证合同、5 份国有土地使用权抵押合同，及两相和公司与汤沟公司签订的《出售合同》与《关于〈出售合同〉的补充协议》，均系当事人真实意思表示，不违反法律、行政法规的强制性规定，原审判决认定合法有效正确，本院予以维持。本案查明的事实表明，两相和公司与汤沟公司系各自独立成立的企业法人，基于《出售合同》与《关于〈出售合同〉的补充协议》，双方之间形成了资产买卖与不动产租赁的法律关系，并非企业改制关系；两相和公司作为资产买受人与承租人，以代汤沟公司支付职工债权的方式实际支付对价 55620431.25 元，已经超过按照上述合同约定其应当支付的 52155342.35 元，其合同义务已履行完毕。对此，有两相和公司财务凭证与汤沟公司评估资产移交表等证据佐证。本院（2007）民二终字第 90 号生效民事判决亦已认定汤沟公司出租出售相关资产给两相和公司，两相和公司支付了相应对价，汤沟公司并未因此行为而降低其对外偿债能力。因此，两相和公司不应对汤沟公司的借款债务承担连带清偿责任。原审判决驳回东方公司南京办对两相和公司的诉讼请求具有事实依据，并无不当，本院予以维持。东方公司南京办上诉提出汤沟公司破产一案中出现的破产人所欠职工债权数额与本案确认的两相和公司已支付合同对价用于代汤沟公司偿还职工债权相矛盾问题，东方公司南京办上诉并未就此提出直接的相反证据证明两相和公司未支付合同对价，故对其上诉请求本院不予支持。东方公司南京办认为汤沟公司破产案件中多报职工债权数额问题，可通过申诉等监督程序在汤沟公司破产案件中加以解决。

——最高人民法院民事审判第二庭编：《最高人民法院商事审判指导案例（7）· 公司与金融卷》，中国法制出版社 2013 年版，第 216～225 页。

编者说明

企业改制并非法律术语，而是经济学概念，是指企业根据法律、法规和政策规定，在政府指导下进行的企业产权制度改造，因此在实践中，需要区分一般的资产买卖、财产租赁与企业改制的关系，本裁判意见可以为此提供参考。

495

企业改制侵害职工合法利益的，相关机构有权代表职工提起确认改制行为无效之诉

关键词｜企业改制｜侵害职工利益｜确认无效之诉｜

【最高人民法院司法政策】

改制的国企未按照国家有关规定安置企业职工、连续社会保险关系、处理拖欠职工各项债务以及未补缴欠款的各项社会保险费,侵害企业职工合法利益的,企业职工能否起诉主张改制行为无效,审判实践中存在争议。经国务院批准,国务院国资委和财政部联合下发的《企业国有产权转让管理暂行办法》第三十二条规定,产权转让过程中转让方、转让标的企业未按规定妥善安置职工、连续社会保险关系、处理拖欠职工各项债务以及未补缴欠款的各社会保险费,侵害职工合法利益的,国有资产监督管理机构或者企业国有产权转让相关批准机构可以向人民法院提起诉讼,主张确认转让行为无效。尽管这一规定并非法律或者行政法规,但其是国企转让产权的依据,对国有产权转让具有重要指导作用。因此,改制企业违反上述规定而侵害职工合法权益的,相关机构有权代表企业职工提起确认改制行为无效之诉。但应当明确,如改制行为因无效恢复到原有状态后,企业职工的安置问题仍由企业自身和当地政府负责处理。

——《充分发挥民商事审判职能作用,为构建社会主义和谐社会提供司法保障——全国民商事审判工作会议材料》(2007 年 5 月 30 日),载最高人民法院民事审判第二庭编:《民商事审判指导》总第 11 辑,人民法院出版社 2007 年版,第 59 ~ 60 页。

496

国有企业改制未经批准办理采矿权主体变更的，新企业不当然享有原企业的采矿权

关键词｜国有企业｜企业改制｜采矿权变更｜

【最高人民法院裁判文书】

山西皇翰煤炭气化有限公司与山西秦鹏煤炭科技发展有限公司采矿权、煤矿经营权及其他财产权转让合同纠纷案[最高人民法院(2006)民二终字第19号民事判决书]

最高人民法院认为：当事人双方订立煤矿采矿权转让合同，转让人系原国有企业经过企业改制而成立的新公司。涉案煤矿的采矿权所有人为原国有企业，但在改制过程中对原企业所有的煤矿采矿权未按规定进行资产评估，也违反《探矿权采矿权转让管理办法》关于"因企业资产出售以及有其他变更企业资产产权的情形，需要变更采矿权主体的，经依法批准，可以将采矿权转让他人采矿"的规定，未办理采矿权主体变更手续。转让人承继了原国有企业工商主体资格，但并不当然地享有煤矿的采矿权，故无权转让此项权利，应对本案采矿权、煤矿经营权及其他财产权转让合同不生效承担全部过错责任。

——最高人民法院民事审判第二庭编：《交流与共享》总第25期，未刊本，转引自刘德权主编：《最高人民法院裁判意见精选》（下），人民法院出版社2011年版，第869页。

497

企业改制后债务承担的一般原则

关键词｜企业改制｜债务承担｜

【最高人民法院司法政策】

（二）关于企业改制后债务承担的一般原则

企业改制后的债务承担问题，是人民法院在审理与企业改制相关的民事纠纷案件中，遇到的最常见的问题。《企业改制案件规定》本着当事人意思自治、公平、诚实信用等民法的基本原则，确立了企业改制后债务承担的一般原则。

一是尊重当事人约定原则。对被改制企业的债务承担，当事人有约定，并经债权人认可，且其内容不违反法律、法规强制性和禁止性规定的，按照当事人的约定处理。《企业改制案件规定》第六条、第十二条的内容均体现了这一原则。

二是企业法人财产原则。企业法人以其所有的财产独立对外承担民事责任，这是企业法人财产原则的核心。这一原则派生出企业债权债务承继原则和企业债务随企业财产变动的原则。《企业改制案件规定》在处理企业改制后的债务承担方面，始终贯彻了这些原则。如规定凡改制后原企业法人消灭的，原企业的债务，由改制后原企业的承继者承担（《企业改制案件规定》第四条、第五条、第八条、第十条、第十一条等）；凡改制后原企业法人没有消灭的，原企业的债务，原则由其自行承担（《企业改制案件规定》第三十五条）；若改制时，原企业债务随着企业资产变动而移转到新公司中的，对所转移的债务，除当事人另有约定并经债权人认可外，则按照债务随企业资产变动原则处理（《企业改制案件规定》第六条、第十二条、第二十四条等）。

——李国光：《在公布〈最高人民法院关于审理与企业改制相关的民事纠纷案件若干问题的规定〉新闻发布会上的讲话》（2003年1月3日），载李国光主编、最高人民法院民事审判第二庭编著：《最高人民法院关于企业改制司法解释条文精释及案例解析》，人民法院出版社2015年版，第14～15页。

七、人民法院审理涉及企业公司制改造、股份合作制改造、债权转股权、国有小型企业出售、企业兼并及分立等国有企业改制的纠纷案件，应当严格适用法律与国家改制政策。有关法律、行政法规无明文规定的，可适用改制行为发生时国务院有关主管部门的规范性文件；违反法律、行政法规和国务院规定的政策的有关地方性改制文件，不能作为办案依据。

八、人民法院审理国有企业改制案件，凡是改制行为发生时国务院有关主管部门的规范性文件明确规定须履行审批手续，对未履行审批手续，且事后又未补办审批手续的，或者当事人双方恶意串通，损害国家或债权人利益的，应当依法确认有关协议无效；在小型企业出售中，出售方借出售企业逃废债务，受让人知情的，对债权人撤销企业出售合同的主张，应当依法予以支持。

九、人民法院审理国有企业改制案件，应当依法认真处理好改制企业遗留债务的承担问题。对于改制企业遗留债务，当事人之间约定了新的债务承担人、并经债权人同意的，可依当事人的约定；对于虽未经债权人同意，但新的债务承担人有足够能力清偿债务的，可按照实际情况确认由新的债务承担人承担债务；对于仅对改制企业的财产进行了处理，而未处理改制企业债务的，原则上应当由改制变更后的企业在所接受财产的等值范围内承担原企业遗留债务。

十、人民法院审理国有企业改制案件，对企业出售中，卖方隐瞒或遗漏原企业债务的，应当由卖方对所隐瞒或遗漏的债务向原企业的债权人承担责任；对企业股份合作制改造及吸收合并中，被兼并或被改制企业原资产管理人隐瞒或遗漏债务的，应当由被兼并或被改制企业原资产管理人对所隐瞒或遗漏的债务承担民事责任；对借企业分立剥离企业有效资产，以逃避债务的，应当将分立后的企业列为共同被告，并依法确认由其承担连带责任。

——《最高人民法院关于人民法院在审理企业破产和改制案件中切实防止债务人逃废债务的紧急通知》(2001 年 8 月 10 日，法〔2001〕105 号)

【链接：最高人民法院法官著述】

对企业改制后的债务承担，司法解释确立了两个原则：一是尊重当事人的约定原则；二是企业法人财产原则。尊重当事人约定原则是指当事人对企业改制后的债务承担有约定，并经债权人认可，且其内容不违反法律、法规强制性和禁止性规定的，按照当事人的约定处理。企业法人财产原则是指企业法人以自己所有的财产独立对外承担民事责任。企业债权、债务承继原则和企业债务随企业财产变动原则，是企业法人财产原则派生出来的原则。上述两项原则同样可以用来解决企业公司制改造后的债务承担问题。

——李国光主编、最高人民法院民事审判第二庭编著：《最高人民法院关于企业改制司法解释条文精释及案例解析》，人民法院出版社 2015 年版，第 58 页。

498

企业改制时仅为出资主体、性质和名称变更的，其责任主体并未发生变更

关键词 | 企业改制 | 企业变更 | 债务承担 |

【最高人民法院裁判文书】

宁夏富荣化工有限公司与中国长城资产管理公司兰州办事处保证合同纠纷案[最高人民法院(2012)民二终字第130号民事判决书]

裁判要旨:企业改制仅为法人出资主体、性质和名称的变更,其责任主体并未发生变更,当事人据此主张不承担企业改制前的债务的,人民法院不予支持。

最高人民法院认为:关于富荣公司是否为本案原审适格的主体问题。富荣公司上诉称,原担保合同的签订者富荣化肥公司已经进行了企业改制并不存在,其既不是担保合同的签订者也不是长城公司兰州办事处原审起诉状所列的被告,故其不是本案原审适格的被告。本院认为,本院及原审法院查明的事实表明,案涉保证合同的签订者虽为富荣化肥公司,但富荣公司是通过由任茂华牵头出资,一次性买断富荣化肥公司国有净资产的方式改制而来,富荣化肥公司改制仅为法人出资主体、性质和名称的变更,企业责任主体并未发生变更。此外,《宁夏富荣化肥工业有限责任公司改制方案》以及宁夏吴忠市利通区人民政府吴利政发〔2003〕17号《吴忠市利通区人民政府关于宁夏富荣化肥工业有限责任公司改制方案的批复》中,也均明确载明由富荣公司承担富荣化肥公司的债权债务。因而,富荣公司关于其不是本案原审适格被告的主张缺乏事实和法律依据,本院不予支持。

——最高人民法院民事审判第二庭编:《最高人民法院商事审判指导案例(2012)·公司与金融》,中国民主法制出版社2013年版,第264~272页。

499

公司重组改制未造成公司资产变化,未降低公司对外偿债能力的,相关参与主体不承担民事责任

关键词|公司重组改制|债务承担|

【最高人民法院司法解释】

第五条 企业通过增资扩股或者转让部分产权,实现他人对企业的参股,将企业整体改造为有限责任公司或者股份有限公司的,原企业债务由改造后的新

设公司承担。

——《最高人民法院关于审理与企业改制相关的民事纠纷案件若干问题的规定》(2003 年 1 月 3 日,法释〔2003〕1 号)

【最高人民法院裁判文书】

中国信达资产管理股份有限公司甘肃省分公司与甘肃省轻工机械股份有限公司金融借款合同纠纷申请再审案[最高人民法院(2014)民申字第 834 号民事裁定书]

最高人民法院认为:二、关于甘肃轻工公司应否对改制前的企业债务承担责任问题。《企业改制案件规定》第五条规定:“企业通过增资扩股或者转让部分产权,实现他人对企业的参股,将企业整体改造为有限责任公司或者股份有限公司的,原企业债务由改造后的新设公司承担。”根据该条规定,甘肃轻工公司作为改制后的公司应当对原企业甘肃轻工机械总厂的债务承担责任。而且,甘肃省张掖市工业信息化委员会张工信发〔2011〕204 号《关于省轻机厂申请进行企业变更登记注册的报告》中明确“改制前的债权债务由新公司全部承继并依法予以清收和偿还”。因此,甘肃轻工公司申请再审称公司为出资的股东所有,没有义务对原企业的贷款承担保证责任,理由不能成立。此外,信达甘肃分公司在主债务人张掖选矿厂破产终结后,就其未能受偿的债权要求甘肃轻工公司承担保证责任,并无不当之处。

——中国裁判文书网,http://wenshu. court. gov. cn。

中国长城资产管理公司哈尔滨办事处与哈尔滨电表仪器有限责任公司、哈尔滨电表仪器股份有限公司、黑龙江省福顺(集团)有限公司、哈尔滨福顺投资顾问有限公司、哈尔滨市电子仪表工业总公司、哈尔滨电表仪器厂有限公司、哈尔滨福怡房地产开发有限公司借款合同纠纷案[最高人民法院(2008)民二终字第 154 号民事判决书]

最高人民法院认为:主债务人与国资委签订《合作协议》,约定“土地与产权捆绑挂牌、整体转让”等内容,其改制虽然按照政府的文件批复精神进行,但在改制过程中,主债务人、受让其股份的股东、国有股权的托管人等,及其他与其改制有关系的当事人对该《合作协议》约定的内容有所调整。上述当事人均未取得债务人的财产,亦未损害债务人的偿债能力。故均不应向其债权人承担民事责任。从当事人上诉与答辩意见看,本案二审争议焦点为:原审判决第四项"驳回长城公司哈尔滨办事处的其他诉讼请求"是否正确,即福顺投资、福顺集团、福怡公司、哈表总公司、哈表厂公司在本案中是否应当承担民事责任。

工行和兴支行与哈电表厂签订的36份《流动资金借款合同》系双方当事人真实意思表示,不违反国家法律、行政法规的禁止性规定,原审判决认定合法有效正确,本院予以维持。本案债权人长城公司哈尔滨办事处与借款人哈表有限公司、哈表股份公司以外的其他当事人发生纠纷主要是基于2005年8月的合作协议、哈表有限公司重组改制等事实而产生的。本案查明的事实表明,2005年7月5日,哈尔滨市政府决定对哈表有限公司以土地与产权捆绑挂牌整体转让的方式进行重组改制。同年8月,哈尔滨市国资委与本案当事人签订《合作协议》,约定重组哈表有限公司包括对哈表有限公司股权转让、职工安置、国有土地使用权的转让、土地地上物的拆迁处置、债权债务处理等内容。改制完成后,福顺集团并未依约成为哈表有限公司的股东,福怡公司与哈尔滨市国资局签订土地使用权出让合同,受让土地。上述改制的整个过程说明,哈表有限公司的改制虽然是按照哈尔滨市政府、哈尔滨市国资委的文件批复精神开展,但并没有完全依照《合作协议》8月约定的内容进行;在完成重组工作后,哈表有限公司的独立法人地位依然存在,公司资产并未发生变化,公司股权发生了变动,但公司的偿债能力并未因股权变动而变化。故哈表有限公司应当依法在本案中向长城公司哈尔滨市办事处独立承担还款责任。

在哈表有限公司改制后,福顺投资受让了哈表有限公司的股份,该交易属于股权转让,并不影响哈表有限公司的对外偿债能力,福顺投资与哈表有限系股东与公司的关系,依照《公司法》第三条"公司是企业法人,有独立的法人财产,享有法人财产权。公司以其全部财产对公司的债务承担责任"的规定,福顺投资作为股东不应就哈表有限公司的债务承担民事责任。福顺集团实际上既没有按照《合作协议》的约定受让哈表有限公司的股份,亦没有接收哈表有限公司的财产,其对哈表有限公司在本案中的债务不应承担民事责任。哈表有限公司的土地原系哈电表厂国有划拨土地,尽管哈尔滨市政府哈政土转字〔2001〕第75、76号批复中载明自2001年1月1日起,哈表有限公司以缴纳土地出让金方式获得土地使用权,但哈表有限公司实际一直未缴纳;2005年7月,哈尔滨市政府决定哈表有限公司重组改制,并由哈尔滨市国土资源局与福怡公司签订《国有土地使用权出让合同》。合同签订后,福怡公司向哈尔滨市政府支付了足额的土地出让金,取得了该土地的使用权。可见福怡公司系与哈尔滨市国土资源局签订合同、受让的土地使用权，并非从哈表有限公司受让的土地使用权，故福怡公司不应因此而承担哈表有限公司在本案中的债务。

哈表有限公司改制重组系哈尔滨市政府决定的，哈表总公司成为《合作协议》约定的产权出让一方，实际上仅仅是在履行其对哈表有限公司国有股权的托管职能，且在哈表有限公司改制重组中并未接收任何财产，故在本案中对哈表有限公司的债务不应当承担民事责任。至于哈表厂公司的民事责任问题，由于哈表厂公司与哈表有限公司系两个完全不同的独立法人，哈表有限公司亦并非哈表厂公司的出资人，二者没有任何财产上的联系；哈表厂公司使用的“哈仪牌”注册商标及涉案458余万元的旧设备，系哈表股份公司转让而来，并非哈表有限公司的财产，且系有偿转让，故哈表厂公司对哈表有限公司的债务同样不应当承担民事责任。

——最高人民法院民事审判第二庭编：《民商事审判指导》总第18辑，人民法院出版社2009年版，第157～158页。

500

次债务人改制后，债权人代位行使对企业的债权，由改制后新设公司向其履行清偿义务

关键词｜企业改制｜代位权｜

【《最高人民法院公报》案例】

成都市国土资源局武侯分局与招商（蛇口）成都房地产开发有限责任公司、成都港招实业开发有限责任公司、海南民丰科技实业开发总公司债权人代位权纠纷案［最高人民法院（2011）民提字第210号民事判决书］

裁判要旨：企业改制只是转换企业的组织形式和变更企业的经济性质，原企业的债权债务并不因改制而消灭。根据《企业改制案件规定》第五条的规定，企业通过增资扩股或者转让部分产权，实现他人对企业的参股，将企业整体改造为有限责任公司或者股份有限公司的，原企业债务由改造后的新设公司承担。故债权人代位行使对次债务人的债权，次债务人改制的，由改制后的企业向债权人履行清偿义务。

关于改制后的招商房地产公司应否对原招商局公司的债务承担责任，最高

人民法院认为：本案现已查明的事实表明，成都港招公司本来就对四川港招公司出资不实，未将其应当投入四川港招公司价值21441941元的泰丰国际商贸中心项目用地土地使用权投入到四川港招公司，却于1999年7月20日与武侯国土局、四川港招公司签订《债务关系转移合同》将其欠武侯国土局的征地费21833446.5元转移给其出资不实设立的四川港招公司。在该《债务关系转移合同》签订后尚不到一个月，成都港招公司便于同年8月10日与招商局公司签订《债权、债务以及资产处置协议》，将招商局公司改制为招商房地产公司，将本应投入四川港招公司的泰丰国际商贸中心项目用地土地使用权留给了改制后的招商房地产公司并由其负责偿还招商局公司欠招商银行230万美元贷款，其余资产及其债权、债务以及职工安置均由成都港招公司承担；同年8月22日，招商局公司办理了《企业申请注销登记注册书》，并于8月23日因改制而注销。该改制系采取增资扩股的方式进行，即招商局公司在由800万元注册资金增资1000万元注册资金的同时，将其对增资后更名的招商房地产公司享有的1000万元股权转让给四川奇峰房地产开发有限责任公司、叶文金、刘宗明，从而实现他人对企业的参股并将企业改造为有限责任公司。招商局公司与成都港招公司的上述出资不实、债务转移、债权债务和资产处置以及采增资扩股方式的企业改制等一系列行为，暂且不论其是否真正存在恶意逃债、损害债权人利益的动机和目的，但实际结果的确导致武侯国土局不能实现对四川港招公司和成都港招公司的债权，令本院不得不对其上述系列行为的动机产生怀疑。为了更好地审理企业改制相关的民事纠纷案件，最高人民法院专门制定了《企业改制案件规定》，该规定所确立的法人财产原则、企业债务承继原则以及企业债务随企业财产变动原则，旨在防止企业在改制过程中造成企业财产流失，避免损害债权人的利益。本院认为，企业改制或者改造只是企业变更的一种形式，根据法人财产原则和企业债务承继原则，变更设立后的公司应当承继原企业的债权债务。虽然招商局公司在改制时与成都港招公司签订了《债权、债务及资产处置协议》，但无论是招商局公司对成都港招公司负有的3481.55万元的债务，还是招商局公司欠招商银行的230万美元的贷款，均是招商局公司改制前的对外负债，根据法人财产原则以及企业债务承继原则，改制后的招商房地产公司均应负责偿还改制前的招商局公司的债务。尽管改制后的招商房地产公司在注册资金数额、股东构成、企业性质等方面均有别于原招商局公司，但企业改制只是转换企业的组织形式和变更企业的经济性质，原企业的债权债务并不因改制而消灭。根据法人财产原则和企业债务承继原则以及本院《企业改制案件规定》第五条关于"企业通过增资扩股或者转让部分产权，实现他人对企业的参股，将企业整体改造为有限责任公司或者股份有限公司的，原企业债务由改造后的新设公司承担”之规定，原招商局公司对成都港招公司的债务应由改制后的招商房地产公司承担。故武侯国土局将招商房地产公司作为次债务人，要求其承担原招商局公司所欠成都港招公司的债务，不仅符合《合同法》第七十三条和本院《合同法解释（一）》关于债权人代位权制度及其构成要件之规定，而且符合本院《企业改制案件规定》的原则和规定。因此，武侯国土局关于要求招商房地产公司承担原招商局公司所欠成都港招公司债务的请求，于法有据，应予支持，招商房地产公司应在 21441941 元范围内向武侯国土局承担清偿责任。根据本院《合同法解释（一）》第二十条关于“债权人向次债务人提起的代位权诉讼经人民法院审理后认定代位权成立的，由次债务人向债权人履行清偿义务，债权人与债务人、债务人与次债务人之间相应的债权债务关系即予消灭”之规定，招商房地产公司向武侯国土局履行 21441941 元的清偿责任后，武侯国土局与成都港招公司、武侯国土局与四川港招公司、成都港招公司与招商房地产公司（原招商局公司）之间相应的债权债务关系即予消灭。

——《最高人民法院公报》2012 年第 6 期

501

公司上市不影响对其原有债务的承担

关键词｜公司上市｜债务承担｜

【最高人民法院裁判文书】

中国信达资产管理公司西安办事处与阳江市国阳实业发展公司、阳江市长发实业公司和广东华龙集团股份有限公司拖欠借款纠纷上诉案［最高人民法院（2004）民二终字第 186 号民事判决书］

最高人民法院经认为：华龙公司系 1993 年经广东省企业股份制试点联审小组、广东省经济体制改革委员会〔1993〕2 号批复批准由长发公司、金岛公司和龙江冷冻厂三家企业进行改组设立的股份制企业，其中 17522.18 万股国家股由长发公司等三家企业法人资产合并后的净资产形成，由阳江市国资办持有；5000 万股法人股通过向其他企业法人募集的方式形成；2316 万股内部职工股向内部职工集资形成。该批复对华龙公司成立的性质应当说规定的是明确的。同时华龙公司成立之初的1993年章程亦对“华龙公司的国家股系由长发公司等三家企业净资产折价而成,由阳江市国资办持有;长发公司等三家企业的全部资产及债权债务由华龙公司承担”等内容做了明确的规定。因此,从华龙公司的设立看,华龙公司是在长发公司等三家企业合并的基础上通过增资扩股的方式进行股份合作制改制设立的。华龙公司的设立虽然在表面上看是一次性行为完成的,但从法律意义上看,其设立行为包括了企业合并和股份合作制改制两个法律行为,即首先是长发公司、金岛公司和龙江冷冻厂三家企业法人的合并行为,其次是在合并的基础上通过增资扩股的方式,吸收其他法人及自然人(职工)为企业新的出资者,将原国有企业改制成股份合作制企业。根据《民法通则》第四十四条第二款关于“企业法人分立、合并,它的权利和义务由变更后的法人享有和承担”的规定,因长发公司等三家企业的合并行为,被合并各方的全部权利和义务依法均应由合并后法人概括性继受;同时,三家企业合并后经股份制改制,改变的仅仅是法人的资本结构、投资主体、数量和企业的组织形式,而其民事主体并未变更,即股份合作制改制后的法人与改制前的法人系同一人格,故股份制改制前的法人债务(即因合并继受过来的长发公司、金岛公司和龙江冷冻厂的债务)当然由改制后的法人(即华龙公司)承担。综上,从华龙公司的成立来看,华龙公司应当对长发公司等三家合并企业的债务承担责任。也正如此,华龙公司章程中才有由其承担长发公司等三家企业全部资产及债权债务的规定。这种规定本身也体现了华龙公司成立之时的真实意思表示,是符合法律规定的。通过对国有企业进行股份制改制的方式设立公司与由企业正常出资设立新公司性质是截然不同的。因股份制改制前后民事主体的同一性,改制前法人的债务由改制后公司承担。而企业出资设立新公司,因未造成原法人责任财产的减少,仅仅是法人财产由原先的有形财产或货币等形态转化成企业对新公司持有的股权,故出资者的债务不可能追及到新公司的民事责任。本案中的华龙公司自始并非按照《公司法(1993)》第七十四条的规定采取募集设立的方式,由长发公司等三家企业作为发起人认购公司应发行股份的一部分,其余部分向社会公开募集设立的股份有限公司。长发公司、金岛公司和龙江冷冻厂在成立华龙公司之初,并未作为出资者对华龙公司持有相应的股份,而是由阳江市国资办作为国有资产的管理人代表国家持有上述三家法人的国有资产形成的华龙公司国有股股份。这在〔1993〕2号批复以及华龙公司1993年章程中均有明确记载。原审法院将这种国有企业的股份制改制和企业正常出资设立新公司的行为相混淆,认定华龙公司不应承担长发公司债务不当，该院予以纠正。信达公司西安办关于华龙公司并非长发公司等三家企业投资设立，其承接了上述三家企业的全部资产，应当承担长发公司债务的上诉理由，该院予以支持。

另外，本案争议的5000万元借款，华龙公司成立后不仅于1993年6月1日偿还了225万元利息，而且还多次以不同方式对其负有的该笔债务的偿还责任予以确认。1996年5月10日，华龙公司为解决本案债务偿还问题与铁道支行签订协议，约定以其自有资产金沙湾大酒店的产权折价转让给铁道支行，用以抵偿国阳公司的该笔债务。虽然该抵偿协议最终因抵偿物价值远远大于国阳公司债务而未能履行，但该协议的签订至少说明华龙公司对其应承担国阳公司5000万元债务是认可的。抵偿协议的签订仅仅是华龙公司和铁道支行就该笔债务的偿还采取的一种具体措施而已。华龙公司对国阳公司该笔债务的承担责任在其成立之初即已形成，而非基于该抵偿协议的签订始产生，故不能因该措施未能实施而免除华龙公司本应承担的民事责任。原审法院关于华龙公司签订抵偿协议属第三人自愿承担债务，后因协议无法履行而实际解除，从而基于此承诺形成的华龙公司对该笔债务的承担责任亦不存在的认定不当，该院予以纠正。1998年12月21日，铁道支行、华龙公司和国阳公司等为解决国阳公司5000万元贷款清偿问题再次召开会议进行协商，虽然《会议纪要》上载明的“关于1992年7月1日铁道支行向国阳公司贷款5000万元一事，华龙公司同意在公司上市之前，受让其中的1600万元债务，并承诺尽快与铁道支行办理1600万元的借款手续，保证按季结息；就5000万元贷款中的剩余3400万元款项，华龙公司表示在公司上市后，尽量部分接收国阳公司的该笔债务，其余本息用珠海、澳门土地房产等抵偿”等内容，从字面上看是华龙公司同意分期受让该笔债务的意思表示，但究其实质仍然是华龙公司和铁道支行为了结双方原有债权债务关系进行协商采取的具体措施，而非债务转移或债务参加的性质。故双方最终是否签订债务转移协议等并不影响华龙公司承担国阳公司的债务。原审法院以《会议纪要》仅为订立合同所作的意向性文件而非正式的履行债权债务的协议，不产生合同的法律效力，华龙公司不承担国阳公司债务的认定不当，该院予以纠正。综上，华龙公司承担国阳公司5000万元债务是华龙公司自始以来的真实意思表示，判决其承担该笔债务，并不损害其权益。故信达公司西安办关于华龙公司一直认可该笔债务，应当由其承担偿还责任的上诉请求，有事实和法律依据，该院予以支持。

华龙公司1996年章程修改后并未将1993年章程第5条关于“华龙公司承担长发公司、金岛公司和龙江冷冻厂三家企业的全部资产及债权、债务”径行变更为“华龙公司不承担长发公司等三家企业债务”，而是根据公司法等的要求对整个章程进行了规范性的修订。且即使华龙公司1996年章程修改中将1993年章程第5条径行变更为“华龙公司不承担长发公司等三家企业债务”，亦应有法律依据，或经债权人同意，否则，其修改不能对抗债权人，信达公司西安办仍然可以按照华龙公司成立的事实状况要求其承担债务。故华龙公司关于其1996年章程已经对1993年章程中关于由其承担长发公司债务的规定予以修改，其不应再按照1993年章程的规定承担长发公司债务的答辩理由，该院不予采纳。

华龙公司自其1993年成立时起至今，始终是同一法人，包括2000年华龙公司上市后，其与成立时的法人在主体资格上并无二致。对此，华龙公司上市招股说明书中亦明确记载其系根据〔1993〕2号批复设立的公司。故不论后来华龙公司基于何种原因、以何种方式，将成立时由阳江市国资办持有的长发公司等三家企业净资产形成的国有股又转化成所谓的发起人股，都不能用以对抗信达公司西安办根据原合并、改制事实要求华龙公司承担长发公司债务的诉请。也不能以华龙公司上市后为保护其他新的股东利益为由来否定其本应承担的民事责任。对于不同利益主体权益的保护，法律设置有不同的制度，其他民事主体权益受到损害可以通过其他法律途径予以解决。原审法院以由华龙公司为其发起人承担股东的债务进而损害了其他新的法人股东和自然人股东的合法权益为由，驳回信达公司西安办对华龙公司的诉讼请求不当，该院予以纠正。实际上，华龙公司将其原有国家股转化成由应当注销而未注销的长发公司等持有，性质上至多是发生股权转让的法律后果，不影响华龙公司按照设立时的事实状态继续承担原被合并各方的债务。故华龙公司关于其1996年重新登记和2000年上市后，长发公司在华龙公司的出资已转化成相应股权，华龙公司不应承担长发公司债务的抗辩，该院亦不予采纳。

——最高人民法院民事审判第二庭编：《民商事审判指导》总第9辑，人民法院出版社2006年版，第177~193页。

502

公司虽然接收了债务人企业的财产，但并非无偿接收的，不应承担债务

关键词｜接收财产｜债务承担｜

【最高人民法院裁判文书】

中国长城资产管理公司沈阳办事处与新东北电气(沈阳)高压隔离开关有限公司、沈阳北富机械制造有限公司、沈阳新泰仓储物流有限公司等金融不良债权追偿纠纷案[最高人民法院(2013)民二终字第66号民事判决书]

最高人民法院认为:一、东北电气公司是否应当为沈阳高压开关厂6811万元债务承担连带清偿责任。

根据原审法院查明的事实,该6811万元是沈阳高压开关厂对工行沈阳分行所负债务。对于该部分债务的承担问题,根据1995年8月24日沈阳高压开关厂向该行出具的更名函以及高压开关公司签收债务催收通知的事实,高压开关公司为此承担偿还责任。对此,各方当事人在二审中均无异议。现在争议的问题是东北电气公司是否对该部分债务承担连带清偿责任。长城资产公司主张东北电气公司应承担连带清偿责任的依据是,沈阳高压开关厂的全部资产减全部负债后的折股净资产15188万元已全部用于组建东北电气公司,因此沈阳高压开关厂的负债也应当由东北电气公司依法继受。

根据本案查明的事实,东北输变电设备公司于1992年进行股份制改造时,辽宁省人民政府作出《关于东北输变电设备集团股份有限公司体制问题的通知》,就被纳入股份制改造的各主体之间的产权关系明确规定,沈阳高压开关厂等六家企业的全部国有资产划归省,再由省划归集团公司,由集团公司投入到股份公司,集团公司代表国家持有和经营管理该部分国有资产。该文件体现的产权关系亦得到东北输变电设备集团股份有限公司董事会决议以及该公司工商登记资料的印证。从以上事实可以得出结论,沈阳高压开关厂的全部国有资产通过行政手段划归集团公司持有,集团公司作为该国有资产的运营主体将其投入到东北电气公司,集团公司据此持有东北电气公司的相应股权。也就是说,虽然东北电气公司实际接收了沈阳高压开关厂的资产,但并非无偿接收。因此长城资产公司以东北电气公司接收沈阳高压开关厂资产为由要求东北电气公司为上述债务承担连带清偿责任的主张,缺乏事实和法律依据,本院不予支持。

——中国裁判文书网,http://wenshu.court.gov.cn。

503 以部分财产和相应债务与他人组建新公司，新设公司在所接收的财产范围内与原企业承担连带责任

关键词 | 企业改制 | 新设公司 | 连带责任 |

【最高人民法院司法解释】

第六条 企业以其部分财产和相应债务与他人组建新公司,对所转移的债务债权人认可的,由新组建的公司承担民事责任;对所转移的债务未通知债权人或者虽通知债权人,而债权人不予认可的,由原企业承担民事责任。原企业无力偿还债务,债权人就此向新设公司主张债权的,新设公司在所接收的财产范围内与原企业承担连带民事责任。

——《最高人民法院关于审理与企业改制相关的民事纠纷案件若干问题的规定》(2003 年 1 月 3 日,法释〔2003〕1 号)

【最高人民法院裁判文书】

平顶山市鹤林鹏商贸有限责任公司与中国长城资产管理公司郑州办事处、河南省平顶山市中原(集团)有限公司金融不良债权追偿纠纷申请再审案[最高人民法院(2015)民申字第 1621 号民事裁定书]

最高人民法院认为:(三)关于二审判决适用法律是否确有错误的问题。

1.《企业改制案件规定》第六条是关于企业部分改制为公司后的债务承担的规定。根据 2003 年 5 月 27 日平顶山市人民政府〔2003〕19 号“关于协调平顶山市中原(集团)公司所属五个子(分)公司改制中有关问题”的会议纪要“……五、根据该公司所属五个子(分)公司资产(含土地)、负债状况,鉴于该五个子(分)公司已资不抵债,此次改制以零价转让,由职工采取增量入股的形式,组建有限责任公司……”,中原集团公司将其所属五个子(分)公司的财产及相应债务从中原集团公司总资产中剥离,组建成立鹤林鹏公司,同时中原集团公司的法人资格仍然存在,符合企业部分改制为公司的条件,故二审判决适用《企业改制案件规定》第六条并无不当。

——中国裁判文书网,http://wenshu.court.gov.cn。

陕西省技术进步投资有限责任公司与陕西中联重科土方机械有限公司、陕西黄河工程机械集团有限责任公司企业借贷纠纷申请再审案[最高人民法院(2014)民申字第315号民事裁定书]

最高人民法院认为:(二)关于中联公司是否应对黄工集团欠陕技投公司本金250万元及利息承担还款连带责任的问题。

根据上述分析,黄工集团以实物净资产出资3361万元于2002年1月24日设立新黄工公司的行为性质为企业部分改制,不属于政策性债权转股权。本案纠纷依法应属于人民法院受理的民事案件的范围。从法院查明的事实看,2008年9月23日,新黄工公司名称变更为中联公司。因新黄工公司(中联公司)接收了黄工集团实物净资产的出资,根据《企业改制案件规定》的有关规定,新黄工公司(中联公司)应在接收的财产范围内与原企业黄工集团共同对陕技投公司的债权承担连带民事责任。

——中国裁判文书网,http://wenshu.court.gov.cn。

上海开伦造纸印刷集团有限公司与投资2234海外第七号基金公司、东方国际集团上海市对外贸易有限公司等金融不良债权追偿纠纷案[最高人民法院(2013)民申字第1662号民事裁定书]

最高人民法院认为:本案的争议焦点是开伦公司是否应对上海造纸公司的债务承担连带责任。

(一)关于上海造纸公司和开伦公司的关系。上海造纸公司系全民所有制企业法人,具有独立的企业法人财产。其章程载明:公司下属38个全民生产、供销和事业单位以及造纸咨询服务中心和星火厂筹建处;公司是生产经营型的经济实体,实行独立核算、自负盈亏,具有法人资格,所属工厂保留法人地位;公司注册资金中固定资产22800万元,流动资金4572万元,以上资金是所属全民单位的全部固定资产和流动资金。据此,上海造纸公司的法人财产包括其对下属企业法人享有的投资权益。开伦公司关于上海造纸公司和下属7家企业法人之间仅为行政隶属关系的理由不能成立。

1995年2月14日,上海市轻工业局针对上海造纸公司《关于组建利华版纸总厂的请示》出具《关于组建利华版纸总厂的批复》,内容为:“为有利于你公司进一步深化改革,调整企业结构……同意组建利华版纸总厂。新组建的利华版纸总厂所属成员单位是:中国版纸厂、上海宏文造纸厂、利华造纸厂、北蔡仓储中心、红光造纸厂、朝晖造纸厂、星火厂。其中,星火厂仍保持法人资格,上海造纸公司对星火厂的固定资产投资划归利华版纸总厂所有。利华版纸总厂作为星火厂投资主体单位,对星火厂基本建设、项目竣工投产、生产经营等承担相应责任。其他成员单位均取消法人资格,与利华版纸总厂实行资产一体化。新组建的利华版纸总厂属上海市轻工业局单列企业。”利华版纸总厂在设立时确定名称为上海开伦版纸总厂,其注册资本由所属企业固定资产和流动资金构成,出资者为轻工控股(集团)公司,上海开伦版纸总厂后更名为开伦公司。

根据一、二审法院查明的上述事实,上海造纸公司划出下属7家法人企业用于组建开伦公司的行为,属于全民所有制企业的部分改制,一、二审法院适用最高人民法院《企业改制案件规定》解决企业改制后的债务承担问题,并无不当。企业改制行为属于民事行为,上海市轻工业局作为上海造纸公司的主管单位对企业改制的指导和审批,并不改变企业改制的民事行为性质。开伦公司关于其接收上海造纸公司划出的7家法人企业属于行政性调整、划转的申请再审理由不能成立。一审判决已经查明上海造纸公司和开伦公司之间的关系,开伦公司二审期间补充提交该方面的证据,对本案事实认定没有影响,二审不予采纳,并无不当。

(二)关于开伦公司是否应对上海造纸公司的债务承担连带责任的问题。《企业改制案件规定》第六条规定:“企业以其部分财产和相应债务与他人组建新公司,对所转移的债务债权人认可的,由新组建的公司承担民事责任;对所转移的债务未通知债权人或者虽通知债权人,而债权人不予认可的,由原企业承担民事责任。原企业无力偿还债务,债权人就此向新设公司主张债权的,新设公司在所接收的财产范围内与原企业承担连带民事责任。”上海造纸公司在划出下属7家法人企业用于组建开伦公司的过程中,完全丧失了对该7家法人企业的投资权益。该7家法人企业归开伦公司所有,而开伦公司的投资者为轻工控股(集团)公司。上海造纸公司无偿将企业财产分割给他人用于新设公司的行为,导致其自身可用于清偿债务的财产减少,必然损害债权人债权的实现。但上海造纸公司未通知本案债权人并就债务清偿问题得到债权人的认可。在上海造纸公司无力偿还债务的情形下,开伦公司作为无偿接收财产的新设公司,应当根据上述规定在接收财产范围内对上海造纸公司的债务承担连带责任。开伦公司认为其不应对上海造纸公司的债务承担连带责任的申请再审理由不能成立。

——中国裁判文书网,http://wenshu.court.gov.cn。

大连新海航运有限责任公司与GL亚洲毛里求斯第二有限公司、大连航运集团有限公司、大连航运集团大连海运总公司、大连耘海船务有限公司借款及担保合同纠纷案[最高人民法院(2011)民四终字第21号、27号民事判决书]

裁判要旨:企业法人的所有财产是其进行经营活动和对外偿还所有债务的物质基础和一般担保,企业改制不能侵害债权人就企业法人所有财产平等受偿的权利,债权人对于改制企业向新设公司转移债务不予认可的,有权根据企业法人财产的流向要求新设公司在接收改制企业财产的范围内对改制企业的债务与改制企业承担连带清偿责任。

最高人民法院认为:关于新海航运公司是否应当对航运集团改制前的债务承担连带责任的问题,关键在于如何认定航运集团与新海航运公司之间的关系。从本案涉及的大连市交通口岸管理局的有关批文以及新海航运公司的设立情况看,新海航运公司是航运集团在国有企业改制过程中成立的新公司。原大连港务公司被吸收合并入航运集团后,其债权债务由航运集团承继,大连港务公司的财产成为航运集团的企业法人财产。其后,航运集团设立新海航运公司,设立方式是以航运集团的部分财产和债务相抵后的净资产进行出资,与他人组建设立新海航运公司。航运集团以其中价值人民币120万元的净资产在新海航运公司中占有20%的出资比例,门洪升等37名自然人以及大连华信信托投资股份有限公司合计占有80%的出资比例。由此可见,新海航运公司的设立符合《企业改制案件规定》第六条规定的“企业以其部分财产和相应债务与他人组建新公司”的情形,但并非因航运集团分立而成立的新公司。公司分立,无论是新设分立还是派生分立,均是公司对自身财产作相应的分割,并没有公司外部的其他股东参与投资,而新海航运公司的设立却有其他股东的共同出资,故不符合公司分立的特征。原审法院认定新海航运公司系航运集团分立设立的公司,并依据《企业改制案件规定》第十二条关于企业分立改制的规定认定新海航运公司的责任,系适用法律不当,应予纠正。

本案航运集团以其部分财产和相应债务与他人组建新公司,属于企业公司制改造的情形。《企业改制案件规定》第六条规定:“企业以其部分财产和相应债务与他人组建新公司,对所转移的债务债权人认可的,由新组建的公司承担民事责任;对所转移的债务未通知债权人或者虽通知债权人,而债权人不予认可的,由原企业承担民事责任。原企业无力偿还债务,债权人就此向新设公司主张债权的,新设公司在所接收的财产范围内与原企业承担连带民事责任。”该条体现了企业法人财产原则,即企业法人的所有财产是其进行经营活动和对外偿还所有债务的物质基础和一般担保，企业改制不能侵害债权人就企业法人所有财产平等受偿的权利，债权人对于改制企业向新设公司转移债务不予认可的，有权根据企业法人财产的流向要求新设公司在接收改制企业财产的范围内对改制企业的债务与改制企业承担连带清偿责任。根据大连市交通口岸管理局批复的规定，航运集团向新海航运公司出资人民币120万元，取得新海航运公司的20%股权；门洪升等37名自然人以现金置换航运集团人民币388.11万元资产，作为对新海航运公司的出资，航运集团上述资产分别属出资和出售行为，取得了相应的对价，其法人财产总额没有减少。航运集团向新海航运公司转移的资产总额为人民币9458.24万元，扣除上述构成新海航运公司注册资本的人民币508.11万元（120万+388.11万=508.11万），再扣除用以支付按政策规定应当抵扣的改制企业人员安置费人民币70.94万元及改制成本费人民币4万元，剩余人民币8875.19万元的资产（9458.24万-508.11万-70.94万-4万=8875.19万）系新海航运公司无偿从航运集团接收的资产，不属于航运集团的投资行为，其结果是造成航运集团企业法人财产总额减少，直接影响到航运集团债权人权利的实现。尽管大连市交通口岸管理局批复同时规定，与航运集团改制的净资产相关的人民币8875.19万元债务随改制财产转移由新海航运公司承担，但是对于改制企业的债务转移以及承担所作的安排并未经得本案原债权人工商银行的同意。因此，航运集团与新海航运公司之间关于部分财产和等额债务相抵的约定，对本案债权人GL公司不发生法律效力。在债权人GL公司根据企业法人财产原则向新海航运公司主张债权的情况下，新海航运公司应当在所接收的航运集团人民币8875.19万元的财产范围内对航运集团的债务承担连带清偿责任。即不论大连市交通口岸管理局批复规定航运集团债务是否转移由新海航运公司承担，新海航运公司用以清偿航运集团各项债务的总额，不得超出其接收的人民币8875.19万元财产的范围。

——中国裁判文书网，http://wenshu.court.gov.cn。

504

原公司采取资产剥离改制后成立新公司，但未通知债权人并就新老公司债务划分未达成协议的，新公司应当对原公司承担连带清偿责任

关键词｜企业改制｜资产剥离｜债务承担｜

【最高人民法院裁判文书】

中国科技证券有限责任公司与张家港市农村商业银行股份有限公司、中国科技国际信托投资有限责任公司特种金融债券兑付纠纷上诉案[最高人民法院(2004)民二终字第198号民事判决书]

最高人民法院认为:《企业改制案件规定》第六条规定:“企业以其部分财产和相应债务与他人组建新公司,对所转移的债务债权人认可的,由新组建的公司承担民事责任;对所转移的债务未通知债权人或者虽通知债权人,而债权人不予认可的,由原企业承担民事责任。原企业无力偿还债务,债权人就此向新设公司主张债权的,新设公司在所接受的财产范围内与原企业承担连带民事责任。”设立中科证券公司是在国家有关部门的决策和指导下进行的,鉴于中科信公司信托类资产处置的难度,国家有关部门要求在信证分离的原则下,将该公司的证券类资产与负债剥离,成立中科证券公司,经营中科信公司的证券业务。中科信公司不得再从事证券业务,中科信公司清理信托类的资产与负债。清理完毕后关闭。中科信公司将全部证券类业务和超过其总资产50%以上的622126.91万元资产及550160.01万元债务转入中科证券公司并在其中占68.14%的股份,并由其他股东参股成立中科证券公司,符合上述《企业改制案件规定》第六条规定的企业以其部分财产和相应债务与他人组建新公司的特征。根据该条规定,对原企业债务的承担问题应尊重当事人的约定,债务人通知债权人并同债权人达成协议确定债务主体的应依当事人的约定。而本案中,中科信公司未通知张家港农村商行,亦未与其就债务在中科信公司与中科证券公司间的划分达成协议,故张家港农村商行有权依该条规定向中科证券公司主张债权。该《企业改制案件规定》第一条规定,人民法院受理平等民事主体间的企业产权制度改造中发生的民事纠纷案件。这一规定并未限制该《企业改制案件规定》仅适用于国有独资企业的改制。故上诉人中科证券公司提出的中科信公司设立中科证券公司的行为属于投资人股,中科信公司应当以其拥有的全部资产,包括因投资而拥有的中科证券公司的股份所有权对本案债务承担责任,中科证券公司对其投资人的债务没有法定清偿义务,及本院《企业改制案件规定》是对国有独资企业改制的相关规定,而中科信公司不是国有独资企业,原审判决把对国有独资企业改制的《企业改制案件规定》适用于两个独立的有限责任公司之间的投资,属于适用法律错误的上诉理由不能成立,本院不予支持。

本院注意到，在中科证券公司组建初期，包括中科信公司在内的中科证券公司各股东注意了对本案债权人的保护，在组建协议中一致同意承担张家港农村商行的债务。但当中国证监会要求中科信公司的不良债权不能进入中科证券公司时，中科信公司为保持其投入中科证券公司作为注册资金的净资产数额和持股比例不变，将本案债务剥离。中科证券公司的其他股东则以签署《确认书》的方式同意了中科信的这一行为。中科信公司及中科证券公司均不能证明上述行为是在证券监管部门及其他行政部门的要求下作出的。且参照中国人民银行《特种金融债券托管回购办法》规定，特种金融债券是专门用于清偿证券回购债务的有价证券。以上规定表明该债券资产显系证券类资产。根据证券法以及主管部门有关中科证券公司成立的文件，证券类资产应进入中科证券公司，不能继续留在中科信公司，故包括中科信公司在内的中科证券公司各股东将本案债务剥离出中科证券公司的行为，违背了向债权人的承诺，不符合民事活动中的诚实信用原则，也与中科证券公司的成立宗旨相悖，对债权人债权的实现造成了损害。

——最高人民法院民事审判第二庭编：《民商事审判指导》总第8辑，人民法院出版社2005年版，第277～286页。

505

以等额财产与债务相抵与他人组成新公司的约定，不能对抗改制企业债权人

关键词｜企业改制｜连带责任｜对抗债权人｜

【《最高人民法院公报》案例】

工商银行山东分行诉信诚公司等借款合同纠纷案[最高人民法院(2003)民二终字第106号民事判决书]

裁判摘要：企业采取以部分财产和等额债务相抵的方式与他人组建新公司，且对所出让财产不持有相应股份的，未转移债务的债权人有权要求新公司在其所接收原企业财产范围内对原企业债务承担连带责任。

最高人民法院认为：山东工行与化肥厂之间的借款法律关系及山东工行与鲁南公司之间的担保法律关系明确，均为当事人真实意思表示，且不违反法律、

行政法规强制性规定,应为有效。对此,当事人各方均无异议。本案上诉争议的主要问题是债务人化肥厂改制成立的信诚公司对化肥厂改制前的债务是否承担民事责任。化肥厂 1999 年与该厂职工持股会及其他几家投资人共同出资设立信诚公司。化肥厂先行投入信诚公司实物资产 7772 万元,并同时转入负债 4812 万元,并以实物资产与负债相抵后的净资产 2960 万元作为其对信诚公司的出资,占信诚公司出资的 74%。随后,其又与信诚公司签订协议,将价值 96531146.46 元的优良财产与等额债务一并转让给信诚公司。双方约定由信诚公司对上述连同实物财产转让的两笔债务共计 144651146.46 元负责偿还。因化肥厂与信诚公司关于上述债务转移的约定不违反法律强制性规定,系各方当事人的真实意思表示,符合意思自治原则,故只要被转让债务的债权人无异议,该约定对转让方、受让方和转让债务的债权人应是有效的。但是,由于企业的所有财产是对其经营中形成的全部债务的一般担保,任何人不得随意转移。法律赋予债权人在获得权利实现时以法人所有财产平等受偿的权利,除享有优先受偿权的债权人外,任何人不享有特权。即不能以牺牲某一债权人的利益为代价来保障其他债权人债权的实现。故尽管化肥厂与信诚公司和有关债权人达成的相关债务转让协议对合同各方当事人具有法律约束力,但因信诚公司用以作为接收上述债务对等条件的接收相应财产的行为,客观上造成了化肥厂对所有债权人的债权进行担保的法人财产减少,该财产转移行为侵犯了其他债权人的权利。化肥厂与信诚公司之间关于以接收相关财产作为承担等额债务前提的约定对其他债权人不发生法律效力。当未转让债务的债权人山东工行根据法人财产原则,要求信诚公司在接收化肥厂财产范围内对化肥厂改制前债务承担偿还责任时,信诚公司不得以其与化肥厂之间的约定对抗山东工行的诉讼请求。化肥厂采取转让财产和等额债务的方式与他人组建新公司,因其对该笔转让财产并不享有相应的股权,故该行为并不是真正意义上的投资行为,而是对法人财产的变相转移。

化肥厂改制成立新公司是否丧失偿债和进行生产的能力,不是认定信诚公司是否应当承担化肥厂改制前债务的依据。故信诚公司关于化肥厂并未丧失偿债和生产能力,其不应承担化肥厂债务的上诉理由,本院不予支持。化肥厂转移价值 144651146.46 元的法人财产给信诚公司的行为法律属性明确,故信诚公司关于两笔财产转让行为不属同一性质法律行为的上诉理由,本院不予支持。本院《企业改制案件规定》第六条关于"企业以其部分财产和相应债务与他人组建新公司,对所转移的债务,债权人认可的,由新组建的公司承担民事责任"等规定,是仅针对转移债务的债权人而言,不包括未转移债务的债权人。即改制企业将债务转移给新成立的公司,转移债务的行为经相关债权人同意的,发生债务有效转移的法律后果,由新成立的公司承担转移的债务。改制企业转移债务,未经转移债务债权人同意,不发生债务转移的法律后果,债务仍由改制企业承担。改制企业如将部分财产转移给新设公司的,按照法人财产原则,由新设公司在所接收财产范围内与改制企业承担连带民事责任。未转移债务的债权人仍有权按照合同相对性原则和法人财产原则,要求改制企业和接收改制企业财产的新公司承担相应的偿还责任。故信诚公司关于其已依法承担化肥厂有关债务,不应再承担山东工行该笔债务的上诉理由,本院亦不予支持。山东工行关于信诚公司应当在其接收化肥厂财产范围内承担本案争议债务的主张,于法有据,本院予以支持。原审法院判决信诚公司在接收化肥厂财产范围内对化肥厂改制前的债务承担连带清偿责任,本院予以维持。信诚公司偿还山东工行的该笔债务后,如导致其权利义务的不对等,其可以另行向化肥厂主张权利。

——《最高人民法院公报》2004 年第 11 期

506

企业改制过程中,确认新公司接受财产范围的证据应当是有资质的会计师事务所为新公司成立所出具的验资报告

关键词 | 企业改制 | 接受财产 | 验资报告 |

【最高人民法院裁判文书】

中国银行山西省分行与山西航空有限责任公司、山西航空实业公司借款担保合同纠纷上诉案[最高人民法院(2004)民二终字第 76 号民事判决书]

最高人民法院认为:山西中行与山西航空公司、投资公司分别签订的两份《借款合同》、两份《抵押合同》及一份保证合同,均系各方当事人的真实意思表示,内容不违反法律法规的禁止性规定,原审判决认定其合法有效正确。本案争议焦点是关于航空有限公司的责任范围问题。从本院查明的事实看,《评估报告》《验资报告》及三方股东于 2001 年 7 月 6 日达成的《出资协议书》所反映的内容并不矛盾,三份文件只是由不同主体从不同角度对企业相关的财产问题作

出了确认。《评估报告》系针对山西航空公司改制“所涉及的全部主业经营性资产和相关负债”得出。其所述的9892.2万元总资产是指山西航空公司包括三架运七飞机、五台山机场等全部主业经营性资产；其所述的9030.4万元负债则包含了该公司所欠山西中行的5400万元贷款。而《验资报告》系工商管理部门依照我国公司法规定，审批航空有限公司成立所必须具备的法律文件之一，其关于山航空公司（投入）“主业经营性净资产作价2000万元，占注册资本的6.25%”的结论，是指该公司“主业经营性净资产”且经过了作价，即企业财产减去企业负债之后再经过各方股东协商所确认的数额。且此结论系基于《评估报告》作出。虽然《评估报告》只是评估机构对山西航空公司改制前财产状态（包括负债）的一种评价和估值；企业以部分财产和债务组建新公司，新公司对原企业接收多少财产应以相关的验资报告为准，但由于山西航空公司的改制系山西省政府对国有资产处置的结果，本案的《验资报告》是在《评估报告》的基础上作出的，两报告均经过了山西省政府有关部门的审批，相互间并不矛盾，且改制后航空有限公司实际上承继了原企业山西航空公司的主要经营范围；山西航空公司改制的实际结果是以《评估报告》为基础，与山西省政府确立的资产重组原则完全一致。因此，原审法院以《评估报告》为依据，判令航空有限公司应在9892.2万元财产范围内与航空实业公司对山西中行的贷款承担连带清偿责任，符合本院《企业改制案件规定》第六条“原企业无力偿还债务，债权人就此向新设公司主张债权的，新设公司在所接收的财产范围内与原企业承担连带民事责任”之规定，并无不当，本院予以维持。至于当事人是否办理三架运七飞机的产权转移手续，属于该财产所有权确认之范畴，不影响本案的认定。航空有限公司以飞机权属问题未查清必然导致错判的上诉理由缺乏事实和法律依据，不能成立，本院不予支持。再者，三方股东于2001年7月6日达成的《出资协议书》，其内容反映的只是各方股东之间对出资比例和出资方式的一种约定，山西航空公司出资2000万元是以该企业主业经营性净资产作价后计算出的数额，并非指本院上述司法解释所述“新企业接收原企业的财产范围”。航空有限公司所主张的应当以股东《出资协议书》确认的2000万元来认定接收财产范围的上诉理由，没有事实和法律依据，不能成立，本院不予支持。

——最高人民法院民事审判第二庭编：《民商事审判指导》总第5辑，人民法院出版社2004年版，第225~236页。

507

债权人向改制后的企业发出债务逾期催收通知书的，应当视为债权人对债务人变更的认可

关键词｜企业改制｜债务逾期催收通知书｜债务人变更｜

【《最高人民法院公报》案例】

中国农业银行哈尔滨市太平支行与哈尔滨松花江奶牛有限责任公司、哈尔滨工大集团股份有限公司、哈尔滨中隆会计师事务所有限公司借款合同纠纷案[最高人民法院(2007)民二终字第178号民事判决书]

裁判摘要：国有企业改制后，原有债务应当由改制后的企业承担。债权人向改制后的企业发出债务逾期催收通知书的，应当视为债权人对债务人变更的认可。

最高人民法院认为：关于奶牛公司是否应当承担奶牛场的此笔债务的问题。2004年5月，工大集团以奶牛场的净资产出资与通城公司共同组建奶牛公司，属于国有企业改制为公司形式的变更，即国有企业参入新的股份形成有限责任公司。企业改制后，其权利义务应当由变更后的企业承受。本案二审开庭时奶牛公司认可奶牛场的债务由奶牛公司承担。太平农行向奶牛公司发出债务催收通知书的行为，也表明太平农行作为债权人对此项债务人的变更也予以认可。因此，奶牛公司承担此笔奶牛场的债务双方无争议，本院予以认可。

——《最高人民法院公报》2008年第9期

508

对《企业改制案件规定》第七条规定的理解与适用

关键词｜企业改制｜逃废债务｜连带责任｜

【最高人民法院司法解释】

第七条 企业以其优质财产与他人组建新公司，而将债务留在原企业，债权

人以新设公司和原企业作为共同被告提起诉讼主张债权的，新设公司应当在所接收的财产范围内与原企业共同承担连带责任。

——《最高人民法院关于审理与企业改制相关的民事纠纷案件若干问题的规定》(2003 年 1 月 3 日，法释〔2003〕1 号)

【最高人民法院司法政策】

第七条旨在解决企业借公司制改造逃废债务的责任承担问题，但因该条款规定过于原则，与企业出资设立公司的情况容易混同，审判实践中普遍存在扩大适用的情况，为此亟需进一步明确其概念，以及其与企业出资设立公司的区别。企业借公司制改造逃废债务是指企业假借公司制改造之名，将其优质财产转移出去，而将债务留在原企业，导致企业丧失基本生产经营能力和对外偿债能力。其与企业出资设立公司的本质区别在于：债务人企业借公司制改造逃废债务，是一种假借改制之名，行转移优质财产、逃废企业债务之实的违法行为；而企业出资设立公司是一种合法的出资行为，并以企业在新设公司中的股权形式表现出来。若该企业发生偿债问题时，可以通过执行出资企业在新设公司中的股权的方式解决，而不能适用《企业改制案件规定》第七条的规定。

——《充分发挥民商事审判职能作用，为构建社会主义程序社会提供司法保障——全国民商事审判工作会议材料》(2007 年 5 月 30 日)，载最高人民法院民事审判第二庭编：《民商事审判指导》总第 11 辑，人民法院出版社 2007 年版，第 60 页。

【最高人民法院裁判文书】

辽宁省对外贸易总公司、辽宁省轻工业品进出口公司等与沈阳瑞阳投资管理有限公司等金融不良债权追偿纠纷案[最高人民法院(2015)民二终字第 53 号民事判决书]

最高人民法院认为：万融公司是辽宁轻工公司出资 355 万元，与其他股东于 2000 年 6 月 27 日登记设立的有限责任公司。瑞阳公司诉请辽宁轻工公司在本案中承担连带保证责任的案涉借款合同签订于万融公司设立之后。辽宁轻工公司改制过程中，对公司资产进行了评估，因万融公司承担了辽宁轻工公司在中行辽宁分行的贷款，经有关主管部门批复同意，将辽宁轻工公司的相关资产作价转让给万融公司。之后,辽宁轻工公司与万融公司签订协议,将辽宁轻工公司相关资产通过债务抵销的方式转让给万融公司,该转让资产范围、转让方式、转让价格等均报经有关主管部门批准。中行辽宁分行是案涉贷款合同的原债权人,也是万融公司承担辽宁轻工公司8000万元债务的债权人,万融公司二审提交的证据材料中显示万融公司整个账号都在该行开立,且万融公司与中行辽宁分行签订借款合同约定用于抵押担保的财产包括在之后万融公司从辽宁轻工公司受让资产范围内并办理了产权变更登记手续。因此,中行辽宁分行对辽宁轻工公司改制过程中与万融公司之间通过转贷方式由万融公司偿还辽宁轻工公司欠中行辽宁分行部分贷款及以辽宁轻工公司资产转让抵债的安排应属于明知并无异议。据此,万融公司在辽宁轻工公司改制过程中,通过以贷款偿还辽宁轻工公司在中行辽宁分行部分债务的方式作为对价受让辽宁轻工公司相关资产的过程中,不存在逃废中行辽宁分行债务的恶意和行为,因而也未侵犯作为中行辽宁分行债权受让人瑞阳公司的合法权益。据此,一审法院适用《企业改制案件规定》第七条的规定,判决万融公司对辽宁轻工公司的案涉债务承担连带清偿责任,认定事实和适用法律均有不当,本院予以纠正。

——中国裁判文书网,http://wenshu.court.gov.cn。

本溪衡泽热力发展有限公司与同方股份有限公司、本溪市供热总公司一般买卖合同纠纷申请再审案[最高人民法院(2014)民申字第812号民事裁定书]

最高人民法院认为:衡泽热力公司于2006年8月15日完成工商注册登记,成立时有两个股东,衡泽煤炭公司拥有75%的股权;本溪市国资委拥有25%的股权,即衡泽热力公司是由本溪市国资委代表国家出资参股成立的企业。公司成立时的经营范围包括"供暖服务",而供暖服务在同一地区内属于政策性、排他性的公共服务内容。2006年8月20日本溪市人民政府作出的第44期《办公会议纪要》明确提出供热公司改制并组建新的供热公司,并且要求新公司成立后,立即接管供热公司供暖工作,使用供热公司供热设施,开展生产经营活动,并承继市政府给予供热公司的扶持政策,由新公司收取当年用热单位和居民采暖费及捆绑陈欠采暖费;而供热公司则要停止生产经营、对外签约和以资产抵顶债务活动。在2006年至2008年期间,本溪市国资委网站上也将衡泽热力公司表述为供热公司改制后的企业。实践中,衡泽热力公司接收了供热公司的全部人员,接管了供暖工作并收取采暖费,供热公司则停止了相应的经营活动。从上述衡泽热力公司成立及经营的过程看,属于在政府主导下的企业改制行为。衡泽热力公司主张其与供热公司之间仅存在资产转让关系、不属于《企业改制案件规定》的适用情形依据不足，本院不予支持。

对于衡泽热力公司接收供热公司资产的方式，原审法院认定衡泽热力公司共分三次取得供热公司的资产，三次均承接了等额债务作为取得资产的对价，对此各方当事人均无异议。从形式上看，衡泽热力公司取得供热公司资产均承接了等额的负债，债权债务相互抵销，不应当被认定为无偿取得，但其实际取得资产的过程与通常的资产转让存在以下两点区别：其一，衡泽热力公司于2006年成立，其后开始接收供热公司的资产进行生产经营，但三次承接供热公司债务则发生于2007年至2009年期间，存在接收资产在先、承接债务在后的情形。衡泽热力公司占有、使用供热公司资产的时候并未支付相应对价，亦未约定对价数额及支付方式，从该公司成立、经营及改制背景判断，其取得前述资产系基于政府主导的改制行为而非有偿转让行为。其二，通过这种承债接收资产的方式，供热公司实质上是以其拥有的资产对部分债权人进行了清偿，从而导致供热公司对其他债权人，包括本案债权人同方公司的偿债能力受损。在通常的资产转让行为中，企业出让资产、获取对价，资产的表现形式虽然发生变化，但其对外的清偿能力并未减弱；但是衡泽热力公司以承债的方式取得供热公司的资产，直接减少了企业的责任财产，必然影响企业对于其他债权人的清偿能力。综合以上两点理由，衡泽热力公司主张其有偿取得供热公司资产的行为未导致供热公司责任资产减少与事实不符，本院不予支持。《企业改制案件规定》第七条规定："企业以其优质财产与他人组建新公司，而将债务留在原企业，债权人以新设公司和原企业作为共同被告提起诉讼主张债权的，新设公司应当在所接收的财产范围内与原企业共同承担连带责任。"该条规定的本意是避免企业在改制过程中转移优质资产、逃废企业债务。法律赋予债权人在获得权利实现时以法人所有财产平等受偿的权利，除享有优先受偿权的债权人外，任何人不享有特权。为保障债权人的上述权利，企业的所有财产作为其全部债务的一般担保，任何人不得随意转移。虽然供热公司与衡泽热力公司在主体资格上不构成承继关系，但其在政府主导的改制行为中将部分资产与债务共同转移至衡泽热力公司、将剩余债务留在供热公司的行为客观上造成了供热公司责任财产的减少，降低了对其他债权人的清偿能力，这与上述规定所调整的对象在形式上虽然并不完全相同，但从本质上看却无二致。因此，本案可以比照适用《企业改制案件规定》第七条。原审法院适用《企业改制案件规定》第七条判令衡泽热力公司在接收财产范围内与供热公司共同承担连带责任，适用法律正确，本院予以维持。

——中国裁判文书网,http://wenshu.court.gov.cn。

中国农业银行股份有限公司兴平市支行与陕西凯达股份有限公司借款合同债权确认纠纷申请再审案[最高人民法院(2013)民申字第544号民事裁定书]

最高人民法院认为:兴平农行提交了四份材料作为新证据,即咸阳市中级人民法院(1994)咸法经初字第30号民事判决(以下简称30号判决)诉讼卷宗中的乳品总厂的答辩状、1994年8月30日法庭审理笔录、《公司名称预先核准申请表》和涉及本案执行的司法文书,欲证明1995年贷款诉讼时的乳品总厂与1998年改制时的乳品总厂为同一企业,不存在二审判决中所认定的"92年已将贷款剥离"的事实。首先,该证据材料在本案诉讼之前已经存在,且兴平农行未能说明其未及时提交的充分理由,故不能认定属于新证据。其次,该证据材料不足以推翻原判决。乳品总厂在之前的诉讼中的陈述,对陕西凯达并无约束力,陕西凯达只在其接收资产范围内承担民事责任。根据30号判决,承担赔偿责任的兴平市乳品总厂(下称乳品总厂)是店张镇政府1990年9月开办的集体企业。1992年店张镇政府对乳品总厂改制。《兴平县店张镇企业管理办公室证明》证明店张镇企业管理办公室对乳品总厂的债务进行了审计,确定无偿接收其权益12万元,奶片生产线形成的固定资产及奶粉厂的债务已经从乳品总厂中剥离,交由店张镇政府企业管理办公室管理。《凯达公司临时股东会议纪要》《凯达公司内部职工历年投入货币资金及送股表》证明凯达实业接收的民事主体由原有的集体企业改为股份制企业,且于1995年11月领取营业执照,有陕西省兴平市乳品总厂《企业法人营业执照》证明。虽然借款时的乳品总厂与并入陕西凯达的乳品总厂名称相同、共用同一公章,但是其性质和资金来源是不同的。凯达实业只是沿用了乳品总厂的名义,并未利用原企业的资产进行企业经营。所以1999年为设立陕西凯达而注销的乳品总厂及凯达实业,与30号判决确定承担债务的乳品总厂实际上并无关联。《关于奶片生产线的情况证明》《兴平县奶片场移交清单》《证明》均证明乳品总厂改制时,由贷款转化成的资产奶片生产线及附属设施未计入资产,乳品总厂12万元的权益与兴平农行无关。而凯达实业股份有限公司《公司年检报告书》、资产界定联合协议、凯达股份有限公司验资报告书均证明美元借款未计入陕西凯达的负债之中。所以,陕西凯达在成立时接收的乳品总厂的资产中,不包含乳品总厂贷款形成的资产及债权债务。根据《企业改制案件规定》第七条的规定,陕西凯达应在接受的资产范围内承担还款责任。本院对兴平农行关于陕西凯达应承担乳品总厂全部债权债务的主张不予支持。咸阳市中级人民法院依据生效法律文书于合并改制前查封了乳品总厂名下意大利奶片生产线设备,且该设备未作为净资产进入陕西凯达,乳品总厂对兴平农行债务亦未进入新设公司对外负债。兴平农行未交相关费用致使涉案标的物的评估拍卖程序再无法进行,且奶片生产线查封时评估价足以偿还债务。故陕西凯达不承担还款责任符合公平原则。二审法院审理时审查乳品总厂性质的演变过程和资金的组成对于界定美元贷款是否计入陕西凯达是认定本案事实的前提,判断乳品总厂的性质对确认本案债权债务也是必要的,并未超出当事人的诉讼请求,本院对兴平农行的该主张不予支持。

——中国裁判文书网,http://wenshu. court. gov. cn。

上海东民建筑装潢工程有限公司与南昌灯泡厂、江西纸业集团有限公司、江西中江地产股份有限公司借款合同纠纷申请再审案[最高人民法院(2012)民再申字第142号民事裁定书]

最高人民法院认为:本案争议焦点为纸业股份是否应对讼争担保债务承担连带清偿责任。首先,1997年江西纸业有限责任公司设立纸业股份时,中国工商银行江西省分行(以下简称省工行)并未向其主张保证责任,江西纸业有限责任公司是否需要向省工行承担担保责任尚不确定。根据江西会计师事务所作出的《关于江西纸业股份有限公司的资产评估报告》,江西纸业有限责任公司投入纸业股份资产中的部分负债并不包括将来可能承担的抵押、担保事宜,故应认定江西纸业有限责任公司投入纸业股份资产中的部分负债不包括讼争保证债务。由于《企业改制案件规定》第六条的适用前提是“企业以其部分财产和相应债务与他人组建新公司”,故二审判决认定本案不能适用《企业改制案件规定》第六条的规定并无不妥。东民公司虽主张企业改制时公司的股东明知原企业存在担保债务且未列入资产评估的,应视为新设公司接受的资产中包括担保债务,但缺乏相应的法律依据,本院不予支持。其次,《企业改制案件规定》第七条之所以让国有企业改制过程中新组建的公司对原企业的债务承担责任,主要是为了防止国有企业利用公司制改造的机会,通过转移优质资产到新公司、将债务留在原企业的方式,实现恶意逃废债务的目的。从二审查明的事实看,江西纸业有限责任公司本身就是由原国有企业江西造纸厂改制而来,已经完成了《企业改制案件规定》所规定的公司制改造。而纸业股份系江西纸业有限责任公司采取募集设立的方式成立的新公司,江西纸业有限责任公司对纸业股份的出资属于公司法规定的公司投资行为,且该出资已经转化为股份,并没有造成其法人财产的减少,不存在恶意逃废债务的情形,故江西纸业有限责任公司对纸业股份的投资行为不适用《企业改制案件规定》第七条的规定。同时,纸业股份作为独立的企业法人,也无需对其股东江西纸业有限责任公司的担保债务承担责任。综上,本案不能适用《企业改制案件规定》第六条、第七条的规定,江西纸业有限责任公司对纸业股份的投资行为,并不能导致纸业股份对讼争担保债务承担连带清偿责任,作为纸业股份权利义务承继者的中江公司,亦不应对上述担保债务承担连带清偿责任。东民公司关于纸业公司不属于新成立的股份公司、二审判决未适用《企业改制案件规定》属于适用法律错误以及纸业股份根据权利义务的对等性原则也应对讼争担保债务承担连带清偿责任等申请理由,因缺乏事实和法律依据,本院不予支持。

——中国裁判文书网,http://wenshu. court. gov. cn。

中国工商银行股份有限公司抚顺分行与抚顺铝业有限公司、抚顺铝厂、抚顺新抚钢有限责任公司借款合同纠纷上诉案[最高人民法院(2007)民二终字第136号民事判决书]

最高人民法院认为:抚顺铝厂出资5亿元设立铝业公司、铝业公司是否因此对出资人抚顺铝厂的债务承担连带责任。《企业改制案件规定》第七条规定:"企业以其优质财产与他人组建新公司,而将债务留在原企业,债权人以新设公司和原企业作为共同被告提起诉讼主张债权的,新设公司应当在所接收的财产范围内与原企业共同承担连带责任。"这一规定的新设公司与原企业承担连带责任的法律基础是当事人恶意逃债。只有存在充分证据证明当事人是借企业公司制改造逃废债务时,才适用该项规条款。但《企业改制案件规定》第七条并不限制企业正常投资……企业投资入股后,原企业的资产价值并不减少,资本金也不发生变化,只是企业部分财产改变了原有的形态,以企业在新设公司中的股权形式表现出来。企业在新设公司中的股权,作为企业的责任财产,与企业的其他财产一样,均可以用于对外偿债。因此,企业投资入股后,如出资人发生偿债问题时,诉讼中不能依据《企业改制案件规定》第七条,将新设公司与出资企业列为共同被告承担连带责任。本案中,抚顺铝厂投资5亿元,经营法定评估机构评估,法定验资机构验资,经抚顺国资委批准,经工商登记,设立铝业公司。铝业公司性质为法人独资,抚顺铝厂享有铝业公司100%的股权。在这一过程中,抚顺铝厂的责任财产并未减少,只是资产形态发生了变化。抚顺铝厂设立铝业公司的行为是一种投资行为，抚顺铝厂对作为投资的资产的权益并没有改变其原企业对外债务的担保的，不会因此种行为而实质降低其偿债能力。抚顺铝厂作为独立的企业法人应以其全部法人财产对其自身债务承担责任，其全部法人财产既包括留在抚顺铝厂的财产，也包括抚顺铝厂的债权和对外投资所形成的财产权益。这一投资行为不适用《企业改制案件规定》第七条，铝业公司不会因为抚顺铝厂的投资行为而对抚顺铝厂的债务承担连带责任。

……

《企业改制案件规定》的基本原则就是企业法人财产原则，并不禁止企业改制，而是禁止企业在改制过程中造成企业财产流失，损害债权人利益。从法律程序看，本案中抚顺铝厂的行为并不符合企业改制的任何一种具体形态，一审判决认为抚顺铝厂设立铝业公司不是企业改制这一认定本身并无错误。况且司法干预企业改制的前提必须是在改制过程中，债务人企业的财产发生流失，损害了债权人的利益。而本案中并不存在财产流失的情况。抚顺铝厂得到12亿元现金后，确实没有清偿抚顺工行的债务而是偿还了其他的债权人。但普通债权不具有优先性，法律赋予债权人在获得权利实现时以法人所有财产平等受偿的权利，除享有优先受偿权的债权人外，任何人不享有特权。在企业没有进入破产情况下，不能限制企业的债务清偿顺序或者要求其对所有的债权人按照比例清偿。在铝业公司按照合同约定已经支付了全部价款的情况下，如果再要求铝业公司为抚顺铝厂债务承担责任，不但没有法律依据，而且对铝业公司本身的债权人和现有的股东并不公平。

——最高人民法院民事审判第二庭编：《民商事审判指导》总第14辑，人民法院出版社2008年版，第158～165页。

中国工商银行鸡西市分行与鸡西市煤炭公司、黑龙江天源煤炭股份有限公司借款合同纠纷上诉案［最高人民法院（2003）民二终字第73号民事判决书］

最高人民法院认为：关于天源公司是否应当承担本案民事责任问题。首先，本案借款合同的主体是鸡西工行和煤炭公司，天源公司并非本案借款合同主体，根据合同相对性原则，天源公司不应当对本案债务承担民事责任。其次，天源公司是由煤炭公司和案外人选煤公司、恒山公司、滴道公司、梨树公司五个国有企业共同发起组建的股份制公司，其中，煤炭公司出资1053.3万元股，占天源公司股本总额的19.37%。煤炭公司的上述出资额仅占该公司全部有效资产的2.51%，属于企业正常的投资行为。本案不符合企业改制过程中“企业以其优质财产与他人组建新公司,而将债务留在原企业"的情形。故天源公司在本案中不应当承担民事责任。如果煤炭公司现有的资产不足以清偿债务,鸡西工行可以申请执行煤炭公司持有的天源公司的股权。这属于执行程序中的问题。鸡西工行要求天源公司对本案债务承担连带责任的上诉理由不能成立。

——最高人民法院民事审判第二庭编:《民商事审判指导》总第5辑,人民法院出版社2004年版,第174～180页。

【链接:最高人民法院法官著述】

1. 关于《企业改制案件规定》第七条的理解与适用问题。

《企业改制案件规定》第七条规定与第六条规定的不同在于,第六条系关于企业依据公司法部分改造为公司后债务承担的规定,第七条是关于债务人借企业公司制改造逃债的处理规定。两者依据的法理与适用的范围不同,前者规定新设公司与原企业承担连带责任的法律基础是企业分立,后者规定新设公司与原企业承担连带责任的法律基础则是当事人恶意逃债。因此,前者仅适用于企业公司制部分改造后债务承担的情况,而后者则适用于债务人借企业公司制改造逃债后责任承担的情况……在正常情况下,企业基于出资目的以其资产投资入股,该行为为合法出资行为。企业对外投资后,原企业的资产价值并不减少,资本金也不发生变化,只是企业部分财产改变了原有的形态,由实物性财产转变为价值性财产,以企业在新设公司中的股权形式表现出来。企业在新设公司中的股权,与企业的其他财产一样,同为企业的责任财产,均可以用于对外偿债,这符合法人财产制原则。第七条规定"企业以其优质财产与他人组建新公司",其适用的条件是该行为不是一种正常的出资行为,而是属于一种掏空企业、假借改制之名,转移优质财产,甩掉企业自身的债务的违法行为,且债务人企业存在着逃废债务的主观故意。因此,在企业以其资产出资入股后,如出资人发生偿债问题时,应通过执行出资企业在新设公司中的股权的方式解决,而不应适用《企业改制案件规定》第七条的规定。

——宋晓明、张雪楳:《企业改制纠纷案件审理中的疑难问题》,载最高人民法院民事审判第二庭编:《民商事审判指导》总第11辑,人民法院出版社2007年版,第168～169页。

编者说明

《企业改制案件规定》第七条的规定，在实践适用中出现了一些不正确的理解，在此通过最高人民法院相关司法政策精神、裁判文书及法官著述，对此问题进行了梳理。

509

企业在改制后又将其对新公司的股权转让的，不影响新设公司承担责任的范围

关键词｜企业改制｜新设公司｜股权转让｜

【最高人民法院裁判文书】

中国建设银行山东省分行与山东禹城中农润田化工有限公司、山东兴禹化工集团公司等借款合同纠纷上诉案［最高人民法院(2004)民二终字第149号民事判决书］

最高人民法院认为：2001年4月，兴禹集团公司通过改制，剥离部分生产设备等优质资产，与其他20位股东共同出资新设了润田公司。山东建行承接了禹城建行的债权后，向兴禹集团公司和润田公司提起诉讼主张债权，亦属于因改制活动而引发的民事纠纷。

在润田公司成立后，兴禹集团公司未将其应偿还禹城建行的4656万元债务转移给润田公司，而是留在兴禹集团公司。根据《企业改制案件规定》第七条的规定，润田公司应当在其所接收的财产范围内与兴禹集团公司共同承担连带责任。扣除其他20位股东724万元的出资额，润田公司实际接收的财产为15195万元。润田公司应在15195万元范围内承担民事责任。原审判决兴禹集团公司偿还山东建行4656万元本金及利息，并判令润田公司在11265万元范围内与兴禹集团公司承担连带清偿责任，因兴禹集团公司未提出上诉，故本院维持原审判决第二项、第三项。判令润田公司承担上述清偿责任是基于《企业改制案件规定》确认的有关改制法律关系的规定，而并非仅仅是依据原借款合同关系。润田公司关于其不是借款合同当事人、从未在禹城建行借款、不应承担该笔债务的上诉理由不成立。

润田公司成立后,约定承担兴禹集团公司部分债务 11265 万元,不包括本案中禹城建行的 4656 万元本金及利息。但该约定不能对抗包括禹城建行在内的其他未转移债务的债权人。在润田公司所接收资产范围内,对债务仍被留在兴禹集团公司的,以及虽转移了债务但未通知债权人的或者虽通知但债权人不予认可的,润田公司均应在其所接收资产范围内,对原兴禹集团公司的债务承担连带责任。即使润田公司已经清偿了其所接收债务中的 10009545.01 元,抵减其所接收的 15195 万元资产数额后,其应承担的责任限额仍多于原审判决认定的 11265 万元(约 14194 万元),不足以改变原审判决的结果。此外,兴禹集团公司持有的 67% 的股权转让给农资集团后,尽管其取得了 17354854.91 元的对价,但该对价并非是润田公司所有的等价值的资产本身,而是该笔股权的市场价格。润田公司所占有、使用、收益及处分的资产总额,不会因此股权变动而发生变化,亦即不会改变因本案改制行为而其承担责任限额的物质基础及法律依据。润田公司关于应以兴禹集团公司转让股权后所持有的 17.44% 股权(现折合约 811.69 万资产)确定其应承担兴禹集团公司原债务数额的请求,亦没有法律依据。依据《公司法》第三条的规定,兴禹集团公司以其出资额为限对润田公司的债务承担有限责任,这与本案依据改制行为确认润田公司对原企业承担的范围,两者属于不同的制度层面,并不发生联系。

兴禹集团公司改制后,与新公司润田公司明确约定将原 2500 万元借款所形成的债务转由润田公司承担,且经过了债权人禹城建行的认可。根据《企业改制案件规定》第六条的规定,该笔债务应当由润田公司承担清偿责任,且不在 11265 万元连带清偿责任的限额之内。在禹城建行与润田公司就 2500 万元债务签订还款协议后,润田公司始终未予履行,根据《合同法》的相关规定,债权人山东建行有权解除该协议,并要求润田公司偿还所欠全部债务。

——最高人民法院民事审判第二庭编:《民商事审判指导》总第 6 辑,人民法院出版社 2004 年版,第 171 ~184 页。

510

股东以其控股企业抵债财产投入其所属另一公司进行增资扩股,被控股企业的债权人不能据此要求股东和增资公司承担连带责任

关键词|控股企业|增资扩股|连带责任|

【最高人民法院答复】

辽宁省高级人民法院：

你院〔2006〕辽民二终字第13号请示收悉。关于金杯汽车股份有限公司（以下简称金杯股份公司）和沈阳金杯车辆制造有限公司（以下简称金杯车辆公司）应否对沈阳汽车制造厂（以下简称沈汽厂）的债务承担责任的问题，根据你院报告中所述情况，经研究，我们原则同意你院审判委员会倾向性意见，即驳回桦林公司对金杯股份公司和金杯车辆公司的起诉。但有二点问题提请注意：

一、金杯股份公司与沈汽厂之间的以资抵债行为以及金杯股份公司将沈汽厂的抵债资产投入到金杯车辆公司作增资扩股的行为，属于公司之间的民商事行为，并非政府行政划转行为。但根据你院请示中反映的情况，即沈汽厂与金杯股份公司之间已经形成的456395260.67元债权债务关系是经审计确认的客观事实，金杯股份公司与沈汽厂签订以沈汽厂的部分资产抵偿其欠金杯股份公司等额债务之协议为合法有效协议，协议的签订和履行并不构成抽逃企业注册资本金，以及根据当地政府指定，沈汽厂已经被沈阳创业投资有限公司整体受让等等，显然，沈汽厂与金杯股份公司之间不再存在关联关系。

二、根据你院请示中反映的情况，金杯股份公司将沈汽厂抵债资产作为股本金投入到金杯车辆公司用以其增资扩股，是金杯股份公司的一种投资行为，属于金杯股份公司对自身财产依法行使处分权，不属于企业改制行为。因此，不受最高人民法院《企业改制案件规定》的调整。

上述意见，供参考。

——《最高人民法院关于股东以其控股企业用以抵偿其债务的财产投入到其所属的另一家公司中进行增资扩股后，被控股企业的债权人能否据此要求股东和进行增资扩股的公司对被控股企业的债务承担责任的请示的复函》（2008年6月13日，〔2008〕民二他字第20号）

511

是否以零资产改制不影响改制企业对原企业遗留债务的承担

关键词｜零资产改制｜债务承担｜

【最高人民法院司法解释】

第八条 由企业职工买断企业产权,将原企业改造为股份合作制的,原企业的债务,由改造后的股份合作制企业承担。

——《最高人民法院关于审理与企业改制相关的民事纠纷案件若干问题的规定》(2003 年 1 月 3 日,法释〔2003〕1 号)

【最高人民法院裁判文书】

中国信达资产管理股份有限公司陕西省分公司与宁夏三一西北骏马电机制造股份有限公司双方保证合同纠纷案[最高人民法院(2010)民二终字第 111 号民事判决书]

裁判要旨:企业股份合作制改造是指对国有中小企业、城镇集体企业采取由企业全体职工出资入股,买断原企业产权,或者由全体职工与企业共同出资入股,吸收其他出资人参股,组建成为劳动合作与资本合作并存的股份合作制企业的法律行为。三一骏马公司是由原煤机厂经改制后更名而来,并非新成立的公司,煤机厂留守处不具备独立法人资格,信达公司起诉三一骏马公司并无不妥。是否以零资产改制并不影响改制企业对原企业债务承担的认定。

最高人民法院认为:石嘴山市经济委员会石经企改发〔2004〕64 号《关于西北煤矿电机厂改制的批复》明确载明"同意你厂改制为股份制企业,按《西北煤矿电机厂企业整体改制实施方案》实施"和"改制后的企业名称为:宁夏西北骏马煤矿电机制造有限责任公司",原审法院以此认定三一骏马公司系由原煤机厂改制后更名而来,并非新成立的公司,有事实和法律依据。《西北煤矿电机厂企业整体改制方案》第二条第三款第(六)项明确载明"改制后的新公司承担原企业的债权债务",原审法院判决三一骏马公司承担原煤机厂所涉本案担保债务,并无不当。对于原煤机厂改制时遗漏的债务,改制后企业即三一骏马公司对外承担责任后,可再向原煤机厂资产管理人(出资人)追偿。三一骏马公司关于信达公司应当向煤机厂留守处的上级主管部门主张权利而不应向其主张权利的上诉理由,没有法律依据,本院不予支持。三一骏马公司仅以煤机二厂和建行石嘴山营业部签订的《借款合同》中关于"甲方在未还清乙方贷款本息前,不得用乙方贷款形成的固定资产向第三人作抵押"的约定主张债权人和债务人之间设立了抵押担保,并因此主张债权人放弃物保,保证人应当免除相应责任的上诉理由,缺乏事实和法律依据。三一骏马公司以公证员隐瞒身份,以及其法定代表人不知情等为由否定两份公证书的真实性、合法性和关联性,进而主张本案债务超过诉讼时效,不符合法律规定,本院不予支持。原审判决认定信达公司主张本案债务并未超过诉讼时效,并无不当,本院予以维持。三一骏马公司关于原审判决第 17 页有关论述与事实不符的上诉理由,因即使该判决主文的部分论述性表述有所不当,也不影响本案认定三一骏马公司承担相应债务,故本院对此不予审查。原审判决关于煤机厂是否以零资产改制并不影响改制企业对原企业债务的承担的认定,符合法律规定,本院予以维持。三一骏马公司主张煤机厂系行政性调整、划转国有资产行为,而非股份合作制改造,缺乏事实和法律依据,本院对该上诉理由不予支持。原审判决认定三一骏马公司应当偿还信达公司全部借款本金,于法有据,本院予以维持。

——最高人民法院民事审判第二庭编:《最高人民法院商事审判指导案例(第五卷)》(下),中国法制出版社 2011 年版,第 581 ~592 页。

512

通过职工出资购买净资产方式改制的，属于出资主体性质和名称等变更，不影响企业对改制前债务责任的承担

关键词｜企业改制｜职工全额出资｜债务承担｜

【《最高人民法院公报》案例】

东方公司南宁办事处诉舞阳神公司等借款担保合同纠纷案[最高人民法院(2003)民二终字第 47 号民事判决书]

裁判摘要:企业通过职工全额出资购买净资产的方式改制的,属于法人出资主体性质和名称等的变更,不影响企业对改制前形成债务之民事责任的承担。

最高人民法院认为:2000 年 9 月,青溪酒厂通过采取由职工全额出资购买企业净资产的方式改制成青酒集团,仅是企业法人的出资主体和企业性质、名称的变更,作为承担民事责任的主体并未改变,上述变更不影响其对改制前形成债务之民事责任的承担。且青溪酒厂产权制度改革方案和镇远县政府与以文义长

为代表的青溪酒厂新股东签订的产权制度改革改制协议书中亦均明确载明改制前青溪酒厂的全部债务由改制后企业新的股东承担。故青溪酒厂改制前的所有债务应当由改制后企业青酒集团承担民事责任。虽然在青溪酒厂改制资产评估中,青溪酒厂的400万元担保债务未包括在评估的企业总债务8494.9万元中,以至于以文义长为代表的青酒集团新股东所支付的净资产对价中未将该笔担保债务予以冲抵,但青酒集团不能以此作为其不承担该笔担保债务的理由对抗债权人东方资产南宁办。青酒集团新股东与青溪酒厂原资产管理人之间就企业改制过程中隐瞒、遗漏债务问题属另一法律关系,不属本案审理的范畴。青酒集团在承担本案400万元担保债务后,可另行向青溪酒厂原资产管理人主张权利。我院《关于人民法院在审理企业破产和改制案件中切实防止债务人逃废债务的紧急通知》中关于"人民法院审理国有企业改制案件,对企业股份合作制改造中,被改制企业原资产管理人隐瞒或遗漏债务的,应当由被改制企业原资产管理人对所隐瞒或遗漏的债务承担民事责任"的规定,是针对在审理企业改制双方当事人改制过程中发生的纠纷案件中,就被改制企业原资产管理人的过错或者过失所造成的隐瞒或遗漏债务,在改制企业原资产管理人和改制后企业二者之间的责任承担问题上作出的界定。上述规定不否认被改制企业原债权人依照合同相对性原则向债务人主张权利。故该笔担保债务应由青酒集团承担。

——《最高人民法院公报》2005年第1期

513

公司整体改制后，原公司债务应由改制后的公司承担

关键词｜公司整体改制｜债务承担｜

【最高人民法院司法解释】

第八条 由企业职工买断企业产权,将原企业改造为股份合作制的,原企业的债务,由改造后的股份合作制企业承担。

第十条 企业通过其职工投资增资扩股,将原企业改造为股份合作制企业的,原企业的债务由改造后的股份合作制企业承担。

——《最高人民法院关于审理与企业改制相关的民事纠纷案件若干问

题的规定》(2003 年 1 月 3 日,法释〔2003〕1 号)

【最高人民法院司法政策】

九、人民法院审理国有企业改制案件,应当依法认真处理好改制企业遗留债务的承担问题。对于改制企业遗留债务,当事人之间约定了新的债务承担人、并经债权人同意的,可依当事人的约定;对于虽未经债权人同意,但新的债务承担人有足够能力清偿债务的,可按照实际情况确认由新的债务承担人承担债务;对于仅对改制企业的财产进行了处理,而未处理改制企业债务的,原则上应当由改制变更后的企业在所接受财产的等值范围内承担原企业遗留债务。

——《最高人民法院关于人民法院在审理企业破产和改制案件中切实防止债务人逃废债务的紧急通知》(2001 年 8 月 10 日,法〔2001〕105 号)

【最高人民法院裁判文书】

中信资产管理有限公司与内蒙古第一建筑工程公司、内蒙古第三建筑工程有限公司、内蒙古蒙建建筑安装工程有限责任公司借款合同纠纷案[最高人民法院(2010)民二终字第 81 号民事判决书]

最高人民法院认为:第一,保证人原第三建筑公司经过公司改制后,是否还应继续承担原合同中约定的保证责任。

从本院查明的事实看,本案原第三建筑公司的改制是整体改制,通过职工置换身份完成了改制工作。新企业的法人资格是原企业法人资格的延续。依照《企业改制案件规定》第八条规定:"由企业职工买断企业产权,将原企业改造为股份合作制的,原企业的债务,由改造后的股份合作制企业承担";第十条规定:"企业通过其职工投资增资扩股,将原企业改造为股份合作制企业的,原企业的债务由改制后的股份合作制企业承担。"因此,在企业股份制合作制改造的过程中,不管是职工买断企业产权,还是企业内部增资扩股,在任何一种方式下债务都是由改制后的企业承担。作为改制后的第三建筑公司继续承担改制前原第三建筑公司的保证责任。原审法院以担保的债务为遗漏债务为由,驳回中信公司对第三建筑公司的诉讼请求,没有法律和事实依据,本院予以纠正。

第二,蒙建公司是否应当在第一建筑公司向其出资的范围内与对借款承担连带责任。

原蒙建公司的改制中,无偿接收了第一建筑公司的资产。根据呼和浩特市国有资产管理局《关于划拨资产用于内蒙古蒙建建筑工程有限责任公司进行重组的决定》,将第一建筑公司资产 705 万元划拨给新成立的原蒙建公司。但在实际的划拨中,原蒙建公司实际接收的资产远远超出这个数字,从本院查明的数字看,其接收的固定资产及流动资产计 1171.75 万元。依照《企业改制案件规定》第六条:"企业以其部分财产和相应债务与他人组建新公司,对所转移的债务债权人认可的,由新组建的公司承担民事责任;对所转移的债务未通知债权人或者虽通知债权人,而债权人不予认可的,由原企业承担民事责任。原企业无力偿还债务,债权人就此向新设公司主张债权的,新设公司在所接收的财产范围内与原企业承担连带民事责任。"第七条:"企业以其优质财产与他人组建新公司,而将债务留在原企业,债权人以新设公司和原企业作为共同被告提起诉讼主张债权的,新设公司应当在所接收的财产范围内与原企业共同承担连带责任。"根据《最高人民法院关于人民法院在审理企业破产和改制案件中切实防止债务人逃废债务的紧急通知》第九条的规定:"对于仅对改制企业的财产进行了处理,而未处理改制企业债务的,原则上应当由改制变更后的企业在所接受财产的等值范围内承担原企业遗留债务。"所以,原蒙建公司应在其接受的财产范围内对第一建筑公司的债务承担责任。原蒙建公司与其他公司联合重组为现在的蒙建公司,重组协议第五条也明确规定原企业的债权、债务,重组后由新建公司全部承担。因此,蒙建公司接收的原蒙建公司的财产实际就是第一建筑公司的财产,其应当在接收财产的范围内承担责任。原审法院以政府主管部门对企业国有资产划拨中的发生的纠纷为由驳回中信公司对蒙建公司的起诉,没有事实和法律依据。本院予以纠正。

——最高人民法院民事审判第二庭编:《最高人民法院商事审判指导案例(第五卷)》(下),中国法制出版社 2011 年版,第 573 ~ 580 页。

编者说明

企业整体进行股份合作制改造,是指企业通过职工买断、转让部分资产给职工和增资扩股由职工购买等方式将企业改造成股份制企业。企业股份合作制改造的后果,只是被改造企业的资本结构、数量、投资主体和企业组织形式等发生了变化,而企业法人的民事主体资格并未变更,故不论企业以何种方式进行企业股份合作制改造,原企业的债务均由改造后的股份合作制企业承担。

514

新设公司接收原集体企业资产并承诺“承担原企业的所有债权债务”，该承诺义务应当履行

关键词｜新设公司｜债务承担｜

【最高人民法院裁判文书】

青岛泓海投资有限公司与山东北斗星纺织有限公司、淄博第四棉纺厂、桓台县经济贸易局债权转让合同纠纷案［最高人民法院（2011）民提字第52号民事判决书］

裁判要旨：新设立的公司企业接收了原集体企业的厂房、机器设备、土地等财产，并承诺“承担原企业的所有债权债务”。债权人请求其应在接收的净资产范围内对原企业的债务承担连带清偿责任，该项主张于法有据，应予支持。

最高人民法院认为：本案中四棉厂作为集体企业，其通过改制的方式与职工共同组建了北斗星公司，虽然北斗星公司改制的操作程序与规范的股份合作制企业改制略有不同（其自称是“股份制企业”），但其在“企业的资产形成”及“应承担原企业债权债务”方面，与改制成为股份合作制企业一样，均应贯彻执行法律法规及有关企业改制规定中所确立的“保护债权人”的一般原则，而不应借改制之机逃废债务，损害债权人的合法权益。因此，参照《企业改制案件规定》第八条关于“由企业职工买断企业产权，将原企业改造为股份合作制的，原企业的债务，由改造后的股份合作制企业承担”及第九条关于“企业向其职工转让部分产权，由企业与职工共同组建股份合作制企业的，原企业的债务由改造后的股份合作制企业承担”的规定，北斗星公司应对原四棉厂的遗留债务承担清偿责任。

其次，北斗星公司在改制中已承诺承担四棉厂的所有债权债务。依据桓台县产权制度改革领导小组“桓产改字〔1998〕第50号”文件《关于对北斗星公司申请全部购买公有资产请求报告的批复》，桓台县国资局作为出售方，与作为购买方的北斗星公司签订了合同书，明确约定：北斗星公司负有“承担原企业的所有债权债务”的义务。该合同是当地政府为维护原四棉厂债权人的合法权益，而与北斗星公司共同约定的实施改制方案的条件之一，亦符合国家制定的有关实施企业改制的政策规定。同年9月12日，北斗星公司向桓台县公有资产投资经营公司支付了109.44万元产权转让费，已实际履行了该合同。因此，上述约

定内容对北斗星公司具有法律约束力。依其承诺，北斗星公司亦应当承担本案中原四棉厂遗留的债务。

——最高人民法院民事审判第二庭编：《最高人民法院商事审判指导案例(7)·公司与金融卷》，中国法制出版社2013年版，第226~243页。

515

公司将部分财产和债务分离后与其他企业合并，如无债权人的同意，新企业应当在接受财产范围内对分立前公司的债务承担连带责任

关键词｜合并分立｜连带责任｜

【最高人民法院司法解释】

第十二条 债权人向分立后的企业主张债权，企业分立时对原企业的债务承担有约定，并经债权人认可的，按照当事人的约定处理；企业分立时对原企业债务承担没有约定者约定不明，或者虽然有约定但债权人不予认可的，分立后的企业应当承担连带责任。

——《最高人民法院关于审理与企业改制相关的民事纠纷案件若干问题的规定》(2003年1月3日，法释〔2003〕1号)

【最高人民法院裁判文书】

中国进出口银行与广州市华南橡胶轮胎有限公司、中国工商银行广东省分行营业部、广州万宝冰箱有限公司等借款担保与委托代理纠纷案[最高人民法院(2001)民二终字第166号民事判决书]

最高人民法院认为：在万宝电器公司的改制中，该公司的部分财产随同部分债务从该公司剥离出来，并入万宝冰箱公司。当公司部分财产和债务直接从公司分离设立成为新公司，将构成公司简单分立，如无债权人之同意，分立的公司对分立前公司的债务应当承担连带责任；如果该部分财产和债务分离后与其他已经存在的企业合并，则构成合并分立，如无债权人之同意，接受分立财产的企

业应当在接受财产价值范围内对分立前公司的债务承担连带责任。从本案实际情况看,万宝电器公司与万宝冰箱公司的改制即构成合并分立,万宝电器公司与万宝冰箱公司等各方当事人在《转让协议》中所作的债务划分安排,因未取得债权人进出口银行的同意,该协议中有关债务划分的内容对进出口银行不生效,万宝冰箱公司应当在接受万宝电器公司财产价值范围内对万宝电器公司的债务承担连带责任。因此,上诉人进出口银行所提出的万宝冰箱公司应当承担万宝电器公司所欠债务的上诉请求成立,本院予以支持。

——李国光主编、最高人民法院民事审判第二庭编著:《最高人民法院关于企业改制司法解释条文精释及案例解析》,人民法院出版社 2015 年版,第 147～161 页。

【链接:最高人民法院法官著述】

企业分立时对债务的承担虽有约定且约定明确,但该约定未经债权人认可。企业分立时对债务承担的约定,实质是对原企业债务的处理,这与债权人的利益直接相关,因而必须征得债权人的同意。没有债权人对债务承担约定的认可,该约定就不能对其产生效力。在此情况下,对债权人而言,承担其债权的责任财产仍为原企业的全部财产。因此,分立后的各个企业应承担清偿责任。

分立后的各个企业对债权人承担的清偿责任,属于连带责任性质。也就是说,债权人既可以向分立后的所有企业主张权利,也可以向其中的一个或几个企业主张权利;既可以向分立后的企业主张全部债权,也可以向分立后的企业主张部分债权。这样对债权人而言,一方面,分立后的企业承担连带责任,则分立后的企业的所有财产均为债权人债权的担保财产,使之保持企业分立前的原有状态,能够很好地保护债权人的合法权益;另一方面,债权人不必按照企业分立时的资产负债比例,分别要求分立后的企业承担责任,无形中增加债权人主张权利的难度,而将其由复杂变为简单,使债权人可以便利的主张债权。

——李国光主编、最高人民法院民事审判第二庭编著:《最高人民法院关于企业改制司法解释条文精释及案例解析》,人民法院出版社 2015 年版,第 75 页。

516

企业出售虽不规范，但并不违反当时的法律规定，也符合国有企业产权制度改革方向的，应认定有效

关键词｜企业出售｜合同效力｜

【最高人民法院裁判文书】

吴安民与新疆维吾尔自治区巴音郭楞蒙古自治州国有资产管理局国有企业产权出售纠纷案[最高人民法院(2000)经终字第52号民事判决书]

最高人民法院认为:吴安民与巴州国资局签订的《巴音郭楞蒙古自治州农业机械总公司国有资产(卖断)协议书》,是根据巴州人民政府巴政办〔98〕1号《州农机局关于巴州农业机械总公司改制方案的批复》、巴政办〔98〕6号《关于改制后的巴州农业机械总公司享受优惠政策的通知》及库尔勒市人民政府库政函字〔98〕19号《关于巴州农业机械总公司改制中国有土地使用权出让有关问题通知》等政府文件精神,在经过职工大会表决,并委托审计机构对农机公司资产进行评估,确定企业出让价格的基础上,在巴州公证处的公证下签订的。该出售协议是双方真实意思的表示,不违反当时国家有关法律、法规的规定,也符合国有企业产权制度改革的方向,应认定为合法有效。双方在协议中对各自的权利义务、亏损弥补、离退休职工的三项费用及违约责任等作了约定。吴安民在签订协议的当日,依约一次性支付了150万元的土地出让金。虽然吴安民支付的土地出让金是用改制前的农机公司资产作担保从巴州农行贷款所得,但由于改制前农机公司资产已是负值,而且吴安民随即又以从天津拖拉机制造有限公司所借的货款150万元归还了农行贷款。以该资产作抵押没有也不可能造成国有资产的流失。1999年2月11日,国家经贸委、财政部、中国人民银行联合下发的国经贸中小企〔1999〕89号《关于出售国有小型企业中若干问题意见的通知》,虽规定"购买者应出具不低于所购企业价款的有效资信证明,不得以所购企业的资产作抵押,获取银行贷款购买该企业",但由于吴安民于1998年1月25日与巴州国资局签订企业出售协议时,该文件尚未出台,故该文件对吴安民当时的行为不具约束力。该做法虽不够规范,但并不违反当时的法律规定,不应以此来否定协议的效力。至于天津拖拉机制造有限公司出具证明称其同意出借给吴安民150万元,则是吴安民与天津拖拉机制造有限公司的借款关系,属另一民事关

系,不属本案审理的范围。吴安民以150万元的价格买断农机公司,该土地出让价格的确定,是在与巴州国资局共同确认的审计机构对土地使用权评估的基础上,按政府有关文件确定的20%的优惠价在一次性付清的前提下确定的,并不存在将1200多万元的国有土地使用权以明显不合理的低价出售给个人的恶意串通。原审认定双方恶意串通、故意损害国家利益的行为,属无效民事关系不当,应予纠正。

协议签订后,吴安民对离退休人员的三项费用,凡实际发生的,已作了妥善安排。由于协议中并未就签订劳动合同及职工买断工龄问题规定一个明确的时间,因此,吴安民未及时办理与职工签订劳动合同及职工买断工龄手续,应属双方约定不明。但根据一些职工的具体要求,吴安民应在协议恢复履行后及时与职工签订劳动合同、办理职工买断工龄手续,并分批、分段向离退休职工支付协议约定预提的离退休职工的三项费用和职工安置补偿费。巴州国资局与吴安民签订买断协议后,单方终止协议的履行,派驻工作组接管农机公司,变更法定代表人,属违约行为。本案的协议及履约行为均发生在国家经贸委、财政部、中国人民银行国经贸中小企〔1999〕89号《关于出售国有小型企业中若干问题意见的通知》公布之前,而该文件不具有溯及力,故本案应根据当时的政策性文件进行处理。1998年7月13日,巴州深化企业改革领导小组通过召开专题会议,针对企改办提出的《关于州农机公司改制后职工反映问题的调查情况及其处理意见》,形成了巴企政办字〔1998〕23号会议纪要,该会议纪要认为:农机公司改制符合党的十五大精神,符合全国的改革形势,企改办关于"农机公司在改制过程中,资产评估基本准确,实施程序完备,协议签字符合法律程序,具有法律效力,应继续执行"的意见是正确的。鉴于双方在履行协议过程中均存在不同程度的违约,考虑本案的实际情况,双方在协议中约定的违约金100万元可互不追究。

综上,吴安民与巴州国资局通过多次协商于1998年1月25日签订的买断企业经营权的协议,并不违反当时国家法律、法规的规定,应继续履行。

——李国光主编、最高人民法院民事审判第二庭编著:《最高人民法院关于企业改制司法解释条文精释及案例解析》,人民法院出版社2015年版,第217~227页。

【链接:最高人民法院法官著述】

人民法院在确认企业出售合同效力时,要十分慎重,不要轻易认定出售合同无效。一方面要适用《民法通则》《合同法》《公司法》等民商事法律规范,另一方面要特别注意适用改制行为发生时国家有关国企改制的政策、部门规章及规范性文件,严格把握政策界限。对违反法律、法规及国务院有关政策的地方性改制文件,尤其是具有地方保护色彩的"土政策"不能作为审理案件的依据,特别是不能作为确认合同效力的依据。需要说明的是,《企业改制案件规定》下发前出售方按照当地政府当时规定的程序进行出售但不符合《企业改制案件规定》规定程序的,考虑到政策适用的时间界限,应按照当时的规定来认定出售合同的效力。

——李国光主编、最高人民法院民事审判第二庭编著:《最高人民法院关于企业改制司法解释条文精释及案例解析》,人民法院出版社2015年版,第93页。

517

企业出售的改制方案和职工安置方案未经职工大会或职工代表大会审议通过的，可认定为损害社会公共利益

关键词|企业出售|职工安置|社会公共利益|

【最高人民法院裁判文书】

郑金城与罗甸县国有资本营运有限责任公司、黔南州拍卖有限责任公司国有企业出售合同纠纷再审审查案[最高人民法院(2013)民申字第959号民事裁定书]

最高人民法院认为:(一)关于认定本案有关文件依据的问题。

涉案罗甸县水泥厂为国有小型企业,当时因企业改制需要,其资产由资本营运公司于2005年3月31日委托挂牌出售,并于2005年5月25日拍卖成交给郑金城。至此,双方构成国有企业出售合同关系。国有企业出售合同不同于一般的买卖合同,因与企业改制相关,往往涉及国有资产处置以及企业职工安置等多方面的利益。为此,国家有关机构制定了《关于规范国有企业改制工作的意见》《国有资产评估管理办法》及其施行细则、《关于加强国有企业产权交易管理的通知》《企业国有资产监督管理暂行条例》等大量规范性文件,规定了诸多国有

企业改制程序,以此为国有企业出售前置程序,从而保障国家和社会公共利益不受损害。因此,在确认国有企业出售合同效力时,人民法院应当以上述文件为依据,审查其改制程序是否符合规定,从而认定国有企业出售合同是否存在损害国家或社会公共利益的情形。郑金城申请再审提出本案并非企业改制纠纷,不应以上述文件作为认定本案依据的理由,不能成立。

(二)关于本案出售罗甸县水泥厂资产效力的问题。

首先,因企业改制而出售企业资产应当在不损害职工权益等社会公共利益的前提下进行。《关于规范国有企业改制工作意见的通知》第一条第(九)项规定:"维护职工合法权益。国有企业改制方案和国有控股企业改制为非国有的企业的方案,必须提交企业职工代表大会或职工大会审议,充分听取职工意见。其中,职工安置方案需经企业职工代表大会或职工大会审议通过后方可实施改制。改制为非国有的企业,要按照有关政策处理好改制企业与职工的劳动关系。改制企业拖欠职工的工资、医疗费和挪用的职工住房公积金以及企业欠缴的社会保险费等要按有关规定予以解决。改制后的企业要按照有关规定按时足额交纳社会保险费,及时为职工接续养老、失业、医疗、工伤、生育等各项社会保险关系。"本案中,从罗甸县经济贸易局《关于报送罗甸县水泥厂改制工作方案的请示》以及罗甸县信访局《罗甸县水泥厂职工信访问题的处置情况分析》来看,罗甸县水泥厂改制领导小组制定并公示罗甸县水泥厂资产出让预案及职工安置预案,罗甸县水泥厂也先后召开职工大会、职工代表大会讨论改制方案和职工安置方案,但并无证据显示该改制方案和职工安置方案已经罗甸县水泥厂职工大会或职工代表大会审议通过。因此,罗甸县水泥厂改制违反上述规定,损害社会公共利益。对此,郑金城申请再审提出的理由,不能成立。

其次,因企业改制而出售企业资产应当在资产评估结果有效期内进行。《国有资产评估管理办法实施细则》第三十六条规定:"经国有资产管理行政主管部门确认的资产评估结果,除国家经济政策发生重大变动或经济行为当事人另有协议规定之外,自评估基准日起一年内有效。在有效期内,资产数量发生变化时,根据不同情况可由原评估机构或资产占有单位,按原评估方法做相应调整。"本案中,《资产评估报告书》确定评估基准日为2003年12月31日,故其有关罗甸县水泥厂总资产为15256363.78元的评估结果有效期应为2003年12月31日至2004年12月30日。罗甸县水泥厂改制虽然早已启动,但资本营运公司于2005年3月31日才与黔南州拍卖公司签订合同,委托拍卖其资产,已超出资产评估结果有效期。资本营运公司明知超出资产评估结果有效期,仍然委托拍卖;郑金城亦明知超出资产评估结果有效期,仍然于2005年5月25日以资产评估结果一半左右的价格720万元签订《拍卖成交确认书》。因此,本案拍卖出售罗甸县水泥厂违反上述规定,损害了国家利益。对此,郑金城申请再审提出的理由,不能成立。

基于以上分析,依照《合同法》第五十二条关于"有下列情形之一的,合同无效:(一)一方以欺诈、胁迫的手段订立合同,损害国家利益;(二)恶意串通,损害国家、集体或者第三人利益;(三)以合法形式掩盖非法目的;(四)损害社会公共利益;(五)违反法律、行政法规的强制性规定"之规定,本案出售罗甸县水泥厂的行为即使已报本级人民政府和上级人民政府批准,二审判决确认无效亦正确。郑金城申请再审提出应有效的理由,缺乏事实和法律依据,不能成立。

退一步而言,即使本案出售罗甸县水泥厂的行为有效,郑金城申请再审,本院亦不予支持。因为本案因企业改制而起,从罗甸县水泥厂改制方案来看,资本营运公司出售其资产所得用于企业职工安置及偿还企业对外债务等。根据《拍卖成交确认书》约定,余款470万元于2005年12月31日前付清。对此,郑金城理应从顾及企业改制大局出发,切实考虑企业职工安置困难,及早尽速履行支付义务。但郑金城任凭资本营运公司多次催讨,却以罗甸县水泥厂在其托管期间的有关权益清算等与本案并非同一法律关系的事实为由,至今未付。对此,虽与合同效力无涉,但一定程度上影响了罗甸县水泥厂改制方案顺利实施,导致资本营运公司的合同目的受阻。因此,资本营运公司有权解除合同。如今,在郑金城自身一次次错过履行合同的机会后,资本营运公司诉请确认出售罗甸县水泥厂的行为无效,法律效果与诉请解除合同并无根本差异,均应相互返还财产。为避免当事人另诉之累,二审已判决郑金城将罗甸县水泥厂返还给资本营运公司,资本营运公司将收取的250万元拍卖款退还给郑金城并支付相应利息,处理结果正确,应予维持。

——中国裁判文书网,http://wenshu.court.gov.cn。

518

未履行审批程序的国有企业转让,应当秉持鼓励交易原则,寻求程序瑕疵的补救

关键词 | 国有企业转让 | 审批程序瑕疵 |

【最高人民法院裁判文书】

青海振业资源开发公司、青海宾馆合营有限公司与海南正泰物业发展公司等转让合同纠纷上诉案[最高人民法院(2002)民二终字第197号民事判决书]

最高人民法院认为:根据《公司法》有关公司享有由股东投资形成的全部法人财产权、以其全部法人财产依法自主经营的规定,公司有权依法处分其财产,包括有偿转让其所属企业。国有独资公司的资产转让虽须对所转移的财产进行评估并经国家授权部门办理审批和财产转移手续,但国家并不禁止国有企业转让其资产。根据《国有资产评估管理办法》的有关规定,转让国有资产须进行评估,但该规定属于国有资产管理规范,不能直接否认合同效力。未经评估转让国有资产的,转让合同并不当然无效,有关管理部门可以责令当事人补充办理评估程序,若有明显低价的情况,可以责令买受人补交价金。进行资产评估及审批的首要目的在于保障交易公平、防止恶意低价转让国有资产。故国有企业转让资产的行为是否有效应当以其是否造成国有资产的损失及国家有关部门是否准许其转让为实质要件。本案中,因青海省国有资产管理局及青海省工商行政管理局、青海省经济贸易委员会等国家授权部门均对该项转让不持异议,故应认为该公司未经评估和审批而转让其所属的上海公司的行为,并不在实质上违反有关法律法规。海南公司、振业公司签订的本案转让合同,双方当事人主体合格,其意思表示真实明确,海南公司在已实际接收并经营上海公司多年后,在国家有关授权部门对转让行为没有异议且上海公司已被吊销企业法人营业执照的情况下,以所转让的资产未经评估为由提出的本案合同无效和振业公司应返还转让金的主张缺乏事实和法律根据且有悖诚实信用原则,本院不予支持。原审判决认定本案转让合同无效并据以判令振业公司返还转让金,适用法律不当,应予纠正。

——最高人民法院民事审判第二庭编:《民商事审判指导》总第14辑,人民法院出版社2008年版,第45~47页。

【链接:最高人民法院法官著述】

在发生纠纷的时候,司法机关对于未生效合同的处理与对于无效合同的处理完全是朝向相反方向的:对于无效合同是否认一切效力,将交易往回推至起始状态,即恢复原状(当然在商事纠纷的处理上,恢复原状可能不是追求最佳社会效果的理想选择,可以采取损害赔偿等处理方式,但无效合同处理的一般原则如此);而对于未生效合同则是促进条件成就,将交易向前推至当事人订约时预期的履约状态。因此,对于法定条件未成就、规定程序未履行的未生效合同,人民法院对于当事人纠纷的处理应当是鼓励当事人办理相关程序,完成交易。本案一审判决错误地认定合同无效,导致其处理方向走向了反面。

第三,关于未生效合同已经实际履行的处理。在司法实践中常常碰到的情况是,当事人在订立转让国有企业合同的时候未办理或者未按法定要求办理相关程序,而合同已经实际履行、甚至在履行了相当长的时间之后发生纠纷,一方当事人以评估、审批的程序瑕疵挑战合同效力,上述案例即如此。此时,不宜简单地适用《企业改制案件规定》第十七条的规定,认定合同未生效做恢复原状之处理。在合同已经实际履行,特别是像本案这样合同已经履行了若干年,当事人就审批、评估等程序问题为理由提出有关合同效力问题的请求时,应当寻求对于程序瑕疵的补救,由当事人补充办理相关手续……

综上,对于未履行审批程序的国有企业转让纠纷案件,人民法院应当秉持鼓励交易的原则,寻求程序瑕疵的补救,以成就合同生效的法定条件。

——张勇健:《国有企业改制中的审批程序瑕疵之处理——对最高人民法院两个有关企业改制案例的解读》,载最高人民法院民事审判第二庭编:《民商事审判指导》总第 14 辑,人民法院出版社 2008 年版,第 47 ~ 48 页。

519

国有小型企业出售合同签订及履行后,有关部门发布的规定对合同不具有溯及力

关键词 | 企业出售 | 溯及力 |

【最高人民法院裁判文书】

齐齐哈尔市畜牧水产局与崔英民企业产权出售合同纠纷案[最高人民法院(1999)经终字第 391 号民事判决书]

最高人民法院认为:畜牧水产局与崔英民签订的《企业产权出售合同》,当

事人意思表示真实，内容不违反国家有关法律、法规之规定，符合国有企业产权制度改革的方向，应认定为合法有效。双方在1998年5月28日签订合同之前，国家对产权出售的程序尚未作出具体规定。合同双方当事人在具体实施、履行合同过程中，水产品批发市场向畜牧水产局上报了该市场整体出售的《申请报告》《实施方案》和《全体职工大会讨论情况的报告》，1998年2月20日，畜牧水产局以齐牧渔发〔1998〕10号、齐牧渔发〔1998〕13号文向齐齐哈尔市产改办和该市政府上报了《关于南马路水产品批发市场整体出售产权的请示》，同年4月6日，齐齐哈尔市产改办下发了《关于同意南马路水产品批发市场整体出售产权的批复》，同时，在齐齐哈尔市资产评估事务所对整体出售资产作出评估后，水产品批发市场以及畜牧水产局共同向齐齐哈尔市国有资产管理所递交了《申请办理资产评估确认报告书》，齐齐哈尔市国有资产管理局于同年5月26日下达了《资产评估确认通知书》，合同签订后，崔英民还对职工进行了合理的安置并落实了债务承担问题，得到债权人的认可。双方当事人的做法与齐齐哈尔市人民政府1998年4月15日发布的《齐齐哈尔市企业产权出售试行办法》所规定的"履行申报审批手续，由企业主管部门商有关部门（主要债权人，经济综合部门），对预案提出修改完善意见后，由企业主管部门会同同级产改办报本级政府主管市领导同意后，由同级产改办行文批复"基本符合。市产改办向市领导报送的汇报材料，有关市领导分别签署了"同意产改办意见，请杨市长阅示"，"请刘市长阅示"，"政府常委会讨论"的意见，但都未持异议。5月28日上午，市委、市政府召开全市企业产权出售大会，该市主要领导参加了会议，市长刘海生并发表了讲话，称这次大会标志着齐齐哈尔市企业改革进入了新层次，规范化，市场化运行的新阶段，出售企业产权是向市场经济过渡的必然产物，是深化国有中小企业改革的一项重要措施，是加速企业经营机制转化和资产优化配置的重要形式，对搞好搞活齐齐哈尔市国有中小企业具有重要的意义；当日晚，齐齐哈尔市电视台在晚间新闻中播发了该条消息；次日，《鹤城晚报》也以"全市出售企业产权暨产权交易市场开市大会隆重举行"为题进行报道。可见，虽然本案企业产权转让行为主管市长未正式审批，产改办亦未正式行文，但上述事实足以说明，齐齐哈尔市政府对该出售行为表示认可并予以赞赏。因此，畜牧水产局以双方所签合同未经政府正式批准，主张该合同未成立、合同无效的上诉理由不能成立。同时，因本合同签订、履行行为发生在国家经贸委、财政部、中国人民银行〔1999〕89号文件公布之前，而该文件不具有溯及力，所以，畜牧水产局以上述文件为依据主张合同无效的理由也同样不能成立。企业产权出售合同签订之前，齐齐哈尔市国有资产管理局所属的齐齐哈尔市资产评估事务所对水产品批发市场进行了评估，评估结果业已经过畜牧水产局和齐齐哈尔市国有资产管理的确认，且事隔数月之后的1999年5月4日，齐齐哈尔市审计局出具的齐审农意〔1999〕43号审计意见书也表明，水产品批发市场负债率为99%，与评估事务所的评估结果基本一致。因此，畜牧水产局关于崔英民瞒报、漏报，评估事务所漏评、低评，国有资产严重流失的上诉理由不能成立，本院亦不予支持。综上，双方所签合同符合法律规定，畜牧水产局单方解除合同属违约行为，应继续履行。

——李国光主编、最高人民法院经济审判庭编：《经济审判指导与参考》第3卷，法律出版社2000年版，第493～504页。

编者说明

国家经贸委、财政部、中国人民银行于1999年2月11日发布《关于出售国有小型企业若干问题意见的通知》，对出售企业的审批主体及审批权限作了严格的规定，该通知发布以后，许多当事人以企业出售未履行规定的审批手续为由主张企业出售合同无效，但由于该通知并没有溯及力，而该通知施行以前的有关规章对企业出售审批机关及审批权限均没有明确的规定，因此该通知或者其他有关对企业产权出售合同进行审批的规范性文件对其颁布实施以前的合同不应发生溯及力，对于经政府表示认可的企业产权出售合同，不应直接认定其为无效合同。①

520

在企业改制工作中，安置职工和有关信访事件是必然要考虑的因素，不构成不可抗力

关键词｜企业改制｜职工安置｜信访事件｜不可抗力｜

【最高人民法院裁判文书】

营口经济技术开发区交通局与韩金枝企业出售合同纠纷申请再审案［最高人民法院（2015）民申字第354号民事裁定书］

最高人民法院认为：一、关于开发区交通局是否因不可抗力迟延履行义务的

① 刘德权主编：《最高人民法院裁判意见精选》（下），人民法院出版社2011年版，第876页。

问题。第一，根据《合同法》第一百一十七条之规定，该法所称不可抗力，是指不能预见、不能避免并不能客服的客观情况，其范围包括自然灾害、政府行为及社会异常事件。而社会异常事件主要指一些阻碍合同履行的偶发事件，如战争、罢工、骚乱等。在企业改制工作中，安置职工和有关信访事件是必然要考虑的因素，营口经济技术开发区熊岳运输公司部分职工和车主就公司改制问题上访事件并非不能预见、不可克服的情况，不符合《合同法》规定的不可抗力之情形。双方当事人在企业转让合同中亦未将信访问题作为免责事由进行明确约定。第二，开发区交通局作为改制责任人，对于职工安置和有关信访事件应该预见并有义务妥善处理，即使职工上访阻碍了企业资产顺利交接，也不构成开发区交通局的免责事由。因此，开发区交通局因不可抗力迟延履行义务的主张，本院不予支持。

——中国裁判文书网，http://wenshu. court. gov. cn。

521

买受人将所购企业注销并重新注册为新的企业法人，所购企业出售前的债务应当由新注册的企业法人承担

关键词 | 企业出售 | 注销 | 债务承担 |

【最高人民法院司法解释】

第二十六条 企业售出后，买受人将所购企业重新注册为新的企业法人，所购企业法人被注销的，所购企业出售前的债务，应当由新注册的企业法人承担。但买卖双方另有约定，并经债权人认可的除外。

——《最高人民法院关于审理与企业改制相关的民事纠纷案件若干问题的规定》(2003 年 1 月 3 日，法释〔2003〕1 号)

【最高人民法院裁判文书】

辽宁中百商厦集团有限公司与中国长城资产管理公司沈阳办事处等金融借款合同纠纷案[最高人民法院(2015)民申字第 649 号民事裁定书]

最高人民法院认为：某某购买锦州中百商厦产权后成立锦州中百商厦有限

责任公司,后更名为辽宁中百公司。根据《企业改制案件规定》第二十六条、第二十七条的规定,企业售出后,买受人将所购企业重新注册为新的企业法人,所购企业法人被注销的,所购企业出售前的债务,应当由新注册的企业法人承担。锦州中百商厦由锦州中百(集团)公司脱离出来时,既未清产核资、通知相关债权人,也未办理企业分立所需的工商变更登记手续,并不能对外发生免除锦州中百商厦应当承担的还款责任,锦州中百商厦应当承担连带责任。锦州中百商厦(集团)公司出售前所欠长城沈阳办事处本案债务依法应由辽宁中百公司承担。辽宁中百公司提出的该项事由不能成立。

——中国裁判文书网,http://wenshu.court.gov.cn。

522

企业之间协议转让企业财产权,但原企业继续存在的,不属于企业兼并

关键词 | 企业兼并 | 资产转让 |

【最高人民法院裁判文书】

大连万事通电信电缆有限公司与辽宁省水产集团进出口公司资产转让纠纷上诉案[最高人民法院(2000)经终字第39号民事判决书]

最高人民法院认为:事通公司与水产公司之间签订的协议书,约定了将水产公司在大连经济技术开发区沈阳路10号院内的全部资产及企业的债权债务一并转让给万事通公司,保留水产公司企业名称和进出口权,另辟地点独立经营等内容,应当认定双方当事人通过该协议书设立的是资产转让法律关系。该协议书是双方当事人的真实意思表示,其内容不违反法律法规的规定,且双方当事人的资产转让行为已报经水产公司的上级单位辽宁省水产局和省国资局批准,履行了资产评估的必要程序,并且双方已经实际实施了资产转让,因此应当确认资产转让行为合法有效。万事通公司关于本案的转让行为属于企业兼并,应当适用《企业兼并的暂行办法》审理本案,双方签订的协议书主体不合格,形成水产公司自己卖自己;协议书约定保留公司名称和进出口权及另辟地点独立经营,及转让过程中未对水产公司的三家分支机构进行评估等违反兼并的法律规定,请

求确认协议无效，撤销该民事行为等上诉主张，因双方设立的法律关系是资产转让而非企业兼并，不应适用有关兼并的法律规范予以调整，因而其主张不能成立，本院不予支持。万事通公司关于已经评估的债权债务未予核实，存在虚假债权的上诉主张，因缺乏证据，本院不予支持，如其有确凿证据，可另行主张；万事通公司关于清算费用和职工安置的约定显失公平的上诉主张，因缺乏证据，本院亦不予支持。水产公司答辩认为双方签订的是资产转让协议，且履行了必要的手续，而且资产转让已经实际履行，应当确认资产转让效力的答辩主张成立，本院予以支持。

——李国光主编、最高人民法院经济审判庭编：《经济审判指导与参考》第 4 卷，法律出版社 2001 年版，第 232 ~ 238 页。

【链接：最高人民法院法官著述】

《协议书》是本案双方当事人设立法律关系的真实凭证，那么双方当事人在该《协议书》中的真实意思表示是转让还是企业兼并，直接决定解决本案纠纷是适用资产转让的有关法律，还是适用企业兼并的有关法律。原审法院认定双方所签订的《协议书》是资产转让协议，万事通公司上诉主张该《协议书》是兼并协议，该《协议书》的性质问题，是本案当事人争议的焦点问题。资产转让和兼并均是我国企业改制中经常采用的主要方式，二者在形式上有许多相同之处，但其根据区别在于：资产转让的目的是转让企业的财产或财产权益，换句话说，企业的财产或财产权益是资产转让协议的标的。企业通过资产转让的形式，将本企业的部分财产或债权债务等一并转让给另外一个企业或组织，以改善本企业的经营环境，求得扭转或整顿本企业的经营状况。资产转让的结果是原来的企业还继续存在。兼并的目的是转让企业所有权，也就是说，经营兼并后的企业的所有者发生了变化，原来的企业应当不再存在……

（二）关于资产转让行为效力的认定

由于水产公司是国有企业，对企业财产没有所有权，只有经营管理权，所以，在其意图转让资产时，应当首先报经其上级主管单位和省国资局批准，其资产评估报告也需要经过省国资局确认。履行了必要的批准和审核程序后，水产公司才有权转让该企业财产，其资产转让行为才是合法的。从本案资产转让的实际操作情况看，水产公司对需要转让的资产进行了评估，履行了必要的报批审核程序，其资产转让手续是合法的。从双方签订协议和履行协议的过程看，协议是双方当事人的真实的意思表示,《协议书》内容不违反现有法律法规的规定,水产公司转让资产履行了必要的手续,应当认定资产转让行为有效。至于双方在履行资产转让协议的过程中产生其他争议,并不影响协议的效力。鉴于资产转让协议已经部分履行,双方应当对履行协议中存在的争议协商解决。由于在本案中万事通公司提起的是请求确认资产转让协议无效并予以撤销,因此本院确认资产转让行为有效后,对当事人之间的其他争议不在本案的审理范围内,本院不予审理。

——王东敏:《准确认定案由,是正确适用法律的前提和基础——大连万事通电信电缆有限公司与辽宁省水产集团进出口公司资产转让纠纷案》,载李国光主编、最高人民法院经济审判庭编:《经济审判指导与参考》第4卷,法律出版社2001年版,第232~238页。

523

兼并协议符合国家政策和法律规定,并且履行了相应评估和批准手续的,应认定有效

关键词 | 企业兼并 | 合同效力 |

【最高人民法院司法解释】

第三十条 企业兼并协议自当事人签字盖章之日起生效。需经政府主管部门批准的,兼并协议自批准之日起生效;未经批准的,企业兼并协议不生效。但当事人在一审法庭辩论终结前补办报批手续的,人民法院应当确认该兼并协议有效。

——《最高人民法院关于审理与企业改制相关的民事纠纷案件若干问题的规定》(2003年1月3日,法释〔2003〕1号)

【最高人民法院裁判文书】

中国信达资产管理公司太原办事处与华懋中发企业投资发展有限公司、中国中小企业投资有限公司、太原鑫龙人造革厂企业兼并合同纠纷案[最高人民法院(2006)民二终字第108号民事判决书]

最高人民法院认为:三方协议约定,华中公司拟利用人造革厂的厂房等公共

设施，新建食醋工业企业，而人造革厂处于停产状态，华中公司兼并人造革厂，承担人造革厂的全部债权债务，安置职工，并相应取得人造革厂的全部资产所有权；太原市中行为人造革厂最大债权人，华中公司承继债务后太原市中行对债务执行停息挂账处理，此外再提供给华中公司5年的低息贷款3500万元等。该三方协议签订后，人造革厂委托会计师事务所对兼并的整体资产进行了评估，太原市企业兼并破产和职工再就业工作协调小组针对华中公司的控股公司中小企业公司和人造革厂的上级主管部门太原市二轻局的请示报告，作出了同意华中公司兼并人造革厂的批复，并且已将兼并列入1997年全国企业兼并破产和再就业工作计划，预计1997年免息额度为720万元。上述事实表明，三方协议是对兼并涉及的人造革厂资产进行了整体评估，并且兼并获得了太原市企业兼并破产和职工再就娄工作协调小组的批准，符合兼并国有企业的相关政策规定，协议中关于华中公司兼并人造革厂的约定合法有效。三方协议中约定的华中公司承继人造革厂所欠太原市中行的债务，以及太原市中行应向华中公司发放5年低息贷款的约定，符合法律规定，应认定合法有效。总之，本案当事人华中公司、人造革厂和太原市中行在三方协议中约定的兼并关系、债务承继关系、贷款法律关系，符合国家政策和法律规定，并且履行了兼并国有企业相应的评估和批准手续，太原市中行也依据国家政策对华中公司承继的债务作了相应的停息挂账安排，三方协议约定的内容符合法律法规和国家政策的规定，应认定合法有效。

——最高人民法院民事审判第二庭编：《最高人民法院商事审判指导案例 · 公司卷》，中国法制出版社2011年版，第97～108页。

中国轻骑集团有限公司与山东莱动内燃机有限公司、烟台市机械工业总公司企业兼并纠纷案［最高人民法院（2001）民二终字第193号民事判决书］

最高人民法院认为：骑集团兼并牟发集团是双方真实意思表示，符合自愿原则。该兼并经历了签订协议、挂牌、政策到位三个阶段，具体进行了包括实地考查、达成意向、请求并得到烟台市人民政府相应政策支持及决定恢复被兼并方的法人地位、签订兼并协议、履行报批程序、进行交接、办理更名等一系列行为，不存在违背双方真实意志的事实。牟发集团从莱动公司分离并恢复其法人地位是为了签订兼并协议的实际需要，这既符合轻骑集团在签订兼并协议之前关于恢复牟发集团法人注册登记的要求和意愿，也符合烟台市人民政府1998年4月24日〔1998－43〕号会议纪要关于牟发集团从莱动公司分离并恢复其独立法人地位的决定。烟台市牟平区工商行政管理局于1998年5月4日依据烟台市人民政府〔1998－43〕号会议纪要的决定和烟台公司关于恢复牟发集团企业法人地位的申请,决定恢复牟发集团法人地位并对牟发集团颁发了企业法人营业执照,对此应该视为牟发集团重新取得了独立法人资格。山东省烟台市中级人民法院在2000年12月16日对轻骑集团起诉烟台市牟平区工商行政管理局行政许可案已以(2000)烟行终字第53号作出终审行政裁决。据此,轻骑集团认为牟发集团1998年5月18日与其签订兼并协议时并不具有独立法人资格,而是借一个在工商部门早已注销并没有重新登记的原牟发集团的名义欺诈轻骑集团从而使之误以为牟发集团是一个具有独立法人资格的企业并与之签订兼并协议,缺乏事实根据,不予采信。轻骑集团以迄今为止价值6099万元的土地使用权仍然在牟发集团名下,轻骑集团没有接受牟发集团全部资产的主张,缺乏事实根据。因1998年9月5日轻骑集团以牟发集团的全部财产重新登记注册了中国轻骑集团烟台内燃机有限公司,而该公司的注册资本6288万元就已经包括了将牟发集团所属的土地使用权作价作为注册资本的一部分。土地使用权过户手续没有办理完毕是兼并协议履行后的遗留问题,并不能表明轻骑集团没有接受原牟发集团的全部资产。与此同时,轻骑集团应依法办理或者督促中国轻骑集团烟台内燃机有限公司办理原牟发集团工商登记注销手续,因没有办理注销手续导致2001年6月间被烟台市牟平区工商行政管理局吊销企业法人营业执照,轻骑集团对此应负有一定的责任。原审判决对此事实叙述有误,应予纠正。中国轻骑集团烟台内燃机有限公司是轻骑集团在牟发集团的原址上另行单独注册的,但这不能表明轻骑集团对牟发集团没有实际进行兼并。牟发集团在被兼并后没有及时办理注销手续也不表明原牟发集团实体的存在。上述问题的认定不影响本案兼并协议的效力。牟发集团在1998年5月18日兼并协议上加盖的印章,虽是牟发集团办公室章变造后的印文,但本案兼并协议生效与否应根据协议约定的生效条件。本案兼并协议关于双方代表在协议上签字即生效的约定本身就排除了加盖印章的行为是协议生效的条件。轻骑集团关于两被上诉人共同实施欺诈,证据不足,其对兼并后有关债务承担有异议应通过相应的法律程序加以解决。本案兼并过程经过了审计和验资,且被双方认可,也得到兼并双方所在的两地人民政府及国有资产管理部门认可并经山东省经贸委批准,故本案兼并行为应当认定为合法有效,原审判决认定本案兼并协议合法有效并无不当。

——李国光主编、最高人民法院民事审判第二庭编著:《最高人民法院关于企业改制司法解释条文精释及案例解析》,人民法院出版社2015年版,第301～313页。

524

兼并协议是双方真实意思表示，约定不违反法律与行政法规的禁止性规定，应当认定有效

关键词 | 企业兼并 | 合同效力 |

【最高人民法院裁判文书】

中国远大集团有限责任公司与天津市一轻集团（控股）有限公司、天津远大感光材料公司、中国东方资产管理公司天津办事处、中国工商银行天津市分行广厦支行公司合并纠纷案［最高人民法院（2005）民二终字第38号民事判决书］

最高人民法院认为：关于远大集团公司与感光材料公司签订的《兼并协议》是否生效问题。远大集团公司与感光材料公司在《兼并协议》第三十七条中约定，协议由感光材料公司向其主管部门和天津市经济委员会上报审批，待天津市经济委员会协调各单位落实地方优惠政策，并批复后生效。远大集团公司提出《兼并协议》未生效的上诉理由之一是由于中国投资银行不同意兼并，地方优惠政策没有得到落实，未满足协议约定的生效条件。本院认为，协议中约定的落实地方优惠政策，即天津市经济委员会协调各单位落实各项优惠政策，特别是感光材料公司的各大债权银行关于贷款利息的减免停挂政策的落实，是天津市有关部门作出批复的前提条件。根据本案查明的事实，《兼并协议》签订后，远大集团公司与投行天津分行就兼并后债权如何保证及顺利偿付达成了备忘录，该备忘录虽然不是双方最终的协议，但应当认定投行天津分行对落实银行贷款的优惠政策是同意的，双方也达成了一致意见。在此基础上，天津市调整工业办公室根据一轻控股公司、远大集团公司的呈报文件，作出了同意兼并的批复。上述事实表明，作为政府行政主管部门的天津市经济委员会，其协调各单位落实优惠政策的职责已经履行完毕。而中国投资银行在批复下达以后致函天津市人民政府，表示不同意兼并，致使涉及投行分行贷款的优惠政策未能得到最终实现，属于兼并协议生效后的履行问题，不能因此得出兼并协议不生效的结论。远大集团公司提出《兼并协议》未生效的上诉理由之二是天津市经济委员会的批复没有满足，生效条件未成就。本院认为，在天津市调整工业办公室作出同意远大集团公司兼并感光材料公司的批复后，远大集团公司与一轻控股公司签订了《移交协议书》，双方在协议中明确，根据天津市调整工业办公室的批复、一轻控股

公司的通知以及《兼并协议》,订立该协议书。在此后进行企业法人申请变更登记时,注明的审批机关为天津市调整工业办公室,审批文件为津调办[1997]62号批复。上述事实表明,远大集团公司对天津市调整工业办公室履行其自身的行政职能是明知并认可的,其未就作出批复的主体问题提出过任何异议。如上分析,远大集团公司与感光材料公司签订的《兼并协议》中约定的一系列优惠政策未得到实施,其并没有实际控制远大感光公司,均属于协议履行中的问题,与协议是否生效没有关系。故远大集团公司请求确认《兼并协议》未生效没有法律依据,本院不予支持。

——最高人民法院民事审判第二庭编:《最高人民法院商事审判指导案例·公司卷》,中国法制出版社2011年版,第66~76页。

525

兼并协议符合公司全体职工的利益,不宜仅以未经职工大会表决通过为由确定其无效

关键词|企业兼并|职工大会|合同效力|

【最高人民法院裁判文书】

莫方德等32人与四川省德阳劳动防护用品实业公司企业兼并合同纠纷案[最高人民法院(1999)经终字第234号民事判决书]

最高人民法院认为:本案审理的是因劳保公司兼并泰山公司而产生的兼并协议纠纷。劳保公司是由就业局在其下属劳服企业时代服装厂基础上成立的,虽为了经营劳保用品而将企业注册为全民所有制,但是根据德阳市国有资产管理局等部门于1996年10月10日出具的《资产评估确认通知》、劳保公司1991年度填报的《轻工集体所有制企业会计报表汇总》等表明,劳保公司资产中没有国家、地方财政和主管部门投入的国有资产,执行的是集体所有制企业的会计制度。泰山公司的前身联合公司,是由德阳市劳动局以就业经费投入开办的集体企业,在联合公司(泰山公司)存续期间,该公司职工从未向公司投入资本。泰山公司与劳保公司性质同属于劳动就业型集体所有企业,也同隶属于就业局具体管理。泰山公司根据就业局的决定以"联合公司"名义与劳保公司签订了本

案兼并协议。兼并协议签订后，劳保公司按泰山公司职工名册接收并安置了职工工作，完成了原泰山公司的招商大楼全部工程并进行了产权登记，同时将泰山公司的原有债务等遗留问题处理完毕。目前劳保公司已实行股份合作制，原泰山公司38名职工中，绝大多数已成为劳保公司的正式股东，并无偿取得劳保公司资产量化后的相应股份。由于完全由国家出资扶持开办、就业职工未予投资的劳服企业，虽均登记为集体所有制性质但与严格按照自愿组合、自筹资金、集体积累、按劳分配和入股分红原则开办的集体企业在企业产权和经营管理等方面有较大差异。国家直到1994年9月以后，才逐步开始进行这类特殊集体企业的产权界定和规范工作。此前，主办和主管单位自行决定下属两个或以上劳服企业的兼并与否的情况非常普遍。因此，对本案1992年即已签订和履行的兼并协议效力，应主要从该协议当时是否损害泰山公司职工财产权益和劳动权益的角度进行审查。本案兼并协议虽然签订之前未经过泰山公司职工大会表决通过，但事实证明签订该协议符合泰山公司全体职工的利益，且绝大多数职工在兼并后，通过参与劳保公司的股份合作制改造，已成为劳保公司的正式股东，真正实现了各自的财产权益和劳动权益。故本案兼并协议不宜仅以未经职工大会表决通过为由确定无效。

尽管本案兼并协议形式上存在以下三个瑕疵：一是被兼并者使用的是已被注销的联合公司的公章；二是被兼并后泰山公司未办理注销手续；三是兼并者使用的是未经公安机关批准和备案的印章。但是，包括莫方德和原泰山公司职工、就业局、劳保公司事实上均认为联合公司即泰山公司。联合公司和泰山公司主体同一的认定，使得虽以联合公司名义订立兼并协议，但效力及于泰山公司；事后虽未注销泰山公司，但其民事主体已不复存在，未办理注销登记手续，属于未执行工商行政管理法规的问题，不存在影响兼并协议的效力。虽然劳保公司签订合同时使用的印章未在公安机关备案，但因该枚印章一直使用至今，同时也不能证明当时签章的行为不是劳保公司的真实意思表示。故仅以上述兼并协议形式上的瑕疵为由，尚不足于否定兼并协议的效力。

——李国光主编、最高人民法院民事审判第二庭编著：《最高人民法院关于企业改制司法解释条文精释及案例解析》，人民法院出版社2015年版，第291～300页。

526

兼并行为已经为生效判决确认无效，且银行并未向兼并方发放新的贷款，兼并方不应承担被兼并方的还款责任

关键词｜兼并无效｜

【最高人民法院裁判文书】

三九企业集团与交通银行太原分行借款合同纠纷案[最高人民法院(2001)民二终字第124号民事判决书]

最高人民法院认为:据三九企业集团与太原洗涤剂厂签订的兼并协议,三九企业集团承接本案1721万元借款债务的前提是兼并协议已经生效,该笔债务自然转由三九企业集团承担。在本院庭审质证过程中,三九企业集团称从未在太原交通银行开户,并表示无法从银行调取证据。交通银行太原分行虽一直主张其确实将1721万元已经向三九企业集团发放,并提供了贷款凭证。但也未能举出三九企业集团在太原交通银行开户的相关手续的证明,故对交通银行太原分行将贷款已划给三九企业集团的主张,本院不予认定。此后,交通银行太原分行又提出其将款发放给太原洗涤剂厂,由该厂将款归还银行。显然,这种主张的成立,应当有三九企业集团的授权作为支持的依据。但交通银行太原分行不能举证证明三九企业集团同意太原洗涤剂厂接受和代为偿还本案债务。对此种主张本院亦不予支持。由于三九企业集团与太原洗涤剂厂的兼并行为未获成功,根据山西省高级人民法院的两份认定兼并无效的判决,及关于认定兼并之前和兼并过程中发生的债权债务由太原洗涤剂厂承担的判决,亦均证明本案1721万元债务仍然应当由太原洗涤剂厂承担,而不是由三九企业集团承担。综上,本案所涉借款合同中的款项,应当认定为系三九企业集团接受太原洗涤剂厂原有的债务,三九企业集团并未得到新的贷款。鉴于三九企业集团兼并太原洗涤剂厂的行为已经为生效判决确认无效,且交通银行太原分行并未向三九企业集团发放新的贷款,对于三九企业集团向本院上诉称其不应承担还款责任的主张,本院予以支持。交通银行太原分行的诉讼主张不能成立,应当予以驳回,其应依法向太原洗涤剂厂主张权利。

——李国光主编、最高人民法院民事审判第二庭编著:《最高人民法院关于企业改制司法解释条文精释及案例解析》,人民法院出版社2015年版,第332~337页。

527

兼并各方对合同约定的法律关系在履行过程中进行了实质性变更的，当事人可以请求解除兼并合同

关键词｜企业兼并｜合同实质性变更｜合同解除｜

【最高人民法院裁判文书】

中国信达资产管理公司太原办事处与华懋中发企业投资发展有限公司、中国中小企业投资有限公司、太原鑫龙人造革厂企业兼并合同纠纷案[最高人民法院(2006)民二终字第108号民事判决书]

最高人民法院认为：三方协议签订后，各方当事人逐步安排实施三方协议约定的内容。1998年10月，华中公司与陕西华懋商贸有限公司在人造革厂原址上成立了醋业公司，人造革厂的100余名职工在该公司就业，1998年12月1日，华中公司下发通知载明，对人造革厂兼并工作实质上已经完成，需要将有关兼并程序完成，成立清产核资小组。华中公司以向太原市中行贷款用以偿还人造革厂旧贷款的方式完成了对人造革厂及其控股的陆通公司2371万元债务的承接，太原市中行依据三方协议对该笔债务进行了停息挂账处理。在随后的几年中，太原市中行又陆续向华中公司提供贷款共计4050万元。以上事实表明，三方协议中约定的内容已经得到部分履行，华中公司利用人造革厂的设施建立一个食醋企业的目的已经实现，且其在承继人造革厂债务后获得了太原市中行新的项目贷款支持。但是，三方协议的当事人在履行协议的过程中对原来约定的内容有所变更，人造革厂并未将全部财产交付给华中公司并最终注销其法人资格，并且其还向实施兼并计划成立的醋业公司投资1000万元，与华中公司等共同成为醋业公司的股东。上述事实表明，华中公司与人造革厂在履行三方协议过程中变更了原来约定的兼并关系，由一方兼并另一方变更为对新建立醋业公司的共同投资关系。鉴于华中公司与人造革厂对约定的法律关系在履行过程中作出了实质性变更，现华中公司起诉请求解除三方协议，而人造革厂对此无异议，本院决定自本判决生效之日起解除三方协议。

——最高人民法院民事审判第二庭编：《最高人民法院商事审判指导案例·公司卷》，中国法制出版社2011年版，第97～108页。

528

企业兼并中划拨土地使用权的处置

关键词 | 企业兼并 | 划拨土地使用权 |

【最高人民法院审判业务意见】

问题二:企业兼并中的划拨土地使用权处置

企业兼并中划拨土地使用权处理问题较为复杂,我们认为在处理时应把握如下几个原则:(1)从总的方向来看,应当依法逐步实行土地使用权有偿使用制度。(2)依据企业兼并的形式,结合具体情况并考虑到历史原因,对不同形式的企业兼并区别对待。(3)是否实行划拨方式的变化,以兼并后土地使用权实际持有人的企业性质为依据进行处理。(4)实际操作中,注意国家法律、行政法规与国家对企业职工安置政策的结合,既不能放任国有资产的流失也须兼顾社会稳定大局。(5)采用不同处置方式时,须兼顾国家的产业政策。

具体而言,企业兼并中的划拨土地使用权可以采用如下处置方式:

(1)国有土地使用权出让;(2)国有土地租赁;(3)国家以土地使用权作价出资(入股);(4)保留划拨用地方式。

根据国家土地管理局1998年颁布的第8号令《国有企业改革中划拨土地使用权管理暂行规定》,应作如下处理:

1. 非国有企业兼并国有企业的,应当采取出让或租赁方式处置。出租,指土地使用者与县级以上人民政府土地管理部门签订一定年限的土地租赁合同,并支付租金的行为。出让,是指土地使用者与县级以上人民政府土地管理部门签订一定年限的土地使用权出让合同并依法交纳土地使用权出让金的行为。在适用时,应注意租赁方式的特殊性。依规定,租赁土地上的房屋等建筑物、构筑物可以依法抵押,抵押权实现时,土地租赁合同同时转让。这一规定与传统民法中关于租赁物的理论有所不同,适用时应加以区分。

2. 根据国家的产业政策,须由国家控股的关系国计民生、国民经济命脉的关键领域和基础性行业企业或大型骨干企业,改造或改组为有限责任公司、股份有限公司以及组建企业集团的,涉及的划拨土地使用权经省级以上人民政府土地管理部门批准,可以采用国家以土地使用权作价出资(入股)方式处置。

这里应注意的是,土地使用权作价出资(入股)形成的国家股股权,不应由原划拨土地使用企业持有,而应按照国有资产投资主体由有批准权的人民政府土地管理部门委托有资格的国有股权持股单位统一持有。

3. 国有企业兼并国有企业或非国有企业以及国有企业合并,兼并或合并后的企业是国有工业生产企业的;在国有企业兼并、合并中,被兼并的国有企业或国有企业合并中的一方属于濒临破产的企业,有上述两种情形之一的,经批准可以采取保留划拨方式处置。但保留划拨用地方式的期限不能超过5年。

4. 国土资源部于1999年印发了《关于加强土地资产管理促进国有企业改革和发展的若干意见》,其中提出,国有企业改革时,应区分类型,合理处置,完善土地资产配置体系,促进国有经济布局战略调整和国有企业战略性改组。《意见》中对于不同产业,分别提出了不同的划拨土地使用权处置方式。这些方式与前文所述四种方式相同,只是强调了国家的产业政策因素。

由于目前企业兼并的方式较多,且随着国企改革速度加快与力度加大,可能还会出现新的探索方式。但无论如何变化,在判定划拨土地使用权处置行为的效力时,应把握以下标准:一是在兼并协议中,已对国有划拨土地使用权的处置有明确约定,且该兼并协议已经有批准权的人民政府批准,则应依兼并协议的约定处理。二是在兼并协议中,对国有划拨土地使用权如何处置未作约定,或虽有约定,未经有关人民政府或行政管理部门同意、批准的情况下,应依据国家土地管理局颁布的《国有企业改革中划拨土地使用权管理暂行规定》来处理。

——陈百灵:《企业破产与兼并中对划拨土地使用权的处置问题》,载最高人民法院民事审判第二庭编:《民商事审判指导》总第7辑,人民法院出版社2005年版,第39～44页。

529

企业兼并协议解除的,作为该兼并行为重要组成部分的最高额保证合同也应解除

关键词｜企业兼并｜最高额保证｜合同解除｜

【最高人民法院裁判文书】

中国东方资产管理公司武汉办事处与冶钢集团有限公司、黄石市国有资产经营有限公司借款担保纠纷上诉案[最高人民法院(2007)民二终字第136号民事判决书]

最高人民法院认为:涉案《最高额保证合同》系当事人真实意思表示,内容不违反法律、行政法规的禁止性规定,原审判决认定该合同合法有效正确,该院予以维持。但该保证合同系冶钢集团因兼并大冶钢铁厂、针对金马公司就大冶钢铁厂旧贷款"兼并转贷"而提供的担保。因冶钢集团与大冶钢铁厂的兼并协议未经湖北省政府批准,大冶钢铁厂、金马公司与冶钢集团的关系恢复到未兼并前的状态,冶钢集团对大冶钢铁厂的兼并已经实际解除。因此,作为冶钢集团兼并大冶钢铁厂之重要组成部分的最高额保证合同关系亦应予以解除。但由于在涉案《最高额保证合同》签订以前,冶钢集团向当地政府提交了《关于兼并大冶钢铁厂的请求》,随后又实施了一系列促使兼并成功的法律行为与事实行为,包括其与大冶钢铁厂签订兼并协议并约定"本协议经甲乙双方签字盖章,在国家对兼并和被兼并企业的各项优惠政策落实后,并上报上级主管部门批准生效",说明冶钢集团在兼并初始就知道该兼并行为必须得到国家有关主管部门审批方可生效,该兼并一旦不成功的各类风险均属于该集团应当预见的范畴,其中就包括为金马公司提供最高额保证给被保证人造成损失可能应承担的民事责任。因此,冶钢集团应当在本案中就争议的借款向东方资产武汉办承担一定的赔偿责任。原审判决未查明案件部分事实,以原债权银行没有实际向金马公司发放贷款等为由,驳回东方资产武汉办的诉讼请求,属认定事实不清,适用法律欠妥,应予以纠正。东方资产武汉办有关冶钢集团应当承担民事责任的上诉请求部分成立,应予以支持。

——最高人民法院民事审判第二庭编:《民商事审判指导》总第16辑,人民法院出版社2008年版,第117~126页。

530

兼并合同解除后,不当然对其他法律关系具有溯及力

关键词 | 企业兼并 | 合同解除 | 溯及力 |

【最高人民法院裁判文书】

中国信达资产管理公司太原办事处与华懋中发企业投资发展有限公司、中国中小企业投资有限公司、太原鑫龙人造革厂企业兼并合同纠纷案［最高人民法院(2006)民二终字第108号民事判决书］

最高人民法院认为：三方协议系1997年5月签订，在三方协议的履行过程中，本案当事人以及案外其他人之间民事法律关系有可能随之发生了变动，解除三方协议不当然对其他法律关系具有溯及力，本院仅对解除三方协议引起的本案当事人之间争议之法律关系进行处理，当事人或者案外人对履行三方协议发生的其他法律关系如有争议，可以另行提起诉讼。

（一）解除三方协议对华中公司承接人造革厂原贷款债务的效力。

在三方协议的履行过程中，华中公司并未取得人造革厂全部财产，人造革厂仍持有太原市龙堡街12号国有土地使用权，并向醋业公司投资1000万元成为该公司的第二大股东，根据人造革厂尚未向华中公司交付全部资产的实际情况，在解除三方协议后仍由华中公司承担人造革厂及其控股的陆通公司原拖欠银行2371万元债务有失公平，应当解除华中公司按三方协议承接的人造革厂原拖欠太原市中行的旧贷款义务，恢复人造革厂、陆通公司与太原市中行原贷款法律关系。

（二）解除三方协议中对中小企业公司给太原市中行保函，以及其与华中公司、太原市中行签订的保字第9701088号和9701089号保证合同的效力。

为保证华中公司承接人造革厂原拖欠银行债务的履行，中小企业公司先后向太原市中行出具保函，与华中公司、太原市中行签订保字9701088号和9701089号保证合同，承诺担保华中公司承接2371万元债务的履行，鉴于华中公司承接该2371万元债务的义务应予以解除，中小企业公司对华中公司履行该笔债务的担保责任也应当相应解除，解除上述保函和担保合同后，中小企业公司对该2371万元贷款不再向债权人承担担保责任。

（三）解除三方协议对太原市中行、华中公司、中小企业公司之间关于4050万元借款担保法律关系的效力。

按照三方协议的原则约定，太原市中行陆续为华中公司提供了4050万元的长期、低息贷款，由于该贷款行为与华中公司接收人造革厂财产范围无关，解除三方协议对该法律关系不发生影响，且该贷款的目的已经实现，华中公司与太原市中行应按照约定继续行使相关权利,履行相关义务,解除三方协议对该笔贷款关系不发生影响。中小企业公司为上述贷款与华中公司、太原市中行签订了保证合同,该保证合同是各方当事人的真实意思表示,符合法律法规的规定,应认定合法有效。上述借款所涉及的款项用途方面,如当事人之间有争议,可以另行起诉。

(四)解除三方协议对华中公司已经支付的兼并过渡费用 2914912.28 万元的效力。

华中公司起诉主张赔偿其向人造革厂支付的 2914912.28 万元的兼并过渡费用,鉴于笔款项的性质为在兼并过程中的实际支出,而企业兼并行为已经得到部分实施,解除三方协议并不溯及兼并行为发生的所有法律关系,华中公司关于赔偿该笔费用的主张,本院不予支持。

——最高人民法院民事审判第二庭编:《最高人民法院商事审判指导案例·公司卷》,中国法制出版社 2011 年版,第 97~108 页。

531

约定的承债式收购并没有实际履行,收购人无须承担改制责任

关键词 | 承债式收购 | 股权转让 | 资产转让 | 连带责任 |

【最高人民法院裁判文书】

中国华融资产管理股份有限公司深圳市分公司与青海水泥厂、青海水泥股份有限公司等金融借款合同纠纷案[最高人民法院(2015)民二终字第 244 号民事判决书]

最高人民法院认为:(一)关于盐湖新域公司、盐湖股份公司是否承债式收购青海水泥厂的资产。

关于青海水泥厂资产的承债式收购。青海投资公司、数码网络公司和青海水泥公司 2002 年 12 月 31 日签订的《关于青海水泥股份有限公司股份、青海水泥厂二线资产及矿山资产转让协议书》约定,青海水泥公司以承担债务的方式受让青海投资公司拥有的青海水泥厂二期工程全部资产。青海省国资委 2003 年 2 月 19 日的〔2003〕第 1 号会议纪要对该承债式收购予以认可,但所载明的收购主体为数码网络公司。根据一审查明的事实以及二审中各方当事人的陈述,

承债式收购并未得到当时的债权人建行大通支行的同意,故作为承债式收购对象的二线资产没能办理过户手续,仍登记在青海水泥厂名下,资产所有权并未发生变化,由青海水泥公司以每年400万元有偿使用。可见,青海投资公司、数码网络公司和青海水泥厂虽然约定承债式收购,但并没有实际履行。华融公司提出,青海水泥公司增资扩股时数码网络公司新增的注册资本来自于其收购的青海水泥厂的资产,但并没有提供证据予以证明。因此,无论是数码网络公司还是青海水泥公司都没有实际取得二线资产的所有权,无需基于承债式收购的约定承担青海水泥厂的债务。盐湖新域公司是数码网络公司持有的青海水泥公司股份的受让人,盐湖股份公司是吸收合并数码网络公司后更名的公司,既然数码网络公司无须对青海水泥厂的债务承担责任,盐湖新域公司与盐湖股份公司当然也无须对青海水泥厂的债务承担责任。华融公司基于承债式收购要求盐湖新域公司与盐湖股份公司承担责任,缺乏事实依据,不予支持。

(二)关于盐湖新域公司、盐湖股份公司是否基于青海水泥厂的改制承担责任。

根据一审查明事实,盐湖新域公司通过股权转让的方式取得数码网络公司对青海水泥公司的股份,是青海水泥公司的股东,没有证据证明其与青海水泥厂、青海水泥公司存在《企业改制案件规定》中所规定的需要承担责任的改制行为,华融公司要求盐湖新域公司基于青海水泥厂的改制承担连带责任,缺乏事实和法律依据,不予支持。

盐湖股份公司是吸收合并数码网络公司后更名的公司,其是否承担责任取决于数码网络公司是否需要承担责任。根据一审查明事实,数码网络公司2002年年底介入青海水泥厂和青海水泥公司的改制,包括三个方面的内容:一是受让青海投资公司持有的青海水泥公司的3892.61万股股份,转让价6800万元;二是受让青海投资公司拥有的新老矿山、石灰石矿及粘土矿开采权、固定资产、土地使用权、其他相关资产等,转让价格800万元;三是以承债式方式收购青海水泥厂二线资产。至于以数码网络公司还是以青海水泥公司作为收购主体,存在争议。第一项内容是数码网络公司通过股权转让的方式受让青海投资公司对青海水泥公司的股份,属于股权转让行为,作为股权受让人的数码网络公司对于青海水泥公司的债务无须承担责任。第二项内容是数码网络公司受让青海水泥厂的资产,数码网络公司支付相应对价,该行为属于资产买卖,作为买受人的数码网络公司也不需要对青海水泥厂的债务承担责任。第三项内容虽有协议且得到青海省国资委的认可,但并没有实际履行,数码网络公司无须基于承债式收购对青海水泥厂的债务承担责任。可见,数码网络公司虽通过股权及资产转让的方式介入青海水泥厂的改制,但并不存在《企业改制案件规定》中所规定的需要承担责任的行为,华融公司要求数码网络公司对青海水泥厂、青海水泥公司的债务承担连带责任亦缺乏事实和法律依据,其要求盐湖股份公司对青海水泥厂、青海水泥公司的债务承担连带责任的上诉请求不能得到支持。

——中国裁判文书网,http://wenshu.court.gov.cn。

532

原企业并入新企业,新企业承担其全部债权债务的,属债权债务的概括转移

关键词|企业合并|债权债务概括转移|

【最高人民法院司法解释】

第三十一条 企业吸收合并后,被兼并企业的债务应当由兼并方承担。

——《最高人民法院关于审理与企业改制相关的民事纠纷案件若干问题的规定》(2003年1月3日,法释〔2003〕1号)

【最高人民法院裁判文书】

云天化集团有限责任公司与中国华容资产管理公司昆明办事处、云南石林轮胎橡胶集团有限公司借款合同纠纷上诉案[最高人民法院(2004)民二终字第185号民事判决书]

最高人民法院认为:本案的争议焦点,一是借款人轮胎厂整体改制为石林公司,是债务承继,还是债务转让。

上诉人云天化公司对一审判决结果没有异议,但对该判决中关于轮胎厂系经过政府批准,整体改制为石林公司的事实认定有异议,认为轮胎厂的法人资格仍然存在,轮胎厂是石林公司的股东,轮胎厂和石林公司是两个独立的实体,因此改制的结果应导致轮胎厂债务的转移。对此,在本院二审中,云天化公司为证明本案债务人和债权人之间存在恶意串通骗取担保的事实,向法庭重申了国家

计委、经贸办计原材〔1992〕2581号文件、云南省政府文件审批单等7份原审证据外,还提供了一份新的证据,即中国国际经济贸易仲裁委员会的裁决书。本院认为:鉴于轮胎厂整体改制过程中的不规范行为导致该厂公章、营业执照尚未收回,仲裁裁决书虽将轮胎厂列为第二申请人,但不能据此推翻本案轮胎厂系整体改制的事实。本案原审法院第一次审理和再审过程中,根据双方当事人提供的证据,认定轮胎厂整体改制,发起人与其他法人共同组建石林公司,并由轮胎厂变更其注册登记成立石林公司,石林公司吸收了轮胎厂的资产,接收轮胎厂债权债务的事实清楚,确认债务主体并未实际发生转移,债务关系系承继关系并无不当。云天化公司关于轮胎厂法人主体仍然存在,轮胎厂与石林公司之间系债务转移的上诉主张缺乏事实根据,本院不予支持。

——最高人民法院民事审判第二庭编:《民商事审判指导》总第8辑,人民法院出版社2005年版,第267~276页。

中国银行芜湖市分行与芜湖卷烟厂、芜湖山江化学有限公司借款担保合同纠纷上诉案[最高人民法院(2001)民二终字第24号民事判决书]

最高人民法院认为:芜湖中行与芜湖市化工厂签订的31-95-1借款合同以及芜湖卷烟厂1995年元月20日提供的不可撤销担保书,系当事人真实意思表示,内容合法,原审判决认定其合法有效是正确的。芜湖市化工厂由原来的单一投资主体即国有独资企业,改制为由芜湖国资局、省建投、化工公司及芜湖市化工厂内部职工四方投资组建的有限责任公司——山江公司。其改制依据为芜湖市政府市府〔1996〕155号《批复》、1996年5月28日《纪要》、芜湖市国资局〔1996〕资评认字96016号资产评估结果确认通知书;其改制结果是山江公司领取了法人营业执照,芜湖市化工厂的原有职工已全部转为山江公司职工,净资产已全部转入山江公司,生产经营场地全部由山江公司实际使用,山江公司房产档案记录表明山江公司与芜湖市化工厂为同一房产户名,芜湖市化工厂原所有数幢房屋已由山江公司为所有人予以出售。另外,山江公司1997年元月17日给芜湖中行出具《承诺函》,表示其继承芜湖市化工厂原有的一切债权债务,包括涉案的395万美元贷款。芜湖市化工厂虽然1998、1999年仍然经过当地工商行政管理部门年检,但是年检报告中有关"经营情况"一栏均为空白,1999年年检这一项下面该工商局特别注明"企业改制,保留数年",2000年年检报告中法定代表人签字人为山江公司的董事长蔡家胜。上述改制的事实证明,芜湖市化工厂改制的性质应当属于整体改制,该厂原有的债权债务一并转移给山江公司,芜湖市化工厂实际上已不复存在。芜湖市化工厂改制后保留了其法人营业执照,是依据芜湖市政府文件的有关精神的结果,并不能改变该厂整体改制的性质。芜湖市化工厂的这种债权债务的概括转移属于债的法定转移,即债主体的法定变更。芜湖市化工厂与山江公司之间应当是主体承继关系。因此,涉及债务转移问题时,无须征得债权人芜湖中行的同意,亦不存在需要保证人芜湖卷烟厂同意的问题,原法人芜湖市化工厂的债权债务由变更后的法人山江公司承担,原主债务上从属的担保债务也不能消灭。上诉人芜湖中行关于芜湖市化工厂改制性质的上诉理由成立,本院予以支持,上诉人芜湖卷烟厂关于债务人将债务转让给山江公司未经其同意因而该厂不再承担担保责任的上诉理由并不成立,本院不予支持。原审判决在事实方面认定芜湖市化工厂已整体改制,判决主文要求山江公司全部的偿还欠款责任是正确的,但原审判决又认为"芜湖市化工厂是将合同权利义务转让给山江公司,且转让合同义务未通知担保人,故担保人对此后发生的借款不再承担保证责任",并以芜湖市化工厂改制为界限,判令担保人对山江公司成立以前已经发生的贷款 118.41168 万美元及利息承担连带清偿责任,属适用法律错误,依法应予纠正。

——李国光主编、最高人民法院民事审判第二庭编:《民商审判指导与参考》总第 2 卷,人民法院出版社 2003 年版,第 209 ~ 224 页。

编者说明

本题涉及的是概括式或者继受式改制及其债务承担的问题,此种改制方式的结果是企业通过改制将其全部权利义务转由新的企业或者其他民事主体来承担,实践中包括企业出售以及企业的吸收合并或者新设合并等类型。

所谓企业吸收合并指一个企业完全兼并另一个企业,被吸收合并的企业丧失独立法人资格,吸收合并的结果是吸收方发生股权变动,也发生资产上的变动,被吸收方丧失法人资格,资产包括负债并入吸收方,被吸收企业的股东成为吸收企业的股东。吸收合并导致被兼并企业的债务由兼并企业吸收,兼并企业必须承担被兼并企业的债务,这是企业吸收合并债务承担的基本原则,不得违反。①

所谓企业新设合并指复数企业合并为一个企业,合并各方均丧失独立法人资格,新设合并的结果是新设企业成立,原合并各方持有新设企业的股权,合并各方的资产包括负债并入新设企业,合并各方的股东成为新设企业的股东。

---

① 李国光主编、最高人民法院民事审判第二庭编著:《最高人民法院关于企业改制司法解释条文精释及案例解析》,人民法院出版社 2015 年版,第 130 ~ 131 页。

533

吸收合并情形下，被兼并企业未依法注销，兼并方与被兼并方应承担债务连带责任

关键词｜吸收合并｜连带责任｜

【最高人民法院司法解释】

第三十一条　企业吸收合并后,被兼并企业的债务应当由兼并方承担。

——《最高人民法院关于审理与企业改制相关的民事纠纷案件若干问题的规定》(2003 年 1 月 3 日,法释〔2003〕1 号)

【最高人民法院审判业务意见】

兼并企业以承接债务方式整体兼并原债务企业,为承债式企业合并,原债务企业应依法依约注销。但在司法实务中,由于逃避债务等原因,尽管兼并行为已基本完成,但原债务企业却未被注销,甚至还留存一些可承债资产。在这种情形下,原债务的债权人可否同时起诉兼并方或者被兼并方,请求判令两者承担连带清偿责任,我国相关法理和司法解释并没有规定。《企业改制案件规定》第三十四条只规定了在企业吸收合并后,被兼并企业应当办理而未办理工商注销登记,债权人起诉被兼并企业的,人民法院应当根据企业兼并后的具体情况,告知债权人追加责任主体,并判令责任主体承担民事责任,但并未进行具体化规定。针对本案情形,审判长联席会议形成了倾向性意见:承债式企业合并情形下,原债务企业应被注销但尚未被注销,且仍有可偿债资产的,应为债务主体。兼并协议生效且主要义务已履行的,虽原债务企业尚未依法依约注销,兼并行为尚未全部完成、原债务企业与兼并企业形式上为不同法人主体,但究其实质,两者实为同一民事主体,故兼并方应对原债务企业的债务承担连带清偿责任。

——张雪楳:《吸收合并情形下,被兼并的债务企业未依法注销,兼并方与被兼并方应承担连带清偿责任》,载最高人民法院民事审判第二庭编:《民商事审判指导》总第 15 辑,人民法院出版社 2008 年版,第 21 ~26 页。

534

以承担债权债务的形式进行兼并，且被兼并方已被注销的，其债务应由兼并方承担

关键词 | 承担债权债务式兼并 | 债务承担 |

【最高人民法院裁判文书】

酒泉钢铁(集团)有限责任公司与冶钢(集团)有限公司拖欠货款纠纷案[最高人民法院(2002)民二终字第30号民事判决书]

最高人民法院认为:钢公司与大冶钢铁厂于1997年9月15日签订的兼并协议,系双方当事人真实意思表示,内容亦不违反法律法规规定。冶钢公司主张该协议是在黄石市人民政府的行政干预下签订的,不是其真实意思表示,但未提供相应的证据予以证明,故本院不予采信。冶钢公司的前身是大冶钢厂,根据湖北省人民政府办公厅于1984年10月27日发布的《关于下放第二批省属工交企业的通知》的规定,大冶钢厂下放归黄石市人民政府管理,黄石市人民政府对大冶钢厂进行股份制改造后,将其变更为冶钢公司。因此,黄石市人民政府对兼并方冶钢公司具有管理权。而且,被兼并方大冶钢铁厂系黄石市人民政府所属企业,按照国家经济体制改革委员会、国家经济计划委员会、财政部及国家国有资产管理局1989年2月19日发布的《关于企业兼并的暂行办法》第三条的规定,冶钢公司兼并大冶钢铁厂应由黄石市人民政府审批,而无需湖北省人民政府审批。在黄石市人民政府于1997年9月26日批准了冶钢公司与大冶钢铁厂的兼并协议的情况下,应认定该协议合法有效。冶钢公司关于兼并协议未经过湖北省人民政府批准,应认定无效的上诉理由不能成立,本院不予支持。冶钢公司在兼并协议签订后,将大冶钢铁厂注销,并以大冶钢铁厂的全部资产作为投资组建新的企业法人金马公司。因此,兼并协议已实际履行。由于兼并协议明确约定冶钢公司以承担债权债务的形式兼并大冶钢铁厂,且大冶钢铁厂已被冶钢公司注销,大冶钢铁厂所欠酒钢公司的债务应由冶钢公司承担。

——李国光主编、最高人民法院民事审判第二庭编著:《最高人民法院关于企业改制司法解释条文精释及案例解析》,人民法院出版社2015年版,第323~331页。

535

债务人转移优良资产的行为属逃避债务行为，接受人应当在接收财产范围内与债务人承担连带责任

关键词｜企业资产转让｜债务承担｜连带责任｜

【最高人民法院裁判文书】

中国华融资产管理公司太原办事处、中国信达资产管理公司太原办事处与朔州水泥厂等借款合同纠纷上诉案[最高人民法院(2002)民二终字第155号民事判决书]

最高人民法院认为：水泥厂、狮头集团及朔城区政府三方之间签订的兼并协议，名为企业兼并，实为对水泥厂固定资产的转让。根据约定，水泥厂的优良资产全部有偿转让给狮头集团，而所有债务仍由水泥厂的存续主体承担。这一约定，不仅导致了水泥厂偿债能力的丧失，且严重损害了该行为发生时未得到任何通知的债权人的合法权益。故协议中狮头集团对水泥厂的债务不承担责任的约定，不能对抗对水泥厂享有债权的华融公司、信达公司对自己权益的主张。华融公司、信达公司关于协议中第2、3、4条约定的上诉主张成立，本院予以支持。

水泥厂、狮头集团及朔城区政府在签订兼并协议时委托中介机构对水泥厂固定资产的价值进行了评估，在评估值1666.3万元的基础上，协议约定将固定资产的价值确定为1400万元，而最终约定的成交价为980万元。该协议约定的价格，只应约束协议三方的当事人，而对于享有债权的第三人，不发生效力。在签订及履行该协议的过程中，水泥厂、狮头集团未实际处理企业的债务，造成了金融债权的悬空，对此行为产生的法律后果，水泥厂、狮头集团均应承担法律责任。狮头集团取得了水泥厂经评估确定的财产，并以此成立了全资子公司，其即应在所接收的财产范围内对水泥厂的债务承担连带责任。

——江必新主编、最高人民法院民事审判第二庭编：《民商审判指导与参考》总第3卷，人民法院出版社2003年版，第332～340页。

编者说明

对企业兼并（合并）问题，我国《民法通则》以及国务院、原国家经贸委等有关规定中均有明确规定，无论采取何种形式的合并，均应对被兼并企业的债务进行处理。从《企业改制案件规定》

第三十一、三十三、三十四条规定可以看出，企业兼并中，被兼并企业的债务应是被兼并企业资产中的一部分，而往往兼并实施后，被兼并企业即丧失了企业法人资格，应由工商予以注销。本案所涉及的企业兼并，实质上并不属于真正意义上的企业兼并，而只是对企业优良资产的转让。①

536

被执行人将债权人享有优先受偿权的资产变更在重新组建公司名下，法院有权裁定追加新组建公司为被执行人

关键词｜资产转移｜优先债权｜

【《最高人民法院公报》案例】

吉林中城建中大房地产开发有限公司执行申诉案[最高人民法院(2011)执监字第15号驳回申诉通知书]

裁判摘要：被执行人与其他人以复杂的出资组建新公司、收购股份及并购的名义，将债权人享有优先受偿权的工程及相关土地等主要资产变更至新组建的公司名下，而其他人控制新组建公司多数股权、新组建公司不承担工程价款的债务的，该情形可以认定为被执行人和其他人及新组建的公司之间转移资产，侵犯工程价款优先债权人的合法权益，其他人和新组建公司应当作为被执行人的权利义务承受人对该优先债权人承担责任。执行法院有权裁定追加其他人和新组建的公司为被执行人。

——《最高人民法院公报》2012年第2期

537

企业全部资产被整体划拨，无偿接受的公司将其作为出资组建新公司的，应在接受原企业资产的范围内承担连带责任

关键词｜企业资产整体划拨｜债务承担｜

---

① 殷媛：《企业资产转让后债务的承担——中国华融资产管理公司太原办事处、中国信达资产管理公司太原办事处与朔州水泥厂等借款合同纠纷上诉案》，载江必新主编、最高人民法院民事审判第二庭编：《民商审判指导与参考》总第3卷，人民法院出版社2003年版，第332～340页。

【《最高人民法院公报》案例】

信达公司合肥办事处诉中国医药集团总公司等借款担保合同纠纷案[最高人民法院(2004)民二终字第54号民事判决书]

裁判摘要：企业因全部资产被整体划拨而变更产权关系后，无偿接受企业的公司将所接受企业的全部经营性净资产及相应的债务作为自己的出资组建其所属的新公司的，应在接受原企业资产的范围内对其原有债务承担连带责任。

最高人民法院认为：根据淮南市人民政府淮府秘〔1997〕154号文、国家药品监督管理局国药管办〔1998〕19号文，六药厂的全部资产整体划拨给医药集团公司，六药厂成为医药集团公司的全资附属企业。1999年以医药集团公司为发起人成立的国药集团药业股份有限公司，将六药厂经评估确认的全部经营性净资产及相应的负债作为医药集团公司的出资投入到国药集团药业股份有限公司，实际上处置了六药厂的资产。上述事实有国药集团药业股份有限公司的《招股说明书》、北京京都会计师事务所有限责任公司的《验资报告》、财政部的《对医药集团公司等单位拟组建药业股份公司资产评估项目审核意见的函》等证据材料证明，可以认定。六药厂的全部经营性净资产由医药集团公司投入到国药集团药业股份有限公司，但是并未依法由六药厂享有股东权益，而是由医药集团公司享有股东权益。医药集团公司无偿接收六药厂的资产，既未对六药厂原有的债务进行处理，又未征得债权人事先同意或者事后认可的情况下，对六药厂的资产进行了处置。因此，原审判决医药集团公司对六药厂的债务在其接受资产的范围内承担连带清偿责任，并无不当。上诉人医药集团公司关于“六药厂的独立法人地位没变，应依法以自己的财产履行义务、承担责任”的上诉理由不能成立，本院不予支持。

——《最高人民法院公报》2004年第12期

538

企业改制中新的项目承担单位没有无偿接受其他企业财产的，不应在接收资产的范围内承担责任

关键词 | 企业改制 | 无偿接收财产 |

【最高人民法院裁判文书】

中国长城资产管理公司沈阳办事处与沈阳鼓风机集团股份有限公司、沈阳水泵股份有限公司、沈阳东北蓄电池股份有限公司、沈阳水泵厂金融借款合同纠纷案[最高人民法院(2011)民二终字第117号民事判决书]

裁判要旨:本案一方当事人虽曾收到地方财政局拨入的国债专项资金1020万元,但根据相关地方政府文件规定,该项资金系应专项用于特定的项目的投资补助。随后因该项目的实施主体发生变更,上述国债专项资金亦随之拨入新的项目承担单位。新的项目承担单位不存在在企业改制中无偿接受其他企业财产的情形,故其不应在接收资产的范围内承担责任。

最高人民法院认为:原审判决关于本案借款、担保合同效力以及债权本金、利息数额的认定,各方当事人均无异议,本院予以维持。二审中,各方当事人争议的焦点是鼓风机公司是否接收了水泵公司的资产以及鼓风机公司是否应在接收资产的范围内对长城公司沈阳办事处的债权承担连带清偿责任。

长城公司沈阳办事处上诉主张,鼓风机公司接收了水泵公司转入的国债专项资金,但根据本案查明的事实,水泵公司虽于2005年12月23日收到沈阳市财政局拨入的国债专项资金1020万元,根据相关地方政府文件规定,该项资金系应专项用于特定的项目的投资补助,故随后因该项目的实施主体发生变更,上述国债专项资金亦随之拨入新的项目承担单位。辽宁省发展和改革委员会于2010年8月17日作出的辽发改工业〔2010〕1108号《关于变更沈阳气体压缩机股份有限公司和沈阳水泵股份有限公司国债项目建设内容的批复》载明:“两个正在实施的国债项目的建设单位变更为透平公司,同时将两个项目已经购置的进口设备,统一并入透平公司。”据此,水泵公司将上述争议款项汇入了透平公司的“支付系统专用凭证”。根据以上事实,水泵公司的国债专项资金并未转入鼓风机公司。长城公司沈阳办事处以透平公司和鼓风机公司曾共同签订相关项目的建筑工程施工合同为由,主张透平公司可以代表鼓风机公司也可以代表水泵公司,事实和法律依据不足,本院不予采信。

长城公司沈阳办事处主张鼓风机公司还接收了余额为52849272.32元的核电机组用泵建设项目,但根据该办事处一审提交的辽恒信会内审字〔2006〕第218号审计报告的确认,上述建设项目系由透平公司承接,而且,该建设项目的施工合同系以鼓风机公司和透平公司的名义或以透平公司的名义签订的,且透平公司于2004年8月31日至2006年3月17日期间已为该项目支出6000余万元，据此可以认定，上述项目与水泵公司并无直接权属关系，故长城公司沈阳办事处上诉主张该建设项目亦应认定为系鼓风机公司所接收的水泵公司的资产，依据不足。

——最高人民法院民事审判第二庭编：《最高人民法院商事审判指导案例(6)·合同与借贷担保卷》，中国法制出版社2013年版，第279～287页。

539

债务重组后的法律后果

关键词｜债务重组｜

【最高人民法院裁判文书】

中国农业银行股份有限公司赤峰元宝山支行与内蒙古平庄能源股份有限公司、赤峰大兴经贸有限责任公司、赤峰兴发集团股份有限公司、赤峰市银联投资有限责任公司、赤峰草原兴发资产管理有限公司借款合同纠纷案［最高人民法院(2010)民二终字第80号民事判决书］

裁判要旨：本案涉及对债务人进行重组后的债务履行问题。债权人对债务重组方案中的债务分割方案，向相关部门出具了同意函，重组后的公司亦按照方案及同意函的内容履行了其应当承担的债务，故不应否定本案中债务重组方案及同意函的主要内容已经履行的事实及债务分割的效力。

最高人民法院认为：据本案查明的事实，草原兴发公司是一家民营控股的上市公司，至2006年初，由于草原兴发公司经营管理不善，资金严重亏空，生产经营难以为继。经审计，当时草原兴发公司资产总额为146997万元，总负债为217994万元，其中银行贷款176432万元。基于上述情况，当地政府本着对银行负责、对股民负责、对农牧民群众负责的精神，研究决定对草原兴发公司进行重组。由于草原兴发公司负债率高，难以寻求到适合的投资者对其进行重组，在赤峰市也只有国有企业平庄煤业集团具备重组草原兴发公司的实力，初步确定由平庄煤业集团采取整体资产置换、定向增发、债务分割的方式重组草原兴发公司,并为此提出债务重组方案,对银行债务分块保全,60%的银行贷款由重组后的上市公司承担,另40%的银行贷款剥离到上市公司体外,由置出的草原兴发公司的资产进行承接。该债务重组方案同时强调,债务分割方案是重组后上市公司能够承接的最大底线,也是各家银行债权得以保全的最佳方案,并请各家银行在同年10月15日之前向中国证监会出具债务重组承诺函,保证债务重组方案及时上报。同年10月23日,农行元宝山支行向中国证监会出具同意函,对草原兴发公司欠该行贷款本金的40%即14040万元,全部利息367.204783万元,同意由接受置出资产的第三方承担,但对上述贷款本息该行依然对原抵押物享有抵押权,上述贷款本息落实第三方承担并办理有效抵押担保后,该行放弃对上述债权向重组后上市公司追索的权利。对于分割以后的债务重新落实问题,拟同意置出全部抵押资产,抵押权不变,待重组方案确定后,该行内部须按规定程序上报审批。在未获批准并就债务落实与有关方面签订正式协议并办理相关手续前,该行对草原兴发公司原有的债权和抵押权继续有效。2007年5月17日,赤峰市元宝山区人民政府决定成立兴发资产公司,负责承接由上市公司置出的全部资产和全部负债;对置出资产进行管理和处置。同年11月22日,中国农业银行亦对平庄能源公司承接原草原兴发公司部分贷款事项作出批复,同意平庄能源公司在偿还60万元贷款本金后,承接草原兴发公司贷款本金21000万元(即60%);对14040万元(即40%)贷款,要求从原贷款抵押物中择优选取相应比例,继续提供抵押担保,争取贷款回收最大化。同年12月26日,赤峰市经济委员会对平庄煤业集团和兴发资产公司作出关于国有资产无偿划拨有关问题的批复,同意将平庄煤业集团重组草原兴发公司形成的国有资产置出,将该资产无偿划入兴发资产公司。2008年7月21日,农行元宝山支行向兴发资产公司发出债务逾期催收通知书,催收贷款14040万元。上述事实表明,草原兴发公司在进行重组前,已经属于严重资不抵债的企业,如果不对其进行重组,导致的法律后果是公司进入破产程序,那么银行的债权将无法得到充分的保障。在此前提下,引入一家优质企业对草原兴发公司进行重组,是保障各方债权人实现其利益最大化的最佳方案。这期间,全体债权人对通过重组而实现其债权清偿的比例及风险已有了充分的认识。农行元宝山支行作为草原兴发公司的债权人之一亦应当明知。对此,从中国农业银行的批复中关于"对14040万元贷款,应从原贷款抵押物中择优选取相应比例,继续提供抵押担保,要加大清收处置力度,争取贷款回收最大化"的表述也能予以证实。因此,农行元宝山支行就债务重组方案的实施而向中国证监会出具的同意函,是其同意履行该债务重组方案中关于债务分割处理的真实意思表示。此后，赤峰市元宝山区人民政府成立了兴发资产公司，并将置出资产无偿划拨给兴发资产公司，由其进行管理和处置。本案一、二审中，兴发资产公司均认可其已接收了置出的全部资产的事实，并提供了证明已使用接收的资产与其他银行就原草原兴发公司40%债权债务进行清理等方面的相关材料。在平庄能源公司向农行元宝山支行清偿了21060万元后，农行元宝山支行曾向兴发资产公司就其未获清偿的40%债权进行了催收，表明其已对兴发资产公司承接原草原兴发公司剩余40%债务的事实予以确认，已将其视为因履行债务重组方案而承接原债务的新债务人。按照债务重组方案及同意函的安排，农行元宝山支行应就原草原兴发公司40%的债务处理问题与兴发资产公司办理相应的手续。在实际操作中，办理相应的抵押权变更登记等手续需由债权人、抵押人及兴发资产公司三方共同出面才能完成，三方应相互配合，继续做好变更相关登记手续的工作。鉴于同意函中已明确原抵押权不变，且庭审中各抵押人也均同意以原抵押财产继续承担担保责任，因此，农行元宝山支行仍可通过及时行使抵押权的方式，实现其享有的40%的债权。至于“签订正式协议”的问题，亦属于双方关于履行同意函的约定内容，双方应继续通过协商解决方式予以落实。如果农行元宝山支行在行使抵押权时发现原抵押财产受到他人侵害的事实，可另行主张。综上，各方至今虽未办理相应的手续，但并不能否定本案中债务重组方案及同意函的主要内容已经履行的事实及债务分割的效力。农行元宝山支行以兴发资产公司没有接收置出资产，没有完成同意函中规定的相应程序，同意函的内容没有得到落实等为由，认为平庄能源公司应当对14040万元本金及利息承担还款责任的上诉理由不成立，本院不予支持。

——最高人民法院民事审判第二庭编：《最高人民法院商事审判指导案例（第五卷）》（上），中国法制出版社2011年版，第247~261页。

540

债务人没有按原计划改制，与新公司不具有事实上的改制关系，新公司不承担责任

关键词 | 新设公司 | 企业改制 | 债务承担 |

【最高人民法院裁判文书】

新疆宝亨房地产开发有限公司与中国人民解放军新疆军区联勤部、新疆宝亨房地产开发公司、新疆生产建设兵团第二建筑安装工程总公司委托贷款纠纷案[最高人民法院(2001)民二终字第43号民事判决书]

最高人民法院认为:宝亨开发有限公司系由新疆宝亨物产有限公司出资200万元和新疆六合金属材料有限公司出资100万元共同投资设立,新疆宝亨物产有限公司系由新疆宝亨物产公司出资200万元和宝亨开发公司出资200万元共同投资设立,新疆六合金属材料有限公司系由宝亨开发公司出资200万元和新疆宝亨钢材配售中心出资100万元共同投资设立,新疆宝亨物产有限公司和新疆六合金属材料有限公司均不是宝亨开发公司的全资子公司,宝亨开发公司与宝亨开发有限公司之间并无直接的投资关系。宝亨开发有限公司、新疆宝亨物产有限公司、新疆六合金属材料有限公司、宝亨开发公司均是按照公司法规定和公司设立程序设立的独立法人,宝亨开发公司与新疆宝亨物产有限公司和新疆六合金属材料有限公司之间是股东与公司的关系,新疆宝亨物产有限公司和新疆六合金属材料有限公司与宝亨开发有限公司之间也是股东与公司的关系,该四个公司相互之间并没有无偿或者无法律依据转移财产,宝亨开发有限公司与宝亨开发公司之间也没有形成事实上的改制关系,原审法院认定宝亨开发有限公司系由宝亨开发公司改制而来,没有事实和法律依据,应予纠正。宝亨开发有限公司关于其不是由宝亨开发公司改制而来的上诉理由成立,本院予以支持。对宝亨开发公司出资设立的新公司,只能在案件执行程序中,在宝亨开发公司的财产不足以清偿债务的情况下,执行其在新公司的股权或者出资权益,原审法院将新公司直接列为案件被告,并判决新公司承担偿还欠款的责任,违反了公司法的规定和法人制度原理,应予纠正。

——肖扬总主编、最高人民法院民事第二庭编:《中华人民共和国最高人民法院判案大系》(民商事卷－2001年卷),人民法院出版社2003年版,第112～113页。

编者说明

债务人如在实施改制的过程中并没有按原计划进行改制,新公司的设立是合法的、独立的,债权人能否以新公司系债务人改制而来为由主张由新公司承担债务。本裁判意见明确,债务人虽然拟改制为有限责任公司，但事实上并没有进行改制，新设立的公司不是原债务人改制的结果，不应承担原债务人的还款责任，但是债权人可以在债务人其他财产不足清偿的情形下执行债务人对新公司的出资权益或者股权。

541

企业改制被注销后，由其他单位负责清偿其债务的，企业改制前的担保债务也应由该单位承担

关键词｜企业改制｜注销｜担保债务｜

【最高人民法院裁判文书】

江苏省锡山市洛社镇人民政府与中国银行锡山支行、无锡杨市钢铁厂借款合同纠纷上诉案[最高人民法院(1999)经终字第82号民事判决书]

最高人民法院认为：腾跃公司因企业转制被江苏省锡山市工商行政管理局注销，其债权债务由洛社镇公司负责清理。对于清理的含义，本院委托江苏省高级人民法院向江苏省锡山市工商行政管理局调查，其结果为清理的含义就是清偿。既然洛社镇公司对于腾跃公司在转制之前的债权债务已全部承继下来，故洛社镇公司对于腾跃公司在转制之前的担保债务负有清偿责任。因洛社镇公司为洛社镇政府的职能部门，不具有独立法人资格，且洛社镇政府在资产转让补充协议中约定，本案的保证问题由其负责解决，故本案中腾跃公司依法承担的民事责任应由洛社镇政府承担。

——最高人民法院办公厅编：《最高人民法院公布裁判文书(2002年)》，人民法院出版社2003年版，第183～192页。

542

企业改制中隐瞒和遗漏债务的处理

关键词｜企业改制｜逃废债务｜

【最高人民法院司法政策】

十、人民法院审理国有企业改制案件，对企业出售中，卖方隐瞒或遗漏原企业债务的，应当由卖方对所隐瞒或遗漏的债务向原企业的债权人承担责任；对企业股份合作制改造及吸收合并中，被兼并或被改制企业原资产管理人隐瞒或遗漏债务的，应当由被兼并或被改制企业原资产管理人对所隐瞒或遗漏的债务承担民事责任；对借企业分立剥离企业有效资产，以逃避债务的，应当将分立后的企业列为共同被告，并依法确认由其承担连带责任。

——《最高人民法院关于人民法院在审理企业破产和改制案件中切实防止债务人逃废债务的紧急通知》（2001 年 8 月 10 日，法〔2001〕105 号）

【链接：最高人民法院法官著述】

《企业改制案件规定》最终通过法人财产原则的适用和除权期限制度的设置，尽可能地达到了债权人利益保护优先和适当保护买受人、兼并方和股份合作制改造后企业（职工）利益兼顾的结果。即首先明确对隐瞒、遗漏的债务由买受人、兼并方、股份合作制改造后企业先行承担，买受人等承担后有权向原资产管理人追偿或者行使撤销权；二是赋予买受人等在一定条件成就时免除债权人向其主张该笔债务的救济手段，即买受人等在买受企业资产时，为避免债务被隐瞒或者遗漏可以采取法定的方式进行公告，如债权人没有及时申报债权，以至该笔债务最终被出卖方或者原资产管理人故意隐瞒或者过失遗漏的，则推定债权人有过错或者过失，从而债权人丧失向买受人等进行主张的权利，而只能要求原资产管理人承担责任；三是买受人等责任的问题，即如果买受人等没有采取公告的方式避免债务的隐瞒或者遗漏，或者公告的方式不符合法定的要件，即公告有效与否直接导致的是买受人等法定责任是否免除的法律后果，故为了保护债权人的利益，使其尽一般的注意义务就能得知公告的内容，故对公告的条件做了严格的规定，即刊登公告应当在省级以上（含省级）有影响的权威性报刊上，且于买受人等第一次发布公告之日起 30 日内在报纸上至少连续公告 3 次，每次公告申报债权的时间不得少于 3 个月。不符合该条件的公告不能产生买受人等免责的后果。对最高人民法院 2001 年发布的《关于人民法院在审理企业破产和改制案件中切实防止债务人逃废债务的紧急通知》中关于“人民法院审理国有企业改制案件，对企业出售中，卖方隐瞒或者遗漏原企业债务的，应当由卖方对所隐瞒或遗漏的债务向原企业的债权人承担责任;对企业股份合作制改造及企业吸收合并中,被兼并或者被制企业原资产管理人隐瞒或者遗漏债务的,应当由被兼并或者被改制企业原资产管理人对所隐瞒或者遗漏的债务承担民事责任"的规定,应做正确把握,即这里所说的由卖方和原资产管理人对所隐瞒或者遗漏的债务承担民事责任,是对买卖双方民事责任进行的界定,是不能用以对抗债权人主张的。

——刘敏:《企业改制案件审理中的疑难问题解析——解读〈最高人民法院关于审理与企业改制相关的民事纠纷案件若干问题的规定〉》,载最高人民法院民事审判第二庭编:《民商事审判指导》总第6辑,人民法院出版社2005年版,第40~41页。

543

老企业出租、出售资产给支付相应对价的新企业，并未降低对外偿债能力的，新企业不承担连带责任

关键词｜企业出租｜企业出售｜

【最高人民法院裁判文书】

中国东方资产管理公司南京办事处与江苏汤沟两相和酒业有限公司、江苏汤沟酒业有限公司、灌南压铸造机有限公司借款合同纠纷上诉案[最高人民法院(2007)民二终字第90号民事判决书]

最高人民法院认为:关于固定资产与土地资产,两相和公司与汤沟公司于2004年9月22日签订《出售合同》以及同年同月26日双方签订的《补充协议》的内容表明,双方由最初的买卖关系变更为租赁关系。而本院查明的事实表明,汤沟公司原有的土地、建筑物等固定资产,其产权并未发生转移。汤沟公司至今未被工商部门依法注销。可见,汤沟公司至今仍然享有土地等固定资产的以及本案未涉及的资产的所有权。因此,就固定资产与土地资产而言,汤沟公司并未因为其与两相和公司的租赁关系而降低其对外的偿债能力。

关于流动资产,上述资产出售合同及补充协议的内容还表明,两相和公司与汤沟公司之间就有关的流动资产形成了买卖法律关系。两相和公司占有、使用着汤沟公司交付的这部分流动资产。在两相和公司支付的相应对价中,4000万

元来源于当地政府借款,用于安置汤沟公司原有的职工以及转为两相和公司的职工,用款性质是养老保险金;另外3093万元中有550余万元是以向接收的原汤沟公司职工打借条的形式支付给职工体现的。汤沟公司将部分资产转让给后组建的两相和公司,部分资金由地方财政借给两相和公司作为对价,属于政府支持改制、挽救老国企的举措,我国现行法律、法规并未禁止,不应因资金来源于政府借款而否定当事人实际给付了对价。而两相和公司支付给职工3093万元,用途为职工身份置换金、补发的工人工资、退还职工集资款,其中有550余万元属于两相和公司向职工借款,为此,两相和公司与职工均有协议,属于当事人的合意行为,亦同样不违反国家现行法律、法规。东方资产南京办事处关于两相和公司基本上未支付对价的主张没有事实依据,本院不予支持。

综上所述,汤沟公司出租、出售相关资产给两相和公司,两相和公司支付了相应对价,汤沟公司并未因此行为而降低其对外偿债能力,因此,两相和公司在本案中不应当对汤沟公司的借款债务承担连带清偿责任。

——最高人民法院民事审判第二庭编:《民商事审判指导》总第12辑,人民法院出版社2008年版,第215~224页。

544

债务人在终审判决后与所属企业脱钩并将债务转移的,不能通过再审免除其履行义务

关键词|企业脱钩|债务转移|债务履行|

【最高人民法院裁判文书】

广西合浦县工商行政管理局与严富和借款纠纷案[最高人民法院(2004)民一抗字第23号民事判决书]

裁判要旨:债务人在二审判决前没有向法院主张因与所办市场脱钩使所涉债务发生转移,二审法院没有对此加以审理,不存在程序错误。债务人请求通过再审程序免除其对原债权人的义务,没有依据。

最高人民法院再审认为:根据合浦县工商局提交的其与合浦县国有资产管理局签订的"合浦县市场办脱钩移交协议"的约定,合浦县工商局是为了贯彻落

实国务院办公厅及国家工商总局下发的要求工商行政管理机关限期与所办市场彻底脱钩的文件精神，将其所属的合浦县市场开发服务中心的资产、债权债务和人员移交给合浦县国有资产管理局。该“脱钩协议”签订的时间为2001年12月15日。双方在“脱钩协议”中约定在30天内完成资产、债权债务和人员的交接手续。北海市中级人民法院作出本案原二审判决的时间为2001年12月25日，即在合浦县工商局与有关部门签订上述“脱钩协议”之后、办理资产及债权债务转移手续期间。合浦县工商局在再审期间不能提供证据证明其在本案原二审法院作出判决前曾向法庭陈述了上述债权债务及资产转移的事实，以及提交了证明本案所涉债务因此发生了转移的证明，以及请求变更债务承担主体的申请。由于合浦县工商局在本案原二审期间没有向法院提出相关主张，北海市中级人民法院没有对本案所涉债务是否发生转移，以及债务承担主体是否应发生变更等事项作出审理并加以裁决，在程序上并不存在错误。因此，合浦县工商局向广西壮族自治区高级人民法院申请再审中提出的本案所涉债务已经根据有关文件要求转移给有关部门，其不应承担本案债务的偿还责任的请求事项不属于本案原一、二审法院遗漏审理的事项。且合浦县工商局的法定主体身份至今依然存在。因此，即使合浦县工商局主张本案所涉债务已经根据有关文件要求和“脱钩协议”的约定发生转移的事实成立，也不应该通过再审程序改变合浦县工商局作为本案债务承担主体的法律地位。广西壮族自治区高级人民法院再审判令合浦县工商局应承担本案借款利息偿还责任正确。合浦县工商局在依法承担了本案债务后，可与其原所属市场的债权债务及资产的接收部门另行协商解决该问题。合浦县工商局认为以国务院有关要求工商部门与所办市场“脱钩”的文件印发之日和签订“脱钩协议”之日为债务转移之日，且该转移行为自动生效，法院应依职权自动变更责任主体的理由没有依据。但是，广西壮族自治区高级人民法院再审判决以合浦县工商局债务转移未经债权人同意为由认定合浦县工商局债务转移行为无效，属于适用法律错误，应予以纠正。

——苏泽林主编、最高人民法院审判监督庭编著：《最后的裁判——最高人民法院典型疑难百案再审实录 · 刑事与合同案件卷》，中国长安出版社2007年版，第99～104页。

编者说明

虽然债权债务可能会基于国家政策调整，在不需要征得债权人同意的前提下发生转移，但是，如果该债务已经法院终审判决确定，在终审判决并不存在错误，原债务主体仍然存在的前提下，债务人希望通过再审免除其对原债权人的义务，没有依据。对已经发生法律效力的民事判决，当事人必须执行。本案债务人在办理企业债权债务及资产转移中应该将已经判决确定的应由其承担的债务与原所属企业协商解决，若无视该判决，则后果只能自负。

545

金融机构自办经济实体脱钩后，接管方系基于何种法律关系接管与其承担责任大小密切相关

关键词｜金融机构自办经济实体脱钩｜接管责任｜

【最高人民法院审判业务意见】

金融机构自办经济实体脱钩后，接管方系基于何种法律关系接管应当查明，否则判决接管方承担责任缺乏事实及法律依据。接管方实际接管资产范围以及是否存在低价处置接管资产的行为，与接管方承担责任大小密切相关。

某资产管理公司与某银行签订协议，负责对该银行原自办经济实体某房地产公司的财产进行管理和处置。资产管理公司对该房地产公司的资产进行处置的行为，是基于银行的委托还是自行接收并独立处置，该民事行为的性质如何，一审法院并未进行审理。此外，资产管理公司如果低价处置了房地产公司的土地，必然造成其对外偿债能力的降低，构成对相关债权人的利益侵害，依法应当承担赔偿责任。所以，本案应查清资产管理公司是否低价处理了房地产公司的财产，低价处理的具体数额应予确认，在此基础上判断是否损害了房地产公司债权人的合法权益。原审法院没有考虑资产管理公司的法律地位，也未考虑其实际接管资产范围以及是否存在低价处置接管资产的行为，直接判决资产管理公司在接收房地产公司财产范围内承担偿还责任确属不当。

——最高人民法院民事审判二庭：《最高人民法院民二庭近两年发回重审、指令再审案件审理情况》（2013 年 1 月），载最高人民法院民事审判第二庭编：《商事审判指导》总第 32 辑，人民法院出版社 2013 年版，第 24 ~25 页。

546

会计师事务所、审计事务所脱钩改制前民事责任的承担

关键词｜会计师事务所｜审计事务所｜脱钩改制｜

【最高人民法院司法政策】

各省、自治区、直辖市高级人民法院，解放军军事法院，新疆维吾尔自治区高级人民法院生产建设兵团分院：

根据《民法通则》《注册会计师法》等有关法律规定，现对审理涉及会计师事务所、审计事务所（以下统称事务所）的民事案件中，有关脱钩改制后的事务所对原事务所民事责任的承担问题，通知如下：

对原事务所的应承担的民事责任，应当由其开办单位在所接收的原事务所的剩余财产和风险基金范围内承担清算责任。但如开办单位将原事务所的剩余财产和风险基金留给脱钩改制后的新事务所，则应当由新事务所在所接收的资产范围内对原事务所的债务承担民事责任。

——《最高人民法院关于会计师事务所、审计事务所脱钩改制前民事责任承担问题的通知》（2001年7月18日，法〔2001〕100号）

【链接：最高人民法院法官著述】

（1）对采取“终止新设”方式脱钩改制的，就是终止原来的事务所，重新设立新的事务所。新旧主体之间没有必然联系，不存在延续性。从事务所脱钩改制的实际情况看，原事务所在财产清查、财务审计、产权界定、清理债权债务和资产处置及清算公告的基础上，即通过债权人自愿清算程序，并所经主管部门批准后，改由注册会计师个人重新发起、出资设立，组建新的有限责任公司或者个人合伙制事务所。国有资本完全从事务所退出。因此，改制后的新事务所不应对原事务所的债务承担民事责任。但是鉴于事务所脱钩改制时适用的清算程序属于债权人自愿清算程序，不是法律强制清算程序，故未受偿的债权人可以随时主张债权。当债权人主张债权时，原事务所的开办单位就应作为清算人承担清算责任，即以原事务所的剩余财产继续清偿。如果原事务所的剩余财产和风险基金留给了脱钩改制后的新事务所，新事务所也仅在原事务所的财产范围内承担

原事务所的债务。(2)对采取“变更方式”脱钩改制的，新、旧事务所之间存在着必然联系，新事务所是原事务所的延续，新事务所应当承继旧事务所的债权债务。但是从事务所脱钩改制的实际情况来看，采取“变更方式”的事务所与采取“终止新设”方式改制的事务所，在脱钩改制程序上并无不同，均是按照债权人自愿清算程序进行。在脱钩改制的本质上也无区别，均是通过脱钩改制，将国有资本从事务所完全退出，改由注册会计师个人重新出资设立。只是在办理工商登记手续上存在差别。即采取“变更方式”的事务所在形式上并未注销，而采取“终止新设”方式改制的事务所则在注销原事务所的基础上重新设立新事务所。但是无论采取何种脱钩改制方式，改制后的事务所在所有制性质、投资主体和所有者权益的归属等方面与原事务所相比均发生了根本性的变化，改制后的事务所从本质上讲已经不再是原来意义上的事务所。因此，基本相同的脱钩改制结果，决定了他们对原事务所的债务，以适用同一原则为宜，即改制后的事务所不应承担原事务所的债务。原事务所的债务，原则上应当由原事务所的开办单位承担清算责任，如果开办单位将原事务所的剩余财产和风险基金留给了新事务所，则新事务所仅在其所接收的财产范围内对原事务所的债务承担民事责任。

二是能否适用《最高人民法院关于审理军队、武警部队、政法机关移交、撤销企业和与党政机关脱钩企业相关纠纷案件若干问题的规定》(以下简称《脱钩企业规定》)解决事务所脱钩改制前的债务承担问题。最高人民法院认为，事务所的脱钩改制与党政机关办企业的撤销、脱钩不同，1994 年以前，事务所是财政部门独资开办的实行企业管理的事业单位，1994 年以后是根据《注册会计师法》第三条、第二十三条、第二十四条的规定，新成立的事务所才将其性质确定为有限责任公司或者个人合伙，但为数不多。且事务所改制后所从事的仍然是原来的业务，如企业财务审计、企业设立验资等。而党政机关开办的则通常是从事生效经营、销售等方面的企业。事务所开办时出资一般是到位的，而党政机关办企业出资不到位的情况较多，《脱钩企业规定》也主要解决的是出资不到位的债务承担问题。事务所脱钩改制是一并进行的，而党政机关所办企业仅是撤销或者与之脱钩，不存在改制。事务所脱钩改制后，新事务所实为新设法人，其在所有制性质、投资主体、所有者权益的归属等方面都发生了根本性的变化，而企业与党政机关脱钩后，仍为原企业法人。因此，《脱钩企业规定》不能完全解决脱钩改制前事务所的债务承担问题。

——叶小青:《关于会计师事务所、审计事务所脱钩改制法律责任的承担问题》，载李国光主编、最高人民法院民事审判第二庭编：《民商审判指导与参考》总第1卷，人民法院出版社2002年版，第62～66页。

547

中外合作会计师事务所本土化转制时的债权债务承担

关键词 | 中外合作会计师事务所 | 本土化转制 |

【最高人民法院裁判文书】

天威新能源控股有限公司与毕马威华振会计师事务委托合同纠纷申请再审案[最高人民法院(2016)最高法民申2430号民事裁定书]

最高人民法院认为：2012年5月2日，财政部、国家工商总局、商务部、国家外汇管理局、中国证监会发布《关于印发〈中外合作会计师事务所本土化转制方案〉的通知》(财会〔2012〕8号)规定，本土化转制是指中外合作会计师事务所根据合作设立时所作承诺实现本土化，并在合作到期日之后或自愿在合作到期日之前采用符合中国法律法规规定的组织形式。该方案还规定，原会计师事务所因执业质量可能引发的行政责任由特殊普通合伙会计师事务所承担。原毕马威华振因经营期限届满，按照上述方案的规定，转制为特殊普通合伙组织形式，全部资产负债按账面净值整体转让给毕马威华振，毕马威华振整体承接了原毕马威华振资产、债权、负债、业务和人员，依法继续运营。由此可见，毕马威华振是基于国家有关中外合作会计师事务所实现本土化转制的规定而成立，与原毕马威华振之间具有承继关系，该种承继关系是在国家实行本土化转制的规定前提下，通过清算注销原主体设立新主体的方式，完成了债权债务的整体移转，其中亦包括本案服务合同项下的权利义务。

——中国裁判文书网，http://wenshu.court.gov.cn。

第五章 | CHAPTER 05

企业破产

一、企业破产案件审理一般要求

548

完善市场退出机制，促进企业资源的优化整合

关键词 | 破产案件 | 强制清算案件 |

【最高人民法院司法政策】

一、深刻认识依法开展破产案件审理、积极稳妥推进破产企业救治和清算工作的重要意义。

社会主义市场主体救治和退出机制是否建立，是衡量社会主义市场经济体制完善的标志之一。依法开展破产案件审理、积极稳妥推进破产企业救治和清算工作，既是供给侧结构性改革的客观需要，又是提升市场主体竞争力的客观需要，也是建立完善社会主义市场主体救治和退出机制的客观需要。各级人民法院要深刻认识破产案件审理对优化资源配置、规范市场秩序的重要意义，推动破产案件审理工作常态化、规范化、法治化。对符合破产受理条件但仍可能适应市场需要的企业，要运用破产和解和破产重整的方式进行救治，使其能够通过救治重返市场；对救治无效或者根本不能适应市场需要的企业，要进行破产清算，促进及时退出市场。

——《最高人民法院关于依法开展破产案件审理积极稳妥推进破产企业救治和清算工作的通知》(2016 年 5 月 6 日，法〔2016〕169 号)

妥善审理破产、清算案件，促进生产要素的优化组合和非公有制经济的转型升级。依法受理企业破产案件和强制清算案件，积极引导非公有制经济主体依法有序退出市场，实现优胜劣汰。充分发挥破产重整程序的特殊功能，帮助非公有制企业压缩和合并过剩产能，推动企业业务流程再造和技术升级改造，优化资金、技术、人才等生产要素配置，帮助和支持符合国家产业政策要求的企业恢复生机，重返市场。要依法保障非公有制经济参与各类企业的破产重组，通过生产要素的优化组合，实现经济效率的整体提升。

——《最高人民法院关于依法平等保护非公有制经济促进非公有制经

济健康发展的意见》(2014 年 12 月 17 日,法发〔2014〕27 号)

15. 依法审理企业清算、破产案件,畅通企业退出渠道。要充分发挥企业清算程序和破产程序在淘汰落后企业或产能方面的法律功能,依法受理企业清算、破产案件,督促市场主体有序退出。人民法院判决解散企业后应当告知有关人员依法及时组织企业清算。企业解散后债权人或股东向人民法院提出强制清算申请的,人民法院应当审查并依法受理。公司清算中发现符合破产清算条件的,应当及时转入破产清算。当事人依法主张有关人员承担相应清算责任的,人民法院应予支持。

16. 有效发挥破产重整程序的特殊功能,促进企业资源的流转利用。要积极支持符合产业政策调整目标、具有重整希望和可能的企业进行破产重整。通过合法高效的破产重整程序,帮助企业压缩和合并过剩产能,优化资金、技术、人才等生产要素配置。要注重结合企业自身特点,及时指定重整案件管理人,保障企业业务流程再造和技术升级改造。在企业重整计划的制定和批准上,要着眼建立健全防范和化解过剩产能长效机制,防止借破产重整逃避债务、不当耗费社会资源,避免重整程序空转。

17. 遵循企业清算破产案件审判规律,完善审判工作机制。审理企业清算和破产案件,既是认定事实和适用法律的过程,也是多方积极协调、整体推进的系统工程。有条件的人民法院可以成立企业清算破产案件审判庭或者合议庭,专门审理兼并重组中的企业清算破产案件。要高度重视企业清算破产案件法官的培养和使用,结合实际努力探索科学合理的企业清算破产案件绩效考评机制,充分调动审判人员依法审理企业清算破产案件的积极性。

18. 认真总结破产案件审判经验,逐步完善企业破产配套制度。上市公司破产重整中涉及行政许可的,应当按照行政许可法和《最高人民法院关于审理上市公司破产重整案件工作座谈会纪要》的精神,做好司法程序与行政许可程序的衔接。要协调好企业破产法律程序与普通执行程序就债务人企业财产采取的保全执行措施间的关系,维护债务人企业财产的稳定和完整。要积极协调解决破产程序中企业税款债权问题,要在与税务机关积极沟通的基础上结合实际依法减免相应税款。要适应经济全球化趋势,加快完善企业跨境清算、重整司法制度。

——《最高人民法院印发〈关于人民法院为企业兼并重组提供司法保障的指导意见〉的通知》(2014 年 6 月 3 日,法发〔2014〕7 号)

549

审理企业破产案件应当建立合法有序的利益衡平机制

关键词｜企业破产｜利益衡平｜

【最高人民法院司法政策】

——建立合法有序的利益衡平机制。在助力化解产能过剩、促进经济转型升级过程中，人民法院要积极运用法治思维和法治方式化解各方矛盾纠纷，建立合法有序的利益衡平机制。

人民法院要依法受理企业解散、强制清算、破产和解、破产重整、破产清算、公司合并与分立、金融债权清收、职工权益保障等案件，不得违法拒绝受理或者拖延审理。需要强调的是，对于破产衍生案件，例如金融债权清收、职工权益保障、环境侵权等案件，在性质上属于普通诉讼案件，所以各地法院必须按照立案登记制的要求及时立案受理和依法审理。有条件的人民法院可以设立涉"僵尸企业"案件绿色通道，为处置"僵尸企业"提供便捷的司法途径和完善的法律保障。企业破产案件，虽然实践中由于种种原因导致破产程序"启动难"，但是最高人民法院已采取了包括执行转破产在内的一些新措施来解决这一问题，不久后还会有更多有力措施出台。总之，人民法院内部必须及时清除引发这一问题的原因。对破产清算案件，实践中很多早该破产清算的企业因迟延清算而使得企业资财枯竭，难以重新利用，所以这类案件尤其要加快审理，切实防止企业资产价值减损和灭失。

破产案件审理过程中，企业长期以来积累的各种矛盾将集中暴露，企业的职工、担保债权人、普通债权人等利害关系人间的利益冲突比较激烈。人民法院要依法处理好职工工资、国家税收、担保债权、普通债权的实现顺序和实现方式问题，审慎协调保护好各方利益。人民法院还要善于运用破产法律规则防范企业逃废债务，要落实和强化破产终结后的法律责任。尤其是对无法清算或者无法全面清算的破产企业，人民法院应当明确其原因，并在终结破产程序时向债权人释明其可以依法追究负有责任的公司股东、董事等主体的民事责任，发现涉及企业破产犯罪线索的，要及时提供给有关机关。

——杜万华：《在"全国部分法院依法处置僵尸企业调研及座谈会"上的讲话》，载杜万华主编、最高人民法院民事审判第二庭编：《商事审判指导》总第40辑，人民法院出版社2016年版，第67～68页。

550

审理企业破产案件时对企业职工权益的保护

关键词 | 企业破产 | 职工权益保护 |

【最高人民法院司法解释】

第十四条 企业破产法施行后,破产人的职工依据企业破产法第一百三十二条的规定主张权利的,人民法院应予支持。

——《最高人民法院关于〈中华人民共和国企业破产法〉施行时尚未审结的企业破产案件适用法律若干问题的规定》(2007 年 4 月 25 日,法释〔2007〕10 号)

【最高人民法院司法政策】

19. 依法保护劳动者合法权益,切实保障民生。实现改革发展成果更多更公平惠及全体人民是我们各项事业的出发点和落脚点。企业职工虽然不是企业兼并重组协议的缔约方,但其是利益攸关方。人民法院在审判执行中要及时发现和注意倾听兼并重组企业职工的利益诉求,依法保障企业职工的合法权益,引导相关企业积极承担社会责任,有效防范兼并重组行为侵害企业职工的合法权益。

——《最高人民法院印发〈关于人民法院为企业兼并重组提供司法保障的指导意见〉的通知》(2014 年 6 月 3 日,法发〔2014〕7 号)

8. 依法优先保护劳动者权益,是破产法律制度的重要价值取向。人民法院在审理企业破产案件中,要切实维护职工的合法权益,严格依法保护职工利益。召开债权人会议要有债务人的职工和工会代表参加,保障职工对破产程序的参与权。职工对管理人确认的工资等债权有异议的,管理人要认真审查核对,发现错误要及时纠正;因管理人未予纠正,职工据此提起诉讼的,人民法院要严格依法审理,及时作出判决。

9. 表决重整计划草案时,要充分尊重职工的意愿,并就债务人所欠职工工资等债权设定专门表决组进行表决;职工债权人表决组未通过重整计划草案的,人民法院强制批准必须以应当优先清偿的职工债权全额清偿为前提。企业继续保持原经营范围的，人民法院要引导债务人或管理人在制作企业重整计划草案时，尽可能保证企业原有职工的工作岗位。

10. 保障职工合法权益需要社会各方面的共同努力。人民法院要加强与国家社会保障部门、劳动部门、工商行政管理部门、组织人事等部门的沟通和协调，积极提出司法建议，推动适合中国特色的社会保障体制的建立和完善。

——《最高人民法院关于正确审理企业破产案件为维护市场经济秩序提供司法保障若干问题的意见》(2009 年 6 月 12 日，法发〔2009〕36 号)

【最高人民法院审判业务意见】

《企业破产法》第一百三十二条对破产企业职工的保障问题作出了特殊规定，即《企业破产法》施行后，破产人在该法公布之日前所欠职工的工资和医疗、伤残补助、抚恤费用，所欠的应当划入职工个人账户的基本养老保险、基本医疗保险费用，以及法律、行政法规规定应当支付给职工的补偿金，依照该法第一百一十三条的规定清偿后不足以清偿的部分，以该法第一百零九条规定的特定财产优先于对该特定财产享有担保权的权利人受偿。该规定系从解决历史遗留问题、做好职工安置工作、维护社会稳定的角度出发，对职工权益在按照正常破产清偿顺序无法得到实现时作出的特殊制度设置。各地人民法院在审理破产案件时应当从稳定大局、解决社会矛盾的高度认真贯彻执行。

在适用《企业破产法》第一百三十二条时应当特别注意以下几个问题：(1)享受这一特殊政策保护的范畴仅仅局限于《企业破产法》公布之日前，即 2006 年 8 月 27 日前所欠的职工权益，而形成于《企业破产法》公布之日后所欠的职工权益不属本条适用的范畴，这部分职工权益只能从破产企业已经设定担保物权之外的其他财产中受偿，企业其他财产不足以清偿的，法律不再保护；(2)需要强调的是，即使是 2006 年 8 月 27 日前形成的职工权益，也必须是在按照正常清偿顺序无法得到清偿时才可从设定担保的财产中受偿，而不能在破产企业尚有其他财产可以清偿时先行从担保财产中清偿，这里体现的是对担保物权人优先受偿权的保护；(3)即使 2006 年 8 月 27 日前所欠职工的权益依据《企业破产法》第一百三十二条的规定以设定担保的财产进行清偿的情况下，对于企业破产案件中因按照正常清偿顺序无法实现的破产费用、共益债务以及其他职工的权益(尽管上述权益在清偿顺序中排位优先于或者等同于《企业破产法》公布之日前所欠的职工权益)不得亦要求优先于担保物权人受偿；(4)在具体操作中，可以将《企业破产法》公布之日前所欠的全部职工权益数额从变现的担保物价值中予以提存，提存之外的其余部分可由担保物权人先行受偿，提存部分视《企业破产法》公布之日前所欠的职工权益按照正常顺序清偿的具体情形，再行确定担保物权人行使优先受偿权的范围。

对于尚未审结的案件，既然国家在《企业破产法》制定中对职工保护问题下了这么大的决心，从全局的角度考虑，应当将该特殊政策保护适用于尚未审结的案件中，以尽可能加大对职工利益的保护。因此，我们在该司法解释中明确规定，《企业破产法》施行后，破产人的职工依据《企业破产法》第一百三十二条的规定主张权利的，人民法院应予支持。

——《最高人民法院有关部门负责人就〈最高人民法院关于《中华人民共和国企业破产法》施行时尚未审结的企业破产案件适用法律若干问题的规定〉答记者问》，载最高人民法院民事审判第二庭编著：《最高人民法院关于企业破产法司法解释理解与适用》，人民法院出版社 2013 年版，第 556 ~ 557 页。

【最高人民法院裁判文书】

刘淑云与承德市自动化计量仪器厂破产管理人、承德市自动化计量仪器厂破产有关纠纷申请再审案［最高人民法院（2014）民申字第 1402 号民事裁定书］

最高人民法院认为：依照《企业破产法》第四十八条第二款规定，债务人所欠职工的工资和医疗、伤残补助、抚恤费用，所欠的应当划入职工个人账户的基本养老保险、基本医疗保险费用，以及法律、行政法规规定应当支付给职工的补偿金，不必申报，由管理人调查后列出清单并予以公示。职工对清单记载有异议的，可以要求管理人更正；管理人不予更正的，职工可以向人民法院提起诉讼。本案中，刘淑云丈夫崔广喜生前供职单位承德市自动化计量仪器厂于 2010 年 8 月 19 日被承德市中级人民法院宣告破产，在该破产企业尚未对所欠崔广喜的工资和医疗、伤残补助、抚恤费用及补偿金等进行公示的前提下，刘淑云就直接向法院提起本案诉讼，没有法律依据。

——中国裁判文书网，http://wenshu.court.gov.cn。

551

审理企业破产案件应当建立政府和法院统一协调工作机制

关键词 | 企业破产 | 僵尸企业 |

【最高人民法院司法政策】

——建立"府院企业破产工作统一协调机制"。处置"僵尸企业"既涉及以破产手段有效化解过剩产能、提高资源配置效率进而恢复现有产业和企业发展动力,又关系到妥善处理企业退出和产能化解所引发的国有资产保护、金融安全维护、职工安置和再就业保障、非公经济平等保护等一系列问题,涉及面广、影响重大。需要强调的是,中央提出的清理"僵尸企业"工作包括两部分:一是破产司法程序前的清理。通过市场引导,政府通过经济手段推动企业进行兼并重组,针对的对象主要是国有企业。这类清理虽由政府推动,但人民法院要为清理工作提供司法保障。二是依法通过破产程序对"僵尸企业"进行清理。清理对象分为两类,第一类是兼并无望的国有企业,第二类就是非公企业。非公企业进入破产程序后,要建立党委领导下的政府和法院统一协调工作机制。随着处置工作的深入推进和企业产能清理工作的铺开,相当一批企业会通过破产重整、破产和解和破产清算的形式进入人民法院。人民法院要在党委的领导下,在依法运用企业破产法律规定处置"僵尸企业"过程中,与地方政府建立"企业破产工作统一协调机制",保障处置工作有序开展、稳妥推进,实现法律效果与社会效果有机统一。

——杜万华:《在"全国部分法院依法处置僵尸企业调研及座谈会"上的讲话》,载杜万华主编、最高人民法院民事审判第二庭编:《商事审判指导》总第40辑,人民法院出版社2016年版,第66页。

552

严格运用破产法律规则防范借企业破产逃避债务

关键词 | 企业破产 | 逃避债务 |

【最高人民法院审判业务意见】

我们在倡导依法受理企业破产案件时也注意到：部分企业投资人、经营者不认真经营企业，采取非法侵占企业财产、混同企业财产与投资人财产、虚假交易、个别清偿等手段转移企业财产，而待企业进入破产程序时只剩下“空壳”，债权人利益严重受损。所以，在强调破产案件受理审理时也要切实防止企业恶意逃避债务损害相关主体利益。为此：

1. 要依法审查关联人申请企业破产时债权的真实性和合法性。防止关联人利用破产程序帮助债务人企业逃避债务。对暂时无法否定关联债权真实性而裁定受理的破产案件，在受理后发现关联债权虚假的，应当依法裁定驳回破产申请。

2. 要督促破产管理人依法履职。法院应督促破产管理人认真审查债务人在破产前进行的交易，检索债务人企业的行为。破产管理人发现债务人企业实施了不公平交易行为的，法院要告知破产管理人及时按照《企业破产法》第三十一、三十二、三十三条的规定予以否定并追收企业财产。法院要为破产管理人依法履职创造条件、提供便利。对破产管理人单独无法完成而需要其他有关机关配合的工作，法院要采取恰当方式进行协调。

3. 要落实和强化破产终结后的法律责任。尤其是对无法清算或者无法全面清算的破产企业，受理破产案件的法院应当明确其原因，并在终结破产程序时向债权人释明其可以依法追究负有责任的公司股东、董事等的民事责任。受理破产案件法院发现的涉及企业破产犯罪线索，应当及时提供给有关机关。

——杨临萍：《关于当前商事审判工作中的若干具体问题》(2015 年 12 月 24 日)，载杜万华主编：《商事法律文件解读》总第 134 辑，人民法院出版社 2016 年版，第 23 页。

553

农村合作基金会不具备破产主体资格

关键词 | 农村合作基金会 | 破产主体资格 |

【最高人民法院答复】

重庆市高级人民法院：

据中国银行反映亦经重庆市南岸区人民法院证实，该院于2001年7月10日受理了重庆市南岸区长生桥农村合作基金会破产一案，并于同年7月23日裁定该基金会破产还债，该案目前仍在审理中。

本院认为，农村合作基金会是设置在社区内不以营利为目的的资金互助组织，经依法核准登记，即取得社会团体法人资格。鉴于现有法律、法规尚无将农村合作基金会登记为企业法人的规定，因此农村合作基金会不能以资不抵债的企业法人向人民法院申请破产。为了有效防范和化解金融风险，保持农村经济和社会的稳定。各地人民政府正在根据国务院确定的统一部署、分别处理、风险自担、稳步推进的原则，对农村合作基金会进行全面清理整顿。人民法院不应受理农村合作基金会的破产案件。你院应依法督促重庆市南岸区人民法院立即撤销其受理的重庆市南岸区长生桥农村合作基金会破产案。并告知该基金会的清偿机构可以向有管辖权的人民法院提起诉讼，主张该基金会的合法债权。

请按以上意见迅速办理，并将结果书面报告我院。

——《最高人民法院给重庆市高级人民法院的复函》(2002年7月16日，法民二〔2002〕第27号)

【链接：最高人民法院法官著述】

1. 农村合作基金会不能成为企业法人，有关工商行政管理部门将其登记为企业法人没有法律依据，相关法院可建议相关机关撤销此登记，若不撤销，人民法院不承认此登记效力。

国务院1988年颁布的《基金会管理办法》将基金会定性为："对国内外社会团体和其他组织以及个人自愿捐赠资金进行管理的民间非营利性组织，是社会团体法人。"1994年9月29日国务院批转中国人民银行关于加强金融机构监管工作意见的通知，指出：农村合作基金会是社区内为农业、为农民服务的资金互助组织，不是金融机构。农业部1995年4月19日颁发《农村合作基金会登记管理办法》也有相似的规定。

从这些规定中可以看出，农村合作基金会是被界定为社区内的，不以营利为目的的资金互助组织，经依法核准登记，即取得社会团体法人资格。我国《民法通则》把法人区分为企业法人与机关、事业单位和社会团体法人，企业法人是必须经工商行政管理部门登记才可取得企业法人资格的以营利为目的的经营性组织。《民法通则》还规定具备法人条件的社会团体，依法需要办理法人登记的，经核准登记，取得法人资格。我国农村合作基金会按照上述规定，经各级农村行政部门核准登记，即取得社会团体法人资格。如果农村合作基金会或是其他基金会想发展为金融法人或其他经济实体的企业法人，即以农村合作基金会（或××基金会）的名义由工商行政管理部门登记为企业法人，则有违“基金会”的宗旨，或者说这样的组织就不是“基金会”了。若一定要以农村合作基金会（或××基金会）的名义由工商行政管理部门登记为企业法人，则这个登记无法律依据，且违反我国民法法人制度和相关行政法规。也与我国相关金融政策相抵触。人民法院对此种登记应当不予承认。

2. 在我国只有企业法人才具有破产能力，非企业法人和非法人企业都不能成为申请（被申请）破产的债务人。农村合作基金会不是企业法人，因而不能成为申请（被申请）破产的债务人。

……为了有效防范和化解金融风险，保持农村经济和社会的稳定，各地人民政府正在根据国务院确定的统一部署、分别处理、风险自担、稳步推进的原则，对农村合作基金会进行全面清理整顿。人民法院不应受理以农村合作基金会为破产债务人的破产案件。为此，最高人民法院于 2002 年 7 月 16 日致函相关高级人民法院，责令其依法督促该市南岸区人民法院立即撤销其受理的南岸区长生桥农村合作基金会破产案。并告知该基金会的清偿机构可以向有管辖权的人民法院提起诉讼，主张该基金会的合法债权。

——姜伟：《农村合作基金会不具备破产主体资格》，载李国光主编、最高人民法院民事审判第二庭编：《民商审判指导与参考》总第 2 卷，人民法院出版社 2003 年版，第 124～128 页。

编者说明

《民法总则》第三章第一节关于法人的“一般规定”部分，在第七十三条中规定“法人被宣告破产的，依法进行破产清算”。此规定与《民法通则》有所不同，并没有区分营利性法人、非营利性法人和特别法人。实践中，非营利性法人和特别法人是否可以适用破产清算程序进行清算，即是否具有破产主体资格，还需要有关方面进一步明确。

554

严重出资不足、达不到法定最低注册资本限额的企业也具有破产资格

关键词｜出资不足｜破产主体资格｜

【最高人民法院答复】

山东省高级人民法院：

你院《关于国有划拨土地能否作为出资以及企业注册资金不到位能否破产等问题的请示》已收悉，经研究，答复如下：

从你院请示报告中反映的情况看，该土地为原山东淄博制酸厂无偿使用的国有划拨土地，在改制时对资产进行评估，包括了这部分国有划拨土地使用权价值，该评估结果经淄博市国有资产管理局确认，新华集团兼并制酸厂经淄博市政府批准，但在兼并中对该国有划拨土地使用权如何处置问题，你院报告中未明确。国家土地管理部门对国有划拨土地使用权是有明确规定的，若改变国有划拨土地使用权性质、用于出资或由新的企业继续按无偿划拨土地使用，均需经有批准权的人民政府批准并办理登记、变更登记等手续，若用于出资还需有资格的国有股权持股单位统一持有，只有履行了审批、登记等手续，才能确认国有划拨土地使用权的真实状况。在该案中，若确认原制酸厂的土地使用权能否用于出资，则必须查明有关审批状况，然后再根据相关规定予以确认。

你院请示的第二个问题，需以上述查明的事实为前提，若已经有关政府批准或补办了相应的审批手续，可以确认出资有效，即制酸公司具备破产能力，若不能确认出资到位，则原则同意你院请示报告中的第二种意见。

以上意见仅供参考。

——《最高人民法院关于国有划拨土地能否作为出资以及企业注册资金不到位能否破产等问题请示的复函》(〔2005〕民二他字第2号)

【链接：最高人民法院法官著述】

关于类似于制酸公司这种严重出资不足、达不到法定最低注册资本限额的企业是否具有破产资格的问题，在之前确实也是一个争议问题，但《最高人民法

院关于审理企业破产案件若干问题的规定》(2002年9月1日,法释〔2002〕23号)(以下简称《破产问题规定》)的发布则对这一问题进行了明确回答。《破产问题规定》第六十六条规定:“债务人的开办人注册资金投入不足的,应当由该开办人予以补足,补足部分属于破产财产。”该规定并未禁止注册资金不足的企业进入破产程序。原则上,如果企业工商登记为法人,则就有破产资格,而对于出资严重不足、达不到法定最低注册资本额的企业,当时制定该规定时主要考虑破产清算是其唯一有法律保障的清算程序,《破产问题规定》在坚持企业投资人应当承担投资不足的法律责任的前提下,允许这些企业破产还债退出市场,①更加有利于对债权人合法权益的保护和社会秩序的稳定。时任最高人民法院副院长李国光在关于《破产问题规定》的讲话中专门阐述了这一问题,明确指出了《破产问题规定》确实没有拒绝这些企业破产还债退出市场。因此,类似于制酸公司这种严重出资不足、达不到法定最低注册资本额的企业是具有破产资格的。

——潘勇锋:《出资不实的股东在执行程序中对公司债权人的责任——胜利油田胜大实业总公司申请执行山东新华医药集团淄博制酸有限责任公司、山东新华医药集团有限责任公司申诉案评析》,载最高人民法院执行局编:《执行工作指导》总第46辑,人民法院出版社2013年版,第63～65页。

① 2002年8月1日,时任最高人民法院副院长李国光在公布法释〔2002〕23号《破产问题规定》新闻发布会上的讲话中介绍该司法解释主要内容,强调要严格规范破产案件的受理条件时,提到:“一些企业虽然领取了《企业法人营业执照》,但未投入注册资金或投入的注册资金未达到法定最低数额,能否申请破产是一个问题。考虑到破产清算是目前唯一有法律保障的清算程序,《破产问题规定》在坚持企业投资人应当承担投资不足的法律责任的前提下,从以法律手段推广破产清算的基本思路出发,没有拒绝这些企业破产还债退出市场。与企业不经清理就关门走人相比较,这种企业退出市场的方式更加有利于对债权人合法权益的保护和社会秩序的稳定。”

二、破产申请与受理

555

依法受理企业破产案件，建立和完善市场主体依法退出机制

关键词 | 企业破产案件受理 |

【最高人民法院司法政策】

中央经济工作会议提出推进供给侧结构性改革，这是适应我国经济发展新常态作出的重大战略部署，为供给侧结构性改革提供有力的司法保障，是当前和今后一段时期人民法院的重要任务。破产审判工作具有依法促进市场主体再生或有序退出，优化社会资源配置、完善优胜劣汰机制的独特功能，是人民法院保障供给侧结构性改革、推动过剩产能化解的重要途径。因此，各级法院要高度重视、大力加强破产审判工作，认真研究解决影响破产审判职能发挥的体制性、机制性障碍，当前，尤其要做好破产案件的立案受理工作，这是加强破产审判工作的首要环节。

——《最高人民法院关于破产案件立案受理有关问题的通知》（2016年7月28日，法明传〔2016〕469号）

（三）依法保障产业结构加快调整

要有效运用企业清算、破产等法律制度和重整、和解等法律程序，对于符合国家产业政策、具有发展前景、暂时陷入困境的企业，依法保障其生存发展；对于不符合产业政策的企业实行破产清算，实现企业优胜劣汰，促进化解产能过剩矛盾，推进企业产业结构升级。

——《在第20次全国法院工作会议上的专题讲话》（2012年12月27日），载最高人民法院民事审判第一庭编：《民事审判指导与参考》总第53辑，人民法院出版社2013年版，第25页。

一、人民法院应认真履行职责，依法受理企业破产案件

各级人民法院要认真学习和正确理解该司法解释的精神，充分认识企业破

产法在保障债权公平有序受偿，优化社会资源配置，完善优胜劣汰的竞争机制和拯救危困企业等方面的积极作用。要转变观念、克服困难，对当事人提出的符合受理条件的破产申请，应当依法予以受理。要综合运用破产重整、破产和解和破产清算程序，建立和完善市场主体依法退出机制，充分发挥企业破产法对市场经济的调整作用，推动经济社会又好又快发展。

——《最高人民法院关于正确适用〈中华人民共和国企业破产法〉若干问题的规定(一)充分发挥人民法院审理企业破产案件司法职能作用的通知》(2011年9月21日，法〔2011〕281号)

各级人民法院应当从以下几个方面入手，积极推进依法受理、审理企业破产案件。

第一，要正确认识企业破产程序对促进社会主义市场经济健康发展的积极作用。《企业破产法》引入了破产重整制度，对和解制度也作了系统规定，这两种制度的设立体现了现代破产法除了规范市场主体退出功能外，也更加注重对陷入经营困境的企业在有挽救希望的情况下尽力使其重生。人民法院应当充分利用重整和解制度，促进企业再生，以实现职工、债权人、债务人的利益共赢的结果。

第二，要依法及时受理破产申请，充分保护各利益主体的合法权益。为此，当前要抓好以下几项工作：一是中基层人民法院在接到破产申请时，要出具接收材料的回执，在法定期限内决定是否受理，并作出裁定；二是上级人民法院要加强监督，就下级人民法院对破产申请不予理睬的行为，在接到有关当事人的反映后，应当采取必要的措施督促下级法院依法出具裁定；三是对于审查阶段发现有影响社会稳定隐患的，要及时向地方党委汇报，与政府沟通情况，将破产案件纳入地方维稳体系，在制定维稳预案后，依法受理企业破产案件。

——《积极推进三项重点工作，保障经济发展方式转变，能动回应经济社会发展对商事审判工作的新要求——全国法院商事审判工作会议材料》(2010年8月17日)，载最高人民法院民事审判第二庭编：《商事审判指导》总第23辑，人民法院出版社2011年版，第24~25页。

要依法受理、审理好企业破产案件。要充分发挥企业破产法公平保护各方利益主体，实现资源优化配置的作用。对于已经符合企业破产法规定的破产原因的企业，要根据当事人的申请依法及时启动强制清算程序和企业破产程序。对于有挽救希望的企业，鼓励运用破产重整、和解制度，尽可能维持有发展前景企业的生存，避免因企业倒闭破产带来大量职工下岗、银行债权落空、影响社会稳定等社会连锁反应。对于因产业结构转变且经营前景暗淡而必须破产的企业，要在保障公开、公正、合法的基础上，提高审判效率，降低破产成本。对拖欠职工工资、社会保险等问题较多、历史包袱沉重、挽救无望的企业，要根据新破产法的规定，优先保护职工债权。要支持管理人对破产企业债权的清收，追回破产企业转移、隐匿的资产，努力提高债权清偿率。

——《最高人民法院印发〈关于为维护国家金融安全和经济全面协调可持续发展提供司法保障和法律服务的若干意见〉的通知》(2008 年 12 月 3 日，法发〔2008〕38 号)

【最高人民法院审判业务意见】

高度重视并妥善处理企业破产纠纷，畅通市场退出机制。随着国家创新驱动发展战略的深入推进和市场需求结构、产业结构的改善与优化，一批不能适应市场变化的企业将难以为继。我们将充分运用近年来企业破产案件审理中积累的有益经验，继续完善制度措施，依法受理审理和积极指导下级法院处理企业破产纠纷；依法运用重整或和解程序拯救具有再生价值和希望的企业，帮助企业减轻债务负担，提升企业质量，服务企业发展；依法开展企业破产清算工作，促使没有拯救价值和希望的企业规范有序地退出市场；及时有力地维护企业、债权人以及企业职工的合法权益，构建诚信有序的市场经济秩序；按照法律及相关司法规则精神审慎做好上市公司破产重整及清算工作。

——《以法治思维推进商事审判，用法治方式保障经济发展——就学习贯彻党的十八大会议精神专访最高人民法院民二庭庭长宋晓明》，载最高人民法院民事审判第二庭编：《商事审判指导》总第 32 辑，人民法院出版社 2013 年版，第 5 ~ 6 页。

556

严格依法把握企业破产案件受理条件

关键词｜企业破产案件受理｜

【最高人民法院司法政策】

一、破产案件的立案受理事关当事人破产申请权保障,决定破产程序能否顺利启动,是审理破产案件的基础性工作,各级法院要充分认识其重要性,依照本通知要求,切实做好相关工作,不得在法定条件外设置附加条件,限制剥夺当事人的破产申请权,阻止破产案件立案受理,影响破产程序正常启动。

二、自2016年8月1日起,对于债权人、债务人等法定主体提出的破产申请材料,人民法院立案部门应一律接受并出具书面凭证,然后根据《中华人民共和国企业破产法》第八条的规定进行形式审查。立案部门经审查认为申请人提交的材料符合法律规定的,应按2016年8月1日起实施的《强制清算与破产案件类型及代字标准》,以“破申”作为案件类型代字编制案号,当场登记立案,不符合法律规定的,应予释明,并以书面形式一次性告知应当补充、补正的材料,补充、补正期间不计入审查期限,申请人按要求补充、补正的,应当登记立案。

立案部门登记立案后,应及时将案件移送负责审理破产案件的审判业务部门。

——《最高人民法院关于破产案件立案受理有关问题的通知》(2016年7月28日,最高法明传〔2016〕469号)

一要健全破产重整企业识别机制。各地法院要围绕让人民法院成为“生病企业”医院目标,对虽符合破产受理条件但具有运营价值的企业,要以市场化为导向,积极开展破产和解和重整,有效利用各种资源,使企业恢复生机。对救治无效或者其他不能适应市场需要的企业,要加快破产清算、及时释放生产要素,实现市场出清。

——《最高人民法院关于依法开展破产案件审理积极稳妥推进破产企业救治和清算工作的通知》(2016年5月6日,法〔2016〕169号)

——建立破产重整企业识别机制。“僵尸企业”进入破产程序后,人民法院要分类评估、分别处置,对于经营管理虽存在困难,但仍具有运营价值的“僵尸企业”,人民法院要依法积极开展破产重整。第一,如果企业资金链断裂、流动性吃紧,但企业生产的产品适销对路、市场前景广阔,人民法院要积极通过破产重整、和解促进企业债务重组,化解企业债务危机,帮助企业重新轻装上阵。第二，如果企业因技术水平不高导致产品销路不畅，或者因管理不善导致企业经营困难，但通过技术升级换代、改善经营管理能够让企业重返市场，人民法院要积极推进破产重整，帮助企业腾出精力改善管理，推进技术创新，力求催生新的有效供给。第三，如果企业经营困难重重，已丧失市场空间，但通过变更营业等手段可以盘活存量资产的，人民法院也要尽可能采取破产重整的方式压缩和合并过剩产能、保留有效产能，引导增量，最大限度有效利用资源。第四，对于那些技术水平低、发展前景差、环境资源消耗大，不宜再保留的"僵尸企业"，人民法院要及时进行破产清算，使企业和产能依法有序退出市场。上述前三类企业是"僵尸企业"破产重整的重点对象，完全可以通过重整的方式让这些企业提档升级，甚至改善企业经营，改变企业形象。当然，建立识别机制只是一个原则要求，具体怎么识别，需要大家在审判实践中分析探索。

——杜万华：《在"全国部分法院依法处置僵尸企业调研及座谈会"上的讲话》，载杜万华主编、最高人民法院民事审判第二庭编：《商事审判指导》总第40辑，人民法院出版社2016年版，第65页。

各级人民法院要认真学习最高人民法院刚刚颁布的《关于适用〈中华人民共和国企业破产法〉若干问题的规定（一）》（以下简称《破产法解释（一）》）以及《关于正确适用〈中华人民共和国企业破产法〉若干问题的规定（一）充分发挥人民法院审理企业破产案件司法职能作用的通知》，严格依法把握企业破产案件受理标准，对符合破产原因，达到破产条件的企业要及时适用破产程序。对不符合破产条件，假借破产逃避债务的破产申请或者为达到不正当目的，恶意对他人提出的破产申请，要及时予以驳回并制止该违法行为，以充分维护相关当事人的合法权益。

——《认真实施企业破产法，为推动经济社会科学发展建立公平有序的市场经济秩序提供有力的司法保障——全国法院审理企业破产案件工作座谈会材料》（2011年10月19日），载最高人民法院民事审判第二庭编：《商事审判指导》总第27辑，人民法院出版社2012年版，第9页。

1. 人民法院要正确认识企业破产法保障债权公平有序受偿、完善优胜劣汰的竞争机制、优化社会资源配置、调整社会产业结构、拯救危困企业的作用，依法受理审理企业破产清算、重整、和解案件，综合利用企业破产法的多种程序，充分发挥其对市场经济的调整作用，建立企业法人规范退出市场的良性运行机制，努力推动经济社会又好又快发展。

2. 为保障国家产业结构调整政策的落实，对于已经出现破产原因的企业，人民法院要依法受理符合条件的破产清算申请，通过破产清算程序使其从市场中有序退出。对于虽有借破产逃废债务可能但符合破产清算申请受理条件的非诚信企业，也要将其纳入到法定的破产清算程序中，通过撤销和否定其不当处置财产行为，以及追究出资人等相关主体责任的方式，使其借破产逃废债务的目的落空，剥夺其市场主体资格。对债权人申请债务人破产清算的，人民法院审查的重点是债务人是否不能清偿到期债务，而不能以债权人无法提交债务人财产状况说明等为由，不受理债权人的申请。

3. 对于虽然已经出现破产原因或者有明显丧失清偿能力可能，但符合国家产业结构调整政策、仍具发展前景的企业，人民法院要充分发挥破产重整和破产和解程序的作用，对其进行积极有效的挽救。破产重整和和解制度，为尚有挽救希望的危困企业提供了避免破产清算死亡、获得再生的机会，有利于债务人及其债权人、出资人、职工、关联企业等各方主体实现共赢，有利于社会资源的充分利用。努力推动企业重整和和解成功，促进就业、优化资源配置、减少企业破产给社会带来的不利影响，是人民法院审理企业破产案件的重要目标之一，也是人民法院商事审判工作服务于保增长、保民生、保稳定大局的必然要求。

——《最高人民法院关于正确审理企业破产案件为维护市场经济秩序提供司法保障若干问题的意见》(2009 年 6 月 12 日，法发〔2009〕36 号)

【最高人民法院审判业务意见】

第一，要正确把握立案登记制与破产受理法定标准的关系。企业破产案件的受理程序与立案登记制实质上是一致的。因为，只要申请人提交的材料符合《企业破产法》第八条的要求，法院即应当编立“破(预)”字号案件进行审查，并按照有关司法解释的规定向申请人出具相应凭证，然后按照《企业破产法》第十条规定的期间作出受理与否的裁定。这种程序从根本上讲也是为了克服破产案件“受理难”问题。

但是，在最终决定是否受理破产案件时，法院必须依照《企业破产法》第二条进行判断。只有符合该条规定情形之一的，法院才能受理。

……

在对待立案登记问题上，既要避免简单认为立案登记制不适用破产案件，进而对应依法启动的破产程序拒之门外;也要防止无视《企业破产法》明确规定的法定受理标准,而对破产申请"来者不拒",进而对不符合破产条件的企业启动破产。

——杨临萍:《关于当前商事审判工作中的若干具体问题》(2015 年 12 月 24 日),载杜万华主编:《商事法律文件解读》总第 134 辑,人民法院出版社 2016 年版,第 22~23 页。

【链接:最高人民法院法官著述】

债权人申请债务人企业破产时,法院应当审查是否符合法定受理。当既有材料表明债务人企业只有一个债权人时,法院仍应受理破产申请。法院受理破产申请后,如果债权人仅为一人,不应因此裁定驳回破产申请。

——李相波:《债权人仅为一人不影响破产申请的受理与破产程序的进行》,载最高人民法院民事审判第二庭编:《最高人民法院商事裁判观点》总第 1 辑,法律出版社 2015 年版,第 290 页。

557

《企业破产法》第二条规定的"不能清偿到期债务"的理解与适用

关键词|不能清偿到期债务|

【最高人民法院司法解释】

第二条 下列情形同时存在的,人民法院应当认定债务人不能清偿到期债务:

(一)债权债务关系依法成立;

(二)债务履行期限已经届满;

(三)债务人未完全清偿债务。

——《最高人民法院关于适用〈中华人民共和国企业破产法〉若干问题的规定(一)》(2011 年 9 月 9 日,法释〔2011〕22 号)

【链接：最高人民法院法官著述】

需要提请注意的是，《企业破产法》第二条规定名义上是在解释“不能清偿”的概念，但实际上是将破产法理论上的“不能清偿”，变通性地解释为“停止支付”。这一点在司法解释发布时民二庭负责人答记者问以及相关的解释文章中也有所表明，认为不能清偿到期债务是指债务人以明示或默示的形式表示其不能支付到期债务，其强调的是债务人不能清偿债务的外部客观行为，而不是债务人的财产客观状况。[①] 笔者认为，司法解释这一条款的变通规定，是考虑到我国现实立法与实际国情，特别是司法实际的需要，在不违背破产法适用原则的情况下作出的合理调整。

……最初在制定司法解释时，起草组对“不能清偿”的概念基本上是依据公认的破产法理论加以解释的，并增加了“停止支付”的概念以及“停止支付可以推定为不能清偿”的规定，以合理解决债权人申请破产时的举证责任问题。但是后来考虑到，在《企业破产法》中没有规定“停止支付”概念的情况下，司法解释提出这一新概念并以此确认债权人提出破产申请时的举证责任，可能有立法越权之嫌，而且与“明显缺乏清偿能力”的概念有冲突之处，所以便取消了有关“停止支付”的规定，而是将立法中的“明显缺乏清偿能力”概念通过列举规定等方式实际解释为“停止支付”。但是这样规定也存在两个概念的主客观要件方面存在一定差异，难以取得相同的适用效果，尤其是难以完全解决“不能清偿”概念作为破产原因在实际适用时的判断问题。所以，在司法解释草案提交最高人民法院审判委员会审批时，对“不能清偿”作出了如上的解释规定。

——最高人民法院民事审判第二庭编著：《最高人民法院关于企业破产法司法解释理解与适用》，人民法院出版社 2013 年版，第 62 ~ 63 页，第 67 页。

---

① 参见《依法受理审理案件、充分发挥企业破产法应有作用——最高人民法院民二庭负责人就〈破产法司法解释（一）〉答记者问》，载《人民法院报》2011 年 9 月 26 日。

558

“不能清偿到期债务”不涉及债权人申请债务人执行回转如何处理以及破产财产如何界定

关键词 | 不能清偿到期债务 | 执行回转 | 破产财产 |

【最高人民法院裁判文书】

中国金谷国际信托投资有限责任公司因天津市冶金供销运输总公司被宣告破产申诉案[最高人民法院(2005)民二监字第56号民事裁定书]

最高人民法院认为:原审法院根据债务人运输公司的申请所作出的破产宣告裁定,针对的是债务人运输公司是否具备破产条件的问题,即运输公司是否符合《企业破产法》第三条第一款规定的“不能清偿到期债务”的条件,并不涉及金谷公司申请运输公司执行回转程序如何处理以及运输公司破产财产如何界定的问题。金谷公司关于其申请运输公司执行回转程序不受本案破产程序影响和金谷公司被错误判决和执行的财产不应列入破产财产的申诉内容,与上述裁定内容并无直接的法律关系。金谷公司该部分申诉不符合《破产问题规定》第三十八条的规定,本院依法不予受理。

——最高人民法院民事审判第二庭编:《最高人民法院商事审判指导案例·公司卷》,中国法制出版社2011年版,第339~341页。

559

借用国际金融组织和外国政府贷款,偿还任务尚未落实的企业破产申请的处理

关键词 | 国际金融组织贷款 | 外国政府贷款 | 破产申请 |

【最高人民法院司法政策】

自2007年6月1日起,借用国际金融组织和外国政府贷款或转贷款的有关企业申请或者被申请破产的,人民法院应依照《企业破产法》的有关规定依法受理。

上述企业在2007年6月1日之前已签署转贷协议但偿还任务尚未落实的,应继续适用《最高人民法院关于当前人民法院审理企业破产案件应当注意的几个问题的通知》(法发〔1997〕2号)第三条的规定和《最高人民法院关于贯彻执行法发〔1997〕2号文件第三条应注意的问题的通知》(法函〔1998〕74号)的有关规定。[①]

——《最高人民法院关于受理借用国际金融组织和外国政府贷款偿还任务尚未落实的企业破产申请问题的通知》(2009年12月3日,法〔2009〕389号)

【最高人民法院裁判文书】

中国光大银行天津分行不服天津市高级人民法院(2004)津高民二破裁字第17-1号民事裁定案[最高人民法院(2005)民二监字第166号民事裁定书]

最高人民法院认为:根据最高人民法院法发〔1997〕2号《关于当前人民法院审理企业破产案件应当注意的几个问题的通知》第三条之规定,借用外国政府贷款或转贷款偿还任务尚未落实的国有工业企业,暂不受理其破产申请。天津市香皂厂拖欠光大分行贷款的性质为世界银行转贷贷款,属于外国政府贷款。上述贷款偿还债务至今还未落实。天津市高级人民法院对于债务人天津市香皂厂的破产申请应当暂不受理。原审法院在审查天津市香皂厂破产申请过程中未能注意上述情况,受理天津市香皂厂的破产申请并裁定宣告其破产不当,应予纠正。

——最高人民法院民事审判第二庭编:《最高人民法院商事审判指导案例·公司卷》,中国法制出版社2011年版,第342~344页。

【链接:最高人民法院法官著述】

在《企业破产法》生效以后,人民法院应当依法受理借用国际金融组织和外国政府贷款偿还任务尚未落实的企业破产申请。最高人民法院法发〔1997〕2号文第三条和法函〔1998〕74号文原则上不再适用。

---

① 《关于当前人民法院审理企业破产案件应当注意的几个问题的通知》第三条解决的是我国政府向世界银行、亚洲开发银行或外国政府贷款,尔后转贷给国有工业企业项目单位的破产申请处置问题。因其属于政府外债,其借入和转贷过程均为政府行为,由政府承担最终还款责任,故不论项目单位是何种性质的企业,在偿还此类贷款任务尚未落实前,人民法院均暂不受理其破产申请,也暂不受理债权人申请其破产的案件。

《企业破产法》生效以后，财政部出台了财金〔2008〕176 号《外国政府贷款管理规定》，该文件第三十八条规定，在贷款债务偿清前，项目单位拟实行资产重组、企业改制或者申请破产的，省级财政部门应当督促项目单位落实新的债务偿还安排，并征得转贷银行和财政部同意，必要时还应征得贷款方同意。鉴于此类贷款项目由财政部归口管理，故最高人民法院此次政策调整时与财政部进行了充分的沟通。经征求财政部的意见，最终形成"老人老办法，新人新办法"的处理原则，即按《企业破产法》生效时间进行划段调整。最高人民法院法〔2009〕389 号《关于借用国际金融组织和外国政府贷款偿还任务尚未落实的企业破产申请问题的通知》指出，自 2007 年 6 月 1 日起，借用国际金融组织和外国政府贷款或转贷款的有关企业申请或者被申请破产的，人民法院应依照《企业破产法》的有关规定依法受理。上述企业在 2007 年 6 月 1 日之前已签署转贷协议但偿还任务尚未落实的，应继续适用《最高人民法院关于当前人民法院审理企业破产案件应当注意的几个问题的通知》(法发〔1997〕2 号)第三条的规定和《最高人民法院关于贯彻执行法发〔1997〕2 号文件第三条应注意的问题的通知》(法函〔1998〕74 号)的有关规定。

——杨征宇:《解读〈最高人民法院关于借用国际金融组织和外国政府贷款偿还任务尚未落实的企业破产申请问题的通知〉》，最高人民法院民事审判第二庭编:《商事审判指导》总第 20 辑，人民法院出版社 2010 年版，第 39 ~ 40 页。

560

当事人借用外国政府贷款未偿还，即使完成破产程序，债权人权利也不因此而消灭

关键词 | 外国政府贷款 | 破产程序 | 债权消灭 |

【最高人民法院裁判文书】

中国东方资产管理公司兰州办事处与宁夏回族自治区财政厅借款担保合同纠纷上诉案[最高人民法院(2004)民二终字第 84 号民事判决书]

最高人民法院认为:本院法发〔1997〕2 号《关于当前人民法院审理企业破产

案件应当注意的几个问题的通知》第三条规定:“借用外国政府贷款或转贷款偿还任务尚未落实的国有工业企业,暂不受理其破产申请。”为了进一步解释该条内容的精神,本院又以法函〔1998〕74 号《关于贯彻执行法发〔1997〕2 号文件第三条应注意的问题的通知》专门作出了如下解释,“第三条解决的是我国政府向世界银行、亚洲开发银行或外国政府贷款,尔后转贷给国有工业企业项目单位的破产申请处置问题。因其属于政府外债其借入和转贷过程均为政府行为,由政府承担最终还款责任,故不论项目单位是何种性质的企业,在偿还此类贷款任务尚未落实前,人民法院均暂不受理其破产申请,也暂不受理债权人申请其破产的案件”。灵武水泥厂破产案件审理中,灵武市人民政府和灵武市人民法院分别向中国银行灵武支行出具了偿还借用西班牙政府贷款的承诺函和偿还说明,由破产重组后的企业宁夏瀛海集团灵武特种水泥有限公司上交的地方税金中逐年偿还,直至债权还清为止,灵武市人民政府无能力偿还借款,则由担保单位偿还。据此,灵武市人民法院认为灵武水泥厂借用外国政府贷款的债务已经落实,遂作出了破产还债和破产程序终结的裁定。然而,灵武市人民政府和灵武市人民法院的承诺函和说明,并未消灭东方资产管理公司对灵武水泥厂的债权和对宁夏财政厅的担保债权。首先,2000 年 6 月,中国银行宁夏分行将部分转贷西班牙政府贷款的债权转移给东方资产管理公司并已经履行了通知义务,东方资产管理公司也分别向主债务人灵武水泥厂和宁夏财政厅催收债权。故东方资产管理公司和中国银行灵武支行共同是转贷西班牙政府贷款的债权人,但灵武市人民政府在落实偿还灵武水泥厂借用西班牙政府贷款债务的承诺并未向东方资产管理公司作出,使东方资产管理公司的债权因灵武水泥厂破产可能落空。其次,由地方政府承诺原借款企业不再承担偿还义务而从重组后企业上缴地方的税金中逐年偿还的行为,本质是债务转移。根据《合同法》第八十四条“债务人将合同的义务全部或者部分转移给第三人的,应当经债权人同意”的规定,灵武水泥厂转移该债务时,应当征得东方资产管理公司同意或认可,否则地方政府单方面转移破产企业债务的行为无效。再次,虽然灵武市人民政府承诺以重组后企业逐年上缴的地方税金来偿还外国政府贷款形成的债务,但没有对偿还的具体金额、期限以及担保偿还的内容作出承诺,实际难以执行。综上,借用外国政府贷款未偿还或未落实债务的企业,不能进入破产程序,即便已经进入或者完成破产程序,也不因此而消灭该债权。故东方资产管理公司仍然有权向原债务人灵武水泥厂和保证人宁夏财政厅追偿其受让的债权。

——最高人民法院民事审判第二庭编:《民商事审判指导》总第 8 辑,人民法院出版社 2005 年版,第 235 ~ 248 页。

561

当企业法人具备破产原因，适格的当事人提出破产申请时，不能以职工安置等原因不予受理

关键词｜破产原因｜破产申请｜职工安置｜

【最高人民法院审判业务意见】

对破产申请的审查应当严格依照《企业破产法》及相关司法解释进行审查，当企业法人具备破产原因、适格的当事人提出破产申请时，不能以职工安置等原因裁定不予受理。

申请人受让的债权合法有效且未获清偿，被申请人作为债务人的连带保证人应承担连带清偿责任，并已为人民法院生效判决确认。被申请人未清偿到期债务，经法院强制执行后仍无财产可供执行，符合《企业破产法》第二条第一款、《破产法解释(一)》第四条第一款第(三)项的规定，应认定被申请人已经具备破产原因。但一、二审法院以维护职工权益、破产可能造成不稳定因素为由裁定不予受理破产申请。最高人民法院审理认为，《企业破产法》及相关司法解释对破产申请受理条件有明确规定，应严格按照法律和司法解释的规定对破产申请进行审查并决定是否受理。关于职工安置问题应在审理过程中尽量做好与债务人及其上级主管单位和有关部门的沟通协调工作，争取妥善解决有关职工安置问题；在案件审理过程中，可在追收扩大债务人财产的基础上，对职工安置费用予以提存和保障；同时，亦可与申请人进行协调，通过执行和解对申请人进行一定比例清偿等方式，以实现债权人和债务人双方主体利益的平衡。

——最高人民法院民事审判第二庭：《最高人民法院民二庭近两年发回重审、指令再审案件审理情况》(2013 年 1 月)，载最高人民法院民事审判第二庭编：《商事审判指导》总第 32 辑，人民法院出版社 2013 年版，第 22 页。

562

关于“无产可破”案件的审理问题

关键词｜无产可破｜

【最高人民法院司法政策】

——建立破产费用专项资金。很多"僵尸企业"停工停产多年,因无力支付破产费用而无法进入破产程序。破产费用中的诉讼费部分虽可减免,但律师等破产管理人的报酬部分应当支付。目前,务必要克服"僵尸企业"因无力支付破产费用而无法进入破产程序的问题。我们已建议财政部门拨出资金建立破产费用专项资金。人民法院要抓住机遇,积极争取财政部门支持,补充企业破产案件中的破产费用缺口,要保证管理人能够按劳取酬,激发破产管理人工作积极性。已经建立破产费用专项资金的人民法院,要依法依规妥善利用专项资金,做到专款专用。要在使用破产费用专项资金的过程中及时总结经验,做好开源节流,适时推动建立政府财政援助的常规机制,同时逐步探索企业正常经营中自行提取破产费用资金等措施。

——杜万华:《在"全国部分法院依法处置僵尸企业调研及座谈会"上的讲话》,载杜万华主编、最高人民法院民事审判第二庭编:《商事审判指导》总第40辑,人民法院出版社2016年版,第71页。

近年来,因为法院总体面临"案多人少"难题,不少法院将有限的司法资源投入其他案件,破产案件没有专门审判组织的现象普遍存在。为适应明年清理"僵尸企业"的需要,各地法院可以根据本地的具体情况,适时建立专门的破产案件审判庭;没有条件的法院也应当具体情况适时建立专门的破产案件审判合议庭,以适应破产案件的审理需要。这次中央经济工作会议很重要的内容之一,就是要清理"僵尸企业"。这是法院很重要的一项工作,如果没有专门的机构、人员,这项任务很难完成,不进行清算很多企业难以轻装上阵,清理过程中涉及重整的条件,组织体系上要有所保证。要建立合理的破产审理绩效考核标准,调动法官审理破产案件积极性,目前一些高级法院已设立了专门的破产案件绩效考核标准,可以参考借鉴。要充分运用中央清理"僵尸企业"有利契机,用好用足各项政策措施,推动建立破产费用保障、破产企业税收优惠等配套机制。要及时学习总结破产审理工作经验,深圳、温州等试点法院尤其要在依法、快速、公平推进破产程序方面出实招、见实效,为其他地方法院提供可复制可推广的经验。

——杜万华:《在第八次全国法院民事商事审判工作会议上的专题讲

话》(2015 年 12 月 24 日),载杜万华主编、最高人民法院民事审判第一庭编:《民事审判指导与参考》总第 64 辑,人民法院出版社 2016 年版,第 52 ~ 53 页。

破产程序具有纠正债务人欺诈行为、检索债务人财产、保障债权人清偿利益的重要功能。为避免债务人借破产逃废债务,人民法院对于表面上无产可破的案件不宜简单地裁定终结破产程序,更不能以无产可破为由不予受理破产申请。第一,人民法院在受理破产案件后,应当及时指定管理人并督促管理人运用法律手段发现债务人财产、纠正债务人欺诈行为和偏颇性清偿行为,通过破产撤销权的行使和无效行为的认定,追收债务人财产,尽可能实现债权人利益保护最大化。第二,对于债务人的出资人等怠于履行义务,导致债务人的主要财产、账册、重要文件等灭失而无法清算或者无法依法全面清算的,人民法院应当在穷尽所有手段,就所发现和追收财产进行清偿后,以无法清算或者无法依法清算为由裁定终结债务人破产程序,并告知相关权利人可依据相关规定另行向债务人的出资人等主张权利。第三,人民法院要积极探索建立破产费用援助保障机制,充分发挥破产制度的积极作用。最高人民法院为推动建立政府对破产案件财政援助的长效机制,已经启动与财政部等有关部门的专项课题调研。在正式机制建立前,各地法院可结合实际,通过筹措政府维稳基金等方式建立地方管理人援助资金,以及鼓励利害关系人垫付费用等方式,采取有效措施推进无产可破案件的审理。

——《认真实施企业破产法,为推动经济社会科学发展建立公平有序的市场经济秩序提供有力的司法保障——全国法院审理企业破产案件工作座谈会材料》(2011 年 10 月 19 日),载最高人民法院民事审判第二庭编:《商事审判指导》总第 27 辑,人民法院出版社 2012 年版,第 9 页。

关于"无产可破"案件的管理人指定及报酬问题。一些案件的破产财产不足以支付管理人报酬,以常规方式处理这种案件,可能影响到管理人执业市场的公平,削弱一部分管理人的执业积极性。各地法院为解决这一问题,进行了一些有益的探索,如有的法院借助地方财政的支持设立基金,或从管理人收取的报酬中提取一定的比例设立管理人基金,当破产财产不足支付管理人报酬时从该类基金中支取;又如,有的法院在管理人选定方式上,除了随机指定方式以外,对于"无产可破"的案件,采取直接指定管理人的方式,从而使管理人的报酬得以平衡。这些做法在一定程度上解决了无产可破案件管理人报酬的问题，值得借鉴。

——《第三届中国企业破产法论坛材料》(2010年6月26日)，载最高人民法院民事审判第二庭编:《商事审判指导》总第22辑，人民法院出版社2010年版，第6页。

【最高人民法院审判业务意见】

破产审判工作是实现破产法律制度功能，运用法治办法化解产能过剩、淘汰“僵尸企业”，完善企业退出机制的重要方式，对于促进供给侧结构性改革目标的实现有重要作用。为了贯彻落实党中央推进供给侧结构性改革的重大决策部署，适应我国经济发展的新常态，我们立足于破产案件审判工作的特点及其重要作用，决定在全国法院设立清算与破产审判庭，以确保破产审判工作的常态化、规范化、法治化。

首先，设立清算与破产审判庭是完善破产案件审理机制，落实中央推进供给侧改革、依法处置“僵尸企业”工作部署的重要举措。当前，增速回落是经济进入新常态的一个重要特征，经济下行压力加大仍是我国经济运行面临的最突出问题。较多企业生产经营面临较大困难，结构性矛盾突出，呈亏损状态。今后一段时间，这些企业将会作为“僵尸企业”进入重整或清算程序，这就对法院工作提出了严峻考验。为确保依法处置“僵尸企业”工作的顺利进行，人民法院必须未雨绸缪，设立专门的破产审判庭，配备足额、专业的审判人员，健全工作机制，为改革工作的顺利推进提供司法保障。

其次，设立专门审判庭是健全市场主体退出机制，为市场经济运行创造良好环境的必然要求。通过破产程序，可以实现债务的有序清偿，使符合条件的企业合法有序退出市场，使困境企业通过重整、和解等程序解困复兴，从而促进国家金融和社会秩序的稳定。近年来，我国破产案件受理数量一直在低位徘徊，大部分资不抵债企业本该适用破产程序退出市场，却因为种种原因并未启动。这种局面阻碍了企业破产法的贯彻实施，使破产制度未能发挥其应有作用，显然也不利于“僵尸企业”司法处置工作的开展。通过建立专门审判庭，充分发挥审判机构的职能作用，促使企业通过合法方式有序退出市场，即使只有三分之一的吊销、注销企业进入破产重整程序，全国破产案件收案数预计也将有大幅提高。对于保护债权人利益、确保市场主体有序退出等方面将发挥重要作用，从而实现破产法律制度维护良性市场环境和信用体系的制度功能。

——《充分发挥审判职能作用　加快审理公司强制清算与企业破产案件——最高人民法院民二庭负责人就设立清算与破产审判庭答记者问》，载《人民法院报》2016年8月11日。

对破产费用的保障问题，有的法院从普通破产案件的管理人报酬中提取一定比例建立管理人报酬援助资金，用于资助无产可破案件的管理人报酬；有的法院协调当地财政部门成立保障基金以支付破产费用；还有的鼓励利害关系人垫付费用。目前，最高人民法院与财政部及其他有关单位正在进行《实施企业破产法与政府援助机制》课题的调研，在此基础上我们拟推动建立政府财政援助的常规机制，其中一项重要的内容就是资助破产费用，以保障无产可破案件可以得到正常的审理。财政部等单位的态度比较积极。

这里需要说明的是，法院解决破产费用的方式应当合法。据介绍，有的法院从受理的破产案件最终可供分配的财产提取一定比例划入破产费用基金，以支付无产可破案件管理人报酬。我们认为，债务人可供分配的财产属于全体债权人，在没有征求债权人情形下，法院直接划拨一部分作为破产费用基金，这会损害债权人利益。这种方式是否妥当值得商榷。

——宋晓明：《在全国法院审理企业破产案件工作座谈会上的总结讲话（摘录）》，载最高人民法院民事审判第二庭编：《商事审判指导》总第27辑，人民法院出版社2012年版，第19页。

编者说明

从理论上讲，在债务人“无产可破”时可以采取多种方式解决管理人报酬与破产费用的支付问题，继续进行破产程序。第一，交叉补贴，即在有产可破案件收取的费用中调剂少部分建立基金，以弥补无产可破案件的支出；第二，政府财政拨款补贴；第三，设置特殊的税收取得资金；第四，用法院收取的破产案件受理费补贴；第五，由各方利害关系人垫款，包括国家作为利害关系人时的垫款，以及管理人较高报酬的部分提取。这些方法可以同时交叉适用。①

① 王欣新：《破产法》，中国人民大学出版社2011年版。

563

债权人对人员下落不明或者财产状况不清的债务人申请破产清算，应依法予以受理

关键词｜下落不明｜财产状况不清｜破产清算｜

【最高人民法院司法解释】

贵州省高级人民法院：

你院《关于企业法人被吊销营业执照后，依法负有清算责任的人未向法院申请破产，债权人是否可以申请被吊销营业执照的企业破产的请示》（〔2007〕黔高民二破请终字1号）收悉。经研究，批复如下：

债权人对人员下落不明或者财产状况不清的债务人申请破产清算，符合企业破产法规定的，人民法院应依法予以受理。债务人能否依据企业破产法第十一条第二款的规定向人民法院提交财产状况说明、债权债务清册等相关材料，并不影响对债权人申请的受理。

人民法院受理上述破产案件后，应当依据企业破产法的有关规定指定管理人追收债务人财产；经依法清算，债务人确无财产可供分配的，应当宣告债务人破产并终结破产程序；破产程序终结后二年内发现有依法应当追回的财产或者有应当供分配的其他财产的，债权人可以请求人民法院追加分配。

债务人的有关人员不履行法定义务，人民法院可依据有关法律规定追究其相应法律责任；其行为导致无法清算或者造成损失，有关权利人起诉请求其承担相应民事责任的，人民法院应依法予以支持。

——《最高人民法院关于债权人对人员下落不明或者财产状况不清的债务人申请破产清算案件如何处理的批复》（2008年8月7日，法释〔2008〕10号）

564

关联企业实质合并破产的申请与受理

关键词｜关联企业｜实质合并破产｜

【最高人民法院司法政策】

随着现代市场经济的社会化、规模化发展,关联企业联合体逐步取代单一的企业组织形式成为经济社会中的主角。关联企业之间的非正当关联行为,使得关联企业成员法律责任的独立性与公司经营的非独立性之间产生了尖锐矛盾,打破了公司独立人格制度所维系的公司、股东、债权人与其他利害关系人之间的利益平衡,这种利益失衡在关联企业破产时尤为突出。有的法院在审理关联企业破产案件时能够积极探索,对于明显利用关联关系损害其他债权人利益的,通过审慎适用关联企业实质合并破产制度,将各个破产企业的资产和债务合并,按照统一的债权额比例清偿所有债权人,实现了对关联企业所有债权人的实质上的公平对待,取得了良好的社会效果。最高人民法院目前在总结经验的基础上,正在起草相关司法解释。在司法解释出台前,各级人民法院应当积极探索关联企业合并破产问题,在充分尊重法人独立责任和股东有限责任的基础上,对于关联企业成员法人人格存在高度混同、区分各自财产将耗费高额成本、明显利用关联关系损害债权人利益等情形,可以合并处理相关企业的资产。

——《认真实施企业破产法,为推动经济社会科学发展建立公平有序的市场经济秩序提供有力的司法保障——全国法院审理企业破产案件工作座谈会材料》(2011 年 10 月 19 日),载最高人民法院民事审判第二庭编:《商事审判指导》总第 27 辑,人民法院出版社 2012 年版,第 10 页。

【最高人民法院答复】

一、案件基本情况和案件来源

2007 年 9 月 7 日,深圳市中级人民法院裁定受理汉唐证券有限责任公司(以下简称汉唐证券)清算组申请汉唐证券有限责任公司破产清算一案,并于同年 12 月 26 日宣告汉唐证券破产清算。清算过程中查明,汉唐证券在其经营过程中共设立了广州宝丰投资咨询有限公司(以下简称广州宝丰公司)等 46 家壳公司,该 46 家壳公司分布在深圳、广州、湛江、北京、上海、南京、海口、儋州、文昌、贵阳等地。该 46 家壳公司实际上是汉唐证券违规开展自营业务和委托理财业务的操作平台,没有实质的经营活动,没有独立的办公场所,也没有独立的工作人员，工作人员皆由汉唐证券员工兼任，公司的印章、证照、账户等均由汉唐证券相关部门控制和使用。同时，46 家壳公司没有独立完善的会计核算体系，汉唐证券在会计核算上将该 46 家壳公司作为一个整体只编制了一套账来反映其财务情况，具体每一家公司的资产负债情况均无法体现。2004 年 6 月 15 日，中国证券监督管理委员会在委托中国信达资产管理公司对汉唐证券进行行政清理时，46 家壳公司被一并接管并进行了清理。汉唐证券行政处置前夕，汉唐证券及 46 家壳公司自营和理财账户上的证券被集体转托管至汉唐证券深圳红岭中路营业部 10 个以汉唐证券壳公司名义开立的指定集中账户，这些证券类资产已难以区分权属。

深圳市中级人民法院认为，企业法人不能清偿到期债务并且资产不足以清偿全部债务的，应当根据企业破产法的规定清理债务。经审计，46 家壳公司资产总额为 2294987118.15 元，负债总额为 2871279391.81 元，净资产为 -576292273.66 元，已经严重资不抵债，明显缺乏清偿债务的能力，符合破产清算的法定条件。46 家壳公司虽然形式上具有主体资格，实质上均是由汉唐证券主导设立并绝对控制的空壳公司。46 家壳公司成立后并没有开展独立的经营活动而只是作为汉唐证券违规开展自营业务和委托理财业务的操作平台。汉唐证券进行行政清理时，46 家壳公司已被汉唐证券清算组一并接管并进行了清理。同时，由于 46 家壳公司与汉唐证券之间存在资产、财务、人员严重混同的事实，如果分别破产清算不但难以公正保护债权人利益，而且因清算程序复杂、繁琐，资产归属难以划分，势必造成效率低下，清算成本巨大。为了公平保护汉唐证券及 46 家壳公司的各方当事人合法利益，提高清算效率，应将 46 家壳公司破产清算案与汉唐证券破产清算案合并审理。

2009 年 7 月 21 日，深圳市中级人民法院裁定受理重庆市隆安实业开发有限公司申请广州宝丰公司等 46 家公司破产清算案。2009 年 11 月 11 日，深圳市中级人民法院裁定宣告广州宝丰公司等 46 家壳公司破产清算并将 46 家壳公司破产清算案与汉唐证券破产清算案合并清算。

二、最高人民法院批复意见

2008 年 10 月 10 日，最高人民法院作出〔2008〕民二他字第 40 号批复，原则同意深圳市中级人民法院关于 46 家壳公司破产清算并与汉唐证券破产案合并审理的意见。

——杜万华主编：《最高人民法院民商事案件审判指导》第 2 卷，人民法院出版社 2015 年版，第 474 ~ 475 页。

【最高人民法院审判业务意见】

关联企业实质合并破产制度,《企业破产法》没有明确规定。实践中一些法院已进行了这方面的探索,在本次会议讨论中很多法院都认为这一制度很有必要。最高人民法院民二庭正在加紧起草关联企业实质合并破产的司法解释。当前,在采用关联企业实质合并破产时,我们认为应当注意以下问题:

其一,在审理各关联企业成员国的破产清算案件时,发现关联企业成员之间存在法人人格高度混同情形,管理人或者债权人提出适用实质合并规则进行破产清算申请的,人民法院可以采取实质合并破产的方式。管理人或者债权人未提出的,法院也可以向其释明。

其二,要严格把握法人人格存在高度混同的标准。一般认为:企业流动资金、货币资产、固定资产等主要经营性资产,难以区分的,或者财务账簿、会计凭证难以区分,或者共同使用同一账户的等,可以认定为法人人格高度混同。

其三,管辖方面,一般应按照以下方式处理:(1)关联企业均尚未进入破产程序,申请人直接申请适用实质合并破产规则对关联企业进行破产清算的,由关联企业中的核心控制企业住所地人民法院管辖。各关联企业之间交叉持股的,由控制关联企业主要资产的企业住所地人民法院管辖。(2)关联企业的个别成员已进入破产程序,申请人申请适用实质合并破产规则对关联企业进行破产清算的,由已受理该成员破产案件的人民法院管辖。(3)关联企业的成员已分别进入由不同法院受理的破产程序,申请人申请适用实质合并规则对关联企业进行破产清算,或者人民法院依职权决定适用实质合并规则进行破产清算的,报请共同的上级法院指定管辖法院。

另外,对尚不符合实质合并破产条件的关联企业成员破产的,在有条件的情况下,可以探索由控制企业所在地或主要财产所在地法院集中审理的方式,减少不同程序间的协调成本,保障破产程序公平有序进行。

——宋晓明:《在全国法院审理企业破产案件工作座谈会上的总结讲话(摘录)》,载最高人民法院民事审判第二庭编:《商事审判指导》总第27辑,人民法院出版社2012年版,第23~24页。

【链接：最高人民法院法官著述】

对于法院是否应当依职权适用实体合并规则问题，我们主张采用申请主义为主，职权主义为辅的原则，依职权适用区分关联企业成员是否进入破产程序两种情况：(1)在关联企业成员均已进入破产程序情形下，法院可以依职权决定适用实体合并破产规则。关联企业成员均已进入破产程序情形下，各关联企业成员具有破产原因并已依法启动破产程序，法院依职权适用实体合并规则不违反我国《企业破产法》的规定。在《企业破产法》未明文规定实体合并规则的情况下，法院作为破产程序的主导者，理应可以依职权适用实体合并规则，汉唐证券与其46家壳公司合并清算案就是关联企业进入破产程序后，法院依职权适用实体合并规则的成功案例。(2)在关联企业成员尚未进入破产程序情形下，法院应当依申请适用实体合并破产规则。因为，原则上具备破产原因的关联企业成员才能适用实体合并规则，当然也不排除我们探讨不具有破产原因的关联企业成员部分适用实体合并规则的可能性，但这属于例外情形，应当另当别论。对关联企业成员适用实体合并规则实质上就是启动该关联企业成员的破产程序，因此必须依照《企业破产法》的规定执行，即应当依申请启动破产程序。

——刘敏、池伟宏：《关联企业实体合并破产制度的适用——汉唐证券有限责任公司及其46家壳公司合并破产清算案评析》，载最高人民法院民事审判第二庭编：《商事审判指导》总第32辑，人民法院出版社2013年版，第146～147页。

编者说明

关联企业作为公司法概念，理论界一直存在争议，《公司法》并未明确关联企业的概念，仅在第二百一十六条对关联关系作了规定。从司法实务角度出发，可以认为关联企业是指具有关联关系的企业法人的联合体，对于关联关系的认定则适用《公司法》第二百一十六条的规定。实质合并，是指关联企业破产时，关联企业成员之间的财产和债务合并计算，相互间的债权债务消灭，债权共同受偿的破产处理程序。

565 人格严重混同的关联企业实体合并破产制度仅适用于破产企业股东为企业法人的场合

关键词 | 关联企业 | 人格混同 | 实质合并破产 |

【最高人民法院裁判文书】

曾小明与合昌国际贸易(深圳)有限公司等股东损害公司债权人利益责任纠纷案[最高人民法院(2015)民申字第541号民事裁定书]

最高人民法院认为:(一)原审法院受理本案是否违反法律规定。曾小明主张,《破产法解释(二)》第二十三条第一款规定,“破产申请受理后,债权人就债务人财产向人民法院提起本规定第二十一条第一款所列诉讼的,人民法院不予受理”,本案符合《破产法解释(二)》第二十一条第一款“以债务人的股东与债务人法人人格严重混同为由,主张债务人的股东直接向其偿还债务人对其所负债务的”的情形,故原一、二审法院不应受理此案。对此,本院认为,鉴于当前我国破产法律制度仅限于规范企业法人的破产程序,尚无自然人等非企业法人破产制度,调整破产企业的股东与破产企业的法人人格严重混同情形下的关联企业实体合并破产制度,也仅适用于破产企业的股东为企业法人的场合,而不包括破产企业的股东为自然人等非企业法人的情形。在破产企业的股东为自然人等非企业法人的情形下,债权人有权依据《公司法》第二十条第三款关于“公司股东滥用公司法人独立地位和股东有限责任,逃避债务,严重损害公司债权人利益的,应当对公司债务承担连带责任”的规定,向破产企业的自然人等非企业法人股东主张相关权利。因此,原审法院以本案系合昌公司依据《公司法》第二十条第三款规定,要求滥用公司法人独立地位和股东有限责任损害债权人利益的债务人东莞雷豹公司的股东曾小明等,对东莞雷豹公司所负债务承担连带责任提起的诉讼,不属《破产法解释(二)》第二十一条第一款规定的债权人就债务人财产提起的个别清偿诉讼的情形为由,驳回曾小明关于一审法院受理合昌公司提起的本案诉讼程序违法的上诉理由,并无不当。曾小明关于原审法院受理本案属适用法律错误的主张,于法无据,本院不予支持。

(二)原判决是否违反法律规定、是否导致破产法下的个别清偿。《企业破产法》第十六条禁止的个别清偿是指破产程序启动后债务人以破产财产对个别债权人的清偿。鉴于前述调整破产企业的股东与破产企业的法人人格严重混同情形下的关联企业实体合并破产制度仅适用于破产企业的股东为企业法人的场合,而不适用于破产企业的股东为自然人等非企业法人的情形。因此,在破产企业的股东为自然人等非企业法人的情形下,即使存在破产企业的自然人等非企业法人股东与破产企业的人格严重混同的事实,因不可能适用关联企业实体合并破产制度将自然人等非企业法人股东的财产纳入到破产财产中,并在破产程序中依法对全体债权人公平清偿,因此,自然人等非企业法人股东的财产在法律属性上并非破产财产。故,原审判决曾小明对东莞雷豹公司拖欠合昌公司的债务承担连带清偿责任,并不构成破产法下的个别清偿。曾小明关于原判决违反《企业破产法》第十六条、第十七条的规定,导致破产法下的个别清偿的主张,本院不予支持。

——中国裁判文书网,http://wenshu.court.gov.cn。

三、破产程序与执行程序的衔接

566

切实做好破产程序与执行程序的配合与衔接

关键词｜破产程序｜执行程序｜

【最高人民法院司法解释】

第五条 破产申请受理后,有关债务人财产的执行程序未依照企业破产法第十九条的规定中止的,采取执行措施的相关单位应当依法予以纠正。依法执行回转的财产,人民法院应当认定为债务人财产。

——《最高人民法院关于适用〈中华人民共和国企业破产法〉若干问题的规定(二)》(2013 年 9 月 5 日,法释〔2013〕22 号)

【最高人民法院司法政策】

五、认真做好执行程序与破产程序的衔接。

各地法院要按照《企业破产法》和《最高人民法院关于适用〈中华人民共和国民事诉讼法〉的解释》有关规定,做好执行程序转入破产程序的衔接工作。执行法院要充分利用执行信息平台和相关信息资源,及时汇集针对同一企业的执行案件信息,依法推进符合破产条件的企业转入破产程序,坚决反对在案件处理上相互推诿。破产案件审理中,其他法院要依法中止对破产企业的执行,依法解除相关保全措施。对于不依法解除保全措施和违法执行的相关人员,各地法院要依法依规严厉追究责任。

——《最高人民法院关于依法开展破产案件审理积极稳妥推进破产企业救治和清算工作的通知》(2016 年 5 月 6 日,法〔2016〕169 号)

破产程序是在债务人财产不足以清偿全部债务的情况下对债务人全部财产进行的概括执行,目的是在特定情况下为所有债权人创造一种获得公平受偿的条件和机会。而执行程序是在债务人财产足以清偿所有债务的情况下进行的个别执行,目的在于实现特定债权人的特定债权。由于破产程序启动的特殊性,必然产生其对执行程序的优先性和对一般债务清偿程序的排斥。人民法院应当切实做好两种程序的配合与衔接。第一,要严格按照《企业破产法》的规定,做好破产申请受理后债务人财产执行程序的中止和保全措施的解除工作,保障破产程序的顺利进行。执行法院接到审理破产案件的法院或者破产管理人提交的破产案件受理裁定后,应当依照法律及时解除有关债务人财产的保全措施,中止有关债务人财产的执行程序。执行法院不依法解除保全或中止执行的,审理破产案件的法院应报请其与执行法院共同的上级法院决定解除或中止。执行法院违法执行的,应当对已经执行完毕的债务人财产依法执行回转。这里要强调的是,有关债务人的财产保全措施和执行程序的规定,还应适用于追究债务人有关行政责任或刑事责任时对债务人财产的保全措施和执行程序。债务人财产被税务、公安、海关等行政机关采取保全、执行措施的,人民法院应当积极与其沟通协调,确保依法解除保全或中止执行。第二,要依法规范破产程序,做好破产程序与其前后执行程序的配合与衔接,保障执行程序依法顺利进行。受理破产申请的法院在破产宣告前,裁定驳回破产申请或者终结破产程序的,在作出相关裁定前,应当告知管理人及时通知原对债务人财产采取保全措施的法院恢复原有的保全措施,有轮候保全的,以原采取保全措施的时间确定轮候顺位。对恢复受理债务人为被执行人的执行案件,应当适用申请执行时效中断的有关规定。第三,要打通执行不能向破产程序的转化渠道,依法保障全体债权人的合法权益。各地法院要充分利用现有制度加强执行不能案件向破产案件的转化工作,相关当事人申请业经法院强制执行不能清偿到期债务的债务人破产的,人民法院应当依法予以受理。

——《认真实施企业破产法,为推动经济社会科学发展建立公平有序的市场经济秩序提供有力的司法保障——全国法院审理企业破产案件工作座谈会材料》,载最高人民法院民事审判第二庭编:《商事审判指导》总第27辑,人民法院出版社2012年版,第9~10页。

【最高人民法院审判业务意见】

其一,破产申请受理后,法院不能对债务人企业财产启动新的执行程序,对已经审结的案件应告知债权人向管理人申报债权。这里的执行程序不限于民事执行程序,还包括追究行政责任或刑事责任时的执行程序。

其二,执行程序或保全措施在破产申请受理前已经启动或作出,破产申请受理后执行法院不中止执行或解除保全的,审理破产案件的法院应报请其与执行法院共同的上级法院决定解除或中止。有法院问应向共同上级法院中的哪一个部门提出,对此我们在充分研究后将以适当形式予以明确。

其三,执行法院违法错误执行且不依法执行回转的,由受理破产案件法院和执行法院共同的上级法院协调执行回转,并依法追究相关人员的责任。

其四,债务人企业财产被税务、公安、海关等行政机关采取保全、执行措施,法院应当争取这些机关配合,依法解除保全或中止执行。

其五,如果法院裁定债务人适用破产重整程序,在重整期间,对债务人特定财产享有的担保物权要依法暂停行使,法院对此财产也不得执行。

——宋晓明:《在全国法院审理企业破产案件工作座谈会上的总结讲话(摘录)》,载最高人民法院民事审判第二庭编:《商事审判指导》总第27辑,人民法院出版社2012年版,第22页。

【链接:最高人民法院法官著述】

《民诉法解释》第五百一十六条规定,当事人不同意移送破产或者被执行人住所地人民法院不受理破产案件的,执行法院就执行变价所得财产,在扣除执行费用及清偿优先受偿的债权后,对于普通债权,按照财产保全和执行中查封、扣押、冻结财产的先后顺序清偿。据此,对于不能进入破产程序的企业法人,执行中要贯彻“优先原则”,按照采取执行措施的先后顺序实现债权。这一规定可以“倒逼”申请采取执行措施在后的债权人申请启动破产程序,有效解决破产程序启动难的问题。执行程序与破产程序衔接制度是《民诉法解释》中新增加的一项重要制度,旨在缓解执行积案与破产法运行不畅两个实践中的问题。但是破产程序运行不畅的原因纷繁复杂,增设该项新制度虽然会解决一定问题,但也绝非灵丹妙药,而且该项制度本身在实际操作中也可能会面临诸多困难,尤其是当案件难以进入破产程序,执行法院必须适用第五百一十六条对普通债权适用优先原则时,会面临非常大的压力。对此,要加强执行法院与破产法院的衔接配合,一方面,执行法院应当充分认识到破产程序的功能,引导当事人同意后移送破产,对于不能进入破产程序的案件,依法适用《民诉法解释》第五百一十六条规定执行,以实现制度的倒逼功能。另一方面,破产法院对于执行法院移送的案件,经审查符合破产条件的,也要排除来自各方的影响,依法受理。对于有关部门基于社会稳定等原因干预破产的案件,要积极进行沟通协调,充分争取有关部门的支持配合。

——赵晋山、葛洪涛:《民事诉讼法司法解释执行程序若干问题解读》,载江必新、刘贵祥主编,最高人民法院执行局编:《执行工作指导》总第53辑,国家行政学院出版社2015年版,第163~165页。

依据法理,在同一财产之上不能同时并存两种性质冲突的执行程序,故破产程序启动后,有关债务人财产的其他执行程序应当中止。新、旧破产法对此均作有规定,但不同的是旧破产法规定应当中止的,是对债务人财产的其他民事执行程序,而新破产法则将所有有关债务人财产的执行程序全部中止,不仅包括民事执行,也包括行政执行和刑事执行。中止执行的具体情况如下:(1)对已提起但尚未执行完毕的执行程序应当中止;诉讼已经审结但尚未申请或移送执行的,不得再提起新的执行程序。债权人凭生效的法律文书向受理破产案件的人民法院申报债权。但对于已执行终结的程序以及已部分执行完毕的财产,该规定无溯及力。执行标的物不需要过户登记的,执行程序于执行标的物实际交付给债权人时终结;执行标的物需要过户登记的,执行程序于执行法院发出的协助执行裁判文书生效时终结。(2)应当中止的仅限于以财产为标的的执行程序,对债务人提起的非财产性执行程序可继续进行。(3)有物权担保的债权人即别除权人就担保物提起的执行程序,原则上不应受中止效力的约束,除非当事人申请的是重整程序。立法规定中止个别执行的目的,是保障对全体债权人的公平清偿。中止别除权人就担保物提起的执行程序,并不能起到保障普通债权人公平受偿的作用,所以中止执行的效力一般不及于别除权人就担保物提起的执行程序。但当担保物控制在管理人手中时,物权担保人行使权利要和管理人进行必要的协调。

——最高人民法院民事审判第二庭编著:《最高人民法院关于企业破产法司法解释理解与适用》,人民法院出版社2013年版,第152页。

编者说明

最高人民法院法官认为,刑事案件中涉及债务人财产的问题,主要包括没收财产、罚金等对被告人的财产型处罚、刑事附带民事诉讼的民事赔偿、追缴赃款赃物等。如前所述,没收财产与罚金均属于劣后债权，在破产程序中应当后于普通民事债权的清偿。①

567

执行不能时，对符合破产条件的企业，执行法院应积极推动进入破产程序

关键词｜执行不能｜破产程序｜

【最高人民法院司法政策】

二、做好执行程序转入破产程序工作。《民诉法解释》第五百一十三条至五百一十五条规定了执行程序转入破产程序的原则，解决了法院内部执行转破产的程序启动问题，拓宽了破产案件受理渠道。对上述司法解释的规定，重庆、深圳、温州等地部分中级法院已开始积极贯彻落实。最高人民法院正在制定执行程序转入破产程序的具体规定。当前，在适用上述规则时需注意以下四个问题：一是要充分利用已有的执行信息平台和信息资源，及时发现、整合分散在不同法院的针对同一"僵尸企业"的多起执行案件信息。执行法院及其上级法院要依法尽力创造集中管辖、集中执行等有利条件，促进"僵尸企业"及时、顺畅转入破产程序。二是判断当事人同意移送破产的时间点，既可以是执行不能时，也可以是当事人申请执行时。同时，不仅要考虑债权人的同意，也要关注债务人的申请，尤其要充分考虑债务人对企业重整的申请。在同意的形式上，应采取书面形式。三是要注意克服地方保护主义。执行法院对依法应当移送破产的执行案件要及时移送，不得故意拖延。破产法院要克服对破产案件的"畏难情绪"，应当依法受理的破产案件要及时受理，切实避免在受理破产案件上"踢皮球"。四是执行法院将案件移送破产时，应当中止执行程序。《企业破产法》第十九条已对此作了明确规定，《破产法解释（二）》也作了规定。但是司法实践中还有相当一些地方法院未严格遵守法律和司法解释规定，在破产程序启动后继续对被执行人进行执行和保全。这种情况要坚决予以禁止，严

① 最高人民法院民事审判第二庭编著：《最高人民法院关于企业破产法司法解释理解与适用》，人民法院出版社 2013 年版，第 154 页。

格依法办事。

——杜万华:《依法处置“僵尸企业”开创破产审判工作新局面》(2016年3月28日),载最高人民法院网,http://www.court.gov.cn。

(一)推动建立人民法院(依职权)将执行程序转入破产程序的制度

由于普通执行程序无法解决债权人平等保护的问题,所以实践中常常出现债权人“争夺执行”“抢先执行”的情形,从而诱发了不同债权人之间的矛盾。传统的参与分配制度不仅只能解决部分债权人间的利益平衡,而且也只能消极地将债务人现有财产进行分配,不能积极地追回债务人财产。近年来的司法实践表明,在债务人企业资力不足以致不能清偿债务时,相对于普通执行程序,企业破产程序不仅能更好实现各方利益的平衡,化解债权人之间的冲突,而且能积极依法追究相关民事责任,促进诚信市场建设。

依照现行企业破产法的规定,破产程序应当依照债权人、债务人等利益相关人的申请而启动。但是,实践中由于种种原因,在企业负担大额债务且明显符合破产条件时,破产程序往往却无法启动,不仅导致企业破产法在保障债权人公平受偿、调整市场经济结构、构建诚信市场环境等方面的积极作用无法充分发挥,而且使得相当一批执行案件既难以进行又难以终结,形成了所谓“执行难”的一个重要方面。对此,我们认为,应当在充分实践调研的基础上,根据企业破产法的原则精神进一步完善企业破产程序启动方面的法律制度,当前尤其应当建立人民法院(依职权)将相关执行程序转入破产程序的制度。

——《积极探索,勇于创新,充分发挥企业破产法对市场经济的保障作用——第六届中国破产法论坛材料》(2014年11月1日),载最高人民法院民事审判第二庭编:《商事审判指导》总第38辑,人民法院出版社2015年版,第2~3页。

【最高人民法院审判业务意见】

讨论中大家一致认为:执行不能时,如果久拖不决,不仅债权人利益会因债务人财产持续损耗而受损,而且债务人企业的不良信用状况还可能给市场造成新的风险,继续受理审理涉债务人案件还将浪费大量司法资源。所以在执行不能时,对符合破产条件的企业,执行法院应积极推动该企业进入破产程序,公平地、一次性地解决涉债务人企业的所有债权债务纠纷。同志们对执行程序向破

产程序的转化也提出了不少建议,归纳起来,主要是:

其一,执行不能时,如果被执行人可能具备破产原因,执行法院应当及时向申请执行人或被执行人释明,由其向有管辖权法院提出破产申请,由接受申请的法院判断被执行人是否进入破产程序。

其二,同一法院受理涉同一被执行人的多起执行案件时,如果需执行金额总额明显超出被执行人的资产总额,此时执行法院应作通盘考虑、综合把握,及时进行执行不能转破产程序的工作,而不应为部分申请执行人抢先执行,不应待现有资产全部执行完毕后再转入破产程序。

其三,要做好执行不能转破产程序时的衔接、材料移交等工作。同一法院内执行部门与破产案件审判部门之间,执行法院与受理破产案件的法院之间应当实现良好对接。

其四,在执行不能案件中,执行法院应采取适当形式向债权人进行破产程序相关情况告知,充分听取债权人和债务人意见,在熟悉和了解相关情况的基础上综合判断是否需要开展转破产程序工作,要切实防止债务人或部分债务人在债务人未发生破产原因的情况下恶意利用破产程序阻碍正常执行程序的进行。

——宋晓明:《在全国法院审理企业破产案件工作座谈会上的总结讲话(摘录)》,载最高人民法院民事审判第二庭编:《商事审判指导》总第27辑,人民法院出版社2012年版,第20页。

【最高人民法院商事审判参考性案例】

三、浙江安吉同泰皮革有限公司执行转破产清算案

(一)基本案情

浙江省安吉县人民法院(以下简称安吉法院)执行局在执行浙江安吉同泰皮革有限公司(以下简称同泰皮革公司)作为被执行人的系列案件中,将被执行人的厂房、土地依法拍卖,所得价款2484万元。但经审查发现,截至2015年2月27日,同泰皮革公司作为被执行人的案件全省共有29件,标的额2200万元;作为被告的案件全省共达94件,标的额3327万元,同泰皮革公司已不能清偿到期债务,而且资产不足以清偿全部债务。安吉法院执行局根据《民诉法解释》第五百一十三条规定,向部分申请执行人征询意见,并得到其中一位申请执行人书面同意,将本案移送破产审查。3月17日,安吉法院根据申请人安吉县博康担保有限公司的申请,裁定受理债务人同泰皮革公司破产清算案。

（二）审理情况

受理破产申请后，安吉法院立即通知相关法院中止诉讼、执行程序，解除财产保全措施，由管理人接管了同泰皮革公司的全部资产。为公平保障全部债权人的利益，对全省范围内涉同泰皮革公司执行案件进行检索，执行人员提醒外地债权人申报债权224.3万元。2015年6月4日，同泰皮革公司破产案召开第一次债权人会议，会议高票通过了《财产管理、变价和分配方案》等两项议案。同月26日，安吉法院裁定确认上述财产管理、变价和分配方案。目前，财产分配方案已执行完毕。同泰皮革公司作为被执行人的案件共53件，债权金额累计4213.1万元，个案执行时间最长达1年半。启动执行转破产程序后，3个月即审结完成，并实现职工债权和税收债权全额清偿，普通债权清偿率达到22.5%。

（三）典型意义

符合企业破产法规定条件的企业法人应该通过破产程序来清理债务，以实现对全体债权人的公平清偿。安吉法院在执行同泰皮革公司系列案件的过程中，发现被执行人已经符合《企业破产法》第七条规定的破产案件受理条件，即根据《民诉法解释》的有关规定，在征得债权人同意后，将执行案件及时移送破产审查，经审查符合破产案件受理条件，即裁定受理，进入破产程序。执行人员还提醒其他执行案件的申请人及时申报债权，实现了案件执行程序和破产程序的有序衔接。案件由执行程序转入破产审查，不仅可以迅速启动破产程序，还有助于执行案件的及时结案，化解执行难问题。

——《人民法院关于依法审理破产案件推进供给侧结构性改革典型案例》，载《人民法院报》2016年6月16日。

编者说明

2016年12月7日，最高人民法院召开全国法院执行案件移送破产审查有关工作视频会议，最高人民法院领导指出：执行转破产工作总的精神是，执行法院发现被执行企业法人符合破产条件，经有关当事人同意后执行法院应当及时将企业移送破产程序，通过破产来化解相关矛盾纠纷。同时强调，要严格把握执行转破产的对象、破产原因、意思三个法定要件，减少程序转换的随意性，确保执行转破产依法高效有序进行，要合理确定执行转破产案件的管辖，坚持破产案件的地域管辖原则，积极探索实行以中级人民法院管辖为原则、基层法院管辖为例外的级别管辖制度，促进司法资源恰当配置。要严格遵循执行转破产的决定程序、移送程序、审查处理程序等流程，确保程序转换合法规范有序。要做好执行转破产程序中的案件材料移送、财产交换管控等配套工作，有效保护当事人的合法权益。2017年1月20日，最高人民法院印发《关于执行案件移送破产审查若干问题的指导意见》，对上述问题予以规范。

568 执行案件移送破产审查的条件

关键词｜执行案件移送破产审查｜

【最高人民法院司法政策】

一、执行案件移送破产审查的工作原则、条件与管辖

1. 执行案件移送破产审查工作，涉及执行程序与破产程序之间的转换衔接，不同法院之间，同一法院内部执行部门、立案部门、破产审判部门之间，应坚持依法有序、协调配合、高效便捷的工作原则，防止推诿扯皮，影响司法效率，损害当事人合法权益。

2. 执行案件移送破产审查，应同时符合下列条件：

(1)被执行人为企业法人；

(2)被执行人或者有关被执行人的任何一个执行案件的申请执行人书面同意将执行案件移送破产审查；

(3)被执行人不能清偿到期债务，并且资产不足以清偿全部债务或者明显缺乏清偿能力。

3. 执行案件移送破产审查，由被执行人住所地人民法院管辖。在级别管辖上，为适应破产审判专业化建设的要求，合理分配审判任务，实行以中级人民法院管辖为原则、基层人民法院管辖为例外的管辖制度。中级人民法院经高级人民法院批准，也可以将案件交由具备审理条件的基层人民法院审理。

——《最高人民法院印发〈关于执行案件移送破产审查若干问题的指导意见〉的通知》(2017 年 1 月 20 日，法发〔2017〕2 号)

【最高人民法院审判业务意见】

问：执转破涉及不同法院之间或者同一法院内部不同部门之间的配合、衔接和协调，为保障执转破工作顺利开展，需要严格执转破的条件。《最高人民法院关于执行案件移送破产审查若干问题的指导意见》对执转破的条件是如何规定的，设定这些条件有何考虑？

答：诚如您所言，执转破的条件是《最高人民法院关于执行案件移送破产审

查若干问题的指导意见》中的核心内容之一。执转破的条件既是执行法院判断是否移送的标准，也是受移送法院审查移送是否合法合规、是否应裁定受理的标准。只有严格把握执转破的条件，才能减少程序转换的随意性，确保执转破机制依法有序高效运行。《最高人民法院关于执行案件移送破产审查若干问题的指导意见》中明确了执转破的三个要件：一是对象要件，二是意思表示要件，三是破产原因要件，三者缺一不可。执转破的对象要件主要涉及执转破的适用范围。根据《民诉法解释》第五百一十三条的规定，执转破应限于被执行人为企业法人的案件，自然人和企业法人以外的组织作为被执行人的案件不适用执转破规则。执转破的意思表示要件是指，执转破应经过被执行人或者至少一个申请执行人同意。之所以要求这一条件，是由于我国企业破产法规定破产程序启动采取当事人申请主义，以当事人具有启动破产程序的意愿为前提。执转破也应具备当事人具有启动破产程序的意愿这一意思表示要件。当事人主动提出申请，无疑直接表明了其具有启动破产程序的意愿；在当事人未主动提出申请的情况下，经人民法院征询其意见，如当事人同意，也可以表明其具有启动破产程序的意愿。在被执行人或申请执行人均不同意移送破产审查的情况下，人民法院不能依职权主动启动执转破程序，而应按《民诉法解释》第五百一十六条的规定处理，企业法人的其他已经取得执行依据的债权人申请参与分配的，人民法院不予支持。另外应注意的是，此处所说的当事人同意，仅限于明示书面同意。在当事人既不表示同意也不表示反对的情况下，不能采取默示推定认定其同意。在破产原因要件方面，由于执转破也是破产程序启动的一种方式，与当事人自行申请破产时对债务人的经济状况要求并无差别，因此，在执行环节判断是否应将案件移送破产审查时，同样也要以企业破产法第二条的规定作为依据。执行法官在适用时，可以结合执行环节所取得的相关证据对债务人是否具备破产原因进行具体判断。一般而言，只要债务人经强制执行，没有财产或财产无法清偿全部债务，即可以认定为明显缺乏清偿能力，就符合破产原因，即具备转出的实质要件。

——《大力推进执转破工作开展　推动破产工作法治化专业化制度化——最高人民法院民二庭负责人就〈关于执行案件移送破产审查若干问题的指导意见〉答记者问》，载《人民法院报》2017年2月7日。

569

执行案件移送破产审查的管辖

关键词｜执行案件移送破产审查｜管辖｜

【最高人民法院司法政策】

3. 执行案件移送破产审查,由被执行人住所地人民法院管辖。在级别管辖上,为适应破产审判专业化建设的要求,合理分配审判任务,实行以中级人民法院管辖为原则、基层人民法院管辖为例外的管辖制度。中级人民法院经高级人民法院批准,也可以将案件交由具备审理条件的基层人民法院审理。

——《最高人民法院印发〈关于执行案件移送破产审查若干问题的指导意见〉的通知》(2017 年 1 月 20 日,法发〔2017〕2 号)。

【最高人民法院审判业务意见】

问:我们注意到,《最高人民法院关于执行案件移送破产审查若干问题的指导意见》对于执转破案件的管辖有一些新的要求,与以往破产案件的管辖相比有所不同,请您谈谈这种变化的原因是什么?

答:执转破案件的管辖问题意义重大,直接关乎审判管理、审判任务配置、执转破的效率,影响破产审判专业化建设。对于执转破案件的地域管辖,《最高人民法院关于执行案件移送破产审查若干问题的指导意见》仍坚持了以往的原则,明确由被执行人住所地法院管辖。对于级别管辖,实务当中的认识并不一致。从普通破产案件的级别管辖来看,司法实践中一直是按照之前的司法解释,根据在不同级别的工商机关登记的债务人的不同,分别由基层人民法院和中级人民法院管辖。但目前无论是法院外部情况还是内部情况都发生了一些变化。从外部情况看,随着企业登记制度的改革,企业工商登记权限在很多地方都已经下移,这直接影响到人民法院破产案件任务量的配置;为适应上述情况的变化,执转破案件的级别管辖也应相应调整。因此,《最高人民法院关于执行案件移送破产审查若干问题的指导意见》中提出,对执转破案件可以积极探索实行以中级人民法院管辖为原则、基层人民法院管辖为例外的级别管辖制度。将执转破案件主要交由中级人民法院审理,一方面,与中级人民法院设立破产审判庭工作相契合配套，有利于保障中级人民法院的破产案件数量，提高中级人民法院破产审判人员的素质，促进中级法院的破产审判专业化建设；另一方面，主要是考虑全国绝大多数基层法院没有专门的破产审判庭，破产审判人员也凤毛麟角，破产审判专业化程度不高，破产案件多由民商事法官审理，在民商事案件级别管辖下移、案件量大幅增加的情况下，基层法院及其法官很难再有精力处理执转破案件。由中级人民法院审理执转破案件，有利于平衡案件压力，从中级人民法院层面上先行推进破产审判机构和队伍专业化建设。当然，全国也有一部分基层法院，特别是东部沿海省份的基层法院已经建立了专门的破产审判庭，破产审判人员专业水平也较高，具备审理破产案件的能力。对此，可以通过由省级人民法院指定的方式，将执转破案件继续交由相关基层法院审理。

——《大力推进执转破工作开展　推动破产工作法治化专业化制度化——最高人民法院民二庭负责人就〈关于执行案件移送破产审查若干问题的指导意见〉答记者问》，载《人民法院报》2017 年 2 月 7 日。

570

执行案件移送破产审查的主要流程

关键词｜执行案件移送破产审查｜

【最高人民法院司法政策】

二、执行法院的征询、决定程序

4. 执行法院在执行程序中应加强对执行案件移送破产审查有关事宜的告知和征询工作。执行法院采取财产调查措施后，发现作为被执行人的企业法人符合破产法第二条规定的，应当及时询问申请执行人、被执行人是否同意将案件移送破产审查。申请执行人、被执行人均不同意移送且无人申请破产的，执行法院应当按照《最高人民法院关于适用〈中华人民共和国民事诉讼法〉的解释》第五百一十六条的规定处理，企业法人的其他已经取得执行依据的债权人申请参与分配的，人民法院不予支持。

5. 执行部门应严格遵守执行案件移送破产审查的内部决定程序。承办人认为执行案件符合移送破产审查条件的，应提出审查意见，经合议庭评议同意后，由执行法院院长签署移送决定。

6. 为减少异地法院之间移送的随意性，基层人民法院拟将执行案件移送异地中级人民法院进行破产审查的，在作出移送决定前，应先报请其所在地中级人民法院执行部门审核同意。

7. 执行法院作出移送决定后，应当于五日内送达申请执行人和被执行人。申请执行人或被执行人对决定有异议的，可以在受移送法院破产审查期间提出，由受移送法院一并处理。

8. 执行法院作出移送决定后，应当书面通知所有已知执行法院，执行法院均应中止对被执行人的执行程序。但是，对被执行人的季节性商品、鲜活、易腐烂变质以及其他不宜长期保存的物品，执行法院应当及时变价处置，处置的价款不作分配。受移送法院裁定受理破产案件的，执行法院应当在收到裁定书之日起七日内，将该价款移交受理破产案件的法院。

案件符合终结本次执行程序条件的，执行法院可以同时裁定终结本次执行程序。

9. 确保对被执行人财产的查封、扣押、冻结措施的连续性，执行法院决定移送后、受移送法院裁定受理破产案件之前，对被执行人的查封、扣押、冻结措施不解除。查封、扣押、冻结期限在破产审查期间届满的，申请执行人可以向执行法院申请延长期限，由执行法院负责办理。

——《最高人民法院印发〈关于执行案件移送破产审查若干问题的指导意见〉的通知》(2017 年 1 月 20 日，法发〔2017〕2 号)

【最高人民法院审判业务意见】

问：执转破实质是执行程序和破产程序之间的衔接，为保障这种衔接的顺畅有序，《最高人民法院关于执行案件移送破产审查若干问题的指导意见》对执转破规定了哪些主要流程？

答：从工作流程上看，执转破主要包括决定程序、移送程序、审查处理程序三个环节。执转破的决定程序主要规范执行部门内部如何作出执转破决定。为了防止执转破的随意性，执转破决定的作出应当经过承办人提出意见、合议庭评议、院领导审签的程序。由于绝大多数执行案件在基层法院，为规范基层法院向异地法院移送案件，基层法院拟向异地法院移送案件时，应先报请其所在地的中级人民法院执行部门审核同意，然后才能移送，以加强对异地移送的监督制约。

执行法院决定移送后，应将案件材料移送给受移送法院的立案部门，立案部门经进行形式审查认定材料齐备后，再编制案号，作为破产申请审查案件移送给破产审判部门进行审理。受移送法院对执行法院依法决定移送的案件不得拒绝接受。如其认为移送材料不齐或有误，影响对被执行人是否具备破产原因作出判断的，可以要求补齐、补正；如其认为案件不应由其管辖，可以按移送管辖的程序处理。受移送法院接收移送材料后，应对案件是否具备移送条件进行审查，并作出是否受理的裁定。

需要强调的是，执转破程序除涉及案件材料移送外，还包括财产的交接或管理的衔接程序。为了便于受移送法院审查有关材料，固定被执行人财产状况，执行法院作出移送决定后，应当书面通知所有已知执行法院，直至受移送法院裁定是否受理破产案件前，收到移送决定的执行法院应中止对被执行人的执行程序。但是，对被执行人的季节性商品、鲜活、易腐烂变质以及其他不宜长期保存的物品，执行法院应当及时变价处置，处置的价款不作分配。受移送法院裁定受理破产案件的，执行法院应当在收到裁定书之日起七日内，将该价款移交受理破产案件的法院。为防止案件移送后，被执行人的财产处于脱保状态，在受移送法院裁定受理破产案件之前，对被执行人的查封、扣押、冻结措施不解除。查封、扣押、冻结期限在破产审查期间届满的，申请执行人可以向执行法院申请延长期限，由执行法院负责办理。执行法院收到受移送法院受理破产的裁定后，应当于七日内将已经扣划到账的银行存款、实际扣押的动产、有价证券等被执行人财产移交给破产案件的管理人。虽然企业破产法规定法院裁定受理破产申请的，应当同时指定管理人，但实践中往往受理与指定管理人并不完全同步，而是有一个时间差，此时执行法院移交的财产可以由受理破产案件的法院暂时保管。通过拍卖方式执行，拍卖成交裁定已送达买受人的；通过以物抵债偿还债务，以物抵债裁定已送达债权人的，执行程序均已进行完毕，拍卖财产和以物抵债财产已不属于被执行人，故无需移交。执行法院已完成转账、汇款、现金交付的执行款，也属于执行完毕的财产，同样不再移交。

——《大力推进执转破工作开展　推动破产工作法治化专业化制度化——最高人民法院民二庭负责人就〈关于执行案件移送破产审查若干问题的指导意见〉答记者问》，载《人民法院报》2017 年 2 月 7 日。

571

执行案件移送破产审查中，受移送法院的接收义务

关键词｜执行案件移送破产审查｜

【最高人民法院司法政策】

三、移送材料及受移送法院的接收义务

10. 执行法院作出移送决定后，应当向受移送法院移送下列材料：

（1）执行案件移送破产审查决定书；

（2）申请执行人或被执行人同意移送的书面材料；

（3）执行法院采取财产调查措施查明的被执行人的财产状况，已查封、扣押、冻结财产清单及相关材料；

（4）执行法院已分配财产清单及相关材料；

（5）被执行人债务清单；

（6）其他应当移送的材料。

11. 移送的材料不完备或内容错误，影响受移送法院认定破产原因是否具备的，受移送法院可以要求执行法院补齐、补正，执行法院应于十日内补齐、补正。该期间不计入受移送法院破产审查的期间。

受移送法院需要查阅执行程序中的其他案件材料，或者依法委托执行法院办理财产处置等事项的，执行法院应予协助配合。

12. 执行法院移送破产审查的材料，由受移送法院立案部门负责接收。受移送法院不得以材料不完备等为由拒绝接收。立案部门经审核认为移送材料完备的，应以“破申”作为案件类型代字编制案号登记立案，并及时将案件移送破产审判部门进行破产审查。破产审判部门在审查过程中发现本院对案件不具有管辖权的，应当按照《中华人民共和国民事诉讼法》第三十六条的规定处理。

——《最高人民法院印发〈关于执行案件移送破产审查若干问题的指导意见〉的通知》（2017 年 1 月 20 日，法发〔2017〕2 号）

572

执行案件移送破产审查中，受移送法院破产审查与受理

关键词｜执行案件移送破产审查｜

【最高人民法院司法政策】

四、受移送法院破产审查与受理

13. 受移送法院的破产审判部门应当自收到移送的材料之日起三十日内作出是否受理的裁定。受移送法院作出裁定后，应当在五日内送达申请执行人、被执行人，并送交执行法院。

14. 申请执行人申请或同意移送破产审查的，裁定书中以该申请执行人为申请人，被执行人为被申请人；被执行人申请或同意移送破产审查的，裁定书中以该被执行人为申请人；申请执行人、被执行人均同意移送破产审查的，双方均为申请人。

15. 受移送法院裁定受理破产案件的，在此前的执行程序中产生的评估费、公告费、保管费等执行费用，可以参照破产费用的规定，从债务人财产中随时清偿。

16. 执行法院收到受移送法院受理裁定后，应当于七日内将已经扣划到账的银行存款、实际扣押的动产、有价证券等被执行人财产移交给受理破产案件的法院或管理人。

17. 执行法院收到受移送法院受理裁定时，已通过拍卖程序处置且成交裁定已送达买受人的拍卖财产，通过以物抵债偿还债务且抵债裁定已送达债权人的抵债财产，已完成转账、汇款、现金交付的执行款，因财产所有权已经发生变动，不属于被执行人的财产，不再移交。

五、受移送法院不予受理或驳回申请的处理

18. 受移送法院作出不予受理或驳回申请裁定的，应当在裁定生效后七日内将接收的材料、被执行人的财产退回执行法院，执行法院应当恢复对被执行人的执行。

19. 受移送法院作出不予受理或驳回申请的裁定后，人民法院不得重复启动执行案件移送破产审查程序。申请执行人或被执行人以有新证据足以证明被执行人已经具备了破产原因为由，再次要求将执行案件移送破产审查的，人民法院

不予支持。但是,申请执行人或被执行人可以直接向具有管辖权的法院提出破产申请。

20. 受移送法院裁定宣告被执行人破产或裁定终止和解程序、重整程序的,应当自裁定作出之日起五日内送交执行法院,执行法院应当裁定终结对被执行人的执行。

——《最高人民法院印发〈关于执行案件移送破产审查若干问题的指导意见〉的通知》(2017 年 1 月 20 日,法发〔2017〕2 号)

四、破产管理人

573

充分发挥破产管理人在破产程序中的职能作用

关键词 | 破产管理人 |

【最高人民法院司法政策】

破产管理人作用发挥的程度，直接决定着破产程序的法律功能能否充分实现。为充分发挥管理人在破产程序中的职能作用，当前人民法院应当做好以下几项工作：一要完善管理人指定机制。要明确破产案件审判部门与司法技术辅助部门的职责，确定适格的破产管理人。破产案件审判部门应当肩负起审查职责，要根据案件的具体情况，确定适用管理人的类型和管理人的产生方式。对于重大疑难案件，不宜以随机方式产生管理人。审判部门决定以随机方式或者竞争方式产生管理人或者清算组管理人成员的，其具体操作程序应交由司法技术辅助部门主持进行。二要健全对管理人队伍的管理、培训和激励机制。《企业破产法》确立的中介机构管理人模式尊重了市场化规律，考虑了破产管理工作的专业性和社会性特点，从长远看应当成为选择破产管理人的主要模式。鉴于管理人队伍还处在培育阶段，为建立一支成熟的管理人队伍，人民法院应当积极探索有效的管理人管理机制，设立严格的管理人资格准入、考评和淘汰体系，逐渐实现对管理人名册的动态管理。人民法院可以在充分听取债权人、相关主管部门等意见的基础上建立管理人评价档案，作为管理人水平的评价依据。有条件的法院还可以探索对管理人的分级分类管理，依据管理人的业绩划分管理人资质等级，按照破产案件实际情况在不同资质等级的管理人中选择管理人。三要进一步厘清人民法院与管理人的关系及职责，保障管理人依法履行职责。人民法院要不断丰富和改进对管理人的指导和监督手段，充分发挥管理人在破产程序中的积极作用，避免人民法院从程序的督导推动者变为破产事务的具体操作者。

——《认真实施企业破产法，为推动经济社会科学发展建立公平有序的市场经济秩序提供有力的司法保障——全国法院审理企业破产案件工作座谈会材料》(2011 年 10 月 19 日),载最高人民法院民事审判第二庭编:《商事审判指导》总第 27 辑,人民法院出版社 2012 年版,第 8 页。

五、妥善指定适格管理人,充分发挥管理人在企业破产程序中的积极作用

11. 人民法院要根据企业破产法和有关司法解释的规定,采用适当方式指定管理人,对于重大疑难案件,可以通过竞争的方式择优确定管理人。要注意处理好审理破产案件的审判庭和司法技术辅助工作部门的关系,在指定管理人时,应由审理破产案件的审判庭根据案件实际情况决定采用哪类管理人以及采用哪种产生方式,在决定通过随机方式或者竞争方式产生管理人或其成员时,再由司法技术辅助工作部门根据规定产生管理人或其成员。

12. 企业重整中,因涉及重大资产重组、经营模式选择、引入新出资人等商业运作内容,重整中管理人的职责不仅是管理和处分债务人财产,更要管理债务人的经营业务,特别是制定和执行重整计划。因此,在我国目前管理人队伍尚未成熟的情况下,人民法院指定管理人时,应当注意吸收相关部门和人才,根据实际情况选择指定的形式和方式,以便产生适格管理人。

13. 管理人的工作能力和敬业精神直接决定着企业破产案件能否依法有效进行,以及破产法律制度能否充分发挥其应有的作用。人民法院要特别注意加强对管理人业务知识和各种能力的培养,建立管理人考核机制,通过业绩考核,形成激励和淘汰机制,逐步实现管理人队伍的专业化。

——《最高人民法院关于正确审理企业破产案件为维护市场经济秩序提供司法保障若干问题的意见》(2009 年 6 月 12 日,法发〔2009〕36 号)

574

破产管理人的指定方式与激励机制

关键词 | 破产管理人指定 |

【最高人民法院司法解释】

第二十条 人民法院一般应当按照管理人名册所列名单采取轮候、抽签、摇

号等随机方式公开指定管理人。

第二十一条 对于商业银行、证券公司、保险公司等金融机构或者在全国范围有重大影响、法律关系复杂、债务人财产分散的企业破产案件，人民法院可以采取公告的方式，邀请编入各地人民法院管理人名册中的社会中介机构参与竞争，从参与竞争的社会中介机构中指定管理人。参与竞争的社会中介机构不得少于三家。

采取竞争方式指定管理人的，人民法院应当组成专门的评审委员会。

评审委员会应当结合案件的特点，综合考量社会中介机构的专业水准、经验、机构规模、初步报价等因素，从参与竞争的社会中介机构中择优指定管理人。被指定为管理人的社会中介机构应经评审委员会成员二分之一以上通过。

采取竞争方式指定管理人的，人民法院应当确定一至两名备选社会中介机构，作为需要更换管理人时的接替人选。

第二十二条 对于经过行政清理、清算的商业银行、证券公司、保险公司等金融机构的破产案件，人民法院除可以按照本规定第十八条第一项的规定指定管理人外，也可以在金融监督管理机构推荐的已编入管理人名册的社会中介机构中指定管理人。

——《最高人民法院关于审理企业破产案件指定管理人的规定》(2007年4月12日，法释〔2007〕8号)

【最高人民法院司法政策】

四、积极完善管理人制度。各地法院要根据《企业破产法》的规定积极完善管理人制度，在现有管理人结构的基础上吸收适应企业重整需要的管理人才参加，积极发挥企业家、经营者、管理者乃至科技人员的作用。要加强对管理人的监督、指导和管理，要着手建立管理人分级管理、升级降级、增补淘汰等制度。要强化管理人的责任，督促管理人依法履职。

——《最高人民法院关于依法开展破产案件审理积极稳妥推进破产企业救治和清算工作的通知》(2016年5月6日，法〔2016〕169号)

二是要试行破产管理人分级管理制度。破产案件个案之间差异较大。上市公司等大型企业和金融机构破产的专业性、技术性较强，事务繁重，而有的小微企业破产则相对简单。从近年破产审判实践情况看，对管理人分级管理，针对不同类型的破产案件从不同级别、资质的管理人名册中指定管理人，既有利于确保破产案件质量的提高和破产程序顺利进行，又有利于管理人队伍的发展壮大和整体素质提升。管理人的分级管理应是当前人民法院在破产管理人管理方面的工作重点。

三是要试行管理人的淘汰、增补和升降级制度。从多数地区情况看，管理人名册自2007年建立后就一直未发生变化，既未增加一些符合条件并具有一定破产管理水平的中介机构入册，也未对一些不符合条件的管理人予以除名。这种状况应当根据实际情况作出改变。尤其是在实行管理人分级管理之后，要根据业绩和水平采取管理人的增补、除名、升降级措施。

——杜万华：《依法处置"僵尸企业"开创破产审判工作新局面》(2016年3月28日)，载最高人民法院网，http://www.court.gov.cn。

（一）关于破产管理人的指定和激励的问题

破产管理人身处破产实践第一线，其作用发挥程度直接决定着破产程序法律功能的实现程度。其一，应当完善破产管理人的指定机制。目前看，完全随机地指定管理人并不利于破产案件妥善处理和管理人队伍的发展壮大。在指定管理人问题上，在坚持依法指定的前提下应当适当兼顾破产案件审理效果和管理人队伍之培育双重目标。对于重大疑难案件，不宜以随机方式产生管理人。其二，应当注重破产管理人的激励问题。《企业破产法》确立的中介机构管理人模式尊重了市场规律，考虑了破产管理人工作的专业性和社会性特点，从长远看应当成为破产管理人的主要模式。鉴于管理人队伍还处在培育阶段，为建立一支成熟的管理人队伍，应当积极探索有效的管理人激励机制，设立严格的管理人资格准入、考评和淘汰体系，逐步实现对管理人名册的动态管理。法院可以在充分听取债权人、相关主管部门意见的基础上建立管理人评价档案，作为管理人水平的评价依据。有条件的地方还可以探索对管理人的分级分类管理，依据入册管理人的业绩划分管理人资质等级，按照破产案件实际情况在不同资质等级的管理人中选择管理人。

——《谈谈当前〈企业破产法〉实施中的重要问题——第五届"中国破产法论坛"材料》(2012年11月17日)，载最高人民法院民事审判第二庭编：《商事审判指导》总第31辑，人民法院出版社2013年版，第8页。

【最高人民法院审判业务意见】

人民法院要在坚持既有法律规定的前提下,采取灵活方式指定合适的管理人:(1)对法律关系简单、所涉矛盾不多、社会影响不大的一般企业破产案件,可采用随机方式指定管理人。(2)对涉及较多国有资产的破产案件,上市公司破产案件,职工人数多、可能影响社会稳定的破产案件,人民法院可适当采取指定清算组为管理人或者以竞争方式指定管理人的办法。考虑到我国市场化的管理人模式尚处于培育阶段,不少中介机构管理人能力和经验都相对欠缺,纯粹以随机方式确定管理人可能并不利于案件的审理。所以对这类案件,在指定清算组时应当注意政府相关部门与中介机构的适当比例,使得两种性质的成员均能参与到破产事务的管理中。

——宋晓明:《在全国法院审理企业破产案件工作座谈会上的总结讲话(摘录)》,载最高人民法院民事审判第二庭编:《商事审判指导》总第27辑,人民法院出版社2012年版,第22页。

编者说明

关于管理人的指定方式,最高人民法院《指定管理人规定》第二十条至第二十二条列举了三种方式:随机、竞争和接受推荐。对于一般破产案件而言,采用随机方式指定管理人效果良好,可以避免在指定管理人的环节上出现过多的人为干预而可能带来的不利影响。对于重大疑难或专业性强的金融机构破产案件,人民法院还可以根据具体情况采用其他的指定方式。

575

建立破产案件管理人的分类制度

关键词｜破产管理人分级｜

【最高人民法院司法政策】

——加强破产管理人队伍指导和管理……

第二,要试行破产管理人分级管理制度。破产案件个案之间差异较大。上市公司等大型企业和金融机构破产的专业性、技术性较强，事务繁重，而有的小微企业破产则相对简单。从近年破产审判实践情况看，对管理人分级管理，针对不同类型的破产案件从不同级别、资质的管理人名册中指定管理人，既有利于确保破产案件质量的提高和破产程序顺利进行，又有利于管理人队伍的发展壮大和整体素质提升。管理人的分级管理应是当前人民法院在破产管理人管理方面的工作重点。

第三，要试行管理人的淘汰、增补和升降级制度。从多数地区情况看，管理人名册自 2007 年建立后就一直未发生变化，既未增加一些符合条件并具有一定破产管理水平的中介机构入册，也未对一些不符合条件的管理人予以除名。这种状况应当根据实际情况作出改变。尤其是在实行管理人分级管理之后，要相应采取管理人的增补、除名、升降级措施。

——杜万华：《在“全国部分法院依法处置僵尸企业调研及座谈会”上的讲话》，载杜万华主编、最高人民法院民事审判第二庭编：《商事审判指导》总第 40 辑，人民法院出版社 2016 年版，第 71 页。

现行破产法制度下，破产管理人的指定原则上采取随机方式。但实践表明，完全随机地在管理人名册中指定管理人，并非均有利于破产案件的审理。从审判实践需要出发，有必要探索对管理人的分类管理制度。具体而言，在随机指定的前提下，可以根据专业能力、职业操守、勤勉程度、履职情况等考核指标，确定管理人的等级；与此相对应，可以根据案件复杂程度和标的额的大小，将破产案件分为重大复杂破产案件、普通破产案件、小额破产案件等类别，据此确定不同管理人的不同办案资质。这样既能使职业能力尚不能满足破产管理工作需要的管理人通过办理一些案情简单、财产较少的小额破产案件来积累经验，同时也对办理重大复杂破产案件的管理人提出了更高要求。此外，还要建立公开透明的竞争机制，综合管理人队伍的专业性和流动性等因素，对管理人实行晋级和降级管理。从已有的地方法院实践看，管理人的分级管理有利于促进管理人队伍的专业化，有利于改进和完善管理人队伍的管理和监督机制，有利于提高管理人制度的运行效能，值得推广。

——《深化商事理念，维护公平正义，为经济社会持续健康发展提供有力司法保障——全国法院商事审判工作座谈会材料》（2013 年 9 月 17 日），载最高人民法院民事审判第二庭编：《商事审判指导》总第 34 辑，人民法院出版社 2013 年版，第 14～15 页。

576

破产清算组对外委托会计师事务所及会计师，目的是为完成法律规定及法院指定的工作，破产清算组与审计结果之间没有利害关系

关键词 | 破产清算组 | 会计师事务所 |

【最高人民法院司法政策】

各省、自治区、直辖市高级人民法院：

审计(师)事务所是依法成立的社会审计组织，根据《审计条例》第三十二条第一款第(二)项之规定，社会审计组织可以接受国家机关、企事业单位、个人委托，承办经济案件的鉴定事项。因此，在审理破产案件中，清算组织可以聘任审计(师)事务所一定数量的执业审计师参与企业破产清算。

——《最高人民法院关于审计(师)事务所执业审计师可以接受清算组的聘任参与企业破产清算的通知》(1993年8月28日，法〔1993〕72号)

【最高人民法院裁判文书】

伍仲明、李宗焕等与管世宇、江门北斗会计师事务所有限公司侵权责任纠纷申请再审案[最高人民法院(2015)民申字第202号民事裁定书]

最高人民法院认为：一、关于管世宇和北斗公司的审计行为是否违反《注册会计师法》第十八条的问题。

《注册会计师法》第十八条规定："注册会计师与委托人有利害关系的，应当回避；委托人有权要求其回避。"该条规定的目的在于避免注册会计师基于与委托人的利害关系，在审计工作中丧失中立和公正立场而出具不实审计报告。本案涉及的星岛酒店被裁定破产之日为2001年4月27日，当时有效的《企业破产法(试行)》第二十四条规定："人民法院应当自宣告企业破产之日起十五日内成立清算组，接管破产企业。清算组负责破产财产的保管、清理、估价、处理和分配。清算组可以依法进行必要民事活动。清算组成员由人民法院从企业上级主管部门、政府财政部门等有关部门和专业人员中指定。清算组可以聘任必要的工作人员。清算组对人民法院负责并且报告工作。"从该条规定可以看出，破产清算组由人民法院指定，对人民法院负责并报告工作，中立性及公正性是其应有

立场。对破产财产进行清理是破产清算组的工作内容之一,破产清算组对外委托会计师事务所及会计师,目的是为了完成法律规定及人民法院指定的工作,破产清算组与审计结果之间没有利害关系。

本案中星岛清算组由江门市中级人民法院在星岛酒店破产案件中成立,星岛清算组成员由该院指定,向该院负责并报告工作。管世宇系星岛清算组成员之一,与星岛清算组的立场和职责一致,即在江门中院的指导下负责星岛酒店破产财产的保管、清理、估价、处理和分配,该工作要求清算组成员保持中立公正的立场,而该立场与管世宇作为注册会计师从事审计工作应当保持的立场一致。因此,在星岛清算组本身与破产清算审计结果之间不具有利害关系的前提下,管世宇与星岛清算组的关系并不能导致管世宇丧失中立公正立场,二者的关系并不能构成《注册会计师法》第十八条规定的"利害关系",管世宇作为清算组成员同时参与破产财产期初审计工作,并不违反注册会计师法的规定。

——中国裁判文书网,http://wenshu. court. gov. cn。

577

企业虽被吊销营业执照，但并未注销，处于破产清算程序，法人资格仍然存续

关键词｜吊销营业执照｜破产清算｜法人资格｜

【最高人民法院裁判文书】

徐先明与山西煤炭运销集团晋中寿阳有限公司财产损害赔偿纠纷申请再审案[最高人民法院(2013)民申字第2503号民事裁定书]

最高人民法院认为:关于徐先明向寿阳煤运公司、平舒煤站主张返还财产、赔偿损失的请求能否成立的问题。法院已查明的事实为,寿阳煤运公司为平舒煤站主管单位。1993年3月27日,经平舒煤站申请,山西省寿阳县计划委员会批准,山西省寿阳县工商行政管理局核准登记,由平舒煤站组建,注册成立华阳公司。该公司为独立核算、自负盈亏的集体所有制企业。1993年4月20日,经华阳公司申请,华阳公司煤炭加工厂登记成立,工商档案记载:经济性质:集体,经营资金总额:6万元,资金来源:自筹,企业负责人:徐先明。上述事实表明,寿

阳煤运公司、平舒煤站、华阳公司均经工商行政管理机关核准登记,具有法人资格,为独立的民事主体,能够独立承担民事责任。本案中,徐先明主张华阳公司煤炭加工厂为其个人企业,华阳公司在其涉及刑事案件后未经其许可,将华阳公司煤炭加工厂的财产接管,侵占其合法民事权益,在华阳公司未进行清算并注销后,平舒煤站作为华阳公司的组建单位应承继华阳公司的债务,寿阳煤运公司作为平舒煤站主管单位应与平舒煤站承担连带责任。从二审法院查明的相关事实看,1998 年 11 月 20 日,山西省寿阳县工商行政管理局下发〔1998〕31 号文件,吊销了包括华阳公司、华阳公司煤炭加工厂在内的 85 户企业营业执照。山西省寿阳县人民法院 2007 年 4 月 3 日作出(2007)寿民破字第 1－1 号民事裁定书,宣告华阳公司破产还债;由该院指定清算组接管该破产企业。2013 年 4 月 19 日华阳公司破产清算组向二审法院出具一份情况说明,2007 年 7 月山西省寿阳县人民法院宣告华阳公司及下属企业破产还债,破产清算程序尚未终结。上述事实表明,华阳公司虽被工商行政管理机关吊销了营业执照,但并未注销,处于破产清算程序。华阳公司在未被注销登记前,是独立的民事主体,法人资格仍然存续。华阳公司依法进入破产清算程序后,华阳公司所应承担的债务,依法应由清算组代表华阳公司承受。徐先明如认为华阳公司侵害其民事权益,应依法向华阳公司主张。

——中国裁判文书网,http://wenshu. court. gov. cn。

578

对被宣告破产的债务人提起的民事诉讼，应以债务人为被告，破产清算组不应列为被告

关键词｜破产清算组｜诉讼代表人｜

【最高人民法院裁判文书】

张淑君与国营乐山造纸厂破产清算组职工破产债权确认纠纷申请再审案［最高人民法院(2016)最高法民申 135 号民事裁定书］

最高人民法院认为:本案焦点问题为破产清算组是否为本案的适格被告。确定适格被告属于案件程序问题,应适用起诉时有效的法律规定。

张淑君于 2014 年 4 月 9 日向乐山市中级人民法院提起诉讼,要求破产清算

组支付一次性安置费,即解除劳动合同的经济补偿金等。张淑君系国营乐山造纸厂的内退职工,国营乐山造纸厂破产时的《职工安置方案》对内退人员的安置方案是"由乐山市轻化工协会与其签订《内退职工托管协议》,负责内退人员管理、代缴社保和生活费发放,直至办理退休",破产清算组按照此方案执行并无不当。本案实质是张淑君要求确认职工破产债权,根据《最高人民法院关于〈中华人民共和国企业破产法〉施行时尚未审结的企业破产案件适用法律若干问题的规定》第九条第二款关于"债权人就争议债权起诉债务人,要求其承担偿还责任的,人民法院应当告知该债权人变更其诉讼请求为确认债权"的规定,破产债权确认纠纷应当以债务人即被申请破产的企业为被告。在最高人民法院制作的《人民法院破产程序法律文书样式(试行)》关于破产债权确认诉讼一审用的民事判决书(文书样式97)中,所列被告亦为债务人,企业管理人系诉讼代表人。该文书样式说明第四条规定:"本样式同样适用于职工权益清单更正纠纷。"据此,职工破产债权确认纠纷的被告也应为被申请破产的企业,本案的适格被告应为国营乐山造纸厂。根据《企业破产法》第二十五条第(七)项关于"管理人履行下列职责:(七)代表债务人参加诉讼、仲裁或者其他法律程序"的规定,除法律有特殊规定外,企业管理人不以自己的名义参加诉讼。故张淑君关于本案系职工破产债权确认纠纷,破产清算组是适格被告的理由不能成立。

本案起诉时,国营乐山造纸厂的营业执照尚未注销,一审法院向张淑君释明本案适格被告为国营乐山造纸厂适当。张淑君经释明后仍拒绝变更被告,一审法院裁定驳回其起诉并无不当。《公司法解释(二)》第十条规定,系专门针对公司在办理注销登记前诉讼主体资格问题的规定,亦与《企业破产法》的规定一致,一、二审法院适用此司法解释并无不当。

——中国裁判文书网,http://wenshu.court.gov.cn。

天津光电瑞通商贸有限公司与天津宏商发展有限责任公司普通破产债权确认纠纷案[最高人民法院(2013)民二终字第61号民事判决书]

裁判要旨:当事人对被宣告破产的债务人提起的民事诉讼,应当以债务人为被告,破产清算组仅系债务人的诉讼代表人,不应列为被告。

最高人民法院认为:因光电瑞通公司系主张其对宏商公司享有4919023.11元的工程款债权,宏商公司破产清算组仅系宏商公司的诉讼代表人,故宏商公司应为本案一审被告。一审法院将宏商公司破产清算组作为被告不当,本院对此予以纠正。

——最高人民法院民事审判第二庭编:《最高人民法院商事审判指导

案例(2014)》,中国民主法制出版社2015年版,第835~846页。

579

破产程序终结后管理人可以依法代表债务人处理诉讼或仲裁未决的事宜

关键词｜破产程序终结｜管理人｜

【最高人民法院裁判文书】

常州长江客车制造有限公司破产清算组与上海巴士永达汽车销售有限公司等协议效力确认纠纷案[最高人民法院(2012)民提字第172号民事判决书]

裁判要旨:根据《企业破产法》第一百二十二条"管理人于办理注销登记完毕的次日终止执行职务。但是,存在诉讼或者仲裁未决情况的除外"的规定,在破产程序终结、破产企业注销的情况下,管理人仍然可以依法代表债务人处理诉讼或仲裁未决的事宜。此处的"诉讼",应包括申请再审的情形。因为申请再审的结果可能产生财产利益,并提高债权人的分配比例。在法律没有明确限制的情况下,管理人此时申请再审的权利应当予以支持。

最高人民法院认为:六、长江公司清算组是否具备申请再审的诉讼主体资格问题。本案一审诉讼时间为2008年5月9日,长江公司2008年9月25日破产程序终结后于2009年3月2日注销。根据《企业破产法》第一百二十二条"管理人于办理注销登记完毕的次日终止执行职务。但是,存在诉讼或者仲裁未决情况的除外"的规定,在破产程序终结、破产企业注销的情况下,管理人仍然可以依法代表债务人处理诉讼或仲裁未决的事宜。故长江公司清算组可以在破产企业注销后继续处理开始于破产程序中的未决诉讼,且长江公司清算组至今未解散,故对于巴士永达公司提出的长江公司清算组不具有诉讼主体资格的主张,本院不予支持。

——最高人民法院民事审判第二庭编:《最高人民法院商事审判指导案例(2012)·公司与金融》,中国民主法制出版社2013年版,第233~244页。

580

受理破产申请后，已经开始尚未终结的有关债务人的民事诉讼或者仲裁应当中止，在管理人接管债务人的财产后继续进行

关键词｜受理破产申请｜诉讼中止｜破产管理人｜

【最高人民法院裁判文书】

中国长城资产管理公司长春办事处与吉林华星电子集团有限公司保证合同纠纷案[最高人民法院(2014)民二终字第99号民事判决书]

最高人民法院认为:《企业破产法》第二十条规定:“人民法院受理破产申请后,已经开始而尚未终结的有关债务人的民事诉讼或者仲裁应当中止;在管理人接管债务人的财产后,该诉讼或者仲裁继续进行。”第五十八条规定:“债务人、债权人对债权表记载的债权有异议的,可以向受理破产申请的人民法院提起诉讼。”根据上述规定,人民法院受理破产申请后,已经开始而尚未终结的有关债务人的民事诉讼或者仲裁应当中止;在管理人接管债务人的财产后,该诉讼或者仲裁继续进行。本案中,2011年1月4日,国资公司对华星公司提起诉讼。华星公司于2011年4月15日向吉林市高新技术产业开发区人民法院申请破产。因此,本案起诉时间在人民法院受理华星公司破产申请之前,故其不受《企业破产法》第五十八条规定的约束,原受理法院在破产管理人接管债务人的财产后,诉讼应当继续进行。长城公司不服原审法院驳回起诉的民事裁定向本院提起上诉,本院于2012年11月20日作出(2012)民二终字第117号民事裁定认为,本案属于诉的客体的合并,关于诉的客体的合并,我国法律并无“必须经当事人同意”的强制性规定。人民法院将此类纠纷案件合并审理,可以节约诉讼成本,减少当事人的诉累,且不损害当事人的合法权益。本案应继续由吉林省高级人民法院审理为宜。在该裁定做出后,2013年9月16日,《破产法解释(二)》颁布实施。《破产法解释(二)》第二十一条规定:“破产申请受理前,债权人就债务人财产提起下列诉讼,破产申请受理时案件尚未审结的,人民法院应当中止审理:(一)主张次债务人代替债务人直接向其偿还债务的;(二)主张债务人的出资人、发起人和负有监督股东履行出资义务的董事、高级管理人员,或者协助抽逃出资的其他股东、董事、高级管理人员、实际控制人等直接向其承担出资不实或者抽逃出资责任的;(三)以债务人的股东与债务人法人人格严重混同为

由,主张债务人的股东直接向其偿还债务人对其所负债务的;(四)其他就债务人财产提起的个别清偿诉讼。债务人破产宣告后,人民法院应当依照企业破产法第四十四条的规定判决驳回债权人的诉讼请求。但是,债权人一审中变更其诉讼请求为追收的相关财产归入债务人财产的除外。"该条规定旨在规范破产申请受理前人民法院受理的就债务人财产提起的个别清偿诉讼的审理,防止个别受偿有违破产债权公平清偿原理。本案中,一审法院仅对本案的保证债权予以确认,并未判令债务人履行保证义务,债权人对此不提异议。因此,本案并不属于该条规范的情形。综上,华星公司关于应驳回长城公司起诉的理由不能成立。

——中国裁判文书网,http://wenshu. court. gov. cn。

581

破产清算组不是独立组织或机构，属于破产企业内部的特殊代表机构与执行机关

关键词｜破产清算组｜

【最高人民法院裁判文书】

西宁市物资总公司破产清算组与赵云峰财产损害赔偿纠纷申请再审案[最高人民法院(2015)民申字第3590号民事裁定书]

最高人民法院认为:破产清算组是在企业破产时依法成立的机构,其本身无独立的财产,并不具备独立的主体资格。企业进入破产程序后,在其法人资格消灭前,其仍享有一定的民事权利能力和行为能力。破产清算组不是一个离开破产企业而独立存在的组织或机构,它属于破产企业内部的特殊代表机构与执行机关。其相应法律人格亦依附于破产企业本身,破产清算组作为破产企业清算主体,其工作职责是法定的。其并不是涉案房屋的所有权人,无权主张赔偿损失。二审判决以其不具备主体资格为由,未支持其赔偿损失的主张并无不当。

综上,二审判决认定事实与适用法律方面均无不当。

——中国裁判文书网,http://wenshu. court. gov. cn。

582

必须有充分证据证明管理人在履行职务过程中因故意或重大过失造成破产财产损失时，才可追究其责任

关键词｜破产管理人｜管理人义务｜

【最高人民法院裁判文书】

河南安彩高科股份有限公司与华飞彩色显示系统有限公司管理人其他合同纠纷申请再审案[最高人民法院(2014)民申字第827号民事裁定书]

最高人民法院认为：根据我国《企业破产法》的规定，管理人应当勤勉尽责，忠实履行职务；管理人未勤勉尽责，忠实执行职务，给债权人、债务人或者第三人造成损失的，应当依法承担赔偿责任。管理人对谨慎、忠实、信用、注意等基本义务的违反，是其承担民事责任的前提和依据。管理人未勤勉尽责，忠实执行职务的判断标准应当限定于管理人有故意或者重大过失的范围内，即必须有充分证据证明管理人在履行职务过程中因故意或重大过失造成破产财产损失时，才可追究管理人的民事赔偿责任。《企业破产法》第四十八条规定职工债权不必申报，由管理人调查后列出清单并予以公示，其立法目的在于从债权申报的角度减轻职工的申报负担，以便提高清算效率，即使管理人未予公示清单的，提出异议的主体应是职工债权人而非其他债权人。其他债权人对于职工债权的数额以及定性等的异议，应当依法向人民法院提起职工破产债权异议之诉予以解决。河南安彩公司对其案涉职工债权异议未提起诉讼，华飞管理人按照无异议债权予以确认，并无不当。对于破产财产的分配方案，根据《企业破产法》的规定，原则上由债权人会议通过意思自治的方式予以通过，即由出席会议的有表决权的债权人过半数通过，并且其所代表的债权额占无财产担保债权总额的二分之一以上；债权人如认为债权人会议的决议违反法律规定，损害其利益的，有权请求人民法院撤销该决议并责令债权人会议依法重新作出决议；债权人会议的决议，对于全体债权人均有约束力。债权人会议通过破产财产分配方案后，由管理人将该方案提请人民法院裁定认可；法院裁定认可后由管理人执行。本案所涉华飞公司《破产财产分配方案》，业经华飞公司债权人会议讨论通过和人民法院裁定后予以执行，并无不当。华飞管理人依据《企业破产法》第一百一十六条的规定执行该《破产财产分配方案》，于法有据。原审判决以南京市中级人民法院亦已

裁定确认华飞管理人制定的破产财产分配方案，认定河南安彩公司关于华飞管理人未能勤勉尽责的上诉理由不能成立，符合法律规定。河南安彩公司关于债权人会议没有债权人会议主席主持且多数债权人退席，违法进行表决并提请法院裁定，以及法院是否裁定《破产财产分配方案》，不是证明华飞管理人是否勤勉尽责的证据和标准的申请再审理由，本院不予支持。鉴于参加破产财产分配的债权人、债权额以及破产财产分配的顺序等事项，均是破产财产分配方案中的主要表决通过事项，故债权人均应根据《企业破产法》的相关规定行使其异议权和表决权。河南安彩公司在本案追究华飞管理人未勤勉尽责，忠实履行职务的赔偿之诉中就案涉职工债权的数额及是否应当作为第一顺位优先清偿等有关事实和证据的主张，以及申请调查取证的主张，均不属本案的审查范畴，本院对其相关主张不予审查。本案河南安彩公司主张华飞管理人未勤勉尽责，忠实执行职务，缺乏事实和法律依据，原审判决驳回其诉讼请求，符合法律规定。

——中国裁判文书网，http://wenshu.court.gov.cn。

【链接：最高人民法院法官著述】

在破产管理人承担的民事义务中，破产管理人所承担的忠实义务居于首要位置……在实践中，破产管理人的忠实义务常有以下表现形式：(1)破产管理人不得因自己的身份而受益；(2)破产管理人不得收受贿赂、某种秘密利益或所允诺的其他好处；(3)破产管理人必须严守竞业禁止原则；(4)破产管理人非经允许不得泄漏破产业务的商业秘密；(5)破产管理人不得侵吞破产财产及其掌握的其他财产（如别除权的标的财产）；(6)破产管理人不得利用破产财团的信息和商事机会。破产管理人的忠实义务采用了客观的标准，无须深入考察破产管理人的主观意图，违反忠实义务的认定相对简单和直接。

相对忠实义务而言，破产管理人勤勉义务则复杂许多。勤勉义务的核心内容是一般注意义务。管理人注意义务本质上是一种管理性的义务，是破产管理人在管理破产财产活动时应依法运用自己的才能、技能、知识、判断和经验并达到某种标准的义务。破产管理人的注意义务与其承担的职责紧密相连。在实践中，破产管理人的注意义务具体表现为：(1)谨慎接管债务人移交的全部财产和与财产有关的一切账册文件；(2)对破产财团的管理处分，包括保管清理破产财产、继续经营债务人事业等；(3)对破产债权的调查审查；(4)对取回权、别除权的标的物的善管义务；(5)尽心处理各种诉讼仲裁活动；(6)依法变价和分配破产财产；

(7)向法院、债权人和其他利害关系人报告工作和通告信息;(8)请求召开债权人会议;(9)审慎选择委托提供相关服务的专业人士;(10)与破产程序相关的其他注意义务。破产管理人除了要承担其作为破产管理人的注意义务以外,还要承担其他法律上的注意义务。如果破产管理人继续经营公司业务的,必须遵守公司法上关于公司董事注意义务的规定。此时,破产管理人在经营管理过程中的注意义务则表现为:(1)遵守公司法和其他制定法规定的注意义务;(2)遵守公司章程规定的注意义务;(3)在授权范围内行为的注意义务;(4)一般的勤勉义务。

——最高人民法院民事审判第二庭编著:《最高人民法院关于企业破产法司法解释理解与适用》,人民法院出版社 2013 年版,第 381 ~ 383 页。

583

管理人系破产程序中临时设立的专门职能机构，并非独立的民事主体

关键词 | 破产管理人 |

【最高人民法院裁判文书】

河南安彩高科股份有限公司与华飞彩色显示系统有限公司管理人其他合同纠纷申请再审案[最高人民法院(2014)民申字第827号民事裁定书]

最高人民法院认为:本案系河南安彩公司基于华飞管理人未尽勤勉尽责,忠实履行职务提起的赔偿之诉,熊猫电子公司和华东电子公司与其讼争并无法律上的利害关系,原审法院以此为由,不予支持河南安彩公司关于将上述两个公司追加为本案第三人的上诉请求,于法有据。本院对于河南安彩公司关于上述两个公司应当作为第三人参加诉讼的申请再审理由亦不予支持。管理人系破产程序中为接管破产财产并负责破产财产的保管、清理、估价、处理和分配等事务而临时设立的专门职能机构,并非独立的民事主体。河南安彩公司基于华飞管理人履职不当提起诉讼,应当将担任管理人的江苏高的律师事务所列为本案被告。河南安彩公司将华飞管理人列为被告不当,对此本院予以指出。鉴于该判决已经发生法律效力,本院对此不再予以纠正。

——中国裁判文书网,http://wenshu.court.gov.cn。

584

债权人个人无权直接干涉破产管理人行使职务行为

关键词｜债权人｜破产管理人｜职务行为｜

【最高人民法院司法解释】

第三十一条 债权人会议根据企业破产法第二十二条第二款的规定申请更换管理人的，应由债权人会议作出决议并向人民法院提出书面申请。

人民法院在收到债权人会议的申请后，应当通知管理人在两日内作出书面说明。

——《最高人民法院关于审理企业破产案件指定管理人的规定》(2007年4月12日，法释〔2007〕8号)

【最高人民法院裁判文书】

赵永兰与大理鸿元经贸有限公司破产管理人、昆明星迪嘉拍卖有限公司等与破产有关的纠纷申请再审案[最高人民法院(2015)民申字第3151号民事裁定书]

最高人民法院认为：本案是因大理鸿元经贸有限公司债权人赵永兰认为破产管理人、司法鉴定所及星迪嘉公司在对破产财产进行鉴定及拍卖过程中存在违法失当行为而引起，审查的焦点是人民法院对赵永兰诉请确认鉴定及拍卖行为无效是否应当受理。司法鉴定所的鉴定行为以及星迪嘉公司的拍卖行为均是受破产管理人委托而为，破产管理人的行为属于执行职务的行为。由于破产程序中债权人之间往往存在利益冲突和意见分歧，为保障破产管理人依法行使职权、推进破产程序的顺利进行，破产法赋予债权人通过债权人会议对破产管理人职务行为予以监督之权，如债权人会议认为破产管理人不能依法、公正执行职务或者有其他不能胜任职务情形的，可以申请人民法院予以更换。债权人认为破产管理人行使职务行为不当而给其造成损失，亦可以诉请赔偿。但债权人个人无权直接干涉破产管理人行使职务行为。因此，本案债权人赵永兰个人对破产管理人委托鉴定和拍卖中的职务行为提起诉讼，请求确认鉴定、拍卖无效，不属于人民法院受案范围，原一、二审法院不予受理，并无不当。

——中国裁判文书网，http://wenshu.court.gov.cn。

五、破产财产

585

法院已判决确权由他人享有所有权的财产不应列入破产财产

关键词｜破产财产｜

【最高人民法院司法解释】

第二十七条第二款 权利人依据人民法院或者仲裁机关的相关生效法律文书向管理人主张取回所涉争议财产，管理人以生效法律文书错误为由拒绝其行使取回权的，人民法院不予支持。

——《最高人民法院关于适用〈中华人民共和国企业破产法〉若干问题的规定(二)》(2013 年 9 月 5 日，法释〔2013〕22 号)

【最高人民法院答复】

江苏省高级人民法院、天津市高级人民法院：

江苏省高级人民报送的〔2005〕苏执他字第 5 号《关于请求协调江阴市人民法院执行案件与天津市高级人民法院破产案件产生争议的报告》和天津市高级人民法院津高法〔2005〕117 号《关于天津金铭发展有限公司破产还债一案的紧急报告》及补充报告和有关材料均已收悉。经本院审查研究，提出处理意见如下：

经查明，1993 年 2 月 8 日，天津市河北百货公司(以下简称百货公司)与珠海金铭发展公司(以下简称珠海金铭公司)签订《合作协议书》，约定合作项目为中山大厦(现名金铭广场)，珠海金铭公司向百货公司交付前期费用补偿后，可独立进行 7 ~ 30 层商品房的工程管理及销售，并约定所得利润在交付有关费用后归珠海金铭公司所有。同年 6 月，该项目正式开工建设。截至 1996 年底，该项目在建工程经委托评估价值为 2.7 亿元人民币。

1995 年 6 月 16 日，珠海金铭公司与江阴第二纺织厂等债权人分别签订《还款协议》，约定珠海金铭公司应于同年 12 月底偿还欠款，逾期不付则用其在天津开发的中山大厦商品房按每平方米4000元的价格抵偿债务。该还款协议经江阴市公证处公证。因珠海金铭公司未按协议履行，江阴第二纺织厂等债权人分别向江阴市人民法院起诉。1997年12月12日、12月18日，江阴市人民法院分别作出（1996）澄郊民初字第141、142、191号民事判决书，确认上述还款协议合法有效；珠海金铭公司应归还欠款，逾期以中山大厦公寓A栋13层、14层、B栋13层、14层共计12套商品房按照每平方米4000元的价格抵债，产权归债权人所有；珠海金铭公司应在中山公寓竣工后6个月交房等。

1996年12月3日、1997年1月13日，百货公司分别与天津金铭发展有限公司（以下简称天津金铭公司）、珠海金铭公司签订了基本内容相同的两份《项目转让合同书》，约定百货公司退出该项目，将该项目全部转让给对方独立开发经营，并占有全部股份。天津市河北区政府以北政复〔1997〕5号批复同意百货公司与珠海金铭公司所签订的《项目转让协议书》。

2004年5月27日，天津市高级人民法院受理天津金铭公司破产案，同年8月11日裁定宣告破产。经债权人会议表决同意，清算组委托拍卖机构于2005年1月将金铭广场项目公开拍卖，上海金龙科技投资有限公司以1.98亿元人民币竞买成功。

上述事实，均有两高级人民法院报关的证据材料为证。

江阴市人民法院已将2004年9月9日查封的金铭广场30套商品房解封，天津市高级人民法院同意预留部分拍卖价款，待本院作出最终处理意见后依法处理。

本院认为，珠海金铭公司作为金铭广场的前期开发商，在天津金铭公司未参与金铭广场项目开发之前，依照合同约定有权处分其独立开发销售的部分房产。在金铭广场项目破产之前，珠海金铭公司自愿以其独立开发销售的部分房产抵偿所欠债务，是其真实意思表示，并不违反法律规定，也不损害第三方的利益，且天津金铭公司此后对以房抵债的事实也予以认可。该以房抵债协议经公证机关公证，并经江阴市人民法院判决确认合法有效，12套商品房的产权应自判决生效之日起即视为转移给江阴第二纺织厂等债权人，不属于破产财产。天津市高级人民法院在明知金铭广场部分房产尚有争议的情况下，将金铭广场项目整体拍卖的做法不妥。鉴于金铭广场已经在破产程序中被整体拍卖，故江阴第二纺织厂等债权人可依据判决确定的12套房屋，按照拍卖价格在拍卖预留款中折价受偿。不足清偿债权的部分可向破产清算组申报债权。

——《最高人民法院关于法院已判决确权的财产不应列入破产财产的复函》（〔2005〕执协字第19-1号）

586

破产企业国有划拨土地使用权的处置

关键词｜企业破产｜划拨土地使用权｜

【最高人民法院司法解释】

湖北省高级人民法院：

你院鄂高法〔2002〕158号《关于破产企业国有划拨土地使用权应否列入破产财产以及有关抵押效力认定等问题的请示》收悉。经研究，答复如下：

一、根据《中华人民共和国土地管理法》第五十八条第一款第（四）项及《城镇国有土地使用权出让和转让暂行条例》第四十七条的规定，破产企业以划拨方式取得的国有土地使用权不属于破产财产，在企业破产时，有关人民政府可以予以收回，并依法处置。纳入国家兼并破产计划的国有企业，其依法取得的国有土地使用权，应依据国务院有关文件规定办理。

二、企业对其以划拨方式取得的国有土地使用权无处分权，以该土地使用权为标的物设定抵押，除依法办理抵押登记手续外，还应经具有审批权限的人民政府或土地行政管理部门批准。否则，应认定抵押无效。如果企业对以划拨方式取得的国有土地使用权设定抵押时，履行了法定的审批手续，并依法办理了抵押登记，应认定抵押有效。根据《中华人民共和国城市房地产管理法》第五十条和《中华人民共和国担保法》第五十六条的规定，抵押权人只有在以抵押标的物折价或拍卖、变卖所得价款缴纳相当于土地使用权出让金的款项后，对剩余部分方可享有优先受偿权。但纳入国家兼并破产计划的国有企业，其用以划拨方式取得的国有土地使用权设定抵押的，应依据国务院有关文件规定办理。

三、国有企业以关键设备、成套设备、厂房设定抵押的效力问题，应依据法释〔2002〕14号《关于国有工业企业以机器设备等财产为抵押物与债权人签订的抵押合同的法律效力问题的批复》办理。

国有企业以建筑物设定抵押的效力问题，应区分两种情况处理：如果建筑物附着于以划拨方式取得的国有土地使用权之上，将该建筑物与土地使用权一并设定抵押的，对土地使用权的抵押需履行法定的审批手续，否则，应认定抵押无效；如果建筑物附着于以出让、转让方式取得的国有土地使用权之上，将该建筑物与土地使用权一并设定抵押的，即使未经有关主管部门批准，亦应认定抵押有效。

本批复自公布之日起施行，正在审理或者尚未审理的案件，适用本批复，但对提起再审的判决、裁定已经发生法律效力的案件除外。

——《最高人民法院关于破产企业国有划拨土地使用权应否列入破产财产等问题的批复》(2003 年 4 月 16 日，法释〔2003〕6 号)

【最高人民法院司法政策】

一般情况下，在国有企业破产案件中，破产企业依法占有的国有土地具有较大的经济价值，通常也是破产企业中最具有价值的财产。由于我国土地制度和破产制度比较复杂，在土地所有权方面，既有国家所有的，也有集体所有的；在国家所有土地部分，既有国家无偿划拨给企业使用的，也有企业通过出让或者转让而取得使用权的；在现行的破产制度中，既有计划调整的破产，又有非计划调整的破产。这些复杂因素，导致了人民法院在处理破产案件时，在处理土地使用权问题上遇到了许多难题。尤其是国务院等有关部门关于纳入国家计划破产的企业土地使用权转让所得可用于安置职工，对安置后剩余部分列入破产财产的政策出台以后，对非计划破产案件中的划拨土地使用权如何处理，产生了模糊认识。例如，对国有企业依法占有使用的国有土地的使用权是否可以成为破产财产，在国有土地使用权上设置的抵押权是否可以行使优先受偿权等问题。这些问题，既是法院审理破产案件时的难题，也是破产企业财产债权人关注的焦点。《破产问题规定》下发后，最高人民法院又于 2002 年 11 月 13 日下发了《关于破产企业国有划拨土地使用权应否列入破产财产等问题的批复》(以下简称 2002 年 11 月 13 日《批复》)，根据这一批复，关于国有土地使用权问题，应当明确以下几点：

第一，关于划拨土地使用权处理问题。关于以无偿划拨方式取得的国有土地的使用权的归属及在企业破产时如何处理问题，1990 年 5 月 19 日，国务院发布的《城镇国有土地使用权出让和转让暂行条例》第四十七条规定，无偿取得的划拨土地使用权的土地使用者，因迁移、解散、撤销、破产或其他原因而停止使用土地的，市、县人民政府应当无偿收回其划拨的土地使用权，并可予以出让。1996 年，国家土地管理局颁布的〔1996〕国土函字第 51 号《对关于现代企业制度试点中土地资产处置有关问题的请示的答复》中指出，划拨土地不属于企业财产或国家授权经营管理的财产。1998 年 2 月 17 日，国家土地管理局发布《国有企业改革中划拨土地使用权管理暂行规定》,决定对国有企业土地使用权由无偿使用向有偿使用过渡,明确企业如果依法由无偿使用转变有偿使用后,企业取得土地使用权的财产权,但在没有完成转变的情况下,则不享有财产权。该规定第六条第一款同时规定,国有企业破产或出售的,企业原划拨土地使用权以出让方式处置。从上述规定中可以看出,国家对于企业以无偿划拨方式取得的国有土地使用权方面的政策是一贯的,也是十分明确的,即无偿划拨土地是计划经济时期遗留的问题,无偿划拨土地的财产权属于国家所有。国家对土地逐步实现由无偿划拨向有偿使用过渡,企业出售时,对划拨土地使用权应当实行有偿使用,不再实行无偿使用。企业破产时,有关人民政府应当收回,并依法处置。

第二,关于划拨土地抵押的效力问题。1990 年 5 月 19 日,国务院发布的《城镇国有土地使用权出让和转让暂行条例》第四十四条、四十五条规定,以划拨方式取得的国有土地使用权和地上建筑物,经市、县人民政府土地和房产管理部门批准,可以设定抵押。1992 年 2 月 24 日,国家土地管理局发布的《划拨土地使用权管理暂行规定》第五条规定,未经市、县人民政府土地管理部门批准办理土地使用权出让手续,交付土地使用权出让金的土地使用者,不得抵押土地使用权。1997 年 1 月 3 日,国家土地管理局《关于土地使用权抵押登记有关问题的通知》规定,以划拨方式取得的土地使用权抵押,由抵押人委托中介机构进行地价评估,经过土地部门确认,并批准抵押。上述法规、规章虽然对以划拨方式取得的国有土地使用权设定抵押所规定的具体操作程序不完全一致,但对必须履行审批手续的规定是一致的。因此,企业对以划拨方式取得的国有土地使用权无处分权,以该土地使用权为标的物设定抵押,除办理抵押登记手续外,还应经具有审批权限的人民政府或土地行政管理部门批准,否则,应认定抵押无效,债权人在破产程序中不能行使别除权。如果企业对以划拨方式取得国有土地使用权设定抵押时,办理了抵押登记,并履行了相应的审批手续的,应认定抵押有效。

第三,计划调整企业破产的特殊情况。1994 年 10 月 25 日国务院发布的《关于在若干城市试行国有企业破产有关问题的通知》(国发〔1994〕第 59 号),以及国家经贸委、中国人民银行于 1996 年 7 月 25 日发布的《关于试行国有企业兼并破产中若干问题的通知》(国经贸〔1996〕第 492 号)均规定,凡是纳入国家兼并破产项目的国有企业破产,其依法取得的国有土地使用权,转让所得首先用于破产企业职工的安置,剩余部分与其他财产统一列入破产财产分配方案。这表明,列入国家计划破产企业的,国家对其划拨的土地使用权进行了处分,放弃了收回权利,明确土地使用权出让后,首先用于安置破产企业职工,剩余部分列入破产财产分配。因此，对于此类土地使用权，无论是否已经设定抵押，无论设定抵押是否履行了审批和登记手续，均应按照国务院及其有关部门的上述规定办理。

——《当前审理企业破产案件工作中应当注意的几个问题——全国法院审理企业破产案件工作座谈会材料》（2003 年 4 月 17 日），载江必新主编、最高人民法院民事审判第二庭编：《民商审判指导与参考》总第 3 卷，人民法院出版社 2003 年版，第 23 ~ 40 页。

【最高人民法院审判业务意见】

问题一：企业破产中的划拨土地使用权处置

2003 年 4 月 16 日，最高人民法院颁布了 2002 年 11 月 13 日《批复》。该《批复》对于破产企业划拨土地使用权的收回、抵押效力以及划拨土地其上附着建筑物的抵押、处分问题进行了原则规定。

但由于持有划拨土地使用权的破产企业情况不一，相关法律、行政法规与政府规范性文件内容较为庞杂，从而导致了各地人民法院在理解、适用 2002 年 11 月 13 日《批复》时意见不一。尤其对于《批复》第一条的规定，即"根据《中华人民共和国土地管理法》第五十八条第一款第（四）项及《城镇国有土地使用权出让和转让暂行条例》第四十七条的规定，破产企业以划拨方式取得的国有土地使用权不属于破产财产，在企业破产时，有关人民政府可以予以收回，并依法处置。纳入国家兼并破产计划的国有企业，其依法取得的国有土地使用权，应依据国务院有关文件规定办理"，适用上存在不同意见。

（一）纳入国家兼并破产计划的破产企业，对其国有划拨土地使用权的处置

国务院在《关于在若干城市试行国有企业破产有关问题的通知》（国发〔1994〕59 号）中明确规定，在 18 个进行企业优化资本结构试点工作的城市中，这些城市的国有企业，"企业破产时，企业依法取得的土地使用权，应当以拍卖或者招标方式为主依法转让，转让所得首先用于破产企业职工安置；安置破产企业职工后有剩余的，剩余部分与其他破产财产统一列入破产财产分配方案。"其后，国务院在《关于在若干城市试行国有企业兼并破产和职工再就业有关问题的补充通知》（国发〔1997〕10 号）中规定："安置破产企业职工的费用，从破产企业依法取得的土地使用权转让所得中拨付。破产企业以土地使用权为抵押物的，其转让所得也应首先用于安置职工，不足以支付的，不足部分从处置无抵押

财产、抵押财产所得中依次支付……”

最高人民法院在《关于当前人民法院审理企业破产案件应当注意的几个问题的通知》(法发〔1997〕2 号)中,明确了前述国务院的《通知》与《补充通知》,“只适用于国务院确定的‘企业优化资本结构’试点城市内的国有工业企业,非试点城市的企业破产案件及试点城市中非国有工业企业破产案件,一律不能适用”。同时,还规定:“人民法院审理试点城市的国有工业企业破产案件,应当按照《通知》和《补充通知》的规定,以拍卖或者招标方式为主依法转让土地使用权。转让所得首先用于安置破产企业的职工……”

依上述规定,对于纳入国家兼并破产计划的国有企业,其依法取得的国有土地使用权,应依据国务院有关文件规定办理。具体适用中应把握如下要点:(1)所谓“纳入国家兼并破产计划的国有企业”,应该是指列入《全国企业兼并破产和职工再就业工作计划》的国有企业,除此之外的国有企业,不应依据国务院有关文件规定办理。(2)国务院 1994 年的《通知》中将适用上述规定的破产企业定为“国有企业”,而国务院 1997 年的《补充通知》以及最高人民法院 1997 年的《通知》、2001 年《关于人民法院在审理企业破产和改制案件中切实防止债务人逃废债务的紧急通知》中将适用的破产企业定为“国有工业企业”。我们认为,随着兼并破产工作的深化,一部分非工业企业也列入了破产计划,那么在适用最高院《批复》时,应以 2002 年 11 月 13 日《批复》表述为准,凡纳入国家兼并破产计划的国有企业,不论是否为工业企业,均应依据国务院的有关文件规定办理。(3)最高院《批复》中所指的国务院有关文件是指 1994 年的《通知》、1997 年的《补充通知》。(4)依据国务院两个文件的规定,已纳入国家兼并破产计划的国有企业破产案件,应以拍卖或招标方式为主依法转让土地使用权,这其中当然就包括了以划拨方式依法取得的国有土地使用权。(5)在采用拍卖与招标方式时,不论以何种方式转让,必须是合法有效的,应体现有偿转让的精神,应将有偿转让的所得优先用于安置职工。

因此,在这种纳入国家兼并破产计划的国有企业破产案件中,有关人民政府不能收回划拨土地使用权,而只能将使用权依法进行有偿转让。

(二)未纳入国家兼并破产计划的破产企业,对国有划拨土地使用权的处置

我们注意到,相关法律、行政法规、司法解释的规定是存在一定冲突的。

《土地管理法》第五十八条第一款第(四)项规定了,因单位撤销、迁移等原因,停止使用原划拨的国有土地的,由有关人民政府土地行政主管部门报经原批准用地的人民政府或者有批准权的人民政府批准,可以收回国有土地使用权。

而1990年颁布的《城镇国有土地使用权出让和转让暂行条例》第四十七条规定："无偿取得划拨土地使用权的土地使用者，因迁移、解散、撤销、破产或者其他原因而停止使用土地的，市、县人民政府应当无偿收回其划拨土地使用权，并可依照本条例的规定予以出让。"上述法律与条例就企业破产时，政府对划拨土地使用权的处置规定有所不同。条例认为，人民政府"应当"无偿收回，而法律则认为报经原批准用地或有批准权的人民政府"可以"收回。

有人认为，依据高位阶法优于低位阶法的法律适用原则，应以《土地管理法》规定为准。因此，对于并未纳入国家兼并破产计划的企业来讲，其划拨土地使用权可以收回，也可以不收回。

我们认为这种理解是不正确的。(1)从法理上讲，破产企业享有的国有划拨土地使用权是国家因企业需要无偿赋予了企业对国有土地占有、使用的权利。企业破产后，自然不再需要使用该土地，国家应收回无偿出让的破产企业的土地使用权并依法处置。(2)《土地管理法》中的"可以收回国有土地使用权"的规定，从法条性质上来看，属授权性的法条。国务院可以根据该法律规定，决定是否收回国有土地使用权。《条例》《通知》与《补充通知》对国有土地使用权的收回作出了区别规定：国家基于国有企业改革的需要以及考虑到由于历史原因而形成的对国企职工社会保险基金的"隐性债务"，将划拨土地使用权分为两种方式进行处理，即以是否纳入国家兼并破产计划为标准，纳入者依法转让用于安置职工；未纳入者应当由政府无偿收回。(3)除了国家出于安置政策的考虑而外，国有企业拥有的划拨土地使用权，应当依法逐步实行有偿使用制度。(4)2003年4月17日全国法院审理企业破产案件工作座谈会会议明确："国家对于企业以无偿划拨方式取得的国有土地使用权方面的政策是一贯的，也是十分明确的，即无偿划拨土地是计划经济时期遗留的问题，无偿划拨土地的财产权属于国家所有。国家对土地逐步实现由无偿划拨向有偿使用过渡，企业出售时，对划拨土地使用权应当实行有偿使用，不再实行无偿使用。企业破产时，有关人民政府应当收回，并依法处置。"

所以，我们认为，未纳入国家兼并破产计划的企业破产，其划拨土地使用权应当由有关人民政府收回。当然，政府收回后如何进行依法处置，这属于另一个法律关系，在此不再赘述。

——陈百灵：《企业破产与兼并中对划拨土地使用权的处置问题》，载最高人民法院民事审判第二庭编：《民商事审判指导》总第7辑，人民法院出版社2005年版，第39～44页。

【链接：最高人民法院法官著述】

根据有关法律规定，债务人以划拨方式取得的土地使用权原则上不属于债务人财产，在企业破产时，政府可以收回并依法处置。但在实际处置时还必须考虑到一些特殊情况。

1. 如果划拨土地使用权在企业设立时，经政府有关部门批准已经被作为企业的注册资本予以登记，即作为股东投资，则应当属于债务人财产范围，政府不应再收回。因为对出资财产包括土地使用权进行的注册资本登记，表明它已经对外公开宣示被纳入对债权人承担责任的财产范围之内。这种情况下，土地使用权虽在名义上是划拨性质，但不应再视为无偿取得，因为出资人将凭借土地使用权取得相应的权利与收益。

2. 以划拨土地使用权为标的物设定抵押时对抵押权的认定与处理。根据《城市房地产管理法》《担保法》规定，虽然划拨土地使用权不属于企业财产，但是可以对其设定抵押。我国立法从实用的角度实行土地使用权与其上建筑物一并处理的原则，在对建筑物设定抵押时相应的土地使用权也要一并抵押，依抵押权处分财产时也贯彻相同的一并处理原则。因为土地使用权与其上建筑物的分离处置可能产生不必要的法律纠纷。划拨土地使用权处置所得中的其余部分（尤其是在设置抵押的情况下）则属于债务人财产。《担保法》第五十六条规定："拍卖划拨的国有土地使用权所得的价款，在依法缴纳相当于应缴纳的土地使用权出让金的款额后，抵押权人有优先受偿权。"债务人的土地使用权是以出让方式取得的，则构成一项独立财产。以出让方式获得的国有土地使用权是可以交易、流转的土地权利，具有民法上的"财产"意义。按照国有土地使用权出让制度，土地使用者在支付了全部土地使用权出让金后，办理登记，领取土地使用权证，取得土地使用权。依出让方式取得的土地使用权可以转让、继承、出租、抵押或者用于其他经济活动。通过土地出让，不仅使国有土地得到分散利用，而且创制了一种可以自由处分的民法上的财产权利，即土地使用权。土地使用权的价值与其他一般商品的价值不同，一般商品的价值是由商品的投入量决定的，而土地使用权的价值除了取决于土地经营者投资开发外，在很大程度上还取决于周围环境的改善、公用设施的提供、城市经济的发展等因素。管理人可以通过协议、招标和拍卖方式转让债务人的土地使用权。如果债务人的地上建筑物或其他附着物进行了抵押，抵押权人享有该土地使用权的优先受偿权。

——最高人民法院民事审判第二庭编著:《最高人民法院关于企业破产法司法解释理解与适用》,人民法院出版社 2013 年版,第 123 ~ 124 页。

587

受理破产申请前一年内，债务人对没有财产担保的债务提供财产担保的，管理人有权请求予以撤销

关键词 | 破产撤销权 |

【最高人民法院裁判文书】

苏格兰皇家银行(中国)有限公司上海分行、成都太子奶生物科技发展有限公司与北京太子奶生物科技发展有限责任公司等借款及担保合同纠纷案[最高人民法院(2011)民四终字第 19 号民事判决书]

最高人民法院认为:关于成都太子奶公司的抵押担保责任问题。成都太子奶公司没有在本案一审审理过程中以反诉方式主张撤销权诉请,而是由其管理人向成都市温江区人民法院提起了撤销权纠纷诉讼,并不违反我国民事诉讼法的规定。该撤销权纠纷案的管辖权争议已于 2010 年 3 月 4 日由成都市中级人民法院作出终审裁定,成都市温江区人民法院作为受理破产申请的人民法院对该案享有管辖权。由于该案处理的是成都太子奶公司与苏格兰银行之间的抵押合同是否具有可撤销情形的问题,本案中成都太子奶公司是否应当承担抵押担保责任须以该撤销权纠纷案的审理结果为依据,故原审法院未依据《民事诉讼法(2007)》第一百三十六条第一款第(五)项的规定中止审理本案不当。目前该撤销权纠纷案已由成都市中级人民法院作出终审判决,本案现已具备继续进行实体审理的条件。从该撤销权纠纷案终审判决查明认定情况看,成都太子奶公司确系在人民法院受理破产申请前一年,以其财产为原先没有提供担保的债务新增抵押担保。成都太子奶公司的上述行为导致本可用于向普通债权人清偿的整体财产数额减少,损害了破产债权人的整体利益,根据《企业破产法》第三十一条第(三)项的规定,人民法院受理破产申请前一年内,债务人对没有财产担保的债务提供财产担保的,管理人有权请求人民法院予以撤销。成都市中级人

民法院终审判决撤销成都太子奶公司与苏格兰银行的《机器设备抵押合同》以及双方办理抵押登记的行为,已经发生法律效力,对当事人具有法律拘束力。本案原审判决关于成都太子奶公司以抵押物对北京太子奶公司债务承担抵押担保责任的判项应予撤销。

——中国裁判文书网,http://wenshu. court. gov. cn。

【链接:最高人民法院法官著述】

在具体适用时,因民法撤销权和破产撤销权有着共同的立法宗旨,民法和破产法的关系是一般法和特别法的关系。当民法中的撤销权制度和破产法中的撤销权制度在适用竞合时,应该优先适用破产法中对于撤销权的规定,如果破产程序还没有启动,则应该首先判断是否符合民法中关于撤销权制度适用的条件,如果符合,则可以启动民法中关于撤销权利行使的程序。对于适用的诉讼程序等问题,我国法律仍有待进一步完善,明确指出撤销权的适用的程序,包括债权人撤销权制度在破产法中撤销权制度的具体适用,以便与民法中债权人的撤销权适用更好地衔接。

——金丽娟:《破产程序中破产撤销权与民法上撤销权的适用》,载最高人民法院民事审判第二庭编:《最高人民法院商事裁判观点》总第1辑,法律出版社2015年版,第283页。

588

债务人进入破产程序后,债权人行使代位权应当受到限制

关键词 | 破产程序 | 债权人代位权 |

【最高人民法院裁判文书】

中国长城资产管理公司长沙办事处与成功控股集团有限公司、酒鬼酒股份有限公司、江南湘泉集团有限公司代位权纠纷上诉案[最高人民法院(2006)民二终字第218号民事裁定书]

最高人民法院认为:代位权诉讼是《合同法》赋予债权人保护其债权不因债

务人怠于行使权利造成损害的诉讼权利。在民事诉讼的普通程序中,当事人提出代位权诉讼只要符合《合同法》和《合同法解释(一)》的相关规定,人民法院即应受理并依法保护债权人的权利。本案中,长城公司的代位权诉讼的债务人为已进入破产程序的湘泉集团,如果没有这个因素,对于该代位权诉讼是否成立当然应进行实体审理。但是,长城公司的债务人湘泉集团已经进入破产程序,其行使代位权就要受到限制。这是由于:第一,代位权行使的标的是债务人对次债务人的债权,在债务人进入破产程序后,这一债权将作为债务人的破产财产,由全体债权人公平受偿。代位权行使的目的是使债权人的债权得到个别清偿,这在普通程序中当无问题,但在破产程序中,将直接影响到其他债权人的利益,违反了破产程序债权人公平受偿的原则。第二,破产程序具有追回债务人对外债权的功能。其一,最高人民法院《破产问题规定》第五十条规定的清算组的职责包括"回收破产企业的财产,向破产企业的债务人、财产持有人依法行使财产权利",清收债务人财产是清算组应尽的职责;其二,《破产问题规定》第五十一条第二款还规定了"清算组有损害债权人利益的行为或者其他违法行为的,人民法院可以根据债权人的申请或者依职权予以纠正",如果清算组对应当回收的财产不予回收,且在债权人提出后,又作出不予回收的决定,债权人可以依据《破产问题规定》第五十二条的规定申请人民法院裁定撤销该决定,上述规定保证了债权人对清算行为实施有效地监督。第三,长城公司在上诉中举例称债权人可以向债务人的保证人提起诉讼,用以证明债权人可以提起新的诉讼。固然,债权人对债务人以外的连带债务人提起诉讼并不为法律或司法解释所禁止,但此种诉讼的对象是基于个别债权的连带责任,其效果也是保护个别债权的实现,而代位权诉讼的标的是债务人对次债务人的债权,该项财产是对债务人全部债务的担保,不是对个别债务的担保,代位权诉讼与对债务人的保证人的诉讼有着根本的区别。

综上所述,在湘泉集团已进入破产程序的情况下,长城公司以湘泉集团怠于行使其权利为由提起针对成功控股集团和酒鬼酒公司的代位权诉讼,人民法院不应以普通程序受理该案件。长城公司应当在湘泉集团破产程序中根据法律和司法解释的规定行使相关权利,由受理破产案件的法院确定成功控股集团与酒鬼酒公司是否存在应当向湘泉集团履行的债务。

——最高人民法院民事审判第二庭编:《民商事审判指导》总第11辑,人民法院出版社2007年版,第298~301页。

589

法院受理破产申请后，债务人不得再对个别债权人清偿债务

关键词 | 个别清偿 |

【最高人民法院司法解释】

第十六条　债务人对债权人进行的以下个别清偿，管理人依据企业破产法第三十二条的规定请求撤销的，人民法院不予支持：

（一）债务人为维系基本生产需要而支付水费、电费等的；

（二）债务人支付劳动报酬、人身损害赔偿金的；

（三）使债务人财产受益的其他个别清偿。

——《最高人民法院关于适用〈中华人民共和国企业破产法〉若干问题的规定（二）》（2013年9月5日，法释〔2013〕22号）

【最高人民法院裁判文书】

浙江斯文新技术投资有限公司与广东证券股份有限公司、广东证券股份有限公司广州西华路证券营业部、海通证券股份有限公司证券登记、存管、结算与客户交易结算资金纠纷案［最高人民法院（2010）民二终字第35号民事判决书］

裁判要旨：斯文公司在广东证券公司行政关闭和破产申请受理前，以广东证券西华路营业部擅自使用其涉案账户，致使其账户内价值5.55亿元的资产灭失为由，起诉请求判决广东证券西华路营业部和广东证券公司承担由此侵权行为造成的损失，返还挪用的资金、赔偿挪用国债造成的损失等，但在案件审理中广东证券公司因违规经营被责令关闭并进入破产程序，根据《企业破产法》第十六条的规定，人民法院受理破产申请后，债务人不得再对包括侵权之债的债权人在内的个别债权人清偿债务，应当在确认债权后在破产程序中一并清偿。

证券公司风险处置中国家对客户交易结算资金的收购，是国务院有关行政部门和金融监管机构采取的特殊行政手段，因此，对于有关债权是否属于应当收购的客户交易结算资金范畴，应由金融监管机构以及依据中国人民银行、财政部、中国银行业监督管理委员会、中国证券监督管理委员会《个人债权及客户证券交易结算资金收购意见》（以下简称《客户结算资金收购意见》）成立的甄别确

认小组予以确认，不属人民法院民商事案件审理的范畴。

最高人民法院认为：斯文公司在广东证券公司行政关闭和破产申请受理前，以广东证券西华路营业部擅自使用其涉案账户，致使其账户内价值5.55亿元的资产灭失为由，起诉请求判决广东证券西华路营业部和广东证券公司承担由此侵权行为造成的损失，返还挪用的资金、赔偿挪用国债造成的损失等，但在案件审理中广东证券公司因违规经营被责令关闭并进入破产程序，根据《企业破产法》第十六条的规定，人民法院受理破产申请后，债务人不得再对包括侵权之债的债权人在内的个别债权人清偿债务，原审法院在认定广东证券西华路营业部和广东证券公司应当承担侵权赔偿责任的基础上，基于广东证券公司进入破产程序的事实，经释明后判决确认斯文公司对广东证券公司和广东证券西华路营业部享有5.55亿元本金及相应利息的破产债权，并无不当，本院予以维持。斯文公司关于原审判决侵犯其民事处分权的上诉理由，缺乏法律依据，本院不予支持。

斯文公司关于原审判决认定的“广东证券公司和广东证券西华路营业部提供的14605号资金账户流水显示：上述2.85亿元于2002年1月16日被取出；上述2亿元于2002年11月12日被取出”……“2003年7月1日的资金余额为5425.27元”等事实与实际情况不符的上诉主张，因该部分事实的认定对斯文公司实质权利的保护并无影响，因此，本院对此不再进行审理。

斯文公司上诉主张原审法院在认定广东证券西华路营业部和广东证券公司承担擅自划付其账户内资产的民事责任时，未对账户内资产是否属于客户交易结算资金性质及是否应予返还予以认定，属于重大遗漏。对此，最高人民法院认为，斯文公司案涉账户内的资金和国债在广东证券公司西华路营业部擅自划付转出后，已不存在返还账户内原有资金和国债的可能性，根据《民法通则》第一百一十七条的规定，广东证券公司西华路营业部和广东证券公司应对其侵权行为承担赔偿相应损失的民事责任，原审法院是否认定账户内资金的性质，并不影响斯文公司民事权利的保护。即使原审法院认定涉案账户内资产为客户交易结算资金的性质，因相应资产已经转出，斯文公司在广东证券公司破产程序中也无法取回相关资产。鉴于证券公司风险处置中国家对客户交易结算资金的收购，是国务院有关行政部门和金融监管机构采取的特殊行政手段，因此，对于有关债权是否属于应当收购的客户交易结算资金范畴，应由金融监管机构以及依据《客户结算资金收购意见》成立的甄别确认小组予以确认，不属人民法院民商事案件审理的范畴。因此，原审法院对本案所涉账户资金性质未做认定并无不当。斯文公司如果对行政清理中对其账户资金性质的确认存在异议，可依据有关规定通过向行政清理组提出的方式寻求救济，本院对此亦不予审理。

——最高人民法院民事审判第二庭编：《最高人民法院商事审判指导案例（第五卷）》（下），中国法制出版社2011年版，第595～605页。

【链接：最高人民法院法官著述】

关于对有债务人财产担保的债务进行的个别清偿行为的撤销。《企业破产法》第三十二条规定，管理人有权撤销债务人在危机期内对个别债权人的清偿行为，其目的在于避免债务人在出现破产原因的情形下偏袒性地清偿其关联企业或亲朋好友等特定债权人的到期债务，使其他债权人的利益在随后启动的破产程序中受损。可撤销行为应当是有害于债权人利益的行为，体现为减少债务人财产，损害全体债权人利益。如果债务人行为无害甚至有益于全体债权人的，则不应在可撤销之列。因此，对于到期债权的个别清偿行为的撤销，应限定在无债务人财产担保债务的个别清偿。对债务人以自有财产设定物权担保的债务，在危机期内清偿，并不存在对其他债权人利益的损害。主要原因是，即使债务人未在危机期内进行个别清偿，该债权人在破产程序启动后仍然对债务人设定担保的财产享有优先受偿的权利，即其权利保障仍然优先于其他债权人。因此，对于债务人危机期内的个别清偿应当将有债务人财产担保债权的个别清偿予以排除。但是，由于有担保债权人基于物权担保的优先性局限于设定担保的财产价值范围内，因此，如果在清偿该笔债务时，设定担保的财产价值小于其债权额的，则对相关债权的清偿行为应予撤销。债权人可在破产程序中依据《企业破产法》第一百零九条的规定，对设定担保物权的财产享有优先受偿的权利，未能受偿的债权作为普通债权进行清偿。

——宋晓明、刘敏：《最高人民法院关于适用〈中华人民共和国企业破产法〉若干问题的规定（二）的理解与适用》，载江必新主编：《最高人民法院司法解释与指导性案例理解与适用》第2卷，人民法院出版社2014年版，第343～344页。

590

债权银行扣划款项行为发生于诉讼中，之后实际得到生效判决确认，属于经过诉讼进行的个别清偿

关键词 | 个别清偿 |

【最高人民法院司法解释】

第十五条 债务人经诉讼、仲裁、执行程序对债权人进行的个别清偿，管理人依据企业破产法第三十二条的规定请求撤销的，人民法院不予支持。但是，债务人与债权人恶意串通损害其他债权人利益的除外。

——《最高人民法院关于适用〈中华人民共和国企业破产法〉若干问题的规定（二）》（2013 年 9 月 5 日，法释〔2013〕22 号）

【最高人民法院裁判文书】

西飞集团进出口有限公司破产管理人与中信银行股份有限公司西安分行请求撤销个别清偿行为权纠纷申请再审案［最高人民法院（2016）最高法民申 717 号民事裁定书］

最高人民法院认为：案件的焦点是西飞破产管理人的再审申请有无法律根据。根据原审期间查明的事实，西飞破产管理人的申请再审法律依据不足。第一，《企业破产法》第三十二条虽规定人民法院受理破产申请前六个月内，债务人出现不能清偿到期债务，并且资产不足以清偿全部债务或明显缺乏清偿能力的情形，债务人仍对个别债权人进行清偿的，管理人有权请求人民法院予以撤销。本条的立法目的是防止债务人的个别清偿行为损害其他债权人的公平受偿权利，但本案的款项扣划不属债务人自行清偿行为，而是中信西安分行的主动划扣，不属于《企业破产法》第三十二条的规范范围，西飞破产管理人据此主张撤销，法律依据不足。第二，根据《破产法解释（二）》第十五条规定，债务经过诉讼、仲裁、执行程序对债权人进行的个别清偿，破产管理人依据《企业破产法》第三十二条的规定请求撤销的，人民法院不予支持。上述解释实际上对经过诉讼、仲裁、执行程序的债权清偿行为予以了肯定。本案中信西安分行扣划款项予以清偿的行为发生于诉讼中，之后该笔债权审理中又经依法扣减，实际得到生效判

决的确认,属于经过诉讼进行的个别清偿,西飞破产管理人认为即使经过诉讼未经其自愿履行或强制执行均属可撤销的个别清偿,与该解释本意并不符合,原审判决对西飞破产管理人的主张不予支持,并无不当。

——中国裁判文书网,http://wenshu.court.gov.cn。

591

债务人破产后,债权人就债务人财产提起清偿之诉的,不予受理或者驳回起诉

关键词 | 个别清偿 | 不予受理 | 驳回起诉 |

【最高人民法院裁判文书】

河南省烟草公司濮阳市公司与濮阳市石油公司破产清算组、中国石油化工集团公司等追偿权纠纷申请再审案[最高人民法院(2016)最高法民申1774号民事裁定书]

最高人民法院认为:(一)关于一审、二审判决驳回烟草公司对清算组的起诉是否正确的问题。根据本案查明事实,烟草公司向一审法院起诉前,濮阳市石油公司已进入破产还债程序,且烟草公司已按法律规定在破产程序中申报了债权,双方对债权金额和债权真实性、合法性均无异议,烟草公司的债权理应在破产程序中进行受偿。根据《企业破产法》第十六条之规定,人民法院受理破产申请后,债务人对个别债权人的债务清偿无效。亦即,在破产企业进入破产程序后,债权人如在申报债权的同时另行提起诉讼,单独请求破产企业对其进行债务偿还,该行为一方面对其余债权人并不公平,另一方面有可能导致另行起诉的债权人在破产还债程序和另诉程序中重复受偿,因此,破产企业的债权人在申报债权的同时另行提起诉讼的行为应不予支持。一审、二审判决驳回烟草公司对清算组的起诉并无不当。

此外,烟草公司称,本案中除了清算组外,还有其余被告作为诉讼主体,虽然烟草公司申报了债权,原审判决简单以破产企业被宣告破产为由驳回其提起的包括破产企业在内的多名被告的起诉属认定事实和适用程序错误。该主张不能成立。本案中,一审法院驳回烟草公司对清算组的起诉,但对中石化公司、中石化河南公司应否承担责任进行了实体审理。因而,一审、二审判决并未简单以破

产企业宣告破产为由驳回烟草公司提起的对其他被告的起诉。

——中国裁判文书网，http://wenshu.court.gov.cn。

烟台银行股份有限公司与烟台金属材料交易中心有限公司欠款纠纷案[最高人民法院(2013)民提字第18号民事裁定书]

裁判要旨：人民法院受理破产申请后，管理人应当依法追收所有破产财产并在破产程序中依法管理和处分，公平保护全体债权人利益。基于破产财产的个别清偿行为均为无效。

最高人民法院认为：根据《企业破产法》的规定，破产申请受理时属于债务人的全部财产，以及破产申请受理后至破产程序终结前债务人取得的财产，甚至破产程序终结后发现的债务人的应当供分配的其他财产，均为破产财产。人民法院受理破产申请后，管理人应当依法追收所有破产财产并在破产程序中依法管理和处分，公平保护全体债权人利益。基于破产财产的个别清偿行为均为无效。烟台银行在人民法院受理其债务人金属材料公司破产申请后，以本案原审被告交易公司与案外人金属材料公司人格严重混同、人员财产无法区分为由，请求法院判令交易公司以其财产直接偿付金属材料公司所欠其3200万元债务的诉讼请求，不符合法律规定。如烟台银行关于交易公司与金属材料公司人格严重混同的主张成立，则交易公司的财产当属金属材料公司破产财产的一部分，应当由管理人通过实体合并破产等有关制度将其纳入到破产财产中一并管理和处分，而不能仅以此部分破产财产优先满足于个别债权人受偿，否则，将与破产法公平受偿的基本原则相违背。虽然，在认定交易公司与金属材料公司人格严重混同后追收回来的破产财产，在清偿破产费用、共益债务、职工债权、税收债权等后，尚有剩余时可以按比例清偿烟台银行及其他普通破产债权人的相关债权，但是，由于人格严重混同追收回来的破产财产与烟台银行之间仅为间接的利害关系，而非直接利害关系。烟台银行在金属材料公司破产申请受理后，无权要求以金属材料公司的破产财产单独清偿其个别债权。因此，原审法院裁定驳回烟台银行起诉并无不当，烟台银行关于原审法院驳回其起诉不当的再审理由，本院不予支持。

——最高人民法院民事审判第二庭编：《商事审判指导》总第33辑，人民法院出版社2013年版，第238～249页。

592

破产申请受理后，债权人起诉要求债务人的出资人等承担出资不实或者抽逃出资责任的，不予受理

关键词 | 受理破产申请 | 出资责任 | 不予受理 |

【最高人民法院司法解释】

第二十一条第一款 破产申请受理前，债权人就债务人财产提起下列诉讼，破产申请受理时案件尚未审结的，人民法院应当中止审理：

（一）主张次债务人代替债务人直接向其偿还债务的；

（二）主张债务人的出资人、发起人和负有监督股东履行出资义务的董事、高级管理人员，或者协助抽逃出资的其他股东、董事、高级管理人员、实际控制人等直接向其承担出资不实或者抽逃出资责任的；

（三）以债务人的股东与债务人法人人格严重混同为由，主张债务人的股东直接向其偿还债务人对其所负债务的；

（四）其他就债务人财产提起的个别清偿诉讼。

第二十三条第一款 破产申请受理后，债权人就债务人财产向人民法院提起本规定第二十一条第一款所列诉讼的，人民法院不予受理。

——《最高人民法院关于适用〈中华人民共和国企业破产法〉若干问题的规定（二）》（2013 年 9 月 5 日，法释〔2013〕22 号）

【最高人民法院裁判文书】

西宁特殊钢集团有限责任公司、青海省国有资产投资管理有限公司与赣州银行股份有限公司股东损害公司债权人利益责任纠纷再审案［最高人民法院（2013）民提字第 161 号民事裁定书］

最高人民法院认为：本案再审争议的焦点问题是，在青海省西宁市中级人民法院已经受理昆仑证券公司破产案件且尚未终结情况下，江西省赣州市中级人民法院能否受理赣州银行公司对昆仑证券公司股东提出的抽逃出资承担补充赔偿责任诉讼。赣州银行股份公司根据《公司法解释（三）》第十四条第二款关于“公司债权人请求抽逃出资的股东在抽逃出资本息范围内对公司债务不能清偿

的部分承担补充赔偿责任……人民法院应予支持”的规定，请求人民法院判决昆仑证券公司的两个股东即西宁特钢公司、青海国投公司因抽逃出资而相应承担补充赔偿责任。但是，赣州银行公司向人民法院提出诉讼时，昆仑证券公司已进入破产程序，尚未终结。如果允许赣州银行公司起诉昆仑证券公司的两个股东西宁特钢公司、青海国投公司并获得赔偿，则损害了昆仑证券公司其他债权人的合法权益，也违背了《企业破产法》确立的公平清理债权债务原则。《破产法解释(二)》第二十一条、第二十三条规定，破产申请受理后，债权人向人民法院主张债务人的出资人、发起人和负有监督股东履行出资义务的董事、高级管理人员承担出资不实或者抽逃出资责任的，人民法院不予受理。本案赣州银行公司的起诉符合上述规定的情形，赣州银行公司的起诉应予驳回。

——中国裁判文书网，http://wenshu. court. gov. cn。

593

股东向公司补缴的出资属于公司破产财产，不能向个别债权人清偿

关键词 | 补缴出资 | 破产财产 | 个别清偿 |

【最高人民法院司法解释】

第二十条 管理人代表债务人提起诉讼，主张出资人向债务人依法缴付未履行的出资或者返还抽逃的出资本息，出资人以认缴出资尚未届至公司章程规定的缴纳期限或者违反出资义务已经超过诉讼时效为由抗辩的，人民法院不予支持。

管理人依据公司法的相关规定代表债务人提起诉讼，主张公司的发起人和负有监督股东履行出资义务的董事、高级管理人员，或者协助抽逃出资的其他股东、董事、高级管理人员、实际控制人等，对股东违反出资义务或者抽逃出资承担相应责任，并将财产归入债务人财产的，人民法院应予支持。

——《最高人民法院关于适用〈中华人民共和国企业破产法〉若干问题的规定(二)》(2013 年 9 月 5 日，法释〔2013〕22 号)

【《最高人民法院公报》案例】

深圳市佩奇进出口贸易有限公司与湖北银行股份有限公司宜昌南湖支行、

华诚投资管理有限公司破产债权确认纠纷案[最高人民法院(2012)民申字第386号民事裁定书]

裁判摘要:尽管生效判决或执行裁定已认定公司股东应在出资不足部分本息范围内就公司债务不能清偿部分对公司债权人承担补充赔偿责任,但在股东实际承担补充赔偿责任前公司就已被裁定宣告进入破产程序的情况下,根据《企业破产法》第十六条、第三十五条的规定,股东应首先向公司补缴出资,该补缴的出资只能用于向公司所有债权人进行公平清偿,而不能向个别债权人清偿。

最高人民法院认为:从本案一、二审查明的情况看,南湖支行和佩奇公司对华诚公司均享有债权,且两债权产生的原因关系是相同的,即均基于华诚公司对佩奇公司出资不到位而应承担补足出资的责任。现争议的焦点在于讼争1400万元破产债权的归属问题。

1. 根据宜昌中院作出的(2000)宜中经初字第6号民事判决以及(2000)宜中法执字第110-4号民事裁定,华诚公司应在其出资不足的范围内向南湖支行承担责任,但该执行程序在人民法院受理破产案件后尚未执行完毕。由于破产程序是对债务人全部财产进行的概况执行,注重对所有债权的公平受偿,具有对一般债务清偿程序的排他性。因此,在佩奇公司、华诚公司先后被裁定宣告破产后,对华诚公司财产已采取保全措施和执行措施的,包括依据宜昌中院(2000)宜中法执字第110-4号民事裁定所采取执行措施的,都属于未执行财产,均应当依法中止执行。破产财产应在破产清算程序中一并公平分配。

2. 注册资本系公司对所有债权人承担民事责任的财产保障。在股东出资不到位的情况下,如公司被裁定宣告进入破产程序,根据《企业破产法》第三十五条"人民法院受理破产申请后,债务人的出资人尚未完全履行出资义务的,管理人应当要求该出资人缴纳所认缴的出资,而不受出资期限的限制"的规定,作为股东的华诚公司应首先向佩奇公司补缴出资。依据《企业破产法》第三十条的规定,该补缴的出资应属于佩奇公司破产财产的组成部分,只能用于向佩奇公司所有债权人进行公平清偿,而不能向个别债权人清偿,否则就与《企业破产法》第十六条"人民法院受理破产申请后,债务人对个别债权人的债务清偿无效"规定相悖,侵害了佩奇公司其他债权人的合法利益。故二审判决将讼争破产债权确认归佩奇公司享有符合《企业破产法》的规定精神,南湖支行可向佩奇公司申报自己的破产债权并参与分配。

——《最高人民法院公报》2012年第12期

【最高人民法院裁判文书】

最高人民法院通知书[2011年12月8日,(2011)执监字第182号]

胜利油田胜大实业总公司：

你公司就申请执行山东新华医药集团淄博制酸有限责任公司(以下简称制酸公司)、山东新华医药集团有限责任公司(以下简称新华集团)向本院申诉一案,本院已审查终结。

本院认为:在公司破产的情况下,公司股东未履行完毕的出资义务属于破产人的债权,应当由管理人代表公司向股东追讨,追讨回的财产应作为破产财产在破产程序中统一分配。因此,在法院受理制酸公司的破产申请后,对其开办单位新华集团的执行应予中止。最高人民法院〔2004〕执他字第24号答复的前提是制酸公司已经进入破产程序,如你公司对破产程序有异议,应通过破产程序中的救济途径另行解决。

——最高人民法院执行局编:《执行工作指导》总第46辑,人民法院出版社2013年版,第69~70页。

594

消费者交付了购买商品房的全部或者大部分款项，出卖人交付房屋并办理所有权变更登记的，不属无效个别清偿行为

关键词｜所有权变更登记｜商品房买卖合同｜个别清偿｜

【最高人民法院裁判文书】

北京英嘉房地产开发有限公司与杨飞物权确认纠纷申请再审案[最高人民法院(2015)民申字第1158号民事裁定书]

最高人民法院认为:首先,本案所涉房屋为住宅商品房,杨飞通过个人首付、向银行按揭贷款方式支付了全部价款。根据《合同法》《最高人民法院关于建设工程价款优先受偿权问题的批复》等相关法律、司法解释规定之精神,交付了购买商品房的全部或者大部分款项后,消费者就所购商品房对出卖人享有的债权,

有别于普通无担保债权,是一种针对特定不动产所享有的具有非金钱债务属性的特殊债权,在受偿顺序上优先于有担保债权的建设工程价款优先受偿权亦不得对抗该债权。

其次,根据《企业破产法》《破产法解释(二)》规定之精神,并非所有的破产程序中的个别清偿行为均属于《企业破产法》第十六条规定的无效行为。认定个别清偿行为无效的关键要件之一是该清偿行为损害了其他破产债权人的合法权益。而如上所述,交付了购买商品房全部或者大部分款项的消费者对于其所购房屋的权利,因其具有特定性和优先性,故该债权的实现并不会构成对其他破产债权人合法权益的损害,因此,出卖人履行商品房买卖合同约定的交付房屋并办理所有权变更登记的义务,并非《企业破产法》第十六条所称的无效的个别清偿行为。

再次,根据《企业破产法》第十八条第一款之规定,管理人仅对破产申请受理前成立而债务人和对方当事人均未履行完毕的合同有权决定解除或者继续履行。而本案中,杨飞已经通过银行按揭贷款支付了案涉房屋的全部款项,故对于案涉商品房买卖合同,英嘉公司破产管理人并无解除权。在杨飞主张继续履行双方签订的《商品房买卖合同》的情况下,英嘉公司亦没有举证证明存在《合同法》第九十四条以及第一百一十条所称的不能履行或不适于继续履行的情形,故英嘉公司应当继续履行案涉《商品房买卖合同》,协助杨飞办理案涉房屋所有权变更登记,并将案涉房屋交付给杨飞。

最后,根据《物权法》第九条的规定,除法律另有规定的以外,不动产物权的转让以产权登记为要件。对于本案所涉房房屋,杨飞虽然已经支付了全部购房款,但英嘉公司尚未交付房屋,亦未办理房屋所有权变更登记,相关法律、行政法规、司法解释亦未例外规定此种情形下买受人可直接取得房屋所有权。同时,本案并非因物权归属争议引发的物权确认纠纷,故二审法院将本案案由确定为物权确认纠纷并确认案涉房屋归杨飞所有确有不当。但由上所述,二审判决判令英嘉公司为杨飞协助办理案涉房屋所有权过户手续是正确的,通过该判项的履行或执行,杨飞仍将能够取得案涉房屋所有权。此外,二审判决虽对房屋交付等合同履行事实的认定存在矛盾,但根据《最高人民法院关于建设工程价款优先受偿权问题的批复》之相关规定,该事实并不影响本案的最终处理。

——中国裁判文书网,http://wenshu.court.gov.cn。

595

权利人在破产程序中取回权的行使要求

关键词|破产程序|破产取回权|

【最高人民法院司法政策】

在实际操作中,对取回权的认定与取回权标的物的识别不仅存在一定难度,而且经常引起争议,我们有必要对此问题进一步予以明确。

第一,要正确区分取回权与别除权。取回权与别除权所涉及的财产都不属于破产财产,《破产问题规定》均放在第七十一条,作为不属于破产财产的内容加以列举式的规定。但是,两者的性质是不同的。取回权是指债务人占有他人财产,财产的权利人可以不经破产清算程序,直接取回该财产的权利。而别除权的标的物属于破产人所有,不过是其被用于物的担保而担保了某项债权。实践中,有的清算组将本来应当由权利人取回的财产,而当作破产财产处理,通过拍卖变现后清偿权利人,这显然是混淆两者的界限。

第二,要正确地确定取回权范围。《破产问题规定》第七十二条第一款规定:"本规定第七十一条第(一)项所列的财产,财产权利人有权取回。"即包括:债务人基于仓储、保管、加工承揽、委托交易、代销、借用、寄存、租赁等法律关系占有、使用的他人财产。但是,属于取回权范畴的财产并不限定于这几种,相类似的还有第七十一条第一款第(五)项规定的特定物买卖中,尚未转移占有但相对人已经完全支付对价第(八)项、第(九)项等规定的财产,均不应作为破产财产,其权利人均可以对其行使相应的权利。

第三,要正确界定和处置毁损或灭失的取回权标的物。取回权标的物毁损或灭失发生在破产宣告之前的,权利人只能基于债务人侵权或违约而作为破产债权人参加破产程序;取回权标的物毁损或灭失发生在破产宣告后,基于清算组的过错致使标的物毁损或灭失的,权利人的债权性质相当于破产程序中的共益债权,在支付破产费用后,权利人可以在破产财产中获得全额赔偿,而不是转为破产债权参加按顺序和比例清偿。

第四,取回权标的物被债务人或清算组转让。受让方尚未支付对价的,取回权人可以直接对受让方享有请求权,请求受让方支付对价或返还标的物;受让方已经向债务人或清算组支付对价的,取回权人只能向清算组请求归还支付的对价金额或财产。支付的对价已经不存在的,转让行为发生在破产宣告前的,取回权人以返还不当得利或损害赔偿法律关系作为破产债权人参加破产财产分配程序;转让行为发生在破产宣告后的,取回权人应作为共益债权人,在支付破产费用后享有全额赔偿请求权。

——《当前审理企业破产案件工作中应当注意的几个问题——全国法院审理企业破产案件工作座谈会材料》(2003 年 4 月 17 日),载江必新主编、最高人民法院民事审判第二庭编:《民商审判指导与参考》总第 3 卷,人民法院出版社 2003 年版,第 23 ~ 40 页。

【《最高人民法院公报》案例】

青岛源宏祥纺织有限公司诉港润(聊城)印染有限公司取回权确认纠纷案(山东省高级人民法院二审民事判决书)

裁判摘要:《物权法》第二十三条规定:"动产物权的设立和转让,自交付时发生效力,但法律另有规定的除外。"同时,该法第二十七条规定:"动产物权转让时,双方又约定由出让人继续占有该动产的,物权自该约定生效时发生效力。"依据上述规定,动产物权的转让,以交付为公示要件,无论交付的方式是现实交付还是以占有改定方式交付。当事人之间仅仅就物权的转移达成协议,但未就该动产达成出让人继续占有该动产的占有改定协议的,不能构成《物权法》第二十七条规定的占有改定,故不能发生物权转移的效力。

山东省高级人民法院二审认为:

首先,涉案的七台设备属于动产,而动产的公示方法原则上是占有与交付。《物权法》第六条规定"动产物权的设立和转让,应当依照法律规定交付。"所谓交付是指转移占有,即将自己占有的物或所有权凭证转移其他人占有的行为。《物权法》第二十三条规定"动产物权的设立和转让,自交付时发生效力,但法律另有规定的除外。"可见,出于维护交易安全考虑,交付作为动产物权变动的法定方式,具有强制性。该法共规定了现实交付、简易交付、指示交付和占有改定四种交付方式。《合同法》第一百三十三条规定:"标的物所有权自标的物交付时起转移,但法律另有规定或当事人另有约定的除外。"该规定也是以交付作为动产物权变动的生效条件,其中的"法律另有规定和当事人另有约定"所涵盖的内容是现实交付之外的其他法律规定的拟制交付方式。此后实施的《物权法》,进一步明确了当事人只能够在法律规定的四种交付方式中通过约定选择一种具体的交付方式，除此之外，不存在其他基于法律行为而发生的动产物权变动的方式。

其次，关于本案协议中约定的方式是否属于占有改定。所谓占有改定是指让与人与受让人达成动产物权变动协议后，依照当事人之间订立的合同，仍然继续占有该动产使受让人因此取得间接占有，代替现实交付。《物权法》第二十七条规定“动产物权转让时，双方又约定由出让人继续占有该动产的，物权自该约定生效时发生效力。”从上述规定可以得出，占有改定构成要件表现为：一、当事人之间达成动产物权变动协议，该协议是发生交付的基础；二、除了达成物权变动协议，就该动产另外达成让与人继续占有使用该动产的协议。而本案中，虽然双方当事人签订的七台设备物权转让协议包含有所有权变动内容，但没有就被上诉人港润印染公司继续占有使用该七台设备另外达成协议。因此，港润印染公司与上诉人源宏祥纺织公司之间的协议不构成占有改定交付。

综上，因该七台设备并未现实交付，尽管当事人签订的协议有效，也只是产生债权效力，并未发生物权变动效力，上诉人源宏祥纺织公司并没有实际取得该七台设备的所有权，故其在被上诉人港润印染公司破产案件中并不享有取回权。源宏祥纺织公司称涉案七台设备物权通过三方协议已经转移给其所有并享有该设备的取回权理由不能成立。

——《最高人民法院公报》2012 年第 4 期

广东国际信托投资公司破产案（广东省高级人民法院民事裁定书）

根据债权异议人的申请，广东省高级人民法院分别对广东国投公司破产案中 62 件有关债权申报异议进行了公开审理，并分别作出了裁定：

2. 信托存款的存款人可以申报破产债权，但对信托存款无取回权。在确认债权诉讼中，有 17 家债权人以信托存款为依据向广东国投公司清算组申报债权金额 38 亿元。部分境内债权人认为信托存款属于信托财产，具有独立性，受托人广东国投公司对信托财产不具有所有权，只具有经营管理权，信托财产的所有权属于委托人，要求行使取回权。广东省高级人民法院审理认为，广东国投公司向存款人出具信托存款单，约定存款人将资金存入广东国投公司，到期取回本息，具有存款合同的特征，存款人与广东国投公司双方设定的是债权债务关系，并非信托关系。广东国投公司被宣告破产后，对于剩余存款应当确认为破产债权，存款人不享有取回权。

——《最高人民法院公报》2003 年第 3 期

编者说明

根据国际惯例和我国《信托法》的规定，信托作为一种管理制度，其载体是信托财产。信托财产是委托人将财产权转移给受托人并由受托人管理和处分的财产。信托法律关系通常都有委托人、受托人和受益人三方当事人，在内容上，信托财产具有独立性，受托人对于委托人的信托资金只享有名义上的所有权，不得视为其自有资金，受托人应当将信托财产与其自有财产分别管理，并将不同委托人的信托财产分别管理，产生的利益和风险由受益人承受，受托人可按约定收取一定的报酬。信托财产具有独立性，受托人破产时，信托财产不能列入破产财产，委托人享有取回权。但是如果当事人之间的法律关系并非信托关系，而是存款关系，则债权人对存款债权不享有取回权，而应当确认为破产债权，和其他债权人一起平等受偿。①

596

行使破产取回权的权利基础必须是其对取回权的标的物享有所有权或者其他物权，而不包括债权

关键词｜破产取回权｜

【最高人民法院答复】

河南省高级人民法院：

你院〔2003〕豫法民二函字第02号请示收悉。经研究，答复如下：

原则同意你院不支持董桂琴等50家商户行使取回权的第二种意见。董桂琴等50家商户与亚细亚五彩购物广场有限公司（以下简称五彩购物广场）形成了委托收取销售货款的关系，现有证据不能证明五彩购物广场对所收取的货款开立专门账户加以管理，即五彩购物广场代收的货款没有特定化。由于货币作为动产的特殊属性，董桂琴等50家商户对没有特定化的货款不具有所有权关系，在企业破产还债程序中不能行使取回权，可以以普通债权人的身份参与破产财产的分配。望你院并郑州中院做好当事人的工作。

此复。

——《最高人民法院关于河南省高级人民法院就郑州亚细亚五彩购物

① 广东省高级人民法院：《广东国际信托投资公司案终结报告》，载《中国民商审判》总第5辑，法律出版社2004年版，第64～65页。

广场有限公司破产一案中董桂琴等50家商户能否行使取回权问题请示的答复》(2003年6月9日,〔2003〕民二他字第14号)

【最高人民法院裁判文书】

中国银泰投资有限公司与天一证券有限责任公司申请再审案[最高人民法院(2011)民申字第1081号民事裁定书]

最高人民法院认为:《企业破产法》第三十八条规定:“人民法院受理破产申请后,债务人占有的不属于债务人的财产,该财产的权利人可以通过管理人取回。但是,本法另有规定的除外。”据此,在破产程序开始时,对于债务人占有的不属于债务人的财产,财产权利人可不依破产程序而直接向破产管理人主张取回。权利人行使破产取回权的权利基础必须是其对取回权的标的物享有所有权或者其他物权。北京市高级人民法院(2006)高民初字第673号民事判决中载明:“在银泰投资、新海投资、维科控股、鸿利投资、瑞攀实业足额返还或赔偿远大集团上述款项后,均可就各自的合法权益向天一证券追偿。”最高人民法院(2008)民二终字第22号民事判决亦明确:“一审法院之所以核查‘人民币一亿元股权转让款是否保存于天一证券账户中’,只是为了银泰投资等股权出让方承担责任后行使追偿权的方便而进行的。”本案中银泰投资依据北京市高级人民法院及最高人民法院上述判决承担了上海鸿利投资有限公司、上海瑞攀实业有限公司对远大集团所欠债务的补足赔偿责任共计49986330.63元,并据此享有向天一证券进行追偿的权利,但该追偿权系债权,不属于所有权或者其他物权,且上述北京市高级人民法院及最高人民法院的判决并未明确银泰投资在承担赔偿责任后取得远大集团的原有权利。故银泰投资认为其依据上述判决取得一亿元股权转让定金及利息所有权的主张依据不足。另,北京市高级人民法院京高法函〔2007〕24号《关于协助保管天一证券有限责任公司涉及原告中国远大集团有限责任公司与被告中国银泰投资有限公司等相关案款的函》并非人民法院发生法律效力的裁判,不能发生免除银泰投资举证责任的效力,且该函所载明的“经核实,目前合同项下的此笔款项仍在本案各方当事人与天一证券的共管账户内由天一证券负责监管”的内容亦未被最高人民法院作出的该案终审判决即(2008)民二终字第22号民事判决所确认,银泰投资在本案诉讼过程中也没有进一步提交充分证据证明该定金仍封闭于天一证券账户中,故银泰投资依据北京市高级人民法院京高法函〔2007〕24号函认为涉案股权转让定金构成特定化货币的主张依据不足。因银泰投资承担对远大集团的赔偿责任后取得的向天一证券追偿的权利系债权,并非所有权或其他物权,其以行使破产取回权为由要求天一证券从一亿元股权转让定金及利息款中支付银泰投资 49986330.63 元的诉讼请求,缺乏事实和法律依据,一审、二审判决驳回其诉讼请求并无不当,银泰投资以其享有破产取回权为由认为一审、二审判决适用法律错误的主张不能成立,本院不予支持。

——中国裁判文书网,http://wenshu.court.gov.cn。

【链接:最高人民法院法官著述】

质权是债权人在债务人不履行债务时,就其所占有的债务人或第三人为担保债务履行而移交的财产优先受偿的权利。质权以其所担保的债权为存在理由,因而当被担保的债权因履行、混同、抵销、被确认无效或被撤销以及其他原因消火时,质权亦随之消火,质权人应将质物返还给出质人。在债权消灭后质物返还前,若质权人(债务人)破产时,出质人就该财产有取回权。但在转质的情况下就比较复杂。转质是质权人在自己的质权上再度设质的行为。由转质权的性质所决定,转质权优于原质权,故未经转质权人的同意,原质权设定人向原质权人清偿债务的,不得以此对抗转质权人。原质权设定人对原质权人清偿后,若转质权人破产,原质权设定人不得向转质权人的破产管理人主张取回权。但若设定人以第三人的地位代原质权人向转质权人清偿债务后而使转质权消灭,则可以向转质权人的破产管理人主张取回权。但是,转质权人的债权额较原质权人的债权额为小时,设质人只有将差额向原质权人清偿后,才能主张取回权。

在一般情况下,留置权是担保物权的基础权利,但在下列情况下,亦得成为取回权的基础权利:(1)债务人享有留置权的情况下,债务人的债务人已履行债务或经催告已履行债务,在债务人(留置权人)返还留置物前开始破产程序时,债务人的债务人可主张取回权;(2)债务人的债务人虽未履行债务,但已提供相应的担保,使留置权消灭,在债务人(留置权人)返还留置物前破产的,债务人的债务人有主张取回权的权利;(3)债务人的留置权不成立时,被留置物的所有人有取回权。

——最高人民法院民事审判第二庭编著:《最高人民法院关于企业破产法司法解释理解与适用》,人民法院出版社 2013 年版,第 309~310 页。

编者说明

破产取回权，是指在债务人进入破产程序后，财产权利人可以不依照破产清算程序，直接通过管理人或财产控制人取回不属于债务人财产的权利。破产取回权，属于民法上物的请求权的一种表现形式，其所针对的是特定财产。《企业破产法》第三十八条、第三十九条对破产取回权作了规定，本题有关司法政策精神以及裁判意见可以作为适用相关规定的补充。

597

标的物在破产管理人接收前就已灭失，只能以财产损失金额申报债权，不能行使取回权

关键词 | 破产取回权 |

【最高人民法院司法解释】

第三十二条第二款 保险金、赔偿金已经交付给债务人，或者代偿物已经交付给债务人且不能与债务人财产予以区分的，人民法院应当按照以下规定处理：

（一）财产毁损、灭失发生在破产申请受理前的，权利人因财产损失形成的债权，作为普通破产债权清偿；

……

——《最高人民法院关于适用〈中华人民共和国企业破产法〉若干问题的规定（二）》（2013 年 9 月 5 日，法释〔2013〕22 号）

【最高人民法院裁判文书】

上海南宏工贸有限公司与云南金马农用车制造总厂破产管理人取回权纠纷申请再审案［最高人民法院（2012）民申字第 1321 号民事裁定书］

最高人民法院认为：一、二审查明，涉案标的物在破产管理人接收前就已经灭失，作为取回权权利基础的物权已经不存在。因此，南宏公司只能以财产损失金额申报债权，而不能行使取回权。

——中国裁判文书网，http://wenshu. court. gov. cn。

598 对破产企业尚未履行的合同的处置原则

关键词｜破产企业｜未履行合同｜

【最高人民法院司法政策】

一般情况下,对破产企业未履行合同的处理,应从以下几个方面予以考虑:

第一,解除或继续履行合同权由清算组行使。债务人被宣告破产以后,《企业破产法(试行)》赋予清算组决定解除合同或继续履行合同的权利。《企业破产法(试行)》将债务人破产事件作为解除合同的法定事由,其解除权是赋予清算组的,而不是合同相对人。合同相对人不能以债务人破产为理由请求解除合同,其只能被动地等待选择。清算组选择解除合同的,相对人的债权作为破产债权参加破产程序;清算组选择继续履行合同的,合同相对人可以向清算组履行尚未履行的合同义务,同时也可以主张权利。被决定继续履行合同的相对人向清算组主张权利时,不参加破产清算程序,该请求权具有给付内容的,应当获得全额给付。

第二,清算组决定解除或继续履行合同应以维护破产债权人权益和破产财产利益为标准。清算组有权决定是否继续履行合同,但其决定并不代表原合同当事人的意思,应以原合同的价值取向决定合同是否继续履行。清算组的功能是管理和清算破产财产,其工作目的是对破产人的全部财产及法律关系进行整理和清算,其选择继续履行或解除合同的唯一标准就是维护破产债权人权益和破产财产的利益。清算组选择继续履行合同时,应向相对方支付全额的对价;选择解除合同时,除尚未履行的合同义务转变为破产债权外,因解除合同造成相对人的损失赔偿额也应当作为破产债权,因此清算组在作出决定时,应当权衡利弊,考察得失,从经济的原则出发慎重作出决定。

第三,正确确定合同是否履行的标准。确定破产企业订立的相关合同是否已经履行,应当以破产企业作为义务主体是否履行作为标准,即只有当破产企业作为合同一方的当事人尚未履行义务或者尚未完全履行义务(当然,也包括破产企业尚未履行义务,同时相对人也没有履行义务的情况)。如果破产企业的合同义务已经履行完毕,清算组无权解除合同;此时合同相对人未履行的合同义务,应列为破产财产由清算组进行清收,该义务尚未到履行期限的,视为已经到期。清算组在登记债权时，应当在一定期限内尽快告知相对人是否履行合同，以使相对人的权利处于稳定状态。

——《当前审理企业破产案件工作中应当注意的几个问题——全国法院审理企业破产案件工作座谈会材料》（2003 年 4 月 17 日），载江必新主编、最高人民法院民事审判第二庭编：《民商审判指导与参考》总第 3 卷，人民法院出版社 2003 年版，第 23 ~ 40 页。

编者说明

破产中尚未履行完毕的合同，指破产申请受理前成立而债务人和对方当事人均未履行完毕的合同。《企业破产法》第十八条规定破产管理人有权决定解除或者继续履行未履行完毕的合同，但并未明确具体的标准。上述最高人民法院司法政策精神虽然形成于《企业破产法》实施之前，但是对于《企业破产法》实施以后对破产管理人关于破产企业尚未履行合同的处置仍然具有参考价值。

599

破产管理人向承租人发出催缴房租通知，承租人未续交房租也未主张优先购买权的，租赁合同应予以解除

关键词 | 破产管理人 | 租赁合同 | 合同解除 |

【最高人民法院裁判文书】

段琳与咸阳工农兵工贸集团有限公司破产管理人、咸阳苏宁云商销售有限公司一般所有权及与所有权相关权利纠纷申请再审案[最高人民法院（2014）民申字第 200 号民事裁定书]

最高人民法院认为：咸阳工农兵工贸集团有限公司将案涉房屋 1 ~ 5 层所有权转让给金义公司，其中 1 ~ 4 层房屋产权证已办至金义公司名下，后金义公司将 1 ~ 3 层房屋通过段琳转租给苏宁公司。虽然工农兵公司破产管理人依据人民法院的生效裁定取得案涉房屋的合法产权，但是根据《合同法》第二百二十九条之规定，租赁物在租赁期间发生所有权变动的，不影响租赁合同的效力，苏宁公司对案涉房屋仍享有租赁权，其作为次承租人与段琳之间的租赁

合同仍然有效。工农兵公司破产管理人取得房屋所有权后，有权向承租人收取租金，行使出租人的合法权利。经查，工农兵公司破产管理人在取得房屋所有权后，向承租人段琳和次承租人苏宁公司发出催缴房租通知，但是段琳向工农兵公司破产管理人交纳两个月租金后，再未按月续交，也未主张优先购买权，其以实际行为表示不再继续履行租赁合同。工农兵公司破产管理人是否提供房产证书和收款凭证，并不能成为段琳拒绝履行付款义务的抗辩理由。段琳的行为已经构成根本违约，根据《合同法》第九十四条第二项之规定，其与工农兵公司破产管理人之间的租赁合同依法应予以解除，苏宁公司作为次承租人自然不再享有承租权益，工农兵公司破产管理人有权要求苏宁公司腾房并交纳使用费。

——中国裁判文书网，http://wenshu.court.gov.cn。

咸阳市秦都区步步高鞋行与咸阳工农兵工贸集团有限公司其他合同纠纷申请再审案［最高人民法院(2014)民申字第537号民事裁定书］

本裁判理由与前引裁判文书基本一致(略)。

——中国裁判文书网，http://wenshu.court.gov.cn。

600

破产管理人自破产申请受理之日起二个月内未通知租赁合同对方当事人的，视为解除合同

关键词 | 破产管理人 | 租赁合同 | 合同解除 |

【最高人民法院裁判文书】

新疆屯河涂料有限公司与新疆蓝山屯河化工有限公司、新疆亿豪房地产开发有限公司财产损害赔偿纠纷申请再审案［最高人民法院(2015)民申字第1737号民事裁定书］

最高人民法院经审查认为：本案中，出租人原新疆屯河工贸(集团)有限公司与承租人原新疆灯塔屯河涂料有限公司于2004年7月签订的《租赁协议》的租期届满日为2008年1月，在租赁期限内，工贸公司于2007年11月28日被人

民法院宣告破产，工贸公司的破产管理人自破产申请受理后并未通知承租人灯塔公司继续履行《租赁协议》。《企业破产法》第十八条第一款规定“人民法院受理破产申请后，管理人对破产申请受理前成立而债务人和对方当事人均未履行完毕的合同有权决定解除或者继续履行，并通知对方当事人。管理人自破产申请受理之日起二个月内未通知对方当事人，或者自收到对方当事人催告之日起三十日内未答复的，视为解除合同”。按照破产法的上述规定，《租赁协议》已依法被解除，原承租人灯塔公司对租赁物的优先购买权也随之灭失。据此，二审认定“原新疆灯塔屯河涂料有限公司与原新疆屯河工贸（集团）有限公司于2004年7月1日所签订的《租赁协议》于2007年11月屯河工贸集团公司破产时已法定解除”有事实和法律依据。

本案租赁合同的承租人灯塔公司已于2008年10月17日在工商部门办理了注销登记，其法人资格已终止。虽然灯塔公司的工商档案中记载“新疆灯塔涂料有限公司对外发生的债权、债务均由股东承担”，但在灯塔公司办理注销登记之前，《租赁协议》已在破产程序中被依法解除，灯塔公司的股东继续承继《租赁协议》的权利基础已经丧失。故二审认定“原新疆灯塔屯河涂料有限公司于2008年11月已申请注销，新疆屯河涂料有限公司作为其唯一股东也不能替代原灯塔屯河涂料有限公司继续履行《租赁协议》”并无不当。

屯河涂料公司申请再审称，蓝山公司在向亿豪公司转让土地及房产时，给屯河涂料公司发出过《债权转让通知书》，明确告知了屯河涂料公司。但蓝山公司向屯河涂料公司发出通知的事实并不能改变《租赁协议》已在工贸公司的破产程序中被依法解除的事实。屯河涂料公司的该项申请事由也不能成立。

——中国裁判文书网，http://wenshu. court. gov. cn。

601

破产管理人在法定期间内没有选择行使继续履行合同的权利，即丧失要求继续履行的权利

关键词｜破产管理人｜继续履行合同｜

【最高人民法院裁判文书】

石家庄宝石集团电视机厂与石家庄市冀发商贸有限公司租赁合同纠纷案
[最高人民法院(2012)民提字第73号民事判决书]

裁判要旨:一、双方签订房屋租赁合同后,出租方的义务并非仅交付房屋的使用权即履行完毕,而是在租赁期内,还负有对房屋交付使用、监督、管理等义务,其义务具有阶段性和持续性,只有在房屋租赁合同履行期限届满后,出租方的义务才履行完毕。

二、关于双方均未履行完毕的合同,一方破产时的解除,无论是《企业破产法》第十八条还是《最高人民法院关于〈中华人民共和国企业破产法〉施行时尚未审结的企业破产案件适用法律若干问题的规定》第二条,都是为了在破产程序中尽快明确合同双方的权利义务,如管理人在法定期间内没有行使选择继续履行合同的权利,即丧失了要求对方继续履行的权利。

最高人民法院认为:本案再审争议焦点为,电视机厂管理人2009年7月31日向冀发商贸发出的《解除〈租赁办公楼协议〉通知书》是否有效。

一、电视机厂与冀发商贸签订的《租赁办公楼协议》在电视机厂破产申请受理后是否属于双方均未履行完毕的合同。1998年11月11日,电视机厂与冀发商贸签订《租赁办公楼协议》,约定电视机厂以月租金6.5万元将办公楼一幢5046平方米、警卫室200平方米、收发室100平方米租赁给冀发商贸做办公楼使用,租期为15年,自1999年1月至2013年12月31日止。该租赁协议是双方真实意思表示,不违反法律、法规的禁止性规定,应认定为合法有效。

电视机厂与冀发商贸签订的《租赁办公楼协议》作为房屋租赁合同,出租方的义务并非仅交付房屋的使用权即履行完毕,而是在租赁期内,还负有对房屋保证使用、管理、监督等义务,其义务具有阶段性和持续性,只有在房屋租赁合同履行期限届满后,出租方的义务才履行完毕。本案电视机厂与冀发商贸之间的《租赁办公楼协议》签订于1998年11月11日,租期为15年,自1999年1月至2013年12月31日止,电视机厂的破产申请受理于2005年12月16日,故《租赁办公楼协议》属于破产申请前成立而债务人和对方当事人均未履行完毕的合同。二审判决关于电视机厂将房屋交付承租方即履行完毕合同义务,该协议不属于双方均未履行完毕的合同而应适用《合同法》的认定不当。

二、电视机厂管理人依据《企业破产法》向冀发商贸发出的《解除〈租赁办公楼协议〉通知书》是否有效。2009 年 7 月 30 日电视机厂管理人所发出的《解除〈租赁办公楼协议〉通知书》载明:"按照《企业破产法》之规定,现石家庄宝石集团电视机厂管理人向你发出书面通知,自即日起解除合同。"首先,电视机厂的破产申请受理于 2005 年 12 月 16 日,即电视机厂的破产申请发生在现行《企业破产法》颁布实施之前,故电视机厂的破产程序应适用《企业破产法(试行)》的相关规定。《企业破产法(试行)》第二十六条规定:"对破产企业未履行的合同,清算组可以决定解除或者继续履行。清算组决定解除合同,另一方当事人因合同解除受到损害的,其损害赔偿额作为破产债权。"根据该条规定,对于破产企业已经在履行的合同,清算组不能单方决定解除。其次,《企业破产法》第十八条适用的情形是在新法施行后受理破产案件同时指定管理人的情形,而不是本案中 2005 年 12 月 16 日受理电视机厂的破产申请,2007 年 12 月 29 日指定清算组为管理人的情形。且无论是《企业破产法》第十八条还是《最高人民法院关于〈中华人民共和国企业破产法〉施行时尚未审结的企业破产案件适用法律若干问题的规定》第二条,都是为了在破产程序中尽快明确合同双方的权利义务,如管理人在法定期间内没有行使选择继续履行合同的权利,即丧失了要求对方继续履行的权利,而不是双方已经在持续履行合同的情况下如果管理人未明确通知对方继续履行合同即推定解除合同。本案中,冀发商贸自 1999 年起按约定向电视机厂支付租金直至 2009 年 7 月,2005 年 12 月电视机厂进入破产程序后,租金先由监管组收取后改为管理人收取。但无论是由监管组收取租金还是管理人收取租金,其都是在代表电视机厂收取,所获利益归为电视机厂财产。电视机厂在破产申请受理后继续收取冀发商贸租金的行为表明,电视机厂和冀发商贸一直在以实际行为继续履行双方于 1999 年签订的《租赁办公楼协议》。因此,在该合同的持续履行期间,电视机厂管理人在破产申请受理近四年后单方以通知形式解除《租赁办公楼协议》缺乏法律依据,电视机厂管理人依据《企业破产法》向冀发商贸发出的《解除〈租赁办公楼协议〉通知书》应为无效。

——最高人民法院民事审判第二庭编:《最高人民法院商事审判指导案例(2012)·合同与借贷担保》,中国民主法制出版社 2013 年版,第 283～289 页。

602 建设工程施工合同在法院受理破产申请后已实际解除，承包人行使优先受偿权的期限应自合同解除之日起计算

关键词 | 建设工程施工合同 | 受理破产申请 | 合同解除 | 优先受偿权 |

【最高人民法院指导性案例】

通州建总集团有限公司诉安徽天宇化工有限公司别除权纠纷案(最高人民法院指导案例73号)

裁判要点:符合《企业破产法》第十八条规定的情形,建设工程施工合同视为解除的,承包人行使优先受偿权的期限应自合同解除之日起计算。

法院生效裁判认为:本案双方当事人签订的建设工程施工合同虽约定了工程竣工时间,但涉案工程因安徽天宇公司未能按合同约定支付工程款导致停工。现没有证据证明在工程停工后至法院受理破产申请前,双方签订的建设施工合同已经解除或终止履行,也没有证据证明在法院受理破产申请后,破产管理人决定继续履行合同。根据《企业破产法》第十八条"人民法院受理破产申请后,管理人对破产申请受理前成立而债务人和对方当事人均未履行完毕的合同有权决定解除或继续履行,并通知对方当事人。管理人自破产申请受理之日起二个月未通知对方当事人,或者自收到对方当事人催告之日起三十日内未答复的,视为解除合同"之规定,涉案建设工程施工合同在法院受理破产申请后已实际解除,本案建设工程无法正常竣工。按照最高人民法院全国民事审判工作会议纪要精神,因发包人的原因,合同解除或终止履行时已经超出合同约定的竣工日期的,承包人行使优先受偿权的期限自合同解除之日起计算,安徽天宇公司要求按合同约定的竣工日期起算优先受偿权行使时间的主张,缺乏依据,不予采信。2011年8月26日,法院裁定受理对安徽天宇公司的破产申请,2011年10月10日通州建总公司向安徽天宇公司的破产管理人申报债权并主张工程款优先受偿权,因此,通州建总公司主张优先受偿权的时间是2011年10月10日。安徽天宇公司认为通州建总公司行使优先受偿权的时间超过了破产管理之日六个月,与事实不符,不予支持。

——《最高人民法院关于发布第15批指导性案例的通知》(2016年12月28日,法〔2016〕449号)

603

商业银行及其分支机构对破产企业拥有的债权总额及所负的债务总额可以在破产清算前抵销

关键词 | 企业破产 | 商业银行 | 破产抵销权 |

【最高人民法院司法解释】

第四十一条 债权人依据企业破产法第四十条的规定行使抵销权，应当向管理人提出抵销主张。

管理人不得主动抵销债务人与债权人的互负债务，但抵销使债务人财产受益的除外。

——《最高人民法院关于适用〈中华人民共和国企业破产法〉若干问题的规定（二）》（2013 年 9 月 5 日，法释〔2013〕22 号）

【《最高人民法院公报》案例】

广东国际信托投资公司破产案（广东省高级人民法院民事裁定书）

根据债权异议人的申请，广东省高级人民法院分别对广东国投公司破产案中 62 件有关债权申报异议进行了公开审理，并分别作出了裁定：

4. 商业银行及其分支机构对广东国投公司拥有的债权总额及所负的债务总额在破产清算前等额抵销。按照《企业破产法（试行）》第三十三条“债权人对破产企业负有债务的，可以在破产清算前抵销”和《商业银行法》的第二十二条“商业银行分支机构不具有法人资格，在总行授权的范围内依法开展业务，其民事责任由总行承担”的规定，商业银行及其分支机构对广东国投公司拥有的债权总额及所负的债务总额可以在破产清算前等额抵销，商业银行分支机构各自申报债权后，由商业银行统一办理行使抵销权。广东国投公司破产清算组依法办理了中国工商银行、中国建设银行等商业银行债权债务抵销事宜。

——《最高人民法院公报》2003 年第 3 期

编者说明

破产抵销权，源于民法上的抵销权，是指债权人在破产申请受理前对债务人即破产人负有债务的，无论是否已到清偿期限、标的是否相同，均可在破产财产最终分配确定前向管理人主张相互抵销的权利。① 一般认为，债权人行使破产抵销权，应当符合以下要件：(1)债权人与债务人之间互负债务互享债权。债权人要主张抵销，其前提条件是债权人既对债务人享有债权，也对债务人负有债务。(2)债权人与债务人之间互负的债权债务均发生在法院受理破产申请之前。对发生在法院受理破产申请之后的，因法律规定不能抵销，故不符合抵销条件。(3)债权人的债权已经向管理人或法院申报，并且得到确认。债权人要在破产程序中行使权利，必须依法申报债权；同时，债权被允许抵销后，即相当于全额清偿，故债权人行使抵销权前，其债权必须已经得到管理人或法院的确认。

604

破产债权不能与未到位的出资相抵销

关键词｜破产债权｜出资｜破产抵销权｜

【最高人民法院答复】

湖北省高级人民法院：

你院〔1994〕鄂经初字第10号请示报告收悉。经研究，答复如下：

据你院报告称：中国外运武汉公司(下称武汉公司)与香港德仓运输股份有限公司(下称香港公司)合资成立的武汉货柜有限公司(下称货柜公司)，于1989年3月7日至8日曾召开董事会议，决定将注册资金由原来的110万美元增加到180万美元。1993年1月4日又以董事会决议对合资双方同意将注册资金增加到240万美元的《合议书》予以认可。事后，货柜公司均依规定向有关审批机构和国家工商行政管理局办理了批准、变更手续。因此，应当确认货柜公司的注册资金已变更为240万美元，尚未到位的资金应由出资人予以补足。货柜公司被申请破产后，武汉公司作为货柜公司的债权人同货柜公司的其他债权人享有平等的权利。为保护其他债权人的合法权益，武汉公司对货柜公司享有的破产债权不能与该公司对货柜公司未出足的注册资金相抵销。

——《最高人民法院关于破产债权能否与未到位的注册资金抵销问题的复函》(1995年4月10日，法函〔1995〕32号)

---

① 王欣新、王中旺：《论破产抵销权》，载《甘肃社会科学》2007年第3期。

605

债务人破产时，债权人是否就抵押财产享有优先受偿权，应以破产裁定为依据

关键词｜抵押财产｜优先受偿权｜

【最高人民法院裁判文书】

内蒙古仕奇集团有限责任公司与中信资产管理有限公司、呼和浩特市人民政府、内蒙古长兴房地产开发有限责任公司一般债权纠纷案[最高人民法院(2012)民二终字第84号民事判决书]

裁判要旨：债务人破产时，债权人是否能就抵押财产享有优先受偿权，应以破产裁定的内容作为判断依据。即使按照政策破产企业的职工安置问题优先于抵押权的实现，或者抵押财产通过行政方式划转给第三人，债权人仍享有实现抵押权、就抵押财产优先受偿的权利，第三人在接收抵押财产的范围内对债权人承担相应的义务。

最高人民法院认为：本案争议的涉案资产是1996年呼和浩特市中级人民法院在原内蒙古毛条总厂破产程序中裁定优先清偿工商银行抵押贷款的原内蒙古毛条总厂固定资产(包括生产用房屋、生产用设备)，价值36968004.98元。仕奇公司主张，根据当时的国家政策，解决破产企业的职工安置问题要优先于抵押权的实现，仕奇公司承担了安置原内蒙古毛条总厂全部职工的义务，呼市政府因此将涉案资产划转给仕奇公司，工商银行不能继续主张抵押权。本院认为，仕奇公司的该项主张不能成立。即使当时的国家政策对于破产企业的职工安置提供了优先保护，这一政策也要通过破产程序依法得到落实。在原内蒙古毛条总厂破产程序中，呼和浩特市中级人民法院作出的(1996)呼法经裁字第58号民事裁定明确将抵押财产的处置与破产财产分配、职工安置问题分别处理，以涉案资产优先清偿工商银行的抵押贷款，未作出以抵押财产用于职工安置的决定。上述裁定已确认了抵押权的效力，工商银行就抵押财产拍卖、变卖后的价款依法享有优先受偿的权利，但并非取得了该抵押物的所有权。原审法院认为工商银行已取得抵押物所有权不当，本院予以纠正。

——最高人民法院民事审判第二庭编：《最高人民法院商事审判指导案例(2012)·公司与金融》，中国民主法制出版社2013年版，第360～370页。

六、破产债权申报与处理

606

破产企业在破产案件受理前因欠缴税款产生的滞纳金属于普通破产债权

关键词 | 税款滞纳金 | 普通破产债权 |

【最高人民法院司法解释】

青海省高级人民法院：

你院《关于税务机关就税款滞纳金提起债权确认之诉应否受理问题的请示》(青民他字〔2011〕1 号)收悉。经研究,答复如下：

税务机关就破产企业欠缴税款产生的滞纳金提起的债权确认之诉,人民法院应依法受理。依照企业破产法、税收征收管理法的有关规定,破产企业在破产案件受理前因欠缴税款产生的滞纳金属于普通破产债权。对于破产案件受理后因欠缴税款产生的滞纳金,人民法院应当依照《最高人民法院关于审理企业破产案件若干问题的规定》第六十一条规定处理。

——《最高人民法院关于税务机关就破产企业欠缴税款产生的滞纳金提起的债权确认之诉应否受理问题的批复》(2012 年 6 月 26 日,法释〔2012〕9 号)

【链接：最高人民法院法官著述】

不应将税款滞纳金与税款本身一起优先受偿,主要理由有以下三点：

第一,对该滞纳金予以优先受偿并无法律依据……法律规定仅是明确规定了税款本身的优先受偿权,并未涉及税款滞纳金部分。因此,虽然税款滞纳金与税款本身密切相连,但是在现行法框架下,在破产案件中,税款滞纳金并不能同税款一样优先受偿。

第二,税款滞纳金的性质与功能并不同于税款本身。如上所述,该税款滞纳金作为税收管理法规定的对未按期缴纳税款的纳税人征收的款项,不仅具有惩罚功能,也是对因欠缴税款给国家利益造成损失的一种补偿。征缴该滞纳金的功能目的和税款也存在很大差异,税款直接涉及国家的财政收入乃至国家机器的正常运转,而滞纳金仅是对因欠缴税款给国家利益造成损失的补偿,是税收征缴的重要保障,这与税款本身有明显区别,不可与之等量齐观。而且,税款滞纳金作为一种类似于利息性质的补偿债权,与其他金钱债权的利息也不宜有本质区别,应当与其他普通金钱债权一样,作为破产程序中的普通债权予以清偿。

第三,为有力推动破产企业摆脱困境及合理保护其债权人利益所需要……

——孙佑海、吴兆祥、陈龙业:《〈最高人民法院关于税务机关就破产企业欠缴税款产生的滞纳金提起的债权确认之诉应否受理问题的批复〉的理解与适用》,载江必新主编:《最高人民法院司法解释与指导性案例理解与适用》第1卷,人民法院出版社2013年版,第343、344~345页。

607

破产程序中保证债权的申报和确认

关键词｜破产程序｜保证债权｜

【最高人民法院司法政策】

破产债权既可以是现实债权,也可以是或然债权。所谓或然债权指在发生上不确定的债权,也即债权是否发生处于一种不确定状态,债务人承担的仅是一种债务的可能性,需待条件成熟,债务人才成为现实负债人。最典型的或然债权就是保证债权,在保证法律关系中,债务人是现实负债人,担保人则是或然负债人。当保证人破产时,债权人也有权在保证人破产程序中申报债权。就申报程序而言,因债权登记时对申报债权仅作形式审查,不作实质审查,所以,无论债权人是现实债权的债权人还是保证责任的债权人,人民法院或清算组对其申报债权均应依法登记在册。

对于在法定期间内申报的保证债权,清算组或人民法院在破产债权确认上应当掌握以下原则:

第一,如果在保证人被破产宣告或进入破产还债程序(指非国有企业破产)前,债权人对其享有的保证债权已经被生效法律文书确认的,根据《破产问题规定》第五十五条第(十)项的规定,受理破产案件的法院可以直接确认为破产债权。值得注意的是,第(十)项关于"债务人为保证人的,在破产宣告前已经被生效的法律文书确定承担的保证责任"属于对破产债权确认方面的规定,是对已经得到人民法院确认的保证债权处理方法的规定,该条并不否认其他情形的保证债权被确认为破产债权。

第二,债权人对债务人、保证人的诉讼在破产程序开始前已经发生,但尚未取得生效法律文书的,对债权人在法定期间内申报的债权,应对其申报的债权额确定为临时破产债权,待诉讼终结后依照法院裁决结果相应确定。诉讼终结前破产财产分配已经开始的,可由清算组在破产财产分配时按破产债权清偿比率予以预留。

第三,破产程序开始前尚未发生诉讼的,债权人申报债权的,应当按照《破产问题规定》第二十一条至第二十四条的规定进行审查;有关债权人提出异议的,由清算组和人民法院依照《破产问题规定》第六十三规定的债权确认程序,以《担保法》及其相关司法解释为依据予以确认。在保证人破产程序期间主债权尚未到期的,保证债权应确认为临时破产债权,在破产财产分配时亦按破产债权清偿比率予以预留。

——《当前审理企业破产案件工作中应当注意的几个问题——全国法院审理企业破产案件工作座谈会材料》(2003 年 4 月 17 日),载江必新主编、最高人民法院民事审判第二庭编:《民商审判指导与参考》总第 3 卷,人民法院出版社 2003 年版,第 23 ~40 页。

【链接:最高人民法院法官著述】

主债务人破产的情形下,债权人申报债权后,保证人不得再次申报。破产申请受理时主债务尚未到期的,保证人无提前清偿义务,债权人须在债务到期后方可向保证人清偿。

保证人进入破产程序时,虽然主债务还未到清偿期,但若保证人据此可享有期限利益的话,那么等主债务到期时保证人的破产财产可能早已分配完毕,其保证责任实际等于被免除。为此,应当适用《企业破产法》第四十六条的规定,将其未到期之保证责任视为已到期并对相关债权予以提前清偿。

在债务人和连带保证人均进入破产程序时,债权人可以向二破产人同时全额申报债权。

——刘敏、杜军:《企业破产程序中涉保证人时的债权申报问题》,载最高人民法院民事审判第二庭编:《最高人民法院商事裁判观点》(总第1辑),法律出版社2015年版,第259~260页。

1.如果保证人进入破产程序前,债权人对保证人的保证债权已经被生效法律文书所确认,应当直接确认为破产债权。最高人民法院《破产问题规定》第五十五条第一款第(十)项对此作了明确规定。

2.债权人对债务人、保证人的诉讼在破产程序开始前已经发生,但尚未终结的,对债权人申报的债权额确定为临时破产债权,待诉讼终结后依裁判结果相应处理。诉讼终结前已经开始破产财产分配的,由破产管理人予以预留。

3.尚未发生诉讼的,债权人申报债权后,由破产管理人对申报的债权予以审查确认。债权人对破产管理人的审查确认结果有异议的,可以依照《企业破产法》第五十八条的规定,向受理破产案件的法院提起诉讼,通过司法程序进行债权确认。诉讼终结前已经开始破产财产分配的,由破产管理人予以预留。

4.被担保债权在保证人破产程序开始时尚未到期的,债权申报的债权确认为临时破产债权,待债权到期后视债务人履行债务情况再行确认。债权到期前已经开始破产财产分配的,由破产管理人予以预留,待债权到期后予以分配。

值得注意的是,最高人民法院《破产问题规定》第五十五条第一款第(十)项关于"债务人为保证人的,在破产宣告前已经被生效的法律文书确定承担的保证责任"的规定,是对已经人民法院裁判确认的保证债权处理方法的规定,该条件不排斥其他情形的保证债权被确认为破产债权。

——曹士兵:《中国担保制度与担保方法》(第三版),中国法制出版社2015年版,第184页。

编者说明

债务人为第三方提供保证担保的,当债务人破产时,必然会引起相应的破产债权问题。《企业破产法》对于保证人破产时的担保责任问题未作规定,而《企业破产法》施行以前的旧法以及司法解释对此则作了不少规定,因此上述司法政策精神以及法官著述仍然有其适用价值。

608

仅依审计报告不能作为债权人对债务人享有债权的证明

关键词 | 审计报告 | 债权证明 |

【最高人民法院裁判文书】

天津光电瑞通商贸有限公司与天津宏商发展有限责任公司普通破产债权确认纠纷案[最高人民法院(2013)民二终字第61号民事判决书]

裁判要点:《审计报告》的审计依据是被审计单位账簿及会计报表所记载数据,《审计报告》并不对账薄及会计报表等有关资料本身真实性负责,即账簿及会计报表所记载数据真实性,既不属该审计报告的审计内容,亦不属该报告的审计结果。故仅依该《审计报告》并不能证明债权人享有对被审计单位的债权。

最高人民法院认为:1. 根据《审计报告》所载,审计师事务所责任系"通过对债务人账簿及会计报表所反映的财务收支及其有关经济活动的审查,发表专业审计意见","债务人应对账簿及会计报表等有关资料的客观真实性负责",即《审计报告》依据是实业公司账簿及会计报表所载数据,《审计报告》并不对账簿及会计报表等有关资料本身真实性负责。2. 对实业公司账簿及会计报表所记载数据真实性,既不属该报告的审计内容,亦不属该报告的审计结果。故仅依该《审计报告》并不能证明建筑公司享有对实业公司491万余元的工程款债权。3. 关于商贸公司主张否认建筑公司债权即等于否定该《审计报告》效力,由此推翻了实业公司破产的法律依据。如本案未确认建筑公司对实业公司享有的债权,可能对实业公司资产负债情况产生影响,但由此产生的影响是否足以改变《审计报告》基于实业公司账簿及会计报表所作出的实业公司资不抵债的结论,进而影响法院受理实业公司破产案件的事实依据,不属本案审理范围。故对商贸公司的此项主张,法院不予审理。

——最高人民法院民事审判第二庭编:《最高人民法院商事审判指导案例(2014)》,中国民主法制出版社2015年版,第835~846页。

609

破产债权与担保权并存，债权人申报债权同时又起诉保证人的，保证纠纷案件应中止诉讼

关键词｜破产债权｜担保权｜中止诉讼｜

【最高人民法院答复】

青海省高级人民法院：

你院〔2002〕青民二字第10号《关于担保期间债权人向保证人主张权利的方式及程序问题的请示》收悉。经研究，答复如下：

1. 本院2002年8月1日下发的《关于处理担保法生效前发生保证行为的保证期间问题的通知》第一条规定的"向保证人主张权利"和第二条规定的"向保证人主张债权"，其主张权利的方式可以包括"提起诉讼"和"送达清收债权通知书"等。其中"送达"既可由债权人本人送达，也可以委托公证机关送达或公告送达(在全国或省级有影响的报纸上刊发清收债权的公告)。

2. 该《通知》第二条规定的意义在于，明确当主债务人进入破产程序，在"债权人没有申报债权"或"已经申报债权"两种不同情况下，债权人应当向保证人主张权利的期限。根据《最高人民法院关于适用〈中华人民共和国担保法〉若干问题的解释》第四十四条第一款的规定，在上述情况下，债权人可以向人民法院申报债权，也可以向保证人主张权利。因此，对于债权人申报了债权，同时又起诉保证人的保证纠纷案件，人民法院应当受理。在具体审理并认定保证人应承担保证责任的金额时，如需等待破产程序结束的，可依照《中华人民共和国民事诉讼法》第一百三十六条第一款第(五)项的规定，裁定中止诉讼。人民法院径行判决保证人承担保证责任，应当在判决中明确应扣除债权人在债务人破产程序中可以分得的部分。

——《最高人民法院对〈关于担保期间债权人向保证人主张权利的方式及程序问题的请示〉的答复》(2002年11月22日，〔2002〕民二他字第32号)

【最高人民法院裁判文书】

鹤壁市经济发展建设投资公司与中国信达资产管理公司郑州办事处保证合同纠纷上诉案[最高人民法院(2005)民二终字第97号民事裁定书]

最高人民法院认为：债权人中国信达资产管理公司郑州办事处在向人民法

院申报了债权、参加了破产程序的同时，又向河南省高级人民法院提起诉讼，请求担保人鹤壁市经济发展建设投资公司承担担保责任并无不当。但因债务人鹤壁市建筑陶瓷厂破产案件尚未终结，债权人在破产程序中能否受偿，以及受偿的数额还无法确定；担保人鹤壁市经济发展建设投资公司应当承担担保责任的范围也不能确定。因此，本案应当中止审理，待破产案件终结后再进行处理。

——最高人民法院民事审判第二庭编：《民商事审判指导》总第7辑，人民法院出版社2005年版，第152~159页。

【链接：最高人民法院法官著述】

在担保人承担连带责任的案件中，为了充分保护债权人的合法权益，债务人破产的，应当允许债权人有选择申报债权或向保证人主张的权利以及同时主张的权利。但是，应当明确，如果债权人申报了债权，参加了破产程序，其向保证人主张的权利在一定期间内应当受到限制，不能在加入债务人破产程序的同时要求保证人承担保证责任，而只能在破产程序终结后六个月内提出；对债权人在债务人破产案件破产程序尚未终结前起诉担保人的案件，人民法院立案受理的，应当中止案件的审理，待破产案件程序终结后，视破产程序中债权人的受偿情况决定案件的处理结果，仅就债权人在破产程序中未受偿的部分作出判决。

——于松波：《债务人被宣告破产而破产程序尚未终结、债权人在申报债权的同时又向担保人主张权利的，案件应当中止审理——鹤壁市经济发展建设投资公司与中国信达资产管理公司郑州办事处保证合同纠纷上诉案》，载最高人民法院民事审判第二庭编：《民商事审判指导》总第7辑，人民法院出版社2005年版，第152~159页。

610

债权人依据掉期合同申报的破产债权的确认

关键词｜破产债权｜掉期合同｜

【《最高人民法院公报》案例】

广东国际信托投资公司破产案(广东省高级人民法院民事裁定书)

根据债权异议人的申请,广东省高级人民法院分别对广东国投公司破产案中62件有关债权申报异议进行了公开审理,并分别作出了裁定:

3. 债权人依据掉期合同申报的破产债权的确认。债权人依据其与广东国投公司掉期交易申报破产债权被破产清算组拒绝后向法院提出异议。广东省高级人民法院审理认为,利率掉期交易是国际上广泛采用的一种金融方式,目的在于降低筹资成本,防范利率浮动所承受的风险;依据掉期合同申报的破产债权的确认,关键在于认定利率掉期交易是否需要国家外汇管理局的逐笔核准,并对该笔利率掉期交易避险性或投机性作出判断。广东国投公司持有国家外汇管理局颁发的《经营外汇业务许可证》,其外汇业务范围包括自营和代客外汇买卖,故广东国投公司具有从事避险性衍生金融工具交易的主体资格,并不需要国家外汇管理局的逐笔核准;双方所进行的利率掉期交易如果存在相对应的基础工具交易,而不是纯粹根据市场上衍生金融工具价格变动趋势的预测进行的交易,则属于避险性衍生金融工具交易,该笔利率掉期交易则被确认为有效,债权人按照双方约定提供用于计算损失的市场报价证实广东国投公司被关闭导致该笔掉期交易协议提前终止所造成的损失后,债权人申报的破产债权则被确认。

——《最高人民法院公报》2003 年第 3 期

编者说明

利率掉期交易是国际上广泛运用的一种金融工具,目的在于降低筹资成本、防范利率风险。为了降低贷款或债券发行等因市场利率浮动所承受的风险,金融机构可以在掉期交易市场进行利率掉期交易。进行利率掉期交易的双方当事人,如果选择将浮动利率调成固定利率的则称为定息方,将固定利率调换成浮动利率的称为浮息方,双方承诺在掉期交易期间内向对方就一笔假设本金支付利息,浮息方按照浮动利率支付利息,定息方按照固定利率支付利息。利息的支付也只计算浮、定息双方于计算日经抵销后的净额,如果固定利率高于支付计息日的市场利率,由定息方支付净额给浮息方;反之,则由浮息方支付净额给定息方。①

① 广东省高级人民法院:《广东国际信托投资公司案终结报告》,载《中国民商审判》总第5辑,法律出版社2004年版,第65~66页。

七、破产衍生诉讼

611

破产衍生诉讼案件的管辖及法律适用

关键词 | 破产衍生诉讼 | 管辖 | 法律适用 |

【最高人民法院司法政策】

法院在审理破产衍生诉讼中,应当特别谨慎。

第一,法院必须按照立案登记制的要求受理审理破产衍生诉讼案件。破产衍生诉讼案件性质上属于普通诉讼案件,所以各地法院必须按照立案登记制的要求及时立案受理和依法审理。有条件的人民法院可以设立涉“僵尸企业”案件绿色通道,为处置“僵尸企业”提供便捷的司法途径和完善的法律保障。

第二,要依法做好破产衍生诉讼案件的管辖,坚决反对“僵尸企业”处置中滥用管辖来实施地方保护主义。根据《企业破产法》第二十一条的规定,法院受理破产申请后,新提起的破产衍生诉讼由受理破产申请的人民法院集中管辖。所以,应当根据人民法院受理破产申请的时间划分为“新案”和“旧案”。“旧案”是指法院受理破产申请前已经开始,但在受理破产申请时尚未审理终结的有关债务人的案件。在管理人接管债务人的财产后,“旧案”诉讼继续在原审理法院继续进行,即,对“旧案”不实行集中管辖;“新案”是指人民法院受理破产申请后,新提起的有关债务人的民事诉讼。“新案”只能向受理破产申请的人民法院提起,即实行集中管辖。人民法院应当正确理解和适用上述法律规定的管辖原则,不得将不应当移送管辖的破产衍生诉讼移送管辖,也不得为了移送管辖而故意追加债务人为被告。受理破产申请的人民法院审理特殊类型案件不能行使管辖权的,应当按照《破产法解释(二)》第四十七条第三款的规定,由上级人民法院指定管辖。

第三,破产衍生诉讼与破产程序的协调问题。审理破产衍生诉讼的法院应当坚持依法公正审理,公平保护破产程序相关利害关系人的利益,不得违法“照顾”某一利益群体利益而损害其他利害关系人合法权益。同时,审理破产衍生诉讼案件的法院应提高审判效率，不得拖延审判从而影响破产程序对“僵尸企业”的高效处置。

——《依法开展破产案件审理，稳妥处置“僵尸企业”——专访最高人民法院审判委员会专职委员杜万华》，载杜万华主编、最高人民法院民事审判第二庭编：《商事审判指导》总第40辑，人民法院出版社2016年版，第82~83页。

破产衍生诉讼案件作为《企业破产法》施行后出现的新类型案件，很多新情况、新问题有必要予以明确。第一，关于破产衍生诉讼的管辖问题。根据《企业破产法》的规定，破产申请受理时已经开始而尚未审结的有关债务人的民事诉讼，应当由原审理法院继续审理。对于破产申请受理后新提起的有关债务人的民事诉讼，只能向受理破产申请的人民法院提起，即原则上由受理破产案件的法院集中管辖。《企业破产法》关于集中管辖的规定，相对于《民事诉讼法》等有关法律法规而言，是特别法，应当优先适用。在确定受理破产案件的法院对于新提起的有关债务人的民事诉讼享有管辖权的基础上，可以按照《民事诉讼法》的相关规定指定管辖。《企业破产法》规定的法定专属管辖不能排除仲裁条款的效力，在约定仲裁条款有效的情况下，应由当事人依照《民事诉讼法》的规定通过仲裁方式解决纠纷。第二，关于破产衍生诉讼的审判业务庭归口问题。破产程序中涉及与债务人有关的实体争议情况较为复杂，通常会基于各种各样的法律关系产生大量的衍生诉讼案件。对于属于商事案由的衍生诉讼案件，原则上应当由审理破产案件的商事审判庭审理。对于其他如传统民事、知识产权和涉外、海事海商的衍生诉讼案件，可以按照一般的分工，由相关民事审判庭审理。但是，如果成立了由各有关民商事庭室人员组成的专门破产案件审判庭或者合议庭的，也可由上述专门审判庭或者合议庭审理所有的衍生诉讼案件。这里要特别强调，由于破产衍生诉讼案件与破产案件存在相互影响与关联，如果分由不同庭室审理，在有关案件基本事实、争议产生背景、程序环节进度等方面，应当保持必要的沟通与协调。第三，破产衍生诉讼案件审理中的法律适用问题。《企业破产法》除了程序性规定外，还有很多关于实体内容的规定，如附利息债权自破产申请受理时停止计息，以及破产撤销权、抵销权的规定等，因此，在审理有关债务人的破产衍生诉讼时，《企业破产法》有规定的，应当优先适用破产法的规定，《企业破产法》没有规定的，适用其他有关的民商事法律规范。第四，关于破产衍生诉讼案件的当事人问题。对于有关债务人的实体权利义务发生争议而提起的破产衍生诉讼,原则上应当以债务人为案件当事人,破产管理人或者管理人的负责人作为债务人的诉讼代表人参加诉讼。

——《认真实施企业破产法,为推动经济社会科学发展建立公平有序的市场经济秩序提供有力的司法保障——全国法院审理企业破产案件工作座谈会材料》(2011 年 10 月 19 日),载最高人民法院民事审判第二庭编:《商事审判指导》总第 27 辑,人民法院出版社 2012 年版,第 10~11 页。

《企业破产法》的最大变化之一,就是强调在进入破产程序后的审理程序适用《民事诉讼法》的规定,也就是有关破产债务人的实体争议要适用两审终审的原则。审判实践对于此类争议是否由审理企业破产案件的合议庭进行审理存在争议,考虑到破产程序中争议地区的多样性以及案件较多的实际情况,对于有关案件应由受理破产案件的人民法院,按照案件性质和人民法院内部职能分工,由相关的审判庭进行审理。需要明确的是,由于《企业破产法》规定了有关民事诉讼按照《民事诉讼法》规定的程序审理,必然产生大量的二审终审案件。因此,高级人民法院不宜受理企业破产案件,高级人民法院认为必须由本院受理破产案件的,需报最高人民法院批准。

——《充分发挥民商事审判职能作用,为构建社会主义和谐社会提供司法保障——全国民商事审判工作会议材料》(2007 年 5 月 30 日),载最高人民法院民事审判第二庭编:《民商事审判指导》总第 11 辑,人民法院出版社 2007 年版,第 60~61 页。

【最高人民法院审判业务意见】

依照《企业破产法》第二十一条和《破产法解释(二)》第四十七条第三款的规定,人民法院受理破产申请后,所有有关债务人的民事诉讼案件,包括海事纠纷案件,原则上只能由受理破产申请的法院集中管辖,海事法院不应直接受理有关债务人的海事纠纷案件;如果有些海事纠纷确实案情比较复杂、影响较大或者专业技术性较强,受理破产申请的人民法院认为其难以审理的,可以依照《民事诉讼法》第三十七条第一款的规定报请上级人民法院指定海事法院管辖。

——最高人民法院民四庭庭长张勇健:《在全国涉外商事海事审判庭长座谈会上的讲话》(2016 年 4 月 7 日),载贺荣主编、最高人民法院民事审判第四庭编:《涉外商事海事审判指导》总第32辑,人民法院出版社2017年版,第22页。

其一,破产衍生诉讼受理费用问题。目前《诉讼费用交纳办法》对此没有作出专门规定,最高人民法院正在与国务院法制办共同研究补充完善。在新的标准颁布前,可以参照目前的相关收费标准收取受理费。比如,对破产债权确认纠纷的案件受理费用可按照财产案件的交纳标准计收。因为,虽然该诉讼是针对债权的确认之诉,但其本质是关于该债权是否应予清偿的财产性争议,不属于非财产类案件。而且,案件受理费也具有调节诉讼的作用,增加诉讼成本能够减少滥诉。

其二,破产衍生诉讼调解中需注意的问题。这类调解具有特殊性,也是目前法律上未明确规定的问题。我们认为,应特别注意调解中管理人权限以及调解方式的恰当选择问题。例如,在债权确认纠纷诉讼中,管理人对债务人企业原未承认的破产债权予以认可时,人民法院须慎重使用以调解书确认债权的方式。即使使用调解书,一般也应要求全体债权人以及债务人对该债权确认诉讼的调解结果无异议,否则将可能损害其他债权人以及债务人对该债权异议的诉权。实际上,法院释明后一般可避免使用调解书,而采取管理人修改债权表,然后该债权人撤诉,然后再就该债权重新召开债权人会议进行审查的方式来确认债权。破产衍生诉讼的调解应更多地从调解理念贯彻及调解方法运用的角度理解,而非仅关注结案方式。

另外,管理人在诉讼中对事实的自认应有相应的事实依据,否则亦可能因超越职权而构成侵权,必要时人民法院可向管理人就此进行释明。

——宋晓明:《在全国法院审理企业破产案件工作座谈会上的总结讲话(摘录)》,载最高人民法院民事审判第二庭编:《商事审判指导》总第27辑,人民法院出版社2012年版,第21页。

612

受理破产申请后，有关债务人的民事诉讼应向受理破产申请的法院提起

关键词｜受理破产申请｜

【最高人民法院司法解释】

第四十七条 人民法院受理破产申请后，当事人提起的有关债务人的民事诉讼案件，应当依据企业破产法第二十一条的规定，由受理破产申请的人民法院管辖。

受理破产申请的人民法院管辖的有关债务人的第一审民事案件，可以依据民事诉讼法第三十八条的规定，由上级人民法院提审，或者报请上级人民法院批准后交下级人民法院审理。

受理破产申请的人民法院，如对有关债务人的海事纠纷、专利纠纷、证券市场因虚假陈述引发的民事赔偿纠纷等案件不能行使管辖权的，可以依据民事诉讼法第三十七条的规定，由上级人民法院指定管辖。

——《最高人民法院关于适用〈中华人民共和国企业破产法〉若干问题的规定(二)》(2013 年 9 月 15 日，法释〔2013〕22 号)

【最高人民法院审判业务意见】

关于《企业破产法》施行后有关债务人权益诉讼的问题。

《企业破产法》第四十八条和第五十八条规定，职工对管理人以清单记载的有关债务人所欠其工资和医疗、伤残补助、抚恤费用，所欠的应当划入职工个人账户的基本养老保险、基本医疗保险费用，以及法律、行政法规规定应当支付给职工的补偿金存在异议的，或者债务人、债权人对债权表记载的债权有异议的，均可向受理破产申请的人民法院提起诉讼，由人民法院按照诉讼审判程序予以审理。上述规定改变了旧破产法律框架下对有关债务人的权益争议应由受理破产案件的人民法院审查确定的模式。其目的在于充分保障有关权益主体的诉讼权利。这里应当注意以下两个问题：第一，上述案件应当由受理破产案件的人民法院根据案件性质和人民法院内部职能分工，另行组成合议庭进行审理。第二，债权人或者职工对债权表或者清单中记载的债权存在异议，包括两种情形：一种情形是债权人或者职工对债权表或者清单中记载的本人的债权存在异议，这种情况下提起的诉讼案件，原告应为异议债权人或者职工，被告应为债务人；另一种情形是债权人或者职工对债权人或者清单中记载的本人的债权没有异议，而是对债权表或者清单中记载的其他债权人或者其他职工的债权有异议，因其他债权的存在与否或者数额多少，直接影响到异议债权人最终权利实现的比例，因此在上述情形下，应当允许异议债权人对债权表或者清单中记载的他人债权提起诉讼,这种情况下提起的诉讼案件,原告应为异议债权人或者职工,被告应为其他债权人或者其他职工,以及债务人。第三,《企业破产法》第五十八条规定债务人对债权人记载的债权有异议的,也可向受理破产申请的人民法院提起诉讼。对此,实践中一些同志对此规定的合理性存有疑虑。我们认为,债权表系管理人在审查债权人的申报材料的基础上编制的,对申报的债权通过核对企业账册、合同、原始单据等加以甄别,并在债权登记表上进行说明。上述行为是管理人作为破产程序中独立组织的行为,并不代表债务人的意思。赋予债务人异议权的原因在于,首先,在和解、重整程序中,债务人有再生的可能,对于申报的债权是否真实或有强制执行力,直接影响到债务人清偿数额,对于和解协议草案、重整计划草案的制定和通过都有重大影响,因此,债务人有权就申报的债权提出异议;其次,对于申报的债权是否真实存在等做承认或否认的表示,直接关系到形成破产的原因,也就是有可能要追究到债务人的破产责任,为避免破产责任的产生和承担,债务人有对申报的债权加以否认的动因。因此,对于债务人对债权登记表的异议也应予以受理并审理。

除此之外,因破产程序中有关取回权、抵销权、别除权、撤销权,以及无效行为的认定等很多权利在行使中均可能存在有关权益主体实体权利的确认问题,如取回权中取回物的所有权之争、抵销权中主张抵销的互负债权债务是否真实之争、别除权行使中担保物权是否依法设定之争,以及主张无效的行为和可撤销的行为是否真实存在之争等等。按照《企业破产法》的立法思路,上述争议均应由异议主体向受理破产案件的人民法院提起确认之诉,由人民法院按照诉讼程序裁判解决。同时,为破产案件统一归口审理的需要,按照《企业破产法》第二十一条的规定,人民法院受理破产申请后,有关债务人的民事诉讼,只能向受理破产申请的人民法院提起。

——宋晓明:《加强调查研究,探索解决之道——就在全国民商事审判工作会议中提出的若干疑难问题答记者问》,载最高人民法院民事审判第二庭编:《民商事审判指导》总第11辑,人民法院出版社2007年版,第77~78页。

【最高人民法院裁判文书】

五洲证券有限公司破产清算组与广发银行股份有限公司深圳福田支行案[最高人民法院(2014)民一终字第20号民事裁定书]

最高人民法院认为:依照《企业破产法》第三十五条规定,人民法院受理破产申请后,债务人的出资人尚未完全履行出资义务的,管理人应当要求该出资人缴纳所认缴的出资,而不受出资期限的限制。本案中,五洲证券清算组是管理人,太仓公司是出资人,广发银行深圳福田支行是验资单位。管理人认为太仓公司对破产企业五洲证券出资不到位,广发银行深圳福田支行给河南证监局询证函出具说明时,证明包括太仓公司在内的七家股东单位出资款已到位。鉴于太仓公司已经被吊销营业执照,管理人依照《最高人民法院关于金融机构为企业出具不实或者虚假验资报告资金证明如何承担民事责任问题的通知》规定,要求广发银行深圳福田支行在为太仓公司提供虚假资金证明金额范围内承担责任的起诉,符合《企业破产法》第三十五条和《民事诉讼法》第一百一十九条的规定,人民法院应当受理。另外,依照《企业破产法》第二十一条规定,人民法院受理破产申请后,有关债务人的民事诉讼,只能向受理破产申请的人民法院提起。本案中五洲证券破产申请一案已由河南省洛阳市中级人民法院受理,故本案诉讼应由河南省洛阳市中级人民法院进行审理。

中国裁判文书网,http://wenshu.court.gov.cn。

613

申请人向破产管理人申报债权但未得到确认,申请人未依法提起确权诉讼而提起撤销权之诉,不符合起诉条件

关键词 | 申报债权 | 确权之诉 | 撤销权之诉 |

【最高人民法院裁判文书】

范建功与北京伟士特开发咨询有限公司、北京草桥实业总公司撤销权纠纷案[最高人民法院(2013)民申字第1305号民事裁定书]

最高人民法院经审查认为:本案申请人提起撤销权之诉时,被申请人伟士特公司已处于破产清算期间。依照《企业破产法》第四十八条第一款规定,债权人应当在人民法院确定的债权申报期限内向管理人申报债权。该法第五十七条第一款规定,管理人收到债权人申请材料后,应当登记造册,对申报的债权进行审查,并编制债权表。该法第五十八条第二款规定,债务人、债权人对债权表记载的债权无异议的,由人民法院裁定确认。第五十八条第三款规定,债权人对债权

表记载的债权有异议的,可以向受理破产申请的人民法院提起诉讼。基于以上规定,人民法院受理破产案件后,债权人的债权应依据《企业破产法》相关规定予以确认。申请人虽在伟士特公司破产程序中向管理人申报了本案债权,但并未得到管理人的确认,申请人亦未提交证据证明,其债权属于受理破产案件的法院裁定确认的债权表中列明的债权。其后,申请人未依法提起确权诉讼,却提起本案撤销权之诉,而在撤销权诉讼中又必然涉及其债权人身份和地位的认定,故二审法院以申请人的债权并未确定,其提起的撤销权之诉不符合起诉条件为由驳回其起诉并无不当。

——中国裁判文书网,http://wenshu.court.gov.cn。

蒋之筠与北京伟士特开发咨询有限公司、北京草桥实业总公司撤销权纠纷案[最高人民法院(2013)民申字第1306号民事裁定书]、蔡惟理与北京伟士特开发咨询有限公司、北京草桥实业总公司撤销权纠纷案[最高人民法院(2013)民申字第1287号民事裁定书]、颜百与北京伟士特开发咨询有限公司、北京草桥实业总公司债权人撤销权纠纷案[最高人民法院(2013)民申字第1378号民事裁定书]

该三份裁判理由与前引裁判文书基本一致(略)。

——中国裁判文书网,http://wenshu.court.gov.cn。

614

债权人提起破产债权确认之诉但仅要求确认其债权人身份而未要求确认债权数额的，不予支持

关键词 | 破产债权 | 确认之诉 |

【最高人民法院裁判文书】

张建平与北京泰丰房地产开发有限公司破产债权确认纠纷申请再审案[最高人民法院(2016)最高法民申1787号民事裁定书]

最高人民法院认为:根据《民事诉讼法》第一百一十九条第(三)项的规定,起诉必须有具体的诉讼请求和事实、理由。本案中,2015年6月18日法院依法

受理了案外人对泰丰公司提出的破产申请。与此同时,张建平依据丰台区人民法院(2013)年丰民初字第16225号民事判决书,已享有对泰丰公司债权,且该债权至法院受理泰丰公司破产时并未得到全部清偿,故张建平享有对泰丰公司主张破产债权的权利。《企业破产法》第五十七条规定,"管理人收到债权申报材料后,应当登记造册,对申报的债权进行审查,并编制债权表"。第五十八条规定,"债务人、债权人对债权表记载的债权有异议的,可以向受理破产申请的人民法院提起诉讼"。依照上述规定,破产管理人在收到申报材料后应当登记造册,并对申报的债权进行审查及编制债权表。现因泰丰公司破产管理人对张建平的债权申报材料有异议,故未确认张建平提交的债权数额,进而未将该债务记载入债权表内。张建平基于泰丰公司破产管理人对其申报的破产债权数额未予确认的事实,有权提起破产债权确认之诉。债权人资格与债权数额本身具有不可分离性,正是基于享有一定债权数额,才能取得债权人资格。张建平在本案中仅起诉要求确认其债权人身份而未要求确认债权数额,缺乏正当事由和法律依据。故一、二审法院依据《企业破产法》第五十八条第三款、《民事诉讼法》第一百一十九条第(三)项之规定,裁定驳回其起诉,认定事实及适用法律并无不当。

——中国裁判文书网,http://wenshu.court.gov.cn。

八、破产重整

615

企业破产重整的司法政策精神

关键词 | 破产重整 |

【最高人民法院司法政策】

16. 有效发挥破产重整程序的特殊功能，促进企业资源的流转利用。要积极支持符合产业政策调整目标、具有重整希望和可能的企业进行破产重整。通过合法高效的破产重整程序，帮助企业压缩和合并过剩产能，优化资金、技术、人才等生产要素配置。要注重结合企业自身特点，及时指定重整案件管理人，保障企业业务流程再造和技术升级改造。在企业重整计划的制定和批准上，要着眼建立健全防范和化解过剩产能长效机制，防止借破产重整逃避债务、不当耗费社会资源，避免重整程序空转。

——《最高人民法院印发〈关于人民法院为企业兼并重组提供司法保障的指导意见〉的通知》(2014 年 6 月 3 日，法发〔2014〕7 号)

人民法院在审理重整案件时，一要准确把握重整制度精神，依法受理重整案件。重整是运行成本较高、程序较为复杂的制度，人民法院应当结合债务人企业所属产业前景、陷入困境的原因、企业财务指标等因素综合判断其重整成功的可能性。如果企业明显不具备重整可能，法院应不予受理重整申请。二要慎重对待重整计划的制定与批准。人民法院应当采取适当形式引导债权人参与重整计划的制定和磋商过程，促进重整计划的制定完善及顺利通过。人民法院对未经全部表决组通过的重整计划草案的审查和批准，要十分慎重，要严格审查，保证所有未通过的表决组以及通过表决组中的反对者的法定清偿利益不受损害。对于各表决组均通过的重整计划草案的审查和批准，人民法院也要严格贯彻上述原则，从重整计划草案记载事项的合法性、完备性、债权人分组的合理性、债权人会议决议的程序、持反对意见债权人或出资人利益的保障等方面进行必要的审查，确保少数反对者的法定清偿利益不因表决组少数服从多数的表决原则受到损害。三要在判断经营方案可行性时，注重考虑其确定性和可操作性。只有经营方案确定，债务人执行重整计划、落实重整措施才有合法依据，管理人的执行监督和法院裁定重整计划执行完毕才有较为明确的依据。尤其应避免重整计划批准后再引进重组方的做法。为克服审查和批准重整计划时的非专业性和局限性，必要时人民法院可以通过征询专业机构、召开听证会等方式进行判断。对需经政府相关部门审批同意的事项，应有政府相关部门的初步审查意见或审批意向说明。对上市公司重整计划草案中重大资产重组等后续经营方案的可行性审查，最高人民法院与中国证监会商议，考虑采取会商机制解决。即对重整计划草案中经营方案涉及行政审批事项的，人民法院应根据会商机制列明的并购重组审批中的关注要点和标准自行审查后，通过可行性判断对重整计划草案作出裁定。对于重大、疑难案件，人民法院难以自行审查确定的，可由中国证监会法律专家组出具专家咨询意见后作出裁定。

人民法院在审理破产案件时，要认真贯彻"调判结合"的工作原则，在破产案件受理后，对当事人有和解可能或和解意愿的，人民法院要积极引导当事人和解，通过互谅互让切实减轻各方负担；对双方没有和解可能但有挽救希望的债务人企业，人民法院要积极引导当事人适用重整程序，尽快实现企业再生；对没有挽救希望，必须通过破产清算退出市场的企业，人民法院要制定综合预案，统筹协调、稳步推进，切实将企业退市引发的不良影响降到最低。对破产企业职工提出的合法要求，人民法院要积极协调地方政府妥善解决，充分维护企业职工的合法权益。对部分职工提出的不合理要求，要在党委的领导下动员各方力量做好工作，保障破产程序依法有序进行。

——《认真实施企业破产法，为推动经济社会科学发展建立公平有序的市场经济秩序提供有力的司法保障——全国法院审理企业破产案件工作座谈会材料》（2011 年 10 月 19 日），载最高人民法院民事审判第二庭编：《商事审判指导》总第 27 辑，人民法院出版社 2012 年版，第 11～12 页。

关于破产重整与清算申请的冲突问题。对于危机中的企业，各相关主体基于自身利益对于该企业是通过重整再生还是破产清算往往会产生不同意见。这种情况既可能发生于程序启动之前，也可能出现在程序启动后、破产宣告之前。人民法院究竟受理哪种申请，要根据实际情况综合作出判断。程序上，可以采取听证的方式，使利益相关各方及专家充分发表意见供法院裁定时参考；在确定适用何种程序时，要充分考虑到债权人、债务人、企业职工等主体的利益，还要考虑债务人的经营方式、产品等是否属于应当淘汰的产能等因素。鼓励企业重整再生，是我们一贯的方针，重整的最终效果是实现各利益主体的共赢，更要符合国家宏观经济政策，有利于我国社会主义市场经济的健康发展。

——《第三届中国企业破产法论坛材料》(2010 年 6 月 26 日)，载最高人民法院民事审判第二庭编:《商事审判指导》总第 22 辑，人民法院出版社 2010 年版，第 7 ~ 8 页。

6. 人民法院要充分发挥司法能动作用，注重做好当事人的释明和协调工作，合理适用破产重整和和解程序。对于当事人同时申请债务人清算、重整、和解的，人民法院要根据债务人的实际情况和各方当事人的意愿，在组织各方当事人充分论证的基础上，对于有重整或者和解可能的，应当依法受理重整或者和解申请。当事人申请重整，但因企业经营规模较小、虽有挽救必要但重整成本明显高于重整收益的困难企业，有关权利人不同意重整的，人民法院可引导当事人通过和解方式挽救企业。人民法院要加强破产程序中的调解工作，在法律允许的框架下，积极支持债务人、管理人和新出资人等为挽救企业所做的各项工作，为挽救困难企业创造良好的法律环境。

——《最高人民法院关于正确审理企业破产案件为维护市场经济秩序提供司法保障若干问题的意见》(2009 年 6 月 12 日，法发〔2009〕36 号)

【最高人民法院审判业务意见】

第三，要正确把握破产重整制度精神，发挥重整积极作用。

1. 法院在受理破产重整申请时应当严格按照《企业破产法》第二条进行判断，明确重整所属的法定情形。从破产重整成功的案例看，重整程序一般适合于较大规模且明显具有运营价值的企业。在适用重整程序时，应当结合企业所属产业的前景、陷入困境的原因、企业财务目标或指标等因素综合判断，严格控制增量，防止新的产能过剩。

2. 要审慎使用《企业破产法》第八十七条第二款中的强制批准权。《企业破产法》中的重整应包括债务重组和营业整合两方面的内容。如果企业重整计划只规定债务重组的有关内容，而营业整合或资产重组未予涉及或明显不合理，不具备可操作性，那么法院在批准这类重整计划时应当谨慎。因为这类重整的目的和作用可能就是纯粹地削减债务。这种情况下企业的重整计划应当由债权人等利害关系人按照《企业破产法》第八十七条第二款的规定自由表决决定。在利害关系人表决未通过时,为防范债权人利益受损,法院不宜行使强制批准权。

——杨临萍:《关于当前商事审判工作中的若干具体问题》(2015 年 12 月 24 日),载杜万华主编:《商事法律文件解读》总第 134 辑,人民法院出版社 2016 年版,第 23 ~24 页。

一是要依照法定标准受理企业重整案件,防止重整程序被滥用。为实现重整利益,重整中债务人企业的营业可以持续,但债权人所享有的担保物权暂停行使。实践中,债务人企业有可能有利用重整程序阻碍享有担保物权的债权人行使权利,从而实现逃避执行等不正当目的。另一方面,也有一些债权人恶意地对债务人企业提出重整申请,在重整不能成功时使得本不应破产清算的该企业被破产清算。所以,要特别防止重整程序被滥用。

二是要准确把握企业重整制度精神,灵活运用恰当程序实现相关主体权益,这里要注意两点:

其一,具备重整原因的企业往往也同时符合清算或和解的条件,法院是否对已具备重整原因且当事人也申请重整的企业一律裁定进行重整?重整程序是运行成本较高、程序较为复杂的制度,如果债务人企业明显不具备重整可能,明显不能重整成功,法院应当不予同意重整申请。法院不同意重整申请的,应向当事人释明让其选择破产清算或和解程序清偿债务。

其二,关于重整计划可行性的判断。在判断经营方案可行性时,应当考虑;第一,经营方案应具有确定性。有的重整计划对经营方案仅仅谈到重整意向,没有更明确的阐述,导致后来重整计划因找不到合适的重组方而无法实施。应避免重整计划批准后再选择重组方的情形,因为这不仅会拖延重整计划的执行期限,还会导致经营方案执行的不可控。第二,经营方案应当具有可操作性。尤其是对一些需经政府相关部门审批同意的行为,如果经营方案中没有对是否同意或者审批意向的说明,会使经营方案的执行存在风险。判断可操作性时,必要时可以征询政府相关管理部门、行业协会等的意见。

——宋晓明:《在全国法院审理企业破产案件工作座谈会上的总结讲话(摘录)》,载最高人民法院民事审判第二庭编:《商事审判指导》总第 27 辑,人民法院出版社 2012 年版,第 24 页。

【最高人民法院商事审判参考性案例】

四、佛山市百业房地产开发有限公司破产重整案

（一）基本案情

广东一百铜业有限公司、广东一百门窗幕墙有限公司、广东一百投资有限公司、佛山市百业房地产开发有限公司（下称百业公司）、广东一百房地产发展有限公司、广东银一百创新铝业有限公司，为民营企业一百集团旗下六家关联公司。六家公司于2015年1月12日以不能清偿到期债务为由，向法院提交破产重整申请。经调查：百业公司自身债务不大，但与另外五家公司互联互保，对外担保债务竟达8亿多元；以上六家公司现金链断裂，无法维持正常生产及经营，无法支付货款、银行到期贷款本息，明显丧失清偿能力；部分供货商及银行起诉六家公司并查封部分资产；若债权人通过诉讼、执行六家公司或直接申请六家公司破产清算，将导致近1300名员工失业，严重影响社会稳定；六家公司资产优质，存在通过破产重整盘活资产、恢复生产经营的可能。

（二）裁判结果

2015年1月20日，广东省佛山市中级人民法院依法召集22家银行金融机构及供货商代表，听取对六家公司申请破产重整的意见。2月5日，法院依法组织持异议的五家银行及六家公司的前三大债权人举行听证会，对部分银行提出的异议再次听证，征询其对六家公司破产重整的意见。3月16日，法院对破产原因及重整可能性进行审查后，根据《企业破产法》第七十一条关于"人民法院经审查认为重整申请符合本法规定的，应当裁定债务人重整，并予以公告"之规定，裁定受理百业公司等六家公司的重整申请，并指定管理人接管百业公司。6月15日，管理人召开第二次债权人会议，各表决组均通过以新投资人注入资金的方式清偿债务的重整计划（草案）。同日，法院根据《企业破产法》第八十六条关于"各表决组均通过重整计划草案时，重整计划即为通过。自重整计划通过之日起十日内，债务人或者管理人应当向人民法院提出批准重整计划的申请。人民法院经审查认为符合本法规定的，应当自收到申请之日起三十日内裁定批准，终止重整程序，并予以公告"之规定，作出民事裁定，批准重整计划并终止百业公司重整程序。自此，百业公司进入重整计划执行阶段。

（三）典型意义

本案是人民法院运用破产重整制度帮助困难民营企业走出困境的典型案例。百业公司等六家关联企业申请破产。人民法院受理破产申请后，现场走访

六家公司，调查生产及经营现状，并听取了主要债权人及供货商代表关于六家公司破产重整的意见。经调查，人民法院发现，六家公司资产优质，若通过破产重整盘活资产、恢复生产经营，有利于提高债权人尤其是供货商等普通债权人的受偿率，稳定数百名供货商情绪，近1300名员工也不会面临失业的风险，当地社会和谐稳定将得到有效维护。而且，绝大多数债权人均希望六家债务人重整，当时部分项目已有投资者愿意接手，但均表示应在重整程序启动后进行。基于以上事实，人民法院根据六家公司的破产申请，将六家公司合并破产，并通过破产重整拯救了百业公司，实现了债权人、债务人以及其他利益主体多赢的局面。

当前，我国正处于经济增速换挡、结构调整阵痛、动能转换困难相互交织的时期，经济下行压力加大，许多非公有制企业因资金链断裂而资不抵债。正确审理企业破产案件，防范和化解企业债务风险，特别是充分发挥破产重整程序的特殊功能，盘活优质企业的资产，使其恢复生产经营，对于挽救危困的非公有制企业，帮助和支持符合国家产业政策的非公有制企业恢复生机、重返市场，具有重要意义。

——《最高人民法院关于依法平等保护非公有制经济，促进非公有制经济健康发展民事商事典型案例》(2016年4月8日)，载最高人民法院网，http://www.court.gov.cn。

编者说明

重整是指对陷入困境但有希望复苏的企业，经利害关系人申请取得破产保护，通过保护企业继续经营，实现债务调整和企业整理，使企业摆脱困境，走向复兴的一种破产预防制度。简单地说，重整是使濒临破产的企业起死回生的一项法律制度。《企业破产法》由破产清算程序与重整、和解企业挽救程序两部分组成。企业破产往往会引发诸多社会问题，为此，对那些具有挽救价值与希望、当事人尤其是债务人具有挽救意愿的企业，人民法院应当积极引导并支持企业通过重整、和解程序化解社会矛盾，解决债务危机以获得重生。凡是能够挽救的企业，都应当给它们公平的机会，以减少破产，避免职工失业，维持社会和谐稳定。[①] 这是最高人民法院对于破产重整制度适用的原则要求。

① 《防范化解债务风险，倾力挽救危困企业——最高人民法院民二庭负责人就正确审理企业破产案件若干问题的意见答记者问》，载最高人民法院民事审判第二庭编：《商事审判指导》总第19辑，人民法院出版社2010年版。

616 破产重整中要依法保护金融债权，有效化解金融风险

关键词｜破产重整｜金融债权｜

【最高人民法院商事审判参考性案例】

十、无锡尚德太阳能电力有限公司破产重整案

(一)基本案情

无锡尚德太阳能电力有限公司(以下简称无锡尚德)成立于2001年1月22日,主要经营业务为研究、开发、生产、加工太阳能电池及发电产品系统等。尚德电力控股有限公司(以下简称尚德电力)是2005年在美国纽约证券交易所上市的民营企业。无锡尚德则是尚德电力旗下资产规模最大的生产基地,集中了95%以上的产能,10年间成长为全球最大的光伏组件生产商之一。2012年,由于行业恶性价格战、全球产能过剩,以及自身决策频繁失误和内部管理问题等原因,无锡尚德运行陷入极端困境,并导致尚德电力股价一度跌至0.6美元以下,三次收到纽约证券交易所停牌警告,并一度被强制进入退市程序。2013年3月18日,中国银行股份有限公司无锡高新技术产业开发区支行等8家银行以无锡尚德不能清偿到期债务为由,向江苏省无锡市中级人民法院(以下简称无锡中院)申请对无锡尚德进行破产重整。3月20日,无锡中院裁定批准无锡尚德进入破产重整程序。

(二)审理情况

无锡中院受理后,指定由地方政府职能部门组成清算组担任管理人,同时建议清算组通过市场化运作遴选审计、评估、法律、财务等中介机构,充实清算组团队,发挥中介机构在市场价值判断、营业管理咨询等方面的专业优势。

由于无锡尚德是一家高科技型生产企业,营业事务涉及面广、专业要求高,需要熟悉公司业务和企业管理的专业人员参与,在无锡中院指导下,管理人聘请了在资产重组领域及企业管理等方面具备人才优势和丰富经验的公司负责管理无锡尚德重整期间的营业事务,实现了无锡尚德的复工。为了彻底恢复无锡尚德的持续经营能力,从2013年6月下旬开始,在无锡中院的指导下,管理人从全球范围内上百家光伏行业及上下游企业中,筛选潜在战略投资者,通过报名、资格审查、尽职调查、提交投标文件、工作小组专业评议等严格的招募程序,江苏顺

风光电科技有限公司(以下简称顺风光电)获得无锡尚德战略投资者资格。

2013 年 10 月底,管理人提交了重整计划草案,重整计划中明确顺风光电作为战略投资者支付 30 亿元现金,用于解决无锡尚德相关费用与债务的清偿。出资人持有的无锡尚德 100% 股权全部无偿让渡。职工债权、税收债权、担保债权均按照 100% 比例以现金方式一次性受偿。为提高普通债权的清偿比例,每家债权人 10 万元以下部分的债权全额受偿;10 万元以上部分在“现金”及“现金 + 应收款”两种方式中择一受偿。以“现金”方式受偿,受偿比例为 31.55%。以“现金 + 应收款”方式受偿,即每家债权人除按照 30.85% 的清偿比例获得现金受偿外,还可以无锡尚德账面 9 笔应收款受偿。11 月 12 日召开的第二次债权人大会上,职工债权组、税收债权组、担保债权组均全票表决通过上述重整计划草案,人数最多的普通债权组也高票通过。出资人组表示弃权。11 月 15 日,无锡中院依法裁定批准《重整计划草案》,并终止重整程序。12 月底,偿债资金 30 亿元全部到位并分配完毕。

(三)典型意义

无锡中院在审理过程中,依法保护金融债权,有效化解金融风险。本案中,金融债权占债权总额的 75.45%,为依法保护金融债权,有效化解金融风险,一方面是加大资产清收力度,根据应收款的具体情况采取发催收函催收、直接接洽、论证后起诉等多种方式,共追回应收款 7.08 亿元,增加了破产财产总额;另一方面在制订重整计划时引入“现金 + 应收款”与“现金”两种清偿方式供债权人选择。从结果来看,有多家金融债权人选择了“现金 + 应收款”的清偿方式,该部分债权额达 40.95 亿元。这也为其他困境企业重整提供了有益的借鉴。无锡尚德重整案充分发挥破产程序在清理金融债权方面的集中优势、效率优势和经济优势,切实维护了经济秩序稳定和金融安全。

——《人民法院关于依法审理破产案件推进供给侧结构性改革典型案例》,载《人民法院报》2016 年 6 月 16 日。

617

债权人等利害关系人可制作重整计划草案并提交债务人或管理人决定是否提交债权人会议表决

关键词 | 利害关系人 | 重整计划草案 |

【最高人民法院司法政策】

关于破产重整计划的制定问题。《企业破产法》第八十条确认了债务人或管理人制定重整计划的权利，而实践中债权人、股东、新出资人等利害关系人有时也有提出重整计划草案的积极性，结合实践及各国立法经验来看，完全剥夺这部分主体参与制定重整计划的权利是不妥的。目前看，既能保证集中制定重整计划的高效性，又能维护各利害关系人合法权利的方法是，允许这些主体制作重整计划草案，并提交债务人或管理人，由后者决定是否提交债权人会议表决。

——《第三届中国企业破产法论坛材料》(2010 年 6 月 26 日)，载最高人民法院民事审判第二庭编:《商事审判指导》总第 22 辑，人民法院出版社 2010 年版，第 8 页。

618

法院在批准破产重整计划草案时，应当审慎适用强制批准裁量权

关键词｜破产重整｜重整计划草案｜强制批准裁量权｜

【最高人民法院司法政策】

——慎重适用重整计划强制批准权。在处置"僵尸企业"过程中，相当一批企业会采取破产重整方式实现提质增效。在制定重整计划草案时，应当发挥市场在资源配置中的决定性作用，由重整中的市场参与者协商和谈判，最终重整计划力求由当事人表决通过。"僵尸企业"重整一般应包括债务重组的有关内容，而不涉及营业整合和资产重组，人民法院在批准这类重整计划时应当谨慎。因为这类重整计划草案可能并未解决导致企业破产的深层次矛盾，企业经营前景和市场空间并不明朗，重整的目的和用途可能只是削减债务，不能真正实现重整让企业提档升级、更加适应市场的目的。因此，人民法院在案件审理中，应当坚持重整计划由债权人等利害关系人按照《企业破产法》第八十七条第二款的规定，通过自由表决决定。如果重整计划未经利害关系人表决通过，人民法院不宜行使强制批准权。

——杜万华:《在"全国部分法院依法处置僵尸企业调研及座谈会"上

的讲话》,载杜万华主编、最高人民法院民事审判第二庭编:《商事审判指导》总第40辑,人民法院出版社2016年版,第71~72页。

关于法院批准重整计划的条件问题。法院批准重整计划有正常批准和强制批准两种,无论是何种批准,法院都必须保证持反对意见债权人的合法清偿利益,不得侵害其优先受偿权,任何反对重整计划的债权人个人或组别得到的清偿实质上不得低于即时破产清偿所得到的清偿数额。需要注意,不应当将债权人所在组别通过重整计划草案作为剥夺持反对意见的少数债权人法定权利的依据。为维护持反对意见者的合法权益,应当允许其就法院批准重整计划的裁定依法提起复议。此外,由于强制批准将涉及对一个以上表决组表决权的否定,因此,为慎重起见,应当考虑在强制批准之前引入听证机制,为反对者提供充分表达意见的机会。

——《第三届中国企业破产法论坛材料》(2010年6月26日),载最高人民法院民事审判第二庭编:《商事审判指导》总第22辑,人民法院出版社2010年版,第8页。

7. 人民法院适用强制批准裁量权挽救危困企业时,要保证反对重整计划草案的债权人或者出资人在重整中至少可以获得在破产清算中本可获得的清偿。对于重整计划草案被提请批准时依照破产清算程序所能获得的清偿比例的确定,应充分考虑其计算方法是否科学、客观、准确,是否充分保护了利害关系人的应有利益。人民法院要严格审查重整计划草案,综合考虑社会公共利益,积极审慎适用裁量权。对不符合强制批准条件的,不能借挽救企业之名违法审批。上级人民法院要肩负起监督职责,对利害关系人就重整程序中反映的问题要进行认真审查,问题属实的,要及时予以纠正。

——《最高人民法院关于正确审理企业破产案件为维护市场经济秩序提供司法保障若干问题的意见》(2009年6月12日,法发〔2009〕36号)

【最高人民法院商事审判参考性案例】

二、深圳中华自行车(集团)股份有限公司破产重整案

(一)基本案情

深圳中华自行车(集团)股份有限公司(以下简称深中华)系上市的中外合

资股份有限公司，成立于1984年8月24日，注册资本及实收资本均为人民币5.5亿余元。深中华生产的自行车曾远销欧美，市场占有度和知名度较高，但市场环境发生变化后，企业深陷亏损境地。曾经亚洲最先进的全自动化自行车生产线被迫下马停产，企业靠代工生产业务和物业出租养活187名员工。深中华原有的厂区经过多轮查封、冻结，无法变现和更改用途，且被出租给各个小企业用于生产，厂区存在严重的环保、安全、交通和监管隐患。因长期亏损，深中华连续多年被深交所退市风险警示，如其不能在2013年会计年度内通过重整计划，其股票将被终止上市。2012年10月12日，广东省深圳市中级人民法院（以下简称深圳中院）根据债权人申请，裁定受理深中华破产重整案。

（二）审理情况

2012年10月29日，深中华向深圳中院申请自行管理财产和营业事务，深圳中院审查后于2012年10月31日依据《企业破产法》第七十三条第一款之规定，批准深中华在管理人的监督下自行管理财产和营业事务。

2013年8月22日，债权人会议表决重整计划，普通债权组未能表决通过，税款组、出资人组均表决通过。深圳中院在综合考察深中华的现状后，指导管理人积极作为，针对仍存疑虑的债权人进行沟通和释法，充分阐释通过重整，企业原本无法变现资产的清偿率可以获得大幅提升，通过获取股权可以分享重组收益等有利因素，取得了债权人的支持。在同年10月15日的第二次表决中，高比率通过重整计划。同日，深圳中院裁定批准重整计划。同年12月27日，执行重整计划完毕。

（三）典型意义

本案是人民法院充分尊重当事人意思自治，慎重行使强制批准权，确保市场主体充分进行博弈后，帮助企业恢复生机的典型案例。强制批准重整计划草案，主要适用于需要打破利益壁垒、平衡保护当事人利益的情形，应当慎重适用。深中华的重整计划草案经历了两次表决，法院在面临可能需要强制批准的情况下，没有简单化处理问题，而是指导管理人积极作为，以利益导向、发展导向促成债权人的态度转化，避免了司法权对市场的干预。通过重整，实现在职职工安置187人，解决积欠社保问题400余人，债权人获得了70%的清偿，盘活了企业存量资产，为深圳的城市发展释放土地资源12.73万平方米。深中华通过重整解决了历史包袱，实现了产业转型，保留了上市公司地位，通过重整迎来了新的产业注入，保留了股权价值。

——《人民法院关于依法审理破产案件推进供给侧结构性改革典型案例》，载《人民法院报》2016年6月16日。

五、浙江玻璃股份有限公司及其关联公司合并破产案

(一)基本案情

浙江玻璃股份有限公司(以下简称浙江玻璃)成立于1994年5月,2001年12月10日在香港联合交易所上市。2003年至2005年期间,浙江玻璃先后投资成立浙江工程玻璃有限公司、浙江长兴玻璃有限公司、浙江平湖玻璃有限公司、浙江绍兴陶堰玻璃有限公司,上述企业均从事玻璃生产、加工和销售,职工共计4350人,日熔化总量达5150吨。由于经营不善、盲目投资、高成本融资等原因,浙江玻璃及其四家关联公司生产经营遭遇巨大困难,陷入债务危机。2010年5月3日,浙江玻璃因未能如期公布2009年度财务报告被香港联合交易所处以暂停交易。鉴于浙江玻璃已具备破产原因,且作为一家尚具生产能力的境外上市股份公司,具有一定的重整价值,2012年6月28日,浙江省绍兴市中级人民法院(以下简称绍兴中院)裁定受理债权人对浙江玻璃的重整申请并指定管理人,启动破产重整程序。

(二)审理情况

2012年7月4日,管理人以浙江玻璃与其四家关联公司存在人格混同情形、合并重整有利于公平清偿债权为由,申请浙江玻璃与其四家关联公司合并重整,并提交了相关证据。其中,审计报告结论显示:浙江玻璃与其四家关联公司系作为一个整体进行运作,四家子公司虽然均为法人主体,但都在浙江玻璃的实际控制下运营,资金收支均由浙江玻璃掌控,已丧失其法人实体应当具备的财务独立性。2012年7月23日,绍兴中院组织召开合并重整听证会,听取各方对合并重整的意见。经听证,大部分债权人代表及浙江玻璃及其关联公司支持合并重整。经审查,绍兴中院依照《企业破产法》第一条、第二条规定,裁定浙江玻璃前述四家关联公司并入浙江玻璃重整。

2013年3月10日,在前期继续经营、成功招募重整投资人的基础上,浙江玻璃及其四家关联公司破产案召开第三次债权人会议,分组表决重整计划草案。受多种客观因素影响,普通债权组未通过重整计划草案,导致重整计划草案未能获得债权人会议通过。同月25日,绍兴中院依照《企业破产法》第八十八条的规定,裁定终止重整程序,转入破产清算。

转入破产清算后,继续维持生产的压力更加突出。玻璃生产具有特殊性,一旦生产线停产,将涉及停火冷窑、危化品处置等安全问题,并将导致资产大幅贬值和维护费用大幅增加。为此,经管理人在债权人会议中广泛征求意见,采取“托管经营”的方式,委托第三方公司继续生产经营,实现了破产清算条件下的

正常生产。4 月 13 日，第四次债权人会议表决通过《破产财产变价方案》。经公开拍卖或变卖，公司的资产变价金额合计约23.02 亿元。9 月 22 日，第五次债权人会议表决通过了《破产财产分配方案》。10 月 10 日，绍兴中院裁定认可破产财产分配方案。12 月 12 日，经管理人申请，绍兴中院裁定终结破产程序。

（三）典型意义

浙江玻璃及其关联公司合并破产案系在充分尊重当事人意思自治基础上，在重整计划草案经表决未获通过的情况下，及时由重整转入清算的案件。本案在审理过程中，充分尊重市场规律，所有重大事项均在充分考虑破产企业的行业状况、商业风险等市场因素的基础上，经由债权人会议依法表决。对于债权人会议否决的事项，法院尊重当事人的意思自治，均未采取强制批准措施。此外，浙江玻璃及其关联公司在破产中维持正常生产，使得大部分职工保持了稳定的工作和经济收入，维护了社会的和谐稳定。

——《人民法院关于依法审理破产案件推进供给侧结构性改革典型案例》，载《人民法院报》2016 年 6 月 16 日。

【链接：最高人民法院法官著述】

1. 对于各表决组均按照法定标准通过了破产重整计划草案，人民法院裁定批准的，应当从两个方面进行审查。

第一，鉴于该情形下主要涉及各表决组内部利益的冲突，因此，人民法院主要是针对投反对票的债权人的异议理由，着重于对异议债权人利益的合法保护进行形式上的审查，如，表决组的分组、各权利人表决权的确定、会议的召集程序等是否合法；同一表决组中是否公平对待了投反对票的成员，是否按照债权比例清偿或者按照股权比例削减等。

第二，要注意审查破产重整计划草案中债务人经营方案的内容是否违反法律、行政法规强制性规定，破产重整计划草案是否涉及国家行政许可事项，如果债务人经营方案内容违反法律、行政法规的强制性规定，或者应当经国家有关部门行政许可而未获许可的，人民法院不能裁定批准该破产重整计划草案。

2. 对于部分表决组未通过破产重整计划草案，人民法院强制批准的，因此时关涉的是不同表决组债权人利益的冲突，所以，人民法院批准时应当严格按照《企业破产法》第八十七条规定的条件进行审查，坚持债权人利益最大化、公平对待和绝对优先三项基本原则。

要保证反对破产重整计划草案的债权人或者出资人在破产重整程序中至少可以获得他在破产清算程序中本可获得的清偿，即要保护对破产重整计划持反对意见的少数派的既得利益。如，对债务人的特定财产享有担保权的债权人组未通过破产重整计划草案的，要保证所有对债务人的特定财产享有担保权的债权人就该特定财产以变现价款全额获得清偿，并且对其因延期清偿所受的损失将进行公平补偿，以及其担保权未受到其他实质性损害。职工优先债权组未通过破产重整计划草案的，要保证职工优先债权将获得全额清偿。税款债权组未通过破产重整计划的，要保证税款全额清偿。普通债权人组未通过破产重整计划的，要保证普通债权所获得的清偿比例不低于其在破产清算中所能获得的清偿比例。出资人组未通过破产重整计划草案的，要保证对出资人权益的调整公平、公正，主要是指在对出资人权益进行削减时，其前提应当是企业已经资不抵债。

这里要特别注意，在实际操作中要注重对债权人利益最大化的保护。如，如何评估、计算债务人设定担保的特定财产的变现金额问题。因破产重整程序中并未实际通过拍卖、变卖等对特定财产进行变现，其真实变现价值并未客观体现出来，对担保权人就该特定财产优先权的保障是建立在会计方法计算基础上的，因此，在担保债权人组未通过破产重整计划草案，人民法院强制批准破产重整计划草案时，应当充分考虑其计算方法是否科学、客观、准确，是否充分保护了担保债权人的应有利益……

另外，如果债权人组或者出资人组反对破产重整计划草案，该项破产重整计划草案应当保证持反对意见的债权人组或者出资人组获得公平对待，即处于同一顺序的债权人必须获得按比例的清偿，或者对于出资人权益的调整应当保证所有出资人按比例削减。

如果债权人组反对破产重整计划草案，该破产重整计划草案应当保证只有这个组的成员获得充分清偿后，在清偿顺序上低于这个组的其他组成员才能开始获得清偿，即破产法对清算程序规定的优先顺序，在破产重整程序中对持反对意见的表决组必须同样适用。

——刘敏：《充分发挥企业破产重整作用实现对危困企业的拯救——雅新电子（苏州）有限公司和雅新线路板（苏州）有限公司破产重整案评析》，载最高人民法院民事审判第二庭编：《民商事审判指导》总第18辑，人民法院出版社2009年版，第205～207页。

编者说明

重整计划，是由重整管理人或重整企业的其他利害关系人（债权人、股东等）拟订，以复兴企业、清理债务为内容，并经重整关系人会议通过和法院认可的法律文件。重整计划是企业重整的直接依据，关系到企业重整的成败。因此，人民法院在强制批准重整时应当严格按照《企业破产法》第八十七规定的条件进行审查，并坚持以下原则：(1)债权人利益最大化原则。强制批准重整计划草案的条件之一，是"普通债权所获得的清偿比例，不低于其在重整计划草案被提请批准时依照破产清算程序所能获得的清偿比例"。(2)公平对待原则。如果债权人组或者出资人组反对重整计划草案，该项重整计划草案应当保证持反对意见的债权人组或者出资人组获得公平对待，即处于同一顺序的债权人必须获得按比例的清偿，或者对于出资人权益的调整应当保证所有出资人按比例削减。(3)绝对优先原则。如果债权人组反对重整计划草案，该重整计划草案应当保证只有这个组的成员获得充分清偿后，在清偿顺序上低于这个组的其他组的成员才能开始获得清偿，即《企业破产法》对清算程序规定的优先顺序，在重整程序中对持反对意见的表决组必须同样适用。(4)可行性原则。是指法院在行使强制批准权的过程中，必须对其在将来有无实现的可能性作出一定的判断，只有那些具有可行性的重整计划，才能得到法院的批准。

619

重整计划应当注重以市场化方式化解债务危机

关键词 | 重整计划草案 |

【最高人民法院商事审判参考性案例】

一、长航凤凰股份有限公司破产重整案

（一）基本案情

长航凤凰股份有限公司（以下简称长航凤凰）系上市公司，是长江及沿海干散货航运主要企业之一。自2008年全球金融危机以来，受财务费用负担沉重、航运运价长期低迷等因素影响，长航凤凰经营逐步陷入困境。截至2013年6月30日，长航凤凰合并报表项下的负债总额合计达58.6亿元，净资产为-9.2亿元，已严重资不抵债。经债权人申请，湖北省武汉市中级人民法院（以下简称武汉中院）于2013年11月26日依法裁定受理长航凤凰重整一案，并指定破产管理人。因连续三年亏损，长航凤凰股票于2014年5月16日起

暂停上市。

（二）审理情况

在武汉中院的监督指导下，管理人以市场化的重组方式为基础，制定了重整计划草案，获得了债权人会议及出资人会议表决通过。由于无外部重组方参与长航凤凰破产重整，如何通过长航凤凰自身筹集足够资产以提高普通债权清偿比例，以促使普通债权人支持重整是重整工作有序推进的重点。为解决偿债资金筹集的问题，经过武汉中院与管理人多番论证，最终制定了以公司账面的货币资金、处置剥离亏损资产的变现资金以及追收的应收款项、出资人权益调整方案以及股票公开竞价处置等多种渠道的资金筹集方案。实践证明，上述资金筹集方案具有可行性。通过资产公开处置、出资人权益调整以及股票公开竞价处置，长航凤凰不但清偿了重整中的全部债务，同时，由于股票公开竞价处置产生溢价，公司在重整程序中依法获得了约7000万元的资金用于补充公司现金流。

2014年3月18日，武汉中院裁定批准了重整计划并终止重整程序。通过成功实施重整计划，在无国有资产注入及外部重组方资金支持的情况下，长航凤凰2014年底实现净资产约1.2亿元、营业利润约2.24亿元，成功实现扭亏，股票于2015年12月18日恢复上市。

（三）典型意义

长航凤凰重整案是以市场化方式化解债务危机的典型案例。借助于破产重整程序，长航凤凰摆脱了以往依赖国有股东财务资助、以"堵窟窿"的方式挽救困境企业的传统做法，以市场化方式成功剥离亏损资产、调整了自身资产和业务结构、优化了商业模式，全面实施了以去杠杆为目标的债务重组，最终从根本上改善了公司的资产及负债结构，增强了持续经营及盈利能力，彻底摆脱了经营及债务困境。

——《人民法院关于依法审理破产案件推进供给侧结构性改革典型案例》，载《人民法院报》2016年6月16日。

620

重整计划可以采取保留公司的全部有效经营性资产，通过保障债权人获得不少于破产清算的清偿，清理其全部债务

关键词 | 重整计划 |

【最高人民法院商事审判参考性案例】

六、山东海龙股份有限公司破产重整案

（一）基本案情

山东海龙股份有限公司（以下简称山东海龙）系在深圳证券交易所挂牌的上市公司。主导产品在国内外享有较高的知名度和良好的信誉度。因受整体市场环境及经营问题的影响，公司自2010年连续两年亏损，出现经营危机及债务危机。2012年3月1日，中国建设银行股份有限公司潍坊寒亭支行向山东省潍坊市中级人民法院（以下简称潍坊中院）提出申请，要求依法对山东海龙进行重整。4月23日，山东海龙被深圳证券交易所实施退市风险警示，面临退市的严重风险。5月18日，潍坊中院裁定予以受理。

（二）审理情况

根据山东海龙的资产评估情况、偿债能力分析结论、债权审查和确认情况，结合上市公司重整案件的经验，管理人制定了适合山东海龙实际情况的重整计划草案。该重整计划将保留上市公司全部有效经营性资产，通过保障债权人获得不少于破产清算的清偿率，来清理上市公司全部债务，使得上市公司以自有业务重获持续经营和盈利能力，节约社会资源，维护了企业、职工、股东、债权人、上下游经营者多方的利益。2012年10月，山东海龙重整案出资人组会议及第二次债权人会议均表决通过了重整计划。11月2日，潍坊中院裁定批准重整计划，重整计划进入执行阶段。12月26日，重整计划执行完毕，重整程序终结。自2013年7月3日起，深圳证券交易所撤销山东海龙股票交易的退市风险警示及其他风险警示。通过重整，该公司扭亏为盈。

（三）典型意义

山东海龙重整案维持了上市公司的主业不变、产品不变、没有进行资产置换、没有停产半停产，实现了企业就地重生，保障了社会和谐稳定。如果以我国目前的上市公司重整案中普遍采用的将上市公司全部资产进行处置，重新注入新的经营性资产的方式重整，则可能一方面债权人的债权清偿比例会很低，另一方面山东海龙的主业和优质资源无法得以保留，影响近万名公司职工就业以及债权人和中小股民的利益。山东海龙重整案中采取了保留公司的全部有效经营性资产，通过保障债权人获得不少于破产清算的清偿，清理其全部债务。该模式使该公司的主业和优质资源得以保留，且公司职工就业基本未受影响，债权人和中小股民利益得到了最大限度的保护，企业、股东、职工、债权人、重整投资人、政府等实现多方共赢，取得了法律效果和社会效果的有机统一。

——《人民法院关于依法审理破产案件推进供给侧结构性改革典型案例》，载《人民法院报》2016 年 6 月 16 日。

621

重整计划可以将托管、重整与重组并行考虑

关键词 | 重整计划 | 托管 | 重组 |

【最高人民法院商事审判参考性案例】

七、中核华原钛白股份有限公司破产重整案

（一）基本案情

中核华原钛白股份有限公司（以下简称中核钛白）股票在深圳证券交易所挂牌交易，在钛白粉市场竞争加剧的情况下，中核钛白经营陷入困境。特别是2008 年发生世界性金融危机后，钛白粉产成品价格暴跌，当年钛白粉行业全面亏损。中核钛白连续亏损，面临退市及破产风险。2009 年、2010 年重大资产重组和托管均未成功。2011 年 4 月 22 日，债权人向甘肃省嘉峪关市中级人民法院（以下简称嘉峪关中院）申请对中核钛白进行破产重整。7 月 29 日，为维持职工队伍稳定和企业继续经营，中核钛白公司股东经在全国范围内公开遴选，决定由安徽金星钛白（集团）有限公司（以下简称金星钛白）对中核钛白进行托管经营。11 月 30 日，嘉峪关中院裁定受理重整申请。

（二）审理情况

嘉峪关中院受理本案重整申请后，中核钛白继续营业，继续履行与金星钛白的托管协议，并继续履行中核钛白与对方均未履行完毕的 42 份合同，保证了重整工作的有序推进。截至 2012 年 1 月 6 日，共有 146 家债权人申报债权 147 笔，申报债权总额 3.3 亿余元，管理人初步确认 128 笔，确认的债权额约 3 亿元。嘉峪关中院要求管理人制定重整计划草案时一并考虑后续的资产重组，并在提交重整计划草案的同时提交重组框架方案，避免了重整、重组分开运作实施可能带来的弊端。

嘉峪关中院针对小额债权人人数众多、清偿率低、利益受损大、对立情绪严

重的特点，为了最大限度地保护他们的利益，决定设立小额债权组，将债权额在600万元以下的债权人都纳入该组，并动员大股东额外拿出2000万元补偿小额债权人的损失，将其清偿率由41.69%提高至70%，有效保障了出资人和债权人的利益平衡。2012年7月27日，债权人会议四个债权人组表决通过了重整计划草案，出资人组表决通过了出资人权益调整方案。7月31日，嘉峪关中院裁定批准《中核华原钛白股份有限公司重整计划》。经各方努力，11月15日，重整计划执行完毕，比原计划提前一个半月。12月17日，法院裁定终结中核钛白重整程序。12月19日，经中国证监会审核，中核钛白发行股份购买资产并募集配套资金事项获有条件通过。至此，中核钛白破产重整程序与资产重组程序对接，中核钛白破产重整获得圆满成功。该案普通债权的清偿率为41.69%，小额普通债权的清偿率达到了70%，远远高于模拟清算条件下的清偿率。

（三）典型意义

中核钛白破产重整案通过将托管、重整与重组并行考虑，实现了托管、重整、重组的紧密衔接，做到了同行业并购和业务整合紧密衔接，持续经营与技术改造同步进行。既实现了企业经营的连续性，摆脱了清算退市的命运，实现了较高的清偿率，又实现了1200名职工全员就业，稳定了职工队伍。

——《人民法院关于依法审理破产案件推进供给侧结构性改革典型案例》，载《人民法院报》2016年6月16日。

622

破产重整中可以引入同行业投资人，解决企业现有员工就业，保障社会稳定

关键词 | 破产重整 |

【最高人民法院商事审判参考性案例】

九、上海超日太阳能科技股份有限公司破产重整案

（一）基本案情

上海超日太阳能科技股份有限公司（以下简称超日公司）是国内较早从事太阳能光伏生产的民营企业，注册资本1.976亿元。2010年11月，超日公司股

票在深圳证券交易所中小企业板挂牌交易。2012 年 3 月 7 日，超日公司发行了存续期限为五年的“11 超日债”。此后公司整体业绩持续亏损，生产经营管理陷于停滞，无力偿付供应商货款，银行账户和主要资产处于被冻结、抵押或查封状态，应付债券不能按期付息，“11 超日债”也因此成为我国债券市场上的首个公司债违约案例。受制于财务负担沉重以及光伏产业整体处于低谷时期等因素的影响，超日公司已经很难在短期内通过主营业务的经营恢复持续盈利能力。2014 年 4 月 3 日，债权人上海毅华金属材料有限公司以超日公司不能清偿到期债务为由，向上海市第一中级人民法院（以下简称上海一中院）申请对该公司进行破产重整。该院经审查，于 6 月 26 日裁定受理。因连续三年亏损，超日公司被暂停上市。

（二）审理情况

上海一中院指定一家律师事务所和一家会计师事务所组成联合管理人。管理人通过公开招标，确定由 9 家公司作为联合投资人。2014 年 10 月 8 日，管理人公告发布《超日公司重整计划草案》《关于确定投资人相关情况的公告》等文件。管理人结合超日公司的实际情况以及对意向投资人综合考察，确定由江苏协鑫能源有限公司等 9 家单位组成联合体作为超日公司重整案的投资人。9 家联合投资人将出资 19.6 亿元用于超日公司重整，其中 18 亿元用于支付重整费用和清偿债务，剩余 1.6 亿元作为超日公司后续经营的流动资金。

《超日公司重整计划草案》于同年 10 月 23 日向第二次债权人会议提交。经分组表决，各表决组均通过了重整计划草案。依管理人申请，上海一中院于 10 月 28 日裁定批准超日公司重整计划并终止重整程序。根据重整计划，超日公司职工债权和税款债权全额受偿；有财产担保债权按照担保物评估价值优先受偿，未能就担保物评估价值受偿的部分作为普通债权受偿；普通债权 20 万元以下（含本数）部分全额受偿，超过 20 万元部分按照 20% 的比例受偿。此外，长城资产管理公司和久阳投资管理中心承担相应的保证责任，“11 超日债”本息全额受偿。超日公司更名为协鑫科技股份有限公司，并于 2014 年实现盈利。2015 年 8 月 12 日，*ST 超日更名后在深交所恢复上市。至此，超日公司重整成功。

（三）典型意义

本案是全国首例公司债违约的上市公司破产重整案件，选择同行业企业作为重整方是本案迅速重整成功的关键。超日公司若要恢复上市，避免破产清算，必须在 2014 年内重整成功，扭亏为盈，这意味着重整工作的有效时间至多半年。而超日公司负债规模大、资产情况复杂，还涉及 6 万多股民及大量海外资产，重整难度较大，因此引入同行业有实力的重组方是较优选择。经过公开征集投资人，最终确定由同行业的江苏协鑫能源有限公司等作为重整方。引入同行业投资人可以加快推进重整进程，还可以解决企业现有员工的就业问题，有利于保障社会稳定。基于此，超日公司迅速恢复生产并具备持续经营能力，实现了较好法律效果和社会效果。

——《人民法院关于依法审理破产案件推进供给侧结构性改革典型案例》，载《人民法院报》2016 年 6 月 16 日。

623

庭外重组向司法重整的转换

关键词｜庭外重组｜司法重整｜

【最高人民法院商事审判参考性案例】

四、中国第二重型机械集团公司与二重集团（德阳）重型装备股份有限公司破产重整案

（一）基本案情

中国第二重型机械集团公司（以下简称二重集团）为中央直接管理的国有重要骨干企业，是国家重大技术装备制造基地。二重集团（德阳）重型装备股份有限公司（以下简称二重重装）为二重集团的控股子公司。自 2011 年起，二重集团、二重重装多年连续亏损，生产经营以及员工工资、社保基本靠向银行举债和股东提供的资金勉强维持。截至 2014 年底，二重集团、二重重装金融负债总规模已经超过 200 亿元。二重重装已经严重资不抵债。

在国资委等有关部门的支持下，以农业银行、中国银行、光大银行为主席行，组织涉及二重集团、二重重装的近 30 家金融债权人成立了中国二重金融债权人委员会，与二重集团、二重重装及其股东展开了庭外重组谈判。2015 年 9 月 11 日，在银监会的组织下，各方达成了框架性的重组方案，其核心内容为在 2015 年内以“现金 + 留债 + 股票”清偿全部计息金融负债。同日，债权人机械工业第一设计研究院等向四川省德阳市中级人民法院（以下简称德阳中院）提起了针对二重集团、二重重装的破产重整申请。同月 21 日，德阳中院裁定受理二重集团、二重重装重整一案,并指定管理人接管了二重集团和二重重装。

(二)审理情况

2015 年 11 月 27 日,债权人会议和出资人会议召开,各表决组均通过了《重整计划(草案)》。11 月 30 日,德阳中院作出民事裁定,批准重整计划并终止了二重集团和二重重装重整程序。重整计划执行中,120 亿元金融债权通过现金清偿和债转股,已得到 100% 清偿;对于非金融债权,按照重整计划已向各家债权人分别支付 25 万元,其余在 2 至 5 年内付清。当年,重整计划整体完成 90%。

(三)典型意义

庭外重组是陷入困境但有价值的企业与其债权人之间以协议的方式,对企业进行债务调整和资产重构,以实现企业复兴和债务清偿的一种庭外拯救手段。本案中,在有关部门的推动、指导下,二重集团、二重重装与主要债权人金融机构进行了庭外重组谈判,并达成了框架性金融债务重组方案。进入重整后,法院在司法框架范围内,尽可能推动维持了重组方案确定的原则,依法合规纳入重整计划,得到了金融债权人的认可。二重集团和二重重装重整成功,为这两家资产总额达 210 亿元的国有企业卸下了沉重的债务负担,优化了金融债务结构。本案积极探索实践庭外重组向司法重整转换,为陷入困境但有再生可能的大型国有企业司法重整提供了可复制的范例。

——《人民法院关于依法审理破产案件推进供给侧结构性改革典型案例》,载《人民法院报》2016 年 6 月 16 日。

624

利害关系人对法院批准重整计划的救济途径

关键词 | 利害关系人 | 重整计划强制批准 |

【最高人民法院司法政策】

需要注意,不应当将债权人所在组别通过重整计划草案作为剥夺持反对意见的少数债权人法定权利的依据。为维护持反对意见者的合法权益,应当允许其就法院批准重整计划的裁定依法提起复议。此外,由于强制批准将涉及对一个以上表决组表决权的否定,因此,为慎重起见,应当考虑在强制批准之前引入听证机制，为反对者提供充分表达意见的机会。

——《第三届中国企业破产法论坛材料》(2010 年 6 月 26 日)，载最高人民法院民事审判第二庭编：《商事审判指导》总第 22 辑，人民法院出版社 2010 年版，第 8 页。

【链接：最高人民法院法官著述】

由于重整计划经法院批准后即具有法律效力，为了确保对重整计划持异议的相关利害关系人的利益，应当为维护其权益提供救济的途径，赋予其向上一级人民法院申请复议的权利，但复议期间不停止重整计划的执行。上一级人民法院经审查认为重整计划符合《企业破产法》第八十七条第二款规定的，裁定驳回复议，维持原裁定；上一级人民法院认为重整计划违反《企业破产法》第八十七条第二款规定的，裁定撤销批准重整计划的裁定，指令受理破产案件的人民法院裁定宣告债务人破产。

——刘敏、池伟宏：《法院批准重整计划实务问题研究》，载最高人民法院民事审判第二庭编：《商事审判指导》总第 26 辑，人民法院出版社 2011 年版，第 114 ~ 115 页。

625

债权人会议表决财产管理等方案以及重整计划、和解协议等关键性职权不应授予债权人委员会行使

关键词 | 债权人委员会 | 债权人会议 | 表决权 |

【最高人民法院司法政策】

在债权人委员会制度上，需要特别重视债权人会议与债权人委员会之间的授权关系。《企业破产法》第六十八条概括性地规定债权人委员会可行使由债权人会议委托的其他职权，由于债权人会议的召开程序比较耗时、成本较高，因此，实践中可能会发生债权人会议将其重要的法定职权不适当的授权债权人委员会行使的情况，这就违背了破产法设置债权人会议制度的立法本意，使得一部分债权人的意志不能得到充分有效的表达。我们认为，对于债权人会议表决财

产管理方案、变价方案、分配方案以及表决重整计划、和解协议等关键性职权不应授予债权人委员会行使。

——《第三届中国企业破产法论坛材料》(2010年6月26日),载最高人民法院民事审判第二庭编:《商事审判指导》总第22辑,人民法院出版社2010年版,第7页。

【链接:最高人民法院法官著述】

《企业破产法》第六十八条概括性规定债权人委员会可行使债权人会议委托的其他职权,实践中可能产生争议的问题是债权人会议是否可以委托债权人委员会行使其所有职权特别是重要的法定职权,如通过重整计划。最高人民法院领导指出,"对于债权人会议表决财产管理方案、变价方案、分配方案以及表决重整计划、和解协议等关键性职权不应授予债权人委员会行使。"

——刘敏、池伟宏:《法院批准重整计划实务问题研究》,载最高人民法院民事审判第二庭编:《商事审判指导》总第26辑,人民法院出版社2011年版,第105~106页。

626

保证人或连带债务人承担清偿责任后不能向破产和解、破产重整的债务人追偿

关键词 | 保证人 | 连带债务人 | 追偿权 |

【最高人民法院答复】

山东省高级人民法院:

你院鲁高法〔2010〕144号《关于代为清偿的连带债务人是否有权向破产和解的债务人继续追偿问题的请示》收悉。经研究,答复如下:

债权人如果已在主债务人的和解或重整程序中全额申报了债权,其未得到清偿的部分可以向保证人或连带债务人主张。但保证人或连带债务人履行完剩余的清偿义务后,由于对于任何实质上源于同一债务的普通债权,在破产程序中只能得到与其他普通债权相同的受偿比率,而不能得到二次清偿,并因此得到高

于其他普通债权人的清偿比率；因此，保证人或连带债务人承担清偿责任后不能向破产和解、破产重整的债务人追偿。

此复。

——《最高人民法院关于代为清偿的连带债务人是否有权向破产和解的债务人继续追偿问题请示的复函》（〔2010〕民二他字第15号）①

627

经破产管理人提交的重整计划草案确定并经债权人会议表决通过，并被法院裁定确认为普通债权的，应当执行

关键词 | 重整计划 | 普通债权 |

【最高人民法院裁判文书】

浙江赐富化纤有限公司与广发银行股份有限公司杭州分行及袁柏仁、马国花、马国忠、邱玲玲保证合同纠纷申请再审案［最高人民法院（2013）民申字第1540号民事裁定书］

最高人民法院认为：

（一）关于二审法院对案涉债权性质认定为普通债权是否正确，广发银行杭州分行是否可以向赐富公司主张权利的问题

倍斯特公司进入破产重整程序后，债权人只能依照破产程序主张权利。根据《企业破产法》第五十八条第三款以及第九十二条第一款之规定，重整计划对债务人和全体债权人均有约束力，债务人、债权人对债权表记载的债权有异议的，可以向受理破产申请的人民法院提起诉讼。本案广发银行杭州分行所涉债权已被破产管理人提交的重整计划草案确定为普通债权，该草案经债权人会议表决通过，又被浙江省绍兴市中级人民法院作出的（2009）浙绍商破字第1、2、3、4、5、6号裁定所确认。债权人会议对重整计划草案表决时，赐富公司投了赞成

① 答复要旨：一、破产程序中的和解是民事和解的一种特殊形式，是为了挽救债务人，使其避免破产的法律制度。而按照和解协议减免的债务，自和解协议执行完毕时起，债务人不再承担清偿责任。同时，和解债权人对债务人的保证人和其他连带债务人所享有的权利，不受和解协议的影响。

二、担保人履行完剩余清偿义务后，因为主债务人执行完和解协议而丧失了行使追偿权的基础，即主债务的消灭不是基于担保人已履行担保责任，而是基于和解协议执行完毕，债务人不再承担清偿责任。

票,并未提出异议。虽然赐富公司主张,在表决时对重整计划草案的具体内容并不知情,但并未提交证据予以证明。法院裁定作出后,其亦未向受理破产申请的法院提起诉讼。因此,二审法院依据法院裁定批准的重整计划,确认案涉债权为普通债权并无不当,赐富公司应按照重整计划确定的内容,对案涉债务承担还款责任。

(二)关于广发银行杭州分行是否怠于行使抵押权的问题

第一,广发银行杭州分行从未声明放弃案涉抵押权。第二,在破产管理人出具书面说明称抵押物经盘点为零,评估值为零后,广发银行杭州分行通过书面提出异议,在债权人会议上投反对票等方式表示反对,但法院仍裁定批准破产重整计划,认定案涉债权为普通债权。可见,广发银行杭州分行并未怠于行使抵押权,而是在破产管理人宣布抵押物评估值为零,法院裁定批准重整计划后,依据重整计划确定的内容,向赐富公司提起诉讼。赐富公司认为广发银行怠于行使抵押权缺乏依据。

——中国裁判文书网,http://wenshu.court.gov.cn。

628

破产重整中抵销权与应收账款质权的冲突处理

关键词 | 破产重整 | 应收账款质权 | 抵销权 |

【最高人民法院裁判文书】

中国农业银行股份有限公司上海市分行与上海金源国际经贸发展有限公司等应收账款质权纠纷申请再审案[最高人民法院(2012)民申字第1019号民事裁定书]

最高人民法院认为:(三)关于佳宝集团等六公司能否在破产重整程序中行使抵销权的问题。根据破产程序的特殊性及《重整计划草案》内容,佳宝集团等六公司在破产重整程序中行使抵销权,既有法律依据,也与《重整计划草案》中关于债务抵销的相关规定一致。1.从法律规定看,保证人在破产程序中主张担保追偿权不以实际履行完保证责任为前提。《企业破产法》第四十六条第一款规定:"未到期的债权,在破产申请受理时视为到期。"第五十一条规定:"债务人的保证人或者其他连带债务人已经代替债务人清偿债务的，以其对债务人的求偿权申报债权。债务人的保证人或者其他连带债务人尚未代替债务人清偿债务的，以其对债务人的将来求偿权申报债权。但是，债权人已经向管理人申报全部债权的除外。”根据上述规定，在破产程序中保证人可以其对债务人将来的求偿权申报债权，并不以履行完保证责任为前提。而且，破产程序具有特殊性，是所有申报债权债务的最后终结程序。为保护破产企业全体债权人的利益，实现资产分配的最大化，破产管理人在制定债权分配方案或重整方案时，如果存在与债权申报人互负债务的情形，必然会同时向破产企业的债权人行使抵销权。一旦破产方案或破产重整计划得到法院裁定认可，破产企业担保追偿权及基于该权利行使的抵销权也一并产生。否则，破产管理人在企业破产终结后才行使抵销权，有违破产企业财产处理的基本原则。2. 从《重整计划草案》中关于债权调整和清偿方案内容看，佳宝集团可以在破产重整计划中行使抵销权。《重整计划草案》规定：由佳宝集团等六公司为其债权人提供担保、在实际分配时可能通过行使追偿权予以相应抵销的债权金额为人民币 806053327. 69 元。从上述约定文义内容看，包含担保追偿权的行使及抵销担保债权的金额，即在破产重整程序中实际分配债权时，佳宝集团等六公司向金源公司的债权人承担了保证责任，则其依法享有的追偿权的相应金额直接与其应偿还金源公司的债务相互抵销，无需再实施债权清收、追加分配等程序，佳宝集团等六公司在破产重整程序中有权向金源公司主张债务抵销。3.《担保法》第三十一条规定：“保证人承担保证责任后，有权向债务人追偿。”根据上述规定，保证人在代替债务人清偿债务后，即享有对债务人的法定担保追偿权。本案中，佳宝集团等六公司依据法院裁定批准的《重整计划草案》向农行上海分行等债权人履行了保证责任后，即享有对债务人金源公司的法定担保追偿权，该追偿权产生了金钱给付之债的法律关系。在佳宝集团等六公司破产重整程序中，金源公司也向破产管理人申报了债权，而佳宝集团等六公司基于即将履行的保证责任也对金源公司产生了担保追偿之债。根据法律规定，该两种债的属性均为金钱给付之债，任何一方可以将自己的债务与对方的债务抵销。因此，一、二审判决认定佳宝集团等六公司在破产重整程序中可对金源公司行使抵销权，有事实和法律依据。如果不考虑破产程序的特殊性，仅以佳宝集团等六公司尚未履行保证责任为由，否认佳宝集团等六公司在破产重整程序中可行使法定抵销权，有违破产管理人对企业财产的处理原则。农行上海分行申请再审称，根据法律规定佳宝集团等六公司只有在履行完毕保证责任后，才能获得担保追偿权，具有主张债务抵销的前提条件，与本案客观事实不符。

(四)关于农行上海分行对金源公司享有的质权是否优先于佳宝集团等六公司基于履行担保追偿权而取得的抵销权问题。首先,应收账款质权优先于法定抵销权受偿应具备一定的条件,即不仅要设立时间在先,还要出质人的债务人未提出合理抗辩。依法定程序设立的应收账款质权,对质权登记的公示效力,应及于出质人的债务人。但同时,质押合同及债权人据此享有的质权能否约束或对抗出质人的债务人,还需要出质人对其债务确有债权的真实存在为前提。本案中,虽然农行上海分行与金源公司在设定应收账款质权后,向佳宝集团等六公司的破产管理人发送《通知》,要求破产管理人将应收账款款项划至其银行账户内;但是,佳宝集团等六公司破产管理人在《复函》中明确在具备两个条件且在法律许可的范围内,管理人将依法指示重整后的企业按重整计划内容对金源公司实际可清偿部分金额划付:一是《重整计划草案》获债权人会议表决通过,并经绍兴市中级人民法院批准;二是金源公司可受偿的债权未经司法冻结、查封,并取得金源公司同意转让。从《复函》内容看,佳宝集团等六公司的破产管理人并未直接认可以农行上海分行与金源公司设定应收账款质权数额来履行划付义务。因此,农行上海分行与金源公司设立的应收账款质权不具备对抗佳宝集团等六公司对金源公司行使抵销权的前提条件。其次,从破产重整方案内容看,破产重整企业的担保追偿权要与其相应的债权人债权进行冲抵,并且规定了总的抵销数额,农行上海分行与金源公司对此并未产生异议,从而使《重整计划草案》生效,新的债权债务关系形成。农行上海分行虽然于2009年12月9日向佳宝集团破产管理人发函要求优先受偿应收账款,但作为债权人的农行上海分行于同年12月11日同意了佳宝集团等公司的《重整计划草案》,该草案已经债权人会议表决通过并经一审法院裁定批准,农行上海分行的担保债权也已按比例获得清偿。《企业破产法》第九十二条第一款规定:“经人民法院裁定批准的重整计划,对债务人和全体债权人均有约束力。”农行上海分行、金源公司与佳宝集团及其他债权人的权利义务均应以重整计划为准,债务的清偿、债的抵销也应以此为据。且农行上海分行与金源公司设立的应收账款质权是在佳宝集团等六公司进行破产程序后设立的,从利益衡量的角度出发,也不能对抗佳宝集团等六公司所享有的抵销权。此外,从案件处理结果分析,佳宝集团等六公司的普通债权人按照28%的比例受偿是以担保债权抵销作为基础和前提的,如果不允许佳宝集团等公司行使抵销权,将导致对普通债权的清偿比例低于28%,从而使重整计划中的债权调整和清偿方案发生变化,包括农行上海分行在内的全体普通债权的受偿金额都要调减，影响重整计划的实际履行。事实上，农行上海分行、金源公司对佳宝集团等六公司的债权均为普通债权，金源公司对农行上海分行的贷款负债与佳宝集团等六公司对金源公司的应付货款均由进口相同的货物产生的，实质上是同一笔资金的不同流转，如果支持了农行上海分行的优先受偿权，农行上海分行作为佳宝集团等六公司的普通债权人实际清偿两次，受偿比例为 56% 。而且，佳宝集团等六公司如不进行破产重整，农行上海分行、金源公司等作为普通债权的受偿率将不足 10% 。因此，二审判决确认佳宝集团等六公司享有的抵销权优先于农行上海分行的应收账款质权，有事实和法律依据。

（五）关于抵销范围的确认问题。佳宝集团等六公司为金源公司等担保的债权总额为 806053327. 69 元，包括农行上海分行、华夏银行上海分行、中信银行上海分行等七家银行的保证债权，为金源公司提供保证的债权总额为 680345851. 54 元，其中农行上海分行的保证债权数额为 502647107. 25 元。按照 28% 的清偿比例，佳宝集团等六公司实际为金源公司承担保证款 155781801. 44 元。浙江省绍兴市中级人民法院（2010）浙绍商初字第 12 号民事判决，以该数额与金源公司的可分配债权 171924754. 61 元相抵销。农行上海分行申请再审称，佳宝集团等六公司对金源公司债权人承担担保责任的金额为 155781801. 44 元，而金源公司对佳宝集团等六公司的到期债权数额为 614016980. 75 元，即使将佳宝集团承担担保责任部分从金源公司对佳宝集团等六公司债权中扣除，金源公司在佳宝集团等六公司处仍有 458235179. 31 元的破产债权，根据重整计划确定的 28% 的普通债权清偿比例，金源公司在佳宝集团处尚有 128305850. 21 元款项可受清偿。但是，农行上海分行该主张不能成立。首先，《重整计划草案》中约定“在实际分配时可通过行使担保追偿权予以相应抵销的债权金额为 806053327. 69 元”，可以理解为相抵销的款项是以佳宝集团等六公司承担保证责任的还款数额为基础，与被保证人金源公司申报债权的实际分配金额，即按 28% 实际清偿比例的债权来确认抵销对象。其次，金源公司对其可分配的债权数额是认可，其申报的债权总额 614016980. 75 元，按照 28% 的可受偿比例，可分配债权为 171924754. 61 元。金源公司对管理人确认的可分配债权数额并未提出异议。事实上，金源公司在浙江省绍兴市中级人民法院（2010）浙绍商初字第 12 号民事判决佳宝集团等六公司要求其支付代偿的担保债权案中，对其应受偿的数额也未提出异议，仅对佳宝集团等六公司的担保追偿权抗辩，该判决已发生法律效力。此外，从程序上看，农行上海分行在本案一、二审诉讼中，也未提出以抵销范围的抗辩，仅主张其享有应收款质权优先于佳宝集团等六公司担保追偿权。

根据民事诉讼法"不诉不理"的原则,农行上海分行在再审程序中提出二审判决确认的抵销范围错误,理由不能成立。因此,二审判决确认的佳宝集团等六公司享有担保追偿之债权与其对金源公司所负购销债务的抵销范围,并无不当。如果按照农行上海分行的主张,金源公司的可分配债权金额不应为 171924754.61 元,而是 128305850.21 元,金源公司的受偿数额将会发生变化,导致佳宝集团等六公司的《重整计划草案》无法得到执行,不利于交易安全的稳定。

——杜万华主编:《最高人民法院民商事案件审判指导》第 3 卷,人民法院出版社 2015 年版,第 517 ~ 521 页。

九、破产清算

629

债权人会议主席的选任

关键词 | 债权人会议 | 债权人会议主席 |

【最高人民法院司法政策】

债权人会议是由代表各自利益的债权人组成的松散群体，在破产程序中，他们既有共同利益，也有利益冲突，组织这样一个特殊利益群体开会，进行议事和表决，完成会议的议程，债权人会议主席的作用至关重要。

首先，人民法院在指定债权人会议主席时，应优先考虑从高额债权人中选任。高额债权人在破产程序中的利益最为重大，对破产程序最为关注，是破产案件中参加会议最积极的人。其次，会议主席应当具备一定的组织领导能力，具有一定的法律或财务知识等。再次，会议主席应当是责任心强，能够为全体债权人的利益做一些公益性工作的人。从实践情况看，银行一般是破产企业的最大债权人，而且有些银行已经参加过破产程序，也积累了一些经验，基本上具备担任会议主席的条件，由银行选派适格的人员担任债权人会议主席比较合适。

对于案情重大复杂的，可以考虑从高额债权人中选任若干人组成主席委员会，共同负责债权人会议事务，这种制度相当于国外的债权人委员会。债权人会议主席或主席委员的当选应当是自愿的，对虽然基本符合担任条件，但不愿意担任的，法院不能强迫其担任。

——《当前审理企业破产案件工作中应当注意的几个问题——全国法院审理企业破产案件工作座谈会材料》（2003 年 4 月 17 日），载江必新主编、最高人民法院民事审判第二庭编：《民商审判指导与参考》总第 3 卷，人民法院出版社 2003 年版，第 23 ~ 40 页。

630

破产财产经拍卖流拍时作价实物分配的，应在清算组提交债权人会议讨论的财产处理和分配方案中明确记载，经债权人会议讨论通过后执行

关键词｜破产财产流拍｜作价实物分配｜

【最高人民法院司法政策】

关于破产财产经拍卖流拍时应如何作价实物分配问题。

根据《破产问题规定》第八十五条的规定，破产财产的变现应当以拍卖方式进行。这就是说，在破产案件中最终处置破产企业财产时，首选的方式就是以拍卖方式来实现财产变现，而在拍卖之前一般要经过评估。不可否认，对于拍卖财产，有时难以按照评估价所确定的保留价成交，而造成流拍。对于流拍的财产，法律、法规对拍卖有特别规定的，应当依照特别规定办理。如《最高人民法院关于冻结、拍卖上市公司国有股和社会法人股若干问题的规定》第十三条规定，股权（上市公司国有股和社会法人股）拍卖保留价，应当按照评估值确定，第一次拍卖最高价未达到保留价时，应当继续拍卖，每次拍卖的保留价应当不低于前次保留价的90%。经过三次拍卖仍不能成交时，人民法院应当将所拍卖的股权按第三次拍卖的保留价折价抵偿给债权人。人民法院可以在每次拍卖未成交后主持调解，将所拍卖的股权参照该次拍卖保留价抵偿给债权人。按上述规定，对上市公司国有股和社会法人股的拍卖至少应经过三次，经三次拍卖后流拍的，再考虑经过债权人会议讨论后，参考最后一次拍卖价格，直接折抵给债权人。

对于实物财产，也可以考虑采用上述方式处理。在经过适当的拍卖程序仍然流拍，最终不得不采取实物方式分给债权人时，一般不应完全依照评估价来作为折价的依据，而应当适当地降低价格，以切实维护分得实物财产债权人的利益。

需要强调的是，无论以何种方式处理破产财产和分配破产财产，尤其是流拍后以何种定价方式进行实物分配，均应在清算组提交债权人会议讨论的两个方案（财产处理方案和分配方案）中明确记载，经债权人会议讨论通过后执行。

——《当前审理企业破产案件工作中应当注意的几个问题——全国法

院审理企业破产案件工作座谈会材料》(2003 年 4 月 17 日),载江必新主编、最高人民法院民事审判第二庭编:《民商审判指导与参考》总第 3 卷,人民法院出版社 2003 年版,第 23 ~ 40 页。

631

破产程序中，拍卖公司设定提交报名手续和缴纳相应保证金的变卖程序并无不妥

关键词 | 破产程序 | 优先购买权 | 变卖程序 |

【最高人民法院裁判文书】

贵州大有风机实业有限公司与贵州鼓风机总厂破产清算组、贵州春秋拍卖有限责任公司、贵州金甲秀实业有限公司承租人优先购买权纠纷申请再审案[最高人民法院(2013)民申字第 278 号民事裁定书]

裁判要旨:依照《合同法》规定,优先购买权的行使以同等条件为前提,而本案的拍卖、变卖和优先购买权的行使发生在破产程序之中,与通常情况下的租赁合同中房屋所有权人转让房屋而承租人主张优先购买权明显不同。基于破产程序中行使优先购买权的特殊性,本案中,春秋拍卖公司设定提交报名手续和交纳相应保证金的变卖程序并无不妥,因为其目的在于甄别出有实力的潜在购买人,最大限度地保护破产债权人的整体利益。大有风机公司在三次变卖程序中因没有按照要求提交报名手续和交纳相应保证金,其行为应视为放弃行使优先购买权。

最高人民法院认为:2003 年 9 月 10 日,贵州鼓风机总厂与大有风机科技实业公司签订了《土地租赁、资产购买合同》,其中第一条第四款约定“租赁期满后,在同等条件下,乙方享有优先续租权,如出售则享有优先购买权”,该约定是双方真实意思表示,且不违反法律禁止性规定,合法有效。2005 年 4 月 10 日,贵州大有风机科技实业公司与鼓风机厂签署《补充协议》,约定由新成立的大有风机公司继续履行双方于 2003 年 9 月 10 日签署的《土地租赁、资产购买合同》。依照前述合同约定,大有风机公司对其承租鼓风机厂的土地及地上建筑物享有优先购买权。进入破产程序后,鼓风机厂破产管理人鼓风机厂清算组向大有风

机公司发出的《关于解除租赁合同的通知》,并没有立即解除合同,而是明确与大有风机公司的《租赁合同》履行至贵阳市中级人民法院裁定破产程序终结之日即解除。所以,在破产程序终结之前的拍卖、变卖程序中,《土地租赁、资产购买合同》仍对双方具有约束力。在三次流拍后,春秋拍卖公司于 2008 年 6 月 23 日发布第一次变卖公告。大有风机公司认为鼓风机厂清算组没有通知变卖事宜,忽视了其作为承租方所享有的优先购买权,提出书面异议。贵阳市中级人民法院据此发出通知,要求鼓风机厂清算组重新组织变卖,并明确在重新变卖过程中,应注意保护鼓风机厂房屋承租人的优先购买权。2008 年 11 月 8 日,春秋拍卖公司发布鼓风机厂破产财产第二次变卖公告。鼓风机厂清算组向大有风机公司发出书面通知,告知其变卖事宜。大有风机公司向春秋拍卖公司、鼓风机厂清算组和贵阳市中级人民法院发出《关于土地变卖的报名函》,正式报名参加鼓风机厂破产财产的第二次变卖,但提出不能按春秋拍卖公司规定的程序办理。2008 年 11 月 21 日,春秋拍卖公司发布鼓风机厂破产财产第三次变卖公告,大有风机公司明知本次变卖,但仍没有报名参加变卖,亦未缴纳相应保证金。依照相关法律规定,优先购买权的行使以同等条件为前提,而本案的拍卖、变卖和优先购买权的行使发生在破产程序之中,与通常情况下的租赁合同房屋所有权人转让时承租人主张优先购买权明显不同。基于破产程序中行使优先购买权的特殊性,本案中,春秋拍卖公司设定提交报名手续和缴纳相应保证金的变卖程序,目的在于甄别出有实力的潜在购买人,最大限度的保护破产债权人的整体利益,并无不妥之处。大有风机公司在第三次变卖程序中因没有按照要求提交报名手续和缴纳相应保证金,二审法院认定其行为应视为是放弃行使优先购买权,并无不当。

——景汉朝主编,最高人民法院立案一庭、立案二庭编:《立案工作指导》总第 39 辑,人民法院出版社 2014 年,第 108 ~ 115 页。

632

破产管理人可采取在企业持续经营的状态下,将公司的全部财产、业务等整体打包,通过公开拍卖的方式变价处置

关键词 | 破产管理人 | 整体打包 | 变价处置 |

【最高人民法院商事审判参考性案例】

八、北京利达海洋生物馆有限公司破产清算案

（一）基本案情

北京利达海洋生物馆有限公司（以下简称利达公司）是1993年经批准成立的中外合作经营企业，其投资经营的北京海洋馆于1999年正式开业。北京海洋馆集观赏、旅游、科普、教育和休闲娱乐为一体，是北京旅游行业的名片工程。由于利达公司在成立和建设过程中的大量贷款导致企业财务成本负担过重，同时，公司内部管理混乱，各类有效资产也被法院采取了司法保全措施，客观上已经直接危及北京海洋馆的正常经营，当时300多名职工情绪也严重不稳，导致公司难以维持正常经营。截至2003年7月，利达公司的资产总额为人民币6.55亿元，负债总额为人民币21亿元，资产负债率高达320%，属严重资不抵债。同月，经债权人北京国际信托投资有限公司申请，北京市高级人民法院（以下简称北京高院）依法受理了利达公司破产清算一案。

（二）审理情况

北京高院受理后，依据《破产问题规定》第十八条的规定，决定成立利达公司监管组，主要负责清点、保管公司财产，核查公司债权债务，为公司利益而进行必要的经营活动等工作。监管组监管期间，北京海洋馆得以维持运营，避免了因停业可能带来的混乱和影响，同时也有效防范了各债权人对企业财产的争相哄抢，稳定了职工情绪，解决了社会稳定问题。

2007年6月1日开始实施的《企业破产法》规定了重整制度，基于对北京海洋馆仍具有良好的持续运营和持续盈利能力的价值分析，北京高院与监管组多次与债权人协商沟通，力争通过重整程序对利达公司进行拯救。利达公司的多数债权人系金融机构债权人，没有通过利达公司进行的相关重整安排。加之利达公司管理混乱，存在一系列历史遗留问题，导致重整投资人疑虑重重而陆续放弃。

2013年10月30日，北京高院裁定宣告利达公司破产。基于对利达公司下属的北京海洋馆经营事业进行拯救的目的，北京高院指导管理人采取在企业持续经营的状态下，将利达公司的全部财产、业务、正在履行的合同等整体打包，通过公开拍卖的方式变价处置。该变价方案在债权人会议表决中获全票通过。经过公开拍卖，北京信沃达海洋科技有限公司整体承接了利达公司的全部资产。承接后，北京海洋馆名称不变。拍卖价款用于清偿全体债权人，职工债权、税收

债权100%清偿,普通债权清偿率达37.6%,307名企业职工全部得到了安置。在破产财产分配工作全部完结后,2014年12月19日,北京高院依法裁定终结破产程序。利达公司在破产清算程序终结后予以注销。

(三)典型意义

本案是人民法院充分发挥司法能动作用,指导管理人依法提升资产处置效益,实现困境企业营业拯救的典型案例。在未能通过重整程序拯救利达公司的情形下,法院依法指导管理人通过在持续经营条件下整体打包处置破产财产的变价方式,依法保护了职工、税务部门以及其他债权人的权益,同时拯救了利达公司的经营事业即北京海洋馆,取得了良好的法律效果、经济效果和社会效果。

——《人民法院关于依法审理破产案件推进供给侧结构性改革典型案例》,载《人民法院报》2016年6月16日。

633

企业破产案件中解除劳动合同补偿金的处理

关键词 | 企业破产 | 解除劳动合同补偿金 |

【最高人民法院司法政策】

我国《企业破产法(试行)》第三十七条将劳动债权规定为破产财产第一清偿顺序,这是对劳动者劳动权利保护的一般原则,也是各国破产法普遍采用的基本原则。《企业破产法(试行)》规定的职工工资是对劳动者已经付出的劳动所应支付报酬的保护,考虑到我国社会经济生活的现状,为了维护破产企业职工的切身利益,根据《劳动法》的相关规定,《破产问题规定》在第五十六条规定了补偿金请求权,将保护延伸到对劳动者因企业破产失业而造成损失的一种补偿。对补偿金额标准的确认,应当依据法律规定和相关劳动合同的约定。实践中,在法律规定和合同约定的补偿标准不一致时,应当注意把握以下几个要点:

第一,企业一般职工的补偿金。对于企业一般职工的补偿金额,在法律规定和劳动合同约定不一致时,应当依法或依合同就高不就低。《劳动法》第四十八条规定,国家实行最低工资保障制度,最低工资的具体标准由省、自治区、直辖市人民政府规定,报国务院备案。用人单位支付劳动者的工资不得低于当地最低工资标准。这是国家保护劳动者的强制性规定。对于解除劳动合同的补偿，该法第二十八条规定，用人单位依据本法第二十四条、第二十六条、第二十七条的规定解除劳动合同的，应当按照国家有关规定给予经济补偿。从上述法律规定可以看出，法律所规定的是职工工资和解除劳动合同补偿的最低标准，职工与企业之间签订劳动合同约定工资和补偿金时，只能等于或者高于法律规定的标准，不能低于法律规定的标准。合同约定标准高于法定标准的，一般应当执行合同标准；合同没有约定的，则执行法定标准。

第二，企业高级管理人员的补偿金。企业高级管理人员不同于普通的劳动者，他们在企业中由于技术或管理方面的特殊地位，其工资一般比普通劳动者要高，因此比照其工资标准规定的补偿金数额相对也高，在破产程序中，如果不加以相应的限制，有可能使债权人的清偿比例受到影响。因此，各国破产法对企业高级管理人员在破产程序中的补偿金规定了一定限制。考虑到破产程序中对劳动者的未来损失的补偿有失业救济的性质，而高级管理人员一般有良好的就业条件，并不属于弱势群体，因此对其补偿金额，原则上也应参照企业一般职工工资的平均水平予以补偿。

第三，补偿金的适用范围。《破产问题规定》五十六条规定的补偿金，只适用于非国家计划调整的破产，对国家政策调整破产的，要按照国务院《关于在若干城市试行国有企业破产有关问题的通知》（国发〔1994〕59 号）和《关于在若干城市试行国有企业兼并破产和职工再就业有关问题的补充通知》（国发〔1997〕10 号）规定的职工安置费办理。

——《当前审理企业破产案件工作中应当注意的几个问题——全国法院审理企业破产案件工作座谈会材料》（2003 年 4 月 17 日），载江必新主编、最高人民法院民事审判第二庭编：《民商审判指导与参考》总第 3 卷，人民法院出版社 2003 年版，第 36 ~ 37 页。

【最高人民法院答复】

劳动和社会保障部：

你部 2002 年 12 月 15 日对我院《关于审理企业破产案件若干问题的规定》（以下简称《规定》）第五十六条执行中的有关问题征求意见的函收悉，经研究，答复如下：

一、《规定》第五十六条不适用于纳入国家计划调整的企业破产案件，该类企业破产案件适用国务院国发〔1994〕59号《关于在若干城市试行国有企业破产有关问题的通知》和国发〔1997〕10号《关于在若干城市试行国有企业兼并破产和职工再就业有关问题的补充通知》的有关规定。在根据相关规定向破产企业职工发放安置费、经济补偿金后,不再就解除劳动合同补偿金予以补偿。

二、《规定》第五十六条中"依法或者依据劳动合同"的含义是:第一,补偿金的数额应当依据劳动合同的约定,劳动合同中没有约定的,则应依照法律、法规,参照部门规章的相关规定予以补偿。第二,如果劳动合同约定的补偿金或者根据有关规定确定的补偿金额过低或者过高,清算组可以根据有关规定进行调整。调整的标准,应当以破产企业正常生产经营状况下职工十二个月的月平均工资为基数计算补偿金额。第三,清算组调整后,企业的工会、职工个人认为补偿金仍然过低的,可以向受理破产案件的人民法院提出变更申请;债权人会议对清算组确定的职工补偿金有异议的,按《规定》第四十四条规定的程序进行。

——《最高人民法院关于对〈最高人民法院关于审理企业破产案件若干问题的规定〉第五十六条理解的答复》(2003年9月9日,法函〔2003〕46号)

634

破产财产变现过程中税金的缴纳

关键词 | 破产财产变现 | 税金缴纳 |

【最高人民法院司法政策】

第一,破产财产变现应当缴纳相应税金。《营业税暂行条例(1993)》第一条规定:"在中华人民共和国境内提供本条例规定的劳务、转让无形资产或者销售不动产的单位和个人,为营业税的纳税义务人,应当依照本条例缴纳营业税。"现行税收法律制度对营业税的规定并不是基于纳税义务人的经营资格,而是基于交易的发生而征收的流转税,只要发生提供有关法规规定的劳务、转让无形资产或者销售不动产,就应当缴纳营业税。清算组处置破产财产是通过一系列民事活动完成的,如委托拍卖机构拍卖破产财产、与他人签订合同变卖破产财产等,清算组的上述民事行为与一般民事行为没有区别,应当依照国家法律和法规的规定缴纳有关税款和管理费用。清算组在对破产财产变现过程中进行交易,依照国家法律、法规或者行政规章、条例规定应当纳税或者缴纳各种交易费、过户手续费的，则应依法缴纳。

第二，破产企业财产变现所产生的税金减免问题。对于这部分税款能否免予征收，要根据国家有关政策和财税部门的意见确定。根据国务院发布的《金融机构撤销条例》第二十一条关于“被撤销的金融机构财产的清理和处置，免交税收和行政性收费”的规定，对于金融机关撤销并最终进入破产程序的，对其财产变现发生的税赋也相应地免予征收。对于其他企业破产时是否可以免征破产企业财产变现所应缴纳的税款，目前尚无相应政策规定。鉴于目前破产案件普遍存在债权清偿率低的情况，如果全额偿付这部分税款，就会大大减少可供分配的破产财产，因此可由清算组与地方税务征管机关进行沟通协商，争取税务征管机关理解并同意对变现财产减免征税。由于有关纳税和缴纳管理费的解释权和执行权属于相应的立法和执法机关，人民法院在处理破产案件中不能作出减免缴纳税款的决定。因此，破产财产变现中的税款征收及减免等事项，与有关执法机关协商办理是非常必要的。

第三，破产财产变现所产生的税金偿付顺序。对必须缴纳的税金，应当在破产财产中予以支付。但在清偿时应当注意必要的顺序：根据我国现行法律规定，首先，破产费用中不包括税款，税务征管机关不能在财产变现后立即扣划。其次，《企业破产法（试行）》第三十七条第二款第（二）项、《民事诉讼法（1991）》第二百零四条第一款第（二）项规定的破产企业所欠税款是指破产宣告前破产企业拖欠的相关税款，不包括破产程序中财产变现发生的税款。因此，建议对破产财产变现发生的税款在法定的普通清偿顺序的第三顺序中予以清偿。国家有关部门正在对此问题进行研究，待正式决定出台后，人民法院应当严格依照规定办理。

——《当前审理企业破产案件工作中应当注意的几个问题——全国法院审理企业破产案件工作座谈会材料》（2003 年 4 月 17 日），载江必新主编、最高人民法院民事审判第二庭编：《民商审判指导与参考》总第 3 卷，人民法院出版社 2003 年版，第 23 ~ 40 页。

635

对企业法人破产还债程序终结裁定的抗诉不应受理

关键词 | 破产程序终结 | 抗诉 |

【最高人民法院司法解释】

江苏省高级人民法院：

你院〔1996〕苏申经复字第16号《关于对宣告企业法人破产还债程序终结裁定的抗诉应否受理问题的请示》收悉。经研究，答复如下：

检察机关对人民法院作出的企业法人破产还债程序终结的裁定提出抗诉没有法律依据。检察机关对前述裁定提出抗诉的，人民法院应当通知其不予受理。

——《最高人民法院关于对企业法人破产还债程序终结的裁定的抗诉应否受理问题的批复》(1997年7月31日，法释〔1997〕2号)

636

对破产程序中的财产拍卖确认裁定和破产程序终结裁定的再审申请应不予受理

关键词｜破产程序拍卖确认裁定｜破产程序终结裁定｜再审申请｜

【最高人民法院裁判文书】

陈雪芳不服破产案件民事裁定申诉案[最高人民法院(2010)民监字第728号民事裁定书]

裁判要旨：破产程序作为清理债权债务关系的非诉讼程序，不涉及对实体权利的裁判问题，当事人对实体权利存在争议的应当通过另行起诉解决，故破产程序中除不予受理和驳回申请的裁定外，不存在上诉或申诉程序。本案申诉人不服法院在破产程序中作出的确认裁定和破产程序终结裁定，要求对康美思公司破产清算案进行再审，缺乏法律依据，本院不予支持。

最高人民法院经审查认为，陈雪芳系对法院在破产程序中作出的确认裁定和破产程序终结裁定不服提起申诉。破产程序作为清理债权债务关系的非诉讼程序，不涉及对实体权利的裁判问题，当事人对实体权利存在争议的应当通过另行起诉解决，故破产程序中除不予受理和驳回申请的裁定外，不存在上诉或申诉程序。对此，《民诉法意见》第二百零七条明确规定：按照企业法人破产还债程序审理的案件,当事人不得申请再审。本案中,广东省深圳市中级人民法院作出的(2004)深中法民二破产字第14-2号民事裁定虽涉及财产权属的确认与移转,但导致该财产权利变动的基础原因是拍卖交易市场行为,法院依申请作出裁定的目的仅在于办理财产权证照转移手续,并非财产权属变动的直接依据,案外人或当事人对所涉财产权属有异议的,应当向法院另行提起诉讼。陈雪芳不服上述财产确认裁定和程序终结裁定,要求对康美思公司破产清算案进行再审,缺乏法律依据,本院不予支持。

——最高人民法院民事审判第二庭编:《最高人民法院商事审判指导案例(第五卷)》(下),中国法制出版社2011年版,第608~612页。

637

破产清算组不当处置破产企业非破产财产应当承担赔偿责任

关键词 | 破产清算组 | 不当处置非破产财产 | 赔偿责任 |

【最高人民法院答复】

山西省高级人民法院:

你院《关于湖南省华容县棉花总公司取回权的确认及该批棉花灭失破产清算组如何承担责任的问题的请示》已收悉。经研究,答复如下:

同意你院请示中的第1、2点意见,及第3点意见中关于取回权不必受债权申请期和破产财产分配影响的意见。本请示中的案件,因清算组将湖南华容棉花总公司享有取回权的棉花与破产企业的其他财产一起整体拍卖,无法确定该批棉花拍卖的价格,如何确定赔偿数额也便个有争议的问题。我们考虑,在确定任何一个标准都欠缺依据的情况下,以该批棉花购入时双方约定的合同价格来计算,更切合实际,更公平合理一些。也较能充分地保护取回权人的合法权利。

——《最高人民法院关于湖南省华容县棉花总公司棉花取回权的确认及该批棉花灭失破产清算组如何承担的问题请示的答复》(2005年3月31日)

【最高人民法院审判业务意见】

根据《破产问题规定》第七十二条规定：拥有取回权的财产"在破产宣告后因清算组的责任毁损灭失的，财产权利人有权获得等值赔偿。"本请示中的案件，因清算组将湖南华容棉花总公司享有取回权的棉花与破产企业的其他财产一起整体拍卖，无法确定该批棉花拍卖的价格，如何确定赔偿数额也便是个有争议的问题。我们考虑，在确定任何一个标准都欠缺依据的情况下，以该批棉花购入时双方约定的合同价格来计算，更切合实际，更公平合理一些。也较能充分地保护取回权人的合法权利。

综上，在破产程序中，权利人行使取回权不受债权申报期的限制，也不受破产财产分配的影响。在破产宣告后，取回权的标的灭失的，权利人应享有特别取回权；特别取回权无法行使时，清算组有过错的应承担赔偿责任。清算组无力承担，在现行情况下，可根据实际情况，由组建清算组的牵头部门负责。

——陈百灵：《破产清算组不当处置破产企业非破产财产如何承担民事责任的有关问题》，载最高人民法院民事审判第二庭编：《民商事审判指导》总第7辑，人民法院出版社2005年版，第32～38页。

638

破产程序终结后个别债权人可根据普通民事诉讼程序向虚假出资、抽逃出资的股东主张债权

关键词｜破产程序终结｜瑕疵出资责任｜

【最高人民法院裁判文书】

海南金厦公司与农行深圳分行、北京永峰土地整理有限公司、深圳市方正东讯科技有限公司、深圳市海鸿能源发展有限公司、中企国能实业集团有限公司、深圳市中化金山石油化工有限公司、深圳市深港产学研创业投资有限公司、北京同晟时代投资管理有限公司股东出资纠纷案［最高人民法院（2014）民申字第1693号民事裁定书］

裁判要旨：破产程序终结后个别债权人可根据普通民事诉讼程序向虚假出

资、抽逃出资的股东主张债权。

最高人民法院认为：从海南金厦公司申请再审的理由看，本案主要涉及农行深圳分行能否通过普通民事诉讼程序主张债权的问题。根据原审查明的事实，在本案涉及的北大中基公司破产程序中，清算组已发现北大中基公司的部分股东存在虚假出资、抽逃出资的情形，考虑到向股东提起追偿之诉需要各债权人按比例垫付诉讼费用问题，过半数的债权人不同意追索。债权人会议的该项决定对全体债权人均有约束力，包括海南金厦公司在内的债权人不得要求清算组在破产程序中追索瑕疵出资股东的责任，更无权在破产程序终结后再行要求清算组追索，海南金厦公司有关本案要根据破产程序由清算组进行追索的申请再审理由不能成立。

债权人会议并没有免除债务人债务的职权，其有关不在破产程序中追索公司瑕疵出资股东责任的决定，亦无免除债务人债务的意思，不妨碍愿意追索的债权人在破产程序终结后根据普通民事诉讼程序向虚假出资、抽逃出资的股东主张债权。农行深圳分行在破产程序终结后提起本案股东出资之诉，并不违反法律规定，亦未损害北大中基公司其他债权人的利益，原审法院予以受理并无不当，海南金厦公司有关农行深圳分行无权提起本案诉讼的申请再审理由不能成立。海南金厦公司有关只有清算组才有权提起诉讼、个别债权人不可能放弃对破产财产的追索权等再审理由，均以本案应适用破产程序为前提。但本案系北大中基公司破产程序终结后个别债权人基于股东出资瑕疵提起的股东出资纠纷，属于普通民事诉讼的范畴，并非公司破产纠纷，海南金厦公司有关只有清算组才有权提起诉讼、个别债权人不可能放弃对破产财产的追索权等申请再审理由，均应以适用破产程序为前提，因此，其该两项申请再审理由亦不能成立。

——中国裁判文书网，http://wenshu.court.gov.cn。

【链接：最高人民法院法官著述】

在案涉北大中基公司破产程序中，清算组已发现该公司的部分股东存在虚假出资、抽逃出资的情形，考虑到向股东提起追偿之诉需要各债权人按比例垫付诉讼费用问题，过半数的债权人不同意追索。债权人会议的该项决定对全体债权人均有约束力，任何债权人不得要求清算组在破产程序中追索瑕疵出资股东的责任，也无权在破产程序终结后再行要求清算组追索。但是，债权人会议并没有免除债务人债务的职权，其有关不在破产程序中追索公司瑕疵出资股东责任的决定，亦无免除债务人债务的意思，不妨碍愿意追索的债权人在破产程序终结后根据普通民事诉讼程序向虚假出资、抽逃出资的股东主张债权。

——《最高人民法院民四庭2014年涉外商事海事审判综述》，载贺荣主编、最高人民法院民事审判第四庭编：《涉外商事海事审判指导》总第30辑，人民法院出版社2016年版，第240页。

639

对于设有担保且经破产程序尚未得到清偿的债权，担保人不能主张不承担破产债权未受清偿之后的利息

关键词｜破产程序｜担保债权｜利息｜

【最高人民法院裁判文书】

江苏省海洋运输总公司与中国银行苏州分行借款担保纠纷上诉案[最高人民法院(1999)经终字第244号民事判决书]

最高人民法院认为：苏州分行参加了苏运公司的破产清算，及时行使了破产债权人的权利。根据《最高人民法院关于贯彻执行中华人民共和国企业破产法(试行)若干问题的意见》第六十一条第(一)项"债权人可以作为破产债权人参加破产程序，以其全部债权额作为债权申报并参与财产分配，还可就不足受偿部分向保证人追偿"的规定，省运公司的担保责任不能免除。担保的真实目的在于当债务人不能清偿债务时，由担保人承担全部债务的清偿责任，作为破产债权在没有担保的情况下，其债权利息计算至破产宣告之日，以便于破产清算。但对设有担保且经破产程序尚未得到清偿的债权，则不适用破产法的规定，因为担保人与债权人之间属于债权担保法律关系而非破产债权清算关系，应适用担保法的有关规定。因此，省运公司不能因苏运公司的破产而不承担破产债权未受清偿之后的利息。综上，省运公司的上诉理由不能成立，本院不予采纳。

——最高人民法院办公厅编：《最高人民法院公布裁判文书(2000年)》，人民法院出版社2001年版，第134~139页。

640

破产程序终结后，债权人对其在破产程序中未受清偿的部分债权有权继续向保证人主张

关键词｜破产程序终结｜保证人｜

【最高人民法院答复】

保证期间是法律规定的当事人可以约定的期间，如无其他法定或约定原因，在保证期间内保证人不免除保证责任，《担保法解释》第四十四条第二款规定的债权人向保证人行使权利的期间（即债务人破产程序终结后的6个月），不能发生取代保证期间的作用。因此，在债务人破产程序终结后，债权人对保证人的保证期间尚未届满的，适用保证期间，不适用《担保法解释》第四十四条第二款；债务人破产之时保证期间尚未届满，而在债权人申报债权破产程序期间保证期间届满的，为保护债权并考虑到司法实践中债权人在债务人破产期间对保证人行使权利的不便，债权人在债务人破产终结后向保证人行使权利的期间，可以适用《担保法解释》第四十四条第二款的规定。

——《最高人民法院关于如何适用〈关于适用中华人民共和国担保法若干问题的解释〉第44条及最高人民法院法函〔2002〕3号的答复》（〔2002〕民二他字第22号）

【《最高人民法院公报》案例】

农业发展银行青海分行营业部诉青海农牧总公司担保合同纠纷案［最高人民法院（2003）民二终字第83号民事判决书］

裁判摘要：在债务人被宣告破产前，债权人已在保证债务的诉讼时效期间内向保证人主张了权利，破产程序终结后，债权人对其在破产程序中未受清偿的部分债权继续向保证人主张权利的，根据最高人民法院《担保法解释》第四十四条的规定，保证人应承担法律责任。

最高人民法院认为：根据羊毛公司与农发行营业部分别于1997年9月30日、1998年12月28日签订的延期还款协议书的约定，本案96第008号借款合同项下的300万元贷款本息的偿还延期至1998年2月27日，13397031号借款

合同项下的1100万元贷款本息的偿还延期至1999年9月29日。因农牧公司于1998年12月28日分别为该两笔贷款提供的两份担保的保证期间约定不明确，根据最高人民法院《担保法解释》第三十二条第二款的规定，其保证期间应为主债务履行届满之日起2年。因此，该300万元贷款的保证期间应认定为1998年2月27日至2000年2月27日，该1100万元贷款的保证期间应认定为1999年9月29日至2001年9月29日。在2000年5月8日青海省高级人民法院裁定宣告本案主债务人羊毛公司破产前，该300万元贷款的保证期间已经届满，仅有该1100万元贷款的保证期间仍在发生法律效力。因此，农发行营业部关于"两份不可撤销保证书的保证期间应当从其提供保证的1998年12月28日起算""债务人于2000年5月宣告破产，恰在保证期间内"的上诉主张不符合法律规定及本案事实，本院不予支持。本案主债务人羊毛公司被宣告破产还债前，农发行营业部已于2000年1月17日向农牧公司催要该300万元贷款，系在保证期间内向保证人主张权利，应自主张权利之日起开始计算其保证债权的诉讼时效。在该300万元贷款的保证债务的诉讼时效期间内，本案主债务人羊毛公司被宣告破产，农发行营业部依法向人民法院申报了债权，在破产程序终结前，农发行营业部对其能得以分配的破产财产数额不能确定，其无法同时就其未受清偿的部分向保证人农牧公司主张担保权利，只有在破产程序终结后，其才能就其未受清偿的部分向保证人主张权利。因此，本案中，在主债务人羊毛公司破产案件的破产程序终结后6个月内，农发行营业部就其未受清偿的部分再向保证人农牧公司主张权利，符合最高人民法院《担保法解释》第四十四条的规定。农发行营业部在本案1100万元贷款的合同履行期限内于1999年9月6日向农牧公司发出《到(逾)期贷款通知书》，因本案主债务的履行最后截止日为1999年9月29日，此时其保证期间尚未开始计算，后在保证期间内主债务人羊毛公司被宣告破产，农发行营业部依法申报了债权，并在羊毛公司破产程序终结后，依据最高人民法院《担保法解释》第四十四条的规定就该1100万元贷款未得以清偿的部分向保证人农牧公司主张权利，依法应予支持。

——《最高人民法院公报》2004年第8期

编者说明

关于债权人在债务人破产程序终结后向保证人主张权利问题，最高人民法院的主流观点主要体现在前述答复、公报终审案例。分析最高人民法院的答复可以发现，答复首先肯定了《担保法解释》第四十四条第二款所规定的6个月"不能发生取代保证期间的作用"，在债务人破产程序终结后，债权人对保证人的保证期间尚未届满的，债权人应当在保证期间内向保证人主张权利。如果债权人未主张权利的，保证人不再承担保证责任。其次，肯定了该6个月具有延长保证期间的作用。在债务人破产之时保证期间尚未届满，而在债权人申报债权参加破产程序期间保证期间届满的，债权人在债务人破产终结后仍然享有6个月的保证期间，在此期间内债权人向保证人主张权利的，债权仍然受法律保护，保证人不能免除保证责任。该6个月相当于延长了保证期间，有利于对债权人的保护。

641

政策性破产企业债务核销后，担保人不免除担保责任

关键词｜政策性破产｜债务核销｜担保责任｜

【最高人民法院裁判文书】

中国长城资产管理公司西安办事处与陕西宝光集团有限公司借款担保纠纷案[最高人民法院(2011)民提字第348号民事判决书]

裁判要旨：一、政策性破产企业债务作为拟核销的债务由金融机构予以核销，系金融机构按照国家政策对呆坏账所实施的特殊财务处理方式，并非法律意义上的合同权利义务的终止。从目前既有的法律政策看，上述政策层面的核销处理仅针对进入政策性破产的债务人，并未同时针对担保人，故金融机构要求连带责任担保人承担清偿义务的，应予支持。

二、担保人履行担保责任确有困难的，其可以与金融机构协商酌情予以适当减免。在双方协商达成一致前，人民法院不得对该债务直接予以减免。

最高人民法院认为：1998年宝鸡工行与宝鸡酒精厂签订本案所涉的三份借款合同后，宝光公司与宝鸡工行分别订立三份保证合同，为宝鸡酒精厂的债务向宝鸡工行提供连带保证。该三份保证合同是双方当事人的真实意思表示，不违反法律法规的强制性规定，应为有效，宝光公司依保证合同的约定应承担保证责任。上述债权余额6466万元转让给长城公司西安办后，该债权转让对保证人宝光公司发生效力。

政策性破产企业债务作为拟核销的债务由金融机构予以核销，系金融机构按照国家政策对呆坏账所实施的特殊财务处理方式，并非法律意义上的合同权

利义务的终止。上述政策层面的核销处理仅针对进入政策性破产的债务人,并未同时针对担保人。国务院国发〔1997〕10号《关于在若干城市试行国有企业兼并破产和职工再就业有关问题的补充通知》、国务院国办发〔2006〕3号通知转发的《关于进一步做好国有企业政策性关闭破产工作的意见》并未规定政策性破产中主债务人债务核销后担保人免除担保责任,也无法律、行政法规或者国家有关企业破产的相关规定明确此种情况下担保人可以免除担保责任。而且,国务院国发〔1994〕59号《关于在若干城市试行国有企业破产有关问题的通知》第四条"担保的处理"中规定,"一个企业为另一个企业提供担保的,被担保企业破产后,担保企业应当按照担保合同承担担保责任";全国领导小组〔2002〕9号《关于债权金融机构审查政策性破产建议项目的有关问题的通知》第七条也规定,"关于担保责任问题。实施政策性破产企业的贷款担保人应当履行担保责任"。所以,宝光公司主张主债务人宝鸡酒精厂属政策性破产且上述债权已被国家纳入核销计划,故宝光公司不应再承担保证责任,缺乏法律依据,不予支持。

因本案所涉债权被核销并不影响宝光公司承担保证责任,故长城公司西安办在受让债权时是否知道该债权将被核销与本案无关。宝鸡酒精厂破产程序中长城公司西安办依法申报了本案所涉债权,表明长城公司西安办并没有放弃对债权的追偿,宝光公司主张长城公司西安办放弃债权,与事实不符,本院不予采信。长城公司西安办在宝鸡酒精厂破产程序中的受偿率为零,并不属于对主债务的变更。依照《担保法解释》第四十四条第二款"债权人申报债权后在破产程序中未受清偿的部分,保证人仍应当承担保证责任"之规定,长城公司西安办要求宝光公司承担保证责任,具有法律依据,应予支持。

国务院国办发〔2006〕3号通知转发的《关于进一步做好国有企业政策性关闭破产工作的意见》第三条规定"担保企业履行担保责任确有困难的,由国有金融机构与企业协商,酌情予以适当减免",本案中宝光公司与长城公司西安办未就债务减免协商达成一致,也无其他法律、行政法规及国家有关企业破产的相关规定明确可以直接减免担保企业债务,故宝光公司主张其无偿债能力故应依照相关规定减免保证责任的依据不足,对其主张本院不予支持。

——最高人民法院民事审判第二庭编:《商事审判指导》总第30辑,人民法院出版社2012年版,第242~243页。

642

债权人会议有关不在破产程序中追索瑕疵出资股东责任的决定，不妨碍债权人在破产程序终结后继续主张

关键词｜债权人会议｜瑕疵出资责任｜破产程序终结｜

【最高人民法院裁判文书】

海南金厦建设股份有限公司与中国农业银行股份有限公司深圳市分行、北京永峰土地整理有限公司股东出资纠纷申请再审案［最高人民法院(2014)民申字第1693号民事裁定书］

最高人民法院认为：从海南金厦公司申请再审的理由看，本案主要涉及农行深圳分行能否通过普通民事诉讼程序主张债权的问题。根据原审查明的事实，在本案涉及的北大中基公司破产程序中，清算组已发现北大中基公司的部分股东存在虚假出资、抽逃出资的情形，考虑到向股东提起追偿之诉需要各债权人按比例垫付诉讼费用问题，过半数的债权人不同意追索。债权人会议的该项决定对全体债权人均有约束力，包括海南金厦公司在内的债权人不得要求清算组在破产程序中追索瑕疵出资股东的责任，更无权在破产程序终结后再行要求清算组追索，海南金厦公司有关本案要根据破产程序由清算组进行追索的申请再审理由不能成立。

债权人会议并没有免除债务人债务的职权，其有关不在破产程序中追索公司瑕疵出资股东责任的决定，亦无免除债务人债务的意思，不妨碍愿意追索的债权人在破产程序终结后根据普通民事诉讼程序向虚假出资、抽逃出资的股东主张债权。农行深圳分行在破产程序终结后提起本案股东出资之诉，并不违反法律规定，亦未损害北大中基公司其他债权人的利益，原审法院予以受理并无不当，海南金厦公司有关农行深圳分行无权提起本案诉讼的申请再审理由不能成立。海南金厦公司有关只有清算组才有权提起诉讼、个别债权人不可能放弃对破产财产的追索权等再审理由，均以本案应适用破产程序为前提。

——中国裁判文书网，http://wenshu.court.gov.cn。

643

经生效破产裁定认定的法律关系和已经处分的财产，法院不得重复认定和处理

关键词 | 已生效破产裁定 | 重复认定 |

【最高人民法院裁判文书】

厦门市成达实业发展有限公司与安徽省滁州市人民政府、安徽省滁州市国有资产运营有限公司、中国银行安徽省分行侵权纠纷案[最高人民法院(2003)民二终字第170号民事裁定书]

最高人民法院认为：成达公司上诉的主要理由是属于破产企业电视机厂所有的安康公司22%的股权没有公开出售；资产公司也没有将其承诺的2200万元对价支付给破产清算组列入破产财产；市政府、资产公司、省中行私分破产的行为，直接侵害了成达公司作为电视机厂债权人的权利。因滁州市中级人民法院受理了电视机厂破产一案并已作出终结破产程序的裁定，原属电视机厂的财产，包括本案所涉电视机厂持有的安康公司的股份，已通过破产案件得到处理。人民法院不能通过另一侵权案件的审理，对实际已有破产裁定作出认定的法律关系和已处分的电视机厂的财产再作认定和处理。如果人民法院在破产程序中作出的裁定确有错误，我国相关法律及司法解释规定了相应的救济方法。成达公司作为破产企业电视机厂的合法债权人，可按照法定程序主张权利。

——最高人民法院民事审判第二庭编：《最高人民法院商事审判指导案例·公司卷》，中国法制出版社2011年版，第507～510页。

十、金融机构、证券公司、上市公司破产

644

金融机构破产的司法政策

关键词｜金融机构破产｜

【最高人民法院司法政策】

9. 完善金融企业市场退出机制。各级人民法院要妥善审理金融企业的重整和破产案件,规范金融企业和投资者的行为,建立合理的金融企业市场退出机制,维护金融市场稳健运行,夯实金融市场规范发展的基础,为金融企业破产立法奠定扎实的实证基础。要以优化证券市场优胜劣汰机制为导向,根据国家关于稳步推进上市公司退市制度改革的部署,加强对上市公司破产案件的受理和审理的调研工作,不断提高审判能力,最大限度地保障投资者合法权益,保障上市公司破产重整过程规范有序,促进证券市场法制环境的不断优化。

——《最高人民法院印发〈关于人民法院为防范化解金融风险和推进金融改革发展提供司法保障的指导意见〉的通知》(2012 年 2 月 10 日,法发〔2012〕3 号)

金融机构破产作为资本市场的退出机制,是防范和化解系统性金融风险、优化资本市场结构的重要措施,对于保障金融机构的整体健康发展有着重要作用。金融机构破产涉及客户、投资者等社会公众的利益,社会影响大、关注度高,案件的处理过程和结果与社会稳定问题密切相关。最近几年,人民法院与各级政府、监管部门协调配合,通过行政清理和破产程序的有效对接,成功处理了一批证券公司、信托公司、信用社等金融机构的破产案件。审理金融机构破产案件,一要充分注重保护中小债权人的利益。金融机构进入破产程序,往往会涉及大量中小投资者或客户债权,这类债权人的利益是否能够得到保护直接关系到社会的稳定。要逐步探索和建立类似证券投资者保护基金和资金托管等制度,妥善处

置相关金融风险,使中小投资者、客户、投保人、储户等社会公众利益获得最大程度的保护。二要高度重视破产程序与行政处置程序的沟通与衔接。在证券公司风险处置过程中,行政清理工作先行、破产程序随后承接的制度安排收到了较好的效果,并且被《企业破产法》所采纳,上升为法律规定。在具体操作过程中,从破产案件的受理、管理人的选任、债权人会议的召开一直到重整及分配方案的确定,人民法院与监管部门均建立起了良好的沟通协商机制,为证券公司风险处置工作的顺利进行奠定了基础。2008年《证券公司风险处置条例》出台后,证券公司行政处置程序与破产程序的衔接有了系统性、规范化的制度安排。对于其他几种主要类型的金融机构,银监会、保监会等相关监管部门也已经或正在建立相应的防范和化解金融机构风险的制度。人民法院要充分认识金融机构破产的特殊性,在坚持平等受偿原则的前提下,维护行政处置成果,协调好破产案件审理与政府部门监管工作的关系。

——《认真实施企业破产法,为推动经济社会科学发展建立公平有序的市场经济秩序提供有力的司法保障——在全国法院审理企业破产案件工作座谈会上的讲话》(2011年10月19日),载最高人民法院民事审判第二庭编:《商事审判指导》总第27辑,人民法院出版社2012年版,第12~13页。

645

正确认识审理好证券公司破产案件的重要意义，巩固证券公司综合治理成果

关键词 | 证券公司破产 |

【最高人民法院司法政策】

人民法院在审理证券公司破产案件过程中,要注意维护证券公司风险处置措施的效力,巩固综合治理成果。证券公司作为一种特殊的金融企业,其进入破产程序后,在风险化解、投资者保护、管理人指定、资产处置、财产分配等诸多方面与普通企业破产有着明显的差别。证券公司综合治理是在我国社会主义市场经济发展过程中的一项创造性工作,在目前缺乏明确的法律规定和实践经验的情况下,应当说以行政主导处理证券公司关闭及破产过程中的一些特殊问题,是

当前我国化解证券市场风险的最好选择。在此过程中，相关部门共同研究、采取对策，妥善化解了风险。与此同时，兼顾各利害关系主体的权益，取得了好的效果。风险处置过程中，对证券公司实施的重要行政措施均报经国务院批准同意，符合《公司法》《证券法》的原则，即将出台的《证券公司风险处置条例》对此也作了明确规定。应当看到，在证券公司风险爆发之初，被处置的证券公司大都严重违法违规经营，均已发生《企业破产法》所规定的破产原因，只是由于证券公司风险的特殊性，不能直接进入破产程序。行政清理解决了本应在破产程序中解决的账户清理、债权收购、证券类资产转让、客户和职工安置、责任追究等诸多特殊、敏感问题，为证券公司破产案件的审理工作顺利进行创造了条件。当然，行政处置程序只是证券公司破产的特殊前置程序，因此，在这一过程中，也应遵循《企业破产法》的基本原则。在行政处置过程中，国家拿出大量的资金弥补被挪用的客户交易结算资金和收购个人债权，从而保证了投资者资产的完整性，有效防止了系统性风险的蔓延。鉴于被处置的证券公司当时已经破产，资不抵债，其股东的清算权益已经为零，股东对公司已经没有实体权利，其诉讼权利也应受到相应的限制。同时，涉及相关证券公司的行政处置措施是在当时的市场环境下，根据有关政策、法规作出的，对于个别股东或者债权人针对上述行政处置措施提起诉讼的，人民法院应当审慎处理，对于经过监管部门批准的处置行为，原则上应当予以维护，以避免证券公司风险处置工作出现反复。

——《公正高效审理证券公司破产案件，为巩固证券公司综合治理成果、促进证券市场健康发展提供有力司法保障——全国法院证券公司破产案件审理工作座谈会材料》(2007 年 11 月 19 日)，载最高人民法院民事审判第二庭编:《民商事审判指导》总第 12 辑，人民法院出版社 2008 年版，第 2～3 页。

646

证券公司破产申请的受理条件

关键词 | 证券公司破产 |

【最高人民法院司法政策】

要坚持证券公司破产申请的受理条件。

原则上仍要按2005年9月在深圳召开的"审理证券公司破产案件工作座谈会"上提出的八项受理条件进行审查,并分别不同情况进行处理。

——《充分发挥民商事审判职能作用,为构建社会主义和谐社会提供司法保障——全国民商事审判工作会议材料》(2007年5月30日),载最高人民法院民事审判第二庭编:《民商事审判指导》总第11辑,人民法院出版社2007年版,第61页。

受理证券公司破产申请的受理条件。

通过破产程序退出市场,是今后一个时期证券公司综合治理过程中,对于除有重组可能以外的其他高风险证券公司的一种主要处置方式。证券公司破产案件与普通企业破产案件,在受理条件方面既有共性,又有所区别。除破产法律规范要求的不能清偿到其债务的条件外,受理证券公司破产申请还有一些特殊的条件。我们针对目前我国金融机构破产立法滞后、证券公司风险处置在逐渐规范的实际情况,通过总结审判工作经验,对现阶段受理证券公司破产案件的特殊条件提出如下意见。

1. 须经国家证券监管机构的批准

证券公司作为证券市场的重要主体,国家对其实施较严格的行政监管。《证券法》第一百二十三条规定:"证券公司设立或者撤销分支机构、变更业务范围或者注册资本、变更公司章程、合并、分立、变更公司形式或者解散,必须经国务院证券监督管理机构批准。"由中国证券监督管理委员会根据《证券法》《公司法》制定的《证券公司管理办法》第十七条进一步规定,证券公司合并、分立、变更公司形式以及解散或向人民法院申请破产应当经中国证监会批准。证券公司的市场准入和市场退出是行政监管的重要内容,证券公司申请破产的行政审批是人民法院受理证券公司破产申请的必经程序,也是受理证券公司破产申请的必要条件。

2. 证券类资产处置完毕

证券类资产处置的实质是经纪业务客户的移转安排,这是当前国家在证券公司风险处置过程中,对经纪业务客户安排的现实选择,是行政处置期间必须完成的工作。通过经纪业务客户的移转可以保证经纪业务客户的正常交易,维护证券市场正常交易秩序不因证券公司的破产受到影响。同时,经纪业务客户通过此种转移不必进入破产程序清算,减少了破产程序中法律适用方面的难度和社会稳定的压力。

3. 收购工作基本完成

在行政处置期间，根据《客户结算资金收购意见》完成对个人债权及客户证券交易结算资金的收购是处置机关的主要工作。对客户证券交易结算资金的收购可以保证将经纪业务客户顺利转移，有利于相关客户在证券市场的正常交易，减少因证券公司的破产给证券市场带来的震动，以及经纪业务进入破产程序进行清偿的困难。对个人储蓄和其他个人债权的收购，可以避免大量个人债权人进入破产程序申报债权给法院破产案件审理带来的困难。经甄别确认不属于收购范围的债权，应依法参加清算。

甄别、确认、收购是按照《客户结算资金收购意见》和相关规定的程序进行的。而这一程序属于行政程序，一般情况下不应与破产程序交织在一起，否则，在行政程序尚未完结之前，破产程序的债权申报无法确定。因此，在进入破产程序前，收购工作应当完成。但是，证券公司综合治理是当前整顿证券市场非常紧迫的一项任务，为加快进度，争取在两年内解决证券公司问题，对于甄别确认工作已经完成，确认结论已通知当事人，当事人没有异议，收购资金已经落实并开始进行收购的，人民法院可以根据实际情况受理证券公司的破产申请。

4. 职工已经安置或有切实可行的职工安置方案

证券公司的职工安置问题虽然不像国有企业那么困难，但如果处理不好，也有可能成为不稳定的因素。从目前的实践看，在证券公司职工的安置方面，主要有如下几个问题：一是属于证券营业部和服务部的职工，随同证券类资产的处置，由受让证券营业部和服务部的机构统一接收，接收单位应当充分尊重所接收职工的合法权益，不得歧视或随意解雇；二是解除劳动关系的职工，应当依法或依据劳动合同给予补偿，如果依据劳动合同给予的补偿过低，应当根据有关规定予以调整；三是对高级管理人员的工资和补偿标准，如果依据该公司为其核定的工资额为基数进行补偿的话，则往往过高，对此应当依据职工的平均工资予以调整；四是职工与业绩挂钩的奖金不应当作为职工工资或补偿金优先发放，因为职工的所谓业绩奖金应当以公司的盈利为基础，对不属于破产法优先保护的职工工资的奖金，不应优先受偿。

5. 在行政处置期间没有不当处置资产的情况

在进入行政处置程序后，法院提供“三中止”的司法保护，致使一切针对证券公司的诉讼和执行措施全部中止，具有与破产申请受理相同的效果，如果在此期间对个别债权人进行清偿，必然损害其他债权人的利益，这与破产程序要求全体债权人公平受偿的原则相悖。如果在破产申请审查阶段发现这一问题，破产申请人应当尽快纠正个别清偿行为；如果破产申请已经受理，且个别清偿无法回转，则作出个别清偿的相关组织要承担相应的民事责任。

在行政处置期间，对于当事人以对标的物享有所有权或担保物权为由，向行政清算组主张取回权或别除权的，行政清算组一般不能对相关资产作出处分，而应当在破产程序中，由相关权利人通过破产清算组主张权利。这是由于在行政处置期间，清算组对资产的处分行为缺少相应的制约监督机制，一旦处分错误，在进入破产程序后引发债权人的异议，将难以纠正，行政清算组对此错误造成的损失要承担相应的民事责任。

6. 公安机关专案组收缴的资产、账簿要移交

打击刑事犯罪是贯穿于整个证券公司风险处置过程中的重要任务，而进入处置程序的开始阶段是发现犯罪线索、控制犯罪嫌疑人的最有利时机。通过账目审计、核实资产及时发现犯罪线索并移送侦查机关立案侦查，可以有效地制止、震慑犯罪行为。通过追缴赃款、赃物，可以最大限度地保全证券公司资产，有利于债权人利益的最大化。而掌握债务人的账簿、控制债务人的资产，是破产清算组赖以进行破产清算、财产分配的必要条件。在向人民法院提出破产申请时，公安机关查收的资产、账簿必须处于可随时向破产清算组移交的状态，也就是说应当掌握在行政清算组手中。

7. 地方政府要有维护社会稳定的方案

《客户结算资金收购意见》作为当前处置金融风险的一个指导性文件，除了以部门规章的形式确定了对个人债权和客户证券交易结算资金收购外，还规定了地方政府的职责，如确定地方人民政府一方面要配合清算组作好债权登记，负责个人债权的甄别工作；另一方面要制定风险处置预案，保持社会稳定。也就是说社会稳定的政治责任落实在地方政府身上。而人民法院审理证券公司破产案件既是金融风险处置的一个重要环节，也是最后一个环节，在破产程序中确保社会稳定不出问题，仍然是地方政府的重要职责，对破产程序中可能出现的不利局面，地方政府应制定应对预案。尤其要防止未纳入《客户结算资金收购意见》的个人集合债权和机构名义个人债权等一些敏感类债权人的激烈反应，可能带来的社会不稳定因素。当然，人民法院在自身能力范围内也应当尽职尽责，同地方政府一道共同维护社会的稳定。

8. 报经最高人民法院批准

地方各级人民法院在决定受理证券公司破产申请前，需逐级上报最高人民法院批准。这是当前金融机构破产法律规范尚不健全，人民法院审理金融机构

破产案件还处在探索、积累经验时期的阶段性要求，目的是避免在未经国家相关部门行政处置前，地方各级人民法院贸然受理针对证券公司的破产申请而带来工作上的被动。

——《全国部分中、高级人民法院审理证券公司破产案件座谈会材料》（2005 年 9 月 22 日），载最高人民法院民事审判第二庭编：《民商事审判指导》总第 8 辑，人民法院出版社 2006 年版，第 27～40 页。

647

证券公司破产案件中关联公司财产处置

关键词｜证券公司破产｜关联公司｜

【最高人民法院审判业务意见】

人民法院审理证券公司破产案件，一个非常突出的问题是如何处置证券公司之关联公司的资产。对于证券公司关联公司的资产处置，一般仍应当以单独处置为原则。对于被持股的公司现仍正常经营的，可以通过转让股权的方式收回财产；对于没有正常经营的，可以根据《公司法》的规定，由管理人代行股东权利申请清算；对于存在破产原因的，可以根据《公司法》的规定提议召开股东会，决定申请破产；对于确实既无经营、又无负债、也无资产的关联公司，可以向工商机关申请注销企业登记。从目前了解的情况看，有些证券公司为了资金运转的需要，成立了一些由其控制的、特殊的关联公司。这些关联公司形态各异：首先，从公司出资成立情况看，有的是证券公司绝对控股，关联公司尚有其他公司股份；有的从公司会计记录和工商登记资料中无法反映与证券公司的投资与被投资的法律关系，且公司工商登记的名义股东未实际出资，其成立所需的注册资金却直接或者间接来自于证券公司；有的甚至是既无资产又无负债。其次，从关联公司的组织机构看，有的组织构架虚设，没有独立运作的经营实体；有的公司主要负责人及其从业人员由证券公司工作人员兼任，与证券公司属于一套人马，多块牌子；有的公司的公章、印鉴以及相关银行账户、资金账户、股东账户等皆由证券公司保管、控制和使用。最后，从公司实际经营和管理看，有的基本未按照工商注册登记的经营范围从事自身经营活动，其大部分业务服务于证券公司账外运作,包括为证券公司融资、为证券公司账外自营提供所需银行账户、资金账户或股东账户等;有的根本没有独立运作的经营实体;有的关联公司与证券公司同为一个办公场所,甚至没有办公场所;有的没有任何属于关联公司的员工。鉴于上述情况,人民法院在审理证券公司破产案件时,对于这类特殊的关联公司,即由被处置证券公司出资设立,且服务于被处置证券公司,与证券公司在人员、财务、业务上混同,为证券公司违法违规经营提供平台,证券公司通过关联公司以资金往来、转移资产、担保融资等方式规避监管、隐匿资产等等,可以与被处置的证券公司一并破产。如果行政处置已将证券公司关联企业个人债务作为证券公司的个人债权一并收购,可以作为两者合并破产的一个重要参考因素。

——宋晓明:《在全国法院证券公司破产案件审理工作座谈会上的总结讲话》(2007 年 11 月 20 日),载最高人民法院民事审判第二庭编:《民商事审判指导》总第 12 辑,人民法院出版社 2008 年版,第 29 ~ 30 页。

648

证券公司破产案件受理后有关财产保全和执行的处理

关键词 | 证券公司破产 | 财产保全 | 执行 |

【最高人民法院司法政策】

四、破产程序作为司法权介入的特殊偿债程序,是在债务人财产不足以清偿债务的情况下,以法定的程序和方法,为所有债权人创造获得公平受偿的条件和机会,以使所有债权人共同享有利益、共同分担损失。鉴此,根据企业破产法第十九条的规定,人民法院受理证券公司的破产申请后,有关证券公司财产的保全措施应当解除,执行程序应当中止。具体如下:

1. 人民法院受理破产申请后,已对证券公司有关财产采取了保全措施,包括执行程序中的查封、冻结、扣押措施的人民法院应当解除相应措施。人民法院解除有关证券公司财产的保全措施时,应当及时通知破产案件管理人并将有关财产移交管理人接管,管理人可以向受理破产案件的人民法院申请保全。

2. 人民法院受理破产申请后,已经受理有关证券公司执行案件的人民法院,对证券公司财产尚未执行或者尚未执行完毕的程序应当中止执行。当事人在破产申请受理后向有关法院申请对证券公司财产强制执行的，有关法院对其申请不予受理，并告知其依法向破产案件管理人申报债权。破产申请受理后人民法院未中止执行的，对于已经执行了的证券公司财产，执行法院应当依法执行回转，并交由管理人作为破产财产统一分配。

3. 管理人接管证券公司财产、调查证券公司财产状况后，发现有关法院仍然对证券公司财产进行保全或者继续执行，向采取保全措施或执行措施的人民法院提出申请的，有关人民法院应当依法及时解除保全或中止执行。

4. 受理破产申请的人民法院在破产宣告前裁定驳回申请人的破产申请，并终结证券公司破产程序的，应当在作出终结破产程序的裁定前，告知管理人通知原对证券公司财产采取保全措施的人民法院恢复原有的保全措施，有轮候保全的，以原采取保全措施的时间确定轮候顺位。对恢复受理证券公司为被执行人的执行案件，适用申请执行时效中断的规定。

——《最高人民法院关于依法审理和执行被风险处置证券公司相关案件的通知》(2009 年 5 月 26 日，法发〔2009〕35 号)

根据新《企业破产法》的相关规定，人民法院受理证券公司破产申请后，有关证券公司财产的保全措施应当解除，执行程序应当中止。已经开始而尚未终结的有关证券公司的民事诉讼或者仲裁应当中止，在管理人接管证券公司的财产后，该诉讼或者仲裁继续进行。人民法院受理破产申请后，有关证券公司的民事诉讼，只能向受理破产申请的人民法院提起。对于其他人民法院采取的财产保全措施，应当由管理人向受理破产案件的人民法院提出申请，再由受理破产案件的人民法院向采取财产保全措施的人民法院发出解除保全措施的通知；采取财产保全措施的人民法院在接到受理破产案件人民法院的通知后，应当立即解除保全措施，已经扣押的财产应当向管理人移交。特别是在行政处置期间，人民法院冻结证券公司客户交易结算资金的，在破产案件受理后应当立即解除保全措施，以维护接收证券类资产的收购方和垫资方的利益，保证国家关于弥补客户交易结算资金政策的执行。

对于以证券公司客户为被申请执行人、证券公司为协助执行人的案件，应当区别不同情况分别处理。对于客户资产未被挪用，与证券公司和其他客户资产有明显区分，能够独立识别和处理的，证券公司作为协助执行人应当履行协助执行义务。对于客户资产已被证券公司挪用，或者与证券公司的自有资产混同，不能识别和处理的，由于被执行人的可供执行特定标的物实际上已不存在，相应转化为客户对证券公司的债权，如果要求证券公司将包括本公司财产在内的混同资产作为被执行标的物交付客户债权人，显然会损害证券公司全体债权人的利益。在此情况下，管理人应当将财产混同的情况向执行法院说明。证券公司进入破产程序后，被申请执行的客户已申报债权的，管理人应当以该客户获得分配的财产协助相关法院执行；如果客户未申报债权，申请执行人可作为客户债权人，根据代位求偿权的规定，凭生效的裁判文书向管理人申报债权。

——《公正高效审理证券公司破产案件，为巩固证券公司综合治理成果、促进证券市场健康发展提供有力司法保障——全国法院证券公司破产案件审理工作座谈会材料》(2007 年 11 月 19 日)，载最高人民法院民事审判第二庭编：《民商事审判指导》总第 12 辑，人民法院出版社 2008 年版，第 5～6 页。

649

证券公司破产案件中的“三中止”

关键词 | 证券公司破产 | “三中止” |

【最高人民法院司法政策】

五、证券公司进入破产程序后，人民法院作出的刑事附带民事赔偿或者涉及追缴赃款赃物的判决应当中止执行，由相关权利人在破产程序中以申报债权等方式行使权利；刑事判决中罚金、没收财产等处罚，应当在破产程序债权人获得全额清偿后的剩余财产中执行。

——《最高人民法院关于依法审理和执行被风险处置证券公司相关案件的通知》(2009 年 5 月 26 日，法发〔2009〕35 号)

所谓“三中止”是指根据国务院的整体部署，由最高人民法院发布通知，在一定期限内，对已进入风险处置阶段的包括证券公司在内的金融机构为被告的民事案件，尚未受理的暂缓受理，已经受理的中止审理，对其作为被执行人的案件中止执行。在现阶段，采取“三中止”司法政策的必要性在于：(1)金融机构的风险处置与普通企业的清算有着很大的不同。金融机构是准公共企业，与国民经济和人民群众生活密切相关，其经营发展依赖于公众的信任，个别金融机构的经营风险具有传导和扩散效应，极易引发局部或系统性的金融风险；由于金融机构面对大量公众债权人，尤其是个人债权，如果处理不好，极易发生群体事件，引起社会动荡；我国经济正处于高速增长期，并且逐渐融入世界经济中，其他国家和地区对我国经济发展状况非常关注，由于金融机构更多体现的是国家信誉，金融机构的风险处置政治敏感度高，处置的好坏直接影响到我国的金融状况和政府的信誉。(2)金融机构风险的暴露具有突发性，具体情况需要一段时间查明判断。由于目前一些金融机构存在着虚假报表、违法违规事实等因素，对于其存在的风险不能及时发现。因此，个别金融机构风险的爆发具有突然性。监管机构发现并采取处置措施后，需要有一段时间查明金融机构的基本情况，并拟定处置方案，决定对该金融机构进行重组或破产清算。在此期间，针对该金融机构的诉讼和执行如果继续进行，则难以作出正确的判断。(3)金融机构破产中的一些前置问题，需要在行政程序中解决。金融机构的破产与普通企业破产不同，发达市场经济国家都以特别立法予以规定。主要是通过存款保险和投资者保护机制实现对中小储户、投资者的权益保护，以避免因金融机构的破产带来社会震荡。同时，对金融经纪业务作出转移安排，以保证经纪业务不受金融机构破产的影响和资本市场的正常交易。目前，我国对金融机构破产的特别立法在短时间内还不能出台，在中小储户和投资者利益得到一定弥补和经纪业务转移之前，人民法院无法也不能受理针对金融机构的破产申请。如果在此期间，不给予一定的司法保护期，有关法院纷纷判决、执行，必然使上述目的无法实现，也不利于破产清算程序的公正进行。(4)公平保护各债权人的利益。被处置的证券公司，由于其特殊性，需要对经纪业务客户和证券类资产作出处置后才能进入破产程序。采取“三中止”措施，可以保证全体债权人在破产程序中公平受偿，避免因为个别债权人的强制执行带来的对其他债权人的不公。因此，对进入行政处置程序的金融机构采取“三中止”的司法保护政策是在特别立法难以及时出台的情况下，人民法院为配合国家整顿金融秩序、保障金融安全、维护社会稳定而采取的重要措施。实践证明，这一措施在各类金融风险处置工作中，发挥了积极作用。

在“三中止”措施发布和执行中，有以下几个问题需要明确：一是“三中止”的范围。我们始终强调采取“三中止”措施的只能是进入风险处置程序的金融机构及其分支机构，一般不能扩大到其他实业企业，或者金融机构参股的实业企业，这是由于其他实业企业并无金融机构的特殊性，其问题完全可以通过现行立法加以解决,如果“三中止”措施滥用,则违反市场主体平等的原则,也会导致司法权威的丧失。二是在最高人民法院发布“三中止”的通知后,各级人民法院应当坚决执行,实践中发现个别法院不按通知精神办,致使证券公司处置工作不能顺利进行,也给法院下一步对破产案件的受理和审理带来不利影响。各级法院应当从处置证券市场风险的大局出发,按照最高人民法院的整体部署开展工作,避免因个案的司法强制措施而影响国家对证券公司综合治理的大局。三是实施“三中止”措施后,尚未起诉债权人的诉讼时效适用《民法通则》关于诉讼时效中止的规定;已经取得生效判决尚未申请执行的当事人,在《民事诉讼法》规定的申请强制执行期间内向执行法院提出强制执行申请的,人民法院应当受理,但应中止执行。当事人未在“三中止”期间申请强制执行的,对于未超过强制执行申请期间的生效法律文书,自下达“三中止”通知之日至进入破产程序时,视为未超过强制执行期,在破产程序中,可以作为有强制执行力的债权申报;自下达“三中止”通知之日至证券公司重组成功解除“三中止”措施期间,不计入强制执行期间,强制执行期自解除日继续计算。四是以被处置金融机构为协助执行人的案件,亦应中止执行,这是因为被执行人作为被处置金融机构的客户,其权利是应当纳入《客户结算资金收购意见》的收购范围还是参与破产清算,需要经过行政处置程序的甄别和破产程序的权利申报最终确定,如果要求金融机构必须协助执行,则“三中止”的措施就形同虚设,不能实现配合风险处置的目的。五是证券公司的债务人同时也可能是其债权人,由于以证券公司为被告和被执行人的案件被“三中止”,相关权利人无法及时行使诉讼权利并对其债务行使抵销权,在证券公司对其申请执行时,如果被执行人以双方互负债权债务为由要求中止执行,在其提供相应担保的情况下,该执行案件应予中止,在破产程序中审查决定是否符合抵销权的条件,并最终作出裁决。

——《全国部分中、高级人民法院审理证券公司破产案件座谈会材料》(2005年9月22日),载最高人民法院民事审判第二庭编:《民商事审判指导》总第8辑,人民法院出版社2006年版,第27~40页。

【最高人民法院审判业务意见】

在《企业破产法》生效以前,为保证全体债权人公平受偿的权利,避免为个别债权人利益强制执行造成对其他债权人的清偿不公,人民法院对进入行政清理工作的证券公司采取了“三中止”措施。实践证明,该项措施对于保护当事人的合法权益,保证证券公司行政清理工作顺利进行起了重要作用。人民法院对证券公司实施“三中止”措施期间,债权人尚未起诉的应当适用诉讼时效中止的规定;已经取得生效判决尚未申请执行的当事人,在申请强制执行期间内向执行法院提出强制执行申请的,人民法院应当受理,但应中止执行;当事人在“三中止”期间未申请强制执行的,“三中止”期间不计入强制执行申请期间,在破产程序中,可以根据实际情况作为有强制执行力的债权申报。

——宋晓明:《在全国法院证券公司破产案件审理工作座谈会上的总结讲话》(2007 年 11 月 20 日),载最高人民法院民事审判第二庭编:《民商事审判指导》总第 12 辑,人民法院出版社 2008 年版,第 26 页。

650

证券公司的破产宣告

关键词 | 证券公司破产 | 破产宣告 |

【最高人民法院司法政策】

人民法院在受理对证券公司的破产申请后,应当何时宣告其破产也是需要注意的问题。在旧企业破产法框架下,由于清算组是在债务人被宣告破产后才成立,致使债务人财产在相当一段时间内仍由债务人控制,可能造成债权人利益的损害。为避免此种情形,《破产问题规定》中要求,人民法院在受理破产申请后,可以组成企业监管组,防止债务人损害债权人利益,同时,如果债务人已经符合破产原因,并且没有和解再生的可能,可以在受理破产申请的同时即宣告该企业破产。《企业破产法》规定了管理人制度,人民法院在受理破产申请的同时即指定管理人,并由管理人接管债务人企业,可以有效防止可能发生的损害债权人利益行为。因此,通常在管理人已经接管债务人企业的情况下,为保持债务人重整、和解再生的可能,一般不宜在受理破产申请的同时即宣告债务人破产。但是,证券公司的情况有所不同,进入破产程序的证券公司均经过较长时间的行政清理,监管部门已经认定其没有重整、和解再生的可能,因此,可以在受理证券公司破产申请的同时宣告其破产。

——《公正高效审理证券公司破产案件,为巩固证券公司综合治理成果、促进证券市场健康发展提供有力司法保障——全国法院证券公司破产案件审理工作座谈会材料》(2007 年 11 月 19 日),载最高人民法院民事审判第二庭编:《民商事审判指导》总第 12 辑,人民法院出版社 2008 年版,第 8 ~9 页。

651

证券公司破产清算时，处置日前的佣金收入及富余外币结算备付金不属于证券公司的破产财产

关键词 | 证券公司破产 | 佣金收入 | 富余外币结算备付金 |

【最高人民法院答复】

宁夏回族自治区高级人民法院:

你院宁高法〔2011〕45 号《关于西北证券有限责任公司处置日前佣金收入及富余外币结算备付金归属问题的请示》收悉。经研究,答复如下:

同意你院关于将西北证券有限责任公司处置日前的佣金收入及富余外币结算备付金共计人民币 10347245.14 元退回保护基金公司的意见,按照证券公司风险处置的有关政策及《证券法》的相关规定,该笔资金不属于西北证券有限责任公司的破产财产。

此外,鉴于西北证券有限责任公司破产清算工作已召开了多次债权人会议并进行了第一次债权分配,请你院指导银川市中级人民法院就有关证券公司风险处置的相关政策做好债权人的解释工作。

——《最高人民法院关于对西北证券有限责任公司处置日前佣金收入及富余外币结算备付金归属问题的请示的答复》(2011 年 6 月 23 日,〔2011〕民二他字第 9 号)

【链接:最高人民法院法官著述】

《最高人民法院关于冻结、扣划证券交易结算资金有关问题的通知》(法〔2004〕239 号)第一条的规定:“证券交易结算资金,包括客户交易结算资金和证券公司从事自营证券业务的自用资金。证券公司将客户交易结算资金全额存放

于客户交易结算资金专用账户和结算备付金账户，将自营证券业务的自有资金存放于自有资金专用账户，而上述账户均应报中国证券监督管理委员会备案。”该《通知》的第二条规定：“证券结算备付金是证券公司从客户交易结算资金、自营证券业务的自用资金中缴存于中国证券登记结算有限责任公司的结算备用资金，专用于证券交易成交后的清算，具有履约担保作用。登记结算公司对每个证券公司缴存的结算备付金分别设立客户结算备付金账户和自营结算备付金账户进行账户管理，并依照经中国证券监督管理委员会批准的规则确定结算备付金最低限额。”同时，根据《证券法(2005)》第一百三十九条的规定：“证券公司不得将客户的交易结算资金和证券归入其自有财产。禁止任何单位或个人以任何形式挪用客户的交易结算资金和证券。证券公司破产或清算时，客户的交易结算资金和证券不属于其破产财产或者清算财产。”从上述规定可以看出，我国现行法律明确了在证券公司破产时，客户交易结算资金不属于破产财产。

证监会办公厅印发的《关于证券公司行政清理工作中有关问题处理意见的通知》(证监办发〔2007〕56 号)第五条的规定：“处置日前的佣金收入除为维持正常营运所需经现场工作组同意已经提取的之外，剩余未提取的均不再从客户结算备付金账户中提取。”第六条规定：“处置日前的富余外币结算备付金不再从客户结算备付金账户中提取。”从上述《通知》精神来看，处置日前的佣金收入和富余外币结算备付金是纳入到客户结算备付金账户中统一管理的，因此，处置日前的佣金收入和富余外币结算备付金不应属于破产财产。

——赵柯：《证券公司破产清算时，处置日前的佣金收入及富余外币结算备付金如何归属》，载最高人民法院民事审判第二庭编：《商事审判指导》总第 26 辑，人民法院出版社 2011 年版，第 22～23 页。

652

证券公司破产案件中的撤销权

关键词｜证券公司破产｜撤销权｜

【最高人民法院司法政策】

在行政清理阶段，为维护客户和债权人的利益，保障客户证券交易的连续性,经证监会批准,证券公司的证券类资产可以进行转让。证券类资产在转让过程中一般由独立第三方评估并经公开询价,按照"公开、公平、公正"的原则进行处置,通过妥善安置证券经纪业务客户,完成证券交易结算资金第三方存管等手段,维护了经纪业务客户的权益。关于证券类资产转让的价格问题,应当看到,在证券市场低迷时期,证券类资产市场估价极低,很少有人问津,监管部门要求转让证券类资产,以保证经纪业务客户的顺利安置和正常交易,维护了证券市场的稳定。在这个问题上,即将出台的有关证券公司风险处置的行政法规已经明确,证券类资产的范围是维护客户证券经纪业务正常运行所必需的实物资产,证券类资产转让不是营业牌照和客户的转让,营业牌照属行政许可事项,不能转让;客户是在自愿选择的基础上予以安置的。此外,在行政清理阶段原则上不得处置证券类资产以外的资产,但经证监会同意,易贬损并可能遭受损失的资产或者确为保护客户和债权人利益的情形除外。在破产程序中,人民法院对于行政处置程序中关于证券类资产及其他财产的处理结果的审查也应当持慎重态度,根据当时的具体情况并结合证券公司风险处置的政策背景予以综合考虑,对于经过监管部门批准的处置行为,应予认可。有关当事人提出撤销证券类资产转让行为的,人民法院应不予支持。

——《公正高效审理证券公司破产案件,为巩固证券公司综合治理成果、促进证券市场健康发展提供有力司法保障——全国法院证券公司破产案件审理工作座谈会材料》(2007 年 11 月 19 日),载最高人民法院民事审判第二庭编:《民商事审判指导》总第 12 辑,人民法院出版社 2008 年版,第 7 页。

【最高人民法院审判业务意见】

根据《企业破产法》的相关规定,人民法院受理破产申请前一年内,发生债务人无偿转让财产或债务人财产以明显不合理的价格进行交易等行为的,管理人有权请求人民法院予以撤销。为逃避债务而隐匿、转移债务人财产的行为无效。撤销权是破产法赋予管理人维护债权人合法权益的重要手段,也是破产具有防止债务人逃废债务的重要功能的体现。鉴于证券公司被行政处置时,大多已资不抵债,而行政清理又经历较长时间,管理人在请求行使撤销权时,主张以行政处置日为计算可撤销行为起算点的,人民法院应予支持。人民法院在审查受理证券公司破产申请条件时,发现在行政处置程序中的个别清偿行为,要及时通知有关方面予以纠正，未予纠正的不予受理。在受理案件后发现可能涉及行政处置程序中的个别清偿行为，应逐级向最高人民法院报告，并由最高人民法院协调证券监督管理机构解决。

——宋晓明：《在全国法院证券公司破产案件审理工作座谈会上的总结讲话》（2007 年 11 月 20 日），载最高人民法院民事审判第二庭编：《民商事审判指导》总第 12 辑，人民法院出版社 2008 年版，第 27 页。

【链接：最高人民法院法官著述】

关于行政清理程序和公司强制清算程序转入破产程序下撤销行为的起算点。对于商业银行、证券公司、保险公司等金融机构出现重大经营风险、存在破产原因的，我国实践中是由国务院金融监督管理机构先行启动行政清理程序，对涉及社会稳定的敏感债权、个人债权等特殊类型债权进行甄别和清偿，目的在于给予特殊债权破产法之外的特别程序保护，维护社会稳定。对于经行政清算转入破产清算的金融机构而言，在其启动行政清理程序时事实上已经符合启动破产清算程序的条件，只是基于特殊程序前置的需要而未启动。如果对此类案件仍然按照企业破产法规定的受理时间起算可撤销的行为，则因行政清算程序占用的时间而无法撤销。同理，对于从公司强制清算转入破产清算的，如仍然按照企业破产法规定的时间点起算，则因前面强制清算程序占用的时间而导致相关行为不能撤销。因此，《破产法解释（二）》将行政清理程序和强制清算程序的启动时间分别作为这两类特殊案件所涉可撤销行为的起算点。

——宋晓明、刘敏：《最高人民法院关于适用〈中华人民共和国企业破产法〉若干问题的规定（二）的理解与适用》，载江必新主编：《最高人民法院司法解释与指导性案例理解与适用》第 2 卷，人民法院出版社 2014 年版，第 344 页。

653

证券公司破产案件中的债权清收

关键词｜证券公司破产｜债权清收｜

【最高人民法院司法政策】

人民法院受理证券公司破产案件后，管理人应当向证券公司的债务人或者财产占有人发出书面通知，要求债务人或者财产占有人于限定的时间内向管理人清偿债务或者交付财产。证券公司的债务人或财产占有人拒不清偿债务或交付财产的，管理人可以证券公司的名义向受理破产案件的人民法院提起给付之诉。受理破产案件的中级人民法院根据级别管辖的规定，可以将管理人提起的诉讼指定由辖区内的基层人民法院受理；如果争议的债权债务关系明确，管理人可通过向该基层人民法院依法申请支付令的方式，通知债务人或者财产占有人履行债务或者交付财产。如证券公司的债务人或者财产占有人在收到支付令之日起的 15 日内不提出异议又不履行支付令的，管理人可以依法向人民法院申请强制执行。证券公司进入破产程序前对外追收债权的诉讼终结后，仍由原执行法院继续执行完毕并将有关财产交付管理人，作为破产财产清偿债务。

——《公正高效审理证券公司破产案件，为巩固证券公司综合治理成果、促进证券市场健康发展提供有力司法保障——全国法院证券公司破产案件审理工作座谈会材料》(2007 年 11 月 19 日)，载最高人民法院民事审判第二庭编:《民商事审判指导》总第 12 辑，人民法院出版社 2008 年版，第 8 页。

654

证券公司破产案件中的抵销权

关键词｜证券公司破产｜抵销权｜

【最高人民法院审判业务意见】

《企业破产法》规定了抵销权问题制度，债权人在破产申请受理前对证券公司负有债务的，可以向管理人主张抵销，但不得违反《企业破产法》关于禁止抵销的规定。证券公司的债务人同时也可能是其债权人，由于以证券公司为被告和被执行人的案件在行政清理阶段被“三中止”，相关权利人无法及时行使诉讼权利并对其债务行使抵销权。在证券公司对其申请执行时，如果被执行人以双方互负债权债务为由要求中止执行,在其提供相应担保的慰问下,该执行案件应予中止。人民法院在破产程序中审查决定是否符合抵销权的条件并作出裁决后,管理人应当即时将裁决结果告知执行法院,由执行法院根据具体情况决定是否继续执行。依据《企业破产法》规定的原则,管理人一般不能主动提出抵销。但如果债权人、债务人双方均为破产企业,管理人可以根据债权人利益最大化原则决定是否行使抵销权。

——宋晓明:《在全国法院证券公司破产案件审理工作座谈会上的总结讲话》(2007 年 11 月 20 日),载最高人民法院民事审判第二庭编:《民商事审判指导》总第 12 辑,人民法院出版社 2008 年版,第 28 页。

655

证券公司违规挪用客户证券资产被追回后，相关权利人可行使代偿性取回权

关键词｜证券公司｜代偿性取回权｜

【最高人民法院答复】

宁夏回族自治区高级人民法院:

你院《关于上诉人宁波金昌实业投资有限公司与被上诉人西北证券有限责任公司破产清算组取回权纠纷一案的请示》收悉。经研究,答复如下:

根据你院来函所述事实,请示问题实质为证券公司违规挪用的客户证券资产被追回后,客户在证券公司破产程序中能否对该部分资产行使取回权。对于这一问题,在 2007 年 11 月 20 日召开的全国法院证券公司破产案件审理工作座谈会已经明确了相关处理原则:如果证券公司违规挪用客户资金和证券,关系清楚、财产并未混同,管理人追回后,可由相关权利人行使代偿性取回权。综上,同意你院审判委员会的倾向性意见。

以上意见供参考。

——《最高人民法院民事审判第二庭关于上诉人宁波金昌实业投资有限公司与被上诉人西北证券有限责任公司破产清算组取回权纠纷一案的请示的答复》(2009 年 10 月 19 日,〔2009〕民二他字第 24 号)

【最高人民法院审判业务意见】

根据《企业破产法》第三十八条的规定，人民法院受理破产申请后，债务人占有的不属于债务人的财产，该财产的权利人可以通过管理人取回。在证券公司的破产案件中，取回权问题突出表现在委托理财相关账户中资产的取回。该问题十分敏感，也很复杂，极易引发道德风险，社会矛盾和攀比效应，务必审慎、严格。处理取回权的关键是要区分委托理财账户内资产权属。人民法院在审理中应当区分以下情况：

1. 独立封闭运行账户内的资产权属。在独立封闭证券账户和资金账户内运作的委托资产，能与证券公司的自有资产及其他客户资产相区别的，委托理财账户内资产应归属于委托人所有，委托人可以行使取回权。

2. 用于质押的配资账户内资产权属。在三方监管委托理财合同场合，合同约定受托人或监管人提供用于质押的配资账户的，若配资账户内资产与委托理财账户内资产相互独立，配资账户资产归受托人、受托人的其他委托人或监管人所有，委托理财账户内资产归委托人所有，双方各自取回。若委托理财账户内资产与配资账户内资产发生混同，双方按照权属比例分配账户内资产。

3. 委托资产被挪用后的权属。受托人挪用委托资产的，若被挪用后的委托资产与其他客户资产发生混同，但独立于受托人自有资产的，委托资产与其他客户资产不属于受托人对其他债权人的责任财产范围，委托人与其他客户可以按照资产比例享有取回权。

4. 委托资产产生盈利的，如果委托合同中约定有盈利分配比例，可参照该约定比例分割盈利，归属于证券公司的部分作为破产财产分配给普通债权人。

5. 如果证券公司违规挪用客户资金和证券，关系清楚，财产并未混同，管理人追回后，可由相关权利人行使代偿性取回权。此外，在确定客户取回权时，对于证券公司已经支付给客户的高息、固定回报、好处费等应当从取回财产中扣除。对于资金的取回权，虽然证券公司账面上有所记载，如果已经形成资金混同，债权人不能行使取回权，而应当通过申报债权的方式处理。

——宋晓明：《在全国法院证券公司破产案件审理工作座谈会上的总结讲话》(2007 年 11 月 20 日)，载最高人民法院民事审判第二庭编：《民商事审判指导》总第 12 辑，人民法院出版社 2008 年版，第 28 页。

【最高人民法院裁判文书】

华北电网有限公司、中国科技证券有限责任公司与中国证券登记结算有限责任公司上海分公司、中国证券登记结算有限责任公司证券纠纷案[最高人民法院(2009)民二终字第21－1号民事判决书]

最高人民法院认为:华北电网将其所有的面值1.6亿元国债托管于中科证券,中科证券未尽到善良管理义务,擅自将上述国债全部进行质押回购交易,应当承担对华北电网的侵权责任。在诉争国债已被变卖处置不能返还的情况下,依据《民法通则》第一百三十四条规定的民事责任承担方式,中科证券应当赔偿华北电网因此发生的1.6亿元国债本金损失。原审判决对此部分判处得当,应予维持。本案争议的焦点是,华北电网能否对中科证券违规挪用的证券资产行使取回权,取回权的范围应当如何确定;原审判决是否对判决金额存在计算错误。

关于华北电网能否对中科证券违规挪用的证券资产行使取回权问题。对于证券公司违规挪用客户证券资产被追回后,客户在证券公司破产程序中能否对该部分资产行使取回权问题,2007年11月20日召开的全国法院证券公司破产案件审理工作座谈会对于该问题已经明确了相关处理原则:如果证券公司违规挪用客户资金和证券,民事关系清楚,财产并未混同,管理人追回后,可由相关权利人行使代偿性取回权。代偿性取回权是一般取回权的特殊形式,即一般取回权所指向的标的物被损毁、灭失、转让时,该财产的权利人享有自破产管理人处取得该标的物的代偿替代物的法律权利。本案中,中科证券以华北电网持有的已办指定交易的B980083751号证券账户向上海证券交易所申报了回购登记。2008年10月6日,上海登记结算分公司将登记在华北电网B880083751号账户下面值1亿元国债回购质押券予以转移并在上海证券交易所竞价变卖,成交金额总计103114123.35元,扣除相关费用后为103092469.30元。华北电网证券账户内登记的其余面值4000万元质押国债在此前已兑付,兑付本金和相应兑息款项总计491720010元。上海登记结算分公司将上述处分所得和部分兑付兑息款用于弥补中科证券国债回购透支本息,余款45774371.92元退至中科证券结算备付金账户。依据上海登记结算分公司于2008年8月27日出具的"说明"以及登记结算公司于2008年11月10日出具的"说明"可以证实,该笔45774371.92元是华北电网证券B880083751号账户内的证券资产余款,权属关系清楚，数额明确，并未与中科证券自有或受托管的其他财产相混同。依据《企业破产法》第三十八条关于“人民法院受理破产申请后，债务人占有的不属于债务人的财产，该财产的权利人可以通过管理人取回”的规定，以及2007年11月20日全国法院证券公司破产案件审理工作座谈会明确的相关处理原则，该笔45774371.92元款项不属于中科证券的破产财产，华北电网可以行使取回权。对于华北电网所有的面值1.6亿元国债本金及利息全部权益中除去45774371.92元的其余部分，因已经被变卖处置而无法追回，应当作为破产债权参加破产清偿。据此，原审判决划分的取回权及破产债权范围正确。原审判决中科证券退还华北电网45774371.92元，也未超出华北电网要求“判令中科证券向华北电网偿还托管的1.6亿元国债的损失及承担利息损失”的诉讼请求范围，属于适用法律正确，本院予以维持。上诉人中科证券关于上海登记结算分公司对B880083751号账户下质押国债的处置系对中科证券整体质押资产处置，45774371.92元系中科证券破产财产的上诉理由，以及华北电网关于其应在1.6亿元范围内行使取回权的主张，因缺乏事实与法律依据，本院不予支持。

——最高人民法院民事审判第二庭编：《最高人民法院商事审判指导案例(7)·公司与金融卷》，中国法制出版社2013年版，第277~286页。

656

证券公司破产案件中权利人向破产企业主张行使取回权的前提是标的物客观存在

关键词｜证券公司破产｜取回权｜

【最高人民法院答复】

上海市高级人民法院：

中国证券监督管理委员会办公厅证监办函〔2010〕322号《关于西北电网起诉华夏证券取回权一案有关情况的函》向我院反映，你院受理的西北电网有限公司与华夏证券股份有限公司西安南大街证券营业部、华夏证券股份有限公司及中国证券登记结算有限公司上海分公司取回权纠纷一案，审理结果可能侵害华夏证券其他债权人的合法权益,严重影响华夏证券破产清算工作的顺利进行,请求我院关注此案,明确审理此类案件的法律适用原则,确保华夏证券破产清算工作的有序进行。现将上述函件转你院,请你院在审理所涉案件时注意以下问题:

第一,取回权作为破产法上的一项特殊权利,其基础是民法上的物的返还请求权。权利人向破产企业主张行使取回权的前提必须是其要求取回的标的物客观存在,只有在此基础上才可能通过取回权的行使获得标的物的返还。反之,权利人只能依据有关事实向破产企业主张赔偿损失。

第二,证券公司综合治理工作是在国务院的统一部署下进行的一项重要工作,对于防范和化解证券市场风险发挥了巨大作用。人民法院在审理有关风险处置证券公司案件时,要注意维护证券公司风险处置措施的效力,巩固综合治理成果,保障证券公司破产程序的顺利进行,依法公平保护相关债权人的合法权益。

——《最高人民法院关于西北电网起诉华夏证券取回权一案有关情况的复函》(2010 年 12 月 21 日,〔2010〕民二他字第 44 号)

657

证券公司破产案件中的债权申报

关键词|证券公司破产|债权申报|

【最高人民法院司法政策】

证券公司在进入破产程序之前,行政清算组已经开展债权申报、登记、审核工作,为提高破产程序的效率、降低破产费用,减少再次申报给债权人带来的负担,行政清算组应将纳入破产程序的债权申报资料直接交付管理人。管理人应对申报材料进行审查,如申报材料符合法律规定,则通知相关债权人,其向行政清算组申报的债权已作为破产程序的债权申报;如申报材料不符合法律规定,管理人应当书面通知申报人补充申报材料。

对于已纳入国家收购的客户交易结算资金和个人债权,相关权利由人民银行、投资者保护基金和提供收购资金的地方政府等收购主体取得,在破产程序中应当由收购主体申报债权。个人债权人已经选择行政收购的,不能重新选择参与破产清算,被收购人无权再在破产程序中申报债权。对于不应纳入国家收购范围的权利申请,行政机关作出结论并告知相关权利人后,该权利人可以在破产程序中申报债权。

证券公司破产申请受理的条件之一就是对个人债权甄别确认完毕并且收购资金到位。这样要求主要就是防止因行政处置程序与破产程序衔接不当,而使相关权利人丧失申报的权利。《企业破产法》虽然允许债权人补充申报,但是已经作出的分配,不再对补充申报人重新分配,这也将使债权人的权利受到损害。因此,在破产案件受理之前,明确相关权利是否应当由国家收购非常重要。进入破产程序后,对于行政清理期间未登记的个人债权,债权人向管理人申请登记并按国家政策收购的,管理人应告知其向保留的行政清理组申报,由有关机关按照国家规定进行甄别确认和收购。在甄别确认结论作出之前,管理人对该部分权利可能获得的分配财产予以提存。

——《公正高效审理证券公司破产案件,为巩固证券公司综合治理成果、促进证券市场健康发展提供有力司法保障——全国法院证券公司破产案件审理工作座谈会材料》(2007 年 11 月 19 日),载最高人民法院民事审判第二庭编:《民商事审判指导》总第 12 辑,人民法院出版社 2008 年版,第 6 ~7 页。

658

证券公司破产案件中的客户交易结算资金和个人债权

关键词｜证券公司破产｜客户交易结算资金｜个人债权｜

【最高人民法院审判业务意见】

人民法院受理证券公司破产时,可能存在少量应当弥补或者收购的客户交易结算资金和个人债权,而未弥补或者未收购的情况。中国证券投资者保护基金对于该部分债权,可按客户证券交易结算资金审计额或行政清理程序中的个人债权登记额,与实际拨付的差额进行预先申报。根据《企业破产法》的相关规定,对于预申报债权应确认其表决权额。财产分配时可对预申报的债权应分配的财产提存,收购工作完成后,按实际收购金额对应的债权金额予以确认并进行实际分配。按照《中国人民银行、财政部、银监会、证监会公布关于个人债权收购有关问题的补充通知的通知》,对于2004年9月30日至2006年1月31日期间新发生的个人债权,同一个人债权金额累计在300万元以上的部分,国家不予收购。对此部分不予收购的债权,应当依法参与破产清算。债权额在收购范围内的个人债权人也可以选择不接受行政收购,直接参与证券公司破产清算。根据《客户结算资金收购意见》和《补充通知》的规定,对个人债权实行打折收购政策,个人债权收购资金来源于两个部分:90%来自保护基金公司;10%来自于地方政府。个人债权被收购的部分,地方政府取得相应的10%债权。另外,根据国办发电〔2006〕10号的规定,机构名义个人债由债权人所在地人民政府妥善处理,为维护社会稳定,地方政府可以帮助集资机构筹措资金收购机构名义个人债权,但收购比例一律不得高于国家对个人债权收购政策的规定。对于地方政府出资收购形成的债权,地方政府可自行向管理人申报或预申报相应债权,也可以委托保护基金公司或其他机构进行债权申报。有关债权转让给保护基金公司的,由保护基金公司申报债权。

——宋晓明:《在全国法院证券公司破产案件审理工作座谈会上的总结讲话》(2007年11月20日),载最高人民法院民事审判第二庭编:《民商事审判指导》总第12辑,人民法院出版社2008年版,第26~27页。

659

证券公司破产案件中债权确认及诉讼

关键词｜证券公司破产｜债权确认｜

【最高人民法院司法政策】

管理人对行政清算阶段所申报的债权应当进行核查,认为不应确认的,需在债权表中注明,并提交第一次债权人会议核查。债权人对确认结论有异议的,管理人可以与债权人进行再次核对,如果管理人能够就争议权利与债权人或者职工自行解决的,则不必再经过诉讼,这样可以解决债权异议诉讼中存在的公平与效率冲突的问题。对于经双方再次核对后债权人仍有异议的,管理人应当告知债权人可以向受理破产案件的人民法院提起诉讼,同时告知不及时提起诉讼可能承担的法律后果。债权人向受理破产案件的人民法院提起诉讼的,人民法院应当按照民事诉讼的普通程序予以审理。在这个问题上,《企业破产法》改变了旧破产法司法解释对有关债务人的权益争议由受理破产案件的人民法院审查裁定的模式,目的在于充分保障有关利益主体的诉讼权利。人民法院审理证券公司破产案件,亦应按照《企业破产法》的相关规定处理。

《企业破产法》并未规定债权人请求确认债权的诉讼时效期间,目前只能适用《民法通则》规定的两年诉讼时效。债权人不提起诉讼的,按照管理人审核意见确认其债权额,破产程序照常进行。债权人提起诉讼的,受理破产案件的人民法院即应依照《企业破产法》第五十九条第二款的规定,临时为其行使表决权确定债权额,但参照补充申报的规定,起诉时已经作出的分配,不再对其补充分配,其后的财产分配在债权确认诉讼未终结时,管理人应当将其分配额提存。对于债权人或者职工就上述争议权利提起的民事诉讼,被告应为证券公司,证券公司破产案件的管理人应当作为证券公司的代表人参加诉讼活动。

——《公正高效审理证券公司破产案件,为巩固证券公司综合治理成果、促进证券市场健康发展提供有力司法保障——全国法院证券公司破产案件审理工作座谈会材料》(2007 年 11 月 19 日),载最高人民法院民事审判第二庭编:《民商事审判指导》总第 12 辑,人民法院出版社 2008 年版,第 7 ~ 8 页。

660

客户诉请证券营业部侵权赔偿的,判决确认其对破产债务人享有破产债权并无不当

关键词 | 证券营业部 | 侵权赔偿 | 破产债权 |

【最高人民法院裁判文书】

浙江斯文新技术投资有限公司与广东证券股份有限公司、广东证券股份有限公司广州西华路证券营业部及海通证券股份有限公司证券登记、存管、结算与客户交易结算资金纠纷上诉案(最高人民法院民事判决书)

最高人民法院认为:在认定证券营业部和证券公司应当向证券客户承担侵权赔偿责任的基础上,基于证券公司进入破产程序的事实,经释明后判决确认证

券客户对证券公司和证券营业部享有破产债权，并无不当。

——最高人民法院民事审判第二庭编：《商事审判指导》总第24辑，人民法院出版社2011年版，第135页。

【链接：最高人民法院法官著述】

在斯文公司提起侵权之诉请求判决两被告承担赔偿责任的情况下，原审法院以广东证券公司事后进入破产程序为由，在经释明斯文公司不予变更诉讼请求时，径行判决其对债务人享有破产债权是否妥当问题，实践中存在不同观点……合议庭考虑到由于对此类案件如何处理，最高人民法院尚未作出明确的规定，虽然实践中存在不同观点，但在广东证券公司已经进入破产程序后，无论原审法院是判决广东证券西华路营业部和广东证券公司向斯文公司承担赔偿责任，还是确认斯文公司对广东证券西华路营业部和广东证券公司享有相应的破产债权，对于斯文公司的实体权利保护而言，并无差异，因此，可维持原审判决，有关问题可待相关司法解释予以解决。

——刘敏：《债权是否属于应当收购的客户交易结算资金不属人民法院商事案件审理的范畴——浙江斯文新技术投资有限公司与被上诉人广东证券股份有限公司、广东证券股份有限公司广州西华路证券营业部及原审第三人海通证券股份有限公司证券登记、存管、结算与客户交易结算资金纠纷上诉案》，载最高人民法院民事审判第二庭编：《商事审判指导》总第24辑，人民法院出版社2011年版，第137～138页。

661

证券公司破产案件中的资产变现

关键词 | 证券公司破产 | 资产变现 |

【最高人民法院司法政策】

《企业破产法》规定，除债权人会议另有决议外，破产财产的分配应以货币方式进行。但很多证券公司因开展自营业务而持有大量证券，有的证券公司违规经营,甚至持有个别上市公司90%以上的流通股。由于目前市场情况较好,这部分证券市值有较大幅度上涨。对于证券资产是变现分配货币,还是直接分配证券进行清偿,应当在破产清算中由债权人会议决议决定。决议分配现金的,还应当由债权人会议就变现、操作方式等事项作出决议;决议分配证券的,管理人应提出证券价格确定方法,交由债权人会议一并作出决议,同时取得证券监管部门的支持,以实现证券分配的非交易过户。

证券公司的财产中可能包括金融机构或国家对出资人资格有特殊要求的企业股权。《企业破产法》规定,除债权人会议另有决议外,变价出售破产财产应当通过拍卖进行。对于上述企业的股权原则上也应当采取拍卖的方式进行,但根据《拍卖法》的规定,竞买人应当具备可以作为上述企业股东的资格,这就需要相应的实施行政许可的部门事前进行审查。为避免司法程序和行政程序的冲突,具体操作时,可先行公告拍卖意向,要求竞买人提交关于其符合出资人法定条件的证明文件,送有关行政部门审核确定后,由符合条件、具备出资人资格的竞买人参与竞拍。如果竞买人出具的相关文件虚假或未披露其不具备相应资格的情况,致使行政部门最终未予办理行政许可的,竞买人需承担由此造成的损失。

——《公正高效审理证券公司破产案件,为巩固证券公司综合治理成果、促进证券市场健康发展提供有力司法保障——全国法院证券公司破产案件审理工作座谈会材料》(2007年11月19日),载最高人民法院民事审判第二庭编:《民商事审判指导》总第12辑,人民法院出版社2008年版,第9~10页。

【最高人民法院审判业务意见】

《企业破产法》规定,债权人会议要对资产变现方案进行表决。但是,债权人会议召开不易,由于资产性质的不同,其变现可能要随时进行,如果都要由债权人会议表决通过,则可能错过资产处置的最佳时机。鉴此,如果成立了债权人委员会,且债权人会议授权债权人委员会相关职权的,财产变现方案经债权人委员会讨论通过即可付诸实施。如未能通过,可参照《企业破产法》关于财产变现方案裁定程序确定方案是否可予执行。

——宋晓明:《在全国法院证券公司破产案件审理工作座谈会上的总结讲话》(2007年11月20日),载最高人民法院民事审判第二庭编:《民商事审判指导》总第12辑,人民法院出版社2008年版,第30页。

662

证券公司破产案件中的清偿顺序

关键词｜证券公司破产｜清偿顺序｜

【最高人民法院司法政策】

证券公司破产时，妥善安置好职工仍然是维护社会稳定工作的重要内容。对职工工资等劳动债权的特殊保护，体现国家法律的人文关怀，通过对职工的基本劳动收入优先保护，保障职工的生存权利。人民法院在处理涉及职工权益的争议时，要严格按照《企业破产法》和有关法规及国家政策，依法保护职工债权的实现。对于应纳入第一顺序的劳动债权，在甄别确认和债权人会议审查后，应尽快予以偿付。对属于工资构成的奖金应当依法予以支付。但是，与业绩挂钩的职工奖金，因证券公司经营管理不善出现破产原因，原则上不存在清偿问题。如果将这部分奖金也纳入优先受偿的范围将损害证券公司其他债权人的平等受偿权利。但这并不是说对这部分权利不纳入债权序列，对确实存在合理的与业绩挂钩的奖金可以作为普通债权予以确认。对证券公司被处置负有责任，并受过刑事处罚或取消从业资格、市场禁入以上行政处罚的公司管理人员主张与业绩挂钩奖金的，人民法院应不予支持。

关于人民银行、保护基金以及地方政府在破产程序中的债权是否应当优先受偿问题。国家对于证券公司破产时的个人债权和客户证券交易结算资金主要是通过收购等行政手段解决，而《企业破产法》并未规定此部分权利在破产程序中享有优先权利。如果没有人民银行、保护基金及地方政府对个人债权和客户证券交易结算资金的收购，这些权利在破产程序中也只能作为普通债权予以清偿。因此，不能因为收购主体收购了此类债权，而改变该债权在破产程序中的性质和清偿顺序，从而影响其他债权人的利益。收购主体因收购普通债权而产生的代位权利，在破产程序中的性质仍为普通债权。

未纳入国家收购范围的机构名义个人债权以及因证券公司挪用客户证券形成的侵权之债，由于《企业破产法》并未给予清偿顺序上优先权，因此在破产程序中只能作为第三顺序进行清偿。管理人对这些债权人应当进行耐心细致的说明工作，必要时人民法院也可以对相关政策法律进行释明，同时与地方政府一道做好维护社会稳定的工作。

由于被风险处置的证券公司大多存在行政违法、违规，甚至触犯刑律的行为，有的被科以罚金或没收财产的行政处罚或刑事处罚。对于这类罚金或没收财产应列在什么清偿顺序，《企业破产法》没有规定。《证券法(2005)》第二百三十二条规定："违反本法规定，应当承担民事赔偿责任和缴纳罚款、罚金，其财产不足以同时支付时，先承担民事赔偿责任。"《公司法》也有类似条规定，据此，在证券公司破产时，行政处罚罚金应当劣后于普通债权后支付。《刑法》第六十条规定："没收财产以前犯罪分子所负的正当债务，需要以没收的财产偿还的，经债权人请求，应当偿还。"该条规定体现了刑罚不累及无辜的原则。在企业破产的情形下，其资产应全部用于清偿债务，如实施没收财产，事实上刑罚处罚的对象不再是犯罪主体，却使犯罪主体的债权人受到殃及，造成事实上的不公平。《刑法》对罚金刑的执行虽没有类似的规定，但亦应参照上述规定执行。据此原则，在证券公司破产时，对证券公司的没收财产和罚金应当在债权人得到全部清偿后，才能实施。

证券公司的债务全额清偿后，仍有剩余资产的，应当按照股东持股比例进行分配。

——《公正高效审理证券公司破产案件，为巩固证券公司综合治理成果、促进证券市场健康发展提供有力司法保障——全国法院证券公司破产案件审理工作座谈会材料》(2007 年 11 月 19 日)，载最高人民法院民事审判第二庭编：《民商事审判指导》总第 12 辑，人民法院出版社 2008 年版，第 10～11 页。

663

破产管理人可以委托接收证券类资产的证券公司审核凭证

关键词｜破产管理人｜证券类资产｜

【最高人民法院审判业务意见】

破产证券公司的营业部多分布在外省、市，营业部随其主营业务转让后，关于营业部所在城市的债权人进行债权登记时是否仍可以委托接收证券类资产的证券公司审核证据的问题，我们认为由于上述债权主要发生在营业部，营业部的资产又作为证券类资产完成了转让工作，因此由营业部提出审核意见更有利于查明债权的真实情况。据此，管理人可以请求接收证券类资产的证券机构提供相关债权凭据、提出审核意见，寻求接收证券类资产的证券机构的支持和配合。上述债权的最终确认，应当由管理人提出意见，债权人会议进行核查。

——宋晓明：《在全国法院证券公司破产案件审理工作座谈会上的总结讲话》（2007 年 11 月 20 日），载最高人民法院民事审判第二庭编：《民商事审判指导》总第 12 辑，人民法院出版社 2008 年版，第 29 页。

664

上市公司破产重整案件的司法政策

关键词 | 上市公司 | 破产重整 |

【最高人民法院司法政策】

18. 认真总结破产案件审判经验，逐步完善企业破产配套制度。上市公司破产重整中涉及行政许可的，应当按照行政许可法和《最高人民法院关于审理上市公司破产重整案件工作座谈会纪要》的精神，做好司法程序与行政许可程序的衔接。要协调好企业破产法律程序与普通执行程序就债务人企业财产采取的保全执行措施间的关系，维护债务人企业财产的稳定和完整。要积极协调解决破产程序中企业税款债权问题，要在与税务机关积极沟通的基础上结合实际依法减免相应税款。要适应经济全球化趋势，加快完善企业跨境清算、重整司法制度。

——《最高人民法院印发〈关于人民法院为企业兼并重组提供司法保障的指导意见〉的通知》（2014 年 6 月 3 日，法发〔2014〕7 号）

首先，是上市公司破产重整的目标把握问题。应当说，上市公司破产重整的目的是尽量使用有经营前景而有拯救可能的公司恢复经营能力，避免破产清算，防止经济资源浪费。所以，破产重整的重要价值取向是维持债务人原有的经营业务。但是实践中，很多上市公司重整后，原先的主营业务完全停止，重整方将企业引向完全不同的业务领域，从事新的经营。重整方之所以愿意进入上市公司，主要是看重“上市”这块壳资源。这种状况带来的弊病在于，有的重整计划中完全看不出具有重整方，也看不出公司应对危机拟定的融资计划，通常只能看到采取各种措施来削减债务，重整结束后上市公司成为一个净壳，此后公司再在法庭外开展所谓的“重组”。严格地说，这种先重整后重组的方式与破产重整制度的目的并不符合，也不能满足法律对重整计划提出的可行性之要求。为此，在重整计划的制定和批准上，法院采取适当形式引导债权人参与重整计划的制定和磋商过程，促进重整计划的制订完善及顺利通过。法院对重整计划草案批准时，要从重整计划记载事项的合法性、完备性、债权人分组的合理性、债权人决议的程序、持反对意见债权人或出资人利益的保障等方面进行必要的审查，确保所有未通过的表决以及通过表决组中的反对者的法定清偿利益不受损害。

——《谈谈当前〈企业破产法〉实施中的重要问题——第五届“中国破产法论坛”材料》(2012 年 11 月 17 日)，载最高人民法院民事审判第二庭编:《商事审判指导》总第 31 辑，人民法院出版社 2013 年版，第 9～10 页。

【链接：最高人民法院法官著述】

在充分考虑上市公司重整的特殊性并总结实践经验的基础上，《上市公司重整纪要》就法院对上市公司重整申请的审查问题进行了明确，即债权人提出重整申请，上市公司在法律规定的时间内提出异议，或者债权人、上市公司、出资人分别向人民法院提出破产清算申请和重整申请的，人民法院应当组织召开听证会。人民法院召开听证会的，应当就申请人是否具备申请资格、上市公司是否已经发生重整事由、上市公司是否具有重整可行性等内容进行听证。上述规定实际上是确定了法院对上市公司重整申请的实质审查模式，并对法院审查内容、听证会召开的条件、程序进行了明确规定。但是在实践中，大部分法院在受理上市公司重整申请时仅进行形式审查，其原因主要是政府或大股东在法院受理前已完成了大部分重整相关的准备工作，相当于在进入司法程序前进行了“预重整”且地方政府对重整倾力支持，法院只是配合政府为上市公司的重整创造法律上的条件。因此，明确政府在重整程序中的地位和作用，防止行政权对司法权不当干预，是真正落实上述会议精神，确保法院对上市公司重整申请进行实质审查，保障案件依法妥善受理的关键所在。

另外，根据实践中的做法和上述会议纪要的明确规定，申请人提交的除《企业破产法》第八条规定的材料以外，还需提交上市公司具有重整可行性的报告、上市公司住所地省级人民政府向证券监督管理部门的通报情况材料以及证券监督管理部门的意见、上市公司住所地人民政府出具的维稳预案等。上述材料的出具需要协调多个部门，造成案件受理的前置周期较长，导致公司的经营状况与财务状况进一步恶化，破产保护的功能无法及时发挥作用，形成对公司拯救不及时，拯救成本加大等不利影响。对此，一方面是要鼓励相关主体及时提出重整申请保护，避免等到企业价值已经消耗殆尽才进入重整程序；另一方面可以考虑设立临时管理人的模式，对重整申请后法院裁定受理前时间内的债务人财产予以保全。

——最高人民法院民二庭第五合议庭：《上市公司破产重整案件审理情况总结报告》，载最高人民法院民事审判第二庭编：《商事审判指导》总第39辑，人民法院出版社2015年版，第24～25页。

编者说明

上市公司破产重整案件的审理不仅涉及《企业破产法》《证券法》和《公司法》等法律的适用，还涉及司法程序与行政程序的衔接问题，因此对上市公司破产重整案件审理相关问题处理规则的明确，有助于更好地规范相关主体的权利义务，充分保护债权人、广大投资者和上市公司的合法权益，优化配置社会资源，促进资本市场的健康发展。为此，本卷收录了有关上市公司破产重整的若干条目。

665

上市公司破产重整案件的受理

关键词｜上市公司｜破产重整｜

【最高人民法院司法政策】

重整制度是一项全新的制度，上市公司的重整具有敏感性高、政策性强、利益关系众多、程序复杂的特点，因此人民法院要予以高度重视。需要重申的是，今后一段时期，人民法院在受理上市公司破产申请前，还是要逐级报请最高人民法院批准。《企业破产法》虽然为上市公的重整提供了更为有效的手段，但在社会稳定问题的整体处理框架、上市公司重整中涉及的政策调整措施出台前，人民法院受理上市公司破产案件仍应持慎重态度。

——《充分发挥民商事审判职能作用，为构建社会主义和谐社会提供司法保障——全国民商事审判工作会议材料》(2007 年 5 月 30 日),载最高人民法院民事审判第二庭编:《民商事审判指导》总第 11 辑,人民法院出版社 2007 年版,第 60 页。

【最高人民法院审判业务意见】

关于上市公司破产重整案件的受理审理。

《企业破产法》规定了重整制度,给有问题的上市公司的再生提供了机遇。但是,重整制度在我国是一项全新的制度,需要在实践中不断探索完善,上市公司又是证券市场的重要主体,其重整具有敏感性高、政策性强、利益关系众多、程序复杂的特点,因此,人民法院对上市公司的破产重整应当给予高度关注。当前,应注意把握处理好三个方面的问题:

一是关于上市公司破产重整的受理问题,我们曾经明确要求相关人民法院在受理破产申请前,要逐级报请最高人民法院批准。这是由于上市公司虽不是金融机构,但其有众多的股民,是准公众公司,处理不好容易引发社会稳定问题。个别法院受地方政府的压力,在未经最高人民法院批准的情况下受理上市公司破产申请的做法是不妥当的。虽然《企业破产法》为上市公司的重整提供了更为有效的手段,但是,在社会稳定问题没有一个明确的处理框架、上市公司重整中涉及的政策调整出台前,人民法院受理上市公司破产案件仍应慎重,必须报经最高人民法院批准。地方政府对于上市公司破产重整,一般都是比较重视的,因为上市公司的好坏直接代表着地方的经济发展情况和投资环境以及社会稳定的问题,这对人民法院审理好上市公司破产重整案件是非常有利的。但是,上市公司的破产重整又是非常复杂的程序,因此,在受理上市公司破产前,应当对上市公司的基本财务状况、职工安置的预案、新投资人的意向、债权人的态度有所掌握,同时,要取得证券监管部门的支持,从而为破产重整程序的顺利进行打下基础。

二是关于重整计划草案出资人表决组的问题。《企业破产法》规定,重整计划草案涉及出资人权益调整事项的,应当设出资人组,对该事项进行表决。在股权分置改革结束后,上市公司重整所需资金通过证券市场获得必然面临政策上的障碍,新投资人对上市公司的股权只能通过证券市场获得,这就必然涉及出资人权益的调整,需要设出资人组。而上市公司的出资人除控制股东外,还有证券市场的投资人,上市公司的股东人数众多,利益关系复杂。需要注意的问题有:

一是出资人组表决方式,不宜采取集中召集出资人组开会的形式,可以利用证券交易网络完成表决,表决是否通过可参照公司对重大事项表决通过的规定;二是如有必要可分别设立大股东与散户投资人表决组,所制定的权益调整方案,散户投资人利益应当优于大股东,从而减少证券市场的震动;三是正确把握对出资人组表决的强制批准标准,《企业破产法》并没有具体规定重整计划草案对出资人权益调整强制批准的条件,只要方案对出资人权益调整"公平、公正"或出资人组已经通过重整计划草案,即可强制批准该事项,如何确定"公平、公正",需要人民法院根据不同企业的特点进行探索。

三是关于重整计划草案的强制批准问题。当有部分表决组未通过重整计划草案时,《企业破产法》规定债务人或者管理人可以同未通过重整计划草案的表决组协商,该表决组可以在协商后再表决一次,如果拒绝再次表决或者再次表决仍未通过重整计划草案的,符合《企业破产法》规定条件的,人民法院可以批准重整计划草案。对此,应当注意的是:一要充分发挥债务人或者管理人与有异议表决组的协商机制,兼顾企业职工、债权人、新老出资人各方的利益,实现多赢的重整目标,而各方的协商又为实现这种多赢提供了利益协调的机制。人民法院强制批准重整计划草案是在重整严重陷入僵局时的司法救济手段,如果不在协商方面付出艰苦的努力,轻易采取强制批准重整计划草案的司法手段,有可能使相关利益方利益失衡,不能说是一个成功的重整,因此,人民法院应当慎用对重整计划草案的强制批准。二关于"按照重整计划草案,普通债权所获得的清偿比例,不低于其在重整计划草案被提请批准时依照破产清算程序所能获得的清偿比例"的认定,由于在讨论重整计划草案时,并未进行实际的分配,普通债权依破产清算所能获得的清偿比例只能根据可供分配的债务人财产进行估算,但由于多种原因,对于应收债权能够获得多少清偿多数情况下只能进行估算,在此基础上计算出的破产清算的清偿比例与实际的清偿比例将有出入,由于这种出入的存在,也就给破产逃债提供了可能,为防止此种行为,人民法院在批准重整计划草案时,应当充分考虑应收债权或债务人的其他应取回财产的情况,不能在将上述债权和财产忽略的情况下,计算破产清算的清偿率,得出重整计划草案的清偿率高于破产清算清偿率的结论,从而强制批准重整计划草案,以保证重整程序的公正性。

——宋晓明:《加强调查研究,探索解决之道——就在全国民商事审判工作会议中提出的若干疑难问题答记者问》,载最高人民法院民事审判第二庭编:《民商事审判指导》总第 11 辑,人民法院出版社 2007 年版,第 78 ~ 80 页。

666

审理上市公司破产重整案件的基本原则

关键词 | 上市公司 | 破产重整 |

【最高人民法院司法政策】

(一)依法公正审理原则。上市公司破产重整案件参与主体众多,涉及利益关系复杂,人民法院审理上市公司破产重整案件,既要有利于化解上市公司的债务和经营危机,提高上市公司质量,保护债权人和投资者的合法权益,维护证券市场和社会的稳定,又要防止没有再生希望的上市公司利用破产重整程序逃废债务,滥用司法资源和社会资源;既要保护债权人利益,又要兼顾职工利益、出资人利益和社会利益,妥善处理好各方利益的冲突。上市公司重整计划草案未获批准或重整计划执行不能的,人民法院应当及时宣告债务人破产清算。

(二)挽救危困企业原则。充分发挥上市公司破产重整制度的作用,为尚有挽救希望的危困企业提供获得新生的机会,有利于上市公司、债权人、出资人、关联企业等各方主体实现共赢,有利于社会资源的有效利用。对于具有重整可能的企业,努力推动重整成功,可以促进就业,优化资源配置,促进产业结构的调整和升级换代,减少上市公司破产清算对社会带来的不利影响。

(三)维护社会稳定原则。上市公司进入破产重整程序后,因涉及债权人、上市公司、出资人、企业职工等相关当事人的利益,各方矛盾比较集中和突出,如果处理不当,极易引发群体性、突发性事件,影响社会稳定。人民法院审理上市公司破产重整案件,要充分发挥地方政府的风险预警、部门联动、资金保障等协调机制的作用,积极配合政府做好上市公司重整中的维稳工作,并根据上市公司的特点,加强与证券监管机构的沟通协调。

——《最高人民法院印发〈关于审理上市公司破产重整案件工作座谈会纪要〉的通知》(2012 年 10 月 29 日,法〔2012〕261 号)

667

上市公司破产重整计划草案的制定

关键词 | 上市公司 | 破产重整 |

【最高人民法院司法政策】

会议认为，上市公司或者管理人制定的上市公司重整计划草案应当包括详细的经营方案。有关经营方案涉及并购重组等行政许可审批事项的，上市公司或管理人应当聘请经证券监管机构核准的财务顾问机构、律师事务所以及具有证券期货业务资格的会计师事务所、资产评估机构等证券服务机构按照证券监管机构的有关要求及格式编制相关材料，并作为重整计划草案及其经营方案的必备文件。

控股股东、实际控制人及其关联方在上市公司破产重整程序前因违规占用、担保等行为对上市公司造成损害的，制定重整计划草案时应当根据其过错对控股股东及实际控制人支配的股东的股权作相应调整。

——《最高人民法院印发〈关于审理上市公司破产重整案件工作座谈会纪要〉的通知》(2012 年 10 月 29 日，法〔2012〕261 号)

【最高人民法院审判业务意见】

(六)经营方案的问题

经营方案是为挽救债务人、改变债务人亏损状态、恢复其营业能力而对债务人采取的营业调整措施。《企业破产法》第八十一条明确将债务人的经营方案列为重整计划的第一项内容。有关重整措施的经营方案作为重整计划的首要内容，重整计划的制订人应该根据债务人的具体情况采用切实、可行的措施以恢复债务人的营运价值，为重整成功创造条件。企业破产法并未对经营方案应当具体包括哪些内容加以明确，当时主要是考虑到重整措施在实践中是丰富多样的，如果采取列举式的方法加以规定，可能会抑制重整参与人的想象力，不利于调动当事人的积极性。但是，从目前进入重整程序的上市公司的案例来看，一些破产重整上市公司重整计划草案中的经营方案规定得非常简单，甚至仅是几百字的概括陈述，根本不足以提供关于该上市公司重整具体措施的有效信息。从而给债权人会议通过重整计划草案带来了盲目性，同时也给后续法院批准重整计划草案带来很大不确定性。对此，《上市公司重整纪要》明确要求上市公司重整计划草案中的经营方案应当尽量细化，应当包括债务人的经营管理方案、融资方案、资产与业务重组方案等规定上市公司重整具体措施的内容。

上市公司重整，一方面是要实现减免债务的目的，另一方面往往是要通过引入重组方注入优质资产,实现恢复持续经营能力和盈利能力的目的。对于盈利状况极差的上市公司进行重整,如果没有重组方(即战略投资者)注入优质资产,单单依靠债务人自身资产的整合和业务的调整,很难使上市公司恢复持续经营能力和盈利能力,更无法实现清偿债务、扭亏保"壳"的目的。因此,上市公司重整计划草案一般应包括资产重组内容。对于资产重组,主要有以下几个问题:(1)谁来选择重组方。现有的上市公司重整实践,几乎均得到地方政府的大力支持与协助,故其重组方的选择权大多数由行政主导的清算组所构成的管理人所掌握,有的由清算组和众多潜在战略投资者进行谈判协商确定重组方,有的在上市公司进入重整程序前,重组方早已由政府选定,一旦通过重整程序甩掉沉重的债务包袱,重组方就通过购买股份、定向增发、资产注入等方式入主上市公司。重组方的选择关系到债务人、股东和债权人的切身利益,必须慎重对待。依据相关法律规定并结合实际情况,可以采取以下几种方式:其一,在法院受理重整申请前,债务人可以自由选择重组方;其二,法院受理重整申请后,债务人负责经营管理的,由债务人选择重组方,管理人负责经营管理的,由管理人选择重组方;其三,如果债务人或管理人制作的重整计划草案中明确了重整方,则依据法律规定交由债权人会议或出资人会议表决通过;其四,如果重整计划草案只有概括的资产重组方案,未明确具体的重组方,在重整计划草案获得通过和批准后,由债务人执行重整计划,故应由债务人依照重整计划的资产重组方案选择重组方。当然,无论是债务人还是管理人在选择重组方时必须接受法院监督,同时,资产重组涉及行政审批事项时必须依法报经相关行政机关批准。(2)如何选择合适的重组方。首先应结合上市公司的实际情况,如股本结构、重组后的利润要求等确定注入资产的基本条件。然后,对于符合基本条件的重组方,从法律和财务方面对其进行进一步调查,重点审查其历史沿革、资产负债情况、股权结构是否清晰、主要资产权属是否清晰、拟注入资产是否具有盈利能力等。最后,通过与各意向重组方协商谈判确定最终重组方,并由上市公司与重组方签署相关协议,明确双方的权利义务。(3)选定重组方后,是否在重整计划草案中予以明确。由于上市公司的后续资产重组方案需要证监会审核,如在重整计划草案中明确重组方,若法院批准重整计划后该重组方或重组方案最终未能获得证监会核准,则将导致整个重整计划无法执行,重整面临失败的风险。另一方面,行政审批一般时间较长,而重整计划的提出和批准则有法定期限,因此,一旦证监会对于重组方或重组方案的行政审批不能在法院批准期限内完成,将阻碍重整程序顺利进行甚至有可能引发司法权与行政权的冲突。此外,根据现有案例,在重整计划获得法院批准后，上市公司往往会吸引更多实力强劲的潜在重组方，这样反而更有利于重整计划的执行和维护债权人的利益。因此，一般情况下，即使已经选定重组方也可以不在重整计划草案中予以明确。(4)如何表述资产重组方案。由于在资产重组方案实施过程中存在不确定因素，而且重大资产重组方案需证监会审批，因此粗线条勾勒式的表述因其灵活可变，往往比具体细致的表述更加具有可行性。目前已经终止重整程序的上市公司中，绝大部分上市公司的重整计划草案仅对非公开发行股份购买资产等资产重组方式进行了原则性表述，有的甚至未提及资产重组。为了提高重整效率，避免司法裁判与行政审批的冲突，重整计划草案可以不对非公开发行股份购买资产等资产重组方式进行具体表述，仅进行原则性表述即可。但值得注意的是，重整计划草案涉及上市公司非公开发行股票的内容必须遵守有关证券法律、法规和证监会相关部门规章的规定。

——最高人民法院民二庭第五合议庭：《上市公司破产重整案件审理情况总结报告》，载最高人民法院民事审判第二庭编：《商事审判指导》总第39辑，人民法院出版社2015年版，第32～34页。

668

上市公司破产重整案件中管理人的选任

关键词｜上市公司｜破产重整｜管理人选任｜

【最高人民法院审判业务意见】

（二）管理人的选任模式问题

从目前上市公司重整案件的情况看，人民法院多采用指定政府主导成立的清算组为管理人，并由当地国资委官员或政府官员担任组长。多数清算组由政府机构和中介成员共同派员组成，也存在部分清算组成员全部由政府机构人员组成。这种管理人的组成模式显然与企业破产法实现破产程序市场主导的立法取向相背离。指定清算组作为管理人作为一种对之前破产制度下清算组的过渡做法，反而成为上市公司重整管理人模式的主流，主要是基于以下几方面的原因：(1)上市公司重整往往对重整主导人的协调能力有较高要求，甚至在没有政府部门参与和支持的情况下，上市公司的重整会遭遇相当的难度；(2)上市公司的债权人多为银行机构，基于其内部问责制的限制，银行在重整中通常不能自主对担保权和债权减免作出决定，因此在实践中需要政府部门出面予以协调；(3)目前进入重整的上市公司在进入重整前通常已经进行了"预重整"，原工作团队如果希望进入重整程序，只能通过清算组的方式；(4)管理人如果随机指定将使其与债务人难以形成信任关系，因此由清算组担任管理人的模式，也是债务人希望控制重整程序的结果。[①] 客观而言，政府主导的清算组担任管理人并控制重整程序，由于管理人能够代表政府意志，并把握重整的进程和方向，有助于提高上市公司重整的效果和成功率，但从市场经济的角度出发，市场退出机制应当由市场进行调控，且重整程序是司法程序，应当由人民法院主导开展，因此直接指定清算组担任管理人的方式应逐渐成为在特别个案下使用的特例，不宜作为管理人选任的普遍方式。就上市公司重整的管理人选任方式而言，因上市公司重整案件影响重大，涉及面广，工作难度大，专业性强，重整成本高，因此，适合采用《指定管理人规定》第二十一条第一款规定的公开竞争方式选定管理人。通过竞争的方式选择经验丰富的专业管理人，可以提高重整的成功度，减少法律风险和财务风险。

此外，管理人作为一种制度体系，实质上包括一系列具体的角色，如监督协调者、清算人、监督人等，这些角色共同组成一个完整的管理人制度体系，在具体的破产案件中发挥作用。尽管我国破产制度期望建立市场化的管理人制度，但是立法规定的方式在一定程度上使管理人的角色并不清晰。[②] 企业破产法第三章专门规定了管理人制度，但没有明确区分管理人在不同程序中的角色和作用，尤其是在重整程序债务人自行管理模式下，债务人管理层与管理人之间的职责分工问题，已成为实践操作中的难点。管理人在破产程序中的定位不清、职责不明确，不利于培育活跃的破产执业市场及其中介组织，而执业市场和中介组织的缺乏反过来又会影响我国破产制度的市场化和效率，因此，需要进一步完善我国的管理人制度，细化不同程序中管理人的角色定位，为培育专业化的破产执业组织和人员创造法律环境，建立具有高度共识的破产执业共同体。

——最高人民法院民二庭第五合议庭：《上市公司破产重整案件审理情况总结报告》，载最高人民法院民事审判第二庭编：《商事审判指导》总第

① 贺丹：《上市公司重整：实证分析与理论研究》，北京师范大学出版社2012年版，第152～154页。

② 李曙光、王佐发：《中国〈破产法〉实施三年的实证分析——立法预期与司法实践的差距及其解决途径》，载李曙光、郑志斌主编：《公司重整法律评论》第1卷，法律出版社2011年版。

39辑,人民法院出版社2015年版,第25~26页。

669

上市公司破产重整计划草案的会商机制

关键词｜上市公司｜破产重整｜

【最高人民法院司法政策】

八、关于上市公司重整计划草案的会商机制

会议认为,重整计划草案涉及证券监管机构行政许可事项的,受理案件的人民法院应当通过最高人民法院,启动与中国证券监督管理委员会的会商机制。即由最高人民法院将有关材料函送中国证券监督管理委员会,中国证券监督管理委员会安排并购重组专家咨询委员会对会商案件进行研究。并购重组专家咨询委员会应当按照与并购重组审核委员会相同的审核标准,对提起会商的行政许可事项进行研究并出具专家咨询意见。人民法院应当参考专家咨询意见,作出是否批准重整计划草案的裁定。

——《最高人民法院印发〈关于审理上市公司破产重整案件工作座谈会纪要〉的通知》(2012年10月29日,法〔2012〕261号)

【链接:最高人民法院法官著述】

对于会商机制的理解,实践中需要重点把握以下几个问题:首先,会商的主体是最高人民法院与证监会。当重整计划草案涉及证券监管机构行政许可事项的,受理案件的人民法院应当通过最高人民法院,启动与证监会的会商机制,即由最高人民法院将有关材料函送证监会进行研究。其次,受理案件的人民法院应当参考证监会对会商事项的意见,作出是否批准重整计划草案的裁定。证监会在接到会商案件材料后,安排并购重组专家咨询委员会对会商案件进行研究。并购重组专家咨询委员会应当按照与并购重组审核委员会相同的审核标准,对提起会商的行政许可事项进行研究并出具专家咨询意见。专家咨询意见可以分为肯定意见、否定意见、附条件肯定意见。对于上述专家咨询意见,人民法院在作出是否批准重整计划草案的裁定前,应予充分考虑。对于专家咨询意见明确为否定意见的,管理人可向人民法院撤回提请批准的申请并对重整计划草案的相关事项依法调整后再行提请会商。再次,专家咨询意见不能代替行政许可决定。人民法院裁定批准重整计划后,重整计划内容涉及证券监管机构并购重组行政许可事项的,上市公司应当按照相关规定履行行政许可核准程序。并购重组申请事项获得证券监管机构行政许可后,应当在重整计划的执行期限内实施完毕。

——宋晓明、张勇健、赵柯:《〈关于审理上市公司破产重整案件工作座谈会纪要〉的理解与适用》,载最高人民法院民事审判第二庭编:《商事审判指导》总第31辑,人民法院出版社2013年版,第42~43页。

670

上市公司破产重整中债务人财产和营业事务的管理

关键词 | 上市公司 | 破产重整 |

【最高人民法院审判业务意见】

根据《企业破产法》第二十条及第七十三条的规定,在重整期间,管理人应当接管、管理和处分债务人的财产并决定债务人的内部管理事务,但经债务人申请,人民法院批准,债务人可以在管理人的监督下自行管理财产和营业事务。由此可见,管理人管理债务人财产和营业事务应为基本原则,在特殊情况下债务人可经申请自行管理财产和营业事务。但是,法院在何种情况应批准债务人自行管理财产及营业事务,我国法律并无明确的规定,从而导致实践中的做法不一。

从进入重整程序的上市公司情况看,由于企业大多已停产,甚至已没有任何主业经营,仅有少数人在维持上市公司的"壳"的存在,因此,进入重整程序后,多由法院指定的管理人直接接管公司财产和经营业务,但委托原管理层负责公司日常的生产经营。少数尚有一定经营业务的公司,因管理人的专业技能所限,无法完全接管,经债务人申请后,法院同意由债务人的原管理层继续公司营业事务的管理,由管理人对其行使监督权。由法院指定管理人接管企业财产和经营业务，排斥债务人管理层参与重整事宜，体现了对经营失败的债务人的不信任和惩处，完全体现了公力救济的作用，目的在于确保公司财产对全体债权人的公平清偿，但在公司重整中的这种做法“过于保守，不利于调动各方的积极性”，“在企业复兴的促进力上则是效率最低”。[①] 由于上市公司重整案件不同于一般破产案件，社会稳定和企业再生的公共利益大于债权人的私权利益。而且对于大型上市公司而言，要找到合适的中介机构来取代债务人的管理层对公司的经营业务进行管理非常困难，也存在相当大的经营风险。因此，可以积极调动原管理团队的积极性继续其熟悉的经营管理，这也体现了危机企业自助自救的原则。[②]

就法院批准债务人自行管理的条件而言，结合实践中的做法，可以考虑以下几个方面：一是债务人申请自行管理，应经公司董事会作出决议，董事会是公司的经营管理决策机构，掌握股东委托的经营权，在经营决策方面占有重要地位。二是债务人须有较完善的治理结构，股东会、董事会、监事会等机构运作正常。三是债务人的董事、监事及高级管理人员无违法或欺诈行为。如果债务人管理层的现任主要人员已经因为对企业陷于经营困境负有个人责任，甚至因为违法行为处于司法追究程序中，人民法院应当拒绝债务人自行管理的要求。四是因企业破产法没有规定债务人申请的具体期间，所以实践中将会出现公司控制权长期处于飘忽不定的状态，令公司交易相对方和监督权无所适从。因此应当规定债务人提出申请自行管理的期限，逾期后债务人将丧失申请自行管理的请求权，从而保证公司控制权主体和监督对象的明确性。

另外，《企业破产法》第七十三条规定，法院批准由债务人自行管理财产和营业事务后，管理人将仅履行监督债务人的职责，而该法规定的管理人职权由债务人行使。该规定不加区分地将管理人职权全部交由债务人行使，现实中存在一定问题。如：管理人对重整受理时的债务人财产、债权债务状况或重整受理前的行为进行调查的职权；对债务人在破产申请受理前的法定期间内进行的欺诈债权人或损害对全体债权人公平清偿的行为，有申请法院予以撤销的权利；审查申报债权并制作债权表、提议召开债权人会议等职权均不宜由债务人行使。监督权是专为重整中的债务人自行管理模式设置的管理人职权。立法设置管理人监督权的目的，是为应对债务人在自行管理过程中可能发生的包括法律在内的

① 杨庆玖：《公司重整中管理人的选任》，载《决策探索》2001 年第 6 期。

② 广东省深圳市中级人民法院民七庭课题组：《关于我国上市公司破产重整程序中的法律问题调研》，载最高人民法院民事审判第二庭编：《商事审判指导》总第 24 辑，人民法院出版社 2011 年版。

各种风险。但企业破产法没有对债务人自行管理模式下管理人监督权的内容与行使方式做出具体规定，对此，应对管理人监督权的内容与行使方式结合债务人的相应职权加以确定。一般而言，管理人可以通过专项调查、临时报告、阶段性报告等方式对债务人的行为进行监督。实践中，在法院批准债务人自行管理后，管理人采取的监督方式有：对债务人及所属子公司公章的监管、重大经营事项及财产处置的报告、在管理人例会中定期对经营情况进行报告并报管理人备案等。

——最高人民法院民二庭第五合议庭：《上市公司破产重整案件审理情况总结报告》，载最高人民法院民事审判第二庭编：《商事审判指导》总第39辑，人民法院出版社2015年版，第26～28页。

671

上市公司破产重整中股东权益的调整

关键词 | 上市公司 | 破产重整 | 股东权益 |

【最高人民法院审判业务意见】

重整程序中，债权人、股东、债务人以及其他相关利益主体围绕各自权益的调整和重整利益的分配进行谈判和博弈。其中公司股东权益的调整直接影响重整计划的通过，对股东权益进行调整时优先保障债权人利益的要求，也是促进重整计划通过、实施的重要条件。各国立法都允许公司重整时对股东权益进行调整，我国企业破产法也不例外，但企业破产法仅简单规定重整计划可以对出资人权益进行调整，以及法院裁定时审查标准为“公平、公正”，但对调整的原则、目的、用途、方法及表决机制等内容均未规定，从而造成实践中的困扰。

1. 调整依据问题。对于上市公司进入重整程序后是否应当调整出资人权益，一直存在争论。普遍认为，重整计划草案并不必然要求对出资人权益进行调整，但在上市公司资不抵债的情况下，出资人的股权为负值，并不具有实质权益，同时上市公司通过重整豁免巨额债务获得重生，最大受益人即为上市公司的股东，因为如果破产清算，股东的权益将彻底灭失。因此，重整计划草案必须包括对出资人权益进行调整的内容。缺少出资人权益调整内容的重整计划草案只是一个单纯的减债方案,并不完整,对债权人来说也不公平。虽然资不抵债情况下,对股东权益进行调整具有充分的必要性,但资不抵债标准本身存在模糊性,而且在企业是因有可能不能清偿债务而进入重整程序的情况下,股东在重整过程中仍然可能存在利益,从而导致对股东权益调整的必要性产生质疑。对此,有观点认为,此时股东作为重整公司的次级利益请求权人,只有实现了有效重整,使公司价值得以最大化的情况下,其利益才能获得保护,因此也有必要对其权益进行调整。此外,从责任分配的角度讲,企业进入重整在一定程度上体现了企业经营的失败,这种失败的责任应当分配给所有权人承担,因此也应当对股东权益进行调整。

2. 有关股东权益调整的原则和方式问题。理论认为,股东权益调整应遵循一定原则,以保证调整的公平和公正:一是股东权益调整的空间是经营方案的溢价部分。二是股东与债权人应根据溢价确定股东权益调整的范围,即溢价越高,股东权益让渡越多;不同类型股东让渡的权益也应有所不同;股东权益的调整应保证债权人利益的最大化。三是溢价价值应当在新老股东之间分配。[①] 出资人权益的调整方式,一般包括三种:一是按比例缩小整个上市公司的总股本数额,出资人持有的股份也相应缩小;二是在保持整个上市公司总股本数额不变的基础上减少出资人的持股数额,而将其让渡的股份分配给债权人或者转让给重组方;三是先削减出资人的持股数额,将其让渡的股份用以清偿债务,然后以非公开发行股份的方式购买资产,引进重组方,进行重大资产重组。这三种方式可视个案之具体情况不同而灵活使用。

3. 调整的幅度方面,不同性质股东调整幅度不同。由于不同类型的股东,包括非流通股股东、限售流通股股东与流通股股东,大股东、控股股东与中小股东,取得上市公司股份所付出的对价不同,对上市公司身陷重整境地所应负的经营责任不同,其通过重整所获得的利益也有不同。因此,对上市公司股东权益的调整,应区分股权类型而有所不同。对于持有非流通股、限售流通股的大股东或控股股东,由于其取得上市公司原始股的对价很低,而且他们一般都对上市公司陷入经营困境负有不可推卸的责任,因此对于他们所持有的股份应当进行大比例的折让。而对于众多持有上市公司流通股的小股东来说,由于他们无法掌控上市公司的具体经营,且其自身也是上市公司破产重整的受害者,因此对于他们所

---

① 李曙光、张彧通:《上市公司重整中股东权益调整的界限》,载李曙光、郑志斌主编:《公司重整法律评论》第3卷,法律出版社2013年版。

持有的股份可以根据实际情况进行较小比例的折让或完全不予折让。这也是重整公平原则的体现。当然,对股权的具体调整还应当依据上市公司的股本结构而定。

4. 在表决机制方面,有关出资人组表决通过标准,企业破产法并未明确规定其表决机制。实践中,绝大多数重整计划草案涉及出资人权益调整事项的上市公司均未明确规定出资人组的表决机制,但实际上均参考股东大会的表决机制。从有利于重整计划草案通过,提高重整效率的角度考虑,出资人组对重整计划草案中涉及出资人权益调整事项的表决,可以参照公司法第一百零三条规定,经参与表决的出资人所持表决权三分之二以上通过时,即视为出资人组通过重整计划草案。该表决机制实质上已被《上市公司重整纪要》所肯定。但采取上述单一表决标准的前提是重整计划草案对出资人权益的调整公平、公正。如果法院在重整计划草案提交表决前对其进行审查时发现出资人权益调整显失公平,有可能侵害中小股东的利益,则应当参照企业破产法第八十四条规定,采取双重表决标准,即经参与表决的出资人过半数同意,且其所代表的出资额占参与表决的出资总额的三分之二以上时,视为出资人组通过重整计划草案。这样做,虽然有可能延缓重整进程,但有利于防止大股东一股独大,实现中小股东与大股东的利益制衡。

此外,对于被设置了权利或采取了保全措施的股权,是否可以调整以及如何调整,亦是实践中亟待解决的问题。我们认为,对于资不抵债型重整的公司,其股权价值是由重整所形成,保障重整成功是关键问题。在重整程序顺利推进和股权负担相关权利人的权利保障之间,前者具有更广泛的维护利益,后者的实现需以前者成功为条件,因此,两者发生冲突时,应以保障重整顺利进行为优先。在资能抵债型的重整中,股权负担的相关权利人的权利保障一般应在重整程序中通过有关各方协商来解决,如果协商不成,重整程序则应保障股权调整后上市权利人的利益不低于股权调整前其就股权负担可以获得的利益。[①]

——最高人民法院民二庭第五合议庭:《上市公司破产重整案件审理情况总结报告》,载最高人民法院民事审判第二庭编:《商事审判指导》总第39辑,人民法院出版社2015年版,第28~31页。

---

① 张勇健、杜军:《破产重整程序中股权调减与股权负担协调问题刍议》,载李曙光、郑志斌主编:《公司重整法律评论》第3卷,法律出版社2013年版。

672

上市公司破产重整中的信息披露

关键词｜上市公司｜破产重整｜信息披露｜

【最高人民法院审判业务意见】

信息披露是证券法律制度的重要组成部分，也是上市公司的法定义务，上市公司进入重整程序后，除了要向社会公众履行法定的信息披露义务之外，还应当向债权人披露大量的事实与信息，而这些事实与信息通常是不为公众所知的。要求上市公司向债权人就相关信息做出披露主要基于以下目的：一是有利于管理人或债权人追踪并撤销债务人对其他债权人、内部人或关联方实施的清偿行为。二是这些信息能帮助债权人决定提出重整还是清算的申请。三是信息披露最重要的目的在于能够使债权人对重整方案做出评估并最终决定是否接受该方案。①

我国企业破产法未对债务人应如何向债权人履行信息披露义务做出规定，对上市公司在重整程序中的特殊信息披露义务也缺乏明确规定。对此，《上市公司重整纪要》第五条对破产重整上市公司的信息保密和披露进行了补充规定，明确股票仍在交易的上市公司在相关信息披露前，相关主体要做好保密工作，进入重整程序后，区分管理人管理还是债务人自行管理模式的不同，由不同主体履行信息披露义务并承担相应责任。应当说，上述规定对于规范上市公司重整中的信息披露问题提供了明确依据，但是有关披露内容还不甚明确。结合实践审理的经验，上市公司重整中信息披露应主要包括以下内容：在董事会作出向法院申请重整的决定时，或者知悉债权人向法院申请上市公司重整时，及时向证券交易所报告并披露相关事项；及时披露法院受理上市公司重整案件的进展情况；重整期间，及时向证券交易所报告并披露定期报告和临时报告、债权申报情况、向法院和债权人会议提交重整计划草案的时间和草案内容、重整计划草案的表决通过和法院批准情况、法院强制批准重整计划草案情况、与重整有关的行政许可批准情况、法院裁定终止重整程序的时间和裁定书内容或法院裁定宣告

---

① [美]大卫·G·爱波斯坦等：《美国破产法》，韩长印等译，中国政法大学出版社 2003 年版，第 818～819 页。

上市公司破产的时间和裁定书内容;上市公司重整计划涉及增加或减少公司注册资本、发行公司债券、公司合并、公司分立、回购公司股份、豁免要约收购等事项,应当按照有关规定履行信息披露义务;重整计划执行期间,应及时披露重整计划执行进展情况,以及因公司不能执行或不执行重整计划,法院经管理人或利害关系人申请,裁定宣告公司破产的有关情况。信息披露所需文件主要有:公告文稿、管理人说明文件、法院出具的法律文书、重整计划草案、重整计划草案涉及的有关部门审批文件、重整计划草案涉及的协议书或意向书、董事会决议、股东大会决议、债权人会议决议、职工代表大会决议、律师事务所(会计师事务所、资产评估机构)出具的专门意见。①

——最高人民法院民二庭第五合议庭:《上市公司破产重整案件审理情况总结报告》,载最高人民法院民事审判第二庭编:《商事审判指导》总第39辑,人民法院出版社2015年版,第31～32页。

673

法院对上市公司破产重整计划批准与否的审查标准

关键词 | 上市公司 | 破产重整 | 重整计划 |

【最高人民法院审判业务意见】

法院对重整计划的批准是重整计划生效的必要条件,也是司法权在重整中发挥作用的重要体现。按照企业破产法的规定,根据重整计划草案是否获得全部表决组通过,法院对重整计划的批准分为正常批准和强制批准。在各表决组均通过重整计划,法院正常批准的情况下,企业破产法规定的批准审查条件为“符合本法规定”,但对该标准如何认定法律并不明确,实践中不同法院对重整计划的审查标准亦存在不同理解。此外,对于未获全部表决组通过的重整计划,企业破产法规定可由法院依申请强制裁定通过批准,从实践看,我国上市公司重整中法院强裁的比例较高,大约在27%左右,但有关强裁通过的标准、前提、原

① 广东省深圳市中级人民法院民七庭课题组:《关于我国上市公司破产重整程序中的法律问题调研》,载最高人民法院民事审判第二庭编:《商事审判指导》总第24辑,人民法院出版社2011年版。

则和程序等规定并不完善，更加引发了对法院强裁是否被滥用的担忧。因此，为了统一法院审查和批准重整计划的标准尺度，确保法院公正行使重整计划批准权，维护相关利益主体的权益，有必要对法院批准重整计划的有关问题予以明确。

1. 正常批准情况下，法院的审查标准

由于正常批准模式是建立在各表决组均通过重整计划草案的基础上，法院批准在一定程度上是为了从法律角度约束每组未表决同意的债权人，因此法院的批准应当确保表决是以正当方式获得并同时满足某些实质条件，即表决程序的正当性和内容实体的合法性。因此，结合实践中的做法来看，正常批准情况下法院主要是从程序上和实体上，对重整计划的制订、内容和表决情况等内容进行审查。审查方式上一般以书面和形式审查为主，但法院在认为确有必要时，如内容、程序违法、异议人的异议可能成立等情况下，还应当进行实质审查和进行听证调查。具体而言，正常批准情况下的审查应在遵循合法原则、公平原则、绝对优先原则、最大利益原则和行政许可原则等的前提下，着重审查以下内容：①

一是在程序方面：(1)重整计划草案制作和提交主体、提交时间是否符合法律规定。(2)关系人会议召开程序是否合法，包括会议召开前的准备、召开的程序、参加的主体身份是否符合法律规定等。(3)对表决程序合法性的审查，主要是审查表决分组、表决过程和表决结果的合法性问题，审查是否依法分组进行表决；其分组是否符合法律规定和遵循地位相似原则，尤其要注意小额债权组的设定标准是否有充足的理由和依据；同组债权人或股东是否获得了平等、公正的对待。在部分表决组第一次未通过重整计划草案，经债务人或者管理人与该组协商后再次表决通过重整计划草案时，还应当审查其协商结果是否损害了其他表决组的利益。(4)对信息披露的充分性和透明度的审查，债务人或者管理人应当向债权人会议就重整计划草案作出说明，并回答询问。法院应就此审查重整计划草案制作人是否向债权人会议就重整计划草案作出真实充分的说明和回答，是否在将重整计划草案提请表决前向债权人履行了充分的信息披露义务。

二是在实体方面：(1)对债权调整和受偿方案的合法性审查。审查的重点

① 具体内容详见刘敏、池伟宏：《法院批准重整计划实务问题研究》，载李曙光、郑志斌主编：《公司重整法律评论》第2卷，法律出版社2012年版。

在于重整计划是否违反法律、行政法规的强制性规定,是否损害国家、集体、社会公共利益或者第三人利益,是否存在欺诈或其他违法行为。(2)对出资人权益调整方案的合法性审查,认定出资人权益调整方案是否公平公正的标准,法律没有明确规定,根据前面的论述,企业无论是何种原因进入重整程序,对出资人权益调整均存在必要性,在进行调整时通常应当保证所有出资人按比例削减,但权利人接受对其不利的差别待遇的除外。(3)对经营方案可行性的审查,主要是审查经营方案是否全面、确定和可操作的问题。但由于我国上市公司重整实践中,大多数经营方案并无实质内容,因此在一定程度上“架空”了法院对经营方案可行性的审查职能。

2. 强制批准情况下,法院的审查标准

由于重整程序具有社会本位性质,因此在重整计划即便未获全部表决组通过,但在符合法定条件的情况下,法院仍然可以批准重整计划。强制批准制度较为周全地兼顾了不同利害关系人的利益,保证任何一方当事人均不至于因反对重整计划而遭受比在清算程序中更为不利的待遇,从而在确保公平的前提下提高了重整程序的效率,也为当事人推进重整提供了重要谈判根据。①

由于强制批准涉及不同表决组债权人利益的冲突,为了防止法院对强制批准的滥用,法院在批准时应当严格按照《企业破产法》第八十七条规定的条件进行审查,坚持债权人利益最大化、公平对待和绝对优先三项基本原则。第一,要保证反对重整计划草案的债权人或出资人在重整程序中至少可以获得在破产清算程序中本可获得的清偿,即要保护对重整计划持反对意见的少数派的既得利益。第二,如果债权人组或者出资人组反对重整计划草案,该项重整计划草案应当保证持反对意见的债权人组或者出资人组获得公平对待,即对处于同一顺序的债权人必须或者按比例清偿,或者对于出资人权益的调整应当保障所有出资人按比例削减。第三,如果债权人组反对重整计划草案,该重整计划草案应当保证只有这个组的成员获得充分清偿后,在清偿顺序上后于这个组的其他组成员才能开始获得清偿,即破产法对清算程序规定的优先顺序,在重整程序中对持反对意见的表决组必须同样适用。②

法院在具体审查时,若相关表决组再次表决仍未通过重整计划草案,申请

① 丁燕:《上市公司破产重整计划法律问题研究——理念、规则与实证》,法律出版社2014年版。

② 刘敏、池伟宏:《法院批准重整计划实务问题研究》,载李曙光、郑志斌主编:《公司重整法律评论》第2卷,法律出版社2012年版。

人向法院申请强制批准重整计划草案时，应以协商后再次提交表决的草案文本为准，而且该草案文本确定的普通债权所获得的清偿比例不得低于第一次提交表决的清偿比例，清偿时间不得长于第一次提请表决的清偿时间，同时不得损害其他表决组债权人或股东的利益。在审查的内容方面，除应当按正常批准的审查内容审查外，还要重点审查以下内容：一是重整计划草案对清算状态下和重整条件下清偿比例的测算要准确，测算时要对全部资产（包括对外应收款）进行客观的估值，对可能发生的破产费用、共益债务做出合理的预算。二是申请人是否已经与债权人或股东进行了充分的沟通协商，已尽了最大的努力，并经过了表决、补充表决。三是分析相关债权人未表决通过重整计划草案的原因，是因为债权人无决策权（如某些银行），还是因为债权人对重整计划草案本身有意见，还是由于债权人与债务人之间存在隔阂而不愿配合债务人重整，是否是直接针对重整计划草案有强烈反对意见。四是重整计划草案是否已对债务清偿方案、清偿资金来源等做出明确安排，具有可行性。五是重整计划草案是否包括对出资人权益削减的内容，以寻求股东和债权人之间的利益平衡。①

——最高人民法院民二庭第五合议庭：《上市公司破产重整案件审理情况总结报告》，载最高人民法院民事审判第二庭编：《商事审判指导》总第39辑，人民法院出版社2015年版，第34～37页。

674

上市公司破产重整计划的执行和监督

关键词｜上市公司｜破产重整｜重整计划｜

【最高人民法院审判业务意见】

重整计划经过法院批准后，则进入计划执行阶段。重整计划的执行直接关系着重整计划的最终落实和重整目的的实现。实践中重整计划的执行遇到了一

① 广东省深圳市中级人民法院民七庭课题组：《关于我国上市公司破产重整程序中的法律问题调研》，载最高人民法院民事审判第二庭编：《商事审判指导》总第24辑，人民法院出版社2011年版。

系列的问题，主要的争议性问题有以下几方面：

1. 关于重整计划的执行人问题

重整计划执行人能否是除债务人以外的出资人、债权人或者重组方。《企业破产法》第八十九条规定重整计划由债务人负责执行，而在实践中，管理人往往直接参与重整计划执行，并在其中起重要角色。目前重整计划进入执行阶段的上市公司中，除华源股份的重整计划中写明债务人为重整计划的执行人外，大部分上市公司均未明确写明重整计划的执行人，实践中普遍由管理人参与执行。对此，根据《企业破产法》第八十九条的规定，重整计划的执行人依法只能是债务人，除非出现法律规定的特殊原因（如债务人存在破产欺诈或其他严重损害债权人利益的行为等），管理人才能作为执行人。债务人管理人员的确定应当依照公司法的规定以及公司章程的规定进行确定，出资人、债权人或者重组方如果希望直接参与重整计划的执行，应当以出资人权益调整的方式或者通过债务人有权机构指定的方式介入，最终仍应当以债务人的名义执行重整计划，而不能以出资人、债权人或者重组方自己的名义执行。

2. 关于重整计划执行期限的问题

重整计划超过执行期限仍未执行完毕的如何处理，企业破产法未作规定。对此，如果没有需要终止执行的法定情形，只是未在规定的执行期内执行完毕，则可以考虑给予适当延期，人民法院应当对延长执行期限作出裁定。延期内仍未执行完毕，人民法院可以根据职权或依管理人、利害关系人的申请裁定终止重整计划的执行并宣告债务人破产，启动破产清算程序。

3. 关于重整计划执行过程中的变更问题

重整计划的变更是指重整计划在执行过程中，因情势变更或其他正当理由，而对重整计划予以修改的行为。是否允许在重整计划的执行过程中变更重整计划，如清偿期、重组方案等，企业破产法没有明确规定。重整计划的变更在特殊情况下是必要的，问题在于应当经过何种程序进行变更，实践中有三种做法：一是征求债权人意见后变更；二是管理人报请法院裁定批准；三是采取与通过重整计划相同的程序，即在债权人会议表决通过后再报法院批准，这也是最为公平、公开、公正的程序。针对上述三种做法，由管理人征求债权人意见后变更虽然简单便捷，但程序上显然不够严谨、透明，不能充分保护利害关系人的利益，故不可取。管理人认为有正当理由确有必要变更重整计划时，申请法院裁定批准，法院职权色彩又太过明显。第三种方式比较合理，受重整计划变更影响的利害关系人应当按照原重整计划表决程序重新表决，人民法院根据《企业破产法》第八十六条、第八十七条的规定裁定是否批准重整计划的变更。

4. 关于重整计划的监督问题

根据我国企业破产法的规定，重整计划执行监督人是人民法院指定的管理人，监督对象是执行人，即债务人。执行人应当依法向监督人报告重整计划执行工作和相关情况，监督人应当依法向人民法院和债权人会议报告监督工作。根据《企业破产法》第九十条的规定，我国重整监督人与外国立法例不同，监督人设立于重整计划执行阶段，职责在于监督重整计划的执行。因此，重整计划执行时，管理人作为监督人除了履行《企业破产法》第二十五条规定的职责外，在重整计划执行时应当监督执行人严格全面地执行重整计划。其主要职责包括：(1)在重整计划规定的监督期限内，对执行人执行重整计划的情况以及债务人财务状况行使监督权；(2)要求执行人报告重整计划的执行情况以及债务人财务状况；(3)发现执行人有违法或不当情形时，应当及时进行纠正；(4)如认为需要延长重整计划执行的监督期限，可申请人民法院裁定予以延长；(5)监督期限届满时，应当向人民法院提交监督报告；(6)监督人不尽善良管理人的义务履行监督职责，给债务人、债权人或者其他利害关系人造成损害的，应负赔偿责任。[①]重点监督债务人是否存在下列行为：(1)债务人有违法行为并可能危及债权人利益的；(2)债务人有转移财产、偏颇性清偿或其他与部分债权人串通损害其他债权人利益的行为；(3)有损程序公正的行为；(4)债权人或管理人认为有损其正当利益的其他行为。[②] 债务人在执行重整事务过程中有上述行为的，且债权人会议有正当理由认为不应当再由债务人重整的，经债权人会议或管理人申请，人民法院可以要求债务人更换管理人员，债务人拒绝更换的，人民法院可以依据《企业破产法》第九十三条的规定，裁定终止重整计划的执行，并宣告债务人破产。

5. 关于监督期限的问题

管理人对债务人执行重整计划的行为有进行监督的职能，但是有监督期的限制。实践中，监督期限一般与执行期限相对应，不短于执行期限，如华源股份、北生药业的重整计划规定重整计划的监督期限与执行期限相同。根据《企业破产法》第九十一条的规定，监督期限届满管理人应当向人民法院提交监督报告，

---

① 郑志斌、张婷：《困境公司如何重整》，人民法院出版社 2007 年版，第 382 页。

② 章永进：《破产重整机构法律制度研究》，南昌大学 2008 年硕士学位论文，第 51 页。

自监督报告提交之日起，管理人的监督职责终止。管理人提交监督报告后对重整计划的监督职责虽然依法终止，但管理人对监督期外尚未执行完毕的重整计划依然还有监督职责，管理人发现债务人不能执行或者不执行重整计划的，仍可依据《企业破产法》第九十三条的规定请求人民法院裁定终止重整计划的执行，并申请人民法院宣告债务人破产清算。

——最高人民法院民二庭第五合议庭：《上市公司破产重整案件审理情况总结报告》，载最高人民法院民事审判第二庭编：《商事审判指导》总第39辑，人民法院出版社2015年版，第37~39页。

第六章 | CHAPTER 6

票据纠纷

675

对票据无因性原则的理解与适用

关键词｜票据无因性｜

【最高人民法院审判业务意见】

第一，关于正确理解票据无因性和认定票据权利人问题。无因性是《票据法》的基本原则，票据行为具有独立性，不受原因关系的影响。持票人行使票据权利时不负证明给付原因的责任。持票人只要能够证明票据真实和背书的连续，即可以对票据债务人行使票据权利。但应予注意的是，票据无因性的宗旨在于促进票据流通，保护善意第三人而非非法持票人。因此，《票据法》规定了无因性的例外情形，其中之一为持票人取得票据的手段不合法，不得取得票据权利。

在司法实务中，尤其是在票据贴现时，如何认定贴现人是否因恶意或者重大过失取得票据，往往存在着争议。《票据法》及其司法解释均未对《票据法》第十二条规定的恶意和重大过失进行明确界定。

案件审理中应结合法理和相关业务规则，区分票据的种类和功能进行认定。既要避免绝对无因性倾向，避免以票据无因性为由一概不审查持票人是否以合法手段取得票据；也要防止无视票据无因性倾向而混淆票据法律关系和票据基础法律关系。

——杨临萍：《关于当前商事审判工作中的若干具体问题》(2015 年 12 月 24 日)，载杜万华主编：《商事法律文件解读》总第 134 辑，人民法院出版社 2016 年版，第 19 页。

第一，关于票据无因性原则的理解和适用问题。票据是无因证券，票据具有无因性是世界通论。由于各国对《票据法》的价值取向的认识不同，即对将流通性还是安全性作为《票据法》的首要价值目标的认识不同，各国对票据无因性的规定也不同，有的国家规定了绝对的票据无因性，有的国家规定了相对的票据无因性，我国以后者为模式。在司法实务中，存在着机械理解票据无因性原则，将无因性绝对化，无原则保护持票人利益以及未能正确理解票据无因性的内涵，将票据原因关系与票据关系混为一谈两种倾向。因此，在司法实务中，正确理解和适用票据无因性应注意以下问题：1. 无因性是《票据法》的基本原则。票据行为效力具有独立性，不受原因关系的影响。票据行为只要具备法定形式要件，就可产生法定效力，即使其原因关系不存在、内容发生变化、被撤销或无效，票据债权债务关系并不随之改变。持票人行使票据权利时不负证明给付原因的责任。持票人只要能够证明票据债务的真实成立与存续，即可以对票据债务人行使票据权利。2. 要正确掌握票据无因性适用除外情形：(1) 持票人以非法方式取得票据，不享有票据权利。综观世界各国《票据法》及世界票据公约，强调票据无因性的宗旨在于促进票据流通，保护善意第三人而非非法持票人，因此，在持票人采用欺诈、胁迫、偷盗等违法方式取得票据或取得票据时具有恶意或重大过失的，该持票人并不享有票据权利。由此可见，持票人并非一定是票据权利人，只有正当持票人才是票据权利人。(2) 在授受票据的直接当事人之间，票据原因关系影响票据行为效力。(3) 持票人未支付合理对价，不享有优于其前手的票据权利。

——宋晓明：《加强调查研究，探索解决之道——就在全国民商事审判工作会议中提出的若干疑难问题答记者问》，载最高人民法院民事审判第二庭编：《民商事审判指导》总第 11 辑，人民法院出版社 2007 年版，第 88 ~ 89 页。

【最高人民法院答复】

内蒙古自治区高级人民法院：

你院《关于银行票据结算合同纠纷上诉案的请示报告》已收悉，经我庭研究，现答复如下：

一、本案虽然从总体上来说是一起由古玉金、刘建军、赵明策划并实施的诈骗案，但却存在着两种关系：一是宝鸡五金公司与大同矿务局综合商场的所谓合同关系；二是宝鸡五金公司与银行的结算关系。票据是一种无因证券，它一经签发，就产生了独立的债权债务关系，并与该票据的原因相分离。因此，对于宝鸡五金公司与银行的结算关系可由法院分案审理。对于古玉金、刘建军等人的诈骗活动，公安机关早已立案侦查，并下令通缉，不存在移送经济犯罪问题。

二、工商行呼市大北街办事处将取款人“大同矿务局综合商店”背书上却为“河北省饶阳县食品公司留楚食品购销站”盖章的汇票错误解付，转入建行呼市第一办事处东街分理处古玉金账户；违反了银行结算办法的有关规定，应当承担过错责任。

建行呼市第一办事处东街分理处违反银行账户管理规定,为古玉金、刘建军等开立账户,违反现金管理规定,让古玉金、刘建军提取12.5万元的现金,也要承担过错责任。

托县工商行违反规定,将20万元购货款转入储蓄所个人存折,被刘建军、赵明提取现金潜逃,亦应承担相应责任。

三、宝鸡市五金公司业务员将汇票转给古玉金,违反了汇票结算办法的规定。因此,宝鸡市五金公司应承担一定经济责任。

四、上列当事人各自应承担的份额,由你们根据具体情况确定。

——《最高人民法院经济审判庭关于银行票据结算合同纠纷上诉案的电话答复》(1990年7月24日)

【《最高人民法院公报》案例】

风神轮胎股份有限公司与中信银行股份有限公司天津分行、河北宝硕股份有限公司借款合同纠纷案[最高人民法院(2007)民二终字第36号民事判决书]

裁判摘要:根据票据无因性理论,票据基础关系(包括票据原因关系)独立于票据关系,票据基础关系(包括票据原因关系)的效力不影响票据关系的效力。

最高人民法院认为:从目前有效的证据来看,虽然该汇票的收款人德利得公司注册资金仅为50万元且为宝硕公司关联公司,但并不意味着其不能从事3000万元的商业交易。即使汇票项下没有真实交易背景,也不能认定票据行为无效。根据票据无因性理论,票据的基础关系独立于票据关系,票据基础关系(包括票据原因关系)的效力不影响票据关系的效力。根据《票据法》第十条规定"票据的签发、取得和转让,应当遵循诚实信用的原则,具有真实的交易关系和债权债务关系",票据行为应有真实的票据原因关系,即真实的交易关系。但该条规定应属管理性法条,基础关系欠缺并不当然导致票据行为无效。根据《票据法》第十三条规定"票据债务人不得以自己与出票人或者与持票人的前手之间的抗辩事由,对抗持票人",票据基础关系(包括票据原因关系)的效力不影响票据关系本身。本案中3000万元银行承兑汇票项下即便不存在真实交易背景、票据基础关系无效,该汇票仍因符合《票据法》相关规定应为有效。即便中信银行与宝硕公司之间的汇票承兑协议因不具有真实交易背景,违反HC0413号《银行承兑汇票承兑协议》第四条约定"……其申请的承兑汇票是以真实交易为基础,所签订的相关交易合同合法有效",汇票承兑协议无效,中信银行仍有权对其因有效票据关系而进行的承兑所产生的债务，对宝硕公司主张损害赔偿，即对宝硕公司仍享有债权。

——《最高人民法院公报》2008 年第 2 期

交通银行中山支行诉中国成套设备出口公司武汉分公司经营处、中国人民建设银行海口市分行等银行承兑汇票纠纷再审案［最高人民法院（1994）经提字第 1 号民事判决书］

最高人民法院经审理认为：票据是要式证券，文义性、无因性是票据的重要特征。中山交行签发承兑的 9 张分别以经营处、业务处、原中南集团为收款人的总面额 8000 万元的银行承兑汇票，形式完备、要素齐全，是有效的汇票。中国人民银行颁发的《银行结算办法》虽然规定签发商业汇票必须以合法的商品交易为基础，但这并不是对汇票效力的规定。票据关系的存在并不以原因关系的成立和有效为前提，票据关系与其原因关系各自相对独立。中山交行以其签发承兑汇票无合法商品交易且同受骗为由主张汇票无效，缺乏法律根据。原中南航是 3 张汇票的收款人，虽然翡翠公司、钢管厂、中山交行在投资联营合同书上约定中山交行签发的银行承兑汇票不得转让和贴现，但该约定对签约人之外的汇票收款人不产生约束力。另外，当时中山交行使用的是旧式汇票，其上虽有不得流通转让之记载，但当时新的银行结算办法允许汇票背书转让，中国人民银行又允许在一段时间内使用旧式汇票，因此，该记载已失效，本案中原中南集团将两张汇票背书转让是有效的。原中南集团将两张各 1000 万元的银行承兑汇票背书转让给万达公司，万达公司即成为汇票的合法持有人。1990 年 7 月 22 日万达公司与海口建行签订了“贴现契约”，并将承兑汇票交给海口建行，因此海口建行虽然由于其他原因迟至同年 11 月 10 日才将款项划入万达公司账户，但仍应认定 7 月 22 日万达公司已将所持的两张银行承兑汇票贴现。海口建行作为合法的持票人，有权向中山交行主张汇票上的权利，中山交行应予兑付票款。经营处是中山交行签发的 3 张银行承兑汇票的收款人，其收到该汇票后，为深实公司支付 18548230 元，因此，应认定经营处取得 2500 万元承兑汇票已付出相应对价。经营处是 2500 万元承兑汇票的合法持有人，中山交行应予兑付票款。

综上，中山交行对其签发的形式完备、要素齐全的有效汇票，负有到期无条件兑付的义务。海口建行予以贴现的汇票背书连续；经营处作为 2500 万元银行承兑汇票的收款人已付出了相应对价，均为承兑汇票的合法持有人。依照《民法通则》第八十四条第二款关于“债权人有权要求债务人按照合同的约定或者依照法律的规定履行义务”的规定，参照中国人民银行发布的《商业汇票承兑、贴规与再贴现管理暂行办法》第三条第三款关于“汇票经承兑后，承兑人即负有到期无条件交付票款的责任”，《银行结算办法》第十四条第九款第三项关于“贴规到期，贴现银行向承兑银行收取票据”的规定，作为该银行承兑汇票债权人的海口建行和经营处，均有权向中山交行主张汇票上的权利。原判决认定上述银行承兑汇票的收款人、背书人和被背书人非法持有银行承兑汇票，并判决持有人将所持的银行承兑汇票退回中山交行是错误的，应予撤销。

——《最高人民法院公报》1995 年第 1 期

中国农业银行西宁市支行东郊办事处诉中银信托投资公司银行承兑汇票纠纷上诉案(最高人民法院民事判决书)

最高人民法院认为:原中南集团向中银公司申请贷款，将被上诉人农行东郊办为引进资金而签发的、以原中南集团下属企业解放军 9560 工厂为收款人，票面金额合计 2000 万元的银行承兑汇票作抵押贷款，与上诉人中银公司签订了《人民币贷款合同》，形成银行承兑汇票抵押贷款的民事法律关系。被上诉人应原中南集团、上诉人要求，将银行承兑汇票的收款人由解放军 9560 工厂变更为上诉人，重新签发了以上诉人为收款人，票号为 X16858015、X16858016 两张银行承兑汇票，票面金额合计 2000 万元人民币，从而在被上诉人与上诉人之间形成了银行承兑汇票的法律关系，即票据关系。鉴于票据是无因证券，文义证券，票据关系一经成立，即与票据取得的原因关系相脱离，无论其原因关系是否存在及是否有效，都不影响票据本身的效力。经查，被上诉人 1990 年 10 月 3 日签发并承兑的票号为 X16858015、X16858016 两张银行承兑汇票要素完整;上诉人取得该票据并无恶意，且支付了相当对价。因此，上述两张票据均为合法有效。被上诉人作为本案银行承兑汇票的债务人，负有到期按票面记载金额无条件兑付的义务，不得以票据以外的民事法律关系为由拒绝付款。被上诉人关于上述两张银行承兑汇票抵押贷款法律关系不能成立和上诉人中银公司诱骗其签发没有商品交易关系的银行承兑汇票的主张，有悖法理。上诉人作为本案银行承兑汇票的收款人和持票人，享有汇票到期请求被上诉人农行东郊办兑付票款的权利，其上诉理由成立，应予采纳。原审第三人海云商场收到原中南集团转存的 650 万元资金，可依被上诉人与原中南集团约定的引进资金的民事法律关系，付给被上诉人农行东郊办。上诉人中银公司作为信托投资机构，用自身信贷资金放贷时收取原中南集团48万元贷款手续费，违反了银行和金融机构贷款不得再收取手续费的规定，应予退还。由于原中南集团已经宣告破产，且破产程序业已终结，故该48万元可直接退给被上诉人。原审判决认定事实清楚，但在判决理由中忽视票据的无因性，将票据这种特殊的法律关系混同于普通的民事法律关系，从而得出“中银公司和农行东郊办对银行承兑汇票抵押担保无效均有过错责任，当事人在抵押物上设定的权利相应无效”的结论，显系错误，应予纠正。

——《最高人民法院公报》1994年第4期

【最高人民法院裁判文书】

大连大显控股股份有限公司与于量票据追索权纠纷申请再审案[最高人民法院(2016)最高法民申1070号民事裁定书]

最高人民法院认为：(三)关于案外人陈玲玲取得涉案支票的基础是否能够向持票人抗辩的问题。大显控股公司提出的因大显集团公司(现已更名为大连长富瑞华集团有限公司)与陈玲玲之间存在借款关系，故其将涉案四张支票作为还款之保证提供给陈玲玲的主张，属于出票人大显控股公司与持票人的前手陈玲玲之间的基础法律关系。依据《票据法》第十条、第十三条第一款“票据债务人不得以自己与出票人或者与持票人的前手之间的抗辩事由，对抗持票人。但是，持票人明知存在抗辩事由而取得票据的除外”、第二十一条“汇票的出票人必须与付款人具有真实的委托付款关系，并且具有支付汇票金额的可靠资金来源。不得签发无对价的汇票用以骗取银行或者其他票据当事人的资金”及《票据纠纷规定》第十四条“票据债务人以《票据法》第十条、第二十一条的规定为由，对业经背书转让票据的持票人进行抗辩的，人民法院不予支持”之规定以及票据无因性之原则，即票据的基础关系独立于票据关系，票据基础关系的效力不影响票据关系的效力。大显控股公司所主张的基础关系不能作为本案的抗辩理由，亦不影响于量在本案票据关系中所享有的票据权利。

——中国裁判文书网，http://wenshu.court.gov.cn。

大连大显控股股份有限公司与俞陈票据追索权纠纷申请再审案[最高人民法院(2016)最高法民申1068号民事裁定书]

本裁判理由与前引裁判文书基本相同(略)。

——中国裁判文书网，http://wenshu.court.gov.cn。

山西智丰贸易有限责任公司与中国民生银行股份有限公司苏州分行、中国建设银行股份有限公司天津和平支行等票据利益返还请求权纠纷、返还原物纠纷申请再审案[最高人民法院(2015)民申字第1759号民事裁定书]

最高人民法院认为:2.关于本案票据背书及贴现过程是否存在错误的问题。本案山西智丰公司从河津市津鑫焦化有限公司背书取得票据后与和孚公司联系,将该票据交付和孚公司老板宋新林贴现,同时约定了贴现利息及付款方式。但和孚公司没有依照约定支付山西智丰公司所有款项,尚欠其635万元。和孚公司将涉案票据交付阿法亚公司,阿法亚公司再背书给本特明公司,本特明公司向民生银行苏州分行申请贴现,该行贴现后又转贴现给华夏银行昆明分行,后因为华夏银行昆明分行向建行和平支行提示付款时被拒绝,其向民生银行苏州分行追索了汇票的票款,民生银行苏州分行返还转贴现款后,华夏银行昆明分行对票据不再主张权利。最终承兑行建行和平支行向票据持有人民生银行苏州分行付款。从以上流程可以看出,首先,山西智丰公司在未有基础交易且未收到实际款项的前提下,自愿将票据交付和孚公司,使票据脱离自己控制是造成本案的主要原因。其次,票据背书连续且票据上加盖的公章均真实。再次,票据关系具有无因性,在背书连续的情况下,承兑行见票即付,建行和平支行最终付款给民生银行苏州分行。从票据本身看,流转过程没有问题,票据上背书真实、连续,各手背书及贴现均已尽合理的审查义务。山西智丰公司主张其为票据真实权利人无事实与法律依据。

——中国裁判文书网,http://wenshu.court.gov.cn。

中信商业保理有限公司与国中医药有限责任公司票据纠纷案[最高人民法院(2015)民申字第134号民事判决书]

最高人民法院认为:本案是中信保理公司持商业承兑汇票请求人民法院判决汇票付款人国中医药公司进行付款而发动,行使的是票据追索权,因此,本案的案由、主要法律关系的性质是票据纠纷,对当事人之间的权利义务关系的认定及相关责任的分配均应从票据法的角度进行衡量。票据作为支付结算的工具,必有其基础交易关系。同时,票据具有无因性,即通过合法方式取得票据的持票人,仅凭票据的文义记载,即可向票据上的付款人主张票据权利,不受票据原因关系的影响。国中医药公司认为中信保理公司明知安力博发公司、星纪开元公司对国中医药公司不存在真实的应收账款,明知国中医药公司与安力博发公司、星纪开元公司之间存在抗辩事由仍受让票据,案涉《保理合同》并未实际履行，是因中信保理公司未依据《保理合同》审查从安力博发公司、星纪开元公司处受让的债权而导致其债权无法实现，中信保理公司与安力博发公司、星纪开元公司之间“名为保理，实为借贷”，并骗取国中医药公司承兑汇票，主张中信保理公司受让票据没有支付合理对价，中信保理公司无权行使票据追索权，但国中医药公司并未提供充分证据对其上述理由予以证明，中信保理公司已就其通过背书合法获得案涉汇票作出合理说明，本院在本案中不再审查票据原因关系。根据《票据纠纷规定》第十四条的规定，“票据债务人以票据法第十条、第二十一条的规定为由，对业经背书转让票据的持票人进行抗辩的，人民法院不予支持”，国中医药公司对安力博发公司、星纪开元公司未实际供货的抗辩和关于其自身未实际使用保理款的抗辩，不能成为其拒绝向中信保理公司承担票据责任的理由。综上，中信保理公司持背书连续的票据，按照票据关系行使追索权，本院予以支持，国中医药公司的上诉理由不能成立。至于国中医药公司认为其在票据原因关系中的权益保护，可就相应的民事法律关系另行主张。

——中国裁判文书网，http://wenshu.court.gov.cn。

贵州贵志房地产开发有限公司与广西北部湾银行股份有限公司南宁市五象广场支行及化州市正元实业有限公司、袁博票据纠纷申请再审案［最高人民法院（2014）民申字第1311号民事裁定书］

最高人民法院认为：一、关于案涉《银行承兑协议》和《最高额抵押合同》的效力问题。首先，《银行承兑协议》是北部湾银行与正元公司之间为出具银行承兑汇票而建立的资金关系，属于票据基础关系的一种。票据的基础关系是民法上的法律关系，其内容为民法上的权利义务，应适用民法上的一般债权制度。从本案的事实看，《银行承兑协议》是当事人的真实意思表示，协议主体资格适格，内容不违反国家法律、行政法规的强制性规定，应认定为有效。《最高额抵押合同》是贵志公司为正元公司在《银行承兑协议》中的主合同义务提供抵押担保而建立的抵押担保关系，该协议主体适格，内容不违反国家法律、行政法规的强制性规定，也应认定为有效。贵志公司以票据法的相关规定来判断分析和否认《银行承兑协议》的效力，缺乏相应的法律依据。况且，《票据法》第十条第一款“票据的签发、取得和转让，应当遵循诚实信用原则，具有真实的交易关系和债权债务关系”、第二十一条第二款“不得签发无对价的汇票用以骗取银行或者其他票据当事人的资金”的规定，并非是对汇票效力的规定。票据的基础关系独立于票据关系,票据基础关系的效力不影响票据关系的效力。即使汇票项下没有真实交易背景,也不能认定汇票行为无效,更不能影响到汇票的资金关系即案涉《银行承兑协议》的效力。

——中国裁判文书网,http://wenshu.court.gov.cn。

贵州贵志房地产开发有限公司与袁博、化州市正元实业有限公司、广西北部湾银行股份有限公司南宁市五象广场支行票据纠纷申请再审案[最高人民法院(2014)民申字第1390、1404、1405、1140号民事裁定书]

本裁判理由与前引裁判文书基本一致(略)。

——中国裁判文书网,http://wenshu.court.gov.cn。

济宁市志冠商贸有限责任公司与山东鲁盛肥业有限公司等侵权纠纷申请再审案[最高人民法院(2013)民申字第2222号民事裁定书]

最高人民法院认为:本案中,鲁盛公司系从持票人王凯处取得空白背书票据,并支付了相应对价,不具有恶意或重大过失。其在取得票据后于空白背书处签章,亦符合票据转让和票据文义性的要求。鲁盛公司取得票据权利后,将案涉汇票交付鹏华公司,鹏华公司以三张等额承兑汇票支付对价,亦取得票据权利。志冠公司申请再审以上述三张承兑汇票的出票时间晚于鹏华公司从鲁盛公司处取得案涉汇票的时间为由,主张二者不具有关联性,但支付对价不以时间同一为必要,志冠公司亦未提供证据证明鲁盛公司与鹏华公司之间存在其他经济往来,故本院对其该项主张不予采信。根据《票据法》第十一条之规定,即使鹏华公司取得票据未支付对价,后果亦系享有的票据权利不得优于其前手的权利,不因此影响其成为票据权利人。故,二审判决依据票据无因性和《票据法》第十二条的规定,认定鲁盛公司、鹏华公司曾取得票据权利,适用法律并无不当。志冠公司申请再审认为二审判决将票据行为无因性绝对化的主张,系属误解,不能成立。志冠公司未在票据上签章,并非票据上权利人。尤其在案涉汇票已被付款、票据权利已经消失的情况下,其仅得依民法上票据基础关系行使相应权利。依据本案查明事实,志冠公司无法收回票据款项,系王凯未支付对价所致,与鲁盛公司、鹏华公司流转票据的行为不具有因果关系。对此,二审判决已释明志冠公司应向王凯主张侵权赔偿责任。

——中国裁判文书网,http://wenshu.court.gov.cn。

中国银河证券有限责任公司深圳宝安路证券营业部与中国工商银行郑州市经三路支行、河南省龙浩实业有限公司、深圳市龙浩世纪实业有限公司借款担保合同纠纷上诉案[最高人民法院(2005)民二终字第75号民事判决书]

最高人民法院认为:宝安路营业部上诉称,本案承兑汇票项下的款项并未用于真实的商品交易,本案其他原审被告实施了恶意借贷行为,承兑协议因违法和损害国家利益应当无效。因银行在签发承兑汇票时对申请人提供的基础法律关系进行了必要的形式审查,并在签发汇票时履行了相应的手续,符合法律规定的签发银行承兑汇票的形式要件和实质要件,宝安路营业部以本案资金使用目的与申请汇票原因不符,基础法律关系不真实为由主张《银行承兑协议》无效的理由不成立,本院不予支持。

——最高人民法院民事审判第二庭编:《民商事审判指导》总第11辑,人民法院出版社2007年版,第276~286页。

676

厘清票据所涉纠纷性质是票据纠纷还是与票据有关的纠纷，是准确适用法律的基础

关键词｜票据纠纷｜与票据有关纠纷｜法律适用｜

【最高人民法院裁判文书】

大连大显控股股份有限公司与于量票据追索权纠纷申请再审案[最高人民法院(2016)最高法民申1070号民事裁定书]

最高人民法院认为:(一)关于本案案由确定的问题。本案系因于量持有由陈玲玲向其背书的四张共计人民币8000万元的支票办理委托收款时被通知退票,而向出票人大显控股公司行使票据追索权所产生之纠纷,属于《票据法》第六十一条第一款“汇票到期被拒绝付款的,持票人可以对背书人、出票人以及汇票的其他债务人行使追索权”及第九十三条第一款“支票的背书、付款行为和追索权的行使,除本章规定外,适用本法第二章有关汇票的规定”所规定的情形,故,原判决认定本案为票据追索权纠纷符合法律规定,原审法院依据票据关系予以审理并无不当。

——中国裁判文书网,http://wenshu.court.gov.cn。

大连大显控股股份有限公司与俞陈票据追索权纠纷申请再审案[最高人民法院(2016)最高法民申1068号民事裁定书]

本裁判理由与前引裁判文书基本相同(略)。

——中国裁判文书网,http://wenshu.court.gov.cn。

岳阳市君山区农村信用合作联社与湖南富兴中小企业担保有限公司票据损害赔偿纠纷再审案(最高人民法院再审民事判决书)

裁判要旨:将涉及票据或与票据有关的案件,一律称之为票据纠纷,并且机械理解票据无因性原则、将无因性绝对化,无原则保护持票人甚至出票人利益的做法并不可取。在处理票据有关纠纷的案件时,应当按照《民事案件案由规定》,将票据有关的纠纷细化,分清纠纷涉及票据的哪种法律关系,从而才能更加准确地适用法律。

最高人民法院经再审认为:本案系富兴担保公司以君山农信联社违规兑付与预留印鉴不符的转账支票造成其损失,主张损害赔偿引起的纠纷。争议的主要焦点问题是将涉案800万元交付精米厂是否是富兴担保公司真实意思的表示,即君山农信联社的违规行为是否给富兴担保公司造成了损失。

根据本院审理查明的事实,本案富兴担保公司在君山农信联社开立了一般存款账户,并利用该账户存入资金和转账。富兴担保公司与君山农信联社之间是出票人与付款人有关票据委托付款的资金法律关系。故本案实质上是君山农信联社是否违规付款造成富兴担保公司财产损失的票据损害赔偿纠纷。最高人民检察院关于本案案由应为票据损害赔偿纠纷并由侵权法律规范调整的抗诉理由成立,本院予以支持。富兴担保公司主张本案应为票据纠纷并基于票据的无因性审理没有事实和法律依据,其主张本院不予支持。

——景汉朝主编:《最高人民法院审判监督指导案例解析》,人民法院出版社2015年版,第435~447页。

【链接:最高人民法院法官著述】

票据所涉的法律关系包括票据关系、票据法上的非票据关系和票据基础关系。其中,票据关系是指当事人间基于出票、背书、承兑、保证、付款等票据行为而发生的债权债务关系,它是一种形式关系或抽象关系,仅由票据授受这种形式而发生。至于当事人之所以授受票据,亦即授受票据的原因或实质,则在票据授受之前就已存在,这种作为票据授受前提的关系就是票据的基础关系,又称为票据的实质关系、民法上的非票据关系。票据的基础关系属于民法上的法律关系,它是票据行为产生的原因,但不是票据上的权利义务关系,故它受民法而非票据法所调整。因此,因民法上的非票据关系(票据基础关系)发生纠纷,我们只能适用民法的规则加以解决。而票据法上的非票据关系,是指由票据法直接规定的与票据行为有联系但不是由票据行为本身所发生的法律关系。在现实生活中,有关票据权利人由于各种特殊原因会丧失票据上的权利,但在有关票据当事人之间并非已消灭了一切权利义务关系。这是因为票据法为保障票据关系及票据制度的正常实施,在票据权利义务外又作出了一些特殊规定。基于这些特殊规定,在有关票据当事人间会另产生一些与票据关系不同的特定的权利义务关系,即票据法上的非票据关系。如真正的权利人对因恶意或重大过失而取得票据的持票人请求返还票据的关系;付款人在付款后请求持票人交出票据的关系等。可见,作为票据关系内容的权利是票据权利,是与票据相结合的权利,因而权利人行使权利以持有票据为必要,而票据法上的非票据关系并不以持有票据为必要。

——何抒、杨心忠:《厘清票据所涉法律关系性质是准确适用法律的基础——岳阳市君山区农村信用合作联社与湖南富兴中小企业担保有限公司票据损害赔偿纠纷再审案》,载景汉朝主编:《最高人民法院审判监督指导案例解析》,人民法院出版社 2015 年版,第 447～448 页。

677

票据法律关系与基础原因关系相互独立，实体上不应混同处理

关键词｜票据行为｜票据法律关系｜票据基础关系｜

【最高人民法院裁判文书】

中国民生银行股份有限公司三亚分行与宁波银行股份有限公司北京分行合同纠纷案[最高人民法院(2016)最高法民终 741 号民事判决书]

最高人民法院认为:(一)关于宁波银行北京分行是否应向民生银行三亚分行支付 4 亿元问题。2015 年 7 月 2 日,宁波银行北京分行与民生银行三亚分行

签订《商业承兑汇票转贴现合同》,该合同系双方当事人的真实意思表示,亦不违反法律、行政法规的效力性强制性规定,应为有效合同。该合同约定,宁波银行北京分行将案涉6张票面金额共计6亿元的商业承兑汇票交由民生银行三亚分行办理转贴现业务。若托收该合同项下商业承兑汇票遇承兑人拒绝付款的,民生银行三亚分行可按票据法和其他法律、法规以及该合同第七条的规定向宁波银行北京分行追索。合同订立当日,民生银行三亚分行即向宁波银行北京分行支付5.85699亿元转贴现款项。案涉票据经多次流转直至2016年1月1日到期时,持票人平安银行宁波分行向付款行民生银行杭州分行办理托收,民生银行杭州分行拒绝付款并出具票据拒绝付款理由书。平安银行宁波分行遂于同年1月5日向民生银行三亚分行发出《追索函》,民生银行三亚分行亦于1月11日以公证的方式向宁波银行北京分行送达《追索函》予以书面追偿。由于案涉6张商业承兑汇票被付款行拒绝付款,民生银行三亚分行在受平安银行宁波分行追索的情况下向宁波银行北京分行发出书面追偿通知,根据《商业承兑汇票转贴现合同》第七条关于"甲方(民生银行三亚分行)在其为乙方(宁波银行北京分行)办理转贴现的每份商业承兑汇票项下对乙方具有追索权。甲方在收到拒绝付款证明和商业银行承兑汇票之日起三个工作日内,向乙方发出书面追索通知。乙方保证在收到甲方追索通知之次日起三个工作日内,将被拒绝付款的汇票金额及迟收利息(按汇票金额每日万分之五计算,自到期日或提示付款日起至清偿之日止)足额划入甲方指定账户"的约定,宁波银行北京分行应当向民生银行三亚分行支付案涉6亿元汇票金额。由于民生银行三亚分行已经确认收到票号为0010006322177827、0010006322177832的汇票项下的2亿元票面金额,故原审法院扣除此笔款项后判令宁波银行北京分行向民生银行三亚分行支付4亿元有事实根据。

(二)关于苏州银行是否应向民生银行三亚分行或者向宁波银行北京分行支付案涉4亿元问题。这一问题的实质在于判断案涉交易的法律性质是票据法律关系还是合同法律关系。

1. 只有在票据上签章的票据行为方产生票据法律关系。根据《票据法》第四条关于"票据出票人制作票据,应当按照法定条件在票据上签章,并按照所记载的事项承担票据责任。持票人行使票据权利,应当按照法定程序在票据上签章,并出示票据。其他票据债务人在票据上签章的,按照票据所记载的事项承担票据责任。本法所称票据权利,是指持票人向票据债务人请求支付票据金额的权利,包括付款请求权和追索权。本法所称票据责任,是指票据债务人向持票人支付票据金额的义务"的规定,在票据上签章是可以产生票据法律关系的票据行为，持票人行使票据权利的前提是在票据上签章，而票据债务人则是在票据上签章后方对票据所记载的事项承担票据责任。本案中，案涉商业承兑汇票的付款人为汉康公司，收款人为中航国运国际贸易（北京）有限公司，付款行是民生银行杭州分行，背书人依次为中航国运国际贸易（北京）有限公司、中都信华国际贸易（北京）有限公司、北京中航国运科贸有限公司、库车国民村镇银行有限责任公司、民生银行三亚分行、平安银行宁波分行、兴业银行股份有限公司福州分行、平安银行宁波分行，根据《票据法》第二十七条第四款关于“背书是指在票据背面或者粘单上记载有关事项并签章的票据行为”的规定，案涉商业承兑汇票所承载的票据法律关系仅存在于上述在票据背书的各方主体之间。宁波银行北京分行并未在案涉商业承兑汇票上签章背书，无票据行为则不产生票据法律关系以及发生票据权利的变动，该行自然不是案涉商业承兑汇票所载票据法律关系当事人。

2. 金融机构间办理票据转贴现业务应当予以背书，无背书票据行为的，仅产生合同法律关系。根据中国人民银行《商业汇票承兑、贴现与再贴现管理暂行办法》第二条第三款关于“本办法所称转贴现系指金融机构为了取得资金，将未到期的已贴现商业汇票再以贴现方式向另一金融机构转让的票据行为，是金融机构间融通资金的一种方式”的规定，金融机构为融通资金办理票据的转贴现业务必须要实施转让票据的票据行为。另根据中国人民银行《支付结算办法》第九十三条关于“符合条件的商业汇票的持票人可持未到期的商业汇票连同贴现凭证向银行申请贴现。贴现银行可持未到期的商业汇票向其他银行转贴现，也可向中国人民银行申请再贴现。贴现、转贴现、再贴现时，应作成转让背书，并提供贴现申请人与其直接前手之间的增值税发票和商品发运单据复印件”的规定，结合前述票据法的相关规定，在票据上背书即为金融机构之间办理转贴现业务时必须实施的转让票据的票据行为。与此相对应的是，宁波银行北京分行与民生银行三亚分行所订立的格式合同《商业承兑汇票转贴现合同》第五条也约定：“乙方（宁波银行北京分行）办理贴现时，将其持有的商业承兑汇票的‘背书’栏中加盖银行‘汇票专用章’和法定代表人（或负责人、委托代理人、授权代理人）私章或签字，并在‘被背书人’栏中载明甲方（民生银行三亚分行）的全称。”由此可知，在常规的转贴现业务中，金融机构为融通资金办理贴现业务应当在票据上背书、成为票据法律关系当事人后才能受让票据并享有票据权利。本案中，宁波银行北京分行为办理案涉票据转贴现业务而与民生银行三亚分行签订《商业承兑汇票转贴现合同》，但并未按照规章要求以及合同约定在案涉票据上背书，因无票据行为而未能成为案涉票据所载票据法律关系当事人，该行并不享有案涉票据权利及承担票据责任，自不能援引《票据法》的相关规定行使抗辩权利。《商业承兑汇票转贴现合同》中虽有关于“托收本合同项下的商业承兑汇票时，如遇承兑人拒绝付款，甲方(民生银行三亚分行)将按《票据法》和其他法律、法规及本合同第七条的规定向乙方(宁波银行北京分行)追索”的约定，民生银行三亚分行也在案涉票据上签章背书，但其前手即背书人为库车国民村镇银行有限责任公司而非宁波银行北京分行，故民生银行三亚分行与宁波银行北京分行之间并未产生票据法律关系，案涉交易法律性质应为合同法律关系，原审法院未依照《票据法》审理本案纠纷并非适用法律错误。

3. 持票人前手均为票据债务人，而合同债务人仅限于债权人的合同相对人。苏州银行作为卖出方与买入方宁波银行北京分行签订与前述《商业承兑汇票转贴现合同》内容完全相同的转贴现合同，亦未按照规章要求和合同约定在案涉商业承兑汇票上签章，与宁波银行北京分行以及民生银行三亚分行之间并未发生票据法律关系，相互之间权利义务应由各自分别签订的《商业承兑汇票转贴现合同》羁束。尽管苏州银行、宁波银行北京分行以及民生银行三亚分行为融通资金而对案涉6张商业承兑汇票先后办理转贴现业务，但基于合同相对性原则，民生银行三亚分行仅得向《商业承兑汇票转贴现合同》合同相对人宁波银行北京分行主张合同权利，苏州银行亦只能以另一《商业承兑汇票转贴现合同》向宁波银行北京分行行使抗辩。由于民生银行三亚分行与苏州银行之间并无直接的合同关系及其他法律关系，宁波银行北京分行关于应由苏州银行直接向民生银行三亚分行承担案涉合同责任的主张因无法律依据而不能成立。宁波银行北京分行还主张应先行判令苏州银行向其支付4亿元后再由其向民生银行三亚分行承担本案民事责任，但该行并未在本案中向苏州银行提出诉讼请求并交纳案件受理费，故其此项上诉理由因无事实根据而不能成立。原审法院依宁波银行北京分行申请将苏州银行追加为本案第三人，查清事实后判令宁波银行北京分行向民生银行三亚分行承担责任，其实体处理并无不当。

4. 票据法律关系与基础原因关系相互独立，实体上不应混同处理。苏州银行述称民生银行三亚分行与汉康公司等签订《还款协议》《债权转让合同》《质押合同》，拟证明该行为本案最终债务人、其权利已获保障，宁波银行北京分行也提出前述合同已履行部分应从该行在本案应支付款项中予以扣除的主张。从苏州银行所举证据来看，上述合同系民生银行三亚分行根据《票据法》相关规定向其前手行使第二顺序追索权利，相关票据债务人为履行义务而重新形成的另一合同法律关系，并不意味着民生银行三亚分行与其票据前手之间只有合同法律关系而无票据法律关系。而票据作为要式证券，无因性为其重要特征，根据《票据法》第十条关于“票据的签发、取得和转让，应当遵循诚实信用的原则，具有真实的交易关系和债权债务关系。票据的取得，必须给付对价，即应当给付票据双方当事人认可的相对应的代价”的规定，唯有按照法律规定取得票据并依法转让的票据法律关系债务人可以基础原因关系或对价事由提出抗辩。前已述及，宁波银行北京分行和苏州银行均不是案涉票据法律关系当事人，与票据法律关系及票据权利的流转并无法律上关联，因此，民生银行三亚分行为行使票据权利、实现票据利益而与汉康公司等人签订《还款协议》《债权转让合同》《质押合同》之事实与本案所涉无票据背书的贴现合同纠纷无关，宁波银行北京分行此项上诉理由因无法律依据而不能成立；另外，从对价的角度看，民生银行三亚分行作为票据法律关系当事人，已经受到了后手平安银行宁波分行的追索，原审法院作出关于判令民生银行三亚分行支付承兑汇票金额（2016）琼民初16号民事判决业已发生法律效力，这与民生银行三亚分行向其前手进行相同的追索行为在票据法律关系中实现了票据利益的对价平衡。而在本案合同纠纷中，宁波银行北京分行在签订《商业承兑汇票转贴现合同》当日即收取了民生银行三亚分行支付的5.85699亿元转贴现款项，原审法院判令其依约向民生银行三亚分行支付6亿元款项后双方业已实现对价衡平。如将前述票据债务人根据票据法律关系向民生银行三亚分行应付款项从本案宁波银行北京分行应向民生银行三亚分行支付款项中予以扣除，则应将案涉票据所有当事人都纳入本案一并审理，故其关于需将案外票据纠纷引入本案一并处理的主张亦无事实根据和法律依据而不能成立。

——中国裁判文书网，http://wenshu.court.gov.cn。

678

对票据文义性原则的理解与适用

关键词 | 票据文义性 |

【最高人民法院审判业务意见】

第二，关于票据文义性原则的理解和适用问题。文义性是票据的典型特征。

在理解和适用票据的文义性原则时应注意:票据记载事项应清楚、明确。票据权利的内容,完全依票据上所载的文义确定,而不能以票据文义之外的其他事实和证明方法来探求票据行为人的本意,即使票据记载的文义与票据行为人的真实意思表示相悖,票据法律关系当事人也只能依据票据记载文义来享有票据权利、承担票据义务。票据债权人不能以票据文义之外的记载内容补充、更正票据内容,不能据此主张票据权利。

——宋晓明:《加强调查研究,探索解决之道——就在全国民商事审判工作会议中提出的若干疑难问题答记者问》,载最高人民法院民事审判第二庭编:《民商事审判指导》总第11辑,人民法院出版社2007年版,第88~89页。

【最高人民法院裁判文书】

中信商业保理有限公司与国中医药有限责任公司票据纠纷案[最高人民法院(2015)民申字第134号民事判决书]

最高人民法院认为:本案争议焦点在于中信保理公司是否享有案涉六张汇票载明的票据权利。票据作为一种文义证券、设权证券,其创设的权利义务由票据上所记载的文字的意义决定。案涉六张商业承兑汇票对表明"汇票"的字样、无条件支付的委托、确定的金额、付款人名称、收款人名称、出票日期、出票人签章等汇票的绝对应记载事项均有记载,国中医药公司对案涉汇票的真实性亦无异议。案涉汇票记载的付款人均为国中医药公司,国中医药公司在案涉汇票的承兑人签章处进行签章,收款人分别为安力博发公司、星纪开元公司,安力博发公司、星纪开元公司分别作为背书人将案涉汇票背书转让给中信保理公司。中信保理公司持背书连续的案涉汇票和汇票到期被拒绝付款的证据,同时以其与安力博发公司签订的中信保(2012)XM1-5《保理合同》、与星纪开元公司签订的中信保(2013)XM1-4《保理合同》、中信保(2012)XM1-5《保理合同》的相应对账单、银行单据及汇总表等证据,证明其是基于与安力博发公司、星纪开元公司之间的保理业务关系,分别从安力博发公司、星纪开元公司处背书受让了案涉六张商业承兑汇票,主张行使追索权,要求国中医药公司支付案涉汇票金额和汇票金额自到期日起至实际清偿日止的利息,符合票据法的规定,应当予以支持。

——中国裁判文书网,http://wenshu.court.gov.cn。

重庆创意有色金属材料有限公司、中国光大银行重庆分行与中国农业银行白银市分行营业部票据纠纷上诉案［最高人民法院（2000）经终字第15号民事判决书］

最高人民法院认为：本案所涉三张银行承兑汇票，形式完备，各项必要记载事项齐全，符合《票据法》第二十二条及相关规定，应认定为有效票据。票据是一种文义证券，所谓票据的文义性，是指票据行为的内容完全以文字记载为准，即使文字记载与实际情况不相一致，仍以文字记载为准，不允许票据当事人以票据所载文字以外的证据对票据上的记载作变更或者补充。基于票据的文义性，根据《票据法》第三十五条的规定，本案所涉三张银行承兑汇票上均记载了"委托收款"字样，据此创意公司与重庆光大银行之间存在委任背书的票据关系。委任背书不产生票据权利转让的效力，本案所涉汇票的持票人仍然是创意公司，重庆光大银行基于委任背书关系仅是票据关系人而不是持票人。重庆光大银行关于其是本案所涉汇票持票人、享有票据权利的主张，于法无据，本院不予支持。

——李国光主编、最高人民法院经济审判庭编：《经济审判指导与参考》第4卷，法律出版社2001年版，第175～186页。

679

票据关系只有在合法成立后才与原因关系相分离，以非法手段取得票据的，不享有票据权利

关键词｜票据关系｜原因关系｜票据权利｜

【最高人民法院裁判文书】

重庆创意有色金属材料有限公司、中国光大银行重庆分行与中国农业银行白银市分行营业部票据纠纷上诉案［最高人民法院（2000）经终字第15号民事判决书］

最高人民法院认为：本案票据基础关系中，白银有色公司与重庆有色公司之间、重庆有色公司与创意公司之间没有真实的商品交易关系，其票据的签发及背书转让的目的都是为了套取银行资金进行期货交易。对此，农行白银营业部也是明知的。上述行为均违反了中国人民银行银发〔1996〕240号《关于禁止金融

机构进入期货市场的通知》的规定,故创意公司不应享有票据权利。一审判决创意公司不享有票据权利并无不当。创意公司关于白银有色公司与重庆有色公司、创意公司之间存在合法、真实的交易关系,创意公司享有票据权利的上诉主张,因违反国家金融法规及有关政策,本院不予支持。

——李国光主编、最高人民法院经济审判庭编:《经济审判指导与参考》第4卷,法律出版社2001年版,第175~186页。

680

持票人主张票据权利只需证明汇票记载事项齐全,取得票据的关系合法,无义务审查其前手的基础关系是否合法

关键词 | 票据权利 | 票据基础关系 |

【最高人民法院裁判文书】

中国工商银行重庆市分行南岸支行大石路分理处与中国农业银行白银市分行营业部票据纠纷案[最高人民法院(2000)经终字第22号民事判决书]

最高人民法院认为:本案所涉两张汇票,形式完备,各项必要记载事项齐全,符合《票据法》第二十二条及相关规定,应认定为有效。对此,本案双方当事人均无异议。

票据的无因性决定票据关系一经产生即与基础关系相分离。三和公司与创意公司之间是否存在有效的买卖关系,属于票据基础关系的范畴。持票人工行大石路分理处在主张票据权利时只需证明其持有的两张汇票必要记载事项齐全,取得票据的票据关系即合法成立,而没有义务审查其前手取得票据的基础关系是否合法有效。《票据法》第十二条第二款规定:"持票人因重大过失取得不符合本法规定的票据的,不得享有票据权利。"而工行大石路分理处已经按照中国人民银行颁布的《商业汇票承兑、贴现与再贴现管理暂行办法》第十九条、《支付结算办法》第九十三条有关"持票人申请贴现时,须提交贴现申请书、经其背书的未到期商业汇票、持票人与出票人或其前手之间的增值税发票和商品交易合同复印件"的规定履行了必要的审查义务。由此,根据《票据法》第三十一条的规定,持票人以背书的连续证明其票据权利。本案所涉两张银行承兑汇票,真

实有效且背书连续,持票人工行大石路分理处在取得票据时履行了必要的审查义务,且还专门向农行白银营业部作过查询,在得到肯定的回答后方进行贴现,故上诉人取得汇票并不存在重大过失的情形,应享有票据权利。工行大石路分理处关于其取得本案所涉两张汇票已经履行了审查义务,不存在重大过失的上诉理由成立,本院对其主张予以支持。

《票据法》第十条规定:“票据的取得,必须给付对价,即应当给付票据双方当事人认可的相对应的代价。”工行大石路分理处在办理贴现手续时,按中国人民银行规定的贴现率向三和公司签发银行本票。对此,应认定工行大石路分理处对所取得的票据给付了对价。农行白银营业部对贴现申请人和贴现人双方认可的给付对价的方式提出异议,并以此作为拒不付款的理由之一,本院不予支持。

工行大石路分理处办理贴现手续的日期是 1998 年 7 月 7 日,而票据所载的背书日期为 8 月 6 日。根据《票据法》第二十九条第二款的规定,背书未记载日期的,视为在汇票到期日前背书。由于背书日期属于相对必要记载事项,而非绝对必要记载事项,故如果欠缺背书日期,可以根据法律规定来加以确定;即使票据上没有记载背书日期或者背书日期与实际转让票据的日期不一致,也不影响背书转让的效力。本案所涉票据,根据票据的文义性,应以票据上所载的日期来确定背书日期。原审判决以“票据所载的背书日期与实际交付时间不一致”为由判令持票人不享有票据权利无法律依据,应予以纠正。

——肖扬总主编、最高人民法院民事审判第二庭编:《中华人民共和国最高人民法院判案大系》(民商事卷 - 2000 年卷),人民法院出版社 2003 年版,第 53 ~ 56 页。

重庆创意有色金属材料有限公司、中国光大银行重庆分行与中国农业银行白银市分行营业部票据纠纷上诉案[最高人民法院(2000)经终字第 15 号民事判决书]

最高人民法院认为:重庆光大银行与创意公司之间形成质押借款担保关系之前,该行曾向承兑人农行白银营业部查询汇票的真实性,农行白银营业部予以确认。重庆光大银行对出质人及其前手之间的票据基础关系没有法律上的审查义务,承兑人农行白银营业部在诉讼过程中也没有证据证明重庆光大银行在质押借款过程中存在恶意的相关证据。因此,重庆光大银行支付了对价,作为善意第三人的民事权利应当受到法律保护。鉴于原审法院已准许重庆光大银行进入本案诉讼,且重庆光大银行明确向农行白银营业部主张权利,其质权凭证即为白银营业部承兑的涉案银行承兑汇票,为避免讼累,本案将票据关系与借款担保关系一并审理。重庆光大银行在得到农行白银营业部"三笔银行承兑汇票均属实,请受理"的答复后,与创意公司签订了质押合同,并取得了涉案的三张银行承兑汇票。该质押关系合法成立,重庆光大银行依法享有质权。对其要求农行白银营业部兑付涉案银行承兑汇票的主张,本院予以支持。

——李国光主编、最高人民法院经济审判庭编:《经济审判指导与参考》第4卷,法律出版社2001年版,第175~186页。

681

法律法规对非经营性支付现金对价取得票据并无禁止性规定,只要善意且支付相应对价,则不应否定票据权利

关键词 | 票据权利 | 合法持票人 |

【最高人民法院裁判文书】

邯郸市团亿物资有限公司与山东新美达科技材料有限公司、罗爱国票据返还请求权纠纷申请再审案[最高人民法院(2014)民申字第154号民事裁定书]

最高人民法院认为:一、关于团亿公司是否享有票据权利的问题。根据邯郸市巨泰物资有限公司等单位出具的证明及罗爱国、赵丽英等人在公安机关的陈述,团亿公司曾持有过讼争票据,取得票据方式为非经背书转让取得,但是团亿公司持有票据后并未签章将自己补记为被背书人,而是将票据交给罗爱国并委托其帮助贴现,罗爱国仅向团亿公司支付部分贴现款,并将票据交给耿茜茹,后耿茜茹失去联系,票据不知去向。可见,本案票据并非在团亿公司持有期间意外失票,而是团亿公司基于贴现目的自主将票据交给罗爱国,后罗爱国未全额支付贴现款,而票据也未能追回。团亿公司既未在票据上签章记载自己为被背书人,同时也自主丧失对汇票的持有,其已无法行使《票据法》第四条所规定的票据权利,仅能依据基础关系或失票事实,向罗爱国、票据拾得人等主张权利。

二、关于新美达公司是否是合法持票人并享有票据权利的问题。众金公司在票据上盖章后向新美达公司交票,新美达公司受让票据时支付了双方认可的对价,其行为符合《票据法》第十条的规定,只要新美达公司不存在《票据法》第十二条规定的情形,则享有票据权利。团亿公司认为新美达公司与众金公司之

间存在恶意串通等情形,但是并未提交充分证据予以证明。即使新美达公司在被背书栏中补记众金公司名称,也是对票据流通情况的真实反映,并未违反众金公司意思表示,亦未影响票据的连续性,不构成票据伪造行为。至于新美达公司与众金公司之间是否倒卖票据,票据转让是否无效的问题,目前我国法律、行政法规对于非经营性的通过支付现金对价取得票据的行为并无禁止性规定,只要新美达公司善意且支付了相应对价,则不宜否定其票据权利。因此,二审判决认定新美达公司为讼争票据合法持票人且享有票据权利并无不当。

——中国裁判文书网,http://wenshu.court.gov.cn。

682

既未通过背书转让，亦没有通过合法的票据交付而取得票据，不是合法持票人

关键词｜背书转让｜合法持票人｜

【最高人民法院裁判文书】

安阳市铁路器材有限责任公司与邯郸市团亿物资有限公司等票据返还请求权纠纷、返还原物纠纷申请再审案[最高人民法院(2014)民申字第2060号民事裁定书]

最高人民法院认为:票据是文义证券,票据权利的发生以作成票据为必要,票据行为的意思表示以票据上记载的文字意义而确定。安阳铁路公司是案涉汇票的持票人,根据《票据法》第四条的规定,持票人行使票据权利,应当按照法定程序在票据上签章,并出示票据。案涉票据的文字记载为,出票人东莞市和明纸品包装有限公司,票号30900053/23164920,票面金额8197985元,付款银行兴业东城支行,收款人清远市方圆贸易有限公司(以下简称清远公司)。清远公司在背书人栏中加盖公章后未填写被背书人将票据交付后手。安阳铁路公司从王兵手中取得案涉票据,并按王兵的指令向“刘桂云”的账户汇款600余万元。安阳铁路公司获得该票据后,在票据粘单第一手空白被背书人栏中填写上自己的名称并加盖公司公章。根据《票据法》第十条的规定,票据的签发、取得和转让,应当遵循诚实信用的原则,具有真实的交易关系和

债权债务关系。从案涉票据文字显示,清远公司为背书人,安阳铁路公司为被背书人,但安阳铁路公司并非从清远公司处获得该票据,其与清远公司没有真实的交易关系,不能依据票据记载的背书转让合法取得该票据。王兵系安阳铁路公司的职工,王兵称因金贝特公司欠其债务而以案涉票据抵债,王兵取得该票据后交付安阳铁路公司。安阳铁路公司通过支付对价600余万元从王兵处取得案涉汇票的行为,实质上是一种票据买卖或贴现,根据相关法律规定,该票据买卖和票据贴现行为属非法。因此,安阳铁路公司既未通过背书转让合法取得票据,亦没有通过合法的票据交付而取得票据,安阳铁路公司对于案涉票据的持有不具有合法的根据。案涉票据权利发生纠纷后,王兵已退还安阳铁路公司支付的票据对价600余万元。安阳铁路公司没有证据证明其系合法取得案涉票据,其主张维持其对案涉票据的现实持有的再审申请理由不能成立,本院不予支持。

——中国裁判文书网,http://wenshu.court.gov.cn。

683

《票据法》第十条的规定属于管理性规定，基础关系欠缺并不当然导致票据行为无效

关键词 | 管理性规定 | 票据基础关系 | 票据行为 |

【最高人民法院裁判文书】

大连大显控股股份有限公司与于量票据追索权纠纷申请再审案[最高人民法院(2016)最高法民申1070号民事裁定书]

最高人民法院认为:(二)关于于量是否取得票据权利的问题。根据《票据法》第十条“票据的签发、取得和转让,应当遵循诚实信用的原则,具有真实的交易关系和债权债务关系”的规定,票据行为应有真实的票据原因关系,即真实的交易关系。但该条规定应属管理性规定,基础关系欠缺并不当然导致票据行为无效。且根据《票据法》第十三条“票据债务人不得以自己与出票人或者与持票人的前手之间的抗辩事由,对抗持票人”的规定,票据基础关系(包括票据原因关系)的效力不影响票据关系本身。因涉案票据并未记载“不得转让”或“质押”

字样，并且在一、二审诉讼中，于量亦提交了其向前手陈玲玲支付款项的凭证、《情况说明》并有证人出庭作证，而尽管大显控股公司一再否认于量与陈玲玲之间存在债权债务关系，但却未能提供任何证据予以证实。据此，大显控股公司主张于量与陈玲玲不存在真实交易关系缺乏证据证明。本案票据真实有效，票据背书连续，于量作为被背书人依法享有票据权利。

——中国裁判文书网，http://wenshu.court.gov.cn。

大连大显控股股份有限公司与俞陈票据追索权纠纷申请再审案［最高人民法院（2016）最高法民申1068号民事裁定书］

本裁判理由与前引裁判文书基本相同（略）。

——中国裁判文书网，http://wenshu.court.gov.cn。

684

基础关系合同纠纷案件中不应对案外人的票据权利义务作出决断

关键词｜票据基础关系｜票据权利义务｜

【最高人民法院裁判文书】

绍兴县中柏贸易有限公司与上海兰生国际贸易有限公司、宁波保税区明正国际贸易有限公司买卖合同纠纷案［最高人民法院（2011）民提字第103号民事判决书］

裁判要旨：商业承兑汇票系以交易当事人自己的信誉为基础，不同于银行承兑汇票有金融机构的信誉作保障，存在一定的金融风险，故实践中商业承兑汇票的实际使用范围远不如银行承兑汇票。但是，商业承兑汇票的使用特别是用于购买股权，并不在国家法律、行政法规和政策的禁止与限制之列。

本案中，原一、二审法院在案外人未参加诉讼的情况下，直接采纳公安机关刑事侦查过程中取得的材料，或者根据所有参与票据背书转让的当事人之间相关款项的循环往来、银行对账单等证据材料，对包括案外当事人在内的民事主体之间资金往来事实作出认定。没有相关当事人的质证过程而直接确认法律事实，违背人民法院审判的基本程序要求，很有可能侵害未参加案件审理的案外人的合法权益。

最高人民法院认为:本案查明的事实表明,明正公司与兰生公司签订《股权转让协议书》后,明正公司向兰生公司开具了8张共计2亿元的商业承兑汇票,在兰生公司背书将该8张汇票转让给了新长征公司后,新长征公司又将汇票背书转让给其他公司。从票据关系看,明正公司为受让公司股权,以商业承兑汇票的形式支付股权转让款,并不违反国家法律、行政法规的禁止性规定;兰生公司将上述汇票背书转让给新长征公司,是其取得股权转让对价之后自行处分的行为。新长征公司取得票据后,涉案票据经过了多次背书、回赎,新长征公司、赛世公司、创世公司等案外人均参与了此过程,但其并未作为当事人进入本案诉讼。浙江省绍兴市中级人民法院与浙江省高级人民法院在案外人未参加诉讼的情况下,以公安机关刑事侦查过程中取得的材料,或者根据兰生公司、新长征公司、赛世公司、创世公司、明正公司之间相关款项的循环往来、银行对账单等证据材料,并通过账目、数字的演算,对包括案外当事人在内的民事主体之间资金往来事实作出认定,缺乏事实依据,有可能侵害案外人的合法权益。原一、二审判决认定明正公司与兰生公司恶意串通,未实际支付股权转让款,并判令明正公司对兰生公司在本案中的债务承担连带清偿责任,缺乏事实和法律依据,本院予以纠正。中柏公司如认为兰生公司将汇票背书转让给新长征公司属恶意转让财产,或认为兰生公司与新长征公司、明正公司、赛世公司、创世公司等恶意串通,通过汇票形式侵害其合法权益,可依法另案起诉。

——最高人民法院民事审判第二庭编:《最高人民法院商事审判指导案例(2012)·公司与金融》,中国民主法制出版社2013年版,第284~295页。

天津中能星光实业有限公司与上海兰生国际贸易有限公司、宁波保税区明正国际贸易有限公司买卖合同纠纷案[最高人民法院(2009)民提字第111号民事判决书]

裁判要旨:商业承兑汇票系以交易当事人自己的信誉为基础,存在一定金融风险,不同于银行承兑汇票有金融机构的信誉作保障,故交易实践中前者的实际使用范围远不如后者。但是,商业承兑汇票的使用,特别是用于购买股权,并不在国家法律、法规和政策的禁止与限制之列。因此,对于2亿元股权转让款项的支付采取商业承兑汇票的支付方式,而得出兰生公司与明正公司搞不正当的规避法律行为,只是一种推定,缺乏事实基础。

最高人民法院认为,没有相关当事人的质证过程而直接确认法律事实,违背人民法院审判的基本程序要求，很有可能侵害这些没有参加案件审理的案外人的合法权益。原一、二审法院在案外人未参加诉讼的情况下，直接采纳公安机关刑事侦查过程中取得的材料，或者根据所有参与票据背书转让的当事人之间相关款项的循环往来、银行对账单等证据材料，并通过账目、数字的演算，对包括案外当事人在内的民事主体之间资金往来事实作出认定，确认明正公司与兰生公司恶意串通，未实际支付股权转让款，并判令明正公司对兰生公司在本案中的债务承担连带清偿责任，看似符合数学逻辑，实际仍停留在一般的逻辑推理层面，在证据的审核认定方面存在重大瑕疵，不符合我国证据规则的要求，缺乏事实和法律依据，凸显武断。

——最高人民法院民事审判第二庭编：《最高人民法院商事审判指导案例(7)·公司与金融卷》，中国法制出版社2013年版，第341~351页。

685

因重大过失取得不符合《票据法》规定的票据，不得享有票据权利的认定

关键词｜重大过失｜票据权利｜

【最高人民法院答复】

从你院报告反映的事实来看，景德镇市金属管件工贸有限公司（以下简称管件公司）作为出票人取得四张银行承兑汇票后，未将汇票交付票据上所载明的收款人，而在汇票第一背书人栏目中加盖了本单位公章和法定代表人私章，致上述汇票背书次序混乱、不连续，违反了《票据法》第三十一条的有关规定。景德镇市昌江信用联社营业部作为金融机构，应该知道管件公司不是承兑汇票的合法持票人，但其仍然接受管件公司以上述承兑汇票质押并贷出款项，应属重大过失。根据《票据法》第十条第二款的规定，景德镇市昌江信用联社营业部因重大过失取得不符合《票据法》规定的票据，不得享有票据权利。

——《最高人民法院关于景德镇市昌江信用联社营业部与中国银行景德镇市分行曹家岭办事处汇票结算纠纷案的答复》(2000年9月15日，法经〔2000〕205号)

【最高人民法院裁判文书】

中国农业银行南通市经济技术开发区支行与华夏银行济南分行、中国电子进出口山东公司、南通市蓝泽精细化工公司银行承兑汇票纠纷再审案(最高人民法院再审民事判决书)

裁判摘要:承兑汇票的金额已被刑事案件裁判追缴,汇票持有人对其持有的背书不连续的承兑汇票不享有票据权利;金融机构违反有关操作规定,通过贴现取得的票据存在重大过失,依法不能取得票据权利。

最高人民法院认为:中电公司对本案三张银行承兑汇票是否享有票据权利,应当审查中电公司是否为票据上记载的合法持票人。依据票据法的规定,以背书转让的票据,背书应当连续,持票人以背书的连续,证明其票据权利。非经背书转让,而以其他合法方式取得票据的,应依法举证,证明其票据权利。根据票据所具有的文义性,票据的合法流转应见于票据本身的记载,合法持票人是在票据上进行权利记载并持有票据的人。中电公司持有的三张银行承兑汇票其文义记载表明三张银行承兑汇票背书不连续,中电公司既非三张银行承兑汇票的背书人又非三张银行承兑汇票记载的被背书人;且在本案审理时中电公司亦未能举证证明其以其他合法方式取得本案三张银行承兑汇票。因此,中电公司不是本案三张银行承兑汇票的合法持票人,不能凭借该三张银行汇承兑汇票主张票据权利。

华夏济南分行在为中电公司办理贴现申请时,根据中国人民银行《商业汇票承兑、贴现与再贴现管理暂行办法》和《支付结算办法》的规定,应当审查中电公司是否为合法的持票人,即中电公司持有的三张银行承兑汇票背书是否连续。华夏海南分行尽管在为中电公司办理贴现前,曾向该票据的付款行农行南通支行进行过电话查询,但农行南通支行也只是答复“该票据系其签发,真伪自辨”,并没有确认中电公司是合法的持票人。华夏济南分行作为专业的金融机构,应当知道办理贴现的有关规定,其应审查而未审查本案三张银行承兑汇票背书是否连续,就为不是合法持票人不享有票据权利的中电公司办理票据贴现,应当认定其存在重大过失。依据我国《票据法》第十二条第二款的规定,华夏济南分行因重大过失取得不符合《票据法》规定的票据的,对该票据不享有票据权利。虽然华夏济南分行为中电公司办理贴现后,完善了本案三张票据的背书手续,背书为连续,但该三张票据因涉嫌犯罪已被南通市公安局崇川分局调取,并冻结止付票据款1000万元，农行南通支行以此为由拒绝向华夏济南分行付款，是履行法律规定的协助执行义务，并无不当；农行南通支行依据南通市崇川区人民法院(2000)崇刑初字第57号刑事判决书和南通市崇川区人民法院《协助扣划存款通知书》，将三张票据款1000万元划拨到南通市崇川区人民法院账上，亦是履行法律规定的协助执行义务；本案三张票据款1000万元已由南通市崇川区人民法院发还受害单位南通市商业银行环南支行。据此，农行南通支行依据南通市崇川区人民法院(2000)崇刑初字第57号刑事判决书，已经向南通市商业银行环南支行支付了本案三张票据款1000万元，履行了本案三张票据的付款义务，其没有义务再向华夏济南分行付款。

——苏泽林主编、最高人民法院审判监督庭编：《审判监督指导》总第19辑，人民法院出版社2007年版，第79~87页。

686

当事人已经支付对价，且不能证明其取得票据是基于恶意或者重大过失的，应当享有票据权利

关键词｜票据权利｜重大过失｜支付对价｜

【最高人民法院裁判文书】

银川利丰物资贸易有限公司与石嘴山瑞恒源商贸有限公司票据返还请求权纠纷、返还原物纠纷申请再审案[最高人民法院(2015)民申字第1061号民事裁定书]

最高人民法院认为：根据原审查明的事实，本案汇票所涉的利丰公司等五家公司的法定代表人刘玉保、丁某某、王某某等均为亲戚关系，本案汇票贴现前，丁某某、刘玉保曾数次找强某某办理过汇票贴现业务。本案汇票贴现时，经强某某与丁某某电话联系询问有无汇票贴现后，刘玉保等人将案涉汇票交由丁某某找强某某办理。强某某、绳某某与丁某某及其公司会计蔡某、王某某约定见面后，强某某委派绳某某带丁某某、蔡某、王某某到瑞恒源公司具体办理贴现。按丁某某、王某某向公安机关报案时的述称，二人均不知道办理贴现的公司是瑞恒源公司，且都以为是强某某的公司。同时，丁某某、王某某、蔡某亦均称不认识瑞恒源

公司的法定代表人马慧。在瑞恒源公司办理付款的过程中，蔡某一直在办理付款现场，且还帮马慧填写了转账支票的部分内容，蔡某并一直与丁某某保持电话联系。根据以上事实，原审判决认定从与强某某联系到具体办理转款，利丰公司等始终是与强某某进行汇票贴现交易的，有事实依据。

根据原审中双方当事人所提交证据，并无证据证明瑞恒源公司与强某某串通骗取利丰公司汇票，也无证据证明瑞恒源公司以欺诈、胁迫等手段恶意取得本案汇票，利丰公司主张瑞恒源公司恶意和重大过失取得本案汇票，缺乏证据证明。原审判决基于瑞恒源公司在贴现本案汇票时已经检验了票据真实性，强某某亦向瑞恒源公司出具了其合法持有汇票、无挂失止冻等书面保证，以及瑞恒源公司已向强某某支付了2200万元票款等事实，依据《票据法》第十条、第十二条相关规定，认定瑞恒源公司已经依法取得了本案汇票并享有了票据权利，适用法律并无不当。

——中国裁判文书网，http://wenshu. court. gov. cn。

银川源鑫磊贸易有限公司与石嘴山瑞恒源商贸有限公司票据返还请求权纠纷、返还原物纠纷申请再审案[最高人民法院(2015)民申字第972号民事裁定书]

最高人民法院经审查认为：从原审查明的事实看：1. 强艳容为进行承兑汇票非法"贴现"人员，瑞丰祥物资有限公司法定代表人丁玉祥、源鑫磊公司法定代表人李明寿得知强艳容可办理汇票贴现，决定将源鑫磊公司持有的十张银行承兑汇票(票面金额共计1000万元)交与强艳容贴现，并委托丁玉祥、蔡英(瑞丰祥公司会计)、王占军等人具体办理；2. 在本案贴现前，丁玉祥曾找强艳容办理过承兑汇票贴现，应当知道彼此交票、付款的操作方式及其风险；3. 丁玉祥、蔡英、王占军均不认识马慧(瑞恒源公司法定代表人)，在交易当天交票、付款时，按照强艳容的安排由强艳容委派的绳德斌带丁玉祥、蔡英、王占军到瑞恒源公司办理，从填写转账支票到去银行办理转账，蔡英一直在现场，并与丁玉祥保持联系，丁玉祥也与强艳容电话联系转款事宜，强艳容谎称让其在营业部等待转款，但强艳容在收到马慧支付的2200万元"贴现"款后，只给丁玉祥支付100万元，导致本案纠纷发生；4. 马慧取得案涉票据支付了2200万元对价，且没有证据证明瑞恒源公司法定代表人马慧在受让取得案涉汇票时，存在恶意或重大过失。原审判决基于上述事实，认定源鑫磊公司联系汇票贴现的相对方是强艳容，瑞恒源公司依法取得案涉票据，享有该票据权利，并不缺乏证据证明，也不存在源鑫磊公司申请再审所称适用法律错误的问题。

——中国裁判文书网,http://wenshu.court.gov.cn。

银川源鑫磊贸易有限公司与石嘴山瑞恒源商贸有限公司其他合同纠纷案［最高人民法院(2014)民二终字第19号民事判决书］

最高人民法院认为:根据源鑫磊公司的上诉请求及其理由,本案二审审理的争议焦点问题是:源鑫磊公司请求瑞恒源公司返还本案诉争汇票或赔偿票面损失1000万元,并赔偿利息损失365万元,经营损失655万元,其主张是否有事实和法律依据。

本案票据纠纷系由双方当事人从事涉案商业汇票贴现、转让行为而引发,其交易的本质是民间借贷、融通资金活动。本案一、二审查明的事实表明,李明寿、丁玉祥等人得知强艳容可办理汇票贴现,遂决定将源鑫磊公司持有的十张银行承兑汇票(票面额共计1000万元)交予强艳容贴现,并委托丁玉祥、蔡英、王占军等具体办理。在交票、付款时,按照强艳容的安排,由强艳容委派的绳德斌带丁玉祥等人到瑞恒源公司办理。丁玉祥、王占军、蔡英均不认识马慧,在交易当天仍认为其是与强艳容进行交易。此前,丁玉祥、刘玉保(利丰公司法定代表人)找强艳容办理过类似汇票贴现,应当知道彼此交票、付款的操作方式及其风险。在马慧给强艳容付款过程中,从填写转账支票到去银行办理转账,蔡英一直在现场,并与丁玉祥保持联系。丁玉祥也与强艳容电话联系转款事宜,强艳容谎称让其在营业部等待,丁玉祥亦轻信了强艳容的承诺。上述事实证明,从与强艳容联系,到等待强艳容转款,源鑫磊公司始终是与强艳容进行汇票贴现交易。后因强艳容违反其转款承诺,致使源鑫磊公司没有收到贴现款。原审认定源鑫磊公司联系汇票贴现的相对方是强艳容,符合本案的实际情况。源鑫磊公司上诉主张其交易的相对方是瑞恒源公司,因证据不足,本院不予采纳。

瑞恒源公司在与强艳容转让汇票时,核验了票据真伪,得到强艳容关于其合法持有汇票、无挂失止冻等的书面保证,并依约向强艳容支付了2200万元票款,且没有证据证明在其取得汇票时存在恶意或重大过失的情形。因此,依据《票据法》第十条、第十二条的相关规定,瑞恒源公司已依法取得了案涉票据,并享有了票据权利。原审判决确认涉案银行承兑汇票归瑞恒源公司所有,适用法律并无不当,应予维持。源鑫磊公司诉请瑞恒源公司返还该汇票或赔偿其相应损失,没有事实和法律依据,本院不予支持。

——中国裁判文书网,http://wenshu.court.gov.cn。

银川利丰物资贸易有限公司与石嘴山瑞恒源商贸有限公司票据返还请求权纠纷案[最高人民法院(2014)民二终字第17号民事判决书]

本裁判理由与前引民事判决书基本一致(略)。

——中国裁判文书网,http://wenshu.court.gov.cn。

687

票据转让未支付对价，且取得票据存在过失的，不享有票据权利

关键词｜票据转让｜支付对价｜票据权利｜

【最高人民法院裁判文书】

汕头经济特区龙信商贸发展公司与中国工商银行荆州市分行营业部汇票承兑纠纷案[最高人民法院(1998)经终字第123号民事判决书]

最高人民法院认为:和联房产公司经理黄钦池明知汇票的承兑付款人工行荆州营业部已宣布汇票作废,拒绝兑付票款,仍然背着工行荆州营业部将两张汇票背书转让给汕头龙信公司。依照《票据法》第三十六条的规定,和联房产公司应当对汇票背书后所产生的法律后果负责。《票据法》第十二条第二款规定:"持票人因重大过失取得不符合本法规定的票据的,也不得享有票据权利。"和联房产公司经理黄钦池将两张银行承兑汇票和两张汇票解讫通知交给汕头龙信公司经理廖家勋时,其中一张汇票和解讫通知从中间被撕成两半,并用透明胶纸粘贴而成,此汇票具有明显瑕疵。而汕头龙信公司经理廖家勋对明显有瑕疵的汇票在接收时不向汇票承兑行工行荆州营业部查询,盲目接收汇票,未尽到谨慎和注意义务,且根据《票据法》第十条规定"票据的签发、取得和转让,应当遵循诚实信用的原则,具有真实的交易关系和债权债务关系。票据的取得,必须给付对价,即应当给付票据双方当事人认可的相应的代价"的规定,持票人汕头龙信公司始终不能提供从和联房产公司取得票据时,其与和联房产公司之间具有真实的商品交易和债权债务关系的有关证据。汕头龙信公司虽然提供了其与和联房产公司的购销合同和与河南省镇平神州玉雕厂的购销合同。但不能证明汕头龙信公司与和联房产公司具有真实履行购销合同的事实,也不能说明汕头龙信公司从河南省镇平神州玉雕厂购进的玉

雕已卖给了和联房产公司。原审庭审后限期由汕头龙信公司举证，但该公司未能提供有效证据，原审调查收集证据时，也无法收集到有效证据。根据汕头龙信公司不能就其主张提供证据加以证实的事实，应当认定汕头龙信公司与和联房产公司在汇票背书转让时无相应的对价，汕头龙信公司所取得的两张银行承兑汇票不符合《票据法》的规定。故汕头龙信公司不能享有该两张银行承兑汇票的权利。汕头龙信公司的诉讼请求不能成立。原审法院认定事实清楚，适用法律正确，判处得当。

——肖扬总主编、最高人民法院民事审判第二庭编：《中华人民共和国最高人民法院判案大系》（民商事卷－1998年卷），人民法院出版社2003年版，第288～291页。

【链接：最高人民法院法官著述】

《票据法》第十条规定，票据的签发、取得和转让，应当遵循诚实信用的原则，具有真实的交易关系和债权债务关系；票据的取得，必须给付对价，即应当给付票据双方当事人认可的相应的代价。持票人汕头龙信公司始终不能提供从和联房产公司取得票据时，其与和联房产公司之间具有真实的商品交易和债权债务关系的有关证据加以证明。原审调查收集证据时，也无法收集到有效证据。根据汕头龙信公司不能就其主张提供证据加以证实的事实，应当认定汕头龙信公司与和联房产公司在汇票背书转让时无相应的对价，汕头龙信公司所取得的两张银行承兑汇票不符合《票据法》的规定。汕头龙信公司虽然提供了其与和联房产公司的购销合同与河南省镇平神州玉雕厂的购销合同，不能证明其与和联房产公司具有真实履行购销合同的事实，也不能说明汕头龙信公司从河南省镇平神州玉雕厂购进的玉雕就一定真给了和联房产公司。票据虽然具有无因性，但也不是绝对的，票据的背书转让和取得，只有依照《票据法》的规定和条件才是合法的。汕头龙信公司对自己的诉讼请求和主张，不能提供证据加以证明，故汕头龙信公司的诉讼请求不能成立。

——吴庆宝：《票据转让无对价，本案票据不应予以兑付》，载李国光主编、最高人民法院经济审判庭编：《经济审判指导与参考》第3卷，法律出版社2000年版，第282～291页。

688 票据债务人可以对不履行约定义务的与自己有直接债权债务关系的持票人进行抗辩

关键词｜票据债务人｜票据抗辩｜

【最高人民法院司法解释】

第十五条 票据债务人依照票据法第十二条、第十三条的规定，对持票人提出下列抗辩的，人民法院应予支持：

（一）与票据债务人有直接债权债务关系并且不履行约定义务的；

……

——《最高人民法院关于审理票据纠纷案件若干问题的规定》（2000年11月14日，法释〔2000〕32号）

【《最高人民法院公报》案例】

青岛澳柯玛集团销售公司与中国银行利津支行票据兑付纠纷上诉案［最高人民法院（2000）经终字第72号民事判决书］

裁判摘要：澳柯玛销售公司和澳柯玛电器公司为利津物资公司的该融资向利津中行提供担保，并承诺利津中行有权直接扣收该两保证人的财产，从而将自己置于与出票人承担相同债务的一种连带债务人的地位上。在出票人利津物资公司未在到期日之前依照约定将相关资金划入付款人利津中行的账户上，而持票人澳柯玛销售公司仍然持汇票向付款人（承兑人）提示付款时，付款人利津中行可以以资金关系来行使抗辩权，拒绝承担相应的付款责任。

最高人民法院认为：本案所涉九张银行承兑汇票，形式完备，各项必要记载事项齐全，符合《票据法》第二十二条及相关规定，应认定有效。为对本案所涉汇票进行承兑，利津物资公司与利津中行，利津物资公司、利津中行、澳柯玛销售公司、澳柯玛电器公司分别签订了《承兑契约》和《承兑保证协议》。利津中行依照承兑协议对本案所涉九张汇票予以承兑，同时又注明“不得转让”字样，实质上是为利津物资公司向澳柯玛销售公司购货提供融资。而澳柯玛销售公司和澳柯玛电器公司为利津物资公司的该融资向利津中行提供担保，并承诺利津中行有权直接扣收该两保证人的财产,从而将自己置于与出票人承担相同债务的一种连带债务人的地位上。利津中行正是以与澳柯玛销售公司之间存在的这一基础关系作为抗辩事由拒绝付款的。根据《票据法》第十三条第二款规定:“票据债务人可以对不履行约定义务的与自己有直接债权债务关系的持票人进行抗辩。”在上述法律规定的情形出现时,票据当事人得以票据基础关系对抗票据关系。故在出票人利津物资公司未在到期日之前依照约定将相关资金划入付款人利津中行的账户上,而持票人澳柯玛销售公司仍然持汇票向付款人(承兑人)提示付款时,付款人利津中行可以以资金关系来行使抗辩权,拒绝承担相应的付款责任。按照《合同法》第九十九条关于“当事人互负到期债务,该债务的标的物种类、品质相同的,任何一方可以将自己的债务与对方的债务相抵销”的规定,利津中行行使上述抵销权有法律依据。澳柯玛销售公司的《退票说明》也表明双方达成对彼此之间的债务进行抵销的合意。澳柯玛销售公司在与利津中行的票据关系中止后又提起诉讼,显属不当。其有关“票据保证与贷款保证是两个法律关系,本案所涉贷款未贷出,澳柯玛销售公司即无保证责任”的上诉主张于法无据,本院不予支持。综上,原审认定事实清楚,判令驳回澳柯玛销售公司关于利津中行承担本案所涉汇票的付款责任的诉讼请求并无不当。

——《最高人民法院公报》2000 年第 4 期

【最高人民法院裁判文书】

合肥创元小额贷款有限公司与金谷源控股股份有限公司、安徽欧堡万国酒庄贸易有限公司票据付款请求权纠纷申请再审案[最高人民法院(2016)最高法民申 1952 号民事裁定书]

最高人民法院认为:一、二审判决驳回创元公司要求行使案涉票据付款请求权的诉讼请求是否正确。

根据本案一、二审已查明事实,案涉商业承兑汇票票面记载出票日期为 2013 年 11 月 15 日,付款人为金谷源公司,收款人为欧堡酒庄公司,汇票到期日为 2014 年 5 月 14 日。合肥市庐阳区人民法院谈话笔录显示:金谷源公司交付汇票的条件是 2013 年 12 月 25 日前,将欧堡进出口公司的红酒解除查封和质押。在解除案涉红酒查封和质押前,则由创元公司暂保管汇票,并承诺如到期不能解除查封和质押,创元公司退还该汇票。创元公司主张案涉汇票系欧堡酒庄公司背书后交付,但未就汇票背书、盖章时间等问题提供证据予以说明,亦与上述笔录中汇票系金谷源公司直接交付创元公司的记载不符。解除案涉红酒的查封和质押,系双方约定的金谷源公司交付汇票、创元公司取得汇票的条件,并非创元公司申请再审主张的背书所附条件,其依据《票据法》第三十三条规定主张背书所附条件不应具有汇票上的效力,在本案中欠缺适用的事实基础,不能成立。

金谷源公司、创元公司系在合肥市庐阳区人民法院组织下,对交付汇票、取得汇票的条件和应履行义务达成合意,双方之间形成直接的债权债务关系。经创元公司申请,合肥市庐阳区人民法院于2014年8月29日作出(2013)庐执字第00388-5号执行裁定书,已将案涉红酒作价233万元交付创元公司抵偿债务。双方约定的交付汇票、取得汇票的条件并未成就。一、二审判决根据《票据法》第十三条第二款关于"票据债务人可以对不履行约定义务的与自己有直接债权债务关系的持票人,进行抗辩"的规定,认定在创元公司未履行约定的解除案涉红酒查封和质押义务的情况下,金谷源公司有权提出抗辩,并据此驳回创元公司票据上的付款请求权,认定事实和适用法律均无不当,本院予以维持。

——中国裁判文书网,http://wenshu.court.gov.cn。

河北中储物流中心与河北金鲲商贸有限公司票据追索权纠纷再审案(最高人民法院再审民事裁定书)

最高人民法院认为:金鲲公司基于持票人的身份,向河北中储行使票据追索权,本案为票据纠纷。由于持票人与出票人为直接具有票据基础法律关系的当事人,故作为票据债务人的河北中储可以以票据基础法律关系对金鲲公司进行抗辩。本案中,当事人双方对于是否就第七笔货物处理购销合同法律关系存在争议,但无论是否成立该法律关系,由于双方订立的基础合同属于无效合同,该合同不具有可履行性,故双方依据该无效合同所约定的内容不受法律保护。换言之,河北中储无需承担给付第七笔合同项下出借资金的义务,相应地,其也无需履行票据付款义务。因此,金鲲公司关于其与河北中储之间有效成立第七笔货物的买卖合同法律关系、河北中储应给付相应货款的理由不能成立,金鲲公司以持票人身份请求判令河北中储履行票据义务没有事实和法律依据,不予支持。

——最高人民法院民事审判第二庭编:《商事审判指导》总第29辑,人民法院出版社2012年版,第194~206页。

【链接：最高人民法院法官著述】

基于票据无因性的法理，票据法律关系与基础法律关系相分离，一般情形下，票据法律关系当事人不能以基础关系进行抗辩。但我国规定的是相对无因性制度，即在票据法律关系当事人为直接具有票据基础法律关系的当事人的情形下，票据法律关系当事人可以以基础法律关系进行抗辩。申请再审人河北中储与被申请人金鲲公司票据追索权纠纷再审案中，由于持票人与出票人为直接具有票据基础法律关系的当事人，故作为票据债务人的河北中储可以以票据基础法律关系对金鲲公司进行抗辩。

——张雪楳：《票据纠纷及票据追索权纠纷的认定——申请再审人河北中储物流中心与被申请人河北金鲲商贸有限公司票据追索权纠纷再审案》，载最高人民法院民事审判第二庭编：《商事审判指导》总第 29 辑，人民法院出版社 2012 年版，第 209 页。

票据抗辩，是指票据债务人对债权人的请求，提出一定的合法理由予以对抗，并依此而拒绝履行票据义务的行为。对此，《票据法》第十三条第三款作出了规定。票据抗辩事由一般分为物的抗辩和人的抗辩。虽然票据具有无因性，但在特定的票据债权人与债务人之间存在直接和民事权利义务关系时，允许票据债务人基于基础关系进行抗辩。这就是票据理论能说中所指的人的抗辩事由中的特定票据债务人对特定债权人的抗辩。《票据法》第十三条第二款规定“票据债务人可以对不履行约定义务的与自己有直接债权债务关系的持票人进行抗辩”。中国人民银行颁布的《支付结算办法》第三十八条第（一）项也有类似规定。对这一规定的理解涉及票据基础关系的有关问题。票据的基础关系包括票据原因关系、票据资金关系和票据预约关系。其中，汇票的资金关系是指存在于汇票出票人与付款人之间的基础关系。简单说，汇票的出票人之所以委托付款人付款，付款人之所以愿意付款或者承兑，是因为双方之间有一定的约定，即付款人接受出票人的委托而代为付款的约定，从而形成票据资金关系。为了促进票据的流通，一般情况下，票据关系自成立时起即与资金关系相分离。但在一定情况下，票据当事人仍得以票据资金关系对抗票据关系，例如汇票承兑人在没有受领资金的情况下，虽不得以此为由对持票人拒绝付款。但在出现持票人为出票人的情形时，承兑人可以以出票人未给付资金为抗辩事由拒绝付款。

本案的特殊性就在于,收款人也就是本案所涉汇票的持票人为出票人与付款人之间的承兑协议提供了连带保证,从而将自己置于与出票人承担相同债务的一种连带债务人的地位上。那么,在出票人利津物资公司未在到期日之前依照约定将相关资金划入付款人利津中行的账户上,而持票人仍然持汇票向付款人(承兑人)提示付款时,付款人当然可以以资金关系来行使抗辩权,拒绝承担相应的付款责任。

——李国慧:《票据权利的特性以及付款人抗辩事由的界定》,载李国光主编、最高人民法院经济审判庭编:《经济审判指导与参考》第3卷,法律出版社2000年版,第320~329页。

689

案外人涉嫌非法经营犯罪与当事人之间的票据纠纷属不同法律关系,刑事案件不影响本案当事人行使诉权

关键词|非法经营|票据纠纷|民刑交叉|

【最高人民法院裁判文书】

银川源鑫磊贸易有限公司与石嘴山瑞恒源商贸有限公司票据返还请求权纠纷案[最高人民法院(2012)民二终字第101号民事裁定书]

最高人民法院认为:依据源鑫磊公司提交的十张银行承兑汇票(复印件)、宁夏回族自治区银川市兴庆区人民检察院作出的"银兴检刑不诉字(2011)第16号"《不起诉决定书》(复印件)等证据,证明在源鑫磊公司与瑞恒源公司之间存在着办理银行承兑汇票贴现业务的事实,并形成了我国民事法律规范所规定的票据法律关系及债权债务关系。原审原告源鑫磊公司依据上述事实,以票据返还请求权为由,向原审法院提起民事诉讼,主张民事权利,符合《民事诉讼法》规定的起诉条件,人民法院对其请求应予受理,并进行实体审理。本案二审质证时,上诉人(原审原告)瑞恒源公司对上述证据的真实性不持异议。瑞恒源公司在原审中提起了反诉,对涉案票据主张票据权利。如不存在违反民事诉讼法相关诉讼程序规定的情形,则原审法院亦应对其反诉的请求进行审理。案外人强艳容、绳德斌等人涉嫌非法经营犯罪的案件,与本案双方当事人之间的票据纠纷

案件属于不同的法律关系，该刑事案件不影响本案双方当事人行使民事诉权。

——最高人民法院民事审判第二庭编：《商事审判指导》总第 31 辑，人民法院出版社 2013 年版，第 257 ~ 261 页。

690

无证据证明存在符合票据无因性例外规定之情形的，票据债务人不能免除其票据义务

关键词 | 票据无因性 | 票据义务 |

【最高人民法院裁判文书】

大连大显控股股份有限公司与于量票据追索权纠纷申请再审案[最高人民法院(2016)最高法民申 1070 号民事裁定书]

最高人民法院认为：（四）关于是否存在票据无因性例外情形的问题。大显控股公司认为陈玲玲向大显集团公司之借款来自于案外人大连隆成地产集团公司与大连德玉隆地产开发公司，而于量系大连德玉隆地产开发公司的监事，据此认为持票人于量与陈玲玲属于同一利益集团，在明知该支票的真实用途的情形下与陈玲玲恶意串通的行为应属无效。对此，本院认为，《票据法》第十三条以及《票据纠纷规定》第十五条“票据债务人依照票据法第十二条、第十三条的规定，对持票人提出下列抗辩的，人民法院应予支持：（一）与票据债务人有直接债权债务关系并且不履行约定义务的；（二）以欺诈、偷盗或者胁迫等非法手段取得票据，或者明知有前列情形，出于恶意取得票据的；（三）明知票据债务人与出票人或者与持票人的前手之间存在抗辩事由而取得票据的；（四）因重大过失取得票据的；（五）其他依法不得享有票据权利的”等规定就票据无因性例外情形作出了明确规定，作为票据债务人的大显控股公司可举证证明上述情形的存在进而免除其票据义务。但在本案中，作为出票人的大显控股公司对其陈述的资金来源缺乏证据证明，并且作为基础法律关系的资金情况不能成为拒绝履行票据义务的抗辩事由；又依据现有证据，于量的身份情况亦不足以认定其是否明知涉案支票的用途、是否与陈玲玲存在恶意串通之行为，亦不能据此作为对持票人行使追索权之抗辩事由。因此，大显控股公司无证据证明本案存在符合票据无

因性例外规定之情形,其此项主张缺乏事实依据,依法不能成立。

——中国裁判文书网,http://wenshu.court.gov.cn。

大连大显控股股份有限公司与俞陈票据追索权纠纷申请再审案[最高人民法院(2016)最高法民申1068号民事裁定书]

本裁判理由与前引裁判文书基本相同(略)。

——中国裁判文书网,http://wenshu.court.gov.cn。

691

票据是要式证券,制作不符合法律规定的汇票无效,但不影响当事人因基础关系享有的债权

关键词 | 要式证券 | 无效票据 | 票据基础关系 |

【最高人民法院司法解释】

第十六条 票据债务人依照票据法第九条、第十七条、第十八条、第二十二条和第三十一条的规定,对持票人提出下列抗辩的,人民法院应予支持:

(一)欠缺法定必要记载事项或者不符合法定格式的;

……

第四十条 依照票据法第一百零九条以及经国务院批准的《票据管理实施办法》的规定,票据当事人使用的不是中国人民银行规定的统一格式票据的,按照《票据管理实施办法》的规定认定,但在中国境外签发的票据除外。

——《最高人民法院关于审理票据纠纷案件若干问题的规定》(2000年11月14日,法释〔2000〕32号)

【《最高人民法院公报》案例】

赛格进出口公司诉中国农业银行无锡市郊区支行票据承兑纠纷案(江苏省高级人民法院二审民事判决书)

江苏省高级人民法院经审理认为:票据是要式证券,票据的制作必须严格符

合法律的规定。上诉人赛格公司从案外人恒昌公司得到的银行承兑汇票第一联复印件，不符合票据法对汇票的规定，不是有效票据，赛格公司不能据此主张行使票据权利。原审判决驳回赛格公司的诉讼请求，是正确的，应当维持。《票据法》第十八条规定："持票人因超过票据权利时效或者因票据记载事项欠缺而丧失票据权利的，仍享有民事权利，可以请求出票人或者承兑人返还其与未支付的票据金额相当的利益。"恒昌公司是因赛格公司为其代理进口了摩托车发动机总成，才给赛格公司出具汇票。赛格公司虽因票据无效而丧失了票据权利，但是其因代理行为而对恒昌公司享有的债权并未丧失，原审也没有否定赛格公司的这一民事权利。赛格公司起诉时，只是主张对被上诉人郊区农行行使票据权利，本案据此以票据纠纷立案。赛格公司与恒昌公司之间的债权债务系原因关系，属民法调整，与本案的票据关系无关，不应一并审理，赛格公司可另行起诉。赛格公司的上诉理由不能成立，应予驳回。

——《最高人民法院公报》1999 年第 6 期

编者说明

《票据纠纷规定》第四十条规定，依照《票据法》第一百零九条以及经国务院批准的《票据管理实施办法》的规定，票据当事人使用的不是中国人民银行规定的统一格式票据的，按照《票据管理实施办法》的规定认定，但在中国境外签发的票据除外。《票据管理实施办法》第三十五条规定，票据的格式、联次、颜色、规格及防伪技术要求和印制，由中国人民银行规定。此条属于授权性规范，即关于票据的具体格式，由中国人民银行规定。中国人民银行《支付结算办法》第九条规定，票据和结算凭证是办理支付结算的工具，单位、个人和银行办理支付结算，必须使用按中国人民银行统一规定印制的票据凭证和统一的结算凭证，未使用按中国人民银行统一规定印制的票据，票据无效。

692

出票人使用旧版票据的效力认定

关键词｜旧版票据｜

【最高人民法院司法解释】

第四十条　依照票据法第一百零九条以及经国务院批准的《票据管理实施

办法》的规定，票据当事人使用的不是中国人民银行规定的统一格式票据的，按照《票据管理实施办法》的规定认定，但在中国境外签发的票据除外。

——《最高人民法院关于审理票据纠纷案件若干问题的规定》(2000年11月14日，法释〔2000〕32号)

【最高人民法院答复】

江西省高级人民法院：

你院请示收悉，经研究，答复如下：

本案票据行为发生时，《票据法》已施行，但是与《票据法》配套的新的票据格式还未启用，根据中国人民银行有关文件规定，在新版汇票未印制启用前，仍使用旧版汇票。同时，《银行结算办法》亦未废止。因此在认定本案银行承兑汇票有效性问题时，应结合《银行结算办法》的规定考虑。

按照《银行结算办法》的有关规定，银行承兑汇票的签发人可以是收款人，也可以是承兑申请人，在由承兑申请人签发银行承兑汇票时，汇票的签发人则与承兑申请人为同一人。本案承兑申请人在"承兑申请人盖章"处签章后，承兑银行也在汇票上盖章，承诺承兑，如认定汇票无效，发生止付票款，不仅使持票人处于不利地位，而且也不利于票据流通。因此，对使用旧版银行承兑汇票的，签发人与承兑申请人为同一人时，如果签发人仅在"承兑申请人盖章"处签章，其签章即视同为签发人签章，应认定该银行承兑汇票有效。

——《最高人民法院关于江西省九江外贸发展有限公司与中国建设银行深圳市分行罗湖支行、深圳艾尔迪实业有限公司票据纠纷案的答复》(1998年3月25日，〔1998〕经他字第22号函)

693

商业承兑汇票收款人账号及开户银行填写颠倒，但该记载错误事项不属于汇票的绝对应记载事项，不影响对收款人的确认和票据效力

关键词｜商业承兑汇票｜绝对应记载事项｜票据效力｜

【最高人民法院裁判文书】

中信商业保理有限公司与国中医药有限责任公司票据纠纷案[最高人民法院(2015)民申字第134号民事判决书]

最高人民法院认为：双方当事人均确认00100061－20003860商业承兑汇票收款人的账号及开户银行存在填写颠倒的问题，但该记载错误的事项并不属于汇票的绝对应记载事项，不影响对收款人的确认和票据自身的效力。国中医药公司主张案涉汇票出票时未填写出票日期，出票日期为实际出票后倒签，但其未提供充分证据予以证明。同时，虽然出票日期属于汇票的绝对应记载事项，但按照票据法的基本原理，记载的出票日期可以与实际出票日不一致而事后予以补记。只要当事人在主张票据权利时，出票日期有所记载，票据就具有完整性。故对于国中医药公司的该项抗辩理由，本院不予支持。

——中国裁判文书网，http://wenshu.court.gov.cn。

694

银行签发汇票应当尽到通常的审查义务

关键词｜签发汇票｜

【最高人民法院裁判文书】

中国农业银行白银市分行营业部诉白银有色金属有限公司、甘肃稀土公司银行承兑契约资金追索纠纷上诉案[最高人民法院(2001)民二终字第149号民事判决书]

最高人民法院认为：白银公司关于签发票据的申请，农行白银营业部与白银公司签订的《银行承兑契约》、与稀土公司签订的《银行承兑契约担保合同》是各方当事人的真实意思表示，不违反法律、法规的规定，应当认定合法有效。上述合同签订后，农行白银营业部制作了银行承兑汇票并交给白银公司经办人原财务处融资科副科长寇振国。1998年11月4日，白银公司向农行白银营业部发送了《止付通知》，要求止付本案七张汇票，同年11月5日，白银市公安局以七张汇票涉嫌盗用白银公司名义诈骗和个人占有,向农行白银营业部送达《停止支付资金通知书》。在此情况下,农行白银营业部向甘肃省高级人民法院提起诉讼,请求判令持票人不享有票据权利。经最高人民法院(2000)经终字第15号、第22号、第66号终审民事判决书认定上述汇票为有效票据,持票人享有票据权利。农行白银营业部遂依据最高人民法院上述生效判决向持票人履行了兑付义务。

农行白银营业部依据出票人白银公司的指令和票据法律的有关规定签发了银行承兑汇票,并于汇票到期日依据最高人民法院的生效判决向持票人支付了票据资金,承担了逾期付款违约金,履行了《银行承兑契约》规定的合同义务,白银公司应当依据该《银行承兑契约》向农行白银营业部支付票据资金,稀土公司应当依据《银行承兑汇票保证担保合同》对白银公司的债务承担连带责任。鉴于白银公司申请签发汇票时向农行白银营业部提交的购销合同是复印件,农行白银营业部没有尽到审查义务,对本案资金的流失亦存在一定的过错,本院确定对农行白银营业部逾期付款违约金的主张不予支持。白银公司主张寇振国行为为个人行为,七张汇票上的印章与银行预留印鉴不符,系寇振国伪造的,因寇振国办理银行承兑汇票涉嫌犯罪,其主张成立,本院予以支持;其主张农行白银营业部在审查出票人资格、开立保证金账户和领用汇票登记的问题上违反农行规定,因农行关于上述规定属于行政规章制度,违反上述规定应承担银行系统内部的行政处罚,不影响本案民事责任的承担,其主张不成立;其主张票据基础关系《工矿产品购销合同》是虚假的,因该合同是由其申请签发银行承兑汇票时提供给农行白银营业部的,如果该合同是虚假的,亦应认定为白银公司违背诚信原则,其以此作为免除支付银行承兑汇票资金责任的理由不成立;其申请调查寇振国犯罪嫌疑行为,因寇振国犯罪犯嫌疑行为与本案经济纠纷属于不同的法律事实,寇振国涉嫌占有和处分票据的犯罪行为不影响本案审理,其请求不予准许;其请求追加重庆公司和重庆创意公司为第三人,因本案审理的是票据资金关系,重庆两公司与本案无关,其请求不予准许。农行白银营业部答辩认为汇票经办人寇振国是白银公司的全权代表人,上诉人在《止付通知》中也明确表明七张汇票为上诉人的汇票,最高人民法院的另案判决书已经确认了本案七张汇票的法律效力,被上诉人已经向持票人履行了兑付义务,上诉方称未与重庆公司签订购销合同,与事实不符等主张;其主张在整个过程中已经严格履行了应尽的责任与义务,因其对白银公司提交的购销合同复印件没有尽到审查义务,对本案资金流失应承担一定责任,其主张不成立。

——李国光主编、最高人民法院民事审判第二庭编:《民商事审判指导与参考》总第2卷,人民法院出版社2003年版,第249~263页。

695

对票据采取冻结等保全或者执行措施的条件

关键词｜票据保全｜票据执行｜

【最高人民法院司法解释】

第八条　人民法院在审理、执行票据纠纷案件时，对具有下列情形之一的票据，经当事人申请并提供担保，可以依法采取保全措施或者执行措施：

（一）不履行约定义务，与票据债务人有直接债权债务关系的票据当事人所持有的票据；

（二）持票人恶意取得的票据；

（三）应付对价而未付对价的持票人持有的票据；

（四）记载有“不得转让”字样而用于贴现的票据；

（五）记载有“不得转让”字样而用于质押的票据；

（六）法律或者司法解释规定有其他情形的票据。

——《最高人民法院关于审理票据纠纷案件若干问题的规定》（2000年11月14日，法释〔2000〕32号）

【最高人民法院答复】

辽宁省高级人民法院：

你院请示收悉，经研究，答复如下：

……

2. 弓长岭矿山公司未背书记载“质押”字样，其后果仅为质押权人无法证明其票据质权，依票据的文义性，弓长岭矿山公司为持票人。合作银行弓长岭支行不向工商银行弓长岭支行拒付票款，而是向弓长岭矿山公司拒付票款的事实，也说明了这一点。根据《票据法》第五十三条第三款的规定，通过委托收款银行或者通过票据交换系统向付款人提示付款的，视同持票人提示付款。

3. 该银行承兑汇票属于旧版汇票，根据《银行结算会计核算手续》中有关收款人或被背书人开户行受理银行承兑汇票处理手续的规定，该银行承兑汇票的最后签章形式，不属于空白背书。

4. 根据《票据法》第三十六条的规定,合作银行弓长岭支行拒绝付款退票后,不得背书转让。

5. 该银行承兑汇票是在法定期限内通过票据交换系统提示付款的。合作银行弓长岭支行则是在接到新华支行转送的沈阳市大东区法院冻结止付的裁定及相关事宜的通知之后,以汇票冻结为由拒付,并向弓长岭矿山公司出具了借方特种传票。根据《票据法》第五十三条第一款第(二)项和第三款的规定,应视同弓长岭矿山公司向新华支行提示付款。综上所述,弓长岭矿山公司享有该银行承兑汇票的票据权利。新华支行对其承兑的汇票负有汇票到期日无条件付款的责任。

沈阳市大东区法院冻结本案汇票的裁定错误,应予撤销。

——《最高人民法院关于鞍山钢铁公司弓长岭矿山公司与沈阳城市合作银行新华支行、辽阳城市合作银行弓长岭支行票据纠纷一案的复函》(2002年8月29日,〔2001〕民他监字34号)

广东省高级人民法院:

你院〔1991〕粤法经请字第5号《关于法院可否冻结银行承兑汇票问题的请示》收悉。经研究,答复如下:

你院请示中的持票人海南机设信托投资股份(集团)有限公司经海南宁赣贸易公司背书,并且给付对价后取得编号为X18421208的银行承兑汇票,根据《银行结算办法》有关银行承兑汇票的规定和中国人民银行银发〔1991〕258号《关于加强商业汇票管理的通知》第六条的规定,有权持票要求承兑银行兑付,法院不得冻结该汇票。另外,持票人海南机设信托投资股份(集团)有限公司的前手海南宁赣贸易公司经背书转让了票据权利,现已无权将汇票返还签发银行。承兑银行应向承兑申请人追回欠款。富田经理部可以合同纠纷向宁赣公司追回欠款。

此复。

——《最高人民法院经济审判庭关于广东省江门市富田农工商经理部诉海南省海南宁赣贸易公司购销合同一案中法院可否冻结银行承兑汇票问题的复函》(1992年3月24日,法经〔1992〕42号)

【最高人民法院审判业务意见】

1999年4月,最高人民法院经济庭庭务会对票据的冻结止付问题进行了集中讨论。讨论主要集中在需要冻结止付票据的情形、冻结止付票据的费用、冻结止付通知的撤销等问题上。

一、需要冻结止付票据的情形

需要冻结止付票据有两种情形，一是票据丢失、灭失、被盗即票据丧失的情况下，通过公式催告程序保护票据权利人时，需要向金融机构发出止付通知书；二是发生诈骗或民事欺诈行为时，为使被害人的财产不受损失，需要对票据冻结止付。在第一种情况下，只是止付票据，不需要对票据进行冻结，因此其性质属于公示催告的附随程序。在这种情况下，丧失的票据被他人占有，占有人属于不法占有，除丧失的票据是空白票据的情况外，一般受让这种票据的人不属于《票据法》上的正当持票人，不能取得票据权利。比如在指示票据的场合，第三人从不法占有票据的人手中取得票据的，即便第三人不知道转让人是不法占有票据，并向该人支付了对价，第三人也不能取得票据权利，成为票据的正当持票人。所以，人民法院向金融机构发出的止付通知书，损害善意第三人的合法权益的情况相对较少。第二种情况下既要止付票据，又要冻结票据，目的是为防止票据权利被不法行使，性质上属于财产保全。由于票据具有流通性，一旦票据被背书转让，就可能有正当持票人，在不能控制住票据流通的情况下对票据的冻结止付，可能发生损害正当持票人的合法权益的情况。因此，人民法院采取冻结、支付票据的措施时应当特别慎重。

二、冻结止付票据的费用

票据在发出后，对票据的冻结止付发通知有一定的难度。因为票据的代理付款人比较多，仅向出票银行发出止付通知书还不足以控制付款。因而，在需要向其他相关的金融机构发止付通知书，就需要耗费一定的人力物力。我国各商业银行均有上万个营业网点，向所有的营业网点发止付通知书，需要发生一定的费用。对于这个费用应当由谁承担的问题，庭务会有两种意见。大多数意见认为，如果冻结止付票据的申请人要求人民法院向其他相关的金融机构发止付通知书，产生的费用只能由申请人自行承担。如果金融机构（如总行）按照人民法院的要求向各营业点发通知，产生的费用也只能由申请人承担。因为申请人发生票据丢失、被盗或被骗在先，是有一定过失的，且申请人在冻结止付票据行为中又是受益方。所以，申请人申请冻结止付发生的费用，原则上只能由申请人承担，人民法院和金融机构均不可能承担这样的费用。少数意见认为发生费用可以由负责发通知的金融机构承担。因为金融机构相互之间发通知比较方便，方法也比较多，甚至可以发电子邮件，费用也不会太高。庭务会倾向于多数人的意见。

三、冻结止付票据通知的撤销

冻结止付通知发出后，如果不能达到冻结止付的目的，且不利于金融机构开展正常的结算关系的，冻结止付通知应当及时撤销。经讨论认为，凡是符合以下情况之一的，人民法院应当撤销冻结止付通知。

1. 票据权利人在丧失票据占有后，如票据的不法持有人向金融机构或其代理付款人冒领，而支付票据款项的金融机构按照《票据法》和票据结算办法的规定又属于正当付款的，人民法院就应当撤销止付通知书，公式催告程序到此终止。因为止付的目的已经不能达到，撤销止付通知以便于金融机构之间开展正常的结算业务。

2. 发生票据诈骗或民事欺诈行为时对票据冻结止付的，因为票据具有流通性，一旦票据被背书转让，就可能有正当持票人，在不能控制住票据的情况下对票据的冻结止付，就可能损害正当持票人的合法权益。因此，冻结止付只能对仍然在票据基础关系人手中的票据进行，对已经背书转让出现了正当持票人的票据，不宜采用冻结止付票据的财产保全措施。人民法院在涉及票据的财产保全中，应尽量控制票据，如果不能控制票据，人民法院出于需要可以向金融机构发止付通知书。但查明有票据的正当持票人时，人民法院应当解除对票据的冻结止付措施，以保护正当持票人的合法权益。需要注意的是，由于控制票据比较困难，在止付通知书到达相关金融机构前，仍然会发生基础关系中票据持有人已经从金融机构或其代理付款人处获得了付款。一旦出现这种情况，冻结止付票据的目的就不能实现。为便于金融机构之间正常结算活动的进行，人民法院也应撤销止付通知。当然，如果金融机构与持票人恶意串通，谎称没有受到止付通知书而付款的，属于恶意付款，金融机构应当按照《票据法》第五十七条的规定，承担赔偿责任。

——曹士兵整理：《关于票据的冻结止付》，载李国光主编、最高人民法院经济审判庭编：《经济审判指导与参考》第1卷，法律出版社1999年版，第228～231页。

696

汇票委托书回单只能证明当事人委托银行出票，不足以证明其向收款人交付汇票或者收款人收到汇票款项

关键词 | 汇票委托书 | 出票 |

【最高人民法院裁判文书】

中国石油化工股份有限公司齐鲁分公司与青岛盛橡汇贸易有限公司、山东齐鲁石油化工联营开发总公司买卖合同纠纷案［最高人民法院（2012）民提字第180号民事判决书］

裁判要旨：本案最主要的争议焦点在于成山轮胎公司是否收到争议的银行汇票款或行使了票据权利。中石化齐鲁分公司举示的汇票委托书回单只能证明其委托银行签发银行汇票，不能证明签发的汇票已交付给成山轮胎公司。汇票票款从中石化齐鲁分公司账户付出，存在多种可能性，并不能得出成山轮胎公司收到款项或行使了票据权利的唯一结论。中石化齐鲁分公司抗辩主张成山轮胎公司收到该汇款票，应对此承担举证责任。其不能充分举证证明成山轮胎公司收到该笔款项或已行使票据权利，应当承担不利后果。

最高人民法院再审认为：一、关于成山轮胎公司是否收到1385682元银行汇票款或行使了票据权利的问题。本院认为，依本案目前证据，无法认定成山轮胎公司收到该1385682元银行汇票款或行使了票据权利，该款不能从成山轮胎公司诉请金额中扣减。第一，中石化齐鲁分公司举示的1990年4月11日汇票委托书回单只能证明中石化齐鲁分公司委托银行签发以"荣城橡胶厂"为收款人、金额为1385682元的银行汇票，不能证明签发的银行汇票已交付给成山轮胎公司。第二，中国工商银行淄博临淄支行证明该银行汇票未被退票、票款已付出，中国工商银行对账单证明中石化齐鲁分公司账户付方发生额1385682元，但只说明中石化齐鲁分公司银行账户发生资金付出，不足以证明票款已支付到成山轮胎公司银行账户。汇票票款从中石化齐鲁分公司账户付出，存在多种可能性，并不能得出成山轮胎公司收到款项或行使了票据权利的唯一结论。第三，1990年6月5日成山轮胎公司向中石化齐鲁公司以汇票支付1385682元，成山轮胎公司已入账并在对账结果中予以载明，而中石化齐鲁分公司所称1990年4月11日向成山轮胎公司支付的1385682元，成山轮胎公司并未入账，应当属于未达账项，但在对账结果中并无记载。同时，中石化齐鲁分公司在其记账凭证中还将该款记在其工作人员"游玉生"名下，说明中石化齐鲁分公司并未将该款项作为与成山轮胎公司买卖业务的资金往来。第四，山东振鲁会计师事务所有限公司鲁振会审专〔2008〕第0065号审计报告结论也无法确定成山轮胎公司是否收到1990年4月11日1385682元汇票款。第五，中石化齐鲁分公司提出成山轮胎公司已收到该汇款票或已行使票据权利,属于抗辩事实主张,中石化齐鲁分公司应当对该抗辩事实主张承担举证责任。中石化齐鲁分公司不能充分举证证明成山轮胎公司收到该笔款项或已行使票据权利,应当承担不利后果。

——最高人民法院民事审判第二庭编:《最高人民法院商事审判指导案例(2012)·公司与金融》,中国民主法制出版社 2013 年版,第 311 ~324 页。

697

支票收款人虽然出具收款收据并不意味着票据付款行为已经完成,只有实际划转款项才完成付款行为

关键词 | 出票日期 | 无效票据 | 票据付款 |

【《最高人民法院公报》案例】

青岛市国土和房屋管理局崂山国分局与青岛乾坤木业有限公司土地使用权出让合同纠纷案[最高人民法院(2007)民一终字第 84 号民事判决书]

最高人民法院认为:……(二)关于一审认定乾坤公司交纳土地出让金的数额是否正确的问题。一审认定乾坤公司已向崂山国土资源分局交纳土地出让金 788 万元,乾坤公司对此不持异议。而崂山国土资源分局只承认收到乾坤公司的土地出让金 488 万元,且被崂山区人民法院划走 3813357 元,目前仅剩 1066643 元。双方当事人的主要分歧在于 2003 年 3 月 26 日乾坤公司向土地管理所交付的一张 300 万元的支票应否算作已付土地出让金。鉴于该支票因无出票日期而被认定为无效,凭无效支票不能划转乾坤公司的银行存款。乾坤公司的出票行为应被认定为无效民事行为。尽管土地管理所收到这张支票后出具了收据,但因支票无效,土地管理所出具的收据并不意味着已经或者能够收到 300 万元土地出让金,事后乾坤公司也未对这张支票进行补正。事实上崂山国土资源分局也未收到此笔款项。由于乾坤公司对这张支票的无效具有过错,不能认定乾坤公司提交这张支票即视为其支付了 300 万元土地出让金。崂山国土资源分局关于该支票无效的抗辩具有事实和法律依据,本院应予支持。一审认定乾坤公司已向崂山国土资源分局支付土地出让金 788 万元有误,应予纠正。

——《最高人民法院公报》2008 年第 5 期

【最高人民法院裁判文书】

青岛乾坤木业有限公司与青岛市国土资源和房屋管理局崂山国土资源分局土地使用权出让合同纠纷申请再审案[最高人民法院(2008)民申字第1494号民事裁定书]

最高人民法院认为:出票日期是支票的绝对必要记载事项,欠缺日期记载的,支票无效。出票人将欠缺绝对必要记载事项的票据交付给他人,可以认定是将获得实际付款的选择权让渡给了他人,其应当承担这一行为的法律后果。在以支票为结算方式的交易中,收款人出具收据并不意味着支付行为的最终完成,只有收款人实际划转款项才完成收款行为。

——江必新主编、最高人民法院审判监督庭编:《审判监督指导》总第29辑,人民法院出版社2010年版,第91~99页。

698

出具和交付汇票仅为付款委托，只有在付款人承兑汇票后，付款人才应当承担到期付款的责任

关键词|付款委托|汇票承兑|付款责任|

【最高人民法院裁判文书】

罗明辉与潘明、明和房地产贸易投资公司、明超实业发展(深圳)有限公司合作建房纠纷案[最高人民法院(2011)民提字第94号民事判决书]

最高人民法院认为:关于人民币120万元。潘明提交的相关证据为1994年4月2日罗明辉出具的《收条》,内容为"收到潘明交来工商银行汇票人民币壹佰贰拾万元整"。罗明辉反驳称,该汇票有问题,不能兑现,已退还给潘明,并证明了双方之间存在其他经济往来关系。《票据法》第十九条规定:"汇票是出票人签发的,委托付款人在见票时或者在指定日期无条件支付确定的金额给收款人或者持票人的票据。"可见出具和交付汇票仅为付款委托,只有在付款人承兑汇票后,付款人才应当承担到期付款的责任。没有经过承兑和付款,款项的支付就

没有完成,不能将交付汇票行为作为款项已经支付的证据。事实上,潘明也没有提交有关承兑和付款的证据。因此,仅凭收到汇票的《收条》,不能证明汇票记载的款项已经支付。

——中国裁判文书网,http://wenshu.court.gov.cn。

699

接收承兑汇票行为中善意相对人基于无权代理可信赖之表象所为的合理行为,构成表见代理

关键词 | 承兑汇票 | 善意相对人 | 表见代理 |

【最高人民法院裁判文书】

天津市长芦盐业总公司与中国铁路物资沈阳有限公司买卖合同纠纷案[最高人民法院(2015)民二终字第335号民事判决书]

裁判要旨:基于表见代理制度的内容及目的,善意无过失的合同相对人,基于无权代理人在客观上形成的可信赖之表象,而与之所为的合理行为的法律后果,应当归属于被代理人。在长芦公司与建平公司存在长期密切往来的前提下,纵观涉案合同的签订方式、结合之前9750万元的两份合同的签订和履行方式,再考虑到《三方协议》期间的三方行为,足以制造出长芦公司委托了建平公司从事交易、代收货款等表象,基于此,已经完成了汇票背书付款的沈阳公司有理由相信建公司有权代理长芦公司领取4900万元汇票,故认定长芦公司领取该汇票的行为构成表见代理。

最高人民法院认为:长芦公司与沈阳公司之间签订的沈物营煤炭采长芦2013-01《产品购销合同》系基于双方真实意思表示而形成,内容并不违反法律法规强制性规定,为有效协议,合同双方均应如约履行相应的权利义务。关于建平公司接收沈阳公司承兑汇票的行为是否构成表见代理的问题。此问题是本案当事人争议的主要焦点。第一,无论是从庭审陈述还是长芦公司二审提交的证据均可反映出,长芦公司与建平公司在本案前即存在着常年的合作与交易,有着紧密经济往来,长芦公司亦是通过建平公司的一手经办而与沈阳公司签订了涉案合同,因此,基于双方对外所表现的关系,对于沈阳公司来说极易形成长芦公

司与建平公司之间存在委托之表象。第二，当涉案货物交付后，长芦公司于2013年1月29日向沈阳公司出具了4900万元的增值税专用发票，沈阳公司亦于2013年1月29日将银行承兑汇票全称完整、字面清晰的背书给了长芦公司。与交付现金或银行汇款的支付方式不同，汇票票面的背书记载足以表明沈阳公司在主观上具有足额、及时、明确的付款意愿，在客观上亦符合票据流转的法定要件，因此，沈阳公司在汇票付款的形式上不存在任何恶意或过错。对于沈阳公司将涉案汇票交付给建平公司的行为，必须考虑到在此前履行与涉案合同交易模式完全相同的2012年8月的两份共计9750万元的《产品购销合同》时，沈阳公司同样将已经背书给长芦公司的9750万元银行承兑汇票在无任何书面委托的前提下，交给了建平公司。此后，长芦公司从建平公司取得了转交的汇票并向沈阳公司出具了全额的收款收据，此次有效的转交行为进一步加深了沈阳公司对长芦公司与建平公司之间存在委托关系的信赖。因此，本案沈阳公司基于前期形成的信赖将涉案4900万元汇票再次交付给建平公司具有合理性，主观上不存在实质性的过错。第三，值得注意的是，包含涉案合同在内的两份《产品购销合同》的原约定总价款为8900万元，而无论是在《催款函》中显示还是在事实上查明，长芦公司均是开具了8400万元的增值税专用发票，而非8900万元。尽管增值税专用发票的开具不代表货款的收受，但依照长芦公司在二审庭审中一再表示对于货物数量变更以及价款变更均不知情的陈述，进一步可以确认8400万元增值税专用发票是长芦公司在知晓建平公司已经从沈阳公司取得8400万元的汇票后出具的，此事实也恰恰与张榕在公安机关的陈述相符合。第四，双方在涉案合同中明确约定，当涉案货物办理过户手续后，长芦公司在3日内向沈阳公司开具增值税专用发票，沈阳公司一次性用六个月银行承兑汇票付清货款。当沈阳公司将背书的银行承兑汇票 交给建平公司又取得全额的增值税专用发票后，长芦公司却在张榕刑事犯罪案发前长达九个月的时间里从未提出过货款未付的异议。长芦公司的此消极行为进一步加强了沈阳公司对建平公司之前表见代理行为的确信。第五，必须指明的是，长芦公司不但没有提出未付款的异议，反而是在沈阳公司将涉案汇票交予建平公司后的第七个月即2013年7月份，再次与沈阳公司、建平公司合作，共同签署了《三方协议》。依据《三方协议》的内容，沈阳公司需在建平公司依约支付6650万元后，第一时间将煤炭过户给长芦公司。而经过本院调查，此协议中约定由建平公司支付的6650万元，却全部来自于长芦公司，更与长芦公司在本案的诉讼主张矛盾的是，作为实际支付6650万元货款的一方，长芦公司却从未向沈阳公司主张过包括涉案货款在内的8400

万元货款,亦未主张过抵销。因此,基于长芦公司对此前4900万元货款长期未提出异议,并继续与建平公司合作履行《三方协议》付款的行为,进一步向沈阳公司显示出其与建平公司之间相互信赖、相互合作、相互委托的关系。长芦公司与建平公司所再次表现出的密切关系,也再次让沈阳公司确认建平公司有权代为领取之前的4900万元汇票,也再次确认自己已经完成了支付涉案货款的事实。第六,结合沈阳公司的冷强、建平公司的王帆以及长芦公司的李熳(第一次)在公安机关的陈述,三人同时陈述了沈阳公司曾于2013年4、5月份左右向长芦公司索要过涉案货款收据的事实。尽管长芦公司在二审庭审中对于相关笔录的内容予以否认,但该三人在不同时间、不同地点所作出的相互吻合、相互印证的内容,加之此前认定的事实,能够令本院确认该三人所陈述的上述事实具有高度可能性。因此,在沈阳公司已经在《三方协议》签订前即已催要涉案收款收据的情形下,长芦公司却直至再次支付了6650万元后,仍然未向沈阳公司提出货款未付的主张,不仅明显有悖常理并且可以认为是对建平公司代为收款行为的默认。而令本院注意的是,长芦公司在张榕于2013年10月被公安机关因涉嫌诈骗罪刑事拘留之后,才于2013年11月1日向沈阳公司发出《催款函》,催要包含涉案货款在内的8400万元。长芦公司对其此种异常行为,仅以其信任国有企业为由予以解释明显过于牵强,不但难以令本院采信,更另本院怀疑其起诉之缘由。第七,《合同法》第四十九条对于表见代理作出了明确规定,即"行为人没有代理权、超越代理权或者代理权终止后以被代理人名义订立合同,相对人有理由相信行为人有代理权的,该代理行为有效。"本院认为,基于表见代理制度的内容及目的,善意无过失的合同相对人,基于无权代理人在客观上形成的可信赖之表象,而与之所为的合理行为的法律后果,应当归属于被代理人。在长芦公司与建平公司存在长期密切往来的前提下,纵观涉案合同的签订方式、结合之前9750万元的两份合同的签订和履行方式,再考虑到《三方协议》期间的三方行为,足以制造出长芦公司委托了建平公司从事交易、代收货款等表象,基于此,已经完成了汇票背书付款的沈阳公司有理由相信建平公司有权代理长芦公司领取4900万元汇票,在上述分析的综合考量下,本院认为,认定长芦公司领取该汇票的行为构成表见代理更具有合理性,亦更符合法律之本意。

——人民法院出版社法规编辑中心编:《最高人民法院裁判观点精编(2014~2015)》,人民法院出版社2016年版,第436~439页。

700

出票人在票据上记载“禁止转让”字样的效力

关键词｜出票人记载｜

【最高人民法院司法解释】

第四十八条 依照票据法第二十七条的规定，票据的出票人在票据上记载“不得转让”字样，票据持有人背书转让的，背书行为无效。背书转让后的受让人不得享有票据权利，票据的出票人、承兑人对受让人不承担票据责任。

——《最高人民法院关于审理票据纠纷案件若干问题的规定》(2000年11月14日，法释〔2000〕32号)

【最高人民法院审判业务意见】

“不得转让”的票据记载事项是任意记载事项，一经记载即发生法律效力。该由出票人记载的禁止背书转让的票据在《票据法》上被称为禁止转让票据，在司法实务中，存在着对禁止转让票据的效力进行不正确理解以及错误适用的问题，因此，对该问题的理解应注意以下问题：(1)禁止转让票据丧失了可背书性，不能再以背书方式转让票据权利。票据持有人背书转让的，背书行为无效。(2)背书转让后的受让人不得享有票据权利，票据的出票人、承兑人对受让人不承担票据责任。(3)票据持有人将禁止转让票据贴现、质押的，通过贴现、质押取得票据的持票人主张票据权利的，人民法院不予支持。关于持票人对票据上所记载的“禁止背书”字样是否清楚的审查标准问题，应该注意的是，“不得转让”的票据记载事项是任意记载事项。根据交易习惯，对于普通票据关系人，其对票据记载事项的辨识标准应采用肉眼在正常光线下能够辨识清楚的标准，只要票据关系人按此标准进行了审查，就应认定其尽到了合理审查义务。如果用肉眼在正常光线下进行辨识但不能辨识清楚，需采用借助特殊仪器在非正常光线下方能辨识清楚，那么不应认定该记载事项清楚，该记载事项不应发生《票据法》上的效力。

——宋晓明：《加强调查研究，探索解决之道——就在全国民商事审判工作会议中提出的若干疑难问题答记者问》，载最高人民法院民事审判第二庭编：《民商事审判指导》总第11辑，人民法院出版社2007年版，第89~90页。

701

票据背书连续与否的判断

关键词｜票据背书｜背书连续｜

【最高人民法院司法解释】

第五十条　依照票据法第三十一条的规定，连续背书的第一背书人应当是在票据上记载的收款人，最后的票据持有人应当是最后一次背书的被背书人。

——《最高人民法院关于审理票据纠纷案件若干问题的规定》(2000年11月14日，法释〔2000〕32号)

【最高人民法院答复】

辽宁省高级人民法院：

你院请示收悉，经研究，答复如下：

1. 结算处向弓长岭矿山公司背书转让银行承兑汇票时，在被背书人一栏仅记载为"弓矿公司"，以及弓长岭矿山公司将该银行承兑汇票用作质押时，签章与预留印鉴不符，违反了《票据法》第七条和《银行结算办法》第八条第一款的规定。但是，上述签章的结果并不必然导致弓长岭矿山公司丧失票据权利。鉴于合作银行弓长岭支行非以此为由拒付票款，弓长岭矿山公司的前手对持票人的真实性没有提出异议，该银行承兑汇票到期日前无人对其主张票据权利，人民银行辽阳市分行在诉讼期间对此问题也出具了证明，故应确认背书连续，弓长岭矿山公司不因此丧失票据权利。

……

——《最高人民法院关于鞍山钢铁公司弓长岭矿山公司与沈阳城市合作银行新华支行、辽阳城市合作银行弓长岭支行票据纠纷一案的复函》(2002年8月29日，〔2001〕民他监字34号)

编者说明

2016年9月，中国人民银行《关于规范和促进电子商业汇票业务发展的通知》明确，在电子商业汇票业务中，对于电票前手被背书人与后手背书人的账号、开户行行号、组织机构代码和身份类别均相同但名称有所不同的，不影响票据背书连续性的认定，承兑人应及时给付票据款项。如确需相关当事人说明的，承兑人应及时通过大额支付系统查询查复报文或其他方式联系相关当事人或当事人开户行予以证实。

702

票据上有伪造的签章，并不影响票据上其他真实签章的效力

关键词｜伪造签章｜真实签章｜

【最高人民法院司法解释】

第四十六条 票据的背书人、承兑人、保证人在票据上的签章不符合票据法以及《票据管理实施办法》规定的，或者无民事行为能力人、限制民事行为能力人在票据上签章的，其签章无效，但不影响人民法院对票据上其他签章效力的认定。

——《最高人民法院关于审理票据纠纷案件若干问题的规定》(2000 年 11 月 14 日，法释〔2000〕32 号)

【最高人民法院裁判文书】

安福唯冠油压机械有限公司、李东峰与谢玲民间借贷纠纷申请再审案［最高人民法院(2015)民申字第 1403 号民事裁定书］

最高人民法院认为：票据具有无因性、要式性和文义性。案涉汇票出票人吉安市兰海庐陵生物工程科技有限公司的签章真实，已经中国银行吉安市庐陵支行承兑，票据上记载事项完备，具备票据法上的形式要求。虽汇票上收款人江西庐陵园林工程有限公司的公章和其法定代表人刘新军的私章系伪造，但根据《票据法》第十四条的规定，票据上有伪造、变造的签章的，不影响票据上其他真实签章的效力。唯冠公司、李东峰亦未举证证明该汇票已被依法宣告无效，其作为持票人，仍可依据《票据法》第四条、第二十六条、第六十八条之规定，行使票据上的付款请求权和追索权。

——中国裁判文书网，http://wenshu.court.gov.cn。

济宁市志冠商贸有限责任公司与山东鲁盛肥业有限公司等侵权纠纷申请再审案[最高人民法院(2013)民申字第2222号民事裁定书]

最高人民法院认为:关于徽商银行合肥分行是否应承担侵权责任问题。鲁盛公司取得票据后,于空白背书处签章并转让票据,其后票据上被背书人、背书人依次为卓源公司、鹏华公司,背书连续,必要记载事项齐全,合法有效。志冠公司申请再审虽提交济宁市公安局刑事科学技术研究所(济)公(刑)鉴(文)字(2013)第40号鉴定文书,主张票据上卓源公司签章虚假,但卓源公司签章系属伪造一节,已被二审判决予以认定。且根据《票据法》第十四条第二款之规定,票据上有伪造的签章,并不影响票据上其他真实签章的效力。鹏华公司作为最后被背书人,持票向徽商银行合肥分行申请贴现。徽商银行合肥分行依其申请,对其与卓源公司之间的《煤炭买卖合同》和增值税发票复印件进行审查,办理了贴现手续,并支付了对价,符合《商业汇票承兑、贴现与再贴现管理暂行办法》的规定。志冠公司申请再审虽以徽商银行合肥分行未依据《支付结算办法》的规定审查商品发运单据复印件、增值税发票时间早于鹏华公司取得案涉汇票以及《煤炭买卖合同》中邢保元签名有误系属伪造为由,主张徽商银行合肥分行具有重大过失,构成共同侵权。但《商业汇票承兑、贴现与再贴现管理暂行办法》系规范商业汇票承兑、贴现与再贴现的专门性规定,志冠公司认为应适用《支付结算办法》的主张,欠缺法律依据。且发票出具时间与交易时间不以一致为必要,贴现银行对申请贴现材料亦仅负形式审查义务,故志冠公司依据前述理由主张徽商银行合肥分行具有重大过失,不能成立。二审判决认定徽商银行合肥分行系善意取得案涉汇票,不应对志冠公司承担侵权赔偿责任,适用法律并无不当。

——中国裁判文书网,http://wenshu.court.gov.cn。

703

汇票上是否记载背书日期或者背书日期与实际转让票据日期是否一致,均不影响背书转让的效力

关键词 | 汇票背书 | 背书日期 | 背书效力 |

【最高人民法院答复】

云南省高级人民法院：

你院请示收悉。经研究，答复如下：

二、本案汇票背书是在农行崇仁路办事处办理天天公司申请的汇票贴现时所作的转让背书，当时虽然只有背书人天天公司的签章，没有记载被背书人名称和背书日期，但其后已补记该办事处为汇票被背书人，且在背书转让上未涉及第三人，背书转让关系是明确的；由于背书日期未作记载，应视为在汇票到期日前背书，不影响背书的成立。同时，该办事处在取得汇票时经贴现已向背书人天天公司支付合理对价，属合法取得汇票，是该汇票的合法持票人。在本案汇票到期被拒绝付款时，硚口农行可以持票对承兑人大理工行、出票人贸易中心以及背书人天天公司主张票据权利。

——《最高人民法院关于中国农业银行武汉市分行硚口区支行与中国工商银行大理市支行、云南省大理州物资贸易中心银行承兑汇票纠纷一案的答复》（1998 年 11 月 4 日，法经〔1998〕457 号）

【最高人民法院裁判文书】

中国农业银行白银市分行营业部与中国工商银行重庆市分行渝中支行两路口分理处等票据纠纷案［最高人民法院（2000）经终字第 62 号民事判决书］

最高人民法院认为：汇票属于要式证券，必须根据法律规定的相关记载事项来确定票据当事人的权利义务关系。《票据法》第二十九条第二款规定“背书未记载日期的，视为在汇票到期日前背书”。由此可见，背书日期属于相对必要记载事项，而非绝对必要记载事项。在背书人背书转让汇票的过程中，绝对必要记载事项的欠缺，会导致被背书人丧失票据权利。而欠缺相对必要记载事项，则可根据法律规定来加以确定。因此，本案所涉汇票上是否记载背书日期抑或背书日期与实际转让票据的日期是否一致，均不影响背书转让的效力。

——肖扬总主编、最高人民法院民事审判第二庭编：《中华人民共和国最高人民法院判案大系》（民商事卷－2000 年卷），人民法院出版社 2003 年版，第 168～173 页。

704

背书日期记载早于汇票上所记载的出票日期，背书仍然有效

关键词｜背书日期｜出票日期｜背书效力｜

【最高人民法院裁判文书】

中国农业银行湖北省十堰市分行五堰办事处与中国建设银行武汉市省直支行等银行承兑汇票纠纷案[最高人民法院(1998)经终字第451号民事判决书]

最高人民法院认为:汇丰公司与建行营业部为处理双方的债权债务事宜于1991年6月21日签订的谈话纪要,系双方真实意思表示,内容不违反法律法规,应认定合法有效。汇丰公司于签订谈话纪要的当日即在原农行郧阳营业部开出的号码为X16078477的2000万元银行承兑汇票上背书,并将该汇票交付给建行营业部。X16078477号汇票上所记载的出票日期为1991年6月30日,但汇丰公司在同年6月21日即将该汇票交付给建行营业部的行为及建行营业部于同年6月25日向该汇票的出票行农行郧阳营业部发出的核对汇票真实性的电报,均表明该汇票的实际出票日期早于汇票记载的出票日期。汇丰公司在实际持有X16078477号银行承兑汇票后,将其背书转让给建行营业部,虽然汇丰公司在汇票上所签注的背书转让日期早于汇票上所记载的出票日期,但该背书转让行为并不违反《票据法》关于背书连续的规定。再则,汇丰公司将汇票背书转让给建行营业部,建行营业部支付了相应的对价,农行郧阳营业部在对建行营业部向其发出的核对汇票真实性的电报回电时,仅要求建行营业部更换新式的汇票,并未对汇票的真实性提出异议,应认定汇丰公司向建行营业部背书转让汇票合法有效。农行五堰办事处关于建行营业部对汇丰公司转让汇票没有支付对价,汇丰公司转让X16078477号汇票之时农行郧阳营业部尚未出票,该汇票背书转让无效的上诉理由,因无事实与法律依据,本院不予支持。建行营业部在按照农行郧阳营业部的要求与汇票申请人郧阳农垦海口分公司到该营业部更换新式汇票时,因农行郧阳营业部无新式汇票,经三方协商,由郧阳农垦海口分公司将原汇票交给农行郧阳营业部,农行郧阳营业部开出一张户名为郧阳农垦海口分公司、金额为2000万元的定期存单,并由郧阳农垦海口分公司将该存单背书转让给建行营业部。农行郧阳营业部就此向建行营业部书面承诺,建行营业部凭定期存单换取新式汇票,如在原汇票到期日不能更换新式汇票,建行营业部可凭定期存

单兑付。由此可见，建行营业部与农行郧阳营业部均无以存单权利取代汇票权利的意思表示，定期存单只是建行营业部向农行郧阳营业部换取新式汇票或主张汇票权利的凭据，即使该存单的转让因违反中国人民银行的有关规定而无效，亦不影响建行营业部主张其汇票权利，农行郧阳营业部应承担向建行营业部兑付2000万元汇票的责任。建行营业部依据汇丰公司背书转让的汇票向农行郧阳营业部主张兑付，与汇丰公司及郧阳农垦海口分公司无涉，农行郧阳营业部关于追加汇丰公司及郧阳农垦海口分公司为本案第三人的上诉请求，本院不予支持。

——肖扬总主编、最高人民法院民事审判第二庭编：《中华人民共和国最高人民法院判案大系》（民商事卷－1998年卷），人民法院出版社2003年版，第1098～1102页。

705

票据空白背书补记的效力认定

关键词｜空白背书补记｜

【最高人民法院司法解释】

第四十九条 依照票据法第二十七条和第三十条的规定，背书人未记载被背书人名称即将票据交付他人的，持票人在票据被背书人栏内记载自己的名称与背书人记载具有同等法律效力。

——《最高人民法院关于审理票据纠纷案件若干问题的规定》（2000年11月14日，法释〔2000〕32号）

【最高人民法院答复】

云南省高级人民法院：

你院请示收悉。经研究，答复如下：

二、本案汇票背书是在农行崇仁路办事处办理天天公司申请的汇票贴现时所作的转让背书，当时虽然只有背书人天天公司的签章，没有记载被背书人名称和背书日期,但其后已补记该办事处为汇票被背书人,且在背书转让上未涉及第三人,背书转让关系是明确的;由于背书日期未作记载,应视为在汇票到期日前背书,不影响背书的成立。同时,该办事处在取得汇票时经贴现已向背书人天天公司支付合理对价,属合法取得汇票,是该汇票的合法持票人。在本案汇票到期被拒绝付款时,硚口农行可以持票对承兑人大理工行、出票人贸易中心以及背书人天天公司主张票据权利。

——《最高人民法院关于中国农业银行武汉市分行硚口区支行与中国工商银行大理市支行、云南省大理州物资贸易中心银行承兑汇票纠纷一案的答复》(1998 年 11 月 4 日,法经〔1998〕457 号)

【最高人民法院裁判文书】

天津丰宇正泰金属材料贸易有限公司与山西西山煤电股份有限公司票据损害责任纠纷申请再审案[最高人民法院(2015)民申字第 1775 号民事裁定书]

最高人民法院认为:关于西山煤电公司是否为本案所涉汇票合法持票人的问题。涉案汇票在被丰宇公司用于贴现后进入流通领域,经过多次转让到达西山煤电公司手中,后西山煤电公司将汇票背书交付给物资分公司,属于内部无偿拨付。西山煤电公司从物资分公司收回票据,以自己名义主张权利主体并无不当。案涉汇票粘单上背书人与被背书人签章连续。关于被背书人栏可否补记问题,如背书人仅在背书人栏记载自己名称即将汇票交付给被背书人,该行为视为背书人将在被背书人栏记载的权利授予其后手被背书人,故持票人根据汇票背书签章情况逐一补记被背书人名称的行为符合各背书人的意思,也不违反有关法律和司法解释的规定,不影响票据权利的取得。关于丰宇公司主张西山煤电公司是在涉案汇票公示催告期内取得的汇票的问题。西山煤电公司提交了其前手友利公司出具的证明以证实其取得本案汇票是在 2011 年 12 月 6 日,虽然友利公司与西山煤电公司有交易关系,但只有友利公司才能客观地说明交付票据的时间,丰宇公司对此虽不认可但不能提交相反证据予以反驳,可以据此认定西山煤电公司取得汇票的时间为 2011 年 12 月 6 日,并非在公示催告期间。

——中国裁判文书网,http://wenshu.court.gov.cn。

杨娜欣与沈阳中茶园经贸有限公司一般借款合同纠纷案[最高人民法院(2014)民提字第96号民事判决书]

最高人民法院认为：我国法律并未禁止当事人以银行承兑汇票的交付作为履行还款义务的方式。从案涉空白背书汇票的交付过程看，杨娜欣与孟小帆在银行共同等待开出承兑汇票，在二人确信汇票真实无异议的情况下，杨娜欣明确表示“可以”，并催促抓紧联系贴现。孟小帆当场为中茶园公司出具了收条，该收条明确载明收到案涉空白背书用于偿还中茶园公司对孟小帆和对杨娜欣各1000万元借款。杨娜欣对此明知且未提出异议，表明其认可空白背书汇票交付时，中茶园公司已经履行了全部还款义务。虽然杨娜欣与孟小帆二人之间没有书面委托合同明示杨娜欣同意孟小帆接受中茶园公司的汇票作为其偿还债务的方式，但从本案一、二审查明事实和相关证人证言看，案涉《借款保证合同》是孟小帆代理杨娜欣与中茶园公司谈判形成；中茶园公司以汇票形式履行清偿债务的合同义务，杨娜欣与孟小帆二人亦予以认可，协同处理贴现事宜。该空白汇票实际由杨娜欣掌控，并通过其联系的舜宗公司完成贴现。在实际履行过程中，虽然《借款保证合同》未约定借款利息，但中茶园公司给孟小帆汇去贴现款60余万元，孟小帆将属于杨娜欣部分的利息73500元支付给了杨娜欣；案涉汇票贴现款首先转入孟小帆的关系公司，之后转给杨娜欣200万元。纵观本案各方从借款到交付空白背书汇票到杨娜欣自行联系贴现，指示舜宗公司将贴现款汇入虹馨麒公司账户，乃至杨娜欣收取部分贴现款及贴息的事实，本案已形成了以银行承兑汇票的形式偿还借款的完整证据链，能够证明杨娜欣明知并认可中茶园公司以银行承兑汇票的形式偿还借款。

《票据法》第三十一条第一款规定：“以背书转让的汇票，背书应当连续。持票人以背书的连续，证明其汇票权利；非经背书转让，而以其他合法方式取得汇票的，依法举证，证明其汇票权利。”因此，票据法本身对于票据权利的转让并未限定在背书行为，未经背书的空白票据的交付仍然可以使持票人获取合法汇票权利。《票据纠纷规定》第四十九条规定：“依据票据法第二十七条和第三十条的规定，背书人未记载被背书人名称即将票据交付他人的，持票人在票据被背书栏内记载自己的名称与背书人记载具有同等法律效力。”根据上述法律规定，背书人将空白背书票据交付他人，就包含有授权他人补充被背书人签章的意思表示，实际持票人所作的记载，产生与背书人记载相同的法律效力。因此，在杨娜欣取得空白背书汇票时，完全有能力也有权利将自己或他人的名称记载于被背书人一栏，从而取得汇票权利。空白背书汇票的交付，发生了票据权利转让的法律效果。持票人将他人记载于被背书栏属于票据权利的让渡行使,票据权利实现的风险自其接受票据时发生转移。本案中,中茶园公司出具的汇票虽然未载明杨娜欣与孟小帆为收款人,但古汉方公司依据中茶园公司的指令,向孟小帆交付了收款人及背书人均为古汉方公司,被背书人空白的汇票和加盖公章的空白《委托书》。孟小帆和杨娜欣收取汇票时票据权利已经发生了转移,此后的背书及贴现行为即古汉方公司背书给晨润公司,晨润公司背书给闽赢公司,闽赢公司与宁波银行股份有限公司签订《商业汇票贴现合同》,将汇票贴现,均是杨娜欣和孟小帆找到贴现人后填写的背书内容。委托书填写的贴现收款人为孟小帆朋友所有的虹馨麒公司。孟小帆在虹馨麒公司收到该笔贴现款后,承认收到中茶园1000万元,并支付给杨娜欣200万元。票据关系和基础关系相独立是票据法上的重要原则,但该原则是为了保障票据的顺利流通,维护正常的市场交易秩序。本案中,杨娜欣、孟小帆、汇票上载明的各个主体对于背书、被背书只是为了实现该汇票的贴现系明知,故在此种情形下不存在需要强调票据关系和各个基础关系相独立的情形。杨娜欣及孟小帆二人亦明知并认可中茶园公司以银行承兑汇票的形式来偿还借款。本案中茶园公司空白背书汇票的交付及载有偿债内容收条的签收,表明中茶园公司借款债务履行的完成。

本案从贴现款流向可知,闽赢公司收到贴现款19469666.67元后,向舜宗公司账户汇入19426200元,舜宗公司于2012年6月4日将1252万元汇入虹馨麒公司账户后,于同月两次与杨娜欣签订《还款协议》,载明:舜宗公司为杨娜欣办理资金业务,因舜宗公司未经杨娜欣同意,挪用杨娜欣资金700万元整,并详细约定了还款期限、违约责任等,舜宗公司为此还提供了担保。虽然在诉讼中杨娜欣与舜宗公司共同声明《还款协议》作废,也不能否定舜宗公司与杨娜欣之间有“办理资金业务”的合意和舜宗公司挪用了贴现款700万元的事实。故该700万元贴现款的还款义务人应当为舜宗公司。在案涉汇票到期日前,中茶园公司已经将扣除保证金后的差额票款,即剩余的1000万元,支付给了广发银行浑南支行。中茶园公司就同一笔债务不可能偿还两次。杨娜欣的损失根源在于其联系的舜宗公司挪用贴现款,故最后仍应由杨娜欣向舜宗公司主张权利。

——中国裁判文书网,http://wenshu.court.gov.cn。

706

粘单的第一记载人未在粘单的骑缝线上签章，应确认粘单不生票据上的效力

关键词｜粘单｜票据背书｜

【最高人民法院裁判文书】

中国农业银行白银市分行营业部与中国工商银行重庆市分行渝中支行两路口分理处等票据纠纷案[最高人民法院(2000)经终字第62号民事判决书]

最高人民法院认为:粘单是票据背书用纸的延长,根据《票据法》第二十八条第二款有关"粘单上的第一记载人应当在汇票和粘单的粘接处签章"的规定,为防止票据与粘单相分离或被伪造等情形的出现,如果粘单的第一记载人未在粘单的骑缝线上签章,即应确认粘单不生票据上的效力。在本案所涉两张汇票的粘单上,工行两路口分理处均在背书人一栏签章,但在骑缝线上签章的主体却是二轻公司,故应认定本案所涉汇票的粘单不生粘单效力。审查本案所涉两张汇票的背书情况,由于涂销系票据当事人故意所为,并不影响背书的连续,可以根据票据所记载的事项确定本案所涉汇票的最后持票人是工行两路口分理处。农行白银营业部以本案所涉汇票的有关记载事项违反《票据法》的有关规定作为拒绝承担付款责任的抗辩事由之一,于法无据,本院不予支持。

——肖扬总主编、最高人民法院民事审判第二庭编:《中华人民共和国最高人民法院判案大系》(民商事卷-2000年卷),人民法院出版社2003年版,第168~173页。

707

未经背书转让取得而主张票据权利的，应证明以背书之外的合法方式取得票据，并享有票据权利

关键词｜背书转让｜票据权利｜

【最高人民法院裁判文书】

盘锦德泰电气有限公司、盘锦大疆工程安装有限公司与中国农业银行股份有限公司南京三元巷支行、广发银行股份有限公司南京白下支行等票据损害责任纠纷申请再审案[最高人民法院(2015)民申字第1830号民事裁定书]

最高人民法院认为:关于原判决认定的基本事实是否缺乏证据证明的问题。一、二审判决认定的基本事实是:涉案票据先后经过了大疆公司、案外人徐州福农农用机械有限公司、徐州邦盛商贸有限公司背书,以及广发银行南京白下支行、农行南京三元巷支行办理了贴现、转贴现,同时认定德泰公司无法证明其是诉争票据的权利人。《票据法》规定,票据权利是指持票人向票据债务人请求支付票据金额的权利,包括付款请求权和追索权。根据票据的文义性特征,票据上所创设的权利和义务,均应依据票据上记载的文字内容来确定。《票据法》第三十一条规定"持票人以背书的连续,证明其汇票权利;非经背书转让,而以其他合法方式取得汇票的,依法举证,证明其汇票权利"。本案中涉案票据票面记载的内容没有德泰公司,说明德泰公司没有经过背书转让取得票据,故德泰公司主张其是票据当事人,就需要证明其是以背书形式之外的合法方式取得涉案票据,并享有票据权利。德泰公司向本院申请再审依据的辽宁省高级人民法院(2010)辽民二终字第96号民事判决书,只是认定广发银行南京白下支行不享有票据权利,并没有判决确认德泰公司系票据权利人。至于大疆公司的陈述以及德泰公司与大疆公司于2009年7月2日签订的协议书,最多能够说明德泰公司与大疆公司之间有合同关系,双方曾约定用涉案票据支付货款,同样不能认定德泰公司是票据权利人。另外,南京市公安局秦淮分局在收到一审法院移送的案外人福农公司、邦盛公司涉嫌刑事犯罪材料后,经审查向一审法院出具了《退回移送案件函》,认为根据现有在案证据认定福农公司、邦盛公司在广发银行南京白下支行办理贴现的行为涉嫌刑事犯罪依据不足。因此,本院认为,原判决根据现有证据认定德泰公司未提供充分证据证明其从大疆公司取得票据后丢失的主张,没有认定德泰公司是诉争票据的权利人,不属于缺乏证据证明。再审申请人德泰公司此项再审事由不成立。

关于原判决适用法律是否确有错误的问题。德泰公司主张本案应当适用《票据法》第五十七条第二款以及《票据纠纷规定》第六十九条之规定,认定广发银行南京白下支行和农行南京三元巷支行侵犯了德泰公司的合法权益。本院认为，上述法律、司法解释规定系针对付款人或者代理付款人因未能识别出伪造、变造的票据或者身份证件等存在重大过失情况，错误付款给持票人造成损失的民事责任承担问题，本案并不存在付款人或代理付款人因重大过失导致的错误付款行为，德泰公司也没有充分证据证明其是合法的持票人，故上述法律、司法解释规定不适用于本案。鉴于德泰公司不能提供充分证据证明自己是涉案票据的权利人，其主张自己系被侵权人，应当由广发银行南京白下支行、农行南京三元巷支行、建行盘锦油城支行承担票据损害赔偿责任的请求，不应予以支持。原判决驳回德泰公司的诉讼请求，适用法律并无不当。

——中国裁判文书网，http://wenshu.court.gov.cn。

708

“背书不得附有条件”之“条件”通常并不包含《票据法》第三十四条所规定的“不得转让”记载

关键词｜背书附条件｜票据责任｜

【最高人民法院司法解释】

第五十一条 依照票据法第三十四条和第三十五条的规定，背书人在票据上记载“不得转让”、“委托收款”、“质押”字样，其后手再背书转让、委托收款或者质押的，原背书人对后手的被背书人不承担票据责任，但不影响出票人、承兑人以及原背书人之前手的票据责任。

——《最高人民法院关于审理票据纠纷案件若干问题的规定》（2000年11月14日，法释〔2000〕32号）

【最高人民法院裁判文书】

苏州新区新裕汽车服务有限公司、中国工商银行股份有限公司苏州高新技术产业开发区支行与中国民生银行股份有限公司总行营业部票据追索权纠纷案［最高人民法院（2009）民提字第74号民事判决书］

最高人民法院认为：根据《票据法》第十条第二款、第三十一条之规定，票据持有人支付了相应对价并能够以背书的连续证明其票据权利的，即享有请求付款人按期付款的权利。该案中，民生总行营业部在接受葡之京公司票据贴现时未按相关规定审查可以证明签发票据真实贸易背景的书面材料，不影响其票据权利。虽然，该票据背面有“本票不得转让”之记载，但因该记载缺少记载人签章，且二申请再审人无充分证据证明葡之京公司经办人在办理贴现业务时曾告知民生总行营业部上述“本票不得背书转让”内容系由出票人新裕公司记载，故二申请再审人主张该营业部明知贴现申请人与其前手存在抗辩事由而仍受让票据，事实依据不足。葡之京公司在贴现协议中虽与民生总行营业部明确约定背书时不得附加任何条件，但根据《票据法》第三十三条规定有关“背书不得附有条件。背书时附有条件的，所附条件不具有汇票上的效力”之规定，法律并不禁止票据当事人为不具汇票上的效力的附条件背书行为，而且，《票据法》第三十三条所规定的“背书不得附有条件”之“条件”通常并不包含《票据法》第三十四条所规定的“不得转让”记载，因此，二申请再审人主张民生总行营业部根据贴现协议有关贴现不得附条件的约定即应推知前述“本票不得背书转让”之记载不可能由葡之京公司所作，理由不足。相反，基于《支付结算办法》所倡导的出票人应在票据正面记载“不得转让”的交易习惯，民生总行营业部有理由相信前述背书栏中“本票不得背书转让”之记载不是出票人新裕公司所作。虽然，民生总行营业部通过逐一询问票据前手等方式可能查清该未附当事人签章的“本票不得背书转让”内容的真实记载人，但该营业部在支付贴现款受让票据时并无此种法定查询义务。新裕公司在真实交易未实际发生前即签发票据，又不按交易习惯进行票据记载导致最终未能如愿防止票据流通，对因此造成的损失理应由其自行承担，该公司有关其不熟悉票据业务因而不知如何正确进行票据记载的辩解，缺乏法律依据。

——最高人民法院民事审判第二庭编：《最高人民法院商事审判指导案例·金融卷》，中国法制出版社2011年版，第66～78页。

709

持票人丧失对票据的占有导致款项流失，应根据当事人的过错认定责任

关键词｜票据丧失｜过错责任｜

【最高人民法院裁判文书】

辽阳市商业银行股份有限公司与海城市桦子峪铝材厂票据纠纷案[最高人民法院(2003)民二再字第2号民事判决书]

最高人民法院再审认为：铝材厂447万元汇票票款是宏达公司以诈骗手段取得的，在海城市公安局已经追缴300万元票款，并返还给铝材厂的情况下，对于无法追缴的147万元票款，应根据铝材厂、辽阳商行对于票款流失的过错，判令其承担相应的民事责任。铝材厂负责人孙井良在与宏达公司洽谈业务时，在未与对方签订购销合同，未看到货物的情况下，不仅在汇票上加盖了个人名章。而且将解讫通知一并轻率交出，丧失对汇票的占有，是造成票款流失的根本原因。铝材厂对于票款流失负有主要过错，对于无法追缴的147万元票款应自负80%的责任。辽阳商行办理汇票兑付时，在孙井良的名章没有按照规定加盖在汇票背书人栏内，而是加盖在收款人处的情况下，如能进一步审查核实，则仍可避免汇票票款流失。因此，辽阳商行对于铝材厂票款流失亦负有一定过错，对于无法追缴的147万元票款应承担20%的责任，即赔偿铝材厂票款本金294000元。原审判决将侵权赔偿纠纷错误定性为票据纠纷，没有根据双方当事人的过错及造成的实际损失确定相应的民事责任，属适用法律错误，且在已查明海城市公安局追缴并返还铝材厂300万元票款的情况下，仍然判令辽阳商行对447万元票款承担全部民事责任，属认定事实错误，应予纠正。

由于辽阳商行在二审判决发生法律效力后已被强制执行447万元票款及利息、罚息2756300元，铝材厂通过海城市公安局又退还辽阳商行285万元(海城市公安局实际退还2668124元，差额部分由辽阳商行向海城市公安局主张)，因此，按照本判决扣除辽阳商行应承担的赔偿数额294000元，以及铝材厂已经退还的285万元后，对于多执行的款项及利息、罚息，应予执行回转。

——苏泽林主编、最高人民法院审判监督庭编著：《最后的裁判——最高人民法院典型疑难百案再审实录·担保与金融案件卷》，中国长安出版社2007年版，第204~210页。

编者说明

持票人丧失对票据的占有，且丧失的票据符合银行兑付的形式要件，银行兑付后导致票款流失，持票人对此负有主要过错，对因此造成的损失自负大部分责任。①

710

票据付款人已经尽到审查义务，不应承担责任

关键词｜票据付款｜

【最高人民法院裁判文书】

中国工商银行东莞市虎门支行与河北省汽车工业贸易总公司汇明公司等汇票解付侵权纠纷申诉案［最高人民法院（2002）民二提字第1号民事判决书］

最高人民法院再审认为：确定虎门支行应否承担责任，主要看虎门支行在办理汇票兑付的过程中有无过错，是否履行了审查义务。根据《支付结算会计核算手续》第2项之规定，兑付行兑付汇票时应认真审查：1. 汇票和解讫通知是否同时提交；2. 汇票上的收款人或被背书人名称是否为该收款人，与进账单上的户名是否相符；3. 汇票上盖的印章是否真实，并符合规定；4. 压数机压印的金额是否有统一制作的压数机压印，与大写的汇款金额是否一致；5. 汇票是否真实，填写是否符合要求，内容有无涂改，付款期是否超过，收款人或被背书人是否在汇票背面盖章；6. 汇票实际结算金额是否在汇款金额以内，与进账单所填金额是否一致，多余金额结算是否准确。虎门支行对汇明公司所持汇票进行了审查，认为所持汇票符合上述各项规定，具备兑付条件，予以兑付。虎门支行兑付票款的行为符合《支付结算会计核算手续》的规定，并无过错。虎门支行在审查汇明公司提交的汇票时只负有形式审查义务。即只需审查持票人所持汇票是否真实，汇票背面是否有背书人和被背书人签章等，手续完备即应付款，邢森林将汇票及解讫通知一并交于虎港公司，证明邢森林是将票据权利转让于虎港公司，邢森林未在虎门支行预留印章、本人签名或身份证件。虎门支行无法对邢森林的身份证件的真伪进行判断。邢森林的印章盖在发证机关处，属于填写不规范的问题，不

① 刘国华：《持票人丧失对票据的占有导致款项流失案件中，双方当事人的责任认定——辽阳市商业银行股份有限公司与海城市桦子峪铝材厂票据纠纷案》，载苏泽林主编、最高人民法院审判监督庭编著：《最后的裁判——最高人民法院典型疑难百案再审实录·担保与金融案件卷》，中国长安出版社2007年版，第204页。

能因此否定背书转让的效力,汇明公司将汇票及解讫通知一并交给虎港公司造成失票,同时又未采取通知虎门支行对汇票挂失止付或公示催告等失票救济手段,造成票款流失,其后果应自负。虎门支行在审查汇票背书及兑付票款的行为上没有过错,不应对票款流失承担法律责任。

——最高人民法院办公厅编:《最高人民法院公布裁判文书(2003年)》,人民法院出版社2004年版,第273~277页。

711

委托收款银行明显存在疏忽大意,使当事人不能及时发现汇票系伪造和采取有效措施防止损失扩大,应当承担相应民事责任

关键词 | 委托收款 | 疏忽大意 | 损失扩大 |

【最高人民法院裁判文书】

云南上海汽车工业销售有限公司与中国银行昆明市高新支行赔偿纠纷上诉案[最高人民法院(1999)民终字第89号民事判决书]

最高人民法院认为:本案是由于犯罪分子利用合同和伪造的银行承兑汇票、保兑函、查复电报等进行诈骗而引发的损害赔偿纠纷。在本案中,四张银行承兑汇票和保兑函被公安机关确定为伪造,不产生票据法上的权利和义务。当事人持有伪造的汇票源自于犯罪分子实施的诈骗行为,其到银行办理了委托收款手续,由于汇票本身是伪造的,委托收款自然也不可能实现。因此,当事人上诉主张本案是票据纠纷,银行应承担票据责任,不能成立。但银行在办理汇票查询和委托收款业务过程中有过错,由于其工作人员疏于职守,未能及时发现汇票上存在的问题,未就一系列疑问进一步查询,也未将情况向当事人说明。其次,在双方办理委托收款手续后,银行却将汇票及委托收款凭证错寄,明显属于疏忽大意,使当事人不能及时发现汇票是伪造的,也不能及时采取有效措施防止损失的扩大。因此,银行称其没有过错的主张不能成立,应当根据其过错承担相应的损害赔偿责任。

——肖扬总主编、最高人民法院民事审判第一庭编:《中华人民共和国最高人民法院判案大系》(民事卷-1999年卷),人民法院出版社2003年版,第224~227页。

712

付款人未能识别出伪造印鉴的支票而错误付款的，应当承担相应赔偿责任

关键词｜伪造印鉴｜错误付款｜赔偿责任｜

【最高人民法院司法解释】

第六十九条 付款人或者代理付款人未能识别出伪造、变造的票据或者身份证件而错误付款，属于票据法第五十七条规定的“重大过失”，给持票人造成损失的，应当依法承担民事责任。付款人或者代理付款人承担责任后有权向伪造者、变造者依法追偿。持票人有过错的，也应当承担相应的民事责任。

——《最高人民法院关于审理票据纠纷案件若干问题的规定》(2000年11月14日，法释〔2000〕32号)

【最高人民法院裁判文书】

内蒙古乾坤金银精炼股份有限公司与中国农业银行兰州市七里河区支行财产损害赔偿纠纷申请再审案

要点提示：本案系一起刑事诈骗案件所引发的民事赔偿诉讼，争议的焦点在于农行七里河支行与乾坤公司的责任划分问题，具体为：其一，农行七里河支行的合法支票付款行为是否受乾坤公司与卡玉龙之间的基础关系涉及诈骗犯罪的影响；其二，农行七里河支行对其法定审查义务能否以银行内部规定作为抗辩；其三，农行七里河支行未能识别出伪造印鉴的支票而错误付款应否对乾坤公司承担赔偿责任，在责任认定中应否考虑过错。

最高人民法院经审查认为：在乾坤公司主张的损失中，仅最后一笔付款的1350万元所涉三张支票的印鉴系伪造。根据原审法院查明的事实，卡玉龙是乾坤公司西北采购部的固定客户，且长期、多次到农行七里河支行办理转账业务，乾坤公司工作人员旭英开设的个人结算账户由卡玉龙实际控制；该1350万元的空白支票，乾坤公司在未验货的情况下向卡玉龙出具，由卡玉龙在该支票上加盖了其伪造的印鉴，并通过旭英的结算账户将款转走。上述事实证明，乾坤公司在财务管理及货物交易中存在过错，为卡玉龙的犯罪行为提供了有利条件。一、二审法院根据过错原则，判决乾坤公司与农行七里河支行对该部分损

失各承担 50% 的责任并无不妥，应予维持。对于农行七里河支行依据真实支票付款的部分，乾坤公司要求其承担赔偿责任的主张，缺少事实和法律依据，本院不予支持。关于乾坤公司主张的其向一审法院申请调取卡玉龙刑事卷宗未被采纳的问题，经本院审查查明，二审法院已经依法调取了卡玉龙合同诈骗案件的相关案卷，并在此基础上作出了维持一审判决的处理。

——杜万华主编：《最高人民法院民商事案件审判指导》第 3 卷，人民法院出版社 2015 年版，第 505～510 页。

【链接：最高人民法院法官著述】

本案经书面征求最高人民法院民二庭的意见，该庭认为：票据法及其司法解释在规定付款人有恶意或重大过失的应自行承担责任的同时，亦规定持票人有过错的也应承担相应的民事责任；依据法理和法律规定，第三人过错、受害人过错属于减免付款人责任的事由，同意第二种意见，根据过错在票据当事人之间分配损失。本案最终驳回了乾坤公司的再审申请。

——朱婧：《付款人未能识别出伪造印鉴的支票而错误付款的责任承担——内蒙古乾坤金银精炼股份有限公司与中国农业银行兰州市七里河区支行财产损害赔偿纠纷申请再审案》，载杜万华主编：《最高人民法院民商事案件审判指导》第 3 卷，人民法院出版社 2015 年版，第 516 页。

713

汇票付款人及其代理付款人仅应对汇票进行形式审查，并无审查所涉基础交易关系是否真实的义务

关键词｜付款人｜代理付款人｜票据基础关系｜

【最高人民法院裁判文书】

秦鹏与华夏银行股份有限公司沈阳浑南支行、葫芦岛渤船钢制结构有限公司申请执行人执行异议之诉申请再审案［最高人民法院（2016）最高法民申 897 号民事裁定书］

最高人民法院认为：一、原审判决认定华夏银行浑南支行对涉案 1832 万元

存款享有质权正确。本案中,华夏银行浑南支行与渤船公司签订的《质押合同》系双方当事人真实意思表示,不违反法律、行政法规的禁止性规定,依法应为有效。合同签订后,渤船公司将定期存单交付华夏银行浑南支行,质权设立。由于《质押合同》约定在渤船公司未支付汇票款时,华夏银行浑南支行可以对质押担保存单行使质权,因此,当华夏银行浑南支行实际垫付了渤船公司汇票款后,其请求对该存款行使优先受偿权符合法律规定。关于秦鹏申请再审称根据中国人民银行《支付结算办法》的规定,华夏银行浑南支行未审查涉案购销合同及增值税发票,在渤船公司与鑫达公司可能存在虚假交易的情况下付款,存在过失,应承担相应责任的问题。根据《票据法》第五十七条的规定可知,付款人及其代理付款人仅应对汇票进行形式上的审查,并无审查汇票所涉基础交易关系是否真实的义务。至于中国人民银行《支付结算办法》的相关规定只是有关部门对银行承兑汇票的管理性规定,并不意味着银行需对汇票所涉基础交易关系的真实性负责。秦鹏在无证据证明华夏银行浑南支行存在恶意或重大过失的情况下,仅以其未审查购销合同、增值税发票为由,要求华夏银行浑南支行承担责任,于法无据,不予支持。

——中国裁判文书网,http://wenshu.court.gov.cn。

714

银行汇票的合法持有人和汇票款项的合法所有人，有权决定将汇票资金解付到哪一个账号和如何处分

关键词 | 银行汇票 | 解付 |

【最高人民法院裁判文书】

中国工商银行湛江分行与中国进出口银行、广东三星企业(集团)股份有限公司、中国科技国际信托投资有限责任公司借款合同纠纷案[最高人民法院(2000)经终字第232号民事判决书]

最高人民法院认为:中国进出口银行以交付银行汇票的方式履行贷款义务,自银行汇票交付时起,其支付款项的义务即完成,对三星公司享有债权。中国进出口银行交付给三星公司的银行汇票上的收款人为三星公司,三星公司作为银

行汇票的合法持有人和汇票项下款项的合法所有人，其有权决定将汇票上的资金解付到哪一个账号和如何处分该资金。三星公司收到银行汇票后，其工作人员持汇票到工行湛江分行国际业务部解付，因工行湛江分行国际业务部与票面上所载账号的开户行工行湛江分行第二支行营业地点不同，可以看出到工行湛江分行国际业务部解付汇票是三星公司的主观意愿，客观上该1亿元贷款已在三星公司的财务账目上记载入账，因此，尽管银行进账单是银行工作人员填写，但确系三星公司真实意思，其对解付行为是认可的。我国《票据法》和银行结算办法都没有要求银行汇票必须记载账号和必须按票面记载账号解付的强制性规定，该票据又没有其他不得解付的情况，因此工行湛江分行的解付行为并无过错。从1996年10月至1997年5月间，工行湛江分行分18笔将该1亿元贷款扣收了三星公司欠工行湛江分行的贷款，三星公司从未提出异议，还分别于1998年6月4日、9月8日和1999年6月8日出具函件，证明在中国进出口银行专贷资金未落实的情况下，三星公司向工行湛江分行申请出口农用车贷款，并承诺在中国进出口银行贷款到位后归还。虽然三星公司在1998年3月11日给中国进出口银行的函件与上述三个函件内容不符，但该三个函件出具的时间在后，且在本院二审质证时，三星公司称：1998年3月11日函件是不知情的人员出具的，后出具的三个函件已予以纠正，其内容是真实的。因此，对上述三个函件的真实性本院予以确认。三星公司对工行湛江分行扣划其账户款项归还其欠款的行为是明知的、认可的。在贷款的所有权转移给三星公司后，工行湛江分行按三星公司的意愿解付款项进入该公司账户，又在三星公司认可的情况下扣划其账户内的款项归还该公司欠款，其行为对中国进出口银行不构成侵权。上诉人的上诉理由成立，本院予以支持。原审判决中对此事项的认定，缺乏事实和法律根据，应予纠正。

中国进出口银行在本案二审时提出了委托代理协议，并以此为依据认为工行湛江分行未尽其已承诺的对上述借款监督使用的义务，故应承担赔偿责任。工行湛江分行则认为该协议因中国进出口银行未履行提交约定的文件，且未在协议上签章而未生效，不存在工行湛江分行违约的问题。就该协议内容而言，该协议设定了各方的权利义务，是双务合同，且该协议还特别约定了生效条件，即“本协议自甲乙丙三方共同签署之日起生效”，中国进出口银行未在该协议上签章，亦不能举证证明该协议已实际履行。因此该委托代理协议并未生效，对各方当事人没有约束力，工行湛江分行对中国进出口银行给三星公司的贷款没有监督管理的义务。中国进出口银行此主张缺少事实和法律依据,本院不予支持。

——肖扬总主编、最高人民法院民事审判第二庭编:《中华人民共和国最高人民法院判案大系》(民商事卷-2000年卷),人民法院出版社2003年版,第613~618页。

715

持票人行使票据追索权适用两年期限

关键词|票据追索权|

【最高人民法院司法解释】

第十三条 票据法第十七条第一款第(一)、(二)项规定的持票人对票据的出票人和承兑人的权利,包括付款请求权和追索权。

——《最高人民法院关于审理票据纠纷案件若干问题的规定》(2000年11月14日,法释〔2000〕32号)

【最高人民法院答复】

上海市高级人民法院:

你院〔1999〕沪高经终字第584号《关于如何理解和适用〈票据法〉第十七条之规定的请示》收悉。经研究,答复如下:

一、《票据法》第十七条第一款第(一)项规定的"持票人对票据的出票人和承兑人的权利",包括付款请求权和追索权;第(三)项规定的"持票人对前手的追索权",不包括对票据出票人的追索权。

二、你院请示的持票人行使追索权的期限,应当适用《票据法》第十七条第一款第(一)项规定的两年期限。

——《最高人民法院研究室对〈票据法〉第十七条如何理解和适用问题的复函》[2000年9月29日,法(研)明传〔2000〕21号]

716

因公安机关采取冻结措施，持票人对票据付款人行使请求权的诉讼时效中止

关键词 | 票据冻结 | 诉讼时效中止 |

【最高人民法院裁判文书】

中国农业银行湖北省十堰市分行五堰办事处与中国建设银行武汉市省直支行等银行承兑汇票纠纷案[最高人民法院(1998)经终字第451号民事判决书]

最高人民法院认为:本案争议汇票的到期日是1992年3月30日,建行营业部主张汇票权利的诉讼时效应截止于1994年3月30日。但是,1992年2月18日,因汇丰公司法定代表人涉嫌诈骗犯罪,公安部冻结了有关银行的银行承兑汇票及定期存单,该冻结措施一直持续到1994年11月18日,故因诉讼时效中止,本案诉讼时效应自1994年11月29日起继续计算至1995年5月29日。按照中国人民银行及公安部联合下发的304号文件的规定,与朱邦益诈骗案有关的银行承兑汇票、定期存单的清理工作,涉及金融系统内部的,由中国人民银行与各专业银行组成的专案组负责进行清理。1995年2月,建行营业部参加由中国人民银行主持召开的218专案资金清理会议,并申报了本案争议汇票项下的债权,从而引起诉讼时效中断。中断事由持续到1997年10月22日,即中国人民银行通知,对已提出申请但尚未审批的涉及218案件的各笔债权债务,218清理组不再审批,由各债权人依法追索。因此,诉讼时效应从1997年10月22日重新计算。农行五堰办事处关于建行营业部的诉讼已超过诉讼时效的上诉理由不能成立,本院亦不予支持。

——肖扬总主编、最高人民法院民事审判第二庭编:《中华人民共和国最高人民法院判案大系》(民商事卷-1998年卷),人民法院出版社2003年版,第1098~1102页。

717

票据质权与质押背书的关系——对《票据纠纷规定》与《担保法解释》规定之冲突的解决方案

关键词 | 票据质权 | 质押背书 |

【最高人民法院司法解释】

第九十八条 以汇票、支票、本票出质，出质人与质权人没有背书记载“质押”字样，以票据出质对抗善意第三人的，人民法院不予支持。

——《最高人民法院关于适用〈中华人民共和国担保法〉若干问题的解释》(2000 年 12 月 8 日，法释〔2000〕44 号)

第五十五条 依照票据法第三十五条第二款的规定，以汇票设定票据质押时，出质人在汇票上只记载了“质押”字样未在票据上签章的，或者出质人在未在汇票、粘单上记载“质押”字样而另行签订质押合同、质押条款的，不构成票据质押。

——《最高人民法院关于审理票据纠纷案件若干问题的规定》(2000 年 11 月 14 日，法释〔2000〕32 号)

【《最高人民法院公报》案例】

滕州市城郊信用社诉建行枣庄市薛城区支行票据纠纷案(山东省高级人民法院二审民事判决书)

裁判摘要：根据《担保法》第七十六条的规定，当事人以银行汇票为质押凭证，以书面形式另行设定了该汇票的质权，且得到出票银行确认的，应认定汇票的质押有效。

山东省高级人民法院认为：双方当事人争议的焦点问题为：城郊信用社与洗煤厂之间是否就 8 号汇票形成有效的质押关系，薛城区建行应否向城郊信用社支付票款。

洗煤厂既在 8 号银行汇票的背面作了委托收款背书，又在该汇票上设定了质押，因其是票据权利人，其在票据上进行了委托收款背书之后，在委托收款行为完成之前，其有权取消委托而再对汇票进行质押处分。因此，上诉人关于票据作了委托收款背书之后不能再为质押的上诉理由不能成立。

关于城郊信用社与洗煤厂之间是否形成有效的质押关系，既应适用《票据法》《担保法》，也应适用最高人民法院《担保法解释》和最高人民法院《票据纠纷规定》。《票据法》第三十五条第二款规定，汇票质押时应当以背书记载“质押”字样。但并未规定如果未记载“质押”字样的，质押不生效或无效。《担保法》第七十六条规定："以汇票、支票、本票、债券、存款单、仓单、提单出质的，应当在合同约定的期限内将权利凭证交付质权人。质押合同自权利凭证交付之日起生效。"因此，背书质押不是设定票据质权的唯一方式，订立质押合同、交付票据也可以设定票据质权。《票据法》第三十一条第一款规定："以背书转让的汇票，背书应当连续。持票人以背书的连续，证明其汇票权利；非经背书转让，而以其他合法方式取得汇票的，依法举证，证明其汇票权利。"以票据出质的，质押背书是表明票据持有人享有票据质权的直接证据，如果无质押背书，书面的质押合同就是票据持有人证明其享有票据质权的合法证据。在票据持有人持有票据，并有书面质押合同的情况下，应当认定持有人享有票据质权。最高人民法院《担保法解释》第九十八条规定："以汇票、支票、本票出质，出质人与质权人没有背书记载'质押'字样，以票据出质对抗善意第三人的，人民法院不予支持。"由此，背书"质押"字样不是票据质权的取得要件，仅是票据质权的对抗要件。虽然最高人民法院《票据纠纷规定》第五十五条规定，"依照票据法第三十五条第二款的规定，以汇票设定质押时，……或者出质人未在汇票、粘单上记载'质押'字样而另行签订质押合同、质押条款的，不构成票据质押"，但因该规定的颁布时间早于最高人民法院《担保法解释》，故对本案应适用《担保法解释》中的规定。综上，本案城郊信用社与洗煤厂间订有质押合同、洗煤厂将银行汇票交付城郊信用社占有，双方在 8 号银行汇票上成立了有效的票据质押关系，城郊信用社取得票据质权。

洗煤厂未支付对价而取得银行汇票，作为出票人的薛城区建行可以对洗煤厂进行抗辩，城郊信用社以签订质押合同、交付权利凭证的方式取得的票据质权，本应继受出质人洗煤厂的票据权利瑕疵。薛城区建行本可以将抗辩权向城郊信用社行使，但因陶庄办事处在载有"如贷款到期借款人不能清偿，贷款社可凭抵押协议，催收贷款通知书及本声明书支取本息"内容的《权利质物质押声明书》上签章，该签章行为表明其已以明示的方式放弃抗辩权，是对城郊信用社质权实现的承诺，所以薛城区建行在城郊信用社向其行使质权时，应按照其承诺向城郊信用社支付票款本息。薛城区建行关于城郊信用社无权请求其支付票款的上诉理由不能成立。

——《最高人民法院公报》2004 年第 11 期

中国投资银行天津分行诉天津市轻工业对外贸易公司票据质押纠纷案（天津市高级人民法院二审民事判决书）

天津市高级人民法院认为：参照《担保法》第七十六条的规定，质押合同自权利凭证交付之日起生效。投资银行通过质押占有票据，并通过向信用证议付行承兑付款为取得票据权利支付了对价,成为该票据的善意持有人。参照《担保法》第八十一条和第六十三条的规定,在轻工公司已经不能履行其债务时,投资银行有权行使票据权利,并优先受偿。

——《最高人民法院公报》1997 年第 1 期

【最高人民法院裁判文书】

烟台开发区中利石油联合公司与中国农业银行烟台经济技术开发区支行借款合同纠纷案[最高人民法院(1998)经终字第 419 号民事判决书]

最高人民法院认为:开发区农行与中利公司签订的银行承兑协议,内容不违反法律之规定,应认定为合法有效。中利公司应在汇票到期日前将汇票款项偿付给开发区农行。开发区农行在 7867 号汇票到期之后,分别于 1997 年 6 月 18 日、7 月 4 日扣划中利公司人民币 310 万元、690 万元,虽然 690 万元扣划款项未注明属偿付哪一张汇票的款项,但开发区农行为中利公司补制的特种转账传票载明,补制承兑汇票 7867 号,因此,原审认定该笔款项属偿付了 7867 号汇票的款项,并无不当,应予维持。开发区农行签发的编号为 7858 号、7859 号、7860 号汇票的款项,因该行在原审期间并未主张,本案亦不予涉及,该行可另行主张该项权利。中利公司以烟台圣通电器销售公司开出的商业汇票作为开发区农行签发的 7889 号、7890 号银行承兑汇票的质押物,因缺少法律规定的必要记载事项,且未经质押背书,因此,该票据质押为无效,开发区农行不享有该票据的质押权。开发区农行于 1997 年 5 月 8 日与中利公司签订 1997 年 037 号银行承兑保证协议约定,开发农行为中利公司开出 7892 号、7893 号银行承兑汇票,开发区交行承诺如中利公司不能按期足额交付票款,开发区交行对转为逾期贷款的本息承担连带责任。此后,开发区农行依约签发了两张银行汇票,并于汇票到期日支付了票款,中利公司未依约付款,开发区交行仅交付给开发农行 200 万元,因此,开发区交行应对中利公司尚未偿付的 800 万元及利息承担连带清偿责任。综上,原判认定事实清楚,适用法律亦无不当。中利公司的上诉理由和主张无事实依据,本院不予支持。鉴于中国人民银行规定的贷款利率已经下调,本院对中利公司、开发区交行应承担的延迟付款的利息予以适当变更。

——肖扬总主编、最高人民法院民事审判第二庭编:《中华人民共和国最高人民法院判案大系》(民商事卷 - 1998 年卷),人民法院出版社 2003 年版,第 1027 ~ 1030 页。

【最高人民法院审判业务意见】

行使票据质权的条件，是指质权人可以向票据债务人提示票据以实现票据权利而使其债权获得清偿的条件。比较统一的认识是，票据质权人所持有的票据应当是有效的票据，只有有效的票据，才有行使票据权利的可能，票据无效自然无票据权利可言。所以票据的质权人要行使票据权利，必须以持有有效的票据为前提条件。而且，票据的质权人必须依《票据法》的规定行使票据权利。此条件包括票据的质权人必须依照法律规定的方式、地点、期限行使票据权利，在行使票据权利的程序及方法方面，与一般票据债权人行使票据付款请求权以及追索权的要求基本是一致的。其中值得注意的条件之一就是票据上记载的付款期限已经届满，因为质权人所行使的是票据权利，而不是票据质权所担保的基础关系的债权，所以无论基础关系债务是否已届履行期，票据质权人行使票据权利时必须是在票据上记载的付款日届满方可。

但是对于是否必须在票据上完成“质押”字样的记载，则有较大的争论。《担保法》第七十六条、第七十八条、第七十九条根据不同的权利类型规定了不同的质押生效条件，其中票据、债券、仓单、提单、存款单等权利质押实行交付生效主义；股权、知识产权等权利质押实行登记生效主义。但是，对于票据这样一种债权证券而言，对票据质押行为的调整，除了《担保法》的规定而外，还应适用《票据法》的特别规定来确定其生效要件。票据质押同时是以票据权利这种特殊的权利为标的的质押，票据权利只能体现在票据这一特定的权利凭证之上。我国《票据法》第三十五条第二款规定，汇票可以设定质押，质押时应当以背书记载“质押”字样。于是产生了票据质押的生效要件的认定问题，也就是说，票据质押的生效要件是以交付为生效要件，还是以背书记载“质押”字样为生效要件。根据《担保法解释》第九十八条规定，以汇票、本票、支票出质的，出质人与质权人没有背书记载“质押”字样，以票据出质对抗善意第三人的，人民法院不予支持。由此条规定来分析，是将“质押”背书作为票据质押的对抗要件而不是生效要件。而《票据纠纷规定》第五十五条却规定，依照《票据法》第三十五条第二款规定，以汇票设定质押时，出质人在汇票上只记载了“质押”字样未在票据上签章的，或者出质人未在汇票粘单上记载“质押”字样而另行签订质押合同、质押条款的，不构成票据质押。从后者规定来看，在票据上记载“质押”字样是票据质押的生效要件而并不是对抗要件；未在票据上记载“质押”字样或者仅记载“质押”字样而未在票据上签章的，均不能产生票据质押的效力，持票人不得行使票据质押权利。因此，关于《担保法》与《票据法》的司法解释对票据质押和生效条件作出了不同的规定，对司法实践中正确处理因票据质押而产生的票据纠纷案件产生了实质性的影响。

针对上述关于票据质押生效条件不同的法律及司法解释的不同规定，最高人民法院民二庭庭务会议对该问题进行了集中研究，并形成了初步意见。首先，两部司法解释在同一问题上不同解释的冲突，最终需要最高人民法院审判委员会作出有权解释来解决。在审判委员会作出有权解释之前，负责审判的业务庭应当对质押背书在票据质权取得上的法律意义进行有益的探讨，以便于为审判委员会讨论解决这一问题提供先期分析和必要的素材准备。其次，《担保法解释》第九十八条不以质押背书作为票据质权的取得要件，而是作为票据质权的对抗要件，没有背书的，债权人仍然可以取得质权，只是取得的质权“不得对抗善意第三人”；《票据纠纷规定》第五十条将质押背书作为票据质权的取得要件，未背书的，“不构成质押”，债权人当然不能取得质权。关于质押背书究竟是票据质权的取得要件，还是票据质权的对抗要件，庭务会议一致认为这涉及对质押背书的法律意义的认识。《担保法》对票据质押的背书未作规定，对质押背书的规定仅见于《票据法》。《票据法》第三十五条第二款规定，汇票质押时应当以背书记载“质押”字样，但该条没有规定未记载“质押”字样的法律后果。对于质押背书的法律意义，依据我国《担保法》和《票据法》，庭务会议讨论认为，认定质押背书是票据质权的取得条件无法律依据。理由是：(1)认定质押背书是票据质权的取得要件与《担保法》的规定不符，《担保法》第七十六条规定，质押合同自权利凭证交付之日起生效，质押合同在票据交付给债权人后即生效，债权人根据生效的质押合同占有票据，同样根据生效的质押合同，债权人也取得对票据的质权；《担保法》未规定质押背书为票据质权的取得条件，在《票据法》也未规定的情况下，仅凭未作质押背书就认定债权人不能取得质权无法律依据。(2)认定质押背书是票据质权取得的要件也不符合《票据法》的规定，《票据法》并未明确规定票据的质押背书是票据质权的取得要件，根据《票据法》的规定，票据质权人所享有的权利属于票据权利，背书虽然是当事人取得票据权利的重要方式，但并不是当事人取得票据权利的唯一方式，不能仅凭无背书即否定票据权利的存在，不能绝对化对待背书行为。比如，根据《票据法》第十一条的规定，当事人因继承、赠与、税收取得票据可以不受对价的限制，其中当然也有不受背书限制的情况，如因继承取得票据权利。另外，依据《票据法》第三十一条规定，非经背书转让，而以其他合法方式取得汇票的，依法举证，证明其汇票权利。因此，仅凭无背书即否定票据质权存在的认识，不符合《票据法》的规定。(3)以票据出质的，质押背书是表明票据持有人享有票据质权的直接证据，如果票据质押无质押背书，票据持有人可以依法举证证明其票据权利。在当事人签订有书面质押合同的情况下，书面的质押合同就是票据持有人证明其享有票据质权的合法证据。在票据持有人持有票据，并有书面质押合同的情况下，应当认定持票人享有票据质权，否则不符合《票据法》关于"非经背书转让，而以其他合法方式取得汇票的，依法举证证明其汇票权利"规定的精神，也不符合《担保法》关于票据质押合同在票据交付给债权人时生效的规定。根据这一分析，书面质押合同与质押背书在票据质权的取得上具有相同的证据效力，票据持有人可以凭据质押背书或者书面质押合同证明其票据上的权利；票据持有人所持有的票据既无质押背书，持有人也无书面的质押合同，则应当认定"不发生质押关系"。

最后，庭务会议对质押背书在票据质押中的意义也进行了讨论。讨论认为，票据的质押背书被《担保法解释》作为票据质权的对抗要件，这就决定了其法律意义，即质押背书是票据质权的对抗要件。首先，在票据质押无质押背书时，票据质权人不能对抗票据义务人，质权人行使质权时，票据的付款人可以拒绝付款。只有当质权人可以依法证明自己的票据质权时，其票据权利才能得到实现。比如在实践中，付款银行可以因为质权人无质押背书而拒绝付款，并且不构成违约。质权人通过诉讼程序，以书面的质押合同来证明已取得的权利，法院可以依法裁决质权人享有质权，银行在此时依据法院的裁决向质权人付款，并不承担拒绝付款的责任。如果既无质押背书，也无书面质押合同的，质权人不能行使质权，质权应视为不成立。其次，如果出质的票据因无质押背书，被第三人善意取得并持有的，善意第三人取得票据权利，原质权人的质权自第三人取得票据权利时消灭，质权人不得以其质权对抗善意第三人，善意第三人因取得票据权利，而使得质权人的权利消灭。质权人不得以其质权对抗善意第三人，善意第三人因取得票据权利，而使得质权人的权利消灭。比如，无质押背书的出质票据被背书转让，而第三人不知该票据已被质押，取得票据无重大过失的，质权人丧失票据质权。

由于质押背书是票据质权的对抗要件，而非取得要件，庭务会议在讨论中也注意到，依据质押合同而占有票据的债权人依法享有票据质权，并依法取得对票据权利的优先受偿权，并以该权利对抗票据出质人的一般债权人；即虽无质押背书，质权人仍可因对票据享有质权而对抗出质人的一般债权人，质权人的权利优于一般债权人。

——曹士兵:《关于票据质押的背书》,载李国光主编、最高人民法院民事审判第二庭编:《经济审判指导与参考》第4卷,法律出版社2001年版,第83~86页。

编者说明

关于票据质权与质押背书的关系问题,前述司法解释、民二庭意见认为:质押背书是票据质权的对抗要件,而非票据质权的取得要件。在票据质押无质押背书,质权人行使质权时,票据的付款人可以拒绝付款,只有当质权人依法证明其享有的票据权利(往往是提供书面质押合同)时,方能实现其票据权利。此外,如果出质的票据因无质押背书而被第三人(如票据被转让给受让人)善意取得的,质权人不得以其质权对抗善意第三人,善意第三人取得票据权利后,票据上的质权消灭。①

应当说明的是,《担保法解释》第九十八条将质押背书作为票据质权的对抗要件,与《担保法》关于"质押合同自权利凭证交付之日起生效"的规定一致,也不违反《票据法》关于质押背书的规定。该条解释兼顾了《担保法》和《票据法》对票据质押的规定,与后来颁布的《物权法》也是一致的。关于质押合同的生效要件,《担保法》第六十四条第二款规定,"质押合同自质物移交于质权人占有时生效",规定质物交付既是质权成立的要件,又是质押合同生效的要件;《物权法》则根据债权为请求权而物权为排他权的基本法理,沿袭《合同法》第四十四条关于区分合同效力和登记效力的规定,区分合同效力和物权变动,在第二百一十二条规定,"质权自出质人交付质押财产时设立",明确质物交付是质权的生效条件,不再是质押合同的生效要件。因此,《物权法》生效后,质押合同不再因出质人未履行出质公示而不发生法律效力,出质人拒绝交付出质标的或者拒绝办理出质权利登记的,债权人可以按照《合同法》所规定的违约责任保护自身权益。前述最高人民法院公报案例的判决思路也与最高人民法院民二庭观点相近。由此看来,《担保法解释》第九十八条的文义与《物权法》并无冲突,仍然可以继续适用。

718

票据保证与民事保证的区别

关键词|票据保证|

① 曹士兵:《中国担保制度与担保方法——根据物权法修订》,中国法制出版社2008年版,第333~334页。

【最高人民法院司法解释】

第六十二条 保证人未在票据或者粘单上记载“保证”字样而另行签订保证合同或者保证条款的，不属于票据保证，人民法院应当适用《中华人民共和国担保法》的有关规定。

——《最高人民法院关于审理票据纠纷案件若干问题的规定》(2000年11月14日，法释〔2000〕32号)

【最高人民法院审判业务意见】

关于票据保证的相关规定的理解和适用问题。

票据保证具有票据行为的要式性、独立性特征，与民事保证有明显差异。在司法实务中，在对保证的性质进行界定时，应明确保证是否符合票据保证的形式要件，保证人未在票据或者粘单上记载“保证”字样而另行签订保证合同或者保证条款的，不属于票据保证，人民法院应当适用《担保法》的规定进行审理。应注意区分保证人是为票据债务提供担保还是为原因债务提供担保，前者适用票据保证的规定，后者则应适用民事保证的规定。一般而言，票据保证一经成立，保证人即应负担票据上的责任，而不问被保证人的债务有效与否，但被保证人的债务因汇票记载事项欠缺而无效的除外。保证人应对合法取得汇票的持票人所享有的汇票权利，承担保证责任。在持票人以非法手段取得票据的情形下，因其不享有票据权利，故票据保证人对其不承担票据保证责任。

——宋晓明：《加强调查研究，探索解决之道——就在全国民商事审判工作会议中提出的若干疑难问题答记者问》，载最高人民法院民事审判第二庭编：《民商事审判指导》总第11辑，人民法院出版社2007年版，第90页。

719

当事人未在票据或者粘单上记载“保证”字样的，不构成票据保证

关键词｜票据保证｜

【最高人民法院裁判文书】

永年县金石紧固件有限公司、李磊磊与徽商银行股份有限公司马鞍山翡翠园支行票据付款请求权纠纷申请再审案［最高人民法院（2015）民申字第2489号民事裁定书］

最高人民法院认为：根据《票据法》第四十六条规定：保证人必须在汇票或者粘单上记载标明"保证"的字样。《票据纠纷规定》第六十二规定："保证人未在票据或粘单上记载'保证'字样而另行签订保证合同或者保证条款的，不属于票据保证，人民法院应当适用《担保法》的有关规定。"本案中，涉案商业承兑汇票由徽商银行翡翠园支行另行单独出具保证保函，该保函符合上述法律和司法解释规定的不属于票据保证的情形，故应当认定本案《商业承兑汇票保证保函》构成保证担保。徽商银行翡翠园支行主张其作为分支机构，根据《担保法》第十条和《担保法解释》第十七条的规定，所提供的《商业承兑汇票保证保函》应当无效。本院认为，虽然徽商银行翡翠园支行作为徽商银行的分支机构，没有证据证明其出具本案保函经过了徽商银行的书面授权，但相对于金石公司和李磊磊来说，对此并不知晓，金石公司和李磊磊有理由相信王扬作为该支行的负责人，在保函上签字盖章的行为是经过授权的。因此，即便本案《商业承兑汇票保证保函》无效，金石公司和李磊磊对此也并不存在过错，徽商银行翡翠园支行仍应对金石公司和李磊磊因此受到的损失承担赔偿责任。徽商银行翡翠园支行虽然认为本案中不存在真实的商品交易关系，但并未提供相应证据予以证明，二审法院依据金石公司和李磊磊一方提供的广信公司出具的收货证明，认定本案《煤炭供需合同》项下的交易真实存在，具有相应的事实依据，应当予以认可。本案中，李磊磊已按照合同约定履行了煤炭发货义务，并授权金石公司代表其追要货款及损失，且金石公司亦是涉案保函中指定的持票人，其有权向债务人广信公司或保证人徽商银行翡翠园支行主张货款或损失。根据《担保法解释》第七条规定，主合同有效而担保合同无效，债权人无过错的，担保人与债务人对主合同债权人的经济损失，承担连带赔偿责任。徽商银行翡翠园支行应向金石公司和李磊磊承担票据项下货款不能兑付而遭受的损失。因此，二审法院虽然将本案认定为票据保证关系，进而适用《票据法》及相关司法解释，有所失当，应予纠正，但在本案处理结果上，并无不妥，本院予以维持。

——中国裁判文书网，http://wenshu.court.gov.cn。

成都市商业银行、中国长城计算机深圳股份有限公司与四川银通电脑系统有限责任公司票据、债务纠纷案[最高人民法院(2005)民二终字第181号民事判决书]

最高人民法院认为：一、关于本案所涉法律关系的性质。《票据法》第四十六条：保证人必须在汇票或者粘单上记载表明“保证”的字样，才构成票据保证。《票据纠纷规定》第六十二条规定：“保证人未在票据或粘单上记载‘保证’字样而另行签订保证合同或者保证条款的，不属于票据保证，人民法院应当适用《担保法》的有关规定。”本案15张商业承兑汇票均由原汇通银行分别提供15份担保函，该15份担保函符合上述法律和司法解释规定的不属于票据保证的情形，故应当认定本案15份担保函构成保证担保。

——最高人民法院民事审判第二庭编：《最高人民法院商事审判指导案例·金融卷》，中国法制出版社2011年版，第144～164页。

720

票据贴现人已经尽到审查义务，不存在重大过失并支付相应对价的，享有票据权利

关键词 | 票据贴现 | 重大过失 | 支付对价 |

【最高人民法院答复】

云南省高级人民法院：

你院请示收悉。经研究，答复如下：

一、砀口农行下属的崇仁路办事处在受理本案汇票收款人天天公司申请汇票贴现的前后，分别以电报、电话的方式查询该汇票的签发及承兑情况，承兑人大理工行均复电确认该汇票系其签发，并明确转给农行崇仁路办事处。该办事处在审查核实汇票真实、合法的情况下办理贴现，并将汇票作成转让背书，尽到了谨慎注意的责任，不存在《票据法》第十二条第二款规定的致使砀口农行不得享有票据权利的重大过失。至于农行崇仁路办事处在为天天公司开立账户、办理贴现、提现过程中有无违规行为，以及天天公司在与贸易中心的购销关系中有无诈骗行为，均非本案票据关系中的行为，不影响砀口农行享

有票据权利。

二、本案汇票背书是在农行崇仁路办事处办理天天公司申请的汇票贴现时所作的转让背书，当时虽然只有背书人天天公司的签章，没有记载被背书人名称和背书日期，但其后已补记该办事处为汇票被背书人，且在背书转让上未涉及第三人，背书转让关系是明确的；由于背书日期未作记载，应视为在汇票到期日前背书，不影响背书的成立。同时，该办事处在取得汇票时经贴现已向背书人天天公司支付合理对价，属合法取得汇票，是该汇票的合法持票人。在本案汇票到期被拒绝付款时，硚口农行可以持票对承兑人大理工行、出票人贸易中心以及背书人天天公司主张票据权利。

——《最高人民法院关于中国农业银行武汉市分行硚口区支行与中国工商银行大理市支行、云南省大理州物资贸易中心银行承兑汇票纠纷一案的答复》(1998 年 11 月 4 日，法经〔1998〕457 号)

【最高人民法院裁判文书】

青岛海晶化工集团有限公司与潍坊银行股份有限公司、潍坊永昌建筑节能材料有限公司、潍坊万润经贸有限公司票据返还纠纷再审审查案[最高人民法院(2013)民申字第 4 号民事裁定书]

最高人民法院认为：本案的焦点是海晶公司还有无案涉票据权利。根据原审查明的事实，原审判决对海晶公司请求返还票据并确认票据付款请求权不予支持，有事实和法律根据。第一，潍坊银行持有的案涉银行承兑汇票背书连续，没有形式瑕疵，且已完成对该汇票的贴现，依法享有票据权利。第二，潍坊银行在对案涉银行承兑汇票贴现时，在审核票据背书连续，无形式瑕疵后，同时审核了万润公司和永昌公司的商品交易合同及增值税发票复印件，亦对出票行进行了查询；在关涉基础交易关系相关资料的审核中，虽有疏忽，但不构成重大过失。第三，中国人民银行印发的《支付结算办法》及《商业汇票承兑、贴现与再贴现管理办法》等主要是银行业内管理规范，海晶公司据此追究潍坊银行的法律责任，法律根据不足。第四，海晶公司业务员张树锋在持有案涉空白银行承兑汇票期间，指示他人代为贴现，即使存在虚构交易、伪造增值税发票等违规贴现行为，亦应自行承担相应后果；且本案贴现款项均已由张树锋实际使用。据此，海晶公司主张返还票据并确认由其享有票据权利，无事实和法律依据。

——中国裁判文书网，http://wenshu.court.gov.cn。

中国农业银行白银市分行营业部与中国工商银行重庆市分行渝中支行两路口分理处等票据纠纷案[最高人民法院(2000)经终字第62号民事判决书]

最高人民法院认为：本案所涉两张银行承兑汇票，形式完备，各项必要记载事项齐全，符合《票据法》第二十二条及相关规定，应认定为有效票据。对此，本案各方当事人也均无异议。

票据的无因性决定票据关系一经产生即与基础关系相分离。重庆有色公司与创意公司之间、创意公司与二轻公司之间是否存在有效的买卖关系，属于票据基础关系的范畴。持票人（即本案的贴现人）工行两路口分理处只需证明其所持有的两张汇票的必要记载事项齐全、其取得汇票的票据关系合法成立，没有义务对其前手取得票据的基础关系是否合法有效负责。《票据法》第十二条第二款规定："持票人因重大过失取得不符合本法规定的票据的，不得享有票据权利。"二审查证事实证明，工行两路口分理处已经按照中国人民银行颁布的《商业汇票承兑、贴现与再贴现管理暂行办法》第十九条、《支付结算办法》第九十三条有关"持票人申请贴现时，须提交贴现申请书、经其背书的未到期商业汇票、持票人与出票人或其前手之间的增值税发票和商品交易合同复印件"的规定履行了必要的审查义务，并且曾就汇票真实性问题向农行白银营业部进行过查询，在得到肯定的答复后方办理相关的贴现手续。由此，持票人工行两路口分理处在取得票据时履行了必要的审查义务，并不存在重大过失的情形，且支付了对价。农行白银营业部关于工行两路口分理处取得本案所涉汇票时未履行必要的审查义务、属于重大过失取得票据的上诉理由没有事实依据，本院不予支持。

——肖扬总主编、最高人民法院民事审判第二庭编：《中华人民共和国最高人民法院判案大系》（民商事卷－2000年卷），人民法院出版社2003年版，第168～173页。

721

票据贴现中对贴现人重大过失的认定

关键词｜票据贴现｜重大过失｜

【最高人民法院裁判文书】

中国建设银行股份有限公司侯马支行与山西侯马市亨丰贸易有限公司、侯马市天瑞鸿焦铁有限公司、侯马市经济技术开发区昌鑫炉料有限公司票据纠纷案[最高人民法院(2011)民提字第84号民事判决书]

裁判要旨:本案中,在贴现申请人仅凭增值税发票复印件办理贴现业务时,贴现人在明确提出应提交增值税发票原件的同时仍然在贴现申请人未能提交增值税发票原件的情形下办理了贴现,应认定其未按照正常工作规程尽到审查义务,贴现人侯马建行具有重大过失。

最高人民法院认为:二、侯马建行在办理本案票据贴现过程中是否存在重大过失或者恶意问题。

关于何为贴现人在贴现中的重大过失,我国票据法及其司法解释未作明文规定。依据法理,一般认为,就票据贴现行为而言,重大过失是指依其工作性质,按照一般的工作规程和工作经验,贴现人稍加合理注意就可以知道票据转让人没有处分权,但因疏忽大意未加注意。

关于贴现的工作规程,中国人民银行于1997年5月22日颁布的《商业汇票承兑、贴现与再贴现管理暂行办法》第十八条规定:"向金融机构申请票据贴现的商业汇票持票人,必须具备下列条件:……二、与出票人或其前手之间具有真实的商品交易关系。"第十九条规定:"持票人申请贴现时,须提交贴现申请书,经其背书的未到期商业汇票,持票人与出票人或其前手之间的增值税发票和商品交易合同复印件。"中国人民银行颁布的、于1997年10月1日施行的《票据管理实施办法》第十条规定:"向银行申请办理票据贴现的商业汇票的持票人,必须具备下列条件:……(二)与出票人、前手之间具有真实的交易关系和债权债务关系。"1997年12月1日施行的《支付结算办法》第九十二条规定,商业汇票的持票人向银行办理贴现必须具备下列条件:"……(二)与出票人或者直接前手之间具有真实的商品交易关系;(三)提供与其直接前手之间的增值税发票和商品发运单据复印件。"中国人民银行银发〔2005〕235号《关于完善票据业务制度有关问题的通知》(以下简称《完善票据业务通知》)第一条规定,根据《票据法》的规定,商业汇票的签发、取得和转让应具有真实的交易关系和债权债务关系。商业汇票的持票人向银行申请贴现时,贴现申请人应向银行提供交易合同原件、贴现申请人与其直接前手之间根据税收制度有关规定开具的增值税发票或普通发票。中国建设银行2006年12月26日颁布实施的《中国建设银行商业承兑汇票贴现业务操作规程》(以下简称《2006年规程》)第十二条第(五)项规定,申请人申请办理贴现时应提供以下材料:贴现票据项下的商品、劳务交易合同原件及复印件,贴现申请人与其直接前手之间根据税收制度有关规定开具的增值税发票或普通发票原件及复印件。关于贴现行的内部规定能否作为认定贴现行为是否合法的依据问题,本院认为,贴现行的内部规定是贴现行根据本行需求对相关贴现法律、行政法规、部门规章的细化,在不违反法律、行政法规和部门规章的立法目的的情形下,该内部规定对其相关业务活动具有规范作用。若贴现行未予遵守,则应认定其未依据正常工作规程进行操作,未尽到合理的审查义务。由前述规定可见,虽然于1997年施行的《商业汇票承兑、贴现与再贴现管理暂行办法》《支付结算办法》均未要求贴现申请人在申请贴现时须提供与其直接前手之间的增值税发票原件,但之后颁布的《完善票据业务通知》针对贴现中出现的问题,明确规定贴现申请人需提交与其直接前手之间根据税收制度有关规定开具的增值税发票或普通发票,《2006年规程》也规定贴现申请人应提交增值税发票或普通发票原件。而且,前述规范性文件均规定贴现须具备的条件之一为贴现申请人与出票人或者直接前手之间具有真实的商品交易关系。显然,增值税发票或普通发票原件较其复印件,对于证明"具有真实的交易关系和债权债务关系"更具证明力。正因为此,《完善票据业务通知》《2006年规程》才明确要求,办理贴现业务时,申请人应提供增值税发票或普通发票原件及复印件。本案贴现人为建设银行、贴现行为发生在2007年,在《完善票据业务通知》及《2006年规程》明确规定贴现申请人应提供增值税发票或普通发票原件及复印件的情形下,侯马建行在办理贴现时应审查增值税发票或普通发票原件。本案中,在李爱军仅凭增值税发票复印件办理贴现业务时,程兵在明确提出应提交增值税发票原件的同时仍然在李爱军未能提交增值税发票原件的情形下办理了贴现,应认定其未按照正常工作规程尽到审查义务,侯马建行具有重大过失。此外,国务院《关于国家行政机关、企业、事业单位印章规定》第一部分第(一)条规定,国家行政机关和企业、事业单位、社会团体的印章一律为圆形。因此,作为内资企业,本案所涉银行承兑汇票上的嘉陵公司的印章为椭圆形,明显不符合上述规定。

关于程兵是否在天瑞鸿公司任职问题,根据天瑞鸿公司在工商、税务管理部门的登记资料所载事实,程兵为天瑞鸿公司办理设立登记时的受托人、该公司的财务负责人、办税人、公司监事。侯马建行对该事实提出异议,认为天瑞鸿公司的工商档案中程兵的签字并非其本人所签,该签字与程兵在公安机关询问笔录上的签字明显不符,在工商档案中出现的其身份证复印件也系他人冒用其身份复制。而且,原一审期间,程兵向法院提交的文书中说明,他本人与天瑞鸿公司没有任何关系。侯马建行在再审庭审中申请对程兵的笔迹进行鉴定。最高人民法院认为,程兵与本案具有利害关系,其个人声明属于其免除自身责任的单方声明,对方当事人不予认可,又无其他证据予以佐证,故不能单纯依据该声明认定案件事实。关于程兵签字是否为其本人所签问题,通过对工商档案、公安机关询问笔录中程兵签名进行形式上的审查,两者确实存在明显不同。但出现该情形有三种可能:一是他人假冒程兵名义所签;二是程兵授权他人代为签名;三是程兵自己做了多种方式的签字。如果是第二、三种情形,则原二审法院对程兵身份的认定并无错误,据此认定侯马建行具有重大过错并无不当。即使是第一种情形,不能因为程兵的身份认定侯马建行在贴现过程中具有重大过失,但由于侯马建行未审核增值税发票原件等事实已足以认定侯马建行具有重大过失,故程兵与天瑞鸿公司关系的事实真实与否,不影响本案的审理结果。因此,对程兵的签字无需鉴定。

关于嘉陵公司至今未收到汇票,是否表明出票行为未完成,侯马建行未尽审查义务、具有重大过失问题,本院认为,依据我国《票据法》第二十条的规定,出票是指出票人签发票据并将其交付给收款人的票据行为。法定的出票行为包括两个环节,即出票人签发票据并将其交付给收款人。本案中,嘉陵公司确未收到票据,但对于贴现行而言,其对票据上记载事项的审查主要是进行形式上审查,基于票据的无因性,在票据记载有收款人且有收款人将该票据背书转让且背书连续的情形下,贴现行可推定收款人已实际收到票据并进行背书转让。在无证据证明贴现行对出票行为未真正完成明知或者应知的情形下,不能认定贴现行未尽审查义务,具有重大过失。

关于是否存在"贴现申请在后,查询审批在前"的事实,是否据此认定贴现行具有重大过失问题,本院认为,根据本院查明的事实,申请票据贴现的时间是2007年6月15日,但2007年6月14日贴现行向承兑行对本案所涉汇票是否真实有效进行查询,因此,本案确实存在"贴现申请在后,查询在前"的事实。但在申请人口头先行申请贴现,在其提交书面贴现文书之前先行查询的情形也是可能存在的,故该事实不足以认定贴现行具有重大过失。

关于汇票未写背书日期以及汇票出票日和背书或申请贴现日在间隔一日内完成票据贴现行为是否符合交易习惯和常理,是否应据此认定贴现行具有重大过失问题,最高人民法院认为,《票据法》第二十九条规定,背书未记载日期的,视为在汇票到期日前背书。因此,背书未记载日期的,不影响背书行为的效力。

我国法律对汇票出票日和背书或申请贴现日期的间隔未作出强制性规定。根据建设银行关于贴现规程的规定,本案贴现业务要由信贷部门、资金计划部门和会计部门进行严格审查,还要报临汾建行、山西省建行审批。尽管如此,申请人侯马建行在一日内完成上述工作及票据贴现行为亦属正常,不能据此认定其具有重大过失。

——最高人民法院民事审判第二庭编:《最高人民法院商事审判指导案例(7)·公司与金融卷》,中国法制出版社2013年版,第352~372页。

722

中国人民银行规章、行业规定中关于票据贴现时银行审查的要求,可以作为金融机构贴现时是否具有重大过失的判断标准

关键词 | 票据贴现 | 重大过失 |

【最高人民法院裁判文书】

晋商银行股份有限公司与孝义市凯通煤焦有限公司及山西金桃园煤焦化集团有限公司、山西焦炭集团国内贸易有限公司票据返还请求权纠纷申请再审案[最高人民法院(2016)最高法民申2199号民事裁定书]

最高人民法院认为:关于晋商银行是否应当返还票据的问题。申请再审时,晋商银行以“票据无因性”为主要依据,但其主张,是对票据无因性原理的误解。通常认为,票据的无因性,指票据行为独立存在,效力如何,完全取决于该行为是否符合票据法的要求,而与基础关系所引起法律行为的效力没有关系。贴现是票据行为,金融机构在贴现时存在重大过失,则不能享有票据权利。而是否存在重大过失,判断标准并不是基础关系的真实与否,而是贴现时,金融机构是否尽到了法定的审查义务。中国人民银行的部门规章、行业规定中关于贴现时银行审查的要求,可以作为金融机构贴现时是否具有重大过失的判断标准。晋商银行认为,即使其违背中国人民银行的部门规章,也不能由此得出晋商银行具有“重大过失”的结论,没有法律和事实依据。晋商银行仅以票据行为无因性原理来反推其贴现行为不存在重大过失,没有事实依据,不能予以支持。

——中国裁判文书网,http://wenshu.court.gov.cn。

723

《关于切实加强商业汇票承兑贴现和再贴现业务管理的通知》等关于办理汇票承兑的规定均属管理性规定，不影响银行承兑协议的效力

关键词｜汇票承兑｜管理性规定｜承兑协议效力｜

【最高人民法院审判业务意见】

票据贴现属于票据流转中的交易行为,亦是票据转让的一种方式。人民法院在认定贴现行是否享有票据权利时,应以票据法及其司法解释规定为依据,而不应仅以部门规章的规定作出判定。在处理票据纠纷中,应对部门规章的制定目的、性质及其与上位法是否冲突等因素进行综合分析,进而作出符合票据法律规范及原理的处理结果。承兑行仅以贴现行违反行业规定的业务操作规范为由,对贴现行的付款请求权提出抗辩并付款的,人民法院不予支持。

——王宪森等:《贴现银行不因违反贴现业务的管理性规定而丧失票据权利》,载最高人民法院民事审判第二庭编:《最高人民法院商事裁判观点》总第1辑,法律出版社2015年版,第381页。

【最高人民法院裁判文书】

贵州贵志房地产开发有限公司与袁博、化州市正元实业有限公司、广西北部湾银行股份有限公司南宁市五象广场支行票据纠纷申请再审案[最高人民法院(2014)民申字第1311号民事裁定书]

最高人民法院认为:其次,中国人民银行《关于切实加强商业汇票承兑贴现和再贴现业务管理的通知》、《商业汇票承兑、贴现与再贴现管理暂行办法》、《支付结算办法》等关于办理汇票承兑的规定,均是从商业银行风险控制角度加以规范,属于管理性规定,即使违反相关规定亦不影响《银行承兑协议》的效力。况且,根据《支付结算办法》第七十六条“银行承兑汇票的出票人必须具备下列条件:(一)在承兑银行开立存款账户的法人以及其他组织;(二)与承兑银行具有真实的委托付款关系;(三)资信状况良好,具有支付汇票金额的可靠资金来源”、第八十三条“银行承兑汇票的出票人或持票人向银

行提示承兑时，银行的信贷部门负责按照有关规定和审批程序，对出票人的资格、资信、购销合同和汇票记载的内容进行认真审查，必要时可由出票人提供担保。符合规定和承兑条件的，与出票人签订承兑协议”的规定，正元公司申请办理承兑汇票提供了《工矿产品购销合同》、增值税发票等材料，也按约定提供了汇票票面金额50%的保证金1000万元，敞口金额1000万元，由贵志公司提供房产作抵押并由袁博提供保证担保，说明北部湾银行办理银行承兑汇票业务符合上述关于银行办理银行承兑汇票的规定，已尽到真实贸易关系的审查义务，不存在过错。最后，增值税专用发票有证明双方当事人存在真实贸易关系的作用，但并非证明存在真实贸易关系的唯一证据。正元公司向北部湾银行提供的由贵州多彩石业有限公司开具的增值税专用发票中记载的金额、税额与贵州省税务部门留存发票记载的不一致，但不意味着正元公司与贵州多彩石业有限公司之间没有真实的贸易关系。在正元公司提供了《工矿产品购销合同》、增值税发票，《工矿产品购销合同》的相对方贵州多彩石业有限公司未作为当事人参加诉讼的情况下，不能认定正元公司与贵州多彩石业有限公司之间不存在真实的贸易关系。因此，北部湾银行办理银行承兑汇票业务时已尽到真实贸易关系的审查义务。即使正元公司与贵州多彩石业有限公司之间最终没有实际发生真实贸易关系，或者正元公司与贵州多彩石业有限公司之间的贸易关系是否真实有效，均不影响《银行承兑协议》的效力。贵志公司主张正元公司与北部湾银行签订《银行承兑协议》的目的不是为了购买货物，而是为了融资，套取银行资金，协议属于以合法形式掩盖非法目的而无效的理由不能成立。

——中国裁判文书网，http://wenshu.court.gov.cn。

贵州贵志房地产开发有限公司与袁博、化州市正元实业有限公司、广西北部湾银行股份有限公司南宁市五象广场支行票据纠纷申请再审案［最高人民法院（2014）民申字第1390、1404、1405、1140号民事裁定书］

本裁判理由与前引裁判文书基本一致（略）。

——中国裁判文书网，http://wenshu.court.gov.cn。

【链接：最高人民法院法官著述】

问题：甲公司持乙公司签发的未到期商业汇票到丙银行办理贴现，丙银行未审查甲公司与乙公司之间是否有真实的商品交易关系即办理贴现,将对价付给甲公司。商业汇票到期后,乙公司因甲公司未履行交货义务而拒绝支付商业汇票确定的金额,因此引起诉讼。对银行违规办理商业汇票贴现是否享有票据权利的认定,存在两种不同的意见:第一种意见认为,商业汇票是真实的,丙银行给付了对价,应享有票据权利,乙公司应无条件支付票据上确定的金额,甲公司对此承担连带责任。另一种意见认为,丙银行在办理贴现过程中未履行《支付结算办法》第九十二条规定的审查义务,属重大过失,根据《票据法》第十二条规定,因重大过失取得不符合本法规定的票据的,不得享有票据权利。

《人民司法》研究组认为:票据是无因证券,票据上权利一经发生,即与作为票据权利发生原因的证券外法律关系相分离,不再受其影响,即无因性是票据的基本特征之一。所以,本案中银行未审查甲公司与乙公司之间是否有真实的商品交易关系,即为甲公司办理了乙公司签发的未到期商业汇票的贴现。而该汇票到期后,乙公司却以甲公司未履行交货义务为由拒绝向银行支付该票据上的款项。银行尽管未完全按照中国人民银行印发的《支付结算办法》有的关规定操作,但该汇票本身是真实有效的,且银行已因贴现而支付对价,根据《票据法》第十条的规定,银行合法取得票据,其应当享有该票据上的权利,即向出票人乙公司请求支付票据上确定的款项。乙公司不能以其与甲公司之间的基础法律关系——商品交易中的瑕疵为由进行抗辩,并拒绝付款。而且,银行在办理贴现的过程中未完全按照《支付结算办法》的有关规定操作的过失行为,亦是未按银行内部操作规程的规定办理有关手续的过失行为,并未对其他当事人构成过错或者造成损失,并非《票据法》第十二条第二款中规定的"重大过失"情形,本案不应适用该条的规定。所以,本案中乙公司应向银行支付票据上的金额。

——《人民司法》2001 年第 7 期

编者说明

需要注意的是,关于电子商业汇票贴现业务,2016 年 9 月,中国人民银行《关于规范和促进电子商业汇票业务发展的通知》中明确,企业申请电票贴现的,无需向金融机构提供合同、发票等资料。

724

对是否具有真实的债权债务关系进行审查，不影响持票人的票据权利，不能据此认定贴现银行存在重大过失

关键词｜持票人｜贴现人｜重大过失｜汇票贴现｜

【最高人民法院裁判文书】

大冶市日增鑫矿业有限公司与恒丰银行烟台银河支行、恒丰银行股份有限公司烟台分行票据损害责任纠纷申请再审案[最高人民法院(2016)最高法民申2003号民事裁定书]

最高人民法院认为:本案再审审查的争议焦点是恒丰银行烟台分行和恒丰银行银河支行在办理案涉汇票贴现业务中是否存在重大过失。《票据法》第十二条第二款规定,持票人因重大过失取得不符合本法规定的票据的,也不得享有票据权利。考察持票人是否具有重大过失,应当主要从票据本身真实性、记载事项的完整性、背书的连续性、前手的身份证明等方面予以认定。《票据纠纷规定》第十四条规定,票据债务人以《票据法》第十条、第二十一条的规定为由,对业经背书转让票据的持票人进行抗辩的,人民法院不予支持。该条规定也从反面印证了对是否具有真实的债权债务关系进行审查,不影响持票人的票据权利,不能作为其取得票据是否构成重大过失的判断标准。本案中,对于恒丰银行银河支行和恒丰银行烟台分行在办理票据贴现业务中是否存在重大过失,亦应按照上述标准进行审查确定。根据已经查明的事实,案涉六张银行承兑汇票,形式完备,各项必要记载事项齐全,背书连续,持票人身份合法,故日增鑫公司主张恒丰银行银河支行和恒丰银行烟台分行在进行案涉票据贴现业务中存在重大过失,依据不足。对于案涉票据贴现过程中的相关材料,日增鑫公司仅对购销合同和增值税发票提出异议。而该两项事实属于票据基础法律关系范畴,不影响最后持票人恒丰银行烟台分行依法享有的票据权利。日增鑫公司关于二审判决认定事实和适用法律错误的主张,依据不足。

——中国裁判文书网,http://wenshu.court.gov.cn。

725

票据转贴现协议无效，由此造成转贴现行的损失，由当事人根据过错合理分担

关键词 | 票据转贴现 |

【最高人民法院裁判文书】

中信银行股份有限公司郑州分行与中国工商银行股份有限公司定兴支行承兑汇票转贴现协议纠纷案[最高人民法院(2003)民二终字第183号民事判决书]

最高人民法院认为:本案所涉协议无效造成中信银行郑州分行的损失,依法应根据各方的过错合理分担。河北省高级人民法院(2006)冀刑二终字第85号刑事裁定书认定,范晓农以非法占有为目的,虚构商品交易关系,利用内容虚假的商业承兑汇票骗取银行贴现款,数额特别巨大,其行为已构成票据诈骗罪;穆亚维与范晓农等人虚构交易关系并在内容虚假的商业承兑汇票上使用假印章,其行为已构成伪造金融票证罪。因穆亚维当时系工行定兴支行的负责人,其签订商业承兑汇票转贴现(回购)协议的行为系以工行定兴支行的名义,并利用了该行公章,依据《关于在审理经济纠纷案件中涉及经济犯罪嫌疑若干问题的规定》第三条关于"单位直接负责的主管人员和其他直接责任人员,以该单位的名义对外签订经济合同,将取得的财物部分或者全部占为己有构成犯罪的,除依法追究行为人的刑事责任外,该单位对行为人因签订、履行经济合同造成的后果,依法应当承担民事责任"的规定,追究穆亚维的刑事责任并不能免除其单位依法应当承担的民事责任。本案中,因穆亚维的行为代表工行定兴支行,其行为票据进行贴现直接为本案低信用的涉案票据增加了银行信用,为涉案票据转贴现增加了信用基础,因此,工行定兴支行的行为是造成涉案款项被骗的主要原因,应承担主要责任。

在办理票据业务过程中,中信银行郑州分行应当知道工行定兴支行并没有实际贴现,转贴现款交给范晓农使用;在发现工行定兴支行在商业承兑汇票上加盖的汇票专用章不是该行真实印章之后,没有去报案,而是找到范晓农、穆亚维,要求穆亚维补盖真实印章,同时,范晓农承诺尽快还款。在办理该笔业务的过程中,中信银行郑州分行还存在违反银发〔1997〕143号《关于进一步加强银行结算管理的通知》中规定的审查并留存贴现申请人与其前手之间的增值税发票和发

运单据复印件、向承兑银行查询，违反《金融企业会计制度》《支付结算会计核算手续》中规定的转贴现款应通过人民银行转账，违规将转贴现款由其转贴现资金核算科目（即309科目）直接划入工行定兴支行工具的转账支票上记载的收款人（即西联公司）账户，违规为工行定兴支行预留银行账号等行为。上述事实表明中信银行郑州分行及史进良对涉案款项被骗也存在过错。但由于工行定兴支行贴现在先，中信银行郑州分行属于次要责任，依据《民法通则》第一百三十一条关于"受害人对于损害的发生也有过错的，可以减轻侵害人的民事责任"的规定，中信银行郑州分行因其存在过错，应部分减轻工行定兴支行所应承担的赔偿责任。据此，本院根据双方过错程度，裁判对因涉案款项被骗而形成的本金部分的损失因款项被占用而产生的贴现利息损失由工行定兴支行承担赔偿责任；对因涉案款项被骗而形成的利息损失（除因款项被占用而产生的贴现利息损失外）由中信银行郑州分行自行承担。

——最高人民法院民事审判第二庭编：《最高人民法院商事审判指导案例·金融卷》，中国法制出版社2011年版，第87～103页。

726

以银行承兑汇票办理部分金额贴现和部分用于质押贷款的，不影响持票人行使票据权利

关键词 | 银行承兑汇票 | 部分贴现 | 票据权利 |

【最高人民法院答复】

湖北省高级人民法院：

你院〔1993〕鄂经他字第12号《关于银行承兑汇票能否办理部分金额贴现和部分用于抵押贷款的请示报告》收悉。经研究，答复如下：

你院来文所述案件中，收款人黄陂县甘棠五金锻压厂（以下简称锻压厂）将承兑申请人汉川县杨林镇砖瓦厂金额为70万元，并经农业银行汉川县支行（以下简称汉川县支行）杨林沟办事处承兑的081419号银行承兑汇票，背书转让给交通银行武汉分行（以下简称武汉分行），武汉分行就已经取得了该票据上的权利。同时，锻压厂向武汉分行申请贴现70万元，而武汉分行办理贴现金额15万

元(扣除贴息,实付141275.40元)。此后,锻压厂又以该汇票作抵押,与武汉分行签订了三份借款合同,从武汉分行贷出52万元。借款期届满,锻压厂未还款。这些行为并不影响武汉分行行使票据上的权利。鉴于武汉分行已经通过背书转让取得081419号银行承兑汇票的所有权;且该汇票的贴现人和抵押权人同为武汉分行,故该行享有的该票据权利依法应予保护;汉川县支行对其所属杨林沟办事处承兑的银行承兑汇票负有到期无条件付款的责任。

——《最高人民法院经济审判庭关于银行承兑汇票能否部分金额贴现、部分用于抵押贷款的复函》(1994年10月11日,法经[1994]244号)

727

银行在申请人无基础交易背景情况下对其尚未持有的银行承兑汇票进行贴现的,构成事实借贷关系

关键词 | 银行承兑汇票 | 贴现 | 借贷关系 |

【最高人民法院裁判文书】

广州市商业银行越秀支行与中国农业银行岳阳市云溪支行、广州名鑫实业发展有限公司、珠海协利租赁有限公司侵权纠纷案[最高人民法院(2008)民二终字第3号民事判决书]

裁判摘要:一、根据中国人民银行《支付结算办法》的规定,汇票持票人申请银行贴现,应当持有未到期的商业汇票,且持票人应当向贴现银行证明其与出票人、前手之间具有基础关系,即真实的交易关系和债权债务关系。商业银行在申请贴现人无基础交易背景的情况下对其尚未持有的银行承兑汇票进行贴现,不符合上述规定,系严重地违反商业银行操作规范的违规行为,商业银行与申请贴现人之间不构成票据法意义上的银行承兑汇票贴现关系,双方之间的法律关系系事实上的无书面借款合同的借贷关系。

最高人民法院认为:中国人民银行《支付结算办法》第九十三条规定:"符合条件的商业汇票的持票人可持未到期的商业汇票连同贴现凭证向银行申请贴现。贴现银行可持未到期的商业汇票向其他银行转贴现,也可向中国人民银行申请再贴现。贴现、转贴现、再贴现时,应作成转让背书,并提供贴现申请人与其

直接前手之间的增值税发票和商品发运单据复印件。”根据该规定，持票人申请银行贴现，应当持有未到期的商业汇票，且持票人应当向贴现银行证明其与出票人、前手之间具有基础关系，即真实的交易关系和债权债务关系。农行云溪支行在名鑫公司无基础交易背景的情况下对该公司尚未持有的4500万元银行承兑汇票进行贴现不符合上述规定，系严重违反商业银行操作规范的违规行为，其与名鑫公司之间不构成票据法意义上的银行承兑汇票贴现关系。在本案中，名鑫公司与农行云溪支行之间的法律关系系事实上的无书面借款合同的借贷关系。名鑫公司对农行云溪支行为其尚未持有的4500万元银行承兑汇票进行了贴现的事实予以认可，其应当偿还农行云溪支行支付的44009550元及银行同期贷款利息。协利公司在本案纠纷发生后向农行云溪支行承诺，为名鑫公司的本案债务承担连带保证责任，并履行了部分义务。该项保证系协利公司的自愿行为，不违反法律的禁止性规定，保证行为合法有效。故本院二审对原审判决关于上诉两公司民事责任的相关判项予以维持。

——最高人民法院民事审判第二庭编：《民商事审判指导》总第16辑，人民法院出版社2008年版，第290～301页。

编者说明

司法实践中对于票据贴现的性质还存在着较大的争论，也是导致各地法院裁判标准不一的原因所在。根据中国人民银行《贷款通则》的有关规定，票据贴现是指贷款人以购买借款人未到期的商业票据的方式发放贷款。也就是贷款人根据中国人民银行规定的贴现利率，按票据票面所记载的金额，在扣除贴现利息后，以贷款方式付出票据对价而获得票据权利。而根据《商业汇票贴现与再贴现管理暂行办法》的规定，则是将票据贴现界定为商业汇票的持票人在汇票到期以前，为了取得资金而向金融机构贴付一定的利息，将票据权利转让给金融机构的票据行为，是持票人向金融机构融通资金的一种方式。本案的裁判意见认为，商业银行在申请贴现人无基础交易背景的情况下对其尚未持有的银行承兑汇票进行贴现的，属于事实上的无书面借款合同的借贷关系。

728

以开具商业承兑汇票方式进行融资，应依据案件事实确定用资人，并依当事人过错确定责任

关键词 | 商业承兑汇票 | 实际用资人 |

【最高人民法院裁判文书】

招商银行股份有限公司重庆上清寺支行、重庆市能源投资集团公司与德恒证券有限责任公司欠款纠纷案[最高人民法院(2004)民二终字第206号民事判决书]

最高人民法院认为:当事人为得到利益使用其授信额度,向与自己没有真实交易关系的公司开具商业承兑汇票,票据贴现后进行委托理财,融出资金后由他方使用,用资方向银行支付了贴现利息和手续费。为了完成非法融资行为,当事人在法律形式上以商业承兑汇票的方式实施。应依据案件客观事实确定用资人,并在认定各方当事人过错的基础上明确其民事责任。

——最高人民法院民事审判第二庭编:《商事审判指导》总第23辑,人民法院出版社2010年版,第161~163页。

729

转贴现银行遭承兑行二次拒付后,依其与贴现行签订的转贴现协议主张逾期利息及违约金,系合同违约之诉

关键词 | 转贴现协议 | 合同违约 |

【最高人民法院裁判文书】

中国银行股份有限公司四川省分行与烟台银行股份有限公司转贴现合同纠纷案[最高人民法院(2009)民提字第113号民事判决书]

裁判要旨:转贴现行四川中行遭承兑行阿拉山口农行二次拒付后,依据其与贴现行烟台商行签订的《转贴现协议》主张烟台商行应支付逾期利息及违约金,提起的是合同违约之诉,行使的权利并非票据追索权,与协议约定的票据追索权构成条件无关。只要《转贴现协议》合法有效,烟台商行就应当承担该违约责任,此时,四川中行是否持有票据、是否能够返还票据并不影响其诉请的成立。

最高人民法院再审经审理认为:本案再审争议的焦点为,本案法律关系的性质以及烟台银行应否向四川中行支付逾期利息与违约金。

四川中行依据其与烟台银行签订的《商业汇票转贴现协议》提起本案诉讼,

主张烟台银行应依据协议约定向其支付逾期付款利息及其他损失共计4117022.5元。山东省高级人民法院二审判决认定本案系转贴现协议纠纷，该协议系当事人真实意思表示，内容不违反法律、行政法规的禁止性规定，合法有效正确，本院予以维持。四川中行在向阿拉山口农行首次提示付款被拒绝，四川中行即依据其与烟台银行签订的涉案《商业汇票转贴现协议》向烟台银行发出追索函，要求烟台银行给付迟延付款利息。烟台银行应当按照《商业汇票转贴现协议》约定履行其给付票据款项的义务，此时烟台银行可以主张四川中行交付票据。而烟台银行实际并未依约支付，构成违约。四川中行就阿拉山口农行未支付的延期付款利息及违约金等主张权利，是要求烟台银行依照《商业汇票转贴现协议》的约定承担相应的违约责任。此时四川中行是否持有票据、是否能够退还票据，与四川中行的诉请业已无关。烟台银行在本案一审程序中抗辩，对四川中行的利息计算起止时间没有异议，但对利率标准有异议，认为应当按照票据法的规定采用中国人民银行规定的企业同期流动资金贷款利率，而不应当是协议约定的同业拆借利率。对此，最高人民法院认为，涉案《商业汇票转贴现协议》第6条约定“延误收款期间的利率标准为，提示付款期内按汇票期限同档次同业拆借利率执行，超过提示期的按日息万分之五执行”，该约定系双方当事人真实合意的结果，不违反法律、行政法规的禁止性规定，应认定合法有效。原一、二审判决分别以四川中行行使票据追索权却不交付相应票据、四川中行行使合同权利追究违约责任但不符合合同约定的给付条件为由，判决驳回四川中行相应诉讼请求，属适用法律错误，本院予以纠正。四川中行有关撤销原一审判决第二项、撤销二审判决，改判烟台银行给付逾期利息及损失的再审请求，符合《民事诉讼法（2007）》第一百七十九条的规定，本院予以支持。

——最高人民法院民事审判第二庭编：《最高人民法院商事审判指导案例（7）·公司与金融卷》，中国法制出版社2013年版，第388～395页。

730

承兑行明知持票人不享有票据权利，受理贴现后又将大部分票款强行扣收旧贷，属恶意取得票据，不享有票据权利

关键词｜票据贴现｜票据权利｜

【最高人民法院裁判文书】

中国建设银行股份有限公司常州分行、中国建设银行股份有限公司常州清凉路支行、中国农业银行股份有限公司常州天宁支行、交通银行股份有限公司常州分行与河北省永清县实业建材物资总公司、中国包装物资常州有限公司、中国银行股份有限公司廊坊分行票据纠纷提审案[最高人民法院(2008)民二提字第25号民事判决书]

最高人民法院认为：承兑行为实现债权，明知当事人订立虚假合同违规套现，仍违反银行结算制度受理了银行承兑汇票，并以扣贴现款或在汇票到期后，利用另行设立的账户强行扣贷的方式，将大部分票载款项扣收旧贷；受理汇票前明知持票人不享有票据权利，受理后又将大部分票载款项强行扣收旧贷，从而转嫁金融风险，恶意取得票据的，依法不享有票据权利。

——江必新主编、最高人民法院审判监督庭编：《审判监督指导》总第29辑，人民法院出版社2010年版，第108～120页。

731

贴现银行未尽审查义务造成他人损失，被侵权人对损害发生有过错的，可减轻贴现行的责任

关键词 | 票据贴现 | 过错责任 | 过错相抵 |

【最高人民法院裁判文书】

中国银行股份有限公司长治市分行与长治煤炭运销公路经销有限公司票据纠纷案[最高人民法院(2013)民提字第89号民事判决书]

裁判要旨：本案中长治中行工作人员违反规定办理票据贴现业务，长治中行未能尽到严格审查义务，依据《票据纠纷规定》第七十五条的规定，长治分行应就其在本案中的侵权行为对煤运公司的损失承担相应的民事赔偿责任。煤运公司原财务部长与案外人共同、长期、多次挪用煤运公司大量资金。煤运公司对此失察、失控。煤运公司在失票后长达数月的时间内，未能排查发现工作中的漏洞

并及时办理挂失止付或提起公示催告程序，致使失票风险转化为实际损失。根据《侵权责任法》第二十六条关于“被侵权人对损害的发生也有过错的，可以减轻侵权人的责任”的规定，因煤运公司对其损失的发生存在过错，故其应自行承担相应的损失。

最高人民法院再审认为：（一）关于本案纠纷的性质问题。

原审判决根据煤运公司取得本案所涉票据的合法过程判定其是票据的原权利人并无不当，但本案的一个重要事实是，该票据在煤运公司原工作人员原伟挪用资金犯罪过程中已从该公司转移至李剑锋手中，后李剑锋采取私刻印章等手段将该票据连续背书转让给聊城公司、协力公司，并在长治中行办理了贴现业务。至此，煤运公司已成为形式上的票据背书前手而不是持票人。另根据中国人民银行《贷款通则》第九条规定，票据贴现，系指贷款人以购买借款人未到期商业票据的方式发放的贷款。中国人民银行《商业汇票承兑、贴现与再贴现管理暂行办法》第二条规定，本办法所称贴现系指商业汇票的持票人在汇票到期日前，为了取得资金贴付一定利息将票据权利转让给金融机构的票据行为，是金融机构向持票人融通资金的一种方式。由此可见，票据贴现实质是金融机构与持票人之间融通资金买卖票据的交易关系，这是贴现人与持票人之间形成的票据基础关系。贴现人支付了贴现款后享有票据权利，可以要求付款人付款，原票据权利人丧失票据权利。原审判决在本案所涉票据至诉前已办理了贴现业务、煤运公司已不是持票人，且长治中行就同一张票据已向持票人（即贴现申请人）支付了986.485万元贴现款的情况下，判令长治中行再向持票人的前手煤运公司支付1000万元票据返还款显属不当，应予纠正。

煤运公司诉请依法确认其是涉案汇票的权利人，并要求长治中行依法向其返还该汇票，其诉请内容包括确认之诉和给付之诉。本案所涉票据在诉讼数月前已经贴现完成，在此情况下，煤运公司关于要求长治中行返还票据的诉请已无法实现，解决相关争议的办法只能是损害赔偿问题。本案一、二审法院均系在票据损害赔偿纠纷的审理范围内进行的审理，并依据解决票据损害赔偿纠纷的相关法律规定，即《票据纠纷规定》第七十五条的规定，判令长治中行向煤运公司支付1000万元款项。在一审、二审诉讼过程中煤运公司并未就人民法院对本案的审理范围提出异议，并进行了相应主张和诉辩。现长治中行申请再审主张其不应按照原审判决向煤运公司支付1000万元款项，该诉请并未超出原审范围，煤运公司关于长治中行的再审申请超出原审范围的答辩意见不能成立。

最高人民法院《民事案件案由规定》中“票据损害责任纠纷”案由是“票据纠纷”案由的子案由,两者并不矛盾。票据损害赔偿请求权是普通的民事债权和票据权利都具有的侵权救济方式,本案在确定票据返还已不可能的情况下,应根据煤运公司的实际损失和综合考虑当事人的过错情况,确定其应承担的相关民事责任。

(二)关于确定本案煤运公司损失范围的问题。

本案中,煤运公司的实际损失应为其丧失的1000万元汇票金额,在扣除其已收回的800万元汇票金额及检察机关退回赃款部分金额后所得的余额,即169.76万元。理由如下:

1. 根据已生效的山西省长治市城区人民法院(2007)城刑初字第235号刑事判决的内容,煤运公司包括本案所涉票据在内所形成的1000万元损失系因其工作人员原伟非法挪用资金所造成。原伟挪用资金的犯罪行为连续数次,只有本案中的损失涉及长治中行办理的贴现业务,故在确定与长治中行办理票据贴现业务相关的煤运公司损失时,应当针对该笔票据所形成的损失单独计算,不应当将与长治中行无关的其他损失计算入内。

2. 本案中,原伟将涉案汇票交给李剑锋的目的,就是为了让李剑锋将该汇票换成多个小额承兑票据并返还煤运公司,以弥补其之前挪用的800万元汇票所形成的欠款。李剑锋在得到本案票据贴现款后如约购买了18支共计800万元的小额承兑票据,并通过原伟返还给了煤运公司。煤运公司丧失1000万元汇票后又收回了800万元,其实际损失为200万元。

3. 在2006年由原伟挪用资金向李剑锋出借一张800万元的汇票未能归还的情况下,煤运公司已经发生了800万元的损失。尽管煤运公司称以本案收回的800万元弥补了2006年的损失,但因煤运公司2006年损失的800万元与长治中行没有关系,故本案1000万元汇票项下的损失金额不包括此前800万元的损失。

4. 2007年原伟向李剑锋交付本案1000万元汇票后,李剑锋经贴现购买800万元小额汇票归还给了煤运公司,在本案1000万元汇票项下出借和归还、目的和结果的对应关系是明确的。该事实有相关案件的刑事判决书及李剑锋、原伟等人证言等证据佐证。在本案所涉汇票贴现前,李剑锋已无偿还800万元欠款的能力,原伟挪用本案所涉汇票帮助李剑锋偿还此前欠款。因此,煤运公司关于其收到的800万元还款与本案贴现款无关的答辩意见与事实不符,本院不予采纳。

5.煤运公司因原伟犯挪用资金罪至案发有1000万元资金未追回,其中包括本案中煤运公司的实际损失200万元。现检察机关追回赃款151.2万元已发还煤运公司,即收回赃款部分占全案损失的15.12%。鉴于该赃款具体属于哪一笔被挪用资金的事实已无法核实,本院依照公平原则,按上述比例计算,得出本案煤运公司200万元损失应分摊的已追回赃款数额为30.24万元。故应认定本案中煤运公司所受的实际损失是169.76万元。

(三)关于双方当事人责任分担的问题。

本案中煤运公司和长治中行均存在一定过错,应公平地各半承担本案所涉票据损害赔偿责任。理由如下:

长治中行在办理本案票据贴现业务中具有一定过错。李剑锋将该汇票交给长治中行英雄路分理处职员黄维维后,黄维维在无相关交易合同、增值税发票的情况下,为编造票据贴现业务所需资料提供帮助,并通过了该行相关业务部门的审核,致使该票据最终顺利贴现。本院认为,长治中行办理贴现业务时,在贴现申请表上载明黄维维为经办人,黄维维的犯罪行为虽属个人行为,但因其作为长治中行下属部门的工作人员,违反规定办理本案票据贴现业务,亦因长治中行未能尽到严格审查义务,在业务办理及管理上存在一定过错,故依据《票据纠纷规定》第七十五条关于"依照票据法第一百零五条的规定,由于金融机构工作人员在票据业务中玩忽职守,对违反票据法规定的票据予以承兑、付款、贴现或者保证,给当事人造成损失的,由该金融机构与直接责任人员依法承担连带责任"的规定,长治分行应就其在本案中的过错行为对煤运公司的损失承担相应的民事赔偿责任。长治中行关于"黄维维的行为属个人行为,其所在长治中行英雄路分理处无贴现业务;长治中行办理本案汇票贴现合法合规,不存在过错,不应对煤运公司的损失承担责任"的诉讼请求及理由不能成立。

关于煤运公司的过错责任问题。山西省长治市城区人民法院(2007)城刑初字第235号刑事判决已查明,原伟作为煤运公司财务部长,与李剑锋共同、长期、多次挪用煤运公司大量资金。煤运公司对此失察、失控。在原伟将本案汇票交予李剑锋时,煤运公司发生资金损失的风险即已产生。煤运公司在失票后长达数月的时间内,未能排查发现工作中的漏洞并及时办理挂失止付或提起公示催告程序,致使失票风险转化为实际损失。根据《侵权责任法》第二十六条关于"被侵权人对损害的发生也有过错的,可以减轻侵权人的责任"的规定,因煤运公司对其损失的发生存在过错,故其应自行承担相应的损失。据此,基于本案的实际情况及过错认定,本院依据过错相抵原则,确认煤运公司和长治中行对本案169.76万元损失应各承担50%的责任。

——最高人民法院民事审判第二庭编:《最高人民法院商事审判指导案例(2014)》,中国民主法制出版社2015年版,第322~332页。

732

贴现银行恶意促成票据贴现,对失票人造成的损失应当承担侵权责任

关键词|银行承兑汇票|恶意贴现|侵权责任|

【最高人民法院裁判文书】

杨丐俊与中国工商银行股份有限公司澧县支行、兴业银行股份有限公司长沙分行等财产损害赔偿纠纷申请再审案[最高人民法院(2014)民提字第159号民事判决书]

最高人民法院认为:兴业银行长沙分行对上述银行承兑汇票进行第一次贴现查询时,澧县工行明确告知出票单位要求收款单位不得在银行贴现。可见,兴业银行长沙分行已经明知该张银行承兑汇票不能贴现。这种情况下,兴业银行长沙分行又进行第二次查询。对此,澧县工行虽然回复该张银行承兑汇票暂无挂止冻结,但亦回复公安局已介入调查等内容。至此,兴业银行长沙分行应当知道该张银行承兑汇票可能涉及他人财产权益,作为当事的贴现银行,理应守护好最后防线,以免该张银行承兑汇票的2500万元款项流失。但兴业银行长沙分行不仅没有主动停止办理该张银行承兑汇票贴现,其工作人员毛标反而授意代文清等人伪造贴现资料、虚列被背书人、虚构商品交易关系,恶意促成代文清等人贴现,造成杨丐俊的2500万元财产通过该张银行承兑汇票流失后未能全部追赃而遭受损失。因此,应确认兴业银行长沙分行具有过错,对杨丐俊实施了侵权行为,损害了杨丐俊的财产权益。

——中国裁判文书网,http://wenshu.court.gov.cn。

733

票据贴现过程中当事人的瑕疵行为与票据项下资金损失没有因果关系的，不承担责任

关键词｜票据贴现｜

【最高人民法院裁判文书】

华鹏集团有限公司与上海普兰金融服务有限公司、白山市浑江区农村信用合作联社市郊信用社等委托合同纠纷申请再审案[最高人民法院(2015)民申字第799号民事裁定书]

最高人民法院认为：关于普兰公司、白山信用社、博通公司、向宏公司应否向华鹏公司承担连带赔偿责任问题。虽然普兰公司、向宏公司、博通公司、白山信用社均参与了涉案汇票的贴现过程，但涉案两张汇票已经完成了出票、背书、承兑、付款的全部流转过程，华鹏公司亦认可民生银行大港支行在汇票到期后已从出票人处收回4400万元，故涉案汇票的流转过程已全部结束。普兰公司、白山信用社、博通公司、向宏公司在票据贴现过程中操作虽有瑕疵，但该瑕疵与华鹏公司未足额收回票据项下资金没有因果关系。而导致华鹏公司损失的真正原因是，培丽公司在收到票据项下的资金后未能足额支付给华鹏公司，故应由培丽公司承担责任。鉴此，华鹏公司要求普兰公司、向宏公司、博通公司、白山信用社基于侵权行为而向其承担连带赔偿责任的主张缺乏依据，二审法院的判决结果并无不当。

——中国裁判文书网，http://wenshu.court.gov.cn。

734

银行工作人员违规操作，申请贴现人有理由相信收取汇票的行为是代表银行的职务行为的，银行应当承担责任

关键词｜票据贴现｜职务行为｜民刑交叉｜

【最高人民法院裁判文书】

河北利达矿材有限公司与中国民生银行股份有限公司石家庄和平西路支行(原中国民生银行石家庄分行和平西路支行)票据损害赔偿纠纷审判监督案[最高人民法院(2014)民提字第00002号民事判决书]

最高人民法院认为:本案再审争议的焦点问题是:第一,本案应否"先刑后民",中止审理;第二,渠源清的行为是否为职务行为,民生银行和平西路支行应否承担民事责任。

一、关于本案应否"先刑后民",中止审理问题。本院认为,渠源清代表民生银行和平西路支行收取利达公司用于贴现的汇票后,即在民生银行和平西路支行和利达公司之间产生票据贴现法律关系,民生银行和平西路支行因未妥善保管讼争的汇票,致使利达公司的票据权益受到损害,应承担相应的赔偿责任。但这与渠源清违规操作、涉嫌犯罪的个人行为之间不是同一法律关系,无论渠源清涉嫌犯罪的行为结果如何,均不影响民生银行和平西路支行对利达公司应承担的票据损害赔偿责任。即本案的审理结果并不以刑事案件的处理结果为依据。因此,本案无需"先刑后民"、中止审理。

二、关于渠源清的行为是否为职务行为。根据查明的事实,民生银行和平西路支行为与利达公司之间建立业务联系,曾由行长王珊带领客户经理渠源清,到利达公司进行联络协调。后利达公司在民生银行和平西路支行开立了账户,民生银行和平西路支行经上级行批准,同意在2004年4月27日至2005年4月27日的一年期限内,给予利达公司8000万元的贴现额度。2004年4月27日至8月5日,利达公司先后在民生银行办理了9笔贴现业务,其中8笔的贴现凭证上均有王珊、渠源清的签名。由此可见,民生银行和平西路支行与利达公司之间已经建立了长期的贴现业务联系,并通过经办人员渠源清实际办理了多笔贴现业务。2004年8月3日,渠源清为办理贴现业务而从利达公司取走案涉的500万元汇票,从交易惯例和渠源清的身份上看,可以认定渠清源的行为是代表民生银行和平西路支行的职务行为。利达公司基于渠源清作为民生银行和平西路支行客户经理的特殊身份,以及渠源清此前已经代表民生银行和平西路支行为利达公司办理了多笔贴现业务的事实,亦有理由相信渠清源的行为是职务行为。民生银行和平西路支行主张,利达公司是委托渠源清个人代为办理票据贴现业务,但没有提供利达公司和渠源清个人之间存在委托合同关系的证据,从之前的交易情况看，利达公司和渠源清之间也不存在职务行为之外的业务联系，故对民生银行和平西路支行的该项主张本院不予支持。渠源清从利达公司取走案涉的汇票后，民生银行和平西路支行当天即出具了查询书，对该汇票的真实性进行了查询，由此证明民生银行和平西路支行已经按照贴现业务流程实际受理了利达公司的贴现申请，同时，也进一步佐证了民生银行和平西路支行对渠源清职务行为的认可。至于民生银行和平西路支行收到了利达公司的汇票后，其客户经理渠源清利用民生银行内部的管理漏洞，违规操作，将汇票转出并在其他行办理了贴现，则是民生银行和平西路支行与其工作人员之间的内部关系以及渠源清个人涉嫌犯罪的问题，并不能改变渠源清代表民生银行和平西路支行收受汇票的行为属于职务行为的性质认定。

民生银行和平西路支行主张，渠源清取得诉争汇票前，曾在建设银行为利达公司办理了DB/0101265964号汇票的贴现手续，利达公司也于2004年7月30日取得了贴现款，2004年8月3日，利达公司将诉争汇票交给渠源清时，已知晓DB/0101265964号汇票并非在民生银行办理，其没有理由当然相信渠源清收取汇票的行为是职务行为。本院认为，民生银行和平西路支行收取了利达公司的汇票后，如何具体办理贴现，属于银行内部的工作流程问题，非利达公司所能掌控和即时知晓。本案中，没有证据证明利达公司在2004年8月3日将诉争汇票交给渠源清时，已知晓DB/0101265964号汇票并非在民生银行贴现的，民生银行和平西路支行关于利达公司对此明知的主张证据不足。渠源清违规操作，民生银行和平西路并未取消其客户经理的身份，在此情形下，利达公司基于对渠源清身份的信赖，以及此前与民生银行和平西路支行之间的交易情况，有理由相信渠源清收取汇票的行为是代表民生银行和平西路支行的职务行为。

民生银行和平西路支行主张，利达公司只给了渠源清票据，未提供《贴现申请书》《贴现协议》及其与前手的交易合同和增值税发票等材料，意味着其明知渠源清通过职务行为无法办理贴现，渠源清取得案涉汇票的行为不是履行工作职责的职务行为。利达公司对此予以否认，辩称向渠源清提供了办理贴现的其他相关材料。本院认为，因渠源清下落不明，该项事实现已无法查证。但以渠源清出具的收据上仅注明收到了汇票，而未记载其他材料为据，并不能必然得出利达公司未向渠源清提供其他材料的结论。渠源清在出具收据时，为简便起见，仅记载最重要、最具经济价值的汇票，不再一一罗列其他不具有唯一性和重要经济价值的相关材料，亦符合常理。从交易实践看，渠源清为案外人河北神邦矿业有限公司出具的类似收据上也仅记载收到了汇票,未记载收到了办理贴现所需的其他材料,但事实上河北神邦矿业有限公司的汇票后来成功办理了贴现,亦即渠源清除收到了汇票外,实际上也收到了其他相关材料,只是未在收据上一一记载而已。况且,既便利达公司未提供《贴现申请书》等相关材料,民生银行和平西路支行也仅能要求利达公司予以补充,并在利达公司不予补充时拒绝办理贴现,但并不能改变渠源清代表民生银行和平西路支行已经从利达公司收取了案涉汇票这一事实。故此,民生银行和平西路支行的该项主张亦不能成立。

——中国裁判文书网,http://wenshu.court.gov.cn。

735

票据委托贴现关系的认定

关键词|票据委托贴现|

【最高人民法院裁判文书】

华鹏集团有限公司与上海普兰金融服务有限公司、白山市浑江区农村信用合作联社市郊信用社等委托合同纠纷申请再审案[最高人民法院(2015)民申字第799号民事裁定书]

最高人民法院认为:关于华鹏公司和培丽公司之间法律关系的性质问题。根据查明事实的可知,华鹏公司将其空白背书的未到期商业汇票交予培丽公司,培丽公司的法定代表人沈培根收取了汇票原件,并将注明"原件已收、款清作废"的汇票复印件交给华鹏公司的员工朱九云,但华鹏公司与培丽公司之间不存在市场交易行为。后培丽公司通过运作完成了票据贴现,并将部分贴现款给付华鹏公司。华鹏公司主张汇票系培丽公司骗取的,但在票据交付给培丽公司后至培丽公司返还部分贴现款前,华鹏公司对培丽公司的行为未提出异议,只是在培丽公司明确表示不能归还剩余款项的情况下,才于2013年1月向法院申请公示催告,而后提起诉讼。由此可见,在华鹏公司与培丽公司之间不存在市场交易行为的情况下,华鹏公司将汇票交给培丽公司的真实意图是委托培丽公司进行贴现,提前获取汇票项下的资金。因此华鹏公司与培丽公司虽然没有签订书面委托合同,但其行为表明双方业已建立了委托合同关系。鉴此,二审法院将华鹏公司与培丽公司之间的法律关系确定为委托合同关系,进而将本案确定为委托合同纠纷并无不当。

——中国裁判文书网,http://wenshu.court.gov.cn。

736

民间票据贴现实质为资金融通方式，属于背书转让以外的其他转让方式，权利人无须以背书连续证明其票据权利

关键词 | 票据贴现 | 背书转让 | 票据权利 |

【最高人民法院裁判文书】

天津丰宇正泰金属材料贸易有限公司、山西西山煤电股份有限公司与天津丰宇正泰金属材料贸易有限公司、山西西山煤电股份有限公司票据损害责任纠纷申请再审案[最高人民法院(2015)民申字第1775号民事裁定书]

最高人民法院认为:关于丰宇公司是否享有票据权利。丰宇公司通过市场交易行为从安鑫公司取得本案汇票后,由其公司经理孙年信将该汇票通过民间贴现并取得部分贴现款,此行为应视为丰宇公司对自己所享有的票据权利进行了处分,在其将涉案汇票用于贴现的同时,本由其享有的票据权利发生了转移,此时丰宇公司不再享有本案所涉汇票的票据权利。

——中国裁判文书网,http://wenshu.court.gov.cn。

银川利丰物资贸易有限公司与石嘴山瑞恒源商贸有限公司票据返还请求权纠纷案[最高人民法院(2014)民二终字第17号民事判决书]

裁判要旨:本案票据纠纷因民间贴现行为引发,争议的焦点问题是:本案争议汇票的归属问题,以及如何确定本案票据转让活动的双方当事人。民间票据贴现行为,其实质为民间资金融通的一种方式,在转让方式上,属于除“背书转让”以外的其他转让方式,故权利人无需以“背书连续”证明其享有票据权利。本案中,受让方足额支付了贴现款后取得了汇票,证明涉案汇票应归其所有,举证充分,应予支持。此外,关于利丰公司是否是交易相对方的问题,也是本案争

议问题，其与第三人之间的委托关系事实清楚，其向本案中的汇票受让方主张票据贴现款依据不足。

最高人民法院认为：根据利丰公司的上诉请求及其理由，本案二审审理的争议焦点问题是：利丰公司请求瑞恒源公司返还本案诉争汇票或赔偿票面损失1000万元，并赔偿利息损失437万元、经营损失573万元，其主张是否有事实和法律依据。

本案票据纠纷系由双方当事人从事涉案商业汇票贴现、转让行为而引发，其交易的本质是民间借贷、融通资金活动。本案一、二审查明的事实表明，刘玉保、丁玉祥等人得知强艳容可办理汇票贴现，遂决定将其持有银行承兑汇票交予强艳容贴现，并委托丁玉祥、蔡英、王占军等具体办理。在交票、付款时，按照强艳容的安排，由强艳容委派的绳德斌带丁玉祥等人到瑞恒源公司办理。丁玉祥、王占军、蔡英均不认识马慧，在交易当天仍认为其是与强艳容进行交易。在此次交易之前，刘玉保、丁玉祥找强艳容办理过类似汇票贴现，应当知道彼此交票、付款的操作方式及其风险。在马慧给强艳容付款过程中，从填写转账支票到去银行办理转账，蔡英一直在现场，并与丁玉祥保持联系。丁玉祥也与强艳容电话联系转款事宜，强艳容谎称让其在营业部等待，丁玉祥亦轻信了强艳容的承诺。上述事实证明，从与强艳容联系，到等待强艳容转款，利丰公司始终是与强艳容进行汇票贴现交易。后因强艳容违反其转款承诺，致使利丰公司没有收到贴现款。原审认定利丰公司联系汇票贴现的相对方是强艳容，符合本案的实际情况。利丰公司上诉主张其交易的相对方是瑞恒源公司，因证据不足，本院不予采纳。

瑞恒源公司在与强艳容转让汇票时，核验了票据真伪，得到强艳容关于其合法持有汇票、无挂失止冻等书面保证，并依约向强艳容支付了2200万元票款，且没有证据证明在其取得汇票时存在恶意或重大过失的情形。因此，依据《票据法》第十条、第十二条的相关规定，瑞恒源公司已依法取得了案涉票据，并享有了票据权利。原审判决确认涉案银行承兑汇票归瑞恒源公司所有，适用法律并无不当，应予维持。利丰公司诉请瑞恒源公司返还该汇票或赔偿其相应损失，没有事实和法律依据，本院不予支持。

——最高人民法院民事审判第二庭编：《商事审判指导》总第38辑，人民法院出版社2015年版，第244～254页。

编者说明

由于银行大量发行融资性的票据，事实上导致在一定时间内银行资金难以满足持票企业的贴现需求，客观上存在社会资金融通的需求。在相对宽松的金融管理环境下，为满足中小企业融资的需求，不宜简单以票据法规定来否定民间票据贴现的效力。

737

银行发行的金融债券不适用公示催告程序

关键词｜金融债券｜公示催告｜

【最高人民法院答复】

中国银行：

你行中银综〔1992〕59 号《关于对遗失债券有关法律问题的请示》收悉。经研究，答复如下：

我国《民事诉讼法（1991）》第一百九十三条规定：“按照规定可以背书转让的票据持有人，因票据被盗、遗失或者灭失，可以向票据支付地的基层人民法院申请公示催告。依照法律规定可以申请公示催告的其他事项，适用本章规定。”这里的票据是指汇票、本票和支票。你行发行的金融债券不属于以上几种票据，也不属于“依照法律规定可以申请公示催告的其他事项”。而且你行在“发行通知”中明确规定，此种金融债券“不计名、不挂失，可以转让和抵押。”因此，对你行发行的金融债券不能适用公示催告程序。

——《最高人民法院关于对遗失金融债券可否按“公示催告”程序办理的复函》（1992 年 5 月 8 日，法函〔1992〕60 号）

738

正确适用公示催告程序，保护合法持票人权利

关键词｜公示催告｜持票人权利｜

【最高人民法院司法解释】

第四百四十四条　民事诉讼法第二百一十八条规定的票据持有人，是指票据被盗、遗失或者灭失前的最后持有人。

第四百四十八条　公告应当在有关报纸或者其他媒体上刊登，并于同日公布于人民法院公告栏内。人民法院所在地有证券交易所的，还应当同日在该交易所公布。

第四百四十九条　公告期间不得少于六十日，且公示催告期间届满日不得早于票据付款日后十五日。

第四百五十九条　依照民事诉讼法第二百二十三条的规定，利害关系人向人民法院起诉的，人民法院可按票据纠纷适用普通程序审理。

第四百六十条　民事诉讼法第二百二十三条规定的正当理由，包括：

(一)因发生意外事件或者不可抗力致使利害关系人无法知道公告事实的；

(二)利害关系人因被限制人身自由而无法知道公告事实，或者虽然知道公告事实，但无法自己或者委托他人代为申报权利的；

(三)不属于法定申请公示催告情形的；

(四)未予公告或者未按法定方式公告的；

(五)其他导致利害关系人在判决作出前未能向人民法院申报权利的客观事由。

第四百六十一条　根据民事诉讼法第二百二十三条的规定，利害关系人请求人民法院撤销除权判决的，应当将申请人列为被告。

利害关系人仅诉请确认其为合法持票人的，人民法院应当在裁判文书中写明，确认利害关系人为票据权利人的判决作出后，除权判决即被撤销。

——《最高人民法院关于适用〈中华人民共和国民事诉讼法〉的解释》(2015年1月30日，法释〔2015〕5号)

第二十六条　票据法第十五条第三款规定的可以申请公示催告的失票人，是指按照规定可以背书转让的票据在丧失票据占有以前的最后合法持票人。

——《最高人民法院关于审理票据纠纷案件若干问题的规定》(2000年11月14日，法释〔2000〕32号)

【最高人民法院审判业务意见】

第三，关于票据公示催告程序适用问题。近年来，伪报票据丧失而申请公示催告的案件明显增多，法院在适用该程序时应审慎判断。

1. 公示催告程序的适格申请人应是票据丧失前的最后合法持票人。尽管《票据法》及其司法解释、《民事诉讼法》及其司法解释界定公示催告申请人的文义表述不尽一致，但两者内涵和外延相同，公示催告申请人应为“最后合法持票人”。法院应结合票据存根、丧失票据的复印件、出票人关于签发票据的证明、申请人合法取得票据的证明、银行挂失止付通知书、报案证明等证据，综合判定申请人是否为适格申请人。

2. 要准确把握公示催告期间。关于国内票据公示催告的期间，《民诉法解释》第四百四十九条已对《票据纠纷规定》进行了修改。因此，法院确定的公示催告期间不得少于六十日，且期间届满不得早于票据付款日后十五日。

3. 要正确理解和适用除权判决撤销之诉。法院在公示催告程序中作出的除权判决并未对权利争议作实质审查。所以，除权判决在客观效果上只是恢复了申请人作为持票人的形式资格，而并未将申请人确定为实质票据权利人。如果利害关系人对除权判决认定的事实提出异议，其有权向法院起诉请求确认其为票据权利人并撤销除权决。需要注意的是，利害关系人只诉请确认其为票据权利人而未请求撤销除权判决的，法院应当在判决书写明：确认利害关系人为票据权利人的判决作出后除权判决即被撤销。

——杨临萍：《关于当前商事审判工作中的若干具体问题》(2015 年 12 月 24 日)，载杜万华主编：《商事法律文件解读》总第 134 辑，人民法院出版社 2016 年版，第 20 页。

739

持票人虽丧失票据权利，仍有权依据基础合同主张民事权利

关键词 | 票据权利 | 公示催告 | 除权判决 |

【最高人民法院司法解释】

第四百五十七条 人民法院依照民事诉讼法第二百二十一条规定终结公示催告程序后，公示催告申请人或者申报人向人民法院提起诉讼，因票据权利纠纷提起的，由票据支付地或者被告住所地人民法院管辖；因非票据权利纠纷提起的，由被告住所地人民法院管辖。

——《最高人民法院关于适用〈中华人民共和国民事诉讼法〉的解释》(2015 年 1 月 30 日，法释〔2015〕5 号)

【《最高人民法院公报》案例】

长治市达洋电器有限公司诉博西家用电器(中国)有限公司买卖合同纠纷案(南京市鼓楼区人民法院民事判决书)

裁判摘要：人民法院就票据作出的除权判决系对权利的重新确认，票据自除权判决公告之日起即丧失效力，持票人即丧失票据权利，使原来结合于票据中的权利人从票据中分离出来，公示催告申请人即有权依据除权判决请求票据付款人付款。但是，持票人丧失票据权利，并不意味着基础民事权利丧失，其仍有权依据基础合同主张民事权利，行使基础合同履行中的债务抵销权，并不损害基础合同相对方的合法权益。

南京市鼓楼区人民法院一审认为：票据自法院除权判决公告之日起即丧失效力，持票人即丧失票据权利。除权判决系对权利的重新确认，既非创设新的票据权利，也非恢复票据上的实质权利，除权判决所确认的票据权利内容应与被宣告无效的票据权利相一致，不具有优于原票据上记载的权利，使原来结合于票据中的权利人从票据中分离出来，公示催告申请人即有权依据除权判决请求付款人付款。但是，持票人丧失票据权利，并不意味着基础民事权利丧失，其仍有权依据基础合同主张民事权利。博西华公司因该银行承兑汇票被法院判决除权而丧失票据权利，但其亦并不丧失基础民事权利，其有权依据与被告博西公司之间的基础法律关系，主张博西公司付款行为无效，而要求博西公司重新履行付款义务。同理，博西华公司已向博西公司主张了基础民事权利，博西公司虽不得再依据该银行承兑汇票主张票据权利，但仍有权依其与原告达洋公司之间的买卖合同而行使民事权利，而向达洋公司索要 30 万元。在本案中，博西公司从达洋公司预付款中扣除30万元,退还该银行承兑汇票,并向其出具退票说明,系其为解决与达洋公司之间买卖合同履行中的问题而行使债务抵销权,符合我国《合同法》的相关规定。因此,博西公司从达洋公司预付款中扣除30万元,并不损害达洋公司的合法权益。

综上所述,法院认为,原告达洋公司背书给被告博西公司票号为GA0101930426、票面金额为30万元的银行承兑汇票被法院判决除权而无效,博西公司基于基础关系实现民事权利并退回该银行承兑汇票,并不违反法律规定。因此,达洋公司请求法院判决博西公司不得扣除其相应货款,并要求博西公司继续履行货物供应义务的诉讼请求,不能成立,法院不予支持。达洋公司如确有基础民事交易关系,持有该银行承兑汇票仍可向交易相对人主张权利,以获得法律上的救济。

——《最高人民法院公报》2011年第11期

740

伪报票据丧失申请公示催告并取得除权判决，属于恶意转嫁风险，应当承担损失赔偿责任

关键词 | 伪报票据丧失 | 公示催告 | 除权判决 | 损失赔偿 |

【最高人民法院司法解释】

第三十九条　对于伪报票据丧失的当事人,人民法院在查明事实,裁定终结公示催告或者诉讼程序后,可以参照民事诉讼法第一百零二条的规定,追究伪报人的法律责任。

——《最高人民法院关于审理票据纠纷案件若干问题的规定》(2000年11月14日,法释〔2000〕32号)

【最高人民法院审判业务意见】

公示催告程序是对票据持有人丧失票据后的一种权利补救和保全程序,在性质上为非讼程序。一般认为,申请公示催告的法定事由应为票据最后合法持有人因其意志以外的原因导致可背书转让的票据脱离其有效控制,下落不明。

因此,适格的公示催告程序申请人是指票据因被盗、遗失或者灭失等非基于持票人本意而丧失前的最后合法持有人。因出卖票据而丧失对票据占有的,不属于非因本人意志丧失对票据占有,不能申请公示催告。申请人伪报票据丧失,申请公示催告的,属于《民事诉讼法》第二百二十三条规定的"正当理由"。利害关系人可以依据《民事诉讼法》第二百二十三条的规定申请撤销除权判决。利害关系人仅请求确认其票据权利人身份的,人民法院以票据纠纷适用普通程序判决确认其票据权利身份的判决作出后,除权判决即被撤销。

申请人恶意申请公示催告给票据权利人造成损失的,应承担赔偿责任。人民法院可以参照《民事诉讼法》第一百一十二条的规定对其予以制裁。

——张雪楳:《伪造杜撰票据丧失事实申请公示催告,利害关系人可提起撤销除权判决之诉》,载最高人民法院民事审判第二庭编:《最高人民法院商事裁判观点》总第1辑,法律出版社2015年版,第369页。

【《最高人民法院公报》案例】

杭州翔盛纺织有限公司与余姚市圣凯五金厂合伙协议纠纷、票据损害责任纠纷案(浙江省余姚市人民法院民事判决书)

裁判摘要:票据经过公示催告程序被人民法院作出除权判决之后,原票据合法持有人可以公示催告申请人不当申请公示催告致其票据权利丧失为由,向人民法院起诉,请求公示催告的不当申请人承担损害赔偿责任。

浙江省余姚市人民法院认为:首先,以背书转让的汇票,背书应当连续,持票人以背书的连续证明其汇票权利。本案中,原告提供的银行承兑汇票背书连续,且能够证明其从前手合法取得该汇票;另,因该汇票后手以票据被判决除权、银行拒付为由依次将该汇票退给原告,故原告是该汇票最后的合法持有人。

其次,除权判决是依公示催告程序作出,利害关系人或真正的权利人提起票据诉讼时,其权利义务关系不应受除权判决约束。涉案汇票均未记载背书时间,在被告未能提供相反证据的情况下,原告取得汇票时间可以认定为其向恒远公司出具收款收据的日期即2012年10月8日,原告在公示催告前取得该票据,系合法持票人。被告余姚市圣凯五金厂(普通合伙)没有在案涉票据背书栏内签章,亦未向本院提供有效证据证明其合法取得票据。被告余姚市圣凯五金厂(普通合伙)亦未向本院提交票据遗失的相关证据。相反,原告提交的本案讼争票据必要记载事项齐全、背书连续,且已在公示催告期间前合法持有该票据,故在无相反证据证明原告取得票据存在恶意或重大过失的情况下应认定原告享有票据权利。因此，本院对被告提出的被告是票据最后合法持有人的抗辩意见，本院不予采纳。被告并非票据的最后合法持有人，却依除权判决获得票据款项，客观上造成了原告的损失，对该损失，作为最后的合法持有人的原告理应获得赔偿；故原告要求被告赔偿承兑汇票损失 20 万元的诉请合理合法，本院予以支持，对于原告的利息请求，因原告未提供有效证据证明其后手何时向其退票并支付款项的证据，故应从起诉之日计算。被告的抗辩意见于法无据，本院不予采纳。

——《最高人民法院公报》2016 年第 6 期

【最高人民法院裁判文书】

天津丰宇正泰金属材料贸易有限公司与山西西山煤电股份有限公司票据损害责任纠纷申请再审案[最高人民法院(2015)民申字第 1775 号民事裁定书]

最高人民法院认为：关于丰宇公司应否承担赔偿责任。丰宇公司在将其所持有的汇票用于民间贴现后，伪称票据丢失向张家口市桥东区人民法院申请公示催告并取得案涉汇票除权判决，属于恶意转嫁风险。丰宇公司的行为致使西山煤电公司不能在票据有效期内行使票据权利、实现票据利益，侵害了持票人的票据权利，给持票人造成了损失，丰宇公司应对此承担赔偿责任。二审判决丰宇公司赔偿西山煤电公司票据款 500 万元及票据到期日之后的银行利息，并无不当。

——中国裁判文书网，http://wenshu. court. gov. cn。

天津丰宇正泰金属材料贸易有限公司与山西省孝义市新禹煤焦有限责任公司票据损害责任纠纷申请再审案[最高人民法院(2015)民申字第 1776 号民事裁定书]

本裁判理由与前引裁判文书基本一致（略）。

——中国裁判文书网，http://wenshu. court. gov. cn。

岚县高家坡煤矿有限公司与岚县鑫三顺洗煤有限公司、程贵生票据损害责任纠纷申请再审案[最高人民法院(2014)民申字第 1800 号民事裁定书]

最高人民法院认为：鑫三顺公司通过与其前手山西华宝焦化集团有限公司的真实贸易关系，合法受让了汇票，曾经是本案所涉汇票的合法持票人。吕梁市公安局向牛三旺、李登科、秦卫华所作询问笔录可以证实，鑫三顺公司是委托牛三旺办理贴现,牛三旺又委托李登科向长期以公民身份办理汇票贴现业务的秦卫华办理贴现。鑫三顺公司向秦卫华转让汇票的真实意思应为办理贴现以提前承兑现金,其关于与秦卫华之间系委托关系,至2011年9月29日其仍为合法持票人的主张没有事实依据。有关票据粘单、高家坡公司收款收据、付款单、日报表和吕梁市公安局对苏晋云、周瑞龙、贾建生所作询问笔录等可以证实,高家坡公司于2011年9月18日取得该票据时,背书连续,且与其前手存在真实的交易关系,并支付了对价。高家坡公司系该票据的最后合法持票人,其与新煌洗煤厂未签订书面买卖合同并不违反法律规定。本案中,鑫三顺公司未能收到票据贴现款而遭受损失,系因秦卫华的欺骗行为所致,其损失应向秦卫华追偿。吕梁市公安局向吴文忠所作询问笔录可以证实,鑫三顺公司法定代表人程贵生是在知道汇票贴现被骗之后,恶意伪报被盗,通过申请公示催告和申请法院作出除权判决,转嫁自身被骗的损失,侵犯了票据持有人高家坡公司的合法权益。一、二审判决认定鑫三顺公司自愿将涉案汇票流转于他人贴现,丧失了最后合法持票人身份,高家坡公司成为该票据的最后合法持票人并无不当。

高家坡公司在公示催告期间未申报权利,在除权判决作出后一年内未提起撤销除权判决之诉,只是丧失了基于票据公示催告程序获得救济的权利,但其并未丧失向侵权人鑫三顺公司主张侵权损害赔偿的权利。本案中,鑫三顺公司未能收到票据贴现款,遭受损失,其原因是秦卫华的欺骗行为,其损失应向秦卫华追偿。最后持票人高家坡公司在取得票据合法、所持有的票据无瑕疵的情况下遭到拒付进而受到损失,原因是鑫三顺公司恶意申请公示催告及除权判决,鑫三顺公司应当承担相应的损害赔偿责任。鑫三顺公司有关高家坡公司没有尽到注意义务,自身具有重大过错,丧失了向其索赔权利的主张没有法律依据。此损害赔偿诉求系基于侵权责任提起,应适用《民法通则》规定的诉讼时效。高家坡公司于2012年2月向银行提示付款被拒付始知道其权利受损,至其于2012年12月19日起诉,未超出诉讼时效期间。鑫三顺公司以金额为500万元、票号为10301420－00225010的银行转账支票转账,将500万元存入账户为袁五英、账号为62×××18的个人账户。经二审法院查明,程贵生与袁五英为夫妻关系。程贵生作为鑫三顺公司的法定代表人,恶意运用公示催告程序损害他人利益,转移公司资产到其妻子名下,理应承担相应的连带责任。一、二审法院据此判令鑫三顺公司、程贵生共同赔偿高家坡公司汇票款损失及利息于法有据。

——中国裁判文书网,http://wenshu.court.gov.cn。

741

贴现银行未在公示催告程序中主张救济而直接要求贴现申请人退款的，不予支持

关键词｜公示催告｜

【最高人民法院裁判文书】

西安交大赛尔机泵成套设备有限责任公司与联邦制药(内蒙古)有限公司一般买卖合同纠纷申请再审案[最高人民法院(2014)民申字第252号民事裁定书]

最高人民法院认为：长沙赛尔公司向星城支行申请贴现，星城支行在2012年3月9日向付款行双滦支行查询无挂失、止付、他查、质押等情况后，于2012年3月12日向长沙赛尔公司支付了200万元贴现款。此时联邦制药公司背书给西安赛尔公司的银行承兑汇票是真实有效的，票据权利已经实现，应视为联邦制药公司已向西安赛尔公司给付货款200万元。之后2012年3月13日双滦法院向双滦支行发出《停止支付通知书》，2012年3月21日至5月20日为公示催告期间，星城支行作为最后的票据持票人和利害关系人，应在此期间申报权利，如其有正当理由未能在双滦法院作出除权判决前申报的，可以自知道或者应当知道判决公告之日起一年内向双滦法院起诉，星城支行未做出上述行为，而是向长沙赛尔公司要求退款，长沙赛尔公司的退款行为缺乏法律依据，之后西安赛尔公司自愿向长沙赛尔公司退款的行为，不能因此导致联邦制药公司的付款行为无效，因西安赛尔公司自愿退款产生的责任应由其自行承担。

——中国裁判文书网，http://wenshu.court.gov.cn。

742

非票据持票人不能依据《票据法》第十八条规定主张票据利益返还请求权

关键词｜持票人｜票据利益返还请求权｜

【最高人民法院裁判文书】

山西智丰贸易有限责任公司与中国民生银行股份有限公司苏州分行、中国建设银行股份有限公司天津和平支行等票据利益返还请求权纠纷、返还原物纠纷申请再审案[最高人民法院(2015)民申字第1759号民事裁定书]

最高人民法院认为:1.关于本案案由是否有误的问题。山西智丰公司主张原审法院混淆了"不当得利返还请求权"与"票据利益返还请求权",从而导致适用法律错误。不当得利是指没有合法根据,取得不当利益,造成他人损失。根据《票据法》第十八条:"持票人因超过票据权利时效或者因票据记载事项欠缺而丧失票据权利的,仍享有民事权利,可以请求出票人或者承兑人返还其与未支付的票据金额相当的利益"的规定,票据利益返还请求权是指,持票人请求出票人或者承兑人在其所受利益的限度内返还其利益的权利。山西智丰公司的起诉请求为:(1)确认山西智丰公司对10500054/20025043号银行承兑汇票享有票据权利;(2)民生银行苏州分行向山西智丰公司返还票据款9375000元,建行和平支行承担连带责任;(3)民生银行苏州分行、建行和平支行、阿法亚公司、本特明公司向山西智丰公司赔偿以票据金额为基数,按照银行同期贷款利率,自2013年5月5日起至实际实现票据利益期间的损失;(4)民生银行苏州分行、建行和平支行、阿法亚公司、本特明公司承担全部诉讼费用。这些诉讼请求都是基于票据权属及实现内容所主张的请求权。从案件事实来看,阿法亚公司在票据上补记背书,最后持票人本特明公司向民生银行苏州分行提出贴现申请,承兑行建行和平支行向贴现行民生银行苏州分行给付票据款项,都是在对涉案承兑汇票出票后进行一系列背书转让的基础上进行的贴现、承兑和付款。虽然山西智丰公司已经不是涉案票据的持票人,其不能依据《票据法》第十八条规定主张票据利益返还请求权,但一、二审法院系依据其诉讼请求将本案案由定为票据利益返还请求权纠纷,认定并无不当。

——中国裁判文书网,http://wenshu.court.gov.cn。

743

出票人于汇票到期日未能足额交存票款时，承兑银行对垫付款项收取利息及复利的效力认定

关键词｜承兑汇票垫款｜利息复利｜

【最高人民法院裁判文书】

中国光大银行股份有限公司太原分行与太原中保集团实业有限公司、山西顺伟实业有限公司金融借款合同纠纷申请再审案[最高人民法院(2014)民提字第115号民事判决书]

最高人民法院认为:本案当事人的争议焦点在于承兑汇票垫款本金以及利息计算是否正确。光大银行太原分行认为,太原中保公司在光大银行太原分行的催收通知书上盖章确认,并出具了还款计划书,这表明太原中保公司已经认可光大银行太原分行对承兑汇票垫款的本金及利息的计算方法和标准,故应直接认可光大银行太原分行所主张的承担汇票垫款的本金及利息数额。本院认为,光大银行太原分行提交的催收通知书与还款计划书并不具有直接证明所载内容的证据力,在太原中保公司对催收通知书、还款计划书所载的垫款本金及利息存在异议的情况下,仍应对承兑汇票垫款本金及利息计算是否正确进行审理。

根据当事人的申请及答辩理由,本案的争议焦点可以具体分为以下四点:(一)承兑汇票垫款的利息如何计算;(二)光大银行太原分行是否有权计收复利;(三)承兑汇票垫款的本金计算是否有误;(四)承兑汇票垫款利息的起算和截止时间是否有误。

(一)关于承兑汇票垫款的利息如何计算

关于承兑汇票垫款的计息标准,光大银行太原分行认为,根据中国人民银行《支付结算办法》第九十一条以及双方签订的《银行承兑协议》,其有权按照日万分之五收取利息。太原中保公司则认为,根据《银行承兑协议》的约定,本案承兑汇票垫款已经转成逾期贷款,应根据中国人民银行2003年12月10日《关于人民币贷款利率有关问题的通知》来计算利息,即借款合同载明的贷款利率水平加收30% ~50% 。

本院认为,根据《支付结算办法》第九十一条关于"银行承兑汇票的出票人于汇票到期日未能足额交存票款时,承兑银行除凭票向持票人无条件付款外,对

出票人尚未支付的汇票金额按照每天万分之五计收利息"之规定,光大银行太原分行垫付承兑汇票款项后,有权自垫款之日起按日万分之五计收利息。中保太原支行认为,《银行承兑协议》已经明确约定承兑汇票垫款自垫付之日起转成逾期贷款,故本案的承兑汇票垫款已经转化为光大银行太原分行的逾期贷款,光大银行太原分行只能依据《关于人民币贷款利率有关问题的通知》来计收利息。光大银行太原支行则认为,《银行承兑协议》所约定的将承兑汇票垫款转为逾期贷款仅是其内部管理要求,并没有改变对该笔款项利息计算标准的约定。双方的争议实际涉及对合同的理解问题。根据《合同法》第一百二十五条第一款规定,当事人对合同条款的理解有争议的,应当按照合同所使用的词句、合同的有关条款、合同的目的、交易习惯以及诚实信用原则,确定该条款的真实意思。本案中,尽管《银行承兑协议》第十条第(六)项约定垫付款项自垫付之日起转成逾期贷款,但该条也同时约定承兑申请人需按本协议约定的逾期罚息利率支付利息,而《银行承兑协议》第十三条明确约定垫付款项转化为逾期贷款后仍应按日万分之五计算利息,故应认为垫付款项转化为逾期贷款的约定并没有改变利息计算标准,光大银行太原分行主张按照日万分之五计收利息符合双方约定,亦不违反法律规定。二审判决适用基准贷款利率加50%确定银行承兑汇票垫款逾期罚息利率确有不当,应予改判。

(二)关于光大银行太原分行是否有权收取复利

光大银行太原分行认为,目前没有法律禁止银行对承兑汇票垫款利息收取复利,根据《银行承兑协议》关于"承兑申请人未能支付该等利息,承兑行有权计收复利"的约定,光大银行太原分行有权收取复利。本院认为,《银行承兑协议》第十条第(六)项虽约定"如承兑申请人未能支付该等利息,承兑行有权计收复利",但该约定并未明确计息周期,其要求以每月20日为结息日计收复利缺乏依据。而且,《支付结算办法》第九十一条虽赋予银行对出票人尚未支付的汇票金额按照每天万分之五计收利息的权利,但并未允许银行收取复利,光大银行太原分行要求收取复利亦缺乏法律依据。因此,对于光大银行太原要求收取复利的主张,不应支持。二审判决认为光大银行太原分行无权收取复利,适用法律正确,应予维持。

(三)关于承兑汇票垫款的本金计算是否有误

光大银行太原分行认为,二审法院所确定的承兑汇票垫款本金存在两个方面的错误:一是光大银行太原分行对保证金并不存在少结息2190元的情形,垫款本金不应扣减2190元;二是太原中保公司所归还的3890202.14元应当先抵扣欠息,不应用于扣减垫款本金。对于光大银行太原分行是否对保证金少结息

2190 元,光大银行太原分行再审中提交了新证据证明并未存在少结息的情形,太原中保公司对该事实亦予认可,故可认定光大银行太原分行并未少结息 2190 元。二审法院在计算垫款本金时扣减 2190 元不当,应予纠正。关于太原中保公司所归还的 3890202.14 元是否应当抵扣本金。太原中保公司认为应当抵扣本金的原因在于,光大银行太原分行所计算的 2007 年 12 月 21 日前垫款的利息是按日万分之五的标准计算,且收取了复利,计算有误,其按照高利率标准多收取的利息以及复利应当抵扣本金。据前文所述,光大银行太原分行按日万分之五计收利息并无不当,只是无权收取复利,故其虽多收取了复利,但并没有多收取其他利息,故需要从本金中扣减的仅是复利,不包括其他利息。再审中,各方当事人均认可光大银行太原支行在 2007 年 12 月 21 日前收取利息中有 8341.38 元属于复利,该笔数额应从垫款本金中扣除,故太原中保公司仍需偿还的垫款本金数额应是:24733070.98 - 8341.38 = 24724729.6 元。二审法院认为光大银行太原分行在复利之外存在多收取的利息并用于抵扣本金,不符合当事人的约定,应予纠正。

(四)承兑汇票垫款利息的起算和截止时间是否有误

光大银行太原分行认为,其垫款 24733070.98 元的行为在 2007 年 2 月 15 日就已完成,垫款的利息应当从 2007 年 2 月 16 日开始计算,而不是从 2007 年 12 月 22 日起计算。关于利息计算的截止时间,应到实际还款日止,而非二审法院判决确定的还款日止。关于贷款利息的起算时间,各方当事人均认可太原中保公司从 2007 年 4 月 20 日至当年 12 月 21 日分 10 次共偿还光大银行太原分行 3890202.14 元,该款项除了用于偿还 2007 年 12 月 21 日之前垫款的全部利息外,其复利部分还抵扣了部分本金,故二审法院判决垫款利息起算日为 2007 年 12 月 22 日并无不当。关于垫款利息计算的截止时间,根据《银行承兑协议》约定,太原中保公司应按照协议约定的逾期罚息利率向承兑行支付利息,直至逾期贷款本息全部清偿为止,光大银行太原分行在一审中也是诉请判令太原中保公司偿垫款本金及到实际归还之日止的相应利息,二审法院判决利息计算至判决确定的还款日止,缺乏法律依据,应予纠正。

——中国裁判文书网,http://wenshu.court.gov.cn。

天津银行股份有限公司天马支行与天津市佳泰投资担保有限公司、天津市富腾国际贸易有限公司其他借款合同纠纷案[最高人民法院(2014)民二终字第10号民事判决书]

最高人民法院认为:关于违约金计付标准问题。富腾公司与天马支行在本案所涉几份《最高额银行承兑汇票承兑协议》及《银行承兑汇票承兑协议》中均明确约定有“如富腾公司保证金账户中的资金不足以偿付银行承兑汇票票款，其差额部分由天马支行垫付，天马支行垫付资金后即可从富腾公司的存款账户中主动扣收并对垫付资金按日息万分之五向富腾公司计收违约金”等内容。且中国人民银行《支付结算办法》第九十一条明确规定，银行承兑汇票的出票人于汇票到期日未能足额交存票款时，承兑银行除凭票向持票人无条件付款外，对出票人尚未支付的汇票金额按照每天万分之五计收利息。因此，原审法院判决富腾公司和佳泰担保公司等按照日万分之五标准对天马支行的垫付资金支付相关违约金，符合当事人的约定和法律规定，本院依法予以维持。佳泰担保公司关于当事人约定的违约金过高应予调整的上诉请求，本院不予支持。

——中国裁判文书网，http://wenshu.court.gov.cn。

天津金栋矿产品销售有限公司与天津银行股份有限公司天马支行等金融借款合同纠纷案[最高人民法院(2013)民二终字第113号民事判决书]

裁判要旨：天马支行与金栋公司在本案《最高额银行承兑汇票承兑协议》《银行承兑汇票承兑协议》中明确约定，对垫付资金按日息万分之五向金栋公司计收违约金。中国人民银行《支付结算办法》第九十一条规定，银行承兑汇票的出票人于汇票到期日未能足额交存票款时，承兑银行除凭票向持票人无条件付款外，对出票人尚未支付的汇票金额按照每天万分之五计收利息。当事人签订的上述合同内容符合中国人民银行《支付结算办法》的有关规定。金栋公司关于本案违约金标准过高的上诉主张没有事实和法律依据。

最高人民法院认为：本案二审主要争议焦点是一审判决确定的违约金标准是否正确。

天马支行与金栋公司在本案《最高额银行承兑汇票承兑协议》第五条中明确约定，“对垫付资金按日息万分之五向金栋公司计收违约金”，双方在本案《银行承兑汇票承兑协议》中也作了同样的约定。上述违约金条款系当事人真实意思表示，并未违反法律强制性规定，应为有效。金栋公司应当严格遵守其已作出的合同承诺，在汇票到期日未能足额交存票款的情况下，按照日息万分之五向天马支行支付违约金。

上述《银行承兑汇票承兑协议》所附《银行承兑协议》(副本)中约定“以上汇票经银行承兑，出票人愿遵守《支付结算办法》的规定及下列条款：……五、承兑汇票到期日，承兑银行凭票无条件支付票款。如到期日之前出票人不能足额交付票款时，承兑银行对不足支付部分票款转作出票人逾期贷款，并按照有关规定计收罚息”。中国人民银行《支付结算办法》第九十一条规定：“银行承兑汇票的出票人于汇票到期日未能足额交存票款时，承兑银行除凭票向持票人无条件付款外，对出票人尚未支付的汇票金额按照每天万分之五计收利息。”可见，本案《银行承兑协议》(副本)中“按照有关规定计收罚息”应为“按照每天万分之五计收”。双方上述约定与《最高额银行承兑汇票承兑协议》《银行承兑汇票承兑协议》中的相关约定并无矛盾，当事人在签订上述合同时对于本案违约金计收标准的理解和约定是一致的，且上述内容符合中国人民银行《支付结算办法》的有关规定。金栋公司关于本案违约金标准的合同内容不一致、违约金标准过高的上诉主张没有事实和法律依据，本院不予支持。

——最高人民法院民事审判第二庭编：《最高人民法院商事审判指导案例(2014)》，中国民主法制出版社2015年版，第735～741页。

744

指定收款人与实际收款人的名称表面上不完全一致，但根据法律规定并不导致产生歧义的，不应认定为不符

关键词 | 指定收款人 | 实际收款人 |

【《最高人民法院公报》案例】

喜宝集团控股有限公司诉中国农业银行股份有限公司青岛城阳支行银行结算合同纠纷案(山东省青岛市中级人民法院民事判决书)

裁判摘要：指定收款人与实际收款人名称之间表面上不完全一致，但根据法律规定，并不导致产生歧义的，不应认定为不符。跨境结算行为仅构成基础交易的条件，导致损失的直接原因在于基础交易债务人的行为，结算行为与损失之间缺乏客观、必然的联系，结算银行不承担赔偿责任。

山东省青岛市中级人民法院一审认为：原告喜宝集团为香港特别行政区商事主体，本案参照适用涉外民事诉讼程序。原告主张本案为银行结算合同纠纷，被告农行青岛城阳支行未提出不同意见，可以此确定案件性质。原、被告均选择适用中华人民共和国法律解决双方实体争议，依照《合同法》第一百二十六条第

一款的规定,中华人民共和国法律为解决本案纠纷的准据法。

电汇作为国际结算方式汇付的一种,是汇出行应汇款人的申请,通过加押电报、电传或环球银行间金融电讯协会的方式给境外汇入行,委托其解付一定金额给指定收款人的汇款方式。电汇涉及四方当事人,包括汇款人、汇出行、汇入行、收款人。本案纠纷发生在汇款人与汇入行之间。原告喜宝集团作为汇款人,在电汇申请书中填写收款人、汇入行,委托汇出行代办汇款,被告农行青岛城阳支行作为汇入行已实际解付汇款,跨境结算关系成立。尽管原、被告之间未直接以书面或口头形式订立合同,但根据跨境结算的特征以及双方从事的民事行为,可以认定原、被告作为银行结算合同关系主体与其他方共同实施跨境结算。

原告喜宝集团认为被告农行青岛城阳支行在办理结算过程中,存在严重的违约和违章行为。具体表现在,违背《支付结算办法》第十六条和第一百六十六条的规定,导致指定收款人与实际收款人不符;违背《中国农业银行外汇汇款业务操作规程》第二十一条第(二)款、第三十七条的规定,未尽审核义务、主动查询义务、主动退汇义务,在不具备解付的条件下予以解付,导致损失发生。山东省青岛市中级人民法院认为,中国人民银行印发并自 1997 年 12 月 1 日起施行的《支付结算办法》第二条规定:"中华人民共和国境内人民币的支付结算适用本办法,但中国人民银行另有规定的除外。"本案属美元跨境结算,不适用该办法。《中国农业银行外汇汇款业务操作规程》第一条规定"为规范我行外汇汇款业务操作,防范和控制业务风险,根据相关国际惯例及国家外汇管理规定,制定本操作规程"。该规程非法律法规,也非行政规章,即使违反规程,也不当然构成对法定义务的违反。该规程并未并入本案跨境结算条款,并不当然成为本案合同内容的组成部分。原告认为,该规程是维护结算合同中另一方当事人合法权益的承诺,具有民事承诺的意义。对照检查,原告主张被告未尽审核义务、主动查询义务、主动退汇义务的根本原因在于其认为指定收款人详细名称这一需审核要素与被告预留记录不完全一致。而被告则认为,虽然指定收款人名称中缺少"责任"二字,但"青岛荣星投资管理公司"在青岛市工商登记注册系统内唯一存在,其资本金账户在被告系统内唯一存在,"有限公司"与"有限责任公司"仅仅是同一法律本质的两种表述方式,根据电文的指令信息可以排除任何其他收款人账户。山东省青岛市中级人民法院认为,在指定收款账号与实际收款账号一致的情况下,指定收款人"青岛荣星投资管理有限公司"与实际收款人"青岛荣星投资管理有限责任公司"之间存在表面上不完全一致,但根据《公司法》第八条第一款"依照本法设立的有限责任公司,必须在公司名称中标明有限责任公司或者有限公司字样”的规定，上述不完全一致，并不导致相互之间产生歧义的，不应认定为不符。既然不存在收款人不符或不明的情形，则不存在不尽主动查询、主动退汇义务的问题。由于被告已于2009年3月30日解付，则无论是汇款人还是汇出行再要求退汇，均需征得收款人的同意，被告方可办理。至于解付后的结汇，则无关乎行为性质。需要指出的是，尽管被告作为汇入行，在办理结算时的确不需要联系基础交易来判断其是否正确履行义务，但在纠纷发生后认定是非责任时，有必要联系基础交易来审查判断，毕竟国际结算是为清偿国际间由于各种往来而产生的债权债务关系，通过银行并借助某种信用工具，将货币资金转移到另一个国家（地区）的支付方式。通过生效判决可以发现，基础交易发生在汇款人与实际收款人之间，足以说明指定收款人与实际收款人名称的表面不完全一致，未导致歧义是有事实根据的，且在原告通过汇出行向被告首次提出退汇要求时，原告是以收款公司无经营范围为申请退汇原因的。

关于损失赔偿问题，《合同法》第一百一十三条第一款规定：“当事人一方不履行合同义务或者履行合同义务不符合约定，给对方造成损失的，损失赔偿额应当相当于因违约所造成的损失，包括合同履行后可以获得的利益，但不得超过违反合同一方订立合同时预见到或者应当预见到的因违反合同可能造成的损失。”可见，原告喜宝集团可获支持的损失，应当是由于被告农行青岛城阳支行的违约行为所造成的。从原告在本案中提出的索赔主张看，其索赔数额是基础交易判决执行后的余额，尽管原告提出其向基础交易债务人追偿是其采取的补救措施，与被告的行为所应承担的责任无关，但就同一款项已获生效判决支付清偿的情况下，又基于其他事由再寻求判决支付清偿，从内在逻辑上即存在其损失究竟是因何种行为所造成的问题。山东省青岛市中级人民法院认为，导致损失的直接原因在于基础交易债务人的行为，尽管本案跨境结算行为构成基础交易的条件，但结算行为本身并不必然导致损失，结算行为与损失之间缺乏客观、必然的联系。如果说，被告若作退汇处理，可能避免损失的最终发生，但根据原告在庭审质证时所作陈述，“我们是故意漏掉两个字电汇的，目的是为了让被告方提出查询，其中有10～15个工作日时间，以便给原告法定代表人到青岛考察荣星公司的真实情况。”那么，原告在申请汇款时更可以避免通过跨境结算而产生所谓的损失。原告出于规避基础交易风险的考虑，掩饰其真实意图，导致被告本着合理信赖履行结算合同，原告将最终基于基础交易产生的损失转由被告承担，有违诚实信用原则。原告的损失非被告的过错造成，被告不承担赔偿责任。

——《最高人民法院公报》2014年第12期

第七章 | CHAPTER 07

存单与储蓄（银行卡）纠纷

一、存单纠纷

745

存单纠纷案件的认定

关键词｜存单纠纷｜

【最高人民法院司法解释】

第一条 存单纠纷案件的范围

(一)存单持有人以存单为重要证据向人民法院提起诉讼的纠纷案件；

(二)当事人以进账单、对账单、存款合同等凭证为主要证据向人民法院提起诉讼的纠纷案件；

(三)金融机构向人民法院起诉要求确认存单、进账单、对账单、存款合同等凭证无效的纠纷案件；

(四)以存单为表现形式的借贷纠纷案件。

——《最高人民法院关于审理存单纠纷案件的若干规定》(1997年12月11日,法释〔1997〕8号)

【最高人民法院答复】

吉林省高级人民法院：

你院2002年11月22日〔2002〕吉高法民三请字第1号《关于上诉人吉林市商业银行营业部与被上诉人交通银行吉林分行船营支行长春路分理处存单纠纷一案的请示报告》,我院于2003年6月2日收悉。根据你院二审认定的事实,经研究,答复如下：

吉林市商业银行营业部(以下简称商业银行)因为贷出款项,并通过存单质押而取得了交通银行吉林分行船营支行长春路分理处(以下简称交通银行)出具的存单。依照本院《关于审理存单纠纷案件的若干规定》第一条第(一)款的规定,本案商业银行以存单质押请求兑付而起诉,应属存单纠纷案件。商业银行在接受出质存单后向交通银行进行了核押，依照上述司法解释第八条第三款的规定，质押合同有效，交通银行应承担本案所涉存单的兑付责任。但应以该存单质押的债权为限。

此复。

——《最高人民法院关于吉林市商业银行营业部与交通银行吉林分行船营支行长春路分理处存单质押纠纷一案请示的答复》（2003 年 1 月 4 日，〔2003〕民二他字第 21 号）

【最高人民法院裁判文书】

天津智川投资控股有限公司与天津银行股份有限公司天保支行储蓄存款合同纠纷案［最高人民法院（2015）民提字第 153 号民事裁定书］

最高人民法院认为：智川公司到天津银行天保支行开立活期存款账户，是其真实意思表示，天津银行天保支行为智川公司开立了账户，并出具了《活期存款开户通知书》，应视为双方建立了存款关系。对待智川公司的起诉，应适用《民事诉讼法》第一百一十九条的规定决定是否立案。本案中，智川公司请求法院判令天津银行、天津银行天保支行支付智川公司存款 5300 万元及利息，符合《民事诉讼法》第一百一十九条规定的起诉条件。依据《存单纠纷规定》第一条第（一）项关于“存单纠纷案件的范围：当事人以进账单、对账单、存款合同等凭证为主要证据向人民法院提起诉讼的纠纷案件”的规定以及第三条第一款关于“存单纠纷案件当事人向人民法院提起诉讼，人民法院应当依照《民事诉讼法（1991）》第一百零八条的规定予以审查，符合规定的，均应受理”的规定，原一、二审法院驳回智川公司的起诉，属适用法律有误。人民法院在立案阶段仅对案件进行形式审查，至于天津银行天保支行在存款过程中是否有过错、本案是否涉及经济犯罪以及是否应当中止审理的问题，属于实体审理问题，不是立案受理阶段审查的问题，应待实体审理中查明并依法判决。

——中国裁判文书网，http://wenshu. court. gov. cn。

中国农业银行股份有限公司北京海淀支行与华夏银行股份有限公司存单纠纷案［最高人民法院（2013）民提字第 38 号民事判决书］

最高人民法院认为：一、关于本案案由的问题。因 1997 年 3 月 24 日，农行海淀支行与迪诺尔公司共同盖章确认的《债权债务凭证交接总表》的附件《转存金融机构表》载明有本案争议的1300万元存款,且1999年11月16日,迪诺尔公司再次确认该公司已将本案争议的上述存单交与农行海淀支行,并同意由农行海淀支行享有存单上的权利。据此可认定迪诺尔公司与农行海淀支行之间构成债权转让法律关系,其受让的债权的标的为请求兑付上述存单项下本息的债权请求权,农行海淀支行亦系依据所受让的存单主张兑付存单本息而提起本案诉讼的,故一审法院将本案案由确定为存单纠纷符合双方争议法律关系性质。由于本案并非债权人财产受到侵害所引起赔偿责任纠纷,故二审法院将案由确定为财产损害赔偿纠纷事实和法律依据不足,本院予以纠正。

——中国裁判文书网,http://wenshu.court.gov.cn。

中国农业银行股份有限公司北京海淀支行与华夏银行股份有限公司存单纠纷再审案[最高人民法院(2013)民提字第40号、41号民事判决书]

本裁判理由与前引裁判文书基本一致(略)。

——中国裁判文书网,http://wenshu.court.gov.cn。

746

一般存单纠纷案件的认定

关键词|一般存单纠纷|

【最高人民法院司法解释】

第五条 对一般存单纠纷案件的认定和处理

(一)认定

当事人以存单或进账单、对账单、存款合同等凭证为主要证据向人民法院提起诉讼的存单纠纷案件和金融机构向人民法院提起的确认存单或进账单、对账单、存款合同等凭证无效的存单纠纷案件,为一般存单纠纷案件。

——《最高人民法院关于审理存单纠纷案件的若干规定》(1997年12月11日,法释〔1997〕8号)

【最高人民法院裁判文书】

西部证券股份有限公司西安西五路证券营业部与中国农业银行西安昆明路支行存款合同纠纷案[最高人民法院(2005)民二终字第233号民事判决书]

最高人民法院认为：本案诉争法律关系的性质问题，即本案性质是一般的存款纠纷，抑或是违法借贷纠纷，系解决本案诉争的一个前提性焦点问题。尽管李大伟以现金的方式向西部证券支付了162.5万元的高额利息是本案不争之事实，符合以存单为表现形式违法借贷的重要特征之一，但根据《存单纠纷规定》的内容和精神，成立以存单为表现形式的借贷关系，除存在高额利差之外，尚需包括出资人、金融机构、用资人在内的至少三方当事人，且存在从出资人向用资人的资金流动和金融机构在其中提供帮助等情形。为此，该司法解释根据资金的交付和资金的处分规定了四种以存单为表现形式的借贷关系情形。无论是四种中的哪种情形，其均应为当事人中三方或双方意思表示一致的结果，而本案中既不存在农业银行与罪犯两方关于借贷的意思表示一致，也不存在本部证券与罪犯关于借贷的意思表示一致，更不存在三方关于借贷的意思表示一致。本案中涉案款项是在进入农业银行后被李大伟等罪犯诈骗出去的，并非西部证券或农业银行指令或帮助贷出的。因此，本案诉争法律关系并不属于司法解释所规定的以存单为表现形式的借贷关系中的任何一种形式，故农业银行关于本案系争法律关系应定性为一种新型的以存单为表现形式的借贷关系的主张，于法无据，本院不予支持。西部证券关于本案系一般存款关系的主张，本院予以支持。

——最高人民法院民事审判第二庭编：《最高人民法院商事审判指导案例·金融卷》，中国法制出版社2011年版，第240～254页。

驻马店市高新区万利达实业有限公司与中国工商银行股份有限公司郑州市南阳路支行存款纠纷案[最高人民法院(2005)民二终字第161号民事判决书]

最高人民法院认为：本案诉争法律关系的性质问题，即本案性质是一般的存款纠纷，抑或是违法借贷纠纷，系解决本案诉争的一个前提性焦点问题。尽管李红伟向万利达公司支付了1729000元高额利息是本案不争的事实，符合以存单为表现形式违法借贷的重要特征之一，但根据《存单纠纷规定》的内容和精神，成立以存单为表现形式的违法借贷，除存在高额利差之外，尚需包括出资人、金融机构、用资人在内的至少三方当事人，且存在从出资人向用资人的资金流动和金融机构在其中提供帮助等情形。为此，《存单纠纷规定》根据资金的交付和资金的处分规定了四种以存单为表现形式的违法借贷情形。无论是四种中的哪种情形，其均应为当事人中三方或双方意思表示一致的结果，而本案中既不存在万利达公司与李红伟两方关于借贷的意思表示一致，更不存在三方关于借贷的意思表示一致。本案中涉案款项是在进入工行南阳路支行后被李红伟诈骗出去的，并非万利达公司或工行南阳路支行指令或帮助贷出的。因此，本案诉争法律关系并不属于《存单纠纷规定》所规定的以存单为表现形式的违法借贷中的任何一种形式，故工行南阳路支行关于本案系争法律关系应定性为违法借贷关系的上诉主张，没有法律依据，本院不予支持。万利达公司关于本案系一般存款关系的主张，本院予以支持。

——最高人民法院民事审判第二庭编：《最高人民法院商事审判指导案例·金融卷》，中国法制出版社2011年版，第179～188页。

747

存单效力判断应坚持存款凭证与存款关系"双重真实性"审查标准

关键词 | 存单效力 | 储蓄存款合同 |

【最高人民法院司法解释】

第五条 对一般存单纠纷案件的认定和处理

（二）处理

人民法院在审理一般存单纠纷案件中，除应审查存单、进账单、对账单、存款合同等凭证的真实性外，还应审查持有人与金融机构间存款关系的真实性，并以存单、进账单、对账单、存款合同等凭证的真实性以及存款关系的真实性为依据，作出正确处理。

——《最高人民法院关于审理存单纠纷案件的若干规定》（1997年12月11日，法释〔1997〕8号）

【最高人民法院裁判文书】

史迎祥与蔚县农村信用合作联社股份有限公司、蔚县农村信用合作联社股份有限公司吉家庄信用社储蓄存款合同纠纷申请再审案[最高人民法院(2016)最高法民再203号民事判决书]

最高人民法院认为,本案的争议焦点有二:一是史迎祥与吉家庄信用社之间是否形成存款关系;二是蔚县农村信用合作联社、吉家庄信用社应否向史迎祥支付款项。

一、关于史迎祥与吉家庄信用社之间是否形成存款关系。根据一、二审判决及本院提审查明的事实,史迎祥将300万元款项通过转账及现金交付方式交给了时任吉家庄信用社主任的×××。×××在收取款项当日指使该社微机操作员梁树梅、出纳徐海霞、蔚县农村信用合作联社委派的会计史文俊开立了一个以史迎祥为户名的存款账户并虚存了300万元。为了保住该存折,又存入1元钱,随后将虚存的300万元从账上取出,但未将这笔业务的支取打印到该存折上,而是打印到一张存取款凭条上。之后,将存折交给了史迎祥。本案存折加盖了吉家庄信用社的印章,是真实的,但存折的形成基于吉家庄信用社主任、微机操作员、出纳及蔚县农村信用合作联社委派的会计等一系列工作人员的违法违规行为。史迎祥将款项交付给×××的目的,是为了在吉家庄信用社存款,×××也承诺为其办理存款手续,但相关款项最终并未以存款形式交付给吉家庄信用社。《存单纠纷规定》第五条规定,人民法院在审理一般存单纠纷案件中,除应审查存单、进账单、对账单、存款合同等凭证的真实性外,还应审查持有人与金融机构间存款关系的真实性,并以存单、进账单、对账单、存款合同等凭证的真实性以及存款关系的真实性为依据,作出正确处理。本案中,存折虽然真实,史迎祥将300万元款项交付给吉家庄信用社原主任×××也是事实,但因款项最终并未以存款形式转入吉家庄信用社,故不应认定史迎祥与吉家庄信用社之间形成了存款关系。二审判决认定史迎祥与吉家庄信用社之间不构成真实的存款关系并无不当,史迎祥有关其与吉家庄信用社之间已形成储蓄存款关系的主张缺乏事实依据,本院不予支持。

二、关于蔚县农村信用合作联社、吉家庄信用社应否向史迎祥支付款项。本案存折记载的史迎祥存款数额为3000001元,结合本案事实及公安机关对×××涉嫌刑事犯罪案件的相关人员的询问或者讯问笔录,应认定史迎祥实际交付给×××的款项数额为300万元。虽然根据本案查明的事实,不应认定史迎祥与吉家庄信用社之间形成了存款关系,但吉家庄信用社原主任×××、微机操作员、出纳以及蔚县农村信用合作联社委派的会计等工作人员开立存款账户、空存、空取及开立存折,并实际向史迎祥交付了加盖信用社印章的真实存折,导致史迎祥在收到存折后误以为款项已实际存入了吉家庄信用社,吉家庄信用社对于其工作人员及相应的业务流程监管不力,其对史迎祥无法主张兑取存款存在重大过错,依法应当承担相应的赔偿责任。另一方面,作为存款人,史迎祥理应知道存款手续须通过柜台办理,其将款项交付给时任吉家庄信用社主任的×××办理存款手续,并在存折上多了1元的异常情况下未前往吉家庄信用社进行核对、核实,客观上构成×××利用职务之便截留存款,并导致其不能向吉家庄信用社主张兑取存款的重要原因之一,应自行承担相应责任。鉴于史迎祥与吉家庄信用社在本案中均存在重大过错,本院酌定双方当事人对史迎祥不能兑取的款项及利息各承担50%的责任。

——中国裁判文书网,http://wenshu.court.gov.cn。

中国农业银行股份有限公司应城市支行与汉口银行股份有限公司武昌支行存单纠纷案[最高人民法院(2009)民二终字第122号民事判决书]

裁判要旨:一、存款行为本质上是金融机构与存款人之间的合同行为。存款合同为实践性合同,款项交付后合同成立,审查存单效力应坚持存款凭证与存款关系“双重真实性”审查标准。即使认定存单等凭证真实,也可以其他证据证明存款关系不存在,从而导致合同不成立。

二、成立存款关系,要有存款的实际交付行为。本案中武昌支行不能以将款项划转至应城农行开设于本行内的账户中的行为代替实际交付存款。应城农行在武昌支行开设账户,武昌支行向该账户转入款项的行为属于另一法律关系的内容,如因该法律关系发生纠纷,应通过另案诉讼解决。

最高人民法院认为:根据上诉人的上诉与被上诉人的答辩,本案二审争议焦点为0244440号存单效力问题及本案诉讼费计算是否错误的问题。

一、关于0244440号存单效力问题。就此,本院(1999)民终字第14号民事判决已经认定应城农行不应就此存单承担900万元人民币的兑付义务,因此,应城农行关于确认武昌支行持有的0244440号存单无效的诉讼请求应予支持。应城农行在武昌支行开设账户,武昌支行向该账户转入900万元的行为属于另一法律关系的内容,如因该法律关系发生纠纷,应通过另案诉讼解决。

——最高人民法院民事审判第二庭编：《最高人民法院商事审判指导案例（2012）· 合同与借贷担保》，中国民主法制出版社2013年版，第152～159页。

748

在不能认定双方成立储蓄合同情形下，依据伪造存单提起的诉讼，应作为一般存单纠纷处理

关键词｜储蓄存款合同｜伪造存单｜一般存单纠纷｜

【《最高人民法院公报》案例】

李德勇与中国农业银行股份有限公司重庆云阳支行储蓄存款合同纠纷案［最高人民法院（2013）民提字第95号民事判决书］

裁判摘要：《合同法》第十三条规定："当事人订立合同，采取要约、承诺方式。"第二十五条规定："承诺生效时合同成立。"依照上述法律规定，储蓄人主张与银行成立储蓄存款合同，应当证明其与银行分别作出要约和承诺，符合合同成立要件。当储蓄人依据犯罪分子伪造的存单主张与银行成立储蓄合同，人民法院应判定储蓄人与银行是否就储蓄事宜分别作出要约、承诺。在不能认定双方成立储蓄合同情形下，储蓄人依据伪造存单提起的诉讼，应依照《存单纠纷规定》，作为一般存单纠纷处理。

最高人民法院认为：

（一）关于李德勇与农行云阳支行之间是否成立储蓄存款合同问题

《合同法》第十三条规定："当事人订立合同，采取要约、承诺方式。"该法第二十五条规定："承诺生效时合同成立。"依照上述法律规定，订立合同必经要约和承诺两个阶段。本案中，判断李德勇是否与农行云阳支行之间成立储蓄存款合同，需要认定如下问题：

1. 李德勇是否发出要约，即对农行云阳支行作出存款1000万元的意思表示

本案查明事实表明，李德勇在农行云阳支行杏家湾分理处办理业务时，并未向柜员表示存款1000万元。李德勇称其明确向"行长"谭文力表示存款，应视为向农行云阳支行作出存款的意思表示。李德勇该主张能否成立，关键在于谭

文力能否代表农行云阳支行，即谭文力在与李德勇商谈存款事宜时，是否构成表见代理。《合同法》第四十九条规定："行为人没有代理权、超越代理权或者代理权终止后以被代理人名义订立合同，相对人有理由相信行为人有代理权的，该代理行为有效。"该条规定目的是保护善意第三人的合法权益、促进市场交易安全。从立法目的解释表见代理的构成要件，应当包括代理人的无权代理行为在客观上形成具有代理权的表象，相对人在主观上善意且无过失地相信行为人有代理权。相对人善意且无过失应当包含两方面含义：一是相对人相信代理人所进行的代理行为属于代理权限内的行为；二是相对人无过失，即相对人已尽了充分的注意，仍无法否认行为人的代理权。本案中，李德勇在与谭文力商谈存款事宜过程中，在以下方面存在未尽合理注意义务的过失：一是对谭文力行长的身份未经核实即轻信。李德勇是经刚认识的刘红等陌生人介绍认识"行长"谭文力，谭文力接待李德勇时并未在农行云阳支行办公地点，而是在农行云阳支行云江大道分理处的办公室，作为"行长"的谭文力亲自带李德勇到柜台办理"存款"业务，李德勇因为疏忽，对谭文力作为"行长"不符合常规的做法未产生怀疑，未尽合理注意义务。二是李德勇对存款过程存在的诸多不合常规操作未产生怀疑。谭文力交给李德勇的《承诺书》载明，农行云阳支行在三个月存款期内承诺对款项"不抵押、不查询、不提起支取"。上述承诺内容均为李德勇作为存款所有权人可以行使的权利，放弃权利的承诺应当由权利人作出，但"农行云阳支行"却对此作出承诺。李德勇应当注意到承诺书内容的不合常理之处。李德勇作为储户应当知道在银行柜台办理业务时，需向柜员表明业务办理事项，却未在柜台交易时作出存款的意思表示。李德勇作为办理过银行存款业务的储户，应当知道存款应当填写存款凭条，存单应当由柜员直接交付储户。李德勇没有填写存款凭条，存单又是放在信封中从银行柜台递出，李德勇因疏忽轻信而未向柜台工作人员核实。三是李德勇主观上具有违规追求高额利息的故意。钟道明承诺给李德勇每月5.5%的高息，换算成年息为66%，李德勇对如此高的利息未产生怀疑，亦未向农行云阳支行核实，主观上并非善意。因李德勇不符合善意无过错的表见代理构成要件要求，谭文力的行为不构成表见代理。李德勇向谭文力作出的存款意思表示不能视为向农行云阳支行作出的意思表示。李德勇关于在农行云阳支行办公室这一特定环境内，造成其相信谭文力行长身份，确信谭文力代表农行云阳支行，存款业务无需储户亲自到柜台向柜员说明的观点，缺乏依据，本院不予采信。

2. 农行云阳支行是否作出承诺

农行云阳支行并未向李德勇出具储蓄存单。李德勇称假存单由该行柜台递出，故储蓄存款合同成立。从程建履行职务角度看，其从柜台递出的是装有伪造存单的信封，本案并无证据证明程建与谭文力共谋诈骗，故意递出信封以使李德勇相信存款事实的发生。程建因与谭文力的私人约定将信封递交给谭文力，无证据证明程建知道信封内装有何种物品。因此，程建递出信封行为，并非其履行职务行为。从李德勇是否可以确信程建递出信封为履行职务行为看，程建在办理李德勇业务中，李德勇并未向程建作出存款的意思表示，程建也未让李德勇填写存款凭条、未向李德勇出具储蓄存单。程建递交谭文力信封的行为不足以让李德勇产生已经存款的信任，其行为不能认定为履行职务行为，进而推定农行云阳支行与李德勇之间已经成立了数额为1000万元的定期储蓄合同关系。

（二）关于农行云阳支行是否应对李德勇的1000万元款项承担兑付义务问题

《存单纠纷规定》第五条规定："对一般存单纠纷案件的认定和处理。（一）认定。当事人以存单或进账单、对账单、存款合同等凭证为主要证据向人民法院提起诉讼的存单纠纷案件和金融机构向人民法院提起的确认存单或进账单、对账单、存款合同等凭证无效的存单纠纷案件，为一般存单纠纷案件。（二）处理。人民法院在审理一般存单纠纷案件中，除应审查存单、进账单、对账单、存款合同等凭证的真实性外，还应审查持有人与金融机构间存款关系的真实性，并以存单、进账单、对账单、存款合同等凭证的真实性以及存款关系的真实性为依据，作出正确处理……4. 存单纠纷案件的审理中，如有充分证据证明存单、进账单、对账单、存款合同等凭证系伪造、变造，人民法院应在查明案件事实的基础上，依法确认上述凭证无效，并可驳回持上述凭证起诉的原告的诉讼请求或根据实际存款数额进行判决……"李德勇系依据存单提起诉讼，应作为一般存单纠纷处理。李德勇所持存单系伪造，该存单所涉1000万元款项并未向农行云阳支行交存，双方并未成立储蓄存款合同，李德勇依据犯罪分子伪造的存单，主张农行云阳支行兑付存单上载明的存款，缺乏法律依据，本院不予支持。

李德勇认为谭文力利用农行云阳支行办公场所实施犯罪，造成李德勇相信谭文力"行长"身份，柜员程建在履行职务过程中存在过错，造成李德勇资金通过银行柜台被犯罪分子获得，农行云阳支行对其上述工作人员的行为具有重大过错，应当承担责任，但在一审法院向李德勇释明其与农行云阳支行之间可能不构成储蓄合同关系的情况下，李德勇仍坚持原诉讼请求而未就此提出其他主张，本院亦不宜于再审程序中作超越李德勇原审诉讼请求范围的审理和裁判。李德勇因1000万元款项损失与农行云阳支行产生的其他纷争，应另寻法律途径解决。

——《最高人民法院公报》2015 年第 7 期

749

金融机构应当对合法存款承担兑付义务

关键词｜一般存单纠纷｜

【最高人民法院司法解释】

第五条 对一般存单纠纷案件的认定和处理

(二)处理

人民法院在审理一般存单纠纷案件中,除应审查存单、进账单、对账单、存款合同等凭证的真实性外,还应审查持有人与金融机构间存款关系的真实性,并以存单、进账单、对账单、存款合同等凭证的真实性以及存款关系的真实性为依据,作出正确处理。

1. 持有人以上述真实凭证为证据提起诉讼的,金融机构应当对持有人与金融机构间是否存在存款关系负举证责任。如金融机构有充分证据证明持有人未向金融机构交付上述凭证所记载的款项的,人民法院应当认定持有人与金融机构间不存在存款关系,并判决驳回原告的诉讼请求。

2. 持有人以上述真实凭证为证据提起诉讼的,如金融机构不能提供证明存款关系不真实的证据,或仅以金融机构底单的记载内容与上述凭证记载内容不符为由进行抗辩的,人民法院应认定持有人与金融机构间存款关系成立,金融机构应当承担兑付款项的义务。

3. 持有人以在样式、印鉴、记载事项上有别于真实凭证,但无充分证据证明系伪造或变造的瑕疵凭证提起诉讼的,持有人应对瑕疵凭证的取得提供合理的陈述。如持有人对瑕疵凭证的取得提供了合理陈述,而金融机构否认存款关系存在的,金融机构应当对持有人与金融机构间是否存在存款关系负举证责任。如金融机构有充分证据证明持有人未向金融机构交付上述凭证所记载的款项的,人民法院应当认定持有人与金融机构间不存在存款关系,判决驳回原告的诉讼请求;如金融机构不能提供证明存款关系不真实的证据,或仅以金融机构底单的记载内容与上述凭证记载内容不符为由进行抗辩的,人民法院应认定持有人与金融机构间存款关系成立,金融机构应当承担兑付款项的义务。

——《最高人民法院关于审理存单纠纷案件的若干规定》(1997 年 12 月 11 日,法释〔1997〕8 号)

【最高人民法院裁判文书】

广东南粤银行股份有限公司人民支行与中国长城资产管理公司广州办事处存单纠纷案[最高人民法院(2012)民提字第 190 号民事判决书]

裁判要旨:一、当事人以存单或进账单、对账单、存款合同等凭证为主要证据向人民法院提起诉讼的存单纠纷案件和金融机构向人民法院提起的确认存单或进账单、对账单、存款合同等凭证无效的存单纠纷案件,为一般存单纠纷案件。金融机构不能提供证明存款关系不真实证据的,人民法院应认定持有人与金融机构间存款关系成立,金融机构应当承担兑付款项的义务。

最高人民法院认为:本案已经查明的事实证明,金穗公司与工农营业部签订两份总额为 1000 万元的《存款协议书》,并由该公司派员按照工农营业部的工作人员王康成的指定在工农营业部和霞湖营业部的营业地点内存款后,王康成向金穗公司出具了盖有工农营业部储蓄专用章的定期存单。尽管上述存单后来被证明系伪造而无效,但该无效的结果是由于工农营业部内部管理不严,业务专用章和储蓄专用章被员工"偷盖"而导致的。由于金穗公司的存款均在工农营业部工作人员王康成的指示下完成存入手续,事后王康成又以工农营业部的名义将存款转借给了庄艳等个人或单位使用,即使王康成不是工农营业部的储蓄业务人员,但其伪造存单并在存单上加盖工农营业部印章的行为已经表明工农营业部与金穗公司之间已形成实际存款关系。原审判决据此认定工农营业部与金穗公司之间形成存款关系依法有据。王康成因伪造金融票证罪被判刑,并没有改变本案原判所认定的事实,也不影响工农营业部承担返还存款的民事责任认定。因此,原审判决认定并判决工农营业部应当承担按照金穗公司的实际存款额返还存款的责任并无不当。

——最高人民法院民事审判第二庭编:《最高人民法院商事审判指导案例(2014)》,中国民主法制出版社 2015 年版,第 313 ~ 321 页。

编者说明

鉴于大标的存单纠纷案件的急剧增加,而各地法院的裁判大相径庭,1997 年 4 月 7 日中国人民银行向中央政法委报告了这一情况,并建议由公安机关、法院、检察院、中国人民银行等部门共同研究,尽快制定出具体规定,明确存单纠纷案件中各方当事人的民事责任。1997 年 8 月 12 日,中央政法委针对中国人民银行的报告给予了答复。① 1997 年 12 月 11 日,最高人民法院颁布了《存单纠纷规定》,并于 12 月 13 日起正式实施,成为当时审理存单纠纷案件的主要依据。《存单纠纷规定》已经在司法实践中适用了多年,其间包括《合同法》《物权法》等重要法律相继出台,实践也需注意相关法律规定的适用。

750

定活两便存单应以记载者为财产权利人,不论其是否占有存单原件

关键词 | 定活两便存单 | 占有存单 |

【最高人民法院裁判文书】

高洁与青海银行股份有限公司、青海银行股份有限公司花园北街支行存款合同纠纷申请再审案[最高人民法院(2016)最高法民再 145 号民事裁定书]

最高人民法院认为:(一)关于原审对高洁与花园北街支行不存在真实存款关系的认定是否正确的问题。

本案中,高铁城与朱志雄约定,高铁城从朱志雄处借款用于证明高铁城的银行存款数额,在借款期内不得支取、挂失、转账、不得挪用。因高洁与高铁城之间存在债权债务关系,高铁城向朱志雄借款 600 万元存入高洁名下存单内,后高铁城将定活两便存单的复印件给了高洁。由此可见,根据合同相对性原则,高铁城与朱志雄之间存在合同关系,基于双方约定,高铁城不得支取账户内存款。高洁与高铁城之间存在合同关系,高铁城应根据合同的约定履行其义务,在无证据证明高洁对高铁城与朱志雄之间的约定知情的情况下,高洁认为存入其名下的 600 万元系高铁城偿还其借款及利息的意思表示,是符合常理的,至于上述款项

① 毛进军:《评〈最高人民法院关于审理存单纠纷案件的若干规定〉》,载《判解研究》2004 年第 5 辑。

的来源,高洁并无审查义务。

依据货币占有即所有之物权法一般原则,货币存入银行,银行享有作为种类物的货币的所有权;对于定活两便存单是以记载者还是以持有者为财产权利人成为本案的焦点问题之一。虽然高洁并未取得存单原件,但该存单以高洁名义办理,且根据银行存款业务的一般惯例,高洁完全可以通过以个人身份证件挂失等方式获得存单原件及重设密码。因此,款项一经存入高洁名下存单内,即成为高洁可以完全控制的财产,无论高洁是否占有存单原件,高洁均为该存单内财产的权利人。而从银行角度出发,在储蓄存款合同履约过程中,商业银行通过审查存单开立者的身份确定合同的缔约对象,存单开立者享有依约取款、获得利息、挂失等相关权利,商业银行对款项的来源、是否存在借名存款既无审查权力,也无审查义务,在未被授权时,也不会对存单开立者外第三人履行存款合同义务。因此,在存款合同中,合同双方当事人即为商业银行和存款账户的开立者。在本案中,涉及600万本金的银行存款合同双方即为花园北街支行和高洁,高铁城或朱志雄均不可能成为存款合同当事人,高铁城与朱志雄之间的协议、高铁城与高洁之间的约定均对存款合同的性质和当事人无直接影响。综上,原审认定高洁与花园北街支行之间不存在真实存款关系错误,应当依法予以纠正。

——中国裁判文书网,http://wenshu.court.gov.cn。

751

金融机构以其内部底单记载内容与存单不符主张存单上的存款余额为误写的,理由不能成立

关键词｜存单｜存款关系认定｜

【《最高人民法院公报》案例】

信连华诉天津市商业银行股份有限公司塘沽支行新港分理处存单纠纷案(天津市第二中级人民法院二审民事判决书)

裁判摘要:根据《存单纠纷规定》第五条的规定,存单持有人的存单与金融

机构的底单记载内容不符，如果存单是真实的，且金融机构只能提交单方制作的证据来抗辩存单，应当认定存单持有人与金融机构之间的存款关系成立，金融机构根据存单承担兑付款项的义务。

天津市第二中级人民法院认为：

本案属于存单持有人以存单为重要证据向人民法院提起诉讼的案件。被上诉人信连华在上诉人新港商业银行处开立结算账户，新港商业银行向信连华出具了存折，信连华持此存折办理存取款手续，该事实双方当事人均予认可。信连华持有的存折，其上数字均由新港商业银行的职员填写，并由新港商业银行的职员复核确认。现新港商业银行没有证据证明与信连华的存款关系不真实，却仅以其内部底单的记载来主张信连华存折上的存款余额为误写，理由不能成立。一审根据《存单纠纷规定》第五条第（一）项第2目，判令新港商业银行向信连华兑付款项，认定事实清楚，适用法律正确。

——《最高人民法院公报》2005年第5期

752

以存单为表现形式的借贷纠纷的认定

关键词 | 存单 | 借贷纠纷 |

【最高人民法院司法解释】

第六条 对以存单为表现形式的借贷纠纷案件的认定和处理

（一）认定

在出资人直接将款项交与用资人使用，或通过金融机构将款项交与用资人使用，金融机构向出资人出具存单或进账单、对账单或与出资人签订存款合同，出资人从用资人或从金融机构取得或约定取得高额利差的行为中发生的存单纠纷案件，为以存单为表现形式的借贷纠纷案件。但符合本规定第七条所列委托贷款和信托贷款的除外。

——《最高人民法院关于审理存单纠纷案件的若干规定》（1997年12月11日，法释〔1997〕8号）

【最高人民法院裁判文书】

长沙一方科技投资有限公司与中国农业银行股份有限公司岳阳德胜分理处储蓄存款合同纠纷申诉案[最高人民法院(2015)民抗字第32号民事判决书]

最高人民法院认为：一方公司2005年12月20日向其在德胜分理处开立的银行账户内汇入1210万元，到2006年3月17日即指令德胜分理处汇出此款，时间尚不足三个月，其获取的66万元应当认定为高额利息；且该66万元并非按照正常程序从德胜分理处收取，而是从中介人许波处获得，因此，一方公司应当知道这笔高息的真正来源并非德胜分理处而是实际用资人。在本案中，出资人一方公司提供款项并获取高息，金融机构德胜分理处出具存款手续，用资人闽湘公司获取款项并提供高息，依照《存单纠纷规定》第六条第(一)项“在出资人直接将款项交与用资人使用，或通过金融机构将款项交与用资人使用，金融机构向出资人出具存单或进账单、对账单或与出资人签订存款合同，出资人从用资人或从金融机构取得或约定取得高额利差的行为中发生的存单纠纷案件，为以存单为表现形式的借贷纠纷案件”的规定，本案系以存单为表现形式的借贷纠纷，66万元高息应当冲抵本金。一方公司主张其与德胜分理处之间属于一般存单纠纷，缺乏事实和法律依据，本院不予支持。

——中国裁判文书网，http://wenshu.court.gov.cn。

中国农业银行股份有限公司北京海淀支行与华夏银行股份有限公司存单纠纷案[最高人民法院(2013)民提字第38号民事判决书]

最高人民法院认为：本案争议存单原存款人迪诺尔公司虽持有华夏银行出具的存单，但存单项下的存款并未在华夏银行月坛支行入账，而是在该支行负责人李惠鸣等运作下，违法拆借给丹依企业集团，并由该集团支付高额利差。根据本院《存单纠纷规定》第六条第一款第(一)项有关“在出资人直接将款项交与用资人使用，或通过金融机构将款项交与用资人使用，金融机构向出资人出具存单或进账单、对账单或与出资人签订存款合同，出资人从用资人或从金融机构取得或约定取得高额利差的行为中发生的存单纠纷案件，为以存单为表现形式的借贷纠纷案件”的规定，可认定本案纠纷符合以存单为表现形式的借贷纠纷的特征，应定性为以存单为表现形式的借贷纠纷。

——中国裁判文书网，http://wenshu.court.gov.cn。

中国农业银行股份有限公司北京海淀支行与华夏银行股份有限公司存单纠纷再审案[最高人民法院(2013)民提字第40号、41号民事判决书]

本裁判理由与前引裁判文书基本一致(略)。

——中国裁判文书网,http://wenshu.court.gov.cn。

编者说明

《存单纠纷规定》第六条确定了以存单为表现的借贷行为的内涵和外延,从而确定了以存单为表现的借贷纠纷案件的范围。该类案件的典型特征有三项:(1)当事人至少有三方,出资人、金融机构、用资人;(2)有资金流动,资金从出资人流向用资人,金融机构在其中提供帮助;(3)出资人为追求高额利差,与金融机构或与用资人约定了利差或已扣除利差。

753 以存单为表现形式的借贷案件中关于用资人"指定"的认定

关键词|存单借贷案件|指定用资人|

【最高人民法院司法解释】

第六条 对以存单为表现形式的借贷纠纷案件的认定和处理

(一)认定

在出资人直接将款项交与用资人使用,或通过金融机构将款项交与用资人使用,金融机构向出资人出具存单或进账单、对账单或与出资人签订存款合同,出资人从用资人或从金融机构取得或约定取得高额利差的行为中发生的存单纠纷案件,为以存单为表现形式的借贷纠纷案件。但符合本规定第七条所列委托贷款和信托贷款的除外。

——《最高人民法院关于审理存单纠纷案件的若干规定》(1997年12月11日,法释〔1997〕8号)

【最高人民法院裁判文书】

中国专利技术开发公司与中国银行北京市朝阳区支行存单纠纷案[最高人民法院(2010)民提字第36号民事判决书]

裁判要旨:本案系以存单为表现形式的借贷纠纷。其焦点问题是:原审判决认定“用资人华瑞经营部是专利公司指定的”是否有事实依据，原审法院再审判决适用法律是否正确。经再审核查相关证据确认，专利公司派人与中间人多次联系，其在存款之前即对其该笔存款的使用人、高息的来源等情况明确知晓，存款后即收取了高息。在存款到期后，其首先向用款人催款，后又向公安机关报案。再审认为，原审认定事实正确，适用法律得当。

最高人民法院认为：（一）专利公司为了获取高额利差，授权姚朝阳代表该公司与陈学诗、张燕丽等中间人联系1500万元的存款事宜。专利公司存款后，中行朝阳支行为其出具了1500万元的进账单。经中间人张燕丽等人协助，该款项被用资人朱志利等人以伪造的信汇凭证划至华瑞经营部的账户并使用。按照姚朝阳与中间人商定的15%的存款利率，专利公司在存款后不久即从中间人处获得了由朱志利等人支付的195.35万元高额利息。基于上述事实特征，本案中专利公司的存款行为并不属于一般意义上的正常存款。依据本院1997年11月25日通过并实施的法释〔1997〕8号《存单纠纷规定》第六条第（一）款规定的“认定条件”，应认定本案系以存单为表现形式的借贷纠纷。

专利公司再审时提出，姚朝阳在国家专利局工作，直到1999年7月才招聘至专利公司工作，北京高院再审判决认定姚朝阳在本案存款时是专利公司的工作人员，其代表专利公司与其他中间人和用资人联系、商讨存款得息事宜，与事实不符。最高人民法院认为，根据2000年11月22日姚朝阳在公安机关的陈述、1997年12月12日专利公司向北京市公安局提交的《报案材料》，以及北京市第二中级人民法院（2001）二中刑初字第1094号刑事判决书等证据，足以证明姚朝阳代表专利公司经办本案1500万元存款并收取高息的事宜，已经取得专利公司的同意和授权，其行为即为专利公司的行为，对专利公司产生法律约束力。在人事关系调转方面，即使“姚朝阳1999年7月才被招聘到专利公司工作”属实，亦不能否定其在本案中代表专利公司从事业务活动的工作身份。因此，北京市高级人民法院再审判决认定“1997年5月专利公司为获高息，由该公司工作人员姚朝阳通过中间人张燕丽、陈学诗等人与朱志利商定高息比例及用款事宜”有事实依据，并无不当。

（二）关于北京市高级人民法院（2002）高民再终字第563号民事判决认定“用资人华瑞经营部是专利公司指定的”是否有事实依据的问题。

经北京市第二中级人民法院（2001）二中刑初字第1094号刑事判决书认定，1997年初，朱志利便与韩平、关四虎等人预谋以帮助银行拉存款并给存款单位高息为名，骗取他人的存款，并在中国银行崇文支行劲松分理处开立了华瑞经营部的账号。专利公司为了获得高额利息，让姚朝阳联系高息存款事宜。姚朝阳通过孙化戈、陈学诗等人认识了张燕丽，张燕丽将专利公司有一笔1500万元资金要通过存款拿高息的事告诉了李亚青，李亚青又将此事转告了用款单位的张建设。1997年6月初，姚朝阳、陈学诗、张燕丽等在张燕丽的办公室商谈高息的事宜，张建设作为用款单位的代表在场。另据刑事案件庭审笔录记载，朱志利供述其于1997年6月初在张燕丽办公室与存款单位的姚朝阳见过一次面，在场的还有陈学诗、韩平、李玉山等人。姚朝阳亦承认，其与陈学诗等在存款前商量过高息的事。上述事实证据充分且相互印证，本院予以采纳。专利公司再审称其"只认识中间人姚朝阳，从未与朱志利及其他中间人接触过"，不予采信。

根据姚朝阳在公安机关的陈述，在本案1500万元存款之前，其就与陈学诗、孙化戈等人商量好了高息的支付事宜，1500万元的15%的利息是200多万元，其中80多万元以转账支票支付，算是银行的正常利息，剩余利息110多万元以现金给付，剩下的钱由张燕丽他们找人贷款，高息部分由贷款的单位支付。可见，虽然在办理存款时姚朝阳并不清楚具体的用款单位是谁，但其对"高息部分将由张燕丽联系的贷款单位支付"这一安排是明知的。此后，专利公司为了获取高息，派姚朝阳和刘玉琴办理了存款，并按照中间人张燕丽的要求，将其开户存款的签样卡复印件交给了张燕丽，并由其转给了朱志利，致使朱志利得以伪造的银行信汇凭证，将1488万元款项划走。1997年8月25日，专利公司到银行复核存款并在存款余额对账单上盖章确认时，其已知道1488万元款项被转走，但其没有立即向公安机关报案，而是向中间人张燕丽询问情况。张燕丽找来朱志利、韩平等人与姚朝阳见面，并告其朱志利、李玉山、韩平这三人就是用款单位的。朱志利对姚朝阳讲，钱是通过银行内部关系贷款出来，没有问题，都是正常手续。专利公司相信了朱志利等人到期还款的承诺，表明其认可了由朱志利的华瑞经营部使用该款的事实。直到1999年12月12日，在朱志利等人还款无望的情况下，专利公司才向公安机关报案追款。

基于上述事实，最高人民法院认为，北京市高级人民法院（2002）高民再终字第563号民事判决认定"应视为用资人华瑞经营部是专利公司指定的"，证据充分，并无不当。专利公司关于其"从未指定过用资人，也根本不知道谁为用资人"的主张与本案事实不符。

（三）根据上述认定，结合"专利公司将款项交付给银行，银行给其出具进账单"的事实，依照《存单纠纷规定》第六条第（二）款第3项的规定，北京市高级人民法院再审判决根据中行朝阳支行帮助违法借贷的事实和过错，判令其对华瑞经营部不能偿还专利公司的本金部分承担40%的赔偿责任，处理得当，适用法律正确，应予维持。申请人专利公司关于中行朝阳支行应对其损失承担全部责任的主张，没有事实和法律依据，本院不予支持。

——最高人民法院民事审判第二庭编：《最高人民法院商事审判指导案例（第五卷）》（下），中国法制出版社2011年版，第617~630页。

交通银行成都分行人民南路支行与开封机电设备（集团）股份有限公司、成都联益华星激光影音制作有限公司存单纠纷上诉案[最高人民法院（2005）民二终字第19号民事判决书]

最高人民法院认为：开封机电集团在人民南路交行的存款被他人持伪造的该公司公函及伪造的身份证件挂失，并被转至中国建设银行四川省分行铁道专业支行第一办事处，进而被成都联益公司实际使用。挂失、转款是何人所为，经公安机关作为刑事犯罪侦查多年未能得出结论。原审判决关于"没有证据表明在开封机电集团将资金存入后，曾明确指定交行华能支行将款项转给联益公司使用；同时，也没有证据表明实际用款人是由银行方确定，交行华能支行的确没有将款项转给用资人的主观意图"的认定并无不妥。但原审判决认为在没有相反证据证明是开封机电集团指定人民南路交行转款的情况下，只能判定人民南路交行将款项转给了用资人的事实成立，并进而认定人民南路交行自行指定用资人，判决其对联益公司的本案债务承担连带责任不当，本院予以纠正。鉴于本案不符合本院《存单纠纷规定》第六条规定的四种情形，故对本案当事人责任的判定应适用《民法通则》第一百零六条第二款关于"公民、法人由于过错侵害国家的、集体的财产，侵害他人的财产、人身的，应当承担民事责任"的规定，并参照本院《存单纠纷规定》相关条款的精神，按当事人在本案中过错的大小确定其应承担的民事责任。

联益公司是本案非法借贷的实际使用人，理应向开封机电集团偿还借款本息的民事责任。人民南路交行作为金融机构在处理存单挂失时，没有按规定的存单失效程序操作，也未核实挂失证明等相关材料的真实性，导致开封机电集团的存款被他人以伪造的手续挂失转至虚设的开封机电集团成都分公司账户，最终由联益公司使用，客观上导致本案以存单为表现形式的非法借贷最终得以实现，且该行将100万元存款本息存留至今，故人民南路交行对本案纠纷的发生有主要过错，其应承担联益公司不能偿还本金部分70%的赔偿责任。开封机电集团为获取高额利息积极参与本案以存单为表现形式的非法借贷，在存款之前预先收取用资人支付的高额利息，在3370元款项转至用资人后，通过中间人叶志清或直接收取用资人的部分高额利息；在用资人已还款435万元的情况下，又将该款退回用资人，客观上造成损失的扩大，故开封机电集团对本案纠纷的发生亦有过错，其应自行承担相应的民事责任。

——最高人民法院民事审判第二庭编：《民商事审判指导》总第9辑，人民法院出版社2006年版，第275~276页。

编者说明

"指定"是案件的事实问题，认定"指定"必须以确定的证据为依据。在没有证据的情况下，仅凭一方当事人的陈述是不能认定的。如果遇到案件事实难以查明，那么要结合资金的占有进行推定。原则上，在没有相反的证据予以证明的情况下，谁占有资金，谁应当首先被推定是资金的"指定"者。如出资人将资金已经交付给了金融机构，金融机构成为资金的占有者，资金从金融机构转到用资人手中，除非有出资人指定金融机构转款的证据，金融机构应当被认为是资金的处分者，应承担主要责任；相反，如资金没有交付给金融机构，而是出资人自己用汇票等手续将资金转给用资人的，除非有金融机构指定出资人转款的证据，出资人应当被认为是资金的处分者，应承担主要责任。

754

存单纠纷案件中如何确定"交付"和"指定"

关键词 | 存单纠纷 | 交付 | 指定 |

【最高人民法院裁判文书】

上海茶叶进出口公司与中国工商银行金华市婺城支行、浙江超三超集团有限公司存单纠纷案[最高人民法院(2003)民二再字第5号民事判决书]

裁判要旨：存单纠纷中的交付，指出资人向金融机构转移现金的占有或出资人向金融机构交付注明出资人或金融机构为收款人票据的行为。应以存款人是否收取利差来区分是一般存单纠纷，还是以存单为表现形式的借贷纠纷，但不是判定谁指定用资人的主要依据。

最高人民法院再审认为：茶叶公司将4张总金额为4000万元的银行汇票交付婺城工行，经营业柜台验票，确认有效后，开出三张总金额为4000万元人民币定期存单交付给茶叶公司，存单上盖有婺城工行业务专用章及有关银行经办人的名章，表明茶叶公司的资金已交付婺城工行。

本案四张银行汇票的付款人是茶叶公司，收款人是王剑凯，王剑凯按照银行汇票背书注意事项规定，在收款人和背书人栏盖章，没有填写被背书人名称，将汇票交给银行，表明款项已收到并空白背书给银行。婺城工行依照其与超三超集团签订的贷款合同，将汇票交给超三超集团，由其出纳徐艳俏在被背书人栏内填上浙江超三超集团有限公司，并盖上公司的财务专用章及其法人代表杨伯群的私章，款项进入超三超集团在婺城工行的账户，显然用资人超三超集团是由婺城工行指定的。故婺城工行因其帮助违法借贷的过错，应对超三超集团不能偿还本金部分给茶叶公司造成的损失承担主要责任。原判认定本案属以存单为表现形式的违法借贷，认定正确。但认定汇票"已由王剑凯以汇票背书方式转让给超三超集团，茶叶公司并无在婺城工行存款的事实"，属于认定事实和适用法律错误。判决婺城工行承担超三超集团不能偿还本金部分的20%赔偿责任明显失当，应予以纠正。茶叶公司也有一定过错，除将收取的高额利差充抵本金外，还应承担相应的过错责任。

——苏泽林主编、最高人民法院审判监督庭编著：《最后的裁判——最高人民法院典型疑难百案再审实录 · 担保与金融案件卷》，中国长安出版社 2007 年版，第 224～229 页。

编者说明

根据1997年12月11日颁布的《存单纠纷规定》的"交付"含义，"指出资人向金融机构转移现金的占有或出资人向金融机构交付注明出资人或金融机构（包括金融机构的下属部门）为收款人的票据。出资人向金融机构交付有资金数额但未注明收款人的票据的，亦属于本条中所称交付"。本案茶叶公司将4张总金额为4000万元的银行汇票交给婺城工行，经营业柜台确认有效后，开出3张总金额为4000万元人民币定期存单交与茶叶公司，存单上盖有婺城工行业务专用章及银行经办人专用名章，表明茶叶公司的资金已交付婺城工行。这一过程表明茶叶公司已交付资金，金融机构此后是否入账，不影响存款关系的效力。

《存单纠纷规定》把存款人收取利差或与金融机构、用资人约定利差的行为认定为金融机构出借款项有存款人的意思表示，以此区分是一般存单纠纷，还是以存单为表现形式的借贷纠纷，但存款人是否收取利差不是判定其指定用资人的主要依据。一般而言，除非有相反证据，资金占有人应当首先被推定为资金指定人。本案对于"指定人"的认定综合了具体案情，并结合了上述逻辑。

《存单纠纷规定》对于以存单为表现形式的借贷纠纷，根据出资人、用资人和金融机构在案件中的具体情况，将金融机构的责任分别规定为连带责任、补充赔偿责任、不超过40%的赔偿责任、不超过20%的赔偿责任。本案最后判决是茶叶公司执行承担20%的责任，婺城工行承担80%的责任。最高人民法院再审判决并不完全拘泥于《存单纠纷规定》，而是根据双方的过错，以公平责任的原则作出的。

最后需要提示的是，以存单为表现形式的借贷与委托贷款的主要区别点就在于出资人与金融机构或用资人是否约定了高于法定利率的利差，前者是非法的，后者是合法的。因此，作为金融机构要严格把关，依法开展金融业务，控制风险，不能因小失大。

755

通过虚假存款合同建立的借贷关系应当认定无效

关键词 | 虚假存款合同 | 借贷关系 |

【最高人民法院裁判文书】

深圳市佳穗投资发展有限公司诉交通银行中山分行、交通银行中山分行三乡支行及深圳市宝安万延工业城有限公司、中山市万延电子厂、中山市巨龙工贸有限公司存单纠纷案[最高人民法院(2004)民二终字第102号民事判决书]

最高人民法院认为：本案资金关系涉及三方当事人，虽然佳穗公司与三乡支行签订了11份《委托（信托）存款合同》及4份《补充合同》，但合同涉及的资金并没有存入三乡支行，而是从佳穗公司直接转给巨龙公司、万延电子厂、万延工业城使用，并且佳穗公司与三乡支行在合同中约定的存款利息高于当时中国人民银行规定的存款利率，在签订合同的前后，巨龙公司、万延电子厂也有资金流入佳穗公司，上述资金关系特征符合《存单纠纷规定》第六条关于“出资人将款项交与用资人使用，或者通过金融机构将款项交与用资人使用，金融机构向出资人出具存单或者进账单或与出资人签订存款合同，出资人从用资人或从金融机构取得或者约定取得高额利差的行为中发生的存单纠纷案件，为以存单为表现形式的借贷纠纷案件”的规定，本案民事纠纷的性质应当认定为以存单为表现形式的借贷纠纷。其中，佳穗公司为出资人，三乡支行为金融机构，巨龙公司、万延工业城、万延电子厂为用资人。本案当事人佳穗公司与三乡支行通过签订虚假存款合同建立借贷关系，扰乱国家金融秩序，根据《民法通则》第五十八条的规定，佳穗公司与三乡支行签订《委托（信托）存款合同》及《补充合同》的民事行为应认定无效。

——最高人民法院民事审判第二庭编:《最高人民法院商事审判指导案例·金融卷》,中国法制出版社2011年版,第189~198页。

756

出资人将款项交付金融机构，金融机构将资金自行转给用资人的，金融机构与用资人对偿还出资人本金及利息承担连带责任

关键词｜储蓄存款合同｜存单借贷纠纷｜用资人｜连带责任｜

【最高人民法院司法解释】

第六条 对以存单为表现形式的借贷纠纷案件的认定和处理

(二)处理

以存单为表现形式的借贷,属于违法借贷,出资人收取的高额利差应充抵本金,出资人、金融机构与用资人因参与违法借贷均应当承担相应的民事责任。可分以下几种情况处理:

1.出资人将款项或票据(以下统称资金)交付给金融机构,金融机构给出资人出具存单或进账单、对账单或与出资人签订存款合同,并将资金自行转给用资人的,金融机构与用资人对偿还出资人本金及利息承担连带责任;利息按人民银行同期存款利率计算至给付之日。

——《最高人民法院关于审理存单纠纷案件的若干规定》(1997年12月11日,法释〔1997〕8号)

【最高人民法院裁判文书】

长沙一方科技投资有限公司与中国农业银行股份有限公司岳阳德胜分理处储蓄存款合同纠纷申诉案[最高人民法院(2015)民抗字第32号民事判决书]

最高人民法院认为:一方公司将款项存入其在德胜分理处开立的银行账户后,德胜分理处工作人员张玲与闽湘公司法定代表人张政钦即按照事先约定,利用其在银行工作的有利条件,相互勾结,通过犯罪手段将一方公司在德胜分理处

账户内的1200万元款项转走并汇入了实际用资人闽湘公司账户。依照《最高人民法院关于在审理经济纠纷案件中涉及经济犯罪嫌疑若干问题的规定》第二条“单位直接负责的主管人员和其他直接责任人员,以为单位骗取财物为目的,采取欺骗手段对外签订经济合同,骗取财物被该单位占有、使用或处分构成犯罪的,除依法追究有关人员的刑事责任,责令该单位返还骗取的财物外,如给被害人造成经济损失的,单位承担赔偿责任”的规定,闽湘公司应当对其占有使用的1134万元本金和利息向一方公司承担民事赔偿责任。

根据现有证据,尚不足以认定系一方公司指定了闽湘公司作为用资人。虽然一方公司应当知道其将款项存入德胜分理处之后,实际用资人会使用这笔款项,但其只是按照中介人的要求,在德胜分理处开立了银行账户并将1210万元款项存入,至于具体的实际用资人是谁,存入款项如何从金融机构转到实际用资人处,一方公司并不知情,更没有授意金融机构将款项转给闽湘公司。实际上,闽湘公司之所以能够获得1200万元款项,是因为德胜分理处工作人员张玲与闽湘公司法定代表人张岐钦的共同犯罪行为所致。所以,本案不符合由出资人指定用资人的相关法律规定。张玲作为德胜分理处工作人员,其为一方公司开立银行账户、转入存款、提供对账单存根复印件和在存款征询函上加盖单位公章等行为,都是以履行其工作职责的名义进行的。一方公司在办理存款手续过程中,有理由相信张玲的相关行为是代表德胜分理处执行工作任务所为。德胜分理处作为张玲的用人单位,对于其工作人员因执行工作任务造成他人损害的,应当承担相应的民事责任。依照《存单纠纷规定》第六条第(二)项第一目“出资人将款项或票据(以下统称资金)交付给金融机构,金融机构给出资人出具存单或进账单、对账单或与出资人签订存款合同,并将资金自行转给用资人的,金融机构与用资人对偿还出资人本金及利息承担连带责任;利息按人民银行同期存款利率计算至给付之日”的规定,德胜分理处应当对偿还一方公司本金1134万元及利息承担连带责任。此外,德胜分理处还应将一方公司存入的10万元存款本息支付给一方公司。

——中国裁判文书网,http://wenshu.court.gov.cn。

华数网通信息港有限公司与交通银行股份有限公司大连分行、大连都市阳光通用航空有限公司存单纠纷案[最高人民法院(2013)民二终字第1号民事判决书]

裁判要旨:华数网通公司与交行大连分行黄河路分理处签订《单位银行结算账户管理协议》的次日,华数网通公司存在该银行开立账户中的款项59400070元即被划到大连航服公司账户上,大连航服公司随即将其中的810万元辗转交付给华数网通公司和倪颖涛及吴子华。华数网通公司资金通过交行大连分行黄河路分理处流动到大连航服公司，华数网通公司及撮合该笔业务的中间人倪颖涛和吴子华从该笔借贷业务中获得大连航服公司支付的费用，根据涉案事实应认定本案当事人之间的纠纷为以存单为表现形式的借贷纠纷。

最高人民法院认为：华数网通公司与交行大连分行黄河路分理处签订《单位银行结算账户管理协议》的次日，华数网通公司存在该银行开立账户中的款项59400070万元即被划到大连航服公司账户上，大连航服公司随即将其中的810万元辗转交付给华数网通公司和倪颖涛及吴子华。华数网通公司资金通过交行大连分行黄河路分理处流动到大连航服公司，华数网通公司及撮合该笔业务的中间人倪颖涛和吴子华从该笔借贷业务中获得大连航服公司支付的费用，涉案事实符合本院《存单纠纷规定》第六条第（一）款关于“在出资人直接将款项交与用资人使用，或通过金融机构将款项交与用资人使用，金融机构向出资人出具存单或进账单、对账单或与出资人签订存款合同，出资人从用资人或从金融机构取得或约定取得高额利差的行为中发生的存单纠纷案件，为以存单为表现形式的借贷纠纷案件”规定的情形之一，故应认定本案当事人之间的纠纷为以存单为表现形式的借贷纠纷，华数网通公司为出资人，大连航服公司为用资人，交行大连分行为提供资金周转支持的金融机构。原审法院根据交行大连分行的申请通知相关用资人为第三人参加本案诉讼，符合本院上述司法解释第六条第（三）款在当事人的确定中规定的“出资人起诉金融机构的，人民法院应通知用资人作为第三人参加诉讼”的规定，华数网通公司上诉关于原审法院追加第三人违法及本案的审理与第三人无关等主张不能成立，本院不予支持。原审判决认定本案当事人之间为以存单为表现形式的借贷纠纷正确，本院予以维持。华数网通公司上诉称其与银行是真实的存款关系，其资金并未用于非法借贷等观点，与案件事实不符，本院不予采纳。

为解决本案资金回流，华数网通公司以存单纠纷为案由向原审法院提起本案民事诉讼，请求交行大连分行支付存款及利息；在民事诉讼期间，交行大连分行举报华数网通公司及该公司宋全球涉嫌犯罪。在民事诉讼程序和刑事侦查程序中，涉案利害关系人华数网通公司及大连航服公司人员分别向法院及公安机关作出陈述，形成本案书证、证人证言、当事人陈述等言词证据材料。根据上述言词证据材料载明的内容及本案收集的其他证据，应当认定华数网通公司、交行大连分行黄河路分理处和大连航服公司均参与了涉案借贷活动。华数网通公司在办理存款前及存款后催款时均与用资人大连航服公司有所接触，对涉案资金并非用于一般存款,资金在交付给银行后会转给用资人使用,其可以从中获得存款利息以外资金的安排是清楚的;大连航服公司持华数网通公司的非预留印鉴向交行大连分行黄河路分理处申请并成功办理转款,并非规范手续办理银行业务,系接受了特殊安排;交行大连分行黄河路分理处主任在记账回执上承诺"1. 存款期满,原路返回。2. 逾期后,按人民银行有关规定处理",表明银行方面清楚该笔资金的流动路线和该笔资金的使用人,而承诺内容表明了其系主动参与两企业之间的借贷活动。但根据上述言词证据材料载明的内容,不能认定涉案出资人是由谁指定的案件事实。上述言词证据材料载明各利害关系人对案件事实描述的内容,涉及认定案件主要事实的,均对一方当事人有利,对转款使用的华数网通公司印鉴是由谁制作的、大连航服公司是如何获得该印鉴手续等涉案资金处分的关键事实说法不一。原审法院在认定指定用资人一节案件事实时采信了刘纪新、邢明花等人在该院及公安机关询问笔录等说明的内容,因刑事卷宗中的询问笔录、讯问笔录书证材料及本案民事诉讼程序中收集的当事人陈述中还有华数网通公司宋全球等人对案件事实的说明内容,华数网通公司一方说明的案件经过与刘纪新等人说明的案件经过涉及指定用资人的关键事实,其内容相互矛盾,故原审法院采信对一方有利的证据材料,不够客观全面,本院予以纠正。华数网通公司在交行大连分行黄河路分理处开立账户、存入资金并办理了预留印鉴手续,按银行业务操作规范,交行大连分行黄河路分理处应当根据预留印鉴或者账号所有人华数网通公司的指令管理账户并办理银行业务。根据本案现有证据查明,涉案资金由用资人大连航服公司办理从华数网通公司账户转到用资人账户业务,且其持有的印鉴与华数网通公司在银行预留印鉴不符。因交行大连分行办理转款业务时使用的印鉴与预留印鉴不同,且其没有证据证明华数网通公司指令其办理转款业务,故应认定交行大连分行擅自处分了华数网通公司账户资金。根据交行大连分行黄河路分理处与华数网通公司签订的《单位银行结算账户管理协议》约定的内容、交行大连分行黄河路分理处原主任蔡集全在为华数网通公司出具记账回执上承诺的内容,及交行大连分行黄河路分理处允许用资人大连航服公司持非预留印鉴办理涉案资金转款业务的事实,应当推定交行大连分行将资金自行转给用资人使用。根据本院《存单纠纷规定》第六条第(二)款第一项关于"出资人将款项或者票据交付给金融机构,金融机构给出资人出具存单或者进账单、对账单或与出资人签订存款合同,并将资金自行转给用资人的,金融机构与用资人对偿还出资人本金及利息承担连带责任"的规定,交行大连分行与大连航服公司对偿还华数网通公司该笔资金本息应承担连带责任。交行大连分行上诉称其操作尽到了必要的审慎义务、没有任何指定用资人或帮助转款的意思表示或行为等观点与事实不符,本院不予采信,其关于不承担涉案资金损失责任的主张,本院不予支持。

综上,根据本案现有证据查明的华数网通公司、交行大连分行与大连航服公司之间发生的资金流转等案件事实,依照本院《存单纠纷规定》第六条(一)认定、第六条(二)处理中的第1项的规定,应当认定本案当事人之间民事关系性质为以存单为表现形式的借贷纠纷,交行大连分行与大连航服公司对偿还华数网通公司借款本金及利息应当承担连带责任。

——最高人民法院民事审判第二庭编:《最高人民法院商事审判指导案例(2014)》,中国民主法制出版社2015年版,第297~313页。

757

出资人将资金交付金融机构再指定金融机构转给用资人的，金融机构承担的赔偿责任不超过用资人不能偿还本金部分的40%

关键词｜存单借贷纠纷｜用资人｜

【最高人民法院司法解释】

第六条 对以存单为表现形式的借贷纠纷案件的认定和处理

(二)处理

以存单为表现形式的借贷,属于违法借贷,出资人收取的高额利差应充抵本金,出资人、金融机构与用资人因参与违法借贷均应当承担相应的民事责任。可分以下几种情况处理:

3.出资人将资金交付给金融机构,金融机构给出资人出具存单或进账单、对账单或与出资人签订存款合同,出资人再指定金融机构将资金转给用资人的,首先由用资人返还出资人本金和利息。利息按人民银行同期存款利率计算至给付之日。金融机构因其帮助违法借贷的过错,应当对用资人不能偿还出资人本金部分承担赔偿责任,但不超过不能偿还本金部分的百分之四十。

——《最高人民法院关于审理存单纠纷案件的若干规定》(1997年12月11日,法释〔1997〕8号)

【最高人民法院裁判文书】

中信银行股份有限公司济南分行与中国银行股份有限公司河池分行及山东省华兴摩托车有限责任公司、山东华兴企业集团总公司借款担保纠纷与存单纠纷再审案(最高人民法院再审民事判决书)

最高人民法院经再审认为:从已查明的案件事实看,华兴公司将827.8万元巨额资金从山东带到广西河池,该827.8万元汇票的数额确定是以1000万元为基数,扣除173.2万元利息后得出的,说明其存款目的是要通过河池中行获取高息。该827.8万元汇票由华兴公司王敬兵交给杨帆,杨帆同时将河池中行的1000万元存单交给王敬兵,最终该汇票通过河池人行转给恒大集团使用。上述款项的流转过程包括数个月后当事人交换电脑打印存单,均不符合中国人民银行有关存贷款要求,严重违规。其中,华兴公司王敬兵应明知违规出具存单而接受该存单;杨帆则以河池中行的名义向出资人出具存单,而该款项并未进入河池中行;恒大集团则从中帮助促成违法借贷的形成。三方当事人的行为显然是在套用国家金融机构信用、转嫁风险,为自己谋取不法利益;该行为规避国家有关贷款的规定,搞体外循环,严重违反了我国金融法律法规。根据《存单纠纷规定》第六条的规定精神,应认定本案性质系以存单为表现形式的违法借贷纠纷,华兴公司取得的手写7134191号存单以及后来更换的电脑打印7134180号存单均为无效。原一、二审判决以华兴公司曾经持有的7134191号存单上河池中行公章及柜员章系伪造、杨帆将7134180号存单交付给华兴公司时已不在职、存单系杨帆任职期间窃取为由,认定该两份存单无效,结论正确,本院予以维持,但理由欠当,本院予以纠正。

涉案827.8万元汇票与1000万元存单的交换过程中,杨帆向华兴公司王敬兵出示了其河池中行的工作证,交付了手写存单,该手写存单与后来被薛琳更换的电脑打印存单均系河池中行的真实存单。尽管手写存单上的公章、柜员个人名章系伪造,相关承诺书上河池中行的公章亦系伪造,但是,河池中行对其职员及财物管理不善,明显存在过错,根据《民通意见(试行)》第五十八条"企业法人的法定代表人和其他各种人员,以法人名义从事经营活动,给他人造成经济损失的,企业法人应当承担民事责任"之规定,河池中行对杨帆之行为所造成的法律后果应当承担民事责任。而本案系以存单为表现形式的违法借贷,所涉存单为无效存单,对违法借贷中产生的经济损失,根据《民法通则》第六十一条"民事行为被确认无效或者被撤销后,当事人因该行为取得的财产,应当返还给受损失的一方。有过错的一方应当赔偿对方因此所受的损失,双方都有过错的,应当各自承担相应的责任”之规定,本案各方当事人均应根据过错大小承担相应的民事责任。河池中行有关其对无效存单不承担任何民事责任的诉讼请求缺乏法律依据,不能成立,人民法院不予支持。

尽管涉案 827.8 万元汇票款项到达河池后具体被如何解付、如何划转给恒大集团,相关当事人各执一词,但是,因本案系以存单为表现形式的违法借贷,应当根据《存单纠纷规定》第六条之规定,具体确定各方当事人的民事责任。华兴公司、中信济南分行以及河池中行均从本案存单真实、存款关系真实方面提出各自主张与理由,系将本案作为一般存款纠纷来处理,缺乏事实和法律依据,不能成立,本院均不予支持。但是,中信济南分行以杨帆向王敬兵出具空白金融票据违规为由,主张应由河池中行对此承担民事责任,结论部分成立,本院予以支持。

——《最高人民法院商事审判指导案例解析》,人民法院出版社 2015 年版,第 461 ~467 页。

刘梦与中国农业银行股份有限公司岳阳德胜分理处、中国农业银行股份有限公司岳阳分行储蓄存款合同纠纷申请再审案[最高人民法院(2014)民申字第371 号民事裁定书]

最高人民法院认为:本案争议焦点是刘梦指定了用资人还是德胜分理处指定了用资人。二审判决确认一审认定的事实外另查明:湖南省高级人民法院(2009)湘高法刑终字第 436 号刑事裁定认定,2005 年 9 月,张政钦为偿还银行贷款和向他人的借款,经岳阳市钰城担保投资公司的张卫新介绍,认识了中国银行长沙市开发区星沙汽配城支行原副行长易伟(另案处理),称自己的企业马上会申请到贷款,请求易伟为其短期融资几千万元。易伟答应帮张政钦联系借款,但要求支付每天 5‰的高额利息,且资金要先存入银行,他只能向张政钦提供“储户”的身份证复印件和账号、金额等信息,由张政钦自己到银行找熟人将钱取出。张政钦表示同意,并找到了在办理银行业务中熟识的德胜分理处营业员张玲。张政钦将上述情况告诉张玲,还将与易伟签订的借款协议拿给张玲看,央求张玲在无存折的情况下凭“储户”身份证复印件和账号帮忙将资金转出。易伟在长沙通过阎晓联系了傅伟、刘梦等人,并告知他们:存款到指定银行,不设密码,借款以 15 至 20 天为一个周期,承诺支付每天 4‰的高额利息,如需延期,利息照付。借资期间，出资方保证不到银行查询或取款。阎晓等人均表示同意，并联系了刘翌、王梦飞、张贲阳等人。2005 年 11 月 14 日至 12 月 14 日，易伟先后 5 次带领刘翌、王梦飞、张贲阳、刘梦等人在德胜分理处张玲的柜台以上述四人的名义开立了活期储蓄账户。开户当天，张政钦便按照 5‰的日利率将首期高额利息支付给易伟。易伟收到利息款后通知出资方办理转账，先后转入资金共计 2150 万元（其中王梦飞代其舅申华强存入 1300 万元、刘梦 450 万元、张贲阳 300 万元、易伟 100 万元）。易伟按照约定将刘翌等四人的身份证复印件和账号、金额等资料提供给张政钦。在资金到账的当日或次日，张政钦自己或指使司机曹其来到德胜分理处，将出资方姓名、账号、金额等写在纸条上，连同出资方身份证复印件夹在一个旧存折内递给张玲，张玲则通过手工输入储户信息的方法违规为张政钦办理转账，先后将刘翌、王梦飞、刘梦、张贲阳存入的 1649 万元转至闽湘粮油有限公司、张政钦、曹其来、池顺勇（张政钦的司机）等单位和个人账户，供张政钦支配使用。同年 11 月 23 日，张政钦又指使曹其来持王梦飞的身份证复印件，在张玲的帮助下办理了"王梦飞"户银行借记卡，凭卡将"王梦飞"户的 500 万元转存，归张政钦支配使用。至此，张政钦共转出刘翌等四户的资金共计 2149 万元。张政钦为此付给易伟高额利息共计 260 万元，易伟则按照日息 4‰的利率付给阎晓 210 万元，阎晓分给傅伟 150 万元、刘梦 60 万元。之后，因张政钦无法按约支付延期借款的高额利息，易伟等人从 2006 年元月起，便多次找张政钦催讨。张政钦则谎称自己马上会有钱到账、企业经营状况良好，一定会尽快支付借款和利息。2006 年 2 月中旬的一天，易伟、阎晓、傅伟、刘梦等人再次到岳阳市找张政钦催讨借款本金和利息未得，张政钦被迫向傅伟出具了一张 2150 万元的借条。刑事裁定书采信的证人证言中列明：(3) 中间人阎晓、傅伟的证言证明，他们应易伟的要求，介绍刘翌、王梦飞、张贲阳等人到岳阳存款并收取高额利息以及多次到岳阳找张政钦催讨利息的经过。(4) 出资人刘翌、王梦飞、张贲阳、刘梦、李宏天的证言证明，他们受傅伟等人的邀约到农行岳阳分行短期存款并收取高额利息以及多次到岳阳找张政钦催讨利息的经过。从上述事实看，刘梦通过中介人收取了 60 万元高额利差，刑事裁定采信的证人证言可以认定刘梦实际知道用资人并通过中间人将资金指定给用资人。张政钦是事实上的实际用资人，应承担 550 万元本金及利息的偿还责任，刘梦收取的 60 万元高额利差应冲抵本金。550 万元从刘梦流向德胜分理处，又从德胜分理处流入了张政钦，德胜分理处在其中起了重要作用，德胜分理处应承担相应责任。二审判决根据二审查明的事实认定德胜分理处因帮助违法借贷负有过错，依据《存单纠纷规定》第六条第一款第(二)项第 3 目之规定,改判德胜分理处应当对张政钦不能偿还刘梦本金部分承担 30% 的赔偿责任正确。刘梦认为二审判决认定事实不清,适用法律不当的申请再审理由不能成立。

——中国裁判文书网,http://wenshu. court. gov. cn。

张贲阳与中国农业银行股份有限公司岳阳德胜分理处、中国农业银行股份有限公司岳阳分行储蓄存款合同纠纷申请再审案[最高人民法院(2014)民申字第 372 号民事裁定书];王梦飞与中国农业银行股份有限公司岳阳德胜分理处、中国农业银行股份有限公司岳阳分行储蓄存款合同纠纷申请再审案[最高人民法院(2014)民申字第 373 号民事裁定书]

此两案裁判理由与前引裁判文书基本一致(略)。

——中国裁判文书网,http://wenshu. court. gov. cn。

孙兰霞与中国农业银行股份有限公司岳阳德胜分理处、中国农业银行股份有限公司岳阳分行储蓄存款合同纠纷申请再审案[最高人民法院(2014)民申字第 293 号民事裁定书]

最高人民法院认为:一、关于二审判决认定事实和适用法律的问题。一审审理查明,2005 年 12 月 8 日,孙兰霞经中间人谢勇介绍,由德胜分理处柜台营业员张玲经办,在该处存入 100 万元现金,并开立了活期储蓄存款存折,存折账号为 18 - 38730110048 × × × ×,支取方式为"凭证",并未设立密码。次日,又由邓晓敏从长沙外贸分社向该账号电汇了 450 万元。2005 年 12 月 9 日,孙兰霞账号内 550 万元存款中的 549. 4 万元被分两次取出,交给张政钦使用。在德胜分理处留存的取款手续为取款凭条和孙兰霞的身份证复印件,但取款凭条上孙兰霞的签名既非孙本人所签,亦无证据证实是孙兰霞授权他人代签。孙兰霞存款期间,通过中间人谢勇收取了 100 万元利息。2006 年 3 月 15 日,孙兰霞到德胜分理处支取 550 万元存款,张玲告知孙兰霞存款被挪用尚未归还,并向孙兰霞出具《承诺书》,承诺在 2006 年 3 月 22 日归还 550 万元到孙兰霞存折上。2009 年 11 月 26 日湖南省高级人民法院作出(2009)湘高法刑终字第 436 号刑事裁定,认定张政钦、张玲犯集资诈骗罪分别被判处有期徒刑,该刑事裁定已发生法律效力,但本案中孙兰霞的 550 万元并未列入被诈骗款项。二审审理另查明,2005 年 12 月 8 日,孙兰霞存款之前与张政钦见了面,除张政钦取走的 549. 4 万元外,尚余 6000 元一直留在孙兰霞存折上。从上述事实看，孙兰霞存款前与张政钦有过联系，通过中介人收取了100万元高额利差，且从张政钦案刑事案卷的笔录中可以认定孙兰霞曾经见过张政钦，孙兰霞实际知道用资人并通过中间人指定了用资人。张政钦是事实上的实际用资人，对其实际使用的549.4万元应予偿还，孙兰霞收取的100万元高额利差应冲抵本金。550万元从孙兰霞流向德胜分理处，又从德胜分理处流入了张政钦，德胜分理处在其中起了重要作用，德胜分理处应承担相应责任。据此，二审判决认定德胜分理处因其过错，适用《存单纠纷规定》第六条第一款第（二）项第3目之规定，改判德胜分理处应当对张政钦不能偿还孙兰霞本金部分承担40%的赔偿责任正确。孙兰霞认为二审判决认定事实存在矛盾、适用法律错误的申请再审理由，不能成立。

——中国裁判文书网，http://wenshu.court.gov.cn。

中国农业银行股份有限公司北京海淀支行与华夏银行股份有限公司存单纠纷案［最高人民法院（2013）民提字第38号民事判决书］

最高人民法院认为：三、关于双方当事人责任承担的问题。丹侬企业集团作为本案存单项下资金的实际用资人，其负责人万子红证实，其负责的“丹侬企业集团曾与李惠鸣等约定以存款放贷获取高息”，李惠鸣亦供述其“自1995年2月至7月间通过空开大额定期存单将资金非法拆借给丹侬企业集团”，据此可以认定华夏银行月坛支行直接参与将丹侬企业集团确定为非法转贷资金的使用人。万子红还证实“丹侬企业集团自1993年9月至1996年5月从马云所属公司借贷款17280万元，还有9597万元未归还”。据此亦可认定，在马云所控制的迪诺尔公司办理本案争议存款之前，丹侬企业集团与马云已经长期存在违法借贷关系，结合前述有关丹侬企业集团所用资金包括本案争议存款的认定以及宋祥凯的有关息差支付方式的证言，可认定马云亦参与了将丹侬企业集团确定为本案非法转贷资金的实际使用人。参照《存单纠纷规定》第六条第一款第（二）项第3目有关“出资人将资金交付给金融机构，金融机构给出资人出具存单或进账单、对账单或与出资人签订存款合同，出资人再指定金融机构将资金转给用资人的，首先由用资人返还出资人本金和利息。利息按人民银行同期存款利率计算至给付之日。金融机构因其帮助违法借贷的过错，应当对用资人不能偿还出资人本金部分承担赔偿责任，但不超过不能偿还本金部分的百分之四十”的规定，在出资人参与指定用资人的情形下，其存单项下利息损失不予保护，故本案中对农行海淀支行要求华夏银行支付存单和存款协议所约定利息和罚息的主张应不予支持。因相关刑事判决已经确认实际用资人丹依企业集团无偿还能力,就本案存单项下本金损失,根据《存单纠纷规定》第六条第一款第(二)项有关“以存单为表现形式的借贷,属于违法借贷,出资人收取的高额利差应充抵本金,出资人、金融机构与用资人因参与违法借贷均应当承担相应的民事责任”的规定,应由迪诺尔公司和华夏银行根据其对造成资金损失的过错程度予以分担。二审判决认定,本案中农行海淀支行(包括存款单原权利人迪诺尔公司)、和华夏银行均有过错,如果本案仅以形式合法的存款单及存款协议确认双方当事人的权利义务,有失公正的结论,并无不妥,本院予以维持。华夏银行月坛支行的负责人违法违规操作系本案损失发生的主要原因,其应承担主要责任,二审判决判令华夏银行对存款本金损失承担60%的责任与其过错相符;同时,迪诺尔公司作为存款人,其实际控制人马云办理本案存款的目的系为收取高额息差而通过套取银行信用向他人出借资金,其行为亦具有违法性,二审判决判令迪诺尔公司的债权承继方农行海淀支行对自行对存款本金损失承担40%的责任,亦无不妥。

——中国裁判文书网,http://wenshu. court. gov. cn。

中国农业银行股份有限公司北京海淀支行与华夏银行股份有限公司存单纠纷再审案[最高人民法院(2013)民提字第40号、41号民事判决书]

本裁判理由与前引裁判文书基本一致(略)。

——中国裁判文书网,http://wenshu. court. gov. cn。

编者说明

《存单纠纷规定》对当事人过错的大小是根据资金的交付和资金的处分为标准进行划分的,分四种情况,每种情况中因当事人的过错大小不同,案件的处理结果也不同。

758

用资人由出资人与金融机构共同指定，先由用资人偿还资金，对不能弥补的本金和利息，再由金融机构承担50%的赔偿责任

关键词｜存单纠纷｜出资人｜共同指定用资人｜

【最高人民法院裁判文书】

仙桃市西桥农村信用合作社与交通银行宜昌分行、武汉西都集团有限责任公司存单纠纷案[最高人民法院(2005)民二终字第169号民事判决书]

最高人民法院认为:本案的用资人系出资人西桥信用社和云集分理处共同指定。关于出资人和金融机构共同指定用资人的存单纠纷案件如何处理,《存单纠纷规定》并没有作出规定,但参照本院此前作出的判决,对用资人未予偿还的款项部分,出资人和金融机构应各承担50%的民事责任。应当明确的是,根据《存单纠纷规定》第六条关于对以存单为表现形式的借贷纠纷案件的处理确立的基本原则,即对以存单为表现形式案件的处理,除了金融机构与用资人对偿还出资人本金及利息承担连带责任的以外,对金融机构承担补充赔偿责任以及承担部分赔偿责任的,都应当首先由用资人偿还出资人。对用资人的资金和财产不能弥补出资人的本金和利息部分,再由金融机构承担50%的赔偿责任。

——最高人民法院民事审判第二庭编:《最高人民法院商事审判指导案例·金融卷》,中国法制出版社2011年版,第189~198页。

759

出借人收取高额利差的,应从借款本金中扣除,借款人按实际发生的借款额偿还本金及同期存款利息

关键词|借款合同|存单借贷纠纷|

【最高人民法院裁判文书】

张怀南与中国农业银行沈阳于洪支行陵西办事处、沈阳华祥物资公司、沈阳太平实业公司借贷纠纷上诉案[最高人民法院(2001)民一终字第72号民事判决书]

最高人民法院审理认为:本案系以存单为表现形式的借贷纠纷。出资人张怀南、用资人华祥公司及金融机构陵西办事处违反国家金融法规规定,违法借贷,应按照国家有关法律规定承担民事责任。一审判决认定张怀南、季东风收取

的120万元系张怀南收取的高额利差，应从本金中扣除，用资人华祥公司及其开办单位太平公司承担偿还张怀南借款本金及利息的民事责任正确。张怀南上诉主张陵西办事处应对华祥公司偿还其款项承担连带责任没有事实和法律依据，本院不予支持。因为本案现有证据不能证明系陵西办事处指定华祥公司为该500万元的用资人，一审判决推定陵西办事处指定华祥公司为用资人不妥，应予纠正。张怀南将500万元资金转入陵西办事处之前，已通过中介人取得了用资人华祥公司支付的高额利差，这表明张怀南在将该500万元转入陵西办事处前已知其存入的500万元将与华祥公司发生某种关系，虽然没有证据直接证明系张怀南指定华祥公司为用资人，但张怀南获取高额利差，是将该500万元存入陵西办事处作为前提条件的，且张怀南未按照票据管理规定，在转账支票上填写用资人名称，实际上是将自己的权利交由陵西办事处处置，故陵西办事处将该500万元转给华祥公司使用，并未违反张怀南的真实意愿，张怀南违反国家金融管理法规规定，获取高额利差，有一定过错，应承担相应的过错责任。陵西办事处上诉主张系张怀南指定华祥公司为用资人，陵西办事处不应承担用资人不能偿还本金及利息所产生损失的60%的赔偿责任，请求二审法院予以改判。但陵西办事处未提供证明张怀南指定华祥公司为用资人的证据，而陵西办事处作为金融管理机构，本应严格执行国家有关金融法律法规的规定，但其违规操作，违法借贷，造成出资人500万元本金及利息不能支付的严重后果，其应对造成的经济损失承担主要过错责任，一审法院依法判决陵西办事处对华祥公司不能偿还张怀南的380万元本金及利息所产生的损失承担60%的赔偿责任并无不当，陵西办事处的上诉请求于法无据，本院不予支持。

——肖扬总主编、最高人民法院民事审判第一庭编：《中华人民共和国最高人民法院判案大系》（民事卷－2001年卷），人民法院出版社2003年版，第275～278页。

【链接：最高人民法院法官著述】

一审判决认定本案的性质是以存单为表现形式的借贷纠纷，根据司法解释的规定，这种定性是正确的。但由于对是谁指定用资人的事实无法确定，在处理和承担责任上就不能以最高人民法院《存单纠纷规定》第六条的规定为依据，应依《民法通则》的过错原则，公正合理地划分各方应承担的责任。张怀南在本案中亦有过错，其经中介人季东风介绍，将500万元资金从建行营业部龙卡账户上划出,转入陵西办事处,并通过中介人取得了用资人华祥公司在其存款前支付的高额利差。这表明张怀南在将该500万元转入陵西办事处前已知用资人是华祥公司。虽然没有证据证明系张怀南指定华祥公司为用资人,但张怀南获取高额利差,是将该500万元存入陵西办事处作为前提条件的。按照票据管理规定,张怀南将转账支票交付陵西办事处时,应填写用资人名称,张怀南在已取得高额利差的情况下,将未填写用资人名称的转账支票交给陵西办事处,实际上是将自己的权利交由陵西办事处处置,故陵西办事处将该500万元转给华祥公司使用,并未违反张怀南的真实意思。张怀南违反国家金融管理法规规定,获取高额利差,有一定过错,应承担相应的过错责任。陵西办事处认为系张怀南指定华祥公司为用资人,陵西办事处不应承担用资人不能偿还本金及利息部分60%的赔偿责任,二审法院认为本案现有证据虽然不能认定系陵西办事处指定华祥公司为用资人,但陵西办事处系金融管理机构,其违规操作,对造成的经济损失应承担主要过错责任,故对陵西办事处的该项上诉请求不予支持。一审判决陵西办事处对华祥公司不能偿还张怀南的380万元本金及利息所产生的损失应承担60%的赔偿责任并无不当,判决结果是恰当的,可以维持。但一审判决推定系陵西办事处指定的用资人不妥,应予改正。

——张章:《张怀南与中国农业银行沈阳于洪支行陵西办事处、沈阳华祥物资公司、沈阳太平实业公司借贷纠纷上诉案——以存单为表现形式的借贷纠纷的处理》,载曹建明主编、最高人民法院民事审判第一庭编:《民事审判指导与参考》总第10卷,法律出版社2002年版,第219~226页。

760

质权人未通知出质人直接扣划出质存单项下的存款不构成侵权

关键词 | 质权人 | 出质人 |

【最高人民法院审判业务意见】

六、典型性法律问题之提炼

因《担保法》对存单质押的质权人实现其质权的方式没有作出明确的规定,如果出质人与质权人约定债务履行期届满质权人未受清偿质权人可以直接兑付、扣划存款，则开具出质存单的银行应质权人的要求兑付存单后，在无其他导致质押合同无效因素的情况下，出质人请求认定兑付行为构成侵权的，人民法院不予支持。

——雷继平：《质权人未通知出质人直接扣划出质存单项下的存款是否构成侵权》，载最高人民法院民事审判第二庭编：《民商事审判指导》总第14辑，人民法院出版社2008年版，第40～44页。

二、储蓄存款纠纷、银行卡纠纷

761

商业银行未尽“保证支付、取款自由、为储户保密”等义务的，应当承担相应民事责任

关键词｜商业银行法定义务｜

【《最高人民法院公报》案例】

周培栋诉江东农行储蓄合同纠纷案(衡阳市中级人民法院二审民事判决书)

裁判摘要:对于《商业银行法》规定的保证支付、取款自由、为储户保密应当进行全面理解。保证支付不仅是指银行不得拖延、拒绝支付,还包括银行应当以适当的方式履行支付义务;取款自由,不仅包括取款时间、取款数额上的自由,在有柜台和自动取款机等多种取款方式的情况下,还应当包括选择取款方式的自由;为储户保密不仅是指银行应当对储户已经提供的个人信息保密,也包括应当为到银行办理交易的储户提供必要的安全、保密的环境。

银行如果没有履行上述义务,即构成违约,应当承担相应违约责任。

衡阳市中级人民法院认为:上诉人江东农行在二审提交的新证据,只能证明公安机关认为该金融机构的自身安全设施符合安全标准,不能证明该金融机构在履行储蓄合同过程中没有违约行为。

关于第一点。对于被上诉人周培栋借记卡内被盗款项的性质,以及该款性质是否关系本案当事人的民事责任问题,一审判决已经论述。该论述得当,二审不再赘述。

关于第二点。对于上诉人未履行保证支付以及保密义务,一审判决已经论述,另外,《商业银行法》第二十九条第一款规定:“商业银行办理个人储蓄存款业务,应当遵循存款自愿、取款自由、存款有息、为存款人保密的原则。”取款自由是储户的一项权利,商业银行有义务保证储户实现这一权利。取款自由,不仅包括取款时间、取款数额上的自由,在有柜台和自动取款机等多种取款方式的情

况下，还应当包括选择取款方式的自由。当原告周培栋持卡第一次在被告江东农行下属的火车站分理处柜台前要求取款时，江东农行的营业员不得以任何理由拒绝服务。当然，在柜台业务繁忙的情况下，从缩短储户等待时间考虑，营业员有权建议储户到自动取款机上取款。但是，银行营业员对于使用储蓄卡在自动取款机取款存在时间和数额限制是明知的，因此在向储户行使这一建议权之前，有义务了解该储户的取款数额，特别是在周培栋已经声明不会使用自动取款机的情况下，营业员还有义务向其讲解或者演示自动取款机的使用方法。如果因业务繁忙顾不上履行这些义务，营业员则不能坚持让储户到其不熟悉的自动取款机上取款。营业员既不履行讲解或演示义务，又坚持让储户到自动取款机上取款，则不是正当行使建议权，而是限制储户的取款自由，不履行保证支付的义务。

关于第三点。《民事诉讼证据规定》第七十三条第一款规定："双方当事人对同一事实分别举出相反的证据，但都没有足够的依据否定对方证据的，人民法院应当结合案件情况，判断一方提供证据的证明力是否明显大于另一方提供证据的证明力，并对证明力较大的证据予以确认。"证人万孝喜证实，被上诉人周培栋发现借记卡被他人调包后，立即向上诉人江东农行的营业员提出挂失，营业员要求周培栋持与借记卡配套的存折去原开户行进行挂失，这是造成迟延挂失的原因。而江东农行以证人彭小玲的证言予以反驳。彭小玲的证言称，其已及时提醒周培栋在该分理处办理挂失手续，周培栋予以拒绝，因此迟延挂失。证人万孝喜是周培栋雇佣的摩托车司机，证人彭小玲则是江东农行的营业员，与江东农行存在利害关系。结合周培栋于 19 日 13 时 20 分离开火车站分理处，13 时 47 分即赶到乐群里分理处口头挂失的事实，分析两位证人的证言，在借记卡被盗，卡内存款随时有丢失风险的情况下，如果彭小玲的证言属实，周培栋何必舍近求远地办理挂失手续？故不能采信这个与常理相悖的证言。而对于证人万孝喜关于迟延挂失的原因是"营业员要求周培栋持与借记卡配套的存折去原开户行进行挂失"的证言，应当予以确认。在周培栋能提供身份证和个人密码的情况下，江东农行营业员没有按照《中国农业银行金穗借记卡章程》第 9 条规定及时给其办理电话挂失，是造成周培栋卡内存款被盗取的主要原因。

关于第四点。《商业银行法》第六条规定："商业银行应当保障存款人的合法权益不受任何单位和个人的侵犯。"这是商业银行应尽的法定义务。在这个前提下去理解《金穗借记卡章程》第 11 条的规定，应当是指只有在持卡人知道如何正确使用与妥善保存金穗借记卡和密码，并且银行也为持卡人正确使用与妥善保存金穗借记卡和密码提供了应有条件的情况下,完全由于持卡人自己的过失使卡片遗失或密码失密造成的资金损失,由持卡人自行承担。在本案中,被上诉人周培栋向上诉人江东农行的营业员声明其不会使用借记卡在自动取款机上取款,已经失去了正确使用的前提。江东农行提供的自动取款机,周围无防护措施,无法保证使用人在使用中密码不被偷窥,借记卡不被调包。因此,本案的卡片遗失与密码失密,并非完全是持卡人自己的过失造成。周培栋与江东农行之间存在储蓄合同关系,该合同系双方真实意思表示,且内容合法,属有效合同,双方均应当严格按照合同约定履行各自的合同义务。当然,卡片遗失、密码失密后卡内资金被盗取,系犯罪分子所为,但是本案中,银行没有依照储蓄合同履行保证支付、保障储户取款自由以及保密义务,构成违约。周培栋以储户身份提起储蓄合同违约之诉,江东农行应当承担相应违约责任。

上诉人江东农行未能履行保证支付义务,提供自动取款机服务方式存在安全保护瑕疵以及未能及时办理挂失手续,是造成储户周培栋储蓄卡被调包、密码遗失、存款丢失的主要原因,而被上诉人周培栋不慎遗失银行卡和密码,对损失的造成亦有一定的过错。上诉人上诉理由均不成立。原审判决认定事实清楚,适用法律正确,应予维持。

——《最高人民法院公报》2006 年第 2 期

【最高人民法院裁判文书】

河南省三门峡市湖滨区东风家电批零部与中国建设银行柳州分行及中国建设银行柳州分行八一路办事处存款纠纷申请再审案(最高人民法院再审民事裁定书)

最高人民法院认为:三门峡家电部在建行八一办账户存款 1000 万元,建行八一办因为内部人员与金融诈骗分子相互勾结,以致三门峡家电部预留的公章样式被伪造,在该行的存款被诈骗,建行八一办负有责任。1996 年 11 月 15 日三门峡家电部与建行八一办、柳州分行签订《协议书》的过程表明,三门峡家电部不同意建行八一办和柳州分行扣留其部分存款本金,《协议书》是在多次要求提取存款均遭拒绝的情况下才签订的,并非其真实意思表示,应认定为无效。建行八一办因自己的过错造成存款被诈骗,却从储户存款中扣除本金的做法已违反了《商业银行法》第六条"商业银行应当保障存款人的合法权益不受任何单位和个人的侵犯"和第三十三条"商业银行应当保证存款本金和利息的支付,不得拖延、拒绝支付存款本金和利息"的规定。三门峡家电部的申请再审理由成立。

建行八一办扣留的111万元本金应予返还,该本金之利息从扣留次日起开始计付。考虑到三门峡家电部为获得非法高息而存款,有一定过错,对其诉请判付1000万元本金的存款利息的请求,本院不予支持。原二审判决并无不当,应予维持。

——苏泽林主编、最高人民法院立案庭编:《立案工作指导》总第12辑,人民法院出版社2006年版,第186~190页。

762

银行与储户对储蓄合同的理解产生分歧时,应当按照一般社会生活常识和普遍认知作出解释

关键词 | 储蓄合同 | 合同解释 |

【《最高人民法院公报》案例】

梅州市梅江区农村信用合作联社江南信用社诉罗苑玲储蓄合同纠纷案(广东省梅州市中级人民法院民事判决书)

裁判摘要:二、银行作为专业金融机构,对于关乎储户切身利益的内部业务规定,负有告知储户的义务。如银行未向储户履行告知义务,当双方对于储蓄合同相关内容的理解产生分歧时,应当按照一般社会生活常识和普遍认知对合同相关内容作出解释,不能片面依照银行内部业务规定解释合同内容。

广东省梅州市中级人民法院终审认为:

关于涉案储蓄存单的利率如何确认的问题,本案中,上诉人罗苑玲与上诉人江南信用社约定储蓄存单为八年存期,种类为整存整取,但存单上"利率"栏和"到期利息"栏均为空白,按照何种利率支付利息是履行合同的关键。对此,江南信用社认为按照中国人民银行广东省分行于1996年5月发布的《转发中国人民银行总行关于降低金融机构存、贷款利率的通知》中关于取消八年期定期整存整取利率种类的规定,罗苑玲的储蓄存单不能按照八年期定期整存整取利率支付利息。罗苑玲则认为,江南信用社应遵守存单约定按照八年期定期整存整取利率支付利息。

法院认为:首先,上诉人江南信用社作为专业金融机构,对于关乎储户切身利益的内部业务规定,负有告知储户的义务。中国人民银行广东省分行于1996

年5月发布的《转发中国人民银行总行关于降低金融机构存、贷款利率的通知》仅是部门规章在相关金融机构的内部告知，罗苑玲作为普通储户，不可能全面了解银行内部规定，银行也无权要求储户自行熟知所有储蓄规定。江南信用社作为专业的金融机构，掌握取消八年期定期整存整取利率种类的相关规定，而且此规定与储户的储蓄利益密切相关，储户在办理储蓄业务时是否知道该项规定决定着其是否改变储蓄存期的种类，故江南信用社有义务在罗苑玲办理业务时告知相关信息。但江南信用社未尽告知义务，没有向罗苑玲说明八年期定期整存整取利率种类已取消，而是直接与罗苑玲签订了八年期整存整取储蓄存单。罗苑玲作为普通储户，签订存单时约定为八年存期、种类为整存整取，其自然认为涉案储蓄存单是以八年期定期整存整取利率即17.1%计息。

其次，如银行未就有关内部业务规定向储户履行告知义务，当双方对于储蓄合同相关内容的理解产生分歧时，应当按照一般社会生活常识和普遍认知对合同相关内容作出解释，不能片面依照银行内部业务规定解释合同内容。根据本案事实，上诉人罗苑玲与上诉人江南信用社签订储蓄存款合同时，双方共同约定储蓄存期为八年期，种类为整存整取。普通储户的存款储蓄年限是根据储蓄机构提供的储蓄种类及利率来设定的，就储户对储蓄业务的了解，定期存款的储蓄种类和利率是一一对应的，即相应的存期对应相应的利率。储蓄机构在1996年5月前开设过八年期存款，对应利率为17.1%。罗苑玲在江南信用社办理涉案存款业务时，江南信用社在没有告知八年期定期整存整取利率已取消的情况下，与罗苑玲签订了涉案存单，并约定存期为八年期，种类为整存整取，按照一般社会生活常识，罗苑玲有理由相信八年期定期整存整取储蓄种类仍然存在且对应利率保持17.1%不变，其不可能想到这一存款利率种类已被取消。因此，虽然本案存单上"利率"栏和"到期利息"栏为空白，但不能仅以银行内部关于取消八年期定期整存整取利率种类的业务规定予以解释，而应当按照一般社会常识和储户对于存单约定内容的普遍认知解释相关合同内容，即涉案存单应以利率17.1%计息。

——《最高人民法院公报》2011年第1期

编者说明

最高人民法院在枣庄矿业（集团）有限公司柴里煤矿与华夏银行股份有限公司青岛分行、青岛保税区华东国际贸易有限公司联营合同纠纷一案[最高人民法院（2009）民提字第137号民事判决书]中的裁判意见认为，对合同约定不明而当事人有争议的合同条款，可以根据订立合同的目的等多种解释方法，综合探究当事人的缔约真意。但就目的解释而言，并非只按一方当事人期待实现的合同目的进行解释，而应按照与合同无利害关系的理性第三人通常理解的当事人共同的合同目的进行解释，且目的解释不应导致对他人合法权益的侵犯或与法律法规相冲突。

763

支付存款本息请求权不适用诉讼时效的规定

关键词 | 支付存款本息请求权 | 诉讼时效 |

【最高人民法院审判业务意见】

诉讼时效制度适用的权利范围，涉及哪些权利因诉讼时效期间届满、义务人提出诉讼时效抗辩而不会得到法院保护的重大问题，对权利人的权利保护意义重大。该问题既是司法实务亟须规定的问题，又是争论较大的问题。经过深入研究和反复论证，我们在对该问题进行规定时，采纳了理论界通行观点，认为债权请求权以财产利益为内容，不具支配性。若权利人长期怠于行使权利，会使法律关系处于不确定状态，不利于维护社会交易秩序稳定，故债权请求权适用诉讼时效的规定。但对于支付存款本息请求权、兑付国债、金融债券以及向不特定对象发行的企业债券本息请求权以及基于投资关系产生的缴付出资请求权作了除外规定。这是因为前两种请求权的实现关系到社会公共利益的保护，如果适用诉讼时效的规定，则将使民众的切身利益受到损害。缴付出资请求权不适用诉讼时效的规定，否则，有违公司资本充足原则，且不利于对其他足额出资的股东及公司债权人的保护。

——《最高人民法院民二庭负责人就〈最高人民法院关于审理民事案件适用诉讼时效制度若干问题的规定〉答记者问》(2008 年 9 月 1 日)，载最高人民法院民事审判第二庭编著：《最高人民法院关于民事案件诉讼时效司法解释理解与适用》，人民法院出版社 2008 年版，第 11 页。

【最高人民法院裁判文书】

莫庆新与广西南宁市宾阳县芦圩农村信用合作社存单纠纷申请再审案

再审裁判要旨：最高人民法院审查后，于 2007 年 12 月 23 日以(2006)民一监字第 429－1 号裁定对本案进行再审。在裁定再审以前，就储蓄合同纠纷能否适用诉讼时效的规定征求了最高人民法院研究室、民一庭、民二庭的意见。一致意见认为：基于存款关系产生的给付存款本息请求权不适用诉讼时效的规定。本案原生效判决适用法律有错误，本案应提起再审。

——苏泽林主编、最高人民法院立案庭编：《立案工作指导》总第 16 辑，人民法院出版社 2008 年版，第 186～189 页。

【链接：最高人民法院法官著述】

目前，倾向观点认为，给付存款本息请求权为债权请求权。就是否适用诉讼时效制度而言，均可得出给付存款请求权不适用诉讼时效规定的结论，具体分析如下：第一，采物权请求权说。我国大多数规定认为，物权请求权不应适用诉讼时效的规定。第二，采债权请求权说。虽然一般认为债权请求权应适用诉讼时效的规定，但存款本息债权请求权具有特殊性，即无特定的履行期限，因此，存款人得随时请求金融机构兑付，此为金融业惯例，故兑付存款本息请求权适用诉讼时效期间与该特殊性不相符合。而且，存款请求权的实现关系到民众的生存利益，如果兑付存款本息请求权适用诉讼时效的规定，在一定期间经过后不受法院保护，则将危害到民众的生存权，故该请求权不应适用诉讼时效的规定。

有观点提出异议，认为在金融机构被行政关闭的情形下，如果在清算期间储户不申报权利，则其不能再申报债权。因此，如果规定存款本息请求权不适用诉讼时效的规定，则清算程序无法终结。我们认为，该观点混淆了诉讼时效期间与清算程序中的申报债权期间，两者的性质及法律效果并不相同：诉讼时效期间是法院对债权人权利的保护期间，期间届满，实体权利并不丧失；而申报债权期间是为保证债权人公平受偿，法律规定的债权人申报债权的期间，在法定申报债权期间和补充申报债权期间内不申报债权的，债权人将不能行使清算中的权利。

——最高人民法院民事审判第二庭编著：《最高人民法院关于民事案件诉讼时效司法解释理解与适用》，人民法院出版社 2008 年版，第 46～47 页。

编者说明

存折与存单是两个不同的概念，从本质上讲，存单和存折均记载了客户与银行之间的存储款关系，是客户向银行存取款的信用凭证，反映了双方的储蓄存款合同关系。二者不同在于，存单是一次性存取款的信用凭证，而存折是多次存取款的信用凭证。①

764

代表信用社保管存款的工作人员，不能同时接受存款人的委托代理其处理存款事宜

关键词｜双方代理｜存款纠纷｜

【《最高人民法院公报》案例】

刘杏林与河北省秦皇岛市海港区海港农村信用合作社存款纠纷案（河北省高级人民法院民事判决书）

河北省高级人民法院认为：本案案由应为存款纠纷。对上诉人刘杏林在二审期间提交的259936.6元存款凭证，上诉人海港信用社不持异议，应予认定。双方的争议金额应由一审认定的1487800元加此存款后，改为1747736.6元。原马坊信用社于1998年7月16日出具的《证明》，经鉴定日期形成在先，印文形成在后，且印章真实，符合刘杏林关于该书证来源的陈述，因此应认定具有法律效力。海港信用社以《证明》中提到的欠款数额与后来查账的结果不一致为由，认为《证明》内容不实，以此来否定《证明》的效力，理由不足。海港信用社上诉认为该社存取款符合银行关于存款人取款时凭印章不凭个人签字的规定，但不能提交相应的法律依据和该社就这个问题与存款人刘杏林的约定；认为刘杏林对所有的存取款都清楚，也不能提交证明“都清楚”的证据。海港信用社上诉还认为，刘杏林将印章存放在程秀丽处是对程的授权，如果有损害行为应当由程对刘负责，而不应由信用社负责。查程秀丽接受刘杏林的印章时，其身份是马坊信用社的主任，正在代表马坊信用社保管着刘杏林的存款。这一身份决定了程秀丽不能同时接受刘杏林的委托，代理刘杏林处理存款事宜。海港信用社的上诉理由不能成立，不予支持。

——《最高人民法院公报》2002年第3期

---

① 刘雪梅、厉文华：《通存通兑业务涉及的管辖疑议——中国建设银行股份有限公司杭州钱江支行与陶某储蓄存款合同纠纷管辖权异议申请再审案》，载景汉朝主编：《最高人民法院立案工作指导案例解析》，人民法院出版社2015年版，第44页。

765

银行将应付款划入开户单位账户后，又因履行法定协助义务对有关款项予以冻结和扣划的，应认定已履行付款义务

关键词 | 法定协助义务 | 付款义务 |

【《最高人民法院公报》案例】

交通银行南昌分行诉赛格信托公司江西证券交易部存款支付纠纷案[最高人民法院(2001)民二提字第7号民事判决书]

裁判摘要:银行将应付款划入开户单位账户后,又根据人民法院的裁定和通知,履行法定协助义务,对有关款项予以冻结和扣划的,应认定已履行了付款义务。

最高人民法院认为:海南赛格江西证交部在南昌交行下属青化分理处开立一般存款账户,并存入款项用于结算,双方已经形成真实的存款关系。存款纠纷引起原因系南昌交行青化分理处主任等人挪用部分存款,南昌交行拒付存款引起纠纷,双方在解决纠纷中于2000年2月17日自愿达成"存款支付协议",该协议系双方真实意思表示,内容不违反法律,应认定有效。2000年5月31日,南昌交行将1000万元本金及102428.43元利息划入海南赛格江西证交部在南昌交行青化分理处的存款账户内,有进账单、对账单、计付存款利息清单、分户账为凭,应当认定南昌交行已经履行了向海南赛格江西证交部1000万元本息的付款义务。该笔款项被冻结并最终被扣划1000万元到武汉交行的账户,以抵偿海南赛格江西证交部的总公司海南赛格公司所欠的武汉交行的债务,是南昌交行根据人民法院的裁定和通知,履行法定协助的义务。南昌交行既已完成了向海南赛格江西证交部的付款义务,不应再向海南赛格江西证交部支付1000万元,南昌交行再审申请理由成立,本院应予支持。海南赛格江西证交部关于南昌交行未履行付款义务,应承担未付款的违约责任的抗辩理由,不能成立。

——《最高人民法院公报》2004年第8期

766

银行按照指示将款项转入保证金账户，已依法履行银行结算合同法律关系项下的法律义务

关键词 | 银行结算合同 |

【最高人民法院裁判文书】

百宇发展有限公司与中国银行股份有限公司山东省分行银行结算合同纠纷申请再审案[最高人民法院(2015)民申字第756号民事裁定书]

最高人民法院认为:本案是银行结算合同纠纷。争议焦点是山东中行是否应当返还百宇公司汇到该行外汇资金处的10万美元,案涉10万美元的汇付过程中山东中行是否违反银行结算义务或违反百宇公司的委托而造成百宇公司损失是本案的审查关键。从本案已经查明的事实看,百宇公司的董事钱新江与康宇公司董事长刘延民均承认,双方为委托与受托关系。山东中行作为10万美元的汇入行,其并没有擅自转账,是刘延民以百宇公司名义将10万美元汇至山东中行外汇资金处,在外汇账户因违规而被清零前再指示山东中行转至康宇公司保证金账户。对于该事实,从刘延民与钱新江在有关公安机关的陈述中可以看出,钱新江委托刘延民将案涉10万美元汇至山东中行外汇资金处,他们均知晓该款项的走向。刘延民在公安机关的证词也进一步证明了是其以百宇公司名义将10万美元汇至山东中行外汇资金处,又在钱新江认为汇款应投入康宇公司的前提下,指示山东中行将款转至康宇公司保证金账户。因此,案涉10万美元的性质无论是用于投资合资企业还是进行外汇买卖并不影响山东中行转款的正当性。山东中行作为本案银行结算法律关系中的汇入行,收到涉案10万美元后,只是按照指示将该款项转入了保证金账户,已依法履行银行结算合同法律关系项下的法律义务,并不存在违反银行结算合同的行为。因此,百宇公司请求山东中行承担结算责任返还10万美元缺乏事实和法律依据,其再审申请不能成立。

——中国裁判文书网,http://wenshu.court.gov.cn。

767

如无充分证据证明银行明知开户单位出借账户给他人，银行依据贷款合同约定扣款还贷并无不当

关键词｜出借账户｜

【最高人民法院答复】

湖南省高级人民法院:

你院〔1999〕湘民请字第2号《关于上海东府贸易有限公司与中国建设银行湖南省分行国际业务部、湖南省华隆进出口光裕有限公司返还财产纠纷一案有关情况的请示报告》收悉。经研究认为:如果没有充分证据证明银行明知光裕公司出借账户给东府公司,银行依据贷款合同约定扣款还贷的行为并无不当;光裕公司出借账户给东府公司并获取利益,应当对东府公司100万元款项无法收回承担相应的民事责任;光裕公司与东府公司之间的协议违反了中国人民银行《银行账户管理办法》的有关规定,是无效合同,对东府公司100万元损失的发生,双方均有过错,应根据双方过错程度,确定责任分担的比例。

——《最高人民法院关于上海东府贸易有限公司与中国建设银行湖南省分行国际业务部、湖南省华隆进出口光裕有限公司返还财产纠纷一案的答复》(2000年1月18日,〔1999〕民他字第5号)

768

银行工作人员的划款方式虽不合规范,但如该行为与转款人损失之间没有法律上因果关系的,不应承担民事责任

关键词|侵权纠纷|

【最高人民法院裁判文书】

湖南长沙东华科技发展有限公司与中国光大银行青岛分行、北京福尼特家具城侵权纠纷案[最高人民法院(2010)民提字第82号民事判决书]

裁判要旨:光大青岛分行按照东华公司支取存款并划转该款的指令,将款项划到家具城账户上,其所遭受的损失是由于家具城不按期偿还借款所造成的。尽管银行的工作人员在具体业务操作中存在着不规范的做法,但这与东华公司所受损失之间并不存在法律上的因果关系。被申请人光大青岛分行关于其对东华公司本案损失不应承担民事责任的答辩理由成立。

最高人民法院认为:东华公司在与家具城的业务交往中,为了赚取高额利

息,轻信对方,将存单借给家具城使用。其后又出具《委托书》,指示光大青岛分行"提前凭单支取"该存款,并将本息一并划到家具城在该行的账户上。当东华公司与家具城约定的使用存单的期限到期后,东华公司多次向家具城索要该款项未果,遂向一审法院提起本案诉讼。本案中,东华公司所遭受的损失是由于家具城未信守承诺,不按期偿还借款所造成的。光大青岛分行按照其支取存款并划转该款的指令,将款项划到家具城账户上,该项业务操作行为符合东华公司的真实意思和要求。因此,尽管光大青岛分行的工作人员在具体操作过程中,存在着其划款方式与当时金融机构行政管理规章的要求不一致的做法,但这与东华公司在本案中受到的损失之间并不存在法律上的因果关系。光大青岛分行关于其对东华公司本案损失不应承担民事责任的答辩理由成立,本院予以支持。

——最高人民法院民事审判第二庭编:《最高人民法院商事审判指导案例(第五卷)》(下),中国法制出版社 2011 年版,第 631 ~639 页。

769

银行未能识别出伪造印鉴而错误付款，给储户造成损失的，应当承担民事责任

关键词 | 伪造印鉴 | 错误付款 | 存款纠纷 |

【最高人民法院答复】

天津市高级人民法院:

你院〔2000〕151 号请示收悉,经研究,答复如下:

认定付款人的过错和责任,应当依照《中华人民共和国票据法》第五十七条和《最高人民法院关于审理票据纠纷案件若干问题的规定》第六十九条的规定处理。至于存款人是否应当承担民事责任,需经过审理,在查清事实的基础上,根据其过错一并处理。

——《最高人民法院关于天津市旭帝商贸有限公司、天津开发区迈柯恒工贸有限公司与建行天津分行南开支行存款纠纷二案如何适用法律的请示的答复》(2001 年 4 月 11 日,〔2001〕民二他字第 13 号)

【最高人民法院裁判文书】

中国建设银行天津市分行南开支行与天津开发区迈柯恒工贸有限公司存款纠纷案[最高人民法院(2001)民二终字第126号民事判决书]

最高人民法院认为:在旭帝公司存入款项后,南开建行应当履行保证储户存款安全的义务。旭帝公司在南开建行的500万元存款被犯罪嫌疑人成敬以伪造的票据骗出,依照《票据法》第五十七条关于"付款人及其代理付款人以恶意或者有重大过失付款的,应当自行承担责任"的规定以及最高人民法院《票据纠纷规定》第六十九条关于"付款人或者代理付款人未能识别出伪造、变造的票据或者身份证件而错误付款,属于错误付款,属于票据法第五十七条规定的'重大过失',给持票人造成损失的,应当依法承担民事责任。付款人或者代理付款人承担责任后有权向伪造者、变造者依法追偿。持票人有过错的,也应当承担相应的民事责任"的规定,南开建行由于未能识别出成敬在汇票委托书及转账支票上加盖的伪造印鉴,由此给迈柯恒公司造成损失,其应承担民事责任。对于迈柯恒公司是否向成敬出具过承诺书一节,因除成敬口供以外再无其他证据可以证明,本院不予认定。且出具承诺书的行为不能必然导致成敬诈骗行为的得逞,更不能由此认定迈柯恒公司即参与了诈骗。在无确凿证据可以证明迈柯恒公司对于存款被骗具有过错的情况下,原审对成敬从南开建行骗得的款项判令南开建行承担全部责任并无不当。南开建行关于应由迈柯恒公司承担部分过错责任的上诉主张缺乏事实与法律依据,本院不予支持。

南开建行依据成敬的口供提出迈柯恒公司收到了成敬给付的270万元高息,对此,迈柯恒公司不予认可。因成敬的证言是孤立存在的,无其他证据可以佐证,而不能形成证明力,故对本案中迈柯恒公司是否收到高息的事实尚不能认定。南开建行关于将270万元应在2000万元本金中予以冲抵的上诉请求不能支持。

——最高人民法院办公厅编:《最高人民法院公布裁判文书(2002年)》,人民法院出版社2003年版。

770

银行用折角核对方法核对印鉴未发现存在的问题而造成客户存款被骗取的，银行有过错，应当对不能追回的被骗款项承担民事责任

关键词 | 折角核对方法 | 存款被冒领 | 过错责任 |

【最高人民法院答复】

广东省高级人民法院：

折角核对虽是现行《银行结算会计核算手续》规定的方法，但该规定属于银行内部规章，只对银行工作人员有约束作用，以此核对方法核对印鉴未发现存在的问题而造成客户存款被骗取的，银行有过错，应当对不能追回的被骗款项承担民事责任。

——《最高人民法院关于银行以折角核对方法核对印鉴后应否承担客户存款被骗取的民事责任问题的复函》（1996 年 3 月 21 日，法函〔1996〕65 号）

【《最高人民法院公报》案例】

上海市第七建筑工程公司诉交通银行海南分行存款被冒领损害赔偿纠纷案（海口市新华区人民法院民事判决书）

裁判摘要：折角核对是现行《银行结算会计核算手续》规定的鉴别印章真伪方法。该规定属于银行内部规定，只对银行工作人员有约束作用。如果银行在不能提高自己的防伪鉴别能力时自愿接受客户的存款，这些存款一旦被他人以伪造的印章冒领，银行应当承担赔偿责任。

海口市新华区人民法院一审查明：原告建筑公司在被告海南交行处开设有存款账户，账号 0141123090。1995 年 11 月 4 日，犯罪嫌疑人利用伪造的“上海市第七建筑工程公司海南公司财务专用章”印章和“沈维忠”私章向海南交行出具证明，购买了转账支票一本。11 月 9 日，犯罪嫌疑人又使用上述伪造的印章开立了 NO:0359754 转账支票交海南交行，经承办人员审查后予以办理，从建筑公司的账户中转款 65.7 万元，汇入海口市建行账号 032178701 名为丁中的账户内。11 月 22 日，建筑公司到海南交行查询存款余额时，才发现

自己的存款已被人划走，随即向海南交行反映。11 月 24 日，海南交行向海口市公安局报案。1996 年 11 月 8 日，海南省公安厅出具琼公刑技（文）字〔96〕第 66 号文检鉴定书，确认 NO：0359754 转账支票和 1995 年 11 月 4 日购转账支票的证明上所留的"上海市第七建筑工程公司海南公司财务专用章"印章和"沈维忠"名章，都是采用印刷方法伪造的印文。海口市公安局在侦查中，追回被冒领的款项 7.5 万元尚未退回海南交行处，剩余的款项至今未追回，案犯至今未抓获。

海口市新华区人民法院认为：原告建筑公司在被告海南交行处开户存款，双方的权利、义务关系明确。海南交行既然接受了建筑公司的存款，就有义务保障该存款的安全。建筑公司的存款现已被他人冒领，说明海南交行没有尽到自己的责任，是有过错的。依照《民法通则》第 106 条第 1、2 款的规定，海南交行对建筑公司被冒领的 65.7 万元存款，以及该存款按活期存款利率应得的利息，给予赔偿。

折角核对是现行《银行结算会计核算手续》规定的鉴别印章真伪方法。该规定属于银行内部规定，只对银行工作人员有约束作用。随着科技的发展，犯罪分子的作案手段越来越多。银行必须针对这种现状，不断改进、提高自己的防伪鉴别能力，以充分保障客户存款的安全。如果银行在不能提高自己的防伪鉴别能力时自愿接受客户的存款，这些存款一旦被他人以伪造的印章冒领，银行必须承担赔偿责任。被告海南交行以其工作人员已经按照规定履行了折角核对的工作制度，没有发现印章是伪造的，对存款被冒领主观上没有过错为由，拒绝承担赔偿责任，理由不能成立。

综上，海口市新华区人民法院判决：被告海南交行于本判决生效之日起 10 日内，赔偿原告建筑公司 65.7 万元，并偿付从 1995 年 11 月 9 日起至该款还清之日止按银行同期活期存款利率计付的利息。如逾期偿付，则加倍支付迟延履行期间的债务利息。

——《最高人民法院公报》2000 年第 5 期

编者说明

本题中的最高人民法院答复系经最高人民法院审判委员会讨论决定。从理论上讲，该答复具有准司法解释的效力。该答复涉及民商事纠纷与刑事犯罪交叉的问题，正确理解该复函对于审判实践中处理涉及利用伪造身份证、伪造印鉴、虚假挂失等导致客户存款被冒领等犯罪行为，银行是否应承担民事责任等，具有指导意义。

银行的主要职责之一就是替客户保障存款的安全，故其负有高度注意义务。此类案件属于过错责任归责原则，银行可以以无过错来主张抗辩，为保护存款人利益，银行对其无过错负有举证责任。

至于银行依据什么样的鉴别仪器，采取什么样的鉴别方法方可在存款被骗的情况下免责，法院在裁判时，应依据不同时代不同的科技发展水平而定。一般来说，银行鉴别所依据的仪器应当是当时国内较为先进的鉴别仪器，如此种仪器无法鉴别真伪而导致存款被骗，则银行可主张免责。

771

银行违规将存款转出，存款人无过错的不承担责任

关键词｜储蓄存款合同｜

【最高人民法院裁判文书】

安徽泗县农村合作银行与潘首相储蓄存款合同纠纷案［最高人民法院（2014）民一终字第238号民事判决书］

最高人民法院认为：从已查明的本案有关事实看，潘首相存入泗县农合行的款项为银行内部工作人员违反操作规程，违规从银行转出，为银行内部管理不善所致。潘首相对款项被他人划转情况、流失情况均不知情，潘首相对此不存在过错，不应对存款本金的损失承担责任。泗县农合行上诉主张潘首相应对存款本金损失承担相应责任的请求，本院不予支持。

——中国裁判文书网，http://wenshu. court. gov. cn。

【最高人民法院商事审判参考性案例】

二、俞建水与中国工商银行股份有限公司上海市鞍山路支行、中国工商银行股份有限公司上海市杨浦支行储蓄存款合同纠纷案

（一）基本案情

2008年5月上旬，案外人徐某和被告工行鞍山路支行的客户经理陈某虚构该行销售年息高达16%的一年期定期储蓄产品，诱骗原告俞建水前往该行存款。在办理开户手续时，陈某偷偷代原告开通了“网上银行”并领取了U盾，却

仅将一张银行卡及一本加盖被告工行鞍山路支行印章的理财金账户活期对账簿交由原告。次日，俞建水在自动存款机和银行柜面分别向系争账户存入 200 元及 500 元。同月 14 日，原告与陈某、徐某签订一份《委托书》，约定由原告存入被告工行杨浦支行 2500 万元，期限一年，不提前支取，不转移，不挂失。陈某以被告委托代理人的名义在该合同上签字，并利用职务之便，在合同上偷盖了工行杨浦支行的业务章。当日，原告将 2091 万元存入上述账户，徐某则将承诺的所谓"高额息差"409 万元转入该账户。当日下午，徐某即利用冒领的 U 盾登录网上银行，将 2500 万元转账支取后供个人挥霍。事发后，徐某、陈某等人因诈骗罪被法院判刑。原告以存单到期被告未兑付为由起诉至上海市杨浦区人民法院，请求法院判令两被告兑付其存款本金 2500 万元及相应利息。

（二）裁判结果

上海市第二中级人民法院二审认为：相对于普通储户而言，银行更有条件防范犯罪分子利用银行实施的犯罪，故银行应当制定完善的业务规范，并严格遵守规范，尽可能避免风险，确保储户的存款安全，维护储户的合法权益。但是，如储户事先明知可能发生不法侵害却未采取必要的防范措施，或故意违反储蓄机构必要的安全规章制度而导致其财产受损，且该过错与损害结果之间存在因果关系的，则储户应当在其过错范围内承担相应的责任。

陈某身为银行工作人员，却勾结犯罪分子徐某，利用工作便利，违反存款操作流程，擅自为原告开立网上银行，并领取 U 盾交由徐某，导致涉案款项被骗取。被告工行鞍山路支行在工作人员管理、营业场所管理以及存款业务操作流程等方面均存在明显过错，且该过错与存款被骗具有相当的因果关系。俞建水虽然受案外人虚构的高额报酬所诱惑而去工行鞍山路支行处开户、存款，但只要工行鞍山路支行与俞建水均按照规定的开户流程办理开户业务，案外人徐某就无法获取与俞建水账户相关联的 U 盾，更无法在俞建水不知情的情况下从其账户将资金转至他人账户。故俞建水的存款目的与存款被骗取之间并无直接因果关系。而且，俞建水于存款前，在自动存款机和银行柜面分别向系争账户存入 200 元及 500 元，查询确认上述款项确实已存入其账户后才向该账户存入 2091 万元；存款后，俞建水亦始终妥善保管存折，显然其已尽合理注意义务。因此，俞建水与被告工行鞍山路支行的储蓄存款合同关系合法有效，银行应当承担向原告返还存款本息的责任。

原告账户所存入的 2500 万元中 409 万元系犯罪分子存入，属于为骗取原告账户控制权而支付的高额利息，故两被告返还的存款本金时应予扣除，并应按同期活期存款利率支付相应利息。在储蓄存款合同关系中，储户将存款存入银行后，资金所有权即归属于银行，储户则享有依据储蓄存款合同向银行主张本息的债权。因此，犯罪分子利用储户账户控制权骗划资金后，追赃所得的资金款项所有权应当归属银行。俞建水未领取追赃款的行为并不影响其依据储蓄存款合同法律关系向两被告主张债权。据此，法院判令两被告返还俞建水存款本金2091万元及相应利息。

（三）典型意义

近年来，储户的银行存款被犯罪分子通过内外勾结等方式诈骗而致涉讼的案件时有发生。本案是一起因银行工作人员内外勾结，以高息揽储业务引诱储户与银行建立储蓄存款合同关系，进而骗划存款资金，引发银行与储户之间储蓄存款合同纠纷的典型案例。本案审理的关键在于银行与储户对存款被骗导致的损失是否具有过错，以及如何承担与其过错相适应的责任。本案中，法院结合储蓄存款合同的性质特点、货币资金所有权的变动、银行履行合同义务的情况以及原告过错与损失结果之间的关联性，认定银行应当按照合同约定对储户的存款本金及利息损失承担全部责任，较好地维护了储户作为金融消费者的合法权益，对促进银行规范交易流程、加强管理具有重要意义。本案的判决充分体现和发挥了司法判决对金融市场的规范导向作用。

——《最高人民法院公布人民法院保障民生第二批典型案例》（2014年3月19日），载《最高人民法院公报》2015年第3期。

772

银行被除名人员利用银行管理过失骗取他人存款造成他人损失的，银行应承担相应民事责任

关键词｜存单纠纷｜民刑交叉｜过错责任｜

【《最高人民法院公报》案例】

新疆农村社会养老保险基金管理中心诉中国银行新疆分行存单纠纷案［最高人民法院（2004）民二终字第34号民事判决书］

裁判摘要：根据《民法通则》第一百零六条第二款的规定，商业银行对所属工作人员作出除名处理后，未收缴其工作证件，致使其继续使用该证件并利用原

单位加盖业务专用章的存款票证骗取他人存款，造成他人经济损失的，商业银行应承担相应的民事责任。

最高人民法院认为：本案涉及民事纠纷与刑事犯罪交叉的问题。本院将本案发回重审时，原审法院尚未作出刑事判决。重审期间，原审法院查清了本案的有关事实并已作出刑事附带民事判决。根据该判决所认定的基本事实，蒋景树伙同张朝钧、韩凯采取伪造进账单和定期存款证实书的办法，骗取社保中心的款项，其行为构成金融凭证诈骗罪。原审法院在判处上述张朝钧等人无期徒刑或有期徒刑的同时，还判决将追缴的赃款70万元以及一辆海南马自达轿车返还给社保中心。处理本案民事纠纷应当考虑刑事判决中所认定的基本事实。原审判决认定社保中心与新疆中行之间不存在真实的存款关系并无不当。但是，社保中心与新疆中行之间不存在真实的存款关系，只能说明双方之间不存在合同关系以及新疆中行不存在应当承担合同责任的问题，凭此并不能必然得出新疆中行对本案不应当承担任何民事责任的结论。

基于蒋景树、张朝钧、韩凯的犯罪行为，侨汇公司占有本案8170200元款项，没有合法依据，其应当将该款项返还给社保中心。原审判决侨汇公司向社保中心返还8170200元及利息并无不当，且侨汇公司亦未提起上诉，故对该判项应予维持。至于新疆中行是否应当对本案承担民事责任，涉及新疆中行对于张朝钧等人的诈骗得逞是否存在过错问题。有过错就应当承担民事责任，这是民法中过错责任原则的基本内涵。从本案基本事实看，在本案行为发生以前，张朝钧虽于1998年3月27日被乌市中行予以开除，但新疆中行并未收缴张朝钧的工作证，以至于张朝钧仍以乌市中行天山办事处副主任的身份并持该行工作证到社保中心揽储；特别是张朝钧交给社保中心一张加盖有乌市中行黑龙江分理处业务专用章的定期存款证实书，对于该证实书上加盖的公章的真伪问题，原审法院委托该院技术室所作的鉴定结论以及新疆维吾尔自治区人民检察院委托公安部物证鉴定中心所作的鉴定结论是基本吻合的，上述两次鉴定结论与张朝钧的供述也基本一致，故应当认定定期存款证实书上加盖的乌市中行黑龙江分理处业务专用章是真实的。既然张朝钧在被乌市中行开除公职以后还能够使用加盖单位公章的定期存款证实书，这说明乌市中行在管理上存在过错，而且这种过错是导致张朝钧等人诈骗得逞的重要原因。故新疆中行应对其过错承担相应的民事责任。社保中心未到银行柜台办理存款手续，其轻信张朝钧等人的所为，也说明其有过错，应当自行承担相应的民事责任。

——《最高人民法院公报》2004年第11期

773

金融机构在缺少开户许可证原件等更换印鉴必需证明文件的情况下，对存款人预留印鉴进行更换，存在过错，应承担相应责任

关键词｜储蓄存款合同｜预留印鉴更换｜过错责任｜

【最高人民法院裁判文书】

中国农业银行股份有限公司子洲县支行、中国农业银行股份有限公司子洲县支行营业部与子洲绿能燃气实业有限责任公司储蓄存款合同纠纷申请再审案［最高人民法院(2013)民申字第325号民事裁定书］

最高人民法院认为：1. 中国人民银行《人民币银行结算账户管理办法》第六十三条规定："单位遗失预留公章或财务专用章的，应向开户银行出具书面申请、开户登记证、营业执照等相关证明文件；更换预留公章或财务专用章时，应向开户银行出具书面申请、原预留签章的式样等相关证明文件。"中国人民银行《人民币银行结算账户管理办法实施细则》第四十四条第二款规定："单位存款人申请更换预留公章或财务专用章但无法提供原预留公章或财务专用章的，应向开户银行出具原印鉴卡片、开户许可证、营业执照正本、司法部门的证明等相关证明文件。"子洲绿能公司申请更换预留印鉴，应提交原印鉴卡片及开户许可证等证明文件，子洲农行营业部作为商业银行，应当保障存款人的合法权益不受任何单位和个人的侵犯，保护储户的财产安全是其法定义务，其应在审慎注意前提下办理各种业务。对于预留印鉴卡片，子洲县公安局的证明载明张诚报案时只是报称其将子洲绿能公司的财务专用章、法定代表人张孔明私章、财务经办人张诚的私章丢失，并未提及预留印鉴卡片丢失的情况。子洲农行及其营业部向一审法院提交了子洲县公安局扣押物品、文件清单，证明2009年7月21日子洲县公安局扣押了张诚保管的个人私章、张孔明私章、子洲绿能公司公章、财务章（以上印章系张诚私刻）、企业法人营业执照正本、组织机构代码证和税务登记证。从上述清单看，张诚并不持有开户许可证原件，从张诚向公安机关的报案证明及张诚在公安机关的供述中看，均无涉及开户许可证原件、公司法定代表人身份证原件在张诚处保管及原预留印鉴卡片丢失的记载。而子洲绿能公司在一审法院第一次审理本案时称开户许可证原件、公司法定代表人身份证原件和原预留印鉴卡片一直在公司方保管，并当庭提交。子洲农行向本院申请再审称"子

洲绿能公司开户许可证初始就存放在其股东张诚家中(子洲绿能公司办公室),在后来长达3~4个月之后,开户许可证原件再到公司其他股东手中”,没有证据支持,本院不予采信。子洲农行及子洲农行营业部在缺少开户许可证原件等更换印鉴必须出具的证明文件的情况下,对子洲绿能公司的银行预留印鉴进行了更换,违反了上述规定。故一、二审法院认定子洲农行及子洲农行营业部对于张诚利用伪造的相关证件、印鉴更换子洲绿能公司的预留印鉴存在一定过错,应承担相应的责任,并无不当。

——中国裁判文书网,http://wenshu.court.gov.cn。

774

银行账户的权利主体,应对其开户资料以及变更预留印章所提交证明材料的真实性负责

关键词 | 预留印章 | 过错责任 |

【最高人民法院裁判文书】

四川省中普房地产开发有限公司与泸定县国土资源局、中国农业银行股份有限公司泸定县支行合同纠纷案[最高人民法院(2016)最高法民终315号民事判决书]

最高人民法院认为,中国人民银行《人民币银行结算账户管理办法》第六十三条规定,存款人应加强对预留银行印章的管理。《人民币银行结算账户管理办法实施细则》第九条规定,存款人应对其出具的开户申请资料实质内容的真实性负责。第四十四条规定,单位存款人申请更换预留公章或财务专用章,应向开户银行出具书面申请、原预留公章或财务专用章等相关证明材料。本案中,中普公司作为银行账户的权利主体,应对其开户资料以及变更预留印章所提交证明材料的真实性负责,故中普公司所申请鉴定印章的真实性与否,与本案处理没有直接关系,本院对中普公司的鉴定申请不予准许。中普公司账户预留印鉴的历次变更中,农行泸定县支行根据中普公司的书面申请,在审核原预留签章样式后,按照规定对账户预留签章进行更换,符合业务操作流程。中普公司虽然主张上述印章系王永才个人伪造,但王永才作为中普公司案涉项目部的负责人,其与

中普公司事实上属于挂靠关系，根据双方签订的《房地产合作开发协议》，中普公司负有协助王永才使用中普公司有关印章、银行账户的义务，并应不定期派员到案涉项目部管理销售合同专用章。中普公司并未举证证明其履行了上述管理职责，且在2009年、2012年两次发现王永才伪造公司印章的情况下，未及时通知开户银行以保证其账户资金安全，原审据此认定中普公司存在明显过错，并无不当。综上，中普公司有关农行泸定县支行未尽相应审查义务给其造成损失的主张，缺乏事实和法律依据，本院不予支持。

——中国裁判文书网，http://wenshu. court. gov. cn。

775

银行一般设有监控录像及身份证件原件核验系统，应对他人代取款转款的行为已经合规审核承担举证责任

关键词｜存款合同纠纷｜举证责任分配｜无权代理｜

【最高人民法院裁判文书】

高洁与青海银行股份有限公司、青海银行股份有限公司花园北街支行存款合同纠纷申请再审案［最高人民法院（2016）最高法民再145号民事裁定书］

最高人民法院认为：（二）关于原审对存放在高洁名下存单内的款项的转出行为作出符合法律规定认定的基本事实是否查清，认定是否符合法律规定的问题。

《中国人民银行关于进一步加强人民币银行结算账户开立、转账、现金支取业务管理的通知》第三条规定，为个人存款人办理人民币单笔5万元以上现金支取业务的，银行应核对存款人的有效身份证件。对于他人代理办理的，银行应严格审核存款人及代理人的身份证件，并留存存款人及代理人的身份证件复印件或者影印件。根据上述行业规范及商业惯例，针对大额存款的代办，银行应当核对存款人及代理人的身份证件原件。本案中，虽然取出高洁名下存单内存款的代办人有存单原件和密码，但是在办理过程中必须出示高洁的身份证原件，取款转款的行为才能认为是合规的，花园北街支行也应当审核高洁的身份证原件，其办理转款的行为才是合规的。就民事行为的效力而言，高洁作为存单的权利人，

除非事前同意或事后追认，否则，任何人从其账户内取走存款，均属无权代理行为。

本案中，因柳嘉喜以高洁代办人的名义办理了该存单款项的支取，并将存单内的600万元取出后存入他人账户，商业银行在办理上述手续时应当审核高洁的身份证原件，以此推定柳嘉喜取款转款的行为获得了高洁的授权。针对花园北街支行是否审核了高洁身份证原件问题，双方对此陈述不一。因办理上述业务均发生在花园北街支行银行营业区域内，依据商业惯例，银行一般设有监控录像及身份证件原件核验系统，有义务在一定时间内对相关业务的办理过程留痕、存档。因此，花园北街支行应对他人代取款转款的行为已经合规审核承担举证责任。原审法院因对高洁与花园北街支行之间存在真实的存款关系这一前提性问题定性错误，未将代办人取款时是否出具身份证原件、银行是否尽到合规审核义务等这一案件基本事实作为焦点问题予以审查，双方当事人也未就此作充分的举证质证、进行充分的辩论，亦未能明示举证责任的分配，导致案件审理的基本事实不清。

——中国裁判文书网，http://wenshu.court.gov.cn。

776

行为人诈骗造成存款人和银行的损失，存款人和银行有过错的，应按各自过错程度承担责任

关键词｜储蓄存款合同｜诈骗｜过错责任｜

【最高人民法院裁判文书】

邢台县顺鑫贸易有限公司与中国建设银行股份有限公司衡阳平湖支行储蓄存款合同纠纷抗诉案［最高人民法院（2013）民抗字第43号民事判决书］

裁判要旨：储户在银行的储蓄存款性质上为银行的资金而非储户的资金，由于银行工作人员的失误致使储户的存款被盗取，银行应当承担资金被盗取的全部责任。储户有过错的，应当在其过错范围内承担责任。

最高人民法院经审理认为：顺鑫公司经与平湖支行协商一致，在平湖支行开设账户用于转账，双方关于储蓄存款的意思表示真实，顺鑫公司与平湖支行之间形成了储蓄存款合同关系，该合同合法有效。而后，案外人李军某从他人账户中

转账300万元存入顺鑫公司的账户中,该笔款项应该视为顺鑫公司在平湖支行的存款,而不是李军某个人在平湖支行的存款。本案为储蓄存款合同纠纷,储蓄存款合同的双方分别是顺鑫公司与平湖支行,本案300万元存款虽然是李军某从他人账户中转账而来,但李军某与平湖支行之间并不存在储蓄存款的意思联络,所以,李军某不是本案储蓄存款合同的当事人,其与顺鑫公司之间就该300万元的财产权属属于另一法律关系。

储蓄存款合同成立之后,双方均应严格履行各自的合同义务。平湖支行接受顺鑫公司的存款之后,负有保证顺鑫公司存款安全的义务。顺鑫公司在平湖支行开立账户时双方约定的存款支取方式为凭顺鑫公司的预留印鉴支取,顺鑫公司的预留印鉴是顺鑫公司提取存款的唯一凭据,所以,平湖支行在支取顺鑫公司存款时,负有严格审查取款人所持印鉴的真伪、确保存款凭真实印鉴支取的义务。由于平湖支行对银行资金疏于管理,未认真审核苗某某伪造并使用的顺鑫公司印鉴与顺鑫公司预留的印鉴是否相符,致使苗某某利用伪造的顺鑫公司储户印鉴,骗取顺鑫公司账户中的银行存款309.78万元。平湖支行在履行储蓄存款合同中未尽到应尽的安全保障义务,没有认真审查苗某某使用的印鉴真伪,是顺鑫公司账户上的存款被苗某某转走的直接原因。没有证据证明苗某某与顺鑫公司或者案外人李军某恶意串通,共同诈骗平湖支行的银行资金,也没有证据证明顺鑫公司或案外人李军某对苗某某的犯罪行为提供过帮助,平湖支行应该对顺鑫公司的银行存款被苗某某支取负全部责任。

平湖支行接受顺鑫公司的存款之后,负有保证顺鑫公司按照约定的方式和时间支取存款本金及利息的义务。货币在法律上属于种类物,顺鑫公司将其资金存入平湖支行之后,该资金即转化为平湖支行的银行资金,苗某某利用伪造的顺鑫公司储户印鉴,将顺鑫公司账户中的银行存款转出,其诈骗的对象是平湖支行而非顺鑫公司,侵害的是平湖支行的银行资金而非顺鑫公司的财产。所以,尽管苗某某骗取了顺鑫公司账户中的银行存款,平湖支行仍应按约定向顺鑫公司兑付存款本息,而不能以顺鑫公司的银行存款被苗某某骗取为由拒绝兑付。本案中,当顺鑫公司向平湖支行提出支取存款本金及利息的要求时,平湖支行以各种理由拖延、推诿,拒绝履行向顺鑫公司兑付存款本金及利息的储蓄存款合同义务,平湖支行的这一行为构成违约。在顺鑫公司起诉请求平湖支行履行兑付存款本息的合同义务的情况下,平湖支行应该按照《合同法》第一百零七条的规定,承担继续履行的违约责任,即承担向顺鑫公司兑付全部存款本息的民事责任。

顺鑫公司对其银行存款被苗某某骗取虽然没有责任,但顺鑫公司在开立账户时即开通了建设银行 95533 手机短信查询服务,在账户上的存款被他人转走之时就应该知道,而且,苗某某将顺鑫公司存款 300 万元转走后不久即告诉了李军某,顺鑫公司在知道其账户上的存款被他人不法支取之后,作为储蓄存款合同关系的相对方,应该及时向公安机关报案或者通知平湖支行,以使平湖支行能够及时采取措施追回被骗款项,但顺鑫公司对其存款被他人转走持放任态度,既未向公安机关报案,也未及时通知平湖支行,顺鑫公司的这一放任行为客观上使平湖支行失去了第一时间向苗某某追回被骗款项的机会,致使平湖支行的银行资金损失进一步扩大,根据《合同法》第一百一十九条的规定,顺鑫公司应该对银行资金损失的扩大承担相应的责任,不得就扩大部分的损失要求平湖支行承担兑付责任。湖南省衡阳市中级人民法院一审根据顺鑫公司对损失扩大的过错,认定其对存款本息自行承担 20% 的责任,符合本案的客观实际,最高人民法院酌定因顺鑫公司未采取必要措施致使平湖支行的银行资金损失扩大的部分为顺鑫公司银行存款本息的 20%,就该部分损失,顺鑫公司不得要求平湖支行承担责任。二审判决认定顺鑫公司与平湖支行对顺鑫公司的存款损失存在同等过错,忽略了顺鑫公司存款损失的根本原因在于平湖支行未审核出苗某某所持印鉴的真伪,不当加重了顺鑫公司对存款损失扩大的责任,最高人民法院予以纠正。

顺鑫公司开设账户并存入 300 万元存款之后,该账户上以现金方式又存入 10 万元,虽然顺鑫公司没有举证证明该 10 万元为顺鑫公司所存,但根据资金进入谁的账户,就应归谁支配的储蓄存款原则,应当推定归顺鑫公司所有。计入该 10 万元款项后,顺鑫公司账上被苗某某实际转走的资金为 309.78 万元,平湖支行实际拒付的银行存款为 309.78 万元。顺鑫公司为了支取银行存款,多次前往湖南省衡阳市与平湖支行交涉,顺鑫公司为此所支出的 8929 元车费和住宿费,也应由顺鑫公司自行分担 20%,余下部分由平湖支行予以赔偿。

——景汉朝主编、最高人民法院审判监督庭编:《审判监督指导》总第 49 辑,人民法院出版社 2015 年版,第 97 ~ 108 页。

李亚东与泰安市泰山区农村信用合作联社泰汶路分社、泰安市泰山区农村信用合作联社存单纠纷申请再审案[最高人民法院(2013)民申字第 850 号民事裁定书]

最高人民法院认为:二审查明,2008 年 8 月 14 日,李亚东在赵勇的安排下到泰汶分社开立账户并存入 500 万元,并收取了 24 万元的高息。随即赵勇利用获知的账号、密码违规将该笔款项转到自己控制的账户。对此,有赵勇在刑事案件中的供述及信用社工作人员许桂芬、罗英的陈述相互印证，且李亚东收取了高息以及双方之间曾存在发生多笔业务的事实。故李亚东所称其未将密码告诉赵勇，本院不予采信。李亚东对存款损失的发生具有重大过错，二审判决其自行承担30%的责任并无不当，本院予以维持。

——中国裁判文书网，http://wenshu. court. gov. cn。

西部证券股份有限公司西安西五路证券营业部与中国农业银行西安昆明路支行存款合同纠纷案[最高人民法院(2005)民二终字第233号民事判决书]

最高人民法院认为：如果西部证券不谋取非法高息，就不会产生本案之纠纷；西部证券若不默许、放任李大伟的行为，不向其提供空白的预留印鉴模，李大伟则难以动用涉案款项；西部证券若不向李大伟承诺一年内不对账、不动用存款，不委托李大伟而是亲自去农业银行办理变更预留印鉴手续，或者在银行要求对账时及时对账而不将对账情况告知李大伟，则李大伟的犯罪事实将会及时被发现，并可以防止涉案款项损失的扩大和难以追回的局面。同样，农业银行若在发现印鉴有问题时，能够按照中国人民银行的金融管理规定，勤勉谨慎地予以审查和识别，则李大伟等人自然无法成功购买现金支票和转账支票并进行部分提现和转账；如果农业银行在发现印鉴不符且西部证券对其对账要求未予理会时，不轻信李大伟等人的辩解，不违规采用要求李大伟等人书写保证书的方式并更换原预留印鉴，而是进一步与西部证券核对印鉴的话，则应当可以发现印鉴为虚假，并及时发现李大伟的犯罪行为。由此可见，无论是西部证券抑或是农业银行，在本案所涉款项损失方面，均存在重大过错。由于西部证券已实际收取162.5万元高息，因此该高息部分应冲抵本金。鉴于本案诉争双方在涉案款项损失方面皆有重大过错，而农业银行作为存款行在审查时更应依法严格审查，履行勤勉谨慎审查之义务，故农业银行和西部证券应对本案所涉本金及利息部分损失分别承担60%和40%的责任；对于尚未追回的损失后果，由双方在李大伟、陈煜辉刑事一案的处理中继续追偿。

——最高人民法院民事审判第二庭编：《最高人民法院商事审判指导案例 · 金融卷》，中国法制出版社2011年版，第240～254页。

驻马店市高新区万利达实业有限公司与中国工商银行股份有限公司郑州市南阳路支行存款纠纷案[最高人民法院(2005)民二终字第161号民事判决书]

最高人民法院认为：本案诉争双方最为争议的一个焦点，是关于万利达公司和工行南阳路支行各自的过错以及相应责任问题。本院认为,本案现已查明的事实表明,在涉案款项被李红伟诈骗并造成款项损失方面,万利达公司和工行南阳路支行均存在过错。应根据各方的过错合理划分各方在本案中所应承担的责任。万利达公司是驻马店东风信用社下属的经济实体,本案所涉900万元款项系其在驻马店东风信用社的贷款;万利达公司成立以来,除本案争议的存款业务之外,没有经营记录;为获取高额利息,万利达公司在到工行南阳路支行办理开户和存款手续之前,万利达公司副经理史新立即与李红伟协商过到工行南阳路支行存款以获取高额利息等事宜;在办理开户手续时,史新立是与李红伟一起去办理的;在办理开户和存款手续之后,已违法收取李红伟支付的高额利息;为履行与李红伟协商的一年期限,万利达公司从不查询或对账;在存款到期且知道款被李红伟使用之后,史新立找过李红伟;在知道款被李红伟诈骗且工行南阳路支行让万利达公司报案之后,万利达公司没有报案。上述事实表明万利达公司为谋取高额利息,在李红伟从工行南阳路支行转出涉案款项的过程中存在放任行为,在涉案款项被骗并造成损失方面存在过错。根据其过错程度,对因涉案款项被骗而形成的损失应自行承担20%的责任。应当指出,万利达公司董事长张红忠和副经理史新立分别在郑州市人民检察院李红伟票据诈骗案刑事卷宗中的情况说明、询问笔录,虽不足以认定万利达公司副经理史新立构成犯罪,但足以证明万利达公司在本案存款民事法律关系中存在过错。工行南阳路支行在万利达公司办理开户和存款手续之后,在没有与万利达公司签订使用密码、图章印鉴协议书的情况下其工作人员违规为李红伟办理更换密码手续,导致李红伟能假冒万利达公司名义以私刻印鉴伪造委托手续将万利达公司账户内款项的支付方式由预留银行签章支付更改为密码支付,并在万利达公司预留印鉴卡上加盖"无密码无效"进行加密;其工作人员违规操作,导致李红伟能假冒万利达公司名义将以亿中公司名义购买的转账支票加密登记在万利达公司名下;因其工作人员没有尽到谨慎审查预留银行签章的义务,导致李红伟能以私刻印鉴伪造转账支票、汇票委托书将万利达公司账户内的款项转出。工行南阳路支行作为存款行应该严格履行国家金融管理法律法规的相关规定,上述事实表明工行南阳路支行存在违规操作行为且未尽到谨慎审查的义务,在涉案款项被骗并造成损失方面,存在重大过错。根据其过错程度,对因涉案款项被骗而形成的损失应承担80%的责任。

——最高人民法院民事审判第二庭编:《最高人民法院商事审判指导案例·金融卷》,中国法制出版社2011年版,第179~188页。

【链接：最高人民法院法官著述】

要想全面认识储蓄存款合同双方当事人，特别是银行的权利义务，必须要厘清储蓄人在银行的存款的性质。当储蓄人将款项存入银行之后，银行可以利用储户的存款在央行、银监会等机构允许的范围内进行贷款、拆借、贴现等业务，储蓄人通过存款行为将款项的占有、使用、收益、处分等权利转让给银行，银行可以对储户在银行的存款进行自由处分而不需要通知储户，更不需要储户的同意。储蓄存款行为并不同于在银行购买理财产品，银行在行为人购买理财产品时，多数担任中介、居间的角色，行为人的资金并非进入银行的自有账户，而是拥有固定的理财用途，银行不可随意使用。而当储户需要取款时，银行也并非将储户原本存起来的款项原封不动地还给客户，由于货币在法律上属于种类物，储户在取款时，只要收到相应数额的货币即可。所以，当储户在银行存款时，这实际上是储户的资金向银行的自有资金转变的过程，而当储户取款时，是银行将自有资金交付给储户的过程。

——张华：《如何确定储蓄存款合同中各方当事人的法律责任——邢台县顺鑫贸易有限公司与中国建设银行股份有限公司衡阳平湖支行储蓄存款合同纠纷抗诉案》，载景汉朝主编、最高人民法院审判监督庭编：《审判监督指导》总第49辑，人民法院出版社2015年版，第97～108页。

777

储户与银行在办理存款转款手续过程中款项被骗，应当根据各方在款项流失过程中的过错确定民事责任

关键词 | 储蓄存款合同 | 过错责任 |

【最高人民法院裁判文书】

李连安与中国银行股份有限公司盘锦双兴支行储蓄存款合同纠纷申请再审案［最高人民法院（2016）最高法民申2095号民事裁定书］

最高人民法院认为，本案的争议焦点为：（一）李连安是否存在过错，原判决

判令其自行承担10%的责任是否适当;(二)李连安提出的赔偿损失的诉讼请求是否应予支持。

……生效的刑事判决认定,李连安等人明知李军等人提出的条件及高额利息严重违反中国人民银行关于储蓄存款的相关规定,但为获取高额利息,仍到银行指定窗口,将存款汇入银行,并在款项转出时配合输入密码,导致上述款项被转出使用。同时,根据原判决查明的李连安在刑事案件中的证言,李连安为得到高额利息或好处费,在银行开折并存款,事后收取于勇给付的利息250万元。李连安上述证言亦被刑事生效判决作为认定案件事实的依据。以上刑事生效判决的认定对民事案件的审理具有羁束力,李连安对此亦不能提出足以推翻前述认定的证据。据此,原判决认定李连安明知其存款获得高额利息不属于银行正常业务范围,但为获取高额利息疏于防范,对风险持放任态度,其自身存在过错,并判令其自行承担10%的责任,并无不当。

关于焦点(二),本院认为,李连安主张的经济损失,主要包括因其不能履行与案外人签订的汽车消费贷款合同、借款合同所支付的利息、违约金、律师费、诉讼费等费用。首先,其主张的这些损失,与其和双兴支行之间的储蓄存款合同关系没有必然的因果关系。其次,李连安作为完全民事行为能力人,且常年从事小额贷款担保业务,应当能够预见到为牟取高额利息出借资金存在的高风险。其在明知存在高风险的情况下,仍将巨额款项出借,应当自行承担由此可能产生的风险后果。

——中国裁判文书网,http://wenshu.court.gov.cn。

中交第一公路勘察设计研究院与中国银行西安市咸宁路支行存款纠纷再审案(最高人民法院再审民事判决书)

裁判摘要:储户在经数个中介人介绍后,决定到中介人指定的银行办理高息存款。在储户办理存款开户、转款过程中,中介人利用其与储户和银行工作人员接触的机会骗取银行信任,在开户申请书上加盖了假公章,并用假公章和银行审查工作的疏忽,更换了储户印鉴片,控制了储户的账户并从中转走了大量的存款。人民法院应当根据各方在款项流失过程中的过错来确定双方的民事责任。

最高人民法院经审理认为:廖善继和李建安开立存款账户、转存款项是代表设计院所为的法人行为。设计院持营业执照、企业代码本、财务专用章等申请开立存款账户,咸宁路支行经审查后同意并办理了相应的开户手续,提供了存款账户，设计院向该账户内存入500万元，双方即形成了存款关系。银行有依法保护储户存款安全的义务，但咸宁路支行严重违反有关规定，未审查更换印鉴者的身份证件，未要求其填写更换印鉴申请书，也没有收回有效的原印鉴片，仅凭授权不明的介绍信就为来人办理了更换印鉴的手续，致使设计院账户内的500万元存款被他人控制，造成的损失应由咸宁路支行自行承担。设计院以高息名义收取的291500元并非咸宁路支行支付，且该款已被收缴，设计院已经承担了相应的法律责任。咸宁路支行应当返还设计院500万元存款本金和利息。本案中存在的开户申请书假公章及高息来源等经济犯罪线索与存款关系不是同一法律关系，已由公安机关查处，不影响本案的审理。原一审判令咸宁路支行向设计院兑付500万元本金正确，但要求设计院自行承担利息损失不当，亦应予以纠正。

——苏泽林主编、最高人民法院审判监督庭编：《审判指导指导》总第19辑，人民法院出版社2007年版，第91～95页。

778

存款人对他人转走其在金融机构的款项存在过错的，应承担相应责任

关键词｜伪造公章｜违约责任｜过错责任｜与有过失｜

【最高人民法院裁判文书】

永康市胜达汽车维修中心与珠海市农村信用合作联社借款合同纠纷案［最高人民法院（2012）民提字第6号民事判决书］

裁判要旨：存款人于金融机构开立账户，并将款项存入该账户后，双方即建立存款关系，金融机构应按照存款人要求支付款项。第三人伪造公章将存款人的款项转走，金融机构应承担违约责任。存款人对第三人转走款项存在过错，应根据与有过失自己承担相应部分的损失。

最高人民法院认为：关于胜达汽修中心的责任。尽管根据现有证据不能认定胜达汽修中心与吴益涛等人存在以珠海农信联社为转移风险平台的非法借贷关系，但从相关案件事实来看，胜达汽修中心本应及时发现吴益涛等人动用其账

户上资金的意图与事实,但其却在高额利息的诱惑下,轻信吴益涛的各种谎言,在珠海农信联社开立账户并划入大量资金,导致损失的发生。在知道账户资金被转走后,没有及时与珠海农信联社沟通或向公安机关报案,致使不能迅速采取措施追回损失。

第一,胜达汽修中心本应知道吴益涛可能存在的动用其资金的意图,仍然在珠海农信联社开立账户,为吴益涛犯罪行为的实施创造条件。根据(2009)粤高法刑二终字第102号刑事判决查明认定的事实:吴益涛通过中介人张江英介绍认识张守平,以支付资金方高额资金占用费和中介人好处费为条件让张守平寻找资金方到夏湾农信分社开户存款,张守平联系到胜达汽修中心的陈鹏。2004年12月3日,陈鹏派公司员工马青、胡志丰与张江英、张守平到夏湾农信分社以胜达汽修中心的名义开立账户,黎思思协助办理开户手续。当日,吴益涛、黎亮支付约定的资金占用费和个人好处费后,胜达汽修中心向该公司在夏湾农信分社的账户汇入人民币3000万元。之后,吴益涛与陈鹏抛开中介人,直接协商确定了资金占用费,同月9日至10日,陈鹏向该公司在夏湾农信分社的账户汇入人民币2500万元。上述事实证明,胜达汽修中心从浙江到广东珠海农信联社开户存款目的是为赚取吴益涛等支付的高额资金占用费。根据陈鹏在刑事案件中的陈述,其与吴益涛约定了8%的资金占用费。作为商事交易主体,胜达汽修中心既然与吴益涛个人直接约定存款利息或者资金占用费,就应当了解吴益涛等人向其支付高额利息的来源,进而可能会知道吴益涛存在的动用其资金的意图,但胜达汽修中心轻信吴益涛是珠海农信联社的代理人,认为所约定的高额利息是珠海农信联社高额揽储的利息,仍然按照吴益涛等人的要求在珠海农信联社开立账户,为吴益涛等人的犯罪行为创造条件。

第二,胜达汽修中心在未亲自办理转账的情况下收到从其自身账户转来的4500万元,仍继续往账户存款,存在重大过错。《账户管理协议》第三条约定:“预留印鉴是乙方(存款方)委托甲方(金融机构)支付款项和办理业务的依据,乙方承担因预留印鉴相符产生的一切业务后果。”从该约定来看,印鉴卡是办理业务的唯一根据,没有存款单位的印鉴卡不能办理划款手续,胜达汽修中心作为存款方对此应当明知。但根据案件查明事实,2004年12月底,陈鹏因项目需要向吴益涛提出先划回人民币4500万元,吴益涛、黎亮指使叶建湘使用盖印有虚假胜达汽修中心印章和陈鹏私章的划款凭证将胜达汽修中心在珠海农信联社账户内的4500万元直接划到陈鹏指定的异地银行账户,而胜达汽修中心并未到珠海农信联社办理划款手续。此时,胜达汽修中心应当知道吴益涛等人可以在其未出具印鉴卡的情况下动用其账户，但胜达汽修中心并未到珠海农信联社对转款情况进行核实，也未派人补办相关手续，而是轻信所谓的“银行特种转款”的说法，仍分多笔向涉案账户汇款 6000 万元，将大量资金存放于他人可以动用的账户之中，对该款项被他人套取存在重大过错。

第三，胜达汽修中心没有按照约定核对账单，没能及时发现其账户被他人动用，尽早采取措施防止或减少损失的发生。根据双方《账户管理协议》第六条的约定：“每月月初，乙方必须及时对甲方发放的上月对账单进行相关账务核对，如对对账单的内容有所疑问，应于对账单发放日当月 15 日内向甲方查询，否则，甲方视同乙方认可对账单的内容。”根据该约定，胜达汽修中心应在每月月初及时核对对账单，有异议应及时向珠海农信联社查询。本案中，珠海农信联社没有按照约定向胜达汽修中心寄送对账单，但胜达汽修中心并没有就此向珠海农信联社进行询问或查询，未能及时发现其账户内款项被他人动用，并采取措施防范损失发生，在账户款项被他人动用后仍继续向该账户转款，给吴益涛等人的犯罪行为创造了条件。

第四，胜达汽修中心在知道其账户款项被转走后，未及时向珠海农信联社主张权利，也未向公安机关报案，导致造成的损失不能尽早得到控制。根据案件查明事实，胜达汽修中心在 2005 年年初就已经知道涉案账户内的款项被转走，但其并未按照正常程序向珠海农信联社主张权利，或向公安机关报案，而是向吴益涛、黎亮和黎思思等人追讨资金，并要黎思思写承诺书。直到 2005 年 7 月，胜达汽修中心派员到珠海农信联社查询账户，珠海农信联社发现其账户内资金被套取才向公安机关报案。可见，胜达汽修中心在损失发生后没有及时采取措施控制损失，致使珠海农信联社以及公安机关不能第一时间采取措施追回损失，对此胜达汽修中心应自行承担责任。

——最高人民法院民事审判第二庭编：《最高人民法院商事审判指导案例（2012）· 合同与借贷担保》，中国民主法制出版社 2013 年版，第 309 ~ 337 页。

779

存款人对存款的损失具有过错的，应相应减轻储蓄机构的责任

关键词 | 储蓄存款合同 | 过错责任 |

【最高人民法院裁判文书】

哈尔滨市南岗区跃进乡延兴村村民委员会与哈尔滨城郊农村信用合作社联社工程信用社储蓄存款合同纠纷案[最高人民法院(2011)民提字第178号民事判决书]

裁判要旨:储蓄存款合同法律关系中,储蓄人对存款的损失具有过错的,应在其过错范围内承担相应的损害赔偿责任,并相应减轻储蓄机构的责任。

最高人民法院认为:本案再审争议焦点是工程信用社是否应给付延兴村委会820万元存款本金及诉请的利息问题。主要从以下四个方面进行分析:

一、工程信用社对于延兴村委会款项的流失是否具有过错。工程信用社在办理本案所涉账户的开户手续,预留印鉴更换,存款支取等业务过程中存在违法、违规操作行为,具有明显过错,导致延兴村委会款项流失。具体表现为:第一,银发〔1997〕485号《人民币单位存款管理办法》第十条规定:"金融机构对单位定期存款实行账户管理。存款时须提交开户申请书、营业执照正本等,并预留印鉴。"本案中,在为延兴村办理定期存款开户手续时,工程信用社并未按上述规定让其提交盖有该村公章的开户申请书,致使在索春朋提交私刻延兴村公章伪造的介绍信办理更换预留印鉴时,没有据以核对延兴村公章真伪的依据,使得索春朋得以更换预留印鉴、最终骗走存款。第二,《人民币单位存款管理办法》第二十条规定:"因存款单位人事变动,需要更换单位法定代表人章(或单位负责人章)或财务人员印章时,必须持单位公函及经办人身份证件向存款所在金融机构办理更换印鉴手续,如为单位定期存款,应同时出具金融机构为其开具的证实书。"本案中,在索春朋要求更换预留印鉴时,工程信用社未按规定要求其出示"单位定期存款开户证实书",在其未出示"单位定期存款开户证实书"的情况下即为其办理了更换预留印鉴手续。而且,索春朋据以更换印鉴的介绍信系伪造,且该介绍信出具在更换预留印鉴之后。第三,《人民币单位存款管理办法》第二十二条规定:"存款单位的密码失密或印鉴遗失、损毁,必须持单位公函,向存款所在金融机构申请挂失。"本案中,索春朋是以预留印鉴遗失为由请求更换预留印鉴,故按照上述规定工程信用社应先办理挂失手续,但该社并未办理该手续。第四,《人民币单位存款管理办法》第十一条规定:"存款单位支取定期存款只能以转账方式将存款转入其基本存款账户,不得将定期存款用于结算或从定期存款账户中提取现金。支取定期存款时,须出具证实书并提供预留印鉴，存款所在金融机构审核无误后为其办理支取手续，同时收回证实书。”第十三条规定：“单位定期存款可以全部或部分提前支取，但只能提前支取一次。”本案中，工程信用社在索春朋提取款项时，未按照上述规定要求其出示证实书，也未在款项支取完毕后将《证实书》收回。其还违反规定为索春朋提取现金，多次办理转款手续、将款项转入非延兴村账户，致使延兴村款项流失。

二、索春朋办理银行业务行为是否构成表见代理。《合同法》第四十九条规定：“行为人没有代理权、超越代理权或者代理权终止后以被代理人名义订立合同，相对人有理由相信行为人有代理权的，该代理行为有效。”其是关于表见代理的规定。在司法实务中，如何认定“相对人有理由相信行为人有代理权的”这一要件，应从是否在客观上形成具有代理权的表象和在主观上相对人善意且无过失地相信行为人有代理权两个方面进行认定。工程信用社主张构成表见代理的事实是，延兴村的党支部书记刘东潮不仅向该社工作人员介绍索春朋是延兴村的会计，且在办理开户和更换印鉴的过程中，刘东潮均与索春朋在现场，刘东潮与索春朋通谋更换预留印鉴。最高人民法院认为，关于延兴村委会到工程信用社开立账户之时，索春朋的身份就是延兴村委会会计的事实，主要证据为索春朋以及工程信用社工作人员计景华、庄茜等人的陈述。《民事诉讼证据规定》第六十九条第（二）项规定，与一方当事人或者其代理人有利害关系的证人出具的证言不能单独作为认定案件事实的依据。工程信用社工作人员属于本案利害关系人，故其证言不能单独作为认定案件事实的依据。索春朋系票据诈骗罪的罪犯，若认定其行为系延兴村委会的行为，则与减轻其刑事责任有关联，故对该证据不应采信。关于在更换印鉴之时刘东潮在场的事实，其证据主要为索春朋以及工程信用社工作人员的陈述。如前所述，工程信用社工作人员属于本案利害关系人，故其证人证言不能单独作为认定案件事实的依据。索春朋关于刘东潮是否在场的事实，在不同时间的陈述内容相反，且该事实与认定索春朋的刑事责任具有关联，故对该证据亦不应采信。关于刘东潮与索春朋通谋更换预留印鉴的事实，只有索春朋的供述，刘东潮并不予认可，且该事实与认定索春朋的刑事责任具有关联，故对该证据不予采信。综上，工程信用社主张索春朋具有代理权的客观表象以及其善意、无过失的事实并不能被认定，而且，如前所述，工程信用社在办理开户、更换印鉴以及转款手续时均具有明显过错，故表见代理的构成要件不具备，索春朋的行为不构成表见代理。

三、延兴村委会对款项的损失是否具有过错。本案中，延兴村在开立本案所涉账户时，由非该单位工作人员的索春朋与其村委会负责人刘东潮共同前去办理开户手续，且由索春朋填写预留印鉴卡片，并加盖人名章，使工程信用社对索春朋有权处理相关账户事宜产生一定的信赖，应认定其对款项的流失具有一定的过错。

四、当事人的责任确定。本案中，延兴村委会依其自主意志在工程信用社开立了定期存款账户并存入2000万元款项，工程信用社为其出具了定期存款开户证实书，双方依法成立了储蓄存款合同法律关系。储蓄机构负有到期给付存款人存款本息以及保障存款人账户资金安全的义务。存款人负有依法依约开立账户并妥善管理其账户的义务。《合同法》第一百零七条规定："当事人一方不履行合同义务或者履行合同义务不符合约定的，应当承担继续履行、采取补救措施或者赔偿损失等违约责任。"本案中，作为储蓄机构的工程信用社在办理本案所涉存款账户的开户以及更换存款人预留印鉴手续、办理支取存款业务过程中违反相关业务规则的规定，未尽审慎审核义务和保障客户资金安全义务，导致延兴村委会账户内的全部款项被索春朋骗走，应对款项的损失负主要责任。其到期未能履行给付存款本息的义务，构成违约。延兴村委会在开户之时，其法定代表人未带本单位财务人员到工程信用社办理开户手续，而是带非本单位工作人员索春朋到工程信用社办理开户手续并由索春朋填写预留印鉴卡片，加盖人名章，致使工程信用社对索春朋享有代理权产生一定的信赖，对索春朋骗取款项、致其损失也具有一定过错。双方构成混合过错，综合当事人双方的过错程度，延兴村委会应承担200万元本金及相应利息损失的责任，工程信用社承担给付其余本金及利息损失的责任。因工程信用社已返还延兴村委会1180万元本金，故其应再返还620万元本金，并给付1800万元款项的期内利息40.5万元，1800万元本金的逾期利息，40.5万元的逾期利息。关于利息的计算标准，最高人民法院认为，对于合同期限内的利息，应按照当事人的约定按照一年期定期存款利率2.25%计算。对于逾期给付部分的利息，尽管当事人之间未约定转存，延兴村委会主张按照同期银行贷款利率计息，但由于双方当事人对于款项被骗取均具有过错，而主要过错方为工程信用社，故按照同期银行定期存款利率计付利息较为适宜。

——最高人民法院民事审判第二庭编：《商事审判指导》总第28辑，人民法院出版社2012年版，第168～171页。

780

存款人为了获取高息配合犯罪分子办理案涉账户有关手续，对于该账户内资金被转走具有重大过错，应当承担主要责任

关键词｜储蓄存款合同｜过错责任｜

【最高人民法院裁判文书】

方天德与中国工商银行股份有限公司衡阳白沙洲支行储蓄存款合同纠纷申请再审案[最高人民法院(2016)最高法民申1862号民事裁定书]

最高人民法院认为：一、关于双方的过错及责任认定问题。

金阳公司在工行白沙洲支行开立账户并存入1500万元后，被案外人吴益涛等使用虚假印章从工行白沙洲支行划走。金阳公司现已被注销，注销前将案涉债权转让给方天德。方天德主张，案涉1500万元被犯罪分子划走系工行白沙洲支行的管理漏洞所致，与金阳公司和方天德无关，工行白沙洲支行应当承担向方天德返还全部本金及支付利息的责任。工行白沙洲支行主张，该行保存的印鉴卡和犯罪分子用来转账的汇票上的金阳公司印章一致，银行留存的印鉴是金阳公司所留，印鉴卡上的印章系金阳公司工作人员陈非非所盖，工行白沙洲支行依法依规履行了支付金阳公司1500万元存款的义务，案涉存款合同已履行完毕，不应再次支付。本院认为，根据吴益涛犯罪一案的生效刑事判决认定的事实，案涉账户开户前，吴益涛曾联系陈非非到衡阳市商业银行珠晖支行以东阳轻工业公司的名义开立账户并存入1000万元，吴益涛为此支付陈非非10万元，后因东阳轻工业公司被注销，银行不同意划款，为了不再发生借用别人单位名称开户出错的情况，陈非非与方天德等人成立了金阳公司，同时陈非非与吴益涛约定存款时间为20天，每天按4‰计息。办理开户手续时，金阳公司的委托代理人陈非非在吴益涛的陪同下，通过工行白沙洲支行行长的弟弟吴柳办理开户手续，陈非非允许吴柳代为填写存款人资料，并将金阳公司公章和方天德私章交由此前承诺给予其高息的吴益涛加盖。金阳公司将1500万元存入工行白沙洲支行之后，吴益涛、吴柳使用盖有虚假的金阳公司公章和方天德私章的支票和电汇凭证将该公司账户内的1500万元划走，同时向金阳公司和陈非非支付了332万元资金占用费。经鉴定，工行白沙洲支行留存的印鉴卡、转账支票、电汇凭证上的金阳公司公章及方天德私章与犯罪分子用以转账的汇票上的印章一致，均为虚假印

章。账户资金被吴益涛等人转走期间，工行白沙洲支行两次通知陈非非对账，陈非非接到通知后告诉吴益涛，吴益涛让吴柳去银行拿出对账单后再把盖好章的对账单送回银行。前述事实表明，金阳公司为了获取高息，配合犯罪分子办理案涉账户的有关手续，对于该账户内的资金被转走具有重大过错，应当承担主要责任。工行白沙洲支行作为金融机构，在金阳公司开户过程中未发现该公司在《单位银行结算账户管理协议》加盖的印文与在银行印鉴卡上留存的印文不一致，且允许非金阳公司工作人员吴柳拿出该公司的对账单，对储户资金安全未尽谨慎注意义务，也应承担相应的责任。一审、二审法院认定金阳公司承担70%的责任，工行白沙洲支行承担30%的责任，具有事实和法律依据。

——中国裁判文书网，http://wenshu.court.gov.cn。

781

行为人诈骗造成存款人损失，存款人有过错而银行无过错的，银行不承担责任

关键词｜诈骗｜储蓄存款合同｜过错责任｜

【最高人民法院裁判文书】

康志岳与温州银行股份有限公司储蓄存款合同纠纷案［最高人民法院（2014）民申字第122号民事裁定书］

最高人民法院认为：康志岳委托其在境内的祖父康进顺管理其欧元款项，并取得了定期一本通存折即案涉1573账户。从该账户的开立过程看，康志岳将有效身份证件交由康进顺管理，并由康进顺代其在温州银行开立账户，存入欧元款项，不难看出，康志岳将案涉款项全权交由其祖父康进顺进行处置，康志岳在原审时亦认可这一事实。而实际上，以康志岳为户名的1573账户的开立、密码设置、办理存取事宜均是康进顺交由其在温州银行工作的亲属林晓雅完成的，连存款账户的客户签名“康志岳”也是林晓雅代为签署的。个人业务凭证客户签名栏处摘抄了康志岳的护照号码和林晓雅的身份证号码，林晓雅是以代理人身份完成案涉款项的存取交易。对此，康进顺并无异议。林晓雅使用康志岳的身份证件和已经掌握的交易密码，将康志岳账户中的欧元转出，用于个人炒汇、炒股

等投资，康进顺是同意的。林晓雅还曾将部分收益转交康进顺，但最终由于外汇亏损，林晓雅不能偿还部分款项，为此向康进顺出具了欠条，在无法偿还剩余款项的情况下，康进顺报案。这表明整个过程康进顺是知晓的，康进顺对此也无异议。该过程亦表明康进顺已代康志岳处分了其在温州银行的存款。就林晓雅掌握的康志岳的身份材料、交易密码和以开立账户时的代理人身份，其完全可以凭非银行工作人员处分该账户中的款项。在此过程中，银行是否有过错，从目前的材料看，康志岳并未提供充分的证据证明林晓雅从其账户中转出欧元的过程中，银行有过错，因此，温州银行对于康志岳账户款项灭失，不应承担赔偿责任，康志岳应就其损失向康进顺主张，或者向已经被认定构成诈骗犯罪的林晓雅主张。

——中国裁判文书网，http://wenshu.court.gov.cn。

782

银行储蓄卡密码被泄露导致存款被他人骗取而引起的储蓄存款合同纠纷应当依法受理

关键词｜民事案件受案范围｜储蓄存款合同｜

【最高人民法院司法解释】

四川省高级人民法院：

你院《关于存款人泄露银行储蓄卡密码导致存款被他人骗取引起的纠纷应否作为民事案件受理的请示》收悉。经研究，答复如下：

因银行储蓄卡密码被泄露，他人伪造银行储蓄卡骗取存款人银行存款，存款人依其与银行订立的储蓄合同提起民事诉讼的，人民法院应当依法受理。

——《最高人民法院关于银行储蓄卡密码被泄露导致存款被他人骗取引起的储蓄合同纠纷应否作为民事案件受理问题的批复》（2005 年 7 月 25 日，法释〔2005〕7 号）

【链接：最高人民法院法官著述】

虽然银行储蓄卡密码被泄露，他人伪造储蓄卡而骗取了银行存款，其中已经涉及刑事犯罪，但存款人依据存款合同主张其存款权利的，可以向人民法院提起民事诉讼，理由有四：

第一，当事人请求银行支付存款与银行存款被骗是两个独立的法律事实。利用银行储蓄卡骗取银行存款的犯罪行为是针对银行的犯罪行为，而不是针对存款人的犯罪行为，因为支付的对象不是真正的存款人，故银行支付存款的行为属于民法上的不适当履行行为。因此，在存款人以存款合同为基础请求银行支付存款时，存款被骗取只是银行对抗存款人支付请求的一种事由，而不是否认存款人与银行之间存款合同关系的存在，也不能阻碍存款合同的履行。

第二，当事人基于存款合同提起的民事诉讼，只要符合《民事诉讼法（1991）》第一百零八条的规定，人民法院就应当受理。存款合同是存款人与银行签订的民事合同，并不因为刑事犯罪的存在而消灭。因此，当事人根据存款合同提起存款之诉，符合《民事诉讼法》关于民事案件受理的条件。

第三，作为民事案件受理不会影响刑事犯罪的处理。存款关系和骗取存款作为独立的两个事实，分别处理的后果也不会发生冲突。人民法院审理此类存款合同纠纷有两种可能结果：一是法院不支持存款人的请求，则骗取存款的人应当向存款人承担民事赔偿责任；二是法院裁判支持了存款人的诉讼请求，则银行取得向骗取存款的人进行追偿的权利。因此，存款民事纠纷的先行处理不会影响刑事案件的处理，也不会导致权利保护的不周。

第四，有利于保护当事人的民事权益。虽然涉及经济犯罪，但该种犯罪行为最终能够确定的对象通常都是一方当事人。因此，对双方当事人之间的民事关系的单独处理不受经济犯罪的影响，有利于保护当事人的民事权益。否则，一个案件因涉及经济犯罪，就不作为民事案件受理，或者移交刑事机关，民事案件不再处理，当事人的民事权益就很难得到充分、及时的保护。

——吴兆祥：《最高人民法院关于银行储蓄卡密码被泄露导致存款被他人骗取引起的储蓄合同纠纷应否作为民事案件受理问题的批复的理解与适用》，载最高人民法院民事审判第一庭编：《民事审判指导与参考》总第26集，法律出版社2006年版，第22～24页。

编者说明

关于银行储蓄卡密码被泄露导致存款被他人骗取引起的储蓄存款合同纠纷是否作为民事案件受理范围问题，最高人民法院的主流观点主要体现在前述答复上，即虽然银行储蓄卡密码被泄露，他人伪造储蓄卡而骗取了银行存款，其中已经涉及刑事犯罪，但存款人依据存款合同主张其存款权利的,可以向人民法院提起民事诉讼。

应当说明的是,当事人基于存款合同提起诉讼,法院作为民事案件受理,但并不意味着存款人的诉讼请求一定能够得到支持。存款被他人骗取应归责于银行一方还是存款人一方对双方责任的承担起着决定性作用。查清存款人和银行对他人骗取存款这一结果的原因力的大小,确定当事人在导致存款被他人骗取上的过错程度后,法院就可以按照过错程度来确定双方的责任。

查清案件的事实,确定当事人在存款被骗取结果上的过错,依赖于当事人的举证。存款人请求支付存款,银行拒不支付存款的,应当对其拒绝理由提供证据。银行不仅要举证证明有人已经取走了存款,还要举证证明其对他人支付存款不存在过错,此时银行的抗辩才有可能得到支持。如果银行不能举证上述证据,其抗辩则不会得到法院的支持。

783

存款人是否有过错、信用社工作人员经济犯罪是否应当中止审理属于实体审理范围,不应在立案受理阶段审查

关键词|储蓄存款合同|立案审查|实体审理|民刑交叉|

【最高人民法院裁判文书】

陈德銮与文水县农村信用合作联社刘胡兰信用社储蓄存款合同纠纷申请再审案[最高人民法院(2017)最高法民再1号民事裁定书]

最高人民法院认为,本案系储蓄存款合同纠纷。陈德銮向开设在刘胡兰信用社用户名为第三人韩双勇的账户转账汇款400万元,刘胡兰信用社工作人员林文彬向陈德銮出具一份证明载明:“兹证明陈德銮会长给予文水县农村信用合作联社刘胡兰信用社办理存款人民币(大写)肆佰万元整,行号:40××× 45,卡号:62××× 88,姓名韩双勇。2012年10月17日至2012年11月17日,到时准时退还。特此证明。本存款已到账。注明:此款2012年9月18日到账”,落款时间为“二〇一二年拾月壹拾柒日”,加盖有“文水县农村信用合作联社刘胡兰信用社业务专用章”及“王永明印”,并有“经办人:林文彬”签字。结合刘胡兰信用社向陈德銮出具的证明,应视为陈德銮与刘胡兰信用社存在真实的存款合同关系。虽然文水县公安局决定对林文彬合同诈骗案立案侦查,但林文彬的犯罪行为不应当影响储户陈德銮要求银行承担偿付存款本息的民事纠纷的审理。

依据《存单纠纷规定》第一条第(一)项关于“存单纠纷案件的范围:当事人以进账单、对账单、存款合同等凭证为主要证据向人民法院提起诉讼的纠纷案件”的规定以及第三条第一款关于“存单纠纷案件当事人向人民法院提起诉讼,人民法院应当依照《民事诉讼法》第一百零八条的规定予以审查,符合规定的,均应受理”的规定,原一、二审法院驳回陈德銮的起诉,属适用法律有误。此外,法院在立案阶段仅对案件进行形式审查,至于刘胡兰信用社在存款过程中是否有过错、本案林文彬经济犯罪是否应当中止审理的问题,属于实体审理范围,不是立案受理阶段审查的问题,应待实体审理中查明并依法判决。

——中国裁判文书网,http://wenshu. court. gov. cn。

784

存折、银行卡类纠纷案件中举证责任的分配原则

关键词 | 储蓄存款合同 | 举证责任分配 |

【最高人民法院司法政策】

积极慎重审理金融电子化服务中发生的案件。

金融机构在向电子化服务转变过程中,出现了一些新类型案件。例如,在储蓄存款案件中,金融机构以取款人凭其设定的密码和伪造、变造的存折,在异地以通兑的方式将存款取走而拒付存折持有人凭真实存折取款发生的纠纷;通存通兑异地取款纠纷案件中,异地取款没有及时在存折上登记,存折记载的存款金额和实际存款情况不符,存款人要求按照存折记载的金额兑付而发生的纠纷。人民法院应当坚持依法维护金融机构信用、保护存款人合法权益,按照严格责任原则,准确认定金融机构的责任承担。存款人以真实存单(存折)向金融机构主张权利的,金融机构应当承担兑付责任。金融机构以存款已正确兑付或者因存款人的过错而被诈骗为抗辩事由,应负举证责任;如果举证不能,仍应承担兑付责任。存款人与金融机构对存款被诈骗均无过错的,则金融机构仍然应当承担兑付或赔偿责任;存款人与金融机构对存款被诈骗均有过错的,则依照过错大小,各自对存款损失承担相应的责任。需要明确的是,金融机构承担严格责任的法律要件是,损害结果与其过失行为之间具有法律上的因果关系。如果银行无

纸化制度的缺陷与存款被诈骗没有法律上的因果关系，金融机构就不应当承担存款兑付责任。

——李国光：《当前民事审判工作中应当注意的几个问题——在全国民事审判工作会议上的讲话》(2000 年 10 月 28 日)，载李国光主编、最高人民法院民事审判第二庭编：《经济审判指导与参考》第 4 卷，法律出版社 2001 年版，第 13 页。

【最高人民法院答复】

天津市高级人民法院：

《天津市高级人民法院关于天津市邮政局与焦长年存单纠纷一案的请示》报告收悉。经研究认为：1. 关于当事人之间分配举证责任的问题，焦长年主张自己在天津市邮政局下属储蓄所办理的存款账户中的存款数额少了 9045 元，而其本人没有在 2000 年 5 月 13、14、15 日连续 3 天于成都市使用取款卡取款 9000 元，天津市邮政局应当对其账户内存款数额减少 9045 元承担赔偿责任。其举证责任在于，证明自己与天津市邮政局之间存在储蓄合同关系，证明自己的存款数目，存折和取款卡没有丢失。焦长年提交了存折和取款卡，即已完成了举证责任。根据证据学原理，只能要求主张事实发生或者存在的当事人承担举证责任；而不能要求主张事实不存在或者没有发生的当事人负举证责任。因此不能要求焦长年举证证明自己没有为异地取款行为。2000 年 5 月 15 日 11 时许，焦长年持取款卡在天津市邮政局的储蓄所取款的事实证明，其本人当时肯定在天津，且未遗失取款卡，而同日在成都仍然发生了使用焦长年的取款卡连续 3 次从其账户中取款的事实。天津市邮政局主张焦长年恶意支取，则应当就其使用或者指使他人使用取款卡，于 2000 年 5 月 13、14、15 日在成都市火车站邮局、走马街邮局取款的事实负举证责任。2. 关于本案涉及的风险负担问题，由于自动柜员机是天津市邮政局设置的，天津市邮政局从中获得经营收益，如果邮政局认为在自动柜员机上进行人机交易这种特殊的交易方式，导致其无法识别交易主体，无法证明在成都市使用取款卡从焦长年账户中取款的是什么人，而这一机器系统因存在安全缺陷而发生过储户存款被盗取的事实又为天津市邮政局自认，也就是说天津市邮政局承认其设置的自动柜员机从技术上尚无法充分保护储户的安全，为了维护储户的合法权益和邮政储蓄的公信力，应当由邮政储蓄部门对由此而产生的储户存在被盗取的风险承担责任。

综上所述,同意你院审判委员会的倾向性意见,即天津市邮政局承担因自动柜员机系统缺陷给焦长年造成存款本息损失的赔偿责任。

——《最高人民法院关于天津市邮政局与焦长年存单纠纷一案中如何分配举证责任问题的函复》(2003 年 11 月 6 日,〔2003〕民一他字第 16 号)

【最高人民法院裁判文书】

聂晓斌诉中国工商银行宾县支行储蓄存款合同纠纷提审案[最高人民法院(2004)民一提字第 3 号民事判决书]

裁判要旨:由于储户丧失对银行卡与密码的占有和银行疏于审核提款人身份导致存款被冒领,存款人和银行对此均存在过错,存款人丧失银行卡和密码是导致存款被冒领的起始及主要原因,存款人的过错程度明显大于银行,法院应根据双方的过错程度来判决各自应承担的责任。

最高人民法院再审认为:聂晓斌与宾阳工行建立的储蓄存款关系合法有效,应予保护。对于聂晓斌存款被他人冒领的事实,双方均无异议。本案争议的焦点问题是对于聂晓斌存款被他人冒领所造成的损失应由谁承担责任。

一、关于聂晓斌应否承担责任的问题。

银行与储户建立存款关系后,银行交付给储户的存折和银行卡等即为合同成立的标志,亦是储户的权利凭证。随着电子信息化的发展,有关储户的信息内容被存储在银行卡中,储户的姓名、身份证件类型和号码、存款数额、取款密码等均存储于该银行卡中,电子信息记录等均为交易的有效凭据,任何人掌握银行卡及密码就可以不通过银行柜台,而直接通过银行提款机自动取款。因此,卡主丧失银行卡及密码实际上就丧失了对存款的保护,使存款随时处于被他人占有的境地。本案中,聂晓斌虽然提供了有关证言,证明其从未丧失过对银行卡及密码的占有,但事实上确有犯罪嫌疑人利用聂晓斌的银行卡和密码取走存款。且根据广西壮族自治区公安厅针对中国工商银行广西壮族自治区分行及所辖分支机构的储蓄业务计算机处理系统安全性所做的"储户密码是保密的、安全的"鉴定结论,排除提款人利用虚假银行卡和密码取款的可能。因此,聂晓斌关于其已将银行卡剪断、密码烧毁的举证不能对抗存款被持有其真实银行卡及密码的人冒领的事实。原再审判决关于聂晓斌对于银行卡和密码未尽妥善保管责任的认定是正确的。聂晓斌对于存款被冒领明显负有过错,对因此造成的损失,应自负相应责任。

二、关于宾阳工行应否承担责任的问题。

本案是提款人到银行柜台要求一次性取款250000元，对于一次性提取现金50000元以上的存取款业务，中国人民银行银发〔1997〕363号《关于加强金融机构个人存取款业务管理的通知》第6条规定："办理个人存取款业务的金融机构对一日一次性从储蓄账户提取现金50000元（不含50000元）以上的，储蓄机构柜台人员必须要求取款人提供有效身份证件，并经储蓄机构负责人审核后予以支付。其中一次性提取现金200000元（含200000元）以上的，要求取款人必须至少提前一天以电话等方式预约，以便银行准备现金。"可见，中国人民银行对于涉及50000元以上的大额取款业务，是作出明确的操作规定的，即要求取款人必须提供有效身份证件，银行予以审核后方能支付。宾阳工行抗辩称，银发〔1997〕363号通知中所要求的银行审核，并未明确审核内容，没有明确要求必须审核取款人的身份证件是否与存单、存折相一致，因此，银行在实际办理取款业务中，仅形式审查取款人的身份证件，并予以登记，并不要求进一步审查取款人是否与存款人一致。而且，以灵通卡取款时，在银行电脑首页上并不直接显示卡主姓名（需由柜台人员继续操作，方能显示卡主姓名），无法直接审查取款人是否与存款人一致。此后，中国人民银行虽然在2000年12月14日作出银办函〔2000〕816号《关于个人存取款业务管理有关问题的批复》，对银发〔1997〕363号通知中关于审核含义不清的问题予以了明确，即"审核是指取款人提供的身份证件姓名是否与存单、存折姓名一致"，但该批复下发时，本案所涉存款冒领的事实已经发生，因此，其不存在违规操作、疏于审查的情况，不应承担任何责任。对此，最高人民法院认为，诚然中国人民银行银发〔1997〕363号通知中对于银行办理大额取款业务时应审核什么内容没有明确、具体的规定，但宾阳工行以审核指向不明，其已尽审核之责之说，却难以成立。审核一词应含审查、核实之义，审核所要做的基本工作就是要将提款人提交的资料与银行记载的存款资料相对照，一是审核存款事实是否存在，即对照提款人提交的取款凭证和密码是否真实，与银行记载的存款记录是否相符；二是审核提款人身份，即提款人提交的身份证件是否真实，是否与存款人本人相一致。这两项内容均应包含在审核范围之内。宾阳工行工作人员在实际操作中只审查了取款凭证和密码的真实性，遗漏了对提款人身份的核实，未完全尽到审核之责。银办函〔2000〕816号批复虽晚于本案存款冒领发生后作出，但并不能成为宾阳工行未尽审核之责的理由。宾阳工行对于存款被冒领亦负有过错，应承担一定责任。

三、关于双方承担责任的比例问题。

聂晓斌丧失对银行卡和密码的占有与宾阳工行疏于审核提款人身份共同构成存款被冒领的原因,但聂晓斌丧失银行卡和密码是导致存款被冒领的起始及主要原因,其过错程度明显大于宾阳工行。原再审判决根据双方的过错程度判令聂晓斌对于存款被冒领所造成的损失自负70%责任,宾阳工行承担30%的责任,并无不当。聂晓斌要求宾阳工行承担全部赔偿责任的再审请求,不予支持。

——苏泽林主编、最高人民法院审判监督庭编:《审判监督指导》总第18辑,人民法院出版社2006年版,第152~158页。

编者说明

在存折、银行卡纠纷案件中,各方当事人应如何承担举证责任,是解决纠纷的关键。在《最高人民法院关于天津市邮政局与焦长年存单纠纷一案中如何分配举证责任问题的函复》中,最高人民法院明确:1. 当事人之间举证责任的分配。持卡人的举证责任在于证明自己与发卡单位之间存在储蓄合同关系,证明自己的存款数目,存折和取款卡没有丢失。其提交了存折和取款卡,即已完成了举证责任。不能要求持卡人举证证明自己没有为异地取款行为。发卡人主张持卡人恶意支取,则应当就其使用或者指使他人使用取款卡取款的事实负举证责任。2. 关于涉及的风险负担。由于自动柜员机是发卡人设置的,发卡人从中获得经营收益,如发卡人认为在自动柜员机上进行人机交易这种特殊的交易方式,导致其无法识别交易主体,无法证明使用取款卡从账户中取款的是什么人,而这一机器系统因存在安全缺陷而发生过储户存款被盗取的事实又为发卡人自认,也就是说发卡人承认其设置的自动柜员机从技术上尚无法充分保护储户的存款安全,为了维护储户的合法权益和储蓄的公信力,应当由发卡人对由此而产生的储户存款被盗取的风险承担责任。

聂晓斌诉宾阳工行存款合同案[最高人民法院(2004)民一提字第3号]是最高人民法院通过审判监督程序处理的首起由于银行卡及密码遗失引发的储蓄存款纠纷案件,该案所确立的裁判原则对于各级法院处理同类案件具有重要的指导意义。在该判决中,最高人民法院认为:储户对银行卡及其密码有妥善的保管义务;银行对储蓄卡和密码有实质性审查义务,并对取款人身份有真实性审查义务(柜台办理取款时);因储户丧失对银行卡与密码的占有和银行疏于审核提款人身份导致存款被冒领的,存款人和银行对此均存在过错,存款人丧失银行卡和密码是导致存款被冒领的起始因素及主要原因,存款人的过错程度明显大于银行。法院应根据双方过错程度判决各自应承担的责任。

785 银行没有为在自助柜员机办理交易的储户提供必要的安全保密环境，由此造成储户损失的，应承担赔偿责任

关键词｜安全保障义务｜过错责任｜伪卡交易｜

【最高人民法院审判业务意见】

第一，关于银行卡合同中格式条款的效力认定问题。银行卡合同系格式合同，其格式条款的效力应依据《合同法》第三十九条、第四十条以及《合同法解释（二）》第九条、第十条的规定来认定。发卡行应对其是否履行了《合同法》第三十九条规定的合理的提示和说明义务承担举证责任。

银行卡合同中约定的"凡密码相符的交易均视为本人合法交易"、"信用卡持卡人选择最低还款额方式时，支付全部透支款项自银行记账日起，按规定利率计算的透支利息"等格式条款，应按照前述法律规定认定其效力。

——杨临萍：《关于当前商事审判工作中的若干具体问题》（2015 年 12 月 24 日），载杜万华主编：《商事法律文件解读》总第 134 辑，人民法院出版社 2016 年版，第 24 页。

【《最高人民法院公报》案例】

王永胜诉中国银行股份有限公司南京河西支行储蓄存款合同纠纷案（江苏省南京市鼓楼区人民法院民事判决书）

裁判摘要：犯罪分子利用商业银行对其自助柜员机管理、维护上的疏漏，通过在自助银行网点门口刷卡处安装读卡器、在柜员机上部安装摄像装置的方式，窃取储户借记卡的卡号、信息及密码，复制假的借记卡，将储户借记卡账户内的钱款支取、消费的，应当认定商业银行没有为在其自助柜员机办理交易的储户提供必要的安全、保密的环境，构成违约。储户诉讼请求商业银行按照储蓄存款合同承担支付责任，商业银行以储户借记卡内的资金短少是由于犯罪行为所致，不应由其承担民事责任为由进行抗辩的，对其抗辩主张人民法院不予支持。

江苏省南京市鼓楼区人民法院认为，原告王永胜在被告中行河西支行办理了无存折借记卡，即与中行河西支行建立了储蓄合同关系。根据储蓄合同的性

质,中行河西支行负有按照原告的指示,将存款支付给原告或者原告指定的代理人,并保证原告借记卡内存款安全的义务。《商业银行法》第二十九条第一款规定:“商业银行办理个人储蓄存款业务,应当遵循存款自愿、取款自由、存款有息、为存款人保密的原则。”为存款人保密,保障存款人的合法权益不受任何单位和个人的侵犯,是商业银行的法定义务。商业银行的保密义务不仅是指银行对储户已经提供的个人信息保密,也包括为到银行办理交易的储户提供必要的安全、保密的环境。商业银行设置自助银行柜员机,是一项既能方便储户取款,又能提高自身工作效率并增加市场竞争力的重要举措,银行亦能从中获取经营收益。对自助银行柜员机进行日常维护、管理,为在自助银行柜员机办理交易的储户提供必要的安全、保密环境,也是银行安全、保密义务的一项重要内容,这项义务应当由设置自助银行柜员机的银行承担。根据本案查明的事实,案外人汤海仁等五人通过在中行热河南路支行自助银行网点门口刷卡处安装读卡器、在柜员机上部安装具有摄像功能的 MP4 的方式,窃取了王永胜借记卡的卡号、信息及密码,复制了假的银行卡,并从原告借记卡账户内支取、消费 428709.50 元。上述事实说明,涉案中行热河南路支行自助银行柜员机存在重大安全漏洞。由于具备专业知识的银行工作人员对自助银行柜员机疏于管理、维护,未能及时检查、清理,没有及时发现、拆除犯罪分子安装的读卡器及摄像装置,致使自助银行柜员机反而成了隐藏犯罪分子作案工具的处所,给储户造成安全隐患,为犯罪留下可乘之机。综上,原告借记卡密码被犯罪分子所窃取,是银行未能履行其为储户提供必要的安全、保密环境的义务所致。

被告中行河西支行认为,被告与原告王永胜在借记卡管理协议书及章程中已经约定“持卡人应妥善保管密码,因密码泄露而造成的风险及损失由持卡人本人承担”。本案中,原告借记卡的存款被盗是因原告没有妥善保管密码所致,原告自身具有过错。因此,涉案借记卡的资金损失应由持卡人即原告本人承担。对此法院认为,原、被告双方在借记卡管理协议书及章程中的约定,应当是指在银行为持卡人提供了必要的安全、保密条件的情况下,完全由于持卡人自己的过失使借记卡遗失或密码失密造成的风险及损失,由持卡人本人自行承担。而本案中原告借记卡失密,是银行违反安全、保密义务所致。储户大多缺乏专业知识,在使用自助柜员机进行交易时,难以辨别门禁识别装置是否正常,是否安装了其他不明识别器,也难以发现柜员机上方是否安装了非法摄像装置。银行无权单方面增加储户的义务。银行未对自助柜员机进行必要的维护、未能给储户提供安全、保密的环境,导致持卡人借记卡密码泄露,并且在借记卡还在储户本人手中的情况下，未能准确识别被犯罪分子复制的假卡，最终导致储户借记卡账户内的资金被犯罪分子骗走，又错误解释借记卡管理协议书及章程约定的含义，主张风险一律由持卡人本人承担，没有法律依据，不予支持。

被告中行河西支行认为，原告王永胜借记卡内的资金短少是由于犯罪行为所致，对犯罪行为给原告造成的资金损失，被告不应承担民事责任。对此法院认为，首先，信用卡诈骗罪是指以非法占有为目的，违反信用卡管理法规，利用信用卡进行诈骗活动，骗取数额较大的财物的行为。根据本案查明的事实，案外人汤海仁等人利用被告未尽保密义务、对自助柜员机疏于管理的安全漏网，窃得原告借记卡的密码，而后使用复制的假卡进行支取和消费。银行未能准确地识别该复制的假卡，从而将原告借记卡账户中的存款错误地交付给假卡持有人。因此，在真借记卡尚由原告持有的情况下，汤海仁等人的行为并非直接侵害了原告的财产所有权，而是侵犯了银行的财产所有权。原告与被告建立的储蓄合同关系合法有效，双方的债权债务关系仍然存在。被告认为原告借记卡内的资金短少属于犯罪行为给原告造成的资金损失，被告不应承担民事责任的主张，没有事实根据和法律依据，不予支持。其次，《商业银行法》第三十三条规定："商业银行应当保证存款本金和利息的支付，不得拖延、拒绝支付存款本金和利息。"该条规定了商业银行的保证支付义务，被告错误地将原告借记卡账户内的存款交付给假卡持有人，未适当完成自己的支付义务，故原告要求中行河西支行支付相应存款及相应利息的主张合法，应予以支持。

综上，原告王永胜借记卡账户内资金短少系因被告中行河西支行未履行其应尽的安全、保密义务所致，原告要求中行河西支行支付存款及相应利息的诉讼请求予以支持，但应扣除中行下关支行已出借的232000元。

——《最高人民法院公报》2009年第2期

顾骏诉上海交行储蓄合同纠纷案（上海市第二中级人民法院二审民事判决书）

裁判摘要：依照《商业银行法》第六条的规定，商业银行应当对利用自助银行和ATM机实施的各种犯罪承担防范责任。犯罪分子以在自助银行门禁系统上安装盗码器的方法，窃取储户的银行卡信息和密码造成储户损失的，如储户无过错，商业银行应承担赔偿责任。

上海市第二中级人民法院认为：提供交易场所功能的自助银行和提供交易功能的ATM机，都是商业银行利用先进技术向社会推出的金融工具。金融，由于其特性，历来易招致多种犯罪攻击。自助银行和ATM机的推出，既为储户带来了便利，更改善了银行的经营环境，为银行能更多地吸纳存款和增加盈利提供了机会与空间。然而自助银行与ATM机的推出，也会给金融交易安全带来新的风险。

相对储户来讲，推出自助银行和ATM机的商业银行，有条件了解自助银行和ATM机的构造和工作原理，有机会及时掌握通过自助银行和ATM机实施各种犯罪的情报，有能力改进和加强自助银行和ATM机的功能。《商业银行法》第六条规定："商业银行应当保障存款人的合法权益不受任何单位和个人的侵犯。"《合同法》第六十条第二款规定："当事人应当遵循诚实信用原则，根据合同的性质、目的和交易习惯履行通知、协助、保密等义务。"商业银行有条件、有机会、有能力防范犯罪分子利用自助银行和ATM机犯罪，有责任承担起这个防范犯罪的义务。商业银行应当根据自助银行和ATM机在被各种犯罪活动攻击后暴露出来的弱点，随时对其进行改进。在新的改进方法尚未出台时，商业银行还可以通过采取不断巡查、明示使用自助银行和ATM机时的注意事项、向储户通知犯罪手段，甚至是暂停使用等方法，来履行防范犯罪的义务，以确保金融管理秩序的正常运转，确保储户的存款安全，维护储户的合法权益。

原告顾骏是一个普通的借记卡持有人，对自助银行的设施不具有专业知识。顾骏在使用中国银行上海市南京东路支行所设的自助银行时，虽然注意到该自助银行的门禁处多了一个新装置，但在该自助银行没有操作规范、使用说明和风险提示的情况下，顾骏无法识别这个新装置究竟是银行对门禁系统的改进设施，还是犯罪分子的犯罪工具，以致其借记卡信息和密码被窃取。顾骏发现借记卡内的资金短少后马上报警，并及时采取了相关措施。顾骏的借记卡和密码未丢失，也未委托他人使用，故对借记卡信息和密码被泄露，顾骏没有过错，不应承担责任。显然，商业银行未能及时履行通知犯罪手段和保障交易场所安全的义务，是犯罪分子使用盗码器得逞的主要原因，商业银行应当承担责任。

被告上海交行因向原告顾骏发行了太平洋借记卡，而与顾骏存在储蓄合同关系。凡因涉案借记卡发生的每一笔交易，都应该是在上海交行与顾骏之间进行。犯罪分子利用窃取的借记卡信息和密码伪造成借记卡到ATM机上取款。由于商业银行在推出ATM机时，没有给ATM机赋予识别借记卡真伪的功能，以致ATM机向持伪卡的犯罪分子付款。此时，作为储蓄合同凭证的真借记卡没有用于交易。这是犯罪分子利用伪卡欺骗商业银行，不能视作商业银行与顾骏成就一笔交易。

由储户在借记卡上设立自己能掌握和控制的密码，是保障储户存款安全和防范犯罪的一个手段。但本案事实证明，尽管储户遵守保密义务，犯罪分子仍然能破解和利用储户设立的密码。在技术不断进步且犯罪手段也不断变化的今天，不具体分析失密的原因，不考虑储户是否存在过错，一概以“凡是通过交易密码发生的一切交易，均应视为持卡人亲自所为，银行不应承担责任”这一格式条款作为银行的免责理由进行抗辩，把一些本应由银行承担的责任也推向储户，无疑加重了储户责任，有违公平原则，被告的这一抗辩理由难以成立。

被告上海交行向原告顾骏发行的太平洋借记卡，其上有“银联”联网标识，能在具有全国银行卡联合组织成员资格的其他银行进行跨行交易。在跨行交易中，其他银行是上海交行的代理行，与顾骏不存在直接的合同关系。顾骏因在其他商业银行使用自助银行而与银行发生的储蓄合同纠纷，还应当以发卡行上海交行为合同当事人。

《合同法》第一百零七条规定：“当事人一方不履行合同义务或者履行合同义务不符合约定的，应当承担继续履行、采取补救措施或者赔偿损失等违约责任。”被告上海交行在储蓄合同中，负有保障交易场所安全、防范犯罪发生、向储户及时通知犯罪手段和保障存款人合法权益不受侵犯的义务。上海交行未尽相关义务，导致原告顾骏借记卡内的资金短少，应当承担赔偿责任。

——《最高人民法院公报》2005 年第 4 期

编者说明

最高人民法院法官认为，储户银行卡的信息和密码被窃导致储户存款损失的，银行未尽到信息安全保障义务，储户无过错的，银行应承担赔偿责任。银行卡密码具有秘密性、唯一性、专有性、确认性。银行卡卡内信息和密码泄露，可能是由于持卡人的原因，也可能是因为发卡行未尽到安全保障义务所致，因此，银行卡章程上“凡是通过交易密码发生的一切交易，均就视为持卡人亲自所为，银行不负责任”的格式条款，有违公平原则，不能作为银行的免责理由。即使发卡行对该格式条款尽到合理的提示和说明义务，但由于其免除了自己的安全保障义——故也不能当然认定该条款有效。在其违反了安全保障义务的情形下，该条款无效，其应承担相应的违约责任，持卡人并无过错，不应承担违约责任。①

① 张雪楳：《伪卡交易情形下发卡行的责任认定》，载最高人民法院民事审判第二庭编：《最高人民法院商事裁判观点》总第 1 辑，法律出版社 2015 年版，第 52 ~ 53 页。

786

消费者取款时银联卡号及密码被他人复制，卡上存款被取走，应由提供银联卡的银行承担赔偿责任

关键词｜伪卡交易｜过错责任｜安全保障义务｜举证责任分配｜

【最高人民法院审判业务意见】

第二，关于伪卡交易情形下的责任问题。伪卡交易引发的银行卡纠纷是目前银行卡纠纷中的主要类型。在审理时，应注意：

1. 关于举证责任问题。持卡人应当对因伪卡交易导致其银行卡账户内资金减少或者透支款数额增加的事实承担举证责任。发卡行、收单机构、特约商户应提交由其持有的案涉刷卡行为发生时的对账单、签购单、监控录像等证据材料。无正当理由拒不提供的，应承担不利法律后果。

2. 关于各方当事人权利义务问题。应注意正确界定各主体之间的法律关系，明确各主体义务，正确确定法律责任。伪卡交易引发的银行卡纠纷案件，涉及发卡行、收单机构、持卡人、特约商户、制作伪卡进行交易的犯罪分子等多方主体，法律关系复杂。

各方主体应依法依约履行相应义务：发卡行负有按约给付存款本息、保障持卡人用卡安全等义务；收单行负有保障持卡人用卡安全的义务；持卡人负有妥善保管银行卡及密码的义务；特约商户负有审核持卡人真实身份和银行卡真伪的义务。任何一方违反义务，均应承担相应责任。

3. 关于责任承担问题。持卡人基于银行卡合同法律关系起诉发卡行，发卡行因第三人制作伪卡构成违约时，应当向持卡人承担违约责任。发卡行承担责任后，有权向第三人主张权利。

——杨临萍：《关于当前商事审判工作中的若干具体问题》（2015 年 12 月 24 日），载杜万华主编：《商事法律文件解读》总第 134 辑，人民法院出版社 2016 年版，第 24～25 页。

【最高人民法院商事审判参考性案例】

案例 7：刘中云诉中国银行股份有限公司衡阳分行、中国建设银行股份有限公司衡阳市分行财产损害赔偿纠纷案

（一）基本案情

刘中云在建行衡阳分行办理银联卡一张。2009 年 1 月 30 日，其到建行衡阳

分行设立在衡阳市解放路网点的自动取款机取款未果，便到隔壁中行衡阳分行网点的 ATM 机取款 2500 元，其账户尚有存款余额 41395.49 元。取款时该取款机已被他人非法安装了摄像头，利用摄像资料复制了刘中云的银行卡信息。次日，刘中元的银行卡被他人在他行 ATM 机上相继取款 10 次，每次取款 2000 元，共计 20000 元，并支付手续费 10 次，每次 2 元，共计 20 元。最后经 ATM 机转账一笔，金额 21300 元，支付转账手续费 52 元。至此，刘中云的银行卡在同一天内，经他行 ATM 机发生业务交易共 11 次，包括手续费共发生交易额 41372 元，账户存款余额只剩 23.49 元。刘中云遂向湖南省衡阳市雁峰区人民法院起诉，请求中行衡阳分行、建行衡阳分行赔偿 41372 元存款及利息。

（二）裁判结果

一审法院判令中行衡阳分行承担赔偿责任，建行衡阳分行免责。中行衡阳分行不服，提起上诉，要求建行衡阳分行承担赔偿责任。湖南省衡阳市中级人民法院二审认为，刘中云在建行衡阳分行办理了银联卡，双方之间形成了储蓄存款合同关系。当事人应当遵循诚实信用原则，根据合同的性质、目的和交易习惯履行通知、协助、保密等义务。建行衡阳分行有义务保障储户银行卡内的资金不被他人盗取，同时也有义务通知和告知持卡储户注意识别犯罪分子利用各种高科技手段窃取银行卡内存款的方式、方法及防范措施。由于发卡行建行衡阳分行既不能保障所发银行卡卡内信息的安全，又未告知持卡人熟知犯罪分子利用高科技手段获取卡内信息及密码的方式方法，故应承担刘中云银行卡内资金被盗取的民事责任。刘中云作为一名普通的持卡人，不了解 ATM 机的构造和工作原理，也不掌握和识别犯罪分子利用高科技手段在 ATM 机上窃取卡内信息和密码的装置，且刘中云的银行卡和密码未丢失，也未委托他人使用，故刘中云对银行卡信息和密码的泄露没有过错，不应承担责任。刘中云在中行衡阳分行的 ATM 机上取款，该行将存款支付给刘中云，是基于委托代理关系而履行代为支付存款的义务。根据民法通则的规定，代理人在代理权限内，以被代理人的名义实施民事法律行为，被代理人对代理人的代理行为承担民事责任。故建行衡阳分行作为被代理人应对代理人中行衡阳分行的代理行为承担责任。二审法院依法改判建行衡阳支行向刘中云支付储蓄存款 41372 元。

——《最高人民法院发布人民法院维护消费者权益典型案例》，载《最高人民法院公报》2014 年第 9 期。

【链接：最高人民法院法官著述】

因伪卡交易致持卡人损失，发卡行未尽安全保障义务构成违约的，应承担违约责任。发卡行承担责任后，有权向犯罪分子追偿。持卡人未尽妥善保管银行卡和密码义务的，应在其过错范围内对卡内资金损失承担责任。

——张雪楳：《伪卡交易情形下发卡行的责任认定》，载最高人民法院民事审判第二庭编：《最高人民法院商事裁判观点》总第1辑，法律出版社2015年版，第58页。

关于发卡行安全保障义务范围的确定，一般而言，我们应考虑以下五个因素：第一，确定该义务应遵循诚实信用原则和公平原则；第二，确定该义务应考虑发卡行是否是风险的来源；第三，确定该义务应考虑发卡行是否具有合理的预见和控制风险的能力；第四，确定该义务应考虑发卡行是否因该风险行为获得利益；第五，确定该义务应考虑发卡行承担风险责任的能力。

在审判实务中，我们可以从以下几个方面认定发卡行是否尽到安全保障义务：第一，是否提供了具有较高防伪功能的银行卡。第二，是否采用了安全有效的设备、系统和技术。如上述设备、系统和技术是否具有防止窃取卡内信息和密码的功能；是否具有辨识伪卡的功能等。《银联卡业务运作规章》第二卷即对发卡行提出监控风险的要求，其第4.5C条规定："疑似伪卡交易监控。发卡机构应根据自身风险控制要求，对可能存在的伪卡交易情况做出判断，并采取相应的风险防范措施。"第三，是否及时履行通知和告知风险的义务。第四，其工作人员在办理银行卡业务时是否尽到了审慎审核义务。第五，其他未尽安全保障义务的情形。

——张雪楳：《伪卡交易情形下发卡行的责任认定》，载最高人民法院民事审判第二庭编：《最高人民法院商事裁判观点》总第1辑，法律出版社2015年版，第51页。

编者说明

银行等金融机构在储蓄合同中有附随义务及安全保障义务，这种安全保障义务不仅体现为为储户的人身提供必要的安全保障，还体现在对储户的财产包括银行卡内的存款负有提供安全、保密环境的义务等。因银行等金融机构未尽其安全保障义务导致储户人身受到损害的，应当依《侵权责任法》的规定承担相应的侵权责任。而由于其未能提供安全保密的环境导致储户存款被他人领取的，则按上述案例应当承担相应的违约责任。

787

银行工作人员未按规定办理挂失造成储户损失，银行应承担相应民事责任

关键词｜存款被冒领｜过错责任｜

【最高人民法院答复】

河北省高级人民法院：

你院冀法民〔1990〕73号《关于银行工作人员未按规定办理储户挂失造成损失，银行是否承担民事责任的请示报告》收悉。

经征求有关部门意见并研究认为：个体工商户周福军发现自己7800元金额的记名存折丢失，立即向其存款的徐水县工商银行金融服务所打电话声明挂失。该所工作人员接到挂失电话后，查实上述存款确在本所，但未按规定办理临时止付的登记手续，致使该存款挂失后被他人冒领。根据中国人民银行关于储蓄存单（折）挂失的有关规定和《民法通则》第七十五条、第一百零六条的规定，徐水县工商银行金融服务所对由此造成的经济损失应依法承担民事责任。

——《最高人民法院关于银行工作人员未按规定办理储户挂失造成储户损失银行是否承担民事责任的批复》[1990年9月11日，法（民）复〔1990〕13号]

788

持卡人所持信用卡被抢后，虽口头挂失但未按有关规定书面挂失的，仍应承担相应的透支风险

关键词｜银行卡纠纷｜合并审理｜过错责任｜

【《最高人民法院公报》案例】

中国银行青海省分行诉梁国治返还信用卡透支款纠纷案（青海省西宁市中级人民法院二审民事判决书）

西宁市中级人民法院认为：双方当事人认可的挂失时间为1月2日。根据

信用卡章程第十三条的规定,截止到1月3日所发生的透支,均应由上诉人梁国治承担;从1月4日开始的透支,由被上诉人青海中行承担。本案中1月4日以后的透支有2笔,共计633元。青海中行在所提的诉讼请求中已将该由自己承担的633元扣除,说明青海中行认可挂失时间为1月2日。原判在认定青海中行已自动承担633元这一事实后,又认定挂失时间为1月4日,是认定事实的错误,应当纠正。

上诉人梁国治的信用卡和身份证同时被抢,犯罪分子持梁国治的信用卡和身份证进行透支消费,侵害的是梁国治的利益。梁国治如果认为兰州亚欧商场对犯罪分子的持卡消费负有责任,应当自行向亚欧商场主张权利。这属于另一法律关系,不应由本案合并审理。梁国治以此为由拒绝承担返还透支款的责任,理由不能成立。

因上诉人梁国治所持信用卡上发生透支问题,被上诉人青海中行从该卡入账工资中扣款,是维护自己合法权益的行为,并无不当。梁国治要求返还该被扣款项,不予支持。

上诉人梁国治收到兰州来信后,经向被上诉人青海中行反映,双方共同去兰州抓捕犯罪分子。此行是为了维护梁国治的权益,开支自应由梁国治负担。梁国治上诉请求青海中行赔偿其此行开支,理由不能成立。

——《最高人民法院公报》2001年第5期

789

银行在银行卡款项转账过程中不存在过错的,不承担责任

关键词|银行卡纠纷|过错责任|

【最高人民法院裁判文书】

李沣与中国农业银行股份有限公司包头分行、中国农业银行股份有限公司包头汇通支行借记卡纠纷申请再审案[最高人民法院(2015)民申字第2974号民事裁定书]

最高人民法院认为:本案系借记卡纠纷。从一、二审查明的事实及李沣向本院提供的内蒙古包头市公安局昆区分局刑侦大队一中队对王磊的询问笔录内容

看,王磊与王慧于2012年8月1日持李沣本人的身份证、银行卡到包头汇通支行现场办理转账手续,包头汇通支行通过远程集中授权管理系统验证了李沣及王慧的身份证并验证了用户密码后,将李沣卡内的1500万元转入吕波的银行卡内。包头汇通支行在审核案涉银行卡过程中的行为符合银行相关业务管理规范,并无显著过错,尽到了审慎审查义务,不应在本案中承担民事赔偿责任。二审判决认定王慧系作为李沣的代理人前去办理银行卡卡卡转账手续,具有事实依据。王磊与王慧二人均为包头锡华房地产公司的财务人员,同在取款现场,王磊在取款凭条"签字人"一栏签署"王慧"二字,可以认定是王慧现场授权王磊签字。该事实不足以推翻二审判决认定的包头汇通支行审核过程中已尽审慎审查义务的结论。李沣主张包头汇通支行提交的视频系伪证,但未提供相应证据加以证明。包头汇通支行在一审中提供了经过公证的该银行管理系统拍摄的相关视频、李沣银行卡的账户明细等,其举证责任已经完成,二审判决就本案举证责任的分配符合民事诉讼证据规则的要求,并无不当。

——中国裁判文书网,http://wenshu.court.gov.cn。

尹玉林与中国工商银行股份有限公司临夏大什字支行银行卡纠纷申请再审案[最高人民法院(2015)民申字第3228号民事裁定书]

最高人民法院认为,本案再审审查涉及以下主要问题:(一)是否有证据证明尹玉林领取了二代U盾;(二)大什字支行在案涉200万元款项转账过程中是否存在过错。

(一)关于是否有证据证明尹玉林领取了二代U盾的问题

大什字支行为证明尹玉林本人实际领取了二代U盾,在一审时提交了以下证据:2007年2月12日尹玉林注册电子银行、开通短信、领用U盾的申请及遵守工商银行结算账户管理协议、电子银行个人客户服务协议及违反协议承担一切损失的承诺,尹玉林领取信用卡签订的领卡合约、安全用卡须知、牡丹卡章程、××4116卡启用身份联网核查凭条、2013年10月21日尹玉林领用二代U盾的申请及遵守工商银行电子银行章程、电子银行个人客户服务协议的承诺、在申领二代U盾时特别提示中尹玉林的签名,领用二代U盾时的场景照片。针对上述证据,尹玉林在一审时的质证意见是:对上述证据真实性无异议,但尹玉林本人未泄露密码,是任玉霞利用银行柜员身份获取的。照片中柜台外坐的好像是尹玉林本人,侧身站的是任玉霞。字都是尹玉林签的,手机号码是尹玉林写的,没见过二代U盾。

本院认为，首先，尹玉林是向临夏分行申请领用二代U盾，大什字支行并没有向其交付二代U盾的义务。其次，虽然尹玉林一审期间申请对大什字支行提供的尹玉林领取二代U盾时在二代U盾领条和电子银行物品登记簿上的签名进行笔迹鉴定，甘肃政法学院司法鉴定中心出具的鉴定意见认为上述两处签名不是尹玉林本人所写。但是，尹玉林认可其本人2013年10月21日到临夏分行营业部办理过网银变更业务，填写了《中国工商银行电子银行个人客户变更申请书》，申请变更事项为：申领二代U盾和重置网银登录密码。如果临夏分行当时未实际向尹玉林交付二代U盾，尹玉林必然会提出质疑，但直至本案诉讼发生，尹玉林方在一审庭审中声称没见过二代U盾，银行未将二代U盾交给其本人，显然不合常理。另外，尹玉林早在2007年2月即已注册网上电子银行、领用U盾，其辩称不清楚网上电子银行的操作规程以及未见过U盾、不了解U盾的作用和使用方法，缺乏可信度。根据大什字支行提交的证据，结合尹玉林曾将其名下的××4116白金信用卡及密码借给任玉霞长期使用等相关事实，很难作出任玉霞冒名领取U盾的判断，而尹玉林本人实际领取了二代U盾具有高度可能性，且该可能性远高于尹玉林主张的“任玉霞利用其职务之便，仿冒尹玉林签名领取”的可能性，故二审法院认定尹玉林本人领取了二代U盾并无不当。本案没有必要调取尹玉林在临夏分行营业部办理网银变更业务时的全方位、多角度录像资料，二审法院对尹玉林调取证据的申请未予准许并无不当。

（二）关于大什字支行在案涉200万元款项转账过程中是否存在过错的问题

首先，尹玉林存入××5659理财金账户的200万元定期存款转为活期存款、转入其他账户，是通过网上电子银行完成的。根据网上电子银行操作程序，没有持卡人的授权指令，是无法完成相关交易的。即案涉款项是在输入网上电子银行登录密码并使用二代U盾的情况下被支取的，而网上电子银行的登录密码和二代U盾理应由尹玉林本人妥善保管。尹玉林并未提交证据证明银行在此交易和转账过程中存在私自划转客户资金等犯罪行为。其次，尹玉林为××5659理财金账户和××4116白金信用卡账户开通了“余额变动提醒”“组合对账单服务”“私人银行专属理财产品信息提醒”等3项信息通知服务。在上述银行账户余额发生变动时，尹玉林理应会收到银行的短信通知。如果发现账户资金存在异常变动的情形，尹玉林本应在第一时间向银行进行查询或者提出异议。尹玉林在本院询问时自称，其在2014年2、3月份接到任玉霞的信息发现账户里的资金不见了，但直至6月份才向大什字支行查询。尹玉林在知悉200万元巨额存款出现异常情形时的反应，超出了通常可以理解并相信的范围。再次，案涉200万元定期存款是由尹玉林所有的××5659理财金账户转账进入其本人所有的××4116白金信用卡后方被转入任玉霞的个人账户。即便如尹玉林一审庭审时所述因“手机信息屏蔽未收到提示”而导致无法知晓××5659理财金账户的资金变动情况，但是，尹玉林并未主张其××4116白金信用卡账户也出现信息屏蔽导致无法收取信息的情况，其信用卡账户始终可以正常使用并按银行信息提示偿还透支款项。因此，在相关大额资金转入或者转出信用卡账户时，其亦应发现信用卡账户资金变动异常而向银行进行查询或者提出异议。但尹玉林自2013年10月至2014年6月并未就此进行过查询或者提出过异议。最后，案涉200万元定期存款首先转入的是尹玉林本人所有的××4116白金信用卡，该笔转款在形式上合法合规、合情合理。尹玉林将××4116白金信用卡及密码借给任玉霞使用，才是导致案涉200万元款项最终转入任玉霞个人账户的原因。因此，尹玉林申请再审主张大什字支行在案涉200万元款项转账过程中存在过错应承担赔偿责任，但并未提供充分的证据证明，本院不予支持。

——中国裁判文书网，http://wenshu.court.gov.cn。

790

存款人为获取高额收益的行为与其账户内资金被挪用之间有一定因果关系，应承担相应过错责任，获取的存款奖励应返还给银行

关键词｜储蓄存款合同｜过错责任｜

【最高人民法院裁判文书】

陈增连与中国农业银行股份有限公司太原市学府支行、中国农业银行股份有限公司山西省分行营业部储蓄存款合同纠纷申请再审案［最高人民法院(2013)民申字第377号民事裁定书］

最高人民法院认为：（一）关于陈增连对涉案709万元存款被挪用是否存在过错的问题。长风街分理处给陈增连出具的四份《中国农业银行单位定期存款开户证实书》载明，陈增连共存入长风街分理处709万元人民币。后来，该笔款项被长风街分理处经理武星昱私自取出，借给他人用于质押或进行营利性活动，

导致部分资金无法收回,武星昱也因挪用公款罪被山西省太原市小店区人民法院判处有期徒刑十年。根据山西省太原市小店区人民法院(2009)小店刑初字第532号刑事判决及山西省太原市中级人民法院(2009)并刑初字第156号、山西省高级人民法院(2010)晋刑二终字第171号刑事判决查明事实看,武星昱能够实施挪用陈增连账户内存款的犯罪行为,不仅与其利用了长风街分理处经理的职务之便有关联,还与其能够持有陈增连的身份证件、名章、存折及知道陈增连银行卡密码等相关存取款必需的证件及信息密不可分。虽然武星昱是从中国农业银行太原市分行双塔西街支行营业室副主任郑爱花处得到陈增连的身份证原件、名章、存折、企业印章及银行卡密码的,但是陈增连是自愿将上述证件、银行卡密码交给郑爱花的。陈增连在武星昱挪用公款刑事案中作证称:"办完手续后的公章、财务章等印鉴刚办完以后先放在家里的,后来放在郑爱花那儿由郑爱花保管。给郑爱花的时间大约是开户后一个月左右,之后就开始断断续续地放在郑爱花手里,反正大部分时间公章和财务章都在郑爱花手里放的";"我的身份证原件、复印件、名章等这些东西都在郑爱花的手里放过,时间放的也不短。"陈增连女儿刘某在该刑事案件中作出了如下证言:"郑爱花说从卡上取大额再办理定期存款,先要办理大额取现手续,现在我不在行里,你把银行卡留下,密码告诉我,完后我给你办就行了,当时我觉得是为了帮助郑爱花完成存款任务,郑爱花也是我妹妹刘文娟的朋友,觉得无所谓,郑爱花问了我密码我就告诉她了。"陈增连及其女儿在武星昱挪用公款刑事案件中的证言,足以证明陈增连及其女儿是主动将其身份证原件、企业印章、存折等重要资料交给了郑爱花,并将银行卡等重要信息告知郑爱花,其与郑爱花之间实际上形成了委托代理关系,即授权郑爱花处分其在银行的存款。后来,郑爱花又将陈增连的身份证原件、名章、存折、企业印章及银行卡密码交给了武星昱,武星昱获取上述资料及银行卡密码后,才得以成功挪用陈增连银行账户内的资金。上述事实足以说明,武星昱之所以能够实施挪用陈增连银行账户内资金的犯罪行为,与陈增连主动将其身份证原件、名章、企业印章、存折及银行卡密码交给郑爱花的行为有关联。陈增连为了获取银行正常存款利息之外的高额收益,长期将企业印鉴、身份证原件、个人名章放在他人手中,银行卡密码也泄露给他人,这些行为与其账户内资金被挪用之间存有一定的因果关系,其对资金被挪用造成的经济损失,应当承担相应的过错责任。因此,二审判决认定陈增连的不当行为与其存款资金损失之间有一定的因果关系,有证据支持。陈增连申请再审称,郑爱花并不直接涉及该笔709万元款项被挪用的刑事案件、二审判决引用其和女刘文静的证言属证据采信不当，理由不能成立。

（二）关于二审判决陈增连承担存款损失20%的责任是否符合法律规定的问题。陈增连将款项存入农行学府支行，其与农行学府支行之间已形成储蓄存款合同关系，农行学府支行即负有根据存款人请求支付本金和利息的义务。银行对存款人的存款负有充分的安全保护义务，存款人对自己的存款也负有相关注意保护的责任。本案中，陈增连存入农行学府支行709万元的款项被武星昱非法挪用，并造成资金无法收回的损失，不仅与武星昱利用农行学府支行的监管疏漏有关，也与陈增连主动将其身份证原件、名章、企业印章、存折及银行卡密码等重要资料及存款信息交给他人密不可分，陈增连的不当行为与其资金损失之间有一定的因果关系。《合同法》第一百二十条规定："当事人双方都违反合同的，应当各自承担相应的责任。"二审法院根据陈增连的过错程度、资金损失数额，酌定其承担资金损失的20%，符合本案客观情况。陈增连申请再审称，农行学府支行应承担支付陈增连全部本金和利息的责任，没有事实和法律依据。

（三）关于陈增连应否返还农行学府支行给付的100万元款项的问题。《民法通则》第七十二条第一款规定："财产所有权的取得，不得违反法律规定。"第九十二条规定："没有合法根据，取得不当利益，造成他人损失的，应当将取得的不当利益返还受损失的人。"长风街分理处给陈增连出具的四份《中国农业银行单位定期存款开户证实书》载明，陈增连存款总额为709万元，年利率为2.25%。陈增连的存款已取得法定利息回报。但是，陈增连除获取正常存款利息，还得到100万元的额外"奖励"。武星昱、郑爱花利用职务之便给付陈增连高额"奖励"的行为，显然属于非法揽储行为；陈增连作为存款人也应当知道该行为的违法性。而且正是由于该非法揽储行为的存在，才导致武星昱、郑爱花等人挪用公款犯罪行为的发生。陈增连获取100万元的存款"奖励"，没有法律依据，属于不当得利，依法应返还给农行学府支行。此外，一审判决陈增连返还该款项，陈增连对该项判决并未提起上诉。因此，陈增连申请再审称，该100万元"奖励"不应认定为不当得利，并以此作为申请再审的事由，本院不予支持。

——中国裁判文书网，http://wenshu.court.gov.cn。

791

银联卡特约商户未核对持卡人签字与预留签名是否一致，因此造成损失的，应承担相应赔偿责任

关键词｜银行卡纠纷｜

【《最高人民法院公报》案例】

蔡红辉诉金才来信用卡纠纷案(宁波市鄞州区人民法院民事判决书)

裁判摘要:银联卡特约商户在受理有预留签名的银联信用卡消费时,应当根据其与发卡银行之间的约定以及中国人民银行《银行卡联网联合业务规范》的规定,核对持卡人在交易凭证上的签字与信用卡签名条上预留的签字是否一致。未核对签名造成持卡人损失的,应承担相应的赔偿责任。信用卡所有人为信用卡设置了密码,但因自身原因导致密码泄露的,可以适当减轻特约商户的赔偿责任。

宁波市鄞州区人民法院认为:中国人民银行《银行卡联网联合业务规范》第三章3.3节c项规定:“持卡人将银行卡交特约商户收银员;特约商户收银员在POS机上刷卡,输入交易金额,要求持卡人通过密码键盘输入6位个人密码,如发卡行不要求输入密码的,由收银员直接按确认键。交易成功,打印交易单据,收银员核对单据上打印交易账号和卡号是否相符后交持卡人签名确认,并对信用卡交易核对签名与卡片背面签名是否一致后,将银行卡、签购单回单联等交持卡人;交易不成功,收银员应就提示向持卡人解释。”本案中,宁波市鄞州邱隘金凤珠宝店作为乙方,与宁波市工商银行委托的宁波银联商务有限公司签订的《宁波市特约商户受理银联卡协议书》第8条第10款规定:“乙方应严格按甲方最新提供的《宁波市特约商户POS受理指南》受理银联卡,乙方收银人员应核对持卡人在交易凭证上的签字,与银联卡签名条上的签字是否一致(持不记名IC卡交易除外),乙方受理要求持卡人必须签名的交易时,银联卡上没有签名、签名无法辨认、签名被涂改或者明显不一致的,乙方应拒绝交易。若因交易签购单无持卡人签名或者签名与卡片预留的签名明显不符,由此造成的经济损失,由乙方承担相应责任。”原告蔡红辉按照其与发卡银行的约定,在信用卡上预留了签名,设定了密码。发卡银行在信用卡正面印制了原告姓名的拼音。宁波市鄞州邱隘金凤珠宝店是银联卡的特约商户,被告金才来作为业主在受理银联信用卡

时，应当核对持卡人在交易凭证上的签字与信用卡签名条上的签字、信用卡正面的拼音姓名是否一致。本案犯罪分子持抢劫所得的信用卡至被告处刷卡购买黄金饰品，持卡人在POS签购单上的签名与信用卡背面的预留签名不符，也与信用卡正面的拼音明显不同，因此，应当认定被告未进行认真审核，对原告因此而造成的损失，被告应当承担相应责任。原告虽设定了密码，但在犯罪分子的威胁之下透露了密码，故应当适当减轻被告的赔偿责任。结合案情全面分析，酌定被告应对原告的损失承担60%的赔偿责任。

——《最高人民法院公报》2010年第12期

【链接：最高人民法院法官著述】

线上商户与第三方支付公司签订线上支付服务协议，约定只能用信用卡线上快捷支付出卖实物及实体类商品。商户用信用卡线上快捷支付出卖虚拟商品，属于违反线上服务协议约定的行为。根据网上交易的特点，应认定商户用信用卡线上快捷支付出卖虚拟商品与持卡人的损失存在直接因果关系，其应对第三方支付公司承担违约赔偿责任。如果双方的违约责任条款约定第三方支付公司对持卡人先行赔付的损失由商户承担，相当于把追偿权的内容体现在违约责任条款中，第三方支付公司通过对商户行使违约赔偿之诉可实现其从持卡人受让的债权追偿权所获得的权益。如果商户未用信用卡线上快捷支付出卖虚拟商品，信用卡被盗刷，第三方支付公司先行赔付后，其损失则要通过侵权赔偿之诉向盗刷人主张追偿权得以实现。第三方支付公司与持卡人签订协议时，约定在非归责于持卡人原因造成信用卡损失的情况下对持卡人先行赔付，具有一定的担保性质，此先行赔付的责任属于第三方支付公司主动创设，且放弃对债权人应向主债务人优先请求承担责任的抗辩。第三方支付公司对持卡人的赔偿不具有司法裁判所确定的效力，法院判决商户承担责任时不能以此赔偿数额为标准，应以案件的实际情况进行具体分析。第三方支付公司本身存在过错的，应根据过错程序在商户所应承担的责任份额中予以减除。

——吴景丽：《商户违反线上支付服务协议约定造成损害应予赔偿》，载最高人民法院民事审判第二庭编：《最高人民法院商事裁判观点》总第1辑，法律出版社2015年版，第396～397页。

792

星级酒店受理风险较高的境外信用卡刷卡业务时负有审慎和风险告知义务，存在重大过失的，应承担相应赔偿责任

关键词｜委托合同纠纷｜银行卡纠纷｜过错责任｜

【《最高人民法院公报》案例】

苏州阳光新地置业有限公司新地中心酒店诉苏州文化国际旅行社有限公司新区塔园路营业部、苏州文化国际旅行社有限公司委托合同纠纷案(苏州市中级人民法院二审民事判决书)

裁判摘要:旅游公司借用星级酒店 POS 机进行刷卡,并在星级酒店获得银行刷卡预付款项后与星级酒店进行结算,在款项的收取和结算上与星级酒店形成委托合同关系。由于星级酒店与银行就境外信用卡 POS 机刷卡签有特约商户协议,对境外银行卡的受理条件、操作流程、风险防范和控制有专门的约定,并对酒店刷卡人员进行了专业的培训,因此星级酒店在有关境外信用卡的刷卡业务上具有一般商事主体不具备的专业知识和风险防控能力。星级酒店在受委托操作 POS 机刷卡时,特别是受理如“无卡无密”这种风险较高的境外信用卡刷卡业务时,应进行认真核查,负有审慎和风险告知的义务。否则即构成重大过失,应对完成委托事务过程中造成的损害承担相应的赔偿责任。

苏州市中级人民法院二审认为:关于争议焦点一,本案所涉的相关订票业务发生在一审被告塔园路营业部和国外客户之间。虽上诉人文化国旅公司对此主张,塔园路营业部租赁被上诉人新地中心场地,统一穿新地中心制服并在礼宾台设立“旅游、订票请至商务中心”的标牌,构成五星级宾馆的必备服务,国外客户也是新地中心介绍来的,因而塔园路营业部是受到新地中心委托与国外客户发生订票业务行为,责任应由新地中心承担。但在本案中,国外客户在与新地中心联系时,新地中心已经明确告知客户酒店预订部无法提供预订机票服务,并向客户提示了可以直接联系苏州文化国旅公司在新地中心的营业部,并向国外客户告知了塔园路营业部的联络方式,新地中心也将邮件转发给了塔园路营业部。最终所有的票务联系、磋商工作均在国外客户和塔园路营业部之间完成,双方也知晓票务服务合同相对人。根据文化国旅公司二审中的交易流程陈述也证实了这一点。新地中心介绍国外客户订票业务给塔园路营业部的行为,属于履行双

方《补充协议》中优先向承租方介绍订票业务的约定的行为，塔园路营业部也是以自己的名义为国外客户提供机票订票，成为票务服务合同的主体。因此，上诉人关于塔园路营业部是受新地中心委托而与国外客户进行订票业务的主张缺乏法律和事实依据，票务服务合同关系的主体为塔园路营业部和国外客户。

关于争议焦点二，首先，在信用卡收款结算行为上，一审被告塔园路营业部借用被上诉人新地中心的POS机进行操作，与新地中心形成事实上的无偿委托合同关系。塔园路营业部在为国外客户订购机票提供服务的过程中，因自身没有向银行申请安装POS机，因此在信用卡收款时借用新地中心的POS机向银行申请付款。在本案境外发卡行遭国外客户拒付发生时，新地中心已经将塔园路营业部申请付款的21笔交易金额在扣除银行收取的手续费后支付给塔园路营业部，新地中心未对POS机的使用向塔园路营业部收取任何费用或者佣金，因此塔园路营业部委托新地中心代其向银行结算相关款项属于无偿委托关系。新地中心作为受托人，处理有关信用卡请求支付结算事项，其行为的法律后果归于委托人塔园路营业部。在受托人存在故意或重大过失给委托人造成损失时，受托人应承担赔偿损失的责任。

其次，被上诉人新地中心在受托完成POS机进行“无卡无密”方式请求支付操作时，未尽到谨慎义务和风险提示义务，存在重大过失。“无卡无密”的支付方式，与持卡通过卡槽刷卡的方式相比存在着更高的风险。新地中心与中行苏州分行签订的《中国银行股份有限公司与特约商户受理境外银行卡业务合作协议》，专门就特约商户接受境外银行卡应审查的事项、受理条件、不同方式付款时的操作流程进行了详细的规定，如该协议第二十条规定，特约商户在接受申请刷卡的境外信用卡时，必须核实银行卡完好无损，无任何形式涂改或更改；核实该银行卡面上相应之激光图及该激光图并没有破损或模糊；并要求在一般情况下使用受理银行卡电子设备完成受理交易。如若出现如通信线路发生故障等情况下，特约商户进行手工压单操作时，必须通过电话向银行取得电话授权，银行机型记录；将境外银行卡在签购单上进行压印，并填写金额、日期等要素，而且要求取得持卡人签名，和此卡背面的签名进行核对一致后方可受理。协议还明确，特约商户在使用银行卡受理电子设备的条件下，应采用联机方式受理境外银行卡，不必持卡人出示身份证件；但若采取手工压单操作时对持卡人身份有怀疑或对该交易有怀疑，或者是酒店类商户，则必须要求持卡人出示身份证件，并注明证件名称和号码。可见获得银行的境外信用卡的特约商户资格，意味着应掌握包括“无卡无密”在内的各种信用卡结算方式、操作流程和应审查事项，具备一定的专业知识和风险防范能力，且手工压单、无卡无密等操作方式就联机刷卡操作而言，特约商户操作时要求了更严格的程序。境外信用卡结算业务不同于一般的委托事务，因涉及国际结算业务的复杂性和专业性，新地中心获得中行的特约商户结算资格是中行基于对其风险防控能力的信任；而新地中心在POS机收款方面受到一审被告塔园路营业部委托，也是塔园路营业部基于对其长期进行境外信用卡交易的金融专业技能的信任。因此，新地中心对信用卡刷卡特别是无卡无密等非一般正常联机刷卡方式应当履行谨慎审核与风险提示的义务。本案中，国外客户伪冒卡进行交易的行为，非POS机进行“无卡无密”结算行为无法成就，而新地中心作为获得专业培训、掌握专业知识并常年进行POS机刷卡及信用卡支付的受托人，未对涉案的25笔交易的授权书、身份证明和签字进行谨慎审核，也未提示委托人塔园路营业部“无卡无密”支付方式存在的风险，因此在处理委托事务方面存在重大过失。因此，新地中心认为自身不存在过失而不应承担责任的主张，缺乏事实和法律依据。

关于争议焦点三，首先，因被上诉人新地中心的过失行为应对损失承担次要责任。就本案出现拒付的20笔问题交易的损失产生原因而言，存在国外客户的伪冒卡的交易行为、一审被告塔园路营业部的行为以及新地中心的过失行为三个因素，应根据各自对于损害的产生原因力的不同而承担不同的责任。国外客户的伪冒卡的交易行为是损失产生的最直接原因，而塔园路营业部交易时未对交易对象进行甄别选择和审慎判定应对损失的产生承担主要责任。在2009年12月17日到2010年1月29日短短一个多月的时间里，境外同一客人频繁通过邮件形式，向塔园路营业部订购不同国家之间的航班机票共计25笔，平均每天就有一笔，单笔数额最少6000余元人民币，最多达7万余元人民币；且订购人与持卡人为不同的外国人，又未进入我国国境，经常在国际机场之间流转。而塔园路营业部对这一异常情况未产生任何合理怀疑，未谨慎审查客户的身份和信用程度，持续与其发生交易，因此塔园路营业部对交易对象的审查不严是导致损失产生的主要原因，应承担主要责任。另外，对于塔园路营业部而言，未受国际信用卡特约商户的专门培训，掌握境外卡的业务受理、结算流程以及风险控制等专业知识程度有限。作为受托进行境外卡收款的新地中心，未对“无卡无密”交易进行谨慎审查和风险提示，是导致20笔拒付业务损失的次要原因。

其次，本案中被上诉人新地中心不存在未及时通知导致损失扩大的情形。中行苏州分行于2010年1月21日、1月26日两次向新地中心发放调单通知，新地中心通知了一审被告塔园路营业部，塔园路营业部于2010年1月27日向中行苏州分行出具借用新地中心POS机的声明一份。2010年1月29日，中行苏州分行再次向新地中心发出通知，并在通知中明确："商户在短时间内出现多笔问题交易，反映商户对问题卡的警觉性非常薄弱，已成假卡集团下手目标，另在近期发现的假卡多为国外信用卡……要求加强保安检查程序，阻止伪冒卡交易继续发生。"新地中心于收到通知当日即通知了塔园路营业部，中行苏州分行也专门到塔园路营业部要求提供就问题交易所涉及的文件，塔园路营业部也就此问题于当日向公安机关报案。因此，在本案中行开始调单的过程中，新地中心已经按照中行苏州分行的相关要求通知实际交易主体塔园路营业部提供调单所需的交易凭据，并在中行苏州分行警示存在假卡问题时，于当日通知了塔园路营业部。上诉人文化国旅公司主张的新地中心因未及时通知导致损失扩大，而应对损失扩大部分承担的全部责任，证据不足，不予成立。

综合上述情况，原审法院综合考虑各方在损失上的过错和原因，结合被上诉人新地中心在受托收款中属于无偿委托的情况，酌定新地中心承担20%的发卡行拒付损失并无不当。

——《最高人民法院公报》2012年第8期

793

金融企业在发放服务性集成电路卡时违法收取工本费以外的费用，构成不当得利

关键词｜不当得利｜

【《最高人民法院公报》案例】

喻山澜诉工行宣武支行、工行北京分行不当得利纠纷案（北京市第一中级人民法院二审民事判决书）

裁判摘要：根据《民法通则》第九十二条规定，金融企业在发放与行政机关行政管理职责相关的服务性集成电路卡时，违反收费管理办法，向当事人收取工本费以外的费用，构成不当得利。

北京市第一中级人民法院认为：上诉人喻山澜与白纸坊储蓄所签署的牡丹

交通IC卡补卡通知单合法有效,双方均应遵照执行。该通知单中并未约定补卡收费,因此喻山澜的签署,不等于其必须接受每张100元的补卡价格。牡丹交通IC卡是北京市交通管理局为管理本市机动车驾驶员,与被上诉人工行北京分行联合发行的集成电路卡。该卡虽然在《集成电路卡应用和收费管理办法》实施前发行,但当《集成电路卡应用和收费管理办法》实施后,应当根据该办法第7、9、10条的规定,重新确定牡丹交通IC卡的补卡收费价格,即应按IC卡的工本费收取费用。根据工行北京分行出示的证据,牡丹交通IC卡的制卡成本为30.80元,而该行规定补卡收费的价格是每张100元。对规定多收的69.20元,工行北京分行不能出示合法依据。依照《民法通则》第九十二条的规定,该69.20元属不当得利,应当由收款人返还给交款人。喻山澜请求判令被上诉人工行宣武支行返还100元补卡费及利息,不能全部支持;请求判令工行北京分行立即停止执行自行制定的收费标准,并遵照有关规定向北京市价格主管部门报批牡丹交通IC卡补卡收费办法,不属本案审理范围,不予处理。

——《最高人民法院公报》2005年第6期

794

外资金融机构向小额储户收取账户管理费不违反法律法规的禁止性规定

关键词|储蓄存款合同|小额储户账户管理费|禁止性规定|

【《最高人民法院公报》案例】

吴卫明诉上海花旗银行储蓄合同纠纷案(上海市第一中级人民法院二审民事判决书)

裁判摘要:外资金融机构向小额储户收取账户管理费的行为,不违反法律、法规的禁止性规定的,不构成违法。

上海市第一中级人民法院认为:《外资金融机构管理条例》第二十二条规定,外资金融机构在经中国人民银行批准开展的业务范围内,有权按照中国人民银行的有关规定确定各种手续费率。对小额储户收取账户管理费,这种做法是不是区别于外汇存款的一项新业务,或者这种做法是否属于外资金融机构可以确定的手续费率问题，中国人民银行目前尚未明确规定。故上诉人吴卫明认为被上诉人上海花旗银行对小额储户收取账户管理费属违法行为的主张，没有法律依据。上海花旗银行在向小额储户收取账户管理费的同时，仍向小额储户计付利息，故收取账户管理费与存款有息互不关联。缔约过失责任，是指在订立合同过程中，当事人因实施违反诚实信用原则的行为给对方造成损失后应承担的法律责任。上海花旗银行在对小额储户收取管理费前，已经通过众多媒体将该信息在社会上进行了广泛报道，尽到了必要和可能的公知义务。即使吴卫明事前不知道这一信息，订立合同的过程，也只能从吴卫明进入上海花旗银行营业场所并受到该行工作人员接待时开始，而不是从吴卫明因存款有息而动身前来缔结外币储蓄合同时开始。在订立合同的过程中，上海花旗银行工作人员向吴卫明介绍了小额存款业务的相关信息，吴卫明也对收费情况有了较详细的了解。没有证据证明一方当事人在订立合同的过程中有故意隐瞒或虚假陈述的行为，也没有证据证明另一方当事人在订立合同过程中因此遭受了损失，故在订立合同的过程中未发生缔约过失。吴卫明尽可在清楚其权利义务后，自主确定是否与上海花旗银行订立储蓄合同。吴卫明认为上海花旗银行对小额储户收取管理费违反诚实信用原则，侵犯其合法权益，构成缔约过失的诉讼主张，缺乏事实根据和法律依据，不能支持。

——《最高人民法院公报》2005 年第 9 期

麦读
MyRead

THE COLLECTION OF
THE SUPREME PEOPLE'S COURT'S
JUDICIAL RULES

新编版

最高人民法院司法观点集成

商事卷

III

总主编｜刘德权　本卷主编｜俞宏雷

中国法制出版社

CONTENTS

本卷总目

本册细目

CONTENTS

第九章　保险合同

1117
证券营业部为当事人开立了资金账户且账户内的证券类资产真实，资产所有权关系明晰的，可以判定为证券经纪客户 / 2071

1118
不具备代理买卖证券业务主体资格的代理人安排与其有隶属关系的当事人实际履行证券买卖代办协议，可以认定为实际代理关系 / 2072

1119
证券营业部按规定为客户办理指定和撤销指定交易后，客户证券账户内的国债资金出现了变现并被用资人使用，与证券营业部的行为不存在必然因果关系 / 2075

1120
证券营业部擅自对客户账户采取指定交易构成侵权，应当承担赔偿责任 / 2079

1121
证券经营机构在办理投资者提款手续时应当核对身份证、股东账户卡和资金卡，原则上应由本人提取，并由提款人在取款凭证上签名 / 2080

1122
证券营业部在经办代理业务过程中违规操作致客户财产损失的，应当承担过错责任 / 2081

1123
证券公司人员违法犯罪和客户过错致资产损失，“一边倒”的认定不当，应当查明事实、分清责任 / 2083

1124
证券公司进行违规融配资形成的经纪账户透支，弥补透支资金应用于减少客户证券交易结算资金缺口 / 2086

1125
证券经营部为客户股票交易提供融资借款，未经客户同意强行平仓，造成客户资金损失的，应根据过错承担赔偿责任 / 2087

1126
客户交易结算资金专用存款账户项下资金的法律性质 / 2087

1127
证券公司对客户交易结算资金拥有管理权，同时负有保证资金完整的责任，对客户结算资金的侵权行为有权主张救济 / 2089

1128
证券交易清算备付金存款账户项下资金的法律性质 / 2092

1129
证券公司营业部挪用客户资金或证券的，既构成违约又构成侵权，客户有权选择要求其承担违约或侵权责任 / 2092

1130
当事人对挂户证券交易账户中的股票不享有所有权 / 2093

1131
证券公司员工利用职务之便盗卖客户股票，证券公司和受害人开户银行分别承担赔偿责任和连带责任 / 2094

1132
在权证买卖交易中因疏忽大意未发现重要信息或未充分了解有关规则而产生亏损的，应自行承担后果 / 2097

1133
既无书面授权又不符合表见代理情形，操作他人证券账户造成损失的，应由行为人和证券公司承担 / 2100

本册关键词索引

INDEX

D

E

F

G

H

J

K

L

M

N

P

Q

R

S

T

W

X

Y

Z

第八章 | CHAPTER 08

一般商事合同

一、一般借款合同

795

依法保障金融债权，维护金融安全

关键词｜保障金融债权｜金融创新与安全｜

【最高人民法院司法政策】

六、依法妥善审理融资纠纷案件，缓解融资难、融资贵问题

依法审理涉及非公有制经济主体的金融借款、融资租赁、民间借贷等案件，依法支持非公有制经济主体多渠道融资。根据物权法定原则的最新发展，正确认定新型担保合同的法律效力，助力提升非公有制经济主体的融资担保能力。正确理解和适用《最高人民法院关于审理民间借贷案件适用法律若干问题的规定》，在统一规范的金融体制改革范围内，依法保护民间金融创新，促进民间资本的市场化有序流动，缓解中小微企业融资困难的问题。严格执行借贷利率的司法保护标准，对商业银行、典当公司、小额贷款公司等以利息以外的不合理收费变相收取的高息不予支持。要区分正常的借贷行为与利用借贷资金从事违法犯罪的行为，既要依法打击和处理非法集资犯罪，又要保护合法的借贷行为，依法维护合同当事人的合法权益。在案件审理过程中，发现有高利率导致的洗钱、暴力追债、恶意追债等犯罪嫌疑的，要及时将相关材料移交公安机关，推动形成合法有序的民间借贷市场。

——《最高人民法院关于依法审理和执行民事商事案件保障民间投资健康发展的通知》(2016 年 9 月 2 日，法〔2016〕334 号)

依法维护金融创新与安全。加强对金融债权的司法保护，切实维护金融安全。密切关注借款纠纷反映出的商业银行不良贷款、影子银行规模的变化趋势，为防止发生系统性、区域性金融风险提出司法建议、出台司法政策。规范金融创新行为，依法认定金融创新产品的法律效力。妥善审理民间借贷案件，促进缓解中小微企业融资难、融资贵的难题。依法追究内幕交易、虚假陈述等违法行为的

民事责任，维护投资者合法权益，促进资本市场健康发展。依法保障保险、信托、融资租赁等行业务的合法经营，促进多层次金融市场的建立健全。加强对互联网金融案件的研判和审理，促进规范互联网金融。

——周强：《深入贯彻五大发展理念，加强民事商事审判工作，为实施“十三五”规划提供有力司法服务和保障——在第八次全国法院民事商事审判工作会议上的讲话》（2015 年 12 月 23 日），载景汉朝主编、最高人民法院立案庭编：《立案工作指导》总第 45 辑，人民法院出版社 2016 年版，第 35 页。

四、维护金融安全，有效防控各类纠纷可能引发的区域性、系统性金融风险

13. 依法保障金融债权，有效防范通过不当兼并重组手段逃废债务。对涉及兼并重组的企业合并、分立案件，要明确合并分立前后不同企业的责任关系、责任承担方式及诉讼时效，避免因兼并重组导致金融债权落空。要依法快审快执涉兼并重组企业的金融借款案件，降低商业银行等金融机构的并购贷款风险，实现兼并重组中并购贷款融资方式可持续进行。要引导当事人充分运用民事诉讼法中的担保物权实现程序，减轻债权人的诉讼维权成本，促进担保物权快捷和便利地实现。

——《最高人民法院印发〈关于人民法院为企业兼并重组提供司法保障的指导意见〉的通知》（2014 年 6 月 3 日，法发〔2014〕7 号）

（一）依法保障宏观经济政策落实

要审慎处理民间借贷和企业间借贷等融资纠纷，支持实体经济特别是中小微企业的发展。在审理金融、保险、证券等纠纷时，要注意依法处理好鼓励金融创新与防范和化解金融风险的关系，要特别注意中央经济工作会议提出的要求，配合相关部门，坚决守住不发生系统性和区域性金融风险的底线，维护国家金融安全和稳定。

——《第 20 次全国法院工作会议材料》（2012 年 12 月 27 日），载最高人民法院民事审判第一庭编：《民事审判指导与参考》总第 53 辑，人民法院出版社 2013 年版，第 25 页。

三、依法保障金融债权，努力维护国家金融安全

金融安全关乎国家安全和社会和谐稳定。保障金融债权的实现程度，是衡

量金融安全水平的重要因素。各级人民法院要自觉服从和服务于国家经济发展的大局,依法支持金融监管机构有效行使管理职能,担负起保护金融债权、维护国家金融安全的职责。

10. 妥善审理金融不良债权案件。金融不良债权的处置事关国家利益和金融改革,各级人民法院要继续按照《关于审理涉及金融资产管理公司收购、管理、处置国有银行不良贷款形成的案件适用法律若干问题的规定》和《关于审理涉及金融不良债权转让案件工作座谈会纪要》等司法解释和司法政策的规定和精神审理相关案件,保障国家金融债权顺利清收,防止追偿诉讼成为少数违法者牟取暴利的工具,依法维护国有资产安全。

11. 依法制裁逃废金融债务行为。在审理金融纠纷案件中,要坚持标准,认真把关,坚决依法制止那些企图通过诉讼逃债、消债等规避法律的行为。对弄虚作假、乘机逃废债务的,要严格追究当事人和相关责任人的法律责任,维护信贷秩序和金融安全。针对一些企业改制、破产活动中所存在的"假改制,真逃债""假破产、真逃债"的现象,各级人民法院要在党委的领导下,密切配合各级政府部门,采取一系列积极有效的措施,依法加大对"逃废金融债务"行为的制裁,协同构筑"金融安全区",最大限度地保障国有金融债权。

12. 继续加大金融案件执行力度。各级人民法院要在最高人民法院的指导和部署下,继续通过集中时间、集中力量、统一调度、强化力度等多种方式,有计划地开展金融案件专项执行活动。在必要时,要在各级党委领导下,各级政府支持下,通过执行联动机制,加大金融案件的执行力度,确保金融案件的顺利执行。要妥善运用诸如以资产使用权抵债、资产抵债返租、企业整体承包经营、债权转股权以及托管等执行方式,努力解决难以执行的金融纠纷案件。

——《最高人民法院印发〈关于人民法院为防范化解金融风险和推进金融改革发展提供司法保障的指导意见〉的通知》(2012 年 2 月 10 日,法发〔2012〕3 号)

一、依法保障金融债权,努力维护国家金融安全

金融是国家经济的命脉,国有银行是金融的重心。各级人民法院必须充分认识当前国际金融局势的复杂性以及国内经济发展面临的困难,自觉服从于国家经济发展的大局,担负起保护金融债权、维护国家金融安全的职责,支持金融监管机构有效行使管理职能,保障国家经济宏观调控目标的顺利实施。

要最大限度保障国有金融债权。为了减少和处置国有商业银行不良资产,

确保国有商业银行的竞争实力和兑付能力，中央和国务院实施金融不良债权剥离和处置战略。自1999年下半年迄今，中、农、工、建四家国有银行共剥离金融不良资产总额超过两万亿元，最近中国农业银行为加快改制，又剥离8000多亿金融不良资产。全国各级人民法院要继续按照《关于审理涉及金融资产管理公司收购、管理、处置国有银行不良贷款形成的案件适用法律若干问题的规定》等司法解释和司法政策的规定和精神审理相关案件，为国家金融债权清收提供司法保障。同时，各级人民法院要在法律和司法解释范围内，在合同效力、诉讼时效等重要方面，最大限度地保护国有金融债权。

要努力防止国有资产流失。在处理金融不良债权转让纠纷案件时，要注意防止国有资产流失。数以万亿的国有金融债权的剥离与处置，绝不仅是银行、金融资产管理公司与受让人之间简单的债权转让关系，而是巨额国有资产的流动与利益再分配问题。这种流动能否在公开公平公正的程序下进行，事关全体国民和国家的利益，事关我国金融体制改革乃至国有资产管理体制改革目标能否顺利实现。各级人民法院在相关案件审理过程中，要合理分配举证责任并对相关证据进行审查。审查的重点应当围绕诸如转让标的、转让程序、受让人资格等国家相关主管部门对金融不良债权转让所制定的各种限制性和禁止性规定，防止追偿诉讼成为少数违法者牟取暴利的工具，保障国有资产安全。

要依法制裁逃废银行债务行为。在审理金融纠纷案件中，要严格审查确定借贷双方的责任，坚决依法制止那些企图通过诉讼逃债、消债等规避法律的行为。对弄虚作假、乘机逃废债务的，要追究当事人和责任人相应的法律责任，维护信贷秩序。对于一些企业破产案件中所存在“假破产、真逃债”现象，各级人民法院要采取积极有效的措施，坚决抵制地方保护主义干扰，依法加大对“逃废债”行为的制裁，努力杜绝假借破产名义逃废、悬空债务的现象。

——《最高人民法院印发〈关于为维护国家金融安全和经济全面协调可持续发展提供司法保障和法律服务的若干意见〉的通知》（2008年12月3日，法发〔2008〕38号）

【最高人民法院审判业务意见】

一是积极防范化解地区性和系统性金融风险。金融资本涉及金额巨大，且流动性快、影响面广、传导性强，一旦形成地区性、系统性风险，将给经济属和社会稳定带来重要影响。金融审判是商事审判的重要组成部分，我们始终高度重视积极防范、有效化解金融风险。通过妥善审理因金融不良债权、民间借贷、企业资金链断裂、证券市场操纵和虚假披露等引发的纠纷案件，各级维护金融安全和社会稳定。要高度关注个别地区、地方政府举债融资活动中出现的问题，防止和避免财政金融风险相互传导。通过加强与政府相关部门的统筹协调，以司法建议的方式，建立金融风险预警机制，及时防止金融风险扩散蔓延。对于众多债权人向同一金融机构集中提起的系列诉讼案件、金融机构风险处置、集团诉讼案件、群体性案件等，探索实行集中管辖、统一协调的工作机制，最大限度地防范和化解金融风险。

二是依法规范金融秩序。我们将依法妥善处理企业间融资活动，区分认定企业间多种类、多形式融资行为的效力，防止简单地否定企业融资的合法性，保护合法的融资关系，保障民间借贷对正规金融的积极补充作用。高度重视涉及地下钱庄、非法集资等行为的案件的审理，进一步健全与政府有关部门间的情况通报、案件移送等协调机制。通过妥善审理因证券机构、上市公司、投资机构内幕交易、操纵市场、欺诈上市、虚假披露等违法违规行为引发的民商事纠纷案件，消除危害我国资本市场秩序和社会稳定的隐患。抓紧涉及资本市场民事侵权责任司法解释的起草论证工作，最大限度地保障投资者合法权益。同时，研究完善金融企业和上市公司的市场退出机制，促进金融市场法制环境的不断优化。

三是积极维护有益的金融创新。我们将高度关注和有效应对金融创新业务涉诉问题，处理好因委托理财、次级贷款转让、资产证券化以及因其他金融衍生工具而引发的纠纷。贯彻落实金融为实体经济服务的政策导向，加快起草出台有关融资租赁合同的司法解释，以促进和保障融资租赁行业的健康发展，提高企业产业升级的能力。对股权出质、浮动抵押、保理、抵押贷款资产证券化信托等新类型金融案件，在审理金融创新产品合法性时，对法律法规规定不明确的，要遵循商事交易习惯，尊重金融监管机构的意见，防止简单否定金融创新成果的合法性，为金融创新提供适度的成长空间，提高市场资源配置和资金融通的效率。

——《以法治思维推进商事审判，用法治方式保障经济发展——就学习贯彻党的十八大会议精神专访最高人民法院民二庭庭长宋晓明》，载最高人民法院民事审判第二庭编：《商事审判指导》总第 32 辑，人民法院出版社 2013 年版，第 7 ~ 8 页。

编者说明

金融是现代经济的核心，在国家实行宏观经济调控，促进国民经济发展和维护社会稳定方面具有重要的作用。2007 年 8 月美国“次贷危机”所引发的国际金融市场动荡和世界经济衰退，对我国金融市场和经济增长产生了较大的影响。这一影响也反映到各级法院的金融司法工作中，因此，最高人民法院及时出台了上述若干指导意见，明确了审理金融纠纷案件的司法政策。

796

约定的合同生效条件未成就，合同对双方不具有法律约束力

关键词｜借款合同｜生效条件｜

【最高人民法院裁判文书】

中国农业银行股份有限公司锦州锦兴支行与锦州玥宝塑业有限公司金融借款合同纠纷案［最高人民法院（2013）民二终字第 57 号民事判决书］

裁判要旨：在承诺函约定生效条件的情形下，生效条件未成就，当事人双方之间的借款合同并未生效，银行未发放该部分贷款并不构成违约。

最高人民法院认为：3. 关于锦兴支行应否赔偿玥宝公司损失的问题。根据 2004 年 2 月国家计划和改革委员会工业司作出的《老工业基地调整改造和重点行业结构调整重大装备本地化国债专项项目申报及管理暂行办法》的规定，国债备选项目申报需上报的材料包括省级以上银行贷款意向书、自筹资金相关证明。2004 年 4 月 1 日，省农行向玥宝公司出具《省农行承诺函》，该函明确载明：“贷款总额不超过人民币 9000 万元……本承诺函仅用报于贵公司向国家有关部门说明该项目贷款的初步落实情况，待项目经国家有权部门正式批准立项后，最终承贷方式、金额和条件等，需报经农总行审批确定……本承诺函有效期从出具之日至正式决定是否贷款时止。”由上述事实可知，省农行向玥宝公司出具《省农行承诺函》的目的，是用于玥宝公司向国家有关部门说明该项目贷款的初步落实情况，并申请立项所需。《省农行承诺函》仅载明了省农行向玥宝公司发放贷款的意向，至于双方之间就发放 9000 万元项目贷款事宜能否成立有效借款合同法律关系，需以农总行审批同意作为条件。2005 年 11 月 23 日，农总行向省农行下发了农银复〔2005〕1692 号《关于对锦州玥宝塑业有限公司项目贷款的批

复》,明确表示不同意发放该项目贷款,故该借款合同最终并未生效,因此,锦兴支行因农总行未批准而未发放该部分贷款并不构成违约。由于在前述承诺函已明确写明,对于该部分贷款能否实际发放,取决于农业银行总行的批准,因此,玥宝公司在锦兴支行出具该贷款意向书时,应当认识到存在该贷款未获批准、不能发放的风险。国家发展和改革委员会办公厅作出的《国家发展改革委办公厅关于辽宁省锦州玥宝塑业有限公司年产 250 万片建筑墙板项目的复函》载明,该项目总投资 17134 万元(含外汇 378 万元)。从上述复函内容可知,9000 万元贷款只占玥宝公司国债项目所需资金的一半左右,国债项目正常生产,还需要玥宝公司自筹资金。即使农业银行发放了 9000 万元的项目贷款,但如果自筹资金不足,项目也难以正常生产。况且,本案中,尽管 9000 万元项目贷款没有发放,但当事人双方均认可,锦兴支行另外以发放商业贷款 8000 多万元的方式给予玥宝公司一定的资金支持。综上,锦兴支行不发放 9000 万元的项目贷款并不构成违约。玥宝公司在明知存在 9000 万元贷款不能发放风险且自身投入资金不足的情形下仍然投入资金进行国债项目的生产,锦兴支行已以发放 8000 多万元商业贷款的方式给予其一定的资金支持,玥宝公司年产 250 万片建筑墙板项目最终停产,与锦兴支行不发放 9000 万元贷款并无因果关系,故对于玥宝公司诉请的项目停产损失,锦兴支行不应当承担赔偿责任。具体而言,对于利息差损失 57.38 万元部分,由于锦兴支行不发放 9000 万元项目贷款并不属于违约,且即使该借款合同有效成立,但根据锦兴支行向市农行报送的《关于锦州玥宝塑业有限公司 9000 万元建筑墙板项目贷款申请的调查报告》载明的内容,玥宝公司仍应按照长期贷款利率五年以上年息上浮 30% 收取利率,而非按照同期银行贷款利率给付利息,故商业贷款按照上浮利率收息,符合相关法律、法规的规定和当事人的真实意思表示,并未损害玥宝公司利益,因此,玥宝公司诉请赔偿该部分利息损失,并无事实和法律依据,本院不予支持。

——最高人民法院民事审判第二庭编:《商事审判指导》总第 35 辑,人民法院出版社 2014 年版,第 176 ~ 177 页。

797

国家机关为商事投资目的与商业银行签订的贷款合同无效,银行应对贷款损失承担一定责任

关键词 | 国家机关 | 借款合同 | 合同无效 |

【最高人民法院裁判文书】

贵州省望谟县财政局与中国建设银行贵州分行借款担保合同纠纷上诉案［最高人民法院(2001)民二终字第11号民事判决书］

最高人民法院认为：望谟县财政局为商事投资而向建行贵州分行申请商业贷款，违反了国家机关不得经商办企业的有关禁止性规定，原审认定该借款合同无效并无不当。望谟县财政局应当返还借款本金340万元，并赔偿长期占用该笔资金给建行贵州分行造成的损失。原审判决按照中国人民银行同期同类流动资金贷款利率计算损失，并无不当。望谟县财政局借款以后是否取得收益，并不影响其长期占用该笔借款事实的存在，其主张在应还本金中扣除支付给发展公司40万元的预期红利，以及要求二审法院认定其与建行贵州分行、发展公司的入股享利协议书、股份转让合同无效，均属于另一法律关系，本案中不予审理。建行贵州分行应当知道望谟县财政局申请商业贷款系用于商事投资，却违规将款项贷出，亦有过错，原审判决其承担利息损失的20%并无不当。

——江必新主编、最高人民法院民事审判第二庭编：《民商审判指导与参考》总第3卷，人民法院出版社2003年版，第354～358页。

798

资金管理中心不属金融机构，无权对外发放贷款，其对外签订的贷款合同无效

关键词｜借款合同｜合同无效｜

【最高人民法院裁判文书】

孝感市城镇住房资金管理中心与武汉东盛房地产开发有限公司、武汉东盛房地产开发有限公司孝感分公司确认贷款合同无效纠纷上诉案［最高人民法院(1999)民终字第95号民事判决书］

最高人民法院认为：资金管理中心是管理安居工程住房基金的事业法人，不是金融机构，无权对外发放贷款，故其与东盛公司、东盛公司孝感分公司签订的

三份贷款合同无效。借款方应向资金管理中心返还650万元借款并按中国人民银行公布的同期储蓄存款利率返还利息。东盛公司孝感分公司是东盛公司开办的非法人分支机构并参加签订和履行借款合同,应由东盛公司及东盛公司孝感分公司共同偿还借款。资金管理中心向开发管理中心出具的委托书中有关转移债权的约定并不明确。且其转移合同权利、义务时未征得合同另一方同意,故其上诉主张借款合同债权已转移应追加开发管理中心为本案当事人的上诉请求不成立,本院不予支持。资金管理中心上诉主张一审法院在传唤当事人的方式上存在欠缺,缺乏事实依据,本院不予采信。上诉人与开发管理中心的工程款纠纷与本案的借款合同纠纷属不同的法律关系,应另案审理,故一审法院就上诉人请求确认借款合同的效力予以审理正确,但确认合同无效后未对其后果作出处理不当。

——肖扬总主编、最高人民法院民事审判第一庭编:《中华人民共和国最高人民法院判案大系》(民事卷-1999年卷),人民法院出版社2003年版,第243~245页。

编者说明

贷款合同是金融机构作为出借方与借款人之间签订的合同。资金管理中心是政府为某一项目资金运转而设立的自收自支的事业法人,其性质不属于金融机构,无权对外发放贷款。资金管理中心的贷款行为违反《商业银行法》及其他相关金融法规的规定。其对外签订的贷款合同应当认定为无效。

799

债权银行受欺诈但不行使撤销权的,借款合同仍有效

关键词 | 借款合同 | 欺诈 | 撤销权 |

【最高人民法院裁判文书】

中国农业银行北京市丰台支行与上海银丰企业(集团)有限公司、中国电子租赁有限公司、北京万翔实业总公司担保借款合同纠纷上诉案[最高人民法院(2002)民二终字第20号民事判决书]

最高人民法院认为:本案农银保借字96第1104号保证担保借款合同包括

三种民事关系，首先是本案主合同所体现的洋晓集团与农行丰台支行之间的借款关系，其次是银丰公司作为从合同关系的保证人与农行丰台支行之间形成的保证关系，再次是洋晓集团用存单向农行丰台支行提供质押所形成的质押关系。本案保证担保借款合同是1996年11月10日由洋晓集团采取欺诈手段订立的，原审判决依据《民法通则》第五十八条规定对此认定无效。《合同法》第五十四条规定："一方以欺诈、胁迫的手段或者乘人之危，使对方在违背真实意思的情况下订立的合同，受损害方有权请求人民法院或者仲裁机构变更或撤销。当事人请求变更的，人民法院或者仲裁机构不得撤销。"本院《合同法解释（一）》第三条规定："人民法院确认合同效力时，对合同法实施以前成立的合同，适用当时的法律合同无效而适用合同法合同有效的，则适用合同法。"而本案受损失方农行丰台支行在向原审法院提起诉讼时并没有请求判令变更或撤销本案农银保借字96第1104号保证担保借款合同，农行丰台支行已经履行了贷款义务，该合同应认定有效。洋晓集团未按期还款构成违约，除应支付约定的利息，还应承担违约责任。保证人银丰公司与农行丰台支行形成的保证合同，双方意思表示真实，内容合法，应确认为有效。上诉人农行丰台支行关于本案保证担保借款合同应当认定为有效的上诉理由成立，本院予以支持。原审判决对本案借款合同以及保证合同的效力的认定是不当的，应予以纠正。洋晓集团用于借款质押的005732号存单无真实存款关系，且该存单上的人名章不是加盖的真实印章，本案005732号存单应当认定为虚假存单，原审判决对此存单的性质认定是正确的。上诉人农行丰台支行关于本案存单属虚开存单的上诉理由，缺乏事实根据，本院不予支持。洋晓集团为了实现取得贷款的目的用虚假的存单出质，并以虚假的开户证明和承诺书欺骗农行丰台支行，构成了民事欺诈，原审对此认定正确。洋晓集团的欺诈行为导致农行丰台支行的损失，在农行丰台支行起诉没有请求对原合同进行变更或撤销的情况下，洋晓集团应以履行原合同的方式承担责任。保证人银丰公司应按照约定对借款人洋晓集团的债务承担连带保证责任。

——李国光主编、最高人民法院民事审判第二庭编：《民商审判指导与参考》总第2卷，人民法院出版社2003年版，第188~199页。

广西临桂县城市信用社与中国农业银行神农架林区支行欠款担保合同纠纷上诉案［最高人民法院（2001）民二终字第179号民事判决书］

最高人民法院认为：临桂信用社在本案中是否存在欺诈，其主张权属于债权人神农架支行,根据《合同法》第五十四条第二款的关于"一方以欺诈、胁迫的手段或者乘人之危,使对方在违背真实意思的情况下订立的合同,受损害方有权请求人民法院或者仲裁机构变更或者撤销"的规定,即使本案临桂信用社的行为构成欺诈,请求撤销与之签订合同的权利也只能属于神农架支行,而神农架支行并未主张撤销其与临桂信用社所签的合同。同时,本案中神农架支行与临桂信用社是签订资金拆借合同的适格主体,合同内容除约定的拆借期限、拆借利率等超过了中国人民银行有关非银行资金拆借的规定外,其余条款均不违反法律、法规的禁止性规定,故应当认定资金拆借合同合法有效。

——最高人民法院办公厅编:《最高人民法院公布裁判文书(2003年)》,人民法院出版社2004年版,第218~228页。

800

双方就未履行的债务重新签订借款合同，不违背当事人真实意思表示的，应认定新合同中关于债务数额的约定有效

关键词｜未履行债务｜借款合同｜合同有效｜

【《最高人民法院公报》案例】

万通实业公司与兰州商业银行借款合同纠纷案[最高人民法院(2004)民二终字第209号民事判决书]

裁判摘要:借款合同双方当事人就借款合同中未履行的债务重新签订借款合同,债务人明知并且认可新合同中的一切内容,没有证据证明新合同的订立违背了当事人的真实意思表示,新合同中关于债务数额的约定,应视为债务人对自己权利的处分。只要该处分行为不损害公共利益,不违反国家法律或行政法规的禁止性规定,即应认定新合同中关于债务数额的约定合法有效。

最高人民法院认为:商业银行与万通公司于1999年8月12日签订的《证券回购债务清偿合同》,系对此前双方发生的债权债务关系以及如何清偿等问题的确认和约定,系双方真实意思表示。该合同中除关于月息11.49‰的利率约定违反了中国人民银行关于金融机构法定贷款利率相关规定应确认无效外,合同其他内容不违反国家法律和行政法规的禁止性规定,应认定为有效。原审关

于该合同利息约定条款部分无效，不影响合同其他条款效力的认定正确，本院予以维持。万通公司二审上诉中虽提出原审原告商业银行起诉依据并非《证券回购债务清偿合同》，而是经原审法院委托鉴定，不能作为证据使用的甲字99第003号《流动资金借款合同》。但二审庭审质证中，万通公司承认该《证券回购债务清偿合同》系其提供，并认可合同约定的内容属实，商业银行对此也予以认可。根据《民事诉讼证据规定》第八条关于"诉讼过程中，一方当事人对另一方当事人陈述的案件事实明确表示承认的，另一方当事人无需举证"的规定，万通公司关于请求法院据此驳回商业银行诉讼请求因与事实不符，本院不予支持。万通公司认为双方在《证券回购债务清偿合同》中确认的债务数额，系依据双方签订的97001号合同中关于利息约定的无效条款计算而来。同时，对合同签订后万通公司所还款项未采取先息后本的原则计算，结果显失公平。因此，应确认《证券回购债务清偿合同》中债务数额的约定条款无效的上诉请求于法无据。鉴于该合同系双方协商一致的结果，故可认定万通公司明知并且认可合同中的一切内容。因此，在没有相反的证据证明该合同系违背其真实意思而签订的情况下，合同中关于债务数额的约定应视为当事人对自己权利的处分行为。万通公司放弃权利的行为并未损害公共利益，亦未违反国家法律或行政法规的禁止性规定，现提出要求确认无效，无相应法律根据。退而言之，对合同条款无效的认定，应当通过人民法院或国家仲裁机关裁决确定，当事人应当在其知道或应当知道权利受到损害时两年内，向上述机关提出主张，否则将不受国家法律强制力的保护。因上诉人万通公司不能举证证明其在法定期限内向人民法院主张要求确认合同条款无效，故其上述请求因丧失国家法律强制力的保护，本院不予支持。同时，万通公司如认为该合同所确认的结果显失公平，其依法享有申请法院对该行为予以撤销的权利。因万通公司并未在法定期间向人民法院主张行使撤销权，故根据《合同法》第五十四条第一款第（二）项、第五十五条第一款第（一）项之规定，万通公司所依法享有的撤销权归于消灭。因此，万通公司关于欠款余额条款显失公平，应当重新计算的上诉请求亦缺乏法律依据，本院不予支持。

——《最高人民法院公报》2005年第9期

编者说明

借款合同双方就借款合同中未履行的债务重新签订借款合同的情况，在司法实践中经常会遇到。对重新订立的新合同的效力应当基于合同自治原则，只要是当事人真实意思的表示，即明知且认可合同的约定，只要合同不侵犯国家利益或者违反国家法律、行政法规的强制性规定,就应认可新合同对双方当事人的约束力。新合同对于借款数额的约定是债务人对自己权利的处分,应当充分尊重合同双方当事人的意思表示。

801

银行负责人在办公场所代表银行出具借条的法律效力

关键词 | 法定代表人 | 借条 |

【最高人民法院裁判文书】

中信银行股份有限公司长沙晚报大厦支行与李海波借款合同纠纷再审案
[最高人民法院(2013)民提字第21号民事判决书]

最高人民法院认为:当事人双方对于蒋慕飚在其办公室为李海波出具了案涉借条的事实均无异议,根据蒋慕飚出具借条时的身份、出具借条的场所以及借条的内容判断,应认定蒋慕飚出具借条的行为是职务行为。首先,蒋慕飚作为时任中信晚报支行的负责人,有权代表该行进行民事行为。其次,蒋慕飚出具借条的场所是在其办公场所,也符合履行职务的特征。最后,借条的内容也表明是该行向李海波借款,而非蒋慕飚个人向李海波借款。虽然双方对借条上加盖之公章的真伪各执一词,但对借条上蒋慕飚的签名并无异议,由于蒋慕飚是该行的负责人,其依职权从事的民事行为依《民法通则》第四十三条的规定,对该行产生法律效力。

本案庭审中,中信晚报支行主张,蒋慕飚的借款行为超越了其职务权限,并且李海波作为具有银行工作经历和金融业务学习经历的人士,其应当知道蒋慕飚的借款行为超越了职务权限,根据《合同法》第五十条规定,蒋慕飚的借款行为属该条规定的除外情形,其代理行为无效。本院认为:《商业银行法》第三条规定的十四项业务内容,是商业银行的经营业务范围,并非商业银行从事民事行为的范围。该条规定没有禁止商业银行作为企业法人在进行经营业务的同时进行其他民事行为,所以,蒋慕飚代表中信银行长沙阳光支行进行的民事行为不能认定为超越其职务权限。因此,本案不存在适用《合同法》第五十条规定的事实基础。

此外,中信晚报支行还主张借条上加盖的公章不是该行的行政公章,因此该行不应承担还款义务。本院认为:虽然中信晚报支行提供的该行行政公章与借条上加盖的公章不一致,但李海波提供的湖南省长沙市芙蓉区公证处公证书及中信银行长沙阳光支行的制式收账通知单和进账单的转讫章，均证明了中信晚报支行曾使用过“中信银行长沙分行阳光支行”的名称，即借条上公章的名称。该枚公章即使是假章，作为相对人李海波也无能力辨识出该公章的真伪。因此，鉴于该枚公章系由蒋慕飚加盖于借条之上，其法律后果应由蒋慕飚所代表的中信晚报支行承担。

关于中信晚报支行主张从未收到过李海波的汇款的问题，本院认为：根据借条的约定，中信银行长沙阳光支行委托李海波将该款汇至平安科技公司在该行开立的账户。根据查明的事实，借条出具后，李海波分别通过银行卡和洛阳伟力发工贸有限公司向平安科技公司在中信银行长沙阳光支行开设的账户中汇入资金250万元和550万元。上述汇款发生于借条出具之后，并且是按照中信银行长沙阳光支行的要求汇入了其指定的账户，其中550万元的汇款人洛阳伟力发工贸有限公司也证明，该款是应李海波的要求汇入平安科技公司账户。上述事实表明，李海波已经依约履行了交付款项的义务，中信晚报支行关于从未收到过李海波汇款的主张不能成立。

——中国裁判文书网，http://wenshu.court.gov.cn。

802

属于一级法人的银行是支行分行的上级机构，可以处分支行分行的债权

关键词｜银行分支机构｜处分债权｜

【最高人民法院裁判文书】

黑龙江商业高级技工学校与中国长城资产管理公司哈尔滨办事处、哈尔滨技师学院借款合同纠纷案[最高人民法院(2008)民二终字第138号民事判决书]

最高人民法院认为：关于主体资格的问题，从中国工商银行的法人资格来看，中国工商银行属于一级法人，支行分行都是根据法人授权来经营的。黑龙江分行作为中山支行、安埠办事处的上级机构，可以处分中山支行、安埠办事处的债权，有权将其债权转让给长城公司，长城公司是合法债权人。

——最高人民法院民事审判第二庭编：《最高人民法院商事审判指导案例·借款担保卷》，中国法制出版社2011年版，第218～228页。

803

借款人不能以借款系遵从政府指令为由主张免责，其与政府之间的纠纷应另行处理

关键词｜借款合同｜

【最高人民法院裁判文书】

太原市商业银行兴华街支行等与太原市信托投资公司等借款合同纠纷案［最高人民法院(2001)民二终字第135号民事判决书］

最高人民法院认为:为落实1988年太原市、区两级政府技改贷款的发放问题,上诉人兴华街支行和迎宾路支行分别与被上诉人市投资公司签订的技术改造项目借款合同,符合1988年太原市政府下发的50号文件和28号文件及《实施办法》有关规定精神,合同内容也不违反当时有关法律、法规的规定。原审法院确认该借款合同合法、有效,定性正确,应当予以维持。上诉人主张确认其签订合同的行为是代理行为,判令被上诉人无权向其追索欠款。但上诉人两支行却以自己的名义与被上诉人市投资公司签订借款合同,合同约定的还款义务人也是两支行。借款到期后,两支行一直在陆续偿还欠款。虽然两支行的所属区政府根据1992年5月7日会议精神,应与市投资公司签订还款计划,上诉人提交了一份案外人北城区财政局与市投资公司签订的"归还切块贷款协议书"加以佐证,但上诉人迎宾路支行于1993年3月与被上诉人市投资公司签订的还款协议书,却又反证其应当承担该项还款义务。上诉人两支行递交法院并经当事人双方当庭确认的1991年《会议纪要》和1996年《会议纪要》,其中均未免除上诉人两支行的还款责任。尤其是上诉人与原组建单位脱钩后,仍在市投资公司1997年4月发出的关于核实贷款项目询证函上加盖其单位公章,对1988年技改贷款项目的使用和偿还情况予以确认。上述证据证明上诉人与被上诉人之间存在着合法的借款关系,上诉人是借款合同的还款义务人,被上诉人有权向上诉人追索欠款。上诉人主张的与市投资公司签订借款合同行为是其代理行为,被上诉人无权向其追索欠款的理由不能成立,应当予以驳回。为保证1988年技改贷款的发放和落实,原审第三人尖草坪区财政局和小店区财政局向市投资公司出具的"经济责任承担书",属于担保责任性质。上诉人以两财政局出具了该"经济责任承担书"为由,主张还款责任人是地方政府的理由不能成立,应当予以驳回。如果上诉人认为自己与市投

资公司签订借款合同是受太原市、区政府的指令,太原市、区政府的行政行为侵犯其合法权益,上诉人依法可以向太原市政府主张权利。

——肖扬总主编、最高人民法院民事审判第二庭编:《中华人民共和国最高人民法院判案大系》(民商事卷-2001年卷),人民法院出版社2003年版,第333~338页。

804

打包放款不同于一般外汇贷款,不适用外汇贷款法律规定

关键词|打包放款|外汇贷款|

【最高人民法院裁判文书】

中国钢铁工贸集团公司、中国冶金进出口哈尔滨公司与中国银行哈尔滨动力支行借款合同纠纷上诉案[最高人民法院(2000)经终字第143号民事判决书]

最高人民法院认为:动力中行依据冶金公司的出口信用证项下打包放款申请,为冶金公司办理了打包放款,并根据中国人民银行《结汇、售汇及付汇管理暂行规定》的有关规定,将外汇按当日汇率折合成人民币给付了冶金公司,双方因此而形成了打包放款的民事法律关系。该民事法律关系并未违反中国人民银行有关金融管理法规,应认定为合法有效。冶金公司应依照合同约定,偿付动力中行尚欠款项及利息。中钢集团公司为冶金公司向动力中行的外汇及人民币借款出具担保,并一再予以确认,承诺对冶金公司的债务承担连带责任,其担保也应认定为合法有效。中钢集团公司对冶金公司的债务应承担连带清偿责任。本案打包放款是冶金公司利用信用证正本作为还款凭据向动力中行申请的一种出口贸易融资,不同于一般的外汇借款关系,打包放款不应适用国家有关外汇贷款的法律规定,因此,中钢集团公司、冶金公司有关动力中行未向冶金公司发放外汇贷款以及本案借款违反国家外汇贷款管理中以“借外汇、用外汇、还外汇”的规定,应认定为无效的理由均不能成立,对其主张本院不予支持。原审判决认定事实清楚,法律适用亦无不当,应予维持。

——最高人民法院办公厅编:《最高人民法院公布裁判文书(2001年)》,人民法院出版社2002年版,第230~235页。

编者说明

打包放款(Packing Finance)又称信用证抵押贷款,是指出口商收到境外开来的信用证,出口商在采购这笔信用证有关的出口商品或生产出口商品时,资金出现短缺,用该笔信用证作为抵押,向银行申请本、外币流动资金贷款,用于出口货物进行加工、包装及运输过程出现的资金缺口。

最高人民法院在本案判决中认为,"打包放款是出口贸易融资的一种方式,其与外汇贷款是金融机构两种不同的业务,因此,对打包放款不应适用外汇贷款的法律规定。贷款行根据中国人民银行《结汇、售汇及付汇管理暂行规定》的有关规定将外汇按当日汇率折合成人民币给付借款人应属合同有效,保证人提出贷款行行为违反国家外汇贷款管理中'借外汇、用外汇、还外汇'的规定属无效的理由,不能成立",并进一步明确打包放款是利用信用证正本作为还款凭据向银行申请的一种出口贸易融资,不同于一般的外汇贷款关系,不应适用国家有关外汇贷款的法律规定。

805

金融机构违规向自办经济实体发放贷款不影响借款合同的效力

关键词 | 借款合同效力 |

【最高人民法院裁判文书】

中国东方资产管理公司南京办事处与徐州市金穗房屋开发公司、徐州市运通设备租赁公司、中国农业银行股份有限公司徐州分行、中国建设银行股份有限公司徐州分行、中国信达资产管理股份有限公司江苏省分公司借款合同纠纷案(最高人民法院二审民事判决书)

最高人民法院认为:1. 关于案涉借款合同效力及其与97协议的关联问题。从本案签约背景看,自1993年7月起,全国金融工作会议提出"约法三章",要求金融机构立即停止向银行兴办的经济实体注入资金并实行彻底脱钩;中国人民银行于当年下半年开始落实该政策。徐州建行与徐州农行于1997年8月29日签订《协议书》,主要约定对彼此所属企业金穗公司与建银公司对等放贷。该协议书显然是在规避上述国家相关部门的禁止性规定。从借款合同看,徐州建行与徐州农行兴办的金穗公司签订2000万元与800万元的两份借款合同,徐州农行与徐州建行兴办的建银公司签订两个1000万元、一个800万元的三份借款合同。上述借款合同中,建、农两家银行在借款金额、借款期限、借款用途方面均对等地作出了相同约定,利率亦相差无几,进一步落实了两家银行97协议有关对对方自办企业交叉放贷的精神。应当说,上述借款合同系97协议的具体体现。原审判决将涉案2800万元贷款认定为建、农两家银行交叉放贷,实质上等同于中国人民银行禁止的金融机构向自办企业发放的贷款,符合案件事实原貌。97协议的内容尽管违反了国务院的通知精神与中国人民银行的相关规定,但并不违反国家法律与行政法规的禁止性规定,且上述借款合同均不存在《合同法》第五十二条规定的合同无效之情形,系当事人真实意思表示,故本院认定案涉借款合同及97协议均合法有效。建、农两家银行签订97协议及上述借款合同存在违规行为,属于中国人民银行行政管理处罚的范畴,不应影响本案合同效力的认定。东方公司南京办有关双方上级主管部门为下属企业排忧解难,采取互惠方式为对方下属企业发放贷款,并不违反相关法律、法规的规定,应认定合法有效的上诉理由有理,本院予以支持。

——最高人民法院民事审判第二庭编:《商事审判指导》总第26辑,人民法院出版社2011年版,第207~209页。

806

金融机构违规向关系人发放贷款，不应因此认定借款合同无效

关键词｜借款合同效力｜

【最高人民法院裁判文书】

海南发展银行与海南泛华高速公路股份有限公司、海南泛华实业有限公司借款合同纠纷案[最高人民法院(2009)民提字第99号民事判决书]

最高人民法院认为:《商业银行法》第四十条"商业银行不得向关系人发放信用贷款,向关系人发放担保贷款的条件不得优于其他借款人同类贷款的条件……";第三十六条"商业银行贷款,借款人应当提供担保。商业银行应当对保证人的偿还能力、抵押物、质物的权属和价值以及实现抵押权、质权的可行性进行严格审查";国务院《借款合同条例》第七条"借款方申请借款应具有中国人民银行规定的一定比例的自有资金,并有适销适用的物资和财产作贷款的保证。借款方无力偿还贷款时,贷款方有权要求依照法律程序处理借款方作为贷款保证的物资和财产。借款方不完全具备本条第一款规定的申请借款条件,但有特

殊情况需要借款时，可以提出申请，但需有符合法定条件的保证人，经贷款方同意，并所经贷款方上级批准后，方可贷款”等规定，均为对商业银行进行监督的管理性规定，并非判断民事行为效力的依据，原审判决以海发行发放本案所涉贷款违反上述规定为由，认定借款合同无效，于法无据。

——最高人民法院民事审判第二庭编：《最高人民法院商事审判指导案例·借款担保卷》，中国法制出版社2011年版，第31~39页。

807

金融机构违反《商业银行法》等贷前审查规定中的非强制性规范的，原则上不影响信贷效力

关键词｜合同效力｜非强制性规范｜

【最高人民法院司法解释】

第十四条 合同法第五十二条第（五）项规定的“强制性规定”，是指效力性强制性规定。

——《最高人民法院关于适用〈中华人民共和国合同法〉若干问题的解释（二）》（2009年4月24日，法释〔2009〕5号）

第四十条 主合同债务人采取欺诈、胁迫等手段，使保证人在违背真实意思的情况下提供保证的，债权人知道或者应当知道欺诈、胁迫事实的，按照担保法第三十条的规定处理。

——《最高人民法院关于适用〈中华人民共和国担保法〉若干问题的解释》（2000年12月8日，法释〔2000〕44号）

【《最高人民法院公报》案例】

风神轮胎股份有限公司与中信银行股份有限公司天津分行、河北宝硕股份有限公司借款担保纠纷案［最高人民法院（2007）民二终字第36号民事判决书］

最高人民法院认为：风神公司主张依据《担保法解释》第四十条和《担保法》

第三十条的规定免除保证责任，需证明两个事实：一是宝硕公司在与风神公司订立《互保合同》时存在欺诈，二是中信银行对宝硕公司的欺诈是知道或应当知道的。根据本案查明的事实，首先，宝硕公司在与风神公司订立《互保合同》时，隐瞒真实财务状况，欺骗风神公司签订《互保合同》的事实成立，宝硕公司构成欺诈；其次，中信银行作为与宝硕公司长期合作的贷款银行是知道或者应当知道宝硕公司财务状况的。但是，《担保法解释》第四十条适用于本案的最重要的前提，并不是仅证明宝硕公司存在欺诈以及中信银行知道或应当知道宝硕公司的财务状况，更重要的是证明中信银行在接受风神公司《最高额保证合同》时，知道或者应当知道宝硕公司对风神公司构成欺诈，而如果中信银行在当时即对《互保合同》第七条第5项内容的了解，则构成中信银行知道或者应当知道欺诈存在的前提。与之相关的事实是，中信银行在本案一审起诉时，向原审法院提交了《互保合同》，中信银行陈述该合同系在起诉前从宝硕公司取得，已尽到证据来源的说明义务，在此情形下，举证责任应当由风神公司承担，即风神公司需证明其向中信银行出具《最高额保证合同》时，中信银行知道或者应当知道《互保合同》第七条第5项的内容。本案二审历经三次质证，风神公司均不能提供能够证明此项事实的证据。本案的《最高额保证合同》是风神公司向中信银行提供的，即便风神公司有权解除与宝硕公司的《互保合同》，也不影响已经成立的《最高额保证合同》的效力。《商业银行法》《贷款通则》等相关法律法规并未规定商业银行违反贷款中严格审查义务的民事责任，上述规定与中信银行的内部规定，均是从商业银行风险控制角度加以规范，属管理性规范，中信银行即使违反相关规定，亦不影响中信银行与宝硕公司之间的信贷行为的效力和《最高额保证合同》的效力。况且，正是由于风神公司为宝硕公司提供了最高额保证，大大降低了宝硕公司因财务状况恶化而导致的信贷风险程度，才使中信银行继续为宝硕公司提供信贷支持。因此，由于风神公司举证不能，其主张依据《担保法解释》第四十条和《担保法》第三十条之规定，保证人不承担保证责任的主张，欠缺事实要件，本院不予支持。

——《最高人民法院公报》2008 年第 2 期

编者说明

最高人民法院法官认为，《商业银行法》《贷款通则》等相关法律法规并未规定商业银行违反贷款中严格审查义务的民事责任，担保合同规定与银行的内部规定，均是从商业银行风险控制角度加以规范的，属非强制性规范，银行违反相关规定，原则上不影响与借款人之间的信贷行为的效力和最高额保证合同的效力。①

808

《商业银行法》《贷款通则》等关于商业银行贷后检查的规定，均属于要求商业银行加强风险控制的管理性规范

关键词 | 借款合同 | 管理性规范 |

【最高人民法院裁判文书】

辽宁华强融资担保有限公司与铁岭新星村镇银行股份有限公司等借款合同纠纷申请再审案[最高人民法院(2016)最高法民申907号民事裁定书]

最高人民法院认为：根据华强公司提出的再审申请事由、理由及村镇银行提交的书面意见，本案争议的焦点问题为：原判决未免除华强公司担保责任是否存在认定基本事实缺乏证据证明以及适用法律确有错误的情形。

一、关于村镇银行有无履行《流动资金借款合同》中的监管义务能否影响华强公司承担担保责任的问题。龙首公司与村镇银行之间签订的《流动资金借款合同》第一部分第一条约定："未经贷款人书面同意，借款人不得将借款挪作他用，贷款人有权监督款项的使用。"此条赋予了村镇银行有监督龙首公司贷款资金使用的合同权利。但，无论是《流动资金借款合同》还是《保证合同》均未约定村镇银行未行使该项监督权利即可免除华强公司的担保责任，贷款人、借款人及保证人三方也未形成赋予贷款人村镇银行额外的监管义务的意思表示。因此，华强公司以村镇银行未尽监管义务为由主张免除担保责任缺乏合同依据。不仅如此，由于我国目前法律法规对于商业银行在发放贷款后失于监督或违反严格检查义务的民事责任并未加以规定，《商业银行法》以及中国人民银行制定的《贷款通则》中有关贷后检查的相关规定也仅仅属于商业银行加强风险控制的管理性规范，商业银行违反该管理性规范并不必然导致保证人的保证责任免除。因此，即便村镇银行对于龙首公司的贷款使用未予监督，也不必然免除担保人华

① 江必新、何东宁等：《最高人民法院指导性案例裁判规则理解与适用·合同卷三》，中国法制出版社2015年版，第358页。

强公司的连带担保责任。华强公司作为商事交易主体,仍应当自行承担对外提供担保而致的商业风险及法律后果。故,华强公司以此为由主张免除担保责任亦缺乏法律依据。

——中国裁判文书网,http://wenshu.court.gov.cn。

中国农业银行股份有限公司大连甘井子支行与大连础明有限公司、大连冰凌花天然食品有限公司借款合同纠纷案[最高人民法院(2013)民提字第51号民事判决书]

最高人民法院认为:相关贷后审查报告为甘井子农行在案涉1800万元借款合同及其保证合同签订并生效后作出,其中关于贷款使用情况的不实描述,并不构成在础明公司提供保证担保之时,甘井子农行知道或者应当知道冰凌花公司欺诈、胁迫础明公司违背真实意思提供保证或者与冰凌花公司串通骗取础明公司提供保证的证明。础明公司未能证明本案存在保证人不承担民事责任的法定情形,对其相关主张本院不予支持。第四,虽然甘井子农行在贷后检查报告中作出了不符合案涉1800万元贷款实际使用情况的描述,但由于目前我国法律、行政法规中并没有关于商业银行违反贷后严格审查义务的民事责任的相关规定,《商业银行法》、中国人民银行《贷款通则》等法律法规及商业银行内部关于贷后审查的相关规定,均属于要求商业银行加强风险控制的管理性规范,商业银行违反该管理性规范并不必然导致保证人保证责任的免除。故础明公司作为独立商事主体,应当自行承担其对外提供保证所带来的风险和法律后果,就案涉第一笔1800万元贷款的本金及利息对甘井子农行承担连带保证责任。

——最高人民法院民事审判第二庭编:《商事审判指导》总第35辑,人民法院出版社2014年版,第235~248页。

809

信用社违反《商业银行法》第三十九条关于资产负债比例规定签订的借款合同仍然有效

关键词｜资产负债比例｜借款合同效力｜

【最高人民法院答复】

河北省高级人民法院：

你院〔1999〕冀经请字第3号《关于信用社违反商业银行法有关规定所签借款合同是否有效的请示》收悉。经研究，答复如下：

《中华人民共和国商业银行法》第三十九条是关于商业银行资产负债比例管理方面的规定。它体现中国人民银行更有效地强化对商业银行(包括信用社)的审慎监管，商业银行(包括信用社)应当依据该条规定对自身的资产负债比例进行内部控制，以实现盈利性、安全性和流动性的经营原则。商业银行(包括信用社)所进行的民事活动如违反该条规定的，人民银行应按照商业银行法的规定进行处罚，但不影响其从事民事活动的主体资格，也不影响其所签订的借款合同的效力。

——《最高人民法院关于信用社违反商业银行法有关规定所签借款合同是否有效的答复》(2000年1月29日，法经〔2000〕27号)

810

小额贷款公司发放贷款的额度违反相关行政监督管理的规定，并不影响合同的效力

关键词 | 小额贷款公司 | 借款合同效力 | 管理性规范 |

【最高人民法院裁判文书】

大连华成天宇房地产开发有限公司与大连沙河口银丰小额贷款有限公司借款合同纠纷案[最高人民法院(2013)民二终字第36号民事判决书]

裁判要旨：合同效力的认定应以法律、行政法规等强制性规定为准。小额贷款公司可以依照相关法律、法规及政策的规定发放贷款并收取相应的利息，尽管其发放贷款的额度可能违反相关行政监管政策的规定，但并不能据此认定合同的效力。此外，小额贷款公司发放贷款的利率不得超过法律和司法解释规定的上限，超过部分人民法院不予支持。

最高人民法院认为：关于华宇公司主张《借款及保证合同》系以合法形式掩

盖非法目的应属无效合同的问题。本院认为，对合同效力的认定应以法律规定为准。本院及原审法院查明的事实均已证明，虽然银丰公司出借的2亿元贷款来源于新华公司，但是，银丰公司作为依法成立的小额贷款公司，其可以依照相关法律、法规及政策的规定发放贷款并收取相应的利息，尽管其发放的2亿元贷款的额度可能违反了相关行政监管政策的规定，但并不能据此影响合同的效力。而且，华宇公司已经使用了银丰公司的2亿元借款，在其使用后不能按期偿还借款的情况下，再行主张合同无效，显然与法与理相悖。

——最高人民法院民事审判第二庭编：《商事审判指导》总第35辑，人民法院出版社2014年版，第222～234页。

811

借款合同系为社会公共利益所订立，系双方当事人真实意思表示，不宜认定为无效

关键词 | 借款合同效力 | 社会公共利益 |

【最高人民法院裁判文书】

长春华兴建筑管道工程有限公司与长春市人民政府、长春市引松入长工程建设办公室债务纠纷案［最高人民法院(2007)民二终字第189号民事判决书］

最高人民法院认为：为解决引松入长工程利用世界银行贷求救所需地方配套资金问题，引松办与华兴公司于1995年7月25日签订美元借款《协议书》，约定引松办代表市政府为长春市引松入长工程向华兴公司借款，合同利率约定为月息0.01206。该协议系为社会公共利益所订立，客观上有利于“引松入长”这一民生工程的尽早竣工，系双方当事人真实的意思表示，不宜认定为无效。华兴公司已经履行了出借160万美元的义务，市政府应当依照诚实信用原则，信守承诺，依据《协议书》偿还华兴公司美元借款本金、利息及逾期付款违约金。

——最高人民法院民事审判第二庭编：《最高人民法院商事审判指导案例·借款担保卷》，中国法制出版社2011年版，第292～310页。

812

展期贷款的期限不符合《贷款通则》规定的，不应因此认定合同无效

关键词｜展期贷款｜合同效力｜

【最高人民法院答复】

上海市高级人民法院：

你院〔1998〕沪高经他字第36号《关于展期贷款超过原贷款期限的效力问题的请示》收悉。经研究，答复如下：

展期贷款性质上是对原贷款合同期限的变更。对于展期贷款的期限不符合中国人民银行颁布的《贷款通则》的规定，应否以此认定该展期无效问题，根据我国法律规定，确认合同是否有效，应当依据我国的法律和行政法规，只要展期贷款合同是双方当事人在平等、自愿基础上真实的意思表示，并不违背法律和行政法规的禁止性规定，就应当认定有效。

——《最高人民法院关于展期贷款超过原贷款期限的效力问题的答复》（2000年2月13日，法函〔2000〕12号）

813

企业之间借款合同的效力认定及其处理

关键词｜企业之间借款｜合同效力｜

【最高人民法院司法解释】

第十一条 法人之间、其他组织之间以及它们相互之间为生产、经营需要订立的民间借贷合同，除存在合同法第五十二条、本规定第十四条规定的情形外，当事人主张民间借贷合同有效的，人民法院应予支持。

第十四条 具有下列情形之一，人民法院应当认定民间借贷合同无效：

（一）套取金融机构信贷资金又高利转贷给借款人，且借款人事先知道或者

应当知道的；

（二）以向其他企业借贷或者向本单位职工集资取得的资金又转贷给借款人牟利，且借款人事先知道或者应当知道的；

（三）出借人事先知道或者应当知道借款人借款用于违法犯罪活动仍然提供借款的；

（四）违背社会公序良俗的；

（五）其他违反法律、行政法规效力性强制性规定的。

——《最高人民法院关于审理民间借贷案件适用法律若干问题的规定》（2015 年 8 月 6 日，法释〔2015〕18 号）

各省、自治区、直辖市高级人民法院，解放军军事法院：

《最高人民法院关于审理联营合同纠纷案件若干问题的解答》［法（经）发〔1990〕27 号］于 1990 年 11 月 12 日下发以后，一些高级人民法院先后就如何执行该解答第四个问题第（二）条向我院请示，现解答如下：

对企业之间相互借贷的出借方或者名为联营、实为借贷的出资方尚未取得的约定利息，人民法院应当依法向借款方收缴。

——《最高人民法院关于企业相互借贷的合同出借方尚未取得约定利息人民法院应当如何裁决问题的解答》（1996 年 3 月 25 日，法复〔1996〕2 号）

四、关于联营合同中的保底条款问题

（二）企业法人、事业法人作为联营一方向联营体投资，但不参加共同经营，也不承担联营的风险责任，不论盈亏均按期收回本息，或者按期收取固定利润的，是名为联营，实为借贷，违反了有关金融法规，应当确认合同无效。除本金可以返还外，对出资方已经取得或者约定取得的利息应予收缴，对另一方则应处以相当于银行利息的罚款。

——《最高人民法院关于审理联营合同纠纷案件若干问题的解答》［1990 年 11 月 12 日，法（经）发〔1990〕27 号］

【最高人民法院司法政策】

就企业间的借贷而言，既包括具备金融从业资质的小贷公司、典当公司等非银行机构与企业间的借贷，也包括不具备金融从业资质的企业之间的资金拆借行为。在商事审判中，对于企业间借贷，应当区别认定不同借贷行为的性质与效力。对不具备从事金融业务资质，但实际经营放贷业务、以放贷收益作为企业主要利润来源的，应当认定借款合同无效。在无效后果的处理上，因借贷双方对此均有过错，借款人不应当据此获得额外收益。根据公平原则，借款人在返还借款本金的同时，应当参照当地的同期同类贷款平均利率的标准，同时返还资金占用期间的利息。对不具备从事金融业务资质的企业之间，为生产经营需要所进行的临时性资金拆借行为，如提供资金的一方并非以资金融通为常业，不属于违反国家金融管制的强制性规定的情形，不应当认定借款合同无效。

——《深化商事理念，维护公平正义，为经济社会持续健康发展提供有力司法保障——全国法院商事审判工作座谈会材料》(2013 年 9 月 17 日)，载最高人民法院民事审判第二庭编：《商事审判指导》总第 34 辑，人民法院出版社 2013 年版，第 13 ~ 14 页。

【最高人民法院答复】

四川省高级人民法院：

你院川高法〔1995〕223 号《关于企业拆借合同期限届满后借款方不归还本金是否计算逾期利息及如何判决的请示》收悉。经研究，答复如下：

企业借贷合同违反有关金融法规，属无效合同。对于合同期限届满后，借款方逾期不归还本金，当事人起诉到人民法院的，人民法院除应按照最高人民法院法(经)发〔1990〕27 号《关于审理联营合同纠纷案件若干问题的解答》第四条第二项的有关规定判决外，对自双方当事人约定的还款期满之日起，至法院判决确定借款人返还本金期满期间内的利息，应当收缴，该利息按借贷双方原约定的利率计算，如果双方当事人对借款利息未约定，按同期银行贷款利率计算。借款人未按判决确定的期限归还本金的，应当依照《民事诉讼法(1991)》第二百三十二条的规定加倍支付迟延履行期间的利息。

此复。

——《最高人民法院关于对企业借贷合同借款方逾期不归还借款的应如何处理问题的批复》(1996 年 9 月 23 日，法复〔1996〕15 号)

【最高人民法院审判业务意见】

公司法实际上确认了企业可以向他人借贷，这里的“他人”并没有排斥企业，但是相关的金融法规和规章又否定了企业借贷行为，所以司法实践中对企业之间的借贷合同效力的认定分歧也较大，实务中我们倾向于认为对这类合同应区分借贷的目的和方式予以不同处理，对偶尔的、以自有资金进行的借贷，在不违背法定利率范围的情况下可以确认其效力。

——《聚焦合同法适用问题　推动民商事司法发展——就合同法司法实务相关问题访最高人民法院民二庭庭长宋晓明》，载最高人民法院民事审判第二庭编：《商事审判指导》总第 20 辑，人民法院出版社 2010 年版，第 3 页。

【最高人民法院裁判文书】

郑州广厦置业有限公司、毋尚梅与郑州佳德物业服务有限公司、李振州借款担保合同纠纷案[最高人民法院（2014）民一终字第 39 号民事判决书]

最高人民法院认为：广厦公司与佳德物业公司签订的《借款协议》是双方真实意思表示，且符合《合同法》第一百九十六条规定的借款合同的形式要件，其效力问题应按照《合同法》的相关规定予以认定。《合同法》第五十二条第（五）项规定违反法律、行政法规的强制性规定的合同无效，《合同法解释（一）》对该条中的“法律、行政法规”解释为“全国人大及其常委会制定的法律和国务院制定的行政法规”。广厦公司、毋尚梅没有提出关于企业之间不得借款的法律、行政法规的强制性规定，其主张缺乏法律依据。《最高人民法院关于企业借贷合同借款方逾期不归还借款的应如何处理的批复》认定“企业借贷合同违反有关金融法规，属无效合同”，乃针对企业之间经常性的资金融通行为可能扰乱金融秩序的情形，一审法院关于双方之间发生的实质上是一种为生产经营所进行的临时性资金拆借行为，不属于违反国家金融管制的强制性规定的情形，《借款协议》有效的认定并无不当，本院亦予以确认。

——中国裁判文书网，http://wenshu.court.gov.cn。

814

企业之间为生产经营需要，以自有资金进行临时性资金拆借的借款合同有效；利用银行资金进行非法盈利的，借款合同无效

关键词｜借款合同效力｜企业间借贷｜

【最高人民法院裁判文书】

滕州市亿和丰达置业有限公司与枣庄市宝辰商务有限公司企业借贷纠纷申请再审案[最高人民法院(2015)民申字第2158号民事裁定书]

最高人民法院认为:三、关于案涉企业借贷合同的法律效力问题。虽然案涉借款属于企业间借贷,但因出借人宝辰公司并非以资金融通为主业,具体到本案宝辰公司是为解决齐村二街项目部的资金困难而向其临时性的出借资金,该出借行为不违反国家有关金融管理法律法规的禁止性规定,原审法院认定案涉企业借贷合同有效并无不当。亿和丰达公司关于原审法院认定案涉企业借贷合同有效属适用法律错误的申请再审主张不能成立。

——中国裁判文书网,http://wenshu.court.gov.cn。

滕州市亿和丰达置业有限公司与枣庄市征腾经贸有限公司企业借贷纠纷申请再审案[最高人民法院(2015)民申字第2157号民事裁定书]

本裁判理由与前引裁判文书基本一致(略)。

——中国裁判文书网,http://wenshu.court.gov.cn。

上海津葳经贸有限公司与常熟市天铭物资有限公司、龚妹芳等企业借贷纠纷申请再审案[最高人民法院(2015)民申字第680号民事裁定书]

最高人民法院认为:对不具备从事金融业务资质的企业之间,为生产经营需要所进行的临时性资金拆借行为,如提供资金的一方是以自有资金进行出借,并非以资金融通为常业,不属于违反国家金融管制的强制性规定的情形,不应当认定借贷合同无效。本案中,尽管昌昊公司并非以资金融通为常业,但中铝公司基于其与昌昊公司签订的《购销合同》,向银行申请了案涉1亿元银行承兑汇票,并将该银行承兑汇票交付给昌昊公司后,由昌昊公司背书转让给天铭物资公司,天铭物资公司通过持有该票据提示付款的方式从承兑行获得票款,获得借贷资

金。因此,案涉资金实质是通过银行承兑汇票方式从银行融入的资金,并非出借人的自有资金。当事人具有利用银行资金进行非法盈利的目的,故原审法院认定案涉企业之间借贷合同无效,并无不当。

——中国裁判文书网,http://wenshu. court. gov. cn。

洪泽丰润金属物资回收有限公司与安徽福赐德新材料有限公司企业借贷纠纷案[最高人民法院(2014)民提字第81号再审民事判决书]

最高人民法院认为:由于出借方洪泽丰润公司并不具有对外出借款项的金融业务许可资质,故本案所涉借款合同实际属于企业之间成立的借款合同,当事人双方基于真实意思表示签订该合同。该借款行为是洪泽丰润公司为福赐德公司生产经营需要,以自有资金进行的临时性资金拆借行为,不属于违反国家金融管制的强制性规定的情形,因此,基于该借款行为签订的借款合同不应当认定无效。当事人双方未约定借款的给付时间,根据《合同法》第六十二条关于"(四)履行期限不明确的,债务人可以随时履行,债权人也可以随时要求履行,但应当给对方必要的准备时间"的规定,出借人可以随时要求借款人归还欠款本息。因此,在洪泽丰润公司于2012年6月诉请给付借款本金及利息之时,福赐德公司应承担给付200万元借款本金及相应利息的责任。因当事人约定的利息数额不超过中国人民银行规定的同期同类贷款基准利率的四倍,且不存在出借企业转贷牟利的情形,故应按照合同约定的利息数额计算每月的利息数额。

——最高人民法院民事审判第二庭编:《商事审判指导》总第38辑,人民法院出版社2015年版,第136~144页。

舟山浩耀置业有限公司与恒尊集团有限公司企业借贷纠纷申请再审案[最高人民法院(2012)民申字第1511号民事裁定书]

要点提示:特定企业间因生产经营所需而发生的资金调剂行为,与自然人之间的借贷同属民间借贷范畴,具有拓宽融资渠道、解决融资需求、促进信贷市场发展等积极意义,应将其与高利贷、非法集资等违法犯罪行为相区别。在承认企业借贷正当性的基础上,对企业借贷合同的效力应审慎认定,不宜一概作无效处理。

最高人民法院认为:浩耀公司因工程开发缺乏资金,委托恒尊公司对外融资,恒尊公司所属混凝土公司与新时代公司签订贷款合同,融资1.3亿元,约定年利率18%,逾期还款加收50%的罚息。恒尊公司与浩耀公司签订《借款协议》《补充协议》，将其所融资金中的6500万元出借给浩耀公司，约定年利率为19%，与新时代公司向混凝土公司收取的利息基本一致，不存在违法获取高息之恶意。该《借款协议》《补充协议》系双方当事人的真实意思表示，即使无效，法律亦仅对高息部分不予保护，因借贷关系产生的债务仍须清偿。浩耀公司再审申请中有关协议效力的主张，不予支持。恒尊公司于2011年4月19日将6500万元汇入浩耀公司账户，即应认定其依约履行了出借义务，至于后续汇入共管账户、扣划各期款项等行为，系款项使用和归还的操作问题，对恒尊公司出借义务的履行完毕不产生影响。浩耀公司主张其所借款项为3959万元，证据不足。

——杜万华主编：《最高人民法院民商事案件审判指导》第3卷，人民法院出版社2015年版，第207～210页。

【链接：最高人民法院法官著述】

在商事审判中，对于企业间借贷，应当区别认定不同借贷行为的性质与效力。对不具备从事金融业务资质，但实际经营放贷业务、以放贷收益作为企业主要利润来源的，应当认定借款合同无效。在无效后果的处理上，因借贷双方对此均有过错，借款人不应当因此获得额外利益。根据公平原则，借款人在返还借款本金的同时，应当参照同期同档基准贷款利率的标准，同时返还资金占用期间的利息。对不具备从事金融业务资质的企业之间，为生产经营需要所进行的临时性资金拆借行为，如提供资金的一方并非以资金融通为常业，不属于违反国家金融管制的强制性规定的情形，不应当认定借款合同无效，利息保护范围以同期同档基准贷款利率的四倍为限。

——李志刚：《企业间借款合同的效力认定》，载最高人民法院民事审判第二庭编：《最高人民法院商事裁判观点》总第1辑，法律出版社2015年版，第73页。

815

企业之间签订的名为合作实为借贷协议，因违反有关金融法规而无效

关键词｜名为合作实为借贷｜合同无效｜

【最高人民法院裁判文书】

伟龙置业有限公司、罗定市人民政府、罗定市财政局担保合同纠纷案[最高人民法院(2011)民四终字第40号民事判决书]

最高人民法院认为：屏风山水泥厂与伟龙公司签订的三份《中外合资经营水泥厂合同书》，未约定有关设立合资经营企业权利义务的内容，不属于中外合资经营企业合同。三份合同内容基本相同，均约定伟龙公司向屏风山水泥厂投入资金，专门用于扩建转窑水泥生产线，屏风山水泥厂应以每月供水泥给伟龙公司的方式抵还投资款及分红。从合同约定内容看，无论屏风山水泥厂是否实际生产或包销了水泥，都必须按月向伟龙公司支付依照固定数量水泥当月平均价计算的特定款项。即固定数量的水泥不是合同交易的标的物，仅是投资回报的挂钩计算标准，双方之间并没有买卖和包销实物水泥的真实合意。由于上述合同的缔约目的以及权利义务内容不是转移水泥的所有权，而是以货币形式获取投资回报，故不符合买卖合同的基本特征，伟龙公司关于案涉交易性质为买卖合同的上诉理由不能成立。分析上述合同所设立的投资合作关系，其实质是伟龙公司仅提供资金，但不参与经营，亦不承担经营风险，无论屏风山水泥厂处于盈利或亏损状态，伟龙公司均按月享有固定的投资回报，以达到回收投入资金本息的目的。该种合作模式违反了合作行为应共负盈亏、共担风险的基本原则，属于名为合作，实为借贷。企业之间的借贷因违反我国内地有关金融法规而属无效行为，屏风山水泥厂和伟龙公司以合作方式掩盖企业非法借贷的事实，系以合法形式掩盖非法目的。根据《民法通则》第五十八条第一款第（七）项的规定，以合法形式掩盖非法目的的合同为无效合同。原《涉外经济合同》（已废止）第九条第一款规定，违反中华人民共和国法律的合同无效。因此本案应认定三份《中外合资经营水泥厂合同书》无效。六份《延期归还应付未付代售水泥款合同书》的性质为屏风山水泥厂和伟龙公司在履行上述三份主合同过程中对部分到期款项达成的延期还款安排，效力从属于主合同，在主合同无效的情况下，应认定该六份协议相应无效。

——中国裁判文书网，http://wenshu. court. gov. cn。

816

补偿贸易合同与借款合同的区别

关键词｜补偿贸易合同｜借款合同｜

【最高人民法院裁判文书】

山西城财焦化集团有限公司、孝义市城财焦化集团有限公司诉山西省乡镇企业焦炭供销有限责任公司合作合同纠纷案[最高人民法院(2005)民二终字第155号民事判决书]

裁判要旨:当事人间约定一方向对方提供资金,对方分期以产品偿还货款的,除非有证据证明双方明确约定由该对方直接偿还本金并支付高额利息给一方当事人且符合借款合同的特征,否则不应认定这类合同实质上为企业间借贷合同。

最高人民法院认为:山西乡镇焦炭公司与孝义城财公司于2001年4月27日和2001年6月18日签订的补偿贸易合同是双方真实意思表示,不违反国家法律法规的禁止性规定,应认定为合法有效。上述两份协议的合同宗旨部分都载明了双方进行交易的目的,即在解决孝义城财公司资金不足的同时,为山西乡镇焦炭公司建立长期稳定的货源基地。为了实现合同目的,双方约定由山西乡镇焦炭公司提供资金,孝义城财公司以投产后生产的焦炭分批偿付山西乡镇焦炭公司。双方在合同中并未约定孝义城财公司以资金偿还山西乡镇焦炭公司。双方在合同中约定山西乡镇焦炭公司应享受的优惠,也只是孝义城财公司占用资金应支付的对价,不能认定为双方约定的高额利息。故双方签订的上述两份协议不符合借款合同的特征,不为国家法律法规所禁止。至于双方在相应的补充协议中约定的孝义城财公司接受山西乡镇焦炭公司的承兑汇票应如何进行补偿的约定,也属于双方在履行合同中对付款和补偿方式的具体安排,不能以此认定双方签订的协议是借款合同。关于双方补充协议中有关孝义城财公司以资金偿还山西乡镇焦炭公司的约定,是在事实上已不可能以焦炭进行补偿的情况下,双方商定的清结双方债权债务关系的办法,亦不能以此改变双方补偿贸易协议的性质。故上诉人关于该案所涉补偿贸易合同实质上是借款合同的主张没有事实依据,本院不予支持。

——最高人民法院民事审判第二庭编:《最高人民法院商事审判指导案例·合同卷》,中国法制出版社2011年版,第395~414页。

817

借用外债应当依法办理相关审批登记手续，未经审批登记，应认定无效

关键词 | 借款合同 | 合同无效 |

【最高人民法院裁判文书】

美达多有限公司与深圳市新大地数字网络技术有限公司、周旻等借款合同纠纷申请再审案[最高人民法院(2016)最高法民再2号民事判决书]

最高人民法院认为:(二)合同效力。依据《合同法》第五十二条第(五)项和《合同法解释(二)》第十四条的规定,具有违反法律、行政法规的效力性强制性规定情形的,合同无效。根据我国目前的外汇管理体制,国家对资本项目下的外汇收支实行严格管制。《外汇管理条例》(经国务院修订后于2008年8月5日公布施行)第十八条规定,借用外债应当按照国家有关规定办理,并到外汇管理机关办理外债登记。中国人民银行根据《外汇管理条例》和国务院有关规定制定的《境内机构借用国际商业贷款管理办法》(以下简称《国际商业贷款管理办法》)第二条规定,本办法所称"国际商业贷款"是指境内机构向中国境外的金融机构、企业、个人或者其他经济组织以及在中国境内的外资金融机构筹借的,以外国货币承担契约性偿还义务的款项。《国际商业贷款管理办法》第四条又规定,境内机构借用国际商业贷款应当经外汇局批准,未经外汇局批准而擅自对外签订的国际商业贷款协议无效。外汇局不予办理外债登记。银行不得为其开立外债专用账户,借款本息不准擅自汇出。《外债管理暂行办法》(国家发展计划委员会、财政部、国家外汇管理局2003年1月8日联合发布,2003年3月1日起施行)第二条规定:"外债是指境内机构对非居民承担的以外币表示的债务。"第四十一条规定:"不以借款合同或担保合同等形式体现,但在实质上构成对外偿还义务或者潜在对外偿还义务的对外借款或担保,须按照本办法纳入外债监管。"上述《外汇管理条例》《国际商业贷款管理办法》及《外债管理暂行办法》等行政法规和规章均明确规定借用外债应当依法到外汇管理机关办理外债审批和登记手续。本案中,宏宝公司、新大地公司是在内地注册成立的公司,美达多公司是在香港特别行政区注册成立的公司,借款币种为美元,宏宝公司、新大地公司向美达多公司举债属于外债,应当依法办理相关审批、登记手续。由

于涉案借款合同未经审批和登记,违反了我国外债管理的相关法规,应认定无效。

——中国裁判文书网,http://wenshu.court.gov.cn。

818

借款行为不符合典当关系成立要件的，不应认定为典当关系

关键词|借款合同|典当|

【最高人民法院裁判文书】

万高(北京)国际典当有限公司与天津武清开发区新中大置业发展有限责任公司、天津地铁君易投资有限公司借款担保合同纠纷案[最高人民法院(2013)民二终字第116号民事判决书]

裁判要旨:一、万高公司与新中大公司之间虽无直接借款支付行为,但结合上述证据,本案借款关系已实际发生,应当认定双方借款关系已经成立。《借据》的签订时间并不影响本案借款关系已实际发生并成立的认定。

二、万高公司虽为典当公司,但本案万高公司与新中大公司之间的借款行为不符合典当关系成立的各项具体要求,且在本案诉讼中,万高公司始终是依借款关系主张权利,未对本案借款属于典当关系提供相应证据,故双方之间的借款关系应认定为企业间借贷关系。由于万高公司以非自有资金向新中大公司提供借款的企业间借贷行为,违反了国家金融管制的强制性规定,故双方之间的借款关系应认定无效。

三、《借据》和《担保函》体现的有关担保的意思表示是新中大公司在地铁公司的股权及相关资产为其向万高公司的借款提供担保,与地铁公司并无关系,地铁公司与万高公司之间并未因此形成担保关系。

最高人民法院经审理认为:关于本案借款关系是否成立的问题。作为认定本案借款关系基础的《借据》表明,借款关系发生在万高公司与新中大公司之间,但根据银行相关汇款凭证显示,案涉借款实际是由六家单位直接汇入新中大公司及易利德公司账户。对此,六家实际付款单位均出具《证明》,证实其系接受万高公司的指令向新中大公司及易利德公司付款,新中大公司和易利德公司则分别出具了《代收函》和《收款通知函》,表示易利德公司所收款项为新中大公

司向万高公司的借款。债务人新中大公司亦认可其与万高公司之间的借款关系。本院认为，万高公司与新中大公司之间虽无直接借款支付行为，但结合上述证据，本案借款关系已实际发生，应当认定双方借款关系已经成立。《借据》的签订时间并不影响本案借款关系已实际发生并成立的认定。故地铁公司关于本案借款关系不成立的抗辩理由缺乏事实和法律依据，本院不予认可。

关于本案借款关系的效力问题。根据《典当管理办法》第三条的规定，典当是指当户将其动产、财产权利作为当物质押或将其房地产作为当物抵押给典当行，交付一定比例费用，取得当金，并在约定期限内支付当金利息、偿还当金、赎回当物的行为。第三十条规定，当票是典当行与当户之间的借贷契约，是典当行向当户支付当金的付款凭证。本案中，万高公司作为典当公司，虽然与新中大公司约定以相关股权及资产作为担保，向新中大公司提供借款，但万高公司就该笔借款业务并未出具当票，亦未就当物办理相关登记手续，且双方关于借贷期限及利息的约定均不符合《典当管理办法》的相关规定。同时，根据六家实际付款单位出具的《证明》显示，万高公司向新中大公司出借的款项实际由该六家单位提供，其向新中大公司出借的9102.5万元远超过其注册资本2000万元。本院认为，万高公司虽为典当公司，但本案万高公司与新中大公司之间的借款行为不符合典当关系成立的各项具体要求，且在本案诉讼中，万高公司始终是依借款关系主张权利，未对本案借款属于典当关系提供相应证据，故双方之间的借款关系应认定为企业间借贷关系。由于万高公司以非自有资金向新中大公司提供借款的企业间借贷行为，违反了国家金融管制的强制性规定，故双方之间的借款关系应认定无效。根据《合同法》第五十八条的规定，新中大公司应当返还万高公司本金9102.5万元。由于双方对于借款关系无效均存在过错，故新中大公司应当参照同期贷款利率的标准，同时返还资金占用期间的利息。

——最高人民法院民事审判第二庭编：《最高人民法院商事审判指导案例(2014)》，中国民主法制出版社2015年版，第777～783页。

819

合同没有融物属性，仅有资金空转，系以融资租赁之名行借贷之实，应属借款合同

关键词｜融资租赁合同｜借款合同｜

【最高人民法院司法解释】

第一条 人民法院应当根据合同法第二百三十七条的规定,结合标的物的性质、价值、租金的构成以及当事人的合同权利和义务,对是否构成融资租赁法律关系作出认定。

对名为融资租赁合同,但实际不构成融资租赁法律关系的,人民法院应按照其实际构成的法律关系处理。

——《最高人民法院关于审理融资租赁合同纠纷案件适用法律问题的解释》(2014 年 2 月 24 日,法释〔2014〕3 号)

【最高人民法院裁判文书】

国泰租赁有限公司与山东鑫海投资有限公司、山东鑫海担保有限公司等企业借贷纠纷案[最高人民法院(2014)民二终字第 109 号民事判决书]

最高人民法院认为:根据《合同法》第二百三十七条的规定,融资租赁合同与其他类似合同相比具有以下特征:一是通常涉及到三方合同主体(即出租人、承租人、出卖人)并由两个合同构成(即出租人与承租人之间的融资租赁合同以及出租人与出卖人就租赁物签订的买卖合同);二是出租人根据承租人对出卖人和租赁物的选择购买租赁物;三是租赁物的所有权在租赁期间归出租人享有,租赁物起物权担保作用;四是租金的构成不仅包括租赁物的购买价格,还包括出租人的资金成本、必要费用和合理利润;五是租赁期满后租赁物的所有权从当事人约定。从以上特征可以看出,融资租赁交易具有融资和融物的双重属性,缺一不可。如无实际租赁物或者租赁物所有权未从出卖人处转移至出租人或者租赁物的价值明显偏低无法起到对租赁债权的担保,应认定该类融资租赁合同没有融物属性,仅有资金空转,系以融资租赁之名行借贷之实,应属借款合同。

本案所涉《融资租赁合同》系房地产售后回租业务,出卖人和承租人均为三威置业公司,租赁物系三威置业公司在建 137 套商品房。在合同订立前,该租赁物已被有关行政主管部门认定为超规划建设的违章建筑;在租赁期间,该项目亦未取得商品房预售许可,故案涉商品房(即租赁物)所有权无法从出卖人三威置业公司移转至出租人国泰租赁公司。由此产生的实际法律关系是,国泰租赁公司作为名义上的商品房买受人和出租人,并不享有租赁物的所有权,作为专业的融资租赁公司，其对案涉租赁物所有权无法过户亦应明知，故其真实意思表示并非融资租赁，而是出借款项；三威置业公司作为租赁物的所有权人，虽名为“承租人”，但实际上不可能与自己所有的房产发生租赁关系，其仅是以出卖人之名从国泰租赁公司获得一亿元款项，并按合同约定支付利息，其真实意思表示也并非售后回租，而是借款。由此可以看出，案涉融资租赁交易，只有融资，没有融物，双方之间的真实意思表示名为融资租赁，实为借款法律关系。依照《最高人民法院关于审理融资租赁合同纠纷案件适用法律问题的解释》（以下简称《融资租赁解释》）第一条之规定，案涉合同应认定为借款合同。一审法院将案涉《融资租赁合同》性质认定为名为融资租赁实为企业间借款合同，定性准确，本院依法予以维持。

因案涉主合同性质为企业间借款合同，故应按企业间借款合同判断合同效力，进而确定各方当事人的权利义务。国泰租赁公司作为内资融资租赁业务试点企业，虽未取得发放贷款资质，但并没有证据表明其以发放贷款为主要业务或主要利润来源。国泰租赁公司与三威置业公司的案涉企业间借款系双方的真实意思表示，且不违反法律、行政法规的禁止性规定，一审关于案涉主合同不符合借款合同无效情形的认定并无不当，本院对此予以维持。鑫海投资公司、鑫海担保公司关于案涉主合同无效的上诉请求不能成立，本院依法予以驳回。

——中国裁判文书网，http://wenshu.court.gov.cn。

820

企业间通过虚假贸易等形式进行借贷活动，属以合法形式掩盖非法目的的行为，应认定无效

关键词｜企业间借贷｜以合法形式掩盖非法目的｜合同无效｜

【最高人民法院裁判文书】

查莉莉与杭州天恒实业有限公司、上海豫玉都钢铁贸易有限公司、常熟科弘材料科技有限公司企业借贷纠纷案［最高人民法院（2010）民提字第110号民事判决书］

裁判要旨：采用虚假贸易形式进行的借贷活动，违反了国家相关金融法规的禁止性规定，属于以合法形式掩盖非法目的的行为，应认定为无效。融资交易的参

与人,对于融资交易无效所造成的损失均应承担相应的缔约过失责任。

最高人民法院认为,天恒公司并不具有从事融资贷款业务的资质,其与豫玉都公司、科弘公司采用虚假贸易形式进行的借贷活动,违反了国家相关金融法规的禁止性规定,属于以合法形式掩盖非法目的行为。根据《合同法》第五十二条第三款的规定,本案当事人签订的《代理采购协议》《代理采购合同》《销售合同》均属无效合同。因《代理采购协议》无效,天恒公司请求豫玉都公司支付28万元代理费没有法律依据,本院不予支持。

最高人民法院认为,查莉莉、豫玉都公司、天恒公司作为融资交易的参与人,明知企业间的借贷交易非法,仍然参与,主观上均有过错,对于本案融资交易无效所造成的天恒公司的损失均应承担相应责任。根据其过错程度,按照公平原则,查莉莉、豫玉都公司应当对于科弘公司不能清偿天恒公司的损失部分,各承担三分之一的赔偿责任,天恒公司自行承担三分之一的损失。

企业间通过虚假贸易形式进行借贷活动的,违反了国家相关金融法规的禁止性规定,属于以合法形式掩盖非法目的的行为,因此而签订的协议应认定为无效。协议无效后,合同当事人、保证人应按过错承担赔偿责任。

——最高人民法院民事审判第二庭编:《商事审判指导》总第25辑,人民法院出版社2011年版,第238~240页。

都匀嘉华房地产开发有限公司与贵州红华物流有限公司企业资金拆借纠纷案[最高人民法院(2007)民二终字第8号民事判决书]

最高人民法院认为:当事人双方签订的合作协议书和补充协议,从其主要内容看,属于企业间资金拆借性质。尽管其是当事人双方真实的意思表示,是当事人双方的合意,但鉴于我国实施严格的金融管制,禁止企业间相互资金拆借,故,根据我国相关的金融管理法规的规定和最高人民法院有关司法解释精神,人民法院应当确认上述协议中有关企业间资金拆借的约定无效。

无效的合同或者被撤销的合同自始没有法律约束力,合同无效或者被撤销后,因该合同取得的财产,应当予以返还。对于当事人请求偿还借款的同时,一并要求支付资金占用期间的资金占用费的,鉴于用资人已实际占用资金,并由此获得相应利益,人民法院判决用资人偿还占用期间的银行同期贷款利息的,并不违反法律规定,应当予以支持。

——最高人民法院民事审判第二庭编:《最高人民法院商事审判指导案例·公司卷》,中国法制出版社2011年版,第109~113页。

【链接：最高人民法院法官著述】

最高人民法院民二庭认为，融资性买卖的实质为融资，与真实买卖性质不同，应加以区分。实务中，应根据当事人的交易目的、合同价款是否合理、标的物是否实际交付流转、交易过程是否符合常理、当事人一方是否只收取固定收益而不负担买卖风险等，结合交易惯例进行综合判断。当事人之间开展的有悖于正常买卖交易习惯的“托盘”买卖交易，实为企业间的融资借贷行为，应按照企业间借贷的相关规则进行效力认定。如提供资金的一方不以资金融通为常业，而仅为临时性资金拆借的，合同有效；以融资性买卖为常业，实际经营放贷业务的，应认定合同无效。在合同无效的情形下，借款方应向贷款企业支付法定利息。对于借款方因不能返还借款而造成的损失，人民法院可以判定由参与融资的其他当事人按过错程度合理分担。

——王富博：《企业间融资性买卖的司法认定与责任裁量》，载最高人民法院民事审判第二庭编：《最高人民法院商事裁判观点》总第1辑，法律出版社2015年版，第19页。

821

企业之间以项目投资协议等为名收取固定利润的，实质为企业间的借贷合同

关键词｜借款合同｜企业间借贷｜

【最高人民法院裁判文书】

首都机场地产集团有限公司与三能达置业有限公司企业借贷纠纷案[最高人民法院(2008)民二终字第111号民事判决书]

最高人民法院认为：企业之间以项目投资协议等为名、收取固定利润的合同，其实质为企业间的借贷合同，违反了法律的强制性规定，应属无效；但企业间因处理合同无效的法律后果而签订的合同并不因此而当然无效，对于合法有效

的合同,法律依法予以保护,当事人应当依约履行。

——最高人民法院民事审判第二庭编:《最高人民法院商事审判指导案例·借款担保卷》,中国法制出版社 2011 年版,第 206~217 页。

822

关联企业对相关货物进行回购,转售方获取差价且不承担风险的,系以签订买卖合同为名进行企业间借贷

关键词 | 关联企业 | 买卖合同 | 企业间借贷 |

【最高人民法院裁判文书】

河北中储物流中心与河北金鲲商贸有限公司票据追索权纠纷案[最高人民法院(2011)民提字第 227 号民事判决书]

裁判要旨:持票人在向银行请求支付票款时被拒付,其票据付款请求权未能实现,故转而向出票人请求支付票款、利息以及赔偿金,其行使的是票据追索权。依据 2008 年 4 月 1 日起施行的《民事案件案由规定》的规定,本案案由应定性为票据追索权纠纷。

本案所涉《购买协议》和《销售协议》同日签订,其内容相同或者相互关联,为不可分割的整体。依据上述协议的约定,河北中储与金鲲公司、奇石麟公司之间以签订买卖合同为名,进行企业间借贷,因其并无出借资金的法定资质,故属于《合同法》第五十二条第(三)项规定的"以合法形式掩盖非法目的"的情形,该行为违反了有关金融法规的规定,故本案所涉购买合同应确认无效。

最高人民法院认为:一、关于当事人之间成立的合同法律关系的性质界定以及合同效力的认定问题。由于本案实质涉及河北中储、金鲲公司、奇石麟公司三方交易主体以及河北中储与金鲍公司、河北中储与奇石麟公司分别签订的《购买协议》《销售协议》两份合同,故对河北中储与金鲲公司之间成立的法律关系的性质界定,应综合三方当事人间签订的两份合同的目的及其内容作出整体判定。从三方签订目的进行分析,曹连英系金鲲公司和奇石麟公司法定代表人且同时为奇石麟公司控股股东,其在 2008 年 7 月 11 日石家庄市公安局经侦支队对其所做的询问笔录中认可,金鲲公司、奇石麟公司与河北中储进行本案所涉交

易的目的是为了获得资金，河北中储对该目的也无异议，因此，本案当事人签订合同的真实目的在于融资。对《购买协议》和《销售协议》的内容进行整体分析，当事人各方建立的法律关系实质是借款法律关系，在实际操作上，是采取了关联企业对相关货物进行回购的形式。曹连英为金鲲公司的法定代表人，同时又是奇石麟公司的法定代表人和控股股东，根据公司法的相关规定，应认定金鲲公司和奇石麟公司为关联公司。本案所涉《购买协议》和《销售协议》同日签订，其内容相同或者相互关联，为不可分割的整体。依据上述协议的约定，作为买方，河北中储不承担货物验收的义务；作为转售方，河北中储不承担由于市场的风险可能导致的不定差价的亏损风险，而是在一个月的期间从奇石麟公司处收回购买金鲲公司货物的货款并获取固定的收益回报。出资购买和销售货物但不承担转售的交易风险，而且在一定期限后收回本金且获得固定的利息回报，这符合借款合同的特征。尽管金鲲公司提交了其不断供货给河北中储的证据，用以证明本案存在着货物流转，但其不能否定当事人之间以买卖为形式，实质进行融资的真实目的。河北中储并无出借资金的法定资质，因此，其与金鲲公司、奇石麟公司之间以签订买卖合同为名，进行企业间借贷，属于《合同法》第五十二条第（三）项规定的"以合法形式掩盖非法目的"的情形，违反了有关金融法规的规定，故本案所涉购买合同应确认无效。

——最高人民法院民事审判第二庭编：《最高人民法院商事审判指导案例(6)·合同与借贷担保卷》，中国法制出版社2013年版，第401～412页。

823

股东投资款项性质无明确约定时的认定

关键词｜股东增资｜企业间借贷｜

【最高人民法院裁判文书】

深圳市东方置地集团有限公司与曲靖市东方置地实业有限公司企业借贷纠纷案[最高人民法院(2013)民二终字第119号民事判决书]

裁判要旨：股东向公司提供投资款项时，如双方未明确约定款项属于股东对公司的增资款，法院不宜直接认定该款项属股东增资款。一般情况下公司不能无偿取得该笔款项，而应当返还该款项及相应利息。

最高人民法院认为：曲靖东方公司主张其收到深圳东方公司提供的上述6.27779亿元款项系深圳东方公司对该公司的增资款，但曲靖东方公司并未提供证据证明该公司作出了增资决议或者公司股东之间有增资的约定。曲靖东方公司所称的深圳东方公司与曲靖市政府签订的《项目投资协议书》中关于深圳东方公司投资数额的约定，系深圳东方公司对曲靖市政府作出的投资承诺，该承诺并不当然决定深圳东方公司向曲靖东方公司提供的上述款项的性质。《项目投资协议书》与曲靖东方公司的上述主张没有法律上的关系，故曲靖东方公司请求向曲靖市政府调取《项目投资协议书》，不予考虑。在曲靖东方公司没有证据表明上述6.27779亿元款项系深圳东方公司提供给曲靖东方公司的增资款或无需返还之款项的情形下，深圳东方公司要求曲靖东方公司返还上述款项的诉讼请求，予以支持。在返还款项时，曲靖东方公司应当支付使用该款项的费用，原审判决按照中国人民银行规定的同期同类贷款利率计算该费用并无不妥。在曲靖东方公司实际收到了涉诉款项且无正当理由不予归还的情况下，对借款合同、借款借据及其相应的《公证书》，以及《催款函》等争议事实不再予以审理。曲靖东方公司请求向公证机关调取上述《公证书》的公证过程及相关存档资料，亦不再考虑。

——最高人民法院民事审判第二庭编：《商事审判指导》总第35辑，人民法院出版社2014年版，第196页。

【链接：最高人民法院法官著述】

投资大体上可以分为股权投资与债权投资。曲靖东方公司认可其股东深圳东方公司已将注册资本中的出资款出资到位，同时也没有举证证明自己存在增资情形。所以，深圳东方公司投入的款项显然不是股权投资。那么，合乎情理的理解就是债权投资，即双方构成了事实上的借贷之债，即深圳东方公司实际上是将款项借贷给曲靖东方公司使用。

——杜军：《股东投资款项性质无明确约定时的认定问题——深圳市东方置地集团有限公司与曲靖市东方置地实业有限公司企业借贷纠纷案》，载最高人民法院民事审判第二庭编：《商事审判指导》总第35辑，人民法院出版社2014年版，第203~204页。

824

企业间借贷合同被认定无效后资金应当返还债权人，利息比照中国人民银行同期贷款利率计算返还

关键词 | 企业间借贷 | 利息 |

【最高人民法院裁判文书】

昆山宏图实业有限公司与金谷源控股股份有限公司借款合同纠纷案[最高人民法院(2013)民二终字第9号民事判决书]

最高人民法院认为：因宏图公司与金谷源公司均系无贷款经营资质的企业法人，双方之间进行企业间借贷，违反了国家有关金融法规的规定，双方之间的借款合同应确认为无效。按照《合同法》第五十八条的规定，合同无效后，因该合同取得的财产，应当予以返还。由此而产生的财产返还之债，属合法债权债务关系，返还之债的合法孳息应当予以保护。本案双方当事人进行企业间违法借贷虽均存在缔约过失，但金谷源公司占用宏图公司的资金所产生的利息应予返还。鉴于合同被确认无效后当事人所获返还利益不应高于有效合同履行后当事人所获的履行利益，金谷源公司应以中国人民银行规定的同期贷款利率为标准向宏图公司返还其占有使用借贷资金所产生的利息。

——中国裁判文书网，http://wenshu.court.gov.cn。

海南天雨国际投资控股有限公司、天源证券经纪有限公司与西宁天行投资控股有限公司借款合同纠纷案[最高人民法院(2010)民二终字第134号民事判决书]

最高人民法院认为：企业间借贷的合同因违反国家金融法规应认定无效。债务人依据该无效合同获取的资金应返还债权人，由此形成的不当得利返还之债，该返还之债的利息系合法孳息，亦由债权人合法享有，其利率比照中国人民银行同期贷款利率执行。

——最高人民法院民事审判第二庭编：《最高人民法院商事审判指导案例(6)·合同与借贷担保卷》，中国法制出版社2013年版，第380～381页。

825

企业之间对无效借款达成还款协议的效力认定

关键词｜企业间借贷｜合同效力｜

【最高人民法院裁判文书】

广西进出口贸易股份有限公司与江西省靖安县物资总公司、广西合浦县物资供销公司、广西合浦县物资局化建公司无效联营合同返还投资款纠纷再审申请案(最高人民法院民事判决书)

最高人民法院认为:靖安物资公司与合浦供销公司、合浦化建公司于1993年4月20日签订的协议书,既无联营之名,也无联营之实。其内容实际是由靖安物资公司向合浦供销公司和合浦化建公司贷款1000万元,其不参与经营,不承担经营风险并可获得高利,属于企业之间非法借贷,违反了国家金融管理法规,为无效合同。双方于1993年4月25日签订的补充协议,是对靖安物资公司获得非法高利的调整;同年8月8日签订协议再次明确借款方按原合同归还借款本金和支付利息和利润,也应确认为无效。同年9月6日双方达成的协议,虽然约定终止联合进口胶合板的协议,由合浦供销公司退回靖安物资公司投入资金700万元,但同时又约定合浦供销公司除支付利息损失外,还支付资金融通费和补充费用损失90万元,并将700万元继续用于合浦供销公司委托广西进出口公司进口胶合板业务,继续收取高息。因此该协议因确认企业间非法借贷所获高息和继续进行借贷,也应认定为无效合同。一审判决和二审判决回避该协议的效力问题,再审判决认为该协议解除了原来的联营合同关系,确立了新的债权债务关系,还款协议有效,属适用法律错误。本案案由应为无效借款合同纠纷。合浦供销公司和合浦化建公司应返还依上述无效合同取得的借款本金,支付资金占用期间的法定利息,并对上述债务承担连带责任。上述无效合同规定的利息、利润、资金融通费或补偿费用损失等,均不应予以保护。靖安物资公司与合浦供销公司、合浦化建公司共同参与订立无效借款合同,双方均有过错,应各自承担所受经济损失。合浦供销合同、合浦化建公司所应承担返还借款本金和利息的责任,是由法律对无效民事行为规定所确定的,合浦化建公司关于该公司没有参加签订其中1993年8月8日协议、9月6日协议,不应承担履行合同规定还款义务的主张,本院不予采纳。1993年8月13日,合浦供销公司为靖安物资公司支付10辆拉达牌轿车购车款，用以抵付借款利息和补偿损失，计 90 万元，一审、二审及再审判决均予以确认，属于适用法律不当，广西进出口公司关于这笔 90 万元不应抵作高息，应将该 90 万元计为已归还本金的主张，本院予以采纳。靖安物资公司借出 700 万元之中，扣除上述 90 万元和 1993 年 9 月 22 日合浦供销公司指令广西进出口公司退还的 30 万美元（按当日外汇调剂价折算，为人民币 259.2 万元），合浦供销合同、合浦化建公司还应向靖安物资公司返还本金 350.8 万元。

——李国光主编、最高人民法院经济审判庭编：《经济审判指导与参考》第 3 卷，法律出版社 2000 年版，第 300～319 页。

编者说明

审判实践中，对于企业之间非法借贷、当事人又对还款达成协议的，如何对还款协议效力进行认定有分歧意见。本案再审判决认为，合浦供销公司、合浦化建公司与靖安物资公司于 1993 年 4 月 20 日、4 月 25 日及 8 月 8 日签订的联营购销进口钢材的合同，实属"名为联营，实为借贷"的合同，违反了国家及有关法律的规定，应确认为无效合同。当事人在业务不成的情况下，本应返还资金，并按责任分担损失。双方又达成还款协议，该协议解除了原来的联营合同关系，确立了新的债权债务关系，还款协议合法有效，但还款协议因确认企业间非法借贷所获高息和继续进行借贷，应认定无效。本案承办法官指出，根据本案实际情况，判决合浦供销公司与合浦化建公司支付借款本金在资金占用期间的法定利息，是在认定合同无效基础之上的一种处理方式，也同样是对当事人非法借贷行为的否定。①

826

对非法借贷法律后果自行清结的协议不应认定无效

关键词｜企业间借贷｜合同效力｜

【最高人民法院裁判文书】

中国东方资产管理公司上海办事处与上海万都房地产有限公司、上海万都中心大厦有限公司借款合同纠纷案［最高人民法院（2012）民提字第 19 号民事判决书］

裁判要旨：本案中，建行徐汇支行与万都房地产共同参与企业间的借贷活动

① 宫鸣：《对无效借款达成的还款协议的效力认定及其他》，载李国光主编、最高人民法院经济审判庭编：《经济审判指导与参考》第 3 卷，法律出版社 2000 年版，第 315～316 页。

与二者之间为解决借贷资金偿还问题而签订协议是两种不同性质的法律行为，前者属于违反现行金融政策和相关法规的非法行为；后者则是当事人之间对非法借贷所产生的资金返还责任在责任人内部如何分担作出的自主安排，目的在于协调如何还款。无论是从缔约目的还是从履行的结果来看，《协议书》《借款合同》均不违反法律的强制性规定，不损害第三人的合法权利，也没有证据证明当事人具有掩盖非法目的的动机。故此，上述协议应认定为有效。

最高人民法院认为：二、建行徐汇支行与万都房地产所签《协议书》《借款合同》的效力。建行徐汇支行与万都房地产为解决以存单为表现形式的企业间借贷资金的偿还问题签订了《协议书》，其后又签订了《借款合同》，以具体落实《协议书》的约定。对于《协议书》《借款合同》的效力如何，当事人之间存在争议。本院认为，建行徐汇支行与万都房地产共同参与企业间的借贷活动与二者之间为解决借贷资金偿还问题而签订协议是两种不同性质的法律行为，前者属于违反现行金融政策和相关法规的违法行为；后者则是当事人之间对非法借贷所产生的资金返还责任在责任人内部如何分担作出的自主安排，目的在于协调如何还款。无论是从缔约目的还是履行的结果上看，《协议书》《借款合同》均不违反法律的强制性规定，不损害第三人的合法权利，也没有证据证明当事人具有掩盖非法目的的动机。故此，本院认为，上述协议应认定为有效。

——最高人民法院民事审判第二庭编：《最高人民法院商事审判指导案例(2012)·合同与借贷担保》，中国民主法制出版社2013年版，第338~347页。

827

综合考量合同签订背景、合同内容及实际履行情况确定借款合同债务人的身份

关键词｜借款合同｜

【最高人民法院裁判文书】

内蒙古中银房地产集团股份有限公司与中国长城资产管理公司呼和浩特办事处、内蒙古漆包线厂借款合同纠纷案[最高人民法院(2010)民二终字第26号民事判决书]

裁判要旨：中银公司系与工行营业部签订《偿还贷款协议书》的主体，约定

自己成为偿债责任人，使得中银公司与工行营业部之间建立了新的债务承担民事法律关系。中银公司此后所实施的一系列民事行为，包括其在呼和浩特市当地党和政府组织召开的各类会议上签字；办理漆包线厂《国有土地使用证》的交接、权利人的变更、土地挂牌拍卖等手续；向呼和浩特市土地局、土地收购储备拍卖中心提交申请、请示等，均表示中银公司愿意承债式兼并漆包线厂，整体承担漆包线厂有关债权债务。这一系列意思表示均进一步印证了上述《偿还贷款协议书》的内容。中银公司兼并漆包线厂的整个过程与实际结果说明该公司实际享受了当地政府的相关优惠政策。原审判决认定中银公司为本案债务人，并判令该公司承担本案争议债务，具有充分的事实和法律依据。

最高人民法院认为：关于中银公司应否成为本案债务人的问题。首先，2004年1月7日，中银公司与工行营业部签订《偿还贷款协议书》，约定中银公司代漆包线厂偿还欠工行营业部的本息合计5149万元，并以中银公司所有的土地使用权及房屋作为抵押物。该协议系双方当事人真实意思表示，不违反法律、行政法规的禁止性规定，合法有效。该协议使得中银公司与工行营业部之间建立了新的债务承担民事法律关系，依照该协议，中银公司应当对工行营业部承担偿还原漆包线厂所欠的涉案债务。其次，中银公司此后所实施的一系列民事行为，包括其在呼和浩特市党委组织召开的2005年3月17日的有关会议、同年12月6日呼和浩特市经委召开的协调会上签字；2006年3月至2007年11月，中银公司办理漆包线厂《国有土地使用证》的交接、权利人的变更、土地挂牌拍卖等手续，中银公司向呼和浩特市土地局、土地收购储备拍卖中心提交申请、请示等，均表示中银公司愿意承债式兼并漆包线厂，整体承担漆包线厂有关债权债务。这一系列意思表示均进一步印证了上述2004年1月7日《偿还贷款协议书》的内容。再次，从中银公司兼并漆包线厂的整个过程与实际结果看，中银公司承诺兼并漆包线厂、建设中银城市广场的前提之一即承担漆包线厂所有陈欠债务并负责安置该厂职工，且该公司实际享受了当地政府的相关优惠政策。因此，即便中银公司与漆包线厂二审中否认2004年3月16日中银公司与漆包线厂签订的《协议书》的真实性，亦不影响中银公司应当成为本案债务人的认定。原审判决认定中银公司为本案债务人，并判令该公司承担本案争议债务，具有充分的事实和法律依据。

——最高人民法院民事审判第二庭编：《最高人民法院商事审判指导案例（第五卷）》（上），中国法制出版社2011年版，第237～246页。

828

法定代表人和其他工作人员以法人名义从事借款活动，给他人造成损失的，企业法人应当承担民事责任

关键词｜法定代表人｜借款合同｜

【最高人民法院裁判文书】

河北融投担保集团有限公司与内蒙古吉祥煤业有限公司金融借款合同纠纷案[最高人民法院(2014)民二终字第136号民事判决书]

最高人民法院认为:一、关于吉祥煤业公司是否应对借款合同承担还款责任的问题。

由于在吉祥煤业公司和融投担保公司签订相关诉争协议之前,耿景瑞代表吉祥煤业公司向融投担保公司提交了证明吉祥煤业公司主体资格及其有权签订协议的相关证明材料(包括吉祥煤业公司的营业执照、组织机构代码证、银行开户许可证,法人预留印鉴、法定代表人名章及签字原件,贷款卡,耿景瑞身份证,霍雅云委托代办手续等),融投担保公司对这些材料已履行审慎审查的职责,其有理由相信耿景瑞代表吉祥煤业公司向融投担保公司申请融资的主体身份和意思表示的真实性。至于吉祥煤业公司的公章和其在公安局备案的公章是否一致,耿景瑞的签字与吉祥煤业公司备存的文件签字是否一致,不在融投担保公司应审查的范围之内。二审庭审中,本院要求吉祥煤业公司提供合同签订之时公章在工商登记备案的材料,吉祥煤业公司表示庭后提交,但未按本院要求提交相关证据。根据《民通意见(试行)》第五十八条的规定,“企业法人的法定代表人和其他工作人员,以法人名义从事的经营活动,给他人造成经济损失的,企业法人应当承担民事责任”。因此,不能否定耿景瑞作为吉祥煤业公司原法定代表人代表吉祥煤业公司所从事民事法律行为的效力。况且,《服务合同》和相关协议签订后,融投担保公司即按约定,分别于2011年6月24日、8月9日提供了融资服务,2.5亿元委托贷款全部发放至吉祥煤业在银行开立的账户,融投担保公司已按照合同约定履行了合同义务。吉祥煤业公司当天或次日将款项转账至他人账户,说明吉祥煤业公司接收并使用了融投担保公司委托发放的款项。因此,本案合同真实有效,融投担保公司已履行贷款义务,吉祥煤业公司应按合同约定向融投担保公司还款。因吉祥煤业公司并未证明案涉合同使用公章与合同签订时

工商登记备案公章存在不同，且已实际接收融投担保公司发放的款项，借款合同真实有效并已履行，本案再对公章进行鉴定已无意义，原审法院对其鉴定申请未予准许并无不当。如果吉祥煤业公司认为其公司内部存在违法犯罪行为，应在查明事实后另行主张权利。吉祥煤业公司在一、二审审理期间，均未提供合同签订之时在工商备案的公章，其以借款合同使用公章与其当前使用的公章不符，耿景瑞的部分签字系伪造为由，否定借款合同的真实性，缺乏依据，本院不予支持。如果吉祥煤业公司认为其公司内部存在违法犯罪行为，可在查明事实后另行主张权利。

二、关于本案诉讼主体是否适格的问题。

根据《合同法》第四百零二条之规定，本案吉祥煤业公司作为借款人与委托贷款的委托人融投担保公司和受托人汇融银行共同签订了《委贷协议》，汇融银行已经向吉祥煤业公司披露了融投担保公司的身份，因此，融投担保公司可以自己的名义直接向吉祥煤业公司主张权利，吉祥煤业公司关于融投担保公司主体不适格的主张，不能成立。

——中国裁判文书网，http://wenshu.court.gov.cn。

【最高人民法院审判业务意见】

认定私人企业法定代表人以个人名义借款属于公司借款还是个人借款，应根据借据内容、借款用途和实际由谁支付借款来确定。借款用于单位的，由单位偿还；借款用于个人的，由个人偿还。债的主体是指向特定人的。本案中，公司人格与个人人格是混同的。虽然借据中载明的当事人为自然人，但双方均为其所在私人公司的法定代表人，并且知道实际出借方为甲公司、借款方为乙公司以及借款的用途，应认定双方的行为属于公司之间的借贷行为。

——张进先：《私人企业的法定代表人以个人名义出具借据为公司借款应如何认定借款关系》，载最高人民法院民事审判第一庭编：《民事审判指导与参考》总第34辑，法律出版社2008年版，第104～107页。

829

企业组织开发房地产项目，银行提供借款并获取利息及商品房部分利润的，为借款合同关系

关键词 | 合作开发房地产 | 借款合同 |

【最高人民法院裁判文书】

西安东光房地产综合开发有限公司与中国华融资产管理公司西安办事处借款纠纷案[最高人民法院(2008)民二终字第33号民事判决书]

最高人民法院认为:本案涉及东光公司与政兴支公司之间签订的《房地产投资协议书》、26份《流动资金借款合同》,以及东光公司与工行解放路办事处签订的《关于东光大厦产权分割协议》。从当事人最初的签约背景看,东光公司组织开发涉案房地产项目,但缺乏建设资金,而政兴支公司具备从事贷款的经营范围,故双方产生了合作意向。《房地产投资协议书》约定的内容表明,东光公司主要负责建设项目的征地、立项、申请建设计划、项目施工建设以及商品房的出售等;政兴支公司则负责安排资金,安排资金的方式为双方签订借款合同,由政兴支公司负责发放贷款并保息分利,即政兴支公司提供借款的同时可以获取利息及出售商品房的部分利润。因此,该协议是双方拟建立借款合同关系的约定。涉案26份《流动资金借款合同》则是双方当事人根据《房地产投资协议书》的约定所建立的具体借款法律关系,确立了政兴支公司为贷款人、东光公司为借款人的法律地位。因此,原审判决认定本案双方当事人实质为借款合同关系,符合当事人之间的真实意思表示,本院予以维持。至于《关于东光大厦产权分割协议》,从其内容看,主要是对正在建设中的东光大厦产权予以分割,废除上述《房地产投资协议书》约定的保息分利条款的效力,赋予东光公司以分得的房产向银行抵押贷款的权利。该产权分割协议系对双方原合作意向中利润分配等问题的处理,且并未改变东光公司与政兴支公司所建立的借款合同关系。从全案事实看,收取贷款利息、取得部分房屋产权、低价买房产等均属于政兴支公司发放贷款给东光公司开发房地产后获得利益的方式,这些约定内容虽然不具备借款合同关系的典型特征,但不应以此认定本案法律关系性质系合作投资关系。2002年9月16日,工行解放路支行对上述借款进行了催收,东光公司予以确认。华融公司西安办事处承继债权后依据催收贷款本息通知书主张贷款,原审判决认定东光公司依法应向华融公司西安办事处承担偿付借款责任是正确的,本院予以维持。鉴于政兴支公司向东光公司直接付款2187万元中的1537万元属于购房款,故本案贷款本金实际为10500万元。由于该10500万元系1993年至1995年期间形成,其所产生的利息远远超出了政兴支公司从东光公司收取的400万元利润;且华融公司西安办事处在一审中提出的诉讼请求为返还借款本金12037万元,故原审判决没有支持其关于12037万元均为借款的主张,但也没有将其收到的400万元利润款从借款本金中扣减,原审判决并无不当,本院予以维持。东光公司有关本案性质应为合作投资关系、华融公司西安办事处应当自行承担投资无效相应的民事责任、应驳回华融公司西安办事处诉请等的上诉理由和请求,缺乏事实和法律依据,不能成立,本院不予支持。至于涉案购房款等问题,本案当事人可以依据具体的购房合同另行起诉,主张其民事权利。

——最高人民法院民事审判第二庭编:《商事审判指导》总第19辑,人民法院出版社2010年版,第164～165页。

编者说明

实践中,银行自办公司与其他企业一起经营开发房地产项目发生纠纷的情况为数不少,通常情况是一方有能力进行征地、申请并进行项目施工建设以及商品房的出售,但缺乏资金,而银行自办公司则具备存贷款、投资等金融机构功能,二者一拍即合,签订合作投资协议以及具体的借款合同。由于银行自办公司产生的问题较多,中国人民银行在1996年发文对这类公司叫停,引发的纠纷诉至法院。本案就属于其中的一起。

在这类纠纷中,当事人往往对案件性质发生争议。银行自办公司以借款合同为依据,主张双方系单纯的借款合同纠纷,要求对方依照借款合同偿付借款本息;对方则以合作投资协议等为主要依据,主张双方系合作投资关系,要求按比例分担损失。两种不同的法律关系性质决定了当事人不同的法律责任,借款合同关系一般只存在还本付息问题,合作投资关系则存在着利润与风险均应按照合同约定的投资比例分担。①

830

双方当事人就借贷问题达成了合意且贷款人已经实际将款项交付给借款人，即可认定债权债务关系成立

关键词｜借贷合意｜实际交付｜

① 李京平:《如何甄别房地产开发中的借款合同关系与合作投资关系——上诉人西安东光房地产综合开发有限公司与被上诉人中国华融资产管理公司西安办事处借款纠纷案》,载最高人民法院民事审判第二庭编:《商事审判指导》总第19辑,人民法院出版社2010年版,第164～165页。

【最高人民法院裁判文书】

广西嘉美房地产开发有限责任公司与杨伟鹏商品房买卖合同纠纷案[最高人民法院(2013)民提字第135号民事判决书]

最高人民法院认为:认定当事人之间是否存在债权债务关系,书面合同并非不可缺少的要件。只要确认双方当事人就借贷问题达成了合意且出借方已经实际将款项交付给借款方,即可认定债权债务关系成立。杨伟鹏向嘉美公司支付340万元并收取利息的行为,足以认定双方之间成立了债权债务关系。

——最高人民法院民事审判第一庭编:《民事审判指导与参考》总第58辑,人民法院出版社2014年版,第192~205页。

831

贷款人将全部借款打入借款人账户又划走的,以实际进入借款人账户的款项为履行款项,贷款人承担不完全履行责任

关键词|不完全履行|

【最高人民法院裁判文书】

中国建设银行乌鲁木齐新华南路支行与新疆玉龙有限责任公司借款担保合同纠纷上诉案[最高人民法院(2001)民二终字第34号民事判决书]

最高人民法院认为:新华南路支行的前身建行营业部与玉龙公司所签订的三份借款合同(合计本金550万元)系双方之真实意思表示,其内容合法,应为有效。1996年1月16日,经建行营业部介绍,玉龙公司与纸箱厂签订租赁合同;1月18日,建行营业部与玉龙公司签订两份借款合同(合计本金500万元);次日,建行营业部将500万元贷款打入玉龙公司账户,接着又以特转方式划走413万元。建行营业部划转413万元的行为与其履行500万元贷款合同,两者密切相关。在未经玉龙公司同意的情况下,建行营业部从玉龙公司账户划款,其行为违反了借款合同约定的给付玉龙公司贷款500万元的承诺,其实际发放的贷款(即玉龙公司实际得到的款项)是87万元。因此,新华南路支行关于"建行营业

部将500万元款项打入了玉龙公司的账户，履行了发放贷款的义务”的上诉理由，不能成立。

——李国光主编、最高人民法院民事审判第二庭编：《民商审判指导与参考》总第1卷，人民法院出版社2002年版，第413页。

832

在当事人没有签订书面借款合同的情况下，可以根据案件事实和证据认定形成事实上的借款法律关系

关键词｜书面借款合同｜事实借款关系｜

【最高人民法院裁判文书】

中国农业银行股份有限公司湖北省分行、中国农业银行股份有限公司十堰分行与十堰荣华东风汽车专营有限公司借款纠纷案[最高人民法院(2013)民二终字第4号民事判决书]

最高人民法院认为：本案二审争议的焦点是：荣华公司与中行十堰分行、中行湖北分行是否形成借款法律关系。

《合同法》第十条规定：“当事人订立合同，有书面形式、口头形式和其他形式。法律、行政法规规定采用书面形式的，应当采用书面形式。当事人约定采用书面形式的，应当采用书面形式。”第一百九十七条第一款规定：“借款合同采用书面形式，但自然人之间借款另有约定的除外。”上述规定表明，我国合同法要求除自然人之外的当事人之间订立借款合同应当采用书面形式。但同时《合同法》第三十六条还规定：“法律、行政法规规定或者当事人约定采用书面形式订立合同，当事人未采用书面形式但一方已经履行主要义务，对方接受的，该合同成立。”这又表明，是否签订书面合同并非判断当事人之间是否形成借款法律关系的绝对标准，如果从当事人已经作出的民事行为能够推定双方有形成借款法律关系意愿的，也应当认定借款合同成立。本案中，荣华公司主张与中行十堰分行、中行湖北分行形成借款法律关系，但当事人之间并未签订书面借款合同，亦没有明确地约定借款金额、期限、还款方式等内容的口头借款协议。因此本案当事人之间是否形成借款法律关系，需要对全案事实和证据进行综合分析判断。

一、荣华公司与中行十堰分行是否形成借款法律关系。

根据原审法院查明的事实,本案的发生有特殊背景。2005 年至 2006 年,湖北省十堰市金融机构发生票据违规事件,中行十堰分行下属东风支行、张湾支行、茅箭支行的工作人员违规将质押在三家支行的银行承兑汇票借给汇启等公司使用,导致中行十堰分行大量到期债权不能收回,中行十堰分行及其分支机构面临被银行监管部门停止银行承兑汇票业务的风险。为解决该事件,防范金融风险,中行十堰分行急需寻求第三方填补债务,十堰市人民政府也介入进行了组织协调。2006 年 7 月 30 日,十堰市人民政府主持召开由湖北省银监局、中行湖北分行、十堰市银监分局、中行十堰分行、荣华公司等有关人员参加的会议,会议议题为《关于中国银行十堰市分行票据质押风险化解问题》,并于 2007 年 5 月 16 日作出 20 号会议纪要。会议之后,荣华公司于 2006 年 8 月 2 日至 2007 年 4 月 17 日先后以两种方式多次向中行十堰分行、东风支行、张湾支行、茅箭支行付款,一种方式是荣华公司直接或者委托他人向汇启等公司在中行的账户付款或者开立以汇启等公司为收款人的转账支票,转账支票由中行工作人员签字取走;另一种方式是荣华公司直接向中行十堰分行、东风支行付款。原审法院认定荣华公司支付款项共计 5858 万元。2007 年 4 月 6 日,十堰市人民政府主持召开由十堰市人民检察院、十堰市公安局、十堰市银监分局、中行十堰分行、荣华公司等有关人员参加的会议,会议议题为《关于支持十堰市荣华东风汽车专营有限公司发展有关问题》,并于同年 4 月 12 日作出 11 号会议纪要。2010 年,中行十堰分行分别向十堰市人民政府、十堰市金融办书面报告请求协助处理荣华公司欠中行十堰分行贷款事宜,报告同时显示,对于荣华公司的垫资问题,双方处于协商处理中。2010 年 11 月,中行湖北分行起诉荣华公司,要求偿还所欠贷款。2011 年 6 月,荣华公司起诉中行十堰分行、中行湖北分行,要求偿还本案垫资款项。

对于上述 11 号会议纪要,中行十堰分行确认其真实性、合法性,但对关联性提出异议,认为会议纪要不同于当事人设立法律关系的协议书,不能代表中行十堰分行的意思表示,不能证明荣华公司是应中行要求垫资,中行十堰分行不应承担向荣华公司偿还垫付资金的义务;对于 20 号会议纪要,中行十堰分行称该纪要形成于会议之后十个月,内容是虚假的。对于中行十堰分行的质证意见,本院认为,政府会议纪要作为政府记载、传达会议情况的公文,确如中行十堰分行所称,不同于当事人之间设立法律关系的协议书,但会议纪要作为对会议所议定事项的概要纪实,能够反映出参会各方对于议定事项的主观态度和意见,该主观态度和意见是判断当事人在诉争问题上是否达成一致的重要考证。从中行十堰分行的质证意见看，中行十堰分行并未对会议纪要关于荣华公司为解决票据违规事件、维护十堰信用环境作出巨大贡献的记载提出异议，亦未否认荣华公司筹集资金先行垫交中行十堰分行用于解决票据违规事件的事实。同时，上述事实亦能够从 2010 年 12 月 20 日十堰市金融办在中行十堰分行《关于我行近期化解荣华公司不良债务有关情况报告》上关于“荣华公司在当年的风险化解上作出了实质性贡献”的批示得到印证。因此，从上述事实和证据之间的关联性分析，原审法院关于荣华公司垫付资金 5858 万元用于帮助中行十堰分行解决票据违规事件的认定有事实依据，并无不当。而本案当事人争议的焦点是，荣华公司主张上述款项是为中行十堰分行垫资，其与中行十堰分行形成借款法律关系；中行十堰分行抗辩主张荣华公司不是为其垫资，而是为汇启公司等案外人垫资，荣华公司与汇启公司等案外人形成借款法律关系。

如前所述，本案票据违规事件由中行十堰分行及其支行工作人员与汇启等公司串通、违规操作引发，中行十堰分行为此受到的债权损失理应向汇启等公司追偿。在此情况下，荣华公司虽出于其经营活动依赖于中行十堰分行的授信、贷款、银行承兑汇票等业务支持的考虑，但其在无任何约定或者法定义务的情况下，在中行十堰分行面临行业监管部门处罚的紧急情况下，先行垫资帮助中行十堰分行解决了票据违规事件。不可否认，荣华公司的垫资行为符合中行十堰分行的利益需要。因此在荣华公司与中行十堰分行之间，中行十堰分行成为垫资行为的受益人。对于荣华公司如何收回垫资款的问题，根据本案查明的事实，十堰市人民政府曾经召开专题会议予以研究。11 号会议纪要明确记载，“荣华公司因借支十堰分行所造成的损失，由十堰分行承担挽回责任”，该内容与 20 号会议纪要记载的“之后中行湖北分行、十堰分行会同荣华公司采取措施，尽快归还荣华公司的垫款”的内容相比较，二者并无本质矛盾，能反映出双方当事人达成基本一致的意思表示，即对于荣华公司的损失，应当由中行十堰分行承担责任。至于 11 号会议纪要关于“由检察、公安等部门加大案件查办力度，尽可能追回中行十堰分行的承兑信用欠贷，并及时将追回的款物移交荣华公司”的记载，实际上应为中行十堰分行挽回其因票据违规事件所受损失的方式，而不应成为荣华公司挽回其垫资损失的必要、唯一方式。荣华公司已经接收中行十堰分行通过有关机关追缴的部分财产权利，同意在垫资款中予以扣抵，原审法院对此亦予以认定。

综合分析上述事实和证据之间的关联性，本院认为，荣华公司为中行十堰分行的垫资行为，使得双方形成事实上的借款法律关系，荣华公司由此受到的损失应当由中行十堰分行承担返还垫资款本金和利息的责任。原审法院对此认定正确,应予维持。中行十堰分行上诉所称其未与荣华公司形成借款法律关系,不应承担案涉款项归还责任的理由,与本案查明的事实不符,本院不予支持。

二、荣华公司与中行湖北分行是否形成借款法律关系。

根据原审法院查明的事实,本案能够确认荣华公司为协助中行湖北分行处理长江公司贷款事宜垫资300万元的事实。对于上述款项,荣华公司与中行湖北分行虽未签订书面借款合同,但一方已实际垫付,另一方已实际使用,双方已形成事实上的借款法律关系。原审法院关于荣华公司与中行湖北分行形成事实上借款法律关系,中行湖北分行对案涉300万元负有偿还本息义务的认定,有事实依据,应予维持。中行湖北分行上诉所称原审法院认定荣华公司与之形成借款关系并判令其归还证据不足、适用法律不当的理由,与本案查明的事实不符,本院不予支持。

——最高人民法院民事审判第二庭编:《最高人民法院商事审判指导案例(2014)》,中国民主法制出版社2015年版,第661~674页。

833

借款合同中利息的确定

关键词|借款合同|利息|

【最高人民法院司法解释】

第七条 债务人逾期归还贷款,原借款合同约定的利息计算方法不违反法律法规规定的,该约定有效。没有约定或者不明的,依照中国人民银行《人民币利率管理规定》计算利息和复息。

——《最高人民法院关于审理涉及金融资产管理公司收购、管理、处置国有银行不良贷款形成的资产的案件适用法律若干问题的规定》(2001年4月11日,法释〔2001〕12号)

【链接:最高人民法院法官著述】

借款合同因银行的过错而无效时,该借款产生的利息是否受保护?

《人民司法》研究组认为:关于无效民事行为的处理,《民法通则》第六十一条第一款规定,民事行为被确认无效或者被撤销后,当事人因该行为取得的财产,应当返还给受损失的一方。有过错的一方应当赔偿对方因此所受的损失,双方都有过错的,应当各自承担相应的责任。《合同法》第五十八条关于无效合同的处理亦有相同的规定。应当认为,借款合同被确认无效后,因贷款产生的利息应受法律保护,即借款人在向银行返还借款本金时,还应当向银行承担利息损失的赔偿责任。因为,对于借款合同的无效,借款人亦是有过错的,其应承担相应的责任。如果仅判令其承担借款本金的返还责任,则借款人等于使用了一笔无息贷款,对银行是不公平的,这样势必滋长借款人积极主张借款合同无效的风气,加重了银行的负担。

——《人民司法》2001 年第 6 期

第二,所约定的利息不能预扣,若预扣,以实际贷款数额作为借款本金计算。《合同法》第二百条规定:“借款的利息不得预先在本金中扣除。利息预先在本金中扣除的,应当按照实际借款数额返还借款并计算利息。”预扣利息是变相提高贷款利率的行为,为法律所禁止,即便借款人同意也因存在实质不平等而不被允许。

——李国光主编、最高人民法院经济审判庭编著:《合同法释解与适用》(上册),新华出版社 1999 年版,第 934 页。

834

借款合同载明的贷款利率与基准利率的区分

关键词|借款合同|贷款利率|基准利率|

【最高人民法院裁判文书】

黑龙江乌苏里江制药有限公司与中国建设银行股份有限公司鸡西分行及黑龙江乌苏里江佳大制药有限公司借款合同纠纷案[最高人民法院(2009)民二终字第 136 号民事判决书]

最高人民法院认为:根据中国人民银行银发〔2003〕251 号文件《关于人民币贷款利率有关问题的通知》的规定,逾期贷款(借款人未按合同约定日期还款的借款)罚息利率由现行按日万分之二点一计收利息,改为在借款合同载明的贷款利率水平上加收30% ~50%。可见,该文件规定的"借款合同载明贷款利率"与本案《借款展期协议书》约定的"基准利率"是两个不同的概念。本案所涉的"借款合同载明贷款利率"是在"基准利率"水平上上浮10%,在"基准利率"不变的情况下,《借款展期协议书》约定的"基准利率水平上上浮65%"的罚息利率与中国人民银行银发〔2003〕251号文件的规定的"借款合同载明的贷款利率"水平上加收50%的罚息利率是一致的。上诉人关于本案借款展期协议书约定的罚息内容违背了中国人民银行银发〔2003〕251号文件的规定,应当扣除13万元罚息的主张没有事实依据,人民法院不予支持。

——最高人民法院民事审判第二庭编:《最高人民法院商事审判指导案例·借款担保卷》,中国法制出版社2011年版,第15~18页。

835

借款合同约定的利率可以是按一定比率上浮的中国人民银行利率,或者是经中国人民银行批准的、银行不时通知的其他利率

关键词|借款合同|贷款利率|约定利率|

【最高人民法院裁判文书】

苏格兰皇家银行(中国)有限公司上海分行、成都太子奶生物科技发展有限公司与北京太子奶生物科技发展有限责任公司等借款及担保合同纠纷案[最高人民法院(2011)民四终字第19号民事判决书]

最高人民法院认为:关于逾期利息的数额。《合同法》第二百零七条规定:"借款人未按照约定的期限返还借款的,应当按照约定或者国家有关规定支付逾期利息。"根据《授信函》以及修改函的约定,适用的贷款利率标准可以是按一定比率上浮的中国人民银行利率,或者是经中国人民银行批准的、银行不时通知的其他利率,该约定不违反我国法律和行政法规的强制性规定,合法有效。本案最后发生的一笔贷款为2008年6月30日北京太子奶公司提取的贷款1.5亿元,根据苏格兰银行出具的贷款确认通知书,其适用的是苏格兰银行通知的利率,即贷款年利率7.884%,故应确定该笔贷款约定的年利率为7.884%。北京

太子奶公司已按照该利率标准付清了该贷款的到期利息，但未清偿贷款本金，其应依约按照贷款年利率的1.5倍即年利率11.826%支付自2008年7月31日起的逾期利息。原审法院适用的第3.4条的利息条款是为提示目的而载明的中国人民银行贷款基准利率，并非当事人约定的贷款利率，本院对此予以纠正。苏格兰银行二审中确认北京太子奶公司已付清贷款的到期利息，原审法院判决北京太子奶公司应承担2007年6月29日至2008年7月30日期间的利息系认定事实错误，本院亦予以纠正。北京太子奶公司于贷款到期后还支付了2251200元，根据《合同法解释（二）》第二十一条"债务人除主债务之外还应当支付利息和费用，当其给付不足以清偿全部债务时，并且当事人没有约定的，人民法院应当按照下列顺序抵充：（一）实现债权的有关费用；（二）利息；（三）主债务"的规定，上述2251200元应抵充北京太子奶公司应付的逾期利息。

——中国裁判文书网，http://wenshu.court.gov.cn。

836

商业银行贷款利率上限放开后，银行有权自主决定贷款利息的上限，按照上浮利率收息

关键词 | 借款合同 | 贷款利率 |

【最高人民法院裁判文书】

中国农业银行股份有限公司锦州锦兴支行与锦州玥宝塑业有限公司金融借款合同纠纷案[最高人民法院（2013）民二终字第57号民事判决书]

最高人民法院认为：关于玥宝公司应否承担给付锦兴支行所欠借款本金82397797.25元以及利息责任的问题。本案中，当事人双方于2007年7月至2008年3月间签订的五份借款合同，是双方当事人真实意思表示，且不违反法律、行政法规的禁止性规定，应认定有效。上述五份借款合同中约定的利率为在中国人民银行公布的同期人民币贷款利率上上浮30%。中国人民银行发布的银发〔2004〕251号《中国人民银行关于调整金融机构存贷款利率的通知》规定："商业银行贷款利率上限放开。因此，商业银行有权自主决定贷款利息的上限。"如前所述，锦兴支行向市农行报送的《关于锦州玥宝塑业有限公司9000万

元建筑墙板项目贷款申请的调查报告》载明的内容表明,即使发放本案所涉国债贴息项目贷款9000万元,锦兴支行也拟按照长期贷款利率五年以上年息上浮30%的标准计收利息,而非按照中国人民银行同期基准利率收取。因此,锦兴支行按照合同约定利率收取合同期内利息符合法律、行政法规的规定和当事人约定,而且,锦兴支行不发放9000万元项目贷款并不构成违约,故玥宝公司并非因为不发放项目贷款造成额外的利息损失。原审判决关于该部分利息系属于玥宝公司因锦兴支行违约而承担的高息的认定没有事实依据,应予纠正。

——中国裁判文书网,http://wenshu.court.gov.cn。

837

借款合同双方没有明确约定,利息计付应当依双方的实际履行行为作出认定

关键词|借款合同|利息|

【最高人民法院裁判文书】

中国农业银行股份有限公司赤峰元宝山支行与内蒙古平庄能源股份有限公司、赤峰大兴经贸有限责任公司、赤峰兴发集团股份有限公司、赤峰市银联投资有限责任公司、赤峰草原兴发资产管理有限公司借款合同纠纷案[最高人民法院(2010)民二终字第80号民事判决书]

裁判要旨:关于本案争议的部分利息计算问题,在双方没有明确约定的情况下,应当依双方在本案中的实际履行行为,认定其对这部分利息应如何计付的问题达成合意。

最高人民法院认为:原审判决平庄能源公司对21060万元本金自2006年7月1日至归还日2007年12月4日的利息应当承担全部清偿责任,平庄能源公司对此提出上诉,其主要理由是:根据债务重组方案及同意函,其只应承担21060万元本金及其自资产交割日至归还日期间的利息。经审查,农行元宝山支行在同意函中承诺对于贷款总额的60%,即本金21060万元,同意由重组后的上市公司即平庄能源公司承担。经过平庄煤业集团对草原兴发公司的重组,平

庄能源公司于2007年12月4日归还了21060万元本金,及自2007年4月26日起至2007年12月4日的利息。农行元宝山支行向平庄能源公司出具了相应的存贷款利息回单,其中在第一笔回单上明确注明了计息期为2007年4月26日至2007年6月20日,利率为6.57%,并一直以该利率计算利息至2007年12月4日。上述事实表明,对于债务重组中银行贷款的60%,仅确认本金21060万元由平庄能源公司承担,而对于该部分本金的利息如何偿付未作约定。平庄能源公司于2007年6月29日开始向农行元宝山支行偿付从2007年4月26日起计算的利息,农行元宝山支行亦向平庄能源公司出具了相应的存贷款利息回单,至2007年12月4日平庄能源公司偿还了21060万元本金以及按照存贷款利息回单上注明的利率所计算的全部利息,农行元宝山支行对此并未提出异议,亦未提供其在提起本案诉讼之前曾向平庄能源公司主张过21060万元自2006年7月1日至2007年4月26日期间利息的证据。上述事实与平庄能源公司关于4月26日是平庄煤业集团与草原兴发公司的资产交割日,其于该日承接了21060万元债务,农行元宝山支行从该日起向其收取利息的主张相吻合。虽然农行元宝山支行主张资产交割日与其应收利息无关,但其亦不否认其自资产交割日开始向平庄能源公司收取利息的事实。故在双方如何偿付该笔款项的利息没有书面协议约定的情况下,双方当事人以实际履行的行为对这部分利息的偿付达成了合意。平庄能源公司已经按照债务重组方案及同意函中的约定,偿付了其应当承担的全部本金和利息。原审判决依据合同法中关于借款合同的相关规定,判决平庄能源公司按照承接债务前借款合同中约定的利率,向农行元宝山支行偿还21060万元自2006年7月1日起至2007年12月4日的全部利息,其依据不足,本院予以纠正。

——最高人民法院民事审判第二庭编:《最高人民法院商事审判指导案例(第五卷)》(上),中国法制出版社2011年版,第247~261页。

838

利息计算标准应当划分合同期内与合同期外两种情况

关键词 | 利息计算标准 |

【最高人民法院裁判文书】

内蒙古中银房地产集团股份有限公司与中国长城资产管理公司呼和浩特办事处、内蒙古漆包线厂借款合同纠纷案[最高人民法院(2010)民二终字第26号民事判决书]

裁判要旨:关于利息问题,2006年6月20日以前债权人的催款通知中已明确,债务人签字认可;对于2006年6月20日以后的利息计算不再适用单个合同的利率,而该《偿还贷款协议书》对承诺偿还的借款债务利息的数目及计算方法没有约定,根据《不良贷款案件规定》第七条“债务人逾期归还贷款,原借款合同约定的利息计算方法不违反法律规定的,该约定有效。没有约定或者不明的,依照中国人民银行《人民币利率管理规定》计算利息和复息”之规定,原审判决对长城公司呼和浩特办事处有关利息的诉讼请求予以支持正确,其判决理由并无不当,故予以维持。

最高人民法院认为:关于利息计算问题。长城公司呼和浩特办事处数次向中银公司发出催款通知与公告,中银公司均予以签收,同时多次回函给长城公司呼和浩特办事处,申请宽限还款时间,或者提出具体的还款计划,并将催收的本息数作为其开发成本向呼和浩特市土地收购储备拍卖中心报告。一审中,长城公司呼和浩特办事处提供了有关利息的说明,附有利息清单、财政部与中国人民银行的相关政策规定,中银公司对其真实性表示认可;二审中,中银公司否认相关利息数目及计算方法,但未提供相反证据。关于2006年6月20日前的本息,因长城公司呼和浩特办事处于2006年7月13日向中银公司发出的《逾期贷款通知书》中已载明,且已被中银公司和漆包线厂所认可,因此,此部分本息的计算依据本院不再予以审查。由于中银公司与工行营业部于2004年1月7日签订的《偿还贷款协议书》是对漆包线厂陈欠债务整体偿还方案,对于2006年6月20日以后的利息计算不再适用单个合同的利率,但是,该《偿还贷款协议书》对承诺偿还的借款债务利息的数目及计算方法没有约定,根据《不良贷款案件规定》第七条“债务人逾期归还贷款,原借款合同约定的利息计算方法不违反法律规定的,该约定有效。没有约定或者不明的,依照中国人民银行《人民币利率管理规定》计算利息和复息”之规定,原审判决对长城公司呼和浩特办事处有关利息的诉讼请求予以支持正确,其判决理由并无不当,本院予以维持。

——最高人民法院民事审判第二庭编:《最高人民法院商事审判指导案例(第五卷)》(上),中国法制出版社2011年版,第237~246页。

839

滚动式借款合同如何计算所收取的利息

关键词 | 滚动式借款合同 | 利息 |

【最高人民法院裁判文书】

招商银行与海南中商旅业股份有限公司、中青基业投资发展中心借款合同纠纷上诉案[最高人民法院(2002)民二终字第128号民事判决书]

最高人民法院经审理认为:本案中当事人签订的12份抵押贷款合同均为当事人真实意思表示,除约定收取手续费的补充协议因违反中国人民银行的有关规定应认定无效外,其余内容并不违反法律、法规规定,原审判决认定其合法有效是正确的。对于招商银行已经向旅业公司收取的手续费即高息,从本院查明的该行具体扣划旅业公司39笔还款情况看,由于该行扣划旅业公司的还款系累计滚动进行,并承认所扣划的利息中包括合同约定的法定利息、复利、逾期罚息和手续费(即高息);该行未提供证据证明,每笔被扣划款项之具体利息构成、分属于哪一份借款合同,以及手续费是在该借款合同订立之后直接被扣划,还是在合同履行期届满后被扣划。故原审判决采取将每笔还款中收取的手续费(即高息)冲抵下一笔的借款本金并在此基础上计算相应利息的方法,确定旅业公司实际欠付该行的款项,并无不妥,本院予以维持。本案当事人在一审中就具体的计算方法虽未能达成一致意见,但鉴于就招商银行贷出的款项、旅业公司按期或逾期还款等事实证据,原审法院在一审中业已质证,本院予以采纳。招商银行关于原审判决对计算方法未经质证作为定案依据、违反法定程序的上诉理由缺乏事实依据和法律根据,不能成立,本院不予支持。另外,旅业公司与中青发展中心在原审法院主持下达成的调解协议,其内容并未超出各自的民事权利范围,亦未侵害招商银行的合法权益,且程序合法。原审法院以此为基础作出裁判并无不当,本院予以维持。

关于招商银行认为旅业公司挤占挪用涉案贷款应支付相应的罚息,并主张该项罚息应折抵该公司有关退还高息的请求。该行的这一主张系独立的诉讼请求,目的在于抵销、吞并旅业公司的诉讼请求,原审判决以该主张具有反诉的性质、该行未提起反诉为由不予审理并无不当,本院予以维持。但原审判决在对招商银行的该部分主张不予审理的情况下,又认定招商银行的这一主张没有法律依据欠妥,应依法予以纠正。如果招商银行就上述挤占挪用问题主张权利,可依法另行起诉。

——江必新主编、最高人民法院民事审判第二庭编:《民商审判指导与参考》总第4卷,人民法院出版社2004年版,第203~217页。

840

约定的逾期利息计算标准高于一般银行同期贷款利率的,支付逾期利息即具有支付违约金的性质

关键词 | 逾期利息 | 违约金 |

【最高人民法院裁判文书】

黑龙江天马房地产综合开发(集团)有限公司与中国建设银行股份有限公司哈尔滨住房支行借款合同纠纷案[最高人民法院(2007)民二终字第228号民事判决书]

最高人民法院认为:《合同法》第二百零七条规定,借款人未按照约定的期限返还借款的,应当按照约定或者国家有关规定支付逾期利息。逾期利息的计算标准高于一般银行同期贷款利率的设定表现了逾期利息的惩罚性,支付逾期利息即具有承担因违约逾期还贷而应支付违约金的性质。

——最高人民法院民事审判第二庭编:《最高人民法院商事审判指导案例·借款担保卷》,中国法制出版社2011年版,第128~131页。

编者说明

《合同法》第二百零七条规定,借款人未按约定的期限返还借款的,应当按照约定或者国家有关规定支付逾期利息。借款人的主要义务就是还款付息,未按期归还借款是一种严重违约行为,给债权人的合法权益带来较大损害,因此必须承担相应的违约责任,逾期利息的支付实质即是违约责任的承担。应该明确,逾期利息与中国人民银行规定的逾期罚息是有所区分的,罚息实际上是借款人不按合同约定期限还款时,贷款人向借款人收取的超过正常借款利率的带有一定惩罚性的利息。而逾期利息仅是指中国人民银行规定的在借款人逾期归还借款本息时支付给贷款人的超期使用资金的利息。逾期利息既包括罚息,又不仅仅是罚息,实质是借款人逾期还款时应当向贷款人支付的法定利息及罚息之和,从而体现了确定逾期利息的标准

具有一定的处罚性。①

841

借贷双方可以在借款合同中对罚息和复利的计收标准作出特别约定

关键词｜借款合同｜罚息｜复利｜

【最高人民法院裁判文书】

湖北德立房地产开发有限公司与中国华融资产管理股份有限公司湖北省分公司及鄂州市天华物宝矿业有限责任公司等债权转让合同纠纷案［最高人民法院(2016)最高法民终493号民事判决书］

最高人民法院认为：

一、关于涉案《借款合同》中约定“逾期还款按贷款利率加收60%罚息利率计收利息”的条款是否有效问题

本院认为，《贷款利率通知》系中国人民银行针对银行业内部制定的管理性文件，不能作为确认银行与其他民事主体之间签订的信贷合同是否有效的法律依据。虽然，德立公司与中信银行鄂州支行在《借款合同》第12.5条中约定：“德立公司未能按合同约定偿还的本金，中信银行鄂州支行除有权行使本合同第12.4款约定的权利外，有权根据实际逾期天数，按合同届时的贷款利率加收60%罚息利率计收利息。”该约定系双方当事人真实意思的表示，不存在违反法律、行政法规效力性禁止性规定的情形，应属有效协议。而且，华融湖北分公司与招商财富公司、中信银行鄂州支行、德立公司在《债权转让协议》中，对德立公司的欠款本金21000万元、利息1705.275万元、罚息1241.79万元及担保等权利进行了确认，其中逾期利息是按照《借款合同》中约定贷款利率加收60%罚息利率计算的，德立公司对此并未提出异议。故德立公司上诉称《借款合同》中约定“逾期还款按贷款利率加收60%罚息利率计收利息”，违反了《贷款利率通知》第三条“逾期贷款利息最高也只能加收至50%”的规定，没有法律依据，应不予支持。

① 王全兴等主编：《新合同法原理与案例评析》，暨南大学出版社1999年版，第307页。

二、关于涉案21000万元逾期借款利息、罚息的确认问题

《不良贷款案件规定》第七条规定："债务人逾期归还贷款，原借款合同约定的利息计算方法不违反法律规定的，该约定有效。没有约定或约定不明的，依照中国人民银行《人民币利率管理规定》计算利息和复息。"本案中，德立公司与华融湖北分公司在《债权转让协议》中对借款利息计算方法已有明确约定，故涉案借款利息计算不存在依照中国人民银行《人民币利率管理规定》计算利息的情形。德立公司上诉称，华融湖北分公司的金融机构性质决定了其只能按人民银行所规定的金融机构贷款利率的浮动区间执行，没有事实和法律依据，应不予支持。

根据《借款合同》第12.5条中的约定，如德立公司未能按期偿还本金及利息，应承担"贷款利率加收60%罚息利率计收利息"的罚息责任，即25.44%[15.9%+(15.9%×60%)]。华融湖北分公司诉请德立公司按合同约定年利率15.9%，上浮60%，并支付相应违约金计算借款利息。原审判决根据《合同法》第一百一十四条关于违约金调整的相关规定，将逾期还款利息调整为按24%年计算，减轻了德立公司的还款负担，适用用法律并无不当。

——中国裁判文书网，http://wenshu.court.gov.cn。

中国农业银行股份有限公司拉萨康昂东路支行与西藏诺迪康药业股份有限公司、西藏华西药业集团有限公司、成都诺迪康生物制药有限公司金融借款合同纠纷案[最高人民法院(2013)民二终字第46号民事判决书]

最高人民法院认为：一、关于农行拉萨康昂支行所主张的借款利息数额是否存在多计问题。

根据双方签订的两份《借款协议》的约定，本案所涉贷款在借款期限内执行固定利率即年利率3.6%；借款到期后，借款执行利率为中国人民银行公布的同期人民币贷款基准利率，并对逾期借款自逾期之日起在合同约定的借款执行利率基础上上浮30%计收罚息，直至本息清偿为止。上述约定符合《合同法》第二百零七条以及中国人民银行《关于人民币贷款利率有关问题的通知》(银发〔2003〕251号)第三条第一款的有关规定，合法有效。因本案所涉贷款在2007年4月29日即借款期限届满，借款到期之后未归还的借款本金构成逾期借款。依据上述合同约定，本案对逾期借款的利息计算应以中国人民银行公布的同期人民币贷款基准利率再上浮30%的利率为计算标准。

关于西藏诺迪康公司提出的农行拉萨康昂支行多计利息482504.62元的上

诉主张，经查，该利息数额差异产生于2008年6月21日至2012年6月20日计息区间，西藏诺迪康公司对借款发生日至2008年6月20日计息区间农行拉萨康昂支行所主张的利息数额并未提出异议。双方之所以在上述计息区间产生的利息数额存在差异，是因各自计算所依据的利率标准不同而造成的。在上述计息区间，西藏诺迪康公司所欠贷款因已过借款期限，构成逾期借款，需计收罚息，其利息计算应依据的利率按合同约定应以中国人民银行公布的同期人民币贷款基准利率再上浮30%为准。而西藏诺迪康公司在计算该计息区间利息时，所依据的利率标准是以借款期限内执行的固定利率即年利率3.87%乘以中国人民银行公布的同期人民币贷款基准利率与借款发生时中国人民银行公布的贷款基准利率之比后再上浮30%得出，该计算方式不符合合同约定，本院依法不予支持。农行拉萨康昂支行主张的该计息区间的利息数额，是以中国人民银行拉萨中心支行公布的同期西藏金融机构贷款利率（比中国人民银行公布的同期人民币贷款基准利率要低）再上浮30%为利率标准计算所得，所主张的利息数额实际上要比合同约定的计算标准所得数额还要低。故农行拉萨康昂支行所主张的贷款利息计算标准和计算方式不违反合同约定，一审认定的利息数额准确，对西藏诺迪康公司有关一审多计利息482504.62元的上诉请求，本院依法不予支持。

二、关于对应付未付利息计收复利是否符合法律规定和合同约定问题。

本案双方签订的《借款合同》载明，本案所涉贷款的借款种类为短期流动资金。中国人民银行发布的《人民币利率管理规定》（银发〔1999〕77号）第二十条第二款规定“短期贷款按季结息的，每季度末月的二十日为结息日；按月结息的，每月的二十日为结息日。具体结息方式由借贷双方协商确定。对贷款期内不能按期支付的利息按贷款合同利率按季或按月计收复利，贷款逾期后改按罚息利率计收复利。最后一笔贷款清偿时，利随本清”。双方在两份《借款合同》中亦约定，对应付未付利息，贷款人依据中国人民银行规定计收复利。因此，农行拉萨康昂支行对借款人西藏诺迪康公司应付未付的利息计收复利的主张事实和法律依据充分，一审要求西藏诺迪康公司支付复利的判决并无不当，本院对西藏诺迪康公司请求撤销支付复利的上诉请求依法不予支持。

——中国裁判文书网，http://wenshu.court.gov.cn。

新疆天山纺织（集团）有限公司与中国银行股份有限公司昌吉回族自治州分行借款合同纠纷案［最高人民法院（2010）民二终字第128号民事判决书］

裁判要旨：就罚息和复利的计收问题，借贷双方在借款合同中约定，遇合同约定的借款利率调整，自调整之日分段计算罚息和复利。上述约定表明，涉案罚息和复利的计收标准不受国家对金融机构贷款利率进行调整的影响，只有遇到双方对合同约定的借款利率进行调整的情形时，自调整之日起，借款人应当对涉案罚息和复利的计收标准进行相应调整。在双方对合同约定的借款利率从未进行调整的情况下，贷款人主张如遇国家调整贷款利率，则计收罚息和复利时应自贷款利率调整之日分段计算的，人民法院不予支持。

最高人民法院认为：本案的争议焦点为涉案罚息和复利的计收标准以及该标准是否应进行调整。

关于涉案罚息和复利的计算标准。2008 年 4 月 2 日，天山纺织公司与昌吉州中行签订了涉案借款合同，原审法院认定该合同系双方自愿签订，合同内容不违反国家法律规定，应为合法有效是正确的，本院予以维持。该合同约定，若天山纺织公司未按约定期限还款，就逾期部分，从逾期之日按照逾期贷款罚息利率计收利息，直至清偿本息为止，逾期贷款罚息利率为合同约定的借款利率水平上加收 50%；对天山纺织公司不能按期支付的利息，以合同约定的结息方式，贷款期内按照合同约定的借款利率计收复利，贷款逾期后改按合同约定的罚息利率计收复利。上述约定表明，对于涉案借款本金，如天山纺织公司未按期偿还，就逾期部分，昌吉州中行可以计收罚息，计收标准为合同约定的借款利率水平上加收 50%；对于涉案借款利息，如天山纺织公司未按期支付，就逾期部分，昌吉州中行可以计收复利，计收标准为贷款期内为合同约定的借款利率，贷款逾期后为合同约定的罚息利率，即合同约定的借款利率水平上加收 50%。本案中，天山纺织公司在借款合同到期之后未能清偿所欠借款本息。上述事实表明，计收逾期罚息和复利的条件已经成就。原审法院根据合同约定判决天山纺织公司应向昌吉州中行支付逾期罚息和复利，并确定逾期罚息和复利的计收标准为合同约定的借款利率水平上加收 50% 并无不当，本院予以维持。天山纺织公司关于应以年利率 5.31% 为基数计算罚息和复利的上诉主张与合同约定不符，不能成立，本院不予支持。

关于涉案罚息和复利的计收标准是否应进行调整。就罚息和复利的计收问题，借款合同约定，遇合同约定的借款利率调整，自调整之日分段计算罚息和复利。上述约定表明，涉案罚息和复利的计收标准不受国家对金融机构贷款利率进行调整的影响，只有在遇到双方对合同约定的借款利率进行调整的情形时，自调整之日起，昌吉州中行应当对涉案罚息和复利的计收标准进行相应调整。本案中，自借款合同签订以来，双方对合同约定的借款利率从未进行过调整。上述事实表明,对涉案罚息和复利的计收标准进行相应调整的条件未成就。原审判决根据合同约定未对涉案罚息和复利的计收标准进行调整并无不当,本院予以维持。天山纺织公司关于如遇国家调整贷款利率,则计收罚息和复利时应自贷款利率调整之日分段计算的上诉主张与合同约定不符,不能成立,本院不予支持。

——最高人民法院民事审判第二庭编:《最高人民法院商事审判指导案例(第五卷)》(上),中国法制出版社 2011 年版,第 231 ~236 页。

842

借款合同中约定复利的效力认定及计算

关键词 | 借款合同 | 复利 |

【最高人民法院裁判文书】

兴业银行股份有限公司天津分行与天津市万特商贸有限公司金融借款合同纠纷案[最高人民法院(2015)民二终字第 179 号民事判决书]

最高人民法院认为:本案二审的争议焦点为:兴业银行天津分行应否对万特公司未按时支付的利息计收复利,2014 年 9 月 21 日至 2014 年 12 月 25 日期间的利息数额是多少。

根据中国人民银行颁布的《人民币利率管理规定》(银发〔1999〕77 号)第三条关于“中国人民银行是经国务院授权的利率主管机关,代表国家依法行使利率管理权,其他任何单位和个人不得干预”的规定以及第四条关于“中国人民银行制定的各种利率是法定利率。法定利率具有法律效力,其他任何单位和个人均无权变动”的规定,中国人民银行代表国家依法行使利率管理权,其制定的各种利率是法定利率。关于复利,上述《人民币利率管理规定》第二十五条规定:“逾期贷款或挤占挪用贷款,从逾期或挤占挪用之日起,按罚息利率计收罚息,直到清偿本息为止,遇罚息利率调整分段计息。对贷款逾期或挪用期间不能按期支付的利息按罚息利率按季(短期贷款也可按月)计收复利……”2004 年 1 月 1 日实施的《中国人民银行关于人民币贷款利率有关问题的通知》(银发〔2003〕251 号)第三条也明确规定:“逾期贷款(借款人未按合同约定日期还款的借款)

罚息利率为在借款合同载明的贷款利率水平上加收30% ~50%;对逾期贷款,从逾期之日起,按罚息利率计收利息,直至清偿本息为止。对不能按时支付的利息,按罚息利率计收复利。”据此,中国人民银行发布的行政规章及规范性文件均明确规定金融机构对于借款人不能按时支付的利息可以计收复利,复利属于法律规定的利率计算形式之一。本案中,双方当事人在《委托贷款借款合同》第五条中亦明确约定了复利,该条约定:合同期内借款利率执行固定利率年9.3%,借款期间不因国家基准利率的调整而调整;未按期还款的,罚息利率为借款利率上浮50%;对未按时支付的利息,按合同约定的借款逾期罚息利率计收复利。上述约定是双方当事人的真实意思表示,亦符合中国人民银行颁布的《人民币利率管理规定》以及《中国人民银行关于人民币贷款利率有关问题的通知》关于复利的相关规定,并不违反公平原则,应当予以保护。故原审判决支持兴业银行天津分行主张万特公司支付复利的诉讼请求,有合法依据,亦符合当事人的真实意思表示,并无不当,应予维持。万特公司上诉所提本案计收复利缺乏法律依据且违反公平原则的主张,理据不足,本院不予支持。

关于2014年9月21日至2014年12月25日期间的利息,兴业银行天津分行主张的数额是5594746.96元,包括借款期内利息、逾期罚息以及复利,该数额亦是原审判决认定的数额。万特公司对此提出上诉,认为计算错误,应当是3125715元,并提供了计算明细。对比双方提供的计算明细,兴业银行天津分行关于利息、罚息及复利的计算符合中国人民银行的前述规定以及双方的合同约定,而万特公司仅以当期应还的本金数额1250万元而非未归还的贷款数额2.25亿元作为计息基数,显然不妥。故原审法院依据兴业银行天津分行的计息方式认定2014年9月21日至2014年12月25日的利息数额为5594746.96元,并无不当,应予维持;万特公司主张的计息方式以及利息数额缺乏事实和法律依据,本院不予支持。

——中国裁判文书网,http://wenshu.court.gov.cn。

天津银行股份有限公司天马支行与中能滨海电力燃料天津有限公司、天津市佳泰投资担保有限公司等金融借款合同纠纷案[最高人民法院(2015)民二终字第110号民事判决书]

裁判要点:按照中国人民银行《人民币利率管理规定》及中国人民银行《关于人民币贷款利率有关问题的通知》的相关规定,复利的计算基数应仅为正常利息即合同期内的应付利息,不包括逾期罚息。

最高人民法院认为:案涉《流动资金借款合同》《抵押合同》及《保证合同》均

系当事人真实意思表示,内容不违反法律、行政法规的禁止性规定,原审判决认定合法有效正确,本院予以维持。中能天津公司仅对原审判决有关复利的计算方法及数额提出上诉,故本院对原审判决认定的应偿还的贷款本金、利息及罚息数额予以维持。关于复利问题,案涉《流动资金借款合同》对复利的收取有明确约定,亦符合中国人民银行《人民币利率管理规定》的要求,故天马支行有关债务人应支付复利的诉讼请求应予支持。原审判决判令天津中能公司应支付给天马支行截至2013年7月25日止的利息为8570988.33元,该数额系由贷款本金的正常利息2858704元、逾期罚息5611944元以及复利100340.33元构成。其中复利的计算是以正常利息加上逾期罚息为基础,乘以借款合同约定的逾期利率及逾期天数得出。但是,按照中国人民银行《人民币利率管理规定》及中国人民银行《关于人民币贷款利率有关问题的通知》的相关规定,复利的计算基数应仅为正常利息即合同期内的应付利息,不包括逾期罚息。故原审判决确认的上述复利计算方法缺乏法律与合同依据,本院予以纠正。中能天津公司有关原审判决确认复利的计算方法错误的上诉请求具有法律与合同依据,本院予以支持。根据中能天津公司应付贷款利息表(由天马公司提交、各方当事人认可其真实性)确认的内容,至2013年7月25日止,中能天津公司应给付天马公司复利应为21552.33元而非10034033元;再加上正常利息2858704元、逾期罚息5611944元,中能天津公司应付贷款利息共计8492200.33元。

——人民法院出版社法规编辑中心编:《最高人民法院裁判观点精编(2014~2015)》,人民法院出版社2016年版,第419~420页。

中国农业银行股份有限公司拉萨康昂东路支行与西藏诺迪康药业股份有限公司、西藏华西药业集团有限公司金融借款合同纠纷案[最高人民法院(2013)民二终字第47号民事判决书]

裁判要旨:中国人民银行发布的《人民币利率管理规定》第二十条第二款规定,对贷款期内不能按期支付的利息按贷款合同利率按季或按月计收复利,贷款逾期后改按罚息利率计收复利。最后一笔贷款清偿时,利随本清。因此,银行依约定对应付未付利息计收复利的主张,不违反法律的强制性规定,人民法院应予支持。

最高人民法院认为:

一、关于农行拉萨康昂支行所主张的借款利息数额是否存在多计问题。

根据双方签订的两份《借款协议》的约定,本案所涉贷款在借款期限内执行固定利率即年利率 3.6%；借款到期后，借款执行利率为中国人民银行公布的同期人民币贷款基准利率，并对逾期借自逾期之日起在合同约定的借款执行利率基础上上浮 30% 计收罚息，直至本息清偿为止。上述约定符合《合同法》第二百零七条以及中国人民银行《关于人民币贷款利率有关问题的通知》第三条第一款的有关规定，合法有效。因本案所涉贷款在 2007 年 3 月 29 日即借款期限届满，借款到期之后未归还的借款本金构成逾期借款。依据上述合同约定，本案对逾期借款的利息计算应以中国人民银行公布的同期人民币贷款基准利率再上浮 30% 的利率为计算标准。

关于西藏诺迪康公司提出的农行拉萨康昂支行多计利息 788809.69 元的上诉主张，经查，该利息数额差异产生于 2008 年 6 月 21 日至 2012 年 6 月 20 日计息区间，西藏诺迪康公司对借款发生日至 2008 年 6 月 20 日计息区间农行拉萨康昂支行所主张的利息数额并未提出异议。双方之所以在上述计息区间产生的利息数额存在差异，是因各自计算所依据的利率标准不同而造成的。在上述计息区间，西藏诺迪康公司所欠贷款因已过借款期限，构成逾期借款，需计收罚息，其利息计算应依据的利率应以中国人民银行公布的同期人民币贷款基准利率再上浮 30% 为准。而西藏诺迪康公司在计算该计息区间利息时，所依据的利率标准是以借款期限内执行的固定利率即年利率 3.6% 乘以中国人民银行公布的同期人民币贷款基准利率与借款发生时中国人民银行公布的贷款基准利率之比后再上浮 30% 得出，该计算方式不符合合同约定，本院依法不予支持。农行拉萨康昂支行主张的该计息区间的利息数额，是以中国人民银行拉萨中心支行公布的同期西藏金融机构贷款利率（比中国人民银行公布的同期人民币贷款基准利率要低）再上浮 30% 为利率标准计算所得，所主张的利息数额实际上要比合同约定的计算标准所得数额还要低。故农行拉萨康昂支行所主张的贷款利息计算标准不违反合同约定，一审认定的利息数额准确，对西藏诺迪康公司有关一审多计利息 788809.69 元应予改判的上诉请求，本院依法不予支持。

二、关于对应付未付利息计收复利是否符合法律规定和合同约定问题。

本案双方签订的《借款合同》载明，本案所涉贷款的借款种类为短期流动资金。《人民币利率管理规定》第二十条第二款规定"短期贷款按季结息的，每季度末月的二十日为结息日；按月结息的，每月的二十日为结息日。具体结息方式由借贷双方协商确定。对贷款期内不能按期支付的利息按贷款合同利率按季或按月计收复利，贷款逾期后改按罚息利率计收复利。最后一笔贷款清偿时，利随本清"。双方在两份《借款合同》中亦约定，对应付未付利息，贷款人依据中国人民银行规定计收复利。因此，农行拉萨康昂支行对借款人西藏诺迪康公司应付未付的利息计收复利的主张事实和法律依据充分，一审要求西藏诺迪康公司支付复利的判决并无不当，本院对西藏诺迪康公司请求撤销支付复利的上诉请求依法不予支持。

——最高人民法院民事审判第二庭编：《最高人民法院商事审判指导案例（2014）》，中国民主法制出版社 2015 年版，第 690 ~ 697 页。

河北源泰矿业有限公司与中国建设银行股份有限公司石家庄金泉支行、河北金丰钢铁集团有限公司、河北金沙河面业有限责任公司借款合同纠纷案［最高人民法院（2009）民二终字第 12 号民事判决书］

最高人民法院认为：中国人民银行是金融机构借款利息管理机关，其制定颁布的《人民币利率管理规定》第二十条、第二十一条规定，对贷款期内不能按期支付的利息按合同利率计收复利，贷款逾期后改按罚息利率计收复利。中国人民银行《关于人民币贷款利率有关问题的通知》第三条第二款规定，对逾期或未按合同约定用途使用借款的贷款，从逾期或未按合同约定用途使用贷款之日起，按罚息利率计收利息，直至清偿本息为止。对不能按时支付的利息，按罚息利率计收复利。《民通意见（试行）》第一百二十五条规定的适用范围限于自然人之间的借款，不适用于金融机构与法人之间的借款合同关系。企业法人据此提出拒绝向发放贷款的金融机构支付相应复利的诉讼主张不能成立，人民法院不予支持。

——最高人民法院民事审判第二庭编：《最高人民法院商事审判指导案例·借款担保卷》，中国法制出版社 2011 年版，第 3 ~ 9 页。

【链接：最高人民法院法官著述】

关于金融机构借款合同中约定复利应否保护问题。

第一种观点认为，我国立法的基本态度是禁止复利，中国人民银行《人民币利率管理规定》第二十条、第二十一条尽管对约定复利进行了规定，但该规定仅是行政规章，在司法实务中对其只是参考适用，而不是必须适用。因此，对于金融机构依据《人民币利率管理规定》在借款合同中约定计算复利的，该约定应认定无效，法院不予支持。第二种观点认为，该问题实质涉及两个问题，即根据人民银行有关规定可以收取复利的，但当事人在借款合同中没有约定，债权人此时主张复利，应否予以支持以及在复利计收无明确法律依据，但当事人在借款合同中约定计收复利的,应否予以支持问题。最高人民法院曾经在1988年4月2日公布实施的《民通意见(试行)》第一百二十五条以及1991年8月13日法(民)发〔1991〕21号《最高人民法院关于人民法院审理借贷案件的若干意见》(以下简称《借贷案件意见》)规定了有条件地限制允许利息计算复利的原则,但上述规定不适用金融机构为出借人的借款合同。关于金融机构为出借人的借款合同中复利问题的处理上应采取的总原则是:当中国人民银行有明文规定可以计收复利时且为当事人所明确约定的,人民法院应当予以保护。有规定但没有约定或者虽有约定但无相应规定,均不予支持,以保障当事人之间利益实质平等。对于银行有相应规定可以计算复利的,但当事人在借款合同中没有约定,金融机构请求借款人支付复利的,除借款人明确表示同意外,不予支持。特别是对贷款期限届满之后没有归还本金及相应利息,对未归还的借款本金按照《合同法》第二百零七条规定的逾期利息标准计算违约金,对借款期限届满后未支付的利息不再按照逾期利息标准计算复利。

——宋晓明、朱海年、王闯、张雪楳:《合同纠纷案件审理中的疑难问题》,载最高人民法院民事审判第二庭编:《民商事审判指导》总第11辑,人民法院出版社2007年版,第152~153页。

843

借款合同约定合同期内未按期支付的利息按合同约定利率计收复利,借款逾期后未支付的利息按罚息利率计收复利的,该约定有效

关键词|借款合同|复利|罚息利率|

【最高人民法院裁判文书】

东营胜通驾驶员培训有限责任公司、金淑英与韩建等金融借款合同纠纷申请再审案[最高人民法院(2014)民申字第1563号民事裁定书]

最高人民法院认为:关于复利问题。原审查明,涉案《流动资金借款合同》明确约定:逾期还款按合同利率加收50%的利率计收罚息,合同期内未按期支付的利息,按合同约定利率计收复利,借款逾期后未支付的利息,按罚息利率计收复利。该约定并不违反法律法规的禁止性规定,属有效约定。原判决依据该

约定判令对逾期部分利息的利率按照罚息利率计收复利,并无不当。《最高人民法院关于长城万事达信用卡透支利息不应计算复利的批复》规定的是信用卡透支情形下复利的计算问题,且根据《最高人民法院关于废止 1980 年 1 月 1 日至 1997 年 6 月 30 日期间发布的部分司法解释和司法解释性质文件(第九批)的决定》(法释〔2013〕2 号),该批复已经于 2013 年 1 月 18 日被废止。故该批复不能作为本案法律适用的依据。

——中国裁判文书网,http://wenshu. court. gov. cn。

844

借款合同格式条款约定“对应付未付利息，按中国人民银行规定计收复利”的,“应付未付利息”不包括逾期利息

关键词｜借款合同｜格式条款｜复利｜

【最高人民法院裁判文书】

中国农业银行股份有限公司沈阳和平支行与沈阳假日大厦有限公司金融借款合同纠纷案[最高人民法院(2016)最高法民终 340 号民事判决书]

最高人民法院认为:本案的争议焦点是上诉人农行和平支行是否有权对案涉《借款合同》中约定的逾期利息计收复利。上诉人农行和平支行主张应当计收复利的合同依据是《借款合同》第五条第 5 项约定,“对应付未付利息,按中国人民银行规定计收复利”,上诉人认为该项约定中的利息,包括逾期利息。而被上诉人假日公司则认为,上述约定中的利息,只是正常贷款期限内产生的利息,不包括逾期利息。双方当事人均是依据《借款合同》第五条第 5 项的约定,提出了截然相反的认识和主张,在此情况下将依照《合同法》第一百二十五条的规定,对当事人存有争议的合同条款进行解释。

首先,从双方合同争议条款及相关条款的文义角度分析。一般而言,逾期利息也应该视为利息的一种,但是在本案《借款合同》中约定的利息与逾期利息还是不同的,合同第三条第 2 项“贷款人权利义务”中,明确约定“贷款人有权按照合同的约定直接从借款人任何账户中划收贷款本金、利息、罚息、逾期利息、复利和其他借款人应付费用”,这里的利息与罚息、逾期利息、复利等是并列表述的。

与罚息、逾期利息、复利等不同，此处约定的利息应当是指贷款人按照约定利率或者法定利率，在借款合同期限内应得的利息，而逾期利息和复利的计收均是在合同第五条“违约责任”中约定的，其中第3项明确约定，“借款人不按本合同约定的期限归还贷款本金的，贷款人有权对逾期贷款根据逾期天数按日利率万分之贰点一计收逾期利息”；第5项约定，“对应付未付利息，按中国人民银行规定计收复利”。根据上述约定，应当计收复利的“应付未付利息”显然不应包括逾期利息。

其次，结合相关规定分析。诉讼中，上诉人提出按照中国人民银行发布的《人民币利率管理规定》和《关于人民币贷款利率有关问题的通知》的规定，应当对逾期利息计算复利。其中，《人民币利率管理规定》第二十一条规定，“对贷款期内不能按期支付的利息按合同利率按季计收复利，贷款逾期后改按罚息利率计收复利”。本院认为，其中应当计算复利的利息指的是贷款期内不能按期支付的利息，而并非是对贷款逾期后的逾期利息计算复利。而《关于人民币贷款利率有关问题的通知》第三条规定“对逾期或未按合同约定用途使用借款的贷款，从逾期或未按合同约定用途使用贷款之日起，按罚息利率计收利息，直至清偿本息为止。对不能按时支付的利息，按罚息利率计收复利”，只是规定了逾期利息和复利的计算标准，同样不能得出对于逾期利息应当计算复利的结论。

第三，《合同法》第四十一条规定，对于格式合同中“对格式条款的理解发生争议的，应当按照通常理解予以解释。对格式条款有两种以上解释的，应当作出不利于提供格式条款一方的解释”。本案中的《借款合同》是银行一方提供的格式合同，在法律法规和相关金融管理规章并没有就逾期利息应否计算复利作出明确规定的情况下，双方当事人亦没有约定逾期利息应当计算复利，按照对于格式合同或者格式条款的理解发生争议的解释原则，本案应当作出对上诉人农行和平支行一方不利的解释，即《借款合同》第五条第5项约定的应当计收复利的“应付未付利息”不包括逾期利息。

第四，从《借款合同》约定的逾期利息的计算方法来看，逾期利息是对逾期贷款根据逾期天数按照日万分之二点一计收，已经高于《借款合同》约定的正常利率标准，由于逾期利息本质上是一种违约责任的承担方式，已经体现了对假日公司逾期还款行为的惩罚性，其若再对逾期利息计收复利，有违公平和补偿原则。

——中国裁判文书网，http://wenshu.court.gov.cn。

845

利息作为主债权的收益属于法定孳息，取得孳息的权利随着主物所有权的转移而转移

关键词｜利息｜孳息｜

【《最高人民法院公报》案例】

福州商贸大厦筹备处与福建佳盛投资发展有限公司借款纠纷上诉案[最高人民法院(2005)民二终字第147号民事判决书]

裁判摘要：银行利息作为主债权的收益，属于法定孳息，除法律有特别规定或者当事人有特别约定外，取得孳息的权利随着主物所有权的转移而转移。

最高人民法院认为：本案双方当事人对于两次债权转让协议中确认的债务本金3550万元及其计算至2000年6月20日的利息11030159.17元均无争议，故本院对原审判决主文第一项中关于该部分的判决内容予以维持。本案争议焦点在于筹备处对于2000年6月21日之后的利息是否应予给付问题。首先，从债权转让合同的约定看，2000年6月20日，华融福州办从福建工行受让前述五份借款合同、三份担保合同项下未受清偿债权之时，并未明示放弃债权受让之后的利息之债；2004年11月29日，佳盛公司从华融福州办转让取得相同债权，亦未明示放弃相应利息之债。其次，华融福州办向筹备处出具的数份《催款通知书》上写明的无具体数额的“相应利息”，以及华融福州办于2004年11月29日向原审法院出具《债权转让证明》中关于“债权本金3550万元、利息（暂计至2004年9月21日）及2004年9月22日之日起的利息随之转让”的表述，亦能说明华融福州办从未放弃2000年6月21日之后的利息之债。况且，银行利息是主债权的收益，属法定孳息，除法律有特别规定或当事人有特别约定外，取得孳息的权利随着主物所有权转移而同时转移。本案债权虽经两次转让，但合同当事人均未明确表示放弃债权转让之后的利息，故原审判决判令债务人筹备处偿还债权人佳盛公司自2000年6月21日起至给付之日止的利息并无不当，本院应予维持，但计息标准应按照中国人民银行同期逾期贷款利率分段计付。

——《最高人民法院公报》2006年第7期

846

借款到期前贷款人的合同解除权

关键词｜借款合同｜合同解除｜

【最高人民法院裁判文书】

江苏索普(集团)有限公司、上海儒仕实业有限公司与中国农业发展银行乾安县支行保证合同纠纷案[最高人民法院(2016)最高法民终40号民事判决书]

最高人民法院认为:关于乾安支行是否有权提前收回重组贷款的问题。本案0022号《流动资金借款合同》第10.16条约定,在本合同有效期内,借款人如发生停产、歇业、被停业整顿、被注销登记、被吊销营业执照、被撤销、申请或被申请破产、解散等情形,借款人应当于上述情况发生后3日内书面通知贷款人,并保证按照贷款人的要求归还借款本息,或提供经贷款人书面认可的债权保全措施;第12.7条约定,借款人违反本合同第10.16条约定的,贷款人有权停止继续发放贷款或取消借款人尚未提取的借款,有权提前收回部分或全部借款,不能收回的,按逾期借款罚息利率按日计收违约金。松原中庆资产评估有限责任公司松庆评报字〔2014〕第36号、第37号《资产评估报告书》载明,2014年7月29日至31日,评估人员与法院工作人员一道对天安公司进行现场调查,并明确注明天安公司已停产两年。而且,天安公司2012年1月至2014年9月利润表中主营业务收入及主营业务成本均为空白。2015年4月22日,天安公司向乾安支行发出的《重要工作事项沟通函》载明"天安公司部分酒精生产设备已被作价抵债,现已拆除,企业复产希望彻底破灭,天安公司已经向松原中院递交了破产申请"。由此可知,在乾安支行2014年11月17日向天安公司发出《提前收回贷款本息通知书》之前,天安公司已经停产,在停产情形发生后,天安公司既未在3日内书面通知贷款人,也未归还借款本息或提供贷款人书面认可的担保,乾安支行按照借款合同约定有权提前收回借款。索普公司、儒仕公司称天安公司停产是乾安支行不履行贷款支持的原因造成的,但并没有提供相应证据证明乾安支行承诺过贷款支持义务,无法证明是乾安支行不正当的行为促成提前收回借款的条件。因此,索普公司、儒仕公司关于乾安支行提前收回借款条件不成就的上诉理由,不能成立。

——中国裁判文书网,http://wenshu.court.gov.cn。

中国民生银行股份有限公司天津分行与中国农业机械华北集团有限公司、杨书德等金融借款合同纠纷案［最高人民法院(2016)最高法民终157号民事判决书］

最高人民法院认为：一、《综合授信合同》约定，若农机华北公司出现经营状况恶化或已经发生重大经营困难，担保能力不足，财务状况发生重大变化，丧失或者有可能丧失履行债务能力以及违背本合同约定的任何承诺或者未履行本合同或具体业务合同约定的义务情形，民生银行天津分行有权要求农机华北公司提前清偿已提取的全部借款。民生银行天津分行依约向农机华北公司发放了贷款、支付了票据贴现款以及垫付了信用证项下款项，农机华北公司未能在约定的期限内偿还相应欠款和利息构成违约，民生银行天津分行要求农机华北公司提前清偿案涉相关合同项下全部借款符合双方以上约定。由于双方并未约定民生银行宣布借款提前到期须直接通知农机华北公司，亦未约定其他具体方式，民生银行天津分行以向法院申请保全及提起诉讼的方式主张其合法权利符合法律规定，原审法院判决农机华北公司支付民生银行天津分行自其申请保全日至提起诉讼日之间的利息，并无不妥。

——中国裁判文书网，http://wenshu.court.gov.cn。

中国信达资产管理公司长沙办事处诉中国新型建筑材料（集团）公司等借款担保合同纠纷案［最高人民法院(2001)民二终字第68号民事判决书］

最高人民法院认为：债务人建材纸厂在第一、二份合同还款期限届满后，不履行还款义务，应承担还款及违约责任。第三、四份借款合同虽尚未到期，但由于建材纸厂始终未能按期偿还任何贷款并已濒临破产，被列入2000年全国企业兼并破产第三批审查项名单，建材纸厂的行为已构成了根本违约，依据《合同法》第九十四条第四款之规定，南县建行有权要求解除尚未到期的第三、四份借款合同。南县建行已将上述债权合法转让给信达公司，信达公司要求解除合同、提前收贷是符合法律规定的。

——肖扬总主编、最高人民法院民事审判第一庭编：《中华人民共和国最高人民法院判案大系》（民商事卷－2001年卷），人民法院出版社2003年版，第179～183页。

编者说明

《合同法》第九十四条规定由合同一方当事人在法定条件成就时，可以行使解除权以解除合同，即：(1)因不可抗力致使不能实现合同目的的；(2)在履行期届满之前，当事人一方明确表示或者以自己的行为表明不履行主要债务的；(3)当事人一方迟延履行主要债务，经催告后在合理期限内仍未履行；(4)当事人一方迟延履行债务或者有其他违约行为致使不能实现合同目的;(5)法律规定的其他情形。贷款人行使解除权的法律后果是贷款人有权停止发放贷款、提前收回借款等。就借款合同而言,具体包括下列情形:1. 借款人未按约定用途使用贷款而行使合同解除权。借款用途与借款人能否按期偿还借款有着直接关系,若借款人擅自改变约定用途会增加原共同预期收益的不确定性,增大贷款人的借款风险,给收回贷款增加难度,甚至血本无归。有的借款是依据国家的宏观经济政策、信贷政策和产业政策发放的,其用途与贯彻国家政策有密切联系。因此,《合同法》第二百零三条规定:"借款人未按照约定的借款用途使用借款的,贷款人可以停止发放借款、提前收回借款或者解除合同。"2. 借款人未按约定的期限偿还利息。对于拖延贷款利息有约定的违约处理办法依约定,未作约定或约定不明,根据拖欠利息的情节轻重予以认定,若连续多次拖欠应认为根本违约,贷款人有权解除合同。3. 行使不安抗辩权而解除合同。《合同法》第六十八、六十九条规定,应当先履行债务的当事人有确切证据证明对方有下列情形之一的,可以中止履行:(1)经营状况严重恶化;(2)转移财产、抽逃资金,以逃避债务;(3)丧失商业信誉;(4)有丧失或者可能丧失履行债务能力的其他情形。中止履行后,对方在合理期限内未恢复履行能力并且未提供适当担保的,中止履行一方可以解除合同。因此,贷款人若发现借款人有危及履行能力的法定情形时,可以中止向借款人发放借款的义务;合理期限内借款人未恢复履行能力或未提供担保的,可以解除合同,停止发放借款。除有特别约定外,提供生产经营和财务资料仅属于合同附随义务,不得以借款人未提供为由解除合同。4. 约定条件成就行使解除权。遵循合同自治原则,依《合同法》第九十三条的规定,当事人协商一致,可以解除合同;当事人可以约定一方解除合同的条件,解除合同的条件成就时,解除权人可以解除合同。

847

借款人先行违约的,贷款人可行使不安抗辩权,停止发放贷款并收回已发放贷款

关键词 | 借款合同 | 不安抗辩权 |

【最高人民法院裁判文书】

首钢庆华工具厂等与中国工商银行北安市支行担保借款合同纠纷案[最高人民法院(2001)民二终字第32号民事判决书]

最高人民法院认为:北安工行与庆华厂、首钢总公司于1994年5月30日所签订的担保借款合同,各方当事人意思表示真实明确,内容合法,为有效合同。该合同签订后,北安工行按照庆华厂提交的借款凭证发放了9笔共计1354万元的贷款,因其中部分贷款的还款日期在该合同约定的借款期限之内而庆华厂到期未按

约定还款,已先行违约,原审据此认为北安工行从而取得不安抗辩权并未再发放其余贷款不构成违约是正确的,依该合同约定所发放的贷款确已包括在双方于1997年9月1日所签订的合同之中,且北安工行在本案中亦未就1994年5月20日合同单独提出请求,原审对有关该合同的违约责任问题未作出单独处理并无不当。

北安工行与庆华厂于1997年9月1日签订的借款合同亦是双方当事人的真实意思表示,其内容不违反法律规定,应认定有效。庆华厂应对1986年8月30日至1997年12月31日期间所实际发生的全部贷款承担清偿责任。根据双方当事人提交的有关会计凭证,双方盖章确认的《逾期贷款催收通知单》以及华实会计事务所的审验结果,足以认定庆华厂在1986年8月30日至1997年12月31日期间所欠北安工行贷款本金的余额为9268万元,北安工行为此多次向庆华厂发送《对账未达清单》和《逾期贷款催收通知单》,且该部分欠款中并未计入庆华厂于1996年12月27日、1997年4月30日以新贷款所偿还的部分贷款,故原审判令庆华厂清偿上述所欠贷款及利息是正确的,庆华厂关于原审判决认定其欠款数额有误,北安工行未全额发放贷款及以贷还贷构成违约等上诉理由没有事实根据,对其上诉请求本院不予支持。

——肖扬总主编、最高人民法院民事审判第二庭编:《中华人民共和国最高人民法院判案大系》(民商事卷-2001年卷),人民法院出版社2003年版,第91~94页。

848

借款人违约，贷款人有权根据借款合同约定提前收回贷款

关键词 | 借款合同 | 合同解除 |

【最高人民法院裁判文书】

榆树市海洋粮油经销有限公司与中国建设银行股份有限公司吉林省分行、中国建设银行股份有限公司长春人民广场支行合同纠纷申请再审案[最高人民法院(2016)最高法民申3049号民事裁定书]

最高人民法院认为:一、原审判决认定建行吉林省分行提前收回贷款不构成违约,具有合同依据。

第一,海洋粮油公司未办理不动产抵押登记手续构成违约。首先,海洋粮油

公司与建行吉林省分行签订的《借款合同》《最高额抵押合同》《最高额浮动抵押合同》《农产品销售资金封闭管理协议书》《存货监管协议》,系双方当事人真实意思表示,不违反法律、行政法规的强制性规定,合法有效。《最高额抵押合同》约定海洋粮油公司以其车间、仓库、办公室、土地使用权等不动产为3000万元额度贷款提供抵押担保。海洋粮油公司、建行吉林省分行应于合同签订后15个工作日内办理抵押登记手续,海洋粮油公司应于抵押登记完成之日将他项权利证书等交于建行吉林省分行。根据上述约定,海洋粮油公司作为办理抵押登记手续的主要义务人,未按照约定在合同签订后15个工作日内办理抵押登记手续,构成违约。其次,关于海洋粮油公司申请再审称其有新证据证明抵押动产价值已超过贷款金额,已无需办理抵押登记的问题。无论涉案《借款合同》已设定其他抵押财产的价值是否高于债权金额,是否还有其他担保,双方当事人均应严格按照合同约定办理抵押登记手续。海洋粮油公司以设定抵押财产价值已高于债权金额为由,主张无需办理抵押登记手续的申请再审理由,没有事实及法律依据,不应支持。

第二,海洋粮油公司未将全部抵押玉米销售款汇入指定账户亦构成违约。首先,海洋粮油公司与建行吉林省分行签订的《存货监管协议》约定海洋粮油公司抵押担保的货物,要保证销售款转入专用账户。2013年9月5日,经盘点,抵押玉米库存量为19023吨,存货金额4318.22万元,2013年11月19日,经确认库存玉米仅为6000吨。双方均认可在合同履行中玉米每吨价格约为2200元,海洋粮油公司出库销售13023吨,价值约为2865.06万元,而销售上述玉米后其仅仅转入指定账户销售价款1310万元。因此,海洋粮油公司未按合同约定将全部玉米销售款汇入专用账户,构成违约。其次,海洋粮油公司申请再审称因部分玉米发生霉变,经建行吉林省分行同意将该部分玉米出库并降价销售取得价款1309.1515万元,已经全部汇入指定账户,原审判决认定销售玉米价款未全部汇入指定账户错误。但是,海洋粮油公司提供的《玉米买卖合同》《证明》等不足以证明涉案抵押的玉米发生霉变的事实,也没有证据证明建行吉林省分行同意霉变玉米出库并降价销售,应当承担举证不能的法律后果。海洋粮油公司主张其已将全部抵押玉米销售款汇入专用账户证据不足,不予支持。

第三,建行吉林省分行提前收回贷款并不构成违约。首先,《借款合同》第十二条约定:海洋粮油公司违约,导致担保不成立、未生效、无效被撤销、被解除、担保物价值减少、担保人丧失偿债能力等,建行吉林省分行可以宣布贷款提前到期,要求海洋粮油公司立即偿还债务本金及利息,有权从海洋粮油公司账户上划收款项,且无需提前通知。海洋粮油公司未按合同约定办理抵押登记手续,抵押玉米销售款未全部转入专用账户，造成抵押财产价值减少，建行吉林省分行有权按照合同约定宣布贷款提前到期，从海洋粮油公司账户划收款项。其次，2013年9月26日、2014年1月31日，建行人民广场支行受建行吉林省分行委托从海洋粮油公司账户扣款200万元、36.084万元。之后，海洋粮油公司又多次通过转账支票方式向建行吉林省分行偿还贷款50万元、250万元、270万元、500万元，共计1070万元。海洋粮油公司上述主动偿还涉案借款的行为表明，其认可建行吉林省分行提前收回贷款。而且，2014年4月15日，海洋粮油公司又与建行人民广场支行签订《贷款合同》，从建行人民广场支行贷款1690万元，用于偿还建行吉林省分行剩余1690万元贷款，该行为同样表明海洋粮油公司认可建行吉林省分行提前收回涉案借款。由此，海洋粮油公司提起诉讼主张建行吉林省分行提前收回借款构成违约，没有事实及法律依据。

——中国裁判文书网，http://wenshu. court. gov. cn。

849

债权银行对贷款加速到期已经履行告知义务，贷款加速到期的条件已经成就，债务人应当承担责任

关键词｜贷款加速到期｜告知义务｜

【最高人民法院裁判文书】

天津宝迪农业科技股份有限公司与德意志银行（中国）有限公司天津分行及毕国祥金融借款合同纠纷案[最高人民法院（2016）最高法民终439号民事判决书]

最高人民法院认为：本案二审的争议焦点在于，德意志银行天津分行对于第二笔贷款7300万元加速到期是否已履行告知义务，贷款加速到期的条件是否成就。对此，2015年10月12日，宝迪公司向德意志银行天津分行出具《承诺函》，确认其未能全部偿还于2015年10月10日到期的第一笔贷款7700万元本金及利息，并承诺以相应公司股权和应收账款等为所负债务提供质押担保。如违反该承诺，德意志银行天津分行有权要求其承担包括加速到期所有信贷安排在内的违约责任。2015年10月20日、10月28日，德意志银行天津分行两次函告宝

迪公司履行《信贷协议》及《承诺函》的约定，如未能在2015年11月1日前全额偿还第一笔贷款，则《信贷协议》将于2015年11月2日立即终止，但宝迪公司始终未能履行《信贷协议》《承诺函》的约定。2015年11月3日，德意志银行天津分行通过公证送达方式，函告宝迪公司和毕国祥，认为宝迪公司的违约行为已致《信贷协议》于2015年11月2日终止，要求宝迪公司、毕国祥偿还全部未付款项以及承担相应损失等。据此，德意志银行天津分行已就第二笔贷款7300万元加速到期履行了告知义务，贷款加速到期的条件已经成就。此外，第二笔贷款7300万元的合同约定到期时间为2016年1月27日，已于一审判决前届满，不论贷款是否加速到期，宝迪公司、毕国祥均应承担相应还款义务。

——中国裁判文书网，http://wenshu.court.gov.cn。

850

债务人、担保人无正当理由未履行还款义务或者承担保证责任均构成违约，其以不正当理由主张合同无效有违诚实信用原则，不应支持

关键词 | 合同无效 | 诚实信用原则 |

【《最高人民法院公报》案例】

西安市商业银行与健桥证券股份有限公司、西部信用担保有限公司借款担保合同纠纷案[最高人民法院(2005)民二终字第150号民事判决书]

裁判摘要：二、债务人无正当理由未在合同约定的期限内还款，担保人未按照合同约定承担保证责任，均构成合同履行中的违约，本应承担违约责任，而债务人、担保人反以不正当理由主张合同无效的，有违诚实信用原则，依法不应支持。

最高人民法院认为：西安商行与健桥证券签订资金拆借合同后，健桥证券将拆借所得资金用于合同所约定的弥补头寸，并不存在利用银行资金进行证券交易的行为，故西安商行与健桥证券之间的拆借行为是双方当事人的真实意思表示，未违反法律、行政法规的强制性规定，也未损害国家利益和社会公共利益，双方之间的资金拆借合同应当认定为有效。担保公司出具担保函，明确表示对上述资金拆借合同承担连带保证责任，在主合同有效，担保合同亦不存在其他无效

情形的情况下，担保公司的保证责任不应免除。健桥证券在合同已经实际履行，即得到急需的款项后，作为还款义务人无正当理由未在约定的期限内还款，担保公司未按照约定承担连带保证责任，均构成合同履行中的违约，本应承担违约责任，但健桥证券和担保公司反以资金拆借超过法定期限等理由主张合同无效于法无据，并有违诚实信用原则，不应得到支持。

——《最高人民法院公报》2006 年第 9 期

851

拆入单位将拆借所得资金用于合同所约定的弥补头寸，拆借合同不因违反地方性法规或者规章而无效

关键词｜资金拆借合同｜合同效力｜

【《最高人民法院公报》案例】

西安市商业银行与健桥证券股份有限公司、西部信用担保有限公司借款担保合同纠纷案［最高人民法院（2005）民二终字第 150 号民事判决书］

最高人民法院认为：本案二审西安商行与健桥证券、担保公司之间争议的焦点问题仍然是资金拆借合同及担保合同的效力问题。原审法院认定资金拆借合同无效的主要理由，一是西安商行与健桥证券签订的资金拆借合同的期限超过了中国人民银行的规定，二是该拆借行为未通过全国同业拆借市场进行。原审法院上述理由的依据是中国人民银行《关于禁止银行资金违规流入股票市场的通知》和国务院《金融违法行为处罚办法》的规定。中国人民银行《关于禁止银行资金违规流入股票市场的通知》在规范性文件位阶上属于部门规章，根据本院《合同法解释（一）》第四条"合同法实施以后，人民法院确认合同无效，应当以全国人大及其常委会制定的法律和国务院制定的行政法规为依据，不得以地方性法规、行政规章为依据"的规定，该通知作为行政规章不能作为确认合同无效的依据。国务院《金融违法行为处罚办法》，是关于金融机构违反国家有关金融管理的规定应当如何进行行政处罚的规定，该办法第十七条规定金融机构从事拆借活动，如果具有资金拆借超过最长期限、在全国统一同业拆借网络之外从事同业拆借业务的行为，应当受到暂停或者停止该项业务，没收违法所得等处罚。可以看出，该条规定与合

同效力没有关系。故不能依据该处罚办法的规定确认资金拆借合同无效。

——《最高人民法院公报》2006 年第 9 期

【最高人民法院裁判文书】

中国农业银行太原市分行与太原市城区农村信用合作社联合社同业拆借纠纷案[最高人民法院(2005)民二终字第 196 号民事判决书]

最高人民法院认为:一、本案资金拆借合同是否合法效的问题。根据《合同法解释(一)》第三条关于人民法院确认合同效力时,对合同法实施以前成立的合同,适用当时的法律合同无效而适用合同法有效的,则适用合同法以及第四条关于合同法实施以后,人民法院确认合同无效,应当以全国人大及其常委会制定的法律和国务院制定的行政法规为依据,不得以地方性法规、行政规章为依据的规定,认定本案所涉拆借合同是否有效适用《合同法》。而上诉人援引的中国人民银行发布的《同业拆借管理试行办法》《农村信用合作社管理暂行规定》等均不属于上述司法解释所述法律、法规,依法不能作为认定合同无效的依据。

——最高人民法院民事审判第二庭编:《最高人民法院商事审判指导案例·金融卷》,中国法制出版社 2011 年版,第 277 ~283 页。

852

资金拆借合同违反法律强制性和禁止性规定的无效

关键词|资金拆借合同|强制性规定|禁止性规定|合同效力|

【最高人民法院裁判文书】

中保财产保险有限公司荆州分公司与中国建设银行神农架林区专业支行资金拆借合同纠纷案[最高人民法院(1998)经终字第 85 号民事判决书]

最高人民法院认为:荆州地区保险公司与建行神农架支行于 1994 年 9 月 30 日签订的四份资金拆借合同,均违反了中国人民银行有关保险公司不能参加同业拆借、资金拆借只能用于弥补银行和非银行金融机构的头寸不足的规定,并且双方同时签订四份资金拆借合同之目的是为规避中国人民银行关于同业拆借期限不得超过四个月的规定，四份资金拆借合同均应认定无效。

——李国光主编、最高人民法院经济审判庭编：《经济审判指导与参考》第1卷，法律出版社1999年版，第313～321页。

853

拆借资金用于房地产开发违反了法律禁止性规定，合同无效

关键词｜资金拆借合同｜禁止性规定｜合同无效｜

【最高人民法院裁判文书】

中国农业银行邵阳市分行等与中国建设银行湖南省分行营业部拆借合同纠纷案［最高人民法院(1998)经提字第11号民事判决书］

最高人民法院认为：本案拆借的资金是用于房地产开发，对此，当事人均为明知。该项资金的拆借违反了中国人民银行1990年3月8日公布施行的《同业拆借管理试行办法》第五条关于“拆入资金只用于弥补票据清算、联行汇差头寸的不足和解决临时性周转资金的需要，严禁用拆借资金发放固定资产贷款”的规定，拆借的期限和利息也超出人民银行的规定。因此，本案资金拆借合同应属无效。原判决认定本案资金拆借合同除约定的利息无效，其余条款有效是错误的。邵阳农行关于拆借合同无效的再审申请理由成立。

本案资金拆借合同及所涉贷款补充协议虽分别约定湖南建行将资金拆给邵阳代办处，邵阳代办处再将资金转贷给丰鑫公司，但两合同当事人于事后对履行情况所写的情况说明证实：为减少资金在途时间，应丰鑫公司的要求，经农行同意，湖南建行将款直接划给了丰鑫公司。即丰鑫公司于签约当天从湖南建行取得的500万元，既是邵阳代办处依约给丰鑫公司的贷款，也是邵阳代办处与湖南建行资金拆借合同的实际简化履行。况且，因拆借和借款合同签订和履行时间均在同一天，简化履行也符合客观情况。湖南建行将500万元资金转入石许民个人存款账户，属资金拆借、借贷后的转款行为，且石许民为丰鑫公司法定代表人，该公司对收到此款并无异议，故不能否认上述履约事实。因此，邵阳农行关于拆借合同未实际履行的再审申请理由不能成立。

导致拆借合同无效,双方当事人均有过错。湖南建行和邵阳代办处作为国家金融机构,负有严格执行法律,维护国家金融秩序的义务,在明知拆借该资金违法的情况下,仍签订并履行合同,应对合同无效及后果承担责任。邵阳代办处已实际取得拆借款,应向湖南建行返还本金和合法孳息。邵阳代办处是邵阳农行下属的不具备法人资格的分支机构,其在进行业务活动中的职务行为产生的法律后果应由邵阳农行承担。邵阳农行关于不应承担责任的再审申请理由不能成立,本院不予支持。湖南建行按合同已经取得的利息,属无效合同的违法所得,应从本金中扣除。原判决只认定邵阳农行的责任,未认定湖南建行的责任,并依此判决,属责任划分不清,判决失当。

——肖扬总主编、最高人民法院审判监督庭编:《中华人民共和国最高人民法院判案大系》(审判监督卷-2001~2002年卷),人民法院出版社2003年版,第121~124页。

854

金融机构之间订立拆借合同，并直接将资金提现交付第三人使用或代偿第三人债务的，为以合法形式掩盖非法目的，合同无效

关键词｜资金拆借合同｜以合法形式掩盖非法目的｜合同无效｜

【最高人民法院裁判文书】

某市农村信用合作社联合社营业部与交通银行股份有限公司某支行同业拆借合同纠纷申诉案

要点提示:为满足第三人的融资需要,金融机构之间订立资金拆借合同,并直接将合同所涉资金提现交付第三人使用,或代偿第三人债务的,应视为以合法形式掩盖非法目的,资金拆借合同无效。因资金无法追回造成损失的,依双方过错各自承担相应的责任。

最高人民法院审查认为:本案焦点为拆借合同效力及双方责任如何承担。从案件事实来看,交行乙支行偿还之前向甲信用社拆借的300万元及甲信用社代扣案外人190万元款项未发生实际流转,余款348万元经手人提现后直接交案外人使用,不符合法律规定的拆措用途,原审判决关于拆借合同无效,双方对

提现后损失的人民币348万元款项均有过错的认定系正确的。从判决结果来看，双方对348万元各自承担一半的损失，符合双方过错程度，考虑了双方的利益平衡。申诉人甲信用社关于案涉拆借合同有效的理由不能成立。

——杜万华主编：《最高人民法院民商事案件审判指导》第2卷，人民法院出版社2015年版，第502～504页。

【链接：最高人民法院法官著述】

（一）关于本案拆借合同的效力问题

1. 从案涉拆借合同的签订过程看：签约地点不是在双方正式营业场所，而是由双方负责人各自携带公章在案外人王乙家中签订，违反一般操作规程，结合王乙不符合再行贷款条件及部分拆借资金实际交由王乙使用的事实，该拆借合同的签订存在规避王乙正常贷款的限制，实现为其非法融资的目的。因王乙涉嫌诈骗潜逃，由其使用的资金至今无法追回，给国家、集体利益带来损失。

2. 从案涉拆借资金的实际用途看：双方约定为“支付存款”，但实际用途除部分提现交王乙使用外，还包括扣收交行乙支行之前的拆借资金，及代案外人丙皇瓦厂、丁供销公司偿还贷款两种情况。上述用途均与双方约定的用途不符，也不符合《商业银行法》第四十六条关于“同业拆借，应当遵守中国人民银行的规定，禁止利用拆入资金发放固定资产贷款或者用于投资”，“拆入资金用于弥补票据结算、联行汇差头寸的不足和解决临时性周转资金的需要”的规定。结合前述对签约过程的分析，案涉拆借合同以合法形式掩盖非法目的的外在表现较为明显，原审认定为无效正确。

——李振华：《试论同业拆借合同的无效认定及责任分担——某市农村信用合作社联合社营业部与交通银行股份有限公司某支行同业拆借合同纠纷申诉案》，载杜万华主编：《最高人民法院民商事案件审判指导》第2卷，人民法院出版社2015年版，第505页。

855

金融机构与借款人之间以贷还贷行为的效力认定

关键词｜以贷还贷｜合同效力｜

【最高人民法院司法解释】

第三十九条 主合同当事人双方协议以新贷偿还旧贷,除保证人知道或者应当知道的外,保证人不承担民事责任。

新贷与旧贷系同一保证人的,不适用前款的规定。

——《最高人民法院关于适用〈中华人民共和国担保法〉若干问题的解释》(2000 年 12 月 8 日,法释〔2000〕44 号)

【最高人民法院审判业务意见】

对以贷还贷的认定。

最高人民法院经济审判庭庭务会一致认为,以贷还贷是指金融机构与借款人约定以新贷款偿还旧贷款的行为。性质上,以贷还贷属于民事行为。因而,认定金融机构与借款人是否在搞以贷还贷,不仅要查明客观上借款人有将新贷偿还旧贷的行为,而且还应当查明金融机构与借款人之间主观上有以贷还贷的共同意思表示或者意思联络。两者缺一不可。从司法实践中看,借款人以新贷偿还旧贷的行为较明显,查证起来也比较简单,一般争议很小。但要证明金融机构与借款人之间有以贷还贷的共同意思表示,并不容易。因为,意思表示在双方没有以明示的方式表现出来的情况下,很难证明。如果金融机构与借款人在贷款合同上写明是以贷还贷的,共同的意思表示昭然若揭,查证起来当然没有问题。但这种在合同中写明以贷还贷的情况虽然有,却极少,因此,在没有证据证明共同的意思表示的情况下,允许使用推定的方法。根据从司法实践中总结的经验,可以根据以下具体情况推定金融机构与借款人之间有以贷还贷的共同的意思表示:一、款项根本没有贷出,只是更换贷款凭证的;二、借款人短时间内归还贷款的(如上午贷出款项,下午即归还);三、新贷款恰好是旧贷款本息相加之和,借款人又在较短的时间内归还旧贷款的。

金融机构与借款人之间以贷还贷的共同意思表示是以贷还贷成立的要件,因此要避免简单将以下两种情况作为以贷还贷处理:一是借款人单方面决定将借款偿还旧贷的;二是金融机构单方面决定扣收借款人的借款还贷的。如果无法查明金融机构与借款人之间以贷还贷的共同意思表示,又不能进行推定的,不能作以贷还贷处理。

以贷还贷的效力。

以贷还贷行为的效力问题是金融机构和借款人普遍关心的问题，因为它不仅影响到以贷还贷主合同的效力，还影响到对以贷还贷的担保合同的效力。对以贷还贷效力如何认定，庭务会在讨论中存在不同意见。多数意见认为，我国现行法律、行政法规对以贷还贷行为没有限制，目前也没有事实证明以贷还贷有社会危害性，如果以贷还贷确属当事人真实意思表示的话，应当认定为有效。况且以贷还贷现象非常普遍，各个专业银行都或明或暗地在搞以贷还贷，如果认定无效，打击面会太大，社会效果也不好。作为金融主管机关的中国人民银行也有意见认为，以贷还贷是流动资金使用的方式之一。少数意见认为，以贷还贷不是真实的贷款，有规避国家关于贷款规模限制的可能，与《贷款通则》的精神相违背，应当认定为无效。中国人民银行作为主管机关，对金融界广泛存在以贷还贷现象也没有以中国人民银行的名义正式发文加以肯定，只是人民银行下面的部门有书面意见肯定以贷还贷，不能代表人民银行的意见。庭务会倾向于按多数人意见认定以贷还贷的行为有效。

——曹士兵整理：《关于以贷还贷》，载李国光主编、最高人民法院经济审判庭编：《经济审判指导与参考》第1卷，法律出版社1999年版，第224～225页。

【《最高人民法院公报》案例】

甘肃省农垦总公司与中国农业银行阿克塞哈萨克族自治县支行借款合同保证纠纷上诉案［最高人民法院（1999）经终字第347号民事判决书］

最高人民法院终审认为：根据当事人双方共同认可的事实，自1992年至1994年农垦总公司下属的甘肃省国营安南坝石棉矿（下称石棉矿）向阿克塞县农行借款累计289万元。1996年8月20日，阿克塞县农行与石棉矿及农垦总公司又分别签订了289万元的借款合同和保证合同，贷款数额与石棉矿以往累欠的数额相同。在合同签订后，阿克塞县农行以特种转账传票将新贷偿还了旧贷，并将注明转账原因的特种转账传票的银行记账联交给了石棉矿，对此石棉矿并未表示异议。且在此后长达两年多的时间里，石棉矿未对阿克塞县农行不履行发放贷款义务的行为提出任何异议。本案双方当事人在主观上存在以新贷偿还旧贷的共同意思表示，且合同内容并未违反我国现行法律或行政法规，应认定合法有效。农垦总公司关于阿克塞县农行采取欺诈方法以发放流动资金贷款之名行借新还旧之实、所签合同应认定无效的上诉主张,因无事实依据,本院不予采信。

——《最高人民法院公报》2000 年第 3 期

【最高人民法院裁判文书】

济南黄海水泥公司与山东建行、济南利源饭庄借款合同纠纷案[最高人民法院(1997)经终字第 285 号民事判决书]

最高人民法院终审认为:本案借贷双方通过借新贷还旧贷和合同展期,将双方权利义务置于 11 月 22 日两份借款合同项下,该过程是双方真实意思表示,不违反国家法律规定,应认定为有效。利源饭庄享有获取贷款权利之后,则负有到期偿还借款本金并支付利息之义务,黄海水泥公司对此作出保证行为,应连带承担清偿责任。

——李国光主编、最高人民法院经济审判庭编:《经济审判指导与参考》第 1 卷,法律出版社 1999 年版,第 346 ~ 351 页。

编者说明

以贷还贷是指金融机构在债务人旧贷款未归还的情况下,与债务人签订新贷款合同,以新贷出的款项清偿旧贷款的行为。认定金融机构与借款人之间是否存在以贷还贷,不仅要查明借款人客观上是否有将新贷偿还旧贷的行为,而且还要查明金融机构与借款人之间主观上是否存在以贷还贷的共同意思表示或者意思联络,两者缺一不可。

关于以贷还贷行为的效力,从我国法律关于无效民事行为的规定看,目前也未明文加以禁止,在实际效果上,债务人借新贷还旧贷,对债务人有利,对债权人也没有明显不利,考虑到以贷还贷属于当事人的真实意思表示且具有普遍性,法律、行政法规也无禁止性规定,将以贷还贷行为认定为无效依据不足。《担保法解释》第三十九条第一款规定:“主合同当事人双方协议以新贷偿还旧贷,除保证人知道或者应当知道的外,保证人不承担民事责任。”其中,也未将保证人承担的责任直接表述为“无效民事责任”或“赔偿责任”,可见对主合同(以贷还贷的)显然未作无效处理。① 综上,最高人民法院认为以贷还贷行为合法有效,在审理相关案件(如前述案件和本书其他部分涉及以贷还贷的案件)时也均肯定了以贷还贷行为的效力。

本题起从最高人民法院审判业务意见和案例中梳理出若干个关于以贷还贷及保证人责任的司法观点。根据本书的体例安排,涉及以贷还贷效力认定的若干题置于本章中,涉及以贷还贷保证人责任的若干题置于“保证担保”一章中。

---

① 曹士兵:《中国担保制度与担保方法》,中国法制出版社 2008 年版,第 165 页。

856

没有真实的资金往来，借新还旧不能认定

关键词 | 以贷还贷 |

【最高人民法院裁判文书】

中国信达资产管理公司哈尔滨办事处与哈尔滨城镇建设综合开发公司、中房集团哈尔滨房地产开发公司、哈尔滨房屋土地综合开发公司借款合同纠纷案［最高人民法院(2010)民二终字第83号民事判决书］

裁判要旨:此案为发回重审案件。三原审被告中两被告城镇公司和中房公司均不服重审判决提出上诉,此次二审中没有新证据提交。信达公司通过债权转让获得的对于城镇公司的债权是否已经因“借新还旧”而清偿是本案的关键。即建设银行的倒贷行为是否成立,城镇公司是否已经完成以新贷还旧贷的行为。这一事实的认定将直接导致债务人及担保人是否会因此免责致使债权人债权落空。

最高人民法院认为:关于借新还旧是否成立,因信达公司受让并主张的债权均为债务人1993年~1995年之间形成的16笔旧贷,所以1998年12月30日建行放贷1855万元并于次日冲回,成为各方争议的主要焦点。如果贷新还旧的事实成立,则信达公司的主张依据就会动摇。据此产生两个问题:一是如果新贷予以认定,则因旧贷已偿清,信达主张应予驳回,同时作为新贷的权利人建行也会因为未在诉讼时效期间主张债权,面临即便起诉也不会受到法律保护的后果。虽然本案1855万元的《贷款核定指标》等相关贷款手续齐全,但因其均系银行与贷款企业之间进行的做账处理行为,并未发生实际的款项往来,因此借新还旧的行为不能成立。同时案涉1855万借新还旧的行为双方未签订书面的借款合同,也未签订保证合同,而于第二日即1998年12月31日被撤销冲回到原来状态。根据《合同法》第三十六条关于“法律、行政法规规定或者当事人约定采用书面形式订立合同,当事人未采用书面形式但一方已经履行主要义务,对方接受的,该合同成立”的规定,本案因各方均未实际履行主要义务,故借新还旧行为均不成立。借新还旧与一般的借款行为不同,存在二个不同的行为,即借新和还旧。同时借新还旧成立的认定,除了审查是否存在借款合同和担保合同外,还应重点审查银行与债务人之间是否有真正的账款往来。本案根据重审法院查明享实,案涉借新还旧行为没有借款及担保合同,虽然建行作出放款和还款的账面处

理，因为没有实际的资金往来，借新还旧不能成立。上诉人城镇公司及中房公司关于本案旧债已经消灭，案涉1755万元贷款已于1998年12月30日通过借新还旧予以归还，信达公司通过债权转让的旧贷已经消灭，因此不享有诉权的上诉主张没有事实和法律依据，本院不予支持。

最高人民法院认为：在本次二审中，各方当事人均未提交新的证据。根据重审法院及本院查明的事实，虽然本案1855万元的《贷款核定指标》等相关贷款手续齐全，但其均系银行与贷款企业之间进行的做账处理行为，并未发生实际的款项往来。同时案涉1855万元借新还旧的行为双方未签订书面的借款合同，也未签订保证合同，且于第二日即1998年12月31日被撤销冲回到原来状态。最高人民法院认为，借新还旧与一般的借款行为不同，其存在二个不同的行为，即借新和还旧。借新还旧成立的认定，除了审查当事人之间是否存在借款合同和担保合同外，还应重点审查银行与债务人之间是否有实际的账款往来。根据重审法院查明事实，案涉借新还旧行为没有借款及担保合同，虽然建行作出放款和还款的账面处理，但并未在银行与债务人之间发生实际的资金往来，因此旧贷仍然存在没有形成新贷。根据《合同法》第三十六条关于“法律、行政法规规定或者当事人约定采用书面形式订立合同，当事人未采用书面形式但一方已经履行主要义务，对方接受的，该合同成立”的规定，本案没有发生实际履行的情形，故借新还旧不能成立。重审法院根据《商业银行法》的规定，以银行违反相关贷款规定，借新还旧没有获得批准以及没有签订借款合同和担保合同为由，认为该贷新还旧行为已被银行于次日账面冲回，且在该行为后的9个月后银行就15份旧贷项下本金余额1755万元与城镇公司进行债权数额核对时，城镇公司对该债权核对单及核对单所释明的内容未提出任何异议，此后银行依据旧贷合同主张权利，城镇公司亦未提出异议，故城镇公司仍应依旧贷合同清偿债务的认定正确。债务人城镇公司和担保人中房公司提出借新还旧达成合意并且已经履行，旧贷已经还清，债务人不欠旧贷，信达公司通过债权转让的旧贷已经消灭，因此不享有诉权，担保人应当免除责任的上诉理由，没有事实和法律依据，不予支持。

——最高人民法院民事审判第二庭编：《最高人民法院商事审判指导案例（第五卷）》（上），中国法制出版社2011年版，第262～278页。

857

企业之间的资金流转行为不能推定为以贷还贷

关键词｜以贷还贷｜

【最高人民法院答复】

江西省高级人民法院：

你院请示收悉，经研究，答复如下：

南昌市东湖华亭商场与南昌市商业银行象南支行在《借款合同》中约定，贷款用途是购买酒与饮料，并非以贷还贷。华亭商场与华亭公司均为独立的企业法人。华亭公司偿还与象南支行的旧贷后，象南支行又向华亭公司发放新贷，属于另一法律关系，不宜将华亭商场与华亭公司之间资金流转行为推定为以贷还贷。

——《最高人民法院关于南昌市商业银行象南支行与南昌市东湖华亭商场、蔡亮借款合同担保纠纷案请示的复函》（2003 年 4 月 30 日，〔2003〕民监他字第 6 号）

858

借新还旧的贷款本质上是旧贷的一种特殊形式的展期

关键词｜借新还旧｜

【《最高人民法院公报》案例】

中国工商银行股份有限公司三门峡车站支行与三门峡天元铝业股份有限公司、三门峡天元铝业集团有限公司借款担保合同纠纷案［最高人民法院（2008）民二终字第 81 号民事判决书］

裁判摘要：二、借新贷还旧贷，系在贷款到期不能按时收回的情况下，作为债权人的金融机构又与债务人订立协议，向债务人发放新的贷款用于归还旧贷款的行为。该行为与债务人用自有资金偿还贷款，从而消灭原债权债务关系的行为具有本质的区别。虽然新贷代替了旧贷,但原有的债权债务关系并未消除,客观上只是以新贷形式延长了旧贷的还款期限。

最高人民法院认为:(三)关于天元股份公司提出的本案所涉及的三笔贷款是2004年8月天元集团公司因生产购买原材料与三门峡车站工行及担保人天成电化公司之间发生的新的借贷法律关系,天元股份公司不是该借贷法律关系的当事人,不应承担民事责任问题。本院认为,根据本案查明的事实,从本案合同约定的贷款目的及贷款、还款的操作方式,可以认定:本案车站工行所诉天元集团公司的三笔贷款即〔2004〕第37号、38号、39号借款合同均系借新还旧借款合同。〔2004〕第37号1590万元借款合同是经数次借新还旧后对双方2000年之前1700万元借款的借新还旧,而〔2004〕第38号1480万元借款合同、第39号700万元借款合同系经数次借新还旧后对双方2000年之前1647万元借款合同的借新还旧。原审判决认定本案贷款是2000年的旧贷款经多次以贷还贷逐步演化而来是正确的。借新还旧系贷款到期不能按时收回,金融机构又向原贷款人发放贷款用于归还原贷款的行为。借新还旧与贷款人用自有资金归还贷款,从而消灭原债权债务的行为有着本质的区别。虽然新贷代替了旧贷,但贷款人与借款人之间的债权债务关系并未消除,客观上只是以新贷的形式延长了旧贷的还款期限,故借新还旧的贷款本质上是旧贷的一种特殊形式的展期。本案天元集团公司的相关旧贷实际并未得到清偿,天元股份公司对天元集团公司的上述三笔贷款仍应依其承诺,承担民事责任。

——《最高人民法院公报》2008年第11期

859

债务人刚还完旧贷款,又向原债权人借与旧贷款数额相同的款项,不属于贷新还旧

关键词 | 以贷还贷 |

【最高人民法院裁判文书】

天津迎宾广场有限公司与中国农业银行天津市河北支行及天津市万力钢结构工程有限公司、天津祥和投资发展有限公司、天津市飞龙汽车客运有限公司、天津国际游乐港客运有限公司、天津市盛发商厦有限公司、魏立明借款合同纠纷

案[最高人民法院(2005)民二终字第162号民事判决书]

最高人民法院认为:所谓贷新还旧,应当是债权人与债务人在旧的贷款尚未清偿的情况下,再次签订贷款合同,以新贷出的款项清偿部分或者全部旧的贷款。当事人提出债权人与债务人在刚还完旧贷款,又向该债权人借款并且借款数额与旧贷款的借款数额相同,便称为"贷新还旧",这属于对贷新还旧概念的理解错误,没有事实依据,依法不予支持。

——最高人民法院民事审判第二庭编:《最高人民法院商事审判指导案例·借款担保卷》,中国法制出版社2011年版,第318~323页。

860

借贷双方以还旧借新的方式达到短贷长用的目的，虽违反金融行政管理性规定，但不影响合同效力

关键词|以贷还贷|管理性规定|合同效力|

【最高人民法院裁判文书】

四川远景实业集团有限公司与中国农业银行股份有限公司眉山市分行、四川远景实业集团青神米业有限公司、四川远景实业集团蚕业有限公司借款抵押合同纠纷案[最高人民法院(2009)民二终字第124号民事判决书]

最高人民法院认为:借贷双方均明知贷款主要用于远景集团公司下属子公司酒业公司的技改项目,但双方仍同意以短期流动资金贷款名义进行发放,并以"还旧借新"的方式达到"短贷长用"的目的。上述情形违反了《商业银行法》有关贷款审查、审批的相关制度规定;该法属金融行政管理性规定,眉山农行违规贷款系权利人疏于防范风险的行为,属于行政处罚的范畴,不属于合同无效的法定情形,不影响合同效力。本案借贷双方以此种方式进行贷款,系双方真实自愿的结果,上述借款合同对双方当事人均具有拘束力。

——最高人民法院民事审判第二庭编:《最高人民法院商事审判指导案例·借款担保卷》,中国法制出版社2011年版,第481~491页。

861

借款合同中写明借款用途为“存量盘活”，保证人没有提出异议的，应认定其明知“借新还旧”

关键词｜借款合同｜存量盘活｜以贷还贷｜

【最高人民法院裁判文书】

新疆富蕴县可克塔勒富桂铅锌矿与中国农业银行环江毛南族自治县支行、广西环江毛南族自治县福利总公司借款合同纠纷抗诉案[最高人民法院(2008)民抗字第39号民事判决书]

最高人民法院认为:根据中国农业银行总行的有关文件,存量盘活包含了借新还旧。涉案债权银行发放贷款时用存量盘活来表示借新还旧,并非故意与借款人串通欺骗保证人提供担保,没有不当之处。担保人如果对存量盘活的概念不清楚,理应在签订保证合同时予以充分了解,亦应在贷款发放后密切监督借款人对借款的使用。另从借款人与保证人之间的投资关系考虑,亦可认定保证人应当知道借款的实际用途。

——江必新主编、最高人民法院审判监督庭编:《审判监督指导》总第31辑,人民法院出版社2010年版,第134~142页。

编者说明

本裁判意见明确了如何认定担保合同约定的款项用途为“存量盘活”,是否属于担保人明知其为“借新还旧”之意。本意见认为,根据《中国农业银行不良贷款盘活工作意见》《中国农业银行2004年不良资产清收盘活实施意见》可知,存量盘活是中国农业银行对不良贷款的处置方式,其中包含有对原贷款采取延长期限的内容,而借新还旧的实质也是延长原贷款期限。在此意义上,存量盘活包含了借新还旧。另外,在判断担保人是否明知借新还旧的问题上,本意见认为,金融机构分支机构根据总行的规定,在发放贷款时用存量盘活来表示借新还旧,并非故意回避借新还旧的表述,并非故意与借款人串通担保人提供担保,没有不当之处。担保人如果对存量盘活的概念不清楚,理应在签订保证合同时充分了解,或者要求改为其他更清楚明白的表述,在不清楚借款确切用途的情况下,就为他人金额高达2000万元的债务提供连带责任保证,不符合社会一般情理。

862

债务承接及“借新还旧”的诉讼时效

关键词｜债务承接｜以贷还贷｜诉讼时效｜

【最高人民法院裁判文书】

内蒙古仕奇集团有限责任公司与中信资产管理有限公司、呼和浩特市人民政府、内蒙古长兴房地产开发有限责任公司一般债权纠纷案［最高人民法院(2012)民二终字第84号民事判决书］

裁判要旨：对于债权人与债务人达成的“借新贷还旧贷”的协议，只要双方当事人对债权债务关系达成合意，即可认定合同关系成立，不以办理完整贷款手续为必要。如果双方未重新办理贷款手续，也未约定明确还款期限，可以从双方最终达成协议之日起计算债权人主张诉讼权利的新的诉讼时效期间。

最高人民法院认为：工商银行取得涉案资产的优先受偿权以后，在近两年的时间内未采取措施积极行使权利。1998年6月11日、1998年8月28日，呼市政府两次组织召开办公会议，分别形成了《纪要（一）》《纪要（二）》。两次纪要记载，经征得债权人和仕奇公司同意，将应当用于偿还工商银行借款的涉案资产划转为仕奇公司对工商银行的贷款，从划转之日起按银行的有关规定给付利息，并要求仕奇公司尽快与工商银行办理转贷手续。工行内蒙古分行作为债权银行的上级银行，与仕奇公司的负责人共同参加了两次会议并达成一致意见，且《纪要（一）》《纪要（二）》亦抄送给了工商银行。在本案审理期间，各方当事人均认可工商银行当时已经同意将对涉案资产优先受偿的权利转为对财产接收人仕奇公司的债权，只是最终未办理转贷手续。从上述查明事实可知，通过1998年呼市政府组织召开的两次会议及会议形成的《纪要（一）》《纪要（二）》，工商银行与仕奇公司就确立新的债权债务关系达成了合意，且借款数额和利息均已明确，工商银行因此放弃了对涉案资产的优先受偿权。尽管此后双方没有签订书面借款的合同并办理转贷手续，但合同关系因双方当事人意思表示一致而成立，且仕奇公司的债务系从原内蒙古毛条总厂处承接而来，转贷手续属于“借新贷还旧贷”，不能因双方未补办贷款手续而否认其已确认的债权债务关系的效力。在重新确认债权债务关系的基础上，工商银行对原涉案资产优先受偿的权利已经消灭，应依据新的借款关系向仕奇公司主张债权。鉴于双方未重新约定借款期限，应从《纪要（二）》确认债权的时间,即1998年8月28日,起算工商银行主张诉讼权利的诉讼时效期间。自1998年至2005年,工商银行从未向债务人仕奇公司主张过上述债权,亦没有证据证明其积极要求仕奇公司办理相关的转贷手续,根据《民法通则》第一百三十五条之规定,工商银行的上述债权已经超过了两年的诉讼时效期间。

——最高人民法院民事审判第二庭编:《最高人民法院商事审判指导案例(2012)·公司与金融》,中国民主法制出版社2013年版,第360~370页。

863

检察机关在借款合同履行期间冻结部分贷款的事实不应认定为借款合同的履行中断

关键词|冻结贷款|履行中断|

【最高人民法院裁判文书】

西藏西域食品开发有限公司、蒋琼、绵阳市金海企业有限责任公司与中国农业银行拉萨市康昂东路支行借款合同纠纷案[最高人民法院(2005)民二终字第100号民事判决书]

最高人民法院认为:本案《借款合同》约定的贷款期限为2001年4月24日至2004年4月24日,期间西域公司虽有违法行为,但农行康昂支行并未提出与西域公司解除合同,同时,检察机关因侦查涉嫌犯罪之需要,对部分贷款采取了冻结措施,但该强制措施也不构成终止合同权利义务的法定条件,因此,本案《借款合同》约定的履行期限仍然有效。在上述贷款期限内,检察机关冻结的贷款为12362881.79元,其余部分共计7637118.21元仍由西域公司自主支配,对该部分未受冻结的贷款,应按《借款合同》的约定确定借贷双方的权利和义务。在上述合同履行期限届满之后,因西域公司未履行还款义务,按《借款合同》第五条第3款的约定,西域公司应支付相应的逾期罚息。故原审判决西域公司对该款项承担逾期罚息的判项,有充分的事实和依据,本院予以维持。对检察机关在本案《借款合同》履行期间冻结部分贷款的事实,原审判决基于该事实导致合同履行受阻的客观后果认定本案合同构成"履行中断",该项认定没有法律依据,本院予以纠正。西域公司和蒋琼在认可本案合同"履行中断"的基础上,认为合同"履行中断"应按合同终止履行处理;金涨公司则依时效中断的规则,推论"履行中断"后应重新计算合同履行期限，上述各方的上诉理由，均是对合同“履行中断”这一无法律依据的概念所进行的推论，其结论显然不当，对此本院均不予采信。

——最高人民法院民事审判第二庭编：《最高人民法院商事审判指导案例·借款担保卷》，中国法制出版社 2011 年版，第 353 ~ 361 页。

864

银行转账进账单只能证明款项进入了收款人账户，不能证明是债务人的还款

关键词 | 借款合同 |

【最高人民法院裁判文书】

四川华海实业公司与成都市南郊农村信用合作社联合社借款合同纠纷案［最高人民法院(2008)民二终字第 1 号民事判决书］

最高人民法院认为：债务人之外的其他主体向债权人支付款项，有转账进账单为证。但是，银行转账进账单反映的仅是特定付款人与收款人之间发生的付、收款关系，具有相对性，只能证明上述款项进入了收款人账户，不能证明是债务人的还款。

债务人承诺承接债务的《债务转移协议》订立之时，债务人并未主张此前债务人之外的其他主体向债权人的转账款项系用于偿还部分欠款从而对债务总额提出异议，此后债权人多次催收时，债务人亦未就此提出过异议，而且，债务人不能提供上述款项系代其还款的直接证据。债务人主张债务人之外的其他主体向债权人的转账款项为债务人的还款，人民法院不予支持。

——最高人民法院民事审判第二庭编：《最高人民法院商事审判指导案例·借款担保卷》，中国法制出版社 2011 年版，第 161 ~ 169 页。

865

无论借款人将流动资金借款直接用于自身生产经营或是转借他人抑或代他人清偿债务，均不免除还款义务

关键词 | 流动资金借款 | 转借 | 借款合同 |

【最高人民法院裁判文书】

中国农业银行股份有限公司拉萨市康昂东路支行与西藏华西药业集团有限公司、成都达义物业有限责任公司借款合同纠纷案[最高人民法院(2010)民二终字第69号民事判决书]

最高人民法院认为:根据合同约定的借款用途以及合同法律关系的相对性原理,作为"流动资金"借款,无论借款人将其直接用于自身生产经营的项目或是转借他人抑或代他人清偿债务,均符合流动资金使用性质,不能当然地构成其免除向贷款人偿还借款之合同义务的事实根据。故本案如不存在其他合法有效的抗辩事由,借款人依法应当向贷款人承担偿还借款本息的责任。

——最高人民法院民事审判第二庭编:《商事审判指导》总第25辑,人民法院出版社2011年版,第247~249页。

866

不能因合同中有银行有权监督借款人资金使用的约定而减轻或免除借款人的还款责任

关键词|借款合同|

【最高人民法院答复】

重庆市高级人民法院:

你院《关于建设银行重庆观音桥支行与新原兴企业集团有限公司借款合同纠纷一案适用法律问题的请示》收悉,经研究,答复如下:

你院请示的建设银行重庆观音桥支行与新原兴企业集团有限公司借款合同纠纷一案,借款合同中约定银行有权对资金使用人使用资金进行监督,借款人将所借款项用于偿还旧贷,不能因合同中有银行有权监督借款人资金使用的约定而减轻或免除借款人的还款责任。

以上意见,供你院审理时参考。

——《最高人民法院关于建设银行重庆观音桥支行与新原兴企业集团有限公司借款合同纠纷一案适用法律问题的请示的答复》(2003年12月17日,〔2003〕民二他字第43号)

867

借款合同纠纷中不能依据资金流向无限追加诉讼第三人

关键词｜借款合同｜追加第三人｜

【最高人民法院裁判文书】

中国建设银行太原市并州支行与山西南都建设发展有限公司等借款合同纠纷上诉案[最高人民法院(2004)民二终字第23号民事判决书]

最高人民法院经审理认为：本案系美元贷款合同纠纷。案件争议焦点为，深圳国投公司应否作为无独立请求权的第三人参加到本案中来，该公司在本案中应否承担民事责任。并州支行起诉请求南都公司偿还两份美元贷款合同项下的贷款，南都公司抗辩其并非真正用款人，不应承担还款责任。原审判决应当围绕该借款合同法律关系进行审理，查明南都公司是否将所有贷款予以偿还，明确该公司的民事责任。但是，原审判决依据南都公司的抗辩理由，将本诉的借款合同法律关系抛开，转而审理并州支行与深圳国投公司之间的美元存款合同关系，确认深圳国投公司所收取的1831766.39元系违法收取的高息，并判令深圳国投公司承担返还责任。原审判决对该笔款项的认定偏离了本诉法律关系，超出了原审原告并州支行的诉请范围，证据采纳方面亦不符合我国民事诉讼的有关法律规定，缺乏法律和事实依据，本院予以纠正。深圳国投公司有关其不应作为无独立请求权的第三人参加到本案中来的上诉理由成立，本院予以支持。对该笔欠款，应由南都公司自行承担偿还责任。如果南都公司因该笔款项与深圳国投公司存在争议，应由南都公司另案起诉。

——最高人民法院民事审判第二庭编：《民商事审判指导》总第6辑，人民法院出版社2005年版，第185～200页。

868

因借款人违约致使贷款人采取诉讼方式实现债权的，借款人应当承担贷款人律师费的约定有效

关键词｜违约损害赔偿｜

【《最高人民法院公报》案例】

西藏吉庆实业开发有限公司与重庆市华鼎现代农业景观园开发有限责任公司、中国农业银行西藏自治区分行营业部抵押借款合同纠纷案[最高人民法院(2005)民二终字第186号民事判决书]

最高人民法院认为:关于律师代理费、差旅费及其他实现债权费用的负担问题,因农行西藏分行营业部和吉庆公司签订的《借款合同》第五条明确作出了关于"因借款人违约致使贷款人采取诉讼方式实现债权的,借款人应当承担贷款人为此支付的律师费、差旅费及其他实现债权的费用"的约定,该约定系双方当事人真实意思表示,且不违反法律禁止性规定,应为有效,人民法院对于农行西藏分行营业部为实现该笔债权所实际支付的律师费、差旅费及其他实现债权的费用应当依法予以保护。本案债权人农行西藏分行营业部向西藏自治区高级人民法院提起诉讼时,虽然已经聘请了雪域律师事务所的律师参加诉讼活动,但是因其并未与雪域律师事务所就代理事项签订代理合同,更未实际支付律师代理费,故原审法院认定吉庆公司依据借款合同的约定承担农行西藏分行营业部为实现债权所支付的一审案件代理费尚缺乏相应的事实依据。律师代理费用的数额应当依据委托人与律师事务所的合意来确定,原审法院在委托人农行西藏分行营业部与雪域律师事务所没有约定的情况下,自行依据《西藏自治区律师收费标准(试行)》作出认定,缺乏法律依据,本院对此不予认可。且从雪域律师事务所与农行西藏分行营业部签订的有效期自2004年9月5日至2007年9月4日的《聘请常年法律顾问合同》载明的"农行西藏分行营业部委托法律顾问代理诉讼、参与调解、仲裁活动应另行收费。收费必须严格遵守体现风险代理原则。风险代理的范围扩大为所有的案件,实行风险代理的案件,律师的代理工作应负责至案件执行终结或债权的受偿为止。风险代理的案件律师费计算方式为:已收回或挽回的财产额乘以本级收费比例(收费比例详见《律师职业收费标准》)"内容看,双方通常情况下应是以最终案件执行终结或债权受偿时已收回或挽回的财产额作为基数计算律师代理费用的。鉴于本案尚在二审审理期间,对于农行西藏分行营业部最终能够收回的财产额尚未最终确定,律师代理费认定尚无有效依据,且其他差旅费和实现债权的费用因案件并未最终审结以及执行完毕,尚可能继续发生,故本案仅就借款法律关系予以认定,至于律师费、差旅费及其他实现债权的费用,待案件最终执行完毕后,由农行西藏分行营业部根据实际发生情况另行主张，本案对此不做认定。

——《最高人民法院公报》2006 年第 8 期

【最高人民法院裁判文书】

方归与颜偿治、香山国际游艇俱乐部（厦门）有限公司、方东洛、吴文科民间借贷纠纷案［最高人民法院（2014）民四终字第 5 号民事判决书］

最高人民法院认为：本案中，债权人颜偿治与债务人香山公司之间签署的《借款协议书》和《补充协议书》中均明确约定，发生争议后，过错方应承担所有费用，包括但不限于诉讼费、律师费、保全费、调查费等；保证人方归在向颜偿治出具的《担保函》中亦明确承诺保证责任范围包括颜偿治实现债权的律师费等全部费用。在上述协议均有效的情况下，各方当事人均应依约履行各自的合同义务。颜偿治为实现其债权，与福建致理律师事务所签署了《委托代理合同》，委托该律师事务所蔡长基、吴金城两位律师代理其参加本案诉讼，该合同已实际履行，蔡长基、吴金城两位律师作为颜偿治的代理人参加了本案诉讼活动，颜偿治向福建致理律师事务所支付了 224000 元代理费，且该笔费用并不违反我国关于律师收费标准的有关规定。颜偿治一审期间向法庭提交了《委托代理合同》和福建致理律师事务所向其出具的 224000 元代理费发票，足以证明律师代理费已经实际发生，一审判决支持颜偿治关于律师代理费的诉讼请求是正确的。方归作为债务人香山公司的连带责任保证人，应当就香山公司向颜偿治支付 224000 元律师代理费部分承担连带清偿责任，一审判决对此认定正确。上诉人方归关于一审判令其承担颜偿治与第三方签订的《委托代理合同》项下的付款责任违反了合同相对性原则的观点是对一审判决的错误理解，其关于律师代理费因没有转款凭证而没有真实发生的上诉理由没有事实和法律依据，不予支持。

——中国裁判文书网，http://wenshu.court.gov.cn。

中国农业银行股份有限公司拉萨市康昂东路支行与西藏华西药业集团有限公司、成都达义物业有限责任公司借款合同纠纷案［最高人民法院（2010）民二终字第 69 号民事判决书］

最高人民法院认为：涉案借款合同和担保合同均约定："因借款人违约致使贷款人采取诉讼方式实现债权的，借款人应当承担贷款人为此支付的律师费、差旅费及其他实现债权的费用。"原审判决确认上述费用总额为 40 万元，对此，各方当事人在本诉中均未提出异议,本院依法不作变更。

——最高人民法院民事审判第二庭编:《商事审判指导》总第 25 辑,人民法院出版社 2011 年版,第 249 页。

苏州易通房地产开发有限公司与中国建设银行股份有限公司苏州干将支行、苏州阳澄湖华庆房地产有限公司借款合同纠纷案[最高人民法院(2007)民二终字第 249 号民事判决书]

最高人民法院认为:关于该笔律师代理费是否实际支付的问题。首先,苏州干将建行为追回本案讼争贷款提起诉讼,与江苏苏州大名律师事务所签订了委托代理协议,该协议明确约定了律师代理费,即使苏州干将建行尚未实际支付该笔费用,在江苏苏州大名律师事务所为其提供相应的法律服务后,亦应当依照约定向该律师事务所支付。也就是说,该笔律师代理费是必然发生的。苏州干将建行依据其与苏州易通公司的约定要求苏州易通公司支付该笔律师代理费应当予以支持。其次,该笔律师代理费已经实际支付既有"中国建设银行联网业务入账通知"予以证明,同时,苏州干将建行的代理人亦在二审期间证明其已经实际收到了该笔款项。因此,苏州易通公司主张该笔律师代理费苏州干将建行未实际支付,而不应由其承担的理由不能成立。

——最高人民法院民事审判第二庭编:《最高人民法院商事审判指导案例·借款担保卷》,中国法制出版社 2011 年版,第 155~160 页。

【链接:最高人民法院法官著述】

《人民司法》研究组认为:目前我国法律没有对律师代理费是否应予支持作出明确规定,但根据意思自治原则,当事人可以在合同中对律师代理费问题作出约定,只要其约定不违反法律和行政法规禁止性的规定,应认定为合法有效。

——《人民司法·应用》2011 年第 3 期

869

关于金融借款合同纠纷案件中律师代理费过高的认定及调整

关键词|借款合同|律师代理费收费计算|

【最高人民法院裁判文书】

兰州通用机器制造有限公司、金梅央与兰州银行股份有限公司及阎洪平、四川金两岸投资发展有限公司、金菁金融借款合同纠纷案[最高人民法院(2016)最高法民终282号民事判决书]

最高人民法院认为：二、关于兰州银行主张的律师费是否已实际支付问题。根据案涉借款合同及保证合同的约定，借款人兰通公司应当偿还借款本金、利息并支付与实现债权有关的一切费用(包括律师费)，保证人腾中公司、金两岸公司及金梅央、金菁对上述债务(包括律师费)承担连带保证责任。为此，兰州银行提交了兰州银行汇通支行与甘肃正天合律师事务所签订的《委托代理协议》、中国建设银行电子汇划收款回单及甘肃增值税普通发票三张，以证明其主张。上述证据足以证明兰州银行已向甘肃正天合律师事务所支付了双方约定的律师代理费2581863元，故一审法院认定案涉律师费2581863元已实际支付具有事实依据，并无不当，本院予以维持。兰通公司、金梅央上诉主张案涉律师费2581863元没有实际支付与事实不符，不能成立，本院不予支持。

关于律师代理费的收费标准问题，根据国家发改委、司法部的有关规定，既有政府指导价又有市场调节价，采用市场调节价的双方可以协商确定具体收费标准，本案所涉律师代理费即属此情形。本案系普通借款、担保合同纠纷案件，并非重大、疑难、复杂案件，与其他案件相比，不需更多的工作时间和更高的专业水平，而甘肃正天合律师事务所与兰州银行协商确定的律师代理费数额却高达案涉标的额的6%以上，已经过分高于普通案件律师代理费的收费标准，如不对此予以调整，则会造成债权人与债务人之间利益的严重失衡，且债务人金梅央在一审开庭时就曾提出律师费过高的抗辩，而一审法院并未作出认定和处理，二审期间其与另一债务人兰通公司又就律师费支付问题提出了上诉，故本院对兰通公司承担的案涉律师费予以调整。参照《甘肃省物价局甘肃省司法厅关于印发〈甘肃省律师服务收费标准〉的通知》(甘价服务〔2009〕133号)的规定，考虑甘肃正天合律师事务所既代理了本案一审又代理了本案二审，故本院认定兰通公司承担的案涉律师代理费的数额为329655.72元+(329655.72元÷2)=494483.58元，兰通公司应当向兰州银行支付律师费494483.58元，腾中公司、金两岸公司及金梅央、金菁等保证人应当对该笔费用承担连带保证责任。

——中国裁判文书网，http://wenshu.court.gov.cn。

兰州通用机器制造有限公司、金梅央与兰州银行股份有限公司及四川腾中重工机械有限公司、四川金两岸投资发展有限公司、金菁金融借款合同纠纷案[最高人民法院(2016)最高法民终281号民事判决书]

本裁判理由与前引裁判文书基本相同(略)。

——中国裁判文书网,http://wenshu.court.gov.cn。

编者说明

2016年12月8日,北京知识产权法院在原告北京握奇数据系统有限公司与被告恒宝股份有限公司一案中的判决理由认为,原告提供的律师事务所计时收费方式是目前律师行业正常采用的收费方式之一,不违反法律规定,可以作为诉讼合理开支中律师费的计算依据。这是法院首次在判决中以计时收费的方式计算律师费。

870

借款人以原判还款期限过短为由上诉的,不予支持

关键词 | 借款合同 | 还款期限 |

【最高人民法院裁判文书】

广东风华高新科技集团有限公司与中国进出口银行、广东肇庆风华发展有限公司、肇庆市肇工国有资产发展有限公司借款合同纠纷案[最高人民法院(2006)民二终字第36号民事判决书]

最高人民法院认为:借款人提起上诉的唯一理由是原判还款期限过短,希望法院考虑其财务现状,适当延长其还款期限。尽管借款人在一、二审中提供了大量证据材料,以证明其正面临着财务危机以及其积极还款的诚意。上述证据材料确实反映了该企业目前正处的困境,表明其请求延长还款期限具有一定的合理性。但是,延长还款期限并非无限期延长。事实上,从借款到期日至二审审理已有一段期间,二审期间,法庭考虑其所面临的困境,又给予其一定的还款时间,还款期限已经得到延长。可借款人仍然不能偿还全部借款。债权人要求其偿还借款及其利息,是行使债权人的合法权利,理应受到法律保护。何况,当事人是否具有还款能力,也应是在执行中考虑的问题。故上诉人的上诉理由不能成立,

不予支持。

——最高人民法院民事审判第二庭编:《最高人民法院商事审判指导案例 · 借款担保卷》,中国法制出版社 2011 年版,第 237 ~241 页。

871

金融机构以协议形式与债务人达成具有减免债务性质的约定有效，属于建立新的法律关系

关键词｜合同解释｜债务减免｜合同效力｜

【最高人民法院裁判文书】

中国长城资产管理公司郑州办事处与开封宏达拨叉(集团)有限公司借款担保合同纠纷案(最高人民法院民事判决书)

最高人民法院经审理认为:关于 2002 年 12 月 22 日的《协议书》是否形成新的法律关系问题。从本案查明的事实看,第一,双方当事人之所以签订 2002 年 12 月 22 日的《协议书》,是因为宏达公司当时已经处于生产经营停止、贷款本息长期偿还不了的状态,开封县分理处明知对宏达公司的涉案贷款几乎无法追回,所以才会让其上级银行参与签订该协议,明确债务人偿还 400 万元,其余款项由银行内部作损失类处理。该协议书是对借贷双方多年的借贷关系作了一个了结,将近 6000 万元贷款缩减为 400 万元,取代原有的 16 份借款合同关系,使开封县分理处与宏达公司之间形成了借贷 400 万元新的债权债务关系。关于协议书中“其余款项由银行内部作损失类处理”的表述,虽然此种做法是银行内部对贷款损失的一种处理方法,并不必然导致对外债权的消灭,但是当银行以此作为与债务人达成协议的一个条款,作出“作损失类处理”的明确表述,并结合《协议书》的其他条款,可以认定双方同意债务人一旦按照协议约定的义务履行,则其余贷款即为免除。

——最高人民法院民事审判第二庭编:《商事审判指导》总第 27 辑,人民法院出版社 2012 年版,第 225 ~226 页。

【链接：最高人民法院法官著述】

合同解释有其自身内在规律或者叫解释顺序，就是应当将合同的文字解释与狭义法律解释相结合，合同的文字解释就是从合同具体文字内容来解释合同，不必多叙述；狭义的法律解释则包括文义解释、体系解释、当然解释、反面解释、目的解释、历史解释、社会学解释、合宪性解释等。其中的顺序就是要求由小而大、由窄而宽、由近而远，不能倒序。结合本案，就是要考察2002年12月22日《协议书》的签约背景，以探求当事人签约的真正本意。……“银行内部作损失类处理”的表达虽然是银行内部对贷款损失的一种处理方法，并不必然导致对外债权关系的消灭，但是当银行以此作为与债务人达成协议的一个条款，该明确表述就具有了非同一般的法律意义，特别是结合《协议书》的其他条款看，显然使人读出“同意债务人一旦按照协议约定的义务履行，则其余贷款即为免除”的含义。

——李京平：《金融机构以协议形式与债务人达成具有减免债务性质的约定具有合同法律效力，属于建立新的法律关系，当事人应当遵守——中国长城资产管理公司郑州办事处与开封宏达拨叉（集团）有限公司借款担保合同纠纷案》，载最高人民法院民事审判第二庭编：《商事审判指导》总第27辑，人民法院出版社2012年版，第226～228页。

872

银行或资产管理公司的金融债权依据政策核销后，债权并不当然消灭，主债务及从债务责任亦不当然免除

关键词｜金融债权｜政策核销｜债权消灭｜

【最高人民法院裁判文书】

宁夏荣恒房地产集团有限责任公司与中国信达资产管理股份有限公司宁夏回族自治区分公司保证合同纠纷案［最高人民法院（2013）民二终字第117号民事判决书］

裁判要旨：根据国务院在政策性关闭破产案件中金融债权的处置相关文件

的规定,银行或资产管理公司的金融债权可以依据政策层报核销。核销后金融机构的债权并不当然消灭,作为从债务的担保责任亦不当然免除。

最高人民法院认为:关于担保人荣恒公司提出的金融债权在政策性关闭破产案件中金融债权的核销问题。荣恒公司认为,根据国务院在政策性关闭破产案件中金融债权的处置相关文件的规定,银行或资产管理公司的金融债权可以依据政策层报核销,核销后金融机构的债权归于消灭,则从债务消灭,担保人免责。本案主要涉及以下两个相关政策性文件,即国发〔1994〕59 号《国务院关于在若干城市实行国有企业破产有关问题的通知》、财政部财金〔2005〕50 号《金融企业呆账核销管理办法》。国发〔1994〕59 号文件规定"一个企业为另一个企业提供担保的,被担保企业破产后,担保企业应当按照担保合同承担担保责任。但是,偿债期限可以由担保企业与被担保企业的债权人协商确定"。财政部财金〔2005〕50 号文件第二十三条规定"金融企业对已核销的呆账继续保留追索的权利,并对已核销的呆账、贷款表外应收利息以及核销后应计利息继续催收"。根据上述两个文件精神,担保人关于免除 280 万元及利息担保责任的理由不能成立,依法应予驳回。

——最高人民法院民事审判第二庭编:《最高人民法院商事审判指导案例(2014)》,中国民主法制出版社 2015 年版,第 765 ~ 776 页。

873

政府征用行为与借款人是否如期归还借款没有必然因果关系，不构成不可抗力

关键词｜政府征用｜不可抗力｜

【最高人民法院裁判文书】

耀声(厦门)物业管理有限公司与厦门国际信托投资有限公司、青岛泽协信托投资有限公司借款担保合同纠纷案[最高人民法院(2007)民二终字第 92 号民事判决书]

最高人民法院认为:对本案借款合同的用途,借款合同约定为专项用于耀声物业公司偿还所欠银行款项及项目装修的流动资金,但本案各方当事人均认可

该笔借款系用于哈曼尼广场的项目建设。虽然厦门市政府为市政建设征用了哈曼尼广场的部分用地,一定程度上影响了该工程的建设进度,但政府征用行为与耀声物业公司是否如期偿还本案借款没有必然的因果关系,不构成不可抗力,耀声物业公司以此作为逾期归还金融机构借款的抗辩理由,没有法律依据。

——最高人民法院民事审判第二庭编:《最高人民法院商事审判指导案例·借款担保卷》,中国法制出版社 2011 年版,第 791~795 页。

874

涉及农村信用社与农业银行脱钩遗留资金纠纷案件的处理政策

关键词|行社脱钩|

【最高人民法院司法政策】

要妥善审理涉及农村信用社与农业银行脱钩遗留资金纠纷案件。此类案件历史背景复杂,关涉金融体制改革和金融风险防范。最高人民法院曾于 2002 年 2 月下发《关于涉及农业银行与农村信用社脱钩遗留资金纠纷案件有关问题的通知》,要求各级人民法院暂缓受理、审理和执行此类案件。虽然 2005 年 6 月对此类案件恢复审理,但由于相关审理政策有待明确,因此人民法院要慎重审理此类案件。

——《积极应对,共克时艰,为维护国家金融安全和经济平稳较快发展提供有力司法保障——人民法院应对金融危机商事审判工作座谈会材料》(2009 年 4 月 17 日),载最高人民法院民事审判第二庭编:《中国商事审判年鉴(2009)》,法律出版社 2011 年版,第 6~12 页。

【最高人民法院裁判文书】

中国农业银行股份有限公司宜宾分行与宜宾县农村信用合作联合社同业拆借纠纷申诉案[最高人民法院(2014)民监字第 67 号民事裁定书]

最高人民法院认为:本案系中国农业银行与农村信用社脱钩时遗留的债务纠纷,即 1996 年以前中国农业银行领导和管理农村信用社期间,双方当事人发生资金往来形成的债权债务纠纷。鉴于此类纠纷产生的特殊历史及政策背景，对于此类纠纷的处理，国务院相关机构和部门先后制定了一系列政策和解决方案。其中，中国人民银行成都分行根据中国人民银行的工作安排，于2000年10月作出了《关于做好四川省行社脱钩后资金纠纷问题裁决工作的紧急通知》（成银货信〔2000〕59号文），确定的处理行社资金遗留问题的基本原则为“双方债权债务的核算只计本金，不计利息”。2000年10月26日，宜宾市农村金融体制改革领导小组办公室作为宜宾市行社“脱钩”的领导组织和对农村信用社实行领导和管理的办事机构，在中国人民银行宜宾市支行协调并鉴证下，代各信用联社与宜宾市农行签订了《行社资金遗留问题债权确认书》，该确认书亦明确：根据人民银行成都分行成银货信〔2000〕59号文件精神，对双方之间的委托贷款11423.81万元进行核对、确认，并同意纳入本次资金清算。后本案双方当事人签订的《债权确认书》也仅是对本金数额及偿还形成了合意。但原审法院在审理本案时，没有综合考虑纠纷的历史背景、性质及主管机关的协调意见等因素，直接判令宜宾市农行支付利息、逾期利息及复利不当。

——中国裁判文书网，http://wenshu.court.gov.cn。

哈尔滨市道里区群力农村信用合作社与中国农业银行哈尔滨市道里支行债务纠纷上诉案［最高人民法院（2000）经终字第90号民事判决书］

裁判要旨：农业银行与企业直接签订借款合同，该部分企业不属于信用社贷款支持对象，信用社在与农行办理脱钩手续时未将该部分债权予以受让，贷款损失不由信用社承担。

最高人民法院再审认为：中国人民银行银传〔1998〕39号《关于农村信用合作社清偿对中国农业银行债务有关问题的通知》规定，信用社对农业银行的债务是指信用社与农业银行脱离行政隶属关系前形成、至今尚未清偿的债务，包括信用社向农业银行借款和已逾期的拆入资金。农业银行确定贷款项目，未经信用社主任审批，指令信用社贷款形成的债务不应由信用社承担。对明显违背政策规定，农村信用社难以接受的债务，当地人民银行应合情合理地进行调解。县（市）支行解决不了的，可报经人民银行分行进行仲裁。

对于农行确定贷款项目，指令信用社走账和贷款部分，即对于农行与企业直接签订合同的，因该部分企业不属于信用社贷款支持对象，未在信用社开立基本账户，信用社没有参与贷前调查和贷时审查，信用社根据农行的指令贷出款项，在其与农行办理脱钩手续时未对该部分债务承担问题作出约定，亦未将企业债权予以承继或受让，该部分贷款损失不应由信用社承担。无论道里农行与群力信用社之间是真实的拆借关系还是名为拆借实为农行指令贷款的关系，其均以拆借合同为表现形式。而群力信用社提交的68份借款合同足以证明行社合署办公期间所有道里农行指令性贷款也是以行社之间拆借合同为表现形式，且道里农行自身也不否认合署办公期间存在以拆借合同为表现形式的指令性贷款。人民银行认为行社脱钩遗留的资金纠纷，无论以何种形式出现，其根本特点表现为不平等的行政管理权力对平等的民事关系的介入。因此，道里农行现仅以1997年1月1日两份拆借合同作为依据向群力信用社主张债权，而对68份借款合同与本案3870万元拆借合同的关联性无法作出合理解释，其所提供证据不足以证实3870万元属于道里农行与群力信用社之间真实的拆借关系，故对其诉讼请求，因证据不足，本院予以驳回。

——宋晓明主编、最高人民法院民事审判第二庭编：《最高人民法院商事审判裁判规范与案例指导》(2010年卷)，法律出版社2010年版，第178～182页。

875

行社脱钩遗留纠纷的受理

关键词｜行社脱钩｜

【最高人民法院司法政策】

各省、自治区、直辖市高级人民法院，新疆维吾尔自治区高级人民法院建设兵团分院：

我院于2002年6月2日以法明传〔2002〕10号下发了《关于涉及农业银行与农村信用社脱钩遗留资金纠纷案件有关问题的通知》，要求各级人民法院在中国人民银行关于行社脱钩遗留资金问题处理意见出台之前，对涉及农业银行与农村信用社脱钩遗留资金纠纷案件暂缓受理、审理和执行。目前，全国信用社改制工作基本结束，相关部门已不再出台相应的处理意见，为保护债权人的合法权益，经我院研究决定，从本通知下发之日起，恢复诉讼程序。

——《最高人民法院关于涉及农村银行及农村信用社脱钩遗留资金纠纷案件恢复诉讼程序的通知》(2005年6月21日，法明传〔2005〕187号)

【最高人民法院裁判文书】

中国农业银行股份有限公司双辽市支行与双辽市农村信用合作联社借款合同纠纷案[最高人民法院(2011)民提字第85号民事裁定书]

裁判要旨:本案属于农业银行与农村信用社脱钩遗留债务纠纷,该类纠纷的特殊性在于农业银行与农村信用社脱钩以前,双方之间既有平等民事主体之间正常的借贷法律关系,又有基于一般管理关系而形成的金融机构之间的业务关系。对于双方之间因经营活动而产生的借贷纠纷案件,人民法院应予受理。

最高人民法院认为:本案属于农业银行与农村信用社脱钩遗留债务纠纷,这类案件一般是指1996年以前农业银行管理领导农村信用社期间,双方发生资金往来或者其他借贷关系后形成的债权债务纠纷。由于此类纠纷产生的特殊历史及政策原因,对于上述债权债务纠纷的处理问题,国务院相关机构和部门先后制定了一系列政策和解决方案,旨在通过多方协调手段,解决好农业银行与农村信用社在农村金融体制改革过程中产生的上述有关问题。这些政策和措施,仅是处理双方脱钩后所遗留债务纠纷的一种方式,并没有排除人民法院对该类纠纷行使司法管辖权。而且,为了积极配合国务院相关部门的政策实施,确保农村金融体制改革工作稳步推进,对在这类案件的受理、审理和执行程序中如何处理好行政主管部门化解争议与司法程序解决纠纷并进的问题,人民法院还根据相应的司法政策予以协调。在国家相关主管部门就解决农业银行与农村信用社之间遗留问题的政策明确后,本院即于2005年6月21日下发通知,为保护相关债权人的合法权益,决定恢复此类纠纷案件的受理、审理和执行程序。从上述政策文件、通知精神可以看出,在农业银行与农村信用社脱钩以前,由于双方之间存在着管理与被管理的关系,使得二者在业务经营及资金往来关系方面呈现出多种复杂的情形,其既有平等民事主体之间正常的借贷法律关系,又有基于一般管理关系而形成的金融机构之间的业务关系。因此,不能因双方之间存在的管理关系而否定其经营活动中基于平等、自愿原则所建立的民事法律关系,更不应剥夺其依法享有的民事上的诉讼权利。原再审裁定中提到中国人民银行双辽支行“1998年报告”“1999年核查报告”均没有对双方的债权债务作出最终的认定,而仅是对如何处理1996年之前发生的支信贷款提出建议,双方当事人对该报告的内容从未达成一致意见。事实上,正是由于双方当事人虽经相关部门协调但就其间存在的债权债务关系无法达成一致,才酿成了本案纠纷。故人民法院受理双方因此类经营活动而产生的借贷纠纷案件，符合我国民事诉讼法的相关规定。

——最高人民法院民事审判第二庭编：《商事审判指导》总第30辑，人民法院出版社2012年版，第213～215页。

编者说明

对于“行社脱钩”财产纠纷，应区分不同类型分别处理。对于农业银行与农村信用社相互划转存贷款的行为，属于基于行政管理关系而产生的内部资产划转，应当按照有关政策及行政法相关原理处理，不属于民事案件受案范围（详见商事卷企业改制纠纷相关内容）。

876

正确认定农业银行与农村信用社脱钩前指令贷款行为

关键词｜行社脱钩｜指令贷款｜

【最高人民法院裁判文书】

中国农业银行股份有限公司讷河支行与讷河市农村信用合作联社债权纠纷申请再审案［最高人民法院（2010）民提字第109号民事判决书］

最高人民法院审理认为：讷河信用社以与讷河农行脱钩前，其向油脂厂发放的贷款系讷河农行指令为由提起本案诉讼，请求讷河农行给付尚未收回的1750万元贷款本息。本案双方当事人争议的焦点为讷河信用社起诉是否超过了诉讼时效期间、讷河信用社贷款给油脂厂是否指令性贷款、讷河农行应否对行社脱钩之前讷河信用社该笔贷款本息承担责任。

关于本案贷款是否属于指令性贷款的问题。银传［1998］39号通知明确规定了指令性贷款的三种表现形式：一是农业银行通过贷款凭证置换，对同一客户由信用社增加贷款、农业银行同时收回原贷款等方式将贷款资产转移给信用社而形成的债务；二是农业银行委托信用社发放，后转为信用社自营的贷款，或农业银行作为担保人由信用社发放贷款而形成的债务；三是农业银行确定贷款项目，未经信用社主任审批，指令信用社贷款形成的债务。讷河信用社依据该通知诉称讷河农行指令其贷款，但没有表明讷河农行的指令行为属于上述三种表现形式中哪一种或哪几种，只是笼统地认为“本案正是这种情况”。指令行为如果是通过贷款凭证置换实现的，那么讷河信用社应当提交置换前后的贷款凭证予以证明；如果是讷河农行委托或者担保其发放的，则需要举出讷河农行的委托或者担保手续；如果是讷河农行确定的贷款项目，则应举出讷河农行明确指令贷款的证据，如此才能认定讷河信用社向油脂厂贷款是受讷河农行指令而为。

涉案贷款最初于 1995 年 5 月 18 日形成，只有证明贷款人是讷河信用社，贷款资金来源于信用社，而没有讷河农行委托或者确定该笔贷款发放的直接证据。其后，同年 11 月 29 日，讷河农行向油脂厂发放 2840 万元贷款并将其中 2000 万元转入讷河信用社账户偿还讷河信用社 5 月 18 日的部分贷款；同年 12 月 6 日，讷河信用社又向油脂厂发放 2000 万元贷款，用以归还了讷河农行 11 月 29 日的部分贷款。这些事实都是基于 5 月 18 日贷款发生的，讷河信用社和讷河农行贷出款相互转收的行为，不能仅依据 12 月 6 日讷河信用社向油脂厂发放 2000 万元贷款用于归还了讷河农行 11 月 29 日的部分贷款的事实而得出通过凭证置换的方式将不良贷款转移给讷河信用社的结论。

讷河信用社据以主张指令性贷款的证据，主要是原油脂厂厂长乔元宪的证言、讷河信用社贷款对象和贷款资金来源等。乔元宪证言存在以下疑问：一是时间上没有具体特定哪笔贷款，更没有特指 5 月 18 日的贷款是直接找的讷河农行行长，只是笼统说 1997 年以前，每次办理贷款时；二是没有特指找了哪位行长，是否每次都找同一行长，行长是否在信用社兼职；三是“我厂从来不直接找联社贷款，贷款是农行给的还是联社给的我并不清楚”这句话与事实不符，因为最初 5 月 18 日贷款合同是与讷河信用社签订的，款项也是从信用社账户划出的，多年催收一直是信用社，乔元宪不可能不清楚；四是乔元宪证言仅是间接证据，故该证言不足以证明讷河农行指令行为的存在。讷河信用社贷款对象不应是工商企业，不能否定 5 月 18 日贷款事实的发生，也不必然因此得出讷河农行指令了信用社贷款的结论。贷款资金来源也不能直接证明讷河农行指令行为的存在，却可以印证最初贷款是讷河信用社自己的行为。相反，本案一系列直接证据证明，向油脂厂贷款是讷河信用社的自主经营行为。最早的 5 月 18 日贷款合同，是讷河信用社签订贷出的，信用社营业部副主任肖建民签章确认。12 月 6 日贷新还旧时，肖建民签章审批同意并经讷河信用社资金领导小组盖章批准，讷河市供销合作企业总公司为这 2000 万元提供了担保。1997 年 1 月 15 日、6 月 26 日、7 月 21 日，讷河信用社继续与油脂厂签订了金额分别为 1420 万元、280 万元、52 万元三份借款担保合同，保证人均更换为黑龙江省大兴养殖公司。1997

年以后,讷河信用社一直向油脂厂催收这三笔贷款,并收回了小额本金。2001年2月13日,讷河信用社仍向油脂厂发出这三笔贷款的催收通知书并为油脂厂签收。二审没有认定5月18日最初贷款、以后相互转收贷、直接贷款、继续贷款和更换保证人、收贷管理等大量直接证据,而根据证明力不足、远未形成证据链的间接证据认定12月6日贷款是讷河农行指令所为,属于证据采信不当和事实认定错误。故本院对讷河农行关于二审判决认定涉案贷款系指令性贷款缺乏证据支持的再审理由予以支持。

根据国家农村金融体制改革精神和政策划断,也不宜认定涉案贷款为指令性贷款。1996年国务院发布《关于农村金融体制改革的决定》行社脱钩以前,农业银行领导和管理信用社,资金统一使用,人员统一调配,信用联社与农业银行信用合作科(股)是"两块牌子、一帮人马",联社主任大都由农业银行行长或者副行长兼任。这期间如没有直接证据,要认定农业银行指令信用社对外贷款是非常困难的。如果以行长就是信用社主任、信用社资金领导小组成员大多由农行人员组成、资金在行社账户中转换而认定农行指令行为存在,进而判定农业银行对脱钩划断以前信用社名下的不良债权承担责任,则忽视了长达16年农业银行领导管理信用社以及行社一体的历史事实。国务院发布《关于农村金融体制改革的决定》行社正式脱钩以后,1998年中国人民银行下发银传〔1998〕39号通知,就指令性贷款等资金遗留问题特别作出规定,即1995年12月29日农银传〔1995〕68号《关于稳定当前行社工作的紧急通知》下发后,出现三种指令性贷款的情形,债务不应当由信用社而由农业银行承担。因中国人民银行是在国务院领导下,代表国家进行金融调控与管理,具有国家机构性质。中国人民银行是贯彻落实国务院关于农村金融体制改革决定的组织机构,一直负责农业银行和信用社脱钩具体工作,故其就行社脱钩相关问题作出的规定应当具有普遍拘束力。银传〔1998〕39号通知是迄今就指令性贷款责任承担划断的正式文件,它明确以1995年12月29日为界限,以后出现三种指令性贷款则由农业银行承担责任。通知虽没有明确规定该日之前责任如何承担的问题,但根据国务院农村金融体制改革决定出台和行社正式脱钩时间,结合通知内容,应认定该日之前发生的情形不宜再追溯。如果抛开银传〔1998〕39号通知再另行划断时间,首先,要与具有普遍拘束力的银传〔1998〕39号通知规定内容相左,与已经实行了15年的脱钩划断实际情况不符;其次,不仅会对行社脱钩已经解决了的遗留资金问题带来反复,而且将导致更大的混乱,更重要的是对农村金融体制改革已经取得的成果产生否定作用和负面影响;再次,如果推倒银传〔1998〕39号通知的划断时间,也没有新的统一划断标准和依据可供人民法院适用，人民法院也不可能重新设置更加合理和符合客观实际的划断时间点。故本院对讷河信用社关于银传〔1998〕39号通知只能为人民法院认定债务归属提供参考并非唯一标准、人民法院有权依据查明的具体事实认定债务归属而不受通知限制、银传〔1998〕39号通知关于时间的划断不适用本案等答辩主张，不予支持。即便讷河农行的涉案债权是指令性贷款，其也不应承担任何责任的再审理由成立，本院予以支持。

综上，本案现有证据不能证明讷河信用社对油脂厂的贷款行为是在讷河农行指令下发生的。即使有证据证明讷河信用社按照讷河农行意志发放涉案贷款，也由于该行为发生在1995年12月29日脱钩划断之前，故本案讷河信用社收不回来的贷款损失不应由讷河农行承担。

——最高人民法院民事审判第二庭编：《商事审判指导》总第26辑，人民法院出版社2011年版，第192～195页。

【链接：最高人民法院法官著述】

行社脱钩纠纷不是平等民事主体之间发生的纠纷，因为这些纠纷发生在1979年至1996年国务院关于农村金融体制改革决定之前。这长达17年之间，农村信用社归农业银行领导和管理，二者之间是行政和业务上的领导和被领导的关系。所以，人民法院不宜如对待普通平等民事主体之间民事纠纷那样对行社脱钩之前债权债务纠纷进行司法裁判。行社脱钩之前债权债务纠纷，根据国务院关于农村金融体制改革决定和人民银行相关文件的规定，应在国家层面由中国人民银行主导行政解决。

已诉至人民法院的行社脱钩遗留纠纷，人民法院应当区分纠纷性质，根据事实证据和法律规定，依据国家农村金融体制改革决定和政策作出符合客观实际的裁判。首先，这类纠纷不是侵权纠纷。侵权民事赔偿纠纷的前提是需有侵权行为存在，侵权行为是违反法律规定的行为，即便农业银行在脱钩前通过委托、指令贷款和票据置换等占用了农村信用社的资金，也因农业银行处于领导和管理地位，其行为是符合当时法律规定的，不具有违法性。其次，作为合同纠纷审理应当有合同依据。农村信用社以通过委托贷款、票据置换和指令贷款等方式占用其资金为由诉至人民法院的纠纷，根据“谁主张，谁举证”的原则，农村信用社必须举出相关证据，客观证明农业银行委托、置换和指令行为存在，而不能笼统地以农村信用社主任、副主任由农业银行行长兼任，农村信用社资金领导小组成员大多是农业银行人员，甚至以农村信用社被农业银行领导管理为由来确认。客观地说，要证明脱钩以前农业银行委托、置换和指令行为的存在，是非常困难的，这也正是脱钩前的遗留纠纷不宜由人民法院裁判的理由之一。再次，即使有证据证明脱钩以前农业银行委托、置换和指令行为存在，根据国务院和人民银行法规政策，脱钩以前的纠纷也不应当追溯。

——贾纬：《正确认定农业银行与农村信用社脱钩前指令贷款行为——中国农业银行股份有限公司讷河支行与讷河市农村信用合作联社债权纠纷申请再审案》，载最高人民法院民事审判第二庭编：《商事审判指导》总第26辑，人民法院出版社2011年版，第196～198页。

编者说明

为妥善协调处理农业银行与农村信用社脱钩后的遗留资金纠纷、审慎平衡行社双方的利益，最高人民法院还及时邀请相关国家机关召开了“审理金融不良债权转让案件相关政策法律等问题部门间高层协调会”，共同研究了不良债权转让及行社脱钩遗留资金纠纷中的重大法律问题，并通过包括案例在内的不同形式对实践中存在的一些疑难问题进行了答复。①

877

行社脱钩前的贷款合同，不宜仅以农村信用社未办理“金融许可证”和“营业执照”而认定合同无效

关键词｜行社脱钩｜合同无效｜

【最高人民法院答复】

中国人民银行：

你行合作金融机构监管司银合函〔2000〕4号函收悉。经研究，答复如下：

1996年底，按照国务院《关于农村金融体制改革的决定》的要求，农村信用社县（市）联社（以下简称农联社）与中国农业银行脱离行政隶属关系。鉴于农联社与中国农业银行在“脱钩”前，实际上是中国农业银行的基层机构，

① 最高人民法院：《人民法院工作年度报告（2010年）》，人民法院出版社2011年版，第10页。

部分农联社按照国务院国发〔1984〕105 号和中国人民银行银发〔1990〕251 号文件的规定开展了部分金融业务，而未办理“金融许可证”与“营业执照”这一特定的历史情况，人民法院在审理农联社和中国农业银行“脱钩”前的贷款合同纠纷时，不宜仅以农联社未办理“金融许可证”和“营业执照”而认定合同无效。

——《最高人民法院关于农村信用社县(市)联社与中国农业银行“脱钩”前开办贷款业务的效力问题的答复》(2000 年 7 月 26 日，法函〔2000〕15 号)

878

农行信用社脱钩遗留资金应根据性质区别对待，支信贷款与委托指定贷款有本质区别，应当偿还

关键词｜行社脱钩｜支信贷款｜委托贷款｜

【最高人民法院裁判文书】

中国农业银行股份有限公司白城洮北支行与白城市洮北区农村信用合作联社借款合同纠纷案[最高人民法院(2012)民提字第 47 号民事判决书]

裁判要旨：支信贷款，是农行信用社一体时，农行为支持信用社头寸，行社之间以借款形式发生的资金拆借合同。支信贷款与“点贷、一口出、委托贷款”等委托指定贷款有着本质的区别。依据国务院《关于农村金融体制改革的决定》和国务院农村金融体制改革部际协调小组下发的《农村信用社与中国农业银行脱离行政隶属关系实施方案》两个法规规定，信用社须偿还支信贷款。

最高人民法院再审认为：一、关于本案是否属于行社脱钩遗留资金纠纷、是否适用诉讼时效制度。

1997 年 1 月 1 日，以支信、支信换据和拆借用途，洮北农行与五家信用社签订 30 份借款借据，其目的是明确脱钩前行社一体时发生的债权债务关系，对各家信用社应还款项作出确认。1998 年年底双方根据中国人民银行和中国农业银行《关于农村信用合作社清偿对农业银行债务有关问题的通知》又签订了偿

还支信贷款协议书，确认了债务并约定了还款期限、方式和利率。双方因此产生的纠纷，属于行社脱钩遗留资金纠纷性质。所以，本院法（立）明传〔2002〕10号《关于涉及农业银行与农村信用社脱钩遗留资金纠纷案件有关问题的通知》和明传〔2005〕187号《关于对涉及农业银行与农村信用社脱钩遗留资金纠纷案件恢复诉讼程序的通知》有关人民法院暂不受理此类案件和恢复此类纠纷案件的受理、审理和执行程序的规定，应当适用本案。双方偿还支信贷款协议约定的偿还期限为五年，诉讼时效起算时间为2003年12月28日之次日。2002年4月16日，中国农业银行吉林省分行以〔2002〕132号通知涉及农业银行与农村信用社脱钩遗留资金纠纷的案件有关问题，要求各行自收到本文件始，原准备对信用社提起诉讼的，一律中止起诉。此类案件根据本院〔2005〕187号明传于2005年6月21日恢复审理后，洮北农行于2006年9月29日向吉林省白城市中级人民法院提起诉讼，并未超过诉讼时效。故本院对洮北信用联社关于涉案债权已超过诉讼时效的答辩主张不予支持。

二、本案拆借款的性质。

洮北农行根据借款借据用途、偿还支信贷款协议，以支信贷款合同纠纷起诉，人民法院也以同业拆借合同纠纷案由立案审理。支信贷款，是行社一体时，农行为支持信用社头寸，行社之间以借款形式发生的资金拆借合同。支信贷款与所谓的“点贷、一口出、委托贷款”等委托指定贷款有着本质的区别：第一，发生的主体不同。支信贷款发生在行社之间，不涉及任何第三方；而所谓“点贷、一口出、委托贷款”必然存在第三方，即资金实际使用方。第二，法律关系不同。支信贷款因发生在行社之间，其法律关系归类于同业拆借，是金融机构之间发生的资金往来关系；“点贷、一口出、委托贷款”等，除了农行和信用社之间内部形成的委托、授权或指定等法律关系以外，还涉及资金使用第三方与信用社、农行之间的借款法律关系。第三，法律后果不同。支信贷款仅发生在行社之间，故法律后果也仅及于双方；“点贷、一口出、委托贷款”因有第三方，行社是无法撇开第三方而解决其间法律关系的，第三方的借款关系是解决行社之间纠纷的前提。第四，证据要求不同。证明行社之间是支信贷款关系相对简单，只要提交相关合同证明借款用途和性质即可；而要证明行社之间是“点贷、一口出、委托贷款”性质，除了相关合同和资金用途性质以外，还须提交资金使用第三方对应的借款合同证据和资金划转证据等。

正因为支信贷款与“点贷、一口出、委托贷款”有着本质的区别，所以国家在行社脱钩时对这两大类行社之间遗留资金关系处理和出台的政策完全不同。国务院《关于农村金融体制改革的决定》下发后，为具体落实该文件精神，国务院农村金融体制改革部际协调小组于同年 8 月 28 日，下发了《农村信用社与中国农业银行脱离行政隶属关系实施方案》。该实施方案第六条内容为处理农村信用社与中国农业银行的资金关系，其中第（三）项明确规定农村信用社借入中国农业银行款项（即中国农业银行对信用社的支持款），由农村信用社逐年归还中国农业银行。国务院《关于农村金融体制改革的决定》和国务院农村金融体制改革部际协调小组下发的《农村信用社与中国农业银行脱离行政隶属关系实施方案》属于法规，且至今未有其他法律法规取代，根据这两个法规规定，支信贷款（也称支持款）信用社必须偿还。洮北农行依据借款借据、偿还支信贷款协议、对账单和还款凭证等证据请求洮北信用联社偿还尚欠支信贷款本息，应予支持。洮北信用联社在本案一、二审诉讼期间，一直认为双方是普通债权债务关系而主张洮北农行的债权已经超过诉讼时效；再审期间，洮北信用联社答辩认为双方是行政隶属关系条件下形成的资金往来，其与洮北农行不存在真实的同业资金拆借关系，只存在“凭证置换、一口出、点贷、计收复利”等事实，但其没有提交对应证明双方存在“凭证置换、一口出、点贷”等法律关系的相关证据，故本院对洮北信用联社该答辩主张不予支持。

——最高人民法院民事审判第二庭编：《最高人民法院商事审判指导案例（2014）》，中国民主法制出版社 2015 年版，第 755～764 页。

879

金融监管部门对行社脱钩遗留债务纠纷的行政协调意见不具有法律约束力

关键词 | 行社脱钩 | 行政协调 |

【最高人民法院裁判文书】

广州农村商业银行股份有限公司与中国农业银行股份有限公司广东省分行营业部、广州市银农城镇建设开发公司借款合同纠纷案［最高人民法院（2012）民二终字第 16 号民事判决书］

裁判要旨：中国人民银行下辖分行对九十年代中国农业银行与农村信用社

脱离行政隶属关系后的遗留资金纠纷作出的仲裁等裁决意见，系该行作为金融监管机关对农村信用社与农业银行之间的资金纠纷作出的行政协调，并不具有民事法律意义上的约束力。在中国农业银行与农村信用社双方认可前，该裁决意见并不当然具有民事法律意义上的约束力。人民法院不宜直接按照上述裁决意见进行裁判。

最高人民法院认为：关于诉争《仲裁书》的约束力问题。广州农商行在本案中提供的《人民币资金借款合同》及相应的《保证合同》载明银农公司、农银公司是诉争债权的债务人，故债权人广州农商行欲实现债权应向合同约定的债务人银农公司、农银公司主张。中国人民银行广州市分行 1998 年 11 月作出《仲裁书》是该行作为金融监管机关对农村信用社与农业银行之间的资金纠纷作出的行政协调，是一种履职行为。《仲裁书》实际上是协调意见书，并不具有民事法律意义上的约束力。广东省农行营业部如自愿按照《仲裁书》的意见向广州农商行清偿相应款项，属该营业部对监管机关协调意见的接受，应予认可。广东省农行营业部如不愿按照《仲裁书》的意见清偿相应款项，则属该营业部对监管机关协调意见的拒绝，此时不应强行要求该营业部按照《仲裁书》清偿款项。广东信合办在该办〔2001〕101 号文中向广州农商行称广东省农行营业部愿意按照《仲裁书》清偿相应款项，但该文件仅仅表明广东信合办向广州农商行陈述过相关内容，并不能证明广东省农行营业部自愿按照《仲裁书》清偿相应款项，广州农商行也没有提供其他证据证明广东省农行营业部接受《仲裁书》的意见，而且在本案诉讼中广东省农行营业部明确表示不接受《仲裁书》的处理意见，故广州农商行提出广东信合办〔2001〕101 号文能够表明广东省农行营业部认同并接受《仲裁书》的意见，缺乏事实依据，本院不予支持。因为没有证据表明广东省农行营业部同意按照《仲裁书》承担相应债务，所以广州农商行提出的《仲裁书》使得广东省农行营业部构成债务加入之主张，亦难以成立。故广州农商行以《仲裁书》为由要求广东省农行营业部承担诉争债权的清偿责任，缺乏事实及法律依据，本院不予支持。

——最高人民法院民事审判第二庭编：《最高人民法院商事审判指导案例(2012)·公司与金融》，中国民主法制出版社 2013 年版，第 398 ~413 页。

880

涉及中央级财政资金转为部分中央企业国家资本金纠纷案件的审理

关键词｜中央级财政资金｜国家资本金｜

【最高人民法院司法政策】

各省、自治区、直辖市高级人民法院，解放军军事法院，新疆维吾尔自治区高级人民法院生产建设兵团分院：

7月18日，国务院国有资产监督管理委员会、国家发展和改革委员会、财政部联合下发了《关于进一步做好中央级财政资金转为部分中央企业国家资本金有关工作的通知》（国资发法规〔2012〕103号，以下简称〔2012〕103号《通知》）。为妥善审理涉及中央级财政资金转为部分中央企业国家资本金的有关纠纷案件，现将该《通知》转发给你们。同时，经商国务院相关部委，就有关问题通知如下：

一、有关中央企业就〔2012〕103号《通知》所涉中央级财政资金转为国家资本金引发的确认公司或企业出资人权益、返还资金等纠纷提起民事诉讼的，人民法院应予受理。〔2012〕103号《通知》发布前人民法院已经受理的相关案件，人民法院可以继续审理。

有关中央企业请求返还资金案件的案由为资金返还纠纷。

二、〔2012〕103号《通知》发布前，当事人之间就确认公司或企业出资人权益、资金返还等达成的协议，不违反国家关政策规定的，其效力应予认可。

三、除人民法院已经受理的案件外，有关中央企业返还资金请求权的诉讼时效期间自《通知》第五条规定的期限届满之日起算。

当事人主张确认公司或企业出资人权益请求权不适用诉讼时效的规定。

四、有关中央企业请求用资企业返还资金，并请求按照银行同时期同档次贷款基准利率自〔2012〕103号《通知》第五条规定的期限届满之日起计付利息的，人民法院应予支持。

五、本通知发布前尚未审结的一、二审案件适用本通知；本通知发布前已经审结的案件，当事人申请再审或按审判监督程序提起再审的案件，不适用本通知。但依照《最高人民法院关于因政府调整划转企业国有资产引起的纠纷是否受理问题的批复》（法复〔1996〕4号）的规定或者以相关政策不明确为由，作出不予受理或者驳回起诉裁定的案件除外。

各级人民法院在审理涉及中央级财政资金转为部分中央企业国家资本金纠纷案件过程中遇到的问题，可逐级报告最高人民法院。

——《最高人民法院关于审理中央级财政资金转为部分中央企业国家资本金有关纠纷案件的通知》(2012年12月11日，法〔2012〕295号)

【最高人民法院裁判文书】

中国节能投资与兰州燃气化工集团公司借款合同纠纷案[最高人民法院(2007)民二终字第137号民事判决书]

最高人民法院认为：本案的争议焦点为中国节能投资公司对兰州燃气化工集团公司主张所涉资金行使的请求权是属于债权还是股权，其诉讼请求能否予以支持。

本案涉及的是中央级基本建设经营性基金本息余额转为国家资本金，即“贷改投”政策的实施问题。1998年6月9日，兰州燃气化工集团公司根据计投资〔1998〕815号文件的规定就其使用的基本建设经营性基金本息余额15307875元向中国节能投资公司报送了转为国家资本金的申请，但该申请并未得到中国节能投资公司的同意，其也没有向国家计委、财政部进行报批且已得到批准的相关证据材料，更没有得到有关部门办理产权变动登记手续的相关证据材料。相反，1999年3月21日，国家计委、财政部针对中国节能投资公司报送的《关于将中央级基本建设经营性基金本息余额转为我公司国家资本金的请示》以计投资〔1999〕375号《关于将中国节能投资公司中央级基本建设经营性基金本息余额转为国家资本金的批复》予以同意，并确定由中国节能投资公司行使出资人的职能，在该批复的附件《中国节能投资公司中央级基本建设经营性基金本息余额情况表》中明确列明将兰州燃气化工集团公司使用的中央级经营性基金本息余额15307875元转为中国节能投资公司的国家资本金。上述文件表明国家已将兰州燃气化工集团公司使用的中央级经营性基金本息余额15307875元转为中国节能投资公司的国家资本金，即中国节能投资公司受让了国家以对兰州燃气化工集团公司的上述债权注入的资本金，并确定由中国节能投资公司行使出资人职能。但上述文件只是明确了本案所涉经营性基金在国家与中国节能投资公司之间的关系(在法律文件上表现为中国节能投资公司的注册资本金中相应地增加了国家出资的份额)，由于本案所涉经营性基金的实际使用人是兰州燃气化工集团公司，因而还需明确中国节能投资公司与兰州燃气化工集团公司之间的关系。从本案的事实看，在计投资〔1999〕375号文件下发之后，中国节能投资公司曾就将本案所涉经营性基金转为其对兰州燃气化工集团公司的出资问题与兰州燃气化工集团公司进行过协商，但未有结果。兰州燃气化工集团公司提供的证据既不能证明其已接受中国节能投资公司为其股东，也不能证明中国节能投资公司曾经行使过任何出资人权利。因此，应认定中国节能投资公司未能成为兰州燃气化工集团公司的股东，即兰州燃气化工集团公司未将对国家的上述欠款转变这以中国节能投资公司为出资人的股权。虽然计投资〔1999〕375号文赋予了中国节能投资公司成为兰州燃气化工集团公司股东的权利，但由于中国节能投资公司未能实现这一权利，在此情形下，因中国节能投资公司依计投资〔1999〕375号文将债权转化为股权已无法实现，故中国节能投资公司有权依原借款关系要求兰州燃气化工集团公司偿还本案所涉经营性基金而主张上述债权。

——最高人民法院民事审判第二庭编：《最高人民法院商事审判指导案例·借款担保卷》，中国法制出版社2011年版，第86～93页。

【链接：最高人民法院法官著述】

有关中央企业请求返还资金时，必然会一并请求支付利息，但利息从何时起、按何种利率计算，是非常重要的问题。

关于利息的起算时间，按照最高人民法院处理逾期不予返还款项一类案件利息计付的一贯原则，用资企业既不落实中央企业的出资人权益也不予还款，应当自国务院有关部委文件规定的各类资金利息截止日起继续计付资金占用的利息。但是，国家资本金政策开始于1995年，主要的出发点是为了减轻用资企业的利息负担，如果从国务院有关部委文件规定的各类资金利息截止日起继续计付资金占用的利息，许多资金的利息将超过本金。加之，一直以来国务院有的部委坚持中央企业仅享有出资人地位，坚持国家资本金的出资性质，对于中央企业能否主张返还资金始终没有明确。因此，如果从国务院有关部委文件规定的各类资金利息截止日起计付利息，与国务院国家资本金政策减轻用资企业负担的宗旨相悖，似乎也不公平。考虑到1996年以后，国务院相关部委虽又陆续出台了一系列关于中央级财政资金转为部分中央企业国家资本金的文件，但大多没有得到很好地执行，中央企业的出资人权利未能得到很好地落实，此次〔2012〕

103 号《通知》给予了用资企业或者落实中央企业的出资人权益或者将资金本息上缴国库的最后期限，并明确赋予了中央企业可以通过诉讼请求用资企业返还出资的权利，同时考虑到国家资本金问题的历史背景及用资企业的现状，我们认为自〔2012〕103 号《通知》第四条、第五条规定的期限届满之日起计付利息比较切实可行。按此方案，对于〔2012〕103 号《通知》印发前，国务院有关部门已经批复将中央级财政资金转为有关中央企业国家资本金的，用资企业应当自 2013 年 7 月 18 日起按照同时期同档次贷款基准利率计付利息；对于〔2012〕103 号《通知》印发后，国务院有关部门批复的中央级财政资金，用资企业应当自批复文件印发之日起一年后开始计付利息。此方案也得到了国务院相关部委的支持。

关于利率标准，考虑到中央企业取得国家资本金的出资人职能时，原来建设银行与用资企业的借款合同关系已经终止，加之中央企业取得的资本金数额已经包含了借款本金和到一定时限的借款利息，再以借款合同约定的利息标准计算，显属不当。而鉴于用资企业申请将借款转为国家资本金后，既不落实中央企业的出资人权益，也不返还资金，此次〔2012〕103 号《通知》又给予了其落实中央企业出资人权益或将资金本息上缴国库的最后期限，因此用资企业应当按照审判实务中通常适用的资金占用费的审理原则，按照同时期同档次贷款基准利率计付利息。

需要特别说明的是，中央企业如果对〔2012〕103 号《通知》第五条规定的期限届满前的利息予以主张的，不论按照什么利率标准，人民法院均不予支持。

——宋晓明、刘竹梅：《〈最高人民法院关于审理中央级财政资金转为部分中央企业国家资本金有关纠纷案件的通知〉的理解与适用》，载江必新主编：《最高人民法院司法解释与指导性案例理解与适用》第 1 卷，人民法院出版社 2013 年版，第 470、471 ~ 472 页。

881

对因占有使用国家基本建设经营性基金而发生的借款合同纠纷，应当依法受理

关键词 | 国家基本建设经营性基金 | 借款合同 |

【《最高人民法院公报》案例】

峰峰集团有限公司与中国节能投资公司借款合同纠纷案[最高人民法院(2007)民二终字第19号民事判决书]

裁判摘要：当事人因占有使用国家基本建设经营性基金而发生的借款合同纠纷，不属于最高人民法院1996年4月2日法复〔1996〕4号《关于因政府调整划转企业国有资产引起的纠纷是否受理问题的批复》第一条所规定的“因政府及其所属主管部门在对企业国有资产调整、划转过程中引起相关国有企业之间的纠纷，应由政府或所属国有资产管理部门处理，国有企业作为当事人向人民法院提起民事诉讼的，人民法院不予受理”的情形。当事人就上述借款合同纠纷向人民法院提起民事诉讼的，人民法院应当依法受理。

最高人民法院认为：对于第一个方面的问题即本案当事人争议的基本建设经营性基金应是何种性质问题，追溯政策渊源，可以追溯到自1985年1月1日起正式开始施行的由国家预算安排的基本建设项目投资原由财政拨款全部改为有偿使用国家财政资金的银行贷款方式（简称“拨改贷”政策）进行，但实际从1983年开始已有部分试行。为了保持基本建设资金来源稳定，与“拨改贷”政策相配套措施之一就是经国务院批准从1988年起建立中央级基本建设基金。为此，国家计委1988年6月24日印发《国家基本建设基金管理办法》，对基金的组成和来源、使用范围、管理等均作了规定。其中明确规定基本建设基金安排的经营性投资由国家计委对各国家专业投资公司实行切块安排。由国家专业投资公司安排的经营性投资，由各专业投资公司与建设银行签订借贷合同（不包括国家规定免还基金本息的投资）；其他经营性建设项目投资，由建设单位和建设银行签订借贷合同。在这样的背景下，峰峰集团有限公司的前身峰峰矿务局于1989年11月至1992年11月通过向节能公司前身当时的国家能源投资公司节能公司申请和审核，并经报财政部批准后与建设银行签订了一系列资金用于煤矿节能项目的临时借款协议，共计借款2180万元本金，对于上述借款事实以及款项属于国家基本建设经营性基金部门贷款的性质，双方当事人均无异议。

虽然峰峰集团有限公司并不否认本案争议款项来源于国家基本建设基金，但其上诉争议的核心在于它认为本案争议款项来源和最初性质虽没有错，但后来该款项已按国家有关政策转变为企业的国家资本金了，也就是上诉理由第一点提到的“贷改投”政策。对此，按照1995年7月12日国务院以国发〔1995〕20

号文件批转国家计委、财政部、国家经贸委《关于将部分企业"拨改贷"资本本息余额转为国家资本金的意见》的精神，基于解决国有企业改革中减轻国有企业债务负担，改变部分国有企业资本金不足问题，决定按国务院批准对从 1979 年至 1988 年由财政（包括中央和地方）拨款改为贷款的国家预算内基本建设投资，在有选择的范围内，依照以国家产业政策为依据，重点支持国民经济基础产业和支柱产业；首先照顾归还"拨改贷"资金本息有困难的企业减轻债务负担；采取分类审批，不搞"一刀切"原则，根据条件对确有困难的企业"拨改贷"资金本息金额全部或部分转为国家资本金，其他企业仍需按国家有关规定归还"拨改贷"资金。在程序上，首先要由符合"拨改贷"资金转为国家资本金条件的企业提出申请，按级审批：如企业本身就是国家授权投资的机构或者国家计划单列市企业集团的核心企业，可将申请材料直接报送国家计委和财政部审批；如企业投资主体是国家授权投资的机构，企业可将材料报送国家授权投资的机构进行初审后，报送国家计委、财政部审批；如企业的投资主体不是或尚未明确为国家授权投资机构，企业可将申请材料报送行业主管部门，由行业主管部门初审同意后报送国家计委、财政部审批。国家计委、财政部在审批前，应征求国家经贸委、国家体改委和开发银行等有关部门的意见。国家计委、财政部根据规定的原则、范围和条件，对申请企业的资本金实际需求量和国家应投入数额进行核定后，逐个审定并以正式文件明确企业"拨改贷"资金本息实际数额。对部分地方企业目前难以明确中央"拨改贷"出资人的，建议由国务院委托国家开发投资公司暂作为出资人，待国家授权投资的机构明确之后再按规定办理。不符合将"拨改贷"资金转为国家资本金的企业，仍需按国家有关规定归还"拨改贷"资金。1995 年 12 月 26 日，国家经贸委主任王忠禹在第八届全国人大常委会第十七次会议的报告中，明确提出了所谓把国有企业"拨改贷"债务本息余额转为国家资本金的"贷改投"政策概念。1998 年 5 月 12 日国家计委、财政部计投资〔1998〕815 号《关于中央级基本建设经营性基金本息余额转为国家资本金的实施办法》规定的中央级基本建设经营性基金包括了 1989 年起至 1996 年底止由中央财政安排的国家预算内基本建设投资中的有偿使用部分。对中央级经营性基金本息余额转为国家资本金后作为国家对企业的投入，其出资人按照：（一）凡属国务院已正式授权可行使出资人权利的公司及其下属企业所使用的中央级经营性基金本息余额，转增为已授权公司的资本金，并由已授权公司行使出资人的职能；（二）国家已明确将债权债务关系划转给国家开发投资公司、节能公司、中国高新轻纺投资公司和中国机电出口产品投资公司的中央级经营性基金本息余额，分别转增为这4个公司的资本金，并由这4个公司行使出资人职能等办法确定。出资人未明确的，由国务院主管、归口部门或由部委管理的国家局负责将企业的上报材料审核并汇总后，于1998年6月30日前提出将中央级经营性基金本息余额转为国家资本金的申请报告，报国家计委和财政部审批。1999年11月29日财政部财管字〔1999〕365号《关于中央级"拨改贷"资金经营性基金本息余额转为国家资本金后有关问题的通知》，主要强调的是"拨改贷"资金、经营性基金本息余额转为国家资本金后出现的一些不规范行为，一些中央管理企业不是按母子公司产权关系将基金转为国家资本金入账，而是不分企业产权级次直接由占有使用企业作为国家资本金入账，引起企业产权关系混乱；有些地方政府不按规定及时办理资金转为国家资本金的有关手续，个别地方擅自将基金转为地方机构的法人资本；甚至有的地方政府无视中央权益，随意将中央级国家资本金转让出售，致使国家增资减债、解困企业的政策未得到很好的落实，从而对某些问题着重强调，凡享有转国家资本金政策的企业，均须依据国家计委、财政部关于将"拨改贷"资金本息余额或经营性基金本息余额转为国家资本金的批复文件，办理增加实收资本金的产权变动登记手续。上述文件都强调对于国家基本建设经营性基金转变为国家资本金时需要办理批复文件以及办理产权变动登记手续，即"贷改投"必须存在一个审批程序，同时还有一个必须明确的出资人问题。但是，峰峰集团有限公司于1998年6月8日分别就其利用国家基本建设经营性基金金额295万元、203万元、113万元、1513万元、407万元向节能公司申请转为峰峰集团有限公司的注册资本金时，并没有得到节能公司的同意，更没有向当时的国家计委、财政部报批的有关证据材料。

相反，1999年3月21日，国家计委、财政部针对节能公司的要求将中央级基本建设经营性基金本息余额转为该公司的国家资本金的报告以计投资〔1999〕375号《关于将中国节能投资公司中央级基本建设经营性基金本息余额转为国家资本金的批复》，在其附件《中国节能投资公司中央级经营性基金本息余额情况表》中明确列明对峰峰集团有限公司所欠借款本息25308380.64元作为节能公司的国家资本金。另外，节能公司提交的《企业国有资产产权登记证》、财政部审核的《企业国有资产占有产权登记表》，证明本案所涉的国家基本建设经营性基金，已经作为节能公司的国家资本金在国务院国资委进行了产权登记，确认了节能公司对该国有资产的占有使用权。同时，中国建设银行投资银行部于2003年11月24日向下属各建设银行发出了建投〔2003〕57号《关于协助中国节能投资公司确认债权有关问题的补充通知》，针对中央级基本建设经营性基金转为节能公司国家资本金账务处理问题，各经办银行和有关已将贷款转为资本金的单位按照国家有关已经明确将债权债务关系划转给节能公司的中央级经营性基金本息余额转增为节能公司国家资本金的规定，配合节能公司办理相关债权确认手续，要求各借款单位向节能公司履行债务。后来当事人双方并未就此问题达成进一步协议。总之，峰峰集团有限公司与节能公司之间因国家基本建设经营性基金使用而发生的借款关系仍然合法有效存在，双方对此债权债务关系的性质并没有发生根本性改变。峰峰集团有限公司关于其在本案所占有使用的国家基本建设经营性基金已经按照有关国家“贷改投”政策转变为企业的国家资本金、本案纠纷实为股权之争的上诉理由，缺乏充分的法律和事实依据，不能成立，本院不予支持。

对于第二个方面的有关问题，本案纠纷性质是对因占有使用国家基本建设经营性基金而发生的借款关系引起的争议纠纷案件，而并非本院 1996 年 4 月 2 日法复〔1996〕4 号《关于因政府调整划转企业国有资产引起的纠纷是否受理问题的批复》第一条所明确的因政府及其所属主管部门在对企业国有资产调整、划转过程中引起相关国有企业之间的纠纷，应由政府或所属国有资产管理部门处理，国有企业作为当事人向人民法院提起民事诉讼的，人民法院不予受理的情形，亦不应直接适用 1993 年 12 月 21 日国家国有资产管理局国资法规发〔1993〕68 号《国有资产产权界定和产权纠纷处理暂行办法》有关国有资产产权纠纷处理程序的规定。峰峰集团有限公司关于 2005 年 6 月 30 日河北省国资委以冀国资呈〔2005〕97 号文件《关于协调中国节能投资公司与峰峰集团有限公司资本金纠纷一案的请示》，请求国务院国资委就本案争议的国家资本金纠纷予以调处，以及有关部委领导批复协调调处的上诉理由，峰峰集团有限公司并没有提供相关证据予以佐证，本院亦不予支持。本案诉争款项系缘于峰峰集团有限公司与建设银行签订的临时借款协议，协议中并没有约定履行期限，债权人随时有权向债务人主张权利，节能公司于 2005 年 4 月 22 日向原审法院提起诉讼是正当合法的。1998 年 5 月 20 日节能公司节投资〔1998〕104 号文件《关于转发计投资〔1998〕815 号、财基字〔1998〕170 号文的通知》，其中涉及有关要求偿还借款期限不能作为本案的诉讼时效起算点的依据。首先，上述通知有关内容并不是针对特定对象的，内容也不仅仅是涉及偿还借款问题，也涉及将借款转为资本金办理的有关手续问题。其次，本案当事人之间的债权债务关系状态一直处于延续中，在上述节能公司节投资〔1998〕104 号文件之后，节能公司 1998 年 12 月 25 日还在以节投资〔1998〕155 号《关于将中央级基本建设经营性基金本息余额转增为我公司国家资本金的请示》向国家计委、财政部提出申请，为此国家计委、财政部1999年3月31日以计投资〔1999〕375号批复同意节能公司的申请，并在该文件的附件一中列明了峰峰集团有限公司所占用的本案借款金额。但此后，就本案所涉借款资金的权利归属问题，双方当事人还一直处在协调之中，直至2005年6月30日河北省国资委还以冀国资呈〔2005〕第97号向国务院国资委递交了《关于协调中国节能投资公司与峰峰集团有限公司资本金纠纷一案的请示》，说明双方对本案资金的权利之争纠纷一直延续着，其间并没有中断过或最终解决。

——《最高人民法院公报》2007年第10期

882

"拨改贷"资金返还纠纷中民事责任及范围的认定

关键词｜拨改贷｜

【最高人民法院裁判文书】

陕西省煤炭生产安全监督管理局、合阳县金桥煤炭有限责任公司、铜川市成鑫煤炭有限责任公司、神木县大砭窑气化煤有限责任公司与中国地方煤矿总公司借款合同纠纷案[最高人民法院(2008)民二终字第89号民事判决书]

裁判要旨：本案诉争的资金系国家实行"拨改贷"政策后发放的有偿使用的建设资金。本案二审中止审理期间，国务院相关部门发布《关于进一步做好中央级财政资金转为部分中央企业国家资本金有关工作的通知》，最高人民法院亦随之发布了"法〔2012〕295号"《关于审理中央级财政资金转为部分中央企业国家资本金有关纠纷案件的通知》，对相关案件的适用法律问题作出了明确规定。依据相关规定，最高人民法院二审认为，本案属于人民法院民事诉讼的受理范围，地煤公司主张的民事权利亦未超过诉讼时效期间；各用资单位所使用的建设资金应予偿还(并按规定计息)；当时的政府主管部门基于行政管理职责，协助落实"拨改贷"资金的发放事宜，其不应对返还该建设资金承担民事责任。

最高人民法院认为：(一)关于本案是否属于人民法院民事诉讼受理范围的问题。在我国经济体制由传统的计划经济向市场经济转变初期，原国家计委、财政部、中国人民建设银行于1984年联合发布了《关于国家预算内基本建设投资全部由拨款改为贷款的暂行规定》，决定自1985年起，将国家预算内安排的基本建设投资由原来的财政拨款全部改为银行贷款，即实行"拨改贷"政策。本案诉争的资金发放于1985年5月至1986年8月，系由原煤炭部通过陕西省煤炭工业厅，向相关企业发放的项目建设资金，其性质属于国家实行"拨改贷"政策后发放的有偿使用的建设资金，其在资金所有人与用资企业之间形成的是民事法律关系中的债权债务关系。

20世纪90年代中期，为了减轻用资企业的债务负担，国家决定将已发放的中央级"拨改贷"资金本息余额转为国家资本金，作为对用资企业的股权出资。国家计委、财政部以"计投资〔1996〕2801号"通知下发的《关于中央级"拨改贷"资金本息余额转为国家资本金的实施办法》，明确了中央级"拨改贷"资金本息余额是指经国务院批准，从1979年至1988年由中央财政安排的国家预算内基本建设投资中有偿使用部分，从使用贷款之日起至1996年12月20日止的本息余额转为国家资本金，并暂由原下达中央级"拨改贷"投资计划的单位代行出资人职能。"贷改投"政策实施后，本案中民事权利及义务的内容虽发生了变化，但民事法律关系的属性并没有改变。1997年10月27日，国家计委、财政部以"计投资〔1997〕2026号"《关于将煤炭部中央级"拨改贷"资金本息余额转为国家资本金的批复》，同意将包括地煤公司在内的241家企业的中央级"拨改贷"资金本息余额转为国家资本金，暂由煤炭部作为出资人。1998年3月9日，煤炭部下发"煤国资字〔1998〕第150号"《关于加强中国地方煤矿总公司国有资产管理的通知》，确定由地煤公司全权负责管理和经营其中央级"拨改贷"资金本息余额转为国家资本金而增加的国有资产。同年4月23日，国家国有资产管理局依法将地煤公司国有资产的产权核增为72213万元。上述事实表明，本案诉争的资金系国家同意由地煤公司负责管理的国家资本金，属于国资发法规〔2012〕103号《通知》第一条规定的三类中央级财政资金中的一种，即"1979年至1988年由财政拨款改为贷款的中央预算内基本建设投资，即中央级'拨改贷'资金"。地煤公司(其前身为煤炭部地方煤矿服务总公司)作为本案民事法律关系中的一方当事人，其"代行出资人权利"的证据充分、合法，证明其与本案有直接的利害关系，原审法院对地煤公司提起的民事诉讼予以受理并无不当。本院依据法〔2012〕295号《通知》第一条关于"《通知》发布前人民法院已经受理的相关案件，人民法院可以继续审理"的规定，恢复本案二审诉讼程序，并将案由确定为资金返还纠纷。

综上所述，本案当事人诉争法律关系的性质和内容属于人民法院受理民事诉讼案件的范围，各上诉人提出的有关本案不属于人民法院受理民事诉讼范围的上诉理由，没有事实和法律依据，本院不予支持。

——最高人民法院民事审判第二庭编：《最高人民法院商事审判指导案例（2014）》，中国民主法制出版社2015年版，第867～884页。

883

“三线”调迁形成的债务纠纷案件的处理

关键词｜“三线”调迁｜

【最高人民法院裁判文书】

天水六九一三电子科技有限责任公司与中国东方资产管理公司兰州办事处金融不良债权追偿纠纷申请再审案［最高人民法院（2014）民申字第1070号民事裁定书］

最高人民法院认为：一、关于案涉债务是否属于“三线”调迁而形成的债务的问题。

1997年6月25日六九一三工厂提交给中国人民解放军总参通信部企业管理局的《关于兼并天水助剂厂问题的请示》载明，其兼并的方式为承担债务式兼并。1997年9月19日，经中国人民解放军总参通信部企业管理局批复同意，六九一三工厂对天水助剂厂进行承担债务式兼并。1997年10月30日原贷款人中国建设银行天水市分行营业部与原借款人、新债务人六九一三工厂签订的五份债权债务转移协议载明，六九一三工厂同意接收天水助剂厂原欠中国建设银行天水市分行营业部的债务贷款本金10440300元。二审判决据此认定该行为系在当时条件下的一种企业经营行为，而非执行“三线”调迁计划形成，并无不当。

甘肃省三线调整建设办公室的证明仅说明六九一三工厂落实就地调迁改造向当地银行借款而形成的债务案件应中止诉讼，但案涉债务系六九一三公司前身因兼并原借款人而形成，并非六九一三工厂直接向银行贷款实施三线调迁产生的债务。

中国银行业监督管理委员会政策法规部2004年4月发给中国工商银行资

产风险管理部的《关于军工企业三线调迁贷款停息挂账问题的回复》中“凡列入上述文件中的调息挂账建议名单,都应当作为三线调迁企业”以及全国军队保障性企业交接工作联席会议办公室提交中国银行业监督管理委员会的《关于送转军队保障性三线企业申请调迁贷款实施停息挂账的函》(国联席办函〔2004〕2号)仅证明六九一三公司的前身是三线军工调迁企业;且前者第二条同时载明:“关于三线调迁贷款认定问题,应当对三线调迁企业用于调迁的贷款予以停息挂账,不是对三线调迁企业的全部贷款予以停息挂账”,说明并非所有“三线”调迁企业的债务均属于调迁形成的贷款,此二项证据并不能证明案涉债务系为执行“三线”调迁计划而形成。

六九一三公司系对甘肃省高级人民法院(2014)甘民二终字第72号民事判决申请再审,故对其有关甘肃省天水市中级人民法院(2012)天民二初字第4号民事裁定所认定的事实的主张,不属于本案再审申请的审查内容。

综上,六九一三公司主张案涉债务系为执行“三线”调迁计划而形成的债务,无事实依据。

二、关于本案适用法律是否有误的问题。

(一)关于本案是否应当中止审理的法律适用问题。因案涉债务不属于为执行“三线”调迁计划而形成的债务,故本案不适用《最高人民法院关于审理涉及“三线”军工企业和军品研制生产企业债务案件有关问题的通知》有关中止诉讼的规定。

——中国裁判文书网,http://wenshu.court.gov.cn。

二、委托贷款与资金拆借合同

884

委托贷款合同与资金拆借合同的区别

关键词｜委托贷款合同｜资金拆借合同｜

【最高人民法院裁判文书】

北京长惠城镇化建设投资基金与郑州广厦置业有限公司、李振州金融借款合同纠纷案[最高人民法院(2014)民二终字第217号民事判决书]

最高人民法院认为:1.本案法律关系的性质是委托贷款还是投资。虽然北京长惠基金、交行河南省分行和广厦公司在签订《委托贷款合同》的同日,北京长惠基金与广厦公司、李振州、毋尚梅、漯水公司又签订了《投资合作协议》以及北京长惠基金、广厦公司、交行河南省分行签订编号为1240625001的《监管协议》、2012年7月6日,北京长惠基金、广厦公司、漯水公司、郑州银行股份有限公司营业部签订编号为ch－gs(2012)003的《监管协议》,但《投资合作协议》规定投资方式为"北京长惠基金委托交行河南省分行向广厦公司发放贷款"。《投资合作协议》引入了保证人,为保证委托资金的收回设定了担保条款。所以,北京长惠基金、交行河南省分行和广厦公司法律关系的实质是委托贷款关系。《投资合作协议》和《监管协议》,均是为了保证北京长惠基金的委托贷款资金安全而签订的,并未改变委托贷款关系的实质。

2.《委托贷款合同》及其《补充协议》关于利息、罚息的约定是否违反法律规定。《委托贷款合同》规定委托贷款的利率为年13%,《委托贷款合同补充协议》规定"逾期贷款的罚息利率按本合同约定利率上浮50%"。2004年《中国人民银行关于调整金融机构存、贷款利率的通知》(银发〔2004〕251号)第二条第一项规定,金融机构(城乡信用社除外)贷款利率不再设定上限。2003年《中国人民银行关于人民币贷款利率有关问题的通知》(银发〔2003〕251号)第三条规定,逾期贷款(借款人未按合同约定日期还款的借款)罚息利率为在借款合同载明的贷款利率水平上加收30%～50%。因此,《委托贷款合同》关于利率、罚息的约定符合相关法律规定。

——中国裁判文书网,http://wenshu. court. gov. cn。

太平洋租赁有限公司与中国建设银行吴江市支行借款合同纠纷上诉案[最高人民法院(1998)经终字第247号]

最高人民法院认为:本案所涉协议中约定,太租公司接受吴江建行委托,将吴江建行提供的资金,按照协议第一条约定用于吴江建行指定的两企业,即吴江工业滤布厂和吴江涤纶厂。协议中约定了具体的金额、利息和期限等。本案协议中约定了还款来源,即为被上诉人指定的企业的租赁款。如企业租期要延长,则太租公司偿还期也作相应延长,还约定承租企业不向太租公司提供任何形式的担保。从本案有关证据情况看,吴江建行的真实意思是,由于自己受贷款额度的限制,无法将资金直接贷给吴江涤纶厂和滤布厂,后来才通过拆借、租赁的形式,达到借贷之目的。故本案合同应认定为委托贷款,不应认定为拆借合同。虽然双方委贷的意思表示真实,但因太租公司未取得金融许可证,应当认定协议无效。

——肖扬总主编、最高人民法院民事审判第二庭编:《中华人民共和国最高人民法院判案大系》(民商事卷-1998年卷),人民法院出版社2003年版,第583~587页。

编者说明

太平洋租赁有限公司与中国建设银行吴江市支行借款合同纠纷上诉案业经最高人民法院审委会讨论。承办本案的主审法官通过本案判决梳理出了委托贷款合同与资金拆借合同的区别要点:第一,委托贷款是指受托人接受委托人的旨意,而后者则不是。本案协议中,太租公司接受吴江建行委托,将所属款项根据合同第一条约定用于吴江建行指定的两企业,即吴江工业滤布厂和吴江涤纶厂。第二,委托贷款合同双方约定的标的物指向确定的对象,后者则是不确定的。本案协议中,标的物(款项)指向确定的被上诉人吴江建行指定的企业,如是拆借合同关系,作为借款人的太租公司可以自由地用于自己或不确定的对象。第三,委托贷款的权利与义务不仅仅是对双方的一个约束,而且往往涉及第三方(或实际用款人),借款或拆借只涉及合同当事人双方。比如该协议中指定了特定的企业,即吴江工业滤布厂与吴江涤纶厂,规定了具体的金额、利息和期限等。第四,委托贷款本案协议中规定了还款来源,即为受托人吴江建行指定的企业的租赁款。如企业租期要延长,则太租公司偿还也作相应延长,还规定承租企业不向太租公司提供任何形式的担保。而借款合同则不同,只要合同到期,借款方必须依约偿还本息,同时,出借方不能约束借款方是否向他的借款人约定担保条款。故本案合同应认定为委托贷款较为合适,不应认定为拆借合同。

885

企业间可以通过信托贷款、委托贷款等方式形成借贷关系

关键词｜企业间借贷｜信托贷款｜委托贷款｜

【最高人民法院裁判文书】

天津国贸中心有限公司与天津渤海化工有限责任公司、天津欧加华大厦有限公司借款合同纠纷案[最高人民法院(2008)民二终字第7号民事判决书]

最高人民法院认为：企业之间通过具有办理贷款业务资格的信托投资公司或银行等金融机构以信托贷款、委托贷款等方式而形成的借贷关系，符合法律法规的规定，依法应予保护。

——最高人民法院民事审判第二庭编：《最高人民法院商事审判指导案例 · 借款担保卷》，中国法制出版社2011年版，第170～173页。

886

委托贷款法律关系因银行的加入而被纳入国家金融监管的范围，其性质不再是企业借贷关系

关键词｜委托贷款｜企业间借贷｜

【最高人民法院裁判文书】

大连中裕嘉合房地产开发有限公司、李玉清与吉林银行股份有限公司大连分行、天弘创新资产管理有限公司及张森金融借款合同纠纷案[最高人民法院(2015)民二终字第420号民事判决书]

最高人民法院认为：一、关于案涉《委托贷款合同》《三方合作协议》的性质、效力及相关担保合同的效力问题。

根据中国人民银行颁布的《贷款通则》第七条的规定，合法贷款包括“自营贷款、委托贷款和特定贷款”三种，“委托贷款，系指由政府部门、企事业单位及个人等委托人提供资金，由贷款人（即受托人）根据委托人确定的贷款对象、用途、金

额、期限、利率等代为发放、监督使用并协助收回的贷款。贷款人(受托人)只收取手续费,不承担贷款风险”。本案中,天地方中公司、吉林银行大连分行、中裕公司于2013年11月18日签订了案涉《委托贷款合同》,主要内容为:吉林银行大连分行根据天地方中公司的委托,将天地方中公司提供的贷款资金,按照天地方中公司指定的贷款对象、用途、金额、期限、利率等事项,发放给借款人中裕公司,吉林银行大连分行收取相应手续费,并协助天地方中公司收回贷款。根据《贷款通则》的上述规定,结合本案三方当事人之间所签订合同的内容,可以认定三方之间所形成的法律关系为委托贷款关系。委托贷款关系中存在三方当事人,即委托人、银行和借款人,三方之间的委托贷款关系由两种具体的法律关系所构成,即委托人与银行之间的委托关系,以及银行与借款人之间的借贷关系。虽然委托贷款协议的具体内容实际上是由委托人和借款人事先协商确定,但一旦双方采取委托贷款形式,该法律关系即因银行的加入而被纳入了国家金融监管的范围,其性质亦不再是当事人双方之间的企业借贷关系。因此,原审法院认定吉林银行大连分行与中裕公司之间系金融借款关系,而非企业借贷关系,符合法律规定,并无不当。因案涉《三方合作协议》系天地方中公司、吉林银行大连分行及中裕公司就《委托贷款合同》中的未尽事宜所作出的补充约定,其合同性质与《委托贷款合同》并无差异。

案涉《委托贷款合同》《三方合作协议》《抵押合同》《保证合同》均系各方当事人自愿协商签订,意思表示真实。天地方中公司依据合同约定委托具有金融贷款资质的吉林银行大连分行向中裕公司发放贷款,三方之间的委托贷款行为和方式均不违反法律、行政法规的效力性禁止性规定,合法有效。中裕公司、李玉清上诉认为,吉林银行大连分行的贷款资金来源于天地方中公司,案涉《委托贷款合同》《三方合作协议》在性质上属于企业之间的借贷,应认定为无效合同,作为《委托贷款合同》《三方合作协议》从合同的《抵押合同》《保证合同》亦应无效,缺乏相应的事实和法律依据,不能成立,本院不予支持。

——中国裁判文书网,http://wenshu.court.gov.cn。

887

委托贷款合同约定受托银行不承担信用风险的,委托人与借款人之间构成实质上的民间借贷

关键词|委托贷款合同|民间借贷|

【《最高人民法院公报》案例】

北京长富投资基金与武汉中森华世纪房地产开发有限公司等委托贷款合同纠纷案[最高人民法院(2016)最高法民终124号民事判决书]

裁判摘要：委托人、受托银行与借款人三方签订委托贷款合同，由委托人提供资金、受托银行根据委托人确定的借款人、用途、金额、币种、期限、利率等代为发放、协助监督使用并收回贷款，受托银行收取代理委托贷款手续费，并不承担信用风险，其实质是委托人与借款人之间的民间借贷。委托贷款合同的效力、委托人与借款人之间的利息、逾期利息、违约金等权利义务均应受有关民间借贷的法律、法规和司法解释的规制。

最高人民法院认为：本案中，长富基金、兴业银行武汉分行与中森华房地产公司三方签订《委托贷款合同》，由长富基金提供资金，兴业银行武汉分行根据长富基金确定的借款人、用途、金额、币种、期限、利率等代为发放、协助监督使用并收回贷款，兴业银行武汉分行收取代理委托贷款手续费，并不承担信用风险，实质是长富基金与中森华房地产公司之间的民间借贷，委托贷款合同的效力和长富基金与中森华房地产公司之间约定的权利义务内容均应受相关民间借贷的法律、法规和司法解释的规制。《最高人民法院关于认真学习贯彻适用〈最高人民法院关于审理民间借贷案件适用法律若干问题的规定〉的通知》第一条规定，人民法院确认民间借贷合同效力时，应当按照《合同法解释（一）》第三条规定的精神，对《民间借贷案件规定》施行前成立的民间借贷合同，适用当时的司法解释民间借贷合同无效而适用本规定有效的，适用本规定。《民间借贷案件规定》第十一条规定："法人之间、其他组织之间以及它们相互之间为生产、经营需要订立的民间借贷合同，除存在合同法第五十二条、本规定第十四条规定的情形外，当事人主张民间借贷合同有效的，人民法院应予支持。"第十四条规定："具有下列情形之一，人民法院应当认定民间借贷合同无效：（一）套取金融机构信贷资金又高利转贷给借款人，且借款人事先知道或者应当知道的；（二）以向其他企业借贷或者向本单位职工集资取得的资金又转贷给借款人牟利，且借款人事先知道或者应当知道的；（三）出借人事先知道或者应当知道借款人借款用于违法犯罪活动仍然提供借款的；（四）违背社会公序良俗的；（五）其他违反法律、行政法规效力性强制性规定的。"本案中长富基金与中森华房地产公司之间通过兴业银行武汉分行签订《委托贷款合同》,并不违反《合同法》第五十二条和《民间借贷案件规定》第十四条关于合同无效的规定,无论在《民间借贷案件规定》施行前后,案涉《委托贷款合同》均应合法有效。

——《最高人民法院公报》2016 年第 11 期

888

企业集团财务公司为企业集团成员单位与非成员单位之间签订的委托贷款合同有效

关键词|企业集团财务公司|委托贷款合同|

【最高人民法院答复】

宁夏回族自治区高级人民法院:

你院《关于原告宁夏电力投资集团有限公司诉被告中国电力财务有限公司西北分公司、第三人宁夏华源冶金实业有限公司、第三人李文胜委托贷款合同纠纷一案的请示》收悉。经研究,答复如下:

请示案件主要涉及《委托贷款合同》的效力问题,解决该问题的关键取决于受托人是否具有进行委托贷款的资质。根据《贷款通则》第七条以及《企业集团财务公司管理办法》第二条、第三条、第十八条、第二十八条的规定,财务公司是为企业集团成员单位(以下简称成员单位)提供财务管理服务的非银行金融机构。财务公司可以办理成员单位之间的委托贷款及委托投资。财务公司的代表处不得经营业务,只限于从事业务推介、客户服务、债权催收以及信息的收集、反馈等相关工作。请示案件中,在签订合同之时,受托人为西北电力集团财务有限公司宁夏业务代理处,用资人宁夏华源冶金实业有限公司并非宁夏电力系统内成员单位。但上述办法的规定系管理性规定,且尽管业务代理处不具有办理委托贷款业务的资质,但其民事责任应由其上一级机构承担,在其上一级机构西北电力集团财务有限公司(现为中国电力财务有限公司西北分公司)具有金融业务资质、当事人系基于意思自治签订合同的情形下,不应否定合同的效力。

综上,同意你院审委会的少数意见。

以上意见仅供参考。

——《最高人民法院关于原告宁夏电力投资集团有限公司诉被告中国电力财务有限公司西北分公司、第三人宁夏华源冶金实业有限公司、第三人李文胜委托贷款合同纠纷一案请示的答复》(2010年10月20日,〔2010〕民二他字第29号)

【链接：最高人民法院法官著述】

《企业集团财务公司管理办法》仅系部门规章,故不应依据其认定合同的效力。即使因为在该领域没有法律和行政法规的规定,可以参照该规定认定合同的效力,但由于其是作为行政管理部门对企业集团财务公司经营业务范围进行监管的管理性规定,故违反该规定,也并不影响当事人之间民商事行为的效力,只是应由行政管理部门给予行政处罚。基于尽量促进合同有效、慎重认定合同无效的基本原则,我们应慎重认定合同无效,不易轻易扩大无效合同的范围。企业集团财务公司为成员单位和非成员单位之间进行委托贷款是否损害社会公共利益,从不同角度考察会得出完全不同的结论。如果从金融秩序管理的角度考察,未经许可,其为非成员企业拆借资金可以认定损害了金融机关秩序,似乎损害公共利益。如从更大的范围考察,企业拆入资金的目的是用于生产经营,从而发展壮大,增加了社会财富、增加了就业,丰富了人民的物质生活,增加国家税收;而资金拆出方也提高了闲置资金的利用率,增加了收入,收取的利息或资金占用费也依法缴纳了营业税,并非以资金拆出作为经营性收入业务,无损社会公共利益。从目前我国金融监督管理的政策分析,总的趋势是放宽,如果国家过多干预市场主体的行为,则不利于繁荣经济。综上,违反来签署管理办法的规定,并不损害社会公共利益和国家利益。尽管《企业集团财务公司管理办法》规定"财务公司代表处不得经营业务",但其民事责任应由其上一级机构承担,在其上一级机构具有金融业务资质且对代表处有进行委托贷款业务授权的情形下,应认定合同有效。

——张雪楳:《企业集团财务公司为成员单位与非成员单位之间办理委托贷款签订的委托贷款合同,应认定有效》,载最高人民法院民事审判第二庭编:《商事审判指导》总第31辑,人民法院出版社2013年版,第103~106页。

889

委托贷款合同以贷款方(即受托方)住所地为合同履行地

关键词 | 委托贷款合同 | 合同履行地 |

【最高人民法院答复】

湖北省高级人民法院:

你院〔1997〕169号《关于如何确定委托贷款合同履行地问题的请示》收悉。经研究认为,委托贷款合同以贷款方(即受托方)住所地为合同履行地,但合同中对履行地有约定的除外。

——《最高人民法院关于如何确定委托贷款合同履行地问题的答复》(1998年7月6日,法明传〔1998〕198号)

【链接:最高人民法院法官著述】

以受托人履行合同的行为为依据确定委托贷款合同的履行地,体现了最高人民法院一贯主张的"管辖恒定"的原则。所谓"管辖恒定"指的是,在国内民事诉讼案件的地域管辖上,要尽量做到管辖清楚,无争议,避免当事人和人民法院在案件管辖阶段耗费大量的精力和物力。以受托人的履行行为确定委托贷款合同的履行地,由于受托人是金融机构,所以,金融机构住所地就是委托贷款合同的履行地,该履行地是唯一的,这样对委托贷款合同纠纷有管辖权的人民法院因此也就是唯一的。如果反过来以委托人的履行行为为确定履行地的依据,由于委托人可以是法人或经济组织,也可以是自然人,其划出款项的地点不是唯一的。既可以在委托人的住所地,也可能在委托人的开户银行所在地或其他任何地方,如以此确定委托贷款的履行地,该履行地就不是唯一的,对委托贷款合同纠纷有管辖权的人民法院也就不是唯一的。这将不符合上述"管辖恒定"的原则,较易发生人民法院之间的管辖争议和鼓励当事人提出管辖异议。理论上,以委托人的履行行为确定管辖还是以受托人的履行行为确定管辖,并不存在对和错的问题,换句话说,以委托人的履行行为确定管辖也并非不可以。最高人民法院最终选择以受托人的履行行为确定管辖,这样的最终决策是以审判活动的效率和诉讼程序的社会效果为准据的,这是审判政策选择的结果。

——曹士兵:《解读〈关于如何确定委托贷款合同履行地问题的答复〉》,载《解读最高人民法院请示与答复》(增订本),人民法院出版社2005年版,第174页。

890

委托贷款合同当事人关系的确定可以适用《合同法》第四百零二条的规定

关键词｜委托贷款合同｜

【《最高人民法院公报》案例】

北京长富投资基金与武汉中森华世纪房地产开发有限公司等委托贷款合同纠纷案[最高人民法院(2016)最高法民终124号民事判决书]

最高人民法院认为:一、关于长富基金是否系本案适格原告问题。中森华房地产公司在二审庭审中提交补充上诉状,依据《委托贷款合同》第1.4条的约定和《最高人民法院关于如何确定委托贷款协议纠纷诉讼主体资格的批复》主张原审法院不应受理长富基金作为原告直接对中森华房地产公司提起的诉讼。长富基金答辩认为,中森华房地产公司的该上诉请求超出上诉期限,《委托贷款合同》第1.4条的约定是选择性条款,受托银行也在原审中明确表示同意长富基金主张权利,中森华房地产公司关于长富基金不是本案适格原告的上诉主张不能成立。本院认为,首先,《合同法》第四百零二条规定:"受托人以自己的名义,在委托人的授权范围内与第三人订立的合同,第三人在订立合同时知道受托人与委托人之间的代理关系的,该合同直接约束委托人和第三人,但有确切证据证明该合同只约束受托人和第三人的除外。"中森华房地产公司在2013年9月27日与长富基金、兴业银行武汉分行、中森华投资公司、郑巨云、陈少夏签订《投资合作协议》,以及与长富基金、兴业银行武汉分行签订《委托贷款合同》的行为及合同内容,表明中森华房地产公司在签订《委托贷款合同》时明知兴业银行武汉分行与长富基金之间的代理关系,中森华房地产公司并未提供证据证明《委托贷款合同》只约束兴业银行武汉分行和中森华房地产公司,因此,《委托贷款合同》

直接约束长富基金和中森华房地产公司，原审判决认定长富基金可以自己名义直接向中森华房地产公司主张权利，有事实和法律依据。其次，《委托贷款合同》第1.4条受托人承诺中约定，“借款人不能按期偿还本金及利息时，受托人应按照委托人的书面要求以受托人的名义向借款人、担保人及相关联人提起诉讼”，该约定是受托人兴业银行武汉分行对委托人长富基金的承诺，只约束兴业银行武汉分行和长富基金，与中森华房地产公司无关；就约定内容而言，是否以兴业银行武汉分行作为原告对借款人、担保人及相关联人提起诉讼，是该约定赋予长富基金的权利，而非系限制其行为的义务，长富基金既可以自行起诉，也可要求受托人兴业银行武汉分行提起诉讼。此外，《最高人民法院关于如何确定委托贷款协议纠纷诉讼主体资格的批复》对请示的相关问题答复，“在履行委托贷款协议过程中，由于借款人不按期归还贷款而发生纠纷的，贷款人（受托人）可以借款合同纠纷为由向人民法院提起诉讼；贷款人坚持不起诉的，委托人可以委托贷款协议的受托人为被告、以借款人为第三人向人民法院提起诉讼。”该答复意见规定委托人可以作为原告提起诉讼和对受托人的被告地位的明确，旨在对委托人权利的保护。中森华房地产公司依据前述约定和批复上诉主张长富基金不是本案适格原告，系对合同约定和批复的错误理解，不能成立。第三，中森华房地产公司在原审中并未以反诉或抗辩方式就长富基金不是本案适格原告提出主张，其在2016年3月21日二审开庭时才提出这一上诉请求，而本案的最后上诉期是2015年12月25日，中森华房地产公司在二审庭审中提出长富基金不是本案适格原告的上诉请求，不符合《民事诉讼法》第一百六十四条关于15日上诉期的规定和《民诉法解释》第三百二十八条关于在第二审程序中原审原告不得增加独立诉讼请求或者原审被告提出反诉的规定。综上，长富基金是本案适格原告，中森华房地产公司关于长富基金不是本案适格原告的上诉主张，本院不予支持。

——《最高人民法院公报》2016年第11期

【最高人民法院裁判文书】

山东启德置业有限公司与山东鑫海投资有限公司、齐鲁银行股份有限公司济南城西支行及山东三威置业有限公司、山东大地房地产开发有限公司、张辉、张浩委托贷款纠纷案［最高人民法院（2014）民申字第57号民事裁定书］

最高人民法院认为：根据本案查明的事实，在2010年9月至2011年4月期间，启德公司向鑫海公司提出书面用款请求，鑫海公司与齐鲁支行签订《委托贷款委托合同》，齐鲁支行与启德公司签订《委托贷款借款合同》。鑫海公司与齐鲁支行之间系委托代理关系，鑫海公司通过齐鲁支行将资金提供给启德公司使用，三方当事人之间建立的是委托贷款合同关系。根据《合同法》第四百零二条关于“受托人以自己的名义，在委托人的授权范围内与第三人订立的合同，第三人在订立合同时知道受托人与委托人之间的代理关系的，该合同直接约束委托人和第三人，但有确切证据证明该合同只约束受托人和第三人的除外”的规定，因启德公司知道涉案贷款系鑫海公司委托齐鲁支行发放的事实，且其间没有关于回收贷款权利由谁行使的特殊约定，鑫海公司依法可以自己名义直接向启德公司主张权利。二审判决根据后法优先于前法的法律适用原则，依据合同法的上述规定确定鑫海公司与启德公司之间具有直接利害关系，认定一审法院将鑫海公司、启德公司分别列为原告、被告，符合《民事诉讼法》第一百一十九条的规定，符合法定程序。启德公司关于一、二审判决违反法定程序的再审理由不能成立。

——中国裁判文书网，http://wenshu.court.gov.cn。

山东启德置业有限公司与山东鑫海投资有限公司、齐鲁银行股份有限公司济南城西支行及山东三威置业有限公司、山东大地房地产开发有限公司、张辉、张浩委托贷款纠纷案［最高人民法院（2012）民二终字第131号民事判决书］

最高人民法院认为：根据本案查明的事实，在2010年9月至2011年4月期间，启德公司向鑫海公司提出书面用款请求，鑫海公司与齐鲁银行城西支行签订《委托贷款委托合同》，齐鲁银行城西支行与启德公司签订《委托贷款借款合同》，鑫海公司与齐鲁银行城西支行之间系委托代理关系，鑫海公司通过齐鲁银行城西支行将资金提供给启德公司使用，三方当事人之间建立的是委托贷款合同关系。根据《合同法》第四百零二条关于“受托人以自己的名义，在委托人的授权范围内与第三人订立的合同，第三人在订立合同时知道受托人与委托人之间的代理关系的，该合同直接约束委托人和第三人，但有确切证据证明该合同只约束受托人和第三人的除外”的规定，因启德公司知道涉案贷款系鑫海公司委托齐鲁银行城西支行发生的事实，且其间没有关于回收贷款权利由谁行使的特殊约定，鑫海公司依法可以自己名义直接向启德公司主张权利。根据后法优先于前法的法律适用原则，原审法院依据合同法的上述规定确定鑫海公司与启德公司之间具有直接利害关系，列鑫海公司为原告、启德公司为被告符合《民事诉讼法》第一百一十九条的规定，启德公司上诉主张的在齐鲁银行城西支行撤诉后面临原、被告主体不适格问题等观点不成立，本院不予支持。

……

本案委托贷款是受托人齐鲁银行城西支行以自己名义与启德公司签订的，在办理抵押登记时依据《法人最高额借款抵押合同》将齐鲁银行登记为抵押权人，因该抵押法律关系是为涉案资金设定的，在委托贷款法律关系中，受托人齐鲁银行城西支行仅为居间代理，其代理行为产生的后果应当归属于委托人鑫海公司，在本案诉讼中齐鲁银行城西支行也明确表示鑫海公司享有涉案三宗土地的抵押权。因启德公司明确知道使用资金由鑫海公司提供，系鑫海公司委托齐鲁银行城西支行贷款，鑫海公司依法可以自己的名义直接向启德公司主张权利，该权利包括以齐鲁银行城西支行名义设立的全部债权和担保物权等，启德公司上诉主张本案设定抵押权人错误，鑫海公司不能行使优先受偿权不成立。原审判决认定鑫海公司在合同约定的9亿元限额内对土地折价或者拍卖、变卖的价款优先受偿正确，应当予以维持。

——中国裁判文书网，http://wenshu.court.gov.cn。

891

受托办理贷款行为不违反法律强制性规定

关键词 | 受托办理贷款 | 强制性规定 |

【最高人民法院裁判文书】

大连佳期置业代理有限公司与大连德享房地产开发有限公司委托合同纠纷抗诉案[最高人民法院(2013)民抗字第18号民事判决书]

裁判要旨：委托代理人按被代理人的委托，在代理权限内以被代理人的名义实施民事法律行为，在完成代理事项后按照约定收取代理费用。

最高人民法院再审认为：本案中德享公司委托佳期公司办理贷款，佳期公司如约完成代理事项，德享公司获得了1.2亿元贷款，对此，双方签订了三份协议予以确认，特别是在2008年4月7日，双方签订的《委托代理协议补充协议》开头部分明确载明:“甲乙双方于2007年4月9日已签署委托代理协议,约定由甲方(德享公司)委托乙方(佳期公司)进行贷款事宜,现乙方已如约完成协议中的委托代理具体事项,现经友好协商,就相关问题做如下补充协议:……”且德享公司也按照协议约定支付了部分代理费。在辽宁省高级人民法院再审中,德享公司亦承认,佳期公司在银行作出贷款决定之前进行过办理贷款的相关事宜。在委托法律关系中,一般情况下受托人是以委托人名义从事民事活动,因此相关银行出具的佳期公司未参加德享公司与银行之间房屋贷款工作的证明,不能推翻上述佳期公司已经完成委托工作的证据。德享公司在原审中抗辩称佳期公司未完成代理事项,与双方所签订的协议和德享公司在原审诉讼中的自认不符。德享公司又称上述协议系在佳期公司的胁迫下签订,但没有提供证据证明,对此均不予采信。

关于上述委托代理行为是否合法的问题。本案中佳期公司并非向德享公司发放贷款,而仅是受托办理贷款,相关银行也是直接针对德享公司的贷款申请进行审查,并未增加银行的贷款风险,原审判决以佳期公司违法发放贷款、增加银行贷款风险为由认定本案中双方的委托代理协议等无效、佳期公司无权请求支付报酬,与本案事实不符。终审判决还认为佳期公司未取得代办贷款资质及特许经营许可,但法律和行政法规并无此种特许经营许可和资质核准的规定,终审判决该项理由缺乏法律依据。《合同法》第四百零五条规定,受托人完成委托事务的,委托人应当向其支付报酬,终审判决认为佳期公司未提供履行代理事项实际支出费用及利益损失的证据,故无权请求支付报酬,与法律规定不符。佳期公司的代理行为不违反法律强制性规定,应当认定双方签订的委托代理协议合法有效,其据此请求德享公司依约支付代理费,符合法律规定,应予支持。

——景汉朝主编、最高人民法院审判监督编:《审判监督指导》总第50辑,人民法院出版社2015年版,第154~161页。

892

委托贷款合同中指定用资人的责任承担

关键词|委托贷款合同|指定用资人|

【最高人民法院司法解释】

第七条 对存单纠纷案件中存在的委托贷款关系和信托贷款关系的认定和纠纷的处理

(一)认定

存单纠纷案件中,出资人与金融机构、用资人之间按有关委托贷款的要求签订有委托贷款协议的,人民法院应认定出资人与金融机构间成立委托贷款关系。金融机构向出资人出具的存单或进账单、对账单或与出资人签订的存款合同,均不影响金融机构与出资人间委托贷款关系的成立。出资人与金融机构间签订委托贷款协议后,由金融机构自行确定用资人的,人民法院应认定出资人与金融机构间成立信托贷款关系。

委托贷款协议和信托贷款协议应当用书面形式。口头委托贷款或信托贷款,当事人无异议的,人民法院可予以认定;有其他证据能够证明金融机构与出资人之间确系委托贷款或信托贷款关系的,人民法院亦予以认定。

(二)处理

构成委托贷款的,金融机构出具的存单或进账单、对账单或与出资人签订的存款合同不作为存款关系的证明,借款方不能偿还贷款的风险应当由委托人承担。如有证据证明金融机构出具上述凭证是对委托贷款进行担保的,金融机构对偿还贷款承担连带担保责任。委托贷款中约定的利率超过人民银行规定的部分无效。构成信托贷款的,按人民银行有关信托贷款的规定处理。

——《最高人民法院关于审理存单纠纷案件的若干规定》(1997年12月11日,法释〔1997〕8号)

【最高人民法院司法政策】

在审理金融纠纷案件中,对委托贷款合同中的"指定用资人"以及逾期归还贷款是否计算复利的问题,各地做法不一。我们的意见是,在出资人和金融机构均不能举证证明是谁指定用资人的情况下,可以比照共同过错原则,确定双方应当承担的责任。

——李国光:《当前民事审判工作中应当注意的几个问题——在全国民事审判工作会议上的讲话》(2000年10月28日),载李国光主编、最高人民法院民事审判第二庭编:《经济审判指导与参考》第4卷,法律出版社2001年版,第14页。

编者说明

委托贷款是指由委托人提供资金，由贷款人（即受托人）根据委托人确定的贷款对象、金额、用途、期限、利率等而代理发放、监督使用并协助收回的贷款。从委托贷款的概念可以看出，委托贷款是受托人根据委托人确定的贷款对象、用途、金额、期限、利率等代为发放的贷款。虽然是由受托人与借款人之间签订贷款合同，但是对于借款人（即贷款对象）、贷款的用途、金额、期限以及利率等均是由委托人所指定的，受托人在委托人指定的范围内发放贷款，并按此要求与借款人签订借款合同。如果受托人违反此项义务而使委托人受到损失的，则应当承担违约责任。如受托人将贷款发放给了委托人指定的借款人以外的其他人，因借款人到期不能归还借款本息时，则受托人应当承担赔偿损失的民事责任。因此，借款人是否由委托人指定，将会影响到委托人与受托人风险责任的承担。

893

委托贷款合同的效力及约定的贷款利率、逾期利息合法性的认定

关键词｜委托贷款合同｜贷款利率｜逾期利息｜

【最高人民法院裁判文书】

山东启德置业有限公司与山东鑫海投资有限公司、齐鲁银行股份有限公司济南城西支行及山东三威置业有限公司、山东大地房地产开发有限公司、张辉、张浩委托贷款纠纷案［最高人民法院（2014）民申字第57号民事裁定书］

最高人民法院审查认为：根据《贷款通则》第七条“委托贷款，系指由政府部门、企事业单位及个人等委托人提供资金，由贷款人（即受托人）根据委托人确定的贷款对象、用途、金额期限、利率等代为发放、监督使用并协助收回贷款。贷款人（受托人）只收取手续费，不承担贷款风险”的规定，鑫海公司与启德公司、一审第三人齐鲁支行通过签订上述协议建立的是委托贷款法律关系，亦是各方当事人之间的真实意思表示，内容不违反我国法律、法规的规定。启德公司称本案法律关系名为“委托贷款”、实为企业间借款不符合本案事实。其所称鑫海公司资金来源不合法、第三人齐鲁支行未尽资金来源审查义务，从而认为合同无效的主张缺乏法律依据。申请再审人关于本案合同应该认定无效的理由不能成立。

本案当事人在合同中约定贷款年利率为15.6%，启德公司主张比照齐鲁支行的基准年贷款利率5.56%，该约定显失公平。因中国人民银行在2004年即发

布通知取消了贷款利率上限的限定，明确实际合同利率可以由当事人在符合下限的情况下协商确定，按照中国人民银行《关于调整金融机构存、贷款利率的通知》（银发〔2004〕251号）的规定，放宽金融机构贷款利率浮动区间，“金融机构（城乡信用社除外）贷款利率不再设定上限”。故当事人在合同约定的利率可以高于银行基准年贷款利率标准。二审判决据此认定本案委托贷款、借款合同约定利率不违反法律法规的相关规定，并判令启德公司按合同约定的利率向鑫海公司偿还借款利息，并无不当。启德公司主张约定贷款利率违反法律法规，超过中国人民银行贷款利率管理规定，显失公平的理由不能成立。

——中国裁判文书网，http://wenshu.court.gov.cn。

山东启德置业有限公司与山东鑫海投资有限公司、齐鲁银行股份有限公司济南城西支行及山东三威置业有限公司、山东大地房地产开发有限公司、张辉、张浩委托贷款纠纷案［最高人民法院（2012）民二终字第131号民事判决书］

最高人民法院认为：关于委托贷款合同的效力及约定的贷款利率是否符合法律规定，原审判决支付的逾期利息是否过高问题。

根据本案查明的事实，2010年9月、11月，2011年4月期间，本案当事人鑫海公司、齐鲁银行城西支行、启德公司之间通过分别签订《法人最高额借款合同》《委托贷款委托合同》《委托贷款借款合同》建立委托贷款法律关系，系各方当事人的真实意思表示，不违反法律、法规规定，应认定涉案合同合法有效。启德公司以鑫海公司资金来源于其他国有企业，该国有企业未向监管部门汇报，其间实际为企业之间借贷等为由主张委托贷款合同无效的观点不成立，本院不予采纳。

张浩在二审期间向本院提交答辩意见称，鑫海公司曾在本案借款期间持有启德公司股权并对启德公司实际控制，涉案资金并非借款关系，实际为投资关系，因此委托合同应无效。根据启德公司于一审期间提交的其于2010年12月15日发给鑫海公司的《关于山东启德置业有限公司股份变更的约定》、其于2011年4月18日与鑫海公司、山东三威公司签订的《协议书》、其于2011年4月20日与鑫海公司、张辉及北京市德恒（济南）律师事务所签订的《托管协议》约定的内容，在涉案借款发生时，三威公司将股权办理到鑫海公司名下，无需支付股权转让款，鑫海公司在启德公司为其办理涉案三宗土地的抵押登记手续后应将股权回转给三威公司或其安排的他人，此间启德公司经营管理权保留在三威公司，启德公司仍然由张辉实际控制，不向鑫海公司移交。启德公司在一审期间提交的《山东启德置业有限公司企业、经营及借款流程》说明，2011 年 6 月 28 日，鑫海公司持有的启德公司股权已经回转给三威公司设立的山东悦海投资有限公司。根据启德公司提交的上述书面证据材料及其对案件事实的陈述内容，鑫海公司在持股期间未对启德公司实施经营管理，公司仍由三威公司及张辉实际控制，原审被告张浩主张涉案委托贷款实际为投资关系的观点缺乏证据证明，且其对一审判决未提出上诉，本院对其在二审期间提出的答辩意见不予采信。

关于贷款利率的约定是否过高问题。本案当事人在合同中约定贷款年利率为 15.6%，启德公司主张比照齐鲁银行城西支行的基准年贷款利率 5.56%，该约定显失公平。因中国人民银行在 2004 年即发布通知取消了贷款利率上限的限定，明确实际合同利率可以由当事人在符合下限的情况下协商确定，故当事人在合同约定的利率可以高于银行基准年贷款利率标准。原审判决按合同约定利率支付合同期内利息正确，本院予以维持，但对于已经支付的利息 647834 元未予扣除不妥，本院予以纠正。

关于逾期利息的问题。根据中国人民银行于 2003 年发布的《中国人民银行关于人民币贷款利率的通知》的规定，自 2004 年 1 月 1 日起，逾期贷款利率调整为"逾期利率在借款合同载明的贷款利率水平上加收 30% ~50%"的标准，因该通知对逾期利率规定的是浮动范围，并未明确具体标准，原审判决按中国人民银行规定的逾期贷款利率计算，存在确定执行罚息不明确的问题，应予以纠正。鉴于本案系企业委托贷款合同，合同期内利息、罚息及复利等利息种类属于当事人自由选择约定的事项，本案当事人在第 15 -1 和 15 -2 号合同中未约定逾期罚息，对 003 号合同属于提前收贷，且其间约定的合同期内利息已经明显高于中国人民银行规定的同期贷款基准利率，因此对涉案款项不宜再单独确定新的标准计算逾期罚息，逾期利息仍宜按合同约定的期内利息标准执行。启德公司关于原审判决逾期利息过高等上诉主张成立，本院予以支持。

——中国裁判文书网，http://wenshu.court.gov.cn。

894

委托贷款合同中所附利息申报破产债权时的处理

关键词｜委托贷款合同｜利息｜申报债权｜

【最高人民法院裁判文书】

成都名谷实业有限公司、康定富强有限责任公司与上海浦东发展银行股份有限公司成都分行、朝华科技集团股份有限公司、四川诚信投资开发有限责任公司、西昌锌业有限责任公司破产管理人委托贷款合同纠纷案[最高人民法院(2010)民二终字第132号民事判决书]

裁判要旨:《企业破产法》第四十六条规定,附利息的债权自破产申请受理时停止计息。担保债务具有从属性,应当同样停止计息。

对于朝华科技是否应当免除法院受理西昌锌业破产案后债务本金所产生利息的担保责任,名谷公司上诉认为,朝华科技不应当免除法院受理西昌锌业破产案后债务本金所产生利息的担保责任。最高人民法院认为:《企业破产法》第四十六条规定,附利息的债权自破产申请受理时停止计息。担保债务具有从属性,应当同样停止计息。原审法院对此认定并无不当,故对于名谷公司该上诉请求,本院不予支持。

——最高人民法院民事审判第二庭编:《最高人民法院商事审判指导案例(6)·合同与借贷担保卷》,中国法制出版社2013年版,第310~326页。

895

一般委托贷款约定的罚息利率应遵守商业银行贷款业务的规定

关键词|委托贷款合同|罚息利率|

【最高人民法院裁判文书】

太原东铝铝业有限公司与北京鑫恒铝业有限公司、中国民生银行股份有限公司北京广安门支行委托贷款合同纠纷案[最高人民法院(2010)民二终字第8号民事判决书]

裁判要旨:虽然委托贷款协议的具体内容实际上是由委托人和借款人事先协商确定,但一旦双方采取委托贷款形式,该法律关系即因银行的加入而被纳入了国家金融监管的范围,其性质也不再是两方之间的借贷关系,因而委托贷款应遵守国家金融监管部门对商业银行贷款业务的相关规定。

最高人民法院认为：根据《贷款通则》第七条规定，委托贷款属于商业银行的贷款种类之一，商业银行在开展委托贷款业务时，当然应遵守国家金融监管部门对商业银行贷款业务的相关规定。就贷款利率包括罚息利率而言，自不例外。中国人民银行《关于人民币贷款利率有关问题的通知》（银发〔2003〕251号）对贷款罚息利率作出了明确规定，"逾期贷款（借款人未按合同约定日期还款的借款）罚息利率由现行按日万分之二点一计收利息，改为在借款合同载明的贷款利率水平上加收30%～50%"；"对逾期或未按合同约定用途使用借款的贷款，从逾期或未按合同约定用途使用贷款之日起，按罚息利率计收利息，直至清偿本息为止。对不能按时支付的利息，按罚息利率计收复利"。《存单纠纷规定》第七条规定"委托贷款中约定的利率超过人民银行规定的部分无效"。本案中逾期贷款的罚息利率，应根据中国人民银行的上述规定，在《委托贷款协议》约定的贷款利率（中国人民银行公布的同档三年期人民币贷款基准年利率）基础上加收30%～50%计算。中国人民银行公布的2008年9月1日的三年期人民币贷款基准年利率为7.56%（日利率0.021%），2009年1月1日年利率为5.4%（日利率0.015%），《委托贷款协议》约定罚息利率为日万分之五，远远超出中国人民银行规定的逾期贷款罚息利率上限标准，故本院对《委托贷款协议》约定的罚息利率不予支持。原判认定逾期贷款罚息利率应按照《委托贷款协议》约定的日万分之五计算，属于适用法律错误，应予以纠正。

——最高人民法院民事审判第二庭编：《最高人民法院商事审判指导案例（第五卷）》（下），中国法制出版社2011年版，第655～662页。

896

构成民间借贷的委托贷款合同逾期利息的认定

关键词｜委托贷款合同｜民间借贷｜逾期利息｜

【《最高人民法院公报》案例】

北京长富投资基金与武汉中森华世纪房地产开发有限公司等委托贷款合同纠纷案［最高人民法院（2016）最高法民终124号民事判决书］

最高人民法院认为：三、关于违约利息和违约金问题。中森华房地产公司上诉主张原审判决确定的利息按24%年利率计算过高，自2014年9月10日至本案判决确定的给付之日止的利息损失应当按年息16%计算,长富基金上诉主张中森华房地产公司还应按约承担1.26亿元的违约金。本院认为,首先,长富基金在原审中诉讼主张2014年3月22日至6月21日的年利率按16%计算、自2014年6月22日起的年利率按24%计算,并要求中森华房地产公司支付1.26亿元的违约金。原审判决基于弥补长富基金因解除合同所遭受实际损失的考量,判令中森华房地产公司自本案原审受理之次日即2014年9月10日至本案判决确定的给付之日止赔偿的利息损失按照年息24%计算,对长富基金关于1.26亿元违约金的诉讼请求未予支持。原审判决关于利息损失计算起止日期及利率标准虽与长富基金不一致,但长富基金对此并未提出上诉请求,应视为其对相关权利的放弃。因中森华房地产公司对案涉《委托贷款合同》的解除应承担违约责任,原审判决判定的逾期利息按年利率24%计算也是违约责任承担的一种方式,原审判决综合合同约定的违约金、罚息等因素酌定中森华房地产公司按照年利率24%承担利息损失,并不明显高于市场融资成本,对中森华房地产公司并无不公,因此,中森华房地产公司关于利息损失的年利率标准应按16%计算的上诉主张,本院不予支持。其次,《合同法解释(二)》第二十七条规定:"当事人通过反诉或者抗辩的方式,请求人民法院依照合同法第一百一十四条第二款的规定调整违约金的,人民法院应予支持。"第二十九条规定:"当事人主张约定的违约金过高请求予以适当减少的,人民法院应当以实际损失为基础,兼顾合同的履行情况、当事人的过错程度以及预期利益等综合因素,根据公平原则和诚实信用原则予以衡量,并作出裁决。"《民间借贷案件规定》第三十条规定:"出借人与借款人既约定了逾期利率,又约定了违约金或者其他费用,出借人可以选择主张逾期利息、违约金或者其他费用,也可以一并主张,但总计超过年利率24%的部分,人民法院不予支持。"《最高人民法院关于认真学习贯彻适用〈最高人民法院关于审理民间借贷案件适用法律若干问题的规定〉的通知》第三条第三项规定:"本《规定》施行后,尚未审结的一审、二审、再审案件,适用《规定》施行前的司法解释进行审理,不适用本《规定》。"虽然按照《最高人民法院关于认真学习贯彻适用〈最高人民法院关于审理民间借贷案件适用法律若干问题的规定〉的通知》第三条第三项的规定,本案长富基金与中森华房地产公司之间的民间借贷关于利息、违约金等问题不应适用《民间借贷案件规定》,此前相关法律、法规和司法解释也并未对出借人是否可以就逾期利息和违约金同时主张及二者的限额进行限制,但根据《合同法解释(二)》第二十七条、第二十九条规定精神，对《民间借贷案件规定》施行前的民间借贷中逾期利息和违约金等明显过高的，在当事人主张约定的违约金过高请求予以适当减少的情况下，也可参照《民间借贷案件规定》确定的年利率24%司法保护上限进行调整。长富基金在原审判决年利率24%逾期利息基础上另外依照合同约定主张1.26亿元违约金，该主张实质是要求逾期罚息和固定违约金并行。本案中长富基金因中森华房地产公司违约遭受的损失主要是利息损失，因长富基金并未提供证据证明其实际损失超过原审判决确定逾期利息，故对其关于中森华房地产公司应当在原审判决确定的逾期利息基础上再给付1.26亿元违约金的上诉请求，本院不予支持。

——《最高人民法院公报》2016年第11期

编者说明

本案关于委托贷款合同逾期利息标准的认定，不同于前一案件，因该案经最高人民法院判决认定案涉委托贷款合同实质属于民间借贷。

897

委托贷款协议的受托人有协助委托人监管贷款的义务

关键词 | 委托贷款合同 |

【最高人民法院答复】

北京市高级人民法院：

你院请示收悉，经研究，答复如下：

农行信托公司有协助委托人监管贷款的义务，当普康公司向其提示风险并要求采取措施时，农行信托公司不仅没有采取应急措施，反而向普康公司提供了担保人捷通公司虚假的资产平衡表，因此，农行信托公司对贷款损失应负主要责任；普康公司指定三联公司为借款人，对借款人的资信情况有失审查，对贷款损失亦负有一定责任。双方当事人具体可按6∶4的比例分别承担责任，即由农行信托公司承担60%的责任，普康公司承担40%的责任。如事实有变化，由该院自定。

——《最高人民法院关于浙江省医学科学院普康生物技术公司诉中国农业银行信托投资公司委托贷款合同纠纷一案的答复》（1997年9月8日，〔1997〕法函第103号函）

【链接：最高人民法院法官著述】

我国法律规定非金融机构不得经营金融业务，没有经营金融业务资格的企业法人及其他组织之间的相互借贷，必须委托有经营金融业务资格的金融机构办理，即形成委托贷款。委托贷款一般是由金融机构作为受托人，根据委托人确定的贷款对象、用途、金额、期限、利率等代理发放并监督使用、协助收回贷款，受托人只向委托人收取手续费，其贷款风险由委托人承担。但是，如果受托人（贷款人）没有认真履行委托合同的约定，检查、监督贷款使用情况，收回贷款，对造成贷款流失有过错的，应根据其过错大小，承担相应的责任。应当说，最高人民法院对该案的答复是实事求是的，对类似案件具有指导意义。

——陈代利：《解读〈关于浙江省医学科学院普康生物技术公司诉中国农业银行信托投资公司委托贷款合同纠纷一案的答复〉》，载人民法院出版社法规编辑中心编：《解读最高人民法院司法复函》，人民法院出版社2016年版，第286页。

898

受托银行在履行委托贷款合同过程中有过错，与委托人损失之间有因果关系的，应对委托人的损失承担相应赔偿责任

关键词｜委托贷款合同｜

【最高人民法院裁判文书】

李本琼与广汉珠江村镇银行股份有限公司委托合同纠纷申请再审案［最高人民法院（2016）最高法民再303号民事判决书］

最高人民法院再审认为：本案再审的焦点问题为珠江银行在履行《委托贷款协议》过程中有无过错，应否赔偿李本琼的损失。

《合同法》第四百零六条规定，有偿的委托合同，因受托人的过错给委托人造成损失的，委托人可以要求赔偿损失。无偿的委托合同，因受托人的故意或者重大过失给委托人造成损失的，委托人可以要求赔偿损失。受托人超越权限给

委托人造成损失的,应当赔偿损失。本案李本琼与珠江银行签订的是有偿委托合同,珠江银行依据该委托合同向唐艳萍发放了300万元贷款,唐艳萍未归还贷款,因土地抵押登记虚假,致李本琼亦无法实现债权,造成损失。如珠江银行在履行委托合同的过程中有过错,且该过错与李本琼的损失之间有因果关系,珠江银行应对李本琼的损失承担相应的赔偿责任。

李本琼主张珠江银行在履行《委托贷款协议》过程中的主要过错包括:未按照正常程序办理土地抵押登记致办理了假的《土地他项权利证明书》,未按照约定办理抵押物保险,未及时向法院申请强制执行(2014)德民二初字第11号民事调解书。本院认为,土地抵押登记由珠江银行负责办理,在其办理的《土地他项权利证明书》系伪造的情况下,珠江银行应提供证据证明其是按照正常程序规范办理的土地抵押登记,否则应认定珠江银行办理抵押登记有过错。珠江银行未举证证明办理土地抵押登记的正常程序,其所提供的(2015)德刑二初字第8号刑事判决书不能反映珠江银行办理案涉《土地他项权利证明书》的过程,刘家义的说明实为证人证言,其无正当理由并未出庭,本院对其证言不予采信。且律师见证书及所附的刘家义的相关说明也只是说明刘家义到德阳市旌阳区国土局,由李春办理,“按规定填制完毕相关表格并交付登记资料后,取得了土地他项权证”,不能反映出其办理土地抵押登记的具体过程符合办理规范。李本琼称,因为国土管理部门当时不办理以自然人为抵押权人的土地抵押登记,其才通过银行向唐艳萍委托贷款,珠江银行也承认国土管理部门当时不办理以自然人为抵押权人的土地抵押登记属实。在这样的情况下,珠江银行更应尽到受托人对土地抵押登记的注意义务,按照正常程序规范办理抵押登记。珠江银行未能证明其是按照正常程序规范办理的抵押登记,应认定其在办理抵押登记的过程中有过错。

此外,珠江银行与借款人签订的抵押合同明确约定,借款人要根据珠江银行的要求办理抵押物保险,但珠江银行未要求借款人办理抵押物保险。本案贷款发放的时间为2012年5月3日,办理抵押登记的时间为2012年5月4日,如珠江银行在办理土地抵押登记时完全按照规范办理、按照约定要求借款人办理抵押物保险,应可以及时发现抵押物虚假的情况,并采取收回贷款等措施防止实际损失的发生或减轻损失的程度。也因为如此,李本琼的声明即使属实,亦不能成为珠江银行免责的依据。二审法院认为该“声明”的真伪对本案处理不具有实质性影响,对李本琼的鉴定申请未予准许亦无不当。珠江银行是否及时申请强制执行,与李本琼在本案所主张的损失没有因果关系。

珠江银行未按照规范办理土地抵押登记及未按照约定办理土地保险，与李本琼的损失发生有因果关系，但形成李本琼损失的主要原因系李春等三人为贷款诈骗而虚构抵押物，致李本琼未能通过处置抵押物实现债权。《委托贷款协议》中明确约定了抵押物，且约定李本琼自行对担保的合法性和可靠性等进行审查，并承担相应责任。李本琼本人在签订《委托贷款协议》前未发现抵押物系虚构，对其损失亦应承担相应的责任，珠江银行未能按照规范办理土地抵押登记，按照其过错程度，对李本琼的损失应承担20%的赔偿责任。案涉借款合同约定的合同期内利息月利率为千分之二十，逾期再加收200%的罚息远超过中国人民银行公布的金融机构人民币贷款基准利率的四倍。案涉《借款合同》签订时，最高人民法院《借贷案件意见》第六条规定，民间借贷的利率可以适当高于银行的利率，各地人民法院可根据本地区的实际情况具体掌握，但最高不得超过银行同类贷款利率的四倍(包含利率本数)。超出此限度的，超出部分的利息不予保护。据此，对李本琼所主张的损失中超出中国人民银行公布的金融机构人民币贷款基准利率四倍的部分不予保护。故李本琼的损失为：本金及合同期内的利息损失共计318万元，合同期外的损失以300万元为基数，按照中国人民银行公布的金融机构人民币贷款基准利率的四倍计算，自2012年8月3日起至珠江银行实际给付之日止。珠江银行对前述李本琼损失的20%承担赔偿责任。

李本琼未能依约收回本金和利息，其损失已经实际发生，珠江银行对其过错给李本琼造成的损失，应承担相应的责任。原审认为在珠江银行申请强制执行、公安机关从犯罪嫌疑人处挽回的损失确定后才能确定损失，李本琼才能向珠江银行主张赔偿损失，系为《合同法》第四百零六条规定的委托人向有过错的受托人请求赔偿损失设置了不当的前提条件，属于适用法律确有错误，本院予以纠正。

——中国裁判文书网，http://wenshu. court. gov. cn。

899

委托贷款合同的受托人有权依据委托人的授权对借款人及担保人提起诉讼

关键词｜委托贷款合同｜

【最高人民法院裁判文书】

大连中裕嘉合房地产开发有限公司、李玉清与吉林银行股份有限公司大连分行、天弘创新资产管理有限公司及张森金融借款合同纠纷案[最高人民法院(2015)民二终字第420号民事判决书]

最高人民法院认为：二、关于吉林银行大连分行作为原告的主体资格是否适格，担保人应否向其承担担保责任的问题。

关于吉林银行大连分行作为原审原告的主体资格是否适格的问题。案涉《委托贷款合同》第二十六条"其他约定"第5款约定，借款人未按期偿还贷款本息，委托人书面授权受托行起诉的，受托行应按授权办理有关诉讼事务；委托人未书面授权的，受托行无义务对借款人起诉。在原审中，吉林银行大连分行提交了天地方中公司依据上述约定授权其提起本案诉讼的授权委托书，天地方中公司作为本案第三人亦认可吉林银行大连分行的原告主体资格并同意其诉讼请求。《最高人民法院关于如何确定委托贷款协议纠纷诉讼主体资格的批复》中明确指出，"在履行委托贷款协议过程中，由于借款人不按期归还贷款而发生纠纷的，贷款人（受托人）可以借款合同纠纷为由向人民法院提起诉讼；贷款人坚持不起诉的，委托人可以委托贷款协议的受托人为被告、以借款人为第三人向人民法院提起诉讼"。本案中，吉林银行大连分行系因中裕公司不依约按期归还贷款利息而提起诉讼，要求宣告《委托贷款合同》项下的贷款到期，请求法院判决中裕公司立即支付所欠贷款本金、到期利息、逾期违约金等，根据上述《批复》所规定的精神，结合《委托贷款合同》的约定，吉林银行大连分行有权依据天地方中公司的委托提起本案诉讼，系本案原审适格的原告，原审法院审理程序并不违法。况且，中裕公司、李玉清在原审中对于吉林银行大连分行的诉讼主体资格并未提出异议，仅是认为案涉实际贷款资金不是来源于吉林银行大连分行，要求追加天地方中公司及齐鲁证券有限公司为本案第三人参加诉讼，原审法院根据案情依法追加天地方中公司为本案第三人参加诉讼，亦并无不当。综上，中裕公司、李玉清关于吉林银行大连分行不是本案适格诉讼主体的上诉主张，缺乏事实和法律依据，本院不予支持。

——中国裁判文书网，http://wenshu.court.gov.cn。

900

借款人出现违约行为时，委托人可授权受托银行取消借款人尚未使用的贷款额度，宣布贷款本息全部立即到期

关键词｜委托贷款合同｜

【最高人民法院裁判文书】

大连中裕嘉合房地产开发有限公司、李玉清与吉林银行股份有限公司大连分行、天弘创新资产管理有限公司及张森金融借款合同纠纷案[最高人民法院(2015)民二终字第420号民事判决书]

最高人民法院认为：关于本案担保人应否向吉林银行大连分行承担担保责任的问题。案涉《委托贷款合同》第二十六条“其他约定”第6款约定，涉及本合同项下贷款的担保，委托人与借款人协商一致后，由委托人授权受托行与担保人签订担保合同。根据上述约定，吉林银行大连分行与中裕公司签订了编号为“吉林银行大连分行2013年抵押字第DL1513041443号”“吉林银行大连分行2013年抵押字第DL1513041443－1号”《抵押合同》两份，以担保《委托贷款合同》《三方合作协议》项下债务的履行，上述两份《抵押合同》均明确约定抵押权人为吉林银行大连分行。吉林银行大连分行据此将中裕公司提供的抵押财产办理抵押登记到自己名下，符合《委托贷款合同》和《抵押合同》的约定，亦不违反法律、行政法规的禁止性规定，合法有效。中裕公司应当依据《抵押合同》的约定向吉林银行大连分行承担担保责任。至于中裕公司、李玉清上诉提到的超额抵押问题，因抵押物未作评估，没有充分的证据证明存在超额抵押，且在符合合同约定的条件下并不影响抵押物的销售，债权人亦仅在债权范围内对抵押物享有优先受偿权，加之我国法律并未禁止超额抵押，因此，中裕公司、李玉清关于案涉债务存在超额抵押的上诉主张亦不能成立。同时，天地方中公司与张森、李玉清签订的《保证合同》，亦系为《委托贷款合同》《三方合作协议》项下债务的履行提供担保。根据《委托贷款合同》第十八条及《三方合作协议》第五条的约定，借款人出现未按合同约定按期归还本金或利息等违约事项时，委托人可授权受托行取消借款人尚未使用的贷款额度，宣布贷款本息全部立即到期，要求借款人立即清偿所欠的贷款本金、利息及其他相关费用，行使担保物权，要求保证人承担保证责任等。前已述及，吉林银行大连分行有权以原告身份提起本案诉讼，要求

中裕公司立即支付所欠贷款本金、到期利息、逾期违约金等，而上述约定赋予了吉林银行大连分行担保权人的权限，其即有权以抵押权人的身份行使《抵押合同》项下的抵押权，又有权要求《保证合同》的保证人承担保证责任。由于案涉《委托贷款合同》《三方合作协议》《抵押合同》《保证合同》均合法有效，原审法院依据当事人之间上述合同的约定，根据《合同法》《担保法》《物权法》的相关规定，判令本案债务人中裕公司向吉林银行大连分行清偿债务，判令本案抵押人、保证人向吉林银行大连分行承担担保责任，具有事实和法律依据，在适用法律上并无不当。

——中国裁判文书网，http://wenshu. court. gov. cn。

三、金融不良资产处置

901

审理涉及金融不良债权转让案件的基本原则

关键词｜金融不良债权转让｜

【最高人民法院司法政策】

一、关于审理此类案件应遵循的原则

会议认为，此类案件事关金融不良资产处置工作的顺利进行，事关国有资产保护，事关职工利益保障和社会稳定。因此，人民法院必须高度重视此类案件，并在审理中注意坚持以下原则：

（一）坚持保障国家经济安全原则。民商事审判工作是国家维护经济秩序、防范和化解市场风险、维护国家经济安全的重要手段。全国法院必须服从和服务于国家对整个国民经济稳定和国有资产安全的监控，从中央政策精神的目的出发，以民商事法律、法规的基本精神为依托，本着规范金融市场、防范金融风险、维护金融稳定、保障经济安全的宗旨，依法公正妥善地审理此类纠纷案件，确保国家经济秩序稳定和国有资产安全。

（二）坚持维护企业和社会稳定原则。金融不良资产的处置，涉及企业重大经济利益。全国法院要进一步强化政治意识、大局意识、责任意识和保障意识，从维护国家改革、发展和稳定的大局出发，依法公正妥善地审理好此类纠纷案件，切实防止可能引发的群体性、突发性和恶性事件，切实做到“化解矛盾、理顺关系、安定人心、维护秩序”。

（三）坚持依法公正和妥善合理的原则。人民法院在审理此类案件中，要将法律条文规则的适用与中央政策精神的实现相结合，将坚持民商法的意思自治、平等保护等理念与国家经济政策、金融市场监管和社会影响等因素相结合，正确处理好保护国有资产、保障金融不良资产处置工作顺利进行、维护企业和社会稳定的“关系”，做到统筹兼顾、妥善合理，确保依法公正与妥善合理的统一，确保审判的法律效果和社会效果统一。

（四）坚持调解优先、调判结合的原则。为了避免矛盾激化，维护社会稳定，平衡各方利益，人民法院在诉讼中应当向当事人充分说明国家的政策精神，澄清当事人对法律和政策的模糊认识。坚持调解优先，积极引导各方当事人本着互谅互让的精神进行协商，尽最大可能采用调解的方式解决纠纷。如果当事人不能达成和解，人民法院要根据相关法律法规以及本座谈会纪要进行妥善公正的审理。

——《最高人民法院印发〈关于审理涉及金融不良债权转让案件工作座谈会纪要〉的通知》(2009年3月30日，法发〔2009〕19号)

编者说明

本题起梳理出最高人民法院关于处置国有商业银行不良金融资产问题的若干观点。

为了认真落实中央关于研究解决金融不良债权转让过程中国有资产流失问题的精神，统一思想，明确任务，依法妥善公正地审理涉及金融不良债权转让案件，防止国有资产流失，保障金融不良债权处置工作的顺利进行，维护和促进社会和谐稳定，最高人民法院邀请全国人大常委会法制工作委员会、中共中央政法委员会、国务院法制办公室、财政部、国务院国有资产监督管理委员会、中国银行业监督管理委员会、中国人民银行和审计署等单位，于2008年10月14日在海南省海口市召开了全国法院审理金融不良债权转让案件工作座谈会。会后于2009年下发了《不良债权转让纪要》。对审理涉及金融不良债权转让案件新情况新问题的处理进一步提出了明确的处理意见，与此同时，最高人民法院民事审判第二庭也以“高民尚”的名义发表了《关于审理涉及金融不良债权转让案件的若干政策和法律问题——解读〈关于审理涉及金融不良债权转让案件工作座谈会纪要〉》的文章，这也成为目前处理相关案件的主要依据。

902

金融不良资产处置合同纠纷不仅适用《物权法》《合同法》，更应纳入国家处置不良资产的大背景下考量

关键词｜金融不良资产处置合同｜法律适用｜

【最高人民法院裁判文书】

中国华融资产管理公司石家庄办事处与承德市兴业房地产开发有限公司及秦皇岛竞择拍卖有限公司拍卖纠纷案［最高人民法院（2011）民提字第46号民事判决书］

裁判要旨：案涉合同明确约定委托拍卖及拍卖标的为抵贷权益，其性质究竟

是土地使用权还是债权,需在金融不良债权处置的特殊背景和特殊政策下予以分析认定。不良资产或债权的交易关系,不是一般意义上的资产买卖(包括拍卖)关系,而是对特定历史时期形成的特别债权或资产权益的处置。不良资产的处置交易不仅应适用以基本等价有偿为原则的合同法规则以及物权法规则,更应适用特殊的政策规定。华融公司石家庄办事处通过从抚宁县工行处受让并委托竞择公司拍卖的标的以及兴业公司接受委托通过拍卖程序处置的标的,是依据民事裁定书对抵贷资产享有的请求权,属金融不良债权,并非土地使用权本身,只是该不良债权对应的权益对象具有相关土地使用权内容。本案不良债权的处置交付并非物权意义上所有权或使用权转移,而是交付不良债权对应物的权利凭证,包括人民法院的判决、裁定、土地使用权证、借款合同、保证合同等。本案各方当事人均明知上述划拨土地使用权的价值及其能否最终实现所具备的不确定性,在竞择公司反复提示拍卖风险的情形下,兴业公司作为拍卖合同的买受人,依然签订案涉《拍卖成交确认书》,其以民事法律行为的方式表达了自愿承担受让该不良金融债权的法律风险。案涉合同内容并不违反国家法律与行政法规的效力性强制规定,而且符合国家不良资产处置方面的政策精神,应依法认定合法有效。

最高人民法院认为:关于案涉拍卖标的是不良抵贷债权还是土地使用权问题。案涉合同明确约定委托拍卖及拍卖标的为抵贷权益,其性质究竟是土地使用权还是债权,需在金融不良债权处置的特殊背景和特殊政策下予以分析认定。本案系资产管理公司处置不良资产引发的纠纷。资产管理公司收购和处置银行不良金融债权,具有较强的政策性。不良资产或债权的交易关系,不是一般意义上的资产买卖(包括拍卖)关系,而是对特定历史时期形成的特别债权或资产权益的处置。尽管处置时在形式上遵循了市场交易形式,但其价格与价值之间存在较大的偏离。不良金融债权的处置往往以很低的价格成交,体现了不良金融债权处置的特殊性。这也决定了这类不良资产的处置交易不仅应适用以基本等价有偿为原则的合同法规则以及物权法规则,更应适用特殊的政策规定。本案所涉《委托拍卖合同》与《拍卖成交确认书》,不完全等同于一般民事主体之间的委托拍卖与拍卖民事行为,而具有高风险、高收益,与普通的等价交换的市场交易行为有较为明显的区别:案涉抵贷权益拍卖成交价格虽明显高于拍卖底价,却系拍卖过程中当事人不断竞价的结果。从各方当事人的签约背景看,华融公司石家庄办事处的处置权利最初来源于抚宁县工行对抚宁县棉织厂的贷款债权,该债权已为抚宁县人民法院的四份民事判决书所确认。2001 年 9 月,该院在执行该四份民事判决程序中，以民事裁定书的形式将抚宁县棉织厂的涉案土地抵顶给抚宁县工行。该土地系国有划拨性质，而该国有土地使用权证上载明的土地使用者依然是抚宁县棉织厂。根据《土地管理法》第十一条“单位和个人依法使用的国有土地，由县级以上人民政府登记造册，核发证书，确认使用权”，《土地管理法实施条例》第三条“国家依法实行土地登记发证制度。依法登记的土地所有权和土地使用权受法律保护，任何单位和个人不得侵犯”之规定，案涉土地的使用权人依然是抚宁县棉织厂，而非他人包括抚宁县工行与华融公司石家庄办事处。华融公司石家庄办事处只有持上述民事判决书与民事裁定书到当地土地管理部门申请办理变更土地手续之后才享有该土地使用权。该申请权利源于特定金融债权经抚宁县人民法院民事裁定书而产生，因原债务人无财产可供执行，抚宁县工行的金融债权无法真正实现而成为不良金融债权，故抚宁县工行将该不良债权转让给华融公司石家庄办事处。但应当注意到，金融资产管理公司不是房地产开发企业，国家设立金融资产管理公司的目的在于尽快接收国有商业银行上市前必须剥离的不良资产，并及时采取各种方式予以处置，以提高国有商业银行的国际竞争力。无论不良资产是以单笔债权或其他民事权益体现，还是以包含债权、物权、版权、知识产权等整体资产包的方式体现，以本院《不良债权转让纪要》为代表的司法政策，均将不良资产作为不良债权来对待，并适用该会议纪要所规定的特殊司法政策。华融公司石家庄办事处通过从抚宁县工行处受让并委托竞择公司拍卖的标的以及兴业公司接受委托通过拍卖程序处置的标的，是依据民事裁定书对抵贷资产享有的请求权，属金融不良债权，并非土地使用权本身，只是该不良债权对应的权益对象具有相关土地使用权内容。虽然《物权法》第二十八条对因人民法院生效法律文书引起物权变动作出规定，但该法系 2007 年 10 月 1 日起施行，对本案并无溯及力。因此，本案不良债权的处置交付并非物权意义上所有权或使用权转移，而是交付不良债权对应物的权利凭证，包括人民法院的判决、裁定、土地使用权证、借款合同、保证合同等。这已为本院再审查明的案件事实所确认。原二审判决认定华融公司石家庄办事处委托拍卖标的系该土地使用权，缺乏事实基础。兴业公司关于本案应适用《物权法》第二十八条的主张不能成立，本院不予支持。

关于案涉《委托拍卖合同》及《拍卖成交确认书》是否有效的问题。拍卖标的既然是不良债权，该权益对应的土地使用权价值内容能否最终实现，自然存在不确定性风险，取决于土地管理部门的依法审批及受让人是否补交土地出让金等多种因素。本案各方当事人均明知上述划拨土地使用权的价值及其能否最终实现所具备的不确定性，通过委托拍卖方式将不良债权变现与通过签约拍卖获取可能取得该土地使用权价值的权利和机会，系委托人华融公司石家庄办事处与买受人兴业公司各自的签约目的。基于此，华融公司石家庄办事处与竞择公司签订《委托拍卖合同》，将该金融不良债权予以变现；竞择公司接受委托通过拍卖程序向买受人出卖该金融不良债权，获取佣金；兴业公司则通过竞买支付对价后获取该金融不良债权，并获得申请土地管理部门变更该土地使用权至自己名下的权利与机会。亦正因为此，《委托拍卖合同》《竞买规则》《瑕疵声明》及《拍卖成交确认书》等案涉相关法律文件均明确约定委托拍卖标的、拍卖标的皆为抚宁县棉织厂的抵贷权益（对应土地使用权面积 60296.7 平方米），并未约定系该土地使用权。在瑕疵声明、土地出让金的缴纳、包括土地使用权证及法院裁判文书的移交等方面亦均作出了明确约定；特别是大量地反复地提示拍卖标的风险（包括实际存在的瑕疵与可能存在的瑕疵），不仅与上述当事人的签约背景与签约目的相吻合，同时亦证明本案拍卖合同标的不同于通常意义上的土地使用权拍卖，而是带有不确定的土地使用权价值，实现风险内容的金融不良债权的拍卖。在竞择公司反复提示拍卖风险的情形下，兴业公司作为拍卖合同的买受人，依然签订案涉《拍卖成交确认书》，其以民事法律行为的方式表达了自愿承担受让该不良金融债权的法律风险。上述委托拍卖及拍卖不良债权的行为系当事人真实意思表示，合同内容并不违反国家法律与行政法规的效力性强制规定，而且符合国家不良资产处置方面的政策精神，应依法认定合法有效。兴业公司应当依据其签订的《拍卖成交确认书》就案涉不良金融债权的买受行为自行承担风险。原二审判决以拍卖标的除土地使用权外并无其他财产为由，认定拍卖标的为未经过户、未经土地管理部门批准转让的国有划拨土地，而当事人规避政府土地监管部门的监管擅自委托拍卖企业拍卖，拍卖行为、委托拍卖合同及拍卖成交确认书无效，进而判令华融公司石家庄办事处与竞择公司退还拍卖价款与佣金及相应利息，属认定事实不清，适用法律错误，本院予以纠正。华融公司石家庄办事处有关委托拍卖标的系不良债权并非土地使用权、请求驳回兴业公司诉请的再审请求成立，具有事实依据和法律、政策依据，本院予以支持。

关于兴业公司起诉主张理由之一即拍卖过程中指认地块错误与否问题，因本案委托拍卖及拍卖标的系金融不良债权，并非土地使用权，指认地块错误与否并不影响本案当事人民事责任的承担；一审法院就指认地块问题采纳的相关当事人证言未经法庭质证，证人亦未出庭；该院主持进行实地勘查系本案诉前保全时进行的，距拍卖当时已近两年，该院的勘查行为难以证明事实原貌；

兴业公司诉称,其在通过拍卖程序买受本案标的约一年半之后发现当时指认的地块与权证登记的土地不同,有违常理,其以此为由主张相关合同无效,本院难以支持。兴业公司通过竞买获取了该金融不良债权,亦获得了依民事裁定书对该不良金融债权内容实现享有的请求权,该公司可持抚宁县人民法院民事裁定书向相关土地管理部门申请办理变更相关土地使用权的手续,以求实现自己的民事权益。

——最高人民法院民事审判第二庭编:《最高人民法院商事审判指导案例(7)·公司与金融卷》,中国法制出版社2013年版,第430~444页。

编者说明

《不良债权转让纪要》明确要求,人民法院在审理此类案件中,要将法律条文规则的适用与中央政策精神的实现相结合,将坚持民商法的意思自治、平等保护等理念与国家经济政策、金融市场监管和社会影响等因素相结合,正确处理好保护国有资产、保障金融不良资产处置工作顺利进行、维护企业和社会稳定的关系,做到统筹兼顾、妥善合理,确保依法公正与妥善合理的统一,确保审判的法律效果和社会效果统一。此类案件的处理,并非一个单纯的法律问题,而是一个以政策性为主、法律性为辅的社会经济问题。人民法院既要尊重不良债权转让的市场性和交易行为的自治性,又要尊重不良债权形成的历史背景,本案裁判意见正是上述精神的体现。

903

金融不良债权转让的过程履行了公告、催收以及审批手续,债权转让协议有效

关键词|金融不良债权转让|

【最高人民法院裁判文书】

黑龙江省安达银泉酿酒有限公司与安达市地源房地产开发有限公司、中国长城资产管理公司哈尔滨办事处确认合同无效纠纷申请再审案[最高人民法院(2016)最高法民申1724号民事裁定书]

最高人民法院认为:(三)关于长城公司哈办转让债权是否违反了相关法律、行政法规的效力性强制性规定而导致合同无效的问题。银泉酿酒公司主张,

天交所并未发布公告，即使在其网站上发布公告，也因该公告发布不符合《拍卖法》规定的公告发布平台条件而应当认定无效。本院认为，《不良债权转让纪要》第六条规定："关于不良债权转让合同无效和可撤销事由的认定：（七）根据有关规定应当采取公开招标、拍卖等方式处置，但未公开招标、拍卖的；或者公开招标中的投标人少于三家（不含三家）的；或者以拍卖方式转让不良债权时，未公开选择有资质的拍卖中介机构的；或者未依照《拍卖法》的规定进行拍卖的。"2004 年修正的《拍卖法》第四十七条规定："拍卖公告应当通过报纸或者其他新闻媒介发布。"根据一、二审查明的事实，长城公司哈办于 2010 年 4 月 13 日在当地报纸《生活报》上发布了债权转让公告，参考价格为 250 万元，天交所于 2011 年 3 月 21 日在其转让公告平台发布了"黑龙江省安达银泉酿酒有限公司 1 户债权联合转让公告"，地源房产公司亦是从该平台摘牌受让债权。综合上述事实，应当认定长城公司哈办已经按照相关法律规定发布了公告，并不存在违反效力性强制规定而导致债权转让合同无效的情形。至于长城公司哈办与地源房产公司之间的债权转让是否存在恶意串通损害国家和其他人利益的情形的问题。本院认为，长城公司哈办在涉案债权的处置过程中，自 2006 年 6 月至 2011 年 3 月期间，先后在《黑龙江日报》《绥化日报》和《生活报》等报纸上发布了公告及通知，亦在天交所网站上发布公告，公告亦包含转让价格，银泉酿酒公司主张长城公司哈办故意隐瞒债权转让价格，并无相关证据予以证明。其若尽到积极主动义务，可以关注各类报纸及相关网站，通过公开竞买的方式回购债权，其怠于行使自己的权利而将通知义务转嫁于长城公司哈办的行为，不应受到法律保护。且对于银泉酿酒公司而言，其承担的债务系固定金额，并不因债权转让价格的高低而发生变化，故其主张长城公司哈办与地源房产公司构成恶意串通损害银泉酿酒公司的利益，并无事实与法律依据。故银泉酿酒公司该项主张无事实与法律依据，本院不予支持。

——中国裁判文书网，http://wenshu.court.gov.cn。

中银集团投资有限公司与香港信诺投资有限公司莱州渤海盐业有限公司借款合同纠纷再审案［最高人民法院（2011）民四终字第 9 号民事判决书］

最高人民法院认为：渤盐公司与烟台中行签订的涉案借款合同是双方真实意思表示，内容不违反法律规定，原审判决认定该合同有效是正确的。烟台中行已经依约向渤盐公司发放了合同项下的贷款，渤盐公司理应依约偿还借款本金及利息。中国银行山东省分行将烟台中行的涉案合同债权转让给了东方公司青岛办，东方公司青岛办又转让给了信诺公司，涉案债权转让的过程履行了公告、催收以及审批手续，因此，原审判决认定涉案债权转让协议有效亦是正确的。信诺公司作为渤盐公司的债权人要求渤盐公司向其偿还涉案借款利息，有事实和法律依据，原审判决判令渤盐公司承担还款责任正确，渤盐公司亦未对此提出上诉，本院予以维持。中银公司上诉称，信诺公司受让的涉案债权系由莱州市政府作为担保人的债权应属无效，但其在本案一、二审期间均未提供证据证明莱州市政府对该债务提供了担保，故其主张不能成立。

《最高人民法院关于审理国有商业银行剥离其自办公司的债权纠纷案件有关问题的通知》第五条明确规定，该通知仅适用于国有商业银行剥离其对自办公司的债权引发的案件。本案中，渤盐公司不是国有商业银行的自办公司，烟台中行对渤盐公司的涉案债权并不属于国有商业银行对其自办公司的债权，故上述通知不适用于本案，中银公司所称涉案债权转让协议应予解除的主张不能成立。

——中国裁判文书网，http://wenshu. court. gov. cn。

编者说明

《最高人民法院关于审理国有商业银行剥离其自办公司的债权纠纷案件有关问题的通知》（2008 年 4 月 14 日，法〔2008〕130 号）明确，财政部 2005 年发布的《关于进一步规范金融资产管理公司不良债权转让有关问题的通知》（财金〔2005〕74 号）规定，债务人或担保人为国家机关的不良债权、经过国务院批准列入全国企业政策性关闭破产计划的国有企业债权、国防、军工等涉及国家安全和敏感信息的债权以及其他限制转让的债权，金融资产管理公司不得对外公开转让。2007 年下半年国务院相关主管部门又明确规定，对于商业银行 1999 年至 2000 年剥离至金融资产管理公司的其对自办公司的债权，金融资产管理公司亦不得对外转让。据此，为了防范和化解金融风险，人民法院应当参照国家上述政策精神妥善地解决此类纠纷。对于已经进入诉讼程序的此类案件，人民法院应当向当事人充分说明国家上述政策精神，在尊重各方当事人意愿的基础上，积极引导各方当事人进行协商，并尽量采用调解的方式解决纠纷。如果当事人不能达成调解，对于受让人的债权系直接从金融资产管理公司处受让的，人民法院应当将金融资产管理公司列为第三人参加诉讼；如果受让人的债权系金融资产管理公司转让给其他受让人后，因该受转让人再次转让而取得的，人民法院应当将金融资产管理公司和该转让人列为第三人参加诉讼。新的当事人参加诉讼后，人民法院应当再次组织当事人进行调解。如果当事人仍不能达成调解，根据国务院相关主管部门的规定精神，对于受让人直接从金融资产管理公司受让不良债权的，人民法院应当判决解除金融资产管理公司与受让人之间的债权转让合同；受让人通过再次转让而取得债权的，人民法院应当判决解除金融资产管理公司与转让人、转让人与后手受让人之间的系列债权转让合同。债权转让合同被判令解除之后，受让人可以要求转让人赔偿损失，但赔偿数额应以实际损失为限。

904

《不良债权转让纪要》适用的案件范围

关键词｜金融不良债权转让｜

【最高人民法院司法政策】

会议认为，在《纪要》中，国有银行包括国有独资商业银行、国有控股商业银行以及国有政策性银行；金融资产管理公司包括华融、长城、东方和信达等金融资产管理公司和资产管理公司通过组建或参股等方式成立的资产处置联合体。国有企业债务人包括国有独资和国有控股的企业法人。受让人是指非金融资产管理公司法人、自然人。不良债权转让包括金融资产管理公司政策性和商业性不良债权的转让。政策性不良债权是指1999年、2000年上述四家金融资产管理公司在国家统一安排下通过再贷款或者财政担保的商业票据形式支付收购成本从中国银行、中国农业银行、中国建设银行、中国工商银行以及国家开发银行收购的不良债权；商业性不良债权是指2004年至2005年上述四家金融资产管理公司在政府主管部门主导下从交通银行、中国银行、中国建设银行和中国工商银行收购的不良债权。

《纪要》的内容和精神仅适用于在《纪要》发布之后尚在一审或者二审阶段的涉及最初转让方为国有银行、金融资产管理公司通过债权转让方式处置不良资产形成的相关案件。人民法院依照审判监督程序决定再审的案件，不适用《纪要》。

——《最高人民法院印发〈关于审理涉及金融不良债权转让案件工作座谈会纪要〉的通知》（2009年3月30日，法发〔2009〕19号）

【最高人民法院答复】

湖北省高级人民法院：

你院《关于非金融机构受让金融不良债权后能否向非国有企业债务人主张全额债权的请示》（鄂高法〔2012〕323号）收悉。经研究并经我院审判委员会讨论决定，答复如下：

一、非金融机构受让经生效法律文书确定的金融不良债权能否在执行程序中向非国有企业债务人主张受让日后利息的问题，应当参照我院2009年3月30日《关于审理涉及金融不良债权转让案件工作座谈会纪要》（法发〔2009〕19号）的精神处理。

二、根据《不良债权转让纪要》第十二条的规定，《不良债权转让纪要》不具有溯及力。《不良债权转让纪要》发布前，非金融资产管理公司的机构或个人受让经生效法律文书确定的金融不良债权，或者受让的金融不良债权经生效法律文书确定的，发布日之前的利息按照相关法律规定计算；发布日之后不再计付利息。《不良债权转让纪要》发布后，非金融资产管理公司的机构或个人受让经生效法律文书确定的金融不良债权的，受让日之前的利息按照相关法律规定计算；受让日之后不再计付利息。

根据上述规定，本案中的利息（包括《民事诉讼法》第二百五十三条规定的迟延履行利息）应按照法律规定计算至《不良债权转让纪要》发布之日。

——《最高人民法院关于非金融机构受让金融不良债权后能否向非国有企业债务人主张全额债权的请示的答复》（2013年11月26日，〔2013〕执他字第4号）

【最高人民法院裁判文书】

中国长城资产管理公司沈阳办事处与沈阳先达集团股份有限公司及沈阳水中莲商贸有限公司确认债权转让协议无效纠纷申请再审案［最高人民法院(2013)民申字第166号民事裁定书］

最高人民法院认为：关于本案是否适用《不良债权转让纪要》的问题。长城沈阳办事处再审申请认为，本案中，先达公司起诉时间为2009年10月20日，不符合“仅适用于在《不良债权转让纪要》发布之后尚在一审或者二审阶段”的规定，不应适用《不良债权转让纪要》。本院认为，《不良债权转让纪要》第十二条中关于“《不良债权转让纪要》的内容和精神仅适用于在《不良债权转让纪要》发布之后尚在一审或者二审阶段的涉及最初转让方为国有银行、金融资产管理公司通过债权转让方式处置不良资产形成的相关案件”的表述，系关于《不良债权转让纪要》溯及力问题的规定，其中“发布之后尚在一审或者二审阶段”的表述，既包括发布之时已经处于一审或者二审阶段但尚未作出生效判决的案件，也包括发布之时未进入、发布之后才进入诉讼程序的案件。本案中，一审法院的受理时间为2009年10月20日，属《不良债权转让纪要》发布之后进入诉讼程序的案件,符合前述《不良债权转让纪要》规定的适用条件。故长城沈阳办事处认为本案不应适用《不良债权转让纪要》的主张,系对前述规定的误解,不能成立。

——中国裁判文书网,http://wenshu.court.gov.cn。

中国信达资产管理公司济南办事处与中国银行股份有限公司淄博市周村支行金融债权转让合同纠纷案[最高人民法院(2009)民申字第1315号民事裁定书]

最高人民法院认为:《不良债权转让纪要》第二条第二款规定:"在《不良债权转让纪要》发布前已经终审或者根据《不良债权转让纪要》作出终审的,当事人根据《不良债权转让纪要》认为生效裁判存在错误而申请再审的,人民法院不予支持。"本案终审裁定于2008年9月9日作出,而《不良债权转让纪要》在2009年4月发布,根据上述规定,本案不应适用《不良债权转让纪要》。申请再审人和答辩人依据《不良债权转让纪要》所述各项理由均不予以支持。

——最高人民法院民事审判第二庭编:《商事审判指导》总第21辑,人民法院出版社2010年版,第157~159页。

905

涉及金融不良债权转让案件诉讼管辖约定的处理

关键词|金融不良债权转让|管辖|

【最高人民法院司法解释】

第三条 金融资产管理公司向债务人提起诉讼的,应当由被告人住所地人民法院管辖。

原债权银行与债务人有协议管辖约定的,如不违反法律规定,该约定继续有效。

——《最高人民法院关于审理涉及金融资产管理公司收购、管理、处置国有银行不良贷款形成的资产的案件适用法律若干问题的规定》(2001年4月11日,法释〔2001〕12号)

【最高人民法院司法政策】

金融资产管理公司受让不良债权后，自行与债务人约定或重新约定诉讼管辖的，如不违反法律规定，人民法院应当认定该约定有效。

——《最高人民法院印发〈关于审理涉及金融不良债权转让案件工作座谈会纪要〉的通知》（2009 年 3 月 30 日，法发〔2009〕19 号）

【链接：最高人民法院法官著述】

如果单纯从债权转让与合同转让的区别角度出发，可能会导出金融资产管理公司与债务人之间的协议管辖约定无效的判断，但不能得出此类案件管辖系专属管辖的结论，况且民事诉讼法并未规定此类案件管辖属于专属管辖。应当看到，尽管不良债权转让行为和相关诉讼蕴含着诸多利益衡量因素，而且价值权衡的结果通常会影响实体规则和举证规则，但只要受让的债权是合法债权，那么在管辖方面仍然要遵循方便当事人诉讼、方便债权人实现债权的价值取向。鉴于金融资产管理公司大多仅在省会城市设置办事处而债务人却遍布全国各地的现实，考虑到现阶段市场诚信缺失、法制环境欠佳、地方保护主义严重的状况，以及债务人利用所谓的“专属管辖”在追偿诉讼中恶意逃废债务的可能性，《不良债权转让纪要》本着高效处置不良资产、排除地方保护主义、降低资产处置成本之趣旨，明确规定：“金融资产管理公司受让不良债权后，自行与债务人约定或重新约定诉讼管辖的，如不违反法律规定，人民法院应当认定该约定有效。”

——高民尚：《关于审理涉及金融不良债权转让案件的若干政策和法律问题——解读〈关于审理涉及金融不良债权转让案件工作座谈会纪要〉》，载最高人民法院民事审判第二庭编：《民商事审判指导》总第 17 辑，人民法院出版社 2009 年版，第 28 ~ 29 页。

906

法院不受理金融资产管理公司与国有商业银行就政策性金融资产转让协议发生的纠纷

关键词｜政策性金融资产转让｜

【最高人民法院司法政策】

案件存在下列情形之一的,人民法院不予受理:

(一)金融资产管理公司与国有银行就政策性金融资产转让协议发生纠纷到人民法院的;

……

——《最高人民法院印发〈关于审理涉及金融不良债权转让案件工作座谈会纪要〉的通知》(2009 年 3 月 30 日,法发〔2009〕19 号)

【最高人民法院答复】

湖北省高级人民法院:

你院鄂高法〔2004〕378 号《关于中国农业银行武汉市汉口支行与中国长城资产管理公司武汉办事处债权转让合同纠纷上诉案法律适用问题的请示》收悉。经研究,答复如下:

金融资产管理公司接收国有商业银行的不良资产是国家根据有关政策实施的,具有政府指令划转国有资产的性质。金融资产管理公司与国有商业银行就政策性金融资产转让协议发生纠纷起诉到人民法院的,人民法院不予受理。同意你院审判委员会第二种意见。

——《最高人民法院关于人民法院是否受理金融资产管理公司与国有商业银行就政策性金融资产转让协议发生的纠纷问题的答复》(2005 年 6 月 17 日,〔2004〕民二他字第 25 号)

【链接:最高人民法院法官著述】

不良资产剥离实质上是根据国家政策而实施的,具有政府指令划转国有资产的性质。双方签订的资产转让协议虽然形式上表现为民事合同,但其具有深刻的政策背景,承载着一定宏观经济目标,与民事关系当事人基于自身利益的考虑而进行的民事交易行为不同,并没有体现出民事活动中“自愿、公开和等价有偿”原则。最高人民法院〔1996〕4 号《关于政府调整划转企业国有资产引起的纠纷是否受理问题的批复》第一条规定:因政府及其所属主管部门对企业国有资产调整、划转过程中引起相关国有企业之间的纠纷,应由政府或所属国有资产管理部门处理;国有企业作为当事人向人民法院提起民事诉讼的,人民法院不予受理。因此,金融资产管理公司与国有商业银行就政策性金融资产转让协议产生的纠纷不属于人民法院的受案范围,人民法院不应予以受理。应当特别强调的是,近年来商业银行不良资产处置方式的变化,许多银行不良资产的处置已不再采用指令性划转的方式,而是采取招标等方式,此类处置方式运用的是民事交易的规则,与政策性的资产剥离是有区别的,因此不予受理的案件范围应当严格限定在政策性资产转让范围以内。

——张树明:《人民法院是否受理金融资产管理公司与国有商业银行就政策性金融资产转让协议发生的纠纷》,载最高人民法院民事审判第二庭编:《民商事审判指导》总第7辑,人民法院出版社2005年版,第45~48页。

907

金融不良债权转让中发生的不当得利纠纷的处理

关键词 | 金融不良债权转让 | 不当得利 |

【最高人民法院司法政策】

关于受让人起诉国有银行请求返还不当得利问题。当债务人明知或应知不良债权已经转让而仍向原债权人国有银行清偿债务,或者所转让债权已进入执行程序,因当事人没有申请变更执行主体,导致国有银行获取不当得利时,受让人能否以国有银行为被告请求返还不当得利意见并不一致。由于不良债权的特殊性,上述情形中受让人一般无法再从债务人处受偿,此时依据债权保全的法理,由受让人直接诉请国有银行向其返还不当得利,更符合商事审判高效、便捷的特点。但为防止受让人滥用诉权、增加国有银行的诉累,也应对受让人的起诉进行严格的审查。

——《积极推进三项重点工作保障经济发展方式转变能动回应经济社会发展对商事审判工作的新要求——全国法院商事审判工作会议材料》(2010年8月17日),载最高人民法院民事审判第二庭编:《商事审判指导》总第23辑,人民法院出版社2011年版,第24页。

会议认为，为确保此类案件得到公正妥善的处理，凡符合民事诉讼法规定的受理条件及《纪要》有关规定精神涉及的此类案件，人民法院应予受理。不良债权已经剥离至金融资产管理公司又被转让给受让人后，国有企业债务人知道或者应当知道不良债权已经转让而仍向原国有银行清偿的，不得对抗受让人对其提起的追索之诉，国有企业债务人在对受让人清偿后向原国有银行提起返还不当得利之诉的，人民法院应予受理；国有企业债务人不知道不良债权已经转让而向原国有银行清偿的，可以对抗受让人对其提起的追索之诉，受让人向国有银行提起返还不当得利之诉的，人民法院应予受理。

——《最高人民法院印发〈关于审理涉及金融不良债权转让案件工作座谈会纪要〉的通知》(2009 年 3 月 30 日，法发〔2009〕19 号)

【最高人民法院答复】

广东省高级人民法院：

你院粤高法〔2010〕95 号《关于原告广州中谷投资有限公司诉被告中国银行股份有限公司茂名分行、第三人中国东方资产管理公司广州办事处、第三人顺威联合资产管理有限公司不当得利纠纷一案的请示》收悉。经研究，答复如下：

我院于 2009 年 4 月 3 日发布的法发〔2009〕19 号《不良债权转让纪要》的主要目的在于规范金融不良债权转让行为，维护企业和社会稳定，防止国有资产流失，保障国家金融安全。根据《不良债权转让纪要》的精神和目的，涉及非国有企业债务人的金融不良债权转让纠纷案件，亦应参照适用《不良债权转让纪要》的规定。

根据《不良债权转让纪要》关于“国有企业债务人不知道不良债权已经转让而向原国有银行清偿的，可以对抗受让人对其提起的追索之诉。受让人向国有银行提起返还不当得利之诉的，人民法院应予受理”的规定及精神，你院请示案件所涉不良债权受让人应先行向债务人提起债权债务追索之诉，经人民法院生效判决认定债务人或担保人已向原国有银行清偿的，方可对国有银行提起返还不当得利之诉。

——《最高人民法院关于广州中谷投资有限公司与中国银行股份有限公司茂名分行、中国东方资产管理公司广州办事处、顺威联合资产管理有限公司不当得利纠纷一案请示的答复》(2010 年 6 月 25 日，〔2010〕民二他字第 11 号)

【链接：最高人民法院法官著述】

对因不良债权转让引发的相关案件，受让人起诉国有银行返还不当得利时，法院在立案过程中就必须先判断国有银行是否构成《不良债权转让纪要》所规定的不当得利，只有国有银行构成该不当得利时，受让人的起诉才能被受理。

至于法院如何确定银行构成不当得利，我们认为受让人应当先向债务人提起诉讼，该诉讼就是解决"债务人是否实际清偿了债务的问题"。具体而言：(1)《不良债权转让纪要》"关于案件的受理"中的上述规定都是针对债务人已经清偿了债务的情形。即如果债务人向原债权人国有银行清偿了债务，无论债权转让发生在何时，原债权人都构成不当得利，都应当返还不当得利，此时只是涉及原债权人国有银行向谁返还（即谁可以作原告）的问题。在债务人"不知道（不良债权已转让）而向原债权人清偿"时，就免除债务人的再次清偿责任，让受让人请求原债权人返还不当得利。在债务人"知道或者应当知道（不良债权已转让）而仍向原债权人清偿"时，债务人存在过错，就不能免除其再次清偿责任，其就不能对抗受让人的请求，仍要向受让人清偿，然后再向原债权人请求返还不当得利。(2)《不良债权转让纪要》没有直接规定债务人未向任何人清偿债务时的责任承担问题，那么根据民法一般原理，此时没有人构成不当得利，受让人由于受让了债权，其就仍应当起诉债务人，要求债务人清偿债务，其不能起诉原债权人国有银行。

——杜军：《金融不良债权转让〈会议纪要〉在非国企债权人情形下的适用及不良债权受让人不当得利请求权的行使》，载最高人民法院民事审判第二庭编：《商事审判指导》总第24辑，人民法院出版社2011年版，第48~51页。

当债务人恶意向原国有银行清偿债务，致使其责任财产减少，受让人向债务人主张债权而无法实现时，[①]受让人可否选择国有银行为被告请求返还不当得利？一般而言，返还不当得利的请求权应由给付者向受领给付者行使，[②]在不良

---

① 实践中存在这样的情形：资产管理公司与受让人联合刊登了债权转让公告和债务催收公告，将债权转让的事实公告通知了债务人，但债务人却并不知公告内容，仍向原国有银行清偿了债务。当受让人以债权人身份再向债务人主张债务时，债务人此时已无偿债能力。

② 王泽鉴：《不当得利》，北京大学出版社2009年版，第41页。

资产转让案件中,即应由债务人向原国有银行主张返还不当得利。但由于不良债权的特殊性,实践当中,债务人怠于行使权利,甚至资不抵债、人去楼空的情形时有发生,此时,依据类似代位权的原理,赋予受让人以不当得利返还请求权,使银行获得的不当得利直接用以填补受让人因债务人的恶意清偿而遭受的损失,可能更为公平。

——王富博:《金融不良债权转让中发生的不当得利纠纷人民法院应当受理——中国信达资产管理公司济南办事处与中国银行股份有限公司淄博市周村支行金融债权转让合同纠纷案》,载最高人民法院民事审判第二庭编:《商事审判指导》总第 21 辑,人民法院出版社 2010 年版,第 159 ~ 162 页。

908

金融不良债权"先受偿、后转让"引发的资产管理公司诉银行返还不当得利纠纷,不予受理

关键词|金融不良债权转让|不当得利|

【最高人民法院答复】

山东省高级人民法院:

你院《关于二次受让商业性不良债权的资产管理公司起诉国有商业银行请求返还不当得利应否受理问题的请示》收悉。根据你院请示报告中所述事实,经研究,答复如下:

案涉争议债权的转让,属于"受偿在先、转让在后"的转让情形,不符合我院《不良债权转让纪要》及 2010 年在山东省济南市召开的全国商事审判工作会议精神中关于"转让在先、受偿在后"的不当得利情形,人民法院不予受理为宜。

以上意见供参考。

——《最高人民法院关于二次受让商业性不良债权的资产管理公司起诉国有商业银行请求返还不当得利应否受理问题的请示之答复》(2011 年 5 月 4 日,〔2011〕民二他字第 3 号)

【链接：最高人民法院法官著述】

济南会议讲话中“关于审理涉及金融不良债权转让案件的有关问题”的第二条明确了国有银行与资产管理公司之间就商业性不良债权转让协议发生的纠纷应比照政策性不良债权转让协议纠纷处理，人民法院原则上不受理，受诉法院应向当事人释明，由当事人提请有关主管部门协调解决……

不良债权“先受偿、后转让”，一般构成虚假债权转让，因此而提起的诉讼与不当得利返还之诉存在根本区别，二者不应混淆。资产管理公司与银行之间因此类“先受偿、后转让”的不良债权处置行为而引发的纠纷，归根到底属于银行与资产管理公司之间因转让协议而发生的纠纷；当此类纠纷发生于资产管理公司的后手受让人与银行之间时，则属于受让人与银行之间因不良债权的瑕疵而产生的纠纷，根据司法政策，以上两种情形，人民法院均不应受理。本案既不符合《不良债权转让纪要》第二条规定的两种例外情形，也与济南会议讲话中的第四条所述情形有所不同，故人民法院不应受理。但人民法院不受理并不意味着东方青岛办事处的合法权利不应受到保护，也不代表其另外寻求救济的大门已经全部关闭，事实上，东方青岛办事处可以信达济南办事处为被告另行提起诉讼，主张权利，信达济南办事处与建行历下支行之间的纠纷则可以通过相关行政机关协调解决。

——王富博：《金融不良债权“先受偿、后转让”引发的资产管理公司诉银行返还不当得利纠纷，人民法院是否受理》，载最高人民法院民事审判第二庭编：《商事审判指导》总第 29 辑，人民法院出版社 2012 年版，第 56 ~ 59 页。

909

涉及金融不良债权转让案件中以国有银行为被告问题的处理

关键词｜金融不良债权转让｜

【最高人民法院司法政策】

案件存在下列情形之一的，人民法院不予受理：

(一)金融资产管理公司与国有银行就政策性金融资产转让协议发生纠纷起诉到人民法院的；

……

——《最高人民法院印发〈关于审理涉及金融不良债权转让案件工作座谈会纪要〉的通知》(2009年3月30日，法发〔2009〕19号)

【最高人民法院答复】

湖北省高级人民法院：

你院鄂高法〔2004〕378号《关于中国农业银行武汉市汉口支行与中国长城资产管理公司武汉办事处债权转让合同纠纷上诉案法律适用问题的请示》收悉。经研究，答复如下：

金融资产管理公司接收国有商业银行的不良资产是国家根据有关政策实施的，具有政府指令划转国有资产的性质。金融资产管理公司与国有商业银行就政策性金融资产转让协议发生纠纷起诉到人民法院的，人民法院不予受理。同意你院审判委员会第二种意见。

——《最高人民法院关于人民法院是否受理金融资产管理公司与国有商业银行就政策性金融资产转让协议发生的纠纷问题的答复》(2005年6月17日，〔2004〕民二他字第25号)

【最高人民法院裁判文书】

中国信达资产管理公司济南办事处与中国银行股份有限公司淄博市周村支行金融债权转让合同纠纷案[最高人民法院(2009)民申字第1315号民事裁定书]

最高人民法院认为：(二)本案是否适用《最高人民法院关于人民法院是否受理金融资产管理公司与国有商业银行就政策性金融资产转让协议发生的纠纷问题的答复》(以下简称〔2004〕民二他字第25号《答复》)问题。

〔2004〕民二他字第25号《答复》是最高人民法院于2005年6月17日对湖北省高级人民法院鄂高法〔2004〕378号《关于中国农业银行武汉市汉口支行与中国长城资产管理公司武汉办事处债权转让合同纠纷上诉案法律适用问题的请示》所作答复。〔2004〕民二他字第25号《答复》的内容为："金融资产管理公司接收国有商业银行的不良资产是国家根据有关政策实施的，具有政府指令划转

国有资产的性质。金融资产管理公司与国有商业银行就政策性金融资产转让协议发生纠纷起诉到人民法院的，人民法院不予受理。”

〔2004〕民二他字第25号《答复》明确规定其适用范围是就“政策性金融资产转让协议”发生的纠纷。本案中，信达济南办与周村支行对金融资产转让协议并无争议，转让双方之间也不是因金融资产转让协议本身而产生的纠纷，双方争议的实体问题仅是周村支行是否从天力公司获得不当得利问题，不属于〔2004〕民二他字第25号《答复》适用的范围。这种因原债权银行转让债权后仍接受债务人清偿而产生的不当得利返还纠纷，只要该起诉符合《民事诉讼法(2007)》第一百零八条规定的条件，且受让人先前已通过诉讼或仲裁方式向债务人主张债权但却无法获得受偿的，人民法院应予受理。

从信达济南办与周村支行之间的金融债权转让性质上看，亦不应适用〔2004〕民二他字第25号《答复》。〔2004〕民二他字第25号《答复》适用的特定对象仅限于政策性金融资产转让，因为其属于政府指令划转国有资产行为，由此产生的纠纷应由政府协调解决，不属于人民法院受理民商事案件的范畴，人民法院不应受理。但本案中，信达济南办与周村支行之间的金融债权转让在资产处置指导思想、处置方式、成本核算等方面都与政策性金融资产转让不同。信达济南办与周村支行于2004年6月25日进行的金融债权转让系以财政部财金〔2004〕53号《中国银行和中国建设银行改制过程中可疑类贷款处置管理办法》(以下简称《处置管理办法》)等相关规定为依据，《处置管理办法》第三条明确规定，“中行、建行改制过程中可疑类贷款处置的指导思想是坚持走市场化、商业化道路”。在处置方式上，该可疑类贷款转让采用了招标方式，体现的是平等主体之间自愿、公平、等价有偿的民事交易规则，这与在国家统一安排下、由政府采取指令划拨不良债权的政策性金融资产剥离不同。在财务核算体系方面，《处置管理办法》第二十四条规定：“资产公司应对中行、建行改制中可疑类贷款的处置业务进行单独核算。参照资产公司有关财务管理办法和规定建立独立的财务核算体系，资产处置收入及相关成本支出均不得与原政策性业务及其他业务混淆。”这种以招投标方式，通过竞买确定价格，并由中标资产公司单独核算偿还人民银行再贷款的不良债权转让，体现了平等、自愿、等价有偿的民事交易准则，不属于政策性金融资产转让。

综上，本案中，信达济南办与周村支行之间不是就金融资产转让协议发生的纠纷，而是对周村支行是否取得不当得利产生争议，不符合〔2004〕民二他字第25号《答复》适用的范围；双方当事人之间的金融债权转让性质上也不属于政策性金融资产转让,不符合〔2004〕民二他字第25号《答复》适用的对象。山东高院依照〔2004〕民二他字第25号《答复》作出裁定,属于认定基本事实缺乏证据证明且适用法律错误。

——最高人民法院民事审判第二庭编:《商事审判指导》总第21辑,人民法院出版社2010年版,第157～159页。

【链接:最高人民法院法官著述】

在案件受理方面,原国有商业银行能否成为被告,可谓实务中最具争议的问题。该问题争论来源于最高人民法院〔2004〕民二他字第25号《答复》关于"金融资产管理公司接收国有商业银行的不良资产是国家根据有关政策实施的,具有政府指令划转国有资产的性质。金融资产管理公司与国有商业银行就政策性金融资产转让协议发生纠纷起诉到人民法院的,人民法院不予受理"的规定。该答复的法理基础是:对于设定法律关系的主体为政府、法律关系内容各方当事人并无选择权、资产转移无对价或者对价不平衡的行为,虽然表现为民事法律关系的形式,但实质上是行政性调整、划转行为所引发的纠纷,不属于民商事案件受理范围。但是,事物发展通常超出预想。在这种行政划转行为侵害他人合法权利时,受害人能否对国有商业银行提起诉讼,便成为备受争议的问题,并导致各地法院判法不一。我们认为,国家剥离不良债权的战略目的在于提高国有商业银行的国际竞争力和最大限度保障国有商业银行的安全,如果受理债务人或受让人对国有商业银行的诉讼,金融资产管理公司完全可以通过将争议债权以转让的方式间接获得对国有商业银行的诉权,这相当于变相违背了最高人民法院答复的精神和国家剥离不良债权战略的目的初衷以及合同相对性原则。因此,债务人或受让人起诉国有商业银行的案件在原则上不予受理。例如《不良债权转让纪要》明确规定:金融资产管理公司与国有银行就政策性金融资产转让协议发生纠纷起诉到人民法院的,或者受让人自金融资产管理公司受让不良债权后,以不良债权存在瑕疵为由起诉原国有银行的,人民法院不予受理。在同样的考虑之下,受让人在对国有企业债务人的追索诉讼中,主张追加原国有银行为第三人的,人民法院亦应不予支持。

但是,有原则就有例外。在特殊情况下,我们不宜将权利人寻求司法救济的渠道一概封闭。《不良债权转让纪要》规定了国有商业银行在获得不当得利时可以被起诉的两种例外情形:其一,不良债权已经剥离至金融资产管理公司又被转让给受让人后，国有企业债务人知道或者应当知道不良债权已经转让而仍向原国有银行清偿的，国有企业债务人在对受让人清偿后可以向原国有银行提起返还不当得利之诉。其二，国有企业债务人不知道不良债权已经转让而向原国有银行清偿并以此对抗受让人追索之诉的，受让人可以向国有银行提起返还不当得利之诉。

——高民尚：《关于审理涉及金融不良债权转让案件的若干政策和法律问题——解读〈关于审理涉及金融不良债权转让案件工作座谈会纪要〉》，载最高人民法院民事审判第二庭编：《民商事审判指导》总第17辑，人民法院出版社2009年版，第25~27页。

910

金融不良债权转让合同无效的认定

关键词 | 金融不良债权转让 | 合同无效 |

【最高人民法院司法政策】

关于国有银行将不良债权自行转让给非金融机构或个人，转让合同的效力问题。《不良债权转让纪要》规定了十一种转让合同无效情形，但对于国有银行将不良债权自行转让或者处置给非金融机构或个人，转让合同的效力问题未作规定，审判实践中如何处理存有争议。应当看到，金融不良债权的转让和处置不仅是私权的自由让渡，而且关系到国家利益和社会公共利益，因此，国有银行向非金融机构或个人转让金融不良债权，必须经国家主管部门批准。

——《积极推进三项重点工作，保障经济发展方式转变，能动回应经济社会发展对商事审判工作的新要求——全国法院商事审判工作会议材料》(2010年8月17日)，载最高人民法院民事审判第二庭编：《商事审判指导》总第23辑，人民法院出版社2011年版，第23~24页。

会议认为，在审理不良债权转让合同效力的诉讼中，人民法院应当根据合同法和《金融资产管理公司条例》等法律法规，并参照国家相关政策规定，重点审查不良债权的可转让性、受让人的适格性以及转让程序的公正性和合法性。金融资产管理公司转让不良债权存在下列情形的，人民法院应当认定转让合同损害国家利益或社会公共利益或者违反法律、行政法规强制性规定而无效。

(一)债务人或者担保人为国家机关的；

(二)被有关国家机关依法认定为涉及国防、军工等国家安全和敏感信息的以及其他依法禁止转让或限制转让情形的；

(三)与受让人恶意串通转让不良债权的；

(四)转让不良债权公告违反《金融资产管理公司资产处置公告管理办法(修订)》规定，对依照公开、公平、公正和竞争、择优原则处置不良资产造成实质性影响的；

(五)实际转让的资产包与转让前公告的资产包内容严重不符，且不符合《金融资产管理公司资产处置公告管理办法(修订)》规定的；

(六)根据有关规定应经合法、独立的评估机构评估，但未经评估的；或者金融资产管理公司与评估机构、评估机构与债务人、金融资产管理公司和债务人以及三方之间恶意串通，低估、漏估不良债权的；

(七)根据有关规定应当采取公开招标、拍卖等方式处置，但未公开招标、拍卖的；或者公开招标中的投标人少于三家(不含三家)的；或者以拍卖方式转让不良债权时，未公开选择有资质的拍卖中介机构的；或者未依照《拍卖法》的规定进行拍卖的；

(八)根据有关规定应当向行政主管部门办理相关报批或者备案、登记手续而未办理，且在一审法庭辩论终结前仍未能办理的；

(九)受让人为国家公务员、金融监管机构工作人员、政法干警、金融资产管理公司工作人员、国有企业债务人管理人员、参与资产处置工作的律师、会计师、评估师等中介机构等关联人或者上述关联人参与的非金融机构法人的；

(十)受让人与参与不良债权转让的金融资产管理公司工作人员、国有企业债务人或者受托资产评估机构负责人员等有直系亲属关系的；

(十一)存在其他损害国家利益或社会公共利益的转让情形的。

——《最高人民法院印发〈关于审理涉及金融不良债权转让案件工作座谈会纪要〉的通知》(2009 年 3 月 30 日，法发〔2009〕19 号)

【最高人民法院裁判文书】

中国长城资产管理公司长春办事处与吉林市财政局及中国东方资产管理公司长春办事处、中国工商银行股份有限公司吉林市分行、中国工商银行股份有限

公司吉林省分行、吉林省国有资产经营管理有限责任公司债权转让合同纠纷申请再审案[最高人民法院(2014)民申字第1354号民事裁定书]

最高人民法院认为：本案争议焦点是吉林省国资公司与长城资产公司于2011年5月9日签订的债务人为吉林市财政局的《债权转让协议》是否有效的问题。吉林省工行按照国家政策，将下级行吉林市工行的债权进行内部资产划转，按照国家金融改革政策统一打包转让给第三方东方资产公司，符合法律和政策规定。最高人民法院2009年3月30日印发的《不良债权转让纪要》第六条关于不良债权转让合同无效和可撤销事由的认定规定，在审理不良债权转让合同效力的诉讼中，人民法院应当根据《合同法》和《金融资产管理公司条例》等法律法规，并参照国家相关政策规定，重点审查不良债权的可转让性、受让人的适格性以及转让程序的公正性和合法性。金融资产管理公司转让不良债权存在下列情形的，人民法院应当认定转让合同损害国家利益或社会公共利益或者违反法律、行政法规强制性规定而无效：(一)债务人或者担保人为国家机关的；……根据《不良债权转让纪要》的规定，债务人或者担保人为国家机关的不良债权禁止转让，并不以受让人的性质和是否经过相关部门批准作为认定转让是否有效的条件。二审判决认定东方资产公司与吉林省国资公司于2009年5月20日签订的债务人为吉林市财政局的《债权转让协议》无效，并无不当。

——中国裁判文书网，http://wenshu.court.gov.cn。

【链接：最高人民法院法官著述】

1.关于无效事由认定的法律依据问题

《不良债权转让纪要》判定转让无效的依据是转让合同损害国家利益或社会公共利益或者违反法律、行政法规强制性规定，该依据来源于《合同法》第五十二条之规定。如前所述，不良债权处置问题事关不良债权处置战略实施、国有资产保护、职工合法权益保护、社会公共利益，以及社会和谐稳定等诸多重要价值权衡因素，这些因素均可以归入国家利益、集体利益、社会公益以及第三人利益范畴。由于《不良债权转让纪要》所列出的十一种无效事由均与损害上述价值和利益有关，因此人民法院可以根据《合同法》第五十二条之规定，认定转让合同无效。

2.关于债务人或担保人为国家机关的债权转让无效的问题

我们认为，国有商业银行剥离或转让的不良债权的产生有其特殊的政策和法律背景，金融资产管理公司受让的不良债权绝大多数是国有商业银行早期甚至是计划经济时期发生的贷款而经过多次展期仍未能收回的逾期、呆账、滞账类贷款。很多贷款是因为当时的政策原因形成,国家机关作为担保人也是特定历史时期的产物。国家实施不良债权剥离政策的目的不仅要使金融机构顺利转轨,而且要解决历史遗留问题,通过国家财政补贴等方式使各方受惠。国家对金融资产管理公司的资产回收率要求不高,也是为了让利于地方,其中债务人或担保人为国家机关的,更是直接的受益者。国家以财政补贴方式解决银行呆坏账,意味着国家财政负担了银行不良债权损失,而国家机关完全依靠财政资金运转。如果说金融资产管理公司向国家机关追索债权或者要求其承担担保责任,资产实际上并未流出国有资产管理范围,那么若允许社会投资者也可以向国家机关行使追索权,无疑等于国家以公共财政资金在补贴社会投资者,这并不符合金融不良资产剥离政策的本意。所以,对于转让债务人或者担保人为国家机关的不良债权转让合同,人民法院应当认定为无效。

3. 关于向“三资”企业和境外机构转让不良债权的效力认定

在审判实务中,对于此类债权转让合同以及相关担保合同效力的认定,存在较大的争议。我们认为,关于此类债权转让和相关担保效力问题,国家政策和相关司法解释已有比较明确的规定。前述发改外资〔2007〕254 号《关于规范境内金融机构对外转让不良债权备案管理的通知》第七条规定:“境内金融机构应在对外转让不良债权协议签订后 20 个工作日内,将对外转让债权有关情况报送国家发展改革委备案(一式三份),同时抄报财政部、银监会。”商务部商资字〔2005〕37 号《关于加强外商投资处置不良资产审批管理的通知》规定:“2001 年经国务院批准允许金融资产管理公司吸收外资参与资本重组或处置,允许向外商转让所持有的股权、债权等不良资产,或设立外商投资企业从事债务重组、债权追偿等不良债权处置活动,由于此类投资方式政策性强、敏感度高、涉及面广,在审批时应从严掌握,凡此类外商投资企业的设立均应报请国有商务部批准。”根据上述规定,对“三资”企业和境外机构转让金融不良债权,必须履行向相关行政主管部门办理相关报批或者登记或者备案手续,而且相关部门必须出具具体的行政审批意见。我们认为,虽然前述部委《通知》等在形式上仅是法律位阶层次较低的行政规章,但其中的强制性规定是根据国务院授权制定的,应当具有相当于行政法规的效力。退而言之,即便不能将其视为行政法规,也应当看到,其中的强制性或禁止性规定是针对金融不良债权转让过程中出现的问题而制定和发布的,目的在于规范、管理、保障不良债权处置工作的健康有序进行,防止损害国家利益和社会公共利益。特别是,此类债权转让中通常存在原来的国内担保因不良债权对外转让而转化为对外担保的问题。根据上述国家政策规定以及最高人民法院《担保法解释》第六条关于未经国家有关主管部门批准或者登记对外担保的、未经国家有关主管部门批准或者登记而为境外机构向境内债权人提供担保的，对外担保合同无效；主合同变更或者债权人将对外担保合同项下的权利转让，未经担保人同意和国家有关主管部门批准的，担保人不再承担担保责任之规定精神，应当认定此类担保合同无效。当然，根据纯粹民法学理和《合同法》第四十四条之规定，未经批准、登记、备案等手续合同，应当属于未生效范畴；但由于实践中此类不良债权转让合同大多已经开始履行或者履行完毕，因此继续用生效与未生效标准和范畴来衡量，已无实益；采用有效与无效范畴来评价，更为妥当。基于上述考虑，《不良债权转让纪要》规定："根据有关规定应当向行政主管部门办理相关报批或者备案、登记手续而未办理，且在一审法庭辩论终结前仍未能办理的，应当认定合同无效。"

4. 关于受让人资质的限制问题

《公务员法》第五十三条第（四）项明确禁止国家公务员经商牟利；财政部财金〔2005〕74号《关于进一步规范金融资产管理公司不良债权转让有关问题的通知》第三条亦明确禁止与金融不良债权有关联的人员购买不良债权。其目的均在于防止其利用职务或业务之便从事关联交易，侵吞国有资产，损害公平交易，造成国有资产流失。尽管实践中上述人员在个案中可能并未利用身份、地位和信息的优势获取不当利益，但国家法律和政策对身份的限制关涉社会公众对金融不良债权处置的感受与评价，关系到国家利益和社会公共利益的保护；因此，从保护国家利益和社会公共利益的角度出发，根据《合同法》第五十二条第（二）项、第（四）项之规定精神，有必要将受让人的主体资格欠缺作为单独的判断转让合同效力的依据。

——高民尚：《关于审理涉及金融不良债权转让案件的若干政策和法律问题——解读〈关于审理涉及金融不良债权转让案件工作座谈会纪要〉》，载最高人民法院民事审判第二庭编：《民商事审判指导》总第17辑，人民法院出版社2009年版，第34～36页。

编者说明

关于金融资产管理公司以明显不合理低价向非金融机构转让不良资产，合同是否应认定无效问题。司法实务中，针对金融资产管理公司以明显不合理低价向非金融机构转让不良资产问题，有观点以原债权人转让合同导致国有资产流失、损害国家利益、违反我国《合同法》第五十二条的规定为由，认为应确认转让合同无效。但反对观点认为：根据我国《合同法》的相关规定,必须是违反法律法规中禁止性规定的合同,方能够对其确认无效,通过打包出售、拍卖、招标等方式转让金融不良债权,是资产管理公司常见处置方式。这种方式可以动员社会资源参与不良资产处置,迅速减少不良资产,是国家政策允许的,不违反法律、法规的禁止性规定,因而,根据现行的法律是不能认定这种转让无效的。因买受人购买的资产为不良资产,故其转让价格与原来的价格有较大差距属正常商业行为,是风险投资,不能因买受人因此盈利就认为其导致国有资产流失。①

911

资产管理公司转让不良债权的合同涉及国防、军工等国家安全和敏感信息的,属于损害国家利益或社会公共利益或者违反法律、行政法规强制性规定而无效

关键词｜金融不良债权转让｜合同无效｜

【最高人民法院裁判文书】

中国长城资产管理公司沈阳办事处与沈阳先达集团股份有限公司及沈阳水中莲商贸有限公司确认债权转让协议无效纠纷申请再审案[最高人民法院(2013)民申字第166号民事裁定书]

最高人民法院认为:关于辽宁省国防科学技术工业办公室是否属于认定"涉及国防、军工等国家安全和敏感信息"的"有关国家机关"的问题。长城沈阳办事处再审申请认为,依据《武器装备科研生产许可证管理暂行办法》第二条、第三条的规定,只有国防科学技术工业委员会颁发的武器装备科研生产许可证才能证明涉及国防军工领域和国家安全。本院认为,是否涉及国防军工领域和国家安全,并不仅限于武器装备科研生产范围;该暂行办法的前述规定与辽宁省国防科学技术工业办公室是否属于认定国防军工领域和国家安全的有权部门,并不具有关联性,长城沈阳办事处的此种主张,依据不足,本院不予采信。

根据辽宁省人民政府办公厅2000年10月26日颁布的《关于辽宁省国防

① 宋晓明、张雪楳:《不良资产处置过程中的疑难问题》,载最高人民法院民事审判第二庭编:《民商事审判指导》总第11辑,人民法院出版社2007年版,第173页。

科技工业办公室职能配置、内设机构和人员编制规定的通知》（辽政办发〔2000〕83号）可知，辽宁省国防科学技术工业办公室是主管国防科技工业的辽宁省政府直属机构，其主要职责包括负责全省军工企业有关军品的各项计划、项目的汇总、报批和组织实施工作等事项。据此可以确认，辽宁省国防科学技术工业办公室系认定是否涉及国防、军工等国家安全和敏感信息的“有关国家机关”，其出具的《关于沈阳先达集团股份有限公司涉及国防科技产业的情况说明》以及《关于沈阳先达集团股份有限公司相关资产、技术及人员涉及国防军工领域的函》，系有权部门出具的证据，一、二审法院据此认定先达公司的债权资产涉及国防、军工等国家安全和敏感信息，并依据《不良债权转让纪要》第六条的规定，确认长城沈阳办事处与水中莲公司签订的债权转让协议无效，并无不当。

——中国裁判文书网，http://wenshu.court.gov.cn。

912

国有企业债务人可以损害国有资产等为由提起金融不良债权转让合同无效之诉

关键词｜金融不良债权转让｜合同无效｜

【最高人民法院司法政策】

五、关于国有企业的诉权及相关诉讼程序

会议认为，为避免当事人滥用诉权，在受让人向国有企业债务人主张债权的诉讼中，国有企业债务人以不良债权转让行为损害国有资产等为由，提出不良债权转让合同无效抗辩的，人民法院应告知其向同一人民法院另行提起不良债权转让合同无效的诉讼；国有企业债务人不另行起诉的，人民法院对其抗辩不予支持。国有企业债务人另行提起不良债权转让合同无效诉讼的，人民法院应中止审理受让人向国有企业债务人主张债权的诉讼，在不良债权转让合同无效诉讼被受理后，两案合并审理。国有企业债务人在二审期间另行提起不良债权转让合同无效诉讼的，人民法院应中止审理受让人向国有企业债务人主张债权的诉讼，在不良债权转让合同无效诉讼被受理且作出一审裁判后再行审理。

国有企业债务人提出的不良债权转让合同无效诉讼被受理后，对于受让人的债权系直接从金融资产管理公司处受让的，人民法院应当将金融资产管理公司和受让人列为案件当事人；如果受让人的债权系金融资产管理公司转让给其他受让人后，因该受让人再次转让或多次转让而取得的，人民法院应当将金融资产管理公司和该转让人以及后手受让人列为案件当事人。

——《最高人民法院印发〈关于审理涉及金融不良债权转让案件工作座谈会纪要〉的通知》(2009 年 3 月 30 日，法发〔2009〕19 号)

【最高人民法院裁判文书】

云南省饮食服务总公司与中国东方资产管理公司等债权转让合同纠纷申请再审案[最高人民法院(2016)最高法民再 394 号民事裁定书]

最高人民法院认为：本案中，饮食服务公司与建行云南分行营业部之间的1600 万元债权，在 2001 年由昆明市中级人民法院作出(2001)昆法经初字第 436 号民事判决，判决饮食服务公司偿还建行云南分行营业部借款本金 1600 万元及利息，该案已进入执行程序；在执行 40 万元后，该债权被作为金融不良债权多次转让，最终由金秋公司以 1500 万元价格购得该债权，其中两次债权转让发生在最高人民法院《不良债权转让纪要》发布之后。2011 年 8 月，昆明市中级人民法院裁定变更金秋公司为本案债权的申请执行人。依照《不良债权转让纪要》第二条规定，凡符合民事诉讼法规定的受理条件及《不良债权转让纪要》有关规定精神涉及的此类案件，人民法院应予受理。第五条规定，在受让人向国有企业债务人主张债权的诉讼中，国有企业债务人以不良债权转让行为损害国有资产等为由，提出不良债权转让合同无效抗辩的，人民法院应告知其向同一人民法院另行提起不良债权转让合同无效的诉讼；国有企业债务人不另行起诉的，人民法院对其抗辩不予支持。因此，作为该案的债务人饮食服务公司，可以依据《不良债权转让纪要》规定，提起确认合同无效之诉。本案符合《民事诉讼法》第一百一十九条规定的起诉条件，人民法院应予受理。

——中国裁判文书网，http://wenshu.court.gov.cn。

【链接：最高人民法院法官著述】

通常认为，在债权转让中，债权人仅对债务人负有《合同法》第八十条规定的通知义务；而债务人对于转让合同的效力不应享有诉权。但是，《不良债权转让纪要》明确了国有企业债务人以损害国有资产等为由提起不良债权转让合同无效的诉权。理由有三：其一，《金融资产管理公司条例》总则中明确规定："为了规范金融资产管理公司的活动，依法处理国有银行不良贷款，促进国有银行和国有企业的改革和发展，制定本条例。"分析该条，可以发现其蕴含着调整国有企业债务人利益的目的，因此国有企业债务人对不良债权转让合同的效力便具有可诉之利益。根据民事诉讼法学关于"诉之利益"的法理，不良债权转让直接关涉了国有企业债务人的根本利益，故而有必要肯定国有企业债务人提起不良债权转让合同无效的诉讼主体资格。其二，由于国有企业经营管理国有资产是经过国有资产监督机构授权的，因此国有企业便具备了企业法人和国有资产管理机构代理人的双重身份。在国有资产监管机构未就金融不良债权转让合同主张无效的场合，国有企业债务人可以国有资产管理机构代理人的身份提起合同无效之诉。国有资产经营管理理论为此提供了理论基础。其三，最大限度地防止国有资产流失，可谓《不良债权转让纪要》的重要目的之一。如果不赋予国有企业债务人提起不良债权转让合同无效之诉权，人民法院将难以启动对债权转让合同效力的审查，从而导致防止国有资产流失目的之落空。

当然，肯定或赋予权利的同时，必须防止权利滥用之可能。为了防止国有企业债务人滥用诉权，引导理性诉讼，《不良债权转让纪要》规定两种防止滥诉措施：其一，增加诉讼成本。在国有企业债务人通过抗辩的方式提出不良债权转让合同无效时，人民法院应当进行释明，告知其以金融资产管理公司和受让人为被告向同一人民法院另行提起转让合同无效之诉；债务人不另行起诉的，人民法院对其抗辩不予支持。其二，提供诉讼担保。国有企业债务人提起在不良债权转让合同无效之诉中必须提供相应的担保，否则人民法院不予受理。关于诉讼担保的参考基数问题，我们认为以债权转让标的金额为参考基数为宜。

此外，关于其他被转让债权的债务人尤其是整体资产包中未提起债权转让合同无效诉讼的债务人是否应当参加诉讼的问题，我们认为，基于不告不理之原则并考虑转让合同是否有效与其是否履行债务并无实际影响，故没有必要追加其他债务人为诉讼当事人。

——高民尚：《关于审理涉及金融不良债权转让案件的若干政策和法律问题——解读〈关于审理涉及金融不良债权转让案件工作座谈会纪要〉》，载最高人民法院民事审判第二庭编：《民商事审判指导》总第17辑，人民法院出版社2009年版，第32～33页。

913 在不良债权转让合同无效之诉中，国有企业债务人起诉但不能提供相应担保的，不予受理

关键词 | 金融不良债权转让 | 合同无效 |

【最高人民法院司法政策】

二、关于案件的受理

案件存在下列情形之一的，人民法院不予受理：

……

（七）在不良债权转让合同无效之诉中，国有企业债务人不能提供相应担保或者优先购买权人放弃优先购买权的。

——《最高人民法院印发〈关于审理涉及金融不良债权转让案件工作座谈会纪要〉的通知》（2009年3月30日，法发〔2009〕19号）

【最高人民法院裁判文书】

海南省石碌钢铁厂与中国华融资产管理股份有限公司海南省分公司、海南恒古实业投资有限公司等债权转让合同纠纷案[最高人民法院(2014)民二终字第172号民事裁定书]

最高人民法院认为：为了依法审理涉及金融不良债权转让案件，防止国有资产流失，保障金融不良债权处置工作的顺利进行，最高人民法院发布了《不良债权转让纪要》。该纪要明确了国有企业债务人以损害国有资产为由提起不良债权转让合同无效的诉权。同时，为防止滥诉，该纪要规定国有企业债务人提起不良债权转让合同无效之诉，必须提供相应的担保，否则人民法院不予受理。石碌钢铁厂在一审法院依法告知其应提供担保的情况下，仍未提供担保。一审法院裁定驳回起诉并无不当。

——中国裁判文书网，http://wenshu.court.gov.cn。

914

当事人受让不良资产债权后又以该债权经法院裁定被以不动产抵债，转让人无权处分为由，要求确认债权转让协议无效的，不予支持

关键词｜以物抵债｜无权处分｜合同无效｜

【最高人民法院裁判文书】

中国长城资产管理公司长春办事处与长春市民生房地产开发有限公司、长春市民生农贸综合市场债权转让合同纠纷再审案(最高人民法院再审民事判决书)

最高人民法院经审理认为:综合全案事实看,2001 年 3 月,吉林省高级人民法院作出〔1998〕吉执字第 40 号以物抵债民事裁定书;2002 年 7 月 19 日,日杂总公司、储运公司与民生公司签订《土地使用权及地上附着物转让协议》;2002 年 12 月 23 日,长城管理公司、民生公司与日杂总公司签订《债务转让、土地使用权及地上附着物转让合同》;同日,长城管理公司与民生公司及农贸市场签订《债权转让协议》。上述几份协议的签订过程体现了当事人各方基于日杂总公司以国有划拨土地使用权及地上附着物抵偿债务的意愿,因对其效力没有把握,故以签订协议的形式既处分债权又处分土地使用权等物权,最终实现以物抵债及开发利用土地的合意。从协议内容本身看,2002 年 12 月 23 日,长城管理公司与民生公司及农贸市场签订《债权转让协议》,该协议第一条约定转让标的为 3500 万元贷款债权,该债权含法院裁定的抵债资产即争议的近 6 万平方米的土地;协议其余内容则涉及转让价款、债权追索中可能发生的风险与损失、协助法院解除对抵债物的查封,特别提示因债权存在或可能存在的瑕疵而在转让价上给予民生公司折扣,同时约定因转让债权的瑕疵造成的风险也由民生公司承担。可见,将原始债权变现构成了该《债权转让协议》约定的主要内容,亦表明了长城管理公司与民生公司各自的签约目的。再者,结合另外两份涉案协议看,一是日杂总公司、储运公司与民生公司签订的《土地使用权及地上附着物转让协议》,约定了五部分转让内容,即同一块土地使用权、该地上房屋及附着物的所有权与相关权利(水、电、气、供暖设备、设施的所有权与使用权)、转让方日杂总公司与储运公司拖欠长城管理公司的债务、土地出让金的承担,转让方系日杂总

公司与储运公司，处分的内容包括土地等不动产的有关权利。长城管理公司并非该协议的签订主体。二是长城管理公司、民生公司与日杂总公司签订的《债务转让、土地使用权及地上附着物转让协议》，该协议主要就三方当事人之间债权债务法律关系的建立与终止作出了约定。上述交易中，民生公司的义务是收购长城管理公司3500万元的不良债权，长城管理公司则负责及时申请法院解除对相关不动产的查封。上述三份协议共同印证了争议的《债权转让协议》虽然包含了债权转让及相应不动产两方面内容，但是，这其中长城管理公司并无出卖土地使用权及其附着的不动产之意，其订立合同的目的是出让债权。故2002年12月23日的《债权转让协议》不存在长城管理公司出卖国有划拨土地的无权处分的情形，合同内容系当事人真实意思表示，并不违反国家法律与行政法规的禁止性规定，吉林省长春市中级人民法院一审认定其合法有效应属妥当。长城管理公司依照该协议约定履行了申请法院解除相关不动产查封之义务，为民生公司后来参与长春市政府招投标、取得开发土地的资质并获利提供了前提条件，因该协议明确约定民生公司自己承担因债权受让可能带来的风险、损失及责任，故民生公司应当履行其支付剩余转让款项的合同义务。吉林省高级人民法院再审判决以长城管理公司在未经政府批准、未交纳土地出让金变更房地产权属的情况下，用该土地使用权及地上建筑物与民生公司签订以物抵债协议，违反法律强制性规定，认定合同无效，并驳回长城管理公司的诉请，属认定事实不清，适用法律错误，本院予以纠正。长城管理公司有关其与民生公司之间的债权转让协议符合《合同法》关于债权转让的规定，没有法律禁止转让的情形，其处置债权符合国务院颁布的《金融资产管理公司条例》的规定，应认定合法有效，民生公司及农贸市场应承担本案责任的再审请求成立，本院予以支持。

——最高人民法院民事审判第二庭编：《商事审判指导》总第25辑，人民法院出版社2011年版，第179～180页。

915

涉及非国有企业债务人的金融不良债权转让纠纷案件，法院可以依职权主动审查合同效力

关键词｜金融不良债权转让｜合同效力｜

【最高人民法院答复】

云南省高级人民法院：

你院《关于如何理解最高人民法院法发〔2009〕19 号〈会议纪要〉若干问题的请示》收悉。经研究，答复如下：

我院于 2009 年 4 月 3 日发布的法发〔2009〕19 号《关于审理涉及金融不良债权转让案件工作座谈会纪要》（以下简称《纪要》）所要解决的问题实质是如何解决和化解计划经济时期形成的历史遗留问题。其主要目的在于规范金融不良债权转让行为，维护企业和社会稳定，防止国有资产流失，保障国家经济安全。根据《纪要》的精神和目的，涉及非国有企业债务人的金融不良债权转让纠纷案件，亦应参照适用《纪要》的规定。债务人未对不良债权转让合同的效力提出异议，但案件的事实和相关证据情况能够引发人民法院对不良债权转让合同效力产生合理怀疑的，人民法院可以依职权主动审查不良债权转让合同的效力。

以上意见供参考。

——《最高人民法院关于如何理解最高人民法院法发〔2009〕19 号〈会议纪要〉若干问题的请示之答复》（2009 年 9 月 25 日，〔2009〕民二他字第 21 号）

916

打包转让金融不良债权合同被确认无效或者解除后的处理

关键词｜金融不良债权转让｜合同无效｜合同解除｜

【最高人民法院司法政策】

七、关于不良债权转让无效合同的处理

会议认为，人民法院认定金融不良债权转让合同无效后，对于受让人直接从金融资产管理公司受让不良债权的，人民法院应当判决金融资产管理公司与受让人之间的债权转让合同无效；受让人通过再次转让而取得债权的，人民法院应当判决金融资产管理公司与转让人、转让人与后手受让人之间的系列债权转让合同无效。债权转让合同被认定无效后，人民法院应当按照合同法的相关规定处理;受让人要求转让人赔偿损失,赔偿损失数额应以受让人实际支付的价金之利息损失为限。相关不良债权的诉讼时效自金融不良债权转让合同被认定无效之日起重新计算。

金融资产管理公司以整体"资产包"的形式转让不良债权中出现单笔或者数笔债权无效情形,或者单笔或数笔不良债权的债务人为非国有企业,受让人请求认定合同全部无效的,人民法院应当判令金融资产管理公司与转让人之间的资产包债权转让合同无效;受让人请求认定已履行或已清结部分有效的,人民法院应当认定尚未履行或尚未清结部分无效,并判令受让人将尚未履行部分或尚未清结部分返还给金融资产管理公司,金融资产管理公司不再向受让人返还相应价金。

——《最高人民法院印发〈关于审理涉及金融不良债权转让案件工作座谈会纪要〉的通知》(2009年3月30日,法发〔2009〕19号)

【《最高人民法院公报》案例】

沈阳银盛天成投资管理有限公司与中国华融资产管理公司沈阳办事处债权转让合同纠纷案[最高人民法院(2009)民提字第125号民事判决书]

裁判摘要:一、金融资产管理公司收购和处置银行不良金融债权,具有较强的政策性。银行不良金融债权的转让,不能完全等同于一般民事主体之间的债权转让行为,具有高风险、高收益的特点,与等价交换的市场规律有较为明显的区别;不良债权交易的实物资产,不是一般资产买卖关系,而主要是一种风险与收益的转移。

二、银行不良金融债权以"资产包"形式整体出售转让的,"资产包"内各不良金融债权的可回收比例各不相同,而"资产包"一旦形成,即具有不可分割性。因此,"资产包"整体买进后,如需解除合同,也必须整体解除,将"资产包"整体返还。银行不良金融债权的受让人在将"资产包"中相对优质的债权变卖获益后,又通过诉讼请求部分解除合同,将"资产包"中其他债权返还的,人民法院不予支持。

三、不良金融资产转让协议之目的是公平合规地完成债权及实物资产的顺利转让,在未对受让人是否能够清收债权及清收债权的比例作出承诺和规范的情况下,受让人以合同预期盈利目的不能实现为由提出解除合同的诉讼请求,人民法院不予支持。

最高人民法院终审认为:金融资产管理公司收购和处置银行不良金融债权,

事关国家金融安全，具有较强的政策性，本案所涉债权转让协议，不能完全等同于一般民事主体之间的债权让与行为，具有高风险、高收益，与等价交换的市场规律有较为明显区别；不良债权交易的实物资产，不是一般资产买卖关系，而主要是一种风险与收益的转移。本案不良金融债权总额26亿元，仅以不到3%的价格成交，体现了不良金融债权处置的特殊性，这在一般民事主体之间的债权让与中一般是不会出现的。本案所涉转债标的是以“资产包”形式整体出售的债权，“资产包”内各不良金融债权良莠不齐，可回收比例各不相同，依照财政部《关于金融资产管理公司债权资产打包转让有关问题的通知》[①]第二条第三项规定，资产包应当科学合理组包，保证包内资产质量、形态、行业、地区分布等的合理性。所以，“资产包”一旦形成，即具有不可分割的性质，否则，上述合理性即被打破。故，本案合同所涉债权和实物资产，当属一个有机整体，不可分割。“资产包”整体买进，合同解除时也应当整体解除，资产整体返还。本案中，银盛天成公司将“资产包”中相对优质债权予以变卖，请求通过诉讼将其余部分予以解除，原审判由银盛天成公司返还“资产包”剩余的部分资产，对华融沈阳办显失公平。本院在庭审中询问银盛天成公司，是否能将“资产包”整体退还，银盛天成公司称由于其余部分已经处置，已经不可能实际退还。本案“资产包”整体债权总额26亿余元，其中实物资产1.3亿余元，实物资产额度仅占不良债权总额度的5%，且有大部分实物资产已经实际交付。虽然各单个资产标有价款，但那只是“资产包”整体作价的参考，无法预知每个单笔债权或实物资产是否能够回收。故华融沈阳办关于依照债权及实物资产转让合同第八条的约定，资产交付差额5%以内免责的抗辩可以成立。本案实物资产交付并非物权意义上的所有权转移，而是交付附属于不良债权对物的权利凭证，如法院的判决、裁定等。上述实物资产交付后，还需权利人通过自身操作，依法主张权利方有可能实现资产权益。原审确认华融沈阳办已将与实物资产相关的享有所有权和处分权的档案资料移交给银盛天成公司，银盛天成公司完全可以据此向实物占有人主张权利。当然，既然是属于不良债权，该实物资产是否能够清收存在不确定性风险，其中因企业破产分配及政策性破产不能主张权利的损失，依约应由不良资产买受者银盛天成公司承担。华融沈阳办未依约在实物资产所在地共同填写实物资产交接单，属一般违约行为，并不影响银盛天成公司清收债权，应属实物资产交

① 已被2011年2月21日《财政部关于废止和失效的财政规章和规范文件目录（第十一批）的决定》予以废止。

付中的履约瑕疵,并非华融沈阳办迟延履行主要债务。华融沈阳办与银盛天成公司签订的债权及实物资产转让协议目的是公平合规地完成债权及实物资产的顺利转让,并无任何条款对银盛天成公司是否能够清收债权及对清收债权的比例作出承诺和规范。因此,华融沈阳办的行为不构成根本违约,转债合同目的已经基本达成。为保障交易公平和交易秩序,本案合同应予维持。银盛天成公司关于解除本案合同,返还剩余债权和实物资产并赔偿相关损失的诉讼请求缺乏事实和法律依据,应当予以驳回。原审引据《合同法》第九十四条第三、四款规定,认为华融沈阳办迟延履行合同主要义务,导致合同目的不能实现,并据此作出合同解除的判决,属于认定事实不清,适用法律不当,本院予以纠正。

——《最高人民法院公报》2010 年第 5 期

【链接:最高人民法院法官著述】

金融资产管理公司在以整体"资产包"方式转让不良债权时,难以预见其中哪一笔债权可以完全收回;同时,"资产包"中有时仅仅一笔即可让受让人收回成本并盈利。因此,若欲根据现有法律规则和民法学理梳理出一套准确判定无效部分与有效部分的界限标准并使其具备可操作性,相当困难。鉴于交易的关键要素是盈亏情况,而最了解交易内部情况以及盈亏状况的人无疑是受让人,因此,《不良债权转让纪要》在权衡尊重私权处分和保护国家公益的基础上,采取一种尊重现实的处理办法,即在保持人民法院公权认定合同效力的基础上,赋予受让人以合同效力选择权,即受让人可以根据其实际或可能盈亏情况在一定范围内选择是否接受合同全部或者部分无效的后果。具体而言:(1)如果受让人选择合同全部无效,通常意味着其已经发生亏损或者将来盈利远景不佳,此种场合认定合同无效,既符合《合同法》第五十二条规定精神,也与受让人的请求相契合。(2)如果受让人主张已履行或已清结部分有效,则意味着受让人可能通过已履行或清结部分回收了其全部成本并实现盈利或预期盈利,此种场合认定该部分有效,其他部分无效,符合《合同法》第五十六条的规定精神。应当注意到,在尊重受让人私权处置及其利益的同时,也要维护公权的评价地位,兼顾作为转让人的金融资产管理公司的权益,因此,在受让人在选择部分有效即其已盈利的情形下,必须接受放弃其他无效部分的对价,如此基本实现了私权处分与公权评价、受让人利益与转让人利益之间的平衡。《不良债权转让纪要》中关于"受让人请求认定已履行或已清结部分有效的,人民法院应当认定尚未履行或尚未清结部分无效，并判令受让人将尚未履行部分或尚未清结部分返还给金融资产管理公司，金融资产管理公司不再向受让人返还相应价金”的规定，即是此种权衡之体现。(3)如果已经履行部分或者已清结部分属于《不良债权转让纪要》规定无效事由中(一)、(二)、(八)、(九)、(十)等依法应当认定绝对无效情形的，受让人不能主张选择该部分有效，而只能选择无此情形的其他部分有效，否则人民法院应当认定整体“资产包”全部无效。(4)由于《不良债权转让纪要》所谓债务人系指国有企业债务人，因此《不良债权转让纪要》原则上不适用于债务人或担保人为非国有企业的此类纠纷。但如果整体“资产包”存在单笔或数笔不良债权的债务人为非国有企业的情形，无论符合无效事由的不良债权之债务人为国有企业还是非国有企业，因难以将其实际剥离和单独处理，故亦应按照上述规则处理。

——高民尚：《关于审理涉及金融不良债权转让案件的若干政策和法律问题——解读〈关于审理涉及金融不良债权转让案件工作座谈会纪要〉》，载最高人民法院民事审判第二庭编：《民商事审判指导》总第17辑，人民法院出版社2009年版，第37～38页。

917

对金融不良债权转让处置公告程序的审查标准

关键词｜金融不良债权转让｜

【最高人民法院司法解释】

第六条 金融资产管理公司受让国有银行债权后，原债权银行在全国或者省级有影响的报纸上发布债权转让公告或通知的，人民法院可以认定债权人履行了《中华人民共和国合同法》第八十条第一款规定的通知义务。

在案件审理中，债务人以原债权银行转让债权未履行通知义务为由进行抗辩的，人民法院可以将原债权银行传唤到庭调查债权转让事实，并责令原债权银行告知债务人债权转让的事实。

——《最高人民法院关于审理涉及金融资产管理公司收购、管理、处置国有银行不良贷款形成的资产的案件适用法律若干问题的规定》(2001年4月11日，法释〔2001〕12号)

【最高人民法院司法政策】

金融资产管理公司转让不良债权存在下列情形的，人民法院应当认定转让合同损害国家利益或社会公共利益或者违反法律、行政法规强制性规定而无效。

……

（四）转让不良债权公告违反《金融资产管理公司资产处置公告管理办法（修订）》规定，对依照公开、公平、公正和竞争、择优原则处置不良资产造成实质性影响的；

（五）实际转让的资产包与转让前公告的资产包内容严重不符，且不符合《金融资产管理公司资产处置公告管理办法（修订）》规定的；

……

——《最高人民法院印发〈关于审理涉及金融不良债权转让案件工作座谈会纪要〉的通知》（2009 年 3 月 30 日，法发〔2009〕19 号）

【最高人民法院裁判文书】

黑龙江省安达银泉酿酒有限公司与安达市地源房地产开发有限公司、中国长城资产管理公司哈尔滨办事处确认合同无效纠纷申请再审案［最高人民法院（2016）最高法民申 1724 号民事裁定书］

最高人民法院认为：（三）关于长城公司哈办转让债权是否违反了相关法律、行政法规的效力性强制性规定而导致合同无效的问题。银泉酿酒公司主张，天交所并未发布公告，即使在其网站上发布公告，也因该公告发布不符合《拍卖法》规定的公告发布平台条件而应当认定无效。本院认为，《不良债权转让纪要》第六条规定："关于不良债权转让合同无效和可撤销事由的认定：……（七）根据有关规定应当采取公开招标、拍卖等方式处置，但未公开招标、拍卖的；或者公开招标中的投标人少于三家（不含三家）的；或者以拍卖方式转让不良债权时，未公开选择有资质的拍卖中介机构的；或者未依照拍卖法的规定进行拍卖的。"2004 年修正的《拍卖法》第四十七条规定："拍卖公告应当通过报纸或者其他新闻媒介发布。"根据一、二审查明的事实，长城公司哈办于 2010 年 4 月 13 日在当地报纸《生活报》上发布了债权转让公告，参考价格为 250 万元，天交所于 2011 年 3 月 21 日在其转让公告平台发布了"黑龙江省安达银泉酿酒有限公司 1

户债权联合转让公告”,地源房产公司亦是从该平台摘牌受让债权。综合上述事实,应当认定长城公司哈办已经按照相关法律规定发布了公告,并不存在违反效力性强制规定而导致债权转让合同无效的情形。至于长城公司哈办与地源房产公司之间的债权转让是否存在恶意串通损害国家和其他人利益的情形的问题。本院认为,长城公司哈办在涉案债权的处置过程中,自 2006 年 6 月至 2011 年 3 月期间,先后在《黑龙江日报》《绥化日报》和《生活报》等报纸上发布了公告及通知,亦在天交所网站上发布公告,公告亦包含转让价格,银泉酿酒公司主张长城公司哈办故意隐瞒债权转让价格,并无相关证据予以证明。其若尽到积极主动义务,可以关注各类报纸及相关网站,通过公开竞买的方式回购债权,其怠于行使自己的权利而将通知义务转嫁于长城公司哈办的行为,不应受到法律保护。且对于银泉酿酒公司而言,其承担的债务系固定金额,并不因债权转让价格的高低而发生变化,故其主张长城公司哈办与地源房产公司构成恶意串通损害银泉酿酒公司的利益,并无事实与法律依据。故银泉酿酒公司该项主张无事实与法律依据,本院不予支持。

——中国裁判文书网,http://wenshu.court.gov.cn。

成都天齐实业(集团)有限公司与四川欧德曼投资有限公司、成都益邦投资有限公司一般借款合同纠纷案[最高人民法院(2013)民二终字第 84 号民事判决书]

最高人民法院认为:因长城资产公司已于 2012 年 7 月 11 日在《生活报》上公告送达债权转让通知,符合《不良贷款案件规定》第六条第一款关于“金融资产管理公司受让国有银行债权后,原债权银行在全国或者省级有影响的报纸上发布债权转让公告或通知的,人民法院可以认定债权人履行了合同法第八十条第一款规定的通知义务”的规定精神,以及本院《关于金融资产管理公司收购、处置银行不良资产有关问题的补充通知》关于金融资产管理公司受让不良贷款后,通过债权转让方式处置不良资产的,可以适用上述规定的精神,应当认定长城资产公司已将案涉债权转让通知聚兴集团公司,该债权转让已经发生法律效力。对聚兴集团公司关于长城资产公司未履行通知义务,案涉债权转让未发生法律效力的主张,本院不予支持。

——中国裁判文书网,http://wenshu.court.gov.cn。

【链接:最高人民法院法官著述】

财政部、中国银监会联合发布的财金字〔2005〕47 号《金融资产管理公司资产处置公告管理办法》和财金字〔2008〕87 号《金融资产管理公司资产处置公告管理办法(修订)》对转让公告的资产范围、公告载体、公告期限以及披露内容作出比较详细的规定。其目的无疑是为便于社会公众的监督,增强金融不良债权处置的透明度和提高不良债权的回收变现率等。因此,人民法院对资产处置公告合规性审查时,着重审查三点:其一,公告的载体是否合规。公告的媒体级别与拟处置资产的规模是否相适应,发布公告的媒体是否已经在财政部在各地财政监察专员办事处和各地银监局备案。其二,审查公告的时限是否合规。其中,以整体"资产包"方式处置不良资产项目,应在资产处置审核机构审核至少 22 个工作日前刊登公告,以保障公众在知悉后有充分时间了解资产信息。其三,公告信息与资产信息内容是否一致。即实际转让的"资产"包内容与公告的整体"资产包"内容相比是否出现"掉包"或"加塞"情形。经审查,若出现不合规情形,根据《不良债权转让纪要》规定,人民法院在衡量公告违规对转让合同效力的影响时,应当参照两个标准。第一个标准是:该公告违规行为是否对依照公开、公平、公正、竞争、择优原则处置不良资产造成实质性影响。通常情形下,尽管金融资产管理公司存在一些不符合规定的公告行为,但如果不能证明受让人存在恶意或者与金融资产管理公司之间存在恶意串通行为的,或者尚未对依照公开、公平、公正、竞争、择优原则处置不良资产造成实质性影响的,人民法院不宜仅据此认定债权转让合同无效。第二个标准是:实际转让的"资产包"与转让前公告的"资产包"内容严重不符,且不符合《金融资产管理公司资产处置公告管理办法(修订)》规定的公告要求。如果金融资产管理公司转让债权公告违反《金融资产管理公司资产处置公告管理办法(修订)》之规定,实际转让中存在"掉包"或者"加塞"等严重不符情形,可以认定构成公告信息虚假,人民法院应当根据《合同法》第五十二条第(二)项、第(四)项以及《不良债权转让纪要》的规定,认定不良债权转让合同无效。

——高民尚:《关于审理涉及金融不良债权转让案件的若干政策和法律问题——解读〈关于审理涉及金融不良债权转让案件工作座谈会纪要〉》,载最高人民法院民事审判第二庭编:《民商事审判指导》总第 17 辑,人民法院出版社 2009 年版,第 39 ~ 40 页。

918
对金融不良债权评估报告不真实情形应区别情况予以处理

关键词 | 金融不良债权评估 |

【最高人民法院司法政策】

金融资产管理公司转让不良债权存在下列情形的，人民法院应当认定转让合同损害国家利益或社会公共利益或者违反法律、行政法规强制性规定而无效。

……

（六）根据有关规定应经合法、独立的评估机构评估，但未经评估的；或者金融资产管理公司与评估机构、评估机构与债务人、金融资产管理公司和债务人、以及三方之间恶意串通，低估、漏估不良债权的；

……

——《最高人民法院印发〈关于审理涉及金融不良债权转让案件工作座谈会纪要〉的通知》（2009 年 3 月 30 日，法发〔2009〕19 号）

【链接：最高人民法院法官著述】

在金融不良债权评估过程中的确存在由于对债务人资产低估、漏估等原因造成评估报告不真实的情形。根据《不良债权转让纪要》规定精神，人民法院对此应当区分情况予以处理。（1）如果由于无法全面掌握债务人资产状况或者因债务人企业形态发生变化等客观原因导致评估报告与实际不符的，只要金融资产管理公司或者评估机构尽到必要的审慎注意义务，仍然不能完全了解债务人资产真实状况的，应当属于金融不良债权处置过程中的自身风险，人民法院不宜据此认定转让合同无效。（2）如果根据国家有关规定应经合法、独立的评估机构评估，但未经评估的，则可以认为金融资产管理公司存在重大过失或者至少未尽谨慎义务，由此可能导致国有资产流失，应当认定转让合同无效。（3）如果有证据证明在评估过程中存在金融资产管理公司与评估机构相互勾结、恶意串通，故意低估、漏估而造成国有资产流失损害国家利益或社会公共利益的，应当认定转让合同无效。

——高民尚:《关于审理涉及金融不良债权转让案件的若干政策和法律问题——解读〈关于审理涉及金融不良债权转让案件工作座谈会纪要〉》,载最高人民法院民事审判第二庭编:《民商事审判指导》总第17辑,人民法院出版社2009年版,第40页。

919

金融不良债权转让中，担保债权同时转让无须征得担保人同意

关键词|金融不良债权转让|担保债权|

【最高人民法院司法政策】

国有银行向金融资产管理公司转让不良债权,或者金融资产管理公司收购、处置不良债权的,担保债权同时转让,无须征得担保人的同意,担保人仍应在原担保范围内对受让人继续承担担保责任。担保合同中关于合同变更需经担保人同意或者禁止转让主债权约定,对主债权和担保权利转让没有约束力。

——《最高人民法院印发〈关于审理涉及金融不良债权转让案件工作座谈会纪要〉的通知》(2009年3月30日,法发〔2009〕19号)

【链接:最高人民法院法官著述】

审判实践中,一些不良债权的保证担保合同中通常订有类似"主合同变更需经担保人同意,未经保证人书面同意的免除保证责任"的约定,在金融资产管理公司等债权人向担保人主张承担担保责任时,担保人通常以《担保法》第二十二条和第二十四条之规定以及合同约定提出免责的抗辩。在最高人民法院法发〔2005〕62号《关于金融资产管理公司收购、处置银行不良资产有关问题的补充通知》第二条明确作出"国有商业银行(包括国有控股银行)向金融资产管理公司转让不良贷款,或者金融资产管理公司收购、处置不良贷款的,担保债权同时转让无须征得担保人的同意,担保人仍应在原担保范围内对受让人继续承担担保责任。担保合同中关于合同变更需经担保人同意的约定,

对债权人转让债权没有约束力”的规定后，仍有观点认为该规定与《担保法》上述条文相冲突。

我们认为，保证人之所以自愿为债务人担保，主要源于其对债务人的财产状况及其履约能力的信任，而不是对债权人为何人的关注。也正因为如此，《担保法解释》第三十条采用“责任不加重说”而规定主合同变更“未经保证人同意的，如果减轻债务人的债务的，保证人仍应当对变更后的合同承担保证责任；如果加重债务人的债务的，保证人对加重的部分不承担保证责任”。事实表明，无论是债权剥离合同还是债权转让合同，其变更的结果通常是减轻担保人的债务负担，最高人民法院《关于金融资产管理公司收购、处置银行不良资产有关问题的补充通知》第二条继续遵循《担保法解释》第三十条的规定精神。鉴于实务中仍有不同观点，为维持司法政策的一致性，《不良债权转让纪要》对此再次重申：“国有银行向金融资产管理公司转让不良债权，或者金融资产管理公司收购、处置不良债权的，担保债权同时转让，无须征得担保人的同意，担保人仍应在原担保范围内对受让人继续承担担保责任。担保合同中关于合同变更需经担保人同意的约定，对债权人转让债权没有约束力。”

——高民尚：《关于审理涉及金融不良债权转让案件的若干政策和法律问题——解读〈关于审理涉及金融不良债权转让案件工作座谈会纪要〉》，载最高人民法院民事审判第二庭编：《民商事审判指导》总第17辑，人民法院出版社2009年版，第30~31页。

920

资产管理公司处置不良资产过程中转让负担抵押担保的债权时，涉及抵押变更登记问题的处理

关键词｜不良资产处置｜抵押担保｜抵押变更登记｜

【最高人民法院司法政策】

三、关于债权转让生效条件的法律适用和自行约定的效力

……

国有银行向金融资产管理公司转让不良债权，或者金融资产管理公司收

购、处置不良债权的，担保债权同时转让，无须征得担保人的同意，担保人仍应在原担保范围内对受让人继续承担担保责任。担保合同中关于合同变更需经担保人同意或者禁止转让主债权的约定，对主债权和担保权利转让没有约束力。

——《最高人民法院印发〈关于审理涉及金融不良债权转让案件工作座谈会纪要〉的通知》(2009 年 3 月 30 日，法发〔2009〕19 号)

二、国有商业银行(包括国有控股银行)向金融资产管理公司转让不良贷款，或者金融资产管理公司收购、处置不良贷款的，担保债权同时转让，无须征得担保人的同意，担保人仍应在原担保范围内对受让人继续承担担保责任。担保合同中关于合同变更需经担保人同意的约定，对债权人转让债权没有约束力。

——《最高人民法院关于金融资产管理公司收购、处置银行不良资产有关问题的补充通知》(2005 年 5 月 30 日，法〔2005〕62 号)

编者说明

《物权法》第一百九十二条明确规定："抵押权不得与债权分离而单独转让或者作为其他债权的担保。债权转让的，担保该债权的抵押权一并转让，但法律另有规定或者当事人另有约定的除外。"该条规定并未要求办理抵押权转让的登记，因此，当事人因受让债权而取得抵押权的，无须办理抵押权变更登记，应当享有抵押权。

921

国有企业债务人属于或者被纳入政策性关闭破产规划并拟实施破产情形，债权人向债务人或担保人提起追偿之诉的处理

关键词 | 政策性关闭破产 | 追偿之诉 |

【最高人民法院司法政策】

案件存在下列情形之一的，人民法院不予受理：

……

(二)债权人向国家政策性关闭破产的国有企业债务人主张清偿债务的；

(三)债权人向已列入经国务院批准的全国企业政策性关闭破产总体规划

并拟实施关闭破产的国有企业债务人主张清偿债务的；

……

——《最高人民法院印发〈关于审理涉及金融不良债权转让案件工作座谈会纪要〉的通知》(2009 年 3 月 30 日，法发〔2009〕19 号)

【链接：最高人民法院法官著述】

《不良债权转让纪要》对此区分两种情形处理：其一，对于国有企业债务人已经实施国家政策性关闭破产或者被列入经国务院批准的全国企业政策性关闭破产总体规划并拟实施关闭破产的，因相关部委就此政策精神达成共识即同意有限地放弃权利，故债权人向债务人追索债权的，人民法院不予受理。其二，在上述情形中，债权人向担保人追偿债权的，因相关部委没有达成共识，故《不良债权转让纪要》对此不作规定，应继续按照国务院国办发〔2006〕3 号等文件精神办理。

——高民尚：《关于审理涉及金融不良债权转让案件的若干政策和法律问题——解读〈关于审理涉及金融不良债权转让案件工作座谈会纪要〉》，载最高人民法院民事审判第二庭编：《民商事审判指导》总第 17 辑，人民法院出版社 2009 年版，第 28 页。

922

以诉讼方式清收国有债权时关于保证期间与诉讼时效适用的特殊规则

关键词 | 保证期间 | 清收国有债权 | 诉讼时效 |

【最高人民法院司法政策】

各省、自治区、直辖市高级人民法院，解放军军事法院，新疆维吾尔自治区高级人民法院生产建设兵团分院：

我院于 2000 年 12 月 8 日公布法释〔2000〕44 号《关于适用〈中华人民共和国担保法〉若干问题的解释》后，一些部门和地方法院反映对于担保法实施前发生的保证行为如何确定保证期间问题没有作出规定，而我院于 1994 年 4 月 15 日公布的法发〔1994〕8 号《关于审理经济合同纠纷案件有关保证的若干问题的规定》对此问题亦不十分明确。为了正确审理担保法实施前的有关保证合同纠纷案件，维护债权人和其他当事人的合法权益，经全国人大常委会法制工作委员会同意，现就有关问题通知如下：

一、对于当事人在担保法生效前签订的保证合同中没有约定保证期限或者约定不明确的，如果债权人已经在法定诉讼时效期间内向主债务人主张了权利，使主债务没有超过诉讼时效期间，但未向保证人主张权利的，债权人可以自本通知发布之日起 6 个月（自 2002 年 8 月 1 日至 2003 年 1 月 31 日）内，向保证人主张权利。逾期不主张的，保证人不再承担责任。

二、主债务人进入破产程序，债权人没有申报债权的，债权人亦可以在上述期间内向保证人主张债权，如果债权人已申报了债权，对其在破产程序中未受清偿的部分债权，债权人可以在破产程序终结后 6 个月内向保证人主张。

三、本通知发布时，已经终审的案件、再审案件以及主债务已超过诉讼时效的案件，不适用本通知。

——《最高人民法院关于处理担保法生效前发生保证行为的保证期间问题的通知》（2002 年 8 月 1 日，法〔2002〕144 号）

【链接：最高人民法院法官著述】

金融资产管理公司清收债权案件所涉及的担保行为，绝大多数发生在《担保法》生效以前。实践中，一些部门和地方法院反映对于如何确定这一时期发生的保证行为的保证期间问题一直存在较大的争议。而法发〔1994〕8 号《规定》对此问题的规定亦不十分明确。为了正确审理这些案件，维护债权人和其他当事人的合法权益，经全国人大常委会法制工作委员会同意，最高人民法院于 2002 年 8 月 1 日发出《最高人民法院关于处理担保法生效前发生保证行为的保证期间问题的通知》（以下简称法〔2002〕144 号《通知》）。应当强调的是“适用条件”对于不符合该通知规定条件的案件不得适用，在适用该通知时，以下四个具体问题需要明确：1. 在主债务诉讼时效已经届满，债权人与债务人又重新对原债务进行了确认的，由于原主债务曾超过了诉讼时效，根据最高人民法院法发〔1994〕8 号《规定》的有关规定，此时，除非保证人又明确表示为确认后的主债务提供保证，否则保证人不再承担保证责任。2. 关于保证合同为无效合同时，是否适用该通知的问题。对于“无效保证”性质的认定是适用实体法律规定后才能得出的判决结果。在诉讼程序上，债权人向保证人主张权利在先，认定保证人是否承担责任在后。因此，即使该保证合同可能被认定为无效合同，也不影响债权人启动诉讼程序向保证人主张权利。3.“向保证人主张权利”的方式包括提起诉讼、书面送达清收债权通知书等。由于此类情况主要涉及金融资产管理公司的金融债权，案件数量大、所涉保证人的情况非常复杂，因此，应当允许金融资产管理公司以“在全国或省级有影响的报纸上刊发公告”的方式向保证人主张权利，此公告应载有要求保证人履行责任的内容。4.债权人在2002年8月1日至2003年1月31日期间未向保证人主张权利，则保证人不再承担保证责任。债权人在此期间内主张了权利，保证债务的诉讼时效期间由主张权利时开始计算，并按照《民法通则》第一百三十五条规定的二年诉讼时效确定①。需要注意的是，除了该司法解释性规定的时间界限以外，到目前为止，还没有再出台一个关于延长银行或者金融资产管理公司诉讼时效的文件。也就是说，今后，在对待债务人的问题上，诉讼时效追溯到银行与金融资产管理公司签订债权转让协议时止，对于担保人责任而言，除了按照上述文件规定办理之外，就要按照担保责任期间来认定，以及审查有没有造成诉讼时效中断的事由，以及有没有与债权人达成新的担保协议，确定新的担保责任期间。其他案件则应按照《担保法》和《担保法解释》的规定确定担保人的保证责任期间和诉讼时效。

——吴庆宝：《金融担保案件诉讼时效的认定原则》，载最高人民法院民事审判第二庭编：《民商事审判指导》总第8辑，人民法院出版社2006年版，第142～143页。

问题3：保证期间内债权人向保证人主张过债权，且主债务没有超过诉讼时效，债权人是否可以依据法〔2002〕144号《通知》主张债权？

在此次资产管理公司受让的债权中，原债权银行在很长一段时间内一直是在诉讼时效内向主债务人催收债权，而没有向保证人主张债权。按照当时的司法解释规定，保证人仍应承担保证责任，债权人并不会丧失该项权利。因此，在法〔2002〕144号《通知》中，用“未向保证人主张权利的”一语描述该批债权所处的状态。但并不是说“在保证期间内债权人向保证人主张过债权”的，债权人此次就不能再主张。理由是：根据法发〔1994〕8号《规定》第十一

① 《民法总则》第一百八十八条规定已将普通诉讼时效期间明确为三年。

条规定，只要主债务未超过诉讼时效，保证人就应承担保证责任。而债权人是否向保证人主张了债权，并不影响其此次依据法〔2002〕144 号《通知》向保证人主张债权。

问题 4：法〔2002〕144 号《通知》下发前，主债务人的破产程序已经终结，可否在法〔2002〕144 号《通知》规定的期限内向保证人主张权利？

法〔2002〕144 号《通知》中对此问题已经进行了明确，仅涉及那些在该通知规定的半年期间内处于或进入破产程序的案件。上述"问题 2"中对此已经作了说明，不再重复。

对于在此前已经终结破产程序的，一般应按照《担保法解释》第四十四条第二款的规定处理，即债权人要求保证人承担保证责任的，应当在破产程序终结后 6 个月内提出。

问题 5：法〔2002〕144 号《通知》下发前，主债权曾超过诉讼时效，但债权人和债务人又对原债务予以重新确认，如何确定保证期间；可否依据法〔2002〕144 号《通知》向保证人主张债权？

根据法发〔1994〕8 号《规定》，主债权已经超过诉讼时效时，意味着保证人承担责任的保证期间同时届满。当债权人与债务人重新对原债权债务进行确认时，除非保证人亦明确表示对此承担保证责任，否则，保证人不再对重新确认的债权承担保证责任，如此时债权人依据法〔2002〕144 号《通知》请求判令保证人承担责任，人民法院不予支持。

通过对上述相关问题的分析及规定的说明，可以表明，在制定有关资产管理公司清收不良贷款的司法解释规定时，本院注意把握了其与《担保法》及其司法解释相关规定的衔接。在处理完这些历史遗留问题后，对于审理因《担保法》生效后发生的担保行为所形成纠纷案件，应当统一适用《担保法》及其司法解释的规定。除此之外，不再有特殊规则。

最后还应强调一点，上述某些规定和解释性文件（不是全部）仅仅适用于审理涉及资产管理公司清收国有债权的案件，不能进行一般性适用。

——王宪森：《关于审理资产管理公司清收国有不良贷款案件的相关问题及处理》，载最高人民法院民事审判第二庭编：《民商事审判指导》总第 7 辑，人民法院出版社 2005 年版，第 28～31 页。

923

金融不良债权转让合同约定禁止向国有银行、各级政府、国家机构追偿等要求受让人放弃部分权利的条款有效

关键词｜金融不良债权转让｜

【最高人民法院司法政策】

金融资产管理公司在不良债权转让合同中订有禁止转售、禁止向国有银行、各级人民政府、国家机构等追偿、禁止转让给特定第三人等要求受让人放弃部分权利条款的，人民法院应认定该条款有效。

——《最高人民法院印发〈关于审理涉及金融不良债权转让案件工作座谈会纪要〉的通知》（2009年3月30日，法发〔2009〕19号）

【链接：最高人民法院法官著述】

我们认为，此类约定不仅符合金融不良债权剥离政策的目的初衷，而且在法律性质上亦可被视为“利他合同”或“为第三人的合同”。《合同法》第六十四条规定：“当事人约定由债务人向第三人履行债务的，债务人未向第三人履行债务或者履行债务不符合约定，应当向债权人承担违约责任。”虽然就该条款是否明确赋予第三人对债务人的履行请求权，我国学界尚存争论；但从体系解释、法意解释、比较法解释以及目的解释的视角观之，将其解释为赋予了第三人直接针对债务人的请求权更为妥当。据此，上述限制追偿条款实际赋予了受让人针对特定主体的不作为义务，第三人基于对不良债权转让合同的信赖，应当有权以此抗辩受让人对其追偿债务的请求权。因此，《不良债权转让纪要》明确规定人民法院应当认定此类限制条款有效。这也为人民法院有权审查受让人的权利范围确定了理论基础。

——高民尚：《关于审理涉及金融不良债权转让案件的若干政策和法律问题——解读〈关于审理涉及金融不良债权转让案件工作座谈会纪要〉》，载最高人民法院民事审判第二庭编：《民商事审判指导》总第17辑，人民法院出版社2009年版，第29～30页。

924

政策性破产企业的债务作为拟核销的呆坏账由债权银行予以核销的，担保法律关系并不因此而消灭

关键词｜政策性破产｜核销｜担保责任｜

【最高人民法院裁判文书】

中国长城资产管理公司乌鲁木齐办事处与新疆昆仑股份有限公司、新疆化工(集团)有限责任公司、新疆新化化肥有限责任公司借款担保合同纠纷案[最高人民法院(2009)民二终字第28号民事判决书]

裁判要旨:债权人向已列入经国务院批准的全国企业政策性关闭破产总体规划并拟实施关闭破产的国有企业债务人主张清偿债务的,人民法院将依法不予受理。但并不排除债权人对相关担保人提起诉讼的情形。同时,担保人的担保责任亦不因主债务人进入破产程序而当然免除。政策性破产企业的债务作为拟核销的呆坏账由债权银行予以核销,系金融企业对呆坏账按照国家政策性破产所实施的特殊财务处理方式,并不因此导致从债务即担保法律关系的消灭,担保人对担保债务仍应按照法律规定和合同约定承担相应责任。

最高人民法院认为:《不良债权转让纪要》对此类案件受理问题作出专门规定,明确“债权人向已列入经国务院批准的全国企业政策性关闭破产总体规划并拟实施关闭破产的国有企业债务人主张清偿债务的”,人民法院不予受理。依照《不良债权转让纪要》的精神,债权人对列入政策性关闭破产范围的国有企业为债务人的案件,人民法院不予受理。根据《民事诉讼法(2007)》第一百零八条的规定,当事人起诉必须属于人民法院受理民事诉讼的范围。因此,长城公司乌市办对昆仑公司的起诉因不符合上述法律和司法政策的规定,原审法院依法作出驳回起诉的裁定并无不当,本院予以维持。《不良债权转让纪要》仅针对被列入政策性破产企业债务人作为被告的案件,人民法院不予受理作出规定,并不排除债权人对相关担保人提起诉讼的情形。同时,担保人的担保责任亦不因主债务人进入破产程序而当然免除。政策性破产企业的债务作为拟核销的呆坏账由债权银行予以核销,系金融企业对呆坏账按照国家政策性破产所实施的特殊财务处理方式,并不因此导致从债务即担保法律关系的消灭,担保人对担保债务

仍应按照法律规定和合同约定承担相应责任。因此，长城公司乌市办对担保人化工集团和担保人新化公司的起诉因符合《民事诉讼法》关于起诉与受理的有关规定，亦不与《不良债权转让纪要》和相关政策相冲突，其诉权应受法律保护。原审法院裁定驳回长城公司乌市办对担保人化工集团和担保人新化公司的起诉不当，本院予以纠正。

——最高人民法院民事审判第二庭编：《最高人民法院商事审判指导案例 · 借款担保卷》，中国法制出版社 2011 年版，第 371 ~374 页。

925

利用外资处置不良债权涉及担保合同效力的认定

关键词 | 金融不良债权转让 | 对外担保合同 |

【最高人民法院司法政策】

一、2005 年 1 月 1 日之后金融资产管理公司利用外资处置不良债权，向外国投资者出售或转让不良资产，外国投资者受让债权之后向人民法院提起诉讼，要求债务人及担保人直接向其承担责任的案件，由于债权人变更为外国投资者，使得不良资产中含有的原国内性质的担保具有了对外担保的性质，该类担保有其自身的特性，国家有关主管部门对该类担保的审查采取较为宽松的政策。如果当事人提供证据证明依照《国家外汇管理局关于金融资产管理公司利用外资处置不良资产有关外汇管理问题的通知》（汇发〔2004〕119 号）第六条规定，金融资产管理公司通知了原债权债务合同的担保人，外国投资者或其代理人在办理不良资产转让备案登记时提交的材料中注明了担保的具体情况，并经国家外汇管理局分局、管理部审核后办理不良资产备案登记的，人民法院不应以转让未经担保人同意或者未经国家有关主管部门批准或者登记为由认定担保合同无效。

二、外国投资者或其代理人办理不良资产转让备案登记时，向国家外汇管理局分局、管理部提交的材料中应逐笔列明担保的情况，未列明的，视为担保未予登记。当事人在一审法庭辩论终结前向国家外汇管理局分局、管理部补交了注明担保具体情况的不良资产备案材料的，人民法院不应以未经国家有关主管部门批准或者登记为由认定担保合同无效。

三、对于因2005年1月1日之前金融资产管理公司利用外资处置不良债权而产生的纠纷案件,如果当事人能够提供证据证明依照当时的规定办理了相关批准、登记手续的,人民法院不应以未经国家有关主管部门批准或者登记为由认定担保合同无效。

——《最高人民法院关于审理金融资产管理公司利用外资处置不良债权案件涉及对外担保合同效力问题的通知》(2010年7月1日,法发〔2010〕25号)

【最高人民法院审判业务意见】

对该问题,本来在海南会议上已明确了基本尺度,在2010年7月又发布了《最高人民法院关于审理金融资产管理公司利用外资处置不良债权案件涉及对外担保合同效力问题的通知》(法发〔2010〕25号)。依据该通知规定,金融资产管理公司向外国投资者出售或转让不良资产,由于国家有关主管部门对该类担保的审查采取较为宽松的政策,不适用《境内机构对外担保管理办法》关于对外担保的批准和登记的规定,如果当事人提供证据证明依照《国家外汇管理局关于金融资产管理公司利用外资处置不良资产有关外汇管理问题的通知》第六条规定,金融资产管理公司通知了原债权债务合同的担保人,外国投资者或其代理人在办理不良资产转让备案登记时提交的材料中注明了担保的具体情况,并经国家外汇管理局分局、管理部审核后办理不良资产备案登记的,人民法院不应以转让未经担保人同意或者未经国家有关主管部门批准或者登记为由认定担保合同无效。

此外,另根据法发〔2005〕62号《最高人民法院关于金融资产管理公司收购、处置不良资产有关问题的补充通知》第二条的规定,金融资产管理公司收购、处置不良贷款的,担保债权同时转让,无需征得担保人的同意,担保人仍应在原担保范围内对受让人继续承担担保责任。各级人民法院应当认真领会通知精神,严格遵照执行。

至于有的高院反映,外国公司从资产管理公司购买不良资产,可能带来的诸如造成国有资产流失等一系列问题,可依照最高人民法院2009年发布的《不良债权转让纪要》处理。该纪要基本上是针对金融不良资产转让中存在的问题而制定的应对措施,基本精神对具有涉外因素的不良资产转让同样是适用的。

——刘贵祥:《在全国涉外商事审判庭长座谈会上的总结讲话》,载万鄂湘主编、最高人民法院民事审判第四庭编:《涉外商事海事审判指导》总第22辑,人民法院出版社2013年版,第19页。

【最高人民法院裁判文书】

新乡市金利来购物中心与黑石香港投资(一)有限公司(Scv HongKong Investment 1 Limited)借款担保合同纠纷案[最高人民法院(2014)民申字第62号民事裁定书]

最高人民法院认为:本案二审程序中,黑石投资公司提交了其与东方郑办在2008年8月1日签订的包括本案三笔债权在内的资产包转让协议,该协议约定的合同条款包括价款,表明包括本案三笔债权在内的资产包转让具有明确对价存在。黑石投资公司亦提交了加盖东方郑办公章的国家外汇管理局出具的编号为汇复〔2008〕190号的《国家外汇管理局关于中国东方资产管理公司对外转让河南地区不良资产包有关外汇管理问题的批复》以及国家发改委出具的编号为2008010的《对外转让不良债权备案确认书》,证明涉案债权转让行为已经通过了国家相关主管部门的审查和批准。

——中国裁判文书网,http://wenshu.court.gov.cn。

福萨投资基金公司与温州西山联合陶瓷有限公司、温州西山面砖厂借款及担保合同纠纷案[最高人民法院(2012)民提字第181号民事判决书]

最高人民法院认为:投资基金公司系境外公司,其通过受让信达公司对外处置的金融不良资产包的方式取得本案债权,办理了国家发展和改革委员会《对外转让不良债权备案确认书》,并获得国家外汇管理局的批准,在指定的地方外汇管理分局办理了相应的备案登记手续,所提交的备案登记材料中注明了包括本案债权在内的各债权担保的具体情况。根据《不良债权转让纪要》第六条第(八)项以及《最高人民法院关于审理金融资产管理公司利用外资处置不良债权案件涉及对外担保合同效力问题的通知》第一条的规定,该金融不良债权及所涉抵押权的转让合法有效。投资基金公司因受让金融不良债权而产生的与西联公司及西山面砖厂之间的借款及抵押法律关系明确,债权数额清楚,当事人对此并无异议。金融不良债权转让属于我国合同法所规范的债权转让,应当适用债权转让的一般规定,法律法规及司法解释有特别规定的除外。《不良债权转让纪要》第九条规定,受让人向国有企业债务人主张不良债权受让日之后发生的利息的,人民法院不予支持。本案投资基金公司仅请求债务人西联公司偿还债权本金以及截至不良债权受让日2006年12月12日的利息,人民法院对其诉请应予支持。浙江高院对投资基金公司主张的债权仅予部分支持,缺乏相应的法律依据,适用法律不当,本院予以纠正。《合同法》第八十一条规定:"债权人转让权利的,受让人取得与债权有关的从权利,但该从权利专属于债权人自身的除外。"投资基金公司依债权转让取得相应的抵押权,西山面砖厂应当承担抵押担保责任。

——中国裁判文书网,http://wenshu.court.gov.cn。

926

金融不良债权转让中地方政府有优先购买权,债务人不享有优先购买权

关键词|金融不良债权转让|优先购买权|

【最高人民法院司法政策】

会议认为,为了防止在通过债权转让方式处置不良债权过程中发生国有资产流失,相关地方人民政府或者代表本级人民政府履行出资人职责的机构、部门或者持有国有企业债务人国有资本的集团公司可以对不良债权行使优先购买权。

金融资产管理公司向非国有金融机构法人转让不良债权的处置方案、交易条件以及处置程序、方式确定后,单笔(单户)转让不良债权的,金融资产管理公司应当通知国有企业债务人注册登记地的优先购买权人。以整体"资产包"的形式转让不良债权的,如资产包中主要债务人注册登记地属同一辖区,应当通知该辖区的优先购买权人;如资产包中主要债务人注册登记地属不同辖区,应当通知主要债务人共同的上级行政区域的优先购买权人。

按照确定的处置方案、交易条件以及处置程序、方式,上述优先购买权人在同等条件下享有优先购买权。优先购买权人收到通知后明确表示不予购买或者在收到通知之日起三十日内未就是否行使优先购买权作出书面答复,或者未在

公告确定的拍卖、招标日之前作出书面答复或者未按拍卖公告、招标公告的规定时间和条件参加竞拍、竞标的，视为放弃优先购买权。

金融资产管理公司在《纪要》发布之前已经完成不良债权转让，上述优先购买权人主张行使优先购买权的，人民法院不予支持。

债务人主张优先购买不良债权的，人民法院不予支持。

——《最高人民法院印发〈关于审理涉及金融不良债权转让案件工作座谈会纪要〉的通知》(2009 年 3 月 30 日，法发〔2009〕19 号)

【最高人民法院裁判文书】

黑龙江省安达银泉酿酒有限公司与安达市地源房地产开发有限公司、中国长城资产管理公司哈尔滨办事处确认合同无效纠纷申请再审案[最高人民法院(2016)最高法民申 1724 号民事裁定书]

最高人民法院认为：

(一)关于涉案债务是否属于国有企业债务的问题。银泉酿酒公司主张其并非真实借款关系的债务人，只是非自愿承担债务，真正的债务人仍然为安达市酿酒厂，即该债务属于国有企业债务的性质并未发生改变，改变的只是承担主体。本院认为，在企业改制过程中，银泉酿酒公司与安达市国资局、安达市工业局签订案涉《酒厂出售协议》，其中约定的企业资产售价为零，银泉酿酒公司以承担债务的方式接收了安达市酿酒厂的资产，该国有企业资产经过评估，价值与企业所负债务金额相当，银泉酿酒公司既然接收了资产即应当支付相应对价，而该对价即为对安达市酿酒厂原债务的承担，且银泉酿酒公司在接收资产后，与中国工商银行安达市支行(以下简称工行安达支行)重新签订了案涉五份《借款合同》，用于转贷落实安达市酿酒厂的债务，银泉酿酒公司与安达市酿酒厂并非同一法律主体，且银泉酿酒公司系以支付对价的方式购买安达市酿酒厂的资产，故在双方之间的债务转移得到债权人工行安达支行的同意后，银泉酿酒公司即与工行安达支行之间形成了新的债权债务关系，根据合同相对性原则，由此形成的债务系银泉酿酒公司自身的债务，已非原国有企业安达市酿酒厂的债务。故，银泉酿酒公司认为其债务系承接国有企业债务因此性质不发生改变的主张，本院不予支持。

(二)关于银泉酿酒公司是否享有优先购买权的问题。银泉酿酒公司主张其因仍然承担安达市酿酒厂职工安置的义务，故应当继续行使国有企业的相关权利。本院认为，银泉酿酒公司虽仍然承担职工安置义务，但该项义务系其与安达市国资局、安达市工业局在《酒厂出售协议》中约定的附随义务，而企业性质的认定应当按照法律规定的出资情况进行认定，不能因银泉酿酒公司履行合同义务的行为而认定其为国有企业。同时，如上所述，银泉酿酒公司以承担债务为对价接收了安达市酿酒厂的资产，其即已经变更为实际债务人，该债务也因债务人的变更，而不再具备国有企业债务的性质。《不良债权转让纪要》第四条对地方政府及其他单位的优先购买权问题作出了明确规定，即优先购买权的权利主体系国有企业债务人所在地的相关地方人民政府或代表本级人民政府履行出资人职责的机构、部门或者持有国有企业债务人国有资本的集团公司。银泉酿酒公司并非国有企业，亦不属于履行出资义务的相关政府部门或国有资本集团公司，《不良债权转让纪要》同时明确，“债务人主张优先购买不良债权的，人民法院不予支持”。故对于银泉酿酒公司主张其享有优先购买权，无事实与法律依据，本院不予支持。

——中国裁判文书网，http://wenshu.court.gov.cn。

【链接：最高人民法院法官著述】

为最大限度地减少国有资产流失，实现私权处分与公共利益、金融债权与职工债权、市场竞争与国家干预、历史问题与现行法则等诸多价值的权衡目的，国家相关主管部门达成一个重要共识：赋予相关地方人民政府或者代表本级人民政府履行出资人职责的机构、部门或者持有国有企业债务人国有资本的集团公司对不良债权的优先购买权。《不良债权转让纪要》对此亦作出明确规定。由于绝大多数不良债权目前均已处置完毕，因此《不良债权转让纪要》关于优先购买权的规定内容主要是适用于某些转让行为被认定无效后再行处置的情形，以及将来国家允许适用《不良债权转让纪要》规则的其他金融机构处置和清收不良债权的情形。应当注意的是整体资产包转让情形中“主要债务人注册登记地”的概念。所谓“主要债务人”是指在整体“资产包”总债权额中所占份额较大，或者人数较多且债权份额比重较大的债务人。所谓“注册登记地”是指注册登记各机关所在地。

审判实践中，经常出现债务人在金融资产管理公司转让不良债权时主张行使优先购买权的情形。应否允许债务人主张优先购买权，无论是审判实践中，还是国家相关部委间，均存在赞成与反对两种意见。我们认为，尽管国有商业银行已经或即将上市，但由于各种因素的影响导致这些国有商业银行仍然不断产生不良资产。如果赋予债务人优先购买权，就可能为潜在的债务人提供一个逃债机会，即债务人从国有商业银行贷款之后久拖不还，直至将贷款拖成不良债权，进而在不良债权处置时要求行使优先购买权。《不良债权转让纪要》关于“债务人主张优先购买不良债权的，人民法院不予支持”的明确规定，充分彰显了最高人民法院“维护诚信体系、制裁恶意逃债”的司法导向。

——高民尚：《关于审理涉及金融不良债权转让案件的若干政策和法律问题——解读〈关于审理涉及金融不良债权转让案件工作座谈会纪要〉》，载最高人民法院民事审判第二庭编：《民商事审判指导》总第17辑，人民法院出版社2009年版，第31页。

927

金融不良债权转让中优先购买权的行使及合同效力问题

关键词｜金融不良债权转让｜优先购买权｜合同效力｜

【最高人民法院裁判文书】

哈尔滨市胜达房地产综合开发有限责任公司、中国长城资产管理公司哈尔滨办事处与哈尔滨市电子仪表工业总公司确认合同效力及优先购买权纠纷案［最高人民法院(2011)民二终字第98号民事判决书］

裁判要旨：本案涉及如何确定不良债权的优先购买权人，金融资产管理公司在处置不良资产时如何通知优先购买权人、优先购买权人如何行使优先购买权，以及其行使优先购买权是否影响金融资产公司与第三人的债权转让合同效力等焦点问题。依照《不良债权转让纪要》最大限度防止国有资产流失、保障国家经济安全的精神，金融资产管理公司应切实履行通知优先购买权人的义务，否则优先购买权人的交易机会或难以保护。不良债权转让过程中应充分重视程序价值，程序瑕疵可能致使优先购买权人丧失行使权利的基础，使优先购买制度失去平衡各方利益的核心价值，违背《不良债权转让纪要》设立该制度的立意初衷。在审理不良债权转让合同效力的诉讼中，应根据《合同法》和《金融资产管理公司条例》等法律法规，并参照国家有关政策规定，重点审查不良债权的可转让性、受让人的适格性及转让程序的公正性和合法性，并根据《不良债权转让纪要》关于金融资产管理公司转让不良债权可能存在的11种无效情形的规定综合审查并认定不良债权转让合同效力。

最高人民法院经审理认为：

一、关于仪表总公司是否为案涉债权优先购买权人的问题。

为了防止在通过债权转让方式处置不良债权过程中发生国有资产流失，《不良债权转让纪要》规定了相关地方人民政府或者代表本级人民政府履行出资人职责的机构、部门或者持有国有企业债务人国有资本的集团公司可以对不良债权行使优先购买权。本案中，仪表总公司最初系市政府将哈尔滨市机械电子冶金工业局管理的有关电子、仪表的企事业单位划分出来组建成立的，是负责管理所属企事业单位的经济实体。此后仪表总公司虽未按要求进一步改造成集团公司，但市国资委为其颁发的《企业国有资产产权登记证》上注明仪表总公司为电影机厂的企业集团或企业管理部门，并为电影机厂全部1940万元国有资本的出资人。由此说明其虽然未改造成仪表集团，但并不影响市国资委对其出资人地位的认定。因此，仪表总公司作为经市国资委批准并依法注册登记的国有资本出资人，属于《不良债权转让纪要》规定的优先购买权人。长城资产公司与胜达公司提出仪表总公司不是案涉债权优先购买权人的上诉理由缺乏事实依据，本院不予支持。

二、关于仪表总公司是否已经放弃优先购买权的问题。

优先购买制度旨在解决资源利用与安全利益维护之间的矛盾，平衡出卖人、优先购买权人及第三人之间的利益冲突。优先购买权的实质是对正常交易的一种限制，以牺牲出卖人和第三人的合法利益为代价，换取对优先购买权人特殊利益的保护。该规则体现出的利益平衡点为：优先购买权人能得到交易机会的保护，但并不因其优先购买权而得到交易中的优惠；出卖人受交易对象选择的限制，但不因存在优先购买权而使其所有物变现价值受损。

不良债权的处置是计划经济时期形成的历史遗留问题，是以政策性为主、法律性为辅的社会经济问题。《不良债权转让纪要》的出台背景、精神原则以及若干重要规则形成的脉络实质上反映了其背后蕴含的价值权衡及价值选择。为最大限度地减少国有资产流失，实现私权处分与公共利益、金融债权与职工债权、市场竞争与国家干预、历史问题与现行法则等诸多价值的权衡目的，《不良债权转让纪要》明确了相关地方人民政府或者代表本级人民政府履行出资人职责的机构、部门或者持有国有企业债务人国有资本的集团公司对不良债权拥有优先购买权。并同时规定，金融资产管理公司向非国有金融机构法人转让不良债权的处置方案、交易条件以及处置程序、方式确定后，应当通知国有企业债务人注册登记地的优先购买权人。该规定明确了金融资产管理公司在转让不良债权时对优先购买权人的通知义务，虽未列明通知形式，但按照《不良债权转让纪要》最大限度防止国有资产流失、保障国家经济安全的精神，该义务应以书面、口头或其他优先购买权人能够确认知悉的方式来履行，而不宜随意采用公告方式。这是因为：首先，法律并未赋予债权人在不良债权转让中可以公告形式取代直接通知的权利。其次，公告作为一种推定送达方式，应严格限制其适用范围，在穷尽书面、口头或电话等方式通知不到的情形下才得以适用。否则，可能造成优先购买权人的交易机会难以保护的结果，进而可能实质性地影响金融资产管理公司以公开、公平、公正和竞争、择优原则处置不良债权的根本目的。

本案中长城资产公司自 2005 年 7 月受让债权到 2009 年 11 月拍卖转让债权历经四年，其间虽与电影机厂进行了多次协商、洽谈及往来文函，并发布数次处置公告，但始终未采取书面或口头等通知形式与市政府、市国资委及仪表总公司等优先购买权人直接联系，告知其债权处置的处置方案、交易条件以及处置程序、方式，最终通过拍卖程序转让债权时亦未通知优先购买权人行使权利，违背了《不良债权转让纪要》中规定的金融资产管理公司对优先购买权人的通知义务，而《不良债权转让纪要》关于“优先购买权人收到通知后明确表示不予购买或者在收到通知之日起 30 日内未就是否行使优先购买权作出书面答复，或者未在公告确定的拍卖、招标日之前作出书面答复或者未按拍卖公告、招标公告的规定时间和条件参加竞拍、竞标的，视为放弃优先购买权”的规定是建立在优先购买权人知悉债权处置的基础之上。因此，本案中因长城资产公司未履行通知义务，优先购买权人并未知悉债权处置的具体方案，亦未参与债权处置过程，故从根本上丧失了行使优先购买权的可能。长城资产公司作为国家授权处置不良债权的专业金融资产管理公司，应熟知国家处置金融不良债权相关规定和政策的精神实质和操作规程，胜达公司与长城资产公司认为根据其发布的历次公告及电影机厂数次回函内容，推定市政府、市国资委等优先购买权人知悉债权处置事宜并已放弃优先购买权的主张混淆了债务人回购债权及优先购买权人行使权利的本质区别，亦违反了《不良债权转让纪要》规定的通知义务，本院不予支持。

三、关于长城公司与胜达公司债权转让协议的效力如何认定的问题。

人民法院在审理不良债权转让合同效力的诉讼中，应根据《合同法》和《金融资产管理公司条例》等法律法规，并参照国家有关政策规定，重点审查不良债权的可转让性、受让人的适格性及转让程序的公正性和合法性，并根据《不良债权转让纪要》关于金融资产管理公司转让不良债权可能存在的11种无效情形的规定综合审查并认定不良债权转让合同效力。

本案中该问题的审查重点为转让程序的公正性和合法性。《不良债权转让纪要》规定，金融资产管理公司向非国有金融机构法人转让不良债权的处置方案、交易条件以及处置程序、方式确定后，应当通知国有企业债务人注册登记地的优先购买权人。《金融资产管理公司资产处置管理办法（修订）》第二十条明确规定"资产公司对持有国有企业（包括国有全资和国有控股企业）的债权资产进行出售时，应提前15天书面告知国有企业及其出资人或国有资产管理部门"。设定以上制度的价值取向在于，国有金融不良债权的剥离与处置，绝不仅仅是简单的商事主体之间的私权处分，而是巨额国有资产的流动与利益再分配问题。这种流动能否在公开、公平、公正的程序下进行，事关全体国民和国家的利益。因此，在不良债权处置过程中，尤其需要强调程序价值的意义，否则，制度的设计便因缺乏程序保障而失去实质价值，将对国家利益和社会公共利益造成根本损害。本案中，长城资产公司在处置不良债权时未按规定尽到通知义务，存在程序瑕疵，而该瑕疵造成优先购买权人丧失行使权利的基础，使优先购买制度失去平衡各方利益的核心价值，对依照公开、公平、公正和竞争、择优原则处置不良资产造成实质性影响，可能造成国有资产流失、国有企业生存发展受阻、职工利益失去保障进而影响社会稳定等多种不利后果，违背了《不良债权转让纪要》设立优先购买权制度的立意初衷。按照《不良债权转让纪要》关于不良债权转让合同无效事由的认定中"转让不良债权公告违反《金融资产管理公司资产处置公告管理办法（修订）》规定，对依照公开、公平、公正和竞争、择优原则处置不良资产造成实质性影响的"相关规定，应当认定长城公司与胜达公司债权转让协议无效。

——最高人民法院民事审判第二庭编：《最高人民法院商事审判指导案例(7)·公司与金融卷》，中国法制出版社2013年版，第455~465页。

928

对《不良债权转让纪要》发布前已完成转让的不良债权主张优先购买权的处理

关键词｜金融不良债权转让｜优先购买权｜

【最高人民法院裁判文书】

西宁体育馆与中国华融资产管理公司兰州办事处、青海庆威矿业有限公司债权转让无效纠纷案[最高人民法院(2010)民二终字第25号民事判决书]

裁判要旨:为启动人民法院对债权转让合同效力的审查,防止国有资产流失,认定国有性质的事业单位债务人享有提起不良债权转让合同无效的诉权,符合《不良债权转让纪要》的精神。

不良债权转让在《不良债权转让纪要》发布之前已经完成,优先购买权人主张行使优先购买权的,人民法院不予支持。

最高人民法院认为:(一)关于西宁体育馆是否享有主张债权转让合同无效的诉权问题。西宁体育馆依据《不良债权转让纪要》规定,主张华融兰州办与庆威公司签订的《债权转让协议》无效。庆威公司抗辩认为,本案不应适用《不良债权转让纪要》。最高人民法院认为,根据《不良债权转让纪要》第十二条关于“《不良债权转让纪要》的内容和精神仅适用于在《不良债权转让纪要》发布之后尚在一审或者二审阶段的涉及最初转让方为国有银行、金融资产管理公司通过债权转让方式处置不良资产形成的相关案件”的规定,本案符合《不良债权转让纪要》的适用范围,可以适用《不良债权转让纪要》。《不良债权转让纪要》第五条规定国有企业债务人享有提起不良债权转让合同无效的诉权,而本案的债务人西宁体育馆为事业单位法人,确实与国有企业在组织类型上存在差异,但从所有制性质上看,二者均属国有性质,并无不同。《不良债权转让纪要》赋予国有企业债务人以诉权,目的在于借此启动人民法院对债权转让合同效力的审查,防止国有资产流失。认定同属国有性质的事业单位债务人享有该项诉权,与《不良债权转让纪要》的上述精神是完全相符的。因此,最高人民法院认为,西宁体育馆具备主张不良债权转让合同无效的主体资格。

(二)关于西宁市政府的优先购买权问题。《不良债权转让纪要》规定,在通过债权转让方式处置不良债权过程中,地方政府等享有优先购买权,但金融资产管理公司在《不良债权转让纪要》发布之前已经完成不良债权转让,优先购买权人主张行使优先购买权的,人民法院不予支持。本案中,华融公司和庆威公司之间的金融不良债权转让合同签订于2007年11月28日,而《不良债权转让纪要》发布于2009年4月3日,华融公司和庆威公司之间的金融不良债权转让行为在《不良债权转让纪要》发布之前已经完成。故对于西宁体育馆关于应由西宁市政府行使优先购买权的主张,本院不予支持。

——最高人民法院民事审判第二庭编:《最高人民法院商事审判指导案例(6)·合同与借贷担保卷》,中国法制出版社 2013 年版,第 158 ~ 164 页。

929

金融不良债权受让人向国有企业债务人主张利息的计算基准

关键词 | 金融不良债权转让 | 利息计算 |

【最高人民法院司法解释】

第七条 债务人逾期归还贷款,原借款合同约定的利息计算方法不违反法律法规规定的,该约定有效。没有约定或者不明的,依照中国人民银行《人民币利率管理规定》计算利息和复息。

——《最高人民法院关于审理涉及金融资产管理公司收购、管理、处置国有银行不良贷款形成的资产的案件适用法律若干问题的规定》(2001 年 4 月 11 日,法释〔2001〕12 号)

【最高人民法院司法政策】

九、关于受让人收取利息的问题

会议认为,受让人向国有企业债务人主张利息的计算基数应以原借款合同本金为准;受让人向国有企业债务人主张不良债权受让日之后发生的利息的,人民法院不予支持。但不良债权转让合同被认定无效的,出让人在向受让人返还受让款本金的同时,应当按照中国人民银行规定的同期定期存款利率支付利息。

——《最高人民法院印发〈关于审理涉及金融不良债权转让案件工作座谈会纪要〉的通知》(2009 年 3 月 30 日,法发〔2009〕19 号)

930

债务承担协议没有对债务履行期内利息作明确约定的，新债务人对该部分利息不负偿还义务，新债务人的保证人也不承担保证责任

关键词｜债务承担｜利息｜保证责任｜

【最高人民法院裁判文书】

中国信达资产管理公司成都办事处与成都涤纶工业集团公司、成都市国有资产投资经营公司借款合同纠纷案[最高人民法院(2007)民二终字第214号民事判决书]

裁判要旨:《不良贷款案件规定》第七条规定系针对原借款合同债务人逾期还款的情形,并不直接拘束承担继受债务的新债务人。《债务承担协议》已明确约定了债务承担的范围,则新债务人只对其承担范围内的债务负有清偿责任。新债务人并非完全继受原借款合同债务人的地位,故不存在前述司法解释第七条之适用。《债务承担协议》没有对债务履行期内的利息作出明确约定的,新债务人对该部分利息不负偿还义务,对新债务人提供担保的保证人也不承担保证责任。

最高人民法院认为:根据中行四川分行与涤纶集团签订的《债务承担协议》第2条的约定,涤纶集团承担债务的范围为外汇贷款本金7399800美元及截至协议生效之日原成都涤纶厂和泰康公司在中行四川分行全部债务项下所欠利息。同时,《债务承担协议》第11条又约定,协议自双方有权签字人签署并加盖公章之日起生效。由于该协议签署盖章的日期为2000年2月15日,故涤纶集团明确表示承担债务的范围应为外汇贷款本金7399800美元及截至2000年2月15日原成都涤纶厂和泰康公司在中行四川分行全部债务项下所欠利息,并不包括2000年2月16日至2005年2月15日60个月债务履行期限内的利息。国投公司承担的保证责任也以涤纶集团基于上述《债务承担协议》承担的债务为限。因原成都涤纶厂和泰康公司对中行四川分行所负的债务本身即有对于当时贷款利率的约定,故仅凭《债务承担协议》中贷款逾期部分在"原贷款利率基础上"加收罚息的用语不足以推定涤纶集团与中行四川分行就60个月债务履行期限内的利息支付也作出了约定。

信达公司成都办事处提出,在一审诉讼中,涤纶集团和国投公司均未对该期

间利息的计算提出异议,说明在该期间计算利息并不违背主债务人和保证人的意愿。本院认为,在一审诉讼中,涤纶集团和国投公司并未单就该部分利息的收取提出抗辩。两被上诉人未对该期间利息的计算单独提出异议,但亦未明确表示承认,故信达公司成都办事处据此推断在该期间计算利息并不违背主债务人和保证人意愿的上诉理由不能成立,本院不予支持。

信达公司成都办事处在二审庭审中还提出,根据《不良贷款案件规定》第七条"债务人逾期归还贷款,原借款合同约定的利息计算方法不违反法律法规规定的,该约定有效。没有约定或者不明的,依照中国人民银行《人民币利率管理规定》计算利息和复息"的规定,涤纶集团也应当支付60个月履行期内的利息。对此本院认为,涤纶集团并非原借款合同的债务人,其承担的责任应以《债务承担协议》约定承担的债务为限,故不存在本院《不良贷款案件规定》第七条之适用情形。上诉人信达公司成都办事处要求涤纶集团承担债务履行期间的利息,并要求国投公司承担相应的保证责任的主张不能成立,本院不予支持。

——最高人民法院民事审判第二庭编:《商事审判指导》总第21辑,人民法院出版社2010年版,第201~202页。

【链接:最高人民法院法官著述】

根据合同法理,利息债权可以区分为尚未届期和已经届期却尚未支付(即迟延利息)两种情形。其中,尚未届期的利息债权无疑属于从权利,自应随主债权一同转移;但迟延利息则具有独立地位,与从权利并不相同,并不当然地随同主债权一同转移。尽管有立法例推定未支付的利息随同主债权转移与受让人,但这种推定可以反证推翻。因此,就不良债权利息收取而言,在受让人受让不良债权后,无疑有权收取对主债权尚未届期的利息;但并不必然有权收取已经届期却尚未支付的迟延利息。考虑到不良债权自身的特殊性,尤其是在尚无不良债权合理定价机制且公众普遍认为不良债权转让价格过低情势下,经国家相关主管部门多次沟通并经中央原则同意,认为受让人无权收取不良债权受让日后产生的迟延利息。因此,《不良债权转让纪要》明确规定:"受让人向国有企业债务人主张不良债权受让日之后发生的利息的,人民法院不予支持。"

《不良贷款案件规定》第七条规定:"债务人逾期归还贷款,原借款合同约定的利息计算方法不违反法律法规规定的,该约定有效。没有约定或者不明的,依照中国人民银行《人民币利率管理规定》计算利息和复息。"最高人民法院法

〔2005〕62 号《关于金融资产管理公司收购、处置银行不良资产有关问题的补充通知》第一条规定:“国有商业银行(包括国有控股银行)向金融资产管理公司转让不良贷款,或者金融资产管理公司受让不良贷款后,通过债权转让方式处置不良资产的,可以适用本院发布的上述规定。”①审判实务中由此引发受让人能否如同金融资产管理公司一样以同样的标准向债务人收取复息的问题,并形成肯定和否定以及折中等不同观点。我们认为,复息计算规定来源于中国人民银行《人民币利率管理规定》,该规定适用对象仅限于金融机构。虽然最高人民法院法释〔1999〕8 号《关于逾期付款违约金应当按照何种标准计算问题的批复》和法释〔2000〕34 号关于修改法释〔1999〕8 号的批复明确了计算标准,但并未赋予其他合同当事人计收复息的权利。因此,计收复息的权利专属于商业银行和金融资产管理公司等金融机构。根据《合同法》第八十一条关于“债权人转让权利的,受让人取得与债权相关的从权利,但该从权利专属于债权人自身的除外”的规定,非金融机构的不良债权受让人,无权向债务人计收复息。

——高民尚:《关于审理涉及金融不良债权转让案件的若干政策和法律问题——解读〈关于审理涉及金融不良债权转让案件工作座谈会纪要〉》,载最高人民法院民事审判第二庭编:《民商事审判指导》总第 17 辑,人民法院出版社 2009 年版,第 41 ~42 页。

931

非金融机构以打包形式受让金融债权后不能向债务人主张全额利息债权

关键词|金融不良债权转让|利息|

【最高人民法院司法政策】

九、关于受让人收取利息的问题

会议认为,受让人向国有企业债务人主张利息的计算基数应以原借款合同本金为准;受让人向原国有企业债务人主张不良债权受让日之后发生的利息的,人民

① 该文所指“上述规定”包括最高人民法院法释〔2001〕12 号。

法院不予支持。但不良债权转让合同被认定无效的,出让人在向受让人返还受让款本金的同时,应当按照中国人民银行规定的同期定期存款利率支付利息。

——《最高人民法院印发〈关于审理涉及金融不良债权转让案件工作座谈会纪要〉的通知》(2009 年 3 月 30 日,法发〔2009〕19 号)

【最高人民法院裁判文书】

佳木斯市升平煤矿与黑龙江省地方煤炭工业(集团)总公司借款合同纠纷案[最高人民法院(2006)民二终字第 238 号民事判决书]

最高人民法院认为:2. 地煤总公司能否以其受让的全额债权(包括利息)向升平煤矿主张债权。如上所述,地煤总公司因有偿受让上述债权,导致债权人与债务人成为一人,其与省建行之间的借款合同关系归于消灭。地煤总公司作为借款合同名义上的借款人,在受让债权后,有权向升平煤矿行使债权,要求升平煤矿归还其借款本金 1006 万元。升平煤矿关于地煤总公司行使债权应仅限于其受让信达公司不良金融债权实际支付的对价之上诉主张,因于法无据,本院予以驳回。至于地煤总公司能否就借款本金利息向升平煤矿主张债权的问题,依据相关法律、法规的规定,收取银行贷款利息的权利只能由金融机构行使。地煤总公司系企业法人,非金融机构,其无权享有金融机构享有的收取贷款利息的权利。地煤总公司受让信达公司不良金融债权的行为不属于政策性收购性质,转让协议是由地煤总公司与信达公司协商签订,收购价款也并非由省财政支付,而是由其暂时垫付,最终还将由地煤总公司归还。且,因本案地煤总公司是以打包形式受让的本案债权,根据国家关于处置不良金融债权的相关政策,其所支付的对价远低于所购买的不良金融债权,地煤总公司因此获取了一定利益,故升平煤矿关于不应向地煤总公司支付上述借款利息的主张,于法有据,本院予以支持。原判升平煤矿应向地煤总公司支付上述借款利息 14583982 元,属于适用法律不当,本院予以纠正。

——最高人民法院民事审判第二庭编:《民商事审判指导》总第 15 辑,人民法院出版社 2008 年版,第 208 ~217 页。

【链接:最高人民法院法官著述】

依据相关法律、法规的规定,只有金融机构才能行使收取银行贷款利息的权利。地煤总公司系企业法人,非金融机构,无权享有金融机构才能享有的收取贷款利息的权利。结合本案的实际情况,地煤总公司是以打包形式受让的债权,根据国家关于处置不良金融债权的相关政策,其所支付的对价远低于其所购买的不良金融债权,地煤总公司由此在购买资产包中已经获取了相当的利益。因此,地煤总公司不应再行向升平煤矿主张贷款利息。

——叶小青、隋汶兵:《非金融机构以打包形式受让金融债权后能否向债务人主张全额债权——上诉人佳木斯市升平煤矿与被上诉人黑龙江省地方煤炭工业(集团)总公司借款合同纠纷上诉案评析》,载最高人民法院民事审判第二庭编:《民商事审判指导》总第 15 辑,人民法院出版社 2008 年版,第 208 ~217 页。

932

计收复利的权利专属于金融机构，非金融机构受让人不能因债权转让取得计收复利的权利

关键词｜复利｜债权转让｜

【最高人民法院裁判文书】

辽源市佳林造革有限责任公司与 DAC China SOS(Barbados)SRL 借款合同纠纷案[最高人民法院(2008)民二终字第 56 号民事判决书]

最高人民法院认为:根据《合同法》第八十一条关于"债权人转让权利的,受让人取得与债权相关的从权利,但该权利专属于债权人自身的除外"的规定,由于收取复息是金融机构依法享有的专有权利,DAC 公司并非金融机构,无权享有该权利,故关于利息的给付,本院予以调整,在本案债权转让对债务人发生效力后,DAC 公司请求佳林造革公司给付迟延履行期间的利息应按照同期银行贷款利率计付。依据《合同法》第八十条关于"债权人转让权利的,应当通知债务人。未经通知,该转让对债务人不发生效力"的规定,DAC 公司与东方资产管理公司于 2007 年 11 月 16 日发布债权转让公告,故本案债权转让对债务人生效时间为 2007 年 11 月 16 日。

综上,本案当事人双方签订的借款合同、债权转让合同系其真实意思表示,不违反法律、行政法规的效力性强制性规定,不损害社会公共利益,应认定有效。合同履行期限届满后,佳林造革公司未依约履行返还借款本金及支付利息的义务,根据《合同法》第一百九十六条、第二百零七条、第一百零七条的规定,应承担向债权人给付借款本息的违约责任。DAC公司合法取得本案所涉债权。原审判决认定事实基本清楚,适用法律基本正确。但由于东方资产管理公司与DAC公司未及时告知债权转让事实,致使原审法院未能在债权合法转让后及时变更诉讼主体,存在一定瑕疵。由于DAC公司不是金融机构,不享有专属于金融机构的收取复息的权利,故对利息的给付本院予以调整。

——最高人民法院民事审判第二庭编:《商事审判指导》总第21辑,人民法院出版社2010年版,第147~150页。

933

金融不良债权受让人可以主张受让日之前的利息

关键词|金融不良债权转让|利息|

【最高人民法院裁判文书】

四川医药包装股份有限公司与欣正投资发展有限公司借款合同纠纷案[最高人民法院(2013)民二终字第95号民事判决书]

裁判要旨:本案争议焦点是债权人所主张的利息是否应予支持的问题。债权人欣正公司依据其与资产管理公司签订的债权转让协议,向债务人医药公司主张债权受让前"过渡期"的利息,具有事实及法律依据,亦不违反《不良债权转让纪要》第九条的规定。

最高人民法院认为:本案的争议焦点是医药公司是否应向欣正公司支付本案3070万元债务自2010年3月21日至2010年9月6日的利息,即长城公司成都办事处与欣正公司债权转让协议约定的基准日到受让日期间的利息。本案中长城公司成都办事处与欣正公司之间的《债权转让协议》签订于2010年8月24

日，双方约定：确定债权金额的基准日为2010年3月20日，自基准日到受让日为过渡期；过渡期内与主债权相关的利息，在相关司法政策允许的前提下，在交割日一并转移给欣正公司；交割后，自基准日起的贷款债权的权利、权益和利益均转让给欣正公司。在转让协议履行过程中，双方根据协议约定在2010年9月6日完成了交割，即欣正公司承继本案债权的实际受让日为2010年9月6日。根据《不良债权转让纪要》第九条的规定：受让人主张受让日之后发生的利息的，人民法院不支持。因此，受让人欣正公司主张受让日之前的利息符合上述规定，且并不违反其他法律、法规的规定。一审法院据此判令医药公司向欣正公司支付这一期间的利息，以3070万元为基数，按照中国人民银行规定的同期同类贷款利率计付，并无不当。

——最高人民法院民事审判第二庭编：《最高人民法院商事审判指导案例(2014)》，中国民主法制出版社2015年版，第708～713页。

成都天齐实业(集团)有限公司与四川欧德曼投资有限公司、成都益邦投资有限公司一般借款合同纠纷案[最高人民法院(2013)民二终字第84号民事判决书]

最高人民法院认为：关于第三个争议焦点，因本案再审判决聚兴集团公司应向张良支付借款利息的期限仅截至黑龙江高院(1998)黑经初字第68号民事判决生效后第10日，处于案涉不良债权受让日之前，参照本院《不良债权转让纪要》第九条关于"受让人向国有企业债务人主张利息的计算基数应以原借款合同本金为准；受让人向国有企业债务人主张不良债权受让日之后发生的利息的，人民法院不予支持"的规定，张良作为受让人有权依据案涉借款合同主张在该期限内按照逾期贷款利率计收利息。

——中国裁判文书网，http://wenshu. court. gov. cn。

934

银行在剥离不良债权时核算利息并单方制作催款通知书载明债务数额，债务人不予认可时应重新核算

关键词｜不良债权剥离｜利息｜

【最高人民法院裁判文书】

中国农业银行股份有限公司黑龙江省分行直属支行与黑龙江北方企业集团有限责任公司、佳木斯北方煤化工有限责任公司金融借款合同纠纷案[最高人民法院(2012)民二终字第96号民事判决书]

裁判要旨:剥离不良债权是特定时期国家对商业银行不良贷款作出的特殊处置,商业银行在该剥离不良债权时核算利息并向债务人发出《债务逾期催收通知书》,逐笔载明各份合同拖欠的本金、利息,债务人对部分合同债务予以认可,债权人主张应重新计算,在其未提供证据证明该通知书违背真实意愿的情况下,应不予支持。

最高人民法院认为:2007年10月17日,农行省直属支行向北方集团公司发出《债务逾期催收通知书》,载明了截至2007年9月20日每份借款合同拖欠债务利息数额,北方集团公司在该通知书上加盖公章予以确认。在本案一审期间,北方集团公司对该通知书上的七份借款合同的利息数额予以确认,但对其中2000年9月30日签订的农银借字2000第55号借款合同关于200万元借款所列的尚欠利息39727567.56元有异议。因该数字明显不合理,且农行省直属支行未能说明该项利息数额的计算依据,原审法院组织当事人依据农银借字2000第55号借款合同的约定和2004年中国人民银行关于逾期罚息的标准共同计算确认截至2009年11月27日欠付利息为1796109.22元。因当事人之间在1998年至2000年期间存在多笔借款合同,部分合同又有展期,每份合同约定利息、罚息不同,且合同期满后又遇国家政策对逾期罚息的调整,因而对涉案多份合同利息和罚息的计算比较复杂。债权人农行省直属支行在起诉状主张利息的计算依据不符合合同约定及中国人民银行关于利息调整的规定,因此,原审法院将农行省直属支行于2007年10月17日向债务人发出的《债务逾期催收通知书》作为确认本案逐份借款合同计算利息的依据并无不妥。因北方集团公司对《债务逾期催收通知书》中农银借字2000第55号借款合同的利息及罚息数额提出的异议成立,原审法院在一审中主持双方当事人当庭重新计算并确认该笔借款的利息数额,其计算根据为合同约定和中国人民银行关于调整罚息的标准,对该计算结果,依法应予以维持。

农行直属支行上诉称:《债务逾期催收通知书》上的数据为微机形成,其他七笔利息加到了200万元借款利息中,但八笔利息的总额是正确的,其是将八笔借款利息作为一个整体计算的。因该《债务逾期催收通知书》对每份合同的本金及利息数额均单独列明，并未混同，对其主张本院不予支持。北方集团公司答辩认为：农行直属支行在起诉时计算的利息为172971547.91元，起诉状中的明细列利息为116351841.72元，在一审开庭时提交的证据利息是104496781.93元，上诉时主张的利息是159996974.42元，每次的利息数额都有一些误差的观点，符合农行省直属支行在诉讼中多次主张的利息不一致的事实。其答辩主张贷款利息应一笔一笔计算，不应将八笔作为一个整体的观点成立，本院予以支持。

农行直属支行上诉主张《债务逾期催收通知书》上的数据为微机形成，在剥离不良债权时，其他七笔的利息加到了200万元借款利息中，如对该催款通知书计算数额有异议，应按借款合同及借款展期协议的约定，重新计算利息。因剥离不良债权是我国特定时期对商业银行不良贷款作出的特殊处置，农行直属支行在剥离不良债权后核算利息并向债务人发出《债务逾期催收通知书》，逐笔载明各份合同拖欠的本金、利息，其未提供证据证明该《债务逾期催收通知书》系在违背其真实意愿的情况下制作的，其主张推翻《债务逾期催收通知书》确认的各份合同利息的观点，本院不予采纳。

——最高人民法院民事审判第二庭编：《最高人民法院商事审判指导案例（2012）· 公司与金融》，中国民主法制出版社2013年版，第275~283页。

935

金融不良债权转让后诉讼或者执行主体的变更

关键词｜金融不良债权转让｜

【最高人民法院司法解释】

第二条　金融资产管理公司受让国有银行债权后，人民法院对于债权转让前原债权银行已经提起诉讼尚未审结的案件，可以根据原债权银行或者金融资产管理公司的申请将诉讼主体变更为受让债权的金融资产管理公司。

——《最高人民法院关于审理涉及金融资产管理公司收购、管理、处置国有银行不良贷款形成的资产的案件适用法律若干问题的规定》（2001年4月11日，法释〔2001〕12号）

【最高人民法院司法政策】

十、关于诉讼或执行主体的变更

会议认为,金融资产管理公司转让已经涉及诉讼、执行或者破产等程序的不良债权的,人民法院应当根据债权转让合同以及受让人或者转让人的申请,裁定变更诉讼主体或者执行主体。在不良债权转让合同被认定无效后,金融资产管理公司请求变更受让人为金融资产管理公司以通过诉讼继续追索国有企业债务人的,人民法院应予支持。人民法院裁判金融不良债权转让合同无效后当事人履行相互返还义务时,应从不良债权最终受让人开始逐一与前手相互返还,直至完成第一受让人与金融资产管理公司的相互返还。后手受让人直接对金融资产管理公司主张不良债权转让合同无效并请求赔偿的,人民法院不予支持。

——《最高人民法院印发〈关于审理涉及金融不良债权转让案件工作座谈会纪要〉的通知》(2009 年 3 月 30 日,法发〔2009〕19 号)

三、金融资产管理公司转让、处置已经涉及诉讼、执行或者破产等程序的不良债权时,人民法院应当根据债权转让协议和转让人或者受让人的申请,裁定变更诉讼或者执行主体。

——《最高人民法院关于金融资产管理公司收购、处置银行不良资产有关问题的补充通知》(2005 年 5 月 30 日,法〔2005〕62 号)

【最高人民法院裁判文书】

陕西榆炼实业有限责任公司与陕西环宇房地产开发有限公司、中国农业银行股份有限公司榆林分行营业部、中国工商银行股份有限公司榆林分行其他合同纠纷案[最高人民法院(2016)最高法民终 338 号民事裁定书]

最高人民法院认为:《不良贷款案件规定》第二条规定,金融资产管理公司受让国有银行债权后,人民法院对于债权转让前原债权银行已经提起诉讼尚未审结的案件,可以根据原债权银行或者金融资产管理公司的申请将诉讼主体变更为受让债权的金融资产管理公司。信达陕西分公司与工行榆林分行签订《债权转让协议》,约定工行榆林分行将案涉债权及抵押权转让给信达陕西分公司,并已经就债权转让进行了登报公告。根据上述司法解释的规定，信达陕西分公司申请取代工行榆林分行在本案中的诉讼地位，变更为本案当事人，具有事实和法律依据，本院予以准许。

——中国裁判文书网，http://wenshu.court.gov.cn。

中国信达资产管理股份有限公司黑龙江省分公司与哈尔滨四海数控科技股份有限公司、刘安丽金融借款合同纠纷案[最高人民法院（2014）民二终字第251号民事判决书]

最高人民法院认为：银行在一审判决作出后，将涉案债权本金及利息全部转让给资产公司，资产公司在《黑龙江日报》报刊上发布债权转让及催收公告，通知债务人及保证人。《不良贷款案件规定》第六条第一款规定："金融资产管理公司受让国有银行债权后，原债权银行在全国或者省级有影响的报纸上发布债权转让公告或通知的，人民法院可以认定债权人履行了《中华人民共和国合同法》第八十条第一款规定的通知义务。"依上述规定，银行与资产公司之间所签《债权转让协议》对于债务人及保证人已发生债权转让的法律效力，应予确认。此外，根据前述规定第二条"金融资产管理公司受让国有银行债权后，人民法院对于债权转让前原债权银行已经提起诉讼尚未审结的案件，可以根据原债权银行或者金融资产管理公司的申请将诉讼主体变更为受让债权的金融资产管理公司"，故资产公司在本案二审期间请求将银行变更为其公司，应予准许。

——中国裁判文书网，http://wenshu.court.gov.cn。

成都天齐实业（集团）有限公司与四川欧德曼投资有限公司、成都益邦投资有限公司一般借款合同纠纷案[最高人民法院（2013）民二终字第84号民事判决书]

最高人民法院认为：关于第一个争议焦点，根据本院发布的《关于金融资产管理公司收购、处置银行不良资产有关问题的补充通知》第三条关于"金融资产管理公司转让、处置已经涉及诉讼、执行或者破产等程序的不良债权时，人民法院应当根据债权转让协议和转让人或者受让人的申请，裁定变更诉讼或者执行主体"的规定精神，本案中黑龙江高院应裁定将原审原告变更为张良。该院未经裁定而直接在判决书中变更确为不当，但对聚兴集团公司的诉讼权利并未造成实际损害。对聚兴集团公司关于其诉讼权利受到黑龙江高院损害的主张，本院不予支持。

——中国裁判文书网，http://wenshu.court.gov.cn。

秦皇岛秦发实业集团有限公司、香港新中国集团有限公司与广州市晋新房地产开发有限公司、中国华水水电开发总公司、广州市建筑置业有限公司、中国东方资产管理公司广州办事处借款合同纠纷案［最高人民法院（2012）民四终字第4号民事裁定书］

最高人民法院认为：本案系相关生效判决确定的债权进行转让后引起的纠纷，原债权人为东方资产公司，华水公司从东方资产公司处受让债权后又出让给秦发公司，现秦发公司起诉请求确认其债权人的身份，并由晋新公司向秦发公司支付相应款项。本案的核心问题是秦发公司享有诉权，还是应当直接在相关生效判决的执行程序中申请变更执行主体。本院认为，本案所涉债权债务关系已经由生效判决确定，债权债务法律关系或者债务人应负义务不再因债权的转让而发生改变，债权受让人可以向生效判决的执行法院申请变更执行主体以实现其债权，无需另行提起诉讼以确定其债权。同时，《最高人民法院关于金融资产管理公司收购、处置不良资产有关问题的补充通知》第三条规定："金融资产管理公司转让、处置已经涉及诉讼、执行或者破产等程序的不良债权时，人民法院应当根据债权转让协议和转让人或者受让人的申请，裁定变更诉讼或者执行主体。"因此，原审裁定驳回秦发公司的起诉并无不当。秦发公司的上诉无理，本院不予支持。至于秦发公司与晋新公司在《债务偿还协议》中在生效判决确定的债务之外又约定了违约金的问题，则应视为晋新公司在生效判决执行过程中与秦发公司之间达成了和解，不能自动履行时，仍应执行相应的生效判决。

——中国裁判文书网，http://wenshu.court.gov.cn。

【链接：最高人民法院法官著述】

最高人民法院的司法解释对金融资产管理公司受让国有及国有控股银行已经涉诉的不良债权后诉讼主体变更问题作出了明确的规定，但是对金融资产管理公司通过债权转让方式处置该等债权时诉讼或者执行主体如何变更未作规定。金融资产管理公司通过债权转让完成处置的，其中部分债权已经进入诉讼或者执行或者破产程序，如不变更诉讼或者执行主体，受让债权人的权利无法行使。因此，金融资产管理公司通过债权转让方式处置已经涉及诉讼、执行或者破产等程序的不良债权时，人民法院应当根据债权转让协议和转让人或者受让人的申请,裁定变更诉讼或者执行主体。

——金剑锋:《关于"金融资产管理公司收购、处置银行不良资产有关问题的通知"的说明》,载最高人民法院民事审判第二庭编:《民商事审判指导》总第6辑,人民法院出版社2005年版,第7页。

编者说明

金融不良债权转让后诉讼或者执行主体的变更的问题,《不良债权转让纪要》对最高人民法院法发〔2005〕62号的规定再作重申,为便于金融资产管理公司继续向国有企业债务人追偿,人民法院应当支持金融资产管理公司关于变更受让人为金融资产管理公司的请求。

936

二审期间当事人才告知金融不良债权已于一审期间转让的事实,二审法院可以直接裁决变更诉讼主体

关键词 | 金融不良债权转让 | 诉讼主体变更 |

【最高人民法院裁判文书】

辽源市佳林造革有限责任公司与 DAC China SOS(Barbados)SRL 借款合同纠纷案[最高人民法院(2008)民二终字第56号民事判决书]

最高人民法院认为:1. 原审法院以东方资产管理公司为诉讼主体进行裁判是否属于程序错误、应否驳回东方资产管理公司请求问题。

关于该问题,应首先认定东方资产管理公司与 DAC 公司之间签订的债权转让协议是否有效。关于境内金融机构对外转让不良债权的合法性问题,国家发展改革委员会、国家外汇管理局颁发了发改外资〔2007〕254号《通知》进行了规定。〔2007〕254号《通知》第四条规定:"按照《金融资产管理公司条例》(国务院令第297号)和财政部、银监会等部门有关规定,境内金融机构转让不良债权……原则上所有转让应当采取招标、拍卖、公开竞价等公开方式并采取境外投资者一次性付清全部转让价款形式进行交易。"第七条规定:"境内金融机构应在对外转让不良债权协议签订后20个工作日内,将对外转让债权有关情况报送国家发展改革委备案(一式三份),同时抄报财政部、银监会。"该规定涉及社会

公共利益的保护问题，故可以根据《合同法》第五十二条的规定，以是否违反该规定、是否损害社会公共利益为由判断转让合同的效力。本案中，东方资产管理公司先行采取了公开竞价方式，但在公开竞价过程中，由于DAC竞买人的报价低于底价，拍卖流拍而最终采取了定向协商方式与DAC公司签订债权转让协议。〔2007〕254号《通知》规定的是原则上所有转让应当采取招标、拍卖、公开竞价等公开方式，而非绝对禁止其他方式，因此，该方式并未违反〔2007〕254号《通知》的规定。而且，该转让行为已经有权管理机关——国家发展改革委员会备案确认且已抄报财政部、银监会，上述机构均未对转让事实提出异议，故应认定该转让行为合法有效，DAC公司为合法债权人。根据《最高人民法院关于金融资产管理公司收购、处置银行不良资产有关问题的补充通知》第三条关于“金融资产管理公司转让、处置已经涉及诉讼、执行或者破产等程序的不良债权时，人民法院应当根据债权转让协议和转让人或者受让人的申请，裁定变更诉讼或者执行主体”的规定，本案中，转让人及受让人均提出了变更诉讼主体的申请，债权转让协议合法有效，故本院可以依照前述规定在二审中直接将被上诉人由东方资产管理公司变更为DAC公司，DAC公司为本案适格当事人。当然，本案一审期间，东方资产管理公司已将本案所涉债权转让给DAC公司，转让方或受让方应及时在一审期间告知债权转让事实并申请法院变更诉讼主体，其在二审才予以告知并申请变更诉讼主体存有不当，但由于本案诉讼主体的变更是基于债权转让法律行为所致，变更前后的主体均为合法的债权人，两者是承继关系，故尽管一审时东方资产管理公司与DAC公司未及时申请变更诉讼主体，但DAC公司可以依据《资产转让协议》享有实体权利，同时，无论债权人为转让前的主体还是转让后的主体，对于债务人而言，其均有义务依法清偿债务，在本案并非一审终审的情形下，一审审理程序结束，本案权利义务关系并未固定，本院在二审变更诉讼主体也不会损害债务人的利益。而且，在债权转让协议生效后，东方资产管理公司已不是本案债权人，但由于债权转让事实系在一审审理过程中发生，在起诉之时其为债权人，为适格原告，且东方资产管理公司以及DAC公司对在债权转让后仍以东方资产管理公司名义代DAC公司主张本案债权并无异议，故佳林造革公司以债权转让后东方资产管理公司不具备诉讼主体资格为由请求驳回其请求的上诉理由，本院不予支持。

……

综上，本案当事人双方签订的借款合同、债权转让合同系其真实意思表示，不违反法律、行政法规的效力性强制性规定，不损害社会公共利益，应认定有效。

合同履行期限届满后，佳林造革公司未依约履行返还借款本金及支付利息的义务，根据《合同法》第一百九十六条、第二百零七条、第一百零七条的规定，应承担向债权人给付借款本息的违约责任。DAC公司合法取得本案所涉债权。原审判决认定事实基本清楚，适用法律基本正确。但由于东方资产管理公司与DAC公司未及时告知债权转让事实，致使原审法院未能在债权合法转让后及时变更诉讼主体，存在一定瑕疵。由于DAC公司不是金融机构，不享有专属于金融机构的收取复息的权利，故对利息的给付本院予以调整。

——最高人民法院民事审判第二庭编：《商事审判指导》总第21辑，人民法院出版社2010年版，第147～150页。

【链接：最高人民法院法官著述】

（1）二审直接变更诉讼主体符合法理。因为其系因债权转让而变更债权主体，变更前后的债权主体均为合法的债权人，两者是债权承继关系，而非实质上列错诉讼主体，并非存在根本性错误，如本应是甲公司而列为乙公司，且两者并非有法定或者约定的债权债务承继关系的情形等。因此，我们仍然可以适用《关于金融资产管理公司收购、处置银行不良资产有关问题的补充通知》的规定，在审判程序中直接根据债权转让协议和转让人、受让人的申请而直接变更诉讼主体。（2）一审未予变更，二审直接变更，并不影响本案真正权利主体和债务人的实体权益的实现和保护。对于DAC公司而言，尽管一审期间债权已经转让，仍由东方资产管理公司主张权利，一审判决已判定其为债权主体，但由于其与东方资产管理公司之间达成了代为诉讼、法院判决后的实质权利归属于DAC公司的协议，故无论名义上的债权人为谁，DAC公司均可以依据《资产转让协议》享有实体权利。对于债务人而言，无论债权人为转让前的主体还是转让后的主体，其均有义务依法清偿债务，在本案并非一审终审的情形下，本案权利义务关系并未固定，本院在二审变更诉讼主体也不会损害债务人的利益。（3）这样处理也符合诉讼经济原则，避免浪费诉讼成本。尽管当事人隐瞒一审期间债权转让事实导致诉讼主体没有在一审期间变更，具有一定瑕疵，但其并没有违反基本法理和损害当事人合法权益。因此，如果仅因该瑕疵而因诉讼主体列明有误、程序上存在错误，驳回起诉有违诉讼经济原则。在依据转让人和受让人之间的协议，两者为名义债权人和实质债权人的情形下，如果判决驳回东方资产管理公司的诉求再由DAC公司另行起诉，则在追求形式上的、程序上的精确的同时却存在浪费诉讼成本之失。

——张雪楳:《二审期间当事人才告知债权已于一审期间转让的事实,二审法院能否直接裁决变更诉讼主体——辽源市佳林造革有限责任公司与DAC China SOS(Barbados)SRL借款合同纠纷案》,载最高人民法院民事审判第二庭编:《商事审判指导》总第21辑,人民法院出版社2010年版,第150~154页。

937

债权转让公告并非合同,亦不同于物权登记,不产生类似于物权登记的公示效力

关键词 | 债权转让公告 |

【最高人民法院裁判文书】

广西壮族自治区丝绸进出口公司与横县桂华华茧丝绸有限责任公司、广西安和投资置业有限公司、南宁大步广告有限公司、中国信达资产管理公司南宁办事处债权转让合同纠纷案[最高人民法院(2010)民抗字第12号民事判决书]

最高人民法院经审理认为:《债权转让合同》经信达南宁办与安和公司签字盖章即发生法律效力。《债权转让公告》并非合同,该公告的发布并未使信达南宁办与安和公司之间设立有别于《债权转让合同》的新的权利义务关系。《债权转让公告》亦不同于物权登记,不产生类似于物权登记的公示效力。当《债权转让公告》登载的内容与《债权转让合同》不一致时,尤其是债权转让人信达南宁办并未申明放弃或变更《债权转让合同》的上述条款,则应当以《债权转让合同》的约定为准。

——江必新主编、最高人民法院审判监督庭编:《审判监督指导》总第32辑,人民法院出版社2010年版,第95页。

编者说明

本裁判意见解决了债权转让合同与债权转让公告之间的关系问题,并提出了解决二者之间内容不一致时的处理原则。

938

资产管理公司承接银行债权后诉讼时效中断的认定

关键词｜诉讼时效中断｜

【最高人民法院司法解释】

第十条 债务人在债权转让协议，债权转让通知上签章或者签收债务催收通知的，诉讼时效中断。原债权银行在全国或者省级有影响的报纸上发布的债权转让公告或通知中，有催收债务内容的，该公告或通知可以作为诉讼时效中断证据。

——《最高人民法院关于审理涉及金融资产管理公司收购、管理、处置国有银行不良贷款形成的资产的案件适用法律若干问题的规定》(2001 年 4 月 11 日，法释〔2001〕12 号)

【最高人民法院裁判文书】

宁夏大荣实业集团有限公司与中国信达资产管理股份有限公司陕西省分公司保证合同纠纷案［最高人民法院(2011)民二终字第 5 号民事判决书］

裁判要旨：金融资产管理公司承接银行债权是特殊时期、特殊政策背景下集中出现的特定类型的交易。为了最大限度地保全国有资产，金融资产管理公司在全国或省级有影响的报纸上发布的有催收内容的债权转让公告或通知所构成的诉讼时效中断，可以溯及至金融资产管理公司受让原债权银行债权之日；金融资产管理公司对已承接的债权，可以在上述报纸上以发布催收公告的方式取得诉讼时效中断的证据。

最高人民法院认为：根据中行石嘴山分行与民化公司签订的 2001 年借字 0107301 号《人民币借款合同》以及中行石嘴山分行与大荣公司签订的三份 2001 年借字 0107301 号《保证合同》，中行石嘴山分行于 2001 年 7 月 30 日向民化公司发放了 1110 万元的一年期短期贷款，大荣公司为该笔贷款提供连带责任保证。保证人大荣公司对上述借款及保证关系的成立不持异议，本院予以确认。借款到期后，民化公司未偿还借款本息，中行石嘴山分行于 2002 年 11 月 7 日以《逾期贷款催收通知书》的形式向民化公司与大荣公司进行催收，大荣公司于

2002年12月2日盖章确认。《逾期贷款催收通知书》载明了债权人主张债权的依据、借款发生的时间和本息数额，并明确提出借款已经逾期，要求借款人及保证人尽快偿还。从该通知的内容上看，中行石嘴山分行向民化公司和大荣公司均提出了偿还借款的要求，大荣公司认为该通知不具备任何明确要求保证人大荣公司承担保证责任的内容与事实不符，本院不予采信。根据《保证合同》的约定，保证期间为借款合同债务履行期届满之日起经过两年，即2002年7月30日至2004年7月29日。中行石嘴山分行催收贷款及大荣公司确认收到催收贷款通知的时间均在保证期间之内，根据《担保法解释》第三十四条第二款的规定，从中行石嘴山分行要求大荣公司承担保证责任之日，即2002年11月7日开始计算《保证合同》的诉讼时效。

2004年6月25日，中行石嘴山分行与信达公司签订《债权转让协议》，将其对民化公司享有的上述债权转让给信达公司。虽然该协议中明确约定"与转让有关的全部从权利包括保证债权同时转移"，但由于中行石嘴山分行已经在保证期间内要求大荣公司承担保证责任，其与大荣公司之间形成了直接的债权债务关系，根据《合同法》第八十条第一款的规定，中行石嘴山分行转让债权的行为须经通知才能对大荣公司发生效力。2004年10月27日，中行石嘴山分行和信达公司在宁夏日报上联合发布了《债权转让暨催收公告》，对债权转让事宜通过公告的形式进行了通知。《不良贷款案件规定》第六条第一款规定："金融资产管理公司受让国有银行债权后，原债权银行在全国或者省级有影响的报纸上发布债权转让公告或通知的，人民法院可以认定债权人履行了《中华人民共和国合同法》第八十条第一款规定的通知义务。"中行石嘴山分行和信达公司之间转让债权的行为以公告形式通知大荣公司符合上述司法解释的规定，大荣公司主张该债权转让行为对其不发生效力法律依据不足，本院不予支持。

本案保证合同的诉讼时效于2002年11月7日起开始计算，在法定诉讼时效期间，中行石嘴山分行和信达公司于2004年10月27日在宁夏日报上联合发布《债权转让暨催收公告》，信达公司分别于2006年6月23日、2008年6月19日、2010年5月21日，在宁夏日报上发布《债权催收公告》，对上述债权进行催收。以公告的形式催收债权是否能够产生诉讼时效中断的效力是信达公司与大荣公司在本案中的主要争议焦点。根据《最高人民法院关于审理民事案件适用诉讼时效制度若干问题的规定》（以下简称《诉讼时效解释》）第十条第一款第（四）项的规定，以公告形式主张权利，应当被认定为民法通则第一百四十条规定的"当事人一方提出要求"并产生诉讼时效中断效力的应限于两种情形，一是当事人一方下落不明，二是法律和司法解释另有特别规定。根据《不良贷款案件规定》第十条的规定，国有银行将其债权转让给金融资产管理公司的，原债权银行在全国或者省级有影响的报纸上发布的债权转让公告或通知中，有催收债务内容的，该公告或通知可以作为诉讼时效中断证据。另据《最高人民法院对〈关于贯彻执行最高人民法院"十二条"司法解释有关问题的函〉的答复》的规定，为了最大限度地保全国有资产，金融资产管理公司在全国或省级有影响的报纸上发布的有催收内容的债权转让公告或通知所构成的诉讼时效中断，可以溯及至金融资产管理公司受让原债权银行债权之日；金融资产管理公司对已承接的债权，可以在上述报纸上以发布催收公告的方式取得诉讼时效中断（主张权利）的证据。按照上述规定，本案应属于适用相关司法解释特别规定的情形，中行石嘴山分行和信达公司先后在宁夏日报上发布的《债权转让暨催收公告》和《债权催收公告》可以起到诉讼时效中断的效力。原审法院判令大荣公司对民化公司欠付信达公司的借款本金1110万元承担连带清偿责任正确，应予维持。

关于上述1110万元借款的利息问题，由于债务人民化公司已于2005年12月12日被石嘴山市中级人民法院宣告破产，早于修订后的《企业破产法》的施行时间，根据当时的法律规定，即《最高人民法院关于贯彻执行〈中华人民共和国企业破产法（试行）〉若干问题的意见》第六十四条之规定，计息的破产债权，计算到破产宣告之日止。则本案主债权的利息应计算至2005年12月12日为止。大荣公司作为连带责任保证人，其承担的偿还责任不应超过主债务人民化公司的责任范围，也应计算利息至2005年12月12日。原审法院判令大荣公司支付2005年12月13日至实际清偿日的利息错误，应予以纠正。

由于信达公司已经在民化公司的破产程序中申报债权，现又针对同一笔借款本息向保证人大荣公司提起本案诉讼，其受偿数额可能会超过债权数额，损害保证人大荣公司的合法权益。在本案二审期间，信达公司承诺如果本案判令大荣公司承担保证责任并实际偿付，信达公司在民化公司破产案中作为债权人的受偿权可以转让给大荣公司。基于该承诺，大荣公司在全额偿付本案1110万元借款本金及406.16万元利息的前提下，可以取得信达公司因上述债权在民化公司破产程序中获得的全部受偿款项。

——最高人民法院民事审判第二庭编：《最高人民法院商事审判指导案例（7）· 公司与金融卷》，中国法制出版社2013年版，第420～429页。

939

国有控股银行不良资产处置的扩大适用

关键词 | 不良资产处置 |

【最高人民法院司法解释】

第十二条 本规定仅适用于审理涉及金融资产管理公司收购、管理、处置国有银行不良贷款形成的资产的有关案件。

——《最高人民法院关于审理涉及金融资产管理公司收购、管理、处置国有银行不良贷款形成的资产的案件适用法律若干问题的规定》(2001年4月11日,法释〔2001〕12号)

【最高人民法院司法政策】

十二、关于《纪要》的适用范围

会议认为,在《纪要》中,国有银行包括国有独资商业银行、国有控股商业银行以及国有政策性银行;金融资产管理公司包括华融、长城、东方和信达等金融资产管理公司和资产管理公司通过组建或参股等方式成立的资产处置联合体。

——《最高人民法院印发〈关于审理涉及金融不良债权转让案件工作座谈会纪要〉的通知》(2009年3月30日,法发〔2009〕19号)

一、国有商业银行(包括国有控股银行)向金融资产管理公司转让不良贷款,或者金融资产管理公司受让不良贷款后,通过债权转让方式处置不良资产的,可以适用本院发布的上述规定。

——《最高人民法院关于金融资产管理公司收购、处置银行不良资产有关问题的补充通知》(2005年5月30日,法〔2005〕62号)

【链接:最高人民法院法官著述】

2001年以来,最高人民法院为支持金融改革、化解金融风险,陆续发布了

《不良贷款案件规定》《关于贯彻执行最高人民法院"十二条"司法解释有关问题的函的答复》和《关于国有金融资产管理公司处置国有商业银行不良资产案件交纳诉讼费用的通知》等规定。上述规定对接收与处置的中国银行、建设银行和交通银行剥离的不良资产是否仍然适用，主要是能否适用于交通银行剥离的不良资产。《不良贷款案件规定》第十二条规定"本规定仅适用于审理涉及金融资产管理公司收购、管理、处置国有银行不良贷款形成的资产的有关案件"，而交通银行是股份制银行，但是交通银行是国有控股的股份制商业银行，财政部是交通银行的控股股东，交通银行的不良资产剥离，完全是按照国家的统一部署进行的，因此，金融资产管理公司在收购、管理、处置国有银行包括国有控股银行不良贷款中，可以适用最高人民法院的上述司法解释。

——金剑锋：《关于"金融资产管理公司收购、处置银行不良资产有关问题的通知"的说明》，载最高人民法院民事审判第二庭编：《民商事审判指导》总第6辑，人民法院出版社2005年版，第4～5页。

940

关于审理农业银行处置股改剥离不良资产案件适用司法解释、司法政策的问题

关键词｜股改｜不良资产处置｜

【最高人民法院司法政策】

各省、自治区、直辖市高级人民法院，解放军军事法院，新疆维吾尔自治区高级人民法院生产建设兵团分院：

根据财政部《关于中国农业银行不良资产剥离有关问题的通知》（财金〔2008〕138号）和《关于委托中国农业银行处置股改剥离不良资产的通知》（财金〔2009〕34号），中国农业银行股份有限公司（原中国农业银行，以下简称农业银行）受财政部委托处置其股改剥离的不良资产。为了支持国家金融体制改革，防止国有资产流失，确保不良资产处置工作的顺利进行，降低处置成本，现就农业银行处置不良资产过程中涉诉相关问题通知如下：

一、人民法院在审理涉及农业银行处置上述不良资产案件时，可以适用最高

人民法院就审理涉及金融资产管理公司处置不良资产案件所发布的相关司法解释、司法政策及有关答复、通知的规定。

二、财政部驻各省、自治区、直辖市、计划单列市财政监察专员办事处出具的委托处置资产证明文件,可以作为人民法院确认农业银行处置的不良资产属于受财政部委托处置资产的依据。

——《最高人民法院关于审理涉及中国农业银行股份有限公司处置股改剥离不良资产案件适用相关司法解释和司法政策的通知》(2011 年 3 月 28 日,法〔2011〕144 号)

941

商业性不良债权转让协议纠纷的处理原则

关键词 | 政策性不良债权转让 | 商业性不良债权转让 |

【最高人民法院司法政策】

关于商业性不良债权转让协议纠纷的处理问题。国有银行与资产管理公司之间就商业性不良债权转让协议发生的纠纷,往往成因复杂,牵涉面广,特别是各国有商业银行陆续上市后,如何妥善处理相关纠纷关乎金融产业的健康发展和社会和谐稳定。目前,此类案件仍应比照政策性不良债权转让协议纠纷的规定,人民法院原则上不受理。受诉法院应向当事人释明,由当事人提请有关主管部门协调解决。

——《积极推进三项重点工作,保障经济发展方式转变,能动回应经济社会发展对商事审判工作的新要求——全国法院商事审判工作会议材料》(2010 年 8 月 17 日),载最高人民法院民事审判第二庭编:《商事审判指导》总第 23 辑,人民法院出版社 2011 年版,第 23 页。

【链接:最高人民法院法官著述】

《不良债权转让纪要》以定义的方式对政策性不良债权与商业性不良债权作了区分。政策性不良债权是指 1999 年至 2000 年上述四家金融资产管理公司在国家统一安排下通过再贷款或者财政担保的商业票据形式支付收购成本从中国银行、中国农业银行、中国建设银行、中国工商银行以及国家开发银行收购的不良债权。商业性不良债权是指 2004 年至 2005 年上述四家金融资产管理公司在政府主管部门主导下从交通银行、中国银行、中国建设银行和中国工商银行收购的不良债权。一般而言，行政行为体现为不平等主体之间的命令与服从行为，商业行为则为平等主体之间的自治交易行为，主体地位是否平等归根结底体现为主体的意志是否自由，这正是行政行为与商业行为之间的本质差异。依此逻辑分析，政策性不良债权转让与商业性不良债权转让的根本区别在于，在符合国家金融监管规定的前提下，不良债权转让行为是否遵循了意思自治原则。如果资产管理公司只能根据行政指令被动接受银行剥离的不良债权，无自主选择权，则应属政策性不良债权转让。

需要注意的是，政策性不良债权转让与商业性不良债权转让的区分对人民法院受案范围的影响，只存在于不良债权转让的最初环节，即国有商业银行与金融资产管理公司之间的债权转让环节。对资产管理公司受让政策性不良债权后再行转让的，受让人与资产管理公司之间的纠纷不适用上述排除受理规则。

——王富博：《金融不良债权转让中发生的不当得利纠纷人民法院应当受理——中国信达资产管理公司济南办事处与中国银行股份有限公司淄博市周村支行金融债权转让合同纠纷案》，载最高人民法院民事审判第二庭编：《商事审判指导》总第 21 辑，人民法院出版社 2010 年版，第 159 ~ 162 页。

942

涉及非国有企业债务人的金融不良债权转让纠纷案件，应参照适用《不良债权转让纪要》

关键词｜金融不良债权转让｜

【最高人民法院答复】

广东省高级人民法院：

你院粤高法〔2010〕95 号《关于原告广州中谷投资有限公司诉被告中国银行

股份有限公司茂名分行、第三人中国东方资产管理公司广州办事处、第三人顺威联合资产管理有限公司不当得利纠纷一案的请示》收悉。经研究,答复如下:

我院于2009年4月3日发布的法发〔2009〕19号《关于审理涉及金融不良债权转让案件工作座谈会纪要》(以下简称《纪要》)的主要目的在于规范金融不良债权转让行为,维护企业和社会稳定,防止国有资产流失,保障国家金融安全。根据《纪要》的精神和目的,涉及非国有企业债务人的金融不良债权转让纠纷案件,亦应参照适用《纪要》的规定。

根据《纪要》关于"国有企业债务人不知道不良债权已经转让而向原国有银行清偿的,可以对抗受让人对其提起的追索之诉。受让人向国有银行提起返还不当得利之诉的,人民法院应予受理"的规定及精神,你院请示案件所涉不良债权受让人应先行向债务人提起债权债务追索之诉,经人民法院生效判决认定债务人或担保人已向原国有银行清偿的,方可对国有银行提起返还不当得利之诉。

以上意见,供参考。

——《最高人民法院关于广州中谷投资有限公司与中国银行股份有限公司茂名分行、中国东方资产管理公司广州办事处、顺威联合资产管理有限公司不当得利纠纷一案请示的答复》(2010年6月25日,〔2010〕民二他字第11号)

云南省高级人民法院:

你院《关于如何理解最高人民法院法发〔2009〕19号〈会议纪要〉若干问题的请示》收悉。经研究,答复如下:

我院于2009年4月3日发布的法发〔2009〕19号《关于审理涉及金融不良债权转让案件工作座谈会纪要》(以下简称《纪要》)所要解决的问题实质是如何解决和化解计划经济时期形成的历史遗留问题。其主要目的在于规范金融不良债权转让行为,维护企业和社会稳定,防止国有资产流失,保障国家经济安全。根据《纪要》的精神和目的,涉及非国有企业债务人的金融不良债权转让纠纷案件,亦应参照适用《纪要》的规定。债务人未对不良债权转让合同的效力提出异议,但案件的事实和相关证据情况能够引发人民法院对不良债权转让合同效力产生合理怀疑的,人民法院可以依职权主动审查不良债权转让合同的效力。

以上意见,供参考。

——《最高人民法院关于如何理解最高人民法院法发〔2009〕19号〈会议纪要〉若干问题的请示之答复》(2009年9月25日,〔2009〕民二他字第21号)

【链接：最高人民法院法官著述】

《不良债权转让纪要》虽规定国有企业债务人不知道不良债权已转让而向原国有银行清偿时,不良债权受让人可以不当得利起诉国有银行,法院应当受理,但本着民商法平等保护当事人的理念,在债务人为非国有企业时,如果国有银行构成不当得利,也不应有所差别。而且,民二庭在〔2009〕民二他字第 21 号对云南省高级人民法院的请示答复中表明“根据《纪要》的精神和目的,涉及非国有企业债务人的金融不良债权转让纠纷案件,亦应参照适用《纪要》的规定”。所以,即使债务人为非国有企业,当其不知道不良债权已转让而向原国有银行清偿后,其可以对抗受让人追索之诉,此时受让人仍可以向国有银行提起返还不当得利之诉,法院也应当受理。故最高人民法院在该答复中称“涉及非国有企业债务人的金融不良债权转让纠纷案件,亦应参照适用《纪要》的规定”。

——杜军:《金融不良债权转让〈会议纪要〉在非国企债权人情形下的适用及不良债权受让人不当得利请求权的行使》,载最高人民法院民事审判第二庭编:《商事审判指导》总第 24 辑,人民法院出版社 2011 年版,第 48 ~ 51 页。

943

受让人并非资产管理公司，其在报纸上发布债权转让公告不构成诉讼时效中断

关键词 | 债权转让公告 | 诉讼时效中断 |

【最高人民法院裁判文书】

符向阳与海南椰之味食品饮料有限公司、海南南大高新股份有限公司金融不良债权追偿纠纷申请再审案[最高人民法院(2014)民申字第 1854 号民事裁定书]

最高人民法院认为:本案系金融不良债权转让纠纷。《不良贷款案件规定》第十条规定:债务人在债权转让协议,债权转让通知上签章或者签收债务催收通

知的，诉讼时效中断。原债权银行在全国或者省级有影响的报纸上发布的债权转让公告或通知中，有催收债务内容的，该公告或通知可以作为诉讼时效中断证据；第十二条规定：本规定仅适用于审理涉及金融资产管理公司收购、管理、处置国有银行不良贷款形成的资产的有关案件。然而本案中，琼山市政公司等受让人均非金融资产管理公司，故其在报纸上发布债权转让公告不构成诉讼时效中断，原审认定琼山市政公司等受让人在报纸上发布的债权转让公告不构成诉讼时效中断，并无不当。

——中国裁判文书网，http://wenshu. court. gov. cn。

944

当事人对生效判决所确定给付事项撤回强制执行申请后，未就债权债务关系重新达成协议的，不予保护

关键词｜撤回执行申请｜新的债权债务关系｜

【最高人民法院裁判文书】

中国信达资产管理股份公司辽宁省分公司与沈阳（中国北方花城）有限公司不良债权追偿纠纷案［最高人民法院（2013）民提字第57号民事判决书］

裁判要旨：对于自然之债，当事人如何才算达成新的债权债务关系，实践中是个比较难以认定的问题，许多界线模糊。本案较好地澄清当事人达成新的债权债务关系的条件、标准及当事人实体权利应否保护等问题。

最高人民法院认为：本案争议焦点在于信达公司对2003年9月1日沈阳交行和花城公司签订的《协议书》能否提起诉讼以及受让债权性质如何认定问题。

首先，根据本院《关于如何处理因当事人达成和解协议致使逾期申请执行问题的复函》（〔1999〕执他字第10号）精神，原债权人沈阳交行与债务人花城公司就本案所涉借款合同纠纷案件已经诉讼并作出有效判决，且进入执行程序后，因沈阳交行申请撤回强制执行而由法院裁定终结该案的执行程序。信达公司受让债权后，又以2003年9月1日沈阳交行和花城公司签订的《协议书》提起诉讼，符合起诉条件，不属重复诉讼，人民法院应当予以受理。

其次，本案《协议书》签订后，其第1条、第2条分别得到履行。债务人花城

公司向沈阳交行支付了100万元。而沈阳交行亦向沈阳市中级人民法院提出撤销对原借款合同纠纷案件判决执行程序的申请,原审法院于2004年1月11日以(2003)沈法执字第133号民事(执行)裁定书,裁定终结该案的执行程序。其余条款内容并未履行,为当事人认可。从上述《协议书》第3条、第4条内容看,花城公司所欠贷款本金,将以重组转期手续的方式偿还,《协议书》的性质应认为属于合同变更。协议签订后,花城公司于2003年9月5日向沈阳交行提交了申请转期的报告和抵押承诺,并于2003年12月3日向沈阳交行提交了贷款和担保确认书,但双方并未达成贷款转期的协议,应当认为合同变更没有得到实际履行,《协议书》约定的重组转期手续并未完成,故仍应依据原有借款合同确定当事人之间的债权债务关系。作为原借款合同项下的权利,在沈阳市中级人民法院已作出(2002)沈民(3)初字第1号民事判决之后的执行期间,原债权人沈阳交行向沈阳市中级人民法院撤回了强制执行申请,沈阳市中级人民法院据此于2003年10月21日作出(2003)沈法执字第133号民事裁定,终结该案执行。沈阳交行和花城公司于2004年1月16日予以签收。因此原借款合同项下之债权债务已经成为自然之债。根据本院〔1999〕执他字第10号《关于如何处理因当事人达成和解协议致使逾期申请执行问题的复函》,以及〔2001〕民立他字第34号《关于当事人对人民法院生效法律文书所确定的给付事项超过申请执行斯限后又重新就其中的部分给付内容达成新的协议的应否立案的批复》等相关规定,在债权债务已成自然之债的情况下,只有在有关当事人通过达成新的协议等方式形成新的民事法律关系才能受到国家强制力的保护。从本案来看,2003年9月1日沈阳交行和花城公司签订的《协议书》并非已经重新设立债权债务,主要只是约定双方准备重新办理4380万元贷款的重组转期手续。债务人花城公司随后向沈阳交行提交有关申请贷款转期报告和抵押承诺,但沈阳交行未与债务人协商情况下径行于2004年6月7日将四笔债权转让给信达公司,并无相应证据证明本案当事人就重新签订贷款转期合同事宜,已经达成了有关新的债权债务协议。2003年9月1日沈阳交行和花城公司签订的《协议书》约定内容是互负条件的,是以沈阳交行重新放贷为条件,花城公司为了履行该协议项下的义务才向沈阳交行作出了相关的系列承诺,以达到贷款重组的目的。花城公司为履行《协议书》向沈阳交行提交有关报告和承诺以及《贷款和担保确认通知书》,均只是针对原借款合同项下债权债务关系的确认,不能构成对原借款合同项下债权债务关系达成新的协议,不产生新的权利义务关系。对此,债务人花城公司并没有过错,也没有违反2003年9月1日《协议书》约定内容,不存在违反自2004年1月起支付新增贷款利息的约定。信达公司通过2004年6月7日《债权转让协议》从沈阳交行转让获得的债权,其权利不应优于沈阳交行所具有的权利。信达公司于2010年7月6日向辽宁省沈阳市中级人民法院提起诉讼,以花城公司违反2003年9月1日《协议书》约定为由,请求判令花城公司给付信达公司4380万元本金及利息,因其请求缺乏事实和法律依据,其实体权利缺乏根据,无法获得法律再次救济,其请求权不能得到支持。

综上,沈阳交行和花城公司2003年9月1日签订的《协议书》并没有产生新的债权债务关系。信达公司受让沈阳交行的本案债权之后与债务人花城公司之间发生的权利义务关系仍应以原先的借款合同为依据。因该债权债务为已有生效判决所确认,且因沈阳交行申请撤回强制执行由法院裁定终结执行程序从而成为自然之债。尽管信达公司以2003年9月1日《协议书》提起诉讼是可以的,但因债务人花城公司并不存在违反《协议书》的行为,本案事实也不能证明本案原借款合同项下债权债务关系已经由有关当事人达成新的协议,形成新的债权债务关系,且本案当事人争议的有关债权转让及催收通知的公证送达是否应当认定问题,因其转让的债权仍然为原借款合同项下的债权,该债权已为有效判决所调整,而非有关当事人重新协议达成新的债权,不论认定与否,均不能自动产生设立新的债权债务的法律意义。因而信达公司从原债权人沈阳交行处受让的债权的实体权利不再受法律保护,从而丧失实体胜诉权。

——最高人民法院民事审判第二庭编:《最高人民法院商事审判指导案例(2014)》,中国民主法制出版社2015年版,第698~707页。

四、供用电、热力、水合同

945

供电人中断供电的通知义务

关键词｜供用电合同｜中断供电通知义务｜

【最高人民法院裁判文书】

西省永济市电力铁合金有限公司与山西省永济兴达实业有限公司供用电合同欠款纠纷案[最高人民法院(2006)民二终字第132号民事判决书]

最高人民法院认为:用电人逾期不交付电费,供电人可以中止供电,但应履行催告程序。供电人在中止供电之前未能向用电人明确催告期限、说明停电时间,在没有通知用电人的情况下即中止供电,不仅给用电人造成实际损失,也直接导致用电人停产。自2004年3月至今,在长达三年的时间里,用电人因无其他可用电源,无法恢复生产,机器、设备等固定资产闲置,损失较大。综合本案的实际情况以及双方的过错责任,双方应对尚欠电费按比例分担。

——最高人民法院民事审判第二庭编:《最高人民法院商事审判指导案例·合同卷》,中国法制出版社2011年版,第186～193页。

编者说明

由于中止供电将可能影响到用电人的生产和生活,因而法律上对中止供电作出了严格的条件限制性,一是必须存在用电人未在合理期限内不交付电费和违约金的行为,二是经催告仍不交付。

946

未签订书面供用电合同或者未约定违约金以及比例，供电人主张违约金的，不予支持

关键词｜供用电合同｜违约金｜

【最高人民法院裁判文书】

新疆石河子八棉纺织公司与新疆天富热电股份有限公司供用电合同纠纷案[最高人民法院(2006)民二终字第141号民事判决书]

最高人民法院认为:法律、法规中虽有对用电人违约供电人可向其收取违约金的规定,但因该条款不是法律、法规强制性规定,用电人违约是否处以违约金以及违约金收取比例的确定,完全取决于供用电合同当事人双方的意愿。因此,在当事人双方没有签订书面供用电合同,对是否收取违约金以及违约金的收取比例也没有口头约定的情况下,供电人主张收取违约金的,人民法院不予支持。

——最高人民法院民事审判第二庭编:《最高人民法院商事审判指导案例·合同卷》,中国法制出版社2011年版,第601~604页。

947

供用电合同中根本违约的构成要件及可得利益的认定

关键词 | 供用电合同 | 根本违约 | 可得利益 |

【最高人民法院裁判文书】

乌海电业局与乌海市西川铁业有限责任公司供用电合同纠纷案[最高人民法院(2009)民二终字第77号民事判决书]

裁判要旨:按照我国《合同法》的规定,根本违约是指一方的违约使另一方的订约目的不能达到,或者使其遭受重大损害。尽管西川公司拖欠2003年6月的电费,但就双方合同约定内容和实际履行情况分析,不足以认定为根本性违约。双方供用电合同对逾期交纳电费约定的民事责任是分层次以递进方式追究的,并要根据拖欠电费违约程度不同而采用不同的违约责任追究方式。而电业局利用强势地位随意对西川公司拖欠不到一个月电费的违约行为直接采用了最严厉的停止供电措施,故电业局停止供电行为对西川公司构成根本违约。但西川公司2003年7月以后没有生产的根本原因不是电业局停止供电造成的,故不存在可得利益。

最高人民法院认为:尽管西川公司发生了拖欠2003年6月电费785581元的违约事实,但就双方合同约定内容和实际履行情况分析,不足以认定为根本性违约。事实上,从2000年10月至2003年5月,西川公司近三年已交电费28488715元,平均每月交纳电费在90万元以上,其中西川公司还承担了恒力公司拖欠电业局陈旧电费的偿还义务,所以西川公司欠交当月785581元电费的违约行为轻微,不足以引发废止双方合同的行为发生。供用电合同对逾期交纳电费责任约定为,当年欠费部分按欠费总额每日2‰计算滞纳金,跨年度部分按欠费总额每日3‰计算;经供电方催交仍未付清电费的,供电方可依法按照规定的程序停止部分或者全部供电。显然,约定的追究拖欠电费的民事责任是分层次以递进方式采取的,并要根据拖欠电费违约程度不同而责任大小不同。在有滞纳金、部分停止供电和全部停止供电三种追究违约责任方式并有根据违约程度而应采取递进方式追究违约责任的合同约定前提下,电业局不能利用强势地位随意对西川公司拖欠不到一个月电费的违约行为直接采用最后最严厉的停止供电措施。且仅有《拖欠电费停电执行书》而没有其他证据,不足以证明其充分完全地履行了催交电费和通知停电的义务,故电业局停止供电行为对西川公司构成根本违约。

西川公司因6300KVA电炉在市区内不符合排放标准,属于关闭企业。2002年4月,乌海市环保局对西川公司作出了关停的行政处罚决定,乌海市政府也作出了关闭西川公司的决定。乌海市环保局为此向乌海市中级人民法院申请强制执行,要求西川公司在2002年10月30日前关闭。西川公司以解决了部分职工就业问题和承担了陈欠电费为由申请延缓,故乌海市政府同意其在2003年3月底搬迁,西川公司又承诺在2003年7月底进行搬迁。乌海市环保局虽向乌海市中级人民法院撤回强制执行申请,但乌海市环保局对西川公司强制关停的行政处罚决定并没有撤销。更何况西川公司因未年检被乌海市工商局吊销了企业营业执照。故西川公司2003年7月以后没有生产的根本原因不是电业局停止供电造成的,也不存在可得利益,本院对其改判电业局赔偿可得利益损失1125万元的上诉请求不予支持。

——最高人民法院民事审判第二庭编:《最高人民法院商事审判指导案例·合同卷》,中国法制出版社2011年版,第529~542页。

948

用电方欠缴电费违约在先，供电人经催收和通知后中止供电，用电人未启用自备电源和非电保安措施所产生的损失应自行承担

关键词｜供用电合同｜中止供电｜

【最高人民法院裁判文书】

溆浦县兴安矿业有限责任公司与溆浦县电力开发总公司供用电合同纠纷申请再审案[最高人民法院(2015)民申字第3391号民事裁定书]

最高人民法院认为:至于电力公司中止供电是否应当赔偿兴安公司的损失问题。基于本案已经查清的事实,兴安公司欠缴电费违约在先,电力公司经催收和通知后中止供电,符合双方当事人的约定和法律规定。兴安公司因未依约缴纳电费被中止供电,嗣后未及时缴纳电费,亦未启用自备电源和非电保安措施,因此导致矿井及机械设备损失应由其自行承担。一、二审判决未支持其要求电力公司赔偿损失的诉讼请求,认定事实和适用法律并无不当。

——中国裁判文书网,http://wenshu.court.gov.cn。

949

即使用电人欠付电费，供电人有权中止合同的履行，但供电人未履行及时通知义务的，应承担因此给用电人造成的损失

关键词｜中止供电通知义务｜

【最高人民法院裁判文书】

王庆洲与国网河南省电力公司焦作供电公司供用电合同纠纷案[最高人民法院(2014)民申字第1606号民事裁定书]

最高人民法院认为:(一)关于王庆洲所主张损失的性质问题。《合同法》第一百七十六条规定:“供用电合同是供电人向用电人供电,用电人支付电费的合同。”从该定义可见,在供用电合同中,缴纳电费和供电系用电方和供电方的双

务对待给付义务,也是其合同主要义务。在履行供电合同中,供电方不能影响用电方的正常生产经营活动;即使在供电方有合理理由中断供电时,供电方也应在合理时间内及时通知用电方,对此,《合同法》第一百八十条规定:“供电人因供电设施计划检修、临时检修、依法限电或者用电人违法用电等原因,需要中断供电时,应当按照国家有关规定事先通知用电人。未事先通知用电人中断供电,造成用电人损失的,应当承担损害赔偿责任。”从《合同法》的上述规定来看,供电方在停电之前的通知义务,系供电方享有中断供电权利时应履行的义务,此义务系供电方在履行合同过程中的从合同义务。在违反该从合同义务时,供电方应根据《合同法》第一百八十条的规定承担因未及时履行通知义务而给用电方造成的损失。因此,如果供电方有权停止供电,其违反及时通知义务的赔偿损失应限于“及时通知”所造成的损失,此种损失也就是二审判决所称的“未履行通知义务给王庆洲造成的损失”。

基于本案已经认定的事实,王庆洲存在欠付电费的违约事实在先,而焦作供电公司在王庆洲欠付电费的情况下,有权中止该合同的履行。但是在焦作供电公司中止合同履行时,其应依据约定提前五日履行通知义务;在焦作供电公司未履行及时通知义务的情况下,其应承担因未履行“及时通知”义务而给王庆洲造成的损失。对此,焦作中院将赔偿的合理期限认定为163天,王庆洲无证据证明一审法院的裁量不当。故王庆洲以焦作中院认定焦作供电公司赔偿其163天损失不当的再审申请理由,本院不予采信。

(二)一审判决关于“焦作供电公司辩称不存在违约行为,不应承担责任,视为其包括请求降低违约金”的认定问题。从本案一审法院关于此节事实的认定来看,该认定只是作为计算王庆洲停业损失的参考依据,最终该依据并未作为本案裁判依据。相反,本案一审判决系完全依据当事人在供电合同中所约定的违约责任加以处理。一审法院依据生效判决所确定的王庆洲一天所能获得的利润,并裁定焦作供电公司违反“及时通知”义务应赔偿王庆洲163天的损失,诚如上面分析,王庆洲并无证据证明焦作中院的此裁量不当。故王庆洲关于焦作中院此节认定事实认定错误的主张,本院不予采信。

——中国裁判文书网,http://wenshu.court.gov.cn。

950

供热合同是否成立的认定

关键词 | 供热合同 | 合同成立 |

【最高人民法院裁判文书】

呼伦贝尔加利福尼房地产开发有限公司与呼伦贝尔安泰热电有限责任公司海拉尔热电厂供热合同纠纷申请再审案[最高人民法院(2012)民申字第494号、496号民事裁定书]

最高人民法院认为:关于海拉尔热电厂、加利福尼公司之间是否存在供热合同的问题。尽管在实践中,供热合同通常以书面方式订立,但供热合同并非《合同法》规定的要式合同。未签订书面合同,但供热人实施了供应热力的行为,用热人接受的,应当认定为供热合同成立。本案中,加利福尼公司对海拉尔热电厂向涉案房屋进行实际供热并无异议。此外,加利福尼公司主张收取了部分业主"暂存"的热费并代缴热费税款,也从侧面印证了海拉尔热电厂供热,加利福尼公司接受的事实。因此,可以认定海拉尔热电厂、加利福尼公司之间存在供热合同,加利福尼公司提出其未与海拉尔热电厂签订书面供热合同,没有热费支付义务的主张没有法律依据。

——中国裁判文书网,http://wenshu.court.gov.cn。

951

开发商出售房屋后应当及时将"最终用户"变更(即业主入住)的情况通知供热方,未及时通知的,仍应由其支付热费

关键词 | 供热合同 |

【最高人民法院裁判文书】

呼伦贝尔加利福尼房地产开发有限公司与呼伦贝尔安泰热电有限责任公司海拉尔热电厂供热合同纠纷申请再审案[最高人民法院(2012)民申字第494

号、496 号民事裁定书]

最高人民法院认为:《物业管理条例》第四十五条[①]规定:“物业管理区域内,供水、供电、供气、供热、通信、有线电视等单位应当向最终用户收取有关费用。”从该条规定的内容看,主要是为了避免供水、供电、供气、供热等供应单位利用垄断地位转嫁欠费风险,但“最终用户”会因各种情形发生变化,此时,应当由原用户及时通知供应单位,以便于供应单位与“最终用户”签订合同、收取费用。本案中,“开发商空置房”的热费应当由加利福尼公司支付,加利福尼公司出售涉案房屋之后,涉案房屋的性质由“开发商空置房”变更为“业主用房”,“最终用户”发生了变更,加利福尼公司应当及时将“最终用户”变更(即业主入住)的情况通知海拉尔热电厂。一方面,加利福尼公司未能充分证明涉案房屋“最终用户”的实际变更时间在海拉尔热电厂主张热费的时间范围之内;另一方面,加利福尼公司未及时将“最终用户”的变更情况通知海拉尔热电厂。因此,一、二审判决认定应当由加利福尼公司向海拉尔热电厂支付热费并无不当。

——中国裁判文书网,http://wenshu.court.gov.cn。

952

非集中供热地区,开发商出售含有供热设施的商品房且约定由其向业主供热,即负有强制缔约义务,是否解除供热合同应由业主或者业主大会决定

关键词|供热合同|强制缔约义务|合同解除|

【《最高人民法院公报》案例】

高尔夫(南京)房地产有限公司诉吴咏梅供用热力合同纠纷案(南京市江宁区人民法院民事判决书)

裁判摘要:非集中供热地区,开发商向业主出售的商品房含有供热设施,且约定由开发商向业主供热,开发商负有强制缔约义务,是否解除供热合同应由业

① 2016 年修订后《物业管理条例》第四十四条第一款。

主或者业主大会决定。

南京市江宁区人民法院一审认为：原告高尔夫公司与被告吴咏梅签订的《预售合同》，是双方的真实意思表示，合法有效，受法律保护，双方均应按约履行。买卖契约中双方不仅对商品房买卖的具体条款进行了约定，还对供暖、供热水的时间和使用费用进行了约定，明确约定了由高尔夫公司履行供暖、供热水的义务，吴咏梅按照标准履行支付使用费的义务，故高尔夫公司与吴咏梅之间形成了供用热力的合同关系。对高尔夫公司要求确认双方热力代供关系已经解除的请求，因吴咏梅提交的停用暖气热水报告中仅要求停用热水及暖气，并未要求解除双方之间的供热合同，在审理中吴咏梅亦不同意解除双方之间的供热合同，且高尔夫公司提供的供热水、供暖服务的对象为高尔夫国际花园小区全体业主，相关设施系小区业主的公共设施，解除供热合同势必会影响到吴咏梅房屋的价值以及其他业主的合法权益，是否解除供热应由业主大会决定，故对高尔夫公司的该项请求本院不予支持。高尔夫公司主张的供热费用，因该费用中不仅包含了暖气、热水费用还包含了供暖设备的维护费用，吴咏梅虽申请停用暖气及热水，但是供暖设备的维护费用吴咏梅应当支付；结合吴咏梅亦认可高尔夫公司供热的成本已经高于收取的供热费用，且吴咏梅已经按照供暖期每月每平方米 7 元、非供暖期每月每平方米 0.7 元的标准，向高尔夫公司缴纳了 2010 年 3 月 16 日至 12 月 31 日的供热费用，应当视为双方已经对《预售合同》中约定的供热费用的标准进行了变更，本院酌定由吴咏梅按照其支付的 2010 年供热费用的缴费标准的 60% 向高尔夫公司支付供热费用，经计算为 4777 元，故对高尔夫公司主张的供热费用部分予以支持。

——《最高人民法院公报》2012 年第 12 期

编者说明

强制缔约，就是指只要一方提出订立合同的要求，负有强制缔约义务的人依法不得拒绝，必须与之订立合同。法律之所以设置强制缔约制度，旨在防止某些公共服务提供者选择性地提供公共服务、损害广大消费者利益，进而损及大众的公共利益。《合同法》没有规定强制缔约义务，其他法律上只有《电力法》第二十六条第一款规定："供电营业区内的供电营业机构，对本营业区内的用户有按照国家规定供电的义务；不得违反国家规定对其营业区内申请用电的单位和个人拒绝供电。"本裁判意见确认了开发商在特定条件下的强制缔约义务，对类似案件的审理具有参照意义。

953

自来水公司无正当理由擅自停止供水，应当立即恢复供水

关键词｜供用水合同｜

【最高人民法院商事审判参考性案例】

五、锦州市自来水总公司与锦州市古塔区古塔宾馆供用水合同纠纷

（一）基本案情

锦州市自来水总公司与民营企业锦州市古塔区古塔宾馆之间存在供用水合同。2012年7月份之前，古塔宾馆均按照合同约定及相关规定交纳了水费。2012年7月初，自来水公司工作人员告知古塔宾馆该月水费1万多元，古塔宾馆对此提出异议，未予交纳。7月17日，自来水公司给古塔宾馆出具了该月用水量120吨、水费720元的发票，要求古塔宾馆交纳，古塔宾馆未交纳。7月24日，自来水公司为古塔宾馆更换了水表，古塔宾馆法定代表人、自来水公司工作人员在会签单上签字。8月8日、9月6日，自来水公司两次向古塔宾馆送达停水通知书，限古塔宾馆分别于8月10日上午9时前补交拖欠水费11904元、9月10日上午9时前补交拖欠水费12624元，逾期不交将按有关规定实施停水处理，其后果自负。古塔宾馆因对该水费存在异议，与自来水公司交涉未果，故仍未交纳。9月3日，自来水公司向该市公用事业与房产局申请停止向古塔宾馆供水，该局批示"同意按有关规定处理"。9月11日，自来水公司停止向古塔宾馆供水。古塔宾馆提起诉讼，要求自来水公司恢复供水。

（二）裁判结果

辽宁省锦州市古塔区人民法院一审认为：自来水公司作为供水单位，应当按照合同约定和法律规定及时为用水人供水。《城市供水条例》第二十二条规定："城市自来水供水企业和自建设施对外供水的企业应当保持不间断供水。由于工程施工、设备维修等原因确需停止供水的，应当经城市供水行政主管部门批准并提前24小时通知用水单位和个人；因发生灾害或者紧急事故，不能提前通知的，应当在抢修的同时通知用水单位和个人，尽快恢复正常供水，并报告城市供水行政主管部门。"古塔宾馆在2012年7月份以前一直按照合同约定及有关规定交纳水费，7月份未交纳是因为该月水费比之前明显偏高，而自来水公司出具的7百多元的水费发票与要求交纳的费用金额不一致，且换表时的水表指数又

有所更改,使古塔宾馆对水费金额产生了合理怀疑。古塔宾馆正在与自来水公司交涉,谁对谁错并未确定,古塔宾馆并非无故拒交水费。自来水公司对古塔宾馆停止供水之前虽向该市公用事业与房产局提出申请,但该局并未明确批准其停止供水。自来水公司对古塔宾馆停止供水缺乏事实和法律依据,属违约行为,应当立即为古塔宾馆恢复供水。根据《合同法》第一百零七条关于"当事人一方不履行合同义务或者履行合同义务不符合约定的,应当承担继续履行、采取补救措施或者赔偿损失等违约责任"之规定,判决:自来水公司于判决生效后立即为古塔宾馆恢复供水。自来水公司上诉后,锦州市中级人民法院判决驳回上诉、维持原判。

(三)典型意义

本案是人民法院依法审理供用水合同纠纷,保护非公有制企业正常生产经营的典型案例。用水、用电是企业正常生产经营的基础,因此,对于非公有制企业在生产经营活动中发生的用水、用电纠纷,要及时依法审理,保证企业的正常生产经营。本案中,自来水公司在没有正当理由的情况下擅自停止供水,给古塔宾馆的正常经营带来很大影响。人民法院受理古塔宾馆的起诉后,依法及时审理了该案,判决自来水公司在判决生效后立即恢复供水,有效维护了古塔宾馆的合法权益。

——《最高人民法院关于依法平等保护非公有制经济,促进非公有制经济健康发展民事商事典型案例》(2016 年 4 月 8 日),载最高人民法院网,http://www.court.gov.cn。

五、融资租赁合同

954

对名为融资租赁合同，但实际不构成融资租赁法律关系的，应按照其实际构成的法律关系处理

关键词｜融资租赁合同｜

【最高人民法院司法解释】

第一条 人民法院应当根据合同法第二百三十七条的规定，结合标的物的性质、价值、租金的构成以及当事人的合同权利和义务，对是否构成融资租赁法律关系作出认定。

对名为融资租赁合同，但实际不构成融资租赁法律关系的，人民法院应按照其实际构成的法律关系处理。

第四条 融资租赁合同被认定无效，当事人就合同无效情形下租赁物归属有约定的，从其约定；未约定或者约定不明，且当事人协商不成的，租赁物应当返还出租人。但因承租人原因导致合同无效，出租人不要求返还租赁物，或者租赁物正在使用，返还出租人后会显著降低租赁物价值和效用的，人民法院可以判决租赁物所有权归承租人，并根据合同履行情况和租金支付情况，由承租人就租赁物进行折价补偿。

——《最高人民法院关于审理融资租赁合同纠纷案件适用法律问题的解释》（2014年2月24日，法释〔2014〕3号）

【链接：最高人民法院法官著述】

除了应当按照《合同法》第二百三十七条的规定，从合同当事人之间的权利义务关系约定认定外，还应结合个案中标的物的性质、价值和租金的构成等因素，综合认定是否构成融资租赁合同关系。对名为融资租赁合同，而根据合同约定的实际的权利义务关系不构成融资租赁法律关系的，人民法院不应一律认定

无效,而应当根据其实际构成的法律关系,认定合同的性质及效力,并据此确定当事人之间的权利义务关系。

——最高人民法院民事审判第二庭编著:《最高人民法院关于融资租赁合同司法解释理解与适用》,人民法院出版社2014年版,第31页。

1. 与租赁合同的区别

《合同法》第十三章规定了租赁合同。相比较而言,《合同法》第十三章规定的租赁合同又被称为普通租赁或者一般租赁、经营性租赁。二者主要区别在于:一是租赁物的来源不同。在租赁合同中,租赁物一般系由出租人自有,或根据出租人的自身意愿购买并拥有;而在融资租赁合同中,租赁物虽由出租人出资购买,但多由承租人选定,系根据承租人的意愿购买。二是合同是否有继续性不同。租赁合同具有继续性特征,融资租赁合同不具有继续性合同的特征。三是租金的对价基础不同。在租赁合同中,租金是承租人占有使用租赁物的对价;而在融资租赁合同中,租金大多覆盖了租赁物的购买价格,相当于租赁物所有权的对价。四是解约限制不同。在租赁合同中,承租人可以随时解除合同,但在融资租赁合同中,因租赁物系由承租人选定,一旦承租人解约,租赁物的收回对出租人大多没有更多实质上的经济意义,故一般均禁止承租人中途解约。五是租赁物的瑕疵担保责任和维修义务承担主体不同。在租赁合同中,租赁物的瑕疵担保责任及维修义务由出租人承担;而在融资租赁合同中,出租人承担的功能以融资为主,租赁物系由承租人选定,因此,出租人一般不承担租赁物的瑕疵担保责任及维修义务。

2. 与保留所有权的分期付款买卖合同的区别

分期付款买卖合同属于买卖合同的一种,出卖人让渡所有权,买受人支付价款,本质上是所有权的交易。融资租赁合同中,出租人对租赁物的所有权是名义上的所有权,出租人从始至终可能都无须占有、使用、支配租赁物,租赁物对出租人而言主要承担担保租金债权实现的功能。承租人支付的租金形式上是租赁物使用的对价,实质上不仅包括租赁物本身的购买价格,还包括出租人提供资金融通作用所支出的必要费用及其正常利润。分期付款的买卖合同到期后,买受人取得所有权;但在融资租赁合同中,租赁物的归属因对承租人的选择权的约定而有所不同,可有直接归承租人、出租人收回租赁物或者承租人以象征性价款留购三种形式。

3. 与借款合同的区别

融资租赁合同与单纯的借款合同区分并不难,实践中更多的是融资租赁合同与附有抵押担保的借款合同的区分问题。就融资租赁合同与无担保的借款合同相比较而言，前者有租赁物的存在，后者无租赁物的存在；前者有租赁物的所有权转移，后者只有货币的借入与偿还关系；前者一般涉及出租人、承租人和出卖人三方当事人，后者仅涉及借款人与贷款人两方当事人。就融资租赁合同与有物权担保的借款合同而言，前者享有租金债权的出租人拥有对租赁物的所有权，后者借款合同的贷款人仅拥有对标的物的抵押权或者质押权。前者合同期满，租赁物的归属可以有返还、留购或者直接让渡的方式，后者借款人在合同约定的期限内未按期偿还借款的，债权人可就担保物行使优先受偿权。

——最高人民法院民事审判第二庭编著：《最高人民法院关于融资租赁合同司法解释理解与适用》，人民法院出版社2014年版，第38～39页。

在实践中，较为常见的是名为融资租赁实为借款的合同。比如，订立融资租赁合同时，没有订立买卖合同，甚至没有购买标的物的打算，有的虽订有买卖合同，但仅仅是写在纸上的，如前述购买空调名称、规格、型号、生产厂家等均无。或者当事人虽然签订融资租赁合同和货物买卖合同，但出租人根本没有履行买卖合同，只按融资租赁合同约定将融资租赁款交给承租人，承租人也不要租赁物件，只按融资租赁合同约定支付租金。实际出租人与承租人签订融资租赁合同只是形式，承租人的目的是借款。对于此种情形就要按照借款合同法律关系进行处理，但如果存在合同无效的情形，比如存在诈骗或非法集资等情况，应当认定合同无效。如果当事人所掩盖的目的并不是违法的，而是合法的，则应按照行为的真实意图处理，使被掩盖的行为生效。① 对于该类合同被认定无效后如何处理，由于其并不属于融资租赁合同，因此，不适用融资租赁合同的相关处理规则，应适用其实际构成的法律关系的相关法律规定进行认定。

——最高人民法院民事审判第二庭编著：《最高人民法院关于融资租赁合同司法解释理解与适用》，人民法院出版社2014年版，第96～97页。

编者说明

最高人民法院法官认为，以在建商品房项目、保障房项目作为租赁物，以房地产开发商作为承租人、租赁公司作为出租人的“融资租赁合同”，一般应认定为不构成融资租赁合同关系。对企业为生产经营需要而以融资租赁方式取得的厂房、商业地产，如出租人取得租赁物的所有权，

① 王利明、房绍坤、王轶等：《合同法》，中国人民大学出版社2007年版，第170页。

且承租人确实也以占有使用租赁物为目的的,对此类承租人而言,厂房、商业地产也属于固定资产,一般应当认定构成融资租赁合同关系。从传统民法的观点来看,租赁的标的应当是物,权利不属于物,因此权利的租赁有违民法租赁概念之本质,且融资租赁法律制度中有关租赁物的折旧、残值的计算和折抵的法律规范均无法适用于此类合同,故一般不应认定为构成融资租赁合同关系。①

955

融资租赁合同与按揭买卖合同关系的区别与认定

关键词|融资租赁合同|按揭买卖合同|

【最高人民法院司法解释】

第一条 人民法院应当根据合同法第二百三十七条的规定,结合标的物的性质、价值、租金的构成以及当事人的合同权利和义务,对是否构成融资租赁法律关系作出认定。

对名为融资租赁合同,但实际不构成融资租赁法律关系的,人民法院应按照其实际构成 的法律关系处理。

——《最高人民法院关于审理融资租赁合同纠纷案件适用法律问题的解释》(2014 年 2 月 24 日,法释〔2014〕3 号)

【最高人民法院裁判文书】

中联重科融资租赁(北京)有限公司与中铁第十九工程局道路桥梁工程处、马成龙融资租赁合同纠纷申请再审案[最高人民法院(2016)最高法民申 1697 号民事裁定书]

最高人民法院认为:一、案涉法律关系是融资租赁合同关系还是按揭买卖合同关系,马成龙是否应当返还租赁设备并支付相应租金。《合同法》第二百三十七条规定,融资租赁合同是指出租人根据承租人对出卖人、租赁物的选择,向出

---

① 雷继平、原爽、李志刚:《〈最高人民法院关于审理融资租赁合同纠纷案件适用法律问题的解释〉的理解与适用》,载江必新主编:《最高人民法院司法解释与指导性案例理解与适用》第 3 卷,人民法院出版社 2015 年版,第 204 ~206 页。

卖人购买租赁物，提供给承租人使用，承租人支付租金的合同。《融资租赁解释》第一条第二款，也是强调法律关系的认定要按照合同的实质性内容来确定。案涉融资租赁合同约定中联融资公司系出租方，中联科技公司为出卖方，出卖方中联科技公司已将设备交给承租人马成龙，马成龙虽在之前向中联科技公司的员工交纳过部分款项，但在此之后马成龙均向中联融资公司的账户分期交纳租金，马成龙与十九局桥梁处称本案系马成龙与中联科技公司之间的按揭买卖合同，却未提交在签订融资租赁合同后向中联科技公司或是银行支付按揭款的证据，故马成龙与中联融资公司之间的融资租赁关系成立，一、二审法院将本案认定为融资租赁合同纠纷并无不当。马成龙与中联融资公司签订的《融资租赁合同》及其附件、《协议书》系双方当事人真实意思表示，十九局桥梁处提出《融资租赁合同》系受欺诈所签，但并未提出相应证据证明，故上述协议不违反法律法规的强制性规定，合法有效，当事人应按约履行。中联租赁公司是否向中联科技公司支付了购买设备对价，不是认定本案《融资租赁合同》效力的前提。虽然在马成龙与中联融资公司签订融资租赁合同之前，马成龙与中联科技公司签订了赠送设备协议，但马成龙并未对中联科技公司提出诉讼请求，该协议是否已实际履行、中联科技公司是否应赠送设备及设备是否存在质量问题均系另一法律关系，不属于本案的审理范围，马成龙据此抗辩支付租金的理由亦不能成立。

——中国裁判文书网，http://wenshu.court.gov.cn。

956

融资回租赁售后回租合同性质与效力的认定

关键词｜融资租赁合同｜售后回租｜

【最高人民法院司法解释】

第二条　承租人将其自有物出卖给出租人，再通过融资租赁合同将租赁物从出租人处租回的，人民法院不应仅以承租人和出卖人系同一人为由认定不构成融资租赁法律关系。

——《最高人民法院关于审理融资租赁合同纠纷案件适用法律问题的解释》(2014 年 2 月 24 日，法释〔2014〕3 号)

【最高人民法院裁判文书】

青海创新矿业开发有限公司与广东科汇发展有限公司等债权转让合同纠纷申请再审案[最高人民法院(2015)民申字第1566号民事裁定书]

最高人民法院认为：油坑公司与银达公司签订涉案《融资租赁合同》约定，承租人油坑公司以“售后回租”的方式将自有机械设备出售给出租人银达公司后，再将上述机械设备租回使用，并对租赁标的物、购买价款、租金支付等内容进行了明确约定，上述合同内容并不违反《合同法》等关于融资租赁合同关系相关法律的强制性规定，原判决认定《融资租赁合同》合法有效并无不当。创新公司以《融资租赁合同》实为企业间借贷属无效合同、原判决适用法律错误为由申请再审，事实与法律依据不足，本院不予支持。

——中国裁判文书网，http://wenshu.court.gov.cn。

远东国际租赁有限公司与广东省新会市电力开发公司、广东新会美达锦纶集团公司、广东新会合成纤维纺织厂股份有限公司、广东省新会市新联发电厂有限公司融资租赁合同纠纷上诉案[最高人民法院(1999)经终字第410号民事判决书]

最高人民法院认为：本案讼争的《融资回租赁合同》系当事人真实意思的表示，且不违反我国法律、法规强制性规定，应为有效合同。上诉人认为讼争《融资回租赁合同》无效主要依据两点理由：其一是该《融资回租赁合同》违反《合同法》第十四章“融资租赁合同”的规定，实际上是抵押贷款合同；其二是该《融资回租赁合同》项下的租赁物所有权为新会县发电厂B厂有限公司所有，而非为承租人新会电力公司所有。这两点理由均不能成立，理由是：

1. 关于外商投资的融资租赁公司所签订的《融资回租赁合同》的效力问题：融资回租赁是融资租赁的一种特殊形式，其特殊性在于出卖人与承租人为同一人，这一点并不影响融资回租赁作为融资租赁的一种形式，它同样具有融资租赁的法律特点，仍应适用关于融资租赁的法律来调整各当事人之间的关系。当然，对外商投资的融资租赁公司的融资租赁行为不能直接适用中国人民银行《金融租赁公司管理办法》，但此前国家法律法规中对外商投资的融资租赁公司从事融资租赁业务，包括从事回租赁业务并无禁止性规定，而且，中华人民共和国对外经济贸易合作部于2001年8月14日发布并于2001年9月1日起实施的《外商投资租赁公司审批管理暂行办法》第十二条规定："融资租赁公司的经营范围应符合国家产业政策，经批准，融资租赁可以经营下列业务：(一)国内外各种先进或适用的生产设备、通信设备、医疗设备、科研设备、检验检测设备、工程机械、交通工具(包括飞机、汽车、船舶)等机械设备及其附带的直接租赁、转租赁、回租赁、杠杆租赁、委托租赁、联合租赁等不同形式的本外币融资性租赁业务；……"第十三条又规定："融资租赁公司从事本办法第十二条所规定的业务以外的金融业务的，需要经对外贸易经济合作部同意，并按照中国人民银行发布的《金融租赁公司管理办法》的规定报中国人民银行审批。"上述两条规定划分了对外经济贸易合作部与中国人民银行对外商投资融资租赁公司经营范围的审批权限，明确了外商投资的融资租赁公司可以从事的融资租赁业务的范围，故外商投资的远东租赁公司具备从事融资回租赁业务的主体资格。

2. 关于上诉人主张租赁物非为承租人新会电力公司所有，应当追加所有人新会县发电厂 B 厂有限公司参加本案诉讼的问题。在《融资回租赁合同》签订时，首先由出卖人新会电力公司将租赁物出卖给买受人远东租赁公司，此时出卖人新会电力公司负有对出卖物的瑕疵担保责任，即新会电力公司须保证出卖物为其所有或不能被他人主张权利。在《融资回租赁合同》履行期间至发生纠纷时，新会县发电厂 B 厂有限公司从未向远东租赁公司主张过租赁物的所有权，甚至在诉讼期间，该公司也从未主张过要求加入到本案的诉讼中来，对于属于该公司的诉讼权利，上诉人不能也无权代替其行使。即使租赁物确为新会县发电厂 B 厂有限公司所有，该公司也可以通过对侵害其所有权的出卖人主张权利而达到救济的目的。因此，上诉人以租赁物为新会县发电厂 B 厂有限公司所有为由，主张《融资回租赁合同》无效不能成立。

由于上诉人主张讼争《融资回租赁合同》无效的理由不能成立，因此其要求按照无效合同恢复原状、返还原物的处理原则，将租赁物归还远东租赁公司的诉讼请求亦不能支持。

——肖扬总主编、最高人民法院民事审判第二庭编：《中华人民共和国最高人民法院判案大系》(民商事卷－1999 年卷·下卷)，人民法院出版社 2003 年版，第 1124～1129 页。

【链接：最高人民法院法官著述】

《融资租赁解释》第二条规定，"承租人将其自有物出卖给出租人，再通过融资租赁合同将租赁物从出租人处租回的,人民法院不应仅以承租人和出卖人系同一人为由认定不构成融资租赁法律关系",系明确认定了售后回租的融资租赁交易方式的法律地位。从法理上看《合同法》第二百三十七条规定的融资租赁合同关系包括出租人、承租人与出卖人三方主体,但立法并未禁止承租人与出卖人同一的情形,故《融资租赁解释》将售后回租明确为融资租赁合同的特殊形式并不违背法律规定。需要注意的是,有的租赁公司尽管与相对方签订了"售后回租"合同,但实际上并无租赁物存在,也没有以买卖租赁物为主要内容的买卖合同存在,对此类售后回租合同,只有融资之实,而无可融之物,是典型的借款合同,应当认定构成借款合同关系,而不是融资租赁合同关系。《融资租赁解释》第二条以"不应仅以承租人和出卖人系同一人为由认定不构成融资租赁法律关系"的方式来肯定正常的售后回租形式,同时避免了因"售后回租"而一律认定构成融资租赁合同关系的合同的绝对性,是符合客观实际的。

——雷继平、原爽、李志刚:《〈最高人民法院关于审理融资租赁合同纠纷案件适用法律问题的解释〉的理解与适用》,载江必新主编:《最高人民法院司法解释与指导性案例理解与适用》第3卷,人民法院出版社2015年版,第206~207页。

957

以抵押物设定售后回租融资租赁合同,抵押权人未主张无效的,应当认定融资租赁合同有效

关键词 | 融资租赁合同 | 售后回租 | 抵押物 |

【最高人民法院裁判文书】

北京国资融资租赁股份有限公司与山东飞达集团有限公司、中澳控股集团有限公司等融资租赁合同纠纷申请再审案[最高人民法院(2017)最高法民申111号民事裁定书]

最高人民法院认为:(一)案涉《融资租赁合同》的性质和效力。

首先,从案涉《融资租赁合同》约定内容看,属于售后回租形式的融资租赁合

同。《融资租赁合同》明确约定了租赁物，国资公司在法院指定的期间内提交了《租赁物清单》中所列机器设备的买卖合同及相应汇款凭证等资料。中澳公司提交了相同的权属证明资料复印件，并认可原件由其保管，原判综合《融资租赁合同》、租赁物权属证明资料及现场勘察的实际情况，认定租赁物客观存在并无不当。

其次，《租赁物清单》确认租赁物账面净值总额为154207918.21元，转让价款总额为1.2亿元。且中澳公司作为抵押人，中国农业银行股份有限公司庆云县支行作为抵押权人的鲁庆工商抵登字(2014)第0007号《动产抵押登记书》系二审法院与飞达公司代理人、国资公司代理人共同调取的证据，能够证明《动产抵押登记书》所附抵押物概况中与《租赁物清单》名称一致的机器设备的价值均高于《租赁物清单》的账目净值，原判综合《租赁物清单》中的账面金额及抵押登记中相同租赁物的实际价值，认定租赁物的转让价款在合理范围内并无不当。

再次，国资公司与中澳公司签订《融资租赁合同》的附件七《所有权转移证书》，载明自2014年10月31日起，《融资租赁合同》项下全部租赁物的所有权自中澳公司转移至国资公司。飞达公司主张根据《担保法》规定，《租赁物清单》与《动产抵押登记书》抵押清单相一致的租赁物转让行为无效。本院认为，本案中，中国农业银行股份有限公司庆云县支行作为抵押权人，国资公司作为受让人，均未向法院主张《融资租赁合同》无效，飞达公司关于抵押物转让行为无效的主张法律依据不足，不能成立。

依照《融资租赁解释》第一条规定，人民法院应当根据《合同法》第二百三十七条的规定，结合标的物的性质、价值、租金的构成以及当事人的合同权利和义务，对是否构成融资租赁法律关系作出认定。原判综合本案合同约定、租赁物的性质、价值及租赁物所有权的转移，认定《融资租赁合同》符合融资租赁合同法律关系的要件，国资公司与中澳公司之间系融资租赁法律关系并无不当。飞达公司主张《融资租赁合同》系借款合同没有事实和法律依据，不应予以支持。

——中国裁判文书网，http://wenshu.court.gov.cn。

958

在人民银行征信中心融资租赁登记公示系统办理融资租赁权属状况登记的规定系管理性规定，不影响融资租赁合同的效力

关键词 | 融资租赁合同 | 管理性规定 |

【最高人民法院司法解释】

第十四条 合同法第五十二条第（五）项规定的“强制性规定”，是指效力性强制性规定。

——《最高人民法院关于适用〈中华人民共和国合同法〉若干问题的解释（二）》（2009年4月24日，法释〔2009〕5号）

【最高人民法院裁判文书】

兴业金融租赁有限责任公司与山西楼俊集团泰业煤业有限公司、山西联盛能源投资有限公司等融资租赁合同纠纷案［最高人民法院（2014）民二终字第203号民事判决书］

最高人民法院认为：一、关于案涉《融资租赁合同》是否有效的问题。

根据案涉《融资租赁合同》第四条第一款的约定，卖方按照《买卖合同》的约定向承租人交付租赁物时租赁物的所有权自卖方转归兴业公司所有，且兴业公司为该租赁物的唯一所有权人。由于租赁物已于2012年4月10日交付给了泰业公司、联盛公司，故各上诉人关于兴业公司未取得租赁物的所有权，违反《金融租赁公司管理办法》第三十二条规定的上诉理由不能成立。另外，天津市《关于做好融资租赁登记和查询工作的通知》有关金融租赁公司在办理融资租赁业务时，应在中国人民银行征信中心的融资租赁登记公示系统办理融资租赁权属状况登记的规定，系融资租赁主管部门对金融租赁公司从事融资租赁业务的管理性规定，不影响兴业公司与承租人泰业公司、联盛公司签订的《融资租赁合同》的效力。故案涉《融资租赁合同》是各方当事人的真实意思表示，内容不违反法律、法规的强制性规定，合法有效，各上诉人关于兴业公司签订《融资租赁合同》的前提条件未成就，《融资租赁合同》不发生法律效力的上诉理由不能成立。

——中国裁判文书网，http://wenshu.court.gov.cn。

959

对自贸试验区内融资租赁合同效力的认定，宜适度宽松

关键词｜融资租赁合同｜

【最高人民法院司法政策】

6. 鼓励自贸试验区内融资租赁业的创新发展。积极支持自贸试验区内的融资租赁企业在核准的经营范围内依法开展融资业务。充分尊重中外当事人对融资租赁合同纠纷有关管辖和法律适用的约定。正确认定融资租赁合同效力，不应仅以未履行相关程序等事由认定融资租赁合同无效。

——《最高人民法院关于为自由贸易试验区建设提供司法保障的意见》(2016 年 12 月 30 日，法发〔2016〕34 号)

【最高人民法院审判业务意见】

要依法支持自贸区内的融资租赁企业开展境外业务。不应仅以未批准或未登记等行政行为事由认定境外融资租赁合同无效。充分尊重自由贸易试验区内的中外当事人对融资租赁合同法律适用和管辖的约定。

——最高人民法院民四庭庭长张勇健：《加强自贸区司法保障，打造法治化营商环境——在第三届中国自由贸易试验区司法论坛上的主旨发言》(2016 年 4 月 28 日)，载贺荣主编、最高人民法院民事审判第四庭编：《涉外商事海事审判指导》总第 32 辑，人民法院出版社 2017 年版，第 29 页。

【链接：最高人民法院法官著述】

自贸试验区的融资租赁标的物有许多来自境外，融资租赁合同关系往往具有涉外因素，应当允许当事人依法协议选择争议解决方式和管辖法院，选择合同准据法。《涉外民事关系法律适用法》第四十一条规定：“当事人可以协议选择合同适用的法律。”在判断融资租赁合同关系是否具有涉外因素时，宜采取宽松态度。对于法律、行政法规规定某些融资租赁合同应当经过审批或者登记等手续生效的，如未办理相应手续，应依照《合同法》第四十四条的规定认定为合同

未生效,而非无效。

——张勇健、刘敬东、奚向阳、杨兴业:《〈关于为自由贸易试验区建设提供司法保障的意见〉的理解与适用》,载《人民法院报》2017 年 1 月 18 日。

960

船舶融资租赁的承租人作为涉案船舶营运手续的办理主体，怠于履行义务，应当承担法律责任

关键词｜船舶融资租赁合同｜承租人责任｜

【最高人民法院裁判文书】

中信富通融资租赁有限公司与上海亿洲航道工程有限公司、陈仕能等船舶融资租赁合同纠纷申请再审案[最高人民法院(2016)最高法民申 2891 号民事裁定书]

最高人民法院认为:本案为船舶融资租赁合同纠纷。根据亿洲公司的再审申请,本案主要审查原审判决对亿洲公司以中信公司未办理涉案船舶营运手续为由拒绝支付租金的主张未予支持,以及对中信公司所诉损失的认定,是否存在错误。

根据原审查明的事实,中信公司作为甲方,亿洲公司、安徽昌汇运贸有限公司(以下简称昌汇公司)、邱国华作为乙方,共同签订涉案《融资租赁合同》,亿洲公司、昌汇公司、邱国华为承租人,中信公司为出租人。该合同第 9.2.6 条约定,如签订本合同、使本合同生效或履行本合同需要取得有关部门审批同意并进行相关登记的,乙方承诺办妥相关审批和登记手续。据此,亿洲公司是涉案船舶营运手续办理的义务主体之一,中信公司应配合办理船舶营运相关手续。经一审法院向天津海事局和天津市船舶检验处核实,亿洲公司可以代为办理涉案船舶营运手续,但需船舶所有人中信公司提供授权委托书及相关文件。亿洲公司主张中信公司怠于提供上述文件,导致船舶营运证书无法办妥,并提交相关律师函等往来文件以资证明。综合考察原审证据,亿洲公司在 2013 年 1 月 20 日致中信公司的律师函中称:“合同签订后,昌汇公司、邱国华却违反合同约定,拒绝提供船检证书、船舶技术图纸等相关资料,致使无法完成相关审批和登记手续,无法办理船舶 IC 卡、国籍证书、配员证书等。亿洲公司租赁此船将无法正常营运。

为此,本律师代表亿洲公司正式函告贵司:自收到本律师函之日起 5 日内,完成该船的相关审批和登记手续”。亿洲公司在 2014 年 1 月 6 日致中信公司函中称:“虽经贵我双方多次敦促,邱国华仍迟延提供船检证书和船舶技术图纸等,导致贵司直到 2013 年 9 月 29 日才办妥船舶所有权登记证书。……目前,虽船舶所有权登记证书已办妥,邱国华也已经将船检证书和船舶技术图纸等资料提供给贵司,但贵司仍未能办理新的船检证书和国籍证书,船舶至今未能正常运营……我司在此重申并敦促贵司积极办理新的船检证书和国籍证书,并及时提供给我司。”由此可见,亿洲公司确认在 2013 年 9 月 29 日之前,昌汇公司、邱国华未及时提供船检证书、船舶技术图纸等相关资料,是导致涉案船舶无法完成相关审批和登记手续的原因。在上述函件中,亿洲公司均催促中信公司办理船舶营运相关审批和登记手续,而未表示由亿洲公司自行办理相关手续。综上,亿洲公司作为涉案船舶营运手续办理的义务主体之一,未能提供有效证据证明本案存在其要求中信公司配合办理船舶营运手续而中信公司不予协助的情形。中信公司已经支付全部船舶买卖合同款项,完成其作为《融资租赁合同》出租人的义务,要求亿洲公司赔偿相应损失符合法律规定。原审判决认定“亿洲公司作为涉案船舶营运手续的办理主体,存在怠于履行合同义务情形,应当承担由此产生的法律后果”,对亿洲公司以中信公司未办理涉案船舶营运手续为由拒绝支付租金的主张未予支持,认定事实和适用法律并无明显不当。

——中国裁判文书网,http://wenshu. court. gov. cn。

961

融资租赁合同出租人取回权的行使

关键词｜融资租赁合同｜出租人取回权｜

【最高人民法院司法解释】

第十二条 有下列情形之一,出租人请求解除融资租赁合同的,人民法院应予支持:

(一)承租人未经出租人同意,将租赁物转让、转租、抵押、质押、投资入股或者以其他方式处分租赁物的;

（二）承租人未按照合同约定的期限和数额支付租金，符合合同约定的解除条件，经出租人催告后在合理期限内仍不支付的；

（三）合同对于欠付租金解除合同的情形没有明确约定，但承租人欠付租金达到两期以上，或者数额达到全部租金百分之十五以上，经出租人催告后在合理期限内仍不支付的；

（四）承租人违反合同约定，致使合同目的不能实现的其他情形。

第二十二条 出租人依照本解释第十二条的规定请求解除融资租赁合同，同时请求收回租赁物并赔偿损失的，人民法院应予支持。

前款规定的损失赔偿范围为承租人全部未付租金及其他费用与收回租赁物价值的差额。合同约定租赁期间届满后租赁物归出租人所有的，损失赔偿范围还应包括融资租赁合同到期后租赁物的残值。

——《最高人民法院关于审理融资租赁合同纠纷案件适用法律问题的解释》（2014 年 2 月 24 日，法释〔2014〕3 号）

【最高人民法院裁判文书】

绥化地区土石方挖运公司与中国农业银行股份有限公司绥化北林支行等融资租赁合同纠纷申请再审案［最高人民法院（2015）民申字第 2118 号民事裁定书］

最高人民法院认为：本案双方争议焦点是挖运公司是否应该对案涉租赁物件的减值损失予以赔偿。根据（2011）绥中法民再字第 22 号查明，双方签订 500 万元协议后，农行代办处开具 360 万元汇票并同挖运公司及水产局一起赴黑河、绥芬河等地购买卡玛斯车，并于 1993 年 4 月 16 日在绥芬河将车购齐，4 月下旬挖运公司将 20 台卡玛斯车提取到绥化。1993 年 4 月 17 日，挖运公司填制“借款凭证”借款 120 万元，当日款项转入挖运公司账户，并由其以汇票方式全部提取带去深圳购买挖掘机。1993 年 4 月中旬，农行代办处与挖运公司签订《融资租赁合同》约定，由农行代办处购进卡玛斯车 20 台，挖掘机 2 台，出租给挖运公司使用。1993 年 6 月 15 日，挖运公司致电农行代办处，请求延期交付第一期租金，并将卡玛斯车及挖掘机的发货票、差旅费报销单等寄给农行代办处。综上，农行代办处已经依据签订合同将租赁物件全部交付给挖运公司。后因欠费问题农行代办处提起诉讼，在（1996）绥经初字第 56 号案件审理中，绥化中院根据农行代办处申请，做了先予执行裁定将租赁物件俄制 55111 型卡玛斯车 20 台和

PC200－3型旧挖掘机2台返还农行代办处,并已执行完毕。同时绥化中院委托绥化市资产评估事务所对先予执行标的物残值予以评估,评估值为315.775万元,比购入值496.235万元减值180.46万元。案涉租赁物件由农行代办处购买,之后交付给挖运公司占有并使用,二审法院考虑到挖运公司实际占有使用租赁物件期间为25个月,判令挖运公司相应承担租赁物件减值损失121万余元,并无不妥。挖运公司以其对合同无效没有过错即不应承担本案租赁物件的减值损失为由申请再审,不予支持。北林农行关于本案租赁物件减值损失不是合同无效损失而是挖运公司经营使用租赁物件所产生的答辩主张,应予支持。

——中国裁判文书网,http://wenshu.court.gov.cn。

【链接：最高人民法院法官著述】

出租人对租赁物的取回权是对出租人权益的一种保障。在融资租赁期内,尽管出租人拥有租赁物的所有权,实际上只有处分权能留在出租人手里,而承租人则享有占有、使用和收益的权益。如果承租人按约定履行了全部义务,则租赁期满后租赁物的所有权可能会转移给承租人。如果承租人未按合同约定履行给付租金义务或有其他违约行为,则出租人可以将租赁物取回自行处置,处置后所得余款不足以弥补出租人损失的,出租人还可以要求承租人补足;处置后所得价款高于出租人损失的,承租人有权要求返还。可见,出租人行使取回权的正当理由主要是承租人根本违约,一旦认定承租人根本违约,出租人即可行使取回权。

当然,在承租人已经支付大部分租金,但无力支付剩余租金时,出租人可以解除合同并收回租赁物。这是出租人的一种法定解除权。出租人签订融资租赁合同的目的在于通过收取租金获取利润,如果承租人有拒绝支付剩余租金的违约行为,就会使出租人因无法收取租金而不能实现合同的目的,在这种情况下,出租人有权解除合同。由于出租人在租赁期间享有租赁物的所有权,出租人的所有权具有担保其租金实现的作用,因此出租人由于上述原因解除合同的,也有权收回租赁物。同样,在当事人约定租赁期间届满租赁物归承租人所有的情况下,如果租赁物收回时的价值超过承租人欠付的租金以及其他费用,出租人收回租赁物的,就会对承租人有失公平,这时,应当允许承租人要求出租人部分返还超过的价值。

——最高人民法院民事审判第二庭编著:《最高人民法院关于融资租赁合同司法解释理解与适用》,人民法院出版社2014年版,第259页。

编者说明

承租人不支付租金，出租人未及时收回租赁物是否构成“造成损失扩大”的情形。一般认为，基于融资租赁合同项下租赁物的专用性，出租人不选择收回租赁物的处理办法，并不宜被认定为违反《民法通则》第一百一十四条规定的行为，即不构成应当适用“当事人一方因另一方违反合同受到损失的，应当及时采取措施防止损失的扩大；没有及时采取措施致使扩大的，无权就扩大的损失要求赔偿”规定的情形。①

962

融资租赁合同承租人支付象征性价款是承租人与出租人对租赁物归属的一种通常安排

关键词｜融资租赁合同｜

【最高人民法院裁判文书】

兴业金融租赁有限责任公司与山西楼俊集团泰业煤业有限公司、山西联盛能源投资有限公司等融资租赁合同纠纷案［最高人民法院（2014）民二终字第203号民事判决书］

最高人民法院认为：兴业公司与泰业公司、联盛公司于2012年2月10日订立《融资租赁合同》，同一天与泰业公司订立《委托购买协议》，约定兴业公司根据泰业公司的需求，委托泰业公司向太原华成工程机械有限公司等购买装载机等采矿设备，相关租赁设备已于2012年4月10日交付给了泰业公司、联盛公司。俊安公司未提交证据证明兴业公司与泰业公司、联盛公司对租赁物价值及租金的约定不符合法律规定或违背常理，因承租人支付象征性价款亦是承租人与出租人对租赁物归属的一种通常安排，俊安公司关于本案兴业公司与泰业公司、联盛公司约定租赁期满由泰业公司、联盛公司支付人民币1万元留购租赁物不符合法律规定的理由不能成立，另外，俊安公司亦未就其主张的兴业公司与泰业公司、联盛公司实际构成贷款关系进行举证，其有关兴业公司未取得卖方开具的增值税发票的理由与本案是否形成融资租赁法律关系无直接关系。故俊安公

① 最高人民法院民事审判第二庭编著：《最高人民法院关于融资租赁合同司法解释理解与适用》，人民法院出版社2014年版，第298页。

司关于兴业公司与泰业公司、联盛公司之间不构成融资租赁法律关系，俊安公司不应承担担保责任的上诉主张不能成立。

——中国裁判文书网，http://wenshu. court. gov. cn。

兴业金融租赁有限责任公司与山西楼俊集团担炭沟煤业有限公司、山西联盛能源投资有限公司等融资租赁合同纠纷案[最高人民法院(2014)民二终字第204号民事判决书]

本裁判理由与前引裁判文书基本一致(略)。

——中国裁判文书网，http://wenshu. court. gov. cn。

963

融资租赁合同纠纷诉讼中，第三人参加诉讼的方式和时间

关键词｜融资租赁合同｜第三人参加诉讼｜

【最高人民法院司法解释】

第二十四条 出卖人与买受人因买卖合同发生纠纷，或者出租人与承租人因融资租赁合同发生纠纷，当事人仅对其中一个合同关系提起诉讼，人民法院经审查后认为另一合同关系的当事人与案件处理结果有法律上的利害关系的，可以通知其作为第三人参加诉讼。

承租人与租赁物的实际使用人不一致，融资租赁合同当事人未对租赁物的实际使用人提起诉讼，人民法院经审查后认为租赁物的实际使用人与案件处理结果有法律上的利害关系的，可以通知其作为第三人参加诉讼。

承租人基于买卖合同和融资租赁合同直接向出卖人主张受领租赁物、索赔等买卖合同权利的，人民法院应通知出租人作为第三人参加诉讼。

——《最高人民法院关于审理融资租赁合同纠纷案件适用法律问题的解释》(2014年2月24日，法释〔2014〕3号)

【链接：最高人民法院法官著述】

在融资租赁纠纷中，出租人与承租人就租赁物质量存在争议时，原则上应当

允许出卖人作为第三人参加诉讼,但值得注意的是,如果有证据证明出卖人已经提供了合同约定或者符合法律规定的产品的,或者案件中的当事人未在规定的质量异议期内提出异议的,或者作为收货方已经认可该产品质量的,则不得将出卖人追加作为无独立请求权的第三人。

无独立请求权第三人参加的时间应是在本诉已经开始且尚未终结诉讼之前,即从被告应诉起到诉讼审理结束止。第三人参加诉讼通常应是在一审程序中,不能在进入二审程序后参加,否则会造成本诉审理的拖延。在二审判决第三人承担实体责任的情况下,还会造成第三人上诉权丧失而不得不将整个案件发回重审的后果。在融资租赁诉讼中也是如此,不管是在买卖合同纠纷案件中,还是在融资租赁合同纠纷案件中,与案件审理结果具有法律上利害关系的主体都只能在一审中参加诉讼,法院也只能在一审程序中通知相关主体作为第三人参加诉讼。

——最高人民法院民事审判第二庭编著:《最高人民法院关于融资租赁合同司法解释理解与适用》,人民法院出版社2014年版,第378~379页。

编者说明

最高人民法院法官认为,新修正的《民事诉讼法》第五十六条增加了第三款规定,前两款规定的第三人,因不能归责于本人的事由未参加诉讼,但有证据证明发生法律效力的判决、裁定、调解书的部分或者全部内容错误,损害其民事权益的,可以自知道或者应当知道其民事权益受到损害之日起6个月内,向作出该判决、裁定、调解书的人民法院提起诉讼。人民法院经审理,诉讼请求成立的,应当改变或者撤销原判决、裁定、调解书;诉讼请求不成立的,驳回诉讼请求。根据该规定,如果第三人因不可归责于本人事由未参加诉讼,可以对有错误的裁判提出撤销之诉。该规定适用于所有第三人,故不仅有独立请求权第三人,无独立请求权第三人也可提起撤销之诉。在融资租赁纠纷案件中,不同法律关系当事人以及租赁物实际使用人如因不可归责于本人事由未参加诉讼,且有证据证明之前的裁判确有错误的,可以提出撤销之诉。①

① 最高人民法院民事审判第二庭编著:《最高人民法院关于融资租赁合同司法解释理解与适用》,人民法院出版社2014年版,第370~380页。

六、承揽(加工)合同

964

买卖合同与承揽合同的区分标准

关键词 | 买卖合同 | 承揽合同 |

【最高人民法院裁判文书】

上海金茂建筑装饰有限公司与孙开华、骆国生定作合同纠纷申请再审案[最高人民法院(2015)民申字第1048号民事裁定书]

最高人民法院认为:关于《石材供应合同》的性质系承揽合同还是买卖合同问题。根据《合同法》的相关规定,买卖合同是指出卖人将标的物的所有权转移给买受人,买受人给付价款的合同。而承揽合同是指承揽人按照定作人的要求利用设备、技术和劳力完成工作,交付成果,定作人给付报酬的合同。由此可见,买卖合同和承揽合同在合同目的和履行方式上均有差异。具体到本案中,金茂公司签订合同之目的是获取一定数量和规格的石材,而该规格和数量的石材在签订合同时尚不存在,需由孙开华为业主的奎屯屯业石材厂按金茂公司的要求利用设备、技术和劳力进行制作,而后将制作好的石材交付金茂公司。通过上述合同目的和履行方式可以看出,《石材供应合同》符合承揽合同的一般特征,故一、二审认定该合同的性质为承揽合同并无不当。

——中国裁判文书网,http://wenshu.court.gov.cn。

江苏塑光汽车部件有限公司、陕西秦川机械发展股份有限公司与泰兴市塑光汽车内饰件厂承揽合同纠纷申请再审案[最高人民法院(2013)民申字第2171号民事裁定书]

最高人民法院认为:(一)关于1999年8月26日《工矿产品购销合同》和2003年1月20日《工业品买卖合同》的性质问题。买卖合同是出卖人转移标的物的所有权于买受人,买受人支付价款的合同;承揽合同是承揽人按照定作人的要求完成工作,交付工作成果,定作人给付报酬的合同。本案中,1999年8月26

日及 2003 年 1 月 20 日合同对于设备的型号、数量、技术标准及质量作了明确约定；且 1999 年 8 月 26 日合同相对应的《多层共挤吹塑中空成型机协议》明确约定多层油箱设备属秦川公司研制，塑光公司研制多层油箱模具，秦川公司进行技术指导，确保六层油箱模具与设备配套生产。因此，秦川公司根据上述约定的标准和要求制造的产品具有特定性，两份合同是以秦川公司提供特定劳务为内容的承揽合同，其合同名称、约定的付款方式和交付方式虽然无异于一般的买卖合同，但并不足以影响合同的性质，塑光公司关于 1999 年 8 月 26 日及 2003 年 1 月 20 日合同性质应为买卖合同的再审申请主张不能成立。

——中国裁判文书网，http://wenshu.court.gov.cn。

【链接：最高人民法院法官著述】

从理论上看买卖合同与承揽合同存在着以下区别：1. 承揽合同中转移标的物的所有权并不是承揽人的主要义务，而是承揽人完成工作成果后的一种附随义务；在买卖合同中转移标的物有所有权是出卖人的主要义务。2. 承揽合同中的标的物只能是承揽人严格按照定作人的要求而完成的工作成果；而买卖合同的标的物是双方约定的出卖人应交付的物。3. 承揽合同的定作人有权在不影响承揽人工作的情况下对承揽人工作的情况进行监督和检查；而买卖合同的买受人只有权请求出卖人按约定的条件交付标的物，其无权过问对方的生产经营或标的物的取得情况。4. 承揽合同的承揽标的具有特定性，若其为物，只能为特定物；而买卖合同标的物可以是特定物，也可以是种类物。5. 承揽合同在工作成果完成前，只能由承揽人自己承担定作物意外灭失的风险；而在买卖合同中当事人可以约定自合同成立时标的物意外灭失的风险即由买受人负担。即使在理论和实践中对于二者的区别都有相对明确的说明，但是在实际审判中仍然会对二者产生混淆，以致难以准确区分。

——最高人民法院立案一庭一般买卖合同纠纷课题调研组：《一般买卖合同纠纷访案比高的成因及对策分析》，载苏泽林、景汉朝主编，最高人民法院立案一庭、立案二庭编：《立案工作指导》总第 32 辑，人民法院出版社 2012 年版，第 134 ~ 135 页。

965

加工合同当事人基于实际交易需要在特定条件下作出特定的真实意思表示，不违背法律的强制性规定的，应当认定有效

关键词｜加工合同｜意思表示｜

【最高人民法院裁判文书】

广州珠江铜厂有限公司与佛山市南海区中兴五金冶炼厂、李烈芬加工合同纠纷案[最高人民法院(2012)民提字第153号民事判决书]

最高人民法院认为：关于中兴冶炼厂、李烈芬是否应当偿还珠铜公司紫杂铜锭(含铜84%)共943.52吨(折算金属铜792.56吨)。这涉及合同条款的理解问题。即中兴冶炼厂的943.52吨欠铜债务"只能在长白长顺有色金属冶炼厂和朝鲜惠山青年铜矿合作项目成功投产盈利后在乙方股份盈利中偿还"的约定如何理解。本院认为，对于合同的解释，应当严格按照《合同法》的规定和当事人的约定。广东省高级人民法院二审判决将"只能在长白长顺有色金属冶炼厂和朝鲜惠山青年铜矿合作项目成功投产盈利后在乙方股份盈利中偿还"理解为双方对返还欠铜方式的约定，其理由在于认为双方没有约定该项目未能成功投产和盈利时中兴冶炼厂应否偿还欠铜属于约定不明确。该认定并不符合合同解释的规则。因为，本案合同双方只是对合同条款内容的理解产生了争议，并不属于合同没有约定或者约定不明的情形。当事人对合同条款的理解有争议的，应当按照合同所使用的词句、合同的有关条款、合同的目的、交易习惯以及诚实信用原则，确定该条款的真实意思。在2003年5月19日《补充协议》中，"只能在长白长顺有色金属冶炼厂和朝鲜惠山青年铜矿合作项目成功投产盈利后在乙方股份盈利中偿还"所要表达的意思是明确的。即使把"在长白长顺有色金属冶炼厂和朝鲜惠山青年铜矿合作项目成功投产盈利后在乙方股份盈利中偿还"理解为返还方式的约定，也仅限于"只能以这种方式"，而没有约定其他的替代方式。从合同文义来看，"只能"的约定，具体限定了欠铜债务履行的条件和范围，该条件就是中兴冶炼厂、李烈芬履行其认可的欠铜债务的前提条件。就本案而言，有关补充协议履行中的风险双方都应当能够预见。当事人基于其实际的交易需要而签订合同，在特定的条件会根据其需要作出特定的意思表示，只要其意思表示是真实的、不违背法律的禁止性规定，不存在欺诈与胁

迫的情况，即应当予以尊重和保护。

——人民法院出版社法规编辑中心编：《最高人民法院裁判观点精编(2014～2015)》，人民法院出版社2016年版，第352～353页。

966

承揽人仅以定作人陆续支付设备款的行为来证明设备已经调试合格的理由缺乏证明力

关键词｜承揽合同｜

【《最高人民法院公报》案例】

吉林冶金设备厂诉烟台冶金研究所加工承揽合同纠纷案［最高人民法院(2002)民二提字第16号民事判决书］

裁判摘要：加工承揽合同约定，承揽人应对制造、安装的设备调试合格后交付定作人的，虽然承揽人进行了多次调试，但双方没有办理设备验收手续，也没有其他证据证明已将设备调试合格，不能仅以定作人已陆续支付设备款的行为主张定作设备已调试合格。

最高人民法院认为：烟台冶金所提出吉林设备厂调试的设备不合格，双方至今没有办理验收手续，并以阶段调试总结作为证据，因该总结没有吉林设备厂签字盖章，也无其他证据证明吉林设备厂收到阶段调试总结，因此，不能作为证据使用。按照合同约定，负责两台设备的安装调试是吉林设备厂的义务，从本院到设备现场勘验的情况看，预氧化炉密封能否达到设计标准、滚动网带跑偏问题，因设备存放时间过长，已无法确认。但预氧化炉炉底钢板出现裂缝、碳化炉差压变速器没有按照设计图纸型号安装问题是客观存在的，这种质量问题并不涉及到设计是否合理，因为设计是否合理、设备制造完毕后是否具有生产价值不是吉林设备厂的义务。吉林设备厂的义务就是按照合同约定对设备进行制造、安装，调试合格后交付给烟台冶金所。虽然吉林设备厂对设备进行了多次调试，但是，双方没有办理设备验收手续，也没有其他证据证明其已将设备调试合格。吉林设备厂仅以烟台冶金所陆续支付设备款的行为，来证明设备已调试合格的理由缺乏证明力，因为向定作人交付合格的定作物是承揽人的义务，向承揽人按时付款是定作人的义务,两者享有的权利不同,承担的义务也不同。由于吉林设备厂无法提供设备调试合格的证据,因此,应认定吉林设备厂向烟台冶金所交付的设备不合格。两台设备因放置时间过长,已失去重新鉴定的条件,故吉林设备厂关于重新鉴定的请求,本院不予支持。再审判决以双方合作良好,没有办理验收手续为由认定吉林设备厂交付了合格设备,属于适用法律不当,应予纠正。

——《最高人民法院公报》2004 年第 6 期

编者说明

承揽合同工作成果是否合格,一般情况下应当经过验收环节,只有经验收合格,才算履行了合同义务。定作人的验收是明确工作成果是否符合质量要求的重要环节。

967

定作人与承揽人约定按共同确定的技术标准定作无国家质量标准新产品的，应当适度分担产品设计质量风险

关键词｜承揽合同｜产品质量标准｜

【最高人民法院裁判文书】

广西百色东笋水电站与烟台天圣橡胶坝集团有限公司加工承揽合同纠纷案［最高人民法院(2011)民提字第328号民事判决书］

裁判要旨:本案承揽人天圣公司在生产过程中,单方面更改了其与定作人东笋水电站约定的设计标准,且《破坝事故分析会议纪要》亦表明造成破坝事故的根本原因是案涉橡胶坝袋存在质量问题。天圣公司作为承揽人,对破坝事故应当承担主要责任;东笋水电站对产品质量亦未尽到足够的注意义务,对破坝事故应当承担相应的过错责任。同时,由于案涉 6 米高橡胶坝袋系相关市场上无国家质量标准的新产品,其设计系由天圣公司与东笋水电站共同约定,因此造成案涉 6 米高橡胶坝袋存在质量问题的原因,除生产过程中的因素外,亦难以排除其设计上可能存在缺陷的因素,因此东笋水电站应适当分担案涉 6 米高橡胶坝袋的设计质量风险。

最高人民法院认为:东笋水电站与天圣公司签订的《工业品买卖合同》及

《技术协议》是双方当事人的真实意思表示,不违反法律法规的禁止性规定,为有效合同。本案再审争议焦点为东笋水电站6米高橡胶坝破坝事故是否因橡胶坝袋质量问题造成,以及事故责任如何分担。

根据本案查明的事实,造成东笋水电站6米高橡胶坝破坝事故的根本原因应认定为案涉橡胶坝袋存在质量问题,天圣公司对此应负主要责任。第一,《破坝事故分析会议纪要》是双方当事人及工程设计、施工、监理等其他各方在破坝事故发生后经现场勘查和会商讨论后形成的事故分析意见,该纪要第一至第四条是与会各方达成一致结论的部分,应可作为认定本案事实的根据。其中,第一条和第二条排除了6米高橡胶坝运行管理及水位不正常、非合格的安装结果、人为破坏、损坏性漂浮物撞击、上游突发性洪水冲坝等橡胶坝袋质量问题以外的其他主要可能因素。第三条反映了撕裂的各坝袋截面有明显的局部钢丝骨架和橡胶黏合脱层现象的客观事实。第四条不仅记录了充水实验时发生小洞喷水及塌坝放水补洞的客观事实,而且记载了破坝事故中补洞处撕裂最为严重的事实,表明案涉橡胶坝袋在安装之初即存在较大质量隐患,且该质量隐患与破坝事故之间存在较大关联性。天圣公司关于东笋水电站称安装过程中发生小洞喷水事故系撒谎,以及造成破坝事故的根本原因是东笋水电站管理失职造成内压过大导致破裂等主张,并无证据佐证,且与《破坝事故分析会议纪要》上述内容相冲突,本院不予采信。烟台中院、山东高院认为《破坝事故分析会议纪要》未就事故原因形成确定性结论,不能作为认定橡胶坝袋存在质量问题的根据不妥,本院予以纠正。第二,天圣公司在生产过程中将橡胶坝袋由设计的二层钢丝改为三层钢丝,违反了《工业品买卖协议》及《技术协议》约定的设计标准,天圣公司主张之所以使用三层钢丝是为了增加钢丝的强度和屈挠度,但其对于橡胶坝袋质量可能产生的影响,天圣公司并未进行评估,以排除此项改动对于橡胶坝袋造成质量隐患的可能。天圣公司主张该改动取得了东笋水电站委托的工程设计方南宁水电设计院的同意,但并未提供证据予以证明,对该主张本院不予支持。天圣公司主张其将橡胶坝袋运到工地时东笋水电站监理单位和设计单位进行了验收,在用肉眼能看到的情况下并未提出异议,应视为对改用三层钢丝的认可,因其未提供相关证据以证明其主张,对该主张本院不予支持。第三,《橡胶坝技术规范》SL227－98是双方当事人约定适用的技术规范,故天圣公司关于该技术规范关于橡胶坝袋必须进行专门的质量检验,必须附有通过国家计量认证的检测机构出具的有关参数检验报告,并提供具有法律效力的检验报告的规定违反行政许可法的主张,没有事实和法律依据,本院不予支持。天圣公司没有向东笋水电站提供《橡胶坝技术规范》SL227－98要求的检验报告,违反了双方相关约定;烟台中院向烟台市产品质量监督检验所调查时该所相关技术人员证实,经使用特别是破裂之后的橡胶坝袋质量已经难以鉴定,故天圣公司关于东笋水电站擅自拆除破坝事故后的残留橡胶坝袋,以及拒绝申请鉴定的行为造成橡胶坝袋质量无法鉴定的主张不成立,本院不予支持。天圣公司主张东笋水电站出具的关于充水试验合格的报告可以证明其已经对橡胶坝袋质量检验合格,因该充水试验报告仅是对橡胶坝袋充水试验时点橡胶坝运行情况的客观记载,并无关于橡胶坝袋质量检验的内容,不能客观反映橡胶坝袋质量,故对该主张本院不予支持。

东笋水电站对案涉橡胶坝袋存在质量问题并造成破坝事故亦应负有一定责任。第一,由于案涉6米高橡胶坝袋并无国家质量标准,其设计系由天圣公司与东笋水电站共同约定,因此造成案涉6米高橡胶坝袋存在质量问题的原因,除生产过程中的因素外,亦难以排除其设计上可能存在缺陷的因素。因此,东笋水电站应适当分担案涉6米高橡胶坝袋的质量风险。第二,作为案涉6米高橡胶坝的建设单位,东笋水电站并未按照《橡胶坝技术规范》SL227－98之1.0.2要求,自行组织或要求天圣公司组织相关实验研究,而仅召开了专家论证会,对案涉6米高橡胶坝袋质量未尽充分的注意义务。第三,在案涉6米高橡胶坝袋充水试验过程中出现小洞喷水后,东笋水电站对可能存在的较大质量隐患未予以足够重视并自行或要求有关方采取正确补救措施,而是在修补后继续进行安装,故其对质量隐患演变为实际危害亦应承担一定责任。

——最高人民法院民事审判第二庭编:《最高人民法院商事审判指导案例(6)·合同与借贷担保卷》,中国法制出版社2013年版,第229～244页。

968

在"工厂交货"(EXW)术语下,承揽人仍然负有按照合同约定加工并交付设备的义务,承揽人未能交付时,定作人有权解除合同

关键词 | 工厂交货 | 合同解除 |

【最高人民法院裁判文书】

苏州斯莱克精密设备股份有限公司与 Alfons Haar 机械制造有限两合公司加工承揽合同纠纷再审案[最高人民法院(2013)民申字第418号民事裁定书]

最高人民法院认为:(一)关于 Alfons Haar 公司是否有权解除合同的问题。本案中,Alfons Haar 公司与斯莱克公司在合同中最初约定交付冲压机的时间为最晚不得超过2007年1月26日,交付所涉模具的时间为最晚不得超过2007年2月15日。在实际履行中,Alfons Haar 公司于2006年8月7日对订单进行确认后,又于2006年11月7日对订单进行了变更,斯莱克公司于2006年11月9日对变更订单予以确认,故一、二审判决将斯莱克公司交付相应设备的日期顺延三个月,并无不妥。斯莱克公司在对变更后的订单予以确认时未对履行期限提出异议,也未能在合理顺延的期间内交付相应的设备,在经 Alfons Haar 公司两次催交仍然未能交付相应设备的情况下,依《合同法》第九十四条之规定,Alfons Haar 公司自应享有解除合同的权利。虽然在"工厂交货"(EXW)术语下,Alfons Haar 公司负有自行提货或者委托办理运输的义务且运费应由 Alfons Haar 公司承担,但这并不意味着斯莱克公司没有按照合同约定加工设备并组织交付设备的义务。Alfons Haar 公司以设备存在质量问题为由提出加工后的设备不具备交付条件,斯莱克公司对此虽持异议,但从斯莱克公司法定代表人安旭签收确认2007年4月16日及10月25日的检验清单看,可以认定设备在2007年10月25日验收时存在质量问题,并且该质量问题得到了斯莱克公司认可。斯莱克公司以合同未约定质量标准为由主张 Alfons Haar 公司提出质量问题属拒绝履行受领义务的行为,没有事实依据,不予支持。斯莱克公司在二审庭审闭庭后向二审法院提交的《中国包装联合会金属容器委员会专家论证意见》,因该专家论证意见系斯莱克公司单方委托中国包装联合会金属容器委员会作出,且未经法庭质证,故二审法院根据《民事诉讼证据规定》第四十二条的规定对该证据不予理涉,并无不当。此外,虽然根据当事人之间合同的约定,Alfons Haar 公司须向斯莱克公司支付30%预付款,因此在合同总价格增加的情况下,Alfons Haar 公司负有足额支付预付款的义务,但在合同的实际履行过程中,斯莱克公司从未向 Alfons Haar 公司要求支付增加部分的预付款,且斯莱克公司在未收到预付款的情况下已经对设备进行了加工,在双方产生争议后,斯莱克公司也未以未收到增加部分预付款作为自己拒绝履行交付的原因,故未收到增加部分的预付款并不是斯莱克公司拒绝履行交付义务的实际理由。合同约定 Alfons Haar 公司支付 60% 后续款的条件是“成功验收后、交付货物前”，因斯莱克公司加工的设备未通过 Alfons Haar 公司的验收，故无权请求 Alfons Haar 公司支付 60% 后续款，斯莱克公司以此为由主张其享有留置权的理由也不能成立。虽然德国罗德律师事务所上海代表处签发的是律师函，但仅仅是受 Alfons Haar 公司的委托催告斯莱克公司尽快履行合同义务，从事的是一般意义上的民事行为，不是法律所不允许的事务。斯莱克公司以律师函无效为由主张律师函不发生催告的效力并进而请求认定 Alfons Haar 公司无权解除合同的理由亦不能成立。

（二）关于合同解除的法律后果。《合同法》第九十七条的规定，合同解除后，对于已经履行的部分，“根据履行情况和合同性质，当事人可以要求恢复原状、采取其他补救措施，并有权要求赔偿损失”。本案中，Alfons Haar 公司起诉斯莱克公司请求确认合同解除并要求斯莱克公司返还相应设备、预付款并赔偿损失，若斯莱克公司认为合同解除后 Alfons Haar 公司应对其已完成的翻新、调试等工作支付报酬，应提起反诉或者就返还预付款、赔偿损失的范围提出抗辩。斯莱克公司既未提出反诉，也未就 Alfons Haar 公司请求返还预付款或者赔偿损失的范围提出抗辩，却以一、二审法院实际认定 Alfons Haar 公司不需支付任何报酬为由主张一、二审判决存在适用法律错误，该理由不能成立。至于 Alfons Haar 公司是否应就斯莱克公司已经完成的工作成果支付报酬，斯莱克公司可另寻法律途径解决。

——中国裁判文书网，http://wenshu.court.gov.cn。

969

定作人不能证明承揽人提供的产品不符合合同约定目的及不积极履行终验收协助义务的，不能以此为由解除合同

关键词 | 合同目的 | 终验收 | 合同解除 |

【最高人民法院裁判文书】

东营市科岭动力有限公司与凯迈（洛阳）机电有限公司及天津瑞能电气有限公司定作合同纠纷申请再审案［最高人民法院（2016）最高法民申 2818 号民事裁定书］

最高人民法院认为：本案审查的重点是涉案产品预验收地点变更、产品配件

与相关资料的提供、产品质量问题等事实认定和科岭公司解除合同的法律适用问题。

凯迈公司在一审中提交的东营科岭培训纪要、设备备件入库清单、台架设备技术资料目录、验收清单、科岭动力检测中心设备清单表等证据，证明凯迈公司已向科岭公司交付了技术协议约定的设备和技术资料，本案没有证据表明科岭公司接受后在合理时间内提出设备和技术资料短少的异议，科岭公司又没有提供相反证据佐证，其在再审申请中主张凯迈公司交付设备和技术资料短少，缺乏事实依据。根据技术协议的约定，整套设备预验收的地点在凯迈公司。但是，凯迈公司将设备发往科岭公司后，科岭公司于 2012 年 9 月 12 日向凯迈公司发出通知将于 2012 年 9 月 17 日对集装箱热电机(增程器)性能试验台架、集装箱电机性能试验台架进行预验收。双方当事人于 2012 年 9 月 24 日实际进行了预验收。尽管科岭公司上述通知的内容主要是明确预验收的时间，但当时设备已经由凯迈公司发往科岭公司，意味预验收只能在科岭公司处，科岭公司在对此知情的情况下发出上述通知。本案没有证据表明科岭公司当时对于预验收地点变更为其所在地提出异议，并提出预验收地点变更对其有何种不利影响。据此，一、二审判决认定双方在合同履行过程中变更了预验收地点并无不当。

双方当事人在设备预验收后，于 2012 年 9 月 24 日至 10 月 30 日经过多次相互沟通最终确认预验收中设备存在的问题共有 10 项，期间科岭公司曾于 2012 年 9 月 24 日向凯迈公司发出终验收通知，定于 2012 年 10 月 15 日进行终验收。但因双方对未通过测试的项目存在异议，之后未再继续协商。科岭公司于 2012 年 12 月 7 日以凯迈公司制造的产品不符合合同约定，构成根本违约为由，提起诉讼，但本案没有证据表明预验收中存在的问题不能通过协商整改予以克服或者凯迈公司拒绝协商整改。鉴于涉案定作产品系在科岭公司发明专利基础上由科岭公司委托凯迈公司进行开发制造的产品，技术协议中的各项参数和技术要求亦是双方共同协商确定的，因技术参数复杂，仅凭双方有争议的沟通意见，不能判断凯迈公司制作的产品是否符合双方合同约定的技术标准。一、二审判决认定本案需要由具备鉴定资格的鉴定人对产品质量问题进行鉴定，才能确认产品质量是否合格，并无不当。科岭公司对其提出产品不符合合同约定的主张有责任提供证据证明，其申请一审法院委托鉴定后又不预交鉴定费用导致鉴定程序终结，应依法承担举证不能的不利后果。科岭公司主张凯迈公司提供的产品不符合合同约定的目的和凯迈公司不积极履行终验收的协助义务，缺乏事实依据。科岭公司以产品不符合合同约定为由提出解除合同并请求赔偿损失，一、二审判决不予支持，并无不当。

——中国裁判文书网，http://wenshu.court.gov.cn。

970

承揽合同解除后违约损害赔偿额的计算

关键词｜承揽合同｜合同解除｜违约损害赔偿｜

【最高人民法院裁判文书】

广州市天赐三和环保工程有限公司与上海南征电子电气成套有限公司承揽合同纠纷申诉案［最高人民法院（2015）民再申字第1号民事裁定书］

最高人民法院认为：一、关于本案合武装同违约后产生的损失如何确定问题。再审申请人天赐公司认为，在本案合同并未完全履行的情况下，不应以合同总价138万元作为南征公司损失的依据，南征公司的损失应当小于合同总价。本院认为，当事人一方不履行合同义务或者履行合同义务不符合约定，给对方造成损失的，损失赔偿额应当相当于因违约所造成的损失，包括合同履行后可以获得的利益，但不得超过违反合同一方订立合同时预见到或者应当预见到的因违反合同可能造成的损失。本案中，因天赐公司与南征公司签订的合同标的额为138万元，是签订合同时双方均知悉的事实，若合同正常履行则天赐公司应支付138万元给南征公司，包括南征公司的成本及预期利润等。本案双方合同的标的物是用于石化厂集中供热锅炉脱硫工程现场的专业设备，属于特殊领域的特定物，不具有可替代性，若合同不能履行，则涉案设备另行使用几无可能。结合本案双方于2009年7月29日签订合同、合同约定的最迟到货时间为2009年9月10日的情况，至2009年8月24日天赐公司书面通知南征公司解除合同之日时，合同整个履行期限已过半，考虑到去除路途运输时间，客观上应认为南征公司为生产涉案设备的工作已经全面展开，且天赐公司发出解除合同通知后，南征公司拒绝解除合同并进行继续生产和要求天赐公司进厂验收，故本案合同不能履行后所导致的损失金额以合同标的额138万元为标准符合实际情况，原审法院对此认定并无不妥。

二、关于南征公司是否存在自行开工生产并应承担主要责任问题。根据

《合同法》第二百六十八条之规定,定作人享有合同解除权,可以随时解除承揽合同,造成承揽人损失的,应当赔偿损失。本案中双方合同不能履行的直接原因是2009年8月24日天赐公司向南征公司发出的解除合同的书面通知。该通知载明:“贵我双方于2009年7月29日签订的《新疆独山子石化集中供热2×70MW+3×46MW燃煤锅炉除尘脱硫改造工程的高压斩波内馈调速控制装置买卖合同》,上述合同签署后,由于该脱硫项目的业主方通知我公司暂停该合同的执行,所以,我公司已分别于2009年8月6日及8月12日通过电话和传真通知贵公司暂停上述合同的执行,贵公司已确认收到我公司的传真。现由于业主方原因,已造成我公司无法履行该合同,故不得不通知贵公司解除上述买卖合同,对此,我公司深表歉意,并希望能与贵公司协商解决合同解除事宜。”由此,天赐公司主动行使合同解除权系因为自己业主的需要,并非案涉产品瑕疵所致,天赐公司对合同不能实际履行应承担主要责任。

按照双方合同约定,南征公司应在合同签订后三日内提交全部技术资料清单和交付进度,并经天赐公司确认。南征公司提交技术资料清单及讲度的时间符合合同约定要求,然天赐公司主张南征公司未经其确认后就自行开工生产,违反合同约定。本院认为,南征公司积极履行合同义务提交相关技术资料及进度,而天赐公司在收到南征公司提交的技术资料及进度后怠于行使其合同权利义务,迟迟不作出确认或否认的意思表示,天赐公司怠于行使合同权利义务的行为不能成为其逃避责任的抗辩,更不能因此附加积极履行合同义务的南征公司一方承担更多义务。但是,根据《合同法》第一百一十九条之规定,“当事人一方违约后,对方应当采取适当措施防止损失的扩大;没有采取适当措施致使损失扩大的,不得就扩大的损失要求赔偿”,南征公司在2009年8月14日接到天赐公司传真告知要解除合同时,南征公司负有降低合同损失的义务,而本案中南征公司收到该传真通知后,非但没有停止生产还复函表示不同意解除合同并要求天赐公司参与产品出厂验收,南征公司应对其不采取措施防止损失扩大的行为承担责任,故南征公司申请对第54号民事判决第二判项予以改判的理由亦不能成立。

综上,本案合同解除的主要原因是天赐公司因己方原因而主动行使合同解除权所致,应对给南征公司造成的损失承担主要责任。南征公司应对其在收到合同解除通知后不采取措施防止损失进一步扩大的消极行为承担一定责任,原审法院对双方责任分配并无不当。天赐公司主张的涉案设备存在质量瑕疵、图纸不符等问题,属于合同若能正常履行时可调整修复的事项,出现该种情形的应对措施双方也在合同中进行了约定,不属于本案中天赐公司主动行使合同解除权时需审查的事项。

——中国裁判文书网，http://wenshu. court. gov. cn。

971

定作人中途变更承揽工作的要求造成承揽人损失的，应当赔偿损失

关键词 | 合同变更 | 合同履行 | 合同解除 |

【最高人民法院裁判文书】

大连华锐重工集团股份有限公司与山东信远集团有限公司承揽合同纠纷申请再审案[最高人民法院(2015)民申字第2753号民事裁定书]

最高人民法院认为：本案再审审查的争议焦点为：一、二审法院判令解除案涉承揽合同，并由华锐公司赔偿信远公司1957728元损失是否缺乏证据证明。

根据一、二审法院审理查明的事实，华锐公司于2011年1月6日向信远公司发出预投通知，要求信远公司马上组织生产100件1.5MW行星架，图号4926727342A(系4926727343A之笔误)，材质G32NiCrMo8－5－4。信远公司收到华锐公司预投通知后，即组织生产。2011年2月21日，华锐公司向信远公司传真要求停止投料，传真内容载明，截至2011年2月21日，信远公司已投产1.5MW行星架56件(包括2010年结转的15件)，但因设计原因可能将要改图，请立即停止投料，超出预投部分有待双方协商，具体情况及投料日期另行通知。传真中未明确如何处理已生产的行星架，信远公司主张其按照华锐公司要求停止生产后，多次要求华锐公司以8万元单价收购已生产行星架，华锐公司以图纸变更可能按照新图纸进行整改为由拒绝。华锐公司则主张双方至本案起诉前并未协商如何处理已生产行星架。由此可知，双方之间已成立合法有效的承揽合同。合同履行过程中，华锐公司作为定作人以设计变更为由通知承揽人信远公司停止生产，嗣后双方长期未就已生产产品的处理及合同继续履行问题达成合意。信远公司以合同目的不能实现为由，诉请解除合同，并无不当。

《合同法》第九十七条规定："合同解除后，尚未履行的，终止履行；已经履行的，根据履行情况和合同性质，当事人可以要求恢复原状、采取其他补救措施、并有权要求赔偿损失。"本案中，信远公司按照华锐公司预投通知生产出行星架之

后、交付之前,即因华锐公司通知停止生产而未再继续履行。华锐公司在信远公司诉请解除合同、赔偿损失后,要求信远公司继续履行合同,交付已生产行星架,于法无据。就赔偿损失的具体数额而言,信远公司主张依据已生产的32件行星架的当时市价和现有残值之间的差价进行计算,行星架单价参照双方以往业务往来所签合同及增值税发票确定为8万元/件,残值则经信远公司申请,一审法院委托鉴定机构评估为602272元。鉴定报告经双方当事人质证后均无异议。华锐公司申请再审以照片显示行星架铸造编号修改为由主张案涉32件行星架并非按照其预投通知生产,信远公司未提供试块和检测报告,行星架质量不合格,不能依据单价8万元/件确定当时市价。但其上述主张与其在2011年2月21日传真中确认信远公司已投产行星架56件(信远公司主张损失的32件即包含其中),及其在2013年12月16日经双方现场清点形成的备忘录中确认在信远公司处看到32件行星架的事实不符。双方就案涉同一型号和规格行星架的加工承揽具有多年业务往来,华锐公司就案涉承揽合同的停产通知中仅载明系因设计图纸变更,未提及产品存在质量问题,直至信远公司起诉长达两年期间内,华锐公司从未就产品质量提出过异议。现以信远公司未提供试块和检测报告为由主张质量不合格,理据不足,且已超出合理的质量异议期间,本院不予支持。其据此主张二审法院认定事实的主要证据未经质证,亦不能成立。本案系信远公司按照华锐公司通知投料生产加工行星架,因定作人华锐公司设计变更通知停产而未继续履行。根据《合同法》第二百五十八条"定作人中途变更承揽工作的要求,造成承揽人损失的,应当赔偿损失"之规定,应由华锐公司承担因此给信远公司造成的损失。二审法院依据双方在先交易习惯确定行星架单价,计算当时市价后,扣除鉴定评估残值,确定损失数额为1957728元,证据确实充分,并无不当。

——中国裁判文书网,http://wenshu.court.gov.cn。

972

定作人违约给承揽人造成损失的计算

关键词|违约损害赔偿|

【最高人民法院裁判文书】

荆州市星都食品罐头有限公司与凤阳县龙兴玻璃有限公司承揽合同纠纷申请再审案[最高人民法院(2016)最高法民申792号民事裁定书]

最高人民法院认为：原判荆州星都公司赔偿凤阳龙兴公司损失660576.17元是否正确。

根据查明事实，定作人荆州星都公司于2012年9月26日向承揽人凤阳龙兴公司发出订单号为zpd2012－002的《星都玻璃瓶订单计划（湖北荆州）》，此后双方就《承揽合同》的部分内容进行协商达成一致意见后签订《承揽合同》，约定荆州星都公司向凤阳龙兴公司订购规格分别为850、480、230、500、320、260的振鹏达玻璃瓶，其单价分别为1.10元/只、0.73元/只、0.39元/只、0.65元/只、0.5元/只、0.42元/只；交货数量及时间以荆州星都公司订单确定。《承揽合同》还约定，荆州星都公司对已下订单货物的库存承担全部责任，从凤阳龙兴公司通知荆州星都公司提货之日起30日内提完，逾期每日收取未提货物价款的0.5‰仓储费，超过两个月，凤阳龙兴公司有权对荆州星都公司货物留存或另作处理。此后，荆州星都公司连续发出4份订单，凤阳龙兴公司按荆州星都公司4份订单要求生产并交付部分玻璃瓶。但荆州星都公司在收取部分定制玻璃瓶后，未再通知交货，导致凤阳龙兴公司按荆州星都公司4份订单生产的振鹏达玻璃瓶积压。

本院认为，首先，荆州星都公司与凤阳龙兴公司签订的《承揽合同》意思表示真实，内容不违反法律、行政法规的强制性规定，合法有效，双方当事人均应按照约定履行。原判对此认定正确。

其次，本案一审中，凤阳龙兴公司提供《公证书》，以证明其为荆州星都公司生产而荆州星都公司未提货的玻璃瓶数量，一审法院在审理期间亦到玻璃瓶存放现场进行核实。因该玻璃瓶系为荆州星都公司定制，并非通用产品，凤阳龙兴公司无法另行销售，从而造成损失，应由荆州星都公司予以赔偿。

再次，荆州星都公司申请再审主张其并不存在违约行为依据不足，根据查明事实，凤阳龙兴公司按荆州星都公司订单要求生产玻璃瓶，荆州星都公司仅收取部分定制玻璃瓶后，未再通知交货，导致凤阳龙兴公司按荆州星都公司订单生产的振鹏达玻璃瓶积压。荆州星都公司申请再审主张在计算实际损失时，不应计算玻璃瓶的销售利润，只能计算其生产成本，根据《承揽合同》约定，荆州星都公司对已下单货物库存承担全部责任,从凤阳龙兴公司通知荆州星都公司提货日期30日内提完,超过2个月,凤阳龙兴公司有权对货物留存或另作处理。根据《合同法》规定,当事人一方不履行合同义务或者履行合同义务不符合约定,给对方造成损失的,损失赔偿额应当相对于因违约所造成的损失,包括合同履行后可以获得的利益,但不得超过违反合同一方订立合同时预见到或者应当预见到的因违反合同可能造成的损失。荆州星都公司该项主张法律依据不足,不予支持。

——中国裁判文书网,http://wenshu.court.gov.cn。

七、运输合同

973

经营范围中包括客运服务并取得道路运输经营许可证，相对人足以相信其具有缔结客运服务合同的资格与履约能力，是否实际具备相应能力不影响合同效力

关键词 | 客运合同 | 合同效力 |

【最高人民法院裁判文书】

中国邮政集团公司承德市鹰手营子矿区分公司与丰宁通达运输有限责任公司、李占山等运输合同纠纷申请再审案[最高人民法院(2016)最高法民申2297号民事裁定书]

最高人民法院认为：根据通达公司的再审申请理由，本案再审审查涉及的问题是通达公司是否应当基于客运合同关系向鹰手营子分公司承担相应的责任。

关于通达公司是否与鹰手营子分公司形成客运合同关系并应承担责任的问题。2013年7月30日鹰手营子分公司职工佟彦与通达公司法定代表人李占山达成口头协议，约定租赁李占山通达公司的大型普通客车。其后，李占山指派李凤青驾驶李占山所有的非营运车辆履行了约定的客运服务。通达公司主张进行客运服务的系李占山个人车辆，乘坐车辆的鹰手营子分公司23名职工亦明知其属于李占山个人所有，故上述行为属于李占山的个人行为，并非职务行为，通达公司不应承担责任。本院认为，通达公司与鹰手营子分公司虽然没有签订书面合同，但李占山作为通达公司的法定代表人，鹰手营子分公司职工佟彦与其联系并由其指派司机和车辆提供服务，在没有充分证据证明鹰手营子分公司是与李占山个人达成协议的情况下，应当认定李占山行为是代表通达公司的职务行为。

通达公司再审申请时提交了丰宁满族自治县人民法院作出的(2015)丰民初字第2104号民事判决作为新证据，拟证明鹰手营子分公司职工明知服务车辆

归李占山个人所有。但该判决在本案一审期间已经存在并记录在一审查明的事实中,故其不属于再审新证据类型,本院不予认定。此外,该另案系鹰手营子分公司职工以车辆所有人等主体为被告提出的侵权诉讼,与本案并非同一法律关系,且上述职工在另案起诉状中描述乘坐的是登记车主为李占山的车辆,并不影响对客运合同承运人的认定,而车辆牌照是否属于当地牌照亦不能证明合同签订主体的问题,故通达公司提交的该证据亦不足以推翻原判决认定的事实,本院不予认可。

通达公司还主张自身没有客运经营资格和权限,因此不具备客运能力,以及即便取得了道路运输经营许可证,也不能因此具备客运能力,故原审认定鹰手营子分公司对其存在客运能力的信赖基础错误。本院认为,通达公司经营范围中明确列明包括客运服务,并取得了道路运输经营许可证,足以让相对人鹰手营子分公司相信其具有缔结客运服务合同的资格与履约能力,至于其是否具备相应能力属于其自身经营能力问题,并不因此否定合同的有效性。原审认定与鹰手营子分公司形成客运合同关系的是通达公司,而非李占山个人,并判定通达公司基于客运合同关系承担相应责任,具有事实和法律依据,并无不当。故通达公司该项再审理由,缺乏事实和法律依据,不能成立,本院不予支持。

关于本案原审判决通达公司基于客运合同关系承担责任,与另案判决认定李占山为责任主体承担赔偿责任是否矛盾的问题。本案系鹰手营子分公司基于客运服务合同,向通达公司提起的合同纠纷诉讼,与另案鹰手营子分公司职工以车辆所有人李占山等主体为被告提出的侵权诉讼,并非基于同一法律关系。且另案中,鹰手营子分公司 23 名职工主张赔偿的内容范围是伤残赔偿金、精神损害抚慰金、营养费和鉴定费,与本案鹰手营子分公司请求主张的范围并不重复,故本案并不存在受害人滥用权利的问题。本案中,鹰手营子分公司虽然实际主张的是其垫付 23 名职工的相关费用,但该费用的支出亦属于其在接受通达公司客运服务合同履行过程中,因通达公司不当履行行为而导致的损失,原审将本案案由定性为客运合同纠纷,并适用合同法和相关司法解释作出判决,并无明显不当。另即便案由错误,亦不属于法律规定的再审事由。故本案原对通达公司的相关再审理由,不予认可。

——中国裁判文书网,http://wenshu. court. gov. cn。

974

在客运合同中，明白无误地向旅客通知运输事项，是承运人应尽的附随义务

关键词 | 客运合同 | 附随义务 |

【《最高人民法院公报》案例】

杨艳辉诉南方航空公司、民惠公司客运合同纠纷案（上海市徐汇区人民法院民事判决书）

裁判摘要：根据《合同法》的规定，合同当事人应当遵循诚实信用原则，根据合同的性质、目的和交易习惯履行通知、协助、保密等附随义务。在客运合同中，明白无误地向旅客通知运输事项，就是承运人应尽的附随义务。只有承运人正确履行了这一附随义务，旅客才能于约定的时间到约定的地点集合，等待乘坐约定的航空工具。承运人应当根据具体情况，以我国通用文字清晰明白地标明运输事项，或以其他足以使旅客通晓的方式作出说明。

上海市徐汇区人民法院认为：《合同法》第二百八十八条规定："运输合同是承运人将旅客或者货物从起运地点运输到约定地点，旅客、托运人或者收货人支付票款或者运输费用的合同。"第二百九十三条规定："客运合同自承运人向旅客交付客票时成立，但当事人另有约定或者另有交易习惯的除外。"原告杨艳辉为从上海赴厦门，购买了被告南航公司的客运机票，客运机票是客运合同成立的凭据。自杨艳辉取得南航公司的客运机票时起，杨艳辉与南航公司之间的客运合同即告成立，杨艳辉与南航公司是该客运合同的主体。被告民惠公司只是根据代理合同为南航公司代销客运机票，并非客运合同的主体。

合同义务有给付义务和附随义务之分。给付义务是债务人根据合同应当履行的基本义务，附随义务是在给付义务以外，为保证债权人利益的实现而需债务人履行的其他义务。《合同法》第六十条第二款规定："当事人应当遵循诚实信用原则，根据合同的性质、目的和交易习惯履行通知、协助、保密等义务。"这是《合同法》对附随义务作出的规定。在客运合同中，明白无误地向旅客通知运输事项，就是承运人应尽的附随义务。只有承运人正确履行了这一附随义务，旅客才能于约定的时间到约定的地点集合，等待乘坐约定的航空工具。上海有虹桥、浦东两大机场，确实为上海公民皆知。但这两个机场的专用代号 SHA、PVG，却

并非上海公民均能通晓。作为承运人的被告南航公司,应当根据这一具体情况,在出售的机票上以我国通用文字清晰明白地标明机场名称,或以其他足以使旅客通晓的方式作出说明。南航公司在机票上仅以"上海 PVG"来标识上海浦东机场,以致原告杨艳辉因不能识别而未在约定的时间乘坐上约定的航空工具,南航公司应承担履行附随义务不当的过错责任。自动打票机并非不能打印中文,机票上打印的"上海""厦门"等字,便是证明。虽然"全部使用自动打票机填开机票"是中国民航总局的规定,但怎样根据当地具体情况去执行上级主管部门的规定,使执行规定的结果能更好地为旅客提供服务,更好地履行承运方在承运合同中的义务,却是作为承运人的南航公司应尽的职责。南航公司关于是"按照中国民航总局的规定使用自动打票机填开""自动打票机无法在机票上打印中文机场名称,故用机场代码 PVG 标明""作为承运人已尽到义务"的辩解理由,不能成立。

《合同法》第二百九十九条规定:"承运人应当按照客票载明的时间和班次运输旅客。承运人迟延运输的,应当根据旅客的要求安排改乘其他班次或者退票。"原告杨艳辉持机场名称标识不明的机票,未能如期履行。参照迟延运输的处理办法,被告南航公司应负责全额退票,并对旅客为抵达目的地而增加的支出进行赔偿。除此以外,杨艳辉提出请求赔偿的其他损失,缺乏相应的事实根据和法律依据,不予支持。

被告民惠公司不是客运合同的主体,原告杨艳辉要求民惠公司承担退票、赔偿的民事责任,不予支持。

至于被告南航公司、民惠公司是否必须在其出售的机票上以我国通用文字标明机场名称,应由其上级主管部门加以规范,不属本案处理范围。

——《最高人民法院公报》2003 年第 5 期

编者说明

在客运合同中,由于运输过程中可能会存在相应的风险,为了使该种风险能够得以及时避免,承运人具有将相关事项进行告知的义务。对此,《合同法》第二百九十八条有明确的规定。如果承运人有不能正常运输的重要事由,如航班因为天气原因不能正常起飞等,应当及时告知旅客,使得旅客及时安排出行事宜等。告知的内容一般包括两个方面,一是有关不能正常运输的重要事由;二是安全运输应当注意的事项。

975

承运人在运输过程中，应当尽力救助患有急病、分娩、遇险的旅客，否则应承担相应民事责任

关键词｜客运合同｜救助义务｜

【《最高人民法院公报》案例】

朱杭诉北京市长阔出租汽车公司、付建启赔偿纠纷案(北京市朝阳区人民法院民事判决书)

裁判规则:旅客乘坐承运人的车辆,即与承运人建立客运合同关系,旅客享有安全抵达目的地的权利,承运人承担着安全运输旅客抵达目的地的职责。根据《合同法》第三百零一条的规定,承运人在履行运输职责时,对突发疾病的旅客不尽救助的法定义务,反而中途停车,将旅客弃于路旁置于危险状态下,虽未危及旅客的生命、健康,但对其精神造成了一定刺激,侵犯了旅客应当享有的合法权利,承运人应当承担相应的民事责任。

北京市朝阳区人民法院认为:《民法通则》第五条规定:“公民、法人的合法的民事权益受法律保护,任何组织和个人不得侵犯。”原告朱杭乘坐被告长阔公司的出租车,即与长阔公司建立了客运合同关系。朱杭是旅客,享有安全抵达目的地的权利;长阔公司是承运人,被告付建启是长阔公司的工作人员,他们承担着安全运输旅客抵达目的地的职责。《合同法》第三百零一条规定:“承运人在运输过程中,应当尽力救助患有急病、分娩、遇险的旅客。”付建启在履行运输职责时,对突发癫痫病的朱杭不仅不尽救助的法定义务,反而中途停车,将昏睡中的朱杭弃于路旁,使朱杭处于危险状态下。付建启的行为虽未危及朱杭的生命、健康,但对朱杭的精神造成了一定刺激,侵犯了朱杭作为旅客应当享有的合法权利。

《民法通则》第一百零六条第一款规定:“公民、法人违反合同或者不履行其他义务的,应当承担民事责任。”被告付建启不救助正在发病的原告朱杭,应当承担相应的民事责任。最高人民法院在《民通意见(试行)》第五十八条规定:“企业法人的法定代表人和其他工作人员,以法人名义从事的经营活动,给他人造成经济损失的,企业法人应当承担民事责任。”付建启是被告长阔公司的工作人员,其在执行长阔公司运输任务中给他人造成的损失,应当由长阔公司承担民事责任。原告朱杭要求被告长阔公司赔礼道歉,请求合理,应当支持;要求长阔

公司赔偿其精神损失，请求虽然合理，但请求数额过高，不能全额支持；要求长阔公司赔偿其丢失的财物，因证据不足，不予支持。

——《最高人民法院公报》2002 年第 3 期

976

在打折机票上注明“不得退票，不得转签”，只是限制购票旅客由于自身原因不得退票和转签，不能据此剥夺旅客享有的乘坐航班按时抵达目的地的权利

关键词｜航空旅客运输合同｜

【最高人民法院指导性案例】

阿卜杜勒·瓦希德诉中国东方航空股份有限公司航空旅客运输合同纠纷案(最高人民法院指导案例 51 号)

裁判要点：1. 对航空旅客运输实际承运人提起的诉讼，可以选择对实际承运人或缔约承运人提起诉讼，也可以同时对实际承运人和缔约承运人提起诉讼。被诉承运人申请追加另一方承运人参加诉讼的，法院可以根据案件的实际情况决定是否准许。

2. 当不可抗力造成航班延误，致使航空公司不能将换乘其他航班的旅客按时运抵目的地时，航空公司有义务及时向换乘的旅客明确告知到达目的地后是否提供转签服务，以及在不能提供转签服务时旅客如何办理旅行手续。航空公司未履行该项义务，给换乘旅客造成损失的，应当承担赔偿责任。

3. 航空公司在打折机票上注明“不得退票，不得转签”，只是限制购买打折机票的旅客由于自身原因而不得退票和转签，不能据此剥夺旅客在支付票款后享有的乘坐航班按时抵达目的地的权利。

法院生效裁判认为：原告阿卜杜勒是巴基斯坦国公民，其购买的机票，出发地为我国上海，目的地为巴基斯坦卡拉奇。《民法通则》第一百四十二条第一款规定：“涉外民事关系的法律适用，依照本章的规定确定。”第二款规定：“中华人民共和国缔结或者参加的国际条约同中华人民共和国的民事法律有不同规定的，适用国际条约的规定，但中华人民共和国声明保留的条款除外。”我国和巴

基斯坦都是《经 1955 年海牙议定书修订的 1929 年华沙统一国际航空运输一些规则的公约》(以下简称《1955 年在海牙修改的华沙公约》)和 1961 年《统一非立约承运人所办国际航空运输的某些规则以补充华沙公约的公约》(以下简称《瓜达拉哈拉公约》)的缔约国,故这两个国际公约对本案适用。《1955 年在海牙修改的华沙公约》第二十八条(1)款规定:“有关赔偿的诉讼,应该按原告的意愿,在一个缔约国的领土内,向承运人住所地或其总管理处所在地或签订契约的机构所在地法院提出,或向目的地法院提出。”第三十二条规定:“运输合同的任何条款和在损失发生以前的任何特别协议,如果运输合同各方借以违背本公约的规则,无论是选择所适用的法律或变更管辖权的规定,都不生效力。”据此,在阿卜杜勒持机票起诉的情形下,中华人民共和国上海市浦东新区人民法院有权对这起国际航空旅客运输合同纠纷进行管辖。

《瓜达拉哈拉公约》第一条第二款规定:“‘缔约承运人’指与旅客或托运人,或与旅客或托运人的代理人订立一项适用华沙公约的运输合同的当事人。”第三款规定:“‘实际承运人’指缔约承运人以外,根据缔约承运人的授权办理第二款所指的全部或部分运输的人,但对该部分运输此人并非华沙公约所指的连续承运人。在没有相反的证据时,上述授权被推定成立。”第七条规定:“对实际承运人所办运输的责任诉讼,可以由原告选择,对实际承运人或缔约承运人提起,或者同时或分别向他们提起。如果只对其中的一个承运人提起诉讼,则该承运人应有权要求另一承运人参加诉讼。这种参加诉讼的效力以及所适用的程序,根据受理案件的法院的法律决定。”阿卜杜勒所持机票,是由国泰航空公司出票,故国际航空旅客运输合同关系是在阿卜杜勒与国泰航空公司之间设立,国泰航空公司是缔约承运人。东方航空公司与阿卜杜勒之间不存在直接的国际航空旅客运输合同关系,也不是连续承运人,只是推定其根据国泰航空公司的授权,完成该机票确定的上海至香港间运输任务的实际承运人。阿卜杜勒有权选择国泰航空公司或东方航空公司或两者同时为被告提起诉讼;在阿卜杜勒只选择东方航空公司为被告提起的诉讼中,东方航空公司虽然有权要求国泰航空公司参加诉讼,但由于阿卜杜勒追究的航班延误责任发生在东方航空公司承运的上海至香港段航程中,与国泰航空公司无关,根据本案案情,衡量诉讼成本,无需追加国泰航空公司为本案的当事人共同参加诉讼。故东方航空公司虽然有权申请国泰航空公司参加诉讼,但这种申请能否被允许,应由受理案件的法院决定。一审法院认为国泰航空公司与阿卜杜勒要追究的航班延误责任无关,根据本案旅客维权的便捷性、担责可能性、诉讼的成本等情况,决定不追加香港国泰航空公司为本案的当事人,并无不当。

《1955 年在海牙修改的华沙公约》第十九条规定:"承运人对旅客、行李或货物在航空运输过程中因延误而造成的损失应负责任。"第二十条(1)款规定:"承运人如果证明自己和他的代理人为了避免损失的发生,已经采取一切必要的措施,或不可能采取这种措施时,就不负责任。"2004 年 12 月 31 日的 MU703 航班由于天气原因发生延误,对这种不可抗力造成的延误,东方航空公司不可能采取措施来避免发生,故其对延误本身无需承担责任。但还需证明其已经采取了一切必要的措施来避免延误给旅客造成的损失发生,否则即应对旅客因延误而遭受的损失承担责任。阿卜杜勒在浦东机场时由于预见到 MU703 航班的延误会使其错过国泰航空公司的衔接航班,曾多次向东方航空公司工作人员询问怎么办。东方航空公司应当知道国泰航空公司从香港飞往卡拉奇的衔接航班三天才有一次,更明知阿卜杜勒一行携带着婴儿,不便在中转机场长时间等候,有义务向阿卜杜勒一行提醒中转时可能发生的不利情形,劝告阿卜杜勒一行改日乘机。但东方航空公司没有这样做,却让阿卜杜勒填写《续航情况登记表》,并告知会帮助解决,使阿卜杜勒对该公司产生合理信赖,从而放心登机飞赴香港。鉴于阿卜杜勒一行是得到东方航空公司的帮助承诺后来到香港,但是东方航空公司不考虑阿卜杜勒一行携带婴儿要尽快飞往卡拉奇的合理需要,向阿卜杜勒告知了要么等待三天乘坐下一航班且三天中相关费用自理,要么自费购买其他航空公司机票的"帮助解决"方案。根据查明的事实,东方航空公司始终未能提供阿卜杜勒的妻子杜琳在登机前填写的《续航情况登记表》,无法证明阿卜杜勒系在明知飞往香港后会发生对己不利的情况仍选择登机,故法院认定"东方航空公司没有为避免损失采取了必要的措施"是正确的。东方航空公司没有采取一切必要的措施来避免因航班延误给旅客造成的损失发生,不应免责。阿卜杜勒迫于无奈自费购买其他航空公司的机票,对阿卜杜勒购票支出的 5480 港元损失,东方航空公司应承担赔偿责任。

在延误的航班到达香港机场后,东方航空公司拒绝为阿卜杜勒签转机票,其主张阿卜杜勒的机票系打折票,已经注明了"不得退票,不得转签",其无须另行提醒和告知。法院认为,即使是航空公司在打折机票上注明"不得退票,不得转签",只是限制购买打折机票的旅客由于自身原因而不得退票和转签;旅客购买了打折机票,航空公司可以相应地取消一些服务,但是旅客支付了足额票款,航空公司就要为旅客提供完整的运输服务,并不能剥夺旅客在支付了票款后享有的乘坐航班按时抵达目的地的权利。本案中的航班延误并非由阿卜杜勒自身的原因造成。阿卜杜勒乘坐延误的航班到达香港机场后肯定需要重新签转机票，东方航空公司既未能在始发机场告知阿卜杜勒在航班延误时机票仍不能签转的理由，在中转机场亦拒绝为其办理签转手续。因此，东方航空公司未能提供证据证明损失的产生系阿卜杜勒自身原因所致，也未能证明其为了避免损失扩大采取了必要的方式和妥善的补救措施，故判令东方航空公司承担赔偿责任。

——《最高人民法院关于发布第十批指导性案例的通知》(2015 年 4 月 15 日，法〔2015〕85 号)

977

因订票人自身原因取消行程导致机票服务协议无法继续履行，产生的提供机票预订服务一方用于预订座位的款项被航空公司没收的实际损失依约应由订票人承担

关键词 | 机票服务协议 | 预订服务 |

【最高人民法院裁判文书】

南昌洋福林商务会展有限公司与北京保盛航空服务有限公司、美国联合航空公司等服务合同纠纷案[最高人民法院(2015)民申字第 2168 号民事裁定书]

最高人民法院认为：关于本案的案由，本案所涉《机票服务协议》约定保盛公司为洋福林公司提供团队机票的座位预订和购票服务，二审判决认定本案案由为服务合同纠纷是正确的。

关于本案认定的基本事实是否缺乏证据证明以及是否存在足以推翻原判决的新证据问题。首先，关于"3.16 函"是否与本案具有关联性的问题。"3.16 函"的形成背景是指南针公司向保盛公司咨询 2012 年中国至美国的暑期团队机票事宜，2012 年 3 月 15 日保盛公司发函给指南针公司，载明："贵公司委托我公司审批美国系列团队事宜如下：……美联航承诺控位价格在每人不含税 12800 元以内，如果价格超出贵方可以无理由取消，如果在以上范围内，贵方不得以任何理由取消行程，如果取消需要承担 1000 元/人的团队押金。"指南针公司于 3 月 16 日在该函上加盖了合同专用章并由法定代表人李民芳签字后回传。上述要约和承诺的内容明确，合同有效成立，洋福林公司主张"3.16 函"不具有合同

效力的申请再审理由不能成立。"3.16"函签订当日，洋福林公司员工即向保盛公司汇款5万元。3月23日，李民芳以洋福林公司的名义就上述团队机票的订购服务与保盛公司签订了《机票服务协议》，其后由指南针公司支付了部分款项。从上述协议的订立和履行过程看，《机票服务协议》是在"3.16函"的基础上签订的，函中关于预订座位需交纳1000元/人押金的内容体现于《机票服务协议》，而李民芳作为指南针公司和洋福林公司的法定代表人控制两家公司订立和履行服务合同。二审法院基于上述事实，认定"3.16函"与本案具有关联性，洋福林公司应受"3.16函"约束，并无不当之处。指南针公司和洋福林公司的工商档案不属于本案新证据，亦不足以否定该两家公司存在的关联关系以及"3.16函"与本案的关联性，洋福林公司认为本案存在足以推翻原判决的新证据的申请再审理由不能成立。其次，关于洋福林公司出具的委托书的真实性问题。2012年5月，洋福林公司先后两次传真给保盛公司，内容为："由于原定的机票座位，我方原因不走了，为了降低信誉和定金损失，现委托朱孝正通知协助我司销售关于中国—美国的往返机票，过程中一切损失和法律责任由我司承担(备注：可以按别人需求调整到座位，调整后的价格别人无法接受而又无法恢复以前行程与贵公司无关)……"由于双方订立的《机票服务协议》、机票购买确认单乃至洋福林公司出具的机位取消确认书，均采用传真件往来的方式，且委托书内容与机位取消确认书相互印证。二审法院采信委托书传真件的效力，并无不当。洋福林公司以委托书系传真件为由主张不应确认该证据真实性，理据不足，本院不予采信。其三，关于保盛公司是否预订350人的团队座位以及取消预订座位的原因问题。洋福林公司确认的机票购买确认单、委托书和机位取消确认书表明双方之间对保盛公司已经预订350人的团队座位并无异议，洋福林公司未提供具体乘客名单并不影响预订团队座位的数量。洋福林公司再审申请时陈述取消预订座位的原因是学生签证未获批准而取消行程，该原因并非保盛公司所致，故二审判决认定洋福林公司因自身原因取消已经预订的座位，是正确的。综上，洋福林公司上述申请再审理由不能成立，本院不予采纳。

关于本案法律适用是否错误的问题。尽管《机票服务协议》没有对洋福林公司支付的35万元款项性质作出明确界定，但该协议第1.1.3条约定："在保盛公司确认好机位，洋福林公司无任何异议后，洋福林公司应配合保盛公司向航空公司交纳团队定金，确保团队座位在航空公司规定期限内不被取消"，"3.16函"则约定取消行程需承担每人1000元的团队押金。洋福林公司出具委托书，亦是希望通过将预订座位转让给他人而降低损失。因此,洋福林公司对35万元由保盛公司交付给美联航用于确保预订的团队座位不被取消,如其单方取消行程将作为违约损失由其自行承担是十分清楚的。本案中,洋福林公司因自身原因取消行程,导致《机票服务协议》无法继续履行,并产生了保盛公司用于预订座位的35万元被美联航没收的实际损失,该项损失依约应由洋福林公司承担。二审判决认定洋福林公司无权请求返还上述款项,适用法律正确。美联航和美联航北京办事处不是《机票服务协议》的当事人,且本案仅涉及团队座位预订而产生的争议,尚未涉及保盛公司代理美联航出售机票的争议,故二审判决认定美联航和美联航北京办事处不是本案纠纷的适格被告,亦无不当之处。洋福林公司关于本案法律适用错误的申请再审理由不能成立,本院不予采纳。

——中国裁判文书网,http://wenshu. court. gov. cn。

978

国际航空货物运输合同承运人接受标书后未按行业惯例当天送往机场报关，迟延将标书报关出境，应承担相应民事责任

关键词｜国际航空货物运输合同｜迟延履行｜

【《最高人民法院公报》案例】

上海振华港口机械有限公司与美国联合包裹运送服务公司国际航空货物合同标书快递延误赔偿纠纷案(上海市静安区人民法院民事判决书)

上海市静安区人民法院认为:被告UPS公司作为承运人,理应迅速、及时、安全地将原告振华有限公司所需投递的标书送达指定地点。但是,被告于1993年7月21日上午接受标书后,未按行业惯例于当天送往机场报关,直到23日晚才将标书报关出境,以致标书在沪滞留两天半,被告的行为违背了快件运输迅速、及时的宗旨,其行为属延误,应当承担相应的民事责任。原告虽未按被告运单规定的要求填写运单,但被告在收到原告所填运单后,未认真审核,责任在被告。被告提出的无延误送达标书的事实及致使标书延期出境的主要原因在于原告运单填写不适当的理由不能成立。原告要求被告退还运费及赔偿直接经济损失,缺乏法律依据。《民法通则》第一百四十二条第二款规定:“中华人民共和国

缔结或者参加的国际条约同中华人民共和国民事法律有不同规定的,适用国际条约的规定,但中华人民共和国声明保留的条款除外。”“华沙公约”和它的“修改议定书”,我国政府均已加入和批准。该公约修改议定书第十一条第二项关于“在运载登记的行李和载运货物时,承运人的责任以每公斤二百五十法郎为限,除非旅客或托运人在交运包件时,曾特别声明在目的地交付时的利益并缴付必要的附加费”和“如登记的行李或货物的一部分或行李、货物中的任何物件发生遗失、损坏或延误,用于决定承运人责任限额的重量,仅为该一包件或该数包件的总重量”的规定,在被告运单背面书写明确,故应视为原告和被告双方均接受上述规定,被告应按“修改议定书”规定的承运人最高责任限额赔偿原告经济损失。

——《最高人民法院公报》1996 年第 1 期

979

以航空方式实施的跨国货物运输中，运输迟延导致收货人拒绝接受交付可构成承运人根本违约，托运人有权解除运输合同

关键词｜国际航空货物运输合同｜根本违约｜合同解除｜

【最高人民法院商事审判参考性案例】

案例 5:朗力(武汉)注塑系统有限公司与天地国际运输代理(中国)有限公司武汉分公司航空货物运输合同纠纷案

一、基本案情

2010 年 11 月 22 日,朗力公司就委托办理国际航空快件运输事宜,与天地国际分公司签订《国际航空快件运输协议》,协议同时包括《TNT 运输及其他服务条款》等三个附录文件。2011 年 3 月至 8 月间,朗力公司多次委托天地国际分公司以快递方式向在法国的收货人运送货物。8 月 30 日,天地国际分公司提取了朗力公司托运的 5 件商品,9 月 13 日运抵法国里昂的 4 件商品被法国收货方签收。9 月 23 日,天地国际分公司以电子邮件通知收货人及朗力公司,失踪的 1 件商品已找到并将于当日到达法国里昂。收货人回复电子邮件,拒绝接收。此后,该件货物从法国通过海运方式运回中国并最终交付给朗力公司。朗力公司

提起诉讼,请求确认合同解除,由天地国际分公司赔偿违约损失;天地国际分公司反诉朗力公司支付拖欠运费及利息。

二、裁判结果

武汉市中级人民法院审理认为,天地国际分公司以航空方式实施了货物的跨国运输行为,其出具的运单项下对应有多件货物,上述货物在运输过程中均可视为独立物,因此货物中的每一件之上,均可视为存在一个独立的运输合同关系。涉案1件货物滞后十余日方运抵法国,且法国收货方拒收。而本案争议发生前,双方已发生持续的航空货物运输服务交易的实际履行期限最长未超过10日。鉴于航空运输方式的快捷性以及先前交易形成的运输期限预期,天地国际分公司的运输迟延行为,构成根本违约。《TNT运输及其他服务条款》约定的承运人免责条款,因违反《统一国际航空运输某些规则的公约》的规定而无效,天地国际分公司应就其运输迟延造成的损失在公约法定限额内承担赔偿责任。据此,判决确认所涉的迟延货物的运输合同解除,天地国际分公司赔偿朗力公司损失,朗力公司向天地国际分公司支付运费及相应利息。双方均未上诉,该判决于2014年7月22日生效。

三、典型意义

该案对明晰国际航空运输合同纠纷的裁判规则、规范国际航空物流权责关系具有示范意义。一是明确了以航空方式实施的跨国货物运输中,运输迟延导致收货人拒绝接受交付可构成承运人的根本违约,托运人可行使部分解除权,有权解除相关运输合同。二是明确了航空货物运输合同旨在免除公约规定的承运人责任或者降低责任限额的约定,违反《统一国际航空运输某些规则的公约》的规定无效,承运人应当在公约限额内向托运人承担赔偿责任。

——《人民法院为“一带一路”建设提供司法服务和保障的典型案例》(2015年7月7日),载最高人民法院网,http://www.court.gov.cn。

980

快件运输企业明知每一单快件均有不同财产价值，也能够知道所承运的内容，应当预见违约可能造成的损失，无权主张承担限额赔偿责任

关键词｜运输合同｜限额赔偿责任｜

【最高人民法院裁判文书】

中外运－敦豪国际航空快件有限公司山东分公司与中国工商银行股份有限公司即墨支行运输合同纠纷申请再审案[最高人民法院(2016)最高法民申381号民事裁定书]

一、二审法院认定敦豪山东公司存在违约事实是否正确。最高人民法院认为,依照敦豪公司与工行青岛分行签订的运输服务合同及合同附件"运输条款与条件"的约定:"……快件将按发件人提供的收件人地址派送……如果收件人地址设有集中接收点,快件将被派送到该接收点。""有无法派送的情形发生,敦豪公司应以合理的努力将快件退还发件人。"送达地址作为运输合同的重要条款,根据合同相对性原则,寄件人以外的其他单位或人员无权进行变更。敦豪公司希腊工作人员在派送邮件过程中,并未按照发件人指定的地址将邮件送至代收行,并且在未得到发件人改派指令的情况下,将邮件在发件人提供的地址外交给非由收件人指定的代收人,以致邮件被他人签收,违反双方合同约定。敦豪山东公司提出改派行为是经办人员根据快递行业的特点及操作习惯,按照行业的通常标准,根据收件人指示把航空快件进行投递和交付,在日常物流、快递业务中是可以理解成惯常做法这一主张,但并未提供相关证据证明,本院不予支持。因此,二审法院认定敦豪山东公司违约并无不当。

二、二审法院认定敦豪山东公司承担全部赔偿责任是否正确。最高人民法院认为,运单中虽注明了责任限定条款,但运单主要是由敦豪公司提供的格式条款,《合同法》第四十条规定:"格式条款具有本法第五十二条和第五十三条规定情形的,或者提供格式条款一方免除其责任、加重对方责任、排除对方主要权利的,该条款无效。"第五十三条规定:"合同中的下列免责条款无效:……(二)因故意或者重大过失造成对方财产损失的。"本案中,敦豪山东公司作为知名快件运输企业,违反与即墨工行的合同约定和邮递业务规程,将邮件错投,导致所运物权凭证错交他人,该违约行为即非故意,亦可认定存在重大过失。因敦豪山东公司履行合同中发生重大过失,导致的违约行为给即墨工行造成了重大财产损失,故运单中约定的限制其责任的条款应认定无效。同理,运单第二条"责任和保险"条款中注明敦豪公司建议寄件人选择快件价值保险,对于高价值物品进行投保,该条款也是敦豪公司提供的格式条款,《合同法》第三十九条第一款规定:"采用格式条款订立合同的,提供格式条款的一方应当遵循公平原则确定当事人之间的权利和义务,并采取合理的方式提请对方注意免除或者限制其责任的条款,按照对方的要求,对该条款予以说明。”根据现有证据，无法证明敦豪山东公司已就此条款作出特别提示。进一步而言，即墨工行是否对快递物品进行投保，并不影响敦豪山东公司对邮寄物品的正确投递，也不影响敦豪山东公司应当承担违约责任。其次，《合同法》第一百一十三条第一款规定：“当事人一方不履行合同义务或者履行合同义务不符合约定，给对方造成损失的，损失赔偿额应当相当于因违约所造成的损失，包括合同履行后可以获得的利益，但不得超过违反合同一方订立合同时预见到或者应当预见到的因违反合同可能造成的损失。”敦豪山东公司所承运的提单系物权凭证，并非普通文件。根据二审法院查明，双方运输合同“运输条款与条件”第四条约定，敦豪公司将有权在未事先通知发件人的情况下对快件进行开封查验，其明知其所承运的每一单快件均有不同的财产价值，也能够知道其所承运的是何内容，应当预见到其违约可能造成的损失。敦豪山东公司主张其应承担限额赔偿责任，本院不予支持，二审法院认定其承担全部赔偿责任并无不当。

——中国裁判文书网，http://wenshu.court.gov.cn。

981

企业或铁路运输部门单方内部的工作记载如外调物资通知单等，没有货物权属的明确记载，不能作为确认货物所有权的证据

关键词｜铁路货物运输合同｜货物所有权｜

【最高人民法院裁判文书】

石家庄邯石工贸联营公司与邯郸钢铁集团有限责任公司、邯郸钢铁集团钢材零销有限公司损害赔偿纠纷案［最高人民法院（2008）民二终字第95号民事判决书］

裁判要旨：火车发运明细表、外调物资通知单、整车发运委托书、销售中心物资出库单等证据材料系邯石公司或铁路部门单方内部的工作记载，上面没有钢材权属的明确记载，不能作为确认钢材所有权的证据；认定申请查封变卖与降价处理钢材是否存在过错，前提是行为人对该批钢材是否享有所有权。

最高人民法院经审理认为：

一、关于本案争议的存放在北京仓库的2328.928吨钢材与存放在石家庄市

石岗路仓库的2164.166吨钢材所有权的归属问题。从本案全貌看,1994年,邯钢集团与金属公司签订《联营合同》,共同出资成立了联营体邯石公司,并一直按照《联营合同》约定的联营方式共同管理经营,即邯钢集团提供钢材并发运到邯石公司指定的仓库,并由邯石公司负责销售,双方共分利润。上述争议的两批钢材即属于双方联合经销的一部分。由于双方在经营管理中不规范,货物交接和结算手续皆不完善,邯石公司在本案一、二审中主张该两批钢材均属于该公司所有,邯钢集团侵犯其合法权益应承担责任,但邯石公司始终未能提供涉及上述争议钢材的有效证据。本院二审中邯石公司提供的包括火车发运明细表、外调物资通知单、整车发运委托书、销售中心物资出库单等证据材料均为复印件,未提供原件,邯钢集团对该复印件不予认可;且这些材料仅涉及某单位(邯石公司抑或是邯钢集团)内部工作业务的内容,或仅仅记载了装车的时间、钢材的数量、到站的站名和火车车费等内容(如整车发运委托书),物资出库单记载的内容亦只是实发数的件数等内容。上述材料所记载的内容与本案需要查明的事实没有直接的联系,故本院不予采纳。根据《民事诉讼证据规定》第二条“没有证据或者证据不足以证明当事人的事实主张的,由负有举证责任的当事人承担不利后果”之规定,邯石公司应当对此承担举证不能的法律责任。邯钢集团销售处与邯石公司1997年5月签订《监销协议》,邯钢集团销售处与销售中心等于同年6月签订的《物资储运协议书》,只是对钢材的调拨、出入库向外经销的方式等进行了约定,不涉及本案钢材所有权的归属问题。涉案所有合同、协议对邯钢集团与邯石公司之间何时交付钢材、钢材所有权何时转移,均未作出明确约定。另外,原审法院(2003)冀民二终字第32号民事判决审理的是邯钢集团诉邯石公司、销售中心等购销合同拖欠货款纠纷,该案法律关系涉及本案上述两批钢材,但是该民事判决并未对上述两批钢材的权利归属作出认定,亦未就上述两批钢材被变卖和降价处理产生的具体法律后果作出认定,该判决仅以邯钢集团主张邯石公司欠其货款证据不足为由,驳回了邯钢集团的诉讼请求以及邯石公司的反诉请求。因此,由该判决并不能得出争议的两批钢材属于邯石公司所有的结论,不应将其作为确认涉案争议钢材所有权归属及判断邯钢集团在本案中是否构成民事侵权的事实依据。

二、关于邯钢集团申请查封变卖与降价处理上述钢材有无过错问题。由于涉案2164.166吨钢材系销售中心按照邯钢集团的要求发往石岗路仓库,后又由邯钢集团与该仓库所有人物创公司协议降价处理,该行为符合上述《联营合同》《监销协议》与《物资储运协议书》的约定,邯钢集团并无过错。又由于邯钢集团与邯石公司之间多年联营共同销售钢材所形成的债权债务关系客观存在,尽管原审法院以(2003)冀民二终字第32号民事判决驳回了邯钢集团的诉讼请求,但该判决未确认双方具体的债权债务关系,因此由该生效判决并不能得出邯钢集团向河北省石家庄市中级人民法院申请查封、变卖存放在北京仓库的2328.928吨钢材,以及该院依据当事人申请采取查封保全措施错误的结论;同样亦不能因此得出邯钢集团降价处理存放在石家庄市石岗路仓库的2164.166吨钢材错误的结论。

鉴于原审法院(2003)冀民二终字第32号民事判决不应作为确认本案争议钢材所有权归属及判断邯钢集团在本案中是否构成民事侵权的事实依据,邯石公司又未提出其他有效的证据证明其主张的事实,因此,原审判决以邯石公司主张钢材所有权属其所有理据不足为由,判决驳回该公司的诉讼请求并无不当,本院予以维持。邯石公司有关认为存放在北京仓库的2328.928吨钢材与存放在石家庄市石岗路仓库的2164.166吨钢材其所有权属于该公司、邯钢集团申请查封变卖与降价处理钢材错误应赔偿邯石公司损失的上诉请求,缺乏事实和法律依据,不能成立,本院不予支持。

——最高人民法院民事审判第二庭编:《最高人民法院商事审判指导案例(6)·合同与借贷担保卷》,中国法制出版社2013年版,第261~269页。

982

货票和领货凭证不是物权凭证,交付铁路运输货票并不意味转移所有权

关键词 | 物权凭证 | 所有权转移 | 铁路货物运输合同 |

【最高人民法院答复】

新疆维吾尔自治区高级人民法院:

你院新高法〔2001〕175号《关于新疆梧桐塑料厂与乌鲁木齐铁路分局铁路货物运输合同赔偿纠纷一案适用法律问题的请示报告》收悉。经研究,答复如下:

根据《铁路法(1990)》第十一条、二十一条、二十二条,并参照《合同法》第三百零八条、三百零九条、三百一十条等相关规定,铁路货物运输合同是托运人与铁路承运人签订的明确相互之间权利义务关系的协议。货物运抵到站后,承运

人因交付货物与收货人发生权利义务关系，对发生的货物损失，收货人有权依据运输合同向承运人提出赔偿请求。在货物交付前，承运人与收货人之间不存在权利义务关系。

本案发站感德车站虽然向托运人交付了货票和领货凭证，但货票和领货凭证不是物权凭证，不构成承运人据以交付货物的保证。因意利高公司未提供货物，可以认为是意利高公司取消了托运。根据《铁路法(1990)》第十七条规定，承运人只对承运的货物自接收承运时起到交付时止发生的损失承担赔偿责任。塑料厂向到站乌铁分局提出运输合同赔偿之诉没有依据，被告主体不适格。

本案发站感德站在没有收到货物的情况下，违规操作办理承运手续，为意利高公司诈骗塑料厂货款提供了条件，应承担一定的过错责任。但造成塑料厂货款被骗有诸多原因，塑料厂可根据《民事诉讼法(1991)》第二十九条的规定，对感德车站和意利高公司提出侵权赔偿之诉。

以上意见供参考。

——《最高人民法院关于新疆梧桐塑料厂与乌鲁木齐铁路分局铁路货物运输合同赔偿纠纷一案的请示的答复》(2001 年 12 月 15 日，〔2001〕民监他字第 19 号)

【最高人民法院裁判文书】

王某与甘肃省兰州市土门墩粮食仓库承包经营结算纠纷申诉案

要点提示：我国法律中的铁路运输货票是承运人与托运人之间货物运输合同的组成部分，属于合同的范围，为债权凭证。交付铁路运输货票并不意味转移所有权，只能算是托运人对收货人全面履行合同的一个要件，不能证明所有权的归属。

最高人民法院审查认为：申诉人王某与被申诉人土门墩粮库签有承包合同书，申诉人作为土门墩粮库的委托代理人并以其名义从外购进小麦，然后双方内部进行结算，本案应为承包合同纠纷性质。申诉人自己提供的付款收据表明其只向土产公司支付了 877298 元，另 349000 元是逯某支付的。虽然土产公司给逯某出具的结算“证明”上所盖公章是假的，但逯某付款购买小麦是事实，这有付款凭证、土产公司相关人员证词证实。故申诉人称 6 车皮的货款是申诉人自筹支付的，与申诉人自己提供的证据和本案事实不符。尽管申诉人持有 15 车皮(含诉争的 6 车皮)小麦的铁路货物运输货票、领货凭证、保险单，但申诉人仅是土门墩粮库的委托代理人，且铁路货物运输货票不是物权凭证，而是债权凭证

（表明托运人与承运人双方存在的运输合同关系），故案涉15车皮（含诉争的6车皮）小麦的所有权属于土门墩粮库，而不属于申诉人。原判决驳回申诉人要求结算6车皮小麦货款的请求并无不当。

——杜万华主编：《最高人民法院民商事案件审判指导》第2卷，人民法院出版社2015年版，第83~88页。

【链接：最高人民法院法官著述】

综合来说，提单应当是具有物权属性的债权凭证。具体从我国法律来看，其物权性体现在：对物的占有以及权利质权①；其债权性体现在：货物运输环节中托运人、承运人、收货人之间的债权债务关系约定。需要强调的是，提单具有的物权性但是绝对不能说提单是所有权凭证，单独一个提单并不能直接证明所有权归属，所有权的取得和转让还需要买卖合同等证据的证明。

铁路货物运输货票与海运提单之不同之处，在于海运提单因国际法和商业惯例额外拥有了某些物权的属性，但是这种物权属性并不能表明所有权的归属。换句话说，被法律认为是合同的铁路货物运输货票更不能证明物权抑或所有权的归属。

——杨立初：《铁路货物运输货票不是物权凭证而是债权凭证——王某与甘肃省兰州市土门墩粮食仓库承包经营结算纠纷申诉案》，载杜万华主编：《最高人民法院民商事案件审判指导》第2卷，人民法院出版社2015年版，第88~90页。

983

铁路运输货物，货物运抵到站至交给收货人之前的暂存保管，不构成独立的保管法律关系

关键词 | 铁路货物运输合同 | 保管 |

---

① 《物权法》第二百二十三条规定："债务人或者第三人有权处分的下列权利可以出质：（一）汇票、支票、本票；（二）债券、存款单；（三）仓单、提单；（四）可以转让的基金份额、股权；（五）可以转让的注册商标专用权、专利权、著作权等知识产权中的财产权；（六）应收账款；（七）法律、行政法规规定可以出质的其他财产权利。"

【《最高人民法院公报》案例】

广东省茂名市粮食局粮油物资公司与广东省茂名市供销合作联社铁路专线经营部运输合同纠纷案(最高人民法院民事判决书)

最高人民法院审理后认为:辽宁轮胎厂将轮胎交给铁路朝阳西站办理托运手续后,承运人的责任是将轮胎按照合同约定运抵到站并交给运单载明的收货人。货物运抵到站至交给收货人之前的暂存保管,这是运输合同承运人义务的组成部分。本案收货人粮油公司是在茂名火车站办结领货手续,随后持货物运单到供销专线提货,供销专线也以运单为交货依据,表明交提货是基于同一个运输合同的行为。茂名火车站将货物调配到供销专线是为提高接卸到达货物能力,供销专线对交付前的货物的暂存保管,是代理承运人履行运输合同环节中的一个行为。茂名火车站与供销专线对货物的交接属承运人与代理人的交接。承运人或其代理人没有正确交付货物,表明运输合同没有完全履行,由此产生的纠纷应是铁路货物运输合同误交付纠纷。收货人粮油公司既未委托供销专线代理其领取货物,也未与供销专线形成事实上的仓储保管法律关系。粮油公司支付的保管费是因其货物暂存超过免费保管期限,按照铁路法规定向承运人支付的费用,该项费用属运输杂费范围。一、二审法院根据供销专线收取了该货物的专线、暂存费用而认定为形成了独立的仓储保管法律关系不当。

本案运输货物被他人冒领,是在供销专线代理交货时发生的,供销专线应承担损害赔偿责任;专用线作为铁路的组成部分,其运输范围内的行为应由铁路法调整。现有证据表明,冒领人是以伪造的货物运单领取了货物,供销专线无法辨别运单真伪,也无其他证据证明其有重大过失。因此,供销专线的误交付属一般过失。参照《最高人民法院关于审理铁路运输损害赔偿案件若干问题的解释》第二条的精神,代理人供销专线可享受承运人赔偿责任限制。该批货物以保价运输,依照《铁路法(1990)》第十七条第一款第(一)项的规定,供销专线应按保价金额向粮油公司赔偿,收取的保管等费用应退还粮油公司。供销专线提出其仅是代表承运人行使交付义务,不应承担责任的理由不能成立。

——《最高人民法院公报》1999 年第 3 期

984

由于货物本身的自然属性和托运人未履行如实填报运单的义务造成货物损失的，铁路货物运输承运人不承担赔偿责任

关键词｜铁路货物运输合同｜

【《最高人民法院公报》案例】

上海宏隆实业有限公司与上海铁路分局何家湾站、长沙铁路总公司株州北站、南昌铁路局鹰潭站铁路货物运输合同逾期货损赔偿纠纷案(最高人民法院再审民事判决书)

经最高人民法院认为:根据《铁路法(1990)》第十九条的规定,托运人有如实填报托运单的义务。其填报的内容将决定承运人采取何种运输措施,以保证货物安全。第二十条规定,托运人对货物应当按照国家或者行业包装标准包装,使货物在运输途中不因包装原因而受损坏。

宏隆公司在货物运单中填写的货物品名是甘油。甘油的化学名称是"丙三醇",其性质较稳定,对运输时间没有严格要求,如因包装不严或过期一、二个月,会因吸潮使甘油含量减少,但不致引起化学变化。

宏隆公司托运的货物不是甘油(丙三醇),而是泰兴市甘油厂生产的TD甘油。经中科院化学所检验,TD甘油的主要成分是已六醇(如山梨糖醇、甘露醇之类)。由于已六醇中含经基成分较多,性质非常活跃,属极易被氧化物质。因此,外包装密闭不严,会加速氧化过程,导致货物变质。按照《甘油》(GB13206—91)的国家标准,包装应使用铝桶(带铁制加强框架),涂锌或涂树脂铁制容器,桶罐必须盖紧、封牢,保证不渗不漏,不吸潮。泰兴市甘厂企业标准规定,包装须用洗净干燥的涂塑或镀锌桶盛装。而宏隆公司采用的包装是曾盛装过山梨糖醇和异构山梨醇(性质比已六醇更活跃)州日桶,不符合其在运单填写的甘油的国家包装标准,也不符合TD甘油的企业标准。该批货物从上海运至广州时已存在因包装导致渗漏的问题。广州市润泽有限公司副经理邓志强称,1994年12月26日,广州质检所的检验结果出来后,宏隆公司总经理王日宏带技术员到广州抽查货物时发现气味不对,用手试黏度,已不拉丝,有些货已发酵,有些桶鼓胀。加之该批货物返运前已经过多次装卸,势必加大包装的损坏程度。鹰潭站卸车换装前,已有24桶货因包装破损渗漏,大部分桶顶鼓胀;货物运抵何家湾

时,95%的包装桶顶鼓胀,货物已发酵变质,说明包装并非密闭,氧气侵入后产生化学反应导致变质。

宏隆公司委托的托运人未将该货物的特性向承运人申明,却将货物品名填报为“甘油”,但又未按甘油的国家标准包装货物。该批货物运输使用棚车,由托运人自装自锁,按照有关规定,承运人与托运人凭棚车封印交接,内货状况和包装由托运人负责。尽管《铁路法(1990)》第十九条规定承运人可以检查货物,但这种检查并非承运人的义务。同时,该批货物价值60余万元,按照《铁路货物保价运输管理办法》第八条、第十条规定,保价金额50万元以上的整车货应及时挂运,中转停留一般不超过24小时。但宏隆公司委托的托运人对整批货物仅申报6万元。承运人根据托运人申报的内容确认该批货物属低值普通货物,对运输无特殊要求;故按一般运价率收取了运费并编入直通货物列车。途中因重车积压选择保留车时,承运人也是根据运单填写内容确认该批货物无特殊的运输要求,根据先普通货物后特殊运送货物的保留原则,将该批货物保留。承运人的操作程序按照运输规章和运单约定内容进行,其不能预见货物内在性质因不合格包装导致的变化。尽管保留在客观上延长了运输时间,使货物的变质加剧,但属于托运人提供包装的缺陷货物本身性质引起的变质。根据《铁路法(1990)》第十八条第一款第(二)、(三)项和《铁路货物运输合同实施细则(1986)》第十八条第三款第(二)项规定,因托运人、收货人的过错和货物本身性质引起的变质,铁路运输企业不承担赔偿责任。

二审判决仅以另一批返运甘油8天后运到为由,简单推断该案货物逾期变质完全是由于承运人的重大过失造成是没有根据的。醴陵虽为限制口,但并非所有车辆通过都要受到限制。按照列车运行图规定,醴陵口每天可以正常通过近700辆车,在运输能力受到限制时,正因为有了前面一些车的保留让路,才保证了畅通,保证了全局,使后面更多的车顺利通过。保留的车数、时间以及挂车的次序,由调度所根据车流情况和编组作业原则掌握,车流调整不是车辆简单的排队,实行先来后到,二审判决关于即便保留,先挂运的货物也应先于到达的理解是不正确的。

“运到期限”是规章规定由承运人根据货物的实际运行里程估算出的一般的运行时间,是承运人计算运费的基础。在各种运输方式的运输合同中都要标明运到期限,包括已约定了“容许运输期限”的易腐货物运输合同也要标明“运到期限”。《铁路法(1990)》第十六条规定,承运人应当按照合同约定的期限或者国务院铁路主管部门规定的期限,将货物运到目的站;逾期运到的,承运人应当支付违约金。本案货物的运到期限为9天,逾期47天运到。《铁路货物运输合同实施细则(1986)》第十八条的规定,承运人向收货人偿付逾期违约金的数额为该批货物所收运费的5%至20%。

货物在株洲北站因保留逾期,株洲北站应承担该段逾期运到违约金;货物在鹰潭站滞留后,鹰潭站未根据本站装车情况及时安排以敞车代装,应负逾期违约责任,但货物滞留是因宏隆公司自装货物超重所致。因此,应当相应减轻鹰潭站逾期运到的违约责任。

——《最高人民法院公报》2001年第1期

985

油品运输合同的承运人应当预见到因盗换油品经混合而污染及整个储油罐的情形，其应当承担由此造成的损失

关键词｜油品运输合同｜

【最高人民法院裁判文书】

山东神驰化工集团有限公司与山东京博控股股份有限公司运输合同纠纷申请再审案[最高人民法院(2015)民申字第3267号民事裁定书]

最高人民法院认为:本案系运输合同纠纷,具有违约和竞合侵权的性质。

(一)关于本案损失数额的认定问题。首先,由于承担承运人义务的山东京博物流中心有限公司(以下简称京博物流公司)管理不善,发生了其安排运输任务的司机运输途中盗卖油品并以劣质油品充抵数量,从而导致油品受到污染的结果,京博物流公司未能依据运输合同的约定履行运输义务,应根据神驰化工公司的请求承担违约责任,赔偿因此产生的全部损失。其次,《合同法》第一百一十三条规定,“当事人一方不履行合同义务或者履行合同义务不符合约定,给对方造成损失的,损失赔偿应当相当于因违约所造成的损失,包括合同履行后可以获得的利益,但不得超过违反合同一方订立合同时预见到或者应当预见到的因违反合同可能造成的损失。”在本案中,损失应包括因油品质量受损而遭受的差价损失以及因京博物流公司的违约行为而致神驰化工公司增加的费用支出等。而相关刑事判决认定的盗换13吨油品造成直接经济损失137046元人民币,是

指13吨被盗换油品的直接价值，是定罪量刑的犯罪数额，并不等同于因京博物流公司的违约行为而造成的神驰化工公司的全部损失。本案项下只托运了495.16吨油品并出现盗换油品13吨，但因盗换油品而导致受污染的油品却达5777.289吨，由于油品本身的流质特性以及油库储存特点，承运人应当预见到因盗换油品经混合而污染及整个储油罐的情形。因此，京博控股公司关于违约损失数额的主张缺乏事实和法律依据，本院不予支持。

（二）关于神驰化工公司的检验义务以及是否存在未履行检验义务而至损失扩大的问题。《合同法》第三百一十条规定了货运合同项下收货人提货时应按照约定的期限检验货物。根据原审查明的事实，京博物流公司安排的运输车辆装完油后均由神驰化工公司对加油口和卸油口打铅封，铅封有不同的编号且只能使用一次，密封的运输车辆到达目的地油库后，经神驰化工公司工作人员检查铅封完好后直接卸货。由于运输车辆的铅封完好，故神驰化工公司有理由相信所卸油品与加封前所运油品一致，神驰化工公司的行为表明其已经完成了收货时的检验义务。京博控股公司关于神驰化工公司未履行法定的收货检验义务的主张缺乏事实依据。

《合同法》第一百一十九条规定，当事人一方违约后，对方应当采取适当措施防止损失的扩大。神驰化工公司在发现涉案油品受污染后，采取了一系列及时积极的处置措施，并未怠于履行减损义务。因此，京博控股公司关于神驰化工公司应自行承担未尽检验义务而致扩大损失部分的主张缺乏事实依据，该申请再审理由不能成立。至于京博控股公司主张的"在港口已履行交货义务，运输合同的权利义务全部终止，不应再承担因神驰化工公司疏于检验而产生的海上运输污染损失"的问题，京博物流公司并没有按照合同约定履行运输合同义务，神驰化工公司在油库检查铅封完好而卸货并不意味着京博物流公司的民事责任可以免除，京博控股公司该理由缺乏法律依据，亦不能成立。

（三）关于京博控股公司主张的"本案损失是基于刑事案件而致，承担因犯罪行为产生的合同违约责任，超越了当事人的主观预见范围"的问题。《合同法》第三百一十一条规定，承运人对运输过程中货物的毁损、灭失承担损害赔偿责任，但承运人证明货物的毁损、灭失是不可抗力、货物本身的自然性质或者合理损耗以及托运人、收货人的过错造成的，不承担损害赔偿责任。本案货物损失是由承运人工作人员犯罪行为而引起的，不属于不可抗力情形，亦不存在其他承运人可以免责的情形，故京博控股公司基于刑事案件主张免责缺乏法律依据，本院亦不予支持。

——中国裁判文书网，http://wenshu.court.gov.cn。

山东京博控股股份有限公司与山东神驰化工集团有限公司、山东京博物流中心有限公司运输合同纠纷申请再审案[最高人民法院(2015)民申字第3266号民事裁定书]

本裁判理由与前引裁判文书基本一致(略)。

——中国裁判文书网,http://wenshu.court.gov.cn。

986

货物已由承运人在中途交给托运人处理的，运输合同关系终结

关键词 | 货物运输合同 | 中途交货 | 合同终结 |

【最高人民法院答复】

黑龙江省高级人民法院:

你院请示收悉,经研究,答复如下:

本案货物已由承运人在中途交给托运人处理,运输已终结,货物损失应由托运人与承运人双方结算;收货人李延滨对该运输货物的权利尚未开始,在该运输合同中亦无实际损失,故其不享有本案诉权。

百货大楼与任彦琦是车辆承包关系,对造成货物丢失无过错,不应为任彦琦丢失货物承担连带责任。

——《最高人民法院关于任彦琦与李延滨等货物运输协议纠纷一案的复函》(2002年1月11日,〔2001〕民监他字第27号)

【链接：最高人民法院法官著述】

《合同法》第二百二十九条的规定应理解为运输合同的承运人负有将承运的货物完整无损地在到站交给收货人的义务;第三百零八条规定应理解为,收货人对运输合同的权利始于货物到达站,承运人通知其提货时,此时,托运人对运输合同的权利便告终止。因此,承运人未向收货人完整交付货物的,收货人有权要求其承担赔偿责任。而本案承运人任彦琦将货物运至中途时,便将货物交给托运人处理,并向托运人出具了丢失货物的确认书,该货物运输合同因承运人提

前交付货物和托运人领取货物已经终结。换句话说,承运人与托运人通过达成由托运人自提货物的方式变更了原运输合同的收货人。而原运输合同收货人李延滨对运输货物的权利尚未开始,并因承运人、托运人双方变更合同已经消灭,故李延滨不享有对承运人任彦琦的索赔权利。李延滨并不是代办运输合同的当事人,无权起诉代办人配货部。退一步讲,即使李延滨以配货部为被告,诉其承担卖方代理的责任,也存在诉因不当及并无实际损失的问题。

——贺禔:《解读〈关于任彦琦与李延滨等货物运输协议纠纷一案的复函〉》,载人民法院出版社法规编辑中心编:《解读最高人民法院司法复函》,人民法院出版社 2016 年版,第 339 页。

987

国内水路货物运输纠纷案件的法律适用

关键词 | 国内水路货物运输 | 法律适用 |

【最高人民法院司法政策】

一、尊重当事人意思自治,准确适用法律法规,统一国内水路货物运输纠纷案件裁判尺度

本指导意见中的国内水路货物运输纠纷是指由海事法院专门管辖的沿海和内河水路货物运输纠纷。

1. 人民法院审理国内水路货物运输合同纠纷案件,应当适用民法通则、合同法等法律的有关规定,同时可以参照《国内水路货物运输规则》的有关规定。海商法第四章海上货物运输合同的规定,不适用于国内水路货物运输。人民法院参照《国内水路货物运输规则》确定当事人权利义务时,应当在判决书说理部分引用论述,但不应作为判决书引用的法律依据。

2. 当事人在国内水路货物运单或者其他运输合同文件中明确约定其权利义务适用《国内水路货物运输规则》规定的,人民法院可以按照《国内水路货物运输规则》的有关规定确定合同当事人的权利义务。

——《最高人民法院关于国内水路货物运输纠纷案件法律问题的指导意见》(2012 年 12 月 24 日,法发〔2012〕28 号)

【最高人民法院答复】

湖北省高级人民法院：

你院〔2005〕鄂民四终字第41号关于吕洪斌与浙江象山县荣宁船务公司水路货物运输合同纠纷一案有关适用法律问题的请示收悉。经研究，答复如下：

本案是水路货物运输合同纠纷，应当适用《中华人民共和国合同法》（以下简称《合同法》）等有关法律以及合同的约定确定各方当事人的权利义务。

根据你院认定的事实，吕洪斌为本案的实际托运人，运单上记载的托运人南海市西樵祥安货运贸易部仅为接受吕洪斌委托与承运人中国扬子江轮船股份有限公司（以下简称扬子江公司）签订合同的人。根据合同约定适用的《国内水路货物运输规则》（以下简称《货规》）的规定，收货人有权就水路货物运单上所载货物损坏、灭失或者迟延交付所造成的损害向承运人索赔。虽然吕洪斌向武汉海事法院提供了黄永明出具的证明其代理吕洪斌收货的"证明"，法院并未予以认定，你院请示报告以及武汉海事法院民事判决中并未认定吕洪斌为涉案货物收货人的地位，亦未说明有证据证明吕洪斌因货损而产生损失，故尽管吕洪斌与承运人之间存在运输合同关系，但尚无证据证明吕洪斌对承运人具有货损请求权。你院应当在二审程序中对此事实予以查明。

在认定吕洪斌具有货损请求权的前提下，扬子江公司作为承运人签发了涉案运单，吕洪斌与扬子江公司之间存在以运单为证明的水路货物运输合同关系。作为实际完成运输任务的浙江象山县荣宁船务公司（以下简称荣宁公司）应当作为该航次水路货物运输的实际承运人。根据《合同法》以及《货规》的规定，承运人应当对运输货物发生的货损承担赔偿责任。承运人将货物运输或者部分运输委托给实际承运人履行的，承运人仍然应当对全程运输负责。故扬子江公司作为本次运输的承运人，应当对吕洪斌的货物损失承担赔偿责任。《货规》还规定：承运人与实际承运人都负有赔偿责任的，应当在该项责任范围内承担连带责任。但根据你院请示报告中认定的事实，本案货损的发生是"希望"轮全部责任所致，荣宁公司对货物发生损失无过错，不应承担赔偿责任，故要求实际承运人荣宁公司对吕洪斌的损失承担连带赔偿责任缺乏事实依据和法律依据。

——《最高人民法院关于吕洪斌与浙江象山县荣宁船务公司水路货物运输合同纠纷一案有关适用法律问题的请示的复函》（2006年3月14日，〔2005〕民四他字第48号）

【最高人民法院审判业务意见】

沿海、内河货物运输与国际海上货物运输,共同构成了我国水上货物运输的完整体系。但是与规范化的国际海上货运相比,沿海、内河货物运输缺乏专门的法律规定。相关的海事审判亦有诸多不统一。为了指导审判实践,统一司法裁判尺度,最高人民法院已经开始对沿海、内河货物运输合同相关法律问题进行调研,为司法解释做好准备工作。因为这项工作目前正在进行,很多问题正在研究过程中,在此,我选取一些达成共识的问题进行说明。

1. 关于法律适用。首先要强调的是,《海商法》第四章不能适用于沿海运输。沿海、内河货物运输合同纠纷应当适用《合同法》的有关规定。其次,应当依据《合同法》的规定,按照合同相对性的基本原则,准确识别托运人和承运人。最后,现在多数法院在审理此类纠纷时,都适用了原交通部颁布的《国内水路货物运输规则》。严格讲,《国内水路货物运输规则》为部门规章,并不属于可以直接适用的法律依据,不宜在裁判文书中将《国内水路货物运输规则》作为法律依据直接引用,但是可以在本院认为部分参照适用《国内水路货物运输规则》的规定进行引用和论述。实践中,格式运单上如注明承运人、实际承运人、托运人、收货人的有关权利、义务适用《国内水路货物运输规则》,可以将其视为当事人约定条款予以适用。目前我们正在调研,争取将《国内水路货物运输规则》中的有关条款通过司法解释的形式加以规定。

2. 关于水路运输许可证。没有取得水路运输许可证的承运人签订的沿海、内河货物运输合同是否有效,各个法院的认识并不统一。我们认为,沿海内河运输属于国家限制经营项目。国内水路运输经营资质的行政许可审批是对市场准入条件的设定。根据《合同法》第五十二条第(五)项"违反法律、行政法规的强制性规定"的合同无效之规定,并根据《合同法解释(一)》第十条"当事人超越经营范围订立合同,人民法院不因此认定合同无效。但违反国家限制经营、特许经营以及法律、行政法规禁止经营规定的除外"的规定,未取得《水路运输许可证》的运输企业所签订的沿海、内河货物运输合同属无效合同。

——刘贵祥:《在全国海事审判工作会议上的总结讲话》,载万鄂湘主编、最高人民法院民事审判第四庭编:《涉外商事海事审判指导》总第25辑,人民法院出版社2013年版,第27~28页。

编者说明

需要注意的是，根据《交通运输部关于废止 20 件交通运输规章的决定》（交通运输部令 2016 年第 57 号，2016 年 5 月 30 日），《国内水路货物运输规则》已经废止。按《最高人民法院关于国内水路货物运输纠纷案件法律问题的指导意见》（以下简称《水路运输指导意见》）的精神，人民法院审理国内水路货物运输合同纠纷案件，应当适用《民法通则》《合同法》等法律的有关规定。

988

海上货物运输合同纠纷一般适用《海商法》，但我国港口之间的海上货物运输合同纠纷适用《合同法》

关键词｜海上货物运输合同｜法律适用｜

【《最高人民法院公报》案例】

中国太平洋财产保险股份有限公司海南分公司与中远航运股份有限公司及海南一汽海马汽车销售有限公司水路货物运输合同货损赔偿纠纷案［最高人民法院（2011）民提字第 12 号民事判决书］

裁判摘要：《海商法》作为特别法，优先适用于海上货物运输合同纠纷的审理。依照《海商法》第二条第二款的规定，中华人民共和国港口之间的海上货物运输，包括内河货物运输和沿海货物运输，不能适用《海商法》第四章的规定，应当适用《合同法》的有关规定。

最高人民法院认为：本案为水路货物运输合同货损赔偿纠纷。金盘物流公司与中远公司签订的《车辆运输合作协议》合法有效，对各方当事人均具有约束力。本案的争议焦点为：（1）二审判决是否存在法律适用错误问题；（2）海马销售公司是否能够依据《车辆运输合作协议》向中远公司提出违约索赔，即太保海南公司是否具有合法的诉讼主体资格；（3）二审判决对本案火灾原因举证责任以及货损赔偿责任的认定是否正确；（4）二审判决对涉案受损车辆损失金额的认定是否正确。

关于法律适用问题。本案系中远公司履行其签订的《车辆运输合作协议》，负责承运涉案车辆海上运输期间，因承运车辆损坏而引起的纠纷，属于海上货物运输合同货损赔偿纠纷,《海商法》作为特别法应当优先适用。但本案所涉运输为海口至上海,系中华人民共和国港口之间的海上运输。《海商法》第二条第二款规定:"本法第四章海上货物运输合同的规定,不适用于中华人民共和国港口之间的海上货物运输。"故《海商法》第四章不适用于本案,本案应当适用《海商法》第四章之外的其他规定,《海商法》没有规定的,应当适用《合同法》的有关规定。

海南省高级人民法院二审判决对本案"太保海南公司是否具备诉讼主体资格"进行认定时,适用《海商法》第四十二条关于托运人概念和范围的规定,认定海马销售公司属于委托他人为本人将货物交给与海上货物运输合同有关的承运人的人;对本案"涉案火灾事故原因"进行认定时,适用《海商法》第五十四条关于承运人对其他原因造成损坏应当负举证责任的规定,认定中远公司对火灾事故原因负有举证不能的责任;对本案"火灾造成的车辆损失"进行认定时,适用《海商法》第五十八条和五十九条的规定,认定中远公司有权享受海事赔偿责任限制。以上适用条款均为《海商法》第四章的规定。故二审判决适用法律明显错误,应当予以纠正。

——《最高人民法院公报》2012 年第 8 期

【最高人民法院裁判文书】

营口亿鑫物流有限公司与上海泛亚航运有限公司、大连中远国际货运有限公司锦州分公司、大连中远国际货运有限公司、福州祥捷物流有限公司货物运输合同纠纷申请再审案[最高人民法院(2016)最高法民申 3550 号民事裁定书]

最高人民法院认为:本案系货物运输合同纠纷。根据亿鑫物流的再审申请,本案审查的重点问题是:一、二审判决是否存在适用法律与认定事实错误的情形。

根据一、二审判决查明的事实,亿鑫物流为将涉案 5 个集装箱货物运送给其指定的收货人,与中货锦州签订《内贸集装箱货物托运委托书》,运输方式为"堆场到门",本案运输系包含国内海运与陆路运输的多式联运。其中,亿鑫物流为托运人,泛亚航运系多式联运的承运人,中货锦州系泛亚航运的代理人,祥捷物流为陆运区段的实际承运人。中货锦州代承运人泛亚航运签发的《水路集装箱货物运单》载明:"承运人与托运人、收货人之间的权利、义务关系和责任界限均按《国内水路货物运输规则》及运杂费用的有关规定办理。"亿鑫物流接受该运单并无异议,且各方当事人在一审庭审中均认可本案应适用《国内水路货物运输规则》。鉴于涉案运输中海运为主要运输区段,一、二审法院依据《合同法》《国内水路货物运输规则》判定各方当事人的权利义务并无不当。尽管本案争议主要是货物经陆运至目的地后的交付问题,但一、二审判决认定货物交付的责任,符合《合同法》的有关规定。

涉案《内贸集装箱货物运输托运委托书》“说明”栏第6项载明:“全部运杂费在接受正本运单与电放货物时一次性付清。”该条款系承托双方当事人对运杂费支付时间的约定,并不是关于承运人交付货物条件的约定。亿鑫物流据此主张承运人应在收到运费后凭正本运单或根据亿鑫物流的指示交付货物,与该条款的含义明显不符。亿鑫物流也不能证明其与泛亚航运之间有凭指示交付货物的业务习惯。根据《合同法》第三百零八条的规定,托运人要求承运人中止运输、返还货物、变更到达地或者将货物交给其他收货人,限于承运人将货物交付收货人之前。而涉案货物于2014年10月4日被运抵福清港,祥捷物流于2014年10月8日至9日将涉案5个集装箱中的4个运交收货人,亿鑫物流于2014年10月13日才向中货锦州指示暂扣涉案5个集装箱不予交付收货人。亿鑫物流在订立运输合同时已经明确收货人名称和地址,合同对货物交付没有特别约定,亿鑫物流在货物交付前也没有进一步指示,亿鑫物流主张泛亚航运应凭其指示才能向收货人交付货物,没有事实和法律依据。鉴于亿鑫物流在发出扣货指示时,涉案4个集装箱货物已经交付收货人,亿鑫物流主张泛亚航运错误交付构成违约,不符合法律规定,一、二审法院不予支持并无不当。

对于一审判决查明祥捷物流接受泛亚航运电子邮件委托运交货物的事实,该双方当事人没有异议,二审判决予以确认并无不当。泛亚航运与祥捷物流之间就货物陆路区段成立运输合同关系,双方约定如何交付货物与亿鑫物流无关。如果祥捷物流违反其与泛亚航运之间的约定而错误交付货物,应由祥捷物流向泛亚航运承担责任。祥捷物流在一审庭审时陈述:如果法院判决泛亚航运、中远货运、中货锦州承担责任,祥捷物流同意由其实际承担赔偿责任。亿鑫物流在一审庭审时明确表示其只要求泛亚航运、中远货运、中货锦州承担损失赔偿责任。亿鑫物流在一审中并没有对祥捷物流提出诉讼请求,一、二审法院没有判决祥捷物流对亿鑫物流承担责任,并无不当。

——中国裁判文书网,http://wenshu. court. gov. cn。

989

关于国内水路货物运输合同的效力认定

关键词｜国内水路货物运输合同｜合同效力｜

【最高人民法院司法政策】

二、依法认定国内水路货物运输合同效力，维护国内水路货物运输市场秩序

3. 根据《国内水路运输管理条例》和《国内水路运输经营资质管理规定》的有关规定，从事国内水路运输的企业和个人，应当达到并保持相应的经营资质条件，并在核定的经营范围内从事水路运输经营活动。没有取得国内水路运输经营资质的承运人签订的国内水路货物运输合同，人民法院根据合同法第五十二条第（五）项规定认定合同无效。

4. 国内水路货物运输合同无效，但是承运人已经按照运输合同的约定将货物安全运输到约定地点，承动人请求托运人或者收货人参照合同的约定支付运费，人民法院可以适当予以保护。

国内水路货物运输合同无效，而且运输过程中货物发生了毁损、灭失，托运人或者收货人向承运人主张损失赔偿的，人民法院可以综合考虑托运人或者收货人和承运人对合同无效和货物损失的过错程度，依法判定相应的民事责任。

5. 人民法院审理国内水路货物运输纠纷案件过程中发现从事国内水路货物运输的承运人没有取得相应的运输经营资质，应及时向相关行政主管机关发出司法建议。

——《最高人民法院关于国内水路货物运输纠纷案件法律问题的指导意见》（2012年12月24日，法发〔2012〕28号）

【链接：最高人民法院法官著述】

未取得水路运输许可证而以承运人身份签订的水路运输合同应当认定无效。主要理由是：(1)沿海内河运输属于国家限制经营项目，国内水路运输经营资质的行政许可审批是对市场准入条件的设定，体现了国家对国内水路运输经营市场准入的严格控制。(2)《合同法》第五十二条第（五）项规定，违反法律、行政法规的强制性规定的合同无效。《合同法解释（一）》第十条规定，当事人超越

经营范围订立合同,人民法院不因此认定合同无效。但违反国家限制经营、特许经营以及法律、行政法规禁止经营规定的除外。(3)设定水路运输许可的本意不仅在于维护水路运输经营者、旅客、货主的合法权益,更重要的是保护人民生命和财产安全的公共利益、沿海内河水域经营权控制的国家利益。没有水路运营资质而进行水路运输经营,可能会导致很恶劣的后果。这种限制经营不同于一般的"市场准入",应当严格把握。如果在海事审判中忽视水路运输许可背后所蕴含的公共利益、国家利益,放任市场主体不顾经营资质、营运范围的行政许可而签订合同并且能够受到法律的保护,可能会助长非法经营的不良态势,危及水域安全。在此,未取得水路运输许可证的运输企业所签订的沿海、内河货物运输合同应当认定为无效合同。

——胡方:《〈最高人民法院关于国内水路货物运输纠纷案件法律问题的指导意见〉的理解与适用》,载江必新主编:《最高人民法院司法解释与指导性案例理解与适用》第 1 卷,人民法院出版社 2013 年版,第 478 页。

990

海事局出具的事故调查报告中有关火灾事故原因的分析，如无证据推翻，可以作为判定水路货物运输合同纠纷责任的依据

关键词｜国内水路货物运输合同｜事故调查报告｜

【最高人民法院裁判文书】

福建省泉州蒙峰燃料有限公司与大连昌远航运有限公司水路货物运输合同纠纷再审案[最高人民法院(2013)民申字第 168 号民事裁定书]

最高人民法院认为:针对蒙峰公司的再审申请,本案审查重点为泉州海事局出具的事故调查报告中有关火灾事故原因的分析能否作为法院判定责任的依据。

依据《海上交通安全法》及《海上交通事故调查处理条例》的规定,船舶、设施在沿海水域内发生的火灾事故属于海上交通事故,海事局作为海上交通安全监督管理的主管机关,有权对火灾等海上交通事故进行调查,查明事故发生的原因,判明当事人的责任。案涉火灾事故发生后,泉州海事局依法作出

《泉州“1·24”“昌远68”轮货煤自燃事故调查报告》……本案中,昌远公司向一审法院申请调取了《事故调查报告》,该报告认定货煤自燃是本起事故的直接原因,船舶应急处置措施不当是造成事故损失扩大的主要原因。蒙峰公司并未提交相反证据推翻泉州海事局《事故调查报告》的认定,二审判决依照《事故调查报告》认定涉案火灾事故原因、判定事故责任,并无不当。蒙峰公司关于泉州海事局无权对火灾事故进行调查,《事故调查报告》不具有科学性和专业性的主张,缺乏充分的事实和法律依据。

——中国裁判文书网,http://wenshu.court.gov.cn。

991

对国内水路货物运输合同承运人留置权行使的审查

关键词|国内水路货物运输合同|承运人留置权|

【最高人民法院司法政策】

四、准确理解有关留置的法律规定,妥善处理留置权纠纷

7.国内水路货物运输合同履行完毕,托运人或者收货人没有支付运费、保管费或者其他运输费用,依照合同法第三百一十五条的规定,承运人对相应的运输货物享有留置权。人民法院在审查承运人的留置权时,应当重点审查承运人留置货物的数量是否在合理的限度之内,以及承运人留置的货物是否是其合法占有的货物。债务人对留置货物是否具有所有权并不必然影响承运人留置权的行使,除非运输合同当事人对承运人的留置权另有特殊约定。

——《最高人民法院关于国内水路货物运输纠纷案件法律问题的指导意见》(2012年12月24日,法发〔2012〕28号)

992

国内水路货物运输纠纷案件中与船舶挂靠有关纠纷的审理

关键词|国内水路货物运输合同|船舶挂靠|

【最高人民法院司法政策】

五、妥善审理与船舶挂靠有关的纠纷，切实保障当事人的合法权益，维护国内水路货物运输市场的健康发展

8. 没有运营资质的个体运输船舶的实际所有人，为了进入国内水路货物运输市场，规避国家有关水路货物运输经营资质的管理规定，将船舶所有权登记在具有水路运输经营资质的船舶运输企业名下，向该运输企业交纳管理费，并以该运输企业的名义从事国内水路货物运输活动，是国内水路货物运输中普遍存在的一种挂靠经营方式。这种挂靠经营方式导致挂靠船舶的所有权登记形同虚设，船舶管理混乱，被挂靠企业对挂靠船舶疏于安全管理，严重冲击了航运市场的安全秩序，导致大量国内水路货物运输纠纷的产生。人民法院在审理与船舶挂靠有关的合同纠纷时，应当严格依照现行船舶管理的法律规范确定法律关系，合同相对性的基本原则，根据合同的签订主体和合同的履行等基本事实，准确认定合同当事人。

9. 挂靠船舶的实际所有人以自己的名义签订运输合同，应当认定其为运输合同承运人，承担相应的合同责任。

10. 挂靠船舶的实际所有人以被挂靠企业的名义签订运输合同，被挂靠企业亦签章予以确认，应当认定被挂靠企业为运输合同承运人，承担相应的合同责任。

11. 在没有签订水路货物运输合同的情形下，可以依照运单上承运人的记载判断运输合同的承运人。如果运单上仅仅加盖了承运船舶的船名章，应当认定该承运船舶物登记所有人为运输合同的承运人，承担相应的合同责任。

12. 挂靠船舶因侵权行为造成他人财产、人身损害，依据民法通则、侵权责任法、海商法和有关司法解释的规定，挂靠船舶的实际所有人和被挂靠企业应当承担连带赔偿责任。

——《最高人民法院关于国内水路货物运输纠纷案件法律问题的指导意见》（2012 年 12 月 24 日，法发〔2012〕28 号）

【链接：最高人民法院法官著述】

对于挂靠的定义，一直并没有明确的法律或者行政法规予以确定。通过分析目前普遍存在的挂靠经营的程度、目的等，挂靠行为主要分为以下两种情况：（1）个体运输船舶的实际所有人将船舶所有权登记在具有运营资质的企业名

下,向被挂靠企业支付管理费或其他费用,并以被挂靠企业的名义对外从事水路运输经营活动;(2)个体运输船舶的所有人将被挂靠企业登记为船舶经营人或者管理人,向被挂靠企业支付管理费或其他费用,并以被挂靠企业的名义对外从事水路运输经营活动。

水路运输实践中的挂靠行为主要是为了满足有关行政法规或者部门规章对经营资质或者安全管理的要求,从而导致在经营活动中存在登记所有人与实际所有人分离、安全责任不明、船舶物权管理混乱等问题。我国目前没有明确的法律法规调整船舶挂靠关系,也没有对挂靠关系的合法性进行明确的认定。如何规范船舶挂靠经营各方的法律关系进而明确相关责任主体是海事司法实践中遇到的疑难问题之一。[①]《水路运输指导意见》中所指的挂靠仅指第一种情况,即船舶的登记所有人为被挂靠企业,并由被挂靠企业办理与经营有关的手续。但是挂靠期间,船舶往往是由挂靠人实际掌握和经营,被挂靠企业并不直接参与船舶营运。

——胡方:《〈最高人民法院关于国内水路货物运输纠纷案件法律问题的指导意见〉的理解与适用》,载江必新主编:《最高人民法院司法解释与指导性案例理解与适用》第1卷,人民法院出版社2013年版,第479~480页。

993

水路货物运输途中货物短量的原因及责任承担

关键词|国内水路货物运输合同|

【最高人民法院裁判文书】

大连保税区源盛化工贸易有限公司与东莞市辉明石化产品有限公司及深圳市永丰海实业有限公司、乐清市东方海运有限公司水路货物运输合同货差纠纷再审案[最高人民法院(2012)民监字第389号民事裁定书]

最高人民法院认为:关于前一阶段发生的货物短量,根据《合同法》第三百

---

① 谢桦、张可心、黄思奇、罗素梅:《关于船舶挂靠法律问题的调研报告》,载《人民司法》2009年第23期。

一十一条的规定，承运人应对运输过程中货物的毁损、灭失承担赔偿责任，除非其证明该货物毁损、灭失是因货物本身的自然性质或者合理损耗以及托运人、收货人的过错等原因造成。本案中，辉明公司作为托运人和收货人，向永丰海公司申报货物为汽油，虽然源盛公司、永丰海公司、东方公司所提供的证据显示涉案货物在抵达目的港后的蒸汽压测试结果为 109.4KPa，超过国家标准车用汽油 GB17930－2006 中关于蒸汽压不大于 72KPa 的要求，但仅此不足以证明辉明公司托运的货物与申报的货物名称“汽油”不符，也不足以证明 8 天运输途中短量 109.92 吨即为货物自身原因所致。在未提供充分证据证明涉案货物短少系货物自身特性所致的情形下，东方公司、源盛公司和永丰海公司作为承运人和实际承运人应对运输途中货物损耗超过约定的允许损耗 3‰之外的部分承担赔偿责任。源盛公司就此提出的再审申请理由，本院不予支持。

——中国裁判文书网，http://wenshu.court.gov.cn。

994

沿海、内河货物运输诉讼时效在适用最高人民法院批复的基础上，诉讼时效的中止和中断依然适用民法及相关司法解释

关键词 | 沿海、内河货物运输 | 诉讼时效 |

【最高人民法院司法解释】

浙江省高级人民法院：

你院浙高法〔2000〕267 号《关于沿海、内河货物运输赔偿请求权诉讼时效期间如何计算的请示》收悉。经研究，答复如下：

根据《中华人民共和国海商法》第二百五十七条第一款规定的精神，结合审判实践，托运人、收货人就沿海、内河货物运输合同向承运人要求赔偿的请求权，或者承运人就沿海、内河货物运输向托运人、收货人要求赔偿的请求权，时效期间为一年，自承运人交付或者应当交付货物之日起计算。

——《最高人民法院关于如何确定沿海、内河货物运输赔偿请求权时效期间问题的批复》（2001 年 5 月 24 日，法释〔2001〕18 号）

【最高人民法院司法政策】

六、正确适用关于诉讼时效制度的法律规定，保护当事人的合法权益

13.《最高人民法院关于如何确定沿海、内河货物运输赔偿请求权时效期间问题的批复》（法释〔2001〕18 号）对国内水路货物运输赔偿请求权诉讼时效期间的中止、中断并没有作出特别规定，人民法院应当适用民法通则有关诉讼时效中止、中断的规定。

——《最高人民法院关于国内水路货物运输纠纷案件法律问题的指导意见》（2012 年 12 月 24 日，法发〔2012〕28 号）

【最高人民法院答复】

山东省高级人民法院：

你院鲁高法函〔2002〕23 号请示报告收悉。经研究，我们认为：沿海货物运输合同不适用于《中华人民共和国海商法》（以下简称《海商法》）第四章关于海上货物运输合同的规定，但可适用该法其他章节的规定。因此，你院请示的青岛口岸船务公司与青岛运通船务公司水路货物运输合同纠纷一案应当适用《海商法》关于货物运输诉讼时效为一年的规定。

——《最高人民法院关于青岛口岸船务公司与青岛运通船务公司水路货物运输合同纠纷一案中赔偿请求权诉讼时效期间如何计算的请示的复函》（2002 年 6 月 25 日，〔2002〕民四他字第 13 号）

天津市高级人民法院：

你院津高法〔2001〕34 号《关于津龙翔（天津）国际贸易公司与南京扬洋化工运贸公司、天津天龙液体化工储运公司沿海货物运输合同货损赔偿纠纷一案的请示》收悉。经研究，答复如下：

一、根据最高人民法院法释〔2001〕18 号《最高人民法院关于如何确定沿海、内河货物运输赔偿请求权时效期间问题的批复》，托运人、收货人就沿海、内河货物运输向承运人要求赔偿的请求权，时效期间为一年，自承运人交付或者应当交付货物之日起计算。因此，该案的诉讼时效期间应为一年。

二、在请求权竞合的情况下,诉讼当事人有权在一审开庭前请求对方当事人承担违约责任或者侵权责任,此后不得进行变更。该案当事人在一审时以违约提起诉讼,二审时不应以侵权确认时效。

——《最高人民法院关于津龙翔(天津)国际贸易公司与南京扬洋化工运贸公司、天津天龙液体化工储运公司沿海货物运输合同货损赔偿纠纷一案的请示的复函》(2001 年 8 月 10 日,〔2001〕民四他字第 7 号)

【链接:最高人民法院法官著述】

《海商法》在起草过程中,有关诉讼时效的规定本来是散见于各个相关的章节之中的,比如船舶碰撞的诉讼时效是在船舶碰撞章节中的,而海上运输的诉讼时效是在海上货物运输合同章节的。后来出于体例统一的考虑,才将所有的诉讼时效规定统一在了第十三章诉讼时效的章节当中。由此可见,第二百五十七条的诉讼时效规定应当是针对国际海上货物运输的,并不适用于沿海货物运输。因此,相应有关诉讼时效中断、中止的规定也应当不适用于沿海货物运输。其次,正是由于沿海、内河货物运输的诉讼时效不能适用海商法的规定,考虑到沿海、内河与国际海上货物运输共同构建了我国水上货物运输的完整体系,为了完整统一水路货物运输时效期间,为了避免因沿海、内河货物运输的流动性造成有关证据因时过境迁而湮灭,不利于权利人及时收集、固定证据,也为了督促权利人及时行使诉讼权利,最高人民法院专门就沿海、内河货物运输合同的诉讼时效作出了与《海商法》基本相一致的批复。这也说明,《海商法》有关诉讼时效中断、中止的规定并不是当然适用于沿海货物运输的。再次,《海商法》与《民法通则》有关诉讼时效中止的规定基本一致。但是《海商法》第二百六十七条与《民法通则》第一百四十条关于诉讼时效中断的规定是有明显区别的,海商法规定的诉讼时效中断的条件要更为严格。法释〔2001〕18 号《批复》已经将沿海、内河与海上运输的诉讼时效予以统一,在诉讼时效的中断上应该也予以统一,才可以逐步实现“法律并轨”。但是,《海商法》有关诉讼时效中断的规定由于过分严格,一直饱受诟病。是否还要继续严格掌握中断的标准,一直存有异议。鉴于《水路运输指导意见》的效力不同于司法解释,不便于对现有法律规定进行修改。《水路运输指导意见》的目的主要是为了阐明法律本意,统一法律认识,暂时不宜突破现有法律规定。因此,《水路运输指导意见》强调,沿海、内河货物运输诉讼时效在适用最高人民法院批复有关一年和起算点的基础上,诉讼时效的中止和中断依然应当适用《民法通则》及相关司法解释的规定。

——胡方:《〈最高人民法院关于国内水路货物运输纠纷案件法律问题的指导意见〉的理解与适用》,载江必新主编:《最高人民法院司法解释与指导性案例理解与适用》第1卷,人民法院出版社2013年版,第484~485页。

编者说明

《民法总则》第一百九十四条、第一百九十五条分别对诉讼时效中止、中断事由作了较《民法通则》更为详细或者不同的规定,实践中应当注意《民法总则》相关规定的适用。

995

当事人之间虽然签订有形式上的物流协议,但就涉案货物而言并未形成货运代理合同关系

关键词 | 物流协议 | 货运代理合同 |

【最高人民法院裁判文书】

上海兆龙国际货物运输代理有限公司与上海卧龙国际商务股份有限公司货运代理合同纠纷抗诉案[最高人民法院(2012)民抗字第80号民事判决书]

最高人民法院认为:一、关于卧龙公司和兆龙公司是否就涉案货物成立货运代理合同关系以及该货运代理合同是否部分履行的问题。

依据一、二审法院查明的事实,2008年8月底至9月初,德伊公司与舜岳公司、舜岳公司与中宇公司分别就涉案货物签订了买卖合同,由德伊公司将涉案货物转卖给舜岳公司,舜岳公司又将货物转卖给中宇公司。同年9月3日,中宇公司就涉案货物进口报关事项委托兆龙公司的钟明办理。同年9月5日,卧龙公司将与涉案货物有关的提单及相关单证交付给德伊公司耿作尘,随后耿作尘以快递方式交给了钟明。同年9月8日,钟明安排报关。在此期间,虽然因卧龙公司更换名称致使报关单证不符而报关受阻,但经卧龙公司更换单据后,报关顺利完成。之后钟明按照中宇公司的指示将货物交付给中宇公司。上述事实证明,中宇公司与兆龙公司之间就涉案货物报关等货代事务形成了货运代理合同关

系，中宇公司通过德伊公司向钟明交付报关单证，并支付了代理费用，钟明亦办理了报关、提货手续，并依照中宇公司交付涉案货物。中宇公司和兆龙公司均已履行了货运代理合同项下当事人的义务。就卧龙公司与兆龙公司的关系而言，双方虽然签订有《物流协议》，但此份协议是在兆龙公司与卧龙公司联系更改报关单证上卧龙公司名称的情况下签订的，并不是因为卧龙公司要将涉案货物的进口报关业务委托给兆龙公司而签订的。从协议内容上看，此份《物流协议》没有任何有关涉案货物具体情况的记载，协议内容与涉案货物之间不具有关联性。从协议履行情况看，《物流协议》签订之后，卧龙公司既未按照协议约定将涉案提单及报关单证交付给兆龙公司，也未就涉案货物向兆龙公司发出过书面的通知、指示或指令。由此可以认定，《物流协议》与涉案货物并不具有关联性，该协议未实际履行。卧龙公司与兆龙公司之间虽然签订有形式上的《物流协议》，但就涉案货物而言并未形成货运代理合同关系。

——中国裁判文书网，http://wenshu.court.gov.cn。

八、委托合同

996

委托合同关系的认定及受托事务是否完成的判断

关键词｜委托合同｜

【最高人民法院裁判文书】

甘肃省敦煌种业股份有限公司与乌鲁木齐市邦君寄卖有限责任公司及金塔县供销合作联社委托合同纠纷案[最高人民法院(2013)民申字第985号民事裁定书]

最高人民法院认为:关于邦君公司与敦煌种业之间是否存在委托关系的问题。2008年5月20日,敦煌种业出具《全权委托书》,委托邦君公司代表其参与玛纳斯油脂厂拍卖重组工作,并于同日向自治区债权清算小组出具《关于拟参与贵组处置资产重组的函》。2008年5月27日,敦煌种业副总经理刘峰与邦君公司签订《委托合同》,进一步明确双方在委托事项中的权利义务。敦煌种业申请再审虽以该合同上仅有刘峰签字无敦煌种业公章,且合同约定的支付500万元保证金的生效条件未成就为由,主张《委托合同》无效。但《委托合同》中有关500万元保证金的约定内容为"为保证项目的前期展开和顺利实施,甲方须应乙方的要求,向乙方提供的银行账户中打入保证金人民币伍百万元",故敦煌种业所称500万元保证金系合同生效条件的主张,与事实不符。刘峰当时系敦煌种业副总经理,代表公司参与玛纳斯油脂厂收购项目,其签订《委托合同》的行为系职务行为,应对敦煌种业产生约束力。敦煌种业申请再审虽称,其已在2010年2月8日召开董事会会议,作出解除刘峰副总经理职务的决议,并于2010年3月5日正式发出《关于刘峰先生免职的通知》,且刘峰已因涉嫌经济犯罪被追究刑事责任。但上述证据材料,敦煌种业均未在一审中提交,其嗣后免除刘峰副总经理职务的行为,不能产生导致《委托合同》无效的法律效果。且本院组织询问查明,刘峰被追究刑事责任与案涉玛纳斯油脂厂收购项目无涉,敦煌种业亦未提供任何证据证明刘峰与邦君公司之间存在恶意串通的事实。故敦煌种业主张《委托合同》无效的理由不能成立。敦煌种业在2008年8月24日向酒钢公司出具的《证明》中载明,“新疆乌鲁木齐邦君寄卖有限责任公司(法人代表马烈)于 2008 年 6 月全权代理我公司在新疆完成了收购新疆玛纳斯屯河油脂有限责任公司的业务,按照代理协议我公司应支付邦君寄卖有限责任公司代理费肆百叁拾万元”,敦煌种业认可《证明》上公司公章的真实性,仅以该《证明》系为邦君公司借款出具,具有特定用途为由,否定其中有关双方委托关系的记载内容,并不能自圆其说。二审法院依据上述证据认定敦煌种业和邦君公司之间存在委托关系,证据确实、充分。

关于邦君公司是否已完成受托事务的问题。本案中,金塔供销社已依据《金塔供销社收购屯河油脂项目以其项目净资产认购敦煌种业定向增发股份的协议》的约定,与新疆屯河集团有限责任公司破产管理人签订了《资产转让协议》,案涉受托事项已经完成。2008 年 8 月 24 日敦煌种业出具的《证明》、昌吉中院对清算组组长刘玉双的调查笔录、玛纳斯县人民政府出具的《关于玛纳斯油脂厂土地使用权处置情况的说明》以及玛纳斯县人民政府纪检书记陈家彬的调查笔录等证据相互印证,证明邦君公司在玛纳斯油脂厂资产收购中,与破产清算组进行过洽商,并最终促成了受托事项的完成。本院组织询问查明,本案经新疆高院发回重审过一次,刘玉双调查笔录系昌吉中院在新疆高院第一次二审审理期间调查取得,并在昌吉中院第二次一审时已经双方当事人质证。故敦煌种业申请再审认为该笔录未经质证且一、二审法院仅以该孤证认定邦君公司完成了受托事项的主张,均与事实不符,本院不予采信。敦煌种业申请再审虽称玛纳斯油脂厂资产收购项目系金塔供销社与新疆屯河集团有限责任公司破产管理人协商取得,但未提供确实证据证明,本院不予支持。综上表明,邦君公司与敦煌种业之间存在委托关系,邦君公司已经完成了玛纳斯油脂厂资产收购项目,二审法院判令敦煌种业向邦君公司支付 330 万元代理费用及相应利息,认定事实和适用法律并无不当,敦煌种业申请再审的理由均不能成立。

——中国裁判文书网,http://wenshu. court. gov. cn。

997

委托合同的主要内容是协调降低国有土地使用权的挂牌价格，损害了国家利益和社会公共利益，合同无效

关键词｜委托合同｜合同无效｜

【最高人民法院裁判文书】

何沙沙与都江堰青城湖旅游发展有限责任公司委托合同纠纷申请再审案[最高人民法院(2014)民申字第1358号民事裁定书]

最高人民法院认为:关于案涉合同的效力问题,由于国有土地使用权拍卖起始价的确定涉及国有土地使用权制度的公开、公平和公正,也涉及公权力机关的廉洁性。何沙沙与青城湖公司签订的《委托协议》的主要内容是由何沙沙协调降低案涉国有土地使用权的挂牌价格,这种约定损害了国家利益和社会公共利益,属于无效合同。何沙沙以委托事项系青城湖公司与政府之间签订的协议所约定为理由主张《委托协议》有效的理由不能成立。

——中国裁判文书网,http://wenshu.court.gov.cn。

998

受托人以自己名义在授权范围内与第三人订立合同,第三人在订立合同时知道受托人与委托人之间代理关系的,该合同直接约束委托人和第三人

关键词|委托合同|第三人|

【最高人民法院裁判文书】

大连羽田钢管有限公司与大连保税区弘丰钢铁工贸有限公司物权确认纠纷申请再审案[最高人民法院(2011)民提字第29号民事判决书]

最高人民法院认为:3.对涉案资产真正受让人的认定。本案中,《转让合同》A、《转让合同》B和《租赁合同》是相互关联的三份合同。根据三份关联合同的约定和实际履行情况,《租赁合同》并不是当事人的真实意思表示,不发生法律效力。《转让合同》A和《转让合同》B系当事人真实意思表示,不违反我国法律法规的禁止性规定,合法有效。

虽然《转让合同》B约定涉案资产的出让人是龙王塘办事处,受让人是弘丰公司。但是,根据《转让合同》A的约定,系羽田制造所委托弘丰公司购买涉案

资产并签署《转让合同》B。而本案四方当事人在2002年5月8日均到场参加并见证了所有合同的签署过程，因此，各方当事人均知道涉案资产的真正受让人是羽田制造所以及羽田制造所与弘丰公司之间系委托代理关系。《合同法》第四百零二条规定：“受托人以自己的名义，在委托人的授权范围内与第三人订立的合同，第三人在订立合同时知道受托人与委托人之间的代理关系的，该合同直接约束委托人和第三人，但有确切证据证明该合同只约束受托人和第三人的除外。”根据上述法律规定，《转让合同》B直接约束龙王塘办事处和羽田制造所，因此，龙王塘办事处是涉案资产的出让人，羽田制造所是涉案资产的真正受让人。弘丰公司割裂《转让合同》A与《转让合同》B的关联关系，在未支付任何对价的情况下，仅依据《转让合同》B认为其系涉案资产的受让人，与事实不符，亦与上述法律规定不符，本院不予支持。一审判决认定涉案资产的真正受让人是羽田制造所是正确的，二审判决认定涉案资产的真正受让人是弘丰公司确有错误，应予纠正。

——贺荣主编、最高人民法院民事审判第四庭编：《涉外商事海事审判指导》总第29辑，人民法院出版社2015年版，第116~138页。

999

受托人以自己名义与第三人订立合同时，第三人不知道受托人与委托人之间代理关系的，合同约束受托人与第三人

关键词｜委托合同｜第三人｜

【最高人民法院审判业务意见】

受托人知道或者应当知道他人在委托协议上代其签名并按委托协议约定的内容履行的，应认定委托协议对其有效，并承担委托协议约定的法律后果。

——张进先：《受托人知道他人在委托协议上代其签名并按委托协议履行的，应认定委托协议对其有效》，载最高人民法院民事审判第一庭编：《民事审判指导与参考》总第58辑，人民法院出版社2014年版，第92~95页。

【《最高人民法院公报》案例】

上海闽路润贸易有限公司与上海钢翼贸易有限公司买卖合同纠纷案[最高人民法院(2015)民申字第956号民事裁定书]

裁判摘要:受托人以自己的名义与第三人订立合同时,第三人不知道受托人与委托人之间的代理关系的,合同约束受托人与第三人。受托人因第三人的原因对委托人不履行义务,受托人向委托人披露第三人后,委托人可以选择是否行使介入权:委托人行使介入权的,则合同直接约束委托人与第三人,委托人可以要求第三人向其承担违约责任;委托人不行使介入权的,根据合同的相对性原则,合同仍约束受托人与第三人,受托人可以向第三人主张违约责任,受托人与委托人之间的纠纷根据委托合同的约定另行解决。

在判定合同的效力时,不能仅因合同当事人一方实施了涉嫌犯罪的行为,而当然认定合同无效。此时,仍应根据《合同法》等法律、行政法规的规定对合同的效力进行审查判断,以保护合同中无过错一方当事人的合法权益,维护交易安全和交易秩序。在合同约定本身不属于无效事由的情况下,合同中一方当事人实施的涉嫌犯罪的行为并不影响合同的有效性。

最高人民法院认为:一、关于闽路润公司是否是《购销合同》的主体。

本案所涉《购销合同》是闽路润公司基于兴盟公司的委托以自己名义与钢翼公司订立的。钢翼公司认为,根据闽路润公司向钢翼公司送达的《公证书》以及兴盟公司发给闽路润公司的《函》,兴盟公司已经行使了介入权,《购销合同》应直接约束委托人兴盟公司,闽路润公司作为受托人不再是合同主体。

本案所涉的《购销合同》是闽路润公司基于兴盟公司的委托与钢翼公司订立,现尚无证据证明钢翼公司在与闽路润公司订立合同时明知闽路润公司是基于兴盟公司的委托与其订立的合同,故不能依据《合同法》第四百零三条第一款规定,受托人以自己的名义与第三人订立合同时,第三人不知道受托人与委托人之间的代理关系的,受托人因第三人的原因对委托人不履行义务,受托人应当向委托人披露第三人,委托人因此可以行使受托人对第三人的权利,但第三人与受托人订立合同时如果知道该委托人就不会订立合同的除外。根据该规定,隐名代理的受托人向委托人披露第三人后,委托人可以行使介入权直接向第三人主张权利。委托人行使介入权,则合同直接约束委托人与第三人,委托人代替受托人成为合同主体,受托人不能行使合同权利;委托人不行使介入权的,则合同仍约束受托人，受托人可以行使合同权利。钢翼公司认为，据兴盟公司送达给闽路润公司的《函》，兴盟公司同意将《购销合同》项下的全部债权转让给闽路润公司，由闽路润公司向钢翼公司主张违约责任，故闽路润公司所行使的权利，是基于兴盟公司的债权让与产生的，闽路润公司行使的是兴盟公司的权利，应视为兴盟公司行使了介入权，《购销合同》应该直接约束兴盟公司，闽路润公司不再作为合同主体。根据一审、二审查明事实，在闽路润公司向钢翼公司主张权利之前，兴盟公司并未向钢翼公司主张权利，故不能认为兴盟公司已经行使介入权。既然兴盟公司没有行使介入权，则不是《购销合同》的主体，不享有《购销合同》项下的权利，无权将基于《购销合同》产生的债权进行转让，故兴盟公司与闽路润公司之间所谓的债权转让无法实际发生。兴盟公司发给闽路润公司的《函》，从合同解释角度可认定为，兴盟公司承诺放弃介入权，由闽路润公司行使《购销合同》项下的权利，该函件并不影响闽路润公司作为《购销合同》的主体地位。综上，闽路润公司虽是基于兴盟公司的委托与钢翼公司订立合同，且在合同履行过程中向兴盟公司披露第三人钢翼公司，但并没有证据表明兴盟公司行使了介入权，故闽路润公司仍是《购销合同》的主体。钢翼公司认为闽路润公司不是《购销合同》主体的主张与事实不符，不予支持。

三、闽路润公司是否有权解除《购销合同》并要求钢翼公司返还货款。

钢翼公司认为，闽路润公司并未实际概括受让兴盟公司在《购销合同》项下的权利义务，不是《购销合同》主体，且《购销合同》无效，闽路润公司无权解除合同并要求返还货款。本院认为，闽路润公司与钢翼公司所订立合同是当事人双方真实意思表示，不违反法律、行政法规的强制性规定，合法有效。闽路润公司虽是基于兴盟公司的委托与钢翼公司订立《购销合同》，但其是以自己的名义与钢翼公司订立的合同，在兴盟公司并没有行使介入权的情况下，闽路润公司仍是《购销合同》的主体，有权行使《购销合同》项下的权利。因此，在符合法定解除条件的情况下，闽路润公司有权解除《购销合同》，并要求钢翼公司返还货款。

——《最高人民法院公报》2016 年第 1 期

1000

《合同法》关于委托人介入权的规定，仅适用于单纯的委托合同关系

关键词｜委托合同｜委托人介入权｜

【《最高人民法院公报》案例】

厦门航空开发股份有限公司与北京南钢金易贸易有限公司及厦门市东方龙金属材料有限公司买卖合同纠纷案[最高人民法院(2014)民申字第2225号民事裁定书]

裁判摘要:《合同法》第四百零二条但书前的规定,仅仅适用于单纯的委托合同关系。实践中因委托合同产生的法律关系,往往不仅仅涉及委托关系,还可能涉及买卖、借贷以及担保等多重法律关系。在此情况下,如简单适用《合同法》第四百零二条但书前的规定,可能损害委托方合法权益,故应综合考虑全部案情,谨慎衡量,正确适用《合同法》第四百零二条的规定。

最高人民法院认为:本案再审审查涉及的主要问题是南钢金易公司是否应返还厦航开发公司案涉货款及相应利息。

首先,在案涉交易之前的委托合同、买卖合同履行过程中,东方龙金属公司实际提货以南钢金易公司向厦航开发公司发出《提货通知函》、厦航开发公司向南钢金易公司发出《货物出仓通知单》,并告知货权转移给东方龙金属公司为前提。就案涉交易而言,从一、二审审理查明的事实来看,南钢金易公司对东方龙金属公司和厦航开发公司之间签订的《委托代理协议书》中"东方龙金属公司提货遵循款到发货原则""提货前,货物所有权归属厦航开发公司"的内容是实际知晓的,在厦航开发公司不知情的情况下,南钢金易公司通过案外人直接向东方龙金属公司交付了货物,实际上损害了厦航开发公司的利益。其次,《合同法》第四百零二条关于委托人介入权的规定一般限于单纯的委托合同关系,但本案除委托合同关系外,还涉及买卖、借贷以及担保等多重法律关系,特别是担保法律关系。厦航开发公司为保证自己出借资金的安全,特地在其与南钢金易公司签订的《钢材购销合同》中约定,交(提)货地点在供方仓库,方式为供方将货权转移给需方。因此,在厦航开发公司向南钢金易公司付款后,南钢金易公司交付的钢材的所有权属于厦航开发公司。在所有权人厦航开发公司根本不知情的情况下,南钢金易公司将合同约定的钢材交付给东方龙金属公司,对厦航开发公司不发生已经交付的法律效力。据此,在厦航开发公司已实际为东方龙金属公司垫付巨额货款的前提下,在南钢金易公司知道该事实的情况下,若简单适用《合同法》第四百零二条(不适用该条的但书),排除买卖关系中买方厦航开发公司要求卖方南钢金易公司返还货款的权利,明显损害厦航开发公司的权利,不符合该条的立法本意。本案应当适用该条的但书规定，即《钢材购销合同》的上述约定内容以及南钢金易公司知道东方龙金属公司为该笔交易向厦航开发公司融资的事实，属于《合同法》第四百零二条但书中规定的“确切证据”，故《钢材购销合同》只约束厦航开发公司和南钢金易公司。最后，本院认为，东方龙金属公司实际领取了案涉钢材，却未支付货款，是最终责任人，南钢金易公司在承担本案责任后，可以向其追偿。另由于厦门市中级人民法院已经生效的(2013)厦民初字第156号民事判决已判决东方龙金属公司等主体偿还厦航开发公司垫付款及利息，故本案在执行程序中应与该案相互协调，避免厦航开发公司重复受偿。

——《最高人民法院公报》2017年第1期

1001

隐名代理的认定及例外

关键词 | 隐名代理 |

【最高人民法院裁判文书】

东华工程科技股份有限公司与牡丹江日达化工有限公司建设工程设计合同纠纷申请再审案[**最高人民法院(2012)民申字第668号民事裁定书**]

裁判要旨：受托人以自己的名义与第三人签订合同，第三人在订立合同时知道受托人与委托人之间的代理关系，该合同是否一定直接约束委托人和第三人？隐名代理中委托人自动介入的例外情形如何认定？本案中，因受托人未按委托合同约定进行招标、编制报价评价办法、组织技术评审和商务评审，虚构了设备采购价格，损害了委托人利益，且在委托人主动介入的情况下，第三人选择受托人作为合同履行主体，故构成隐名代理的例外，设备采购合同只约束受托人和第三人。

最高人民法院审查认为：关于设备预付款是否应予返还问题。日达公司有权解除《委托采购协议》并要求东华公司返还1832.6万元预付款，东华公司以《电石车间总承包合同》直接约束委托人日达公司和第三人大连机电公司而不予返还预付款的主张，不应予以支持。主要理由是：1. 二审判决一方面认定大连机电公司在签订《电石车间总承包合同》时知道东华公司与日达公司之间存在代理关系，却又依据《合同法》第四百零二条认定该合同约束东华公司与大连机电公司,前后矛盾,二审判决对该问题的分析认定不当,应予纠正。2. 日达公司与东华公司2007年12月26日签订的《委托采购协议》约定:鉴于日达公司已经委托东华公司承担案涉EPC总承包工作,但目前不具备签订EPC合同的条件,就长制造周期大型设备提起采购招标事宜,签订本协议;东华公司负责协议项下的采购招标组织工作,负责招标的技术谈判、商务价格评审和合同的商务价格谈判,日达公司派人参加并予以确认后,以东华公司名义签订设备采购合同;EPC总承包合同签订后,这些设备采购合同将与其合并执行。基于《委托采购协议书》,东华公司于2008年1月15日与大连机电公司签订《电石车间总承包合同》,并在第9条第3款约定"具体工期与性能考核的违约责任待甲方与业主总包合同签订后,参照相关条款另行协商"。由此可见,《电石车间总承包合同》系东华公司为实现案涉项目EPC总承包而实施的行为之一,具有分包合同的性质。3. 东华公司依据2007年12月26日与日达公司签订的《委托采购协议》,与大连机电公司于2008年1月15日签订《电石车间总承包合同》,并将东华公司2008年1月30日给付的1832.6万元设备预付款于2008年2月20日支付给大连机电公司。日达公司2008年3月18日致函东华公司,明确表示对《电石车间总承包合同》约定的价格不能接受。2008年4月22日,日达公司撤销了对东华公司的委托,并致函大连机电公司要求重新签订电石炉供货合同,但大连机电公司2008年4月28日致电日达公司,表示合同终止或主体变更事宜应与东华公司商谈;大连机电公司5月13日将日达公司通知函发给东华公司并签署意见,表示:不同意变更合同主体为宝钢公司,不与该公司合作,继续履行与东华公司的供货合同。前述事实说明,《电石车间总承包合同》的合同主体是大连机电公司和东华公司,大连机电公司不愿意选择日达公司作为合同主体商谈合同终止或变更事宜。因此,虽然大连机电公司知道东华公司与其签订《电石车间总承包合同》系受日达公司委托,但因在日达公司发函表明行使委托人的合同介入权的情况下大连机电公司明确表示选择东华公司作为相对人主张权利,二审判决认定《电石车间总承包合同》约束东华公司与大连机电公司,符合《合同法》第四百零二条但书条款、第四百零三条第二款的规定和合同相对性原则。4. 根据《合同法》第四百一十条的规定,日达公司可以随时解除《委托采购协议》并要求东华公司返还设备预付款。至于《委托采购协议》解除给东华公司造成的损失及责任如何承担,并非本案争议的问题,东华公司可另行主张。

——景汉朝主编,最高人民法院立案一庭、立案二庭编:《立案工作指导》总第39辑,人民法院出版社2014年版,第87~96页。

【链接：最高人民法院法官著述】

本案从表面看似乎完全符合《合同法》第四百零二条规定的委托人自动介入的情形：受托人东华公司以自己的名义签订《电石车间总承包合同》，在订立合同时第三人大连机电公司知道委托人日达公司与东华公司之间存在代理关系。但是本案不能认定构成隐名代理的原因主要是有两个特殊问题：一是第三人东华公司订立合同的方式及实质内容超出了委托人日达公司的授权范围。本案超出委托范围的事实是未按照《委托采购协议书》的约定进行招标、编制报价评价办法、组织技术评审和商务评审，这一违约行为产生的后果就是东华公司利用总体设计和代为采购设备的优势，虚高了设备采购价格，损害了日达公司的利益，这也是本案纠纷产生的原因。二是第三人大连机电公司行使了选择权。因受托人东华公司违约而虚高设备价格的原因，委托人日达公司行使委托人的介入权，但第三人大连机电公司选择了受托人东华公司作为相对人主张权利，且东华公司也同意解除其与日达公司的委托合同，因此《电石车间总承包合同》应约束东华公司和大连机电公司。

——黄年：《隐名代理的认定及例外——东华工程科技股份有限公司与牡丹江日达化工有限公司建设工程设计合同纠纷申请再审案》，载景汉朝主编，最高人民法院立案一庭、立案二庭编：《立案工作指导》总第39辑，人民法院出版社2014年版，第87～99页。

1002

受托人不存在违背诚信原则、损害委托人利益等导致委托合同目的不能实现的根本违约行为，委托人不能解除合同

关键词｜委托合同｜根本违约｜合同解除｜

【最高人民法院裁判文书】

绍兴县时佳房地产开发有限公司与绍兴金帝商业管理有限公司委托合同纠纷申请再审案［最高人民法院（2013）民申字第134号民事裁定书］

最高人民法院认为：本案再审审查主要涉及时佳公司能否以金帝公司根本违约为由，依据《委托经营管理合同》第10－5条的约定解除合同。

关于时佳公司能否以金帝公司未完成减少亏损的目标为由解除合同的问题。虽然《委托经营管理合同》第9－4条约定了金帝公司负有逐年减少柯桥购物中心亏损的义务，但该合同第10－6条约定"本合同执行三年后，双方对柯桥购物中心经营状况进行评估，如第三年营运亏损数额大于600万，且时佳公司要求物业停业转型，金帝公司同意时佳公司要求终止本协议"。说明双方同意在合同履行三年后才对柯桥购物中心的经营状况进行评估，且只有在"第三年营运亏损数额大于600万"的情况下，时佳公司才能因金帝公司未达到合同约定的营运目标而解除合同。二审判决认定"本案合同履行一年多后，时佳公司即向金帝要求解除合同，不符合合同约定的可解除合同的情形"，具有事实依据。且时佳公司提交的证明柯桥购物中心亏损的证据材料系其单方委托绍兴正达会计师事务所出具，审计材料亦由其提供，且会计师事务所采用的常规审计方式与《委托经营管理合同》约定的营运盈亏计算方式存在较大差别，上述证据材料不足以证明时佳公司关于金帝公司未履行逐年减少亏损的义务的主张。

关于时佳公司能否以金帝公司存在其他违约行为为由解除合同的问题。时佳公司在一、二审中提交的证据只能证明时佳公司与金帝公司在经营管理过程中发生了分歧和矛盾，但并不足以证明金帝公司存在其他违背诚信原则、损害柯桥购物中心及其股东利益等导致《委托经营管理合同》的目的不能实现的根本违约行为。时佳公司以此为由解除合同亦缺乏事实和法律依据。

——中国裁判文书网，http://wenshu.court.gov.cn。

1003

通过证据交换程序将解除委托通知递交另一方当事人的诉讼代理人，不发生合同解除的效果

关键词｜委托合同｜合同解除｜

【最高人民法院裁判文书】

毕兰伟与何青海委托合同纠纷案［最高人民法院（2012）民二终字第29号民事判决书］

裁判要旨：依据《合同法》第四百一十条规定，委托合同当事人可以随时解

除委托合同。委托人主张其在本案一审诉讼前已通过相关方式向受托人传达了解除委托的意思表示，但其提交的证据不能证明受托人确实收到上述意思表示，故委托人诉讼前已经解除委托关系的事实不能认定。原审判决认定本案诉讼前委托合同未解除正确，但该判决将解除委托的时间点确定为法院证据交换之时则有欠妥当，因为证据交换乃诉讼程序的一个环节，在该程序中当事人不应主张权利，亦不能仅以证据交换来确定法律事实，其争讼的法律关系只能在人民法院对当事人提交的证据进行开庭质证、合议等法定程序后，通过裁判文书予以确定。

最高人民法院认为：二、何源主张本案为委托合同纠纷，但其提出的诉讼请求仅指向其解除委托合同后可否收回经营管理权的问题。其收回海源公司经营权应以解除委托合同为前提条件，故人民法院在审理中应当对委托合同的效力和委托合同的解除等案件事实予以认定。何源主张其在本案一审诉讼前已通过相关方式向毕兰伟传达了解除委托的意思表示，但其提交的证据不能证明毕兰伟确实知悉上述意思表示，故其诉讼前已经解除委托关系的主张不能认定。原审判决认定本案诉讼前委托合同未解除正确，但该院将解除委托的时间点确定为法院证据交换之时则有欠妥当，因为证据交换乃诉讼程序的一个环节，在该程序中当事人不应主张权利，且证据交换时委托合同双方当事人并未到场，到场的诉讼代理人并非本案所涉的委托合同的代理人。所以，当事人提起委托合同纠纷诉讼后，不能仅以证据交换来确定法律事实，其争讼的法律关系只能在人民法院对当事人提交的证据进行质证、合议等法定程序后，通过裁判文书予以确定。原审判决认定本案为委托合同纠纷并确认："何源作为委托合同法律关系的委托人请求确认解除委托，符合起诉条件……"但却未在判决主文中解除双方讼争的委托合同，而直接判由毕兰伟返还证照印章等，应属漏判，本院予以纠正。

——最高人民法院民事审判第二庭编：《最高人民法院商事审判指导案例(2012)·合同与借贷担保》，中国民主法制出版社2013年版，第181～187页。

1004

当事人因解除委托合同而应承担的民事赔偿责任，仅限于给对方造成的直接损失

关键词｜合同解除｜赔偿责任｜直接损失｜

【《最高人民法院公报》案例】

上海盘起贸易有限公司与盘起工业(大连)有限公司委托合同纠纷上诉案[最高人民法院(2005)民二终字第143号民事判决书]

裁判摘要:根据《合同法》第四百一十条规定,委托人或者受托人可以随时解除委托合同。因解除合同给对方造成损失的,除不可归责于该当事人的事由以外,应当赔偿损失。但是,当事人基于解除委托合同而应承担的民事赔偿责任,不同于基于故意违约而应承担的民事责任,前者的责任范围仅限于给对方造成的直接损失,不包括对方的预期利益。

最高人民法院认为:本案主要涉及大连盘起与上海盘起之间法律关系的性质、大连盘起是否享有合同解除权以及上海盘起的可得利益损失是否应予保护问题。

大连盘起与上海盘起于2000年8月签订的《业务协议书》约定大连盘起委托上海盘起在中国地区(不含台湾、港澳)销售大连盘起制造的产品,大连盘起作为盘起集团在中国的制造基地,有责任按照盘起集团的标准,按质、按时、按量地供给上海盘起所需产品;上海盘起作为盘起集团在中国地区的销售代表机构,有责任开拓、发展盘起集团和大连盘起产品在中国地区的市场;大连盘起将以最优惠的价格供给产品,并无偿提供、转让给上海盘起在中国地区的销售权、商标使用权及其他无形资产,上海盘起保证正确使用其销售权、商标及无形资产等。上述约定确立了大连盘起与上海盘起之间的委托合同关系。本案《业务协议书》系当事人之间的真实意思表示,且不违反法律和行政法规的禁止性规定,应当认定合法有效。上海盘起关于本案《业务协议书》系分工合作的联营合同,并非委托关系的上诉理由不能成立,本院不予支持。委托合同基于当事人之间的相互信任而订立,亦可基于当事人之间信任基础的动摇而解除。《合同法》第四百一十条规定:"委托人或者受托人可以随时解除委托合同。因解除合同给对方造成损失的,除不可归责于该当事人的事由以外,应当赔偿损失。"大连盘起解除对上海盘起的委托合同关系,属于行使法定解除权,但该解除行为给上海盘起造成损失,大连盘起应当依法承担相应的赔偿责任。原审判决判令大连盘起向上海盘起赔偿因解除委托合同而造成的直接损失1662766.57元(原审判决表述为1662766.07元系笔误),是正确的,本院予以维持。

至于大连盘起是否还应向上海盘起赔偿可得利益损失问题。本院认为,虽当事人行使法定解除权亦应承担民事责任,但这种责任的性质、程度和后果不能等同于当事人故意违约应承担的违约责任。本案系因行使法定解除权而产生的民事责任。《合同法》第四百一十条规定当事人一方因解除委托合同给对方造成损失的，应当承担赔偿损失的民事责任。根据本案法律关系的性质和本案的实际情况，不宜对"赔偿损失"作扩大解释。原审判决驳回上海盘起要求大连盘起承担可得利益损失民事责任的诉请，并无不当，本院予以维持。

——《最高人民法院公报》2006 年第 4 期

编者说明

《合同法》第四百一十条规定，属于法定解除权的规定。本案大连盘起公司解除与上海盘起公司订立的《委托协议书》属于行使法定解除权。有观点认为，委托合同有民事委托合同和商事委托合同之分。民事委托合同的当事人享有法定解除权，但商事委托合同的当事人则不享有法定解除权，若商事委托合同的当事人要解除合同，则其行为构成违约，应承担违约责任。最高人民法院承办法官认为，《合同法》第四百一十条规定的委托合同的法定解除权并没有区分是民事委托合同还是商事委托合同，所以上述观点不能成立。大连盘起公司在本案中行使法定解除权不同于故意违约。故意违约也称撕毁合同，违背了诚实信用原则，破坏了交易秩序，理所当然被法律所禁止，违约方应依法承担违约的民事责任。虽合同一方当事人行使法定解除权，如果造成另一方当事人经济损失同样也要承担民事责任，但这种责任的性质、程度和后果不能等同于当事人故意违约应承担的违约责任。依《合同法》第四百一十条的规定，当事人一方因解除委托合同给对方造成损失的，应当承担赔偿损失的民事责任。问题是，大连盘起公司是否还应向上海盘起公司赔偿可得利益损失，的确值得研究。一种观点认为，大连盘起公司在赔偿直接损失的同时，还应赔偿可得利益损失（或称间接损失），其理由是根据《合同法》第一百一十三条的规定。另一种观点认为，大连盘起公司在本案中不应赔偿可得利益损失，其理由是《合同法》第一百一十三条的规定仅适用于违约责任，并不适用于当事人行使法定解除权而产生的民事责任；不宜对《合同法》第四百一十条规定的赔偿损失作扩大解释，也就是说，该条规定的赔偿损失应理解为直接损失。最高人民法院二审判决采纳了第二种观点。①

1005

受托人已按约定完成所托事项，即便委托人未达到预期目的，受托人仍有权获得约定报酬

关键词｜委托合同｜

① 徐瑞柏：《行使法定解除权的民事赔偿责任——上海盘起贸易有限公司与盘起工业（大连）有限公司委托合同纠纷上诉案判定解析》，载最高人民法院民事审判第二庭编：《民商事审判指导》总第 8 辑，人民法院出版社 2006 年版，第 182 ~ 192 页。

【最高人民法院裁判文书】

时代集团公司与湖南省高速公路投资集团有限公司、湖南省高广投资有限公司委托合同纠纷案[最高人民法院(2011)民二终字第92号民事判决书]

裁判要旨:委托人与受托人约定报酬的,只要受托人完成约定事项,委托人即使没有达到预期目的,也应向受托人支付报酬。本案中,根据相关合同约定,使标的公司符合被收购条件是受托人的合同义务,收购标的公司的股份系委托人的合同义务,故对于委托人尚未成功收购目标股份,受托人无须承担法律责任。而且各方也未约定报酬的支付和使用应以成功收购目标股份为条件,即本案委托合同的解除系因不可归责于受托人的原因所致,根据《合同法》第四百零五条有关"受托人完成委托事务的,委托人应当向其支付报酬。因不可归责于受托人的事由,委托合同解除或者委托事务不能完成的,委托人应当向受托人支付相应的报酬"之规定,本案委托合同虽已解除,委托人仍应向受托人支付相应的报酬。虽然委托人未实际收购成功目标股份可能导致受托人使用报酬所产生的成果被他人享有,因受托人系受托完成相关事务,且委托人未及时终止与受托人的委托关系,对履行委托事务过程中发生的损失应由委托人自行承担。

最高人民法院认为:一、关于《三方协议》解除的事由问题。根据高广公司、高速投资集团及时代集团公司三方签订的《三方协议》的约定,其内容包括两个方面:一是由时代集团公司向高广公司出资,高广公司用时代集团公司的出资及高广公司的自有出资收购赛迪传媒股份,收购成功后,由高广公司回购时代集团公司的出资并给予时代集团公司相应的投资收益,高速投资集团对该收益的支付义务承担担保责任,此内容构成合作投资法律关系;二是高广公司向时代集团公司支付5000万元包干费用,时代集团公司使用该费用处理赛迪传媒现有高管及人员安置、债务剥离等事务,此内容构成委托法律关系。根据三方约定,在合作投资法律关系中,收购赛迪传媒股份的义务系由高广公司承担。因赛迪传媒股份出让方系采取公开征集的方式转让股份,故上述合作投资法律关系中合同目的能否实现,取决于高广公司的收购意愿以及其收购要约能够被目标股份的出让方接受。虽然,在《三方协议》签订之后,高速投资集团另行以自己的名义与时代集团公司签订了《两方协议》,该《两方协议》中亦约定有高速投资集团与时代集团公司合作投资收购与《三方协议》中目标相同的赛迪传媒股份的内容,但按高速投资集团的主张,即便高速投资集团与高广公司同时参与价格已经确定情况下的股权公开征集，两份协议在履行上并不会发生冲突，此情形反而能够增加湖南高速系统两家公司在众多应征公司中胜出的概率，故时代集团公司签订了《两方协议》并不影响《三方协议》目的的实现。因此，原审法院认定《两方协议》签订后就意味着高速投资集团和时代集团公司不再履行《三方协议》事实依据不足，亦有悖于高速投资集团二审答辩所表达其签订《三方协议》的真实用意。而且，与时代集团公司签订《两方协议》的高速投资集团系与时代集团公司签订《三方协议》的高广公司的持股98%的控股股东，高速投资集团亦系《三方协议》中对高广公司合同义务承担担保责任的当事人，据此可推定高广公司应知悉其控股股东高速投资集团与时代集团公司签订了《两方协议》，但该公司并未对高速投资集团或时代集团公司提出异议。《两方协议》约定高速投资集团应在该协议签订90日后归还时代集团公司1亿元投资款，高广公司与时代集团公司签订《三方协议》中则并没有返还投资款的约定，但该《两方协议》签订96日后，高广公司自行退还时代集团公司投资款5000万元。根据高广公司的退款行为，可认定高广公司亦并不认可《两方协议》损害了其在《三方协议》中的合法权益。《合同法》第九十四条第（四）项明确规定，当事人一方迟延履行债务或者有其他违约行为致使不能实现合同目的，才能解除合同。原审法院在未认定三方协议当事人是否存在迟延履行债务或者有其他违约行为的前提下，仅以直至本案诉讼发生时合同目的尚未实现但不意味着将来绝对不可能实现的事实，应一方当事人请求判令解除合同，法律依据不足。但鉴于原审法院判令解除《三方协议》后，各方当事人均未就此提出上诉，故本院对原审判决的该判项予以维持。但据此可以认定，《三方协议》系因高广公司向原审法院提出诉请后才予以解除的，该导致协议解除的原因系不可归责于时代集团公司的事由。

……

三、关于时代集团公司应否向高广公司返还5000万元包干费的问题。本案2010年3月签订的《三方协议》约定，由高广公司向时代集团公司支付5000万元，“由时代集团公司包干使用，不足部分由时代集团公司独立承担”。随后，时代集团公司于2010年5月即就《三方协议》确定的委托事项向德创开元公司出具了委托书并支付了5000万元包干费。随后，高广公司控股股东高速投资集团在其与时代集团公司签订的《两方协议》中又再次重申《三方协议》中的委托事项。2010年4月至7月间，赛迪传媒多次发布目标股份出让进展情况的公告，甚至直至公告《三方协议》拟收购的股份已经由湖南信托收购后，高广公司仍未通知时代集团公司停止执行委托事务。至2010年11月高广公司才在本案一审中提起反诉时主张解除合同并请求返还上述包干费，而此时时代集团公司用于处理委托事项的费用已经发生。根据《三方协议》的约定，收购赛迪传媒的股份系高广公司的合同义务，故对于高广公司尚未成功收购目标股份，时代集团公司无须承担法律责任，而且《三方协议》也未约定前述5000万元包干费的支付和使用应以成功收购目标股份为条件，即本案《三方协议》的解除系因不可归责于时代集团公司的原因所致，根据《合同法》第四百零五条有关"受托人完成委托事务的，委托人应当向其支付报酬。因不可归责于受托人的事由，委托合同解除或者委托事务不能完成的，委托人应当向受托人支付相应的报酬"之规定，本案《三方协议》虽已解除，高广公司仍应向时代集团公司支付相应的报酬，高广公司以未成功收购目标股份为由拒付包干费，事实依据不足。虽然高广公司未实际成功收购目标股份可能导致上述使用包干费所产生的成果被他人享有，因时代集团公司系受托完成相关事务，且高广公司未及时终止与时代集团公司的委托关系，对履行委托事务过程中发生的损失应由高广公司自行承担。而且，因《三方协议》约定上述包干费系由时代集团公司包干使用，专项用于目标公司在收购过程中涉及高管的安置、职工的稳定、有关债权债务的处置、股权转让的审批等事务，高广公司主张时代集团公司并未实际完成上述事务，与高广公司控股股东高速投资集团在《两方协议》中所确认的"时代集团在实施收购过程中作出的大量工作"不符，且委托事务是否完成应由作为一审反诉原告的高广公司对其主张负证明责任，而其未提供证明时代集团公司并未实际完成上述委托事务的证据。高广公司关于时代集团公司应自负证明已经完成委托事务的举证责任的主张，不符合《三方协议》中有关包干完成委托事务的约定，故本院不予支持。高广公司的时代集团公司未实际使用包干费的抗辩理由无事实和法律依据，本院不予采纳。原审判决关于时代集团公司返还包干费的判令依据不足，本院予以纠正。

——最高人民法院民事审判第二庭编：《最高人民法院商事审判指导案例(2012)·合同与借贷担保》，中国民主法制出版社2013年版，第160～180页。

1006

委托代理合同中代理费用的主张基础

关键词｜委托合同｜

【最高人民法院裁判文书】

上海精稳房地产咨询有限公司与宁夏国禾投资发展有限公司代理合同纠纷案[最高人民法院(2006)民二终字第194号民事判决书]

裁判要旨：在委托代理合同中，受托人主张代理费用的，应当结合委托代理合同的内容以及受托人履行受托义务的情况进行判断。受托人未全面、正确履行受托义务的，其主张全部代理费用的主张不能得到支持。

最高人民法院认为：对上海精稳公司已经销售部分尽管未能按约完成2005年8月23日以后各个节点销售指标，但应按实际销售金额65285823元据实结算代理费。对于未销售的可得佣金1150万元，既然并未实际销售，自然不应获得佣金，但宁夏国禾公司应承担一定的违约责任，可按1150万元的3%予以计算。

诉讼中宁夏国禾公司认为上海精稳公司撤走高级管理人员等构成违约的主张不能成立，要求上海精稳公司返还已支付的代理费用，并对其损失予以赔偿的请求不能成立，应予以驳回。上海精稳公司主张宁夏国禾公司违反了提供铺面的根本义务，构成根本违约的观点是成立的，但其主张宁夏国禾公司应基此承担立即支付全部佣金1600万元违约责任的主张，不符合代理合同关于完成代理销售义务方取得代理费用的权利义务和对等原则，不能得到本院全部支持。原审法院判决解除代理合同，驳回宁夏国禾公司诉讼请求是正确的，应予以维持；原审法院简单认定双方均有违约，责任相抵的认定和判决属于认定事实不清，适用法律不当，应予以纠正。

——最高人民法院民事审判第二庭编：《最高人民法院商事审判指导案例 · 合同卷》，中国法制出版社2011年版，第781～791页。

1007

诉讼因当事人申请撤诉而并未进入实体审理程序可判令委托人向代理人支付部分费用

关键词｜诉讼代理合同｜

【最高人民法院裁判文书】

贵州鼎尊律师事务所与凯棣基国际有限公司诉讼代理合同纠纷再审案[最高人民法院(2013)民申字第734号民事裁定书]

最高人民法院认为:凯棣基公司系香港公司,本案系涉港诉讼代理纠纷。双方并未约定所应适用的法律,根据最密切联系原则,本案应根据我国内地法律进行审查。从鼎尊所的再审申请看,本案主要涉及凯棣基公司应否以及根据何种标准向鼎尊所支付代理费用的问题。鼎尊所与凯棣基公司签订的《委托代理合同》系双方真实意思的表示,并未违反法律、行政法规的强制性规定,应属合法有效。从《委托代理合同》的约定看,鼎尊所获得全额代理费的对价是其全程代理凯棣基公司与郭进光、长运(集团)能源发展有限公司之间的第一审诉讼。但在该诉讼中,凯棣基公司起诉后又撤回了诉讼,委托合同因撤诉而自然终止。根据《合同法》第四百零五条的规定,因不可归责于受托人的事由,委托合同解除的,委托人应当向受托人支付相应的报酬。鉴于该诉讼并未进入实体审理程序,二审法院综合考虑鼎尊所为案件付出一定劳动的事实,并结合当地律师代理民事诉讼案件收费的一般标准,酌情判令凯棣基公司向鼎尊所支付部分诉讼代理费、差旅费、通讯、文印费等费用,在结果上并无不当。鼎尊所要求凯棣基公司依约支付全部代理费用的申请再审理由缺乏事实和法律依据,对其再审申请应予驳回。

——中国裁判文书网,http://wenshu.court.gov.cn。

1008

委托合同提前解除后,委托人应支付受托人已完成的部分委托事项报酬

关键词|委托合同|合同解除|

【最高人民法院裁判文书】

民福置业集团有限公司与北京住总房地产开发有限责任公司一般委托合同纠纷上诉案[最高人民法院(2011)民一终字第72号民事判决书]

法理提示:在完成部分委托事项、委托合同提前解除的情况下,报酬的数额

可根据受托人对委托事务完成所付出劳动的效果，按照受托人已完成的委托事务部分与委托事务整体的比例确定。

最高人民法院认为：

（四）民福公司应否返还住总公司78780941.65元

《合同法》第四百零五条规定，受托人完成委托事务的，委托人应当向其支付报酬。因不可归责于受托人的事由，委托合同解除或者委托事务不能完成的，委托人应当向受托人支付相应的报酬。当事人另有约定的，按照其约定。本案协议为有偿双务合同，应当按照协议约定支付报酬。委托事务不以处理完毕为必要，因此委托人的报酬给付义务可分为全部给付义务和部分给付义务，如果本案中民福公司按约完成相关工作，住总公司应当足额支付以“土地补偿费”形式确定的报酬。本案中，合同已经解除，尽管委托事务没有全部完成，但住总公司应当向民福公司支付部分报酬，其理由是：（1）委托合同并非因不可归责于受托人民福公司的事由而解除，即不存在因受托人民福公司在处理委托事务过程中的过错而使合同解除；（2）民福公司已将建设项目立项于住总公司名下，取得了阶段性成果，且住总公司在2006年8月发出的《复函》中亦对民福公司的工作给予充分肯定和感谢。

根据《合同法》第九十七条规定，“合同解除后，尚未履行的，终止履行；已经履行的，根据履行情况和合同性质，当事人可以要求恢复原状、采取其他补救措施，并有权要求赔偿损失”。本案委托合同在性质上属于继续性合同。在委托合同解除部分支付报酬的情况下，报酬的数额应结合受托人对委托事务完成所付出劳动的效果，按照受托人已完成的委托事务部分与委托事务整体的比例确定。

一般而言，形成建设用地过程可分为立项、征地（改变土地性质）、拆迁安置、三通一平四个步骤。本案《协议书一》对于住总公司支付款项的约定是“五、付款进度：……2. 本协议签订后，乙方向甲方支付土地补偿费25900万元的25%，即6475万元。3. 甲方将该项目地块的使用性质由集体土地变更为国有土地，并完成该项目至乙方名下的立项后5个工作日内，乙方向甲方支付25900万元的25%。4. 甲方完成征地工作，取得该项目《征地结案表》和《国有土地使用证》，向乙方提供具备开工条件的建设用地后，乙方在5个工作日内，向甲方支付25900万元的25%。5. 项目开工后5个工作日内，乙方向甲方支付剩余25%尾款，实际金额按照政府部门批准的土地面积结算”。从协议约定的付款方式来看，住总公司付款有预付款性质，民福公司利用该款项办理委托事务，协议约定的付款方式分四步,即签订协议后,给付款项的25%,完成土地使用性质变更及立项后,给付款项的25%,完成征地工作取得国有土地使用权证并具备开工条件后,给付款项的25%,项目开工后5日内,给付款项的25%。就本案而言,民福公司也仅完成委托事务的一部分,对其取得报酬合同并未明确约定,结合受托人民福公司对委托事务完成所付出的劳动效果,及其已完成的委托事务部分与整体事务的比例,最高人民法院认为,民福公司应依据《协议书一》约定,取得"土地补偿费"25900万元的25%即6475万元,这既包括办理委托事项的支出,也包括其应当获得的报酬。本案实际上民福公司在《协议书一》解除之前,已经就住总公司委托的事项进行了大量工作,订立了土地补偿协议并支付了部分补偿费用,取得了涉案项目的立项手续。在合同解除后,民福公司已经收取的6475万元不发生返还的法律后果。本案合同已经解除,在合同解除时,涉案地块仍为集体土地,且仍为农用地,由于本案委托合同已经解除,民福公司取得6475万元之外其他款项3100万元无合同依据,与其作为受托人完成的劳动成果亦不符,应返还住总公司。虽然在诉讼过程中住总公司未明确要求返还该3100万元,但其要求民福公司返还因委托关系而取得的已经支付的9575万元包括了该3100万元,应认为住总公司对此提起主张,并予以支持。一审法院认为民福公司长期占用住总公司款项产生的收益足以补偿民福公司的报酬,最高人民法院认为依据不足,应予以纠正。

(五)民福公司请求支付完成合作开发项目立项5475万元并赔偿利息应否予以支持

民福公司一审反诉主张其已经完成项目土地性质变更并将项目立在住总公司名下,请求判令住总公司支付第二笔款项中剩余5475万元并支付相应的利息。最高人民法院认为,如前所述,《协议书一》的约定表明,住总公司的每一阶段付款根据民福公司办理委托事务的进程相互衔接,第二阶段付款既体现对前一阶段民福公司办理委托事务的费用和报酬的补充,也具有预付下一阶段费用和报酬的性质。由于《协议书一》已经住总公司行使解除权而解除,民福公司不再承担下一阶段委托事务的办理,无需支付与委托事务相关的费用,亦不能取得相应的报酬,故其关于住总公司应当支付第二笔款项中剩余5475万元并支付相应的利息的主张,不予支持。

——最高人民法院民事审判第一庭编:《民事审判指导与参考》总第51辑,人民法院出版社2012年版,第184~198页。

1009

委托合同任意解除权的行使与损害赔偿

关键词｜委托合同｜任意解除权｜

【最高人民法院裁判文书】

东莞市恒锋实业有限公司与东莞市华源集团有限公司、东莞市厚华贸易有限公司、东莞市富成石材有限公司、中山市恒富物业投资实业有限公司委托收购股权合同赔偿纠纷案[最高人民法院(2012)民二终字第13号民事判决书]

裁判要旨:受托人受托收购股权,在该股权并非依法当然应当过户给委托人的情形下,受托人解除委托合同未将股权转让给委托人具有客观理由,不应赔偿该股款差价款损失。

最高人民法院认为:股权差价款损失为恒锋公司诉请的损失之一。《合同法》第四百一十条规定:“委托人或者受托人可以随时解除委托合同。因解除合同给对方造成损失的,除不可归责于该当事人的事由以外,应当赔偿损失。”因此,本案所应认定的问题是,华源公司解除委托收购合同,是否因可归责于华源公司的事由导致恒锋公司的股权差价款损失。本院作出且已经生效的(2008)民二终字第18号民事判决书认为,在委托代理关系中,委托人和受托人均有权解除委托合同。因华源公司已经向恒锋公司发出《解除合同通知书》,表明解除其与恒锋公司之间合同,华源公司与恒锋公司之间的委托收购股权关系应予以解除。恒锋公司基于委托收购关系向华源公司请求将股权过户于其名下的主张,不予支持。简言之,华源公司行使任意解除权后,因委托收购协议终止,不具有继续履行性,故合同中约定的华源公司将本案所涉股权转让给恒锋公司的义务也不具有可履行性。恒锋公司拟受让股权的展览中心的《公司章程》第十三条规定:“股东向股东以外的人转让其出资时,必须经股东会过半数以上股权同意,且在同等的条件下,其他股东对该出资有优先购买权。”上述规定系基于维护有限责任公司的人合性的目的,对有限责任公司股东向股东以外的人转让股权,规定了同意权制度和优先购买权制度予以限制。上述规定为强行性规定,对于拟受让有限责任公司股权的股东之外的第三人而言,其取得该公司股权,必须受上述规定的约束。应予明确的是,《公司法》第三十五条规定的认定有限责任公司同意转让的条件是“全体股东过半数同意”,而展览中心的《公司章程》第十三条规定的是"股东会过半数以上股权同意",两者内容并不相同。由于《公司法》的该条规定是强行法的规定,不允许公司在其章程中放宽同意的条件,股权的过半数并不一定能够达到其他股东的过半数同意,因此,在公司章程中的规定宽于《公司法》的规定时,应以《公司法》的规定为准。本案中,恒锋公司拟取得的股权是展览中心的股权,展览中心系有限责任公司,依据上述规定,如恒锋公司受让股权,必须经展览中心全体股东过半数以上股东同意,如果其他股东不同意,则应行使优先购买权,在其他股东行使优先购买权的情形下,恒锋公司并不能取得案涉股权。此外,本案中,恒锋公司委托华源公司购买的股权系集体股股权。对于村镇集体股权的转让,应受镇政府的监督管理。上述政府部门的意见对于集体股权的转让发挥着重要作用。正因为此,本案中,在拟收购本案所涉展览中心集体股权时,华源公司是向东莞市厚街镇委、镇政府专责部门先行递交《关于受让广东现代国际展览中心有限公司集体股的申请》,并且,华源公司与恒锋公司在《委托协议书》中约定,当厚街镇委、镇政府提出的具体条件与原《关于受让广东现代国际展览中心有限公司集体股的申请》有区别的情况下,双方需要就有区别的部分进行协商并签订补充协议。在2005年11月25日,东莞市厚街镇政府拟转让股权的集体股股东与华源公司签订《集体股权转让合同书》。该合同书载明,东莞市厚街资产经营管理公司是东莞市厚街镇政府下属企业,持有股份为35.93%,东莞市厚街镇政府同意转让股权给华源公司。22个村委会股东所占股份,东莞市厚街镇政府已征得他们同意,……转让给华源公司。由上述规定和事实可见,在本案所涉有限责任公司中的集体股股权转让给股东之外第三人时,应受两种规定的限制:一是同意权和优先购买权的限制;二是相关政府管理部门意见的限制。简言之,恒锋公司能否根据《委托协议书》和《补充协议》的约定取得本案所涉股权,取决于上述两种规定的限制,本案所涉股权并非应当当然转让给恒锋公司。本案中,2006年5月30日,华源公司向恒锋公司发出《解除合同通知书》,要求解除委托收购协议,其理由为"该公司在与恒锋公司签订股权转让协议前,未获得展览中心全体股东过半数同意,违反《公司法》的相关规定"。在一、二审答辩时,其称解除合同是由于厚街镇政府知道其替恒锋公司收购股权后对其进行了批评。从本案事实来看,尽管华源公司未提交厚街镇政府在其发出解除通知之时,明确表明不同意将本案所涉股权转让给恒锋公司的证据,但在得知该事实后,2006年9月11日,东莞市厚街镇委、镇政府给展览中心董事会发出一份《关于展览中心股权重组有关问题的意见》,以及同年11月28日,恒锋公司提交的《关于恒锋公司秘密参与收购展览中心股份有关问题的会议纪要》载明，厚街镇委、镇政府在华源公司收购本案所涉股权时，并不知晓两者隐名收购事实，恒锋公司在已进入司法程序后的9月1日再单方面向各原股东发放了相关资料（包括私下签订的委托收购协议书和受让展览中心集体股申请，省高院受理通知书、有关收据等）等行为是不道德的。镇委、镇政府对华源公司是否有能力受让股份和能否经营好展览中心等进行了反复论证，最后认为华源公司的条件综合起来最为符合要求。简言之，在得知隐名收购事实后，厚街镇镇委、镇政府仍然认为华源公司最符合受让股东的条件，并无明确同意恒锋公司可以受让股权的意思表示。而且，尽管在华源公司发出解除通知后，展览中心的6个股东中的4名股东曾应恒锋公司请求，出具《股权转让意见书》，同意华源公司以9994.6万元的价格向恒锋公司转让展览中心59%的股权，但事后上述四名股东也出具《声明》，称其出具的《股权转让意见书》，系在不了解有关真实情况下作出的，非公司真实意思表示，声明自即日起撤销该意见书及有关意思表示，不同意华源公司将所收购的展览中心59%股权转归恒锋公司名下，最终结果是展览中心的全体股东过半数不同意将股权过户给恒锋公司，且行使了优先购买权。综上，在本案所涉股权并非依法当然应当过户给恒锋公司的情形下，华源公司在解除合同后未将股权转让给恒锋公司具有客观理由，没有充分证据认定是因华源公司的过错导致恒锋公司的股权差价款损失，因此，对于恒锋公司据此诉请要求华源公司承担赔偿损失责任以及其他被上诉人承担连带责任的上诉请求，本院不予支持。此外，华源公司与恒锋公司基于《委托协议书》和《补充协议》建立的是委托收购股权关系，双方约定华源公司收购股权的目的是取得股权后将股权转给恒锋公司，而未明确约定在股权不能转让给恒锋公司的情形下，应由华源公司代为持股。华源公司在行使法定的任意解除权、发出解除合同通知之时，明确表示将股权转让款退还恒锋公司的行为表明，其在解除合同、不再将案涉股权过户给恒锋公司的情形下，并不同意代恒锋公司持股，而系其自己持有股权。因此，华源公司依法处分上述股权，将其转让给行使优先购买权的展览中心的股东，不能认定对恒锋公司构成侵权，对于恒锋公司基于该事实请求华源公司赔偿其损失以及其他被上诉人承担赔偿损失的连带责任的上诉请求，本院不予支持。由于恒锋公司诉请的股权差价款损失不能得到支持，故无需对股权进行鉴定，对于恒锋公司的股权鉴定申请，本院予以驳回。

——最高人民法院民事审判第二庭编：《商事审判指导》总第32辑，人民法院出版社2013年版，第179～198页。

重庆超霸房地产开发有限公司、重庆市港渝商业管理有限公司与杜永安及重庆万里行百货有限公司委托合同纠纷案[最高人民法院(2009)民二终字第78号民事判决书]

裁判摘要:当事人之间形成委托合同法律关系后,委托人或者受托人都可以依据《合同法》第四百一十条的规定解除合同,但同时依据《合同法》第四百零四条的规定,受托人应将处理委托事务取得的财产转交委托人。

超霸公司(甲方)与重庆市港渝物业管理有限公司(乙方,后更名为港渝公司)签订《委托代理经营合同》《"港渝广场"物业管理委托合同》《委托代理经营合同》等合同约定,在委托期限内甲方委托乙方全权负责"港渝广场"的经营管理活动,具体包括:市场推广、宣传策划、对外招租、物业管理等。甲乙双方采取由乙方全权代理"港渝广场"甲方产权出租事宜的方式,并保证每年向甲方上缴代理租金收入360万元。乙方为甲方委托代收租金,代支维修等费用,代管房屋租金。后超霸公司向一审法院提起诉讼,请求判令:上述协议终止;港渝公司转交受超霸公司委托代为出租和管理归超霸公司所有的财产,所衍生的财产(包括租金);港渝公司退回其收取的承租人缴纳的2006年9月6日之后的租金972.075152万元及从2006年9月6日起至还清之日止以同期贷款利率计算的利息等。该案中,当事人争议的焦点之一是港渝公司因受托在委托期限内经营管理"港渝广场"而收取的租金应否归属于委托人超霸公司问题。关于该问题,一、二审法院认为,因港渝公司、超霸公司双方之间系委托合同关系,港渝公司作为受托人,对受托的财产只有经营权。租金归属于超霸公司所有,委托合同解除后,该部分受托收取的租金应交付委托人。

——最高人民法院民事审判第二庭编:《商事审判指导》总第32辑,人民法院出版社2013年版,第198~205页。

【链接:最高人民法院法官著述】

《合同法》第四百零四条是对受托人转移利益的规定。依据该条规定,受托人应当将自己因处理委托事务而取得的各种利益及时转交给委托人,此为受托人的义务。但在个案中,由于法律上和事实上的障碍,存在着受托人无法将委托合同所涉及的标的物转交给委托人的情形。本案受托取得的标的物——展览公司的股权,其转让受到相关法律规定的约束,该股权能否转让给委托人,处于不定状态,委托人并不能当然取得该委托收购的股权。本案中,正是因为不符合股权转让的法定条件,恒锋公司并不能取得案涉股权,因此,该股权不能当然转交给该公司。

——最高人民法院民事审判第二庭第一合议庭:《委托合同任意解除权的行使与损害赔偿问题——上诉人东莞市恒锋实业有限公司与被上诉人东莞市华源集团有限公司、东莞市厚华贸易有限公司、东莞市富成石材有限公司、中山市恒富物业投资实业有限公司委托收购股权合同赔偿纠纷案》,载最高人民法院民事审判第二庭编:《商事审判指导》总第32辑,人民法院出版社2013年版,第198～205页。

编者说明

《合同法》第四百一十条的规定不属于法律的强制性规定,当事人可以约定排除。[①] 理论界一般认为,应当允许当事人通过约定放弃任意解除权的行使,这主要是因为任意解除权主要关系到当事人之间的利益,而非公共利益,在通常情况下也并不涉及第三人利益,而根据合同自由原则,如果当事人在委托合同中约定排除一方或者双方任意解除权的行使,就表明当事人希望进一步加强合同的稳定性,此种约定原则上应予认可。[②]

1010

委托人行使任意解除权，应对受托人就完成受托任务部分酌情给付报酬

关键词｜委托合同｜任意解除权｜

【最高人民法院裁判文书】

北京市世纪律师事务所与濮阳市丰硕物资有限公司委托合同纠纷案[最高人民法院(2013)民申字第197号民事裁定书]

最高人民法院认为:(一)关于丰硕公司是否有权解除委托代理合同的问题。根据原审查明的事实,丰硕公司依法有权行使任意解除权。第一,丰硕公司与世纪律所委托代理具有明确期限,该期限应为2005年4月11日至2006年2

① 马强:《当事人约定与〈合同法〉第410条规定不一致如何处理》,载最高人民法院民事审判第一庭编:《中国民事审判前沿》总第2集,法律出版社2005年版,第238页。

② 王利明:《合同法研究》(第三卷),中国人民大学出版社2012年版,第740～741页。

月 11 日。2004 年 5 月 28 日丰硕公司与世纪律所签订的原协议虽未明确约定代理期限,但双方 2005 年 4 月 11 日所订补充协议对此予以了明确约定,“时间为十个月,如无明显效果,该案自动解除,但变更执行主体后除外。如四个月内无明显效果,该案自动终止”。该约定包含如下内容:一是双方的代理期限为十个月;二是四个月内无明显效果,该代理自动解除或终止;三是变更执行主体属有明显效果。根据丰硕公司欲限时实现债权的目的,即使变更执行主体等作为有明显效果的情形,也只能作为十个月内不自动终止或解除的情形。据此,双方的委托代理期限为 10 个月,即代理届至期限为 2006 年 2 月 11 日。第二,有关事实虽表明在代理期限届至后双方仍在履行原协议及补充协议,但委托代理期限已经变更为不定期委托。2006 年 3 月 22 日,丰硕公司向世纪律所发出《授权委托书》,委托申请变更执行主体;2006 年世纪律所代表丰硕公司向河南高院提出此案的执行问题;根据上述委托申请和问题反映,相关法院于 2006 年 7 月 14 日对变更后的执行主体账户进行了冻结,并于 2007 年 4 月 16 日裁定驳回了被执行人的执行异议。据此,可以认定双方以实际行为变更了代理期限之约定,丰硕公司对世纪律所的委托已变为不定期代理合同。第三,双方原协议约定的解除条件,即在审理或执行中出现不能继续审理或执行状况时,须经双方共同确认后,才可终止本协议及双方不得无故单方面终止本协议等内容,因之后的补充协议已就代理期限、终止条件等另行作出约定,应视为已经变更,原协议的解除条件对双方已不具有约束力,丰硕公司依法享有任意解除权。同时,因案涉款项长期无法执行到位,丰硕公司解除委托,另寻其他途径和方式解决执行问题,符合情理;世纪律所认为丰硕公司依法不能解除,没有事实和法律根据。

(二)合同解除后,世纪律所所获代理费用是否合理的问题。根据《合同法》第四百一十条之规定,委托人或受托人可以随时解除委托合同。因解除合同给对方造成损失的,除不可归责于该当事人的事由以外,应当赔偿损失。该处所规定的“损失”,不同于合同有效履行应得的约定报酬,而应为世纪律所履行受托行为而遭受的有关损失。因世纪律所没有对其损失举出充分证据,二审根据其已完成的工作,酌定给予 80 万元报酬,并无不当。

(三)王月华代理部分是否适用补充协议的问题。根据原审查明的事实,世纪律所认为王月华代理执行部分适用补充协议有关代理费之约定,无事实和法律依据。第一,丰硕公司向王月华(世纪律师事务所律师)出具《授权委托书》的时间是 2004 年 7 月 28 日。该委托时间晚于丰硕公司与世纪律所郭志联律师 2004 年 5 月

28签订的原协议。第二,丰硕公司向王月华出具的《承诺书》表明,如王月华自2004年7月30日起两周内完成240万元抵押执行款到位工作,丰硕公司同意该款到位时扣掉25万元作为费用,超过240万元部分双方对半分成。该费用约定内容不同于丰硕公司与世纪律所郭志联律师签订的原协议之约定,即丰硕公司给付世纪律所追回欠款额的百分之十作为酬金,超出约定回款部分双方按百分之七十五比百分之二十五的比例分配。第三,2004年9月28日王月华收到现金支票两张,金额25万元,至2004年10月29日全部执行款已执行到位,双方的委托代理行为已经终止,而丰硕公司与世纪律所签订《补充协议书》的时间是2005年4月11日。综上,世纪律所认为王月华代理部分应属丰硕公司委托世纪律所代理的一部分,双方应按2005年4月11日签订的补充协议结算代理酬金,无事实根据。

——中国裁判文书网,http://wenshu.court.gov.cn。

1011

受托人未经委托人同意转委托具有过错，且此过错行为与委托人的损失之间具有相当因果关系，应当承担民事责任

关键词｜转委托｜过错责任｜

【最高人民法院裁判文书】

上海飞极物流有限公司与上海永泽国际货物运输代理有限公司、苏州市相城进出口有限公司、上海飞极国际货运代理有限公司、邱逸群货运代理合同纠纷再审案[最高人民法院(2012)民申字第769号民事裁定书]

最高人民法院认为:飞极物流作为受托人未能及时将货物出运而转委托永泽公司处理时,依照法律规定应当征得相城公司的同意。依据现有的证据,飞极物流不能证明相城公司同意其将货物出运事项转委托永泽公司,而相城公司请求承运人补发提单的行为是相城公司采取必要措施避免损失的行为,不能据此推定相城公司事后认可了飞极物流的转委托行为。本院认为,飞极物流未经委托人同意而转委托,违反了其应承担的法定义务而具有过错,且此过错行为与相城公司遭受的损失之间具有相当的因果关系。依据《侵权责任法》第六条之规

定，飞极物流应当承担侵权责任。

——中国裁判文书网，http://wenshu.court.gov.cn。

1012

委托人所支付的费用是否全部用于办理委托事务不能作为判断委托合同适当履行的标准

关键词｜委托合同｜适当履行｜

【最高人民法院裁判文书】

民福置业集团有限公司与北京住总房地产开发有限责任公司一般委托合同纠纷案[最高人民法院(2011)民一终字第72号民事判决书]

裁判要旨：本案性质为委托合同，委托合同是否适当履行应当以受托人民福公司是否完成委托事务来进行判断，委托人住总公司所支付的费用是否全部用于办理委托事务不能作为判断合同是否适当履行的标准。除非合同特别约定，委托人支付的费用用于某一用途，或者该费用的挪作他用将客观导致委托事务无法完成，但本案中住总公司并没有证据证明该挪用行为已经严重影响到委托事务的正常处理。

最高人民法院认为：本案合同性质为委托合同，《合同法》第四百一十条规定，委托人或者受托人可以随时解除合同。委托关系建立在当事人信任基础之上，若一方对于另一方的信任有所动摇，均应准许其终止委托关系，双方当事人可随时行使解除权而无须征得对方同意。根据《合同法》第九十六条规定，一方当事人主张解除合同的，必须以明示的方法向对方发出通知，合同自通知到达对方时解除。本案中，2007年1月30日住总公司向民福公司发出《关于解除委托关系的函》，自该函到达民福公司时合同解除。住总公司认为《协议书一》已经解除的理由成立，应予支持。民福公司上诉主张合同性质为房地产前期合作开发合同，住总公司不享有合同解除权依据不足，不予支持。

关于合同解除的原因和责任。一审法院认为，虽然民福公司逾期完成可园建设项目立项，但从住总公司、民福公司联合向北京市有关部门发出的报告等证据可以看出，晚于约定的时间立项不能完全归责于民福公司。住总公司在此过程中是明知的，但在办理立项的过程中并未提出异议。且2006年8月11日，住总公司在向民福公司发出的《关于对昌平区兴寿镇可园项目合作的函的复函》中,还对民福公司为取得可园项目的立项批复所付出的努力表示感谢。故民福公司未在约定的时间内完成委托事务是由多方面原因造成的,并不构成违约。本院认为,一审法院对此认定事实和适用法律正确,应予确认,住总公司辩称因民福公司迟延完成项目立项而解除合同理由并不成立。

住总公司答辩称民福公司挪用办理委托事务费用,严重违背受托人诚信义务导致解除合同,一审法院也认为民福公司仅将住总公司已支付款项中的极小部分用于住总公司项目,其余款项用于支付自己开发的土地项目及作为自己公司的运行经费是导致合同解除的原因。本院认为,本案性质为委托合同,委托合同是否适当履行应当以受托人民福公司是否完成委托事务来进行判断,委托人住总公司所支付的费用是否全部用于办理委托事务不能作为判断合同是否适当履行的标准。除非合同特别约定,委托人支付的费用用于某一用途,或者该费用的挪作他用将客观导致委托事务无法完成,但本案中住总公司并没有证据证明该挪用行为已经严重影响到委托事务的正常处理。且民福公司在办理委托事务过程中已取得了阶段性成果,办理了项目的立项手续,完成了项目从无到有的重要环节。本案中住总公司解除合同的主要原因是双方当事人之间失去了信任,住总公司主张解除合同的原因是民福公司挪用住总公司办理委托事务所支付的款项缺乏事实依据和法律依据,本院不予支持。根据《合同法》第四百一十条“委托人或者受托人可以随时解除委托合同”的规定,委托人享有任意解除权,可以随时解除委托合同。住总公司于 2007 年 1 月 30 日向民福公司发出《关于解除委托关系的函》中明确提出解除双方 2003 年签订的《协议书一》,自该函到达民福公司时,《协议书一》解除。

(三)关于每亩 40 万元土地补偿费的性质

根据住总公司与民福公司 2003 年 7 月订立的《协议书一》第二条第二款的约定,“‘三通一平’的土地补偿费为每亩 40 万元人民币,土地面积合计为 700 亩,总额为人民币 28000 万元(大写:贰亿八千万元),最终按照政府批准的面积为准进行核算”;第五条第一款约定“土地补偿费总额扣减左安门外北区项目已付 2100 万元,余额为 25900 万元”。除此之外,《协议书一》中再无其他关于处理委托事务费用的约定,也没有单独的有关受托人报酬的约定。上述合同约定表明,每亩 40 万元土地补偿费中既包括处理委托事务的费用也包括民福公司的报酬,其性质为住总公司向民福公司支付的包干费用。一审判决最初的认定并无不当,该判决认为探究《协议书一》的本意,每亩 40 万元的土地补偿费不仅仅是纯粹的土地补偿费,也包括民福公司办理委托事务应取得的一定报酬,但该判决又认定因为民福公司未按约定完成受托事务,该笔款项的性质发生变化依据不足,每亩40万元费用的性质确定后没有当事人的合意不能轻易变更,受托方没有完成委托事项,只能考虑减少委托方应给付的费用,而不能引起合同中约定的费用性质的变化。一审判决基于对每亩40万元土地补偿费性质认定的变化作出要民福公司返还费用的认定属于认定事实不清,适用法律不当,本院予以纠正。

——最高人民法院民事审判第一庭编:《民事审判指导与参考》总第51辑,人民法院出版社2012年版,第184~198页。

1013

委托合同约定违约金过高的，调整应当遵循法定程序

关键词｜委托合同｜违约金调整｜

【最高人民法院司法解释】

第二十七条　当事人通过反诉或者抗辩的方式,请求人民法院依照合同法第一百一十四条第二款的规定调整违约金的,人民法院应予支持。

——《最高人民法院关于适用〈中华人民共和国合同法〉若干问题的解释(二)》(2009年4月24日,法释〔2009〕5号)

【最高人民法院裁判文书】

北京安捷联科技发展有限公司、北京晓松房地产开发有限公司与中外运国际贸易公司进出口代理合同纠纷案[最高人民法院(2012)民提字第64号民事判决书]

裁判要旨:当事人在《委托代理进出口协议书》中约定以合同货款总价为标准支付违约金并无不妥,但约定以30%的比例与占用货款可能发生的利息和罚息及其他损失等相比较略显偏高,原一、二审法院作出判决时未予调整欠妥。但判决生效后经过四年时间债务人未履行还款义务,该笔债务本金发生的孳息数额较大,如果本案再审以银行利息和罚息为标准调整违约金,其结果与原一、二审以合同约定标准判决的违约金数额仍较接近,因此,再审判决对二审判决该项内容不再变动。

最高人民法院认为：一、关于二审判决书主文第六项确定的安捷联公司承担的违约金是否过高的问题。二审法院判定安捷联公司承担违约金数额的根据是涉案《委托代理进出口协议书》第六条的约定，因安捷联公司拖欠垫付货款为135768562.38元，按30%计算违约金为40730568.7元。安捷联公司申请再审时主张违约金应当以实际损失计算，包括两部分：一部分是银行活期存款利息损失；另一部分是银行保函费、翻译费的损失，两项合计为1489659.43元，按不超过损失的30%计算结果为446897.8元。安捷联公司提出再审申请的观点实际上是认为合同约定的违约金过高，主张予以调整。

涉案《委托代理进出口协议书》约定，中外运公司对外开证，对外议付，安捷联公司在信用证到期前5个工作日内，将全额货款划入中外运公司账户。根据上述约定，在合同履行中，如果安捷联公司不能按期支付货款，中外运公司的信誉将受到严重损害且依法也应承担相应的经济责任。垫付合同货款是中外运公司在安捷联公司违约情形下的必然选择。在合同的履行过程中，如果安捷联公司违约，中外运公司的实际损失应确定为实际垫付的货款及各种费用的利息、罚息，因此，双方当事人在《委托代理进出口协议书》中约定以合同货款总价为标准支付违约金并无不妥，但约定以30%的比例与占用货款可能发生的利息和罚息及其他损失等相比较略显偏高，原一、二审法院作出判决时未予调整欠妥。

因中外运公司在履行本案合同时实际为安捷联公司垫付了货款及其他费用，如果调整违约金至少应参考该笔费用可能发生的借款利息及罚息等。根据本案查明的事实，中外运公司为垫付涉案款项于2008年10月28日实际向中国对外贸易运输（集团）总公司借款人民币150984768元。对拖欠的信用证及其他款项，安捷联公司除部分偿还外，尚欠货款135768562.38元，银行手续费383277元，代理费1818288.75元，三项合计为137970128.13元。上述款项应当由安捷联公司向中外运公司支付，迟延支付的，按常理应按银行贷款标准承担占用资金期间的利息及罚息。以137970128.13元本金计算，因该笔款项一直未偿还，自垫付资金至2012年9月30日，按银行同期贷款利率水平计算（该期间银行利率为5.76%~7.29%之间浮动），发生的利息约为3000余万元。如果按银行规定的逾期罚息利率上浮30%~50%的标准计算，利息约为4000万至5000余万元之间。

上述事实表明，虽然二审判决未调整约定偏高的违约金欠妥，但其以活期存款标准计算占有资金利息亦不妥，而债务人拖延履行涉案债务本金经过四年时间发生的孳息数额较大，如果本案再审以银行利息和罚息为标准调整违约金，其结果与二审以合同约定标准判决的违约金数额仍较接近，因此，本院对二审判决该项内容不再变更。

——最高人民法院民事审判第二庭编:《最高人民法院商事审判指导案例(2012)·合同与借贷担保》,中国民主法制出版社2013年版,第188~206页。

1014

资产管理委托协议约定低于最低变现价格时受托方应与委托方协商一致后变现,属对受托方的限制,而非约定受托方协商变现的义务

关键词|资产管理委托协议|

【最高人民法院裁判文书】

中国港湾建设(集团)总公司与国泰君安证券股份有限公司委托协议纠纷案[最高人民法院(2005)民二终字第166号民事判决书]

最高人民法院认为:当事人双方签订资产管理委托协议,受托方依据合同的约定应当承担"为委托方提供资产管理服务"的合同义务。具体而言,就是"谨慎勤勉"的高度注意义务和委托期限内将委托资产"全部变现"的义务。在委托资产市场价格高于约定最低变现价格时,受托方秉持"谨慎勤勉"的态度适当履行了"变现义务",并没有违反合同约定,故不应承担违约责任。在委托资产市场价低于约定最低变现价格时,受托方并不负有"协商变现义务",没有积极进行协商亦不构成违约,不应承担违约责任。受托方没有履行合同约定的"全部变现义务",应当承担违约责任,但不应承担未卖出股票的市场差价损失,且无须向委托方赔偿期待利益的损失,因为委托方期待利益的损失并不是因受托方的违约造成的,而是市场风险以及双方当事人对合同约定不周延、不明确造成的。因此受托方无须向委托方赔偿该部分利益的损失。

——吴庆宝主编:《权威点评最高法院民商法指导案例》,中国法制出版社2010年版,第176~187页。

编者说明

本判决书的法律结论解决了证券市场上委托行为与交易行为所体现的合同责任、证券交易责任如何依法、合理地划分的问题,具有指导意义。

九、居间合同

1015

居间合同主体的认定

关键词｜居间合同｜

【最高人民法院裁判文书】

石明与沈阳五洲商业广场发展有限公司、王寅居间合同纠纷案[最高人民法院(2012)民抗字第37号民事判决书]

最高人民法院认为：根据最高人民检察院的抗诉意见及各方的申辩意见，本案的争议焦点为促成沈阳五洲商业广场改造项目的居间人是石明还是王寅。

一、关于石明在参与沈阳五洲商业广场改造项目中的身份。本案能够证明石明为“浙江五洲集团有限公司副董事长”的证据包括：1. 印有“浙江五洲集团有限公司副董事长石明”的名片，该名片为石明曾实际使用，对此有多名证人证言予以佐证，石明也未予以否认。2. 石明在公安机关的询问笔录中承认曾被陈樟桥任命过副董事长，并以该身份与有关部门进行接触。3. 沈阳五洲公司的陈樟桥、王吉尧、吴亚男在公安机关的陈述及相关说明。4. 和平区商建办出具的《情况说明》记载，石明曾作为“上虞沈阳五洲公司副董事长”与该单位洽谈，并了解项目拆迁及建设进展情况。5. 石明在原一审庭审中陈述，其以投资者身份到沈阳，代表“五洲”谈判。6. 沈阳市中小企业局副局级巡视员朱继光在回答公安机关的询问称，石明曾被任命为“浙江五洋集团”副董事长并以此身份与区政府洽谈改造项目。7. 2003年至2005年期间，石明向沈阳五洲公司报销过数十万元的差旅费用。综上，尽管以上证据对石明具体作为哪个“五洲公司”“五洋公司”的副董事长表述存在一定差异，但均指以陈樟桥为实际控制人的关联公司是确定无疑的。对此，石明及政府部门相关人员均是明知的，石明也未提供证据证明还存在着其他的“浙江五洲集团有限公司”。根据公司法的规定，公司董事身份并不是工商登记的必要登记事项，没有工商登记并不能否认石明的副董事长身份。和平区招商局招商三局(前身为和平区商建办)于2011年5月11日出具的补充说明并没有否认其之前关于石明身份的证言,况且抗诉机关也未以该材料以新的证据为由提出抗诉。因此,原审认定石明以“浙江五洲集团”副董事长的身份参与了沈阳五洲广场项目的开发有充分证据证明,石明所完成的工作性质不符合法律关于居间服务的规定。

二、关于石明和王寅在沈阳五洲广场项目引进、开发中的作用。在《建设合同》签订前后,有多份证据证明了王寅和石明均为项目开展了工作:1. 辽宁辰龙房地产开发有限公司的杨桂林证实,其了解到政府拟引资改造太原街,与王寅联系,建议其联络浙江企业家开发该项目。2. 浙江菲达环保科技股份有限公司证实,该公司曾通过石明考察了改造项目,并在沈阳认识了王寅,两人曾为该公司与政府部门洽谈过。3. 王寅出具、时任沈阳市中小企业局局长的于连胜签字认可的说明证实,王寅对浙江的投资方投资改造项目起到了牵线搭桥的作用,介绍石明等诸暨老乡认识于连胜,并委托石明等沟通投资人。4. 时任沈阳市中小企业局副局级巡视员朱继光证实,王寅首先了解到改造项目,并介绍了石明,王寅和石明分别在项目前期和后期起了很大作用。5. 陈樟桥出具的《情况说明》及在公安机关的询问笔录中提到,石明找到陈樟桥,并说王寅在沈阳拿到一个改造项目,委托石明帮助联系引资。6. 于连胜、王天宇出具的《情况说明》证实,石明通过沈阳市中小企业局,参与了陈樟桥与沈阳市有关领导项目商谈。7. 王天宇在本院开庭庭审中证实,去浙江招商时,领导让其找王寅,在诸暨认识了王寅,之后石明来考察项目时才认识了石明。8. 和平区商建办出具的《情况说明》证实,经王寅牵线搭桥,和平区政府经论证与上虞五洲公司签订了《建设合同》;石明作为“上虞沈阳五洲公司的副董事长”参与了项目改造。综合上述证人证言,王寅和石明为改造项目的引进、开发均作出了一定贡献,石明也因此获得了当时价值数千万的项目7%的干股。综合而言,王寅在沟通政府相关部门方面起到了至关重要的作用,石明则与投资方联系较多;在项目考察论证、改造实施的整个过程中,王寅在前期为促成投资方签订合同起到了较大作用,石明在项目后期以副董事长的身份起到了积极作用。

三、关于《承诺书》和《协议书》所认可的居间人。抗诉机关及石明认为,石明持有《承诺书》原件即证明其为居间人。沈阳五洲公司认为,“给石明”三个字是石明在陈樟桥签字、公司盖章后自行添加上去的;由于石明为公司副董事长,且负责改造项目,与王寅又较熟悉,其以王寅的名义要求公司出具3000万元咨询费的书面承诺,才导致石明持有《承诺书》原件。王寅认为,因石明为投资方代表,其均与石明联系项目事务,因石明隐瞒,王寅当时并不知道有《承诺书》。综合以上各方主张,本院认为,居间关系的产生应当基于双方当事人真实意思表示一致,应当尊重当事人之间的约定。《承诺书》本身并非合同,只能是证明口头居间合同的证据,《承诺书》中的"给石明"三个字与之前内容不连贯,语句不通畅,明显不是一次性书写而成的。3000 万元的业务咨询费是一笔数目巨大的报酬,如果《承诺书》支付对象是石明,石明完全可以重新书写,或者在"给石明"三个字处由对方签字、盖章予以确认。《承诺书》是石明证明其主张最主要和最直接的证据,但承诺对象并不明确,也缺乏其他证据加以佐证,不能单独成为认定案件事实的依据。《承诺书》的出具时间为 2003 年 12 月,结合上述对石明身份状况的认定,特别是石明在《建设合同》签订后更多地以"浙江五洲集团"副董事长的身份参与项目,并考虑王寅与石明的关系,以及本案两人在改造项目中不同的工作重点,石明持有《承诺书》原件亦符合常理,但不能证明报酬支付对象即为石明。虽然落款为 2003 年 5 月的《协议书》,沈阳五洲公司承认其印章是 2005 年 9、10 月份期间补盖的,但《协议书》双方均认可,在此之前双方已经存在口头居间合同。没有证据证明王寅和沈阳五洲公司恶意串通,且本案二审判决生效后,沈阳五洲公司也通过执行法院实际履行了债务。沈阳市公安机关于 2006 年 7 月 3 日调取的浙江五洲建设投资集团有限公司明细账单明确载明,500 万元和 200 万元咨询费的支付对象是王寅,这进一步印证了王寅和沈阳五洲公司之间存在居间关系的事实。

——中国裁判文书网,http://wenshu.court.gov.cn。

高能投资有限公司与峰联国际投资有限公司、沈阳(国际)会展中心有限公司、付京伟居间合同纠纷案[最高人民法院(2011)民四终字第 38 号民事判决书]

最高人民法院认为:一、关于付京伟是否应当被认定为本案所涉《居间合同》的主体问题。本案中,《居间合同》合同首部载明委托方(甲方)为峰联公司,合同尾部"甲方峰联公司"盖章处并无峰联公司的印章,在"法定代表人或委托代理人"处有付京伟的签字。一审期间,峰联公司追认了付京伟的代理行为。因此,付京伟在《居间合同》上甲方峰联公司"法定代表人或委托代理人"处签署的行为应当属于代理峰联公司签署合同的行为,由此产生的法律后果应当由峰联公司承担。付京伟不应被认定为本案所涉《居间合同》的主体,一审判决对此认定正确。高能公司提起本案诉讼时将峰联公司、付京伟同时列为被告,不能构成高能公司对峰联公司是否追认付京伟代理行为的催告,因此,本案中峰联公司对付京伟代理行为的追认并不违反《合同法》第四十八条第二款规定的"相对人可以催告被代理人一个月内予以追认"的规定。高能公司关于付京伟系无权代理、应由其自行承担合同主体义务的上诉理由不能成立,本院不予支持。

二、关于会展中心是否应当被认定为本案所涉《居间合同》的主体问题。从《居间合同》的形式以及内容看,该合同的委托人为峰联公司,居间人为高能公司,会展中心仅仅是居间事项涉及的项目公司,并非居间合同的相对方。因此,会展中心即便在《居间合同》尾部加盖了公司印章,也不能由此认定其即成为《居间合同》的主体。确定合同的主体应当主要从合同内容考察确定,会展中心向高能公司支付1550万元的行为并不导致会展中心成为合同主体这一法律后果。一审判决认定会展中心并非《居间合同》的主体是正确的。高能公司关于会展中心应当被认定为《居间合同》的当事人并应由其承担合同义务的上诉理由不能成立,本院不予支持。

中国裁判文书网,http://wenshu.court.gov.cn。

1016

咨询服务协议属居间合同而非证券服务合同,应适用《合同法》认定其效力

关键词 | 居间合同 | 证券服务合同 |

【最高人民法院裁判文书】

洋浦恒盛投资咨询有限公司与华林证券有限责任公司、大新华航空有限公司服务合同纠纷案[最高人民法院(2015)民二终字第91号民事判决书]

最高人民法院认为:根据《咨询服务协议》第一条"服务内容"中1.4"丙方(洋浦恒盛公司)为甲方(华林证券公司)介绍客户的服务内容"关于"(1)推荐和促成甲方成为所推荐目标客户IPO上市或定向增发的主承销商。(2)协助甲方与目标企业沟通并建立良好的合作关系。(3)丙方促成甲方成为项目的主承销商后,将由甲方独立完成相关的申报和发行等工作,丙方不再参与后续相关工作"以及1.5"丙方为甲方寻找投资者应该提供的服务内容"关于"(1)为甲方项

目推荐投资者认购意向。(2)安排甲方到投资者处进行一对一路演。(3)密切跟踪投资者对项目的反馈意见,并第一时间告知甲方,由甲方协调解决。(4)由丙方在甲方确定的发行时间内协助投资者准备资金到位,并在约定的时间内提交认购文件"的表述,洋浦恒盛公司与华林证券公司仅就提供信息和订立合同机会作出居间性质的约定,并未就提供和接受证券销售业务这一专业性服务形成合意,故洋浦恒盛公司关于本案所涉《咨询服务协议》应为居间合同而非证券服务合同的主张成立,本院予以采纳。由于洋浦恒盛公司为华林证券公司介绍客户和寻找投资者并不需要具备从事证券业务资质,而华林证券公司所援引的《证券法》第一百六十九条、第一百七十条以及《证券、期货投资咨询管理暂行办法》第二条、第六条并非《合同法解释(二)》第十四条"合同法第五十二条第(五)项规定的强制性规定"所指的效力性强制性规定这一特定法律渊源,因此其关于洋浦恒盛公司无证券从业资质、所订立合同违反法律强制性规定而无效的主张因缺乏事实根据和法律依据而不能成立。华林证券公司关于洋浦恒盛公司登记注册存在瑕疵且无固定工作人员、经营场所和主营业务违反法律强制性规定的主张,亦无相应法律依据,本院不予支持。华林证券公司还主张洋浦恒盛公司法定代表人徐兵华与薛荣年恶意串通,以合法形式掩盖非法目的,损害国家、集体或者第三人利益,但其并未举出充分的证据予以证明本案存在前述违法情形,故其关于合同无效的主张因无事实根据而不能成立。综上,本案并不存在《合同法》第五十二条所规定的法定无效事由,华林证券公司关于本案所涉《咨询服务协议》无效的主张因无事实根据和法律依据而不能成立,本院不予支持。

——中国裁判文书网,http://wenshu.court.gov.cn。

1017

居间人促成工程承包合同订立的主要方式系通过参与实施串通投标违法活动行为得以实现，严重扰乱建设市场秩序，居间合同无效

关键词｜居间合同｜串通投标｜合同无效｜

【最高人民法院裁判文书】

姜伟与浙江海天建设集团有限公司居间合同纠纷申请再审案[最高人民法

院(2016)最高法民申427号民事裁定书]

最高人民法院认为:本案的争议焦点在于案涉《居间合同书》是否有效。

本案各方对以下事实无异议:2008年2月18日,海天公司的代理人陈勇钧与姜伟签订《居间合同书》一份,约定海天公司委托姜伟协调“常州亚泰财富中心项目”相关事宜,海天公司一经中标,则按工程承包总价的3%向姜伟支付居间报酬。其后,上述项目的发包方亚泰公司以邀请招标的方式,分别邀请海天公司、江苏金陵建工集团有限公司(以下简称金陵建工)、江苏省建工集团有限公司(以下简称江苏建工)参与投标。在投标过程中,海天公司委托马剑飞、金陵建工委托姜伟、江苏建工委托张安心参加“亚泰中心项目”的投标活动。金陵建工和江苏建工在递交的授权委托书中注明,姜伟和张安心分别系两公司的工程处副处长。2008年10月14日,按评审的最低投标价法,海天公司中标。经原审法院查明,张安心并非江苏建工员工,而是海天公司陈勇钧安排其以江苏建工名义参与“陪标”,所有的投标材料均为陈勇钧事先准备;姜伟陈述:“对于招投标的事情,陈勇钧说要找两个单位陪标的,其就找到金陵建工去陪标,海天公司的张安心代表江苏建工去陪标”;发包方亚泰公司法定代表人季腊成亦证实:“因姜伟与其是多年老友,故其介绍海天公司进行工程对接。‘亚泰中心项目’不是政府工程,所以不需要公开招标,但程序要走,所以姜伟就找了金陵建工、江苏建工及海天公司,确实是姜伟在运作的,且最终确定由海天公司中标。”

根据上述事实,案涉工程的三家投标单位,均为海天公司及其居间人姜伟所控制,所用投标文件均由海天公司陈勇钧提供。上述投标行为严重破坏了建筑市场秩序和招标投标活动的公正性,属《招投标法》第三十二条所禁止的串通投标行为。因此,本院对姜伟所提原审认定案涉工程存在串标行为属认定事实错误的申请理由,依法予以驳回。

关于姜伟所提案涉《居间合同书》应为有效的申请理由,经查,案涉建设工程依法属必须通过招标的方式确定承建方的项目,而《居间合同书》系姜伟为海天公司与发包方订立合同提供撮合服务的媒介居间,其居间合同内容本身就违反了《招投标法》关于对依法必须招标项目的强制性规定。从之后的居间合同履行行为看,姜伟作为居间人,其促成案涉《工程承包合同》订立的主要方式,系通过参与、实施串通投标违法活动行为得以实现,严重扰乱了建设市场秩序。因此,原审判决以违反法律的禁止性规定为由认定案涉《居间合同书》无效,适用法律正确。本院对姜伟所提案涉《居间合同书》合法有效的再审申请主张,依法予以驳回。

——中国裁判文书网,http://wenshu.court.gov.cn。

1018

居间人是否履行居间义务的认定

关键词｜民间合同｜

【最高人民法院裁判文书】

高能投资有限公司与峰联国际投资有限公司、沈阳(国际)会展中心有限公司、付京伟居间合同纠纷案[最高人民法院(2011)民四终字第38号民事判决书]

最高人民法院认为：从《居间合同》的内容看，《居间合同》前文指出，鉴于“甲方有意转让其持有的项目公司全部或者部分股权，继而转让项目开发建设权”；第一条约定，“甲方欲转让的标的物”为“甲方持有的项目公司的全部股权或者部分股权。继而达到项目开发建设权的全部或者部分转让”；第二条“乙方义务”中约定，“乙方应积极努力做好居间介绍，协调有关矛盾，促成甲方与受让意向方签订转让合同”；第三条“甲方义务”中约定，“甲方承诺一旦受让意向方与甲方签订项目公司股权转让合同，并实际支付转让款项后，甲方即应承担向乙方支付服务费的义务”。由此可见，当事人签订《居间合同》的真实意思是由高能公司为峰联公司与华发公司之间达成会展中心全部或部分股权转让合同提供媒介服务，由峰联公司向高能公司支付报酬。从本案的有关事实看，高能公司并未促成峰联公司与华发公司之间达成转让会展中心全部或者部分股权的合同，也就是说，高能公司并没有依约履行自己的合同义务。因此，高能公司无权要求峰联公司根据《居间合同》第四条的约定向其支付报酬。《居间合同》第五条“诚信原则”中“如果甲方以相关企业或其他间接方式与转让意向方签订本合同标的物的转让合同，乙方有权请求甲方按本合同第四条支付服务费”的约定，其强调的也是峰联公司与华发公司以其他“间接”方式达成转让会展中心全部或者部分股权的合同的情形，不应根据该条认定高能公司依约履行了自己的合同义务。高能公司关于其已全部完成居间工作、有权主张《居间合同》第四条中约定的居间报酬的上诉理由不能成立，本院不予支持。

本案中，华发公司以最高价竞得D39地块的四块地，会展中心与华发公司共同设立华纳公司和华耀公司并由该两公司实际取得D39地块的土地使用权。高能公司的确为会展中心与华发公司之间实现合作提供了一定的媒介服务。会展中心是峰联公司的全资子公司,会展中心于2010年4月6日分三笔款项支付给高能公司"服务费"1550万元,客观表明了峰联公司对高能公司提供媒介服务的认可。会展公司声称其向高能公司支付1550万元是为了督促高能公司尽快完成居间服务,没有事实和法律依据。对于会展中心已经向高能公司支付的1550万元,应当认为是峰联公司为高能公司提供的媒介服务所支付的合理对价,会展中心无权要求高能公司予以返还。

——中国裁判文书网,http://wenshu.court.gov.cn。

1019

报告公开招标信息不能被认为履行了居间合同的义务

关键词 | 居间合同 |

【最高人民法院裁判文书】

某建筑工程公司与大光公司居间纠纷申请再审案

最高人民法院经审查认为:

(一)《联合协议》是否为居间合同

《合同法》第四百二十四条规定,居间合同是居间人向委托人报告订立合同的机会或者提供订立合同的媒介服务,委托人支付报酬的合同。根据合同法的规定,居间可分为两类:一类是指示居间或者报告居间。在这种居间中,居间人只是单纯提供订立契约的机会,寻找可与委托人订约的相对人,居间人不直接与相对人进行交涉。另一类是媒介居间,即居间人不仅为委托人报告订约的机会,而且在委托人和第三人之间斡旋、介绍和撮合,周旋于委托人和第三人之间,积极地促成他们订立契约。由此可见,无论是哪一种居间,居间合同订立后,对居间人而言,按照居间的性质或者居间合同的约定,或者报告订约的机会或者在此基础上提供媒介服务,但其并不能保证委托人与相对人的合同必然签订。也就是说,居间人并非保证人,它不应当承担保证委托人和相对人订立合同的责任。对委托人而言,在订立居间合同时,不应事先知悉有订约的机会,即使知悉有订立合同的机会,也不会必然获得该订约机会。这是因为,如果委托人在订立居间合同时,知悉了订立合同的机会或者具有了能与他人签订合同的客观保障,则委托人与居间人订立合同的行为在法律上毫无意义,居间人的服务客观上也成为不必要。

本案中,某建筑工程公司和大光公司订立的《联合协议》不是居间合同。

首先,某建筑工程公司和大光公司都知悉第三人,且都知悉存在具体的订立建设工程合同的机会。也就是说,本案所涉华腾园二期工程在某建筑工程公司和大光公司签订《联合协议》后必将实施。虽然某建筑工程公司称,在华腾园二期项目招标活动正式举行的 7 个月前就向大光公司报告了华腾园小区乙区工程建筑施工的信息,但更由此证明了《联合协议》签订时,大光公司知悉了该工程的信息,因而使《联合协议》不具有居间合同的特征。相反,如果认为《联合协议》为居间合同,则某建筑工程公司作为居间人在居间合同订立前就完成了合同义务,至少完成了报告义务。

其次,由于北化公司在开发华腾园二期工程时,采用公开招标的形式,故对大光公司而言,订立合同的机会是客观存在的,而且能够知晓的。尽管有人认为,即使公开招标,也并不意味着所有人都能够知悉。但是,按照招标投标法的规定,“公开招标”,就是指招标人以招标公告的方式邀请不特定的法人或者其他组织投标。招标投标法还对招标公告的发布形式作了明确规定。该法第十六条规定,“招标人采用公开招标方式的,应当发布招标公告。依法必须进行招标的项目的招标公告,应当通过国家指定的报刊、信息网络或者其他媒介发布。招标公告应当载明招标人的名称和地址、招标项目的性质、数量、实施地点和时间以及获取招标文件的办法等事项。”根据招标投标法的这一规定,原国家计委和建设部等国家 7 个部门共同发布的《工程建设项目施工招标投标办法》第十三条规定,“采用公开招标方式的,招标人应当发布招标公告,邀请不特定的法人或者其他组织投标。依法必须进行施工招标项目的招标公告,应当在国家指定的报刊和信息网络上发布”。该《办法》第七十三条(一)项还规定“未在指定的媒介发布招标公告的”,“有关行政监督部门责令其限期改正,根据情节可处三万元以下的罚款;情节严重的,招标无效”。这些规定,符合招标投标所追求的公平性。开发商就建设工程进行招标,就应当采用建筑行业通行的招标形式,即:让建筑行业中一般建筑商能够获悉招标公告。故北京某建筑公司报告公开招标公告的行为难以被认定为居间人在履行居间义务。

最后,某建筑工程公司与大光公司签订《联合协议》时就保证大光公司“获得华腾花园二期二个楼座约 35000 平方米左右的工程总承包施工”,这不是提供媒介服务,而是作出了一种保证或承诺。此种承诺的缘由与北化公司为某建筑工程公司的股东不无关系。某建筑工程公司的保证义务则决定了《联合协议》并不具有居间性质。尽管某建筑工程公司称,《联合协议》中的“保证”只是为了明确居间目的,表明其履行居间义务的决心。但这种解释既不具有合理性,也与《联合协议》中有关“乙方(某建筑工程公司)保证甲方获得华腾园二期二个楼座(一个公建、一个住宅楼)约35000平方米左右的工程总承包施工(包工包料)”的约定不符。

从以上分析可以得知,本案所涉《联合协议》不符合合同法规定的居间合同应有的法律特征。

(二)某建筑工程公司没有请求大光公司支付报酬的事实依据

《合同法》第四百二十六条规定,居间人促成合同成立的,委托人应当按照约定支付报酬。根据这一规定,居间人请求委托人支付居间报酬以促成合同成立为前提。认定“居间人已促成合同成立”,应当同时满足以下两个条件:一是合同的成立与居间人的活动之间有因果关系,二是居间人介绍签订的合同应当是依法成立的有效合同。合同法中所规定的“居间人促成合同成立”,要求该合同的成立是因居间人提供了订立合同媒介服务而促成的,即该合同的成立与居间人的活动有因果关系。如果委托人最终不是因居间人介绍签订的合同而取得了系争标的,我们就不能以该结果推断出“居间人已促成合同成立”之事实。本案中,如前所述,若认为《联合协议》具有居间合同或者具有居间性质,则某建筑工程公司并不能证明其履行了作为居间人应当履行的“媒介”义务,也不能证明其作为“保证人”履行了“保证”义务。也就是说,某建筑工程公司并不能证明其活动与大光公司同北化公司签订施工合同之间存在因果关系。对大光公司而言,与北化公司订立施工合同的机会因北化公司拟采公开招标形式而客观存在,无须某建筑工程公司提供,故客观上大光公司具有获得中标的机会和可能。而且某建筑工程公司对大光公司的“保证”与北化公司所采公开招标方式必然存在冲突:如果大光公司的中标是由于某建筑工程公司促成的,考虑到该公司与北化公司的特殊关系,则大光公司在该项工程的招投标中对其他竞标人具有不公平的优势。这样北化公司的所谓公开招标则不过是一种规避法律的行为,必然影响施工合同的效力。如果大光公司与北化公司签订的施工合同无效,则从另一个角度证明了某某建筑工程公司没有完成促成合同成立的义务。因而,某建筑工程公司没有请求大光公司支付报酬的事实依据。故某建筑工程公司以所谓履行居间合同义务请求对方支付价款与事实不符。

即使不考虑《联合协议》是否为居间合同问题,从合同权利义务关系分析,某建筑工程公司也无权请求对方支付价款。因为在本案中,该公司并无证据证明其履行了何种义务以支持其主张。在这种情形下，该公司如果受领给付，实际上是不当得利，违反了权利义务对等原则。

——苏泽林主编、最高人民法院立案庭编：《立案工作指导》总第15辑，人民法院出版社2008年版，第119～125页。

1020

居间人已依约履行居间义务，委托人应当依约支付报酬

关键词 | 居间合同 |

【最高人民法院裁判文书】

洋浦恒盛投资咨询有限公司与华林证券有限责任公司、大新华航空有限公司服务合同纠纷案[最高人民法院(2015)民二终字第91号民事判决书]

最高人民法院认为：华林证券公司出具的《咨询工作确认书》确认洋浦恒盛公司共向华林证券公司推荐了10家意向投资者，并协助华林证券公司完成一对一路演，推动各家意向投资者内部决策，最终促成了海通证券公司等五家投资者认购了华林证券公司承销的海南航空公司股票，由此承诺应向洋浦恒盛公司支付顾问费6300万元。华林证券公司在向洋浦恒盛公司发送的《企业询证函》中亦自认其尚欠洋浦恒盛公司6300万元债务。《审计报告》所附的华林证券公司提交审计的财务报表亦记载其尚欠洋浦恒盛公司咨询费6300万元。上述证据已形成完整的证据链，足以支持洋浦恒盛公司关于其已经依约履行了《咨询服务协议》约定的合同义务并实现合同目的的主张。华林证券公司虽主张该公司原法定代表人薛荣年倒签《咨询工作确认书》、涉嫌刑事犯罪，《咨询工作确认书》、《企业询证函》及《审计报告》不是该公司的真实意思表示，但并未举证予以证明。故华林证券公司关于洋浦恒盛公司未履行《咨询服务协议》、洋浦恒盛公司无权主张咨询服务费6300万元的上诉理由因无事实根据而不能成立。

综上所述，洋浦恒盛公司已提交充分的证据证明其已依约履行《咨询服务协议》确定的合同义务，华林证券公司应当依约支付6300万元服务报酬。华林证券公司无证据推翻原审事实或反驳洋浦恒盛公司主张，上诉无理。原审判决

认定事实清楚，适用法律正确，实体处理恰当，应予维持。

——中国裁判文书网，http://wenshu. court. gov. cn。

EV Capital Private Limited、Oh Choon Gan 与中宇建材集团有限公司居间合同纠纷案[最高人民法院(2014)民四终字第14号民事判决书]

最高人民法院认为：

(一)关于《融资协议》的性质问题

合同的性质应当根据当事人在合同中真实意思表示确定。本案中，双方当事人在《融资协议》前言中载明，中宇公司希望获得投资，万嘉公司、叶顺安根据该协议约定的条件为中宇公司引荐投资者。尽管"服务范围"中第四条列举了万嘉公司、叶顺安为中宇公司提供全面的融资顾问服务包含九项内容，但合同的主要目的是由万嘉公司、叶顺安为中宇公司引荐投资者，万嘉公司、叶顺安从中宇公司获得相应报酬。《合同法》第四百二十四条规定："居间合同是居间人向委托人报告订立合同的机会或者提供订立合同的媒介服务，委托人支付报酬的合同。"因此，从《融资协议》的内容看，完全符合居间合同的特征，一审法院将《融资协议》认定为居间合同并无不妥。事实上，居间合同从广义上而言属于服务合同的一种，在本案所涉合同完全符合中国合同法上规定的有名合同的情况下，即应当根据有名合同予以定性。上诉人中宇公司关于本案合同不应认定为居间合同而应认定为服务合同的上诉理由不能成立。

(二)关于万嘉公司、叶顺安是否全面履行了合同义务的问题

《融资协议》是双方当事人的真实意思表示，并不违反中华人民共和国法律的规定，一审判决认定有效是正确的。双方当事人均应依约全面履行各自的合同义务，否则即应当承担相应的违约责任。

从《融资协议》的内容看，万嘉公司、叶顺安的主要义务就是为中宇公司成功引荐投资者。虽然《融资协议》第四条约定了九项内容，但这九项内容是为了达到成功引荐投资者这一合同目的而具体细化的若干事项，并非独立的合同义务，亦非合同法上规定的主合同义务的附随义务。从本案查明的事实看，万嘉公司、叶顺安的确为中宇公司引荐了崇德公司，并最终使中宇公司从崇德公司成功获得了高达2亿元人民币的投资，因此，应当认定万嘉公司、叶顺安已经全面履行了合同义务。一审判决将《融资协议》第四条中的八项内容认定为主合同义务的附随义务并认定万嘉公司、叶顺安未适当、全面履行该附随义务欠妥。中宇公司关于万嘉公司、叶顺安仅发挥了微乎其微的作用、主要是依靠

中宇公司与高仪公司的妥协才促成了崇德公司的投资的主张与事实不符，本院不予支持。

（三）关于《融资协议》对报酬的约定是否明确的问题

万嘉公司、叶顺安已经全面履行合同义务，因此可以根据《融资协议》第六条和第七条的约定获得相应的报酬。《融资协议》第六条约定，中宇公司应当向作为投资者的引荐方的万嘉公司、叶顺安支付实际投资资金总额9%的融资服务费，该约定是明确的，即万嘉公司、叶顺安可以从中宇公司获得融资总金额9%的报酬。根据查明的事实，该数额计算为20.8% ÷（20.8% +10%）×29449445 ×9% ÷100 ×1021.32（崇德公司投资香港中宇当日100欧元折合人民币1021.32元）≈18280753元人民币。也就是说，中宇公司应向万嘉公司、叶顺安支付18280753元人民币的报酬。

《融资协议》第七条是关于该报酬如何支付的约定，即可分两部分支付，一是实际投资资金总额的4%，于注资完成后的14天内以现金或汇款的方式支付；二是其余5%，按照投资者的同等条款作为战略投资资金注入中宇公司或其指定的上市主体。其中第二部分支付方式可以理解为另5%报酬并不以现金方式支付，而是作为万嘉公司、叶顺安注入中宇公司或其指定的上市主体的资金，由于该方式事实上会涉及万嘉公司、叶顺安作为中宇公司或其指定的上市公司的投资者的问题，面临公司法上的障碍，难以实现。然而，该条款仅是支付方式的约定，并不影响万嘉公司、叶顺安根据《融资协议》第六条的约定获得融资总额9%的报酬。鉴于该5%部分的支付方式难以实现，本院酌定与另4%采取同样的方式支付。一审判决认定合同关于报酬的约定不够明确并因此酌定中宇公司向万嘉公司、叶顺安支付融资总额5%的报酬欠妥，予以纠正。

此外，关于万嘉公司、叶顺安在双方往来邮件中指出可以按照50%标准取酬的内容，由于这是双方在就报酬问题发生纠纷后就如何解决进行磋商过程中的单方意思表示，并未得到中宇公司的认可，因此，不能将该内容作为确定万嘉公司、叶顺安应获得报酬的标准。中宇公司关于该邮件证明万嘉公司、叶顺安没有全面履行合同义务、不应得到报酬的观点不能成立。

——中国裁判文书网，http://wenshu.court.gov.cn。

1021

在网络交易中，提供平台的网站与交易双方之间构成居间合同关系的，网站负有居间人的义务

关键词｜居间合同｜网络交易｜

【《最高人民法院公报》案例】

应娟利诉亿贝易趣网络信息服务(上海)有限公司服务合同纠纷案(上海市黄浦区人民法院民事判决书)

裁判摘要：一、在网络交易中，提供交易平台的网站与交易双方之间构成居间合同关系的，网站负有《合同法》所规定的居间人的义务，如应当就有关订立合同的事项向合同双方如实报告，不得故意隐瞒与订立合同有关的重要事实或者提供虚假情况等。如果违反这些义务，网站应当承担相应的法律责任。

二、当事人通过网站交易平台与他人订立网络买卖合同，但未实际履行该合同，而是利用网站提供的合同对方的个人信息，通过电话联系方式与对方订立了与网络买卖合同完全不同的新的合同，该新合同与网站无关，当事人因履行该新合同而遭受经济损失的，网站不承担赔偿责任。

上海市黄浦区人民法院认为：依法成立的合同受法律保护，对签订合同的各方当事人都具有约束力。但在本案中，原告应娟利与案外人张旭发生的买卖合同，与被告亿贝易趣公司无关。应娟利支付货款后未能按约收到所购三星牌 YP－520H 型号 MP3 播放器，亿贝易趣公司对此不应承担责任。

首先，在网络交易中，网站作为互动式计算机服务提供者，一方面根据与网上拍卖人的约定(具体表现为网上拍卖人的网络注册行为)，有偿为网上拍卖人提供商品及价格展示的信息平台，一方面根据与竞拍人之间的约定(具体也表现为竞拍人的网络注册行为)，为竞拍人提供出卖人及其商品的信息，并根据双方买卖的合意情况，确认双方交易是否成交。拍卖成交的，网站即向双方发送买卖成交确认书以及对方的个人联系方式等信息，并从拍卖人处收取相应的报酬。具体在本案中，被告亿贝易趣公司分别为原告应娟利及案外人张旭提供了订立合同的媒介服务，并从张旭处收取报酬。因此，被告与原告之间，以及被告与张旭之间均构成居间合同关系。据此，被告在本案中的义务，应当是《合同法》所规定的居间人的义务，如应当就有关订立合同的事项向原告如实报告，不得故意

隐瞒与订立合同有关的重要事实或者提供虚假情况等。如果违反这些义务，被告理应承担违约责任。本案中，被告并未违反上述义务。

其次，原告应娟利与案外人张旭之间实际存在两个交易合同关系。一是网络交易买卖合同关系。张旭在网上提供可供出售的商品信息可视为要约邀请，原告愿意以“一口价”方式即每台人民币1元的价格竞拍三星牌YP－520H型号MP3播放器的行为可视为要约。按照被告亿贝易趣公司与张旭的约定，被告代为向原告发送成交通知的行为应视为张旭的承诺。至此，原告与张旭之间的网络交易买卖合同关系成立。二是原告与张旭通过电话方式建立的传统买卖合同关系。原告根据被告提供的张旭的联系方式，通过电话联系，约定张旭以每台人民币156元的价格向原告出售7台三星牌YP－520H型号MP3播放器，并约定了合同履行方式以及付款方式，二人至此另外成立了一个买卖合同关系。该合同关系的订立，并没有按照合同双方分别与被告约定的《用户协议》的相关规定进行，与被告并无直接联系。被告向原告提供张旭联系方式的目的是为了促成前一个网络交易合同关系的实际履行，并非为了原告与张旭进行其他交易行为。

最后，判断被告亿贝易趣公司应否对原告应娟利支付货款后未能按约收到所购三星牌YP－520H型号MP3播放器承担民事责任，应当根据被告是否尽到了相关审核义务、在提供案外人张旭个人信息方面是否有过错等为事实依据。根据本案事实，网民在注册成为被告的用户前均被要求详尽阅读被告的《用户协议》，并在愿意接受协议的所有条款后才能注册成功，注册时要求输入个人身份证号码、地址、电话等个人信息。被告就注册人提供的个人信息，向公安机关查证属实后才为其提供服务。原告和张旭均经过了上述注册过程。应当说被告在审核张旭个人信息方面已尽到了义务，不存在过错。本案中，原告虽然通过被告与张旭达成了以人民币1元钱购买三星牌YP－520H型号MP3播放器的买卖合同，但本案纠纷的发生并非基于这一网络交易行为，而是基于原告与张旭通过电话联系方式订立的，以每台人民币156元的价格购买7台三星牌YP－520H型号MP3播放器的另一个买卖合同。在此交易过程中，原告仅仅根据被告提供的张旭的个人信息，在没有进一步核实确认的情况下即与之订约，又在没有收到对方货物，也没有要求对方提供任何担保的情况下，即先将货款寄付对方提供的另一个案外人何金海的银行账户，从而造成经济损失。显而易见，是原告自身在合同订立及履行过程中的不谨慎，导致上当受骗，对此后果，原告应当自行承担责任。原告在本案诉讼中并未提供任何证据证明被告所提供的张旭的个人信息存在不实或虚假情况，也未提供任何证据证明后一个交易行为是通过被告提供的网络交易平台实现的，因而被告对于原告的损失并无过错，且被告始终没有收到过原告支付的货款，故不应当对原告的损失承担赔偿责任。

——《最高人民法院公报》2007 年第 3 期

1022

居间人促成双方签订股权转让合同，已经履行居间义务，后股权转让合同非因居间人原因解除，不影响居间人收取居间费用

关键词 | 居间义务 | 合同解除 | 居间费用 |

【最高人民法院裁判文书】

宁夏河东综合工业园区华能投资置业有限公司与宁夏翔顺担保有限公司、王春玲居间合同纠纷申请再审案[最高人民法院(2016)最高法民申 1404 号民事裁定书]

最高人民法院认为：华能公司与翔顺公司签订的居间合同是双方当事人真实意思的表示，且不违反法律的禁止性规定，应为有效。双方当事人均应按照合同的约定履行义务。从一审查明的事实看，翔顺公司已经促成涉案《股权转让合同》的签订，且该协议已经部分履行。华能公司已经依据《股权转让合同》向高海洲支付 4600 万元股权转让价款，高海洲与华能公司还部分履行了股权转让变更手续。依据双方签订的居间合同，翔顺公司即有权收取居间费用。股权转让合同履行后，因股权转让合同中一方当事人的原因导致的股权转让合同的解除并不影响居间合同的履行。华能公司主张因翔顺公司未尽合同义务导致股权转让合同解除，但未提供相应证据。且从(2014)最高法民二终字第 128 号民事判决认定的内容看，涉案股权转让合同解除的原因为华能公司未能按期支付股权转让款，而非翔顺公司的原因。在此情况下，二审判决华能公司向翔顺公司支付 500 万元居间费用及利息并无不当。

——中国裁判文书网，http://wenshu. court. gov. cn。

1023

居间合同中报酬的计算方法

关键词｜居间合同｜

【最高人民法院裁判文书】

上海东方高圣投资顾问有限公司与成都置信实业(集团)有限公司、四川置信凯德实业有限公司居间及财务顾问合同纠纷案[最高人民法院(2009)民二终字第16号民事判决书]

最高人民法院认为:案涉财务顾问协议主要系居间合同性质,因居间人未完成推荐合适的战略投资者的主要义务,对于约定的其他义务也不能提出充分证据证明完成了约定工作,因此,居间人要求按照财务顾问协议约定给付成功佣金及相应违约金的请求,人民法院不予支持。鉴于财务顾问协议兼具财务顾问性质,在引进战略投资者的过程中,居间人以委托人财务顾问的身份,履行了委托人与战略投资者的交流和沟通,对委托人和战略投资者的合作提供了顾问意见,促成交易等义务,为委托人了解、掌握自身状况,明确其市场定位等,起到了辅助作用。因此,根据公平合理原则,人民法院可以决定酌情确定由委托人支付居间人相应的必要费用。

——最高人民法院民事审判第二庭编:《最高人民法院商事审判指导案例·合同卷》,中国法制出版社2011年版,第721~730页。

1024

房屋买卖居间人因未尽必要注意义务而未能发现一方提供的材料存在重大瑕疵缺陷，由此使另一方受欺诈产生损失的，应根据过错承担相应赔偿责任

关键词｜房屋买卖居间合同｜过错责任｜

【《最高人民法院公报》案例】

李彦东诉上海汉宇房地产顾问有限公司居间合同纠纷案(上海市第二中级人民法院二审民事判决书)

裁判摘要:在房屋买卖居间活动中,中介公司(居间人)对于受托事项及居

间服务应承担符合专业主体要求的注意义务,注重审查核实与交易相关的主体身份、房产权属、委托代理、信用资信等证明材料的真实性。中介公司因未尽必要的注意义务而未能发现一方提供的相关材料存在重大瑕疵、缺陷,由此使另一方受欺诈遭受损失的,应根据其过错程度在相应的范围内承担赔偿责任。

上海市嘉定区人民法院一审认为:被告汉宇地产作为专业的房屋中介机构,在进行居间服务时应尽到必要的、审慎的审查、核实义务,如核实房源信息、核实卖房人的身份信息、判断交易过程中的合理性等。买房人对于房屋交易也负有注意义务。本案中,汉宇地产虽进行了一定的调查、核实等行为,但未就系争房屋是否存在一房二卖、公证书是否系伪造等事宜进行调查核实,导致原告李彦东定金损失。而李彦东也未依约将定金交予汉宇地产保管,而是将定金直接支付于周敏,也未对公证书的真实性尽到注意义务,导致定金无法追回。双方在此过程中均有过错,应各自承担相应的责任。现周敏已被判处刑罚,并被责令退赔犯罪所得,结合李彦东、汉宇地产双方的过错程度,确定汉宇地产在 3 万元的数额范围内承担补充赔偿责任。

上海市第二中级人民法院二审认为:上诉人汉宇地产申请撤回上诉,与法不悖,予以准许。根据查明的事实,上诉人李彦东系周敏实施合同诈骗的被害人,周敏骗得李彦东支付的购房定金 20 万元,周敏犯罪所得应予追缴并发还被害人。一审法院判令汉宇地产承担补充赔偿责任,符合案件事实,二审予以认同。

本案二审主要争议在于汉宇地产承担补充赔偿责任的范围,对此应综合本案案情予以判定。根据二审查明的事实,伪造的公证书中载明的蔡芳出生日期与其身份证号码记载不一致,该事项无需专业知识即可判断。在公证机构无法提供电话核实真伪的情况下,汉宇地产理应赴公证机构进行现场核实,但汉宇地产未采取前述措施。而根据上诉人李彦东在二审时的陈述,其在付款前已注意到公证书存在的问题并提出异议,李彦东完全有机会主动核实公证书真伪后再行付款。由于李彦东、汉宇地产均未尽到前述审慎义务,致使李彦东本人成为周敏合同诈骗的被害人。汉宇地产作为专门从事居间活动的单位,开展经营业务理应尽职尽力维护好委托人的利益。根据查明的事实,汉宇地产经办本案居间业务的工作人员不具备经纪人资格,未认真核查系争房屋已被出卖情况,未严格按照合同约定履行定金保管义务,使案外人周敏得以实施诈骗,继而造成李彦东损失。综合前述情况,李彦东提出汉宇地产在 10 万元范围内承担补充赔偿责任,尚属合理,可予支持,对一审判决作相应调整。

——《最高人民法院公报》2015 年第 2 期

1025

如果委托人并非不正当地阻止居间人所要促成的合同成立，则委托人不接待和洽谈投资人的行为并不构成违约

关键词｜居间合同｜

【最高人民法院裁判文书】

马明与四川大洋硅业有限公司、四川西南阳光硅业科技有限公司居间合同纠纷申请再审案［最高人民法院（2014）民申字第793号民事裁定书］

最高人民法院认为：其次，合同责任是无过错责任，与当事人的主观状态无涉，委托人不管是否存在恶意，只要违反合同约定的义务，即属违约。但对于居间合同的委托人而言，这并非意味着其负有必须通过接待和洽谈投资人的方式来对待居间人所报告的订立合同机会的义务，委托人面对居间人所报告的订立合同的机会，有权根据自身条件、投资人的基本情况等进行正常的商业判断，以决定是否需要进一步的接洽。因此，如果委托人并非不正当地阻止居间人所要促成的合同成立，则委托人不接待和洽谈投资人的行为并不构成违约。本案中，马明的叙述及其提供的证据不能充分证明大洋公司不正当地阻挠，导致与马明引进的投资商的合同不能成立，因此，马明主张大洋公司违约并要求大洋公司承担相应的违约责任的主张不成立，二审判决认定并无不当。

再次，《合同法》第四百二十七条规定，居间人未促成合同成立的，不得要求支付报酬，但可以要求委托人支付从事居间活动支出的必要费用。根据本案一、二审查明的事实，2005年11月11日，大洋公司向马明出具承诺书，承诺如果马明为该公司引进资金成功，该公司以原始股权给予奖励，如引进的资金到不了位，则承诺无效。鉴于马明未为大洋公司引资成功，依照《合同法》的规定和双方的约定，故大洋公司无需支付给马明居间报酬。至于马明所主张的为从事居间活动支出的必要费用，根据一、二审查明的事实，马明主张的接受大洋公司授权和承诺后产生26万余元的费用没有任何证据，一、二审判决并据此对马明主张的26万余元必要花费不予支持。在向本院申请再审中，马明亦未提供相关证据以证明一、二审判决查明的该事实存在错误，因此，一、二审判决以马明没有充分证据证明其所主张的从事居间活动支出的必要费用为由，对其相应主张不予支持，并无不当。

——中国裁判文书网，http://wenshu.court.gov.cn。

1026

房屋买卖居间合同中禁止跳单条款的效力

关键词 | 房屋买卖居间合同 | 禁止跳单条款 |

【最高人民法院指导性案例】

上海中原物业顾问有限公司诉陶德华居间合同纠纷案(最高人民法院指导案例1号)

裁判要点:房屋买卖居间合同中关于禁止买方利用中介公司提供的房源信息却绕开该中介公司与卖方签订房屋买卖合同的约定合法有效。但是,当卖方将同一房屋通过多个中介公司挂牌出售时,买方通过其他公众可以获知的正当途径获得相同房源信息的,买方有权选择报价低、服务好的中介公司促成房屋买卖合同成立,其行为并没有利用先前与之签约中介公司的房源信息,故不构成违约。

法院生效裁判认为:中原公司与陶德华签订的《房地产求购确认书》属于居间合同性质,其中第2.4条的约定,属于房屋买卖居间合同中常有的禁止"跳单"格式条款,其本意是为防止买方利用中介公司提供的房源信息却"跳"过中介公司购买房屋,从而使中介公司无法得到应得的佣金,该约定并不存在免除一方责任、加重对方责任、排除对方主要权利的情形,应认定有效。根据该条约定,衡量买方是否"跳单"违约的关键,是看买方是否利用了该中介公司提供的房源信息、机会等条件。如果买方并未利用该中介公司提供的信息、机会等条件,而是通过其他公众可以获知的正当途径获得同一房源信息,则买方有权选择报价低、服务好的中介公司促成房屋买卖合同成立,而不构成"跳单"违约。本案中,原产权人通过多家中介公司挂牌出售同一房屋,陶德华及其家人分别通过不同的中介公司了解到同一房源信息,并通过其他中介公司促成了房屋买卖合同成立。因此,陶德华并没有利用中原公司的信息、机会,故不构成违约,对中原公司的诉讼请求不予支持。

——《最高人民法院关于发布第一批指导性案例的通知》(2011年12月20日,法〔2011〕354号)

【链接:最高人民法院法官著述】

2.关于禁止跳单条款的法律效力。中介公司为了保障自己的利益,通常在居间合同中载明禁止委托人跳单的条款，约定跳单行为是违约行为。对于禁止跳单条款的法律效力问题，司法实践中存在不同的认识，有的认为这是中介公司利用自己的优势地位而设立的霸王条款，限制了买方的选择权，应属无效；有的则认为买方在签订合同时，对该条款的内容和法律后果应当明知，且不违反法律规定，应属有效。我们认为，应根据约定的具体内容来认定其效力，不可一概而论，只要当事人主体身份适格，意思表示真实，约定内容没有违反法律或行政法规强制性规定的，就是合法有效的。具体来说，应考察以下两方面：

一是看禁止跳单条款是否有《合同法》第五十二条、第五十三条规定的合同无效的情形。由于禁止跳单的约定通常并不涉及损害国家、集体、第三人利益或者社会公共利益的内容，其主旨在于防止买方的不诚信行为，而非具有“非法目的”，法律、行政法规亦未强行规定当事人不得签订禁止跳单的条款，且并非免责条款，故不属于《合同法》第五十二条、第五十三条规定的情形。

二是看禁止跳单条款提供方是否具有免除其责任、加重对方责任、排除对方主要权利的情形。实践中，禁止跳单条款通常都是中介公司事先在合同中拟好，而后在居间活动中直接交给委托人签字确认的，这种为了重复使用而预先拟定且在订立合同时未与对方协商的条款，其性质属于格式条款。《合同法》第四十条对格式条款的效力作了特别限制，规定“提供格式条款一方免除其责任、加重对方责任、排除对方主要权利的，该条款无效”。免除责任，是指免除格式条款提供者按照通常情形应当承担的主要义务。加重责任，是指格式条款中含有通常情形下对方当事人不应当承担的义务。排除主要权利，是指排除对方当事人按照通常情形应当享有的主要权利。是否属于“通常情形下”的责任或权利，不能仅仅看当事人约定的合同内容，而应当根据具体合同的性质作出判断。根据二手房买卖居间合同的性质，中介公司的主要责任是根据委托人的要求，向委托人如实报告订立合同的机会、提供订立合同的媒介服务，其权利是在促成合同成立后获得报酬；委托人的主要权利是获得信息和服务，其主要义务是在中介公司促成合同成立时支付报酬。从本案例来看，当事人约定在一定期间内委托人利用了中原公司的信息、机会等条件却不通过中原公司而达成买卖交易的行为构成违约，该约定目的在于防止买方一方面利用自己的信息和服务，另一方面又绕开自己（中介公司），从而使自己得不到应得的报酬，不属于免除其责任、加重对方责任、排除对方主要权利的情形。再者，利用了中介公司的信息和服务却绕开中介公司的跳单行为，违反了诚实信用原则，当事人将该行为约定为违约行为并应当支付违约金，是对中介公司合法利益的正当保护，有利于促进中介公司的正常经营发展,有利于鼓励诚信交易。故案例中关于禁止买方利用中介公司提供的房源信息、机会等条件,却绕开该中介公司与卖方签订房屋买卖合同的约定,应认定为合法有效。

(二)买方未利用中介公司提供的信息、机会等条件时,不构成违约

本案例中,当事人约定买方在一定期间内利用了中原公司的信息、机会等条件却不通过中原公司而达成买卖交易的行为构成违约。因此,如果没有利用中原公司的信息和机会,则不构成违约。

从本案例来看,显然不能认定陶德华利用了中原公司的信息、机会。首先,房源信息并非中原公司独家掌握。法律或行政法规并无禁止房主委托多家中介公司出售房屋的规定,实践中房主为了增加交易机会,往往通过多家中介公司挂牌出售同一房屋,而不是委托某中介公司独家代理出售,因此有多家中介公司掌握同一房源信息。中介公司接受委托后通过多种渠道公布房源信息,比如在店面、网络、报刊发布或自己印制小广告发布等,这些都是公众可以获知房源信息的正当途径。由于买方可以通过多种正当途径了解到同一房源信息,也可以联系多家中介公司以选择最低的房屋报价、居间报酬报价和最优质的服务,如果最终通过某家中介公司促成了交易,很难认定买方是利用了其他中介公司的信息和服务。其次,从时间先后上看,中原公司并非第一个提供房源信息的中介公司。本案中先后有三家中介公司带买方看过房,中原公司是最后一家,且中原公司仅带买方看过一次房。从时间上看,买方最终选择了第二家中介公司与房主达成交易,不可能是利用了中原公司提供的信息和机会才达成房屋买卖交易。需要注意的是,裁判要点中并未将时间先后作为是否构成利用的要素之一,理由是,尽管时间先后可以成为考察是否构成利用的一个逻辑上的原因,但即使中原公司是第一家带买方看房的中介公司,也不能充分证明买方一定是利用了中原公司的信息,不能简单地理解为只要中介公司提供了信息,买方就构成了"利用"。再次,中原公司未能举证证明陶德华利用了中原公司的房源信息。根据"谁主张,谁举证"的原则,中原公司作为原告,对于陶德华利用了中原公司的房源信息这一主张负有举证责任,但中原公司没有提供充分证据证明陶德华利用了中原公司的房源信息。但是,司法实践中也要注意防止买方恶意跳单的情况,比如通过某一中介公司的中介服务,房屋买卖合同已经基本达成,买方仅仅因其他中介公司的居间报酬更低,就转而寻求其他中介公司与房主签约,则有违诚实信用原则。在这种情况下,可以认定买方利用了前一中介公司的信息和服务,构成违约。

（三）其他需要说明的问题

1. 关于禁止跳单条款的可撤销问题。本案例中的禁止跳单条款属于合法有效的情形，但实践中有的禁止跳单条款则可能存在显失公平的情况。比如有的条款约定中介公司带买方看房后，买方不得私下或通过其他中介公司与该房房主交易，否则需支付相当于居间报酬的违约金，该约定意味着中介公司带领买方看房后就能旱涝保收，不论该中介公司报价是否偏高、服务质量如何，买方如果打算购买该套房屋，只能选择该中介公司进行交易，否则就构成跳单违约，要支付相当于居间报酬的违约金。对此，我们认为，从中介公司的付出来看，其获得售房信息往往是卖方的主动委托，带领买方看房也只是简单劳动，其付出是有限的；在多家中介公司掌握同一房源信息的情况下，各家中介公司的报价和服务可能存在较大差异，如果某中介公司以有限的付出来永久限制买方的选择权，双方的利益是明显失衡的。在这种情况下，买方如果认为显失公平，可以根据《合同法》第五十四条的规定申请变更或撤销该条款。

——最高人民法院案例指导工作办公室：《指导案例 1 号〈上海中原物业顾问有限公司诉陶德华居间合同纠纷案〉的理解与参照》，载江必新主编：《最高人民法院司法解释与指导性案例理解与适用》第 1 卷，人民法院出版社 2013 年版，第 552 ~ 555 页。

编者说明

本指导案例涉及二手房买卖居间纠纷中时有发生的“跳单”问题。二手房买卖居间活动中，买方通过中介公司的居间服务选定房源后，却故意绕开该中介公司直接与房主达成交易或通过其他中介公司与房主达成交易的现象，民间俗称“跳单”。当事人在房屋买卖居间合同中约定的禁止跳单条款法律效力如何，以及何种情况构成跳单违约，实践中认识不一。本案例的生效判决对相关纠纷的处理结果符合法律规定及当事人约定，契合公平合理的法律精神，有利于鼓励中介公司以提供质高价优的中介服务取得竞争优势，促进二手房中介市场良性竞争，又有利于保护买方合法的购房选择权，避免因信息不对称导致的不公平。因此，本案例对类似案件的处理具有指导意义。

十、其他合同

1027

当事人对相互间的法律关系主张各异，应根据合同约定的内容和实际履行情况研析判定，确定各自责任

关键词｜无名合同｜

【最高人民法院裁判文书】

秦皇岛绿色房地产有限公司与秦皇岛市商业银行股份有限公司长城支行其他合同纠纷上诉案［最高人民法院(2011)民一终字第101号民事判决书］

法理提示：一方当事人以双方存在合作开发房地产关系为由请求对方承担赔偿责任，对方当事人抗辩双方是居间合同关系，不应承担赔偿责任。人民法院应当严格按照当事人双方之间的合同约定内容和双方履行合同的实际情况，依法认定双方之间的权利义务关系，确定各自的民事责任。

最高人民法院二审认为：《最高人民法院关于审理涉及国有土地使用权合同纠纷案件适用法律问题的解释》第十四条规定：合作开发房地产合同，是指当事人订立的以提供出让土地使用权、资金等作为共同投资、共享利润、共担风险合作开发房地产为基本内容的协议。根据该项规定，合作开发关系的成立必须具备三个法定基本要件：一是共同投资，即合作各方按照协议约定以包括土地、资金等作为资本，投入到合作项目之中；二是共享利润，即合作各方对合作开发建设的利润按约定比例共同分配利益；三是共担风险，即合作各方不仅仅享有对合作项目的利润分配，更要按照约定比例承担合作项目的经营风险及不利后果。合作开发关系的成立必须同时具备这三项法定条件，缺一不可。从本案查明的事实看，长城商行与长城信用社之间的所有协议及绿色商厦项目的整个资金投入、开发建设、销售经营等过程都没有体现出共同投资、共享利润、共担风险的情况，双方之间并不存在合作开发关系。首先，从共同投资的角度看，在长城信用社与绿色公司签订的各个协议书和绿色商厦项目的开发建设全过程中，没有任何关于双方共同投资合作开发的内容，长城信用社除了承担协助办理土地调换

手续和以贷款方式为绿色公司解决部分资金不足的问题外，并无实际资本投入，全部由绿色公司自行投资开发建设。绿色商厦开发所用土地虽然先行由长城信用社向秦皇岛军分区后勤部支付土地款，但随后就由绿色公司通过向长城信用社贷款，将购买土地款全额返还给了长城信用社，土地款实际支付主体是绿色公司，而非长城信用社。其次，从共享利润的角度看，双方协议约定的只是工程竣工后，绿色公司同意无偿返还长城信用社600平方米营业用房，后改为返还26套住宅。从该项约定看，虽然外在体现为一种利润，但明确为无偿返还，而且这种固定利润，也不是对合作开发项目利润的分配。最后，从共担风险的角度看，长城信用社与绿色公司更没有在双方的各个协议中予以明确约定，而共担风险的内容是判定是否为合作开发关系的关键环节。只有共同投资、共享利润没有共担风险的约定也不能认定为是合作开发。一审判决认定绿色公司与长城信用社之间为合作开发关系错误，应予纠正。

对长城商行上诉提出的其与绿色公司是居间服务合同关系的主张，最高人民法院二审认为，根据《合同法》第四百二十四条居间合同的规定，“居间合同是居间人向委托人报告订立合同的机会或者提供订立合同的媒介服务，委托人支付报酬的合同”。首先，绿色公司与长城信用社之间并没有委托合同关系。其次，从长城信用社与绿色公司双方《协议书》约定的内容看，在绿色公司开发建设绿色商厦的房地产项目上，长城信用社的义务并不只是简单地为绿色公司报告或者提供订立合同的媒介服务，其所承担的义务不仅是要负责协助将秦皇岛军分区后勤部所有的土地使用证办理到绿色公司名下，而且还负有以贷款的方式为绿色公司解决部分资金不足的义务。此外，协议还约定，工程的设计规划、预决算及以后的销售及价格等具体环节，应在双方意见一致后方可进行实际操作。这充分表明，长城信用社不仅承担协助办理土地使用权证的义务，还对绿色商厦的房地产项目的设计规划、预决算和销售及价格等享有决策权利。虽然，绿色公司与秦皇岛军分区后勤部签订了《房地产调换建设协议书》，但该协议书只是为履行长城信用社应付的部分协助义务，并不能改变长城信用社与绿色公司签订的协议内容，不能改变双方的权利义务关系。因此，长城商行提出其与绿色公司之间只是居间服务关系的主张不能成立。

如何确定长城信用社与绿色公司之间的权利义务关系。最高人民法院二审认为，确定合同当事人之间的法律关系应当从当事人签订合同的真实意思表示及合同所约定的双方权利义务关系内容判断，而不应限定于当事人所签订的合同表面形式。从本案长城信用社与绿色公司所签协议书所约定的双方权利义务内容分析，不具有《合同法》所规定的有名合同类型的典型特征，属于无名合同。因履行无名合同发生纠纷，必须按照合同约定的内容来明确当事人各自的权利义务，确定各自的民事责任。

——最高人民法院民事审判第一庭编：《民事审判指导与参考》总第53辑，人民法院出版社2013年版，第166～183页。

1028

双方当事人明知所发送的电子信息为商业广告，却强行向不特定公众发送，侵害不特定公众的利益，相关合同无效

关键词 | 网络服务合同 | 合同无效 |

【《最高人民法院公报》案例】

无锡市掌柜无线网络技术有限公司诉无锡嘉宝置业有限公司网络服务合同纠纷案(无锡市南长区人民法院民事判决书)

裁判摘要：双方当事人明知所发送的电子信息为商业广告性质，却无视手机用户群体是否同意接收商业广告信息的主观意愿，强行向不特定公众发送商业广告短信息，侵害不特定公众的利益，所发送的短信息应认定为垃圾短信，其签订的相关合同无效，所涉价款属于非法所得，人民法院应予收缴。

无锡市南长区人民法院认为：当事人订立、履行合同，应当遵守法律、行政法规，尊重社会公德，不得扰乱社会经济秩序，损害社会公共利益。本案中，根据原告掌柜网络公司与被告嘉宝公司签订的《短消息合作协议书》及双方陈述，双方在对所发送的电子信息的性质充分知情的情况下，无视手机用户群体是否同意接收商业广告信息的主观意愿，强行向不特定公众发送商业广告，违反网络信息保护规定、侵害不特定公众的利益，该合同应属无效，所发送的短信应认定为垃圾短信。因掌柜网络公司对该协议已履行完毕、嘉宝公司客观上已实际受益；而掌柜网络公司作为网络服务提供者，在订立、履行合同过程中，违反电子信息发布规定，故意向不特定公众发送垃圾短信，行为恶劣，应予惩戒；故本院对该服务费另行制作决定予以收缴。

——《最高人民法院公报》2015年第3期

1029
保理合同纠纷的处理规则

关键词 | 保理合同 |

【最高人民法院审判业务意见】

保理业务是以债权人转让其应收账款债权为前提,集应收账款催收、管理、坏账担保及融资于一体的综合性金融服务,在国际贸易中运用广泛。近年来,保理业务在国内贸易领域的运用显著增多。从保理商的分类来看,主要包括银监会审批监管的银行类保理机构和商务部、地方商务主管机关审批监管的商业保理公司。二者虽然在设立主体、行业准入和监管要求上有差异,但在交易结构上并无不同。从各地法院受理的案件数量来看,各地并不均衡。北京、天津以及东南沿海地区法院受理的保理合同案件较多。

由于现行法律尚未就保理合同作出专门规定,因此,对相关法律问题仍存有争议。对此,我们高度关注,并已着手进行调研。就几个主要问题,我先提一些意见。

第一,关于保理合同的案由问题。

相对于传统合同类型案件而言,保理合同案件属于新的案件类型。由于《合同法》未就保理合同作出专门规定,其属于无名合同,加之现行的案由规定中尚无“保理合同”的专门案由,所以有的法院直接将保理合同的案由确定为借款合同。

需要指出的是,保理法律关系的实质是应收账款债权转让,涉及三方主体和两个合同,这与单纯的借款合同有显著区别,故不应将保理合同简单视为借款合同。

在保理合同纠纷对应的案由方面,最高人民法院已将此纳入到新修订的案由规定中予以考虑,在新的案由规定尚未出台之前,可将其归入“其他合同纠纷”中。

应注意的是,实务中确实有部分保理商与交易相对人虚构基础合同,以保理之名行借贷之实。对此,应查明事实,从是否存在基础合同、保理商是否明知虚构基础合同、双方当事人之间实际的权利义务关系等方面审查和确定合同性质。如果确实是名为保理、实为借贷的,仍应当按照借款合同确定案由并据此确定当事人之间的权利义务。

第二,要正确认识保理的交易结构和当事人之间的权利义务关系。

保理合同涉及保理商与债权人、保理商与债务人之间不同的法律关系。债权人与债务人之间的基础合同是成立保理的前提,而债权人与保理商之间的应收账款债权转让则是保理合同关系的核心。

在合同效力上,只要不具有《合同法》第五十二条规定的合同无效情形,均应当认定有效。对于未来债权能否作为保理合同的基础债权的问题,在保理合同订立时,只要存在基础合同所对应的应收账款债权,则即使保理合同所转让的债权尚未到期,也不应当据此否定保理合同的性质及效力。

在确定当事人的权利义务方面,法院应当以当事人约定及《合同法》中有关债权转让转让的规定作为法律依据。债务人收到债权转让通知后,应当按照通知支付应收账款。当然,债务人依据基础合同享有的抵销权及抗辩权,可以对抗保理商,但保理商与债务人另有约定的除外。

第二,要正确认识保理合同与基础合同的关系。

基础合同的存在是保理合同缔约的前提。但是,二者并非主从合同关系,而是相对独立的两个合同。应当看到,二者有关权利义务关系的约定存有牵连。实践中,如果保理商明知基础合同约定应收账款债权不得转让,但仍然受让债权的,应当注意:

一方面,前述约定并不当然影响保理合同的效力;另一方面,保理商以保理合同为依据向基础合同债务人主张债权的,并不能以此约束债务人,债务人仍可以此抗辩。债权人、债务人及保理商就基础合同的变更作出约定的,依其约定处理。如果无三方约定,保理商受让债权后,债务人又与原债权人变更基础合同,导致保理商不能实现保理合同目的,保理商请求原债权人承担违约责任或者解除保理合同并赔偿损失的,应当支持。

——杨临萍:《关于当前商事审判工作中的若干具体问题》(2015 年 12 月 24 日),载杜万华主编:《商事法律文件解读》总第 134 辑,人民法院出版社 2016 年版,第 25 ~27 页。

编者说明

目前我国理论界和实务界对保理合同的性质存有较大的分歧。在司法实践中,保理合同纠纷案件所列的案由并不统一,实践中有借款合同纠纷、金融借款合同纠纷、债权转让纠纷和保理合同纠纷等案由,这反映了保理合同法律关系的复杂性以及实务界对保理合同法律性质认知的模糊性。从国内外相关的法律理论以及实践看来，目前关于保理合同的法律性质有着不同的观点和学说，主要有债权让与说、债权质押说、委托代理说等，我国理论界和实务界目前还提出了混合合同说。保理合同法律性质的确定，关系到法律对保理业务的规则设计，对保障司法机关准确适用法律有重要意义。上述最高人民法院审判业务意见在一定程度上厘清了相关问题的处理原则。

1030

在有追索权保理业务中，保理商不承担买方支付不能的风险，其实质是保理商对应收账款转让方享有追索权

关键词｜保理合同｜债权转让｜追索权｜

【最高人民法院裁判文书】

河北银行股份有限公司青岛分行与中色物流（天津）有限公司、青岛德诚矿业有限公司等金融借款合同纠纷案［最高人民法院（2015）民二终字第98号民事裁定书］

最高人民法院认为：一、保理业务是以债权转让为基础的一种综合性金融服务方式，在有追索权保理业务中，保理商不承担买方支付不能的风险，其实质是保理商对应收账款转让方享有追索权。本案中，河北银行股份有限公司青岛分行与青岛德诚矿业有限公司签订《综合授信合同》《国内保理业务合同》后，就债权转让共同向中色物流（天津）有限公司发出一份《应收账款债权转让通知书》，中色物流（天津）有限公司在回执上加盖了公章。可见，该笔保理业务的办理基础是中色物流（天津）有限公司（买方）与青岛德诚矿业有限公司（卖方）之间基于《铝锭销售合同》形成的应收账款，河北银行股份有限公司青岛分行作为保理商通过债权转让的方式，取得上述应收账款的相关权益，由中色物流（天津）有限公司向河北银行股份有限公司青岛分行履行应收账款的还款责任，以确保之后青岛德诚矿业有限公司与河北银行股份有限公司青岛分行签订的保理合同项下融资款的偿付。因此，本案应收账款的债权转让与保理合同的订立构成一笔完整的保理业务，涉及河北银行股份有限公司青岛分行、青岛德诚矿业有限公司、中色物流（天津）有限公司三方权利义务主体以及相互之间的权利义务关

系。故中色物流(天津)有限公司作为本案上诉人提出本案存在河北银行股份有限公司青岛分行与青岛德诚矿业有限公司的保理合同关系、河北银行股份有限公司青岛分行与中色物流(天津)有限公司的债权转让关系属于两个不同事实的理由不能成立。二、《应收账款债权转让通知书》为保理合同附件的一部分,与保理合同具有同等法律效力,构成完整的保理合同项下的双方权利义务内容。中色物流(天津)有限公司在《应收账款债权转让通知书》上加盖公章是其真实意思表示,应当视为其接受保理合同相关条款的约束。

——中国裁判文书网,http://wenshu.court.gov.cn。

1031

金融机构为买卖合同当事人提供融资借款所签保理服务合同,与买卖合同相互独立,并无主从关系

关键词|保理合同|买卖合同|主从合同|

【最高人民法院裁判文书】

柳州钢铁公司与中信银行厦门分行金融借款合同纠纷案[最高人民法院(2014)民二终字第5号民事裁定书]

最高人民法院认为:一、《银、企、商合作协议书》与买卖协议是否构成主从合同关系。

本案系中信银行厦门分行因柳州钢铁公司不履行《银、企、商合作协议书》中约定的交货义务而提起的诉讼。《银、企、商合作协议书》约定的基本内容为拓兴成公司以其在与柳州钢铁公司签订的买卖协议中约定的应收货物为质押,向中信银行厦门分行进行融资借款,用于支付拓兴成公司应付货款。其本质为拓兴成公司向中信银行厦门分行进行金融借款,并以拓兴成公司应收货物提供质押担保。拓兴成公司和中信银行厦门分行之间的金融借款法律关系,与拓兴成公司和柳州钢铁公司之间的买卖合同法律关系,是两个独立的法律关系。二法律关系之间有一定的关联,即借款的目的是支付买卖合同中的货款,但不能认为该借款关系就完全依附于买卖关系。即使买卖合同无效或被撤销,金融借款合同也只能是因合同目的无法实现而由一方提出或双方协商解除合同。在金融

借款合同已经签订并已部分履行的情况下，不能认为买卖合同无效或被撤销会当然地导致借款合同的无效和被撤销。因此，柳州钢铁公司关于《银、企、商合作协议书》是买卖协议的从合同的上诉理由不能成立。

——中国裁判文书网，http://wenshu.court.gov.cn。

1032

保理业务中为提高对所购债权处置变现的效率，转受让双方约定是否向相关债务人及担保人发出债权转让的书面通知，不违反法律规定

关键词｜保理合同｜债权转让通知｜

【最高人民法院裁判文书】

遵义渝禾商贸有限责任公司与中信银行股份有限公司贵阳分行等合同纠纷申请再审案[最高人民法院(2016)最高法民申7号民事裁定书]

最高人民法院认为：本案系保理业务合同纠纷。

首先，关于涉案债权转让的情况。根据二审判决查明的事实，中信银行在二审程序中依渝禾公司的申请提交了一份中信银行和东方资产公司杭州办签订的《债权转让合同》复印件。中信银行同时提交书面声明称：该行所提交的对外进行债权转让的相关证据，仅为配合法院查明本案事实之目的使用，但皆不可视为该行向债务人、保证人通知债权变动情况。该债权上所涉变动情况在该行未向债务人及保证人（包括南江公司、渝禾公司、简传刚、杨小平）正式发送债权转让通知前，对债务人、保证人不发生效力。《债权转让合同》约定，截至2014年6月20日，中信银行将其本金3520万元、利息416322.51元，共计35616322.51元的债权转让给东方资产公司杭州办，其中包括了本案所涉债权。该合同第5.4条约定，为减少处置环节，提高对所购债权的处置变现的效率，本合同项下债权转让事宜，是否向相关债务人及担保人发出书面通知以及办理相关抵押权、质权变更登记手续，由双方协商决定，如一方提出需通知或办理变更手续，另一方应予配合，因通知或办理变更手续而产生的费用由提出方承担。

其次，关于中信银行的诉讼主体资格即债权转让对债务人渝禾公司的效力

问题。《合同法》第八十条规定:“债权人转让权利的,应当通知债务人。未经通知,该转让对债务人不发生效力。债权人转让权利的通知不可撤销,但经受让人同意的除外。”该条规定采债权转让的通知主义模式,通知是债权转让对债务人生效的要件。债务人应当向谁履行债务,取决于其是否收到债权转让通知。债务人在没有收到债权转让通知前,不论其是否实际知晓债权转让的情况,债权转让对债务人均不发生法律效力,债务人仍应向原债权人履行债务。本案中,转让人中信银行和受让人东方资产公司杭州办就涉案债权达成转让协议,涉案债权由中信银行转移至东方资产公司杭州办,但中信银行未向债务人渝禾公司发出债权转让通知,故该债权转让对渝禾公司不发生法律效力。

渝禾公司称中信银行已通过口头方式履行了通知手续,系其单方陈述,并未提供证据证明,且该陈述与《债权转让合同》关于转让双方协商后以书面方式通知的约定相左,亦不符合银行业务实践,故本院不予采信。关于中信银行在二审程序中提交《债权转让合同》复印件的行为性质,其已声明向法院提交的目的仅为配合法院查明系争事实,不属于对债务人发出的债权转让通知。渝禾公司主张中信银行在诉讼程序中已经发出债权转让通知且不可撤回,缺乏事实依据。

综上,原判决认定中信银行未将债权转让事实通知债务人渝禾公司,故渝禾公司仍应向中信银行继续履行债务,并无不当。渝禾公司关于中信银行不具有诉讼主体资格的申请再审理由不能成立。

其三,关于二审法院是否应责令中信银行发出债权转让通知的问题。债权转让通知义务是债权人在债权转让协议项下对受让人负有的一项合同义务,以使受让人获得向债务人主张债权的权利。《不良贷款案件规定》第六条即“金融资产管理公司受让国有银行债权后,原债权银行在全国或者省级有影响的报纸上发布债权转让公告或通知的,人民法院可以认定债权人履行了《合同法》第八十条第一款规定的通知义务。在案件审理中,债务人以原债权银行转让债权未履行通知义务为由进行抗辩的,人民法院可以将原债权银行传唤到庭调查债权转让事实,并责令原债权银行告知债务人债权转让的事实”的规定,亦是从金融资产管理公司作为受让人享有权利的角度,明确其起诉后,有权要求原债权银行配合查明通知事实或补充履行通知义务。债务人作为债权转让协议以外的第三人,并不享有该项请求权,且合同法规定债务人依据债权转让通知确定债权的归属,已经妥善保护了债务人的善意信赖和交易安定,因此债权人是否进行债权转让通知,无涉债务人的利益。本案中,《债权转让合同》第 5.4 条约定,为提高对所购债权的处置变现的效率,是否向相关债务人及担保人发出债权转让的书面通知,由转受让双方协商决定。此约定不违反我国法律和行政法规的规定,其合法有效。中信银行有权选择不向债务人渝禾公司履行通知手续,渝禾公司主张法院应当责令中信银行履行通知义务,于法无据,其关于原判决适用法律错误的申请再审理由,本院不予支持。

其四,关于涉案债权是否已经清偿完毕的问题。第三人代为清偿债务,属于合同履行范畴,其法律后果是消灭原债关系,由代为清偿人取得向债务人的求偿权,故与债权转让有本质区别。本案中信银行和东方资产公司杭州办签订并履行了《债权转让合同》,债权转让的性质是清晰明确的,东方资产公司杭州办支付的款项是受让债权的对价,并不是代为清偿债务。中信银行在收到受让款后所作的内部账务处理,不改变债权转让的性质。渝禾公司主张涉案债务已清偿完毕,无事实和法律依据,本院亦不予支持。

——中国裁判文书网,http://wenshu.court.gov.cn。

1033

《BSP 业务代收代付服务协议》不违反法律规定，应当认定有效

关键词｜BSP 业务代收代付服务协议｜合同效力｜

【最高人民法院裁判文书】

张颉与上海海蓝宝石软件有限公司等信用支付服务合同纠纷申请再审案
[最高人民法院(2015)民申字第 778 号民事裁定书]

最高人民法院认为:(一)原审判决认定快钱公司是金融类企业,其经营范围包括“代收代付服务”等事实,有快钱公司的工商登记资料为根据。张颉申请再审称原审判决认定事实缺乏证据证明,理由不成立。

(二)张颉查询中国人民银行在互联网上公布的公开信息而打印的资料,其在原审中亦曾提交,并不属于法律规定的新的证据。并且,中国人民银行公布的已获得非金融机构支付业务许可的企业列表信息,以及“快钱支付清算信息有限公司”的工商公示信息,与本案并无直接关联,亦不足以推翻原审判决。张颉申请再审称有新的证据足以推翻原审判决,理由不成立。

(三)从本案原审已查明的事实看,快钱公司与军利公司签订《BSP 业务代

收代付服务协议》,目的是由快钱公司提供融资服务,但这并未超出快钱公司的合法经营范围,不属于非法借贷行为。该协议是双方当事人的真实意思表示,不违反我国法律、行政法规的规定,应当认定有效。张颉申请再审称快钱公司向军利公司提供融资服务,是双方共谋以合法形式掩盖非法目的的违法行为,依据不足。原审判决不构成适用法律错误。

——中国裁判文书网,http://wenshu. court. gov. cn。

张颉与上海海蓝宝石软件有限公司等信用支付服务合同纠纷案[最高人民法院(2014)民四终字第24号民事判决书]

裁判要旨:根据快钱公司的工商登记资料,快钱公司是金融类企业,其经营范围包括“代收代付服务”,且已获中国人民银行支付机构许可。从本案有关事实看,快钱公司与军利公司签订《BSP业务代收代付服务协议》,目的是由快钱公司提供融资服务,但这并未超出快钱公司的合法经营范围,不属于非法借贷行为。《BSP业务代收代付服务协议》是双方当事人的真实意思表示,不违反我国法律、行政法规的规定,应当认定有效。

最高人民法院认为:

(一)关于张颉与快钱公司之间签订的《最高额抵押合同》的效力问题

根据2010年8月18日快钱公司与军利公司之间签订的《BSP业务代收代付服务协议》的约定,快钱公司为军利公司提供的“代收代付服务”,是指快钱公司对军利公司指定的收款账户即BSP账户审核并认可的情况下,按照军利公司的要求,在约定的3亿元额度范围内替军利公司先行向该指定的收款账户代付相应款项,之后再由军利公司按照快钱公司的要求在约定的还款日之前向快钱公司偿还相应款项。BSP系开账与结算计划(BILLING & SETTLEMENT PLAN)的简称,是国际航空运输协会根据航空公司及其销售代理人的需要设立的清算和结算账目的销售结算系统,我国于1995年初经中国民用航空总局批准后设立了中国BSP系统并于1997年正式运行。军利公司作为机票销售代理人根据该系统的要求在中国工商银行设立了专用账户,用于与相关航空公司之间的机票交易结算。根据该系统要求,该专用账户内的资金入账后,军利公司不能随意支配,而是被该系统自动根据账期及账单等信息将相关款项划转给各航空公司,即所谓“只能进、不能出”。根据快钱公司的工商登记资料,快钱公司是金融类企业,其经营范围包括“代收代付服务”,且已获中国人民银行支付机构许可。从本案有关事实看,快钱公司与军利公司签订上述服务协议,目的是由快钱公司提供融资服务，但这并未超出快钱公司的合法经营范围，不属于非法借贷行为。《BSP业务代收代付服务协议》是双方当事人的真实意思表示，不违反我国法律、行政法规的规定，应当认定有效。

张颉与快钱公司、军利公司签订的《最高额抵押合同》明确约定，为确保快钱公司和军利公司签订的编号为 KTJ11 – 2000 – 023 的《合作协议》及所有附件的履行，张颉愿意为军利公司依该协议与快钱公司形成的债务的最高余额 8500 万元的全部债权及其他相关权利提供担保，担保的债权形成时间自 2010 年 8 月 18 日至 2012 年 12 月 31 日止。张颉对一审判决关于《合作协议》与《BSP 业务代收代付服务协议》之间关系的认定并无异议，即《合作协议》是在《BSP 业务代收代付服务协议》框架下为满足办理抵押登记手续的需要，根据不同抵押人签署的最高额抵押合同分别出具的，《合作协议》中所指快钱公司与军利公司之间的合作就是《BSP 业务代收代付服务协议》项下的合作，各担保人担保的债务就是《BSP 业务代收代付服务协议》项下产生的债务。张颉与快钱公司、军利公司签订的《最高额抵押合同》系三方的真实意思表示，并不违反我国法律、行政法规的规定，亦应认定有效。一审判决对此认定正确。张颉关于快钱公司没有金融资质、《BSP 业务代收代付服务协议》应认定无效、主合同无效担保合同因而无效的上诉理由不能成立。

（二）关于张颉在本案中应否承担担保责任的问题

快钱公司向军利公司支付的款项均进入的是军利公司 BSP 专用账户，符合《BSP 业务代收代付服务协议》的约定。快钱公司为军利公司的代付行为是在一定时间内连续发生的。根据军利公司于 2011 年 3 月 18 日给快钱公司的三份《BSP 授信延迟还款申请书》，载明军利公司欠快钱公司的款项，包括于 2011 年 3 月 16 日到期的 2500 万元、10200 万元、2011 年 3 月 18 日到期的 11200 万元及相关手续费，请求延迟付款，欠款额总计 2. 39 亿元。快钱公司该债权发生的时间并未超出张颉签署的《最高额抵押合同》中约定的担保债权形成时间。因此，一审判决张颉根据《最高额抵押合同》的约定承担相应的担保责任并无不当。

上诉人张颉认为快钱公司支付的款项并非用于代付机票款，由于快钱公司支付的款项进入的是 BSP 专用账户，因此张颉欲否认款项用途即应承担相应的举证责任，但张颉没有举出充分的证据证明快钱公司进入 BSP 账户的款项没有用于向航空公司支付机票款，张颉的该主张不能成立。如果有证据证明军利公司和快钱公司合意改变款项用途，根据担保法的规定，担保人张颉对加重其担保责任部分可以免除担保责任，但张颉没有举出证据证明存在该种情形。此外，张颉认为其承保的是快钱公司代付的机票款,因有军利公司销售机票收入为支撑,应当是稳妥的,风险很小的,该认识有一定的合理性,然而,张颉并没有在《最高额抵押合同》中为债权人付款设置特定条件,在《最高额抵押合同》有效的前提下,快钱公司为军利公司代付了相应的款项,军利公司不能偿还,张颉即应当依约在其承保的额度内承担相应担保责任。担保的目的在于保障债权人行使债权,在债权人没有过错的情况下,债务人不能偿债的风险,应当由保证人承担。因此,上诉人张颉关于本案所涉债务并非机票款代付系列协议下产生的债务、其不应承担担保责任的上诉理由没有事实和法律依据,不应予以支持。

——中国裁判文书网,http://wenshu. court. gov. cn。

【链接:最高人民法院法官著述】

BSP 系开账与结算计划(BILLING & SETTLEMENT PLAN)的简称,是国际航空运输协会根据航空公司及其销售代理人的需要设立的清算和结算账目的销售结算系统,我国于 1995 年初经中国民用航空总局批准后设立了中国 BSP 系统并于 1997 年正式运行。军利公司作为机票销售代理人根据该系统的要求在中国工商银行设立了专用账户,用于与相关航空公司之间的机票交易结算。根据该系统要求,该专用账户内的资金入账后,军利公司不能随意支配,而是被该系统自动根据账期及账单等信息将相关款项划转给各航空公司,即所谓"只能进、不能出"。《BSP 业务代收代付服务协议》是双方当事人的真实意思表示,并未超出快钱公司的合法经营范围,不属于非法借贷行为,应认定有效。

——《最高人民法院民四庭 2014 年涉外商事海事审判综述》,载贺荣主编、最高人民法院民事审判第四庭编:《涉外商事海事审判指导》总第 30 辑,人民法院出版社 2016 年版,第 238 ~239 页。

第九章 | CHAPTER 09

保险合同

一、一般规定

1034

以商事裁判理念指导保险案件审理

关键词｜保险案件｜商事裁判理念｜

【最高人民法院司法政策】

7. 依法保障保险市场健康发展。各级人民法院要妥善审理因销售误导和理赔等引发的保险纠纷案件,规范保险市场秩序,推动保险服务水平的提高。要在保险合同纠纷案件审理中,注意协调依法保护投保人利益和平等保护市场各类主体、尊重保险的精算基础和保护特定被保险人利益、维护安全交易秩序和尊重便捷保险交易规则、防范道德风险和鼓励保险产品创新等多种关系,要积极支持保险行业协会等调处各类保险纠纷,维护保险业对经济社会发展的"助推器"和"稳定器"功能,促进保险业的健康持续发展。

——《最高人民法院印发〈关于人民法院为防范化解金融风险和推进金融改革发展提供司法保障的指导意见〉的通知》(2012年2月10日,法发〔2012〕3号)

保险法属于典型的商法,保险案件的审理,也应确立商事审判意识,以商事审判理念指导案件审理。同时,保险审判也有其特殊性。在具体案件审理中,我们将努力协调好依法保护投保人利益和平等保护市场各类主体、尊重保险的精算基础和保护特定被保险人利益、维护交易安全秩序和尊重便捷保险交易规则、防范道德风险和鼓励保险产品创新等关系。对于涉及投保人告知义务以及保险人说明义务的案件,要体现对违反诚实信用原则主体的制裁,防止保险人利用格式条款以及投保人告知义务制度逃避责任,也要体现对恶意骗保行为的消极评价,合理引导投保人尽到相应的注意义务;对于涉及保险合同内容的案件,要合理适用不利解释原则,同时注意防止不利解释原则的扩大适用;对于保险理赔引发的案件,要督促保险人及时核保、理赔,促进保险人理赔的规范化,同时要注意防范和处罚各种保险欺诈行为;对于涉及保险中介机构的保险案件,要体现对违规保险代理人的惩处,促进保险中介市场的有序发展。

——《中国保险法制建设30年高峰论坛材料》(2011年3月27日),载最高人民法院民事审判第二庭编:《商事审判指导》总第25辑,人民法院出版社2011年版,第5~6页。

1035

一般保险合同经双方签字盖章，或者保险人向投保人签发保险单或其他保险凭证，合同即成立

关键词 | 保险合同 | 签发保险单 | 合同成立 |

【最高人民法院答复】

四川省高级人民法院:

你院〔2002〕川民终字第90号关于内江市东兴区农村信用合作社联合社与中国太平洋保险公司内江支公司(以下简称内江太保公司)保险合同赔付纠纷一案,保险合同是否成立等问题的请示收悉。经研究,答复如下:

一般保险合同只要双方签字盖章,或者保险人向投保人签发保险单或者其他保险凭证,该保险合同即应认定已经成立。内江太保公司在签发保险单时如投保人未提供借款合同,则该公司不应签发保险单。内江太保公司经审核向钟玉琪签发了保险单,故应认定所涉借款合同已报送内江太保公司。虽投保人提供的借款合同与保险条款中所列的消费借款合同种类不一致,但至出险前内江太保公司未提出异议,应视为内江太保公司认可了钟玉琪提交的商业贷款合同代替了保险合同中的消费贷款。故同意你院研究的第一种意见,应认定本案保险合同有效,内江太保公司依约承担保险责任。

此复。

——《最高人民法院关于对四川省高级人民法院关于内江市东兴区农村信用合作社联合社与中国太平洋保险公司内江支公司保险合同赔付纠纷合同是否成立等请示一案的答复》(2003年7月10日,〔2003〕民二他字第09号)

1036

如无特别约定，是否交付保险费对保险合同的成立和生效都不能产生影响

关键词｜交付保险费｜合同成立｜合同生效｜

【《最高人民法院公报》案例】

云南福运物流有限公司与中国人寿财产保险股份有限公司曲靖中心支公司财产损失保险合同纠纷申请再审案[最高人民法院(2013)民申字第1567号民事裁定书]

裁判摘要:1. 当事人就货物保险损失达成《赔偿协议书》及《货运险赔偿确认书》是对财产损害赔偿金额的自认,是真实意思表示,是有效的民事法律行为。

2. 保险合同以当事人双方意思表示一致为成立要件,即保险合同以双方当事人愿意接受特定条件拘束时,保险合同即为成立。签发保险单属于保险方的行为,目的是对保险合同的内容加以确立,便于当事人知晓保险合同的内容,能产生证明的效果。根据《保险法》第十三条第一款关于"投保人提出保险要求,经保险人同意承保,保险合同成立。保险人应当及时向投保人签发保险单或者其他保险凭证,并在保险单或者其他保险凭证中载明当事人双方约定的全部内容"之规定,签发保险单并非保险合同成立时所必须具备的形式。

3. 保险费是被保险人获得保险保障的对价。根据《保险法》第十三条第三款关于"依法成立的保险合同,自成立时生效。投保人和保险人可以对合同的效力约定附条件或者附期限"之规定,保险合同可以明确约定以交纳保险费为合同的生效要件。如果保险合同约定于交纳保险费后保险合同生效,则保险人对交纳保险费前所发生的损失不承担赔偿责任。

最高人民法院认为:一、本案一、二审法院驳回双方当事人要求撤销《赔偿协议书》及《货运险赔偿确认书》的请求并无不当。本案双方当事人达成的《赔偿协议书》及《货运险赔偿确认书》是双方对财产损害赔偿金额的自认,是真实意思表示,是有效的民事法律行为。虽然双方当事人均提出撤销《赔偿协议书》及《货运险赔偿确认书》的请求,但均未对可撤销的理由提出相关证据。《民法通则》第五十七条规定:"民事法律行为从成立时起具有法律约束力。行为人非依法律规定或者取得对方同意,不得擅自变更或解除。"根据上述规定,福运公司与人寿财保

曲靖公司所签订的《赔偿协议书》及《货运险赔偿确认书》应受法律保护，双方当事人应受该协议的约束。二、人寿财保曲靖公司不应赔偿福运公司的其余货物损失1873207 元。首先，福运公司与人寿财保曲靖公司之间的保险合同关系成立且有效，本案一、二审法院关于保险合同成立的认定并无不当。保险费是被保险人获得保险保障的对价，根据《保险法》第十三条第三款关于“依法成立的保险合同，自成立时生效。投保人和保险人可以对合同的效力约定附条件或者附期限”之规定，本案福运公司向保险公司投保所提交的《国内货物运输保险投保单》上关于“投保人应当在保险合同成立时交付保险费。保险费未交清前发生的保险事故，保险公司不承担责任。保险责任开始后 15 天内投保人未交清保险费，保险人有权解除保险合同”的“特别约定”，属于附生效要件的合同。由于本案保险合同约定于交纳保险费后生效，故保险人对投保人保险费交纳前所发生的损失不承担赔偿责任。综上，福运公司要求人寿财保曲靖公司承担保险责任的请求，因与其投保单所载明的内容不相符，本院不予支持。福运公司关于人寿财保曲靖公司没有对特别约定向其履行明确说明条款内容义务的主张，本院不予采信。

——《最高人民法院公报》2016 年第 7 期

【链接：最高人民法院法官著述】

《保险法》修订前，由于未严格区分合同的成立与生效，因此对投保人交付保险费是否为合同义务不甚明确。所以，实务中因保费交付与保险合同生效、保险责任承担的关系发生的纠纷非常普遍。新《保险法》第十四条明确将投保人交付保险费作为合同义务规定下来，并赋予当事人可以对合同生效附条件或附期限的权利，应该说对减少这方面的纠纷会发挥积极的作用。一般情况下，保费的交付不对保险合同的效力产生影响，其只是合同成立生效后投保人应当履行的合同义务。当事人将保费交付约定为合同生效要件的另当别论。合同成立并不必然导致合同生效，在合同附有生效条件或期限时，合同的生效就会滞后于合同的成立。保险合同依法成立后其效力也会出现两种状态，即立即生效或附条件、期限而效力待定，所以，保险合同是否成立时生效与是否附有条件或期限有关，但与投保人是否支付保险费没有关系。

——最高人民法院保险法司法解释起草小组编著：《〈中华人民共和国保险法〉保险合同章条文理解与适用》，中国法制出版社 2010 年版，第 64 ~ 65 页。

保险合同还是一种诺成性合同,而并不是实践性合同。投保人无需交纳保费,只有合同双方意思表示一致,合同就可以成立。但合同成立并不就等于合同生效。《保险法》第十四条规定,保险合同成立后,投保人按照约定交付保险费;保险人按照约定的时间开始承担保险责任。可见,一般情况下,是合同成立后再交付保险费,是否交付保险费与合同成立之间没有关系。

而合同是否生效需要法律对当事人的合意进行评判。《合同法》第四十四条规定,依法成立的合同,自成立时生效。一般情况下,合同成立时即生效。但是如果合同存在当事人意思表示不真实或者欠缺合同有效要件、违反法律强制性规定等情形时,合同就不会及时正常生效,可能出现可变更、可撤销、效力待定甚至无效的情形。如果当事人另有约定,也可以约定合同生效的条件和时间。投保人不交付保险费并没有违反法律的强制性规定,也不涉及可变更、可撤销及效力待定的情况。因此,如果当事人没有将给付保险费作为合同生效的前提条件,不给付保险费就不能成为合同无效的原因。也就是说,交付保险费与否在合同没有特别约定的情况下,对合同的成立和生效都不能产生影响。

——宫邦友:《保险纠纷案件中欠缴保费涉及的几个法律问题》,载《人民司法》2005 年第 5 期。

1037

电子保险合同的激活是确定被保险人和保险责任的开始时间，而非合同生效时间

关键词 | 电子保险合同 |

【《最高人民法院公报》案例】

韩龙梅等诉阳光人寿保险股份有限公司江苏分公司保险合同纠纷案(南京市鼓楼区人民法院民事判决书)

裁判摘要:《保险法(2002)》第十七条第一款规定:“订立保险合同,保险人应当向投保人说明保险合同的条款内容,并可以就保险标的或者被保险人的有关情况提出询问,投保人应当如实告知。”保险人或其委托的代理人出售“自助

式保险卡”未尽说明义务，又未对相关事项向投保人提出询问，自行代替投保人激活保险卡形成数据电文形式的电子保险单，在保险合同生效后，保险人以电子保险单内容不准确，投保人违反如实告知义务为由主张解除保险合同的，人民法院不予支持。

南京市鼓楼区人民法院认为：《保险法(2002)》第十七条第一款规定：“订立保险合同，保险人应当向投保人说明保险合同的条款内容，并可以就保险标的或者被保险人的有关情况提出询问，投保人应当如实告知。”对于投保人的告知义务而言，除了《保险法(2002)》第十七条第一款的规定，被告阳光人保自行提供的保险条款也规定：“订立本合同时，本公司会就投保人和被保险人的有关情况提出书面询问，投保人和被保险人应当如实告知。”可见，投保人的告知义务的范围应当以保险人询问的事项为限，对保险人未询问的事项，投保人不负告知义务。

本案中，证人宗芹出具证言称，在收取保险费时误以为刘继是农民而未询问其职业，涉案保险卡系保险代理公司根据业务员对被保险人职业状况的陈述代为激活，后又交付给刘继的内容，鉴于宗芹作为向刘继销售被告阳光人保保险业务的经办人，与阳光人保有利害关系，其出具的不利于阳光人保的证言可信度较高，且阳光人保未能举证证明涉案保险卡由刘继自己激活，亦未能举证证明在收取保险费时对刘继的职业提出了书面询问，故可以认定阳光人保未能全面履行对保险合同条款的说明义务。阳光人保网站上可查阅被保险人的职业分类表，网上激活的过程中，被保险人职业栏如选择“营业用货车司机”，保险卡会因被拒绝承保而不能激活。但是，本案所涉保险卡系民兴代理公司内勤代为激活，激活过程中，民兴代理公司仅向其业务员宗芹而未向投保人刘继进行询问，而宗芹并未询问过刘继的职业，使得刘继没有机会就其职业状况履行如实告知义务。因此，刘继并未违反投保人如实告知义务。阳光人保作为保险人认为刘继违反告知义务主张解除合同，要求免除相应的赔偿责任请求没有事实根据与法律依据。因此，涉案保险合同合法有效，保险责任期间自2009年3月16日0时起至2010年3月15日24时止。2009年4月20日，刘继因交通事故而意外死亡，已经构成保险事故，保险人应按保险合同约定承担赔偿责任。《保险法(2002)》第六十四条规定：“被保险人死亡后，遇有下列情形之一的，保险金作为被保险人的遗产，由保险人向被保险人的继承人履行给付保险金的义务：(一)没有指定受益人的；……”本案中，涉案保险合同没有指定受益人，原告韩龙梅、刘娜、刘凯、刘元贞、王月兰作为刘继的法定继承人，有权要求阳光人保履行给付保险金的义务。

——《最高人民法院公报》2010 年第 5 期

编者说明

电子保单作为一种重要的保险营销手段和保险业务拓展手段,发展迅猛。与之相应的纠纷也日益增多,从而带来许多值得研究的问题。本裁判厘清了电子保单的生效条件,即保险公司收到保费时保险合同成立并生效。激活保险卡生成电子保单,是在保险人的网站上以数据电文形式确定被保险人和保险责任开始时间,而非保险合同之生效时间。其次,在订立电子保单过程中,保险人代投保人激活保险卡,必须直接向投保人询问,并保留相关询问与告知的证据。否则,保险人不得主张解除合同,亦不能免除赔偿责任。

1038

代付保费构成第三人代为清偿的认定

关键词 | 代付保费 | 第三人 | 代为清偿 |

【最高人民法院司法解释】

第七条 当事人以被保险人、受益人或者他人已经代为支付保险费为由,主张投保人对应的交费义务已经履行的,人民法院应予支持。

——《最高人民法院关于适用〈中华人民共和国保险法〉若干问题的解释(三)》(2015 年 11 月 25 日,法释〔2015〕21 号)

【链接:最高人民法院法官著述】

在判断是否构成第三人清偿时,可以综合以下几个要件进行判断:

首先,交付保险费的人必须是投保人以外的第三人。实务中,常有代理人、受托人交付保险费的现象。如第三人系以投保人的受托人身份代为交纳保险费的,依据《民法通则》《合同法》有关委托代理的规定,清偿的法律后果归于投保人(委托人)本人,不构成第三人清偿。实务中,出现第三人交纳保险费的,保险人应当问明其代交的原因,如是接受投保人委托交付的,在付费时可以要求提交委托书,或者在交付凭证上填写其身份为投保人之受托人。法院在处理纠纷时,如查明第三人是以受托人身份代交保险费的,应视为投保人本人交付。

其次,需要以第三人自己的名义清偿。第三人如果是以投保人身份交付保险费的,不构成第三人清偿。比如投保人因故无法亲自交付保险费,要求第三人以投保人名义将保险费交付保险人的,构成辅助履行人交付。实务中即使是第三人交付,如其交费凭证上记载了投保人为交费人,第三人收取凭证时又没有提出异议的,应当将之视为投保人的辅助履行人,而不是第三人代为清偿。在辅助履行人的场合,第三人与投保人之间的法律关系,应当根据他们之间具体指示及原因处理。比如投保人向第三人借款,然后指示第三人直接交付保险人作为其保险费的,投保人与第三人之间构成借款合同关系。

最后,第三人代交保险费需要清楚地知道这属于投保人的债务,交付的目的在于替代他人清偿债务。如果第三人虽将金钱交付给了保险人,但其目的不在于替代投保人交付保险费,或者误认为自己系交费义务人的,都属于非债清偿,第三人可以依据不当得利法律关系向保险人要求返还。

——杜万华主编、最高人民法院民事审判第二庭编著:《最高人民法院关于保险法司法解释(三)理解与适用》,人民法院出版社 2015 年版,第 181 ~ 183 页。

1039

投保单由保险代理人代为填写时保险合同的效力认定

关键词｜投保单｜保险代理人｜

【最高人民法院司法解释】

第三条第一款 投保人或者投保人的代理人订立保险合同时没有亲自签字或者盖章,而由保险人或者保险人的代理人代为签字或者盖章的,对投保人不生效。但投保人已经交纳保险费的,视为其对代签字或者盖章行为的追认。

——《最高人民法院关于适用〈中华人民共和国保险法〉若干问题的解释(二)》(2013 年 5 月 31 日,法释〔2013〕14 号)

【《最高人民法院公报》案例】

卫勤俭诉中保财产保险股份有限公司台山市支公司、中国农业银行台山市支行下川营业所渔船保险合同纠纷案(广东省高级人民法院二审民事调解书)

广东省高级人民法院认为:本案的渔船险投保单由保险代理人代填写,投保人没有签字盖章却有保险人“中保财产公司台山支公司”的印章。渔船险投保单理论上应当由投保人(船东)逐项填写并签字,但事实上不能排除保险人或者保险代理人代投保人填写的情况。保险人或者保险代理人在保险业务操作中掌握主动权,这种不规范操作的后果应当由保险人或者保险代理人承担,不能由投保人负责。要求投保单由投保人逐项填写并签字,其目的是避免投保人和保险人或者保险代理人因投保人是否提出投保申请发生纠纷。由于本案的保险代理人和投保人在诉讼中都承认投保单内容是投保人的真实意思表示,双方对此没有争议,投保单的法律效力应予确认。上诉人台山保险公司否认本案投保单的法律效力,将其理解为投保人的投保意向,与事实不符。台山保险公司的第二点上诉理由不能成立。

由于被上诉人卫勤俭与原审被告农行营业所已经就渔船保险一事达成一致的意思表示,特别是卫勤俭已经履行了投保人交纳保险费的义务,且此项费用已经被农行营业所妥收入保险费账户,农行营业所代理上诉人台山保险公司与卫勤俭订立的保险合同依法成立。保险手续只是对保险合同的一种书面记载,并不能等同于保险合同。保险手续没有完善,不等于保险合同没有成立。就本案说,卫勤俭作为投保人,符合其意思表示的投保单已经填写出来,保险费已经交纳,投保人在保险合同中的义务已经完成。剩下的手续,应当由保险人或者其代理人去完善。农行营业所的工作人员为了促成此笔保险业务,同意给卫勤俭代办船舶年检证书,这是二人之间的另一法律关系。台山保险公司借此将农行营业所的工作人员说成是卫勤俭的代理人,把必须由农行营业所去完善的保险手续说成是必须由卫勤俭完成,而农行营业所的工作人员同意给其代理,不仅与事实不符,且于理不通。台山保险公司的第三点上诉理由不能成立。

——《最高人民法院公报》2001 年第 3 期

【最高人民法院商事审判参考性案例】

王某诉某人寿保险股份有限公司人身保险合同纠纷案

要点提示：投保人在订立保险合同时应当亲自签章。保险业务员代为签字，但投保人已经交纳保险费的，视为其对代签字行为的追认。

简要案情：保险公司的业务员张某与投保人王某是同学关系。在张某向王某推销保险产品时，王某在外地出差，于是王某让张某到自己家中找自己的妻子收取保险费。张某遂到王某家中找到王某的妻子取得了保险费，并代替王某在投保书上签字。投保书所记载的投保人与被保险人均为王某，投保的险种为重大疾病保险，保险期限为终生，交纳保险费期限为20年，每年应交纳保险费金额为2000元。王某出差回到北京以后，张某将保险合同及保险费发票交给了王某。此后，王某每年正常交纳保险费，累计交费12000元。直到2006年，王某、张某关系恶化，王某遂起诉保险公司，以投保书不是自己亲笔签字为由要求退还全部保险费。

法院认为：王某在张某代其签署投保书后，取得了张某转交的保险合同文本及保险费发票，应视为其对张某所实施的代签约行为已经明知。在此后长达五年的时间里，王某按照保险合同的约定及时足额交纳各年度保险费的行为，即属于以积极参与合同履行的方式表达了其对于张某代其签约行为的追认。据此，法院认定王某追认了张某代其订立保险合同的行为，判决驳回王某的诉讼请求。

——《最高人民法院公布三起保险合同纠纷典型案例》，载《最高人民法院公报》2014年第2期。

【链接：最高人民法院法官著述】

实践中，投保单需要投保人签章的地方可能会有两处：(1)以订约人(要约人)的身份在投保单相应部分签章；(2)在“投保人声明栏”处签章。目前，保险人为履行《保险法》所要求的对保险免责条款的明确说明义务而采用的较为普遍的做法，是在投保单上投保人声明栏载明“保险人已向本人详细介绍了保险条款，并就该条款中有关责任免除的内容做了明确说明，本人接受上述内容，自愿投保本保险”，由投保人签名认可。一旦投保单上发生代签名现象，往往是上述两处本应由投保人签章的地方均系代签名。需要指出的是,两处签名的目的和意义不同,在发生代签名现象后认定投保人以缴纳保险费的形式追认的效果亦不同。投保人交纳保险费的,仅表明其愿意订立该保险合同,是对代签保险合同行为的追认,保险合同对其生效。但不能因此认为投保人认可保险人已经向其履行了保险免责条款的明确说明义务,因为保险人是否已经向其履行了保险免责条款的明确说明义务是个事实问题,应当实事求是地认定,如果保险人事实上并未向其履行该项义务,不能仅因为投保人交纳了保险费而推定保险人向其履行了该项义务。

——最高人民法院民事审判第二庭编著:《最高人民法院关于保险法司法解释(二)理解与适用》,人民法院出版社2013年版,第101页。

编者说明

最高人民法院法官认为,在保险人、保险代理人、投保人三方关系中,保险人与保险代理人之间构成内部委托代理关系,为保护投保人、被保险人、受益人的利益,维护保险市场的交易安全,保险人不能以保险代理人的过错为由拒绝对外承担赔付责任,但并不意味着保险人最终担损失。保险人可在对外承担赔付保险金的责任后,就因代理人的过错而给保险人造成的损失予以追偿,既弥补了自身损失,亦利于规范保险代理秩序,打击代签名现象。①

实践中还需要注意的是,保险公司业务员并非保险中介人,但其与个人保险代理人都承担保险展业任务,而且收入不同程度上也与其展业业绩有关,因而往往容易混淆,但二者间存在本质区别,明白其区别有助于理解保险展业行为的性质和后果。(1)个人保险代理人与保险人之间是平等主体之间的关系,个人保险代理人开展展业活动的依据是其与保险人之间的保险代理合同,个人保险代理人获得保险人的授权后,方能以保险人的名义开展活动,其法律后果归属于保险人;保险公司的业务员开展展业活动的依据是其与保险公司签订的劳动合同,二者间是管理与服从的劳动关系、管理关系。(2)个人保险代理人的收入来源于保险人支付的代理费,一般按照其业绩的一定比例计算,无固定工资,无职工福利;保险公司的业务员的收入是固定的,或者是底薪加上业绩提成,属于工资性质。(3)个人保险代理人以保险人的名义开展保险业务,其行为实质是民事代理行为,效力由民事代理规则确定;保险公司业务员以保险人的名义开展保险业务,实际上是其执行职务行为,效力由职务代理规则来确定。②

---

① 最高人民法院民事审判第二庭编著:《最高人民法院关于保险法司法解释(二)理解与适用》,人民法院出版社2013年版,第109页。

② 最高人民法院民事审判第二庭编著:《最高人民法院关于保险法司法解释(二)理解与适用》,人民法院出版社2013年版,第108~109页。

1040

代为填写的内容视为投保人真实意思表示的认定

关键词 | 保险人 | 投保人 | 保险代理人 |

【最高人民法院司法解释】

第三条第二款 保险人或者保险人的代理人代为填写保险单证后经投保人签字或者盖章确认的,代为填写的内容视为投保人的真实意思表示。但有证据证明保险人或者保险人的代理人存在保险法第一百一十六条、第一百三十一条相关规定情形的除外。

——《最高人民法院关于适用〈中华人民共和国保险法〉若干问题的解释(二)》(2013 年 5 月 31 日,法释〔2013〕14 号)

【链接:最高人民法院法官著述】

根据《保险法解释(二)》第三条第二款的规定,投保人对于保险人或其代理人代为填写的保险单证签章确认且无但书规定情形的,代为填写的内容视为投保人的真实意思表示。因此,如果代为填写的内容出现了虚假,则可以认定投保人违反了如实告知义务。问题在于,这种情形下投保人违反如实告知义务属于“故意”还是“重大过失”? 如果构成“故意违反如实告知义务”,则根据《保险法》第十六条第四款之规定,“保险人对于合同解除前发生的保险事故,不承担赔偿或者给付保险金的责任,并不退还保险费”;如果构成“重大过失违反如实告知义务”,则根据《保险法》第十六条第二款及第五款之规定,“保险人对于合同解除前发生的保险事故,不承担赔偿或者给付保险金的责任”须满足特定的前提条件,即“投保人因重大过失未履行如实告知义务,对保险事故的发生有严重影响”,且保险人虽有权拒赔,“但应当退还保险费”。由此可见,在保险人或其代理人代为填写保险单证的情况下,探讨“投保人违反如实告知义务”在主观上属于“故意”还是“重大过失”,有其重要法律意义。……我们倾向认为,在保险人或其代理人代为填写保险单证的情形下,出于对保险人及其代理人这一特殊主体的信赖,投保人会不自觉地疏于对代填内容的审查,如果代填内容存在虚假之处,投保人固然应当承担不利后果,保险人亦难辞其咎。因此,应当相应减轻投保人的主观过错程度,将其认定为“因重大过失未履行如实告知义务”,不宜认定其构成"故意违反如实告知义务"。如此处理,既与当事人的主观过错实际相符合,亦更好地平衡了投保人和保险人双方的利益,且有助于从源头上规范保险单证填写行为,减少保险人或其代理人的代填保险单证行为。

——最高人民法院民事审判第二庭编著:《最高人民法院关于保险法司法解释(二)理解与适用》,人民法院出版社2013年版,第105页。

编者说明

最高人民法院法官认为,根据《保险法解释(二)》第三条第二款的规定,保险人或者保险人的代理人代为填写保险单证之后,经投保人签字或者盖章确认的,代为填写的内容才视为投保人的真实意思表示。如果有证据证明,保险展业人员在办理保险业务时,并未告知投保人需要回答风险询问表上的内容,而是直接让投保人在风险询问表的尾部签字,其收回风险询问表代为补填相关内容。此时,因投保人的签字形成于保险展业人员代为填写相关内容之前,投保人签字时并未看到代为填写的相关内容,不应认为保险人已经进行询问,相关内容也不应视为投保人的真实意思表示。①

1041

投保人对代填内容未签章确认的,视为保险人放弃要求投保人履行如实告知义务的权利

关键词 | 签章确认 | 投保人如实告知义务 |

【最高人民法院司法解释】

第三条第二款 保险人或者保险人的代理人代为填写保险单证后经投保人签字或者盖章确认的,代为填写的内容视为投保人的真实意思表示。但有证据证明保险人或者保险人的代理人存在保险法第一百一十六条、第一百三十一条相关规定情形的除外。

——最高人民法院《关于适用〈中华人民共和国保险法〉若干问题的解释(二)》(2013年5月31日,法释〔2013〕14号)

① 最高人民法院民事审判第二庭编著:《最高人民法院关于保险法司法解释(二)理解与适用》,人民法院出版社2013年版,第103~104页。

【链接：最高人民法院法官著述】

我们认为，保险人或其代理人代投保人填写保险单证并代投保人签字确认的，实质上放弃了就保险标的或被保险人的真实情况向投保人进行询问的权利，而我国《保险法》实行的是"询问告知主义"立法例，没有保险人的询问，也就不存在投保人的如实告知义务。按照"弃权与禁反言"的保险法原理，保险人在放弃就保险标的或被保险人的相关情况向投保人询问的权利之后，无权再以投保人未履行如实告知义务为由解除合同、拒绝赔偿或给付保险金。

——最高人民法院民事审判第二庭编著：《最高人民法院关于保险法司法解释（二）理解与适用》，人民法院出版社 2013 年版，第 105 ~ 106 页。

1042

保险公司设立的营销部出售内容、形式与真保单一致的假保单并加盖伪造的公司业务专用章，投保人有理由相信是真实的

关键词 | 表见代理 | 假保单 | 投保人 |

【《最高人民法院公报》案例】

刘雷诉汪维剑、朱开荣、天安保险盐城中心支公司交通事故人身损害赔偿纠纷案（苏州市中级人民法院二审民事判决书）

裁判摘要：投保人通过保险公司设立的营销部购买机动车第三者责任险，营销部营销人员为侵吞保费，将自己伪造的、内容和形式与真保单一致的假保单填写后，加盖伪造的保险公司业务专用章，通过营销部的销售员在该营销部内销售并交付投保人。作为不知情的善意投保人有理由相信其购买的保险是真实的，保单的内容也并不违反有关法律的规定，营销部的行为在民法上应当视为保险公司的行为。因此，虽然投保人持有的保单是假的，但并不能据此免除保险公司根据保险合同依法应当承担的民事责任。

常熟市人民法院一审认为：原告刘雷就本起事故所造成的损失向法院提起诉讼的时间在 2006 年 4 月 1 日以前，根据 2006 年 7 月 1 日以前的规定，机动车

发生交通事故造成人身伤亡、财产损失的，由保险公司就事故所产生的损失在第三者责任险的保险责任限额内予以赔偿。保险公司在第三者责任险的保险责任限额内所承担的赔偿责任是无过错责任，无论交通事故当事人是否有过错，保险公司都应予以赔偿。超过保险责任限额的部分，机动车与非机动车驾驶人、行人之间发生交通事故的，由机动车一方承担责任；但是，有证据证明非机动车驾驶人、行人违反道路交通安全法律、法规，机动车驾驶人已经采取必要处置措施的，减轻机动车一方的责任。

被告汪维剑在事故后向交警部门提供的苏 JFR978“新感觉”正三轮载货摩托车的保险单(编号 0500064813)确为假保单，但系由刘明星的犯罪行为所造成，而刘明星在使用假保单实施犯罪时，其是天安盐城支公司设在响水的营销部的负责人，假保单是通过营销部的销售门市销售的，可见天安盐城支公司对响水营销部管理不力，该公司在响水营销部销售刘明星伪造的假保单的过程中有明显过错。因此，天安盐城支公司应当为此承担责任。

交警部门认定被告汪维剑负该次事故的主要责任、原告刘雷负该次事故的次要责任并无不当，予以采纳。被告汪维剑、朱开荣分别为苏 JFR978“新感觉”正三轮载货摩托车的驾驶人和登记车主，由于双方均未到庭，致法院无法查明其能否免责的事由，故应对刘雷在事故中造成的损失共同承担赔偿责任。鉴于刘雷对该事故的发生有过错，负事故的次要责任，应相应减轻汪维剑、朱开荣的赔偿责任。由汪维剑、朱开荣对事故造成的刘雷的损失承担 80% 的赔偿责任。

至于原告刘雷在事故中造成的损失及其所主张的赔偿费用，应按照《人身损害赔偿解释》中规定的范围、项目和标准进行计算。

苏州市中级人民法院二审认为：上诉人天安盐城支公司在响水设有营销部，该营销部对外签订保险合同时使用天安盐城支公司的业务专用章，刘明星承认曾任该营销部的负责人，在任职期间，伪造了天安盐城支公司的业务专用章，私自印制了保单，并进行销售。上诉人认为刘明星 2004 年 12 月便擅自离开公司，自 2005 年起就不再是上诉人公司响水营销部负责人，但未能提供证据证实。且本案中，苏 JFR978 正三轮载货摩托车的保险单(编号 0500064813)系刘明星通过响水营销部的销售员在该营销部内销售的，内容由销售员填写，保单的内容和形式与真保单一致。作为善意相对人的被保险人原审被告朱开荣在上诉人的响水营销部购买第三者综合损害责任险，朱开荣有理由相信其购买的保险是真实的，保单的内容也并不违反有关法律的规定，响水营销部的行为在民法上应当视为上诉人的行为，因此，虽然朱开荣持有的保单是假的，但此系由上诉人的工作人员利用职务上的行为所致，朱开荣无从察知，上诉人则应当加强管理监督，故不能据此免除上诉人应当承担的民事责任，常熟市人民法院判决上诉人在其保险限额内承担赔偿责任并无不妥。

——《最高人民法院公报》2012 年第 3 期

编者说明

上述裁判意见实际上是合同法中表见代理制度在保险合同中的具体运用。

1043

以保险合同掩盖的非法融资关系无效

关键词｜保险合同｜非法融资｜

【最高人民法院裁判文书】

中国石油天然气管道局与太平洋人寿保险大连分公司等保险合同纠纷案［最高人民法院(2004)民二终字第 20 号民事判决书］

最高人民法院认为：保险法律规定，当投保人与保险人约定的风险成就后，保险受益人方可获得赔偿。所约定的风险没有成就，投保人不得要求返还所交纳的保险费，受益人也不能获得赔偿，更不应获得固定赔付。本案管道局与大连分公司、甘井子支公司签订的保险代理协议和家庭综合保险单，约定了无论出险与否管道局均享有固定的赔付，并在约定期限届满后由大连分公司、甘井子支公司返还管道局所有保险储金，故本案保险代理协议和家庭综合保险单，不具备保险法律关系的性质和特征。管道局与大连分公司、甘井子支公司发生的民事关系并非保险法律关系。根据辽宁省和大连市人民检察院在侦查相关人员职务犯罪和经济犯罪行为时的报告、检察建议书及其所附的《委托贷款核实情况一览表》查明的事实，结合董凤龙、朱宽涌和曲文羿等人的言词证据，自 1994 年 9 月至 1996 年 9 月，管道局通过投资银行大连分行、建行沈阳开发区分行、建行大连分行国际业务部、光大银行大连分行等九家金融机构委托贷款，由大连分公司和甘井子支公司提供担保或者直接签订所谓保险合同将共计 9.266 亿元分 24 笔交给了曲文羿控制的龙兴海运及其关联公司使用。龙兴海运已支付石油管道局高额利息 1.05 亿余元，返还石油管道局贷款本金 5.466 亿元，尚欠本金 3.8 亿元。本案审理的 6000 万元和 9000 万元两笔融资是 24 笔中的第 17、18 笔，发生在本院(2004)民二终字第 19 号案审理的石油管道局与龙兴海运由大连分公司、甘井子支公司提供履约保险的委托贷款 2 亿元关系之后。该案三方贷款及履约保险合同到期后，龙兴海运尚欠管道局贷款本金 1.9 亿元，大连分公司和甘井子支公司也未履行保险责任。管道局又与大连分公司、甘井子支公司以两份家庭综合财产保险费名义，将本案 1.5 亿元，通过建行大连信托投资公司交给了龙兴海运的下属公司使用。所以，本案当事人之间的行为，应当纳入大连分公司和甘井子支公司以提供担保方式或以保险费名义直接收取资金交给龙兴海运下属公司的方式，帮助管道局与龙兴海运之间形成的违法资金拆借行为中整体分析和认定。

国家禁止企业之间以获取收益为目的的借贷行为，且在本案民事关系发生之前，管道局与龙兴海运、大连分公司和甘井子支公司已在近两年时间内多次发生融资关系。尤其是当本院审理的(2004)民二终字第 19 号案的贷款履约保险合同到期后，管道局在没有收回本金的情况下，其仍通过大连分公司和甘井子支公司将 1.5 亿元交给龙兴海运，其行为性质是以保险单为表现形式的出资人通过非银行金融机构将资金交与用资人的非法融资关系，属于无效民事行为。大连分公司、甘井子支公司和太保集团关于本案民事关系既不是保险法律关系，也不是大连分公司、甘井子支公司与管道局之间的借贷关系，而是在保险合同掩盖下的管道局与龙兴海运之间的非法融资关系的上诉主张成立，本院予以支持。管道局利用大连分公司和甘井子支公司的保险机构身份，一方面为了获取高额利差，另一方面又要规避自己的风险，明知龙兴海运使用其巨额资金到期未偿还，在风险极为明显的情况下，仍将本案巨额资金通过保险机构交给龙兴海运使用，其主观上具有明显过错。对本案民事行为无效和不能收回的资金损失，管道局应自行承担相应过错责任。大连分公司、甘井子支公司作为专业保险机构，明知固定赔付和定期返还保险储金等内容不符合保险法律规定，仍故意假借保险合同之名帮助管道局与龙兴海运及其下属公司实施违法拆借资金行为，其对本案无效民事行为的法律后果亦应承担相应的过错责任。本案管道局未对用资人龙兴海运及其下属公司提出诉讼请求，且龙兴海运目前实际也无偿还欠款能力，根据《民法通则》第六十一条关于"民事行为被确认为无效或者被撤销后，当事人因该行为取得的财产，应当返还给受损失的一方。有过错的一方应当赔偿对方因此所受的损失，双方都有过错的，应当各自承担相应的责任”的规定，管道局应自行承担龙兴海运及其下属公司不能偿还本案非法融资本金损失60%的责任。大连分公司和甘井子支公司因其在本案非法融资的过程中亦有过错，故应对龙兴海运及其下属公司所欠管道局的本金部分承担40%赔偿责任。龙兴海运及其下属公司通过甘井子支公司已向管道局返回的1350万元高额利差，应当折抵本金。因大连分公司和甘井子支公司作为分支机构不具有法人资格，故太保集团应与大连分公司和甘井子支公司共同承担本案债务。

——最高人民法院民事审判第二庭编：《最高人民法院商事审判指导案例·金融卷》，中国法制出版社2011年版，第297~306页。

1044

《保险法》有关备案的规定并非强制性规定，违反该规定并不必然导致合同无效

关键词｜强制性规定｜合同无效｜

【最高人民法院裁判文书】

神龙汽车有限公司诉中保财产保险有限公司武汉市汉阳区支公司、武汉博大汽车贸易有限公司购车保险合同纠纷上诉案［最高人民法院(1999)经终字第428号民事判决书］

最高人民法院认为：本案涉及神龙公司与博大公司之间的购销轿车合同以及财保汉阳公司与神龙公司和博大公司之间的保险合同两个不同法律关系。本案保险合同是在购销合同的基础上产生的，博大公司的付款义务即是保险合同的标的，购销合同的权利义务关系与保险合同的权利义务关系密切相关，原审法院将上述两个法律关系合并审理并无不当。

本案购销轿车合同系当事人之间的真实意思表示，除利率和违约金的约定高出中国人民银行有关规定应认定无效外，其余条款应认定有效。神龙公司依约履行了交付车辆的义务，博大公司未按合同约定履行全部付款义务，其行为构成违约，应承担相应的民事责任，除应按合同约定的价格向神龙公司给付货款外，还应按国家法定利率支付期内利息和逾期付款违约金。

财保汉阳公司与神龙公司和博大公司于1998年4月15日签订的分期付款购车保险协议，约定当主债务人博大公司未能依分期付款购车合同履行付款义务时，则由保险人财保汉阳公司承担赔偿责任，故该分期付款购车保险协议的性质为保证保险合同。上述保证保险合同系当事人之间的真实意思表示。《保险法(1995)》第一百零六条规定，"商业保险的主要险种的基本条款和保险费率，由金融监督管理部门制订。保险公司拟定的其他险种的保险条款和保险费率，应当报金融监督管理部门备案"。虽然本案保证保险合同所约定险种的保险条款和保险费率未报经金融监督管理部门备案，有关金融监督管理部门可以依照上述法律规定对财保汉阳公司予以行政处罚，但并不能因此而认定本案所涉保证保险合同无效。本案保证保险合同应为有效，当博大公司不能偿还神龙公司的欠款时，财保汉阳公司应依照约定承担相应的赔偿责任。对于财保汉阳公司承担相应的赔偿责任的范围，由于财保汉阳公司、神龙公司和博大公司在《分期付款购车保险协议》中约定保险人免赔金额为损失金额的5%，故财保汉阳公司应对博大公司不能偿还神龙公司的欠款在95%的范围内承担赔偿责任。原审判决认定事实基本清楚，但适用法律不当，应予纠正。神龙公司的上诉理由成立，本院予以支持。财保汉阳公司答辩称，神龙公司未履行保险协议第6条约定的"检查分期付款合同的执行情况，做好车款的催收工作和催收记录"的义务，是导致本案损失的主要原因，与事实不符，本院不予支持。

——肖扬总主编、最高人民法院民事审判第二庭编：《中华人民共和国最高人民法院判案大系》(民商事卷－1999年卷)，人民法院出版社2003年版，第1178～1182页。

编者说明

如何认定本案保证保险合同的效力？这是正确处理本案的关键所在。《保险法(1995)》第一百零六条规定："商业保险的主要险种的基本条款和保险费率，由金融监督管理部门制订。保险公司拟订的其他险种的保险条款和保险费率，应当报金融监督管理部门备案。"对该条规定有两种理解：一种观点认为，该条规定属于强制性规定，若违反该规定，则保险合同必然无效(原审判决采信了这种观点)。另一种观点认为，应当认定上述有关备案的规定并非强制性规定，违反上述规定并不必然导致合同无效。当然，如果法律规定此种情形应当报金融监督管理部门审批或批准，则可以理解为审批或批准是合同生效的法定事由，未经审批或批准的，合同不生效。最高人民法院二审判决采信了第二种观点，确立了以下司法原则：虽然保险合同所约定险种的保险条款和保险费率未报经金融监督管理部门备案，有关金融监督管理部门可以依照上述规定予以行政处罚，但不能因此而认定该保险合同无效；保险合同应认定有效。① 根据2009年修订后《保险法》第一百三十六条的规定，对于需要经国务院保险监督管理机构批准的保险条款与保险费率，根据该法第一百三十七条的规定，保险公司使用的保险条款和保险费率违反法律、行政法规或者国务院保险监督管理机构的有关规定的，由保险监督管理机构责令停止使用，限期修改；因此未经批准保险险种的保险条款与保险费率无效。

1045

保险利益原则的理解与适用

关键词 | 保险利益原则 |

【最高人民法院司法解释】

第一条 财产保险中，不同投保人就同一保险标的分别投保，保险事故发生后，被保险人在其保险利益范围内依据保险合同主张保险赔偿的，人民法院应予支持。

第二条 人身保险中，因投保人对被保险人不具有保险利益导致保险合同无效，投保人主张保险人退还扣减相应手续费后的保险费的，人民法院应予支持。

——《最高人民法院关于适用〈中华人民共和国保险法〉若干问题的解释（二）》（2013年5月31日，法释〔2013〕14号）

【最高人民法院答复】

山东省高级人民法院：

你院〔2012〕鲁民四终字第7号《关于济宁九龙国际贸易有限公司与永安财产保险股份有限公司济宁中心支公司海上保险合同纠纷一案的请示》收悉。

① 徐瑞柏：《违反法律应当备案规定的合同效力——神龙汽车有限公司诉中保财产保险有限公司武汉市汉阳区支公司、武汉博大汽车贸易有限公司购车保险合同纠纷上诉案》，载吴庆宝主编：《保险诉讼原理与判例》，人民法院出版社2005年版，第576～584页。

经研究,同意你院审判委员会认为济宁九龙国际贸易有限公司(以下简称九龙公司)具有保险利益的少数意见。理由如下:依照《保险法(2002)》第十二条第三款的规定,保险利益是指投保人对保险标的具有法律上承认的利益。只要投保人对保险标的具有法律上的经济利害关系,即可认定其具有保险利益。虽然九龙公司与国外方口头约定货物出口的价款条件为 FOB,但涉案货物买卖双方并没有严格按照 FOB 价格条件履行,主要表现为:货物运输实际由卖方九龙公司投保;货物在运输途中发生损失后,九龙公司接受国外买方从货款中扣除货物损失,即实际承担了货物运输途中的损失。涉案货物买卖双方的实际履行表明其已经变更了 FOB 价格条件下由买方投保运输险和货物在装运港越过船舷后风险转移给买方的做法。九龙公司实际承担了货物运输途中的风险与损失,与货物具有法律上经济利害关系,因此应当认定其对货物具有保险利益。

至于保险人永安财产保险股份有限公司济宁中心支公司最终是否应当承担保险赔付责任,请你院在查明事实后依法认定。

此复。

——《最高人民法院关于济宁九龙国际贸易有限公司与永安财产保险股份有限公司济宁中心支公司海上保险合同纠纷一案的请示的复函》(2012 年 11 月 9 日,〔2012〕民四他字第 44 号)

【链接:最高人民法院法官著述】

由于保险利益不限于所有权利益,故同一财产上可能存在不同保险利益。需要注意的是,不同保险利益的内容并不相同,作为保险合同关系人的被保险人只能在各自的保险利益范围内获得赔偿。审判实践中,一定要正确认定不同保险利益的归属主体,并确定不同保险利益的数额。以机动车辆为例,所有权人、抵押权人、质权人等主体基于物权关系享有相应的保险利益,其中所有权人的保险利益相当于机动车的价值,抵押权人、质权人的保险利益则以其担保的债权为限。在机动车辆所有权人将该车租赁给他人或委托他人保管、运输等情况下,承租人、保管人以及承运人等主体基于合同关系享有相应的保险利益,该保险利益属于责任利益,以被保险人因保险事故发生可能需向机动车所有权人承担的赔偿数额为限。该机动车驾驶过程中,可能因发生保险事故造成他人损失,从而基于侵权责任产生相应的保险利益,该保险利益以被保险人对第三人承担的赔偿数额为限。

——宫邦友、林海权:《解读〈最高人民法院关于适用《中华人民共和国保险法》若干问题的解释(二)〉》,载最高人民法院民事审判第二庭编:《商事审判指导》总第34辑,人民法院出版社2013年版,第37~39页。

编者说明

最高人民法院法官认为,对于财产保险而言,审判实践中应当从宽认定保险利益。当然,从宽认定保险利益并不是说在实践中一概认定被保险人具有保险利益。保险利益原则具有防范赌博和道德风险的重要功能,这直接关系社会公共利益问题,不允许当事人通过任何方式予以变更。这就要求在审判实践中要处理好鼓励保险交易与防范道德风险之间的关系。一般来说,应从宽认定保险利益,以更好地发挥保险制度的功能,更好地保护被保险人的合法权益,但如该认定可能存在道德风险或者增加道德风险的,则应严格适用保险利益原则,不允许任何当事人通过保险合同获得额外利益。①

1046

将非法产品投保不属于法律上承认的利益，因不具有保险利益，保险人有权拒赔

关键词｜保险利益｜非法产品投保｜法律上承认的利益｜

【最高人民法院裁判文书】

广东琪田农药化工有限公司与中国人民财产保险股份有限公司深圳市分公司、马育明保险合同纠纷抗诉案[最高人民法院(2008)民抗字第12号民事判决书]

裁判要旨:我国实行严格的农药登记制度和生产许可制度,任何单位和个人不得生产、经营、进口或者使用未取得农药登记证或者农药临时登记证的农药。目的是为了保护广大人民群众的生命和财产安全,保障粮食和蔬菜等基本生活资料符合健康标准。虽然在新农药的开发试验阶段,允许试用尚未取得农药登记证或者农药临时登记证的新农药,但也只限于在特定的试验场所使用,为科学

① 最高人民法院民事审判第二庭编著:《最高人民法院关于保险法司法解释(二)理解与适用》,人民法院出版社2013年版,第47页。

研究提供依据。不能在此阶段大量生产以备市场销售,否则即为违法行为,生产的农药亦属于非法产品。如果将该非法生产的农药投保,则不具有保险利益,在发生保险事故时保险公司有权拒绝赔偿。

最高人民法院再审认为:根据《保险法(2002)》第十二条规定,"投保人对保险标的应当具有保险利益……保险利益是指投保人对保险标的具有法律上承认的利益。"琪田农药公司生产440包(每包25千克)果保Ⅱ号可湿性粉剂的行为,违反了相关法律规定,因而不具有法律上承认的利益,对该项保险标的也就不具有保险利益。广东省高级人民法院(2005)粤高法民一终字第49号民事判决认定受损的果保Ⅱ号可湿性粉剂是已经完成了实质生产过程的农药产品,琪田农药公司对受损的果保Ⅱ号可湿性粉剂不具有保险利益,判令驳回琪田农药公司诉讼请求是正确的,应予维持。

——江必新主编、最高人民法院审判监督庭编:《审判监督指导》总第32辑,人民法院出版社2010年版,第100~113页。

【链接:最高人民法院法官著述】

《保险法》第十二条所采用的表述是"法律上承认的利益"而不是"法律上的权利","利益"的范围比"权利"要广。至于"法律上承认",指的应是"保险利益"的"合法性"要求,而不是要求以"法定权利"为基础。该合法性要求并非仅针对技术性保险利益说,经济性保险利益说也需要符合合法性要求……"法律上承认的利益"不能解释为"合法权利",而应理解为"合法的经济利益"。如果一个利益具有经济性,正常情况下就应当允许投保,这样才能将保险制度避免、分散风险的功能发挥到最大。

……对于违章建筑,其虽然不符合行政管理法规,但只是在价值形式上不能等同于合法产权的房屋,其所有人为建设该房屋需投入一定的资金、劳务,其使用的建筑、装饰材料等客观上具有一定的经济价值,如发生火灾等事故,其仍将可能遭受一定的损失。而且,该建筑物上存在的瑕疵并不当然意味着该瑕疵无法消除或补正,被保险人仍可能取得完全合法的所有权。因此,不能否认其可保性。盗抢物品是否具有保险利益,则应根据取得该物品的主体在主观上是否善意进行判断。如果其是善意的,可认为其具有保险利益。毒品、走私物品则属于强制性法律明确禁止交易的物品,任何人对其不具有保险利益。当然,走私物品与毒品尚有区别,其自身具有利用价值,如走私物品经过转让,买受人基于善意购得走私物品,应认为其具有保险利益。

——最高人民法院民事审判第二庭编著:《最高人民法院关于保险法司法解释(二)理解与适用》,人民法院出版社 2013 年版,第 49 ~ 51 页。

1047

正确处理保险竞合问题

关键词｜保险竞合｜

【最高人民法院司法解释】

第一条 财产保险中,不同投保人就同一保险标的分别投保,保险事故发生后,被保险人在其保险利益范围内依据保险合同主张保险赔偿的,人民法院应予支持。

——《最高人民法院关于适用〈中华人民共和国保险法〉若干问题的解释(二)》(2013 年 5 月 31 日,法释〔2013〕14 号)

【链接:最高人民法院法官著述】

由于同一保险标的上可能存在不同的保险利益,不同投保人可能会为同一保险标的基于不同被保险人的保险利益投保多份保险合同,保险事故发生损及同一主体时,源于不同保险利益的多个承保主体可能存在同时理赔的情形,也就是所谓的保险竞合。其中最为典型的是财产损失险与财产责任险的竞合、财产损失险与抵押物信用保险竞合。对于保险竞合,我国当前法律没有规定,审判实践应根据不同险种的性质进行处理。

责任保险与损失保险竞合[①]时,责任保险的保险人是最终责任承担者。因为财产损失险的保险人在给付保险金后,可依据保险代位权向引起保险事故的

① 例如,某隧道工程在施工过程中因疏忽造成地面一栋建筑物倒塌。隧道工程投保了建筑工程一切险(包括第三者责任),地面建筑物投保了财产保险一切险(包括地陷责任),此时地面建筑物业主既有向隧道工程方索赔的权利(其实质是由工程保险人承担赔偿责任),也享有向财产保险人要求赔偿的权利,由此产生责任保险与财产损失保险之间的责任竞合。

第三人求偿,如该第三人与责任保险的保险人订立了责任保险合同,则该第三人可将应承担的责任转嫁给责任保险的保险人,故最终责任保险的保险人承担了全部或大部分损失。理论界有观点认为,在被保险人遭受损害的情况下,由责任保险先予负责最为便捷,符合立法者创设保险代位制度的价值追求,也可减少理赔环节。故在审判实践中,如果责任保险与损失保险竞合的,由责任保险人先承担赔偿责任,责任保险人赔偿之后仍不能补偿被保险人损失的再由财产保险人赔偿。该观点固然可以减少理赔环节,但并不完全符合被保险人利益。被保险人基于责任保险与损失保险享有的请求权,均具有独立的请求权基础,可以视为不真正连带债务。如强行要求被保险人只能先主张责任保险,剥夺了被保险人的选择自由。故原则上应赋予遭受损害的被保险人以选择权,被保险人可以自己决定先向哪个保险公司主张权利:其选择向承保财产损失险的保险公司申请理赔,该保险公司支付财产损失保险金后可以向承保责任保险的保险公司行使代位求偿权;其选择先向承保责任保险的保险公司理赔,如未能获得足额赔偿,可就剩余部分再向承保财产损失险的保险公司理赔。

财产损失险与抵押物信用保险竞合①的,应由财产损失险的保险人承担最后责任。根据物权追及效力,抵押物毁损灭失后,其获得的赔偿数额仍应作为抵押的财产,对尚未履行的债权继续提供担保。因此,抵押物丧失后,抵押物所有权人获得的保险金仍应作为抵押物权人的担保物。因抵押物消灭导致债权人权利受损的,抵押权人的保险人对债权人履行债务后,可以在其履行范围内对财产损失险的保险金进行追偿。

——最高人民法院民事审判第二庭编著:《最高人民法院关于保险法司法解释(二)理解与适用》,人民法院出版社 2013 年版,第 55 ~56 页。

1048

保险单与保险合同正式签订前约定的保险条款有冲突时,以保险单载明的内容为依据

关键词 | 保险合同 | 保险单 |

① 例如,甲企业以其所有的房屋设定抵押,向银行借款,甲企业为该房屋投保了损失险,银行在贷款额度内为该房屋投保信用险,则可能存在财产损失险与信用保险的竞合。

【最高人民法院司法解释】

第十四条 保险合同中记载的内容不一致的,按照下列规则认定:

(一)投保单与保险单或者其他保险凭证不一致的,以投保单为准。但不一致的情形系经保险人说明并经投保人同意的,以投保人签收的保险单或者其他保险凭证载明的内容为准;

(二)非格式条款与格式条款不一致的,以非格式条款为准;

(三)保险凭证记载的时间不同的,以形成时间在后的为准;

(四)保险凭证存在手写和打印两种方式的,以双方签字、盖章的手写部分的内容为准。

——《最高人民法院关于适用〈中华人民共和国保险法〉若干问题的解释(二)》(2013 年 5 月 31 日,法释〔2013〕14 号)

【最高人民法院裁判文书】

神龙汽车有限公司与华泰财产保险股份有限公司、神龙汽车有限公司北京销售服务分公司保险合同纠纷上诉案[最高人民法院(2000)经终字第 295 号民事判决书]

最高人民法院认为:根据《保险法(1995)》第十二条关于"投保人提出保险要求,经保险人同意承保,并就合同的条款达成协议,保险合同成立。保险人应当及时向投保人签发保险单或者其他保险凭证,并在保险单或者其他保险凭证中载明当事人双方约定的合同内容。经投保人和保险人协商同意,也可以采取前款规定以外的其他书面协议形式订立保险合同"的规定,投保人与保险人签订保险合同,可以在保险单或者其他保险凭证上载明当事人双方约定的合同内容,也可以采取其他的形式订立。华泰保险公司与神龙公司先行签订的《保险协议》仅约定双方同意由神龙公司或者其购车人向华泰保险公司购买分期付款购车保险,并在每一份保险单中分别确定保险标的等条款,因无确定的保险合同主体和客体,故并未形成完整意义上的保险合同,原审法院关于《保险协议》是当事人之间订立的一个意向性、总括性协议的认定,符合事实和法律。华泰保险公司根据神龙公司的投保单,在明确了具体的投保人、被保险人以及保险标的等后,分别向神龙公司出具的每一份保险单中均明确载明了双方当事人的权利义务，故每一份保险单上所载内容为保险合同的具体内容。保险单中明确载明华泰保险公司“按照保险单所载条款、附加条款以及所列项目承担保险责任”，且在备注栏内标明“保单按照保险人与被保险人之间分期付款保险协议执行，保单对应于被保险人和购车人之间分期付款购车合同”，故保险单所载明的条款、附加条款、所列项目以及保险协议、分期付款购车合同等均是保险合同的内容。

本案《保险条款》是否存在于保险单背面是认定华泰保险公司和神龙公司双方当事人具体权利义务的一个重要前提。但本案中神龙公司称其所持上述23份保险单正本原件已全部丢失，无法予以出示。现华泰保险公司以保险单抬头明确载明其根据保险单所载条款等承担保险责任；保监会北京办事处出具的《关于华泰保险公司分期付款购车保险合同有关问题意见的函》中明确载明华泰保险公司使用的分期付款购车合同保险条款已于1998年在原保险监管部门中国人民银行北京市分行备案，且根据保险行业惯例，保险条款附在保险单正本背面，作为保险合同的重要组成部分，以约束保险合同双方当事人；武汉市中级人民法院已先行审理的京贵云雀案中003号保险单原件背面附有保险条款；以及2000年3月华泰保险公司和神龙公司签订的《会谈纪要》表明神龙公司要根据《保险条款》等向华泰保险公司提供有关材料等证据，主张保险单正本背面附有保险条款，神龙公司对此不予认可，应由其负举证责任。鉴于神龙公司至今仍未举出有关证据证明其所持23份保险单正本背面没有保险条款，应由其承担举证不能的责任。故原审法院关于神龙公司对保险单记载内容，包括保险条款已经全部接受，保险条款是本案保险合同一部分的认定，本院予以维持。

根据保险单所载明的内容，保险协议与保险单载明的其他条款共同构成了保险合同的内容。保险协议与保险条款所规定的内容是一种互为补充、相辅相成的关系，且即使出现冲突，因保险单形成在后，是对保险协议的具体化、确定化，也应以保险单所载条款为准。故上诉人神龙公司关于保险条款与保险协议约定的除外责任矛盾，应以保险协议为准的上诉理由，本院不予支持。

——最高人民法院民事审判第二庭编：《民商事审判指导》总第5辑，人民法院出版社2004年版，第181～200页。

【链接：最高人民法院法官著述】

关于保险条款与《保险协议》约定不一致的而产生争议时，应以谁为准的问题。首先，保险条款和《保险协议》都是保险合同的内容；其次，《保险协议》属于保险单首部所指的附加条款；第三，《保险协议》以手写体或打印体在保险单上载明，而保险条款属于格式条款。因此，如果保险条款与《保险协议》约定不一致而导致相关内容矛盾，且双方无法达成一致意见时，应以《保险协议》的约定为准。但是，如果保险条款与《保险协议》的约定只是内容宽泛程序上的不一致，并不导致相关的内容矛盾时，则保险条款与《保险协议》的相关内容是一种并列的、互为补充的关系，《保险协议》与保险条款应该同时适用，本案即属于此种情况。因此，神龙北京分公司、神龙公司认为保险条款与《保险协议》约定不一致时，仅应以《保险协议》为准的答辩理由不能成立。

——刘敏：《保险合同内容的认定和保险责任的承担——神龙汽车有限公司与华泰财产保险股份有限公司、神龙汽车有限公司北京销售服务分公司保险合同纠纷上诉案》，载最高人民法院民事审判第二庭编：《民商事审判指导》总第 5 辑，人民法院出版社 2004 年版，第 181～200 页。

1049

专业术语不排斥适用不利解释原则

关键词｜非保险术语解释｜不利解释原则｜

【最高人民法院司法解释】

第十七条 保险人在其提供的保险合同格式条款中对非保险术语所作的解释符合专业意义，或者虽不符合专业意义，但有利于投保人、被保险人或者受益人的，人民法院应予认可。

——《最高人民法院关于适用〈中华人民共和国保险法〉若干问题的解释（二）》（2013 年 5 月 31 日，法释〔2013〕14 号）

【最高人民法院审判业务意见】

专业术语不排斥不利解释原则的适用。对于非保险术语，保险合同未作解释，不应当直接认可该术语的专业意义，故如保险人与投保人、被保险人或者受益人对非保险术语存在不同理解的，适用不利解释原则；若保险合同已有解释，但如该解释仍不确定，且具有两种以上不同理解的，则仍应适用不利解释原则，作出有利于投保人、被保险人和受益人的解释。对于保险术语，原则上并不当然认可其专业含义，故无论保险人是否在保险格式条款中就保险术语的含义作出了解释，只要按照通常理解存在两种以上解释的，均应适用不利解释原则，作出有利于投保人、被保险人和受益人的解释。

——林海权：《专业术语是否适用不利解释原则》，载最高人民法院民事审判第二庭编：《最高人民法院商事裁判观点》总第1辑，法律出版社2015年版，第304－305页。

1050

正确认定免除保险人责任条款的范围

关键词｜保险人｜免责条款｜

【最高人民法院司法解释】

第九条 保险人提供的格式合同文本中的责任免除条款、免赔额、免赔率、比例赔付或者给付等免除或者减轻保险人责任的条款，可以认定为保险法第十七条第二款规定的"免除保险人责任的条款"。

保险人因投保人、被保险人违反法定或者约定义务，享有解除合同权利的条款，不属于保险法第十七条第二款规定的"免除保险人责任的条款"。

——《最高人民法院关于适用〈中华人民共和国保险法〉若干问题的解释（二）》（2013年5月6日，法释〔2013〕14号）

【《最高人民法院公报》案例】

曹连成、胡桂兰、曹新建、曹显忠诉民生人寿保险股份有限公司江苏分公司保险合同纠纷案(南京市鼓楼区人民法院民事判决书)

裁判摘要:在保险人责任免除条款及保险条款释义中,没有对机动车的认定标准作出规定的情况下,基于轻便摩托车生产厂家产品说明书、产品检验合格证(均显示该车为助力车)的误导,以及被保险人客观上无法取得机动车号牌的事实,作出案涉车辆不属于保险人免责条款中所规定的机动车之解释,符合一个普通车辆购买人及使用人的认知标准,应作出有利于被保险人的解释,案涉车辆应认定为不属于保险人免责条款中所规定的机动车。此时,被保险人在不领取驾驶证的情况下驾驶上述车辆,亦不属于免责条款规定的无证驾驶情形。

南京市鼓楼区人民法院一审认为:投保人曹正银与被告民生保险之间所签订的保险合同合法有效,被保险人曹正银在保险责任期间内意外死亡,已构成保险事故。

关于案涉被保险人驾驶的车辆是否能解释为保险人免责条款中所规定的机动车的问题。法院认为,根据《保险法》的有关规定,采用保险人提供的格式条款订立的保险合同,保险人与投保人、被保险人或者受益人对合同条款有争议的,应当按照通常理解予以解释。对合同条款有两种以上解释的,人民法院或者仲裁机构应当作出有利于被保险人和受益人的解释。本案中,保险人免责条款,以及保险条款的释义中,均未对机动车的认定标准作出规定。事故发生当日交管部门出具的道路交通事故现场图显示,曹正银驾驶的为48cc助力车。而之后交管部门出具的物证检验意见书、车辆技术检验报告及交通事故认定书,又将该车定性为轻便摩托车。可见,即使是交管部门在处理本案交通事故过程中,对案涉车辆属性的认知也存在差异。审理中,原、被告双方对被保险人发生交通事故时所驾驶的案涉车辆是否属于免责条款中所指的机动车存在不同解释。虽然,被告根据上述交通事故认定书、物证检验意见书,以及交通事故车辆技术检验报告,认为案涉车辆属于机动车的解释,符合相关国家标准对机动车的规定。但是,原告对案涉车辆不符合免责条款中规定机动车的解释,符合一个没有专业知识的普通人的认知标准,理由如下:首先,一个普通的投保人、被保险人或受益人对机动车的概念,只能是根据其日常生活经验法则来作出解释。消费者对其所购买产品的认识,通常是基于产品的说明书及合格证书形成的。由于案涉事故车辆的产品说明书及产品检验合格证均显示,该车为“先锋”牌助力车,生产厂商这种对产品性质的误导行为,使得被保险人曹正银作为一个普通的购买者无法知晓其所购买的车辆就是机动车,不可能产生该车系保险人责任免除条款中所指的机动车的认识,亦无从根据机动车的管理需要去办理相关的驾驶证和机动车辆行驶证。案涉车辆虽然未领取相关的机动车证照,但该车并未经改装,事故发生后的检验结果表明其制动合格。因此,被保险人主观上没有违反保险人免责条款中相关规定的故意与过失。其次,被保险人客观上无法对案涉车辆进行登记并取得机动车号牌。《道路交通安全法》第八条规定:国家对机动车实行登记制度。机动车经公安机关交通管理部门登记后,方可上道路行驶。但是,因为该型号车辆的数据未进入车管部门颁发证照所依据的全国机动车辆产品公告查询服务系统,根据对机动车辆管理的规定,该车无法进行登记并取得机动车号牌及证照。因此,原告在保险人免责条款,以及保险条款的释义中,没有对机动车的认定标准作出规定的情况下,基于存在生产厂家误导的产品说明书、产品检验合格证,以及被保险人客观上无法取得机动车号牌的事实,作出案涉车辆不属于保险人免责条款中所规定的机动车之解释,符合一个普通车辆购买人及使用人的认知标准,应作出有利于被保险人的解释,案涉车辆应认定为不属于本案保险人免责条款中所规定的机动车。此时,被保险人在不领取驾驶证的情况下驾驶案涉车辆,亦不属于免责条款规定的无证驾驶情形。综上所述,对被告主张被保险人曹正银无驾驶证驾驶无有效行驶证的轻便摩托车导致身故的,属于保险人免责事由而不承担赔偿责任的抗辩意见,法院不予以采纳。

根据《保险法》的有关规定,没有指定受益人的,被保险人死亡后,保险金作为被保险人的遗产,由保险人向被保险人的继承人履行给付保险金的义务。四原告系被保险人曹正银的法定第一顺序继承人,有权向被告主张赔偿保险金。保险合同约定,意外身故保险金按三倍基本保险金额给付,保险金额为 11000 元。故四原告要求被告赔偿保险金 33000 元的诉讼请求,法院予以支持。

——《最高人民法院公报》2014 年第 10 期

【最高人民法院商事审判参考性案例】

吴某诉某保险公司财产保险合同纠纷案

要点提示:保险人提供的格式合同文本中的责任免除条款、免赔率条款、比例赔付条款，可以认定为《保险法》第十七条第二款规定的“免除保险人责任的条款”，保险人应当尽到提示和明确说明义务。

简要案情：2004年11月17日，吴某就其所有的汽车向某保险公司投保了车损险、主险不计免赔特约险、车上人员责任险等。保险合同载明：1.家庭自用汽车损失保险条款。其中第十二条第（八）项中载明，保险车辆用于营运收费性商业行为期间的任何损失和费用，保险公司不负责赔偿。2.机动车辆第三者责任保险条款。第三十二条载明，保险公司根据保险车辆驾驶人员在事故中所负责任比例，承担相应的赔偿责任，并在保险单载明的责任限额内按约定的免赔率免赔。其中，保险车辆同一保险年度内发生多次赔款，其免赔率从第二次开始每次增加5%，非营运车辆从事营业运输活动时发生保险事故，造成第三者损失，按本保险保费与相应的营业车辆保费的比例计算赔偿。3.附加险条款及解释。其中载明，车上人员责任险系第三者责任险的附加险。在车上人员责任险条款第四条第（三）项载明，每次赔偿均实行20%绝对免赔率。2005年5月31日，吴某驾驶被保险车辆与案外人胡某驾驶的拖拉机相碰，致车辆受损及吴某和同乘人员于某、吕某受伤。交警大队作出交通事故认定书，认定吴某、胡某负事故同等责任。经法院判决，于某各项损失为28887元，吕某各项损失为955.30元，并胡某与吴某连带赔偿上述损失。吴某向保险公司申请理赔，保险公司认为，吴某将其车用于营业收费，根据保险条款约定属于保险公司无需赔偿；对于于某、吕某的损失，同意根据保险条款约定的比例进行赔偿。吴某认为保险公司在签订保险合同时，未向其交付保险条款，亦未就保险条款中关于保险公司不予理赔和按比例理赔所依据的免责条款进行必要的解释和说明。吴某诉至法院，要求保险公司赔偿全部损失。

法院判决：法院认为，本案的争议焦点为保险公司提供的保险条款中所约定的免赔事由及免赔率是否属于免责条款，以及该约定是否生效。本案中，保险公司提供的保险条款中关于免除保险人责任的约定，应当属于《保险法》规定的“免除保险人责任的条款”，保险人应就这些条款履行明确说明义务。

——《最高人民法院公布三起保险合同纠纷典型案例》，载《最高人民法院公报》2014年第2期。

【链接：最高人民法院法官著述】

实践中，对于免除保险人责任条款的审查，应先审查保险合同约定的保险责任范围以及案涉事故是否属于保险责任范围内。

保险责任条款是确定保险人承保范围的条款,只有保险人依据保险责任条款需要承担保险责任,才可能存在免除保险人责任条款的问题。保险人责任条款是确定免除保险人责任条款的前提,不属于免除保险人责任条款。实践中,有些保险公司将比例赔付的相关内容也置于保险责任部分,根据《保险法解释(二)》第九条规定,比例赔付条款应当明确说明。在确定保险责任的范围后,应当审查案涉事故是否属于保险责任范围内的保险事故。如果不属于保险事故,保险公司无需承担保险责任,但这是因不存在保险人应承担保险责任的事故,而不是存在免责事由,故无需审查保险合同是否存在免责条款以及是否存在免责事由。

在明确保险事故已经发生后,才需进一步审查保险合同约定了哪些免除保险人责任的条款以及这些条款是否产生效力。根据本规定,如果保险合同采用了责任免除条款、免赔额、免赔率、比例赔付或给付等条款,这些条款必须经保险人明确说明才能产生效力,如果保险合同约定了保险人因投保人、被保险人违反法定或约定义务而享有合同解除权的条款,则这些条款无需明确说明也产生效力。当然,生效与有效并不是一个概念,经过保险人明确说明生效的条款如果存在《保险法》第十九条规定情形的,则该条款无效。

《保险法解释(二)》第九条规定虽对免除保险人责任条款进行列举,但并非封闭性的,除了该条规定列举的以上条款外,仍可能存在其他免除保险人责任的条款,故对格式条款中的其他条款是否必须经保险人明确说明才能产生效力,需要结合保险条款的相关内容判断其是否实质上减轻或免除保险人责任。例如,保险合同中的释义条款,其虽是针对保险合同中所含有的专业词汇或者其他需要解释和说明的事项所约定的条款,但因释义条款所解释的专业术语或事项可能与保险责任密切相关,释义条款也将直接影响保险责任的承担与范围。因此,如果释义条款可能涉及限制或免除保险人应当承担的责任的,也应经过明确说明才产生效力。

——最高人民法院民事审判第二庭编著:《最高人民法院关于保险法司法解释(二)理解与适用》,人民法院出版社2013年版,第234~235页。

1051

投保人应如实回答保险人就保险标的或被保险人有关情况的询问，如实告知影响保险人决定是否承保以及设定承保条件、费率的重要事项

关键词｜投保人如实告知义务｜

【最高人民法院司法解释】

第五条　保险合同订立时，被保险人根据保险人的要求在指定医疗服务机构进行体检，当事人主张投保人如实告知义务免除的，人民法院不予支持。

保险人知道被保险人的体检结果，仍以投保人未就相关情况履行如实告知义务为由要求解除合同的，人民法院不予支持。

——《最高人民法院关于适用〈中华人民共和国保险法〉若干问题的解释(三)》(2015 年 11 月 25 日，法释〔2015〕21 号)

第五条　保险合同订立时，投保人明知的与保险标的或者被保险人有关的情况，属于保险法第十六条第一款规定的投保人“应当如实告知”的内容。

第六条　投保人的告知义务限于保险人询问的范围和内容。当事人对询问范围及内容有争议的，保险人负举证责任。

保险人以投保人违反了对投保单询问表中所列概括性条款的如实告知义务为由请求解除合同的，人民法院不予支持。但该概括性条款有具体内容的除外。

——《最高人民法院关于适用〈中华人民共和国保险法〉若干问题的解释(二)》(2013 年 5 月 31 日，法释〔2013〕14 号)

【《最高人民法院公报》案例】

何丽红诉中国人寿保险股份有限公司佛山市顺德支公司、中国人寿保险股份有限公司佛山分公司保险合同纠纷案(佛山市中级人民法院二审民事判决书]

裁判摘要：一、基于保险合同的特殊性，合同双方当事人应当最大限度的诚实守信。投保人依法履行如实告知义务，即是最大限度诚实守信的一项重要内容。投保人在订立保险合同前，应当如实回答保险人就保险标的或者被保险人

的有关情况作出的询问，如实告知影响保险人对是否承保以及如何设定承保条件、承保费率作出正确决定的重要事项。对于投保人故意隐瞒事实，不履行如实告知义务的，或者因过失未履行如实告知义务，足以影响保险人决定是否同意承保或者提高保险费率的，保险人有权解除保险合同，并对于保险合同解除前发生的保险事故不承担赔偿或者给付保险金的责任。

佛山市中级人民法院二审认为：一、关于在投保涉案"祥和定期保险"时，黄国基是否履行了如实告知义务的问题。

保险合同为射幸合同，保险人是否承保及其如何确定保险费，取决于保险人对承保危险的正确估计和判断，而投保人对相关事项的如实告知，是保险人正确确定保险危险并采取控制措施的重要基础。根据诚实信用原则，投保人对保险人在投保单或风险询问表上列出的询问事项，均应根据自己知道或应当知道的情况进行如实告知。本案中，黄国基在投保涉案"祥和定期保险"时，被上诉人佛山分公司就投保记录向黄国基作出了询问，但黄国基隐瞒了自己在其他保险公司多次重复投保的实际情况，作出了与事实明显不符的答复，显然违反了如实告知的法定义务。一审法院结合黄国基重复投保时间密集及其曾兼职保险代理业务的具体情况，认定黄国基为故意不履行告知义务，并无不当，应予维持。

——《最高人民法院公报》2008 年第 8 期

【链接：最高人民法院法官著述】

在投保人就保险人的询问事项予以回避而保险人不作进一步询问的情形下，应当认定保险人放弃了要求投保人就该项询问履行如实告知义务的权利。对于投保人的如实告知义务，我国《保险法》实行的是询问告知主义，立法者要求保险人通过询问的方式落实投保人的如实告知义务。保险人往往通过投保人对其设计的询问表所载内容的回答，判断承保风险的大小，继而在此基础上决定是否予以承保。如果投保人对保险人所设计的询问表所载重要事项不作回答，而保险人亦不就此作进一步询问，即采取一种无所谓的态度，意味着该项询问对于本次投保而言并不重要，类似于将该项询问事由从询问表中予以了排除，在效果上相当于从未作过询问。既然保险人未作询问，则根据我国《保险法》第十六条第一款关于"订立保险合同，保险人就保险标的或者被保险人的有关情况提出询问的，投保人应当如实告知"的规定，对于该未作询问的事项，不产生投保人的如实告知主义。既然投保人就此未作询问的事项不负有如实告知义务，则保险人自然不应当以投保人违背了对该事项的如实告知义务为由，要求行使法定的合同解除权。

——杜万华主编、最高人民法院民事审判第二庭编著：《最高人民法院关于保险法司法解释（三）理解与适用》，人民法院出版社2015年版，第134页。

《保险法》第十六条第一款仅规定投保人需履行如实告知义务。在投保人与被保险人为不同主体的情况下，被保险人是否也需承担如实告知义务，存在较大争议。有观点认为，既然《保险法》第十六条仅规定投保人在保险人询问的情况下应当履行如实告知义务，被保险人当然无需承担如实告知义务，且被保险人不是保险合同当事人，让其承担告知义务不符合合同相对性原则。山东省高级人民法院2011年颁布的《关于审理保险合同纠纷案件若干问题的意见（试行）》即采该观点，该意见第五条规定："投保人与被保险人非同一人时，保险人主张被保险人未履行如实告知义务而拒绝承担责任的，人民法院不予支持。"这种观点虽然符合《保险法》第十六条的字面含义，但如仅将告知义务主体限于被保险人，在理论上不符合告知义务的立法目的，在实践中可能带来道德风险。一般而言，被保险人比投保人更为了解保险标的的风险状况，让被保险人承担如实告知义务，能更便于保险人评估风险。实践中，被保险人如无需承担如实告知义务，可能导致已经存在的不符合承保条件的被保险人，通过他人代为投保的方式规避如实告知义务，引发道德风险。有鉴于此，理论界与实务界越来越多的人建议，《保险法解释（二）》应对《保险法》第十六条作扩充解释，将被保险人作为如实告知义务主体。但该司法解释对此未作规定。

实践中，对于投保人与被保险人并不一致情况下告知义务的履行，应注意以下几个方面：（1）要防止被保险人通过他人代为投保规避如实告知义务。因法律未将被保险人作为告知义务主体的情况下，被保险人在明知自己不符合承保条件的情况下，可能通过委托不知情的投保人代为投保，来规避自己作为投保人时应尽的告知义务，这种行为有违诚信，不应鼓励。当然，如果投保人基于自身原因为被保险人投保，且确实不知被保险人存在不符合承保条件的风险的，则应予保护。（2）保险人不能以对被保险人的询问代替对投保人的询问。投保人是告知义务主体，保险人的询问应向投保人作出。投保人与被保险人不一致的，保险人对被保险人的询问不能视为对投保人的询问，保险人不能要求投保人告知其向被保险人询问的内容。（3）保险人如就相关事项同时向投保人和被保险人进行询问，投保人或被保险人只要有一人如实告知的，则应视为投保人就该事项的告知义务已经履行。投保人与被保险人对同一事项告知不一致,只要有一人的告知符合客观状况,保险人也不能以投保人违反告知义务为抗辩。

——最高人民法院民事审判第二庭编著:《最高人民法院关于保险法司法解释(二)理解与适用》,人民法院出版社2013年版,第154~155页。

投保人明知相关重大事项而未如实告知的,并不当然构成故意,也可能是重大过失。关于《保险法》第十六条规定的故意,一般理解为义务人知悉某重要事实存在,并明知倘隐匿该事实,或就该事实为不实之说明时,将影响保险人为危险之估计,而有意为之的一种心理状态;但不以必须具有以有害于保险人并图自己或他人利益之意思为必要。也就是说,故意包括以下几个要件:(1)明知该事实;(2)明知该事实为重要事项;(3)有意不告知。与此相对应,重大过失包括三种情况:一是义务人因重大过失不知道重要事项的存在而未如实告知;二是义务人虽知道该事实存在,但因重大过失不知道该事实的重要性而未如实告知;三是义务人知道事实存在且知道该事实具有重要性,但因重大过失未如实告知。从以上可以看出,即使是投保人明知相关重要事项,但仍可能基于不知道该事实具有重要性而未告知,或者虽知道该事实的重要性但因重大过失而未告知,这也是我国台湾地区"保险法"第六十四条规定"过失遗漏"的内容。可见,将投保人告知范围限于"明知",并不排除《保险法》第十六条规定中的"重大过失"违反如实告知义务的情形。

实践中,投保人在明知相关重要事项,但却因重大过失未如实告知的,主要有以下两种情形:

1. 因重大过失不知道该事实的重要性。根据《保险法》第十六条第一款的规定,我国对于投保人的如实告知义务采纳的是询问告知主义,只有保险人询问的内容,投保人才需告知,即只有保险人询问的内容才是投保人应当告知的重要事项。实践中,即使保险人已经询问,但如投保人因重大过失未能清楚理解保险人询问内容的确切含义,或者基于自身疏忽未能认识到所询问内容包括其知道的事实等方面原因,未能将其知道的重要事项告知保险人,则构成因重大过失未如实告知。

2. 因重大过失未告知。投保人虽然知道相关事实且知道其为重要事项,但在回答过程中可能因各方面原因未向保险人准确告知,则构成因重大过失未如实告知。实践中,有些保险公司的展业人员在展业过程中存在不规范的操作方式,代投保人填写风险询问表的相关内容,最后让投保人在落款处签字盖章。根据《保险法解释(二)》第三条规定,保险人或其代理人代填写行为经投保人确认,一般认为是投保人履行告知义务的意思表示。但是,保险人或其代理人代为填写与投保人亲自填写毕竟还是存在差别，保险人或其代理人代为填写的情况下，投保人对相关询问内容的注意程度将大大降低，甚至有些情况下，保险人或其代理人填完相关内容后并没有让投保人进行审查，只是让投保人签章，这种情况下可认为，虽风险询问表回答内容与实际状况不一致，且投保人对实际状况是明知的，但投保人是因重大过失未履行如实告知义务，而不构成故意不告知。

——最高人民法院民事审判第二庭编著：《最高人民法院关于保险法司法解释（二）理解与适用》，人民法院出版社 2013 年版，第 155～156 页。

编者说明

最高人民法院法官认为，所谓概括性条款，是指缺乏具体内涵、外延难以界定的条款。实践中，概括性条款一般是以“其他”“除此以外”等兜底条款的方式出现，保险人采用“其他”“除此以外”等兜底条款进行的询问视为没有询问，例如，近 3 年内是否患有其他疾病、除前述四项外是否做过其他检查等。值得注意的是，并不是所有的包含有“其他”“除此以外”等表述的条款都属于概括性条款，尤其是“其他”所限定的内容较为明确的情况，例如，是否向其他保险公司投保、是否患有其他肿瘤疾病等。①

1052

对《保险法》第十七条第二款规定的保险人提示义务是否履行的理解

关键词｜保险人提示义务｜

【最高人民法院司法解释】

第十一条第一款 保险合同订立时，保险人在投保单或者保险单等其他保险凭证上，对保险合同中免除保险人责任的条款，以足以引起投保人注意的文字、字体、符号或者其他明显标志作出提示的，人民法院应当认定其履行了保险法第十七条第二款规定的提示义务。

——《最高人民法院关于适用〈中华人民共和国保险法〉若干问题的解释（二）》（2013 年 5 月 31 日，法释〔2013〕14 号）

---

① 最高人民法院民事审判第二庭编著：《最高人民法院关于保险法司法解释（二）理解与适用》，人民法院出版社 2013 年版，第 176 页。

【链接：最高人民法院法官著述】

根据《保险法解释(二)》第十一条第一款,对于提示义务的履行应从以下几个方面理解:

1. 提示的载体。提示的载体包括投保单、保险单等所有保险凭证,只要该保险凭证上存在需要提示的内容。也就是说,任何保险凭证只要包含免除保险人责任的格式条款,就应当在该凭证上进行提示。实践中,有些保险公司在展业时,并没有按照《保险法》第十七条第一款的规定附上保险格式条款,既然格式条款都没有提供,保险人显然无法对格式条款上的免责条款进行提示。

2. 提示的方法。提示的方法包括文字、字体、符号或其他明显标识,例如采取较大字号、特殊字体、黑体加粗、加框印制、特殊颜色等办法,使得被保险人能够轻松识别应当注意的条款。如保险公司将免除保险人责任条款集中单独印刷,也应认为其履行提示义务。从理论上看,提示可以口头形式提示,亦可以采书面形式提示,以口头形式提示注意保险条款中之免责条款虽简便易行,事后容易产生纠纷,故本司法解释只认可以书面形式的提示。

3. 提示的程度。提示必须达到足以使投保人注意的程度,此处的投保人应理解为理性投保人,即处于同一条件下的投保人如果能够注意到的,就应认为其已经尽到提示义务。值得注意的是,并不是保险人只要按照《保险法解释(二)》第十一条第一款要求,对免除保险人责任的条款以文字、字体、符号等方式作出特别标识即认为保险人已经履行提示义务。保险人的提示义务是主动义务,而不是应投保人要求才产生的被动义务。保险人对免除保险人责任的条款采取特殊标识后,还应主动向投保人出示该条款,提醒投保人注意到该条款的存在,否则投保人难以知悉该条款的存在。因此,保险人在投保单或相关保险凭证上通过特别标识对免除保险人责任的条款进行特定化后的同时,应向投保人出示该条款,并提醒其注意到这些免责条款,唯有如此,本条规定"足以引起投保人注意"的要求才不会流于形式。

对于保险人的提示是否合理,有学者总结了以下考量因素,值得借鉴:①

1. 以区别于其他条款的字体或颜色标识免责条款。以不同字体、颜色标识免除或限制保险人责任条款可以引起投保人或被保险人的注意与警醒。在通常

① 于海纯:《保险人缔约说明义务制度研究》,中国政法大学2007年博士学位论文。

情况下，凭普通人的视觉应毫不费力地注意到保险条款中之全部免责条款，如以粗红字标识免责条款，则普通大众均会一望即知，而不至于像“大海捞针”一样在保险条款中寻找免责条款。也就是说，文件外形须予人以该文件载有足以影响当事人权益之约款的印象，否则相对人收到该文件根本不予阅读，使用人之提醒注意（通知或公告）即不充分。①

2. 针对不同的对象区别使用不同的提示注意方法。提示注意免责条款之方法可以是一对一的个别提示注意，亦可以是团体（如团体保险之情形）的提示注意。一般依订立契约时之交易的具体环境、具体的投保人或被保险人之不同情形而定。

3. 提示注意的语言或文字必须清晰明白易解。保险条款本身已因其高度专业、不易理解招致抱怨，提示注意保险条款之语言或文字则不能晦涩难解，而必须通俗易懂，具有高度阅读性和易解性，且文字醒目，文句简易，文义直白，不生歧义，一看即明。这是对提示注意之语言或文字上之外观和文义的要求。另一方面，所用之提醒注意的文字或格式条款本身不能有污损或字迹不清，或无法辨认，否则亦不生充分合理提示注意之效果。

4. 提示注意之行为须发生于契约订立之先或契约订立之时。保险公司作为提供格式保险条款一方当事人，必须保证在订约之前或订约之际将保险条款中之免除或限制责任条款以合理的方式提示给投保人或被保险人，以便于投保人或被保险人作出缔约选择。

5. 区别不同提示注意对象而为程度不同之提示注意。在决定是否给予了充分合理之提示注意时还应注意一些特殊情形，可以考虑将提示注意义务分为普通提示注意义务和特别提示注意义务。所谓普通提示注意义务，就是以普通人的认识水平为判断基准确定提示注意的程度。特别提示注意义务，是指对因老、弱、病、残或文盲、半文盲等原因而对事物认知受到影响的人群要尽特别提示注意义务。此情形下，保险人必须明确向这些特殊的投保人或被保险人群体一一明确地指出或宣读免除或限制其责任条款。

值得注意的是，在一般的消费合同订立中，格式条款提供方的提示方式可以有个别提请注意和统一张贴公告两种方式。但在保险领域，为使特定合同的当事人能对合同条款达成合意，其提示义务的行使方法，只能采用个别提请注意的方式。②

此外，要充分认识提示义务的法律地位。提示义务虽然是明确说明义务的

① 刘宗荣：《定型化契约论文专辑》，台湾地区三民书局 1988 年版，第 8 页。

② 张雪楳：《保险人说明义务若干问题探析》，载《法律适用》2010 年第 8 期。

前置义务,但具有独立地位。实践中,保险人通常提交具有投保人签字确认的声明书或其他相关凭证,证明其已履行提示和明确说明义务,但如从相关证据来看,保险人显然并未在投保单和相关保险凭证上对免除保险人责任作出足以引起投保人注意的特别标识,则不能认为保险人提示义务已经履行。

——最高人民法院民事审判第二庭编著:《最高人民法院关于保险法司法解释(二)理解与适用》,人民法院出版社 2013 年版,第 281 ~283 页。

1053

对《保险法》第十七条第二款规定的保险人说明义务的理解

关键词|保险人说明义务|

【最高人民法院司法解释】

第十条 保险人将法律、行政法规中的禁止性规定情形作为保险合同免责条款的免责事由,保险人对该条款作出提示后,投保人、被保险人或者受益人以保险人未履行明确说明义务为由主张该条款不生效的,人民法院不予支持。

第十一条第二款 保险人对保险合同中有关免除保险人责任条款的概念、内容及其法律后果以书面或者口头形式向投保人作出常人能够理解的解释说明的,人民法院应当认定保险人履行了保险法第十七条第二款的明确说明义务。

第十三条 保险人对其履行了明确说明义务负举证责任。

投保人对保险人履行了符合本解释第十一条第二款要求的明确说明义务在相关文书上签字、盖章或者以其他形式予以确认的,应当认定保险人履行了该项义务。但另有证据证明保险人未履行明确说明义务的除外。

——《最高人民法院关于适用〈中华人民共和国保险法〉若干问题的解释(二)》(2013 年 5 月 31 日,法释〔2013〕14 号)

【最高人民法院答复】

甘肃省高级人民法院:

你院甘高法研〔1999〕06 号《关于金昌市旅游局诉中保财产保险公司金川区

支公司保险赔偿一案的请示报告》收悉。经研究,答复如下:

《保险法(1995)》第十七条规定:“保险合同中规定有保险责任免除条款的,保险人应当向投保人明确说明,未明确说明的,该条款不发生法律效力。”[①]这里所规定的“明确说明”,是指保险人在与投保人签订保险合同之前或者签订保险合同之时,对于保险合同中所约定的免责条款,除了在保险单上提示投保人注意外,还应当对有关免责条款的概念、内容及其法律后果等,以书面或者口头形式向投保人或其代理人作出解释,以使投保人明了该条款的真实含义和法律后果。

——《最高人民法院研究室关于对〈保险法〉第十七条规定的“明确说明”应如何理解的问题的答复》(2000 年 1 月 24 日,法研〔2000〕5 号)

【《最高人民法院公报》案例】

段天国诉中国人民财产保险股份有限公司南京市分公司保险合同纠纷案(南京市江宁区人民法院民事判决书)

裁判摘要:根据《保险法(2002)》第十七条第一款、第十八条的规定,订立保险合同,保险人应当向投保人说明保险合同的条款内容。保险合同中规定有关于保险人责任免除条款的,保险人在订立保险合同时应当向投保人明确说明,未明确说明的,该条款不产生效力。据此,保险人有义务在订立保险合同时向投保人就责任免除条款作出明确说明,前述义务是法定义务,也是特别告知义务。如果保险合同当事人对保险人是否履行该项告知义务发生争议,保险人应当提供其对有关免责条款内容作出明确解释的相关证据,否则该免责条款不产生效力。

江苏省南京市江宁区人民法院一审认为:关于涉案保险合同的争议条款能否理解为“医保外用药不予理赔”的问题。涉案保险合同第二十五条第二款约定,“保险人按照国家基本医疗保险的标准核定医疗费用的赔偿金额”。对于该条规定,原告段天国与被告人保南京分公司有不同的理解。人保南京分公司认为,该条规定的含义是“医保外用药”不予理赔,段天国认为,该条款中的“国家基本医疗保险的标准”并无明确具体的含义,人保南京分公司将其定义为“医疗用药的范围”无法律依据。对此法院认为,《合同法》第四十一条规定:“对格式

---

① 2009 年修订后《保险法》第十七条第二款规定:对保险合同中免除保险人责任的条款,保险人在订立合同时应当在投保单、保险单或者其他保险凭证上作出足以引起投保人注意的提示,并对该条款的内容以书面或者口头形式向投保人作出明确说明;未作提示或者明确说明的,该条款不产生效力。

条款的理解发生争议的,应当按照通常理解予以解释。对格式条款有两种以上解释的,应当作出不利于提供格式条款一方的解释。格式条款和非格式条款不一致的,应当采用非格式条款。”因此,在涉案保险合同争议条款的含义不明确的情况下,应当作出不利于人保南京分公司的解释。

即使涉案保险合同的争议条款可以被理解为“医保外用药不予理赔”,该条款的效力也应当结合保险合同的相关法律规定全面加以分析。从保险合同的性质来看,保险合同是最大的诚信合同,保险合同的免责条款决定着投保人的投保风险和投保根本利益,对于投保人是否投保具有决定性的影响。根据《保险法(2002)》第十七条第一款、第十八条的规定:“保险人应当向投保人说明保险合同的条款内容。保险合同中规定有关于保险人责任免除条款的,保险人在订立保险合同时应当向投保人明确说明,未明确说明的,该条款不产生效力。”据此,保险人在订立保险合同时必须向投保人就责任免除条款作明确说明,前述义务是法定义务,也是特别告知义务,这种义务不仅是指经过专业培训而具有从事保险资格的保险人在保险单上提示投保人特别注意,更重要的是要对有关免责条款内容作出明确解释,如合同当事人对保险人就保险合同的免责条款是否明确说明发生争议,保险人应当负有证明责任,即保险人还必须提供其对有关免责条款内容作出明确解释的相关证据,否则该免责条款不产生效力。本案中,人保南京分公司为证明已经尽到告知义务而提供的证据是涉案保险投保单的投保人声明以及段天国的签名,但该段声明的内容并没有对争议条款的具体内容作出明确的解释,不能证明人保南京分公司已经向段天国陈述了该条款包含“医保外用药不予理赔”即部分免除保险人责任的含义。因此,即使该条款可以被理解为“医保外用药不予理赔”,也不能发生相应的法律效力。

此外,国家基本医疗保险是为补偿劳动者因疾病风险造成的经济损失而建立的一项具有福利性的社会保险制度。旨在通过用人单位和个人缴费建立医疗保险基金,参保人员患病就诊发生医疗费用后,由医疗保险经办机构给予一定的经济补偿,以避免或减轻劳动者因患病、治疗等所带来的经济风险。为了控制医疗保险药品费用的支出,国家基本医疗保险限定了药品的使用范围。而涉案保险合同是一份商业性的保险合同,保险人收取的保费金额远远高于国家基本医疗保险,投保人对于加入保险的利益期待也远远高于国家基本医疗保险。因此,如果按照被告人保南京分公司“医保外用药”不予理赔的主张对争议条款进行解释,就明显降低了人保南京分公司的风险,减少了人保南京分公司的义务,限制了原告段天国的权利。人保南京分公司按照商业性保险收取保费,却按照国家基本医疗保险的标准理赔，有违诚信。

——《最高人民法院公报》2011 年第 3 期

杨树岭诉中国平安财产保险股份有限公司天津市宝坻支公司保险合同纠纷案（天津市第一中级人民法院二审民事判决书）

裁判摘要：二、根据《保险法（2002）》第十八条的规定，保险合同中规定有关于保险人责任免除条款的，保险人在订立合同时应当向投保人明确说明，未明确说明的该条款无效。所谓“明确说明”，是指保险人在与投保人签订保险合同之前或者签订保险合同之时，对于保险合同所约定的免责条款，除了在保险单上提示投保人注意外，还应当对有关免责条款的概念、内容及其法律后果等以书面或者口头形式向投保人或其代理人作出解释，以使投保人明了该条款的真实含义和法律后果。

天津市第一中级人民法院认为：被上诉人杨树岭就其所有的机动车辆向上诉人平安保险宝坻支公司投保机动车辆第三者责任险，并交纳了相关保险费，双方之间的保险合同关系成立，涉案机动车辆第三者责任险保险合同合法有效，合同双方均应自觉履行。涉案机动车辆第三者责任险保险合同中关于“保险车辆造成被保险人或其允许的驾驶员及他们的家庭成员人身伤亡，不论在法律上是否应当由被保险人承担赔偿责任，保险人均不负责赔偿”的规定，以及该合同中关于“家庭成员包括被保险人的直系血亲和在一起共同生活的其他亲属”的解释，均属格式化免责条款，提供该格式合同的保险人依法应当就上述免责条款向被保险人作出明确说明。根据最高人民法院作出的《关于对保险法第十七条规定的“明确说明”应如何理解的问题的答复》，所谓“明确说明”，是指保险人与投保人签订保险合同之前或者签订保险合同之时，对于保险合同所约定的免责条款，除了在保险单上提示投保人注意外，还应当对有关免责条款的概念、内容及其法律后果等以书面或者口头形式向投保人或其代理人作出解释，以使投保人明了该条款的真实含义和法律后果。该答复虽然是针对修订前的《保险法（1995）》第十七条规定作出的，但修订前《保险法（1995）》第十七条的规定与现行《保险法（2002）》第十八条的规定一致；该答复虽然是就个案的作出的，但人民法院在审理同类案件时可以参照执行。保险合同系专业性较强的合同，涉及专业术语较多，保险人有义务向投保人予以明确说明。平安保险宝坻支公司虽然在涉案机动车辆第三者责任险保险合同文本中以黑体字提示了免责条款，但仅是尽到了提醒投保人注意的义务，根据本案事实、证据，不能认定平安保险宝抵支公司已经履行了就免责条款的概念、内容及其法律后果等以书面或者口头形式向投保人或其代理人作出解释，以使投保人明了该条款的真实含义和法律后果的明确说明义务。因此，不论涉案机动车辆第三者责任险保险合同中的格式化免责条款关于“保险车辆造成被保险人或其允许的驾驶员及他们的家庭成员人身伤亡，不论在法律上是否应当由被保险人承担赔偿责任，保险人均不负责赔偿”的规定，以及关于“家庭成员包括被保险人的直系血亲和在一起共同生活的其他亲属”的解释是否具有法律依据、是否有效，该格式化免责条款都因上诉人未能尽到明确说明的义务而归于无效，该免责条款对被上诉人不产生约束力。上诉人的上诉理由不足，不予支持。

——《最高人民法院公报》2007 年第 11 期

【最高人民法院裁判文书】

天安财产保险股份有限公司河南省分公司、内蒙古铁道国际旅行社与天安财产保险股份有限公司河南省分公司、内蒙古铁道国际旅行社等财产损害赔偿纠纷申请再审案[最高人民法院(2015)民申字第 632 号民事裁定书]

最高人民法院认为：本案的核心问题是，前述保险合同条款中约定的“每座责任限额”和“累计赔偿限额”应如何适用。天安公司提供的保险条款第二十六条对两个责任限额作出了约定，依照天安公司的理解，每座责任限额是指就每一旅客所遭受的损失，保险公司的赔付限额；累计责任限额是指保险期内多次事故的赔偿限额，既包括单次事故总的赔偿限额，也包括保险期间内多次事故的总赔偿限额。如果该结论成立，则该条款显然是对保险人责任作出限制的条款。根据《合同法》第十七条、《保险法解释(二)》第九条的规定，保险人提供的格式合同文本中的责任免除条款、免赔额、免赔率、比例赔付或者给付等免除或者减轻保险人责任的条款，应当在保险凭证上作出足以引起投保人注意的提示，并对该条款的内容以书面或者口头形式向投保人作出明确说明，未做提示或者明确说明的，该条款不产生效力。案涉保险单、投保单中对于上述两个责任限额之间的关系并未作特别提示，天安公司也未提供证据证明其曾就两个责任限额之间的关系向投保人作出明确说明。因此，保险单中关于两个责任限额之间关系的约定，不发生效力。原审法院判决天安公司在不超过案涉保险合同约定的累计责任限额的范围内支付保险金，并无不当。

——中国裁判文书网，http://wenshu.court.gov.cn。

【链接：最高人民法院法官著述】

关于保险合同中保险人明确说明义务标准，理论上可以区分为形式判断标准和实质判断标准。形式判断标准以保险说明义务的履行方式、形式进行判断。实质判断标准是指以投保人对免除责任条款真实含义的实际理解为基准进行判断。

最高人民法院研究室2000年《明确说明理解答复》对于保险人说明义务履行的判断标准，采用的是实质标准。其规定，明确说明是指保险人在与投保人签订保险合同之前或者签订保险合同之时，对于保险合同中所约定的免责条款除了在保单上提示投保人注意外，还应当对有关保险条款的概念、内容及其法律后果等，以书面或口头形式向投保人或其代理人作出解释，以使投保人明了该条款的真实含义和法律后果。这里，对于如何理解“使投保人明了该条款的真实含义和法律后果”也存在争议。我们认为，应采用客观标准为主，主观标准为辅的原则判定保险人是否履行了明确说明义务，即原则上，应达到使普通智识能力的社会主体能够理解的程度即可，“但兼顾智力欠缺、盲人、文盲等消费者的特殊情况”。还应注意的是，尽管《保险法》规定“该条款的内容”，但依据前述《明确说明理解答复》意见及其起草本意，说明的范围不仅应包括免责条款的内容，还应包括“概念及其法律后果”。

在实际操作中，一些保险合同拟定的投保单中书面载明提醒客户注意阅读保险条款，如：“请您仔细阅读保险条款，充分理解保险责任、责任免除、解除合同等合同条款，权衡保险需求和交费能力后，再作出投保决定。”这种情形下，投保人在投保单上签字能否证明保险公司已尽到说明义务呢？我们认为，保险人履行说明义务的目的在于使投保人真正了解保险条款的内容和法律后果，以实现实质的意思自治。而该提示条款只是提醒投保人注意阅读保险条款，而非对保险条款进行说明，故不能认定保险人履行了说明义务。

在司法实务中，存在投保人统一印制“投保人声明”内容的情形，其内容或为：“本人已获得并详细阅读了本保险条款。其中的责任免除条款，保险人已采用书面及口头方式向本人说明，本人已按照保险人的说明充分理解。所有保险条款均同意订入合同”；或为：“本人已认真阅读了并正确理解了保险条款，尤其是保险责任条款、责任免除余款、合同解除条款……”在上述情形下，投保人在“投保人声明”一栏签名的，能否认定保险人已履行了明确说明义务呢？

应当说,一般而言,当事人一方签字可以认定当事人有认可合同内容的意思表示,但在特殊情形下也不尽然。前述声明存在失之笼统的问题,在上述内容夹杂大量专业术语等艰涩难懂语言的情形下,对于投保人而言,尤其是对于不具有保险专业知识、法律知识,甚至是文化水平不高的投保人而言,仅仅笼统在声明栏内写明投保人已阅读并理解保险合同的条款,投保人签字的,并不能当然认定保险人已尽明确说明义务,如果投保人有相反证据予以推翻的,不能认定保险人已尽明确说明义务。应当说,较为妥当的方法是该声明中应该明确指明哪些条款系免除保险人责任的条款,并明确写明对其相关概念、内容以及法律后果已作说明,投保人已经充分理解,或者做好对各免责条款已尽明确说明的记录,以证明保险人尽到了明确说明义务。

在司法实务中,一些人身保险合同载明,保险合同成立后,赋予投保人若干天的"犹豫期";一些财产保险的保险单上也提示,投保人在收到保险单后应仔细阅读保险条款,如果有异议,可在一定期间向保险公司提出异议,否则视为无异议。如果在上述犹豫期或者异议期,投保人未请求退保或者提出异议,是否可以视为保险人已经履行了明确说明义务呢?

我们认为,明确说明义务是法定义务,对其说明范围、程度、方式等均有明确的规定,而上述犹豫期、异议期等内容,并不符合法定明确说明义务的内涵,并不能当然认定投保人阅读和理解了免责条款的内容。因此,不能认为投保人未在犹豫期内提出退保、异议期内提出异议就认定保险人已经履行了明确说明义务。

——最高人民法院保险法司法解释起草小组编著:《〈中华人民共和国保险法〉保险合同章条文理解与适用》,中国法制出版社 2010 年版,第 104 ~ 111 页。

编者说明

《保险法》第十七条第二款规定的"明确说明"是在第十六条第一款规定的基础上进一步规定了保险人的义务。这里"明确说明"包括两方面的内容:一是"说明"的要求,即必须"明确";二是"说明"的后果,即没有"明确说明",则有关责任免除条款不发生法律效力。最高人民法院对于"明确说明"标准的判断,有一个发展的过程。

根据法研〔2000〕5 号函,保险人的说明只有达到使投保人明白保险条款的真实含义和法律后果才尽到履行说明义务,采纳的是实质标准。审判实践中,不少地方法院结合审判实践进行探索,基本上也都是采实质判断标准,只是在如何判断已经达到投保人理解的程度上还存在不同的认识。《保险法解释(二)》最终也采纳了实质判断标准。

1054

网络、电话销售中保险人提示及明确说明义务的履行

关键词｜保险合同｜免责条款｜保险人提示义务｜保险人说明义务｜

【最高人民法院司法解释】

第十二条 通过网络、电话等方式订立的保险合同，保险人以网页、音频、视频等形式对免除保险人责任条款予以提示和明确说明的，人民法院可以认定其履行了提示和明确说明义务。

——《最高人民法院关于适用〈中华人民共和国保险法〉若干问题的解释（二）》（2013年5月31日，法释〔2013〕14号）

【链接：最高人民法院法官著述】

以网络方式订立的保险合同中，保险人通常是通过电脑网页的操作程序来完成其提示和明确说明义务，投保人拟通过网络投保的，必须按照保险人的指示，按顺序阅读网页，并点击“同意”予以确认。《保险法解释（二）》第十二条虽认可保险人以网页形式履行提示和明确说明义务，但其提示及明确说明义务的履行必须符合该解释第十一条的相关规定。如其提示及明确说明不符合该解释第十一条规定的标准，则相关免除保险人责任的条款不产生效力。

实践中，有些保险公司所设计的投保程序，在投保人如实填写相关信息，履行如实告知义务，点击下一步后，并不是主动弹出保险条款的页面，而是直接出现载有“1. 本人认可并接受网上投保方式，愿以此种方式与保险公司签订保险合同；2. 本人已详细阅读投保须知和保险条款，对各项保险责任和除外责任均已了解并同意”内容的投保人声明页，引导投保人直接点击同意进入下一步。保险人如要阅读保险条款，需要点击该页面所链接的保险条款。应当说，以这种方式来履行提示和明确说明义务并不符合要求。《保险法》第十七条规定：保险人在订立保险合同时应附格式条款，并对所有格式条款承担一般说明义务，对免除保险人责任条款承担提示和明确说明义务。这些义务是保险人应主动履行的义务，而不是基于投保人请求才被动产生的。投保人只有主动点击才会出现保险格式条款，实际上类似于保险人根据投保人的请求提供格式条款，这不符合《保

险法》第十七条的规定。

此外,还有些保险公司所设计的网页虽会主动弹出保险格式条款,供投保人阅读,只有投保人点击网页底部的投保声明页的"同意"时,才进入下一步,但其网页所载的格式条款的所有内容在形式上完全一致,并未采用特殊字体、颜色或者符号等特别标识对免除保险人责任条款进行提示,这种情况下应认为保险人未尽到提示义务,相关免除保险人责任条款不产生效力。

网络销售有网络页面作为格式条款的载体,故其提示和明确说明义务的履行可依据《保险法》第十七条的规定进行判断。电话销售与网络销售不同,其保险合同是通过电话方式订立,在保险人签发保险单前双方并不存在书面合同,此时如何判断保险人的提示和明确说明义务的履行需要在实践中进一步探索。

——最高人民法院民事审判第二庭编著:《最高人民法院关于保险法司法解释(二)理解与适用》,人民法院出版社2013年版,第296~297页。

1055

保险人明知投保人未履行如实告知义务仍与之订立保险合同,应视为放弃抗辩权利,无权再以此为由解除保险合同

关键词 | 投保人如实告知义务 | 合同解除 |

【最高人民法院司法解释】

第七条 保险人在保险合同成立后知道或者应当知道投保人未履行如实告知义务,仍然收取保险费,又依照保险法第十六条第二款的规定主张解除合同的,人民法院不予支持。

——《最高人民法院关于适用〈中华人民共和国保险法〉若干问题的解释(二)》(2013年5月31日,法释〔2013〕14号)

【《最高人民法院公报》案例】

何丽红诉中国人寿保险股份有限公司佛山市顺德支公司、中国人寿保险股份有限公司佛山分公司保险合同纠纷案(佛山市中级人民法院二审民事判决书)

裁判摘要:二、如果保险人在明知投保人未履行如实告知义务的情况下,不

是进一步要求投保人如实告知，而是仍与之订立保险合同，则应视为其主动放弃了抗辩权利，构成有法律约束力的弃权行为，故无权再以投保人违反如实告知义务为由解除保险合同，而应严格依照保险合同的约定承担保险责任。

佛山市中级人民法院二审认为：二、关于黄国基在投保涉案“祥和定期保险”时没有履行如实告知义务，被上诉人佛山分公司是否有权据此解除该保险合同并拒绝承担保险责任的问题。

投保人未履行如实告知义务，保险人能否据此解除保险合同并拒绝承担保险责任，应当以投保人未如实告知的事项是否足以影响保险人对是否承保、如何确定承保条件和保险费率作出正确决定为判断标准。而作出上述判断，不能依据投保人、被保险人、受益人或保险人的主观认识，必须根据投保人未如实告知事项的具体内容和性质，综合各种情况进行客观、全面考量。根据保险行业的实际情况，投保人是否已经参加或者正在申请其他人身保险的情况，是保险人正确认定承保风险，决定是否承保和如何确定承保条件、保险费率的重要依据。投保人不如实告知上述事项，将直接影响保险人的正确评估和决策，足以影响保险合同的订立。根据本案事实，被上诉人佛山分公司通过投保单和《高保额财务问卷》，对投保人黄国基是否已经参加或者正在申请其他人身保险进行了询问，但黄国基未予如实回答，违反了如实告知义务。佛山分公司作为保险人，有权依据《保险法(2002)》第十七条第二款关于“投保人故意隐瞒事实，不履行如实告知义务的，或者因过失未履行如实告知义务，足以影响保险人决定是否同意承保或者提高保险费率的，保险人有权解除保险合同”的规定。解除其与黄国基签订的涉案“祥和定期保险合同”，并对保险合同解除前发生的保险事故不承担赔偿或给付保险金的责任，同时不退还保险费。上诉人何丽红作为受益人，请求佛山分公司依照该保险合同承担保险责任于法无据，对其相应诉讼请求依法不予支持。

——《最高人民法院公报》2008 年第 8 期

【链接：最高人民法院法官著述】

保险合同的解除是保险人拒绝承担保险责任的前提。保险人只有享有保险合同解除权，才有可能拒绝承担保险责任，故在判断保险人是否可以拒赔时，首先应判断其是否具有保险合同解除权。根据《保险法》第十六条和《保险法解释(二)》第七条的规定，保险人行使保险合同解除权应当具备以下条件：

1. 投保人未如实告知存在故意或重大过失。根据《保险法》第十六条第二款规定,投保人只有故意或者重大过失的情况下,保险人才有权解除保险合同。所谓故意,是指保险人明知与保险标的或者被保险人的有关情况,且知道该情况为重要事实,而有意不告知。所谓重大过失,是指保险人虽明知与保险标的或者被保险人的有关情况,但因疏忽未能认识到该情况为重要事实,或虽知道该情况为重要事实,但因重大过失未告知。

2. 投保人未如实告知具有决定性影响。根据《保险法》第十六条第二款规定,投保人未如实告知内容需足以影响保险人决定是否同意承保或者提高保险费率的,保险人才可以解除保险合同。三款规定,保险人解除保险合同应受不可抗辩期间的限制:一是在知道有解除事由之日起 30 日内;二是自合同成立之日起 2 年之内。超过任何一个期间解除权即丧失。

……

4. 不存在违反禁反言的情形。根据《保险法》第十六条第六款规定,保险人在合同订立时已经知道投保人未如实告知的情况的,保险人不得解除合同。

5. 不存在弃权情形。根据《保险法解释(二)》第七条规定,保险人在保险合同成立后知道或者应当知道投保人未履行如实告知义务,仍然收取保险费,不得解除保险合同。

——最高人民法院民事审判第二庭编著:《最高人民法院关于保险法司法解释(二)理解与适用》,人民法院出版社 2013 年版,第 211 页。

1056

正确认定保险合同解除与保险人拒赔的关系

关键词 | 合同解除 | 保险人拒赔 |

【最高人民法院司法解释】

第八条 保险人未行使合同解除权,直接以存在保险法第十六条第四款、第五款规定的情形为由拒绝赔偿的,人民法院不予支持。但当事人就拒绝赔偿事宜及保险合同存续另行达成一致的情况除外。

——《最高人民法院关于适用〈中华人民共和国保险法〉若干问题的解释(二)》(2013 年 5 月 31 日,法释〔2013〕14 号)

【最高人民法院商事审判参考性案例】

田某、冉某诉某保险公司人身保险合同纠纷案

要点提示：保险人未在法定期间内解除合同，丧失保险合同解除权。保险人以投保人违反如实告知义务为由拒绝赔偿的，人民法院不予支持。

简要案情：小田系田某、冉某之子。2007 年 6 月 21 日，田某与某保险公司签订保险合同，合同约定：投保人为田某，被保险人为小田，保险受益人为田某、冉某，投保险种为终身保险，保险期间为终身，保险金额为 2 万元，如被保险人身故，保险公司将按基本保额的三倍给付身故保险金。合同签订后，田某按前述保险合同约定按期向保险公司缴纳了 2007 年至 2009 年的保险费共计 4500 元。2009 年 11 月 23 日，被保险人小田因患肺结核死亡。田某认为属于保险责任事故，向保险公司提出理赔申请。保险公司于 2009 年 12 月 25 日向田某出具《拒绝给付保险金通知书》，该通知书载明的主要内容为“……经调查核实我公司发现投保前已患疾病，根据相关法律规定和保险合同条款……本次事故我公司不承担保险责任……该合同效力终止……退还保单现金价值 2116.74 元……”田某、冉某遂诉至该院，要求保险公司共同赔付保险金 60000 元。另查明，小田于 2001 年和 2008 年接受过肺结核诊治。2007 年 6 月 19 日，田某在申请投保时，在填写个人保险投保单告知事项第 7 条 C 项：“被保险人是否曾患有或接受治疗过哮喘、肺结核、肺气肿等疾病”时，投保人田某及被保险人小田均填写为“否”。

法院判决：法院认为，田某在投保时就被保险人小田曾患“肺结核”的事实未向保险公司尽到如实告知义务，保险公司有权解除合同。根据在案事实，保险公司于 2009 年 12 月 25 日作出《拒绝给付保险金通知书》，该载明的内容可以确认，从 2009 年 12 月 25 日起保险公司就应当知道有解除事由，但保险公司在知道有解除事由之日起 30 日内未行使该解除权，其解除权已消灭。本案所涉保险合同未被解除的情况下，对双方仍具有约束力，保险公司应当按照本案所涉保险合同的约定承担给付田某等人保险金的责任。判决撤销原审民事判决，保险公司承担保险责任。

——《最高人民法院公布三起保险合同纠纷典型案例》，载《最高人民法院公报》2014 年第 2 期。

【链接：最高人民法院法官著述】

《保险法解释(二)》第八条是对于保险合同解除与拒赔关系的规定。对于该条解释的理解,应注意以下几点:

1. 保险人没有解除权或者丧失解除权后,不得再依据《保险法》第十六条第四款、第五款拒赔。保险人不承担保险责任是保险人解除保险合同的法律后果,保险人不具有合同解除权的,当然无法解除合同,保险人当然不得以投保人违反如实告知义务为由拒赔。故虽投保人违反如实告知义务,但如未如实告知内容不足以影响保险人决定是否同意承保或者提高保险费率,保险人没有解除权,或者保险人虽有解除权但已经超过不可抗辩期间,或者虽有解除权且在抗辩期间内但保险人存在弃权或违反禁反言行为的,保险人不得解除保险合同,也不得拒绝赔偿。

2. 保险人享有解除权的情况下,只有解除合同后才能拒绝赔偿。保险人享有的拒绝赔偿的权利是在解除合同之后才享有的权利,故其即使享有解除权,也不得不解除合同而直接拒赔。也就是说,保险人只有在解除合同后,才能拒赔。

3. 允许当事人就拒绝赔偿事宜及保险合同存续另行约定。因合同解除并不一定符合当事人之间的利益关系,故当事人可以在保险事故发生后就赔偿事宜另行协商,以维持保险合同的效力。值得注意的是,这种协商只能发生于纠纷产生之时,而不能是事先作出约定。当事人在对告知义务履行产生纠纷之前,不能通过保险条款作出与该条规定不同的约定,即当事人不能在保险合同中直接约定,保险人可以不解除保险合同直接拒赔。

对于该条规定的适用,应注意其可能带来的程序问题。实践中,保险人在保险事故发生前很少会发现投保人违反如实告知义务,故不可能主动要求解除保险合同;即使在保险事故发生前发现投保人违反如实告知义务,出于收取保险费的考虑,通常也不会主动要求解除保险合同,故一般只有在保险事故发生后,保险人才会主张投保人违反如实告知义务。在诉讼中,投保人违反如实告知义务通常是作为应对被保险人或受益人主张承担保险责任的抗辩出现。具体来说,被保险人或受益人向法院提起诉讼,主张保险事故已经发生,保险人应承担保险责任,此时保险人会以投保人违反如实告知义务为由抗辩。根据本条解释,保险人拒绝赔偿必须以解除合同为条件,故从程序来看,保险人仅主张拒绝赔偿而没有要求解除合同的,法院似乎可以直接驳回,或者法院必须向保险人进行释明,要求保险人增加解除合同的主张。如保险人根据法院释明提出解除合同的主张，对于该主张在程序上如何看待？是将其作为抗辩还是应作为反诉处理？对于一方当事人要求对方继续履行合同，对方以解除合同作为抗辩的情况下，应将解除作为抗辩还是反诉，《合同法》和《民事诉讼法》并未明确规定。《买卖合同解释》第四十四条对买卖合同中的特殊情形作了规定："出卖人履行交付义务后诉请买受人支付价款，买受人以出卖人违约在先为由提出异议的，人民法院应当按照下列情况分别处理：(1)买受人拒绝支付违约金、拒绝赔偿损失或者主张出卖人应当采取减少价款等补救措施的，属于提出抗辩；(2)买受人主张出卖人应支付违约金、赔偿损失或者要求解除合同的，应当提起反诉。"根据该规定，出卖人要求买受人继续支付价款，买受人以出卖人违约在先为由要求解除合同的，应当提出反诉。如参照适用该规定，在被保险人或受益人要求保险人承担保险责任，保险人以投保人违反如实告知义务为由要求解除合同的，则必须提出反诉。这样一种处理方式固然符合法理，但是否会给案件审理带来不必要的麻烦，需要进一步观察。故对于程序上如何处理该问题，需要进一步探索和总结。从实践中来看，有法院并没有将保险人解除合同作为反诉处理，而是在被保险人起诉保险人承担保险责任的案件中直接审理，并在判项中对合同是否解除、解除后保险费是否退还等直接作出认定。

——最高人民法院民事审判第二庭编著：《最高人民法院关于保险法司法解释(二)理解与适用》，人民法院出版社 2013 年版，第 207 ~ 209 页。

保险人享有保险合同解除权是保险人可以拒绝承担保险人责任的条件之一，但并不是必备条件。保险人即使享有合同解除权，保险人仍需具备以下两个条件方能拒绝承担保险责任：

1. 保险人实际行使合同解除权。保险人行使解除权原则上应向投保人作出。被保险人或受益人申请理赔的情况下，保险人向被保险人或受益人发出拒赔通知书，并主张解除合同的，也应予以认可。

2. 投保人因重大过失违反如实告知义务的情况下，未如实告知内容需对保险事故的发生有重大影响。根据《保险法》第十六条第四款和第五款规定，投保人故意违反如实告知义务的，保险人对于保险合同解除前发生的保险事故可以直接拒赔，不管未告知内容与保险事故发生有没关系；投保人因重大过失未如实告知的，保险人只有在未如实告知的内容对保险事故的发生有重大影响的情况下才能拒赔。在具体案件审理中，应注意审查投保人违反如实告知义务的主观状态，根据故意与重大过失的不同确定不同的法律后果。一般来说，保险人应该对投保人违反如实告知义务存在故意以及重大过失、未如实告知内容对保险事故的发生有严重影响承担举证责任。

——最高人民法院民事审判第二庭编著:《最高人民法院关于保险法司法解释(二)理解与适用》,人民法院出版社2013年版,第213页。

1057

保险合同成立前已发生投保事故,投保人存在恶意骗保行为,不应机械固守不可抗辩期间的限定,应赋予保险人解除权

关键词 | 恶意骗保 | 不可抗辩期间 | 合同解除 |

【最高人民法院商事审判参考性案例】

二、陈某诉中国平安人寿保险股份有限公司乐山中心支公司人身保险合同纠纷案

(一)基本案情

陈某之父陈某康,因右肺腺癌于2010年8月10日入院治疗,至2010年8月24日病情平稳后出院。2010年8月25日,陈某为陈某康在被告处投保了8万元的身故险和附加重大疾病险。陈某和陈某康均在“询问事项”栏就病史、住院检查和治疗经历等项目勾选为“否”。两人均签字确认其在投保书中的健康、财务状况及其他告知内容的真实性,并确认被告及其代理人已提供保险条款,对免除保险人责任条款、合同解除条款进行了明确说明。双方确认合同自2010年9月2日起生效。合同7.1条及7.2条就保险人的明确说明义务、投保人的如实告知义务以及保险人的合同解除权进行了约定。

2010年9月6日至2012年6月6日,陈某康因右肺腺癌先后9次入院治疗。2012年9月11日,陈某康以2012年3月28日的住院病历为据向被告申请赔付重大疾病保险金。保险公司经调查发现,陈某康于2010年3月10日入院治疗,被确认为“肝炎、肝硬化、原发性肝癌不除外”,因此被告于2012年9月17日以陈某康投保前存在影响该公司承保决定的健康情况,而在投保时未书面告知为由,向原告送达解除保险合同并拒赔的通知。陈某康、陈某于2012年10月24日诉请判令被告继续履行保险合同并给付重大疾病保险金3万元,后在二审

中申请撤诉，二审法院于2012年12月18日裁定撤诉。2014年3月11日至3月14日，陈某康再次因右肺腺癌入院治疗，其出院诊断为：右肺腺癌伴全身多次转移（Ⅳ期，含骨转移）。2014年3月24日，陈某康因病死亡。原告陈某遂诉至法院，请求被告给付陈某康的身故保险金8万元。

（二）裁判结果

一审法院认为：投保人陈某在陈某康因右肺腺癌住院治疗好转后，于出院次日即向被告投保，在投保时故意隐瞒被保险人陈某康患有右肺腺癌的情况，违反了如实告知义务，依据《保险法》第十六条第二款的规定，保险人依法享有合同解除权。因上述解除事由在保险合同订立时已发生，且陈某康在2010年9月6日至2012年6月6日期间，即合同成立后二年内因右肺腺癌先后9次入院治疗，却在合同成立二年后才以2012年3月28日的住院病历为据向被告申请赔付重大疾病保险金，又在陈某康因右肺腺癌死亡之后要求被告赔付身故保险金8万元，其主观恶意明显，该情形不属于《保险法》第十六条第三款的适用范围，原告不得援引该条款提出抗辩。被告自原告方向其申请理赔的2012年9月11日起始知道该解除事由，即于2012年9月17日向原告送达书面通知拒付并解除合同。原告未在三个月异议期内提出异议。根据《合同法》第九十六条第一款的规定，双方合同已于2012年9月17日解除。原告以2014年3月24日陈某康因病死亡为由诉请被告支付保险金8万元没有法律依据，判决驳回原告陈某的诉请。

二审法院认为：上诉人主张，据《保险法》第十六条第三款规定，保险公司不能解除合同。法院认为，从《保险法》第十六条第三款看，“自合同成立之日起超过二年保险人不得解除合同”，保险人不得解除合同的前提是自合同成立之日起二年后新发生保险事故。而本案中，保险合同成立时保险事故已发生，不属于前述条款适用的情形，保险人仍享有解除权。被保险人、受益人以《保险法》第十六条第三款进行的抗辩，系对该条文的断章取义，对此不予支持。另外，被告已于2012年9月17日发出解除通知，而原告在三个月内未提出异议，双方合同已于2012年9月17日解除，上诉人于2014年3月起诉，其诉请不应支持。因此，判决驳回上诉，维持原判。

（三）典型意义

1. 本案中投保人未如实告知投保前已发保险事故，保险合同成立两年后请求理赔，应否支持的问题，尚属于法律空白，若机械援用《保险法》第十六条的规定，将变相鼓励恶意骗保行为。为此，本案在权衡保障投保人的合法权益和维护良好保险秩序后作出了裁判，为类案处理提供了经验。

2. 保险合同是射幸合同,对将来是否发生保险事故具有不确定性。但在保险合同成立之前已发生投保事故,随后再投保,其具有主观恶意,系恶意骗保的不诚信行为,并违反保险合同法理,此时不应机械性地固守不可抗辩期间的限定,应赋予保险公司解除权,且两年不可抗辩期间适用的前提是保险合同成立两年后新发生的保险事故,因此保险合同成立前已发生保险事故的,保险公司不应赔偿。本案的裁判,对于遏制恶意投保并拖延理赔的不诚信行为,规范保险秩序,防止保险金的滥用,具有积极作用。

——《"用公开促公正,建设核心价值"主题教育活动合同纠纷典型案例》(2015 年 12 月 4 日),载最高人民法院网,http://www.court.gov.cn。

1058

为他人利益的保险合同中，投保人任意解除权的行使应当受到限制

关键词 | 为他人利益保险合同 | 投保人任意解除权 |

【最高人民法院司法解释】

第十七条 投保人解除保险合同,当事人以其解除合同未经被保险人或者受益人同意为由主张解除行为无效的,人民法院不予支持,但被保险人或者受益人已向投保人支付相当于保险单现金价值的款项并通知保险人的除外。

——《最高人民法院关于适用〈中华人民共和国保险法〉若干问题的解释(三)》(2015 年 11 月 25 日,法释〔2015〕21 号)

【最高人民法院审判业务意见】

六、投保人与被保险人不一致时,投保人解除保险合同是否需要经过被保险人同意,《保险法解释(三)》对此如何规定?

答:投保人为他人投保,与被保险人、受益人为不同主体时,投保人解除保险合同是否需要经过被保险人或者受益人同意,理论界与实务界确实存在不少争议。《保险法解释(三)》第十七条明确,投保人解除保险合同,无须经过被保险人和受益人的同意,理由在于:一是从保险立法来看,《保险法》第十五条确立了

投保人的任意解除权,并没有对其行使进行限制,如要求投保人解除合同需征得被保险人或受益人同意不符合立法精神;二是从合同原理来看,保险合同的当事人是投保人与保险人,被保险人与受益人是保险合同的保障对象和保险金请求权的主体,其权利依附于投保人与保险人之间的合同,而不能影响保险合同的存续;三是从保险行业发展来看,保险单转让与质押是人身保险未来发展的方向之一,这些业务的开展是以投保人能够随时解除保险合同并取得保险单现金价值为条件的,如要求投保人解除合同需要经过被保险人和受益人同意,则可能限制保险单转让与质押业务的开展。基于被保险人与受益人利益保护的需要,《保险法解释(三)》第十七条规定了但书内容。虽然投保人解除保险合同无需经过被保险人与受益人的同意,但是保险合同的存续确实对被保险人与受益人的利益有较大影响,故如果被保险人、受益人同意向投保人支付相当于保险单现金价值的款项,可以承受投保人的合同地位,保险合同无需解除,一方面保护投保人对保险单现金价值的权利,另一方面也照顾到被保险人、受益人的合理期待。

——《妥善审理保险合同纠纷案件,促进保险业健康稳定发展——最高人民法院民二庭负责人就〈最高人民法院关于适用《中华人民共和国保险法》若干问题的解释(三)〉答记者问》,载杜万华主编、最高人民法院民事审判第二庭编著:《最高人民法院关于保险法司法解释(三)理解与适用》,人民法院出版社2015年版,第21~22页。

【《最高人民法院公报》案例】

王连顺诉中国人寿保险公司永顺县支公司保险合同纠纷案(湖南省湘西土家族苗族自治州中级人民法院二审民事判决书)

湖南省永顺县人民法院一审认为:任何单位为自己的职工谋取合法利益,都是法律允许并支持的正当行为。由于保险是原中国人民保险公司永顺县支公司的业务,此次保险是该公司为自己的职工投保,这种特殊情况决定了该保险合同上投保人和保险人的签署是同一人,但这与自己和自己签订的无效合同情况不同,仍然属于两个平等民事主体之间签订合同。根据保费出资的实际情况,应认定这个保险合同的投保人是原中国人民保险公司永顺县支公司工会,保险人是该公司。维护职工合法权益,关心职工的生活,全心全意为职工服务,是工会的职能。工会在职工同意的情况下为职工投保人身险,是其履行职责的体现。依照《保险法》第五十二条第二款的规定,原中国人民保险公司永顺县支公司工会对保险标的具有保险利益。依照《保险法(1995)》第十二条的规定,本案的人身保险合同是当事人真实意思的表示，依法成立有效。

原告王连顺之妻陈晓兰在原中国人民保险公司永顺县支公司工作期间，既是原中国人民保险公司永顺县支公司的职工，也是原中国人民保险公司永顺县支公司工会的会员，有权利享受职工和会员的待遇。原中国人民保险公司永顺县支公司从该公司工会出资为其女职工投保，是该公司工会给会员的福利待遇。因保险合同的成立，陈晓兰以被保险人和受益人的身份成为合同当事人。依照《保险法（1995）》第二十一条第二、三款的规定，陈晓兰享有保险金请求权。

通常的合同，由于是签约双方的一致意思表示，所以只要签约双方协商一致，就可以变更或者解除。但是在保险合同中，由于有被保险人加入，合同与被保险人利害相关，因此只有在通知并征求被保险人的意见后，才能决定合同的订立、变更或解除。原告王连顺之妻陈晓兰从被告永顺人保调离后，永顺人保借该人身保险合同为同一人签署的便利，在没有征求陈晓兰意见的情况下，就以业务批单的形式解除合同。此举违背了《保险法（1995）》第十五条的规定，不能发生解除的效力。

人员流动是社会发展正常现象。以可流动人员的身体作为保险标的的人身保险合同，投保人在投保时对保险标的具有的保险利益，可能由于人员流动而在投保后发生变化。对人身保险合同，只能根据投保人在投保时是否具有保险利益来确定合同效力，不能随保险合同成立后的人事变化情况来确定合同效力，这样才能保持合同的稳定性。被告永顺人保以陈晓兰调离后，永顺人保已没有可保利益为由，主张本案合同无效，理由不能成立。

一审判决发生法律效力后，湖南省湘西土家族苗族自治州人民检察院提起抗诉。理由是：本案保费是由原中国人民保险公司永顺县支公司支出，一审判决认定由该公司工会经费中支出，证据不足，是认定事实的错误；陈晓兰不是保险合同的当事人，其调离永顺人保后，永顺人保已失去保险利益，一审判决仍认定合同有效，是适用法律不当。湖南省湘西土家族苗族自治州中级人民法院指令湖南省永顺县人民法院再审。

湖南省永顺县人民法院再审认为，抗诉机关认为保费是由原中国人民保险公司永顺县支公司支出，没有举出任何证据；认为陈晓兰调离后，保险合同因投保人失去保险利益而无效，理由不能成立。原判认定事实清楚，证据确实，适用法律正确，判处恰当，审判程序合法，应当维持。

宣判后，永顺人保仍不服，向湖南省湘西土家族苗族自治州中级人民法院提起上诉。理由是：一、在本案合同中，上诉人既作为投保人又作为保险人，经协商一致变更保险合同的部分内容，作出终止对陈晓兰保险责任的业务批单，是合法的民事行为；二、即使以批单形式终止对陈晓兰的保险责任是无效的，由于陈晓兰已调离，上诉人已不具有可保利益，保险合同中涉及陈晓兰的部分也应当认定无效。

湖南省湘西土家族苗族自治州中级人民法院经二审后认为：认定本案的保险合同不能解除，不仅仅因为它是以无效的批单形式解除的，更因为解除时没有通知陈晓兰并征求她的意见。陈晓兰虽然不是该保险合同的签约人，但作为人身保险合同的被保险人和受益人，她有权知道合同的效力情况。在无人通知的情况下，她有理由相信该保险合同仍然存在。当她患了癌症并据此申请理赔时，上诉人永顺人保才出具解除合同的批单，此举违背了民事行为应当遵循的诚实信用原则，当然无效。

只有两个以上的平等民事主体为设立、变更、终止民事权利义务关系而签订的协议，才可称为合同。本案的保险合同能够成立，就在于一方是从事保险业务的保险人原中国人民保险公司永顺县支公司，另一方是代表6名女职工权益的原中国人民保险公司永顺县支公司工会。上诉人永顺人保在还涉及其他5名女职工权益的情况下，既不想否认本案保险合同的效力，又要说服该保险合同是由其一人签订的，不但与事实不符，且与法理不合，自相矛盾。如果确实是自己与自己签订“合同”，变更保险合同的“经协商一致”又从何谈起？永顺人保的上诉理由不能成立。原判正确，应当维持。

——《最高人民法院公报》2001年第4期

【链接：最高人民法院法官著述】

在为他人利益保险合同中，合同当事人是投保人与保险人，被保险人是保险合同的保障对象，受益人是根据保险合同享有保险金请求权的主体，但二者均不是保险合同当事人，而只是关系人，故保险合同的解除原则上并不取决于被保险人与受益人的意愿。这也更为符合保险运行原理。从保险运行来看，实际承担缴纳保险费义务的是投保人，作为受保障对象的被保险人和享有保险金请求权的受益人都无需缴纳保险费，而保单现金价值实际上是保险费的积累，可见，保单现金价值，是投保人投入形成的财产，应当归属于投保人，被保险人、受益人的权利应当从属于投保人。投保人解除保险合同的最大利益是获取保单现金价值，且该保单现金价值是其个人投入的财产，故应允许投保人随时解除保险合同。

当然,保险合同中的为他人利益合同与民事合同中的为第三人利益合同并不完全一致。保险合同中投保人、被保险人与受益人之间的关系相对来说较为密切,投保人为被保险人购买保险产品,指定特定第三人为受益人,是基于三方之间的特殊关系,这种特殊关系可能是人身关系,也可能是财产关系。基于这样的特殊关系,被保险人、受益人对投保人所订立的保险合同一般来说会产生一定的信赖,在投保人已经订立保险合同的情况下,被保险人、受益人可能不会再订立其他保险合同对其利益进行保障。在此情况下,如果任由投保人解除保险合同,被保险人、受益人将不能获得保险合同的保障。从这个角度来看,有必要对投保人的解除权进行一定的限制,以更好地保护被保险人、受益人的合理期待。

——宫邦友、林海权:《人寿保险合同若干法律问题研究》,载最高人民法院民事审判第二庭编:《商事审判指导》总第 38 辑,人民法院出版社 2015 年版,第 16 ~ 17 页。

至于投保人的解除权应该如何限制,有观点认为,投保人必须征得保险金受领人的同意方可解除合同。对此,我们不敢苟同。投保人是保险合同的当事人,其解除保险合同的目的在于支取保险费,要求投保人解除保险合同必须征得保险金受领人同意对投保人并不公平。由于被保险人与受益人并不承担交付保险费的义务,其享有的保险合同利益无须支付对价,因此,从投保人、被保险人以及受益人利益平衡的角度考虑,可以要求投保人解除保险合同前必须告知被保险人和受益人,由其选择是否继续维持保险合同的效力;如果要继续维持保险合同的效力,应向投保人支付其解除保险合同可以获得的保险单价值,并且替代投保人作为保险合同的当事人,承担继续交纳保险费的义务。

——最高人民法院保险法司法解释起草小组编著:《〈中华人民共和国保险法〉保险合同章条文理解与适用》,中国法制出版社 2010 年版,第 77 ~ 78 页。

1059

保险公司分支机构可以作为当事人参加诉讼，不应将保险公司或其他分支机构一并列为被告

关键词 | 保险公司 | 分支机构 | 共同被告 |

【最高人民法院司法解释】

第二十条 保险公司依法设立并取得营业执照的分支机构属于《中华人民共和国民事诉讼法》第四十八条规定的其他组织，可以作为保险合同纠纷案件的当事人参加诉讼。

——《最高人民法院关于适用〈中华人民共和国保险法〉若干问题的解释（二）》（2013年5月31日，法释〔2013〕14号）

【最高人民法院答复】

辽宁省高级人民法院：

你院1996年6月18日《关于中国人民保险公司分支机构没有履行能力能否执行中国人民保险公司问题的请示》一文收悉。经研究答复如下：

中国人民保险公司营口市支公司不能履行你院（1995）辽民初字第47号民事调解书确定的义务，又无财产可供执行，即其已不能单独承担民事责任。依据我国《保险法（1995）》第七十九条第二款关于“保险公司分支机构不具有法人资格，其民事责任由保险公司承担”的规定，你院可在执行程序中裁定变更中国人民保险公司为该案的被执行主体，即同意你院的请示意见。

此复。

——《最高人民法院关于中国人民保险公司营口市支公司的债务可否由中国人民保险公司承担的函》（1996年8月19日，〔1996〕经他字第21号）

【链接：最高人民法院法官著述】

问：原告作为投保人为其丈夫在某保险公司县级营销服务部办理了人身保险业务，保险受益人为原告。保险公司提供了由该公司省分公司批准生效而加盖总公司（住所地在北京）印章的格式合同，而保险费则由该公司的市中心支公司收取并出具了发票。后黄某病亡，为理赔事宜，袁某以该保险公司的县级营销服务部及市中心支公司（均有营业执照）为共同被告诉至法院。该公司市中心支公司辩称，其不是适格被告，应以省分公司为被告。究竟谁是适格被告，合议庭有三种意见:第一种意见认为该公司市中心支公司是适格主体。第二种意见认为应以该公司市中心支公司和省分公司为共同被告。第三种意见认为应以省分公司为被告。请问:哪种意见正确。

答:第一种意见是正确的。理由是:第一,保险公司市中心支公司收取保险费行为,表明其是保险合同的实际履行者,属于适格被告。本案的保险合同虽然是经保险公司省分公司批准生效而加盖总公司的印章,但与原告进行合同协商的是该保险公司县级营销服务部,即要约与承诺发生在原告与该保险公司县级营销服务部之间,市中心支公司收取保险费并出具发票的行为,表明其是保险合同的实际履行人。原告根据合同协商、签订和履行的实际情况,将二者列为被告,符合诚实信用原则,不存在虚列被告争管辖等情形。故第一种意见根据《保险法解释(二)》第二十条规定,认定保险公司市中心支公司为适格被告,是正确的。

——本书研究组:《保险公司支公司有无诉讼主体资格》,载杜万华主编、最高人民法院民事审判第一庭编:《民事审判指导与参考》总第61辑,人民法院出版社2015年版,第284~286页。

《保险法解释(二)》第二十条仅涉及保险分支机构诉讼地位问题,并未对其义务承担方式进行规定。在将保险公司分支机构作为案件当事人特别是被告,法院在判决主文部分应当如何表述保险公司分支机构的责任承担?

……

我们认为,《民法通则》《公司法》和《保险法》对此均已作出明确规定,应严格执行。《保险法》第七十四条所强调的是,保险分支机构不能承担民事责任、不能独立承担民事义务,但分支机构仍具有与保险公司一体承担民事义务的能力。在分支机构作为案件当事人时,法院可以判令其向对方当事人履行给付义务,或者接受对方当事人所作给付。但判决中不宜出现"享有民事权利""承担民事责任""独立承担民事义务"等词语,以避免与《保险法》第七十四条第二款的规定直接发生冲突。

——最高人民法院民事审判第二庭编著:《最高人民法院关于保险法司法解释(二)理解与适用》,人民法院出版社2013年版,第448~449页。

二、人身保险合同

1060

投保人在人身保险合同成立后对被保险人丧失保险利益的，保险合同继续有效

关键词｜人身保险合同｜保险利益｜

【最高人民法院司法解释】

第三条 人民法院审理人身保险合同纠纷案件时，应主动审查投保人订立保险合同时是否具有保险利益，以及以死亡为给付保险金条件的合同是否经过被保险人同意并认可保险金额。

第四条 保险合同订立后，因投保人丧失对被保险人的保险利益，当事人主张保险合同无效的，人民法院不予支持。

——《最高人民法院关于适用〈中华人民共和国保险法〉若干问题的解释（三）》（2015 年 11 月 25 日，法释〔2015〕21 号）

【最高人民法院审判业务意见】

二、《保险法》规定，人身保险合同订立时，投保人需对被保险人有保险利益，如果保险合同订立后，投保人丧失保险利益的，保险合同效力是否受到影响？

答：人身保险合同期限较长，投保人与被保险人的关系可能在合同存续期间发生变化，从而使在保险合同订立时对被保险人有保险利益的投保人丧失了保险利益，此时保险合同效力是否受到影响，实务中存在不同认识。最为典型的情况是，夫妻一方在婚姻关系存续期间为另一方投保人身险，后双方离婚，此时保险合同效力是否受到影响。针对该问题，《保险法解释（三）》第四条规定，保险合同的效力不因投保人在合同存续期间丧失保险利益受到影响，理由在于：一是《保险法》第三十一条第三款仅要求投保人在订立保险合同时需对被保险人具

有保险利益,并没有要求整个合同存续期间都有保险利益;二是投保人在合同存续期间丧失保险利益,不会增加被保险人的道德风险,不应影响保险合同的效力;三是维护保险合同的效力更符合投保人的真实意愿,有利于鼓励交易;四是被保险人保护问题可通过其他制度来解决。

——《妥善审理保险合同纠纷案件,促进保险业健康稳定发展——最高人民法院民二庭负责人就〈最高人民法院关于适用《中华人民共和国保险法》若干问题的解释(三)〉答记者问》,载杜万华主编、最高人民法院民事审判第二庭编著:《最高人民法院关于保险法司法解释(三)理解与适用》,人民法院出版社2015年版,第18页。

【链接:最高人民法院法官著述】

《保险法》第十二条第一款规定,人身保险的投保人在保险合同订立时,对被保险人应当具有保险利益。第三十一条第三款明确规定,订立合同时,投保人对被保险人不具有保险利益的,合同无效。根据以上规定,显然投保人只要在保险合同订立时存在保险利益即可,保险关系存续期间丧失保险利益不影响保险合同的效力。此外,该方式也不会增加被保险人可能遭受的道德风险。因为,根据《保险法》第四十条和四十一条的规定,受益人的指定和变更都必须经过被保险人的同意,被保险人可以通过变更受益人控制道德风险。而且,《保险法》第四十三条也明确规定,投保人故意制造保险事故的,保险人不承担保险责任;受益人故意制造保险事故的,丧失受益权。该规定也将使得故意制造保险事故投保人或者受益人无法获得保险金,故即使投保人在保险期间丧失保险利益,其一般不会有加害被保险人的道德危险。

——杜万华主编、最高人民法院民事审判第二庭编著:《最高人民法院关于保险法司法解释(三)理解与适用》,人民法院出版社2015年版,第95~97页。

根据2009年《保险法》,人身保险合同中,投保人只要在保险合同订立时存在保险利益即可,合同成立后投保人丧失保险利益的,原则上不影响保险合同的效力。这也是符合人身保险合同的特点的。正如学者所言,人身保险,尤其是人寿保险,具有储蓄及投资的性质,到期后所受领的保险金额为其自己所支付保险费及利息的累积款,或甚至少于此种累计额。投保人基于善意,为被保险人投保人寿保险，其后纵因人事变迁，致使投保人对被保险人失去保险利益，而不影响其合同所享有的权益，否则，多年的储蓄及投资，不是因其自己之过失而落空，不但对投保人显失公平，且有违保险之目的。也就是说，在人身保险合同中，投保人在保险合同成立后丧失保险利益的，保险合同仍继续有效。

——最高人民法院保险法司法解释起草小组编著：《〈中华人民共和国保险法〉保险合同章条文理解与适用》，中国法制出版社 2010 年版，第 214 页。

编者说明

保险利益问题也是司法实践中的难点问题之一。《保险法》在保险利益的主体上，对人身保险和财产保险作了不同的规定，人身保险合同有保险受益人，财产保险合同中没有受益人，只是规定了被保险人是应具有保险利益的主体；在保险利益存在的时间点上，对人身保险合同和财产保险合同作了不同的规定，人身保险只要求投保人在订立合同时对被保险人具有保险利益，保险事故发生时是否具有保险利益在所不问，而财产保险则要求被保险人在保险事故发生时具有保险利益，合同订立时是否具有保险利益不影响保险合同的效力。

关于人寿保险合同的受让人和继承人是否必须对被保险人具有保险利益的问题。最高人民法院法官认为，根据《保险法》的规定，人身保险合同中，保险利益是否存在以保险合同订立为判断时点，并不要求保险利益在整个保险合同存续期间都存在。而从《保险法》的规定来看，对被保险人的保护是比较全面的，由不具有保险利益的继承人承继投保人的地位并不会增加被保险人可能遭遇的道德危险，因此，投保人的继承人即使不具有保险利益，也仍然可以继承投保人地位，成为保单持有人。①

1061

人身保险合同被确认无效后保险费返还的范围以及扣减手续费的计算

关键词 | 人身保险合同 | 保险费返还 |

① 宫邦友、林海权：《人寿保险合同若干法律问题研究》，载最高人民法院民事审判第二庭编：《商事审判指导》总第 38 辑，人民法院出版社 2015 年版，第 22 ~ 23 页。

【最高人民法院司法解释】

第二条 人身保险中,因投保人对被保险人不具有保险利益导致保险合同无效,投保人主张保险人退还扣减相应手续费后的保险费的,人民法院应予支持。

——《最高人民法院关于适用〈中华人民共和国保险法〉若干问题的解释(二)》(2013年5月31日,法释〔2013〕14号)

【链接:最高人民法院法官著述】

保险合同无效后,保险人应当返还的保险费是保险公司从投保人处收取的全部保险费,而不是投保人的保单现金价值,这是保险合同无效与保险合同解除的重要区别。保单现金价值与保险费并不一致,其是保险公司在扣除退保手续费之后应当退还给投保人的责任准备金,即其已经扣除了手续费。在通常情况下,保单现金价值数额低于保险人实际收取的保险费。正是由于保单现金价值与保险费存在差距,投保人不希望合同继续履行时,更愿意请求确认合同无效,而不是解除保险合同,至于能否实现其目的,则取决于合同无效的主张是否成立。

保险合同无效后,保险人向投保人退还保险费时是否应同时返还利息?有观点认为,利息是保险人占有保险费产生的孳息,保险人当然应当返回;另一种观点认为,《保险法》规定的返还保险费的条文均未要求支付利息,且要求返还与保险实践不符。还有观点认为,应根据投保人是否善意以及保险人是否存在过错进行区别对待。我们认为,对于利息的返还,应根据《合同法》关于合同无效的相关规定进行处理。

——最高人民法院民事审判第二庭编著:《最高人民法院关于保险法司法解释(二)理解与适用》,人民法院出版社2013年版,第73~74页。

投保人对人身保险合同无效存在过错的,保险人在退还保险费时可以扣除相应的手续费。审判实践中,对于保险人扣减的手续费的计算,应当注意以下两点:

1. 保险人扣减的手续费应当是合理的。手续费是保险公司因开展保险经营活动所支出的成本，该成本应当是实际支出，且该支出应当是合理的。诉讼中，如果当事人对手续费的具体数额存在争议的，可以要求保险公司对手续费计算的合理性承担举证责任。

2. 保险人只能扣减与投保人过错相对应的手续费。手续费是保险公司因保险合同无效遭受的损失，该损失应当由保险公司与投保人根据过错程度来分担。一般来说，保险人对保险合同因投保人不具有保险利益而无效存在过错，应自行承担部分手续费。保险公司能够扣减手续费的比例，应根据投保人的过错程度进行判断。

——最高人民法院民事审判第二庭编著：《最高人民法院关于保险法司法解释（二）理解与适用》，人民法院出版社 2013 年版，第 75 ~ 76 页。

1062

人身保险合同中对投保人明知的判断

关键词 | 人身保险合同 | 投保人明知 |

【最高人民法院司法解释】

第五条 保险合同订立时，投保人明知的与保险标的或者被保险人有关的情况，属于保险法第十六条第一款规定的投保人“应当如实告知”的内容。

——《最高人民法院关于适用〈中华人民共和国保险法〉若干问题的解释（二）》（2013 年 5 月 31 日，法释〔2013〕14 号）

【链接：最高人民法院法官著述】

投保人明知，是指投保人通过某种方法、手段实际了解到了相关情况或事实。当前审判实践中，对投保人是否明知的争议主要集中于人身保险合同纠纷案件中。在该类案件中，投保人投保时，可能在风险询问表对是否曾患相关疾病等问题作否认回答，但在理赔中，保险公司通过调查被保险人的病历本、病程记录、住院病志、入出院记录等相关材料发现，被保险人在保险合同订立前已经患有相关疾病，此时保险公司会以投保人违反如实告知义务为由拒赔，于是双方就会对投保人对被保险人的疾病是否明知以及投保人是否违反如实告知义务产生争议。

对于此类案件中投保人是否明知的审查,应区分以下两个层次:(1)应审查被保险人客观上是否患有相关疾病,即是否存在应当告知的重要事项;(2)应审查投保人对被保险人的疾病是否明知,即投保人主观上是否知道该重要事项。实践中,保险人通常以被保险人相关病历、住院记录等作为证据来证明投保人明知相关疾病,但并不是所有这些证据材料都可以得出投保人明知相关疾病的结论。有些病历虽记载被保险人所患疾病,但其可能仅是推测,或者所记载疾病非常模糊,甚至与其他相关证据材料所记载内容相矛盾,此时不能仅以该病历认为被保险人患有相关疾病。因此,具体案件审理中,应当综合考量所有相关证据,结合案件具体情况,准确认定投保人是否明知,防止保险公司随意以投保人违反告知义务为借口逃避责任。

对于这类案件,实践中还应注意防范保险欺诈行为。有些被保险人明知自己存在不符合承保条件的疾病,但却故意隐瞒自身的健康状况为虚假陈述,或者在保险公司安排的体检中隐瞒事实、误导体检医生,或者通过他人代为投保,以规避如实告知义务制度,以骗取保险公司的承保,这是一种典型的保险欺诈行为。在具体案件审理中,我们应结合被保险人的相关病历、治疗状况、投保过程等相关材料,审查投保人的投保动机,注意防范保险欺诈行为。

——最高人民法院民事审判第二庭编著:《最高人民法院关于保险法司法解释(二)理解与适用》,人民法院出版社 2013 年版,第 150 ~ 151 页。

编者说明

实践中,有的医疗机构因为疏忽,未将被保险人真实的体检结果告知保险人,以致保险人误以为被保险人符合承保条件,进而同意承保。一般认为,医疗机构接受保险人的委托对被保险人进行体检,从而在医疗机构与保险人之间形成委托代理关系。医疗机构作为保险人的代理人,在保险人的授权范围内(即对被保险人进行体检),对外与投保人、被保险人发生法律关系,代理人医疗机构所实施的法律行为的后果由被代理人保险人承受。因此,医疗机构知道体检结果的,即视为保险人知道体检结果。因医疗机构的过错而产生的不利后果不应归属于投保人,保险人不能以其客观上确实不知体检结果为由行使保险合同解除权,否则,不利于维护保险市场的交易安全,将妨碍保险市场的健康发展。保险人虽不能以医疗机构的过错为由行使合同解除权、拒绝对外承担赔付责任,但并不意味着保险人最终自担损失。根据《民法通则》第六十六条第二款关于"代理人不履行职责而给被代理人造成损害的,应当承担民事责任"的规定,保险人可在对外承担赔付保险金的责任后,就因医疗机构的过错而给保险人造成的损失予以追偿。①

1063

未成年人的父母为子女所订立保险合同的死亡保险金额超过保监会规定上限的，保险合同仍然有效

关键词｜未成年人｜死亡保险金｜保险金限额｜

【最高人民法院司法解释】

第六条 未成年人父母之外的其他履行监护职责的人为未成年人订立以死亡为给付保险金条件的合同，当事人主张参照保险法第三十三条第二款、第三十四条第三款的规定认定该合同有效的，人民法院不予支持，但经未成年人父母同意的除外。

——《最高人民法院关于适用〈中华人民共和国保险法〉若干问题的解释（三）》（2015 年 11 月 25 日，法释〔2015〕21 号）

【链接：最高人民法院法官著述】

根据《保险法》第三十三条第二款的反对解释，超过限额的部分应认定为无效。根据《合同法》第五十六条的规定，合同部分无效，不影响其他部分效力的，其他部分仍然有效。可以认为，未成年人死亡给付保险金总和超过最高限额的，则超过部分因违反本法规定而无效，如果该部分不影响合同其他部分效力的，则该保险合同仍然有效，但应将保险合同的保险金额直接推定为保监会明确规定的最高限额。不得为无民事行为能力人订立死亡险不仅是投保人的义务，也是保险人的义务，保险人作为专业经营保险的机构，对未成年人死亡保险金总额的最高限额应是明知的，在此情况下，其仍然与投保人约定超过保监会规定限额的未成年人死亡保险金，应认为其存在过错，应将因此而多收的保险费返还给投保

---

① 杜万华主编、最高人民法院民事审判第二庭编著：《最高人民法院关于保险法司法解释（三）理解与适用》，人民法院出版社 2015 年版，第 125～126 页。

人并支付相应利息。这也符合对价平衡的一般原理。

——宫邦友、林海权:《人寿保险合同若干法律问题研究》,载最高人民法院民事审判第二庭编:《商事审判指导》总第38辑,人民法院出版社2015年版,第22～23页。

未成年人死亡给付保险金总和超过最高限额的,超过部分因违反《保险法》规定而无效,如果该部分不影响合同其他部分效力的,则该保险合同仍然有效,但应将保险合同的保险金额直接推定为保监会明确规定的最高限额。

如果投保人为其未成年子女在多家保险公司投保死亡险,每份保险的保险金额均没有超过保监会规定的上限,但各份保险合同的保险金额总和相加超过保监会规定的上限的,应该如何处理?对此,保监会《关于对〈关于父母为其未成年子女投保死亡人身保险险种的通知〉中有关问题的请示的答复》①(保监寿〔1999〕7号)特别规定,在订立保险合同时,保险公司应要求投保人声明是否存在其他保险公司为其未成年子女投保了死亡人身保险,如果投保人故意不履行如实告知义务,出现累计保险金额超过5万元的情况,超过部分保险公司不承担给付保险金的责任并不退还保险费。该种处理方式类似于复保险中的优先赔偿主义,即按保险合同成立的先后顺序,依次负担保险金,后订立的保险合同超过保险价值的部分无效,即后保险人只对不足部分承担填补损失的责任。该种处理方式实际上侧重于保护后与投保人签订保险合同的保险公司,对先签订保险合同的保险公司似乎并不公平。而且,如果多个保险合同是同时成立或者无法区分先后顺序的,则无法依据以上规定进行处理。此外,在实践中,投保人可能同时向多个保险公司投保,在其他保险公司尚未同意承保的情况下,要求投保人向保险公司告知其是否已向其他保险公司投保也不是特别合理。因此,对于该问题应当进一步研究,可以考虑借鉴复保险处理方式中的比例分担主义和连带赔偿主义进行处理。

——最高人民法院保险法司法解释起草小组编著:《〈中华人民共和国保险法〉保险合同章条文理解与适用》,中国法制出版社2010年版,第225页、第226～227页。

---

① 已被《关于父母为其未成年子女投保以死亡为给付保险金条件人身保险有关问题的通知》(保监发〔2010〕95号)废止。保监发〔2010〕95号通知规定:"对于父母为其未成年子女投保的人身保险,在被保险人成年之前,各保险合同约定的被保险人死亡给付的保险金额总和、被保险人死亡时各保险公司实际给付的保险金总和均不得超过人民币10万元。"

1064

人身保险合同的复效是否适用投保人告知义务的规定，应综合考量各种因素

关键词｜人身保险合同｜保险合同复效｜投保人如实告知义务｜

【最高人民法院司法解释】

第八条 保险合同效力依照保险法第三十六条规定中止，投保人提出恢复效力申请并同意补交保险费的，除被保险人的危险程度在中止期间显著增加外，保险人拒绝恢复效力的，人民法院不予支持。

保险人在收到恢复效力申请后，三十日内未明确拒绝的，应认定为同意恢复效力。

保险合同自投保人补交保险费之日恢复效力。保险人要求投保人补交相应利息的，人民法院应予支持。

——《最高人民法院关于适用〈中华人民共和国保险法〉若干问题的解释（三）》（2015年11月25日，法释〔2015〕21号）

【链接：最高人民法院法官著述】

从法律技术角度来看，人身保险合同复效是否适用保险告知义务的相关规定，主要取决于人身保险合同复效的法律性质的认定。如果人身保险合同复效属于原合同的继续，则投保人无须再承担告知义务；如果人身保险合同复效属于新合同的产生，则投保人应该承担告知义务。而实际上，如何认定人身保险合同复效的法律性质，涉及保险人、投保人之间的利益平衡问题。因此，该问题并不仅仅是法律技术问题，更是价值衡量问题。如果投保人在复效时仍然承担告知义务，在保险合同复效时，保险人可以出现影响风险评估的新状况为由解除合同，此时被保险人丧失保险合同的保障，对被保险人极为不利，尤其是在投保人已经缴纳了长期保险费的情况下。当然，如果投保人复效时无须承担告知义务，确实也存在着逆向选择的可能。因此，对投保人复效时是否应该承担告知义务，应该综合考量投保人、被保险人以及保险人之间的利益关系，乃至保险市场的健

康发展等因素。

——最高人民法院保险法司法解释起草小组编著:《〈中华人民共和国保险法〉保险合同章条文理解与适用》,中国法制出版社2010年版,第96~97页。

1065

投保人或被保险人作出不变更受益人的承诺，如无充分正当理由不得变更受益人

关键词|受益人变更|

【最高人民法院司法解释】

第十条 投保人或者被保险人变更受益人,当事人主张变更行为自变更意思表示发出时生效的,人民法院应予支持。

投保人或者被保险人变更受益人未通知保险人,保险人主张变更对其不发生效力的,人民法院应予支持。

投保人变更受益人未经被保险人同意的,人民法院应认定变更行为无效。

——《最高人民法院关于适用〈中华人民共和国保险法〉若干问题的解释(三)》(2015年11月25日,法释〔2015〕21号)

【链接:最高人民法院法官著述】

在审判实践中发现,某些保险合同的投保人或者被保险人在指定受益人时作出了不变更受益人的承诺,具体方法为:投保人或者被保险人在投保单的指定受益人栏目内指定某人为受益人,并且在该栏目内书写出了"终生不得变更受益人"的文字。基于诚实信用的民事活动基本原则,当事人作出的上述声明或承诺应当对其具有约束力,作出上述承诺者如果没有充分而正当的理由,不得行使其已经明示放弃的权利。

对此问题应当结合个案的不同情形作出具体分析:一方面,应当强调投保人或者被保险人对于指定受益人这一民事行为的诚实信用,受益人很可能基于投

保人或被保险人赋予其保险金请求权并且承诺不作变更这一基本事实安排自己的生活支出,在此过程中如果允许投保人或者被保险人擅自变更承诺,取消已经赋予受益人的受益权,将有可能造成受益人的生活不便甚至使其陷于困境。因此,如果投保人或被保险人在指定受益人时承诺不变更受益人,即不应当允许其轻易变更受益人。另一方面,对上述问题的把握不宜过于僵化,如果被保险人与受益人的关系发生了根本性的变化,甚至出现了如果不变更受益人将使被保险人处于危险境地的特殊情形,即应当允许投保人或被保险人以情势变更为由撤销曾经作出的不变更受益人承诺。例如,甲在与乙的夫妻关系存续期间,以自己为被保险人向某保险公司投保并且订立了人身保险合同,在订立保险合同时,甲指定乙为受益人并且作出了不得变更受益人的承诺。此后,乙长期对甲施以家庭暴力,二人为此离婚。在此情形下,如果不允许甲变更受益人,对于甲而言即过于不公平,应当允许其变更受益人。

——最高人民法院保险法司法解释起草小组编著:《〈中华人民共和国保险法〉保险合同章条文理解与适用》,中国法制出版社 2010 年版,第 279 ~ 280 页。

1066

旅行社未履行为游客代办旅游意外保险的义务，游客意外死亡的，旅行社以相当于旅游意外保险的最高保险金额为限进行赔偿

关键词｜旅游意外保险｜赔偿责任｜

【《最高人民法院公报》案例】

王林祥、陈卫东诉雄都旅行社旅游合同纠纷案(江苏省高级人民法院二审民事判决书)

江苏省高级人民法院认为:旅游意外保险是旅行社为保护旅游者利益,代替旅游者办理的事项。旅游意外保险的被保险人是旅游者,受益人是旅游者指定的人,旅行社不能成为旅游意外保险合同关系中的当事人,只是代办人。上诉人雄都社把旅游意外保险解释为旅行社旅游意外责任保险,不是旅游者旅游意外

保险;又以旅行社对旅游者的人身没有保险利益为由,否认旅行社有代办旅游意外责任保险的法定义务,是对法律的错误理解。

旅游意外保险是强制保险,是国家规定旅行社必须为旅游者代办的事项。上诉人雄都社没有及时为被上诉人王林祥和其子王呈办理旅游意外保险,显然不符合旅游合同的约定。雄都社上诉称王林祥交纳的费用中不包括王呈的保险费,双方没有约定过给王呈保险,既没有证据证明,也与其给王呈补办旅游意外保险的行为相矛盾。

对不满16周岁的未成年人是否可以投保一般人身险,法律没有强制性规定。但是,当不满16周岁的未成年人成为旅行社组织的团队之中的旅游者时,法律规定旅行社必须为他们代办旅游意外保险。上诉人雄都社在事故发生后为王呈等9人办理了旅游意外保险的事实也证明,所谓16周岁以下的未成年人不能成为被保险人的说法,是不成立的。暂行规定第六条第二款规定:“国内旅游、出境旅游,旅游意外保险期限从旅游者在约定的时间登上由旅行社安排的交通工具开始,直至该次旅行结束离开旅行社安排的交通工具为止。”普陀山海滨浴场是开放的浴场,并非极不安全的场所。被上诉人王林祥与其子王呈到该海滨浴场游泳,是在上诉人雄都社的旅游团队安排住宿后的自由活动时间。王林祥与其子王呈去游泳虽不是雄都社安排的旅游项目,但他们从事这项活动仍然在整个旅游行程期间内,他们这时的身份仍然是雄都社旅游团队中的旅游者,旅游意外保险的期限对他们是有效的。在此期间发生王呈意外死亡的事故,正是旅游意外保险的理赔事由。雄都社上诉称保险公司对王呈的意外死亡事故不会理赔,没有事实根据和法律依据,不予采纳。

综上所述,上诉人雄都社应当按照行政法规的规定和合同的约定,在旅游出发前履行为王呈代办旅游意外保险的义务。雄都社未履行此项义务,应当承担违约责任。雄都社虽然在事故发生的次日补办了旅游意外保险,但该补办的手续依法不能生效,使被上诉人王林祥、陈卫东不能作为受益人获得保险赔偿,雄都社对此应当承担赔偿责任。按照行政规章的规定和雄都社事后补办的旅游意外保险中的约定,旅游意外保险的最高保险金额为30万元,这是王林祥、陈卫东的可得利益,也是雄都社应当承担的赔偿责任限额。一审认定雄都社违约,判决其赔偿王林祥、陈卫东的可得利益损失,适用法律正确,判处恰当,应当维持。

——《最高人民法院公报》2002年第3期

编者说明

《旅游法》第六十一条规定，旅行社应当提示参加团队旅游的旅游者按照规定投保人身意外伤害保险。因此，办理旅游意外保险不是法定义务，旅行社只有在违反旅游服务合同的约定义务而未代旅游者办理投保人身意外保险的情况下，才承担保险金额内的赔偿责任。

1067

保险单现金价值一般应归属于投保人，而不是被保险人

关键词｜保险单现金价值｜

【最高人民法院司法解释】

第十六条　保险合同解除时，投保人与被保险人、受益人为不同主体，被保险人或者受益人要求退还保险单的现金价值的，人民法院不予支持，但保险合同另有约定的除外。

投保人故意造成被保险人死亡、伤残或者疾病，保险人依照保险法第四十三条规定退还保险单的现金价值的，其他权利人按照被保险人、被保险人继承人的顺序确定。

——《最高人民法院关于适用〈中华人民共和国保险法〉若干问题的解释（三）》（2015 年 11 月 25 日，法释〔2015〕21 号）

【最高人民法院审判业务意见】

五、人寿保险产品，尤其是投资性保险产品，通常存在保险单现金价值，实践中对于保险单现金价值归谁所有存在诸多争议，《保险法解释（三）》如何看待？

答：保险单现金价值是投保人在保险期间早期支付的超过自然保险费部分的金额的积累，属于投保人，而不是被保险人或者受益人。原因是：第一，保险单现金价值是投保人交付的保险费形成的，但该保险费因超过与被保险人可能遭受的风险相对应的自然保险费，实际上是投保人的储蓄和投资，不是保险金。第二，人身保险合同中，与保险人订立保险合同的投保人承担交付保险费的义务，是保险合同的当事人，享有基于保险合同产生的各项权利，例如解除合

同权利、请求保险单现金价值权利、保险费返还请求权等。被保险人是保险合同的保障对象,并不是保险合同的当事人,其权利来源于保险合同,在保险合同没有赋予被保险人取得保险合同权利的情况下,被保险人不享有保险合同的各项权利,不享有保险单现金价值请求权。第三,受益人是投保人或者被保险人指定的享有保险金请求权的主体。受益人不是保险合同的当事人,而是受益第三人。受益人在保险事故发生后才取得保险金请求权,在保险事故发生前享有期待性质的受益权,但不享有保险单现金价值请求权。基于以上原因,《保险法解释(三)》第十六条规定,保险单现金价值属于投保人,投保人故意造成被保险人死亡、伤残或疾病而丧失权利的,才能够由被保险人及其继承人享有。

——《妥善审理保险合同纠纷案件,促进保险业健康稳定发展——最高人民法院民二庭负责人就〈最高人民法院关于适用《中华人民共和国保险法》若干问题的解释(三)〉答记者问》,载杜万华主编、最高人民法院民事审判第二庭编著:《最高人民法院关于保险法司法解释(三)理解与适用》,人民法院出版社2015年版,第21页。

【链接:最高人民法院法官著述】

保险单现金价值应归属于投保人,而不是被保险人。理由如下:

第一,根据保险原理,保险单的现金价值属于投保人的储蓄,是投保人的财产。根据前文所述,保险单的现金价值来源于保险人在保险期间前期超收的保险费,具有储蓄性质。在保险合同提前终止的,应当返还给投保人……

第二,根据合同法原理,投保人是保险合同当事人,享有基于保险合同的现金价值请求权。保险合同的设立,依投保人与保险人的意志、意愿而定,投保人与保险人是合同的当事人,具有保险合同设立与否的决定权。被保险人尽管在合同设立过程中具有重要作用,但其只具有同意或不同意的选择权,而无是否设立的最终决定权。如以死亡为给付条件的人身保险合同,尽管投保人设立合同需征得被保险人之同意,但其意愿只限于其是否愿意充当保险人与投保人准备设立合同的保险标的,而无权就有关保险合同的内容与保险人协商,更不可能依其意愿决定合同是否设立。而受益人,因其只享受合同利益,不承担任何义务和风险,除可选择是否接受投保人或被保险人指定而充当合同的受益人外,对合同的设立无权表达自己的任何意愿。因此,退保情况下，无论退还的是保险费还是由保险费所形成的现金价值，均应归属于作为合同当事人的投保人。①

第三，从交费主体来看，投保人承担缴纳保险费的义务，享有基于保险费产生的保险单现金价值。人身保险合同中，投保人是交费义务的主体。被保险人、受益人不是缴纳保险费的义务主体，即使在某些情况下，保险费因故转由被保险人或受益人实际缴纳，但此时的被保险人或受益人只是以投保人的名义履行交纳保险费的义务。就算之后发生退保或其他法律规定应当退还现金价值的情况，从抽象的角度来看，此时所退还的保险单现金价值仍应归属于投保人，至于最终将如何在投保人与被保险人或受益人之间分配，则属另一层法律关系。因此，依据权利与义务对等的民法原则，理应由承担给付保险费义务的投保人享有对保险单现金价值的所有权。②

——杜万华主编、最高人民法院民事审判第二庭编著：《最高人民法院关于保险法司法解释（三）理解与适用》，人民法院出版社 2015 年版，第 411 ~ 412 页。

根据《保险法》第四十三条第一款的规定，投保人故意造成被保险人死亡、伤残或者疾病，保险人不承担给付保险金的责任，但投保人已交足二年以上的保险费的，保险人应当按照合同约定向其他权利人退还保险单的现金价值，此处的其他权利人应当如何理解？笔者认为，由于投保人故意造成被保险人死亡、伤残或者疾病，在主观上存在过错，甚至具有骗保的故意，其对保险单现金价值的权利被剥夺，以示惩罚，其继承人当然也无权要求获得保险单现金价值。因此，此处的“其他权利人”应当理解为投保人以及投保人继承人之外的其他人员。在被保险人与受益人不一致的情况下，谁有权获得保单现金价值？笔者认为，根据我国《保险法》第三十九条的规定，受益人可以由投保人指定，故实践中受益人的确定可能体现的是投保人的意思，在此情况下投保人可能基于受益人获益的目的故意制造保险事故，存在道德风险，故将被保险人作为保单现金价值的权利主体可能更为妥当。被保险人如因投保人故意制造保险事故死亡的，保单现金

---

① 左稚华、张念：《保险单现金价值归属问题初探》，载《湖北经济学院学报》（人文社会科学版）2007 年第 5 期。

② 左稚华、张念：《保险单现金价值归属问题初探》，载《湖北经济学院学报》（人文社会科学版）2007 年第 5 期。

价值作为被保险人的遗产，由其继承人享有。

——官邦友、林海权：《人寿保险合同若干法律问题研究》，载最高人民法院民事审判第二庭编：《商事审判指导》总第38辑，人民法院出版社2015年版，第15页。

我们认为，保险单的现金价值退还请求权利人应当是投保人或者投保人同意或授权的其他权利人。首先，从保险法理论上来讲，投保人为了本人或者他人获取保险保障，由其交纳保险费而与保险人签订了保险合同。保险合同一旦被解除，则意味着一切应当恢复到签订保险合同之前的状态，包括来自于投保人的保险费，自然是回归原处。所以，请求退还保险单现金价值的权利享有者应当是投保人，保险人应当向投保人退还保险费。其次，根据保险学原理，人身保险保险费分为两个部分，自然保险费和储蓄保险费，储蓄保险费和其收益形成责任准备金，相当于投保人在保险人处的储蓄，其返还请求权当然属于投保人。再次，保单现金价值请求权不同于保险金给付请求权。被保险人和受益人均是在保险事故发生时享有保险金给付请求权，保险单现金价值退还时，并未发生保险责任，由此发生的保险单现金价值，被保险人和受益人无请求权。

另外，由于人身保险合同具有储蓄性，保险单可以转让质押，通过合法途径获得保险单的人亦具有保险单现金价值返还请求权。根据《保险法》第四十三条的规定，投保人或其他权利人均可请求返还保险单现金价值。但不可否认的是，其他权利人的保单现金价值返还请求权源于投保人的返还请求权。我们认为，明确合法的权利人亦有保险单现金价值返还请求权，可以避免保险实务和司法实践中很多混淆和争论，并且《保险法》第四十三条已经对此作出了规定，此处对于保险单现金价值返还请求权主体的理解应当与之统一起来。

——最高人民法院保险法司法解释起草小组编著：《〈中华人民共和国保险法〉保险合同章条文理解与适用》，中国法制出版社2010年版，第319～320页。

编者说明

最高人民法院法官认为，保险单现金价值虽然来源于保险费，但并不等同于保险费。根据保险精算原理，保险单的现金价值是投保人所交保险费，在扣除保险人各种经营费用后所剩余额，按照预定利率计算出的现值。保险单现金价值的计算，除了要考虑投保人交了多少保险费，还应考虑得到的保障的成本、保险公司建立和处理保单中发生的费用等因素。形象一点看,保险单现金价值用公式表示为:现金价值 = 责任准备金 – 退保手续费。①

1068

《保险法》第六十五条规定的“自杀”含义的理解

关键词｜被保险人自杀｜

【最高人民法院司法解释】

第二十一条 保险人以被保险人自杀为由拒绝给付保险金的,由保险人承担举证责任。

受益人或者被保险人的继承人以被保险人自杀时无民事行为能力为由抗辩的,由其承担举证责任。

——《最高人民法院关于适用〈中华人民共和国保险法〉若干问题的解释(三)》(2015 年 11 月 25 日,法释〔2015〕21 号)

【最高人民法院答复】

江西省高级人民法院:

你院〔2001〕赣经请字第 3 号关于如何理解《保险法(1995)》第六十五条“自杀”含义的请示收悉。经研究,答复如下:

本案被保险人在投保后两年内因患精神病,在不能控制自己行为的情况下溺水身亡,不属于主动剥夺自己生命的行为,亦不具有骗取保险金的目的,故保险人应按合同约定承担保险责任。

此复。

——《最高人民法院关于如何理解〈中华人民共和国保险法〉第六十五条“自杀”含义的请示的答复》(2002 年 3 月 6 日,〔2001〕民二他字第 18 号)

---

① 陈天翔:《保费和现金价值的差距到底有多大》,载《第一财经日报》2006 年 9 月 29 日。

编者说明

《保险法》第四十四条第一款规定,以死亡为给付保险金条件的合同,被保险人自杀的,自合同成立或者合同效力恢复之日起二年内,被保险人自杀的,保险人不承担给付保险金的责任,但被保险人自杀时为无民事行为能力的人除外。第二款规定:保险人依照前款规定不承担给付保险金责任的,应当按照合同约定退还保险单的现金价值。从立法本意来看,规定"自杀"这一除外责任条款,无疑是为避免蓄意自杀者通过保险谋取保险金,通俗地说是为了防止诈保。因此,《保险法》意义上的"自杀"就必须具有主观上的故意,企图剥夺自己生命的行为。被保险人患抑郁症而精神失常,其跳水身亡并不是出于自己的主观故意,而是因病人心智失常,失去控制,不能按常规支配自己的行为,其情形不符合《保险法》所特指的蓄意自杀。

1069

被保险人因其故意犯罪或抗拒依法采取的刑事强制措施而造成自身死亡的认定

关键词 | 被保险人死亡 | 被保险人故意犯罪 |

【最高人民法院司法解释】

第二十二条 保险法第四十五条规定的"被保险人故意犯罪"的认定,应当以刑事侦查机关、检察机关和审判机关的生效法律文书或者其他结论性意见为依据。

第二十三条 保险人主张根据保险法第四十五条的规定不承担给付保险金责任的,应当证明被保险人的死亡、伤残结果与其实施的故意犯罪或者抗拒依法采取的刑事强制措施的行为之间存在因果关系。

被保险人在羁押、服刑期间因意外或者疾病造成伤残或者死亡,保险人主张根据保险法第四十五条的规定不承担给付保险金责任的,人民法院不予支持。

——《最高人民法院关于适用〈中华人民共和国保险法〉若干问题的解释(三)》(2015 年 11 月 25 日,法释〔2015〕21 号)

【链接:最高人民法院法官著述】

一、正确认识畏罪自杀与犯罪不赔的关系

被保险人于实施故意犯罪后,因畏惧刑罚处罚自杀,保险人是否可以依据

《保险法》第四十五条免责？对此实务中有两种观点：一种是认为被保险人的死亡结果是由前一犯罪行为所导致，适用《保险法》第四十五条。[①] 另一种则认为，自杀与之前的故意犯罪之间没有法律上的因果关系，应适用《保险法》第四十四条有关自杀的规定处理。[②]

我们倾向于后一种观点。《保险法》第四十五条的规定“导致”，不仅要求犯罪行为本身与保险事故的发生存在法律上的因果关系，还要求其行为本身从客观事实上判断，具有足致发生死亡或伤害之高度危险可能性。[③] 前一种观点对“导致”一词所包含的因果关系的理解，属于社会观念的因果关系，不是法律上的因果。比如因经济困难选择自杀，站在不同角度可能寻找出不同的原因。心理学家会认为缺乏心理疏导、家人关爱是自杀原因，经济学家会认为经济下滑、失业是自杀原因，社会学家会认为失业保障和就业政策失败是自杀原因。但在法律上，因果关系乃是指被评价的行为（违约行为、侵权行为、犯罪行为）与结果之间的引起与被引起的关系。在保险法看来，被保险人死亡是其自我意志下决定实施的自杀行为导致，而经济困难只是促使其自杀的因素或条件。又如，甲向乙投放毒物，乙中毒后不至于死亡，但因中毒疼痛难忍，便上吊自杀。刑法学认为，由于介入了被害人对结果起决定性作用的异常行为，甲的行为与死亡结果之间没有因果关系。[④]

被保险人实施犯罪后自杀的处理，原则上也应当遵循上述因果关系的基本判断方法，寻找死亡在法律上的真正原因。不能简单将犯罪后畏罪自杀均归为犯罪行为的结果。比如被保险人甲因琐事争吵误推妻子撞桌角死亡，后悔不已，拔刀自刎。甲的行为可能属于过失犯罪（还可能属于意外），但自杀却属于甲死亡的原因，保险人可以援引《保险法》第四十四条免责。又如，被保险人在公共交通工具上引燃身上爆炸物导致死亡。其点燃的行为在刑法上评价为犯罪，同时在保险法上也可评价为自杀行为和故意制造保险事故行为。保险人可以选择适用何种法定免责条款进行拒赔。当然在审查是否属于自杀时，法院还应当进一步审查被保险人于自杀时是否具有民事行为能力，保险合同成立或复效是否

① 中国保险行业协会：《保险诉讼典型案例年度报告》第 6 辑，法律出版社 2014 年版，第 118 ~ 121 页。

② 张亚芳、聂华元：《“湖南畏罪自杀索赔案”评析——以〈保险法〉第六十七条为中心》，载《贵州警官职业学院学报》2007 年第 5 期。

③ 江朝国：《论被保险人因犯罪处死或致死之免责条款——“最高法院”裁判及台湾“高等法院”暨所属法院座谈会评释》，载台湾地区《台湾本土杂志》2000 年第 11 期。

④ 刘凤科：《刘凤科讲刑法》，中国政法大学出版社 2015 年版，第 36 页。

已经超过两年,最终依据《保险法》第四十三条作出判断。

——杜万华主编、最高人民法院民事审判第二庭编著:《最高人民法院关于保险法司法解释(三)理解与适用》,人民法院出版社2015年版,第545~546页。

二、正确认识合同约定条款与犯罪不赔的关系

实践中,保险合同的责任免除条款通常包括犯罪不赔,而且部分保险公司的条款表述与《保险法》第四十五条存在一定差异。比如有的合同约定将犯罪或者抗拒依法采取的刑事强制措施,"直接或间接造成被保险人身故、残疾的"均列入免赔范围。[①] 有的合同将"拒捕"导致身故作为免责情形。[②] 有的合同约定"不法"或"非法"活动导致身故属于免赔情形。[③] 这些条款或者将"导致"一词的因果关系扩大至间接导致,或者将故意犯罪扩大至不法行为、违法行为,实际上使得保险人免除责任的情形大于《保险法》第四十五条。在审判实务中,当保险人依据此类约定拒赔时,法院应当如何处理?我们认为,保险条款中的此类条款属于责任减免条款。在具体处理时,应当根据其约定内容分别处理。首先,条款中有关故意犯罪或抗拒依法采取的刑事强制措施导致其伤残或者死亡的内容,如与《保险法》第四十五条一致的,属于保险合同重述法定免责条款。此种约定条款不论保险人有无履行提示和明确说明义务,均当然发生法律效力。其次,保险合同将不法、违法行为导致的死亡、伤残列入保险责任免责事由的,法院应当根据《保险法》第十七条审查该条款是否产生效力。第三,条款就《保险法》第四十五条"导致"一词进行扩大性解释,将故意犯罪间接导致也列入免赔范围的,法院也应当依据《保险法》第十七条审查该条款是否产生效力。

——杜万华主编、最高人民法院民事审判第二庭编著:《最高人民法院关于保险法司法解释(三)理解与适用》,人民法院出版社2015年版,第546~547页。

被保险人因故意犯罪或者因抗拒依法采取的刑事强制措施而导致其伤残,如果该被保险人因实施犯罪行为而受到了刑事处罚,鉴于刑事判决书所具有的

① 中国太平洋财产保险股份有限公司《个人意外伤害保险条款》第六条。

② 《泰康吉祥两全保险(分红型)条款及附加险条款》第2.4条。

③ 中国太平洋财产保险股份有限公司《个人意外伤害保险条款》第六条、《友邦金泰年金保险条款》第十四条。

证明力,使被保险人实施的故意犯罪或者抗拒依法采取的刑事强制措施的行为比较容易被认定。但是,如果被保险人因其故意犯罪或者因抗拒依法采取的刑事强制措施而导致死亡,由于不能对已经死亡的人追究刑事责任,故不存在依照生效判决书确认被保险人有罪的可能性。在此情形下,认定被保险人是否因其故意犯罪或者抗拒依法采取的刑事强制措施而造成其死亡,即成为相对困难的问题。在上述情形下,保险金请求权利人往往以“无罪推定”“未经审判程序不得认定被保险人有罪”为由,否认被保险人具有故意犯罪或者抗拒依法采取的刑事强制措施的行为。

下列证据,可以作为认定已经死亡的被保险人实施了故意犯罪行为或抗拒依法采取的刑事强制措施的依据:

1. 公安机关侦查案卷所反映的事实。公安机关作为行使侦查权的行政机关,其在侦查过程中收集到的各种证据以及依据这些证据所作出的侦查结论,就其性质而言,虽然不是生效的刑事判决,但是公安机关的侦查结论以及刑事侦查案卷中的其他证据,同样可以作为民事诉讼中的证据使用,审理保险合同纠纷这一民事案件的法院虽然不能凭借上述证据作出被保险人有罪的结论,但可以凭借这些证据认定被保险人实施了某个(故意犯罪或者抗拒依法采取的刑事强制措施)行为。

2. 检察机关对与被保险人有关的其他犯罪嫌疑人进行侦查和起诉的案卷所反映的事实。例如,甲为保险合同的被保险人。检察院向法院起诉乙涉嫌刑事犯罪,公诉文书及有关证据表明,甲曾经与乙共同实施故意犯罪行为,且甲因该犯罪行为而造成其自身死亡。法院在审理保险纠纷案件时,可以采纳检察院的诉讼文书及相关证据,认定甲曾经实施了故意犯罪行为。当然,如果审理该刑事案件的法官在刑事判决书中,明确排除了甲故意犯罪的可能性,检察院的有关诉讼文书即不能作为认定甲曾经实施故意犯罪行为的依据。

3. 法院针对与被保险人有关的刑事案件的被告作出的刑事判决书所反映的事实。例如,甲为保险合同的被保险人。法院对于乙作为被告的刑事案件所作的刑事判决书中,明确认定甲曾经与乙共同实施故意犯罪行为,且甲因该犯罪行为而导致其自身死亡。法院在审理保险合同纠纷案件时,即可以凭借该刑事判决书,认定甲曾经实施了故意犯罪行为,且该故意犯罪行为导致其自身死亡,进而作出保险人免除保险责任的判决。

——最高人民法院保险法司法解释起草小组编著:《〈中华人民共和国保险法〉保险合同章条文理解与适用》,中国法制出版社 2010 年版,第 305 ~ 306 页。

1070

重大疾病保险中合理期待原则的适用

关键词｜重大疾病保险合理期待原则｜

【最高人民法院商事审判参考性案例】

董宏思诉中国人寿保险股份有限公司昆明分公司、中国人寿保险股份有限公司云南省公司拒绝承担保险责任、不履行给付重大疾病保险金义务案(云南省昆明市盘龙区人民法院民事判决书)

要点提示:被保险人所患疾病属于保险合同中约定的重大疾病,虽然其所施行的手术名称不在保险合同列明的范围之内,但该手术同样能够达到保险合同所列明的手术目的,根据《保险法》规定,被保险人所患疾病符合保险合同条款约定。

云南省昆明市盘龙区人民法院认为:当事人对签订保险合同的事实、原告所患病种属急性胰腺炎、原告施行的手术方式为“胰腺胰床引流术”均无争议,法院予以认定。本案存在如下两个争议焦点:

1. 关于原告是否存在带病投保及隐瞒病史的问题

我国《保险法(2002)》第四条明确规定:“从事保险活动必须遵守法律、行政法规,遵循自愿和诚实信用的原则”本案中依据双方签订的保险合同“个人保险投保保单”的记载,在D栏“是否有饮酒及吸烟习惯?”原告填写为“是”。原告已作出了如实告知义务,投保人原告主观上不存在故意隐瞒病史的问题。第一被告依据五三三医院病历中原告的自述,以“过错推定”认为原告所患急性胰腺炎系因“酗酒”引发缺乏充分科学的事实依据,对此辩解主张法院不予支持。

2. 关于原告施行的“胰腺胰床引流术”是否符合保险合同条款的约定问题

依据双方签订的保险合同第21条款释义6规定,法院认为:急性胰腺炎的手术方式可分为(1)坏死组织清除术;(2)病灶切除术;(3)胰腺部分切除术。另,依据云南省法庭科学技术鉴定中心云法鉴医字2005第1439号明确:“胰腺胰床引流术”和“胰腺坏死组织清除术”都是治疗急性坏死性胰腺炎的手术方式,但二者的选择是根据胰腺坏死的程度来决定的。可以看出,昆明医学院第二附属医院根据病人的病情程度,通过最佳的手术治疗方案,同样达到了进行坏死组织的清除,且原告的转危为安、顺利康复更证明了原告施行“胰腺胰床插管引流术”不但符合医疗原则,而且更科学。我国《保险法(2002)》第三十一条规定:

"对于保险合同的条款,保险人与投保人、被保险人或者受益人有争议时,人民法院或者仲裁机关应当作有利于被保险人和受益人的解释"因此,原告关于其施行的"胰腺胰床引流术"系坏死组织清除术的主张,在事实、医学鉴定、法律规定三方面的支持下,应当得到认可和支持。

法院认为,原告与第一被告于2003年6月23日签订的国寿康宁重大疾病保险《保险合同》,真实、合法、有效。合同签订生效后,当事人均应遵照执行、受其约束。原告董宏思所患疾病属于保险合同中约定的疾病"急性坏死性胰腺炎",所施行的手术虽为"胰腺胰床引流术",但该手术经云南省法庭科学鉴定中心《鉴定书》明确认可属治疗急性胰腺炎的手术方式,且该手术方式从医学原则、对症施治的实践证明,同样达到该合同注释6解释的"进行坏死组织清除"的目的,原告现在康复就是很好的证明。对于原告所患病症,该手术方案属于科学的最佳方案。且,依据《保险法(2002)》第三十一条规定:对于保险合同的条款,保险人与投保人、被保险人或者受益人有争议时,人民法院或者仲裁机关应当作有利于被保险人和受益人的解释。故被告辩解原告患病的手术治疗方式达不到合同注释6的主张,法院不予支持。被告应按保险合同第4条约定,按保险单载明的10万元保险金额给付原告重大疾病保险金。《保险法(2002)》第二十四条第二款规定:保险人未及时履行前款规定义务的,除支付保险金外,应当赔偿被保险人或者受益人因此受到的损失。故原告自接到被告拒赔通知之日,有权要求被告支付逾期理赔的违约金,因此,原告的该诉讼请求也应予以支持。第一被告与第二被告在该案中都分别具有独立的民事诉讼主体资格,第二被告与原告没有法律上的权利义务关系,故第二被告在该案中不承担赔偿责任。

——最高人民法院中国应用法学研究所编:《人民法院案例选》总第57辑,人民法院出版社2007年版,第266~279页。

编者说明

重大疾病保险条款中规定有重大疾病的范畴、诊断方法、治疗手段等等是保险公司为了控制承保风险所采取的措施。但是我们所面临的实际是:目前我国重大疾病保险条款不需审批,只需备案。这就意味着,在制定重大疾病条款方面,保险公司有很大的权力。事实中出现的各家保险公司对重大疾病定义上的大相径庭,甚至是与现实临床医学诊断相背离的情形正是保险公司在制定条款上权力过于巨大的真实写照。本案正是在此大背景下发生的类型化突出案件,而本案最终公正合理的判决结果提出了一项对解决此类纠纷极有指导意义的新原则与方法,即合理期待原则。

在审理此类纠纷中,如果出现在重大疾病保险合同中规定的某些疾病的释义违背了基本医学原则,以及有关重大疾病的范畴、诊断方法、治疗手段等等与现实临床医学的诊断相背离,以致让重大疾病保险的保险目的失去了价值和意义的情形时,则法官应以一个普通的、理性的社会成员的身份,置身于合同缔结的情境中,探究当事人的真实意思,调和自由与公平,充分平衡双方当事人的利益。这要求法院应当重视并尊重被保险人以及受益人对保险合同条款的客观合理的期待,即使保单中严格的条款术语并不支持这些期待,最终使合同解释的结果不显失公平,双方的利益大致平衡。正是基于这样的考虑,结合本案中所作的医学鉴定,本案法院作出了原告施行的"胰腺胰床插管引流术"是符合保险合同条款约定的认定。

"满足被保险人合理期待"的原则,是20世纪70年代初在美国保险法兴起的,即"法院重视并尊重被保险人以及受益人对保险合同条款的客观合理的期待,即使保单中严格的条款术语并不支持这些期待"。由此,美国保险业界掀起了一场革命,通过优化保险品种、合同语言做到通俗易懂、内容上尽可能减少投保人的负累等方式,要求保险公司自觉地顾及和维护保险消费者权益。特别应当注意的是:合理期待存在很大的主观性,这一原则实际上是对一般合同解释原则和不利于提供格式条款一方的解释原则的补充。法官在判定"合理期待"时,应综合考虑被保险人身份、保险营销方式、保单标题及广告用语和保险代理人是否误导等因素。只有在适用这两个原则均不能解决争议的前提下才考虑适用"合理期待"原则。本案也突出地体现了"合理期待"原则的这种补充适用方法,本案关于原告是否存在带病投保及隐瞒病史的问题涉及保险合同的最大诚信原则;同时,因原告方不是提供格式条款方,法官作出了有利于其的合同条款解释。在适用这两个原则仍不能解决本案争议的情形下,最终选择考虑"合理期待"原则公平合理地解决了本案纠纷。

1071

保险合同格式条款限定被保险人治疗方式被认定无效的,被保险人有权根据自身病情选择最佳的治疗方式

关键词|保险合同格式条款|

【《最高人民法院公报》案例】

王玉国诉中国人寿保险公司淮安市楚州支公司保险合同纠纷案(江苏省淮安市中级人民法院二审民事判决书)

裁判摘要:保险公司以保险合同格式条款限定被保险人患病时的治疗方式,既不符合医疗规律,也违背保险合同签订的目的。被保险人有权根据自身

病情选择最佳的治疗方式，而不必受保险合同关于治疗方式的限制。保险公司不能以被保险人没有选择保险合同指定的治疗方式而免除自己的保险责任。

江苏省淮安市淮安区人民法院一审认为：原、被告签订的康宁终身保险合同，系双方真实意思表示，且不违反法律、行政法规强制性规定，应认定为合法有效，对双方当事人具有法律约束力，双方当事人应当严格按照合同的约定行使权利并履行义务。本案中，原、被告对双方之间存在的保险合同关系及原告所患的主动脉疾病均无异议，只是对原告没有采取开胸而是行主动脉夹层覆膜支架隔绝术治疗疾病是否属保险责任范围产生争议。原、被告双方订立的保险合同已明确约定重大疾病的保险范围有“主动脉手术”，该合同第23条第10款项目是对医疗术语“主动脉手术”的解释和描述，以进一步明确保险责任范围，“主动脉手术”指为治疗主动脉疾病的手术，主动脉指胸主动脉和腹主动脉，不包括胸主动脉和腹主动脉的分支血管。由此可见，胸主动脉和腹主动脉疾病应属原、被告签订的康宁终身保险合同约定重大疾病的保险责任范围。本案中，根据江苏省人民医院司法鉴定所法医学鉴定意见书及答复函意见，原告王玉国所患主动脉夹层（Stanford B型）疾病属于主动脉疾病，符合康宁终身保险合同约定重大疾病的保险责任范围。该合同第23条第10款项目关于“实际实施了开胸或开腹进行的切除、置换、修补病损主动脉血管”显然不属于对疾病症状的解释和描述，而是对于疾病治疗方式的限制，排除了被保险人享有的对疾病治疗方式的选择权。按通常理解，重大疾病并不会与某种具体的治疗方式相联系。对于被保险人来说，其在患有重大疾病时，往往会结合自身身体状况，选择具有创伤小、死亡率低、并发症发生率低的治疗方式而使自己所患疾病得到有效治疗，而不会想到为确保重大疾病保险金的给付而采取保险人限定的治疗方式。保险人以限定治疗方式来限制原告获得理赔的权利，免除自己的保险责任，根据《保险法》第十九条的规定，该条款应认定无效。而且，随着医学技术的进步，外科手术向微创化发展，许多原先需要开胸或开腹的手术，已被腔镜或介入手术所取代，而重大疾病的保险期间往往很长甚至终身，因此保险人以被保险人投保时的治疗方式来限定被保险人患重大疾病时的治疗方式不符合医学发展规律。保险公司不能因为被保险人没有选择合同指定的治疗方式而拒绝理赔。

江苏省淮安市中级人民法院二审认为：首先，2009年7月30日，上诉人人寿保险楚州支公司与被上诉人王玉国签订的保险合同系其真实意思表示，且未违反法律、行政法规的禁止性规定，合法有效。双方均应按照保险合同约定履行相应的义务。关于争议焦点:1. 因双方签订的康宁终身保险合同(2007 修订版)保险条款第二十三条是上诉人人寿保险楚州支公司以限定治疗方式来限制被上诉人王玉国获得理赔的权利,免除自己的保险责任,根据《保险法》第十九条的规定,该条款无效,且人寿保险楚州支公司对王玉国所患疾病属于主动脉疾病并无异议。人寿保险楚州支公司称王玉国所患疾病不属于保险合同赔付保险金情形的上诉理由不能成立,不予采信。2. 人寿保险楚州支公司认为江苏省人民医院作为治疗机构就不能作为司法鉴定机构,没有法律依据,且双方当事人也都认同鉴定机构是双方当事人共同选择确定。

综上,上诉人人寿保险楚州支公司的上诉理由不能成立,不予采信。一审法院认定事实清楚,判决并无不当,应予维持。

——《最高人民法院公报》2015 年第 12 期

1072

意外伤害保险属于人身保险，不适用财产保险中的损失补偿原则

关键词｜意外伤害保险｜人身保险｜损失补偿原则｜

【《最高人民法院公报》案例】

李思佳诉西陵保险公司人身保险合同纠纷案(宜昌市中级人民法院二审民事判决书)

裁判摘要:一、根据《保险法(2002)》第九十二条第二款规定,意外伤害保险属于人身保险,不适用财产保险中的“损失补偿原则”。

二、保险合同中有保险人责任免除条款的,在订立保险合同时,保险人应当向投保人明确说明;未明确说明的,该条款不产生效力,保险公司应当按照合同约定理赔。

宜昌市中级人民法院认为:

一、关于意外伤害医疗保险是否属于财产性质的保险

人身保险,是指以人的生命或身体为保险标的,当被保险人在保险期限内发生死亡、伤残、疾病、年老等事故或生存至保险期满时,由保险人给付保险金的保险。财产保险,是指以财产及其有关利益为保险标的,当被保险人的财产及其有

关利益因发生保险责任范围内的灾害事故而遭受经济损失时由保险人给予补偿的保险。意外伤害医疗保险，是指当被保险人由于遭受意外伤害需要治疗时，保险人给予医疗保险金的保险。

意外伤害医疗保险具有一些特点，例如意外伤害造成医疗费用的支出，是一种经济损失，这种损失的数额可以确定，等等。但是，意外伤害医疗保险毕竟是基于人身发生意外伤害而形成的保险，不能因涉及经济损失而将其归属于财产性质的保险。《保险法(2002)》第九十二条第二款规定："人身保险业务，包括人寿保险、健康保险、意外伤害保险等保险业务。"该条款非常明确地把意外伤害保险划分在人身保险中，因此，意外伤害医疗保险应属于人身保险范畴。上诉人将意外伤害医疗保险归属于财产保险，或者认为"应当视为财产保险"的观点，并无法律上的依据。人民法院审理案件，严格遵守"以事实为依据，以法律为准绳"的原则，与法律相悖的理论、学说，不能作为断案的依据。

二、关于本案是否适用损失补偿原则

"损失补偿原则"是适用于财产保险的一项重要原则，即当保险事故发生并使被保险人遭受损失时，保险人必须在其承担的保险金给付义务范围内履行合同义务，对被保险人所受实际损失进行填补；保险人履行给付义务旨在弥补被保险人因承保危险发生所失去的利益，被保险人不能因保险给付义务的履行而获得额外利益。《保险法(2002)》第四十四条规定，因第三者对保险标的的损害而造成保险事故的，保险人自向被保险人赔偿保险金之日起，在赔偿金额范围内代位行使被保险人对第三者请求赔偿的权利。法律赋予保险人行使代位追偿权也是财产保险中"损失补偿原则"的体现，其目的就是防止被保险人通过购买保险而获取不当利益。同时，《保险法(2002)》第四十条限制了财产保险的重复投保，规定在财产保险中重复保险的保险金额总和超过保险价值的，各保险公司的赔偿金额的总和不得超过保险价值。除当事人另有约定外，各保险公司按其保险金额与保险金额总和的比例承担赔偿责任。但是在人身保险中，《保险法(2002)》第六十七条规定：人身保险的被保险人因第三者的行为而发生死亡、伤残或者疾病等保险事故的，保险人向被保险人或者受益人给付保险金后，不得享有向第三者追偿的权利。明确限制保险人行使代位追偿权，被保险人或者受益人仍有权向第三者请求赔偿。而且，保险法对人身保险并无重复投保的限制。因此，"损失补偿原则"不适用于人身保险，当然也不适用于本案中属于人身保险的意外伤害医疗保险。

三、关于保险人能否以第三人已经向被保险人、受益人赔偿为由拒绝理赔

前已述及，保险法对于人身保险并不限制重复投保，也不适用“损失补偿原则”。作为人身保险的一种，意外伤害医疗保险的被保险人或受益人依保险合同取得赔偿是一种合同法律关系，是约定之债。意外伤害医疗保险的被保险人因侵害人的过错获取赔偿是一种侵权法律关系，是法定之债。根据债之相对性原理，法定之债和约定之债之间、数个约定之债之间均是不同的法律关系。同时，保险合同是最大诚信合同，保险人往往还是格式合同的提供方。因此，保险人若是认为被保险人获得理赔后仍可能从第三人处获得赔偿，从而“获得额外的不当利益，违反公平原则，引发道德风险”，则应当在保险免责事项中，明确规定在何种情形下、何种范围内免除自己的责任，并对自己尽到此说明义务负有举证责任。《中国保险监督管理委员会关于商业医疗保险是否适用补偿原则的复函》（保监函〔2001〕156号）第二条规定：“根据《保险法（2002）》第十七条‘保险合同中规定有关于保险人责任免除条款的，保险人在订立保险合同时应当向投保人明确说明，未明确说明的，该条款不产生效力’，对于条款中没有明确说明不赔的保险责任，保险公司应当赔偿。”在保险人尽到了明确说明关于保险人责任免除条款义务的情形下，民事主体作为自己利益的最佳判断者，可以在综合考虑缴纳保险金的数额、可得赔偿数额、风险及收益之后，决定自己是否投保，是否重复投保。保险人以不重复赔偿为由拒绝理赔，又不能证明自己已经明确向被保险人声明此免责事项的，人民法院不予支持。

四、关于上诉人能否以医疗费票据复印件不是有效票据为由拒绝理赔

上诉人西陵人保公司在一审提出，要求被保险人提供医疗费原始凭证，是为了确认被保险人的损失是否已经获得赔偿，从而对重复理赔行为加以控制。根据《保险法（2002）》第二十三条第一款的规定，保险事故发生后，依照保险合同请求保险人赔偿或给付保险金时，投保人、被保险人或者受害人应当向保险人提供其所能提供的与确认保险事故性质、原因、损失程度等有关的证明和资料。因此，在处理人身保险赔偿事宜时，只要被保险人提供的有关证明和资料能够确认保险事故及相关费用已经发生，保险公司就应按照保险合同履行给付保险金的义务，而不应以被保险人是否出具相关费用单据原件为必备条件。对于保险责任范围内的索赔，保险公司只有在相关法律和保险合同有明确规定的情况下，才能予以拒赔。本案保险人对于被保险人发生保险事故的事实并不否认，而以医疗费票据复印件不是有效票据为由不予理赔，没有法律依据，且如前所述，本案中意外伤害医疗保险属于人身保险，法律并不禁止在该种保险中重复投保，重复理赔，被告不能举证证

明自己对投保人明确说明第三人已经赔偿或理赔是免责事由，而以要求被保险人提供医疗费用单据原件的方法对重复理赔加以控制，没有法律依据，不予支持。

——《最高人民法院公报》2006 年第 7 期

1073

意外伤害保险的被保险人或受益人从第三者处获得侵权赔偿后，仍可以向保险人主张保险理赔

关键词 | 意外伤害保险 | 第三者赔偿 | 保险理赔 | 损失补偿原则 |

【《最高人民法院公报》案例】

冯跃顺诉光大永明人寿保险有限公司保险合同纠纷案（天津市和平区人民法院民事判决书）

裁判摘要：根据《保险法（2002）》第九十二条第一款第（二）项的规定，意外伤害保险属于人身保险，不适用财产保险中的“损失补偿原则”。被保险人或者受益人从实施致害行为的第三者处获得侵权赔偿后，仍然可以向保险人主张保险理赔，保险人不得以被保险人或者受益人已经获得侵权赔偿为由拒绝履行保险理赔责任。

天津市和平区人民法院认为：原告冯跃顺与被告光大永明之间签订的个人意外伤害保险合同合法有效，应受国家法律保护。冯跃顺因涉案交通事故受伤后，在已经获得交通事故肇事司机赔偿损失的情况下，仍然可以再向光大永明主张保险理赔，光大永明应当给予保险理赔。

首先，被告光大永明承保、原告冯跃顺投保的“永宁康顺综合个人意外伤害保险（精英计划）”属于人身保险，不属于财产保险的性质。

人身保险，是指以人的生命或身体为保险标的，当被保险人在保险期限内发生死亡、伤残、疾病、年老等事故或生存至保险期满时，由保险人给付保险金的保险。财产保险，是指以财产及其有关利益为保险标的，当被保险人的财产及其有关利益因发生保险责任范围内的灾害事故而遭受经济损失时由保险人给予补偿的保险。意外伤害保险，是指当被保险人由于遭受意外伤害时，保险人给予保险金的保险。意外伤害保险具有一些类似于财产保险的特点，例如意外伤害造成

医疗费用的支出是一种经济损失,这种损失的数额可以确定,等等。但是,意外伤害保险从根本上讲是基于人身发生意外伤害而形成的保险,不能仅因涉及财产损失而将其归属于财产性质的保险。《保险法(2002)》第九十二条第一款第(二)项规定:"人身保险业务,包括人寿保险、健康保险、意外伤害保险等保险业务。"该条款非常明确地把意外伤害保险划分在人身保险中。因此,意外伤害保险应属于人身保险范畴。被告光大永明将涉案个人意外伤害保险归属于财产保险,并无法律上的依据。

其次,作为人身保险的个人意外伤害保险不适用损失补偿原则。原告冯跃顺因涉案交通事故受伤后,在已经获得交通事故肇事司机赔偿损失的情况下,可以再向被告光大永明主张保险理赔,光大永明应依照保险合同给予保险理赔。

"损失补偿原则"是适用于财产保险的一项重要原则,即当保险事故发生并使被保险人遭受损失时,保险人必须在其承担的保险金给付义务范围内履行合同义务,对被保险人所受实际损失进行填补。保险人履行给付义务旨在弥补被保险人因承保危险发生所失去的利益,被保险人不能因保险给付义务的履行而获得额外利益。《保险法(2002)》第四十五条第一款规定:"因第三者对保险标的的损害而造成保险事故的,保险人自向被保险人赔偿保险金之日起,在赔偿金额范围内代位行使被保险人对第三者请求赔偿的权利。"法律赋予保险人行使代位追偿权也是财产保险中"损失补偿原则"的体现,其目的就是防止被保险人通过购买保险而获取不当利益。同时,《保险法(2002)》第四十条限制了财产保险的重复投保,规定在财产保险中重复保险的保险金额总和超过保险价值的,各保险公司的赔偿金额的总和不得超过保险价值。除当事人另有约定外,各保险公司按其保险金额与保险金额总和的比例承担赔偿责任。但是对于人身保险,《保险法(2002)》第六十八条规定:"人身保险的被保险人因第三者的行为而发生死亡、伤残或者疾病等保险事故的,保险人向被保险人或者受益人给付保险金后,不得享有向第三者追偿的权利。但被保险人或者受益人仍有权向第三者请求赔偿。"明确限制保险人行使代位追偿权,同时赋予被保险人或者受益人另外向实施致害行为的第三者主张侵权赔偿的权利。而且,《保险法》对人身保险并无重复投保的限制。因此,"损失补偿原则"不适用于人身保险,当然也不适用于本案中属于人身保险的个人意外伤害保险。

意外伤害保险的被保险人或受益人依保险合同取得赔偿系基于保险合同关系,这与意外伤害保险的被保险人作为受害人,因侵害人的过错获取赔偿属于不同的法律关系。因此,保险人不能以实施致害行为的第三人已经向被保险人、受益人给予赔偿为由拒绝保险理赔。交通事故损害赔偿义务人黄宝岐对原告冯跃顺所支付的赔偿,是基于侵权行为的发生而产生的侵权责任赔偿,被告光大永明不得因此拒绝向冯跃顺履行保险赔偿的合同义务。本案是基于冯跃顺与光大永明签订的个人意外伤害保险合同所发生的纠纷,涉案交通事故属于该险种保险条款所规定的保险事故,光大永明对此也不存异议,故光大永明应承担相应的保险责任,给付冯跃顺保险金。

——《最高人民法院公报》2007 年第 11 期

编者说明

最高人民法院法官认为,根据现行法律规定,人身保险合同领域中不承认保险代位权。关于人身保险合同中约定的医疗附加险,在当事人就其性质未作明确约定的情况下,现阶段宜将其理解为具有人身保险的性质。受害人从保险公司处基于医疗附加险获得了应由保险公司承担的赔偿数额后,不影响其继续向加害人主张侵权赔偿责任。①

① 刘银春:《人身保险中医疗附加险的几个问题》,载最高人民法院民事审判第一庭编:《中国民事审判前沿》总第 2 集,法律出版社 2005 年版,第 319 页。

三、财产保险合同

1074

财产保险合同的保险价值及赔偿计算标准

关键词｜财产保险｜保险价值｜保险金额｜

【最高人民法院裁判文书】

陈永梁与中国人民保险公司阿荣旗支公司财产保险合同纠纷案［最高人民法院(2011)民提字第238号民事判决书］

裁判要旨:《保险法(1995)》第三十九条不仅明确了保险金额与保险价值的不同概念和作用,也对保险金额与保险价值之间的关系作出了原则性的规定,同时也对保险标的的实际损失如何确定作了规定。保险合同对保险价值有约定的,为定值保险,否则为不定值保险。二者的区别在于保险合同约定的保险理赔确定赔偿金额时,定值保险只需确定损失比例,而不定值保险不仅需确定损失比例,且还须确定事故发生时保险标的的价值,以实际价值作为保险赔偿的依据。

保险公司需要客户的配合(如及时报案、及时出具涉险财物价值证明等)才能及时完成理赔,由于被保险人的拖延或拒不履行相关义务导致保险公司未能按照法定期间完成理赔的,保险公司不承担相应责任。

最高人民法院认为:一、关于本案保险合同性质为定值保险或者不定值保险问题。《保险法》于1995年10月1日实施,2002年10月第一次修改,本案所涉保险合同签订于2002年3月12日和8月19日,故本案应当适用1995年保险法。该法第三十九条规定,保险标的的保险价值,可以由投保人和保险人约定并在合同中载明,也可以按照保险事故发生时保险标的的实际价值确定。保险金额不得超过保险价值;超过保险价值的,超过部分无效。保险金额低于保险价值的,除合同另有约定外,保险人按照保险金额与保险价值的比例承担赔偿责任。该规定不仅提及保险价值和保险金额的不同概念和作用,也对保险金额与保险价值之间的关系作了原则性规定,同时也对保险标的实际损失如何确定作了规定。根据2009年3月2日保监会保监发〔2009〕29号《关于发布〈2009版保险术语〉行业标准的通知》,对全国保险业标准化技术委员会(保标会)制定的《2009版保险术语》行业标准(标准编号为 JR/T00322009),该《保险术语》6.3.2 财产保险确定保额一栏列明,保险价值为经保险合同当事人约定并记载于保险合同中的保险标的的价值,或保险事故发生后保险标的实际价值。而保险金额按照《保险法(1995)》第二十三条第四款规定,是指保险人承担赔偿或者给付保险金责任的最高限额。对于财产保险,保险价值是保险人赔偿计算标准。保险人赔偿责任以保险标的实际损失为限,保险赔偿基本原则为损失补偿原则,要确定保险标的实际损失必先确定保险标的实际价值亦即保险价值,保险标的价值是确定实际损失的条件,从而决定着保险赔偿金数额。而保险金额是保险事故发生后保险人支付保险赔偿金的最高限额,而非保险人支付赔偿金计算标准。二者概念有本质区别,但二者之间又相互联系。当保险标的实际损失超过保险金额时,保险人赔偿责任只能以保险金额为限;但当保险标的实际损失低于保险金额的,除当事人有特别约定外,保险人应按照保险金额与保险价值的比例承担赔偿保险金责任。保险金额必须在订立保险合同时按照一定方法确定,而保险价值可以不在订立保险合同时约定,而在事故发生后确定。保险价值和保险金额有不同确定方法。根据中国人民保险公司《财产保险基本险条款》规定,固定资产的保险价值是出险时重置价值。即以同一或类似的材料和质量重新换置受损财产的价值或费用。固定资产的保险金额由被保险人按照账面原值或原值加成数确定,也可按照当时重置价值或其他方式确定。流动资产的保险价值是出险时账面余额。流动资产(存货)的保险金额由被保险人按最近 12 个月任意月份的账面余额确定或由被保险人自行确定。以估价方式确定保险金额投保的,发生保险事故后,保险价值应当按照发生保险事故时保险标的实际价值确定。因此,按照当事人对保险价值是否事先在保险合同作出约定,将保险合同分为定值保险和不定值保险。保险合同对保险价值有约定的为定值保险;否则为不定值保险。二者区别在于保险合同约定的保险事故发生后确定赔偿金额时,定值保险只需确定损失比例,而不定值保险不仅需确定损失比例,且必须确定事故发生时保险标的实际价值,以实际价值作为保险赔偿金额的计算依据。

从本案所涉两份保险单约定来看,2002 年 3 月 12 日阿荣旗森利达木制品有限公司与保险公司签订对陈永梁承租房产投保固定资产基本险的《个体工商业财产保险单》,仅载明保险金额 18 万元。所附《财产保险投保标的明细表》对房产中分别为 $500m^2$、$300m^2$ 的车间和宿舍分别约定保险金额 14 万元和 4 万元,合计 18 万元。2002 年 8 月 19 日陈永梁又以森利达木制品厂名义对其机器设备作为固定资产投保签订《财产保险基本险保险单》,在“以何种价值投保”栏目写明“估价”,“保险金额”128万元。并对附加险保险标的、费率、保险费作了约定。所附《财产保险投保标的明细表》中对标的名称火柴杆生产线、旋转烘干线、雪糕棍生产线、冷热风烘干线、筛理生产线、开刀机、磨刀机、电焊机等,分别列明保险金额。保险单中“以何种价值投保”中的“估价”并未对保险价值作出明确约定,因此本案应定性为不定值保险。本案保险合同条款文字按其文义不应引起争议或异议,也不存在两种以上解释从而适用有利于被保险人解释的前提。本案保险合同保险标的保险价值只能按照保险事故发生时保险标的实际价值确定。

二、关于保险人是否迟延理赔问题。自本案火灾发生后,陈永梁曾分别于2002年9月15日、12月18日、2003年4月20日向保险公司提交出险通知、索赔申请。2003年4月22日,保险公司委托广东方中保险公估有限公司对发生在生产车间火灾所造成财产损失价值进行公估,并于2003年7月10日对机器设备和房产分别出具《保险公估报告书》。2003年6月11日保险公司向陈永梁要求补充提供受损机器设备规格型号和技术资料等,2003年6月20日陈永梁回函表示不同意保险公司的要求。根据《保险法(1995)》第二十二条规定,保险事故发生后,依照保险合同请求保险人赔偿或者给付保险金时,投保人、被保险人或者受益人应当向保险人提供其所能提供的与确认保险事故的性质、原因、损失程度等有关的证明和资料。保险人依照保险合同的约定,认为有关的证明和资料不完整的,应当通知投保人、被保险人或者受益人补充提供有关的证明和资料。第二十三条规定,保险人收到被保险人或者受益人的赔偿或者给付保险金的请求后,应当及时作出核定;对属于保险责任的,在与被保险人或者受益人达成有关赔偿或者给付保险金额的协议后十日内,履行赔偿或者给付保险金义务。保险合同对保险金额及赔偿给付期限有约定的,保险人应当依照保险合同的约定,履行赔偿或者给付保险金义务。保险人未及时履行前款规定义务的,除支付保险金外,应当赔偿被保险人或者受益人因此受到的损失。本案中,保险公司收到索赔申请后即委托公估公司进行现场查勘、损失鉴定等,并向陈永梁收集确认事故损失程度必需的各项资料,为客观所需。陈永梁未按保险公司要求提供受损机器设备技术参数、型号等资料导致损失程度无法确定。本案没有得到及时赔偿原因在于本案保险标的损失价值无法确定,不存在适用《保险法》第二十三条规定的条件。陈永梁再审请求判令保险公司按保险合同约定给付赔偿金外,并按银行同期贷款利率支付从提起诉讼次日起至全部赔付时止的利息,缺乏事实和法律依据,本院不予支持。

三、对于呼伦贝尔市中级人民法院 2004 年 1 月 9 日委托呼伦贝尔万华会计师事务所于 2004 年 4 月 1 日作出的呼万评字〔2004〕第 16 号《资产评估报告书》应否采信问题。首先，呼伦贝尔市中级人民法院在本案保险合同没有约定保险价值的情况下，又不能依据保险公司单方面委托公估机构所作的报告认定本案保险合同标的实际损失，委托呼伦贝尔万华会计师事务所作出资产评估并非仅仅依据职权所作，也有根据陈永梁 2003 年 6 月 23 日向该院提交的申请法院委托资产公估部门对保险标的损失程度作出鉴定的申请书。同时，呼伦贝尔市中级人民法院就委托评估机构对本案火灾事故造成财产损失价值进行评估鉴定一事，于 2003 年 12 月 3 日召集双方当事人及代理人进行了询问，陈永梁一方表示同意该院委托评估鉴定，不存在违反证据规则情形。内蒙古自治区高级人民法院再审判决认定，呼伦贝尔万华会计师事务所及其鉴定人员具有相应资质，其鉴定结论应作为人民法院认定火灾损失的基础正确。在此基础上，该判决维持国家木工机械质量监督检验中心有关生产线和单机的价值认定，除去不具有鉴定资格的阿荣旗星光电机修理部姜建飞有关扣除电机残值的结论。同时，针对保险公司出现场时未对事故现场作勘验记录，以及法院委托鉴定机构对火灾损失价值做资产评估时距离事故发生时相隔一年多时间等因素，按照陈永梁提供的设备安装草图增加缺少的机械设备，并比照高价格定值，避免单机定价不足，符合实际，处理适当。虽然呼伦贝尔万华会计师事务所呼万评字〔2004〕第 16 号资产评估报告书也称，评估基准日（2004 年 1 月 9 日）距离火灾发生日（2002 年 9 月 15 日）较长，索赔申请中所列主体设备不知去向缺失严重，无法取得火灾现场勘查结果，但上述问题已为内蒙古自治区高级人民法院再审判决所考虑。另外，陈永梁坚称火灾现场一直有人看护，并在其再审申请中要求保险公司赔偿包括出险现场看护人员工资在内的各项费用 97659. 40 元，其中看护现场工人工资 28160 元，但其对发生火灾后现场设备如何缺失、缺失哪些设备不置可否。因而陈永梁上述再审主张，本院亦不予支持。

四、对于火灾造成的房产损失，保险公司应如何赔偿问题。由于本案火灾房产系陈永梁租赁而来，陈永梁按照租赁合同约定对房产进行保险。房屋所有权人阿荣旗那吉屯农场金库砖瓦厂就房产损失向阿荣旗法院对陈永梁提起诉讼。在该案中，阿荣旗人民法院依照职权委托内蒙古普惠会计师事务所有限责任公司对陈永梁投保的车间房产烧毁的重置价值进行评估，对委估资产在 2003 年 10 月 22 日（评估基准日）所表现的市场价值鉴定。该所 2003 年 10 月 27 日以内普会评字（2003）第 23 号《曲金库单项资产（房屋）评估报告书》对烧毁房屋的评估基准日的评估价值鉴定为87033元。阿荣旗人民法院依照该评估结论，2003年12月8日以〔2003〕阿民初字第01388号民事判决，判令被告陈永梁赔偿原告那吉屯农场金库砖瓦厂房产损失87033元，并给付租金、支付租金违约金。该判决已经发生法律效力。该案也是由法院委托保险中介机构对遭受火灾房产损失进行评估，并以评估结论作为判决论据，当事人并没有异议。保险公司相应地亦应当按照阿荣旗人民法院判决数额向陈永梁支付保险房产损失赔偿金。

——最高人民法院民事审判第二庭编：《最高人民法院商事审判指导案例(7)·公司与金融卷》，中国法制出版社2013年版，第466~479页。

编者说明

《保险法(1995)》第三十九条规定了保险价值的确定方式及保险金额与保险价值的关系，该条的规定在《保险法(2002)》中得以完整保留，条文顺序调整为第四十条。2009年《保险法》第五十五条未就《保险法(2002)》第40条作出实质性修改，主要从立法技术上进行了完善。

人民法院委托鉴定机构对火灾财产损失进行评估鉴定，依法有据，并根据案情适当加以调整，符合客观。本案处理也得与本案火灾造成的损失的已有判决相协调一致。① 本案中，保险单中"以何种价值投保"中的"估价"并未对保险价值作出明确约定，因此本案应定性为不定值保险。本案保险合同条款文字按其文义不应引起争议或异议，也不存在两种以上解释从而适用有利于被保险人解释的前提。本案保险合同保险标的保险价值只能按照保险事故发生时保险标的实际价值确定。②

保险价值能否随意约定，对此问题，存在不同意见。多数意见认为，应当区别保险标的的实际价值是否可以确定，分别作出不同的处理。对于那些容易判断实际价值的保险标的，以其实际价值为保险价值的上限。否则，意味着被保险人可以通过保险事故的发生而获得利益，违反损失补偿这一财产保险的基本原则。对于那些不容易判定实际价值的保险标的，如文物、集装箱内的整箱货物等，则应允许当事人约定保险标的保险价值。但约定的保险价值在保险事故发生时显著高于保险标的物之实际价值的，为贯彻保险的补偿原则，仍不能以约定价值为赔偿标准。③

---

① 最高人民法院审判管理办公室编：《最高人民法院优秀裁判文书》第1辑，法律出版社2013年版，第193页。

② 最高人民法院民事审判第二庭编：《商事审判指导》总第29辑，人民法院出版社2012年版，第239页。

③ 最高人民法院保险法司法解释起草小组编著：《〈中华人民共和国保险法〉保险合同章条文理解与适用》，中国法制出版社2010年版，第361~362页。

1075

保险合同中未约定保险价值的，应当按照保险事故发生时保险标的的实际价值确定

关键词 | 保险价值 | 保险标的 |

【最高人民法院审判业务意见】

目前我国财产保险合同中对保险价值的约定并没有明确统一格式，导致很多财产保险合同在“以何种价值投保”栏目中只写保险金额，对此内容到底是约定了保险价值，抑或保险金额，与此相联系的引起如定值保险、不定值保险、足额保险、不足额保险、超额保险等问题的认定，产生很多纠纷争议。保险价值可以由当事人在财产保险合同进行约定，人民法院在进行判断时，可以从合同使用文字、估价方式、合同其他条款是否可以确定保险标的物实际价值等方面综合考虑，而不能简单根据保险合同约定的内容做认定。

人民法院在诉讼过程中，有权委托鉴定机构对财产损失价值进行评估鉴定。保险事故发生后未及时理赔的，要具体分析原因，不能一概归咎于保险公司的过错，改为按照保险合同约定的保险金额作为支付保险赔偿金计算标准。

——朱海年：《保险金额在财产保险合同理赔的作用》，载最高人民法院民事审判第二庭编：《最高人民法院商事裁判观点》总第 1 辑，法律出版社 2015 年版，第 352 页。

【最高人民法院裁判文书】

正定县天一艺术品厂与永安财产保险股份有限公司河北分公司财产保险合同纠纷申请再审案[最高人民法院(2013)民申字第 2383 号民事裁定书]

最高人民法院认为：一、天一厂与永安公司订立的保险合同合法有效，《财产保险基本险保险单(正本)》《财产保险基本险条款》及《财产保险基本险投保单》均为合同的组成部分。在《财产保险基本险投保单》及《财产保险基本险保险单(正本)》中均载明保险金额、何种价值承保等事项，但未约定保险价值。根据《保险法》的规定，保险金额是指保险人承担赔偿或者给付保险金责任的最高限额。保险标的的保险价值，可以由投保人和保险人约定并在合同中载明，也可以按照保

险事故发生时保险标的的实际价值确定。保险金额不得超过保险价值,超过保险价值的,超过的部分无效。保险金额低于保险价值的,除合同另有约定外,保险人按照保险金额与保险价值的比例承担赔偿责任。根据上述规定,本案中天一厂与永安公司的保险合同中未约定保险价值,无确定保险价值的合同依据,天一厂提出合同中载明有《投保标的明细表》,但此表只能反映投保当时的投保标的情况,即使存在该明细表也无法依此认定保险价值;对于本案双方争议的赔偿金额,依法只能按照保险事故发生时保险标的的实际价值确定。二、对于天一厂在保险事故发生时保险标的的实际价值,一审法院委托圣源祥公司作出了《公估报告书》。天一厂申请再审时对于此《公估报告书》提出了资质及程序等问题,经审查,圣源祥公司具有中国保险监督委员会颁发的经营保险公估业务许可证,《公估报告书》中署名的三名公估人员具有保险公估从业人员资格证书及执业证书,符合公估要求的人数及资质;石家庄市中级人民法院司法鉴定技术室所出具的情况说明称:"后经正定县天一艺术品厂傅玉婵提供河北圣源祥保险公估有限公司可承接该案……我室于2011年3月1日通知傅玉婵、刘磊(永安公司代理人)来我室,就傅玉婵所提供该公估公司事进行协商,双方当事人均在询问笔录上签字同意由河北圣源祥保险公估有限公司来进行公估",取样过程由双方当事人共同参与。因此,对于天一厂对圣源祥公司作出的《公估报告书》所提异议,本院不予支持,原一、二审法院采用圣源祥公司的公估报告作为认定赔偿数额的依据并无不当。

——中国裁判文书网,http://wenshu.court.gov.cn。

1076

保险标的在投保时是确定的，系指投保人与保险人就保险标的达成一致，而非其实物形态在投保时确定并一成不变

关键词 | 保险标的 |

【最高人民法院裁判文书】

南通市申海工业技术科技有限公司与天安财产保险股份有限公司财产损失保险合同纠纷案[最高人民法院(2015)民二终字第15号民事判决书]

最高人民法院认为:二、本案保险标的及其损失如何确定。一审判决认定案

涉保险标的坐落于海门市海门港、青龙港的申海公司两个厂区的理由充分，对申海公司关于案涉保险标的坐落地点仅为海门市青龙港厂区的主张，本院不予支持。案涉保险单和投保单就保险标的、保险价值和保险金额的确定方式表述不一致。因保险单签发时间在投保单之后，在二者内容冲突的情况下，应以保险单所载内容为准。案涉保险单记载保险标的为四项：流动资产、代保管资产、固定资产和在建工程；保险价值确定方式为：流动资产按出险时账面余额，代保管资产、固定资产、在建工程均按出险时重置价格；保险金额确定方式为：流动资产按账面余额，代保管资产按估价，固定资产、在建工程按账面原值。故2011年2月28日的申海公司资产负债表（年报）仅为确定保险金额的参考依据。从案涉投保单、保险单等分析，除投保单明确未列入流动资产项下的低值易耗品外，坐落于海门市海门港、青龙港的两个厂区的申海公司流动资产、代保管资产、固定资产和在建工程均为案涉保险标的。

在财产保险中，保险标的在投保时是确定的，系指投保人与保险人就保险标的达成一致意思表示，而非保险标的实物形态在投保时确定并在保险合同生效后一成不变。就本案而言，作为案涉保险标的申海公司流动资产即可能处于不断变化之中，如果在投保之后取得的流动资产不能作为保险标的，则该保险对投保人毫无价值。故一审法院以保险标的在投保时必须确定为由，认定2011年3月份之后进场的固定资产、在建工程、账外财产均不属于本案保险标的不妥，本院予以纠正。

泛华公估江苏分公司根据天安保险公司及申海公司的委托对案涉财产损失进行了评估。对公估报告认定的财产损失数额，双方当事人均未提异议，可作为认定案涉财产损失的依据。但公估报告亦未将包括2011年3月以后入账的固定资产等申海公司财产纳入保险标的范围，应属对案涉保险标的认定不准确。公估报告认定的保险标的总损失23382325.20元和其他财产损失32561940.16元（已扣除低值易耗品损失4527395.75元）均为案涉保险标的损失，即案涉保险标的损失应为55944265.36元。

三、关于天安保险公司是否应当以及如何承担保险责任的问题。申海公司拆除的系消防水泵房而非消防水泵，且消防部门并未认定拆除消防水泵房系火灾成因，故对天安保险公司以申海公司拆除消防水泵构成重大过失为由要求免责的主张，本院不予支持。因消防部门就火灾成因已做出了重新认定，排除了车间内未经防火分隔导致火灾蔓延扩大这一原因，故对天安保险公司以申海公司在车间内增加生产线，并未经防火分隔，使本案保险标的危险程度显著增加为由要求免责的主张，本院不予支持。一审法院认定申海公司擅自拆除消防水泵房导致消火栓系统内水压不足,客观上导致火灾发生后救援工作未能正常进行,造成损失扩大,缺乏证据证明,其并由此酌情认定对于火灾事故造成的损失,由天安保险公司与申海公司按8:2的比例予以承担不妥,本院予以纠正。虽然案涉保险单上未记载免赔额(率),但投保单中明确记载“每次事故免赔额(率):10%或1000元”,一审法院据此认定案涉保险免赔额(率)并无不妥,本院予以维持。

四、关于天安保险公司是否未依约及时赔付,以及是否应当因此承担相应赔偿责任的问题。鉴于申海公司2011年10月12日提出索赔申请,天安保险公司应当在60日内履行赔付保险金义务,但是天安保险公司仅在2012年7月先行赔付了100万元,因此天安保险公司应当对因其迟延赔付保险金给申海公司造成的损失承担赔偿责任,计算方式为以迟延赔付的保险金金额为本金、以自2011年12月12日起至实际赔付之日为期间、以中国人民银行同时期贷款基准利率为计息标准。

根据上述分析认定,案涉保险标的损失为55944265.36元,免赔率为10%,天安保险公司应向申海公司支付的保险理赔款为:55944265.36元×(1-10%)=50349838.82元。其中减去天安保险公司于2012年7月已先行赔付的100万元,天安保险公司尚应向申海公司支付剩余保险理赔款49349838.82元,及自2011年12月12日起至实际赔付之日期间,依据中国人民银行同时期贷款基准利率计算的相应利息。

——中国裁判文书网,http://wenshu.court.gov.cn。

1077

投保单上保险财产项目等处虽有涂改痕迹,但在投保单的其他地方进行了重复记载的,应作为认定依据

关键词 | 投保单 |

【最高人民法院裁判文书】

中国平安财产保险股份有限公司莱阳支公司与烟台宏辉食品有限公司财产保险合同纠纷案[最高人民法院(2013)民提字第121号民事判决书]

裁判要旨:本案的主要争议焦点是保险标的物范围是宏辉公司厂区全部建筑物还是特定的三栋房屋,其中《财产保险综合险投保单》是本案重要书证之

一,该投保单有涂改痕迹,双方当事人对其证明内容产生争议。本案中,该投保单上保险财产项目、投保金额、事故绝对免赔额等处虽有涂改痕迹,但这些内容在投保单的其他地方进行了重复记载,内容并无矛盾,且明确记载保险标的物范围是宏辉公司厂区内特定的三栋房屋。宏辉公司在诉讼中承认该份投保单系该公司在空白页上加盖公章交给平安莱阳公司形成的,其关于本案保险标的物是宏辉公司厂区全部建筑物的诉讼主张没有相应的证据予以证明,应对在空白投保单上盖章的行为承担相应的民事法律责任。

最高人民法院认为:(一)关于本案所涉保险合同保险标的物范围问题。

本案所涉保单上载明受益人为中国工商银行股份有限公司莱阳支行而非宏辉公司,保险项目为房屋建筑,并附有一份加盖有抵押人宏辉公司及抵押权人中国工商银行股份有限公司莱阳支行公章的《抵押物清单》。该《抵押物清单》上载明了相关房屋建筑的基本情况。可见,本案中宏辉公司为满足中国工商银行股份有限公司莱阳支行的贷款条件,向平安莱阳公司购买贷款抵押物保险的交易关系明显。本案所涉保险标的物范围应当根据当事人交易背景、综合全案证据加以判定。

《财产保险综合险投保单》是本案重要书证之一,双方当事人对该证据的真实性均无异议,仅对其中涂改部分所证明的内容发生争议。尽管该投保单记载的被保险人证件号码、保险财产项目、投保金额、事故绝对免赔额等部分数字有涂改痕迹,但这些数字内容在投保单的其他地方也进行了明确记载,包括大写的“总保险金额”与小写的“802.37 万元”,二者完全一致。宏辉公司在诉讼中承认该份投保单系该公司在空白页上加盖公章交给平安莱阳公司形成的,该事实表明,宏辉公司并未在该投保单上记载其投保的财产是其厂区内全部建筑物,其应对在空白投保单上盖章的行为承担相应的民事责任。

本案中《财产保险综合险保单明细表》《财产保险综合险投保单》《抵押物清单》上记载的保险标的物房屋估价均为 802.37 万元,数额一致且与《工业房地产抵押价值评估报告》中 806.76 万元的房地产估价接近。《财产保险综合险保单明细表》上明确保险项目标的地址在莱阳市经济开发区海河路北天回路(房产证隆茂街西武当山北),《财产保险综合险投保单》《抵押物清单》、山东省莱阳市人民政府莱字第 00033979 号房权证和莱国用(2006)第 1138 号土地证书、《工业房地产抵押价值评估报告》上载明的标的物均明确指向宏辉公司拥有房产权证的位于莱阳市经济开发区隆茂街西、武当山路北,面积为 4463.47 平方米、砖混和钢筋混凝土结构的办公楼、综合楼、车间(冷库)等三栋房屋建筑。上述证据内容之间相互印证，证明本案所涉保险标的物的范围就是上述特定的三栋房屋，而不包括宏辉公司厂区内其他建筑物和道路。因此，宏辉公司关于本案保险标的物是其厂区内全部建筑物的诉讼主张没有相应的证据予以证明。

本案再审期间，双方均认可将山东佳联保险公估有限公司出具的鲁佳公估字F(2009)014号公估结论书作为计算本案保险金的依据。根据前述认定，本案所涉保险合同保险标的物不包括宏辉公司厂区内钢结构等其他建筑物和道路，应当将该公估结论书中有关烧毁钢结构车间西墙体及车间内二层平台损失金额371774元、烧毁钢结构车间安装工程损失金额46851元、烧毁钢结构车间钢结构工程损失金额2545096元、受损道路工程损失金额24790元予以扣除。本案所涉保险合同保险标的物即宏辉公司拥有产权证书的三栋房屋的损失金额为：1. 砖混车间西墙、南墙、屋面、物料间、东墙栋受损部分工程损失金额579671元；2. 砖混车间东车间前墙夹心板及屋面及窗损失金额71585元；3. 砖混车间前台轻钢屋面工程损失金额69728元。上述三项保险标的物损失金额合计720984元，扣除保险合同约定的15%绝对免赔额，平安莱阳公司应向宏辉公司赔付的保险金是612836.4元。

——最高人民法院民事审判第二庭编：《商事审判指导》总第37辑，人民法院出版社2014年版，第223～235页。

1078

保险人对投保人仓库虽有检查的权利，但即使未检查出安全隐患，也不应减轻其他主体的责任

关键词｜保险合同｜减轻责任｜保险代位求偿权｜

【最高人民法院裁判文书】

中国冶金地质总局中南局长沙地质勘查院与中国人民财产保险股份有限公司长沙支公司等保险代位求偿权纠纷再审审查案［最高人民法院(2013)民申字第85号民事裁定书］

最高人民法院认为：一审判决长沙地勘院与周金涛负直接责任，共同承担

70% 的损失赔偿责任。二审判决长沙地勘院承担 70% 的火灾损失责任，并对周金涛应该承担的 10% 损失赔偿责任承担连带责任。根据原审查明的事实，二审判决长沙地勘院承担上述损失赔偿责任有事实和法律根据。第一，根据公安消防部门出具的火灾事故责任书，火灾原因是长沙地勘院设在 5 号小仓库 18 回路箱电气线路短路引起，相关部门据此确定其承担直接责任。第二，长沙地勘院虽称其对引发火灾的回路箱无法管理，但其对在他人管理的仓库内设立回路箱及无法管理未作出合理解释。第三，周金涛所办旭昂塑料模具厂虽擅自搭建仓库并将不符合安全条件的仓库出租他人，但上述行为与保险事故不具有法律上的因果关系，难以构成火灾损害的共同侵权人，二审判决其承担 10% 的事故损失赔偿责任，并无不当。第四，财保长沙公司作为保险人，对投保人仓库虽依法具有检查的权利，可以提出消除不安全因素和隐患的书面建议，但即使未检查出安全隐患，也难以作为减轻其他主体责任的法律依据。据此，二审对火灾损失赔偿责任的分配基本合理。

——中国裁判文书网，http://wenshu.court.gov.cn。

1079

审理财产保险合同纠纷案件时关于暴雨的认定

关键词｜财产保险合同｜暴雨的认定｜

【最高人民法院答复】

内蒙古自治区高级人民法院：

你院〔1991〕内法经请字第 2 号请示报告收悉。经研究，答复如下：

鉴于 1986 年 8 月 24 日（即 23 日的 20 时至 24 日的 20 时）的降雨量达到暴雨标准，如保险标的物是由于该日降雨遭受损失的，应由保险人承担相应的赔偿责任。确定具体赔偿额时，应从实际情况出发，按保险条例的有关规定办理。

此复。

——《最高人民法院关于审理保险合同纠纷案件如何认定暴雨问题的复函》［1991 年 7 月 16 日，法（经）函〔1991〕70 号］

编者说明

保险合同的保险责任条款中规定的“暴雨”，并非是人们通常所说的“下得非常大的雨”，而是有具体衡量标准的，即雨量每小时16毫米以上，或24小时降水量大于50毫米的才称为暴雨。低于这一标准的，不能认定为暴雨。

1080

关于火灾施救费用的确定与承担

关键词｜火灾施救费用｜

【最高人民法院裁判文书】

中国平安财产保险股份有限公司莱阳支公司与烟台宏辉食品有限公司财产保险合同纠纷案［最高人民法院(2013)民提字第121号民事判决书］

最高人民法院认为：(二)关于施救费用的承担问题。

申请人平安莱阳公司对于施救费用中的水费、器材费、工人施救补助费均提出了异议，认为宏辉公司未能区分上述费用是用于实际施救保险标的物还是其他费用。关于水费，宏辉公司在原审中提交了其2009年3月、4月、5月、6月四个月的水费结算单、代收水资源费结算单、污水处理费结算单，表明前三个月的水费基本持平，而2009年6月即在火灾发生后，水费明显大幅度上升。考虑到火灾发生在6月初，火灾后工厂便停产，正常用水费用所占比例很小，“正常用水”与“灭火用水”二者在数量上无法准确计算，故原审法院判决认定的灭火水费并无明显不当。关于器材费与工人施救补助费，宏辉公司已经尽了举证责任，提供了有关器材费发票及工人施救补助费领用单，且费用合理。《保险法》等法律鼓励被保险人尽可能地降低不必要的损失。如果对被保险人的举证责任要求过严，则不利于该立法目的的实现，进而有损于保险法律关系中双方当事人的切身利益。因此，原审法院对于宏辉公司关于施救费用举证责任的要求并无不当。但该部分费用中包括了宏辉公司厂区内所有建筑物及设施的施救费用，显然超过了本案所涉保险标的物范围，超出部分不应由平安莱阳公司承担。本案保险事故发生在多年以前，火灾现场早已清理完毕，现再让宏辉公司举证证明针对本案所涉保险标的物范围的施救费用已无可能。鉴于原审判决支持的施救费用针对的是宏辉公司厂区内所有六栋建筑物及设施，现已查明本案保险标的物仅限其中的三栋房屋，故本院依据公平原则，酌定平安莱阳公司赔付50%的施救费用。同理，本案的案件受理费及鉴定费，亦应由宏辉公司和平安莱阳公司各承担50%。

——最高人民法院民事审判第二庭编：《商事审判指导》总第37辑，人民法院出版社2014年版，第223~235页。

1081

公估公司的公估报告在认定火灾事故损失数额中证明作用的认定

关键词｜保险公估报告｜损失认定｜

【最高人民法院裁判文书】

中国人寿财产保险股份有限公司福州市中心支公司与福清恒耀房地产开发有限公司保险合同纠纷申请再审案［最高人民法院（2014）民申字第1007号民事裁定书］

最高人民法院认为：一、关于民太安公估公司的公估报告及国家工程质检中心的鉴定意见的效力。该案一审和二审期间，两级法院对原审原告向法院提交的11份证据，以及被告为反驳其观点向法院提交的9份证据，均进行了全面审理，组织各方对上述证据进行了质证，因此一、二审法院诉讼程序正当合法。各方对案涉《保险公估报告》和国家工程质检中心的《鉴定报告》均发表了质证意见，原审法院在综合双方证据的基础上对本案的事实进行了认定。2010年9月19日文化大厦发生火灾事故，人寿财保公司即委托民太安公司对损失数额进行公估，民太安公司在公估过程中又委托国家建筑工程质量监督检验中心对火灾后文化大厦的结构进行检测鉴定。恒耀公司以公估和鉴定系单方委托，公估报告和鉴定意见没有经其委托，没有向其送达为由，认为对恒耀公司不具有约束力的申请理由没有事实依据和法律依据。火灾发生后，人寿财保公司曾通知其共同委托案涉机构公估和检测，恒耀公司未表示异议；同时，恒耀公司亦派人到现场参与上述机构进行的查勘、检测，亦未提出过异议。据此可以认定，恒耀公司对公估和鉴定过程事实上是认可的。恒耀公司由于对理赔金额无法与人寿财保公司达成一致,从而否定公估报告和鉴定意见的合法性,其理由显然不能成立。我国法律并未规定保险公司在理赔过程中必须取得被保险人同意才能委托相应的公估机构,亦无规定公估报告必须经过被保险人的同意才能有效。在保险理赔实务中,保险人与被保险人协商选择保险公估公司,便于双方就损失赔付尽快达成一致,也会使公估报告更具客观性,但共同对公估机构进行选择并非一项法定义务。因此,人寿财保公司在向被保险人发出选择评估机构的通知未得到否定回复下,为及时定损理赔而委托公估机构进行现场勘察的行为并无不妥。在案证据表明,恒耀公司配合并积极参与鉴定和公估机构的现场勘察活动,从未表示异议,进一步说明其对人寿财保公司委托公估机构行为的认可。福清市政府作为独立第三方委托的有关评估机构对案涉保险标的建筑物所做的鉴定报告,在结论上与上述两个鉴定公估报告并无二致。因此,此案在委托评估中无论是否征得申请人同意,都不影响案涉大厦损失的评估结论的公正性。民太安公估公司和国家工程质检中心对火灾造成的损失进行了检测、鉴定和理算,公估结论是客观公止的。恒耀公司主张全损,但没有提供任何有说服力的事实依据。原审两级法院在综合双方证据的基础上,认定公估报告和鉴定意见的效力,事实和法律根据充分,判决结果应予维持。

——中国裁判文书网,http://wenshu. court. gov. cn。

1082

除非明确约定,否则再保险接受人承担再保险责任不以其直接参与现场查勘、定损为前提

关键词|再保险|定损|

【最高人民法院裁判文书】

永安财产保险股份有限公司陕西分公司与国泰财产保险有限责任公司江苏分公司苏州营销服务部再保险合同纠纷申请再审案[最高人民法院(2016)最高法民申2934号民事裁定书]

最高人民法院认为:太平洋保险中山支公司、国泰保险苏州服务部与广川公司等10家公司之间系财产一切险保险合同关系,永安保险陕西分公司与国泰保

险苏州服务部之间系以该财产一切险保额的20%为再保份额的再保险合同关系，两者之间系不同的保险法律关系，再保险接受人与原保险的投保人、被保险人、受益人之间，不存在直接的权利义务关系，不享有原保险合同约定的原保险人的合同权利。中国保险业监督管理委员会《财产保险公司再保险管理规范》第三章第一节第六条规定："赔款摊回适用'共命运'原则，即在分出公司根据保险条款尽职厘定损失的前提下，分出公司的理赔决定自动适用于再保险接受人。"可见，除非当事人在再保险合同中明确约定，否则，在保险事故发生后，再保险接受人因并非原保险合同的当事人，其承担再保险责任，并不以其直接参与现场查勘、定损为前提。而且，本案中，永安保险陕西分公司未提交证据证明太平洋保险中山公司、国泰保险苏州服务部在履行原保险合同中的现场查勘、施救、委托公估、定损、协商减少保险理赔款、支付保险赔偿金及委托公估、审计的行为，存在欺诈或恶意串通等行为。因此，二审判决根据当事人之间的再保险合同的约定，参考再保险业务的行业规范和惯例，判令永安保险陕西分公司承担总保险金额20%份额的再保险责任，并无不当。永安保险陕西分公司主张其因未在保险事故发生后被及时通知以及未对保险事故进行查勘定损而不应承担再保险责任，于法无据，不应支持。

——中国裁判文书网，http://wenshu.court.gov.cn。

四、责任保险

1083

机损险及其项下利损险保单约定保险责任范围和损失额的确定

关键词 | 机损险 | 利损险 | 保险责任范围 |

【最高人民法院裁判文书】

深圳美视电力工业有限公司与华安财产保险股份有限公司保险合同纠纷上诉案[最高人民法院(2001)民二终字第200号民事判决书]

最高人民法院认为:保险公司与投保人订立保险合同,分别为财产险、机损险和利损险三个险种。本案爆炸的原因已确认是因机器设计错误引起,尽管所涉损失的发生不是单一原因所致,而是由于机器设计错误和爆炸等两个原因使然。但我国保险理赔遵循的是国际保险理赔通行的近因原则。据此原则,引发本案一连串事故的前因是机器管破裂和设计逻辑错误,爆炸是前因发展的必然结果,由此,设计错误是本案损失发生的近因,属于保险公司承保的机器损坏险及其项下利损险保险单约定的保险责任范围。

当事人双方签订保险合同,其中机损利损险保险条款规定:承保机器损坏险承保范围内的原因引起的停产、减产、营业中断期间的毛利润、减产、营业中断等间接损失。被保险人依约支付了保险费,后发生事故,保险公司应根据利损险保单对机器损坏导致的利润损失承担赔偿责任。但因被保险企业当产年年度利润比上年度有大幅度增加,上年度账册显示的利润失去了可比性,若按照保险合同约定以上年度毛利润作为机器损坏利润损失赔偿额的计算依据,显然不符合实际经营情况,并有失公允。故保险公司关于应以被保险企业上年度毛利润作为机器损坏利润损失赔偿额计算依据的主张,因有悖公平原则,不予支持。由于被保险企业年度净利润数额更接近该公司的实际盈利额,具有可保利益,以该数额作为利润损失赔偿额的计算依据,不违背公平原则。

——最高人民法院办公厅编:《最高人民法院公布裁判文书(2002年)》,人民法院出版社2003年版,第445~465页。

1084

机动车辆第三者责任险中“第三者”“车上人员”的司法判定

关键词｜第三者责任险｜第三者｜车上人员｜

【《最高人民法院公报》案例】

郑克宝诉徐伟良、中国人民财产保险股份有限公司长兴支公司道路交通事故人身损害赔偿纠纷案(湖州市中级人民法院二审民事判决书)

裁判摘要:一、根据机动车辆保险合同的约定,机动车辆第三者责任险中的“第三者”,是指除投保人、被保险人和保险人以外的,因保险车辆发生意外事故遭受人身伤亡或财产损失的保险车辆下的受害者;车上人员责任险中的“车上人员”,是指发生意外事故时身处保险车辆之上的人员。据此,判断因保险车辆发生意外事故而受害的人属于“第三者”还是属于“车上人员”,必须以该人在事故发生当时这一特定的时间是否身处保险车辆之上为依据,在车上即为“车上人员”,在车下即为“第三者”。

二、由于机动车辆是一种交通工具,任何人都不可能永久地置身于机动车辆之上,故机动车辆保险合同中所涉及的“第三者”和“车上人员”均为在特定时空条件下的临时性身份,即“第三者”与“车上人员”均不是永久的、固定不变的身份,二者可以因特定时空条件的变化而转化。因保险车辆发生意外事故而受害的人,如果在事故发生前是保险车辆的车上人员,事故发生时已经置身于保险车辆之下,则属于“第三者”。至于何种原因导致该人员在事故发生时置身于保险车辆之下,不影响其“第三者”的身份。

本案二审的争议焦点仍然是涉案交通事故责任属于机动车辆第三者责任险的理赔范围,还是属于车上人员责任险的理赔范围。

湖州市中级人民法院二审认为:《保险法(2002)》第五十条规定:“保险人对责任保险的被保险人给第三者造成的损害,可以依照法律的规定或者合同的约定,直接向该第三者赔偿保险金。”根据上述规定,第三者责任险是以被保险人对第三者的赔偿责任为标的,以填补被保险人对第三者承担赔偿责任所受损失的保险。“第三者”的范围可根据保险合同的约定或法律规定作出界定。本案中,上诉人财保长兴支公司与被上诉人徐伟良之间订立的机动车辆第三者责任险即属于此类保险。根据本案事实,涉案交通事故责任属于机动车辆第三者责任险的保险理赔范围。

首先,涉案交通事故的受害人,亦即被上诉人郑克宝属于上诉人财保长兴支公司与被上诉人徐伟良之间订立的机动车辆第三者责任险保险条款所规定的"第三者"。根据涉案机动车辆第三者责任险保险条款的规定,"第三者"是指除投保人、被保险人和保险人以外的,因保险车辆发生意外事故遭受人身伤亡或财产损失的保险车辆下的受害者。本案中,郑克宝不是涉案机动车辆第三者责任险的投保人、被保险人和保险人。郑克宝由于涉案保险车辆发生意外事故,被该车辆碾压导致严重伤害,属于因保险车辆发生意外事故遭受人身伤亡或财产损失的保险车辆下的受害者,当然也属于涉案机动车辆第三者责任险保险条款所规定的"第三者"。

其次,被上诉人郑克宝在涉案交通事故发生前确系涉案保险车辆的"车上人员",但此事实并不影响郑克宝在涉案交通事故中的"第三者"身份,上诉人财保长兴支公司关于涉案交通事故责任应当按照车上人员责任险理赔的观点不能成立。被上诉人徐伟良在为涉案保险车辆投保机动车辆第三者责任险的同时,还为该车投保了车上人员责任险。徐伟良与财保长兴支公司订立的车上人员责任险保险条款规定,因发生意外事故造成保险车辆车上人员的人身伤亡,依法应当由被保险人承担经济赔偿责任的,保险人负责按照责任限额予以理赔。据此可以认定,这里的"车上人员"仅指发生意外事故时身处保险车辆之上的人员。如果某人在意外事故发生前是保险车辆的车上人员,意外事故发生时已经置身于保险车辆之下,则不属于保险车辆的车上人员。由此进一步分析,可以得出以下结论:判断因保险车辆发生意外交通事故而受害的人属于"第三者"还是属于"车上人员",必须以该人在交通事故发生当时这一特定的时间是否身处保险车辆之上为依据,在车上即为"车上人员",在车下即为"第三者"。同时,由于机动车辆是一种交通工具,任何人都不可能永久地置身于机动车辆之上,故涉案机动车辆保险合同中所涉及的"第三者"和"车上人员"均为在特定时空条件下的临时性身份,即"第三者"与"车上人员"均不是永久的、固定不变的身份,二者可以因特定时空条件的变化而转化。本案中,涉案交通事故的事实,是郑克宝被涉案保险车辆碾压致伤。该事故发生前,郑克宝的确乘坐于涉案保险车辆之上,属于车上人员。但由于驾驶员遇到紧急情况时操作不当,导致涉案保险车辆失控,将郑克宝甩出车外,随后被涉案保险车辆碾压至重伤。因此,涉案交通事故发生时,郑克宝不是在涉案保险车辆之上,而是在该车辆之下。如果郑克宝在涉案交通事故发生时是涉案保险车辆车上人员，则根本不可能被该车碾压致伤。因此，财保长兴支公司仅以郑克宝在涉案交通事故发生前乘坐于涉案保险车辆之上的事实，即认为郑克宝属于涉案保险车辆车上人员、涉案交通事故责任应当按照车上人员责任险理赔，其观点不仅不符合涉案保险合同的规定，亦有悖于常理。

第三，本案不适用涉案机动车辆第三者责任险免责条款。涉案机动车辆第三者责任险免责条款规定，因保险车辆发生意外事故，导致本车上其他人员的人身伤亡或财产损失，不论在法律上是否应当由被保险人承担赔偿责任，保险人均不负责赔偿。一审法院认为，该免责条款为格式条款，且对于该条款中的“本车上其他人员的人身伤亡或财产损失”可能有两种解释，一种解释是仅指车上人员在本车上发生的人身伤亡或财产损失，至于车上人员离开本车后又被本车事故导致的损害结果则不属免责范围；另一种解释是对于车上人员在本车上及离开本车后因本车事故导致的损害结果保险人均得免责。鉴于双方当事人对此存在争议，故对此格式条款依法应当作出不利于格式条款提供者的解释。据此认定本案不适用该免责条款。上诉人财保长兴支公司认为，被上诉人郑克宝是从涉案保险车辆中被甩出，而不是从该车上离开，一审判决将甩出等同于离开，属于偷换概念，本案应当适用前述免责条款。对此二审法院认为，根据涉案机动车辆第三者责任险免责条款的规定，该条款所称的“本车上其他人员”与车上人员责任险条款所规定的“车上人员”完全相同，即也是在保险车辆发生意外事故时在该车之上的人员，除此之外不应当有其他解释。如前所述，郑克宝在涉案交通事故发生时已经从车上人员转化为第三者。不论郑克宝是被动地从涉案保险车辆上“甩出”还是主动从该车上离开，均不能改变在涉案交通事故发生时郑克宝已经不在涉案保险车辆之上的事实，不影响其第三者身份。另外，即使对于涉案机动车辆第三者责任险免责条款所称的“本车上其他人员”可能作出其他解释，也因该条款系格式条款，在存在争议的情况下，应依法作出不利于该格式条款的提供者即财保长兴支公司的解释。因此，本案不适用涉案机动车辆第三者责任险免责条款。

——《最高人民法院公报》2008 年第 7 期

【链接：最高人民法院法官著述】

一般情况下，机动车意外事故通常发生在机动车在道路上正常行驶期间，此时的受害人多数情况下是与被保险人或者驾驶人素不相识的陌生人，但是在修理车辆或者一些特定的情况下,被保险人或者驾驶人的亲属,原车上人员甚至是驾驶人本人都会成为机动车意外事故的受害人。如驾驶员在坡路上停车问路,因手刹失灵或者未拉手刹,车辆滑行致驾驶人伤亡;随车押运人员在指挥车辆倒车时被本车辆挤压或碰撞伤亡;乘车人员因车门未关好或者因其他原因被甩出车外致损害等意外事故。应该说,这类事故属于小概率事件,但随着机动车保有量的增加,这类事件的数量会相应地增加。类似意外事故发生后,保险人和被保险人往往会因为其中的驾驶人、随车人员、乘车人员是否可以作为第三者发生争议,形成保险合同纠纷案件。中国保险监督管理委员会印发的《机动车辆保险条款解释》(保监发〔2000〕102 号)对第三者的解释为:“在保险合同中,保险人是第一方,也叫第一者;被保险人或使用保险车辆的致害人是第二方,也叫第二者;除保险人与被保险人之外的,因保险车辆的意外事故致使保险车辆下的人员或财产遭受损害的,在车下的受害人是第三方,也叫第三者。”该解释比较抽象,还是无法解决一些具体的问题,且该解释已经于 2005 年被废止。《最高人民法院公报》刊登过两个涉及此问题的案件,杨树岭诉中国平安财产保险股份有限公司天津市宝坻支公司保险合同纠纷案和郑克宝诉徐伟良、中国人民财产保险股份有限公司长兴支公司道路交通事故人身损害赔偿纠纷案,对解决这类问题提供了一定的指导,本书在此做进一步的探讨。

1. 关于家庭成员的约定。家庭成员损失列入免责范围的条款尚不属于《保险法》第十九条规定的“排除投保人、被保险人或者受益人依法享有的权利的”无效格式条款。我国目前使用的《2007 机动车辆商业保险行业基本条款》分为 A、B、C 三款,由各保险公司选用。A、B 两款均把家庭成员损失列入了免责范围,但 C 款未把家庭成员损失列入免责范围,被保险人尚有选择的余地。如果保险人按照《保险法》第十七条的规定对该条款尽到了提示和明确说明义务,则该条款应属有效。但是由于将家庭成员损失列入免责条款缺乏充足的理由,而且实践中对家庭成员的界定认识也不完全一致,所以保险人对家庭成员损失免责条款和对家庭成员的界定的提示和明确说明义务要更严格。

2. 关于被保险人能否成为第三者。同一被保险人的不同车辆相撞发生事故时,受损害一方能否构成相对的第三者。我们认为,因为被保险人不能成为自己的侵权人,也就是构成责任事故基础的侵权法律关系不存在,所以,因被保险的机动车事故导致的被保险人人身或者财产损失,不能作为本车的机动车责任保险受害人向保险人请求赔偿,否则就违反了责任保险的最基本原则。在同一个责任保险事故中,被保险人不能成为第三者。被保险人的人身伤亡或者财物损失风险可以通过人身意外险或者是其他的非责任保险予以化解。

3. 车辆驾驶人是否可以作为商业三者险的第三者。需要说明的是，驾驶人是车上人员责任险当然的第三者，在这里讨论的是车辆驾驶人是否可以成为商业三者险的第三者。我们认为，如果驾驶人同时又是被保险人，那么就不能成为本车的第三者；如果驾驶人不是被保险人，就需要确定相关保险合同约定的效力再作认定，如果将驾驶人排除在第三者之外的保险合同约定有效，则驾驶人即使符合第三者的特征，也不能作为本车商业三者险的第三者；如果相关保险条款无效，则驾驶人在事故发生时又符合第三者的特征的，即可以作为本车商业三者险的第三者。

——最高人民法院保险法司法解释起草小组编著：《〈中华人民共和国保险法〉保险合同章条文理解与适用》，中国法制出版社2010年版，第429～432页。

编者说明

关于商业三者责任险中"第三者"的认定，也是司法实践中争议较大的问题之一，往往也成为保险公司拒赔的理由之一。司法实践中对这一问题的认识也在不断深化之中，应当注意最高人民法院相关裁判以及法官论述对这一问题理解的变化。

1085

第三者责任险中，保险公司无权解释"家庭成员""直系血亲""亲属"等法律概念

关键词｜第三者责任险｜

【《最高人民法院公报》案例】

杨树岭诉中国平安财产保险股份有限公司天津市宝坻支公司保险合同纠纷案（天津市第一中级人民法院二审民事判决书）

裁判摘要："家庭成员""直系血亲""亲属"等均为法律概念，经营保险业务的保险公司无权对上述法律概念随意进行解释。"家庭"在法律上等同于户籍，"家庭成员"是指在同一户籍内永久共同生活，每个成员的经济收入都作为家庭共同财产的人。"家庭成员"与"直系血亲""亲属"并非同一概念，具有直系血亲

关系的人不一定互为家庭成员。

天津市第一中级人民法院认为:被上诉人杨树岭就其所有的机动车辆向上诉人平安保险宝坻支公司投保机动车辆第三者责任险,并缴纳了相关保险费,双方之间的保险合同关系成立,涉案机动车辆第三者责任险保险合同合法有效,合同双方均应自觉履行。涉案机动车辆第三者责任险保险合同中关于"保险车辆造成被保险人或其允许的驾驶员及他们的家庭成员人身伤亡,不论在法律上是否应当由被保险人承担赔偿责任,保险人均不负责赔偿"的规定,以及该合同中关于"家庭成员包括被保险人的直系血亲和在一起共同生活的其他亲属"的解释,均属格式化免责条款,提供该格式合同的保险人依法应当就上述免责条款向被保险人作出明确说明。根据最高人民法院作出的《关于对保险法第十七条规定的"明确说明"应如何理解的问题的答复》,所谓"明确说明",是指保险人与投保人签订保险合同之前或者签订保险合同之时,对于保险合同所约定的免责条款,除了在保险单上提示投保人注意外,还应当对有关免责条款的概念、内容及其法律后果等以书面或者口头形式向投保人或其代理人作出解释,以使投保人明了该条款的真实含义和法律后果。该答复虽然是针对修订前的《保险法》第十七条规定作出的,但修订前《保险法(1995)》第十七条的规定与现行《保险法(2002)》第十八条的规定一致;该答复虽然是就个案的情形作出的,但人民法院在审理同类案件时可以参照执行。保险合同系专业性较强的合同,涉及专业术语较多,保险人有义务向投保人予以明确说明。平安保险宝坻支公司虽然在涉案机动车辆第三者责任险保险合同文本中以黑体字提示了免责条款,但仅是尽到了提醒投保人注意的义务,根据本案事实、证据,不能认定平安保险宝坻支公司已经履行了就免责条款的概念、内容及其法律后果等以书面或者口头形式向投保人或其代理人作出解释,以使投保人明了该条款的真实含义和法律后果的明确说明义务。因此,不论涉案机动车辆第三者责任险保险合同中的格式化免责条款关于"保险车辆造成被保险人或其允许的驾驶员及他们的家庭成员人身伤亡,不论在法律上是否应当由被保险人承担赔偿责任,保险人均不负责赔偿"的规定,以及关于"家庭成员包括被保险人的直系血亲和在一起共同生活的其他亲属"的解释是否具有法律依据、是否有效,该格式化免责条款都因上诉人未能尽到明确说明的义务而归于无效,该免责条款对被上诉人不产生约束力。上诉人的上诉理由不足,不予支持。

——《最高人民法院公报》2007 年第 11 期

1086 被保险人以家庭自用名义投保的车辆从事网约车营运未通知保险人，因营运发生交通事故，保险人可以在商业三者险范围内免赔

关键词｜保险标的｜商业三者险｜

【《最高人民法院公报》案例】

程春颖诉张涛、中国人民财产保险股份有限公司南京市分公司机动车交通事故责任纠纷案(江苏省南京市江宁区人民法院民事判决书)

裁判摘要:在合同有效期内,保险标的的危险程度显著增加的,被保险人应当及时通知保险人,保险人可以增加保险费或者解除合同。被保险人未作通知,因保险标的危险程度显著增加而发生的保险事故,保险人不承担赔偿责任。以家庭自用名义投保的车辆从事网约车营运活动,显著增加了车辆的危险程度,被保险人应当及时通知保险公司。被保险人未作通知,因从事网约车营运发生的交通事故,保险公司可以在商业三者险范围内免赔。

江苏省南京市江宁区人民法院一审认为:关于被告人保南京分公司是否应当在商业三者险内赔偿的问题。《保险法》第五十二条规定:“在合同有效期内,保险标的的危险程度显著增加的,被保险人应当按照合同约定及时通知保险人,保险人可以按照合同约定增加保险费或者解除合同……被保险人未履行前款规定的通知义务的,因保险标的的危险程度显著增加而发生的保险事故,保险人不承担赔偿保险金的责任。”保险合同是双务合同,保险费与保险赔偿金为对价关系,保险人依据投保人告知的情况,评估危险程度而决定是否承保以及收取多少保险费。保险合同订立后,如果危险程度显著增加,保险事故发生的概率超过了保险人在订立保险合同时对事故发生的合理预估,如果仍然按照之前保险合同的约定要求保险人承担保险责任,对保险人显失公平。

在当前车辆保险领域中,保险公司根据被保险车辆的用途,将其分为家庭自用和营运车辆两种,并设置了不同的保险费率,营运车辆的保费接近家庭自用的两倍。这是因为,相较于家庭自用车辆,营运车辆的运行里程多,使用频率高,发生交通事故的概率也自然更大,这既是社会常识也是保险公司对风险的预估:车辆的危险程度与保险费是对价关系,家庭自用车辆的风险小,支付的保费低;营运车辆风险大,支付的保费高。以家庭自用名义投保的车辆,从事营运活动,车辆的风险显著增加,投保人应当及时通知保险公司,保险公司可以增加保费或者

解除合同并返还剩余保费，投保人未通知保险公司而要求保险公司赔偿营运造成的事故损失，显失公平。

营运活动与家庭自用的区别在于：第一，营运以收取费用为目的，家庭自用一般不收取费用。第二，营运的服务对象是不特定的人，与车主没有特定的关系；家庭自用的服务对象一般为家人、朋友等与车主具有特定关系的人。而本案中，被告张涛通过打车软件接下网约车订单，其有收取费用的意图，且所载乘客与其没有特定关系，符合营运的特征。

被告张涛的营运行为使被保险车辆危险程度显著增加，张涛应当及时通知被告人保南京分公司，人保南京分公司可以增加保险费或者解除合同返还剩余保险费。张涛未履行通知义务，且其营运行为导致了本次交通事故的发生，人保南京分公司在商业三者险内不负赔偿责任。

——《最高人民法院公报》2017 年第 4 期

五、保险代位求偿权

1087

保险人已经向被保险人支付了保险赔偿金，有权行使保险代位求偿权

关键词 | 保险人 | 保险赔偿金 | 代位求偿权 |

【最高人民法院审判业务意见】

第三，区分不同法律关系，正确审理保险代位求偿权纠纷案件。审理保险人向第三者主张权利的保险代位求偿权纠纷案件时，应正确区分保险合同法律关系与被保险人对第三者损害赔偿法律关系。

1. 有证据证明保险人已向被保险人赔偿保险金的，法院应仅就被保险人与造成保险事故的第三者之间的法律关系进行审理。保险人是否应当赔偿保险金以及赔偿金额是否有误，属于被保险人与保险之间的保险合同纠纷，无须审理。

2. 在保险人向第三者行使保险代位求偿权的损害赔偿纠纷案件中，保险人在理赔中委托保险公估机构作出的公估报告属于认定第三者应承担的赔偿数额的证据。保险人未经第三者同意单方委托作出的公估报告，属于保险人自行委托作出的鉴定结论。第三者有证据足以反驳并申请重新鉴定的，应予准许。

3. 注意审查被保险人在保险代位求偿权纠纷案件中所作陈述的真实性，防止被保险人取得保险金后又与第三者串通来对抗保险人，防止骗保发生。

——杨临萍：《关于当前商事审判工作中的若干具体问题》（2015 年 12 月 24 日），载杜万华主编：《商事法律文件解读》总第 134 辑，人民法院出版社 2016 年版，第 21 ~22 页。

【最高人民法院裁判文书】

山东白鹤（集团）有限公司与中国太平洋财产保险股份有限公司泉州中心支公司保险人代位求偿权纠纷申请再审案［最高人民法院（2015）民申字第 290 号民事裁定书］

最高人民法院认为：二、关于泉州保险支公司能否向白鹤公司行使代位求偿

权的问题。根据鸿荣公司与宝威公司共同盖章出具的《鸿荣公司与宝威公司关系的说明》,鸿荣公司是鸿星尔克及其旗下品牌产品的生产者,其将需要在山东省境内销售的货品存放在宝威公司租赁的仓库内,宝威公司仅负责山东省境内的销售市场开拓和营销管理及监督,仓库内货品所有权仍属于鸿荣公司。为此,鸿荣公司以涉案山东省济南市天桥区清河北路北区工业园白鹤仓储物为保险标的进行投保。在保险期限内,火灾导致鸿荣公司投保的存放在白鹤公司仓库内的物品被烧毁。而根据山东省济南市公安局消防分局的认定,火灾事故是仓库内电气线路及设施原因引起的,白鹤公司对火灾发生具有过错,应承担相应的赔偿责任。同时,《保险法》第六十条第一款规定:“因第三者对保险标的的损害而造成保险事故的,保险人自向被保险人赔偿保险金之日起,在赔偿金额范围内代位行使被保险人对第三者请求赔偿的权利。”根据该条规定,泉州保险支公司依据保险合同约定实际赔付了投保人鸿荣公司的火灾损失后,即依法取得了代位求偿权,有权向保险标的侵权人白鹤公司主张权利。因此,白鹤公司申请再审称宝威公司是涉案保险标的保管人,泉州保险支公司在行使代位求偿权时,应向负有保管责任的宝威公司追偿,而不是白鹤公司,与《保险法》的相关规定不符。

三、关于本案是否存在保险公司拒赔情形的问题。《中国太平洋财产保险股份有限公司商业楼宇财产综合险条款》第八条第(一)项规定,投保人、被保险人及其代表人的故意或者重大过失行为,保险人不负责赔偿。第二十一条第二款、三款规定:“投保人故意不履行如实告知义务的,保险人对于合同解除前发生的保险事故,不承担赔偿责任,并不退还保险费。投保人因重大过失未履行如实告知义务,对保险事故的发生有严重影响的,保险人对合同解除前发生的保险事故,不承担赔偿责任,但应当退还保险费。”根据上述规定,白鹤公司主张泉州保险支公司应拒绝向鸿荣公司支付赔偿金。本院认为,首先白鹤公司没有证据证明鸿荣公司知道宝威公司所租赁的仓库没有办理土地规划和消防验收等手续。其次,鸿荣公司是否履行白鹤公司仓库没有相关手续的告知义务,并不属于对保险标的造成损失的故意或重大过失行为。此外,泉州保险支公司是否履行了风险勘查义务,仅涉及保险合同订立中泉州保险支公司与鸿荣公司之间的法律关系,与保险事故的发生之间没有因果关系,不能作为火灾事故责任者免责的抗辩理由。因此,白鹤公司申请再审称二审判决没有查明泉州保险支公司、鸿荣公司是否按照《财产综合险保险单》中的约定来履行义务及是否存在拒赔的情形下,即认定泉州保险支公司取得了代位求偿权,属于认定事实错误,理由不能成立。

——中国裁判文书网,http://wenshu.court.gov.cn。

中国电子系统工程第二建设有限公司与中国人民财产保险股份有限公司上海市分公司三机工业株式会社保险人代位求偿权纠纷再审案[最高人民法院(2013)民申字第577号民事裁定书]

最高人民法院认为:根据原审查明的事实,二建公司在安装冷却水管时未安装垫片,导致冷却水管吊装构造脱落,水管下坠断裂,大量冷却水涌出,造成附近堆放的半成品液晶屏和包装材料进水,形成案涉事故。二建公司作为具有专业资质的施工单位,在安装冷却水管时,负有保证其所安装的水管吊装构造不致脱落的义务。在二建公司没有提供充分证据证明加装垫片属于一项特殊技术要求,因而必须要有特别指示才需加装的情况下,其对因未安装垫片而造成的损失具有过错。况且事故发生后,二建公司在其出具的《事故报告》中也明确承认其对事故的发生负有直接责任,在二建公司未能提交充分证据证明其是在受到胁迫或者发生重大误解情况下作出该认诺的情况下,一、二审判决将该报告作为定案依据,认定二建公司的施工行为具有过错,进而判令其承担责任并无不当。人保上海公司系代替广电公司的地位提起本案诉讼,三机公司并非广电公司与二建公司签订的安装合同的当事人,且人保上海公司亦未请求三机公司承担责任,法院不能主动追究其责任,二建公司有关要求三机公司承担责任的再审理由不能成立。二建公司在与广电公司签订合同时即已知道或应当知道广电公司在施工场地中堆放了大量财物,如其认为上述财物的堆放影响其施工或增大其风险,其完全可以要求广电公司清理工作场地、停工停产或者拒绝施工。二建公司选择了在存有堆放物的环境下进行施工,需要对此负担较高的注意义务,并对财物因自己的不当行为导致的损失承担赔偿责任。现二建公司因其施工过失导致损害,在其未能举证证明广电公司对损失的发生或扩大具有过错的情况下,其要求减轻或免除责任的再审理由亦不能成立。罗便士公估公司作为独立的第三方对事故损失作出认定,在二建公司不能充分举证证明该公估程序违法或损害赔偿过高的情况下,一、二审判决据此认定案涉损害赔偿的数额并无不当。

人保上海公司系依据《保险法》有关保险代位权的规定依法提起本案诉讼,法院应当根据相关规定审查其是否因保险关系代位享有原属被保险人的赔偿请求权。根据查明的事实,人保上海公司已实际向广电公司支付了保险赔偿金,有权代替广电公司向应承担赔偿责任的二建公司主张权利。二建公司要求法院对保险赔付进行实质审查的再审理由于法不合,其有关一审判决对人保上海公司是否具有代位求偿权及其是否具有一审原告资格尚未审查就进入实体裁判,从而构成程序违法的再审理由不能成立。本案系保险代位权诉讼纠纷,因原属广电公司的赔偿请求权已依法转移给人保上海公司，故广电公司不再是该部分权利的权利人，亦非必须参加诉讼的当事人，一审法院未通知其参加诉讼并无不当，二建公司有关一、二审遗漏第三人因此构成程序违法的再审理由亦不能成立。

——中国裁判文书网，http://wenshu. court. gov. cn。

【链接：最高人民法院法官著述】

1. 保险代位求偿权的成立要件

根据《保险法》第六十条第一款的规定，保险代位求偿权的成立应当具备两个要件：一是第三者对保险事故的发生负有民事赔偿责任。第三者对保险标的的损害赔偿责任包括违约责任和侵权责任。二是保险人已赔付保险金。保险代位求偿权实际上是法定的债务转移，保险人只有在依据保险合同向被保险人赔付保险金后，才能成为新的债权人，才能行使对第三者的代位求偿权。另外，需要注意的是，《保险法解释（二）》第十六条第二款规定："根据保险法第六十条第一款的规定，保险人代位求偿权的诉讼时效期间应自其取得代位求偿权之日起算。"

2. 以谁的名义行使保险代位求偿权

对于保险代位求偿权是以保险人的名义，还是以被保险人的名义行使，我国保险法没有明确规定。在理论上，主要有以下三种观点：第一种观点认为，保险人应当以自己的名义行使代位求偿权。保险人的代位求偿权是一种法定的权利，保险人可以自己的名义来行使。我国台湾地区学者多持这一见解。第二种观点认为，保险人应当以被保险人的名义行使代位求偿权。这是英国法上的规定。因为被保险人了解案情，掌握案件证据材料，有利于保险代位求偿权的实现。第三种观点认为，保险人根据具体情况，可以选择以自己名义或者被保险人的名义行使代位求偿权。美国一般采取这种方式，并且在保险实务中将保险代位求偿权分为法定代位求偿权和约定代位求偿权。①

我们认为，第一种观点是妥当可行的。根据我国《保险法》第六十条的规定，保险代位求偿权是一种法定的权利，保险人与第三者之间形成的是一种新的法律关系，保险人有权直接以自己的名义向负有责任的第三人请求赔偿。这样也有利于简化诉讼关系和保险人利益的实现。正是基于这些考虑，《保险法解

---

① 参见周金升：《论保险代位求偿权的行使及对被保险人与保险人的要求》，载《江西金融职工大学学报》2008 年第 1 期。

释(二)》第十六条第一款规定:“保险人应以自己的名义行使保险代位求偿权。”本指导案例中,原告保险人华泰财产保险有限公司北京分公司即以自己名义直接起诉负有赔偿责任的第三者。

——最高人民法院案例指导工作办公室:《指导案例 25 号〈华泰财产保险有限公司北京分公司诉李志贵、天安财产保险股份有限公司河北省分公司张家口支公司保险人代位求偿权纠纷案〉的理解与参照》,载江必新主编:《最高人民法院司法解释与指导性案例理解与适用》第 3 卷,人民法院出版社 2015 年版,第 427 ~428 页。

1088

母公司在火灾中代子公司承受实际损失，保险公司向其子公司赔付的保险金也应实际用于补偿母公司的损失和支出

关键词｜代位求偿权｜

【最高人民法院裁判文书】

中华联合财产保险股份有限公司乌鲁木齐市沙依巴克区支公司与德汇置业集团有限公司、钱金耐等保险人代位求偿权纠纷申请再审案[最高人民法院(2015)民申字第 2408 号民事裁定书]

最高人民法院认为:(一)关于中华保险公司能否代火车头公司向德汇公司请求赔偿的问题。《保险法》第六十二条规定:“除被保险人的家庭成员或者其组成人员故意造成本法第六十条第一款规定的保险事故外,保险人不得对被保险人的家庭成员或者其他组成人员行使代位请求赔偿的权利。”尽管目前对该条款中被保险人的组成人员范围尚无具体界定,但该条款实际是限制代位求偿权的相对人,目的在于保护与被保险人属于利益共同体的第三人。在本案中,火车头公司作为德汇公司的全资子公司,尽管两公司在法律关系上属于彼此独立的法人,但在经济利益上具有高度一致性,应属于利益共同体,德汇公司在火灾中承受实际损失,并事后出面协调解决问题,赔付受灾商户,中华保险公司根据保险合同向火车头公司赔付的保险金也应实际用于补偿德汇公司的损失和支出,故中华保险公司要求德汇公司返还该笔保险金显然不符合我国《保险法》第六十二条的立法本意。因此,

虽然二审判决未支持中华保险公司就其对火车头公司的赔偿部分具有代位求偿权的理由不妥,但判决结果并无不当。

(二)关于中华保险公司对自然人商户的赔付问题。我国《保险法》第六十条规定:"被保险人已经从第三者取得损害赔偿的,保险人赔偿保险金时,可以相应扣减被保险人从第三者已取得的赔偿金额。"对于自然人商户来讲,即使德汇公司是造成保险事故的第三者,德汇公司也已对自然人商户进行了赔付,承担了赔偿责任,中华保险公司可以在支付保险金时相应扣减被保险人从德汇公司获得的赔偿金额,而不应要求德汇公司再次承担赔偿责任。故二审判决未支持中华保险公司就其对自然人商户的赔偿部分具有代位求偿权的结果,亦无不当。

——中国裁判文书网,http://wenshu.court.gov.cn。

1089

财产保险合同保险人代位求偿权的诉讼时效起算点和诉讼时效期间的确定

关键词 | 保险人 | 代位求偿权 | 诉讼时效 |

【最高人民法院司法解释】

第十六条 保险人应以自己的名义行使保险代位求偿权。

根据保险法第六十条第一款的规定,保险人代位求偿权的诉讼时效期间应自其取得代位求偿权之日起算。

——《最高人民法院关于适用〈中华人民共和国保险法〉若干问题的解释(二)》(2013年5月31日,法释〔2013〕14号)

【最高人民法院裁判文书】

仪征市康平船舶修造厂与肖义元、中国人民财产保险股份有限公司江都支公司、康法堂船舶修理合同纠纷再审案[最高人民法院(2012)民申字第1052号民事裁定书]

最高人民法院认为:关于保险公司能否作为原告参加本案诉讼以及保险公

司的诉讼时效是否届满的问题。关于保险公司能否作为原告参加本案诉讼的问题。本院认为,依据原审查明的事实,保险公司在涉案船舶发生事故后已经依照保险合同的约定对被保险人肖义元进行了保险赔付,依法取得代位请求赔偿权利。在本案发回重审期间,保险公司亦以自己的名义提起诉讼,故保险公司在本案诉讼中是适格的原告。关于保险公司是否缴纳案件受理费问题,鉴于被保险人肖义元在起诉时已经全额缴纳了诉讼费用,且原审判决已经判定保险公司承担相应的案件受理费4216元,对此肖义元并未提出异议,可以视为保险公司已通过肖义元履行了缴纳案件受理费的义务。

关于保险公司的诉讼请求是否超过诉讼时效。本院认为,本案虽系海事法院受理的海事案件,但本案当事人之间纠纷系产生于船舶修理合同关系,属于一般民事纠纷,故本案适用的法律应为《合同法》以及《民法通则》,《海商法》在本案中并无适用之事实基础。本案有关诉讼时效期间和诉讼时效中断的问题亦应适用《民法通则》的有关规定。依据原审查明的事实,涉案船舶事故发生于2006年7月28日,保险公司于2008年7月25日向湖北省高级人民法院申请加入诉讼。依照《民法通则》第一百三十五条的规定,本案保险人向康平船厂提起诉讼的时效期间为两年,自事故发生之日2006年7月28日起算,至2008年7月27日届满。依据《民法通则》第一百四十条规定,诉讼时效因提起诉讼、当事人一方提出请求或者同意履行义务而中断。本案中保险公司于2008年7月25日向湖北高院递交起诉状,已构成诉讼时效中断,自该日起诉讼时效期间重新计算。故,保险公司诉讼权利之行使未超过诉讼时效期间。康平船厂的此项再审申请理由不能成立。

——中国裁判文书网,http://wenshu.court.gov.cn。

【链接:最高人民法院法官著述】

关于起算点问题,有两种争议观点。第一种观点认为,应从保险人履行保险给付义务开始计算,因为,保险人只有在给付保险赔付时,才取得实体权利,此时应作为其诉讼时效起算点。第二种观点认为,从法理上说,代位赔偿请求权是基于被保险人对第三者的损害赔偿权产生的,两个权利的范围、时间应当完全一致,故应当从被保险人知道或者应当知道其权利受到损害之日起算。学界和司法实务界倾向于第二种观点。

关于诉讼时效期间问题,有两种观点。第一种观点认为,保险代位权属普通债权,故而应适用《民法通则》二年的规定。第二种观点认为,保险人的代位权在性质上是继受被保险人对第三人的请求权而来,其时效长短应以被保险人对第三人请求权的种类为依据。在《保险法》没有专门规定的情形下,应当适用《民法通则》的规定。我们认可第二种观点。

——最高人民法院保险法司法解释起草小组编著:《〈中华人民共和国保险法〉保险合同章条文理解与适用》,中国法制出版社 2010 年版,第 393 页。

编者说明

《民法总则》关于普通诉讼时效期间已由二年规定为三年。

1090

保险代位求偿权的案件管辖应依代位的请求权性质确定

关键词 | 代位求偿权 | 管辖 |

【最高人民法院指导性案例】

华泰财产保险有限公司北京分公司诉李志贵、天安财产保险股份有限公司河北省分公司张家口支公司保险人代位求偿权纠纷案(最高人民法院指导案例 25 号)

裁判要点:因第三者对保险标的的损害造成保险事故,保险人向被保险人赔偿保险金后,代位行使被保险人对第三者请求赔偿的权利而提起诉讼的,应当根据保险人所代位的被保险人与第三者之间的法律关系,而不应当根据保险合同法律关系确定管辖法院。第三者侵害被保险人合法权益的,由侵权行为地或者被告住所地法院管辖。

法院生效裁判认为:根据《保险法》第六十条的规定,保险人的代位求偿权是指保险人依法享有的,代位行使被保险人向造成保险标的损害负有赔偿责任的第三者请求赔偿的权利。保险人代位求偿权源于法律的直接规定,属于保险人的法定权利,并非基于保险合同而产生的约定权利。因第三者对保险标的的损害造成保险事故,保险人向被保险人赔偿保险金后,代位行使被保险人对第三者请求赔偿的权利而提起诉讼的,应根据保险人所代位的被保险人与第三者之间的法律关系确定管辖法院。第三者侵害被保险人合法权益,因侵权行为提起的诉讼,依据《民事诉讼法》第二十八条的规定,由侵权行为地或者被告住所地法院管辖,而不适用财产保险合同纠纷管辖的规定,不应以保险标的物所在地作为管辖依据。本案中,第三者实施了道路交通侵权行为,造成保险事故,被保险人对第三者有侵权损害赔偿请求权;保险人行使代位权起诉第三者的,应当由侵权行为地或者被告住所地法院管辖。现二被告的住所地及侵权行为地均不在北京市东城区,故北京市东城区人民法院对该起诉没有管辖权,应裁定不予受理。

——《最高人民法院关于发布第六批指导性案例的通知》(2014 年 1 月 26 日,法〔2014〕18 号)

【链接:最高人民法院法官著述】

保险人依据《保险法》第六十条的规定,代位行使被保险人对第三者请求赔偿的权利而提起诉讼的案件如何确定管辖法院,法律、司法解释均没有明确规定,审判实践中也存在不同认识。有的认为,应按保险合同纠纷案件来确定其管辖,由被告住所地或者保险标的物所在地的法院管辖;多数意见认为,应按保险人所代位求偿的请求权性质确定管辖法院。本指导案例裁判要点采纳了多数意见。

保险人代位求偿权又称保险代位权,是指财产保险的保险人依照法律规定所享有的,代位行使被保险人向造成保险标的损害负有赔偿责任的第三方请求赔偿的权利。保险人代位求偿权来源于法律的直接规定,属于法定权利,并非基于保险人与被保险人依合同约定而产生。《保险法》第六十条规定中的第三者,在保险事故发生前为不特定主体,保险人与第三者也没有签订保险合同。因此,保险人以保险合同之外的第三者为被告提起的代位求偿诉讼,不应以保险合同纠纷的管辖原则确定管辖法院,而应按所代位的请求权性质确定案件管辖。

本指导案例中,原告是已经赔偿保险金的保险人,被告是保险合同之外的第三者,即道路交通事故的肇事司机及其所投机动车交通事故责任强制险的保险公司。原告与被告之间原本无法律关系,只是因第三者对保险车辆的损害而造成保险事故,保险人向被保险人赔偿保险金后,在赔偿金额范围内代位行使被保险人对第三者请求赔偿的权利,而保险人所代位的被保险人与第三者之间的法律关系不是保险合同关系而是侵权关系。因此,应按《民事诉讼法》第二十八条规定的侵权行为管辖原则,确定案件的管辖,而不应当根据保险合同法律关系以保险标的物所在地确定管辖。二被告的住所地和侵权行为地均不在受诉法院辖区,故受诉法院没有管辖权,作出不予受理裁定。

(二)其他需要说明的问题

……

3. 裁判要点表述的说明

审判实践中,《保险法》第六十条规定的第三者造成保险标的损害的情形,除了因为侵权造成保险事故外,还有第三者因合同违约等而造成保险标的损害的情形。例如,中银保险有限公司深圳分公司诉山东省枣庄明坤配载有限责任公司、河南省周口芙蓉大件物流有限公司、张飞保险代位求偿权纠纷案中,山东省枣庄市中级人民法院经审理认为,保险代位求偿权的基础并不仅限于因侵权行为而产生的损害赔偿请求权,也应该包括因合同关系、第三者的其他行为等而产生的损害赔偿请求权。原告有权取代被保险人向明坤配载公司主张运输合同违约赔偿请求权,向芙蓉大件物流公司和张飞主张侵权损害赔偿请求权。[①] 理论界也有观点认为,被保险人对第三者享有不当得利返还请求权、所有物返还请求权、占有物返还请求权等情况下,均可适用保险代位制度。因此,本指导案例裁判要点中将相应内容表述为"应当根据保险人所代位的被保险人与第三者之间的法律关系"确定管辖,而没有仅限于侵权的情形。

——最高人民法院案例指导工作办公室:《指导案例 25 号〈华泰财产保险有限公司北京分公司诉李志贵、天安财产保险股份有限公司河北省分公司张家口支公司保险人代位求偿权纠纷案〉的理解与参照》,载江必新主编:《最高人民法院司法解释与指导性案例理解与适用》第 3 卷,人民法院出版社 2015 年版,第 426 ~ 427 页。

编者说明

本指导案例旨在明确,对保险代位求偿这类案件应按被保险人与第三者之间法律关系的性质确定案件的管辖。当前,在这类案件诉讼过程中存在模糊认识,有的认为,对这类案件应当根据保险合同法律关系的性质确定管辖法院。该指导案例统一了案件管辖标准,对于澄清模糊认识,及时受理保险代位求偿权纠纷,保护保险活动当事人合法权益,具有指导意义。

---

① 参见徐枫、杨丽娜:《保险代位求偿权的基础不限于侵权产生的赔偿请求权》,载《人民司法·案例》2014 年第 4 期。

1091

保险人行使代位求偿权的数额认定

关键词 | 代位求偿权 |

【最高人民法院裁判文书】

中国冶金地质总局中南局长沙地质勘查院与中国人民财产保险股份有限公司长沙支公司等保险代位求偿权纠纷再审审查案[最高人民法院(2013)民申字第85号民事裁定书]

最高人民法院认为:原一、二审对火灾损失认定有较大差距,一审以泰阳商城当时向消防部门申报的损失为依据,认定火灾损失为28万余元,未考虑出险后保险公司核定的损失数额及长沙市价格认证中心的损失鉴定结论。二审对长沙市价格认证中心的损失鉴定结论予以了采纳。根据原审查明的事实,二审采纳上述鉴定结论认定泰阳商城的火灾损失并无不当,财保长沙公司据此进行代位求偿有事实和法律根据。第一,长沙市价格认证中心出具鉴定结论的时间虽与火灾发生时间相隔较远,但其依据的鉴定资料是泰阳商城零售柜商品盘存表及财保长沙公司、泰阳商城以及仓库出租方相关人员在火灾现场清理查核的商品损失情况,长沙地勘院对此予以否认,无证据证明。第二,火灾发生后,泰阳商城向公安消防部门申报的损失额虽为28万余元,但因部分仓库封闭无法查核,该申报损失额与核查后的损失事实不符,原审不予采纳,并无不当。第三,上述鉴定结论与保险公司自行核定的损失数额,相差不大,也间接证明上述鉴定结论较为客观。

——中国裁判文书网,http://wenshu.court.gov.cn。

1092

赔偿保险金后至保险人行使代位求偿权向责任人追偿期间的理赔款不应计算利息

关键词 | 代位求偿权 | 理赔款 | 利息 |

【最高人民法院裁判文书】

中国人民财产保险股份有限公司佳木斯市永红支公司与中国工商银行股份有限公司佳木斯分行保险代位求偿权纠纷案[最高人民法院(2007)民二终字第67号民事判决书]

最高人民法院认为:保险金理赔后至由保险人行使代位求偿权向责任人追偿时,对理赔款应否计算利息问题。因追偿的责任尚处在不确定状态之中,因而由此责任而形成的债权也并非确定。责任人应否承担责任,应承担多大的责任,亦尚处在不确定状态。只有在当事人对责任和债务没有争议时或者由法院作出裁定后,当事人迟延履行其应当履行的义务才产生迟延债务的责任问题。

——最高人民法院民事审判第二庭编:《商事审判指导》总第21辑,人民法院出版社2010年版,第194~197页。

【链接:最高人民法院法官著述】

《保险法》采取了当然代位主义,即保险人自向被保险人赔偿保险金之日起即在赔偿金额范围内享有代位行使被保险人对第三者请求赔偿的权利,但在取得代位求偿权后,其是否向第三者主张权利,何时向第三者主张权利,则是其意思自治的范畴。在其未向第三者主张赔偿请求权的情形下,第三者未给付赔偿金并不属于迟延给付,故不应支付迟延给付的利息。但在其向第三者主张,第三者未给付的,是否当然应当给付迟延履行的利益损失呢?这需结合保险代位求偿权的成立要件和求偿范围进行分析。保险代位求偿权的成立要件是:因第三者对保险标的的损害而造成保险事故;被保险人因此享有对第三者的赔偿请求权;保险人已赔偿被保险人保险金。求偿范围以保险人对被保险人赔偿的金额为限,但不得超过第三者应当承担的损失金额。因此,在行使代位求偿权时,被保险人对第三者的赔偿请求权是否确定是一个必须具备的要件。这里的确定,是指被保险人是否对第三者享有赔偿请求权以及赔偿请求权的范围。在司法实务中往往存在两种情形:第一种情形是被保险人对第三者享有的赔偿损失请求权在给付保险金时已经确定,当事人并无争议;第二种是尚存争议,尚不明确,如第三者和被保险人均对保险事故的发生具有过错,但对第三者的过错程度和责任范围在保险人给付保险金时尚存争议。在前一种情形下，笔者认为，由于保险代位求偿权的范围确定，一经保险人请求，第三者即应履行给付义务，但应给予合理的宽限期，故第三者在保险人请求时拒绝履行或者在请求时虽未拒绝但在宽限期届满后仍拒绝履行的，则构成迟延履行，应赔付迟延履行期间的资金损失。在后一种情形下，由于代位求偿的范围尚未确定，故第三者以此为由不履行给付义务的，不构成迟延履行，不应赔付已给付金额的损失。

——张雪楳：《保险代位求偿权若干疑难问题研究》，载最高人民法院民事审判第二庭编：《商事审判指导》总第 25 辑，法律出版社 2011 年版，第 106 页。

1093

保险人放弃代位求偿权后再主张代位求偿权的请求不应支持

关键词｜代位求偿权｜

【最高人民法院裁判文书】

中国大地财产保险股份有限公司吉林分公司与吉林省恒昌物流有限公司保险代位求偿权纠纷申请再审案（最高人民法院驳回再审申请裁定书）

最高人民法院认为：《保险法（2002）》第四十五条第一款规定："因第三者对保险标的的损害而造成保险事故的，保险人自向被保险人赔偿保险金之日起，在赔偿金额范围内代位行使被保险人对第三者请求赔偿的权利。"依据该条规定，代位求偿权是保险人的法定权利。然而涉案保险事故发生后，大地保险公司于 2007 年 8 月 7 日与一汽大众公司、恒昌物流公司签订的《三方协议》约定："事故发生后，吉林省恒昌物流有限公司按照一汽大众公司的要求在 10 日内为一汽大众公司给经销商先行垫付了 8 台商品车车款 1703100 元。并于 2007 年 5 月 25 日将此次事故的理赔手续送交大地保险公司长春市分公司，事故发生三月有余至今保险赔付还没有到位，现经三方协商达成以下共识，此共识不含任何附加条件。（1）大地保险公司……就此次事故所呈报的，保险理赔材料进行确认审核，认为所报材料齐全、真实有效、无异议……大地保险公司长春市分公司承诺：在一汽大众公司给大地保险公司长春市分公司结付款项到账后，在 15 个工作日内一次性将此次事故保险赔款1703100元全部结付给吉林省恒昌物流有限公司。"同日,三方签订的《补充协议》重申,保险人收到一汽大众公司垫付105万元保险费后,承诺争取在15个工作日内一次性将此次事故保险赔款付给被保险人。根据《三方协议》及《补充协议》可知:一汽大众公司并不认为恒昌物流公司应当承担涉案车辆运输过程中的全部风险。涉案保险事故发生后,一汽大众公司只是要求恒昌物流公司向经销商垫付8台商品车车款,并未向恒昌物流公司主张赔偿。在恒昌物流公司向经销商垫付8台商品车车款后,如果一汽大众公司按照一般的运输关系主张恒昌物流公司作为承运人的责任,恒昌物流公司垫付的款项即可抵销一汽大众公司对经销商的责任。事实上,在签订《三方协议》时,一汽大众公司既未受到经销商的追究而承担责任,恒昌物流公司也未要求一汽大众公司返还垫付款项。也就是说,一汽大众公司在此次事故中没有任何损失。在一汽大众公司没有损失的情形下,亦无权向保险人主张保险责任。然而,一汽大众公司不但没有向恒昌物流公司主张承运人的责任,反而向大地保险公司主张保险责任。大地保险公司对"保险理赔材料进行确认审核,认为所报材料齐全、真实有效、无异议",而且承诺将此次事故保险赔款(剔除保险自负责任部分和损失残值部分)全部结付给恒昌物流公司。大地保险公司承诺向被保险人支付保险赔款,表明了大地保险公司认为一汽大众公司遭受了实际损失。这种损失不是保险标的商品车的损失,只能是一汽大众公司向恒昌物流公司返还垫付款项责任所致。既然大地保险公司认为一汽大众公司应向恒昌物流公司返还垫付款项,即表明大地保险公司认同恒昌物流公司对涉案8台商品车的损失不承担责任。因为如果大地保险公司认为恒昌物流公司对涉案8台商品车的损失承担责任且可行使代位求偿权,则大地保险公司不可能在《三方协议》中"不含任何附加条件"承诺承担保险赔偿责任。正如大地保险公司在再审申请中所主张的那样,保险公司依法行使代位求偿权是保险法中的常识,作为专业保险公司,大地保险公司不可能不具备这一常识。大地保险公司曾就《三方协议》的效力向法院提起过诉讼,提起诉讼的原因是因为该公司认为《三方协议》影响其向恒昌物流公司行使代位求偿权。《三方协议》的签订反映了大地保险公司、一汽大众公司及恒昌物流公司三者之间的特殊关系。根据本案再审法院的调查,大地保险公司与一汽大众公司本案前发生的多宗保险关系中,"保险公司对物流公司在承运一汽大众商品车过程中发生的类似理赔案件均予以赔偿"。本案发生后,该院也注意到,一汽大众公司在与其他保险公司签订的保险协议中也明确界定保险人与被保险人之外的第三者是指一汽大众公司以及一汽大众公司的承运单位及仓库合作方以外的单位或个人,而所谓承运单位是指一汽大众公司以合同形式指定或约定承担实际运输一汽大众商品车的单位，而且在《保险协议》中将承运单位和投保人视为同一主体。一汽大众公司对其商品车倒运、发运和仓储投保综合保险，在向承运人支付运费的同时，另外通过购买保险分担其商品车在运输中的风险，反映了一汽大众公司和承运人之间的特殊关系：一方面，一汽大众公司支付了保费而减少了运费，另一方面，可以维系与承运人之间的良好合作关系。承运人没有对其承运的商品车投保并非其不知其责任，而是信赖一汽大众公司和大地保险公司之间《保险协议》可以分担其责任。包括大地保险公司在内的保险公司在与一汽大众公司签订保险合同时应知悉这种特殊关系。大地保险公司认为其可以向恒昌物流公司行使代位求偿权，既与其在《三方协议》中的承诺相悖，有违诚实信用原则，也与其所作的承担一汽大众公司商品车倒运、发运和仓储中的风险的承诺不符。另外，大地保险公司在再审申请书中提到的《商品轿车公路发运合同》附件A《2007年商品轿车发运技术条件书》《商品轿车公路发运合同》附件C《轿车专用运输车肇事商品车管理办法》等文件，只是长春陆捷物流有限公司与恒昌物流公司之间的约定，而且大地保险公司在签订《三方协议》时也应注意到上述文件的内容。综上，依法裁定驳回大地保险公司的再审申请。

——苏泽林、景汉朝主编，最高人民法院立案一庭、立案二庭编：《立案工作指导》总第31辑，人民法院出版社2012年版，第70～72页。

1094

仓库业主对承租人和物业公司的不当行为没有及时检查到或者放任，对保险事故发生也有过错，应承担相应民事责任

关键词｜保险事故｜过错责任｜

【最高人民法院裁判文书】

中国人民财产保险股份有限公司天津经济技术开发区支公司、上海未来岛投资置业有限公司、上海未来岛企业管理有限公司保险人代位求偿权纠纷案［最高人民法院(2012)民二终字第88号民事判决书］

裁判要旨：保险事故发生原因在于仓库承租人及其雇佣的物业管理公司不当行为，但作为仓库所有权人的业主依约对物业仍然具有全面的管理责任，对物

业所有设施仍然负有安全、维护、保养、维修、管理等责任。对仓库承租人和物业管理公司的不当行为没有及时检查到或者放任,也具有过错,构成对受害人的违约或者侵权,同样也应承担相应的民事责任。

最高人民法院认为:根据当事人的上诉和答辩,本案争议焦点是:一、火灾起因和责任认定。二、作为仓库业主的未来岛投资公司对此次火灾所造成的损失应否承担责任。

关于火灾起因和责任认定问题。对于本案火灾起火原因,上海市消防局的2008年12月31日沪消〔2008〕339号《关于"12·7"施耐德电气(中国)投资有限公司上海分公司物流仓库火灾原因调查的情况报告》、2009年1月5日上海市普陀区公安消防支队沪普公消(认)〔2009〕第0001号《火灾原因认定书》以及2009年6月23日上海市消防局沪公消(责)〔2009〕第0001号《火灾事故责任书》均作了一致认定。上海市消防局沪公消(责)〔2009〕第0001号《火灾事故责任书》对本案火灾的责任也作了相应的认定。上述认定是行政主管部门依据法定职权和程序所作的有权认定,应当作为证据。施耐德电气公司对此责任认定未提出异议。在没有充分确实证据推翻上述认定的前提下,不能否定上述认定的合法有效性。原审法院根据消防部门对事故原因和责任认定,结合当事人过错程度,确定未来岛管理公司和施耐德电气公司之间责任比例为70%和30%,未来岛管理公司承担本案火灾损失中292400182.75元(417714546.79元×70%)的赔偿责任,施耐德电气公司自行承担其余损失。该责任比例恰当,处理正确。上诉人人保公司关于原审判决对本案火灾原因、责任认定不清,消防部门《火灾原因认定书》《火灾事故责任书》不能作为定案依据以及要求调取消防部门对本案火灾调查原始资料和其他部门材料,申请对火灾原因、责任重新委托鉴定,请求判令被上诉人承担本案火灾损失90%的赔偿责任等,缺乏充分的理由和事实依据,本院不予采纳。

关于本案仓库业主未来岛投资公司对本案火灾事故及其损失是否应当承担责任问题,此为当事人上诉争议的焦点和核心。未来岛投资公司作为仓库所有权人,其按照2001年《租赁合同》向施耐德电气公司交付了厂房包括附属电气、消防设施等以便作为施耐德电气公司仓库使用,尽管未来岛投资公司也提供了该仓库产权证以及仓库分别按期完工时所办的消防设施验收合格证,承租人施耐德电气公司使用该仓库时亦未提出异议,但该仓库的附属电气、消防设施在火灾之前不断发生故障以及被有关部门责令整改却是不争事实。按照未来岛投资公司和施耐德电气公司之间签订的《租赁合同》第6.4条约定,产权人未来岛投资公司向施耐德公司交付仓库后对仓库、外围区域和有关设备设施和公用事业设施应当承担自费修理义务；如果业主未能履行或不合理地迟延履行其修理、维护和更换的义务，施耐德电气公司可以自行或通过独立的承包商完成修理、维护和更换工作。施耐德电气有权从应付管理费或租金中扣除上述工作的费用，并通知业主。未来岛投资公司委托有资质的第三方晋晓公司对仓库电气、消防设施进行日常维护正是履行租赁合同义务的体现。未来岛投资公司将仓库交给施耐德电气公司使用后，尽管施耐德电气公司专门委托物业公司进行管理，业主和物业公司对仓库都负有管理责任，但作为业主对物业所有设施负有安全、维护、保养、维修、管理责任，应当是全面的。业主未来岛投资公司对承租人施耐德电气公司擅自改变仓库照明电路安装自制灯具防空气开关动作锁闭装置并长期使用所带来的安全隐患，未能及时检查到或者放任，也是存在过错的。未来岛投资公司作为业主对本案火灾起因主要是由于吉汇公司电工对仓库高压电控系统进行保养时操作不当所致也应当负有责任，属于业主未来岛投资公司未完全履行合同约定义务。这种行为的后果既可以构成合同违约，也可以构成侵权，是两个行为的竞合。同时，根据《租赁合同》第 6.1 条的约定，“在租期内，业主或业主指定的管理公司应负责厂房、外围区域，以及附件 2 规定的相关设备、设施和公用事业设施的物业管理，包括但不限于定期及不定期的保养维护、修理、清洁、绿化和保安。业主应当对管理公司的作为和不作为承担连带责任”。因此，人保公司向未来岛管理公司和未来岛投资公司追偿是有法律依据的。人保公司关于未来岛投资公司为诉争仓库电气、消防设施设备维修保养的法定义务人，其对未来岛管理公司未尽注意、提醒和督促等管理、监督义务，对火灾发生负有直接责任和领导责任，以及按照《租赁合同》第 6.1 条的规定，未来岛投资公司应当对未来岛管理公司的作为和不作为承担连带责任的上诉请求和理由成立，本院予以支持。原审判决对此认定和处理不当，本院予以纠正。

——最高人民法院民事审判第二庭编：《最高人民法院商事审判指导案例(2012)·合同与借贷担保》，中国民主法制出版社 2013 年版，第 361～373 页。

1095

仓库防雷设施不合格，可认定专业仓储保管人未尽协议约定的安全保管义务，保险公司对其享有保险代位求偿权

关键词｜代位求偿权｜保管义务｜连带清偿责任｜

【最高人民法院裁判文书】

山西省棉麻公司侯马采购供应站、山西省棉麻公司与中国太平洋财产保险股份有限公司北京分公司保险人代位求偿权纠纷案[最高人民法院(2016)最高法民终347号民事判决书]

最高人民法院认为:一、关于侯马供应站是否违约,对案涉火灾所造成的损失是否应当承担违约责任的问题。《仓库合作协议书》系仓储保管合同,侯马供应站作为专业仓储保管人,应具有保管棉花这一易燃物品相应的安全保管设施、措施。但原审查明,临汾市防雷减灾管理中心于2012年7月12日作出的《关于山西省棉麻公司侯马采供站防雷设施状况和检测情况的评估报告》载明:"经检测,侯马采供站8个砖混结构的仓库检测结果符合《建筑物防雷设计规范》要求,但是针对今年该单位露天堆放棉垛的现状和场外防雷接闪针的布设情况,接闪针不能对露天棉垛起到保护作用,该单位防雷装置的综合检测结果为不合格。"临汾市公安消防支队在《中储棉总公司侯马代储库"7.1"火灾消防技术调查报告》中就火灾原因和性质亦载明,涉案火灾的直接原因是强地闪引发棉垛起火,间接原因包括侯马供应站防雷电安全意识淡薄,对安全隐患未及时整改,现场管理方面存在问题。在临汾市防雷减灾管理中心与侯马气象局工作人员对侯马供应站防雷设施进行了检测,认为存在安全隐患后,侯马供应站直到事故发生仍未对防雷设施进行改造安装。以上事实证明,侯马供应站违反了《仓库合作协议书》第十二条"甲方(保险人)交易商参与甲方业务的具体安全保管参照国家关于储备棉管理的有关规定执行"以及第十八条第(三)项"按照《仓库管理办法》和本协议有关规定做好甲方交易商在库业务棉花的安全保管工作,对由于工作失误或保管不善而发生棉花灭失、短少、水渍、污染、霉烂、盗窃等损失负责全额赔偿"等约定。侯马供应站仓库防雷设施不合格,未尽《仓库合作协议书》约定的安全保管义务,应对其违约行为而造成的损失负责赔偿。案涉保险合同法律关系与仓储合同法律关系属不同法律关系,太平洋保险公司在案涉财产保险中的理赔行为和其在本案中是否提交保险合同有关条款,不影响其依据法律规定和《仓库合作协议书》等合同约定行使代位求偿权。侯马供应站以太平洋保险公司未拒绝保险理赔为由主张该公司认可其对事故的发生不存在过错、对《仓库合作协议书》的履行不存在违约,事实和法律依据不足,本院不予支持。

关于违约责任的金额。《合同法》第一百一十七条规定:"因不可抗力不能履行合同的，根据不可抗力的影响，部分或者全部免除责任，但法律另有规定的除外。当事人迟延履行后发生不可抗力的，不能免除责任。本法所称不可抗力，是指不能预见、不能避免并不能克服的客观情况。”本案中，虽然强地闪属于不能预见、不能避免并不能克服的客观情况，应属不可抗力，但并非导致案涉火灾事故发生的唯一原因，侯马供应站未按照有关部门要求改造安装防雷设施、没有适当履行安全保管义务亦是导致案涉火灾事故发生的原因之一，故该不可抗力仅能部分免除侯马供应站的违约责任。一审判决综合考虑导致案涉火灾事故发生的各种因素，酌定侯马供应站对案涉火灾损失承担60%的赔偿责任并无不妥。

二、关于太平洋保险公司在本案中是否有保险代位求偿权的问题。《保险法》第六十条规定：“因第三者对保险标的的损害而造成保险事故的，保险人自向被保险人赔偿保险金之日起，在赔偿金额范围内代位行使被保险人对第三者请求赔偿的权利”。如上所述，侯马供应站应对保险事故的发生负部分责任，就《仓库合作协议书》存在违约行为，属于对保险标的有损害的第三者。在太平洋保险公司已按照保险合同的约定向棉花交易公司进行了赔付的情况下，《仓库合作协议书》项下侯马供应站的违约行为造成的损失的赔偿请求权依法应由太平洋保险公司代位行使，故太平洋保险公司享有保险代位求偿权。案涉《仓库合作协议书》第五条第（五）项虽约定如因可归责于侯马供应站的原因，而导致保险公司拒绝理赔的，侯马供应站应承担由此导致的全部损失，但未明确表示在保险公司理赔的情况下棉花交易公司放弃对侯马供应站请求赔偿的权利，侯马供应站以此主张太平洋保险公司不享有代位求偿权理由不充分。

三、关于山西省棉麻公司是否应作为保证人就侯马供应站违约责任承担连带清偿责任的问题。山西省棉麻公司2013年4月1日向棉花交易公司出具《保证函》，承诺为侯马供应站的仓储违约行为造成的损失承担连带清偿责任，且为不可撤销保证，保证期为两年。山西省棉麻公司上诉主张其保存的侯马供应站与棉花交易公司签订的《仓库合作协议书》装订成册的保证函没有保证生效起止日期，证明其未为案涉《仓库合作协议书》提供保证，因山西省棉麻公司不能据此否认，亦未提交其他证据否认太平洋保险公司提供的《保证函》的真实性，故该主张不成立，本院不予支持。因山西省棉麻公司该主张实质上系否认太平洋保险公司提供的《保证函》的真实性，而非对格式合同条款与太平洋保险公司存在不同理解，故其关于该争议应适用《合同法》第四十一条有关规定的主张不能成立。本院对太平洋保险公司提供的《保证函》予以采信，山西省棉麻公司作为保证人对侯马供应站应负违约责任承担连带清偿责任。

——中国裁判文书网,http://wenshu.court.gov.cn。

1096

因第三者的违约行为给保险标的造成损害的，可认定属于“第三者对保险标的的损害”的情形

关键词|第三者违约|保险标的|代位求偿权|

【最高人民法院指导性案例】

中国平安财产保险股份有限公司江苏分公司诉江苏镇江安装集团有限公司保险人代位求偿权纠纷案(最高人民法院指导案例74号)

裁判要旨:因第三者的违约行为给被保险人的保险标的造成损害的,可以认定为属于《保险法》第六十条第一款规定的“第三者对保险标的的损害”的情形。保险人由此依法向第三者行使代位求偿权的,人民法院应予支持。

法院生效裁判认为,本案的焦点问题是:1.保险代位求偿权的适用范围是否限于侵权损害赔偿请求权;2.镇江安装公司能否以华东制罐公司、华东制罐第二公司已购买相关财产损失险为由,拒绝保险人对其行使保险代位求偿权。

关于第一个争议焦点。《保险法》第六十条第一款规定:“因第三者对保险标的的损害而造成保险事故的,保险人自向被保险人赔偿保险金之日起,在赔偿金额范围内代位行使被保险人对第三者请求赔偿的权利。”该款使用的是“因第三者对保险标的的损害而造成保险事故”的表述,并未限制规定为“因第三者对保险标的的侵权损害而造成保险事故”。将保险代位求偿权的权利范围理解为限于侵权损害赔偿请求权,没有法律依据。从立法目的看,规定保险代位求偿权制度,在于避免财产保险的被保险人因保险事故的发生,分别从保险人及第三者获得赔偿,取得超出实际损失的不当利益,并因此增加道德风险。将《保险法》第六十条第一款中的“损害”理解为仅指“侵权损害”,不符合保险代位求偿权制度设立的目的。故保险人行使代位求偿权,应以被保险人对第三者享有损害赔偿请求权为前提,这里的赔偿请求权既可因第三者对保险标的实施的侵权行为而产生,亦可基于第三者的违约行为等产生,不应仅限于侵权赔偿请求权。本案

平安财险公司是基于镇江安装公司的违约行为而非侵权行为行使代位求偿权，镇江安装公司对保险事故的发生是否有过错，对案件的处理并无影响。并且，《建设工程施工合同》约定“承包人不得将本工程进行分包施工”。因此，镇江安装公司关于其对保险事故的发生没有过错因而不应承担责任的答辩意见，不能成立。平安财险公司向镇江安装公司主张权利，主体适格，并无不当。

关于第二个争议焦点。镇江安装公司提出，在发包人与其签订的建设工程施工合同通用条款第四十条中约定，待安装设备由发包人办理保险，并支付保险费用。从该约定可以看出，就工厂搬迁及设备的拆解安装事项，发包人与镇江安装公司共同商定办理保险，虽然保险费用由发包人承担，但该约定在双方的合同条款中体现，即该费用系双方承担，或者说，镇江安装公司在总承包费用中已经就保险费用作出了让步。由发包人向平安财险公司投保的业务，承包人也应当是被保险人。关于镇江安装公司的上述抗辩意见，《保险法》第十二条第二款、第六款分别规定：“财产保险的被保险人在保险事故发生时，对保险标的应当具有保险利益”；“保险利益是指投保人或者被保险人对保险标的具有的法律上承认的利益”。据此，不同主体对于同一保险标的可以具有不同的保险利益，可就同一保险标的投保与其保险利益相对应的保险险种，成立不同的保险合同，并在各自的保险利益范围内获得保险保障，从而实现利用保险制度分散各自风险的目的。因发包人和承包人对保险标的具有不同的保险利益，只有分别投保与其保险利益相对应的财产保险类别，才能获得相应的保险保障，二者不能相互替代。发包人华东制罐公司和华东制罐第二公司作为保险标的的所有权人，其投保的安装工程一切险是基于对保险标的享有的所有权保险利益而投保的险种，旨在分散保险标的的损坏或灭失风险，性质上属于财产损失保险；附加险中投保的“内陆运输扩展条款 A”约定“保险公司负责赔偿被保险人的保险财产在中华人民共和国境内供货地点到保险单中列明的工地，除水运和空运以外的内陆运输途中因自然灾害或意外事故引起的损失”，该项附加险在性质上亦属财产损失保险。镇江安装公司并非案涉保险标的的所有权人，不享有所有权保险利益，其作为承包人对案涉保险标的享有责任保险利益，欲将施工过程中可能产生的损害赔偿责任转由保险人承担，应当投保相关责任保险，而不能借由发包人投保的财产损失保险免除自己应负的赔偿责任。其次，发包人不认可承包人的被保险人地位，案涉《安装工程一切险投保单》中记载的被保险人为华东制罐公司及华东制罐第二公司，并明确记载承包人镇江安装公司不是被保险人。因此，镇江安装公司关于“由发包人向平安财险公司投保的业务，承包人也应当是被保险人”的答辩意见，不能成立。《建设工程施工合同》明确约定“运至施工场地内用于工程的材料和待安装设备，由发包人办理保险，并支付保险费用”及“工程分包不能解除承包人任何责任与义务，分包单位的任何违约行为或疏忽导致工程损害或给发包人造成其他损失，承包人承担连带责任”。由此可见，发包人从未作出在保险赔偿范围内免除承包人赔偿责任的意思表示，双方并未约定在保险赔偿范围内免除承包人的赔偿责任。再次，在保险事故发生后，被保险人积极向承包人索赔并向平安财险公司出具了权益转让书。根据以上情况，镇江安装公司以其对保险标的也具有保险利益，且保险标的所有权人华东制罐公司和华东制罐第二公司已投保财产损失保险为由，主张免除其依建设工程施工合同应对两制罐公司承担的违约损害赔偿责任，并进而拒绝平安财险公司行使代位求偿权，没有法律依据，不予支持。

——《最高人民法院关于发布第15批指导性案例的通知》(2016年12月28日，法〔2016〕449号)

【《最高人民法院公报》案例】

中国平安财产保险股份有限公司江苏分公司诉江苏镇江安装集团有限公司保险代位求偿权纠纷案[江苏省高级人民法院(2012)苏商再提字第0035号民事判决书]

裁判摘要：一、《保险法》第六十条第一款规定，因第三者对保险标的的损害而造成保险事故的，保险人自向被保险人赔偿保险金之日起，在赔偿金额范围内代位行使被保险人对第三者请求赔偿的权利。根据该条款的文义及保险代位求偿权制度的立法目的，保险人行使代位求偿权必须以被保险人对第三人享有损害赔偿请求权为前提，这里的赔偿请求权既可因第三者对保险标的实施的侵权行为产生，亦可基于第三者的违约行为等产生，不应仅限于侵权赔偿请求权。

二、施工过程中造成发包人的设备毁损灭失，承包人以其对该设备也具有保险利益，且发包人已对该设备投保财产损失保险为由，主张驳回保险人对其行使代位求偿权请求的，因承包人虽对施工所涉发包人设备也具有保险利益，但该保险利益系责任保险利益，不同于发包人对其设备具有的所有权保险利益。保险利益不同，可以投保的保险类别亦不同，不能相互替代。承包人欲将施工过程中可能产生的损害赔偿责任转由保险人承担，应当投保相关责任保险，而不能借由发包人投保的财产损失保险免除自己应负的赔偿责任。故其主张不应予以支持。

——《最高人民法院公报》2017年第1期

六、保证保险及其他保险合同

1097

保证保险法律性质的认定

关键词 | 保证保险 |

【最高人民法院答复】

辽宁省高级人民法院：

你院《关于保证保险问题的请示报告》(〔2006〕辽高法疑字第4号)收悉。经研究答复如下：

汽车消费贷款保证保险是保险公司开办的一种保险业务。在该险种的具体实施中，由于合同约定的具体内容并不统一，在保险公司、银行和汽车销售代理商、购车人之间会形成多种法律关系。在当时法律规定尚不明确的情况下，应依据当事人意思自治原则确定合同的性质。你院请示所涉中国建设银行股份有限公司葫芦岛分行诉中国人民保险股份有限公司葫芦岛分公司保证保险合同纠纷案，在相关协议、合同中，保险人没有作出任何担保承诺的意思表示。因此，此案所涉保险单虽名为保证保险单，但性质上应属于保险合同。同意你院审判委员会多数意见，此案的保证保险属于保险性质。

——《最高人民法院关于保证保险合同纠纷案件法律适用问题的答复》(2010年6月24日，〔2006〕民二他字第43号)

湖南省高级人民法院：

你院〔1996〕湘经再字第53号《中国工商银行郴州市苏仙区支行与中保财产保险有限公司湖南省郴州市苏仙区支公司保证保险合同纠纷一案的请示报告》收悉。经研究，答复如下：

一、保证保险是由保险人为投保人向被保险人(即债权人)提供担保的保险，当投保人不能履行与被保险人签订合同所规定的义务，给被保险人造成经济损失时，由保险人按照其对投保人的承诺向被保险人承担代为补偿的责任。因此,保证保险虽是保险人开办的一个险种,其实质是保险人对债权人的一种担保行为。在企业借款保证保险合同中,因企业破产或倒闭,银行向保险公司主张权利,应按借款保证合同纠纷处理,适用有关担保的法律。

二、保险单中“保险期1年”的约定,不符合《企业借款保证保险试行办法》的规定,且保险人与投保人就保险期限的约定对债权人没有约束力,保险公司仍应按借款合同中规定的保证期限承担责任。

三、鉴于中国工商银行郴州市苏仙区支行实际上收取了50%的保费,根据权利义务对等的原则,对于郴县天字号多金属矿所欠贷款本金、利息,应由保险和银行双方当事人各承担50%。

——《最高人民法院对湖南省高级人民法院关于〈中国工商银行郴州市苏仙区支行与中保财产保险有限公司湖南省郴州市苏仙区支公司保证保险合同纠纷一案的请示报告〉的复函》(2000年8月28日,〔1999〕经监字第266号)

国务院秘书二局:

根据你局提供的有关材料,提出以下意见:

保险公司与长城公司(包括其分公司,下同)签订的保险合同的保险范围,包括投保人因技术开发与合作者签订的合同金额及投资项目。由于长城公司违反国家的规定,其筹集资金的行为是非法的,因而根据《民法通则》第五十八条第一款第(五)项之规定,可以认定保险合同无效。

在长城公司违法筹集资金的活动中,分别向十余家保险公司投了保险。有的保险公司和长城公司及其分支机构联合制作《技术开发合作保险协议》发给投资人;有的甚至直接在《技术开发合同书》上盖章承保。有的保险公司,则按长城公司集资的总额的比例收取了保险费。可见,长城公司的投资人在保险公司与长城公司的保险合同中是被保险人。鉴于以上实际情况,根据《民法通则》的“过错责任原则”,长城公司违法集资,对保险合同无效应当承担主要过错责任;保险公司作为国家的金融机构知道或应当知道长城公司的集资是非法的,但仍予以承保,因此,对保险合同无效亦应当承担相应的过错责任。至于具体责任如何承担,应当根据《经济合同法》(已废止)关于无效合同的处理原则进行。首先应由长城公司根据其现有资产,按投资比例负责清退投资人的投资本金;保险公司除应返还收取的保险费外,还要承担长城公司退还投资人投资本金的不足部分;至于投资人的资金利息,由于集资违法,且年利率高达24%，明显地违反了国家金融法规的规定，依法不予保护，因此，利息损失可由投资人自行承担。

以上意见供参考。

——《最高人民法院关于保险公司与长城公司的保险合同的效力及保险公司是否应承担民事责任问题的函》(1993年7月8日，法函〔1993〕55号)

【最高人民法院裁判文书】

人保葫芦岛公司与建行葫芦岛分行保证保险合同纠纷申请再审案［最高人民法院(2013)民申字第1565号民事裁定书］

最高人民法院认为：二、关于原审审理适用法律是否恰当的问题。最高人民法院对湖南省高级人民法院关于《中国工商银行郴州市苏仙区支行与中保财产保险有限公司湖南省郴州市苏仙区支公司保证保险合同纠纷一案的请示报告》的复函指出，"保证保险虽是保险人开办的一个险种，其实质是保险人对债权人的一种担保行为。在企业借款保证保险合同中，因企业破产或倒闭，银行向保险公司主张权利，应按借款保证合同纠纷处理，适用有关担保的法律"，故人保葫芦岛公司主张本案应优先适用《保险法》相关规定的再审理由不能被支持。

——中国裁判文书网，http://wenshu.court.gov.cn。

中国平安保险(集团)股份有限公司与中国建设银行营业部等借款及保证保险合同纠纷上诉案［最高人民法院(2004)民二终字第38号民事判决书］

最高人民法院认为：本案系借款及保证保险合同关系。在三方当事人订立的《销售协议》《附加协议》中均载明了平安保险对三九公司的贷款本金、利息及可能发生的罚息承担保证责任的意愿；且在《分期付款购车保险单》中，平安保险将该项保证责任明确在192972669元范围之内，在此情况下，建行营业部根据合同约定，履行了向三九公司发放1.5亿元贷款的义务。双方关于保证的意思表示真实，据此建行营业部与平安保险之间形成了保证合同关系。本案上述主、从合同法律关系的构建方式借用了保险合同的形式，虽有别于传统的借款担保合同关系的模式，但两者的本质相同。该保证合同记载的内容明确且不违反法律，应为有效合同。

——最高人民法院民事审判第二庭编：《民商事审判指导》总第6辑，人民法院出版社2005年版，第357～365页。

湖北武汉神龙汽车有限公司等与神龙汽车有限公司北京销售服务分公司保险合同纠纷上诉案[最高人民法院(2002)民二终字第152号民事判决书]

最高人民法院认为:根据《保险法》第十二条(2009年修订后《保险法》第十三条,有关文字表述也已经修改)关于"投保人提出保险要求,经保险人同意承保,并就合同的条款达成协议,保险合同成立。保险人应当及时向投保人签发保险单或者其他保险凭证,并在保险单或者其他保险凭证中载明当事人双方约定的合同内容。经投保人和保险人协商同意,也可以采取前款规定以外的其他书面协议形式订立保险合同"的规定,投保人与保险人签订保险合同,可以在保险单或者其他保险凭证上载明当事人双方约定的合同内容,也可以采取其他的形式订立。华泰保险公司与神龙公司先行签订的《保险协议》仅约定双方同意由神龙公司或者其购车人向华泰保险公司购买分期付款购车保险,并在每一份保险单中分别确定保险标的等条款,因无确定的保险合同主体和客体,故并未形成完整意义上的保险合同,原审法院关于《保险协议》是当事人之间订立的一个意向性、总括性协议的认定,符合事实和法律。华泰保险公司根据神龙公司的投保单,在明确了具体的投保人、被保险人以及保险标的等后,分别向神龙公司出具的每一份保险单中均明确载明了双方当事人的权利义务,故每一份保险单上所载内容为保险合同的具体内容。保险单中明确载明华泰保险公司"按照保险单所载条款、附加条款以及所列项目承担保险责任",且在备注栏内标明"保单按照保险人与被保险人之间分期付款保险协议执行,保单对应于被保险人和购车人之间分期付款购车合同",故保险单所载明的条款、附加条款、所列项目以及保险协议、分期付款购车合同等均是保险合同的内容。

本案《保险条款》是否存在于保险单背面是认定华泰保险公司和神龙公司双方当事人具体权利义务的一个重要前提。但本案中神龙公司称其所持上述23份保险单正本原件已全部丢失,无法予以出示。现华泰保险公司以保险单抬头明确载明其根据保险单所载条款等承担保险责任;保监会北京办事处出具的《关于华泰保险公司分期付款购车保险合同有关问题意见的函》中明确载明华泰保险公司使用的分期付款购车合同保险条款已于1998年在原保险监管部门中国人民银行北京市分行备案,且根据保险行业惯例,保险条款附在保险单正本背面,作为保险合同的重要组成部分,以约束保险合同双方当事人;武汉市中级人民法院已先行审理的京贵云雀案中003号保险单原件背面附有保险条款;以及2000年3月华泰保险公司和神龙公司签订的《会谈纪要》表明神龙公司要根据《保险条款》等向华泰保险公司提供有关材料等证据,主张保险单正本背面附有保险条款，神龙公司对此不予认可，应由其负举证责任。鉴于神龙公司至今仍未举出有关证据证明其所持23份保险单正本背面没有保险条款，应由其承担举证不能的责任。故原审法院关于神龙公司对保险单记载内容，包括保险条款已经全部接受，保险条款是本案保险合同一部分的认定，本院予以维持。

根据保险单所载明的内容，保险协议与保险单载明的其他条款共同构成了保险合同的内容。保险协议与保险条款所规定的内容是一种互为补充、相辅相成的关系，且即使出现冲突，因保险单形成在后，是对保险协议的具体化、确定化，也应以保险单所载条款为准。故上诉人神龙公司关于保险条款与保险协议约定的除外责任矛盾，应以保险协议为准的上诉理由，本院不予支持。

保险单明确载明保单对应于分期付款购车合同，且在保险条款中明确约定“被保险人应严格遵守分期付款购车合同中的责任和义务，分期付款购车合同如有变动，被保险人须事先得到保险人的书面同意”，故本案购车合同中关于神龙公司应保留车辆所有权、设定车辆抵押权以及设定其他担保的内容构成了神龙公司与华泰保险公司之间保险合同关系的重要组成部分，是华泰保险公司承保的前提和条件。原审法院关于购车合同是华泰保险公司判断和预测风险程度、决定是否承保、确定承保条件、出具保险单的直接和最终依据，其构成了华泰保险公司赖以承保的条件和基础的认定，于法有据，本院予以维持。

华泰保险公司和神龙公司在保险条款中关于被保险人在保险期限内将车辆所有权转交给购车人，华泰保险公司不承担赔偿责任的约定，以及神龙公司与购车人在分期付款购车合同中关于保留车辆所有权、设定车辆抵押权的约定，并不违反法律禁止性规定，虽客观上无法办理，但并不因此而无效，故上述约定对缔约各方当事人仍具有法律约束力。在保险合同签订后，如因客观原因不能办理车辆所有权保留或者车辆抵押的登记，神龙公司应及时告知华泰保险公司，并与其通过协商变更保险合同。现神龙公司无法举证证明其通知了华泰保险公司并与其协商一致变更了保险合同的有关条款，故神龙公司不能以此主张免责。

华泰保险公司在2000年7月起诉时提出的诉讼请求即为判令解除保险合同，不承担保险金赔偿责任，并未在一审开庭时变更诉讼请求，故神龙公司关于华泰保险公司变更诉讼请求，原审法院未另行给其答辩期，剥夺其诉权的上诉主张不能成立，本院不予支持。另，关于调取证据问题，究竟由法院调取还是由当事人调取，并不影响证据的效力，只要没有相反证据证明所调取证据的真实性，该证据就应予以认定。神龙公司关于原审法院程序违法的上诉理由，缺乏事实依据，本院不予支持。

018、023号保险单对应的购车合同约定购车人应提供神龙公司认可的担保,并由担保单位与神龙公司签署担保合同。现虽然神龙公司所举证据为担保书复印件,不能直接予以认定,但是,鉴于在该两份保险单对应的投保单中均明确载明了担保人名称,华泰保险公司根据该投保单出具了保险单,故应认定华泰保险公司当时对投保单上载明的内容是认可的,亦即对购车人根据购车合同提供的担保没有异议,故原审法院驳回华泰保险公司关于解除该两份保险合同的诉讼请求,本院予以维持。

因保险合同约定的保险标的是购车人付清首付款之后的分期付款义务,首付款是否按时足额交付,直接关系到承保人的保险范围,故原审法院认定保险合同标的是购车人分期付款义务,其不包括首付款是错误的。但鉴于华泰保险公司并未提供有关证据证明神龙公司在购车人首付款未到位时即发车,故对其关于购车人未付清首付款神龙公司就发车导致保险标的危险程度增加,其不应承担赔偿责任的上诉主张,本院不予支持。

——最高人民法院办公厅编:《最高人民法院公布裁判文书(2003 年)》,人民法院出版社 2004 年版,第 173 ~ 192 页。

神龙汽车有限公司等与华泰财产保险股份有限公司保险合同纠纷案[最高人民法院(2000)经终字第 295 号民事裁定书]

最高人民法院认为:华泰保险公司与神龙汽车公司签订的《分期付款购车保险协议》,是双方当事人依据《保险法》的规定而成立的保险合同,神龙汽车公司是投保人,华泰保险公司是保险人。在保险合同法律关系中,其他民事合同的权利义务虽是保险人确定承保条件的基础,但其不能改变两个合同在实体与程序上的法律独立性,其他民事合同与保险合同之间不存在主从关系。神龙汽车公司北京分公司在投保单上盖章,其作为神龙汽车公司依法设立并领取营业执照的分支机构,可以作为民事诉讼主体参加诉讼。关于神龙汽车公司在上诉理由中提及的已将华泰保险公司作为被告向有管辖权的人民法院提起诉讼,本案属重复受理问题,因其所提案件涉及的保险单,原审法院已在一审裁定中予以明确,并不在本案审理范围之内,故不存在北京市高级人民法院重复受理问题。根据《民事诉讼法(1991)》第二十六条的规定,北京市高级人民法院对本案具有管辖权。故原审法院裁定其对本案有管辖权正确,应予维持。对神龙汽车公司的上诉主张,本院不予支持。

——肖扬总主编、最高人民法院民事审判第二庭编:《中华人民共和国最高人民法院判案大系》(民商事卷 -2000 年卷),人民法院出版社 2003 年版,第 740 ~741 页。

【链接：最高人民法院法官著述】

修订的《保险法》正式实施前即2009年10月1日前，人民法院审理该类案件应当遵循这样的原则——尊重当事人意思自治的原则，即按照合同具体约定确定，在当事人明确约定保险人承担保证责任的，则按担保定性，适用《担保法》确定双方当事人的权利义务。没有约定的适用《保险法》。也就是说，在相关法律或司法解释未对此作出明确详细规定的情况下，当事人合同约定的内容，是判断合同性质以及如何适用法律的重要依据。修订的《保险法》正式实施后，由于法律并未对如何具体适用作出规范，因此，司法解释将对此作出具体规定。正在起草的保证保险司法解释的指导思想是立足现实，着眼未来。初步意见是根据《保险法》的规定，保证保险合同为保险合同，同时但书规定，当事人有特别约定的，从其约定。

——宫邦友：《解读关于保证保险合同纠纷案件法律适用问题的答复》，载最高人民法院民事审判第二庭编：《商事审判指导》总第23辑，人民法院出版社2011年版，第81~85页。

编者说明

保证保险是保险公司根据中国人民银行银复〔1997〕年48号《关于保证保险业务的批复》开展的业务。该《批复》认为，鉴于“保证保险”业务是信用保险业务的门类之一，同意中国人民保险（集团）公司所属中保财产有限责任公司开办“保证保险”业务。在保证保险业务实践中，合同当事人之间的纠纷发生率较高，而各地法院对保证保险合同的法律性质在认识上存在着差异，表现在适用法律和处理结果上的差异。

最高人民法院在关于保证保险关系的性质上，在不同的阶段和不同的案件中也有不同的认识，包括保证说、混合说和保险说等。最高人民法院《民事案件案由规定》将保证保险合同纠纷作为四级案由列于三级案由财产保险合同纠纷项下，即是将其作为保险合同对待。

随着《保险法》的修改与司法实践认识的不断深化，对保证保险的认识也不断清晰。最高人民法院上述答复确立了新的认定规则，即在当事人明确约定保险人承担保证责任的，则按担保定性，适用《担保法》确定双方当事人的权利义务；没有约定的适用《保险法》。在司法实践应当注意这种认识上的变化过程。

1098

保证保险合同被确认无效后保险公司的责任承担

关键词｜保证保险｜合同无效｜

【最高人民法院裁判文书】

人保葫芦岛公司与建行葫芦岛分行保证保险合同纠纷申请再审案［最高人民法院(2013)民申字第1565号民事裁定书］

最高人民法院认为：三、关于合同诈骗犯罪造成贷款损失的责任承担问题。本案中，建行葫芦岛分行与人保葫芦岛公司签订的《机动车辆消费贷款保证保险业务合作协议》，因涉及犯罪应被认定无效。根据《合同法》第五十八条关于“合同无效或者被撤销后，因该合同取得的财产，应当予以返还；不能返还或者没有必要返还的，应当折价补偿。有过错的一方应当赔偿对方因此所受到的损失，双方都有过错的，应当各自承担相应的责任”的规定，建行葫芦岛分行与人保葫芦岛公司在开展案涉机动车消费贷款保证保险业务时，均未充分履行各自应负的资信调查义务，从而导致合同诈骗犯罪得逞，原审认定建行葫芦岛分行与人保葫芦岛公司承担同等过错责任、判决人保葫芦岛公司返还根据《机动车辆消费贷款保证保险业务合作协议》收取的机动车保险费1131987.00元并无不当。人保葫芦岛公司主张建行葫芦岛分行承担贷款损失的全部责任没有法律依据。

——中国裁判文书网，http://wenshu.court.gov.cn。

1099

履约保险中，被保险人在履约中的变更没有改变保险标的和动摇保险合同基础的，保险人应当承担责任

关键词｜履约保险｜被保险人变更｜保险责任｜

【最高人民法院裁判文书】

中国太平洋人寿保险股份有限公司大连分公司、中国太平洋人寿保险股份

有限公司大连市甘井子支公司、中国太平洋保险(集团)股份有限公司与中国石油天然气管道局、大连龙兴活动有限公司履约保险合同纠纷案[最高人民法院(2004)民二终字第21号民事判决书]

最高人民法院认为：关于太平洋保险诸公司上诉提出管道局采取欺诈手段改变了太平洋保险诸公司承保的保险标的，太平洋保险诸公司不承担保险责任的主张，本院认为：本案履约保险合同是由承诺函、履约保险合同书、融资协议书及保险确认书等共同组成。保险人太平洋保险诸公司是为投保人龙兴公司的融资进行承保，即一旦发生龙兴公司不能还本付息的保险事故，由太平洋保险诸公司承担保险责任。在合同实际履行中，管道局已将约定的融资款通过金融机构如数贷给龙兴公司，完成了融资放款的基本义务。虽然管道局与多家金融机构签订委托贷款协议时没有落实融资协议中约定的本金由银行开具定期存单并保证资金安全的约定，即将该条款改变为贷款的风险由管道局自行承担，但这恰符合委托贷款的法律特征。至于管道局改变上述约定，投保人龙兴公司和被保险人管道局未向保险人太平洋保险诸公司进行说明，是否足以导致太平洋保险诸公司免保险责任的问题，根据诚实信用原则，合同一方当事人负有向对方当事人告知对其利益有重大影响事项的义务，知悉的一方应向对方如实说明的义务。管道局和龙兴公司没有将履约中的变更如实通知保险人太平洋保险诸公司，对酿成纠纷负有一定的责任，据此，管道局亦应自行承担保险合同到期后迟延利息的部分责任。但是，如果按融资协议中约定的本金由银行开具定期存单并保证资金安全，其结果是违反了国家关于委托贷款的金融法规的规定。从本案的事实和合同关系来看，管道局和龙兴公司在履约中的变更没有改变保险合同的标的和动摇保险合同的基础。因为本案的履约保险合同并不是以融资合同中银行出具定期存单作为保险合同成立的前提和基础的。首先，本案保险合同签订在先，管道局与龙兴公司融资合同在后。在签订保险合同之前，太平洋保险大连分公司已为龙兴公司承保致函管道局称："龙兴公司是大连市政府重点支持，并具有相当经济实力的国有大型企业，固定资金近12亿元。该公司管理现代化，经济效益好，是非常有前途和影响的。我公司对该公司做了较为详细的调查分析，决定对其经营和相关的业务活动予以重点支持。鉴于以上情况，根据中国太平洋保险公司保险条款范围，本公司对龙兴公司在贵局融资额度2亿元人民币以内，均可予以承担其履约保险责任。"该函件明确说明太平洋保险大连分公司愿为龙兴公司承保的原因是基于龙兴公司的经济实力，而不是融资中有银行出具存单保证本金安全。其次，在签订保险合同时，太平洋保险大连分公司的保险范围已经确定在2亿元人民币的范围内。而且，双方还在履约保险合同中进行了特殊约定，即：如果龙兴公司未能及时还本付息而发生太平洋保险大连分公司代龙兴公司偿还管道局及其下属单位债务时，太平洋保险大连分公司有权将龙兴公司的营运收入和其他收入扣留，直到垫付本息和由此产生的利息足够时，方可解除扣留。该约定赋予了保险公司在理赔后对投保人龙兴公司的追偿权。这种对太平洋保险大连分公司利益保护的条款也不依赖于银行是否出具存单。第三，管道局和龙兴公司为融资与有关金融机构形成的委托贷款关系同管道局和龙兴公司与太平洋保险诸公司之间形成的履约保险关系是不同的法律关系。一旦龙兴公司不能偿还融资款项，管道局既可以依据保险合同向太平洋保险诸公司主张其保险合同项下的权利，也可以依据委托贷款合同主张其权利，即管道局可以行使选择权。太平洋保险诸公司承保的范围不因管道局与龙兴公司在融资过程中是否履行了由银行出具存单的约定，只是对管道局的权利增加一份保障，并不能依此改变太平洋保险诸公司承保的责任范围。且太平洋保险诸公司亦没有以银行是否出具存单作为承保的条件，即使存在这种信赖利益，但该利益亦应符合国家法律法规的规定。因此，上诉人太平洋保险诸公司以管道局和龙兴公司在履约中改变保险合同标的为由，请求免除其保险责任的上诉主张，缺乏事实和法律依据，依法不能成立。

——最高人民法院民事审判第二庭编：《最高人民法院商事审判指导案例·金融卷》，中国法制出版社2011年版，第307~318页。

1100

“信誉保险”实质是信誉担保

关键词｜信誉保险｜信誉担保｜

【最高人民法院裁判文书】

中国人民保险公司乌鲁木齐市分公司等与李会同等120名购房户还本售房合同纠纷案[最高人民法院(2001)民一终字第32号民事判决书]

最高人民法院经审理认为：李会同、徐新等120名购房户与天海房地产公司签订《五年还本售房协议书》时，国家法律、行政法规均没有禁止此类销售活动的规定，当事人之间所签协议意思表示真实明确，不违反公平原则和诚实信用原则，应当认定为有效。国内贸易部〔1994〕内贸函字第802号《关于禁止还本销售商品活动的通知》，不宜作为认定本案合同无效的根据，保险公司上诉主张双方当事人签订的《五年还本售房协议书》中有关售房的约定内容可以认定有效，对还本的约定内容应为无效，理由不充分，不予支持。保险公司认为其与天海房地产公司联合刊登广告的行为不构成有效承诺，与120名购房户没有形成保险法律关系，判决其承担30%的代赔偿责任于法无据，与事实不符，但从中国人民保险公司1994年12月3日批复的内容来看，信誉保险业务涉及经济担保，带有信誉担保性质，保险公司在新闻媒体上公开宣示信誉担保，对造成本案部分还本售房合同的签订和履行具有一定的过错，其与天海房地产公司达成的《关于对"商品房屋销售五年期还本信誉保险协议"终止的协议》，实际上是推卸责任，损害他人利益的行为，一审法院判决保险公司违背诚信原则，承担其刊登广告后购房户30%的信赖利益的损失，符合法律规定，保险公司的上诉理由不能成立，应予驳回。关于一审程序的合法性问题，因本案是普通的共同诉讼引起的合并审理，在一审庭审结束前，一审法院将其他购房户的起诉合并审理，并允许原告变更诉讼请求，符合法律规定，64户购房户的证据材料一审中已经当庭质证，因保险公司的保险责任不成立，判决其承担因信誉担保而引起的过错赔偿责任，并不违反"不告不理"的原则，故一审程序是合法的。综上，一审判决认定事实清楚，适用法律正确。

——肖扬总主编、最高人民法院民事审判第一庭编：《中华人民共和国最高人民法院判案大系》（民事卷－2001年卷），人民法院出版社2003年版，第118～125页。

编者说明

按照《保险法》规定，财产保险是指投保人根据合同约定，向保险人支付保险费，保险人对于合同约定的可能发生的事故因其发生所造成的财产损失承担赔偿保险金责任的行为。本案中，天海房地产公司和乌鲁木齐保险公司多次在新闻媒体上刊登广告称：凡购买天海花园小区商品房的单位和个人均可享受"五年还本"，保险公司提供"五年还本"信誉保险。李会同等120人分别与天海房地产公司签订了《还本售房协议书》和《债权证明》并进行了公证，一次性支付了全部购房款，天海房地产公司与保险公司签订了还本信誉保险合同。后因中国人民保险公司对还本信誉保险提出异议，不予同意，天海房地产公司与保险公司在1个月后终止了该保险合同，因此，保险公司宣传的"信誉保险"并不构成当事人之间已经建立正规的财产保险关系，而是属于"信誉担保"性质的行为。保险公司的保险责任不成立，但应当承担因"信誉担保"而引起的过错赔偿责任。

1101

出口信用保险合同纠纷的法律适用

关键词 | 出口信用保险 | 法律适用 |

【最高人民法院司法解释】

广东省高级人民法院：

你院《关于出口信用保险合同法律适用问题的请示》(粤高法〔2012〕442号)收悉。经研究,批复如下:

对出口信用保险合同的法律适用问题,保险法没有作出明确规定。鉴于出口信用保险的特殊性,人民法院审理出口信用保险合同纠纷案件,可以参照适用保险法的相关规定;出口信用保险合同另有约定的,从其约定。

——《最高人民法院关于审理出口信用保险合同纠纷案件适用相关法律问题的批复》(2013年5月2日,法释〔2013〕13号)

第十章 | CHAPTER 10

证券、期货、委托理财、信托纠纷

一、审理证券、期货等案件的一般要求

1102

保障证券市场的稳定运行，加强与金融监管部门的协调配合

关键词｜证券市场稳定｜金融监管｜

【最高人民法院司法政策】

对于投资者人数众多、诉求反映强烈的案件，人民法院要加强与证券监管机构、调解组织的信息共享，强化受理、调解、审理等各环节风险监测，有针对性地加强研判，防止纠纷积累、矛盾激化……

要加强与证券监管部门和专家调解员的联系沟通，依托证券监管机构、行业调解组织在处理复杂证券期货纠纷中的专业资源，加强对资本市场各种交易模式的专业认识和法律识别，在引入多元化解机制调解纠纷的同时，为后续司法处理提供证券法律专业知识和市场宏观政策保障，促进提高证券商事审判能力和水平。

——江必新:《完善纠纷解决机制　夯实资本市场基础》，载《人民日报》2016 年 7 月 15 日。

要保障证券市场的稳定运行。证券市场的稳定运行和健康发展，直接关系到金融秩序和社会的稳定。当前，一些证券机构、上市公司、投资机构操纵股价、内幕交易、虚假陈述等违法行为时有发生，各级人民法院要从保护证券市场投资人合法权益，维护证券市场的公开公平公正的交易秩序出发，积极探索，妥善地处理好此类案件。要妥善审理公司股票债券交易纠纷、国债交易纠纷、企业债券发行纠纷、证券代销和包销协议纠纷、证券回购合同纠纷、上市公司收购纠纷等，保障证券交易的安全进行。

要加强与金融监管部门的协调配合，注意防范系统性风险。各级人民法院在公司案件审理过程中，发现上市公司、中介机构存在不实披露或不合理估价等情形的，应当及时向金融监管部门通报相关情况，提高上市公司和会计等中介机

构信息披露的透明度，增加会计机构对复杂金融产品信息的披露，强化中介机构对有价证券的合理估价。在审理民间借贷、涉及资金链断裂企业债务纠纷案件时，对涉嫌非法吸收存款等违法行为，或者发现有引发系统性风险可能的，要及时向公安、检察、金融监管、工商等部门通报情况，统筹协调相关案件的处理和风险防范。

——《最高人民法院印发〈关于为维护国家金融安全和经济全面协调可持续发展提供司法保障和法律服务的若干意见〉的通知》（2008 年 12 月 3 日，法发〔2008〕38 号）

1103

审理涉及证券等资本市场纠纷案件的司法政策精神

关键词｜证券纠纷｜司法政策｜

【最高人民法院司法政策】

9. 促进融资方式的多元化，有效解决企业兼并重组的资金瓶颈。对于符合条件的企业发行优先股、定向发行可转换债券作为兼并重组支付方式，要依法确认其效力。审慎处理发行定向权证等衍生品作为支付方式问题。积极支持上市公司兼并重组中股份定价机制改革，依法保障非上市公司兼并重组中的股份协商定价。要依法督促企业尤其是上市公司规范履行信息披露义务，增强市场主体投资信心，切实保障中小投资者合法权益。同时，要积极配合金融监管部门依法履职。

——《最高人民法院印发〈关于人民法院为企业兼并重组提供司法保障的指导意见〉的通知》（2014 年 6 月 3 日，法发〔2014〕7 号）

第一，要正确适用证券侵权民事赔偿案件的前置程序。人民法院审理虚假陈述民事赔偿案件，诉讼前置程序发挥了重要作用。随着对虚假陈述民事赔偿制度认识的深化和证券市场信息披露行为的逐步规范，理论界和市场监管部门呼吁适时取消虚假陈述民事赔偿诉讼的前置程序。虚假陈述与内幕交易、操纵市场行为特征不同，虚假陈述必须依附某种载体表现，确定其行为存在的难度相对较小，而且它不是以投资人的损失直接作为自己的非法收益。因此，目前起草的司法解释正在研究是否还要保留虚假陈述民事赔偿诉讼设定前置程序问题。

第二，要恰当处理内幕交易和操纵市场行为的民事赔偿问题。2007 年南京会议上，我们已经明确了投资人如对内幕交易和操纵市场侵权行为人提起诉讼，相关人民法院应当参照虚假陈述司法解释前置程序的规定来受理和管辖。当前，应当进一步强调的是，首先，凡是被行政查处或是刑事处分的内幕交易和操纵市场行为，投资人以其受到损害为由提起民事赔偿诉讼，都应当受理和审理。其次，要正确认定因果关系。确定内幕交易、操纵市场与投资人损失之间的因果关系，是侵权行为人承担民事赔偿责任的前提。只有那些不知道侵权行为存在，在侵权行为实施期间与内幕交易和操纵市场作相反交易且发生损失的投资人，方可获得赔偿。最后，要确立赔偿标准。根据《证券法(2005)》第二百零二条、第二百零三条和第二百三十二条的规定，确定内幕交易和操纵市场民事赔偿的原则为，以所有投资人的损失为依据，在侵权行为人违法所得五倍以下范围内赔偿。

第三，要妥善确定证券侵权民事赔偿案件的诉讼方式。证券市场侵权民事赔偿诉讼，是众多投资人参与的诉讼。以何种方式诉讼和结案更为迅速和简便，应当是人民法院要着重考虑的问题。虚假陈述民事赔偿司法解释采用了共同诉讼和单独诉讼。经过几年来的实践，对于这种当事人不确定案件，采用代表人诉讼制度可能更具有优势。各地法院可以在这方面进行一些有益的探索。

——《积极推进三项重点工作，保障经济发展方式转变，能动回应经济社会发展对商事审判工作的新要求——全国法院商事审判工作会议材料》(2010 年 8 月 17 日)，载最高人民法院民事审判第二庭编:《商事审判指导》总第 23 辑，人民法院出版社 2011 年版，第 26 页。

1104

审理证券纠纷案件应当正确处理契约自由与契约正义的关系

关键词 | 证券纠纷 | 契约自由 | 契约正义 |

【最高人民法院审判业务意见】

一、正确处理契约自由与契约正义的关系。金融市场上的信息不对称加上投资者自身的知识能力局限，使得投资者在购买投资性金融产品或接受相关服务时往往无法真正理解其中的风险和收益，其主要依赖产品销售者和服务提供者的推介和说明。一般情况下交易双方缔约能力处于不对等地位。

因此，必须依法确定卖方机构“适当性”义务，确保金融消费者在充分了解投资标的及其风险的基础上作出自主决定，实现契约正义。法院在审理卖方机构与投资者因销售各类集合理财计划、结构化产品等高风险金融产品和提供经纪、代理等服务而引发的商事案件中，应注意如下问题：

1. 明确法律适用规则。在卖方机构“适当性”义务方面，应明确法律、行政法规等规范以及相关监管部门规范性文件的适用规则。《合同法》《证券法》《信托法》等法律、行政法规作出明确规定的，应当按照法律、行政法规的规定处理。相关监管部门在部门规范性文件中对银行理财产品、保险投资产品、信托理财产品、券商集体理财计划、杠杆基金份额等高风险金融产品的销售作出的规定，与法律行政法规等法律规范的规定不相抵触的，如果部门规范性文件是限制卖方机构权利或增加卖方机构义务，可以适用部门规范性文件。相关监管部门的规范性文件与法律、行政法规等法律规范相抵触的，不能适用部门规范性文件。

2. 依法分配举证责任。在案件审理中，金融消费者对其主张的购买产品或接受服务的相关事实，应承担举证责任。卖方机构对其是否履行了了解客户、适合性原则、告知说明和文件交付等“适当性”义务等案件事实，应承担举证责任。

3. 告知说明义务的衡量标准。告知说明义务是“适当性”义务的核心，是金融消费者能够直接了解产品和服务的投资风险和收益的关键。应当根据产品的风险和投资者的实际状况，综合一般人能够理解的客观标准和投资者能够理解的主观标准来确定告知说明义务。

4. 损失赔偿数额和免责抗辩事由。对违反“适当性”义务的损失赔偿，立法例上普遍采用损失填补原则赔偿金融消费者因此所受的实际损失。在卖方机构未尽“适当性”义务的情况下，除了金融消费者故意提供虚假信息这一抗辩事由外，如果根据投资者的既往投资经验、受教育程度等事实，卖方机构能够证明“适当性”义务的违反并未影响投资者的自主决定的，也应当认定免责抗辩事由成立，由金融消费者自负投资风险。

——杨临萍：《关于当前商事审判工作中的若干具体问题》（2015 年 12 月 24 日），载杜万华主编：《商事法律文件解读》总第 134 辑，人民法院出版社 2016 年版，第 17 ~ 18 页。

1105

保护投资者权益，维护投资者信心

关键词 | 投资者权益保护 | 资本形成 |

【最高人民法院司法政策】

促进资本形成与投资者保护之间的关系

资本市场的民事责任制度，在促进资本形成与投资者保护之间必须形成一个平衡。以虚假陈述的案件为例，若过于倾向于保护投资者，会在两个方面影响投资者的投资愿望和信心，从而妨碍资本形成：

一是受害人对无辜者的“二次伤害”问题。虚假陈述行为的具体操作者是个人，由于上市公司股东由广大投资者构成，上市公司承担虚假陈述的法律责任实际上是由持有股份的无辜中小投资者对另一部分受虚假陈述损害的无辜投资者承担赔偿责任，因此，如果制度设计不合理，将构成对持有上市公司股份的中小投资者的“二次伤害”。

二是“寒蝉”效应。如果责任体系过于严苛，对会计师、外部董事、独立董事所带来的冲击，可能会形成“寒蝉效应”（小公司越来越困难，没人愿意干，中介人员的成本最终还会转嫁给投资人负担），也将妨碍资本形成。

因此，对权利受到侵害的投资者的权益保护，应该考虑一个保护度的问题。

一是损失赔偿不等于损失保险。证券市场的风险多元且无时不在。《证券法(2005)》第二十七条仅规定了因发行人经营和收益变化引致的投资风险，由投资者自行负责。除此之外，投资者还应承担正常的市场波动风险。美国证券审判一直强调的一个主题，就是避免将本应由投资者负担的风险通过民事诉讼转嫁给违法行为人，使得民事责任制度成为投资者的责任保险。我们认为，这一政策逻辑是适当的，违法行为人所应负责的，只是因其违法行为给投资者造成的损失。在规则设计方面，主要涉及损失因果关系和损失计算方法的认定。在违法行为与损失之间的因果关系方面，证明责任由原告负担较为合适；投资者损失的计算方法，可考虑采用修正的净损差额法，被告可举证证明原告的损失是其违法行为以外的其他原因造成的，以减轻或免除自身的责任。

二是应当设计一种宽严适度的责任结构。根据《证券法(2005)》第六十九条、第一百七十三条的规定，凡在信息披露文件中起过作用的人，均应承担虚假信息披露的法律责任，且各侵权人之间应当负连带责任。在学说上，一种较具代表性的观点是,对证券侵权行为应当实行严刑峻法,民事责任运用的效果,应足以使违法行为人倾家荡产,唯有如此,方能充分发挥吓阻违法的作用。“倾家荡产”一说,固然使违法行为人承担严格的责任后果,但民事赔偿责任的边界,是否应当如此严苛,在法律政策方面,存在着相当大的推敲余地,也面临着公共政策正当性的诘问。由于各加害人的赔偿能力不同,连带责任制度的实际运作,事实上已经出现“深口袋”的有钱人支付了全部赔偿的情况。由此引发的质疑是:“尚未有人能够证明,当损失由两人引起时,要求其中一人承担全部责任作为一种公共政策是正当的;恐怕永远也不会有。”基于上述考虑,在证券侵权行为的各被告人之间,公平的责任分担应当体现各司其职、内外有别、罚当其过、责称其产的法律政策,以实现加害人之间责任分担的公平。在制度设计方面,必须坚持责任承担与行为性质、过错程度相一致,防止出现重责化、严苛化的结果,并规定免责抗辩的事由(宽严相济)。在前述会计师事务所的司法解释中,已经贯彻了这一逻辑,应当继续坚持。

——《证券市场侵权民事责任制度的法律政策——中国证券法学研究会2013年年会材料》(2013年4月22日),载最高人民法院民事审判第二庭编:《商事审判指导》总第33辑,人民法院出版社2013年版,第2~3、5~6页。

1106

建立证券期货纠纷多元化解机制，推动证券市场稳定持续健康发展

关键词｜资本市场纠纷多元化解机制｜

【最高人民法院司法政策】

完善资本市场纠纷解决机制,畅通投资者诉求表达和权利救济渠道,是夯实资本市场基础制度的重要一环。在历经三年实践探索和充分论证基础上,最高人民法院与中国证监会联合下发《关于在全国部分地区开展证券期货纠纷多元化解机制试点工作的通知》,我国资本市场纠纷多元化解机制建设取得了实质性进展。

建立证券期货纠纷多元化解机制,是落实多元化纠纷解决机制改革任务的重要内容。党的十八届四中全会明确提出要“健全社会矛盾纠纷预防化解机制,完善调解、仲裁、行政裁决、行政复议、诉讼等有机衔接、相互协调的多元化纠

纷解决机制。”开展证券期货纠纷多元化解机制试点工作，是人民法院推进多元化纠纷解决机制改革的又一重要措施，是在专门领域与行业监管部门联合建立诉调对接机制的又一“试验田”，对于推动其他领域诉调对接机制建设具有重要示范意义。

建立证券期货纠纷多元化解机制，是保护投资者合法权益的重要举措。法治是资本市场繁荣稳定的根基，而投资者保护则是证券法治建设的根本。依法、公正、高效化解证券期货纠纷，维护投资者特别是中小投资者的合法权益，是我国资本市场持续健康发展的基础，关系广大人民群众切身利益。同时，由于证券市场的高度技术性、受害投资者举证能力不足、维权成本较高等因素，投资者特别是中小投资者在寻求权利救济方面存在较大困难。非诉讼的多元化纠纷解决机制具有方式灵活、纠纷解决成本低、矛盾化解效率高等特点。建立多元化纠纷解决机制是维护投资者信心、保护投资者合法权益的迫切需要，对于不断夯实我国资本市场发展基础意义重大。

建立证券期货纠纷多元化解机制，是提升证券商事审判能力和水平的重要抓手。全面推进证券期货纠纷多元化解机制建设，既是发挥证券司法资源最大效能的重要途径，也是破解证券商事审判发展瓶颈的有力抓手。人民法院积极参与证券期货纠纷多元化解机制建设，有利于进一步畅通投资者诉求表达和权利实现渠道，有序分流和快速化解大量潜在的涉诉案件；有利于在案件处理中获得更多市场专业力量的协助和支持，提升审判专业化水平；有利于加大对资本市场群体性纠纷的柔性化解力度，进一步保障案件处理取得良好效果。

——江必新：《完善纠纷解决机制　夯实资本市场基础》，载《人民日报》2016 年 7 月 15 日。

编者说明

在《关于在全国部分地区开展证券期货纠纷多元化解机制试点工作的通知》的基础上，该通知针对推进证券期货纠纷多元化解机制试点工作落实明确提出了具体工作目标、工作原则、主要工作内容及工作要求。该通知明确的试点工作内容包括试点调解机构的认可和管理、健全诉调对接工作机制、强化纠纷多元化解机制的保障落实等。《证券期货纠纷多元化解机制试点地区名单》和《证券期货纠纷多元化解机制试点调解组织名单》也与通知一并发布。

二、证券纠纷

(一) 证券发行

1107

企业债券发行履行了法定审批手续，虽在发行过程中未印制及发售实物券有欠规范，但不属非法融资

关键词｜企业债券发行｜实物券｜非法融资｜

【最高人民法院裁判文书】

黑龙江省证券公司与中国农业银行黑龙江牡丹江市分行、黑龙江牡丹江制药厂债券兑付纠纷上诉案[最高人民法院(2000)经终字第149号民事判决书]

最高人民法院认为：牡丹江制药厂于1992年1月发行5000万元企业重点建设项目债券，由中国人民银行黑龙江省分行批准，履行了法定的审批手续，虽然在发行过程中未印制及发售实物券有欠规范，但并未违反有关法律法规的禁止性规定，亦未因此危害金融管理秩序及投资者的合法权益，故不属非法融资行为。牡丹江农行接受委托，代理牡丹江制药厂发行企业债券，符合法律法规规定，黑龙江省证券公司关于牡丹江农行明知牡丹江制药厂违法发行债券而为其代理发行，应与牡丹江制药厂兑付债券本息承担连带责任的上诉理由不能成立，本院不予支持。牡丹江制药厂未按上述协议约定履行兑付债券本息义务，构成违约，原审判令其向黑龙江省证券公司偿还尚欠的债券本息及支付逾期罚息正确，应予维持。牡丹江农行、牡丹江制药厂、黑龙江省证券公司签订的债券代理发行协议约定，牡丹江制药厂应在债券到期日将利息支付给牡丹江农行，再由其支付给黑龙江省证券公司，并且约定"牡丹江农行在债券到期日以加急电汇方式将债券本息划给黑龙江省证券公司"，依据合同约定，应认定牡丹江农行负有向黑龙江省证券公司兑付债券本息的义务。

——最高人民法院办公厅编：《最高人民法院公布裁判文书(2000年)》，人民法院出版社2001年版，第333～341页。

1108

地方建设债券违法发行与认购行为无效；短期融资债券发行与认购未经审批，亦属无效

关键词｜地方建设债券｜短期融资债券｜

【最高人民法院裁判文书】

郑州市财务开发公司、中国长城资产管理公司郑州办事处与郑州市财政局、郑州市人民政府、中国工商银行河南省分行营业部债券认购款返还纠纷上诉案
[最高人民法院(2006)民二终字第85号民事判决书]

最高人民法院认为：关于建设债券、短期融资债券发行认购协议性质和效力的认定。关于建设债券。1990年7月18日和1991年5月8日，郑州市人民政府办公室两次会议纪要，要求以郑州市财政局名义发行由财务开发公司具体经办、分别发行1300万元和4000万元建设债券。1990年9月3日和1991年5月20日，财务开发公司与郑州市工行签订的两份协议中均载明，郑州市工行两次共计认购的1300万元建设债券发行人为郑州市财政局，财务开发公司受郑州市财政局委托具体经办。两次发行建设债券的目的，是为郑州市财政局解决重点技改、基建项目资金缺口问题以及为郑州轻型汽车厂、中原制药厂筹措资金，均为满足地方经济发展的需要。此外，财务开发公司营业执照经营范围载明“办理市政府、市财政局委托发行的各种证券”，故应认定郑州市财政局是本案建设债券的发行人，财务开发公司只是建设债券发行的受托人，仅具体办理与认购方签订协议、收转款项开立收据等事项。根据发行目的和发行人的确定，本案建设债券的性质应认定为郑州市地方政府债券。1985年国务院办公厅下发的《关于暂不发行地方政府债券的通知》，明确规定了各级地方政府不得发行地方政府债券。由郑州市人民政府牵头、郑州市财政局发行并委托财务开发公司具体经办的建设债券，违反了上述行政法规规定，本案建设债券发行与认购行为无效。关于短期融资债券。虽然郑州市人民政府有关领导在财务开发公司关于发行短期融资债券的报告上作出批示，且报告加盖了郑州市人民政府办公室公章，但报告和批示中并无郑州市人民政府对融资债券的发行提供担保的内容，也无政府职能部门作为融资债券发行人的内容。同时，财务开发公司报告载明，融资债券所募集款项由财务开发公司贷给郑州市经委所列企业使用，融资债券背面还注明了“本债券由企业委托中国工商银行河南省分行代理发行”。故根据发行目

的、发行人和发行后的资金使用，应认定融资债券性质为企业债券。1993 年 8 月 2 日，国务院发布的《企业债券管理条例》第十一条规定，地方企业发行企业债券，由中国人民银行省、自治区、直辖市、计划单列市分行会同同级计划主管部门审批；企业发行企业债券必须按照本条例的规定进行审批，未经批准的，不得擅自发行和变相发行企业债券。本案融资债券发行与认购行为没有经过相关部门审批，违反了上述规定，应当认定无效。故本院对长城郑州办关于本案两种债券发行认购行为有效的上诉主张不予支持。

——最高人民法院民事审判第二庭编：《民商事审判指导》总第 10 辑，人民法院出版社 2006 年版，第 287 ~ 299 页。

编者说明

关于地方政府债券的发行问题，1995 年《预算法》第二十八条第二款规定："除法律和国务院另有规定外，地方政府不得发行地方政府债券。"2014 年修改后的《预算法》第三十五条第二款规定："经国务院批准的省、自治区、直辖市的预算中必需的建设投资的部分资金，可以在国务院确定的限额内，通过发行地方政府债券举借债务的方式筹措。举借债务的规模，由国务院报全国人民代表大会或者全国人民代表大会常务委员会批准。省、自治区、直辖市依照国务院下达的限额举借的债务，列入本级预算调整方案，报本级人民代表大会常务委员会批准。举借的债务应当有偿还计划和稳定的偿还资金来源，只能用于公益性资本支出，不得用于经常性支出。"第三款同时规定："除前款规定外，地方政府及其所属部门不得以任何方式举借债务。"实践中需要注意相关政策的变化，不应简单认定地方政府债券的发行行为无效。

1109

金融机构接受企业委托代理发行企业债券，企业应当对金融机构的行为承担民事责任

关键词 | 企业债券代销 |

【最高人民法院答复】

河南省高级人民法院：

你院《关于中国农业银行汝州市支行与中国建设银行汝州市支行债券兑付一案的请示报告》收悉。经研究认为，根据汝州市第三水泥厂与汝州市农业银

行签订的《企业债券代销合同》和债券票面的记载，汝州市农业银行应负有债券兑付义务，即汝州市建设银行所持的400万元债券应由汝州市农业银行负责兑付。但是，400万元债券的利息，根据汝州市建设银行与债券发行人汝州市第三水泥厂关于债券利息支付的约定，不应由汝州市农业银行支付。

——《最高人民法院关于中国农业银行汝州市支行与中国建设银行汝州市支行债券兑付纠纷案的复函》(1999年3月17日，〔1998〕民他字第29号)

中国人民银行条法司：

你司银条法〔1993〕35号函收悉。经研究，答复如下：

企业债券是企业依照法定程序发行，约定在一定期限内还本付息的有价证券。企业债券的发行人对企业债券的持有人负有按债券约定的期限偿付本息的义务。金融机构接受企业债券发行人的委托代理发行企业债券，根据《民法通则》第六十三条第二款的规定，应当由企业债券的发行人对金融机构的民事法律行为承担民事责任。因此，当企业债券的发行人未按约定期限偿付企业债券的本息时，债券持有人应当向企业债券的发行人和(或)担保人主张民事权利。如果债券推销人金融机构代企业债券发行人垫款向企业债券持有人兑付本息时，该推销人金融机构则成为债券持有人，亦应向企业债券的发行人和(或)担保人主张民事权利。以上意见，供参酌。

——《最高人民法院经济审判庭关于代理发行企业债券的金融机构应否承担企业债券发行人债务责任问题的复函》(1994年4月29日，法经〔1994〕103号)

1110

超范围发行股票而请求返还财产的案件，应当受理

关键词｜超范围发行股票｜请求返还财产｜

【最高人民法院答复】

湖北省高级人民法院：

你院鄂高法〔2005〕334号《关于原告罗佛英、凌秀英等2094人与被告湖北省荆江股份有限公司、中国银行荆州市沙市支行返还财产纠纷一案适用法律问

题的请示》收悉。经研究，答复如下：

根据1998年6月30日第247号国务院令发布施行的《非法金融机构和非法金融业务活动取缔办法》第十二条之规定，并参照2005年10月27日修订的《证券法》第一百八十八条之规定，原告罗佛英、凌秀英等2094人与被告湖北省荆江股份有限公司、中国银行荆州市沙市支行返还财产纠纷，系涉及超范围发行股票而请求返还财产的案件，属于平等民事主体之间的权益纠纷，依照《民事诉讼法（1991）》第一百零八条之规定，人民法院应当受理。

——《最高人民法院关于〈湖北省高级人民法院关于原告罗佛英、凌秀英等2094人与被告湖北省荆江股份有限公司、中国银行荆州市沙市支行返还财产纠纷一案适用法律问题的请示〉的答复》（2006年8月2日）

【链接：最高人民法院法官著述】

对此类案件中超范围发行内部职工股的行为是否属于非法集资，其行为是否有效，法院是否应当受理涉及此类请求返还财产的一般民商事案件以及有超范围发行股份行为的破产案件，如果受理应当如何处理超范围发行部分的股票持有人的权益等问题是目前民商事审判实务中的一个新问题。

最高人民法院民二庭认为，应当首先明确非法集资的概念，根据1998年7月13日中国人民银行公布试行的银发〔1998〕41号《关于取缔非法金融机构和非法金融业务活动有关问题的通知》的规定，非法集资是指单位或者个人未依照法定程序经有关部门批准，以发行股票、债券、彩票、投资基金证券或者其他方式向出资人还本付息或者给付回报的行为。它具有如下特征：（1）未经有关部门批准；（2）承诺在一定期限内给出资人还本付息；（3）向社会不特定对象即社会公众筹集资金；（4）以合法形式掩盖其非法集资的性质。而依地方体改委批准设立定向募集股份有限公司时，超范围向社会公众募集股份的行为虽然超出了批准的范围，但是该行为与非法集资中擅自发行股票的行为是有区别的，该行为并不符合非法集资的特点。但是，该行为违反了《证券法》《合同法》等法律、行政法规的相关规定，在募集程序上存在缺陷，应当认定该行为无效。

……最高人民法院民二庭倾向性意见认为，此类超范围发行股票而引起的请求返还财产的案件，属于平等民事主体之间的权益纠纷，理应由人民法院受理。《非法金融机构和非法金融业务活动取缔办法》原则上不适用于其实施以前发生的行为,仅适用于其实施后新发生或者仍然延续的行为,而且其中第十六条还规定:因非法金融业务活动形成的债权债务,由从事非法金融业务活动的机构负责清理清退。第二十一条规定:因清理清退发生纠纷的,由当事人协商解决;协商不成的,通过司法程序解决。由此可见,对此类案件法院应当受理。其次,证券募集是证券募集人与投资者订立的向投资者出售股份的合同行为,因此《合同法》的相关规定同样适用于此类纠纷的处理。根据《合同法》第五十八条规定,合同无效或者被撤销后,因该合同取得的财产,应当予以返还。合同被确认无效后,当事人有权基于物上请求权或者不当得利返还请求权,向人民法院起诉要求对方返还财产或者赔偿损失,人民法院也应当予以受理。再次,《证券法(2005)》第一百八十八条也规定,未经法定机关核准,擅自公开或者变相公开发行证券的,责令停止发行,退还所募资金并加算银行同期存款利息。该规定同样是当事人有权依法向作出无效行为的相对方请求其返还所募资金并加算利息的依据,人民法院也应受理。

——吴庆宝、赵穗军:《超范围向社会公众发行股票行为的定性与处理——关于原告罗佛英、凌秀英等2094人与被告湖北省荆江股份有限公司、中国银行荆州市沙市支行返还财产纠纷一案适用法律问题的请示答复之解析》,载最高人民法院民事审判第二庭编:《民商事审判指导》总第10辑,人民法院出版社2007年版,第95~104页。

1111

证券承销合同的主承销商先向发行人垫付认购股款,不构成变相的企业借贷

关键词 | 证券承销合同 | 垫付认购款 | 企业借贷 |

【最高人民法院裁判文书】

国信证券有限责任公司与西仪股份有限公司、西仪集团有限责任公司证券承销协议纠纷上诉案[最高人民法院(2003)民二终字第124号民事判决书]

最高人民法院认为:本案依附于确定主承销商协议的预付股款协议,是西仪股份和国信证券为使证券发行和上市更为顺利而订立的,所约定的内容是发行

人西仪股份在预设证券发行获得成功的前提下，向主承销商国信证券提前支取投资人认购证券的部分股款。协议双方商定由主承销商先垫付给发行人认购股款，证券发行成功后承销商再从本应是发行人的股款中扣收。该预付股款的行为本质是发行人预先使用自己的募集资金，与企业之间单纯拆借资金有着本质的不同，法律、行政法规没有对基于证券承销关系产生的预付股款行为予以禁止性规定，且本案预付股款协议内容是当事人之间的真实意思表示，故应认定为合法有效。西仪股份最终未能获得陕西省政府的额度批准，不能实现证券发行的目标，不是当事人主观意志所能控制，至少不是国信证券的原因所导致，故西仪股份、西仪集团在确定主承销商和预付股款协议失去了继续履行的基础之后，与国信证券协商签订的补充协议、担保合同以及会议经要，应当认定是确定主承销商和预付股款协议约定的法律关系而实施的行为，该行为皆应认定为合法有效的民事法律行为。一审判决关于本案所有合同均为有效的认定正确，应予维持。西仪股份和西仪集团提出的西仪股份与国信证券在尚未得到批准发行前提下，签订的预付股款协议是变相企业借贷，违反了法律规定应认定为无效的主张，是否认了双方确定主承销商协议、预期证券发行成功的合作基础与事实，而仅从事后和采用有利于自己的法律后果而得出的结论，既不符合本案事实也没有法律依据，不应获得支持。西仪股份基于合同无效的理由要求将其已偿还国信证券的本息折抵欠款本金的上诉请求，本院不予支持。

——最高人民法院民事审判第二庭编：《民商事审判指导》总第 5 辑，人民法院出版社 2004 年版，第 113～127 页。

【链接：最高人民法院法官著述】

依附于确定主承销商协议的《预付股款协议》与企业之间单纯的资金拆借行为比较，虽约定内容都有协议一方将资金交与另一方有偿使用，但该两种民事关系本质上存在着差异；(1)行为目的不同。资金拆借的拆借方纯粹是为了有偿使用出借方闲散资金，而出借方也纯粹是为了获取高于银行利率的回报；而本案预付股款主要是为双方为证券发行和上市更为顺利，发行人西仪股份在设想发行获得通过前提下而向主承销商提前支取投资人认购证券的股款。(2)行为方式不同。拆借是出借方以自己拥有的资金出借给拆借方；预付股款是协商由主承销商先垫付给发行人，证券发行成功后再从本应是发行人的股款中扣收，行为本质是在预期发行成功的情况下，发行人提前使用自己的募集资金。(3)民事关系发生的条件不同。单纯企业间资金拆借是一个独立存在的民事关系,并不以其他民事关系发生为前提;而本案《预付股款协议》是依附于发行人与承销商之间证券承销协议确立的民事关系而产生,换言之,如果当事人之间没有证券承销协议,则不可能发生预付股款行为。(4)规范行为的法律不同。纯粹企业间资金拆借,尽管是当事人真实意思表示,但目前仍为法律所禁止,应当认定行为无效;而预付股款行为,建立在双方证券承销关系基础之上,证券承销关系为法律所允许和鼓励,故预付股款行为则不应当为法律所禁止,且没有明文规定禁止该行为。综上,《预付股款行为》不同于资金拆借,不为法律所禁止,且是双方真实的意思表示,故应认定为合法有效行为。

——贾纬:《证券承销商预先支付认股款的性质以及国有股份转让认定标准——国信证券有限责任公司与西仪股份有限公司、西仪集团有限责任公司证券承销协议纠纷上诉案》,载最高人民法院民事审判第二庭编:《民商事审判指导》总第5辑,人民法院出版社2004年版,第113~127页。

编者说明

证券承销是指具有经营资格的证券公司接受证券发行人的委托,代理销售发行人向社会公开发行的证券,并依约取得一定比例手续费或者报酬的行为。证券承销是证券间接发行时所采用的发行方式。证券承销商是资金供给者和资金需求者之间的桥梁,具有顾问、购买、分销以及保护等职能,可以协助发行人从证券市场高效、便捷地筹集到所需要的资金。

1112

投资人将债券发行人风险提示义务及自身风险注意义务全部转嫁给推荐人承担,缺乏法律依据

关键词|债券发行人|风险提示义务|风险注意义务|

【最高人民法院裁判文书】

国泰君安证券股份有限公司与江苏昆山农村商业银行股份有限公司代理买卖金融债券合同纠纷再审案[最高人民法院(2005)民二再字第1号民事判决书]

裁判摘要:投资人对所投资品种负有风险注意义务,不能将购买证券公司推

荐的债券而遭受的损失归责于证券公司。投资人将债券发行人所应负有的风险提示义务及自身所应负有的风险注意义务，全部转稼给推荐人承担，缺乏法律依据。

最高人民法院再审审理认为：本案涉及昆山农商行信赖国泰公司推荐的投资品种而遭受损失，该损失应由谁负责的问题。首先，昆山农商行因债券不能兑付所遭受的损失是由于海南发展银行被关闭这个突发事件造成的，存在非当事人所能控制的因素。其次，投资人在作出投资决定前应对所投资品种进行全面分析和判断。昆山农商行作为投资人，对所投资品种负有风险注意义务，且昆山农商行作为专业的金融机构，其对于投资品种的风险判断能力和自我保护意识，远强于一般的公众投资者。昆山农商行在得知国泰公司推荐的债券后，立即作出购买决定，应当对自己行为造成的风险承担责任。昆山农商行认为国泰公司作为海发特债的推荐人，应对所推荐的债券品质及投资风险负责，而不是由投资人去自行判断，将债券发行人所应负有的风险提示义务及债券投资人所应负有的风险注意义务，全部加在推荐人身上，缺乏法律依据。因此，昆山农商行对于投资后果理应自行承担。

综上，国泰公司与昆山农商行签订的代理转让协议合法有效，双方形成代理买卖关系。国泰公司在履行协议过程中转让自己持有的面值 23599625 元海发特债无效，国泰公司为昆山农商行代理买卖面值 67849278 元海发特债归昆山农商行所有，昆山农商行向国泰公司支付购券款 6235 万元。其余内容双方按协议约定履行。2005 年 12 月 26 日，最高人民法院经审判委员会讨论决定并作出判决。

——苏泽林主编、最高人民法院审判监督庭编：《审判监督指导》总第 19 辑，人民法院出版社 2007 年版，第 59 ~ 70 页。

1113

承销商在向认购人代垫兑付债券本息后向发行人请求给付兑付款债权应受诉讼时效限制

关键词｜承销商｜代垫兑付债权｜诉讼时效｜

【最高人民法院裁判文书】

海南赛格国际信托投资公司管理人与海南机场股份有限公司、海口美兰国际机场有限责任公司合同纠纷申请再审案[最高人民法院(2015)民申字第1792号民事裁定书]

最高人民法院认为:(一)关于赛格公司向认购人代垫兑付债券本息后向发行人机场股份公司请求给付兑付款债权是否受诉讼时效限制。本案所涉债券属于面向不特定对象发行的企业债券,故根据《诉讼时效解释》第一条第(二)项的规定,债券最终认购人兑付债券款项本息的请求权不受诉讼时效限制。但承销商在向认购人代垫兑付债券本息后向发行人请求给付兑付款债权是否受诉讼时效限制,在该司法解释中并没有直接规定,仍存在两种解释的可能性。二审判决认定赛格管理人向机场股份公司请求支付垫付的兑付款债权属于一般债权,而不属于《诉讼时效解释》第一条第(二)项项下的请求兑付债券本息请求权的权利人,其兑付债券应当受诉讼时效限制,并不违背《诉讼时效解释》第一条第(二)项的规定,符合法律解释规则,本院认为该解释属合理解释。首先,《诉讼时效解释》对于债权请求权突破诉讼时效适用的一般性规则,而规定"向不特定对象发行的企业债券本息请求权"不适用诉讼时效,主要是出于公众利益的考虑,为了对这种债券的最终认购人的利益给予特别保护。其所说的"不特定对象"应是指最终认购债券的人。而赛格公司作为债券承销商,与最终认购人并非处于相同的地位,不应属于该条款所考虑保护的对象。其次,最高人民法院经济审判庭法经〔1994〕103号《关于代理发行企业债券的金融机构应否承担企业债券发行人债务责任问题的复函》虽然提到代发行人垫款向债券持有人兑付本息的债券承销人"成为债券持有人",但其在实质法律效果方面只是认可其"应向企业债券的发行人和(或)担保人主张民事权利"的法律地位。故此处"债券持有人"的意义应仅相当于取得向债券发行人请求兑付债券的权利。不能简单地以该复函所说的承销商"成为债券持有人",而认为承销商在各种法律意义上都具有与最终认购人同等的法律地位。最后,虽然实践中有法官倾向于债券承销商也应具有与债券认购人完全相同的法律地位,即其请求发行人支付垫付款的权利也不受诉讼时效限制,但在相关案件中该种意见并未上升为裁判理由和结果。赛格管理人所提供的其他相关案例也仅证明有关法院认可债券承销商垫付债券本息后成为持券人的观点,但在是否适用诉讼时效的问题上,有的裁判并未涉及,有的案例则明确应当适用诉讼时效,其中承销商权利得到保护的原因是没有超过诉讼时效。故赛格管理人所主张的承销商请求支付垫付款的权利不受诉讼时效限制的观点,并非是通行的裁判见解。综上,二审判决认为赛格管理人的债权请求权应受诉讼时效限制,并无不当。

——中国裁判文书网,http://wenshu. court. gov. cn。

(二)证券交易

1114

企业分支机构工作人员经授权申请取得证券交易中心席位后形成的民事责任的处理

关键词｜企业分支机构｜证券交易席位｜

【《最高人民法院公报》案例】

中国农业银行云南省分行营业部诉深圳国际信托公司等证券回购纠纷案[最高人民法院(2000)经终字第87号民事判决书]

裁判摘要:企业分支机构的工作人员,持分支机构代表人签署并加盖公章的授权文件,经申请和公示,取得证券交易中心席位,并以申请证券交易中心席位时备案的业务专用章及个人名章,所为的确认证券交易行为,在该分支机构撤销后,应由其所在的企业承担民事责任。

最高人民法院认为:原审法院从武汉证券交易中心调取的会员申请表、授权书、武汉证券交易中心印鉴片等三份证据表明,深圳国投的前分支机构深圳国际信托投资总公司国际证券投资基金部确曾向武汉证券交易中心申请交易席位,并将魏建华、陈航作为交易员向武汉证券交易中心申报。随后,该基金部当时的代表人陈灵签署文件确认魏建华、陈航系该基金部特派的场内交易出市代表,该文件即上述授权书,加盖该基金部的印章后向武汉证券交易中心出具,该意思表示已经在武汉证券交易中心公示。该基金部在武汉证券交易中心的档案材料表明,该基金部在上述申请表上填写"深圳国际证券投资基金部"为单位全称,以

"深圳国际证券投资基金部武汉交易中心业务专用章"及陈航、魏建华的名章为印鉴。故该基金部应对陈航、魏建华使用深圳国际证券投资基金部武汉交易中心业务专用章所为的民事行为承担责任。深圳国投上诉所称,武汉证券交易中心所出具的《武汉证券交易中心印鉴片》,不是深圳国投及深圳国际信托投资总公司国际证券投资基金部所预留。该陈述与事实不符,又无证据支持,本院不予采信。深圳国投上诉又称,从深圳国投及深圳国际信托投资总公司国际证券投资基金部的营业执照及内部机构设置看,深圳国际证券投资基金部武汉交易中心不是深圳国投及深圳国际信托投资总公司国际证券投资基金部的属下机构或内部机构,与深圳国投及深圳国际信托投资总公司国际证券投资基金部无关。深圳国投此观点的事实依据和论证方法均存在问题。一个企业设立分支机构或内部职能部门是否及时进行工商管理登记,以反映在该企业的营业执照中,有诸多因素。不能仅根据营业执照来确定一个企业行为时是否设立了这个部门或机构。即使法定应当登记而未登记的情况发生,未申报登记的企业并不因此免除民事责任。本案,深圳国际信托投资总公司国际证券投资基金部在武汉证券交易中心申请会员席位,系以深圳国际证券投资基金部武汉交易中心业务专用章印鉴备案,该基金部因此应当承担该印鉴的使用而产生的相应的民事责任。后该基金部被大鹏证券有限责任公司收购,且出售方深圳国投与收购方大鹏证券有限责任公司言明深圳国投基金部正式交接之前发生的债权债务仍由深圳国投所有。故深圳国投应对该基金部本案债务承担责任。深圳国投此观点既无事实根据,又无法律依据,本院不予采信。深圳国投上诉还称,深圳国投及深圳国际信托投资总公司国际证券投资基金部从未在工商银行武汉市分行新火车站办事处开过账户。证券代办处将款付入该账户,与深圳国投及属下单位无关。深圳国投此观点亦不能成立,因为,卖出买入单位证券代办处的款项,系根据买入卖出单位深圳国际信托投资总公司国际证券投资基金部指定的账户汇入的,深圳国投及深圳国际信托投资总公司国际证券投资基金部是否在工商银行武汉市分行新火车站办事处开过账户,并不影响对该笔款项已经交付深圳国际信托投资总公司国际证券投资基金部事实的认定。鉴于证券代办处已经交付购券款1300万元,深圳国投上诉所称农行云南营业部(即证券代办处)未履行合同,与事实不符,本院不予支持。关于深圳国投上诉提出的本案诉讼时效已过,农行云南营业部已经失去胜诉权的主张。本案,农行云南营业部对深圳国投有三笔债权,第一笔诉讼时效起算时间是1995年10月1日,第三笔诉讼时效起算时间是1995年10月30日。农行云南营业部在第三笔债务到期后,即开始就全案债权1300万元向债务人主张权利，基金部武汉交易中心于1996年7月31日归还20万元，此时，诉讼时效中断，诉讼时效期间应重新起算。深圳市天一实业股份有限公司于1997年1月4日至8月28日替基金部武汉交易中心归还了320万元，诉讼时效再一次中断。至1997年11月8日原审法院受理农行云南营业部的起诉，显然未超过诉讼时效期间。深圳国投该主张没有事实和法律依据，本院不予支持。

——《最高人民法院公报》2004年第5期

1115

证券营业部名义上是信托公司下属非法人机构，实质上仍属银行所有，银行应对营业部债务承担清偿责任

关键词｜证券营业部｜适格被告｜

【最高人民法院裁判文书】

中国建设银行股份有限公司陕西省分行与西安市长安区农村信用合作联社委托理财合同纠纷申请再审案[最高人民法院(2015)民申字第2713号民事裁定书]

最高人民法院认为：本案当事人争议的焦点问题是，一、关于建行陕西分行是否是本案适格被告，是否应当对开封信托西安营业部的债务承担责任问题。原审法院查明，1996年11月6日，中国建设银行西安市分行城中支行（以下简称建行城中支行）与开封信托公司签订《证券营业部转让合同》，约定建行城中支行将所属小寨证券营业部转让给开封信托公司。同日，双方又签订《补充协议》，约定建行城中支行将所属小寨营业部挂靠在开封信托公司名下，但所有权并不转移，小寨营业部形式上为开封信托公司所属非法人机构，实质上仍归建行城中支行所有。对于实际经营、管理开封信托西安营业部（原小寨营业部）的事实，建行陕西分行并无异议，但在一审、二审期间均主张案涉《委托投资国债协议》是在海南赛格实际控制开封信托西安营业部期间签订的，应当由海南赛格承担责任，与其无关。本案中，建行城中支行在与开封信托公司签订转让合同之后，不仅继续经营、管理开封信托西安营业部，还从该营业部收取上缴利润，而开

封信托公司并未参与该营业部的经营、管理,也未收取任何收益。上述事实表明,建行城中支行是开封信托西安营业部的实际控制人。开封信托西安营业部名义上是开封信托公司下属的非法人机构,实质上仍属建行城中支行所有。为将开封信托西安营业部转让给海南赛格,开封信托公司曾于1999年12月18日与海南赛格签订了《证券营业部转让合同》,但该转让合同因未获证监会批准而未生效,故开封信托西安营业部仍属建行城中支行所有。为解决开封信托西安营业部因违规经营而出现的重大风险问题,建行陕西分行受中国建设银行总行指定接管了该营业部,并根据中国证监会的要求对该营业部的债务进行了清理、清偿,清理、清偿完成后,建行陕西分行于2002年7月11日与开封信托公司、德恒证券有限责任公司(以下简称德恒证券公司)签订《协议》,约定建行陕西分行将开封信托西安营业部转让给德恒证券公司,同时约定原开封信托西安营业部的任何民事行为、负债(包括或有负债)、亏损以及产生的有关股民保证金、交易、账实不符、股民透支纠纷等遗留问题由建行陕西分行负责处理,德恒证券公司不就上述问题承担任何责任。因案涉《委托投资国债协议》签订于2000年1月4日,在建行陕西分行将开封信托西安营业部转让给德恒证券公司之前,且建行陕西分行在与开封信托公司、德恒证券公司所签《协议》中承诺对该营业部的债务承担清偿责任,故原审法院认定建行陕西分行是本案适格被告,应当对开封信托西安营业部的债务承担清偿责任并无不当。建行陕西分行关于其不是本案适格被告,不应当对开封信托西安营业部的债务承担责任的申请再审主张与事实不符,不能成立。

二、关于是否应当追加海南赛格、开封信托公司为本案共同被告问题。本案中,建行城中支行虽将小寨营业部(即开封信托西安营业部)转让给了开封信托公司,但该营业部仍由建行城中支行实际控制,开封信托公司并未参与该营业部的经营、管理,也未收取任何收益。建行城中支行虽拟将开封信托西安营业部转让给海南赛格,并以开封信托公司的名义与海南赛格签订了《证券营业部转让合同》,但该转让合同因未获证监会批准而未生效,该营业部仍属建行城中支行所有。建行陕西分行申请再审主张案涉《委托投资国债协议》是在其与海南赛格共同经营、管理开封信托西安营业部期间签订的,海南赛格应当参加本案诉讼并承担相应责任,该主张与其在一审答辩、二审上诉时所述“案涉《委托投资国债协议》是在海南赛格实际控制开封信托西安营业部期间签订的”事实不符,即便该事实属实,也不影响建行城中支行是开封信托西安营业部实际控制人的认定。上述事实表明,开封信托公司、海南赛格并非本案必须参加诉讼的当事人,在长安信用社仅主张建行陕西分行承担责任的情况下，原审法院未追加海南赛格、开封信托公司为本案共同被告并无不当。建行陕西分行关于应当追加海南赛格、开封信托公司为本案共同被告的申请再审主张无事实和法律依据，不能成立。

——中国裁判文书网，http://wenshu.court.gov.cn。

中国建设银行股份有限公司陕西省分行与陕西秦农农村商业银行股份有限公司莲湖支行委托理财合同纠纷申请再审案［最高人民法院（2015）民申字第2714号民事裁定书］；西安市雁塔区农村信用合作联社与中国建设银行股份有限公司陕西省分行委托理财合同纠纷申请再审案［最高人民法院（2015）民申字第2716号、2717号、2718号、2719号民事裁定书］

上述裁判理由与前引裁判文书基本一致（略）。

——中国裁判文书网，http://wenshu.court.gov.cn。

1116

证券公司在从事经纪业务时与投资者之间的关系应当界定为委托代理关系

关键词｜证券公司经纪业务｜委托代理｜

【最高人民法院答复】

辽宁省高级人民法院：

你院〔2010〕辽民二终字第8号《关于大连真龙贸易发展有限公司与宏源证券股份有限公司大连友好路证券营业部证券交易代理合同纠纷一案的请示》收悉。经研究，答复如下：

一、关于投资者与证券公司之间的法律关系问题

根据《证券法（2005）》第一百一十一条、第一百一十二条、第一百四十条、第一百四十一条之规定，在证券交易中，投资者应委托为其开户的证券公司代其买卖证券，证券公司接受投资者的委托并以投资者的名义申报买卖证券，证券交易行为的后果最终由投资者承担，故证券公司在从事经纪业务时与投资

者之间的关系应当界定为委托代理关系。证券公司为履行代理义务而占有的客户资金和证券等客户资产，系依《证券法(2005)》第一百三十九条之规定为客户利益而信托持有，投资者资金账户所得的利息收入，是证券公司代理存管客户交易结算资金的商业银行向其支付，投资者与证券公司之间并不存在存款法律关系。

本案中，根据你院请示报告中所述案情，大连真龙贸易发展有限公司与宏源证券股份有限公司大连友好路证券营业部签订了《证券交易委托代理协议书》及相关附属文件，真龙公司开设了资金账户及证券账户并汇入资金，该账户内发生了证券交易，因此，双方之间的法律关系应当认定为证券交易委托代理关系。

根据一审庭审查明的事实，真龙公司法定代表人李德林在开户时将交易密码告知甘国福并由甘国福操作交易，二人之间事实上存在委托理财关系，但这一委托理财关系，并不改变宏源证券友好路营业部与真龙公司之间的证券交易委托代理关系。

二、关于宏源证券友好路营业部的责任问题

本案中，甘国福作为宏源证券友好路营业部的负责人，接受真龙公司的委托为其买卖证券、出具保证资金收益月息2%的系列保证等行为，违反了《证券法(2005)》第一百四十三条、第一百四十四条、第一百四十五条的强制性规定，系无效民事行为。所附案卷中有材料表明，甘国福与李德林之间的理财关系始于2005年，而甘国福入职宏源证券友好路营业部的时间是2007年月7月，如此节属实，则甘国福的行为不构成表见代表或职务行为，宏源证券友好路营业部不应当为甘国福的个人行为承担民事责任。

——《最高人民法院关于大连真龙贸易发展有限公司与宏源证券股份有限公司大连友好路证券营业部证券交易代理合同纠纷一案的答复》(2011年11月20日，〔2011〕民二他字第23号)

【最高人民法院裁判文书】

大连真龙贸易发展有限公司与宏源证券股份有限公司大连友好路证券营业部证券交易代理合同纠纷申请再审[最高人民法院(2012)民申字第1474号民事裁定书]

最高人民法院认为：(一)关于二审判决认定的基本事实是否缺乏证据证明的问题。1. 关于甘国福用真龙公司账户进行股票交易行为的性质问题。从一、二审法院查明的事实来看，甘国福自2005年起即为李德林代理股票交易，真龙公司将涉案43395522.27元资金转入宏源证券友好路营业部并与之签订证券交易代理合同协议书后，李德林将其设置的股票交易密码告知甘国福，综合全案事实，可以认定真龙公司授权甘国福进行股票交易。甘国福的行为超越其职权范围，不应认定为职务行为，故其行为带来的后果不应由宏源证券友好路营业部承担责任。2. 关于真龙公司申请再审提出的数份证据的认定与采信问题。(1)甘国福出具的《保证书》落款时间为2007年7月20日，而真龙公司于2007年8月8日才将涉案款项转入宏源证券友好路营业部，故从《保证书》的时间上不能证明真龙公司主张的涉案款项系储蓄存款，且宏源证券友好路营业并无储蓄业务，甘国福个人出具的《保证书》不能代表宏源证券友好路营业部的意思表示。(2)落款时间为2008年7月1日的《存款证明》，只能证明真龙公司将有关款项转入宏源证券友好路营业部，并不能证明双方是储蓄存款关系。(3)落款时间为2007年9月21日的《资金对账单》和《声明》，内容却包括了2007年9月25日的资金情况；落款时间为2008年7月1日的《历史资金存取查询》和《证明》，内容却包括了2008年7月3日的情况，上述证据在时间上存在不合逻辑之处。而若确如真龙公司所主张的该两份证据实际出具时间为2008年8月，则该两份证据不具备形式真实性。(4)三份落款时间为2008年7月1日的《保证书》，同一天出具的三份《保证书》在格式、内容、落款单位方面均存在不一致之处，不合常理。二审判决未予采信上述证据并无不当。3. 关于真龙公司是否在宏源证券友好路营业部开立股票交易账户的问题。二审判决根据真龙公司授权李家旭办理证券账户开立及深沪股东账户事宜的2007年7月27日《授权委托书》、真龙公司与宏源证券友好路营业部于2007年7月27日签订的协议书、开户凭条、《客户交易结算资金银行存管协议书》，以及真龙公司于2007年11月27日从资金账户中取款73万元(支票存根中注明用途为保证金)、真龙公司的账户内发生过股票交易等事实，认定真龙公司在宏源证券友好路营业部开立股票交易账户，证据充分，并无不当。因此，二审判决认定真龙公司与宏源证券友好路营业部构成证券交易代理合同关系，有事实与法律依据。

——中国裁判文书网，http://wenshu.court.gov.cn。

1117

证券营业部为当事人开立了资金账户且账户内的证券类资产真实，资产所有权关系明晰的，可以判定为证券经纪客户

关键词｜证券经纪客户｜资金账户｜

【最高人民法院裁判文书】

航空证券有限责任公司、航空证券有限责任公司保定五四西路证券营业部与唐山开滦建设(集团)有限责任公司、开滦(集团)有限责任公司侵权纠纷案[最高人民法院(2006)民二终字第3号民事判决书]

最高人民法院认为:关于开滦建设公司为航空证券营业部的证券经纪客户的问题。本院认为,判定开滦建设公司是否为航空证券营业部的证券经纪客户的关键有二:其一,航空证券营业部是否为开滦建设公司开立了资金账户。其二,开滦建设公司证券营业部账户内的证券类资产是否真实,资产所有权关系是否明晰。在本案二审质证中,开滦建设公司向法庭举证证明航空证券营业部为其开立了资金账号为1029778的资金账户,并按上海证券交易所指定交易的规定,为开滦建设公司申报办理了指定交易。同时,航空证券营业部给开滦建设公司出具的《对账单》和《交割单》已载明"资金账号1029778、客户姓名开滦建设、证券账号B880903676";此外,开滦建设公司从中国证券登记结算有限责任公司上海分公司取得的投资者记名证券持有数量和投资者记名证券持有变动记录均载明证券账号B880903676内的证券由开滦建设公司持有。当然,本院已经注意到,开滦建设公司和航空证券营业部均未向法庭提交《证券交易委托代理协议》和《指定交易协议书》。就此一节,本院认为,根据中国证监会发布的《高风险证券公司账户清理工作指引》(证监风险办〔2005〕111号)规定,正常经纪数次账户根据其开户资料是否规范可以分为两大类,即开户资料规范的账户和开户资料不规范的账户。其中,开户资料不规范的账户是指开户资料不齐全或者电脑信息和实物资料对应不完全,但资金投入真实、资产所有关系明晰的账户。根据本案现已查明的事实,在航空证券营业部于2004年1月14日为开滦建设公司办理指定交易之前,开滦建设公司通过河北证券营业部的交易席位购买了03国债(1)30000手,可以说明其账户内国债所有权权属明晰,资金账户和证券账户对应清楚。在二审期间,航空证券营业部既未向法庭提交开滦建设公司的开户资料,亦未提交其没有为开

滦建设公司开立资金账户的证据,更未出可以否定开滦建设公司是证券账号为B880903676的证券账户和资金账号为1029778的资金账户的持有者的证据;加之,中国证券登记结算有限责任公司上海分公司投资者记名证券持有数量和投资者记名证券持有变动记录所载内容,与航空证券营业部向开滦建设公司出具的《对账单》和《交割单》所载内容相同。有鉴于此,本院认为,航空证券营业部给开滦建设公司出具的《对账单》和《交割单》,中国证券结算公司上海分公司投资者记名证券持有数量和投资者记名证券持有变动记录,以及开滦建设公司通过河北证券营业部的席位购买03国债(1)30000手的事实和证据,可以证明开滦建设公司是证券账户号为B880903676的证券账户和资金账号为1029778的资金账户的持有者,开滦建设公司是航空证券营业部的证券经纪客户。

——最高人民法院民事审判第二庭编:《最高人民法院商事审判指导案例·公司卷》,中国法制出版社2011年版,第474~485页。

1118

不具备代理买卖证券业务主体资格的代理人安排与其有隶属关系的当事人实际履行证券买卖代办协议,可以认定为实际代理关系

关键词|企业债券|代理买卖证券|

【最高人民法院裁判文书】

中国工商银行吉林省分行营业部与长春市商业银行企业债券垫付纠纷上诉案[最高人民法院(2001)民二终字第170号民事判决书]

最高人民法院认为:1992年期间,工行劳服公司与证券公司依据双方签订的《代办协议书》,分别向市人行提交了在原新兴信用社铁北分部设立证券代办处的申请书,据此,市人行以65号《批复》批准设立证券代办处。从工行劳服公司和证券公司在《代办协议书》和申请书中的意思表示及市人行的65号《批复》内容看,证券代办处是证券公司设在金融机构为委托代理证券业务的机构,其设立符合中国人民银行《代办点通知》的规定。证券公司上诉称原审判决认定证券代办处隶属于证券公司,忽略了其产生的背景、证券行业的特点、当事人双方的真实意思表示等主张,及长春市商业银行答辩认为证券代办处行政上归属工

行营业部,业务上接受证券公司管理的主张均不成立。由于证券代办处隶属于证券公司,对本案涉及到期的企业债券,证券公司应当首先承担兑付义务。根据长春市人民政府1999年债券专题会议精神,证券公司出资500万元兑付到期企业债券,属于向持券人履行兑付义务,长春市商业银行兑付到期企业债券,属于替证券公司垫付资金,证券公司对长春市商业银行垫付的24302984.30元资金,应当予以返还。

工行劳服公司虽然不具备代理买卖证券业务的主体资格,但其安排由与其有隶属关系的原新兴信用社铁北分部实际履行《代办协议书》,因原新兴信用社铁北分部是经市人行批准设立证券代办处的金融机构,具备代理证券买卖业务的主体资格,且《代办协议书》亦经过市人行审核批准,证券公司与原新兴信用社铁北分部依据《代办协议书》实际形成了委托代理关系,故应认定《代办协议书》有效。工行营业部主张工行劳服公司及原新兴信用社无资格设立证券代办处,其证券交易代办行为均属无效的主张不能成立。委托代理关系形成后,证券公司于1992年至1998年期间,先后与证券代办处和原新兴信用社铁北分部签订了53份发行协议,从53份协议的内容和履行情况看,无论53份协议上加盖的是证券代办处的公章,还是原新兴信用社铁北分部的公章,事实上均是由原新兴信用社铁北分部或新兴支行铁北营业室的工作人员实施了53份协议约定的内容,发行了企业债券,因此,应认定原新兴信用社铁北分部或新兴支行铁北营业室事实上接受了证券公司的委托和授权。证券公司上诉称其与长春市商业银行之间是代理关系,与证券代办处签订的协议并非自己与自己签订协议的观点成立;工行营业部上诉称原审法院在没有查明真假公章来源的情况下即支持了长春市商业银行主张的理由不能成立,本院不予采纳。上述53份协议涉及发行企业债券金额达14648.30万元。原新兴信用社铁北分部或新兴支行铁北营业室在经营证券代办处期间,除依据证券公司的上述53份协议指令发行企业债券外,还存在擅自发行和超发企业债券的行为,涉及金额达5623.40万元。经本案三方当事人核对,1992年至1998年期间,证券代办处不能兑付的到期企业债券资金为29302984.30元及其利息(该数额为长春市商业银行和证券公司兑付到期企业债券的资金数),证券代办处账户现存资金1954559.06元及其利息,现存账户资金冲减到期企业债券资金后为27348425.24元及其相应利息,该数额为证券公司所属证券代办处在委托经营期间发生的实际资金损失金额。

在证券代办处代理发行企业债券的过程中,虽然是履行证券公司与工行劳服公司、证券代办处签订协议,但实际上行使代理权经营证券代办处并实际操作债券买卖业务的是原新兴信用社铁北分部或新兴支行铁北营业室，在代理人原新兴信用社铁北分部变更期间，证券公司没有对委托事项按照合作银行筹备组在《金融时报》上发布公告的要求进行债权登记，在原新兴信用社由独立法人变更为长春市商业银行的分支机构新兴支行，新兴信用社铁北分部变更为新兴支行铁北营业室以后，证券公司对所签协议上加盖的已被注销了的原新兴信用社铁北分部的公章没有提出任何异议，证券公司的上述行为说明，其对经营证券代办处的委托对象和代理人的授权范围均不明确，对代理人的权利能力和行为能力没有尽到必要的审查和注意义务，其将业务用章和业务用纸等交与原新兴信用社铁北分部使用后，对证券代办处的经营活动长期疏于管理，对证券代办处出现的超发和自卖债券现象缺乏必要的监控。1996 年 5 月 25 日，市人行下发〔1996〕151 号文件，要求长春市人行批准设立的证券代办点必须于 1996 年 7 月 1 日前停办证券业务，摘掉代办牌匾，缴回《代办金融业务许可证》，实行代理证券业务一次性报批制，发行债券一律实行有纸化制度等。证券公司在违反上述文件规定的情况下，仍与证券代办处及原新兴信用社铁北分部签订了部分发行企业债券协议，授权违规发行企业债券。证券公司的上述行为是导致证券代办处经营管理混乱，形成资金损失的直接原因，证券公司应当对此承担主要责任。证券公司上诉称原审判决未能查明资金缺口的原因和资金去向，及超发债券的真正责任人，混淆了民事责任与行政责任概念的主张不能成立，本院不予支持；长春市商业银行答辩认为证券公司违反中国人民银行《代办点通知》的规定，与没有法人资格的原新兴信用社铁北分部签订合同，没有及时履行监管责任，应对后期的债券发行负有不可推卸责任的理由成立，本院予以采纳。原新兴信用社铁北分部或新兴支行铁北营业室利用代理发行企业债券之机，擅自超发和自卖企业债券，超越代理权限，对证券代办处出现的资金损失应承担次要责任。综合本案实际情况，本院确定委托人证券公司对证券代办处的实际资金损失 27348425. 24 元及其相应利息承担 80% 的责任，即 21878740. 19 元及其相应利息。鉴于证券代办处是由隶属于工行营业部的工行劳服公司直接参与设立的，工行营业部对证券代办处的业务有一定的监管责任，且证券代办处代理买卖证券业务是持续发生在工行营业部主管原新兴信用社期间，而在撤销原新兴信用社时，工行营业部和长春市商业银行对证券代办处的代理业务问题没有约定，本院确定工行营业部应当承担本案资金损失 15% 的责任，即承担 4102263. 79 元及其相应利息，长春市商业银行承担本案资金损失 5% 的责任，即承担 1367421. 26 元及其相应利息。工行营业部上诉称，原新兴信用社具有独立的法人资格，应独立承担民事责任,其入股长春市商业银行后,债权债务已经无条件转归长春市商业银行,对已经脱管的新兴信用社出现的资金损失与工行营业部无关等主张不能成立,本院不予支持。长春市商业银行答辩认为接收原新兴信用社时没有接收证券代办处的债权债务,新兴支行和新兴支行铁北营业室对债券业务没有签章和承诺,不应承担法律责任等理由不能成立,本院不予采纳。鉴于本案是多个诉的合并,证券公司应当返还长春市商业银行的资金与长春市商银行应承担的资金损失折抵后,证券公司应当返还长春市商业银行 22935563.04 元及其相应利息。

——最高人民法院办公厅编:《最高人民法院公布裁判文书(2003 年)》,人民法院出版社 2004 年版,第 143 ~ 163 页。

1119

证券营业部按规定为客户办理指定和撤销指定交易后,客户证券账户内的国债资金出现了变现并被用资人使用,与证券营业部的行为不存在必然因果关系

关键词|证券侵权纠纷|国债|委托证券交易|

【《最高人民法院公报》案例】

中国人寿保险公司成都分公司诉华隆公司等证券侵权纠纷案[最高人民法院(2004)民二终字第 137 号民事判决书]

裁判摘要:证券营业部按规定为客户办理指定交易和撤销指定交易后,客户证券账户内的国债资金出现了变现并被用资人使用的结果,应认定其符合客户意图,与证券营业部办理指定交易和撤销指定交易的行为不存在必然因果关系。

最高人民法院认为:中保人寿对于 1999 年 7 月 26 日转款 4000 万元到成都大鹏购买 000896 国债这一事实没有争议,本案主要争议的是 000896 国债买在了华隆公司的 617 证券账户上是不是中保人寿的意思表示。中保人寿认为 617 不是自己的上海证券账户,自己的上海证券账户是 B880217601,中保人寿没有同意用自己的钱款为华隆公司购买国债。而成都大鹏则认为,投资人以自己资金为他人的证券账户购买证券属普遍现象,成都大鹏是根据中保人寿的具体指

令将华隆公司的617证券账户下挂到中保人寿在成都大鹏开设的791293资金账户之下的,下挂证券账户的含义就是资金账户所有人允许下挂的证券账户使用其资金,而此后中保人寿又用只有其自己才掌握的交易密码,并且在明确选择或直接输入"617"号码后购买了国债,随后又申请撤销了617证券账户在成都大鹏的指定交易,使得华隆公司能够在其他证券公司处分该笔国债。尤其是中保人寿在委托成都大鹏购买4000万元国债时,其自己的B880217601证券账户已经被指定在中银国际证券公司,而根据上海证券交易所的规定,中保人寿不能同时在成都大鹏使用自己的B880217601证券账户购买000896国债,这种情况下中保人寿必须借用他人已经指定在成都大鹏的上海证券账户。下挂他人的证券账户购买国债后再撤销该证券账户的指定交易,将国债的处分权交给对方的操作方式,是当时进行资金拆借或委托理财的一种较为普遍的做法,张志勇的笔录和陈浩文的意见函以及2000多万元利息、收益的支付金额及来源,均反映出本案并非仅仅是购买国债,实际上是通过购买国债来完成将资金交付给邓勇炒股,中保人寿从中取得比单纯购买国债更高的收益。4000万元000896国债买在华隆公司的617证券账户上是不是中保人寿的真实意思表示,直接涉及对1999年7月28日《交易账户增加申请书》及同年8月10日《撤销指定交易申请表》等证据的恰当认定。1999年7月28日《交易账户增加申请书》的全部标题是《(资金、交易账户)增加、更改密码申请书》,由于存在多个选项,具体使用时必然要删去不涉及的选项。同时,无论标题的删改是何时所为,该申请表客观上反映了中保人寿在成都大鹏的791293资金账户与华隆公司的617证券账户之间的联系,在证券交易实务中,这种联系应当是表示可以使用791293资金账户中的资金为617证券账户购买证券。而且,原审法院依职权调取的《中国证券登记结算有限责任公司上海分公司账户指定和撤销指定登记记录》反映,本案4000万元国债购买期间,中保人寿自己的B880217601上海证券账户一直被指定在中银国际证券公司,中保人寿要实现其在起诉状中所称的用自己的4000万元在成都大鹏购买000896国债,客观上需要使用他人的、已经指定在成都大鹏的上海证券账户。又由于中保人寿已经取得确认价值4000万元的000896国债已经成交的《上海证券中央登记结算公司成都棉麻股东交易三联单》,表明中保人寿已经确知其委托成都大鹏购买的4000万元国债已经实际成交,这又说明中保人寿客观上已经实际使用了他人的上海A股账户。而中保人寿确认该申请书上公章的真实性,但对其B880217601上海A股账户已经被指定到其他证券公司期间,在不使用他人上海A股账户的情况下,如何能够委托成都大鹏购买到4000万元

000896 国债不能作出合理的解释，事实上这也不符合证券买卖的基本规则。因此，应当认定中保人寿作出了在其 791293 资金账户之下增加 617 上海证券账户的意思表示。原审判决对此节认定虽然不够准确，但认定中保人寿申请加挂 617 账户是符合本案实际情况的，本院予以认可。

1999 年 8 月 10 日《撤销指定交易申请表》分别存在"存根联"和"客户联"，"存根联"上有"617"字样及成都大鹏经办人、部门负责人和总经理的签字，而"客户联"上没有"617"及成都大鹏经办人、复核人和负责人的签字。本院认为，撤销证券账户的指定交易意味着可能放弃对一个证券账户及所购证券的控制，中保人寿作为一个管理制度严格的金融机构，其拿回公司存档的"客户联"应当是经过交易对方签字和盖章的一联，而且"客户联"上有证券公司人员签字的三个档目；同时，空白《撤销指定交易申请表》任何一个客户都是容易取得的，因此应当认定中保人寿向法庭出示的"客户联"缺乏客观性，同时应当推定中保人寿持有经成都大鹏人员签字的"客户联"。成都大鹏认为中保人寿之所以拒不出具该客观的"客户联"，原因是该联上同样也写有"617"内容，进而能够证明"617"内容的加注是得到中保人寿认可的。根据本院《民事诉讼证据规定》第七十五条的规定，"有证据证明一方当事人持有证据无正当理由拒不提供，如果对方当事人主张该证据的内容不利于证据持有人，可以推定该主张成立"。因此，本院推定中保人寿所持有的、真实的"客户联"上同样也写有"617"内容。另外，从该申请表的使用目的来看，其唯一用途就是撤销上海 A 股账户的指定交易，本该填写"证券账户：上海 A 股"的位置填写了"791293"，而"791293"是中保人寿在成都大鹏的资金账户，当时与该资金账户相连的只有一个上海 A 股账户，即为"617"，因此中保人寿的指向也应当是明确的，成都大鹏操作为撤销"617"的指定交易符合中保人寿的利益，不能认定违背了中保人寿的意思表示。中保人寿解释填写该申请表的目的是撤销其深圳证券账户，但该申请表的标题和内容仅仅涉及上海 A 股账户，完全不涉及深圳证券账户，而深圳证券账户不能进行撤销指定交易操作，中保人寿的解释有悖证券交易规则。因此，本院认为，填写、递交该申请表的目的是撤销已经完成以中保人寿的资金购买国债后的"617"证券账户在成都大鹏的指定交易。

同时，其后三年来中保人寿从未收到上海证券交易所派发到成都大鹏的国债利息，而由其自己向华夏证券和厦门证券的股民账户收取利息的事实也表明，中保人寿明知其在成都大鹏的 4000 万元资金或国债均已经不存在于成都大鹏。原审法院对张志勇所作的笔录和四川衡平律师事务所陈浩文律师《关于人寿保险公司四川分公司国债资金处理的意见函》，均分别反映了中保人寿与邓勇或其控制的华隆公司或北海银证公司之间直接存在包括本案4000万元在内的共计9000万元的资金有偿使用关系，该两份证据对这一情况的叙述互相吻合。此外，客观上三年的利息和收益也是由与邓勇控制的相关股民账户所支付。这三部分证据又与前述中保人寿增加、使用“617”证券账户及撤销“617”证券账户在成都大鹏的指定交易等一系列证据相互印证，进一步证明了使用华隆公司“617”证券账户正是中保人寿自己的行为，并非成都大鹏擅自实施的侵权行为。其后三年中，中保人寿仍使用791293资金账户接受邓勇支付利息的行为，证明与其所称当时是申请撤销该资金账户相矛盾，更进一步证明成都大鹏为中保人寿办理撤销“617”账户指定交易的行为，与中保人寿4000万元国债损失之间并无因果关系。

至于在资金账户下挂他人证券账户是否违法，这属于应当由证券监管机构处理的行政法律范畴的问题，不影响中保人寿与成都大鹏之间根据委托指定交易协议、撤销指定交易申请确认民事责任的承担，不属于本案考虑的问题。本院认为，中保人寿与成都大鹏通过签订《证券交易委托协议书》建立了委托代理法律关系，中保人寿依法应当对委托成都大鹏实施的行为承担民事责任。中保人寿将华隆公司“617”增加到其791293资金账户下购买国债，使中保人寿名下的4000万元资金变成了华隆公司名下的4000万元国债，此后中保人寿撤销“617”账户在成都大鹏的指定交易，彻底放弃了对“617”证券账户的实际控制，这正是导致华隆公司得以在厦门证券重新设定“617”账户的指定交易，并将其下挂在股民雷少成账户下作为子账户卖掉全部国债的直接原因。华隆公司未参与本案诉讼，本案中亦没有明确、充分的证据证明存在着国债处分后炒股的风险应由中保人寿自己承担的约定，原审法院判决华隆公司返还抵扣相应收益后的37831111.11元资金及相应利息正确，应予维持。华隆公司取得并能够处分本案中的4000万元国债，是中保人寿自己的行为所造成；成都大鹏并未违背中保人寿的指令，也没有实施对中保人寿的欺诈行为；其按照申请办理撤销指定交易的行为，与中保人寿的款项损失之间并不存在近因，不构成行为与损失之间的因果关系。根据《民法通则》第六十三条的规定，作为代理人的成都大鹏按照中保人寿的要求实施代理行为的民事责任应当由中保人寿承担。

此外，重庆大鹏与中保人寿签订资产委托管理协议书时中保人寿在成都大鹏的国债早已被华隆公司指定到了厦门证券并被变卖，中保人寿自始未将协议书中所约定的000896国债实际交付给重庆大鹏，且488万元高额收益也并非重庆大鹏直接支付，亦没有证据证明系他人代重庆大鹏支付，故该份协议书应认定为并未实际履行。2002 年 3 月重庆大鹏向中保人寿出具承诺书时,中保人寿的资金亦早已被华隆公司所占用,故该承诺书与中保人寿的经济损失之间亦并无直接因果关系,重庆大鹏对中保人寿的损失不应承担责任。

——《最高人民法院公报》2005 年第 8 期

1120

证券营业部擅自对客户账户采取指定交易构成侵权,应当承担赔偿责任

关键词 | 股票侵权纠纷 | 指定交易 |

【最高人民法院裁判文书】

杨耀民与南京市证券公司鸿利营业部和南京市证券公司股票侵权纠纷上诉案[最高人民法院(2000)经终字第 135 号民事判决书]

最高人民法院认为:鸿利营业部对杨耀民在上海证券交易所股东账户采取指定交易,是因为杨耀民在 1994 年 8 月 9 日前在该部透支了 8098.73 元。鸿利营业部以自己的电脑打印单来证明杨耀民透支,因该电脑打印单属单方举证,杨耀民对此否认,且与调取的资料不能印证,故以此认定杨耀民透支依据不足。鸿利营业部在未取得杨耀民委托的情况下,擅自对杨耀民的股东账户采取指定交易,其行为已构成侵权。但依据查明的事实,鸿利营业部卖出杨耀民的三种股票是受杨耀民委托。首先,杨耀民 1994 年 8 月 9 日填写了上述三份委托书的大部分内容,并提供给鸿利营业部。据此,杨耀民委托鸿利营业部卖出股票的意思表示是明确的。其次,1994 年 8 月 9 日,杨耀民因股东账户被指定交易而去鸿利营业部交涉,双方经协商达成了处理意见,故杨耀民此后提供委托书是有原因的。否则,杨耀民无须与鸿利营业部协商并达成协议。在双方对股票争议已解决的情况下,即使没有上述委托书,因鸿利营业部已给予杨耀民赔偿,其自然取得上述股票的处分权,因此,鸿利营业部不存在盗卖杨耀民股票的问题。鸿利营业部称,其给付的 113 万元款额中,包括了杨耀民股票本金。杨耀民对此否认,但其对股票账户被指定交易产生了哪些损失,鸿利营业部给付的 113 万元是什么款项等问题,无法作出解释。在此情况下,杨耀民所提赔偿损失之请求,应以

其股票贬值数额或被指定交易时可能卖出的较高价格与买入时价格的差额为赔偿范围。鸿利营业部给付杨耀民的113万元中,既包括了杨耀民股票本金,也包括给杨耀民的相应赔偿金,即鸿利营业部与杨耀民之间的争议已经全部解决。杨耀民关于鸿利营业部盗卖其股票,应赔偿其巨额经济损失的上诉请求,不能成立,应予驳回,原审判决认定事实清楚,适用法律正确,判处适当,应予维持。

——李国光主编、最高人民法院民事审判第二庭编:《民商审判指导与参考》总第2卷,人民法院出版社2003年版,第200~208页。

1121

证券经营机构在办理投资者提款手续时应当核对身份证、股东账户卡和资金卡,原则上应由本人提取,并由提款人在取款凭证上签名

关键词|投资者提款|取款凭证|

【最高人民法院裁判文书】

航空证券有限责任公司、航空证券有限责任公司保定五四西路证券营业部与唐山开滦建设(集团)有限责任公司、开滦(集团)有限责任公司侵权纠纷案[最高人民法院(2006)民二终字第3号民事判决书]

最高人民法院认为:关于开滦建设公司是否收取了航空证券营业部支付的4046209元资金的问题。本院认为,根据中国证监会《关于健全查验制度防范股票盗卖的通知》第六条关于"证券经营机构在办理投资者提款手续时应当认真核对身份证、股东账户卡和资金卡,原则上要求由本人提取,并在核对其账户后,由提款人在取款凭证上签名,对大额提款应由证券营业机构的业务负责人签字后方可提取"之规定,判定开滦建设公司是否收取了航空证券营业部的资金的关键在于,开滦建设公司是否作为提款人在取款凭证上签名。原审法院已经查明,本案航空证券营业部所提交的证据虽然显示有的取款、存款凭证的客户名称为开滦建设公司,但并没有开滦建设公司的签章,而且部分证据系其单方制作的内部凭证。另外,从航空证券营业部提供的工商银行业务委托书(回单)载明的内容看,收款人均为河北证券营业部,而航空证券营业部与河北证券营业部之间的资金往来与开滦建设公司并无关联,无法判定上述证据与本案的事实具有关联性。

尽管航空证券营业部在二审期间提交若干证据线索,旨在说明2003年8月至2004年12月份期间航空证券营业部与河北证券营业部存在资金往来,但由于证据线索并非《民事诉讼法》第六十三条所规定的证据形式,且开滦建设公司在质证上对证据线索内容的真实性及复印件不予认可;加之,因开滦集团在本案中没有诉讼地位,即便有充分证据表明航空证券营业部的上述资金流向与开滦集团有关,或者说航空证券营业部向开滦集团支付了若干资金,亦是另一法律关系,当事人应通过另案解决。因此,综观本案现有证据和已经查明的事实,不能证明开滦建设公司已经收取了该4046209元清算资金,故航空证券营业部关于开滦建设公司已经收取了航空证券营业部支付的4046209元清算资金的主张,本院实难予以支持。

——最高人民法院民事审判第二庭编:《最高人民法院商事审判指导案例·公司卷》,中国法制出版社2011年版,第474~485页。

1122

证券营业部在经办代理业务过程中违规操作致客户财产损失的,应当承担过错责任

关键词|证券营业部|代理业务|过错责任|

【《最高人民法院公报》案例】

王高武诉云集路证券营业部股票纠纷案(湖北省宜昌市中级人民法院二审民事判决书)

宜昌市中级人民法院认为:本案双方争议的焦点是,清密、出卖股票和提取资金是否为上诉人王高武所为。《民事诉讼法》第六十四条第一款规定:“当事人对自己提出的主张,有责任提供证据。”王高武向一审法院提交了不是本人签名、预约提款和取款之日本人都不在宜昌的证据,用以支持“非王高武所为”的主张。被上诉人云集路营业部提交了内部职工的证言,用以支持“是王高武所为”的主张;并以如果非王高武所为,则预约取款单和取款凭条上留下的身份证号码、股东代码怎么可能与王高武使用的一致来反驳对方。对双方提交的证据综合评判:王高武的证据与法院在审理过程中收集的公安机关笔迹《鉴定结论》能相互印证,因此应当认为对“非王高武所为”的主张,王高武已经尽到举证责

任。云集路营业部的证据，不仅因来源于与本案有利害关系的内部职工而不具有充分的证明力，且因与笔迹鉴定结论相矛盾而不能采信。即使身份证和股东代码卡从未丢失，身份证号码和股东代码也不是除本人以外其他人无法知晓的绝密信息。因此取款预约单和取款凭条上填写的号码与王高武使用的一致，不能证明"是王高武所为"。云集路营业部要以此为由来反驳对方，还需提交确凿的证据。这个问题不是王高武的主张，不能倒置由王高武承担"为什么一致"的举证责任。云集路营业部没有充分的证据来证明"是王高武所为"，只能认定其主张不成立。

除此以外，按照被上诉人云集路营业部执行的《代理业务操作规程》的规定，客户办理清密，必须由客户持本人身份证及股东代码卡并填写清密申请书，由操作人员认真审核后方可办理。因此在办理清密手续后，客户填写的清密申请书就成了云集路营业部应当提供、也可以提供的证据。云集路营业部不能提供清密申请书来证明自己的主张，不仅再一次说明其主张不成立，还说明其未按规定的程序进行清密。密码是保障投资者权益的一种手段，清密涉及投资者利益。云集路营业部未按规定的程序进行清密，从而为王高武账户的资金被取走创造了条件。云集路营业部对此应承担过错责任。

《代理业务操作规程》还规定，客户支取保证金应持本人身份证及股东代码卡原件办理，提款人应在取款凭条上签名。据此应当认为，在取款凭条上签名的提款人就是客户本人，或者是持有客户委托手续的客户代理人。在被上诉人云集路营业部提交的8月9日取款凭条上，虽然签署的名字是"王高武"，但却不是上诉人王高武本人书写，而且取款凭条上既不附有王高武的委托书，也没有代理人的姓名和身份证号码。这个情节证明，云集路营业部在办理本案大额取款预约及取款业务过程中，存在着对证件审查不严的过错。

《民法通则》第一百零六条第一款规定："公民、法人违反合同或者不履行其他义务的，应当承担民事责任。"第一百一十七条第一款规定："侵占国家的、集体的财产或者他人财产的，应当返还财产，不能返还财产的，应当折价赔偿。"第三款规定："受害人因此遭受其他重大损失的，侵害人并应当赔偿损失。"《证券法(1998)》第一百九十二条也规定："证券公司违背客户的委托买卖证券、办理交易事项，以及其他违背客户真实意思表示，办理交易以外的其他事项，给客户造成损失的，依法承担赔偿责任，并处以一万元以下十万元以下的罚款。"

被上诉人云集路营业部作为上诉人王高武的指定代理商，负有保障王高武账户股票及资金安全的义务。云集路营业部在经办代理业务的过程中违规操作，未经严格审查并履行相关手续，对王高武账户轻率办理清密、大额取款预约及取款业务，致王高武账户股票被卖、资金被取走，在没有充分证据证实"是王高武所为"或"是王高武委托他人所为"的情况下，应当赔偿王高武被取走的资金，并按同期银行存款利率年息2.25%承担利息损失。同时，对王高武因处理该纠纷的误工费及相关差旅费损失，云集路营业部也应酌情赔偿。

——《最高人民法院公报》2001年第5期

1123

证券公司人员违法犯罪和客户过错致资产损失，"一边倒"的认定不当，应当查明事实、分清责任

关键词｜证券公司｜过错责任｜

【最高人民法院裁判文书】

中信证券股份有限公司与重庆华能石粉有限责任公司证券经纪合同纠纷案［最高人民法院（2011）民提字第293号民事判决书］

裁判要旨：本案是国家处置证券公司风险政策措施出台之前发生的事实和纠纷。证券公司与客户经纪合同关系下，证券公司内部人员违法犯罪和客户自己过错致客户资产损失，"一边倒"的认定和裁判均有错误，而应查明事实、分清责任。即证券公司应当承担哪些民事责任，客户是否有过错应否自行承担部分责任。

最高人民法院再审认为：

（一）关于客户与券商之间的民事法律关系

证券交易是以证券公司为主的交易所会员单位入场进行的，所有投资主体须与会员签订指定交易协议，在会员名下通过会员拥有的交易通道下达交易指令而完成。凡是买卖在证券交易所挂牌集合竞价和交易的股票、债券和基金等投资品种，都需以自己的股东账户到证券公司营业部开设资金账户，故投资主体必然要与证券公司发生经纪合同关系。新旧《证券法》对客户与券商之间民事法律关系的规范是一致的。

本案华能公司与中信证券之间发生的是客户与券商经纪合同民事法律关系。1998年11月5日，华能公司以其财务科长刘焕敏名义在中信证券较场口营

业部开设0050资金账户并购买了国债,该事实证明华能公司与中信证券之间建立了客户与券商之间经纪合同民事法律关系。当事人双方虽未提交1998年11月开户的相关合同证据,但不能因此否定双方的经纪合同民事法律关系。重庆市高级人民法院再审认定双方1998年11月签订指定交易合同和电话委托交易合同,约定以柜台交易和电话委托的方式交易上交所的挂名证券等事实,华能公司并无异议。本案没有证据证明华能公司与中信证券较场口营业部建立过除客户与券商经纪合同民事法律关系以外的其他民事关系。2002年1月1日,罗劲松以中信证券较场口营业部名义与华能公司签订的“委托资产管理协议”和“委托资产管理协议补充协议”,原一、二审和重庆市高级人民法院再审认定是伪造公章伪造签名订立的无效合同正确,即不能根据该委托协议确认华能公司与中信证券较场口营业部发生了委托理财民事关系。华能公司关于其未与中信证券营业部建立证券买卖委托关系的答辩意见成立,本院予以支持。

(二)客户交易密码以及罗劲松行为的民事认定

金融机构客户身份识别,是指银行、证券和保险等金融机构通过开户时客户真实身份资料登记和设立相关密码,从而建立客户对应专用的保护制度。证券市场自建立起,即有客户身份识别制度。密码是进入客户账户的钥匙,是客户进行证券交易必要前提。根据相关规定和开户操作流程,账户密码是由客户在开户过程中自行设置的,该密码只能由客户本人知悉。证券交易只认密码而不管谁在实际操作,通过密码进行的股票交易,其后果由客户承担。密码不仅是交易权限、而且是确保投资者账户资金安全的关键手段,投资者在开户后应对资金密码和交易密码妥善保管。

华能公司以刘焕敏名义开设了0050资金账户,虽然不能具体确定华能公司办理开户手续的人员,但不能以此否定该资金账户已实际开设并设有密码。根据罗劲松在公安机关的供述,是罗劲松为0050资金账户设置了初始密码并且告诉了华能公司人员,该密码一直没有改动且一直为罗劲松操作使用。华能公司以0050资金账户不是自己开设、也不知道该账户密码,抗辩其不应承担对自己资金账户密码及资金安全的保护义务,缺乏法律依据,本院不予支持。

罗劲松操作华能公司资金账户和侵占该账户资金,违反了证券法、刑法的禁止性规定,属于违法犯罪行为。本案没有直接证据证明中信证券较场口营业部对罗劲松实施的违法犯罪行为事先授权或事后追认,间接证据仅有罗劲松在公安机关讯问笔录中称其行为经过马建生同意。该间接证据是孤立的,没有其他相应证据与之形成证据链从而佐证中信证券较场口营业部指派罗劲松为华能公司理财交易。罗劲松在华能公司资金账户下挂多个他人股东账户并操作华能公司资金账户，中信证券较场口营业部应当知道，其没有制止罗劲松，应当承担相应管理责任，但不能因此认定其授权或追认罗劲松代表该营业部与华能公司发生委托理财行为。

从本案查明的事实看，罗劲松通过前妻认识何瑞兰，就购买国债理财事项达成合意，以华能公司名义进行投资；华能公司被罗劲松和何瑞兰说服，董事会通过购买国债进行理财增加收益决议；华能公司董事会委托何瑞兰全权办理刘焕敏资金账户证券投资事宜；刘焕敏资金账户开设并购买了国债，何瑞兰认可罗劲松长期操作刘焕敏名下的华能公司资金账户；华能公司基于对何瑞兰、罗劲松抑或对中信证券营业部的信任，在长达近四年里对自己资金账户未予关注；何瑞兰在罗劲松数次追加资本金请求后，不仅没有查询华能公司资金账户投资状况，而是帮助罗劲松说服华能公司追加了500万元，甚至自己还以重庆建设投资公司的2000万元资金转入华能公司资金账户；何瑞兰是重庆建设投资公司的财务处长，应当具有谁的资金入谁的账、如果资金要入他人账户则必须有合法依据的财务常识；罗劲松在华能公司资金账户中使用该2000万元期限届满，何瑞兰和罗劲松又以伪造的华能公司董事会的印章将华能公司资金账户中的2110万元划转至重庆建设投资公司。上述事实表明，华能公司董事会特别授权何瑞兰作为华能公司资金账户证券投资的具体经办人，其委托并放任罗劲松自行操作华能公司账户，因此造成的交易损失，华能公司应自行承担相应责任。

（三）本案民事责任划分

中信证券较场口营业部如管理规范，及时发现并且制止罗劲松的违法行为，客观上可以避免华能公司的损失。但其对自己员工长期违法行为失于监督管理，丧失了职责，违反了行政管理规定，不仅产生行政责任，而且也应对华能公司的损失承担相应民事责任。何瑞兰认可和授权罗劲松的违法行为，故因罗劲松违法交易产生的损失，华能公司应自行承担部分责任。根据过错与责任相当的原则，本院酌定中信证券对华能公司4665931.60元交易损失承担50%赔偿责任。

罗劲松将华能公司的236.1万元转入挂在华能公司资金账户下的李德洪、张真义、刘孝全三人股票账户中，以自己的照片加上该三人的真实信息伪造了李德洪、张真义、刘孝全三人身份证，然后其利用职务便利在中信证券重庆双桥营业部直接办理该三人与中信证券的撤销指定交易协议，再分别与广东证券、广发证券和银河证券三家证券公司办理指定交易协议，完成了华能公司资金账户的证券向李德洪、张真义、刘孝全三人股票账户转入的侵占行为，最后变现据为己有。罗劲松以自己照片同时伪造成三人身份撤销华能公司资金账户指令交易的过程，中信证券存在明显过错，客观上导致了罗劲松犯罪行为的完成，故中信证券应当对罗劲松该犯罪行为致华能公司的损失236.1万元承担赔偿责任。

——最高人民法院民事审判第二庭编：《商事审判指导》总第30辑，人民法院出版社2012年版，第232～236页。

1124

证券公司进行违规融配资形成的经纪账户透支，弥补透支资金应用于减少客户证券交易结算资金缺口

关键词 | 证券公司风险处置 | 被处置证券公司 |

【最高人民法院答复】

一、证券公司风险处置中，融、配资指被处置证券公司为收取高息，融出资金给客户作证券交易，或直接允许客户账户透支交易，或在向客户融资的同时要求客户配比部分资金作为融资担保，配资资金与融资资金共同存入客户账户由客户进行证券交易，融资到期后客户向证券公司归还本息。融、配资是被处置证券公司开展的非法业务，实质上是从客户交易结算资金总账户中挪用资金用于向客户融资并收取高息。从证监会提供的说明中也表明，由于新疆证券的自有资金早已枯竭，新疆证券的内部转账操作并未发生真实对应的资金划转，增加资金账户余额允许客户进行证券交易，实际上是挪用客户交易结算资金总账户资金。

二、根据《被处置证券公司账户清理指引》（证监风险办〔2007〕84号办）规定，“对于由证券公司进行违规融配资形成的经纪账户的透支，与客户取得联系，要求其尽快弥补透支，待透支弥补后，将其账户归入正常经纪类账户，弥补资金用于减少客户证券交易结算资金缺口”。以及证监会《关于证券公司行政清理工作中有关问题处理意见的通知》（证监办〔2007〕56号）进一步明确，行政清

理(算)组应督促客户及时弥补透支,弥补透支后账户纳入正常经纪类账户。

——《最高人民法院关于商请协调新疆证券破产管理人退回相关客户交易结算资金的函的复函》(2011年11月18日,〔2011〕民二他字第19号)

1125

证券经营部为客户股票交易提供融资借款,未经客户同意强行平仓,造成客户资金损失的,应根据过错承担赔偿责任

关键词 | 融资借款 | 强行平仓 | 赔偿责任 |

【最高人民法院答复】

辽宁省高级人民法院:

你院请示收悉,经研究,答复如下:

中国银行辽宁省分行原所属的沈阳证券交易经营部为客户在股票交易中提供融资借款并收取高额利息,是违反我国金融和股票管理法规的行为,应认定无效。融资借款与客户买卖股票属不同的法律关系,借款行为无效并不影响客户股票交易行为的合法性。证券经营部未经客户同意,强行平仓,造成客户资金损失,应承担赔偿责任。同时,客户透支进行股票交易,在股市持续下跌的情况下,可能将交易风险转移到证券经营部,其拒绝接受证券经营部平仓还款的通知,也有过错。因此,应认定双方当事人对造成的损失均有过错,主要过错在证券经营部。

赔偿数额可为客户持有的股票买入价与证券经营部平仓市卖出价之间的差价总额及该笔资金自卖出之日起至给付之日止的利息。

——《最高人民法院关于杜妍与中国银行辽宁分行股票及侵权纠纷一案的复函》(2000年4月17日,〔2000〕经他字第1号)

1126

客户交易结算资金专用存款账户项下资金的法律性质

关键词 | 客户证券交易结算资金 |

【最高人民法院司法政策】

客户交易结算资金又称客户或者股民保证金,是指客户在证券经营机构中存放的专门用于买卖证券的资金,客户交易结算资金属于客户的财产,不是证券机构对客户的负债。由于历史形成的原因,证券经营机构大量挪用客户交易结算资金,导致客户交易结算资金出现大量缺口,甚至灭失。客观上形成客户与客户之间,客户与证券经营机构债权人之间的利益冲突。当前,客户交易结算资金法律性质的确定成为影响金融机构退市工作顺利进行的一个瓶颈,必须尽快予以解决。金钱作为一般等价物在传统民法理论中具有所有与占有一致的属性,但是,随着交易形式发展的多样性,出现了以金钱提供担保的客观需求,将金钱特定化后,使其具备担保的功能,在这种交易形式下,货币虽然转移占有,但由于其与占有人自有资金相对独立,并且是可识别的,基于当事人之间的交易安排,权利人并不丧失已转移货币的所有权,出于保护权利人的目的,应当确认当事人的这种安排,客观上使货币的占有与所有相分离。但是这种分离必须具备以下条件:一是依法律的规定、当事人的明确约定或者交易的性质,资金的所有权不随占有的转移而转移;二是有独立的账户或者其他保管方式足以保证不与占有人或者其他人的金钱混同。客户交易结算资金也只有满足了以上两个条件,客户的所有权才能得以行使。人民法院在审理和执行涉及客户交易结算资金案件时,应当正确认定客户与证券经营机构之间是物权关系还是债权关系。人民法院在执行案件时,不得将客户交易结算资金专用存款账户项下的款项用于清偿证券经营机构的债务。证券经营机构利用该账户从事自营业务并将自有资金与该账户项下的资金混同的,应由证券经营机构举证证明该账户项下归该机构所有的款项数额,人民法院可以执行该款项清偿证券经营机构的债务。如果证券经营机构不能证明其自有资金的数额,人民法院可以执行超出客户交易资金数额的部分用于清偿证券经营机构的债务。证券经营机构挪用客户交易结算资金专用存款账户项下的款项导致该资金灭失,客户向该机构主张侵权损害赔偿或者依据其与该机构的合同主张违约赔偿的,人民法院应予支持。证券经营机构破产时,客户对其所有的交易结算资金主张取回权的,人民法院应予支持。客户交易结算资金专用存款账户的款项不足以支付全部客户交易结算资金的,客户可依据其所有的交易结算资金的数额按比例取回,不足部分可作债权申报。但是客户交易结算资金专用存款账户项下的资金被挪用灭失,客户主张取回权的,人民法院不予支持,客户可以其所有的客户交易结算资金的数额作债权申报。

——人民法院民商事审判工作防范金融风险座谈会文件:《进一步树立大局意识,正确发挥审判职能作用,为维护金融安全和社会稳定提供有力的司法保障》,载最高人民法院民事审判第二庭编:《民商事审判指导》总第5辑,人民法院出版社2004年版,第6~7页。

1127

证券公司对客户交易结算资金拥有管理权,同时负有保证资金完整的责任,对客户结算资金的侵权行为有权主张救济

关键词 | 证券公司 | 客户证券交易结算资金 |

【《最高人民法院公报》案例】

天同证券有限责任公司清算组与恒丰银行股份有限公司、恒丰银行股份有限公司济南分行、恒丰银行股份有限公司烟台青年路支行返还扣划结算资金纠纷案[最高人民法院(2007)民二终字第147号民事判决书]

裁判摘要:一、根据《证券法(2005)》第一百三十九条第一款以及《客户交易结算资金管理办法》第二十一条、第二十二条的规定,证券公司对于客户交易结算资金拥有管理权,同时负有保证客户交易结算资金完整的责任。任何针对客户交易结算资金的侵害行为,证券公司都有权并且有责任主张救济。当证券公司被责令关闭、进行行政清理后,由证券监督管理机构指定成立的行政清算组相应取得证券公司对保证客户交易结算资金完整的权利和义务。

二、客户交易结算资金具有保证与证券交易对方足额交收的作用,故该资金负担有其他优先权利,必须保证该资金的完整性。当证券公司对其管理的客户交易结算资金专用账户所在的银行负有债务时,银行不能直接从该账户中扣划客户交易结算资金以实现自己的债权。

最高人民法院认为:一、关于天同证券清算组是否有权主张恒丰银行返还扣划的证券交易结算资金,也就是天同证券清算组是否具备原审原告主体资格的问题。天同证券管理的客户交易结算资金确实不属于该公司所有,但是,1999年7月1日施行、2004年8月28日修订的《证券法》第一百三十二条规定:“综

合类证券公司必须将其经纪业务和自营业务分开办理，业务人员、财务账户均应分开，不得混合操作。客户的交易结算资金必须全额存入指定的商业银行，单独立户管理。严禁挪用客户交易结算资金。”第二百一十二条规定：“本法关于客户交易结算资金的规定的实施步骤，由国务院另行规定。”2005 年 10 月 27 日修订的《证券法》第一百三十九条第一款规定：“证券公司客户的交易结算资金应当存放在商业银行，以每个客户的名义单独立户管理。具体办法和实施步骤由国务院规定。”《客户交易结算资金管理办法》第二十一条规定：“证券公司、结算公司、存管银行、结算银行根据证监会要求或遇到客户交易结算资金专用存款账户、清算备付金专用存款账户、验资专户出现重大异常情况时，应当及时向证监会报告。”第二十二条规定：“证券公司应当对客户交易结算资金集中统一管理。证券公司下属证券营业部收到的客户交易结算资金，除留足日常备付的部分外，应当交由证券公司管理。”以上规定表明，证券公司对客户交易结算资金拥有管理权，同时负有保证客户交易结算资金完整的责任。任何针对客户交易结算资金的侵害行为，证券公司都有权并且有责任主张救济。况且本案中，天同证券与恒丰银行签订的《客户证券结算资金存管协议》第 11 条第 7 项约定：“任何将客户交易结算资金银行专用存款账户内的资金转入银行方账户的行为均视为相关存款银行直接挪用客户交易结算资金。”因此，天同证券依据该项约定也有权向恒丰银行主张相应的权利。当证券公司被责令关闭、进行行政清理后，由证券监督管理机构指定成立的行政清算组相应取得证券公司对保证客户交易结算资金完整的权利和责任。因此，天同证券清算组是适格的原告，有权就本案的争议提起诉讼。

二、关于恒丰银行是否有权从天同证券管理的客户证券交易结算资金账户上扣划资金的问题。正如讼争当事人认同的，恒丰银行扣划资金的账户是客户证券交易结算资金账户，该部分资金属相关经纪业务客户所有。除该属性外，客户证券交易结算资金还有保证与证券交易对方足额交收的作用，也就是说该资金上负担有其他优先权利，这也是要保持客户证券交易结算资金完整性的重要原因。就本案情况看，恒丰银行从金建物业取得的权利，在二者之间的《债权转让协议》中既称转让一亿元国债保证金，又称金建物业对天同证券的债权归甲方所有，表明对该权利性质双方当事人并不清晰。基于目前天同证券已经进入行政处置的情况，经甄别确认程序，如果该权利属客户证券交易结算资金，则可以纳入国家收购范围，无需通过诉讼程序寻求救济；如果不属于客户证券交易结算资金，则该部分权利将成为针对天同证券的债权，其债权的实现只能以天同证券的自有资产偿付,不能用属于相关客户的客户交易结算资金偿付。从天同证券与恒丰银行签订的《客户证券结算资金存管协议》内容看,恒丰银行负有不能挪用该资金的责任,该协议并无其他例外情形的约定,恒丰银行应当依照约定维护客户证券交易结算资金的完整。此外,与恒丰银行相同地位的权利人因并不掌握天同证券的客户证券交易结算资金账户,无法像恒丰银行一样获得清偿,恒丰银行因其作为客户证券交易结算资金存管银行的地位自主从客户证券交易结算资金账户上扣划款项,对经纪业务客户及天同证券的其他债权人均是不公平的,也是违反了其与天同证券的约定的。基于上述理由,恒丰银行是否行使以及是否能够行使向天同证券的偿还请求权不能成为恒丰银行可以扣划客户证券交易结算资金的理由。因此,恒丰银行关于其有权从天同证券客户证券交易结算资金账户中取回属于其所有的国债保证金的主张,本院不予支持。

三、关于本案金建物业委托天同证券管理的一亿元资金是否具有客户证券交易结算资金性质的问题。2006 年 3 月 17 日中国证券监督管理委员会作出证监罚字〔2006〕10 号行政处罚决定书,决定对天同证券撤销证券业务许可,责令其关闭。在进入行政处置程序后,对于客户的权利到底是债权性质还是物权性质,也就是是否具有客户证券交易结算资金的性质的确认,涉及国家是否对该权利进行收购的问题。对此,中国人民银行、财政部、中国银行业监督管理委员会、中国证券监督管理委员会联合制定并发布了《客户结算资金收购意见》,该意见确定的纳入收购范围的客户交易结算资金是指:“经纪业务的客户为保证足额交收而在证券公司存入的资金,出售有价证券所得到的所有款项(减去经纪佣金和其他正当费用),持有证券所获得的股息、现金股利、债券利息,上述资金获得的利息。金融机构处置以前法院已判决的属于收购范围内的客户证券交易结算资金。”关于是否属于客户证券交易结算资金的甄别确认问题,该意见指出:“客户证券交易结算资金经托管组或清算组甄别确认后提出收购申请,报监管部门批准后,在实行第三方存管的同时支付收购款。”综合以上意见,对于客户权利是否属于客户证券交易结算资金,在证券公司进入行政处置程序后,由托管组或清算组行使相关甄别权,由监管部门批准。恒丰银行受让金建物业的债权之后,应在天同证券的行政处置程序中向行政清算组请求甄别处理。但无论该笔资金是否属于证券交易结算资金,均不构成恒丰银行直接以天同证券管理的客户证券交易结算资金账户上扣划资金的合法依据。因此,本院不对上述一亿元资金的性质作出认定。

——《最高人民法院公报》2008 年第 7 期

1128

证券交易清算备付金存款账户项下资金的法律性质

关键词｜证券交易清算备付金｜

【最高人民法院司法政策】

证券交易清算备付金是证券登记结算机构在银行开设的清算备付金专用存款账户上的资金，来源于证券经营机构缴存的自营及其代理投资者的证券交易清算资金，专门用于证券交易达成后的清算，发挥着履约保证的作用。当前，证券登记结算系统亦存在着相当的风险，证券登记结算机构实际上承担着中央交收对手方的职责。也就是说，证券登记结算机构应当保证证券交易的买方收到证券、证券交易的卖方收到现金。即使某些证券公司交收违约，证券登记结算机构也要保证买卖双方履约。这样，证券公司违约交收的风险就完全转嫁给了证券登记结算机构。证券公司频繁、巨额、持续的透支，已经严重威胁到了整个证券交易结算系统的安全和平衡运行。人民法院在执行该账户项下的资金时，首先要考虑到证券交易清算备付金用于维护证券市场交易安全的目的，对最低备付金限额款项不能强制执行；其次要正确区分客户交易备付金和证券经营机构自营业务备付金，公平保护客户和证券机构债权人的利益；第三，对于证券经营机构为逃避债务，拒不说明该账户内自营业务备付金数额的，推定为客户交易备付金。

——人民法院民商事审判工作防范金融风险座谈会文件：《进一步树立大局意识，正确发挥审判职能作用，为维护金融安全和社会稳定提供有力的司法保障》，载最高人民法院民事审判第二庭编：《民商事审判指导》总第5辑，人民法院出版社2004年版，第7～8页。

1129

证券公司营业部挪用客户资金或证券的，既构成违约又构成侵权，客户有权选择要求其承担违约或侵权责任

关键词｜违约责任与侵权责任的竞合｜

【《最高人民法院公报》案例】

世纪证券有限责任公司与天津市住房公积金管理中心、世纪证券有限责任公司天津世纪大道营业部、中国旅游国际信托投资有限公司天津证券交易营业部、中国旅游国际信托投资有限公司侵权纠纷案［最高人民法院（2005）民二终字第207号民事裁定书］

裁判摘要：客户在证券公司开户投资，证券公司及其营业部对客户账户内的资金和证券既负有合同约定的妥善保管义务，同时还负有法定的妥善保管义务。证券公司营业部挪用客户账户内资金或证券的，既构成违约，又构成侵权，客户有权选择要求证券营业部承担违约责任或者侵权责任。客户以侵权为由对证券营业部提起民事诉讼的，应按照《民事诉讼法（2007）》第二十九条的规定，由侵权行为地或者被告住所地人民法院管辖。

最高人民法院认为：客户在证券公司营业部开户投资，证券公司及其营业部对客户资金账户内的资金和证券，不仅负有合同约定的妥善保管义务，而且负有法定妥善保管义务。当客户账户内证券或资金被证券营业部挪用后，根据《合同法》第一百二十二条"因当事人一方的违约行为，侵害对方人身、财产权益的，受损害方有权选择依照本法要求其承担违约责任或者依照其他法律要求其承担侵权责任"的规定，客户有权选择违约或侵权诉由提起民事诉讼。本案住房公积金因在中旅营业部资金账户内的国债被挪用，以侵权为由对中旅营业部等相关被告向中旅营业部所在地的天津市高级人民法院提起民事诉讼，根据《民事诉讼法（2007）》第二十九条"因侵权行为提起的诉讼，由侵权行为地或者被告住所地人民法院管辖"的规定，天津市高级人民法院对本案享有管辖权。世纪证券上诉称本案属于委托理财引起的纠纷，但未能提供相关证据证明，其关于将本案移送广东省深圳市中级人民法院管辖的上诉请求，因无事实和法律依据，本院不予支持。

——《最高人民法院公报》2006年第5期

1130

当事人对挂户证券交易账户中的股票不享有所有权

关键词｜证券交易账户挂户｜股票所有权｜

【最高人民法院裁判文书】

朱青峰与山东省齐鲁证券经纪有限公司淄博人民西路证券营业部财产损害赔偿纠纷申请再审案[最高人民法院(2008)民申字第1175号驳回再审申请通知书]

最高人民法院认为:当事人将自己的证券交易账户挂到他人的资金账户之时起便失去了对自己证券账户的控制权和使用权,其证券账户只是他人的操作工具,其与操作人员是挂户、借券、借贷的法律关系,该当事人对其挂户账户的股票不享有所有权,无权就该账户下发生的股票纠纷主张权利。

——苏泽林主编、最高人民法院立案庭编:《立案工作指导》总第21辑,人民法院出版社2009年版,第128~134页。

编者说明

证券交易账户的挂户,是指一个人的资金账户下挂了多个本人及其他自然人的证券账户,形成了证券业内俗称的"拖拉机账户",即"一对多的拖拉机账户"行为。这一现象的产生与我国证券市场的发展阶段有着密切联系。在我国,由于证券市场发育成熟时间较短,出现了在证券营业部内,一个资金账户下挂有多个证券账户的情况,"挂户"在《证券法》中并没有明确的规定,属于国家证券监管部门的行政监管范畴。针对挂户账户内交易证券的所有权归属及对于此状态下的证券所有权纠纷,当前的司法实践通常秉持保护实际投资人利益的原则来认定证券实际所有权人,即认定资金账户内所有人是交易证券的所有人,而非证券账户卡上登载姓名的人。①

1131

证券公司员工利用职务之便盗卖客户股票,证券公司和受害人开户银行分别承担赔偿责任和连带责任

关键词 | 盗卖股票 | 侵权责任 | 连带责任 |

---

① 王忠:《对证券挂户后证券账户上股票权属的司法审查——朱青峰与山东省齐鲁证券经纪有限公司淄博人民西路证券营业部财产损害赔偿纠纷申请再审案》,载苏泽林主编、最高人民法院立案庭编:《立案工作指导》总第21辑,人民法院出版社2009年版,第135页。

【《最高人民法院公报》案例】

张春英与中国工商银行股份有限公司昌吉回族自治州分行、新疆证券有限责任公司、杨桃、张伟民财产损害赔偿纠纷案[最高人民法院(2011)民提字第320号民事判决书]

裁判摘要:证券公司员工利用职务之便盗卖客户股票获取价金,应承担赔偿损失的侵权责任。证券公司员工的职务身份增加了其侵权行为发生的可能性和危险性,证券公司对此种行为应当预见到并应采取一定措施予以避免,但因其内部管理不善、内部监控存在漏洞导致未能避免,应当认定证券公司员工的侵权行为与其履行职务有内在关联,证券公司应承担赔偿责任。该损失的计算方法,应根据客户的投资习惯等因素加以判断。如果受害人的投资行为表现长线操作、主要通过对股票的长期持有,获取股票增值以及相应的股利等收益,则其股票被盗卖的损失通常应当包括股票被盗卖后的升值部分以及相应的股利。受害人的开户银行如未履行相应审查义务,导致证券公司员工获取价金的,则应在被盗卖股票的现金价值范围内承担连带责任。

最高人民法院认为:关于张春英所受的损失应如何计算的问题,首先,根据《公司法》的规定,股票所代表的股权的内容包括自益权和共益权,其中的自益权主要包括股利分配请求权、剩余财产分割请求权、新股认购优先权等权利。其中的股利分配,实践中主要包括以配股方式分配的股利和以现金方式分配的股利。因此,盗卖投资者股票获取价金,不仅侵害了投资者的股票所代表的当时的股权价值,也使投资者基于其股东地位本应享有的其他权益尤其是股利分配请求权遭受损害。其次,与其他财产权不同的是,股票所代表的股权的价值会随着公司经营状况、市场行情等因素的变化而增长或降低。同时,股票价值的实际实现也与投资者的投资习惯密切相关。因此,在侵权人盗卖投资者股票获取价金的情况下,判断被侵权人所遭受损失的范围应当综合考虑受害人的投资习惯、市场行情的变化等因素。最后,从因果关系上看,侵权人盗卖投资者股票获取价金场合,如果受害人的投资行为表现为短线操作、通过股票涨跌变化,以频繁买入、卖出方式获取投资收益,则其股票被盗卖的损失未必包含股票被盗卖后的股票本身升值部分以及相应的股利;如果该受害人的投资行为表现长线操作、主要通过对股票的长期持有,获取股票增值以及相应的股利等收益,则其股票被盗卖的损失通常应当包括股票被盗卖后的升值部分以及相应的股利。

本案中，张春英被盗卖股票的根源是继承其丈夫董跃山的遗产而得。并且，在张春英通过新疆证券公司办理开户手续并重新购入特变电工股票的情况来看，张春英不了解如何开户、对股票交易的相关手续一无所知、对股票市场也知之甚少，更谈不上通过短线操作方式获取利益。另外，从张春英通过新疆证券公司办理完手续至发现股票被盗卖的一年多时间内未查看股票账户、未作出任何交易指令的事实也足以证明，张春英进行短线交易的可能性很小。因此，基于前述分析，张春英的损失应当包括股票被盗卖后的股利损失和升值损失。

关于张春英损失的计算方法问题，新疆证券公司员工杨桃于 2005 年 12 月 12 日将张春英股票账户上的 12870 股特变电工股票全部卖出，张春英于 2007 年 4 月 10 日起诉至新疆维吾尔自治区昌吉市人民法院，2008 年 10 月 14 日，该案被移送至新疆维吾尔自治区乌鲁木齐市中级人民法院。2008 年 11 月 17 日，张春英向新疆维吾尔自治区乌鲁木齐市中级人民法院交纳了诉讼费。张春英主张以侵权行为发生之时即 2005 年 12 月 12 日至其起诉前特变电工最后一次配股即 2008 年 5 月 30 日止为计算损失的时点，并无不当。根据该期间的分红记录和配股记录，截至 2008 年 5 月 30 日，张春英的股票应增至 36808 股，根据在此期间的每日平均收盘价计算，股票的价值为 588928 元，现金分红为 4131.27 元，张春英的各项损失分别为现金损失 91270 元，现金股利损失 4131.27 元，股票溢价损失 588928 - 91270 = 497658 元，总额为 593059.27 元。张春英一审诉讼请求股票损失 457320 元和分红损失 4131.27 元共计 461451.27 元，应予支持。

关于新疆证券公司应承担何种责任的问题，本院认为，杨桃作为新疆证券公司的工作人员，利用其在新疆证券公司的工作便利，借助新疆证券公司的终端操作平台完成其侵权行为，杨桃在新疆证券公司的职务增加了其侵权行为发生的可能性和危险性，新疆证券公司对此种行为应当预见到并应采取一定措施予以避免，但因其内部管理不善、内部监控存在漏洞导致未能避免。因此，应当认定，杨桃的侵权行为与其履行职务有内在关联，根据《民法通则》第一百二十一条之规定，同时参照《最高人民法院关于审理人身损害赔偿案件适用法律若干问题的解释》第八条、第九条之规定，新疆证券公司与杨桃应当就前述张春英的全部损害承担连带赔偿责任。

关于工行昌吉州分行的责任问题，本院认为，银行作为发放银行卡的专业机构负有谨慎审核办卡人身份及在他人代办时审查授权合法性的义务，本案中，工行昌吉州分行在杨桃以张春英名义办理银行卡过程中,未按照规程审核其代理手续、未按要求审查代理人签名,具有过失,为杨桃实施侵权行为提供了条件,并造成了杨桃通过该银行卡非法取得盗卖股票所得的91270元的损害后果。因此,工行昌吉州分行虽与杨桃无共同的故意或过失,但工行昌吉州分行的过失行为与杨桃的故意行为直接结合,共同造成受害人张春英91270元的损失,工行昌吉州分行、杨桃和新疆证券公司应当对该91270元的损失承担连带责任。对于超出91270元之外的其他损失,因工行昌吉州分行的过失行为导致的损失只能是杨桃利用银行卡盗卖股票的价金损失,而被盗卖股票的其他损失是因股票被盗卖所产生的,而与工行昌吉州分行的过失行为并无因果关系,工行昌吉州分行对此部分损失不应承担责任。张春英主张工行昌吉州分行应对所有损失承担连带责任,无法律根据,原审判决对此认定正确,本院予以维持。

——《最高人民法院公报》2013年第2期

1132

在权证买卖交易中因疏忽大意未发现重要信息或未充分了解有关规则而产生亏损的,应自行承担后果

关键词 | 权证交易 |

【《最高人民法院公报》案例】

陈伟诉广东省机场管理集团公司广州白云国际机场股份有限公司、上海证券交易所侵权纠纷案(上海市高级人民法院二审民事判决书)

裁判摘要:权证属证券衍生品种,发布权证信息的提示性公告的权证信息披露与《证券法》规定的涉及上市公司财务状况、股权结构以及公司经营管理人员变化等公司内部重大事项的信息披露不同,应由发行人和相关投资者承担相关信息披露义务,而不是由权证标的证券上市公司承担。

行为人应在充分了解权证交易规则和各种风险的基础上进行高风险的权证交易。在发行人尽到了权证信息公告的披露义务、证券交易机构尽到了监管义务的前提下,行为人一旦根据自主决定进行权证买卖交易,在享有权证交易可能带来的收益的同时,也应承担可能出现的风险。因为疏忽大意没有发现重要信

息,或者没有充分了解权证的有关规则,在进行交易行为时产生亏损的,相应后果应自行承担。

上海市高级人民法院认为:被上诉人白云机场系“机场 JTP1”的标的证券上市公司,不是“机场 JTP1”权证信息披露义务主体。同时,根据《证券法》的规定,权证信息亦不属于上市公司应当披露的法定事项。证券交易所是为证券集中交易提供场所和设施,组织和监督证券交易,实行自律管理的法人,与投资者之间不存在直接的合同法律关系。被上诉人上交所制定权证交易规则符合法定程序,交易规则本身与上诉人的损失之间不存在因果关系。同时,根据本案查明的事实,上交所对广东机场集团权证信息披露、提示性公告发布等义务的监管中不存在过错。上诉人陈伟要求白云机场、上交所承担责任没有法律根据。一审法院说理充分,予以支持。

本案的关键是被上诉人广东机场集团是否应对上诉人陈伟的投资损失承担赔偿责任。

首先,关于涉案“机场 JTP1”权证最后交易日等内容的公告,是否是《证券法》上的上市公司信息披露行为。权证属证券衍生品种,对于权证最后交易日等内容的提示,与《证券法》规定的涉及上市公司财务状况、股权结构以及公司经营管理人员变化等公司内部重大事项的信息披露不同,最后交易日是由权证交易规则直接规定的,并非权证发行人自行约定的事项或未公开的事项,属于公开信息。《上海证券交易所权证管理暂行办法》第十四条第二款规定:权证存续期满前 5 个交易日,权证终止交易,但可以行权。根据该规定,权证存续期间一旦确定,最后交易日也随之确定,即使发行人没有提示权证的最后交易日等有关信息,权证投资者在知道权证的存续期间和权证交易规则的情况下,应当可以自行了解和掌握权证的最后交易日。因此,被上诉人广东机场集团关于涉案“机场 JTP1”最后交易日的公告是具有提示性质的公告,不属于《证券法》上的上市公司信息披露。

第二,被上诉人广东机场集团是否尽到合法发布提示性公告的披露义务。根据本案查明的事实,广东机场集团作为涉案“机场 JTP1”权证的发行人,在法定披露媒体上多次发布公告,其在上市公告书中虽未提示权证的最后交易日,但在 2006 年 3 月 20 日、12 月 13 日、12 月 14 日三次发布的提示性公告中均提示涉案“机场 JTP1”权证的最后交易日为 2006 年 12 月 15 日。上述公告中关于最后交易日的内容均非常明确,不存在误导性陈述,且与交易规则的规定相一致。上诉人陈伟于 2006 年 12 月 15 日买人涉案“机场 JTP1”权证时,前述提示性公告已经多次提示最后交易日,上诉人应当通过相关媒体全面了解涉案“机场 JTP1”权证最后交易日的相关信息。特别是 12 月 14 日发布的提示性公告中,第一条即明确载明最后交易日为 2006 年 12 月 15 日,2006 年 12 月 27 日终止上市并予以摘牌。最后交易日和终止上市是两个不同的概念,该公告不存在混淆和矛盾之处,不会导致上诉人产生误解。综上可以认定,广东机场集团已经履行了自己依法发布提示性公告的义务。

上诉人陈伟仅阅读公告标题而没有仔细阅读公告内容,从而未及时发现公告关于涉案“机场 JTP1”权证最后交易日的信息,导致交易风险的发生,应当自行承担相应的法律后果。一方面,提示性公告中涉及的内容不仅局限于最后交易日,还包含行权期间等其他内容,信息披露人不可能将公告的所有内容都在公告标题中予以反映,否则标题将不成其为标题,而是正文了。另一方面,从权证的特殊性看,持有权证在停止交易时并非完全失去价值,如果该权证在行权期间届满前,标的证券的价格下跌,低于行权价格,权证持有人所持权证可按行权价向发行人卖出,则持有行权仍然具有相应的投资价值。因此,关注最后交易日的内容还是关注行权期间的内容,反映的是不同投资者的投资理念。但是发行人在进行权证信息披露时,公告的标题、格式、内容均应符合交易规则,而不可能根据不同投资者的阅读习惯和投资偏好制定。虽然在涉案提示性公告的标题中确实没有出现“最后交易日”字样,但在从事高风险的权证交易时,投资者应当全面阅读和了解有关权证的公告标题和具体内容。在公告内容中,被上诉人广东机场集团已经依照交易规则在有效期间内充分、明确提示投资者“机场 JTP1”的最后交易日为 2006 年 12 月 15 日。因此,上诉人关于广东机场集团公告的标题不规范、内容存在误导性表述、不足以提示投资者等诉讼主张没有事实根据。此外,上诉人在从事权证交易之前,已经签署了《权证风险揭示书》,《权证风险揭示书》明确提示了权证交易的风险,要求权证投资者应认真阅读权证发行说明书和上市公告书,对其他可能影响权证交易和价格的因素也必须有所了解和掌握。上诉人签署《权证风险揭示书》后,在从事权证交易时,应当学习足够的权证交易知识,充分了解和掌握权证交易规则和相关公告等信息,熟悉权证交易的规则和具备相应的投资风险认知能力。上诉人在 2006 年 12 月 15 日之前进行了多种其他权证品种的交易,在 2006 年 12 月 15 日当日还频繁买卖涉案“机场 JTPl”权证获取差价。由此可知,上诉人具有一定的权证交易经验。在被上诉人广东机场集团、上交所已经按照交易规则将权证的有关知识、规则、信息予以提示和披露的情况下,上诉人作为理性的、成熟的投资者,应在充分了解权证交易规则和各种风险的基础上进行高风险的权证交易,一旦根据自主决定进行权证买卖交易,在享有权证交易可能带来的收益的同时,也应承担可能出现的风险。因为疏忽大意没有发现重要信息,或者没有充分了解权证的有关规则,在进行交易行为时产生亏损的,上诉人应自行承担相应后果。

——《最高人民法院公报》2008 年第 12 期

编者说明

权证,是一种股票期权,是指权证持有人在规定期间内或者特定到期日,有权按约定价格(行权价)向发行人购买或者出售标的股票,或者以现金结算方式收取结算差价的有价证券。

1133

既无书面授权又不符合表见代理情形，操作他人证券账户造成损失的，应由行为人和证券公司承担

关键词 | 书面授权 | 表见代理 |

【最高人民法院裁判文书】

西北证券有限责任公司与江苏海安农村合作银行破产取回权纠纷案[最高人民法院(2010)民二终字第 136 号民事判决书]

裁判要旨:一方当事人在没有得到对方书面授权的情况下操作其在证券公司账户的资产造成损失的,责任如何承担,应考察其行为是否符合《合同法》第四十九条规定的表见代理情形的问题,从而确定证券公司是否应当承担赔偿责任。

最高人民法院认为:本案二审当事人争议的焦点问题是西北证券公司应否赔偿海安农行 990160 张 009905 国债无法返还而造成的经济损失。

根据本院查明的事实,2001 年 3 月 20 日,海安联社与西北证券惠新营业部签订了《证券交易开户合同书》,其中包括《代理有价证券交易协议书》等六份文件,沿用其下属单位在西北证券惠新营业部开立的“海安立发”证券账户进行证券交易。后海安联社陆续向“海安立发”账户转入国债及购买并托管国债。一审法院认定海安联社与西北证券惠新营业部之间系正常的证券开户、托管及证

券交易代理合同关系。对此,上诉人与被上诉人均无争议,本院予以认可。因“海安立发”证券账户系正常经纪类账户,该账户内990160张009905国债于2004年2月被西北证券惠新营业部卖出平仓的行为是否经海安联社授权是本案损害赔偿法律责任如何承担的核心问题。

一、曹文龙是否为海安联社授权的代理人或其行为是否构成表见代理。

西北证券公司称曹文龙系海安联社的代理人,其买卖“海安立发”证券账户国债的行为,应由海安联社负责。但海安联社2001年3月20日向西北证券惠新营业部出具授权委托书,对于在西北证券惠新营业部开立的1318资金账户,仅委托付大鹏一人对该账户内的资产进行操作。西北证券二审提交的其于2011年2月22日在哈尔滨铁路公安处看守所对曹文龙做的调查笔录载明:“我(曹文龙)做的这笔业务比较大,海安立发是默许的,西北证券是同意的,只不过海安立发没有专门给我出具授权委托书。”以上内容为曹文龙个人陈述,并无证据佐证,本院难以采信,且即使其所述属实,也不能推翻一审的鉴定结论,即海安联社递交西北证券惠新营业部的授权委托书、开户印鉴卡、委托划款指令等相关材料均被伪造和篡改,将海安联社授权指令交易的全权委托代理人付大鹏变为付大鹏、曹文龙二人。以上证据材料表明,对于操作海安联社的1318资金账户,得到授权的仅为付大鹏一人,曹文龙并无代理权。

关于在曹文龙没有得到海安联社书面委托授权的情况下,其操作“海安立发”账户是否符合《合同法》第四十九条规定的表见代理情形的问题。首先,关于是否曹文龙介绍海安联社和西北证券惠新营业部认识的问题,现西北证券公司提交的2011年2月22日对曹文龙所做的调查笔录中曹文龙没有明确表明是其将李海明、付大鹏介绍给陈猛的,仅回答:“在我印象中,陈猛不认识李海明、付大鹏。”而海安联社称其开始不认识曹文龙,其业务都是海安联社与陈猛联系,并没有与曹文龙发生任何关系。所以,现双方当事人说法不一,亦无其他证据证明是曹文龙介绍西北证券与海安联社之间的业务。其次,海安联社是否知道曹文龙以自己的名义操作1318资产账户而不作否认表示。西北证券公司提到的曹文龙2001年4月3日给西北证券惠新营业部的说明,仅是曹文龙一人书写、签名,无海安联社认可的任何证据。2011年2月22日对曹文龙所做的调查笔录中曹文龙仅承认2004年11月20日北京营业部客户汇总对账单上面曹文龙的签名是其本人签署,并没有说明是和海安联社的贲有彬同时签署。该对账单上曹文龙的签名亦没有标注时间,该对账单又由西北证券惠新营业部保存。因此,对账单上有两人的签名并不能证明二人共同代表海安联社对1318资金账户内资产进行了确认。此外，上海证券交易所出具的上证会函（服）〔2005〕013、014 号查询结果反馈函，仅是查询日期不同，都是对账户 B880561979 自 2001 年 3 月 20 日至 2001 年 6 月 30 日的交易详细记录的查询。而 2001 年 5 月 16 日付大鹏在客户对账单上的签字仅能证明海安联社对 2001 年 5 月 16 日账户 B880561979 内国债市值予以确认。由上述三份证据不能得出海安联社同意曹文龙操作 B880561979 账户的结论。综上，一审查明的事实以及现西北二审提交的新证据均不能证明海安联社知道并认可曹文龙操作 1318 资金账户，西北证券公司亦无理由相信曹文龙可以代理海安联社进行相关操作。因此，曹文龙操作“海安立发”账户的行为未构成表见代理的情形。

二、西北证券公司应否赔偿海安农行 990160 张 009905 国债的损失。

现有证据无法证明曹文龙操作“海安立发”账户内的国债得到了海安联社的授权。而按照《证券法（2005）》第一百四十七条规定：“证券公司应该妥善保管客户开户资料、委托记录、交易记录和与内部管理、业务经营有关的各项资料，任何人不得隐匿、伪造、篡改或者损毁。”海安联社的“海安立发”系正常经纪类账户，曹文龙不是西北证券惠新营业部的员工，其在由西北证券惠新营业部保管的海安联社 2001 年 3 月 20 日向西北证券惠新营业部出具的授权委托书上添加自己的名字，在没有得到海安联社授权的情况下操作海安联社账户内证券，没有西北证券惠新营业部的配合是不可能完成的。因此，一审判决认定西北证券惠新营业部将“海安立发”证券账户中 990160 张 009905 国债卖出平仓的行为，已构成擅自挪用、处分客户证券的行为，并判决西北证券惠新营业部应当赔偿海安农行因 990160 张 009905 国债无法返还而造成的经济损失并无不当。

此外，对于西北证券提出的对其提交的“2002 年 3 月 25 日江苏海安立发县立发农村信用社给西北证券北京惠新西街证券营业部的函”中所盖“海安县立发信用合作社”印章以及“林虎”印章的真伪进行鉴定的申请，因其二审期间仍提交复印件并明确表示没有原件，海安农行对其真实性亦不予认可。根据《民诉法意见》第七十八条“证据材料为复制件，提供人拒不提供原件或原件线索，没有其他材料可以印证，对方当事人又不予承认的，在诉讼中不得作为认定事实的根据”的规定，西北证券提交的该份证据材料不能作为认定事实的依据，因此，对其鉴定申请，本院不予许可。

——最高人民法院民事审判第二庭编：《最高人民法院商事审判指导案例（7）·公司与金融卷》，中国法制出版社 2013 年版，第 287～306 页。

1134

以委托购买国债为名行非法借贷之实，合同应为无效

关键词｜国债｜非法借贷｜合同无效｜

【最高人民法院裁判文书】

金新信托投资股份有限公司与江苏亚星汽车集团有限公司委托合同纠纷案
[最高人民法院(2004)民二终字第254-1号民事判决书]

裁判要旨：本案中，亚星公司与金新信托公司签订的合同虽为《委托购买国债合同》，但在合同附件中明确约定，金新信托公司应于《委托购买国债合同》签订后七个工作日内将840万元国债收益支付给受益人亚星公司，且在实际履行时金新信托公司按照上述约定即时将840万元国债收益支付给了亚星公司，同时，亚星公司委托金新信托公司购买国债的7000万元款项并未用于购买国债。因此，双方当事人系以委托购买国债为名行非法借贷之实，根据《合同法》的规定，该合同应为无效。亚星公司因金新信托公司履行上述无效合同获得的840万元国债收益，应当依法冲抵金新信托公司尚欠其的债务本金。

最高人民法院认为：亚星公司与金新信托公司签订的合同虽为《委托购买国债合同》，但在合同附件中明确约定，金新信托公司应于《委托购买国债合同》签订后七个工作日内将840万元国债收益支付给受益人亚星公司，且在实际履行时金新信托公司按照上述约定即时将840万元国债收益支付给了亚星公司，同时，亚星公司委托金新信托公司购买国债的7000万元款项并未用于购买国债。因此，双方当事人系以委托购买国债为名行非法借贷之实，根据合同法的规定，该合同应为无效。原审法院认定双方签订的《委托购买国债合同》系当事人真实意思表示且不违反法律规定，应为合法有效，于法无据，本院依法予以改判。亚星公司因金新信托公司履行上述无效合同获得的840万元国债收益，应当依法冲抵金新信托公司尚欠其的债务本金，因此，金新信托公司尚欠亚星公司债务本金应为1460万元。鉴于2012年7月24日新疆维吾尔自治区乌鲁木齐市中级人民法院(2012)乌中民三破字第2号民事裁定书已经裁定受理申请人乌鲁木齐德胜祥工贸有限公司对被申请人金新信托公司破产清算的申请，根据《企业破产法》第四十六条第二款的规定，金新信托公司尚欠亚星公司的1460万元的利息自破产申请受理时起停止计付。金新信托公司应当偿还亚星公司1460

万元欠款并赔偿相应损失，即截至 2012 年 7 月 24 日的同期银行贷款利息。亚星公司与金新信托公司签订的《委托购买国债合同》无效，则德恒证券、南京国投与金新信托公司、亚星公司签订的两份担保合同亦应无效，德恒证券和南京国投应当按照其对担保合同无效是否存在过错承担相应的责任。鉴于原审法院判决德恒证券与南京国投承担相应的民事责任后并未提起上诉，因此，本院对此不再进行审理。

——最高人民法院民事审判第二庭编：《最高人民法院商事审判指导案例（2012）· 合同与借贷担保》，中国民主法制出版社 2013 年版，第 56 ~ 61 页。

1135

证券公司风险处置中相关债权是否属于应当由国家收购的个人债权和客户交易结算资金纠纷不属法院审理的范畴

关键词 | 被风险处置证券公司 | 客户证券交易结算资金 |

【最高人民法院司法政策】

为统一、规范证券公司风险处置中个人债权的处理，保持证券市场运行的连续性和稳定性，中国人民银行、财政部、中国银行业监督管理委员会、中国证券监督管理委员会联合制定发布了《客户结算资金收购意见》。国家对个人债权和客户交易结算资金的收购，是国家有关行政部门和金融监管机构采取的特殊行政手段。相关债权是否属于应当收购的个人债权或者客户交易结算资金范畴，系由中国人民银行、金融监管机构以及依据《客户结算资金收购意见》成立的甄别确认小组予以确认的，不属人民法院审理的范畴。因此，有关当事人因上述执行机关在风险处置过程中甄别确认其债权不属于国家收购范围的个人债权或者客户证券交易结算资金，向人民法院提起诉讼，请求确认其债权应纳入国家收购范围的，人民法院不予受理。国家收购范围之外的债权，有关权利人可以在相关证券公司进入破产程序后向人民法院申报。

——《最高人民法院关于依法审理和执行被风险处置证券公司相关案件的通知》（2009 年 5 月 26 日，法发〔2009〕35 号）

【最高人民法院裁判文书】

太原市来盈资产管理有限公司与新华证券有限责任公司破产管理人、东北证券股份有限责任公司太原迎泽大街证券营业部一般证券合同纠纷申请再审案［最高人民法院〔2013〕民申字第199号民事裁定书］

最高人民法院认为：2003年12月4日中国证券监督管理委员会发布的《关于指定东北证券有限责任公司托管新华证券有限责任公司证券业务及所属营业部的通知》（证监机构字〔2003〕242号）明确："东北证券不负责垫付新华证券挪用的股民保证金，也不承担其债权债务、经营费用及经营亏损。"中国证券监督管理委员会证券公司风险处置办公室2010年12月16日给山西省高级人民法院出具的《关于东北证券与新华证券相关事宜的复函》（证监风险办〔2010〕40号）中指出："东北证券不承继新华证券的权利义务……新华证券问题账户不应由东北证券接收……来盈资产1346账户依国家有关政策被认定为'委托资产'账户，不属于正常经纪户，属问题账户，账户内资金未被纳入国家收购范围。在风险处置及新华证券证券类资产转让后安置正常经纪业务客户过程中，东北证券实际未接收来盈资产1346账户，该账户下挂的证券账户一直托管在原新华证券席位上，由破产管理人控制……来盈资产因委托理财关系形成对新华证券的债权，应依法向新华证券破产管理人申报破产债权，参与破产清偿。"《最高人民法院关于依法审理和执行被风险处置证券公司相关案件的通知》第一条规定："为统一、规范证券公司风险处置中个人债权的处理，保持证券市场运行的连续性和稳定性，中国人民银行、财政部、中国银行业监督管理委员会、中国证券监督管理委员会联合制订发布了《客户结算资金收购意见》。国家对个人债权和客户交易结算资金的收购，是国家有关行政部门和金融监管机构采取的特殊行政手段。相关债权是否属于应当收购的个人债权或者客户交易结算资金范畴，系由中国人民银行、金融监管机构以及依据《客户结算资金收购意见》成立的甄别确认小组予以确认的，不属人民法院审理的范畴。因此，有关当事人因上述执行机关在风险处置过程中甄别确认其债权不属于国家收购范围的个人债权或者客户证券交易结算资金，向人民法院提起诉讼，请求确认其债权应纳入国家收购范围的，人民法院不予受理。国家收购范围之外的债权，有关权利人可以在相关证券公司进入破产程序后向人民法院申报。"第三条规定："处置证券类资产是行政处置过程中的一个重要环节，行政清算组依照法律、行政法规及国家相关政策，对证券类资产采取市场交易方式予以处置，在合理估价的基础上转让证券类资产，受让人支付相应的对价。因此，证券公司的债权人向人民法院提起诉讼，请求判令买受人承担证券公司债务偿还责任的，人民法院对其诉讼请求不予支持。”根据中国证券监督管理委员会及最高人民法院上述文件的规定，二审判决认定来盈公司要求迎泽营业部返还其资产的要求没有依据，应予驳回，并无不当。

——中国裁判文书网，http://wenshu.court.gov.cn。

浙江斯文新技术投资有限公司与广东证券股份有限公司、广东证券股份有限公司广州西华路证券营业部及海通证券股份有限公司证券登记、存管、结算与客户交易结算资金纠纷上诉案（最高人民法院民事判决书）

最高人民法院认为：斯文公司案涉账户内的资金和国债在广东证券公司西华路营业部擅自划付转出后，已不存在返还账户内原有资金和国债的可能性，根据《民法通则》一百一十七条的规定，广东证券公司西华路营业部和广东证券公司应对其侵权行为承担赔偿相应损失的民事责任，原审法院是否认定账户内资金的性质，并不影响斯文公司民事权利的保护。即使原审法院认定涉案账户内资产为客户交易结算资金的性质，因相应资产已经转出，斯文公司在广东证券公司破产程序中也无法取回相关资产。鉴于证券公司风险处置中国家对客户交易结算资金的收购，是国务院有关行政部门和金融监管机构采取的特殊行政手段，因此，对于有关债权是否属于应当收购的客户交易结算资金范畴，应由金融监管机构以及依据《客户结算资金收购意见》成立的甄别确认小组予以确认，不属于人民法院民商事案件审理的范畴。债权人如果对行政清理中对其账户资金性质的确认存在异议，可依据有关规定通过向行政清理组提出的方式寻求救济。

——最高人民法院民事审判第二庭编：《商事审判指导》总第24辑，人民法院出版社2011年版，第136页。

东北证券股份有限公司与江苏东恒国际集团有限公司投资顾问分公司、东北证券股份有限公司南京瑞金路证券营业部侵权纠纷案［最高人民法院（2009）民提字第136号民事判决书］

裁判要旨：证券公司风险处置过程中，国家对客户交易结算资金的收购，是国家有关行政机关和金融监管机构采取的特殊行政措施，账户内的资金是否属于应当由国家收购的客户交易结算资金范畴，系由中国人民银行、金融监管机构以及依据《客户结算资金收购意见》成立的甄别确认小组予以确认的，不属于人民法院审理的范围。

——最高人民法院民事审判第二庭编:《最高人民法院商事审判指导案例(第五卷)》(下),中国法制出版社 2011 年版,第 681 ~ 693 页。

【链接:最高人民法院法官著述】

2004 年 8 月以来在国务院统一部署下开始的证券公司综合治理工作,是在我国社会主义市场经济发展过程中的一项创造性工作,系以行政主导为特点,而非单纯的法律程序,应该说证券公司风险处置工作在相关部门共同研究采取对策的基础上,妥善化解了风险,兼顾了各利益主体的权益,取得了较好的社会效果。为维护证券市场和社会的稳定,依法审理和执行被风险处置证券公司的相关案件,最高人民法院专门以法发〔2009〕35 号文下发了《关于依法审理和执行被风险处置证券公司相关案件的通知》。原审法院在斯文公司侵权诉讼中,回避不属人民法院职权范围内的事项,未对斯文公司主张权利所涉账户内资金的性质作出认定,而仅从其民事权利保护角度作出裁决,并无不当。根据上述《通知》,二审法院应对斯文公司上诉中"要求认定客户证券交易结算资金性质"的请求仍不予审理。同时,可明确告知斯文公司如果对行政清理中对其账户资金性质的确认存在异议,可依据有关规定通过向行政清理组提出的方式寻求救济。

——刘敏:《债权是否属于应当收购的客户交易结算资金不属人民法院商事案件审理的范畴——浙江斯文新技术投资有限公司与被上诉人广东证券股份有限公司、广东证券股份有限公司广州西华路证券营业部及原审第三人海通证券股份有限公司证券登记、存管、结算与客户交易结算资金纠纷上诉案》,载最高人民法院民事审判第二庭编:《商事审判指导》总第 24 辑,人民法院出版社 2011 年版,第 139 页。

1136

当事人主张账户不是证券自营而属于其个人所有的,应从开户资料、账户资金来源、账户证券交易情况及资金进出情况等方面举证证明其对该账户享有权利

关键词|取回权|证券公司风险处置|

【最高人民法院裁判文书】

王青梅与南方证券股份有限公司取回权纠纷申请再审案[最高人民法院(2016)最高法民申3719号民事裁定书]

最高人民法院认为:2003年底至2004年上半年,伴随着证券市场的持续低迷和结构性调整,一批证券公司的违规问题急剧暴露,证券行业多年积累的风险呈现集中爆发态势,证券公司面临自行业建立以来的第一次系统性危机,为维护资本市场稳定,促进资本市场健康发展,在国务院的统一部署下,由中国证监会和中国人民银行牵头、各有关部委和单位参加,开展了对证券公司的全面综合治理工作,形成了行政处置程序与司法程序的衔接机制。在行政处置程序中,包括了对存疑账户的甄别及个人债权、敏感债权的甄别等专业性工作事项。鉴于涉及相关证券公司行政处置措施是在当时的市场环境下,根据有关政策、法规作出的,从维护行政处置决定的稳定性、有效巩固证券公司综合治理成果、保障资本市场稳定的大局出发,对于经过监管部门批准的行政处置行为,原则上应予以维护,以避免证券公司风险处置工作出现反复。南方证券2004年1月2日被实施行政接管后,由行政主管机关指定的南方证券清算组在行政清理过程中,经行政接管、清理核查、定性分类等程序作出了《账户清理汇总报告》,并报证券监管部门确认。《账户清理汇总报告》对经甄别确认的账户进行清理分类,根据账户清理结果按账户性质分为正常经纪类账户、非正常经纪类账户和透支账户等账户,其中涉案账户被定性为南方证券以个人名义开立、用于自营操作的资金账户即自营账户。王青梅(原系南方证券下属营业部工作人员)提起本案诉讼,认为该账户不属于南方证券自营账户而属于其母亲曾招个人所有的账户,应当从开户资料、账户资金来源、账户证券交易情况及资金进出情况等方面,举证证明其对该账户享有权利,并且所举证据需足以推翻南方证券清算组账户《账户清理汇总报告》所作的结论。由于南方证券开立涉案账户时尚未实行证券账户实名制,且当时南方证券存在以个人名义开立账户用于自营操作的违法违规经营行为,在双方当事人均未提供涉案账户的原始开户资料,王青梅也确认开户时并无曾招本人签名的情况下,基于,一是王青梅不能举证证明涉案账户内的原始资金是由曾招投入;二是王青梅提交的后续资金存款凭证也无曾招或者其亲属签名确认;三是即使在两份1997年保证金支款凭证复印件有签名字样,但有曾招签名的,填写的身份证号码与曾招身份证号码不完全对应,有谢妙香签名的,因未填写身份证号码而难以查证,故王青梅事实上也没有提供充分证据证明取款凭证上有曾招或其亲属的签名确认;四是证人叶炳钰与王青梅之间存在亲属关系,其关于曾招及其亲属开户并投入资金、实际使用涉案账户的证言不能单独作为认定案件事实的依据等事实,原判决认定王青梅关于涉案账户属曾招个人账户、账户内资产归其所有等主张缺乏事实和法律依据,并无不当。故王青梅以原判决基本事实认定缺乏证据证明为由申请再审,于法无据,本院不予支持。

——中国裁判文书网,http://wenshu.court.gov.cn。

1137

法院违反规定冻结、扣划被处置证券公司客户证券交易结算资金的,应予纠正

关键词|被处置证券公司|客户证券交易结算资金|保全执行|

【最高人民法院司法政策】

北京市、上海市、江苏省、山东省、湖北省、福建省高级人民法院:

近日,中国证券监督管理委员会致函我院称,因部分人民法院前期冻结、扣划的客户证券交易结算资金未能及时解冻或退回,导致相应客户证券交易结算资金缺口难以弥补,影响被处置证券公司行政清理工作,请求我院协调有关人民法院解冻或退回客户证券交易结算资金。经研究,现就有关问题通知如下:

一、关于涉及客户证券交易结算资金的冻结与扣划事项,应严格按照《证券法》《最高人民法院关于冻结、扣划证券交易结算资金有关问题的通知》(法〔2004〕239号)、《最高人民法院、最高人民检察院、公安部、中国证券监督管理委员会关于查询、冻结、扣划证券和证券交易结算资金有关问题的通知》(法发〔2008〕4号)、《最高人民法院关于依法审理和执行被风险处置证券公司相关案件的通知》(法发〔2009〕35号)的相关规定进行。人民法院在保全、执行措施中违反上述规定冻结、扣划客户证券交易结算资金的,应坚决予以纠正。

二、在证券公司行政处置过程中,按照国家有关政策弥补客户证券交易结算资金缺口是中国证券投资者保护基金有限责任公司(以下简称保护基金公司)的重要职责,被风险处置证券公司的客户证券交易结算资金专用存款账户、结算

备付金账户内资金均属于证券交易结算资金，保护基金公司对被风险处置证券公司因违法冻结、扣划的客户证券交易结算资金予以垫付弥补后，取得相应的代位权，其就此主张权利的，人民法院应予支持。被冻结、扣划的客户证券交易结算资金已经解冻并转入管理人账户的，经保护基金公司申请，相关破产案件审理法院应当监督管理人退回保护基金公司专用账户；仍处于冻结状态的，由保护基金公司向相关保全法院申请解冻，保全法院应将解冻资金返还保护基金公司专用账户；已经扣划的，由保护基金公司向相关执行法院申请执行回转，执行法院应将退回资金划入保护基金公司专用账户。此外，被冻结、扣划客户证券交易结算资金对应缺口尚未弥补的，由相关行政清理组申请保全或者执行法院解冻或退回。

请各高级法院督促辖区内相关法院遵照执行。

特此通知。

——《最高人民法院关于部分人民法院冻结、扣划被风险处置证券公司客户证券交易结算资金有关问题的通知》（2010 年 6 月 22 日，〔2010〕民二他字第 21 号）

1138

证券账户抵押融资是否成立的认定

关键词｜证券账户｜资金账户｜账户抵押融资｜

【最高人民法院裁判文书】

程红、彭鲁与何冰、重庆建兴机械制造有限责任公司、华厦证券股份有限公司清算组等委托理财纠纷案[最高人民法院（2011）民提字第 305 号民事判决书]

裁判要旨：一、证券账户既是投资人的身份证明文件，也是证券投资的记账凭证，对投资人而言，具有唯一性。资金账户是投资人在证券账户设立后，选择证券公司进行交易前存入交易资金并与银行账户对应而设立的账户。资金账户可以因在不同证券公司开户发生变化，但当选定证券公司营业部开户设立后，资金账户则具体固定。资金账户从属且对应于证券账户，是证券账户进行证券交易的基础，仅有证券账户不能进行证券交易，二者不可分割。

二、两份授权书的内容，一是将上海和深圳交易所的证券账户授权给何冰；二是将账户的(资金)存取、运作全权委托给何冰；三是全权委托何冰可以账户抵押融资。根据证券账户与资金账户的不可分割性，授权证券账户资金存取和运作，即是授权他人使用证券账户在证券公司设立资金账户并进行证券交易。在此前提下，授权证券账户抵押融资，即是授权证券账户对应的资金账户抵押融资。

最高人民法院认为：根据《证券法》的规定，证券登记结算机构为投资人设立证券账户并对证券账户中的证券托管和过户、对证券持有人名册登记以及证券交易后清算和交收。证券账户既是投资人的身份证明文件，也是证券投资的记账凭证，对投资人而言，证券账户具有唯一性。资金账户是投资人在证券账户设立后，选择证券公司进行交易前存入交易资金并与银行账户对应而设立的账户。资金账户可以因在不同证券公司开户发生变化，但当选定证券公司营业部开户设立后，资金账户则具体固定。资金账户从属且对应于证券账户，是证券账户进行证券交易的基础，仅有证券账户不能进行证券交易，二者不可分割。

程红的《授权书》载明：兹全权委托何冰代理以下账户的存取、运作、抵押融资：A130044629、深24089181。彭鲁的《授权书》载明：兹全权委托何冰代理以下账户的存取、运作、抵押融资：深31232948、上海A229403439。该两份授权书的内容完全相同：一是将上海和深圳交易所的证券账户授权给何冰；二是将账户的(资金)存取、运作全权委托给何冰；三是全权委托何冰可以账户抵押融资。根据证券账户与资金账户不可分割性，授权证券账户资金存取和运作，即是授权他人使用证券账户在证券公司设立资金账户并进行证券交易。在此前提下，授权证券账户抵押融资，即是授权证券账户对应的资金账户抵押融资。程红、彭鲁书面授权何冰使用其证券账户资金存取、交易并可以抵押融资，那么何冰以程红、彭鲁证券账户对应的资金账户向建兴公司抵押融资，即是以资金账户中所有的资金和证券抵押担保。何冰以程红20532账户、彭鲁20533账户抵押担保行为，没有超出程红、彭鲁的授权范围和违背二人的真实意思表示，也没有违反《担保法》的禁止性规定，故本案抵押民事法律关系成立。程红关于授权证券账户不能等同授权资金账户、以证券账户中的证券或资金作质押担保须有其书面授权并办理登记才有效的再审申请理由，与其授权何冰时的真实意思表示不符，故本院不予采信。程红以当时一个资金账户可以对应多人证券账户，程红、石本德、代安秀三个证券账户共用20532资金账户交易，认为重庆市高级人民法院再审判决侵害了案外人石本德和代安秀的合法财产。因程红没有提供相关证据证明,诉讼中也没有所谓的案外人提出异议,且我国《证券法》禁止资金账户对应多名投资人证券账户,故本院对程红该再审理由不予支持。

彭鲁以其授权书是伪造的且未进行质证为由,请求改判其不承担担保责任,但其没有提交相应证据,相反,本案二审期间,彭鲁书面通知南坪营业部解除对何冰授权委托的事实,亦可佐证其授权书不是伪造的。故本院对彭鲁的再审诉讼请求不予支持。

——最高人民法院民事审判第二庭编:《最高人民法院商事审判指导案例(2012)·公司与金融》,中国民主法制出版社 2013 年版,第 327 ~343 页。

1139

当事人在订立收购上市公司股份合同过程中是否存在违背诚实信用原则行为的认定

关键词｜上市公司收购｜诚实信用原则｜

【最高人民法院裁判文书】

兴业全球基金管理有限公司与江苏熔盛重工有限公司缔约过失责任纠纷申请再审案[最高人民法院(2013)民申字第 1881 号民事裁定书]

最高人民法院认为:(一)关于熔盛重工在订立合同过程中履行先合同义务是否违背诚实信用原则的问题。

根据《合同法》第四十二条规定,当事人在订立合同过程中,不得故意隐瞒与订立合同有关的重要事实或者提供虚假情况。否则,给对方造成损失的,应当承担缔约过失责任。这就要求当事人在订立合同过程中,应履行通知、说明、保密等义务,亦即通常所说的先合同义务。本案中:

首先,熔盛重工主要履行的先合同义务,应结合案中拟订合同的性质、目的和交易习惯进行认定。从二审查明的案件事实来看,熔盛重工于 2011 年 4 月 28 日发布公告,提示其计划全面要约收购全柴动力股份,实际系向全柴动力的股东表达缔约意向。此后,兴业基金从证券交易市场买进全柴动力股票,从而持有全柴动力股份,成为全柴动力的股东,一定程度上系向熔盛重工传递缔约意向。自此,双方实际已进入接触、磋商阶段,构成缔约关系,具有信赖利益。因此,遵循诚实信用原则,双方均应履行通知、说明、保密等先合同义务,不得故意隐瞒与订立合同有关的重要事实或者提供虚假情况。由于兴业基金在订立合同过程中是否继续持有全柴动力股票,以维系自己的缔约意向,很大程度上要依赖与熔盛重工收购全柴动力股份有关的重大信息。因此,对熔盛重工而言,二审判决认定其应履行的先合同义务主要为通知义务,即告知与收购全柴动力股份有关的重要信息,并无不当。至于熔盛重工于2011年6月29日发布一份《关于延期上报有关补正材料的公告》,称待取得国资委、商务部相关批复文件后立即将补正材料上报等,系其在订立合同过程中,与兴业基金进行磋商的行为,并非熔盛重工应予履行的先合同义务。对此,兴业基金申请再审提出的理由,缺乏法律依据,不能成立。

其次,熔盛重工履行上述先合同义务是否违背诚实信用原则,应根据相关法律规定进行判断。从二审查明的案件事实来看,熔盛重工自己或通过全柴动力先后于2011年4月28日、6月29日、8月9日、8月30日、8月31日、10月29日、12月27日及2012年3月29日、4月28日、7月17日、7月30日、8月7日、8月10日、8月13日、8月18日、8月22日以公告、报告的形式,真实、准确、完整地披露了与收购全柴动力股份有关的重要信息,符合《上市公司收购管理办法》第三条关于"上市公司的收购及相关股份权益变动活动,必须遵循公开、公平、公正的原则;上市公司的收购及相关股份权益变动活动中的信息披露义务人,应当充分披露其在上市公司中的权益及变动情况,依法严格履行报告、公告和其他法定义务;在相关信息披露前,负有保密义务;信息披露义务人报告、公告的信息必须真实、准确、完整,不得有虚假记载、误导性陈述或者重大遗漏"之规定。本案中,并无直接有效的证据证明熔盛重工披露的信息有虚假记载、误导性陈述、重大遗漏,或违反公开、公平、公正原则,二审判决认定熔盛重工适当履行了告知与收购全柴动力股份有关重要信息的先合同义务,不违背诚实信用原则,并无不当。兴业基金申请再审提出熔盛重工履行先合同义务违背诚实信用原则的理由,缺乏事实根据,不能成立。

(二)关于熔盛重工在订立合同过程中是否有其他违背诚实信用原则行为的问题。

根据《合同法》第四十二条规定,当事人在订立合同过程中不得有其他违背诚实信用原则的行为。否则,给对方造成损失的,应当承担缔约过失责任。对此,主要系规定当事人在订立合同过程中,行使权利不得违背诚实信用原则。本案中:

首先，根据《合同法》第四条规定，熔盛重工依法享有自愿订立合同的权利。从二审查明的案件事实来看，安徽省全椒县人民政府持有全柴集团100%股权，全柴集团持有全柴动力44.39%股权。2011年4月26日，熔盛重工与安徽省全椒县人民政府签订一份《产权交易合同》，约定安徽省全椒县人民政府所持全柴集团100%股权转让给熔盛重工。如果该份《产权交易合同》最终得以履行，则熔盛重工间接持有全柴动力44.39%权益，超过该公司已发行股份的30%，依照《上市公司收购管理办法》第五十六条有关收购人虽不是上市公司的股东，但通过投资关系、协议、其他安排导致其拥有权益的股份超过该公司已发行股份的30%的，应当向该公司所有股东发出全面要约之规定，熔盛重工在中国证监会行政许可后，应当向全柴动力所有股东发出全面收购股份要约。对此，即系所谓的强制要约收购。但是，从全柴动力公开发布的公告来看，上述《产权交易合同》在国资委、商务部相关批准文件有效期内并未实施，至今亦无直接有效的证据显示熔盛重工通过其他投资关系、协议、安排，间接拥有全柴动力权益的股份超过该公司已发行股份的30%。这种情况下，强制熔盛重工发出全面收购要约的条件尚不具备，依法其仍享有自愿订立合同的权利。因此，二审判决认定熔盛重工向中国证监会撤回行政许可申请材料，取消全面要约收购全柴动力股份计划，不违背诚实信用原则正确。兴业基金申请再审提出熔盛重工违背诚实信用原则的理由，缺乏法律依据，不能成立。

其次，根据《上市公司收购管理办法》第三十一条关于“收购人向中国证监会报送要约收购报告书后，在公告要约收购报告书之前，拟自行取消收购计划的，应当向中国证监会提出取消收购计划的申请及原因说明，并予公告；自公告之日起12个月内，该收购人不得再次对同一上市公司进行收购”之规定，熔盛重工于2012年8月17日向中国证监会撤回行政许可申请材料，自行取消全面要约收购全柴动力股份计划，也就没有必要再依2011年6月29日发布的《关于延期上报有关补正材料的公告》所称，立即向中国证监会补正上报国资委、商务部相关批复文件等材料。兴业基金申请再审提出熔盛重工至今未向中国证监会补正上报国资委、商务部相关批复文件等材料，违背诚实信用原则的理由，缺乏法律依据，不能成立。

——中国裁判文书网，http://wenshu.court.gov.cn。

【链接：最高人民法院法官著述】

行为受制于主观目的,任何市场收购行为背后必然存在收购人的目的。如果收购人出于善意和正常目的,并且与公司原有控制股东协商达成一致意见,那么收购人主观方面没有损害公司和广大投资人利益的过错。如果收购人出于其他目的,利用上市公司收购,损害被收购公司及其股东的合法权益,那么收购目的属于恶意。

无论何种收购方式,只要达到已发行股份的5%,就应当及时报告和公告;当达到已发行股份的30%,如果继续收购,就应向所有股东发出收购上市公司全部或者部分股份的要约。《证券法(2005)》在第二百一十四条,就利用上市公司收购,损害了被收购公司及其股东的合法权益行为,规定了民事赔偿责任。如果收购是恶意的,或者收购行为被利用,给被收购公司及其股东造成了损失,收购人或者收购人的控股股东依法应承担侵权民事责任。

——宋晓明、贾纬、张雪楳:《证券纠纷案件审理中的疑难问题》,载最高人民法院民事审判第二庭编:《民商事审判指导》总第11辑,人民法院出版社2007年版,第162~163页。

1140

豁免要约不是合同生效必要条件，而是股权收购双方以何种方式对抗上市公司其他股东的法律条件

关键词｜豁免要约｜股权收购｜

【最高人民法院裁判文书】

江苏南大高科技风险投资有限公司与太平洋机电(集团)有限公司股权转让纠纷案[最高人民法院(2009)民提字第51号民事判决书]

裁判要旨:要约收购豁免批准是法律赋予证券监管部门的行政审批权,但股权收购双方是否取得豁免要约,并不影响收购双方的合同成立及生效,也即豁免要约不是合同生效的必要条件,而是收购双方以什么方式对抗上市公司其他所

有股东的法律条件。

南大公司为自己的利益设置障碍的行为显而易见。根据《合同法》第四十五条第二款的规定,南大公司为自己的利益不正当地阻止协议生效的条件成就的,应视为条件已成就。

最高人民法院认为:关于股权转让协议是否生效问题。本案股权转让协议约定:“生效日”是指“本协议经双方签字盖章并报上海证券交易所,以及证监会未对本次目标股权收购而提交的收购报告书在法律、法规规定的期限内提出异议,豁免受让方的要约收购义务之日”。《证券法(2005)》第九十六条第一款规定,“采取协议收购方式的,收购人收购或者通过协议、其他安排与他人共同收购一个上市公司已发行的股份达到百分之三十时,继续进行收购的,应当向该上市公司所有股东发出收购上市公司全部或者部分股份的要约。但是,经国务院证券监督管理机构免除发出要约的除外。”最高人民法院认为,要约收购豁免批准是法律赋予证券监管部门的行政审批权,但股权收购双方是否取得豁免要约,并不影响收购双方的合同成立及生效,也即豁免要约不是合同生效的必要条件,而是收购双方以什么方式对抗上市公司其他所有股东的法律条件。2006 年 7 月 26 日,证监会受理了太平洋公司提交的中纺机股权收购文件以及豁免要约收购的申请,因标的股权被南大公司的案外债权人追索而被南京中院冻结,客观上导致证监会豁免要约收购批准审查程序无法继续进行。对此事实,本案双方当事人均予认可。南大公司在股权转让协议中承诺“目标股权在转让完成之日前系转让方合法所有,其上未存在任何质押、债务负担或任何形式的第三者权益,权利或限制或任何索赔,也不会遭遇被质押、查封、冻结的潜在威胁,同时承诺本协议一经签署即构成对转让方合法有效并可依法强制执行的义务”。然而,南大公司未能履行其承诺,而且还拒绝太平洋公司为实现解除查封标的股权而提出的代其偿还债务的方案,直接导致标的股权被冻结至今,证监会受理的要约豁免申请审查程序被迫中止。基于以上事实,南大公司为自己的利益设置障碍的行为显而易见。根据《合同法》第四十五条第二款的规定,南大公司为自己的利益不正当地阻止协议生效的条件成就的,应视为条件已成就。故原审法院认定《股权转让协议》已经生效正确,应予维持。

——最高人民法院民事审判第二庭编:《最高人民法院商事审判指导案例 · 公司卷》,中国法制出版社 2011 年版,第 215 ~ 221 页。

(三)证券虚假陈述、内幕交易

1141

审理证券虚假陈述纠纷案件的一般要求

关键词 | 虚假陈述 |

【最高人民法院审判业务意见】

第二,依法受理和审理虚假陈述、内幕交易和市场操纵行为引起的民事赔偿案件,维护证券交易市场上投资者的合法权益。根据立案登记司法解释规定,因虚假陈述、内幕交易和市场操纵行为引发的民事赔偿案件,立案受理时不再以监管的行政处罚和生效的刑事判决认定为前置条件。面对这一变化,在证券案件的审理中应当注意两方面问题:

1. 在审理程序方面要注意:在诉讼方式上,根据案件具体情况,有的可以单独立案、分别审理,有的可以依据《民事诉讼法》第五十四条实践代表人诉讼制度。在调查取证上,除了法官现场调查取证外,还可以积极探索利用调查令、书面通知持有证据的单位提供证据等多种手段,补强查明案件事实所需要的证据。另要充分发挥专家辅助人作用,以利形成司法判断。

2. 在实体方面正确理解证券侵权民事责任的构成要件。要在传统民事侵权责任的侵权行为、过错、损失、因果关系四个构成要件中研究证券侵权行为重大性、交易因果关系特殊的质的规定性。重大性,是指违法行为对投资者决定的可能影响,其主要衡量指标可以通过法律行为对证券交易价格和交易量的影响来判断。交易因果关系是指违法行为影响了投资者的交易决定。重大性、交易因果关系是为了限制或减轻行为人责任的制度安排。侵权行为不具有重大性或者侵权行为与投资者的交易决定没有因果关系时,行为人不负赔偿责任。

——杨临萍:《关于当前商事审判工作中的若干具体问题》(2015 年 12 月 24 日),载杜万华主编:《商事法律文件解读》总第 134 辑,人民法院出版社 2016 年版,第 18～19 页。

1142

财务会计报告中有关事项和数据是否构成重大事件，应当从所涉金额、事件性质、影响力等方面进行综合判断

关键词｜虚假陈述｜重大事件｜

【最高人民法院司法解释】

第十七条　证券市场虚假陈述，是指信息披露义务人违反证券法律规定，在证券发行或者交易过程中，对重大事件作出违背事实真相的虚假记载、误导性陈述，或者在披露信息时发生重大遗漏、不正当披露信息的行为。

对于重大事件，应当结合证券法第五十九条、第六十条、第六十一条、第六十二条、第七十二条及相关规定的内容认定。

虚假记载，是指信息披露义务人在披露信息时，将不存在的事实在信息披露文件中予以记载的行为。

误导性陈述，是指虚假陈述行为人在信息披露文件中或者通过媒体，作出使投资人对其投资行为发生错误判断并产生重大影响的陈述。

重大遗漏，是指信息披露义务人在信息披露文件中，未将应当记载的事项完全或者部分予以记载。

不正当披露，是指信息披露义务人未在适当期限内或者未以法定方式公开披露应当披露的信息。

——《最高人民法院关于审理证券市场因虚假陈述引发的民事赔偿案件的若干规定》（2003 年 1 月 9 日，法释〔2003〕2 号）

【最高人民法院裁判文书】

陆耀祥与华闻传媒投资集团股份有限公司证券虚假陈述责任纠纷再审审查案［最高人民法院（2013）民申字第 1829 号民事裁定书］

最高人民法院认为：（一）关于华闻公司的信息披露行为是否构成虚假陈述的问题。《最高人民法院关于审理证券市场因虚假陈述引发的民事赔偿案件的若干规定》（以下简称《虚假陈述赔偿规定》）第十七条规定："证券市场的虚假陈述，是指信息披露义务人违反证券法律规定，在证券发行或者交易过程中，对重

大事件作出违背事实真相的虚假记载、误导性陈述,或者在披露信息时发生重大遗漏、不正当披露信息的行为。”可见,构成虚假陈述的信息必须是违背事实真相的重大事件。对于财务会计报告中有关事项和数据是否构成重大事件,应当从所涉金额、事件性质、影响力等方面进行综合判断。中华人民共和国财政部驻海南省财政监察专员办事处作出的财驻琼监〔2008〕132 号文件《检查结论和处理决定》,主要对华闻公司会计核算及财务管理中的错误进行了处罚。华闻公司根据该《检查结论和处理决定》,对公司 2008 年年报中的相关数据进行了调整,除归属于母公司所有者的净利润(调增 13.18%)和利润总额(调增 5.16%)调整的幅度较大以外,其余科目调整幅度均较微小,所披露信息不属重大错报,对华闻公司的股价没有实质性影响,难以构成信息披露中的重大事件。另外,2009 年 3 月 3 日,华闻公司在中国证监会指定的信息披露网站等媒体上发布的《关于财政部驻海南省财政监察专员办事处对公司 2007 年度会计信息质量检查结论和处理决定暨前期重大会计差错更正的公告》(以下简称更正公告)中,该公司调整后的资产总额、归属于母公司股东权益、少数股东权益、利润总额、所得税、归属于母公司所有者的净利润、少数股东损益等均比原来公布的有所增加,而负债总额有所减少。可见,相关信息纠错后客观增加了华闻公司的资产利润总额。这对华闻公司而言,是正面消息,对投资者而言,是利好消息。据此,二审判决认定华闻公司的信息披露行为不构成虚假陈述,依法有据。

(二)关于华闻公司的信息披露行为与陆耀祥投资损失之间是否存在因果关系的问题。《虚假陈述赔偿规定》第十八条第三款规定:“投资人具有以下情形的,人民法院应当认定虚假陈述与损害结果之间存在因果关系:……(三)投资人在虚假陈述揭露日或者更正日及以后,因卖出该证券发生亏损,或者因持续持有该证券而产生亏损”,证券虚假陈述民事责任的索赔时间及范围限于虚假陈述揭露日或者更正日及以后,因卖出该证券发生亏损,或者因持续持有该证券而产生亏损的部分。从华闻公司相关信息更正公告后该公司的股票价格走势看,2009 年 3 月 3 日更正信息披露后至 5 月 18 日期间,华闻公司的股价不仅没有出现下跌,而是一直上升。据此,陆耀祥在 2007 年 4 月 19 日至 2009 年 3 月 3 日期间买入股票的损失是由证券市场系统风险等其他因素所导致的,与华闻公司的信息披露行为没有因果关系。原审判决对陆耀祥的有关诉讼请求不予支持,并无不当。

——中国裁判文书网,http://wenshu. court. gov. cn。

1143

实际控制人以上市公司名义实施虚假陈述行为，投资人仅起诉上市公司的，上市公司应先行承担赔偿责任，再向实际控制人追偿

关键词｜虚假陈述｜上市公司实际控制人｜

【最高人民法院司法解释】

第二十二条 实际控制人操纵发行人或者上市公司违反证券法律规定，以发行人或者上市公司名义虚假陈述并给投资人造成损失的，可以由发行人或者上市公司承担赔偿责任。发行人或者上市公司承担赔偿责任后，可以向实际控制人追偿。

实际控制人违反证券法第四条、第五条以及第一百八十八条规定虚假陈述，给投资人造成损失的，由实际控制人承担赔偿责任。

——《最高人民法院关于审理证券市场因虚假陈述引发的民事赔偿案件的若干规定》（2003 年 1 月 9 日，法释〔2003〕2 号）

【最高人民法院答复】

黑龙江省高级人民法院：

你院《关于审理虚假陈述侵权纠纷案件有关问题的请示》收悉。对所请示的问题，经研究答复如下：

二、关于实际控制人承担责任的顺序

实际控制人直接承担民事责任的条件，是其以自己名义直接在证券市场作出虚假陈述行为，并给投资人造成了损失。中国证监会的处罚决定，认定了大庆联谊石油化工总厂（下称石化总厂）存在虚假陈述行为，并且该行为发生在大庆联谊成立之前。据此可以得出两个结论：一是石化总厂的虚假陈述行为是客观存在的；二是石化总厂的虚假陈述发生在大庆联谊成立之前，足以认定石化总厂作为实际控制人直接对证券市场实施了虚假陈述行为。石化总厂直接虚假陈述，也不排斥其操纵大庆联谊在发行股票、交易股份时，以大庆联谊名义进行虚假陈述。因此，石化总厂应当与大庆联谊对投资人因此所受损失共同承担民事责任。石化总厂与大庆联谊之间的责任划分问题，如当事人间有争议，可另行

起诉。

——《最高人民法院关于审理虚假陈述侵权纠纷案件有关问题的复函》(2003 年 7 月 7 日,〔2003〕民二他字第 22 号)

【《最高人民法院公报》案例】

陈丽华等 23 名投资人诉大庆联谊公司、申银证券公司虚假陈述侵权赔偿纠纷案(黑龙江省高级人民法院二审民事判决书)

裁判摘要:根据《虚假陈述赔偿规定》,上市公司的实际控制人以上市公司名义实施虚假陈述行为给投资人造成损失,投资人只起诉上市公司的,上市公司应当先行承担赔偿责任,然后再向实际控制人追偿。证券承销商、证券上市推荐人知道或者应当知道上市公司虚假陈述而不予纠正或者不出具保留意见的,构成共同侵权,对投资人的损失承担连带责任。投资人以自己受到虚假陈述侵害为由,对虚假陈述行为人提起民事赔偿诉讼的,必须以有关机关的行政处罚决定或者人民法院的刑事裁判文书为依据。此类案件的诉讼时效,应当从有关机关的行政处罚决定或者人民法院的刑事裁判文书公布之日起算。

黑龙江省高级人民法院认为:关于第四点。经查,本案所涉虚假陈述行为,确实是在上诉人大庆联谊公司成立之前,由联谊石化总厂以大庆联谊公司名义实施的。大庆联谊公司是联谊石化总厂以其部分下属企业组建成立的公司。因此,联谊石化总厂不仅是虚假陈述行为人,也是上市公司大庆联谊公司的实际控制人。被上诉人在一审中仅起诉了大庆联谊公司和上诉人申银证券公司,未起诉联谊石化总厂,故联谊石化总厂不是必须参加诉讼的主体。作为上市公司,大庆联谊公司可以在先行承担赔偿责任后,再根据《虚假陈述赔偿规定》第二十二条的规定向实际控制人联谊石化总厂追偿。大庆联谊公司与其实际控制人联谊石化总厂之间的责任分配或转承关系,属另一法律关系,不在本案审理范围。

——《最高人民法院公报》2005 年第 11 期

1144 证券承销商、证券上市推荐人知道或者应当知道上市公司虚假陈述而不予纠正或者不出具保留意见的，对投资人的损失承担连带责任

关键词｜虚假陈述｜上市公司｜证券承销商｜连带责任｜

【最高人民法院司法解释】

第二十七条 证券承销商、证券上市推荐人或者专业中介服务机构，知道或者应当知道发行人或者上市公司虚假陈述，而不予纠正或者不出具保留意见的，构成共同侵权，对投资人的损失承担连带责任。

——《最高人民法院关于审理证券市场因虚假陈述引发的民事赔偿案件的若干规定》(2003 年 1 月 9 日，法释〔2003〕2 号)

【最高人民法院答复】

黑龙江省高级人民法院：

你院《关于审理虚假陈述侵权纠纷案件有关问题的请示》收悉。对所请示的问题，经研究答复如下：

一、关于承销商的责任问题

申银万国证券有限责任公司（下称申银万国）承销大庆联谊石化股份有限公司（下称大庆联谊）的股票发行时，因未尽到审核义务，且其编制的上市材料中含有虚假信息，而被中国证监会予以行政处罚。申银万国作为承销商，应当知道大庆联谊是否存在虚假陈述的情况，而其没有对最初源于大庆联谊的虚假陈述予以纠正或出具保留意见，并且自己也编制和出具了虚假陈述文件，故根据本院《虚假陈述赔偿规定》第二十七条内容，申银万国的虚假陈述与大庆联谊的虚假陈述构成共同侵权，对因此给投资人的损失，两者应互为承担连带责任。

申银万国没有尽到责任（并编制虚假上市材料），使得含有虚假信息的大庆联谊股票得以发行和上市，其虚假行为影响了广大投资人。在大庆联谊的虚假陈述行为没有被揭露或者更正之前，发行市场的虚假陈述必然对交易市场产生影响，包括对交易市场的投资人进行投资时的影响。故同意你院第一种意见。

你院对《虚假陈述赔偿规定》第二十三条、第二十七条内容的理解是正确的。

——《最高人民法院关于审理虚假陈述侵权纠纷案件有关问题的复函》(2003 年 7 月 7 日,〔2003〕民二他字第 22 号)

【《最高人民法院公报》案例】

陈丽华等 23 名投资人诉大庆联谊公司、申银证券公司虚假陈述侵权赔偿纠纷案(黑龙江省高级人民法院二审民事判决书)

黑龙江省高级人民法院认为:根据《虚假陈述赔偿规定》,对发行人或者上市公司的上市文件,证券承销商、证券上市推荐人或者专业中介服务机构都有责任审核,都可能对发行人或者上市公司的虚假陈述行为承担连带责任。以上述主体为被告的诉讼,属于普通共同诉讼。在一审诉讼中,原告基于其诉讼利益的判断而选择其中某些人当被告,不违反法律规定。法院根据原告的请求确定诉讼参加人,是尊重当事人的诉讼选择权,并无不当。在虚假陈述行为被完全揭露前,即使其他信息披露义务人后续披露了其他虚假信息,也不能排除投资人对在先披露信息的信赖。投资人进行股票交易以期获取收益,是合法行为;投资人的投资动机,并非法定的免除损害赔偿责任的条件。虚假陈述行为给从事合法股票交易的投资人造成损失,不能因投资人交易动机的不同而免除虚假陈述行为人的赔偿责任。上诉人申银证券公司作为证券经营机构,推荐并承销上诉人大庆联谊公司股票发行,是法定的信息披露义务人。申银证券公司未尽到法律所要求的勤勉、审慎注意义务,没有对源于大庆联谊公司的虚假陈述予以纠正或出具保留意见,而且自己还编制和出具了虚假陈述文件。同时,申银证券公司没有向法院证明其存在法定的免责事由。申银证券公司违法行为的内容和性质,已被中国证监会的行政处罚予以确认。申银证券公司就原判认定其"未经认真审核、致使申报材料含有重大虚假信息"提出的异议,与已经生效的行政处罚相矛盾,明显不能成立。原判依据《虚假陈述赔偿规定》第二十七条的规定,判令申银证券公司承担共同侵权的连带责任,并无不当。申银证券公司关于其不应承担责任的上诉理由,没有法律依据和事实根据,不予支持。

——《最高人民法院公报》2005 年第 11 期

1145

发行人或者上市公司存在虚假陈述行为时，负有特定义务的中介服务机构民事责任的承担

关键词｜虚假陈述｜中介服务机构｜

【最高人民法院司法解释】

第二十四条　专业中介服务机构及其直接责任人违反证券法第一百六十一条和第二百零二条的规定虚假陈述，给投资人造成损失的，就其负有责任的部分承担赔偿责任。但有证据证明无过错的，应予免责。

——《最高人民法院关于审理证券市场因虚假陈述引发的民事赔偿案件的若干规定》(2003 年 1 月 9 日，法释〔2003〕2 号)

【最高人民法院答复】

黑龙江省高级人民法院：

你院《关于审理虚假陈述侵权纠纷案件有关问题的请示》收悉。对所请示的问题，经研究答复如下：

四、关于中介服务机构民事责任承担问题

《虚假陈述赔偿规定》第二十四条内容，是从归责角度对中介服务机构及其直接责任人作出过错推定责任承担总的规定，无论故意或过失，只要行为人主观具有过错，客观给他人造成了损失，该类虚假陈述行为人就其负有责任的部分承担民事责任。《虚假陈述赔偿规定》第二十七条内容，是从共同侵权角度对承担过错推定责任的各类虚假陈述行为人，如何判断其与发行人、上市公司构成共同侵权并承担连带责任作出的规定。当发行人或者上市公司存在虚假陈述行为时，上述负有特定义务的各类行为人如没有对虚假陈述内容予以纠正或保留意见，又没有证据证明其无过错(包括故意和过失)，则其与发行人或者上市公司构成共同侵权，对投资人因此造成的损失承担连带责任。但专业中介服务机构及其直接责任人的民事责任限定于其负有责任的部分。

——《最高人民法院关于审理虚假陈述侵权纠纷案件有关问题的复函》(2003 年 7 月 7 日，〔2003〕民二他字第 22 号)

【《最高人民法院公报》案例】

陈丽华等 23 名投资人诉大庆联谊公司、申银证券公司虚假陈述侵权赔偿纠纷案(黑龙江省高级人民法院二审民事判决书)

黑龙江省高级人民法院认为:关于第三点。上诉人申银证券公司上诉认为,对《招股说明书》进行审核是会计师事务所的职责,其无能力承担此项义务;况且《招股说明书》仅针对一级市场并不断被后续披露的信息所覆盖,投资人在二级市场是以投机为目的进行股票买卖,不是根据《招股说明书》介绍的情况进行投资,因此主张不应由其对虚假陈述承担共同侵权的连带责任。

根据《虚假陈述赔偿规定》,对发行人或者上市公司的上市文件,证券承销商、证券上市推荐人或者专业中介服务机构都有责任审核,都可能对发行人或者上市公司的虚假陈述行为承担连带责任。以上述主体为被告的诉讼,属于普通共同诉讼。在一审诉讼中,原告基于其诉讼利益的判断而选择其中某些人当被告,不违反法律规定。法院根据原告的请求确定诉讼参加人,是尊重当事人的诉讼选择权,并无不当。在虚假陈述行为被完全揭露前,即使其他信息披露义务人后续披露了其他虚假信息,也不能排除投资人对在先披露信息的信赖。投资人进行股票交易以期获取收益,是合法行为;投资人的投资动机,并非法定的免除损害赔偿责任的条件。虚假陈述行为给从事合法股票交易的投资人造成损失,不能因投资人交易动机的不同而免除虚假陈述行为人的赔偿责任。上诉人申银证券公司作为证券经营机构,推荐并承销上诉人大庆联谊公司股票发行,是法定的信息披露义务人。申银证券公司未尽到法律所要求的勤勉、审慎注意义务,没有对源于大庆联谊公司的虚假陈述予以纠正或出具保留意见,而且自己还编制和出具了虚假陈述文件。同时,申银证券公司没有向法院证明其存在法定的免责事由。申银证券公司违法行为的内容和性质,已被中国证监会的行政处罚予以确认。申银证券公司就原判认定其"未经认真审核、致使申报材料含有重大虚假信息"提出的异议,与已经生效的行政处罚相矛盾,明显不能成立。原判依据《虚假陈述赔偿规定》第二十七条的规定,判令申银证券公司承担共同侵权的连带责任,并无不当。申银证券公司关于其不应承担责任的上诉理由,没有法律依据和事实根据,不予支持。

——《最高人民法院公报》2005 年第 11 期

1146

证券虚假陈述与损害结果之间存在因果关系以及系统风险的判断

关键词｜虚假陈述｜损害结果｜因果关系｜

【最高人民法院司法解释】

第十八条 投资人具有以下情形的，人民法院应当认定虚假陈述与损害结果之间存在因果关系：

(一)投资人所投资的是与虚假陈述直接关联的证券；

(二)投资人在虚假陈述实施日及以后，至揭露日或者更正日之前买入该证券；

(三)投资人在虚假陈述揭露日或者更正日及以后，因卖出该证券发生亏损，或者因持续持有该证券而产生亏损。

第十九条 被告举证证明原告具有以下情形的，人民法院应当认定虚假陈述与损害结果之间不存在因果关系：

(一)在虚假陈述揭露日或者更正日之前已经卖出证券；

(二)在虚假陈述揭露日或者更正日及以后进行的投资；

(三)明知虚假陈述存在而进行的投资；

(四)损失或者部分损失是由证券市场系统风险等其他因素所导致；

(五)属于恶意投资、操纵证券价格的。

——《最高人民法院关于审理证券市场因虚假陈述引发的民事赔偿案件的若干规定》(2003 年 1 月 9 日，法释〔2003〕2 号)

【最高人民法院司法政策】

(三)关于因果关系的确定

原告的损失与被告的侵权行为之间是否存在法律上的因果关系，这是认定侵权行为的必要条件。《虚假陈述赔偿规定》按照我国民法的侵权赔偿诉讼的因果关系理论，参考国外普遍采用的市场欺诈理论和信赖推定原则，在第十八条和第十九条对因果关系的认定作出了明确规定。即同时具备以下情形的，认定虚假陈述与损害结果之间存在因果关系：投资人所投资的是与虚假陈述直接关联的证券；投资人在虚假陈述实施日及以后，至揭露日或者更正日之前买入该证券;投资人在虚假陈述揭露日或者更正日及以后,因卖出该证券发生亏损,或者因持续持有该证券而产生亏损。如被告能证明投资人存在以下事由的,认定虚假陈述与损害结果之间不存在因果关系:在虚假陈述揭露日或者更正日之前已经卖出证券;在虚假陈述揭露日或者更正日及以后进行的投资;明知虚假陈述存在而进行的投资;损失或者部分损失是由证券市场系统风险等其他因素所导致;属于恶意投资、操纵证券价格的。

——李国光:《在公布最高人民法院〈关于审理证券市场因虚假陈述引发的民事赔偿案件的若干规定〉新闻发布会上的讲话》,载李国光主编、最高人民法院民事审判第二庭编著:《最高人民法院关于审理证券市场虚假陈述案件司法解释的理解与适用》,人民法院出版社 2015 年版,第 17 页。

【最高人民法院审判业务意见】

证券虚假陈述损害赔偿范围的确定,是各国证券诉讼理论研究和司法实践共同面临的一个难题。《虚假陈述赔偿规定》所确定的损失赔偿计算方法,并未明确系统风险的内涵、系统风险存在与否的判断标准、系统风险所致损失金额的确定方式等问题,有待进一步研究和完善。在审判实践中,认定系统风险要慎重,不仅要有客观真实的风险诱因,而且要看相关指数是否出现了大幅度的波动,必要时可以监管部门出具的结论为参考依据。

——周伦军:《虚假陈述案件中赔偿范围的确定应当扣除系统风险因素所导致的损失》,载最高人民法院民事审判第二庭编:《最高人民法院商事裁判观点》总第 1 辑,法律出版社 2015 年版,第 202 页。

【《最高人民法院公报》案例】

陈丽华等 23 名投资人诉大庆联谊公司、申银证券公司虚假陈述侵权赔偿纠纷案(黑龙江省高级人民法院二审民事判决书)

黑龙江省高级人民法院认为:关于第二点。《虚假陈述赔偿规定》第十九条第(四)项规定,被告举证证明原告的损失或者部分损失是由证券市场系统风险等其他因素所导致的,人民法院应当认定虚假陈述与损害结果之间不存在因果关系。此条虽将系统风险作为免除民事责任的条件之一,但对系统风险这一概念未作明确定义,双方当事人也对系统风险有不同的理解,故应依据通常理解确定系统风险的含义。证券业通常理解，系统风险是指对证券市场产生普遍影响的风险因素，其特征在于系统风险因共同因素所引发，对证券市场所有的股票价格均产生影响，这种影响为个别企业或行业所不能控制，投资人亦无法通过分散投资加以消除。上诉人大庆联谊公司上诉认为，原判未考虑系统风险对造成被上诉人损失的影响，并为此提交了相关股票价格和上证指数变动等证据支持自己的这一主张。大庆联谊公司既然提出这一主张，首先应当举证证明造成系统风险的事由存在，其次应当证明该事由对股票市场产生了重大影响，引起全部股票价格大幅度涨跌，导致了系统风险发生。但纵观大庆联谊公司向一审和二审法院提交的所有证据，并不能证明 1999 年 4 月 21 日至 2000 年 4 月 27 日期间，证券市场存在着足以影响所有股票价格下跌的合理事由，更不能证明该事由与股市价格波动的逻辑关系。对虚假陈述行为和所谓系统风险如何影响股价变动以及各自影响的程度，大庆联谊公司也没有提出具体的区分判断标准和有说服力的理由。经考查，1999 年 4 月 21 日至 2000 年 4 月 27 日期间，股票市场的大盘走势图反映股票交易比较平稳，上证综合指数并未发生大幅度下跌。在此期间，大庆联谊公司欺诈上市虚假陈述行为持续影响着股票价格，股民在信息不对称的情况下继续投资购买大庆联谊公司股票，由此形成的投资损失，当然与虚假陈述行为之间存在因果关系。至于大庆联谊公司在二审提交的其他法院关于虚假陈述侵权赔偿案民事判决，不仅因该判决尚未发生法律效力，而且因该案投资人股票交易时间段、虚假陈述行为对投资人影响程度均与本案不同，不能作为处理本案的依据。由于大庆联谊公司提交的证据不能证明系统风险确实存在，原判以证据不足为由，否决大庆联谊公司关于存在系统风险，应当免除赔偿责任的抗辩主张，并无不当。

关于第五点。尽管上诉人大庆联谊公司的《1997 年年报》虚假陈述行为于 1999 年 4 月 21 日披露，尽管在原审诉讼中部分被上诉人也称其于该日知道虚假陈述行为发生，但是根据《虚假陈述赔偿规定》第六条的规定，投资人以自己受到虚假陈述侵害为由，对虚假陈述行为人提起民事赔偿诉讼的，必须以有关机关的行政处罚决定或者人民法院的刑事裁判文书为依据，人民法院才应当受理。在有关机关的行政处罚决定或者人民法院的刑事裁判文书没有作出和公布前，投资人无从提起诉讼。所以，如果按《民法通则》第一百三十七条的规定，“从知道或者应当知道权利被侵害时起计算”投资人提起的虚假陈述侵权损害赔偿案的诉讼时效期间，对投资人是不公平的。原判根据《虚假陈述赔偿规定》第五条第一款第（一）项的规定，从中国证监会对虚假陈述行为人作出的处罚决定公布之日计算本案的诉讼时效期间,是正确的。大庆联谊公司此项上诉主张没有依据,不予支持。

——《最高人民法院公报》2005 年第 11 期

【最高人民法院裁判文书】

林超英与宝安鸿基地产集团股份有限公司证券虚假陈述责任纠纷申请再审案[最高人民法院(2016)最高法民申 502 号民事裁定书]

最高人民法院认为:二、关于再审申请人林超英的投资损失与鸿基公司的虚假陈述行为之间是否存在因果关系的问题。

要认定林超英的投资损失与鸿基公司的虚假陈述行为之间是否存在因果关系,需先查明鸿基公司股票是否因其虚假陈述行为被揭露而出现较大幅度的涨跌情况。为此,原审法院选取了与鸿基公司同期、同类企业的个股及上证指数、深证指数、地产板块指数等变化情况与鸿基公司股票在虚假陈述行为实施日、揭露日和基准日的涨跌进行对比分析。通过数据的分析比对,原审法院认为鸿基公司的股票价格在虚假陈述实施日后与揭露日后的一段期间内,没有在短时间内出现大起大落或连续涨跌停等异常情况,即走势没有发生异常大幅度的波动,其股票价格涨跌幅与大盘、所在产业板块以及与其他同类企业股票价格的整体走势基本一致。原审法院据此认为股票市场对鸿基公司虚假陈述行为反应有限,没有证据表明其虚假陈述行为导致了鸿基公司股价出现异常波动,原审法院又依据《虚假陈述赔偿规定》第十九条关于"被告举证证明原告损失或者部分损失是由证券市场系统风险等其他因素所导致,人民法院应当认定虚假陈述与损害结果之间不存在因果关系"的规定,认定鸿基公司虚假陈述行为没有对其股价形成实质性影响,包括再审申请人林超英在内的投资者的损失,是证券市场其他因素导致的个股股价变化而发生的,与鸿基公司虚假陈述行为没有因果关系。

本院对原审法院认定鸿基公司的虚假陈述行为未导致其公司股价出现异常波动的结论予以确认。本院认为,根据《民通意见(试行)》第六十八条的规定:"一方当事人故意告知对方虚假情况,或者故意隐瞒真实情况,诱使对方当事人作出错误意思表示的,可以认定为欺诈行为。"据此,虚假陈述行为与投资者的投资决定之间存在因果关系,是证券投资欺诈的成立要件之一。也就是说,投资者的交易决定,必须是受到了虚假陈述行为的影响或者误导并错误交易才构成证券交易欺诈因果关系。具体到本案，鸿基公司于2007年3月19日实施虚假陈述行为，本质上属于隐匿公司资产的不实陈述，如果林超英在该虚假信息披露后，系基于对该虚假信息的信赖而卖出其持有的鸿基公司的股票，则可以主张该卖出行为系受公司资产减少不实的虚假陈述行为的影响。本案中，鸿基公司的虚假陈述实施日为2007年3月19日，虚假陈述揭露日为2010年11月5日，而林超英却在2009年11月至2011年9月期间多次买入、卖出鸿基公司股票，即虚假陈述实施日甚至揭露日之后其仍在进行买入卖出行为，应当认定其交易决定并未受本案诉争的虚假陈述行为的影响，故不产生交易因果关系，其主张不符合民通意见第六十八条的规定。故林超英的投资损失和鸿基公司的虚假陈述行为并无因果关系，原审法院对鸿基公司的虚假陈述行为与林超英的投资损失没有因果关系的裁判理由有所欠当，但处理结果正确，应予以维持。

——中国裁判文书网，http://wenshu.court.gov.cn。

张献花与山东鲁北化工股份有限公司侵权责任纠纷申请再审案［最高人民法院（2015）民申字第3211号民事裁定书］

最高人民法院认为：（一）关于张献花的损失与鲁北化工公司的虚假陈述之间是否存在因果关系的问题。根据张献花提供的证据，其损失的产生虽然符合《虚假陈述赔偿规定》第十八条规定的人民法院应当认定虚假陈述与损害结果之间存在因果关系的情形，但是同时根据该司法解释第十九条的规定，如果鲁北化工公司能够提出证据证明其虚假陈述与损害结果之间不存在因果关系，则人民法院应当认定虚假陈述与损害结果之间不存在因果关系。根据鲁北化工公司提供的证据及一、二审查明的事实，一、二审判决认为张献花所主张的投资损失与鲁北化工公司的虚假陈述之间无必然因果关系，并无不当。1. 在虚假陈述实施日至揭露日，鲁北化工公司股票的跌幅为32.01%，但在同时期，上海证券交易所证监会化学原料及化学制造业板块的14家上市公司股价的平均跌幅为13.59%，上海证券交易所农药化肥行业板块的16家上市公司股价的平均跌幅为8.99%。由此看出，在虚假陈述揭露日前，涉案股票的价格受到系统风险等其他因素的影响，虽然跌幅远大于同时期同行业的平均跌幅，但与同时期同行业的其他股票相比，涉案股票一直处在大盘平均线以下运行的弱势股。2. 自虚假陈述揭露日至基准日，上证指数的上涨幅度为17.11%，涉案股票8.73%的涨幅虽然与之有一定差距，但如前所述，涉案股票本身系弱势股,在揭露日前的跌幅亦大于同行业上市公司的平均跌幅,所以涉案股票在该期间涨幅低于同时间段内大盘上涨幅度,是股票正常波动所引起,是股票自身原因所致。3. 虚假陈述的本质特征就是误导投资人对股票价值的判断,造成股票价格异常涨落,致使投资人产生损失。涉案股票的价格,在虚假陈述揭露日至虚假陈述基准日期间系上涨的,而且股价上涨的幅度与股票的特点及市场的变动相一致,并未看出涉案股票受到虚假陈述行为的影响。依据《虚假陈述赔偿规定》第十九条第(四)项的规定,一、二审判决认为张献花主张的投资损失系证券市场系统风险等其他因素导致,与鲁北化工公司的虚假陈述之间无必然因果关系,并无不当。

——中国裁判文书网,http://wenshu.court.gov.cn。

付方亚与山东鲁北化工股份有限公司侵权责任纠纷申请再审案[最高人民法院(2015)民申字第3212号民事裁定书]

本裁判理由与前引裁判文书基本一致(略)。

——中国裁判文书网,http://wenshu.court.gov.cn。

【链接:最高人民法院法官著述】

关于系统风险的问题。由于汇率、利率等金融政策、国内和国际的突发事件、经济和政治制度的变动等所引发的系统风险,是整个市场或者某个领域的所有参与者所共同面临的,投资者发生的该部分损失不应由虚假陈述行为人承担。但认定此种风险一定要慎重,不仅要有客观真实的风险诱因,而且要看相关指数是否出现了大幅度的波动,必要时可以以监管部门出具的结论为参考依据。

关于损失的计算问题。以平均价格之差来计算投资人的实际损失只是司法解释的原则性规定,法官应当根据个案实际情况分别采用算术平均法和加权平均法,最终确定损失的数额。

——宋晓明:《关注证券市场的发展变化,逐步完善证券侵权民事责任制度》,载《人民司法·应用》2007年第17期。

1147

证券虚假陈述揭露日或者更正日的确定

关键词｜虚假陈述实施日｜虚假陈述揭露日｜虚假陈述更正日｜

【最高人民法院司法解释】

第二十条 本规定所指的虚假陈述实施日，是指作出虚假陈述或者发生虚假陈述之日。

虚假陈述揭露日，是指虚假陈述在全国范围发行或者播放的报刊、电台、电视台等媒体上，首次被公开揭露之日。

虚假陈述更正日，是指虚假陈述行为人在中国证券监督管理委员会指定披露证券市场信息的媒体上，自行公告更正虚假陈述并按规定履行停牌手续之日。

——《最高人民法院关于审理证券市场因虚假陈述引发的民事赔偿案件的若干规定》(2003 年 1 月 9 日，法释〔2003〕2 号)

【最高人民法院答复】

黑龙江省高级人民法院：

你院《关于审理虚假陈述侵权纠纷案件有关问题的请示》收悉。对所请示的问题，经研究答复如下：

关于大庆联谊揭露日、更正日的确定。1999 年 4 月 20 日，大庆联谊仅就利润虚假、募集资金使用虚假等行为进行了自我更正，没有涉及发行阶段的虚假陈述行为。2000 年 4 月 27 日，中国证监会行政处罚公告后，大庆联谊虚假发行的事实才首次得以公开披露。故原则同意你院关于大庆联谊虚假陈述揭露日确定的第二种意见及处理方案。

关于圣方科技揭露日或更正日的确定。2001 年 5 月 19 日，圣方科技就所收购的圣方显示器公司虚假注册资本 500 万元作出了更正，中国证监会事后主要就该虚假陈述内容进行行政处罚，故认定 2001 年 5 月 19 日为更正日，符合客观事实。同意你院第一种意见。

——《最高人民法院关于审理虚假陈述侵权纠纷案件有关问题的复函》(2003 年 7 月 7 日，〔2003〕民二他字第 22 号)

【最高人民法院审判业务意见】

《虚假陈述赔偿规定》将虚假陈述实施日、虚假陈述揭露日或更正日作为确立因果关系的关键节点，不仅使司法实践易于操作和认定虚假陈述与损害结果之间的因果关系，也大大降低了投资者的举证难度。虚假陈述被揭露的意义在于其对证券市场发出了一个警示信号，提醒投资者重新判断股票价值，进而对市场价格产生影响。不同途径的揭示，作为对于市场的警示信号，其强弱程度是有差别的。虚假陈述揭露日的界定与揭露行为主体、内容的确定性及揭露范围、时间等因素有关。在司法实践中，揭露虚假陈述行为的主体主要包括证券发行人、监管机构、证券分析师、媒体，为此在不同事实背景下，行政处罚决定公布之日、公告接受调查之日、媒体披露之日均有可能被确认为虚假陈述揭露日。导致证券交易价格剧烈波动的因素较多，虚假陈述并不必然造成市场的陡峭反应或者剧烈波动，故交易价格剧烈波动仅为判断揭露日的辅助因素。

——李玉林：《虚假陈述民事责任因果关系的认定》，载最高人民法院民事审判第二庭编：《最高人民法院商事裁判观点》总第 1 辑，法律出版社 2015 年版，第 216 页。

【最高人民法院裁判文书】

林超英与宝安鸿基地产集团股份有限公司证券虚假陈述责任纠纷申请再审案[最高人民法院(2016)最高法民申 502 号民事裁定书]

最高人民法院认为：一、关于本案虚假陈述实施日的认定是否正确的问题。

虚假陈述实施日是指作出虚假陈述或者发生虚假陈述之日。鸿基公司于 2007 年 3 月 19 日刊登公告作出虚假陈述，一审法院判决据此认定鸿基公司作出虚假实施日为 2007 年 3 月 19 日，符合《虚假陈述赔偿规定》第二十条的规定，并无不当之处。再审申请人林超英主张鸿基公司的虚假陈述实施日为 1994 年 9 月 1 日缺乏事实和法律依据。根据原审已查明事实，2007 年 3 月 15 日，深圳证券交易所向鸿基公司发出《监管关注函》要求鸿基公司核实并回复有关股价异动事项，鸿基公司于同月 3 月 16 日刊登《澄清公告》，作出了鸿基公司代新鸿进公司持有的“皖能电力”60 万股、“昆百大 A”150 万股、“鄂武商 A”1963184 股，业丰工贸公司是上述股票的实际持有人，鸿基公司并未出资，仅为名义持有，代持股份不属于鸿基公司资产等虚假陈述，并在之后2006年至2009年的年度报告中继续作出类似陈述。中国证券监督管理委员会亦依据鸿基公司2007年3月19日作出的《澄清公告》及2006年至2009年年度报告未如实披露其代持股问题而作出相应处罚。故本案虚假陈述的实施日确定为鸿基公司发布《澄清公告》的2007年3月19日并无错误。

——中国裁判文书网，http://wenshu.court.gov.cn。

张献花与山东鲁北化工股份有限公司侵权责任纠纷申请再审案[最高人民法院(2015)民申字第3211号民事裁定书]

最高人民法院认为：(二)关于一、二审判决中认定虚假陈述实施日为2007年4月28日是否正确的问题。《虚假陈述赔偿规定》第二十条规定，“本规定所指的虚假陈述日，是指做出虚假陈述或者发生虚假陈述之日。虚假陈述揭露日，是指虚假陈述在全国范围发行或者播放的报刊、电台、电视台等媒体上，首次被公开揭露之日。”本案一审中，张献花和鲁北化公司均认可虚假陈述的揭露日为2009年6月13日、投资差额损失计算的基准日为2009年7月20日。中国证监会行政处罚决定书记载：“鲁北化工公司合成氨资产停产事项信息披露虚假。2006年5月24日，鲁北化工公司以其拥有的重油裂解资产与鲁北集团公司拥有的合成氨资产进行置换，合成氨资产自置换进入鲁北化工公司后一直停工，未投入使用，在2007年年度报告中，鲁北化工公司未披露合成氨资产停产事项。”根据上述性质处罚决定书的认定，鲁北化工公司应在2007年年度报告中披露而未披露的事项是合成氨资产停产信息，而不是合成氨资产进行置换的信息。合成氨资产进行置换的信息，鲁北化工公司在2006年8月24日发布的2006年中期报告中披露。故一、二审判决认定鲁北化工公司最早进行虚假陈述的时间为2007年4月28日，并以此认定本案的虚假陈述实施日为2007年4月28日正确。根据上述行政处罚决定书的认定，张献花主张本案的虚假陈述实施日是2006年8月24日没有事实依据，一、二审判决不予支持，并无不当。

——中国裁判文书网，http://wenshu.court.gov.cn。

付方亚与山东鲁北化工股份有限公司侵权责任纠纷申请再审案[最高人民法院(2015)民申字第3212号民事裁定书]

本裁判理由与前引裁判文书基本一致(略)。

——中国裁判文书网，http://wenshu.court.gov.cn。

1148

证券虚假陈述案件中损失赔偿数额的计算

关键词｜虚假陈述｜投资人损失计算｜

【最高人民法院司法解释】

第二十九条 虚假陈述行为人在证券发行市场虚假陈述，导致投资人损失的，投资人有权要求虚假陈述行为人按本规定第三十条赔偿损失；导致证券被停止发行的，投资人有权要求返还和赔偿所缴股款及银行同期活期存款利率的利息。

第三十条 虚假陈述行为人在证券交易市场承担民事赔偿责任的范围，以投资人因虚假陈述而实际发生的损失为限。投资人实际损失包括：

（一）投资差额损失；

（二）投资差额损失部分的佣金和印花税。

前款所涉资金利息，自买入至卖出证券日或者基准日，按银行同期活期存款利率计算。

第三十一条 投资人在基准日及以前卖出证券的，其投资差额损失，以买入证券平均价格与实际卖出证券平均价格之差，乘以投资人所持证券数量计算。

第三十二条 投资人在基准日之后卖出或者仍持有证券的，其投资差额损失，以买入证券平均价格与虚假陈述揭露日或者更正日起至基准日期间，每个交易日收盘价的平均价格之差，乘以投资人所持证券数量计算。

第三十三条 投资差额损失计算的基准日，是指虚假陈述揭露或者更正后，为将投资人应获赔偿限定在虚假陈述所造成的损失范围内，确定损失计算的合理期间而规定的截止日期。基准日分别按下列情况确定：

（一）揭露日或者更正日起，至被虚假陈述影响的证券累计成交量达到其可流通部分100%之日。但通过大宗交易协议转让的证券成交量不予计算。

（二）按前项规定在开庭审理前尚不能确定的，则以揭露日或者更正日后第30个交易日为基准日。

（三）已经退出证券交易市场的，以摘牌日前一交易日为基准日。

（四）已经停止证券交易的，可以停牌日前一交易日为基准日；恢复交易的，可以本条第(一)项规定确定基准日。

——《最高人民法院关于审理证券市场因虚假陈述引发的民事赔偿案件的若干规定》(2003 年 1 月 9 日,法释〔2003〕2 号)

【《最高人民法院公报》案例】

陈丽华等 23 名投资人诉大庆联谊公司、申银证券公司虚假陈述侵权赔偿纠纷案(黑龙江省高级人民法院二审民事判决书)

黑龙江省高级人民法院认为:关于第六点。经查,原判计算买入证券平均价格的方法是:以实际交易每次买进价格和数量计算出投资人买进股票总成本,再减去投资人此间所有已卖出股票收回资金的余额,除以投资人尚持有的股票数量。按此种方法计算,不排除个别投资人买入证券的平均价格高于股票历史最高价的可能。这只是计算投资人投资差额损失过程中可能出现的一个数据,而且这个数据在很大程度上取决于投资人在揭露日前后的股票持有量。这个数据不等于投资人购买股票时实际成交的价格,其与大庆联谊公司股票历史最高价之间没有可比性。由于证券交易的复杂性,目前用于计算投资人投资差额损失的方法有多种。只要这些方法符合《虚假陈述赔偿规定》第三十条、第三十一条、第三十二条确定的原则,结果公平合理,使用哪种方法计算,就在法院的自由裁量范围之内。原判采用的计算方法符合《虚假陈述赔偿规定》,有利于保护多数投资人的利益,故不予变更。上诉人大庆联谊公司关于原判确定的损失赔偿数额不当的上诉理由,不予采纳,同时由于《虚假陈述赔偿规定》第三十条第二款已明确规定,虚假陈述行为人在证券交易市场承担民事赔偿责任的范围包括利息,即所涉资金利息自买入至卖出证券日或者基准日,按银行同期活期存款利率计算,故对大庆联谊公司不同意给付投资差额损失部分利息的上诉主张,也不予支持。

——《最高人民法院公报》2005 年第 11 期

【链接:最高人民法院法官著述】

所谓投资差额损失,就是指投资人在证券交易市场投资因虚假陈述行为使得买卖证券发生价格差额而遭受的投资利益损失。该损失形成的基本原理为:当诱多型虚假陈述发生或实施以后,被虚假陈述影响的证券价格必然发生偏离正常价格围绕价值波动的曲线而产生“泡沫”,此时投资人投资买入证券,投资人必然要付出高于正常价格的价款，这部分价款既是虚假陈述影响而产生的"泡沫"，也是虚假陈述一旦被揭露或更正后投资人所发生损失的构成；当虚假陈述的事实被揭露或更正，市场必然对此作出反应，证券价格的"泡沫"部分将随着虚假陈述曝光而蒸发，经过一段时间消化，证券价格也将回到未受虚假陈述影响状态；投资人因卖出"泡沫"受蒸发后的证券或仍持有该证券所产生的损失，即为投资差额损失。具体损失金额的计算方法，依据投资人卖出证券的时间不同而存在差异。如果投资人在基准日及以前卖出证券的，依据《虚假陈述赔偿规定》第三十一条，其投资差额损失以买入证券平均价格与实际卖出证券平均价格之差乘以投资人所持证券数量加以计算；如果投资人在基准日之后卖出或者仍持有证券的，则依据《虚假陈述赔偿规定》第三十二条，其投资差额损失以买入证券平均价格与虚假陈述揭露日或者更正日起至基准日期间每个交易日收盘价的平均价格之差，再乘以投资人所持证券数量计算。

——李国光主编、最高人民法院民事审判第二庭编著：《最高人民法院关于审理证券市场虚假陈述案件司法解释的理解与适用》，人民法院出版社 2015 年版，第 299 页。

计算投资人的损失，首先须确定虚假陈述被揭露或更正后股价回到摆脱虚假陈述影响的相对正常位置所要经过的一段合理运行期间。确定合理期间的目的，是将虚假陈述影响股价的因素从其他引起股价波动的因素中分离出来，或虚假陈述行为人只对其虚假陈述致使投资人所发生的损失负赔偿责任。《虚假陈述赔偿规定》第三十三条第一款对确定合理期间的基准日作了解释性规定，第二款确定了几种寻找合理期间的方法，这是司法解释对虚假陈述证券民事赔偿的重大理论成果之一。按照《虚假陈述赔偿规定》可以计算出投资人因虚假陈述造成的损失金额。例如：某投资人在虚假陈述实施日及以后至揭露或更正日之前，买进某支股票 10000 股，其买进价格平均为 12 元，可以按照该投资人下列不同期间卖出不同数量股票的具体情况，计算出投资差额损失：第一，10000 股全部在揭露或更正日及以后、基准日及以前卖出，卖出的平均价格为 10 元，则该投资人的差额损失为 $(12-10)\times 10000=20000$ 元。第二，10000 股全部在基准日之后卖出或仍然持有，而揭露或更正日至基准日之间的交易日收盘平均价格为 8 元，则该投资人的差额损失为 $(12-8)\times 10000=40000$ 元。第三，5000 股在揭露或更正日之前卖出；5000 股在揭露或更正日及以后、基准日及以前卖出，卖出的平均价格为 10 元，则该投资人的差额损失为 $(12-10)\times 5000=10000$ 元。

第四，5000 股在揭露或更正日之前卖出；2500 股在揭露或更正日及以后、基准日及以前卖出，卖出的平均价格为 10 元；2500 股在基准日之后卖出或仍然持有，而揭露或更正日至基准日之间的交易日收盘平均价格为 8 元，则该投资人的差额损失为(12－10)×2500＋(12－8)×2500＝15000 元。第五，5000 股在揭露或更正日之前卖出；5000 股在基准日之后卖出或仍然持有，而揭露或更正日至基准日之间的交易日收盘平均价格为 8 元，则该投资人的差额损失为(12－8)×5000＝20000 元。第六，5000 股在揭露或更正日及以后、基准日及以前卖出，卖出的平均价格为 10 元；5000 股在基准日之后卖出或仍然持有，而揭露或更正日至基准日之间的交易日收盘平均价格为 8 元，则该投资人的差额损失为(12－10)×5000＋(12－8)×5000＝30000 元。除了上述列举的六种标准情况以外，还有两种特殊情况。即揭露或更正日之前投资人多次买进卖出、揭露或更正日及以后投资人多次买进卖出，且两个期间买进卖出股票性质和数量难以区分时，投资人买进和卖出的平均价格如何确定进而损失如何计算的问题。第一，关于实施日及以后至揭露或更正日之前多次买进卖出的情况，如何确定投资人平均买进价格。应当根据证券登记公司出具的投资人交易原始记录，在揭露或更正日之前以每次买进价格和数量计算出投资人买进股票总成本，减去投资人这期间所有已卖出股票收回资金的余额，除以投资人尚持有股票数量，则为该投资人的平均买进价格。第二，关于揭露或更正日及以后至基准日及之前多次买进卖出的情况，如何确定投资人平均卖出价格。根据证券登记公司出具的证据，以对应揭露或更正日之前投资人所持数量，能够确定该部分股票卖出价格的，按实际卖出价计算出平均卖出价格。如不能区分卖出的是揭露或更正日之前还是之后买进的股票数量时，则可以根据“先进先出法”这项会计成本核算方法，以最先卖出的股票数量依次累加对应至揭露或更正日之前投资人所持数量，并据此确定投资人平均卖出价格。其他卖出或仍持有的股票则视为被揭露或更正日及之后买进的股票，所发生的损失不在赔偿范围之内。当然，所列举的损失计算只是一个相对标准的方法，而审判实践中的各种情况千变万化，这需要案件承办法官根据《虚假陈述赔偿规定》所确定的原则，结合实际情况力求赔偿金额的公正与合理。

——贾纬：《〈关于审理证券市场虚假陈述民事赔偿案件的若干规定〉的理解与适用》，载《人民司法》2003 年第 2 期。

1149

内幕交易和操纵市场行为民事赔偿案件的受理、因果关系认定和赔偿标准

关键词 | 内幕交易 | 操纵市场 | 赔偿标准 |

【最高人民法院司法政策】

投资人如对内幕交易和操纵市场侵权行为人提起诉讼,相关人民法院应当参照《虚假陈述赔偿规定》前置程序的规定来受理和管辖。当前,应当进一步强调的是,首先,凡是被行政查处或是刑事处分的内幕交易和操纵市场行为,投资人以其受到损害为由提起民事赔偿诉讼,都应当受理和审理。其次,要正确认定因果关系。确定内幕交易、操纵市场与投资人损失之间的因果关系,是侵权行为人承担民事赔偿责任的前提。只有那些不知道侵权行为存在,在侵权行为实施期间与内幕交易和操纵市场作相反交易且发生损失的投资人,方可获得赔偿。最后,要确立赔偿标准。根据《证券法(2005)》第二百零二条、第二百零三条和第二百三十二条的规定,确定内幕交易和操纵市场民事赔偿的原则为,以所有投资人的损失为依据,在侵权行为人违法所得五倍以下范围内赔偿。

——《积极推进三项重点工作,保障经济发展方式转变,能动回应经济社会发展对商事审判工作的新要求——全国法院商事审判工作会议材料》(2010 年 8 月 17 日),载最高人民法院民事审判第二庭编:《商事审判指导》总第 23 辑,人民法院出版社 2011 年版,第 26 页。

【最高人民法院审判业务意见】

内幕交易侵权案件中的适格原告,应当界定为内幕交易行为人交易当日与其反向交易的自然人、法人或其他组织。除了交易方向之外,还应当从两个方面加以把握:一是交易标的要件,投资者买卖的是与内幕交易信息直接关联的证券,既包括同一证券,也包括以该证券为基础资产所设计出来的期权、基金、期货等金融衍生产品交易;二是时间要件,投资者从事反向交易的时间,应限定在被

告实施内幕交易行为之日。

——周伦军:《内幕交易侵权赔偿案件中的适用原告》,载最高人民法院民事审判第二庭编:《最高人民法院商事裁判观点》总第1辑,法律出版社2015年版,第191页。

(四)证券回购

1150

金融机构出租、出借交易席位发生证券回购纠纷的，应承担责任

关键词｜证券回购纠纷｜出租、出借交易席位｜

【最高人民法院司法政策】

关于承包方、借用方的主体资格问题。有些金融机构将其在交易场所的席位发包或出借给其他单位或个人经营,违反了证券交易场所管理办法中有关会员席位不得转让使用的规定。无论承包方或借用方本身是否是具有会员席位的金融机构,其以发包方或出借方名义签订的证券回购合同,均应以主体资格不合法而确认为无效。

——《最高人民法院召开审理证券回购纠纷案件座谈会纪要》(1997年1月9日)

【最高人民法院裁判文书】

国泰公司与黄梅联社资金拆借合同纠纷案(最高人民法院再审民事判决书)

最高人民法院认为:对出租、出借交易席位期间发生的证券回购纠纷,只要合同是以出租方、出借方名义签订的,出租、出借交易席位的金融机构应承担民事责任。

——江必新主编、最高人民法院审判监督庭编:《审判监督指导》总第33辑,人民法院出版社2011年版,第136~145页。

【链接：最高人民法院法官著述】

对于出租、出借交易席位问题,《审理证券回购纠纷案件座谈会纪要》(以下简称《证券回购纪要》)第二条第四款规定:“关于承包方、借用方的主体资格问题。有些金融机构将其在交易场所的席位发包或出借给其他单位或个人经营,违反了证券交易场所管理办法中有关会员席位不得转让使用的规定。无论承包方或借用方本身是否是具有会员席位的金融机构,其以发包方或出借方名义签订的证券回购合同,均应以主体资格不合法而确认为无效。”由此,对于出租、出借交易席位而签订的证券回购合同,首先应以主体资格不合法而确认无效。对于无效后的责任承担,该会议纪要第四条第二项、第三项规定:“对证券回购合同认定为无效的,应根据1996年6月25日国务院批转中国人民银行《关于进一步做好证券回购债务清偿工作请示的通知》(国发〔1996〕20号)文件精神,返还融资本金,按同业拆借利率赔偿拆借期间的利息损失,并承担逾期罚息。对承包、借用经营期间发生的证券回购纠纷,只要是以发包方或出借方的名义签订的证券回购合同,发包或出借会员席位的金融机构就应承担民事责任。至于发包方、出借方与承包方、借用方之间,则属于另一法律关系,可作另案处理。”因此,因出租、出借交易席位而导致签订的证券回购合同无效的,金融机构应承担相应责任。

——张能宝:《出租、出借交易席位,金融机构应承担责任——国泰公司与黄梅联社资金拆借合同纠纷案》,载景汉朝主编:《最高人民法院审判监督案例解析》,人民法院出版社2015年版,第232~233页。

1151

证券席位承包后，承包人以发包人名义进行交易，应由发包人先承担债务偿还责任

关键词 | 证券交易席位承包 |

【最高人民法院裁判文书】

云南证券有限公司与深圳市联合投资有限公司证券席位承包纠纷案[最高人民法院(2003)民二终字第185号民事判决书]

最高人民法院认为：当事人之间形成证券交易席位承包关系后，发包人依据《全国证券回购债券清欠台账》载明的债务数额，向承包人主张债权，有明确的事实及法律依据，应予支持。为此，承包人在证券席位承包期间以发包人名义对外形成的债务，发包人应承担对外清偿责任，承包人也应依据证券席位承包关系向发包人承担清偿责任。承包人关于发包人应代其对外实际支付之后，承包人才能向发包人清偿的主张无法律依据，不能成立。

——吴庆宝主编：《权威点评最高人民法院民商法指导案例》，中国法制出版社2010年版，第216～223页。

【链接：最高人民法院法官著述】

证券交易席位资格从其本质上能自行转让、发包或出租、出借，在监管规则中也是一贯禁止转让的。二审过程中合议庭已充分注意到了这一问题。但后来考虑到对合同确认无效必须以违反法律、法规的强制性规定为前提，由于法律依据上的欠缺，为避免判决在法律适用上出现瑕疵，尤其考虑到本案协议早已处于终止履行的状态，而无论认定其无效与否，对本案的处理结果均无影响的情况，故在最终的法律文书中没有特别强调这些协议无效的问题，但实质上仍是按协议无效的处理原则判处的。此外，20世纪90年代中后期，因证券回购合同大量的债务，国务院为此专门成立了全国证券回购债务清欠办公室，统一核对查证、编链清偿因证券回购所形成的债务。为此，最高人民法院认可并支持，曾经就“清欠办”编链处理的回购案件一概不予受理而由其统一清欠。后来法院开始受理证券回购纠纷案件后，对所涉及的回购债务金额，只要是“清欠办”曾经编链的，应当也只能依据“清欠办”核定的台账认定，台账几乎成为这类案件债务数额的唯一准确有效的证据。本裁判意见中回购债务的数额，即是以“清欠办”台账为基础认定的。

——沙玲：《证券席位承包后的债务如何承担——云南证券有限公司与深圳市联合投资有限公司证券席位承包纠纷案》，载吴庆宝主编：《权威点评最高人民法院民商法指导案例》，中国法制出版社2010年版，第216～223页。

1152

场外交易形成的债务不应比照场内交易处理

关键词｜场外交易｜场内交易｜债务处理｜证券回购｜

【最高人民法院裁判文书】

哈尔滨北方资产管理公司与三亚市财政局证券回购合同纠纷申请再审案［最高人民法院(2013)民申字第324号民事裁定书］

最高人民法院认为:(二)关于三亚市财政局是否应对三亚国债公司的债务承担连带责任。

1. 关于三亚市财政局对于三亚国债公司的违法经营行为给证券公司造成的损失是否应承担连带责任。根据二审查明的财政部办公厅财办库〔2002〕34号文件内容,国办发〔1999〕52号文件中规定的"凡撤销的财政国债中介机构,其债权债务由同级财政部门负责处理",这里的"负责处理"与要求财政部门承担撤销机构遗留的债权债务是两个完全不同的概念。财政部门作为地方政府的职能部门,负责处理事务的范围很广,包括对国债中介机构遗留的债权债务的组织和协调清理工作,并非实际承担撤销国债中介机构遗留的债权债务。财政部上述文件已经将"负责处理"与要求财政部门承担撤销机构遗留的债权债务的民事责任明确区分开,行政部门履行管理责任与由其承担监管对象的民事责任性质不同,北方公司据此要求三亚市财政局对三亚国债公司遗留的债权债务承担连带责任的主张不能成立。另,中共中央、国务院中发〔1986〕6号文件《关于进一步制止党政机关和党政干部经商办企业的规定》,系针对文件出台当时党政机关开办企业问题发布,具有特定的历史背景,本案系财政中介机构被撤销后遗留债权债务纠纷,应适用国家相关部门就该问题制定的专门文件,北方公司据此要求三亚市财政局对三亚国债公司遗留的债权债务承担连带责任的主张亦不能成立。

2. 关于三亚市财政局是否应基于其批准三亚市国债服务部将三亚国债公司对外发包而对证券公司的损失承担责任。三亚国债公司的股东是三亚市国债服务部和华明公司,将三亚国债公司发包给宝平公司,是三亚市国债服务部和华明公司两个股东共同做出的决定,该发包行为的主体是三亚市国债服务部和华明公司。故若宝平公司在承包三亚国债公司的过程中存在违法行为,侵害了证券公司的利益，证券公司也应向承包人宝平公司以及发包人三亚市国债服务部和华明公司主张。北方公司申请再审所依据的国务院国发〔1985〕102 号《关于要进一步清理和整顿各类公司的通知》第三条第一款“呈报单位和各级人民政府、各有关部门，要对成立公司进行认真审核，因审核不当而造成严重后果的，要承担经济法律责任”的规定，系针对文件出台当时党政机关开办企业问题发布，具有特定的历史背景，且该条文系就公司成立的审核责任所作的规定，与北方公司所称三亚市财政局应基于其违法批准发包行为而承担责任并非同一问题，北方公司该项申请再审理由不能成立。

3. 关于三亚市财政局出具的《证明书》的性质。财政部对财政系统场内债务组织编链清偿是基于国家政策实施的行政干预手段，三亚市财政局对于三亚国债公司场内交易形成的债务被采取财政扣款措施系基于财政部的统一要求，其向中国人民银行工作组出具的《证明书》，系说明其与三亚国债公司隶属关系和对该公司经营证券回购业务发生的债权债务有责任落实和解决，是三亚市财政局行使行政监管职责的体现，并非向不特定第三人作出的同意承担三亚国债公司债务的民事承诺。北方公司亦未提供证据证明三亚市财政局提起民事诉讼并与宝平公司达成调解协议是依据《证明书》。北方公司以三亚市财政局因出具《证明书》而代三亚国债公司承担赔偿责任为由，主张三亚市财政局出具《证明书》是承担三亚国债公司债务的民事法律行为，依据不足。关于北方公司主张的其与三亚国债公司之间的场外交易应比照场内交易让三亚市财政局承担连带责任的问题，因财政编链清偿范围为场内交易形成的债务，场外交易因是违规交易，是无效民事行为，所形成的债务不属财政编链清偿范围内债务，北方公司提出的对于证券公司与三亚国债公司进行场外交易形成的债务应比照场内交易形成的债务由三亚市财政局承担清偿责任的申请再审理由，缺乏依据，本院不予支持。

——中国裁判文书网，http://wenshu.court.gov.cn。

1153

证券回购纠纷与经济犯罪交织问题处理的司法政策精神

关键词｜证券回购｜经济犯罪｜

【最高人民法院司法政策】

五、关于证券回购纠纷与经济犯罪交织的问题

在前一阶段的国债回购交易中,存在着许多违法甚至犯罪活动。因此,人民法院在审理证券回购纠纷案件中,要注意发现经济犯罪的问题,对于出租、出让交易席位,违规操作,严重失职,造成重大损失的;交易人员收受贿赂的;挪用、贪污回购资金的;冒用法人名义,伪造印鉴,进行诈骗犯罪的;利用国库券代保管单骗取资金的等行为,要特别注意发现其中的犯罪线索,对可能构成犯罪的,人民法院要及时移送有关机关。对证券回购纠纷事实清楚,法人应当承担民事责任的,应在移送犯罪线索后,继续审理经济纠纷。

——《最高人民法院召开审理证券回购纠纷案件座谈会纪要》(1997 年 1 月 9 日)

1154

单位席位交易员擅自进行场外交易,属于证券回购交易中的违规操作,不能因此免除单位对外民事责任

关键词|席位交易员|场外交易|证券回购|

【最高人民法院裁判文书】

武汉赛迪尔经济发展有限责任公司与武汉市东西湖区国债服务部、武汉市国债服务部侵权纠纷上诉案[最高人民法院(2004)民二终字第 64 号民事判决书]

最高人民法院认为:黄汉东以东西湖代理处的名义与赛迪尔公司签订的证券回购合同是职务行为,还是个人行为,是否构成表见代理,东西湖国债部和武汉市国债服务部应否为其承担民事责任。黄汉东于 1995 年 1 月 24 日受聘于东西湖代理处,任东西湖代理处驻武汉市证券交易中心席位交易员(至今未被解聘),其以东西湖代理处的名义对外从事的国债回购交易,属于黄汉东履行职务的行为。对黄汉东以东西湖代理处的名义对外从事的证券回购业务,东西湖代

理处应当承担民事责任。1995 年 7 月 28 日，黄汉东利用职务之便，以东西湖代理处的名义与赛迪尔公司签订了有价证券回购交易成交合同。虽然合同上加盖的圆形“武汉市振财证券部东西湖代理处财务专用章”与东西湖代理处预留在武汉市证券交易中心的印章不一致，但现在证据不足以证明该公章为黄汉东私刻，对该公章合同相对人也无法判断其真伪，且该合同上还加盖了身为东西湖代理处驻武汉证券交易中心席位交易员黄汉东的私章，所用合同文本及黄汉东向赛区迪尔公司出具的 1000 万元国债代保管凭证，均为东西湖代理处提供给黄汉东的格式合同和有效凭证。赛迪尔公司交付的 1000 万元购券款也是按照合同约定汇入到以东西湖代理处名义在中国建设银行武汉市江汉支行航空路办理处开设的“武汉市振财证券东西湖代理处”的账户内。对该银行账户，东西湖代理处认为是黄汉东私自开设的，但因黄汉东至今未被逮捕归案，无从对证，现有证据又不能充分证明黄汉东私自开设，因此，该账户是否为黄汉东私自开设，在没有新的证据前，法院不宜认定。且该账户名称“武汉市振财证券部东西湖代理处”而言，合同相对人也无不辨其真伪。即使该账户为黄汉东私自开设，汇入该账户人 1000 万元购券款流失的责任也不应在赛迪尔公司。对于本案黄汉东擅自进行场外交易，东西湖国债部能否免除民事责任的问题，因东西湖代理处对其派驻武汉证券交易中心场内交易员的授权范围，属于单位内部授权，不能对抗善意第三人。黄汉东作为东西湖代理处的席位交易员擅自进行场外交易，属于其在证券回购交易中的违规操作，对外并不能因此免除东西湖代理处所负的民事责任。对于 1000 万元购券款被黄汉东擅自转移支配，导致赛迪尔公司的购券款无法归还，与东西湖代理处内部用人不当、管理不善有着直接的关系，东西湖国债部对此应负主要责任，原判东西湖代理处不承担民事责任的处理，显然不当，应当予以纠正。赛迪尔公司因参与场外交易，对其购券款的流失，负有一定过错，也应当承担相应的民事责任。鉴于本案系黄汉东利用职务之便所实施的涉嫌犯罪的行为，故赛迪尔公司与东西湖代理处签订的有价证券回购成交合同为无效合同。对因黄汉东实施涉嫌犯罪行为所导致的 100 万元购券款无法追回，根据《最高人民法院关于在审理经济纠纷案件中涉及经济犯罪嫌疑若干问题的规定》第 3 条规定，东西湖代理处应当负责偿还赛迪尔公司 1000 万元购券款。东西湖代理处撤销后，其该项债务应当由其债务承接单位西湖国债部承担。1000 万元购券款的利息损失 126 万元则同赛迪尔公司自行承担。对赛迪尔公司主张的 90 万元回购价款，因合同无效，本院不予支持。赛迪尔公司主张武汉市国债服务部应承担民事责任，但因其不能提供证据证明本案证券回购合同系武汉市国债服务部委托东西湖代理处签订,故原审法院根据中国人民银行武汉市分行〔1997〕第256号文件规定,判定武汉市国债服务部不承担民事责任,处理正确,应当予以维持。

——最高人民法院民事审判第二庭编:《民商事审判指导》总第6辑,人民法院出版社2005年版,第261~269页。

1155

国债回购合同确认无效后,对于合同约定期限外利息的计算

关键词|国债|证券回购|利息|

【最高人民法院司法政策】

对证券回购合同认定为无效的,应根据1996年6月25日国务院批转中国人民银行《关于进一步做好证券回购债务清偿工作请示的通知》(国发〔1996〕20号)文件精神,返还融资本金,按同业拆借利率赔偿拆借期间的利息损失,并承担逾期罚息。

——《最高人民法院召开审理证券回购纠纷案件座谈会纪要》(1997年1月9日)

【最高人民法院裁判文书】

包头市信托投资公司与东北证券有限责任公司国债回购纠纷案[最高人民法院(2004)民二提字第11号民事判决书]

最高人民法院再审审理认为:包头信托公司与东北证券公司进行的四笔国债回购交易,因违反中国人民银行《信贷资金管理暂行办法》第五十二条"证券回购业务中的回购方应有真实的足额的有价证券,必须向对方办理交割或者由对方封存"的规定,原判认定双方国债回购交易无效正确,应予维持。双方当事人对原审判令东北证券公司返还购券款本金、并按中国人民银行同期四个月同业拆借利率上限给付合同期内利息,均无异议,本院予以维持。关于合同期外逾期利息如何给付问题,原审根据本案国债回购交易被确认无效、双方当事人对于

国债回购交易无效均负有过错，以及中国人民银行自1995年以来多次降低存、贷款利率的实际情况，判令东北证券公司按照中国人民银行同期《关于降低存、贷款利率的通知》给付合同期外利息，不违反法律规定，处理结果亦不显失公平，应予维持。包头信托公司要求合同期外利息全部按日万分之五给付的再审请求，不予支持。

——苏泽林主编、最高人民法院审判监督庭编著：《最后的裁判——最高人民法院典型疑难百案再审实录·担保与金融案件卷》，中国长安出版社2007年版，第256~263页。

编者说明

采用何种利率计算利息，并不属于严格意义上的法律适用问题，人民法院审理案件时对于中国人民银行颁布的有关规定只是参照适用。在中国人民银行对于利率问题存在不同规定时，法官可根据案件的性质、合同的效力、双方的过错责任等综合情况，运用法律所赋予的衡平权，公平公正地选择所适用的规定。①

1156

商业银行应当知道代办处不具备订立案涉证券回购合同的主体资格，对由此导致的合同无效存在过错，应承担相应责任

关键词 | 代办处 | 证券回购 | 合同无效 |

【最高人民法院裁判文书】

盘锦市商业银行股份有限公司与中国人寿保险股份有限公司营口分公司等证券回购纠纷申请再审案[最高人民法院(2016)最高法民申3133号民事裁定书]

最高人民法院认为：《合同法》第五十八条规定："合同无效或者被撤销后，

① 刘国华：《国债回购合同确认无效后，对于合同约定期限外的本金利息采用何种利率计算——包头市信托投资公司与东北证券有限责任公司国债回购纠纷案》，载苏泽林主编、最高人民法院审判监督庭编著：《最后的裁判——最高人民法院典型疑难百案再审实录·担保与金融案件卷》，中国长安出版社2007年版，第256页。

因该合同取得的财产，应当予以返还；不能返还或者没有必要返还的，应当折价补偿。有过错的一方应当赔偿对方因此所受到的损失，双方都有过错的，应当各自承担相应的责任。”本案中，原判决认定盘锦商业银行对于合同无效存在过错，并判令其对利息损失自行承担30%的责任并无不当。首先，盘锦商业银行在证券认购合同订立时对于合同相对方主体资格的审核未尽到应有的审慎注意义务，存在过错。根据《证券回购纪要》的有关精神，对于金融机构的分支机构以自己的名义签订的证券回购合同，应依照银传〔1995〕60号文件中关于不具有法人资格的金融机构一律不得直接参与证券回购业务的规定处理。金融机构的分支机构无论是否领取企业法人营业执照和是否具有会员席位，只要是在该文件下发后，都应确认其不具有从事证券交易的主体资格。本案中，盘锦商业银行与代办处签订《有价证券认购合同》的时间为1995年8月29日，银传〔1995〕60号文件于1995年8月8日下发，因此代办处在签订案涉合同时不具备从事证券交易的主体资格。盘锦商业银行作为商事主体，对于证券回购法律关系的建立及履行应当具有较高的认识能力，也负有更高的审慎注意义务。上述通知由中国人民银行制发，盘锦商业银行作为银行业金融机构，应当知晓上述通知内容。且中国人民银行营口市分行在关于设立代办处的批复中，亦明确规定代办处的经营范围为代办出售债券及支付债券利息，不得从事自营证券交易业务。因此，盘锦商业银行应当知道代办处不具备订立案涉证券回购合同的主体资格，对由此导致的合同无效存在过错，应承担相应的责任。其次，盘锦商业银行在证券认购合同的履行过程中亦存在过错。根据双方签订证券认购合同时合法有效的《中国人民银行信贷资金管理暂行办法》第五十二条以及《财政部、中国人民银行、中国证监会关于坚决制止国债卖空行为的通知》第二条的规定，对于证券回购业务，行政监管部门明确要求应存在真实足额的有价证券，通过交割或者封存的形式进行实物交易，禁止一切卖空行为，即使由回购方进行代保管，也必须有全额实物券作保证。上述规定虽然是对证券回购方提出的业务要求，但是盘锦商业银行作为专业的金融机构，应当了解人民银行制定的上述办法，并应当按照办法及通知的规定贯彻执行。本案中，盘锦商业银行与代办处签订《有价证券认购合同》后，并未要求代办处将合同标的证券进行交割或封存，代办处出具的《证券代保管凭证》也并未记载实物证券内容及代保管数额，盘锦商业银行对于是否存在有价证券实物没有尽到基本的注意义务，双方当事人的行为明显违反上述办法及通知的规定。1997年3月，在代办处没有按照双方合同约定到期还本付息的情形下，盘锦商业银行仍未要求代办处交割或者封存有价证券，而是再次与代办处签订《逾期债券款偿还协议》。因此,原判决认定双方以有价证券回购名义行变相拆借资金并无不当。综上,基于盘锦商业银行对合同无效及造成的损失存在的过错情况,二审法院酌情确定盘锦商业银行对利息损失承担 30% 的次要责任,有事实和法律依据,并无不当。盘锦商业银行以原审判决其对利息损失承担 30% 的责任属于认定的基本事实缺乏证据证明为由申请再审,理由不成立。

——中国裁判文书网,http://wenshu.court.gov.cn。

1157

客户证券账户内发生的国债回购交易是证券营业部未经授权的行为,证券营业部擅自出售客户国债,构成侵权

关键词|国债|强行平仓|证券回购|

【最高人民法院裁判文书】

航空证券有限责任公司、航空证券有限责任公司保定五四西路证券营业部与唐山开滦建设(集团)有限责任公司、开滦(集团)有限责任公司侵权纠纷案[最高人民法院(2006)民二终字第 3 号民事判决书]

最高人民法院认为:航空证券公司及航空证券营业部出售本案所涉国债的强行平仓行为是否合理,是否构成对开滦建设公司侵权的问题。本院认为,判定该强行平仓行为是否合理及其是否构成侵权行为的关键有二:其一,航空证券营业部将开滦建设公司证券账户内的国债用于国债回购,是否得到开滦建设公司的授权。其二,国债拆入的资金是否由开滦建设公司提取。在一审庭审和二审质证中,航空证券公司和航空证券营业部皆未举证证明其将本案所涉 30000 手国债质押用于国债回购的行为得到开滦建设公司的授权,而且国债回购拆入的资金被航空证券营业部擅自提取。航空证券营业部在一审庭审中自认"为了化解其的经营风险,逃避证券登记结算公司的处罚,避免其证券经纪客户挤提客户证券交易结算资金,经航空证券公司研究决定,将开滦建设公司在其 1029778 资金账户内的国债卖出"。而且,该国债出售所得之客户交易结算资金被航空证券营业部截留占用,并未划入开滦建设公司的资金账户内。据此,

本院认为,开滦建设公司证券账户内发生的国债回购交易是航空证券营业部未经开滦建设公司授权的行为,航空证券营业部擅自出售开滦建设公司所有的国债,并将出售国债所得的客户交易结算资金截留占用的行为,已对开滦建设公司构成侵权。

——最高人民法院民事审判第二庭编:《最高人民法院商事审判指导案例·公司卷》,中国法制出版社2011年版,第474~485页。

1158

证券公司及其营业部未违反账户监管承诺，对质押国债被平仓清算造成的质权人损失不承担赔偿责任

关键词 | 国债回购 | 国债质押 | 保证责任 | 赔偿责任 |

【最高人民法院裁判文书】

国泰君安证券股份有限公司郑州花园路证券营业部、国泰君安证券股份有限公司与中国光大银行郑州分行、中国第一汽车集团开封汽车经销有限责任公司和海口建来发展有限公司借款担保合同纠纷案[最高人民法院(2006)民二终字第82号民事判决书]

最高人民法院认为:第一,关于质押关系成立及质押物瑕疵的分析与认定。(一)本案质押账户内的国债在出质时已经处于回购状态,而不是国债现券。国债是否处于回购状态,是由账户内标准券的数额反映的。根据《上海、深圳证券交易所交易规则》对标准券的定义,标准券是指在证券交易所指定的登记结算机构托管而用于回购交易并按交易所规定的折算率计算出的回购抵押券。债券持有人可卖出债券的数量,根据其在交易所指定的登记结算机构库存债券数量,以交易所公布的标准券(综合券)折算率计算出的标准券(综合券)量为限。这说明,回购交易中,国债不是一般意义上的交易物,而是抵押(质押)物。回购具备买卖和质押两种性质,形式上是国债两次买卖,实质上是质押融资。以标准券来确定融资量,以现券作为最终的担保,两者合二为一。根据郑州分行提供的证据之《对账单》以及营业部提供的证据之《国泰君安证券股票明细对账单(合并)及郑州花园路余额汇总》,可以看出:在本案质押开始之前,国债市值很高但是

资金余额不高，标准券可用余额也很少，因此，本案质押开始前国债账户的状态为：账户内国债已经大部分处于回购状态而尚未购回，且账户内没有足额的购回国债资金。作为质权人的郑州分行，应当核实质押国债的真实性、有效性以及可支配性，以确保质押物对质权实现的担保，减少自身开出票据的风险。郑州分行作为专业金融机构，其关于对国债处于回购状态的情况“不知情、看不懂对账单”的观点不能成立，其应当知道质押物的状态并且应当预见到接受该种具有瑕疵的质押物存在的风险。（二）质押物本身存在瑕疵导致质押方式存在潜在的风险。根据交易规则，处于回购状态的国债，只有在回购期满时，融资方（海口建来）从融券方将质押物（国债）购回，方能保证郑州分行的质押受偿权。如果回购期满未能购回，则质押物本身存在的这一风险将可能导致优先受偿权无法实现。因此，这种质押方式与质权的优先受偿性存在冲突，使得质押方式存在潜在的风险。郑州分行明知质押物处于回购状态，质押物的价值可能出现极大波动，质押方式存在巨大风险，但是仍然愿意接受该种质押方式，且未要求出质人提供其他担保，其应当对质押物的价值减少带来的损失自行承担责任。

第二，关于营业部是否实施了违反《承诺鉴证书》约定的行为，是否存在过错的认定。营业部在每份协议签订之前均出具了真实的《对账单》，《对账单》如实反映了该出质账户的国债状况和资金余额，郑州分行既是金融机构，又是长期利用质押账户进行国债回购操作的实际控制人，其应当明了《对账单》显示的内容，也完全了解接受处于回购状态的国债市值质押可能存在的法律风险。营业部履行了信息披露义务，没有过错。营业部提供证据之《授权委托证明书》《质押合同》及《补充协议》以及《承诺鉴证书》和《收据》，能够证明郑州分行并不享有唯一的国债交易权。上述文件强调的只是“仅光大银行（授权人员）拥有提款权、托管（指定交易）权和转托管（取消指定交易）权”。这说明，郑州分行独家享有的仅仅是上述三项权利，海口建来仍然有权进行上述三项之外的国债交易活动。光大银行在接受质押时，又书面放弃了其中部分质押权能，未对质押账户密码进行修改，并未禁止或者排斥海口建来在账户中进行国债交易，因此营业部允许海口建来进行续回购操作不违反《承诺鉴证书》约定。营业部二审提供的《证券股票明细对账单》证明：2005 年 6 月 17 日，质押账户被登记公司强行清算。自 2004 年 10 月 27 日本案第一份承诺协议签订之时，至质押账户被交易所强行清算之日，质押账户内并未发生过资金出户情况。这说明，续回购操作不是质押物价值减少的原因，无论营业部允许海口建来进行续回购操作是否违反承诺鉴证,都没有因此造成资金损失。质押账户内国债市值和资金余额减少的根本原因,是在质押开始前账户内国债已经处于回购状态。而账户实际控制人郑州分行与海口建来在续回购到期日,未能注入资金购回到期的国债,也没有继续申报续回购,构成了对潜在交易对手的违约,被交易所强行清算,此项交易与营业部无关。即使质押账户内国债市值仍为8500万元,郑州分行也无法直接受偿,其只能根据交易规则,在没有资金购回国债的情况下,账户先行清算,清算所得优先偿还融券方,郑州分行能够得到的余额仍是现在的1300余万元。因此,营业部允许海口建来进行续回购操作的行为与质押账户内国债被强行清算的结果没有必然因果关系。

第三,关于《承诺鉴证书》承诺的是保证责任还是监控责任的认定。《承诺鉴证书》第2条约定"营业部对申请人或出质人的国债交易负责监控,保证申请人或出质人国债账户市值与资金账户余额之和在质押期间不低于某数额"。《合同法》第一百二十五条规定"当事人对合同条款的理解有争议的,应当按照合同所使用的词句、合同的有关条款、合同的目的、交易习惯以及诚实信用原则,确定该条款的真实意思。"根据这一合同解释规则,上述约定应理解为:营业部应当保证监控出质人或质权人的国债交易过程,如果其操作可能导致国债账户市值与资金账户余额之和在质押期间低于某数额,则营业部应当停止其交易行为。亦即营业部此项义务应理解为监控义务而非保证义务。另根据《承诺鉴证书》第9条关于"营业部如未遵守上述承诺鉴证造成损失,同意承担赔偿责任"的约定,营业部承担责任的前提是营业部有违约行为且该违约行为造成了损失,而《担保法》规定保证人承担的不是赔偿责任而是连带还款责任,其前提是主债务人不履行债务,与保证人是否违约无关。因此,《承诺鉴证书》所承诺的责任应当认定为监控责任而非保证责任。

根据《证券法(2005)》第一百四十一条规定,证券公司不得为客户融资融券。郑州分行认为营业部应保证质押账户余额,随时填充国债或资金,以保证账户余额不变。然而,这是法律所禁止的融资融券行为,营业部并未实施该违法行为,并无过错。在整个质押过程中,本案各方均无任何可以导致国债账户市值和资金余额之和降低和减损的交易行为发生,因此,根据《承诺鉴证书》的承诺条款营业部无过错,不应承担民事责任。

营业部、国泰君安关于其在承诺鉴证之后,对于该质押账户没有进行任何主动的操作,接受海口建来的续回购操作指令既为合同允许,也并没有改变质押物的市值或实际价值,仅仅是将风险滞后而未造成质押物的损失;质押物的损失产生完全是因质押双方未能将处于回购状态的国债进行到期购回而被登记公司到期强行清算所导致。因此,在损失产生的原因方面,营业部没有过错的上诉理由成立,予以支持。郑州分行关于营业部是为本案六份质押合同及补充协议的履行而作出的承诺鉴证,即营业部是与海口建来一同向郑州分行保证质押权利行使,现郑州分行质押权利无法实现,营业部理应对郑州分行行使优先受偿权后不能获得清偿的本息,依约承担赔偿责任的答辩理由缺乏事实和法律依据,不予支持。原审判决依据营业部有承诺鉴证的最低限额的情形,认为一旦账户中的实际余额之和低于营业部承诺鉴证数额,即应追究营业部的责任,而不考虑该数额的变化究竟是营业部的行为造成还是质押方式的缺陷和风险造成的,其认定错误,予以纠正。

——最高人民法院民事审判第二庭编:《民商事审判指导》总第13辑,人民法院出版社2008年版,第252~271页。

【链接:最高人民法院法官著述】

对于国债回购交易中是否存在质押关系的讨论,不能就事论事,应该透过国债回购交易的发展演变及其运作实践分析。就风险控制措施而言,以无记名国债为基础债券的回购业务实行“先入库,后卖出”制度,实物券搬入了登记结算公司的库房之后就为登记结算公司所控制,可以在提交现券的资金融入方和登记结算公司之间建立起担保关系,登记结算公司也不必审查这些现券原来归谁所有,因为无记名国债谁占有谁就被推定为合法的权利人,担保物的提交程序没有瑕疵。但在以无纸化国债为基础国债的回购交易中,投资者的证券账户中的国债折算成标准券后,不是登记在投资者的证券账户中,而是登记在证券公司的主席位上,国债现券也没有在证券账户上发生转移或者冻结,还可以自由买卖。因此,以无纸化国债为基础债券的回购交易中,登记结算公司没有切实实现对国债的专有控制,不存在质押关系。

——沙玲:《关于无纸化国债回购交易中质押关系成立与否的探讨》,载最高人民法院民事审判第二庭编:《民商事审判指导》总第18辑,人民法院出版社2009年版,第80~82页。

编者说明

国债回购交易中是否存在质押关系一直是处理国债回购案件的焦点,此问题的处理也涉及登记结算公司权利义务的认定问题，实践中应当根据登记结算公司是否对国债债券实现专有控制为基础进行认定。

1159

挪用国债用于回购交易且到期未能回购归还的，应当承担侵权损害赔偿责任

关键词｜国债回购｜损害赔偿｜

【最高人民法院裁判文书】

汉唐证券有限责任公司与贵州赤天化股份有限公司侵权纠纷案[最高人民法院(2009)民二终字第118号民事判决书]

最高人民法院认为：挪用国债用于回购交易且到期未能回购归还的，依法应当承担侵权损害赔偿责任。国债损失因侵权行为而非正常交易中的价格波动所致，挪用人主张以国债损失时点的实际市场波动值作为赔偿标准的，不予采信。

中国人民银行、财政部、中国银行业监督管理委员会、中国证券监督管理委员会联合制定并发布的《客户结算资金收购意见》，规范的是"对个人债权及客户证券交易结算资金进行收购"问题，非个人以之作为挪用国债损失赔偿依据的，不应予以支持。

——最高人民法院民事审判第二庭编：《最高人民法院商事审判指导案例·公司卷》，中国法制出版社2011年版，第357～363页。

(五)其他证券纠纷

1160

假借投资托管的名义进行违法资金拆借而签订的合同无效

关键词｜投资托管｜资金拆借｜合同无效｜

【最高人民法院裁判文书】

上海元盛投资管理有限公司与航天科技财务有限责任公司、闽发证券有限责任公司、闽发证券有限责任公司上海永嘉路营业部证券代理合同纠纷案［最高人民法院(2005)民二终字第116号民事判决书］

最高人民法院认为:2003年3月25日航天科技公司与闽发证券订立的委托投资协议约定,航天科技公司委托闽发证券进行国债投资,金额为人民币2亿元,期限为一年。根据该协议的内容,双方权利义务关系的性质为委托投资关系。但航天科技公司与闽发证券又于同年28日订立国债托管协议,该协议对于双方上述委托投资协议进行了调整,变更了双方权利义务关系的内容,其约定航天科技公司将面值为2亿元的03国债(1)委托闽发证券管理,期限为一年,托管期内,闽发证券按照债券面值总额的4.34%向航天科技公司支付债券托管使用费,航天科技公司有权获得托管的债券发行人在托管期内发放的利息,闽发证券保证在协议到期时如数归还航天科技公司托管的债券。以上事实表明,航天科技公司和闽发证券通过2003年3月28日的国债托管协议,变更了双方此前订立的委托投资协议的内容,其真实意是航天科技公司以托管国债的形式向闽发证券提供2亿元资金,期限一年,闽发证券以支付“债券托管使用费”的名义向航天科技公司支付使用该笔资金的对价,即国债总面额的4.34%。航天科技公司与闽发证券双方虽然又以补充协议的形式对于上述协议进行了调整,但仅约定了“债券托管使用费”变更为4.224266%,闽发证券预先支付部分收益,并未改变国债托管协议确立的双方权利义务关系的基本内容。从合同的履行情况看,航天科技公司于2003年4月3日向闽发证券提供了2亿元资金,其提供该笔资金所期待的是固定比例的回报;闽发证券接受了航天科技公司提供的2亿元资金,虽然该笔资金用于购买国债且该国债亦进入了闽发证券为航天科技公司开立的证券账户,但闽发证券通过回购方式取得了资金,且其以回购国债的形式取得资金并不违反航天科技公司的意思,而按照双方约定,闽发证券应向航天科技公司支付国债面值总额4.224266%的固定比例的回报作为使用该笔资金的对价。一方提供资金、接受固定利息,另一方接受资金、支付固定利息是资金借贷民事关系的基本特征。因此,航天科技公司与闽发证券之间协议的性质应认定为以委托投资为表现形式的资金拆借合同,应依法确认为无效;原审判决关于航天科技公司与闽发证券双方签订的委托投资协议、国债托管协议及补充协议应属有效的认定缺乏事实依据和法律依据，应予纠正。元盛公司关于航天科技公司与闽发证券事实上是假借投资托管的名义进行违法的资金拆借，这种以合法形式掩盖非法目的的合同行为应认定无效的主张，本院予以支持。

——最高人民法院民事审判第二庭编：《最高人民法院商事审判指导案例·金融卷》，中国法制出版社2011年版，第41～49页。

1161

双方并无实物券交易或封存，也并未将款项用于认购国债，是名为委托代购合同实为资金拆借

关键词 | 实物券交易 | 认购国债 | 委托代购 | 资金拆借 |

【最高人民法院裁判文书】

国泰公司与黄梅联社资金拆借合同纠纷案(最高人民法院再审民事判决书)

最高人民法院认为：国泰公司与黄梅联社签订《委托代购证券合同》，约定国泰公司代黄梅联社认购95国债、96国债，虽然李建新向黄梅联社出具了加盖国泰公司(2)号业务专用章的《有价证券代保管单》，但双方并无实物券交易或封存，国泰公司也并未将款项用于认购国债。因此，双方的行为属于名为委托代购合同，实为资金拆借的行为。《委托代购证券合同》应当认定为无效。

——江必新主编、最高人民法院审判监督庭编：《审判监督指导》总第33辑，人民法院出版社2011年版，第136～145页。

1162

证券咨询服务协议约定义务是否履行的判断

关键词 | 证券咨询服务 |

【最高人民法院裁判文书】

洋浦恒盛投资咨询有限公司与华林证券有限责任公司、大新华航空有限公司服务合同纠纷案[最高人民法院(2015)民二终字第91号民事判决书]

最高人民法院认为:华林证券公司出具的《咨询工作确认书》确认洋浦恒盛公司共向华林证券公司推荐了10家意向投资者,并协助华林证券公司完成一对一路演,推动各家意向投资者内部决策,最终促成了海通证券公司等五家投资者认购了华林证券公司承销的海南航空公司股票,由此承诺应向洋浦恒盛公司支付顾问费6300万元。华林证券公司在向洋浦恒盛公司发送的《企业询证函》中亦自认其尚欠洋浦恒盛公司6300万元债务。《审计报告》所附的华林证券公司提交审计的财务报表亦记载其尚欠洋浦恒盛公司咨询费6300万元。上述证据已形成完整的证据链,足以支持洋浦恒盛公司关于其已经依约履行了《咨询服务协议》约定的合同义务并实现合同目的的主张。华林证券公司虽主张该公司原法定代表人薛荣年倒签《咨询工作确认书》、涉嫌刑事犯罪,《咨询工作确认书》、《企业询证函》及《审计报告》不是该公司的真实意思表示,但并未举证予以证明。故华林证券公司关于洋浦恒盛公司未履行《咨询服务协议》、洋浦恒盛公司无权主张咨询服务费6300万元的上诉理由因无事实根据而不能成立。

——中国裁判文书网,http://wenshu.court.gov.cn。

1163

投资者以交易所审核创设权证违规为由提起民事侵权之诉,具有可诉性

关键词 | 权证创设 |

【《最高人民法院公报》案例】

邢立强诉上海证券交易所权证交易侵权纠纷案(上海市第一中级人民法院民事判决书)

裁判摘要:权证产品属新型证券衍生品种,具有不同于股票交易的特点。权

证发行后,符合一定条件的机构经交易所审核可创设权证。投资者以交易所审核创设权证违规为由而提起的民事侵权之诉,具有可诉性。

上海市第一中级人民法院一审认为:一、关于本案的可诉性问题。权证产品系证券衍生产品,根据修订后的《证券法》第二条第三款的规定,证券衍生产品的发行、交易的管理办法,由国务院依照证券法的原则规定。依此规定,权证的发行和交易行为可纳入证券法的调整范围。《证券法》对证券交易所的性质和地位作了明确规定,根据《证券法(2005)》第一百零二条第一款的规定,证券交易所是为证券集中交易提供场所和设施,组织和监督证券交易,实行自律管理的法人。根据《证券法(2005)》第一百一十条的规定,进入证券交易所参与集中交易的,必须是证券交易所的会员。权证交易亦属于证券交易,亦应在证券交易所内进行。鉴于普通投资者系通过交易所会员进场交易,投资者与交易所之间不存在直接的交易合同关系,交易所仅仅为交易提供平台和中介服务,因交易发生损失,交易所对投资者不承担契约上的义务。本案原告邢立强并非提起违约之诉,而是以被告上交所的审核券商创设权证违规为由提起的侵权之诉,根据《民法通则》第一百零六条第二款的规定,原告提起侵权之诉不受主体限制,人民法院可以受理。相对于《民法通则》而言,《证券法》系特别法,《证券法》中关于侵权行为的规定应当优先适用,《证券法》没有规定的,可以适用一般民法关于民事侵权的规定。关于权证产品的发行和交易,目前尚未有单行法律和行政法规出台,只有上交所根据《证券法》和证监会的授权制订的业务规则即《权证管理办法》对权证的发行、交易等进行业务规范。而本案涉及的权证创设问题,也仅有《权证管理办法》第二十九条作了授权性规定,即对于已上市交易的权证,上交所可以允许合格机构创设同种权证。具体的权证创设规则也是由交易所根据《权证管理办法》的规定在某一具体的权证产品的上市公告中予以确定。因此,权证创设行为系证券交易所根据国务院证券监管部门批准的业务规则作出的履行自律监管行为,该行为如违反法律规定和业务规则,相关受众主体可以对交易所提起民事诉讼。根据以上分析,被告认为本案原告针对交易所的自律监管行为提起的诉讼不具可诉性的辩称,没有法律依据,不予采信。

——《最高人民法院公报》2010 年第 7 期

1164

证券交易所审核合格券商创设权证行为符合权证管理业务规则，对投资者因权证交易造成的损失不承担赔偿责任

关键词｜权证创设｜权证交易｜

【《最高人民法院公报》案例】

邢立强诉上海证券交易所权证交易侵权纠纷案(上海市第一中级人民法院民事判决书)

裁判摘要:证券交易所审核合格券商创设权证,是《证券法》赋予其自律监管职能的行为,其审核行为只要符合权证管理业务规则,主观上不具有过错,其对于投资者因权证交易造成的损失不承担赔偿责任,投资者应自行承担风险损失。

上海市第一中级人民法院一审认为:二、关于原告邢立强的交易损失与被告上交所的监管行为之间的因果关系问题。原告邢立强认为,被告上交所在审核武钢认沽权证时存在违规、欺诈行为,具体表现在未按公告时间创设权证、创设权证严重超量等方面,这些行为直接导致了原告的交易损失,应当由被告进行赔偿。对此,法院认为,被告上交所系根据《权证管理办法》第二十九条的规定,审核合格券商创设武钢权证,该审核行为符合业务规则的具体要求,是被告履行证券法赋予其自律监管职能的行为,具有合法性。根据《权证管理办法》的有关权证发行的规定,具有权证创设资格、开设创设专用账户且提供履约担保资金的证券公司,在其认为权证价格高估时,可以创设权证,并在市场上卖出,增加权证的供给;在权证价格回归价值时,可以回购并注销权证,释放履约担保品。根据上述业务规程,被告在武钢权证上市前,就已经要求发行人在 2005 年 11 月 18 日发布的公告中对有关创设权证对权证交易价格可能造成的影响予以特别提示。在 2005 年 11 月 21 日,武钢权证上市前两天,被告发布了关于证券公司创设武钢权证有关事项的通知,对权证创设的主体和相关程序进行了规定。2005 年 11 月 25 日,申请创设武钢权证的券商完成了相关创设登记及担保手续,被告审核后向中国结算上海分公司发出了创设权证业务通知单,同意创设人在权证创设专用账户生成次日可交易的权证。同年 11 月 26 日,创设人对创设权证事项进行了披露,明确公布所创设的权证将于 11 月 28 日起上市交易。从上述权证创设的过程来看,被告履行了相关监管义务,其行为并无不当。虽然被告在创设权

证的通知中载明"该通知自2005年11月28日实施",但该表述并不表明创设权证只能在该日后即11月29日才能上市,该实施日即为上市日,故只要在11月28日前权证创设的相关手续完成,创设的权证即可上市交易。被告的上述审核行为符合权证创设的惯例,亦未违反业务规则的规定。原告认为被告允许十家券商提前创设武钢权证,没有事实依据,法院难以采信。

对权证交易进行监督和管理,是证券法赋予交易所的一项职能。在武钢认沽权证上市后,投资者对该权证进行了非理性的投机炒作,使得该权证严重背离内在价值。被告上交所为抑制这种过度炒作行为的继续,及时审核创设人创设权证,通过增加权证供应量的手段平抑权证价格,其目的在于维护权证交易的正常秩序,作为市场的监管者,其核准创设权证的行为系针对特定产品的交易异常所采取的监管措施。该行为主观上并非出于恶意,行为本身也并非针对特定投资者,而是针对权证交易活动本身作出的普遍监管行为,是交易所的职责所在。就创设权证审核行为而言,被告的行为不符合侵权行为的基本要件,原告邢立强主张被告侵犯其民事权利,依据不足。

原告邢立强认为,被告上交所核准券商超量创设权证亦是造成原告交易损失的直接原因。对此,法院认为,证券交易所作为证券市场的一线监管者行使监管职能,必然会对相对人和社会产生一定的影响和效应。创设权证制度在我国属于一项金融创新制度,是基于股权分置改革的总体要求,结合股改权证的运行特点,借鉴成熟市场的类似做法产生的一种市场化的供求平衡机制。鉴于这项制度仍处于探索阶段,故在创设程序、创设品种、创设数量等方面尚无规范可循,在具体实施时创设人可以根据发行权证的具体情况自由决定实施方案,交易所仅对其资格和上市程序进行审查。对于创设权证的具体规模,业务规则本身亦无限制。虽然涉案认沽权证的创设量远远超出了最初的发行量,但《权证管理办法》对此并无禁止性规定,只能根据具体权证产品的交易情况和特点予以确定适当的数量,以达到供求平衡。本案中,原告在武钢认沽权证交易中的损失,虽与券商创设权证增加供给量存在关联,但在被告事先已履行必要的信息披露和风险揭示的情况下,原告仍然不顾风险贸然入市,由此造成的交易风险与被告履行市场监管行为不存在必然的、直接的因果关系,故原告要求被告赔偿权证交易差价损失和可得利益损失,没有法律依据,不予支持。

——《最高人民法院公报》2010年第7期

1165

国家允许参与境外上市公司股权激励计划的境内个人行使股票期权，且不必在劳动关系存续期间行使

关键词｜境外上市公司｜股票期权｜

【最高人民法院裁判文书】

搜房控股有限公司与孙宝云合同纠纷再审案［最高人民法院（2013）民申字第739号民事裁定书］

最高人民法院认为：本案是涉外合同纠纷。孙宝云与搜房公司基于《股票期权协议》而产生的合同关系发生于《涉外民事关系法律适用法》实施之前，应当适用行为发生时的法律确定合同准据法。当事人在该协议中没有约定处理争议所适用的法律，而协议签订地、被授予股票期权人孙宝云住所地及其为获得股票期权提供劳动服务的地点均位于中华人民共和国境内，一、二审法院根据《民法通则》第一百四十五条第二款的规定，认定与协议具有最密切联系的国家的法律为中华人民共和国法律，从而适用中华人民共和国法律解决本案争议，并无不当。本案纠纷涉及的是合同履行争议，不是物权纠纷中的有价证券权利争议，不应适用物权冲突规范的规定。搜房公司认为应参照《涉外民事关系法律适用法》第三十九条的规定确定法律适用的申请再审理由不能成立。

关于孙宝云的股票期权是否失效的问题。《股票期权协议》是双方当事人真实意思表示，内容不违反我国法律、行政法规的强制性规定，合法有效。搜房公司共授予孙宝云55000股的股票期权，孙宝云在期权有效期内享有依据协议选择购买搜房公司上述股票的权利。搜房北京公司与孙宝云于2009年7月1日解除劳动关系，依据《股票期权协议》第二部分总则第3条的约定，孙宝云的股票期权于2009年7月31日失效。但孙宝云早在2009年6月23日就以电子邮件的方式向莫天全提出了行使股票期权即购买股票的要求，并于7月9日和15日分别以电话及快递方式再次提出行使股票期权的要求。而莫天全在签署《股票期权协议》时表明其身份为搜房公司的董事会主席，在本案中亦以搜房公司代表人身份出现，故其有权代表搜房公司作出意思表示。对于孙宝云在股票期权有效期内提出的购买股票请求，依据《股票期权协议》，搜房公司应当向孙宝云出售股票。

搜房公司申请再审认为，依据第二部分总则第3条的约定，“股票期权中尚不能行使的部分将失效”，孙宝云的股票期权因2009年7月31日前不能行使而

失效。本院认为,《股票期权协议》没有约定以搜房公司上市作为股票期权行使的前提条件,我国法律和行政法规亦未禁止我国境内居民取得境外特殊目的公司的股权。根据国家外汇管理局汇发〔2005〕75号《关于境内居民通过境外特殊目的公司融资及返程投资外汇管理有关问题的通知》第一条和第七条的规定,特殊目的公司在股权转让后30日内,由设立或间接控制该公司的境内居民向外汇管理局申请办理外汇登记变更或备案手续。即搜房公司应在办理完股权转让手续后再办理相应的外汇登记手续。搜房公司以该规范性文件主张孙宝云不能成为搜房公司股东的理由不成立。且搜房公司在一审答辩中明确表示,因孙宝云离职时搜房公司无法确定上市地点,为保证上市时股权结构的稳定,对授予的股票期权均不允许行权,这与莫天全在回复邮件中表述"还没有任何员工进行过股票期权转换,这主要是公司的问题……待公司有明确解决方案时一并解决"是一致的。可见,搜房公司是出于自身利益考虑,不愿为孙宝云办理股票期权行使事宜,而不是因客观障碍导致股票期权不能行使。综上,搜房公司认为孙宝云股票期权失效的申请再审理由不能成立。

关于《离职协议书》是否终止《股票期权协议》的问题。《离职协议书》虽然加盖了搜房北京公司的公章和搜房公司人力资源部的印章,但该协议书的内容为搜房北京公司就协商解除劳动合同事宜向孙宝云支付经济补偿金,并未提及孙宝云的股票期权问题,不足以推定搜房公司和孙宝云合意终止股票期权关系。《合同法》第七十八条规定:"当事人对合同变更的内容约定不明确的,推定为未变更。"《离职协议书》没有明确变更或终止《股票期权协议》,孙宝云和搜房公司之间的权利义务仍受《股票期权协议》的约束。搜房公司认为《离职协议书》导致《股票期权协议》终止的申请再审理由不能成立。

关于《股票期权协议》的可履行性问题。搜房公司迟延履行《股票期权协议》约定的义务,构成违约,一、二审法院判决其承担继续履行协议的违约责任,符合《合同法》第一百零七条的规定。国家外汇管理局汇发〔2012〕7号《关于境内个人参与境外上市公司股权激励计划外汇管理有关问题的通知》允许参与境外上市公司股权激励计划的境内个人行使股票期权,且并未规定必须在劳动关系存续期间行使股票期权,搜房公司关于《股票期权协议》不具有可强制履行性的申请再审理由不能成立。所涉的外汇登记、劳务关系证明出具等手续,搜房公司应在执行判决的过程中安排其关联公司搜房北京公司协助孙宝云办理。如因搜房公司没有预留股票导致《股票期权协议》最终无法实际履行的,孙宝云有权另循法律途径向搜房公司请求违约损害赔偿。

——中国裁判文书网,http://wenshu.court.gov.cn。

三、期货纠纷

1166

审理期货纠纷案件的基本原则

关键词 | 期货纠纷 |

【最高人民法院司法政策】

第一,风险和利益相一致的原则。强调风险和利益相一致,这是期货市场运作规律的内在要求。期货交易的投机性和风险性都很大,客户参与期货市场交易,应当享有自己的交易行为所产生的利益,也应当承担因自己交易行为所产生的不利后果。在期货市场上,不应当有只享受权利、不承担风险的客户和投资者。在处理期货交易纠纷中,也应当坚持风险和利益相一致的原则。《最高人民法院关于审理期货纠纷案件若干问题的规定》(以下简称《期货纠纷案件规定》)在相关条文中贯彻了这一原则,例如,第十五条规定:"不具有主体资格的经营机构因从事期货经纪业务而导致期货经纪合同无效,该机构按客户的交易指令入市交易的,收取的佣金应当返还给客户,交易结果由客户承担。"避免客户在出现交易亏损的情况下,以经营机构不具备主体资格、期货经纪合同无效为由,而要求返还交易保证金,规避其本应当自行承担的交易后果。此处,第十一条关于不以真实身份从事期货交易,对交易结果的处理,第二十七条关于客户对当日交易结算结果的确认,应当视为对该日之前所有持仓和交易结算结果的确认等内容,也体现了这一原则。

第二,尊重当事人合法约定的原则。尊重当事人合法的合同约定,这是尊重当事人意思自治、尊重当事人合同权利的必然要求。在期货交易中,当事人一般按照格式化的条款作出约定;如果格式化条款不够齐备,则允许双方协商后予以补充。在当事人的约定不违反法律、法规、规章、规则的情况下,约定应当对当事人从事期货交易行为具有约束力;在发生纠纷后,这些约定也应成为处理他们之间纠纷的根据。《期货纠纷案件规定》第二条明确规定:"人民法院审理期货合同纠纷案件,应当严格按照当事人在合同中的约定确定违约方承担的责任,当事人的约定违反法律、行政法规强制性规定的除外。"《期货纠纷案件规定》在其他相关条文中也充分体现了这一原则。

第三,过错与责任相一致的原则。处理期货纠纷(无论是期货合同纠纷还是期货侵权纠纷),都必须坚持过错与责任相一致的原则,这是市场经济环境对责任主体的内在要求。与《关于审理期货纠纷案件座谈会纪要》(以下简称《期货纠纷纪要》)相比,《期货纠纷案件规定》更强调过错责任原则和因果关系规则。在一般情况下,当事人有过错则承担责任,无过错则不承担责任;当事人的过错与损失之间应当具有因果关系;双方均有过错的,各自承担相应的责任;承担责任的大小与过错程度相适应。《期货纠纷案件规定》自始至终贯彻了这一原则,例如,第三条规定:"人民法院审理期货侵权纠纷和无效的期货交易合同纠纷案件,应当根据各方当事人是否有过错,以及过错的性质、大小,过错和损失之间的因果关系,确定过错方承担的民事责任。"《期货纠纷案件规定》在第五至第十部分,关于交易行为责任、透支交易责任、强行平仓责任、实物交割责任、保证合约履行责任、侵权行为责任的认定与处理方面,均坚持了这一原则。

——《充分发挥审判职能,为保障和促进期货市场健康发展提供司法服务——江必新副院长就〈最高人民法院关于审理期货纠纷案件若干问题的规定〉有关问题答记者问》,载江必新主编、最高人民法院民事审判第二庭编著:《最高人民法院〈关于审理期货纠纷案件若干问题的规定〉的理解与适用》,人民法院出版社2015年版,第24~25页。

(一)合同效力及责任

1167

《〈期货经纪合同〉指引准则》并非法律法规的强制性规定,仅具有指导性

关键词 | 期货经纪合同 | 强制性规定 |

【最高人民法院司法解释】

第十三条 有下列情形之一的,应当认定期货经纪合同无效:

（一）没有从事期货经纪业务的主体资格而从事期货经纪业务的；

（二）不具备从事期货交易主体资格的客户从事期货交易的；

（三）违反法律、法规禁止性规定的。

——《最高人民法院关于审理期货纠纷案件若干问题的规定》（2003年6月18日，法释〔2003〕10号）

【最高人民法院裁判文书】

杨绍元与广发期货有限公司期货经纪合同纠纷申请再审案[最高人民法院（2013）民申字第1015号民事裁定书]

最高人民法院认为：1.关于2000年5月29日《期货经纪合同》第十四条约定是否无效的问题。中国证券监督管理委员会于1999年12月21日发布了证监期货字〔1999〕21号“关于印发《〈期货经纪合同〉指引准则》和《期货交易风险说明书》的通知”（以下简称《〔1999〕21通知》），《〔1999〕21通知》附件包括《期货交易风险说明书》、《〈期货经纪合同〉指引准则》、《客户须知》、《标准文本》及《客户声明》。其中《〈期货经纪合同〉指引准则》第一条规定：“期货经纪公司使用的《期货经纪合同》不得与《〈期货经纪合同〉指引准则》相抵触。”《〔1999〕21通知》同时明确载明：“《〈期货经纪合同〉指引准则》是《期货经纪合同》的指导性文件。各期货经纪公司要根据本指引重新制定《期货经纪合同文本》，并报所在地中国证监会派出机构审查。”《〈期货经纪合同〉指引准则》并非法律、法规的强制性规定，其只具有指导性，期货经纪公司制定的《期货经纪合同》内容只要不与《〈期货经纪合同〉指引准则》相抵触，都是允许的。

广发期货作为甲方与杨绍元作为乙方于2000年5月29日签订的《广发期货经纪有限公司合同文件》第八份文件《期货经纪合同》第十四条约定：“甲方在每一交易日闭市后，用下列方式同时向乙方发出每日交易结算单、追加保证金通知书和强行平仓通知书。（1）乙方在甲方交易结算部柜台自行领取。（2）乙方可拨打甲方的语音信箱通过自行设定的密码接收。甲方语音信箱号码为（020）87537311。（3）乙方可登录甲方WEB主页通过自行设定的密码接收。甲方WEB主页地址为www. gfqh. gnet. gd. cn。”杨绍元主张该规定与《〔1999〕21通知》中《标准文本》第十条相抵触，而《标准文本》第十条规定：“乙方因交易亏损或者其他原因，交易风险达到约定的风险率（或者其他风险控制条件）时，甲方将按照《期货经纪合同》约定的方式向乙方发出追加保证金的通知，乙方应当在下一交易日开市前及时追加保证金或者采取减仓措施。否则，甲方有权在事先未通知的情况下,对乙方的部分或者全部未平仓合约强行平仓,直至乙方的交易风险达到约定的风险率(或者其他风险控制条件)。乙方应承担强行平仓的手续费及由此发生的损失。”这两条不是对应关系,不存在违反的问题。而《标准文本》第十四条明确规定:“甲方采取(甲方、乙方约定方式)向乙方发出追加保证金通知书、强行平仓通知书。甲方在每一交易日闭市后按照(甲方、乙方约定方式)向乙方发出每日交易结算单。甲方按照(甲方、乙方约定时间和方式)向乙方提供上月交易结算月报。”该规定与双方签订的《期货经纪合同》第十四条的意思一致,只是后者规定了更详细的通知方式。因此,2000 年 5 月 29 日《期货经纪合同》第十四条的约定并没有与《〈期货经纪合同〉指引准则》的内容相抵触,同时也符合《标准文本》的规定。

2. 关于 2003 年 6 月 9 日《期货经纪合同》第十五条、第二十六条关于每日闭市结算后发出通知的约定是否无效的问题。广发期货作为甲方与杨绍元作为乙方于 2003 年 6 月 9 日签订的《广发期货经纪有限公司合同文件》第三份文件《期货经纪合同》第十五条约定:“……甲、乙双方约定,根据乙方交易情况,每日交易过程中或者闭市结算后,甲方向乙方发出追加保证金通知书、提高保证金通知书、强行平仓通知书;每日闭市结算后,甲方向乙方发出每日交易结算单以及其他通知事项;每月前 5 个交易日内,甲方向乙方提供上月交易结算月报。”第二十六条约定:“甲方对乙方的期货交易实行每日无负债结算。只要乙方在该交易日进行过交易或者有持仓或者进行了资金调拨,甲方均应在每个交易日闭市后按照双方约定的时间和方式向乙方发出显示其账户权益状况或者成交结果的交易结算单和追加保证金通知书、提高保证金通知书、强行平仓通知书等相关通知。乙方对甲方通知无异议的,应当予以确认。乙方对交易结算单等甲方通知所载事项有异议的,应当在下一交易日开市前向甲方提出书面异议并送达甲方。乙方在约定时间内没有提出书面异议的,视为对交易结算单等甲方通知的确认,不得再提出异议。”基于与前述同样的理由,这两条约定是当事人的真实意思表示,不违反法律、法规的强制性规定,没有与《〈期货经纪合同〉指引准则》的内容相抵触,同时也符合《标准文本》的规定,应为合法有效。

3. 关于 2003 年 6 月 9 日《期货经纪合同》第十五条第四种通知方式是否无效的问题。第十五条第四种方式即广发期货可以通过杨绍元预留邮箱发送通知,但合同第二十条中杨绍元自己未列明其所有的电子信箱,而非杨绍元主张的广发期货与杨绍元签订了空白合同。由于另三种通知方式完全可以保障杨绍元获取通知的权益,所以《期货经纪合同》关于通知方式的约定是有效的。双方后于 2006 年 7 月 28 日签订的《广发期货经纪有限公司交易结算结果通知方式的补充合同》,只是对 2003 年 6 月 9 日《期货经纪合同》第十五条约定的通知方式进行了补充变更,而在补充合同签订之前 2003 年 6 月 9 日《期货经纪合同》所约定的通知方式仍然是有效的。故杨绍元该主张也不能成立。

——中国裁判文书网,http://wenshu.court.gov.cn。

1168

不具备期货经纪业务主体资格，且以联手操纵期货市场价格为目的，期货经纪合同应当认定无效

关键词 | 期货经纪合同 | 操纵市场 |

【最高人民法院司法解释】

第十三条 有下列情形之一的,应当认定期货经纪合同无效:

(一)没有从事期货经纪业务的主体资格而从事期货经纪业务的;

(二)不具备从事期货交易主体资格的客户从事期货交易的;

(三)违反法律、法规禁止性规定的。

——《最高人民法院关于审理期货纠纷案件若干问题的规定》(2003 年 6 月 18 日,法释〔2003〕10 号)

【最高人民法院裁判文书】

浙江环亚实业有限公司与苏州外贸物资总公司、江苏苏州物资中心(集团)有限公司期货纠纷案(最高人民法院二审民事判决书)

最高人民法院认为:苏州外贸没有经过原登记主管机关批准从事期货经纪业务,也没有提供经过国家工商行政管理局重新核准从事期货经纪业务的批准文件。其不是经过中国证监会批准而设立的期货经纪公司,不能从事期货经纪业务,而只能在规定的范围内进行期货自营业务;本案实际系环亚公司借用苏州外贸的席位,联手操纵期货市场。在通常情况下,期货经纪商受客户委托所从事的期货交易的风险由客户自行承担,而期货经纪商受客户委托从事期货交易,也只能按规定向客户收取一定数额的交易佣金,不存在由客户向期货经纪商预先支付巨额风险补贴的问题。同时,双方还将苏州外贸不参与任何联手行动作为

对该条款的限制加以规定。这充分体现了环亚公司借用苏州外贸的席位,双方联手操纵期货市场价格的非法目的。因此,本案双方当事人所签订的两份合同,因苏州外贸不具备进行期货经纪业务的主体资格,且以为环亚公司联手操纵期货市场价格为目的,应当认定为无效合同。对此,双方均有过错,原审法院对苏州外贸与环亚公司约定的席位费、贴水费、补贴费均不予支持是正确的,双方对此无争议,本院予以认可。由于期货交易的特殊性,买卖双方很少办理实物交割,大多以平仓的方式结束交易,而本案苏州外贸已经为环亚公司进行了期货交易,在线材、绿豆交易中均按环亚公司的要求平仓,不应对亏损承担赔偿责任;环亚公司应对自己的上述交易亏损自行承担,其关于此节的反诉与上诉理由均不成立,本院予以驳回。苏州外贸代理环亚公司在苏商交所进行期货交易亏损及手续费合计人民币 5399760 元,与向苏州交易所交付的佣金 535860 元,均在一审中得到双方确认。交易亏损、手续费、佣金三项内容均独立存在,不存在重复计算的问题,应由环亚公司承担。苏州外贸唯对在上海交易所的 12000 张胶合板交易,没有环亚公司的交易指令,且在实物交割后又对标的物进行了处理,对环亚公司的经济损失是有一定责任的。加之环亚公司在有争议的北京、上海两交易所期货交易中亏损额达 60410826. 04 元,经对双方当事人的交易额进行核对,环亚公司除已自行承担大部分损失外,尚欠苏州外贸 6554240. 44 元,鉴于苏州外贸在本案中确有过错,该 6554240. 44 元应由其自行承担。

——江必新主编、最高人民法院民事审判第二庭编著:《最高人民法院〈关于审理期货纠纷案件若干问题的规定〉的理解与适用》,人民法院出版社 2015 年版,第 269 ~295 页。

【链接:最高人民法院法官著述】

《期货纠纷案件规定》第十三条第(一)项将不具有期货经纪业务主体资格列为期货经纪合同无效事由。具体来看,主要有以下几种情况:

1. 没有取得期货经纪业务许可证

我国对期货公司的设立采用许可制,即必须经中国证监会批准,取得中国证监会颁发的期货经纪业务许可证,并在国家工商行政管理局登记注册。然而有的公司置法律规定而不顾,没有在国家工商行政管理局登记注册,也没有取得中国证监会颁发的期货经纪业务许可证,就与客户签订期货经纪合同,通过非法途径从事期货经纪业务……这些行为严重扰乱了正常的期货市场,也由此产生了大量的诉讼。鉴于这类公司没有期货经纪业务主体资格,违反了《期货交易管理条例》的强制性规定,故法院在审理过程中,可以直接认定其签订的期货经纪合同无效。

2. 没有取得金融期货业务许可证或外汇期货业务许可证

……现有的部分期货公司虽然有从事期货经纪业务的主体资格,但若其经营范围仅限于接受客户委托从事商品期货经纪业务,不包括国债期货经纪业务的,则不具备与客户签订国债期货经纪合同的主体资格。外汇期货交易,属于外汇金融业务。对于从事这类业务的公司或机构,在我国是有严格的资格要求和限制的。非经主管部门审核批准,并到工商行政管理部门办理注册登记手续,领取营业执照,是不能从事此类业务的。实务界普遍认为,期货交易是一种特殊行业,对于违反国家金融、外汇法律法规的行为,应从严惩治,故对于没有取得金融期货业务许可证或外汇期货业务许可证的期货公司,超越经营范围签订的合同应认定为无效。

3. 没有取得境外期货经纪业务许可证

……从事境外期货业务必须取得证监会颁发的境外期货业务许可证。少数全国性有进出口业务的公司已经中国证券监督管理委员会受理审核的,在审核结束前,可以认定其具有主体资格。审核结束后,应取得中国证券监督管理委员会颁发的《境外期货业务许可证》,否则应认定为无经营主体资格。而且经批准可以从事境外期货交易的,也只能进行套期保值。因为期货公司从事的业务是非生产性的,不可能需要利用境外期货市场进行套期保值,所以期货公司均没有境外期货业务许可证。

4. 非期货公司会员从事期货经纪业务

……非期货公司会员从事期货经纪业务经历了从允许到禁止的过程。按现行法规规定,非期货公司会员只能进行自营业务,不具有期货经纪业务的主体资格,故其与客户签订的期货经纪合同无效。

——江必新主编、最高人民法院民事审判第二庭编著:《最高人民法院〈关于审理期货纠纷案件若干问题的规定〉的理解与适用》,人民法院出版社 2015 年版,第 110 ~ 113 页。

1169

远期商品购销合同与变相期货、非法期货的区分

关键词｜远期商品购销合同｜变相期货｜非法期货｜

【最高人民法院裁判文书】

上海同在国际贸易有限公司与远东电缆有限公司期货交易纠纷申请再审案
[最高人民法院(2014)民申字第691号民事裁定书]

最高人民法院审查认为:(一)关于诉争合同的性质和效力问题。期货交易是以期货合约或者期权合约为交易标的的交易行为,而双方当事人在远期商品购销合同中明确约定,远东公司向同在公司订购货物阴极铜板,而非阴极铜的期货合约,不符合期货交易的特征。根据《期货交易管理条例(2007)》第八十九条第一款的规定,以集中交易方式进行标准化合约交易是变相期货的基本特征。本案相关合同所涉及的货物价款、数量、质量标准、取货时间和方式、违约责任等均由双方协商确定而非"标准化合约",合同履行过程中双方还就合同的数量、履行方式等主要条款进行多次修改和补充约定;没有证据证明同在公司组织两个以上的单位通过竞价进行"集中交易";也不存在为交易双方提供履约担保的情形,交易中没有实行期货保证金制度以及当日无负债的结算制度,故本案合同也不符合变相期货交易的特征。因此原审将相关合同认定为远期商品购销合同的性质并无不当,远东公司认为诉争合同属期货经纪合同,因同在公司无期货经纪业务资质而应认定为无效的主张缺乏足够的事实和法律依据,本院不予支持。

(二)关于有新证据证明谅解补充协议的签订存在欺诈因而应予撤销的问题。远东公司提交同在公司在三个期货公司的原始交易记录,欲证明同在公司未按其指令操作、谅解补充协议签订时不存在尚有8232.768吨货物未履行的事实。因双方当事人签订的协议并非期货经纪合同,而是远期货物购销合同,故同在公司在期货市场的交易情况,不足以证明当事人之间合同履行的情况。经查,双方当事人签订相关合同后,远东公司共点价买入阴极铜32000吨,提货9267.232吨,点价卖出14500吨,尚未履行部分的阴极铜为8232.768吨。双方当事人在谅解补充协议中确认尚未履行部分的阴极铜数量与合同约定及履行情况相符,因此不存在同在公司签订谅解补充协议时存在欺诈的问题。故远东公司的该申请理由不能成立。

(三)关于同在公司是否存在违约的问题。因双方签订的协议并非期货经纪合同,而是远期货物购销合同,协议中也没有约定同在公司需按远东公司指令在期货市场进行交易的义务,远东公司认为同在公司没有按指令操作存在违约的主张,没有事实和法律依据,该申请理由不能成立。

——中国裁判文书网,http://wenshu.court.gov.cn。

上海同在国际贸易有限公司与远东电缆有限公司期货交易纠纷申请再审案[最高人民法院(2014)民申字第692号民事裁定书]

(四)关于约定的违约金是否过高的问题。双方因为合同履行发生争议后,又通过充分协商达成了谅解补充协议,对违约责任也作了详尽约定,违约方能够清楚地预见到违约所应支付的违约金数额。原审判决依据当事人提交的证据,对同在公司的实际损失和可得利益进行了认定和计算,确认的实际损失及可得利益损失之和与《谅解补充协议》所约定的违约金数额相当。远东公司没有提供足够的理由和充分的证据说明相关计算存在明显不当,故其关于违约金过高的申请再审理由,本院也不予支持。

——中国裁判文书网,http://wenshu.court.gov.cn。

上海同在国际贸易有限公司、广东金创利经贸有限公司与远东电缆有限公司买卖合同纠纷案[最高人民法院(2011)民二终字第54号民事判决书]

裁判要旨:根据《期货交易管理条例(2007)》第八十九条第一款的规定,以集中交易方式进行标准化合约交易是变相期货的基本特征。标准化合约是市场组织者为保障集中交易的效率,事先统一制定的,与期货交易机制密切相关的一类特殊合同。标准化合约明确了将来交付商品的特定时间、地点及其特定的质量标准和数量,合约要素中仅有价格一项是事先未确定,需要通过交易形成的。集中交易方式则与非集中交易方式相对,具体表现为市场或者机构集中不特定多数的买方、卖方,以标准化合约为交易对象进行交易。

本案中,同在公司与远东公司的交易合同表现为一对一的货物买卖合同,交易双方明确,合同所涉及的货物价款、数量、质量标准、取货时间和方式、违约责任等均由双方协商确定而非"标准化合约"。合同履行过程中,双方还就合同的数量、履行方式等主要条款进行多次修改和补充约定。因此,本案合同的性质不属于变相期货、非法期货的性质,应认定为远期商品购销合同的性质。

最高人民法院认为:关于诉争合同的性质属于变相期货还是远期买卖的问题。《期货交易管理条例(2007)》第八十九条第一款对"变相期货交易"行为做了明确的规定:“任何机构或市场,未经国务院期货监督管理机构批准,采用集中交易方式进行标准化合约交易,同时采用以下交易机制或者具备以下交易机制特征之一的,为变相期货交易:(一)为参与集中交易的所有买方和卖方提供履约担保的;(二)实行当日无负债结算制度和保证金制度,同时保证金收取比例低于合约(或者合同)标的额20%的。”根据上述规定,以集中交易方式进行标准化合约交易是变相期货的基本特征。标准化合约是市场组织者为保障集中交易的效率,事先统一制定的,与期货交易机制密切相关的一类特殊合同。标准化合约明确了将来交付商品的特定时间、地点及其特定的质量标准和数量,合约要素中仅有价格一项是事先未确定,需要通过交易形成的。集中交易方式则与非集中交易方式相对,具体表现为市场或者机构集中不特定多数的买方、卖方,以标准化合约为交易对象进行交易。本案中,同在公司与远东公司的交易合同表现为一对一的货物买卖合同,交易双方明确,合同所涉及的货物价款、数量、质量标准、取货时间和方式、违约责任等均由双方协商确定而非“标准化合约”。合同履行过程中,双方还就合同的数量、履行方式等主要条款进行多次修改和补充约定。没有证据证明同在公司组织两个以上的单位通过竞价进行“集中交易”,也不存在为交易双方提供履约担保的情形,交易中没有实行期货保证金制度以及当日无负债的结算制度,不符合变相期货的特征。远东公司是全国知名的电缆生产企业,铜是主要的生产原材料,其购买铜原料用于生产符合客观事实。因此,本案合同的性质不属于变相期货、非法期货的性质,应认定为远期商品购销合同的性质。依据法〔2011〕42号《最高人民法院关于印发修改后的〈民事案件案由规定〉的通知》的相关规定,本案案由应相应变更为买卖合同纠纷。本案四份合同系双方当事人真实的意思表示,且不违反国家的法律、行政法规的规定,应当认定为有效。上诉人同在公司关于本案合同有效的上诉理由成立,本院予以支持。原审判决以本案合同属于变相期货性质为由认定合同无效不当,本院予以纠正。

——最高人民法院民事审判第二庭编:《最高人民法院商事审判指导案例(7)·公司与金融卷》,中国法制出版社2013年版,第480~497页。

上海同在国际贸易有限公司与远东电缆有限公司买卖合同纠纷案[最高人民法院(2011)民二终字第55号民事判决书]

本裁判理由与前引最高人民法院(2011)民二终字第54号民事判决书基本

一致（略）。

——中国裁判文书网，http://wenshu.court.gov.cn。

1170

期货交易会员单位违反期货交易章程的规定私自将交易席位租借他人，应对租借席位的交易后果承担责任

关键词｜租借期货交易席位｜

【《最高人民法院公报》案例】

中青基业投资发展中心诉四川平原实业发展有限总公司期货交易纠纷案［最高人民法院（2000）经终字第94号民事判决书］

裁判摘要：期货交易会员单位，违反期货交易章程的规定，私自将交易席位租借他人，应对租借席位的交易后果承担法律责任。交易所依据交易规则先期代为承担违约责任后，有权向违约会员追偿。

最高人民法院认为：本案争议的问题是中商交易所是否有权索回其垫付的20%违约金，平原公司与和正公司之间的交易席位转让行为是否有效，以及陈正正利用165席位进行R708合约交易过程中是否存在持仓透支。其中，关键是中商交易所是否存在违规行为，以及该违规行为是否直接造成本案违约金的损失？即中商交易所是否应当对陈正正、和正公司、平原公司的交易损失承担民事责任。从法律关系看，本案审理的是追偿垫付的违约金，并非审理平原公司165席位交易过程中行为责任问题。根据法律法规及有关交易规则，只要中商交易所代平原公司垫付违约金的事实存在，平原公司就应依法偿还。法院应仅对此事实进行审理，至于在165席位进行交易的各方当事人的责任分担，与中商交易所追偿垫付违约金是两个不同的法律关系，不应在本案中进行审理。故平原公司的抗辩理由不能成立。且中商交易所在整个R708交易过程中，始终按照交易所的《交易规则》《交割制度》及有关规定进行操作，没有发生"透支""清退资金不足"等问题，中商交易所也履行了应尽的职责和义务，中商交易所已依据有关交易规则向平原公司的交易对方先期支付违约金，其中垫付29503999.14元，平原公司理应返还。

原审法院以中商交易所允许165席位在7月28日开仓1000手、7月29日开仓3150手为由，认定中商交易所违反中国证监会严格控制持仓总量的规定。

平原公司7月28日至29日的开、平仓交易行为，发生在R708合约交割月前，在其保证金充足的情况下，中商交易所无权制止。但原审法院却将中商交易所对会员单边持仓限制的时间提前至交割月前不妥。从1998年6月19日和正公司给中商交易所、同年6月22日平原公司给中商交易所的函件可以看出，对于1997年7月28日、29日的交易情况，平原公司与和正公司是清楚的，而且在事件发生后到中商交易所起诉前一年多的时间，均未对165席位R708交易过程、中商交易所垫付违约金的事实提出过任何异议。中商交易所是否违反国务院、证监会、交易所有关规定，与造成平原公司大量持仓，构成违约没有必然联系和因果关系。发生R708合约事件，乃至平原公司穿仓、违约的直接原因，是包括平原公司在内的多家公司和个人操纵期货市场的违法行为所带来的期货交易风险所致。平原公司165席位大量持仓进入交割月，是其主观故意行为，与交易所的交易习惯和结算方式无关。所以，平原公司应对其行为所导致的后果负全部责任。中商交易所未制止165席位当日使用当日释放的保证金，即允许进行T+0交易，并不意味着165席位存在持仓透支交易，也与当事人的亏损并无因果关系；该行为虽违反中国证监会证监发〔1995〕163号文件规定，但其承担的是行政责任，不应与平原公司共同承担违约责任。

虽然平原公司出具了其与和正公司于1997年4月5日签订的《席位转让协议》，但中商交易所提交的几份时间在1997年7月间和正公司"银行转账票据"上均注明"165号平原公司"的字样，而且附有划款说明："因四川平原公司(165席位)与我公司有其他业务往来，故委托我公司代付保证金"，可见平原公司与和正公司并没有向中商交易所明示"转让"的行为，一直隐瞒他们私下租借165席位的事实，而本案R708合约违约的发生正是在当时划款期间。根据交易规则和交易所章程规定，只有会员资格可以转让，交易席位不能转让，私自租借席位者，并不产生转让的法律后果，而且应承担交易产生的法律责任。本案中，平原公司与和正公司之间既不是会员资格转让，也不是席位转让，实质上是租借席位。因此，平原公司应对其165席位的交易后果承担法律责任。和正公司在中商交易所有107席位，其租借平原公司165席位的目的是借仓、分仓，扩大交易持仓量，操纵市场价格。中国证监会"证监查字〔1998〕30号"《关于上海华隆实业总公司等单位和个人在中商交易所R708合约交易中违规行为的处罚决定》，已经对平原公司、和正公司之间租借席位等违法行为进行了认定与处罚。综上，平原公司辩称其已将165席位"转让"给和正公司的理由不能成立，平原公司对165席位的交易明知，应对165席位上发生的交易后果承担全部责任。和正公司借用平原公司165席位供陈正正使用，其行为均已被中国证监会上述处罚决定所处罚，且对造成本案违约金损失均负有责任，故应由和正公司、陈正正承担连带赔偿责任。平原公司的上诉理由不能成立，应予驳回；中商交易所关于应全部追回代垫违约金的诉讼请求成立，应予支持，鉴于中商交易所现已变更为中青基业，故其享有的债权应由中青基业继受。原审判决认定部分事实不清，判处不当，应予纠正。

——《最高人民法院公报》2005 年第 4 期

编者说明

本案判决确定了期货交易会员单位违反期货交易章程的规定私自将交易席位租借他人时，期货交易所依据交易规则先期代为承担违约责任后，有权向违约会员追偿。进一步明确期货交易所没有过错的，不能起诉期货交易所。

1171

期货居间人应当独立承担基于居间经纪关系所产生的民事责任

关键词 | 期货居间 |

【最高人民法院司法解释】

第十条 公民、法人受期货公司或者客户的委托，作为居间人为其提供订约的机会或者订立期货经纪合同的中介服务的，期货公司或者客户应当按照约定向居间人支付报酬。居间人应当独立承担基于居间经纪关系所产生的民事责任。

——《最高人民法院关于审理期货纠纷案件若干问题的规定》(2003 年 6 月 18 日，法释〔2003〕10 号)

【最高人民法院司法政策】

第三，确立了期货居间人的主体资格和法律责任。《期货纠纷案件规定》第十条明确了“居间人应当独立承担基于居间经纪关系所产生的民事责任”，这是对我国经纪人制度的完善。长期以来对于居间人的地位与作用的认识是有争议的。过去有的地方为处理案件上的方便，保护客户的利益，一般将居间人认定为期货公司从业人员，并判期货公司承担民事责任。《期货纠纷案件规定》依照《合同法》相关规定，以及期货市场发展、创新的局面，确定了居间人独立的地位，并规定其基于居间介绍法律关系独立承担民事责任，在司法层面上明确了介绍人、经纪人的法律地位,这将有利于规范和监管期货居间人的行为。

——《充分发挥审判职能,为保障和促进期货市场健康发展提供司法服务——江必新副院长就〈最高人民法院关于审理期货纠纷案件若干问题的规定〉有关问题答记者问》,载江必新主编、最高人民法院民事审判第二庭编著:《最高人民法院〈关于审理期货纠纷案件若干问题的规定〉的理解与适用》,人民法院出版社2015年版,第28页。

【最高人民法院审判业务意见】

第二,明确了承担民事责任的主体。对于在期货交易合同纠纷和期货侵权纠纷案件中,对于应当承担民事责任的主体,在一般情况下是不会发生歧义的。《期货纠纷案件规定》针对期货纠纷的特殊情况,在第三部分中对期货公司从业人员的行为,期货公司授权非本公司人员从事期货交易的行为,以及非期货公司人员以期货公司名义从事期货交易行为等情况,承担民事责任的主体作出了规定。特别需要说明的是,长期以来对于期货市场存在的居间人的地位与作用,在认识上是有争议的,一些法院为了处理案件上的方便,一般将居间人认定为期货公司从业人员,并判令期货公司承担民事责任。《期货纠纷案件规定》根据期货市场发展的新情况,依照《合同法》相关规定,确定了居间人独立的地位,在第十条中明确规定:“居间人应当独立承担基于居间经纪关系所产生的民事责任。”

——最高人民法院有关负责人:《充分体现期货市场交易规律,以司法手段保障和促进期货市场发展——〈最高人民法院关于审理期货纠纷案件若干问题的规定〉介绍》,载江必新主编、最高人民法院民事审判第二庭编著:《最高人民法院〈关于审理期货纠纷案件若干问题的规定〉的理解与适用》,人民法院出版社2015年版,第35~36页。

【最高人民法院裁判文书】

郑敏然、乾坤期货有限公司与王正叶期货交易纠纷申请再审案[最高人民法院(2014)民申字第1282号民事裁定书]

最高人民法院认为:王正叶作为乾坤期货公司与客户订立期货经纪合同的居间人,依照《期货纠纷案件规定》第十条的规定,应当独立承担基于居间经济关系所产生的民事责任。王正叶2010年4月7日向乾坤期货公司客户郑敏然出具的《承诺书》载明，其未经郑敏然同意擅自操作郑期货账户，愿意承担由此造成的约五万元亏损的赔偿责任。原审判决据此判令王正叶向郑敏然承担相应赔偿责任的事实依据和法律依据充分，并无不当。

——中国裁判文书网，http://wenshu.court.gov.cn。

（二）交易行为责任

1172

客户接到交易结算单未在约定时间内提出异议，视为对交易结果的确认

关键词｜交易结算单｜交易结果确认｜

【最高人民法院司法解释】

第二十七条 客户对当日交易结算结果的确认，应当视为对该日之前所有持仓和交易结算结果的确认，所产生的交易后果由客户自行承担。

——《最高人民法院关于审理期货纠纷案件若干问题的规定》（2003年6月18日，法释〔2003〕10号）

【最高人民法院裁判文书】

杨维超与金鹏期货经纪有限公司期货经纪合同纠纷申请再审案［最高人民法院（2013）民申字第230号民事裁定书］

最高人民法院认为：（一）关于杨维超下达的交易指令是否已入市交易的问题。首先，本案中，杨维超通过书面、传真或电话的方式向金鹏公司业务员下达交易指令，交易指令包括商品名称、价格、数量等内容。金鹏公司业务员按照杨维超下达的交易指令代理其进行期货交易，每一交易日结束后，金鹏公司对杨维超的成交记录、盈亏、持仓情况、资金状况等进行结算，并制作客户结算通知单。

虽然杨维超仅在部分客户结算通知单上签字予以确认,但是根据双方签订的《国内期货业务委托代理合同》第六条的规定,如果金鹏公司在向杨维超寄出交易记录和账户情况的报告后5日内未收到杨维超的书面异议,即视为该报告已获杨维超认可。杨维超与金鹏公司均确认双方签订《国内期货业务委托代理合同》后的最后一笔交易时间为2000年1月21日。《期货纠纷案件规定》第二十七条规定:“客户对当日交易结算结果的确认,应当视为对该日之前所持仓和交易结算结果的确认,所有产生的交易后果由客户自行承担。”因此,即使杨维超并不知道涉案666交易代码的存在,但因每一笔期货交易均是由杨维超本人指令下单,对于下单的价格及数量其应当是明知的,且期货交易采取日清日结的方式,对于商品的价格也是予以公示公开的,故杨维超在收到金鹏公司发出的客户结算通知单时,对于当日金鹏公司业务人员是否按照其下达的指令代理其进行了交易以及按照其指令操作后的交易结果与当时的商品价格是否相符应当是明知的。其次,杨维超在2006年12月22日辽宁省大连市公安局经侦支队的《询问笔录》中亦称:“指令是我下的,我看好什么货物,想买或卖多少,我下指令给金鹏公司,金鹏公司每天打账单,即客户结算通知单给我,我签字确认。”当侦查人员问“金鹏公司给你的结算单与你下的指令有何不同”时,杨维超回答称:“没有不同,与我下的指令完全相符,否则我也不能签字确认。”《期货纠纷案件规定》第五十六条规定:“期货公司应当对客户的交易指令是否入市交易承担举证责任。确认期货公司是否将客户下达的交易指令入市交易,应当以期货交易所的交易记录、期货公司通知的交易结算结果与客户交易指令记录中的品种、买卖方向是否一致,价格、交易时间是否相符为标准,指令交易数量可以作为参考。但客户有相反证据证明其交易指令未入市交易的除外。”本案中,金鹏公司提交了大连商品交易所的交易记录、客户结算通知单等证据,证明杨维超下达的交易指令均已入市交易。辽宁省大连市公安局经侦支队出具的情况说明、大公撤字(2009)09号《撤销案件决定书》已认定,金鹏公司并不存在伪造交易记录的行为,不构成合同诈骗罪。杨维超也没有相反证据指明其哪笔交易金鹏公司未予入市交易。因此,杨维超主张其下达的交易指令金鹏公司没有入市交易,缺乏证据支持。

(二)关于666交易代码下的盈利是否归杨维超所有的问题。首先,混码交易不必然产生期货公司承担民事责任的法律后果。根据一、二审法院查明的事实,666交易代码虽然是以杨维超的名义开立,但666交易代码项下大量的交易不全是杨维超的，也有别人的，该情形的发生是因为金鹏公司存在混码交易的行为。《期货纠纷案件规定》第三十条规定："期货公司进行混码交易的，客户不承担责任，但期货公司能够举证证明其已按照客户交易指令入市交易的，客户应当承担相应的交易结果。"因此，混码交易并不必然造成客户损失，也不必然产生期货公司承担民事责任的法律后果，如果期货公司对客户的指令均入市交易的，仍应当由客户承担交易结果。本案中，杨维超没有相反证据证明其交易指令未入市交易，即其不能证明金鹏公司混码交易行为与其损失之间存在因果关系，其交易损失应由杨维超自行承担。其次，杨维超对其交易指令下达后的交易结果是认可的。《期货纠纷案件规定》第二十七条规定："客户对当日交易结算结果的确认，应当视为对该日之前所有持仓和交易结算结果的确认，所产生的交易后果由客户自行承担。"本案中，金鹏公司给杨维超的客户结算通知单，有杨维超签字的，应认定为其认可；没有其签字的，依据双方合同约定，金鹏公司在向杨维超寄出交易记录和账户情况的报告后5日内未收到杨维超的书面异议，即视为该报告已获杨维超认可。杨维超与金鹏公司均确认双方最后一笔交易时间为2000年1月21日，虽然杨维超未在该客户结算通知单上签字确认，依据合同约定亦能确定杨维超对该日及该日之前所交易结果均认可。该客户结算通知单显示杨维超最后一单期货交易后亏损1500元。杨维超的账户爆仓后，其未再委托金鹏公司进行期货交易，也未再联系金鹏公司对于因其账户爆仓给金鹏公司造成的损失予以处理。因此，杨维超主张666交易代码下的盈利应归其所有，缺乏事实和法律依据。

——中国裁判文书网，http://wenshu.court.gov.cn。

中国有色金属材料中南公司与武汉铁路电线厂商品期货委托代理合同纠纷提审案［最高人民法院（1999）经提字第2号民事判决书］

最高人民法院认为：证明经纪公司是否按客户指令入市交易，应以交易所约经纪公司的交易记录和客户的交易指令中的品种、买卖方向是否一致，数量、价格、交易时间是否相符为准，客户接到交易结算单应当在约定的时间内予以确认，未在约定时间内提出异议的，即视为对交易结果的确认，而不受期货经纪业务主体是否具有主体资格的影响。

——沈德咏主编、最高人民法院审判监督庭编：《审判监督指导与研究》总第5卷，人民法院出版社2002年版，第147～154页。

【链接：最高人民法院法官著述】

《期货纠纷案件规定》明确规定客户对结算结果有异议，要在规定或者约定的时间内，以规定、约定的方式提出，而不能无休止地纠缠，只要超出时间、方式后再提出异议，交易所、期货则不再予以理会，人民法院也不予支持。因为期货交易实行的是当日无负债结算制度，每日收市后期货公司均会将交易的结算结果按照事先约定的方式通知客户，由客户进行审核、确认。有的期货公司会通过书面的通知并由客户签收，例如，有一些客户每天都在期货公司从事交易，送达交易结果是十分容易的，而有些客户则不在期货公司所在地，通过网上或者电话委托的方式，进行期货交易。出现这类情况时，客户不一定每天都予以签收交易结果，往往约定1个月签收一次等。只要其每天都不提出异议，应当视为其已认可交易结果。即使1个月签收一次，其也不能否认其以前的默认、自认。否则，将之前的交易推翻，就会带来整个交易的不稳定，甚至会带来客户的连锁反应，一旦亏损就要推翻自己的交易结果，肯定对交易有害，也有悖于诚实信用的原则。所以，异议应当在合约、交易规则约定或者规定的时间内提出，而不应无限制地宽容、忍让，必须按照事先约定的原则办理。

——吴庆宝：《解读〈关于审理期货纠纷案件若干问题的规定〉》，载《解读最高人民法院司法解释(2003年卷)》，人民法院出版社2004年版，第162页。

编者说明

随着网络技术的普及，网上期货交易也逐渐被采用，一些期货经纪公司都开展了网上期货交易经纪业务。在网上期货交易关系中，客户与期货公司之间除了签订的期货经纪合同之外，还要签订有关网上交易的合同文件，以明确双方有关网上交易的权利义务与相关事项。期货公司网页上应当根据约定显示客户的交易状况，包括持仓情况、保证金和结算结果等信息，客户则应当对此予以关注。在系统正常运行的情况下，这些信息可以视为期货公司向客户履行了交易通知的送达义务。客户如果持有异议的，则应当在下一交易日开市前以书面提出，否则视为没有异议。一般情况下，在网上期货交易中，期货公司对客户发出的追加保证通知和强行平仓通知也是以传真或者电子邮件的方式送达的。

1173

利用关联公司编码进行混码交易时期货交易真实性的判断

关键词 | 关联公司 | 混码交易 |

【最高人民法院司法解释】

第三十条 期货公司进行混码交易的，客户不承担责任，但期货公司能够举证证明其已按照客户交易指令入市交易的，客户应当承担相应的交易结果。

第五十六条 期货公司应当对客户的交易指令是否入市交易承担举证责任。

确认期货公司是否将客户下达的交易指令入市交易，应当以期货交易所的交易记录、期货公司通知的交易结算结果与客户交易指令记录中的品种、买卖方向是否一致，价格、交易时间是否相符为标准，指令交易数量可以作为参考。但客户有相反证据证明其交易指令未入市交易的除外。

——《最高人民法院关于审理期货纠纷案件若干问题的规定》(2003 年 6 月 18 日，法释〔2003〕10 号)

【最高人民法院裁判文书】

周鑫良与金昌期货经纪有限公司期货交易真实性确认纠纷案[最高人民法院(2006)民二终字第 238 号民事判决书]

最高人民法院认为：

一、交易指令入市交易真实性如何认定

1. 混码交易对交易真实性的影响

上海高院认为，周鑫良主编金昌期货公司通过混码交易的方式入市交易。对此，证明是否存在混码交易，根据谁主张谁举证的原则，金昌期货公司至少应提供证据证明这些交易不是被混码的客户自己的交易。从现有证据看，周鑫良的大部分交易指令没有在周鑫良自己的交易编码内下达，而是在其他客户的交易编码内进行交易的，同时，周鑫良的编码内的部分历史成交记录也非周鑫良自己的交易，而是其他客户的交易。从全部交易过程中看，周鑫良在交易当天就对交易结果进行了确认。针对客户结账单上记载的记录,金昌期货公司均能够在不同的客户编码内指令出品种、价格、数量、买卖方向等相同的成交记录。而且,从举证能力的角度看,要求金昌期货公司提供所有被混码客户的证明既不现实,也无必要。金昌期货公司所提供的证据已经具有高度的盖然性,能够证明金昌期货公司存在混码交易,且交易指令已经下达到交易所场内。

上述认定符合《期货纠纷案件规定》精神,且不能以混码交易为由一概认定由期货公司承担民事责任,而应当允许期货公司有抗辩的机会,只要能够指认出交易确实发生的,特别是交易量与期货交易所成交回报相吻合的,客户交易量小于期货交易所成交回报的,那么,客户交易真实性就基本可以认定,而非要期货公司指明每一笔客户和其他客户的成交数量。故在认定交易真实性问题上,不能仅仅从举证责任上搞一刀切,应当从多方面综合判断交易的发生、结果,根据交易规则和交易惯例,联系起来认定。

2. 买卖方向对交易真实性的影响

《期货纠纷案件规定》第五十六条规定,买卖方向是指客户对期货合约要求买进还是卖出。如果客户指令的买卖方向与期货公司的交易记录的买卖方向不对应,交易结果就完全不同,因此,买卖方向是判断期货公司是否入市交易的标准之一,但不是唯一标准。在当时混码交易的情况下,期货市场上普遍存在着受托人期货公司为了节省保证金,将不同客户的买卖方向相反的建仓头寸在期货交易所对冲或为争取客户指令尽快成交,混码集中敲单,并利用交易所规则中“平仓优先”的规定,将客户指令一律敲入平仓,之后再作调整。这种情况可能会造成客户成交记录与交易所成交记录中平仓方向不完全一致,但总的当量应当一致,正是基于此,法院查明的情况为,绝大多数是有对应关系的,只有少量的交易存在虚假或者不能对应的情况,应当予以剔除。开平仓方向与是否入市交易,及交易真实与否之间不存在必然因果关系,开平仓方向不一致也不会影响客户交易盈亏的真实性。所以,《期货纠纷案件规定》未将开平仓方向作为判断期货公司是否入市交易的基本标准。周鑫良认为开平仓方向是判断期货公司是否入市交易的主要标准没有依据,也不能以此认定交易是否已经完成。

交易完成在于交易的过程,以及指令下达后,受托方是否按指令进行了操作,期货公司的交易编码下是否发生了一定数量和金额的交易品种合约,其对客户交易保证金是否产生了实质性影响。

在期货市场管理不甚完善的情况下,会发生混码交易,以及开平仓方向不一致的情形。但当市场管理逐步规范化，将保证金交由金融机构单独存管后，客户只能在自己账户中交易，期货公司也只能按约从事交易，不会发生资金混同、编码混同、交易结果混同等情形，客户交易结果由客户自行承担便不会出现分歧与争议，人民法院司法便一目了然。

3. 客户交易指令单对交易真实性的影响

在审核交易指令是否入市时，需提供客户指令单、交易所历史成交记录、期货公司客户结账单（对账单）进行比对。金昌期货公司虽未能提供客户指令单，但在其提供的客户结账单上，每笔交易的结果均是由周鑫良在交易当天确认的，表明周鑫良确认其曾经发生过与客户结账单内容相一致的交易指令。由于交易结账单中包含了交易指令单的全部内容，故即使没有指令单也能根据交易结账单和历史成交记录进行比对，以确定是否入市交易，更何况手续上出现差错时，允许事后加以补正，不论是交易指令，还是交易过程中的数量、价位等的差错，均可书面补正。不能因为没有交易指令单，就否定交易的全过程，更不能简单地以此一项指标作为认定事实的依据。关键之处在于，客户首先是发出指令，尔后期货公司才会将成交结果发给客户，否则，客户会一律予以否决。当客户不予否决，而顺利签收交易结账单时，应当从客户签收的事实证明交易指令发出的真实性，不能推论出发生交易亏损就意味着客户未曾发出交易指令。

4. 举证责任分配对交易真实性的影响

周鑫良申请再审时提出：首先，关于期货交易是否入市，适用举证责任倒置原则，如果期货公司不能提出相应证据，就应当推定没有入市。其次，确认期货公司是否将客户下达的交易指令入市交易，应当以期货交易所的交易记录、期货公司的成交回报单与客户指令等三项内容相符为标准，三项缺一不可。再次，如果成交回报单在开平仓方向等要素方面，与期货交易所原始记录有一项不符，即认定该成交回报单也是虚假的。

根据《期货纠纷案件规定》的规定，客户有相反证据证明其交易指令未入市交易的除外。周鑫良的观点表面看似乎有理，但其看法是片面的，在举证责任转移后，至今未提供任何相反证据证明未入市交易。且将三个指标对比，忽视了其每日及时签收交易客户账单的事实。除上海高院查明的没有入市交易的成交记录外，金昌期货公司提供的证据足以证明其已将周鑫良的交易指令入市交易，周鑫良关于金昌期货公司未入市交易的抗辩理由不能成立。

在签收交易成交回报单的认定上，实践中还存在着客户未逐日签收，却一段时间统一签收的情况。根据交易规则规定,客户应当逐日、当日签收成交回报单。如此看来,是否第一天签收成交回报单,对客户意义重大,特别是行情变化剧烈时,对客户保证金影响极大,必须由客户及时作出应变反应,到底是平仓还是保仓,是追加保证金还是平仓出局。故如果由于客户未能及时签收客户成交回报单,吃亏的是客户。与此同时,《期货纠纷案件规定》也规定,尽管客户不对交易结果提出异议,也不追加保证金。那么,到第二天开市时,期货公司有权对透支部分持仓进行强行平仓。只要客户有持仓,其风险随时可能发生,要求客户关心自己的持仓和交易情况,是在控制客户的交易风险,如果客户忽视了风险存在,盲目交易,必将导致本案的结果,客户将所有保证金亏损殆尽。

二、利用关联公司编码进行混码交易如何认定

案外人利源公司系金昌期货公司的关联公司,但金昌期货公司与其系两个独立的法人,现有法律法规没有禁止期货公司代理关联公司进行期货交易的明文规定,即使修订的《期货交易管理条例》也未对此类问题进行明确规定。而且,周鑫良没有提供证据证明利源公司的业务与期货公司的业务发生混同,利源公司的编码内的交易就是金昌期货公司的自营业务,或者金昌期货公司有意以混码交易掩盖其非法目的,何况这些交易在当天收盘时已出现相应的盈利或亏损,周鑫良对每日的交易结果都予以确认,表明其对于客户对账单上所显示的持仓数量、当日交易结算结果的确认,所产生的交易后果应由客户承担属于明知,不存在误解或者受到金昌期货公司的欺诈。所以,即使金昌期货公司利用利源公司编码进行了相关交易,也未对周鑫良造成实际损失。金昌期货公司利用利源公司的编码进行混码交易,与其使用其他客户的编码进行混码交易没有本质的区别。对于混码交易的结果,只要能够证明这些交易是客户委托的,即应由客户自行承担。周鑫良认为利源公司编码内的交易不是其指令交易的结果,不应由其承担的理由无事实和法律依据。金昌期货公司的交易行为不存在隐瞒事实和欺诈客户的事实与结果的存在。

根据当前的立法、司法裁判情况,首先,应当避免借用其他关联公司编码进行交易的行为发生;其次,应当在期货委托合约中明确约定,如果期货借用其他公司编码进行交易,客户有权予以否决,即自始不承认期货公司的交易结果。当然,这要求期货公司对于交易的部位要标明,还要求客户具有敏锐的识别能力,尽管在实践中难以把握,但作为一个要求应当是可以约定的,就是对期货公司较为严格的要求,避免其中的偷梁换柱,损害客户权益的行为发生。如果出现期货公司借用其他公司编码进行交易,是否可以免除客户亏损责任,或者免除期货公

司民事责任,主要应当由双方约定,除此之外,应当参照《期货纠纷案件规定》规定,按照一般混码交易的认定方式加以判断。

——最高人民法院民事审判第二庭编:《民商审判指导》总第 15 辑,人民法院出版社 2008 年版,第 202 ~218 页。

【链接：最高人民法院法官著述】

交易编码制度只是便于期货监管而采用的一种手段,并不改变我国期货经纪关系的行纪性质。

我国期货交易制度中,交易所对期货公司结算、期货公司对客户结算,交易编码与客户资金是脱钩的。由于行纪关系的特征,期货交易所在结算时只对期货公司一个账户,而期货公司为每个客户开立账户,进行分别结算。这两级结算都与客户编码没有直接关系,也就是说,混码交易不会影响客户结算。

在前两点基础上,可以得出一个结论,只要期货公司将客户指令真实入市交易,混码交易就不构成对客户的欺诈,对客户盈亏不会发生直接影响。

因此,混码交易时不将客户指令真实入市成交,对客户构成民事欺诈,应当赔偿客户的经济损失;而如果混码交易时将客户指令真实入市成交,那么客户的盈亏都是一种正常市场风险,应由客户自己承担相应的后果。期货公司混码交易的行为触犯行政法规的禁止性规定,应由有关行政主管部门按照《期货交易管理条例》中相应的罚则进行处罚,不属于人民法院审理民事纠纷案件的管辖范围。

——江必新主编、最高人民法院民事审判第二庭编著:《最高人民法院〈关于审理期货纠纷案件若干问题的规定〉的理解与适用》,人民法院出版社 2015 年版,第 152 页。

1174

委托他人从事期货交易的后果应由委托人承担；受托人有过错的，亦应承担相应责任

关键词｜委托期货交易｜过错责任｜

【最高人民法院裁判文书】

浙江环亚实业有限公司与苏州外贸物资总公司、江苏苏州物资中心(集团)有限公司期货纠纷案(最高人民法院二审民事判决书)

最高人民法院认为:环亚公司委托苏州外贸付至西北公司的6000万元保证金中33956020元交易亏损,应当由环亚公司承担。根据合同B第(2)条的约定,苏州外贸是基于环亚公司的委托在北商交所进行绿豆期货交易,其交易风险也应当由作为客户的环亚公司承担;协议签订后,苏州外贸根据环亚公司的指令,将6000万元汇入西北公司期货部账户,并为代理环亚公司在北商交所进行绿豆期货业务,与北商交所会员西北公司签订期货业务委托书。在进行绿豆期货交易的过程中,环亚公司法定代表人陈正正参与了当时的交易活动,且在其所进行的绿豆交易出现巨额亏损后,陈正正为了减少亏损,解决其账面出现的巨额亏损问题,参与了与北商交所的交涉活动。环亚公司在一审中一直承认,1995年5月份其在“北商交所”进行绿豆期货交易是借用了其他单位的账户。对此,“北商交所”总裁武小刚也证实了陈正正不仅参与了“北商交所”绿豆期货业务,而且是通过在十三、十四家不同席位上进行下单,其中包括了西北有色金属公司。北商交所于同年5月29日,针对陈正正、蒋伯荣、朱国钧三人违规进行绿豆期货交易的行为,以书面方式进行了通报批评。同年5月份,环亚公司由于在绿豆期货交易中造成了严重亏损而与“北商交所”进行交涉,在交涉中其向“北商交所”提供的亏损清单中包括了西北公司亏损的3400万元。1997年元月23日,环亚公司委派其公司员工张尔钦持公司介绍信到苏州外贸进行对账,根据环亚公司提供的“对账单”,已清楚表明此6000万元为其所用。综上,应当认定苏州外贸在北商交所进行绿豆期货交易,是为执行环亚公司的委托而从事的交易活动。至于上诉人称“环亚公司没有与西北公司签订协议,没有下达交易指令”并不能否认以上事实。故应当认定苏州外贸在北商交所进行的绿豆期货交易,是为执行环亚公司的委托而从事的交易活动。因此,苏州外贸是按照环亚公司的授权,在北商交所进行绿豆期货交易,且苏州外贸在交易中又无其他违规行为,由此而造成的损失应属于正常风险,应由环亚公司承担。苏州外贸为环亚公司在北商交所进行绿豆期货交易而造成的损失计33956020元,应由环亚公司承担。在返还6000万元问题上,物资公司是根据环亚公司的指令将款项付至西北公司,其既不是合同的当事人也未参与合同的履行,与本案没有法律上的利害关系,不应对苏州外贸的行为承担连带偿还的民事责任。

关于上海交易所12000箱胶合板交易损失的承担问题,合同B第1条约定"乙方委托甲方,同时还要求甲方委托其关系单位汽贸公司和三贸公司等在上海交易所买进七月份的胶合板实物12000箱。交割日甲方按60元/张的价格交付乙方,乙方以在苏州1056席位上的实物交割保证金做担保,到时按实结算。如乙方不按合同规定付款接货,过交割日十天后则按38元/张作价卖断给甲方,其差额亏损由乙方承担。"苏州外贸根据该约定,已为环亚公司在上海交易所买进12000箱(实际交割数为12735箱,下同)胶合板。环亚公司未按合同B第1条约定付款接货,本应按双方合同对违约事项的约定,承担约定交易亏损5280万元。经查,苏州外贸合计买人胶合板12735箱,平均单价57.7375元,金额总计147057161元,该公司以平均单价48.7107元售出12735箱,金额总计124066148元,进销实际亏损22991013元,另有利息损失2540828.04元、胶合板仓储及过户费741830元、手续费及交割费181135元,扣除西北公司多退还款43980元,苏州外贸为环亚公司买入9507胶合板12000箱实际亏损合计26420826.04元。按双方合同约定,该项损失应由环亚公司承担。

——江必新主编、最高人民法院民事审判第二庭编著:《最高人民法院〈关于审理期货纠纷案件若干问题的规定〉的理解与适用》,人民法院出版社2015年版,第269~295页。

1175

无期货代理资格情形下,所代理期货交易的效力认定及处理原则

关键词|期货代理资格|期货交易|

【最高人民法院司法解释】

第十五条　不具有主体资格的经营机构因从事期货经纪业务而导致期货经纪合同无效,该机构按客户的交易指令入市交易的,收取的佣金应当返还给客户,交易结果由客户承担。

该机构未按客户的交易指令入市交易,客户没有过错的,该机构应当返还

客户的保证金并赔偿客户的损失。赔偿损失的范围包括交易手续费、税金及利息。

——《最高人民法院关于审理期货纠纷案件若干问题的规定》(2003年6月18日,法释〔2003〕10号)

【最高人民法院裁判文书】

海南海垦工贸实业有限公司与海南农垦金环物资实业总公司、海南农垦金环物资实业总公司汇源分公司期货交易纠纷案[最高人民法院(2003)民二提字第21号民事判决书]

裁判要旨:由于期货交易是通过电子系统进行,交易的对方不特定,故受托人无期货代理资格致委托合同无效的处理方式,与普通合同无效的处理方式应有所不同,不宜机械地套用合同无效、恢复原状的处理方式,而否定期货交易的结果。

最高人民法院再审认为:汇源分公司因未取得期货经纪主体资格,其与海垦公司签订的期货委托代理合同无效。双方对海垦公司1997年7月29日实际持有1300手R708期货合约没有争议,主要争议是汇源分公司代理海垦公司进行的期货交易是否有效,是否实施了欺诈行为和承担侵权责任。

关于汇源分公司所代理的期货交易的效力问题。本案涉及了两个合同。一个是海垦公司与汇源分公司签订的期货委托代理合同,另一个则是由海垦公司与其他期货交易人承担交易结果的期货合同。委托代理合同虽因金环公司和汇源分公司未取得从事期货经纪业务的主体资格而无效,但由于期货交易合同的对方当事人并非汇源分公司,而是与海垦公司相对的期货交易人,故期货委托代理合同无效,不必然导致期货交易合同无效。

关于海垦公司在平仓结算单上签字的法律效力问题。1997年7月30日,金环公司与申物经纪公司签订协议,并于当日平仓6166手R708合约,留1600手用于实物交割。其中,海垦公司除留下119999代码下330手外,其余均被平仓。根据中商交易所当日结算制度、中商交易所出具的交易水单、汇源分公司出具的客户持仓表等证据证实,汇源分公司自同年7月30日至同年8月6日,明知上述平仓结果,却向海垦公司隐瞒了平仓的真实情况,致使同年8月7日海垦公司在汇源分公司向其出具的该330手合约被平仓的虚假交易单证上签字时,不知该合约在期货市场内仍保留在自己名下。因此,海垦公司的签字行为非其真实意思表示,应无效。该330手期货合约的初始权利系海垦公司创设,并由海垦公司在期货交易市场内持有至R708合约的实物交割日,其权益不应因其无效的签字行为而丧失。同年8月18日,汇源分公司向中商交易所提交的0010席位1600手R708合约的交割申请单上,包括了海垦公司的该330手合约。同日,中商交易所批准了汇源分公司的上述申请,并向该公司制发了交割匹配通知,其中亦有海垦公司该330手合约。汇源分公司未将此内容告知海垦公司。海垦公司向法庭所提交橡胶合同的买卖方向及标的物与实物交割的合约方向及种类一致,实物交割月以前的进货数量与实物交割数量基本一致。按照中商交易所关于"自1997年7月30日起,除已获本所批准其套期保值实物交割头寸尚未建仓者外,一律禁止在R708合约上开新仓","自即日起暂停该两个定点仓库的货物入库。如有需要入库的会员、客户,请与本所海南金盘定点仓库或其他本所天然胶定点仓库联系"的通知,海垦公司属禁止建仓之例外,并非必然不能备齐有效仓单。海垦公司未交定金,货未入库,未准备有效仓单的行为与汇源分公司的隐瞒行为有因果关系。汇源分公司隐瞒海垦公司在期货市场内的期货权利状况,擅自处分了本属于海垦公司的权利,应负侵权民事责任。至于汇源分公司是否顶替海垦公司实物交割以及是否占有该弃仓违约金,不影响其承担因侵权行为给海垦公司造成弃仓违约金损失的民事责任。汇源分公司无独立法人资格,其民事责任依法由金环公司承担。故海垦公司关于金环公司和汇源分公司应偿还3682800元弃仓违约金的请求,应予支持。

海垦公司虽与5家农场签订了6份橡胶购销合同,但该购销合同和其他有关单证不足以证明其支付橡胶合同违约金的真实性、合法性。故海垦公司关于金环公司和汇源分公司应赔偿其橡胶购销合同违约金损失1715000元的请求,缺乏证据,不予支持。

海垦公司向本院提交的证据,不足以证明汇源分公司尚未给付海垦公司强行平仓与协议平仓之差价款以及协议平仓的价位,故对海垦公司关于金环公司和汇源分公司偿还差价款326500元的请求,不予支持。

——苏泽林主编、最高人民法院审判监督庭编著:《最后的裁判——最高人民法院典型疑难百案再审实录·担保与金融案件卷》,中国长安出版社2007年版,第186~193页。

编者说明

本案涉及了两个合同。一个是海垦公司与汇源分公司签订的,主要内容为汇源分公司接收海垦公司委托,以自己的名义为海垦公司进行期货交易,交易结果由海垦公司承担的期货经纪合同。另一个是汇源分公司与另一经纪公司或会员客户签订的,由海垦公司与另一期货合约交易人承担交易结果的期货合同。两个合同系两个不同的法律关系,其效力分别受不同的法律法规所调整。海垦公司与汇源分公司的期货经纪合同因受托方无期货经纪主体资格从事期货代理业务,违反了行政法规的禁止性规定而无效。而期货合同中,汇源分公司仅系海垦公司意思表示的执行人,只要汇源分公司按海垦公司的指令入市交易,则不论其是否有从事期货经纪业务的主体资格,是否混码交易,均不影响海垦公司对该交易结果的承担。汇源分公司在成交后未将平仓结果及时、如实告知海垦公司,却向海垦公司出具了该 330 手 R708 合约被平仓的虚假交易记录表、持仓表及结算单。海垦公司在结算单上签字时,不知该 330 手合约在期货市场内仍由自己持有,故该确认平仓结果的行为非其真实意思表示。由于期货交易不同于一般现货商品交易,当时海垦公司虽可依法对其签字主张无效,法院却不宜判决恢复原状,使其重新拥有该 330 手 R708 合约。故海垦公司就该 330 手 R708 期货合约的权益请求法律保护,其关于金环公司、汇源分公司偿还其匹配对方弃仓违约金 3682800 元的诉讼请求,得到最高人民法院的支持。①

1176

期货交易纠纷案件中可得利益的司法审查

关键词 | 期货交易 | 可得利益 | 司法审查 |

【最高人民法院裁判文书】

上海同在国际贸易有限公司与远东电缆有限公司买卖合同纠纷案[最高人民法院(2011)民二终字第 55 号民事判决书]

最高人民法院认为:远东公司以合同无效、同在公司无实际损失为由主张其无须支付违约金。同在公司主张依据《远期商品购销合同书》补充协议约定的 8232.768 吨来计算违约赔偿金,主张其实际损失为 1.92 亿余元,可得利益损失为 2.52 亿余元,合计为 3.5 亿余元,其中实际损失 1.92 亿余元中 94373950 元属于正常履约后亏损形成的,同在公司自愿自行承担而不予主张,其请求远东公司赔偿损失 1.9 亿元(若包括定金约为 2.5 亿)。《合同法解释(二)》第二十九

① 苏泽林主编、最高人民法院审判监督庭编著:《最后的裁判——最高人民法院典型疑难百案再审实录·担保与金融案件卷》,中国长安出版社 2007 年版,第 186~193 页。

条第一款规定，“当事人主张约定的违约金过高请求予以适当减少的，人民法院应当以实际损失为基础，兼顾合同的履行情况、当事人的过错程度以及预期利益等综合因素根据公平原则和诚实信用原则予以衡量，并作出裁决。”依此，本院从实际损失及可得利益两方面进行审查。

关于实际损失部分。根据一审、二审查明的事实，同在公司主张在期货市场备货370手，准备现货199.168吨，与金创利公司签订《阴极铜购销合同书》12000吨，上述三项合计造成同在公司实际损失98066599.13元。远东公司认可同在公司所举上述证据的原件与复印件是一致的，但无法确认证据的真实性与关联性，认为无法证明系本案合同项下的损失。但其未能提出相反证据予以抗辩。

关于可得利益部分。本案中，同在公司的可得利益就是远东公司如果适当履行合同，同在公司可以获得的利益。同在公司与远东公司签订的是一份远期商品购销合同。由于合同标的阴极铜的价格双方已经确定，因此，在履行合同中，如果未来阴极铜市场价格上涨，超出合同价格部分的利益就是远东公司可以获得的利益，同时也就是同在公司需要承担的风险；相反，如果未来价格下跌，低于合同价格部分的利益就是同在公司的可得利益，同时也是远东公司需要承担的风险。实际已经履行完毕的阴极铜板购销合同也是按照上述盈利模式进行结算的。追求商业利润是双方签订《远期商品购销合同书》的目的，双方应当获得上述商业利润并承担相应风险是由该合同的性质决定的，是双方当事人签订该合同时就预见到的。远东公司应当预见到由于铜价上涨或者下跌交易双方可能得到的利益和承担的风险，应当预见到由于自己的违约可能对同在公司造成的损失，因此，远东公司应当赔偿同在公司的可得利益损失。关于可得利益的计算方法。同在公司的可得利益就是《谅解补充协议》约定的应提货数额乘以合同价格与市场价格的差价。根据远东公司如果履行合同，同在公司可以得到的预期利益来计算，依据《谅解补充协议》的约定，远东公司共计应提货4232.768吨，若同在公司从当时的长江现货市场采购阴极铜，并按照合同确定的时间、数量、价格供货给远东公司，经计算，该部分可得利益总额约为1亿元。相应地，远东公司也可以获得等额的违约利益。

上述实际损失及可得利益损失之和与《谅解补充协议》所约定的违约金数额相当。也就是说，《谅解补充协议》约定的定金不予返还之后仍不足以弥补同在公司的实际损失，故本院根据合同的实际履行情况及过错责任，依据公平原则及诚实信用原则，参照《谅解补充协议》约定的违约金标准，认定远东公司向同在公司支付违约金 1.28 亿元。

——最高人民法院民事审判第二庭编:《最高人民法院商事审判指导案例(6)·合同与借贷担保卷》,中国法制出版社 2013 年版,第 113 ~ 133 页。

1177

期货交易纠纷中情势变更原则的适用

关键词|期货交易|情势变更|

【最高人民法院裁判文书】

上海同在国际贸易有限公司与远东电缆有限公司买卖合同纠纷案[最高人民法院(2011)民二终字第 55 号民事判决书]

裁判要旨:2008 年全球性金融危机和国内宏观经济形势变化并非完全是一个令所有市场主体猝不及防的突变过程,而是一个逐步演变的过程。在演变过程中,市场主体应当对于市场风险存在一定程度的预见和判断。参照上海期货市场 2004 年至 2011 年铜价格走势图,该价格波动非为当事人在缔约时无法预见的非市场系统风险,应当属于商业活动的固有风险。远东公司与同在公司约定参照上海期货交易所期货合约卖盘报价进行定价,双方均应当预见也有能力预见到有色金属这种市场属性活泼、长期以来价格波动较大的大宗商品存在投资风险。故本案要慎重适用情势变更原则,要将远东公司对市场价格走势判断失误造成的损失与不可抗力因素相区分。

最高人民法院认为:2008 年全球性金融危机和国内宏观经济形势变化并非完全是一个令所有市场主体猝不及防的突变过程,而是一个逐步演变的过程。在演变过程中,市场主体应当对于市场风险存在一定程度的预见和判断。参照上海期货市场铜 2004 年至 2011 年价格走势图,2006 年 4 月 18 日至 5 月 15 日,上海期货交易所阴极铜上涨了 18366 元/吨;2008 年 7 月 16 日至 9 月 17 日,下跌了 15830 元/吨。2011 年 9 月 1 日至 9 月 29 日,价格下跌了 17160 元/吨;2011 年 10 月 21 日至 10 月 28 日五个交易日上涨了 10250 元/吨;2011 年 11 月 10 当天 1201 合约(12 年 1 月份合约)铜价就下跌了 3140 元/吨。该价格波动非为当事人在缔约时无法预见的非市场系统固有的风险,应当属于商业活动的固有风险。远东公司与同在公司约定参照上海期货交易所期货合约卖盘报价进行定价，双方均应当预见也有能力预见到有色金属这种市场属性活泼、长期以来价格波动较大的大宗商品存在投资风险。况且，《谅解补充协议》签订之后，铜的价格开始上涨，如 2009 年 5 月 18 日～6 月 15 日期未结算价为 39800 元/吨，同年 6 月 16 日～7 月 15 日为 41170 元/吨，同年 7 月 16 日～8 月 17 日为 47800 元/吨，该价格走势对买方远东公司明显有利。故本案要慎重适用情势变更原则，要将远东公司对市场价格走势判断失误造成的损失与不可抗力因素相区分。同时，也正是基于对 2008 年有色金属价格波动较大情况的考量，本院参照《谅解补充协议》约定的违约金标准认定违约责任，兼顾了减轻违约方违约责任承担范围的考虑。

——最高人民法院民事审判第二庭编：《最高人民法院商事审判指导案例(6)·合同与借贷担保卷》，中国法制出版社 2013 年版，第 113～133 页。

（三）透支交易及强行平仓责任

1178

交易市场、结算公司存在违规操作侵害会员正当交易权益行为，与客户保证金损失存在直接因果关系的，应当承担赔偿责任

关键词 | 期货保证金 | 透支交易 |

【最高人民法院司法解释】

第三十四条　期货交易所允许期货公司开仓透支交易的，对透支交易造成的损失，由期货交易所承担主要赔偿责任，赔偿额不超过损失的百分之六十。

期货公司允许客户开仓透支交易的，对透支交易造成的损失，由期货公司承担主要赔偿责任，赔偿额不超过损失的百分之八十。

——《最高人民法院关于审理期货纠纷案件若干问题的规定》(2003 年 6 月 18 日，法释〔2003〕10 号)

【最高人民法院裁判文书】

嘉兴市大江南丝绸有限公司与中国茧丝绸交易市场、嘉兴中国茧丝绸市场交易结算有限责任公司赔偿损失及返还期货保证金纠纷再审案[最高人民法院(2012)民提字第104号民事判决书]

裁判要旨:再审通过对期货交易市场特殊侵权行为及其后果,期货市场价格机制与现货市场价格之间的相互作用关系,以及被侵权人对所造成的损失是否存在过错、能否减轻侵权人的民事责任等争议问题进行论述,认为原判决在认定事实与判决结果方面缺乏因果关系的一致性,适用法律不当。此外,申请再审人又提交了新证据,证明其主张的相关事实及理由成立,应予以采纳。

最高人民法院认为:一、关于交易市场、结算公司应否赔偿大江南公司的保证金损失15182786.89元及利息问题。

本案二审期间,根据双方当事人的合意,法院委托中介机构对交易市场所有多头和空头会员在2005年11月7、8、9日及12月12、13日共5天的保证金是否足额问题进行审计,作出了《司法会计鉴定书》。该院认为其鉴定结论可作为认定本案事实的依据。本院认为,该司法鉴定程序是经双方当事人同意后启动,鉴定机构的资质及鉴定人员的资格均符合相关规定,鉴定程序合法,且本案再审申请人大江南公司对《司法会计鉴定书》中的鉴定结论未提出异议,故本院对其认定的相关事实亦予以确认。依据该鉴定结论确认的"结算公司有虚拟增加客户交易保证金的情况,在2005年11月7日至9日3天增加的客户交易保证金中存在不足的现象;结算公司有动用客户保证金对外发放贷款的行为;因存在虚拟增加客户保证金及信贷资产流入客户保证金,对交易的申报和成交产生了影响"等事实,二审法院认定交易市场、结算公司违反了其制定的交易结算规则、其"上述行为与大江南公司的合约被强制转让而导致的15182786.89元保证金损失具有因果关系",证据充分,判定正确,本院予以确认。

关于现货市场中"供求关系等市场风险是否是导致大江南公司损失的原因之一"的问题。二审认为,相关价格信息显示,从2005年11月讼争交易行为发生至2006年3月诉争干茧合约交割月届满时,茧丝现货价格的上涨作为一种市场因素,不利于大江南公司的持仓方向,市场风险也是其持有卖出合约发生亏损的原因之一。本院认为,本案中的茧丝绸交易市场是由其特定会员以其专用账户内资金并通过电脑报价、在固定的交易网络系统内进行的合同订购交易。相对于现货市场的开放性，该市场是一个仅由其会员才能进入并参与交易的封闭系统。依据其交易规则，会员中的多空双方应凭其账户内的实有资金数量参与交易，商品合约的价格亦随着买卖双方交易总数量的变化而上下波动。由此可见，会员参与交易的意愿及其资金实力决定某一商品合约交易价格的涨跌，而会员的“意愿”则来自于对当时及未来市场信息的综合判断。只有在保证会员享有交易规则所设定的“公平、公正、公开”之交易环境的前提下，才能确保在该竞价机制所形成的合约价格走向与未来现货市场价格、供求变化之间产生真实而有效的市场信息传递，从而达到平抑相关商品在现货市场上的供求波动和风险的目的。鉴于合约价格与现货价格之间的相互作用是在市场机制运行下的复杂过程，不应否定期货合约价格的变化作为现货价格的“晴雨表”，亦可以对现货市场上的商品价格的变动产生影响。具体到本案，由于“中国茧丝绸交易市场”的价格风向标作用，故并不能排除“因期货合约价格不断上涨而使茧丝现货价格随之上涨”情形的发生。二审判决认为，在2005年11月至2006年3月间，“由于茧丝现货价格的不断上涨，将会不同程度地使将来交割的茧丝买入合约的价格也跟着上涨”。该判定结论否定了“合约价格上涨”对茧丝现货价格上涨的反作用，将“市场风险”作为大江南公司发生亏损的原因之一，缺乏证据支持。因此，二审认定“基于市场风险导致的损失，与交易市场、结算公司组织的交易行为无关，应由大江南公司自负其责”，证据不充分，本院不予采纳。

本案二审“鉴定结论”表明，交易市场、结算公司存在违规操作、虚增保证金、允许保证金不足进行交易等侵害会员正当交易权益的行为，且该行为与造成大江南公司15182786.89元保证金损失之间存在着直接的因果关系。本案中没有证据证明，大江南公司作受害方，其对该损失的发生亦存在过错。由于交易市场的所有交易行为及竞价过程均是连续进行的，故在某一时段内发生的侵权行为后果，必将对其后进行的所有交易的价格、数量及多空双方的资金实力、损益程度等造成持续的影响。因此，二审依据“侵权天数占总抽查天数的时间比例（即：在抽查的5天中，结算公司3天存在违规）”判令交易市场、结算公司承担60%损失，而将“其余未发生侵权行为的40%时间比例”作为减轻其民事责任的事由，没有事实和法律依据，适用法律明显不当。

——中国裁判文书网，http://wenshu.court.gov.cn。

【链接:最高人民法院法官著述】

保证金比例提高或降低不应是随意的,由交易所根据合约风险高低测算后设定。期货公司只能在交易所设定的比例之上浮动,而不能低于交易所的规定,但也不能过高。过高设定保证金比例,虽是加强了风险防范,但演变为在交易所之外另设定了保证金比例。同时,保证金过高则加大了期货交易的成本,客户很可能不选择保证金比例过高的期货公司。保证金比例变动也不应是随意的,它的变动只能根据交易所的变动而变动。交易所变动保证金比例是对所有期货交易人适用的,那么,期货公司随之变动保证金比例也应是对所有客户的,而不应发生对某个客户适用较高的比例,对其他客户适用较低比例的差别对待的情形。如果格式经纪合同中有“营业部有权根据期货交易所的规定或者按照市场情况随时自行通知保证金比例。营业部调整保证金以发出的调整保证金公告或者调整为准”,“营业部有权根据自己的判断,随时对客户单独提高保证金比例。在此种情形下,提高保证金通知单独对客户发出”这些内容,期货交易人一定要给予重视,不能在合同约定内容读出期货公司在根据交易所变动保证金比例而对客户变动保证金比例的时候,可以任意提高保证金比例的结论。

——贾纬:《期货交易风险和运行风险及其损失的司法认定》,载《人民司法·案例》2014 年第 14 期。

1179

期货强行平仓的过错认定及责任承担

关键词 | 强行平仓 | 过错认定 |

【《最高人民法院公报》案例】

银建期货经纪有限责任公司天津营业部与范有孚期货交易合同纠纷再审案[最高人民法院(2010)民提字第 111 号民事判决书]

裁判摘要:《期货交易管理条例(2007)》第三十八条第二款为期货公司采取强行平仓措施设定了三个条件:一是客户保证金不足;二是客户没有按照要求及

时追加保证金;三是客户没有及时自行平仓。如果期货公司违反法律规定和合同约定强行平仓,这将使得客户不仅要遭受市场交易风险可能造成的损害,而且还要承担市场运行机制中人为风险对其造成的损害。

期货市场的风险包括市场交易风险和市场运行风险两大部分,市场交易风险法定由期货交易人自行承担,而市场运行风险并不法定由期货交易人承担。如果期货交易所、期货公司在管理、服务过程中出现过错导致期货交易人发生风险损失,该损失则应由责任人承担。本案损失包括了范有孚自己期货交易判断错误导致的亏损和天津营业部强行平仓过错而加大的亏损,即期货交易损失和强行平仓损失两部分。

期货市场上对已经发生的价格走势,谁都可以作出准确判断并可以选择有利于自己的价格去适用,但对尚未发生的价格走势预测,谁也不能十分肯定其判断就一定准确。所以,基于已经发生的强行平仓事实,不能往后寻找而只能往前寻找强行平仓损失的计算基准点,才是客观和公正的。

最高人民法院认为:(一)关于天津营业部强行平仓是否存在过错及应否承担民事责任。

强行平仓是法律规定与合同约定的,当客户账户保证金不足且未按要求追加,客户也未自行平仓的前提下,则期货公司为控制风险有权对客户现有持仓采取方向相反的持仓从而结清客户某金融资产持仓的行为。对客户而言,强行平仓是其期货交易亏损到一定程度后由他人实施的最严厉的风险控制措施。所以,《期货交易管理条例(2007)》第三十八条第二款规定的"客户保证金不足时,应当及时追加保证金或者自行平仓。客户未在期货公司规定的时间内及时追加保证金或者自行平仓的,期货公司应当将该客户的合约强行平仓,强行平仓的有关费用和发生的损失由该客户承担"内容,为期货公司采取强行平仓措施之前,设定了以下三个条件:一是客户保证金不足,二是客户没有按照要求及时追加保证金,三是客户没有及时自行平仓。只有满足了上述三个法定条件,期货公司才有权强行平仓。如果期货公司不严格按照法律规定和合同约定执行强行平仓,这将使得客户不仅要承担市场交易风险可能造成的损害,而且还要承担市场运行机制中人为风险对其造成的损害。

根据本案强行平仓的时间、报价和数量,结合大幅度单日提高保证金比例,可以认定天津营业部不是出于善意的目的,其没有满足法律规定和合同约定条件实施的强行平仓行为存在过错。根据双方合同第28条"如期货公司强行平仓不符合约定条件,天津营业部应当恢复被强行平仓的头寸,并赔偿由此造成的直接损失”的约定,《期货纠纷案件规定》第四十条“期货交易所对期货公司、期货公司对客户未按期货交易所交易规则规定或者期货经纪合同约定的强行平仓条件、时间、方式进行强行平仓,造成期货公司或者客户损失的,期货交易所或者期货公司应当承担赔偿责任”之规定,天津营业部应对其强行平仓给范有孚造成的损失承担民事责任。本院对天津营业部关于范有孚没有追加保证金,也没有自行平仓的指令,其有权对范有孚的持仓合约强行平仓的再审理由不予支持。范有孚关于天津营业部追加保证金时间要求和强行平仓时间不合理且违规,剥夺了其自行减仓权利的答辩理由成立,本院予以支持。

(二)关于范有孚的损失构成以及天津营业部的责任范围。

期货市场的风险包括市场交易风险和市场运行风险两大部分,市场交易风险法定由期货交易人自行承担,而市场运行风险并不法定由期货交易人承担。如果市场运行机制人为错误导致期货交易人发生风险损失,则应由责任人承担。期货交易风险主要是因期货交易人对合约走势判断错误和合约价格波动而产生,加之保证金交易制度放大风险所导致。具体到本案,范有孚对Cu0802、Cu0803和Cu0804三张合约自开空仓至被强行平仓,共计亏损13066500元,其中就包括了范有孚自己期货交易判断错误导致的亏损和天津营业部强行平仓过错而加大的亏损,即期货交易损失和强行平仓损失两部分。首先,对期货交易损失的分析。根据范有孚在Cu0802、Cu0803和Cu0804合约开空仓的时间和价格、开仓后三张合约价格的整体走势、三张合约到期日的交割价、逐日交易结算单等,证明范有孚对三张合约价格走势的判断发生了根本性错误。范有孚在三张合约价格相对底部开空仓,在三张合约价格震荡走高趋势中持续持仓,是范有孚本案期货交易损失的根本原因。根据期货交易实行的当日无负债结算制度,累计至24日收市结算,交易结算单显示范有孚浮动亏损达7733100元。该浮动亏损,完全是由于范有孚判断错误和持续持仓所导致。换言之,只要该三张合约价格不跌至范有孚开仓价格以下,且范有孚持续持仓,那么范有孚始终将处于浮动亏损状态,这期间无论谁平仓,浮动亏损都将变成实际亏损。所以截至24日收市,范有孚期货交易累计结算发生的浮动亏损并非天津营业部强行平仓所引发,也即该770余万元浮动亏损变为实际亏损与天津营业部强行平仓没有直接的因果关系。其次,具有过错的强行平仓的责任方式。如果期货公司强行平仓具有过错,行为损害了客户利益应当承担民事责任的,根据《民法通则》第一百三十四条民事责任承担方式的规定,则期货公司应当采取恢复客户被强行平仓头寸的补救措施,不能恢复头寸的则应按照公平合理的价格赔偿客户因此发生的损失,本案双方合同第28条对此也作了约定。因本案三张合约已经到期交割,恢复被强行平仓的头寸成为不可能,故天津营业部只能赔偿范有孚因强行平仓发生的损失金额。再次,强行平仓损失的计算。站在天津营业部的角度而言,强行平仓后三张合约价格仍震荡走高,直至到期交割期间每日结算价的平均价、三张合约交割价均高于强行平仓价格。对范有孚来说,三张合约25日当日收盘价格就低于24日的收盘价格,28日收盘价格更低,假设其追加了保证金或者自行平仓可以减少更多的损失。双方上述观点都是建立在假设基础之上且都从有利于自己的角度出发,而不是基于已经强行平仓的事实来正确思维和公平认识。同时,双方的观点也不符合期货市场的特征,因为期货市场上对已经发生的价格走势,谁都可以作出准确判断并可以选择有利于自己的价格去适用,但对尚未发生的价格走势预测,谁也不能十分肯定其判断就一定准确。所以,基于已经发生的强行平仓事实,不能往后寻找而只能往前寻找强行平仓损失的计算基准点,才是客观和公正的。故本院对双方当事人有利于自己而忽视对方利益的观点,均不予采信和支持。综上所述,以24日收市后范有孚持仓的事实和结算的数据为基准,确定天津营业部过错的责任范围,对双方而言相对客观公正。那么,25日强行平仓后的范有孚账户亏损金额13066500元与24日收市后浮动亏损7733100元之差的5333400元,是天津营业部对范有孚因强行平仓导致的损失且应承担的赔偿范围。

本案一、二审判决均认为天津营业部强行平仓存在过错,应对范有孚承担相应责任正确。但天津市第一中级人民法院一审以三张合约强行平仓价格与平仓之后当日收盘价格之差计算损失为6663000元,是以强行平仓以后某个时间点的合约价格作为参照得出的,难以客观公正,也与范有孚和天津营业部双方各自主张的时间点价格不同,当事人双方都不予以认可。该院不仅损失计算方法不符合期货市场特征和规律,而且还将本应由天津营业部因强行平仓过错导致的损失,错误认定为双方混合过错所导致,判由天津营业部承担60%,范有孚自行承担40%,所以一审判决部分事实认定不清,责任划分不当。天津市高级人民法院二审则完全依据范有孚的诉讼请求,未将范有孚因期货交易判断错误和持续持仓产生的交易损失从整个损失中分离出来,而与天津营业部强行平仓过错导致的损失混同,判决天津营业部全部承担范有孚以28日收市价格计算得出的9027085.66元损失,同样是部分事实认定不清和责任划分不当。故最高人民法院再审对本案一、二审判决予以纠正。

——《最高人民法院公报》2011年第6期

【链接：最高人民法院法官著述】

如何计算强行平仓导致的损失，既是期货行业，也是司法实践认定的难点。由于强行平仓行为人(期货公司)和期货交易人所处地位不同，对强行平仓损失认识和观点完全不同。在案例一中，期货营业部认为强行平仓后合约价格继续震荡走高，直至合约3月到期交割，期间每日结算价的平均价或者交割价格判断，强行平仓没有给范某造成损失，甚至避免了更大的风险和损失。被强行平仓的期货交易人往往以比强行平仓价格更有利自己的价格判断强行平仓导致的损失，范某认为强行平仓的25日收盘价就低于前一日收盘价，28日收盘价格更低，假设其追加了保证金或者自行平仓，不仅不会发生新的损失还可以减少之前的损失。这两种截然不同的观点，一是都建立在假设基础之上且都从有利于自己的角度出发；二是都没有基于已经强行平仓的事实来正确思维和公平认识；三是双方观点均不符合期货市场的特征，因为期货市场上对已经发生的价格走势，谁都可以做出准确判断并可以选择有利于自己的价格去适用，但对尚未发生的价格趋势预测，谁也不能十分肯定其判断就一定准确。所以，基于已经发生的强行平仓事实，不能往后寻找而只能往前寻找强行平仓损失的计算基准点。根据当日无负债结算制度，以24日收市后范某持仓的事实和结算的数据为基准，确定期货营业部强行平仓过错损失是客观公正的，即以25日强行平仓后的范某账户亏损金额13066500元与24日收市后浮动亏损7733100元之差的5333400元，是期货营业部对范某强行平仓导致的损失。

——贾纬：《期货交易风险和运行风险及其损失的司法认定》，载《人民司法·案例》2014年第14期。

编者说明

本案是基于期货经纪合同，期货交易人被期货营业部强行平仓引发的纠纷，属于新类型案件。案件涉及对期货经纪公司强行平仓的法定条件的认定以及对不当强行平仓造成的损害其赔偿标准应当如何确定两大基本法律适用问题。由于法律规定不明确，审判实务中存在不同认识，裁判标准不统一，导致两审判决结果歧异，当事人难以服判。本判决从相关法律规定出发，密切结合期货交易的规律和特点，综合运用文义解释、目的解释、经济分析以及社会生活中的经验法则等方法，透彻分析了期货交易中风险控制制度的目的、方法及其合理界限，使对强行平仓是否合理、合规的认识建立在坚实、清晰的理论基础和事实认定基础之上；同时，通过对期货市场的风险包括市场交易风险和市场运行风险的分析，正确划定了过错强行平仓的责任范围只与市场运行风险相关，从而确立了符合期货市场规律和特征的损害赔偿范围及标准。"本案所形成的判例，对规范期货公司与客户之间经纪合同关系具有指引作用，对人民法院审理资本市场产生的纠纷具有指导意义。"①

1180

期货经纪公司对客户采取强行平仓措施的条件

关键词 | 期货经纪公司 | 强行平仓 |

【最高人民法院司法解释】

第三十六条第二款 客户的交易保证金不足，又未能按期货经纪合同约定的时间追加保证金的，按期货经纪合同的约定处理；约定不明确的，期货公司有权就其未平仓的期货合约强行平仓，强行平仓造成的损失，由客户承担。

——《最高人民法院关于审理期货纠纷案件若干问题的规定》（2003年6月18日，法释〔2003〕10号）

【最高人民法院审判业务意见】

强行平仓应当具备以下条件：（1）客户保证金不足；（2）客户未按要求及时追加保证金；（3）客户未及时自行平仓。具体而言，保证金比例应控制在合理的范围之内，不宜过高超过期货交易所公布的保证金比例。追加保证金的时间应限定在有效工作时间内，同时还要给予客户自行平仓的选择机会。只有同时符合以上三个法定条件，期货公司才有权强行平仓。否则，应当认定期货公司强行平仓存在过错，其应承担相应的过错责任。

在损失计算标准方面，应当根据因果关系原则，将损失范围界定在期货经纪公司不当强行平仓导致的损失后果范围之内，而客户投资方向失误所造成的损

① 贾纬：《期货强行平仓的过错认定及责任承担——银建期货经纪有限责任公司天津营业部与范有孚期货交易合同纠纷再审案》，载最高人民法院民事审判第二庭编：《商事审判指导》总第25辑，人民法院出版社2011年版，第170页。

失属于投资风险范畴,应当自行承担。

——贾纬、沙玲:《期货经纪公司不当强行平仓客户账户的赔偿责任》,载最高人民法院民事审判第二庭编:《最高人民法院商事裁判观点》总第1辑,法律出版社2015年版,第245页。

【链接:最高人民法院法官著述】

强行平仓的条件,概括起来有以下五个:

1. 期货交易者保证金不足

……由于期货交易市场行情的变动,只有当期货交易者保证金的余额低于规定的最低持仓所需维持保证金水平,可能形成透支交易时,期货交易所或期货公司方有权进行强行平仓。期货交易者保证金不足是强行平仓的前提条件。如果会员或客户的保证金余额并未低于期货经纪机构规定的维持保证金水平,而期货交易所或期货公司却向会员或客户发出了追加保证金的通知书,会员或客户没有按照该通知书追加保证金,这时期货交易所或期货公司若对会员或客户的头寸予以部分或全部强行平仓的,就形成了对会员或客户的民事侵权,期货交易所或期货公司则对由此产生的后果承担民事责任。

2. 履行通知义务

《期货纠纷纪要》明确规定,期货交易所和期货公司实施强行平仓应尽通知的义务。即当会员或客户的保证金不足时,期货交易所或期货公司首先必须将追加保证金的合理时间和数额通知给客户,若不先行通知而进行强行平仓的,即使会员或客户的保证金余额低于期货经纪机构规定的维持保证金水平的,期货交易所或期货公司强行平仓造成的会员或客户的损失也应由期货交易所或期货公司承担。因此,期货交易所和期货公司应当及时通知维持保证金余额不足的期货交易者追加保证金。只有在期货交易者不按期货交易所和期货公司通知的规定及时追加保证金时,期货交易所和期货公司才可实施强行平仓。期货交易所和期货公司未尽通知的义务,不得对期货交易者的持仓进行强行平仓。由于是否履行了通知义务,是判断强行平仓是否依法进行,损失由谁承担的重要衡量标准,对期货交易所或期货公司以及会员或客户的利益影响甚大,故为防止发生纠纷后出现被动局面,期货交易所或期货公司应在与会员或客户签订的书面委托合同中对通知的具体方式予以明确约定,至于具体如何约定,属于当事人意思自治范畴,可依当事人双方的约定,只要其约定是双方当事人的真实意思表示，不违背法律、行政法规的规定和期货交易的惯例，就应为有效。对通知的具体方式，法律不宜过多干涉。未履行通知义务即予强行平仓的，期货交易所或者期货公司应当承担扩大损失的赔偿责任。

在市场急剧变化的情况下，期货交易所或期货公司是否有权对会员或客户的头寸予以强行平仓问题，因为期货交易所或期货结算所设计的保证金足够应付一天的期货合约的变化（因有涨跌停板的限制），故当日不可能穿仓，只要在下一个交易日开始交易前客户将保证金追加至原始保证金水平，则客户的保证金就能维持其头寸，也就是说，现行的保证金水平已给期货交易所或期货公司及时履行通知义务留出了充足的时间，不应存在情况紧急来不及通知的情形。况且，由于对市场急剧变化解释的随意性很大，如允许期货交易所或期货公司以市场急剧变化为由随意处置会员或客户的期货合约，则无疑会造成对会员或客户合法权益的任意践踏，故即使在市场发生急剧变化的情况下，期货交易所或期货公司亦不能不履行通知义务就直接对会员或客户的头寸予以强行平仓。一般情况下因行情急剧变化，导致无法实现平仓的，损失由客户自行承担。

3. 追加保证金的时间应合理

期货交易所或期货公司通知会员或客户追加保证金的时间应合理，若在通知的时间内根本不可能将追加的保证金交到期货交易所或期货公司或其管理的客户账户上，如期货交易所或期货公司以会员或客户未按通知规定的时间交纳追加的保证金为由，对其头寸予以部分或全部强行平仓，由此给客户造成的损失亦应由期货交易所或期货公司承担。至于何为合理的时间，应根据具体情况确定（区分同城和异地）。为了保护客户的利益，明确双方责任，期货交易所或期货公司应对此在书面委托合同中予以约定。没有约定的，应视期货交易所、期货公司的责任，由期货交易所或者期货公司承担由此给客户造成的损失。

4. 应适度强行平仓

所谓适度平仓，是指强行平仓的数量应与丧失保证金担保的仓位数量相符合，不能超过应强平数量。强行平仓的目的只是为了弥补期货交易者不足的保证金。故强行平仓的金额须与期货交易者所需追加的保证金数额相当。为防止期货交易所或期货公司任意对期货交易者的持仓进行处分，必须规定强行平仓的限制数额。期货交易所和期货公司只能根据不足的保证金数额，对期货交易者的持仓进行强行平仓。对超出不足保证金数额部分所进行的强行平仓，其法律后果，应当由期货交易所或期货公司承担。由于期货交易是标准合约的交易，该交易受交易单位、最小变动价位和每日价格最大变动幅度等因素的制约，绝对地使强行平仓所得金额与需追加的维持保证金数额完全一致是不可能的。因此,规定强行平仓的平仓量所得金额无须与需追加的保证金数额完全一致,但需大体相当。这项条件的限制,是为了保证期货交易所或期货公司在依法行使法律赋予的权利,保护自身利益不受损害的情况下,也不得侵犯会员或客户的合法权益,即其持仓权利。

5. 应按规定的平仓顺序强平

关于强平顺序,首先应根据风险水平由高到低的顺序平仓,即先平掉持仓亏损较大的合约,不足时再平亏损较小的或盈利的合约;其次,投机头寸先于保值头寸平仓。以此,最大限度地减少因强行平仓给会员或客户造成的经济损失。

——江必新主编、最高人民法院民事审判第二庭编著:《最高人民法院〈关于审理期货纠纷案件若干问题的规定〉的理解与适用》,人民法院出版社2015年版,第173~176页。

1181

期货经纪公司未按规定强制平仓时的责任承担

关键词 | 期货经纪公司 | 强制平仓 |

【最高人民法院司法解释】

第三十三条 期货公司的交易保证金不足,期货交易所履行了通知义务,而期货公司未及时追加保证金,期货公司要求保留持仓并经书面协商一致的,对保留持仓期间造成的损失,由期货公司承担;穿仓造成的损失,由期货交易所承担。

客户的交易保证金不足,期货公司履行了通知义务而客户未及时追加保证金,客户要求保留持仓并经书面协商一致的,对保留持仓期间造成的损失,由客户承担;穿仓造成的损失,由期货公司承担。

第三十六条第二款 客户的交易保证金不足,又未能按期货经纪合同约定的时间追加保证金的,按期货经纪合同的约定处理;约定不明确的,期货公司有权就其未平仓的期货合约强行平仓,强行平仓造成的损失,由客户承担。

——《最高人民法院关于审理期货纠纷案件若干问题的规定》(2003年6月18日,法释〔2003〕10号)

【最高人民法院答复】

天津市高级人民法院：

你院津高法民二〔2002〕2 号关于浦发期货经纪有限公司未按规定强制平仓是否承担责任问题的请示报告收悉。经研究，答复如下：

本案当事人之间就"保仓"问题的具体约定符合意思自治原则，但是，该约定如与《期货纠纷案件规定》第三十三条的规定相冲突，应当参照该司法解释第三十三条、第三十六条第二款的规定处理。

此复。

——《最高人民法院关于浦发期货经纪有限公司未按规定强制平仓是否承担责任问题请示的答复》(2003 年 7 月 29 日，〔2002〕民二他字第 21 号)

编者说明

期货交易所交易规则规定的平仓标准要比当事人约定标准低，故正常情况下交易所规定的标准是最基本底线，除非当事人另有临时约定。具体考虑《期货纠纷案件规定》第四十条、三十九条、三十六条、三十三条规定的衔接，应作如下理解：1. 对平仓条件约定不明、未约定的，按《期货交易管理条例》和《中国金融期货交易所交易规则》办理；当事人有约定的按约定办理，但最低标准为《期货纠纷案件规定》第三十三条规定的情况。2. 当事人约定大致有如下几种情况：(1) 自行约定风险控制线；(2) 约定按《期货交易管理条例》或者《中国金融期货交易所交易规则》的 5% 办理；(3) 当事人有权也可以约定暂不平仓，但以不穿仓为限。这种情况为极少数情况，应向客户提示风险。这里所说的约定主要是指正常情况下的约定，但是，临时情况下的约定亦应视为约定的范畴，不应视为违法、违规。3. 当约定与《期货交易管理条例》《中国金融期货交易所交易规则》不符或者发生矛盾时，原则上以约定为准，最低标准为《期货纠纷案件规定》第三十三条规定的情形。即便将来进行期货立法，也不会搞一刀切，应允许以不同方式控制风险，化解风险，维护公司、客户的利益。当事人违反《期货交易管理条例》《中国金融期货交易所交易规则》的，主管部门有权予以行政处罚，但不影响、也不能代替人民法院对民事责任的划分，当事人民事责任的承担。4.《期货交易管理条例》并无关于民事责任承担的条款，也不可能规定民事责任承担的条款，故并不发生司法解释、约定与《期货交易管理条例》矛盾的问题。主要理由是，仓位是客户的，其有权决定是否保留，在不损害他人权利的情况下，应当维护当事人意思自治的原则。

（四）侵权责任

1182

期货纠纷案件中侵权损害赔偿因果关系的判断

关键词｜挪用客户保证金｜赔偿责任｜因果关系｜

【最高人民法院司法解释】

第五十五条 期货公司挪用客户保证金，或者违反有关规定划转客户保证金造成客户损失的，应当承担赔偿责任。

——《最高人民法院关于审理期货纠纷案件若干问题的规定》(2003 年 6 月 18 日，法释〔2003〕10 号)

【最高人民法院裁判文书】

张邵珍等 27 个期货客户与河北省审计厅、郑州商品交易所侵权纠纷案［最高人民法院(2009)民提字第 110 号民事判决书］

裁判要旨：客户因期货经纪公司挪用客户保证金的原因导致损失，依法应由期货经纪公司承担赔偿责任。导致客户损失的直接原因，系期货经纪公司的违规经营行为；期货经纪公司的股东未尽出资义务，是导致客户损失不能获得赔偿的间接原因，故期货经纪公司的股东应当在因其瑕疵出资行为导致债权人的债权不能受偿的范围内承担补充赔偿责任。在期货经纪公司的设立过程中审计师事务所存在虚假验资的行为，如果客户对该虚假的验资报告存在着善意的信赖，审计师事务所亦应承担相应的责任。期货交易所吸收期货经纪公司为会员的行为是否存在过错，应当结合特定的历史条件加以具体分析。

最高人民法院认为：根据河北省高级人民法院另案查明的事实，张邵珍等 27 名期货客户所主张的期货交易保证金损失，是由于天源公司在经营中未区分代理业务和自营业务，因其自营业务亏损严重被郑商所将其席位下的仓单强制平仓所导致。这一损失的实质，是天源公司在经营过程中挪用了张邵珍等的客户期货交易保证金。由此可见,导致张邵珍等的损失的直接原因,是天源公司的违规经营行为,这一点已由生效判决作出认定。而其损失之所以未能得到足额赔偿,是由于天源公司的资本不足所致。根据“石家庄市查处天源贸易有限公司专案领导小组”的调查结论,天源公司自设立之初,其出资人刘永文、于虹、刘永祥、刘浩然、刘丽君等就没有依法认缴注册资金 200 万元;该公司 1994 年 7 月在办理增加联营伙伴及注册资本工商登记的过程中,联营合作各方亦未依法认缴出资。最高人民法院认为,公司的股东、出资人向公司按期足额缴纳出资,是其法定义务。法律规定此种义务的目的,主要在于维护公司及公司债权人的利益。因为公司系以其包括注册资本在内的所有财产作为对外债务的一般担保,如果股东未按期足额缴纳其认缴的出资,其瑕疵出资行为必然会损及这一担保财产,导致公司偿债能力不足。故在本案中,天源公司各出资人的瑕疵出资行为与张邵珍等债权人的损失之间,具有因果关系。但就原因力的远近来看,天源公司的违规经营行为,是造成张邵珍等债权人损失的直接原因,故应当由天源公司负直接的、第一顺位的清偿责任;天源公司的出资人之所以要对债权人负责,是由于其未尽出资义务,其瑕疵出资行为对债权人的损失而言,仅系间接原因,故天源公司的出资人应当在因其瑕疵出资行为导致债权人的债权不能受偿的范围内承担补充赔偿责任。而在本案中,张邵珍等作为天源公司的债权人,在天源公司不能清偿的情况下,并未追究该公司出资人的出资不足的责任,而是以原河北审计所虚假验资、郑商所审核会员不当为由,主张应由原河北审计所、郑商所承担因天源公司违规经营行为给其造成的损失。该诉讼主张应否得到支持,取决于原河北审计所的虚假验资行为与张邵珍等的损失之间是否具有因果关系,郑商所在审查批准天源公司为其会员的过程中,是否存在过错,并应因其过错而应对张邵珍等的损失承担责任。

关于原河北审计所的虚假验资行为与张邵珍等的损失之间是否具有因果关系问题,由于河北审计厅并未就此申请再审,应视为息诉服判,故本院再审中对此不再予以审查处理。

——最高人民法院民事审判第二庭编:《最高人民法院商事审判指导案例(第五卷)》(下),中国法制出版社 2011 年版,第 725 ~ 745 页。

【链接：最高人民法院法官著述】

挪用客户保证金行为应承担的民事法律责任,应分两种情况看待:第一,期货公司挪用客户保证金为自己进行交易对因此而给客户造成损失的,期货公司应承担民事赔偿责任。第二,期货公司将客户保证金挪给另一客户进行交易,因此给客户造成损失的,由于期货公司的行为构成侵权和违约的竞合,因此,客户在请求权竞合情况下有权作出选择,即可以直接以侵权或违约为理由要求期货公司承担民事赔偿责任。如果保证金的实际使用人(即其他客户)在此行为中有过错,则期货公司在作出赔偿后可以要求实际使用人依据其过错承担部分责任。至于上述两种情况下,期货公司承担民事赔偿责任的范围,我国有关的法规及司法解释均按照"因果关系"原则来予以确定,即期货公司只对因自己的行为给客户造成的损失承担民事赔偿责任。

——江必新主编、最高人民法院民事审判第二庭编著:《最高人民法院〈关于审理期货纠纷案件若干问题的规定〉的理解与适用》,人民法院出版社2015年版,第228~229页。

(五)实物交割责任

1183

期货合约交割货物的质量问题,客户可以直接向交易所主张权利,交易所承担责任后再向卖方及交割仓库追索

关键词|期货合约|交割|追索|

【最高人民法院司法解释】

第四十七条 交割仓库不能在期货交易所交易规则规定的期限内,向标准仓单持有人交付符合期货合约要求的货物,造成标准仓单持有人损失的,交割仓库应当承担责任,期货交易所承担连带责任。

期货交易所承担责任后,有权向交割仓库追偿。

——《最高人民法院关于审理期货纠纷案件若干问题的规定》(2003年6月18日,法释〔2003〕10号)

【最高人民法院裁判文书】

广东联合期货交易所与北京北广联经济开发有限公司期货交割纠纷上诉案[最高人民法院(1998)经终字第296号民事判决书]

最高人民法院认为：客户在期货交易过程中进行的期货交易，都是委托交易所的会员单位期货经纪公司进行的，客户与交易所没有直接的业务联系，双方亦未形成直接的法律关系，因此，在期货交易纠纷产生时，客户一般不应将交易所作为被告，向其主张权利。但在期货合约交割过程中，交易所的会员单位只是在交易所与客户之间起转递作用，因交割的货物质量问题产生争议发生纠纷时，客户可以直接向交易所主张民事权利。实物交割仓库是受交易所的委托履行交割物保管和收缴义务的单位，在期货合同交割过程中，与客户会产生一定联系，但因实物交割是交易所委托交割仓库进行的，因此，交割所形成的法律关系也就是交易所与客户之间的法律关系。因卖方提供的货物水分超标或因仓库保管不善产生的法律后果，根据最高人民法院《关于审理期货纠纷案件座谈会纪要》的有关规定，卖方及交割仓库不应直接承担责任，而应由交易所先对买方承担责任后，再向交割仓库追索。因交割仓库与客户之间未形成直接的法律关系，故客户不能直接向交割仓库主张权利。上诉人广联所关于北广联通过广州中期期货公司从事交易，故广联所与北广联没有直接的法律关系以及卖方交付了合法标准仓单即完全履行了交货义务，买方取得了标准仓单，双方义务已经履行完毕，买卖法律关系已归于消灭，北广联应向仓库主张权利，广联所不应成为本案被告的上诉主张，本院不予支持。

《广东联合期货交易所会员违规、违约处罚实施办法》第七条规定，卖方在规定交割期限内未向交易所交付有效提货凭证或交付的有效提货凭证的数量不足，为卖方交割违约。本案所涉籼米交割后，北广联取得了有效仓单，广联所也能够交付仓单下的籼米，而籼米水分一项超标，不属于卖方不能交付有效提货凭证或交付的提货凭证数量不足的情况；且由于交易所的注册仓库浦江仓库不属卖方，不是交易所的会员单位，因此，对其保管的籼米水分超标的问题的处理，不应适用广联所的上述处罚办法进行处理。根据商业部〔90〕商储（粮）字第284号关于贯彻执行粮油质量标准有关问题的规定，原粮、油料标准中的水份指标，是水分增扣价的依据，不是安全标准。以标准中规定的水分指标为基础，每低1.0%增价1.5%，每高1.0%扣价1.5%，低于或高于不足1.0%者不计增价或扣价。按照原审法院委托鉴定的结果,浦江仓库中本案所交割的籼米,只是水分超标,没有发生霉烂变质,可见,该批籼米不应认定为质量问题,而是重量问题。对于客户与交易所之间因水分超标所形成纠纷的处理,应根据商业部的上述文件规定,由广联所作降价处理或补足重量。北广联持有标准仓单,却未在有效提货期限内提货,虽然,其未在有效提货期限内提货不能认为是违约行为,但未及时提货与本案所涉籼米被低价处理,也有一定关系。对此,北广联亦应承担相应的责任。

——最高人民法院办公厅编:《最高人民法院公布裁判文书(2000 年)》,人民法院出版社 2001 年版,第 140 ~ 149 页。

1184

期货交易合约买方违约,交易所支付违约金后,守约方取回仓单,其因货物市场价格下跌遭受的损失与交易所无关

关键词 | 期货纠纷 |

【最高人民法院裁判文书】

厦门国贸集团股份有限公司与厦门兴大进出口贸易有限公司等期货纠纷上诉案[最高人民法院(1999)经终字第 227 号民事判决书]

最高人民法院认为:厦门国贸公司、兴大公司、三新公司通过原中商所的会员单位,在中商所从事 1997 年 8 月 R708 合约的期货交易,符合国家有关法律、法规之规定,R708 合约的期货交易应认定为合法有效。

根据《期货纠纷纪要》之规定,在期货交易过程中,期货交易所应承担保证合约履行的责任。任何一方不能如期全面履行合约约定的义务时,交易所应代为履行,未代为履行的,应承担赔偿责任。R708 期货合约在实物交割中,因与本案上诉人相匹配的交割买方未向中商所交足货款,导致本案上诉人及其他原审原告手中的 8149 手不能交割,构成违约,中商所应承担代为履行或赔偿的责任。买方违约行为发生后,中商所依照该所交割制度之规定,向本案上诉人及其他原审原告划付了违约部分货款 20% 的违约金,履行了赔偿义务;本案上诉人及原审原告领回了仓单,接受了赔偿金,该 R708 期货合约交易已经终止,合约已

结束。

中商所在不能代为履行的情况下,对本案上诉人及其他原审原告的损失应予赔偿。守约方的损失则应是代为履行的数额与当时现货市场的差额。而现货市场的天然橡胶价格应以一般交易成交的价格为标准;确定的时间则应以 R708 合约交割票据交换日为准。由此,原判以中国物资信息中心提供的 1997 年 8 月天然橡胶销售平均价 10750 元作为标准,计算该价格与合约成交价的差额,选择违约部分货款的 20% 作为赔偿标准,符合中商所交易规则,也可以弥补本案上诉人未能实现实物交割所受到的损失,应予维持。

R708 合约守约方接受赔偿,领回仓单并已实际处理了货物,应视为对中商所赔偿违约部分货款总值 20% 违约金决定的认可。天然橡胶由期货市场进入现货市场。而现货市场的价格,因受供求关系等因素的影响,必然会出现上下波动。橡胶持有者纵因市场价格跌落造成损失,与期货交易没有法律上的因果关系。该部分损失,不是期货交易买方违约所造成的后果的必然延续,不能作为请求赔偿的依据。

——李国光主编、最高人民法院民事审判第二庭编:《民商事审判指导与参考》总第 1 卷,人民法院出版社 2002 年版,第 315 ~ 327 页。

1185

期货合约交割有效，经纪公司诉请交易所返还被扣划交割货款的，不予支持

关键词｜期货合约交割｜交割货款｜

【最高人民法院裁判文书】

上海大陆期货经纪有限公司与上海佳昌金属材料有限公司、苏州商品交易所资产清理领导小组期货交易交割纠纷上诉案[最高人民法院(2001)民二终字第 141 号民事判决书]

最高人民法院认为:从本案期货交易过程看,佳昌公司在 1996 年 4 月 10 日交易保证金出现负数的情况下,通过大陆公司向苏交所申请以 HD9602 仓单作保证金抵押并获苏交所同意,以至于佳昌公司在保证金账户呈现负数的情况下仍能继

续参加交易而未被强制平仓。至同年4月15日，佳昌公司在无力追加保证金的情况下，又通过大陆公司向苏交所申请对佳昌公司持有的HD9604合约中的12500手提前交割。为此，苏交所收取了由佳昌公司签发的1.375亿元商业承兑汇票，并将该12500手头寸调出，退出交易程序，不计收保证金，并释放该部分合约所占用的保证金。期货交割是在合约的最后交易日结束、进入交割期后才可发生，这时实现交割的实际买卖双方才得以确定。在合约未结束交易之前，实际的交割双方还不确定，并不具备交割的条件。故本案12500手HD9604合约退出交易程序，其实质是调出头寸并释放该部分所占用的保证金，在合约进入交割期后再进行实物交割。在本案合约交割日，苏交所在大陆公司账上采取增加负数的方式扣划相应货款，并交付仓单，证明双方已开始发生交割行为，故本案没有发生提前交割的事实。原审判决认定本案所涉12500手HD9604合约交割有效并无不当。

——李国光主编、最高人民法院民事审判第二庭编:《民商审判指导与参考》总第2卷，人民法院出版社2003年版，第300~315页。

四、委托理财纠纷

1186

审理委托理财合同纠纷案件的指导原则

关键词｜委托理财｜

【最高人民法院审判业务意见】

审理委托理财合同纠纷案件的指导原则

人民法院在审理委托理财案件中，应主要遵循以下四个指导原则：

1. 权益平衡的原则。委托理财是平等民事主体之间的民商事法律行为，在案件审理中应始终贯彻民法的公平原则，确保程序公正和实质公正，避免出现民事责任承担上的畸轻畸重。尤其应注意考虑中小投资者与较大的金融机构和投资机构之间在信息、资金、技术方面的不对称问题，公平合理地分配举证责任和民事责任。

2. 稳定金融秩序的原则。根据当前委托理财的主要特点和当事人之间的约定，从平衡当事人之间的权益出发，以民商事法律的基本原则和精神为依托，本着规范金融市场、防范金融风险、维护金融稳定、促进金融市场发展之宗旨，公平稳妥地解决纠纷，避免给金融市场带来负面影响。

3. 统筹兼顾的原则。应充分考虑金融法的公共政策性，注意将法律适用和政策运用、法律效果和社会效果、司法公正与司法效率、程序公正与实体公正等有机结合，避免机械地适用法律。在追求民商法的私法自治、权利本位、平等保护等理念之同时，尚应兼顾国家经济政策、金融市场监管和社会影响等因素，以使社会利益冲突最终得到平衡和化解。

4. 着重调解的原则。实践证明，委托理财案件通常并非某一方当事人单独过错所致，而多因市场走势变化所引发，因此这种矛盾纠纷本身并非不可调和。通常而言，只要当事人认识到金融交易规则特性以及委托理财资金亏损原因，就应追求合理的诉讼预期，而不至于固执地坚持合同约定。有鉴于此，民商事审判法官应以足够的知识、技能和耐心，尽量采用诉讼调解机制解决纠纷。

——高民尚:《关于审理证券、期货、国债市场中委托理财案件的若干法律问题》,载最高人民法院民事审判第二庭编:《民商事审判指导》总第9辑,人民法院出版社2006年版,第23~24页。

编者说明

自2003年以来,全国各地法院受理的委托理财类纠纷案件大幅上升。由于这类案件涉及的法律关系较为复杂,涉案金额巨大、社会影响面广,导致审判实践普遍面临诸多疑难法律适用问题,各地法院普遍反映,对委托理财合同的性质、合同和保底条款效力、责任承担、监管责任以及账户内资产权属等问题难以把握。最高人民法院虽于2001年正式立项起草关于委托理财法律适用问题的司法解释,但因理论界和实务界对重大问题存在分歧,且有关部门亦在进一步制定和完善相关法规和规章,故该司法解释稿尚处于继续论证阶段。《关于审理证券、期货、国债市场中委托理财案件的若干法律问题》一文对委托理财案件审理中若干疑难法律问题进行了深入研究和细致阐释,对于委托理财案件的审判实践具有一定的指导意义。本文署名"高民尚",载于《民商事审判指导》总第9辑的"司法政策"栏目,显然在一定程度上代表了最高人民法院民二庭的观点。

关于审理委托理财合同纠纷案件的指导原则问题,最高人民法院的主流观点主要体现在前述高民尚文章上,即法院应当遵循权益平衡、稳定金融秩序、统筹兼顾和着重调解等四个原则,根据当前委托理财的主要特点和当事人之间的约定,结合法律适用和政策运用,加强调解,公平合理地解决纠纷,平衡当事人之间的权益。

1187

委托理财纠纷案件的法律性质

关键词 | 委托理财 |

【最高人民法院审判业务意见】

1. 关于委托理财合同的定性问题。我们认为,对于委托理财合同的法律性质,应该结合合同双方主体身份、委托资产的可能性转移、理财收益和风险的承担方式等对是否构成委托代理法律关系作出认定。对名为委托理财合同,但实际上不构成委托代理法律关系的，人民法院应按照实际构成的信托、合伙、借贷等法律关系处理。

——郑勇：《证券市场委托理财合同纠纷的处理原则》，载最高人民法院民事审判第二庭编：《最高人民法院商事裁判观点》总第1辑，法律出版社2015年版，第232页。

委托理财案件的法律特征

委托理财合同纠纷案件是指因委托人和受托人约定，委托人将其资金、证券等金融性资产委托给受托人，由受托人在一定期限内管理、投资于证券、期货等金融市场并按期支付给委托人一定比例收益的资产管理活动所引发的合同纠纷案件。委托理财案件属于金融纠纷案件的一种，其当前的法律特征主要有四：

其一，在投资领域方面，通常是投资于证券类、国债类、期货类资产等金融性资产，并因证券、国债、期货市场领域中的委托理财行为而引发纠纷。当事人因非金融性资产委托投资管理而引发的委托理财合同纠纷、公募基金份额持有人与基金管理人、基金托管人之间的基金合同纠纷以及因直接投资设立公司所产生的股权诉讼等，不在此列。

其二，在合同主体方面，通常是因以证券公司、期货公司、信托投资公司、投资咨询公司、各类投资管理公司、理财工作室、一般的有限公司，以及自然人作为受托人的委托理财活动而引发的委托理财纠纷案件。储户与商业银行及其分支机构签订的具有委托理财性质的储蓄合同纠纷、投保人与保险公司及其分支机构签订的具有委托理财性质的保险合同纠纷等，亦不在此列。

其三，在合同内容方面，委托理财合同或补充协议中通常订立有保底收益条款；但实践中也有不少未订立保底条款但因委托资产被挪用而与受托人、证券公司发生纠纷的委托理财案件。

其四，在纠纷起因方面，通常因委托资金遭受损失或因盈余分配而引发委托理财纠纷。

委托理财案件在定性上属于委托代理关系。因为委托理财的主要构成内容就是委托人通过与受托人订立委托合同，由受托人代为在证券、期货、国债市场上管理资产，因此其基本符合《民法通则》和《合同法》所规定的委托代理法律关系之特征。此外，因该委托合同通常都授予受托人自行决定股票、期货的买卖品种和方式之权利,故多属于全权委托代理行为。

——高民尚:《关于审理证券、期货、国债市场中委托理财案件的若干法律问题》,载最高人民法院民事审判第二庭编:《民商事审判指导》总第9辑,人民法院出版社2006年版,第24~25页。

编者说明

关于委托理财合同纠纷案件的法律性质问题,最高人民法院的主流观点主要体现在前述高民尚文章上,即委托理财案件系由受托人代为在证券、期货、国债市场上管理资产,受托人自行决定股票、期货的买卖品种和方式,因此在定性上属于委托代理关系。

1188

委托理财纠纷案件的类型、案由和法律适用

关键词 | 委托理财 |

【最高人民法院审判业务意见】

委托理财案件的类型、案由和法律适用

鉴于当事人合同约定样态甚多,委托代理关系尚不能完全涵盖现实中的委托理财纠纷类型,导致委托理财合同的名称形形色色,受理法院所确立的案由亦随之多种多样。例如,委托理财合同通常被冠以"委托理财协议""委托投资管理协议""委托管理协议""资产管理协议""合作投资协议"等名称;受理法院所确立的案由也包括"股票交易代理纠纷""期货交易代理纠纷""委托合同纠纷""证券合同纠纷""期货合同纠纷""借款纠纷""返还财物纠纷""财产权属纠纷""返还不当得利纠纷"等。这致使案由缺乏明显的层次性和准确性,严重影响了对此类案件的科学定性。为此,人民法院应根据委托理财案件的法律关系类型,依照最高人民法院《关于印发〈民事案件案由规定(试行)〉的通知》关于"第一审法院立案时可根据当事人的起诉确定案由。当事人起诉的法律关系与实际诉争的法律关系不符时,结案时以法庭查明的当事人之间实际存在的法律关系作为确定案由的依据"之规定,在立案时以"委托理财纠纷"暂定案由,在具体审理委托理财案件过程中,进一步区分不同权利义务约定以界定其法律关系并确定案由。具体而言:

1. 委托理财合同纠纷案件。当事人双方在合同中约定,委托人以自己的名义开设资金账户和股票账户,委托受托人从事投资管理的;或者委托人直接将资金交付给受托人,由受托人以自己的名义或实际上借用他人名义从事投资管理的,应认定双方成立委托理财合同,并以委托理财合同纠纷确定案由。

2. 委托监管合同案件。证券公司、期货公司或其分支机构接受委托理财合同的双方当事人或资产委托人的委托,承诺对委托资产的交易账户进行监督管理的,应认定成立委托监管合同关系,并以委托监管合同纠纷确定案由。

在委托理财合同案件和委托监管合同案件中,在法律适用方面宜遵循如下思路:首先,应主要以《民法通则》《合同法》等民商事基本法律作为法律适用依据。其次,从《证券法》《期货交易管理条例》等金融法律、法规中寻找有关证券、期货等交易规则,作为处理案件之依据。再次,从中国证监会等金融监管机构制订的相关金融行政规章中援引有关营业资质、禁止性交易行为等规定作为判案的参照依据。目前这类参照依据主要包括:中国证监会证监机构字〔2001〕265 号《关于规范证券公司受托投资管理业务的通知》、证监机构字〔2003〕107 号《关于证券公司从事集合性受托投资管理业务有关问题的通知》以及 2003 年中国证监会第 17 号《证券公司客户资产管理业务试行办法》等。最后,对于具体案件中出现的新型疑难法律问题,应结合国家宏观经济和金融政策,综合运用委托理财案件审理原则、民商法基本原则、原理和法律解释学的方法予以分析和处理。

3. 借款合同纠纷案件。当事人双方在合同中约定,委托人将资产交由受托人进行投资管理,受托人无论盈亏均保证委托人获得固定本息回报,超额投资收益均归受托人所有的(即约定保证本息固定回报条款),属于“名为委托理财、实为借贷关系”的情形,应认定双方成立借款合同关系,以借款合同纠纷确定案由,并适用相关法律、行政法规和司法解释的规定。

4. 合伙协议纠纷案件。当事人双方在合同中明确约定,委托人将资产委托给受托人,受托人提供专业理财服务,双方利益共享、风险共担的,应认定双方成立以委托理财合同为表现形式的合伙关系,以合伙协议纠纷确定案由,并适用《民法通则》和《民通意见(试行)》的相关规定。

5. 信托合同纠纷案件。在委托理财合同实践中,若合同约定委托人将其资产委托给受托人,由受托人按照委托人的意愿并以受托人自己的名义进行管理,委托资产与委托人资产和受托人的固有资产相互分离,以使委托人或委托人指定的受益人获得收益,且受托人具备法定资质的信托投资机构等《信托法》所规定的信托行为构成要件的,应认定成立信托合同关系,以信托合同纠纷确定案由，并适用《信托法》及相关法律、行政法规和司法解释的规定。

——高民尚：《关于审理证券、期货、国债市场中委托理财案件的若干法律问题》，载最高人民法院民事审判第二庭编：《民商事审判指导》总第9辑，人民法院出版社2006年版，第25~27页。

编者说明

关于委托理财合同纠纷案件的类型、案由和法律适用问题，最高人民法院的主流观点主要体现在前述高民尚文章上，即委托理财案件主要包括以下五类案件：一是委托理财合同纠纷案件。二是委托监管合同案件。这两类案件主要适用《民法通则》《民法总则》《合同法》等民商事基本法律，《证券法》《期货交易管理条例》等金融法律、法规，中国证监会等金融监管机构制定的相关金融行政规章等。三是借款合同纠纷案件，主要适用《合同法》等相关法律法规。四是合伙协议纠纷案件，主要适用《民法通则》《民法总则》等相关法律法规。五是信托合同纠纷案件，主要适用《信托法》等相关法律法规。

1189

委托理财合同纠纷案件的管辖和当事人的确定

关键词｜委托理财｜

【最高人民法院审判业务意见】

委托理财案件的管辖和当事人的确定

1.案件的管辖

由于委托理财是证券、期货等金融市场上的一种投资管理活动，而金融市场并非一个地域概念，因此委托理财交易难以确定一个客观存在的具体履行地点；尤其是委托理财案件比较复杂，各地法院司法标准不一，导致判断合同履行地或侵权行为地比较困难；此外，审判实践通常将证券、期货等金融机构的住所地确认为合同履行地，而委托理财案件被告多为证券公司、期货公司等金融机构，其住所地与合同履行地发生重合。为此，我们认为，在委托理财案件中，应以“原告就被告”为一般原则（被告住所地并不限于其机构总部所在地），不宜规定合同履行地、侵权行为地为案件管辖法院；被告为数人的，原告可以选择一被告所在地起诉；当事人可以约定争议解决之管辖法院，但应以《民事诉讼法（1991）》第二十五条规定的范围为限。

2. 当事人的确定

由于委托理财案件涉及委托人、受托人、监管人等多方当事人，较其他合同关系而言，更易产生多数当事人诉讼之状况。从民事诉讼目的出发，为便于人民法院查清案件事实和一次性解决纠纷，防止当事人规避法律，更好地平衡当事人之间的利益关系，我们认为，可以根据案件的具体情况确定当事人。具体而言：

第一，委托人分别以委托理财合同和委托监管合同向受托人和监管人同时提起诉讼的，可将两案合并审理，并将受托人和监管人列为共同被告。

第二，委托人以分支机构受托人为被告提起诉讼的，可将该分支机构的法人列为共同被告参加诉讼；但考虑到金融机构的分支机构分布全国各地的客观情况和诉讼成本问题，金融机构法人可以除外。

第三，委托人单独起诉受托人或监管人的，可将监管人或受托人追加为第三人。

——高民尚：《关于审理证券、期货、国债市场中委托理财案件的若干法律问题》，载最高人民法院民事审判第二庭编：《民商事审判指导》总第9辑，人民法院出版社2006年版，第27～28页。

编者说明

关于委托理财合同纠纷案件的管辖和当事人的确定问题，最高人民法院的主流观点主要体现在前述高民尚文章上，具体来说：第一，委托理财案件以“原告就被告”为一般原则。此外，当事人可以约定争议解决的管辖法院。第二，可以根据委托理财案件的具体情况确定当事人。如果委托人分别以委托理财合同和委托监管合同向受托人和监管人同时提起诉讼，可将两案合并审理，将受托人和监管人列为共同被告；如果委托人以分支机构受托人为被告提起诉讼的，可将该分支机构的法人（金融机构法人除外）列为共同被告参加诉讼；如果委托人单独起诉受托人或监管人，可将监管人或受托人追加为第三人。

1190

委托理财合同纠纷案件的举证责任分配和释明规则

关键词｜委托理财｜

【最高人民法院审判业务意见】

委托理财案件审理中的举证责任分配和释明问题

1. 委托理财案件审理中的举证责任分配

综合考虑金融领域中委托理财活动的特殊性，以及举证责任倒置的“为避免在特定情形下受害人因举证不能而使权利得不到救济”的制度目的，我们倾向于认为，委托理财案件中，在归责原则方面，应适用过错推定责任原则；在举证责任分配方面，应采用举证责任倒置规则。具体来说：

一是举证责任倒置的主体，因为受托人和监管人处于信息优势地位，故举证责任倒置的主体应是：委托理财合同或者委托监管合同中的受托人、监管人、证券公司、期货公司等。

二是举证责任倒置的对象，因为过错推定原则主要是针对过错的认定问题，且过错推定原则的适用以因果关系的存在为前提，故举证责任倒置的对象应当包括过错和因果关系两个事实要件。

三是举证责任倒置的分配，受托人应对其进行资产管理过程中不存在过错、其过错与委托资产损失之间不存在因果关系承担举证责任。监管人应对其在监管过程中不存在过错、其过错与委托资产损失之间不存在因果关系承担举证责任。

2. 委托理财案件审理中的释明问题

在委托理财案件审理中，人民法院可行使两种释明权：其一，当事人的列置；其二，诉讼请求的变更。

一是当事人的列置。原告在起诉时未将受托人列为被告的，人民法院可从法律关系的构成和案件审理的实际需要出发，要求原告将受托人追加为共同被告或者第三人。在作为企业法人的受托人已停业的，人民法院可要求原告将受托人企业的出资人追加为共同被告或第三人。

二是诉讼请求的调整。很多案件的原告从保全诉讼利益出发，往往向有经济实力的被告提起诉讼，或者要求负有账户监管责任的证券公司承担全部的资金亏损赔偿责任，或者要求证券公司与受托人一起承担连带赔偿责任。对于此类情形，不宜简单地予以支持或者驳回，而应根据法律关系的构成和具体情况向原告释明：在原告追加受托人为当事人参加诉讼的基础上，要求受托人与证券公司各自承担相应的赔偿责任；或者在受托人与证券公司均有过错的前提下，要求受托人承担主要的赔偿责任，由证券公司承担补充赔偿责任。通过行使释明权来调整诉讼请求，既符合法律的规定，又能保证原告诉讼利益的实现。

——高民尚：《关于审理证券、期货、国债市场中委托理财案件的若干法律问题》，载最高人民法院民事审判第二庭编：《民商事审判指导》总第9辑，人民法院出版社2006年版，第28～29页。

编者说明

关于委托理财合同纠纷案件的举证责任分配和释明问题，最高人民法院的主流观点主要体现在前述高民尚文章上，具体来说：

第一，委托理财案件应对过错和因果关系两个事实要件实行举证责任倒置，即受托人对其资产管理行为不存在过错、其过错与委托资产损失之间不存在因果关系承担举证责任；监管人对其监管行为不存在过错、其过错与委托资产损失之间不存在因果关系承担举证责任。

第二，法院应根据法律关系的构成和具体情况，就当事人的列置和诉讼请求的变更问题向原告行使释明权。

1191

合同及往来函件均未提及委托理财，争议的承诺函及折价补贴亦没有明确的委托理财意思表示，当事人之间是委托交易法律关系

关键词 | 委托理财 |

【最高人民法院裁判文书】

湘财证券有限责任公司与衡阳市住房公积金管理中心、湘财证券有限责任公司长沙韶山路营业部、中国证券登记结算有限责任公司上海分公司、中国证券登记结算有限责任公司侵权纠纷案[最高人民法院(2006)民二终字第13号民事判决书]

最高人民法院认为：上诉人湘财证券对于原审判决主文并无异议，唯对本案的合同性质提出异议，主张本案的合同关系系委托理财的性质，本案应为违约之诉而非侵权之诉。对于双方当事人争议的合同性质问题，应根据双方的约定和实际履行情况予以认定。双方在《证券交易委托代理协议书》、《证券交易保证金账户开户协议书》、《证券交易委托代理风险揭示说明书》和《指定交易协议书》中约定，公积金中心进行证券交易须通过授权委托的方式进行；证券交易的风险归于公积金中心。在实际履行中，本案发生的三次国债交易和一次非过户

中，均有公积金中心向湘财证券发出的委托书和授权书，除此之外，公积金中心再无其他交易指令。鉴于本案争议的合同以及当事人之间的往来函件均未提到委托理财的字样，所争议的承诺函以及2%的折价补贴亦没有明确的"委托理财"意思表示，故从合同约定及实际履行来判断，双方当事人之间形成的是委托交易法律关系。

——最高人民法院民事审判第二庭编：《最高人民法院商事审判指导案例·公司卷》，中国法制出版社2011年版，第486~492页。

1192

委托理财合同保底条款对合同效力认定和处理的影响

关键词｜委托理财｜保底条款｜合同效力｜

【最高人民法院审判业务意见】

关于委托理财合同保底条款的类型和对合同性质的影响

委托理财合同的保底条款主要包括三种类型：一是保证本息固定回报条款，指委托人与受托人约定，无论盈亏，受托人均保证在委托资产的本金不受损失之外，保证给付委托人约定利息；二是保证本息最低回报条款，指委托人与受托人约定，无论盈亏，委托人除保证委托资产的本金不受损失之外，还保证支付委托人一定比例的固定收益率；对超出部分的收益，双方按约定比例分成；三是保证本金不受损失条款，指委托人与受托人约定，无论盈亏，受托人均保证委托资产的本金不受损失；对收益部分，双方按约定比例分成。此外，实践中还存在受托人承诺填补损失之情形，即双方在委托理财合同中没有约定亏损分担，但在委托资产发生损失后受托人向委托人承诺补足部分或者全部本金损失，或者受托人在承诺补足委托资产本金损失之外，对收益损失作出赔偿承诺。这种填补损失承诺可以分别归入保证本金不受损失条款和保证本息最低回报条款类型。

保底条款的不同类型对委托理财合同的性质有较大影响，具体来说：

1. 在保证本息固定回报条款场合。因为委托人缔约的目的在于纯粹追求资产的固定本息回报，而对受托人管理资产行为及收益后的分成并无预期，故无论委托人直接交付给受托人的资产是资金还是可以融资的证券，均应认定为以委托理财为表现形式的借贷关系。据此，在订有保证本息固定回报条款的场合，法人之间的委托理财合同应按照企业间非法拆借处理；自然人之间的委托理财合同以及委托人为自然人、受托人为法人的委托理财合同应按照法律关于民间借贷的规定处理。

此外，《合同法》第二百一十一条规定，“自然人之间的借款合同对支付利息没有约定或者约定不明确的，视为不支付利息。自然人之间的借款合同约定支付利息的，借款的利率不得违反国家有关限制借款利率的规定”。据此，在国家有关部门关于限制民间借款利率规定发布之前，我们倾向于认为，在“名为委托理财，实为借贷”的情形中，认定借款利率不宜高于中国人民银行同期贷款利率，以克服目前因民间借款利率过高而给社会造成的各种弊端，更好地发挥民间借贷便捷、互助、有偿的优势。

2. 在保证本金不受损失条款和保证本息最低回报条款场合。因为条款中明确约定对收益或者超出部分的收益按照约定比例分成，故此类情形中当事人的缔约目的与纯粹的借贷合同之目的并不相同，而是具有混合契约的色彩，即借贷、委托、保管、投资等诸多契约内容因素，故不应将此类合同简单地认定为借款合同，而应认定为委托理财合同。

关于委托理财合同保底条款对合同效力认定和处理的影响

我们认为，保底条款是当事人双方以意思自治的合法形式对受托行为所设定的一种激励和制约机制，尽管现行民商法律体系中尚无明确否定该保底条款效力的规定，但基于民商法基本原理、法律禁止性规定和市场基本规律，人民法院应当认定保底条款无效，对委托人在诉讼中要求受托人依约履行保底条款的内容的请求，不应予以支持。理由是：

第一，保底条款有悖民商法基本原理。由于绝大多数委托理财以委托代理关系为法律构成，而根据《民法通则》中代理制度和《合同法》中委托代理制度的相关规定，代理人只承担因自己的过错造成被代理人损失的责任，不承担因不可归责于代理人的事由所造成的被代理人损失的责任。若肯定保底条款的效力，将颠覆委托代理的制度构成，导致法律体系违反。在一些委托理财具备信托法上的信托法律行为的情形中，依信托法理，委托理财属于自益信托，非可归责于受托人的过错而致信托财产亏损时，应由信托财产承担损失。因信托财产最终归属为受益人或委托人，故无过错的受托人不应承担赔偿责任，故保底条款亦有违信托基本法理。

第二,保底条款违背民法的公平原则。当事人在合同中围绕保底条款所配置的民事权利义务严重不对等,致使保底条款从根本上大多难以实际履行。承诺给付最后无法兑现的高收益率之保底条款,通常成为受托人获取资金和交易报酬的一种非法手段,并染上非法集资色彩。

第三,保底条款违反法律禁止性规定。《证券法》第一百四十四条明确规定:"证券公司不得以任何方式对客户证券买卖的收益或者赔偿证券买卖的损失作出承诺。"中国证监会于 2001 年 12 月发布的《关于规范证券公司受托投资管理业务的通知》也指出,受托人不得向委托人承诺收益或者分担损失。这些规定从维护证券公司和证券市场的健康发展出发,从根本上否定了证券公司签订保底条款的法律效力。尽管在主体方面,其他非证券公司的投资机构或者自然人不宜完全适用上述法律和部门规章,但根据法律解释的"举重明轻"原则,法律对特殊主体的特别规定对于一般主体亦应具有借鉴和引导作用。

第四,保底条款违反市场基本规律。保底条款在法律层面上虽然属于当事人意思自治范畴,但其在经济层面上却具有极强的信用投机色彩。在高风险的证券、期货等金融市场中,投资风险无法避免,绝对的只盈不亏的情形不可能存在,也不可能存在恒高的收益率。虚拟经济须以实体经济为基础,脱离实体经济而盲目约定一定收益率的保底条款通过所谓意思自治的法律安排将投资风险完全分配给受托人,严重违背市场经济基本规律和资本市场规则,只能诱导投资非理性地将资金投入金融市场,扭曲证券市场正常的资源配置功能并且不断放大二级市场的波动风险,严重破坏资本市场直接融资和间接融资之间所形成的合理格局。司法实践也不断证明:保底条款非但不能从根本上改变资本市场中风险与利益共存的基本客观规律,难以真正发挥激励和制约功效,相反却助长非理性或者非法行为的产生,加大市场泡沫并引发金融风险,成为引发当事人之间诸多纷争的重要原因。

就保底条款对合同效力认定和处理的影响而言,因为保底条款属于委托理财合同的目的条款或核心条款,不能成为相对独立的合同无效部分,故保底条款无效应导致委托理财合同整体无效。同时,司法实践表明,受托人报酬条款通常蕴涵在保底条款中,保底条款被认定无效也常常导致受托人报酬条款阙如或者约定不明。我们认为,若受托人主张委托人给付报酬或者请求分享盈利而双方对此无法达成合意的,人民法院可以根据合同解释的规则,在不超过收益部分 10% 的范围内,依诚实信用原则予以解释补充,对受托人的合理要求予以支持。

——高民尚：《关于审理证券、期货、国债市场中委托理财案件的若干法律问题》，载最高人民法院民事审判第二庭编：《民商事审判指导》总第9辑，人民法院出版社2006年版，第34~35页，第36~39页。

编者说明

关于委托理财合同保底条款对合同效力认定和处理的影响问题，最高人民法院的主流观点主要体现在前述高民尚文章和公报案例上，即：第一，基于民商法基本原理、法律禁止性规定和市场基本规律，人民法院应当认定保底条款无效，对委托人在诉讼中要求受托人依约履行保底条款的内容的请求，不应予以支持。第二，就因为保底条款属于委托理财合同的目的条款或核心条款，不能成为相对独立的合同无效部分，故保底条款无效应导致委托理财合同整体无效。若受托人主张委托人给付报酬或者请求分享盈利而双方对此无法达成合意的，人民法院可以根据合同解释的规则，在不超过收益部分10%的范围内，依诚实信用原则予以解释补充，对受托人的合理要求予以支持。

1193

委托理财合同中的保底条款属合同核心条款的，保底条款无效应导致委托理财合同整体无效

关键词｜委托理财｜保底条款｜合同无效｜

【最高人民法院审判业务意见】

3. 委托理财合同保底条款有违风险与收益相一致的市场规律，一般应认定无效。保底条款属于合同核心条款，其归于无效将导致合同其他部分无法继续履行，因此，保底条款无效导致委托理财合同无效。

——郑勇：《证券市场委托理财合同纠纷的处理原则》，载最高人民法院民事审判第二庭编：《最高人民法院商事裁判观点》总第1辑，法律出版社2015年版，第232页。

【《最高人民法院公报》案例】

湘财证券有限责任公司与中国光大银行长沙新华支行及湖南省平安轻化科

技实业有限公司借款合同代位权纠纷案[最高人民法院(2006)民二终字第90号民事判决书]

裁判摘要:一、客户与证券经营机构签订合同,约定由客户将资金交付给证券经营机构,委托证券经营机构在一定期限内投资于证券市场,并由证券经营机构按期向客户支付投资收益。此类合同属于委托理财合同。

二、客户与证券经营机构在委托理财合同中约定,由证券经营机构保证客户的投资收益达到一定比例,不足部分由证券经营机构补足。此类约定属于委托理财合同中保证本息固定回报的条款,即保底条款。根据《证券法(2005)》第一百四十三条的规定,证券商不得以任何方式对客户证券买卖收益或者赔偿证券买卖的损失作出承诺。上述保底条款因违反该规定而无效。因保底条款属于委托理财合同的目的条款或核心条款,故保底条款无效即导致委托理财合同整体无效。

最高人民法院终审认为:平安轻化作为委托人与受托人湘财证券之间签订的《受托投资管理合同》及《补充协议》中约定,平安轻化将资金委托给湘财证券在一定期限内投资于证券市场,并由湘财证券按期支付给平安轻化相应的投资收益,上述内容符合委托理财合同特点。双方关于湘财证券保证平安轻化的资金年投资收益率达到7.8%,不足部分由湘财证券补足的约定属于委托理财合同中保证本息固定回报的条款。《证券法(2005)》第一百四十三条明确规定,券商不得以任何方式对客户证券买卖收益或者赔偿证券买卖的损失作出承诺。本案保底条款的内容显然违反了上述法律的禁止性规定,应属无效条款。保底条款应属委托理财合同之目的条款或核心条款,保底条款无效应导致委托理财合同整体无效,故本案《受托投资管理合同》及《补充协议》作为委托理财合同整体无效。受托人湘财证券应当将委托资金本金返还委托人平安轻化,并按中国人民银行规定的同期定期存款利率标准支付利息。平安轻化不得向湘财证券要求合同约定的投资收益部分,其已收的780万元作为不当得利应返还给湘财证券。原审判决确认本案《受托投资管理合同》及《补充协议》有效,并判令湘财证券按人民银行同期贷款利率向光大新华支行支付利息不当,应予纠正。

——《最高人民法院公报》2007年第1期

【最高人民法院裁判文书】

苏玉才与董梅等委托期货合同纠纷申请再审案[最高人民法院(2014)民申

字第2243号民事裁定书]

最高人民法院认为:苏玉才于2011年8月13日向董梅出具保证书,载明:"董梅于2010年5月份在华元期货公司济南营业部开户。其委托华元期货公司人员苏玉才进行期货操作。操作资金为31.8万元。双方约定于2011年10月1日终止。终止时,若账号出现亏损,苏玉才负责弥补该账号的31.8万元。"根据董梅与苏玉才2010年12月1日的QQ聊天记录记载,苏玉才承诺其为董梅进行保底操作,保底本金为14万元,董梅表示同意。董梅期货账户的资金情况显示:截至2010年12月1日,余额为139455.13元;截至2011年8月25日,余额为29651.87元。以后该账户不再有登录记录。

苏玉才向董梅出具的保证书,使董梅与苏玉才之间形成了委托理财合同关系,保证书中所约定的保底条款有悖于委托代理制度的基本理论,应属无效。依据《合同法》第五十八条之规定,苏玉才应当返还自董梅处取得的款项本金,并根据双方过错责任承担利益损失。根据董梅与苏玉才2010年12月1日QQ聊天记录,苏玉才该天明确向董梅承诺予以保底操作,董梅亦予以接受。应认定2010年12月1日为苏玉才开始代董梅进行操作的时间,此时董梅期货资金结算账户内可支配款项金额为139455.13元,苏玉才终止操作时间为2011年8月25日,账户内金额为29651.87元。因此,二审法院判决苏玉才返还董梅本金109803.26元,并无不当。二审法院鉴于董梅作为委托人,对于委托理财合同中的保底条款无效亦有一定的过错,而判决董梅与苏玉才各承担一半利息损失,并未加重苏玉才的民事责任。故苏玉才主张董梅所损失的109803.26元本金不应由苏玉才一人承担的再审申请理由不能成立,本院不予支持。

——中国裁判文书网,http://wenshu.court.gov.cn。

马晨与渤海证券股份有限公司天津营口道第一证券营业部、王文民间借贷纠纷申请再审案[最高人民法院(2013)民申字第2111号民事裁定书]

最高人民法院认为:本案中,马晨与王文在《资产委托管理协议书》中虽然有关于资金的定向使用、配套保证金、专用账户资产总额监控及强行平仓等内容的约定,但是该协议第八条明确约定:"甲(王文)乙(马晨)双方商定,委托期满,乙方保证受托管理资产的收益按受托资金年固定回报率为百分之十二计算……"即委托人王文将资产交由马晨进行投资管理,受托人马晨在合同履行期限内无论盈亏均保证王文获得固定本息回报,超额投资收益或造成的经济损失均由马晨负责。可见,马晨与王文在《资产委托管理协议书》中约定了保证本息固定回报条款,符合借贷法律关系的本质属性,该协议属于名为委托理财,实为借贷的情形。

——中国裁判文书网,http://wenshu.court.gov.cn。

何晓茜与恒信证券有限责任公司、华泰证券股份有限公司常熟市枫林路证券营业部及华泰证券股份有限公司委托合同纠纷再审审查案[最高人民法院(2012)民申字第1015号民事裁定书]

最高人民法院认为:(一)关于恒信公司与枫林路营业部是否共同侵权的问题。经查,何晓茜在委托恒信公司进行国债投资理财中其投资虽有一定损失,但并非侵权行为的结果。第一,何晓茜与恒信公司之间发生委托理财行为及何晓茜在枫林路营业部开设的账户均由其父亲何谷实际操作,作为证券公司从业人员,何谷应该知道《委托国债投资管理合同》中约定国债投资12%的年收益率并不合法,也不可能实现。何晓茜将账号和密码告知恒信公司,是默示该公司自行操作行为。第二,2003年7月,恒信公司与何晓茜在签订委托投资协议后,恒信公司虽短期购入国债但随即抛售国债进行股票投资。委托合同于2004年1月到期后,何晓茜对恒信公司的高额回报未提出任何异议,又与恒信公司续订委托合同进行相关理财活动。据此,恒信公司将何晓茜名下理财款项进行股票交易,并不违背何晓茜的真实意思,何晓茜主张恒信公司侵权,无事实根据。第三,恒信公司知道何晓茜的账号和密码,能够自由操作何晓茜的账户,该公司根据约定以何晓茜的名义进行股票交易,并不受华泰公司及其枫林路营业部控制。实际上,华泰公司及其枫林路营业部只为何晓茜委托恒信公司投资理财提供操作平台,与何晓茜的投资收益没有任何关系,只收取固定比例的服务费用,何晓茜主张华泰公司及枫林路营业部侵权,没有事实和法律依据。第四,何晓茜主张枫林路营业部撤销其指定交易是其致损原因,无事实根据。经查,指定交易的本意是只能在枫林路营业部的交易席位交易,至于由谁操作是何晓茜及代理人决定的。在何晓茜与恒信公司签订委托理财协议后,恒信公司已获得在该账户进行国债交易的权利(有账号和密码),其完全可以在此账户内进行国债或股票操作。需要注意的是,恒信公司之所以在与何晓茜签订委托理财协议后,撤销在枫林路营业部的指定交易重新指定该公司上海崂山东路营业部交易,后又回到枫林路营业部账户交易,只是满足恒信公司在受托理财后将理财业务放在枫林路营业部的需要,其损失与撤销指定交易没有因果关系。(二)关于原审法院以合同纠纷审理本案是否合法的问题。根据原审查明的事实,恒信公司与何晓茜间的委托理财合同因设置保底条款而无效，由合同相对方恒信公司承担返还的民事责任，于法有据；何晓茜主张恒信公司、华泰公司及枫林路营业部侵权，证据不足。原审法院根据其诉讼请求以合同纠纷予以审理对何晓茜的民事权益保护并无不利，何晓茜据此申请再审，依据不足。

——中国裁判文书网，http://wenshu.court.gov.cn。

甘肃省科技风险投资有限公司与上海方大投资管理有限公司委托理财合同纠纷案[最高人民法院(2009)民二终字第83号民事判决书]

最高人民法院认为：(二)关于方大公司与科技公司之间形成何种性质的民事法律关系及如何确认各方应承担的民事责任问题。本案虽然方大公司以委托理财合同纠纷提起诉讼，但方大公司与科技公司之间形成何种法律关系，应由人民法院从相关合同和协议的内容出发依法予以确认。本案中，方大公司与科技公司之间虽然签订了《委托资产管理合同》和《委托资产管理合同补充协议》，但合同和协议内容，均表现为受托方保证到期返还本金和8%的固定收益。涉案各方不存在投资经营、共担风险的理财性质，而是一方收取固定回报，另一方承担全部风险的行为。因此其法律关系应是名为委托理财实为企业借贷关系，本案案由亦应定为企业借贷纠纷。

——最高人民法院民事审判第二庭编：《最高人民法院商事审判指导案例·合同卷》，中国法制出版社2011年版，第11～18页。

亚洲证券有限责任公司与湖南省青少年发展基金会、长沙同舟资产管理有限公司委托理财合同纠纷案[最高人民法院(2009)民二终字第1号民事判决书]

最高人民法院认为：该案委托理财协议所约定的年10%的固定回报率属于保底条款。尽管该保底条款是资金委托管理协议双方以意思自治的形式对受托行为所设定的一种激励和制约机制，但该条款致使双方民事权利义务严重失衡，既不符民法上委托代理的法律制度构成，亦违背民法的公平原则。为此，本院认定该案委托理财协议中所涉保底条款无效。

关于委托理财协议的效力。虽然《合同法》第五十六条规定："合同部分无效，不影响其他部分效力的，其他部分仍然有效"，但在该案订有保底条款的委托理财合同中，保底条款与合同其他内容条款不具有可分性，其并非可以独立分离出来的合同部分，而是与合同其他部分存在紧密的牵连关系。就该案中委托理财协议之缔约目的而言，委托人青基会除期待委托资产本金的安全外，尚期待高达10%的固定收益回报率。因此可以说,若没有保底条款的存在,当事人双方尤其是委托人通常不会签订委托理财合同;在保底条款被确认无效后,委托人的缔约目的几乎丧失;若使合同其他部分继续有效并履行,不仅违背委托人的缔约目的,而且几无履约意义,将导致极不公平合理之结果。有鉴于此,本院认为,保底条款应属该案中委托理财协议之目的条款或核心条款,不能成为相对独立的合同无效部分,保底条款无效应导致委托理财协议整体无效。原审判决认定委托理财协议有效属适用法律不当。亚洲证券关于委托理财协议无效的主张,本院予以支持。

——最高人民法院民事审判第二庭编:《最高人民法院商事审判指导案例·合同卷》,中国法制出版社2011年版,第19~30页。

河北省劳动和社会保障厅与亚洲证券公司有限责任公司委托理财合同纠纷申请再审案[最高人民法院(2008)民申字第1090号民事裁定书]

最高人民法院认为:首先,河北社会保障厅与亚洲证券公司之间签订的《委托购买国债协议》及《补充协议》,名为委托购买国债协议,当事人约定委托人将资产交由受委托人进行投资管理,受托人无论盈亏均保证委托人获得固定本息回报,超额投资收益均归受托人所有,即约定保证本息固定回报积极条款的(又称保底条款),属于名为委托理财,实为借贷关系的情形,应认定当事人之间成立贷款合同关系,并适用借款相关法律、行政法规的规定。根据《人民银行管理法》《商业银行法》及相关行政法规的规定,禁止非金融机构经营金融业务,借贷属于金融业务。河北社会保障厅与亚洲证券公司之间的借款合同,因违反法律、行政法规禁止非金融法人之间借贷的强制性规定,应为无效借款合同。其次,保底条款的约定不仅违反了民法和合同法规定的公平原则,违反了金融市场的基本规律和交易规则,应为无效条款;而且保底条款作为委托理财合同的核心条款,进而影响了委托理财合同整体的法律效力。最后,根据《企业破产法》第三十八条的规定,财产所有权人只能对不属于破产人的财产行使取回权。河北社会保障厅将资金划入其设在亚洲证券公司的资金账户后,亚洲证券公司直接操控该账户、实施交易,交易取得的国债和资金也均属于亚洲证券公司所有。因此,河北社会保障厅将资金划入其设在亚洲证券公司的资金账户后,即实现资金所有权的移转,河北社会保障厅也丧失讼争账户内的资金所有权。河北社会保障厅的再审申请事由不符合《民事诉讼法(2007)》第一百七十九条第一款第六项规定的情形。依据《民事诉讼法(2007)》第一百八十二条之规定,裁定驳回河北省劳动和社会保障厅的再审申请。

——苏泽林主编、最高人民法院立案庭编:《立案工作指导》总第22辑,人民法院出版社2010年版,第100～101页。

1194

委托理财合同中有关固定收益率的约定属保底条款应认定无效

关键词 | 委托理财 | 固定收益率 | 保底条款 |

【最高人民法院裁判文书】

北京辰达科技投资有限公司与新疆生产建设兵团住房公积金管理中心委托理财合同纠纷案[最高人民法院(2006)民二终字第17－1号民事判决书]

裁判要旨:《国债回购理财协议》中的固定收益率的约定属于保底条款性质,体现了委托人单纯追求资产的固定本息回报这一缔约目的和合同预期,而对受托人管理资产行为及收益后的分成并无预期。整个协议围绕该条款所配置的合同双方当事人的民事权利义务严重不对等,它将投资风险完全分配给受托人,违背市场基本规律和资本市场规则,违背了民法上的公平原则。该条款虽然属于当事人意思自治范畴,但具有明显的信用投机色彩,受托人为他人进行国债理财业务,理应受相关专业法律规范包括《证券法(2005)》第一百四十三条的约束。故该保底条款违反了证券法的禁止性规定,应当依法认定为无效。

涉案《国债回购理财协议》从内容上看系委托理财合同。受托人代委托人购买涉案国债的数量,与协议届满后受托人享有的国债数量相同,并且受托人在本案中止审理期间实际处置上述国债,获得的收益已超过了购买金额,不存在损失问题,受托人的诉请不应得到支持。

最高人民法院认为:

关于《国债回购理财协议》第四条有关固定收益率的法律效力问题。该协议除第四条有关固定收益率的内容外,均为当事人真实意思表示,不违反法律、行政法规的禁止性规定,原审判决认定合法有效正确,本院予以维持。但是,该协议第四条有关年收益率的约定属于保底条款性质,其内容体现了公积金管理中心单纯的缔约目的和合同预期,即纯粹追求资产的固定本息回报,而对受托人辰达公司管理资产行为及收益后的分成并无预期。上述协议围绕该条款所配置的合同双方当事人的民事权利义务严重不对等,违背了民法上的公平原则。该保底条款虽然属于当事人意思自治范畴,但具有明显的信用投机色彩,它将投资风险完全分配给受托人,违背市场基本规律和资本市场规则。另外,《证券法(2005)》第一百四十三条明确规定"证券公司不得以任何方式对客户证券买卖的收益或者赔偿证券买卖的损失作出承诺",辰达公司为他人进行了国债理财业务,应受相关专业法律规范的约束。因此,该保底条款违反了证券法上述禁止性规定,应当依法认定为无效。原审判决认定上述协议第四条固定收益内容合法有效,进而判令辰达公司按照该约定支付收益款,属适用法律错误,本院予以纠正。辰达公司有关协议第四条固定收益约定无效的上诉主张成立,本院予以支持。

关于辰达公司是否有义务向公积金管理中心返还理财资金4200万元并支付协议约定的收益273万元问题。双方签订的《国债回购理财协议》主要约定公积金管理中心以其在银河证券营业部席位上购买的价值4200万元的国债,委托辰达公司进行回购融资,在理财期限内,辰达公司承诺给予公积金管理中心固定的本息回报。该协议系委托理财合同。从本案查明的事实看,2003年6月11日与6月12日,辰达公司代公积金管理中心以4200万元购买涉案国债共计407510手;而上述协议到期后,公积金管理中心的资金账户中03国债(3)已恢复至407510手。公积金管理中心在本案中止审理期间通过处置上述国债获得了4200余万元,并得到涉案国债利息1385534元。综上,公积金管理中心有关辰达公司应返还其4200万元资金并支付协议约定收益273万元的诉讼请求均不应得到支持,原审判决判令辰达公司返还公积金管理中心资金差额及收益额,属认定事实不清,适用法律错误,本院予以纠正。辰达公司有关请求改判其不承担民事责任的上诉请求成立,本院予以支持。

——最高人民法院民事审判第二庭编:《最高人民法院商事审判指导案例(第五卷)》(下),中国法制出版社2011年版,第694~700页。

1195

当事人与证券公司有关固定年收益率的约定属于保底条款性质,应当依法认定为无效

关键词 | 固定收益率 | 保底条款 |

【最高人民法院裁判文书】

南通凯辉服装有限公司与闽发证券有限责任公司、北京辰达科技投资有限公司破产债权确认纠纷案[最高人民法院(2011)民申字第1427号民事裁定书]

裁判要旨：当事人与证券公司有关固定年收益率的约定，属于保底条款性质，其内容体现了单方追求资产的固定本息回报，不承担任何风险，违背了民法上的公平原则，不符合市场风险共担原则。另外，《证券法(2005)》第一百四十四条明确规定"证券公司不得以任何方式对客户证券买卖的收益或者赔偿证券买卖的损失作出承诺"。证券公司为他人进行国债理财业务，应当受相关法律法规的约束。因此，该保底条款违反了证券法上述禁止性规定，应当依法认定无效。

最高人民法院认为：2003年8月15日，凯辉公司与闽发证券公司签订《补充协议书》中约定闽发证券公司承诺凯辉公司账户内国债年收益率为8.5%，计85万元，含国债的票面收益。该项有关年收益率的约定属于保底条款性质，其内容体现了凯辉公司追求资产的固定本息回报，不承担任何风险，违背了民法上的公平原则，不符合市场风险共担原则。另外，《证券法(2005)》第一百四十四条明确规定"证券公司不得以任何方式对客户证券买卖的收益或者赔偿证券买卖的损失作出承诺"。闽发证券公司为他人进行国债理财业务，应当受相关法律法规的约束。因此，该保底条款违反了证券法上述禁止性规定，应当依法认定无效。

但除上述有关固定收益率的内容外，凯辉公司与闽发证券公司签订的《协议书》和《补充协议书》的其他内容，均为当事人的真实意思表示，亦不违反法律、行政法规的禁止性规定，一、二审判决认定合法有效正确，应予以维持。凯辉公司关于上述两份协议无效的申请再审理由，本院不予支持。

——最高人民法院民事审判第二庭编：《最高人民法院商事审判指导案例(7)·公司与金融卷》，中国法制出版社2013年版，第272~274页。

1196

当事人主体资格对委托理财合同效力的影响

关键词｜委托理财｜主体资格｜合同效力｜

【最高人民法院审判业务意见】

2. 关于委托理财合同效力问题。应着重从合同主体是否适格角度判断委托理财合同效力,重点考察受托人主体资格问题。受托人为金融机构法人但未取得委托理财资质的,应当以其违反国家特许经营而认定合同无效;受托人为非金融机构法人但未取得委托理财资质的,不宜轻易否定合同的效力,而应根据具体情况具体分析;受托人为自然人的,原则上合同有效。但如查实作为非金融机构法人或自然人的受托人有在同时期内共同或分别接受社会不特定多数人委托从事理财业务,特别是进行集合性受托投资管理业务情形的,因该行为已具有社会集资性质,显然与其资质不符,应认定合同无效。

——郑勇:《证券市场委托理财合同纠纷的处理原则》,载最高人民法院民事审判第二庭编:《最高人民法院商事裁判观点》总第 1 辑,法律出版社 2015 年版,第 232 页。

关于委托人主体资格对委托理财合同效力的影响

根据《合同法》第五十二条的规定,只有在当事人缔结的合同违反法律、行政法规的强制性、禁止性规定时,人民法院才能认定合同无效。就委托人的主体资格对委托理财合同效力的影响来说,原则上,凡是依法具有独立民事主体资格的法人和自然人都可以作为委托人签订委托理财合同;但从维护国家金融安全和社会公共利益考虑,以下三种情形中委托人所签订的委托理财合同应认定无效。

1. 境外机构投资者未取得“合格境外机构投资者资格”在中国境内证券市场投资委托理财的。《合格境外机构投资者境内证券投资管理暂行办法》(中国证监会、中国人民银行 2002 年第 12 号令)规定,境外机构投资者在中国境内证券市场投资委托理财必须经中国证监会批准。该办法所称“合格境外机构投资者”,是指符合该办法规定条件经中国证监会批准的中国境外基金管理机构、保险公司、证券公司以及其他资产管理机构。据此,为避免未取得“合格境外机构投资者资格”的境外机构投资者在我国境内从事证券市场投资委托理财,给国际游资肆意投机制造机会,引发国内证券市场系统性风险,该类投资者作为委托人的委托理财行为,已构成损害我国金融安全和金融秩序之行为,应属于《合同法》第五十二条第一款第(四)项所规定的“损害社会公共利益”范畴,委托理财合同应归于无效。

2. 证券公司、信托投资公司等金融机构及其分支机构、其他企业法人，委托自然人进行投资理财的。就经纪类证券公司而言，其委托自然人理财的行为不仅超出了其核准的业务范围，亦构成向客户融资的行为；就综合类证券公司而言，其行为亦构成向客户融资的行为；就信托投资公司而言，其委托自然人理财行为不仅违反核准的经营范围，而且依信托制度设立的目的，其应恒处于受托人地位；就其他企业法人而言，其不委托有资质的证券公司等金融机构法人却委托风险承担能力极弱的自然人从事理财活动，明显违背交易常理，多属违规入市投机行为，会对正常的金融市场秩序造成冲击，损害公共利益。因此，根据《合同法解释（一）》第十条关于“当事人超越经营范围订立合同，人民法院不因此认定合同无效。但违反国家限制经营、特许经营以及法律、行政法规禁止经营规定的除外”的规定精神，以及《合同法》第五十二条第一款第（四）项规定的“损害社会公共利益”无效情形，应认定合同无效。

3. 通过委托理财行为从事洗钱活动。《金融机构反洗钱规定》（中国人民银行 2003 年第 1 号令）明确要求接受业务的金融机构及其工作人员应当依照国家金融监管规定认真履行反洗钱义务，审慎地识别可疑交易，依法协助、配合司法、行政执法机关打击洗钱活动，且不得从事不正当竞争妨碍反洗钱义务的履行。据此，违法犯罪分子利用委托理财行为从事洗钱活动，明显属于《合同法》第五十二条第一款第（一）项所规定的“一方以欺诈、胁迫的手段订立合同，损害国家利益”情形，合同应认定为无效。

关于受托人主体资格对委托理财合同效力的影响

1. 受托人为证券公司、期货公司、证券投资咨询公司等金融机构法人的情形。2001 年 12 月，中国证监会发布《关于规范证券公司受托投资管理业务的通知》，明确要求只有经过中国证监会批准的综合类证券公司才有从事受托投资管理业务的资格。据此，证券公司的委托理财业务在金融品质上属于特许经营范畴。同时，根据证监会关于风险控制和内部控制的规定，禁止分支机构（营业部）从事资产管理业务，因此，证券公司等金融机构法人没有取得委托理财资质的，或者其分支机构在未经授权的情形下签订的委托理财合同，应根据《合同法解释（一）》第十条关于“当事人超越经营范围订立合同，人民法院不因此认定合同无效。但违反国家限制经营、特许经营以及法律、行政法规禁止经营规定的除外”的规定，认定合同无效。

2. 受托人为一般企业、事业单位等非金融机构法人的情形。由于《证券法》《信托法》《证券投资基金法》仅针对金融、证券以及基金管理机构从事委托理财业务予以规制，而且相关主管部门多以特定对象确定监管范围，因此导致资产管理（投资咨询）公司、一般公司乃至事业单位等非金融机构法人的委托理财行为缺乏法律法规层面上的规范。当前情况下，人民法院不应轻易否定该类情形下委托理财合同的效力，而应根据具体情况具体分析。

3. 受托人为自然人的情形。自然人之间的委托理财行为虽然范围较广且数量不少，但因其过于分散尚不致对金融市场产生不良影响，因此，只要其不违反《民法通则》《合同法》以及国家金融法规的禁止性规定，尊重当事人意思自治即应受到尊重，其委托理财合同亦应认定有效。但若该自然人有在同一时期内共同或分别接受社会上不特定多人委托从事受托理财业务，特别是进行集合性受托投资管理业务情形的，因该行为显然与其身份和资质不符，故应认定合同无效。

应当指出，无论上述何种情形，在委托理财案件审理中，有证据证明当事人假借委托理财之名从事金融违法犯罪活动的，均应根据《合同法》第五十二条以及相关法律、法规的规定，认定委托理财合同无效。

——高民尚：《关于审理证券、期货、国债市场中委托理财案件的若干法律问题》，载最高人民法院民事审判第二庭编：《民商事审判指导》总第9辑，人民法院出版社2006年版，第31～32页。

【最高人民法院裁判文书】

佳木斯市证券公司与湖北安丰资产管理有限责任公司债务纠纷上诉案［**最高人民法院（2003）民二终字第80号民事判决书**］

最高人民法院认为：本案是安丰资产公司与证券公司在履行理财协议中因证券公司未依约偿还理财款项而引发的纠纷。由于证券公司不具备从事受托理财的经营资格，违反了《证券法（1998）》第一百三十一条第二款“证券公司不得超出核定的业务范围经营证券业务和其他业务”的规定，故原审法院认定双方签订的协议书无效是正确的。

从本案现有的证据看，安丰资产公司与证券公司签订了委托理财协议书后，安丰资产公司依此协议书，将9000万元打入了证券公司的账上。在协议书规定的期限届满后，安丰资产公司向证券公司发出书面的催款函，证券公司也书面回函表示还款。可以认定双方的协议书是真实的，对安丰资产公司汇款9000万元到证券公司的事实也是无异议的。双方之间形成的法律关系就是依据协议书所产生的，而协议书的签约主体是安丰资产公司与证券公司。虽然双方在订立协议时，陈惠娟代表珠海市国盛企业发展公司正在对证券公司进行收购，但对外仍以证券公司的名义进行经营活动，而且，本案协议书的签订、履行及承诺还款行为，均是以证券公司的名义进行。至于9000万元汇到证券公司账上后，是否是由陈惠娟所调动支配，是证券公司对其权利的自由处分，与安丰资产公司无涉。这既不影响证券公司与安丰资产公司之间已经成立的法律关系，也不构成证券公司免除还款责任的条件。陈惠娟挪用股民保证金，涉嫌合同诈骗罪，对公司、企业人员行贿罪，并不影响本案就证券公司与安丰资产公司之间民事法律关系的审理。假设陈惠娟的行为涉嫌合同诈骗罪成立，也是侵害了证券公司的权益，证券公司可依法追究陈惠娟个人的责任。无论陈惠娟的行为如何定性，既不影响安丰资产公司向证券公司主张权利，也不影响证券公司对外的责任承担。

——汇法网裁判文书，http://www.lawxp.com。

编者说明

关于当事人主体资格对委托理财合同效力的影响问题，最高人民法院的主流观点主要体现在前述高民尚文章上，具体来说：

第一，从维护国家金融安全和社会公共利益考虑，以下三种情形中委托人所签订的委托理财合同应认定无效：一是境外机构投资者未取得“合格境外机构投资者资格”在中国境内证券市场投资委托理财的；二是证券公司、信托投资公司等金融机构及其分支机构、其他企业法人，委托自然人进行投资理财的；三是通过委托理财行为从事洗钱活动的。

应当说明的是，虽然《合格境外机构投资者境内证券投资管理暂行办法》（中国证监会、中国人民银行2002年第12号令）已被《合格境外机构投资者境内证券投资管理办法》（中国证券监督管理委员会、中国人民银行、国家外汇管理局2006年第36号令）所取代，在后者实施后不再具有法律效力，但这两部规章对委托理财主体资格的规定是一致的。因为《合格境外机构投资者境内证券投资管理办法》也规定，境外机构投资者在中国境内证券市场投资委托理财必须经中国证券监督管理委员会批准。该办法所称“合格境外机构投资者”，是指符合该办法的规定，经中国证监会批准投资于中国证券市场，并取得国家外汇管理局额度批准的中国境外基金管理机构、保险公司、证券公司以及其他资产管理机构。

第二，就受托人的主体资格而言，证券公司等金融机构法人没有取得委托理财资质，或者其分支机构在未经授权的情形下签订的委托理财合同，依法应认定合同无效；一般企业、事业单位等非金融机构法人委托理财的，因缺乏明确的法律规定，法院不应轻易否定委托理财合同的效力，而应根据具体情况具体分析；自然人之间的委托理财行为只要不违反法律规定和国家金融法规的禁止性规定，该委托理财合同应认定有效。

1197

受托人不具备委托理财主体资格的，合同无效

关键词｜委托理财｜主体资格｜合同效力｜

【最高人民法院裁判文书】

李寿桐与东方汇金期货有限公司上海营业部委托理财合同纠纷案［最高人民法院(2014)民申字第2101号民事裁定书］

最高人民法院认为：二、关于案涉合同的性质、效力及责任承担问题。

本案中李寿桐与吴晓林之间签有《期货账户合作协议书》《贷款协议》等多份协议，此外，还约定吴晓林利用李寿桐期货账户进行期货交易，由吉粮期货经纪有限公司上海营业部保证其固定收益。但从实质交易内容上看，李寿桐行为的实质是将款项融资给吉粮期货经纪有限公司上海营业部并且收取固定收益，而非是将期货账户全权委托吴晓林进行操作以获取投资收益，故原审法院据此认定双方构成委托理财关系并无不当。因东方汇金上海营业部不具有委托理财资质，一、二审法院确认案涉合同无效，认定准确。本案系委托理财合同纠纷，东方汇金上海营业部所提出本案应适用有关期货纠纷法律规定来确定法律责任的再审主张缺乏法律依据，依法不能成立。一、二审法院根据本案双方的过错程度，依照合同无效过错分担处理的原则，判令东方汇金上海营业部全额返还委托理财资金而无须支付利息，并将李寿桐已获得的部分高额理财收益折抵本金，符合法律规定，依法应予维持。

——中国裁判文书网，http://wenshu.court.gov.cn。

东方汇金期货有限公司、东方汇金期货有限公司上海营业部等委托理财合同纠纷申请再审案［最高人民法院(2013)民申字第2469号民事裁定书］

最高人民法院认为：(二)关于本案民事责任的认定是否存在适用法律错误的

问题。1. 关于本案法律关系的性质及有法律效力问题。案涉《客户资金委托理财合作协议书》的内容说明该协议书属于委托理财性质，相关的《居间合同》中有关9万元报酬的内容实质上是吉粮上海营业部为答谢张海涛委托该营业部理财而另外支付的报酬。在我国，金融机构从事客户资产管理业务，须具备相关国家监管部门的特别授权。吉粮上海营业部从事委托理财活动，不但超越了其自身的经营范围，且未取得上海市相关金融管理部门的特许授权，根据本院《合同法解释（一）》第十条关于“当事人超越经营范围订立合同，人民法院不因此认定合同无效。但违反国家限制经营、特许经营以及法律、行政法规禁止经营规定的除外”的规定，二审判决最终认定案涉《客户资金委托理财合作协议书》无效，结论正确，并无不当。

——中国裁判文书网，http://wenshu. court. gov. cn。

东方汇金期货有限公司、东方汇金期货有限公司上海营业部与刘土水其他委托合同纠纷申请再审案[最高人民法院（2014）民申字第374号民事裁定书]

本裁判理由与前引裁判文书基本一致（略）。

——中国裁判文书网，http://wenshu. court. gov. cn。

1198

委托理财账户内资金权属的确定

关键词 | 委托理财 | 账户资金权属 |

【最高人民法院审判业务意见】

委托理财账户内资金权属

1. 独立封闭运行账户内的资金权属

因委托理财在法律构成上通常是委托代理关系，委托人旨在获取投资收益，并非意在向证券公司融资，委托人并无转移账户内资产所有权之意思，因此在独立封闭证券账户和资金账户内运作的委托资产，能与受托人的自有资产、其他客户资产相区别的，委托理财账户内资产应归属于委托人所有。

2. 用于质押的配资账户内的资金权属

在三方监管委托理财合同场合，合同约定受托人或监管人（如证券公司）提供用于质押的配资账户的,若配资账户内资产与委托理财账户内资产相互独立,配资账户内资产归受托人、受托人的其他委托人或监管人所有,委托理财账户内资产归委托人所有,双方各自取回。若委托理财账户内资产与配资账户内资产发生混同,双方按照资金比例分配账户内资产。

3. 委托资产被挪用后的权属

在受托人挪用委托资产情形中,(1)若被挪用后的委托资产与其他客户资产发生混同但独立于受托人自有资产的,委托资产与其他客户资产不属于受托人对其他债权人的责任财产范围,委托人与其他客户可以按照资产比例享有取回权。(2)在委托资产与受托人自营资产发生混同场合,若该混同资金的账户中仍有资金存在,则委托人与受托人可按照资产比例享有取回权;对委托人其他合理损失,受托人应承担相应的侵权赔偿责任,此时委托人对受托人仅享有债权。

4. "麻袋账户"内资金的权属

按照现行的证券交易管理规则,投资者的资金账户和证券账户必须一一对应,即一个投资者在一家证券公司的营业部只能开设一个资金账户,该资金账户只能连接着一个同名的证券账户。但在交易实践中,大量存在着投资者以一个资金账户同时连接着多个股东账户进行证券交易和结算的情况。对此,业界称之为"麻袋账户"。"麻袋账户"首先被使用于20世纪90年代初期一级市场的新股申购,但随着新股的上市交易,"麻袋账户"延伸到二级市场。其原因较为复杂:有的是为了规避限制进入二级市场的身份限制;有的是为了分仓持股,规避成交申报的法律规定;有的是利用分仓违规交易,造成某种证券交投活跃的假象;更有甚者,有些股市庄家使用"麻袋账户"的直接目的就是为了利用自己控制的不同身份的证券账户,进行不转移所有权的自买自卖,达到操纵市场的目的。

(1)"麻袋账户"以及纠纷的类型化。实践中的"麻袋账户"大致可分三类:其一,以自己的名义开立资金账户和证券账户但同时借用他人名义的证券账户;其二,借用他人名义开立资金账户和股票账户;其三,使用虚构的名义开立多个资金账户和股票账户。在司法实践中,因"麻袋账户"所引发的纠纷通常包括:受托人为委托人开设"麻袋账户"引发的纠纷;受托管理资产的人将名义账户内的股票转托管或撤销指定交易引发的侵权争议;受托人将其管理的"麻袋账户"质押,质权人自行或在证券公司帮助下行使质权而引发的侵权纠纷等类型。

(2)"麻袋账户"资产的权属确认。如何确认"麻袋账户"资产的权属,现行法律法规未作明确规定,鉴于法律、法规的规定和监管部门的行政执法实践均以实际使用人和控制人对账户的实际控制力来作为追究其行政、刑事责任的依据,因此亦应将其作为确认民事权利的标准。即只要“麻袋账户”的使用人能够证明其账户内的资金和股票系其实际出资和购买，就应认定归其所有；尽管该使用人存在行政违法行为，但不应以此否定其民事权利，不能将“麻袋账户”内的股票资产归属于各股票账户名义人。

(3)受托人开设“麻袋账户”的责任。在确定受托人开设“麻袋账户”的责任承担时，根据“利之所在，责之所归”的基本分析原则，因代理人为被代理人开设和使用“麻袋账户”的初衷是为谋取证券交易的便利和利益，故对委托人与受托人之间的责任划分，应根据《民法通则》第67条关于“被代理人知道代理人的代理行为违法不表示反对的，由被代理人和代理人负连带责任”的规定处理，原则上受托人不必因此对委托人承担责任，除非委托人能够证明受托人的行为恶意侵犯其合法权益。

(4)关于券商的审核和注意义务。依据上交所《指定交易办法》和深交所的《转托管业务指引》，以及证券业协会《委托代理协议指引》的规定，券商对托管转入或指定交易的股票，有核实其证券账户与资金账户是否“同名”的义务。尽管该规定以资金账户与证券账户“一对一”为前提，并未对“麻袋账户”明文规定，但不妨碍由此延伸推论，券商的审核“同名”义务实际上就是核实转入的资产是本营业部资金账户名义人所有。由此可以推演出两条基本规则：其一，在本营业部首次开户并买入股票的“麻袋账户”，推定券商知道实际使用人或控制人，故在托管转出或撤销指定时，券商应当取得实际控制人的授权或许可。其二，托管转入或重新指定交易的券商对“麻袋账户”的审核义务，就应当界定为向前手券商核实或要求转入人取得前手券商的证明。券商未尽前述注意和审核义务，应当承担相应的责任。

——高民尚：《关于审理证券、期货、国债市场中委托理财案件的若干法律问题》，载最高人民法院民事审判第二庭编：《民商事审判指导》总第9辑，人民法院出版社2006年版，第39~41页。

编者说明

关于委托理财账户内的资产权属确定问题，最高人民法院的主流观点主要体现在前述高民尚文章上，具体来说：1. 在独立封闭证券账户和资金账户内运作的委托资产，委托理财账户内资产应归属于委托人所有。2. 在三方监管委托理财合同场合，受托人或监管人提供用于质押的配资账户的，若配资账户内资产与委托理财账户内资产相互独立，委托理财账户内资产归委托人所有；若委托理财账户内资产与配资账户内资产发生混同，双方按照资金比例分配账户内资产。3. 在受托人挪用委托资产场合，若被挪用后的委托资产与其他客户资产发生混同但独立于受托人自有资产，委托人与其他客户按照资产比例分配；若委托资产与受托人自营资产发生混同，委托人与受托人按照资产比例分配账户中资金，受托人赔偿委托人的其他合理损失。4. 确认"麻袋账户"资产的权属，应以实际使用人和控制人对账户的实际控制力作为确权依据。即只要"麻袋账户"的使用人能够证明其账户内的资金和股票系其实际出资和购买，就应认定归其所有。原则上受托人不必因开设"麻袋账户"对委托人承担责任，除非委托人能够证明受托人的行为恶意侵犯其合法权益。此外，券商对转入的资产是本营业部资金账户名义人所有具有审核和注意义务，如果未尽该义务，应当承担相应的责任。

1199

无论客户与证券公司之间是经纪类合同还是委托理财合同关系，证券公司均应承担返还客户资金的义务

关键词｜经纪合同｜委托理财｜返还资金｜

【最高人民法院裁判文书】

中国旅游国际信托投资有限公司、世纪证券有限责任公司与天津市住房公积金管理中心、中国旅游国际信托投资有限公司天津证券交易营业部国债返还纠纷案[最高人民法院(2006)民二终字第114号民事判决书]

最高人民法院认为：当事人之间的具体民事法律关系，必须依据法律规定或者当事人之间达成的合意而确立。虽然大港油田分中心确与中旅信托天津营业部于2003年7月签订过《国债认购和托管协议》及其《补充协议》，约定了委托理财性质的民事关系，但因该合同约定期限一年，且在2004年7月到期后，双方履行合同完毕，故而该两份协议已经终止。之后，大港油田分中心在中旅信托天津营业部又存入7420万元，并在中旅信托天津营业部提供的股东账户上自行操作购买了本案国债。尽管大港油田分中心没有使用自己的股东账户，而是借用了他人名义，但该行为并不否定其与中旅信托天津营业部之间属于客户与证券公司经纪类民事关系。客户与证券公司之间的委托理财性质合同，因有严格的法律界定，仅以已经履行完毕的合同、客户出具的承诺函来推定客户与证券公司之间属于委托理财民事关系，证据不充分。况且，无论客户与证券公司之间属于经纪类合同关系还是委托理财类合同关系，证券都应当承担返还客户资产的义

务。所以，本院对中旅信托关于本案公积金管理中心与世纪证券双方形成了事实上的委托理财关系的上诉主张不予以支持。

——最高人民法院民事审判第二庭编：《最高人民法院商事审判指导案例 · 金融卷》，中国法制出版社 2011 年版，第 23 ~ 30 页。

1200

委托理财损失的责任承担

关键词 | 委托理财损失承担 |

【最高人民法院审判业务意见】

4. 关于委托理财合同无效后的责任承担问题。在合同无效但盈利的场合，委托资产本金部分应全额返还委托人；对于委托理财之盈利，应先行支付委托人本金的同期银行贷款利息，再向受托人支付合理报酬，剩余部分归委托人所有。在合同无效但亏损的场合，受托人应将委托资产本金返还给委托人，并应以中国人民银行规定的同期贷款利率计付资金占用期间的利息。对于受托人在合同被确认无效前已经按照合同收益条款向受托人支付的收益部分，应视为受托人向委托人返回的本金，并在无效后的本金返还数额中予以扣除。

——郑勇：《证券市场委托理财合同纠纷的处理原则》，载最高人民法院民事审判第二庭编：《最高人民法院商事裁判观点》总第 1 辑，法律出版社 2015 年版，第 232 页。

委托理财损失的责任承担

1. 关于委托资产的损失范围和计算

委托资产的损失范围应当以实际损失为限，不包括可得利益损失，并应以下列方式计算委托资产的实际损失：委托资产损失 =（委托人实际交付的委托资产 + 证券或期货的当日市值）-（委托资产的控制权实际转移至委托人的委托资产 + 证券或期货的当日市值）。在委托理财合同有效的场合，当事人对委托资产损失的计算另有约定的，若该约定不违反公平原则，应从其约定。

2. 关于委托资产本金损失的处理

区分委托理财合同有效和无效两种情形：

（1）合同有效的场合。委托理财合同有效的场合，大体包括受托人是有资质的证券公司等金融机构法人以及自然人两种情形。《合同法》第四百零六条关于“有偿的委托合同，因受托人的过错给委托人造成损失的，委托人可以请求赔偿损失”、中国证监会于2001年12月发布的《关于规范证券公司受托投资管理业务的通知》关于“委托人必须承担委托投资的投资损失”的规定，可以作为认定双方民事法律责任的依据或者参考。

在委托理财合同期满、双方终止或者协议解除合同时，若委托资产处于亏损状态，原则上受托人应在扣除依约取得的合理报酬后，将余额部分（包括货币资金和其他金融性资产）全部返还给委托人。若受托人对损失存在过错，则应酌情减少其报酬。

对于委托资金之损失，应根据当事人是否有过错、过错大小、过错与损失的因果关系等确定其各自责任。依委托代理制度一般法理，委托理财投资损失应由委托人自行承担；但受托人在受托管理资产过程中存在违约行为、侵权行为或者未尽谨慎注意义务等而存在过错，且与受托资产实际损失之间存在相当因果关系的，受托人应对该损失承担赔偿责任。

（2）合同无效的场合。因委托理财交易通过电子系统进行，交易对方并不特定，故委托理财合同无效的处理方式与普通合同无效的处理方式不同，不能机械地套用《合同法》所规定的恢复原状等处理方式，不能因委托理财合同无效而否定证券、期货交易行为及结果。在委托理财合同因委托人或受托人无资质、订有保底条款以及属于法律、行政法规规定的无效情形而无效等场合，受托人应将委托资产本金返还于委托人，并支付中国人民银行同期定期存款利息。

（3）合同有效与无效的比较

至此，关于委托理财本金处理方面自然会生发出一个疑问：对委托人资产的保护，合同有效反而不如合同无效？笔者认为，这种处理结果通常只是一种表象，而实质上的权利配置和责任分担是公平的，而且有利于从司法角度推进委托理财市场行为的规范化。

首先，就法律预期而言，在委托理财合同有效的情形下，双方当事人皆是遵循资本市场一般规律和规范的行为规则从事委托理财活动，并相互持有一个合理的法律预期，该双方基于法律规定和意思自治所出的法律安排及本金和收益请求权，在签订有效的委托理财合同时，即是已被考虑在内的可预期的权利，而且是确定的并依法受到保护的；若受托人理财技巧高超，则委托人将获得更大的收益。而无效的委托理财合同的法律预期是不确定的，因合同无效的损害赔偿请求权并非是一种期待利益。

其次，就实际偿付能力而言，无资质的一般的咨询公司乃至事业单位等非金融机构法人的资力不如有资质的证券公司、投资咨询公司那么可靠，而是处于给付能力或缺不安且极其有限的状态，即便人民法院判令保护委托人的本金和利息，其执行结果也取决于受托人的清偿能力，实践中也常常因为受托人人去楼空或几近破产而执行无果。因此，从最终获得实际收益的角度看，依照有效的规则所从事委托理财活动对委托人最为有利。

再次，就过错和责任分配而言，在合同无效场合，让受托人承担较大的过错和责任也许不甚公平，但应当看到，委托理财合同无效的原因通常在于受托人无资质和保底条款的存在。无委托理财资质的法人是严禁从事受托理财业务的，受托人无疑应承担较大的过错和责任。同样，若没有保底条款的引诱，委托人通常是不会将委托资金交给受托人理财的，所以使受托人承担较大的民事责任既在情理之中，也是防止订立保底条款的重要措施。

最后，就规范导向而言，通过在无效合同中使受托人承担较重的责任，可使无资质的受托人对委托理财活动望而却步，可使有资质的受托人尽量避免订立保底条款，亦可使委托人慎之又慎地权衡订立无效委托理财合同以及未来的实际结果。因此，通过这种规则配置，可以使委托理财活动更加规范化。

3. 关于保底收益部分的处理

关于委托理财合同被确认无效后，如何处理因委托理财合同而获得之收益问题，有观点认为，委托人因无效合同所获得之利益，应充抵受托人或者监管人的赔偿金额；充抵后剩余之收益部分，人民法院应将其与受托人因无效合同所获得之收益一并予以收缴。鉴于收缴之规定乃计划经济条件下产物，有失公平，亦容易因利益驱动而导致权力滥用，所以，我们倾向于认为：在合同无效的场合，因委托理财所得之收益应先冲抵受托人或监管人应当返还或赔偿的资金数额，再扣除受托人从事理财业务所需支付之必要管理费等费用后，余额归委托人所有。

此外，即使合同双方当事人已经按照保底收益条款约定的分配比例各自获取了部分收益，双方所获取的收益亦应计算在委托理财收益总额之中。

——高民尚：《关于审理证券、期货、国债市场中委托理财案件的若干法律问题》，载最高人民法院民事审判第二庭编：《民商事审判指导》总第9辑，人民法院出版社2006年版，第41～43页。

编者说明

关于委托理财损失的责任承担问题，最高人民法院的主流观点主要体现在前述高民尚文章上，具体来说：1. 委托资产的损失范围以实际损失为限，不包括可得利益损失。在委托理财合同有效的场合，如果当事人对委托资产损失计算的约定不违反公平原则，应从其约定。2. 关于委托资产本金损失的处理，在合同有效的场合，因受托人的过错给委托人造成损失的，受托人应承担赔偿责任；在合同无效的场合，受托人应将委托资产本金返还于委托人，并支付利息。3. 关于保底收益部分的处理，委托理财合同被确认无效后，因委托理财合同所获得的收益应先冲抵受托人或监管人应当返还或赔偿的资金数额，再扣除受托人从事理财业务所需支付的必要管理费等费用后，余额归委托人所有。

1201

资产管理人基于商业判断作出的正常投资行为，如果尽到善良管理义务，即不应承担交易损失

关键词 | 资产管理人 | 商业判断 | 善良管理义务 |

【《最高人民法院公报》案例】

西能科技公司诉国泰君安证券公司委托管理资产合同纠纷案[最高人民法院(2003)民二终字第182号民事判决书]

裁判摘要：资产管理人根据资产管理委托协议，在股市证券买卖交易中，基于商业判断而作出的正常投资行为，只要尽到了善良管理义务，不存在明显的过错，就不应承担交易损失的后果。

最高人民法院认为：本案诉争双方系以证券市场投资为目标的委托资产管理合同关系。国泰君安公司作为一家经主管部门批准从事受托投资管理业务的综合类证券公司，具有受托投资管理业务的经营资质，其与西能公司之间签订的《资产管理委托协议书》和《延期协议》，系双方当事人真实意思表示，不违反法律、行政法规的禁止性规定，应认定合法有效。

根据本院查明的事实，国泰君安公司在原审举证期限届满前提出了延期举证的申请，原审法院亦同意其延期提交证据，国泰君安公司在延长期限内提交了股票对账单，未超过举证期限。西能公司在一审中已放弃对该股票对账单进行质证的权利，在二审庭审中对上述对账单的内容的真实性虽表示质疑，但其不能

提供反证推翻国泰君安公司所出具的证据，又放弃了对上述证据进行鉴定审计的诉讼权利，故，本院确认该股票对账单可以作为认定本案事实即《资产管理委托协议书》终止时委托资产余额的证据。原审法院对本案证据的质证活动，符合证据规则，西能公司关于原审庭审质证违反证据规则的主张没有事实依据，本院不予采信。

《资产管理委托协议书》约定国泰君安公司在不违反委托人利益的前提下，有权自主操作资金专用账户的资金买卖及持有在境内合法的金融市场合法投资的品种。但不得为资金专用账户安排任何形式的借贷或其他负债资金。西能公司举证称国泰君安公司在资产管理中有两笔存在高买低卖、低卖高买、转移西能公司账户盈利、虚构收益的情形，构成对西能公司的欺诈。但西能公司没有证据证明国泰君安公司在证券交易过程中存在违反法律的行为以及在证券交易中存在明显过错和转移西能公司账户盈利的事实。在股市证券买卖操作中，国泰君安公司基于商业判断而作出的正常投资行为，即使出现投资判断失误，但其只要尽到了合同约定的谨慎、勤勉的管理人义务，不存在明显过错，就不能以受托人当时的商业判断与市场后来的事实发展相悖为由，要求其承担赔偿责任。且本案经营股票交易的损失也属于股市行情处于低迷情况下的正常风险损失。因此在长期的大额股票交易中西能公司仅以存在两笔高买低卖的情形，主张国泰君安公司在委托理财过程中违反了善良管理义务，构成对西能公司欺诈，显然证据不足。根据《延期协议》第 1 条约定，国泰君安公司按资产本金的 6% 向西能公司支付收益。西能公司据此认为国泰君安公司虚构收益，构成了对西能公司的欺诈。因双方在签订《延期协议》时，原协议还未到期，且在当时不可能知道到期时的收益，国泰君安公司付款时注明该款项是“预付”委托投资收益款，但西能公司在签署时单方划去了“预”字。之后，国泰君安公司在向西能公司支付该 600 万元的付款凭证上，也注明付款用途是“收益预分”。据此可以认定，《延期协议》所确定的 600 万元是预收益，国泰君安公司不存在虚构盈利问题；因此，对西能公司关于国泰君安公司高买低卖股票，转移西能公司账户盈利，虚构收益，构成对西能公司的欺诈，应当承担相应后果的上诉理由，本院不予支持。

《资产管理委托协议书》第 6 条第 2 款第（1）项规定，国泰君安公司应“严格遵守现行法律的各项规定和本协议的各项规定，谨慎与勤勉地进行资产管理义务，确保委托资产的安全与稳定收入；如因未尽该义务导致甲方委托资产损失的，则应对甲方委托资产的损失予以赔偿，赔偿范围以足以弥补委托资产总额为限；”第(4)项规定，“在委托期限内定期(每月、年度和委托期限终止时)向甲方提供资产管理报告”。由此可见，双方在委托协议中区分了谨慎、勤勉管理人义务与提供资产管理报告义务，国泰君安公司向西能公司提交资产管理报告的义务，并不属于双方协议第6条第2款第(1)项约定的“谨慎与勤勉地进行资产管理”的范畴。一审判决认定西能公司的委托资产损失是股市行情处于低迷环境下的正常风险损失、国泰君安公司在受托管理过程中不存在明显过错，并无不当。对西能科技要求判令国泰君安公司返还全部委托资金的诉讼请求，本院不予支持。

国泰君安公司于2003年11月12日主动向西能公司归还了人民币3070万元，对于上述已偿还的本金及相应的滞纳金、利息，应在本案执行中予以扣除。

——《最高人民法院公报》2004年第8期

1202

证券公司将信托公司所有的股票强行平仓是否构成侵权，应重点审查其行为是否具有违法性，是否给信托公司造成实际损失

关键词 | 证券公司强行平仓 | 实际损失 |

【最高人民法院裁判文书】

兴业证券股份有限公司杭州清泰街证券营业部与庆泰信托投资有限责任公司证券返还纠纷案[最高人民法院(2011)民二终字第33号民事判决书]

裁判要旨：客户将其所有的国债交由证券公司理财，证券公司又自行指定信托公司理财，该三方当事人之间形成了两段法律关系。因证券公司已承诺向客户返还理财资金，故其对信托公司享有追偿权，信托公司应直接向证券公司返还受托理财资金。对于证券公司将信托公司所有的股票强行平仓是否构成侵权的问题，应重点审查证券公司的行为是否具有违法性，是否给信托公司造成实际损失。

最高人民法院认为：本案纠纷系因清泰街营业部对庆泰公司转入梅小知账户的1401150股“桂林旅游”股票强行平仓而起。本案二审争议焦点为，本案所涉合同的性质及效力；清泰街营业部对争议账户实施的强行平仓行为是否对庆

泰公司构成侵权。

关于本案合同性质及效力的认定。依据浙商集团、新世纪公司以及纺织公司分别与清泰街营业部签订的《委托国债保管协议》《委托国债投资补充协议》的约定，三家公司将其所有的票面金额共计3800万元的国债交付给清泰街营业部保管理财一年，清泰街营业部在承诺给付8.2%～9%的固定年收益的同时，又将该3800万元国债自行指定委托庆泰公司理财，庆泰公司通过清泰街营业部向三家公司出具《承诺书》，承诺支付10%～11%的固定年收益。上述约定应当认定为清泰街营业部既与三家公司之间形成了委托理财关系，又基于牟取利差的目的与庆泰公司之间形成了委托理财关系。因案涉所有委托理财合同约定的固定返本付息保底条款违反了《证券法》《信托法》的相关禁止性规定，具有名为理财实为借贷的性质，故本案所有委托理财合同均应当认定为无效。对于三家公司3800万元的理财资金损失，在扣除高额利息400.52万元之后为3399.48万元，应由庆泰公司与清泰街营业部承担连带偿还责任。因清泰街营业部已在案外向三家公司承诺返还合计3850.33万元委托理财资金，故其对庆泰信托享有追偿权，庆泰公司应当向清泰街营业部返还受托理财本金及利息。

本案争议的主要问题是，清泰街营业部对庆泰信托所有的1401150股“桂林旅游”股票强行平仓是否构成侵权的问题。因庆泰公司是接受清泰街营业部而非三家公司的委托从事理财行为的，所以该双方之间形成的是直接委托理财关系。在庆泰公司对清泰街营业部负有上述债务的情况下，根据庆泰公司出具的《承诺书》，在出现受托现金或国债的价值低于初始资金3399.48万元的90%即3059.532万元的情况下，清泰街营业部“可以采取一切必要手段追索本金”。2003年12月4日之后，“桂林旅游”股票连续八天跌停，上述三家公司账户内的资金、股票市值之和已明显低于《承诺书》约定的止损点。在此事实背景下，无论庆泰公司从银河证券转入清泰街营业部梅小知账户的1401150股“桂林旅游”股票是用于补仓还是质押融资，均不影响清泰街营业部采取必要措施追索财产以弥补自身同时也是三家公司损失的扩大。清泰街营业部对庆泰公司1401150股“桂林旅游”股票强行平仓的行为，虽然缺少相应的合同依据，也减少了庆泰公司的股票资产，但实质上亦减少了庆泰公司的相应债务数额，而且是以较小的代价最大限度地避免了因“桂林旅游”股票持续下跌所造成的更大损失的发生，从“桂林旅游”股票2003年12月12日之后的价格走势看更是如此。所以，清泰街营业部的平仓行为不具有违法性。关于平仓行为是否造成实际损失的问题。经一审、二审质证查明，2003年12月12日，清泰街营业部对浙商集团及新世纪公司、纺织公司、梅小知账户开始平仓。上述四个账户平仓后扣除佣金税费后的余额是29606423.12元,该资金余额明显低于3800万元本金扣除10%~11%高额利息之后的初始资金3399.48万元,没有造成庆泰公司的实际损失,没有超出必要的限度。故清泰街营业部不再负有向庆泰信托返还的责任。清泰街营业部的平仓行为既不存在违法性,又不存在损害后果,其关于强行平仓行为不构成侵权的上诉理由成立,本院予以支持。原审法院以清泰街营业部侵害了庆泰信托的合法权益为由判令清泰街营业部按照2003年12月4日1401150股"桂林旅游"股票的市值向庆泰信托返还19475985元,属部分事实认定不清,适用法律不当,本院予以纠正;庆泰信托提出的此项诉讼请求,本院予以驳回。

——最高人民法院民事审判第二庭编:《商事审判指导》总第26辑,人民法院出版社2011年版,第261~262页。

1203

委托理财监管合同的性质和监管责任的认定

关键词 | 委托理财 | 监管合同 | 监管责任 |

【最高人民法院审判业务意见】

关于监管合同的性质和监管责任的认定

(一)关于监管合同的法律性质

尽管委托理财合同通常是以委托人和受托人双方的高度信任为基础,但实践中有相当一部分委托理财合同的签订是监管人为客户间融资提供居间服务的结果,即委托理财合同双方当事人以监管人的居间介绍作为缔约基础。证券公司、期货公司或其分支机构为委托理财合同当事人提供监管服务的业务在业界被称为"第三方监管"。产生第三方监管的根本原因在于委托人和受托人的信息不对称,委托人为保护自身利益常常要求具备信息和技术优势的证券、期货公司为其提供监管服务。在委托理财监管合同实务中,监管人的监管职责通常约定为:监督受托资产移转和处置、监督投资方向、通知重要事项、强行平仓、资产移交和收益清算等监管义务。具体而言,监管人应监督托管账户以及保证金账户内资金转出和有价证券转移;监督双方不得办理撤销指定交易、转托管、挂失、销户、非交易过户、划出资金，不得将托管账户上的股票和现金进行抵押、质押、担保；监督受托人的投资方向，如不得投向 PT 股、ST 股等；当监管账户中的股票、资金市值达到合同约定的警戒线时，应通知委托人和受托人、通知追加保证金，将受托资本管理运作中的重大事项及时通知客户；当账户内资金余额和股票市值之和低于平仓线且受托人未能在规定时间内补足，应当及时通知委托人并协助委托人采取平仓措施，或者授权证券公司有权强行平仓；在委托人和受托人之间依约办理委托资产的移交和收益的清算手续等。

1. 关于监管合同法律性质的三种观点

对于监管合同的法律性质以及监管人的法律地位，主要存在三种观点：

第一种观点认为，由于在监管合同中监管人通常对委托人的收益进行担保，因此监管人的法律地位是受托人的保证人，向委托人保证受托人履行合同；一旦受托人违反合同，监管人应向委托人承担保证责任。

第二种观点认为，监管合同独立于委托理财合同，不能将其定性为保证合同，而应根据合同之约定来认定监管人的责任。若监管合同约定监管人承担连带责任或赔偿责任，则应按约处理；若未约定，则应认定为补充赔偿责任。

第三种观点认为，监管合同与委托理财合同是相互独立的两个合同，因其以受托提供监管服务为内容，故应定性为委托合同。对于监管合同中约定的承担连带责任或赔偿责任的条款，应认定为担保条款，依监管人的身份和合同的性质，应认定为无效条款，但不影响监管合同的整体效力。

2. 我们的倾向性意见

就第一种观点而言，监管合同虽与保证合同存在相似之处，但两者之间毕竟存在本质差别。在当事人构成方面，依保证之一般法理，债务人并非保证合同当事人，但在“三方监管合同”中，委托人、受托人和监管人却皆为合同当事人。在归责事由或责任基础方面，保证责任以债务人不履行债务为基础，而监管责任之承担却不取决于受托人是否违约，而取决于监管人是否违反监管合同约定或者对委托人和受托人是否构成侵权。就第二种观点而言，其虽遵循当事人意思自治原则，具有便于法官依监管合同约定来解决监管合同争议之优点，却未对监管合同的法律性质予以界定，在处理结果上实际是将监管合同作为保证合同对待，且在合同无约定场合对监管人科以补充赔偿责任之做法并无法理依据。这并未在根本上解决受托人和监管人之间的责任关系问题，诸如两者应如何分担责任、相互有无追偿权、追偿的份额应如何确定等等。可见，上述两种观点皆存在明显缺陷。

关于监管合同的法律性质问题，我们倾向于第三种观点。根据民法理论，委托合同是典型的提供劳务合同,合同标的是受托人处理委托人事务之行为。《合同法》第三百九十六条明确规定:“委托合同是委托人和受托人约定,由受托人处理委托人事务的合同。”以此考量监管合同可以看到,通常监管合同所约定的监管人职责或义务的表现形态,诸如监督资金划转、风险警戒通知、强行平仓、资产移交和收益清算等,都属于委托合同中受托人之事务。若将这些监管职责置于委托理财合同中加以考察,则监管内容皆是委托人与受托人约定的作为或者不作为之义务,只不过这些本应由委托人和受托人履行的义务被委托给监管人来履行而已。从监管职责的视角看,监管合同之目的在于保障委托理财合同之履行,监管人的监管实质是提供一种监管服务。加之,监管合同的诺成性、双务性、不要式等特征,皆为委托合同法律特征所包容,故而将监管合同的法律性质界定为委托合同较为妥当。

此外,由于委托理财合同是具有相当投资风险的合同,因此将监管合同中约定的监管人承担连带责任或者赔偿责任的条款认定为担保条款,不仅可以更好地体现委托理财的风险性特点,而且能够较好地平衡委托人、受托人和监管人的利益。

(二)关于监管合同的效力

1. 监管合同效力的从属性问题

委托理财实务中,委托理财合同无效是否必然导致监管合同无效,是一个存在争论的问题。我们认为,虽然监管合同相对独立于委托理财合同,但相较而言,委托理财合同是基础合同,监管职责取决于委托人或受托人之委托,监管合同的设立以委托理财合同的存在为前提条件;在委托理财合同债权发生转移时,监管合同应随之转移;在委托理财合同部分或全部债权债务关系消灭时,监管合同中的权利义务亦将随之而全部或部分消灭,因此,监管合同在发生、处分以及消灭方面皆有较强的从属性,应认定其为从属性契约。依契约从属性原理,在基础合同无效时,从属性合同亦应随之无效。

2. 监管合同担保条款的效力

在委托理财实践中,一些证券公司、期货公司或者其分支机构在监管合同中订有监管人确保委托人投资收益的条款。该担保条款的效力如何,亦是较为争议之问题。笔者倾向于认为,这种担保条款为无效条款。理由有三:首先,《证券法(2004)》第一百四十三条规定“证券公司不得以任何方式对客户证券买卖的收益或者赔偿买卖的损失作出承诺”,据此可认定该担保条款无效。其次,《合同法》第四百零六条第一款规定,在委托合同中,受托人的行为后果应由委托人承担，只有在受托人有过错并造成委托人损失时，委托人才能向受托人要求赔偿。因监管合同定性为委托合同，自然应适用《合同法》该条款。若承认监管人担保条款的效力，则有违委托合同之基本特征。最后，委托理财之所以普遍吸引广大投资者，其关键在于保底条款之存在。既然认定委托理财合同中的保底条款无效，则亦应否定监管合同中的担保条款之效力，否则将存在法理逻辑矛盾。

（三）关于监管责任的认定和承担

1. 监管人的责任类型

根据委托理财之实践，监管人的民事责任通常可以区分为违约责任和侵权责任两类。

在监管合同有效成立场合，监管人无疑应依监管合同之约定全面履行其义务。因可归责之事由，监管人未依监管合同履行义务时，即构成违约并承担相应的违约责任。人民法院应根据监管人是否存在过错，过错的性质、大小，以及过错与损失之间的因果关系，确定监管人的违约赔偿责任。若监管人已经恪尽其审慎注意义务，或因不可归责于自身之原因未能履行监管义务的，其对委托人的损失不应承担赔偿责任。

在实践中，除违约场合外，还经常存在监管人因侵权行为而承担侵权赔偿责任的情形。其侵权责任包括监管人单独侵权和监管人与受托人共同侵权两种基本形式。单独侵权通常表现为监管人挪用委托理财合同项下的委托资产或者违反有关规定划转委托资产，若造成委托资产损失的，应承担赔偿责任。共同侵权往往体现在监管人与受托人因恶意串通、共同欺诈委托人、操纵市场价格等不正当交易行为损害委托人利益等行为，在此情形下，监管人应以其自有资金对委托人的损失承担连带赔偿责任。

2. 监管合同无效情形下的监管责任

在委托理财合同无效或者监管合同中存在担保条款的情形下，都可能导致监管合同无效或者部分条款无效。因此，在监管人存在过错而导致合同无效或者部分无效时，监管人应当赔偿对方信赖利益的损失，即承担缔约过失责任。在衡量监管人责任时，可以参考《担保法解释》关于担保合同无效的规定精神。同时，鉴于监管人与一般保证人之区别，即一般保证人通常无法了解债务人的具体经营情况，而监管人却具有充分的便利条件和优势对受托人的资金运作行为进行监管，为此，监管合同或监管人担保条款无效且监管人有过错的情况下，监管人的缔约过失责任之上限应适当高于保证人承担缔约过失责任的上限。具体而言：

(1)在监管合同因委托合同无效而被认定无效时，监管人无过错的，不应承担责任；监管人有过错的，应当根据其过错大小承担相应的赔偿责任，但不应超过受托人不能清偿部分的50%。

(2)委托理财合同有效而监管合同无效的，监管人应当根据其是否存在过错、过错的性质和程度以及过错与损失之间的因果关系，承担相应的赔偿责任。

(3)委托理财合同有效而监管合同中监管人担保条款无效的，委托人无过错的，监管人与受托人承担连带赔偿责任；委托人、监管人有过错的，监管人承担民事责任的部分，不应超过受托人不能清偿部分的70%。

(4)监管人因无效担保条款向债权人承担责任后，监管人可以向受托人追偿。

3. 请求权竞合下的监管责任

在监管合同纠纷中，常常出现请求权竞合的场合，通常有两种情形：其一，监管人违约责任与其侵权责任竞合，诸如监管人与受托人共同恶意买卖股票行为，既是侵权行为，也是违反监管合同的违约行为。其二，受托人与监管人因各自的违约或侵权行为偶然竞合而产生对委托人的同一内容之债务。

在第一种情形下，应当根据《合同法》第一百二十二条关于"因当事人一方的违约行为，侵害对方人身、财产权益的，受损害方有权选择依照本法要求其承担违约责任或者依照其他法律要求其承担侵权责任"之规定进行处理。在委托人选择侵权之诉场合，若监管人与受托人具有共同过错的共同侵权行为而致使委托资金损失的，监管人与受托人应承担连带赔偿责任。

第二种情形在委托理财实务中并不少见，其中以委托人同时以受托人和监管人均违反合同为由对受托人和监管人提起诉讼最为典型。就实质而言，其在法理构成上属于不真正连带债务。所谓不真正连带债务，是指在数个债务人基于不同的原因而偶然产生的对于同一债权人负有以同一给付为标的的数个债务，因一个债务人的履行而使全体债务均归于消灭的情形。根据不真正连带债务之法理，在对外效力上，各债务人的地位相互独立，且受托人和监管人均有向委托人清偿债务的义务。在对内效力上，履行了全部或部分债务的债务人可以向最后应当承担债务的终局责任人追偿。

如何衡量所谓不真正连带债务中各方的利益，是当前争议比较大的问题。有观点认为，在不真正连带债务中，应当由委托人对受托人或监管人分别先后单独起诉，或者由受托人或监管人单方向委托人全额赔偿，终局责任人为受托人，监管人在单方承担赔偿责任后，再向作为终局责任人的受托人追偿。我们认为，委托理财监管合同内容比较复杂，完全按照不真正连带债务原理裁判案件，并不利于纠纷的一次性解决。鉴于补充赔偿责任在司法实务中比较普遍，且能够反映出案件的终局责任人与债务人相应的民事责任，加之其能够使纠纷得到一次性解决，即把委托人诉受托人、委托人诉监管人、债务人向终局责任人追偿的依据在一份判决中获得体现。因此，我们倾向于运用补充赔偿责任原则调整不真正连带债务各方当事人之间的利益关系，判决由受托人承担赔偿责任，监管人就受托人不能赔偿的部分承担补充赔偿责任。人民法院判决监管人承担补充赔偿责任的，应在判决主文中明确监管人承担责任后，有权向受托人追偿。

——高民尚：《关于审理证券、期货、国债市场中委托理财案件的若干法律问题》，载最高人民法院民事审判第二庭编：《民商事审判指导》总第9辑，人民法院出版社2006年版，第41~43页。

编者说明

关于委托理财监管合同的性质和监管责任的认定问题，最高人民法院的主流观点主要体现在前述高民尚文章上，具体来说：1. 监管合同应定性为委托合同。2. 就监管合同的效力来说，监管合同具有从属性，在基础合同无效时，从属性合同亦应随之无效。3. 监管合同担保条款应为无效条款。4. 在监管合同有效成立的场合，因可归责的事由，监管人未依监管合同履行义务时，构成违约并承担违约责任；监管人已恪尽审慎注意义务，或因不可归责于自身的原因未能履行监管义务的，对委托人的损失不承担赔偿责任。除违约场合外，监管人单独侵权造成委托资产损失的，应承担赔偿责任；监管人与受托人共同侵权造成委托资产损失的，监管人承担连带赔偿责任。5. 在委托理财监管合同无效的场合，按照以下原则确定监管人的责任：一是监管合同因委托合同无效而被认定无效，监管人无过错的，不承担责任；监管人有过错的，根据过错大小承担赔偿责任，最高不超过受托人不能清偿部分的50%。二是委托理财合同有效而监管合同无效的，根据监管人的过错、过错与损失之间的因果关系确定其赔偿责任。三是委托理财合同有效而监管合同中监管人担保条款无效，委托人无过错的，监管人与受托人承担连带赔偿责任；委托人、监管人有过错的，监管人承担民事责任的部分，不超过受托人不能清偿部分的70%。四是监管人因无效担保条款向债权人承担责任后，监管人可以向受托人追偿。

1204

委托理财中证券经纪账户质押的性质和效力

关键词 | 委托理财 | 账户质押 |

【最高人民法院审判业务意见】

证券经纪账户(资金账户和股票账户)质押是指委托理财合同的受托人以其自己所有的或实际控制的证券经纪账户为委托人或融资相对方提供的担保。其权利义务约定一般是通过委托理财协议的担保条款体现出来,亦有通过专门的质押协议加以约定之情形。其在审判实践中主要表现为两种类型:1.无三方监管之情形。在委托理财操作中,双方约定,委托人将其资金账户和股票账户(以下简称代理账户)内的资金和股票委托受托人操作;为保证委托人的利益,受托人将其自有的或依法享有处分权的资金账户和股票账户(以下简称质押账户)内一定数额的资金和股票向委托人提供质押。双方约定警戒线和平仓线,当代理账户和质押账户内的股票市值和资金之和达到警戒线时,受托人应当在约定时间内将资产补足至一定数额,否则委托人有权采取平仓措施以维护自己的权益,当代理账户和质押账户内的股票市值和资金之和达到平仓线时,委托人有权立即采取平仓措施以维护自己的权益。为保证质押的可操作性,受托人往往事先出具空白的平仓授权和资金划拨指令交给委托人。2.有三方监管之情形。委托人、受托人双方在达成委托理财协议之后与证券公司三方共同签订《账户监管协议》,约定由证券公司对代理账户和质押账户进行监管,监管职责主要包括:(1)当代理账户和质押账户内的股票市值和资金之和达到警戒线时,证券公司应当及时通知委托人和受托人,若受托人未能在约定时间内将资产补足至一定数额时,证券公司有权直接采取平仓措施或者协助委托人平仓以维护委托人的权益;(2)当代理账户和质押账户内的股票市值和资金之和达到平仓线时,证券公司有权直接或者协助委托人立即采取平仓措施以维护委托人的权益;(3)办理平仓后的资金由受托人账户向委托人账户的划转手续。

关于证券经纪账户质押的效力认定。1.证券经纪账户质押的法律困境。在实践中,证券公司以其自身特有代理交易结算的优势,无论是作为委托人还是作为监管人,均能够实际控制质押账户,且客观上也能实现质押效果;但我国现行法对其却未置明文,使其性质和效力的认定面临法律困境。其一,关于资金账户质押。《担保法解释》第八十五条关于"债务人或者第三人将其金钱以特户、封金、保证金等形式特定化后,移交债权人占有作为债权的担保,债权人不履行债务时,债权人可以以该金钱优先受偿"之规定明确要求金钱质押必须符合特定化和转移占有两个要件；但在证券经纪账户质押中，质押的资金账户仍由出质人控制并由其继续管理，既未特定化，亦未转移占有。其二，关于股票质押。《担保法》第七十八条第一款规定关于“以依法可以转让的股票出质的，出质人与质权人应当订立书面合同，并向证券登记机构办理出质登记。质押合同自登记之日起生效”和《担保法解释》第一百零三条关于“以上市公司的股份出质的，质押合同自股份出质向证券登记结构办理出质登记之日起生效”的规定，以上市公司的股票出质，质押合同须经证券登记机构办理出质登记，否则不生效力。虽然中国证券登记结算有限责任公司深圳分公司于 2001 年 11 月 2 日根据《证券公司股票质押贷款管理办法》制定了《中国证券登记结算有限责任公司深圳分公司证券公司股票质押登记业务运作指引》，对证券公司以自营的流通股票和证券投资基金向商业银行作出质押所办理的股份登记工作作出了规定，但也仅调整综合类证券公司总公司以其自营股票和证券投资基金券作质押，向商业银行贷款的股票质押行为，而对委托理财中证券经纪账户质押中的股票质押部分，证券登记机构尚未开展相应的登记业务，导致实践中无法办理这种股票出质登记。2. 证券经纪账户质押性质和效力之争。正因为证券经纪账户质押所面临上述法律困境，导致审判实践中对其法律性质认定及效力存在诸多争议。当然，这些争论皆承认这样一个基本前提：根据《担保法》所规定的“从随主”的效力判断原则，若委托理财合同无效，质押合同亦随之无效。但在委托理财合同有效的前提下，如何认定证券经纪账户质押的性质和效力，则主要有三种不同的解说：(1)浮动担保无效说。该观点认为，在证券经纪账户质押关系中，因账户本身没有任何价值，故质权指向之标的是资金账户中的资金和证券账户中的股票。据此，该质押关系可分解为两个方面：一是资金账户中的金钱质押；二是证券账户中的股票质押。但无论是金钱质押关系中的资金账户抑或是股票质押中的证券账户，因其出质后仍由出质人实际控制并继续使用，导致账户内资金和股票处于浮动状态，故该种质押属于浮动担保。根据物权法定原则，鉴于我国《担保法》并未规定浮动担保，因此应认定该担保无效。(2)股票质押无效说。该观点认为，证券交易账户不属于浮动担保，浮动担保的本质特征在于，担保人可以在正常营业范围内自由处分担保财产，对于被担保人处分的财产，不为担保权的效力所追及。然而，在证券经纪账户质押关系中，虽然质押账户仍由出质人控制和操作，但质权人对于质押账户的资产规模下限享有控制权。通过当事人的约定和出质人事先出具空白平仓授权书和资金划拨指令单的方式，在质押账户达到合同约定的平仓条件之后，委托人实际上可以通过平仓来控制账户以实现优先受偿权。

这与浮动担保存在本质区别。但因股票质押无法依法办理出质登记手续，故根据《担保法》第七十八条和《担保法解释》，只能认定质押合同无效。(3)金钱质押与股票质押混合说。该观点认为，经纪账户质押系有金钱质押和股票质押混合构成。其中，在金钱质押部分，出质人事先出具空白平仓授权书和资金划拨指令单之行为，可以视为其将资金账户移交给委托人控制，质权人亦可据此在合同约定的平仓条件出现后通过平仓来控制账户以实现优先受偿权，因此，可以将该场合的资金账户视为《担保法解释》第八十五条所称之"特户"。在股票质押部分，虽然股票出质未经登记，但此乃我国股票质押登记制度之不完善所致，在我国现实情况下，可将证券公司的监管承诺视为已经履行登记手续。即便不能将证券公司的监管承诺视为登记，在无法办理登记之场合，亦可类推适用《担保法解释》第五十九条关于"当事人办理抵押物登记手续时，因登记部门的原因致使其无法办理抵押物登记，抵押人向债权人交付权利凭证的，可以认定债权人对该财产有优先受偿权"之规定，出质人出具空白平仓授权书和资金划拨指令单之行为，意味着其已将权利凭证交付给质权人。所以，证券经纪账户质押应当认定有效。

我们认为，证券经纪账户质押作为一种投资性的融资手段，无论在法律上对其作出何种评价，其实际运作已经具备了有效质权之法律效果。依学界通说，质权的担保作用主要体现在优先受偿效力和留置效力两个方面。就留置效力而言，通过警戒线、平仓线的约定和证券公司的监管，已经能够限制出质人对质押账户的不当处分和保存质押账户内的资产；就优先受偿效力而言，通过平仓、划拨手续的提前授予，在客观上已使质权人的优先受偿地位得到巩固。有鉴于此，不宜轻率地仅仅以法无明文为由将其认定为无效，否则，不仅容易扰乱现实经济秩序，而且将放纵背信行为之滋长。因此，第一种和第二种观点不甚妥当。第三种观点虽从尊重现实的角度主张质押有效，但并无适当的现行法依据，其理由明显较为牵强。尽管上述三种观点在结论和理由方面均有不同，却有一个共同前提：均认为证券经纪账户质押的标的是资金账户内的资金和股票账户内的股票，而不是证券经纪账户所代表的权利。而这正是问题关键之所在。证券交易账户本身代表着一种权利。在证券市场全面实行无纸化的今天，证券交易不再是一手交钱、一手交货的实物形式，而是通过投资者的资金账户和证券账户的变动体现出来，证券交易账户所涵盖的资金账户和股票账户应被视为一个整体，其所反映的法律关系是投资者与证券公司之间关于资金和证券的委托保管关系。证券交易账户代表着投资者对证券公司的债权——保管物返还请求权。若将证券账户质押当作权利质押之一种，则该种质押的有效性将不再受到质疑。而且，该质押在我国现行法上也并非无法可依，只是法律规定不明确从而需要进行法律解释的问题。根据《担保法》第七十五条第（四）项之规定，权利质押的标的还包括“依法可以质押的其他权利”。学界通说认为，该条之规定为一般债权设置提供了法律依据。对于《担保法》未明文规定可以出质的其他权利是否可以出质，最高人民法院始终持有限肯定之立场，即其他权利（包括债权）只要有权利凭证或有特定机构管理的，可以成为质押之标的。例如，为进一步落实出口退税政策，扩大我国出口企业的融资能力，提高国际竞争力，最高人民法院制定发布法释〔2004〕18号《关于审理出口退税托管账户质押贷款案件有关问题的规定》，明确肯定出口退税托管账户质押之效力。再如，为扩大融资渠道、促进公益事业的发展，保障银行资产安全，最高人民法院于2001年对国家发展计划委员会、中国人民银行发布的《关于印发农村电网建设与改造工程电费收益权质押贷款管理办法的通知》所规定的“出农村电网改造工程电费收益权质押”，亦持肯定态度。在证券竞技账户质押关系中，客户持有的证券经纪账户对账单即可视为客户对券商的权利凭证，加之，券商对客户账户负有管理义务乃不争之事实，故此，秉承最高人民法院一贯的司法态度，应当承认证券经纪账户质押乃权利质押之一种，并依现行法对其法律构成加以解析。1. 成立要件。依民法原理，债权是在“保障债权人自由处分其权利”和“保障债务人不因债权转让而受不利之损害”之间求取平衡，债权出质关涉债权转让，故一般债权出质以订立书面合同并通知出质人的债务人为构成要件；若债权有书面凭证，亦应将债权凭证转移给质权人占有。在证券经纪账户委托保管关系中，持有证券经纪账户的客户是债权人，证券公司是负有保管资金和证券义务的债务人。因此，客户将其证券经纪账户向证券公司出质或者客户通过证券公司监管的方式向他人出质本身实际上就是通知债务人的过程。2. 公示方式。为保证交易安全，担保物权之设定必须进行公示。根据我国《担保法》第八十一条之规定，权利质权之公示以出质登记或者转移质押标的物之占有为基本形式。据此，设定证券经纪账户质押亦应转移占有。关于转移占有之方法，除现实交付占有的方式外，返还请求权的让与方式也得到肯定，例如《担保法解释》第八十八条规定：“出质人以间接占有的财产出质的，质押合同自书面通知送达占有人时视为移交。”在证券经纪账户质押关系中，出质人对于其证券账户内的资金和股票的所有权无疑系间接占有，须通过证券公司方能行使其所有权。因此，通知的时间即是转移质押标的占有之时间。此外，审判实践中亦有仅双方签订质押合同而未通知券商的个案出现,在此情况下,应认定质押合同虽然成立,但尚未生效。

——高民尚:《关于审理证券、期货、国债市场中委托理财案件的若干法律问题》,载最高人民法院民事审判第二庭编:《民商事审判指导》总第9辑,人民法院出版社2006年版,第51~53页。

1205

证券公司与受托理财公司建立资产管理合同关系,依受托人指令划转资金,其对资金损失并无过错,不应对委托人承担赔偿责任

关键词 | 资产管理合同 | 资金损失 | 赔偿责任 |

【最高人民法院裁判文书】

紫光创新投资有限公司与南京证券有限责任公司上海南车站路证券营业部、南京证券有限责任公司、陆卫忠、上海比威实业发展有限公司财产损害赔偿纠纷案[最高人民法院(2010)民提字第115号民事判决书]

裁判要旨:在本案争议账户的开户、指定交易及资金划转等环节,其均由理财公司(受托人)独立进行操作,证券营业部从未与他人就该资产管理事项建立交易关系,其基于受托人的转款指令而划转资金,如不存在其他过错行为,则其对理财公司给委托人造成的损失不承担赔偿责任。

最高人民法院认为:本案争议焦点是证券公司及证券营业部是否应对紫光创投公司的损失承担赔偿责任。

紫光创投公司与比威公司签订的资产委托管理协议,系双方的真实意思表示,合法有效。紫光创投公司依约提供资金、并经若干过渡性的账户后进入在证券营业部开设的许国柱、张铭、李玉珍、梁淑侠账户,资金及股票的流转过程清楚、明确。原审认定紫光创投公司对四账户内财产拥有所有权,并无不当。

但是,紫光创投公司在开户、指定交易、转托管等环节始终未披露自己的身份,而是委托比威公司全权操作和管理。在本案中,紫光创投公司与证券营业部之间没有形成直接的证券交易委托关系。

本案事实表明,比威公司在证券营业部一直是以自己的名义从事交易活动。

在开户环节，四个争议账户中有两个账户是比威公司以其职工许国柱、张铭名义开设；而另外两个账户，紫光创投公司在起诉状中亦认可是其受比威公司的指令而以李玉珍、梁淑侠名义开设的。虽然，紫光创投公司主张在开户过程中其职工王娟曾陪同前往，但没有证据证明王娟向证券营业部披露了紫光创投公司作为争议账户内资产所有人的身份。在指定交易和托管环节，本案争议所涉股票的指定及托管均系基于比威公司的指令进行或者由比威公司直接进行操作。我国证券交易实行的是指定交易和托管制度，争议账户内股票要指定或托管至证券营业部必须在前手券商办理撤销指定或转托管手续。按照当时市场交易惯例，在没有其他权利主体明示主张权利的情况下，比威公司依照操作指令和程序要求，将股票转入在证券营业部开设的争议账户内，且向证券营业部出具了承诺书，明确表明四争议账户内的股票和资金均为其所有。因此，证券营业部不应对比威公司操作、控制该账户的合法性产生怀疑，并阻止其进行正常交易。虽然该承诺书上所盖公章与比威公司在工商机关预留的公章不符，但紫光创投公司未提供证据证明证券营业部对陈二麟代表的比威公司更换公章一事知情，且其未证明比威公司曾向证券营业部预留过该公司的公章，因此，对证券营业部而言，比威公司提交的承诺书、授权书上加盖的公章即为比威公司实际使用的公章。综上，在争议账户开户、指定交易及转托管环节，争议账户的操作均是由比威公司进行控制的，其从未向证券营业部披露过紫光创投公司的所有人身份，证券营业部有充分理由相信比威公司为案涉四账户内资产的所有人或实际控制人。

证券营业部划转款项是基于比威公司的指令所为。首先，虽然文检鉴定结论表明，四份资金账户取款凭单中的日期栏、支取人民币栏及“转入 6620 陆卫忠账号”并非陈二麟所写，取款凭证也没有客户签名。但文件鉴定结论同时也表明，四份资金账户取款凭单中户名、账号、备注栏中的内容均系陈二麟所写，紫光创投公司提出陈二麟当时不可能出现在证券营业部，但并未提供证据证明。其次，比威公司向证券营业部出具承诺书，明确表明四争议账户内的股票和资金均为其所有，承诺由陈二麟对四账户进行的所有业务行为（包括资金存取）承担一切法律责任。再次，关于陆卫忠与比威公司之间是否存在资产委托管理关系问题。尽管证券营业部提供的资产委托管理协议是复印件，但其还提供了相关证据，印证了在上述协议签订后陆卫忠将 3000 万元汇至王大发账户以及比威公司在该账户中进行股票买卖和存取款的事实。陆卫忠亦认可其与比威公司之间签订的资产委托管理合同的真实性。紫光创投公司认为陆卫忠与比威公司之间并不存在资产委托管理协议，陆卫忠打入的 3000 万元只是证券营业部进行的违规融资，但其并未提供证据予以证明。因此,原审认定在陆卫忠与比威公司之间存在着真实的资产委托管理协议关系,证据充分。根据该协议及比威公司向陆卫忠出具的授权书,比威公司将本案中的四账户抵押给了陆卫忠,亦证实了比威公司指令证券营业部将四个账户内的资金划转给陆卫忠的事实。同时,陆卫忠也明确表示其收到了比威公司转出的款项。上述事实形成证据链,证明证券营业部系基于比威公司的指令将款项划转给陆卫忠。紫光创投公司提出证券营业部擅自划款对其构成侵权的主张,因证据不足,本院不予采纳。其请求陆卫忠返还该款项亦没有法律依据。

——最高人民法院民事审判第二庭编:《最高人民法院商事审判指导案例(第五卷)》(下),中国法制出版社 2011 年版,第 663 ~675 页。

1206

委托理财账户内资金被犯罪嫌疑人提取,客户有过错的,应当承担相应民事责任

关键词|委托理财|账户资金|过错责任|

【最高人民法院裁判文书】

中国南航集团财务有限公司与长城证券有限责任公司深圳深南大道证券营业部、长城证券有限责任公司其他证券权益纠纷案[最高人民法院(2013)民抗字第 20 号民事判决书]

最高人民法院认为:根据本案查明事实,南航财务公司与好世纪公司签订《委托理财协议书》,南航财务公司依约提供资金,并将资金转至在深南大道营业部开设的陈志远和刘映兰账户,但在涉案证券账户开户过程中,南航财务公司并未向深南大道营业部明示身份,黎敏、徐建良在整个过程中亦没有向深南大道营业部披露过涉案证券账户中保证金的实际来源是南航财务公司,深南大道营业部也无从知晓黎敏与徐建良是南航财务公司的代理人。故本案中南航财务公司与深南大道营业部之间没有形成直接的证券交易委托合同关系。现涉案证券保证金被黎敏通过犯罪行为从深南大道营业部提取,该保证金的实际所有人南航财务公司以涉案证券保证金未经许可被提取造成其损失为由主张深南大道营业部和长城证券公司赔偿,原审以证券保证金提取侵权纠纷案由审理本案并无不妥。

涉案证券保证金之所以被提取导致南航财务公司损失直接原因在于黎敏的犯罪行为，其犯罪事实已经生效的(2004)粤高法刑二终字第379号刑事判决所确认。黎敏是好世纪公司的法定代表人，其在履行职务的过程中实施犯罪行为提取了南航财务公司涉案证券保证金，因此，在民事责任方面好世纪公司无疑应当承担侵权责任，承担南航财务公司的全部损失。但本案在南航财务公司选择仅起诉深南大道营业部和长城证券公司，拒绝追加好世纪公司为共同被告，且好世纪公司已于2005年被依法公告吊销的情况下，解决问题的关键在于深南大道营业部和长城证券公司在黎敏提取保证金过程中是否有过错，应否为南航财务公司的保证金损失承担责任。

南航财务公司和好世纪公司借用他人身份证在深南大道营业部开立证券账户时，为保证存放在该账户内本案资金的安全，与该营业部约定，需南航财务公司的代理人与好世纪公司法定代表人同时到场办理业务。该约定作为特别约定，效力优于凭密码交易等格式条款的效力，深南大道营业部应当遵守。由于深南大道营业部未尽审慎注意义务，未能防止本案资金被好世纪公司法定代表人仅凭其本人身份证件、伪造的南航财务公司代理人徐建良的委托书和账户密码非法挪用，故深南大道营业部在本案中存在过错，客观上为黎敏提取账户内的证券保证金提供了方便，该行为与损害后果之间具有一定的因果关系，应承担相应的损害赔偿责任。原审法院关于深南大道营业部上述过错的认定并无不妥，本院予以支持。

涉案《证券交易委托代理协议书》甲方即投资人处签名的是黎敏和徐建良本人。徐建良、黎敏是投资者，是借用陈志远、刘映兰的身份证进行证券交易。更为重要的是，本案中，徐建良、黎敏还共同向深南大道营业部出具了《责任承诺书》，依据该《责任承诺书》足以表明账上资金及证券来源、使用、转入和调出等均由徐建良、黎敏负责，徐建良、黎敏完全有权利从事转入转出资金等操作，后果由徐建良、黎敏承担。可见，在南航财务公司并未向深南大道营业部明示身份，黎敏、徐建良在整个过程中亦没有向深南大道营业部披露过涉案证券账户中保证金的实际来源是南航财务公司，深南大道营业部也无从知晓黎敏与徐建良是南航财务公司的代理人。对深南大道营业部而言，徐建良、黎敏就是涉案资金所有者，是本案证券的投资者。南航财务公司在深圳市中级人民法院一审重审开庭中亦明确陈述，在开户的时候徐建良和黎敏都知道资金提取密码，委托黎敏和徐建良共同处理账户上的所有权益，表明南航财务公司实际授权黎敏控制理财资金。而在现代交易行为中，无论是委托人本人或其授权的其他人使用了取款密码进行交易，都应视为本人的行为，故南航财务公司自身对损失的造成存在重大过错。检察机关关于“原审没有认定南航财务公司的过错,判令深南大道营业部承担全部责任适用法律错误”的抗诉理由成立,本院予以支持。

深南大道营业部承担责任的原因并不是与黎敏代表的好世纪公司对南航财务公司共同侵权,而是因为其违反了《证券交易委托代理协议书》中的相关审核的规定,对大额资金管理未尽到审慎注意义务。深南大道营业部与黎敏代表的好世纪公司各自不同的主观过错及其各自的行为与损害后果之间不同的关联关系,决定了深南大道营业部应承担的是补充赔偿责任。

综上,根据《民法通则》第一百零六条“公民、法人由于过错侵害国家的、集体的财产,侵害他人财产、人身的,应当承担民事责任”,参照第一百三十一条“受害人对于损害的发生也有过错的,可以减轻侵害人的民事责任”之规定,本院酌情认定深南大道营业部对好世纪公司无力返还南航财务公司款项的25%承担补充赔偿责任。深南大道营业部不具有法人资格,长城证券公司依法应为深南大道营业部的债务承担清偿责任。深南大道营业部和长城证券公司在向南航财务公司承担赔偿责任后可向黎敏和好世纪公司追偿。

——中国裁判文书网,http://wenshu.court.gov.cn。

五、信托纠纷

1207

信托纠纷案件审理的司法政策精神

关键词 | 信托纠纷 | 司法政策 |

【最高人民法院司法政策】

人民法院在审判活动中，要进一步加强对《信托法》理解与适用的调研工作。在对信托纠纷案件审理和调研工作中要注重把握以下几点：一是要理解和把握信托原理，遵循信托制度的客观规律，同时注重结合我国国情，深入理解《信托法》精神，做好法律适用工作；二是要处理好《信托法》与其他法律的衔接问题，信托制度源于英美法系，与我国诉讼法、《继承法》《物权法》《合同法》《公司法》《证券法》等一系列法律制度尚未完全衔接，要研究《信托法》与其他法律制度的协调和配合问题；三是要坚持维护国家金融安全、经济发展和社会稳定的原则。信托案件往往涉案金额大，涉案主体众多，不仅事关金融安全，也关涉社会稳定，人民法院要做到统筹兼顾、妥善处理，确保司法审判法律效果和社会效果的统一。

——《立足司法实践，积极推进和保障信托业持续健康发展——〈信托法〉颁布十周年纪念研讨会材料》(2011年4月28日)，载最高人民法院民事审判第二庭编：《商事审判指导》总第26辑，人民法院出版社2011年版，第6~7页。

1208

特定资产收益权转让合同未约定信托公司将特定资产收益权作为财产权委托给另一方，另一方只是信托计划的交易对象，并非信托资金的委托人

关键词｜特定资产收益权转让合同｜集合资金信托计划｜

【最高人民法院裁判文书】

黄山市江滨大厦度假有限公司与中国金谷国际信托有限责任公司合同纠纷申请再审案[最高人民法院(2016)最高法民申2414号民事裁定书]

最高人民法院认为：关于江滨公司和金谷公司之间法律关系的性质问题。双方订立的《特定资产收益权转让合同》的“1.定义”1.2条载明：本信托：指乙方作为受托人发行设立的“金谷－黄山江滨度假酒店特定资产收益权集合资金信托计划”，第3.2条明确约定“特定资产收益权转让价款以本信托实际募集的信托资金金额为准”。根据以上约定内容，并结合本案已查明事实可以认定，案涉用于支付转让价款的一亿元信托资金，是金谷公司通过签订集合资金信托计划项下《信托合同》等文件从30余位投资人处募集而来，并以受让江滨公司特定资产收益权的方式，投资于江滨公司黄山新江壹品项目，且《特定资产收益权转让合同》中也并未约定将特定资产收益权作为财产权委托给江滨公司。因此，本案中30余位投资人应为本信托的委托人和受益人，江滨公司只是集合资金信托计划的交易对象，并非该信托计划所涉信托资金的委托人。江滨公司称

其和金谷公司之间为信托合同关系没有事实依据，双方之间不具备《信托法》规定的信托法律关系的特征。原审判决认定江滨公司和金谷公司之间不存在信托法律关系并无不当。

关于金谷公司是否存在违约行为的问题。首先，由于金谷公司与江滨公司之间不存在信托法律关系，金谷公司对江滨公司不负有受托人尽责管理的义务。其次，《特定资产收益权转让合同》、《还款协议》及《不动产抵押合同》等案涉合同中没有金谷公司负有主动配合江滨公司解除抵押义务的约定。在江滨公司遇到销售障碍需要金谷公司亲自到场予以配合时，应及时告知金谷公司并与之协商解决，但江滨公司没有证据证明其进行过通知或协商。江滨公司在遇到销售障碍后提交给金谷公司的《公司近期情况报告》中，从未提及需金谷公司到场解除抵押登记一事，还承诺由其他金融机构替代还款、到期无条件还款等。而江滨公司所称金谷公司后来发函要求房管部门暂停销售备案，恶意阻挠案涉财产变现，亦是在《特定资产收益权转让合同》已到期且江滨公司未依约支付收益款的情况下发生的，是金谷公司保护自身权益的合理救济行为。另外，根据《特定资产收益权转让合同》5.5.2 条，若在约定的时点未达到对应的预期收益，江滨公司应筹借资金向金谷公司支付补足资金。该约定表明，除对特定资产进行销售的方式之外，在约定时间点未达到约定收益时，江滨公司负有自筹资金补足约定收益数额的义务，以案涉特定资产预售、销售金额偿付投资款并非偿付收益款的唯一来源。这也可从江滨公司在《公司近期情况报告》中向金谷公司的承诺得到印证。因此，江滨公司关于金谷公司未配合解除案涉房屋抵押登记属于严重违约并导致其巨大损失的申请再审理由不能成立，原审法院认定并无不当。

——中国裁判文书网，http://wenshu.court.gov.cn。

1209

当事人以信托财产上存在权利负担或者他人就该财产享有购买权益主张信托无效的，不予支持

关键词 | 信托财产 | 权利负担 | 信托无效 |

【《最高人民法院公报》案例】

世欣荣和投资管理股份有限公司与长安国际信托股份有限公司等信托合同纠纷案[最高人民法院(2016)最高法民终 19 号民事判决书]

裁判要点:二、资金信托设立时,受托人因承诺信托而从委托人处取得的资金是信托财产;资金信托设立后,受托人管理运用、处分该资金而取得的财产也属于信托财产。

三、信托财产的确定体现为该财产明确而特定。信托财产的确定要求其从委托人的自有财产中隔离和指定出来,而且数量和边界上应当明确,以便受托人为实现信托目的对其进行管理运用、处分;信托财产上存在权利负担或者他人就该财产享有购买权益,与信托财产的确定属不同的法律问题,也不当然影响信托财产的确定。

四、当事人以信托财产上存在权利负担或者他人就该财产享有购买权益,主张信托无效的,不能成立。

最高人民法院认为:东方高圣按照涉诉两份《信托合同》认购信托单位而交付给长安信托的 112031000 元资金,因世欣荣和公司和长安信托、东方高圣均认可其属于上述《信托合同》项下的信托财产,故本院对该 112031000 元资金属于受托人长安信托获得的信托财产予以确认。因受托人管理运用、处分信托财产而取得的财产也应归入信托财产,而长安信托以上述资金从鼎晖一期、鼎晖元博处受让涉诉股票收益权系运用信托财产,故世欣荣和公司主张长安信托因此取得的涉诉股票收益权亦属于信托财产,本院予以支持。原审判决认定长安信托从鼎晖一期、鼎晖元博取得的涉诉股票收益权不属于信托财产,有失妥当,本院予以纠正。

信托法律关系中信托财产的确定是要求信托财产从委托人自有财产中隔离和指定出来,而且在数量和边界上应当明确,即,信托财产应当具有明确性和特定性,以便受托人为实现信托目的对其进行管理运用、处分。本案中,长安信托与鼎晖一期、鼎晖元博分别在相应《股票收益权转让协议》中约定,股票收益权内容包括鼎晖一期持有的 9003983 股、鼎晖元博持有的 2539585 股合计 11543568 股股票的处置收益及股票在约定收益期间所实际取得的股息及红利、红股、配售、新股认股权证等孳息。该约定明确了长安信托所取得的涉诉股票收益权的数量、权利内容及边界,已经使得长安信托取得的涉诉股票收益权明确和特定,受托人长安信托也完全可以管理运用该股票收益权。所以,信托财产无论是东方高圣按照涉诉两份《信托合同》交付给长安信托的 112031000 元资金，还是长安信托以上述资金从鼎晖一期、鼎晖元博处取得的股票收益权，均系确定。世欣荣和公司主张涉诉两份《信托合同》中信托财产不确定，缺乏事实基础，对其主张本院不予支持。

长安信托从鼎晖一期、鼎晖元博处取得涉诉股票收益权前，鼎晖一期、鼎晖元博等在与世纪光华签订的《关于业绩补偿的协议书》中承诺该协议中的浙江恒逸石化股份有限公司相关会计年度实际盈利未达标时，世纪光华可以回购鼎晖一期、鼎晖元博持有的上述相应股票。在上述股票的收益权转让给长安信托后，上述承诺涉及的问题就是如果上述浙江恒逸石化股份有限公司相关会计年度实际盈利未达标，涉诉股票上世纪光华回购权益就需与长安信托的收益权进行协调。涉诉股票需进行权益协调的问题，与股票收益权确定与否的问题，属不同法律问题，二者没有法律上的关联。涉诉股票权益协调可以按照法律的规定予以解决，权益协调并不当然导致长安信托丧失其所取得的股票收益权。本案中，因长安信托为保障股票收益权实现已取得了该股票的质押权，故，在涉诉股票上长安信托的权利优先于世纪光华。而且，本案中世纪光华也并未回购涉诉股票。所以，涉诉股票并未因世纪光华回购而使长安信托无法拥有股票收益权。世欣荣和公司提出的涉诉股票“所有权”不确定进而股票收益权也不确定之主张，实质是认为世纪光华对涉诉股票的回购权益将使鼎晖一期、鼎晖元博无法拥有股票“所有权”进而长安信托无法享有股票收益权，如前所述，该主张缺乏法律依据，故难以成立。世纪光华就涉诉股票享有的回购权益未对作为信托财产的股票收益权产生法律上的影响，世欣荣和公司以涉诉股票上存在世纪光华回购权益为由否定《信托合同》效力，事实和法律依据均不充分，本院不予支持。

因本案中并无世纪光华向鼎晖一期、鼎晖元博回购股票而受阻之事实，故世欣荣和公司主张《股票收益权转让协议》及《股票质押合同》因使世纪光华回购涉诉股票受阻而损及社会公众股东利益，缺乏事实依据。世欣荣和公司认可世纪光华对涉诉股票享有回购权益属公开披露的事实，所以即使鼎晖一期、鼎晖元博在与长安信托签订的《股票收益权转让协议》中未专门披露上述事实，也不构成恶意串通隐瞒上述事实。而且，世纪光华对涉诉股票的回购权益事实上没有影响长安信托实际取得涉诉股票收益权或处置股票。因此鼎晖一期、鼎晖元博在与长安信托签订上述协议时陈述所称的涉诉股票不存在影响股票收益权转让或处置股票的情况，并无不当，《股票收益权转让协议》不应属于恶意串通损害第三人东方高圣利益而无效。世欣荣和公司主张《股票收益权转让协议》无效，事实依据不足,其主张难以成立。相应地,世欣荣和公司以该协议无效为依据来主张涉诉两份《信托合同》无效,也不能成立。

原审判决查明的2013年3月7日长安信托向东方高圣发出征询函及东方高圣盖章同意、2014年9月26日兴业银行上海分行向长安信托发出委托指令、2014年10月11日长安信托向东方高圣发出《通知函》的事项,属于涉诉两份《信托合同》履行中的问题。该类问题因不会影响涉诉两份《信托合同》的效力,故本院对其不予审理。因本案中并无证据否定涉诉两份《信托合同》的效力,故世欣荣和公司主张该合同无效,本院不予采纳。世欣荣和公司以上述《信托合同》无效为据主张长安信托返还112031000元认购资金、6065814元保证金及支付相应利息,并主张鼎晖一期、鼎晖元博以及该二合伙企业的普通合伙人鼎晖管理中心承担连带责任,均不能成立,对其主张本院不予支持。世欣荣和公司就原审判决笔误提出的意见,本院予以采纳并予纠正。

——《最高人民法院公报》2016年第12期

1210

信托公司可以采用股权收益权转让暨回购的方式管理信托资金，并发行相应的信托计划

关键词｜信托计划｜股权收益权｜转让回购｜

【最高人民法院裁判文书】

五矿国际信托有限公司与广西有色金属集团有限公司营业信托纠纷案[最高人民法院(2016)最高法民终231号民事判决书]

最高人民法院认为:

一、关于本案合同的性质及效力问题

2014年10月24日,信托公司与有色金属公司签订了《回购合同》,约定有色金属公司将其持有的再生金属公司87.37%的股权收益权转让给信托公司,信托公司以其发起设立的信托公司—有色金属公司股权收益权投资集合资金信托计划项下募集的信托资金受让该项股权收益权,转让价款为人民币5亿元。信托公司取得特定股权收益权后,有色金属公司按照合同约定期限回购全部特

定股权收益权并支付回购价款。依据信托公司—有色金属公司股权收益权投资集合资金信托计划,信托公司与案外委托人之间形成了信托法律关系;依据《回购合同》,信托公司与有色金属公司之间形成了股权收益权返售回购法律关系。根据《信托公司管理办法》《信托公司集合资金信托计划管理办法》等信托业监管规定,在具体的信托计划项下,信托公司可以采用“买入返售”等信托资金管理模式。信托公司采用股权收益权转让暨回购的方式管理信托资金,并发行相应的信托计划,与信托贷款业务存在区别。《回购合同》第2.1条规定:“信托公司取得的特定资产收益权及其产生的全部收益归入信托财产。”该约定说明,在信托公司取得特定资产收益权期间内,特定资产产生的任何收益均属于信托公司所有。因此,信托公司的收益不是固定收益,回购价格应为最低收益。该合同约定的业务内容属于信托公司正常的业务经营活动。本案《回购合同》签订后,信托公司已向其监管单位青海省银监局履行了报备手续,青海省银监局并未提出整改意见。原审法院认定本案合同性质为营业信托性质,并无不当。上诉人有色金属公司关于本案合同属于名为营业信托实为借贷性质的上诉理由不能成立。

本案《回购合同》等相关协议,系各方当事人真实的意思表示,且不违反法律、行政法规的禁止性规定,原审认定其为有效合同,适用法律正确。信托公司依约履行了受让特定资产收益权及支付受让款等合同义务,但合同到期后,有色金属公司未按照约定回购该项资产收益权、返还5亿元信托资金的本金及相应的溢价款,已构成违约。据此,信托公司主张有色金属公司应按照合同约定的方式,给付特定资产收益权本金及溢价款,证据充分,应予支持。

二、原审判决计算的回购溢价款给付标准是否符合《回购合同》约定

信托公司与有色金属公司签订的《回购合同》约定,回购价款包括回购本金和回购溢价两部分。同时,还约定了提前到期日,对于有色金属公司可能发生的违约行为,约定了提前退出情形下的回购溢价的给付标准。《回购合同》第3.3.2条约定:“回购方不得提前支付全部或部分回购本金,否则受让方有权要求回购方支付全部回购本金以及从提前支付日至到期日之间的剩余期间的回购溢价。”根据上述约定,有色金属公司在本案发生与“提前支付”相当的“逾期支付”的情况下,因同属违反合同约定的违约行为,原审判决将回购溢价款按照5亿元本金,以约定的利率为标准,自欠息开始日的2015年3月20日起至信托资金约定的回购到期日止,扣除期间已支付的500万元,计算为158665753.43元,认定事实清楚,合同依据充分。有色金属公司上诉主张信托公司只能主张起诉日之前的回购溢价款,该主张不仅与合同约定不符,而且,信托资金从投资项目

的提前退出并不意味着案涉股权收益权投资集合资金信托计划的提前终止。结合有色金属公司至今仍然占用5亿元信托资金未能归还的客观事实，信托公司起诉请求给付合同约定期限内的全部回购溢价款，事实依据充分。故有色金属公司关于原审判决计算回购溢价款的天数、方式、数额不当的上诉理由，因缺乏事实与法律依据，不能成立。

三、关于违约金的认定问题

在《回购合同》第8条违约责任标题下，第8.3条约定，有色金属公司违约时，信托公司有权自有色金属公司逾期之日起按逾期未付款项的万分之五每日计收违约金；第8.4.1条约定，信托公司有权自有色金属公司违约情形发生之日起要求有色金属公司支付特定资产收益权转让价款的10%作为违约金。上述违约责任条款包含了逾期支付违约金和一次性违约金两种形式。根据查明的事实，有色金属公司应于2015年6月19日向信托公司支付回购溢价款15816438.36元，但有色金属公司并未按期支付。2015年6月25日，信托公司向有色金属公司发送了《督促函》；2015年7月7日，信托公司委托北京市昊凯律师事务所向有色金属公司出具了律师函，要求有色金属公司立即向信托公司支付尚未支付的特定股权收益权回购溢价。有色金属公司于2015年7月10日向信托计划的受益人出具了《还款计划说明》，承诺其将于2015年7月17日前向信托公司支付回购溢价500万元，并于2015年7月24日前向信托公司支付剩余应付未付款项。截至2015年8月7日，有色金属公司仅支付回购溢价500万元，并未支付剩余款项。信托公司于2015年9月28日要求提前回购特定资产收益权，并要求有色金属公司承担违约责任，合同依据充分。原审判决将溢价款部分与本金部分别计算违约金，自有色金属公司逾期之日起至实际给付之日止，按照合同约定的日万分之五给付逾期溢价款158665753.43元部分的违约金，按照5亿元本金部分的10%给付一次性违约金。因计算基数不同，不存在重复计算的问题。而且在《回购合同》规定的可适用的违约金约定中，适用了违约金金额较低的计算方法，不存在显失公平、明显超过实际损失的情形。有色金属公司未能提交证明本案违约金计算标准过高的证据，故对于有色金属公司提出的关于调整违约金的上诉请求，本院不予支持。

——中国裁判文书网，http://wenshu.court.gov.cn。

1211

信托公司应当较一般主体负有更高的注意义务

关键词 | 信托公司 | 注意义务 |

【最高人民法院司法政策】

关于受托人的审慎管理义务。《信托法》规定受托人管理信托财产必须恪尽职守,履行诚实、信用、谨慎、有效管理的义务。在接受信托后,受托人以自己名义管理、处分信托财产,享有很大的自由决策权,委托人并不直接参与到财产的管理之中。因此,受托人是否尽到忠诚及审慎管理义务至关重要。如何判断受托人是否尽到了审慎管理义务,是按照信托文件的规定,还是依照较为抽象的一般注意义务判断?我们倾向认为,信托公司作为专业理财机构,应当较一般主体负有更高的注意义务,除了审慎外,还要专业。那么,又如何判断受托人是否尽到了一个专业人士应尽的管理义务?这是信托案件处理中的难点,尤其是在当事人双方信息并不对称的情况下,如何证明受托人是否尽到了审慎管理义务?这些问题均有待立法和司法进一步解决。

——《立足司法实践,积极推进和保障信托业持续健康发展——〈信托法〉颁布十周年纪念研讨会材料》(2011 年 4 月 28 日),载最高人民法院民事审判第二庭编:《商事审判指导》总第 26 辑,人民法院出版社 2011 年版,第 4 ~ 5 页。

【最高人民法院裁判文书】

武汉国际信托投资公司与中国农业银行黄冈市分行侵权纠纷案[最高人民法院(2006)民二终字第 52 号民事判决书]

最高人民法院认为:信托机构违反金融法规,未尽审慎核查义务,为不符法定条件的主体开立账户进行信托存款,造成受害人损失的,其行为与该损失具有因果关系。信托机构应根据其过错程度,对受害人的损失承担相应责任。受害人有过错的,可以相应减轻信托机构的民事责任。

——最高人民法院民事审判第二庭编:《最高人民法院商事审判指导案例 · 公司卷》,中国法制出版社 2011 年版,第 493 ~ 501 页。

1212

信托公司根据信托合同约定在信托终止时以信托财产原状形式向次级受益人分配剩余信托财产，并无返还本金及兑现收益的义务

关键词｜信托合同｜次级收益人｜分配剩余财产｜兑现收益｜

【最高人民法院裁判文书】

上海森泽房地产有限公司与四川信托有限公司信托纠纷案［最高人民法院(2015)民二终字第406号民事判决书］

最高人民法院认为:二、关于四川信托公司是否违反了《信托合同》义务。森泽地产公司在1.19上诉状中列明了其认为四川信托公司违反《信托合同》义务的情形,但其是以此为由要求四川信托公司赔偿其损失,因赔偿损失并非其上诉请求,本院无需进行审查。即使这些情形作为森泽地产公司上诉请求的理由审查,亦不能成立。(一)关于偿还优先受益人资金及收益的方式问题。森泽地产公司所谓的贷款是指乾观公司通过与汇联合伙等签订《融资合作协议》所借款项,时间是2012年10月8日。四川信托公司分两次支付优先受益人收益及资金,第一次是2012年5月31日,通过兴业银行向优先级受益人支付期间信托利益和活期利息2977.386982万元,该次支付早于签订《融资合作协议》近五个月,明显不是用通过《融资合作协议》所贷款项支付;第二次是2012年11月29日,通过兴业银行向优先级受益人支付本金及收益26495.64274万元,是用森泽地产公司受让优先级受益人信托单位的收购款支付。森泽地产公司的收购行为和四川信托公司的支付行为均是根据《信托合同》第十五条"信托单位的登记与转让"第三项的约定履行。森泽地产公司参与签订的《支付确认协议》则再次明确森泽地产公司受让全体优先受益人的全部优先级信托单位。故四川信托偿还优先受益人资金及收益方式符合《信托合同》的约定,并无不当,亦未违反《信托法》第二十五条、第三十六条的规定。(二)森泽地产公司以案涉贷款的贷款人是四川信托公司的关联方、贷款利率高于20%等为由,认为"能排除四川信托公司具有为自身谋取不正当利益的可能"。当事人应该依据有证据证明的事实主张自己的权利,而不应以"不能排除"的"可能"作为主张的依据,法院无法支持依据"可能"而提出的主张。(三)关于支付财务顾问费问题。《信托法》第三十条规定,受托人应当自己处理信托事务,但信托文件另有规定或者有不得已事由

的，可以委托他人代为处理。《信托合同》第十条第一款约定的“信托财产承担的费用”的第 9 项为“财务顾问费”，同条第二款约定，第一期信托单位对应的财务顾问费的计算和支付方式以受托人与财务顾问签订的财务顾问协议为准。这表明，根据《信托合同》的约定，四川信托公司可以委托他人处理信托事务。四川信托公司与钜派公司、中闳事务所签订《财务顾问协议书》，并向其支付相应的财务顾问费，并未违反《信托法》第三十条的规定。（四）关于第三方费用问题。原审查明，该 861.167397 万元第三方费用包括前文所述 735.14 万元的财务顾问费和 126 万余元的计提费用。该 126 万余元计提费用是根据《信托合同》第十条第（三）项约定的公式计算得出。森泽地产公司未提交证据证明原审查明的事实错误，也未提交证据证明信托活动支付第三方费用的“正常开支”数额应是多少，凭“合理推测”认为信托计划前期立项费等费用支出不合理。如此主张，缺乏事实依据，本院难以支持。（五）关于森泽地产公司所称四川信托公司违反信托义务的其他情形。1. 原审查明，森泽地产公司与四川信托公司签订《信托合同》的主要目的是融资，信托计划成立前，森泽地产公司持有乾观公司 100% 的股权。《信托合同》第八条第二款第三项明确约定“增资完成后，受托人不参与乾观公司的管理，并由森泽地产公司运营乾观公司”。该约定也得到《乾观公司增资协议》第六条和《乾观公司监管协议》有关约定的确认。对外借债以及如何运用通过信托募集的资金，属于乾观公司的正常经营行为。森泽地产公司主张在乾观公司对外贷款中四川信托公司未尽到诚信和勤勉义务，本院难以支持。2. 关于 8 家公司及别墅登记问题。2011 年 4 月 12 日，森泽地产公司与上海上实公司签订的《备忘录补充》第二条约定，由森泽地产公司指定的不少于四家以上的不同的购房主体网签购房合同。成立 8 家公司并将 11 栋别墅过户至 8 家公司名下与该约定相符，且上海升比等七家公司系乾观公司与唐小龙出资设立，而唐小龙系森泽地产公司董事长，上海乾孚公司系乾观公司设立。故森泽地产公司所称四川信托公司未经其同意成立 8 家公司并将 11 栋别墅过户至 8 家公司名下与事实不符。四川信托公司并不持有 8 家公司的股权，亦无取得 8 家公司名下别墅产权的义务，森泽地产公司相关上诉理由均不成立。3. 关于清算报告和向森泽地产公司转让四川信托公司持有的乾观公司 99% 的股权问题。《信托合同》第十一条第（四）项“次级信托利益的分配”约定，信托终止时，扣除信托费用、税费后，各期优先信托单位和普通信托单位分配的信托利益均达到预期信托利益且信托财产仍有剩余的，受托人以信托财产原状形式根据次级受益人指定的时间向次级受益人分配剩余信托财产。可见，向次级受益人分配剩余信托财产是有条件的。本院查明，因森泽地产公司未支付信托报酬，四川信托公司提起诉讼，该案尚未审结。根据《信托合同》第十条的约定，信托报酬属于信托财产应承担的费用，森泽地产公司未能举证证明已经具备向其分配剩余信托财产的条件，故森泽地产公司所主张的四川信托公司未向其分配剩余信托财产，转让乾观公司股权构成违约的上诉理由本院不能支持。

三、关于四川信托公司是否应返还森泽地产公司购买次级信托单位的资金。信托计划具有投资风险，且森泽地产公司签订的《认购风险申明书》已经载明"受托人不承诺信托资产本金不受损失"的内容。根据《信托合同》第十一条"信托利益的计算和分配"关于向次级受益人分配信托利益的约定，在信托终止时，四川信托公司应当以信托财产原状形式，向作为次级受益人的森泽地产公司分配剩余信托财产，并无向其返还本金 9950 万元及兑现收益的义务。森泽地产公司关于四川信托公司返还购买次级信托单位的资金及兑现收益的请求，没有法律和合同依据，原判决驳回其诉讼请求，法律适用正确，本院予以维持。

——中国裁判文书网，http://wenshu.court.gov.cn。

1213

信托公司以其部分证券业务和债务与他人组建新公司未通知债权人的，债权人有权要求新公司在接受财产范围内承担连带责任

关键词｜信托公司｜连带责任｜

【最高人民法院裁判文书】

中国科技证券有限责任公司与常熟市农村商业银行股份有限公司、中国科技国际信托投资有限责任公司特种金融债券兑付纠纷案［最高人民法院（2004）民二终字第 197 号民事判决书］

最高人民法院认为：《企业改制案件规定》第六条规定："企业以其部分财产和相应债务与他人组建新公司，对所转移的债务债权人认可的，由新组建的公司承担民事责任；对所转移的债务未通知债权人或者虽通知债权人，而债权人不予认可的，由原企业承担民事责任。原企业无力偿还债务，债权人就此向新设公司主张债权的，新设公司在所接受的财产范围内与原企业承担连带民事责任。"根

据该司法解释第一条的规定，该解释适用于人民法院受理平等民事主体间的企业产权制度改造中发生的民事纠纷案件，而不仅仅适用于国有独资企业的改制。本案中国科技国际信托投资有限责任公司将全部证券类业务和超过其总资产50%以上的622126.91万元资产及550160.01万元债务转入中国科技证券有限责任公司并在其中占68.14%的股份，符合上述司法解释第六条规定的企业以其部分财产和相应债务与他人组建新公司的特征。在其转移债务的过程中未通知相应债权人，亦未与债权人就债务的划分达成协议，故债权人有权要求接受财产方在接受的财产范围内与债务人承担连带责任。

——最高人民法院民事审判第二庭编：《最高人民法院商事审判指导案例·金融卷》，中国法制出版社2011年版，第31~40页。

麦读
MyRead

THE COLLECTION OF
THE SUPREME PEOPLE'S COURT'S
JUDICIAL RULES

新 编 版

最高人民法院司法观点集成

商 事 卷

Ⅳ

总主编 | 刘德权　本卷主编 | 俞宏雷

中国法制出版社

本卷总目

CONTENTS

本册细目

CONTENTS

第十二章　担保物权

本册关键词索引

INDEX

A

B

C

D

E

F

G

H

J

K

L

M

P

Q

R

S

T

W

X

Y

Z

第十一章 | CHAPTER 11

保证担保

一、担保、担保效力及无效担保的处理

1214

对《担保法》第二条第一款的理解

关键词｜担保设定｜

【最高人民法院司法解释】

第一条 当事人对由民事关系产生的债权，在不违反法律、法规强制性规定的情况下，以担保法规定的方式设定担保的，可以认定为有效。

——《最高人民法院关于适用〈中华人民共和国担保法〉若干问题的解释》(2000 年 12 月 8 日，法释〔2000〕44 号)

【《最高人民法院公报》案例】

广州市仙源房地产股份有限公司与广东中大中鑫投资策划有限公司、广州远兴房产有限公司、中国投资集团国际理财有限公司股权转让纠纷案［最高人民法院(2009)民申字第 1068 号民事裁定书］

最高人民法院认为：中鑫公司称他人为该合同履行提供了担保，故该合同就是借款合同，这是对法律的误解。《担保法》第二条第一款规定："在借贷、买卖、货物运输、加工承揽等经济活动中，债权人需要以担保方式保障其债权实现的，可以依照本法规定设定担保。"该条仅列举了适用担保的部分情形，不能根据该款规定得出只能为借贷、买卖、货物运输、加工承揽提供担保的结论。根据《民法通则》第八十九条，可以为各类债务的履行设定担保。股权(权益)转让合同属于民法上的债，为其履行设定担保符合法律规定。因此，不能根据肖雨田等人为《股权转让及项目合作合同》的履行提供了担保就认定该合同只能是借款合同。

——《最高人民法院公报》2010 年第 8 期

1215

公司公开发行债券时认购人并不特定，不可能要求认购人都与保证人签订书面保证合同，不能机械适用《担保法》关于保证的定义

关键词｜公司发行债券｜书面保证合同｜保证担保｜

【最高人民法院答复】

辽宁省高级人民法院：

你院〔1999〕辽经初字第48号《关于沈阳市信托投资公司是否应当承担保证责任的请示》收悉。经研究，答复如下：

我国《担保法》所规定的保证，是指保证人和债权人约定，当债务人不履行债务时，保证人按照约定履行债务或者承担责任的行为。这里所称“保证人和债权人约定”系指双方均为特定人的一般情况。由于公司向社会公开发行债券时，认购人并不特定，不可能要求每一个认购人都与保证人签订书面保证合同，因此，不能机械地理解和套用《担保法》中关于“保证”的定义。向社会公开发行债券时，债券发行人与代理发行人或第三人签订担保合同，该担保合同同样具有证明担保人之真实意思表示的作用。而认购人的认购行为即表明其已接受担保人作出的担保意思表示。你院请示中的第一种意见，即只要沈阳市信托投资公司的保证意思是自愿作出的，且其内容真实，该保证合同即应为有效，该公司应对其担保的兑付债券承担保证责任，是有道理的。

以上意见，请参考。

——《最高人民法院关于沈阳市信托投资公司是否应当承担保证责任问题的答复》（2001年8月22日，法民二〔2001〕50号）

1216

承诺函是否构成保证担保，应当结合出具的背景、承诺内容以及其他案件事实进行认定

关键词｜承诺函｜保证担保｜

【最高人民法院裁判文书】

滕州市大地机床股份有限公司与中国农业银行股份有限公司枣庄分行保证合同纠纷案[最高人民法院(2015)民申字第154号民事裁定书]

最高人民法院认为:本案再审审查的焦点问题是:一、关于大地公司与枣庄农行是否构成保证关系的问题。

根据原审查明的事实,案涉债权系枣庄农行向木业公司发放贷款形成,到期日为2008年11月24日;2008年11月3日,大地公司向枣庄农行出具董事会决议和《承诺函》各一份,承诺:经公司董事会研究同意,大地公司保证木业公司在贷款到期日偿还其全部贷款本息;随后大地公司于2008年12月29日向木业公司在枣庄农行设立的还款账户汇款93.9万元,并附言"替还款";同日,枣庄农行扣划该款项,用于清偿木业公司的贷款。从上述事实看,《承诺函》中"保证木业公司偿还全部贷款本息"的表述与保证的核心要求即保证人具有代为清偿债务的意思表示相比较,虽有不明确,但结合大地公司董事会决议、大地公司向木业公司汇款以及附言"替还款"的相关事实,能够认定大地公司出具《承诺函》以及董事会决议的真实意思表示是为木业公司从枣庄农行的贷款提供保证担保,而并非仅是配合枣庄农行督促木业公司如期偿还借款。对于大地公司向木业公司汇款93.9万元的事实,大地公司主张并非其履行保证责任的行为,而是股东王伟向木业公司法定代表人戴武兵提供借款的行为,并以山东省高级人民法院(2010)鲁民一终字第125号民事判决作为上述主张的依据。该案查明戴武兵向王伟出具该93.9万元的借据,并据此认定二人之间形成借款法律关系。但本案中,该93.9万元系由大地公司向木业公司账户付款,并明确款项用途为"替还款",该事实发生于大地公司与木业公司之间,二者之间形成"替还款"的法律关系不受另案当事人借款法律关系的影响。原审判决关于大地公司该笔款项的来源是另一法律关系,不影响其履行担保责任目的的认定,有事实依据,并无不当。故大地公司申请再审提出其与枣庄农行之间不构成保证关系的主张,缺乏事实和法律依据,不能成立。

——中国裁判文书网,http://wenshu.court.gov.cn。

中国银行（香港）有限公司与台山市电力发展公司、台山市人民政府、台山市鸿基石油化工有限公司、台山市财政局担保合同纠纷再审案［最高人民法院（2011）民申字第1209号民事裁定书］

最高人民法院认为：1. 关于《承诺函》。案涉《承诺函》的性质，应当根据台山市政府出具《承诺函》的背景情况、《承诺函》的内容以及查明的其他事实情况进行认定。首先，台山市政府在1997年1月22日出具的《承诺函》中载明：……（3）我市人民政府将竭尽所能，确使借款人履行其在贵行所使用的银行便利/贷款的责任及义务。并在贵行时，全部承担借款人的有关责任和义务。（4）如借款人不能按贵行要求偿还就上述银行便利/贷款下产生的任何债务时，我市人民政府将负责解决借款人拖欠贵行的债务，不让贵行在经济上蒙受任何损失。该《承诺函》系针对特定数额的银行便利/贷款出具，并已经清楚表明了台山市政府承诺在银行要求时，将全部承担借款人有关责任和义务的意思表示，应当属于保证性质。根据《担保法解释》第二十二条第一款的规定，第三人单方以书面形式向债权人出具担保书，债权人接受且未提出异议的，保证合同成立。本案中台山市政府单方出具的《承诺函》为香港中银所接受，双方之间成立保证合同关系。其次，台山市政府作为还款人，与香港中银等债权人于2002年5月28日签订《和解协议》。该《和解协议》中的前言部分第一条载明：附表二所列的信贷人士则分别为有关债务人偿还有关授信提供了抵押、质押、保证及其他担保（统称授信担保，详见附表二）。该附表二中明确列了台山市政府出具的《承诺函》。台山市政府在该《和解协议》上签字盖章，并且已经按照协议约定偿还了第一批应还款项520万港元，表明台山市政府对其保证责任是明知的，也是认可的，并且已经开始履行担保人的还款责任。综上，台山市政府的《承诺函》具有保证合同的性质，原审判决认定不构成保证缺乏充分的事实和法律依据。

——中国裁判文书网，http://wenshu.court.gov.cn。

1217

借贷合同以外的第三人出具承诺函，但未明确表示承担责任的，不构成保证担保

关键词 | 承诺函 | 保证担保 |

【最高人民法院答复】

广东省高级人民法院：

你院〔2004〕粤高法民四终字第153号《关于交通银行香港分行与港云基业有限公司、云浮市人民政府等借款担保合同纠纷上诉一案〈承诺函〉是否构成担保问题的请示》收悉。经研究，答复如下：

对于云浮市人民政府出具的《承诺函》是否构成我国《担保法》意义上的保证，应由你院根据云浮市人民政府出具《承诺函》的背景情况、《承诺函》的内容以及查明的其他事实情况作出认定；

在对外担保的案件中，我国境内公民个人向境外债权人提供的担保，若存在《最高人民法院关于适用〈中华人民共和国担保法〉若干问题的解释》第六条规定之情况，应依法认定为无效。本案中我国境内公民赖斌、陈兢向交通银行香港分行提供的担保是否存在上述情况，应由你院依法审查。

此复。

——《最高人民法院关于交通银行香港分行与港云基业有限公司、云浮市人民政府等借款担保合同纠纷上诉一案〈承诺函〉是否构成担保问题的请示的复函》（2006年10月11日，〔2006〕民四他字第27号）

【《最高人民法院公报》案例】

佛山市人民政府与交通银行香港分行担保纠纷案[最高人民法院（2004）民四终字第5号民事判决书]

裁判摘要：根据《担保法》第三条的规定，担保活动应当遵循平等、自愿、公平、诚实信用的原则。与借贷合同无关的第三人向合同债权人出具承诺函，但未明确表示承担保证责任或代为还款的，不能推定其出具承诺函的行为构成《担保法》意义上的保证。

最高人民法院认为：本案首要的焦点问题是佛山市政府向香港交行出具的《承诺函》是否构成我国《担保法》规定的担保。本案中佛山市政府先后向香港交行出具了三份《承诺函》，函中均有相同的表述：“本政府愿意督促该驻港公司切实履行还款责任，按时归还贵行贷款本息。如该公司出现逾期或拖欠贵行的贷款本息情况，本政府将负责解决，不让贵行在经济上蒙受损失。”首先，从名称来看，《承诺函》并非担保函，对于其是否能构成担保应根据其内容来认定。其次，从《承诺函》的内容来看，“负责解决”“不让贵行在经济上蒙受损失”并无明确的承担保证责任或代为还款的意思表示。再次，在香港交行向中亚公司和景山公司出具的授信函中，在“抵押品及法律文件”项下，除了佛山市政府的《承诺函》外，还有不动产的抵押、保证及存单的质押等，且《承诺函》均在这些授信函中被列入区别于“保证”的“其他”文件项下，这说明香港交行明知《承诺函》并非保证函。最后，为解决包括中亚公司、景山公司在内的佛山市直属企业拖欠香港交行贷款事宜，佛山市政府与香港交行之间有三次座谈会并形成会议纪要。从这三份纪要的记载来看，香港交行从未要求佛山市政府承担保证责任或代中亚公司、景山公司还款，佛山市政府也未作出过承担保证责任或代企业还款的意思表示，而双方谈到的解决途径均是政府在适当时机对企业进行资产重组，以解决原有债务。佛山市政府亦于 1998 年 11 月 12 日以佛经贸发〔1998〕42 号文件批复同意了佛山市有关企业与香港交行商定的企业重组计划，以解决中亚公司、景山公司等企业拖欠香港交行贷款的问题。综上，佛山市政府从向香港交行出具的书面文件上，到实际的行动上，从未有过承担保证责任或代所属企业还款的意思表示，其向香港交行出具的《承诺函》并不构成我国担保法意义上的保证。

——《最高人民法院公报》2005 年第 11 期

【最高人民法院裁判文书】

中国银行（香港）有限公司与台山市经济开发公司、台山市人民政府、台山市发展和改革局担保合同纠纷再审案［最高人民法院（2011）民申字第 1206 号民事裁定书］

最高人民法院认为：1. 台山市政府出具的《承诺函》《承诺书》是否构成法律意义上的保证。根据原审判决认定的事实，1992 年 12 月 26 日、1993 年 9 月 20 日，台山市政府分别向中南银行出具《承诺函》《承诺书》，承诺台山市政府愿意督促茂劲公司切实履行还款责任，按时归还中南银行贷款本息。如茂劲公司出现逾期或拖欠中南银行贷款本息情况，台山市政府将负责解决，不让中南银行在经济上蒙受损失。从名称上看，该《承诺函》《承诺书》均非担保函，故对于其是否可以构成法律意义上的保证应当根据其内容来决定。从该《承诺函》《承诺书》的内容看，台山市政府只是承诺督促茂劲公司切实履行还款责任，按时归还中南银行贷款本息。如茂劲公司出现逾期或拖欠中南银行贷款本息情况，台山市政府将“负责解决”“不让贵行在经济上蒙受损失”，其中并未明确承担保证责任或者代为还款。2002年5月28日，台山市政府、香港中银、南洋商业银行有限公司、金现有限公司签订的《和解协议》，就包括茂劲公司在内的台山市部分企业所欠的债务如何清偿进行了约定。该《和解协议》中，并未明确台山市政府为涉案债务担保人。故香港中银关于台山市政府应当根据《承诺函》《承诺书》承担担保责任的主张没有事实依据和法律依据。

——中国裁判文书网，http://wenshu.court.gov.cn。

中国银行(香港)有限公司与辽宁省人民政府、葫芦岛锌厂保证合同纠纷案[最高人民法院(2014)民四终字第37号民事判决书]

最高人民法院认为：《承诺函》是否构成保证担保应当依据其名称和内容确定。从本案《承诺函》的名称与内容看，辽宁省政府仅承诺“协助解决”，没有对中辽公司的债务作出代为清偿责任的意思表示，《承诺函》不符合《担保法》第六条有关“保证”的规定，不能构成法律意义上的保证。从金杜律师事务所深圳分所代表中银公司寄送给辽宁省政府的两份《律师函》内容看，该分所或者中银公司也没有要求辽宁省政府承担代为清偿债务的责任，而是仅要求其履行承诺不让中银公司受到经济上的损失。可见，《承诺函》所涉辽宁省政府与中银公司双方对案涉债务并未达成保证担保的合意，不能在双方之间形成保证合同关系。故辽宁省政府有关《承诺函》不构成保证担保的主张符合双方当事人的真实意思表示，中银公司依据《承诺函》要求辽宁省政府承担保证责任于法无据，本院不予支持。

——中国裁判文书网，http://wenshu.court.gov.cn。

1218

当事人向债权人书面承诺“保证负责收回贷款”，在未明确承担保证责任的情况下，不应认定为保证担保

关键词 | 保证担保 |

【最高人民法院裁判文书】

中国农业银行玉门市支行与玉门市农村信用合作社联合社借款合同纠纷上诉案[最高人民法院(2005)民二终字第12号民事判决书]

最高人民法院认为：农行玉门支行、玉门信用社、康庄公司签订的本案借款协议书以及玉门信用社与康庄公司签订的借款合同是各方当事人的真实意思表示，不违反法律、法规的规定，应当认定合法有效。借款合同签订后，玉门信用社依约向康庄公司履行了贷款550万元的义务，而借款到期后，康庄公司没有履行偿还义务，农行玉门支行除向玉门信用社偿还20万元利息及30万元本金外，也没有全面履行“负责收回贷款”的义务，并由此导致纠纷。二审中，本案各方当事人的争议焦点在于农行玉门支行所作的“保证负责收回贷款”的承诺是否属于担保法规定意义的保证，亦即农行玉门支行应当承担何种责任。对此，本院认为，农行玉门支行在借款协议书中的承诺具有两层含义：一是负责监督康庄公司借款的使用情况，二是保证负责到期收回贷款偿还给玉门信用社。根据借款合同约定，贷款用途为生产流动资金，而该笔贷款实际用于购买土地使用权，显然与约定不符。况且，购买土地的实际用途是农行玉门支行与康庄公司在借款时背着玉门信用社以补充文字的形式作了私自约定。这足以证明农行玉门支行没有尽到监督专款专用的责任，按照《担保法解释》第二十六条的规定，应当承担补充偿赔偿责任。农行玉门支行认为其已尽到监督义务的上诉理由不能成立，本院不予支持。对于农行玉门支行的第二项承诺，本院认为，不宜按照担保法上的保证认定责任。理由为：(1)担保法意义的保证是保证人提供保证时，以自身财产偿还欠债作为保证内容的，而本案的“保证负责收回”是履行一种行为，二者有所不同。(2)合同中并没有明确约定农行玉门支行承担的是保证责任，在没有明确约定的情况下，要求农行玉门支行承担保证责任缺乏合同依据。因此，农行玉门支行违反了承诺义务，属于不作为的违约行为，由此给玉门信用社造成了损失，应当承担赔偿责任。农行玉门支行认为其应当承担担保责任，并以此为基础诉称已经超过担保期限应当免责，以及主张在玉门信用社放弃抵押的范围内免除保证责任的上诉理由均不能成立，本院不予支持。原审认定上述行为属于缔约过失责任不当，应予纠正。但对于原审判决农行玉门支行承担60%赔偿责任，因玉门信用社在法定期限内对该项判定没有提起上诉，本院予以维持。

——最高人民法院民事审判第二庭编：《民商事审判指导》总第7辑，人民法院出版社2005年版，第294～299页。

1219

与借贷合同无关的第三人出具安慰函，但未明确表示承担责任的，不构成保证

关键词｜安慰函｜承诺函｜保证担保｜

【《最高人民法院公报》案例】

广东国际信托投资公司破产案

裁判摘要：出函人向不特定第三人出具的介绍性函件或者安慰函，不构成中国法律意义上的保证，不具有保证担保的法律效力。

广东省高级人民法院对依据安慰函申报的担保债权全部予以否认。在确认债权诉讼中，有15家广东国投公司香港子公司的债权人持广东国投公司出具的安慰函申报金额约23亿元的担保（或然）债权，要求予以确认。广东省高级人民法院经审理认为，安慰函从形式上看，不是广东国投公司与特定债权人签订的，而是向不特定的第三人出具的介绍性函件；从内容上看，安慰函并无担保的意思表示，没有约定当债务人不履行债务时，代为履行或承担还债责任。因此，安慰函不能构成中国法律意义上的保证，不具有保证担保的法律效力，依据安慰函申报担保债权全部被拒绝。

——《最高人民法院公报》2003年第3期

【链接：最高人民法院法官著述】

安慰函，又称为赞助信、安慰信，指发函人发给债权人的一种书面陈述，表明当事人对债务人清偿债务承担道义上的义务，或者督促债务人清偿债务等。安慰函不是保证合同，但书面形式的安慰函也有与保证合同相似的情况，在特殊情况下，安慰函因具备保证合同的内容构成保证担保，因此，特殊的安慰函也属于保证合同的一种形式……

对于安慰函，无论是国内企业出具还是国外企业出具，原则上均应按照安慰函的内容来认定出具人应当承担的法律责任。首先，安慰函的产生和用途区别于保证，因此原则上不应将安慰函视为保证。其次，根据安慰函的内容，出具人的措辞决定其承担的义务。再次，判断安慰函的责任究竟是道义上的还是法律

上的,关键看交易习惯。比如,以下措词属于典型的道义上措辞:“密切关注债务人的财务状况”“给予债务人资金上、业务上支持”“督促债务人清偿”“债务人具有良好资信记录”“债务人有较强的清偿能力”“债务人属于集团成员企业并将留在集团内”等等。最后,如果安慰函有代债务人清偿债务或者承担担保义务、保证债务人还款等内容的,该安慰函属于保证性质,出具人承担担保责任。

安慰函因其措辞的模糊不能直接判断其性质的,可以结合安慰函的名称来判断。即文件名称表述为“安慰函”“赞助信”的,即使内容措辞模糊,也应当被解释为安慰函,不应被解释为保证,保证责任不能推定。

——曹士兵:《中国担保制度与担保方法》(第三版),中国法制出版社 2015 年版,第 135 ~ 137 页。

1220

在他人贷款申请书和借款合同“担保”一栏中签章的，表明其愿意承担担保责任

关键词 | 借款合同 | 保证责任 |

【最高人民法院裁判文书】

中国工商银行迁西县支行等与河北金厂峪金矿借款担保合同纠纷案[最高人民法院(2002)民二抗字第 3 号民事判决书]

最高人民法院再审认为:1992 年 7 月 6 日迁西支行与食品厂签订的借款合同和金厂峪金矿的保证行为,意思表示真实,不违反国家有关法律、法规的规定,原审认定有效是正确的。金厂峪金矿主张其是一般保证人,应承担一般保证责任,没有法律依据。“一般保证”是《担保法》规定的一种保证方式,之前的法律并无此规定。本案的借款担保行为发生在《担保法》施行以前,应适用当时法律、法规和有关司法解释关于担保问题的规定。本案借款合同约定“如借方不能按期归还借款,由担保单位承担偿还本息的责任”,金厂峪金矿在担保单位栏内加盖了公章和法定代表人名章,因此,二审认定金厂峪金矿作为借款保证人,应承担代为偿还 400 万借款本息的保证责任是正确的。迁西支行在食品公司不

履行偿还借款的义务时,可请求金厂峪金矿履行保证责任,但直接从金厂峪金矿在该行的账户中划款100万元的行为确有不妥。鉴于本院二审判决宣告前食品公司已经河北省迁西县人民法院(1996)迁经破字第14号民事裁定宣告破产,偿债率为零,金厂峪金矿作为保证人应按约定代债务人偿还本案借款本息,故二审判决对迁西支行已经扣划金厂峪金矿的100万元款项的认定和处理并无不妥。1994年12月12日,食品公司与迁西支行签订的借款、抵押合同,属另一法律关系,金厂峪金矿以该抵押担保行为无效作为不承担本案保证责任的抗辩,没有法律依据。金厂峪金矿履行了保证责任后,如因迁西支行与食品公司设定的抵押合同使其无法行使追偿权,可通过另案诉讼解决。本案系借款担保合同纠纷,对本案借款合同的效力和履行情况一、二审法院均进行了质证并在查清事实的基础上予以认定,故二审判决债务人按约定偿还借款本息,不违背法律规定。

——肖扬总主编、最高人民法院审判监督庭编:《中华人民共和国最高人民法院判案大系》(审判监督卷-2001~2002年卷),人民法院出版社2003年版,第228—231页。

1221

“以其在项目公司的全部股权对项目融资承担连带担保责任”为意向性约定,不能据此认定存在担保合同关系

关键词|意向性约定|担保合同|

【最高人民法院裁判文书】

中国葛洲坝集团房地产开发有限公司与海口恒天晟实业有限公司及海南葛洲坝实业有限公司借款合同纠纷案[最高人民法院(2016)最高法民终240号民事判决书]

最高人民法院认为:一、葛洲坝房地产公司依据《合作开发协议》主张恒天晟公司对葛洲坝房地产公司与葛洲坝实业公司之间的涉案借款债务承担连带保证责任,是否具有事实和法律依据。

葛洲坝房地产公司与恒天晟公司于2010年签订《合作开发协议》,约定双方共同发起设立一家项目公司(名称尚未确定),负责海南省陵水县土福湾项目

的开发建设,葛洲坝房地产公司负责除项目公司注册资本金以外的全部融资工作,恒天晟公司以其在项目公司的全部股权对项目融资承担连带担保责任等内容。葛洲坝房地产公司依据上述合同提起本案诉讼,主张恒天晟公司对葛洲坝实业公司的涉案债务在4900万元范围内承担连带清偿责任。原审判决从股权质权担保关系是否成立等角度,认定葛洲坝房地产公司与恒天晟公司就涉案债务不存在担保合同关系,对葛洲坝房地产公司请求恒天晟公司对涉案债务承担连带清偿责任的主张不予支持。葛洲坝房地产公司不服原审判决的上述认定,上诉主张恒天晟公司对涉案债务承担的是连带保证责任,并非质权担保责任。针对葛洲坝房地产公司上述诉讼主张,结合我国《担保法》的相关法律规定,本院对《合作开发协议》中有关恒天晟公司"以其在项目公司的全部股权对项目融资承担连带担保责任"的约定作如下分析:

第一,上述约定不符合担保合同的从属性特征。担保设立的目的是为了保障当事人合同法律关系中的债权的实现,基于担保关系的附随性,《担保法》第五条明确规定,担保合同是主合同的从合同。因此,担保合同作为从合同,自身不能独立存在,必须以主合同的存在为前提和依据,并随着主合同产生、变更和消灭。本案二审中,葛洲坝房地产公司与恒天晟公司确认《合作开发协议》签订时间为2010年7月,早于葛洲坝实业公司于2010年8月3日成立的时间节点,亦早于葛洲坝房地产公司在本案所主张的主合同即《借款合同》于2010年8月27日签订的时间节点。《合作开发协议》签约时,主债权即项目融资尚未发生,且《合作开发协议》关于项目融资的债务人、债权人、债权数额等均未约定的情况下,所谓的对项目融资的担保无从设立。故在葛洲坝房地产公司本案主张的主合同即《借款合同》尚未签订、债务人葛洲坝实业公司尚未设立、涉案债权债务关系亦未发生的情况下,葛洲坝房地产公司依据上述《合作开发协议》的约定主张恒天晟公司与其之间存在担保法律关系,缺乏事实和法律依据。

第二,上述约定不具备保证合同的成立要件。《担保法》第六条规定,"本法所称保证,是指保证人和债权人约定,当债务人不履行债务时,保证人按照约定履行债务或者承担责任的行为";第十五条规定,"保证合同应当包括以下内容:(一)被保证的主债权种类、数额;(二)债务人履行债务的期限;(三)保证的方式;(四)保证担保的范围;(五)保证的期间;(六)双方认为需要约定的其他事项。保证合同不完全具备前款规定内容的,可以补正"。依照上述规定,保证合同是在保证人与债权人之间订立的;合同双方应就债权种类数额、担保范围等合同主要条款达成合意并予以书面确认;在保证合同不完全具备法定条款的情况下,合同双方可以也应当予以补正。其中,鉴于保证合同的类型和性质,其主要条款在有效确定保证人的保证责任方面,应当符合以下要求,如保证意思,保证人必须明确表达对某一债权债务愿意以自己的财产担保债务履行的意思表示;被担保主债权,即保证合同的标的,应当是特定化的、数额可以确定的、已经成立并合法有效的债权。《合作开发协议》有关恒天晟公司"以其在项目公司的全部股权对项目融资承担连带担保责任"的约定,是以签约之时尚未成立、融资数额尚未确定、债权人债务人等基本要素均不特定的项目融资作为主债权,并缺少债务人履行债务的期限、保证担保的范围、保证的期间等基本要件,明显不符合保证合同的成立要件。因此,即使葛洲坝房地产公司关于2010年8月27日其与葛洲坝实业公司签订《借款合同》形成涉案债权的主张属实,鉴于该债权债务关系形成后直至本案诉讼时,葛洲坝房地产公司与恒天晟公司并未对《合作开发协议》中的上述所谓的担保条款予以有效补正或者重新订立保证合同,故葛洲坝房地产公司依据上述《合作开发协议》的约定主张恒天晟公司与其之间存在担保法律关系,缺乏事实和法律依据。

第三,上述约定在法律属性上当属意向性约定。从《合作开发协议》的合同名称和双方当事人签订该合同的主要目的看,该合同实为葛洲坝房地产公司与恒天晟公司为合作开发海南省陵水县土福湾项目签订的意在明确合作双方权利义务的协议,并非为设定债权人和担保人之间的担保权利义务而签订的合同。《合作开发协议》载明的恒天晟公司"以其在项目公司的全部股权对项目融资承担连带担保责任"的合同条款,系双方合作开发相关项目中对于双方权利义务的安排,在法律属性上可以认定为合作双方就将来发生的融资行为预先作出的由恒天晟公司提供担保的意向性约定。但该意向的落实,尚需具体融资事项发生后由具体融资方与恒天晟公司另行签订符合担保合同成立要件的合同。即只有在担保合同成立后才可能产生恒天晟公司的担保法律责任。故葛洲坝房地产公司在没有证据证明其与恒天晟公司对涉案债权签订有担保合同的情况下,仅依据上述《合作开发协议》的约定主张恒天晟公司与其之间存在担保法律关系,缺乏事实和法律依据。

综上,葛洲坝房地产公司关于恒天晟公司应当对葛洲坝房地产公司与葛洲坝实业公司之间的涉案借款债务承担连带保证责任的主张,本院不予支持。

——中国裁判文书网,http://wenshu.court.gov.cn。

1222

独立担保的效力认定与适用范围

关键词 | 独立担保 |

【最高人民法院司法政策】

关于独立担保的适用范围问题。

《担保法》第五条第一款在规定了主合同与担保合同之间的主从关系后，又作出“担保合同另有约定的，按照约定”的规定，通常被视为独立担保的法律依据。独立担保包括独立保证和独立担保物权，在担保实务中经常体现为见索即付的担保、见单即付的担保、无条件不可撤销的担保、放弃先诉抗辩权和主合同一切抗辩权的担保等形式。这里应当注意到，由于独立担保的实质是否定担保合同从属性，不再适用担保法律中为担保人提供的各种保护措施，诸如未经担保人同意而变更担保合同场合下担保人的免责，担保人因主债权债务合同无效、被撤销、诉讼时效或强制执行期限完成而产生的抗辩权，以及一般保证人独有的先诉抗辩权等，因此独立担保是一种担保责任非常严厉的担保。担保实务和审判实践对独立担保的适用范围存在争议，考虑到独立担保责任的异常严厉性，以及该使用该制度可能产生欺诈和滥用权利的弊端，尤其是为了避免严重影响或动摇我国担保法律制度体系的基础，独立担保目前只能在国际商事交易中使用。《物权法》第一百七十二条第一款关于“但法律另有规定的除外”之规定，进一步表明当事人不能约定独立性担保物权的立场。因此，对于独立担保的处理，应当坚持维护担保制度的从属性规则，在主合同有效的前提下，若当事人在非国际商事交易领域约定独立保证或独立担保物权，应当否定担保的独立性，并将其转换为有效的从属性连带保证或担保物权。

——《充分发挥民商事审判职能作用，为构建社会主义和谐社会提供司法保障——全国民商事审判工作会议材料》(2007 年 5 月 30 日)，载最高人民法院民事审判第二庭编:《民商事审判指导》总第 11 辑，人民法院出版社 2007 年版，第 57 页。

【最高人民法院裁判文书】

湖南洞庭水殖股份有限公司与中国光大银行长沙华顺支行、湖南嘉瑞新材料集团股份有限公司、长沙新振升集团有限公司借款担保合同纠纷案[最高人民法院(2007)民二终字第117号民事判决书]

最高人民法院认为:约定"本合同的效力独立于主合同,不因主合同的无效而无效",根据《担保法》第五条之规定,上述条款明显属于独立担保条款。最高人民法院的审判实务已明确表明:考虑到独立担保责任的异常严厉性,以及使用该制度可能产生欺诈和滥用权利的弊端,尤其是为了避免严重影响或动摇我国担保法律制度体系的基础,独立担保只能在国际商事交易中使用,不能在国内市场交易中运用。

但应当看到,本院否定独立担保在国内交易市场中的运用之目的,在于维护《担保法》第五条第一款所规定的我国担保制度的从属性规则,因此,不能在否定担保的独立性的同时,也否定了担保的从属性。

——最高人民法院民事审判第二庭编:《最高人民法院商事审判指导案例·借款担保卷》,中国法制出版社2011年版,第441~450页。

湖南机械进出口公司、海南国际租赁公司与宁波东方投资公司代理进口合同纠纷案[最高人民法院(1998)经终字第184号民事判决书]

最高人民法院二审认为:海南公司的担保合同中虽然有"本担保函不因委托人的原因导致代理进口协议书无效而失去担保责任"的约定,但在国内民事活动中不应采取此种独立担保方式,因此该约定无效,对此应当按照《担保法》第五条第一款的规定,认定该担保合同因主合同无效而无效。虽然海南公司对本案的损失并无直接过错,但其提供的担保函却为东方公司对外开证付款起到了一定的作用,因此应当承担相应的赔偿责任,该责任应为湖南公司不能偿还欠款部分的50%,并据此于1999年12月31日对案件作出了改判。

——肖扬总主编、最高人民法院民事审判第二庭编:《中华人民共和国最高人民法院判案大系》(民商事卷-1998年卷),人民法院出版社2003年版,第431~435页。

编者说明

如何判断一个担保是否为独立担保的关键就在于该担保是否具有独立性，即是否与主合同、主债权有从属关系、附随关系。实践中，独立担保的表述是多样化的，结合我国法院在合同解释方面遵循以合同内容为主的一般原则，以下约定的内容可以构成独立担保：（1）约定为无条件、不可撤销担保的；（2）约定为见单即付担保的；（3）约定为见索即付担保的；（4）约定为担保人不享有先诉抗辩权和主合同一切抗辩权的。①

关于独立担保效力的认定和适用范围问题，最高人民法院的司法立场是一贯的，其观点主要体现在院庭长的讲话精神、最高人民法院终审裁判中，即：第一，独立担保目前只能在国际商事交易中使用，独立人保在国内不能使用，禁止当事人通过合同约定独立物保。第二，如果当事人在国内市场中约定了独立担保，则应以主合同效力状况为标准，区分两种情形而分别处理：一是在主债权合同无效的场合，应依法认定独立担保合同无效，判令担保人承担相应的缔约过失责任；二是在主债权合同有效的场合，应否定担保合同的独立性效力，并将其转换为有效的从属性担保合同。也就是说，在国内经济活动中，若当事人约定独立保证时，应认定独立保证无效，并将其转换为有效的从属性连带保证；若约定独立的担保物权，应认定独立物保无效，并将其转换为有效的从属性担保物权。

《最高人民法院关于审理独立保函纠纷案件若干问题的规定》（以下简称《独立保函规定》）第二十三条规定：当事人约定在国内交易中适用独立保函，一方当事人以独立保函不具有涉外因素为由，主张保函独立性的约定无效的，人民法院不予支持。该规定第三条还明确，当事人主张独立保函适用《担保法》关于一般保证或连带保证规定的，人民法院不予支持。因此，独立保函虽然具有担保债权实现的功能，但不属于我国《担保法》规定的法定担保方式，也不适用我国《担保法》关于保证的规定。因此，国内贸易中承认独立保函的效力，并非承认独立担保的效力。

1223

对外担保合同的效力认定和处理

关键词｜对外担保合同效力｜

【最高人民法院司法解释】

第六条 有下列情形之一的，对外担保合同无效：

---

① 曹士兵：《中国担保制度与担保方法》（第三版），中国法制出版社2015年版，第43页。

（一）未经国家有关主管部门批准或者登记对外担保的；

（二）未经国家有关主管部门批准或者登记，为境外机构向境内债权人提供担保的；

（三）为外商投资企业注册资本、外商投资企业中的外方投资部分的对外债务提供担保的；

（四）无权经营外汇担保业务的金融机构、无外汇收入的非金融性质的企业法人提供外汇担保的；

（五）主合同变更或者债权人将对外担保合同项下的权利转让，未经担保人同意和国家有关主管部门批准的，担保人不再承担担保责任。但法律、法规另有规定的除外。

——《最高人民法院关于适用〈中华人民共和国担保法〉若干问题的解释》（2000年12月18日，法释〔2000〕44号）

【最高人民法院司法政策】

各省、自治区、直辖市高级人民法院，解放军军事法院，新疆维吾尔自治区高级人民法院生产建设兵团分院：

为正确审理金融资产管理公司利用外资处置不良债权的案件，充分保护各方当事人的权益，经征求国家有关主管部门意见，现将利用外资处置不良债权涉及担保合同效力的有关问题通知如下，各级人民法院在审理本通知发布后尚未审结及新受理的案件时应遵照执行：

一、2005年1月1日之后金融资产管理公司利用外资处置不良债权，向外国投资者出售或转让不良资产，外国投资者受让债权之后向人民法院提起诉讼，要求债务人及担保人直接向其承担责任的案件，由于债权人变更为外国投资者，使得不良资产中含有的原国内性质的担保具有了对外担保的性质，该类担保有其自身的特性，国家有关主管部门对该类担保的审查采取较为宽松的政策。如果当事人提供证据证明依照《国家外汇管理局关于金融资产管理公司利用外资处置不良资产有关外汇管理问题的通知》（汇发〔2004〕119号）第六条规定，金融资产管理公司通知了原债权债务合同的担保人，外国投资者或其代理人在办理不良资产转让备案登记时提交的材料中注明了担保的具体情况，并经国家外汇管理局分局、管理部审核后办理不良资产备案登记的，人民法院不应以转让未经担保人同意或者未经国家有关主管部门批准或者登记为由认定担保合同无效。

二、外国投资者或其代理人办理不良资产转让备案登记时，向国家外汇管理局分局、管理部提交的材料中应逐笔列明担保的情况，未列明的，视为担保未予登记。当事人在一审法庭辩论终结前向国家外汇管理局分局、管理部补交了注明担保具体情况的不良资产备案材料的，人民法院不应以未经国家有关主管部门批准或者登记为由认定担保合同无效。

三、对于因 2005 年 1 月 1 日之前金融资产管理公司利用外资处置不良债权而产生的纠纷案件，如果当事人能够提供证据证明依照当时的规定办理了相关批准、登记手续的，人民法院不应以未经国家有关主管部门批准或者登记为由认定担保合同无效。

——《最高人民法院关于审理金融资产管理公司利用外资处置不良债权案件涉及对外担保合同效力问题的通知》（2010 年 7 月 1 日，法发〔2010〕25 号）

要慎重处理对外担保。

在审判实践中发现，一些国内企业盲目地为外商投资企业的注册资本提供贷款担保，或者为外商投资企业中的外方债务提供担保，造成外商不出资、不承担风险，而将其投资风险和债务直接转移给国内企业。这不仅严重损害了国家利益和国内企业的合法权益，而且不符合国际惯例。我国加入世界贸易组织后，随着外资的继续大量进入和对外交往的增加，涉及对外担保的案件可能会增多。人民法院在审理对外担保合同纠纷案件时，应当依据《担保法》、最高人民法院的司法解释以及中国人民银行、国家外汇管理机关的有关规定，准确认定合同的效力，符合无效条件的，应当认定无效，以维护国家利益和经济安全。

——李国光：《当前民事审判工作中应当注意的几个问题——在全国民事审判工作会议上的讲话》（2000 年 10 月 28 日），载李国光主编、最高人民法院民事审判第二庭编：《经济审判指导与参考》第 4 卷，法律出版社 2001 年版，第 4 页。

人民银行发布的外汇管理局有关规章规定：未经外管局批准或登记的对外担保合同无效。例如，境内机构为外商投资企业注册资本、外商投资企业中的外方投资部分的对外债务提供担保的无效。担保人为境外机构向境内债权人提供担保的，未经外管局批准或登记的，担保合同无效。无权经营外汇担保业务的金融机构、无外汇收入的非金融性质的企业法人提供外汇担保的，担保合同无效。主合同变更或者债权人将对外担保合同项下的权利转让，未经担保人同意和外管局批准的，担保人免责。

在制定该司法解释过程中，对于上述问题，存在两种意见：一种意见认为，一些国内企业在利用外资时，违反国家有关法律和政策规定，对外商承诺所谓的优惠条件，为外商投资的股本贷款提供担保，为合作企业对外贷款提供担保，从而将外债风险转移给国内金融机构和企业，加大了中方的筹资成本和风险，损害了国家利益，直接或间接地形成了中方债务。外商实际上是不出资，不担风险，却取得利益，这与中外合资、中外合作企业法的基本原则相违背。鉴于涉外担保关系到国家利益，应当予以一定的限制，本司法解释应当承认外管局关于涉外担保的规定，即对外担保未经批准不能生效。另一种意见认为，中国人民银行发布的《境内机构对外担保管理办法》作为《担保法解释》的依据，理由不足，对相关问题的解释应当提交审委会决定。对于批准、登记问题，还是应当按照最高人民法院《合同法解释(一)》第九条的精神办理，给予适当程度的放宽。最终，我们采纳了第一种意见。

——《就〈关于适用中华人民共和国担保法若干问题的解释〉答记者问》，载《解读最高人民法院司法解释·民商事卷》(新编本)，人民法院出版社2006年版，第285页。

【链接：最高人民法院法官著述】

中国人民银行发布的《境内机构对外担保管理办法》(以下简称《对外担保管理办法》)和国家外汇管理局发布的《境内机构对外担保管理办法实施细则》(以下简称《对外担保实施细则》)性质上属于部门规章，不能作为人民法院认定合同无效的依据，而司法解释可以在判决中引用，是人民法院审理案件的依据，因此，通过《担保法解释》的吸收，部门规章的内容成为人民法院裁判的依据。我国《民法通则》第七条规定："民事活动应当尊重社会公德，不得损害社会公共利益，扰乱社会经济秩序。"该条内容一般称为公序良俗原则。我国长期以来实行外汇、外债管制，对外担保是产生外债的途径之一，中国人民银行和国家外汇管理局关于对外担保的管理性规定不仅公开且长期稳定，已经构成我国社会经济秩序的一部分，部门规章所体现并维护的利益，也构成了社会公共利益的一部分。《担保法解释》吸收对外担保方面的规定，既可以认为是吸收了部门规章的内容，也可以认为是为了维护社会经济秩序和保护社会公共利益而作出的、与部门规章内容一致的规定，反映了民事活动遵循公序良俗这一民法基本原则的需要。

——曹士兵：《中国担保制度与担保方法》（第三版），中国法制出版社2015年版，第68～69页。

1224

对外担保合同未按规定在行政管理机关办理批准登记手续的，应当认定无效

关键词 | 对外担保合同效力 |

【《最高人民法院公报》案例】

中银香港公司诉宏业公司等担保合同纠纷案［最高人民法院（2002）民四终字第6号民事判决书］

裁判摘要：一、涉外合同的当事人选择解决合同争议所适用的法律，规避了我国的强制性或者禁止性法律规范的，其约定不发生法律效力。

最高人民法院二审认为：本案为担保合同纠纷，所涉担保系内地的公司作为担保人，为香港公司的外币借款进行担保，该担保属于对外担保。当事人虽然在担保契约中约定适用香港的法律，但由于香港特别行政区与我国内地分属于不同的法域，根据最高人民法院《民通意见（试行）》第一百九十四条规定所确立的原则，涉外合同当事人选择法律适用时，不得规避我国强制性或者禁止性法律规范。我国内地对于对外担保有强制性的规定，本案担保契约如果适用香港法律，显然规避了上述强制性规定，故本案当事人关于担保契约适用香港法律的约定不发生法律效力，本案纠纷应适用我国内地的法律作为准据法。

宏业公司和新业公司是为香港公司向香港银行的外币借款进行担保，该担保属于对外担保。根据我国内地关于对外担保的有关规定，此类担保应该到外汇管理部门办理有关批准登记手续。而本案宏业公司和新业公司出具的担保契约未办理上述手续，根据《担保法解释》第六条第（一）项的规定，该担保契约应

认定无效。原审法院对于本案担保契约效力的认定是正确的。

——《最高人民法院公报》2005 年第 7 期

【链接：最高人民法院法官著述】

由于实践中存在的一些特殊情况，认定对外担保应注意以下问题：

1. 所谓境内机构，是指中国境内的法人或者其他组织，包括外商投资企业和合资的金融机构。但不包括国外金融机构在我国开设的分支机构，如花旗银行上海分行。

2. 所谓境外机构，不仅指国外的企业、银行，也包括香港、澳门、台湾的企业、银行，即便是在这些地区的中资机构。仅从管理规定的文义上看，境外机构不应当包括我国香港、澳门、台湾地区的机构，但按照国家管理的需要，仍然把上述地区的机构纳入外对担保的管理范围。因此，大陆企业、银行如果对香港企业、银行，包括香港中资企业、银行提供担保，也属于对外担保，必须经国家外汇管理局批准……

3. 对外担保不限于境内机构对境外机构作为债权人担保的担保，也包括对境外机构作为债务人提供的担保。《对外担保管理办法》第二条规定："境内机构……向中国境外机构或者境内的外资金融机构（债权或者受益人）承诺，当债务人未按照合同约定偿付债务时，由担保人履行偿付义务。"其中规定的对外担保，境外机构作为债权人或受益人。《对外担保实施细则》第四十七条第二款规定"担保人为境外机构向境内债权人提供的担保"适用本细则，规定的是境外机构作为债务人，境内机构是债权人，系境内机构向境外债权人提供的担保。以上两种形式都构成对外担保。

4. 对外担保不等于外汇担保。对外担保有涉外因素，是境内机构对境外机构提供的担保，因此会形成外债；而外汇担保指承诺以外汇作为支付方式的担保，担保人、债务人、债权人如果均为境内机构，不会发生外债，不属于对外担保范畴。对外担保都是以外汇支付的，但以外汇支付的担保并不全是对外担保，应当注意区分。

——曹士兵：《中国担保制度与担保方法》（第三版），中国法制出版社 2015 年版，第 66 ~ 68 页。

在内资外保案件中，在准据法的确定上，当然也有意思自治原则的适用，但我国对其的控制是比较严格的。因为内资外保涉及外汇管制问题，一般须经审批。因此，即便当事人约定了适用域外法，但如因此而规避了审批，实践中一般都认定其构成法律规避，从而认定此种约定无效，并最终导致适用我国法律。在本院审理的（2002）民四终字第6号中银香港公司诉宏业公司等担保合同纠纷案中，当事人虽然在独立担保契约中约定适用香港的法律，但由于香港特别行政区与我国内地分属于不同的法域，根据《民通意见（试行）》第一百九十四条规定所确立的原则，涉外合同当事人选择法律适用时，不得规避我国强制性或者禁止性法律规范。我国内地对于对外担保有强制性的规定，本案担保契约如果适用香港法律，显然规避了上述强制性规定，故本案当事人关于担保契约适用香港法律的约定不发生法律效力。根据最密切联系原则，本案纠纷应适用我国内地的法律。

——刘贵祥：《独立保函制度的现实与展望》，载万鄂湘主编、最高人民法院民事审判第四庭编：《涉外商事海事审判指导》总第18辑，人民法院出版社2009年版，第164页。

编者说明

关于对外担保的范围认定，主要是依据中国人民银行《对外担保管理办法》。关于对外担保合同的效力认定和处理问题，最高人民法院的主流观点主要体现在前述副院长讲话精神、公报案例和相关著述中，即：中国人民银行《对外担保管理办法》、国家外汇管理局《对外担保实施细则》关于对外担保管理和限制的规定，实质上构成了公序良俗中的指导性经济公序。对外担保合同未按规定在行政管理机关办理批准登记手续的，依法应认定无效。对于造成合同无效，应按照各方当事人的过错确定其责任。

1225

外商独资企业作为担保人提供对外担保的，应在外汇管理机关登记，未登记的应认定无效

关键词｜外商独资企业对外担保｜对外担保合同效力｜

【《最高人民法院公报》案例】

香港上海汇丰银行有限公司上海分行与景轩大酒店（深圳）有限公司、万轩置业有限公司金融借款合同纠纷案［最高人民法院（2010）民四终字第12号民事判决书］

裁判摘要：最高人民法院《担保法解释》第六条第（一）项明确规定，未经国

家有关主管部门批准或者登记对外担保的，对外担保合同无效。根据《对外担保管理办法》的有关规定，外商独资企业提供的对外担保虽然不需要逐笔审批，但仍然需要进行登记，故在审理涉及外商独资企业作为担保人提供的对外担保合同纠纷时，仍应对其提供的对外担保是否在外汇管理机关登记进行审查，未登记的应认定无效。

最高人民法院经审理认为：本案所涉担保是景轩公司为万轩置业向汇丰上海分行的借款提供抵押担保，该担保属于《对外担保管理办法》第二条规定的对外担保。由于景轩公司系外商独资企业，根据国家外汇管理局颁布的《对外担保实施细则》第八条第二款规定，外商独资企业可以自行提供对外担保，无需得到外汇局逐笔批准。但《对外担保管理办法》第十四条第一款明确规定："担保人提供对外担保后，应当到所在地的外汇局办理担保登记手续。"《担保法解释》第六条第（一）项明确规定，未经国家有关主管部门批准或者登记对外担保的，对外担保合同无效。按照上述规定，外商独资企业提供的对外担保虽然不需要逐笔审批，但仍然需要进行登记。未登记的，根据《担保法解释》的相关规定，担保合同仍应认定无效。故上海高院关于"对外担保合同是以批准为生效前提的，而是否办理登记不影响对外担保合同的效力"的观点缺乏法律依据。

本案抵押担保合同系当事人真实意思表示，相关抵押物在深圳市规划国土局福田分局办理了抵押登记，根据《对外担保实施细则》第八条第二款的规定，景轩公司作为外商独资企业可以自行提供对外担保，无需得到外汇局逐笔批准。根据本院查明的事实，景轩公司亦就该对外担保合同在国家外汇管理局深圳市分局补办了登记手续。由于汇丰银行改制，原汇丰深圳分行的授信及担保业务转至上海汇丰银行，对外担保登记表中抵押权人一栏明确写明为"香港上海汇丰银行有限公司上海分行（原上海汇丰银行有限公司深圳分行）"。上述事实充分表明景轩公司对于债权人变更为汇丰上海分行是明知并同意的。本案抵押担保合同不存在依法应认定无效的情形，上海高院关于案涉抵押担保合同合法有效的结论是正确的。同时，上海高院关于"景轩公司在贷款代偿催收函回函上的确认应视为对抵押担保责任范围的确认。故景轩公司在本案中应承担的抵押担保范围包括主债权及利息、违约金（即违约利息）和实现抵押权的费用，即万轩置业所欠的贷款本金港币 118354000 元及相应利息和上述律师费损失"的意见亦是正确的，根据担保法的相关规定，景轩公司应当对万轩置业所欠主债务承担抵押担保责任。景轩公司关于本案对外担保无效的上诉理由不能成立。

——《最高人民法院公报》2014 年第 6 期

1226

主管部门越权审批或原批文失效后进行的担保登记无效

关键词｜对外担保合同效力｜

【最高人民法院裁判文书】

深圳南油与东亚银行、宝生银行、中国国际财务公司及上海纪盛房产公司借款合同、担保纠纷二审案［最高人民法院(2002)民四终字第26号民事判决书］

最高人民法院经审理认为：关于本案所涉《担保协议》的效力问题。上诉人南油公司认为《担保协议》应认定无效，其理由为：一、按照《对外担保实施细则》第十一条即“外汇局批准担保人提供对外担保后，担保人6个月内仍未出具对外担保的，外汇局的批准文件自动失效。如需继续担保，担保人须另行报批”的规定，深圳外管局在超过批复时间6个月后于1998年8月5日所作外汇担保登记缺乏法定依据。二、根据上述实施细则第八条第一款第(二)项即“担保人(不含外商独资企业)为外商投资企业提供1年期以上(不含1年)的对外担保和为境外机构提供的对外担保，由担保人报经其所在地的省、自治区、直辖市分局初审后，由该分局报国家外汇管理局审批”的规定，深圳外管局为本案担保所作登记超出了其权限，亦应认定无效。本院认为，本案《担保协议》虽然对担保期限约定为一年，然而深圳外管局对本案所涉对外担保进行登记时却将担保期限登记为三年，按照《对外担保实施细则》的有关规定，对于对外担保期限为三年的，应由国家外汇管理局直接审批，深圳外管局无权审批。虽然可以认定外汇局在批复失效后对对外担保进行登记的行为有效，但深圳外管局并没有权力对为外商投资企业提供的超过一年期(不含一年)的对外担保进行审批。因此，本案所涉《担保协议》并没有按照《对外担保实施细则》的规定经过国家外汇管理局的审批。根据《担保法解释》第六条第(一)项之规定，“未经国家有关主管部门批准或者登记对外担保的”的本案《担保协议》应认定无效。对外担保的登记手续虽由担保人南油公司办理，但三债权人作为金融机构，应当知晓内地实行的对外担保登记制度的各项规定。因此，《担保协议》的无效，债权人和担保人均有过错。根据《担保法解释》第七条即“主合同有效而担保合同无效，债权人、担保人有过错的，担保人承担民事责任的部分，不应超过债务人不能清偿部分的二分之一”的规定，上诉人南油公司应对三债权人行使抵押权后不能清偿的部分在3000万美元范围内承担50%的赔偿责任。上诉人南油公司关于《担保协议》无效的上诉理由成立,本院予以支持。原审判决对于《担保协议》效力的认定是错误的,应予纠正。

南油公司同时上诉认为,《贷款协议》已经终止,本案所涉债务是一个新的法律关系,《担保协议》因主合同的终止而自然失效,南油公司无需承担担保责任。《贷款协议》最终履行时,确实因友联银行的退出而导致了贷款额度以及放贷时间的变更,但这是借贷双方一致同意进行变更的结果,并不能因此认为《贷款协议》已经解除。纪盛公司因此办理的亦是外债变更登记,而非新的外债登记手续。南油公司在《担保协议》中已明确表示放弃对《贷款协议》所有变更事项的抗辩。因此,对于友联银行的退出从而主合同的变更无需征得担保人南油公司的同意,南油公司亦无权提出异议。南油公司上述上诉理由没有事实依据,本院不予支持。

本案所涉《担保协议》因缺乏法定手续而应认定无效,但担保人南油公司在《担保协议》中承诺的担保范围却是明确清楚的,即在债权人行使抵押权后,对于仍不能受偿的部分,由担保人在3000万美元的范围内承担责任,而非南油公司上诉所称3000万美元范围内扣除抵押物相应价值后的剩余部分。因此,南油公司关于担保范围的上诉理由亦没有事实依据,本院亦不予支持。

——汇法网裁判文书,http:www. lawxp. com。

编者说明

《担保法解释》规定未经国家有关部门批准或者登记的对外担保无效,但未明确主管部门越权审批或原批文失效后进行登记的对外担保的效力。就相关问题,国家外汇管理局在给最高人民法院的答复函中指出:一是担保人(不含外商投资企业)为外商投资企业提供一年期以上(不含1年的)对外担保和为境外机构提供对外担保的,担保人所在地的国家外汇管理分局未经国家外汇管理局批准,直接进行审批的,属于越权审批行为;二是外汇局批准担保人提供担保,担保人6个月内未出具对外担保,外汇局的批准文件自动失效后,如外汇局未再次对对外担保进行审批就予以登记的,外汇局的登记行为应视为对外担保的再次审查,登记应予生效。但本案判决中,最高人民法院的观点为:主管部门越权审批的对外担保以及在原批复文件失效后进行登记,担保无效。显然,并未采纳国家外汇管理局的第二项意见。

此外,《国家外汇管理局关于转发和执行最高人民法院关于担保法解释的通知》中明确:根据《担保法解释》规定,违规对外担保合同为无效合同。违规对外担保合同包括实质性违规和程序性违规。实质性违规指担保人的对外担保行为应当经外汇局批准,但担保人在签订担保合同前未经批准的。程序性违规指担保人的担保行为已经外汇局批准或无须批准，但在提供对外担保后，未按规定到外汇局办理对外担保登记手续的对外担保合同。①

1227

对外担保合同因未经审批被确认无效后，各方当事人应根据过错承担责任

关键词｜对外担保合同效力｜过错责任｜

【《最高人民法院公报》案例】

农银财务有限公司与广东三星企业（集团）公司车桥股份有限公司担保合同纠纷案［最高人民法院（2004）民四终字第23号民事判决书］

裁判摘要：根据最高人民法院《担保法解释》的规定，抵押合同被确认无效后，当事人之间责任的承担应当根据其过错程度确认。对于因违反我国法律、行政法规而认定无效的抵押合同，因我国法律、行政法规均对外公开，各方当事人都应当了解我国法律、行政法规的相关规定，故应认定各方当事人对于抵押合同的无效均存在一定的过错。

最高人民法院认为：《对外担保管理办法》第二条规定，"本办法所称外汇担保系指以自有外汇资金向境外债权人或境内的外资银行、中外合资银行或外资、中外合资非银行金融机构承诺，当债务人未按合同规定偿付外汇债务时，由担保人用外国货币履行偿付义务的保证"。显然，以自有外汇资金作担保是该办法的适用范围。但是，三星车桥公司的抵押担保是针对外汇债务的担保，履行担保责任时必将涉及以外汇偿债的问题。根据《对外担保管理办法》的规定，外汇担保须经外汇管理部门审批、管理和登记。未经审批的外汇担保违反我国外汇管理制度，应认定无效。对此，一审判决认定三星车桥公司出具的《不可撤销担保书》无效是正确的。

本案的抵押担保行为发生在《担保法》施行之后，抵押合同被认定无效后应当适用《担保法》及《担保法解释》的规定来确定当事人各方的责任。

---

① 王耀明：《银行法律实务报告》，法律出版社2006年版，第211～212页。

根据《担保法解释》的规定，抵押合同被确认无效后，当事人之间责任的承担应当根据其过错程度来确认。由于我国实行的是外汇管制制度，关于外汇担保的管理办法也是向社会公开的，因此各方当事人都应当知道我国的法律规定。上诉人以批准手续应当由被上诉人办理为由，认为自己没有过错的主张是不成立的。如果仅以批准手续的办理来确定担保合同无效后的责任，则境外债权人就可以不顾我国的外汇管制政策和规定，可以因没有过错而不承担责任，最终将导致虽然抵押担保无效，但是实体处理与有效合同一致的后果。原审法院认为三星车桥公司和农银公司未经内地外汇管理部门批准提供和接受担保，对担保合同的无效均具有过错是正确的。根据《担保法解释》第七条的规定，在主合同有效而担保合同无效的情形下，"债权人和担保人都有过错的，担保人承担民事责任的部分，不应超过债务人不能清偿部分的1/2"，据此，原审法院判决担保人三星车桥公司应对债务人俊兴公司不能清偿部分的1/2向债权人农银公司承担赔偿责任并无不当。

——《最高人民法院公报》2007年第2期

中银香港公司诉宏业公司等担保合同纠纷案[最高人民法院(2002)民四终字第6号民事判决书]

裁判摘要：二、对外担保合同未按规定在行政管理机关办理批准登记手续的，依法应认定无效。对于造成合同无效，主债权人及担保人均有过错，应各自承担相应的责任。

最高人民法院认为：宏业公司和新业公司是为香港公司向香港银行的外币借款进行担保，该担保属于对外担保。根据我国内地关于对外担保的有关规定，此类担保应该到外汇管理部门办理有关批准登记手续。而本案宏业公司和新业公司出具的担保契约未办理上述手续，根据《担保法解释》第六条第(一)项的规定，该担保契约应认定无效。原审法院对于本案担保契约效力的认定是正确的。但原审法院认定担保契约无效的责任完全由宏业公司和新业公司承担，属于划分责任不当。对于造成担保契约无效，债权人国华银行同样具有过错。国华银行作为债权人在接受担保时，有义务了解担保人宏业公司和新业公司是否具有出具此类担保的资格，出具此类担保是否需要由有关部门批准，担保人是否履行了批准手续，如果有关担保手续不完备，国华银行有义务督促担保人予以补正，从而取得一份完备有效的担保，使自己的权益得到更好的保障。但本案中在宏业公司和新业公司出具的担保未经有关外汇管理部门批准登记的情况下，国华银行未履行上述其应尽的义务而予以接受，因此对于本案所涉两份担保契约因缺乏法定审批登记手续而导致无效，宏业公司、新业公司及国华银行均存在过错。宏业公司关于对于造成担保契约国华银行存在过错的上诉请求，本院予以支持。原审法院认为担保契约无效的责任完全由担保人宏业公司和新业公司承担，划分责任不当，本院应予纠正。根据《民法通则》第六十一条第一款、《担保法》第五条第二款的规定，宏业公司和新业公司应当分别对主债务人不能清偿的部分承担相应赔偿责任。即使宏业公司和新业公司承诺如果因未办理法律规定的手续导致担保无效，其将承担一切责任，但该承诺应认定无效。如上所述，对于造成担保契约无效，宏业公司、新业公司及债权人国华银行均有过错，根据有关法律规定，宏业公司、新业公司只应当对主债务人不能清偿部分承担相应的赔偿责任。如果认定宏业公司和新业公司作出的承担一切责任的承诺有效，不仅违反了上述规定，而且规避了我国关于外汇管理的有关规定，使得债权人在对外担保契约因未经我国外汇管理部门批准登记而无效的情况下，却取得了同担保契约有效时相同的结果，因此宏业公司和新业公司上述承诺应认定无效。

据此，最高人民法院判决撤销一审判决，改判对于达利丰集团有限公司所欠中银香港公司款项，由宏业公司对达利丰集团有限公司不能偿还部分的 1/3 向中银香港公司承担赔偿责任；由新业公司对达利丰集团有限公司不能偿还部分的 1/3 向中银香港公司承担赔偿责任。

——《最高人民法院公报》2005 年第 7 期

【最高人民法院裁判文书】

汕头海洋（集团）公司、李国俊、中国银行（香港）有限公司担保合同纠纷案［最高人民法院（2011）民四终字第 17 号民事判决书］

最高人民法院认为：根据《外汇管理条例》第二十四条的规定，本案所涉三份担保合同均应当报经国家外汇管理部门批准，而该三份担保合同虽然履行了报批手续，但最终并未获得国家外汇管理局的批准。因此，应当认定该三份担保合同无效。对于本案所涉担保合同无效，双方当事人均负有过错，而且过错相当。根据《担保法》第五条第二款的规定，“担保合同被确认无效后，债务人、担保人、债权人有过错的，应当根据其过错各自承担相应的民事责任”。因此，海洋集团、李国俊均应当对其提供担保范围内的 SOE 集团所欠香港中行的债务中不能清偿部分向香港中行承担相应的损失赔偿责任。

海洋集团、李国俊虽然履行了担保合同的报批义务,并不因此构成规避法律的行为,但本案所涉担保合同系因最终未能获得国家外汇管理局的批准而被认定无效,海洋集团、李国俊系对造成该无效的后果负有过错责任。因此,上诉人海洋集团、李国俊关于其在本案中没有过错、所涉担保合同并非无效的上诉理由不能成立,不应予以支持。原审判决适用内地法律认定本案所涉担保合同均为无效的结论是正确的。

关于上诉人海洋集团、李国俊承保范围的确定。本案中,海洋集团于2000年10月20日向香港中行出具保证函,承诺因贷款人应借款人及保证人的请求为借款人提供放款或给予其他银行信贷便利,海洋集团无条件及不可撤销地保证在贷款人书面要求时,支付及清偿由贷款人现时或将来不时贷予借款人的本金以及包括但不限于放款本金的所有应付利息、手续费和贷款人向借款人收取的各项到期未付费用,以不超过4200万港元为限;保证函中还承诺"保证人依照本保证函承担保证责任的期间从本保证函签署日开始,直至贷款人书面要求保证人清偿到期债务之日计6年止"、"本保证函构成保证人承担直接责任而且是一项连续性的保证,有效期直至借款人所欠的一切款项全部偿还给贷款人为止"等。李国俊于同日向香港中行出具的担保书中承诺:一经银行书面要求,即偿还无论现时确定的或者可能存在的、无论现在或之后任何时候发生的或未偿付的主债人SOE集团未向银行清偿的全部债务,包括但不限于主债务人在任何融资授信、交易、事务、保证、合同和/或责任、债务、任何种类的契约和/或在任何单据、汇票、通知、保证和/或赔偿下的应向银行支付的任何和全部到期应付债务、产生或将产生的利息、应向银行支付的佣金、费用及其他费用等,全部金额以不超过4200万港元为限。尽管上述对外担保因未经国家外汇管理机关批准而被认定无效,但从该保证函、担保书的内容分析,海洋集团、李国俊的真实意思是为SOE集团向香港中行2000年10月20日以后的贷款在4200万港元的范围内承担连带保证责任,其并非专门针对2000年9月20日香港中行向SOE集团出具的授信函中明确列举的几类债务而出具的保证函,因此,不论借款人SOE集团实际使用授信协议项下的额度是T/R额度,还是其他授信额度,海洋集团均应以4200万港元为限向香港中行承担相应的赔偿责任。海洋集团关于其至多只应在2000万港元的额度内承担责任以及主合同变更未经其同意应免除其担保责任的上诉理由均不能成立。此外,海洋集团于2001年2月8日向香港中行又出具一份保证函,除以不超过300万美元为限外,其他承诺均与海洋集团于2000年10月20日向香港中行出具保证函相同。因此,海洋集团还应在300万美元的范围内向香港中行承担相应的损失赔偿责任。

关于上诉人海洋集团、李国俊法律责任的划分。香港中行作为债权人，要求债务人提供多项担保，目的就是为了保证其债权的顺利实现。在担保合同因未经批准而被认定无效的情况下，如果判令多个担保人共同向债权人承担不超过二分之一的赔偿责任，对债权人而言将有失公平。且本案中，海洋集团、李国俊系分别向香港中行出具的担保函，并非在一份担保函上共同签署，海洋集团与李国俊之间并无意思联络，因此，海洋集团与李国俊应当分别向香港中行承担各自的赔偿责任。

香港中行与SOE集团之间的债权债务已经由香港法院作出HCMP2082/2002号令。其中，对于本金4554722.76万美元及其利息、费用部分和本金270万美元及利息部分，海洋集团、李国俊均予承保，只是海洋集团和李国俊承保的限额不同，海洋集团的承保限额为4200万港元和300万美元，而李国俊承保的限额为4200万港元。因此，对由于SOE集团不能清偿上述债务合计为11489462.15美元及其中7254722.76美元的利息（从2006年9月1日起至实际清偿之日止，按香港高等法院HCMP2082/2002号令确定的相应利率标准计算）而给香港中行造成的损失，应当由海洋集团在4200万港元和300万美元的范围内向香港中行承担三分之一的赔偿责任；由李国俊在4200万港元的范围内向香港中行承担三分之一的赔偿责任。原审判决主文第一、二项对海洋集团、李国俊的法律责任作出的处理不当，应予改判。上诉人海洋集团、李国俊关于原审判决将导致香港中行无需对自己的过错承担相应责任而有失公平的上诉理由成立，应予支持。

香港中行与SOE集团之间的授信协议的效力、香港中行与SOE集团之间进口押汇项下的相关单据是否构成物的担保以及香港中行在处理进口押汇项下单据的过程中是否存在放弃物的担保的问题、SOE集团三处房产的抵押问题、香港中行向SOE集团的300万美元贷款是否实际支付等问题，并非本案的审理范围。因此，对上诉人海洋集团、李国俊提出的本案所涉授信协议作为主合同因未满足提供有效担保这一先决条件而应被认定未生效的上诉理由、SOE集团将进口单据项下的货物抵押给香港中行但香港中行在未告知保证人并征得同意的情况下将提单交由SOE集团先行处置货物导致这一物的担保性能实际丧失从而加重了担保人的担保责任并根据《担保法》的相关规定其应予免责的上诉理由、SOE集团抵押给香港中行的三处房产应当属于本案所涉债务的抵押物进而应当免除其相应的担保责任的上诉理由、300万美元贷款不应计算的上诉理由等，均不予支持。

——中国裁判文书网，http://wenshu.court.gov.cn。

1228

对外担保未经审批，债权人又在未经担保人同意的情况下将债权转让给第三人，担保人不得以未经其同意为由免除其赔偿责任

关键词｜担保责任｜赔偿责任｜

【最高人民法院答复】

广东省高级人民法院：

你院粤高法〔2009〕441号《关于香港盈伞财务公司诉广东华美集团有限公司担保合同纠纷有关法律问题的请示》收悉。经研究，答复如下：

担保人基于担保合同既可能承担在担保合同有效情况下的担保责任，也可能承担在担保合同无效情况下因其过错而产生的赔偿责任。《最高人民法院关于适用〈中华人民共和国担保法〉若干问题的解释》第六条第一款第（五）项虽然规定在对外担保的情况下，“主合同变更或者债权人将对外担保合同项下的权利转让，未经担保人同意和国家有关主管部门批准的，担保人不再承担担保责任”。但该规定适用的情形是指担保人向原债权人出具的对外担保办理了相关的批准登记手续，对外担保是有效的，原债权人向第三人转让债权后，对外担保未依照有关规定经过担保人同意并重新办理批准、登记手续，从而造成担保无效。此种情形担保人对于造成对外担保无效是没有过错的，故上述司法解释规定免除了担保人的担保责任。而本案中担保人华美集团有限公司向原债权人中南银行香港分行出具的对外担保因未经批准、登记而应认定无效，对造成担保无效担保人是有过错的，现在所要解决的是担保人应否该承担赔偿责任的问题，《最高人民法院关于适用〈中华人民共和国担保法〉若干问题的解释》第六条第一款第（五）项的规定不适用于本案。

《中华人民共和国合同法》第八十一条规定：“债权人转让权利的，受让人取得与债权有关的从权利，但该从权利专属于债权自身的除外。”在担保人应当向原债权人承担赔偿责任且法律并未规定该种赔偿责任具有特定人身属性的情况下，如果原债权人依法将债权转让给了第三人，此时受让债权的第三人享有的权益，既应包括合同有效的情况下，依据合同要求对方履行义务的权利，也应包括在合同无效的情况下，要求存在过错的合同相对方承担赔偿责任的权利。因此未经审批的对外担保的债权人在未经担保人同意的情况下将债权转让给第三

人，在债权转让依法有效的情况下，担保人仍应向受让债权的第三人承担相应的赔偿责任，而不应以债权转让未经担保人同意为由免除其赔偿责任。

——《最高人民法院关于香港盈伞财务公司诉广东华美集团有限公司担保合同纠纷有关法律问题的请示的复函》(2010 年 3 月 23 日，〔2010〕民四他字第 5 号)

1229

对外担保因未办理审批及登记手续而无效，主债权数额已经香港特别行政区高等法院判决确定，可以作为事实予以确认

关键词 | 涉港经济纠纷 | 对外担保合同 |

【最高人民法院裁判文书】

广东发展银行江门分行诉香港新中地产有限公司借款担保上诉案[最高人民法院(2001)民四终字第 14 号民事裁定书]

最高人民法院经审理认为：本案系涉港经济纠纷案件，根据《最高人民法院关于审理涉港澳经济纠纷案件若干问题的解答》等司法解释的有关规定，审理涉港经济纠纷案件，在程序方面应适用《民事诉讼法》涉外编的有关规定，即此类案件应比照涉外案件进行处理。根据有关法律规定，涉外案件当事人可以选择处理争议所适用的实体法。但本案当事人未就处理争议所适用的实体法作出选择。本案系担保合同纠纷，根据最密切联系原则，应适用担保人江门发展行所在地，即我国内地的法律作为解决争议的实体法。对此当事人亦无异议。原审法院对本案法律适用的选择是正确的。

本案中，新中地产公司已经就主合同纠纷，以回丰公司为被告向香港特别行政区法院提起诉讼，香港特别行政区高等法院已经作出判决，确认了主债务的数额。新中公司提供了香港特别行政区高等法院的判决等证据材料，证明主债务的有效存在及主债务的数额等事实问题。江门发展行未能提供充分证据予以反驳，故对香港特别行政区高等法院判决中确定的关于新中公司与回丰公司之间的主债务有效存在及其债务的数额，本院作为事实予以确认。

从新中公司与回丰公司签订的贷款契约及其补充契约，以及江门发展行出具

的担保书和确认书的内容可以看出,江门发展行在其出具的担保书和确认书中提出的《融资协议》的内容与《贷款契约》的签约主体、贷款用途、贷款数额、利息计算标准、支付时间等内容完全是相同的,而且江门发展行未能提供证据证明新中公司与回丰公司之间在《贷款契约》之外还存在一份《融资协议》。因此,原审法院根据当事人提供的证据情况并依据《最高人民法院关于民事经济审判方式改革问题的若干规定》第二十三条规定,认定《贷款契约》即为本案担保关系所指向的主合同是正确的。江门发展行关于原审法院简单推断《融资协议》就是《贷款契约》,勉强认定担保合同成立,缺乏证据的上诉理由不能成立,本院不予支持。

本案中江门发展行出具了两份担保性质的书面文件,即 1994 年 4 月 11 日出具的担保书和 1996 年 6 月 20 日出具的确认书。由于《担保法》是 1995 年 10 月 1 日开始施行,本案担保书出具在《担保法》施行之前,根据《担保法解释》第一百三十三条第一款的规定,在确认担保书是否成立及效力等问题时,不能适用《担保法》及其司法解释,而应适用《民法通则》及《经济合同法》的有关规定;同时,《最高人民法院关于审理经济合同纠纷案件有关保证的若干问题的规定》(以下简称《保证问题规定》)是根据《民法通则》及《经济合同法》作出的有关司法解释,因此,该规定可以适用于本案。确认书是在《担保法》施行后出具的,因此对其是否成立及效力等问题,可以适用《担保法》及其司法解释的规定。

《保证问题规定》第一条第(二)项规定:“保证人以书面形式向债权人表示,当被保证人不履行债务时,由其代为履行或者承担连带责任并为债权人接受的,保证合同成立。”《担保法解释》第二十二条第一款规定:“第三人单方以书面形式向债权人出具担保书,债权人接受且未提出异议的,保证合同成立。”因此,根据上述规定及本案有关事实,可以认定江门发展行出具的担保书和确认均是成立的。因此,上诉人江门发展行关于其出具的担保书和确认书不成立的上诉理由不能成立,本案不予支持。

本案担保人江门发展行为内地的金融机构,债权人新中公司是在香港注册成立的公司,江门发展行出具的担保书和确认书在性质上属于对外担保。根据 1987 年 6 月 17 日国务院批准、同年 8 月 27 日国家外汇管理局发布的《外债统计监测暂行规定》和 1991 年 9 月 26 日国家外汇管理局公布的《境外机构对外提供外汇担保管理办法》,对对外担保作了限制,即境内机构对外提供担保应经过我国外汇管理部门的审批和登记。《担保法解释》第六条第(一)项规定未经国家有关主管部门批准或者登记对外担保的,对外担保合同无效。由于江门发展行出具的担保书和确认书未经国家外汇管理部门批准,故均应认定无效。原审法院对担保合同效力的认定是正确的。

作为债权人的新中公司在接受担保时,有义务了解担保人江门发展行是否具有出具此类担保的资格,出具此类担保是否需要有关部门批准,江门发展行是否履行了批准手续,如果有关担保手续不完备,新中公司有义务督促江门发展行予以补正,从而取得一份完备的有效的担保,使自己的权益得到更好的保障。但本案中在江门发展行出具的担保文件未经国家有关外汇管理部门审批的情况下,新中公司未履行上述其应尽的义务而予以接受,因此对于造成本案担保合同因缺乏法定审批手续而导致无效,新中公司及江门发展行均存在过错,原审法院认为造成担保合同无效的责任完全在江门发展行,新中公司对造成担保合同无效没有过错,属于划分责任不当,本院予以纠正。

对于江门发展行关于新中公司放弃了债务人的多项抵押担保和江门市财政局的保证担保,因而扩大损失,对于这些损失,根据无须由上诉人承担的上诉理由,由于江门发展行未能提供充分的证据材料予以证明,故本案不予支持。江门发展行关于其出具的担保书、确认书对承担责任的范围有明确规定,其只应对本金及三年利息约壹仟万美元承担责任的上诉理由,因担保书、确认书均无效,故不应再按担保书、确认书中约定的内容确定当事人的责任,因此,对该上诉理由,本院亦不予支持。

由于对造成本案担保合同无效,新中公司与江门发展行均有过错,根据《民法通则》第六十一条第一款、《担保法》第五条第二款以及《担保法解释》第七条的规定,对于本案债务,江门发展行应当对回丰公司不能清偿部分的二分之一承担赔偿责任。

——最高人民法院办公厅编:《最高人民法院公布裁判文书(2002 年)》,人民法院出版社 2003 年版,第 480 ~ 493 页。

编者说明

本案当事人没有约定适用的法律,故按照最密切联系原则适用了担保人所在地法律——中国法律。本案对外保证合同因没有向国家外汇管理局办理审批及登记手续,故合同无效。对于无效,最高人民法院认定债权人及保证人都有过错,并判决保证人对债务人不能清偿部分的二分之一承担赔偿责任。本案主债权数额已经香港特别行政区高等法院判决确定,最高人民法院作为事实予以确认。

1230

向中国境内银行的国外分行出具的担保属对外担保，未办理审批和登记手续的，应为无效

关键词｜对外担保｜赔偿责任｜

【最高人民法院裁判文书】

中国银行新加坡分行诉麦科特集装箱(惠州)有限公司、麦科特大厦、麦科特集团有限公司借款合同纠纷案[最高人民法院(2001)民四终字第26号民事判决书]

最高人民法院认为:本案中,贷款人新加坡分行与借款人集装箱公司于1995年8月18日签订的《贷款合同》,是双方当事人的真实意思表示,内容、形式均符合中华人民共和国有关法律规定,且当事人已根据国家外汇管理局1987年8月27日颁布并实施的《外债统计监测暂行规定》的有关规定履行了外债登记手续,该《贷款合同》为有效合同。双方当事人应严格依约履行。集装箱公司在提取了新加坡分行提供的1000万美元贷款后,负有向新加坡分行还本付息的义务,其未能依约还本付息,构成违约,应承担违约责任。原审判决集装箱公司向新加坡分行支付1000万美元及其按《贷款合同》约定的利息、逾期利息是正确的,应予维持。

关于抵押合同是否有效的问题。麦科特大厦与新加坡分行于1995年8月18日签订的《抵押合同》属于外汇担保性质的合同。《对外担保管理办法》第二条规定:"本办法所称外汇担保系指以自有外汇资金向境外债权人或境内的外资银行、中外合资银行或外资、中外合资非银行金融机构承诺,当债务人未按合同规定偿付外汇债务时,由担保人用外国货币履行偿付义务的保证……"尽管其中未明确、具体地规定"对外抵押"这一外汇担保形式,但由于中华人民共和国系外汇管制国家,对外债实行登记管理制度,对外抵押属于国家外汇管理的范畴,因此应当履行由国家外汇管理部门进行的审批、登记手续。本案所涉《抵押合同》未履行该审批、登记手续,因而属于无效的民事行为。对此,双方当事人均有过错。根据《民法通则》第六十一条"民事行为被确认无效后……双方都有过错的,应当各自承担相应的责任"的规定,对于新加坡分行因集装箱公司不能支付到期债务而受到的损失,麦科特大厦应当承

担相应的赔偿责任。

关于保证合同是否有效的问题。集团公司于1995年8月18日向新加坡分行出具的《承诺书》亦系外汇担保性质的合同。根据上述《对外担保管理办法》第六条中“为境内机构对外提供外汇担保，由担保人所在地外汇管理部门审批”、第十条中“担保人出具担保后，应到所在地外汇管理部门办理担保登记手续”等规定，该外汇担保应向国家外汇管理部门办理审批、登记手续，而当事人未予办理，故该对外担保行为无效。对此，双方当事人均有过错。根据《民法通则》第六十一条的规定，对于新加坡分行因集装箱公司不能支付到期债务而受到的损失，集团公司应当承担相应的赔偿责任。

关于新加坡分行主张的律师费和差旅费问题。因当事人之间在《贷款合同》中明确约定了律师费和差旅费等费用的支付，且该约定有效，故应受到法律保护。对于新加坡分行已实际付出的律师费55150美元、差旅费6535美元，应由集装箱公司承担。同时，该笔费用属于新加坡分行因集装箱公司不能支付到期债务而受到的损失的范畴，因此麦科特大厦和集团公司向新加坡分行承担相应的赔偿责任中应当包括该笔款项。

关于赔偿责任具体划分的问题。本案所涉抵押合同、保证合同均无效，对此，抵押人麦科特大厦、保证人集团公司及债权人新加坡分行均有过错，因此，就新加坡分行因集装箱公司不能支付到期债务而受到的损失，应由麦科特大厦、集团公司、新加坡分行各自承担相应的责任。即对于集装箱公司到期不能支付新加坡分行的款项，由麦科特大厦和集团公司分别向新加坡分行承担三分之一的赔偿责任，其余三分之一的损失由新加坡分行自行承担。

因此，新加坡分行关于《抵押合同》有效的观点不能成立；关于其不应对《承诺书》的无效承担责任的观点亦不能成立；关于律师费和差旅费的损失，原审判决已将其包含在麦科特大厦和集团公司向新加坡分行承担的赔偿责任的范围内，二审予以维持，新加坡分行认为该部分内容漏判系其对原审判决的误解。

综上，原审判决主文第一项、第二项正确，应予维持。原审判决主文第三项判令麦科特大厦“在抵押物的价值范围内”承担赔偿责任，没有法律依据，既已认定抵押合同无效，就不应再以抵押合同中的内容约束当事人；该项判令麦科特大厦“对集装箱公司不能清偿新加坡分行债务部分的二分之一承担赔偿责任”，与原审判决主文第四项判令集团公司“对集装箱公司不能清偿新加坡分行债务部分的二分之一承担赔偿责任”将导致新加坡分行不承担任何法律责任的结果，故原审判决第三项、第四项不妥，应予变更。

广东省银行新加坡分行已并入中国银行新加坡分行，中国银行新加坡分行应承担广东省银行新加坡分行在本案中的一切债权债务。

——肖扬总主编、最高人民法院民事审判第四庭编：《中华人民共和国最高人民法院判案大系》（涉外商事海事卷－1996年～2002年卷），人民法院出版社2003年版，第317～326页。

编者说明

本案债务人向中国境内银行的国外分行借款，境内企业分别为债权提供不动产抵押和保证，此等担保为对外担保，应办理对外担保的批准和登记手续；其中，对外抵押虽然办理了登记手续，但因未在国家外汇管理部门办理审批或登记手续，故抵押无效；对外保证亦因同样原因无效。最高人民法院认为债权人、保证人、抵押人均有过错，判决无效保证人及无效抵押人对债务不能清偿部分各自承担三分之一赔偿责任。

1231

银行承诺监督专款专用不属于《担保法》所规定的保证，监督人没有尽到审查义务的，应当承担补充赔偿责任

关键词｜保证责任｜补充赔偿责任｜

【最高人民法院司法解释】

第二十六条 第三人向债权人保证监督支付专款专用的，在履行了监督支付专款专用的义务后，不再承担责任。未尽监督义务造成资金流失的，应当对流失的资金承担补充赔偿责任。

——《最高人民法院关于适用〈中华人民共和国担保法〉若干问题的解释》（2000年12月8日，法释〔2000〕44号）

【最高人民法院答复】

江苏省高级人民法院：

你院苏法经上字〔1991〕第21号请示报告收悉。经研究，答复如下：

据你院报告称：江苏省盐城市生产资料公司与深圳市上博联合企业公司在签订购销化肥合同时，曾经要求上博公司提供担保。当上博公司的开户银行深圳发展银行发展大厦支行站前分理处向盐城市生产资料公司的开户行盐城市工商银行具函，证明上博公司“完全可以承担你们的业务项目”，并承诺“你行款到我行后，由我行负责专款专用，并监督使用”后，盐城市生产资料公司才在合同上加盖了公章。汇票开出后，盐城市生产资料公司又派人向深圳发展银行站前分理处了解上博公司的情况，站前分理处主任承认该函为分理处所出，并表示对函的内容负责，盐城市生产资料公司才将盐城市工商银行开出的汇票交给上博公司，上博公司在入账时曾告知分理处负责人，该汇票系购买化肥款。据此，我们认为：深圳发展银行站前分理处虽未向盐城市生产资料公司作出担保合同履行或者承担连带责任的意思表示，但深圳发展银行站前分理处承诺对盐城市工商银行的汇款负责监督专款专用后，并未履行自己的义务，致使款到8日内被挪作他用。根据《民法通则》第一百零六条第一款关于“公民、法人违反合同或者不履行其他义务的，应当承担民事责任”的规定，深圳发展银行站前分理处应当承担与其过错相适应的责任。

——《最高人民法院关于金融机构不履行其义务是否应当承担责任问题的复函》［1991年10月23日，法（经）函〔1991〕131号］

【最高人民法院裁判文书】

四川信托有限公司与中国工商银行股份有限公司余姚支行、浙江好当家电器有限公司一般借款合同纠纷案［最高人民法院（2014）民一终字第184号民事裁定书］

最高人民法院认为：第三，工行余姚支行的监管责任不是担保责任。《监管协议》第六条明确约定工行余姚支行未履行或未完全履行本协议项下托管义务，给信托公司造成经济损失的，应当向信托公司赔偿相应损失。虽然《担保法解释》第二十六条规定监管人“保证监督支付专款专用”，并在未尽监督义务造成资金流失的情况下，“对流失的资金承担补充赔偿责任”，但是，其中的“保证监督支付专款专用”并非《担保法》所规定的担保形式，而在基于当事人之间的合同约定而形成的一种合同义务，违反该义务产生的赔偿责任也是基于《合同法》产生的违约责任，与保证人根据保证合同约定，在被保证人不履行债务时产生的一般保证责任和连带保证责任是完全不同的。《担保法》规定的担保方式只有保证、抵押、质押、留置和定金五种,《担保法解释》也没有扩张解释担保方式的范围,因此,一审裁定认定《监管协议》是"一种特殊的保证形式",视为"《信托贷款合同》项下的保证合同",并根据《担保法解释》第一百二十九条规定来确定案件管辖权,抹杀了保证责任和监管责任之间的差别,没有事实依据,属于适用法律错误。

——中国裁判文书网,http://wenshu.court.gov.cn。

中国农业银行佳木斯市市区支行与广西防城港区金海岸贸易公司购销钢材合同纠纷案[最高人民法院(2000)经提字第1号民事判决书]

裁判要旨:银行在向购货方出具的监督支付函中承诺监督供货方按合同规定的用途支付款项,防止挪作他用,如不能成交,监督供货方将款项退还,该函没有体现为双方债权债务提供保证的意思表示。银行所承诺的监督退款是按结算制度的规定监督退款,而不是保证退款,更不是代为退款。虽然监督函对购货方支付货款起到一定作用,但保证责任是一种较重责任,在银行没有作出保证的明确意思表示的情况下,不能推定保证成立。

最高人民法院再审认为:金海岸公司与中联公司签订的购销钢坯合同合法有效。金海岸公司按约将预付货款汇入中联公司账户,中联公司未按约供货,构成违约。原审判令中联公司向金海岸公司返还货款、支付违约金和赔偿金是正确的,应予维持。佳市农行在向金海岸公司出具的监督支付函中承诺对金海岸公司的预付货款监督支付,防止款项挪作他用,在不能成交时,按结算制定规定监督退款,因此其负有履行承诺的义务。佳市农行在中联公司请求拨付货款时,审查了中联公司与农垦公司签订的钢坯购销合同,约定的品名、数量、到港与中联公司和金海岸公司签订的钢坯购销合同一致,货款没有挪作他用后将款汇出,并且在汇票上特别注明:"专款专用,按合同监督支付,货款只限于转农垦公司,不用退回,不予转汇",由于监督支付函中没有明确具体约定货款支付的审查内容,因此,佳市农行已尽到审查之责,履行了监督支付义务。但佳市农行在中联公司没有履行合同,中联公司账户尚有金海岸公司剩余货款的情况下,仅监督退还金海岸公司131万元,尚余31.5万元未监督退还,被中联公司挪用,未全部尽到其承诺的监督退款义务,负有过错,应承担与其过错相应的民事责任。原审认定佳市农行完全未履行监督支付义务,且出具的监督支付函具有保证作用,判令其对中联公司债务在2699.38504万元内承担连带清偿责任缺乏事实和法律依据,不予支持。

——肖扬总主编、最高人民法院审判监督庭编:《中华人民共和国最高人民法院判案大系》(审判监督卷－2001 年～2002 年卷),人民法院出版社 2003 年版,第 139～143 页。

【链接：最高人民法院法官著述】

保证监督专款专用不属于《担保法》所规定的担保,但实务中约定对专款专用进行监督的情况较多,由此引发的纠纷也不少,因此《担保法解释》第二十六条规定:“第三人向债权人保证监督支付专款专用的,在履行了监督支付专款专用的义务后,不再承担责任。未尽监督义务造成资金流失的,应当对流失的资金承担补充赔偿责任。”

监督专款专用可以用于普通交易关系中,比如买卖合同,也可以用于特定交易关系中,如粮食收购,以保证资金安全。履行监督义务的主体一般具有监督管理条件,如银行等金融机构。保证监督专款专用的保证人承担的是赔偿责任,相当于一般保证人,属于第二顺序债务人,保证责任的成立以其在履行监督义务中存在过错为要件。衡量监督专款专用的保证人是否存在过错,以保证人是否尽到监督职责为标准,通常参照银行结算的做法。在银行结算业务中,银行仅对客户提供的单据作形式上的审查,除属于银行签发的单据外,银行对单据不负责实质审查。保证人承诺监督专款专用,也仅承担对当事人所提交的有关单据材料作形式上审查的义务,如果监督人的形式审查符合银行业务规程和商业习惯,不存在过错的,即便资金并未实际专用,保证人也不承担担保责任。如果监督人违反善良管理人义务,对债务人提供的材料审查不严,出现与监督人专业身份不符的错误的,则可以认定监督人没有尽到审查义务,应当承担补充赔偿责任。

——曹士兵:《中国担保制度与担保方法》(第三版),中国法制出版社 2015 年版,第 142 页。

第三人未履行监督专款专用行为应当如何承担责任?

首先,第三人承担责任的前提是其没有尽到所承诺的义务,在履行监督义务时具有一定的过错。例如,对卖方所提交的假合同审查不严,没有发现明显的瑕疵,最终造成了款项损失。如果第三人在履行义务过程中没有过错,则不承担责任。实践中不能因为银行收取了手续费，而将这种关系认定为担保，无论其是否具有过错，均判令其承担责任。

其次，第三人仅承担补充责任。在债务人将特定的款项挪用，或者因其他原因不能履行合同，造成款项流失时，如果第三人存在过错应当承担责任的，也应当首先判令债务人承担责任，而第三人只应对债务人不能清偿的部分承担补充责任。在其承担了责任之后，有权向债务人追偿。此点与一般保证责任相似。

——李国光、金剑峰、曹士兵：《最高人民法院〈关于适用《中华人民共和国担保法》若干问题的解释〉理解与适用》，吉林人民出版社2000年版，第131页。

编者说明

保证监督专款专用是金融机构或企业主管部门对相对人承诺，仅在被监管人符合专款专用条件时才向其发放资金，以保障资金安全。以《担保法》关于保证方式的规定衡量，保证监督专款专用不具备典型意义上保证方式的特征，但此类保证形式也产生与保证责任类似的法律责任。

关于银行监督专款专用的性质，中国人民银行对最高人民法院经济庭答复意见：一、监督专款专用不是银行的义务范围内的事；二、银行不可能做到对专款专用实行监督，更不可能保证专款专用。因此，银行出具的专款专用监督保证函，没有实际意义。如果仅从书面形式上监督，对预付款人起不到保证作用，也是没有意义的。①

应当说明的是，对监督人未尽监督义务造成资金流失应当承担的赔偿责任，《保证问题规定》第九条规定与《担保法解释》第二十六条规定存在差异，前者规定监督人"对流失的资金承担连带责任"，后者规定监督人"对流失的资金承担补充赔偿责任"。前者适用于1994年4月15日至1995年10月1日《担保法》生效之日止的期间内，②在1995年10月1日《担保法》生效实施后即不再适用。

从《最高人民法院关于金融机构不履行其义务是否应当承担责任问题的复函》和《担保法解释》第二十六条规定来看，银行向债权人承诺监督专款专用，即有义务对当事人所提交的有关单据材料作形式上审查，如果监督人的形式审查符合银行业务规程和商业习惯，不存在过错，即便资金并未实际专用，保证人也不承担担保责任；如果监督人违反善良管理人义务，对债务人提供的材料审查不严，出现与监督人专业身份不符的错误，造成资金流失的，则可以认定监督人没有尽到审查义务，监督人应当对流失的资金承担补充赔偿责任。而且应当首先判令

① 李勇主编：《借款·担保合同纠纷》，法律出版社2007年版，第46页。

② 《解读〈关于审理经济合同纠纷案件有关保证的若干问题的规定〉》，载唐德华主编：《解读最高人民法院司法解释(1980～1997年卷)》，人民法院出版社2007年版，第590页。

债务人承担责任，而监督人只对债务人不能清偿的部分承担补充责任，在监督人承担了责任之后，有权向债务人追偿。

1232

《承诺鉴证书》所承诺的责任应当认定为监控责任而非保证责任

关键词 | 承诺鉴证书 | 保证责任 |

【最高人民法院裁判文书】

国泰君安证券股份有限公司郑州花园路证券营业部、国泰君安证券股份有限公司与中国光大银行郑州分行、中国第一汽车集团开封汽车经销有限责任公司、海口建来发展有限公司借款担保纠纷案[最高人民法院(2006)民二终字第82号民事判决书]

最高人民法院认为：第三，关于《承诺鉴证书》承诺的是保证责任还是监控责任的认定。《承诺鉴证书》第二条约定“营业部对申请人或出质人的国债交易负责监控，保证申请人或出质人国债账户市值与资金账户余额之和在质押期间不低于某数额”。《合同法》第一百二十五条规定：“当事人以后理解有争议的，应当按照合同所使用的词句、合同的有关条款、合同的目的、交易习惯以及诚实信用原则，确定该条款的真实意思。”根据这一合同解释规则，上述约定应理解为：营业部应当保证监控出质人或质权人的国债交易过程，如果其操作可能导致国债账户市值与资金账户余额之和在质押期间低于某数额，则营业部应当停止其交易行为，亦即营业部此项义务应理解为监管义务而非保证义务。另根据《承诺鉴证书》第九条关于“营业部如未遵守上述承诺鉴证造成损失，同意承担赔偿责任”的约定，营业部承担责任的前提是营业部有违约行为且该违约行为造成了损失，而《担保法》规定保证人承担的不是赔偿责任而是连带还款责任，其前提是主债务人不履行债务，与保证人是否违约无关。因此，《承诺鉴证书》所承诺的责任应当认定为监控责任而非保证责任。

——最高人民法院民事审判第二庭编：《最高人民法院商事审判指导案例·借款担保卷》，中国法制出版社 2011 年版，第 451 ~ 465 页。

1233

国家机关为地方政府使用的外国政府及国际组织贷款提供担保的，应认定有效

关键词 | 国家机关保证人 |

【最高人民法院裁判文书】

中国光大银行沈阳分行与沈阳市经济贸易委员会等单位借款担保合同纠纷案[最高人民法院(2007)民二终字第161号民事判决书]

最高人民法院经审理认为:本案毛巾厂与投行沈阳分行签订的中投沈字第882004号《贷款合同》系由投行沈阳分行负责办理的世界银行转贷项目。该《贷款合同》及中投沈字第912001号的《补充贷款合同》均为有效合同。纺织局为该笔外汇贷款提供的《保函》,是以地方财政、计划部门的政府信用为基础,为本案转贷项目提供的负责清偿外汇本息的担保,其意思表示真实,根据国务院办公厅国办通〔1993〕15号批复通知精神,并参照《担保法》第八条规定,亦应认定该担保有效。财政局、市经委关于"纺织局是行政机关,其提供的担保应为无效"的答辩理由不能成立。

根据国务院国发〔2000〕15号批转的财政部、国家计委《关于进一步加强外国政府贷款管理工作的若干意见》,以及国家计委计外资〔1999〕438号《关于进一步加强利用外国政府贷款项目计划管理工作有关问题的补充通知》等规定,利用外国贷款的项目应由项目业主或地方政府确定的部门负责偿还。2001年纺织局被撤销时,沈阳市政府主管部门未及时落实新的保证人。为确保本案转贷资金按期清偿,维护国家外债清偿信誉,承接原纺织局管理职能的市经委、财政局应对本案外汇本息的偿还继续承担保证责任。本案保证行为发生在担保法实施以前,纺织局在《保函》中没有明确其承担保证责任的方式及保证期限,依据《保证问题规定》第七条关于"保证合同没有约定保证人承担何种保证责任,或者约定不明确的,视为保证人承担赔偿责任"的规定,应认定纺织局承担一般保证责任。

纺织局在《保函》中没有约定保证责任期限,而《保证问题规定》第十一条关于"保证人应当在被保证人承担责任的期限内承担保证责任"的规定亦不够明确。本案贷款清偿期限届满日为1997年12月31日,光大沈阳分行受让本案债

权后，分别于1999年8月30日和2001年5月8日向主债务人毛巾厂、巾被厂催收了债权，至其于2003年1月27日提起本案诉讼时，主债务没有超过诉讼时效期间。参照本院法〔2002〕144号《通知》的规定，债权人光大沈阳分行向财政局、市经委主张保证债权亦没有超过规定的6个月期限。

关于纺织局担保责任范围的认定。纺织局在《保函》中承诺，如项目出口创汇不能偿还该项目的外汇额度，“则外汇本息的偿还由局内外汇额度指标中予以偿还。特此具保。”由此认定，纺织局提供保证的责任范围为本案“外汇本息”的清偿，没有证据表明其为本案的人民币贷款提供了担保。故，光大沈阳分行关于纺织局担保的金额包括配套人民币贷款的上诉请求，因证据不足，本院不予支持。

——最高人民法院民事审判第二庭编：《商事审判指导》总第21辑，人民法院出版社2010年版，第117~118页。

【链接：最高人民法院法官著述】

本案反映的则是“国家机关作为保证人”的一种特殊情况，即《担保法》第八条“但书”的内容：经国务院批准为使用外国政府或者国际经济组织贷款进行转贷的，国家机关可以为保证人。本案的贷款是经国家批准，由中国投资银行沈阳市分行办理转贷的世界银行贷款，包括外汇和配套人民币贷款两部分。纺织局在其提供的保函中对偿还贷款中“外汇部分”的本息提供了保证。当时纺织局虽属政府行政机关，但该保证符合法律相关规定，故其保证行为是有效的。

世界银行转贷项目贷款是政府信誉为担保依据的特殊政策性贷款，地方政府在使用该贷款时同样也是以其政府的信誉为转贷银行提供保证。本质上讲，本案中涉及的担保责任属于地方政府应承担的民事责任范畴（而非行政管理责任），且该保证责任不应以政府内部主管部门的撤销而消灭。

为确保本案转贷资金按期清偿，维护国家外债清偿信誉，国务院国发〔2000〕15号批转的财政部、国家计委《关于进一步加强外国政府贷款管理工作的若干意见》，以及国家计委计外资〔1999〕438号《关于进一步加强利用外国政府贷款项目计划管理工作有关问题的补充通知》等均明确规定，利用外国贷款的项目应由项目业主或地方政府确定的部门负责偿还。因此，在2001年沈阳市政府撤销纺织局时，其主管部门应及时落实新的保证人，承继原保证人市纺织局承担的保证责任。市政府没有落实新的保证人，根据规定，承接原纺织局管理职能的市经委、财政局应对本案外汇本息的偿还继续承担保证责任。

——王宪森:《国家机关为地方政府使用的外国政府及国际组织的贷款提供担保之效力认定和责任承担——中国光大银行沈阳分行与沈阳市经济贸易委员会等单位借款担保合同纠纷案》,载最高人民法院民事审判第二庭编:《商事审判指导》总第21辑,人民法院出版社2010年版,第119~120页。

1234

经营活动具有一定公共服务性质的企业法人提供保证的效力认定

关键词 | 经营性事业单位保证人 | 经营性社会团体保证人 | 公共服务企业法人保证人 |

【最高人民法院司法解释】

第十六条 从事经营活动的事业单位、社会团体为保证人的,如无其他导致保证合同无效的情况,其所签定的保证合同应当认定为有效。

——《最高人民法院关于适用〈中华人民共和国担保法〉若干问题的解释》(2000年12月8日,法释〔2000〕44号)

【《最高人民法院公报》案例】

长乐自来水公司与工行五四支行借款担保纠纷案[最高人民法院(2004)民二终字第262号民事判决书]

裁判摘要:一、保证人领取企业法人执照,属于以营利为目的的企业法人,即使其经营活动具有一定的公共服务性质,亦不属于以公益为目的的事业单位。

最高人民法院认为:本案工行五四支行与和顺公司签订的借款合同系双方当事人真实意思表示,且不违反法律、行政法规的禁止性规定,应为有效。借款人和顺公司在合同到期后未能全部履行合同义务,应当依法承担向工行五四支行偿还借款本息的民事责任。自来水公司与工行五四支行签订书面保证合同,明确承诺为和顺公司上述借款提供连带保证义务。现和顺公司到期未能偿还债务,保证人自来水公司应就上述债务向工行五四支行承担连带清偿责任。自来水公司作为具有完全民事行为能力的法人,应依法对其所作民事法律行为独立承担民事责任。自来水公司关于其在地方政府的行政指令下所作担保,应免除其向工行五四支行承担保证责任的上诉理由不能成立。因为,本案保证合同系自来水公司与工行五四支行之间签订,自来水公司没有证据证明工行五四支行在与之签订保证合同时采取了欺诈、胁迫等手段。自来水公司是否受合同以外第三人影响的问题并不涉及合同当事人之间的权利义务关系。由于合同一方当事人没有义务了解合同相对人签约行为以外的其他因素,自来水公司一方面承认其在本案保证合同上盖章的事实,另一方面否认该签约行为是其真实意思表示,这对被保证人工行五四支行是不公平的。保证合同不应仅因保证人的保证系因地方政府指令而确认无效。自来水公司领取的是企业法人执照,属于以营利为目的的企业法人,其经营活动虽具有一定的公共服务性质,但不属于以公益为目的的事业单位。自来水公司关于其不符合保证主体资格的上诉主张没有事实依据,本院不予支持。原审判决关于本案保证合同应为有效,自来水公司应当承担连带责任的判决并无不当,本院应予维持。

——《最高人民法院公报》2005 年第 9 期

【链接：最高人民法院法官著述】

实践中,除了以公益事业为目的的事业单位和社会团体外,还有许多事业单位和社会团体并非是以社会公益事业为目的的,如随着我国经济体制改革的不断深入,许多事业单位利用本单位所拥有的技术或知识,向社会提供有偿服务,取得了一定的报酬,这些单位除了国家财政拨款外,尚有自己的经济收入。此外,还有些单位实行了企业化的管理,自负盈亏。按照有关规定,有的事业单位既从国家核拨经费又从事经营活动。因而,对事业单位法人可否充任保证人的问题不可一概而论,对那些非公益性的事业单位或者社会团体,依据国家政策允许从事经营活动,应当认为其有从事保证活动的民事权利能力,可以担任保证人。这些单位为保证人时,如无其他导致保证合同无效的情况,其所签订的保证合同应当认定为有效,不应仅因其为事业单位或者社会团体,就认为其不能担任保证人,并且进一步认定其所签订的保证合同无效。

——李国光、金剑锋、曹士兵:《最高人民法院〈关于适用《中华人民共和国担保法》若干问题的解释〉理解与适用》,吉林人民出版社 2000 年版,第 104 ~ 105 页。

1235

提供保证是否受合同以外的第三人影响，不涉及合同当事人的权利义务关系，亦不影响保证合同效力

关键词｜保证合同效力｜

【《最高人民法院公报》案例】

长乐自来水公司与工行五四支行借款担保纠纷案［最高人民法院（2004）民二终字第262号民事判决书］

裁判摘要：二、保证人作为具有完全民事行为能力的法人，应依法对其所从事民事法律行为独立承担民事责任，其所作保证是否受合同以外第三人影响的问题不涉及合同当事人之间的权利义务关系，亦不影响保证合同的效力。

本裁判理由见前引裁判文书（略）。

——《最高人民法院公报》2005年第9期

1236

以公益为目的的事业单位违反法律规定提供质押担保的，担保无效

关键词｜公益性事业单位担保人｜

【最高人民法院司法解释】

第三条　国家机关和以公益为目的的事业单位、社会团体违反法律规定提供担保的，担保合同无效。因此给债权人造成损失的，应当根据担保法第五条第二款的规定处理。

——《最高人民法院关于适用〈中华人民共和国担保法〉若干问题的解释》（2000年12月8日，法释〔2000〕44号）

【最高人民法院裁判文书】

重庆市交通设备融资租赁有限公司与重庆坤源船务有限公司、重庆市港航管理局船舶融资租赁合同纠纷申请再审案[最高人民法院(2014)民申字第1921号民事裁定书]

最高人民法院认为:本案争议焦点为,重庆港航局作为公益性事业单位是否可以提供现金质押担保。《担保法解释》第三条明确规定,以公益为目的的事业单位违反法律规定提供担保的,担保合同无效。据此,公益性事业单位在自己拥有的财产上设定抵押权或质权,提供担保的行为应属无效,除非法律作出不同规定。本案中重庆港航局为公益性事业单位,其使用的现金经费和公益设施均属于为保障机构正常运转而由国家统一划拨的财产,依法均不得设定抵押或质押。其提供600万现金设定质押的行为违反了《担保法解释》第三条规定,一、二审法院据此认定涉案《保证金质押担保合同》无效并无不当。融资公司申请再审期间提交的证据虽然证明重庆市交通设备租赁有限公司更名为融资公司的事实,但这一事实并不影响涉案质押担保合同效力的认定。据此,融资公司提出现行法律仅禁止公益性事业单位以公益设施提供抵押或者质押担保,并未禁止提供资金质押担保,故本案现金质押担保合同有效的主张没有事实和法律依据,其再审申请理由不能成立。

——中国裁判文书网,http://wenshu.court.gov.cn。

1237

公司总会计师在相关担保合同及担保财产清单上签字,视为其代表公司实施的行为

关键词|担保合同|代表行为|

【最高人民法院裁判文书】

中国信达资产管理公司郑州办事处、河南邦杰实业集团有限公司与周口市人民政府国有资产监督管理委员会、周口市食品总公司借款担保合同纠纷案[最高人民法院(2006)民二终字第230号民事判决书]

最高人民法院认为:关于信达公司郑州办事处在该案中对约定的抵押物是

否享有优先受偿权问题。从本院查明的事实看,邦杰集团公司自愿以其价值4913万元的设备为抵押物,为食品公司向周口中行所借涉案争议贷款提供抵押和担保,同时授权黄德怀代表公司在相关的抵押和保证合同上签字。邦杰集团公司向周口中行出具的《董事会决议》《董事会决议、授权书》的内容与该案争议的《借款合同》《最高额抵押合同》《最高额保证合同》以及《抵押财产清单》等所涉被担保主债权的种类、金额、贷款期间,抵押物的名称、数量、价值、担保范围,以及合同签订日期、签字人等均一一对应,而邦杰集团公司对此并未提出反驳证据。况且在当事人签订《最高额抵押合同》的2001年,食品公司仍为邦杰集团公司的控股股东和核心企业,两公司的法定代表人至今仍同为一人,公司地址亦相同(即周口市邦杰路9号),因此,作为邦杰集团公司总会计师的黄德怀在涉案《最高额保证合同》《最高额抵押合同》以及《企业抵押物登记证》所附的《抵押财产清单》上签字,应当视为黄德怀代表邦杰集团公司实施的民事法律行为,故该案的抵押担保实际上是食品公司与邦杰集团公司共同实施完成的,系包括邦杰集团公司在内的各方当事人的真实意思表示,并非食品公司的无权处分行为,且不违反法律和行政法规的禁止性规定,故应当认定该抵押权合法有效。原审判决以食品公司无权处分涉案抵押物、《最高额抵押合同》对邦杰集团公司无效为由,驳回信达公司郑州办事处有关行使该合同项下财产优先受偿权之请求不当,本院予以纠正。

——最高人民法院民事审判第二庭编:《最高人民法院商事审判指导案例·借款担保卷》,中国法制出版社2011年版,第567~575页。

1238

代表处的保证人资格

关键词 | 代表处 | 保证人资格 |

【最高人民法院答复】

上海市高级人民法院:

你院2001年12月27日〔2000〕沪高经终字第587号《关于外国企业派驻我国的代表处以代表处名义出具的担保是否有效及外国企业对该担保行为应承担

何种民事责任的请示》收悉。经本院审判委员会讨论，答复如下：

外国企业派驻我国的代表处，不是该外国企业的分支机构或者职能部门，而是该外国企业的代表机构，对外代表该外国企业。代表处在我国境内的一切业务活动，应当由其所代表的外国企业承担法律责任。本案中，南通市对外贸易公司是在大象交易株式会社上海代表处的介绍下与金达莱国际贸易有限公司形成委托代理关系的。在整个业务活动中，大象交易株式会社上海代表处一直以大象交易株式会社的名义与南通市对外贸易公司商谈、签订买卖合同和提供担保。该代表处在买卖合同上加盖大象交易株式会社的印章以及在担保书上加盖大象交易株式会社上海代表处的印章的行为，均代表大象交易株式会社本身，应由大象交易株式会社直接承担民事责任。

此复。

——《最高人民法院关于对外国企业派驻我国的代表处以代表处名义出具的担保是否有效及外国企业对该担保行为应承担何种民事责任的请示的复函》（2003 年 6 月 12 日，〔2002〕民四他字第 6 号）

【最高人民法院裁判文书】

美国倍合德国际有限公司与张德玉、高邮市振阳绝缘材料有限公司民间借贷纠纷案［最高人民法院（2011）民提字第 219 号民事判决书］

最高人民法院认为：鉴于倍合德公司上海代表处系倍合德公司的在华代表机构，不具备法人资格，其未经倍合德公司同意而对外提供担保，事后也未得到倍合德公司的追认，一、二审判决认定本案担保无效是正确的。考虑到双方对担保无效均有责任，一、二审判决判令倍合德公司对振阳公司不能清偿部分的二分之一承担清偿责任符合法律规定。

——中国裁判文书网，http://wenshu. court. gov. cn。

【链接：最高人民法院法官著述】

关于代表处的性质，法律上并无统一的规定，在理解上代表处近似于代理人，如国外公司、经济组织在我国设立的代表处，即设立在我国的常设代理机构，代表处的权限完全由设立单位授权决定。我国社会生活中的各种驻京办即近似于代表处，驻京办的权限由设立单位决定。就担保而言，基于我国《担保法》关于分支机构需特别授权才能对外担保的规定精神和一般理性认识,由代理人代表本人向第三人提供担保,应当需要特别授权,因为担保属于额外的债务负担,并非单位的日常活动。以企业为例,企业应当依法在其经营范围内从事经营活动,除担保公司外,如果企业为他人提供担保则应当通过特别程序特别授权。《公司法》第十六条关于公司提供担保需经股东会或者董事会集体决议的规定,即体现了上述原则。因此,代表处作为保证人的,尤其是企业设立的代表处,应当适用《担保法》第十条关于分支机构作保证人的规定,没有设立单位(企业法人)授权的,保证合同无效,除非代表处的代理行为符合表见代理的要求。

——曹士兵:《中国担保制度与担保方法》(第三版),中国法制出版社2015年版,第131~132页。

1239

县级以上供销合作社联合社的保证人资格

关键词|供销合作社联合社|保证人资格|

【最高人民法院答复】

河南省高级人民法院:

你院豫高法〔1998〕152号《关于县级以上供销合作社联合社能否作为保证人的请示》收悉。经研究,答复如下:

1999年1月28日国务院国发〔1999〕5号《国务院关于解决当前供销合作社几个突出问题的通知》的规定,全国供销合作总社和省、市(地)级联社"所需经费列入同级财政预算,不再向所办企业提取管理费";县级供销合作社的主要任务是对基层社进行指导、监督和协调,在性质、组织、经费等方面不同于一般的企业,还承担国家委托的政策性业务。因此,1999年1月28日国发〔1999〕5号文件发布后,县级以上供销合作社不符合《担保法》第七条的规定,不能作为保证人。但1995年2月28日印发的《中共中央、国务院关于深化供销合作社改革的决定》规定:"各级供销合作社是自主经营、自负盈亏、独立核算、照章纳税、由社员民主管理的群众性经济组织,具有独立法人地位,依法享有独立进行经济、社会活动自主权。"所以,在1999年1月28日国发〔1999〕5号文件发布前,供销合作社联合社符合《担保法》第七条规定的，可以作担保人。

——《最高人民法院研究室关于县级以上供销合作社联合社能否作为保证人问题的复函》(1999年6月30日，法研〔1999〕10号)

【最高人民法院裁判文书】

刘辛杰与株洲市供销合作社联合社、株洲市供销资产管理有限公司保证合同纠纷申请再审案[最高人民法院(2014)民申字第784号民事裁定书]

最高人民法院经审查认为：一、关于供销合作社所签订的担保合同的效力问题。《担保法解释》第三条规定，以公益事业为目的的事业单位、社会团体违反法律规定提供担保的，担保合同无效。1999年1月28日国务院国发〔1999〕5号《国务院关于解决当前供销合作社几个突出问题的通知》规定，全国供销合作总社和省、市(地)级联社“所需经费列入同级财政预算，不再向所办企业提取管理费”；县级供销合作社的主要任务是对基层社进行指导、监督和协调，在性质、组织、经费等方面不同于一般的企业，还承担国家委托的政策性业务。因此，县级以上供销合作社不符合《担保法》第七条的规定，不能对外提供担保。二审法院基于上述原因认定担保合同无效，并无不当。

二、关于认定合同无效后的责任问题。根据《担保法》第五条、《担保法解释》第七条之规定，担保合同无效后，债权人无过错的，担保人与债务人对主合同债权人的经济损失承担连带赔偿责任；债权人、担保人有过错的，担保人承担民事责任的部分，不应超过债务人不能清偿部分的二分之一。本案中，刘辛杰请求供销合作社承担担保责任，在人民法院认定担保合同无效的情况下，应当就供销合作社就合同无效应否承担责任以及责任范围作出判决。但是，二审法院考虑到该问题涉及案涉借款合同的主债务人与供销合作社之间的责任承担问题，同时又由于刘辛杰未在本案中对主债务人提起诉讼，因此，二审法院在判决中明确刘辛杰可以向主债务人、供销合作社另行主张，该认定未忽略刘辛杰基于前述法律和司法解释规定享有的实体权利，并无不当。刘辛杰可另行向本案主债务人及供销合作社提出合同无效后的责任承担请求。

——中国裁判文书网，http://wenshu.court.gov.cn。

1240

学校、幼儿园、医院等以公益为目的的事业单位、社会团体的教育、医疗卫生设施和其他社会公益设施不得抵押

关键词｜不得设定抵押的财产｜抵押合同无效｜

【最高人民法院裁判文书】

恒丰银行股份有限公司栖霞支行与栖霞市供销合作社联合社、栖霞市农业生产资料总公司借款抵押合同纠纷申请再审案［最高人民法院（2013）民申字第568号民事裁定书］

最高人民法院认为：案涉抵押房产登记在供销学校名下，该校主管单位供销联社虽使用该房产办公，但未办理房产的过户登记手续。二审法院根据《担保法》第三十七条第（三）项关于"学校、幼儿园、医院等以公益为目的的事业单位、社会团体的教育设施、医疗卫生设施和其他社会公益设施"不得抵押的禁止性规定，认定恒丰银行与供销联社签订的抵押担保合同无效，并无不妥。恒丰银行审贷不严，明知该房产系学校资产仍同意设定抵押，有一定过错，二审判决其自行承担债务人不能清偿部分二分之一的责任，具有事实和法律依据。栖霞市档案馆保存的1983年8月5日山东省烟台地区职工教育办公室〔83〕烟地职教办字第13号《关于招远县职教办等单位举办职工学校报告的批复》、烟台市职称改革领导小组办公室颁发的编号为92120494号《中级专业技术职务资格证书》、供销学校1992年缴纳的统筹保险基金及1991年栖霞县编制委员会向供销学校收取工资手册的费用单据、栖霞市机构编制委员会办公室于2011年3月29日出具的《证明》均证实，供销学校客观存在过并进行了办学，其未办理注册登记系当时的法律法规对此未作要求所致。

——中国裁判文书网，http://wenshu.court.gov.cn。

【链接：最高人民法院法官著述】

《人民司法》研究组认为：《担保法》第三十七条第三款并不适用于民营医院公司。因为，民营医院公司与该条规定的医院是法律性质或者法律地位完全不同的法人主体。营利性医疗机构，是指医疗服务所得收益可用于投资者经济回报的医疗机构。营利性医疗机构的经营以营利为目的，执行企业税收政策、执行

企业财务会计制度，是提供医疗服务的公司企业法人。非营利性医疗机构，是指为社会公众利益服务的、不以营利为目的的医疗机构。非营利性医疗机构主要是由政府举办的，这些医疗机构基本都是事业单位。民营医院公司是依法设立并在工商登记部门登记注册的企业法人，依法享有民事权利和承担民事义务的经济组织，能够独立承担民事责任，不以公益性为经营目的，是营利性企业法人；而事业单位医院是国家财政拨款设立的非营利性机构，其经营必须符合国家公益性要求，以完成政府指定的社会公益为目的。因此，营利性医疗机构与非营利性医疗机构存在本质的区别，作为营利性医疗机构的医院公司法人，对其合法取得的财产应该拥有全部的权利。医院公司的财产不是《担保法》所指的“社会公益设施”，因此，《担保法》第三十七条第三款并不适用于民营医院公司。

——《人民司法》2005 年第 10 期

1241

行政机关对外提供担保违反法律禁止性规定而无效，应依据过错承担相应责任

关键词 | 国家机关保证人 | 保证合同无效 | 过错责任 |

【最高人民法院司法解释】

第三条 国家机关和以公益为目的的事业单位、社会团体违反法律规定提供担保的，担保合同无效。因此给债权人造成损失的，应当根据担保法第五条第二款的规定处理。

——《最高人民法院关于适用〈中华人民共和国担保法〉若干问题的解释》（2000 年 12 月 8 日，法释〔2000〕44 号）

【最高人民法院裁判文书】

南昌市商业银行象南支行与中国银行江西省分行等借款合同纠纷案［最高人民法院（2001）民二终字第 25 号民事判决书］

最高人民法院认为：劳信社对南昌中行提供外汇贷款本金及其利息所需买

汇人民币进行担保,不违反法律规定。劳信社不具有足够的代偿借款的财产,并不导致保证合同的无效。劳信社向南昌中行出具的担保函盖有劳信社的公章,且有劳信社当时的负责人辜振南的签名,故该担保函应为有效。象南支行关于劳信社提供担保系出于行政命令,其是在空白保函上盖章,出具保函不是其真实意思表示,保证合同应为无效的主张,因没有事实和法律依据,本院不予支持。根据担保函关于保证人应在接到南昌中行书面通知起 14 天内保证无条件地偿还借款所欠贷款本息所需的人民币和买汇人民币资金的承诺,劳信社应对劳企公司的债务承担连带保证责任,原审认定象南支行对劳企公司的债务承担赔偿责任不当,应予纠正。

由于劳动局亦在劳信社向南昌中行提供的担保函的担保人栏内签字、盖章,且并未明确说明是以何种身份在担保函上盖章,故应认定劳动局与劳信社共同为南昌中行提供了担保。劳动局明知其作为国家机关依法不能担任保证人,而仍然向南昌中行提供担保,其对保证合同因主体不适格所导致的担保合同无效,负有缔约过失的责任,原审判决其承担赔偿责任是正确的。由于南昌中行对国家机关不能担任保证人亦应明知,故其对劳动局提供的担保无效亦有过错。南昌中行和劳动局对保证合同无效均有过错,根据劳动局对保证合同无效的过错大小,劳动局对劳企公司不能偿还的债务部分应在 50% 范围内承担赔偿责任。

市计委向南昌中行提供了外汇额度担保,鉴于此后外汇额度已被取消,参照《国家外汇管理局关于收购第一批剩余留成外汇额度的通知》(〔95〕汇国函字第 054 号)中"收购价格为 1 美元额度兑人民币 2.6462 元"的规定,市计委本应承担相应的外汇额度折算人民币价值的民事责任,由于市计委作为国家机关依法亦不得提供担保,其向南昌中行提供的外汇额度担保应认定为无效。由于市计委明知其作为国家机关不能担任保证人而仍然向南昌中行提供担保,其对担保合同无效负有缔约过失责任。而南昌中行对国家机关不能担任保证人亦是明知的,其对保证合同无效亦有过错,故市计委对劳企公司不能偿还南昌中行的债务部分,在其担保的外汇额度等值人民币范围内承担 50% 的赔偿责任。原审判决市计委不承担本案民事责任不当,应予以纠正。

——肖扬总主编、最高人民法院民事审判第二庭编:《中华人民共和国最高人民法院判案大系》(民商事卷-2001 年卷),人民法院出版社 2003 年版,第 67~72 页。

1242
贷款人明知借款人改变贷款用途仍发放贷款，违背了保证人提供保证时的真实意思，应确认担保无效

关键词 | 贷款用途 | 担保无效 |

【最高人民法院裁判文书】

中国光大(集团)总公司与北京京华信托投资公司清算组、北京高登企业有限公司借款合同纠纷案[最高人民法院(2010)民提字第87号民事判决书]

裁判要旨:保证人在其出具的《不可撤销的担保书》中明确表示,其根据贷款合同的规定而同意提供担保,故贷款合同中关于“贷款用途”的约定亦应属于保证合同的内容,对贷款人均具有法律约束力。贷款人明知借款人改变了其中五笔贷款的用途,仍发放该贷款,违反了约定,对保证人构成了欺诈。依据1994年4月15日颁布实施的《保证问题规定》第十九条的规定,应认定保证人为该五份贷款合同提供的担保无效。

最高人民法院认为:本案争议的焦点问题是:光大公司向京华公司出具的《不可撤销保证书》是否有效;光大公司应否对本案高登公司的债务承担保证责任。

京华公司与高登公司签订的八份《外汇贷款合同》系双方当事人的真实意思表示,未违反法律规定,应认定有效。光大公司再审主张该合同系京华公司与高登公司恶意串通,证据不足。双方在《外汇贷款合同》中约定该贷款“只限使用在购买原材料聚乙烯”。同时还约定:高登公司如不按借款用途使用贷款,京华公司有权提出警告并限制纠正或停止发放贷款,并将已发放的贷款追回。光大公司在其出具的《不可撤销的担保书》中明确表示,根据本案贷款合同的规定,经充分研究,其同意就上述合同进行担保。故《外汇贷款合同》中的上述内容构成了光大公司向京华公司提供担保的条件,亦是本案担保合同内容的组成部分,对京华公司和光大公司均具有法律约束力。光大公司再审时所提交的三份补充协议,表明京华公司在向高登公司提供贷款时具有获取高额利息的商业动机,但其以此证据主张京华公司与高登公司在签订贷款合同时即存在恶意串通行为,证据并不充分,本院不予采纳。

在本案八份《外汇贷款合同》的实际履行中,京华公司依据第一、二、三份贷款合同约定,分别将其项下的300万、100万、480万美元贷款如约付给了高登公司,而高登公司没有按照合同约定用于购买原材料聚乙烯。但在本案中没有证

据证明京华公司在发放上述三笔贷款时即知道或应当知道高登公司已经或将改变该贷款的用途，故认定债权人京华公司就此欺诈了保证人光大公司证据不足。此外，在2007年3月7日北京市高级人民法院的《质证笔录》中，记载了京华公司原法定代表人王伟光陈述其与高登公司当时的法定代表人吕长胜签订贷款合同的过程，亦不能证明本案借贷双方在缔约过程中及发放该三笔贷款时即存在恶意串通、损害保证人光大公司利益的事实。因此，光大公司关于其为上述三笔贷款提供的保证无效的诉讼主张，因证据不足，不予支持。对于高登公司未清偿的上述三笔贷款共计880万美元的本金及利息，光大公司应向债权人京华公司承担连带清偿责任。关于该三笔贷款的利息计算问题，合同期内利息应按照约定的年利率9.5%计算，逾期罚息按照一审判决第一项确定的"逾期加收20%罚息"执行较为合理，本院予以采纳。

在履行本案第四、五、六、七、八份《外汇贷款合同》时，借款人高登公司向京华公司发出了划款《委托书》，指示京华公司将上述合同项下的款项分别付给澳门新通利有限公司港币1250万元、首都实业公司港币750万元、北京成基房地产发展有限公司500万美元、中国农业银行北京分行国际业务部500万美元（受益人为上海利达行房地产顾问有限公司北京分公司）、中国农业银行北京分行国际业务部700万美元（高登公司在1994年4月1日的《委托书》中，指示京华公司将该笔700万美元付给北京利达玫瑰园别墅有限公司，开户银行：中国建行北京分行东四支行）、香港国陆发展有限公司280万美元、中国农业银行北京分行国际业务部520万美元（上海利达行房地产顾问有限公司北京分公司）。上述《委托书》的"付款指示"表明，高登公司请求将上述款项直接付给房地产公司及境外，显然与《外汇贷款合同》约定的"只限使用在购买原材料聚乙烯"不符，京华公司本应秉承诚实信用原则和按合同约定履行尽职调查，进而知道或应当知道高登公司改变了贷款用途，但其并没有停止发放上述贷款，事后亦未向高登公司提出异议。对上述改变贷款用途的行为，京华公司亦没有告知保证人光大公司并征得其同意，其市场风险明显超出了保证人的预先设定，亦违背了光大公司提供保证时的真实意思，对光大公司构成了欺诈。本院依据1994年4月15日颁布实施的《保证问题规定》第十九条的规定，应认定光大公司为上述五份《外汇贷款合同》提供的担保无效。申请人光大公司关于其不应对该部分贷款资金的清偿承担保证责任的诉讼请求，理由充分，本院予以支持。

——最高人民法院民事审判第二庭编：《最高人民法院商事审判指导案例(6)·合同与借贷担保卷》，中国法制出版社2013年版，第300~310页。

1243

银行审贷和贷后监管规定属于管理性风险控制规定，对借款合同和保证合同的效力以及偿还责任不产生影响

关键词 | 管理性规定 | 合同效力 |

【最高人民法院裁判文书】

中国普天信息产业集团公司与中国民生银行股份有限公司深圳分行、深圳市生物港投资有限公司借款担保合同纠纷案[最高人民法院(2006)民二终字第4号民事判决书]

最高人民法院认为:银行对借款人的主体资格是否已经尽到审慎审查的注意义务,银行是否存在违规贷款的情形及其发放贷款之后是否履行了按照有关规定对借款人执行借款合同的情况包括贷款资金的流向、用途等及借款人的经营及财务状况等进行跟踪调查和检查等问题,应该认为这些方面的有关规定对于贷款人而言,性质上属于风险控制条款,即使银行没有尽到相关义务,对借款合同和保证合同的效力以及借款人的偿还责任不应产生任何影响。同样,银行向借款人发放贷款的划账过程及环节,也不应影响本案有关合同效力和当事人的偿还责任。

——最高人民法院民事审判第二庭编:《最高人民法院商事审判指导案例·借款担保卷》,中国法制出版社2011年版,第863~870页。

编者说明

《商业银行法》第三十五条规定,商业银行贷款,“应当”对借款人的借款用途、偿还能力、还款方式等情况进行严格审查。但此条并不是关于合同效力的强行性规范,《合同法》中也未对此作出规定,而是以第一百九十九条规定订立借款合同时,借款人应当按照贷款人的要求提供与借款有关的业务活动和财务状况的真实情况,即是将此作为借款人的义务作出规定的,而不是贷款人的义务。从后法优于前法的法律适用原则出发,即使贷款人未进行相关的审查,也不能认定借款合同无效。

1244

借贷行为涉嫌犯罪，借贷合同与担保合同并不因此当然无效

关键词 | 民刑交叉 | 担保合同效力 |

【最高人民法院裁判文书】

西藏昌源矿业有限公司与西藏厚坤矿业有限公司保证合同纠纷申请再审案[最高人民法院(2016)最高法民申693号民事裁定书]

最高人民法院认为：一、二审判决判令昌源公司对案涉788万元债务承担连带担保责任是否正确。

《退款计划及担保书》第二条约定："2010年9月30日之前退款200万元；2011年1月30日之前退款300万元；2011年10月30之前退款500万元。对该条中孙联合应退还西藏厚坤矿业有限公司的1000万元由西藏昌源矿业有限公司承担连带担保责任，担保期限为二年。"根据该条约定可知，昌源公司对案涉债务中的1000万元提供担保的性质为连带责任保证。昌源公司申请再审依据《最高人民法院关于诈骗犯罪的被害人起诉要求诈骗过程中的保证人代偿"借款"应如何处理的复函》以及担保法及其解释主张担保无效，但上述复函所涉情况与本案不符，不适用于本案。且借贷行为涉嫌犯罪，借贷合同与担保合同并不因此当然无效。昌源公司所谓为孙联合涉嫌诈骗产生的债务提供担保应为无效的主张，于法无据。就孙联合涉嫌诈骗一案，二审法院在审理过程中，曾依据昌源公司申请，向拉萨市公安局经侦支队进行了调查取证，后者于2015年7月13日向二审法院出具《关于孙联合涉嫌诈骗案的回函》，其中虽载明"……犯罪嫌疑人孙联合于2010年8月5日取保候审，在取保期间未发现新的犯罪行为，2011年8月4日取保候审届满，侦查终结"，但二审法院鉴于该回函未附侦查终结相关文书，并未就该案件是否侦查终结作出定论。昌源公司申请再审主张二审法院未经质证认定孙联合涉嫌犯罪予以撤案，与事实不符，本院不予支持。一、二审判决依据《退款计划及担保书》等证据，认定昌源公司为案涉孙联合债务提供连带责任保证合法有效，同时结合孙联合还款情况和保证期间的约定等基本事实，判令昌源公司就未偿还的788万元承担担保责任，并无不当。

——中国裁判文书网，http://wenshu.court.gov.cn。

1245

保证合同为附生效条件的合同，只有约定的签字与加盖公章的条件同时具备，合同才能生效

关键词｜保证合同｜附生效条件合同｜

【最高人民法院司法解释】

第十一条 法人或者其他组织的法定代表人、负责人超越权限订立的担保合同，除相对人知道或者应当知道其超越权限的以外，该代表行为有效。

——《最高人民法院关于适用〈中华人民共和国担保法〉若干问题的解释》（2000 年 12 月 8 日，法释〔2000〕44 号）

【最高人民法院裁判文书】

沈阳水泥机械有限公司与辽宁水泥工业设计院、朝阳银行股份有限公司龙城支行金融借款合同纠纷审判监督案［最高人民法院（2014）民提字第 164 号民事判决书］

最高人民法院认为：一、关于《保证合同》的效力及保证人责任问题。

水泥设计院与龙城支行之间的借款行为属于借新还旧，对此法律并无禁止性规定。水泥机械公司主张水泥设计院与龙城支行之间恶意串通，损害其利益，但水泥设计院与龙城支行的借贷关系是在张翔鹏的协调下才得以促成，而张翔鹏当时恰为水泥机械公司的法定代表人。在本案三方当事人之间的借款担保法律关系中，无论是债务人的借新还旧行为还是水泥机械公司的担保行为，均是在张翔鹏的主导下所实施，没有证据证明其中存在两方恶意串通，损害第三方利益的情形，故水泥机械公司主张债务人与龙城支行恶意串通、损害其合法权益证据不足，本院不予支持。

水泥机械公司一直为国有控股企业，张翔鹏担任法定代表人的朝阳市建材工程工业集团有限公司在水泥机械公司中仅占逾 20% 的股权比例。水泥机械公司的章程规定，公司的一切重大事宜，包括转让资产、抵押等均须经董事会一致通过，这明确地限制了法定代表人的权力范围。故张翔鹏虽为水泥机械公司的法定代表人，但并不能单独决定公司的重大决策。从查明的事实看，水泥机械

公司并未在为债务人提供担保的《保证合同》上加盖公章,《保证合同》上“沈阳水泥机械有限公司”的印章是张翔鹏私刻的假印章,不能代表水泥机械公司的意思表示。张翔鹏在《保证合同》上加盖假公章,足以证明张翔鹏明知水泥机械公司作为一家国有控股企业,是不可能同意由公司为其个人利益而对外签订这样一个极具风险的担保合同的,所以在其并不掌握公司公章的情况下才实施此种违法行为。因此,水泥机械公司未在本案的《保证合同》上加盖公章,并非一个单纯的形式要件欠缺问题,而是涉及对其是否作出了同意担保的真实意思表示的认定问题。《保证合同》第十四条约定:“本合同由甲乙双方法定代表人或法定代表人授权的代理人签字并加盖公章后生效。”由此可见,《保证合同》为附生效条件的合同,只有签字与加盖公章的条件同时具备,合同才能生效。因《保证合同》上仅有法定代表人张翔鹏的签字,而无水泥机械公司的真实公章,水泥机械公司亦不存在先签订合同,而后又拒绝加盖公章、恶意阻却合同生效的情形,故此《保证合同》约定的生效条件并未成就。现水泥机械公司对《保证合同》不予认可,《保证合同》确定地不能发生法律效力,水泥机械公司无需承担保证责任。

从另一角度看,水泥机械公司为水泥设计院借款 1650 万元提供连带保证,属于对公司财产的重大处置行为,根据公司章程第十四条、第二十四条的规定,该事项应由公司董事会研究决定。但张翔鹏未经公司董事会讨论决定,擅自以公司的名义为他人提供担保,其行为显然属于越权行为。水泥机械公司得知张翔鹏的越权行为后,有权拒绝追认。龙城支行在数年时间里多次向张翔鹏实际控制的水泥设计院等债务人违规发放贷款,其原负责人李洪泉亦因违法向张翔鹏所在企业发放贷款构成犯罪被判处有期徒刑 5 年。龙城支行明知张翔鹏与水泥设计院等存在关联关系,也清楚张翔鹏以国有控股的水泥机械公司名义为其关联企业借新还旧提供担保实为牟取私利,必然会侵害水泥机械公司的权益,有悖正常的交易常理,但却未对水泥机械公司是否经法定程序作出了担保的决议等进行审查,主观上具有明显的过错。因水泥机械公司拒绝追认张翔鹏的越权行为,而龙城支行对此又存在过错,故张翔鹏的越权代表行为对水泥机械公司不发生法律效力,应由张翔鹏和龙城支行根据各自的过错自行承担相应的法律责任。

——中国裁判文书网,http://wenshu.court.gov.cn。

沈阳水泥机械有限公司与朝阳重型建材技术装备公司、朝阳银行股份有限公司龙城支行金融借款合同纠纷案[最高人民法院(2014)民提字第165号民事判决书]

本裁判理由与前引裁判文书基本一致(略)。

——中国裁判文书网,http://wenshu. court. gov. cn。

1246

担保合同被确认无效后，担保人民事责任的确定

关键词｜担保合同无效｜担保责任｜赔偿责任｜

【最高人民法院司法解释】

第七条 主合同有效而担保合同无效,债权人无过错的,担保人与债务人对主合同债权人的经济损失,承担连带赔偿责任;债权人、担保人有过错的,担保人承担民事责任的部分,不应超过债务人不能清偿部分的二分之一。

第八条 主合同无效而导致担保合同无效,担保人无过错的,担保人不承担民事责任;担保人有过错的,担保人承担民事责任的部分,不应超过债务人不能清偿部分的三分之一。

——《最高人民法院关于适用〈中华人民共和国担保法〉若干问题的解释》(2000年12月8日,法释〔2000〕44号)

【最高人民法院审判业务意见】

担保合同是一种民事法律行为,缔约当事人的行为只有完全符合民事法律行为的要件,才能使担保合同成立并发生法律效力。担保合同无效时,只能产缔约过失责任。根据《民法通则》《合同法》和《担保法》的有关规定,无效合同当事人的缔约过失责任范围的确定取决于债权人因担保合同无效所造成的损失、担保人和债权人对无效合同的过错程度等因素。因此,该司法解释根据不同的情况作了相应的规定。

造成担保无效的原因是多种多样的,因此无效担保的后果也是不同的。主

合同无效致使担保无效时担保人的责任,无论主合同的无效应归责于债权人还是债务人,还是双方都有过错,也无论无效的结果导致的是返还原物,还是赔偿损失,担保人都不应承担赔偿责任。

主合同有效而担保合同无效时,债权人无过错的,因担保人的无效担保行为造成主合同债权人损失的,担保人应根据其过错与债务人承担连带赔偿责任。

主合同无效而担保合同无效时,担保人明知主合同无效而仍然为其提供担保的,因担保人的无效担保行为造成主合同债权人经济损失的,担保人承担民事责任的部分,不应超过主合同债务人不能清偿部分的三分之一。

主合同有效而担保合同无效时,债权人、担保人有过错的,担保人承担责任的部分,不应超过主合同债务人不能清偿部分的二分之一。担保合同被确认无效后,不影响主合同的效力。但是,以提供担保作为主合同生效要件的,担保合同无效时,主合同应确认未生效。担保合同无效或者被撤销后,有过错的一方应当赔偿对方因此所受到的损失,双方都有过错的,应当各自承担相应的民事责任。

——《就〈关于适用中华人民共和国担保法若干问题的解释〉答记者问》,载《解读最高人民法院司法解释 · 民商事卷》(新编本),人民法院出版社 2006 年版,第 285 ~286 页。

【链接:最高人民法院法官著述】

(一)主合同有效而担保合同无效,债权人无过错的,担保人与债务人对主合同债权人的经济损失,承担连带赔偿责任。

在此情况下,作为担保合同缔约相对人的债权人没有过错,指对担保合同的无效既无过错,也不知担保合同存在无效原因,依照缔约过失责任理论,债权人可以要求存在缔约过失的担保人承担赔偿责任。而且,由于债权人无过错,司法解释支持债权人可以获得与担保有效时相当的赔偿,因此也必须严格符合责任的构成要件。司法解释确定的连带责任构成要件有:(1)主合同有效而担保合同因自身原因无效;(2)债权人对担保合同的无效没有过错;(3)担保合同的无效是因担保人或担保人与债务人的过错所致;(4)债权人有实际损失并且损失与担保合同无效之间存在因果关系。

——曹士兵:《中国担保制度与担保方法》(第三版),中国法制出版社 2015 年版,第 97 页。

(二)主合同有效而担保合同无效,债权人、担保人有过错的,担保人承担民事责任的部分,不应超过债务人不能清偿部分的二分之一。

此种情况在担保合同无效的时候比较常见,担保人仅承担部分赔偿责任,司法解释为此规定了一个责任的上限。担保人承担部分赔偿责任的构成要件是:(1)主合同有效而担保合同无效;(2)债权人、担保人对担保合同无效有过错;(3)债权人有实际损失。其中,债权人的过错是认定担保人承担责任大小的关键……除此之外,还有两点需要明确:一是担保人承担的责任部分,司法解释仅规定了上限,即债务人不能清偿部分的二分之一。作为上限,不要求所有案件中都按照二分之一裁判,只要不超过二分之一,就符合司法解释的精神。在二分之一以下,具体判多少,视担保人与债权人的过错大小定,而过错大小,原则上由审判人员或合议庭在案件事实基础上进行确定。之所以定二分之一为上限,是因为债权人、担保人有过错,应当分担损失,债权人、担保人作为两方,按照均分原则,担保人承担的责任份额为二分之一。二是作为上限的二分之一,是债务人不能清偿部分的二分之一,而不是债权人全部损失的二分之一,合理减轻担保人的负担。

——曹士兵:《中国担保制度与担保方法》(第三版),中国法制出版社2015年版,第98页。

(一)主合同无效导致担保合同无效的,担保人应承担的责任份额

1.担保人不承担民事责任的情况。担保合同因主合同的无效而无效的,如果担保人无过错,则不承担民事责任……

2.担保人承担不超过债务人不能清偿部分的三分之一的情况。在主合同无效导致担保合同无效时,担保人有过错的情况,指担保人明知主合同无效仍为之提供担保或担保人明知主合同无效仍促成主合同成立或为主合同的签订作中介等。

——曹士兵:《中国担保制度与担保方法》(第三版),中国法制出版社2015年版,第99~100页。

当主合同和担保合同均存在无效原因,各自无效的情况,司法解释没有单独规定处理方法,没有规定担保人的责任范围。对于此种情形,应当根据担保人、债权人各自的过错情况确定担保人的责任范围。首先,在主合同和担保合同均被宣布无效的情况下,通常作为缔约者的债权人、债务人、担保人均有过错,按照《担保法解释》的方法,担保人的赔偿责任应当是债务人“不能清偿”部分的某一

份额,也就是承担部分赔偿责任。至于是二分之一还是三分之一,司法解释没有规定,应当允许法官自由裁量。其次,在主合同和担保合同均被宣布无效的情况下,不排除担保人仍然可能没有过错的情况。没有过错的,担保人就不应当承担赔偿责任。……再次,在主合同和担保合同均无效的情况下,也不排除存在债权人无过错的情况,……此种情况下,债权人无过错,按照《担保法解释》第七条的精神,债务人和担保人承担债权人损失的连带赔偿责任。

——曹士兵:《中国担保制度与担保方法》(第三版),中国法制出版社 2015 年版,第 101 ~ 102 页。

编者说明

关于担保合同被确认无效后担保人的法律责任问题,最高人民法院的主流观点主要体现在前述司法解释、公报案例和相关著述上,具体包括三种情形:一是主合同有效而担保合同无效时当事人的责任份额确定,适用《担保法解释》第七条的规定:"主合同有效而担保合同无效,债权人无过错的,担保人与债务人对主合同债权人的经济损失,承担连带赔偿责任;债权人、担保人有过错的,担保人承担民事责任的部分,不应超过债务人不能清偿部分的二分之一。"二是主合同无效而导致担保合同无效时当事人的责任份额确定,适用《担保法解释》第八条的规定:"主合同无效而导致担保合同无效,担保人无过错的,担保人不承担民事责任;担保人有过错的,担保人承担民事责任的部分,不应超过债务人不能清偿部分的三分之一。"此类情形可以参考最高人民法院审理的江北中行与樊东农行等信用证垫款纠纷案[最高人民法院(2003)民四终字第 21 号]民事判决书裁判。三是担保人在担保合同无效场合承担的责任如何追偿或分担的问题,适用《担保法解释》第九条的规定:"担保人因无效担保合同向债权人承担赔偿责任后,可以向债务人追偿,或者在承担赔偿责任的范围内,要求有过错的反担保人承担赔偿责任。担保人可以根据承担赔偿责任的事实对债务人或者反担保人另行提起诉讼。"①

1247

主合同无效导致担保合同无效，担保人有过错的，应根据其过错承担相应民事责任

关键词 | 主合同无效 | 担保合同无效 | 过错责任 |

① 最高人民法院物权法研究小组编著:《〈中华人民共和国物权法〉条文理解与适用》,人民法院出版社 2007 年版,第 505 页。

【《最高人民法院公报》案例】

中国银行北京市分行与北京利达海洋生物馆有限公司、北京国际信托投资有限公司信用证垫付款及担保纠纷案[最高人民法院(2003)民四终字第15号民事判决书]

最高人民法院认为：本案北国投公司根据信用证开证申请人利达海洋馆的要求，出具的不可撤销的付款保函，其担保的是利达海洋馆的付款责任，对于担保合同而言，主合同是利达海洋馆与中行北京分行之间的开证法律关系。中行北京分行关于《保函》的主合同是信用证本身的理由，没有事实和法律依据，本院不予支持。原审判决认定北国投公司为委托开证出具的不可撤销付款保函因主合同无效而导致无效，是正确的，本院予以维持。

从本案一、二审事实看，中行北京分行开证时间过于集中，即在短期内，连续为利达海洋馆开出几十份信用证，本案涉及24份，且数额巨大。按照银行的规定，开立信用证超过100万美元的，必须经过中国银行总行批准，中行北京分行为了规避这一规定，使信用证顺利开出，将每笔信用证控制在100万美元以下。就本案事实可以认定中行北京分行应当知道利达海洋馆所开立的信用证并不具有真实的基础交易背景，据此，中行北京分行在本案中是具有过错的，应当承担相应的过错责任。中行北京分行关于一审判决结果显失公平的主张，没有事实和法律依据，本院不予支持。

——《最高人民法院公报》2005年第5期

【最高人民法院裁判文书】

无锡汇源投资担保有限公司与陆梅芳、崔阳、陆三平、中国银行股份有限公司无锡惠山支行、无锡富民置业有限公司借款合同纠纷审判监督案[最高人民法院(2014)民抗字第67号民事判决书]

最高人民法院认为：根据检察机关抗诉意见及各方当事人的诉辩主张，本案争议的焦点问题是汇源公司应否对富民公司涉案债务不能清偿部分承担三分之一的赔偿责任。

汇源公司与惠山中行于2003年11月26日、12月20日、11月26日分别签订了《贷款担保合作协议》《合作协议书》《保证合同》，该《保证合同》与本案《保证合同》主要内容基本一致。可见,双方自2003年11月起就已经存在个人住房贷款担保合作业务关系。本案《保证合同》签订于2005年6月,该合同第一条约定:"双方合作贷款担保的种类为个人住房贷款。本合同与《个人住房贷款担保通知书》相结合,应视为汇源公司对《个人住房贷款担保通知书》上所列借款提供连带责任担保的保证合同。"加盖有汇源公司公章的《个人住房贷款担保通知书》中,均有"本公司经审核,同意按照与贵行签订的《保证合同》的约定承担连带保证责任,请予发放贷款"的内容。本案《个人住房按揭(抵押)贷款合同》订立于2005年11月8日,在《保证合同》订立之后。故应当认定汇源公司上述承诺对惠山中行订立本案贷款合同起到了促成作用。惠山中行抗辩汇源公司的担保意思表示是其签订贷款合同不可或缺的重要环节,有事实依据。

汇源公司作为担保人对其担保的事项包括借款人、主债权种类等的真实性负有审查义务。但根据《保证合同》第六条"汇源公司授权惠山中行签发《个人住房贷款担保通知书》"以及第十三条"汇源公司同意惠山中行对借款人主体资格的审查意见"的约定,汇源公司将本应属于自己的审查义务完全授权给惠山中行,并明确表示同意惠山中行对借款人主体资格的审查意见,同时将空白《个人住房贷款担保通知书》交惠山中行填写发放,因此,汇源公司应与惠山中行共同承担对上述事项审查失当的法律后果。原审判决认定汇源公司在签订《保证合同》以及出具《个人住房贷款担保通知书》时未对借款人主体资格等进行审查,存在过错,且其授权惠山中行签发《个人住房贷款担保通知书》,无条件同意惠山中行对借款人主体资格的审查意见,并收取了担保费用,系放任担保后果的发生亦存在过错,并无不当。

《担保法》第五条规定:"担保合同是主合同的从合同,主合同无效,担保合同无效。担保合同另有约定的,按照约定。担保合同被确认无效后,债务人、担保人、债权人有过错的,应当根据其过错各自承担相应的民事责任",该规定明确规定担保合同无效后,担保人有过错的,应承担民事责任。汇源公司以其不是主合同的当事人,不应对主合同无效承担责任,只对保证合同因保证人的过错导致保证合同无效承担责任的主张,不符合上述法律规定。在汇源公司对本案借款的发生存在过错的情形下,原审判决参照《担保法解释》第八条的规定,判决汇源公司对本案债务不能清偿部分承担三分之一的赔偿责任,并无不当。

汇源公司申诉认为本案《个人住房贷款担保通知书》是2007年10月签发,而惠山中行贷款行为发生在2005年,按照《保证合同》约定,《保证合同》应与

《个人住房贷款担保通知书》相结合，因而《保证合同》应于2007年10月才生效，汇源公司不应对《保证合同》生效之前的本案借款承担保证责任。由于汇源公司未能举证证明《个人住房贷款担保通知书》为2007年10月签发，且对将空白《个人住房贷款担保通知书》已交惠山中行并发放无异议。因此，汇源公司上述申诉理由缺乏事实依据，本院不予支持。汇源公司关于富民公司和惠山中行恶意串通、骗取贷款、损害国家利益，其不应承担责任的主张缺乏证据证明，本院亦不予支持。

——中国裁判文书网，http://wenshu.court.gov.cn。

泰安市商业银行股份有限公司与沂南县农村信用合作社联合社返还票据垫付款纠纷案［最高人民法院（2005）民二终字第171号民事判决书］

最高人民法院认为：因本案所涉主合同即银行承兑协议无效，根据《担保法》第五条第一款关于“担保合同是主合同的从合同，主合同无效，担保合同无效。担保合同另有约定的，按照约定”的规定，本案所涉保证合同也应认定无效。本案中，沂南信用社违反《农村信用联社章程》和授权管理制度规定，在未对中花公司与泰安信用社签订银行承兑的真实目的以及中花公司的资信情况进行审查的情况下，违规为中花公司提供担保，上述行为使泰安信用社对中花公司与其签订银行承兑协议的真实目的和中花公司的资信情况作出了错误的判断。泰安信用社在为中花公司办理银行承兑汇票业务的过程中，对中花公司与其签订银行承兑协议的真实目的、中花公司的资信情况等未尽到认真审慎的审查义务，对主合同无效负有过错，也应承担相应责任。根据《担保法解释》第八条关于“主合同无效而担保合同无效，担保人无过错的，担保人不应承担民事责任；担保人有过错的，担保人承担民事责任的部分，不应超过债务人不能清偿部分的三分之一”的规定，沂南信用社应对泰安信用社尚未收回的款项及利息（自最后一次还款之次日起至款项付清之日止）承担三分之一的赔偿责任。

——最高人民法院民事审判第二庭编：《最高人民法院商事审判指导案例·金融卷》，中国法制出版社2011年版，第132～143页。

中国太平洋保险公司大庆分公司与齐齐哈尔市商业银行富拉尔基支行等欠款保证上诉案［最高人民法院（1999）经终字第273号民事判决书］

最高人民法院认为：红岸信用社与中包大庆公司签订的存款协议以及和银

丰公司签订的国库券投资协议,违反了有关金融法规之规定,扰乱了金融秩序,依法均应认定无效。红岸信用社委托捷达经销站存入中包大庆公司的200万元款项,该存款协议亦应认定无效。太保大庆公司在上述4份存款协议上签字盖章。其中1995年12月5日的存款协议第3条约定:“太保大庆公司为中包大庆公司的担保人,做红岸信用社投资到期本息保险”;1996年1月25日的两份存款协议和1996年2月1日的存款协议第3条除有上述约定外,还约定:“并由中包大庆公司支付太保大庆公司保险手续费,即红岸信用社投资总额的10‰。”上述约定属于保证担保性质,而非单纯的保险约定。太保大庆公司上诉称其不是担保人而是保险人的上诉理由不能成立,本院不予支持。

基于本案主合同无效,故中包公司为上述存款和国库券投资协议而向红岸信用社提供的担保,以及太保大庆公司为上述存款而向红岸信用社和捷达经销站提供的担保,亦应认定为无效。太保大庆公司作为金融机构应当知道红岸信用社向中包大庆公司存款和进行国库券投资系违法行为,但仍然提供担保,故其有过错,应承担相应的赔偿责任。

——最高人民法院办公厅编:《最高人民法院公布裁判文书(2000年)》,人民法院出版社2001年版,第408~419页。

1248

主合同无效而导致担保合同无效,担保人无过错的,不承担民事责任

关键词|主合同无效|担保合同无效|担保人无过错|

【《最高人民法院公报》案例】

江北中行与樊东农行等信用证垫款纠纷案[最高人民法院(2003)民四终字第21号民事判决书]

裁判摘要:因主合同无效而导致担保合同无效,担保人无过错的,不承担民事责任;担保人有过错的,应当依法承担民事责任。所谓担保人的过错,是指担保人明知主合同无效仍为之提供担保,或者明知主合同无效仍促使主合同成立或为主合同的签订作中介等情形。

最高人民法院认为:根据《担保法》第五条即“担保合同是主合同的从合同,

主合同无效，担保合同无效"的规定，由于本案开证法律关系无效，故本案担保法律关系亦应认定无效。根据《担保法解释》第八条即"主合同无效而导致担保合同无效，担保人无过错的，担保人不承担民事责任；担保人有过错的，担保人承担民事责任的部分，不应超过债务人不能清偿部分的三分之一"的规定，本案担保人即樊东农行是否应承担民事责任，应考察樊东农行是否有过错。对担保合同所附条件是否成就进行认定，其前提应该是肯定担保合同的效力。原审判决以担保合同所附条件未成就认定本案担保行为不生效力从而认定樊东农行不承担担保责任属适用法律错误。

关于樊东农行是否存在过错的问题。在主合同无效导致担保合同无效的情形下，担保人并非主合同的当事人，主合同无效不应当要求非合同当事人的担保人承担无效结果。因此，担保人的过错不应是指担保人在主合同无效上的过错。担保人的过错应当包括：担保人明知主合同无效仍为之提供担保、担保人明知主合同无效仍促使主合同成立或为主合同的签订作中介等。就本案而言，开证法律关系无效是由于外贸公司欺诈开证行开立没有贸易背景的信用证造成的，担保人樊东农行从申请开证环节上无法获知合同的违法性。因此，应认定樊东农行无过错。根据前述规定，樊东农行不承担民事责任。

——《最高人民法院公报》2006 年第 3 期

1249

主合同有效而担保合同无效，债权人和担保人都有过错的，担保人应当承担民事责任

关键词 | 主合同有效 | 担保合同无效 | 过错责任 |

【《最高人民法院公报》案例】

农银财务有限公司与广东三星企业（集团）公司车桥股份有限公司担保合同纠纷案[最高人民法院（2004）民四终字第 23 号民事判决书]

裁判摘要：根据《担保法解释》的规定，抵押合同被确认无效后，当事人之间责任的承担应当根据其过错程度确认。对于因违反我国法律、行政法规而认定无效的抵押合同，因我国法律、行政法规均对外公开，各方当事人都应当了解我国法律、行政法

规的相关规定,故应认定各方当事人对于抵押合同的无效均存在一定的过错。

最高人民法院认为:根据《担保法解释》的规定,抵押合同被确认无效后,当事人之间责任的承担应当根据其过错程度来确认。由于我国实行的是外汇管制制度,关于外汇担保的管理办法也是向社会公开的,因此各方当事人都应当知道我国的法律规定。上诉人以批准手续应当由被上诉人办理为由,认为自己没有过错的主张是不成立的。如果仅以批准手续的办理来确定担保合同无效后的责任,则境外债权人就可以不顾我国的外汇管制政策和规定,可以因没有过错而不承担责任,最终将导致虽然抵押担保无效,但是实体处理与有效合同一致的后果。原审法院认为三星车桥公司和农银公司未经内地外汇管理部门批准提供和接受担保,对担保合同的无效均具有过错是正确的。根据《担保法解释》第七条的规定,在主合同有效而担保合同无效的情形下,"债权人和担保人都有过错的,担保人承担民事责任的部分,不应超过债务人不能清偿部分的二分之一"。据此,原审法院判决担保人三星车桥公司应对债务人俊兴公司不能清偿部分的二分之一向债权人农银公司承担赔偿责任并无不当。

——《最高人民法院公报》2007 年第 2 期

【最高人民法院裁判文书】

厦门明瑞达投资咨询有限公司与福建省晋江市陈埭苏厝强达鞋塑服装厂、苏奋强等借款合同纠纷申请再审案[最高人民法院(2015)民申字第 766 号民事裁定书]

最高人民法院认为:(二)关于二审法院判令抵押人只需承担一半的赔偿责任是否具有事实和法律依据的问题。1. 本院《担保法解释》第七条规定"主合同有效而担保合同无效,债权人无过错的,担保人与债务人对主合同债权人的经济损失,承担连带赔偿责任;债权人、担保人有过错的,担保人承担民事责任的部分,不应超过债务人不能清偿的二分之一"。2. 中国工商银行泉州市鲤城支行作为专业的金融机构对案涉宅基地不能设定抵押以及在建房屋抵押预告登记并不产生债务人不履行债务时从拍卖在建房屋的价款中优先受偿的法律后果是明知的,对案涉无效担保合同具有过错。案涉担保人为了让家族创办的工厂能从银行借钱,可能不知道上述法律后果,但由于使用农村土地上建造的房屋设定抵押毕竟不是普遍合法的做法,在未弄清相关法律的规定之前就贸然签订担保抵押合同,同样对无效担保合同的签订具有过错。二审法院依据上述司法解释的规定判决抵押人应承担强达厂不能清偿部分二分之一的赔偿责任并无不当……4. 案涉房产登记部门即使存在过错，由于其不属于担保抵押合同的当事人，明瑞达公司要求判决房产登记部门承担赔偿责任没有法律依据。因此，明瑞达公司认为二审法院判令抵押人只需承担一半的赔偿责任没有事实和法律依据的理由不能成立。

——中国裁判文书网，http://wenshu. court. gov. cn。

1250

企业法人分支机构未经法人书面授权对外提供担保无效，债权人和担保人有过错的，担保人承担的部分不应超过债务人不能清偿部分的二分之一

关键词｜企业法人分支机构｜担保无效｜过错责任｜

【最高人民法院司法解释】

第十七条 企业法人的分支机构未经法人书面授权提供保证的，保证合同无效。因此给债权人造成损失的，应当根据担保法第五条第二款的规定处理。

企业法人的分支机构经法人书面授权提供保证的，如果法人的书面授权范围不明，法人的分支机构应当对保证合同约定的全部债务承担保证责任。

企业法人的分支机构经营管理的财产不足以承担保证责任的，由企业法人承担民事责任。

企业法人的分支机构提供的保证无效后应当承担赔偿责任的，由分支机构经营管理的财产承担。企业法人有过错的，按照担保法第二十九条的规定处理。

——《最高人民法院关于适用〈中华人民共和国担保法〉若干问题的解释》（2000 年 12 月 8 日，法释〔2000〕44 号）

【最高人民法院裁判文书】

中国长城资产管理公司北京办事处与中国华北电力集团公司北京供电公司借款担保合同纠纷上诉案［最高人民法院（2004）民二终字第 31 号民事判决书］

最高人民法院认为：2000 年 6 月 15 日，农行营业部和长城公司共同向威克

瑞公司和供电公司发出(京)中长资债字(总行营业部)第010号《债权转移确认通知书》,其载明的农行营业部转移给长城公司的10笔债权中包括本案二审争议的33362721.12元贷款本息,并明确记载10笔债务的保证人均为供电公司。威克瑞公司和供电公司在该债权转移确认通知书回执上签字盖章,并表示对上述债权转移确认通知书中所列债权转移事项不持任何异议,借款人和担保人保证继续履行借款合同、担保合同或协议规定的各项义务。供电公司的上述确认行为,对其具有法律约束力。供电公司应当依法承担为农行营业部33362721.12元贷款本息提供担保的民事责任。原审法院认定了上述事实,但未以此作为认定供电公司认可为该笔债务提供担保的事实依据不当,本院依法予以纠正。

长城公司为证明供电公司曾为该笔用于偿还1996年前开出信用证垫付款的33362721.12元贷款本息提供了担保,在一审庭前证据交换期限内向一审法院提交了1996年2月7日供电公司向农行营业部出具的担保书复印件。对此事实,一审卷宗中有明确的记载,故本院对供电公司二审庭审中关于长城公司未在一审法定期限内向原审法院提交该复印件的抗辩不予采信。原审法院未以上述担保书复印件作为认定供电公司为威克瑞公司信用证垫付款转化的33362721.12元贷款本息提供担保的法律依据,系因长城公司未能提交该担保书原件而无法核对复印件的真实性,是从证据效力上作出的认定。即长城公司不是在法院指定的举证期限内未向法院提交证据,而是提交的证据证明力不足,故并不因此导致证据失权的法律后果。供电公司关于长城公司未能在一审举证期限届满前提交供电公司为该笔贷款提供担保的证据,长城公司已经丧失继续举证权利的抗辩,本院不予采信。二审期间,长城公司向本院提交了上述担保书原件,充分印证了一审时提交的担保书复印件的真实性,且供电公司未能向法院提交充分的证据否认该担保书的真实性,故对经与原件核对无异后的担保书复印件载明的内容本院予以认定。供电公司关于担保书非为新证据,不能据此认定其提供担保的民事责任的抗辩,本院亦不予采信。上述担保书中明确载明在担保书有效期间内农行营业部与威克瑞公司签订贷款合同,由威克瑞公司以贷款缴付信用证项下应付款项,则供电公司保证对该贷款合同项下的贷款本息等承担连带保证责任。因该约定系当事人双方真实意思表示,应为有效。

综上,本院认定供电公司对本案二审争议的33362721.12元贷款本息提供担保系其真实意思表示,供电公司应当对其向农行营业部提供该担保承担相应的民事责任。

因供电公司违反《担保法》第十条关于企业法人的分支机构未经法人书面授权不得为保证人的规定向农行营业部提供担保,该担保合同应为无效。对此,农行营业部和供电公司均有过错,依照《担保法解释》第七条关于主合同有效而担保合同无效,债权人和担保人有过错的,担保人承担民事责任的部分不应超过债务人不能清偿部分的二分之一的规定,供电公司对该笔债务在威克瑞公司不能清偿部分的二分之一范围内承担赔偿责任。原审法院以供电公司未给该笔债务所涉贷款合同提供担保,且长城公司不能举证证明供电公司为威克瑞公司向农行营业部申请开立信用证提供过担保,供电公司对该笔债务不承担保证责任为由,驳回长城公司相关诉讼请求不当,本院依法予以改判。长城公司关于供电公司应当对33362721.12元贷款本息承担相应民事责任的上诉请求,于法有据,本院予以支持。

——载最高人民法院民事审判第二庭编:《民商事审判指导》总第7辑,人民法院出版社2005年版,第240~247页。

1251

企业法人的职能部门提供保证无效,企业法人承担民事责任的部分不应超过债务人不能清偿部分的二分之一

关键词｜企业法人职能部门｜担保无效｜过错责任｜

【最高人民法院司法解释】

第十八条 企业法人的职能部门提供保证的,保证合同无效。债权人知道或者应当知道保证人为企业法人的职能部门的,因此造成的损失由债权人自行承担。

债权人不知保证人为企业法人的职能部门,因此造成的损失,可以参照担保法第五条第二款的规定和第二十九条的规定处理。

——《最高人民法院关于适用〈中华人民共和国担保法〉若干问题的解释》(2000年12月8日,法释〔2000〕44号)

【最高人民法院裁判文书】

中国运载火箭技术研究院与甘肃省机械进出口公司等进口代理纠纷上诉案
[最高人民法院二审民事判决书]

最高人民法院认为:本案所涉的三份代理进出口协议除保证内容外,均系各方当事人真实意思表示,内容不违反法律法规的禁止性规定,原审判决认定其合法有效并判令佛山市三雄设备贸易有限公司对佛山贸易中心未偿付货款承担责任,适用法律正确,本院予以维持。关于研究院应否承担保证责任问题。第一,由于研究院出具给民生银行的《授权委托书》系该院专为向民生银行借贷所用,研究院贸易中心以研究院的名义作出保证的承诺,显系越权代理行为。而且,本案代理进出口协议上加盖的保证人研究院的印章系研究院贸易中心负责人王天奎私自刻制,应当认定本案所涉担保无效。研究院贸易中心负责人私刻研究院公章并以研究院名义出具担保,构成对机械公司的欺诈,对此造成的损失,应根据其过错承担相应的民事赔偿责任。鉴于研究院贸易中心系研究院的职能部门,没有独立承担民事责任的能力,其过错应由研究院承担。第二,从本案三份代理进口协议第五条约定的内容以及机械公司审查研究院贸易中心之担保资格的情况看,机械公司在知道该贸易中心为非独立法人、未提供有关营业执照的情况下,未依照合同约定进一步要求该贸易中心提供法人身份证明、营业执照等有关担保资格的法律文件;其在接受上述《授权委托书》时又未要求王天奎提供原件,在此情况下仍与研究院贸易中心签约,接受该担保,表明机械公司缺乏应有的谨慎注意义务,对所引起的法律后果亦应承担相应的民事责任。据此,依照本院《担保法解释》第七条之规定,主合同有效而担保合同无效,债权人、担保人有过错的,担保人承担民事责任的部分,不应超过债务人不能清偿部分的二分之一。原审判决以研究院贸易中心属于研究院的职能部门为由,判令研究院在本案中对佛山贸易中心不能清偿部分在三分之一范围内承担过错赔偿责任,并无不当,本院予以维持。研究院以王天奎所盖公章系伪造等为由,要求免除其保证责任的上诉请求,缺乏事实和法律依据,不能成立,本院不予支持。

——最高人民法院民事审判第二庭编:《民商事审判指导》总第8辑,人民法院出版社2005年版,第215~223页。

1252

国家行政机关为借款合同提供的担保无效，应当根据过错承担相应民事责任

关键词｜担保无效｜过错责任｜

【最高人民法院裁判文书】

中国信达资产管理公司郑州办事处、舞钢市财政局与河南省舞钢市银龙集团公司、舞钢市银龙纺织有限责任公司、河南省舞钢市水泥厂借款担保合同纠纷案[最高人民法院(2008)民二终字第17号民事判决书]

最高人民法院认为：舞钢市财政局作为国家行政机关，为本案债务人银龙集团公司的借款合同进行担保的行为应当认定为无效行为。无效担保作为一种缔约过失，缔约方应当根据各自的过错程度承担相应的民事责任。舞钢市财政局应当承担合同无效的赔偿责任，原债权人舞钢建行和建行平顶山信托公司明知担保人为国家机关仍与其签订保证合同亦存在明显过错。原审判决根据双方的过错程度，参照《担保法解释》第七条的规定精神，判决舞钢市财政局对本案债务本息在银龙集团公司和银龙纺织公司承担清偿责任且信达公司郑州办事处行使担保权后仍不能清偿的部分承担50%的赔偿责任并无不妥，本院予以维持。

——最高人民法院民事审判第二庭编：《最高人民法院商事审判指导案例·借款担保卷》，中国法制出版社2011年版，第735～743页。

1253

《担保法解释》第八条规定的担保人，应指全体担保人

关键词｜担保人｜过错责任｜

【最高人民法院司法解释】

第八条　主合同无效而导致担保合同无效，担保人无过错的，担保人不承担

民事责任;担保人有过错的,担保人承担民事责任的部分,不应超过债务人不能清偿部分的三分之一。

——《最高人民法院关于适用〈中华人民共和国担保法〉若干问题的解释》(2000年12月8日,法释〔2000〕44号)

【最高人民法院裁判文书】

上海津葳经贸有限公司与常熟市天铭物资有限公司、龚妹芳等企业借贷纠纷申请再审案[最高人民法院(2015)民申字第680号民事裁定书]

最高人民法院认为:二、本案担保人承担的责任如何确定。《担保法》第五条规定:"担保合同被确认无效后,债务人、担保人、债权人有过错的,应当根据其过错各自承担相应的民事责任。"《担保法解释》第八条规定:"主合同无效而导致担保合同无效,……担保人有过错的,承担民事责任的部分,不应超过债务人不能清偿部分的三分之一。"本案中,被申请人天铭物资公司、天铭大酒店、天铭集团公司的法定代表人均是被告陈雪明,金茂公司的法定代表人是陈雪明之妻龚妹芳,被告陈欣宇为陈雪明、龚妹芳成年子女,故应当认定上述担保人对于天铭物资公司以订立连环《购销合同》的方式向昌昊公司借款的事实均系明知,上述担保人在明知主合同无效的情形下仍对主债务提供担保,显然具有过错。鉴于合同无效的损失为债权人、债务人、担保人三方过错造成,故依据《担保法解释》第八条的规定,担保人承担的损害赔偿责任不应超过债务人不能清偿部分的三分之一。这里的担保人,应指全体担保人,而无论担保人为一个主体还是多个主体,也无论担保人提供了何种担保方式。津葳公司关于"每一担保人应承担不超过债务人不能清偿部分的三分之一的赔偿责任"的申请理由不能成立,本院不予支持。

——中国裁判文书网,http://wenshu.court.gov.cn。

1254

企业间违法资金拆借合同无效,变更后的合同仍为无效,但保证人未再提供担保的不再承担保证责任

关键词|资金拆借合同|保证合同|合同无效|

【最高人民法院裁判文书】

塔里木石油勘探开发指挥部与中国银行石河子市支行等担保纠纷案[最高人民法院(2001)民二终字第10号民事判决书]

最高人民法院认为：塔指、新澳公司与石河子支行于1993年3月签订的资金拆借合同违反了有关企业之间不得从事资金拆借的禁止性法律规定，属无效合同；合同到期后，新澳公司于1994年9月6日向塔指出具的《关于我公司借款延期和不动产(土地)抵押借款申请报告》是合同主债务人向债权人发出的变更合同内容的要约，即延长借款的期限至1997年9月21日；同时提出了改变借款的担保方法，即以新澳公司在广东惠州大亚湾的建设用地作为抵押。代表塔指向新澳公司催款的塔指财务处负责人沈承功签字表示“同意上述意见双方共遵”，鉴于原资金拆借合同就是以塔指财务处的名义签订的，沈承功作为塔指财务处的负责人，其签字同意应认定为对新澳公司变更合同要约的承诺。1994年11月10日塔指和新澳公司共同签署了《会议纪要》，约定借款延期两年至1996年11月14日；延期借款年利率为10.98%；新澳公司以其在广东惠州大亚湾的土地作为抵押。该《会议纪要》的实质是债权人和主债务人之间达成的确认变更原合同的协议，双方就合同变更达成了新的合同关系。变更后新的合同关系与原合同关系一样，违反了国家的禁止性规定，应属无效，但该合同变更是当事人之间真实意思表示一致的结果。在新的合同关系中，石河子支行已经不是合同当事人，其在原合同中承担的保证责任因新的合同关系产生而得以解除。尽管《会议纪要》载明“担保人在本息未还清前，仍负合同原规定的责任”，但石河子支行并未在《会议纪要》上签字，新澳公司与塔指为他人设定义务不产生约束力。在变更后新的合同关系中，当事人只有两方，即债权人塔指和债务人新澳公司。新澳公司在《关于我公司借款延期和不动产(土地)抵押借款申请报告》中称：根据国家有关法律规定，石河子支行对资金借款的担保“已无法律行为效力”；双方的意思表示亦明确，即延长借款期限，并变更担保方式，以新澳公司在大亚湾的建设用地作为抵押担保，塔指并因此收取了新澳公司的相关土地许可证。塔指与新澳公司之间达成的新的合同尽管因违反有关法律规定而无效，但其作为双方真实意思表示一致的结果，合同关系是成立的，塔指与新澳公司作为合同当事人应对自己的意思表示负责并承担相应的后果。塔指虽曾于1993年10月15日和30日两次给石河子支行发电报催款，但在催收未果时即与主债务人达成了新的合同关系从而免除了石河子支行的保证责任;1996 年 11 月 5 日塔指工作人员对石河子支行副行长毕建安的调查记录亦不能证明是其向担保人主张权利,况且,这时石河子支行已不再负有担保责任,故塔指向其主张承担保证责任没有依据。原审判决认定事实清楚,适用法律基本正确。

——肖扬总主编、最高人民法院民事审判第二庭编:《中华人民共和国最高人民法院判案大系》(民商事卷 - 2001 年卷),人民法院出版社 2003 年版,第 27 ~ 31 页。

1255

当事人的相关约定并非担保合同效力要件的,不得作为主张担保合同无效的根据

关键词 | 担保合同效力 |

【最高人民法院裁判文书】

北京瑞丰恒泰房地产开发有限公司、北京瑞丰恒墓房地产开发有限公司、北京现代家园置业有限公司与北京城建集团有限责任公司、北京城建四建设工程有限责任公司借款担保合同纠纷案[最高人民法院(2012)民提字第 57 号民事判决书]

裁判要旨:虽然当事人之间对有关反担保作出过约定,但在各份合同中并未将相关约定是否成立作为担保合同、反担保合同的效力要件。因此,当事人以相关约定主张担保合同、反担保合同无效的,人民法院不予支持。此外,当事人之间尽管存在关联关系,并且也因关联关系对外提供了反担保,但是当事人主张相关公司就是合同当事人的,人民法院不予支持。

最高人民法院认为:一、关于各申请再审人提供反担保与《资产重组协议书》的关系问题。各申请再审人认为,其提供反担保是依据《资产重组协议书》的约定,而《资产重组协议书》已经被解除,再行承担反担保责任,显失公平,请求本院予以纠正。本院认为,《资产重组协议书》签订于 2007 年,而本案借款合同、担保合同及各反担保合同均在 2008 年签订。虽然《资产重组协议书》中对有关反担保作出过约定,但在各份合同中并未将《资产重组协议书》是否成立作

为担保合同、反担保合同的效力要件。而且，各申请再审人均是在工商登记注册具有完全行为能力的法人，其对外亦是依据自己的判断独立进行意思表示，即使各申请再审人在《资产重组协议书》《反担保保证合同》《股权质押合同》签署时存在股权投资关系，也不影响《反担保保证合同》《股权质押合同》为各申请再审人对城建集团分别作出的承诺。所以，《资产重组协议书》无论解除与否，均不影响《反担保保证合同》的效力。此外，在北京市高级人民法院作出的(2011)高民再终字第2015号民事判决中，已经认定《资产重组协议书》解除是因"瑞丰恒基公司未完全履行《资产重组协议书》中约定的出资义务，导致企业改革无法进行，职工与公司矛盾激化，盘活国有存量资产的合同目的无法实现，合同继续履行已无必要"。在生效判决已经认定因瑞丰恒基公司的原因导致《资产重组协议书》被解除的情况下，其再以《资产重组协议书》被解除为由主张不承担反担保责任，显然不能成立。故原审法院依据《反担保保证合同》判决瑞丰恒基公司以及瑞丰恒泰公司、现代家园公司等申请再审人承担反担保责任，并无不妥。瑞丰恒基公司、瑞丰恒泰公司、现代家园公司关于其提供反担保是基于《资产重组协议书》的约定，在《资产重组协议书》已经解除的情况下，其承担的反担保责任也应解除的再审理由不能成立，本院予以驳回。

——最高人民法院民事审判第二庭编：《最高人民法院商事审判指导案例(2012)·合同与借贷担保》，中国民主法制出版社2013年版，第478～490页。

1256

主合同协议仲裁管辖而保证合同未约定仲裁管辖的，保证合同不受主合同仲裁管辖的约束

关键词｜协议仲裁｜保证合同｜

【最高人民法院裁判文书】

惠州纬通房产有限公司与惠州市人民政府履约担保纠纷案[最高人民法院(2001)民二终字第177号民事裁定书]

最高人民法院认为：本案债权人纬通公司与保证人惠州市政府在双方签订

的《履约确认书》中并未约定仲裁条款。本案系纬通公司起诉惠州市政府的履约担保纠纷，与纬通公司和嘉城公司之间的承包工程合同纠纷系两个不同的民事关系。纬通公司与惠州市政府之间形成的履约担保民事关系不受纬通公司与嘉城公司承包合同中约定的仲裁条款的约束，双方当事人在所签订的《履约确认书》中并未选择仲裁方式解决纠纷。纬通公司的起诉符合《民事诉讼法(1991)》第一百零八条的规定，广东省高级人民法院应当予以受理。广东省高级人民法院以承包工程合同中的仲裁条款明确，从而排除人民法院对履约担保纠纷的管辖权，裁定驳回纬通公司的起诉，依法应予纠正。

——肖扬总主编、最高人民法院民事审判第二庭编：《中华人民共和国最高人民法院判案大系》(民商事卷－2001年卷)，人民法院出版社2003年版，第417～419页。

【链接：最高人民法院法官著述】

本案债权人纬通公司与保证人惠州市政府在双方签订的《履约确认书》中并未有仲裁条款，亦未单独签订仲裁协议，没有请求仲裁解决纠纷的意思表示。本案系履约担保纠纷，是基于纬通公司与惠州市政府之间的担保法律关系发生的纠纷，与纬通公司和嘉城公司之间的承包工程合同纠纷系两个不同的法律关系，承包工程合同中的仲裁条款不能适用于担保法律关系发生的纠纷，换句话说，即纬通公司与惠州市政府之间的履约担保法律关系不受纬通公司与嘉城公司承包合同中的仲裁条款的约束。纬通公司以担保纠纷起诉惠州市政府，有管辖权的法院应当依法受理。广东省高级人民法院作为被告惠州市政府所在地法院依法享有管辖权。纬通公司的起诉符合《民事诉讼法(1991)》第一百零八条的规定，广东省高级人民法院应当予以受理。广东省高级人民法院以承包工程合同中的仲裁条款明确，从而排除人民法院对履约担保纠纷的管辖权，裁定驳回纬通公司的起诉，与法不符。至于惠州市政府提供的保证系何种性质的担保，因属实体审查的内容，应在依法受理后，进行审查。如系一般保证，因保证人依法享有先诉抗辩权，在主合同纠纷未经审判或者仲裁，并就债务人的财产依法强制执行仍不能履行债务前，对债权人可以拒绝承担保证责任，人民法院可以裁定中止审理，待主合同纠纷解决后，再行判决；如系连带责任保证，如事实清楚不需待主合同纠纷解决，即可直接下判。在涉及仲裁的情况下，保证人提供担保的性质不影响担保纠纷案件的管辖。

——刘敏：《主合同协议仲裁管辖的，其效力能否及于从合同中的保证人——惠州纬通房产有限公司与惠州市人民政府履约担保纠纷案》，载李国光主编、最高人民法院民事审判第二庭编：《民商审判指导与参考》总第1卷，人民法院出版社2002年版，第250页。

1257

主合同约定仲裁管辖而保证合同没有约定仲裁管辖的，原则上应当先行通过当事人协商一致或者经仲裁对主债务的范围作出确认

关键词 | 协议仲裁 | 保证合同 |

【最高人民法院裁判文书】

中航惠德风电工程有限公司与辽宁高科能源集团有限公司保证合同纠纷案[最高人民法院(2015)民二终字第125号民事判决书]

最高人民法院认为：本案各方当事人争议的焦点问题是：主合同约定了仲裁管辖，保证合同未约定仲裁管辖，债权人对其与债务人的争议未申请仲裁，而直接向保证人主张承担保证责任，能否得到人民法院的支持。

首先，依照《担保法》第十八条、《担保法解释》第一百二十六条规定，连带责任保证的债务人在主合同规定的债务履行期限届满没有履行债务的，债权人可以直接要求保证人在其保证范围内承担保证责任。在本案中高科公司向中航公司出具的《担保函》中明确表示为瑞祥公司提供连带保证责任，因此，在瑞祥公司未按合同约定支付货款的情况下，中航公司依据《担保函》，起诉高科公司承担保证责任，于法有据。

其次，中航公司的诉讼请求是主张保证人高科公司承担保证责任，代瑞祥公司履行未支付货款的义务，但是，《担保法》第二十条规定："一般保证和连带责任保证的保证人享有债务人的抗辩权。债务人放弃对债务的抗辩权的，保证人仍有权抗辩。抗辩权是指债权人行使债权时，债务人根据法定事由，对抗债权人行使请求权的权利。"高科公司出具的《担保函》虽然承诺在瑞祥公司未支付货款余额时承担保证责任，但是，依照法律规定，该公司依法应享有债务人瑞祥公

司的抗辩权。中航公司的实体权利来源于其与瑞祥公司签订的《供货合同》和《补充协议》，作为保证人的高科公司在行使债务人的抗辩权时，同样可以依照《供货合同》《补充协议》的约定以及合同履行情况，包括中航公司是否按照合同约定数量、品质履行了供货义务，瑞祥公司是否履行了付款义务，应否继续支付货款以及欠款数额等，进行实体抗辩。而根据中航公司和瑞祥公司《供货合同》和《补充协议》的约定，上述问题均系履行《供货合同》和《补充协议》中产生的争议，属于仲裁管辖的范围。人民法院如果对上述争议进行实体审理，势必侵害中航公司和瑞祥公司基于仲裁条款约定而享有的选择仲裁解决纠纷的权利，违背当事人意思自治原则。因此，当主合同约定了仲裁管辖，而保证合同没有约定仲裁管辖的情况下，原则上应当先行通过当事人协商一致或者经仲裁对主债务的范围作出确认，如果债权人只对保证人提起诉讼，保证人以主合同的约定和履行情况进行抗辩，必然会涉及法院对于已经约定仲裁裁决的争议事项能否进行审理和裁判的问题，这既涉及约定仲裁管辖当事人的仲裁程序选择权，也涉及人民法院审判权的行使范围。在本案中，原审第三人瑞祥公司并未放弃其与中航公司的仲裁管辖约定，认为主债务应当通过仲裁来确定。因此，对于高科公司关于因主债务的范围不能确定，保证责任的范围也不能确定，在主债务未经过仲裁裁决确定的情况下，中航公司直接要求其承担保证责任，属于证据不足的主张，依法应予支持。

再次，上诉人中航公司主张高科公司承担担保债务范围和期间是确定的，符合高科公司在《担保函》中的承诺，本院予以认可。但是由于中航公司与瑞祥公司因履行合同发生的争议不属于人民法院审理范围，故本案中高科公司应当承担保证责任的主债务数额无法确定。因此，原判决认为中航公司的诉讼请求缺乏事实及法律依据，并驳回中航公司的诉讼请求，于法有据。中航公司可在与瑞祥公司的主合同争议协商一致或者通过仲裁程序解决之后，再另行向高科公司主张权利。

——中国裁判文书网，http://wenshu. court. gov. cn。

1258

保证与并存的债务承担的判断，应根据具体情况确定

关键词｜保证｜并存的债务承担｜

【《最高人民法院公报》案例】

中国信达资产管理公司石家庄办事处与中国—阿拉伯化肥有限公司及河北省冀州中意玻璃钢厂借款担保合同纠纷案[最高人民法院(2005)民二终字第200号民事判决书]

最高人民法院认为：本案中，河北中意在省建行出具的《承诺书》中承诺，对归还该笔贷款本息承担连带还款责任，并放弃一切抗辩权，该承诺书与93008号《外汇借款合同》具有同等的法律效力。一审判决基于该承诺书，认定该笔贷款的担保人已经变更为河北中意，省建行和信达石办已经放弃了对中阿公司的担保债权，中阿公司不应再承担本案的担保责任。但是，根据《民法通则》第八十五条与第九十一条的规定，保证合同是当事人之间合意的结果，保证人的变更需要建立在债权人同意的基础上，即使债务人或第三人为债权人另外提供相应的担保，而债权人表示接受担保的，除债权人和保证人之间有消灭保证责任的意思表示外，保证责任并不免除。而本案并无债权人省建行或信达石办同意变更或解除中阿公司保证责任的明确意思表示，因此，一审判决的这一认定显属认定事实不当，适用法律错误，应予纠正。并且，双方当事人均未主张保证人变更，一审法院也未将保证人是否变更列为法庭调查的重点，双方在庭审时均未就此问题进行举证和质证，一审法院以此作为认定案件事实的关键，显属不妥。对于上诉人的该项上诉理由，本院予以支持。

根据该《承诺书》的内容，河北中意愿意承担债务并无疑问，问题的关键在于：河北中意出具该承诺书的行为是被上诉人中阿公司主张的债务人变更，还是上诉人信达石办主张的增加保证人，抑或是新债务人的加入。根据《合同法》第八十四条的规定："债务人将合同的义务全部或部分转移给第三人的，必须以债权人同意为前提。"在本案中，河北中意表示愿意承担连带还款责任，债权人省建行在接受的同时，并无明确的意思表示同意债务人由冀州中意变更为河北中意，因而河北中意的承诺行为不能构成债务转移，即不能构成债务人的变更。对被上诉人中阿公司以债务转移未经其同意为由拒绝承担保证责任的抗辩理由，本院不予支持。至于河北中意的行为应当定性为上诉人信达石办所主张的保证人增加，还是定性为债务人的增加，本院认为，二者在案件的实质处理上并无不同，只是在性质上有所不同：保证系从合同，保证人是从债务人，是为他人债务负责；并存的债务承担系独立的合同，承担人是主债务人之一，是为自己的债务负责,也是单一债务人增加为二人以上的共同债务人。判断一个行为究竟是保证,还是并存的债务承担,应根据具体情况确定。如承担人承担债务的意思表示中有较为明显的保证含义,可以认定为保证;如果没有,则应当从保护债权人利益的立法目的出发,认定为并存的债务承担。因此本案中,根据承诺书的具体内容以及向河北中意的催收通知中的担保人身份的注明,对河北中意的保证人身份有较为明确的表示与认可,上诉人信达石办主张的此行为系保证人增加的上诉理由,于法有据,本院予以支持。

……

综上,上诉人信达石办要求被上诉人中阿公司对冀州中意的182万美元借款本金和利息承担连带清偿责任的请求合理,本院予以支持。被上诉人中阿公司提出的由于债务转移,省建行和信达石办已经放弃了对中阿公司的担保债权,中阿公司不再承担保证责任的抗辩理由和上诉人主张权利已过诉讼时效的抗辩理由不能成立,本院予以驳回。原判决以“该笔贷款的担保人已经变更为河北中意,省建行和信达石办已经放弃了对中阿公司的担保债权”为由,认定被上诉人中阿公司不承担担保责任,属认定事实不当,适用法律错误,应依法予以纠正。

——《最高人民法院公报》2006年第3期

编者说明

并存的债务承担类似于保证,因原债务仍然存在,又有新的债务人加入进来承担债务,使原债务的履行进一步得到保障,有增强责任财产的功能。在实践中,第三人往往以担保债的履行为目的而加入合同关系,因此,两者易生混淆。最高人民法院在本判决中明确肯定地提出了两者的判断标准:“判断一个行为究竟是保证,还是并存的债务承担,应根据具体情况确定。如承担人承担债务的意思表示中有较为明显的保证含义,可以认定为保证;如果没有,则应当从保护债权人利益的立法目的出发,认定为并存的债务承担。”

1259

融资性担保公司收取的担保费可根据担保项目的风险程度由其与被担保人协商确定

关键词 | 融资性担保 | 担保费 |

【最高人民法院裁判文书】

阳朔一尺水实业投资开发有限公司与广西汇荣融资性担保有限公司等保证合同纠纷申请再审案[最高人民法院(2016)最高法民申230号民事裁定书]

最高人民法院认为:四、担保费率是否违反强制性规定的问题。

一尺水公司认为原判决按年利率22.4%和年利率30%计算担保费明显违反强制性规定。最高人民法院认为,虽然2006年《国务院办公厅转发发展改革委等部门关于加强中小企业信用担保体系建设意见的通知》和国家发展改革委员会、财政部、中国人民银行、国家税务总局、中国银行业监督管理委员会《关于加强中小企业信用担保体系建设的意见》对担保费的收取标准进行了规范,该意见第七项规定:"为促进担保机构的可持续发展,对主要从事中小企业贷款担保的担保机构,担保费率实行与其运营风险成本挂钩的办法。基准担保费率可按银行同期贷款利率的50%执行,具体担保费率可依项目风险程度在基准费率基础上上下浮动30%~50%,也可经担保机构监管部门同意后由担保双方自主商定。"但是,2010年中国银行业监督管理委员会、国家发展和改革委员会、工业和信息化部、财政部、商务部、中国人民银行、国家工商行政管理总局发布了《融资性担保公司管理暂行办法》,该办法第二十六条规定:"融资性担保公司收取的担保费,可根据担保项目的风险程度,由融资性担保公司与被担保人自主协商确定,但不得违反国家有关规定。"显然2010年《融资性担保公司管理暂行办法》第二十六条的内容,是对2006年《关于加强中小企业信用担保体系建设的意见》第七项内容的替代。2015年11月国务院发布《国务院关于宣布失效一批国务院文件的决定》(国发〔2015〕68号),决定对与现行法律法规不一致、已被新规定涵盖或替代、调整对象已消失、工作任务已完成或者适用期已过的489件国务院文件宣布失效,其中附件297即《国务院办公厅转发发展改革委等部门关于加强中小企业信用担保体系建设意见的通知》。因此,一尺水公司认为原判决参照《融资性担保公司管理暂行办法》第二十六条系违反了《关于加强中小企业信用担保体系建设的意见》第七项规定,属于适用法律确有错误的再审申请理由,不能成立。

——中国裁判文书网,http://wenshu.court.gov.cn。

二、公司担保

1260

有限责任公司提供担保时，第三人对公司章程不负审查义务，公司主张第三人恶意应当举证

关键词｜公司担保｜章程审查义务｜举证责任｜

【《最高人民法院公报》案例】

中建材集团进出口公司诉北京大地恒通经贸有限公司、北京天元盛唐投资有限公司、天宝盛世科技发展(北京)有限公司、江苏银大科技有限公司、四川宜宾俄欧工程发展有限公司进出口代理合同纠纷案(北京市高级人民法院民事判决书)

北京市高级人民法院认为:有限责任公司的公司章程不具有对世效力,其作为公司内部决议的书面载体,它的公开行为不构成第三人应当知道的证据。强加给第三人对公司章程的审查义务不具有可操作性和合理性,第三人对公司章程不负有审查义务。第三人的善意是由法律所推定的,第三人无须举证自己善意;如果公司主张第三人恶意,应对此负举证责任。因此,不能仅凭公司章程的记载和备案就认定第三人应当知道公司的法定代表人超越权限,进而断定第三人恶意。

——《最高人民法院公报》2011 年第 2 期

编者说明

本裁判意见旨在解决有限责任公司章程规定公司法定代表人权限的,如何认定法定代表人越权行为时,第三人是否负有审查章程义务的特殊问题。

1261

公司法定代表人代表公司签订担保合同，没有足够证据证明债权人在签订合同时知道或者应当知道其超越权限的，担保合同有效

关键词｜法定代表人｜担保合同｜合同效力｜

【最高人民法院裁判文书】

南京华新瑞实业有限公司与武汉瑞通船务疏浚工程有限公司、无锡华业钢铁有限公司、江苏海外集团海通国际贸易有限公司及南京市华新瑞实业有限公司泰州钢铁分公司欠款及担保合同纠纷案［最高人民法院（2009）民二终字第140号民事判决书］

裁判要旨：《公司法》第十六条第一款的规定，属于管理性而非效力性规范，不应作为判断公司对外合同效力的唯一依据。公司的法定代表人代表公司签订担保合同，诉讼中担保人没有足够证据证明被担保人在签订本案合同时知道或者应当知道该法定代表人超越公司章程等规定的权限，故应当认为作为合同相对人有理由相信法定代表人的代表行为，双方所签订的合同有效。

华新瑞公司上诉认为：《公司法》第十六条规定公司向其他企业投资或者为他人提供担保，依照公司章程的规定，由董事会或者股东会、股东大会决议，这一规定不仅对公司内部具有约束力，同时也对任何需要提供担保的债权人具有约束力，蔡向和未经董事会决议以华新瑞公司名义对外担保的行为应属无效行为。对此，最高人民法院认为，公司法的这一条款不但从文字表述上并未强调诸如该条第二款、第三款所述的“必须”“不得”等强制性的意思，而且从其内容上看，其只是关于公司实施一定行为所应当遵循的内部程序性规范，即使公司及其内部机构应当遵照执行，但因其属于管理性而非效力性规范，故而不应作为判断公司对外合同效力的唯一依据。根据《合同法》第五十条以及《担保法解释》第十一条的规定，对法定代表人代表公司所签订的合同，除法定代表人系超越其权限且损害公司利益并为相对方所知道或应当知道的以外，该代表行为有效。本案中，华新瑞公司主张瑞通公司在接受蔡向和代表华新瑞公司提供担保时，已经查阅了包括公司章程、改制文件在内的华新瑞公司的全部工商档案资料，对蔡向和违反章程规定的权限签订本案协议并且使改制后用于安置职工的企业财产受损失，从而损害公司和职工利益等情况是明知的，因此应当认定蔡向和的代表行为无效。华新瑞公司提出上述主张的主要依据是其所称的瑞通公司的诉讼代理人在原审庭审中的承认，但根据原审交换证据笔录、庭审笔录并经本院二审调查核实，华新瑞公司所述情况与事实不符，没有证据证明瑞通公司在签订本案《债权转让及担保协议》时对华新瑞公司的章程、改制文件等内容已经明知。华新瑞公司关于蔡向和未经董事会决议代表该公司签订担保合同，违反《公司法》第十六条的规定且属于《合同法》第五十条规定的除外情形，因而应当认定无效的上诉主张根据不足，本院不予支持。

——最高人民法院民事审判第二庭编：《最高人民法院商事审判指导案例（第五卷）》（上），中国法制出版社2011年版，第304~312页。

1262

《公司法》第十六条的规定不属于效力性强制性规定

关键词｜效力性强制性规定｜管理性规定｜

【最高人民法院审判业务意见】

四、最高人民法院民一庭倾向性意见

《公司法》第十六条第二款的规定属于公司内部的管理性规范，对公司以未经股东会或股东大会决议为由主张对外担保无效的，人民法院不予支持。

——最高人民法院民事审判第一庭：《公司为公司股东或者实际控制人提供担保的效力问题》，载杜万华主编、最高人民法院民事审判第一庭编：《民事审判指导与参考》总第63辑，人民法院出版社2016年版，第146页。

首先，公司为股东或实际控制人提供担保的，《公司法》第十六条第二款规定"必须经股东会或者股东大会决议"，这是法律作出的强制性要求，所以未经股东会（股东大会）决议，公司不得为股东或实际控制人进行担保。而如果公司是为股东或实际控制人之外的他人提供担保，该条第一款规定："依照公司章程的规定，由董事会或者股东会、股东大会决议"，在这里，《公司法》将需要何种决议的选择权交给公司章程，即《公司法》只是概括地规定此类担保需要作出机关决议，至于是董事会决议还是股东会决议，则由章程自定。可见，并非公司对外提供的所有担保都需要股东会（股东大会）作出决议，只有在公司为股东或实际控制人进行担保时，是否经过了股东会（股东大会）决议同意才应成为判断公司担保行为效力的考量因素。

其次，公司为股东或实际控制人提供担保，未经股东会（股东大会）决议的（比如公司董事长代表公司直接在为股东的担保函中签字确认的），有观点认为担保应无效，理由是《合同法》第五十条规定："法人或者其他组织的法定代表人、负责人超越权限订立合同，除相对人知道或者应当知道其超越权限的以外，该代表行为有效。”而既然《公司法》第十六条第二款明确要求由股东会决议，接受担保的债权人应当按照该款的要求查看公司股东会决议，其不得以不知道法律为由来主张自己为善意，所以公司未提供股东会决议时，债权人并不构成善意，债权人此时应当属于《合同法》第五十条规定的“知道或者应当知道”，所以该担保应当无效。而且，这种观点进一步认为，由于违反了《公司法》第十六条第二款的担保归于无效，所以该款在性质上属于效力性强制规范。

我们认为，公司为股东或实际控制人进行担保，即使未经股东会决议，也不宜笼统认定该担保无效，应当根据不同情形分别判断。对封闭性公司，比如有限公司或未上市的股份公司，由于股东人数少，股东通常兼任公司董事或高管，管理层与股东并未实质性地分离，股东对公司重大事项仍有一定的影响力，该类事项即使未经股东会决议，但通常也不违背股东的意志。况且封闭性公司不涉及众多股民利益保护、证券市场秩序维护等公共利益问题，因此，能否绝对地以未经股东会决议为由认定担保无效，值得商榷。但是如果是公众公司，比如上市公司为股东或实际控制人提供担保，应当审查该担保是否经过股东大会决议同意，未经股东大会决议同意的担保，属于重大违规行为，侵害了众多投资者利益，扰乱了证券市场秩序，应当认定无效。尤其是在当接受担保的债权人是商业银行等专业金融机构时更是如此。应当注意的是，商业银行接受担保时对股东大会决议仅负形式审查的义务，不应要求其进行实质审查，比如即使上市公司提供的股东大会决议是伪造的，也不应影响担保的效力。

——宋晓明：《商事审判若干疑难问题的探讨——在全国法院商事审判工作会议上的讲话（摘录）》，载最高人民法院民事审判第二庭编：《商事审判指导》总第 23 辑，人民法院出版社 2011 年版，第 30 ~ 31 页。

【《最高人民法院公报》案例】

招商银行股份有限公司大连东港支行与大连振邦氟涂料股份有限公司、大连振邦集团有限公司借款合同纠纷案［最高人民法院（2012）民提字第 156 号民事判决书］

裁判摘要：《公司法》第十六条第二款规定，公司为公司股东或者实际控制人提供担保的，必须经股东会或者股东大会决议。该条款是关于公司内部控制管理的规定，不应以此作为评价合同效力的依据。担保人抗辩认为其法定代表人订立抵押合同的行为超越代表权，债权人以其对相关股东会决议履行了形式审查义务,主张担保人的法定代表人构成表见代表的,人民法院应予支持。

最高人民法院认为:本案各方争议的焦点是担保人振邦股份公司承担责任的界定。鉴于案涉借款合同已为一二审法院判定有效,申请再审人对此亦无异议,故本院对案涉借款合同的效力直接予以确认。案涉《抵押合同》及《不可撤销担保书》系担保人振邦股份公司为其股东振邦集团公司之负债向债权人招行东港支行作出的担保行为。作为公司组织及公司行为当受《公司法》调整,同时其以合同形式对外担保行为亦受合同法及担保法的制约。案涉公司担保合同效力的认定,因其并未超出平等商事主体之间的合同行为的范畴,故应首先从合同法相关规定出发展开评判。关于合同效力,《合同法》第五十二条规定"有下列情形之一的,合同无效……(五)违反法律、行政法规的强制性规定"。关于前述法律中的"强制性",最高人民法院《合同法解释(二)》第十四条则作出如下解释规定"合同法第五十二条第(五)项规定的'强制性规定',是指效力性强制性规定"。因此,法律及相关司法解释均已明确了将违反法律或行政法规中效力性强制性规范作为合同效力的认定标准之一。公司作为不同于自然人的法人主体,其合同行为在接受合同法规制的同时,当受作为公司特别规范的公司法的制约。《公司法》第一条开宗明义规定"为了规范公司的组织和行为,保护公司、股东和债权人的合法权益,维护社会经济秩序,促进社会主义市场经济的发展,制定本法"。《公司法》第十六条第二款规定:"公司为公司股东或者实际控制人提供担保的,必须经股东会或者股东大会决议。"上述公司法规定已然明确了其立法本意在于限制公司主体行为,防止公司的实际控制人或者高级管理人员损害公司、小股东或其他债权人的利益,故其实质是内部控制程序,不能以此约束交易相对人。故此上述规定宜理解为管理性强制性规范。对违反该规范的,原则上不宜认定合同无效。另外,如作为效力性规范认定将会降低交易效率和损害交易安全。譬如股东会何时召开,以什么样的形式召开,何人能够代表股东表达真实的意志,均超出交易相对人的判断和控制能力范围,如以违反股东决议程序而判令合同无效,必将降低交易效率,同时也给公司动辄以违反股东决议主张合同无效的不诚信行为留下了制度缺口,最终危害交易安全,不仅有违商事行为的诚信规则,更有违公平正义。故本案一、二审法院以案涉《股东会担保决议》的决议事项并未经过振邦股份公司股东会的同意,振邦股份公司也未就此事召开过股东大会为由,根据《公司法》第十六条规定,作出案涉不可撤销担保书及抵押合同无效的认定,属于适用法律错误,本院予以纠正。

在案事实和证据表明,案涉《股东会担保决议》确实存在部分股东印章虚假、使用变更前的公司印章等瑕疵,以及被担保股东振邦集团公司出现在《股东会担保决议》中等违背公司法规定的情形。振邦股份公司法定代表人周建良超越权限订立抵押合同及不可撤销担保书,是否构成表见代表,招行东港支行是否善意,亦是本案担保主体责任认定的关键。《合同法》第五十条规定:“法人或者其他组织的法定代表人、负责人超越权限订立的合同,除相对人知道或者应当知道其超越权限的以外,该代表行为有效。”本案再审期间,招行东港支行向本院提交的新证据表明,振邦股份公司提供给招行东港支行的股东会决议上的签字及印章与其为担保行为当时提供给招行东港支行的签字及印章样本一致。而振邦股份公司向招行东港支行提供担保时使用的公司印章真实,亦有其法定代表人真实签名。且案涉抵押担保在经过行政机关审查后业已办理了登记。至此,招行东港支行在接受担保人担保行为过程中的审查义务已经完成,其有理由相信作为担保公司法定代表人的周建良本人代表行为的真实性。《股东会担保决议》中存在的相关瑕疵必须经过鉴定机关的鉴定方能识别,必须经过查询公司工商登记才能知晓、必须谙熟公司法相关规范才能避免因担保公司内部管理不善导致的风险,如若将此全部归属于担保债权人的审查义务范围,未免过于严苛,亦有违合同法、担保法等保护交易安全的立法初衷。担保债权人基于对担保人法定代表人身份、公司法人印章真实性的信赖,基于担保人提供的股东会担保决议盖有担保人公司真实印章的事实,完全有理由相信该《股东会担保决议》的真实性,无需也不可能进一步鉴别担保人提供的《股东会担保决议》的真伪。因此,招行东港支行在接受作为非上市公司的振邦股份公司为其股东提供担保过程中,已尽到合理的审查义务,主观上构成善意。本案周建良的行为构成表见代表,振邦股份公司对案涉保证合同应承担担保责任。

——《最高人民法院公报》2015 年第 2 期

中建材集团进出口公司诉北京大地恒通经贸有限公司、北京天元盛唐投资有限公司、天宝盛世科技发展(北京)有限公司、江苏银大科技有限公司、四川宜宾俄欧工程发展有限公司进出口代理合同纠纷上诉案(北京市高级人民法院民事判决书)

裁判摘要:《公司法》第十六条第一款规定:“公司向其他企业投资或者为他人提供担保,依照公司章程的规定,由董事会或者股东会、股东大会决议;公司章程对投资或者担保的总额及单项投资或者担保的数额有限额规定的,不得超过规定的限额。”该条第二款规定:“公司为公司股东或者实际控制人提供担保的,必须经股东会或者股东大会决议。”但公司违反前述条款的规定，与他人订立担保合同的，不能简单认定合同无效。第一，该条款并未明确规定公司违反上述规定对外提供担保导致担保合同无效；第二，公司内部决议程序，不得约束第三人；第三，该条款并非效力性强制性的规定；第四，依据该条款认定担保合同无效，不利于维护合同的稳定和交易的安全。

北京市高级人民法院终审认为：上诉人银大公司提供担保的承诺应为有效。虽然本案的《进口项目委托代理协议书》签订于2005年，但本案涉及的《备忘录》以及银大公司出具的《承诺书》签订于2006年10月，故本案应适用2005年修订的《公司法》。2005年修订的《公司法》第十六条规定：“公司向其他企业投资或者为他人提供担保，按照公司章程的规定由董事会或者股东会、股东大会决议；公司章程对投资或者担保的总额及单项投资或者担保的数额有限额规定的，不得超过规定的限额。公司为公司股东或者实际控制人提供担保的，必须经股东会或者股东大会决议。”第一，该条款并未明确规定公司违反上述规定对外提供担保导致担保合同无效；第二，公司内部决议程序，不得约束第三人；第三，该条款并非效力性强制性的规定；第四，依据该条款认定担保合同无效，不利于维护合同的稳定和交易的安全。此外，关于公司违反这一规定对外提供担保的合同效力问题，根据最高人民法院《合同法解释（一）》第四条关于“合同法实施以后，人民法院确认合同无效，应当以全国人大及其常委会制定的法律和国务院制定的行政法规为依据，不得以地方性法规、行政规章为依据”以及最高人民法院《合同法解释（二）》第十四条关于“合同法第五十二条第（五）项规定的‘强制性规定’，是指效力性强制性规定”的规定，在合同法的基础上进一步明确缩小了合同因违反法律、行政法规的强制性规定而无效的情形。因此，2005年修订的《公司法》第十六条的规定并非效力性强制性的规定。在2005年修订的《公司法》没有明确规定公司违反2005年修订的《公司法》第十六条对外提供担保无效的情形下，对公司对外担保的效力应予确认。此外，根据《合同法》第五十条关于“法人或者其他组织的法定代表人、负责人超越权限订立的合同，除相对人知道或者应当知道其超越权限的以外，该代表行为有效”以及最高人民法院《担保法解释》第十一条关于“法人或者其他组织的法定代表人、负责人超越权限订立的担保合同，除相对人知道或者应当知道其超越权限的以外，该代表行为有效”的规定，公司的法定代表人违反公司章程的规定对外提供担保应认定为有效。可见，对于公司法定代表人越权对外提供担保的情形，公司对外仍应对善意第三人承担民事责任，故本案银大公司的担保责任不能免除。

被上诉人中建材公司应为善意第三人。有限责任公司的公司章程不具有对世效力，有限责任公司的公司章程作为公司内部决议的书面载体，它的公开行为不构成第三人应当知道的证据。强加给第三人对公司章程的审查义务不具有可操作性和合理性，第三人对公司章程不负有审查义务。第三人的善意是由法律所推定的，第三人无须举证自己善意；如果公司主张第三人恶意，应对此负举证责任。因此，不能仅凭公司章程的记载和备案就认定第三人应当知道公司的法定代表人超越权限，进而断定第三人恶意。故在上诉人银大公司不能举证证明中建材公司存在恶意的情形下，应当认定中建材公司为善意第三人，中建材公司已经尽到合理的审查义务。

可见，上诉人银大公司出具的《承诺书》担保形式完备，内容不违反法律、法规有关效力性强制性法律规定，应认定为构成合法有效的第三人保证，银大公司应承担连带保证责任。故银大公司上诉关于其法定代表人何寿山对外提供担保，其行为违反公司章程的规定，并没有经过股东会、股东大会或者董事会同意，故何寿山对外担保因违反《公司法》第十六条的强制性法律规定，应为无效担保的上诉请求以及被上诉人中建材公司未能尽到审慎的审查义务，不能作为善意的第三人要求银大公司承担保证责任的上诉请求，不予支持。

——《最高人民法院公报》2011 年第 2 期

【最高人民法院裁判文书】

李复与海南中度旅游产业开发有限公司、海南中度实业发展有限公司等企业借贷纠纷案[最高人民法院(2016)最高法民终 271 号民事判决书]

最高人民法院认为：第四，关于为公司股东提供担保的法律效力问题。本案涉及公司为股东提供担保的是第五笔借款，第五笔借款的《借贷协议》签订时，借款人中度实业公司为保证人中度旅游公司的股东。《合同法》第五十二条第（五）项规定：“有下列情形之一的，合同无效……（五）违反法律、行政法规的强制性规定。”《合同法解释（二）》第十四条规定：“合同法第五十二条第（五）项规定的‘强制性规定’，是指效力性强制性规定。”法发〔2009〕40 号《最高人民法院关于当前形势下审理民商事合同纠纷案件若干问题的指导意见》第十五条明确指出：“人民法院应当注意根据《合同法解释（二）》第十四条之规定，注意区分效力性强制规定和管理性强制规定。违反效力性强制规定的，人民法院应当认定合同无效；违反管理性强制规定的，人民法院应当根据具体情形认定其效力。"《公司法》第十六条第二款关于"公司为公司股东或者实际控制人提供担保的，必须经股东会或者股东大会决议"的规定，虽为法律的强制性规定，但并非为效力性强制规定。这是因为股东会决议属于公司内部程序，而公司为股东提供担保签订担保合同，必然涉及公司之外的第三人，已经超出公司法单独调整的范围，因为本案涉及的担保方式为保证，除了适用公司法，还要适用担保法。

——中国裁判文书网，http://wenshu. court. gov. cn。

襄阳骏盛置业有限公司、湖北裕景担保有限公司与加金杰等保证合同纠纷申请再审案[最高人民法院(2016)最高法民申字1006号民事裁定书]

最高人民法院认为：关于骏盛公司与裕景公司是否承担担保责任。虽然《公司法》第十六条规定："公司向其他企业投资或者为他人担保，按照公司章程的规定由董事会或者股东会、股东大会决议；公司章程对投资或者担保的总额及单项投资或者担保的数额有限额规定的，不得超过规定的限额。公司为公司股东或者实际控制人提供担保的，必须经股东会或者股东大会决议。"但是该规定属于公司对内的程序性规定，其并未规定公司以外的第三人对此负有审查义务，公司对外提供担保是否经股东会或者股东大会决议，并不影响其对外签订的合同效力。应严格区分公司的对内关系与对外关系，否则会损害交易安全。与公司交易的第三人应当不受公司内部程序性规定的约束。《公司法》第十六条的规定，意在防止公司的实际控制人或者高级管理人员损害公司、小股东或者其他债权人的利益，公司是否召开股东会以及股东会的决议，是公司的内部控制程序，不能约束与公司交易的第三人。第三人无义务审查是否已经召开股东会，亦无义务对于股东会决议进行审查。该规定不属于效力性强制性规定，不能据此主张合同无效。是否提交股东会决议以及股东会决议上签名是否为公司股东，均不影响担保责任的承担。加金杰即使为上述两公司的股东，其无权控制股东会的召开。欠条亦未约定应当以提交股东会决议作为担保责任成立的条件。骏盛公司与裕景公司的再审申请理由均不成立。

——中国裁判文书网，http://wenshu. court. gov. cn。

六安市创新小额贷款股份有限公司与许照群等民间借贷纠纷申请再审案[最高人民法院(2015)民申字第1684号民事裁定书]

最高人民法院经审查认为：首先，原审判决认定本案担保合同有效符合法律规定精神。修订后的《公司法》规定，董事、高级管理人员不得违反公司章程的规定，未经股东会、股东大会或者董事会同意以公司财产为他人提供担保。该条规定旨在规范公司的内部管理，并未规定公司违反此条规定的对外担保效力。本案中，案涉三份借款协议签订期间，汪春担任创新小贷公司总经理，该三份借款协议明确约定创新小贷公司对汪春向许照群的借款承担保证责任，并加盖了创新小贷公司的印章，该三份借款协议应当认定为有效。创新小贷公司依据《公司法》修订前颁布的上述《担保法解释》主张本案担保合同无效的理由依法不能成立。

——中国裁判文书网，http://wenshu. court. gov. cn。

周亚与青海贤成矿业股份有限公司、西宁市国新投资控股有限公司等民间借贷纠纷案［最高人民法院(2014)民一终字第270号民事判决书］

最高人民法院认为：涉案《保证合同》及《承诺保证函》中贤成矿业公司为国新公司所欠周亚的债务提供担保是其真实的意思表示，且并不违反法律的禁止性规定，应当认定为有效。虽然《公司法》第十六条规定："公司向其他企业投资或者为他人担保，按照公司章程的规定由董事会或者股东会、股东大会决议；公司章程对投资或者担保的总额及单项投资或者担保的数额有限额规定的，不得超过规定的限额。公司为公司股东或者实际控制人提供担保的，必须经股东会或者股东大会决议。"但是该规定属于公司对内的程序性规定，其并未规定公司以外的第三人对此负有审查义务，公司对外提供担保是否经股东会或者股东大会决议，并不影响其对外签订的合同效力。应严格区分公司的对内关系与对外关系，否则会损害交易安全。与公司交易的第三人应当不受其内部程序性规定的约束。《公司法》第十六条的规定，意在防止公司的实际控制人或者高级管理人员损害公司、小股东或者其他债权人的利益，公司是否召开股东会以及股东会的决议，是公司的内部控制程序，不能约束与公司交易的第三人。该规定不属于效力性强制性规定，不能据此主张合同无效。公司作为不同于自然人的民商事主体，其法定代表人的行为即是公司的行为。即便法定代表人行为越权，贤成矿业公司也只能够通过内部追责程序维护自己的权利，而非主张担保行为无效。周亚作为公司以外的第三人无从知晓法定代表人的行为越权，贤成矿业公司主张周亚并非善意第三人，但并未提供相应证据，其主张本院不予支持。原审判决认定涉案《保证合同》及《承诺保证函》有效，并无不当。

——中国裁判文书网，http://wenshu. court. gov. cn。

【链接：最高人民法院法官著述】

1.《公司法》第十六条第二款的规定究竟属于管理性规范还是效力性规范，其中的风险是由公司还是由相对方承担，公司法并没有明确规定。王利明教授认为，可以采取如下标准来区分效力性强制性规范和管理性强制性规范：第一，法律法规明确规定违反禁止性规定将导致合同无效或不成立的同，该规定属于效力性规范；第二，法律法规没有明确规定违反性规定将导致合同无效或不成立的，但违反该规定后若使合同继续有效将损害国家利益和社会公共利益，也应当认为该规范属于效力性规范；第三，法律法规没有明确规定违反禁止性规定将导致合同无效或不成立，但合同继续有效并不损害国家利益和社会公共利益，而只是损害当事人之间的利益时，该规范就属于管理性规范。[①] 从上述观点来分析，如果认定担保有效，损害的是提供担保之公司的利益，调整的是私主体之间的民事利益关系，其实质是内部控制程序，不能以此约束交易相对人。因此，认定《公司法》第十六条第二款为管理性规范更为适宜。

——吴晓芳：《公司为公司股东或者实际控制人提供担保的效力问题》，载杜万华主编、最高人民法院民事审判第一庭编：《民事审判指导与参考》总第63辑，人民法院出版社2016年版，第143~146页。

公司内部意思形成过程，是公司内部的事情，一个主体对外行为的时候，无论是法人还是自然人作出意思表示，相对人没有理由弄清楚意思是怎么形成的，是不是经过了正当程序。所以，公司为他人提供担保，尽管没有按照公司法的规定，未经董事会或股东会、股东大会决议，也不能一概以此为由主张无效。第二款规定，公司为股东或者实际控制人提供担保，必须经过股东会或者股东大会决议。对于这一款如何理解？首先，只有在公司为股东或实际控制人进行担保时，是否经过了股东会决议同意才成为公司担保效力的考量因素。其次，公司为股东或实际控制人进行担保，即使未经股东会决议，也不宜笼统认定该担保无效，应当根据不同情形分别判断。对于公众公司来说，为股东提供担保，可能是抽逃出资的行为，可能是重大违规行为，股东通过公司担保抽逃出资，违反了证监会的相关规定，在这种情况下，公众公司为股东提供担保，如果未经股东大会决

① 参见王利明：《合同法研究》(第一卷)，中国人民大学出版社2002年版，第658~659页。

议,可以认定担保无效。这种违规行为损害了公众利益,因为上市公司的股东是社会公众,因此,认定无效的依据已经不是《公司法》第十六条第二款,而是《合同法》第五十二条的有关规定。当然,对于有限责任公司来说,由于有限责任公司股东相对较少,股东通常兼任公司董事或高管,管理层与股东并未实质性分离,股东对公司重大事项仍有一定的影响力,该类事项即使未经股东会决议,但通常也不违背股东的意志,所以,有限责任公司为股东提供担保一般不认定为无效。

——张勇健:《〈公司法〉司法解释(三)解读》,载最高人民法院民事审判第二庭编:《商事审判指导》总第29辑,人民法院出版社2012年版,第71页。

首先,《公司法》关于担保的条款均没有规定违反该些条款中的强制性规定会导致公司与交易相对人签订的担保合同无效;其次,《公司法》关于担保的条款的规范目的在于防范公司管理层以及控制股东利用公司担保进行不当的利益输送,损害公司资产的独立和完整,因而从决策权分工和表决程序上解决股东与公司管理者之间的委托代理成本问题,协调大小股东之间就公司资产问题产生的权益冲突。立法目的并不是禁止担保交易行为或者关联担保交易行为本身。再次,《公司法》关于担保的条款在内容上表现为对公司在提供担保前进行内部决策时的权力配置和审议程序,是典型的调整公司治理结构权力行使的规范,属于对担保人单方的公司内部关系的管理性强制性规定,从文义解释上得不出该些规范旨在直接约束公司与交易相对人签订的担保合同效力的结论。最后,倘若认定担保合同有效,损害的也只是提供担保的公司的利益,是私主体之间的民事利益的调整关系,并不牵涉国家利益和社会公共利益。综上,《公司法》的担保规范不属于《合同法》第五十二条第(五)项的"法律、行政法规的强制性规定"的效力性强制性规定的范畴。实践中应避免援引《合同法》第五十二条第(五)项认定公司对外担保合同未经董事会或股东会决议绝对无效的错误做法。

——刘贵祥:《合同效力研究》,人民法院出版社2012年版,第304~306页。

编者说明

关于公司为股东、实际控制人或者他人提供担保行为的效力认定问题,历来是司法实践中存在争议的问题，即使是在《公司法》修订以后仍是如此。最高人民法院相关审判业务庭的意见曾认为，若担保不符合公司章程规定，应认定担保协议缺乏生效要件。公司提供的担保协议被认定为未生效，公司应当承担缔约过失责任，债权人如果不能证明其尽到充分注意义务的，亦应承担相应的过错责任。① 但是不分具体情况作单一结果的认定，并不符合实践要求。因此，最高人民法院相关司法政策精神均对相关观点进行了完善。

1263

债权人应当知道公司为股东提供担保须经股东会决议，对于是否经股东会决议未尽形式审查义务的，不能认定为善意第三人

关键词｜公司担保｜善意第三人｜

【最高人民法院裁判文书】

吴文俊与泰州市天利投资发展有限公司等民间借贷保证合同纠纷案［最高人民法院（2014）民申字第1876号民事裁定书］

裁判要旨：《公司法》第十六条第二款规定，公司为公司股东或者实际控制人提供担保的，必须经股东会或者股东大会决议。因法律有明确规定，吴文俊应当知道天利公司为其股东的债务提供担保须经股东会决议，对于是否经股东会决议负有形式审查义务，而其并未要求签约人出具天利公司股东会决议，系未尽形式审查义务，不能被认定为善意第三人，担保合同对天利公司不产生拘束力。

最高人民法院经审查认为：一、关于本案的法律适用问题。二审法院认定戴其进越权代表行为对天利公司不生效力，适用的法律是《公司法》第十六条第二款、第三款和最高人民法院《担保法解释》第十一条，并未适用《合同法》第五十二条第（五）项关于违反法律、行政法规的强制性规定的合同无效的规定。二审法院并非基于《公司法》第十六条的规定为效力性强制性规定而认定本案所涉担保合同无效。

① 宋晓明：《加强调查研究，探索解决之道——就在全国民商事审判工作会议中提出的若干疑难问题答记者问》，载最高人民法院民事审判第二庭编：《民商事审判指导》总第11辑，人民法院出版社2007年版，第72页。

二、关于天利公司是否受担保合同拘束的问题。《公司法》第十六条第二款明确规定，公司为公司股东或者实际控制人提供担保的，必须经股东会或者股东大会决议。法律规定具有公示作用，吴文俊应当知晓。因法律有明确规定，吴文俊应当知道天利公司为戴其进的债务提供担保须经天利公司股东会决议，而其并未要求戴其进出具天利公司的股东会决议，吴文俊显然负有过错，因而其不能被认定为善意第三人。二审法院认定担保合同对天利公司不产生拘束力并无不当。《最高人民法院公报》2011 年第 2 期刊登的案例是公司法定代表人违反公司章程的规定对外提供担保，不是为公司股东的债务提供担保，与本案事实不同，法律适用的结果也不同，不能作为本案的参考。

——中国裁判文书网，http://wenshu.court.gov.cn。

【链接：最高人民法院法官著述】

《公司法》第十六条不属于《合同法》第五十二条第（五）项规定的强制性规范，《公司法》第十六条系对公司提供担保应履行的程序性规定，并未禁止公司提供担保，不应作为判断担保合同违法与否的依据。公司法定代表人违反《公司法》第十六条规定，以公司名义对外提供担保的合同效力应适用《合同法》第五十条的规定，视相对人的主观状态而定。尽管相对人应知《公司法》第十六条的规定，但相对人未知不能推定其知道法定代表人越权，担保人公司应提交其他证据证明相对人忽视了法定代表人没有授权的事实。对于特殊交易，例如担保权人是银行等金融机构，担保人是上市公司，被担保人是担保公司的法定代表人、股东、实际控制人及其相关人时，宜要求相对人承担审查担保人公司内部决议的义务。

——谢爱梅：《浅析担保合同相对人对公司内部决议的审查义务》，载杜万华主编、最高人民法院民事审判第一庭编：《民事审判指导与参考》总第 65 辑，人民法院出版社 2016 年版，第 152 页。

虽然《公司法》第十六条第二款并非强制性规定，不应因违反该条款而认定合同无效，但该案争议焦点并非担保合同的效力问题，而是在担保合同有效的情况下，法定代表人越权代表行为的后果是否由公司承担。根据《合同法》第五十条、《担保法解释》第十一条，法定代表人超越权限订立的合同，除相对人知道或者应当知道其超越权限的以外，该代表行为有效，本案债权人对于担保人提供担保是否经公司股东会决议负有形式审查义务，属于应当知道法定代表人超越权限的情形，代表行为无效，对公司不具有拘束力。

本案与2015年第2期《最高人民法院公报》刊登的招商银行股份有限公司大连东港支行与大连振邦氟涂料股份有限公司、大连振邦集团有限公司借款合同纠纷案案情有一定相似之处。不同的是，大连振邦氟涂料股份有限公司法定代表人代表公司订立担保合同时出具了股东会决议，但该决议存在瑕疵，法院认为，该瑕疵必须经过鉴定机关的鉴定方能识别，如若将此全部归属于担保债权人的审查义务范围，未免过于严苛，债权人在完全有理由相信股东会担保决议真实性的情况下，已尽到合理的审查义务，主观上构成善意，大连振邦氟涂料股份有限公司对案涉保证合同应承担担保责任。该案明确了债权人对担保人股东会决议负有审查义务，同时明确了审查义务的范围。

——《最高人民法院民四庭2014年涉外商事海事审判综述》，载贺荣主编、最高人民法院民事审判第四庭编：《涉外商事海事审判指导》总第30辑，人民法院出版社2016年版，第234～235页。

1264

1999年《公司法》未明确禁止公司为股东提供担保，公司以此主张保证合同无效的，违反禁止反言原则

关键词 | 公司担保 | 禁止反言原则 |

【最高人民法院裁判文书】

中国信达资产管理公司深圳办事处与大鹏创业投资有限责任公司等借款合同纠纷案[最高人民法院(2009)民二终字第55号民事判决书]

最高人民法院认为：从本案事实看，大鹏创业公司与光大红荔路支行签订一份《最高额保证担保合同》，约定大鹏创业公司为大鹏控股公司与光大红荔路支行之间签订的《综合授信协议》项下产生的全部债权提供连带责任保证。为此，大鹏创业公司向光大红荔路支行递交一份经公司董事会会议研究作出的《关于审议通过〈关于授权总经理进行银行融资和资金运作的议案〉的决议》。上述事

实表明，为公司股东之一的大鹏控股公司提供担保，并非公司董事、经理的个人行为，而是经公司董事会会议研究决定作出的公司行为。1999 年《公司法》第六十条第三款虽有"董事、经理不得以公司资产为本公司的股东或者其他个人债务提供担保"的规定，但该规定规范的是董事、经理的个人行为，而非公司行为，并非对公司为股东提供担保的行为一概禁止。对于经公司股东会、董事会会议研究决定为公司股东提供担保的行为，1999 年《公司法》并未明确禁止。大鹏创业公司章程中虽有"董事不得以公司资产为任何个人或者公司的股东债务提供担保"的约定，但该约定限制的是董事、经理的个人行为，而非公司行为，并非限制经公司股东会、董事会会议研究决定为公司股东提供担保的行为。大鹏创业公司经公司董事会会议研究决定为公司股东提供担保的行为并未违反 1999 年《公司法》的规定和公司章程的约定。大鹏创业公司章程载明，公司董事会由 9 名董事组成，董事会作出决议，必须经公司全部董事过半数通过，每一董事享有一票表决权。大鹏创业公司《关于审议通过〈关于授权总经理进行银行融资和资金运作的议案〉的决议》载明，根据会议表决票统计结果，7 名董事表决，其中 4 名董事同意，通过了《关于授权总经理进行银行融资和资金运作的议案》。该议案的审议通过是否符合大鹏创业公司章程中关于董事会决议事项的约定，属于公司内部事宜，即使该决议的通过存在瑕疵，也不影响该议案已被审议通过的事实，更不影响大鹏创业公司所签保证合同的效力。上述分析表明，大鹏创业公司与光大红荔路支行签订的《最高额保证合同》系双方当事人意思表示，合同内容不违反法律法规的禁止性规定，应认定为合法有效。原审法院以上述保证合同已被上海市高级人民法院终审判决确认为无效，根据 1999 年《公司法》第六十条第三款的规定，大鹏创业公司董事会无权决定公司为股东提供担保事项为由，认定其为无效不当，本院予以纠正。大鹏创业公司关于涉案担保未经公司股东会决议通过，违反法律规定和公司章程，涉案的董事会决议违反保证人公司章程，故原审法院认定涉案保证合同无效正确的主张不能成立，且违反民事诉讼中的禁止反言规则，本院不予支持。

——最高人民法院民事审判第二庭编：《商事审判指导》总第 22 辑，人民法院出版社 2010 年版，第 215 ~ 235 页。

编者说明

关于公司对外担保的效力认定和处理问题，1999 年《公司法》和 2005 年《公司法》的规定存在重大差异,法院的裁判规则也有明显区别,在此需要作一说明。

1999 年《公司法》关于公司担保的唯一规定是第六十条第三款,该款规定"董事、经理不得以公司资产为本公司的股东或者其他个人债务提供担保",但对公司能否以公司财产为他人提供担保,如果公司可以为他人提供担保,由谁决定、按照什么程序决定,均未作规定。鉴于实践中公司滥用担保的形势愈趋严峻,中国证券监督管理委员会发布《关于上市公司为他人提供担保有关问题的通知》(2000 年 6 月 6 日,证监公司字〔2000〕61 号),通知要求"上市公司不得以公司资产为本公司的股东、股东的控股子公司、股东的附属企业或者个人债务提供担保"(第二条),"上市公司为他人担保必须经董事会或股东大会批准。董事会应当比照公司章程有关董事会投资权限的规定,行使对外担保权。超过公司章程规定权限的,董事会应当提出预案,并报股东大会批准"(第五条)。《担保法解释》第四条规定,"董事、经理违反《公司法》第六十条的规定,以公司资产为本公司的股东或者其他个人债务提供担保的,担保合同无效。除债权人知道或者应当知道的外,债务人、担保人应当对债权人的损失承担连带赔偿责任"。

根据上述规定,最高人民法院通过审理"闽都支行诉中福公司、中福实业公司、九州公司借款担保合同纠纷案"中,明确了此类案件的裁判规则:在 1999 年《公司法》第六十条第三款法律规定的背景下,公司为股东担保受到法律限制,即公司董事、经理以及公司董事会无权决定以公司财产为股东提供担保,除非公司章程对此有授权或者股东大会同意此项担保。

此后,最高人民法院在审理其他公司借款担保合同纠纷案件时也沿袭了这一裁判思路,如"中国进出口银行与光彩事业投资集团有限公司、四通集团公司借款担保合同纠纷案",①最高人民法院在终审裁判中再度肯定了公司股东会在公司为股东担保问题上的最终决策权。再如"中国光大银行深圳分行与创智信息科技股份有限公司、深圳智信投资有限公司、湖南创智集团有限公司借款保证合同纠纷案",智信公司向光大银行借款 18500 万元,创智股份与创智集团分别对贷款提供连带责任保证担保。针对该案的争议焦点"光大银行与创智股份之间的保证合同效力问题",最高人民法院经审理认为,证监会《关于上市公司为他人提供担保有关问题的通知》(证监公司字〔2000〕61 号)第五条规定"上市公司为他人提供担保必须经董事会或股东大会批准"。证监会、国资委《关于规范上市公司与关联方资金往来及上市公司对外担保若干问题的通知》(证监发〔2003〕56 号)第二条第二款第(一)项规定"上市公司不得为控股股东及本公司持股 50% 以下的其他关联方、任何非法人单位或个人提供担保",第二条第二款第(三)项规定"上市公司对外担保应当取得董事会全体成员三分之二以上签署同意,或者经股东大会批准"。证监会和国资委的上述规定对作为上市公司的创智股份具有约束力。因此,虽然 1999 年《公司法》对公司担保能力未作明确规定,创智股份对

① 《最高人民法院公报》2006 年第 7 期,最高人民法院(2006)民二终字第 49 号民事判决书。

外担保在程序上也应当经董事会或股东大会批准。创智股份章程第一百一十九条规定"董事会行使下列职权：……（八）在股东大会授权范围内，决定本公司的风险投资、资产抵押及其他担保事项"。而章程第四十三条股东大会的职权中，并无关于担保问题的规定。可以认定创智股份选择由董事会决定担保事项。该案二审期间，光大银行提交了创智股份董事会同意担保的决议。创智股份与光大银行签订保证合同为智信公司借款提供连带责任保证，该保证合同形式完备，内容不违反法律法规的强制性规定，依法应确认有效。当智信公司没有清偿光大银行债务时，创智股份应对智信公司债务承担连带清偿责任。创智股份承担连带清偿责任后，有权就代偿的数额向智信公司追偿。①

1265

公司章程对为股东提供担保没有明确规定，当公司债权人与股东的利益发生冲突时，应当优先保护公司债权人利益

关键词｜公司章程｜公司对外担保｜债权人利益｜

【最高人民法院裁判文书】

东北特殊钢集团有限责任公司与中国长城资产管理公司沈阳办事处借款及担保合同纠纷案[最高人民法院(2009)民二终字第51号民事判决书]

最高人民法院认为：《公司法(1999)》第六十条和《担保法解释》第四条的规定，是为了防止公司的一部分股东损害另一部分股东的利益。但公司章程是设立公司的股东自主制定的，各股东的利益保护已经包含在其中。公司章程明确规定了一定额度以上的对外保证事务的决策权分别属于股东会和董事会，但并未明确规定该额度以下为股东提供担保是否需要董事会或者股东会决议通过。在没有明确规定的情况下，当公司债权人与公司股东的利益发生冲突时，应当优先保护公司债权人的利益。

——最高人民法院民事审判第二庭编：《最高人民法院商事审判指导案例·借款担保卷》，中国法制出版社2011年版，第682～691页。

① 潘勇锋：《公司对外担保效力的认定》，载最高人民法院民事审判第二庭编：《民商事审判指导》总第14辑，人民法院出版社2008年版，第170～183页。

1266

公司为股东之间股权转让提供担保的效力，应结合股东身份、法定代表人是否超越权限、相对人是否善意等进行综合判断

关键词｜公司担保｜股权转让｜

【最高人民法院裁判文书】

林梅灼与林俨儒、福建鑫海冶金有限公司等股权转让纠纷案[最高人民法院(2015)民二终字第176号民事判决书]

最高人民法院认为:四、关于鑫海公司是否应当承担保证责任的问题。

《公司法》第十六条第二款、第三款及鑫海公司章程第三十九条第二款、第三款均规定:“公司为公司股东或者实际控制人提供担保的,必须由股东会作出决议”;“前款规定的股东或者受前款规定的实际控制人支配的股东,不得参加前款规定事项的表决。该项表决由出席会议的其他股东所持表决权的过半数通过”。案涉股权转让合同订立时,林俨儒、林梅灼均系鑫海公司股东,均应当知道鑫海公司章程的上述规定,即鑫海公司为其股东担保应当经过鑫海公司股东会决议,并经其他股东所持表决权的过半数表决通过,而不属于公司法定代表人、负责人的权限。《合同法》第五十条规定:法人或者其他组织的法定代表人、负责人超越权限订立的合同,除相对人知道或者应当知道其超越权限的以外,该代表行为有效。因鑫海公司为案涉股权转让合同提供保证未经股东会决议,故时任鑫海公司总经理的蒋校在案涉股权转让合同上加盖鑫海公司印章的行为,超越了鑫海公司章程所规定的权限,对此,林梅灼应当知道,故该代表行为无效。蒋校在案涉股权转让合同上签字、加盖鑫海公司公章的行为,不能对鑫海公司产生法律约束力。故对鑫海公司有关其不应承担对案涉股权转让合同的保证责任的诉请,本院予以支持。

林梅灼以鑫海公司其他股东在知道鑫海公司为案涉股权转让合同提供保证后均未提出异议为由,主张鑫海公司提供的保证有效。但当事人以默示方式产生相应的法律后果应当以法律有明确规定或者当事人有明确约定为前提,而本案并不具备上述情形。故鑫海公司其他股东未就案涉保证事宜提出异议,不能产生其他股东以股东会决议方式同意鑫海公司为案涉股权转让合同提供保证的法律后果。林梅灼的该项主张,于法无据,本院不予支持。

——中国裁判文书网,http://wenshu.court.gov.cn。

1267

公司高管违法犯罪及相关决议被判决确认无效等事实，不影响其对外已形成的担保关系

关键词｜公司决议无效｜保证担保｜

【最高人民法院裁判文书】

方大炭素新材料科技股份有限公司与中国农业银行股份有限公司陕县支行、三门峡惠能热电有限责任公司、辽宁方大集团实业有限公司保证合同纠纷申请再审案[最高人民法院(2013)民申字第624号民事裁定书]

裁判要旨：保证人是在与被保证人双方互保、对方提供反担保、可获得电价优惠等条件下充分考虑了本企业的利益和担保事项可能存在的风险后作出的担保，虽然存在公司管理人员违法犯罪以及保证人相关董事会和股东会决议后被人民法院判决确认无效等事实，但该事实并不能影响保证人对外已经形成的保证担保法律关系。

最高人民法院认为：(一)陕县农行与惠能热电公司于2004年12月10日签订的借款合同第九条约定："借款人项目资本金应以注册资本金形式与贷款同步同比例到位，并先于贷款使用。"该条款的约定，是对借款人惠能热电公司注入资本金的规制。项目资本金没有与贷款同时间同比例到位，责任在于惠能热电公司。在惠能热电公司未履行合同第九条的约定，阶段性地放大了风险的情况下，本院二审综合考虑陕县农行没有尽到谨慎义务等因素，判定陕县农行应自行承担1亿元贷款发放后到惠能热电公司项目资本金到位之前所产生的利息风险，是妥当的。主债务人项目资本金没有按照政府有关部门的要求到位，并不属于法律或者行政法规规定的免除保证人担保责任的情形，且本案中也不存在惠能热电公司和陕县农行协议变更主合同条款等可依法免除保证人担保责任的其他情形，故方大炭素公司申请再审称应免除其保证担保责任，没有法律依据，不能成立。

(二)2004年6月9日和7月5日，本案保证人(提供担保时公司的名称是海龙科技公司，后于2006年更名为方大炭素公司)两次召开董事会并形成决议，正式向陕县农行出具担保函，其提交给陕县农行的两份董事会决议上有6名董事签名并加盖有公章，符合部门规章和公司章程的规定。保证人2005年4月27日的对外担保公告亦表明，其为惠能热电公司借款提供担保，是在双方互保、对

方提供反担保、可获得电价优惠等条件下,充分考虑了本企业的利益和担保事项可能存在的风险后作出的决定。虽然存在杨立新等人违法犯罪以及保证人相关董事会和股东会决议后被人民法院判决确认无效等事实,但该事实并不能影响保证人对外已经形成的法律关系,且不能推翻保证人是在双方互保、对方提供反担保、可获得电价优惠等条件下为惠能热电公司借款提供担保的事实。2006年,辽宁方大集团成为保证人的控股股东,保证人的名称也由海龙科技公司更名为方大炭素公司。现方大炭素公司否认其前身海龙科技公司当年的行为,申请再审称涉案保证合同并非其真实意思表示等理由,不能成立。

——中国裁判文书网,http://wenshu.court.gov.cn。

1268

公司依法定程序作出的决议不得对抗善意第三人

关键词|公司决议|善意第三人|

【最高人民法院裁判文书】

方大炭素新材料科技股份有限公司与中国农业银行股份有限公司陕县支行、三门峡惠能热电有限责任公司、辽宁方大集团实业有限公司保证合同纠纷案[最高人民法院(2012)民二终字第35号民事判决书]

裁判要旨:公司法人依据法定和公司章程规定的程序作出的决策,如无相反证据证明,应属于其真实意思表示,自行承担由此带来的投资收益与风险,不得对抗善意第三人。当事人依公司章程形成董事会决议并出具担保函,在无其他证据证明其违反意思自治原则的情况下,应认为属于公司真实意思表示,不能因此影响担保合同的效力。

最高人民法院认为:一、关于两份保证合同效力问题:

1. 关于两份保证合同是否是方大炭素公司的真实意思表示。作为上市公司的方大炭素公司(提供担保时公司的名称是海龙公司),为案涉的两份借款合同先后于2004年6月9日和7月5日召开两次董事会,形成董事会决议,并正式向陕县农行出具担保函。据方大炭素公司章程第一百零二条规定:董事会由九名董事组成;第一百二十条规定:董事会会议应当由二分之一以上的董事出席方可举行,每一董事享有一票表决权，董事会作出决议，必须经全体董事的过半数通过。方大炭素公司提交给陕县农行的两份董事会决议上有六名董事签名并加盖有公章，符合部门规章和公司章程的规定。在 2005 年 4 月 27 日的对外担保公告中披露，方大炭素公司为惠能热电公司借款提供担保是充分考虑了本企业的利益和担保事项可能存在的风险后作出的决定。因此，方大炭素公司上诉称保证合同不是其真实意思表示的理由与事实明显不符，原审法院不予采信是正确的，应予维持。

2. 杨立新刑事犯罪是否影响保证合同的效力。双方签订保证合同时，杨立新只是方大炭素公司的副董事长，代表方大炭素公司与陕县农行签订保证合同的是董事长谢信跃，不是杨立新。方大炭素公司董事会决议上的其他六名董事签字也都是由各个董事亲自签署。无证据表明其他六名董事签署本份决议是受杨立新的胁迫，存在《合同法》第五十二条规定的情形。因此，可以认定杨立新刑事犯罪并不影响案涉保证合同的效力。

3. 关于董事会和股东会决议被法院确认无效，是否影响其对外形成的法律关系效力。方大炭素公司为惠能热电公司提供担保出于真实意思表示，该真实意思的形成属于公司内部的事情，即使董事会和股东会决议被法院确认无效，也只是在方大炭素公司内部发生效力，不影响其对外形成的法律关系效力。方大炭素公司上诉认为董事会和股东会决议被法院确认无效直接导致保证合同无效的理由，本院不予支持。

4. 关于 2007 年陕县农行降低利息行为是否影响保证合同效力。方大炭素公司提出 2007 年陕县农行以降低利息为诱饵，欺骗方大炭素公司作出股东会和董事会对惠能热电公司担保事项的决议。本院认为，方大炭素公司董事会决议是依照法定程序作出的，二审中，方大炭素公司也并未对陕县农行存在恶意提供证据，因此其关于陕县农行以恶意签订担保合同的主张无事实和证据支持，不予采信。

——最高人民法院民事审判第二庭编：《最高人民法院商事审判指导案例（2012）· 合同与借贷担保》，中国民主法制出版社 2013 年版，第 443 ~460 页。

1269

股东借款用于公司房地产开发，公司为其借款提供担保，应当承担保证责任

关键词｜公司担保｜保证责任｜

【《最高人民法院公报》案例】

李占江、朱丽敏与贝洪峰、沈阳东昊地产有限公司民间借贷纠纷案[最高人民法院(2014)民一终字第38号民事判决书]

裁判摘要:《合同法》第一百二十五条规定:“当事人对合同条款的理解有争议的,应当按照合同所使用的词句、合同的有关条款、合同的目的、交易习惯以及诚实信用原则,确定该条款的真实意思。”双方当事人签订的合同为《担保借款合同》,具体到该合同第四条第一款约定的目的,是为了保证款项的出借方对款项使用情况的知情权、监督权,以便在发现借款人擅自改变款项用途或发生其他可能影响出借人权利的情况时,及时采取措施、收回款项及利息。用目的解释的原理可以得知,提供不真实的材料和报表固然会影响出借方对借款人使用款项的监督,而不提供相关材料和报表却会使得出借人无从了解案涉款项的使用情况,不利于其及时行使自己的权利。因此,借款人在借款的两年多的时间里,从未向出借人提供相关材料和报表,属于违约。

最高人民法院认为:(四)关于东昊公司是否应当承担连带保证责任的问题。

一审判决认定东昊公司应当为贝洪峰向李占江、朱丽敏所借债务承担连带保证责任并无不当。首先,贝洪峰虽然是以个人名义向李占江、朱丽敏借款,但从《借款担保合同》中有关款项用途的约定可以看出,贝洪峰所借款项正是用于东昊公司“经营大学经典项目房地产开发”。因此,东昊公司于2012年4月14日就其为贝洪峰借款担保事宜召开了临时股东会并形成同意担保的决议。该公司仅有的三位股东中除贝洪峰本人外,朱丽冰在股东会议决议上签字,另一名股东张希才在《补充协议》上加盖印章同意东昊公司为贝洪峰担保。上述事实证明,东昊公司为贝洪峰借款担保的行为,既符合《公司法》有关公司为股东或者实际控制人提供担保的程序性规定,也符合东昊公司通过使用贝洪峰借款开发房地产项目的实际需要。因此,东昊公司有关其不应当承担保证责任的观点不能成立。至于东昊公司提出的担保期限是从《借款担保合同》履行期限届满后开始,李占江、朱丽敏无权在要求贝洪峰提前还款的情况下,要求东昊公司也提前履行保证责任的观点,也是不能成立的。因为作为保证人的东昊公司并未与债权人李占江、朱丽敏单独签订保证合同,而是与债务人贝洪峰一起与李占江、朱丽敏签订《借款担保合同》及《补充协议》,也就是说,对于《借款担保合同》中约定的贝洪峰的义务，包括在何种情况下李占江、朱丽敏有权要求贝洪峰提前还款，东昊公司是完全清楚的。此种情形下，东昊公司并未于合同中声明拒绝在贝洪峰有义务提前归还借款的情形下承担连带保证责任，则应当视为其接受了《借款担保合同》的全部内容，故在贝洪峰违约并因此负有提前还款义务的条件下，东昊公司不能免除连带保证责任。

——《最高人民法院公报》2015 年第 9 期

三、保证方式、保证期间及保证债务诉讼时效

1270

一般保证与连带责任保证区别的重要标志在于，一般保证人享有先诉抗辩权

关键词 | 一般保证 | 连带责任保证 | 先诉抗辩权 |

【最高人民法院司法解释】

山东省高级人民法院：

你院鲁法民二字〔2002〕2 号《关于担保法适用有关问题的请示》收悉。经研究，答复如下：

一、最高人民法院法发〔1994〕8 号《关于审理经济合同纠纷案件有关保证的若干问题的规定》，适用于该规定施行后发生的担保纠纷案件和该规定施行前发生的尚未审结的第一审、第二审担保纠纷案件。该规定施行前判决、裁定已经发生法律效力的担保纠纷案件，进行再审的，不适用该《规定》。《中华人民共和国担保法》生效后发生的担保行为和担保纠纷，适用担保法和担保法相关司法解释的规定。

二、担保法生效之前订立的保证合同中对保证责任方式没有约定或者约定不明的，应当认定为一般保证。保证合同中明确约定保证人在债务人不能履行债务时始承担保证责任的，视为一般保证。保证合同中明确约定保证人在被保证人不履行债务时承担保证责任，且根据当事人订立合同的本意推定不出为一般保证责任的，视为连带责任保证。

在本批复施行前，判决、裁定已经发生法律效力的担保纠纷案件，当事人申请再审或者按审判监督程序决定再审的，不适用本批复。

此复。

——《最高人民法院关于涉及担保纠纷案件的司法解释的适用和保证责任方式认定问题的批复》(2002 年 11 月 23 日，法释〔2002〕38 号)

【《最高人民法院公报》案例】

中国信达资产管理公司贵阳办事处与贵阳开磷有限责任公司借款合同纠纷案[最高人民法院(2008)民二终字第106号民事判决书]

裁判摘要:连带责任保证和一般保证相区别的重要标志在于:一般保证的保证人享有先诉抗辩权,即债权人必须先行对主债务人主张权利,在经强制执行仍不能得到清偿的情况下,方能要求保证人承担保证责任;而连带责任保证的保证人不享有先诉抗辩权。在担保债务已经开始计算诉讼时效的情形下,不再适用有关保证期间的规定。

最高人民法院认为:一、关于本案开磷公司提供保证的方式。

本案中,开磷公司提供的保证在借款合同中有两种表述:一是黔信字第4号《借款合同》的表述是:"全部贷款到期,贷款方发出逾期通知三个月后,仍未归还,贷款方可以直接从借款方或担保方的各项投资和存款中扣收。"二是黔信字第5号、(91)贷字第009号、(92)建贷字第2号、(93)匀建贷字第2号《借款合同》的表述是:"贷款到期,借款方如不能按期偿还,由担保单位代为偿还,担保单位在接到黔南中心支行还款通知三个月后仍未归还,黔南中心支行有权从借款方或担保单位的投资或存款户中扣收,或委托其他金融机构扣收。"此外,开磷公司还就(93)匀建贷字第2号《借款合同》向黔南中心支行出具《借款担保书》,承诺"当借款单位不能履行借款合同如期偿还借款本息条件时,本公司(厂)将无条件承担责任,保证按照借款合同的规定,代借款单位偿还所欠借款本息。本担保书不可撤销。本担保书作为(93)匀建贷字第2号《借款合同》的附属文件,其有效期直至全部还清借款单位应归还借款本息为止"。区分连带责任保证和一般保证的重要标志就是保证人是否享有先诉抗辩权,即债权人是否必须先行对主债务人主张权利并经强制执行仍不能得到清偿时,方能要求保证人承担保证责任。上述借款合同中的第一种表述,只要贷款达到约定期限仍未归还,即将担保方与借款方的责任一并对待,并未区分保证人应否在主债务人客观偿还不能,即先向主债务人主张权利不能后,方承担保证责任,因此,此处保证责任约定是清楚的,为连带责任保证。上述借款合同中的第二种表述有"不能"字样,如单纯使用"不能"字样,则具有客观上债务人确无能力偿还借款的含义,此时保证人方承担保证责任可以认定为一般保证责任。但是,该"不能"字样是与"按期"结合在一起使用,则不能将其理解为确实无力偿还借款的客观能力的约定,仅是表明到期不能偿还即产生保证责任。因此,第二种表述亦应认定为连带保证责任。至于开磷公司为(93)匀建贷字第2号《借款合同》提供的《借款担保书》则更为明确地将保证责任界定为无条件承担,亦为约定清楚的连带责任保证。综上,本案讼争的保证责任为连带责任保证。由于本案讼争借款的主债务人贵州剑江化肥厂已经破产,且破产程序已经终结,即使借款合同约定为一般保证责任,此时保证人的责任因主债务人的破产也已经产生。

——《最高人民法院公报》2009年第10期

1271

保证合同约定债务人不能履行债务时由保证人承担保证责任的,为一般保证

关键词 | 一般保证 |

【最高人民法院裁判文书】

洛阳市浪潮消防科技股份有限公司与高胜灵、三门峡市金山工贸有限责任公司等借款合同纠纷申请再审案[最高人民法院(2015)民申字第1424号民事裁定书]

最高人民法院经审查认为:2009年7月17日,高胜灵与浪潮公司法定代表人韩占宏签订《暂抵押协议》,该协议明确约定"高胜灵本人欠韩占宏人民币:叁佰万元整"。2009年7月21日,在韩占宏的要求下,韩占宏又与高胜灵、金山公司法定代表人李战忠签订《担保协议》,高胜灵在借款人处签字,李战忠在担保人处签字。根据该两份协议约定,高胜灵为债务人,李战忠成为债务人高胜灵的担保人。《担保协议》中约定高胜灵在三个月内将欠款归还韩占宏,若在此时间内不能按时归还,由金山公司及李战忠承担经济归还责任,直至本息还清为止。根据《担保法》第十七条第一款"当事人在保证合同中约定,债务人不能履行债务时,由保证人承担保证责任的,为一般保证"的规定,《担保法解释》第三十二条第二款规定:"保证合同约定保证人承担保证责任直至主债务本息还清时为止等类似内容的,视为约定不明,保证期间为主债务履行期届满之日起二年。"原一、二审法院据此认定该协议中的李战忠及金山公司的保证内容为一般保证,

保证期间为二年(主债务履行期满之日起二年即2009年10月21日至2011年10月21日),并无不当。

——中国裁判文书网,http://wenshu. court. gov. cn。

1272

公司出具的复函足以使供货方产生信赖利益，相信其会依复函内容承担相应责任的，构成一般保证

关键词｜一般保证｜

【最高人民法院裁判文书】

杭州杭星汽车空调制造有限公司与青岛澳柯玛集团空调器物资配套有限公司、青岛澳柯玛集团空调器厂、青岛澳柯玛股份有限公司、青岛澳柯玛集团总公司定作合同纠纷案[最高人民法院(2009)民提字第7号民事判决书]

最高人民法院认为:该案中,青岛澳柯玛股份公司复函称:"请贵公司相信我公司作为上市公司的信誉,如果收货方确实无能力全部还欠款,对其不能归还的货款,我公司可以考虑代替其对贵公司承担还款责任。"作为上市公司,其出具的复函足以使供货方产生信赖利益,相信其会依据复函的内容承担相应责任。该种复函应当被认定为"一般保证"。一般保证人在债务人不履行债务时承担补充责任。因此,在收货方未能清偿货款的情况下,股份公司对收货方不能偿还的货款,应当承担补充还款的一般保证责任。

——最高人民法院民事审判第二庭编:《最高人民法院商事审判指导案例·合同卷》,中国法制出版社2011年版,第738~745页。

编者说明

《担保法》第十七条第一款规定:"当事人在保证合同中约定,债务人不能履行债务时,由保证人承担保证责任的,为一般保证。"《担保法解释》第二十二条第一款还规定:"第三人单方以书面形式向债权人出具担保书,债权人接受且未提出异议的,保证合同成立。"因此,本案裁判意见对青岛澳柯玛股份公司的复函认定构成一般保证。

1273

当事人对保证方式没有约定或者约定不明确的，按照连带责任保证承担责任

关键词｜连带责任保证｜

【最高人民法院裁判文书】

毛光随与焦秀成、焦伟等股权转让纠纷案[最高人民法院(2016)最高法民终18号民事判决书]

最高人民法院认为：三、关于焦伟是否应当就焦秀成之债务承担连带保证责任及保证责任范围的问题。

在2014年12月6日涉案四方当事人签订的《补充协议书》中，第三条明确约定焦伟为焦秀成的全部债务提供连带保证，但焦伟在该合同尾部以手写方式注明："本人焦伟保证毛光随投资金额肆仟万元整，如焦秀成没能力支付的情况下。"对此，本院认为，该《补充协议书》之目的在于确认《股权转让合同》的有效性并敦促焦秀成尽快向毛光随支付转让款，此外，该《补充协议书》还意在确认焦伟以及石圪图煤炭公司就焦秀成应支付的全部债务承担连带保证责任。但从上述焦伟的手写内容看，其对《补充协议书》第三条中就担保范围和担保方式的内容进行了实质性的变更，即作为担保人的焦伟与债权人毛光随之间就债权担保方式及担保范围并未达成意思表示上的一致，因此，《补充协议书》中有关担保人就焦秀成全部债务承担连带保证责任的约定在焦伟和毛光随之间并未成立。尽管如此，各方当事人在《补充协议书》中已明确确认了《股权转让合同》的有效性，而依据《股权转让合同》第六条第3项的内容"如果乙方(焦秀成)不履行本合同中的相关义务，给甲方(毛光随)造成的损失，由担保人(焦伟)承担担保责任"，焦伟在本案中所承担的保证责任应当依据该条款予以确认。因该条款未约定保证责任方式，依据《担保法》第十九条关于"当事人对保证方式没有约定或者约定不明确的，按照连带责任保证承担保证责任"的规定，焦伟依法应当承担连带保证责任。

——中国裁判文书网，http://wenshu.court.gov.cn。

1274

各反担保人之间未约定保证份额的，应承担连带保证责任

关键词 | 反担保人 | 保证份额 | 连带责任 |

【最高人民法院司法解释】

第十九条 两个以上保证人对同一债务同时或者分别提供保证时，各保证人与债权人没有约定保证份额的，应当认定为连带共同保证。

连带共同保证的保证人以其相互之间约定各自承担的份额对抗债权人的，人民法院不予支持。

——《最高人民法院关于适用〈中华人民共和国担保法〉若干问题的解释》(2000 年 12 月 8 日，法释〔2000〕44 号)

【最高人民法院裁判文书】

浙江长兴金太阳电源有限公司与江苏金路投资担保有限公司等追偿权纠纷申请再审案[最高人民法院(2015)民申字第 2785 号民事裁定书]

最高人民法院认为：(二)关于二审法院适用法律是否有误的问题。安润公司向江苏盱眙农村合作银行借款 300 万元，金路公司为该笔借款提供连带责任保证。楚银公司、金太阳公司、肖纪良、郭云惠、刘金荣、李杰为该笔借款提供反担保。安润公司到期后未还款，金路公司承担担保责任后，享有向其他反担保人追偿的权利。各反担保人之间并未约定保证份额，应承担连带保证责任。金太阳公司主张其应在其他反担保人承担责任后根据其责任大小承担过错责任，没有事实及法律依据，本院不予支持。

——中国裁判文书网，http://wenshu. court. gov. cn。

1275

债权人向连带责任担保人主张权利，既可以按照保证合同的约定书面通知其履行债务，也可以直接以诉讼方式主张

关键词 | 连带责任 | 保证责任 |

【最高人民法院答复】

青海省高级人民法院：

你院〔2002〕青民二字第10号《关于担保期间债权人向保证人主张权利的方式及程序问题的请示》收悉。经研究，答复如下：

1. 本院2002年8月1日下发的《关于处理担保法生效前发生保证行为的保证期间问题的通知》第一条规定的“向保证人主张权利”和第二条规定的“向保证人主张债权”，其主张权利的方式可以包括“提起诉讼”和“送达清收债权通知书”等。其中“送达”既可由债权人本人送达，也可以委托公证机关送达或公告送达（在全国或省级有影响的报纸上刊发清收债权公告）。

2. 该《通知》第二条的规定的意义在于，明确当主债务人进入破产程序，在“债权人没有申报债权”或“已经申报债权”两种不同情况下，债权人应当向保证人主张权利的期限。根据《最高人民法院关于适用〈中华人民共和国担保法〉若干问题的解释》第四十四条第一款的规定，在上述情况下，债权人可以向人民法院申报债权，也可以向保证人主张权利。因此，对于债权人申报了债权，同时又起诉保证人的保证纠纷案件，人民法院应当受理。在具体审理并认定保证人应承担保证责任的金额时，如需等待破产程序结束的，可依照《中华人民共和国民事诉讼法》第一百三十六条第一款第（五）项的规定，裁定中止诉讼。人民法院如径行判决保证人承担保证责任，应当在判决中明确应扣除债权人在债务人破产程序中可以分得的部分。

此复。

——《最高人民法院对关于担保期间债权人向保证人主张权利的方式及程序问题的请示的答复》（2002年11月22日，〔2002〕民二他字第32号）

【最高人民法院裁判文书】

深圳市亚奥数码技术有限公司与中国银行内江分行担保合同纠纷案［最高人民法院（2006）民二终字第80号民事判决书］

最高人民法院认为：亚奥公司据以主张内江中行没有诉权的证据和理由实质上涉及的是内江中行要求其承担保证责任的诉讼请求是否能够得到支持

的问题。亚奥公司据以主张内江中行没有诉权的条款系双方签订的保证合同的第四条第三款。第四条系双方当事人对保证方式做出的约定，共四款，分别约定“担保方式为连带责任保证；如果债务人未按合同约定向债权人进行支付，保证人须履行保证义务；如发生债务人未还款事件，保证人在债权人向其发出通知后20日内，将通知中所要求支付的金额付到债权人指定的账户中。债权人的通知须以书面形式作出，并可以下述任何一种方式发送：1. 挂号信；2. 特快专递；3. 专人送达；4. 传真；保证人在收到前述通知后，须及时支付所要求的款项，而不以任何理由要求免予支付或迟延支付”。综观上述四款的规定，均是对亚奥公司承担保证责任的方式做出的约定。即使亚奥公司据以主张权利的第三款所表达的核心内容亦是只要债务人未偿还款项，在债权人发出通知后，保证人应当及时履行保证责任，而并未做出“如债权人不通知保证人则保证人不承担保证责任或者保证合同不生效”等约定，故上述约定不是对保证合同生效要件的约定，保证合同不因内江中行未通知亚奥公司履行保证责任而未生效。亚奥公司引用合同法关于合同生效要件的规定，认为由于约定条件未成就，内江中行无权起诉的理由，没有事实和法律依据。因亚奥公司提供的系连带责任担保，故只要债务人到期未履行偿还责任，债权人内江中行即有权直接向保证人亚奥公司主张权利。亚奥公司保证责任的产生并不以债权人内江中行是否通知为前提。即使内江中行未通知亚奥公司履行保证责任，只要债务人到期未偿还债务，亚奥公司的保证责任即已客观存在，内江中行选择何种方式实现债权是其权利行使的范畴，法律并无禁止性规定。亚奥公司关于内江中行没有在诉讼前通知其履行保证义务就应免除其保证义务的主张，亦无事实和法律依据，本院不予支持。

——最高人民法院民事审判第二庭编：《最高人民法院商事审判指导案例 · 借款担保卷》，中国法制出版社2011年版，第939～948页。

1276

债权人通过邮局以特快专递的方式向保证人发出逾期贷款催收通知书的效力认定

关键词 | 债权催收通知 |

【最高人民法院答复】

河北省高级人民法院：

你院〔2003〕冀民二请字第1号请示收悉。经研究，答复如下：

债权人通过邮局以特快专递的方式向保证人发出逾期贷款催收通知书，在债权人能够提供特快专递邮件存根及内容的情况下，除非保证人有相反证据推翻债权人所提供的证据，应当认定债权人向保证人主张了权利。

——《最高人民法院关于债权人在保证期间以特快专递向保证人发出逾期贷款催收通知书但缺乏保证人对邮件签收或拒收的证据能否认定债权人向保证人主张权利的请示的复函》(2003年6月12日，〔2003〕民二他字第6号)

1277

债务人在债务履行期届满未履行债务的，债权人可以要求债务人履行，也可以要求任一连带共同保证人承担全部保证责任

关键词｜连带共同保证｜保证责任｜

【最高人民法院司法解释】

第二十条 连带共同保证的债务人在主合同规定的债务履行期届满没有履行债务的，债权人可以要求债务人履行债务，也可以要求任何一个保证人承担全部保证责任。

连带共同保证的保证人承担保证责任后，向债务人不能追偿的部分，由各连带保证人按其内部约定的比例分担。没有约定的，平均分担。

——《最高人民法院关于适用〈中华人民共和国担保法〉若干问题的解释》(2000年12月8日，法释〔2000〕44号)

【最高人民法院裁判文书】

新疆石油管理局油田经贸总公司与中国农业银行克拉玛依石油分行、克拉玛依通德工贸有限责任公司、新疆口岸投资合作有限责任公司借款合同纠纷案[最高人民法院(2005)民二终字第80号民事判决书]

最高人民法院认为：口岸公司和德隆农牧业公司均为本案借款合同的连带担保人，农行克拉玛依石油分行仅起诉口岸投资公司承担担保责任，未起诉德隆农牧业公司，符合《担保法解释》第二十条“连带共同保证的债务人在主合同规定的债务履行期届满没有履行债务的，债权人可以要求债务人履行债务，也可以要求任何一个保证人承担全部保证责任”的规定，属于该行处分其诉权的行为，不存在对经贸总公司不公正的问题，经贸总公司有关原审法院不追究德隆农牧业公司担保而有失公正的上诉理由并不成立，本院不予支持。

——最高人民法院民事审判第二庭编：《最高人民法院商事审判指导案例·借款担保卷》，中国法制出版社2011年版，第966～971页。

1278

关于担保期间及诉讼时效的关系

关键词｜担保期间｜诉讼时效｜

【最高人民法院审判业务意见】

处理担保案件的法律依据确实比较庞杂，从我们所审理的一些申请再审案件看，一些法院适用法律比较混乱，原因是对《担保法》有关司法解释的历史变化、制定的历史背景不甚了解，对一些条款的理解错误。因此，需澄清几点：第一，要注意有关法律及司法解释的演变。在《担保法》实施前发生的担保行为，原则上要适用《保证问题规定》。依据该规定第十一条，保证期间相当于主债务的诉讼时效期间，即二年。后来，为解决我国不良金融资产转让问题，最高人民法院2002年发布了《最高人民法院关于处理担保法生效前发生保证行为的保证期间问题的通知》，规定《担保法》实施前发生的担保行为，如果在债权人没有向担保人主张权利且主债务没有超过诉讼时效的，债权人可以在2002年8月1日至2003年1月31日六个月的期间内主张权利。之所以发该通知,是由于长期来各方面对《保证问题规定》第十一条关于保证期间规定理解不一,大量的不良金融债权可能脱保,再给债权人最后六个月的期限。因此,对保证期间的认定,要考虑司法政策的变化,以正确适用。第二,对《担保法》实施之后的担保行为,《担保法》特别是其司法解释关于保证期间的规定是比较明确的,只是应注意,在保证期间内债权人如向保证人主张了权利,则保证期间则转化为保证的诉讼时效,按照诉讼时效原理认定保证债权的胜诉权是否丧失。第三,《物权法》颁布后,关于抵押权的存续期间的规定有所变化,《担保法解释》第十二条规定的是主债权诉讼时效结束后两年内行使抵押权的人民法院予以支持,而《物权法》第二百零二条则规定主债权诉讼时效期间内行使抵押权的人民法院予以支持。对此变化亦应引起注意,在《物权法》实施后发生的抵押权,应适用《物权法》之规定。第四,对于合同无效情况下缔约过失责任的诉讼时效如何起算,目前争议很大,有主张自终审判决确认合同无效之日起算的,有主张合同约定的履行期限届满之日起算的,各法院判决尺度严重不一,而最高人民法院至今没有作出规定。我们通过一个(2010)民四终字第11号案确定了这样一个思路:保证期间是被保证人行使权利唯一可预期的合理期限,其在保证期间不行使权利,将产生丧失权利的后果。在这种情况下,即使担保合同无效,仅就担保合同而言,如果担保合同无效,保证人承担缔约过失责任的基础亦不复存在。

——刘贵祥:《在全国涉外商事审判庭长座谈会上的总结讲话》,载万鄂湘主编、最高人民法院民事审判第四庭编:《涉外商事海事审判指导》总第22辑,人民法院出版社2013年版,第21页。

1279

询证函既有贷款人追索欠款的意思表示,又体现了借款人对所欠债务的确认,具有主合同与保证合同诉讼时效中断的效力

关键词 | 询证函 | 诉讼时效中断 |

【最高人民法院答复】

黑龙江省高级人民法院:

你院〔1999〕黑经二终字第190号《关于哈尔滨市商业银行银祥支行与哈尔

滨金事达实业(集团)公司借款合同纠纷一案如何处理问题的请示》收悉。经研究,答复如下:

该案所涉询证函虽然是采用哈尔滨审计事务所函稿纸,且注明仅作审计报表之用,其他方面用途无效,但基于该询证函是由贷款人哈尔滨商业银行银祥支行(原哈尔滨银祥城市信用合作社)发出,且该贷款人和借款人哈尔滨豪华家具大世界都在该函上对尚欠贷款额予以确认并加盖公章的事实,可以表明该询证函既有贷款人追索欠款的意思表示,又体现了借款人对所欠债务的确认。由于该询证函是在借款合同诉讼时效期限内发出的,因此借款合同诉讼时效中断,保证合同诉讼时效亦中断。

鉴于该案担保行为发生在《担保法》颁布之前,保证合同约定的保证期间是"直至借款单位全部还清贷款本息和逾期挪用本息为止",属于保证责任期间约定不明的情形。根据本院《关于审理经济合同纠纷案件有关保证的若干问题的规定》第十一条规定精神,本案保证责任期间应为2年。债权人哈尔滨商业银行银祥支行在借款合同履行期限届满后的2年内未向保证人哈尔滨金事达实业(集团)公司主张权利,故保证人不再承担保证责任。

——《最高人民法院关于哈尔滨市商业银行银祥支行与哈尔滨金事达实业(集团)公司借款合同纠纷一案如何处理问题的答复》(2001年2月28日,法民二〔2001〕016号)

1280

提前收贷系债权银行权利，只有当银行决定提前收回并通知债务人之时，债权诉讼时效和保证期间才开始计算

关键词｜保证期间｜

【最高人民法院裁判文书】

江苏索普(集团)有限公司、上海儒仕实业有限公司与中国农业发展银行乾安县支行保证合同纠纷案[最高人民法院(2016)最高法民终40号民事判决书]

最高人民法院认为:索普公司、儒仕公司还主张,即使乾安支行有权提前收回贷款,则因2012年2月之前天安公司已多次停产,此时乾安支行即应当

知道天安公司停产的情形,“提前收贷”和“提前还款”的主债权债务履行期限应在 2012 年 2 月前已经届满,但乾安支行却未在此之后两年保证期间内要求保证人承担保证责任,则保证人依法应当免除保证责任。对此,本院认为,是否提前收回贷款系乾安支行的权利,即便发生有权收回贷款的情形且乾安支行应当知道该情形,究竟何时决定提前收回的权利亦在乾安支行,只有当乾安支行决定提前收回并通知天安公司之时,本案债权诉讼时效才开始计算,保证期间亦随之开始计算。本案 2014 年 11 月 17 日乾安支行向天安公司第一次发出《提前收回贷款本息通知书》,通知提前收回 0022 号《流动资金借款合同》项下贷款,从此日开始至乾安支行 2015 年 2 月 28 日提起本案诉讼,并未超过两年诉讼时效。故索普公司、儒仕公司关于乾安支行未在两年保证期间内要求保证人承担保证责任,因而保证人依法应当免除保证责任的主张不能成立。

——中国裁判文书网,http://wenshu.court.gov.cn。

1281

分期履行债务的,保证人承诺“保证期限自主合同生效开始至主合同失效时止”,保证期间应当从主合同最后履行期限届满之日起算

关键词 | 分期履行保证期间 |

【最高人民法院裁判文书】

中国信达资产管理公司郑州办事处与河南省郸城县化肥厂、河南省郸城县生物化工厂、郸城金丹乳酸实业有限公司、河南省郸城县热电厂、河南金丹乳酸有限公司、郸城县技术改造资金开发中心借款担保纠纷案[最高人民法院(2005)民二终字第 185 号民事判决书]

裁判要旨:当事人约定主合同债务分期履行,保证人承诺“保证期限自主合同生效开始至主合同失效时止”的,保证人对分期履行的主债务承担保证责任的保证期间应当从主合同最后履行期限届满之日开始起算。

最高人民法院认为:原审对两份借款合同、两份担保函和两份担保合同效力以及借款合同的履行情况,保证合同的保证方式、保证份额、保证期间等案件基本事实认定清楚,适用法律正确,程序合法,本院予以维持。关于分期偿还借款本息的诉讼时效期间如何计算的问题,本案两份借款合同均约定分期偿还借款

本息,无论《最高人民法院关于借款合同中约定借款分期偿还应如何计算诉讼时效期间的答复》还是2004年4月6日《最高人民法院关于分期履行合同诉讼时效期间及保证期间应如何计算问题的答复》,均是最高人民法院针对个别案件的不同情况所作出的个别答复,没有普遍适用的效力。在本案所涉担保合同中,担保人承诺"保证期限自主合同生效开始至主合同失效时止"。对本案债务期限作出了概括性承诺,因此,本案分期偿还的债务的保证期间应当从合同债务最后到期日开始起算。原审判决适用最高人民法院个案答复处理本案,属于适用法律不当,本院予以纠正。

——最高人民法院民事审判第二庭编著:《最高人民法院关于民事案件诉讼时效司法解释理解与适用》,人民法院出版社2008年版,第391~407页。

【链接:最高人民法院法官著述】

分期履行的债务,保证期间自最后一笔债务到期日起算,而非按照分期债务各笔到期日分别起算。此种起算方法为最高人民法院所主张。二十世纪八九十年代,针对购销合同货款分期履行的诉讼时效起算问题,最高人民法院即出于保护债权人的需要采用了上述方法,此后该方法被广泛适用于其他分期履行的合同,尤其是借款合同。当前,随着经济的快速发展,超长期限的分期履行合同广泛出现,此种方法也有了进一步改进的必要。比如,20年长期按揭贷款合同,以20年贷款期满最后一个月的月供到期才开始起算20年间任何一个月供的诉讼时效不可想象,以此种方法起算保证期间也同样没有可操作性。因此,对于分期履行的债务,保证期间的起算应当允许当事人通过合同进行约定,与《担保法》允许当事人约定保证期间长短一样,如果当事人没有约定,则应当按照权利产生即权利受限的原则,既然债权人在某一分期债务未受清偿时有权要求债务人清偿(即产生请求权),则该请求权即应当受保证期间的限制,保证期间应自该分期债务到期之日起算。

——曹士兵:《中国担保制度与担保方法》(第三版),中国法制出版社2015年版,第157~158页。

我们认为,当事人约定保证人对整个债务提供担保,保证期间应从最后履行期限届满之日起算。但在当事人约定保证人对某一笔或者某几笔债务分别提供担保的情形下，保证期间应从某一笔或者某几笔债务履行期限届满之日起算还是从最后一笔债务履行期限届满之日起算存在争议。认为应从某一笔或者某几笔债务履行期限届满之日起算的观点认为，保证期间与诉讼时效期间的立法目的与效力并不相同，从保证期间保护保证人的立法目的，以及当事人间约定的仅为某一笔或者某几笔债务提供担保的真实意思考量，保证人只对某一笔或者某几笔债务提供担保的，原则上保证期间应从某一笔或者某几笔债务履行期限届满之日起算。[①] 认为应从最后一笔债务履行期限届满之日起算的观点认为，尽管保证人仅对某一笔或者某几笔债务提供担保，但由于该一笔或者几笔债务是整个债务的一部分，且给付每一期债务的诉讼时效期间是从最后一期履行期限届满之日起算，故保证期间的起算也应与其相衔接，从最后一期履行期限届满之日起算。

——最高人民法院民事审判第二庭编著：《最高人民法院关于民事案件诉讼时效司法解释理解与适用》，人民法院出版社 2008 年版，第 114 页。

编者说明

《民法总则》第一百八十九条已经明确规定，当事人约定同一债务分期履行的，诉讼时效期间自最后一期履行期限届满之日起算。

1282

约定的保证期间届满日为"所有担保债务已经清偿"以及起算时日为"贷款人书面要求保证人清还担保债务当日起"的，均属对保证期间约定不明的情形

关键词 | 保证期间约定不明 |

【最高人民法院司法解释】

第三十二条 保证合同约定的保证期间早于或者等于主债务履行期限的，视为没有约定，保证期间为主债务履行期届满之日起六个月。

保证合同约定保证人承担保证责任直至主债务本息还清时为止等类似内容

① 主债务的诉讼时效期间从最后一期债务履行期限届满之日起算，并不意味着在此之前权利人不能向主债务人或者保证人主张权利。——原注

的，视为约定不明，保证期间为主债务履行期届满之日起二年。

——《最高人民法院关于适用〈中华人民共和国担保法〉若干问题的解释》（2000 年 12 月 8 日，法释〔2000〕44 号）

【最高人民法院裁判文书】

洪肇设与黄培德、伊加喜等民间借贷纠纷案［最高人民法院（2015）民四终字第 23 号民事判决书］

最高人民法院认为：二、上诉人是否应当承担保证责任。

本案保证责任包括 2010 年合同和 2011 年合同两部分。根据 2010 年签订的合同和保证函，黄培德、伊加喜等对 2010 年借款合同和最高额借款合同的借款偿还承担保证责任，李义南、骆育智不是 2010 年合同借款的保证人。对于 2011 年最高额借款合同，上诉人均为保证人。

关于李义南、骆育智是否应当承担保证责任。洪肇设主张的欠款是 2010 年 5 月 17 日借给林建民的 4000 万元（包括 3000 万元定期借款和 1000 万元短期借款）中定期借款的一部分。李义南、骆育智不是 2010 年合同借款的保证人，自然不对该借款承担保证责任。一审法院认为通过林建民出具收款确认书的方式将该借款并入 2011 年最高额借款合同，故李义南、骆育智和其他保证人均应按 2011 年合同和担保函承担保证责任。但从合同内容看，收款确认书仅作为确认借款金额的一种方式，故林建民单方出具的收款确认书不能改变保证人的保证义务。洪肇设多次明确表示本案借款是 2010 年 5 月发生的，而 2011 年最高额借款合同并无只言片语提及 2010 年借款的欠款情况或欠款结转至 2011 年最高额借款合同。也无其他证据证明上诉人对此知情，更无证据证明上诉人确认 2011 年合同下的借款包含了旧债。因此，一审法院判决李义南、骆育智承担保证责任没有事实根据和法律依据，系法律适用错误，应予纠正。

关于黄培德、伊加喜是否应当承担保证责任。洪肇设主张的借款是根据 2010 年（定期）借款合同产生的，黄培德、伊加喜是该合同下借款的保证人。但黄培德、伊加喜在 2010 年保证函中承诺的保证期间是指“自本保证函的起始日开始（包括该日）直至被保证债务还清为止”。《担保法解释》第三十二条第二款规定：“保证合同约定保证人承担保证责任直至主债务本息还清时为止等类似内容的，视为约定不明，保证期间为主债务履行期届满之日起二年。”根据该规定，黄培德、伊加喜的保证期间为主债务履行期届满之日起二年，即截至 2013 年

5月17日。洪肇设未在保证期间要求黄培德、伊加喜承担保证责任,直至2013年11月才提起诉讼,故黄培德、伊加喜的保证责任依法免除。

——中国裁判文书网,http://wenshu.court.gov.cn。

中国银行(香港)有限公司与广西壮族自治区商务厅、刘经纶一般担保合同纠纷案[最高人民法院(2013)民四终字第23号民事判决书]

最高人民法院认为:根据当事人的诉辩主张,本案二审争议焦点为案涉保证合同约定的保证期间是否明确、各被上诉人应否承担保证责任问题。

因原商某机构变更,原贸某为接续原商某1995年1月11日出具《不可撤销担保函》而设立的担保,而针对同一笔债务签订了1998年保证合同,一审法院据此认定贸易厅的担保取代了原商某的担保并仅就1998年保证合同所约定的保证期间以及担保责任问题进行审理是正确的。根据《担保法》和《担保法解释》的有关规定,保证期间应当是明确、稳定的不变期间,无论当事人就该期间的长短作如何约定,其期间的起算时日和届满时日均应当是确定的,否则即应视为约定不明并依法确定保证人承担保证责任的期间。案涉1998年保证合同约定了两种确定保证期间的方式,并注明以较后者为准。第一种从该合同签订之日即1998年4月27日起至所有担保债务已经清偿,第二种从贷款人书面要求保证人清还担保债务当日起计六年止。上述第一种方式就保证期间的起算日的约定虽然是确定的,但由于所担保债务是否能如期清偿以及何时能实际清偿尚处于不定状态,故其所约定的保证期间届满日期即"所有担保债务已经清偿"的时日显然是不确定的;而前述第二种方式所约定的保证期间的届满日虽然确定为将来的六年,但由于贷款人要求保证人清还债务的时日并未确定,以致约定的保证期间的起算时日即"贷款人书面要求保证人清还担保债务当日起"流于浮动、不定的状态,致保证期间无从确定,亦属双方对保证期间约定不明的情形。一审法院根据《担保法解释》第三十二条第二款的规定对案涉保证合同的保证期间视为约定不明并依法确定本案保证合同的保证期间为主债务履行期届满之日起2年是正确的。因现有证据未直接反映出本案三笔债务履行期限的届满时日,一审法院根据金某银行香港分行于1998年9月11日发给贸易厅的函件中提及该行已就三笔债务向债务人华桂公司追索的情况,由此认定案涉主债务的履行期限届满之日为1998年9月11日并自此起算保证人的保证责任期间为此后二年至2000年9月11日届满是正确的。一审法院根据现有证据认定在该法定保证期间内,债权人并未向保证人主张过权利，保证人的保证责任依法归于消灭，保证人的保证责任已经免除并无不当。上诉人中银香港公司关于本案所涉保证合同不属于保证期间约定不明情形的上诉理由不能成立。

至于刘经纶及其以贸易行业办名义于2005年6月23日与中银香港公司三方签订的《还款协议书》，因原贸易行业办于2004年1月19日已经被撤销，无论包括中银香港公司在内的任何人是否知晓，这一事实都已客观存在，在贸易行业办的民事主体资格及其权利能力和行为能力已经不复存在的情况下，任何人以其名义签订的合同当然不能产生合法效果，一审法院据此认定2005年6月23日《还款协议书》依法不构成对原担保关系重新确认的认定是正确的。上诉人中银香港公司关于《还款协议书》导致诉讼时效中断以及《还款协议书》构成保证人对债务重新确认的上诉理由不能成立。

——中国裁判文书网，http://wenshu.court.gov.cn。

编者说明

《担保法解释》第三十二条第二款是结合《民法通则》关于普通诉讼时效的规定作出的解释。虽然《民法总则》已经将普通诉讼时效期间由二年规定为三年，但在《担保法解释》未作修改之前，仍应适用该司法解释的规定。

最高人民法院法官认为，保证合同约定的保证期间短于六个月或者长于二年的，原则上从其约定，但以不违背诚实信用、公序良俗原则为限。司法实践中，当事人约定保证期间短于六个月或者长于二年的情况比较常见，既然《担保法》允许当事人可以在保证期间上进行意思自治，《担保法解释》对该问题也无规定，因此应当尊重当事人的约定。比如保证合同约定的保证期间为二、三个月或者三、五年的，原则上从其约定。如果当事人的意思违反诚实信用、公序良俗等原则，违背常理的，对一方当事人极度不公，该约定不能获得法律的保护，应当按照《担保法》的规定确定保证期间。如将保证期间约定为几天或者几十年的，对债权人或者保证人极度不公，法律不应予以保护。①

反担保的保证期间也应适用担保法的相关规定，即当事人有约定从约定，当事人没有约定或约定不明时，反担保的保证期间即为担保人实际承担保证责任之日起六个月。②

---

① 曹士兵：《中国担保制度与担保方法》（第三版），中国法制出版社2015年版，第159～160页。

② 李岩：《反担保的保证期间如何确定》，载最高人民法院民事审判第二庭编：《最高人民法院商事裁判观点》总第1辑，法律出版社2015年版，第129页。

1283

主合同履行期限没有约定时保证期间的起算

关键词｜保证期间起算｜

【最高人民法院司法解释】

第三十三条 主合同对主债务履行期限没有约定或者约定不明的，保证期间自债权人要求债务人履行义务的宽限期届满之日起计算。

——《最高人民法院关于适用〈中华人民共和国担保法〉若干问题的解释》(2000年12月8日，法释〔2000〕44号)

【最高人民法院裁判文书】

黑龙江省哈尔滨市商业银行诉辽宁省沈阳市泰邦经济信息发展中心等借款担保合同纠纷上诉案［最高人民法院(2000)经终字第148号民事判决书］

最高人民法院认为：佟沟信用社向先锋路信用社出具的两份担保承诺书系其真实意思表示，不违反法律法规，应认定合法有效。因先锋路信用社与泰邦中心及华堂公司未约定借款期限，根据《民法通则》第八十八条第二款关于"履行期限不明确的，债务人可以随时向债权人履行义务，债权人也可以要求债务人履行义务，但要给对方必要的准备时间"之规定，先锋路信用社于1998年8月5日向黑龙江省高级人民法院提起诉讼请求泰邦中心偿还借款本息之日，应视为借款期限届满之日，先锋路信用社于同日通过诉讼向佟沟信用社主张权利，并未超过法定的保证期限。因担保承诺书未载明保证方式，根据《担保法》第十八条之规定，佟沟信用社应对泰邦中心、华堂公司偿还先锋路信用社借款本息承担连带保证责任。原审判令免除佟沟信用社的保证责任不当，应予纠正。佟沟信用社1996年8月12日的承诺书，承诺对泰邦中心的1300万元借款本息承担保证责任，虽然该承诺书项下借款实际超过了1300万元，但佟沟信用社对超出部分不应承担保证责任。佟沟信用社同年8月30日的承诺书，承诺对泰邦中心的700万元借款承担保证责任，但该承诺书项下的借款实际发生额为600万元，佟沟信用社仅应对该600万元借款本息承担保证责任。因此，佟沟信用社对泰邦中心及华堂公司偿还先锋路信用社借款本息应在1900万元借款本息范围内承担连带清偿责任。

——最高人民法院办公厅编:《最高人民法院公布裁判文书(2002 年)》,人民法院出版社 2003 年版,第 242 ~252 页。

编者说明

在本案中,保证方式没有约定,应推定为连带责任保证;主债务履行期限没有约定,本案法院将债权人提起诉讼请求债务人偿还借款本息之日,视为借款期限届满之日,债权人于同日通过诉讼向连带责任保证人主张权利,并未超过法定的保证期限;保证人在约定的保证范围内承担保证责任,对实际超出约定部分不承担保证责任;如果实际标的额小于约定保证范围,保证人只按实际标的额承担保证责任。

1284

债权转让后在新的保证合同没有约定保证期间的情形下，该保证期间为主债务履行期届满之日起六个月

关键词｜债权转让｜保证期间｜

【最高人民法院裁判文书】

河北辛集化工集团有限责任公司与浙江亚商投资管理有限公司保证合同纠纷案[最高人民法院(2014)民提字第 220 号民事判决书]

最高人民法院认为:(四)辛集化工公司是否与债权人签订了新的保证合同,是否应承担保证责任。2000 年6 月20 日,中国工商银行河北省分行、华融公司、汽缸盖厂和河北辛集钡盐集团有限责任公司(辛集化工公司的前身)签订了《债权转让协议》,约定:“以保证方式提供担保的,担保人承诺向华融公司继续履行原保证合同项下的保证义务。”上述约定表明,在债权转让后,辛集化工公司与新债权人华融公司对转让后的债务重新达成担保合意,成立新的保证合同,辛集化工公司同意向转让后的债权人承担担保责任。该债权转让协议未约定保证期间,根据《担保法》第二十六条关于“连带责任保证的保证人与债权人未约定保证期间的,债权人有权自主债务履行期届满之日起六个月内要求保证人承担保证责任”的规定,在新的保证合同没有约定保证期间的情形下,该保证期间

为主债务履行期届满之日起六个月。因债权人未在前述六个月的保证期间内向保证人主张权利,故辛集化工公司应免除保证责任。

另,2004 年 6 月 20 日,辛集化工公司给华融公司回函称,其在收到催款通知书后积极与华融公司联系协商此笔担保事宜,其已无力承担担保责任。上述回函所载内容仅系辛集化工公司对其能否履行担保债务的说明,并不能认定其与华融公司之间就保证期间已过的债务又订立了新的保证合同。因此,亚商公司关于辛集化工公司与债权人又签订了新的保证合同、应承担保证责任的再审申请理由不能成立,本院不予支持。

——中国裁判文书网,http://wenshu.court.gov.cn。

1285

债务到期后保证人提供担保的性质不应认定为保证，应以新的债权债务关系确定权利义务

关键词 | 保证担保 | 保证期间 |

【最高人民法院裁判文书】

中国信达资产管理公司银川业务部与宁夏五金矿产进出口公司等借款担保合同纠纷上诉案[最高人民法院(2004)民二终字第 208 号民事判决书]

最高人民法院认为:2. 关于三个不同担保法律关系中,各个担保人的责任认定问题。

(1)关于五矿公司的担保责任问题

五矿公司为〔96〕050 号、051 号、052 号借款合同项下五矿冶炼厂的 260 万元借款提供连带责任担保,合同各方均无异议。上述三份合同履行期限均截至 1997 年 12 月 30 日,保证期间约定为 2 年。故上述三份合同保证期间应为 1997 年 12 月 30 日 ~1999 年 12 月 30 日。由于五矿公司对债权人分别于 1998 年 12 月 7 日、1999 年 1 月 17 日、19 日向五矿冶炼厂和五矿公司发出的《催还逾期贷款通知书》表示认可,因此,根据《担保法解释》第三十四条第二款之规定,保证期间失去意义,保证债务从或然债务转变为实然债务,应从上述通知送达之日开始计算保证合同的诉讼时效。对于债权人于 1999 年 12 月 20 日向五矿冶炼厂

和五矿公司发出的三份《催还逾期贷款通知书》，由于没有担保人五矿公司签章，因此不能证明债权人已经向担保人主张的事实，原审对此未予认定正确。鉴于担保人五矿公司对债权人于2000年6月15日、2001年1月15日向其直接送达《催还逾期贷款通知书》的事实表示认可，故保证合同诉讼时效应分别于上述日期中断。五矿公司对债权人分别于2001年11月23日、2002年12月11日、2003年5月23日、11月12日以公证方式向其送达《催还逾期贷款通知书》的真实性和所要证明的问题无异议，因此，对债权人分别于上述日期向保证人主张权利的事实应予确认，保证债务的诉讼时效应分别于上述日期再次中断。原审法院关于上述三份合同所涉担保债务已超过诉讼时效的认定错误，判决五矿公司免除保证责任不当，本院予以纠正。

（2）担保人胶带公司的责任认定

信达公司一审起诉时共涉及三份借款合同，其中两份借款人均为电石厂、担保人为胶带厂。〔89〕0020号合同，借款期限为1989年6月10日至1991年6月10日，借款金额50万元；〔89〕0013号合同，借款期限1989年8月21日至1992年8月20日，借款金额37万元。上述两份合同双方已实际履行，债务人合计已还款22万元，尚欠65万元未还。两个合同均约定担保人提供连带责任保证，但未约定保证期限。根据《保证问题规定》第十一条规定，保证期限应为二年，即分别为主合履行期限届满之日起的1991年6月10日至1993年6月10日和1992年8月20日至1994年8月20日。鉴于本院二审期间上诉人提出的借款合同以及展期申请等证据不能在合同编号和贷款数额、借款期限等方面与上述二合同一一对应。因此，上诉人关于合同展期的上诉主张因缺乏充分证据证明，本院不予采信。一审关于保证人保证期限的认定并无不当。在上述两份借款合同到期后，债权人向债务人和担保人共发出8份《催还逾期贷款通知》，其中两份通知催款时间和签收时间均为空白，签收人为胶带厂。一审对此将催款日期推定为借款到期日，即分别为1991年6月10日和1992年8月20日。其余6份通知时间分别为2000年7月18日（向债务人电石厂和担保人发出，债务人未签收，担保人盖章）；2001年1月15日（向债务人电石和担保人发出，债务人未签收，担保人盖章）；2001年9月13日（向五矿冶炼厂和胶带公司发出，没有担保人的签字盖章）；2002年12月12日（向担保人公证送达，未签收）；2003年5月23日（向担保人公证送达，未签收）；2003年11月12日（向担保人公证送达，未签收）。上述事实表明，即使推定债权人在保证期限届满前即1993年6月10日和1994年8月20日进行催收，向保证人主张过权利，也不能改变保证债务超过诉讼时效的事实。至于债权人于2000年7月18日以后的催收行为,因其不能证明保证人对超过保证期限的债务重新作出担保的承诺,不能构成完整的保证合同。因此,就该两份合同而言,对两份既无催收日期亦无签收日期的催收通知,不论如何推定,都不能改变该催收行为发生在1998年1月14日前(胶带厂该时间改组为胶带公司,签收人为胶带厂)的事实。因此。一审法院关于上述二合同保证债务诉讼时效已过的事实认定,以及判决驳回诉讼请求、保证人免于承担保证责任并无不当,本院予以维持。

关于信达公司起诉胶带公司承担保证责任的第三份合同问题。因信达公司起诉依据的〔87〕002号借款担保合同,在本案两审当中,信达公司既不能提供该合同原件,亦不能提供复印件,故原审法院以其诉讼主张没有事实根据为由驳回其诉讼请求并无不当。本院二审期间,信达公司提供的借款合同及附件,因无具体合同编号,同时也没有该〔87〕002号借款合同涉及的100万元借款及担保的相应的借款金额、借款期限、担保方式、保证期限等具体约定。因此,该证据不足以证明上述合同的存在,亦无法依据新提交之合同对上述100万元担保责任予以认定。上诉人关于胶带公司应对〔87〕002号合同项下借款100万元承担连带保证责任的上诉主张,因缺乏充分证据证明,本院不予支持。原审判决驳回其诉讼请求正确,本院予以维持。

(3)关于银湖公司担保责任的认定问题

信达公司依据〔87〕001号借款合同,主张油漆厂为原电石厂80万元债务承担连带责任保证,虽然信达公司向法院提供了催收的相关证据,但没有提供借款合同和保证合同。本院二审期间,信达公司新提供的证据,亦不能充分证明〔87〕001号借款合同以及担保合同、借款和担保期限、借款数额、担保方式等事实的存在。故无法确定合同和保证责任方式、保证期限。因此,原审依据《民事诉讼证据规定》第二条的规定,以信达公司证据不足,应承担举证不能的不利后果,对该合同不予认定,判决银湖公司不承担保证责任正确,本院予以维持。信达公司上诉请求因缺乏充分证据证明,故其该项上诉主张本院不予支持。

综上,信达公司关于五矿公司应承担保证责任的上诉理由成立,本院予以支持。但其关于判令胶带公司、银湖公司承担保证责任的请求,因均已超过诉讼时效,故不能成立,应予以驳回。原审法院判决对五矿公司担保的三份合同项下260万元担保责任予以免除错误,应予纠正。

——最高人民法院民事审判第二庭编:《民商事审判指导》总第7辑,人民法院出版社2005年版,第248~259页。

北京地鑫房地产开发有限责任公司与中国华融资产管理公司北京办事处、中国机床总公司、中国轻工集团公司、北京正一机电技术公司借款担保合同纠纷上诉案[最高人民法院(2003)民二终字第14号民事判决书]

最高人民法院认为：地鑫房地产公司在华融公司北京办与机床总公司的债务到期后，与华融公司北京办签订还息协议书，承诺为机床总公司的4.373亿元债务承担连带保证责任。该协议书系当事人双方的真实意思表示，不违反法律禁止性规定，应为有效。根据《合同法》第八条的规定，依法成立的合同，对当事人具有法律约束力。当事人应当按照约定履行自己的义务，不得擅自变更或者解除合同。尽管该协议书字面上记载地鑫房地产公司与华融公司北京办建立了保证法律关系，但鉴于其签订还息协议书时，机床总公司的债务均已到期，已为实际发生的债务，地鑫房地产公司向华融公司北京办作出的承担连带保证责任的承诺，实际上是对到期债务承担偿还责任的承诺，而非一般意义上的提供担保。地鑫房地产公司与华融公司北京办之间形成了新的债权债务关系，即地鑫房地产公司代机床总公司向华融公司北京办还4.373亿元债务的法律关系。鉴于该协议书对地鑫房地产公司偿还债务的履行期限没有作出明确的约定，对于诉讼时效的起算应从债权人向债务人主张权利时起算。即华融公司北京办向地鑫房地产公司主张偿还责任的诉讼时效应自华融公司北京办向北京市高级人民法院提起诉讼时起算，故本案不存在华融公司北京办向地鑫房地产公司主张权利超过诉讼时效问题。地鑫房地产公司以华融公司北京办向其主张权利超过保证期间，其依法应当免责的上诉理由，于法无据，本院不予支持。同时，原审法院以华融公司北京办向其提起诉讼时起算保证期间，判决地鑫房地产公司承担保证责任亦不当，本院依法予以纠正。关于众鑫律师事务所向机床总公司发出的律师函问题，鉴于地鑫房地产公司未向法院举证证明该律师函系众鑫律师事务所经华融公司北京办授权出具，同时该律师函的出具亦不符合表见代理的构成要件。故地鑫房地产公司以律师函为据主张保证期间应自律师函载明的最后还款期限起算的上诉理由，缺乏法律和事实依据，本院亦不予支持。

——最高人民法院民事审判第二庭编：《民商事审判指导》总第5辑，人民法院出版社2004年版，第159~173页。

编者说明

债务到期后保证人提供担保，因担保协议书没有约定债务履行期限，对担保人主张权利应如何起算？是否适用于法律关于保证期间的规定？上述两份最高人民法院的判决作出了回答。

北京地鑫房地产开发有限责任公司与中国华融资产管理公司北京办事处等借款担保纠纷上诉案判决中，最高人民法院的观点是，债务到期后保证人提供担保，应以新的债权债务关系认定当事人的权利义务，并不涉及债权人在保证期间内因未行使权利导致保证人免责的问题。

在中国信达资产管理公司银川业务部与宁夏五金矿产进出口公司等借款担保合同纠纷上诉案中，最高人民法院在判决中认为，保证债务从或然债务转变为实然债务，保证期间失去意义，应从债权人向债务人主张权利时计算保证合同的诉讼时效。

1286

保证人在债权人提供的格式合同上加注保证期限，并经债权人签章的，表示双方认可该保证期限

关键词 | 格式合同 | 保证期限 |

【最高人民法院裁判文书】

中国银行重庆渝北支行与重庆富源数码广告印务有限公司等借款合同纠纷案[最高人民法院(2001)民二抗字第9号民事判决书]

最高人民法院再审认为：渝北中行与印务公司所签借款合同系双方真实意思表示，该借款合同虽用于以贷还贷，但不违反法律。水电公司知道该借款合同是用于以贷还贷，仍为其提供保证。应认定该借款合同和保证合同有效。

水电公司在1996年保字第12号《保证合同》上加注保证期限条款，虽查明该加注是盖章后加注的，但渝北中行签章日期晚于水电公司签章日期29天，且渝北中行向法院提供的1996年保字第12号《保证合同》原件即有该加注，渝北中行对此没有提出过异议。本案保证合同是渝北中行提供的格式合同书。其使用说明只是对添加合同内容的一般要求，不具有强制力。水电公司在保证合同签章处加注保证期限条款虽不规范，但不违背当事人的真实意思表示，且该保证期限长于借款合同还款期限约定，应认定该保证期限条款有效。渝北中行于1997年11月7日对债务人印务公司起诉，已超过保证合同约定的保证期限。根据《担保法》第二十五条第二款的规定，水电公司免除保证责任。

渝北中行辩称：1994年9月30日水电公司曾出具《不可撤销担保书》，约定："本担保有效期为三年。"本案保证合同加注内容是重申保证人对三年期限

届满前发生的债务承担保证责任。因此本案保证合同加注内容不能视为对保证期限的约定。经查,本案渝北中行诉讼主张的是1996年借字第51号《借款合同》和1996年保字第12号《保证合同》的债权,并未涉及1994年的《不可撤销担保书》,且本案一审开庭审理中,参与订立本案借款合同和保证合同的原渝北中行行长周继全明确表示:“以前的借款、担保已经了结。”故本院对渝北中行再审依《不可撤销担保书》的约定,否定本案保证合同加注内容的主张不予支持。

——肖扬总主编、最高人民法院审判监督庭编:《中华人民共和国最高人民法院判案大系》(审判监督卷-2001年~2002年卷),人民法院出版社2003年版,第175~178页。

1287

主合同约定了清偿期，最高额保证的保证期间约定不明的，保证期间为主债务履行期届满之日起两年

关键词｜最高额保证｜保证期间约定不明｜

【最高人民法院司法解释】

第三十七条 最高额保证合同对保证期间没有约定或者约定不明的,如最高额保证合同约定有保证人清偿债务期限的,保证期间为清偿期限届满之日起六个月。没有约定债务清偿期限的,保证期间自最高额保证终止之日或自债权人收到保证人终止保证合同的书面通知到达之日起六个月。

——《最高人民法院关于适用〈中华人民共和国担保法〉若干问题的解释》(2000年12月8日,法释〔2000〕44号)

【最高人民法院裁判文书】

中国工商银行厦门分行与中福实业股份有限公司担保合同纠纷上诉案[最高人民法院(2000)经终字第274号民事判决书]

最高人民法院审理认为:厦门工行在1999年10月15日对编号为RL35499005、RL35499026、RL35499031、RL35499035、GWL35499007等五份借

款合同发出了代偿贷款通知书,对保证人主张了权利,中福公司于当月 19 日在该通知回执上予以签收确认。除此以外的其他五份借款合同的债务履行期届满日分别为:RL35499082 借款合同的债务履行期届满日为 1999 年 12 月 26 日、RL35499095 借款合同的债务履行期届满日为 2000 年 1 月 5 日、RL35499101 借款合同的债务履行期届满日为 2000 年 2 月 15 日、RL35499096 借款合同的债务履行期届满日为 2000 年 2 月 15 日、RL35499117 借款合同的债务履行期届满日为 2000 年 3 月 15 日。中福公司为九洲公司与厦门工行之间的十份借款合同所出具的三份担保合同均载明:"本担保书持续有效,其效力至本担保书项下由申请人应付的款项还清时为止",依照最高人民法院《担保法解释》第三十二条第二款关于"保证合同约定保证人承担保证责任直至主债务本息还清时为止等类似内容的,视为约定不明,保证期间为主债务履行期届满之日起二年"的规定,中福公司上述担保合同的保证责任期间为两年。依照该解释第三十四条的规定,厦门工行于 1999 年 10 月 15 日向中福公司出具代偿通知书主张权利,未超过法定的保证期间,中福公司应从对上述通知回执签字确认之日起承担保证责任,并开始起算担保合同的诉讼时效。《民法通则》第一百三十五条规定:"向人民法院请求保护民事权利的诉讼时效期间为二年,法律另有规定的除外。"厦门工行于 2000 年 4 月 29 日向福建省高级人民法院提起诉讼,请求判令中福公司对其三份担保合同项下的全部十份借款合同承担保证责任,代偿九洲公司借款及利息,厦门工行对上述借款合同的起诉均未超过法定诉讼时效期间,该院对厦门工行依法行使的诉讼权利予以确认和保护。中福公司关于厦门工行只对四份借款合同发出了代偿贷款通知书,对其余六份借款合同没有主张权利,所以该公司对其余六份借款合同不承担保证责任的上诉主张没有事实和法律依据,不予支持。《担保法解释》第三十二条规定,保证期间应当从主债务履行期届满之日起计算,上述规定对保证期间起算的一般原则既适用于一般保证,又适用于最高额保证。本案借款合同明确约定了债务履行期限,其最高额保证责任期间亦应自债务履行期限届满之日起算。只有在主合同没有约定债务履行期,保证合同亦没有约定保证履行期限的情况下,才适用《担保法解释》第三十七条的规定,因此,本案保证期间不适用《担保法解释》第三十七条规定。中福公司关于本案 DB98143 号最高额保证合同所担保的部分借款合同项下 1180 万元债务的保证期间已过,应当免除该公司保证责任的理由不成立,本院不予支持。

本案编号为 DB98143 最高额担保合同约定的保证期间,是自 1998 年 9 月 25 日起至 1999 年 9 月 24 日止。GWL35499007 号借款合同注明该借款合同由

DB98143 号担保合同对其项下的贷款额度提供担保,该借款合同实际借款日期是 1999 年 12 月 6 日,超出了 DB98143 号最高额担保合同约定的担保期限。中福公司关于 GWL35499007 号借款合同超出了 DB98143 最高额担保合同规定的履行期间,应当免除该公司对借款合同项下的 30. 95 万美元借款承担担保责任的上诉理由成立,本院予以支持。厦门工行辩称该笔贷款应当适用 DB99030 号担保合同,因 GWL5499007 号借款合同明确约定该借款合同适用 DB98143 号担保书,厦门工行的上述主张缺乏事实根据,本院不予支持。

——李国光主编、最高人民法院民事审判第二庭编:《民商审判指导与参考》总第 2 卷,人民法院出版社 2003 年版,第 316 页。

【链接：最高人民法院法官著述】

本案的主要法律问题是《担保法解释》第三十七条规定的适用问题,该条规定是专门针对最高额担保的特别条款,依照常规应当优先适用。但是主合同的借款期限往往超过六个月,在这种情况下,如果适用上述条款,必然会产生担保期间等于或短于债务的清偿期的现象,甚至会发生主合同的清偿期未到,担保合同的保证期间已经届至的情况,使得担保合同成为一纸空文。因此,如果机械地适用《担保法解释》第三十七条的规定,保证人的保证责任就会落空,这就削弱了《担保法》对债权的保护作用,对债权人也是极不公允的,不仅不符合我国民法的公平原则,亦不符合《担保法》的立法原意。所以在这种情况下,应该依照《担保法》第二十六条以及《担保法解释》第三十二条的规定,以主合同的清偿期到期日开始计算保证合同保证期间,只有在主合同没有规定清偿期,最高额保证合同对保证期间也没有约定或者约定不明的情况下,才适用《担保法解释》第三十七条的规定。

——陈明焰:《关于对担保法司法解释第三十七条的理解与适用——中国工商银行厦门分行与中福实业股份有限公司担保合同纠纷上诉案》,载李国光主编、最高人民法院民事审判第二庭编:《民商审判指导与参考》总第 2 卷,人民法院出版社 2003 年版,第 323 ~ 324 页。

编者说明

《民法总则》已经将普通诉讼时效期间由二年规定为三年,但在《担保法解释》第三十二条第二款规定的二年期间未作修改之前,仍应适用该条解释的规定。

1288

延期还款协议对保证期间未重新约定的，不能就此认为保证期间仍按原保证合同的约定

关键词｜延期还款协议｜保证期间｜

【最高人民法院裁判文书】

内蒙古电力(集团)有限责任公司与中国银行乌兰浩特分行、兴安电力有限责任公司、北方联合电力有限责任公司、兴安富恒热力有限责任公司借款担保合同纠纷案[最高人民法院(2008)民二终字第68号民事判决书]

最高人民法院认为:债权人与债务人签订的延期还款协议中约定,借款人、贷款人、保证人的权利义务按照原借款合同和保证合同约定的条款执行的约定,对保证人的保证期间未重新约定,在这种情况下,应当从当事人之间的缔约目的出发,探寻当事人的真意,不能就此认为保证人的保证期间仍然按照原保证合同的约定。

——最高人民法院民事审判第二庭编:《最高人民法院商事审判指导案例·借款担保卷》,中国法制出版社2011年版,第726~734页。

1289

保证期间可以通过约定予以变更

关键词｜保证期间变更｜

【最高人民法院裁判文书】

中国东方资产管理公司重庆办事处与重庆长安工业(集团)有限责任公司、保利重庆实业发展公司华杰公司等借款合同纠纷申请再审案[最高人民法院(2014)民申字第751号民事裁定书]

最高人民法院认为:根据会议后长安集团在1997年5月14日出具给中行九支行的《便函》及其他相关证据,中行九支行同意借款人提供不动产抵押来变更担

保方式,因办理财产抵押手续的时间需要,长安集团在中行九支行要求下同意延长两个月的保证期间(即从1997年5月17日延至7月16日)。《便函》本身是会议协商内容的集中反映,是双方对原合同保证期间进行变更而非九支行追索债权,不产生保证合同开始计算诉讼时效期间的法律后果。原审法院依双方约定认定长安集团在《便函》中延长的两个月期间为"保证期间"不属于适用法律错误。

——中国裁判文书网,http://wenshu.court.gov.cn。

中国电子进出口总公司与中国农业银行股份有限公司昆明经济技术开发区支行、中电云南进出口公司借款合同纠纷案(最高人民法院再审民事判决书)

最高人民法院认为:(一)本案所涉保证期间如何确定?

云南公司、原债权人农行春城支行以及中电公司签订的《保证担保借款合同》约定主债务履行期限为1997年11月24日至2000年11月24日,保证期间为1997年11月至2000年11月,但对于保证期间的具体截止日是11月的哪一天并未明确,应视为对保证期间约定不明。但是,双方当事人在审理中均认可《保证担保借款合同》约定的保证期间与主债务履行期一致即11月24日,对此,予以认定。根据《担保法解释》第三十二条第一款的规定,对于此种情形,视为没有约定,故本案担保期间应为主债务履行期届满之日起六个月。

中电公司于2000年11月13日出具《担保承诺》,表示担保期限延长至2002年11月12日是,故应认定为双方以约定的方式将保证期间延长至2002年11月12日,本案保证期间为主债权履行期限届满之日2000年11月24日起至2002年11月12日止。

——最高人民法院民事审判第二庭编:《担保案件审判指导》,法律出版社2014年版,第187~197页。

【链接:最高人民法院法官著述】

根据《合同法》第七十七条,《担保法》第十五条、第二十六条第一款的规定,保证期间属于当事人应当约定的合同事项,只有在当事人无约定或者约定不明的情况下才适用法律的规定。法律允许当事人协商确定保证期间,亦可在协商一致的基础上,对保证期间作出变更或者延长。《担保法解释》第三十一条的规定旨在强调保证期间不因任何事由发生类似诉讼时效的中断、中止、延长的法律后果,以敦促权利人尽快行使权利,避免权利处于不确定状态。当事人以约定方式变更保证期间与该条规定并不相悖。

——高燕竹:《保证期间和诉讼时效的认定以及同一抵押物上多个抵押权的实现——中国电子进出口总公司与中国农业银行股份有限公司昆明经济技术开发区支行、中电云南进出口公司借款合同纠纷再审案》,载《最高人民法院商事审判指导案例解析》,人民法院出版社2015年版,第270页。

1290

反担保的保证期间应当从担保人实际履行担保责任之日起计算

关键词 | 反担保 | 保证期间 |

【最高人民法院裁判文书】

什邡市龙盛投资有限责任公司、广汉市三星堆汽车客运服务有限责任公司与四川欣融融资性担保有限公司债务追偿纠纷案[最高人民法院(2013)民申字第1578号民事裁定书]

裁判要旨:主合同的保证期间与反担保人的保证期间不同。反担保是为了保障保证人承担担保责任后实现债务人追偿权而设定的担保。反担保责任的履行应以保证人已履行担保责任为前提,故反担保人的保证期间应当从担保人实际履行了担保责任之日起计算。根据《担保法》第四条的规定,第三人为债务人向债权人提供担保的,可以要求债务人提供反担保。反担保适用本法和其他法律的规定。故本案中关于反担保保证期间的计算方法应适用《担保法》等法律关于保证期间的相关规定。

最高人民法院认为:二、关于欣融公司的付款行为是否已超过保证期间,其是否有权向债务人龙盛公司追偿的问题。

本案中,欣融公司与龙盛公司、什邡信用社签订的《保证担保借款合同》《延期还款协议书》系合同各方当事人的真实意思表示,内容亦不违反法律禁止性规定,应为有效。按照合同约定,保证人的保证期间为借款之日起至借款到期后二年。展期后,保证期限延至展期借款到期之后二年。本案中,龙盛公司该笔借款的还款期限经展期后原为2008年7月4日。2008年5月12日,本案当事人所在地四川省什邡地区发生特大地震,国务院发文要求金融机构“对灾区灾前已经发放、灾后不能按期偿还的企业贷款，在2008年12月31日以前仍然不能按期还款或者借贷双方尚未达成重组和减免协议的，再给予12个月宽限期，在2009年12月31日以前，继续按‘四不政策’处理”。根据该文件内容，龙盛公司、什邡信用社的主债务履行期限展期至2009年12月31日，欣融公司的保证期间自此起算应至2011年12月31日。原审法院关于欣融公司于2011年11月17日前代偿本案所涉借款系在保证期间内的认定并无不当，亦符合本院2008年7月14日发布的法发〔2008〕21号《最高人民法院关于处理涉及汶川地震相关案件适用法律问题的意见(一)》第七条的规定精神。根据《担保法》第三十一条的规定，保证人承担保证责任后，有权向债务人清偿。故欣融公司为债务人龙盛公司承担了保证责任后，有权向龙盛公司进行追偿。本案中，保证人欣融公司对于承担本案保证义务并无异议，债务人龙盛公司关于保证人不应承担本案保证义务的主张有违当事人意思自治的原则，且欣融公司是在人民法院针对龙盛公司采取强制执行措施的过程中代为清偿债务，客观上有利于龙盛公司。什邡市人民法院(2011)什邡执字第587-4号执行裁定书根据欣融公司代为还款的事实，裁定终结债权人什邡信用社与债务人龙盛公司等的借款合同纠纷案件的执行。如债务人龙盛公司收到本案所涉借款后，既不向债权人什邡信用社履行债务，又不向代为清偿的保证人欣融公司履行债务，则明显违反公平原则和诚实信用原则。

三、关于欣融公司向三星堆公司请求承担反担保责任是否已超过保证期间的问题。

反担保是为了保障保证人承担担保责任后实现债务人追偿权而设定的担保，反担保责任的履行应以保证人已履行担保责任为前提。主合同的保证期间与反担保人的保证期间二者适用的起算规则不同，反担保人的保证期间应当从担保人实际履行了担保责任之日起计算。欣融公司于2011年11月17日前代偿本案所涉借款。故本案反担保责任的保证期间应从该日起计算。根据《担保法》第四条的规定，第三人为债务人向债权人提供担保的，可以要求债务人提供反担保。反担保适用本法和其他法律的规定。故本案中关于反担保保证期间的计算方法应适用《担保法》等法律关于保证期间的相关规定。根据欣融公司与三星堆公司签订的《反担保协议》的有关约定，三星堆公司同意为欣融公司本次担保行为提供反担保，自愿承担无限保证责任，担保期限从贷款获得之日起至全部贷款本息结清为止。根据《担保法解释》第三十二条第二款的规定，保证合同约定保证人承担保证责任直至主债务本息还清时为止等内容的，视为约定不明，保证期间为主债务履行期届满之日起二年。本案《反担保协议》中关于反担保保证期间的约定应视为约定不明，保证期间为保证人实际承担保证责任之日起二年，即截至 2013 年 11 月 17 日。故本案中欣融公司关于要求三星堆公司履行反担保义务的诉讼请求并未超过保证期间。申请人三星堆公司关于本案诉请已超过反担保合同保证期间的再审申请理由不能成立，本院不予支持。

——最高人民法院民事审判第二庭编：《最高人民法院商事审判指导案例（2014）》，中国民主法制出版社 2015 年版，第 619～622 页。

1291

债权人以邮寄信函方式向保证人主张保证责任是否超出保证期间的认定

关键词 | 保证期间 |

【最高人民法院裁判文书】

中国信达资产管理公司上海办事处与上海万泰城市有限公司、上海市普陀区城市建设投资有限公司借款合同纠纷案［最高人民法院（2010）民提字第 30 号民事判决书］

裁判要旨：债权人以邮寄信函方式向保证人主张承担保证责任的，对于是否超过保证期间的认定，应以该信函是否在保证期间内寄出为准，而非以保证人是否在保证期间内收到为准。即便债权人不能证明保证人收到了该信函，也不能因此否认债权人已向保证人主张了相应权利的事实。

最高人民法院认为：关于原债权人中国银行上海市分行是否已在保证期间内向投资公司主张了相应权利问题。

中国银行上海市分行与投资公司签订的《保证合同》约定，保证期间为 1999 年 9 月 30 日至 2002 年 9 月 30 日止，投资公司的通讯地址为上海市中山北路 2981 号，《保证合同》项下的任何通知、付款要求或各种通讯联系均按该地址送达对方，《保证合同》任何一方的通讯地址发生变化应立即通知对方。本案中，信达公司上海办事处提供的（2002）沪闵证经字第 3568 号《公证书》载明，2002 年 9 月 19 日下午，中国银行上海市分行的委托代理人朱启华来到上海市邮电局闵行区局莘庄邮政支局，以挂号的方式向投资公司办公室邮寄信函一封，该信函中包括给投资公司的《敦促履行担保责任的函》一份，收信地址为上海市中山北路2981号。信达公司上海办事处提供的第0111号《国内挂号函件收据》载明，上海市邮电局闵行区局莘庄邮政支局于2002年9月19日18时收寄了该挂号信函。一、二审法院对于上述事实已予以确认。上述事实表明，本案原债权人中国银行上海市分行已在保证期间内向投资公司主张了相应权利。现有证据虽不能证明投资公司收到了该挂号信函，但不能因此而否认原债权人中国银行上海市分行已向其主张了相应权利这一事实。二审法院认定没有充分的证据证明原债权人中国银行上海市分行在合同约定的保证期间要求保证人投资公司承担保证责任不当，应当予以纠正。信达公司上海办事处关于其在保证责任期间内向保证人行使了要求保证人承担保证责任的权利的主张成立，本院予以支持。

——最高人民法院民事审判第二庭编：《最高人民法院商事审判指导案例（第五卷）》（上），中国法制出版社2011年版，第339～352页。

1292

因公证机关送达程序瑕疵导致公证书被撤销的，并不必然否定债权人在保证期间内向保证人主张了权利

关键词 | 公证送达程序瑕疵 | 公证书撤销 | 保证期间 |

【最高人民法院裁判文书】

中国工商银行银川市西城支行与宁夏大世界实业集团有限公司、宁夏共享集团有限责任公司、宁夏回族自治区二轻工业供销公司借款担保合同纠纷案［最高人民法院(2005)民二终字第145号民事判决书］

最高人民法院认为：对于债权人在保证期间内向公证机关申请，向保证人公证送达逾期贷款催收通知书，因公证机关送达程序上存在问题导致公证书被撤销，并不必然否定债权人在保证期间内向保证人主张了权利。在保证人不能提供否定债权人主张的证据的情况下，保证人不能免责。

——最高人民法院民事审判第二庭编：《最高人民法院商事审判指导案例·借款担保卷》，中国法制出版社2011年版，第908～917页。

1293

债权人在保证期间向保证人之一主张权利的效力及于其他连带责任保证人

关键词 | 保证期间 | 连带责任保证人 |

【最高人民法院裁判文书】

中信信托有限责任公司与天津市粮油集团有限公司、天津市油脂(集团)有限公司、天津市油脂公司经营部借款合同纠纷案[最高人民法院(2011)民提字第266号民事判决书]

最高人民法院认为:本案再审主要争议焦点为粮油集团是否应对油脂公司的债务承担担保责任问题。

(一)关于粮油集团的担保责任方式

2004年4月19日,粮油集团与工行和平支行签订《最高额保证合同》约定,粮油集团为油脂公司在2004年4月19日至2005年12月31日期间向工行和平支行借款,在7700万元范围内承担连带保证责任。2004年11月19日,油脂公司与工行和平支行签订借款合同约定,油脂公司向工行和平支行借款720万元。该笔720万元借款是粮油集团在《最高额保证合同》项下所担保的债务。同日,新港油脂库与工行和平支行签订《保证合同》,约定由新港油脂库为前述720万元借款承担连带保证责任。故粮油集团及新港油脂库分别为油脂公司对工行和平支行的同一笔720万元借款提供保证,且未与工行和平支行约定各自的保证份额。《担保法》第十二条规定:“同一债务有两个以上保证人的,保证人应当按照保证合同约定的保证份额,承担保证责任。没有约定保证份额的,保证人承担连带责任,债权人可以要求任何一个保证人承担全部保证责任,保证人都负有担保全部债权实现的义务。已经承担保证责任的保证人,有权向债务人追偿,或者要求承担连带责任的其他保证人清偿其应当承担的份额。”《担保法解释》第十九条第一款规定:“两个以上保证人对同一债务同时或者分别提供保证时,各保证人与债权人没有约定保证份额的,应当认定为连带共同保证。”根据上述规定,粮油集团、新港油脂库构成连带共同保证,应对油脂公司的该笔720万元债务承担连带责任。

(二)关于粮油集团的保证责任是否超过诉讼时效问题

根据本案查明的事实,涉案债务于2005年8月到期,债务人油脂公司未作清偿。2005 年 4 月 21 日，工行和平支行分别向油脂公司、新港油脂库发出《催收逾期贷款本息通知书》和《督促履行保证责任通知书》，债务人和保证人均盖章确认。因而，新港油脂库的保证责任已发生，并开始起算诉讼时效；而根据上述担保法第十二条的规定，债权人在保证期间向保证人之一主张权利的效力，及于其他连带责任保证人，因此，粮油集团的保证责任亦已发生，并开始计算诉讼时效。天津办事处从工行和平支行受让债权后，又分别于 2005 年 7 月、2006 年 6 月和 2007 年 7 月向油脂公司和新港油脂库进行了公告催收。《诉讼时效解释》第十七条第二款规定："对于连带债务人中的一人发生诉讼时效中断效力的事由，应当认定对其他连带债务人也发生诉讼时效中断的效力。"第二十三条规定："本规定施行后，案件尚在一审或者二审阶段的，适用本规定；本规定施行前已经终审的案件，人民法院进行再审时，不适用本规定。"根据上述规定，天津办事处向保证人之一的新港油脂库催收债务，不仅中断了新港油脂库保证债务的诉讼时效，对另一连带共同保证人粮油集团也同样发生诉讼时效中断的效力。中信信托公司于 2008 年 5 月 29 日向一审法院提起本案诉讼并未超过诉讼时效，并且该起诉行为也表明债权人履行了债权转让的通知义务。粮油集团关于本案债权人未在保证期间内主张权利，且本案债权已超过诉讼时效、粮油集团应予免责的抗辩理由不能成立。二审判决以债权人未在保证期间内主张过保证责任为由，判决驳回中信信托公司要求粮油集团承担保证责任的诉讼请求属适用法律欠当，最高人民法院予以纠正。

——最高人民法院民事审判第二庭编：《最高人民法院商事审判指导案例(6)·合同与借贷担保卷》，中国法制出版社 2013 年版，第 476 ~ 482 页。

【链接：最高人民法院法官著述】

《民法通则》《担保法》《担保法解释》等法律、司法解释，都明确规定了债权人可以向连带共同保证中的任一保证人主张权利，任一保证人均有义务承担全部保证责任。因此，在连带共同保证中，债权人既可以向全部保证人主张全部保证责任，也可以向其中的一个或数个保证人主张全部保证责任。也就是说，债权人在主张权利时享有选择权。但是，按照二审判决的判决结果，东方天津办在主张权利时，必须向全部保证人主张，而不能享有选择的权利，否则就将因诉讼时效问题而丧失权利。这显然与现有法律、司法解释关于连带共同保证的立法本意不符。《最高人民法院关于已承担保证责任的保证人向其他保证人行使追偿权问题的批复》规定:“承担连带责任保证的保证人一人或者数人承担保证责任后,有权要求其他保证人清偿应当承担的份额,不受债权人是否在保证期间内向未承担保证责任的保证人主张过保证责任的影响。”按照前述司法解释,在连带共同保证当中,即使债权人未在保证期间内向部分保证人主张权利,但这些保证人基于保证合同约定而产生的责任并未免除。如其他保证人向债权人承担了保证责任,则未被债权人主张权利的保证人,仍应在其份额内承担基于保证合同约定和法律规定而产生的保证责任。具体到本案而言,油脂公司经营部因东方天津办已向其主张保证责任,依法应当向东方天津办承担全部保证责任。而油脂公司经营部向东方天津办承担全部保证责任后,有权向粮油集团追偿。

——沙玲:《债权人在保证期间向保证人之一主张权利的效力及于其他连带责任保证人——申请再审人中信信托有限责任公司与被申请人天津市粮油集团有限公司、天津市油脂(集团)有限公司、天津市油脂公司新港油脂库借款合同纠纷申请再审案》,载最高人民法院民事审判第二庭编:《商事审判指导》总第31辑,人民法院出版社2013年版,第223~225页。

1294

连带责任保证的债权人在保证期间届满前要求保证人承担保证责任的,从债权人要求之日起开始计算保证合同诉讼时效

关键词 | 连带责任保证 | 保证期间 | 诉讼时效 |

【最高人民法院司法解释】

第三十四条 一般保证的债权人在保证期间届满前对债务人提起诉讼或者申请仲裁的,从判决或者仲裁裁决生效之日起,开始计算保证合同的诉讼时效。

连带责任保证的债权人在保证期间届满前要求保证人承担保证责任的,从债权人要求保证人承担保证责任之日起,开始计算保证合同的诉讼时效。

——《最高人民法院关于适用〈中华人民共和国担保法〉若干问题的解释》(2000年12月8日,法释〔2000〕44号)

【最高人民法院裁判文书】

宁夏富荣化工有限公司与中国长城资产管理公司兰州办事处保证合同纠纷案[最高人民法院(2012)民二终字第130号民事判决书]

裁判要旨：根据《担保法解释》第三十四条的规定，连带责任保证的债权人在保证期间届满前要求保证人承担保证责任的，从债权人要求承担保证责任之日起，开始计算保证合同的诉讼时效，以及《担保法解释》第四十四条的规定，债权人要求保证人承担保证责任的，应当在破产程序终结后的六个月内提出。债权人主张担保债权的诉讼时效一直处于延续状态，债务人主张案件已超过诉讼时效的，人民法院不予支持。

最高人民法院认为：关于长城公司兰州办事处对富荣公司的起诉是否已过诉讼时效问题。本院认为，长城公司兰州办事处对富荣公司的起诉是否已过诉讼时效，应以相应的事实为依据进行判断认定。本案中，八份保证合同关于保证期间的约定均为“自主合同确定的借款到期之次日起两年”，保证方式为“连带保证”。经查，八份保证合同中保证期间最早到期日为2002年4月7日，最晚到期日为2002年11月14日，而2000年3月31日至2001年10月18日间，吴忠工行向借款人金牛公司和保证人富荣化肥公司均进行过债务催收，债务人和保证人亦均盖章签收。其后，吴忠工行又于2002年4月8日、2002年7月6日、2002年10月8日、2003年1月8日、2004年4月9日针对涉案八笔借款向保证人发出《中国工商银行督促履行保证责任通知书》，保证人富荣化肥公司亦签章确认。富荣化肥公司对上述五份《中国工商银行督促履行保证责任通知书》加盖公章的行为，原审认定为保证人富荣化肥公司对债权人吴忠工行催收行为的确认，应属妥当。尽管在本院二审期间，富荣公司对五份《中国工商银行督促履行保证责任通知书》加盖公章的行为提出异议并主张法院不采信该证据，但是，因其并未提供相应的证据证明富荣化肥公司加盖公章并非其真实意思，故富荣公司的异议不成立，其上诉主张原审判决据此下判违法的观点本院不予采纳。此后，2003年12月29日至2010年8月27日间，因主债务人金牛公司进入破产还债程序，长城公司兰州办事处亦申报了包括本案担保债权在内的债权，在其债权未得到清偿的情况下，长城公司兰州办事处于主债务人破产程序终结后的法定期限内向原审法院提起诉讼。此外，案涉贷款本金及利息转让给长城公司兰州办事处后，长城公司兰州办事处与吴忠工行亦在《宁夏日报》发布债权转让暨债务催收联合公告,长城公司兰州办事处也在《宁夏日报》刊登催收公告,要求借款人、保证人积极履行清偿责任。上述事实有《逾期贷款催收通知》《中国工商银行督促履行保证责任通知书》等证据为证。依据《担保法解释》第三十四条第二款“连带责任保证的债权人在保证期间届满前要求保证人承担保证责任的,从债权人要求保证人承担保证责任之日起,开始计算保证合同的诉讼时效”和第四十四条“债权人要求保证人承担保证责任的,应当在破产程序终结后六个月内提出”的规定,债权人主张担保债权的诉讼时效一直处于延续状态,在其向原审法院提起诉讼时并未超过诉讼时效。故富荣公司关于长城公司兰州办事处对其诉求已超过诉讼时效的主张缺乏事实和法律依据,本院亦不予支持。

——最高人民法院民事审判第二庭编:《最高人民法院商事审判指导案例(2012)·公司与金融》,中国民主法制出版社2013年版,第264~272页。

1295

保证人在保证期间届满后又在催款通知书上签字形成新的担保关系的认定

关键词 | 保证人 | 保证期间届满 | 催款通知书 |

【最高人民法院司法解释】

云南、河北、四川省高级人民法院:

云高法〔2003〕69号《关于保证人超过保证期间后又在催款通知书上签字应如何认定性质和责任的请示》、〔2003〕冀民二请字第1号《关于如何认定已过了保证期间的保证人在中国长城资产管理公司〈债权转移确认通知书〉上盖章的民事责任的请示》和川高法〔2003〕266号《关于保证期届满后保证人与债务人同日在催款通知书上签字或者盖章的法律效力问题的请示》收悉。经研究,答复如下:

根据《中华人民共和国担保法》的规定,保证期间届满债权人未依法向保证人主张保证责任的,保证责任消灭。保证责任消灭后,债权人书面通知保证人要求承担保证责任或者清偿债务,保证人在催款通知书上签字的,人民法院不得认定保证人继续承担保证责任。但是,该催款通知书内容符合合同法和担保法有关担保合同成立的规定,并经保证人签字认可,能够认定成立新的保证合同的,人民法院应当认定保证人按照新保证合同承担责任。

——《最高人民法院关于人民法院应当如何认定保证人在保证期间届满后又在催款通知书上签字问题的批复》(2004 年 4 月 14 日,法释〔2004〕4 号)

【最高人民法院答复】

辽宁省高级人民法院:

你院请示收悉,答复如下:

经研究,同意你院审判委员会第一种意见,即保证期间届满后,保证人如无其他明示,仅在债权人发出的催收到期贷款通知单上签字或盖章的行为,不能成为重新承担保证责任的依据。本院法释〔1999〕7 号《关于超过诉讼时效期间借款人在催款通知单上签字或者盖章的法律效力问题的批复》,不适用于保证人。

——《最高人民法院审判监督庭关于锦州市商业银行与锦州市华鼎工贸商行、锦州市经济技术开发区实华通信设备安装公司借款纠纷一案的复函》(2003 年 2 月 25 日,〔2002〕民监他字第 14 号函)

【最高人民法院裁判文书】

辽宁省第一建筑工程公司与辽宁恒宇投资管理有限公司等金融不良债权追偿纠纷申请再审案[最高人民法院(2015)民申字第 2780 号民事裁定书]

最高人民法院认为:对一建公司主张案涉债务已经超过保证期间,其保证责任应当免除的问题。经审查,1999 年 4 月 12 日、13 日建行葫芦岛支行分别向辽西公司、一建公司发出案涉借款的《催还逾期贷款通知书》和《履行担保责任通知书》,两公司均盖章签收。其中,一建公司签字盖章的两份《履行担保责任通知书》中明确注明案涉两笔贷款合同号、金额及贷款到期日,并明确要求一建公司履行担保责任,在收到通知一个月内代借款单位偿还借款及相应的利息。一建公司在该通知回执上签字盖章,未提出异议。同年 11 月 3 日,建行葫芦岛支行发出两份《担保权利转让通知》,该通知内容明确将案涉借款及保证合同项下全部权利转让给中国信达资产管理公司。一建公司在内容为“已收到担保权利转让通知建第号,对此通知内容无异议”的《担保权利转让通知回执》上加盖单位公章和法定代表人印章。本案一审期间,一建公司对 50 万元借款抗辩主张已超过保证期间。对 185 万元借款未主张已经超过保证期间。一审法院对一建公司关于案涉借款超过保证期间的主张不予支持并判决其对案涉债务承担连带保证责任后，一建公司未提起上诉。另外，在原审诉讼期间，一建公司与辽西公司的法定代表人均为王立志。在本院审查期间，一建公司认可与辽西公司之间存在关联关系，一建公司为辽西公司多笔贷款进行担保。综合上述事实，本院认为，一建公司虽然按照保证合同约定主张案涉借款均已超过保证期间，但在原债权人向辽西公司及一建公司送达《催还逾期贷款通知书》及《履行担保责任通知书》时，两公司先后盖章均未提出异议。尤其在明确注明对通知内容无异议的《担保权利转让通知回执》上，一建公司亦签字盖章。据此，可以认定一建公司在《履行担保责任通知书》及《担保权利转让通知》上盖章确认行为系同意对案涉债务继续承担保证责任的意思表示。据此，原审判决一建公司对案涉债务承担连带保证责任，并无不当。

——中国裁判文书网，http://wenshu.court.gov.cn。

中色（宁夏）东方集团有限公司与中国信达资产管理股份有限公司陕西省分公司保证合同纠纷案［最高人民法院（2011）民二终字第27号民事判决书］

裁判要旨：一、信达银川管理部作为信达陕西公司的派出机构，所实施的民事行为属于信达陕西公司授权其履行职责的行为，应视为信达陕西公司所实施的民事行为，其法律后果应当及于信达陕西公司，故信达银川管理部催收、申报债权等行为可以产生诉讼时效中断的效力。

二、根据《最高人民法院关于人民法院应当如何认定保证人在保证期间届满后又在催款通知书上签字问题的批复》（以下简称法释〔2004〕4号《批复》）的规定，保证人在债权人催收通知书上盖章的行为，应认定在双方之间成立了新的保证合同，保证人应当按照新的保证合同承担保证责任。

最高人民法院认为：本案二审当事人争议的焦点问题是：信达银川管理部的催收、申报债权等行为对本案所涉债务是否构成了诉讼时效的中断；冶炼厂在信达银川管理部催收通知书上盖章确认行为是否在双方之间构成了新的保证合同；本案所涉债权的核销问题是否影响中色东方公司承担保证责任和《债权转让协议》的效力；中色东方公司承继冶炼厂的资产是否包括本案所涉债务。

关于信达银川管理部的催收、申报债权等行为对本案所涉债务是否构成了诉讼时效中断的问题。中色东方公司提出信达银川管理部的上述行为不具有法律效力，不能产生本案所涉债务诉讼时效的中断，其主要依据是本院以（2009）民二终字第131号民事判决驳回了信达银川管理部的起诉。最高人民法院认为，信达陕西公司在本案一审期间向原审法院提交了信达公司的两份通知，且经过质证,中色东方公司对两份通知的真实性无异议,本院二审对两份通知的证据效力予以认定。根据信达公司的上述通知,可以确认信达银川管理部为信达陕西公司在宁夏回族自治区的派出机构,其负责在宁夏回族自治区范围内对信达陕西公司所享有的不良资产进行清收等工作。信达银川管理部没有领取营业执照,其不具有诉讼主体资格,但不能因此否定其作为信达陕西公司的派出机构所为的其他主张民事债权行为的效力。信达陕西公司对信达银川管理部实施的催收、申报本案债权等民事行为一直是认可的,债务人星日公司、保证人冶炼厂也未对此提出过异议,亦表明其对信达银川管理部代表信达陕西公司主张债权的行为明知且予认可。因此,信达银川管理部所实施的民事行为属于信达陕西公司授权其履行职责的行为,应视为信达陕西公司所实施的民事行为,其法律后果应当及于信达陕西公司。故原审判决认定信达银川管理部催收、申报债权等行为可以产生诉讼时效中断的效力并无不当。

关于冶炼厂在信达银川管理部催收通知书上盖章确认行为是否构成了新的保证合同的问题。在本案所涉借款行为发生时,冶炼厂作为保证人向债权人提供了连带责任保证,在其以承债方式兼并原借款人电容器厂并将本案债务转移给星日公司后,其作为保证人的法律地位并没有改变,对此,原债权人石嘴山中行与冶炼厂亦未产生过争议。在信达银川管理部向星日公司、冶炼厂发出的催收逾期贷款通知书中载明:“我单位为上述贷款的保证人,自愿承担新的连带保证责任,保证期间自本催收通知送达签收后两年。”信达银川管理部代表信达陕西公司向冶炼厂主张债权,冶炼厂收到该通知书后盖章予以确认。该催收通知书中记载的保证债务、保证责任方式及保证期间等内容清楚、明确,符合我国合同法和担保法有关担保合同成立的规定,并经保证人冶炼厂盖章认可,依据法释〔2004〕4 号《批复》的规定,应认定在冶炼厂与信达陕西公司之间成立了新的保证合同,冶炼厂应当按照新的保证合同承担保证责任。

——最高人民法院民事审判第二庭编:《最高人民法院商事审判指导案例(6)·合同与借贷担保卷》,中国法制出版社 2013 年版,第 455～464 页。

【链接:最高人民法院法官著述】

保证期间为除斥期间,在保证期间内债权人未按照法律规定的方式主张其保证权利,则保证责任消灭;一旦在保证期间内主张了保证权利,则保证之债形成，保证之债开始计算诉讼时效。在保证期间届满后，债权人以催债通知书的形式向保证人催债，原则上保证人的签字或者盖章的行为不产生使保证人继续承担保证责任的法律效力；例外是，在该催债通知书的内容符合一个保证合同的新要约，保证人在催债通知书上的签字或者盖章行为足以构成一个承诺时，即保证人明确表示对要约的内容予以接受因而成立新保证合同时，人民法院应当予以确认，对债权人按照新的保证合同要求保证人承担保证责任的主张予以支持。这是因为：第一，如果保证人仅在催债通知书上签字或者盖章，而未表示同意继续承担保证责任的，一般仅具有证明保证人收到该催债通知书的效力，不能认定保证人愿意继续承担保证责任或者清偿债务。第二，如果催债通知书的内容与保证人的签字或者盖章能够成立新的保证合同的，按照新的保证合同处理。判断当事人之间是否成立新的保证合同，应当按照《担保法》和《合同法》的有关合同成立的规定来判断。首先，要有明确的要约和承诺。在催债通知书中应当能够构成一个保证合同的要约，具体必须符合三个条件：一是催债通知书要有要求保证人承担保证责任的要求；二是必须是要求保证人继续履行保证责任的要求，即对原担保债务承担保证责任；三是必须能够明确认定不是要求保证人履行其原保证责任。也就是说，从催债通知书中应当能够明确得知保证人是被要求承担新的保证责任。其次，保证人有表明同意或者接受催债通知书中的保证责任要求时，其签字或者盖章才能构成承诺。但如果催债通知书中已经明确写明如果保证人在催债通知书上签字或者盖章即视为接受催债通知书约定的内容的除外。此外，如果是保证人的接收信件专用章或者其接收信件的职员的签字，一般不宜认定是保证人的承诺。最后，判断是否构成一个新的保证合同，还应当看是否符合《担保法》和《合同法》有关保证合同成立的其他要求。

——吴兆祥：《〈最高人民法院关于人民法院应当如何认定保证人在保证期间届满后又在催款通知书上签字问题的批复〉理解与适用》，载最高人民法院研究室编：《最高人民法院司法解释·2004年卷》，法律出版社2005年版，第23～29页。

编者说明

《最高人民法院审判监督庭关于锦州市商业银行与锦州市华鼎工贸商行、锦州市经济技术开发区实华通信设备安装公司借款纠纷一案的复函》中指出：保证期间届满后，保证人如无其他明示，仅在债权人发出的催收到期贷款通知单上签字或盖章的行为，不能成为重新承担保证责任的依据。法释〔2004〕4 号《批复》中进一步明确“根据《中华人民共和国担保法》的规定，保证期间届满债权人未依法向保证人主张保证责任的，保证责任消灭。保证责任消灭后，债权人书面通知保证人要求承担保证责任或者清偿债务，保证人在催款通知书上签字的，人民法院不得认定保证人继续承担保证责任。但是，该催款通知书内容符合合同法和担保法有关担保合同成立的规定，并经保证人签字认可，能够认定成立新的保证合同的，人民法院应当认定保证人按照新保证合同承担责任”。

应如何正确理解法释〔2004〕4 号《批复》的“但书”？最高人民法院民二庭法官在评析最高人民法院审结的信达资产管理公司、九江化学纤维总厂与九江化工厂借款担保纠纷案判决时提出了以下观点：“‘但书’适用条件是催款通知书构成了新的担保合同，才得以按新的担保合同由担保人承担担保责任。这一条件的适用非常严格，其中必须有明确的愿意承担主债务人重新确认的债务的保证责任。此意愿的表明可以有两种形式，一是催款通知单中载明所催债务已经超过保证期限，保证人签字或者盖章；二是保证人签字盖章的同时明确表示承担保证责任。只有具备此内容，才能表示保证人对此时存在的债务具有了保证的意思，也才能认定是达成了新的保证合同。不能适用推论的方式断定保证人的保证意思……因保证合同没有明确约定保证期间，使得保证人对是否超过保证期间认识不清，不能断定保证人具有上述愿意继续承担保证的意思的表示，不能认定新的保证合同的成立。这似乎对债权人要求过于苛刻，但对该司法解释也只能这样理解，否则对保证期间的除斥性质就无法理解……”此外，在中国长城资产管理公司广州办事处与广东省新会市会成建设发展总公司、新会市长江贸易总公司借款担保合同纠纷上诉案中，最高人民法院判决思路为区别保证人在“一般性债权催收通知”和在“催款通知书”、有继续履行保证合同内容的“承诺书”上签章的法律性质和法律责任的不同，认为保证人在“继续履行保证合同承诺书”上盖章，证明在债权人和保证人之间成立了新的保证合同。①

1296

保证人在涉及债务人欠款的催收通知书担保人位置加盖公章的，视为承诺提供担保

关键词｜保证人｜催收通知书｜

---

① 王宪森：《保证期间届满后债权人与保证人之间是否成立了新保证合同的认定及法律适用——中国长城资产管理公司广州办事处与广东省新会市会成建设发展总公司、新会市长江贸易总公司借款担保合同纠纷上诉案》，载最高人民法院民事审判第二庭编：《民商事审判指导》总第 7 辑，人民法院出版社 2005 年版，第 160 ~ 169 页。

【最高人民法院裁判文书】

哈尔滨玉堂石材集团有限公司与中国信达资产管理公司哈尔滨办事处、北京东方玉堂石材贸易有限公司借款担保纠纷案[最高人民法院(2007)民二终字第174号民事判决书]

最高人民法院认为:关于玉堂集团是否对本案金磊石材4516877.93美元欠款承担保证责任和法律适用问题。本案46笔进口押汇合同签订于1998年1~9月期间,即合同成立于《合同法》1999年10月1日实施前,不适用合同法。但信达公司并未依《合同法》向债务人金磊石材主张权利,而是基于玉堂集团为金磊石材提供担保的事实向玉堂停车主张担保权利,原审法院适用《担保法》和本院相关司法解释判决玉堂集团承担连带保证责任不存在适用法律错误的问题。玉堂集团关于原审判决对于4516877.93美元欠款的审理适用《合同法》,属适用法律错误的上诉主张无事实依据。兆麟支行于2000年至2004年曾三次向金磊石材发出本案4516877.93美元欠款的《进口押汇催收书》或《催收通知书》。2000年5月9日的《进口押汇催收书》载明"以上进口押汇均由玉堂石材提供担保"。2002年5月9日的《进口押汇催收书》载明"以上押汇均由玉堂集团提供担保,期限两年"。2004年4月24日的《催收通知书》载明"由玉堂集团承担连带保证责任,期限两年"。对上述催收,金磊石材不持异议,在借款单位处签盖公章,玉堂集团均在担保人位置加盖了公章。兆麟支行在上述催收通知中要求玉堂集团承担金磊石材欠款的保证责任的意思表示是明确的,作为债务人金磊石材和保证人延寿石材的关联公司,玉堂集团对金磊石材欠款和延寿石材保证的事实应当是知晓的,其在催收通知书担保人处加盖公章的行为表明玉堂集团接受了兆麟支行的要约。因其不能提供兆麟支行利用催收通知骗取担保的相关证据,认定玉堂集团承诺担保的意思表示是真实的。上述三份催收通知书具有保证合同的效力,玉堂集团依承诺承担本案金磊石材4516877.93美元欠款的连带保证责任。玉堂集团关于其在催收通知书上盖章只是表示收到该通知,不具有可以推定玉堂集团同意承担保证责任的明确表示,催收通知不具有保证合同效力的上诉理由与事实不符,本院亦不予支持。

——最高人民法院民事审判第二庭编:《最高人民法院商事审判指导案例·借款担保卷》,中国法制出版社2011年版,第774~781页。

1297

保证人在债权转让协议上签字承诺“继续履行原保证合同项下的保证义务”的，保证合同诉讼时效自承诺之日起计算

关键词｜保证人｜债权转让｜保证合同｜诉讼时效｜

【最高人民法院司法解释】

第三十四条第二款 连带责任保证的债权人在保证期间届满前要求保证人承担保证责任的,从债权人要求保证人承担保证责任之日起,开始计算保证合同的诉讼时效。

——《最高人民法院关于适用〈中华人民共和国担保法〉若干问题的解释》(2000 年 12 月 8 日,法释〔2000〕44 号)

【最高人民法院答复】

云南省高级人民法院:

你院云高法报〔2003〕5 号《关于在保证期间内,保证人在债权转让协议上签字并承诺履行原保证义务,能否视为债权人向担保人主张过债权,从而认定保证合同的诉讼时效从签字时起算的请示报告》收悉。经研究,答复如下:

《中华人民共和国担保法》(以下简称《担保法》)第二十六条第一款规定的债权人要求保证人承担保证责任应包括债权人在保证期间内向保证人主动催收或提示债权,以及保证人在保证期间内向债权人作出承担保证责任的承诺两种情形。请示所涉案件的保证人个旧市配件公司于保证期间内,在所担保的债权转让协议上签字并承诺“继续履行原保证合同项下的保证义务”即属《担保法》第二十六条第一款所规定的债权人要求保证人承担保证责任的规定精神。依照本院《关于适用〈中华人民共和国担保法〉若干问题的解释》第三十四条第二款的规定,自保证人个旧市配件公司承诺之日起,保证合同的诉讼时效开始计算。故同意你院第一种意见。

此复。

——《最高人民法院关于在保证期间内保证人在债权转让协议上签字并承诺履行原保证义务能否视为债权人向担保人主张过债权及认定保证合同的诉讼时效如何起算等问题请示的答复》(2003 年 9 月 8 日,〔2003〕民二他字第 25 号)

1298

债权人在诉讼时效期间依法将主债权转让给第三人，保证人在原担保范围内继续承担保证责任

关键词｜债权转让｜保证人｜保证责任｜

【最高人民法院答复】

甘肃省高级人民法院：

你院甘高法〔2003〕176号请示收悉。经研究，答复如下：

一、在诉讼时效期间，凡符合《中华人民共和国合同法》第八十一条和《中华人民共和国担保法》第二十二条规定的，债权人将主债权转让给第三人，保证债权作为从权利一并转移，保证人在原保证担保的范围内继续承担保证责任。

二、按照《关于适用〈中华人民共和国担保法〉若干问题的解释》第三十六条第一款的规定，主债务诉讼时效中断，连带保证债务诉讼时效不因主债务诉讼时效中断而中断。按照上述解释第三十四条第二款的规定，连带责任保证的债权人在保证期间内要求保证人承担保证责任的，自该要求之日起开始计算连带保证债务的诉讼时效。《最高人民法院对〈关于贯彻执行最高人民法院"十二条"司法解释有关问题的函〉的答复》是答复四家资产管理公司的，其目的是为了最大限度地保全国有资产。因此，债权人对保证人有公告催收行为的，人民法院应比照适用《最高人民法院关于审理涉及金融资产公司收购、管理、处置国有银行不良贷款形成的资产的案件适用法律若干问题的规定》第十条的规定，认定债权人对保证债务的诉讼时效中断。

此复。

——《最高人民法院关于甘肃省高级人民法院就在诉讼时效期间债权人依法将主债权转让给第三人保证人是否继续承担保证责任等问题请示的答复》(2003年10月20日，〔2003〕民二他字第39号)

1299

保证期间经过，债权人与保证人就保证责任达成新的合意的，应认定形成了新的保证合同法律关系

关键词｜保证期间｜保证合同｜

【最高人民法院裁判文书】

广州珠江广场房地产开发有限公司与中国信达资产管理公司北京办事处、中基嘉发进出口公司借款担保合同纠纷案[最高人民法院(2007)民二终字第86号民事判决书]

裁判要旨：保证期间经过，债权人与保证人就担保责任达成新的合意的，符合《合同法》和《担保法》中有关合同成立的法律规定，双方形成了新的保证合同法律关系。在当事人未对保证期间进行约定的情形下，应根据《担保法》第二十六条的规定，确定保证期间为主债务履行期限届满之后6个月。

最高人民法院认为：2002年7月8日中国银行、中基嘉发公司和珠江公司三方签订的《会谈纪要》确立的珠江公司的保证责任认定是本案各方当事人争议的焦点。根据一审查明的事实，上述《会谈纪要》签订时，(00)字第058号保证合同约定的2年保证期间已过，保证人珠江公司已经免除担保责任。但在2002年7月8日中国银行与中基嘉发公司、珠江公司三方会谈中，珠江公司明确表示同意承担(00)字第058号保证合同项下的担保责任，不同意承担(00)中营信保字第001号保证合同项下保证责任。中国银行亦明确表示，鉴于(00)中营信保字第001号保证合同系历史遗留问题，如保证人珠江公司履行了(00)字第058号保证合同项下的担保责任，中国银行可以不再要求其履行(00)中营信保字第001号保证合同项下保证责任。据此，中国银行与珠江公司已就珠江公司继续承担(00)字第058号保证合同项下的担保责任达成新的合意，符合《合同法》与《担保法》中有关合同成立的法律规定，双方形成了新的保证合同法律关系。因此，原审关于双方构成新的保证合同关系的认定正确，本院予以维持。

本案各方虽就继续承担(00)字第058号保证合同项下担保责任进行了约定，但对担保方式和保证期间并未具体明确。原审法院将(00)字第058号合同的保证期间作为新的保证合同的保证期间的认定错误，本院予以纠正。根据《担保法》第十九条关于"当事人对保证方式没有约定或者约定不明确的，按照连带责任保证承担保证责任"的规定，《会谈纪要》所确立的保证责任方式应认定为连带责任保证。依据《担保法》第二十六条规定，连带责任保证的保证人与债权人未约定保证期间的，保证期间为主债务履行期限届满之日起6个月。案涉(00)字第058号保证合同约定的主债务履行期限为1999年5月5日至2000

年5月5日。在《会谈纪要》中债务人认可债权人此前不断向其追索,因此,该《会谈纪要》构成主债务诉讼时效中断,在《会谈纪要》之前的时间应视为主债务履行的宽限期,《会谈纪要》构成主债务诉讼时效中断同时亦应视为主债务履行期限届满。因此,新的保证合同的保证期间应自《会谈纪要》签订时间即2002年7月8日起算至2003年1月8日。根据已经查明的事实,债权人中国银行于2003年8月15日向珠江公司公证送达《关于要求履行担保责任的函》,已超过保证期间,依照《担保法》第二十六条第二款之规定,应认定保证人珠江公司免除保证责任。原审关于珠江公司保证期间应为其承诺之日即2002年7月8日至2004年7月7日的认定,缺乏事实根据,本院予以纠正。

——最高人民法院民事审判第二庭编:《商事审判指导》总第19辑,人民法院出版社2010年版,第236~238页。

1300

保证合同无效情况下对保证人主张权利诉讼时效期间的计算

关键词 | 保证合同 | 保证无效 | 诉讼时效 |

【最高人民法院裁判文书】

中国银行(香港)有限公司与台山市电力发展公司、台山市人民政府、台山市鸿基石油化工有限公司、台山市财政局担保合同纠纷再审案[最高人民法院(2011)民申字第1209号民事裁定书]

最高人民法院认为:2. 关于台山市政府是否应当承担责任。根据《担保法》第八条、《担保法解释》第三条的规定,国家机关违反法律规定提供担保的,担保合同无效。因此给债权人造成损失的,应当根据《担保法》第五条第二款的规定处理。据此,台山市政府出具的《承诺函》属于无效担保,香港中银只能就合同无效所引起的损害后果向台山市政府主张赔偿。虽然案涉保证合同为无效合同,但是保证合同约定的或者法律规定的保证期间仍然具有法律意义,债权人在保证期间内没有向保证人主张权利的,保证人不再承担无效保证的赔偿责任。因此,如果香港中银在保证期间没有向台山市政府主张保证责任,则台山市政府对无效保证合同的赔偿责任也相应免除。根据原审法院查明的事实,案涉透支贷款的到期日为2001年6月8日，最后一笔信用证押汇贷款的到期日为2001年3月21日。2002年5月28日，台山市政府与香港中银签订《和解协议》，2004年12月24日、2006年12月12日，香港中银发函台山市政府要求其承担付款责任。现有证据不能证明香港中银在保证期间内向台山市政府主张保证责任，故台山市政府对无效担保合同应承担的赔偿责任应当免除。香港中银要求台山市政府承担损失赔偿责任的请求不应得到支持。

——中国裁判文书网，http://wenshu. court. gov. cn。

中国银行（香港）有限公司与新会市涤纶集团有限公司、江门市新会区经济和信息化局、广东新会涤纶厂股份有限公司担保合同纠纷案［最高人民法院（2011）民申字第167号民事裁定书］

最高人民法院认为：中银香港主张，在保证合同无效的情况下，保证责任转变为赔偿责任，不应适用保证期间而应适用赔偿之债两年的诉讼时效，且诉讼时效期间应从保证合同被确认无效时起算。对此问题，由于确无相应的法律及司法解释的明确规定，故争议颇大，存在裁判不一之情形。本院认为：其一，在保证合同无效的情况下，保证责任因缔约过失而转换为赔偿责任，依法理，不应适用保证期间，而应适用诉讼时效期间。本院对申请再审人中银香港的此点主张予以认同。其二，然而，根据《民法通则》第一百三十七条的规定，诉讼时效期间从知道或者应当知道权利被侵害时起计算。即便是因缔约过失引起的损害赔偿之债的诉讼时效起算点亦无理由例外。

就本案而言，应结合案件事实确定诉讼时效的起算点。中银香港提供的信用证押汇贷款的最后到期日应为1998年6月8日，而透支贷款的到期日最迟亦应为1998年9月24日。在此日期前，中银香港应已明确知道其作为债权人的权利受到了侵害。自1998年6月8日和1998年9月24日起两年的诉讼时效期间内，中银香港未向保证人新会经贸局和涤纶集团主张过权利，未能引起诉讼时效的中断。至其2002年向新会经贸局主张权利时，已超过两年的诉讼时效期间，显然已失去对保证债务的胜诉权。

中银香港于1999年5月10日及11月20日之前向涤纶公司发函，虽然是在二年的诉讼时效期间内主张了权利，进而引起诉讼时效中断，诉讼时效至迟应从1999年5月10日及11月20日重新起算，但其于2002年再次主张权利时，显然已超过两年的诉讼时效，亦丧失胜诉权。至于中银香港所提出的本院其他个案判决，不应作为本案的裁判依据。因此，中银香港关于在担保合同无效的情况下损害赔偿债权未超过诉讼时效期间的申请再审理由不能成立。

——中国裁判文书网,http://wenshu.court.gov.cn。

编者说明

关于保证合同无效情况下保证期间是否仍然具有法律效力并发挥作用的问题,实践中意见分歧较大,前引最高人民法院两份裁判文书的裁判理由也不相同。关于此问题目前主要有两种意见,一种意见认为,保证合同约定的或法律规定的保证期间仍然具有法律意义,债权人在保证期间内未向保证人主张权利的,保证人不承担无效保证的过错赔偿责任;另一种意见则认为,保证关系无效时,保证期间失去应有的法律效果。据悉,第一种主张在《担保法解释》制定过程中得到过多数起草人员的认同,但未见于最终的司法解释条文。该主张的理由是:在保证合同无效的情况下债权人所获得的利益不应当超过保证合同有效时可能获得的利益,保证合同有效时债权人未在保证期间内向保证人主张权利,保证人免除保证责任,则保证合同无效时也应当一样。此外,债权人与保证人在订立合同时并不一定能预见保证合同无效,因此保证合同中双方约定的保证期间是双方对各自权利义务的一个合理认识期间,以该期间确定双方的利益也符合双方的缔约本意。因此,保证期间届满的法律后果是,保证合同有效时免除保证的保证责任,保证合同无效时免除保证人的赔偿责任。然而,从无效民事法律责任基础看,第三种意见较为有力,理由是:依照担保法的规定,保证期间在保证关系具有法律效力时才产生保证人的免责抗辩权,当保证关系无效时,保证期间失去其法律效力,不应与保证关系有效时相同。保证人在保证关系无效时承担过错赔偿责任,责任基础在于保证人的过错,与债权人是否在保证期间内行使权利无关,保证人承担的过错责任本质上区别于保证责任,因此即便出现保证合同无效时债权人所获得的利益超过保证合同有效时,两者因基础不同也不能简单类比。此外,该主张符合人们关于无效合同的普遍认识,如果承诺保证合同无效时保证期间仍然有效并继续发生作用,将难以被社会所接受,恐难取得良好的社会效果。①

1301

《担保法》生效前签订的保证合同没有约定保证期间或约定不明,债权人依照法[2002]144号《通知》向保证人主张权利的适用

关键词 | 保证期间 |

① 曹士兵:《中国担保制度与担保方法》(第三版),中国法制出版社2015年版,第158~159页。

【最高人民法院司法政策】

各省、自治区、直辖市高级人民法院，解放军军事法院，新疆维吾尔自治区高级人民法院生产建设兵团分院：

我院于2000年12月8日公布法释〔2000〕44号《关于适用〈中华人民共和国担保法〉若干问题的解释》后，一些部门和地方法院反映对于担保法实施前发生的保证行为如何确定保证期间问题没有作出规定，而我院于1994年4月15日公布的法发〔1994〕8号《关于审理经济合同纠纷案件有关保证的若干问题的规定》对此问题亦不十分明确。为了正确审理担保法实施前的有关保证合同纠纷案件，维护债权人和其他当事人的合法权益，经商全国人大常委会法制工作委员会同意，现就有关问题通知如下：

一、对于当事人在担保法生效前签订的保证合同中没有约定保证期限或者约定不明确的，如果债权人已经在法定诉讼时效期间内向主债务人主张了权利，使主债务没有超过诉讼时效期间，但未向保证人主张权利的，债权人可以自本通知发布之日起6个月（自2002年8月1日至2003年1月31日）内，向保证人主张权利。逾期不主张的，保证人不再承担责任。

二、主债务人进入破产程序，债权人没有申报债权的，债权人亦可以在上述期间内向保证人主张债权，如果债权人已申报了债权，对其在破产程序中未受清偿的部分债权，债权人可以在破产程序终结后6个月内向保证人主张。

三、本通知发布时，已经终审的案件、再审案件以及主债务已超过诉讼时效的案件，不适用本通知。

——《最高人民法院关于处理担保法生效前发生保证行为的保证期间问题的通知》（2002年8月1日，法〔2002〕144号）

【最高人民法院答复】

云南省高级人民法院：

你院〔2003〕云高民二终字第149号请示收悉。经研究，答复如下：

《关于适用〈中华人民共和国担保法〉若干问题的解释》（以下简称担保法司法解释）第四十四条第二款规定的债权人应在破产程序终结后六个月内要求保证人承担保证责任的规定，仅适用于债务人在破产程序开始时保证期间尚未届满，而在债权人申报债权参加清偿破产财产程序期间保证期间届满的情形。即在上述情况下，考虑到债权人在债务人破产期间不便对保证人行使权利，债权人可以在债务人破产终结后六个月内要求保证人承担保证责任。你院请示的昆明电缆厂与交通银行昆明分行、昆明电缆股份有限公司担保借款合同纠纷案中，债权人交通银行昆明分行已经在保证期间内、债务人破产程序前要求保证人承担保证责任，因此，不适用担保法司法解释第四十四条第二款的规定。

此复。

——《最高人民法院关于对云南省高级人民法院就如何适用〈关于适用《中华人民共和国担保法》若干问题的解释〉第四十四条请示的答复》(2003 年 12 月 24 日，〔2003〕民二他字第 49 号)

甘肃省高级人民法院：

你院甘高法〔2003〕183 号《关于担保法生效前签订的保证合同没有约定保证期限，主债务没有超过诉讼时效，债权人向保证人主张过权利的，能否适用最高人民法院〈关于处理担保法生效前发生保证行为的保证期间问题的通知〉的请示》收悉。经研究，答复如下：

本院 2002 年 8 月 1 日下发的法〔2002〕144 号《关于处理担保法生效前发生保证行为的保证期间问题的通知》(以下简称 144 号通知)第一条中“未向保证人主张权利的”一语，系对当时中国信达资产管理公司等四家资产管理公司所受让债权的状态描述，并非是适用该通知的必要条件。因此，对于“担保法生效前签订的保证合同中没有约定保证期限或约定不明确的”，只要“主债务没有超过诉讼时效期间”，无论债权人是否向保证人主张过权利，均不影响债权人依照 144 号通知规定，向保证人主张权利。同意你院审判委员会的第一种意见。

此复。

——《最高人民法院关于对甘肃省高级人民法院甘高法〔2003〕183 号请示的答复》(2003 年 11 月 28 日，〔2003〕民二他字第 40 号)

中国银行：

你行《〈关于处理担保法生效前发生保证行为的保证期间问题的通知〉适用问题的请示》(中银发〔2002〕45 号)已收悉。经研究，答复如下：

根据本院 1994 年 4 月 15 日发布的《关于审理经济合同纠纷案件有关保证

的若干问题的规定》第11条规定,保证合同中没有约定保证责任期限或者约定不明确的,保证人应当在被保证人承担责任的期限内承担保证责任。在主债权已超过2年诉讼时效后,债权人和债务人又对原债务予以重新确认的,不符合本院《关于处理担保法生效前发生保证行为的保证期间问题的通知》(法〔2002〕144号)第一条关于“债权人已经在法定诉讼时效期间内向主债务人主张了权利,使主债务没有超过诉讼时效期间”的规定条件。在此情况下,不能认为“主债权没有丧失诉讼时效”。既然原主债务之诉讼时效已经届满,则保证期间亦随之届满。如保证人未对重新确认后的债务提供担保,则保证人对该债务不再承担保证责任。

此复。

——《最高人民法院关于对中国银行中银发〔2002〕45号请示的答复》(2002年10月14日)

【《最高人民法院公报》案例】

中国信达资产管理公司贵阳办事处与贵阳开磷有限责任公司借款合同纠纷案[最高人民法院(2008)民二终字第106号民事判决书]

最高人民法院认为:二、关于信达公司贵阳办事处是否在法定期间内向保证人开磷公司主张了权利

由于本案讼争的借款合同签订于《担保法》施行之前,原审法院适用法发〔1994〕8号《保证问题规定》和法〔2002〕144号《通知》确定本案的保证期间是正确的。但是,原审法院在认定保证期间的问题上,对法〔2002〕144号《通知》的理解不当。

本案债权人黔南中心支行向开磷公司主张权利的期间分为两种情况,一是黔信字第4号、黔信字第5号、(91)贷字第009号《借款合同》,黔南中心支行未在主债务人承担责任期限的2年内向保证人开磷公司主张权利。二是(92)建贷字第2号、(93)匀建贷字第2号《借款合同》黔南中心支行在主债务人承担责任期限的2年内向保证人开磷公司主张了权利。对于第一种情况,黔南中心支行虽未在保证责任期间内向开磷公司主张权利,但其将债权转让给信达公司贵阳办事处后,信达公司贵阳办事处可根据法〔2002〕144号《通知》确定的2002年8月1日至2003年1月31日6个月期间内,向保证人开磷公司主张权利。信达公司贵阳办事处是否在上述期间内向开磷公司主张了权利是本案的事实问题。在原审法院根据8号文和144号《通知》对上述三笔借款判决开磷公司免除保证

责任后，信达公司贵阳办事处在本院审理期间，针对原审法院的认定，为表明其在法〔2002〕144号《通知》确定的期间内向保证人主张了权利，举示贵州省贵阳市公证处出具的(2003)筑公民字第1118号公证书，该公证书构成新的证据。虽然公证书所附《履行担保义务通知书》所列担保人全称为开阳磷矿矿务局，并且此前即已更名为贵州开磷(集团)有限责任公司，但前后主体的一致性并不因此使保证人的身份产生混淆，亦表明信达公司贵阳办事处在法〔2002〕144号《通知》确定的期间内主张了权利，因此该公证书公证的事实应当予以确认，即信达公司贵阳办事处在法〔2002〕144号《通知》指定的期间内向开磷公司主张了权利，并于2002年12月12日起算诉讼时效。对于第二种情况，黔南中心支行在主债务人承担责任期限的2年内向保证人开磷公司主张了权利，从其主张权利起开始计算诉讼时效。而法〔2002〕144号《通知》第二条规定的"债权人可以在破产程序终结后6个月内向保证人主张"仍然是延续法〔2002〕144号《通知》第一条关于6个月保证期间的规定，在讼争借款已经开始起算诉讼时效的情形下，不必再适用6个月保证期间的规定。由于上述两种情况下起算诉讼时效后，黔南中心支行与信达公司贵阳办事处连续主张权利，使诉讼时效多次中断，因此，原审判决以信达公司贵阳办事处未在法定期间内向保证人开磷公司主张权利，而驳回其诉讼请求不当。

——《最高人民法院公报》2009年第10期

【最高人民法院裁判文书】

中国东方资产管理公司南宁办事处与广西贵糖(集团)股份有限公司、贵港市人民政府国有资产监督管理委员会、贵港市经济委员会借款担保合同纠纷案[最高人民法院(2012)民提字第137号民事判决书]

最高人民法院认为：本案中，贵糖公司为桂中贷字第94－6号《短期外汇贷款借款合同》提供的《不可撤销担保书》第六条关于"本保证书自签发之日起生效，至还清借款方所欠的全部借款本息和费用时自动失效"的约定，应认定为保证期间约定不明；为1994年外借字第1号《外币资金借款合同》、1995年外借字第0002号《外币资金借款合同》提供的保证责任方式为连带责任保证，对保证期间没有约定。根据《保证问题规定》第十一条的规定，对该三份借款合同，保证人贵糖公司应当在被保证人原红旗纸厂承担责任的期限内，向债权人承担保证责任。对于"被保证人承担责任的期限"应当如何理解，相关的司法尺度有一个变化的过程。在本案一审期间,审判实践中一般“将被保证人承担责任的期限”这一保证期间理解为诉讼时效内的两年,其性质属于除斥期间,只要债权人在主合同履行期间届满后的两年内未向保证人主张权利,保证人即可免责。在本案二审期间,针对中国华融、长城、东方和信达四家资产管理公司所接收得到国有商业银行不良贷款的金额特别巨大,且积淀时间较长等现实情况,为最大限度地保全该部分国有资产,避免金融机构因法律规定不明、主张权利不当而丧失保证债权,本院于 2002 年 8 月 1 日发布法〔2002〕144 号《通知》,对保证责任期限给予了政策性的宽限期。根据该通知的规定,除该通知发布时已经终审、再审的案件以外,人民法院对金融资产管理公司受让的国有商业银行在担保法生效前签订的保证期限约定不明或者没有约定的保证合同,其保证责任期限与主债务诉讼时效的关系应当作如下理解:其一,债权人在主债务履行期限届满后两年内向保证人主张权利的,保证人应当承担保证责任。本案中,1994 年外借字第 1 号《外币资金借款合同》约定的 145 万美元的借款为 4 年(自 1994 年 12 月 20 日至 1998 年 12 月 20 日),该笔贷款逾期后,贵糖公司于 1999 年 6 月 25 日在中行贵港分行向原红旗纸厂发出的逾期贷款催收通知书上签字盖章,至东方公司南宁办提起本案诉讼的 2001 年 6 月 20 日,东方公司南宁办向贵糖公司主张权利并未超过两年的法定诉讼时效,故贵糖公司应当就该 150 万美元欠款的本金和利息承担连带偿还责任。其二,主债务诉讼时效届满,保证债务的诉讼时效亦随之届满。即便债权人和债务人又对原债务进行了重新确认,由于主债务已经超过诉讼时效期间,除非保证人明确表示对重新确认后的债务提供保证,否则保证人不再承担保证责任。其三,主债务没有超过诉讼时效期间,但债权人未向保证人主张权利的,可在宽限期内(自 2002 年 8 月 1 日至 2003 年 1 月 31 日)向保证人主张权利;逾期不主张的,保证人不再承担保证责任。其四,主债务没有超过诉讼时效期间,债权人向保证人主张权利的行为发生在主债务履行期限届满两年之后、2002 年 8 月 1 日之前。对此种情况下的保证责任承担,本院法〔2002〕144 号通知尽管未予明确,根据“举重以明轻”的法律解释方法,债权人在 2002 年 8 月 1 日之前未向保证人主张权利的尚且给予宽限期,则债权人已经在此前向保证人主张了权利的,应当解释为保证人应当承担保证责任。本案中,就桂中贷字第 94－6 号《短期外汇贷款借款合同》和 1995 年外借字第 0002 号《外币资金借款合同》项下的借款,中行贵港分行多次向原红旗纸厂催收,至东方公司南宁办提起本案诉讼的 2001 年 6 月 20 日,上述债权并未罹于时效,故贵糖公司应当就该两份借款合同项下欠款的本金和利息承担连带偿还责任。

——最高人民法院民事审判第二庭编:《最高人民法院商事审判指导案例(2012)·合同与借贷担保》,中国民主法制出版社 2013 年版,第 491 ~ 507 页;最高人民法院审判管理办公室编:《最高人民法院优秀裁判文书》第 2 辑,法律出版社 2014 年版,第 98 ~ 112 页。

1302

债权人申报债权后在破产程序中未受清偿的部分，要求保证人承担保证责任的，应当在破产程序终结后六个月内提出

关键词 | 破产程序终结 | 保证责任 |

【最高人民法院司法解释】

第四十四条 保证期间,人民法院受理债务人破产案件的,债权人既可以向人民法院申报债权,也可以向保证人主张权利。

债权人申报债权后在破产程序中未受清偿的部分,保证人仍应当承担保证责任。债权人要求保证人承担保证责任的,应当在破产程序终结后六个月内提出。

——《最高人民法院关于适用〈中华人民共和国担保法〉若干问题的解释》(2000 年 12 月 8 日,法释〔2000〕44 号)

【最高人民法院裁判文书】

河北辛集化工集团有限责任公司与浙江亚商投资管理有限公司保证合同纠纷案[最高人民法院(2014)民提字第 220 号民事判决书]

最高人民法院认为:债权人是否在《担保法解释》规定的宽限期内未向保证人主张权利,保证人是否应据此免责。《担保法解释》第四十四条第二款规定:“债权人申报债权后在破产程序中未受清偿的部分,保证人仍应当承担保证责任。债权人要求保证人承担保证责任的,应当在破产程序终结后六个月内提出。”本案中,2002 年 8 月 30 日,法院裁定汽缸盖厂破产终结,但破产公告的送达时间为 2003 年 10 月 29 日。汽缸盖厂破产后,债权人最近一次主张权利的日

期是2004年3月18日，距离送达时间并未超过六个月，故辛集化工公司关于债权人主张保证权利的时间超过宽限期的理由不能成立，本院不予支持。

——中国裁判文书网，http://wenshu.court.gov.cn。

中国长城资产管理公司长春办事处与吉林华星电子集团有限公司保证合同纠纷案[最高人民法院(2014)民二终字第99号民事判决书]

最高人民法院认为：《担保法解释》第四十四条规定："保证期间，人民法院受理债务人破产案件的，债权人既可以向人民法院申报债权，也可以向保证人主张权利。债权人申报债权后在破产程序中未受清偿的部分，保证人仍应当承担保证责任。债权人要求保证人承担保证责任的，应当在破产程序终结后六个月内提出。"此系对债权人在保证期间届满前在破产程序中向保证人主张权利，但破产程序终结后保证期间已过情形下对债权人给予保证期间宽限期的规定。而本案中，如前所述，对除应免除保证责任的五笔债务之外的其余债务的保证权利，债权人均在保证期间内、诉讼时效期间内向保证人华星公司进行了主张，因此，其不适用《担保法解释》第四十四条的规定，华星公司应对其余债务承担保证责任。华星公司关于对剩余债务免责的上诉理由不能成立。

2.华星公司对主债务人龙鼎公司的保证责任能否免除。华星公司对龙鼎公司的两组七笔债务提供担保。在上述债务的保证期间和诉讼时效期间内，债权人均向保证人主张权利。《担保法解释》第四十四条的规定系对债权人在保证期间届满前在破产程序中向保证人主张权利，但破产程序终结后保证期间已过情形下对债权人给予保证期间宽限期的规定。而本案中，由于债权人在保证期间内已向华星公司主张保证权利，故其并不适用《担保法解释》第四十四条的规定。综上，华星公司以保证期间和诉讼时效期间经过为由免除其保证责任的上诉理由不能成立。

——中国裁判文书网，http://wenshu.court.gov.cn。

中国银行（香港）有限公司与辽宁省人民政府、葫芦岛锌厂保证合同纠纷案[最高人民法院(2014)民四终字第37号民事判决书]

最高人民法院认为：本案各方当事人对葫芦岛锌厂出具的《不可撤销担保函》构成担保、该保函因未办理批准或者登记手续而无效以及葫芦岛锌厂对担保无效应承担不超过债务人不能清偿部分二分之一的赔偿责任均无异议，一审判决对上述问题的认定亦无不当，本院予以确认。中银公司与葫芦岛锌厂的分歧点在于:在《不可撤销担保函》无效的情况下,应否适用最高人民法院《担保法解释》第四十四条第二款以及如果适用的话,中银公司的主张是否超过了法定的保证期间。本院认为,该款规定专门适用于债务人破产终结后债权人对其未受清偿的债权向担保人主张权利的情形,并非以担保合同是否有效为前提。换言之,不论担保合同是否有效,只要存在破产程序中未受清偿的债权,债权人在向担保人主张债权时,均应以在债务人破产程序终结后六个月内提出为限。超出期间主张的,担保人不再承担担保责任。中银公司以本案保证合同无效为由主张不应适用上述规定无理,本院不予支持。本案中,中辽公司的破产程序终结于2008年4月26日,依据上述规定,中银公司对于申报债权后在破产程序中未受清偿的部分,应当在自同年4月27日至同年10月26日的期间内主张。而根据一、二审查明的事实,中银公司并未举证证明其在上述期间内向葫芦岛锌厂主张过权利或者向人民法院提起过诉讼,故应认定中银公司未在法定保证期间内向担保人主张权利,原审判决未支持中银公司要求葫芦岛锌厂承担无效担保赔偿责任的诉请并无不当。

——中国裁判文书网,http://wenshu.court.gov.cn。

1303

保证人在保证期间届满后发函督促债权人向主债务人收款或督促其还款,并不表明保证人放弃保证期间已过的抗辩

关键词 | 保证期间届满抗辩 | 保证人 |

【最高人民法院裁判文书】

中国信达资产管理公司太原办事处与山阴县康立化工有限责任公司、山阴县腾宇化工有限责任公司、山阴县石星化工有限责任公司、山阴县鑫邦燕麦实业有限责任公司借款担保纠纷案[最高人民法院(2006)民二终字第240号民事判决书]

最高人民法院认为:一、根据一、二审质证查明的事实,上诉人上诉请求石星公司承担还款责任理由的关键在于,石星公司在保证期间届满后,仍然向原债权人中国银行山阴县支行和康立公司发函,请求中国银行山阴县支行本案原债务人康立公司还款,这是否表示石星公司在保证责任期间届满后仍愿意继续承担担保责任。

该四份函件的时间分别是2001年12月20日、2003年8月20日、2004年11月10日和2005年8月20日，前三份内容是督促主合同债权人向主合同债务人催款，第四份是督促主合同债务人还款。在石星公司发出第一份函件时，共有五笔在保证期间内，其中98山借字第1号合同的主债务履行期还未到期。应对石星公司的保证分为保证期间届满前和保证期间届满后分别进行认定。第一，保证期间届满前。连带保证情形下，保证合同的债权人必须在保证期间内向主债务人主张权利，此时开始计算保证合同的诉讼时效，而本案中的五笔债务是保证合同的债务人向债权人发函督促其向主合同债务人收款或督促主合同债务人还款，而非债权人向债务人主张权利，这并不能引起诉讼时效的中断。在保证期间内保证合同的债权人未向债务人主张权利，保证期间届满后保证人不承担保证责任。所以，即使在保证期间内石星公司发函要求中国银行山阴县支行向主债务人催款，在保证期间届满后其即保证责任。第二，保证期间届满后。这种情形下，除非石星公司明确在保证期间届满后继续承担保证还款的责任并且具备法律规定的形式，例如在中国银行山阴县支行的催收通知单上签字盖章，否则不能得出石星公司的函件表示其会继续承担保证责任而放弃保证期间已过、不再承担保证责任的抗辩权利的结论。

——最高人民法院民事审判第二庭编：《最高人民法院商事审判指导案例·借款担保卷》，中国法制出版社2011年版，第812～818页。

1304

债务人在催收通知书上盖章，放弃原债权诉讼时效届满抗辩权的行为，对担保人不发生法律效力

关键词 | 催收通知书 | 诉讼时效抗辩 |

【《最高人民法院公报》案例】

中国东方资产管理公司大连办事处诉辽宁华曦集团公司、辽宁时代集团有限责任公司、辽宁省畜产进出口公司等借款担保纠纷案[最高人民法院(2003)民二终字第93号民事判决书]

最高人民法院认为：担保人时代公司在《不可撤销担保书》中明确承诺："本

保证书在中行同意延期还款时继续有效”,但因无证据证明省中行与畜产公司之间存在约定延期还款的事实,主债权已经超过诉讼时效,根据《担保法》第二十条第一款的规定,依法取得了主债务人享有的主债权诉讼时效届满产生的抗辩权。虽然嗣后畜产公司在催收通知书上盖章,放弃了原债权诉讼时效届满的抗辩权,但依照《担保法》第二十条第一款的规定,对于债务人放弃的抗辩权,担保人仍然可以行使,畜产公司放弃时效届满抗辩权的行为,对时代公司不发生法律效力。另,本院法〔2002〕144 号《通知》第一条规定债权人对保证人的权利,应以主债务没有超过诉讼时效期间为条件。故上诉人东方公司关于担保人时代公司应当承担担保责任的上诉理由不能成立,原审裁判正确,本院予以维持。

——《最高人民法院公报》2003 年第 6 期

1305

资产管理公司发布有催收内容的债权转让公告或者通知,构成诉讼时效中断,但不能依此认定在保证期间内向保证人主张过权利

关键词 | 债权转让公告 | 保证期间 |

【最高人民法院裁判文书】

河南省安阳灵锐热电有限责任公司与中国信达资产管理公司郑州办事处、安阳市建设委员会、安阳市热电厂和河南省第七建筑工程公司借款担保合同纠纷案[最高人民法院(2007)民二终字第 208 号民事判决书]

最高人民法院认为:《最高人民法院关于贯彻执行最高人民法院“十二条”司法解释有关问题的函》中“金融资产管理公司在全国或省级有影响的报纸上发布的有催收内容的债权转让公告或通知所构成的诉讼时效中断,可以追溯至金融资产管理公司受让原债权银行债权之日;金融资产管理公司对已承接的债权,可以在上述报纸上发布催收公告的方式取得诉讼时效中断(主张权利)的证据”的规定,是对金融资产管理公司对已承接的债权如何主张债权诉讼时效中断的规定,并不涉及保证合同与保证期间的问题,不能依此认定信达公司郑州办事处在 1999 年 12 月 2 日向兴安电力公司主张过权利。因此,上诉人关于原审法院适用《关于贯彻执行最高人民法院“十二条”司法解释有关问题的函》的规

定属于法律适用错误的主张,本院予以支持。

——江必新、何东宁:《最高人民法院指导性案例裁判规则理解与适用·担保卷》,中国法制出版社 2011 年版,第 217～226 页。

1306

对保证期间是否经过的案件事实，人民法院应依职权主动审查

关键词｜保证期间｜

【最高人民法院审判业务意见】

首先,从法律规定上看。《担保法》第二十六条规定,连带责任保证的保证人与债权人未约定保证期间的,债权人有权自主债务履行期届满之日起六个月内要求保证人承担保证责任。在合同约定的保证期间和前款规定的保证期间,债权人未要求保证人承担保证责任的,保证人免除保证责任。该法律规定明确了,保证期间经过的法律后果,是保证人免除保证责任。因此,保证期间从性质上不同于诉讼时效期间。一方面,诉讼时效期间经过后的法律后果是权利人丧失胜诉权,而自然之债本身并不归于消灭,如果债务人同意履行债务,债权人的请求权基础并未丧失。而保证期间经过后,债权人要求保证人履行保证责任的请求权基础即告丧失。另一方面,诉讼时效期间从权利人知道或者应当知道权利被侵害时起算,而保证期间是从债权人的权利在客观上发生时起计算。因此,在债权人诉请保证人承担保证责任的情况下,法院应当对该请求的请求权基础是否存在予以审查,以作出正确裁判。从这个角度看,保证期间是否经过,属于案件基本事实,法院应当主动予以审查,而不应因保证人未提出相应抗辩而免于审查。

其次,从司法解释规定上看。《担保法解释》第三十一条规定,保证期间不因任何事由发生中断、中止、延长的法律后果。虽然理论上存在一定争议,但最高人民法院在制定该解释过程中的意见认为,保证期间从性质上应认为属于除斥期间,因而不适用中断、中止、延长。而从除斥期间的适用上看,其应当属于法院依职权予以审查的事项,而不属于依当事人抗辩审查的事项。对于除斥期间的适用,属于法院依职权应当审查的事项,在理论上不存在争议,正在制定的民

法典学者建议稿，亦有对此予以明确规定的意见。因此，从司法解释的理解与适用角度看，应对法院依职权主动审查保证期间是否届满的问题，得出肯定性结论。

再次，从保证人责任特点看。保证责任不同于一般民事责任，实际上保证人是为了其他人而承担责任，在债权人、保证人与债务人之间所形成的三者关系中，保证人通常所承担的是单务、无偿的法律责任，并不享有要求对方对待给付的请求权。因此，法律有必要设定一段特殊的不变期间加以限制，以弥补仅适用诉讼时效可能出现的问题，防止保证人无限期地承担保证责任。在保证期间届满时，债权人没有及时行使权利，则其要求保证人承担保证责任的实体权利归于消灭，保证人免除保证责任。即使认为保证期间可以作为一种特殊的权利行使期间或者责任免除期间，成为一种独立的期间类型，而不归入到现有的诉讼时效期间或者除斥期间之中，亦不影响法院依职权对保证期间是否经过予以审查的结论，因为唯如此，才与保证期间之法律规定限制保证人无限期承担保证责任，平衡债权人、保证人与债务人三者利益关系的立法本意相契合。

四、最高人民法院民一庭意见

对保证期间是否经过的案件事实，人民法院应依职权主动审查。不应仅因保证人未主动提出保证期间经过的抗辩，而对保证期间是否经过的事实不予审查，并直接认定保证人应当就已超过保证期间的债务承担保证责任。

——沈丹丹：《对保证期间是否经过的案件事实，人民法院应依职权主动审查》，载杜万华主编、最高人民法院民事审判第一庭编：《民事审判指导与参考》总第63辑，人民法院出版社2016年版，第158～160页。

四、保证责任承担

1307

一般保证的担保人承担责任的前提即债务人“不能清偿”到期债务的理解与适用

关键词｜一般保证｜不能清偿｜

【最高人民法院司法解释】

第一百三十一条 本解释所称“不能清偿”指对债务人的存款、现金、有价证券、成品、半成品、原材料、交通工具等可以执行的动产和其他方便执行的财产执行完毕后，债务仍未能得到清偿的状态。

——《最高人民法院关于适用〈中华人民共和国担保法〉若干问题的解释》(2000 年 12 月 8 日，法释〔2000〕44 号)

【链接：最高人民法院法官著述】

1. 债务人“不能清偿”不等于债务人破产，人民法院在执行债务人财产时不必对债务人进行破产清算，要避免在普通民事诉讼中纠缠破产清算程序。实际上，债务人资不抵债的，也可以对某一特定债务仍有清偿能力，而债务人没有到资不抵债地步的，也可能在一定时间内对特定债务“不能清偿”。

2. “不能清偿”不是“未清偿”，“不能清偿”指债务人欠缺清偿能力，而“未清偿”只是债务未受清偿的实际状态，与债务人的清偿能力没有关系。一般保证人或无效保证人承担民事责任的条件均是“不能清偿”，不以债务“未受清偿”为标准。

3. “不能清偿”需要经过强制执行程序，因此，判断“不能清偿”的程序前提是主债务经过裁判和债务人经营强制执行。《担保法》第十七条第二款规定：“一般保证的保证人在主合同纠纷未经审判或者仲裁，并就债务人财产依法强制执行仍不能履行债务前，对债权人可以拒绝承担保证责任。”既然判断“不能清偿”的程序前提是主债务经过裁判和债务人经过强制执行，那么当事人和法官均不能依主观或自由裁量来判断“不能清偿”状态，而需要由执行部门来判断。执行部门在对债务人方便执行的财产已经执行完毕的，即可以判断债务人是否已经属于“不能清偿”，因此关键是对债务人方便执行的财产范围的确定。《担保法解释》第一百三十一条对民事审判的意义远没有对民事执行的意义大。然而从司法实践来看，赋予法官判断主债务人是否已经达到“不能清偿”状态的权力也是有必要的，有利于保障债权的实现和提高司法效率，如果均将问题留到执行中，也不利于执行工作的开展。法官应当有权根据事实，在审判中认定主债务人已经属于不能清偿的状态，即使强制执行也不足以清偿债务。如此，则可以启动对一般保证人或者无效保证人财产的执行，有利于债权的实现。

——曹士兵：《中国担保制度与担保方法》(第三版)，中国法制出版社2015年版，第104～105页。

1308

个人担保与以家庭全部财产提供担保的区分

关键词 | 个人担保 | 家庭财产担保 |

【最高人民法院答复】

上海市高级人民法院：

你院《关于沈云诉王雪霞房屋产权纠纷案的请示》收悉。经研究，我们认为，根据1984年余性本、王雪霞等人共同签署的“房屋分割协议书”的约定，双方当事人所争议的房屋应属王雪霞及余学强等六个子女共有。王雪霞事先未经全体共有人的同意，私自向沈云抵押、出卖房屋，侵犯了其他共有人的权益，而且双方当事人的抵押、买卖房屋行为又均未按照我国的房屋管理规定进行，也未得到房屋主管部门的认可。因此，应认定沈云与王雪霞的房屋抵押、买卖交易行为无效。对沈云提出的确认房屋产权的请求不予支持，王雪霞应返还沈云的钱款，由此造成的损失应根据双方的责任相应承担。

以上意见供参考。

——《最高人民法院关于共有人之一私自与外籍华人违反法律进行房产抵押买卖交易无效的复函》(1990年10月26日，〔1990〕民他字第35号)

【最高人民法院裁判文书】

程元初与广东中谷糖业集团有限公司、于俊英、庞睿、庞智、庞慧民间借贷纠纷再审案[最高人民法院(2012)民申字第1094号民事裁定书]

最高人民法院认为：根据查明的事实，庞贵雄虽然在2007年3月12日出具的担保函中明确载明"本人同意以家庭全部财产清还上述借款。我的家庭全部成员对上述的担保行为没有异议"，但该担保函只有庞贵雄个人的签名，于俊英并没有在其上签名，证人杨俊关于于俊英在场的证词亦不足以证明于俊英有以家庭全部财产为案涉债务承担连带担保责任的意思，一、二审判决认定该担保是庞贵雄个人出具的担保并无不当。庞贵雄投资兴办的中谷公司是有独立法人人格的有限责任公司，程元初以最高人民法院《民通意见(试行)》第四十三条关于"在夫妻关系存续期间，一方从事个体经营或者承包经营的，其收入为夫妻共有财产，债务亦应以夫妻共有财产清偿"的规定为由，主张案涉债务应以夫妻共有财产清偿的再审理由亦不能成立。

——中国裁判文书网，http://wenshu.court.gov.cn。

1309

贷款人未按期收回贷款不能认为是对主合同贷款期限的变更，保证人仍须按合同约定承担保证责任

关键词 | 贷款期限变更 | 保证责任 |

【最高人民法院裁判文书】

新疆裕富大酒店有限公司与新疆生产建设兵团第一建筑安装工程公司借款担保合同纠纷上诉案[最高人民法院(2001)民二终字第37号民事判决书]

最高人民法院认为：营业部与裕富酒店、兵团一建签订的850万元借款担保合同以及营业部与兵团一建签订的保证合同，是各方当事人的真实意思表示，其内容不违反法律，为有效合同。本案审理的是营业部与裕富酒店、兵团一建之间依借款及保证合同形成的纠纷，远东公司、建苑公司不是该合同的当事人，不应

作为本案的第三人。在营业部将850万元贷款资金划入裕富酒店账户的当日，裕富酒店董事长周为群即指派出纳员范霞携带该酒店的财务章和周为群个人名章，前去营业部办理转款手续，将850万元资金转到建苑公司、远东公司的账户。尽管转账支票是由营业部工作人员付磊代填的，但加盖了范霞提供的财务章和周为群个人名章，应认定付磊的“代填支票”行为得到了裕富酒店的认可，付磊本人亦不应作为本案的第三人。依出纳员通常应具备的业务能力和职业常识，范霞对“到营业部转哪笔款”“将款转给谁”等问题，应该是清楚的。范霞将建苑公司出具的收款收据与转款当天带回裕富酒店，并就远东公司暂未出具收据一事，向周为群写了一份说明，请求周批准暂用转账支票的存根入账，周为群分别在“收据”和“说明”上签字。以上事实及证据表明，裕富酒店将850万元划给远东公司、建苑公司，是其自行处分的结果，反映了其当时真实的意思表示。上诉人裕富酒店关于“付磊用原交押的两张印鉴齐备的空白支票转款不是裕富酒店的意思表示”的上诉理由，本院不予采信；对其“未占有、使用过所贷850万元款项，没有偿还该笔借款的义务”的上诉请求，不予支持。裕富酒店与远东公司、建苑公司之间在开发的承接三中房地产项目过程中是否形成了债权债务关系，不属本案审理的范围，应另案主张。保证人兵团一建自愿为本案850万元借款合同提供了连带责任保证，其担保之意思表示真实且充分，应当承担连带保证责任。兵团一建提出“新华南路支行在裕富酒店有还贷能力时不按约定收回贷款，应视为对贷款期限的变更，其不应再承担保证责任”的上诉理由，没有法律依据。

——李国光主编、最高人民法院民事审判第二庭编：《民商审判指导与参考》总第1卷，人民法院出版社2002年版，第420页。

1310

主债务变更未经保证人同意的，保证人对加重部分免除保证责任；减轻债务人债务的，保证人仍应当对变更后的合同承担保证责任

关键词｜主债务变更｜保证责任｜

【最高人民法院司法解释】

第三十条 保证期间，债权人与债务人对主合同数量、价款、币种、利率等内

容作了变动，未经保证人同意的，如果减轻债务人的债务的，保证人仍应当对变更后的合同承担保证责任；如果加重债务人的债务的，保证人对加重的部分不承担保证责任。

债权人与债务人对主合同履行期限作了变动，未经保证人书面同意的，保证期间为原合同约定的或者法律规定的期间。

债权人与债务人协议变动主合同内容，但并未实际履行的，保证人仍应当承担保证责任。

——《最高人民法院关于适用〈中华人民共和国担保法〉若干问题的解释》（2000 年 12 月 8 日，法释〔2000〕44 号）

【最高人民法院答复】

吉林省高级人民法院：

你院《关于一汽实业公司捷达出租汽车公司与长春市交通建筑运输总公司物资经销公司、长春市交通运输总公司、长春市爱路汽车双燃料设备有限公司承租汽车纠纷一案的请示》收悉。经研究，答复如下：

1.《最高人民法院关于适用〈中华人民共和国担保法〉若干问题的解释》第一百三十三条第一款规定："担保法施行以前发生的担保行为，适用担保行为发生时的法律法规和有关司法解释。"长春市交通建筑运输总公司的担保行为发生于 1994 年 10 月 6 日，应适用《中华人民共和国担保法》施行以前的相关法律及司法解释。

长春市交通建筑运输公司物资经销公司与一汽捷达出租汽车公司签订的还款协议是双方当事人真实意思的表示，内容亦不违反法律的禁止性规定，应认定有效。经双方重新确认，变更了主合同内容，实际减轻了债务人的责任，保证人长春市交通建筑运输总公司应在减轻后的债务范围内承担保证责任。

2. 长春市爱路汽车燃料设备有限公司在还款协议中作了担保，应认定保证合同有效。

——《最高人民法院关于一汽实业公司捷达出租汽车公司与长春市交通建筑运输总公司物资经销公司、长春市交通运输总公司、长春市爱路汽车双燃料设备有限公司承租汽车纠纷一案的请示的答复》

江西省高级人民法院：

你院《关于中国农业银行南昌市顺化门支行与江西省远大实业发展公司、

江西省棉麻集团公司借款担保合同纠纷案的请示》收悉。经研究,答复如下:

南昌市顺化门支行与远大公司借款合同已生效,借、贷双方未经担保人棉麻公司同意,在合同约定的履行期限之前改变借款合同履行期限和借款金额,不应视为是重新签订合同,而是对合同的变更,虽然合同的变更没有征得担保人同意,但变更后的合同并未加重担保人的担保责任,故应适用最高人民法院1994年4月25日发布的《关于审理经济合同纠纷案件有关保证的若干问题的规定》第十二条,棉麻公司应承担担保责任。但由于农行以新贷款扣划远大公司旧贷款利息与合同约定的贷款用途不符,故担保人只对远大公司实际取得的389730.76元借款承担保证责任。

——《最高人民法院关于中国农业银行南昌市顺化门支行与江西省远大实业发展公司、江西省棉麻集团公司借款担保合同纠纷案的请示的答复》

【最高人民法院裁判文书】

河北辛集化工集团有限责任公司与浙江亚商投资管理有限公司保证合同纠纷案[最高人民法院(2014)民提字第220号民事判决书]

最高人民法院认为:1998年22号借款合同约定的借款用途为"原材料",但主债务人用上述贷款归还了其欠财政局的借款。《担保法解释》第三十条规定:"保证期间,债权人与债务人对主合同数量、价款、币种、利率等内容作了变动,未经保证人同意的,如果减轻债务人的债务的,保证人仍应当对变更后的合同承担保证责任;如果加重债务人的债务的,保证人对加重的部分不承担保证责任。"该条规定确定了"主债务变更,未经保证人同意的,保证人对加重部分免除保证责任"的原则。根据上述规定,由于主债务人改变借款用途,加重了保证人的保证责任,且未经保证人同意,故保证人辛集化工公司对该笔债务免除保证责任。综上,辛集化工公司可依据上述理由免除本案所涉全部债务的保证责任。

——中国裁判文书网,http://wenshu.court.gov.cn。

1311

按份担保的保证人应按各自的份额承担责任

关键词 | 按份担保 | 担保责任 |

【最高人民法院裁判文书】

中国投资银行湖南省分行与长沙中意电器集团公司、长沙中意电器股份有限公司、长沙民族乐器厂借款担保合同纠纷案[最高人民法院(1998)经终字第7号民事判决书]

最高人民法院认为：湖南投行与湘吉公司签订的借款合同以及中意集团、中意股份和乐器厂为湘吉公司而向湖南投行提供的担保，均系双方真实意思表示，且不违法，应认定为有效。依该合同，湖南投行履行了贷款方的义务，但借款方湘吉公司未按时归还借款本息是造成本案纠纷的原因。湘吉公司应向湖南投行承担偿还借款本息及罚息的民事责任。中意集团、中意股份和乐器厂应在各自担保的份额内对湘吉公司的债务承担连带责任。原审法院据此作出的〔1993〕湘高经初字第107号民事判决认定事实清楚。适用法律并无不当。该判决于1994年1月27日送达当事人，当事人均未上诉，该判决发生法律效力。

——肖扬总主编、最高人民法院民事审判第二庭编：《中华人民共和国最高人民法院判案大系》（民商事卷－1998年卷），人民法院出版社2003年版，第4～8页。

编者说明

按份共同保证，是指各保证人与债权人约定按照各自确定份额承担保证责任的保证形式。《担保法解释》第二十一条规定："按份共同保证的保证人按照保证合同约定的保证份额承担保证责任后，在其履行保证责任的范围内对债务人行使追偿权。"按此解释，按份共同保证人之间没有追偿关系。

1312

主合同约定的借款数额少于担保书承诺的数额，即使未经保证人同意，也不能成为保证人免责的理由

关键词 | 保证人 | 担保责任 |

【最高人民法院裁判文书】

中国东方资产管理公司西安办事处与宝鸡卷烟厂、陕西省宝鸡氮肥厂破产管理人借款担保合同纠纷案[最高人民法院(2009)民二终字第34号民事判决书]

最高人民法院认为:债权人与债务人在主合同中约定的借款数额少于《不可撤销担保书》中承诺的数额,这种变化虽未经保证人同意,但其结果减轻了债务人及保证人的债务,该项变化不能够成为保证人免责的条件,保证人仍应当对变更后的合同承担保证责任。

——最高人民法院民事审判第二庭编:《最高人民法院商事审判指导案例·借款担保卷》,中国法制出版社2011年版,第673~681页。

编者说明

主合同直接决定着债务人所承担的义务,也决定着保证人承担的担保义务,鉴于债权人与债务人协商变更主合同内容直接影响到保证人的利益,因此《担保法》第二十四条规定了主合同变更应当征得保证人的书面同意是适当的。《担保法解释》第三十条具体规定了主合同变更的各种情形与法律后果,成为《担保法》第二十四条的补充。但是,由于合同形式的多样性,《担保法解释》第三十条也并不能一一列举相关情形,而是对判断标准作了规定,即"如果减轻债务人的债务的,保证人仍应当对变更后的合同承担保证责任;如果加重债务人的债务的,保证人对加重的部分不承担保证责任"。

1313

借款合同双方当事人未经保证人同意达成延期还款协议的,保证人免除保证责任

关键词|借款合同|延期还款协议|保证责任|

【《最高人民法院公报》案例】

北京国际信托投资公司诉韩俄式大酒楼有限公司、华北电力成套设备公司借款合同纠纷上诉案(北京市高级人民法院二审民事判决书)

北京市高级人民法院认为:原审法院关于北国投公司与韩俄式酒楼订立的

合同性质及其效力的认定，以及对韩俄式酒楼作出的给付北国投公司人民币300万元和利息的判决，于法有据，应予维持。但该院关于华北电力公司担保有效并令其承担赔偿责任的认定和处理，缺乏事实和法律依据。该担保并非华北电力公司的真实意思表示，该公司从未接到韩俄式酒楼的担保请求，也没有为该笔借款向北国投公司出具过担保函。虽然本案担保函上盖有华北电力公司的印鉴，但不是为了该笔贷款提供担保而盖章的，而是曾为大洋公司借款担保加盖的，且法定代表人张春元的签字是仿冒的。更为明显的是，担保函上保证人的开户银行和银行账号是债权人北国投公司而非华北电力公司的；“担保函”上手写体注明的有效期至1994年元月15日，早于主合同的借款期限不合情理，且借款合同的贷款期限至1994年2月10日届满时，该担保已失效。即使该“担保函”成立，北国投公司在借款合同期限届满后，未经保证人华北电力公司同意，三次向韩俄式酒楼承诺延期还款，依照最高人民法院“关于借款合同双方当事人未经保证人同意达成延期还款协议后保证人是否继续承担担保责任的批复”的规定，亦应免除华北电力公司的担保责任。

综上，本案涉及的担保合同关系，无论从当事人的意思表示，还是从担保形式和担保约定的内容上看，都是不真实的，且违背我国担保法律制度，故该担保应认定为无效。华北电力公司不应承担该笔贷款的赔偿责任，其上诉请求成立，本院予以支持。一审判决认定事实和适用法律部分错误，应予纠正。

——《最高人民法院公报》1999年第4期

1314

主合同约定的贷款期限以外的贷款不属于担保范围，保证人无须承担保证责任

关键词 | 担保范围 | 保证责任 |

【最高人民法院裁判文书】

重庆燃气有限责任公司与重庆市商业银行中华路支行等借款担保合同纠纷案[最高人民法院(2001)民二终字第7号民事判决书]

最高人民法院认为：中华路支行与仪表公司分别于1997年7月3日、7月

14 日及 8 月 14 日签订的〔97〕年（借）字第 90019 - 1 号、90019 - 2 号、90019 - 3 号借款合同，系双方当事人真实意思表示，不违反法律法规规定，应认定合法有效。中华路支行依约履行了贷款义务，仪表公司在借款期限届满后未履行还款义务，构成违约，原审判令其承担向中华路支行偿还 1800 万元借款本金、利息及罚息的责任并无不当，应予维持。仪表公司在取得〔97〕年（借）字第 90019 - 1 号、90019 - 2 号、90019 - 3 号借款合同项下 1800 万元贷款后，全部用于偿还该公司及其关联企业重庆太阳实业公司、重庆南山医疗保健器械制造有限公司的同等数额的旧贷款本金及利息。在上述三份借款合同项下贷款期限即将届满之时，中华路支行与仪表公司、燃气公司又于 1997 年 9 月 30 日签订 9 · 30 借款合同及保证合同。虽然燃气公司与中华路支行对该两份合同是否填写“〔97〕年（借）第 90019”的合同编号存在争议，但对签订合同的事实及合同的主要条款并无异议，且该两份合同系各方当事人的真实意思表示，不违反法律法规规定，应认定合法有效，并应作为确定各方当事人权利义务的依据。燃气公司与中华路支行对 9 · 30 借款合同及保证合同一致认可的内容是，燃气公司对中华路支行于 1997 年 10 月 1 日至 1998 年 9 月 26 日期间向仪表公司一次或分次发放的贷款在 2500 万元贷款余额内承担保证责任。据此可以认定，本案担保系最高额保证，且燃气公司仅应对 1997 年 10 月 1 日至 1998 年 9 月 26 日期间发生的借款承担保证责任。虽然 9 · 30 借款合同还约定“借款实际发放时间及到期日以借据为凭，借据作为本合同附件，与本合同具有同等法律效力”，但因该借款合同及保证合同明确约定了借款期限，故应认定只有在合同约定的借款期限内实际发生的借款的借据才是借款合同的组成部分，与借款合同具有同等法律效力，而在借款合同约定的借款期限之外发生的借款与该借款合同无关，其借据不能作为确定合同当事人权利义务的依据。90019 - 1、90019 - 2、90019 - 3 号借款合同约定的借款期限分别为 1997 年 7 月 8 日至同年 10 月 8 日、1997 年 7 月 14 日至同年 10 月 14 日、1997 年 8 月 14 日至同年 11 月 14 日，中华路支行亦是依据上述合同约定的期限实际发放贷款的，其与 9 · 30 借款合同及保证合同所约定的燃气公司担保的主债权发生期限明显不同。因此，90019 - 1、90019 - 2、90019 - 3 号借款合同项下的借款超出了燃气公司所承担的最高额保证的范围。另外，90019 - 1、90019 - 2、90019 - 3 号借款合同项下的借款在 9 · 30 借款合同及保证合同签订之前已经发生，且全部用于偿还仪表公司及其关联企业所欠中华路支行的旧贷，燃气公司在签订 9 · 30 借款合同及保证合同时对这一事实并不知悉，而该两份合同不仅未约定燃气公司对以前已经发生的借款承担保证责任，而且所约定的借款期限与已经发生的借款的期限明显不同，在此情况下，如果由燃气公司对90019－1、90019－2、90019－3号借款合同项下的1800万元借款承担保证责任，显然违背其真实意愿。综上，中华路支行虽然依据90019－1、90019－2、90019－3号借款合同实际贷给仪表公司1800万元，但该借款不属9·30保证合同项下最高额保证的担保范围，9·30借款合同及保证合同项下的主债权没有实际发生，故燃气公司不应承担保证责任，燃气公司的上诉理由与请求成立，本院予以支持。原审判决依据9·30借款合同及保证合同原件中填写的合同编号，认定90019－1、90019－2、90019－3号借款合同项下的1800万元贷款即为9·30借款合同项下的贷款，并判令燃气公司承担保证责任，系认定事实错误，应予纠正。

——肖扬总主编、最高人民法院民事审判第二庭编：《中华人民共和国最高人民法院判案大系》（民商事卷－2001年卷），人民法院出版社2003年版，第15～19页。

1315

担保人对主债务人与债权人签订“债权转股权协议”后剩余部分的利息仍应承担担保责任

关键词｜债权转股权｜担保责任｜

【最高人民法院裁判文书】

平高集团有限公司与河南投资集团有限公司及平顶山建筑材料总公司、平顶山市星峰集团有限责任公司一般担保合同纠纷申请再审案

要点提示：在主债务人与债权人签订“债权转股份协议”时，将该债权本金及大部分利息转为持有债务人的股份，并就剩余利息签订《债转股后剩余债权确认书》进行确认后，担保人是否仍应对该部分剩余债务承担连带清偿责任。

最高人民法院经审查认为：河南省平顶山水泥厂与信达公司郑州办事处签订的《债转股协议》及针对剩余利息签订的《债转股后剩余债权确认书》是双方当事人的真实意思表示，且符合债权转股权相关法律规定，应为合法有效的协议。在借贷双方协商将全部债权及大部分利息转为信达公司在星峰集团的股权之后，对剩余部分的利息，双方通过签订《债转股后剩余债权确认书》的形式予以确认，并不构成新的合同关系，况且该债转股，不仅未增加债务人的债务及保证人的保证责任，而且减轻了债务人的负担。根据《担保法解释》第三十条“保证期间，债权人与债务人对主合同数量、价款、币种、利率等内容作了变动，未经保证人同意的，如果减轻债务人的债务的，保证人仍应当对变更后的合同承担保证责任”的规定，平高公司对其担保的原债务及利息应当承担连带清偿责任。因此，平高集团认为案涉《债转股后剩余债权确认书》是星峰集团与信达公司郑州办事处签订的新合同，不应承担保证责任的主张，缺乏事实和法律依据。

——杜万华主编：《最高人民法院民商事审判案件指导》第2卷，人民法院出版社2015年版，第238~241页。

1316

担保范围明确约定包括律师费在内的为实现债权而支出的费用，担保人应对债权人支出的律师费承担担保责任

关键词 | 担保范围 | 实现债权费用 | 律师费 |

【最高人民法院裁判文书】

葛军与淮安市银丰担保有限公司及周梦蝶、张少华、姜玉芬、张彦、淮安市华钢房地产开发有限公司、江苏国强钢铁有限公司、李树芹追偿权纠纷申请再审案[最高人民法院(2016)最高法民申1040号民事裁定书]

最高人民法院认为：关于二审判决判令葛军就银丰公司所主张的律师费承担连带保证责任是否存在错误的问题。根据二审判决载明的事实，银丰公司与国强公司之间的委托担保合同明确约定，银丰公司为实现追偿权而支出的律师费等费用，属于国强公司应当向银丰公司承担赔偿责任的范畴。根据葛军等人向银丰公司出具的反担保函的内容，葛军等人同意就国强公司与银丰公司之间上述委托担保合同项下，国强公司对银丰公司的保证债务承担连带责任。因此，银丰公司主张葛军等人就其为实现追偿权而支出的律师费等费用一并承担连带保证责任，具有合同依据。就二审判决所认定的律师费是否实际发生及其数额是否合理的问题，最高人民法院认为，银丰公司一审中提交的代理费发票虽已作

废,但银丰公司确已与江苏穿石律师事务所形成委托代理关系,该所亦实际指派律师代表银丰公司参加诉讼,必然会发生相应律师代理费用。二审判决在江苏省现行律师代理费标准范围内,判决支持银丰公司主张的7万元律师费,并无明显不当。

——中国裁判文书网,http://wenshu.court.gov.cn。

中国农业发展银行灯塔市支行与辽阳宾馆有限责任公司、辽阳罕王湖农业集团有限公司金融借款合同纠纷案[最高人民法院(2015)民二终字第251号民事判决书]

最高人民法院认为:在罕王湖公司与农发行灯塔支行签订的《流动资金借款合同》中约定"因借款人违约致使贷款人采取诉讼、仲裁等法律手段实现债权的,借款人应当承担贷款人为此支付的律师费、差旅费及其他实现债权的费用",故罕王湖公司应当依照合同约定,承担农发行灯塔支行为提起本案诉讼支付的律师代理费。辽阳宾馆与农发行灯塔支行签订的《保证合同》中约定,保证担保的范围包括但不限于诉讼费、仲裁费、财产保全费、评估费、拍卖费、执行费、代理费等。故对于农发行灯塔支行为提起本案诉讼支付的律师代理费,辽阳宾馆应当依照合同约定承担连带保证责任。

关于农发行灯塔支行支付律师代理费的具体金额,农发行灯塔支行提交了其于2011年9月8日与辽宁法信律师事务所签订的《委托代理合同》,于2013年4月7日、2014年5月30日与辽宁弘旨律师事务所签订的《委托协议书》。其后辽宁法信律师事务所、辽宁弘旨律师事务所开具的发票显示农发行灯塔支行为提起本案诉讼,已实际支出的律师代理费为813140元,本院对此予以认定。就上述款项,罕王湖公司应当承担偿付责任,辽阳宾馆应当承担连带保证责任。

——中国裁判文书网,http://wenshu.court.gov.cn。

苏格兰皇家银行(中国)有限公司上海分行、成都太子奶生物科技发展有限公司与北京太子奶生物科技发展有限责任公司等借款及担保合同纠纷案[最高人民法院(2011)民四终字第19号民事判决书]

最高人民法院认为:关于律师费问题。《授信函》约定由借款人承担苏格兰银行催收贷款的费用,包括苏格兰银行聘请诉讼律师的代理费用,故苏格兰银行诉请律师费有明确的合同依据。苏格兰银行提供了《律师事务所聘用函》以及付费发票,证明其已经实际为上海市方达律师事务所提供的诉讼代理服务支付了律师费,约定的计时费率亦未超过上海市律师服务收费的政府指导价标准。但从该律师事务所提供的服务情况看,除代理本案诉讼外,该律师事务所还办理与本案相关联的其他诉讼及法律事务,苏格兰银行未能说明因本案诉讼发生的具体数额及计费构成。本院根据本案纠纷的性质、难易程度以及约定的计时费率,酌定因本案诉讼而合理产生的律师费为30万元。北京太子奶公司、湖北太子奶公司、株洲太子奶公司应依据《授信函》的约定对上述律师费承担连带清偿责任。北京太子奶公司、株洲太子奶公司和李途纯各自签订的担保合同均明确约定担保范围包括律师费在内的为实现债权而支出的费用,故应依约对上述律师费承担相应的抵押和连带保证责任。

——中国裁判文书网,http://wenshu.court.gov.cn。

深圳市鸿基(集团)股份有限公司与中国信达资产管理公司福州办事处、福建东南广播电视网络有限公司借款担保合同纠纷案[最高人民法院(2005)民二终字第235号民事判决书]

最高人民法院认为:鉴于东南网络公司未对原审判决提出上诉,且深鸿基公司与三山交行签订的三份借款保证合同均明确约定保证人的范围包括贷款人为实现债权所发生的律师费用,故本院对深鸿基公司提出的其不应对信达公司福州办的律师费用承担法律责任的主张亦不予支持。

——最高人民法院民事审判第二庭编:《最高人民法院商事审判指导案例·借款担保卷》,中国法制出版社2011年版,第872~876页。

1317

专门针对保证人约定的违约责任的效力认定

关键词 | 保证人 | 违约责任 |

【《最高人民法院公报》案例】

中国建设银行股份有限公司广州荔湾支行与广东蓝粤能源发展有限公司、惠来粤东电力燃料有限公司等信用证开证纠纷案[最高人民法院(2015)民提字第126号民事判决书]

最高人民法院认为:三、关于粤东电力、蓝海海运应否另行承担每日万分之五的违约金责任。

粤东电力、蓝海海运分别与建行荔湾支行签订的最高额保证合同约定的担保范围为主合同项下全部债务，包括但不限于全部本金、利息（包括复利和罚息）、违约金、赔偿金、债务人应向建行荔湾支行支付的其他款项、实现债权与担保权利而发生的费用。原一审判决将利息、逾期付款违约金合并在一起按每日万分之五计算，各方当事人均无异议，可资作为本院分析担保范围内违约金计算标准的依据。每日万分之五的利息、逾期付款违约金计算标准相当于年利率18.25%，而近十年金融机构人民币贷款中，五年以上档次最高利率仅为7.83%。即便以该最高年利率计算建行荔湾支行实际利息损失，每日万分之五的利息、逾期付款违约金计算标准中，违约金计算标准相当于年利率10.42%（7.83%～18.25%），无疑已远远超过实际利息损失的30%。在建行荔湾支行未主张且亦未举证证明逾期付款利息损失之外存在其他损失的情况下，保证人仅以担保范围为限所承担的逾期付款违约金就已超过其实际损失的30%。在此情况下，最高额保证合同又约定保证人在担保范围之外另行承担每日万分之五的迟延付款违约金，显然属于《合同法》第一百一十四条所规定的约定违约金过分高于损失的情形，根据该条及《合同法解释（二）》第二十九条之规定，人民法院可以基于债务人的主张对违约金进行酌减。粤东电力、蓝海海运、蓝文斌在一审答辩中均提出"保证责任应当是在当事人保证范围内的责任，超出保证人保证的担保责任没有法律依据"的抗辩，该抗辩是对保证人另行承担违约金责任的根本否定，原二审判决举重以明轻，得出"视为提出了违约金过高的抗辩"的结论，并无不妥。原二审判决在认定保证人提出了违约金过高的主张的基础上，支持建行荔湾支行关于保证人对主债务迟延履行违约金承担连带保证责任的请求，而驳回其关于由保证人另行承担每日万分之五的迟延履行违约金的请求，是对约定违约金的合理调整，亦无不当，本院予以维持。原一审判决虽驳回建行荔湾支行此节诉讼请求正确，但引用《合同法》第一百一十三条之规定，显系适用法律错误，应予纠正。此外，建行荔湾支行仅请求蓝海海运、粤东电力承担该项责任，并未向蓝文彬提出该项诉讼请求，原审判决将蓝文彬与蓝海海运、粤东电力并列，分析三人应否承担该项责任，超出了建行荔湾支行的诉讼请求。但由于原审判决并未增加蓝文彬的该项责任，本院在纠正原审判决错误的同时，亦维持其结果。

——《最高人民法院公报》2016 年第 5 期

【链接：最高人民法院法官著述】

(一)专门针对保证人约定的违约责任是否有效

本案中,粤东电力、蓝海海运承担的是最高额的连带保证,其与建行荔湾支行分别签订的《最高额保证合同》约定:如果保证人未在债权人要求的期限内全部支付应付款项,应自逾期之日起至支付全部应付款项之日止,根据迟延付款金额按每日万分之五的标准向建行荔湾支行支付违约金。根据前述约定,一旦保证人履行限于迟延,实际上需要承担双重违约责任:一是承担主债务合同项下全部债务的迟延履行责任。建行荔湾支行与蓝粤能源签订的主债务合同即《贸易融资额度合同》约定,主债务项下的全部责任包括但不限于:全部本金、利息(包括复利和罚息)、违约金、赔偿金、债务人应向建行落湾支行支付的其他款项、实现债权与担保权利而发生的费用,该合同明确约定包括罚息和复利在内的利息按日万分之五计付。二是除了需要承担主债务合同项下的迟延履行责任外,还需要另行承担每日万分之五的违约金责任,这意味着保证人承担双重违约责任,较主债务人所应承担的责任还重。

那么,我们该如何对待专门针对保证人约定的违约责任条款呢?在案件办理过程中,有一种观点认为,有关保证人另行承担迟延履行的违约金责任的约定是无效的,因为:一方面,一、二审判决判令蓝粤能源偿还本金及利息,蓝海海运、粤东电力承担连带责任,这意味着蓝海海运、粤东电力已经承担了包括复利和罚息在内的利息责任。现在又要求保证人另行承担保证合同项下的迟延履行责任,意味着对同一迟延履行行为实施了两次惩罚,科予了两次违约责任,不符合违约责任的补偿性原则。另一方面,案涉最高额保证合同约定的担保范围为主合同项下全部债务,保证人承担保证责任的范围不应超过主债务所应承担债务的范围,这也是保证合同从属性的必然要求之一。针对保证人约定专门的迟延履行责任,实际上使保证人承担了超过了主债务人所应承担的责任,既不符合保证合同的约定,也违反了担保法有关保证人在担保范围内承担责任的规定,违反了保证合同从属性的特性,该约定无效。问题是,违约责任的补偿性以及保证合同的从属性均无对应的法律条文,认定专门针对保证人约定的迟延履行责任条款无效缺乏明确的法律规定。且专门针对保证人约定迟延履行责任并未违反社会公共利益,属于当事人之间利益调整的范畴,而合同无效一般涉及违反社会公共利益问题。尤其是我国合同法规定了违约金调整制度,如果征得存在约定违约金过高问题的,完全可以通过调整违约金来解决。故合议庭最终没有采纳违约金条款无效的观点,而是通过违约金调整制度来解决相关问题。

——刘贵祥:《跟单信用证下持有提单的开证行享有何种权利》,载刘贵祥主编:《最高人民法院第一巡回法庭精选案例裁判思路解析(一)》,法律出版社 2016 年版,第 46 ~47 页。

1318

对保证担保的范围没有约定或者约定不明确的，保证人应当对全部债务承担责任

关键词 | 保证担保范围 |

【最高人民法院裁判文书】

毛光随与焦秀成、焦伟等股权转让纠纷案[最高人民法院(2016)最高法民终 18 号民事判决书]

最高人民法院认为:关于焦伟承担保证责任范围,其上诉主张该损失仅仅指违约金而不含合同约定的股价款本身,但从担保的价值和功能角度看,除非合同双方之间有明确约定,一般应当认为首先是就主债权进行担保,故前述条款中的担保范围应当认定为主债权本身以及违约金等更为恰当。在前述条款中有关保证人的保证责任范围存在歧义的情况下,依据《担保法》第二十一条第二款有关"当事人对保证担保的范围没有约定或者约定不明确的,保证人应当对全部债务承担责任"的规定,焦伟所承担的保证责任范围应当是债务人焦秀成对毛光随负有的全部债务。

——中国裁判文书网,http://wenshu.court.gov.cn。

1319

因法院错判导致债权利息损失扩大，保证人不应承担责任

关键词 | 保证责任 |

【最高人民法院司法解释】

四川省高级人民法院：

你院川高法〔1999〕72 号《关于因法院错判导致资金利息扩大的部分损失保证人应否承担责任的请示》收悉。经研究，答复如下：

依照《中华人民共和国担保法》第二十一条的规定，除合同另有约定的外，主债权的利息是指因债务人未按照合同约定履行义务而产生的利息。因法院错判引起债权利息损失扩大的部分，不属于保证担保的范围，保证人不承担责任。

此复。

——《最高人民法院关于因法院错判导致债权利息损失扩大保证人应否承担责任问题的批复》(2000 年 8 月 8 日，法释〔2000〕24 号)

1320

承兑汇票的到期日超出授信额度使用期限并不影响保证责任的承担

关键词｜承兑汇票｜保证责任｜

【最高人民法院裁判文书】

唐山京华制管有限公司与中国银行股份有限公司唐山分行、河北滦河实业集团有限公司借款担保合同纠纷案［最高人民法院(2009)民提字第 82 号民事判决书］

裁判要旨：授信额度使用期限是授信银行向客户授予办理相关授信业务的期限，而不是授信业务项下债务履行的期限即承兑汇票的兑付期限，承兑汇票的到期日超出授信额度使用期限并不影响保证责任的承担。最高额保证人以承兑汇票的期限超过授信额度使用期限为由提出拒绝承担保证责任的诉讼请求，人民法院不予支持。

最高人民法院认为：关于六张承兑汇票是否超出授信额度协议约定的授信额度的问题。2006 年 8 月 30 日和 2006 年 9 月 19 日，唐山中行根据滦河实业公司的申请共开出票面金额总计5800万元的六张承兑汇票。京华公司认为上述承兑汇票的总金额5800万元，超过了其所担保的2900万元的债权，主张应当免责。本院认为，本院经再审已查明，滦河实业公司在与唐山中行签订承兑协议和授信协议后，先后向唐山中行提供了1950万元和950万元的保证金。虽然唐山中行开出了总计为5800万元的承兑汇票，但依据唐山中行与滦河实业公司签订的《授信额度协议》第3条第2款关于“滦河实业能够提供足额保证金作质押担保的，不占用授信额度”的约定，滦河公司已经向唐山中行支付了总计2900万元的足额保证金，保证金的数额符合承兑协议的约定，该2900万元保证金不占用授信额度。因而，京华公司认为保证金的数额应与承兑汇票的票面金额一致才为足额的理由不能成立，本院予以驳回。所以，虽然唐山中行开出了5800万元的承兑汇票，但并未超出《授信额度协议》所约定2900万元的授信额度。

关于是否存在授信额度使用期限延展而京华公司应予免责的问题。京华公司认为，授信额度使用期限与汇票额度使用期限应是等长、一致的，案涉汇票的到期日均超过了授信额度使用期限，属于授信额度使用期限延展，其不应承担保证责任。本院认为，授信额度使用期限是授信银行向客户授予办理相关授信业务的期限，而不是授信业务项下债务履行的期限即承兑汇票的兑付期限，故承兑汇票的到期日超出授信额度使用期限并不影响保证责任的承担。虽然该案承兑汇票的到期日超过了授信额度的使用期限，但并不属于授信额度使用期限的延展情形，京华公司认为承兑汇票的期限超过授信额度使用期限的理由亦不能成立。

——最高人民法院民事审判第二庭编：《最高人民法院商事审判指导案例·借款担保卷》，中国法制出版社2011年版，第405~413页。

1321

保证人以主合同组成部分之外的内部文件以及业务合作协议书为由主张主合同约定的贷款用途变更的，不予支持

关键词｜贷款用途变更｜

【最高人民法院裁判文书】

黑龙江辰能投资集团有限公司与深圳发展银行股份有限公司深圳罗湖支行、佳木斯造纸股份有限公司、黑龙江华夏造纸有限公司借款担保合同纠纷案[最高人民法院(2009)民二终字第96号民事判决书]

最高人民法院认为:保证人明确表示同意为借款人贷用流动资金贷款提供担保。在整个担保过程中,贷款人从未与保证人约定本案贷款为"封闭贷款",保证人也未向贷款人申明其担保贷款是"封闭贷款"。保证人主张其被告知贷款为"封闭贷款"的证据,系债务人与地方政府部门之间形成的内部文件以及贷款人与借款人之间签订的《业务合作协议书》。这些文件既不是本案贷款合同组成部分,也没有经由贷款人提供给保证人,不能作为借款人和贷款人欺骗保证人本案贷款为封闭贷款的证据使用。保证人主张关于本案贷款为封闭贷款、其受欺诈而出具担保缺乏事实依据,不能成立,不予支持。

——最高人民法院民事审判第二庭编:《最高人民法院商事审判指导案例·借款担保卷》,中国法制出版社2011年版,第692~705页。

1322

因主体变更而发生的债务承继不同于一般意义上的债务转移,不须经担保人同意

关键词|债务承继|债务转移|担保人同意|

【最高人民法院裁判文书】

中国信达资产管理公司郑州办事处、漯河市热电厂与漯河中贯冶金机械有限公司借款担保合同纠纷案[最高人民法院(2006)民二终字第33号民事判决书]

最高人民法院认为:依照《企业改制案件规定》第二十六条的规定认定两者之间的债务承继关系。本案中因主体变更而发生的债务承继不同于一般意义上的债务转移,应属于《担保法》第二十三条所规定的情形,未经担保人同意,因而

应当免除担保责任的上诉主张没有事实依据,应予驳回。

——最高人民法院民事审判第二庭编:《最高人民法院商事审判指导案例·借款担保卷》,中国法制出版社2011年版,第855~862页。

编者说明

依照《公司法》第一百七十三条的规定,公司合并的,债权人可以在法定期间内"要求公司清偿债务或者提供相应的担保",否则视为接受公司合并,债务由合并后存续的公司或者新设的公司承继。一般认为,公司合并会对债务人的清偿能力产生实质性影响,因此《公司法》赋予债权人在公司发生合并时有权"要求公司清偿债务或者提供相应的担保",从这一角度看,保证人如果因公司合并利益受损,也应得到法律的保护。由于公司合并发生债务转移区别于债权人许可债务人转移债务,因此不能直接适用《担保法》第二十三条的规定,公司合并导致债务转移虽然未经保证人书面同意,保证人也不能当然免责。但公司发生合并时债权人如未依法"要求公司清偿债务或者提供相应的担保",合并后新债务人(存续公司或者新设公司)清偿能力实制质性下降,已经发生清偿不足的,保证人应当有权要求减少相应的保证责任,法院可基于我国民法规定的公平原则,支持保证人的合理要求。①

1323

保证合同中就借款合同变更对保证人责任的影响所作的特别约定不能对抗因借款合同变更导致保证人法定免责的情形

关键词|合同变更|法定免责|

【最高人民法院裁判文书】

中国信达资产管理公司上海办事处与上海万泰城市有限公司、上海市普陀区城市建设投资有限公司借款合同纠纷案[最高人民法院(2010)民提字第30号民事判决书]

裁判要旨:关于借款合同变更对保证人责任的影响,《担保法》第二十四条规定,债权人与债务人协议变更主合同的,应当取得保证人书面同意,未经保证

① 曹士兵:《中国担保制度与担保方法》(第三版),中国法制出版社2015年版,第153页。

人书面同意的,保证人不再承担保证责任。保证合同另有约定的,按照约定。本案中,债权人与保证人在《保证合同》中对借款合同变更对保证人责任的影响作了特别约定。但是,上述特别约定不能对抗因借款合同变更导致保证人法定免责的情形。在发生因借款合同变更导致保证人法定免责情形的情况下,债权人以其与保证人在《保证合同》中的特别约定为由主张保证人应承担保证责任的,人民法院不予支持。

最高人民法院认为:关于《保证合同》中的"特别约定"是否可以对抗"由于借款合同还款方式变更所带来的保证人不再承担保证责任"的法律后果问题。

关于借款合同变更对保证人责任的影响,《担保法》第二十四条规定,债权人与债务人协议变更主合同的,应当取得保证人书面同意,未经保证人书面同意的,保证人不再承担保证责任。保证合同另有约定的,按照约定。本案中,中国银行上海分行与投资公司签订的《保证合同》第七条第二款第(六)项约定,保证人保证除了贷款人和借款人提高本合同约定的最高借款限额之外,对《借款合同》的任何修改、补充和变更均不影响保证人履行本合同项下的义务,并无需征得保证人同意。上述事实表明,双方当事人在《保证合同》中对借款合同变更对保证人责任的影响作了特殊约定。但是,上述特殊约定不能对抗因借款合同变更导致保证人法定免责的情形。《担保法解释》第三十条规定,保证期间,债权人与债务人对主合同数量、价款、币种、利率等内容作了变动,未经保证人同意的,如果减轻债务人的债务的,保证人仍应当对变更后的合同承担保证责任;如果加重债务人的债务的,保证人对加重的部分不承担保证责任。上述规定属于保证人法定的免责情形。本案中,借贷双方对借款合同约定还款方式变更的结果,导致存入万泰公司还贷专用账户中专项用于偿还本案系争贷款的资金被挪作他用,实际上是加重了保证人的保证责任,且投资公司对借贷双方的上述行为并不知道。因中国银行上海分行根据万泰公司函件的要求从还贷专用账户中转出的资金数额已经超过当时万泰公司尚欠的本案系争贷款本息数额,故可认定万泰公司尚欠的本案系争贷款本息数额为加重保证人保证责任的数额部分。根据《担保法解释》第三十条的规定,投资公司对万泰公司尚欠的本案系争贷款本息部分不应承担保证责任。原审法院以中国银行上海分行与万泰公司共同对借款合同约定的还款方式进行变更的后果,加重了保证人投资公司的保证责任为由,判决投资公司对万泰公司未能归还的借款本息部分不承担保证责任并无不当,应当予以维持。信达公司上海办事处关于其与万泰公司签订《借款合同》是建立在《保证合同》的特别约定基础上作出的,不得免除保证责任的再审主张不能成立,本院不予支持。

——最高人民法院民事审判第二庭编:《最高人民法院商事审判指导案例(第五卷)》(上),中国法制出版社 2011 年版,第 339 ~ 352 页。

1324

指令付款不构成债务转移，保证人不能以此主张免责

关键词 | 债务转移 | 保证人免责 |

【最高人民法院裁判文书】

广西桂林南方橡胶(集团)公司与中国光大银行南宁星湖支行借款合同纠纷上诉案[最高人民法院(2000)经终字第 180 号民事判决书]

最高人民法院认为:投行广西区分行与辰山公司签订的〔1993〕桂投银合字第 07 号贷款合同,以及南方公司向投行广西区分行出具的经济担保书,均系当事人真实意思表示,且不违反法律规定、应认定为有效。投行广西区分行根据辰山公司 1993 年 12 月 27 日出具的函件将贷款直接划入凯杰公司的账户,并未构成债务转移,投行广西区分行履行了贷款合同的义务,辰山公司应按照合同约定偿还贷款。南方公司关于投行广西区分行将 390 万美元贷款债务从辰山公司转让给凯杰公司,未经南方公司同意,南方公司依法不应承担保证责任的上诉请求,因没有事实依据,本院不予支持。

——最高人民法院办公厅编:《最高人民法院公布裁判文书(2001 年)》,人民法院出版社 2002 年版,第 194 ~ 203 页。

【链接：最高人民法院法官著述】

本案南方公司认为构成债务转移的唯一依据是 1993 年 12 月 27 日辰山公司给投行广西区分行的函件。首先从函件本身内容看,该函件只写明:“我公司在贵行所贷特种电机生产线外汇叁佰玖拾万美元,为便于资金使用管理,同意凯杰公司单独办理外汇开户银行,请准予办理为盼。”并没有债务转移给凯杰公司的意思表示,更不存在债务转移的合意,因而从此函件内容看,并不构成债务转

移的事实;其次从贷款合同的签订和履行看亦未形成债务转移。辰山公司出具函件时间在贷款合同签订之前,如出具函件的本意为将贷款转移给凯杰公司,则签订合同的主体应为凯杰公司,而非辰山公司,且贷款合同到期后,辰山公司在逾期贷款催收通知回执上盖章对贷款本息予以确认等事实,均说明贷款债务并未由辰山公司转移给凯杰公司。上述函件虽然表述含混,但结合合同的签约履约过程看,理解为辰山公司指令星湖支行将390万美元打入凯杰公司账户更为合理。

——刘敏:《指令付款不构成债务转移,保证人不能以此主张免责》,载江必新主编、最高人民法院民事审判第二庭编:《民商审判指导与参考》总第1卷,人民法院出版社2003年版,第268~281页。

1325

第三人与债权人约定承担债务人部分债务的,债务人在承担范围内免责,保证人亦在该范围内免除保证责任

关键词|第三人|保证责任|

【最高人民法院裁判文书】

云南金运商务有限公司等与云南省国际信托投资公司借款合同纠纷案[最高人民法院(2001)民二终字第2号民事判决书]

最高人民法院认为:云南国投于2000年3月19日向原审法院提起诉讼,同年4月10日云南国投与重庆财富公司签订了一份《房屋产权转让协议书》,该协议约定,重庆财富公司自愿将其所购得的房产及五个小车位抵偿金运公司尚欠云南国投的1119.9424万元贷款。该协议属于自愿承担债务的协议,内容不违反法律、行政法规的规定,双方当事人已在协议上签字盖章,并且协议已经重庆市公证处公证,故协议已经有效成立。协议成立后,金运公司所欠云南国投债务中1119.9424万元由重庆财富公司承担。因云南国投未起诉重庆财富公司,故本案不宜判决重庆财富公司承担还款责任。重庆财富公司应承担的还款责任可通过另案解决。金运公司所欠云南国投3000万元中的相应本息及昆明国投对云南国投的担保之债也应相应减免,上诉人金运公司、昆明国投的上诉理由部分

成立,本院予以支持。

——肖扬总主编、最高人民法院民事审判第二庭编:《中华人民共和国最高人民法院判案大系》(民商事卷－2001 年卷),人民法院出版社 2003 年版,第 6～9 页。

1326

债务得到部分清偿，保证人仍应当在约定的担保责任范围内对债权余额承担保证责任

关键词｜最高额保证｜部分清偿｜ 保证责任｜

【最高人民法院裁判文书】

黑龙江农垦北大荒商贸集团有限责任公司与上海浦东发展银行股份有限公司沈阳分行及昌图生化科技有限公司等金融借款合同纠纷申请再审案[最高人民法院(2016)最高法民申 3256 号民事裁定书]

最高人民法院认为:本案争议焦点是如何确定北大荒公司的最高额保证范围的问题,即原判决北大荒公司承担保证责任是否存在适用法律确有错误的情形。

《担保法》第十四条明确规定,保证人与债权人可以协议在最高债权额限度内就一定期间连续发生的借款合同订立一个保证合同,即最高额保证合同。《担保法解释》第二十三条明确规定:“最高额保证合同的不特定债权确定后,保证人应当对在最高债权额限度内就一定期间连续发生的债权余额承担保证责任。”由上述规定可见,最高额保证合同是保证人对一定期间内连续发生的不特定债权,在最高限额内承担保证责任的一种保证方式。最高额保证人应当以约定的最高额为限,对决算期前的剩余债务承担清偿责任。

就本案而言,首先要确定北大荒公司的最高额保证的债权余额问题。最高额保证的债权余额确定后,保证人所保证的债权余额对于保证人而言并不存在先后清偿顺序的问题。本案浦发沈阳分行在 2015 年 5 月 8 日以起诉书的形式宣布主债权提前到期,根据合同约定,该事实属于主债权到期、届满的情形,且浦发沈阳分行与北大荒公司对此意见一致,因此,2015 年 5 月 8 日为案涉最高额

保证的决算期。在该期日，最高额保证的债权额确定。故在债权被确定时，只计算债权余额，保证人对该债权余额的整体在最高保证金额范围内承担保证责任，而不论债权发生或清偿期限届满的先后。本案截至决算日，共计确定发生了两笔主债权，一笔为2014年10月24日两份《开立银行承兑汇票协议书》项下的合计金额为本金5000万元的债权，到期日为2015年4月24日；另一笔为2014年10月24日《流动资金借款合同》项下借款本金为2500万元的债权，宣布提前到期日为2015年5月8日。上述两笔债权余额至2015年5月8日时为7500万元及相应的利息。北大荒公司作为最高额保证的保证人，应在约定的最高限额即5500万元范围内，对上述债权余额7500万元及相应利息承担保证责任。而本案通过债务人生化公司于2015年6月11日的付款行为清偿了其中银行承兑汇票协议书中的两笔合计5000万元及相应利息的债务，对此，浦发沈阳分行和北大荒公司不持异议。但对保证人北大荒公司而言，由于是对整个债权余额进行担保，而不分债务履行的先后顺序，故只要是发生在最高额保证期间内，不超过最高限额的债务的余额，最高额保证人均应承担保证责任。因此，北大荒公司担保的债权余额在7500万元范围内因债务人偿还了部分债务，故应相应减少，即债权余额应相应减少为2500万元及其相应的利息。本院认为，在存在最高额担保的情形下，债务得到部分清偿并不必然导致最高额担保人的担保责任相应减少，故北大荒公司仍应当在约定的5500万元担保责任范围内对上述债权余额2500万元及相应利息承担保证责任。据此，原判决认定北大荒公司对2500万元本金及利息、复利应在最高限额为5500万元的范围内承担连带保证责任并无不当。北大荒公司申请再审主张原判决曲解《担保法解释》第二十三条的本意，混淆了债权和保证债权、债权余额和保证债权余额的确定，没有事实和法律依据，本院不予支持。

——中国裁判文书网，http://wenshu.court.gov.cn。

1327

债权人与债务人协议变更主合同附属最高额抵押重要条款但未经保证人同意的，保证人不再承担保证责任

关键词｜最高额抵押｜保证责任｜

【最高人民法院裁判文书】

江苏索普(集团)有限公司、上海儒仕实业有限公司与中国农业发展银行乾安县支行保证合同纠纷案[最高人民法院(2016)最高法民终40号民事判决书]

最高人民法院认为:其三,乾安支行与天安公司未经保证人同意经由另案庭审变更本案原所设定的抵押担保,索普公司、儒仕公司保证责任应予免除。本案一审判决作出后,乾安支行又另案发起针对债务人天安公司的诉讼,除主张1亿元债权外,还依据2011年6月28日签订的0015号《最高额抵押合同》主张其抵押权利。但依据松原中院2016年5月9日就该另案作出的(2016)吉07民初3号民事判决,在该案庭审中,乾安支行与天安公司均已确认0021号、0023号《流动资金借款合同》项下共计1亿元的债权转入2011年7月8日变更后的0015号《最高额抵押合同》所担保的债权范围,这是该案庭审时双方达成的确认,并非2011年7月8日变更当时双方之确认,更非其他各利益相关主体当时之共认。乾安支行与天安公司于该案庭审中的一致表示,必将发生以下后果:一是身为债权人的乾安支行与身为债务人的天安公司以共同的诉讼表示确认变更了他们原所签订且直至该另案诉讼发生时各方原本均认可的2011年6月28日的0015号《最高额抵押合同》,他们以共同的诉讼行为将原6月28日的《最高额抵押合同》确认变更为7月8日的0015号《最高额抵押合同》;二是他们一致同意将0021、0023号《流动资金借款合同》项下1亿元债权转入他们一致认可变更后的7月8日《最高额抵押合同》。如此诉讼行为之后果,实际隐含着未经他们认可的其他债权均不得再行纳入7月8日的0015号《最高额抵押合同》担保范围,结合乾安支行本案之中始终否认7月8日0015号《最高额抵押合同》担保了本案之债权,如此必然使得原本附着6月28日0015号《最高额抵押合同》抵押担保的本案0022号《流动资金借款合同》项下债权,由于债权人与债务人于该另案之中事后共同放弃之表示而失去抵押担保之附着效力。而且,由于乾安支行本案只起诉保证人索普公司、儒仕公司,而另案又只起诉天安公司,这种起诉对象的割裂安排,致使保证人索普公司、儒仕公司对该另案之中乾安支行与天安公司所谓一致认可之变更无法提出任何有效的抗辩,这种看似"程序高明"的安排,实质损害或者剥夺了保证人的程序抗辩权益,是一种典型地滥用诉讼权利以及诉讼失信之行为。如果不让类似本案诉权滥用情形之当事人承担相应的后果,则必然会导致类似乾安支行本案诉权滥用现象之蔓延,而这显然为程序正义所不容。还有,乾安支行与天安公司如此诉讼处置的行为,亦明显是在对抗本案一审在先已经作出的关于本案债权不仅附着索普公司、儒仕公司等人保,而且也附着2011年6月28日天安公司以及丁醇公司物保的判决,其原本可以就本案一审判决该项认定正当提起上诉,但却另案与天安公司不当进行诉讼处置,对此不当处置行为之后果必须自行承担。乾安支行与天安公司于该另案中的以上诉讼处置,最为清晰地证明了乾安支行放弃本案债权原所附着的债务人天安公司物保之效力,使得本案债权完全失去了债务人天安公司原本提供的物权担保,而且所放弃的价值就本案债权而言,按天安公司提供的最高债权余额为19840万元,即便扣除乾安支行该另案主张的1亿元债权本金,所放弃的抵押担保债权本金余额亦达9840万元,而本案乾安支行有证据可以支持的债权本金扣除其已经通过诉讼与执行不能再行让保证人承担保证责任的金额后只有9701.9万元,这也就是说即便扣除乾安支行于该另案主张的1亿元债权金额,其与债务人天安公司一致认可放弃抵押担保的债权本金额亦超过了其于本案主张可以获得支持的债权本金额。不仅如此,还应注意的是,根据《担保法》第二十四条之规定:"债权人与债务人协议变更主合同的,应当取得保证人书面同意,未经保证人书面同意的,保证人不再承担保证责任。保证合同另有约定的,按照约定。"如前所述,本案债权应当认定附着债务人天安公司所提供之物保,相对于保证人索普公司、儒仕公司而言,本案0022号《流动资金借款合同》无疑是保证合同所对应的主合同,但除此之外,乾安支行与天安公司2011年6月28日与本案0022号《流动资金借款合同》同一日签订的0015号《最高额抵押合同》,亦应属于该主合同对价的重要组成部分。但债权人乾安支行与债务人天安公司却在另案一致变更6月28日的《最高额抵押合同》,默契一致地将7月8日《最高额抵押合同》替代原6月28日之《最高额抵押合同》,这种行为亦实质属于债权人与债务人协议变更主合同附属最高额抵押重要条款却未取得保证人书面同意的情形,因此亦实质违反了《担保法》第二十四条之规定精神,保证人因此亦不再承担保证责任。综上,索普公司、儒仕公司主张免除本案保证责任,不仅有法律依据,而且有事实依据,应予支持。

——中国裁判文书网,http://wenshu.court.gov.cn。

1328

变更保证人必须经债权人同意

关键词 | 保证人变更 | 债权人同意 |

【《最高人民法院公报》案例】

中国信达资产管理公司石家庄办事处与中国－阿拉伯化肥有限公司及河北省冀州中意玻璃钢厂借款担保合同纠纷案[最高人民法院(2005)民二终字第200号民事判决书]

裁判摘要:保证合同是当事人之间意思表示一致的结果,保证人的变更必须经债权人同意。债权人和保证人之间没有形成消灭保证责任的合意,即使债务人或第三人为债权人另外提供了相应的担保,债权人亦表示接受,也不能因此免除保证人的保证责任。

最高人民法院认为:本案中,河北中意在省建行出具的《承诺书》中承诺,对归还该笔贷款本息承担连带还款责任,并放弃一切抗辩权,该承诺书与93008号《外汇借款合同》具有同等的法律效力。一审判决基于该承诺书,认定该笔贷款的担保人已经变更为河北中意,省建行和信达石办已经放弃了对中阿公司的担保债权,中阿公司不应再承担本案的担保责任。但是,根据《民法通则》第八十五条与第九十一条的规定,保证合同是当事人之间合意的结果,保证人的变更需要建立在债权人同意的基础上,即使债务人或第三人为债权人另为提供相应的担保,而债权人表示接受担保的,除债权人和保证人之间有消灭保证责任的意思表示外,保证责任并不免除。而本案并无债权人省建行或信达石办同意变更或解除中阿公司保证责任的明确意思表示,因此,一审判决的这一认定显属认定事实不当,适用法律错误,应予纠正。并且,双方当事人均未主张保证人变更,一审法院也未将保证人是否变更列为法庭调查的重点,双方在庭审时均未就此问题进行举证和质证,一审法院以此作为认定案件事实的关键,显属不妥。对于上诉人的该项上诉理由,本院予以支持。

——《最高人民法院公报》2006年第3期

编者说明

关于变更保证人必须经过债权人同意问题,最高人民法院的主流观点主要体现在前述公报案例上,即保证合同是当事人之间合意的结果,保证人的变更需要建立在债权人同意的基础上,即使债务人或第三人为债权人另外提供相应的担保，而债权人表示接受担保的，除债权人和保证人之间形成消灭保证责任的合意外，也不能因此免除保证人的保证责任。

1329

债务人根据保证人授意改变借款用途的，保证人继续承担保证责任

关键词｜改变借款用途｜保证合同｜保证责任｜

【最高人民法院裁判文书】

中国外运河北公司与中国银行张家口分行营业部、河北省对外贸易运输张家口公司借款担保合同纠纷案［最高人民法院（1999）经终字第272号民事判决书］

最高人民法院认为：本案贷款是在进入张家口公司账户之后，张家口公司根据河北公司授意汇入宏光公司投入房地产项目的，因而改变贷款用途与中行营业部无关。虽然中行营业部预先扣收2万美元利息，但由于该2万美元未记入贷款本金，且也是各方当事人自行约定，系真实意思表示，故本案借款合同有效。河北公司在借款合同担保条款中承诺，无条件承担张家口公司不能按时偿还借款本息的还款责任至全部还清之日止，又因其于1997年11月4日单独向中行营业部出具还款计划，据此，河北公司上诉称借款担保合同无效，其不应承担担保责任，无事实和法律依据，本院不能支持。河北公司应对张家口公司本案债务承担连带清偿责任。

——肖扬总主编、最高人民法院民事审判第二庭编：《中华人民共和国最高人民法院判案大系》（民商事卷－1999年卷），人民法院出版社2003年版，第764～767页。

1330

银行是否对贷款进行封闭运行管理并履行资金监管义务，不影响保证人基于其对主债务人履约能力的信任所作的保证承诺

关键词｜保证责任｜

【最高人民法院裁判文书】

中国农业发展银行灯塔市支行与辽阳宾馆有限责任公司、辽阳罕王湖农业集团有限公司金融借款合同纠纷案[最高人民法院(2015)民二终字第251号民事判决书]

最高人民法院认为：一、关于辽阳宾馆应否对案涉债务承担担保责任及该担保责任能否减轻乃至免除的问题。

担保合同是一种以保障债权人实现债权为目的的单务合同。在债务人不履行到期债务时，债权人有权要求保证人按照约定履行债务或承担责任。在担保法律关系中，保证人应是基于对债务人利益的考虑及对债务人履约能力的信任而向债权人作出的承诺。债务人是否如约履行合同义务，是保证人是否承担保证责任的关键。本案中，辽阳宾馆主张其是基于主债务是粮食收购贷款、农发行灯塔支行会履行封闭运行管理义务才提供的连带责任保证，但封闭运行管理仅是债权人对贷款风险进行防范和控制的手段，如债权人不履行封闭管理义务，则导致其贷款不能收回的风险加大，使债权人处于一种不利益状态，但并不影响债务人的利益，也不超出保证人承担责任的预期。辽阳宾馆将其提供保证的基础归结于农发行灯塔支行的封闭运行管理义务而非对债务人履约能力的信任，与担保制度的目的与特点不符，其主张不能成立。

在债务人未能按期履行债务之情形下，为了保障债权人债权的实现，保证人行使抗辩权应基于法律的明确规定或合同双方的特别约定。本案中，农发行灯塔支行与辽阳宾馆在《保证合同》中并未约定辽阳宾馆可以免责的抗辩事项，故应审查辽阳宾馆依照法律规定提出的三项抗辩事由是否成立。

辽阳宾馆主张农发行灯塔支行与罕王湖公司双方串通，骗取其提供保证，依照《担保法》第三十条第（一）项的规定，其不应承担保证责任。首先，辽阳宾馆对其主张并未提供证据予以证明，仅以其所认为的农发行灯塔支行自始没有准备对涉案粮食收购贷款实行封闭运行管理为由，作出此项推断，缺乏事实依据。其次，辽阳宾馆与罕王湖公司在签订《流动资金借款合同》及《保证合同》时，属关联企业，辽阳宾馆基于罕王湖公司的利益提供连带责任保证，应系辽阳宾馆真实意思表示。依照现有在案证据，不足以认定“骗取”情形的存在，辽阳宾馆的此项抗辩事由不能成立。

辽阳宾馆主张罕王湖公司采取欺诈、胁迫等手段，使其在违背真实意思的情况下提供保证,农发行灯塔支行知道或者应当知道欺诈、胁迫事实,依照《担保法解释》第四十条的规定,其不应承担保证责任。如前所述,辽阳宾馆对其该项主张并未提供证据予以证明,并且其基于和罕王湖公司的关联企业关系,为罕王湖公司提供连带责任保证,应系其真实意思表示。依照现有在案证据,不能认定"欺诈、胁迫"情形的存在,辽阳宾馆的此项抗辩事由不能成立。

辽阳宾馆主张农发行灯塔支行与罕王湖公司擅自变更借款的性质及用途,无限加重其保证责任,依照《担保法解释》第三十条的规定,其不应承担保证责任。首先,辽阳宾馆未能举证证明农发行灯塔支行与罕王湖公司就借款性质及用途的变更达成合意。按照合同约定的借款性质及用途使用借款是罕王湖公司负有的合同义务,如果借款被挪作他用,应属罕王湖公司的违约行为。其次,借款在发放后,由罕王湖公司实际掌控,罕王湖公司对借款性质及用途的变更不同于《担保法解释》第三十条所规定的借款数量、价款、币种、利率等内容的变更,并未加重罕王湖公司的债务,辽阳宾馆的保证责任亦不能因该条法律规定而免除。故辽阳宾馆的此项抗辩事由亦不能成立。

另外,一审判决认定对粮食收购贷款承担封闭运行管理系农发行灯塔支行的法定义务,并据此减轻了保证人辽阳宾馆的保证责任。诚然,农发行灯塔支行作为政策性银行的分支机构,应当按照国务院及中国发展银行的相关文件,对粮食收购贷款进行封闭运行管理,以实现对贷款风险的防范和控制,否则即应按照相关文件规定承担相应责任。但法定义务是直接依据法律规定产生的义务,国务院规范性文件及中国农业发展银行行业规定,均非法律范畴,在法律无明确规定之情形下,不能将之涉及事项直接认定为法定义务。

综上所述,辽阳宾馆作为保证人,与农发行灯塔支行签订多份《保证合同》,为农发行灯塔支行与罕王湖公司之间的金融借款合同提供连带责任保证。上述《保证合同》为各方当事人真实意思表示,内容不违反法律、行政法规的强制性规定,合法有效。农发行灯塔支行是否对案涉贷款进行封闭运行管理并履行资金监管义务,不影响保证人辽阳宾馆基于其对罕王湖公司履约能力的信任所作出的保证承诺。辽阳宾馆应当按照其与农发行灯塔支行的合同约定,对于罕王湖公司对农发行灯塔支行所负的全部债务履行连带保证义务。一审判决适用法律不当,应予纠正。

——中国裁判文书网,http://wenshu.court.gov.cn。

1331

贷款人怠于履行合同约定的监督义务导致保证人责任增加的，应根据贷款人过错相应减轻保证责任

关键词｜保证责任｜

【最高人民法院裁判文书】

中国长城资产管理公司成都办事处与成都倍特发展集团股份有限公司、四川托普软件投资股份有限公司、托普集团科技发展有限责任公司借款担保合同案[最高人民法院(2006)民二终字第178号民事判决书]

最高人民法院认为:在借款担保合同纠纷中,贷款人与借款人、保证人明确约定由贷款人对借款资金进行监督支付管理、确保专款专用,应视为贷款人承担了监督资金使用的义务,如果贷款人未按约定恰当履行监督义务,就应承担相应的责任。在借款担保合同关系中,通常贷款人的义务主要体现为所借款项的交付,一旦借款交付,合同义务即体现为借款人和保证人应承担的偿还责任。但也存在例外,例如本案合同赋予贷款人额外的监督义务,此时不履行该义务同样应体现为责任的承担。监督义务属于附随义务,借款人偿还借款的主债务不能与之抵销,因此借款人的还款责任不受影响,但贷款人怠于履行监督义务会导致保证人承担保证责任的风险增加,应根据贷款人的过错相应减轻保证人的保证责任。

依公平原则,贷款人承担相应的民事责任并不能当然地免除、减轻保证人的保证责任,还应考虑保证人对贷款未能专款专用是否明知。本案借款人与保证人系关联企业,应推定保证人知晓借款人未将贷款用于合同规定的贷款目的。

——最高人民法院民事审判第二庭编:《最高人民法院商事审判指导案例·借款担保卷》,中国法制出版社2011年版,第819~827页。

编者说明

本案裁判意见表明,贷款人怠于履行合同约定的监督义务会导致保证人承担保证责任的风险增加,实际是对合同附随义务的违反,根据合同法的基本原理,即应当承担相应的过错责任。

1332

提前收贷的约定系赋予贷款人的债权请求权，除有明确约定以外，贷款人行使与否不免除保证人的责任

关键词｜提前收贷｜债权请求权｜担保责任｜

【最高人民法院裁判文书】

辽宁华强融资担保有限公司与铁岭新星村镇银行股份有限公司等借款合同纠纷申请再审案[最高人民法院(2016)最高法民申907号民事裁定书]

最高人民法院认为:二、关于村镇银行未提前收回贷款是否应免除华强公司担保责任的问题。《流动资金借款合同》第二部分第十条约定了村镇银行提前收贷的条件,此约定属于在借款人违约时而赋予贷款人的一项债权请求权。而此项提前收回贷款的权利并非村镇银行的合同义务或法定义务。作为债权人的村镇银行在存在连带保证责任人的前提下,有权根据实际情况决定是否行使。而其无论行使与否,除当事人有明确约定以外,均不免除华强公司作为担保人应当承担的担保责任。故,华强公司以村镇银行未提前收回贷款为由主张免除其担保责任的主张缺乏事实和法律依据。

……

四、关于华强公司是否可依其发函告知村镇银行应提前收款而免除其担保责任的问题。虽然在涉案贷款到期前,华强公司向村镇银行发函,告知出现了龙首公司有可能不能偿还贷款的情况,并通知村镇银行及时提起诉讼,而村镇银行并未如此行事,但因双方在《保证合同》中并未特别约定如村镇银行因此不起诉龙首公司、华强公司即可免责。据此,华强公司此项主张没有合同依据。而且,作为无先诉抗辩权的连带责任保证人,即便在债务履行期间届满前借款人因故发生还款不能的预期,也应当属于担保人应当承担的风险,无论担保人通知贷款人与否,亦无论贷款人是否因此而提起诉讼提前主张权利,均不会导致担保责任风险的增加。就担保责任风险而言,华强公司与村镇银行签订《保证合同》时其担保责任风险已然确定。村镇银行在债务履行期届满前收到华强公司的函件后,就龙首公司因自身原因而致的债务困境,有权选择立即起诉或在债务到期后起诉。但无论如何不会改变华强公司的担保责任风险,也不能免除依约设定的担保责任。因此,华强公司以此为由主张免除担保责任缺乏事实及法律依据,本

院不予支持。

——中国裁判文书网,http://wenshu. court. gov. cn。

1333

担保人与关联企业存在一定程度混同的，债权人对担保人发出的催收通知由关联企业法定代表人盖章，可以视为担保人收到并同意履行保证责任

关键词 | 关联企业 | 催收通知 | 保证责任 |

【最高人民法院裁判文书】

中国东方资产管理公司兰州办事处与新疆金舸实业有限责任公司、第一汽车集团新疆汽车公司、新疆第一汽车厂借款担保合同纠纷案[最高人民法院(2005)民二终字第174号民事判决书]

最高人民法院认为:如果在借款担保合同关系中,担保人与另一企业法人系关联企业,法定代表人为同一人,此时债权人对担保人发出的催收通知由其关联企业盖章,并加盖两关联企业共同法定代表人的个人名章,且结合案件的其他证据可以认定两关联企业存在一定程度的混同,则该法定代表人的个人签章可以视为担保人收到债权人的催收并同意履行保证责任。

——最高人民法院民事审判第二庭编:《最高人民法院商事审判指导案例·借款担保卷》,中国法制出版社2011年版,第899~907页。

1334

债权人径行扣划债务人资金用于偿还借款后又返还其账户，保证人仍应对其担保的借款及利息承担保证责任

关键词 | 保证责任 |

【最高人民法院裁判文书】

中国东方资产管理公司兰州办事处与新疆金舸实业有限责任公司、第一汽车集团新疆汽车公司、新疆第一汽车厂借款担保合同纠纷案[最高人民法院(2005)民二终字第174号民事判决书]

最高人民法院认为:在借款合同履行过程中,如果债权人未经债务人同意,径行扣划其账户内的资金用于偿还借款,之后又返还给债务人,则这种"扣收又划回"行为不构成债权人与债务人之间解除原有债务并重新建立起新的债权债务关系。解除原有的借款合同并达成新的借款合同,需合同双方有明确的意思表示,并就合同主要条款协商一致,签订书面合同。债权人"扣收又划回"债务人资金的行为仅仅体现为债务人欠款的继续,此时该笔债权的担保人仍应对其担保的借款及利息承担连带保证责任。

——最高人民法院民事审判第二庭编:《最高人民法院商事审判指导案例·借款担保卷》,中国法制出版社2011年版,第899~907页。

编者说明

实践中对贷款人扣划借款人账户内存款的行为性质有不同的认识,其中有观点认为如金融机构与借款人有关于金融机构有权从借款人的账户中直接扣收欠款本息抵债的约定,则应当认定该扣款行为为债权金融机构主张抵销权的行为;否则,金融机构擅自扣款抵债构成侵权,不能产生消灭原借款债权的效力。

1335

债务人被注销的,应当进行清算,保证人仍须承担保证责任

关键词|债务人注销|保证责任|

【最高人民法院裁判文书】

中国银行汕尾分行与河北省国际信托投资公司等借款担保纠纷案[最高人民法院(2001)民二终字第1号民事判决书]

最高人民法院认为:河北国投与汕尾中行于1992年7月10日签订的合作

协议,约定河北国投一次性给健通公司提供流动资金 4000 万元人民币,并约定了用款期限和利率等,符合借款关系的法律特征。上述协议系双方真实意思表示,且不违法,应认定其合法有效。汕尾中行为健通公司的上述借款向河北国投出具了不可撤销担保书,并承诺对上述借款承担连带责任。上述担保书亦应认定合法有效。河北国投依约向健通公司履行了发放贷款的义务,但健通公司于贷款到期后仅通过案外人展新公司偿还了 950 万元,其余欠款本息未予偿还,其行为构成违约,应承担还本付息及罚息的民事责任。因健通公司已于 1997 年被汕尾市工商行政管理局吊销了营业执照,故其作为民事主体的资格已不存在。汕尾市卫生局作为健通公司的上级主管单位应依法对健通公司的财产进行清算并将清算情况通知债权人。原审判决汕尾市卫生局负责对健通公司的财产及债务进行清算并无不当,且汕尾市卫生局并没有提出上诉,故原审判决的上述判项应予维持。基于健通公司被吊销营业执照,其主体资格已不存在,汕尾中行提供连带责任保证的性质,河北国投选择起诉保证人汕尾中行,其诉权应予保护。

汕尾中行作为保证人,其享有债务人的抗辩权。汕尾中行在本案中提出的抗辩内容主要有两项:一是认为本案主债务已超过诉讼时效;二是认为河北国投未在两年保证期间内主张权利,故汕尾中行可以免责。关于本案主债务是否超过诉讼时效问题,一、二审中查明的事实均表明,本案民事行为发生在 1992 年 7 月 12 日,主债务履行期限届满日期为 1993 年 7 月 12 日,从 1993 年 7 月 12 日至河北国投于 1999 年 12 月 20 日向原审法院提起诉讼期间,河北国投曾多次向健通公司和汕尾中行主张权利,本案主债务诉讼时效因河北国投主张权利而多次中断,至起诉之日,本案亦未超过诉讼时效。汕尾中行上诉称河北国投提起诉讼时已超过诉讼时效,与事实不符,应不予支持。

关于汕尾中行是否应承担本案民事责任,主要涉及保证期间问题。汕尾中行出具的不可撤销担保书中对保证期限的起止时间未作明确界定,属保证责任期限约定不明,按照最高人民法院法发〔1994〕8 号《保证问题规定》第十一条之规定,汕尾中行应在主债务人健通公司承担责任的期限内承担保证责任,即汕尾中行承担保证责任的期限为自 1993 年 7 月 12 日至 1995 年 7 月 12 日,作为债权人的河北国投应在此期间内向作为保证人的汕尾中行主张权利,否则,汕尾中行不承担保证责任。本案一、二审查明的事实均表明河北国投确于 1994 年 10 月派人去汕尾向汕尾中行主张权利,汕尾中行还向河北国投的催款人员交付一份有关案外人展新公司代为偿还本案 950 万元款项的说明,故河北国投主张权利并未超过两年保证期间。汕尾中行上诉称河北国投向其主张权利已超过两年保证期间,与事实不符,应不予支持。河北国投分别于1994年4月、1994年10月、1996年2月、1997年9月、1998年4月和1999年1月通过派人催款、发函等方式多次向健通公司主张权利,主债务的诉讼时效中断,故保证债务的诉讼时效亦应随之而中断,保证人汕尾中行应承担本案民事责任。

——肖扬总主编、最高人民法院民事审判第二庭编:《中华人民共和国最高人民法院判案大系》(民商事卷-2001年卷),人民法院出版社2003年版,第1~5页。

1336

债务人注销后,案外人自愿承诺承担债务清偿责任的,不免除保证人的责任

关键词 | 债务人注销 | 债务清偿 | 保证责任 |

【最高人民法院裁判文书】

中国长城资产管理公司济南办事处与山东省机械进出口集团公司、青岛裕丰工商公司、青岛市丰田塑料门窗厂、青岛市金山实业发展总公司、青岛市土产畜产进出口公司、青岛工贸合营包装厂、青岛安全器材厂借款担保合同纠纷案[最高人民法院(2010)民提字第130号民事判决书]

裁判要旨:原债务人锯材厂注销后,门窗厂自愿承担其债务,该行为是否适用《担保法》第二十三条规定的保证人免责的规定。本案中,门窗厂承接债务时锯材厂已注销,二者之间不存在债务转让的事实,且门窗厂自愿承接债务的行为亦未加重保证人机械集团的保证责任,保证人仍应承担保证责任。

最高人民法院认为:关于机械集团对本案195万美元外汇额度的担保责任应否免除的问题。2000年12月,锯材厂被其主管单位裕丰公司申请注销,根据裕丰公司的安排,门窗厂承担了锯材厂遗留的债权债务,裕丰公司作为锯材厂的主管单位,亦应对其债权人承担相应的民事责任。本案中,原锯材厂的债务并未因其注销及门窗厂承接债务的行为而消灭,故门窗厂承接该债务的行为,其性质属于债务加入,而非其与锯材厂之间的债务转让。在《担保法》第二十三条规定的保证人免责的情形中,其法定适用条件为"在保证期间内,债权人许可债务人转让债务并应取

得保证人书面同意”,以避免出现因债权人转让债务的行为而增加保证人民事责任负担的不公平结果。鉴于本案中不存在锯材厂与门窗厂之间进行债务转让的事实,门窗厂承接债务时锯材厂已注销,二者之间不构成债务转让,故山东省高级人民法院(2004)鲁民监字第201号民事判决关于“锯材厂的债务转移给了门窗厂”及“长城济南办事处认可了锯材厂的债务转移行为”的认定,与本案的事实不符,依据不足。

机械集团于1992年12月24日向青岛农行业务部出具了〔92〕鲁外机贷第006号《不可撤销的外汇额度担保书》,为该行向锯材厂发放的195万美元贷款提供外汇额度担保。此后,其于1998年12月17日和2000年3月20日向债权人承诺“就原〔92〕鲁外机贷第006号担保书项下的外汇额度进行担保”。原债务人锯材厂注销后,门窗厂自愿承担锯材厂债务的行为亦未加重保证人机械集团的该项保证责任。因此,原审济南市市中区人民法院(2002)市民重初字第4612号民事判决依据上述事实,判令机械集团就其担保的195万美元外汇额度(按1美元额度2.6462元人民币计算)及利息向债权人长城济南办事处承担保证责任,适用法律并无不当,应予维持。长城济南办事处关于“撤销山东省高级人民法院(2004)鲁民监字第201号民事判决,维持济南市中级人民法院(2003)济民四终字第58号民事判决和该院(2004)济民四再终字第1号民事判决中关于机械集团承担保证责任的判决内容”的再审诉讼请求成立,本院予以支持。

——最高人民法院民事审判第二庭编:《最高人民法院商事审判指导案例(第五卷)》(上),中国法制出版社2011年版,第353~371页。

1337

经破产程序尚未得到清偿的债权，担保人不能因债务人破产而主张不承担破产债权未受清偿之后的利息

关键词 | 破产债权 | 担保责任 | 利息 |

【最高人民法院裁判文书】

江苏省海洋运输总公司与中国银行苏州分行借款担保纠纷上诉案[最高人民法院(1999)经终字第244号民事判决书]

最高人民法院认为:苏州分行参加了苏运公司的破产清算,及时行使了破

产债权人的权利。根据《最高人民法院关于贯彻执行〈中华人民共和国企业破产法(试行)〉若干问题的意见》第六十一条第(一)项“债权人可以作为破产债权人参加破产程序,以其全部债权额作为债权申报并参与财产分配,还可就不足受偿部分向保证人追偿”的规定,省运公司的担保责任不能免除。担保的真实目的在于当债务人不能清偿债务时,由担保人承担全部债务的清偿责任,作为破产债权在没有担保的情况下,其债权利息计算至破产宣告之日,以便于破产清算。但对设有担保且经破产程序尚未得到清偿的债权,则不适用破产法的规定,因为担保人与债权人之间属于债权担保法律关系而非破产债权清算关系,应适用担保法的有关规定。因此,省运公司不能因苏运公司的破产而不承担破产债权未受清偿之后的利息。综上,省运公司的上诉理由不能成立,本院不予采纳。

——最高人民法院办公厅编:《最高人民法院公布裁判文书(2000 年)》,人民法院出版社 2001 年版,第 134 ~139 页。

1338

债权人内部核销债权不影响其对外向债务人和保证人主张权利

关键词 | 核销债权 | 保证人 |

【最高人民法院裁判文书】

中色(宁夏)东方集团有限公司与中国信达资产管理股份有限公司陕西省分公司保证合同纠纷案[最高人民法院(2011)民二终字第 27 号民事判决书]

最高人民法院认为:关于本案所涉债权的核销是否影响中色东方公司的保证责任和《债权转让协议》的效力问题。中色东方公司上诉称,本案所涉借款已被核销,且在星日公司关闭破产方案实施前不得转让,信达陕西公司没有合法取得涉案债权。根据《金融企业呆账核销管理办法》的规定,核销呆账是金融机构内部对债权进行处理的一种方式,不能据此认定本案债权已经消灭。债权人内部是否核销债权并不影响其对外向债务人和保证人主张权利,亦不属于保证人免除其保证责任的理由。本案中,信达陕西公司于 2004 年 6 月 25 日与石嘴山中行签订《债权转让协议》,受让本案所涉债权,该行为并不违反《金融资产管理公司条例》中关于金融资产管理公司受让不良贷款的相关规定。国办发〔2006〕3号文件的规定不应作为确认上述《债权转让协议》效力的依据，且石嘴山中行与信达陕西公司的债权转让发生在2004年，故星日公司的关闭破产不影响本案所涉债权的转让。

——最高人民法院民事审判第二庭编：《最高人民法院商事审判指导案例(6)·合同与借贷担保卷》，中国法制出版社2013年版，第455~464页。

1339

政策性关闭破产案件中金融债权核销后并不当然消灭，担保责任亦不当然免除

关键词｜政策性破产｜金融债权核销｜担保责任｜

【最高人民法院裁判文书】

宁夏荣恒房地产集团有限责任公司与中国信达资产管理股份有限公司宁夏回族自治区分公司保证合同纠纷案[最高人民法院(2013)民二终字第117号民事判决书]

裁判要旨：根据国务院在政策性关闭破产案件中金融债权的处置相关文件的规定，银行或资产管理公司的金融债权可以依据政策层报核销。核销后金融机构的债权并不当然消灭，作为从债务的担保责任亦不当然免除。

最高人民法院认为：关于担保人荣恒公司提出的金融债权在政策性关闭破产案件中金融债权的核销问题。荣恒公司认为，根据国务院在政策性关闭破产案件中金融债权的处置相关文件的规定，银行或资产管理公司的金融债权可以依据政策层报核销，核销后金融机构的债权归于消灭，则从债务消灭，担保人免责。本案主要涉及以下两个相关政策性文件，即国发〔1994〕59号《国务院关于在若干城市实行国有企业破产有关问题的通知》、财政部财金〔2005〕50号《金融企业呆账核销管理办法》。国发〔1994〕59号文件规定“一个企业为另一个企业提供担保的，被担保企业破产后，担保企业应当按照担保合同承担担保责任。但是，偿债期限可以由担保企业与被担保企业的债权人协商确定”。财政部财金〔2005〕50号文件第23条规定“金融企业对已核销的呆账继续保留追索的权利，并对已核销的呆账、贷款表外应收利息以及核销后应计利息继续催收”。根据上述两个文件精神，担保人

关于免除280万元及利息担保责任的理由不能成立,依法应予驳回。

——最高人民法院民事审判第二庭编:《最高人民法院商事审判指导案例(2014)》,中国民主法制出版社2015年版,第765~776页。

中国长城资产管理公司乌鲁木齐办事处与新疆昆仑股份有限公司、新疆化工(集团)有限责任公司、新疆新化化肥有限责任公司借款担保纠纷案[最高人民法院(2009)民二终字第28号民事判决书]

最高人民法院认为:《不良债权转让纪要》对此类案件受理问题作出专门规定,明确"债权人向已列入经国务院批准的全国企业政策性关闭破产总体规划并拟实施关闭破产的国有企业债务人主张清偿债务的",人民法院不予受理。依照《不良债权转让纪要》的精神,债权人对列入政策性关闭破产范围的国有企业为债务人的案件,人民法院不予受理。根据《民事诉讼法(2007)》第一百零八条的规定,当事人起诉必须属于人民法院受理民事诉讼的范围。因此,长城公司乌市办对昆仑公司的起诉因不符合法律和司法政策的规定,原审法院依法作出驳回起诉的裁定并无不当,本院予以维持。《不良债权转让纪要》仅针对被列入政策性破产企业债务人作为被告的案件,人民法院不予受理作出规定,并不排除债权人对相关担保人提起诉讼的情形。同时,担保人的担保责任亦不因主债务人进入破产程序而当然免除。政策性破产企业的债务作为拟核销的呆坏账由债权银行予以核销,系金融企业对呆坏账按照国家政策性破产所实施的特殊财务处理方式,并不因此导致从债务即担保法律关系的消灭,担保人对担保债务仍应按照法律规定和合同约定承担相应责任。因此,长城乌市办对担保人化工集团和担保人新化公司的起诉因符合《民事诉讼法》关于起诉与受理的有关规定,亦不与《不良债权转让纪要》和相关政策相冲突,其诉权应受法律保护。

——最高人民法院民事审判第二庭编:《最高人民法院商事审判指导案例·借款担保卷》,中国法制出版社2011年版,第371~374页。

1340

债务人进入破产程序,债权人可以单独起诉连带责任保证人

关键词 | 破产程序 | 单独起诉 | 连带保证人 |

【最高人民法院裁判文书】

宁夏荣恒房地产集团有限责任公司与中国信达资产管理股份有限公司宁夏回族自治区分公司保证合同纠纷案[最高人民法院(2013)民二终字第117号民事判决书]

最高人民法院认为：一审适用《企业破产法》第二十条规定并无不当。该条第一款规定"人民法院受理破产申请后，已经开始而尚未终结的有关债务人的民事诉讼或者仲裁应当中止"，但第二款同时规定"在管理人接管债务人的财产后，该诉讼或者仲裁继续进行"。举重以明轻，此条仅针对破产债务人或以破产债务人及担保人一并提起的诉讼，在破产程序开始后应当中止，但"在管理人接管债务人的财产后，该诉讼或者仲裁继续进行"，说明法律并未禁止在破产程序中或破产程序终结前向连带保证人单独提起的诉讼。担保法解释第四十四条规定，保证期间，人民法院受理债务人破产案件的，债权人既可以向人民法院申报债权，也可以向保证人主张权利。债权人申报债权后在破产程序中未受清偿的部分，保证人仍应当承担保证责任。债权人要求保证人承担保证责任的，应当在破产程序终结后6个月内提出。根据破《企业破产法》第一百二十四条规定，"破产人的保证人和其他连带债务人，在破产程序终结后，对债权人依照破产清算程序未受清偿的债权，依法继续承担清偿责任"。上述司法解释及法律规定的目的是为了防止债权人获得双重清偿。本案一审根据债权人承诺若获担保人清偿，则将破产债权的受偿权转让给担保人，进而判决荣恒公司在履行清偿义务后取得债权人在破产案件中的受偿权。该表述虽然欠当，但根据《企业破产法》第五十一条规定的"债务人的保证人或者其他连带债务人已经代替债务人清偿债务的，以其对债务人的求偿权申报债权"之法理，在平等保护破产债权人及担保人的合法权利上，体现了立法目的的一致性。故在本案中，担保人通过承担担保责任后，在承担责任范围内，依法向审理破产案件的法院及破产管理人申报债权，从而获得权利救济，不失为各方当事人摆脱诉累，尽快实现有关权利，减少不当损失的最佳途径。

——最高人民法院民事审判第二庭编：《最高人民法院商事审判指导案例(2014)》，中国民主法制出版社2015年版，第765~776页。

1341

保证人主张免除保证责任的证明责任

关键词｜保证责任免除｜证明责任｜

【最高人民法院裁判文书】

西安长江置业投资有限公司、张东宁与石嘴山银行股份有限公司、陕西海鸿有色金属有限公司、陕西海鸿能源化工开发有限公司、陕西海鸿投资集团有限公司、陕西鸿信科技发展有限公司、朱平安、姚幼莉、李学永借款合同纠纷案[最高人民法院(2011)民二终字第80号民事判决书]

裁判要旨:保证人主张免除保证责任,需要证明债权人与债务人串通欺骗保证人提供保证担保的事实,或者债权人知道或应当知道债务人欺诈保证人仍与保证人签订保证合同的事实,否则应承担举证不能的后果。

最高人民法院认为:关于长江置业公司、张东宁是否应承担本案担保责任的问题。根据《票据纠纷规定》第六十二条之规定,本案保证关系的审理适用《担保法》的有关规定。长江置业公司、张东宁主张石嘴山银行和海鸿金属公司串通骗取本案保证,根据《民事诉讼法》第六十四条第一款之规定,两上诉人对其主张有责任提供证据加以证明。根据《担保法》第三十条第一款及《担保法解释》第四十条之规定,如果保证人主张免除保证责任,需要证明债权人与债务人串通欺骗保证人提供保证担保,或者债权人知道或应当知道债务人欺诈保证人仍与保证人签订保证合同的事实。本案中,长江置业公司和张东宁虽然提供了海鸿集团及包括海鸿金属公司在内的关联企业的工商登记及石嘴山银行贷款情况等证据,但这些证据只能表明海鸿集团及其关联企业与石嘴山银行有较多的业务往来,既不能证明海鸿金属公司与海鸿化工公司的购销合同虚假,也不能证明海鸿金属公司与石嘴山银行存在串通骗取保证或石嘴山银行知道购销合同虚假仍签发银行承兑汇票的事实,因二上诉人提供的证据不能证明其主张,故其应当承担本案保证责任。长江置业公司、张东宁关于石嘴山银行与海鸿金属公司串通欺骗其提供保证的上诉理由无事实依据,本院不予支持。

——最高人民法院民事审判第二庭编:《最高人民法院商事审判指导案例(6)·合同与借贷担保卷》,中国法制出版社2013年版,第445~454页。

1342

保证合同不存在欺诈或者其他导致合同无效的情形，保证人应当承担保证责任

关键词｜保证合同｜欺诈｜保证责任｜

【最高人民法院裁判文书】

中国建设银行股份有限公司郑州金元支行与信阳万富油脂有限责任公司、新世界海天(信阳)豫南制药有限公司金融借款合同纠纷案[最高人民法院(2011)民提字第242号民事判决书]

裁判要旨:本案再审争议的焦点为:贷款人是否采取欺诈手段,使担保人在违背真实意思的情况下为借款人提供担保,担保人与贷款人签订的最高额保证合同是否有效。根据最高人民法院《民通意见(试行)》第六十八条的规定,审查贷款人是否有欺诈行为,应当从现有证据分析贷款人是否有明知借款人真实情况却故意告知虚假情况或者故意隐瞒真实情况,以使担保人违背真实意思为借款人提供担保的主观目的和行为。本案中,担保合同不存在欺诈或者其他导致合同无效的情形,应当认定为合法有效,保证人应当依法承担担保责任。而贷款人对于借款人的信用评价是否尽到审慎审查的注意义务,是否存在违规贷款的情形及贷后监管是否尽职等问题,对于贷款人而言,性质上属于内部风险控制,即使贷款人没有尽到相关义务,其后果应为贷款人的管理责任,对担保合同的效力并不产生影响。

最高人民法院认为:本案争议的焦点为,信阳分行是否采取欺诈手段,使万富公司在违背真实意思的情况下为海天公司提供担保,万富公司与信阳分行签订的最高额保证合同是否有效。

最高人民法院《民通意见(试行)》第六十八条规定:"一方当事人故意告知对方虚假情况,或者故意隐瞒真实情况,诱使对方当事人作出错误意思表示的,可以认定为欺诈行为。"本案审查信阳分行是否有欺诈行为,应当从现有证据分析信阳分行是否有明知海天公司真实情况却故意告知虚假情况或者故意隐瞒真实情况,以使万富公司违背真实意思为海天公司提供担保的主观目的和行为。

原审判决据以认定信阳分行有欺诈万富公司主观故意的主要证据是当时经办贷款及担保事项的有关人员的证言。但从证人证言看,万富公司原董事长陈

强证实，万富公司并不了解海天公司，是信阳分行要求为海天公司提供担保并介绍海天公司实力很强；海天公司时任财务部长李志军证实，印象中是和建行领导就餐时提出让万富公司担保的；信阳分行客户经理张学超证实，万富公司想贷款，周国胜说让万富公司和海天公司互保；周国胜也曾证实，海天公司申请贷款但提供担保有困难，即在建行信贷客户中筛选了万富公司，建议与海天公司互保。上述证人证言仅能证明万富公司为海天公司提供担保是在信阳分行建议、撮合、说服下所为，而不足以证明信阳分行故意向万富公司作虚假陈述或者隐瞒真实情况，也即不足以证明信阳分行具有欺诈的主观故意。

万富公司抗辩提出信阳分行实施了欺诈行为，故意虚构海天公司出资人情况，故意隐瞒海天公司没有取得硫酸卷曲霉素等抗菌素原料药生产许可证的事实，故意夸大海天公司的投资规模，等等。从查明的事实和证据看，关于海天公司的出资情况，工商档案资料显示的出资人是跃进服务海外有限公司（后将股权转让给香港龙盈企业有限公司）；海天公司财务经理李志军陈述，跃进服务海外有限公司由香港新世界集团和香港海天实业发展有限公司共同出资成立，跃进服务海外有限公司又出资成立新世界海天（信阳）豫南制药有限公司；信阳分行在给河南省建行呈报材料中对海天公司组织结构所作的说明与李志军陈述相一致，其认为海天公司的实际出资人是香港新世界集团和香港海天实业发展有限公司。鉴于上述，虽然信阳分行陈述的出资人情况与海天公司工商档案资料不完全相符，但尚不能得出信阳分行虚构海天公司出资人情况的结论。关于信阳分行是否故意隐瞒海天公司没有取得硫酸卷曲霉素等抗菌素原料药生产许可证的事实，根据本案查证的事实，信阳分行在《信贷客户评价报告》《流动资金贷款申报书》中称："海天公司的主导产品是硫酸卷曲霉素、安痣注射液等，该公司已具备生产条件，并已投入生产，第一批产品已生产出来送检，待取得 GMP 证书及生产批件后，即可投入批量生产。"海天公司申请第一笔贷款是在 2002 年 9 月 5 日，担保合同签订于 2002 年 9 月 6 日，此时海天公司的确尚未取得主导产品的 GMP 认证及生产许可证，但信阳分行在相关文件中也并未述称海天公司当时已经取得了上述许可，而万富公司也没有提交证实信阳分行虚构、隐瞒上述情况的相关证据，故不能得出信阳分行故意隐瞒海天公司没有取得抗菌素原料药生产许可证的结论。关于信阳分行是否故意隐瞒海天公司一期工程投资规模的事实，信阳分行在相关文件中的确述称海天公司已于 2002 年 5 月完成一期工程总投资 1.2 亿元。该陈述是否属实，卷中没有相关证据予以证实，但仅根据海天公司整体拍卖价格只有 5050 万元即认为信阳分行故意隐瞒海天公司投资规模，理由不充分。因此,万富公司抗辩所称信阳分行有欺诈行为的理由,缺乏事实依据,本院不予采纳。

万富公司作为企业法人,对于担保可能产生的风险责任应当有明确的认知,即便是受到信阳分行的建议、撮合、说服,也不必然导致其违背真实意思。本案中,担保合同不存在欺诈或者其他导致合同无效的情形,应当认定为合法有效,万富公司应当依法承担担保责任。而信阳分行对于海天公司的信用评价是否尽到审慎审查的注意义务,是否存在违规贷款的情形及贷后监管是否尽职等问题,对于贷款人而言,性质上属于内部风险控制,即使信阳分行没有尽到相关义务,其后果应为信阳分行相关人员的管理责任,对担保合同的效力并不产生影响。因此,金元支行提出的信阳分行没有欺诈万富公司,担保合同合法有效,万富公司应当对海天公司债务承担连带清偿责任的主张,本院予以支持。本案一、二审判决关于信阳分行欺诈万富公司签订最高额保证合同、其应为无效的认定以及相关责任的判决,缺乏事实和法律依据,本院均予以纠正。

——最高人民法院民事审判第二庭编:《最高人民法院商事审判指导案例(2012)·合同与借贷担保》,中国民主法制出版社 2013 年版,第 431 ~442 页。

1343

“双重担保”不违反法律规定,保证人不能证明主合同是虚假借贷的,应当承担保证责任

关键词 | 虚假借贷 | 双重担保 | 保证责任 |

【最高人民法院裁判文书】

上海浦联房地产发展公司与九江银行股份有限公司及浙江泰舜建设有限公司等金融借款担保合同纠纷案[最高人民法院(2016)最高法民终 89 号民事判决书]

最高人民法院认为:本案当事人争议的焦点问题是浦联公司应否对 3·18 借款合同项下的 8000 万元贷款承担担保责任。

一、浦联公司关于 3·18 借款合同属于虚假借贷、无效的理由不成立。(一)九江银行依据《公司授信还款协议》向泰舜公司主张权利,表明其认可其下

属营业部与泰舜公司签订的协议的效力，该协议对九江银行和泰舜公司发生法律效力。签订该协议不能证明3·18借款合同属于虚假借贷。（二）二审查明的148号审计报告关于2011年委托贷款的情况表明，该2.1亿元贷款已经由兆隆公司实际使用。浦联公司二审所提交的第一组证据材料中的《会议纪要》和《控告书（报案材料）》载明的内容也不能否定148号审计报告关于兆隆公司实际使用了该款的记载。浦联公司所称的没有"任何资金流入到兆隆公司"与事实不符，2011年委托贷款已经实际发生。至于兆隆公司如何使用该笔款项，对本案并无影响。浦联公司以2011年委托贷款中没有资金流入兆隆公司来否定本案8000万元贷款的真实性，依据不成立。（三）8000万元贷款进入泰舜公司账户后，3·18借款合同约定的九江银行的义务即已履行完毕。至于款项进入泰舜公司后，泰舜公司如何使用该笔贷款，对该借款合同的真实性并无影响。9977号转账支票、0247号进账单能够证明九江银行凭泰舜公司签发的转账支票将该笔款划至国元信托的账户，浦联公司称九江银行的工作人员违规操作，依据不足。（四）浦联公司称九江银行存在"非法拆借""非法套利"等违反金融监管规定的行为，但并未指明具体的法律依据，浦联公司以存在合法形式掩盖非法目的情形为由主张3·18借款合同无效，本院不予支持。

二、浦联公司关于其不应承担担保责任的理由不成立。（一）浦联公司关于九江银行骗取其对3·18借款合同提供担保的主张不成立。2012年3月7日，九江银行与浦联公司即签订了《最高额抵押合同》，约定泰舜公司与九江银行在一定期限内连续发生的所有债务，浦联公司自愿以自有财产为九江银行债权提供抵押担保，抵押最高本金限额为人民币8000万元。2013年3月7日，九江银行与浦联公司签订《展期协议》，将抵押期间展期至2015年12月31日。该抵押已经办理了抵押登记。3·18借款合同形成的九江银行对泰舜公司的债权，在前述抵押期间内，即使不另行签订《最高额保证合同》，浦联公司也应承担相应的担保责任。为泰舜公司提供担保是浦联公司真实的意思表示。（二）《最高额保证合同》上载明的签订时间为2015年3月1日，浦联公司依据对常伟生的调查笔录和九江银行工作人员的住宿信息主张该合同的签订时间不是3月1日，而是3月20日。常伟生为浦联公司原法定代表人，其与浦联公司有直接利害关系；有关住宿信息即使能够证明九江银行的工作人员在3月20日去了上海，也不能证明案涉保证合同是3月20日签订的。故本院对浦联公司二审中提交的第二组证据材料不予采信，浦联公司关于其受欺诈在3月20日签订了案涉保证合同的主张不成立。（三）按照《最高额抵押合同》第十六条第三款和《最高额保证合同》第十一条的约定，主合同变更无需通知抵押人和保证人,该变更不影响抵押人和保证人承担责任。据此,《公司授信协议》变更还款期限的约定,对浦联公司应承担的责任并无影响。(四)《最高额抵押合同》和《最高额保证合同》均有浦联公司的签章,为九江银行对泰舜公司的债权提供担保是其真实意思的表示,"双重担保"并不违反法律规定,也不能证明3·18借款合同是虚假借贷。浦联公司主张九江银行对其欺诈,缺乏事实依据。浦联公司依据《担保法解释》第三十九条第一款的规定主张其应免责,但未能提供证据证明存在九江银行与泰舜公司协议以新贷偿还旧贷,故浦联公司关于其应免责的理由不成立。此外,该款中的旧贷和新贷,应指同一债权人贷给同一债务人的前后两笔贷款而言。即使浦联公司所称3·18借款合同贷款所偿还的是泰舜公司对国元信托的债务属实,也因为两笔贷款的债权人不同,不应适用《担保法解释》该款的规定。浦联公司依据该款主张不承担担保责任同样不应予以支持。

——中国裁判文书网,http://wenshu. court. gov. cn。

1344

担保人是否被骗保，需要综合考虑主债务履行过程、担保人在协议前有关行为与意思表示、对于担保资金流向的关注度等因素

关键词｜担保人被骗保｜

【最高人民法院裁判文书】

中国光大银行烟台支行与烟台市勘测设计研究院有限公司、烟台市银丰经贸有限责任公司承兑协议担保纠纷案[最高人民法院(2007)民二抗字第8号民事判决书]

最高人民法院认为:担保纠纷中担保人是否被骗保,需要根据案件事实作出认定。主债务的履行过程、担保人在担保协议前有关行为与意思表示、担保人对于担保资金流向的关注度等均构成案件综合考虑因素。

——江必新主编、最高人民法院审判监督庭编著:《全国法院优秀再审裁判文书精选》,法律出版社2010年版,第469~478页。

1345

担保合同中“双方恶意串通”的认定需以债权人与债务人主观上存在骗取保证人承担保证责任的意思联络、客观上存在骗取保证的行为为要件

关键词｜担保合同｜恶意串通｜担保人被骗保｜

【最高人民法院裁判文书】

中国农业银行股份有限公司深圳国贸支行与泛华工程有限公司、深圳市惠嘉理信实业有限公司等金融借款合同纠纷申请再审案[最高人民法院(2016)最高法民申1203号民事裁定书]

最高人民法院认为:(一)泛华公司未提供充分证据证明其受惠嘉理信公司和农行国贸支行欺诈而为本案中的担保。第一,泛华公司称惠嘉理信公司在向农行国贸支行借贷时经营状况差、亏损额大,但此状况对泛华公司而言是公开和应知的,不能由此推断出惠嘉理信公司存在欺诈。反映惠嘉理信公司经营规模、状况等基础性登记材料在国家工商行政管理、税务等相关部门均有登记,且经过相应的审核,这些材料均面向社会公开,泛华公司完全可以通过正常途径了解情况或向上述部门调取,也可直接向惠嘉理信公司取得,即使泛华公司不了解惠嘉理信公司的基本状况,也是泛华公司自身的原因所造成的。第二,农行国贸支行在有泛华公司担保的情况下进行放款,不能认定该行为违反《贷款通则》等规定。即使农行国贸支行向惠嘉理信公司贷款时,对该公司提供的有关该公司经营状况及履约能力的材料审查不严,只是客观上增加了农行国贸支行自身对放贷款项收回的风险,在法律上并不因此而无效。泛华公司就债权人农行国贸支行向债务人惠嘉理信公司发放贷款提供担保应当是基于泛华公司自身对债务人惠嘉理惠公司履约能力的了解而独立作出的判断。农行国贸支行了解惠嘉理信公司经济状况的事实是否告知了泛华公司,与农行国贸支行是否存在欺诈行为不具有关联性。第三,泛华公司所提及的惠嘉理信公司的银行对账单(账号:41××××43)应是在本案一审和二审时早已存在的事实,不构成《民事诉讼法》第二百条第(一)项规定的新证据。第四,虽然泛华公司称本案涉嫌刑事诈骗而二审法院不予理睬导致本案基本事实未能查清,但泛华公司并没有向二审法院提交涉案刑事案件立案证据材料,亦未能举证证明农行国贸支行和惠嘉理信公

司串通骗取其担保的事实。另外，泛华公司认为本案所涉8000万元贷款是中国农业银行原副行长杨琨与农行国贸支行相关人员策划所致，而江苏省南京市中级人民法院对案外人杨琨所做刑事判决中查明的事实与泛华公司所主张的内容无关，与本案借贷担保事实无关。

（二）关于原判决是否适用法律确有错误的问题。本案农行国贸支行与惠嘉理信公司、泛华公司、饶兴祥、饶静阳分别签订的《最高额保证合同》《借款合同》《借款展期协议》均是各方当事人的真实意思表示，合同内容未违反法律、行政法规的强制性规定，原判决认定合法有效并无不当。农行国贸支行依约履行了向惠嘉理信公司发放贷款人民币8000万元的义务，借款分别到期后，惠嘉理信公司均未按约定归还借款本息，泛华公司、饶兴祥、饶静阳作为惠嘉理信公司的保证人亦未承担保证责任，原审法院判决惠嘉理信公司应归还农行国贸支行的借款本金人民币8000万元及相应利息，泛华公司、饶兴祥、饶静阳作为惠嘉理信公司向农行国贸支行借款的保证人，依法对惠嘉理信公司的上述债务承担连带清偿责任，实体处理并无不妥。泛华公司既然自称是"负有责任"的企业，与农行国贸支行依法签订了保证合同，就应当信守承诺，依法履行自己的保证义务。本案不存在适用《担保法》第三十条及《担保法解释》第四十条规定的情形。

——中国裁判文书网，http://wenshu.court.gov.cn。

中国华阳金融租赁有限责任公司清算组与中国建设银行股份有限公司北京平谷支行、北京贝特实业公司借款担保合同纠纷案［最高人民法院（2010）民提字第86号民事判决书］

裁判要旨：我国《担保法》第三十条规定，主合同当事人双方串通，骗取保证人提供保证的，或者主合同债权人采取欺诈、胁迫等手段，使保证人在违背真实意思的情况下提供保证的，保证人不承担民事责任。"双方串通"，需以债权人与债务人主观上存在骗取保证人承担保证责任的意思联络、客观上存在骗取保证人承担保证责任的行为为要件。在无其他证据支持的情况下，保证人以主合同双方当事人未经其同意变更贷款币种为由主张存在恶意串通的，不能得到支持。

最高人民法院认为：关于建行平谷支行是否可以免除担保责任。建行平谷支行认为，华阳租赁公司与贝特实业公司事先串通，隐瞒真实情况，骗取建行平谷支行出具《不可撤销担保责任书》，建行平谷支行不应承担担保责任。最高人民法院认为，根据《担保法》第三十条规定，主合同当事人双方串通，骗取保证人提供保证的，或者主合同债权人采取欺诈、胁迫等手段，使保证人在违背真实意思的情况下提供保证的，保证人不承担民事责任。此处的"双方串通"，需以债权人与债务人主观上存在骗取保证人承担保证责任的意思联络、客观上存在骗取保证人承担保证责任的行为为要件。本案中，贝特实业公司1997年5月26日向华阳租赁公司申请变更贷款币种，但5月27日与华阳租赁公司签订贷款合同时仍然约定为外汇资金贷款，且没有将该事实告知保证人建行平谷支行，存在不妥之处，但仅根据该事实尚不足以认定贝特实业公司与华阳租赁公司存在骗取建行平谷支行承担保证责任的主观恶意和意思联络，建行平谷支行也未能提供证据证明，其若知道贝特实业公司与华阳租赁公司签订的是人民币借款合同就不会提供连带担保，建行平谷支行认为华阳租赁公司与贝特实业公司存在串通的主张证据不足。建行平谷支行二审中提交贝特实业公司转款给他人的转账凭证，但不能证明这些转给他人的款项即是本案所涉款项，且也未能证明华阳租赁公司对此明知。此外，建行平谷支行也未能举证证明华阳租赁公司采取欺诈、胁迫等手段，使其在违背真实意思的情况下提供保证。建行平谷支行要求免除担保责任的主张缺乏事实依据，本院不予支持。因建行平谷支行在《不可撤销担保责任书》中承诺"只要贷款本金不增加，对合同的任何修改，补充或者变通执行，均不改变我方的担保责任"，贝特实业公司与华阳租赁公司变更贷款币种，并没有增加贷款本金数额，建行平谷支行应当根据《不可撤销担保责任书》承担担保责任。至于本案是否适用《担保法解释》第三十条的规定，并不影响建行平谷支行对担保责任的承担。

——最高人民法院民事审判第二庭编：《最高人民法院商事审判指导案例(6)·合同与借贷担保卷》，中国法制出版社2013年版，第413~420页。

1346

保证人以恶意骗取保证主张免除保证责任的，需证明债权人在签订保证合同时，知道或者应当知道主债务人欺诈的事实

关键词 | 保证责任 | 债务人欺诈 |

【最高人民法院司法解释】

第四十条 主合同债务人采取欺诈、胁迫等手段，使保证人在违背真实意思的情况下提供保证的，债权人知道或者应当知道欺诈、胁迫事实的，按照担保法第三十条的规定处理。

——《最高人民法院关于适用〈中华人民共和国担保法〉若干问题的解释》（2000 年 12 月 8 日，法释〔2000〕44 号）

【《最高人民法院公报》案例】

风神轮胎股份有限公司与中信银行股份有限公司天津分行、河北宝硕股份有限公司借款担保合同纠纷案[最高人民法院(2007)民二终字第 36 号民事判决书]

最高人民法院认为：（一）关于最高人民法院《担保法解释》第四十条的适用问题。

风神公司主张依据《担保法解释》第四十条和《担保法》第三十条的规定免除保证责任，需证明两个事实：一是宝硕公司在与风神公司订立《互保合同》时存在欺诈，二是中信银行对宝硕公司的欺诈是知道或应当知道的。根据本案查明的事实，首先，宝硕公司在与风神公司订立《互保合同》时，隐瞒真实财务状况，欺骗风神公司签订《互保合同》的事实成立，宝硕公司构成欺诈；其次，中信银行作为与宝硕公司长期合作的贷款银行是知道或者应当知道宝硕公司财务状况的。但是，《担保法解释》第四十条适用于本案的最重要的前提，并不是仅证明宝硕公司存在欺诈以及中信银行知道或应当知道宝硕公司的财务状况，更重要的是证明中信银行在接受风神公司《最高额保证合同》时，知道或者应当知道宝硕公司对风神公司构成欺诈，而如果中信银行在当时即对《互保合同》第七条第 5 项内容的了解，则构成中信银行知道或者应当知道欺诈存在的前提。与之相关的事实是，中信银行在本案一审起诉时，向原审法院提交了《互保合同》，中信银行陈述该合同系在起诉前从宝硕公司取得，已尽到证据来源的说明义务，在此情形下，举证责任应当由风神公司承担，即风神公司需证明其向中信银行出具《最高额保证合同》时，中信银行知道或者应当知道《互保合同》第七条第 5 项的内容。本案二审历经三次质证，风神公司均不能提供能够证明此项事实的证据。本案的《最高额保证合同》是风神公司向中信银行提供的，即便风神公司有权解除与宝硕公司的《互保合同》,也不影响已经成立的《最高额保证合同》的效力。《商业银行法》《贷款通则》等相关法律法规并未规定商业银行违反贷款中严格审查义务的民事责任,上述规定与中信银行的内部规定,均是从商业银行风险控制角度加以规范,属管理性规范,中信银行即使违反相关规定,亦不影响中信银行与宝硕公司之间的信贷行为的效力和《最高额保证合同》的效力。况且,正是由于风神公司为宝硕公司提供了最高额保证,大大降低了宝硕公司因财务状况恶化而导致的信贷风险程度,才使中信银行继续为宝硕公司提供信贷支持。因此,由于风神公司举证不能,其主张依据《担保法解释》第四十条和《担保法》第三十条之规定,保证人不承担保证责任的主张,欠缺事实要件,本院不予支持。

——《最高人民法院公报》2008 年第 2 期

1347

贷款人未告知保证人其与借款人存在股东关系的事实并不构成欺诈，保证责任不因此免除

关键词 | 欺诈 | 保证责任 |

【最高人民法院裁判文书】

成都信诺融资担保有限公司与剑阁县农村信用合作联社等金融借款合同纠纷申请再审案[最高人民法院(2016)最高法民申 1596 号民事裁定书]

最高人民法院认为:三、剑阁信用社未能向信诺担保公司告知华渝公司系剑阁信用社股东的事实是否构成欺诈,是否可以据此免除信诺担保公司的保证责任。

最高人民法院认为,华渝公司系剑阁信用社的股东,但剑阁信用社依据《流动资金循环借款合同》向华渝公司发放贷款并未违反相关法律、行政法规的强制性规定。从本案借款的划转及使用情况来看,所借的款项实际用于了华渝公司向交易相对人支付货款,双方并非虚构交易事实,骗取信诺担保公司出具担保。信诺担保公司作为专业的融资担保公司,其在为华渝公司提供担保前,应当对借款人华渝公司的相关情况独立地进行了充分的审核、评估并自主决策。华渝公司在剑阁信用社持有股份,并无必然损害信诺担保公司的权益、增加其担保

风险。同时，信诺担保公司也未能举证证明借贷双方存在恶意串通，损害担保人利益的相关事实与主观故意的证据。因此，华渝公司、剑阁信用社未告知信诺担保公司该双方之间存在股权关系这一事实，并不构成欺诈，不属于《担保法》规定的无效情形。

——中国裁判文书网，http://wenshu.court.gov.cn。

1348

贷款人对借款人与案外人的合同关系不负有法定实质性审查义务，担保人主张贷款人与借款人恶意串通骗取担保，应承担举证责任

关键词 | 恶意串通 | 担保人被骗保 | 举证责任 |

【最高人民法院裁判文书】

林州市电力股份有限公司与广东发展银行股份有限公司郑州金水路支行、河南省九派实业发展有限公司、林州市电力公司、林州市宏基电力有限公司、林州市天力热电有限公司借款担保纠纷案［最高人民法院（2005）民二终字第229号民事判决书］

最高人民法院认为：广发行郑州金水路支行依照合同约定，将借款发放至江南九派公司在该行开立的银行账户。此后，河南九派公司作为出票人，签发了五张银行承兑汇票，收款人为广东发电公司。上述事实表明，在借款担保合同的法律关系中，广发行郑州金水路支行作为贷款方同，如约履行了义务。对河南九派公司与案外人广东发电公司之间的发电设备购销关系，广发行郑州金水路支行并不负有法定的实质审查义务。故原审法院认定广发行郑州金水路支行对借款用途已尽了合理的监督和注意义务并无不当。

关于林州电力公司提出的广发行郑州金水路支行与江南九派公司恶意串通，使其在被欺诈的情况下作出担保行为的上诉理由，本院认为，如前所述，林州电力公司向广发行郑州金水路支行提供保证担保和权利质押担保是其真实意思表示，其主张广发行郑州金水路支行与河南九派公司之间串通骗取担保，但并未提供相应的证据予以证明。如果河南九派公司取得借款后采用不正当手段改变了用途，也是河南九派公司单方面的行为，并不能

得出广发行郑州金水路支行与其串通骗取担保的结论，林州电力公司不能因此而免除保证责任。

——最高人民法院民事审判第二庭编：《最高人民法院商事审判指导案例·借款担保卷》，中国法制出版社2011年版，第877～889页。

1349

担保人明知贷款早已被使用仍愿意提供反担保，且未对贷款用途提出异议的，应承担担保责任

关键词｜反担保｜贷款用途｜担保责任｜

【最高人民法院答复】

湖北省高级人民法院：

你院《关于工商银行湖北十堰市人民路支行、中国东方资产管理公司武汉办事处与湖北省十堰市五堰商场股份有限公司、湖北省十堰市汇发贸易有限公司保证借款合同纠纷一案的请示》收悉。经研究，答复如下：

本案中保证人以债务人提供的债权人印制的保证合同样本为基础，起草了保证合同，并仅填写其中担保的债务数额及签署时间等内容，在借款合同签订之前便签章交与被保证人的工作人员，继而向债权人出具。保证合同上未对借款用途加以限制。保证人的上述行为表明其并无以"借款用途"作为是否免除保证责任条件的意思表示。因此，在没有其他影响保证人意思表示真实因素的情况下，无论借款合同双方当事人最终约定何种借款用途，也无论保证人在签章时是否知道或者应当知道上述借款用途，均不足以否定保证人自愿对此承担保证责任的真实意思表示。

——《最高人民法院关于工商银行湖北十堰市人民路支行、中国东方资产管理公司武汉办事处与湖北省十堰市五堰商场股份有限公司、湖北省十堰市汇发贸易有限公司保证借款合同纠纷一案的请示的答复》(2008年6月19日，〔2008〕民监他字第2号)

【最高人民法院裁判文书】

天津环球磁卡股份有限公司与甘肃兰州陇神药业有限责任公司借款合同纠纷案[最高人民法院(2007)民二终字第14号民事判决书]

最高人民法院认为:2. 主合同与质押担保合同是否有效且已实际履行问题。

天津磁卡在二审中对该问题提出异议,争议问题主要为:(1)主合同是否已实际签订并履行问题。①关于合同编号不一致问题。该院二审查明,拱星墩支行与德昌公司共签订三份借款合同,合同编号分别为200135、200004、200142号,并无200141号合同。该证据与拱星墩支行出具的说明相互印证。西北化工年度公告的陈述有误,不予采信。对于本案借款合同的标号为200135、200142号的事实,本案予以认定。②关于展期合同存在形式瑕疵是否影响合同效力问题。尽管在个别展期合同中,合同一方仅加盖了公章而没有法定代表人或授权代理人签字,但根据《合同法》第三十二条关于“当事人采用合同书形式订立合同的,自双方当事人签字或者盖章时合同成立”的规定,签字或者盖章,合同均可发生法律效力,且合同当事人对此并不持异议,而天津磁卡出具反担保函的时间是在展期合同签订并履行之后,其亦未对此提出异议,故展期合同并不因未同时具备签字和盖章的形式上的瑕疵而应当认定无效。同理,尽管在2002年的展期还款协议书上盖有陇神药业2003年才使用的公章,其不符合公章使用的规定,具有瑕疵,但由于该公章为同一主体的公章,且陇神药业与拱星墩支行、德昌公司对展期事实并无异议,该合同已实际履行,在签订反担保合同之时,该展期合同已签订,天津磁卡亦未提出异议,故该瑕疵亦不影响展期合同的效力。③主债务是否实际履行问题。根据该院二审查明的事实,债权人拱星墩支行、债务人德昌公司法定代表人何俊辉、西北化工独立董事吴昌霞等人均认可本案主合同项下贷款已实际发放并使用。两份兰州市商业银行贷款凭证也载明,拱星墩支行共计发放给德昌公司贷款6000万元。综上,上述证据证明本案主合同合法签订,主债务已实际履行,天津磁卡并无证据证明本案贷款未实际发放,其关于本案主合同未真实存在、未实际履行的上诉理由不能成立,该院不予支持。(2)关于陇神药业是否有效设定质押、拱星墩支行是否实现质押权问题。关于该问题,2001年10月29日陇神药业向拱星墩支行出具《贷款质押承诺》明确载明,陇神药业自愿用在拱星墩支行的存款6000万元为德昌公司的贷款提供质押担保。如德昌公司在合同期内未偿还贷款本息,该公司同意该行从账户中直接扣划。

兰州市商业银行特种转账传票载明，2005 年 4 月 20 日，拱星墩支行从陇神药业 7021940101××××××账户中划出 6000 万元至德昌公司账户，转账原因为扣收贷款。之后，该行又从德昌公司账户将该笔款项划收。关于该质押权的设立及实现过程，债权人拱星墩支行行长蒋瑛、债务人德昌公司法定代表人何俊辉以及担保人陇神药业的法定代表人李小文均予认可。拱星墩支行出具的说明证明，因陇神药业在该行的 6000 万元定期存款系多次转存，故出现质押合同约定的账号与实际扣划款项的账号不同的问题。退一步而言，即使在设定质押后，用以质押的存单内的款项发生变动，但由于陇神药业对拱星墩支行扣划其其他账户内的 6000 万元款项并无异议，应认定双方对以在实现质押权时账户内的 6000 万元资金设定质押的事实达成合意。天津磁卡出具的《担保承诺书》表明，其愿意为陇神药业的 6000 万元质押担保提供反担保，故即使陇神药业与拱星墩支行事后变更了用以质押的账户，也未加重天津磁卡的担保风险，也不能否定陇神药业承担了担保责任的事实。拱星墩支行出具的说明证明，根据银行操作惯例以及为在中国人民银行的征信系统中消除德昌公司的欠款，该用以质押的款项由质押权人先打入德昌公司账户后，再从该账户划入银行账户，故其未直接从陇神药业账户扣划款项到银行账户。尽管天津磁卡对上述事实提出异议，但其未有充分证据证明陇神药业在实现质押权时账户内没有 6000 万元的存款、德昌公司与陇神公司之间具有其他的相互借贷关系、该 6000 万元款项系陇神药业偿还德昌公司的 6000 万元借款、拱星墩支行未能实现质押权，因此，其基于账号不符以及未直接将款项从陇神药业账户内划转到银行账户而认为本案质押合同未成立、质押权未实现的上诉理由不能成立，该院不予支持。

——最高人民法院民事审判第二庭编：《民商事审判指导》总第 18 辑，人民法院出版社 2009 年版，第 172～173 页。

【链接：最高人民法院法官著述】

《担保法解释》第三十条对主合同在数量、价款、币种、利率等内容作了变动未经保证人书面同意的情形下，保证人的保证责任承担问题进行了规定，但对于主合同贷款用途改变的情形并未明确予以规定，因此，在司法实务中，关于该问题存在争议。一种观点认为，贷款用途的变更，属于对于主合同主要条款的重大变更，可能无限度地增大保证人的担保风险，加重担保人的担保责任，故在未经保证人书面同意的情况下，保证人应免责。简言之，只要贷款用途的改变加重了保证人的责任,保证人均应免责,而无论该改变是主合同当事人间的合意行为还是债务人的单方行为。另一种观点认为,应区分具体情形确定变更主合同的贷款用途是否应免除保证人的保证责任。保证人是对债权人提供担保,因此,如果系债务人单方变更主合同的贷款用途,虽然其也加重了保证风险,但这并非主合同当事人的合意而为,债权人并不认可该行为,且保证人系为债务人的利益提供担保,其在承担担保责任后可以通过向债务人行使追偿权的方式实现自己的权利,故为实现债权人、债务人、保证人之间的利益平衡,不应免除保证人的保证责任。详言之,保证系对债权人提供的担保,如果由于债务人变更贷款用途而免除保证人的担保责任,则债权人的债权本已因债务人擅自改变贷款用途的行为增大了风险,而再免除保证人的保证责任,那么,显然对债权人的债权保护不利。但如果系主合同当事人合意变更贷款用途,则无限增大了贷款风险,也违反了保证人为特定用途贷款提供担保的真实意思,故保证人应免除担保责任。本案中,德昌公司的法定代表人何俊辉、西北化工独立董事吴昌霞等人均承认德昌公司的成立目的就是为西北化工理财,贷款6000万元的实际用途是委托理财。德昌公司营业执照所载的经营范围为实物投资,故股票投资不属于营业执照所指实物投资,该资金用于炒股并不属于合同约定的流动资金用途,贷款用途发生改变,但该改变属于债务人的单方变更,而非主合同当事人合意变更,故按照前述第二种观点,不应免除担保人责任。那么,如果按照前述第一种观点,又能否认定违反了天津磁卡的真实担保意思,加重了其担保责任,进而免除其责任呢?我们认为,本案的特殊之处在于,天津磁卡签订《担保承诺书》时,该贷款已实际发放近两年,贷款早已使用,但天津磁卡仍愿意为该贷款提供反担保,且未对贷款用途提出异议,应认定天津磁卡提供反担保的意思表示并不因该贷款用途已实际发生改变而改变,其并非只有在贷款用途为流动资金时才提供担保,因此,尽管债务人改变了贷款用途,但并未加重天津磁卡提供担保时所具有的担保风险,不存在违反其提供贷款时的真实意思表示,或违反公平原则的问题,故也不能以贷款用途的改变而免除其反担保责任。

——张雪楳:《附条件合同的认定以及反担保责任的承担》,载最高人民法院民事审判第二庭编:《民商事审判指导》总第18辑,人民法院出版社2009年版,第178~181页。

1350

信用证垫款已实际发生，授信协议项下的借款债务已成立，即使银行事后知悉基础交易虚假，亦不影响担保责任承担

关键词｜信用证垫款｜基础交易虚假｜担保责任｜

【最高人民法院裁判文书】

中铁恒丰置业有限公司、孙献钢与江西银行股份有限公司赣州分行及赣州市新资源实业有限公司、朱依勤金融借款合同纠纷案［最高人民法院(2015)民二终字第229号民事判决书］

最高人民法院认为：一、关于本案第一个焦点问题。二上诉人主张赣州分行明知新资源公司虚构了贸易背景，无论赣州分行何时知悉，二上诉人均不应承担相应的担保责任。为此，二上诉人在原审中提交了王萍与郑清二人谈话录音文字资料，拟证明赣州分行知晓涉案信用证无真实基础交易背景；并在二审中提交了3组新证据，拟证明本案信用证项下贸易提单所载船舶或者不存在，或者在装船日期并没有到相关港口提货。本院认为，案涉信用证是经新资源公司申请，赣州分行通过同业委托的形式由交通银行省分行和中国工商银行赣州分行实际开立，并由开证行承兑付款，再由赣州分行向开证行支付相应款项。二上诉人虽然提交了有关证据拟证明案涉信用证的基础交易虚假，但根据信用证独立性原则，信用证是独立于基础交易的单据交易，信用证交易与基础交易属于两个不同的法律关系，即便存在信用证欺诈的情形，根据《信用证解释》第十条之规定，在信用证已善意承兑的情况下，信用证项下的款项不得止付。因此，在案涉信用证已由开证行承兑的情况下，只要受益人所提交的单据表面上符合信用证的要求，开证行就负有在规定的期限内付款的义务，赣州分行亦应按照其与开证行之间的合同约定，向开证行支付信用证项下的款项。二上诉人在原审中提交的谈话记录显示，郑清仅是个人猜测信用证项下可能没有实际货物，并无其他证据足以证明基础交易虚假，二上诉人亦未作为利害关系人向法院提出止付申请，其仅通过网络查询信息主张本案提单有伪造的可能，主张赣州分行与新资源公司存在恶意串通，二上诉人不应承担担保责任，缺乏事实和法律依据，本院不予支持。

二上诉人还主张，在2013年12月12日《最高额保证合同》签订时赣州分行明知新资源公司虚构了贸易背景，其要求二上诉人签订《最高额保证合同》属于

恶意欺诈和胁迫。本院认为，二上诉人作为保证人对于其所担保主合同项下的交易背景，同样负有相应的注意义务，其也可以在当时通过网络查询等方式获知交易背景是否虚构的事实。事实上根据二上诉人的主张，其在《最高额保证合同》签订前通过赣州分行已知悉交易背景可能存在虚构的情况。在此情形下，中铁恒丰公司仍召开股东会，通过决议为新资源公司提供担保并签订涉案《最高额保证合同》，应视为其自愿行为，故二上诉人主张赣州分行对其恶意欺诈签订《最高额保证合同》的理由不能成立。孙献钢所称的胁迫系指赣州分行提出如孙献钢不提供担保，该行在收到置换抵押物的现金后仍将不解除对抵押物的查封，对此，二上诉人并未提出相应证据予以证明，且关于以现金置换抵押物的安排，在《质押合同》以及在中铁恒丰公司股东会决议中均无体现，故孙献钢有关胁迫的主张亦缺乏事实依据。因此，二上诉人关于《最高额保证合同》系受欺诈和胁迫所签，其不应承担担保责任的主张，本院不予支持。

综上，本院认为，二上诉人与赣州分行签订的《最高额抵押合同》和《最高额保证合同》是各方当事人真实意思表示，内容不违反法律、行政法规的禁止性规定，应当认定合法有效。二上诉人虽然主张案涉信用证基础交易为虚假，赣州分行亦明知基础交易虚假，其不应承担相应担保责任，但上述《最高额抵押合同》和《最高额保证合同》担保的是《授信协议》项下的债权债务关系，虽然本案中导致该债权债务关系发生的原因系新资源公司申请开立信用证的行为，但基于信用证交易的独立性原则，基础关系虚假与否并不必然影响信用证交易的效力。且根据上文分析，二上诉人提交的证据尚不足以证明赣州分行知悉基础交易关系可能存在虚假。况且，即使赣州分行后来知悉基础交易虚假，也不能导致对涉案信用证款项的止付，亦不影响《最高额抵押合同》和《最高额保证合同》的效力以及二上诉人据此承担相应担保责任，故二上诉人关于赣州分行明知本案信用证项下基础贸易背景为虚构，其不应承担《最高额抵押合同》《最高额保证合同》项下保证责任的主张，缺乏事实和法律依据，不能成立，本院不予支持。

二、关于本案第二个焦点问题。二上诉人主张《最高额抵押合同》和《最高额保证合同》所担保的主合同并未有效成立，其承担担保责任的条件并不具备。根据涉案《最高额抵押合同》和《最高额保证合同》的约定，其担保范围是新资源公司与赣州分行在特定期限内签署的所有主合同项下的债务。本案中，新资源公司与赣州分行签署的《授信协议》中明确约定，开立国际信用证系新资源公司使用授信额度的具体形式，故新资源公司申请开立信用证，赣州分行因信用证交易为新资源公司支付的垫款，应当属于《授信协议》项下发生的债权债务关系。

由于涉案信用证的开立以及赣州分行垫款的时间均发生在《最高额抵押合同》担保的期限范围内，故应属于《最高额抵押合同》担保的债权范围。二上诉人虽然主张涉案信用证开立的时间发生在《最高额保证合同》签订之前，不属于《最高额保证合同》约定的债权发生期限范围之内，但是从中铁恒丰公司股东会决议内容看，《最高额保证合同》所担保的主合同明确为新资源公司与赣州分行签署的《授信协议》项下债务，案涉五笔信用证到期日均为《最高额保证合同》签署之后的期限内，赣州分行实际垫款的时间亦发生在《最高额保证合同》约定的期限内。此外，结合《最高额保证合同》所担保的债权本金最高余额5751万元，该数额恰为涉案信用证开证金额扣除新资源公司缴纳的保证金以及中铁恒丰公司提供的存款质押和保证金后的余额，亦为本案赣州分行垫付的金额。因此应当认定《最高额保证合同》所担保的债权应为《授信协议》项下发生的债务余额，即本案信用证项下发生的垫款。故二上诉人关于《最高额保证合同》签署后，未签订新的主合同，其所担保的主合同未发生的主张，不能成立。

二上诉人主张在此之前中铁恒丰公司向赣州分行支付的11049万元，并不是替新资源公司还款，而是支付保证金。但根据中铁恒丰公司与赣州分行签订《质押合同》的约定，质押存单明确是为确保本案《授信协议》的履行；中铁恒丰公司向赣州分行缴存的保证金虽未明确用于担保涉案信用证款项的支付，但在赣州分行以上述资金支付涉案到期信用证款项时，中铁恒丰公司并未提出异议，并在其后2013年12月12日的股东会决议及签署《最高额保证合同》中，明确为扣除了该11049万元后的债权余额提供保证担保，亦表明其认可赣州分行用该11049万元替新资源公司支付涉案信用证款项。故其关于原审法院认定其曾替新资源公司偿还信用证项下债务事实认定错误的主张，缺乏事实依据，本院不予支持。

根据南昌银行股份有限公司与交通银行省分行以及中国工商银行江西省分行签订的相关协议，本案所涉信用证均由赣州分行据此委托其他相关银行开立。二上诉人主张赣州分行的行为系将《授信协议》项下的权利义务概括转让给他人，由此形成的债权债务关系不属于《授信协议》及案涉担保合同项下内容。本院认为，权利义务的概括转让应以转让人和受让人意思表示为认定依据，而赣州分行否认该转让事实，二上诉人亦无其他证据予以证明；且南昌银行股份有限公司与交通银行省分行以及中国工商银行江西省分行之间建立了信用证开证代理合同关系，交通银行省分行以及中国工商银行赣州分行依约代理赣州分行向新资源公司开立信用证，系辅助赣州分行履行开证义务，该辅助履行行为并不影响赣州分行在前述《授信协议》以及信用证开证法律关系中的合同地位，且本案中赣州分行替新资源公司支付信用证款项的垫款行为已实际发生，亦属于《授信协议》约定的因开立信用证所发生的债权。故二上诉人以赣州分行未直接履行开证行为为由，主张本案主合同未成立，本院不予支持。此外，二上诉人还主张原审法院未查明开证行是否向信用证受益人实际付款的事实，从而导致赣州分行的垫款行为缺乏依据。对此，本院认为，本案涉及的是《授信协议》项下，赣州分行因替新资源公司垫付信用证款项而引发的债权债务纠纷以及相关的担保合同纠纷，在有证据足以证明案涉信用证垫款已经实际发生的情况下，新资源公司与赣州分行之间债权债务关系即已成立。赣州分行根据开证行的通知垫款，而二上诉人未能提供证据证明开证行未向信用证受益人实际付款，其认为原审法院相关事实认定不清的上诉理由，不能成立，本院不予支持。综上，本案中，赣州分行依据相关合同委托相关银行开立涉案信用证的行为，并未构成《授信协议》项下权利义务的转移，在赣州分行实际为新资源公司申请开立的信用证垫付款项的情况下，由此形成的债权应属于《授信协议》约定的债权债务关系，亦属于案涉《最高额抵押合同》和《最高额保证合同》担保的债权范围，故二上诉人关于案涉担保合同的主合同未成立，其承担相关担保责任的条件不具备的上诉理由，缺乏事实和法律依据，本院不予支持。

——中国裁判文书网，http://wenshu.court.gov.cn。

1351

保证人无权以借款人申请贷款时的经营情况作为免除保证责任的理由

关键词｜保证责任免除｜

【最高人民法院裁判文书】

辽宁华强融资担保有限公司与铁岭新星村镇银行股份有限公司等借款合同纠纷申请再审案[最高人民法院(2016)最高法民申907号民事裁定书]

最高人民法院认为，三、关于村镇银行在贷前审查中是否存在重大过错的问题。根据华强公司的此项主张可知，华强公司系依据龙首公司后期经营不善而推定村镇银行在贷款发放的审查中存在重大过错。对此,本院认为,一方面,对于华强公司的推断,其未能提供任何证据予以支持;另一方面,依据原审诉讼中的证据看,村镇银行在与龙首公司签订《流动资金借款合同》、发放贷款时均进行了必要审查,且尚无明确规定要求商业银行在发放贷款时必须由第三方对借款人进行财务审计。因此,华强公司的此项主张缺乏事实和法律依据。更为重要的是,作为为龙首公司的贷款提供担保的华强公司,其在与村镇银行签订《保证合同》时亦有能力和必要对借款人的财务状况进行审查,其同意提供担保的意思表示足以证明其已经考虑并接受了借款人在申请贷款时已经或可能存在的商业风险。据此,其亦无权以借款人龙首公司申请贷款时的经营情况作为免除自身保证责任的理由,对此主张,原审法院未予支持并无不当。

——中国裁判文书网,http://wenshu.court.gov.cn。

1352

债权转让中,保证人免除责任事由仅限于其与债权人事先约定仅对特定债权人承担保证责任或禁止转让的情形

关键词|债权转让|保证责任免除|

【最高人民法院裁判文书】

山西省煤炭运销集团临汾乡宁有限公司与中国东方资产管理公司太原办事处保证合同纠纷案[最高人民法院(2015)民申字第625号民事裁定书]

裁判要点:根据《担保法解释》第二十八条规定,保证人免除保证责任的事由仅限于保证人与债权人之间事先约定仅对特定债权人承担保证责任或禁止债权转让这两种情形。债权人与债务人之间就协议变更借款合同除贷款利率以外的其他内容所作约定,不符合上述免除保证责任的法定条件。

最高人民法院认为:《担保法解释》第二十八条规定:"保证期间,债权人依法将主债权转让给第三人的,保证债权同时转让,保证人在原保证担保的范围内对受让人承担保证责任。但是保证人与债权人事先约定仅对特定的债权人承担保证责任或者禁止债权转让的,保证人不再承担保证责任。"依该规定,保证人免除保证责任的事由仅限于保证人与债权人之间事先约定仅对特定债权人承担

保证责任或禁止债权转让这两种情形,而诉争保证条款约定是对债权人与债务人之间就协议变更借款合同除贷款利率以外的其他内容所作约定,并不符合上述免除保证责任的法定条件。故本案债权转让后,煤炭公司应继续承担保证责任。

——人民法院出版社法规编辑中心编:《最高人民法院裁判观点精编(2014～2015)》,人民法院出版社2016年版,第415～416页。

五、保证人的追偿权

1353

保证人追偿权的行使

关键词 | 保证人追偿权 |

【最高人民法院司法解释】

云南省高级人民法院：

你院云高法〔2002〕160号《关于已经承担了保证责任的保证人向保证期间未被主张保证责任的其他保证人行使追偿权是否成立的请示》收悉。经研究，答复如下：

根据《中华人民共和国担保法》第十二条的规定，承担连带责任保证的保证人一人或者数人承担保证责任后，有权要求其他保证人清偿应当承担的份额，不受债权人是否在保证期间内向未承担保证责任的保证人主张过保证责任的影响。

——《最高人民法院关于已承担保证责任的保证人向其他保证人行使追偿权问题的批复》(2002年11月23日，法释〔2002〕37号)

第四十二条 人民法院判决保证人承担保证责任或者赔偿责任的，应当在判决书主文中明确保证人享有担保法第三十一条规定的权利。判决书中未予明确追偿权的，保证人只能按照承担责任的事实，另行提起诉讼。

保证人对债务人行使追偿权的诉讼时效，自保证人向债权人承担责任之日起开始计算。

——《最高人民法院关于适用〈中华人民共和国担保法〉若干问题的解释》(2000年12月8日，法释〔2000〕44号)

【最高人民法院审判业务意见】

为进一步明确有关担保人行使追偿权上的相关内容，2001年5月23日最高人民法院民二庭庭务会议集中研究了担保人的追偿权问题。现将研究内容归纳如下。

（一）追偿权的权利人和义务人。根据《担保法》第三十一条、第五十七条以及《担保法解释》第九条的规定，享有追偿权的权利人是担保人，包括保证人和物上保证人（即为债务人提供抵押物、质物或出质权利的第三人），以及依法承担了过错赔偿责任的无效担保人。《担保法解释》第九条规定："担保人因无效担保合同向债权人承担赔偿责任后，可以向债务人追偿，或者在承担赔偿责任的范围内，要求有过错的反担保人承担赔偿责任。"无效担保的担保人承担的赔偿责任，性质上属于缔约过失责任，在《担保法解释》制定过程中，也有人主张过错责任是当事人因其自身的过错而承担的责任，不应再向他人追偿，只有代为履行、债务代偿，才存在向最终义务人追偿的问题，承认过错责任可以追偿，不符合过错责任的理论。这种主张虽有一定的道理，但是司法解释没有采纳这种意见。因为担保人承担的责任是原属于债务人的责任，债务人是本位上的责任人或者最终责任人。担保人因其允诺承担责任，此种责任仍然具有约定责任的性质，或者说无效担保人的责任兼有过错责任和约定责任的双重性质。即，作为缔约过失责任的一种，无效担保人的过错是决定其在担保无效时继续承担责任的根据，但这种根据只是确定担保人承担一定的代最终债务人清偿债务的根据，担保人承担的责任仍具有代偿责任的性质，因此在理论上也可以自足。另外，责任与权利相比通常不成比例，即便在担保无效时，无效担保人的责任也很可观。如果不允许担保人向义务人追偿，不符合公平原则的要求。追偿权的义务人类型比较复杂，需要区别不同的情况，大体有如下情况：1. 债务人，债务人永远是追偿权行使的对象；2. 连带债务人，在有连带债务的情况下，比如债权人有两个以上的连带债务人时，连带债务人成为追偿权的义务人；3. 反担保人，担保人行使追偿权既可以向债务人行使，也可以向反担保人行使。根据《担保法解释》第九条的规定，承担无效担保责任的也可以向有过错的反担保人行使追偿权；4. 共同担保人，在有共同担保的情况下，承担了全部担保责任的担保人，除可以向债务人行使追偿权外，也可以要求其他共同担保人分担担保责任。这一权利也属于追偿权的性质。《担保法解释》第三十八条对此有明确规定。

（二）追偿权行使条件。担保人行使追偿权需要以实际承担了担保责任或赔偿责任（特指无效担保）为前提，《担保法》第三十一条、第五十七条和《担保法解释》第九条有明确规定。因此，追偿权属于未来可行使的权利，权利行使受条件制约，也可以称之为附条件的权利。担保人的追偿权行使范围在担保人实际承担责任前为不确定，并仅在实际承担责任时确定。例外情形是当债务人进入破产程序后(以债务人的破产申请被人民法院受理为进入破产程序判断标准),担保人可以预先行使追偿权。担保人在实际承担责任前,即可以以未来应承担的责任为依据向人民法院申报债权,不以是否已实际承担责任为条件。担保人对反担保人行使追偿权与对债务人行使追偿权的条件相同,反担保人对担保人实际承担的债务承担反担保责任。但承担赔偿责任的无效担保人对反担保人行使追偿权,需要以反担保人有过错为条件,仅凭无效担保人已为债务人实际承担债务这一事实还不足以要求反担保人承担反担保责任。至于担保人要求反担保人分担责任的问题,则较为复杂。首先需要明确的是反担保人在什么情况下应当分担担保人的责任,也就是反担保人责任的构成要件;其次是反担保人分担责任的份额,也就是反担保人的责任范围。具体来说:1. 关于反担保人责任的构成要件。根据《担保法解释》,反担保人责任的构成要件是由于反担保人有过错和担保人实际承担了赔偿责任两项。司法解释第九条表述为"担保人……在承担赔偿责任的范围内,要求有过错的反担保人承担赔偿责任"。反担保合同是担保合同的从合同,担保合同无效,反担保合同也无效,所以,担保人承担的责任是缔约过失责任,反担保人的责任也只能是缔约过失责任,反担保人也只有在有过错时才有责任。换言之,反担保人如果没有过错,即便担保人有过错,反担保人也不承担责任。至于反担保人的过错情形,应当和担保人的过错情形相同,即:反担保人明知主合同无效仍为之提供担保,或反担保人明知主合同无效仍促使担保合同成立,或为担保合同的签订作中介等。2. 关于反担保人的责任范围。《担保法解释》规定以担保人的责任范围为限。在这个限度内,反担保人具体承担多大的责任,则视案件的实际情况定。但担保人承担的责任不宜全部由反担保人承担,在无效担保的情况下,担保人和反担保人均因自身过错承担责任,从这个角度出发,反担保人分担担保人所承担的部分责任而非全部责任比较公平。比如,无效担保人因其过错承担债务人未能清偿的主债权部分的1/3,反担保人则承担担保人所承担的1/3的一半比较适合。共同担保中一个担保人向另一个担保人追偿,则以该担保人实际承担达到责任份额大于其应当承担的份额为条件,比如承担了80%债务的保证人可以向仅承担了20%债务的连带共同保证人行使追偿权,追偿范围限于其多承担的30%债务。如果该保证人仅承担了50%的债务,则不享有向共同担保人的追偿权,不能要求另一保证人负担其中的25%。对同一债权有多个担保人的,如果其中有的担保属于无效担保,那么由于有效担保与无效担保之间不构成共同担保关系,不能适用《担保法解释》第三十八条关于共同担保人之间的追偿权的规定,则有效担保人与无效担保人相互之间无追偿权。

（三）人民法院对追偿权的确认方式。《担保法解释》第四十二条规定："人民法院判决保证人承担保证责任或者赔偿责任的，应当在判决书主文中明确保证人享有担保法第三十一条规定的权利。判决书中未予明确追偿权的，保证人只能按照承担责任的事实，另行提起诉讼。"据此，人民法院在保证纠纷案件的裁判中，可以根据保证人的请求，对保证人或承担赔偿责任的无效保证人的追偿权与保证人所承担的保证责任或赔偿责任一并裁决。

当然，只有在债权人将债务人和保证人作为共同被告一并起诉的保证纠纷案件中，以保证人提出请求为前提，人民法院才可能对保证责任、赔偿责任与保证人的追偿权一并裁判。落实到裁判文书中，人民法院在判决主文中先明确保证人承担保证责任或者赔偿责任，然后再裁判保证人对债务人或其他追偿权的义务人享有的追偿权。在裁判中将保证人的追偿权预先一并以判决的形式固定化，可以减少当事人的诉累，符合诉讼效益原则。

虽然《担保法解释》第四十二条针对的是保证人的追偿权，但该处理方法当然也可以适用于对物上保证人追偿权的处理，人民法院在共同诉讼中，可以根据物上保证人的请求，在裁判中明确物上保证人享有的追偿权。在不是共同诉讼的担保纠纷案件中，或担保人未提出追偿权请求的，人民法院不能在同一判决中对担保人的追偿权予以裁判。担保人此后行使追偿权属于另一法律关系，需要另行提起诉讼。

（四）主债权已过诉讼时效时担保人追偿权的行使。主债权已过诉讼时效的，根据《民法通则》的规定，债务人享有时效完成的抗辩权，债权人对债务人丧失胜诉权。《担保法》第二十条规定："一般保证和连带责任保证的保证人享有债务人的抗辩权。债务人放弃对债务的抗辩权的，保证人仍有权抗辩。"据此，当主债权已过诉讼时效的，保证人也享有抗辩权，债权人对保证人也不能胜诉。但抗辩权属于当事人享有的民事权利，法律不限制当事人放弃对抗辩权的行使，所以当债务人或保证人放弃行使时效完成的抗辩权的，债权人又重新获得胜诉权。最高人民法院在1997年和1999年分别制定了两个司法解释，即法复〔1997〕4号《关于超过诉讼时效期间当事人达成还款协议是否应当受法律保护问题的批复》和法释〔1999〕7号《关于超过诉讼时效期间借款人在催款通知单上签字或者盖章的法律效力问题的批复》是对债务人放弃时效完成抗辩权的解释。《担保法解释》第三十五条关于"保证人对已经超过诉讼时效期间的债务承担保证责任或者提供保证的，又以超过诉讼时效为由抗辩的，人民法院不予支持"的规定，是对保证人放弃行使时效完成抗辩权的规定。然而，当保证人放弃时效完成的抗辩权，而债务人并不放弃该抗辩权的,保证人对已过时效的债务承担了责任后,是否享有对债务人的追偿权成为问题。一种意见认为,保证人的追偿权属于“代位求偿权”的范畴,债权人对债务人因诉讼时效完成而不能胜诉,保证人自愿清偿债务后,因被代位的债权没有胜诉权,追偿权是对原债权的代位,则保证人对债务人的追偿权也不能胜诉。另一种意见认为,保证人的追偿权属于债权请求权的性质,应当作为一项单独的新权利对待,不宜归入“代位求偿权”的范畴。该权利因《担保法》第三十一条的规定称之为追偿权,其诉讼时效应当单独计算。庭务会议在讨论时一致认为,应当将《担保法》规定的保证人的追偿权作为一项独立的请求权对待,其诉讼时效应当单独计算。理由是:1. 根据《担保法》的规定,“保证人承担保证责任后,有权向债务人追偿”,该追偿权性质上属于债权请求权,法律并未限定其性质为“代位求偿权”。该权利诉讼时效的计算,《担保法解释》第四十二条有明确规定,追偿权的诉讼时效“自保证人向债权人承担责任之日起开始计算”。2. 主债权已过诉讼时效后,债权人对债务人丧失胜诉权,但债务人并不免责,债权本身并不消灭,保证人自愿为债务人清偿债务,属于债权人通过自救的方法实现债权,法律对此不仅不限制,而且该行为还受法律保护。《民法通则》第一百三十八条和《担保法解释》第三十五条均有规定。3. 从民法公平原则出发,保证人在自愿履行诉讼时效完成的债务后,如果不支持保证人在此种情况下对债务人的追偿权,明显对保证人不公,也实际上是对违背诚实信用行为的鼓励。

物上保证人对已过诉讼时效的债务承担物上保证责任后,有权向债务人追偿。因为根据《担保法解释》第十二条的规定,“担保物权所担保的债权的诉讼时效结束后,担保权人在诉讼时效结束后的二年内行使担保物权的,人民法院应当予以支持”。据此,物上保证人在承担担保责任上不受所担保债权的诉讼时效的影响,物上保证人不享有主债权诉讼时效的抗辩权,因此,物上保证人在承担担保责任后,依法取得对债务人的追偿权,该追偿权为独立请求权,诉讼时效单独计算。

——曹士兵整理:《关于担保人的追偿权》,载李国光主编、最高人民法院民事审判第二庭编:《经济审判指导与参考》第4卷,法律出版社2001年版,第76~82页。

【链接:最高人民法院法官著述】

保证人的追偿权属于债权请求权,因此也受诉讼时效的限制……保证人追偿权成立不以保证人实际承担保证责任为前提,但保证人行使追偿权须以其实际履行保证责任为条件,与此对应,保证人追偿权的诉讼时效也从其实际履行保证责任之时起算,体现实体权利与时效限制同时产生的原则。

——曹士兵:《中国担保制度与担保方法》(第三版),中国法制出版社2015年版,第140页。

1. 保证人对诉讼时效届满的债务承担保证责任的,属于保证人对原来担保的债务在诉讼时效届满后自愿履行清偿义务,依据《担保法》第三十一条的规定,保证人向债务人追偿的条件即保证人承担保证责任,法律对主债务是否超过诉讼时效没有要求,因此,应当从鼓励诚信角度出发,肯定保证人享有对债务人的追偿权。此外,保证人的追偿权与原债务并不具有同一性,因追偿权产生的保证人对债务人的债权可以视为新的债权,《担保法解释》第四十二条第二款规定的“保证人对债务人行使追偿权的诉讼时效,自保证人向债权人承担责任之日起开始计算”,也有将追偿债务作为新的债权对待的意思。

——曹士兵:《中国担保制度与担保方法》(第三版),中国法制出版社2015年版,第169页。

编者说明

关于担保人的追偿权问题,最高人民法院的主流观点主要体现在前述司法解释、答复、经济庭庭推精要和相关著述上,具体来说:第一,享有追偿权的担保人,包括保证人和物上保证人(即为债务人提供抵押物、质物或出质权利的第三人),以及依法承担了过错赔偿责任的无效担保人;追偿权的义务人包括债务人、连带债务人、反担保人和共同担保人。第二,担保人的追偿权行使范围在担保人实际承担责任前为不确定,并仅在实际承担责任时确定,但当债务人进入破产程序后,担保人可以预先行使追偿权。第三,法院在保证纠纷案件的裁判中,可以根据保证人的请求,对保证人或承担赔偿责任的无效保证人的追偿权与保证人所承担的保证责任或赔偿责任一并裁决。第四,保证人对时效届满的债务承担保证责任后,有权向债务人清偿,债务人以被担保债权已过时效为由拒绝保证人追偿的,法院不予支持。第五,保证人向其他连带共同保证人行使追偿权,不受保证期间的影响,债权人即使未在保证期间内向其他共同保证人主张过权利,保证人在承担了保证责任后也有权向其他共同保证人追偿。第六,连带保证责任人承担保证责任后一般应当通过审判程序确定向主债务人追偿的数额,不能依原执行依据直接申请执行被保证人,但有例外,即法院已经对主债务人与连带责任人之间的纠纷进行了一并审理,执行依据对追偿数额的判决具体并且确定,连带责任人就可以在承担责任后直接向法院申请对追偿额的执行。

1354

保证人可以行使主债务诉讼时效完成的抗辩，没有行使该抗辩权而履行了保证责任后向债务人行使追偿权的，不予支持

关键词｜诉讼时效抗辩｜保证人追偿权｜

【最高人民法院答复】

天津市高级人民法院：

你院津高法〔2001〕96号《关于保证合同约定的保证期间超过诉讼规定的两年，超过部分是否有效的请示》收悉。经研究，答复如下：

一、保证约定的保证期间超过两年的主债务诉讼时效期间的，应当认定该约定有效。连带责任保证的保证人应当在保证期间内承担连带保证责任。

二、主债务在诉讼时效期间内，发生中断或者连续中断的，连带责任保证的保证人应当在保证合同约定的保证期间内承担保证责任。

三、主债务诉讼时效完成后，债权人在保证合同约定的保证期间内向连带责任保证的保证人主张权利的，保证人可以行使主债务诉讼时效完成的抗辩权。保证人没有行使主债务时效完成的抗辩权而履行了保证责任后，向债务人行使追偿权的，人民法院不予支持。

——《最高人民法院关于保证合同约定的保证期间超过两年诉讼时效是否有效的答复》(2005年6月8日，〔2001〕民二他字第27号)

六、以贷还贷与保证责任

1355

确定保证人在以贷还贷案件中承担民事责任的一般原则

关键词 | 以贷还贷 | 保证责任 |

【最高人民法院司法解释】

第三十九条 主合同当事人双方协议以新贷偿还旧贷，除保证人知道或者应当知道的外，保证人不承担民事责任。

新贷与旧贷系同一保证人的，不适用前款的规定。

第四十条 主合同债务人采取欺诈、胁迫等手段，使保证人在违背真实意思的情况下提供保证的，债权人知道或者应当知道欺诈、胁迫事实的，按照担保法第三十条的规定处理。

第四十一条 债务人与保证人共同欺骗债权人，订立主合同和保证合同的，债权人可以请求人民法院予以撤销。因此给债权人造成损失的，由保证人与债务人承担连带赔偿责任。

——《最高人民法院关于适用〈中华人民共和国担保法〉若干问题的解释》（2000 年 12 月 8 日，法释〔2000〕44 号）

【最高人民法院审判业务意见】

最高人民法院经济庭庭务会在讨论中一致认为，由于以贷还贷使得原来没有担保的债权变成了有担保的债权，原来的债权可能是个死账，所以要考虑保护担保人的利益。从讨论总结的情况分析，对以贷还贷的保证责任可以区别以下情况分别处理：

1. 在旧贷与新贷均有保证人，且保证人为同一人的情况下，保证人原则上应当承担保证责任。在审判实践中，有的法院在判决中认定，对前一份借款合同，因贷款人已经用新贷款还了旧贷，因而保证人对旧贷已经免除了保证责任；对后一份借款合同,因属于债权人与债务人合意以贷还贷,保证人在不知情的情况下出具的保证,双方改变了贷款的实际用途,损害了保证人的利益,因而保证人对新贷款也免除保证责任。庭务会在讨论中认为,这样认定是不合适的。原因是,在新贷和旧贷是同一个保证人的情况下,由于债务人用新贷款还了旧贷款,从而免除了保证人对旧贷的保证责任,保证人承担的风险和责任就只是针对新贷款的,较之债务人按照实际贷款用途使用新贷款产生对保证人的风险和责任要小。比如,债务人按照实际贷款用途使用新贷,而不是以贷还贷,如资金不能收回,则旧债未了又出新债,保证人要承担对旧贷和新贷两笔贷款的保证责任。由此,改变贷款用途以贷还贷的,对保证人的不利影响很小,因而,保证人无论是否知晓债权人与债务人搞以贷还贷,均应承担对后一份贷款的保证责任。从公平的角度看,对保证人也不会有什么不公平的结果。

2. 在旧贷没有担保或旧贷与新贷的保证人不是同一人的情况下,新贷的保证人如果不知道主合同双方当事人在搞以贷还贷的,应当按照《担保法》第三十条第一款关于骗保的规定,免除保证人的保证责任。因为在这种情况下的以贷还贷,不仅是债权人与债务人串通实际变更主合同的贷款用途,未征得保证人的同意,而且保证人承担保证的可能是一笔死账。原本就不能收回了,还让保证人出具保证,明显对保证人不公。让保证人在这种情况下还要承担保证责任,有违民法上的公平原则。

3. 如果主合同写明是以贷还贷的,或者金融机构、债务人能够提供证据证明保证人知道以贷还贷的事实还提供担保的,保证人仍然要承担保证责任。

主合同确属以贷还贷的,对于如何证明保证人知道或不知道主合同以贷还贷的举证责任问题,讨论中认为:保证人主张不知道主合同双方在搞以贷还贷的,应当举证。保证人的举证责任就是举主合同这个书证,因为主合同没有写明以贷还贷,因而,保证人不知。如果金融机构或债务人主张保证人知道以贷还贷的情况并提供保证的,应当由金融机构或债务人举证。如经济庭曾经遇到的一个以贷还贷的案件,债权人、债务人、保证人对以贷还贷在贷款前就开会作过协商,有会议纪要,三方都有签字。这个纪要就是一个有效证据。如果金融机构或债务人不能对自己的主张举证的,应当认定保证人不知主合同以贷还贷的事实。

——曹士兵整理:《关于以贷还贷》,载李国光主编、最高人民法院经济审判庭编:《经济审判指导与参考》第1卷,法律出版社1999年版,第224~227页。

编者说明

本题起从最高人民法院的审判业务意见和案例中梳理出的若干个关于以贷还贷及保证人责任的司法观点。根据本书的体例安排，有关以贷还贷效力认定的内容置于借款合同一章中；有关以贷还贷保证人责任的问题置于本章中。

就以贷还贷对保证人的影响来说，依据前述《担保法解释》和最高人民法院的倾向性观点，可以区分以下三种情况确定保证人的责任：一是在旧贷没有担保或旧贷与新贷的保证人不是同一人的情况下，新贷的保证人如果不知道主合同双方当事人以贷还贷的，免除保证责任；二是在旧贷与新贷均有保证人，且保证人为同一人的情况下，保证人应当承担保证责任；三是主合同写明是以贷还贷，或者金融机构、债务人能够提供证据证明保证人知道以贷还贷仍然提供担保的，保证人应当承担保证责任。最高人民法院审理的相关案件，在确定保证人民事责任的问题上就体现了上述裁判规则。

1356

以贷还贷应限于同一债权人与债务人之间发生的新旧贷款关系

关键词 | 以贷还贷 |

【最高人民法院裁判文书】

河南雅源香精香料股份有限公司与舞阳县农村信用合作联社等抵押合同纠纷申请再审案［最高人民法院(2015)民申字第2328号民事裁定书］

最高人民法院认为：一、《担保法解释》第三十九条规定的“以新贷偿还旧贷”的情形，应限于同一债权人与债务人之间发生的新、旧贷款关系。本案中的出借方舞阳信用社与郾城信用社、借款人汇通公司与雅源公司均为独立法人，且涉及不同的借款法律关系，不符合该规定的适用条件。故雅源公司关于汇通公司与舞阳信用社的抵押担保借款合同实际上是以新贷偿还旧贷，雅源公司对此并不知情，依照《担保法解释》第三十九条的规定，其不应承担担保责任等申请理由不能成立。

——中国裁判文书网，http://wenshu.court.gov.cn。

1357

主债务人和债权人串通或隐瞒真相，以贷还贷骗取保证人担保的，保证人不应承担担保责任

关键词｜以贷还贷｜骗取保证｜担保责任｜

【最高人民法院答复】

本案浦东分行和申浦公司签订《外汇借款合同》，是双方真实意思表示，不违背法律、法规的禁止性规定，可认定为有效。申浦公司以开展进出口业务为名，骗取三泷公司为其借款担保，将短期外汇借款用于向浦东分行偿还为案外人巨龙公司的担保之债；浦东分行明知该项贷款的实际用途，但其签订担保合同时没有告知保证人三泷公司，亦不能举证三泷公司明知借贷双方“以贷还债”，应认定主合同双方当事人恶意串通，欺骗保证人。根据《担保法》第三十条第一款的规定，三泷公司对申浦公司偿还浦东分行的担保债务部分，不承担民事责任。

——《最高人民法院关于上海三泷房地产开发有限公司与中国建设银行上海市浦东分行、上海申浦对外技术投资总公司借款合同纠纷一案的复函》（2000 年 1 月 1 日，〔2000〕经他字第 7 号）

【《最高人民法院公报》案例】

中国工商银行青岛市市北区第一支行诉青岛华悦物资发展公司、青岛海尔空调总公司、青岛海尔集团总公司借款合同担保纠纷案

最高人民法院认为：被上诉人华悦公司与被上诉人工商支行签订的借款合同是一份虚假合同。工商支行没有依此合同将款贷给华悦公司；华悦公司亦没有实际得到和支配该合同项下的 800 万元借款。该项贷款名为华悦公司“购房”款，实为工商支行用于内部平账、以贷堵漏、转嫁经济损失为目的。双方签订的借款合同，属于《民法通则》第五十八条第一款第（四）、第（七）项规定的“恶意串通，损害国家、集体或者第三人利益”和“以合法形式掩盖非法目的”的无效民事行为，不应受到法律保护。对于无效民事行为的法律后果，应由工商支行自行承担。工商支行根据借款合同提出的诉讼请求，予以驳回；华悦公司此前所欠工商支行的 800 万元本息，由于该公司已被工商行政管理部门依法注销，应

由工商支行另行追偿。华悦公司和工商支行隐瞒事实真相,“借新还旧”骗取上诉人空调公司在违背其真实意思表示的情况下进行担保,依照《担保法》第三十条第(一)项关于“主合同当事人双方串通,骗取保证人提供保证的”“保证人不承担民事责任”的规定,空调公司不应对本案“借款”承担担保责任。空调公司关于华悦公司、工商支行欺骗担保人,担保人不应承担担保责任的上诉理由成立,应予支持。因空调公司是企业法人,且不应对本案债务承担担保责任,工商支行提出的关于海尔集团对空调公司担保的债务应当承担连带责任的主张,不能成立。

——《最高人民法院公报》1997 年第 4 期

【最高人民法院裁判文书】

沈阳安运集团有限公司与中国农业银行沈阳市中山支行、沈阳兴客巴士有限公司、沈阳客运集团公司借款担保合同纠纷案[最高人民法院(2007)民二终字第 193 号民事判决书]

最高人民法院认为:本案款项系为落实沈阳市政府决定对客运集团的汽车进行更新改造项目而发生的,实际借款人和资金使用人应认定为客运集团。客运集团成立兴客巴士公司并以兴客巴士公司的名义与中山支行签订本案借款合同,系为贯彻农总行对项目贷款进行“封闭运行”的管理要求,本案虽然存在中山支行与兴客巴士公司签订的借款合同,借贷双方均明知实际借款人为客运集团,中山支行为客运集团提供贷款,落实和完成的是沈阳市政府对客运集团的汽车改造项目,客运集团和中山支行在安排本案借款时,双方对此均是明知的。没有证据表明,中山支行与客运集团为上述贷款安排借款担保,以及兴客巴士公司与安运集团签订本案保证合同时,曾将贷款背景及借款实际用途和实际使用人的情况向安运公司明确告知,安运公司关于其提供担保的意思表示错误的主张有事实依据。安运公司在与中山支行签订本案担保合同时承诺担保兴客巴士公司的债务,根据担保债务是针对特定主债务的从属债务的基本法律特点,安运公司承诺担保的债务人与中山支行实际贷款的债务人客运集团亦不对应。根据《担保法》第三条关于“担保活动应当遵循平等、自愿、公平、诚实信用的原则”之规定,应当认定本案两份《保证合同》无效。根据《担保法》第三十条关于“主合同当事人双方串通,骗取保证人提供担保的,保证人不再承担保证责任”的规定,安运公司对本案债务不应承担担保责任。

——最高人民法院民事审判第二庭编:《最高人民法院商事审判指导案例·借款担保卷》,中国法制出版社 2011 年版,第 766～773 页。

1358

新贷保证人不知道主合同以贷还贷的，不承担保证责任

关键词｜以贷还贷｜保证责任｜

【最高人民法院审判业务意见】

在旧贷没有担保或旧贷与新贷的保证人不是同一人的情况下,新贷的保证人如果不知道主合同双方当事人在搞以贷还贷的,应当按照《担保法》第三十条第一款关于骗保的规定,免除保证人的保证责任。因为在这种情况下的以贷还贷,不仅是债权人与债务人串通实际变更主合同的贷款用途,未征得保证人的同意,而且保证人承担保证的可能是一笔死账。原本就不能收回了,还让保证人出具保证,明显对保证人不公。让保证人在这种情况下还要承担保证责任,有违民法上的公平原则。

——曹士兵整理:《关于以贷还贷》,载李国光主编、最高人民法院经济审判庭编:《经济审判指导与参考》第 1 卷,法律出版社 1999 年版,第 226 页。

【最高人民法院裁判文书】

湖州市八里店镇资产经营公司与中国长城资产管理公司杭州办事处、湖州市升山建筑工程有限公司等借款合同纠纷提审案[最高人民法院(2006)民二提字第 20 号民事判决书]

裁判摘要:金融机构作为债权人与新贷款人约定以新贷偿还新贷款人关联公司的旧贷,其性质仍然是“以贷还贷”。旧贷和新贷系同一保证人的,保证人仍应承担保证责任;旧贷和新贷不是同一保证人的,除新贷的保证人知道或者应当知道的外,保证人不承担民事责任,证明保证人知道或者应当知道“以贷还

贷”的举证责任，应由债权人和债务人承担。

最高人民法院再审认为：湖州农行与光耀公司之间的贷款行为，其行为性质是以贷还贷。根据本案查清的事实，湖州农行以另贷200万元人民币给光耀公司作为条件，由光耀公司向湖州农行贷款309万美元无偿划转给制品公司，再由制品公司偿还其原来所借湖州农行已经到期的贷款。这一行为是由湖州农行策划、光耀公司和制品公司配合共同实施的，其目的是使制品公司已经无法偿还的到期债务通过以贷还贷行为，由新贷的担保人偿还，最终变成可以实现的债权。光耀公司无偿划款给制品公司由其还债的行为不是单纯和独立的民事关系，而是湖州农行、光耀公司、制品公司为了完成以贷还贷目的的整个行为过程中的一个环节。

我国现行法律、行政法规对以贷还贷行为没有限制性的规定，湖州农行与光耀公司签订的借款合同是双方当事人的真实意思表示，原审认定有效是正确的。由于以贷还贷使得原来没有担保或其他人担保的债权变成了有担保的债权，使“死账”变成了可以实现的债权，在本案中，由于存在债权人湖州农行和债务人恶意将债务风险转移给原来没有提供担保的担保人的情形，故担保合同不是担保人的真实意思表示，本案的担保合同应当认定无效。

制品公司旧贷的担保人不是经营公司和钢管厂，在主合同上的贷款用途明确是周转资金，根据《担保法解释》第三十九条第一款的规定，经营公司、钢管厂如果知道或应当知道湖州农行和光耀公司进行以贷还贷，则其担保责任不能免除。但证明经营公司知道或应当知道中国农业银行湖州市分行和光耀公司进行“以贷还贷”的举证责任应该由湖州农行（具体到本案应该是长城杭办）和光耀公司承担。本案借款经办人耀华集团原财务部经理夏晓雄、耀华集团总经理温德法在本案二审作证时称，当时并未告知经营公司、建筑公司309万美元的贷款是替制品公司还贷的事实。原审认定经营公司不能免除担保责任的理由是经营公司应当知道担保行为产生的风险和其与光耀公司的关联关系使它具有了解光耀公司、制品公司经营及负债情况的便利条件。从法律上讲，是否知道是一种事实状态，而是否应该知道是一种对义务人认知的推定。应当知道风险和应当知道“以贷还贷”是完全不同的两个问题。认定经营公司是否应当知道农行给光耀公司贷款是为了“以贷还贷”，应该结合本案的证据、事实和担保人与被担保人之间的相互关系等情况进行综合分析。经营公司担保的贷款用途虽然载明是“周转资金”，但并不意味着，光耀公司将贷来的款无偿划给制品公司还债包括在经营公司担保的真实意思表示中。因为光耀公司与制品公司划转款项的行为是违法的，作为民事法律关系的当事人，基于诚信原则，经营公司不可能将光耀公司违法使用贷款的行为事先考虑到。从关联关系上看,经营公司和光耀公司是各自独立的企业法人。湖郊经字〔87〕第251号文件的内容反映经营公司是按照镇企分开、经营权与所有权分离、建立资产经营责任制原则所成立的乡政府领导下管理乡办企业集体资产的企业法人。光耀公司是中外合资企业,显然不包括在经营公司"管理乡办企业集体资产"的范围。至于经营公司是否有条件了解案外人制品公司的资产负债情况与经营公司为光耀公司提供保证更是没有关系。而湖州农行本身作为债权人和金融机构,监督和了解借款人资金使用情况既是其权利又是其义务,但其为了达到救活无法收回的旧贷的目的,却与光耀公司商议实施以贷还贷行为。在这种情况下,原审仅以担保人有条件了解光耀公司、制品公司的经营情况为由,推定经营公司应当知道湖州农行和光耀公司搞以贷还贷,并判令经营公司承担担保责任,缺乏事实依据并显失公平。

2000年3月20日湖州农行将本案债权转让给长城杭办,并于同年5月7日向债务人与保证人发出债权转移确认书,保证人在"债权转移确认书"盖章签收的行为,只是表明知道了其担保的债权已经由湖州农行转移给了长城杭办这一事实。长城杭办受让债权后通知债务人及其担保人,即取得了对债务人及其担保人主张债权的权利,该债权转让行为的效力不受债务人、保证人是否确认债权的影响。《合同法》第八十二条规定:"债务人接到债权转让通知后,债务人对让与人的抗辩,可以向受让人主张。"本案保证人经营公司在发现原债权人、债务人恶意骗保的情况下,有权利拒绝向债权人履行保证义务。在债权转让后,可以拒绝向受让人履行保证义务。原审以经营公司已经确认转让债权行为,即不可免除保证责任的认定,没有法律依据。保证人盖章签收债权转移确认书的行为也不意味着在长城杭办与保证人之间重新成立新的担保合同。长城杭办关于经营公司向长城杭办出具"担保函"后双方产生新的担保关系的主张,没有法律依据,本院不予支持。

——江必新主编、最高人民法院审判监督庭编:《审判监督指导》总第24辑,人民法院出版社2008年版,第134~143页。

编者说明

根据《担保法解释》第三十九条的规定,在以贷还贷案件中旧贷没有担保或旧贷与新贷的保证人不是同一人的情况下,新贷的保证人如果不知道主合同双方当事人以贷还贷的,应当按照《担保法》第三十条第一款关于骗保的规定,免除保证人的保证责任。

1359

主债务人存在未还旧贷、保证人多年提供担保以及与保证人隶属一个主管部门等事实，均不能推定保证人知道或者应当知道以贷还贷

关键词 | 以贷还贷 | 保证人 |

【最高人民法院裁判文书】

河北辛集化工集团有限责任公司与浙江亚商投资管理有限公司保证合同纠纷案[最高人民法院(2014)民提字第220号民事判决书]

最高人民法院认为:(三)本案所涉借款是否属于借新还旧,保证人应否免除担保责任。《担保法解释》第三十九条规定:“主合同当事人双方协议以新贷偿还旧贷,除保证人知道或者应当知道外,保证人不承担民事责任。新贷与旧贷系同一保证人的,不适用前款的规定。”本案中,辛集化工公司为主债权人辛集支行与主债务人汽缸盖厂的七份借款合同(即1997年22号、1998年19号——23号、1999年7号借款合同)项下的1536万元债务承担保证责任。上述七笔借款合同中写明的借款用途分别为购原材料、原材料或生产周转。根据工商银行分户账、归还贷款付款凭证以及汽缸盖厂财务凭证等证据载明的事实,上述七笔贷款,除1998年22号借款合同项下的250万元归还辛集市财政局外,其余均归还了汽缸盖厂对辛集工行的旧贷。在借新还旧的情形下,亚商公司主张保证人承担保证责任,需依据《担保法解释》第三十九条的规定,证明保证人辛集化工公司知道或者应当知道借新还旧的事实或者新贷与旧贷的保证人均系辛集化工公司。在再审审理过程中,亚商公司据以主张辛集化工公司知道或者应当知道借新还旧的事实的理由主要是在1998年4月份,辛集化工公司为原债务人提供连带保证时,辛集化工公司已经知道或应当知道原债务人在原债权人处有逾期贷款未还;本案所涉借款自借款当时到债权人起诉的七八年中,辛集化工公司作为保证人多次为同一债务人向不同的债权人提供保证,从未进行过关于保证责任问题的质疑或抗辩,反而在汽缸盖厂破产后仍积极与新债权人协商保证责任承担问题;保证人与主债务人共同隶属于辛集市经济贸易局等。本院认为,2004年辛集化工公司给华融公司回函协商保证责任承担问题,是其在不知晓借新还旧事实情况下对保证责任承担问题的态度,不表明其知道或者应当知道借新还旧的事实。至于在提供担保之时,主债务人存在未还旧贷、保证人多年提供担保

以及保证人与主债务人均隶属于一个主管部门等事实，均不能推定保证人知道或者应当知道借新还旧事实。亚商公司亦无证据证明案涉债务之外的旧贷的保证人为辛集化工公司。因此，对于1998年22号借款合同之外的六份借款合同项下的主债务，辛集化工公司可以根据《担保法解释》第三十九条的规定免责。

——中国裁判文书网，http://wenshu.court.gov.cn。

1360

不能证明保证人知道或应当知道主合同当事人改变贷款用途以贷还贷的，保证人不应承担保证责任

关键词｜以贷还贷｜保证责任｜

【最高人民法院裁判文书】

武安市鼎鑫商务有限公司与武安市农村信用联社股份有限公司一般借款合同纠纷案[最高人民法院(2014)民提字第137号民事判决书]

最高人民法院认为：就本案争议的2000万元借款，各方《保证担保借款合同》约定的借款期限是2007年5月30日至9月13日。合同签订后，信用联社将该笔借款转入了诚奥公司活期存款账户，但诚奥公司并未按合同约定用途使用该款，而是一直将该款存放在活期存款账户中，其间还于2007年6月21日主动偿付利息7.15万元。同期，诚奥公司在本案借款合同签订之前，于同年5月17日申请信用联社出具过5张银行承兑汇票，票款共计4000万元，诚奥公司仅缴存保证金2000万元，该批汇票到期付款日为9月3日。至9月3日，信用联社将诚奥公司存于存款账户中的本案借款2000万元全额扣划用于支付了其承兑汇票项下的欠款。诚奥公司以“购买生铁”为名，申请了本案争议贷款，但其并未将该款投入生产经营，而是长期置于存款账户中并按期另行支付贷款利息，直至案外承兑汇票到期并被信用联社扣划，从诚奥公司和信用联社上述“贷款不用，等待扣划”的默契操作过程，可以认定诚奥公司申请本案贷款的目的是为了在案外汇票到期后归还汇票项下的欠款。信用联社与诚奥公司以“购买生铁”为名签订借款合同，并据此取得鼎鑫公司的保证，但是信用联社与诚奥公司的实际目的系将鼎鑫公司担保的借款归还已经实际发生的欠款，该行为性质上

符合本院《担保法解释》第三十九条规定的情形，即"主合同当事人双方协议以新贷偿还旧贷，除保证人知道或者应当知道的外，保证人不承担民事责任"。本案中，因并无鼎鑫公司知道或应当知道主合同当事人改变贷款用途的证据，故原二审判决认定鼎鑫公司不应承担保证责任正确，依法应予维持。

——中国裁判文书网，http://wenshu.court.gov.cn。

1361

欠款转贷款行为不能视为以贷还贷，不影响担保责任承担

关键词｜欠款转贷款｜以贷还贷｜担保责任｜

【最高人民法院裁判文书】

中国银行股份有限公司烟台分行与烟台开发区房地产有限公司、烟台经济技术开发区物资再生综合利用公司借款担保合同纠纷案［最高人民法院（2008）民提字第16号民事判决书］

裁判要旨：当事人将签订借款合同之前因申请信用证并支付后形成的欠款以借款合同的方式予以体现，从当事人行为的连续性和性质上看不能将当事人一次完整的借贷行为划分为分别具有独立性质的两次不同的借贷行为且借新还旧的，不影响担保人承担担保责任。

最高人民法院认为：本案争议的焦点在于房地产公司应否对再生公司在烟台中行的借款承担担保责任。

房地产公司在再生公司向烟台中行申请外汇贷款之前，应再生公司请求于1994年3月30日向烟台中行出具《不可撤销人民币担保书》，表明房地产公司自愿为再生公司向烟台中行申请外汇贷款300万美元本息所需之人民币资金担保。如该贷款到期，再生公司缺少人民币资金偿还贷款本息，不足部分，房地产公司在接到烟台中行书面通知5天内无条件地将该公司所需人民币资金付给烟台中行，此内容为房地产公司真实的意思表示，不存在违反法律规定应认定为无效或予以撤销的情形，应当由作出承诺的当事人予以履行。从本案事实整个过程看，借款人再生公司1994年4月1日向贷款人烟台中行递交了贷款申请书，要求借款金额300万美元用于进口钢材，用款期限1994年4月1日至6月30

日，确实得到烟台中行审查批准同意，烟台中行此后也是按照双方就借贷所达成的意愿积极协办对外开证等义务。尽管当时的烟台中行副行长刘云福、再生公司原法定代表人解永祥证言证明当时再生公司与烟台中行同时签订了正式的书面借款合同，但各方当事人均未能提供书面合同，因此，根据证据规则，不能认定借贷双方此时已经签订有直接的书面借款合同。再生公司 1994 年 4 月 17 日再次向烟台中行递交一份贷款进口保税钢材的申请报告，只是对 1994 年 4 月 1 日贷款申请书有关内容修改或者确认，贷款金额确定为 298 万美元。随后，烟台中行于 1994 年 4 月 22 日和 23 日向中国银行总行营业部分别出具担保函和进口付款保证书写明再生公司进口所需资金 298 万美元已经落实要求其对再生公司委托的外贸代理进口商对外开证并承诺责任，至 1994 年 6 月 28 日，中国银行总行在烟台中行已经向其出具有关手续情况下，通过对外开立的信用证从烟台中行开立的再生公司账户划付 2920680. 12 美元给国外出口商，从而再生公司此后获得相应货物所有权凭证提单及实际货物。尽管此时可以认为烟台中行向再生公司已经提供了其进口本案钢材所需的外汇货币并为其实际占有使用，但综观全案情况，再生公司对烟台中行实质上是先申请贷款对外支付，也即实际通过银行体系对外开立信用证并对外付款。待银行信用证对外支付之后，因再生公司并没有交付足额保证金还款，为解决此问题，再生公司与烟台中行通过 1994 年 9 月 19 日双方签订借款合同，将银行信用证已经对外支付而尚未偿还的款项转为借款并予以确认，而数额正好是 1994 年 6 月 28 日通过信用证对外付款金额，加上至 9 月 19 日的利息之和。此后，烟台中行在该借款合同到期后以此为依据向法院提起诉讼依法有据、合情合理。这种欠款转贷款的情况，在对外贸易活动中是常见的。此案实际上并无所谓第一份贷款合同，而是对外申请开具信用证并支付后形成的欠款。因此，1994 年 9 月 19 日烟台中行与再生公司签订的借款合同，不能简单地理解为是一份新的借款合同，而是借贷双方当事人通过 1994 年 9 月 19 日的借款合同将 1994 年 6 月 28 日信用证对外付款之后所形成的欠款以借款合同形式予以体现，从当事人行为的连续性及其性质上看不能将当事人一次完整的借贷行为，划分为分别具有独立性质的两次不同的借贷行为且借新还旧。本案再生公司与烟台中行之间实际就本案争议的钢材进口贸易只是发生一次借贷事实，并不存在借新还旧两次借贷情形，不存在后一笔借贷行为覆盖和取代了前一笔债务，不需要房地产公司对再生公司与烟台中行 1994 年 9 月 19 日借款合同重新表示确认其才继续承担担保责任的情形。况且，不论对本案中烟台中行与再生公司是否实际形成了两个借款法律事实如何理解，但对于担保人而言,并未加重其担保责任,房地产公司不能免除保证责任。这也是符合房地产公司 1994 年 3 月 30 日为再生公司向烟台中行申请外汇贷款 300 万美元提供担保出具担保函的本意的,该担保是对借款人再生公司本案该笔外汇贷款业务而言的,并未特指某一份贷款合同。1995 年 11 月 10 日,房地产公司与烟台中行重新签订《协议书》,其中约定房地产公司对烟台中行和再生公司之间于 1995 年 9 月 19 日签订的借款合同承担保证责任,虽然该《协议书》由于房地产公司未按约定将 800 万元存入烟台中行指定账户后而使之生效,但也体现了房地产公司对于其担保是为再生公司本案该笔外汇贷款业务进行担保是明知的,其意思表示也是明确的,即并非特定哪份具体的借款合同。

——最高人民法院民事审判第二庭编:《商事审判指导》总第 23 辑,人民法院出版社 2010 年版,第 188～190 页。

1362

借款人将贷款用于向其关联公司购买原材料，不构成以贷还贷，保证人仍应承担保证责任

关键词｜关联公司｜以贷还贷｜保证责任｜

【最高人民法院裁判文书】

盐城市东兴高效农业发展有限公司与中国民生银行股份有限公司盐城分行等金融借款合同纠纷申请再审案[最高人民法院(2015)民申字第 2820 号民事裁定书]

最高人民法院认为:《担保法》第三十条规定:“有下列情形之一的,保证人不承担民事责任:(一)主合同当事人双方串通,骗取保证人提供保证的;(二)主合同债权人采取欺诈、胁迫等手段,使保证人在违背真实意思的情况下提供保证的。”《担保法解释》第四十条规定:“主合同债务人采取欺诈、胁迫等手段,使保证人在违背真实意思的情况下提供保证的,债权人知道或者应当知道欺诈、胁迫事实的,按照担保法第三十条的规定处理。”根据一、二审查明的事实,2013 年 8 月 5 日,东兴公司召开股东会并形成股东会决议,同意为大宏纺织公司向民生银行盐城分行借款 3000 万元提供保证担保。2013 年 8 月 5 日、8 月 6 日,东兴公

司与民生银行盐城分行分别签订《保证合同》,为大宏纺织公司的贷款提供连带责任保证,不违反法律法规强制性规定,应为有效。民生银行盐城分行将案涉借款3000万元给付大宏纺织公司后,大宏纺织公司又转到天丝公司用于购买原材料,但法律并未禁止关联公司之间不能进行交易往来,东兴公司没有证据证明大宏纺织公司与民生银行盐城分行虚构贷款用途,实际是大宏纺织公司将案涉3000万元贷款用于"以贷还贷"。故二审判决认为大宏纺织公司和天丝公司即使存在关联关系,也不能证明两公司之间存在虚假交易和大宏纺织公司和民生银行盐城分行有骗取担保的行为,并无不当。

——中国裁判文书网,http://wenshu.court.gov.cn。

1363

"新增担保"的含义不能得出以贷还贷的意思表示

关键词 | 新增担保 | 以贷还贷 | 意思表示 |

【最高人民法院裁判文书】

焦作同心电缆有限公司与中原银行股份有限公司郑州农业路支行、焦作卓林数码材料有限公司保证合同纠纷申请再审案[最高人民法院(2016)最高法民申3474号民事裁定书]

最高人民法院认为:同心电缆公司与中原银行农业路支行签订的《最高额保证合同》是否合法有效。

本案不存在中原银行农业路支行与卓林数码公司恶意串通的问题。中原银行农业路支行于2014年12月18日一天之内,为卓林数码公司4000万元承兑办完了所有手续并不违法。有证据显示,中原银行农业路支行在为卓林数码公司办理本案承兑汇票时,已要求卓林数码公司提供《审计报告》《征信报告》、财务报表、有效的质押、保证金等,并对担保进行了核保,中原银行农业路支行已经履行了法律规定的审查义务。同心电缆公司申请调取办理承兑汇票的所有资料,一、二审法院未予准许并无不当。同心电缆公司提交法院受理焦作市中辰商贸有限公司、卓立膜公司、卓林数码公司及河南卓亚新型材料科技有限公司申请破产的材料,证明办理承兑汇票时卓林数码公司财务状况已经恶化,负债数额巨大,中原银行农业路支行与卓林数码公司恶意串通，对资料造假损害其利益，证据明显不足。

本案不存在以新贷还旧贷的问题。同心电缆公司称卓林数码公司办理本次承兑汇票是为了偿还即将到期的承兑汇票，构成借新还旧，应免除其保证责任。案涉承兑汇票的收款人为中辰商贸公司，卓林数码公司与其并未约定以新办理的承兑汇票偿还即将到期的承兑汇票。从中原银行农业路支行提供的承兑汇票流转情况来看，卓林数码公司办理的4000万承兑汇票均由收款人焦作市中辰商贸有限公司背书转让，最终由中国民生银行股份有限公司深圳分行和平安银行股份有限公司广州分行委托收款，没有证据证明卓林数码公司用本案的2000万元承兑汇票偿还了即将到期的承兑汇票。同心电缆公司主张中原银行农业路支行的经办人杨家胜在一审时承认是“新增担保”，新增担保的含义不能得出就是以新贷还旧贷的意思表示，也推翻不了上述汇票流转的事实。即使卓林数码公司、卓立膜公司等已进入破产重整程序，同心电缆公司可以通过申报债权维护自己的合法权益。因此，一、二审法院认定同心电缆公司与中原银行农业路支行所签订的《最高额保证合同》合法有效，并无不当。

——中国裁判文书网，http://wenshu. court. gov. cn。

1364

保证人明知贷款系用于还贷，不能以未经其同意改变贷款用途为由免除保证责任

关键词｜以贷还贷｜保证人明知｜保证责任｜

【最高人民法院审判业务意见】

如果主合同写明是以贷还贷的，或者金融机构、债务人能够提供证据证明保证人知道以贷还贷的事实还提供担保的，保证人仍然要承担保证责任。

主合同确属以贷还贷的，对于如何证明保证人知道或不知道主合同以贷还贷的举证责任问题，讨论中认为：保证人主张不知道主合同双方在搞以贷还贷的，应当举证。保证人的举证责任就是举主合同这个书证，因为主合同没有写明以贷还贷，因而，保证人不知。如果金融机构或债务人主张保证人知道以贷还贷的情况并提供保证的，应当由金融机构或债务人举证。如经济庭曾经遇到的一

个以贷还贷的案件，债权人、债务人、保证人对以贷还贷在贷款前就开会作过协商，有会议纪要，三方都有签字。这个纪要就是一个有效证据。如果金融机构或债务人不能对自己的主张举证的，应当认定保证人不知主合同以贷还贷的事实。

——曹士兵整理：《关于以贷还贷》，载李国光主编、最高人民法院经济审判庭编：《经济审判指导与参考》第 1 卷，法律出版社 1999 年版，第 226 页。

【最高人民法院裁判文书】

利川卷烟厂与中国长城资产管理公司武汉办事处担保合同纠纷案[最高人民法院(2001)民二终字第 144 号民事判决书]

裁判摘要：保证人明知借款的真实用途是"以贷还贷"的，即使主合同约定的借款用途与真实用途不一致，保证人仍须承担保证责任。

最高人民法院终审认为：虽然利川烟草公司与利川农行签订的《保证担保借款合同》上填写的借款用途为"烟叶收购"，但在 1999 年 8 月 16 日利川烟草公司向利川农行出具的《贷款申请书》中明确申请的是收回再贷贷款，利川农行的上级行批复同意的亦是按收旧贷发放 5000 万元给利川烟草公司，且七份借款合同上均明确注明了"本贷款是根据州行 1999 年 9 月 3 日已审批额度发放"的内容，故应认定以贷还贷的借款用途系利川烟草公司与利川农行双方的真实意思表示，利川卷烟厂关于利川农行单方违约扣贷还贷的主张，没有事实依据，法院不予支持。葛希江既是利川烟草公司的法定代表人，也是利川卷烟厂的法定代表人，其对利川烟草公司向利川农行贷款的真实用途为以贷还贷是明知的，一审法院以此认定保证人利川卷烟厂知道或者应当知道借贷双方为以贷还贷，利川卷烟厂仍自愿为利川烟草公司提供担保，应依法承担连带保证责任是正确的，应予维持。利川卷烟厂关于利川农行擅自改变贷款用途，骗取其提供担保的上诉理由不能成立，法院不予支持。

——肖扬总主编、最高人民法院民事审判第二庭编：《中华人民共和国最高人民法院判案大系》(民商事卷－2001 年卷)，人民法院出版社 2003 年版，第 348～352 页。

编者说明

保证人知道借贷双方为以贷还贷仍自愿为其提供担保，应依法承担保证责任。保证人明知贷款的真实用途为以贷还贷，事后又以借款人未按合同约定履行放贷义务，擅自改变贷款用途，自行办理以贷还贷，并骗取其提供担保的免责理由依法不能成立。

1365

对保证人是否知道主合同以贷还贷事实的判断

关键词｜保证合同｜以贷还贷｜

【最高人民法院裁判文书】

中国农业银行十堰市分行东风支行与华夏证券有限公司武汉分公司十堰证券交易营业部、湖北汽车工程塑料厂经销公司、湖北汽车工程塑料厂、华夏证券有限公司武汉分公司借款担保合同纠纷案[最高人民法院(1999)经终字第137号民事判决书]

裁判摘要：如何判断保证人是否明知主合同双方是否有以贷还贷的事实，在举证责任分配上，保证人主张不知道以贷还贷事实的，其只要举出主合同未有写明以贷还贷即可认定其不知；金融机构、借款人主张保证人明知主合同双方有以贷还贷的，其应负举证责任，若其不能举证，则应认定保证人不知主合同双方以贷还贷的事实。

最高人民法院终审认为：关于主合同双方是否有以贷还贷的事实。本案《保证借款合同》签订的次日，农行营业部即将1600万元划至经销公司开设在该部的存折账户，随后又以特转方式划付1000万元至农行营业部的承兑账户，冲抵了经销公司应在1996年7月28日到期的两张500万元的银行汇票。农行营业部与经销公司协商将贷款用于清偿票款并已实际履行的事实表明，金融机构与借款人之间具有以贷还贷的共同意思表示和客观上的以贷还贷行为。

关于华证营业部对1000万元以贷还贷是否明知。华证营业部主观上是否对1000万元以贷还贷明知，将直接影响到其是否要承担责任。华证营业部对经销公司1600万元贷款提供担保的原因在于，经销公司经理丁忠志曾承诺从农行营业部贷款1600万元后转贷给其使用，后由于经销公司只向其转划500万元，其发现经销公司与农行营业部对1000万元以贷还贷后，即将500万元及利息50万元返还给经销公司。华证营业部主张在提供担保时，并不知经销公司与农行营业部以贷还贷，经销公司与农行营业部均未明确告知其这一情节，其应当对1000万元免责。如何判断保证人是否明知主合同双方是否有以贷还贷，主要要看举证责任的负担。保证人主张不知主合同双方以贷还贷的，其应负举证责任，其只要举出主合同未有写明以贷还贷即可认定其不知。若金融机构、借款人主张保证人明知主合同双方有以贷还贷的，其应负举证责任，若其不能举证，则应认定保证人不知主合同双方以贷还贷的事实。由于该案的保证借款合同上并未写明以贷还贷，经销公司与农行营业部也未举证证明华证营业部在提供保证时是明知以贷还贷的，因此，应认定华证营业部对经销公司与农行营业部以贷还贷不知情。

由于农行营业部与经销公司协商将1600万元贷款中的1000万元用于清偿经销公司已到期的银行汇票票款，未将此情告知华证营业部，隐瞒以新贷还旧贷的真实情况，华证营业部在对经销公司该1000万元借款用于归还农行营业部旧贷不知情的情况下进行保证，依照《担保法》第三十条第一款关于“主合同当事人双方串通，骗取保证人提供保证的”，“保证人不承担民事责任”的规定，华证营业部对该1000万元无效保证不再承担保证责任。

李国光主编、最高人民法院经济审判庭编:《经济审判指导与参考》第3卷，法律出版社2000年版，第346～358页。

编者说明

关于保证人是否明知主合同双方是否以贷还贷的判断问题，一般来说，如果主合同写明是以贷还贷，或者金融机构、债务人能够提供证据证明保证人知道以贷还贷还提供担保的，保证人承担保证责任。在举证中，如果主合同没有载明以贷还贷，比如主合同载明借款用途是购买原材料、流动资金，则保证人证明自己不知有以贷还贷事实存在的，只需以主合同为证据；金融机构或债务人主张保证人知悉以贷还贷事实的，应当由金融机构或债务人举证；金融机构或债务人举证不能的，应当认定保证人不知主合同当事人之间有以贷还贷的事实，依法免除保证责任。当然，在具体个案中判断是否属于“保证人知道或者应当知道”的情形，还应当根据案情全面分析。

1366

保证人对于其知道的借新还旧以外的贷款不承担保证责任，亦不负举证责任

关键词 | 借新还旧 | 保证责任 | 举证责任 |

【最高人民法院裁判文书】

江苏索普(集团)有限公司、上海儒仕实业有限公司与中国农业发展银行乾安县支行保证合同纠纷案[最高人民法院(2016)最高法民终40号民事判决书]

最高人民法院认为:(三)关于本案保证担保主债权金额应认定是多少的问题。乾安支行认为,其已提供相关证据,可以证明其已将共计30671万元贷款分四笔发放给天安公司,本案重组贷款17670.7万元作为其中一笔也已全部发放到位。而索普公司、儒仕公司认为,其中有13840.4万元为虚增重组贷款,应当在债权本金金额中予以扣除。一审判决认为,索普公司、儒仕公司虽然主张本案《流动资金借款合同》项下原债务范围及债务金额核定有误,并提供证据证明原债务部分合同的部分款项已经偿还,但却未能逐笔提供证据证明原债务范围及债务金额不足17670.7万元,所以,其据此主张债务金额为5610.3万元依据不足。本院认为,《担保法》第二十条规定:“一般保证和连带责任保证的保证人享有债务人的抗辩权。债务人放弃对债务的抗辩权的,保证人仍有权抗辩。抗辩权是指债权人行使债权时,债务人根据法定事由,对抗债权人行使请求权的权利。”据此,作为保证人的索普公司、儒仕公司有权对其担保主债权的金额或余额提出抗辩,尤其在债务人天安公司未参加本案诉讼情形下,乾安支行却以债务人天安公司已经认可本案债权金额为由主张其债权金额属实,不能支持。更为重要的是,本案主债权属于重组贷款性质,全部属于借新还旧,重组贷款所对应的全部旧贷款均在本案0022号《流动资金借款合同》中明确列出,索普公司、儒仕公司提供担保的主债权实际因所对应的旧贷款已经特定化,担保债权范围已经明确并限定。《担保法解释》第三十九条的规定:“主合同当事人双方协议以新贷偿还旧贷,除保证人知道或应当知道的外,保证人不承担民事责任。”因此,索普公司、儒仕公司对于其知道的本案借新还旧以外的贷款并不承担保证责任,亦不负有举证责任;而乾安支行不仅要对新贷款发放负举证责任,也应对旧贷款合同的发放及余额负举证责任,同时因索普公司、儒仕公司对旧贷款余额提出抗辩,故亦应就此负相应举证责任。但一审判决却要求索普公司、儒仕公司逐笔提供证据证明乾安支行与天安公司之间的原债务范围及债务金额不足17670.7万元,这显然超越本案借新还旧举证范畴,属举证责任分配不当。所以,因乾安支行本案主张的主债权金额实质取决于旧贷款的实际金额或余额,故乾安支行仅仅提供重组贷款时新借款的发放证据尚不足以证明旧贷款项下的实际金额或余额,而索普公司、儒仕公司现提出抗辩且已提供系列相关证据,请求对贷款重组之前明确对应的旧贷款项下实际余额情况予以查明,应予支持;原审法院对此不予查明,应予纠正;但索普公司、儒仕公司主张的非属于本案主债权所对应的旧贷款合同,因超越本案审理范围,则不予审查。

——中国裁判文书网,http://wenshu.court.gov.cn。

1367

新贷与旧贷系同一保证人的，以贷还贷并未加重保证人的责任，保证人应承担保证责任

关键词｜以贷还贷｜同一保证人｜保证责任｜

【《最高人民法院公报》案例】

抚宁县新兴包装材料厂、抚宁公有资产经营有限公司与抚宁县农村信用合作联社、秦皇岛远东石油炼化有限公司、秦皇岛骊骅淀粉股份有限公司借款担保合同纠纷案[最高人民法院(2006)民二终字第236号民事判决书]

裁判摘要:根据最高人民法院《担保法解释》第三十九条的规定,主合同当事人双方协议以新贷偿还旧贷,除保证人知道或者应当知道的外,保证人不承担民事责任。但是新贷与旧贷系同一保证人的,不能免除保证人的保证责任。

最高人民法院终审认为:关于新兴材料厂应否承担担保责任的问题。首先,远东石油公司于2002年3月25日向抚宁农信联社贷款3100万元,用以偿还了2001年7月16日的旧贷款是不争的事实。虽然没有证据证明新兴材料厂知道或应当知道,远东石油公司对本案所涉3100万元借款中的2553.4625万元偿还了2001年在抚宁农信联社的旧贷款的情况,但因2001年旧贷保证人亦为新兴材料厂,保证方式同为连带责任保证,因此,根据《担保法解释》第三十九条关于“主合同当事人双方协议以新贷偿还旧贷,除保证人知道或者应当知道的外,保证人不承担民事责任。新贷与旧贷系同一保证人的,不适用前款的规定”的规定,不能免除新兴材料厂对该部分借款的保证责任。其次,远东石油公司于2002年3月25日向抚宁农信联社所贷款项,虽然在借贷双方及保证人盖有印章的《企业短期借款申请书》和《保证担保借款合同》中载明和约定此笔贷款为“临

时封闭贷款”，但《企业短期借款申请书》中同时也写有“同意办理临时封闭贷款叁仟壹佰万元收旧贷新”的字样，并注明申请书一份留借款人。而且从贷款发放后借款人远东石油公司将其中2500万元以转账支票形式主动偿还2001年旧贷本金的事实说明，借贷双方是以“临时封闭贷款”购油为名，行借新还旧之实。而且，根据本案事实，该笔贷款在贷款条件、贷款程序和贷款的运行与管理上，均不符合银发〔1999〕61号《封闭贷款管理暂行办法》的规定。因此，该《封闭贷款管理暂行办法》不适用于本案。上诉人新兴材料厂关于“本案借贷双方隐瞒事实真相、恶意串通、借新还旧，违反《封闭贷款管理暂行办法》使用贷款偿还旧贷本息”不应承担担保责任的上诉理由，因缺乏事实和法律依据，本院不予支持。

——《最高人民法院公报》2007年第9期

甘肃省农垦总公司与中国农业银行阿克塞哈萨克族自治县支行借款合同保证纠纷上诉案［最高人民法院（1999）经终字第347号民事判决书］

最高人民法院认为：根据当事人双方共同认可的事实，自1992年至1994年石棉矿向阿克塞县农行借款累计289万元。1996年8月20日，阿克塞县农行与石棉矿及农垦总公司又分别签订了289万元的借款合同和保证合同，贷款数额与石棉矿以往累欠的数额相同。在合同签订后，阿克塞县农行以特种转账传票将新贷偿还了旧贷，并将注明转账原因的特种转账传票的银行记账联交给了石棉矿，对此石棉矿并未表示异议。且在此后长达两年多的时间里，石棉矿未对阿克塞县农行不履行发放贷款义务的行为提出任何异议。本案双方当事人在主观上存在以新贷偿还旧贷的共同意思表示，且合同内容并未违反我国现行法律或行政法规，应认定合法有效。农垦总公司关于阿克塞县农行采取欺诈方法以发放流动资金贷款之名行借新还旧之实、所签合同应认定无效的上诉主张，因无事实依据，本院不予采信。阿克塞县农行与石棉矿之间常年存在借款关系，无论是以往的旧贷，抑或是1996年签订的289万元的新贷，农垦总公司作为借款人石棉矿的上级主管单位均以合同或函件的方式提供了担保。虽然阿克塞县农行未按1996年8月20日签订的合同实际发放贷款，但该笔贷款偿还了农垦总公司担保的原有等额的债务，并未加大农垦总公司的担保责任。且作为石棉矿的上级主管单位的农垦总公司应当知道石棉矿借款的实际用途，其应当承担相应的保证责任。农垦总公司以其对借新还旧不知情为由拒绝承担保证责任的上诉理由不能成立，本院不予支持。

——《最高人民法院公报》2000年第3期

【最高人民法院裁判文书】

抚宁县新兴包装材料厂、抚宁公有资产经营有限公司与抚宁县农村信用联社借款担保合同纠纷申请再审案[最高人民法院(2007)民二监字第154号驳回再审通知书]

裁判摘要:根据《担保法解释》的规定,主合同当事人双方协议以新贷偿还旧贷,新贷与旧贷系同一保证人的,保证人应当承担责任。对此,应当以最后两笔贷款的担保人是否为同一担保人来判断,而不宜上溯到最后两笔之前的担保情况。借贷双方连续将两笔贷款归还了旧贷,该两笔贷款的担保人与旧贷担保人不是同一人的,后两笔贷款的担保人应当承担担保责任。

最高人民法院驳回再审通知:关于你厂(指新兴材料厂)主张借贷双方恶意串通,欺骗你厂对贷款进行担保,并将新贷款归还旧贷款,你厂应当免除担保责任问题。依据原审查明的事实及你厂提供的证据,不能证明借贷双方存在恶意串通,骗取担保行为,因此,你厂的该项申请理由不能成立。2001年7月16日和2002年3月25日两笔贷款,保证人均为你厂。作为保证人,有义务对其所担保的每笔贷款用途进行监督审查。如果借贷双方违反合同约定改变贷款用途,保证人可依法主张权利。而本案事实是2001年7月16日你厂作为保证人的贷款归还了以前担保的旧贷款,贷款到期后,你厂在没有对前笔贷款用途进行审查,2002年3月25日又为债务人贷款继续作出保证。你厂的行为,符合本院《担保法解释》第三十九条的规定,即在新旧贷款系同一保证人的,保证人不得以是否知道或应当知道借新还旧的事实作为免除其承担民事责任的理由。因为在借贷双方借新还旧的情况下,保证人只是承担了最后一笔贷款的担保责任,并没有加重保证人的责任,你厂以此要求免除担保责任的理由没有事实和法律依据。

——江必新主编、最高人民法院审判监督庭编:《审判监督指导》总第24辑,人民法院出版社2008年版,第125~133页。

编者说明

在旧贷与新贷均有保证人,且保证人为同一人的情况下,保证人不免除保证责任。理由是,在旧贷和新贷是同一个保证人的情况下,由于债务人用新贷偿还了旧贷款,从而免除了保证人对旧贷的保证责任,保证人承担的风险和责任并未因此加大,因此保证人无论是否知悉债权人与债务人之间存在以贷还贷行为,均应承担保证责任。

1368

保证人签订保证合同后才知道以贷还贷事实但仍承诺保证的，应承担保证责任

关键词 | 保证合同 | 以贷还贷 | 保证责任 |

【最高人民法院裁判文书】

中国银行杭州市开元支行与杭州银河贸工(集团)公司等借款合同纠纷案[最高人民法院(2002)民二抗字第22号民事判决书]

裁判要旨:保证人虽然在签订保证合同时不知"以贷还贷"事实,但在知道"以贷还贷"后仍承诺承担保证责任的,其承诺有效,承担保证责任。

最高人民法院终审认为:开元支行与银河公司于1996年3月28日签订委托贷款合同时,具有以贷还贷的共同意思表示。对于以贷还贷的行为,我国现行法律、法规均无禁止性的规定,故开元支行与银河公司签订的委托贷款合同应认定有效。浙江省高级人民法院再审判决认定双方所签合同无效缺乏法律依据。旅游公司在开元支行与银河公司签订委托贷款合同时,虽不知系以贷还贷,但在杭州市中级人民法院一审审理过程中,旅游公司在已经知道开元支行与银河公司是以贷还贷的情况下,仍作出了愿意为银河公司500万元借款承担连带清偿责任的承诺。该承诺是旅游公司的真实意思表示,不违反法律规定,且旅游公司与开元支行、银河公司签订的调解协议业经三方当事人签收,发生法律效力。

——肖扬总主编、最高人民法院审判监督庭编:《中华人民共和国最高人民法院判案大系》(审判监督卷-2001年~2002年卷),人民法院出版社2003年版,第238~240页。

编者说明

保证人虽然在签订保证合同时不知道主合同双方以贷还贷的事实,但在知道以贷还贷的事实后仍承诺承担保证责任的,其承诺有效,依法应当承担保证责任。

1369

主合同双方基于以贷还贷的合意先后订立多个借贷合同，同一担保人在应当知道的情况下盖章同意担保的，应当承担担保责任

关键词 | 以贷还贷 | 担保人 | 担保责任 |

【《最高人民法院公报》案例】

上海国际信托投资有限公司与上海市综合信息交易所、上海三和房地产公司委托贷款合同纠纷案[最高人民法院(2005)民二提字第8号民事判决书]

裁判摘要:《担保法解释》第三十九条规定:“主合同当事人双方协议以新贷偿还旧贷,除保证人知道或者应当知道的外,保证人不承担民事责任。新贷与旧贷系同一保证人的,不适用前款的规定。”据此,借贷合同双方当事人基于以新贷偿还旧贷的合意,先后订立多个借贷合同,同一担保人在应当知道的情况下在该多个借贷合同上盖章同意担保的,应当依法承担担保责任。担保人以上述多个借贷合同之间没有形式及内在联系为由,否认以新贷偿还旧贷的合同性质,进而拒绝履行担保责任的,人民法院不予支持。

最高人民法院认为:上海市高级人民法院再审对本案合同效力及交易所违约责任的认定正确,本院再审予以支持;涉案合同名为委托贷款合同,但本案当事人未主张委托贷款的事实,故案件性质应为借款担保合同。本案五份合同中确实存在无实际放款的情况,但此种情况的产生缘于借贷双方在合同第六条的约定。从该约定内容,以及新旧贷款金额相同、贷款期限基本衔接的情况可以看出,借贷双方在旧贷到期尚未清偿时,签订新借款合同的目的就是为了以该新贷偿还旧贷,消灭借款方在旧贷下的债务,该条内容可以视为借贷双方对以贷还贷的约定。而上国投当天贷款当天扣划或仅更换贷款凭证、没有实际放款的做法是基于合同中以贷还贷的约定而为的履行行为,亦是以贷还贷的基本履行方式。三和公司连续在几份借款合同上盖章同意为交易所担保,其应当知道此为签约各方以该种方式履行合同第六条的约定,即以贷还贷。本案合同的约定没有违反法律禁止性规定,三和公司已盖章确认,因此,本案应当适用《担保法解释》第三十九条关于以贷还贷的规定。如若按照三和公司所称本案不属以贷还贷,五个合同之间没有形式及内在联系的理由予以推论,三和公司承担的将不再是一个合同而是五份合同累计金额一亿元的担保责任。三和公司以贷款用途缺乏借

新还旧的形式及内在联系，中间三份合同无实际放贷，进而否认以贷还贷的理由不能成立。况且，三和公司在本案合同签订前后，曾作为借款人向上国投多次贷款，而担保人则是交易所。三和公司与上国投所签的那些借款合同的基本格式与本案完全相同，而履行时短期扣划或更换凭证的方式亦与本案履行方式相同。因此，三和公司以不应知道本案此种约定属于以贷还贷予以抗辩的理由缺乏合理性。

自本案300263号合同前溯，连续四份借款合同的担保人均为三和公司。其已失去根据《担保法解释》第三十九条免除保证人责任的条件，该条第二款明确规定："新贷与旧贷系同一保证人的，不适用前款的规定。"作为新贷和旧贷同一保证人的三和公司，以其不知道或不应知道主合同系以新贷还旧贷，故应免除担保责任的主张，本院不予支持。本案一审判决关于922660号、922790号、922804号、922805号合同因300263号合同的借新还旧已履行完毕，上国投已按约履行放贷义务，交易所至今未还300263号合同项下借款本息，应承担违约责任，三和公司应承担连带保证责任的认定，上海市高级人民法院再审予以维持正确，本院再审亦应予以支持。

——《最高人民法院公报》2008年第10期

1370

笼统地承诺为"流动资金"借款提供担保而对借款用途加以限制的，不得因借款用途问题而主张免除担保责任

关键词 | 借款用途 | 担保责任 |

【最高人民法院裁判文书】

长沙金霞开发建设有限公司与中国农业银行长沙市先锋支行、湖南金帆投资管理有限公司借款担保合同纠纷案［最高人民法院（2007）民二终字第33号民事判决书］

最高人民法院认为：本案当事人分别持有的借款合同中虽然部分内容有出入，但当事人对各自持有的合同本身的真实性不持异议，不妨碍合同成立的事实认定。金霞公司主张其担保义务的主要理由是其持有的借款合同中借款用途系

“流动资金”贷款,与农行先锋支行持有的借款合同中借款用途为“流动资金贷款借新还旧”不同。企业流动资金系相对固定资产而言的企业资产,包括企业用于支付工资、购买原材料、偿付债务等的现金款项。金霞公司同意为金帆公司“流动资金”借款提供担保,金帆公司将借款用于支付到期债务,并未超出金霞公司的担保范围。金霞公司、金帆公司与农行先锋支行之间在本案合同之前已签订过其他的借款抵押合同,金霞公司对于金帆公司在农行先锋支行是否存在尚未偿还的债务是明知或者应当知道的。如果金霞公司不愿意为金帆公司用于偿还债务的借款提供抵押,应当在合同中明确加以限制。金霞公司在本案合同中笼统地承诺为金帆公司“流动资金”借款提供担保,未对金帆公司的借款用途加以限制,现在诉讼中提出不同意借款人将借款用于偿还债务有违诚实信用原则。

——最高人民法院民事审判第二庭编:《最高人民法院商事审判指导案例·借款担保卷》,中国法制出版社 2011 年版,第 523 ~ 533 页。

1371

借款人将流动资金贷款用于偿还其在银行的旧贷利息,属于正常使用贷款,不构成主合同以贷还贷且保证人免责的情形

关键词｜流动资金贷款｜旧贷利息｜以贷还贷｜

【最高人民法院裁判文书】

中国农业银行股份有限公司大连甘井子农行与大连础明集团有限公司、大连冰凌花天然食品有限公司借款合同纠纷案[最高人民法院(2013)民提字第 51 号民事判决书]

裁判要旨:流动资金贷款是借款人用于日常生产经营周转的贷款,可以用来购买原材料、支付工资、清偿债务等。如若借款人将被保证的流动资金贷款用于偿还其在商业银行的旧贷利息,属于正常使用流动资金贷款,不构成《担保法解释》第三十九条规定的,主合同当事人双方协议以新贷偿还旧贷且保证人不知道或者不应当知道而不承担民事责任的情形。

最高人民法院认为:关于础明公司是否应当对冰凌花公司案涉第二笔 1000

万元贷款及利息向甘井子农行承担保证责任。第一,就案涉第二笔1000万元贷款,甘井子农行与础明公司签订的(大连市甘井子)农银保字(2003)第100009号保证合同亦为双方当事人的真实意思表示,础明公司应当依约对(大连市甘井子)农银借字(2003)第100009号借款合同产生的债务承担连带清偿责任。第二,流动资金贷款是借款人用于日常生产经营周转的贷款,可以用来购买原材料、支付工资、清偿债务等。若如甘井子农行在2003年10月份的贷后检查报告中所称,冰凌花公司实际将其中300万元贷款用于偿还其在该行的旧贷利息,亦属于正常使用该流动资金贷款,并不构成《担保法解释》第三十九条规定的,主合同当事人双方协议以新贷偿还旧贷且保证人不知道或者不应当知道而不承担民事责任的情形。

——最高人民法院民事审判第二庭编:《商事审判指导》总第35辑,人民法院出版社2014年版,第235~247页。

1372

保证人连续经过数次相同金额“以新还旧”的贷款,可以推定保证人知道以贷还贷的事实

关键词 | 以贷还贷 |

【最高人民法院裁判文书】

中国信达资产管理公司与中国第二十二冶金建设公司、唐山钢铁集团有限责任公司借款担保合同纠纷案[最高人民法院(2002)民二终字第219号民事判决书]

裁判摘要:鉴于保证人连续经过数次相同金额的“以新还旧”的贷款,可以推定保证人知道该笔借款以贷还贷的事实,保证人称其不知道以贷还贷事实的理由不成立,应当承担保证责任。

最高人民法院认为:对于本案有关事实、主要证据,各方当事人均无异议。本案上诉争议的焦点在于如何认定本案(1998年)第营23号借款合同的保证人的保证责任以及如何理解适用《担保法解释》第三十九条的问题。根据1998年12月25日二十二冶与营业部签订的合同编号为(1998年)第营23号借款合同

的约定,营业部提供了借款金额 7222 万元,实际履行了相应的合同义务。当合同约定的履行期限届满后,借款人二十二冶应当向营业部返还本金并支付约定利息。唐钢集团为了确保上述借款合同的履行,亦于 1998 年 12 月 25 日与贷款人营业部签订了合同编号同样为(1998 年)第营 23 号的保证合同,约定由唐钢集团为二十二冶的 7222 万元借款向营业部提供连带责任保证担保,对此应当认定对有关当事人具有约束力,唐钢集团应当依约承担相应的法律责任。1999 年 12 月 22 日,营业部将上述债权转让给信达公司石家庄办事处,同时将债权转让事实分别通知了二十二冶和唐钢集团,二十二冶和唐钢集团也分别在《债权转让通知书》和《担保权利转让通知书》的回执上签章,该转让行为符合法律规定,具有法律效力。信达公司作为其所属的石家庄办事处实体权利的最终承受者代替其下属的办事处直接以自己名义提起民事诉讼,诉讼主体适格,该债权的行使也未超过诉讼时效。根据二十二冶在 1998 年 12 月 25 日与营业部签订(1998 年)第营 23 号借款合同之前,向营业部递交的《流动资金借款申请书》,其中有关二十二冶原在营业部的贷款 7127 万元,申请营业部给予办理转贷手续;同时其下属的锅炉厂另有 95 万元贷款也并入二十二冶贷款账户,并给予办理转贷手续的记载内容,明确说明借贷双方二十二冶和营业部意思表示一致,即将(1998 年)第营 23 号借款合同项下的 7222 万元人民币借款用于偿还了二十二冶及其下属单位在营业部的同额到期债务本金。尽管在(1998 年)第营 23 号借款合同中所明确约定的借款用途是将该借款用于“生产周转”,但上述借款的实际使用并不能认为是对(1998 年)第营 23 号借款合同所明确约定的借款用途的实质改变或者违反。同时,二十二冶的上述行为,也并不能被视为违背或者超越了保证人唐钢集团为保证(1998 年)第营 23 号借款合同的履行而与债权人营业部签订的保证合同中所体现的意思表示,二十二冶与营业部协议一致以新贷偿还旧贷的行为也不能被认为是构成了主合同当事人在保证人的保证期间内未经保证人的同意擅自变更了主合同主要条款或重要内容的情形,故保证人仍应当按照保证合同的约定承担相应的民事责任。

从本案诉争的(1998 年)第营 23 号借款合同项下借款所偿还的具体债务内容上讲,该 7222 万元贷款当中的 7127 万元首先偿还的是依据二十二冶与营业部于 1997 年 12 月 25 日同一天签订的(1997 年)第营 27 号、(1997 年)第营 28 号、(1997 年)第营 29 号三份借款合同项下的三笔借款本金,即分别是 2490 万元、4257 万元、380 万元的到期债务。由于上述新贷和旧贷的保证人为同一个保证人即唐钢集团,因而唐钢集团首先应当就(1998 年)第营 23 号借款合同项下的 7222 万元中用于偿还 1997 年三份借款合同到期的 7127 万元本金部分承担保证责任。《担保法解释》

第三十九条第一款关于主合同当事人双方协议以新贷偿还旧贷,除保证人知道或者应当知道外,保证人不承担民事责任的规定,与该条第二款关于新贷和旧贷系同一个保证人的,不适用前款规定的内容分别适用于不同的情况,即使在该条第一款和第二款所适用的情形有交叉的情况下,两者适用的结果也不会产生矛盾。

从本案债务产生的整个过程来看,就借款本金2490万元而言,(1998年)第营23号借款合同与1997年12月25日的(1997年)第营27号借款合同之间关系属于二十二冶与营业部之间协议以新贷偿还旧贷,而(1997年)第营27号借款合同项下2490万元贷款虽然也用于偿还了1996年12月31日的(1996年)第营23号借款合同项下的债务,但两者之间并不能因此认定为相同民事主体之间以贷还贷的行为。因为从债的确定性原则出发,如果前后债务的主体有所不同,尽管发生代偿关系,也不能认为是该债务的简单延续,而是在有关当事人之间建立了新的不同的债权债务关系。本案的(1996年)第营23号借款合同是二十二冶下属的金属结构工程公司从营业部的同额借款,而不是二十二冶本身的借款,二十二冶只是该借款的保证人。这不同于二十二冶作为借款人、唐钢集团作为保证人的(1997年)第营27号借款合同所设定的法律关系。二十二冶以及唐钢集团并没有提供证据证明二十二冶下属的金属结构工程公司从营业部的借款应当认定为二十二冶本身的借款。关于4257万元借款本金,尽管唐钢集团否认其开始为该笔债务提供保证时并不知道(1995年)第营13号借款合同项下的借款是用于偿还了1994年12月30日二十二冶及其下属的物资公司等子公司与营业部所发生的9笔借款合计金额4257万元债务,但在唐钢集团连续经过(1996年)第营34号、(1997年)第营28号借款合同为相同金额借款提供担保的过程来看,应当推定其对该笔借款以贷还贷的事实是属于应当知道的,故保证人的免责理由不能成立。关于380万元借款本金部分,原审判决认定唐钢集团对此部分以贷还贷的事实是明知的,理由成立,本院予以支持,至于(1998年)第营23号借款合同的标的所偿还的95万元到期债务问题,该债务是由第二十二冶金建设公司机电锅炉厂1991年12月11日以及第二十二冶金建设公司锅炉厂于1992年11月20日从营业部分别所借的25万元和70万元合并而成,1998年根据二十二冶的申请,二十二冶和营业部在(1998年)第营23号合同中直接将该债务进行了确认并予偿还。同样,在二十二冶和唐钢集团没有提供有关证据证明二十二冶下属的机电锅炉厂和锅炉厂从营业部的借款就是二十二冶本身的借款的情况下,二十二冶用(1998年)第营23号借款合同中贷款代偿其下属单位债务的行为可以认为在二十二冶、营业部以及二十二冶下属单位之间产生了新的债权债务关系。唐钢集团为包含该笔债务的(1998年)第营23号借款合同的借款提供担保,应当对该笔债务承担保证责任。信达公司关于本案新借款合同与旧借款合同的保证人均为唐钢集团,唐钢集团应当承担保证责任,以及原审对(1998年)第营23号、(1997年)第营27号、(1996年)第营22号借款合同之间关系认定不清的上诉理由成立,本院应予支持。原审判决认定本案事实清楚,证据确凿,但在适用法律确定本案保证人的责任部分存在不当,本院应当予以纠正。

——江必新主编、最高人民法院民事审判第二庭编:《民商审判指导与参考》总第3卷,人民法院出版社2003年版,第241~245页。

编者说明

经过数次相同金额的借款合同而保证人连续作为保证人的,保证人仍然辩称其对自己作为保证人的主合同借款系用来偿还其不是保证人的主合同债务不知情,是难以令人置信的,人民法院应当推定保证人"应当知道"主合同倒贷过程是进行以贷还贷的事实,判决保证人承担相应的保证责任。

1373

保证人与借款人具有关联关系,且承诺对转移贷款用途等承担连带责任并实际履行部分债务的,可认定其知道或应当知道主债务系以贷还贷

关键词 | 关联关系 | 以贷还贷 |

【《最高人民法院公报》案例】

大竹县农村信用合作联社与西藏华西药业集团有限公司保证合同纠纷案
[最高人民法院(2011)民申字第429号民事裁定书]

裁判摘要:《担保法解释》第三十九条第一款规定:"主合同当事人双方协议以新贷偿还旧贷,除保证人知道或者应当知道的外,保证人不承担民事责任。"判断是否属于"保证人知道或者应当知道"的情形,应当根据案情全面分析。保证人与借款人具有关联关系,在保证合同中承诺对借款人转移贷款用途等违反合同的行为承担连带责任,并实际履行了部分主债务的,可以认定保证人知道或

者应当知道主债务系以新贷偿还旧贷。在此情形下,保证人以上述规定为由,主张不承担民事责任的,人民法院不予支持。

最高人民法院认为:关于华西药业应否承担担保责任问题。

首先,《保证担保借款合同》上有阜康公司、华西药业及大竹信用联社三方签章及法定代表人签字,华西药业在本案最初的一审、二审和再审中对合同均未提出异议,虽然之后提出了合同第十一条"借款方如到期不归还,担保方负责偿还并负连带责任"系添加的问题,因该条与合同第四条华西药业自愿作为借款方按期偿还本合同中借款本息的保证人,对借款方转移贷款用途等违反本合同的行为,承担连带责任的约定并不矛盾,故不影响华西公司应承担连带保证责任的认定。

其次,贷款发放后,华西药业及其关联公司代阜康公司支付利息至2004年12月31日,期间,大竹信用联社三次向阜康公司及华西药业发出的逾期贷款催收通知书均得到华西药业的确认,应视为华西公司对担保责任的进一步确认。

再次,《保证担保借款合同》第四条约定关于华西药业对借款方转移贷款用途等违反本合同的行为承担连带责任的意思表示并不违反法律规定。华西公司承诺对阜康公司转移贷款用途等行为仍然承担连带责任,应当预见到阜康公司转移贷款用途带来的各种担保风险。以贷还贷系转移贷款用途的一种,即使本案存在以贷还贷的情形,因华西药业承诺在先,其主张阜康公司与大竹信用联社恶意串通改变贷款用途的理由也不成立,华西公司仍应依据合同承担担保责任。阜康公司的工商登记材料与达市农行〔2000〕306号文件中涉及的阜康公司股东情况等内容一致,华西药业作为阜康公司的担保人在本案原一、二审中对阜康公司的工商登记材料均无异议,即对陈达彬的阜康公司股东和监事身份没有异议,构成其对这一事实的自认,因此,上述证据与华西药业在诉讼中的自认行为相印证,可以认定陈达彬系阜康公司持有50%股份的股东及阜康公司的监事,本案中阜康公司工商登记材料里陈达彬的签名是否真实不影响其对外的公示公信效力。故即使本案存在以贷还贷的情况,根据陈达彬系华西药业法定代表人、阜康公司监事及两名股东之一的特殊身份以及华西药业及其关联公司代阜康公司偿还贷款利息的行为,华西药业亦应当知晓贷款的实际用途,则依据《担保法解释》第三十九条的规定,华西药业仍应当承担本案担保责任。

——《最高人民法院公报》2012年第4期

1374

债务人与担保人存在互保关系属于正常的商业交易行为，不能由此推定保证人明知以贷还贷仍提供担保的事实

关键词 | 互保关系 | 以贷还贷 |

【最高人民法院裁判文书】

中国工商银行股份有限公司成都锦江支行与四川汇源光通信股份有限公司、同人华塑股份有限公司、兰宝科技信息股份有限公司借款担保合同纠纷案[最高人民法院(2006)民二终字第211号民事判决书]

裁判要旨：债务人与担保人存在互保关系属于正常的商业交易行为，所以债权人以债务人与担保人存在互保关系，推定保证人明知以贷还贷仍提供担保的事实，人民法院将依法不予支持。

最高人民法院认为：汇源光通信公司是否知道或应当知道其所担保的同人华塑公司的3000万元借款实际用途是以新贷偿还旧贷，债权人工行锦江支行就此事实负有举证责任。该案担保行为是在旧贷到期且没有担保的情况下，债权人为解决债务人偿还旧贷的目的而重新签订的借款合同，同时为保证新的贷款偿还不至落空，与担保人汇源光通信公司签订的担保合同。因此，该案借款及担保合同的真实目的是借新还旧，并保证新贷款的偿还。但2004年4月29日、4月30日同人华塑公司与工行锦江支行签订2004国际字第0157、0158、0159号资金借款合同，明确载明借款用途为"购原材料"。汇源光通信公司提供的2004年4月30日中国工商银行客户存款对账单及工行锦江支行提供的三份借款支取凭证，显示贷款用途为"流动资金周转"。通常情形下，汇源光通信公司有理由相信借款合同和相关票据载明的"购原材料""流动资金周转"的贷款用途，除非有证据证明债权人工行锦江支行在签订担保合同时已经明确告知以贷还贷的事实，在以新贷还旧贷而新增加担保人或前后两份贷款合同不是同一个保证人的情况下，实际增加了担保人的负担。因此除非担保人完全出于自愿，否则不承担相应的民事责任。因此，贷款银行应当举证证明对以贷还贷已经作出了说明，或担保人知道或应当知道以贷还贷仍提供担保，否则，其应承担举证不利之后果。该案中，在借款合同签订时隔八个月之后，汇源光通信公司与工行锦江支行就同人华塑公司的3000万元贷款签订担保合同，与担保人是否知道以贷还贷没有必然因果关系。同人华塑公司与担保人汇源光通信公司存在互保关系属于正常的商业交

易行为,亦不足以因此推定保证人明知以贷还贷仍提供担保的事实。上诉人工行锦江支行关于担保人汇源光通信公司知道或应当知道以贷还贷没有证据支持,其要求判令担保人承担担保责任的上诉理由不能成立,本院不予支持。

——最高人民法院民事审判第二庭编:《最高人民法院商事审判指导案例·借款担保卷》,中国法制出版社 2011 年版,第 829～835 页。

1375

新贷与旧贷的担保人存在密切关系，新贷担保人知道或者应当知道新贷用于偿还旧贷的，新贷担保人应当承担责任

关键词｜以贷还贷｜

【最高人民法院裁判文书】

淮北众城恒固水泥有限责任公司与徽商银行股份有限公司、淮北众城水泥有限责任公司借款担保合同纠纷案[最高人民法院(2007)民二终字第 111 号民事判决书]

最高人民法院认为:第二,关于担保人对以贷还贷的事实是否明知,应否承担担保责任问题。对于以贷还贷,根据《担保法解释》第三十九条的规定,“主合同当事人双方协议以贷新贷偿还旧贷,除保证人知道或者应当知道的外,保证人不承担民事责任。新贷与旧贷系同一保证人的,不适用前款的规定”。该条针对保证的规定也应当适用于抵押担保。本案中,该四笔贷款用于偿还的前贷的保证人不是恒固水泥公司,即前贷与后贷非同一个担保人。针对担保人是否明知的问题,上诉人认为其作为担保人,同徽商银行签订的担保合同中约定贷款用途为“生产周转资金”,但实际上两被上诉人用转账的方式归还旧贷款,因此认为对以贷还贷的事实并不知情。徽商银行在二审庭审中认为,从城水泥公司与恒固水泥公司二者的企业名称和其营业执照记载看,二者不仅名称相近,法定代表人是同一人,住所地也同一地,二者具有关联关系。对此,本院认为,徽商银行举证证明恒固水泥公司企业地址与众城水泥公司同为淮北市东山北段,法定代表人同为汪喜林;从担保人与借款人的营业执照记载来看,两公司企业名称接近,住所地相同,法定代表人也是同一人,可见两家企业

具有紧密的关联。2002年6月11日，众城水泥公司证明恒固水泥公司系众城水泥公司二期项目，办公地点设在众城水泥公司一楼；2006年5月14日，恒固水泥公司章程修订案载明，众城水泥公司为恒固水泥公司控股股东，并有汪喜林签字，可以认定恒固水泥公司系由众城水泥公司等投资兴办的企业。担保人没有充分的证据证明其对以贷还贷的事实不知情的情况下，应当推定其对借新还旧是知情的，因此依照《担保法解释》第三十九条之规定，上诉人恒固水泥公司的担保责任不能免责。

——最高人民法院民事审判第二庭编：《最高人民法院商事审判指导案例·借款担保卷》，中国法制出版社2011年版，第548~554页。

1376

担保人放弃以特定的借款用途作为其承担担保责任前提的约定有效，其应对借新还旧承担担保责任

关键词 | 借款用途 | 借新还旧 | 担保责任 |

【最高人民法院裁判文书】

中国工商银行陕西省分行营业部与中国航空工业供销西北公司等借款担保合同上诉案[最高人民法院(2001)民二终字第55号民事判决书]

裁判摘要：保证人承诺只要不增加保证金额，主合同双方当事人可以对借款合同进行修改。借款人改变借款用途，将贷款用于以贷还贷的，属于对主合同的修改，因没有增加保证人承诺的保证金额，且属于保证人所接受和认可的变更内容，并不违背保证人当初的真实意思表示，保证人仍应对借款承担保证责任。

最高人民法院终审认为：1994年12月20日，保证人航空供销西北公司为航天供销西北公司的820万元借款提供了连带责任保证，其在出具给工行营业部的《借款保证书》中明确承诺：只要不增加保证人的保证金额，本保证不受借款人和银行对借款合同进行任何修改、补充、删除的影响。在借贷双方履行820万元借款合同时，虽然借款人航天供销西北公司未将820万元用于"购买材料"，而是归还了此前其欠工行营业部的820万元借款，但此"借款用途"的改变，并

未增加保证人承诺的保证金额，且属于保证人所接受和认可的变更内容，并不违背保证人当初的真实意思表示。因而，即使借贷双方未将“820 万元用于归还旧贷款”告知保证人，亦不能认定此“变更”对保证人构成了欺诈。1995 年 10 月 25 日，航空供销西北公司又为原借贷合同双方签订的营工字〔1995〕00228 号借款合同提供连带责任保证，该合同项下 770 万元款项用于归还了上述 820 万元旧贷款。根据最高人民法院《担保法解释》第三十九条第二款规定，保证人航空供销西北公司两次为同一笔贷款提供了连带责任保证，其保证责任不应免除。航空供销西北公司关于借贷合同双方违背其意愿对其骗保的抗辩，本院不予采信。原审判决认定的事实基本清楚，但在认定“保证人航空供销西北公司不知 820 万元是新贷还旧贷，其不应承担保证责任”时，忽略了保证人在提供连带责任保证时已明确作出了允许借贷双方适当变更合同内容的承诺，因而得出了对本案债权人不利的判定结论，应予纠正。据此，改判航空供销西北公司对航天供销西北公司的债务承担连带责任。

——最高人民法院办公厅编：《最高人民法院公布裁判文书(2003 年)》，人民法院出版社 2004 年版，第 75～80 页。

1377

担保合同约定“协议变更主合同的内容，除展期及增加借款金额外，无须征得保证人同意，保证人仍在变更后的保证范围内承担保证责任”的，保证人应对借新还旧承担担保责任

关键词 | 借新还旧 | 担保责任 |

【最高人民法院裁判文书】

中国长城资产管理公司郑州办事处与河南中轴集团有限公司、河南中轴控股集团股份有限公司借款担保合同纠纷案[最高人民法院(2011)民提字第 321 号民事判决书]

裁判要旨：本案中，鉴于中轴集团公司在《保证合同》中明确约定，债权人与借款人协议变更主合同的，除展期或增加贷款金额外，无须经其同意，其仍在原保证范围内承担连带保证责任，因此，即使存在陶瓷总厂将所贷款项用于偿还所

筹措资金而未用于合同约定的用途,也不影响中轴集团公司对其所担保债务承担连带保证责任。

最高人民法院认为:中轴集团公司与焦东支行和焦南支行签订《保证合同》,为陶瓷总厂的贷款提供连带责任保证,不违反法律法规的强制性规定,应为有效。虽然陶瓷总厂所涉几笔借款在操作上存在先筹措资金还款,再以所贷款项偿还筹措的资金等情节,与陶瓷总厂在借款合同中载明的“用于维持正常生产经营周转”“购买原材料、燃料”等借款用途有所不同,但鉴于中轴集团公司在《保证合同》中明确约定,债权人与借款人协议变更主合同的,除展期或增加贷款金额外,无须经其同意,其仍在原保证范围内承担连带保证责任,因此,即使存在陶瓷总厂将所贷款项用于偿还所筹措资金而未用于合同约定的维持正常生产经营周转或者购买原材料、燃料等用途的,也不影响中轴集团公司对其所担保债务承担连带保证责任。中轴集团公司主张贷款人焦东支行、焦南支行与陶瓷总厂恶意串通,在其违背真实意思的情况下提供担保,缺乏事实和法律依据。原审判决以陶瓷总厂的几笔贷款系以技术性手段将旧贷变为新贷,骗取中轴集团公司的保证,中轴集团公司对此并不知道等为由,认定中轴集团公司不承担担保责任,于法无据,本院依法予以改判。鉴于长城资产郑州办事处再审申请中主张的陶瓷总厂与陶瓷三厂、纸箱厂、陶瓷股份公司实际是一家企业,用以偿还旧贷的资金系自筹而非拆借;中轴集团公司与陶瓷总厂系互保单位,其应当知道陶瓷总厂的真实情况;陶瓷总厂收回再贷的行为是否为以新贷偿还旧贷等,因不影响本案认定中轴集团公司承担担保责任,因此,本院对上述事实不予审查。长城资产郑州办事处关于不存在串通欺诈事实、中轴集团公司应当承担担保责任的申请再审请求,本院予以支持。

——最高人民法院民事审判第二庭编:《最高人民法院商事审判指导案例(2012)·合同与借贷担保》,中国民主法制出版社2013年版,第62~74页。

中国银行股份有限公司高平支行与山西高平科兴赵庄煤业有限公司、山西省高平市三甲散热器有限公司借款合同纠纷案(最高人民法院再审民事判决书)

法理提示:最高额保证合同约定“主合同双方协议变更主合同的内容,除展期及增加借款金额外,无需征得保证人同意,保证人仍在变更后的保证范围内承担保证责任”,应视为担保人放弃以特定的借款用途作为其承担担保责任的前提,即使借款人将借款用于还旧,也不能以此借款用途作为免除担保人对借款承担保证责任的理由。

最高人民法院认为:综合当事人的再审请求及理由,本案的争议焦点为,赵庄煤业是否应对三甲公司贷款本金3281万元及利息承担连带保证责任。

从本案事实来看,赵庄煤业与中行高平支行于2003年9月25日签订的《最高额保证合同》,是双方当事人真实意思表示,内容不违反法律、行政法规的强制性规定,合法有效,当事人均应依约履行。一审法院在认定《最高额保证合同》合法有效的情况下,却认定该合同第二条第三款关于"主合同双方协议变更主合同的内容,除展期及增加借款金额外,无需征得保证人同意,保证人仍在变更后的保证范围内承担保证责任"的约定无效,无法律依据,应予纠正。根据《最高额保证合同》关于"为了确保债务人三甲公司与本合同债权人中行高平支行于2003年9月1日至2005年9月1日之间已经签订或将要签订的多个主合同项下债务人义务得到切实履行(为了确保债务人三甲公司与本合同债权人中行高平支行依据授信协议而产生的全部债权债务得到实现),保证人愿意向债权人提供保证担保"的合同目的,以及该合同第二条第三款关于"主合同双方协议变更主合同的内容,除展期及增加借款金额外,无需征得保证人同意,保证人仍在变更后的保证范围内承担保证责任"的约定,即使三甲公司将借款用于还旧,也不能以此作为免除赵庄煤业对案涉借款承担保证责任的理由,一审法院以赵庄煤业不知道三甲公司以新贷还旧贷为由,二审法院以中行高平支行未能提供充分证据证明赵庄煤业"知道"或"应当知道"借款用于以贷还贷的事实为由,认定赵庄煤业不承担保证责任,适用法律错误,应予纠正。

——最高人民法院民事审判第一庭编:《民事审判指导与参考》总第51辑,人民法院出版社2012年版,第199~212页。

【链接:最高人民法院法官著述】

在考虑以新还旧中保证人是否知道或应当知道担保的借款为以新还旧时,不仅要遵照一般规定的要求,同时也要结合最高额保证的性质及特点进行综合考量,除最高额保证所担保的债权为不特定债权这一性质外,还应当考虑以下两个因素:

1.最高额保证合同对所担保债务的借款用途是否作出明确约定。《担保法》第十五条是对保证合同内容的一般规定,适用于最高额保证,但保证在性质上不同于担保物权,其本质是一种合同之债,当事人可以依据合同自由原则,根据自身在经济活动中的需要,对担保的形式及内容进行自由约定,我国立法对保证的规定也主要以补充性规范和任意性规范为主，因而最高额保证合同双方是否对担保债务的借款用途进行约定并不是法律所要求的合同必要条款，最高额保证合同当事人基于所保证债务的不确定性往往并不对借款用途作过于详细的规定，仅是对产生借款的法律关系作出一定的限制。在以新还旧的情况下，如果保证人对借款用途未加限制，则表示其并无以借款用途作为是否免担保责任条件的意思表示，在没有其他影响保证人意思表示真实因素的情况下，无论借款合同双方当事人最终约定何种借款用途，也无论保证人在签章时候是否知道或应当知道借款用途，均不能否定保证人承担保证责任的真实意思表示。

2. 最高额保证合同对协议内容的变更是否有特别约定。最高额保证的产生基于授信协议，该协议的签订往往发生于现实债务的产生之前，也即对未来所要发生债务的概括保证，因而，保证人一般会在授信协议或保证条款中作出一些概括性的特别约定，如对未来发生债务的范围及授信期限的起始等进行约定，最为常见的即是保证人允诺但凡未超越授信的期限及约定的债务数额，保证人即承担完全的保证责任，这可以视为对最高额保证的特别约定，一定程度上是对该最高额保证的范围限制，但更大程度上可以认为是对所保证债务的授权，即只要债务人在保证合同约定的期限和数额内向债权人借款，保证人便承当相应的保证责任，保证人并不对未来发生的债务进行逐项的审核及授信。在以新还旧的情况下，保证人所作出的特别约定一定程度上排除了其是否知道或关心所担保债务是否为以新还旧的情况，因为最高额保证人一旦作出授信允诺，就应当预见到未来不确定债权所存在的风险及隐患，保证人自身应当尽到足够的注意义务，在对债务人资质审核、未来债务的监控及自身风险的防范方面承担一定的责任。特别约定一旦作出，保证人就应当对其负责。

——《借款人以新还旧，保证人是否应承担保证责任的认定——中国银行股份有限公司高平支行与高平市赵庄煤矿、山西省高平市三甲散热器有限公司借款合同纠纷一案》，载景汉朝主编：《最高人民法院立案工作指导案例解析》，人民法院出版社 2015 年版，第 314～316 页。

编者说明

对于在担保借款纠纷中，保证人放弃特定借款用途作为承担保证责任的前提，而借款人将借款用于借新还旧，保证人是否承担责任，最高人民法院近年来的处理思路是比较一致的。最高人民法院在《关于工商银行湖北十堰市人民路支行、中国东方资产管理公司武汉办事处与湖北省十堰市五堰商场股份有限公司、湖北省十堰市汇发贸易有限公司保证借款合同纠纷一案的请示与答复》中指出,“保证人在保证合同中对于借款用途未加限制的,应当认为其自愿放弃以特定借款用途作为免除保证责任条件的权利。在没有其他影响保证人意思表示真实因素的情况下,无论借款合同双方当事人最终约定何种借款用途,也无论保证人在签章时是否知道或者应当知道上述借款用途,均不足以否定保证人自愿对此承担保证责任的真实意思表示”。而对于上述答复所针对的个案来说,其主要事实为借款人先向保证人提供保证合同样本,保证人在该保证合同上盖章,填写日期,但未填写借款用途。后借款人与贷款人签订借款合同,约定借款用途为借新还旧,并实际以新贷偿还了旧贷。

另外,最高人民法院(2001)民二终字第55号案件同中国银行股份有限公司高平支行与山西高平科兴赵庄煤业公司等借款合同纠纷案亦有类似,在该案判决理由中,类似本案的特别承诺内容也是保证人承担担保责任的重要原因。①

1378

保证合同明确约定保证人应对全部债务承担责任的,无论所涉债务是否借新还旧,保证人均应承担责任

关键词 | 借新还旧 | 保证责任 |

【最高人民法院裁判文书】

中国信达资产管理股份有限公司沈阳辽宁省分公司与北台钢铁(集团)有限责任公司、本溪华厦房地产综合开发有限责任公司借款合同纠纷案[最高人民法院(2010)民二终字第88号民事判决书]

裁判要旨:保证合同明确约定保证人应对某时间点之后债权人与债务人之间所产生的全部债务承担保证责任的,无论该债务是否属于借新还旧,保证人均应依约定在担保金额范围内承担保证责任。

---

① 仲伟珩:《担保合同约定“主合同双方协议变更主合同的内容,除展期及增加借款金额外,无需征得保证人同意,保证人仍在变更后的保证范围内承担保证责任”的,保证人应对借款人的借新还旧承担担保责任——中国银行股份有限公司高平支行与山西高平科兴赵庄煤业有限公司、山西省高平市三甲散热器有限公司借款合同纠纷案》,载最高人民法院民事审判第一庭编:《民事审判指导与参考》总第51辑,人民法院出版社2012年版,第206~212页。

最高人民法院认为:中行本溪分行与北台钢铁公司签订的《最高额保证合同》系合同当事人真实意思表示,合法有效,双方当事人均应依约履行。该合同约定,北台钢铁公司是对2003年6月29日之后债权人与债务人之间所产生的全部债务(本金金额不超过9790万元及项下产生的全部利息)承担保证责任,该约定并未区分债务的性质,应当认定只要是在最高额保证期间内并且在担保金额范围内的债务均属于北台钢铁公司担保的债务。本案所涉两份《人民币借款合同》均签订于2003年6月29日之后,且贷款本金金额未超过9790万元,应当属于北台钢铁公司担保的范围。因此,不论本案所涉两笔贷款是否用于借新还旧,北台钢铁公司均要承担担保责任。

——最高人民法院民事审判第二庭编:《最高人民法院商事审判指导案例(第五卷)》(上),中国法制出版社2011年版,第331~338页。

1379

借款人清偿贷款后又借入相同金额贷款,保证人在不知情的情况下作出为原债务展期承担担保责任的承诺,不应承担保证责任

关键词 | 债务展期 | 担保承诺 | 保证责任 |

【最高人民法院裁判文书】

中诚信托有限责任公司与沧州大化集团有限责任公司保证合同纠纷案[最高人民法院(2009)民二终字第4号民事判决书]

最高人民法院认为,《担保法》第二十四条规定:债权人与债务人协议变更主合同的,应当取得保证人书面同意,未经保证人书面同意的,保证人不再承担保证责任;保证合同另有约定的,按照约定。借款人清偿部分贷款后又借入相同金额贷款,保证人在不知情的情况下作出为原债务展期承担担保责任的,不能认定是其真实的意思表示,不应承担保证责任。

——最高人民法院民事审判第二庭编:《最高人民法院商事审判指导案例·借款担保卷》,中国法制出版社2011年版,第716~725页。

编者说明

本案中保证人在不知情的情况下作出为原债务展期承担担保责任的保证，与借款人清偿贷款后又借入相同金额贷款，其保证担保的标的合同并非同一关系，对借款人新借贷款不能认定设定了保证担保。

1380

企业法人职能部门提供担保，未经其同意，债务人和债权人以贷还贷的，企业法人免责

关键词｜企业法人职能部门｜以贷还贷｜借款合同｜

【最高人民法院裁判文书】

中国农业银行临安市支行与上海宏广达实业公司杭州分公司、杭州临安医药玻璃厂借款合同纠纷再审案

裁判摘要：借款合同双方串通隐瞒以贷还贷的事实，骗取担保人提供担保，担保人对此不承担责任。担保人事后要求借款人提供反担保的事实是其行使救济的途径，不能以此推定担保人追认了以贷还贷的事实。担保人实现其追偿权应以最终获得执行为标准，在未能实现其追偿权后，担保人仍然有权就借款担保合同纠纷申请再审。

最高人民法院认为：

（一）杭州分公司是否知道或应该知道其下属经营部为医药玻璃厂提供担保

本案为玻璃厂提供担保的是杭州分公司的内设机构经营部，由于该经营部没有民事主体资格，不能承担民事责任，且经过一、二审查证，杭州分公司给经营部的“特别委托书”上所盖公章及杭州分公司法定代表人名章系伪造。故经营部以杭州分公司的名义与临安农行、玻璃厂签订的担保条款无效。临安农行对杭州分公司应该知道其下属经营部为玻璃厂担保所举的证据主要是：……从以上分析可以得出结论，经营部与临安农行、玻璃厂签订担保合同时，杭州分公司并不知道，但事后，杭州分公司知道并认可经营部为玻璃厂担保的事实。

(二)临安农行与玻璃厂进行以贷还贷,杭州分公司是否知晓

本案临安农行贷给玻璃厂的贷款,在贷款合同上明确其用途是流动资金贷款,购买原材料,而事实是500万元贷款中的350万元是在玻璃厂的银行账户上进行了划账处理,用以归还玻璃厂原来欠临安农行的其他贷款。其余的150万元划到了玻璃厂的账户,其中的100万元,当天就被临安农行划走,本案一、二审多次对该100万元的用途进行查证,但由于玻璃厂的账目不全而未能如愿。由于该100万元是由临安农行当天从玻璃厂的账户划出的,临安农行又不能举证否认。故原再审认定该100万元也是玻璃厂偿还临安农行的贷款。原再审认定玻璃厂与临安农行用500万元贷款中的450万元"以贷还贷"是正确的。真正由玻璃厂支配的款项仅有50万元。本案的以贷还贷问题在原一、二审均未提及,杭州分公司将以贷还贷的事实作为新证据引起了该案的原再审,并获得了支持。因此,杭州分公司是否知道临安农行与玻璃厂贷款的目的是以贷还贷就成为本案的焦点问题。

……临安农行与玻璃厂以前的旧贷的担保人不是杭州分公司,在主合同上的贷款用途明确是购买原材料,而临安农行与玻璃厂却进行以贷还贷。如果杭州分公司不知道双方是以贷还贷,则不应当承担担保责任。而证明杭州分公司是否知道临安农行和玻璃厂进行以贷还贷的举证责任应该由临安农行和玻璃厂承担。本案中,临安农行没有充分证据证明杭州分公司知晓"以贷还贷"的事实,而杭州分公司却提供了一定的反驳证据。关于反担保抵押合同的问题,结合该抵押合同签订的时间及合同的内容,表明:(1)签订此合同的目的是由于杭州分公司经营部为玻璃厂向临安农行借款,为避免担保的风险而与裕盛公司和玻璃厂签订反担保合同;(2)杭州分公司的担保在前,而其与裕盛公司和玻璃厂的反担保在后;(3)合同内容始终未反映出玻璃厂与临安农行的借款行为是以贷还贷。因此,该合同内容最多能够说明,在此时,杭州分公司知道了其经营部为玻璃厂担保的事实,从杭州分公司事后积极行使反担保权利的行为看,杭州分公司是在努力行使自己的救济途径,认可了其经营部为玻璃厂担保的事实。但不能得出杭州分公司明知玻璃厂与临安农行以贷还贷的结论。

……综上,临安农行、玻璃厂和杭州分公司经营部签订的三方协议及借款合同,除担保条款外,均为有效。玻璃厂应承担归还贷款的责任。因经营部系杭州分公司下属部门,不具备法人资格,其与临安农行、玻璃厂签订的保证条款无效。临安农行与玻璃厂搞以贷还贷,使一笔可能成为死债的债务由杭州分公司担保,

损害了担保人杭州分公司的合法权益，应该适用《保证问题规定》第十九条关于骗保的规定，对于贷款中临安农行与玻璃厂以贷还贷的450万元，杭州分公司不应当承担民事责任。经营部虽然不具备法人资格，其签订的保证条款无效。但经营部以其存入临安农行的存款为玻璃厂借款提供担保，事后得到杭州分公司的认可，依照《保证问题规定》第二十条的规定，经营部的无效担保的民事责任应由杭州分公司承担，但其责任范围仅限于由玻璃厂实际使用的50万元。原再审判决结论是正确的，应当予以维持。

——苏泽林主编、最高人民法院审判监督庭编：《审判监督指导》总第18辑，人民法院出版社2005年版，第81~90页。

1381

恶意串通转嫁风险的责任承担

关键词 | 恶意串通 | 贷新还旧 |

【最高人民法院裁判文书】

恒丰银行股份有限公司与烟台银行股份有限公司烟台山支行等借款保证合同纠纷案[最高人民法院(2010)民提字第156号民事判决书]

裁判要旨：本案环海公司向恒丰银行借款后立即转给了保证人长城公司，由长城公司偿还了自身对恒丰银行的旧贷，该民事法律关系仍属于贷新还旧的性质。恒丰银行依据卢国庆提供的环海信用社担保函将环海信用社作为保证人，再审请求烟台山支行承担保证责任没有事实和法律依据。

恒丰银行与环海公司、长城公司关系密切。恒丰银行未与环海信用社协商、未向环海信用社核保以及贷款给环海公司用于偿还长城公司的旧贷等事实证明，恒丰银行与环海公司、长城公司的行为属于恶意串通转嫁风险的性质。

最高人民法院认为：本案借款担保合同纠纷，系因恒丰银行贷给环海公司的款项通过典当公司等立即转给了保证人长城公司并用以偿还了长城公司对恒丰银行的旧贷而引起。各方当事人对恒丰银行与环海公司、长城公司借款担保民事关系的认定和判决没有异议，而是在恒丰银行向烟台山支行主张借款保证责任时发生分歧,故本案争议的焦点为贷款是否属于贷新还旧性质,烟台山支行应否承担担保责任。

关于贷款是否贷新还旧的性质。本案环海公司向恒丰银行借款后立即转给了保证人长城公司,由长城公司偿还了自己对恒丰银行的旧贷,该民事法律关系仍属于贷新还旧的性质。首先,分析恒丰银行认为不属于贷新还旧的法律规范的逻辑结构。《担保法解释》第三十九条规定内容,其目的和后果是免除保证人的担保责任,而"主合同当事人双方协议以新贷偿还旧贷"只是该法律规范的假设条件。法律规范的条件是以最为典型的形态为表现的,因为民事行为包罗万象而不可能穷尽。其次,分析"主合同当事人双方协议以新贷偿还旧贷"。设定该假设条件的本质含义是如果没有真实的贷款发生,也即主合同没有真实的合同基础关系而是虚构的民事关系,那么很可能将产生保证人不承担民事责任的后果。本案虽然不是环海公司借款后偿还自己的旧贷而是用以偿还了保证人长城公司的旧贷,因长城公司也是恒丰银行的旧贷债务人,有笔对恒丰银行 980 万元的债务到期,同时长城公司是本案新贷的担保债务人,所以环海公司将贷款转给长城公司偿还,同样构成新债务人偿还了自己的旧贷而没有发生真实的贷款关系的假设条件。再次,分析担保法律关系。长城公司为环海公司提供保证担保,目的是为了保证恒丰银行将来对环海公司的贷款债权更好地实现,但由于环海公司所贷之款偿还了保证人长城公司的旧贷,该行为实质是恒丰银行放弃了长城公司的保证担保,因此,恒丰银行、环海公司和长城公司之间不是真实的借款担保法律关系。如果有两个以上保证人为主合同担保时,且没有区分保证责任范围,当债权人对其中一个保证人免除保证责任后,必然将加大其他保证人的保证责任,这对其他保证人极为不公平,其他保证人因此也应获得免责。故恒丰银行以《担保法解释》第三十九条"主合同当事人双方协议以新贷偿还旧贷"法律规范的假设条件,申请再审称本案不是以贷还贷,既无事实依据也无法律依据,本院对其诉称不予支持。

关于烟台山支行应否承担担保责任。恒丰银行依据卢国庆提供的环海信用社担保函将环海信用社作为保证人,再审请求烟台山支行承担保证责任没有事实和法律依据。首先,该担保函不是环海信用社的真实意思表示。环海信用社在 1997 年本案环海公司 980 万元贷款到期后,恒丰银行要求其续保时才知道该担保函的存在,并立即向公安机关报案。根据卢国庆的调查笔录和证言,担保函是在盖有环海信用社印章的空白便笺上,卢国庆授意会计填写相关内容形成的。日期倒签为 1991 年 10 月 26 日,而本案借款合同发生在 1996 年 8 月 19 日。为担保函与本案借款衔接,卢国庆自己又在括号内注明本保函有效期陆年。根据担保函制作过程和内容,可以认定不是环海信用社的真实意思表示。其次,恒丰银行对转嫁贷款风险的事实明知并构成了恶意串通。根据长城公司和恒丰银行同是典当公司的股东,环海公司是长城公司的主管部门,环海公司与长城公司互相担保贷款对恒丰银行负有多笔债务,卢国庆曾先后担任环海公司、长城公司和典当公司的法定代表人等事实,说明恒丰银行与环海公司、长城公司关系密切。根据卢国庆、姜鼎超等人的证言、恒丰银行未与环海信用社协商、未向环海信用社核保以及贷款给环海公司用于偿还长城公司的旧贷等事实证明,恒丰银行与环海公司、长城公司的行为属于恶意串通转嫁风险的性质。本案证人证言是以刑事侦查阶段的笔录形式出现,虽然公安机关因证据不足撤销了刑事侦查案件,卢国庆的行为不构成犯罪,但并不因此得出合法讯问采集的证明犯罪行为不足的言词笔录,不得作为民事证据使用的结论。证明犯罪行为存在,除了证据使用要比证明民事行为存在具有更高的盖然性以外,更主要的是行为是否达到了刑事法律规范的假设条件。所以,不能证明犯罪行为存在的证据并非不能证明民事行为的存在,本案多人多份笔录相互印证描述的事实具有客观性。再次,即使将环海信用社作为保证人,因本案贷新还旧的性质,环海信用社事先不知道贷款关系的存在,更不清楚本案贷新还旧的事实,故烟台山支行也不应承担民事责任。恒丰银行诉称与长城公司和卢国庆没有进行过任何形式协商,且不知情与事实不符,其关于不存在恶意串通的主张无事实根据,本院不予支持。

——最高人民法院民事审判第二庭编:《最高人民法院商事审判指导案例(第五卷)》(上),中国法制出版社 2011 年版,第 285 ~ 294 页。

七、最高额保证

1382

最高额保证合同必备条款未经保证人与贷款人协商一致，最高额保证合同不成立

关键词 | 最高额保证 | 合同成立 |

【最高人民法院裁判文书】

华夏银行股份有限公司无锡分行与常州方圆制药有限公司及江阴红星集团进出口有限公司、江阴汇纶纺织有限公司、江阴澄邦毛纺织有限公司、周筱晔信用证开证及担保纠纷案[最高人民法院(2011)民申字第1238号民事裁定书]

最高人民法院认为：华夏银行无锡分行要求方圆公司就红星公司所欠01WLC0801315号信用证项下的8235297.63元及其利息承担连带清偿责任的主要依据是华夏银行无锡分行与方圆公司于2008年4月15日签订了编号为NJ1603(高保)20080016的《最高额保证合同》，但方圆公司对此予以否认。方圆公司认为，《最高额保证合同》并非其真实的意思表示。从本案有关事实看，落款时间为2008年4月15日的《最高额保证合同》是华夏银行无锡分行制作的格式合同，虽然在合同尾部所盖方圆公司的公章和金彪的私章是真实的，但该印章的形成时间早于合同中合同编号、被担保的主债务人的名称、主债权的种类、最高债权额、被担保的主债权的发生期间等合同主要内容的填写时间，合同主要内容均系华夏银行无锡分行的工作人员在空白的格式合同上事后填写，且华夏银行无锡分行的经办人承认填写相关内容后的合同文本并未交给方圆公司。《最高额保证合同》尾部“金彪”的签名亦系他人冒签。在方圆公司否认其为本案所涉债务出具《最高额保证合同》并认为系华夏银行无锡分行套取方圆公司为其他债务提供担保时出具的空白《最高额保证合同》的情况下，华夏银行无锡分行并没有举出充分的证据证明方圆公司就是为包括本案所涉债务在内的红星公司的债务提供了《最高额保证合同》。二审法院关于本案所涉《最高额保证合同》必备条款未经方圆公司与华夏银行无锡分行协商一致达成合意，不符合合

同成立的条件，因而该合同不成立的认定是正确的。华夏银行无锡分行认为方圆公司出具空白《最高额保证合同》构成对该行的任意授权并进而主张方圆公司应当对本案所涉债务承担保证责任，没有事实和法律依据，其该项申请理由不能成立。

——中国裁判文书网，http://wenshu.court.gov.cn。

1383

贷款人因被欺诈而签订最高额保证合同但未申请撤销的，合同有效

关键词｜最高额保证｜欺诈｜撤销权｜

【最高人民法院裁判文书】

中国农业发展银行通辽市科尔沁区支行与大连利丰海运集团有限公司、通辽经济技术开发区万通粮油有限责任公司金融借款合同纠纷案[最高人民法院(2013)民二终字第136号民事判决书]

最高人民法院认为：一、关于本案所涉《流动资产借款合同》《最高额保证合同》的效力问题。

根据本案原审查明的事实，万通粮油公司及其法定代表人陈培禄的刑事判决已经生效，万通粮油公司、陈培禄被认定为骗取贷款罪。从刑事判决认定的事实看，万通粮油公司为了在农发行科尔沁支行成功申请贷款，陈培禄指使其公司财务人员将财务账目进行调整，向农发行科尔沁支行提供了虚假财务报表，骗取了农发行科尔沁支行的贷款。而农发行科尔沁支行在与万通粮油公司签订本案所涉借款合同时，是按照银行正常的放贷手续办理，其并未参与万通粮油公司骗取贷款等不法行为。从合同履行情况看，农发行科尔沁支行发放了合同项下的贷款，万通粮油公司依约使用该贷款收购了玉米并进行销售，销售货款也已全部回笼至万通粮油公司，只是其未将回笼的资金全部用于归还农发行科尔沁支行的贷款，而是将部分资金挪作他用。因此，从本案借贷法律关系的成立及其履行看，农发行科尔沁支行属被欺诈一方，根据《合同法》第五十四条的规定，农发行科尔沁支行对合同享有撤销权，然而，其并未主张撤销，故本案所涉《流动资金借款合同》和《最高额保证合同》均应

为有效合同。原审判决认定上述合同无效属适用法律错误,本院予以纠正。

——中国裁判文书网,http://wenshu.court.gov.cn。

1384

最高额保证中保证范围的认定

关键词|最高额保证|保证范围|

【最高人民法院裁判文书】

中国长江航运(集团)总公司与交通银行股份有限公司武汉江汉支行、长航凤凰股份有限公司金融借款合同纠纷申请再审案[最高人民法院(2014)民申字第1879号民事裁定书]

最高人民法院认为:关于交行江汉支行给长航凤凰公司的500万美元贷款是否落入《最高额保证合同》项下长航集团公司的担保范围的问题。《担保法》第十四条明确规定,保证人与债权人可以协议在最高债权额限度内就一定期间连续发生的借款合同订立一个保证合同,即最高额保证合同。《担保法解释》第二十三条明确规定:"最高额保证合同的不特定债权确定后,保证人应当对在最高债权额限度内就一定期间连续书生的债权余额承担保证责任。"最高额保证合同是保证人对一定期间内连续发生的不特定债权,在最高限额内承担保证责任的一种保证方式,最高额保证人应当以约定的最高额为限,对决算期前的剩余债务承担清偿责任。

本案中,长航集团公司作为保证人与债权人交行江汉支行签订了《最高额保证合同》,约定长航集团公司为债务人长航凤凰公司在2010年1月11日至2011年1月11日期间与交行江汉支行因借款而签订的全部主合同提供最高额保证担保;债权的币种、本金金额、利率、债务人的债务履行期限等以主合同的约定为准;担保的最高债权额为2亿元人民币。2010年1月11日至2011年1月11日期间,长航凤凰公司分别与交行江汉支行签订借款合同,借款2亿元人民币和500万美元。《最高额保证合同》所约定的被担保债权决算期应为2011年1月11日,尽管其中第1.3条载明"本合同项下被担保的主债权在全部主合同下最后一笔主债权的发生日(主债权确定日)确定",但该约定与

2011年1月11日决算期的约定并不矛盾，也没有改变《最高额保证合同》项下保证人长航集团公司对截至2011年1月11日交行江汉支行对长航凤凰公司享有的全部债权余额在2亿元人民币范围内承担保证责任的内涵。2011年1月11日债权余额为500万美元，没有超过长航集团公司担保的最高债权额2亿元人民币，因此，原审判决长航集团公司对500万美元承担保证责任并无不当。

——中国裁判文书网，http://wenshu.court.gov.cn。

首钢庆华工具厂等与中国工商银行北安市支行担保借款上诉案［最高人民法院（2001）民二终字第32号民事判决书］

最高人民法院认为：北安工行与庆华厂、首钢总公司于1994年5月30日所签订的担保借款合同，各方当事人意思表示真实明确，内容合法，为有效合同。该合同签订后，北安工行按照庆华厂提交的借款凭证发放了9笔共计1354万元的贷款，因其中部分贷款的还款日先行违约，原审据此认为北安工行从而取得不安抗辩权并未再发放其余贷款不构成违约是正确的，依该合同约定所发放的贷款确已包括在双方于1997年9月1日所签订的合同之中，且北安工行在本案中亦未就1994年5月30日合同单独提出请求，原审对有关该合同的违约责任问题未作出单独处理并无不当。

北安工行与庆华厂于1997年9月1日签订的借款合同亦是双方当事人的真实意思表示，其内容不违反法律规定，应认定有效。庆华厂应对1986年8月30日至1997年12月31日期间所实际发生的全部贷款承担清偿责任。根据双方当事人提交的有关会计凭证，双方盖章确认的《逾期贷款催收通知单》以及华实会计事务所的审验结果，足以认定庆华厂在1986年8月30日至1997年12月31日期间所欠北安工行贷款本金的余额为9268万元，北安工行为此多次向庆华厂发送《对账未达清单》和《逾期贷款催收通知单》，且该部分欠款中并未计入庆华厂于1996年12月27日、1997年4月30日以新贷款所偿还的部分贷款，故原审判令庆华厂清偿上述所欠贷款及利息是正确的，庆华厂关于原审判决认定其欠款数额有误，北安工行未全额发放贷款及以贷还贷构成违约等上诉理由没有事实根据，对其上诉请求本院不予支持。

首钢总公司与北安工行于1997年9月1日签订的最高额保证合同，其编号及内容与借款合同吻合，印鉴真实齐备，应当认定是双方的真实意思表示，首钢总公司关于该合同系主债权债务双方串通骗取其盖章、应认定无效的主张证据不足，本院不予支持。该保证合同及借款合同中约定由首钢总公司对庆华厂将要发生及此前至1986年8月30日以来的9800万元的贷款本金和利息等债务提供担保,其保证范围具体明确且不违反法律规定,应认定其有效,首钢总公司应对庆华厂在此期间内实际发生的9800万元限额内的贷款本金余额及其利息等承担连带清偿责任,原审判令该公司对庆华厂所欠贷款本息在9800万元额度内承担保证责任虽有不当,但因当事人有权处分其民事权利和诉讼权利,北安工行并未就此项判决提起上诉且请求维持原判,故对该项判决可予维持。双方当事人在该保证合同第12条特别约定中所述的"本合同系续签担保合同",其中不但没有该"最高额保证合同就是对1994年5月1日至1996年5月1日8000万元保证合同的续签"的意思内容,而且是作为再次强调债权人对"陈欠贷款"的权利即强调对签约前的贷款的保证责任期间不受该合同第2条的约束的理由而陈述的,首钢总公司关于其只应对1994年5月30日合同项下所发生的1354万元贷款承担保证责任的上诉主张根据不足且有悖该项特别约定的完整意思。本院不予支持。

——最高人民法院办公厅编:《最高人民法院公布裁判文书(2002年)》,人民法院出版社2003年版,第420~427页。

编者说明

在前引首钢庆华工具厂等与中国工商银行北安市支行担保借款上诉一案中,保证人对债务人在一定期间内的债务向债权人提供了最高额保证。该保证合同中约定由保证人对债务人将要发生及此前至1986年8月30日以来的9800万元的贷款本金和利息等债务提供担保,其保证范围具体明确且不违反法律规定,被认定有效,保证人应对债务人在此期间内实际发生的9800万元限额内的贷款本金余额及相应的利息等承担连带清偿责任。本案一审法院判决保证人在9800万元内承担连带偿付责任,但实际的贷款本金及利息相加可能高于9800万元,保证人对高出的利息部分也应承担保证责任,但鉴于债权人请求维持原判,二审法院认为是债权人处分自己的民事权利的行为,故维持了原判。

1385

最高额保证中,单笔交易的效力不影响最高额保证合同的效力

关键词 | 最高额保证 | 合同效力 |

【《最高人民法院公报》案例】

风神轮胎股份有限公司与中信银行股份有限公司天津分行、河北宝硕股份有限公司借款担保合同纠纷案[最高人民法院(2007)民二终字第36号民事判决书]

裁判摘要:一、《担保法》第十四条规定:“保证人与债权人可以就单个主合同分别订立保证合同,也可以协议在最高债权额限度内就一定期间连续发生的借款合同或者某项商品交易合同订立一个保证合同。”上述规定中的最高额保证,通常是为将来一定期间连续发生的债务提供保证,其中某一笔交易的效力并不影响最高额保证合同的效力,而普通保证则因主合同无效而无效。因此,最高额保证较之普通保证最大的区别,即在于最高额保证与主债务的关系具有更强的独立性。最高额保证人的责任是在订立合同时确立的,通过最高额保证期间和最高限额限定保证责任,即只要是发生在最高额保证期间内、不超过最高限额的债务余额,最高额保证人均应承担保证责任。在最高额保证的情形下,即使主债务无效,基于主债务无效而确定的债务额也要作为最高额保证计算债务余额的基数。

——《最高人民法院公报》2008年第2期

1386

最高额保证所担保债务的确定

关键词｜最高额保证｜债务确定｜

【《最高人民法院公报》案例】

风神轮胎股份有限公司与中信银行股份有限公司天津分行、河北宝硕股份有限公司借款担保合同纠纷案[最高人民法院(2007)民二终字第36号民事判决书]

裁判摘要:二、根据《担保法解释》第二十三条关于“最高额保证合同的不特定债权确定后,保证人应当对在最高债权额限度内就一定期间连续发生的债权余额承担保证责任”的规定,最高额保证范围为最高额保证期间已经发生的债权和偿还债务的差额,并非指最高额保证期间已经到期的债权余额。

最高人民法院认为:(三)对于HD0071号《人民币借款合同》项下2170万元贷款,风神公司是否可以超过《最高额保证合同》决算期为由免于承担保证责任的问题。风神公司上诉称,《最高额保证合同》的决算期为2005年5月16日至2006年5月16日,而中信银行主张的该笔贷款到期时已超过了2006年5月16日,即《最高额保证合同》的最后决算期,不应归为该《最高额保证合同》项下。此问题涉及对《担保法解释》第二十三条的理解。该条规定:“最高额保证合同的不特定债权确定后,保证人应当对在最高债权额限度内就一定期间连续发生的债权余额承担保证责任。”其规定了最高额保证范围为发生的债权余额,该余额为最高额保证期间已经发生的债权和偿还债务的差额,并非指最高额保证期间已到期的债权余额。从此意义上讲,本案讼争的2170万元贷款系发生于最高额保证期间,虽然其到期日超过最高额保证期间,仍应属最高额保证人应当承担保证责任的范围。此外,从《最高额保证合同》中风神公司向中信银行承诺看,对2005年5月16日至2006年5月16日期间中信银行向宝硕公司授信而发生的一系列债权提供最高额7000万元的最高额保证。而本案所有债务都形成于最高额担保合同约定的期间之内,包括该笔贷款,并未超出担保合同约定的期间,所以不能认为该笔贷款超过了决算期;《最高额保证合同》约定保证期间为宝硕公司“依具体业务合同约定的债务履行期限届满之日起两年。每一具体业务合同项下的保证期间单独计算”,依此约定,2170万元贷款的保证期间应为债务履行期届满之日起两年,即2006年10月20日至2008年10月20日。中信银行向风神公司主张承担保证责任亦未超过保证期间。综上,风神公司提出该笔贷款超过《最高额保证合同》决算期因而不应承担责任的主张不能成立,本院不予支持。

——《最高人民法院公报》2008年第2期

【链接:最高人民法院法官著述】

由于最高额保证人对一定期间内连续发生的不特定债权承担保证责任,在此期间内可能发生多笔债权,累计总额巨大,在确定最高额保证的保证范围时,不应将各笔债权实际发生的累计额作为最高额保证的保证范围,最高额保证的保证范围只是决算期(债权确定期)届至之前实际发生的债务余额。实践中,债权人可以向债务人发放任意数额的贷款,因最高额保证人有最高限额的保护,所以保证人的利益不受影响。对此,《担保法解释》第二十三条规定:“最高额保证合同的不特定债权确定后,保证人应当对在最高债权额限度内就一定期间连续发生的债权余额承担保证责任。”

——曹士兵:《中国担保制度与担保方法》(第三版),中国法制出版社2015 年版,第 144 页。

编者说明

关于最高额保证所担保债务的确定问题,最高人民法院的主流观点主要体现在前述司法解释、公报案例和相关著述上,即:第一,最高额保证通常是为将来一定期间连续发生的债务提供保证,其中某一笔交易的效力并不影响最高额保证合同的效力。最高额保证与主债务的关系具有更强的独立性,即使主债务无效,基于主债务无效而确定的债务额也应作为最高额保证计算债务余额的基数。第二,最高额保证范围为最高额保证期间已经发生的债权和偿还债务的差额,并非指最高额保证期间已经到期的债权余额。

1387

金融机构依约宣告贷款提前到期，且该债权符合约定的债务履行期限届满之日条件的，应视为主债权确定，最高额保证人应承担担保责任

关键词｜贷款提前到期｜主债权确定｜最高额保证｜

【最高人民法院裁判文书】

中国民生银行股份有限公司杭州分行与绍兴县经济技术担保有限公司、浙江玻璃股份有限公司等金融借款合同纠纷案[最高人民法院(2013)民提字第141 号民事判决书]

最高人民法院认为:本案再审程序中双方当事人争议的焦点问题是:在民生银行宣布案涉贷款提前到期的情况下,担保公司是否应对案涉贷款在 2.75 亿元范围内承担保证责任。

根据原审法院查明的事实,民生银行与担保公司签订《最高额保证合同》是双方真实意思表示,合法有效。《最高额保证合同》对于被担保债权的发生期间、被担保债权的确定事由、效力以及保证期间等内容均作了明确约定。因此,

担保公司是否应对案涉贷款在2.75亿元范围内承担保证责任,应当按照《最高额保证合同》的约定来分析判定。

本案中,民生银行于2010年8月19日至8月26日先后向浙玻公司发放贷款6亿元,期限均为一年,即债务履行期限届满日在2011年8月19日至8月26日之间。《最高额保证合同》第3条约定"被担保主债权的发生期限为2008年12月22日至2010年12月22日",依此约定,本案债权发生期间均在该条约定期限之内。但同时《最高额保证合同》第19条还约定"担保公司所担保的任何一笔债务履行期限届满之日均不得超过2010年12月25日",而本案债务依主合同约定履行期限届满之日均在2011年8月19日至8月26日之间,该期间超过了《最高额保证合同》第19条约定的期限。如果在2010年12月25日之前未发生《最高额保证合同》约定的或者法律规定的导致被担保债权确定的情形,则按照《最高额保证合同》第19条约定,案涉债权将被排除于被担保债权的范围。但本案特殊情况在于,2010年12月8日,民生银行依据《综合授信合同》的约定宣布本案贷款提前到期。此情况下,案涉贷款是否属于《最高额保证合同》的担保范围,是本案需要解决的关键问题。

最高额保证作为《担保法》规定的一种特殊的担保形式,其本质特征在于所担保债权的不特定性。被担保债权未经决算不能确定,债权人就无法实现其担保权。而对于被担保债权得以确定的事由,《最高额保证合同》第8条作了明确约定:"有下列情形之一时,本合同项下被担保的债权确定:1.本合同约定的主债权的发生期间届满;2.依据法律规定或主合同约定主债权人宣布主合同项下全部债务提前到期;3.法律规定的被担保的债权确定的其他情形。"依照该条约定,民生银行依据主合同约定宣布贷款提前到期的行为导致了《最高额保证合同》被担保债权的确定。对于被担保债权确定的效力问题,《最高额保证合同》第9条明确约定:"被担保的债权确定时未清偿的主合同项下的债权,不论该债权履行期限是否已经届满或者是否附加有条件,均属于被担保的债权的范围。"由此,在民生银行宣布本案贷款提前到期之时,未清偿的主合同项下的不特定债权已确定,均被纳入《最高额保证合同》约定的被担保债权范围。

本案双方当事人的争议源于《最高额保证合同》第19条。该条款是手写内容,双方对其效力并无异议,但对该条款与《最高额保证合同》其他条款的关系有不同理解。民生银行主张,第19条约定只是对被担保债权还款期限作了限定,与合同其他条款并无冲突,并没有否定债权人宣布贷款提前到期会使债权最后确定的约定。担保公司抗辩则认为,该条款属于非格式条款,当出现与合同格式条款内容不一致时，应当采用非格式条款的约定；本案所涉贷款的还款日期均在2011年8月19日至8月26日之间，均超过了第19条约定期间，因此案涉贷款不属于《最高额保证合同》的担保范围。对于第19条内容的理解问题，本院认为，亦应依据《最高额保证合同》的约定来分析。综观《最高额保证合同》条款，第19条虽是双方当事人手写的非格式条款，但从其内容看，其仅是对被担保债权还款期限作出限定，与合同其他格式条款内容并不矛盾，不能据此排除其他条款的适用。而对于双方当事人争议的"债务履行期限届满日"如何界定的问题，《最高额保证合同》第10条明确约定"债务履行期限届满日"包括主合同债务人分期清偿债务的情况下，每一笔债务到期之日，还包括依主合同约定，债权人宣布债务提前到期之日。依此约定，债权人宣布贷款提前到期之日也即债务履行期限届满之日。具体到本案，根据原审查明的事实，民生银行于2010年12月8日宣布贷款提前到期，并于同日向担保公司及其他一审被告发送了《贷款提前到期通知书》，担保公司等均已收悉。上述时间在《最高额保证合同》第19条约定的期限之内。因此，担保公司上述抗辩意见缺乏事实及法律依据，本院不予采纳。

——最高人民法院民事审判第二庭编：《最高人民法院商事审判指导案例（2014）》，中国民主法制出版社2015年版，第627～642页。

1388

主合同选择性列明部分最高额担保合同，如债务发生在决算期内，且债权人未明示放弃担保权利，未列明的最高额担保担保人也应当承担担保责任

关键词 | 最高额保证 | 决算期 |

【最高人民法院指导性案例】

温州银行股份有限公司宁波分行诉浙江创菱电器有限公司等金融借款合同纠纷案（最高人民法院指导案例57号）

裁判要点：在有数份最高额担保合同情形下，具体贷款合同中选择性列明部分最高额担保合同，如债务发生在最高额担保合同约定的决算期内，且债权人未明示放弃担保权利，未列明的最高额担保合同的担保人也应当在最高债权限额

内承担担保责任。

法院生效裁判认为：温州银行与创菱电器公司之间签订的编号为温银9022011企贷字00542号借款合同合法有效，温州银行发放贷款后，创菱电器公司未按约还本付息，已经构成违约。原告要求创菱电器公司归还贷款本金250万元，支付按合同约定方式计算的利息、罚息，并支付原告为实现债权而发生的律师费95200元，应予支持。岑建锋、三好塑模公司自愿为上述债务提供最高额保证担保，应承担连带清偿责任，其承担保证责任后，有权向创菱电器公司追偿。

本案的争议焦点为，婷微电子公司签订的温银9022010年高保字01003号最高额保证合同未被选择列入温银9022011企贷字00542号借款合同所约定的担保合同范围，婷微电子公司是否应当对温银9022011企贷字00542号借款合同项下债务承担保证责任。对此，法院经审理认为，婷微电子公司应当承担保证责任。理由如下：第一，民事权利的放弃必须采取明示的意思表示才能发生法律效力，默示的意思表示只有在法律有明确规定及当事人有特别约定的情况下才能发生法律效力，不宜在无明确约定或者法律无特别规定的情况下，推定当事人对权利进行放弃。具体到本案，温州银行与创菱电器公司签订的温银9022011企贷字00542号借款合同虽未将婷微电子公司签订的最高额保证合同列入，但原告未以明示方式放弃婷微电子公司提供的最高额保证，故婷微电子公司仍是该诉争借款合同的最高额保证人。第二，本案诉争借款合同签订时间及贷款发放时间均在婷微电子公司签订的编号温银9022010年高保字01003号最高额保证合同约定的决算期内（2010年9月10日至2011年10月18日），温州银行向婷微电子公司主张权利并未超过合同约定的保证期间，故婷微电子公司应依约在其承诺的最高债权限额内为创菱电器公司对温州银行的欠债承担连带保证责任。第三，最高额担保合同是债权人和担保人之间约定担保法律关系和相关权利义务关系的直接合同依据，不能以主合同内容取代从合同的内容。具体到本案，温州银行与婷微电子公司签订了最高额保证合同，双方的担保权利义务应以该合同为准，不受温州银行与创菱电器公司之间签订的温州银行非自然人借款合同约束或变更。第四，婷微电子公司曾于2012年6月、10月、11月三次归还过本案借款利息，上述行为也是婷微电子公司对本案借款履行保证责任的行为表征。综上，婷微电子公司应对创菱电器公司的上述债务承担连带清偿责任，其承担保证责任后，有权向创菱电器公司追偿。

——《最高人民法院关于发布第12批指导性案例的通知》（2016年5月30日，法〔2016〕172号）

【最高人民法院裁判文书】

中国银行新疆维吾尔自治区分行与新疆国标经贸有限公司融资担保上诉案
[最高人民法院(2005)民二终字第32号民事判决书]

最高人民法院认为:2003年6月17日,国标经贸公司向中行新疆分行出具不可撤销的还款担保书,明确承诺同意为金邦钢铁公司在中行新疆分行余额不高于2000万元的贷款或信用证、银行承兑汇票,各类保函及其他融资业务提供连带责任担保。中行新疆分行接受该担保书并且未表示不同意见,据此,应认定国标经贸公司与中行新疆分行之间保证法律关系成立。国标经贸公司以中行新疆分行未与其另行签订保证合同为由主张其与中行新疆分行的担保关系尚未成立的观点,本院不予支持。在上述担保书约定的决算期内(2003年6月17日至次年6月16日前),金邦公司先后与中行新疆分行签订两份商业汇票承兑协议和两份进口押汇合同,金邦公司在上述协议、合同项下产生的债务余额共计人民币800万元和1555714.33美元。上述债务的性质分别属于担保书承诺担保的银行承兑汇票融资业务以及其他融资业务,且发生于约定的决算期内,中行新疆分行向国标经贸公司主张权利未超过担保书约定的2年保证期间,故国标经贸公司应依约在其承诺的2000万元额度范围内为金邦公司对中行新疆分行的欠债承担连带保证责任。虽然,金邦公司在进行上述融资时,其与中行新疆分行在两份商业汇票承兑协议和两份进口押汇合同中约定各协议和合同项下的欠款由与国标经贸公司同期向中行新疆分行出具过4000万元额度不可撤销的还款担保书的另一保证人世达物资公司承担保证责任,但因世达物资公司和国标经贸公司未对金邦公司的债务约定分担的份额或进行其他区分,中行新疆分行也没有以任何明示的方式表示放弃对国标经贸公司担保债权,故仅以中行新疆分行与金邦公司在主合同中对一项担保债权作出进一步约定的事实不能推定其系对另一项担保债权的放弃,中行新疆分行在请求世达物资公司承担担保责任的同时有权请求国标经贸公司承担相应的担保责任。因此,对国标经贸公司关于中行新疆分行系以行为表明放弃了对该公司的保证债权的答辩理由本院不予采信。金邦公司在与中行新疆分行签订的两份进口押汇合同约定的权利义务关系为:因金邦公司不履行《开立信用证合同》中要求的如期付款业务,中行新疆分行在保留或取得信用证项下单据和货物所有权的前提下,代金邦公司对外付款;金邦公司作为中行新疆分行的受托人,代中行新疆分行保管有关单据，办理该单据项下货物的存仓、保管、运输、加工、销售及保险事项，代为保管货物出售后的货款或将货款存入中行新疆分行指定账户。其中，双方有关因金邦公司不履行如期付款业务，中行新疆分行保留或取得信用证项下单据和货物所有权的约定，不属于《担保法》所规定的物的担保方式。因此，中行新疆分行在保留信用证项下单据和货物所有权的前提下委托金邦公司销售货物，也不构成《担保法》第二十八条规定的对物的担保的放弃。原审判决认定进口押汇行为实质上是一种以货物抵押为特征的融资方式以及认定中行新疆分行将货物单证交还金邦公司系对权利的放弃，均属定性不当，本院予以纠正。此外，世达物资公司虽为金邦公司股东，但股东为其所投资的公司担保并不违反法律、法规的规定，国标经贸公司有关中行新疆分行接受世达物资公司为金邦公司担保系恶意骗保的答辩没有法律依据。综上，本院对国标经贸公司有关其不应承担本案保证责任的答辩理由均不予采信，根据其向中行新疆分行出具不可撤销的还款担保书的承诺以及其未与世达物资公司约定保证责任份额的事实，国标经贸公司应在2000万元额度范围内对金邦公司债务承担连带保证责任。

——宋晓明、金赛波主编：《金融担保案例判决书精选》，法律出版社2006年版，第373～382页。

编者说明

在上述最高人民法院(2005)民二终字第32号案件中，两个保证人同时为一定期间内的债务提供不同额度的最高额保证，在此期间内，债权人与债务人签订的融资协议约定了由其中一个保证人提供保证，最高人民法院认为债权人并未以明示的方式放弃对另一保证人的权利，另一保证人保证责任并不因此免除；最高人民法院认为在进口押汇协议项下，开证行与开证申请人约定如开证申请人不如期付款，开证行保留或取得信用证项下单据和货物所有权，并不属于《担保法》规定的物的担保，开证行委托开证申请人销售货物也不是对物的担保的放弃，保证人没有在物的担保外承担保证责任的抗辩权。

1389

贷款人已经履行委托监管协议约定义务，最高额保证的保证人不能主张免责

关键词｜最高额保证｜委托监管｜保证责任｜

【最高人民法院裁判文书】

中国农业发展银行通辽市科尔沁区支行与大连利丰海运集团有限公司、通辽经济技术开发区万通粮油有限责任公司金融借款合同纠纷案[最高人民法院(2013)民二终字第136号民事判决书]

最高人民法院认为：二、关于担保人利丰海运公司主张农发行科尔沁支行未尽到监管责任，其不应承担担保责任的问题。

在本案所涉贷款协议签订后，按照《中国农业发展银行粮食流转贷款办法》的规定，农发行科尔沁支行与农发行驻外信贷组签订了《异地储存粮油委托监管协议》，农发行驻外信贷组也与万通粮油公司及大连港散粮码头公司签订了《异地库存粮油仓单管理协议》，已履行了相应的落实监管工作的职责。根据本案查明的事实，万通粮油公司为掩盖所收购的玉米已经销售，资金已经回笼的事实，开具了虚假的库存证明。由于万通粮油公司的违约行为，导致了债权人农发行科尔沁支行无法按照合同约定收回全部贷款，进而造成了部分贷款本息损失。除此之外，本案的《流动资金借款合同》《最高额保证合同》，均未就农发行科尔沁支行的监管责任作出具体约定。在万通粮油公司使用贷款从事收购、调销粮食活动中，其已将全部贷款3.053亿元收回，但其中1.54亿元并没有回到指定账户内，而是转至万通粮油公司在科尔沁兴源信用社另设的账户，或以购粮企业代为付款的方式，将上述款项用于归还欠款、炒期货等。因此，农发行科尔沁支行对万通粮油公司上述违约行为无法实施监管。利丰海运公司主张农发行科尔沁支行应当对万通粮油公司的全部履约行为进行监管，并无合同依据，且农发行科尔沁支行亦难以操作。总之，由于万通粮油公司违反《流动资金借款合同》的约定，造成农发行科尔支行部分贷款本金及利息损失，属于利丰海运公司的保证责任范围。上诉人利丰海运公司主张免除其保证责任的上诉请求，没有事实和法律依据，本院不予支持。

——中国裁判文书网，http://wenshu.court.gov.cn。

八、人保与物保的关系及其处理

1390

既有保证又有债务人提供物的担保，债权人应当先就物的担保实现债权

关键词｜保证｜物的担保｜

【最高人民法院裁判文书】

中国信达资产管理股份有限公司辽宁省分公司与北台钢铁(集团)有限责任公司、本溪华厦房地产综合开发有限责任公司借款合同纠纷上诉案(最高人民法院民事判决书)

最高人民法院认为:本案所涉贷款既有保证又有债务人提供物的担保,可参照适用《物权法》第一百七十六条的规定。根据该规定,保证人为本案所涉贷款提供连带责任保证,应对抵押权实现之外未获清偿部分债务承担连带保证责任。

——最高人民法院民事审判第二庭编:《商事审判指导》总第24辑,人民法院出版社2011年版,第121~122页。

【链接:最高人民法院法官著述】

虽然《担保法》及其司法解释对同一债权既有保证又有债务人提供物的担保的情形未作出明确规定,但是,通过对《担保法解释》相关条文的理解,当物的担保为债务人自己所提供时,要求债务人首先用自己提供的抵押财产来清偿债务,在抵押财产不能全部满足债权时,保证人来承担剩余部分的清偿责任,并无不当。即使参照适用《物权法》第一百七十六条的规定,债务人自己提供物的担保的,债权人应当先就该物的担保实现债权。本案中,各方当事人并未对物的担保和人的担保实现顺序作出约定,债务人华厦房地产公司用其以出让方式取得的六块土地对贷款设置抵押,并且办理了抵押登记,该抵押有效,信达沈阳办对该六块抵押土地享有优先受偿权。北台钢铁公司为本案所涉贷款提供连带责任

保证,应对抵押权实现之外未获清偿部分债务承担连带保证责任。

——刘竹梅、高燕竹:《即使贷款为借新还旧,保证人仍应依照保证合同的约定承担保证责任——中国信达资产管理股份有限公司辽宁省分公司与北台钢铁(集团)有限责任公司、本溪华厦房地产综合开发有限责任公司借款合同纠纷上诉案》,载最高人民法院民事审判第二庭编:《商事审判指导》总第24辑,人民法院出版社2011年版,第125页。

编者说明

《物权法》第一百七十六条规定,被担保的债权既有物的担保又有人的担保的,债务人不履行债务或者发生当事人约定的实现担保物权的情形,债权人应当按照约定实现债权;没有约定或者约定不明确,债务人自己提供物的担保的,债权人应当先就该物的担保实现债权;第三人提供物的担保的,债权人可以就物的担保实现债权,也可以要求保证人承担保证责任。因此,在既有物的担保又有保证担保的情况下,还需要区分物的担保提供人是债务人本人还是第三人,从而确定物的担保与保证担保的实现顺序问题。

1391

同一债权由债务人提供物保、第三人提供人保,但保证人特别约定放弃要求债权人先行主张物保的权利的,不免除其保证责任

关键词|担保责任|人保与物保并存|担保顺位|

【最高人民法院裁判文书】

中国长城资产管理公司广州办事处与广州云山大酒店有限公司、兰燕等合同纠纷案[最高人民法院(2016)最高法民终554号民事判决书]

最高人民法院认为:二、涉案担保人在实现涉案债权时的担保顺位问题。

涉案《连带保证合同》的甲方为长城公司,乙方为百特公司、兰燕、廖振新、潘国山、王慧;涉案《股权质押合同》的甲方为长城公司,乙方为百特公司、兰燕。以上合同当事人在《连带保证合同》第7.2.4条、《股权质押合同》第5.3条就担保顺位均作了下列约定,“无论甲方对主合同项下的债权是否拥有其他担保(包括但不限于保证、抵押、质押、保函、备用信用证等担保方式),不论上述其他担

保何时成立、是否有效、甲方是否向其他担保人提出权利主张,或放弃、部分放弃任何担保债权,也不论是否有第三方同意承担主合同项下的全部或部分债务,也不论其他担保是否由乙方自己所提供,乙方在本合同项下的担保责任均不因此减免,甲方均可直接要求乙方依照本合同约定在其担保范围内承担担保责任,乙方将不提出任何异议”。根据《物权法》第一百七十六条关于“被担保的债权既有物的担保又有人的担保的,债务人不履行到期债务或者发生当事人约定的实现担保物权的情形,债权人应当按照约定实现债权;没有约定或者约定不明确,债务人自己提供物的担保的,债权人应当先就该物的担保实现债权;第三人提供物的担保的,债权人可以就物的担保实现债权,也可以要求保证人承担保证责任。提供担保的第三人承担担保责任后,有权向债务人追偿”的规定,《连带保证合同》《股权质押合同》已明确约定该两合同所涉担保在实现债权的顺位上不受主合同项下其他担保的影响,即提供担保的一方放弃了在实现债权时位于债务人自己提供物的担保的顺位之后等相关权利,因此长城公司可以要求抵押人云山公司,质押人百特公司、兰燕,以及保证人百特公司、兰燕、廖振新、潘国山、王慧对涉案债务直接承担担保责任,而无担保责任顺位的限制。故原审判决关于长城公司先行使抵押权实现涉案债权,行使抵押权后仍不能实现的部分由质押人百特公司、兰燕及保证人百特公司、兰燕、廖振新、潘国山、王慧承担担保责任的认定不当,本院予以纠正。对长城公司关于质押人百特公司、兰燕及保证人百特公司、兰燕、廖振新、潘国山、王慧已在涉案担保合同中约定放弃在后担保顺位权利的上诉请求,本院予以支持。

——中国裁判文书网,http://wenshu.court.gov.cn。

九江银行股份有限公司南昌县支行与上海旗绩置业有限公司、上海严确钢材有限公司等金融借款合同纠纷案[最高人民法院(2016)最高法民终150号民事判决书]

最高人民法院认为:关于本案在《最高额保证合同》之外,是否还存在存单质押的事实,当事人不能提供确凿证据予以证实,既提供不了存单质押担保合同,也提供不了质押存单。在当事人举证不能情况下,无法对事实作出认定。上海旗绩公司与九江银行南昌县支行2013年6月13日《最高额保证合同》第九条保证人声明与承诺中第十三款明确约定:“若主合同项下还存在其他担保,则保证人对债权人承担的担保责任不受其他任何担保人所提供的担保的影响,也不因之而免除或减少,其担保责任的承担也不以债权人向其他任何担保人提出权利主张或进行诉讼/仲裁/强制执行为前提。”第十四款约定：“如主合同项下还存在其他担保（包括但不限于保证、抵押、质押、备用证及其他任何形式的担保），保证人同意，债权人可以放弃部分担保物权或者担保物权的顺位（包括该担保物是基于债务人提供的担保物的情况），债权人与任意抵押人/出质人（包括该抵押人/出质人为债务人本人的情况）可以协议变更担保物权的顺位以及被担保的债权数额等内容，债权人即使作出上述行为，保证人仍自愿依据本合同承担全部保证担保责任。”第十条债权人权利第三款约定：“当主债务人未依约履行债务时，无论债权人对主合同项下的债权是否拥有其他担保（包括但不限于保证、抵押、质押、保函、备用证及其他任何形式的担保形式），债权人有权直接要求保证人承担担保合同项下全部担保责任，而无须先行使其他担保权利。”因此，当事人对保证人上海旗绩公司的保证责任与其他担保关系已经作了特别约定，符合该《最高额保证合同》第一条适用所约定“除本合同另有约定外”的条件，该约定不违反《物权法》第一百七十六条、第二百一十八条的规定，本案即使存在债务人提供存单或虚假存单质押情形，亦不影响保证人上海旗绩公司按照《最高额保证合同》约定承担保证责任。一审法院依据原告诉请，判决上海旗绩公司就上海严确公司案涉债务承担全部保证责任，合同依据和法律依据充分，处理正确。上海旗绩公司上诉称因存在债务人提供的质押存单担保，其不应承担或者在存单质押范围之外承担保证责任的理由，不能成立。

——中国裁判文书网，http://wenshu.court.gov.cn。

上海九川投资（集团）有限公司与中国民生银行股份有限公司泉州分行及福建中盛房地产建设有限公司、程建芳、钱仁高、吕磊金融借款合同纠纷申请再审案［最高人民法院（2015）民申字第3537号民事裁定书］

最高人民法院认为：关于九川投资公司的保证责任是否以中盛房地产公司与民生银行泉州分行未告知抵押物现状以及双方解除中盛大厦701、702、703号房产的抵押而免除的问题。九川投资公司与民生银行泉州分行签订的讼争《委托贷款保证合同》第6.3条明确约定，如除该合同约定的担保方式外，主合同项下还存在其他担保的（包括中盛房地产公司以自己的财产向民生银行泉州分行提供抵押担保），则九川投资公司对民生银行泉州分行承担的担保责任不受任何其他担保的影响，也不因之而免除或减少，民生银行泉州分行有权选择优先行使该合同项下的担保权利，九川投资公司放弃任何其他担保的优先抗辩权，民生银行泉州分行因任何原因放弃对主合同债务人财产享有的抵押权，造成民生银行泉州分行在上述抵押权项下的优先受偿权丧失或减少时，九川投资公司承诺对民生银行泉州分行承担的担保责任不因之而免除或减少。且该合同第15条载明并以下划线标识：在签署本合同时，民生银行泉州分行就本合同的全部条款已向九川投资公司进行了详细地说明和解释，双方对合同的全部条款均无疑义，并对当事人有关权利义务和责任限制或免除条款的法律含义有准确无误的理解。上述合同条款说明，九川投资公司在签订案涉《委托贷款保证合同》时对于该合同第6.3条的约定是明知且自愿接受该条款约束的。因为九川投资公司与民生银行泉州分行就保证责任不因抵押权的设立、变更或者消灭而发生变化作出了明确的约定，所以，根据《物权法》第一百七十六条之规定，九川投资公司的保证责任不因前述告知义务是否履行以及抵押物的变化而免除或者减轻。

——中国裁判文书网，http://wenshu.court.gov.cn。

上海九川投资（集团）有限公司与中国民生银行股份有限公司泉州分行等金融借款合同纠纷申请再审案［最高人民法院（2015）民申字第3538号民事裁定书］；上海九川投资（集团）有限公司与中国民生银行股份有限公司泉州分行及福建中盛房地产建设有限公司、吕磊、程建芳、钱仁高金融借款合同纠纷申请再审案［最高人民法院（2015）民申字第3539号民事裁定书］

裁判理由与前引最高人民法院（2015）民申字第3537号民事裁定书基本一致（略）。

——中国裁判文书网，http://wenshu.court.gov.cn。

盐城市东兴高效农业发展有限公司与中国民生银行股份有限公司盐城分行等金融借款合同纠纷申请再审案［最高人民法院（2015）民申字第2820号民事裁定书］

最高人民法院认为：案涉《保证合同》第6.4条约定：如除本合同约定的担保方式外，主合同项下还存在其他担保的（包括主合同债务人以自己的财产向乙方提供低于/质押担保），则甲方对乙方承担的担保责任不受任何其他担保的影响，也不因之而免除或减少。乙方有权选择优先行使本合同项下的担保权利，甲方放弃任何其他担保的优先抗辩权；乙方因任何原因放弃对主合同债务人财产享有的抵押权/质权、变更抵押权/质权的顺位或内容，造成乙方在上述抵押权/质权下的优先受偿权丧失或减少时，甲方承诺对乙方承担的担保责任也不因之而免除或减少。根据上述约定，东兴公司承担的担保责任不因民生银行盐城分行放弃部分质权而减少，故二审判决东兴公司承担担保责任，适用法律并无不当。

——中国裁判文书网，http://wenshu. court. gov. cn。

平安银行股份有限公司大连分行与李鉴、张健、沈阳市新辽贸易有限公司、沈阳鑫俭兴工贸有限公司金融借款合同纠纷案[最高人民法院(2014)民二终字第46号民事判决书]

最高人民法院认为：二、原审判决关于鑫俭兴公司、张健、李鉴承担保证责任的认定是否正确。(一)关于鑫俭兴公司应否承担保证责任以及其承担保证责任的顺序、范围的问题。2012年7月19日，深发展大连分行与鑫俭兴公司签订了《最高额保证担保合同》。当事人双方并未明确约定以“互保”业务操作规则作为合同的生效要件，平安银行大连分行的相关内部规定不能否定合同的效力。该合同系当事人双方真实意思表示，不违反法律、行政法规的禁止性规定，应认定有效，当事人双方应依约享有权利和履行义务。新辽公司关于其不承担担保责任的理由不能成立，本院不予支持。本案中，依据深发展大连分行与新辽公司签订的《最高额抵押担保合同》，新辽公司以其自有钢材为本案所涉债务提供担保。依据深发展大连分行与鑫俭兴公司签订的《最高额保证担保合同》，鑫俭兴公司为本案所涉债务提供担保。因此，本案存在物的担保和人的担保并存的情形。在该情形下，关于如何处理物的担保和人的担保的关系，我国《物权法》第一百七十六条进行了规定，即：“被担保的债权既有物的担保又有人的担保的，债务人不履行到期债务或者发生当事人约定的实现担保物权的情形，债权人应当按照约定实现债权；没有约定或者约定不明确，债务人自己提供物的担保的，债权人应当先就该物的担保实现债权；第三人提供物的担保的，债权人可以就物的担保实现债权，也可以要求保证人承担保证责任。提供担保的第三人承担担保责任后，有权向债务人追偿。”根据该条规定，在同时存在物的担保与人的担保的情形下，关于物的担保与人的担保的实现顺序，当事人间有约定的，应从其约定。没有约定的，债务人自己提供物的担保的，债权人应当先就该物的担保实现债权。本案中，深发展大连分行与鑫俭兴公司签订的《最高额保证担保合同》第七条约定，无论债务人或者第三人是否提供物的担保(抵押/质押)，深发展大连分行均有权要求保证人承担保证责任，而无需先行处分担保物。根据该约定，债权人平安银行大连分行有权在对物的担保实现债权之前请求保证人鑫俭兴公司承担保证责任，故鑫俭兴公司应按照约定在本金4000万元及相应的利息、复利、罚息及实现债权的费用内承担连带保证责任。(二)关于张健、李鉴承担保证责任的顺序及担保范围问题。2012 年 7 月 19 日，深发展大连分行与张健、李鉴签订的《最高额保证担保合同》系当事人双方真实意思表示，不违反法律、行政法规的禁止性规定，应认定有效。当事人双方应依约享有权利和履行义务。该合同第七条约定，无论债务人或者第三人是否提供物的担保(抵押/质押)，深发展大连分行均有权要求保证人承担保证责任，而无需先行处分担保物。如前所述，本案中，既存在债务人新辽公司提供钢材抵押这种物的担保，也存在保证人张健、李鉴提供连带责任保证这种人的担保。根据《物权法》第一百七十六条的规定和当事人间的约定，债权人平安银行大连分行有权在对物的担保实现债权之前向保证人张健、李鉴实现债权。该合同第一条约定，张健、李鉴应在 9600 万元本金及相应的利息、复利、罚息及实现债权的费用范围内承担连带保证责任。综上，原审判决关于保证人鑫俭兴公司、张健、李鉴在平安银行大连分行对新辽公司提供的抵押物实现担保权后不足清偿部分承担担保责任的认定以及鑫俭兴公司和张健、李鉴分别在 4000 万元、9600 万元范围内承担连带清偿责任的认定错误，本院予以纠正。

——中国裁判文书网，http://wenshu. court. gov. cn。

黄山长江徽杭高速公路有限责任公司、上海新华闻投资有限公司与招商银行股份有限公司合肥马鞍山路支行借款担保合同纠纷案[最高人民法院(2011)民二终字第 113 号民事判决书]

裁判要旨：本案债权有债务人提供的质押担保即物保，又有第三人提供的连带责任保证即人保。同一债权在物保、人保同时存在的情况下，债权人放弃物保，保证人是否有权主张其在债权人放弃物保的范围内免除保证责任，这是本案争议的主要焦点。本案中，保证人新华闻公司承诺在债务人徽杭高速公司违约时，债权人招商银行马鞍山路支行有权直接向其追索，而无须先行向徽杭高速公司主张债权；新华闻公司对于招商银行马鞍山路支行的索偿没有任何异议。此项关于债权人如何选择实现债权的约定，具体、明确，是当事人的真实意思表示，且与公序良俗、诚实信用原则均不违背，法律、法规对此亦无禁止性规定。债权人招商银行马鞍山路支行有权基于其如何更有利于实现债权的判断，依据合同约定和《物权法》的规定，选择保证人承担担保责任。

最高人民法院认为：二、新华闻公司是否应当在招商银行马鞍山路支行放弃质押担保范围内免除担保责任。

《不可撤销担保书》约定："本保证人确认对上述保证范围内的全部债务承

担经济上、法律上的连带清偿责任。如借款人未按借款合同及时偿还贷款本息及其他相关费用，或发生《借款合同》规定的任何一项违约事件，贵行有权直接向本保证人追索，而无须贵行先行向借款人进行追索。即使有第三人为借款合同提供物的担保，贵行仍有权选择先行向本保证人进行追索……贵行发出的索偿通知书是终结性的，本保证人对此绝无异议。对于借款人拖欠贵行的款项，本保证人同意在收到贵行书面索偿通知书之日起五日内如数予以偿还，无须贵行出具任何证明。”从上述约定看，新华闻公司承诺在债务人徽杭高速公司违约时，招商银行马鞍山路支行有权直接向其追索，而无须先行向徽杭高速公司主张债权；新华闻公司对于招商银行马鞍山路支行的索偿没有任何异议。此项关于债权人如何选择实现债权的约定，具体、明确，是当事人的真实意思表示，且与公序良俗、诚实信用原则均不违背，法律、法规对此亦无禁止性规定。债权人招商银行马鞍山路支行有权基于其如何更有利于实现债权的判断，依据合同约定选择保证人承担担保责任。故新华闻公司提出其应当在招商银行马鞍山路支行放弃物保的范围内免除担保责任的主张，与合同约定不符，本院不予支持。

关于法律适用问题，本案债权最初设定质押担保行为发生于《物权法》实施之前，但新华闻公司于2009年7月在《借款合同展期协议书》上作为保证人签字盖章，应属对于《不可撤销担保书》的再次确认，所以原审判决适用《物权法》第一百七十六条的规定，判令新华闻公司承担保证责任并无不妥。但是，原审判决认为《不可撤销担保书》是保证人新华闻公司向债权人招商银行马鞍山路支行出具，当事人仅为两方，其所述“第三人”应理解为包括主债务人徽杭高速公司在内。该理解、认定，不符合担保法律关系中“第三人”的通常理解。故徽杭高速公司和新华闻公司关于“第三人”不应包括债务人徽杭高速公司在内的上诉意见，本院予以支持。但上述问题并不影响本案担保人承担责任的认定结果。

——最高人民法院民事审判第二庭编：《商事审判指导》总第28辑，人民法院出版社2012年版，第195～198页。

编者说明

上述裁判意见表明，当事人对人保与物权并存情形下如何实现债权的问题可以作出特别约定，同一债权在物保、人保同时存在的情况下，债权人放弃物保，保证人是否有权主张其在债权人放弃物保的范围内免除保证责任，从性质上来讲，此时保证人主张的是一种抗辩权，民事权利是可以放弃的,根据当事人意思自治的原则,在当事人有特别约定时,应当先按其约定处理。

1392

保证合同与抵押合同的担保范围不同，保证人不能以债权人放弃物保为由主张免除保证责任

关键词 | 保证合同 | 抵押合同 | 保证责任免除 |

【最高人民法院裁判文书】

中国信达资产管理股份有限公司辽宁省分公司与辽宁省机械(集团)股份有限公司及辽宁粮油进出口股份有限公司、中粮辽宁粮油进出口公司借款保证合同纠纷案[最高人民法院(2011)民提字第71号民事判决书]

裁判要旨:一、原审判决认定的有关中粮公司逾期偿还贷款、辽宁中行与信达公司债权转让协议真实有效、信达公司相关行为具有在保证期间内向保证人主张权利法律效果等内容,事实依据充分,应当予以维持。

二、原审判决关于中粮公司依据与辽宁中行签订的《债务重组协议》,将相关资产投入到辽粮公司,机械公司对此并不知晓的认定缺乏事实依据。机械公司在上述发起人协议签订后,于辽粮公司设立过程中,为本案所涉中粮公司向辽宁中行3000万元借款提供保证,是其真实意思表示,机械公司应当依据保证合同承担相应责任。

三、虽然本案所涉借款发生在最高额抵押合同约定担保的债权期限内,但根据《债务重组协议》的约定及其实际履行情况,最高额抵押合同的签订有其特殊目的,其担保的范围应不包括仍由中粮公司承担的本案所涉3000万元债务。

最高人民法院认为:辽宁中行与中粮公司、机械公司签订的编号〔2003〕辽中银贷字0086号人民币贷款合同以及保证合同,是当事人的真实意思表示,未违反我国法律法规的禁止性规定,应属合法有效。关于机械公司提出本案所涉3000万元债务不存在的抗辩一节,《债务重组协议》虽然约定了债务分担数额,但辽粮公司成立后实际追认的债务数额为1.2亿元,应当认为中粮公司和辽粮公司对3.5亿元贷款实际分担结果分别为2.3亿元和1.2亿元,我院(2009)民二终字第32号

民事判决并未超出中粮公司所承担债务本金基础范围，即2.3亿元中的2亿元，其判令辽粮公司承担2.25亿元贷款五年利息的责任性质，属于当事人约定的担保责任，其并不导致主债务人的变化，更不因此导致其他保证人责任的免除。虽然辽万隆金会内验〔2003〕第(284)号《验资报告》中《短期借款审验情况表》显示，有一笔机械公司担保的3000万元债务经增加后减少，在该表所列债务构成中的剩余价值为0，但由于该表反映的仅是辽宁省国资委调拨的中粮公司资产中，拟投入辽粮公司的1.25亿元债务明细及其变化情况，不能用来说明辽粮公司实际承担的1.2亿元债务构成情况，亦不能直接反映债务人中粮公司与债权人辽宁中行之间的债务清偿关系，而机械公司并未提供其他能够证明本案所涉债务已经清偿的证据，故机械公司仅以上述记载内容为依据抗辩本案所涉债务不存在或已经转让并清偿，因证据不足，本院不予支持。原审判决认定的有关中粮公司逾期偿还贷款、辽宁中行与信达公司债权转让协议真实有效、信达公司相关行为具有在保证期间内向保证人主张权利法律效果等内容，事实依据充分，本院予以维持。

本案中，辽宁中行与中粮公司签订的《债务重组协议》系当事人真实意思表示，内容不违反法律法规禁止性规定，应属有效。辽宁中行在2002年9月20日函中明确同意中粮公司在落实《债务重组协议》的基础上进行股份制改制，中粮公司按照协议约定履行相关义务，辽粮公司资产大部分来自中粮公司并根据协议承担相关债务，可见，辽粮公司的设立是建立在履行《债务重组协议》约定的基础上。虽然机械公司没有参与《债务重组协议》的签订，其为本案所涉债务提供担保亦在协议签订之后，但机械公司作为辽粮公司发起人之一，于保证合同签订前签署了辽粮公司发起人协议书，并在其后8个月时间内派人参与辽粮公司一系列设立活动以及在有关设立文件上签字，其对辽粮公司将要依据《债务重组协议》接收中粮公司资产并承担债务的情况应当知道，即便机械公司未实际出资，也不能以此否认机械公司实际参与辽粮公司设立过程并对中粮公司资产将要进入辽粮公司知道或者应当知道的事实。故原审判决关于中粮公司依据与辽宁中行签订的《债务重组协议》，将相关资产投入到辽粮公司，机械公司对此并不知晓的认定缺乏事实依据。机械公司在上述发起人协议签订后，于辽粮公司设立过程中，为本案所涉中粮公司向辽宁中行3000万元借款提供保证，是其真实意思表示，机械公司应当依据保证合同承担相应责任。关于机械公司提出本案所涉3000万元债务存在物的担保抗辩一节，虽然本案所涉3000万元借款发生在〔2002〕辽中银司高抵字005号最高额抵押合同约定担保的债权期限内，但根据《债务重组协议》的约定及其实际履行情况，该最高额抵押担保项下的抵押物是作为中粮公司的出资投入到辽粮公司,并为辽粮公司所承接债务再次设定最高额抵押担保,该最高额抵押合同亦是《债务重组协议》约定内容的一部分,二者之间存在紧密关系。最高额抵押合同的签订有其特殊目的,即是为落实《债务重组协议》以保障辽粮公司将要承接的债务能够获得清偿,其担保的范围应不包括仍由中粮公司承担的本案所涉3000万元债务,机械公司以债权人放弃物保、转移优质资产为由,主张免除其保证责任,本院不予支持。

——最高人民法院民事审判第二庭编:《最高人民法院商事审判指导案例(6)·合同与借贷担保卷》,中国法制出版社2013年版,第433~444页。

1393

人保和物保并存时，担保权人申请实现担保物权的处理

关键词|人保与物保并存|实现担保物权|

【最高人民法院司法解释】

第三百六十五条 依照物权法第一百七十六条的规定,被担保的债权既有物的担保又有人的担保,当事人对实现担保物权的顺序有约定,实现担保物权的申请违反该约定的,人民法院裁定不予受理;没有约定或者约定不明的,人民法院应当受理。

第三百六十六条 同一财产上设立多个担保物权,登记在先的担保物权尚未实现的,不影响后顺位的担保物权人向人民法院申请实现担保物权。

——《最高人民法院关于适用〈中华人民共和国民事诉讼法〉的解释》(2015年1月30日,法释〔2015〕5号)

【最高人民法院司法政策】

(一)关于担保物权的实现问题

2. 关于担保权利并存的问题。人保和物保并存的担保权人申请实现担保物权的,应根据《物权法》第一百七十六条的规定处理,但应注意审查当事人对物

保和人保的实现顺序有无特别约定,如果实现担保物权的申请与当事人之间的约定不符的,应裁定驳回申请。对于同一财产上设有多个担保物权的,如登记在先的担保物权尚未实现,后顺位的担保物权人申请实现担保物权的,人民法院可以支持,但应当以保障先顺位的担保物权为前提。

——《深化商事理念,维护公平正义,为经济社会持续健康发展提供有力司法保障——全国法院商事审判工作座谈会材料》(2013 年 9 月 17 日),载最高人民法院民事审判第二庭编:《商事审判指导》总第 34 辑,人民法院出版社 2013 年版,第 13 页。

1394

多笔债权之上同时存在债务人提供的抵押担保以及多个保证人提供的不同额度的最高额保证时，担保责任的分配

关键词 | 抵押担保 | 最高额保证 | 担保责任分配 |

【最高人民法院裁判文书】

广西贵港市石油贮存公司诉中国银行贵港市分行等借款担保合同上诉案
[最高人民法院(2002)民二终字第 39 号民事判决书]

最高人民法院认为:贵港中行与利丰公司签订的 12 份借款合同是双方当事人真实的意思表示,且不违反国家的法律、法规,应认定为有效。贵港中行与利丰公司为其中 8 份借款合同所签订的抵押合同,抵押物已经办理了抵押登记手续,抵押合同应认定为合法、有效。贵港中行与伟康公司、石油贮存公司、裕源公司、丰园化工厂所签订的最高额连带责任保证合同,以及贵港中行与石油贮存公司另签订的三份保证合同,意思表示真实,内容不违反法律、法规的规定,均应认定为有效。

贵港中行依据 1998 年 4 月 2 日至 1999 年 9 月 30 日签订的 12 份借款合同,向利丰公司发放了贷款合计 2793 万元。利丰公司到期归还了 3.4 万元本金,其余未予归还,应依约承担归还欠款本金及利息的责任。贵港中行依据利丰公司出具的 8 份抵押合同,对抵押物折价或拍卖、变卖的价款享有优先受偿的权利。

……

本案争议的第二个问题是石油贮存公司的担保范围问题。石油贮存公司为

利丰公司提供担保的借款合同为前述12份借款合同中的10份,即:自1998年6月30日至1999年6月30日期间贵港中行与利丰公司签订的10份借款合同。此间,贵港中行共向利丰公司发放贷款2673万元。对于贵港中行于1998年4月2日发放的90万元和1999年9月30日发放的30万元,石油贮存公司未提供担保。对此,各方当事人均无异议,应予认定。原审判决未将石油贮存公司的担保范围列出,应予补正。

……

第五个争议的问题是贵港中行扣划担保人石油贮存公司的存款是否构成侵权。贵港中行于2001年4月16日、4月24日从石油贮存公司账户扣划2715296.47元抵偿利丰公司的借款。本案借款金额为2793万元,其中利丰公司设立抵押担保的借款金额计2120万元,未设立抵押的借款为673万元。鉴于在该673万元借款中,石油贮存公司对其中373万元的借款分别单独承诺了连带责任保证。因此,石油贮存公司不享有先诉抗辩权。依据石油贮存公司出具的700万元最高额保证合同承诺,石油贮存公司应在700万元的最高限额内对未设定抵押担保的373万元债务承担连带保证责任。依据1998年12月31日保证合同第8条第1款关于"保证人未按本保证合同约定及时清偿借款人的债务,贷款人有权扣划保证人在贷款人任何营业机构的任何账户上的款项"的约定,贵港中行扣划石油贮存公司存款2715296.47元抵偿利丰公司借款并无不当,其行为不构成侵权。石油贮存公司关于贵港中行侵权的上诉理由不能成立,本院不予支持。

综上,原审判决认定事实基本清楚。扣除利丰公司自行还款3.4万元,向贵港中行交纳租金9万元,石油贮存公司已承担担保责任2715296.47元,利丰公司还应向贵港中行归还借款本金2509.070353万元。原审判决未将贵港中行向利丰公司收取的9万元租金从欠款本金中予以扣除不当,应予纠正。原审判令各担保人对利丰公司的债务在折价、拍卖、变卖其抵押物所得的价款后仍不足部分的债务在各自最高额保证范围内承担连带清偿责任并无不当,应予维持。

——最高人民法院办公厅编:《最高人民法院公布裁判文书(2002年)》,人民法院出版社2003年版,第581~592页。

编者说明

在本案中,对于债权人的多笔债权,同时存在债务人提供的财产抵押及多个保证人提供的不同额度的最高额共同保证。最高人民法院判决各最高额保证人就折价、拍卖、变卖债务人抵押财产仍不能清偿的债务,在各自最高额保证范围内承担连带清偿责任。

1395
人保、物保并存，物保无效时可根据物保对保证人意思的误导程度确定保证责任

关键词 | 人保与物保并存 | 物保无效 | 保证责任 |

【最高人民法院裁判文书】

中国建设银行常州分行与中国华通物产集团公司、常州长城建设发展有限公司、江苏武进钢铁集团公司借款担保合同纠纷上诉案[最高人民法院(2002)民二终字第200号民事判决书]

最高人民法院认为:本案借贷双方经办人虽有过签订质押合同的口头意思表示,但既没有形成书面质押合同,更没有交付过真实的仓单。根据《担保法》第六十四条关于"出质人和质权人应当以书面形式订立质押合同"和第七十六条"质押合同自权利凭证交付之日起生效"之规定,常州建行与华通公司二十部之间的质押合同不成立。国际业务部的工作人员应当知道其所接受的编码复印件并非真实的仓单,却仍以银江公司的名义向国际业务部出具一份承诺书,承诺受国际业务部的委托将1万箱胶合板仓单代为出手,并保证在十月份或适当时间安全地将资金回笼到国际业务部指定账户。以至于华通公司二十部业务员丁国方嗣后利用这一事实和双方认可的编码复印件,误导武钢公司为9000万元借款提供连带责任保证。债权人国际业务部对华通公司二十部的上述骗保行为应当承担一定的过错责任。武钢公司在签订保证合同时,也应当知道丁国方出示的编码复印件不是真实的仓单,且应向债权人常州建行进行核实。武钢公司因轻信9000万元借款合同有1万箱胶合板质押在先,于是为其提供了连带责任保证,武钢公司对此亦应承担一定的过错责任。根据双方的过错程度,武钢公司应对华通公司二十部实际使用的12108193.50元借款本息的一半,即6054096.75元,向常州建行承担连带清偿责任。此外,在9000万元借款中,有77891806.50元用于归还了此前华通公司二十部已发生的旧贷,其中用59122420.50元偿还了原由武钢公司提供连带责任保证的650万美元信用证贷款本金及利息,另18769386元此前武钢公司未提供过还款担保。根据《担保法解释》第三十九条的规定,武钢公司对原已由其提供担保的59122420.50元,仍应承担连带清偿责任。综上,武钢公司应对9000万元借款中的65176517.25元借款本息,向常州

建行承担连带清偿责任。原审判决认定"常州建行与华通公司二十部之间存在一万箱胶合板的口头质押合同","常州建行怠于行使质权"以及"武钢公司在质物价值的范围内免除担保责任",没有事实和法律依据,本院应予纠正。

——江必新主编、最高人民法院民事审判第二庭编:《民商审判指导与参考》总第3卷,人民法院出版社2003年版,第314~331页。

河南竹林安特制药有限公司与中国建设银行郑州铁路专业分行营业部等借款担保合同纠纷案[最高人民法院(1999)经终字第351号民事判决书]

最高人民法院认为:建行郑铁分行营业部与皮埃特罗公司之间的借款合同,是根据中国人民建设银行、国家科学技术委员会《关于下达1993年度第五批科技开发专项贷款计划的通知》以及中国人民建设银行总行河南省分行对建行郑铁分行下达的对皮埃特罗公司科技开发专项贷款1520万元的计划而签订的,是双方当事人真实意思的表示,应认定其合法有效。竹林安特公司关于原审判决认定借款合同有效是错误的上诉理由,缺乏事实根据,本院不予采纳。建行郑铁分行营业部已依约履行了发放贷款的义务,皮埃特罗公司未依约归还贷款,已构成违约,应承担违约责任。本案建行郑铁分行营业部起诉的是借款担保纠纷,皮埃特罗公司是否采取虚假手段设立,以及是否利用合同进行诈骗,不属本案审理范围。建行郑铁分行营业部在皮埃特罗公司申请1520万元贷款时,即对其提供的担保物作出评估,并在借款和保证合同中明确约定:除竹林安特公司的信誉担保外,皮埃特罗公司另有67.5亩土地和4261.8平方米的房产作抵押,因此,应认定本案所涉土地使用权抵押担保行为已经成立,但因其未依法办理抵押登记,违反了《担保法》第四十一条的规定,该抵押担保无效。皮埃特罗公司自始至终对租赁而来的土地未交纳征用费,未享有该土地的使用权。建行郑铁分行营业部对该土地的使用权尚不属皮埃特罗公司、不可能办理抵押登记是明知的。建行郑铁分行营业部与皮埃特罗公司未将这一真实情况告知竹林安特公司,致使竹林安特公司在作出保证时合理信赖该抵押担保的存在。虽然借款及保证合同中未明确约定土地、房产抵押是保证人提供保证的条件,但抵押担保具有法定的优先权,建行郑铁分行营业部应当知道竹林安特公司依法应是在抵押担保范围以外承担责任。建行郑铁分行营业部接受皮埃特罗公司提供的土地抵押,却又消极地不作为,致使该抵押担保无效,改变了保证人作出保证的条件,加重了保证人的责任负担。鉴于建行郑铁分行营业部在贷出新贷款1520万元后不久,即扣收了原贷款700万元,该扣收行为已消灭了原贷款700万元,竹林安特公司对此的保证责任也随之消灭。原审判决竹林安特公司对原贷700万元承担保证责任不当,应予纠正。竹林安特公司关于其应当免除责任的上诉理由成立,本院予以支持。

——最高人民法院办公厅编:《最高人民法院公布裁判文书(2000年)》,人民法院出版社2001年版,第399~407页。

【链接:最高人民法院法官著述】

在一般情况下,适用《担保法解释》第三十八条第二款应当审查“物保无效或被撤销”是否对“保证人的保证意思”产生了误导。如果有“误导”因素存在,应具体衡量“误导”的程度及保证人自身的过错程度,减少保证人承担的保证责任。如保证人的保证意思表示并未受到“物保”有效与否的影响,而是保证人独立作出的决定,即对保证人而言,“人保”不是以“物保”为前提条件,则可以直接适用上述条款的规定,判令保证人按照“合同的约定或者法律的规定承担保证责任”。此外,适用该条款的前提是在认定保证合同有效的情况下,考虑是否减轻保证人的责任。如果认定保证合同无效,则应按照《担保法解释》第七、八条的规定,根据保证人的过错程度,确定其责任。

——王宪森:《关于企业法人的分支机构签订借款合同的效力问题及适用担保法司法解释第三十八条第二款的另一法律情形——中国建设银行常州分行与中国华通物产集团公司、常州长城建设发展有限公司、江苏武进钢铁集团公司借款担保合同纠纷上诉案》,载江必新主编、最高人民法院民事审判第二庭编:《民商审判指导与参考》总第3卷,人民法院出版社2003年版,第314~331页。

编者说明

在中国建设银行常州分行与中国华通物产集团公司、常州长城建设发展有限公司、江苏武进钢铁集团公司借款担保合同纠纷上诉案中,最高人民法院认为人保、物保并存且物保无效时,应审查物保无效或被撤销是否对保证人的保证意思产生误导,如果存在误导因素,应具体衡量误导程度及保证人自身过错程度,确定是否减少保证人承担的保证责任,即:如果在保证合同有效且人保不以物保为前提条件的,可以直接适用《担保法解释》第三十八条第二款“同一债权既有保证又有物的担保的,物的担保合同被确认无效或者被撤销,或者担保物因不可抗力的原因灭失而没有代位物的,保证人仍应当按合同的约定或者法律的规定承担保证责任”的规定,相反应减轻保证人责任,这属于《担保法解释》第三十八条第二款的另一法律情形。

在河南竹林安特制药有限公司与中国建设银行郑州铁路专业分行营业部等借款担保合同纠纷上诉案判决中,最高人民法院认为,“……虽然借款及保证合同中未明确约定土地、房产抵押是保证人提供保证的条件,但抵押担保具有法定的优先权,建行郑铁分行营业部应当知道竹林安特公司依法应是在抵押担保范围以外承担责任。建行郑铁分行营业部接受皮埃特罗公司提供的土地抵押，却又消极地不作为，致使该抵押担保无效，改变了保证人作出保证的条件，加重了保证人的责任负担……"

值得注意的是，最高人民法院在九江化学纤维总厂、中国信达资产管理公司、九江化工厂等的借款担保纠纷上诉案[最高人民法院(2003)民二终字第195号]中，采取了另一种判断思路："根据本案保证合同记载的保证事项，保证人提供保证均没有以抵押担保成立为前提。而抵押物的登记属于法律强制性规定，抵押物没有登记，抵押合同不能生效，受损失的应当是权利人，是否设立抵押权这也是权利人选择的结果。这与保证人无关。《担保法》规定，只有抵押物登记抵押合同生效后，抵押权人放弃了抵押担保，保证人才能在其放弃的范围内免除保证责任，在法律有明文规定的情况下，不可以作扩大解释。因此，抵押权既不成立也就不存在权利人放弃的事实……免除保证责任的理由缺乏事实依据……"①

1396

债权人对其滥用物保与人保选择权利的行为应承担不利后果

关键词 | 权利滥用 | 人保与物保并存 |

【最高人民法院裁判文书】

中国农业发展银行乾安县支行与江苏索普(集团)有限公司、上海儒仕实业有限公司保证合同纠纷案[最高人民法院(2016)最高法民终40号民事判决书]

(一)基本案情

2011年6月28日，松原天安生物制品有限公司(以下简称天安公司)为归还原所欠乾安县支行贷款，以借新还旧方式与乾安县支行签订本案《流动资金借款合同》，约定天安公司向乾安县支行借款17670.7万元人民币，用于偿还天安公司原所欠债务，借款期限自2011年6月28日起至2019年6月26日止。同日，乾安县支行与天安公司还签订了三份贷款重组合同，重组贷款金额分别为2000万元、8000万元、3000万元。同日，乾安县支行与索普公司、儒仕公司以及吉林省酒精工业有限公司签订《保证合同》，约定索普公司、儒仕公司、吉林省酒

① 王洪光：《借款保证合同的几个问题》，载最高人民法院民事审判第二庭编：《民商事审判指导》总第5辑，人民法院出版社2004年版，第203～224页。

精工业有限公司为本案借款合同以及另案 3000 万元借款总计 20670.7 万元的借款提供连带责任保证。同日，乾安县支行还与债务人天安公司签订《最高额抵押合同》，担保最高债权本金金额为 19840 万元；与第三人吉林松原吉安生化丁醇有限公司（以下简称丁醇公司）签订《最高额抵押合同》，担保最高债权本金金额为 3000 万元。以上合同签订后，对于本案新借贷款天安公司除偿还 241 万元外，其余均未偿还。2015 年 2 月，乾安县支行向吉林省高级人民法院提起本案诉讼，请求索普公司、儒士公司共同连带承担保证责任，向乾安县支行偿还天安公司所欠借款本金 17429.7 万元。

（二）裁判结果

吉林省高级人民法院一审认为，本案乾安县支行有权宣布借款提前到期，索普公司、儒仕公司应当承担保证责任，且对索普公司、儒仕公司关于应在其他保证和抵押担保范围内免除保证责任的主张不予支持，据此判决索普公司、儒仕公司共同连带偿还乾安县支行借款本金 17429.7 万元及利息、罚息和复利，并连带给付乾安县支行本案律师代理费 54 万元等。索普公司、儒仕公司不服，向最高人民法院提出上诉。

在对本案重组贷款余额、设定抵押、乾安县支行另案诉讼索普公司与儒仕公司 3000 万元保证合同纠纷、以及乾安县支行另案诉债务人天安公司 1 亿元借款合同纠纷等情况进行细致查明的基础上，最高人民法院第二巡回法庭审理认为：一审判决对于认定本案保证主债权金额的举证责任分配不当，致使对本案担保主债权金额的认定有误；乾安县支行知道本案主债权不仅附着债务人天安公司的物保而且亦附着第三人丁醇公司的物保，亦应当知道关于实现担保物权的约定应为明确，但其发起本案诉讼之时，却不起诉、不追加天安公司与丁醇公司；尤其是，乾安县支行另案起诉债务人天安公司主张 1 亿元债权过程中，未经保证人索普公司、儒仕公司书面同意却一致变更放弃本案债权原所附着的债务人天安公司的最高额抵押担保；而且，乾安县支行放弃第三人丁醇公司的最高额抵押担保，也违背其与丁醇公司物保合同关于实现抵押权的明确约定，更违背了其为获此抵押向保证人所作的特殊承诺；故索普公司、儒仕公司主张免于承担本案保证责任的上诉请求，有事实与法律依据，应予支持。据此判决：一、撤销吉林省高级人民法院（2015）吉民二初字第 9 号民事判决；二、驳回中国农业发展银行乾安县支行的诉讼请求。

（三）典型意义

本案当事人跨越吉林与江苏两省，系由招商引资而引发的一系列贷款重组及其物权抵押与法人保证并存的现象，其最为核心的争议是物权担保与保证担保即通常所谓“物保与人保”之间的关系处理问题。《物权法》出台后，人保与物保之间的法律关系把握成为司法实践之难点所在，如何与《担保法》相关规定衔接适用，更是较难把握且理论与实践尚不统一的问题。本案结合具体案情，在《担保法》物保绝对优先精神的基础上，对《物权法》第一百七十六条规定作了物保相对优先的理解与把握，既很好地体现了意思自治的要求，也维护了诚实信用的原则，据此让债权人对其滥用物保与人保选择权利的行为相应承担了不利后果。本案判决注重案件事实的详尽查明，注重综合理解与把握《担保法》《物权法》《合同法》等相关法条精神，更充分展开说理，特别注重情、理、法相融，全文六万余字、九十余页，属近年来最高人民法院较长判决之一。

——《最高人民法院第二巡回法庭关于公正审理跨省重大民商事和行政案件典型案例》(2006 年 10 月 31 日)，载最高人民法院网，http://www.court.gov.cn。

1397

保证合同没有明确涉及实现担保物权的内容，不能认定已就担保物权的实现顺序与方式等作出了明确约定，不属于《物权法》规定的当事人约定的实现担保物权的情形

关键词 | 保证合同 | 实现担保物权 |

【最高人民法院裁判文书】

江苏索普(集团)有限公司、上海儒仕实业有限公司与中国农业发展银行乾安县支行保证合同纠纷案[最高人民法院(2016)最高法民终 40 号民事判决书]

最高人民法院认为：(五)关于本案实现担保物权的约定是否明确的问题。本案《保证合同》第 6.14 条约定：“当债务人未履行债务时，无论债权人对主合同项下的债权是否拥有其他担保，债权人均有权直接要求保证人承担担保责任。”索普公司、儒仕公司称，以上保证合同条款并未对物的担保与人的担保并存时的实现顺序和方式作出明确约定，因本案 0022 号《流动资金借款合同》项下有债务人天安公司以及第三人丁醇公司提供的最高额抵押担保，乾安支行应当先就天安公司以及丁醇公司提供的物的担保实现其债权。乾安支行辩称，上

述条款对物的担保和人的担保并存时债权实现的顺序、方式约定已属明确，即无论天安公司以及丁醇公司是否提供抵押担保，乾安支行均有权直接要求索普公司、儒仕公司承担保证责任。究竟哪方主张成立，这需要结合《物权法》第一百七十六条规定以及本院进一步查明的事实综合判断。

《物权法》第一百七十六条规定："被担保的债权既有物的担保又有人的担保的，债务人不履行到期债务或者发生当事人约定的实现担保物权的情形，债权人应当按照约定实现债权；没有约定或者约定不明确，债务人自己提供物的担保的，债权人应当先就该物的担保实现债权；第三人提供物的担保的，债权人可以就物的担保实现债权，也可以要求保证人承担保证责任。提供担保的第三人承担担保责任后，有权向债务人追偿。"《担保法》第二十八条规定："同一债权既有保证又有物的担保的。保证人对物的担保以外的债权承担保证责任。债权人放弃物的担保的，保证人在债权人放弃权利的范围内免除保证责任。"比照《物权法》与《担保法》以上条文的规定，《物权法》显然对《担保法》物保绝对优先的原则进行了修正，但这并不意味着《物权法》即抛弃了物保相对优先的基本精神。正确理解该条文，显然是就同一债权并存物保与人保时如何实现担保权利所作的规定，显然在《担保法》物权绝对优先原则的基础上，融合了意思自治的法律权衡，以满足更加丰富的现实需求。本院认为，对《物权法》第一百七十六条可作以下三种情形的具体把握：第一种情形，即对实现担保物权有明确约定的情形，在此情形下，无论是对人的担保合同还对是物的担保合同，均要审查是否存在"当事人约定的实现担保物权的情形"，即是否对实现担保物权作出明确约定，有此约定的，即应优先按照该类约定进行处理，无论该类关于实现担保物权的约定是就债务人提供的物保所作约定，还是就第三人提供的物保所作约定，均应当按照该明确约定实现债权。很显然，此等情形下，隐含着意思自治可以排除物保优先的精神，这实际是将契约自由精神摆在更加重要的法律地位。但此等情形下，依然始终要围绕实现担保物权的约定进行审查，其实质亦同样体现着物保优先的法律原则。第二种情形，即先就债务人的物保实现债权的情形，经审查人保合同与物保合同，对实现担保物权的情形没有约定或者约定不明确时，则债权人应当先就债务人提供的物保实现其债权，不得绕过债务人的物保而径行追究人保合同项下保证人的保证责任。此等情形，更是直接体现着物保优先的原则，尽管是就债务人的物保优先而言。第三种情形，即债权人对第三人提供的物保选择实现债权的情形，此等情形适用的前提与前述第二种情形应当相同，即依然是有关实现担保物权的情形没有约定或约定不明确时，因提供物保主体上存在差异，即物保系债务人以外的第三人所提供，则债权人既可选择向第三人物保实现债权，也可依据人保合同向保证人实现债权，或者同时向第三人物保以及人保提供者主张实现债权。此等情形，尽管赋予债权人以选择权，但此等情形的前提是没有关于实现担保物权的明确约定，因此依然体现着物保优先原则与意思自治原则相结合的审查要求。

结合本院进一步查明的事实，除本案《保证合同》6.14条款外，经查，乾安支行与天安公司以及丁醇公司签订的两份《最高额抵押合同》第11.7条均约定："当债务人未履行债务时，无论抵押权人对所担保的主合同项下的债权是否拥有其他担保，抵押权人均有权直接要求抵押人在其担保范围内承担担保责任。"根据以上对《物权法》第一百七十六条规定所作理解，结合对本案《保证合同》以及两份《最高额抵押合同》相关条款的审查，在本案被担保债权既有物的担保又有人的担保，且物的担保既有债务人提供的也有第三人丁醇公司提供时，乾安支行无疑应当先依照两份《最高额抵押合同》中关于实现担保物权的明确约定，先行向债务人天安公司以及第三人丁醇公司主张实现其债权，而不应当依照本案《保证合同》的约定实现其债权。这是因为，本案《保证合同》的前述约定，仅仅是关于实现保证债权而非实现担保物权的约定，而且本案《保证合同》的前述条款也并没有明确涉及实现担保物权的内容，不能得出已就担保物权的实现顺序与方式等作出了明确约定，故不能将本案《保证合同》中的以上约定即理解为《物权法》第一百七十六条规定的"当事人约定的实现担保物权的情形"。但两份《最高额抵押合同》第11.7条所作的相同约定，却显然是关于实现担保物权所作的约定，是关于抵押权人直接要求抵押人在其物保范围内承担物保责任的约定，无疑属于就实现担保物权所作的明确约定，这与乾安支行及一审判决关于《保证合同》6.14条的理解逻辑实质上并无不同。在此情形下，按照《物权法》第一百七十六条之规定，当发生当事人约定的实现担保物权的情形时，债权人即应当按照该约定实现债权，即本案乾安支行应当按照其与债务人天安公司以及第三人丁醇公司的明确约定，不仅应当先就债务人天安公司的物保实现其债权，而且也应当先就第三人丁醇公司的物保实现其债权。一审判决对于《物权法》第一百七十六条规定的精神理解显然片面，在得出本案0022号《流动资金借款合同》同时附着两份《最高额抵押合同》以及本案《保证合同》的正确判断下，却又仅仅审查本案《保证合同》项下关于实现保证债权的约定，不去审查两份《最高额抵押合同》项下对于实现担保物权已经作出的明确约定，明显不妥。乾安支行能够理解本案《保证合同》第6.14条的约定明确，却偏偏置本案两份《最高额抵押合同》第11.7条的明确约定于不顾，这与其作为专业银行应当正确理解《物权法》精神以及应当全面审查《保证合同》与《最高额抵押合同》的基本要求均相违背，对由此片面理解法律精神以及片面审查合同条款所可能引发的行为后果，乾安支行应自行承担。故索普公司、儒仕公司关于乾安支行应先向债务人天安公司以及第三人丁醇公司实现债权的主张，因两份《最高额抵押合同》已就此作出明确约定，应予支持。

——中国裁判文书网，http://wenshu.court.gov.cn。

1398

主债权既有债务人又有第三人提供物的担保的，在债权人应当按照其与债务人及第三人关于实现担保物权的明确约定先行实现其债权而未行使担保物权的，免除相应的保证责任

关键词｜担保物权｜保证责任｜

【最高人民法院裁判文书】

江苏索普（集团）有限公司、上海儒仕实业有限公司与中国农业发展银行乾安县支行保证合同纠纷案［最高人民法院（2016）最高法民终40号民事判决书］

最高人民法院认为：（六）关于索普公司、儒仕公司主张免除保证责任应否支持的问题。与适用本案是否免除保证人责任相关的法条主要有以下规定：一是《担保法》第二十八条之规定："同一债权既有保证又有物的担保的，保证人对物的担保以外的债权承担保证责任。债权人放弃物的担保的，保证人在债权人放弃权利范围内免除保证责任。"二是《担保法解释》第三十八条第三款之规定："债权人在主合同履行期届满后怠于行使担保物权，致使担保物的价值减少或者毁损、灭失的，视为债权人放弃部分或者全部物的担保。保证人在债权人放弃权利的范围内减轻或者免除保证责任。"三是《担保法解释》第一百二十三条之规定："同一债权上数个担保物权并存时，债权人放弃债务人提供的物的担保的，其他担保人在其放弃权利的范围内减轻或者免除担保责任。"四是《物权法》第一百九十四条第二款之规定："债务人以自己的财产设定抵押，抵押权人放弃该抵押权、抵押权顺位或者变更抵押权的，其他担保人在抵押权人丧失优先受偿权益的范围内免除担保责任，但其他担保人承诺仍然提供担保的除外。"五是

《物权法》第一百七十八条规定："担保法与本法的规定不一致的，适用本法。"综合以上条文以及前述《物权法》第一百七十六之规定，除《担保法》第二十八条关于保证人仅对物的担保以外的债权承担保证责任与《物权法》第一百七十六条关于优先按照实现担保物权的约定实现债权以及约定不明时如何实现债权的规定存在明显冲突外，其他各条关于放弃物保而免除保证责任的法条表述虽不完全一致，但各条规定精神总体相符，并可互为补充适用。本院认为，在本案主债权不仅附着债务人天安公司的担保物权并同时附着第三人丁醇公司担保物权的情形下，在债权人乾安支行应当按照其与债务人天安公司以及第三人丁醇公司关于实现担保物权的明确约定先行实现其债权情形下，结合本案相关事实，索普公司、儒仕公司关于免除保证责任的请求，应予支持。

其一，乾安支行本案不起诉、不追加天安公司以及丁醇公司应视为其放弃抵押权的行为。综合上述各法条规定，其中所谓的"放弃"，显然不应按本案一审判决所理解的仅限于明确积极的放弃行为。因为实践之中明确表示放弃担保物权的情形毕竟是少见的，通常表现出来的往往是一些债权人的不作为行为致使担保物权实现困难，或因债权人的原因致使担保物权下的实际财产内容减少等，均可视为放弃之范畴。如本案情形，乾安支行依法应当先行向物权担保人实现其债权，但却不起诉、不追加物权担保人天安公司与丁醇公司为本案当事人，甚至在明知天安公司抵押资产正持续贬值尤其是个别土地使用权抵押已经到期情形下，乾安支行依然怠于行使其抵押权，如此诉讼阶段的不作为若还不视为放弃担保物权的行为，则以后类似债权人均难免如本案一样滥用其诉权。对此，乾安支行却始终认为，其本案债权并不附着债务人天安公司与第三人丁醇公司的担保物权，故其不起诉天安公司与丁醇公司属于其可以选择的权利。但本院认为，本案并不属于乾安支行可以选择起诉的范畴，对不可选择起诉的抵押人却明确不予起诉，即应视为放弃抵押权的行为。如之前本院所曾指出，因本案债权不仅附着物保而且对实现物保有着明确约定，故依据《物权法》第一百七十六条的规定，乾安支行"应当按照约定实现债权"，即应当先向天安公司并丁醇公司主张最高额抵押权以实现其债权。乾安支行关于本案债权并不附着天安公司以及丁醇公司物保的主张，实际属于其作为专业银行对最高额抵押法律制度不应当发生的错误理解，属于其始终放弃该物保的错误主观认知。正是基于该错误的主观认知，其对可选择的诉讼对象亦产生错误判断，乾安支行不仅不起诉该两公司主张最高额抵押权，而且在索普公司、儒仕公司申请追加当事人或主张在放弃该两公司抵押权价值范围内相应免责情形下，乾安支行依然不追加该两公司承担抵押担保责任，乾安支行此等不起诉以及不予追加的诉讼表示，应当视为其以诉讼表示放弃担保物权的情形。还可进一步得到印证的是，乾安支行在松原中院另案起诉索普公司、儒仕公司主张0024号《固定资产借款合同》项下3000万元债权时，即便按其自身主张0024号《固定资产借款合同》项下的确附着第三人丁醇公司0019号《最高额抵押合同》项下的最高额抵押，但其在该另案起诉时依然没有将第三人丁醇公司一并起诉，当然也没有起诉债务人天安公司。所以，乾安支行放弃债务人天安公司以及第三人丁醇公司物保的意思表示不仅在本案表露无遗，在该另案中亦可得到相互印证。乾安支行对于其自身错误认知以及错误选择诉讼对象而可能造成的法律后果，应当自行承担。

就乾安支行放弃抵押权的价值而言，一是本案最高额抵押担保的最高债权本金余额明显大于乾安支行本案主张的主债权金额。本案两份《最高额抵押合同》分别担保的最高债权本金余额分别为19840万元以及3000万元，合计22840万元，而本案乾安支行起诉主张的主债权金额为17429.7万元，且其中有7968.8万元本院已经不予认定与支持，这意味着乾安支行放弃抵押权的价值已经远远大于本案其所主张的主债权价值。二是列入抵押物清单的抵押物评估总价值以及设定抵押价值亦远远超过乾安支行本案主张的主债权金额。仅债务人天安公司提供最高额抵押的机器设备、房屋、土地使用权经评估总价值已达38958.1316万元，设定抵押价值亦达19459.0389万元，而第三人丁醇公司提供的用于本案最高额抵押物评估价值为10115.6358万元。所有评估价值及设定抵押价值均获得乾安支行的当时认可，有些还是由乾安支行委托评估而得出，乾安支行作为天安公司的开户银行、贷款银行、监管银行对于以上评估价值与设定抵押价值均应当清楚。三是本案并未流失的不动产抵押物价值依然大于主债权金额。天安公司抵押物除部分机器设备因吉行松原分行申请执行一案被执行外，其余机器设备以及房地产等不动产抵押物均未流失。仅就不动产抵押物而言，天安公司用于抵押的66栋房产，总面积为58405.5平方米，抵押时经评估价值为11796.166万元；另天安公司电站厂房、锅炉房、办公楼总面积7470.84平方米，抵押时评估价值为1721.3256万元；还有七份土地使用权，总面积23.227241万平方米，评估价值1936.93万元，除其中一份第072300293号评估价值为197.74万元的土地使用权抵押权存续期限至2015年12月31日到期外，其余六份土地使用权抵押期限均至2019年7月5日，均未到期。以上天安公司不动产抵押物评估价值扣除已到期抵押物价值的余额为15256.6816万元，这一价值尚不包括第三人丁醇公司提供的抵押物价值。本院认为，在此必须指出的是,以上各抵押物评估价值,如果其中存在因抵押物抵押时的评估价值与设定抵押价值虚假评估或高估而引发债权实现时抵押物价值贬损可能的话,则应由乾安支行自行承担该可能之后果,与索普公司、儒仕公司无关,因为索普公司、儒仕公司并未参与以上价值评估及其抵押价值的设定;如果由于停产以及市场原因等导致抵押物最终处理时价值贬损可能的话,亦应由乾安支行负责,因这与乾安支行放弃行使或怠于行使其抵押权密切相关,与保证人索普公司、儒仕公司亦无关联;如果以上抵押物最终处理时的价值足以满足乾安支行本案合法债权请求的话,则更无追究本案保证人责任之必要。

其二,乾安支行放弃第三人丁醇公司的物保,索普公司、儒仕公司并非不可主张相应免除保证责任。本院认为,抵押权人放弃债务人提供的物保无疑应当相应免除保证人的责任,这固然是《担保法解释》第一百二十三条、《物权法》一百九十四条第二款规定的应有之义,但这也不能一概得出保证人对于抵押权人放弃第三人物保的情形均不得主张相应免除保证责任。这是因为,《担保法解释》第一百二十三条、《物权法》第一白九十四条第二款仅是就债权人放弃债务人物保时其他担保人可以主张相应免责作了规定,但就其他担保人对债权人放弃第三人物保时是否可以主张免责并未明确,而《物权法》《担保法》其他条文对此亦无明文规定;反倒是《担保法解释》第三十八条第三款就债权人怠于行使"担保物权"时保证人可以相应免责作了规定,这里的"担保物权"并未区分是债务人所提供还是第三人所提供。由此,本案保证人索普公司、儒仕公司即据此主张其可以在乾安支行放弃丁醇公司物保范围价值范围内相应免责。事实上,当前理论与实践中对这一问题的确存在不同认识,主要有两种基本观点:一是债权人放弃的无论是债务人提供的物保还是第三人提供的物保,其他担保人均可主张相应免责;二是只有当债权人放弃债务人提供的物保时,其他担保人才可主张相应免责。对此,本院认为,应结合《物权法》第一百七十六条的规定精神更加全面地加以把握。按该条规定,当有关于实现担保物权明确约定时即应按照该约定实现债权,因此亦应理解为,当债权人已经与第三人就实现物保作了明确约定时,若债权人放弃该第三人提供的物保,则其他保证人并非不可主张相应免除担保责任;当然,如果对实现第三人担保物权的约定并不明确时,则不仅抵押权人可以选择是否起诉该第三人,并且债权人即便放弃该第三人抵押权时,其他担保人亦不得主张相应免除担保责任。所以,当抵押权人放弃第三人的抵押权时,其他担保人是否可以主张相应免除担保责任,关键要看有关实现该第三人担保物权的约定是否明确,或者说前提是抵押权人对该第三人物保是否享有选择起诉的权利，这应是综合《担保法》《物权法》以上法条精神的正当理解与把握。结合本案事实而言，乾安支行与第三人丁醇公司签订的0019号《最高额抵押合同》中对实现抵押权已经作了明确约定，乾安支行不按照其与第三人丁醇公司的明确约定实现其债权，放弃其对第三人丁醇公司的抵押权，按照《担保法》《物权法》以上条文规定的总体精神，即可相应免除保证人的保证责任。

尤其本案还特有的事实是，根据现有相关材料显示，第三人丁醇公司之所以为天安公司提供抵押担保显然是为了置换、释放天安公司前身乾安酒精公司向吉行松原分行的抵押资产而引起。乾安酒精公司因为向吉行松原分行债权提供抵押一事，面临松原中院（2009）松民二初字第81、82号两案民事判决的执行。为此，2011年2月16日，松原市人民政府与吉林省农业发展银行联合上报吉林省人民政府松政文〔2011〕3号文件，建议将吉安集团旗下丁醇公司的足额优质资产抵押给吉行松原分行，以置换、释放乾安酒精公司的抵押资产，确保乾安酒精公司的重组工作顺利进行。而同年6月25日，索普公司、儒仕公司、天安公司、吉林省粮食集团有限公司四方联合给乾安支行出具的《关于农发行重组贷款发放相关问题的报告》更是明确要求，农发行必须要求丁醇公司给新企业的抵押担保提供等额的资产反担保，且如果吉行松原分行强制执行时，要求必须执行丁醇公司资产，不得因此对天安公司的生产经营活动带来任何影响。同年7月8日，乾安支行给索普公司、儒仕公司、天安公司、吉林省粮食集团有限公司出具的《关于对〈关于农发行重组贷款发放相关问题的报告〉的复函》中明确承诺，就天安公司资产为吉安销售公司在吉行松原分行提供抵押担保问题，市政府整改办、农发行高度重视，与吉安集团进行了沟通、协商，为妥善解决该问题，避免给天安公司未来生产经营带来影响，我行和市政府整改办要求吉安集团仍然要作为第一还款责任人来偿还吉行松原分行贷款；同时，要求吉安集团拿出等额资产为天安公司提供反担保，并且签订有效的抵押担保协议手续，以规避吉行松原分行主张天安公司抵押资产带来的风险。尽管当时与天安公司同属吉安集团下属关联企业的丁醇公司最终并未替换天安公司向吉行松原分行的抵押，按乾安支行的说法是因吉行松原分行并非同意，但最终丁醇公司为天安公司向乾安支行借款提供抵押却事实发生，而且就发生在以上各方主体协商谈判及文件往来期间，与以上文件提到的反担保精神亦总体相符。以上文件内容以及丁醇公司抵押发生的时间均可充分表明，第三人丁醇公司提供本案0019号《最高额抵押合同》项下价值3000万元的抵押有着特定背景与特殊目的，那就是要以此抵押来化解或释放吉行松原分行债权执行可能带给重组后天安公司的经营风险。但事实却是，当吉行松原分行债权受让人杨建文申请执行天安公司抵押资产时，天安公司虽提异议，却没有证据显示乾安支行提出过任何异议，乾安支行即便知道或应当知道该执行会带给天安公司抵押资产重大价值贬损，亦没有如原先约定以丁醇公司的抵押资产来化解相关之风险，以至于如乾安支行所言，天安公司评估时2亿3千多万的机器设备主要因此执行如今已到价值几乎全部灭失之境地。如果说，因为丁醇公司当时并未实现替代天安公司向吉行松原分行设定的抵押，以至于乾安支行无法以丁醇公司抵押来化解该执行风险的话，那么在提起本案诉讼乃至另案3000万元债权诉讼、尤其是该3000万元债权按乾安支行主张还明确附着丁醇公司抵押的话，乾安支行仍以不起诉、不追加丁醇公司的坚定意思表示而明确放弃对丁醇公司抵押责任的追究，这已经不仅仅是债权人不正当维护自身权益的问题，而是明显既损害自身权益也明显损害保证人权益，更明显违背其债权重组时所做承诺的问题。乾安支行仅以索普公司、儒仕公司有足够保证能力而完全无视其在政府协调下、在各方重大利益关切下所作出的承诺，完全无视第三人丁醇公司提供抵押的特定目的，不仅完全放弃第三人丁醇公司的抵押，而且还公然主张这样的放弃是其可以选择的权利，这不仅令人情理上无法认同，亦必须让其对自身失信行为承担相应后果。故此，无论是结合本案乾安支行与丁醇公司0019号《最高额抵押合同》的明确约定，还是结合本案以上第三人丁醇公司提供抵押担保的特殊背景与目的，乾安支行关于其放弃第三人丁醇公司抵押而索普公司、儒仕公司不得主张相应免责的理由，不能予以支持；一审判决支持乾安支行该项主张，系对《物权法》第一百七十六条、第一百七十八条、第一百九十四条第二款等相关法条并不全面的理解，与本案之实际亦不相符。

——中国裁判文书网，http://wenshu.court.gov.cn。

第十二章 | CHAPTER 12

担保物权

1399

《担保法》与《物权法》的衔接

关键词｜法律适用｜法律冲突｜

【最高人民法院司法政策】

最高人民法院适用《担保法》的司法解释，不仅解决了审判实践中适用《担保法》的诸多疑难问题，而且为《物权法》的制定奠定了良好的理论和实践基础。《物权法》第四编在创设诸如担保物权合同与担保物权变动的区分原则、动产浮动抵押制度、最高额抵押债权的转让规则、抵押权顺位的抛弃和变更、最高额质权、基金份额和应收账款的设质、承认责任转质等一些新的制度规则的同时，大量吸纳并修改完善了《担保法》和《担保法解释》中的若干制度规则，同时也产生了《担保法》《担保法解释》与《物权法》第四编之间存在诸多冲突，由此引发《担保法》与《物权法》适用上的衔接问题。

首先，应当注意到，《物权法》的颁行并不意味着《担保法》的废止，因此《物权法》施行后将出现《民法通则》《担保法》《物权法》《海商法》等规定有担保物权内容的诸法并行的局面。在处理《担保法》等法律与《物权法》衔接问题时，人民法院应当坚持"法不溯及既往"的法律原则，凡是发生在《物权法》施行之前的担保物权行为，应当适用《担保法》及其司法解释的规定。

其次，《物权法》实施后，在处理《担保法》等法律与《物权法》的冲突时，应当按照《立法法》第八十三条与《物权法》第一百七十八条规定的原则和精神，根据"上位法优于下位法""新法优于旧法""特别法优于一般法"的原则解决法律冲突问题。《民法通则》与《物权法》虽为同位法，但《物权法》是新法；《担保法》与《物权法》虽皆规定有担保物权，但《物权法》是上位法；《物权法》与《海商法》《民用航空法》虽都规定有船舶、航空器抵押权等担保物权，但《海商法》《民用航空法》是特别法。

最后，在抵押权登记效力、抵押登记的公信力、独立担保的适用依据、抵押权的重复设定、抵押权的存续期限、担保财产的处分、抵押权的从属性规则、担保物权竞合规则等方面，《担保法》及其司法解释与《物权法》第四编的规定差距较大，必须重点加以关注。总之，民商事法官要认真学习《物权法》尤其是第四编中的新制度、新规则，仔细研究和把握制度规则的冲突之处，同时要注意总结审判中的问题和经验，为《物权法》实施和担保物权纠纷案件的审理做好充分的准备，为最高人民法院已经启动的《物权法》担保物权编的司法解释奠定扎实的实践基础。

——《充分发挥民商事审判职能作用，为构建社会主义和谐社会提供司法保障——全国民商事审判工作会议材料》（2007 年 5 月 30 日），载最高人民法院民事审判第二庭编：《民商事审判指导》总第 11 辑，人民法院出版社 2007 年版，第 56 ~ 57 页。

【最高人民法院裁判文书】

中国银行股份有限公司太原市鼓楼支行、山西泰基实业有限公司、山西省人民政府机关事务管理局、山西中兴物资与山西省纺织工业供销总公司一般借款合同纠纷案［最高人民法院（2013）民抗字第 67 号民事判决书］

最高人民法院认为：根据《立法法》第八十四条的规定，在没有特别规定的情况下，法律不具有溯及既往的效力，即新的法律规定不能调整法律生效前已经发生的事实和行为。《物权法》明确规定该法自 2007 年 10 月 1 日起施行，并不具有溯及既往的效力，对《物权法》施行之前发生的事实，应当按照当时的法律规定处理。《物权法》施行之后，就担保的法律规制问题，出现了《物权法》与《担保法》并行的局面，虽然《物权法》第一百七十八条规定，《担保法》与《物权法》的规定不一致的，适用《物权法》的规定，但这一法律适用原则针对的对象也是《物权法》施行之后的事实和行为，对于《物权法》施行之前的事实和行为，即便《物权法》作出了与《担保法》不一致的规定，也应该适用《担保法》的规定。根据本案查明的事实，与本案借款合同相对应的两份抵押合同分别为 2003 年抵字第 02 号抵押合同和 2003 年抵字第 12 号抵押合同，该两份抵押合同均签订于 2003 年，且均未办理抵押物登记。本案的抵押担保行为发生在《担保法》施行之后，《物权法》施行之前，对于涉案两份抵押合同因未办理抵押物登记的效力问题，应该适用《担保法》的规定，而不应该适用《物权法》的规定。按照《担保法》第四十一条的规定，当事人以不动产抵押的，应当办理抵押物登记，抵押合同自登记之日起生效。由于涉案两份抵押合同至今没有办理抵押物登记，该两份抵押合同应认定为未生效。二审判决适用《物权法》的规定，认定两份抵押合同已经生效，属于适用法律错误。

按照《担保法》第四十一条、第四十二条的规定，不动产抵押权的设立，须办理抵押物登记,才能成立抵押权,抵押权人才能依据抵押合同对抵押物享有优先受偿权,未办理抵押物登记的,不成立抵押权,抵押合同中的抵押权人对抵押物并不享有优先受偿权。本案中,省政府管理局用登记在其名下的房产为泰基公司向中行鼓楼支行的借款提供抵押担保的意思表示是真实的,但在仅有抵押合同而没有办理抵押物登记的情况下并不成立抵押权,中行鼓楼支行对抵押物并不享有优先受偿权的权利。二审判决根据《物权法》第十五条关于不动产物权合同除法律另有规定或者合同另有约定外,自合同成立时生效;未办理物权登记的,不影响合同效力的规定,判令中行鼓楼支行享有对抵押物的优先受偿权,属适用法律错误。

再审庭审中,中行鼓楼支行提出,即使涉案抵押物未经登记,中行鼓楼支行不享有优先受偿权,省政府管理局也应该承担赔偿责任。经查,按照 2003 年抵字第 02 号抵押合同和 2003 年抵字第 12 号抵押合同第八条的约定,省政府管理局应该在抵押合同签订后 15 日内,持相关资料到有关机关办理抵押财产登记手续,但省政府管理局至今没有办理抵押物登记手续,构成抵押合同的缔约过失责任。按照《担保法解释》第五十六条第二款的规定,法律规定登记生效的抵押合同签订后,抵押人违背诚实信用原则拒绝办理抵押登记致使债权人受到损失的,抵押人应当承担赔偿责任。因此,省政府管理局应该在主债务人泰基公司不能清偿的债务范围内对抵押权人中行鼓楼支行承担赔偿责任。

——中国裁判文书网,http://wenshu.court.gov.cn。

编者说明

关于《担保法》与《物权法》的衔接问题,最高人民法院的观点主要体现在前述会议精神中,具体来说:第一,处理《担保法》等法律与《物权法》衔接问题,应坚持"法不溯及既往"的法律原则,凡是发生在《物权法》施行之前的担保物权行为,应当适用《担保法》及其司法解释的规定。第二,在《物权法》实施后,处理《担保法》等法律与《物权法》的冲突时,按照《立法法》第八十三条与《物权法》第一百七十八条规定的原则和精神,根据"上位法优于下位法""新法优于旧法""特别法优于一般法"的原则解决法律冲突问题。第三,在抵押权登记效力、抵押登记的公信力、独立担保的适用依据、抵押权的重复设定、抵押权的存续期限等方面,《担保法》及其司法解释与《物权法》第四编的规定差异较大,应当重点加以关注。

一、抵押担保

（一）抵押担保合同效力

1400

当事人提供物的担保类型，应当结合实际履行状况等其他证据综合作出判断

关键词 | 担保类型 |

【最高人民法院裁判文书】

青岛鸿泰投资担保有限公司与拉图拉甘（青岛）国际酒业集团有限公司、文斌、王合伟、王文惠抵押权纠纷申请再审案［最高人民法院（2015）民申字第593号民事裁定书］

最高人民法院认为:《同意质押声明》的内容表明,除本案所涉房产外,王文惠、王合伟同意将其他二人所有的房屋、土地、车辆、办公设施、有价证券等一并向鸿泰公司提供质押担保。故该声明中的“质押”,不应仅理解为《物权法》所规定的质押,而具有广泛的担保含义,其具体的担保类型和范围,应当结合当事人实际履行状况等其他证据综合作出判断。上述《同意质押声明》出具后,就诉争房屋作为借款担保,各方当事人共同办理了抵押登记,故王文惠申请再审称鸿泰公司与王文惠、王合伟之间从未就案涉房产达成过抵押担保的合意,与事实不符。

本案中,虽然经登记备案的《借款抵押合同》载明的出借人为文斌,但在一审、二审过程中,文斌及拉图拉甘公司均认可,上述备案合同系为办理抵押登记手续而签订,本案所涉借款关系的实际出借人为鸿泰公司,鸿泰公司亦提交证据证明其实际向王文惠、王合伟交付了借款。二审判决在综合全案证据的情况下,认定鸿泰公司系案涉借款的实际出借人和相应抵押权的真实权利人,并无不当。

关于二审判决是否违反物权法定和公示公信原则的问题。本院认为,根据《物权法》第五条的规定,物权的种类和内容,由法律规定。二审判决确认鸿泰公司为实际抵押权人,并未违反法律关于抵押权种类和内容的规定。根据《物

权法》第三十三条的规定，因物权的归属、内容发生争议的，利害关系人可以请求确认权利。即虽然不动产物权的设立、变更、转让和消灭，应当依照法律规定登记，不动产登记簿是物权归属和内容的根据，但在登记名义人、真实权利人等就物权归属及内容发生争议时，则应当根据相关证据，确认真实权利归属和内容。本案为抵押权确权纠纷，二审判决在查明案件事实的基础上，作出确认鸿泰公司为真实抵押权人的认定，并未违反《物权法》关于物权公示公信原则的规定。

——中国裁判文书网，http://wenshu.court.gov.cn。

1401

地方性法规不应作为确认抵押合同效力的依据

关键词｜抵押合同效力｜

【最高人民法院裁判文书】

中国信达资产管理公司郑州办事处与开封模范商场借款合同纠纷案［最高人民法院(2005)民二终字第183号民事判决书］

最高人民法院认为：关于寺后街建行与模范商场于1994年12月30日以及次年7月27日签订的两份《抵押协议》所约定的抵押权效力问题。该两份《抵押协议》均签订于我国《担保法》实施以前，系当事人真实意思表示，其并不违反我国当时的法律、行政法规的禁止性规定，故该两份《抵押协议》均合法有效。从两份抵押协议约定的抵押物来看，23000平方米商场（包括四层以上在建工程）在签订抵押协议时正在兴建，属于在建工程；本案当事人仅就借款合同及抵押协议在开封市公证处进行了公证，并未办理抵押登记手续。而河南省人大常委会1994年9月1日颁布实施的《河南省抵押条例》对在建工程的抵押登记问题并未作具体规定。根据本院1995年8月30日发布的《关于认真学习、贯彻票据法、担保法的通知》第三条"在担保法实施前所发生的担保行为，应当适用该行为发生时的有关规定，如果行为发生时没有规定的，可参照担保法的规定"，以及《担保法解释》第四十九条第二款"当事人未办理抵押物登记手续的，不得对抗第三人"之规定，本院认定本案两抵押关系成立，两份《抵押协议》合法有效,该协议所约定的抵押权在抵押权人寺后街建行与抵押人模范商场之间有效成立,但不得对抗第三人。

——最高人民法院民事审判第二庭编:《民商事审判指导》总第 11 辑,人民法院出版社 2007 年版,第 243 ~256 页。

1402

企业法人分支机构未经授权而以登记在其名下的房地产提供抵押的效力认定

关键词｜企业法人分支机构｜抵押合同效力｜

【最高人民法院答复】

河南省高级人民法院:

你院《关于企业法人分支机构未经授权为他人提供抵押担保的效力应如何认定的请示》收悉。经研究,答复如下:

根据我国房地产法律关于登记确权规定之精神,企业法人的分支机构以登记在其名下的房地产为他人债权设定抵押,该抵押设定行为符合《中华人民共和国担保法》规定的抵押权生效条件的,人民法院应当认定有效。

此复。

——《最高人民法院关于企业法人分支机构未经授权以登记在其名下的房地产为他人提供的抵押合同的效力应如何认定问题请示之答复》(2005 年 11 月 16 日,〔2005〕民二他字第 8 号)

编者说明

关于企业法人分支机构未经授权为他人提供抵押担保的效力应如何认定问题,《担保法》及其司法解释均未作明确规定。虽然企业法人的分支机构不具备独立民事主体资格,其对外民事行为应得到法人授权,但根据我国房地产物权登记制度的效力原则,房地产的产权系以登记为准而不是以事实为准,产权证书具有法律公信力,分支机构即被推定为该房地产的所有权人。故企业法人将房地产登记在其分支机构名下的行为,也应当被认定为授权行为。因此,分支机构以登记在其名下的房地产为他人债务设定抵押的行为,属于所有权人对房地产的有权处分,而不是无权处分。而且即便房地产在事实上可能是法人的财产,但在产权证书未被更正之前,不能否定分支机构拥有产权证书上的合法所有权,更不能否定抵押人通过合法登记程序所设定的抵押权。企业法人关于分支机构未经过其授权的抗辩,不能有效对抗抵押权人对涉案房地产的抵押权。据此,最高人民法院民二庭作出前述答复。①《物权法》颁布后,前述答复与《物权法》的规定相一致,在《物权法》生效后,该答复仍然可以作为企业法人分支机构未经授权为他人提供抵押担保的效力认定的依据。

1403

私立医院中的医疗卫生设施仍属于社会公益设施，依法不得抵押

关键词｜不得抵押的财产｜

【最高人民法院裁判文书】

周润泽与内蒙古玛拉沁医院、赵晖等借款合同纠纷案[最高人民法院(2015)民一终字第240号民事判决书]

最高人民法院认为:(二)关于玛拉沁医院的责任承担问题。

2011年11月21日,周润泽与玛拉沁医院签订一份《抵押合同》,玛拉沁医院为邢科的借款提供担保,将其所有的位于新城区迎新中路西侧4140.74平方米国有土地抵押给周润泽。《物权法》第一百八十四条规定:"下列财产不得抵押:……(三)学校、幼儿园、医院等以公益为目的的事业单位、社会团体的教育设施、医疗卫生设施和其他社会公益设施;……"玛拉沁医院虽为私人所有的营利性医疗机构,相较于公办医疗机构,仅是投资渠道上的不同,并不能否定其公益属性,私立医院中的医疗卫生设施仍属于社会公益设施。根据上述法律规定,玛拉沁医院为邢科的借款提供担保的财产属依法不得抵押的财产。由此,周润泽与玛拉沁医院签订的《抵押合同》为无效合同。《担保法解释》第七条规定:"主合同有效而担保合同无效,债权人无过错的,担保人与债务人对主合同债权人的经济损失,承担连带赔偿责任;债权人、担保人有过错的,担保人承担民事责任的部分,不应超过债务人不能清偿部分的二分之一。"本案中,周润泽、玛拉沁

① 宋晓明、王闯:《无权处分与有权处分:企业法人分支机构未经授权以登记在其名下的房地产为他人提供抵押的效力问题之考量和认定》,载最高人民法院民事审判第二庭编:《民商事审判指导》总第9辑,人民法院出版社2006年版,第100~110页。

医院在签订合同时均应知悉玛拉沁医院为邢科所负债务提供担保的财产属依法不得抵押的财产，周润泽、玛拉沁医院对案涉《抵押合同》无效均存在过错，对此，周润泽、玛拉沁医院应当根据其过错各自承担相应的民事责任。一审法院对玛拉沁医院的责任认定适用《担保法解释》第八条的规定，适用法律不当。但周润泽并未对玛拉沁医院的责任分担问题提起上诉，应视为周润泽对自己权利的处分，本院对此不予审理。综上，玛拉沁医院有关其不应承担责任的上诉主张，缺乏事实和法律依据，不能获得支持。

——中国裁判文书网，http://wenshu. court. gov. cn。

1404

监护人代被监护人签订抵押合同的效力认定

关键词｜监护人｜被监护人｜抵押合同效力｜

【最高人民法院裁判文书】

杨育霖与鞍山银行股份有限公司等金融借款合同纠纷申请再审案［最高人民法院（2016）最高法民申900号民事裁定书］

最高人民法院认为：本案的争议焦点为杨育霖与鞍山银行之间签订的《最高额抵押合同》是否有效，杨育霖是否应当承担担保责任。首先，案涉《最高额抵押合同》系杨育霖、沈丽娟、杨传祥共同与鞍山银行签订，是杨育霖对案涉房产份额的自行处分，并非是法定代理人处分限制行为能力人财产的代理行为。我国现行法律对抵押人的身份并无限制，尽管杨育霖签订《最高额抵押合同》时系限制民事行为能力人，但其签字行为并不违反法律的禁止性规定。其次，《民法通则》第十二条规定："十周岁以上的未成年人是限制民事行为能力人，可以进行与他的年龄、智力相适应的民事活动；其他民事活动由他的法定代理人代理，或者征得他的法定代理人的同意。"《合同法》第四十七条亦规定，限制民事行为能力人订立的合同，经法定代理人追认后该合同有效。根据上述规定，限制民事行为能力人完全可以通过其法定代理人代理或者征得其法定代理人同意而进行民事活动。本案中，案涉《最高额抵押合同》落款处有杨育霖、沈丽娟、杨传祥三人共同签名确认，该事实足以证明沈丽娟、杨传祥、杨育霖对案涉房产提供抵押担保事宜已经全面了解而且同意。因此,二审法院认定,案涉《最高额抵押合同》的订立不仅取得了全体房屋共有人同意,而且也得到了限制行为能力人的法定代理人的认可,具有相应的事实依据。再次,经本院再审审查查明,在签订案涉《最高额抵押合同》之前,杨育霖、沈丽娟、杨传祥于 2014 年 9 月 16 日向鞍山银行出具《同意抵押证明》,该份证明载明:“经我夫妻沈丽娟、杨传祥以及儿子杨育霖共同研究决定,同意用产权人沈丽娟、杨育霖,以及共有人杨传祥所有的房产……为大连嘉德农业发展有限公司在鞍山银行办理期限一年,人民币壹亿元公开授信中的壹仟捌佰万元提供最高额抵押担保。如该笔公开授信到期不能偿还,我夫妻无条件同意鞍山银行处理该房产,用于偿还贷款本息及相关费用。”三人分别在该份证明落款处签字按印,进一步证明三人对房产抵押的事实完全知悉并同意。综上,杨育霖签订案涉《最高额抵押合同》是其真实意思表示,无论沈丽娟和杨传祥在签订抵押合同时的身份是抵押人还是法定代理人,均不影响案涉《最高额抵押合同》的效力。原一、二审法院认定案涉《最高额抵押合同》合法有效,并判决杨育霖根据合同的约定对鞍山银行的债权承担担保责任,适用法律并无不当。

——中国裁判文书网,http://wenshu. court. gov. cn。

黄韵妃与华夏银行股份有限公司深圳天安支行、昶皓照明股份有限公司、上赫股份有限公司、黄恒燊、温小乔一般担保合同纠纷申请再审案[最高人民法院(2014)民申字第 308 号民事裁定书]

最高人民法院认为:我国现行法律对抵押人的身份并无限制,黄韵妃系限制民事行为能力人,其母亲温小乔以监护人的身份代其签订抵押合同并不违反法律禁止性规定。《民法通则》第十八条第二款规定,监护人不履行监护职责或者侵害被监护人的合法权益的,应当承担责任。即便监护人温小乔代黄韵妃签订抵押合同的行为损害了黄韵妃的利益,法律也仅规定由监护人来承担相应责任,而非由此否定合同效力并由合同相对人承担责任。在此情况下,二审法院认定案涉抵押合同有效并无不当。此外,黄韵妃的监护人当初为获取贷款利用未成年人黄韵妃名下的财产进行抵押并出具不损害其利益的声明,在获得贷款之后又以损害未成年人利益为由主张合同无效,该抗辩理由属恶意抗辩,违背诚实信用原则,二审法院对该抗辩理由未予采纳并无不当。

——中国裁判文书网,http://wenshu. court. gov. cn。

编者说明

关于本案所涉问题，最高人民法院也有不同的裁判，在厦门明瑞达投资咨询有限公司与福建省晋江市陈埭苏厝强达鞋塑服装厂、苏奋强等借款合同纠纷申请再审一案中［最高人民法院（2015）民申字第766号民事裁定书］，最高人民法院认为：（三）关于苏阳京、苏阳耀是否应承担赔偿责任的问题。1998年3月27日案涉抵押合同签订时，苏阳耀不满十周岁，属无民事行为能力人，苏阳京刚满十周岁，属于限制行为能力人。他们不可能对签订房屋抵押合同作出真实的意思表示，因为这种民事行为与他们的年龄和智力不相适应。上述二人的父母代替他们签章让其承担抵押风险的行为不属于接受奖励、赠与、报酬等纯利益的行为，应属无权代理，该代理行为无效。①

另外需要注意的是，《民法总则》已明确，八周岁以上的未成年人为限制民事行为能力人，实施民事法律行为由其法定代理人代理或者经其法定代理人同意、追认，但是可以独立实施纯获利益的民事法律行为或者与其年龄、智力相适应的民事法律行为。

1405

限制民事行为能力人签订抵押担保借款合同，其监护人同时在场并签字确认的，视为监护人的认可，抵押担保有效

关键词｜抵押担保｜限制民事行为能力人｜监护人｜

【最高人民法院裁判文书】

白耀威、李素敏与辽宁葫芦岛连山农村商业银行股份有限公司城北支行抵押借款合同纠纷申请再审案［最高人民法院（2013）民申字第344号民事裁定书］

最高人民法院认为，（二）关于白耀威是否属于限制民事行为能力人，是否影响抵押担保合同效力的问题。白耀威、李素敏向本院提交葫芦岛市康宁精神疾病司法鉴定所（2012）精鉴字第43号司法鉴定意见书、辽宁省葫芦岛市连山区人民法院（2012）连民一特字第00001号民事判决，作为新证据，用以证明白耀威系限制民事行为能力人，白耀威签字的抵押担保合同也应无效。《民事诉讼法》

① 中国裁判文书网，http://wenshu.court.gov.cn。

第一百七十七条、第一百七十八条规定，认定公民限制民事行为能力的案件，实行一审终审，故(2012)连民一特字第00001号民事判决已经生效，可以认定白耀威系限制民事行为能力人。《民法通则》第十三条规定："不能完全辨认自己行为的精神病人是限制民事行为能力人，可以进行与他的精神健康状况相适应的民事活动；其他民事活动由他的法定代理人代理，或者征得他的法定代理人的同意。"白耀威于2013年被宣告为限制民事行为能力人，(2012)精鉴字第43号司法鉴定意见书附注1注明"此鉴定意见书仅作为被鉴定人白耀威2012年11月15日民事行为能力评定用"，上述证据不能证明白耀威在2007年2月签订合同及公证书时属于限制民事行为能力状态。且白耀威2004年12月至2006年12月正常服兵役，该阶段的精神状况应当尚未达到限制民事行为能力的程度，白耀威、李素敏也没有提交证据证明在签订合同、进行公证时白耀威的精神健康状况与行为不相适应。白耀威在抵押担保借款合同、公证书上的签字系本人所签，即使当时其属于限制民事行为能力人，白焕满作为白耀威的父亲属于监护人，而白焕满同时在场并签字确认，应视为监护人的认可。至于李素敏、白耀威提出"监护人除为被监护人的利益外，不得处理被监护人的财产"的主张，因本案签订合同、进行公证时，白焕满并不是直接代理白耀威行使权利，而是对白耀威行为的确认，不属于监护人滥用代理权处理被监护人财产的情形。故，本案抵押担保行为是合法有效的，二审判决并无不当。

——中国裁判文书网，http://wenshu.court.gov.cn。

编者说明

《民法总则》第二十二条亦明确，不能完全辨认自己行为的成年人为限制民事行为能力人，实施民事法律行为由其法定代理人代理或者经其法定代理人同意、追认，但是可以独立实施纯获利益的民事法律行为或者与其智力、精神健康状况相适应的民事法律行为。

1406

以夫妻共有财产设定抵押时合同效力的认定

关键词｜夫妻共有财产｜抵押合同效力｜

【最高人民法院司法解释】

第五十四条 按份共有人以其共有财产中享有的份额设定抵押的，抵押有效。

共同共有人以其共有财产设定抵押，未经其他共有人的同意，抵押无效。但是，其他共有人知道或者应当知道而未提出异议的视为同意，抵押有效。

——《最高人民法院关于适用〈中华人民共和国担保法〉若干问题的解释》（2000年12月8日，法释〔2000〕44号）

【最高人民法院裁判文书】

安徽灵璧农村商业银行股份有限公司与任兴芳、灵璧县广让工贸有限责任公司等金融借款合同纠纷申请再审案［最高人民法院（2015）民申字第1733号民事裁定书］

最高人民法院认为：任兴芳在本案中设立抵押的房产是否属于夫妻共有财产，不能仅仅按照产权登记所记载的内容判断，还要根据该房产是否系夫妻双方在婚姻关系存续期间取得的财产进行确认。任兴芳抵押的房产虽然在房地权证灵房字第××号房产证上登记的权利人为“任兴芳”，共有情况为“单独所有”，但确系其与侯立文婚姻关系存续期间取得的财产，依照相关法律规定，属于夫妻共有财产。灵璧农商行仅以产权登记为依据主张该处房产归任兴芳个人所有，证据不足。共有房产在家庭共有财产中非常重要，本案又是为他人债务而以夫妻共有房产设立抵押，更应慎重对待，但没有证据证明以涉案房产设立抵押是任兴芳与侯立文夫妻双方共同的意思表示。因此，二审判决认为任兴芳擅自以共有房产设立抵押的行为因侵害了共有人权利而无效，符合相关法律规定。二审判决对于任兴芳在签订抵押合同过程中存在的过错，已经依法判令其承担相应的民事责任。

——中国裁判文书网，http://wenshu.court.gov.cn。

1407

以一般概括性框架性协议确立的保证和抵押担保效力

关键词｜一般概括性框架性协议｜担保效力｜

【最高人民法院裁判文书】

中联重科融资租赁(北京)有限公司与耿五一担保物权纠纷申诉案(最高人民法院民事裁定书)

最高人民法院认为:本案争议焦点可以归结为中联公司是否有权向耿五一追索其代为垫付的款项。

中联公司在一审起诉时表示,长沙中联公司委托中联公司于2005年6月13日代替耿五一偿还了所欠银行贷款本息1298529.05元,同时中联公司受让了该笔债权。请求判决耿五一支付中联公司垫付的借款1298529.05元,支付设备配件款18020.10元。中联公司起诉是将受让债权作为一个事实进行表述,并非根据债权转让请求法院进行判决。因此,一审法院以银行不能将本案债权转让给中联公司为由驳回该公司诉讼请求,理由不充足。此外,中联公司并非仅仅按照长沙中联公司的委托负责协议的实施,而是根据长沙中联公司与光大银行之间的约定以及西直门支行与耿五一之间签订的《个人贷款合同》的约定,受长沙中联公司委托,直接代为垫付耿五一所欠银行款项,中联公司据此可取得向耿五一求偿的权利。一审法院以该理由驳回中联公司的请求亦不充分。本案中,根据西直门支行与耿五一签订的《个人贷款合同》第16.1、17、33、34、36.7、40、51条的约定,尤其是第51条约定了合同一式肆份,贷款人、借款人、保证人和登记机关各执一份,耿五一是知道西直门支行之所以愿意向他贷款,除了将抵款购买的工程机械作为贷款的抵押之外,还在于有保证人的担保。而且根据该合同第16.1、17条的约定,只要耿五一连续3个月没有偿还借款,则构成违约。并且是否构成违约,完全由西直门支行单独判断就能够进行确认。而根据第33条和第34条的约定,本案中联公司为本案债务向西直门支行承担无条件的直接的保证责任。因此,根据该合同,只要耿五一逾期偿还贷款,那么西直门支行无需征得抵押人同意可对抵押物进行拍卖或变卖并以该抵押物所得的价款受偿。抵押物拍卖或变卖后,其价款超过债权数额的部分归抵押人所有,不足部分由债务人清偿。西直门支行也可以直接要求保证人履行偿还耿五一所欠贷款的义务。耿五一在《个人贷款合同》合同上签名，对该合同的内容进行认可。而其也知悉，所谓的保证人，就是与光大银行签订《工程车辆/建设机械按揭贷款业务合作协议》的长沙中联公司。在这种情况下，耿五一理应按照法律的规定，向担保人进行清偿。然而反而因为原审的判决，又在中联公司代替其还款的情况下，起诉中联公司承担700多万元的巨额赔偿责任。综上所述，原审判决使用法律确有错误，导致本案判决实体上存在错误，依法裁定指令北京市高级人民法院进行再审。

——苏泽林、景汉朝主编，最高人民法院立案一庭、立案二庭编：《立案工作指导》总第31辑，人民法院出版社2012年版，第95～96页。

1408

抵押人出具抵押清单及盖章的空白合同并交付抵押物权利凭证，嗣后抵押人主张抵押合同违背其真实意思表示的不予支持

关键词 | 空白抵押合同 | 交付权利凭证 | 抵押合同成立 |

【最高人民法院裁判文书】

青海民族用品厂、西宁三环工业有限公司与中国银行股份有限公司青海省分行、青海省绿宝实业集团有限公司借款担保纠纷案［最高人民法院（2006）民二终字第7号民事判决书］

最高人民法院认为：抵押人在抵押合同上盖章并且有其法定代表人的签字，该抵押合同依法成立。抵押人称抵押合同是在其空白的抵押合同及抵押物清单出具的，但抵押人对于其出具的空白合同、抵押物清单的目的是用于签订抵押合同是清楚的，其交付抵押物权利凭证的目的也是明确的。并且抵押人也没有声明出具空白合同后至签订抵押合同尚需再行商讨。相反，如果需要，提前盖章的行为就没有了意义。并且抵押担保的特殊性在于抵押物是特定的，这就决定了抵押所担保的数额不会无限扩大。所以，抵押人抗辩理由依法不予支持。

——最高人民法院民事审判第二庭编：《最高人民法院商事审判指导案例·借款担保卷》，中国法制出版社2011年版，第617～622页。

1409

抵押合同约定变更主合同无须经担保人同意，担保人仍承担担保责任的，该约定不能对抗因主合同变更导致担保人法定免责的情形

关键词｜抵押合同｜主合同变更｜担保责任｜

【最高人民法院裁判文书】

中国长城资产管理公司哈尔滨办事处与黑龙江华夏造纸有限公司、佳木斯金地造纸股份有限公司借款担保合同纠纷案[最高人民法院(2010)民二终字第72号民事判决书]

裁判要旨:虽然担保人与贷款人在《最高额抵押合同》中约定除展期和增加贷款金额外,贷款人与借款人协议变更主合同,无须经担保人同意,担保人仍承担抵押担保责任。但是,上述约定不能对抗《担保法解释》第三十九条规定的因主合同变更导致担保人法定免责的情形。贷款人以此为由要求担保人承担抵押担保责任的,人民法院不予支持。

最高人民法院认为:关于华夏公司是否知道金地公司和工行佳木斯分行将借款用途变更为借新还旧以及华夏公司是否应当承担抵押担保责任问题。金地公司与工行佳木斯分行在《固定资产借款合同》中约定的借款用途是8.5万吨牛皮箱板纸项目,华夏公司为上述借款提供了最高额抵押担保。《固定资产借款合同》签订之后,金地公司与工行佳木斯分行并未实际履行。其后,双方又分别签订六份《流动资金借款合同》,并已实际履行。上述六份《流动资金借款合同》约定的借款用途是借新还旧,对于借款用途的变更,华夏公司一直坚称其并不知道,也无证据证明其应当知道。因金地公司与工行佳木斯分行变更借款用途的结果实际上加重了担保人华夏公司的担保责任,根据《担保法解释》第三十九条关于"主合同当事人双方协议以新贷偿还旧贷,除保证人知道或应当知道的外,保证人不承担民事责任。新贷与旧贷系同一保证人的,不适用前款的规定"的规定,华夏公司不应当承担抵押担保责任。虽然华夏公司与工行佳木斯分行在《最高额抵押合同》中约定除展期和增加贷款金额外,工行佳木斯分行与金地公司协议变更主合同,无须经华夏公司同意,华夏公司仍承担抵押担保责任。但是,上述约定不能对抗因主合同变更导致担保人法定免责的情形。原审法院认定华夏公司不知道借款用途变更为借新还旧,判决华夏公司在本案中不应承担抵押担保责任并无不当,本院予以维持。长城公司哈尔滨办事处关于华夏公司知道金地公司的借款用途,并且同意金地公

司与工行佳木斯分行任意变更借款用途，因此，华夏公司在本案中应当承担抵押担保责任的上诉主张不能成立，本院不予支持。

抵押是担保的法定方式之一。在以第三人财产设定抵押的情形下，抵押担保法律关系在主体、内容、目的、效果等方面与保证担保的特征相近似。借贷关系的双方关于借款用途的约定，亦是担保人判断其风险责任所考虑的重要因素。无论对保证担保还是抵押担保，主债务双方在以固定资产投资为借款用途而设定担保后，又以借新还旧的真实用途发放并收回贷款，同样会改变担保人在提供担保时对担保风险的预期，加重其担保责任，同样会导致对担保人不公平的结果。据此，原审法院根据担保法司法解释关于保证章的相关规定对本案进行判决并无不当，本院予以维持。长城公司哈尔滨办事处关于一审判决对最高额抵押适用保证的规定属于适用法律错误的上诉主张不能成立，本院不予支持。

——最高人民法院民事审判第二庭编：《商事审判指导》总第 25 辑，人民法院出版社 2011 年版，第 227 ~ 229 页。

编者说明

最高人民法院在中国信达资产管理公司上海办事处与上海万泰城市有限公司、上海市普陀区城市建设投资有限公司借款合同纠纷一案[最高人民法院（2010）民提字第 30 号民事判决书]的裁判意见中也认为，特别约定不能对抗因借款合同变更导致保证人法定免责的情形。在发生因借款合同变更导致保证人法定免责情形的情况下，债权人以其与保证人在《保证合同》中的特别约定为由主张保证人应承担保证责任的，人民法院不予支持。

1410

事后抵押无效，抵押权人对于行使抵押权获得的价款没有优先受偿权

关键词｜事后抵押｜优先受偿权｜

【《最高人民法院公报》案例】

中国光大银行与内蒙古包头华达合资卧具装饰厂、中国农业银行包头市青山区支行、包头市青山区人民政府自由路办事处侵权纠纷上诉案[最高人民法院（2008）民二终字第 135 号民事判决书]

裁判摘要：所谓事后抵押，一般是指债务人有多个普通债权人，在清偿债务时，债务人与其中一个债权人恶意串通，将其全部或者部分财产抵押给该债权

人。这种事后抵押的设定通常发生在债务人业已陷入支付危机、濒临破产、其财产已经不足以清偿全部债务的情况下。设定事后抵押必然导致其降低或者丧失了履行其他债务的能力,损害了其他债权人的合法利益。因此,这种事后抵押应认定为无效,抵押权人对于行使抵押权获得的价款没有优先受偿权,已经取得该价款的,应当依法予以返还。

最高人民法院认为:光大银行提出华达装饰厂与农行青山支行恶意串通,虚构债权设定抵押并处置抵押物的行为,与光大银行的损失之间有因果关系,故应当对其债权的全部损失承担连带赔偿责任。如上所述,华达装饰厂与农行青山支行的抵押行为系事后抵押,所谓事后抵押,一般是指债务人有多个普通债权人,在清偿债务时,债务人与其中一个债权人恶意串通,将其全部或者部分财产抵押给该债权人,因此丧失了履行其他债务的能力,损害了其他债权人的合法权益。通常情况下,债务人与其中一个债权人恶意串通设定事后抵押,一般均发生在债务人已经陷入支付危机即债务人濒临破产,其财产已经不足以清偿全部债务。在该抵押行为被确认无效后,产生的法律后果是抵押权人就行使抵押权获得的价款没有优先受偿权;已经取得该价款的,应当依法予以返还。根据本案查明的事实,光大银行已就自己债权的保护在原审法院提起了借款合同纠纷与确认抵押合同无效纠纷两起诉讼,原审法院针对查明的事实,已经分别作出判决,华达装饰厂就借款合同承担违约还款责任,确认华达装饰厂与农行青山支行之间的抵押合同无效。故原审法院在本案中认定华达装饰厂已经在该院生效文书中被判决承担合同还款责任,不应再承担侵权责任并无不当。事实上,华达装饰厂与农行青山支行之间的事后抵押行为发生时,华达装饰厂已经彻底停产,处于资不抵债状态,农行青山支行与华达装饰厂签订抵押合同时,对抵押的房产和土地均进行了评估,其价值远低于光大银行所享有的债权,农行青山支行就抵押无效所应承担的法律后果是返还其基于抵押优先受偿获得的款项。故原审法院认定农行青山支行与华达装饰厂的抵押行为,与光大银行借款合同项下的贷款不能得到清偿之间不存在直接的因果关系,该认定并无不当。光大银行提出农行青山支行应当对其全部债权损失承担连带赔偿责任的诉讼请求,没有事实依据和法律依据,本院不予支持。

——《最高人民法院公报》2010 年第 2 期

1411

恶意抵押及其效力认定

关键词｜恶意抵押｜抵押合同效力｜可撤销抵押｜

【最高人民法院司法解释】

第六十九条 债务人有多个普通债权人的，在清偿债务时，债务人与其中一个债权人恶意串通，将其全部或者部分财产抵押给该债权人，因此丧失了履行其他债务的能力，损害了其他债权人的合法权益，受损害的其他债权人可以请求人民法院撤销该抵押行为。

——《最高人民法院关于适用〈中华人民共和国担保法〉若干问题的解释》(2000 年 12 月 8 日，法释〔2000〕44 号)

【最高人民法院答复】

山东省高级人民法院：

你院《关于债务人有多个债权人，而将其全部财产抵押给一个债权人是否有效的请示》收悉。经研究，答复如下：

债务人有多个债权人时，而将其全部财产抵押给其中一个债权人，因此丧失了履行其他债务的能力，损害了其他债权人的合法权益，根据《中华人民共和国民法通则》第四条、第五条的规定，应当认定该抵押协议无效。

——《最高人民法院关于债务人有多个债权人而将其全部财产抵押给其中一个债权人是否有效问题的批复》(1994 年 3 月 26 日，法复〔1994〕2 号)

【最高人民法院审判业务意见】

《担保法解释》第六十九条规定："债务人有多个普通债权人的，在清偿债务时，债务人与其中一个债权人恶意串通，将其全部或者部分财产抵押给该债权人，因此丧失了履行其他债务的能力，损害了其他债权人的合法权益，受损害的其他债权人可以请求人民法院撤销该抵押行为。"这是《担保法解释》对可撤销的抵押的一种特殊规定,这种被撤销的抵押称之为恶意抵押。司法解释关于恶意抵押的规定是对当事人之间自愿设置抵押权的限制,在一定意义上,是以民法关于诚实信用、公序良俗等基本原则的规定限制当事人的意思自治,对审判实践影响很大。由于司法解释关于恶意抵押的规定内涵较为丰富,司法实践中还存在一个与过去的司法解释相协调的问题,2001 年 10 月 16 日最高人民法院民二庭审判长会议对恶意抵押的相关问题进行了集中研究。现综述如下:

一、恶意抵押的司法解释依据

《担保法解释》第六十九条规定,债务人存在多个债权人而且其财产又不足清偿全部债务时,债务人与债权人所设立的事后抵押,损害了其他债权人利益的,该抵押行为可以被其他债权人申请撤销。司法解释这样规定依据的是《民法通则》确立的诚实信用原则和禁止权利滥用原则,认为债务人在实际处于资不抵债(英美法所称的 Insolvency)的状态时,为众多债权人之一设定抵押的行为违背诚实信用,对其他债权人形成不公;而债权人之一借设定和行使抵押权,在满足自身债权的同时,损害其他债权人的利益,构成权利滥用,因而该抵押权不应受到法律保护。

二、恶意抵押的构成要件

由于司法解释的规定是特殊规定,所以适用该条有较为严格的要求,根据《担保法解释》第六十九条的规定,恶意抵押的构成要件为:

1. 债务人存在多个普通债权人;

2. 债务人将其全部或者部分财产抵押给其中一个债权人;

3. 债务人将其全部或者部分财产抵押给一个债权人发生在清偿债务时,即有多个债权履行期届满,债务人对多个债权均有清偿义务时;

4. 债务人与债权人之一有恶意串通行为;

5. 债务人因设定抵押丧失了履行其他债务的能力。

三、与过去相关司法解释的协调

在《担保法解释》施行之前,1994 年 3 月 26 日最高人民法院发布了《关于债务人有多个债权人将其全部财产抵押给其中一个债权人是否有效问题的批复》,该批复认为,“在债务人有多个债权人的情况下,债务人将其全部财产抵押给其中一个债权人,因而使债务人丧失了履行其他债务的能力……应当认定该抵押协议无效”。批复没有针对抵押部分财产,仅针对将全部财产抵押,而且批复中也没有强调债务人与债权人“恶意串通”这个要件。从限制的范围来说,批复因针对全部财产的抵押，范围要小于司法解释，但在限制的力度上，批复因不要求以“恶意串通”为要件，所以适用面要大一些。批复发布后，司法实践中适用该批复审理一些抵押权纠纷，虽对保护其他债权人起到积极作用，但对抵押权的稳定产生负面影响。在《担保法解释》中，司法解释的起草者在总结该批复的经验基础上，对该批复的内容进行了修改，形成《担保法解释》第六十九条的内容。第六十九条与该批复的主要区别是要求以“债务人与债权人恶意串通”为要件，在判断抵押权是否有效上更加谨慎和合理。

四、恶意串通的认定

《担保法解释》第六十九条要求以“债务人与债权人恶意串通”为要件，因此在适用该条时，认定“债务人与债权人是否有恶意串通”成为关键。根据司法解释的文义和起草本意，“恶意串通”指债权人对债务人有其他债权人并且该债务人已陷入支付危机的状况为知悉的情况下，仍然与债务人订立抵押协议的情形。债务人陷入支付危机属于有破产原因出现，依照《企业破产法（试行）》的一般规定，债务人不得为他人的一般债权设定抵押担保，而债权人对债务人支付危机为知悉的，该债权人对在债务人财产上设定抵押对其他债权人的影响为明知，因此，构成恶意串通。“恶意串通”的构成有两个要件：一是债务人陷入支付危机，二是债权人知悉债务人陷入支付危机。证明恶意串通的举证责任在于行使撤销权的其他债权人，但在实践中，如果债务人将全部财产为债权人之一设定事后的抵押，可以直接推定债务人与债权人之间存在“恶意串通”，不再需要证据证明。

五、需要注意的问题

根据上述分析，司法实践中要注意不能单方面凭以下情形认定为“恶意抵押”：

1. 债务人在被担保债权发生之初即为该债权设定抵押，而非事后设定抵押的；

2. 债务人将部分财产在事后为债权人设定抵押，但仍有余力清偿其他债务人的债务的；

3. 债务人为债权人之一设定抵押之时，其他债务未到期，债务人清偿义务尚未产生的。

——曹士兵：《关于恶意抵押的认定》，载李国光主编、最高人民法院民事审判第二庭编：《民商审判指导与参考》总第 1 卷，人民法院出版社 2002 年版，第 80 ~ 81 页。

【最高人民法院裁判文书】

东方电气集团财务有限公司与中国农业银行股份有限公司绵竹市支行、东方电气集团峨嵋半导体材料有限公司债权人撤销权纠纷申请再审案[最高人民法院(2015)民申字第250号民事裁定书]

最高人民法院认为:东气财务公司和东气半导体公司同属东方电气集团下属子公司,东气半导体公司的控股股东为其母公司东方电气集团,且三公司高管交叉任职,互为关联关系。因光伏产能过剩等因素,东气半导体公司经营持续恶化,出现巨额亏损,2011年下半年开始停产,企业陷入财务支付危机。东气财务公司作为以加强企业集团资金集中管理、为成员单位提供财务管理服务的非银行金融机构,应当清楚东气半导体公司的经营及财务状况。至涉案《最高额抵押合同》签订前,东气财务公司对东气半导体公司的信用贷款为9.6亿元,与农行绵竹支行对东气半导体公司的8亿元信用贷款同属一般债权,均未设立担保。此前,双方债权的风险是同等的,受偿机会也平等。东气财务公司应当知道此前东气半导体公司作出过其在未还清农行绵竹支行信用贷款前,不将财产(光伏项目除外)作为他行贷款的抵押担保的承诺。在此情况下,东气财务公司占据关联地位之优势,置外部一般债权人农行绵竹支行利益于不顾,将东气半导体公司有价值的资产以最高额抵押的方式全部囊括在其抵押权优先受偿保障范围内。东气半导体公司还在东气财务公司的贷款支持下,还清了所欠其他银行的所有贷款,仅将农行绵竹支行的一般债权排斥在外。由此可见,东气半导体公司、东气财务公司逃废农行绵竹支行一般债务的主观恶意不仅限于已到期的贷款,设置最高限额为12亿元额度和跨度为4年期限的方式亦暴露了其逃废农行绵竹支行当时未到清偿期债务的主观恶意。时至目前,农行绵竹支行的债权仍未得清偿,且东气半导体公司资不抵债已于2014年12月24日向四川省峨眉山市人民法院申请破产并已被受理,该案已进入破产程序。农行绵竹支行申请执行本案判决因上述破产案被依法终结。该事实进一步证实东气财务公司、东气半导体公司订立《最高额抵押合同》的行为具有损害农行绵竹支行债权的共同故意,导致农行绵竹支行的债权无法实现。东气财务公司设定抵押后提供的部分贷款的形式虽以市场化的方式操作,但其行为更多是从集团内部共同利益体的角度考虑,其发放的部分新贷不足以抵销其恶意抵押造成的后果。农行绵竹支行一审诉请撤销东气财务公司与东气半导体公司的抵押行为,本院二审判决从《最高额抵押合同》的效力入手予以判决，确与当事人的诉请存在差异。但本案东气财务公司与东气半导体公司恶意抵押损害农行绵竹支行实现债权的客观事实是显而易见的，其设立抵押行为的效力终将被否定。故本院二审以认定涉案《最高额抵押合同》无效的方式，支持农行绵竹支行要求平等保护其债权的判决结果并无不当。

——中国裁判文书网，http://wenshu.court.gov.cn。

中国农业银行股份有限公司绵竹市支行与东方电气集团峨嵋半导体材料有限公司债权人撤销权纠纷案[最高人民法院(2014)民二终字第70号民事判决书]

最高人民法院认为：农行绵竹支行提出的诉讼请求是撤销案涉最高额抵押行为，而案涉《最高额抵押合同》是东气半导体公司与东气财务公司设立案涉最高额抵押的依据。最高额抵押合同作为一种民事法律行为，对于其效力的审查和确认，属法律赋予人民法院的依职权审查范畴，不受当事人诉讼请求和上诉范围的限制，且农行绵竹支行在上诉主张中亦请求人民法院确认案涉《最高额抵押合同》无效。因此，解决本案二审争议的前提是认定案涉《最高额抵押合同》是否无效，进而才能认定案涉最高额抵押行为是否属符合《担保法解释》第六十九条规定而应予撤销的恶意抵押行为。

结合本案事实，判断案涉《最高额抵押合同》是否无效问题，核心在于东气半导体公司与东气财务公司在订立合同时是否存在《合同法》第五十二条第（二）项所规定的恶意串通损害第三人利益情形。恶意串通，是以损害他人利益为目的而相互通谋作出的意思表示。具体到恶意抵押行为上，判断抵押人（即债务人）与抵押权人（债务人的多个债权人之一）是否存在恶意串通损害其他债权人利益情形，要考虑到该债权人是否知悉债务人已陷入支付危机且该债权人知悉债务人陷入支付危机后串通设定抵押为债务人逃废其他债务，进而导致其他债权人无法以相应财产实现债权等因素加以认定。

根据本案查明的事实，农行绵竹支行于2008年开始向东气半导体公司发放信用贷款，东气财务公司晚于农行绵竹支行于2010年12月开始向东气半导体公司发放信用贷款。2009年10月14日，东气半导体公司向农行绵竹支行作出了在还清该行信用贷款前不将财产（光伏项目除外）抵押担保他行贷款的书面承诺。截至2011年11月25日东气半导体公司违反上述承诺擅自与东气财务公司签订《最高额抵押合同》时，东气半导体公司欠农行绵竹支行信用贷款本金共计8亿元,欠东气财务公司信用贷款本金共计9.6亿元,以上贷款均未设立担保。

同期,东气半导体公司生产经营状况持续恶化,出现巨额亏损,并于2011年下半年开始停产至今,主要依靠东气财务公司的贷款支付职工工资、到款贷款本息等费用,企业已实际陷入支付危机。东气半导体公司在2012年6月14日将上述《最高额抵押合同》涵盖的抵押财产全部办理完抵押登记后不久,即致函农行绵竹支行,表示该司已无偿付贷款本息的能力,决定向该行停止支付一切贷款本息。东气半导体公司虽向农行绵竹支行停止偿付信用贷款本息,但却还清了其所欠其他银行所有贷款(均为担保贷款)。由此可见,东气半导体公司违背向农行绵竹支行作出的不得将财产抵押他人的承诺,在暗自与东气半导体公司订立《最高额抵押合同》时,不仅自身已陷入支付危机,而且逃废农行绵竹支行金融债权的恶意明显。

东气财务公司在二审答辩中认可,其与东气半导体公司作为同一集团控制下的关联企业,两者具有关联关系。东气财务公司向东气半导体公司提供贷款融资,虽然利用的是市场化方式和手段,但在东气半导体公司严重亏损的情况下仍提供巨额贷款,更多地是基于关联关系的特殊考虑,两者的利益也更趋同一性。因此,相较于农行绵竹支行等东气半导体公司的外部债权人,东气财务公司对东气半导体公司的生产经营情况、财务状况等公司各项实际情况应当更加了解。在订立案涉《最高额抵押合同》时,东气财务公司对东气半导体公司尚欠农行绵竹支行8亿元信用贷款本金且已处于财务困境、陷入支付危机状态的客观实际应属明知。东气财务公司在设立案涉最高限额为12亿元的最高额抵押后,截至2012年9月29日,虽仍向东气半导体公司提供新增贷款共计143360.2万元,但其通过将《最高额抵押合同》项下的系列债权担保期间设立为2010年12月1日至2014年12月31日的方式,将2011年11月25日《最高额抵押合同》签订之前对东气半导体公司的9.6亿元信用贷款余额纳入到该《最高额抵押合同》项下的抵押贷款。且至本案一审时,东气财务公司对东气半导体公司贷款余额为93360.2万元,相比《最高额抵押合同》订立时96000万元信用贷款余额反而减少了2639.8万元,且该93360.2万元债务全为抵押贷款。至此,东气财务公司对东气半导体公司的所有债务均有了抵押财产保障。东气半导体公司在东气财务公司的贷款支持下,还将所欠其他银行的数亿元贷款全部偿还完毕。而作为东气半导体公司外部债权人的农行绵竹支行,其8亿元债权因无任何财产担保、东气半导体公司拒不偿还,至今无法收回,即使另案经人民法院强制执行,也因案涉抵押的设立而无财产可执行。从上述事实可知,东气财务公司作为东气半导体公司的关联公司,通过事后抵押,将东气半导体公司有价值的资产全部为自身信用贷款设立抵押以保全资产,与东气半导体公司具有损害农行绵竹支行债权的共同故意,导致农行绵竹支行的债权无法实现。基于上述事实,可以认定东气财务公司、东气半导体公司在订立案涉《最高额抵押合同》存在恶意串通损害第三人利益的情形。依照《合同法》第五十二条第(二)项之规定,应确认东气财务公司与东气半导体公司订立的《最高额抵押合同》无效。

——中国裁判文书网,http://wenshu.court.gov.cn。

编者说明

关于恶意抵押的认定问题,最高人民法院的观点主要体现在前述司法解释、民二庭庭推精要和相关著述上,即:当债务人存在多个普通到期债权,对多个债权均有清偿义务时,又与其中一个债权人恶意串通,将其全部或者部分财产抵押给该债权人,并因设定抵押丧失了履行其他债务的能力的,构成恶意抵押。受损害的其他债权人可以请求人民法院撤销该抵押行为。

1412

债务人将企业财产全部抵押给一个债权人时抵押合同效力的认定

关键词 | 抵押合同效力 |

【最高人民法院司法政策】

关于债务人将企业财产全部抵押给一个债权人的抵押合同效力的认定问题。

在处理破产案件中,时常遇到债务人将企业财产全部抵押给一个债权人的情况,在这种情况下,其他债权人得到清偿的希望非常渺茫,因此,将全部财产抵押给一个债权人的抵押合同效力往往受到质疑,其他债权人经常以债权人和债务人恶意串通,或债务人恶意处分财产为由,请求认定该抵押协议无效;而另一方面,抵押权人则认为认定其抵押无效没有法律依据,在破产程序中不允许其行使抵押权,侵犯了其合法权益。对于这个问题,应当从以下几个方面掌握:

第一,正确理解法律及司法解释对破产企业财产设定抵押的规定。关于以破产企业的财产设定抵押的问题,我国法律及司法解释中均有规定。《企业破产法(试行)》第三十五条规定,人民法院受理破产案件前6个月至破产宣告之日的期间内,破产企业对原来没有财产担保的债务提供财产担保行为无效。《企业破产法(试行)》中这一规定并没有限定是否存在多个债权人,而是规定受理破产案件前6个月,对没有财产担保的债务提供担保的无效。这一规定是各国破产法的通例,其主要目的是防止债务人恶意处分财产,以保护全体债权人的利益。

1994年3月26日,最高人民法院根据司法实践中出现的新情况作出的《关于债务人有多个债权人而将其全部财产抵押给其中一个债权人是否有效问题的批复》规定,债务人有多个债权人时,而将其全部财产抵押给其中一个债权人,因此丧失了履行其他债务的能力,损害了其他债权人的合法权益,根据《民法通则》第四条、第五条的规定,应当认定该抵押协议无效。最高人民法院《担保法解释》第六十九条规定,债务人有多个普通债权人的,在清偿债务时,债务人与其中一个债权人恶意串通,将全部或部分财产抵押给该债权人,因此丧失了履行其他债务的能力,损害了其他债权人的合法权益,受损害的其他债权人可以请求人民法院撤销该抵押行为。这两个司法解释的共同特点是,均没有像《企业破产法(试行)》第三十五条那样限定于法院受理破产案件前6个月,而且均规定了前提条件是存在着多个债权人情况下,债务人将财产抵押给其中一个债权人。但是,《担保法解释》对1994年的批复作了修订,不同之处在于以下几点:其一,《担保法解释》增加了一个主观要件,即债务人与作为"抵押权人"的债权人恶意串通;其二,不再限定于将全部财产抵押,对于将部分财产抵押时,只要因此而丧失了履行其他债务的能力,损害了其他债权人的合法权益,则可能构成了恶意抵押;其三,将抵押合同不再作为绝对无效处理,而是赋予相关当事人向人民法院申请撤销的权利,有关债权人不申请撤销则该抵押行为依然有效。《担保法解释》生效后,1994年的批复就不再执行了。

第二,抵押合同与主合同同时签订的,如无其他法定无效情节,抵押合同应认定有效。债权人与债务人在签订主合同的同时即签订抵押从合同的,对债权人来说,在签订合同时尚未履行合同义务,不存在任何现实的交易风险,用债务人的全部财产设定抵押,只是为了降低其将来债权实现的风险,这是其签订抵押合同的唯一目的。对债务人来说,往往是其在主合同中首先享有权利的情况下才为对方设定抵押的,债务人实现合同现实利益在先,承担抵押义务在后,在签订主合同的同时即签订抵押合同,双方当事人之间有合同对价相互制约,不但没有减少债务人的财产,而且使债务人首先受益。同时,签订此类合同,无论债务人存在多少个债权人,因并不引起债务人财产减少而导致减弱债务人的偿债能力,不存在债权人与债务人主观恶意串通,损害第三人利益的情形,因此,如无其他法定无效情节,应认定抵押协议有效。

第三,要慎重处理当事人事后签订的抵押协议。这是指债权人和债务人在签订主合同时并没有签订抵押合同,债务人在清偿债务时的经济状况已经恶化,且存在多个债权人,由于债务人的财产是所有债权人债权的一般担保和物质基础,因此,如果债务人此时将全部财产抵押给其中一个债权人,则侵犯了其他债权人的利益,使其他债权人几乎没有机会再受到清偿。鉴于债务人与债权人之间的主观恶意非常明显,因此在破产程序中如其他债权人有证据证明,债务人将全部财产为其中一个债权人事后设定抵押,并主张予以撤销时,人民法院应当支持债权人的请求,撤销该抵押协议,该债权人只能作为一般破产债权人参加破产财产的分配。

——《当前审理企业破产案件工作中应当注意的几个问题——全国法院审理企业破产案件工作座谈会材料》(2003 年 4 月 17 日),载江必新主编、最高人民法院民事审判第二庭编:《民商审判指导与参考》总第 3 卷,人民法院出版社 2003 年版,第 23 ~ 40 页。

1413

债务人与抵押人的法定代表人为同一人，抵押人主张主合同当事人恶意串通骗保的，不予支持

关键词｜恶意串通｜

【最高人民法院裁判文书】

山东金龙地产有限公司与中国华融资产管理公司福州办事处、厦门金龙科技有限公司借款合同纠纷案[最高人民法院(2005)民二终字第 73 号民事判决书]

最高人民法院认为:本案是否存在债权人与债务人恶意串通骗保问题,是上诉人与被上诉人争议的焦点之一。上诉人山东金龙认为,债权人江头工行在明知贷款名义为技术改造贷款,而实际用于济泰高速公路建设,借款人厦门金龙并未持有山东金龙金山铺公路有限公司股份的事实的情况下,仍与厦门金龙签订

借款合同,并由上诉人山东金龙提供抵押担保,属于债权债务人恶意串通骗保,故根据《合同法》第五十二条规定,对侵害第三人利益的合同应认定无效;主合同无效,担保合同亦无效,上诉人作为抵押担保人没有过错,因此不应承担任何责任。根据本院以及原审查明的事实,在本案主合同以及抵押合同签订期间,厦门金龙和山东金龙的法定代表人均为胡国赞,上述两份合同的签章亦均为胡国赞。1999 年 8 月 27 日,山东金龙将法定代表人更换为胡国赞之子胡总营。上述事实表明,作为担保人山东金龙对债务人厦门金龙借款申请以及借款合同的签订情况应当是明智的,不存在善意不明知的情形。《合同法》第五十二条规定的对侵害第三人利益的合同应认定无效,是以善意为前提。厦门金龙以虚假理由申请贷款,并且改变贷款用途,山东金龙关于其不明知的理由显然不成立,因而不构成主观善意。同时,江头工行在发放贷款过程中,虽有审查不严的情形,但并不必然导致借款合同无效。因此,本案上诉人关于借款合同当事人恶意串通骗保,主合同无效,担保合同亦无效的上诉理由,与事实不符。其免除担保责任的上诉请求,没有事实和法律依据,应予驳回。

——最高人民法院民事审判第二庭编:《最高人民法院商事审判指导案例·借款担保卷》,中国法制出版社 2011 年版,第 640～648 页。

1414

即使借款人违反与抵押人的约定,抵押人也不能以受借款人欺诈对抗抵押权人

关键词 | 欺诈 | 对抗抵押权人 |

【最高人民法院裁判文书】

哈尔滨东宝大厦有限公司与哈尔滨市商业银行股份有限公司、哈尔滨市龙昊房屋开发建设有限责任公司借款担保纠纷上诉案[最高人民法院(2004)民二终字第 250 号民事判决书]

最高人民法院认为:根据本案当事人上诉和答辩情况来看,本案上诉争议的焦点在于以下两个方面:一是龙昊公司在与商业银行签订本案借款合同时,取得东宝公司的抵押担保是否存在欺诈的事实;二是如果龙昊公司存在骗取

东宝公司为其贷款购楼提供担保事实的话，动力支行对借款人骗保行为是否知道或者属于应当知道，东宝公司对本案借款合同产生的债务是否应当承担责任。

关于第一个方面的问题即本案担保人为本案借款合同提供抵押担保是否确实存在被欺骗的事实，东宝公司基于其与龙昊公司2002年5月22日签订的《投资经营协议书》所约定合作经营东宝大厦并由龙昊公司贷款专款专用于东宝大厦的有关约定，为龙昊公司的借款行为提供抵押担保，并相应地作出和出具了董事会决议、承诺书以及盖好印鉴的格式空白抵押合同等手续材料。但在龙昊公司遂后6月13日与动力支行签订的2002年（商126贷）字第012号《人民币短期借款合同》中所约定的借款用途却是用于龙昊公司自身购买其他房产，说明龙昊公司利用了其与东宝公司签订的《投资经营协议书》来实现其自身贷款购楼的真实目的。现没有证据证明龙昊公司将贷款的真实目的告诉了东宝公司。东宝公司依据其与龙昊公司签订的《投资经营协议书》的约定，事先将有关抵押手续材料提供给了龙昊公司，但龙昊公司利用这些手续办理了贷款后，并未真实来履行其与东宝公司之间的《投资经营协议书》中有关约定，直至后来要求东宝公司续保时才不得不告知东宝公司真实情况，这在龙昊公司2003年12月26日与东宝公司签订的《协议书》中得到证实，同时亦为龙昊公司总经理张春辉和副总经理邵喜国的证言所证实。

其次，虽然东宝公司是由于其与龙昊公司之间的《投资经营协议书》中存在的有关合作经营东宝大厦事项并由龙昊公司对外借款专款专用的约定，才为龙昊公司的借款行为提供抵押担保，但是，东宝公司事前为龙昊公司对外借款行为所提供的董事会决议、承诺书以及盖好印鉴的格式空白抵押合同以及其他手续材料，其真实性并未有任何方当事人予以否认。同时，东宝公司与龙昊公司之间的《投资经营协议书》并未对外公示，也没有证据证明向贷款人动力支行提供过该《投资经营协议书》，动力支行对此无从知情。而且东宝公司事前为龙昊公司对外借款行为所提供的有关抵押担保事项的董事会决议、承诺书并没有指明龙昊公司对外借款行为将要发生对象的具体金融机构名称，也没有表明龙昊公司借款用途和性质，在此情况下，动力支行接受之作为龙昊公司借款合同的抵押担保，并与借款人一起办理抵押担保登记行为，不能认为其主观上存在着过错。东宝公司与龙昊公司之间的《投资经营协议书》有关由龙昊公司对外借款专款专用于合作经营东宝大厦项目的约定，因没有证据证明已向贷款人动力支行告知从而使贷款人受其约束，因而不能影响其向贷款人动力支行提供抵押担保行为的效力。至于在抵押登记过程中需要由抵押人提供哪些手续和材料，是由抵押登记机构应尽的审查义务，债权人无须有义务和责任了解，它只要起到其所要做到的配合作用便可，不能认为在抵押过程中动力支行对办理抵押担保登记行为有过错。虽然在本案借款合同办理抵押登记过程中，出现了在龙昊公司经办人闵杰没有提供东宝公司书面授权证明其作为东宝公司代理人身份以及缺少东宝公司办理房产抵押登记书面申请等在缺乏必要的法定条件的情况下，与龙昊公司一起以东宝公司名义办理了本案借款合同抵押登记手续，其中房地产抵押合同的内容及所谓委托代理人签名均系动力支行的工作人员董方明所写。而且所办的房屋他项权证所设定的抵押期限超过房屋所有权证明的有效期等情况，但上述情况并不能证明商业银行与龙昊公司属恶意串通，也并非能够证明其完全属动力支行应尽的审查义务范围。因此，东宝公司就其为本案借款合同提供抵押担保行为，因龙昊公司违背了其与东宝公司有关双方合作经营东宝大厦事项的约定，因而具备了向借款人龙昊公司所享有的抗辩权，但东宝公司不能因此对抗抵押权人动力支行。况且，本案借款合同所涉抵押合同登记效力问题经过当事人之间的一系列行政诉讼后，最终认定本案所涉抵押行为无效的行政判决被撤销。因此，东宝公司仍然必须在龙昊公司向债权人偿还不了债务范围内向抵押权人动力支行履行其抵押担保义务。东宝公司关于本案借款抵押合同并不具有法律效力的上诉理由，缺乏充分的事实和法律依据，本院不予支持。东宝公司仍要按照本案抵押合同的约定为龙昊公司的本案债务承担担保责任，并依法有权向债务人龙昊公司进行全额追偿。

——最高人民法院民事审判第二庭编:《民商事审判指导》总第 11 辑，人民法院出版社 2007 年版，第 287 ~297 页。

1415

贷款流向属于合同履行事实，不属于订立合同时的事实，抵押人以此主张债权人欺诈并撤销合同的，不予支持

关键词 | 欺诈 | 合同撤销 |

【最高人民法院裁判文书】

陕西融辉置业发展有限公司与中国工商银行股份有限公司兰州广场支行、甘肃明宇能源开发有限公司抵押合同纠纷案[最高人民法院(2016)最高法民终465号民事判决书]

最高人民法院认为：一、融辉公司主张，其真实的意思是为叶天而非为明宇公司向工行广场支行借款提供担保，贷款发放后，叶天未能实际使用该笔贷款，故融辉公司为该笔贷款提供担保的意思表示存在重大误解，应予撤销。即使融辉公司的真实意思是为叶天提供担保，但该意思表示并未体现在《最高额抵押合同》中。《最高额抵押合同》明确约定，被担保主债权的债务人是明宇公司。叶天系自然人，明宇公司系企业法人，二者在名称上即截然不同，叶天担任法定代表人的鸿源公司在名称上与明宇公司也有显著区别。一般情况下，不存在错误认识的可能。融辉公司在《最高额抵押合同》上盖章，却称其误认为其所担保的主债权的债务人是叶天，本院无法采信。叶天是否实际使用贷款，超出了案涉合同的履行范围，系案涉合同外的因素所致，与本案无关。融辉公司以其对合同约定外的事项未能实现，与其真实意思不一致为由主张其对合同存在重大误解，依据《合同法》第五十四条关于重大误解的规定请求撤销合同，不应予以支持。

二、融辉公司主张明宇公司提供了虚假的贷款资料骗取其提供担保，并主张明宇公司和工行广场支行共同对其实施欺诈，依照《合同法》第五十四条第二款的规定，应撤销《最高额抵押合同》。为此还申请法院调取相关证据及进行鉴定。本院认为，《合同法》第五十四条第二款规定，一方以欺诈、胁迫的手段或者乘人之危，使对方在违背真实意思的情况下订立的合同，受损害方有权请求人民法院或者仲裁机构变更或者撤销。融辉公司以其受到欺诈为由依据《合同法》第五十四条的规定主张撤销《最高额抵押合同》，其即应证明该抵押合同的当事人工行广场支行在订立合同时对其欺诈。但是其申请调查取证的发票，即使属于变造，也只能证明明宇公司有欺诈行为，而难以证明工行广场支行对融辉公司有欺诈行为；其申请调取贷款资金流向的资料，即使能够证明明宇公司确实改变了贷款用途，亦难以证明工行广场支行明知该事实并隐瞒，从而构成欺诈。且贷款流向的事实属于合同订立后的履行过程中的事实，不属于订立合同时的事实，融辉公司以此作为其主张撤销合同的事实依据，不能成立。融辉公司的调查取证申请对本案审理没有意义，故本院不予准许。融辉公司不能提供证据证明工

行广场支行对其欺诈,其关于应撤销《最高额抵押合同》的主张缺乏事实依据,本院不予支持

——中国裁判文书网,http://wenshu.court.gov.cn。

1416

以非自己所有或有处分权的财产设定抵押的合同无效,债权人不能获得对该财产的抵押权

关键词|无权处分|合同无效|

【最高人民法院裁判文书】

中国光大银行青岛分行与青岛佳利机械有限公司、青岛快通大酒店借款担保合同纠纷案[最高人民法院(1999)经终字第419号民事判决书]

最高人民法院认为:佳利公司通过租赁法律关系取得以快通酒店占有、使用和收益的权利,属于他物权,是建立于刘家台村集体对快通酒店所有基础之上,在未获得刘家台村委会特别授权之前,佳利公司对快通酒店资产没有处分权,也不得将其用于抵押。尤其是1997年7月25日,刘家台村委会收回了快通酒店的经营管理权、并与胡崇桂达成财产交接协议一个月之后,胡崇桂仍以快通酒店公章和伪造的刘家台村委会证明信与光大银行签订抵押担保合同。胡崇桂以快通酒店财产为自己的佳利公司债务转移,向光大银行提供抵押担保,侵犯了刘家台村委会和快通酒店的合法权益,违反了《担保法》第三十四条设定抵押的财产必须是抵押人所有或有权处分的财产的规定。故胡崇桂以快通酒店名义与光大银行签订的抵押担保合同以及所作的还款承诺,均是无效的民事行为。

光大银行作为金融机构,只能在人民银行存款,但其为获得高额利息,在胶州信用社违规进行巨额存款,违反了人民银行的规定。由于胶州信用社违规导致信用危机,使得光大银行面临存款不能收回的巨大风险。该风险是由于光大银行和胶州信用社的行为过错而产生,而非快通酒店所致。光大银行在与胡崇桂签订借款抵押担保合同、实现债权转移时,该风险也随之转移。对此,光大银行应是明知的。为确保贷款安全,光大银行在发放贷款之前,应当根据中国人民银行的规定,对借款人的信誉和偿债能力以及担保人财产状况进行核实和调查。尤其,在1997

年8月26日，在发生本案"对缝"借款、抵押担保行为的前一天，中信银行与胡崇桂共同到青岛市城阳区房产管理处办理了抵押登记撤销手续，抵押权证存根上加盖了"作废"章。8月27日，光大银行又与胡崇桂到该房产管理处办理了同一不动产的抵押登记手续。光大银行与快通酒店签订借款合同并办理抵押登记后，在公证过程中光大银行与胡崇桂协商将借款人变更为佳利公司，主合同变更相应从合同也应变更。然而，在8月28日，光大银行与胡崇桂又去房地产管理处签订青城房监抵〔1997〕年0012号房产抵押契约时，也未要求将从合同予以变更，快通酒店的不动产仍登记是为快通酒店借款设定的抵押。综上，光大银行虽然不一定明知胡崇桂行为时对快通酒店已不享有经营管理权，但胡崇桂在以快通酒店的财产为胡崇桂的佳利公司债务转移向其作抵押担保时，在快通营业执照上企业性质明确表示为集体所有的情况下，光大银行对胡崇桂是否对快通酒店享有处分权不作审查，具有明显过错。再结合光大银行转嫁风险的目的，可以认定光大银行不是胡崇桂恶意民事行为的善意第三人，其在签订抵押担保合同过程中具有过错，因此其不是快通酒店资产的抵押权人，不能对快通酒店的资产行使抵押权。光大银行关于快通酒店财产已抵押担保，快通酒店应承担担保责任的上诉请求，因抵押行为无效、担保法律关系不成立且光大银行不是善意第三人，本院不予支持。

刘家台村委会和快通酒店在与胡崇桂及其佳利公司解除租赁关系之后，未能及时变更营业执照、收回快通酒店公章或声明作废公章，致使胡崇桂仍以快通酒店法定代表人名义对外进行民事行为，存在一定过错。根据《民法通则》规定的公平原则，快通酒店应根据其过错，对光大银行的本金损失相应承担一定比例的赔偿责任。即承担光大银行贷款本金10%的赔偿责任。

——李国光主编、最高人民法院民事审判第二庭编：《经济审判指导与参考》第4卷，法律出版社2001年版，第140～147页。

编者说明

实践中需要区分以他人之物设定抵押与以即将取得的财产设定抵押的关系。小企业以即将取得的财产进行抵押贷款比较常见，小企业一般缺乏有价值的担保物，提供贷款担保比较困难，因此银行对于有较好成长性的小企业提供贷款支持时，可以约定好贷款用途，比如购买机器设备，然后再签订抵押合同，把即将购买的机器设备作为抵押物，提供贷款的清偿。在签订合同的时候，企业还没有取得作为抵押物的机器设备的所有权，这个时候的抵押权就属于以即将取得的财产进行的抵押。抵押合同自当事人签字盖章之日生效，抵押权自抵押人取得对抵押物的所有权之日起设立。这种抵押方式给小企业贷款提供了现实可行的途径，为多数国家所倡导，以促进中小企业的顺利发展。①

1417

无法律禁止性规定及相反约定的，公司债券受托管理人可以代理全体公司债券持有人申请办理土地抵押登记

关键词｜公司债券持有人｜土地使用权抵押登记｜

【最高人民法院答复】

国土资源部办公厅：

国土资厅函〔2010〕374号《国土资源部办公厅关于征求为公司债券持有人办理国有土地使用权抵押登记意见函》收悉，经研究，答复如下：

基于公司债券持有人具有分散性、群体性、不易保护自身权利的特点，《公司债券发行试点办法》（以下简称《办法》）规定了公司债券受托管理人制度，以保护全体公司债券持有人的权益。基于此，《办法》第二十五条对公司债券受托管理人的法定职责进行了规定，同时允许当事人约定权利义务范围。

根据《物权法》的规定，函中所述案例的抵押权人为全体公司债券持有人。抵押权的设定有利于保护全体公司债券持有人的利益。在公司债券持有人因其不确定性、群体性而无法申请办理抵押权登记的情形下，认定公司债券受托管理人可以代理办理抵押权登记手续，符合设立公司债券受托管理人制度的目的，也不违反《办法》第二十五条的规定。在法律没有禁止性规定以及当事人之间没有禁止代为办理抵押登记约定的情形下，应认定公司债券受托管理人可代理全体公司债券持有人申请办理土地抵押登记。

以上意见仅供参考。

——《最高人民法院关于〈国土资源部办公厅关于征求为公司债券持有人办理国有土地使用权抵押登记意见函〉的答复》（2010年6月23日，〔2010〕民二他字第16号）

---

① 曹士兵：《中国担保制度与担保方法——根据物权法修订》，中国法制出版社2008年版，第197～198页。

【链接：最高人民法院法官著述】

为规范公司债券的发行行为，保护投资者的合法权益和社会公共利益，2007 年，我国颁布了《公司债券发行试点办法》，该办法主要依据信托法理规定了债券受托管理人制度。《公司债券发行试点办法》第二十五条第（二）项规定了债券受托人在办理担保事宜方面的职责，即公司为债券设定担保的，债券受托管理人应在债券发行前取得担保的权利证明或其他有关文件，并在担保期间妥善保管。这里关键问题是如何理解"债券受托管理人应在债券发行前取得担保的权利证明或其他有关文件"问题。关于该问题，应从以下四个方面进行分析：

第一，从立法目的角度进行分析。设立公司债券受托管理人制度的目的是保护公司债券持有人的利益。为公司债券持有人的债权设定担保物权，是有利于保护公司债券持有人的事项，因此，在债券持有人众多，具有不确定性、分散性、群体性的情形下，规定公司债券受托管理人可以代为办理担保物权手续，有利于保护债券持有人的利益，符合该制度的立法目的。

第二，从法理、文义和起草目的的角度进行分析。债券受托管理人制度是以信托制度为基础设立的，因此，《公司债券发行试点办法》第二十五条第（二）项规定，公司为债券设定担保的，债券受托管理协议应当约定担保财产为信托财产。依据信托法理，作为受托财产管理人，受托人享有财产管理、处分的各项权利，可以进行各种与财产管理相关的诉讼和非诉讼活动。因此，债券受托管理人有权为担保公司债券持有人债权实现，为其设立并管理、处分担保权利。综上，结合法理和该项规定关于担保财产为信托财产以及取得担保的权利证明或其他有关文件的文义进行整体解释，可以得出公司债券受托管理人享有为公司债券持有人设定担保权利的结论。经询该《公司债券发行试点办法》的制定机关中国证监会，其也同意我们的意见。

第三，从各国（地区）立法例角度进行分析。关于公司债券受托管理人的职权范围，大多国家（地区）的立法均规定了有权设定和实现担保权利。

第四，从相关法律以及当事人是否有禁止性规定或者相反约定的角度进行分析。在私法领域，遵循当事人意思自治原则，法无禁止即允许。因此，在相关法律没有禁止性规定以及当事人没有相反约定，且上述理解有利于保护债权人权利的情形下，应认定受托管理人可代为办理土地抵押登记。

综上，我们认为，综合考量公司债券受托管理人制度的立法目的以及其公司债券受托管理人的法定职责范围和当事人的特殊约定，在相关法律没有禁止性规定以及当事人没有相反约定的情形下，应认定公司债券受托管理人可代理办理抵押登记手续，设定担保物权。

——张雪楳：《公司债券受托管理人可以代理公司债券持有人办理国有土地使用权抵押登记——〈关于《国土资源部办公厅关于征求为公司债券持有人办理国有土地使用权抵押登记意见函》的答复〉解读》，载最高人民法院民事审判第二庭编：《商事审判指导》总第23辑，人民法院出版社2011年版，第87～90页。

1418

抵押人办理抵押登记所用的公章后来被法院判决予以收缴，办理抵押时的法定代表人亦因涉嫌犯罪被更换，抵押仍有效

关键词｜抵押合同效力｜抵押登记｜

【最高人民法院裁判文书】

辽宁大连盛宝大厦物业管理有限公司诉中国工商银行大连市分行营业部等信用证欠款上诉案[最高人民法院(1998)经终字第475号民事裁定书]

最高人民法院认为：关于盛宝物业公司与大连工行营业部签订的抵押合同，系双方当事人在自愿平等基础上订立的，意思表示真实一致，亦不违反法律规定。原审认定该合同有效是正确的，亦应维持。本案抵押合同签订时和办理抵押登记时，谢昆明系盛宝物业公司合法的法定代表人，且其担任法定代表人长达三年之久，即自国家工商行政管理局1996年12月19日核发营业执照起，至2000年8月1日该营业执照变更法定代表人止。根据《民法通则》第四十三条关于“企业法人对它的法定代表人和其他工作人员的经营活动承担民事责任”的规定，盛宝物业公司应当履行其在抵押合同上约定的义务。原审判令盛宝物业公司承担抵押担保责任正确，应予维持。至于谢昆明担任法定代表人期间，盛宝物业公司拥有两枚公章的问题，完全是因该公司内部管理混乱造成的，由此产生的法律后果，该公司应当自负其责。在此期间，无论法定代表人谢昆明使用哪

一枚公章对外签订合同，按照法律规定，盛宝物业公司均应承担民事责任。盛宝物业公司上诉认为办理抵押登记时所用公章在2000年1月31日被法院判决收缴，因此该抵押登记即无效，盛宝物业公司可以不承担抵押担保责任的主张没有事实和法律依据，本院不予支持。

——最高人民法院办公厅编：《最高人民法院公布裁判文书（2002年）》，人民法院出版社2003年版，第438～444页。

编者说明

本案是抵押登记有效性的纠纷。抵押人以其法定代表人涉嫌犯罪已被更换，并且抵押登记使用的公章后来已被判令收缴为由，主张抵押无效。但因抵押设立时其法定代表人及登记所用公章均合法有效，故本案抵押被认定有效。

1419

以国有企业的设备及建筑物设定抵押的效力认定

关键词 | 抵押合同效力 |

【最高人民法院司法解释】

重庆市高级人民法院：

你院渝高法〔2001〕37号《关于认定国有工业企业以机器设备、厂房为抵押物与债权人签订的抵押合同的法律效力的请示》收悉。经研究，答复如下：

根据《中华人民共和国担保法》第三十四条和《最高人民法院关于适用〈中华人民共和国合同法〉若干问题的解释（一）》第九条规定的精神，国有工业企业以机器设备、厂房等财产与债权人签订的抵押合同，如无其他法定的无效情形，不应当仅以未经政府主管部门批准为由认定抵押合同无效。

本批复施行后，正在审理或者尚未审理的案件，适用本批复，但判决、裁定已经发生法律效力的案件提起再审的除外。

——《最高人民法院关于国有工业企业以机器设备等财产为抵押物与债权人签订的抵押合同的效力问题的批复》（2002年6月18日，法释〔2002〕14号）

【最高人民法院司法政策】

1992年7月23日国务院发布的《全民所有制工业企业转换经营机制条例》第十五条第一款规定："企业根据生产经营的需要，对一般固定资产，可以自主决定出租、抵押或者有偿转让；对关键设备、成套设备或者重要建筑物可以出租，经政府主管部门批准也可以抵押、有偿转让。法律和行政法规另有规定的除外。"按此规定，国有企业对自己的一般固定资产，可以自主决定出租、抵押或者有偿转让。而对于关键设备、成套设备、重要建筑物设定抵押，则须经过政府主管部门的批准。审判实践中经常涉及的问题是，如果企业在进行抵押时没有经过政府主管部门批准，该抵押是否有效。这一问题在审理有关破产案件中更为突出，相关债权人对此反应也比较强烈。

《担保法》第三十四条第（四）项规定，抵押人有权处分的国有的机器、交通运输工具和其他财产，可以抵押。显然，国有企业的机器或其他财产应当包括企业的关键设备、成套设备及重要建筑物等。但是，《担保法》并没有将政府主管部门批准作为以这些财产为抵押标的物的抵押合同生效条件。最高人民法院于2002年6月18日颁布的《关于国有工业企业以机器设备等财产为抵押物与债权人签订的抵押合同的效力问题的批复》中明确规定，根据《担保法》第三十四条和根据《合同法解释（一）》第九条规定的精神，国有工业企业以机器设备、厂房等财产与债权人签订的抵押合同，如无其他法定的无效情形，不应当仅以未经政府主管部门批准为由认定抵押合同无效。按照最高人民法院这一司法解释的精神，如果抵押物已经进行登记，且没有其他导致合同无效的因素，就不能仅因为未经政府主管部门批准而认定抵押无效。

国有企业以建筑物设定抵押的，应区分两种情况处理：一种情况是建筑物附着于划拨方式取得的国有土地之上，将建筑物与土地使用权一并设定抵押的，对土地的抵押需履行法定的审批手续，否则应认定抵押无效；另一种情况是建筑物附着于以出让、转让方式取得的国有土地之上，将该建筑物与土地使用权一并设定抵押的，应当依照《担保法》的规定，确定抵押的效力。

——《当前审理企业破产案件工作中应当注意的几个问题——全国法院审理企业破产案件工作座谈会材料》（2003年4月17日），载江必新主编、最高人民法院民事审判第二庭编：《民商审判指导与参考》总第3卷，人民法院出版社2003年版，第23～40页。

1420
董事会决议是公司内部事务，不能以此对抗不知情的抵押权人

关键词｜董事会决议｜抵押权｜

【最高人民法院裁判文书】

中国工商银行福州市晋安支行与福州伊贝思饮品公司及伊贝思制药公司抵押借款合同纠纷案[最高人民法院(1998)经终字第308号民事判决书]

最高人民法院认为：伊贝思饮品公司原为香港恒丰贸易公司于1991年在福州市经济技术开发区设立的外商独资企业，根据香港恒丰公司与经营开发公司于1995年4月1日签订的中外合作经营合同的约定，伊贝思饮品公司为扩大经营规模，以经营开发公司向其提供伊贝思工业大厦作为合作经营条件，双方进行合作经营，并由外商独资企业变更为中外合作经营企业。1995年6月23日，外商独资企业伊贝思饮品公司在工商行政管理部门进行变更登记，并更换新的企业法人营业执照。上述事实表明，伊贝思饮品公司由外商独资企业变更为中外合作经营企业，只是对该公司的股东人数、注册资金及资本构成变更，并不是撤销原法人，设立新法人，外商独资的伊贝思饮品公司与中外合作经营的伊贝思饮品公司系同一法人，前者对伊贝思工业大厦的所有权即为后者对伊贝思工业大厦的所有权。郑琼璇系伊贝思饮品公司的法定代表人，其在以伊贝思饮品公司的名义与工行晋安支行签订抵押借款合同及办理抵押登记手续时，持有载明伊贝思饮品公司系伊贝思工业大厦所有者的产权证书及伊贝思饮品公司三名董事签字的同意设定抵押的董事会决议，使工行晋安支行有理由相信郑琼璇有权代表伊贝思饮品公司对伊贝思工业大厦设定抵押。虽然在抵押借款合同上加盖的伊贝思饮品公司的印鉴与其在工商行政管理部门预留的印鉴不一致，但郑琼璇作为法定代表人在该合同上代表伊贝思饮品公司签字，所产生的法律后果应由伊贝思饮品公司承担。《中外合作经营企业法实施细则》第二十八条、二十九条关于中外合作经营企业董事会会议应当有三分之二以上董事出席方能举行及中外合作经营企业的资产抵押由出席董事会会议的董事一致通过方可作出决议的规定，是关于中外合作经营企业内部机构职责权限划分的规定，不能以公司董事会未依据上述规定对设定抵押作出决议、法定代表人超越职权擅自设定抵押为由对抗不知情的抵押权人工行晋安支行。伊贝思饮品公司与工行晋安支行签订

抵押借款合同后，双方依法在房地产管理部门办理了抵押登记手续，应认定抵押合法有效。工行晋安支行关于请求改判抵押合法有效的上诉主张有理，本院予以支持。原审判决以仅有伊贝思饮品公司三名外方董事签名的董事会决议不具有法律效力为由，认定抵押借款合同无效，系适用法律不当，应予纠正。伊贝思饮品公司关于郑琼璇设置房产权抵押的行为系个人行为，与伊贝思饮品公司无关的上诉主张不能成立，本院不予支持。伊贝思饮品公司、伊贝思制药公司及工行晋安支行签订的抵押借款合同明确约定抵押担保的主债务是1500万元，借款期限是1996年1月31日到1997年1月23日，故只有在上述约定的借款期限内发生的不超过1500万元借款额度的借款，才属于本案抵押担保的范围。工行晋安支行分三笔共计贷给伊贝思制药公司1000万元，其中300万元是在1996年1月31日之前即同年1月19日贷出的，应认定伊贝思饮品公司对该300万元未设定抵押担保，工行晋安支行在700万元借款本金、利息、罚息的范围内对伊贝思工业大厦享有优先受偿权。伊贝思饮品公司关于对300万元借款未设定抵押的上诉理由成立，本院予以支持。原审判决事实认定清楚，但适用法律不当，应予改判。

——李国光主编、最高人民法院经济审判庭编：《经济审判指导与参考》第3卷，法律出版社2000年版，第514页。

1421

当事人约定先办理抵押登记后签订主合同的，抵押登记不因其先于主合同债权成立而无效

关键词 | 抵押登记 | 抵押合同效力 |

【最高人民法院裁判文书】

湖北莲花湖旅游发展有限责任公司与武汉世纪宏祥物业管理有限公司、湖北莲花湖物业有限公司借款担保合同纠纷案[最高人民法院(2012)民二终字第56号民事判决书]

裁判要旨：双方当事人之间明确约定先设定抵押权后订立主债权合同的，并不违反现行法律的禁止性规定，故当事人以抵押权从属于主债权，抵押权不能先于主债权设定为由，主张抵押无效的意见，不予支持。

最高人民法院认为：湖北省高级人民法院在一审中推定了编号为阳抵字第05－98008号、05－970060号、05－960120号及武房阳他字第200000096号的四份《房屋他项权证》所涉抵押合同与主债权之间的对应关系。上述推定的事实与本院二审查明的事实相符。其中，阳抵字第05－98008号《房屋他项权证》系1998年4月2日颁发，早于其担保的1998年9月30日签订的98023号《银行承兑契约》所产生的主债权；阳抵字第05－970060号《房屋他项权证》系1997年7月4日颁发，早于其担保的1997年7月24日签订的98038号《人民币资金借款合同》所产生的主债权。因先设定抵押权后订立主债权合同是双方当事人之间的真实意思表示，现行法律亦无抵押权不得先于主债权设定的禁止性规定，故对莲花湖旅游公司以抵押权从属于主债权，故抵押权不能先于主债权设定为由，主张抵押无效的上诉意见，本院不予支持。

——最高人民法院民事审判第二庭编：《商事审判指导》总第32辑，人民法院出版社2013年版，第221～238页。

1422

办理在建工程抵押登记时应当提交的文件是登记机关进行行政性审核的依据，不是认定抵押合同效力的法律依据

关键词 | 行政性审核 | 抵押合同效力 |

【最高人民法院司法解释】

第四十七条　以依法获准尚未建造的或者正在建造中的房屋或者其他建筑物抵押的，当事人办理了抵押物登记，人民法院可以认定抵押有效。

——《最高人民法院关于适用〈中华人民共和国担保法〉若干问题的解释》（2000年12月8日，法释〔2000〕44号）

【最高人民法院裁判文书】

彭先明与贵阳市商业银行、贵州龙里大地房地产开发有限公司借款担保合同纠纷案［最高人民法院（2008）民一终字第70号民事判决书］

最高人民法院认为：《城市房地产抵押管理办法》关于当事人办理在建工程

抵押应当提交的《国有土地使用权证》《建设用地规划许可证》以及《建设工程规划许可证》等文件，是登记机关对当事人申请抵押登记进行的行政性审核，不是认定抵押合同效力的法律依据。当事人提交的抵押登记文件是否完备，不影响抵押合同的效力。大地公司为向贵阳市商业银行借款490万元，双方于是2004年7月29日签订《抵押合同》约定，大地公司以其“龙里且综合集贸市场”在建工程正一层，建筑面积4082.4平方米的房屋所有权作为借款抵押物。同日，双方办理了抵押登记，大地公司取得了龙房龙山镇他字第00001716号《他项权利证书》。贵阳市商业银行依据《抵押合同》的约定，履行了向大地公司借款的义务。

事实证明，大地公司与贵阳市商业银行2004年7月29日签订的《抵押合同》，为抵押人大地公司与抵押权人贵阳市商业银行平等协商的结果，系双方当事人真实的一致意思表示，内容没有违反法律及行政法规的强制性规定。依据《担保法解释》第四十七条“以依法获准尚未建造的或者正在建造中的房屋或者其他建筑物抵押的，当事人办理了抵押登记，人民法院可以认定抵押有效”的规定，一审判决该《抵押合同》合法有效，适用法律正确，本院予以维持。彭先明依据《城市房地产抵押管理办法》的相关规定，请求该《抵押合同》无效的上诉主张，缺乏法律依据，本院不予支持。

——江必新、何东宁：《最高人民法院指导性案例裁判规则理解与适用·担保卷》，中国法制出版社2011年版，第345~350页。

1423

抵押合同不因系以查封落空财产设定抵押而无效

关键词 | 抵押合同效力 |

【最高人民法院司法解释】

第五十五条 已经设定抵押的财产被采取查封、扣押等财产保全或者执行措施的，不影响抵押权的效力。

——《最高人民法院关于适用〈中华人民共和国担保法〉若干问题的解释》（2000年12月8日，法释〔2000〕44号）

【最高人民法院裁判文书】

中国银行股份有限公司辽宁省分行与大连银行股份有限公司等信用证垫款合同纠纷案[最高人民法院(2012)民提字第69号民事判决书]

最高人民法院认为:本案争议的焦点问题是星山公司1998年10月29日与中行辽宁分行签订《国际结算融资业务抵押协议》时,用以设定抵押的30#小区的综合楼房和在建工程是否已被法院查封,该抵押协议是否违反《担保法》第三十七条的规定而无效。上述所涉抵押物在为中行辽宁分行设定抵押前存在两次查封,根据原审法院查明的事实和其判决理由看,依据大连中院(1996)大经初字第874号协助执行通知书,甘井子法院于1998年3月24日作出的(1997)甘执字第806号民事裁定书,以及送达至大连经济技术开发区土地办公室的协助执行通知书的记载,两级法院查封的均是星山公司31#小区的土地。原审法院仅以大连经济技术开发区国土资源和房屋局,就法院函询出具的复函证明星山公司在大连经济技术开发区只有一宗土地,位于开发区30#小区,以及大连中院和甘井子法院在协助执行通知书和民事裁定书上所写查封31#小区土地是误写为由,径行认定大连中院和甘井子法院对星山公司在大连经济技术开发区30#小区的土地使用权已经进行了查封,缺乏事实和法律依据。原审法院以此为由驳回中行辽宁分行关于其与星山公司办理的抵押登记在前甘井子法院查封在后的再审理由不当。即使大连中院和甘井子法院查封时本意确实在于查封星山公司的30#小区的土地,但因误写导致查封落空,亦不能以此为由否认星山公司与中行辽宁分行签订抵押协议及办理相关抵押登记时所涉房产上面并无被法院查封的事实。因此,原审法院以星山公司用以抵押的房产系法院查封财产为由,认定星山公司与中行辽宁分行签订的《国际结算融资业务抵押协议》无效于法无据,本院依法予以纠正。即使星山公司在与中行辽宁分行签订抵押协议时可能知道法院意欲查封其30#小区,但大连银行并无充分证据证明中行辽宁分行对此明知,因此,大连银行关于中行辽宁分行与星山公司恶意串通损害其利益,抵押协议无效的答辩理由,本院不予采信。

——最高人民法院民事审判第二庭编:《最高人民法院商事审判指导案例(2012)·合同与借贷担保》,中国民主法制出版社2013年版,第508~523页。

1424

以划拨土地使用权抵押的效力认定

关键词｜划拨土地使用权｜抵押效力｜

【最高人民法院司法解释】

湖北省高级人民法院：

你院鄂高法〔2002〕158号《关于破产企业国有划拨土地使用权应否列入破产财产以及有关抵押效力认定等问题的请示》收悉。经研究，答复如下：

一、根据《中华人民共和国土地管理法》第五十八条第一款第(四)项及《城镇国有土地使用权出让和转让暂行条例》第四十七条的规定，破产企业以划拨方式取得的国有土地使用权不属于破产财产，在企业破产时，有关人民政府可以予以收回，并依法处置。纳入国家兼并破产计划的国有企业，其依法取得的国有土地使用权，应依据国务院有关文件规定办理。

二、企业对其以划拨方式取得的国有土地使用权无处分权，以该土地使用权为标的物设定抵押，除依法办理抵押登记手续外，还应经具有审批权限的人民政府或土地行政管理部门批准。否则，应认定抵押无效。如果企业对以划拨方式取得的国有土地使用权设定抵押时，履行了法定的审批手续，并依法办理了抵押登记，应认定抵押有效。根据《中华人民共和国城市房地产管理法》第五十条和《中华人民共和国担保法》第五十六条的规定，抵押权人只有在以抵押标的物折价或拍卖、变卖所得价款缴纳相当于土地使用权出让金的款项后，对剩余部分方可享有优先受偿权。但纳入国家兼并破产计划的国有企业，其用以划拨方式取得的国有土地使用权设定抵押的，应依据国务院有关文件规定办理。

三、国有企业以关键设备、成套设备、厂房设定抵押的效力问题，应依据法释〔2002〕14号《关于国有工业企业以机器设备等财产为抵押物与债权人签订的抵押合同的法律效力问题的批复》办理。

国有企业以建筑物设定抵押的效力问题，应区分两种情况处理：如果建筑物附着于以划拨方式取得的国有土地使用权之上，将该建筑物与土地使用权一并设定抵押的，对土地使用权的抵押需履行法定的审批手续，否则，应认定抵押无效；如果建筑物附着于以出让、转让方式取得的国有土地使用权之上，将该建筑物与土地使用权一并设定抵押的，即使未经有关主管部门批准，亦应认定抵押有效。

本批复自公布之日起施行，正在审理或者尚未审理的案件，适用本批复，但对提起再审的判决、裁定已经发生法律效力的案件除外。

此复。

——《最高人民法院关于破产企业国有划拨土地使用权应否列入破产财产等问题的批复》(2003 年 4 月 16 日，法释〔2003〕6 号)

【最高人民法院答复】

陕西省高级人民法院：

你院请示收悉，经研究，答复如下：

原则同意陕西高院请示报告中的第二种意见。西安市第三奶牛场与咸阳市中陆城市信用社、西安新业工贸有限责任公司在抵押关系的设立上，虽有不规范之处，但基本具备抵押的法定要件，以认定抵押关系成立为宜。原审处理并无不当，不应启动再审程序。

——《最高人民法院关于西安市第三奶牛场与咸阳市中陆城市信用社、西安新业工贸有限责任公司抵押借款合同纠纷一案的复函》(2002 年 2 月 8 日，〔2001〕民监他字第 22 号)

【链接：最高人民法院法官著述】

以划拨土地使用权进行抵押，是要式民事法律行为。《划拨土地使用权管理暂行办法》第六条规定，符合下列条件的，经市、县人民政府土地管理部门批准，其土地使用权可以转让、出租、抵押：(一)土地使用者为公司、企业、其他经济组织和个人；(二)领有国有土地使用权证；(三)具有合法的地上建筑物、其他附着物产权证明；(四)依照规定签订土地使用权出让合同，向当地市、县人民政府交付土地使用权或者以转让、出租、抵押所获收益抵交土地使用权出让金。根据上述规定，以划拨土地使用权进行抵押，应当在国有资产管理部门办理抵押立项批准手续，评估结果还须由国有资产管理部门批准认可。本案中，第三奶牛场原先拟为奶研所提供抵押担保，对自有 552 亩土地作了评估，进行了抵押贷款立项、评估结果确认等工作，并将评估报告、国有土地证存放于西安市房地产交易管理中心，符合法律规定的要件。第三奶牛场后为新业公司提供抵押担保时，未重新进行国有资产评估立项、评估确认等工作,而是借用了原先为奶研所办理的相关手续。笔者认为,法律要求抵押人以划拨土地使用权抵押时须进行立项、评估等工作,是为了正确评定土地使用权价值,确定其须缴纳的土地出让金,一旦抵押的法律后果成就,使用权人须按此数额缴纳土地出让金后方可进入市场,防止土地使用权人将无偿取得的国有土地使用权非法进入市场,造成国有资产流失。因此,抵押人只要对其享有的土地使用权评估确认就可以,无需重复评估。具体到本案,第三奶牛场为奶研所提供抵押担保时,西安市房地产交易管理中心于1996年1月24日出具了评估报告,西安市国资局于同年5月15日作出《资产评估确认通知》予以确认。1996年7月18日,新业公司与中陆信用社签订抵押贷款合同,此时与西安市国资局作出《资产评估确认通知》的时间仅相隔两个月,土地使用权的价值在如此短的时间不可能发生变化。因此,第三奶牛场为新业公司提供抵押未再次进行土地使用权评估,不应影响抵押合同的成立。

——刘国华:《解读〈关于西安市第二奶牛场与咸阳市中陆城市信用社、西安新业工贸有限责任公司抵押借款合同纠纷一案的复函〉》,载人民法院出版社法规编辑中心编:《解读最高人民法院司法复函》,人民法院出版社2016年版,第347~348页。

编者说明

关于国有划拨土地使用权抵押登记的效力问题,理论界少有探讨,司法实践中则历来存在争议。焦点集中在应否履行批准手续上,由此产生了两种截然不同的观点。第一种观点认为,以国有划拨土地使用权设定抵押的,只要履行了正常的抵押登记手续,这种抵押即为有效。第二种观点则认为,国有划拨土地使用权不同于国有出让土地使用权,以之设定抵押时,不仅要办理抵押登记手续,还要履行特定的审批手续,两个条件缺一不可,否则应认定抵押无效。两种论点在实践中各有其市场。《最高人民法院关于破产企业国有划拨土地使用权应否列入破产财产等问题的批复》采纳了第二种观点。时隔不到9个月,国土资源部发布《关于国有划拨土地使用权抵押登记有关问题的通知》(2004年1月15日,国土资发〔2004〕9号,以下简称〔2004〕9号《通知》),采纳了第一种观点,规定只要依法办理了抵押登记手续抵押合同即有效。① 随后,最高人民法院于2004年1月16日即转发了〔2004〕9号《通知》(法明传〔2004〕22

---

① 〔2004〕9号《通知》内容为:"根据国家有关法律法规的规定,现将国有划拨土地使用权抵押登记中的有关问题通知如下:以国有划拨土地使用权为标的物设定抵押,土地行政管理部门依法办理抵押登记手续,即视同已经具有审批权限的土地行政管理部门批准,不必再另行办理土地使用权抵押的审批手续。"

号），明确规定："在《通知》发布之日起，人民法院尚未审结的涉及国有划拨土地使用权抵押经过有审批权限的土地行政管理部门依法办理抵押登记手续的，不以国有划拨土地使用权抵押未经批准而认定无效。已经审结的案件不应依据该《通知》提起再审。"①

1425

期房、在建工程抵押贷款用途不受特定限制

关键词 | 期房 | 抵押 |

【最高人民法院裁判文书】

上海方信房地产开发有限公司与上海华东三峡经济发展公司等抵押合同纠纷上诉案［最高人民法院（2002）民一终字第38号民事判决书］

最高人民法院审理认为：华东三峡公司为向光大银行上海分行、农行虹口支行借款，将其与方信公司签订《房屋预售合同》标的物，即正在建设中的预售期房抵押给光大银行上海分行、农行虹口支行，双方签订了抵押合同，办理了《房地产其他权利证明》，进行了预告登记，反映了双方当事人一致意思表示。光大银行上海分行、农行虹口支行依据抵押合同的约定，履行了向华东三峡公司贷款的义务，其抵押担保行为符合《担保法解释》第四十七条之规定，因此，一审法院判决认定华东三峡公司与光大银行上海分行、农行虹口支行签订的《抵押合同》有效，适用法律正确，应予维持。华东三峡公司提供的用于与光大银行上海分行、农行虹口支行签订《抵押合同》所依据的《房屋预售合同》《承诺书》及《收据》虽然不是房屋权属证书，但是，上述合同文件等材料的内容足以证明华东三峡公司不仅对《房屋预售合同》标的物拥有物权期待权，而且还拥有完全的处置权，符合抵押担保的有效条件，方信公司收回《承诺书》《收据》并与华东三峡公司签订《终止房屋预售合同》的行为发生于华东三峡公司与光大银行上海分行、农行虹口支行签订《抵押合同》之后，没有经过抵押权人的同意，属于恶意损害抵押权人利益的行为，因此，方信公司以其将《承诺书》《收据》收回，该《承诺书》《收据》及《房屋预售合同》均不是房屋权属证书为由。否定华

① 刘振：《国有划拨土地使用权抵押登记的效力分析——以土地法为依据对相关司法解释和行政规章作检讨》，载《学海》2004年第3期。

东三峡公司与光大银行上海分行、农行虹口支行签订的《抵押合同》合法有效性，依据不足，本院不予采信。《担保法解释》未对期房抵押之用途予以限制，因此，方信公司以预售房屋只能对特定债务抵押之主张，缺乏依据，本院不予支持。

——最高人民法院办公厅编：《最高人民法院公布裁判文书(2003 年)》，人民法院出版社 2004 年版，第 134～142 页。

编者说明

在本判决中，最高人民法院认为《房屋预售合同》《承诺书》及《收据》等合同文件材料虽不是房屋权属证书，但足以证明购房人"对《房屋预售合同》标的物拥有物权期待权"和"完全的处置权"，"符合抵押担保的有效条件"，因此，以"《承诺书》《收据》及《房屋预售合同》均不是房屋权属证书"为由否定"《抵押合同》合法有效性，依据不足"，"《担保法解释》未对期房抵押之用途予以限制"，因此，"以预售房屋只能对特定债务抵押之主张，缺乏依据"。有学者认为，该判决实际上否定了建设部颁布的《城市房地产抵押管理办法》(1997 年 5 月 9 日建设部令第 56 号发布，2001 年 8 月 15 日根据《建设部关于修改〈城市房地产抵押管理办法〉的决定》修正)关于在建工程只能为其继续建造资金贷款设置抵押，不能为他人债务和开发商其他性质债务担保的规定。①

1426

抵押合同所附房地产抵押清单与他项权证中土地地址不符，但有证据表明两块土地具有同一性的，抵押仍然有效

关键词 | 房地产抵押 | 土地同一性 | 抵押有效 |

【最高人民法院裁判文书】

新疆博石房地产开发有限公司与中国农业银行乌鲁木齐市中山路支行、新疆天成汽车销售服务有限责任公司借款担保合同纠纷案[最高人民法院(2007)民二终字第 120 号民事判决书]

最高人民法院认为：博石公司与农行中山路支行签订的抵押合同以其所有

① 王耀明：《银行法律实务报告》，法律出版社 2006 年版，第 223 页。

的成基大厦6400.67平方米房产及相应的土地使用权为天成公司本案贷款提供抵押担保，双方办理了抵押登记手续，农行中山路支行依法取得了房产他项权利证书和土地他项权利证书，应当认定农行中山路支行对本案抵押物的抵押权合法有效。尽管抵押合同所附房地产抵押清单中标注的抵押土地位于乌鲁木齐市建设路8号，而土地他项权利证书中显示的该过土地坐落于天山区建设路，并注明了地号和图号，但博石公司认可在乌鲁木齐天山区建设路上，该公司只有8号一宗房产，故应当认定抵押合同所附房地产抵押清单中所列的土地与土地他项权利证书标明的土地具有同一性。博石公司关于抵押合同所附的房地产抵押清单中注明的土地与本案土地他项权利证书中注明的土地之间没有关联性，农行中山路支行对本案抵押房产及土地使用权不享有抵押权的上诉请求与事实不符，本院不予支持。

——最高人民法院民事审判第二庭编：《最高人民法院商事审判指导案例 · 借款担保卷》，中国法制出版社2011年版，第542～547页。

（二）“房随地走、地随房走”规则的适用

1427

土地使用权或地上建筑物之一项办理抵押登记，即使另一项没有办理抵押登记，亦应依法推定为两者一并抵押

关键词｜房随地走、地随房走｜

【最高人民法院裁判文书】

中国银行股份有限公司海口龙珠支行与海南国托科技有限公司、海南美源房地产开发有限公司等金融借款合同纠纷案［最高人民法院（2015）民二终字第269号民事判决书］

最高人民法院认为：（二）关于中行龙珠支行能否依据《物权法》第一百八十二条之规定对案涉地上建筑物享有优先受偿权的问题。

中行龙珠支行还主张即使其未办理地上建筑物抵押登记，但基于其已依法

办理了土地抵押登记手续,可依据《物权法》第一百八十二条的规定,将该土地的抵押效力及于地上建筑物。本院认为,在房地产抵押权设立的实践中,如何协调土地使用权抵押和地上建筑物之间的关系,我国《物权法》施行前的相关法律规定并不明确。为此,《物权法》第一百八十二条第一款规定:"以建筑物抵押的,该建筑物占用范围内的建设用地使用权一并抵押。以建设用地使用权抵押的,该土地上的建筑物一并抵押。"该条第二款进一步明确规定:"抵押人未依照前款规定一并抵押的,未抵押的财产视为一并抵押。"该规定遵循了房地产交易中"房随地走"和"地随房走"的双向统一原则,其立法旨意在于重申房地一体的原则,防止引发抵押权实现时的困境,使债权人的利益受到损害。依据该规定,当事人应对土地使用权及其地上建筑物一并抵押,如果当事人未按照该条第一款规定一并抵押时,则法律直接规定"视为一并抵押"。即只要土地使用权或地上建筑物之一项办理抵押登记,即使另外一项没有办理抵押登记,亦依法推定为两者一并抵押。另外,从市场交易的风险防范角度来看,物权法已经确立了房地应一并抵押的原则,并明确规定土地或者地上建筑物未一并抵押的也视为一并抵押,参与或从事房地产抵押实践的市场主体应当知悉该规定。其在设立土地抵押权时,对该土地上的建筑物是否已设定抵押权负有注意义务,并应积极向登记机关进行查询,以避免出现风险,反之亦然。市场主体如果因未尽到上述注意义务而遭受风险,则该损失应由其自行负担。

本案中,中行龙珠支行与国托公司已就土地使用权办理了抵押登记,依法设立了抵押权,即便在土地他项权利证明书中未注明抵押物包括地上建筑物,依据《物权法》第一百八十二条第二款之规定,案涉地上建筑物也应视为一并抵押,该土地使用权之抵押权效力及于地上建筑物,中行龙珠支行亦应就本案享有的债权依法对案涉地上建筑物享有优先受偿权。且中行龙珠支行与国托公司在诉讼中均确认该地上建筑物未为其他债权设立抵押担保,案涉地上建筑物抵押权在未来实现时也不存在权利冲突。中行龙珠支行主张案涉地上建筑物随土地使用权一并抵押,其对案涉地上建筑物亦享有优先受偿权,于法有据,本院予以支持。

——中国裁判文书网,http://wenshu. court. gov. cn。

【链接:最高人民法院法官著述】

关于房地分别抵押并登记的效力问题。尽管我国法律法规历来规定"房随地走、地随房走”的双向统一原则，但在实践中由于建设用地使用权与建筑物两者的登记机关和审查权限（即登记审查采取形式主义还是实质主义，或者是两者的结合，当时的有关法律、法规没有作出明确的规定）规定的不同，导致经常发生房地分别抵押并经合法登记的现象。我们认为，基于交易安全的考虑，不宜认定这种情形中的抵押无效。法律关于建设用地使用权和建筑物所有权结合的规定并不是一种强制性规定，之所以规定“房随地走、地随房走”的双向统一原则，目的主要是为了避免因为分别抵押所导致的权利冲突和摩擦。但这种权利冲突在实践中是无法避免的，因此在理解该双向统一原则时，应当关注该原则在贯彻时的转让的一体和最终权利归属上的一体。质言之，即便出现房地分别抵押的情形，只要在实现权利转移和处置抵押物时能够保持权利归属上的一体，则可以妥当地解决上述权利冲突。特别应当看到，在实践中当事人设定两项抵押的行为完全是自愿的，当事人已经订立了抵押合同，且已经办理了登记手续，不宜认定抵押无效。①

解决上述房地分别抵押实行问题，大致可以采取两种方式：其一，采用建设用地使用权和建筑物所有权不可分离的理论来处理，即尽管当事人是将建设用地使用权和建筑物所有权分别抵押，但可以将两个抵押视为一物二押，即将建筑物的所有权和建设用地使用权的价值作为一个整体看待，在整体价值之上设立了两个抵押。由于这两个抵押都已经登记，所以可以适用现行《担保法》第五十四条和《物权法》第一百九十九条的规定，采取登记在先的优先受偿，如果有剩余的，则由后一抵押权人受偿；顺序相同的，则按照债权比例受偿。其二，采用建设用地使用权和建筑物所有权分离理论来处理。由于当事人在两个抵押合同中都分别约定以建设用地使用权或者建筑物所有权单独进行抵押，不仅在评估作价时分别作价，而且在登记时亦是分别登记，充分表明当事人不仅具有将建设用地使用权和建筑物所有权分别抵押的合意，而且已经通过登记方式予以公示，因此可以认为两个抵押皆为有效。在抵押权实现之时，应就两项抵押财产分别拍卖、分别受偿，但必须确保拍卖人为同一人，以使房地两个权利的最终取得者为同一人。

上述两种方式比较而言，第二种方式更为合理。因为在第一种方式中，若登记时间不一致，则第一个抵押权可以完全实现，而第二个抵押权则仅能部分实现甚至无法实现。这种结果明显违背当事人设定抵押时的真实意思表示，对

---

① 王利明主编：《中国民法案例与学理研究——物权篇》，法律出版社 2003 年版，第 295 ~ 296 页。

于两个抵押权人而言有失公平。具体而言:第一个抵押关系中尽管抵押登记在先,但当事人在抵押中的意图有时是明确指向建设用地使用权或建筑物所有权其中的一项,而并不是以建筑物所有权或建设用地使用权其中的另一项的价值作抵押的,所以在该抵押权实现时只能就其中明确指向的财产的拍卖所获得的价款而受偿。若要以整个建设用地使用权和建筑物拍卖的价款来受偿则实际上使该抵押权人获得其不应该获得的利益,而第二个抵押权人也因此受到了损害。

——最高人民法院物权法研究小组编著:《〈中华人民共和国物权法〉条文理解与适用》,人民法院出版社 2007 年版,第 547 ~548 页。

编者说明

《不动产登记暂行条例》已经自 2015 年 3 月 1 日起施行,该条例第四条明确"国家实行不动产统一登记制度";第六条要求"县级以上地方人民政府应当确定一个部门为本行政区域的不动产登记机构,负责不动产登记工作",因此该条例施行后,房地分别抵押的现象将基本不会再出现。

但在《不动产登记暂行条例》施行之前,已经产生因房地分别登记而产生的纠纷,而且该条例的施行还有一定的准备周期,部分地区的不动产登记尚未真正实现"统一"。就房地分别抵押并登记的效力而言,"房随地走、地随房走"的统一原则是我国法律规定处理房地关系的规则,但因两者登记管理体制和机关职权分工的不同,导致实践中存在大量房地分别抵押并办理登记的现象。对此,在房地分别抵押并办理登记的情况下,应认定抵押有效。因为"房随地走、地随房走"原则并非法律的禁止性规定,只是法律倡导的通常规则,目的是为避免因分别抵押所导致的权利冲突,但只要在最终处理时贯彻权利归属一体的原则,就可妥当解决分别抵押所带来的权利冲突。同时,当事人之间选择房地分别抵押是当事人意思自治的表现,在分别签订合同并办理抵押的情况下,也不宜认定抵押无效。

在认定分别抵押并办理登记有效的情况下,如何以抵押物的价值来实现抵押权?对此有两种观点:一是根据房地不可分的理论,在分别抵押的情况下视为一并抵押,并以抵押登记的先后顺序来决定清偿的先后,同一顺序按比例受偿;二是根据房地可分离的理论,在当事人选择分别抵押并办理登记的情况下,表明当事人对担保自己债权的抵押物的价值有明确的认识和合理预期,既然自愿选择了合适的抵押物,则在实现抵押权时应按各自选定的抵押物的价值来清偿债务。我们认为,第二种观点比较公平合理,避免了第一种观点所带来的超出抵押权人合理预期而获得额外担保,使后抵押权人利益受损的情况。但即使采用第二种观点,也应注意在处理时要使房地归属一体,不应再分别归属不同主体。①

---

① 李勇主编:《借款·担保合同纠纷》,法律出版社 2007 年版,第 208 页。

1428

“房地一体”在抵押权实现过程中的适用

关键词 | 房随地走、地随房走 | 抵押权实现 |

【最高人民法院裁判文书】

昆明富亨房地产开发经营公司执行申诉案[最高人民法院(2011)执监字第82号驳回申诉通知书]

昆明富亨房地产开发经营公司：

你公司认为昆明市中级人民法院在执行本院(2007)民一终字第22、23号民事判决过程中，将你公司土地使用权及房产配套设施作为抵押物拍卖后拒绝返还拍卖所得价款，侵犯了你公司的财产权，向本院申诉。经研究，本院认为：

一、本案生效判决认定中国农业银行昆明市官渡区支行对金碧商城房产的抵押权有效，依据《城市房地产管理法》第三十二条、《担保法》第三十六条第一款，金碧商城占用范围内的土地使用权已随房屋同时转让、抵押，虽然你公司持有土地使用权证，但本案土地权益已经依法转移。官渡支行享有对金碧商城房产的抵押权及于该房产占用范围内的土地使用权，你公司所提返还拍卖款中土地使用权部分的申诉请求不能成立。

二、消防、电梯、配电室等相关配套设施属于房屋的组成部分，无法与房屋其他部分分离。本案金碧商城相关配套设施的所有权已一并转移，官渡支行对金碧商城房产的抵押权应包括相关配套设施在内。你公司所提返还拍卖款中房屋配套设施部分的申诉请求不能成立。

三、本案生效判决认定官渡支行对金碧商城房产的抵押权有效，该行对金碧商城房产的价值应优先受偿。昆明市中级人民法院依据生效判决判定的债务本金和利息计算，拍卖款在清偿官渡支行债权后已无剩余。

综上所述，你公司的申诉请求不能成立，本院予以驳回。

——江必新主编、最高人民法院执行局编：《执行工作指导》总第41辑，人民法院出版社2012年版，第75～76页。

【链接：最高人民法院法官著述】

在房地产抵押问题上，实现抵押权必然带来抵押财产的转让，因此在设定抵押权时，房屋的所有权和建设用地使用权应当一并抵押，只有这样，才能保证实现抵押权时，房屋所有权和建设用地使用权同时转让。[①]《物权法》总结了我国立法和实践的经验及惯常做法后，在第一百八十二条中规定了建筑物和土地使用权一并抵押的原则，并针对实践中可能出现的将房屋抵押，但不抵押建设用地使用权，或者抵押建设用地使用权，但不抵押房屋所有权，甚至将房屋所有权和建设用地使用权分别抵押等情况，增加了一款规定，明确了房地未一并抵押的，未抵押财产视为一并抵押，坚持《城市房地产管理法》和《担保法》在房地产抵押问题上的一贯立场。我国一直贯彻房地一体抵押的原则，一方面因为如果对土地没有使用的权利，则无权在该地上建房或使用房屋，离开土地的建筑物不具备法律上的独立性，不能独自构成抵押标的；另一方面，如建设用地使用权单独抵押而土地上的建筑物不进行抵押，就可能出现建设用地使用权与地上建筑物所有权或使用权主体不一致的情况，从而发生权利的冲突与摩擦，不利于建设用地使用权和地上建筑物的流通和转让，也不利于物的有序利用和社会秩序的稳定。[②] 因此，不论在房地产的转让还是抵押的问题上，“房地一体”都是处理此类纠纷的基本原则……

需要说明的是，《物权法》于 2007 年 10 月 1 日实施，本案当事人对金碧商城的处分行为发生在 1999 年，《物权法》对本案的纠纷没有溯及力。但该法的相关规定与当时已经生效的《城市房地产管理法》《担保法》的规定是基本一致的。考虑到《物权法》的溯及力问题，本案在适用法律时没有援引《物权法》的相关规定，而是适用行为时法《城市房地产管理法》和《担保法》的规定。

(二)抵押标的物是否包括建筑物相关附属设施

消防、电梯、配电室等相关附属设施，属于房屋的组成部分，具备相关配套附属设施的房屋才能正常使用，否则房屋就不具备应有的作用和功能，因此相关附属设施应与房屋一并转让和抵押，不能单独分割于房屋的整体之外。限于案件

---

① 王胜明主编、全国人大常委会法制工作委员会民法室编著：《中华人民共和国物权法解读》，中国法制出版社 2007 年版，第 391 页。

② 参见最高人民法院物权法研究小组编著：《〈中华人民共和国物权法〉条文理解与适用》，人民法院出版社 2007 年版，第 546 页。

审理的范围，本案生效判决不可能将其列人判决主文，“金碧商城房产”应当包括上述附属设施。富亨公司以金碧商城的配套附属设施应归其所有为由，要求返还附属设施价款的请求不成立。

——乔宇：《“房地一体”在抵押权实现过程中的适用——昆明富亨房地产开发经营公司执行申诉案评析》，载江必新主编、最高人民法院执行局编：《执行工作指导》总第41辑，人民法院出版社2012年版，第73~75页。

1429

土地使用权与地上建筑物权利主体不一致，进行抵押并登记的，抵押行为有效

关键词 | 房地产抵押 | 抵押登记 |

【最高人民法院裁判文书】

四川华通汽车集团公司与中国农业银行成都市总府支行、四川盛世集团有限责任公司借款合同纠纷上诉案[最高人民法院(2002)民二终字第144号民事判决书]

最高人民法院经审理认为：1997年11月5日，总府农行与盛世公司签订的川农行营业部授〔1997〕字第0901-A-003号《授信额度合同书》系当事人真实意思表示，且不违反法律禁止性规定，应为有效。总府农行与盛世公司在本案中签订和履行的共计3000万元人民币借款合同、335.14万美元借款合同和5040万元人民币汇票承兑协议，系对《授信额度合同书》的实际履行，均合法有效。上述借款到期后，盛世公司尚欠总府农行借款本金共计9771.6078万元人民币及相应利息，依法应承担归还借款本息的民事责任。华通公司虽投资534.67218万元并在1996年11月19日取得国有土地使用证，拥有该土地使用权，但并未就其出资兴建的综合楼部分办理相应的房屋产权证书，因此，在大陆桥招商城地上建筑物产权登记之前，华通公司尚无权对综合楼部分主张权属。对双方共同出资联合修建大陆桥招商城一节，本院二审期间，双方均未提出相关合作协议，因此华通公司虽主张大陆桥招商城房产应属双方共有，但因其主张缺乏相应证据，不能对抗盛世公司依法定程序办理的大陆桥招商城房屋产权证书

的效力。关于抵押合同所涉抵押物登记问题，盛世公司按照合同双方在该抵押合同中的约定，将其拥有的大陆桥招商城房产及其占用范围内的国有土地使用权，作为主合同下对总府农行的抵押物，在成都市双流县房地产管理所办理了抵押登记并领取了房地产他项权利证书。虽然该房地产他项权利证书只有大陆桥招商城地上建筑物建筑面积的记载，但并不影响对其占用范围国有土地使用权抵押的效力，依据《担保法》第三十六条规定，上述房地产抵押应为有效。基于大陆桥招商城房产登记产生的公信力以及《担保法》第三十六条相关规定，总府农行有理由相信盛世公司有权对大陆桥招商城房地产进行抵押，其与盛世公司签订的抵〔1997〕字第0862号《抵押合同》，系双方当事人真实意思表示，且办理了相应的抵押物登记手续，依法应为有效。华通公司关于《抵押合同》无效的上诉理由，因缺乏法律依据，本院不予支持。总府农行作为善意相对人，在设定抵押时尽到了必要的注意义务，其因盛世公司的抵押登记行为而取得的抵押物权，依法应当受到保护。双流县房管部门在为盛世公司办理相关房产证书及房地产抵押登记中是否存在疏漏，以及盛世公司是否存在欺诈并对华通公司构成侵权，属于另外法律关系，不属本案审理范围。华通公司以房管部门为盛世公司办理房产证书不符合法定条件以及盛世公司采取欺诈手段骗取房产证明为由，主张盛世公司与总府农行之间的《抵押合同》无效的上诉理由不能成立。华通公司与盛世公司有关联合修建大陆桥招商城中的权益，由于在颁发大陆桥招商城的房产证中，上诉人并未作为共有人，因此，华通公司与盛世公司在联建中形成的债权债务关系，仅在当事人之间有约束力，不能对抗总府农行已享有的担保物权，如果上诉人认为盛世公司对其有侵权行为或违约行为，可向该公司主张权利。因此，华通公司关于总府农行对存在争议的房地产办理抵押过程中也存在重大过错，应认定该《抵押合同》无效的上诉理由没有法律依据，本院不予支持。因盛世公司不履行到期债务的还款义务，总府农行有权对上述抵押合同中设定的抵押财产折价或者以拍卖、变卖的价款优先受偿。

——江必新主编、最高人民法院民事审判第二庭编：《民商审判指导与参考》总第3卷，人民法院出版社2003年版，第249~259页。

编者说明

本案双方当事人争议的焦点是：在土地与地上建筑物权利主体不一致时房地产抵押合同是否有效。最高人民法院二审判决从维护登记机关登记结果公信力和保护善意相对人角度出发，确认了抵押权人因抵押合同登记生效而取得抵押权，符合我国不动产物权登记生效的法律规定。

1430

单独就国有划拨土地上的房屋设立抵押的效力认定和责任承担

关键词｜国有划拨土地｜房屋单独抵押｜

【最高人民法院裁判文书】

中国建设银行股份有限公司济南经七路支行与济南长城大厦有限公司、山东联合大学抵押借款合同纠纷抗诉案

裁判要旨：在土地使用权与房屋抵押实行分别登记的情况下，债权人与抵押人就国有划拨土地上的房屋订立抵押合同，只办理了房屋抵押登记手续，而未办理划拨土地使用权批准或登记手续的，应认定该房屋抵押无效；此时，债权人与抵押人若对房屋抵押无效均存在过错，抵押人应在债务人不能清偿部分的二分之一范围内承担责任。

最高人民法院认为：以国有划拨土地上建筑物设定抵押时，仅就建筑物进行抵押登记，而未就国有划拨土地使用权履行抵押登记手续的，涉案抵押合同是否有效，此为当事人在本院再审诉讼中的唯一争点。对此最高人民法院认为，地上建筑物与其占用范围内的土地在客观上不可分离，就房地产抵押的情形而言，不能抛开土地使用权状况而单纯地考虑仅就房屋设定抵押是否有效的问题。《城市房地产管理法》第四十条规定："以划拨方式取得土地使用权的，转让房地产时，应当按照国务院规定，报有批准权的人民政府审批。"《城镇国有土地使用权出让和转让暂行条例》第四十四条规定："划拨土地使用权，除本条例第四十五条规定的情况外，不得转让、出租、抵押。"第四十五条规定："符合下列条件的，经市、县人民政府土地管理部门和房产管理部门批准，其划拨土地使用权和地上建筑物、其他附着物所有权可以转让、出租、抵押：……"据此，对于国有划拨土地，未经政府土地管理部门批准，不得抵押。本院法发〔2004〕11 号《关于转发国土资源部〈关于国有划拨土地使用权抵押登记有关问题的通知〉的通知》规定："在《通知》发布之日起，人民法院尚未审结的涉及国有划拨土地使用权抵押经过有审批权限的土地行政管理部门依法办理抵押登记手续的案件，不以国有划拨土地使用权抵押未经批准而认定抵押无效。"上述规定虽将划拨土地抵押的要求由"批准"放宽为"登记"，但并非既无需批准也无需登记。在本案中，房屋抵押部分虽然进行了登记，但对于该房屋占用的国有划拨土地既没有办理批准抵押手续也没有进行抵押登记;在本案当事人签订抵押合同的当时,济南市的土地管理部门和房屋管理部门是分开的,因此,也不能将房屋抵押登记同时视为对土地抵押的登记;且在本案一审诉讼期间,当事人也没有补办土地抵押的批准或登记手续。故本案抵押因土地部分没有得到批准也没有进行登记而应当认定为无效。在此情形下,如果认定抵押有效,将使土地行政管理部门对国有划拨土地的管理失控,导致《城市房地产管理法》《城镇国有土地使用权出让和转让暂行条例》相关规定的立法意图不能实现的结果。关于抗诉书提及的本院另案判决一节,该另案事实与本案存在重大差异,并不具有可比性。

——景汉朝主编:《最高人民法院审判监督指导案例解析》,人民法院出版社 2015 年版,第 234 ~ 238 页;江必新主编、最高人民法院审判监督庭编:《审判监督指导》总第 34 辑,人民法院出版社 2011 年版,第 205 页。

【链接:最高人民法院法官著述】

对本案抵押效力问题应进行综合考量,司法处理当中宜认定为无效。首先,从财产处分权角度看。划拨土地使用权是指土地使用者通过各种方式依法无偿取得的土地使用权。《城市房地产管理法》第四十条、《城镇国有土地使用权出让和转让暂行条例》第四十四条规定表明,国家严格限制划拨土地使用权的转让、出租、抵押,即并没有赋予划拨土地使用权人随意处分的权利。国家作为划拨土地使用权真正主体也必然通过"批准或登记"的方式,决定土地是否进入市场流转并保护其应有的价值。如果允许通过实现房屋抵押的方式使划拨土地使用权"被动行权",必将损害国家作为土地使用权主体的财产处分权。其次,从行政管理角度看。如果司法实践承认划拨土地"被动行权"的操作模式,则无疑绕过了国家行政机关对划拨土地特别的行政管理权,架空了《城镇国有土地使用权出让和转让暂行条例》第四十四条、第四十五条在内的相关法律法规规定,使政府对土地的调控手段失灵,甚至导致土地使用权交易市场的混乱。因此,《城市房地产管理法》第五十一条所指的划拨土地,宜理解为抵押前经过了相关政府机关审批同意的划拨土地,而不宜理解为与是否申请政府审批及是否批准完全无关……最后,从判例制度角度看。抗诉机关引用了最高人民法院的另案案例,另案中抵押人与债务人系同一主体,而本案抵押人非直接债务人,两案案情存在重大差异,不具有可比性。并且,我国并非判例法国家,之前的判决对以后的判决并无约束力。另外,《最高人民法院关于破产企业国有划拨土地使用权应否列入破产财产等问题的批复》第三条规定："国有企业以建筑物设定抵押的效力问题，应区分两种情况处理：如果建筑物附着于以划拨方式取得的国有土地使用权之上，将该建筑物与土地使用权一并设定抵押的，对土地使用权的抵押需履行法定的审批手续，否则，应认定抵押无效；如果建筑物附着于以出让、转让方式取得的国有土地使用权之上，将该建筑物与土地使用权一并设定抵押的，即使未经有关主管部门批准，亦应认定抵押有效。"从该司法解释体现的精神看，以划拨土地上的建筑物抵押未履行法定审批手续的，应认定抵押无效。

——郭魏：《单独就国有划拨土地上的房屋设立抵押的效力认定和责任承担问题——中国建设银行股份有限公司济南经七路支行与济南长城大厦有限公司、山东联合大学抵押借款合同纠纷抗诉案》，载景汉朝主编：《最高人民法院审判监督指导案例解析》，人民法院出版社 2015 年版，第 239 ~ 240 页。

编者说明

关于单独就国有划拨土地上的房屋设立抵押的效力认定和责任承担问题，最高人民法院曾有不同的判决。在中国长城资产管理公司济南办事处与山东省济南医药采购供应站等借款担保合同纠纷案中[最高人民法院(2006)民二终字第 153 号民事判决书]，《最高人民法院关于破产企业国有划拨土地使用权应否列入破产财产等问题的批复》第三条规定："如果建筑物附着于以划拨方式取得的国有土地使用权之上，将该建筑物与土地使用权一并设定抵押的，对土地使用权的抵押需履行法定的审批手续，否则，应认定抵押无效。"该批复中所规定的"将该建筑物与土地一并设定抵押"系指当事人约定将建筑物与土地一并设定抵押的情形。当事人在订立合同时如果约定将建筑物与以划拨方式取得的国有土地使用权一并设定抵押，则抵押人应对抵押国有土地使用权履行法定审批手续。本案当事人签订合同约定仅以自有房产设定抵押并抵押登记，并未涉及土地使用权一并抵押的情况，该事实与上述《最高人民法院关于破产企业国有划拨土地使用权应否列入破产财产等问题的批复》规定的情形不符，原审判决以该批复为依据认定本案《最高额抵押合同》无效不妥。①

在中国长城资产管理公司济南办事处与济南金冠毛纺集团有限责任公司借款担保合同纠纷上诉案中[最高人民法院(2007)民二终字第 183 号民事判决书]，最高人民法院认为，根据《担保法》第三十六条第一款的规定，以依法取得的国有土地上的房屋抵押的，该房屋占用范

① 《最高人民法院公报》2008 年第 1 期；最高人民法院民事审判第二庭编：《民商事审判指导》总第 13 辑，人民法院出版社 2008 年版，第 272 ~ 277 页。

围内的国有土地使用权同时抵押。依据该规定以及房地产交易中"房随地走、地随房走"，即房地产主体一致的原则，本案双方当事人应对金冠公司提供抵押的房产及其占用范围内的土地使用权一并抵押。双方签订的2000年抵字第0001号抵押合同仅就金冠公司自有的房产设定了抵押，未对该房屋占用范围内的土地使用权一并抵押，但该单独抵押的行为并不必然导致本案房产抵押合同无效的法律后果。对于划拨土地使用权之上的房产抵押，法律并无禁止性规定。如果因为划拨土地使用权未履行抵押审批手续并办理抵押登记，进而否定房产抵押合同的效力，则与房产抵押合同订立的根本目的相悖。《最高人民法院关于破产企业国有划拨土地使用权应否列入破产财产等问题的批复》有其明确的适用范围，与本案的情形并不相同。原审法院据此认定房产抵押合同无效属适用法律错误，本院予以纠正。①

《人民司法》信箱也曾认为，《最高人民法院关于破产企业国有划拨土地使用权应否列入破产财产等问题的批复》第三条第二款规定的"国有企业以建筑物设定抵押权的效力问题，应区分两种情况处理：如果建筑物附着于以划拨方式取得的国有土地使用权之上，将该建筑物与土地使用权一并设定抵押的，对土地使用权的抵押需履行法定的审批手续，否则应认定抵押无效"，应理解为土地使用权抵押无效，房屋抵押不因此无效。仅以划拨国有土地使用权土地上的建筑物设定抵押，而未以划拨土地使用权设定抵押的，抵押效力的认定应当适用上述批复第三条第一款的规定，即按照最高人民法院法释〔2002〕14号《关于国有工业企业以机器设备等财产为抵押物与债权人签订的抵押合同的效力问题的批复》处理。②

本案即中国建设银行股份有限公司济南经七路支行与济南长城大厦有限公司、山东联合大学抵押借款合同纠纷抗诉案判决在后，适用本案裁判理由处理相关纠纷。这也与其后的厦门明瑞达投资咨询有限公司与福建省晋江市陈埭苏厝强达鞋塑服装厂、苏奋强等借款合同纠纷申请再审案[最高人民法院(2015)民申字第766号民事裁定书]处理精神基本一致。

1431

以集体所有的宅基地上在建房屋抵押，即使办理预告登记，抵押合同亦无效

关键词｜抵押合同效力｜宅基地｜在建房屋抵押｜预告登记｜

---

① 李晓云：《划拨土地使用权之上的房屋抵押合同的效力问题——中国长城资产管理公司济南办事处与济南金冠毛纺集团有限责任公司借款担保合同纠纷上诉案》，载最高人民法院民事审判第二庭编：《民商事审判指导》总第14辑，人民法院出版社2008年版，第184～190页。

② 载《人民司法》2007年第2期。

【最高人民法院裁判文书】

厦门明瑞达投资咨询有限公司与福建省晋江市陈埭苏厝强达鞋塑服装厂、苏奋强等借款合同纠纷申请再审案[最高人民法院(2015)民申字第766号民事裁定书]

最高人民法院认为:(一)关于案涉抵押合同是否有效的问题。1.根据1995年10月1日实施的《担保法》第三十四条、第三十六条和三十七条之规定,两类集体所有的土地可以设定抵押权:一是乡(镇)、村企业的厂房等建筑物作抵押的,其占用范围内的建设用地使用权一并抵押;二是抵押人依法承包并经发包方同意抵押的荒山、荒沟、荒丘和荒滩等荒地的土地使用权。2007年10月1日实施的《物权法》也确认乡(镇)、村企业的厂房等建筑物作抵押的,其占用范围内的建设用地使用权一并抵押。同时还规定通过拍卖、招标或公开协商等方式取得荒山荒地等的土地承包经营权可以抵押。上述两部法律均规定集体所有的宅基地、耕地、自留山、自留地等土地使用权不得用于抵押。案涉担保合同签订在1998年3月27日,应适用当时的法律。2.根据本案已经查明的事实,案涉抵押房屋土地使用权属于集体所有的宅基地。其一,五份《居民建房用地申请表》的申请人均为该村的村民。其二,五份《居民建房用地申请表》的申请理由均系原有住房紧缺。其三,《居民建房用地申请表》的批准部门分别是当地的村民委员会和乡政府。3.没有证据表明案涉抵押房屋系乡(镇)、村企业的厂房。4.在建房屋抵押预告登记并不产生债务人不履行债务时从拍卖在建房屋的价款中优先受偿的法律后果,而只是对将来建成房屋所作的一种事先约束,以约束债务人以将来建成房屋作为抵押标的物。当房屋建成后,债务人有履行在建房屋抵押合同规定的义务和在建房屋抵押预告登记的责任,配合在建房屋抵押预告登记权利人向房屋登记机关提出变更登记,转变为房屋抵押登记,从而实现在债务人不能清偿债务时,以拍卖、变卖建成房屋的价款优先受偿。债务人不履行配合义务,抵押权人只能主张违约责任。本案中,即使抵押人履行配合义务也不能办理房屋抵押登记,因为集体所有的宅基地使用权不能抵押,土地使用权和房屋分开抵押不符合我国现有的法律规定。

——中国裁判文书网,http://wenshu.court.gov.cn。

1432

地上建筑物所有权转移后就其占用范围内土地使用权单独抵押属无权处分

关键词 | 房随地走、地随房走 |

【《最高人民法院公报》案例】

中国信达资产管理公司西安办事处与陕西省粮油食品进出口公司西安中转冷库、陕西省粮油食品进出口公司借款担保合同纠纷上诉案[最高人民法院(2007)民二终字第222号民事判决书]

裁判摘要:根据《城市房地产管理法》第三十一条的规定,房地产转让、抵押时,房屋的所有权和该房屋占用范围内的土地使用权同时转让、抵押。《城市房屋权属登记管理办法》亦规定:"房屋权属登记应当遵循房屋的所有权和该房屋占用范围内的土地使用权权利主体一致的原则。"据此,房产转让人负有将所售房屋占用范围内的土地使用权移转给受让人的义务,受让人享有要求将所购房屋占用范围内的土地使用权移转给自己的权利。在土地使用权变更登记完成之前,转让人为登记的名义权利人,但受让人为实质权利人的,可以请求将土地使用权变更至自己名下。

最高人民法院终审认为:本案当事人二审争议的焦点是西未国用〔2000〕字第979号国有土地使用权抵押效力问题。

《城市房地产管理法》第三十一条规定:"房地产转让、抵押时,房屋的所有权和该房屋占用范围内的土地使用权同时转让、抵押。"建设部1997年10月27日颁布的《城市房屋权属登记管理办法》第六条规定,"房屋权属登记应当遵循房屋的所有权和该房屋占用范围内的土地使用权权利主体一致的原则",1992年3月8日颁布的《划拨土地使用权管理暂行办法》第十一条规定:"转让、抵押土地使用权,其地上建筑物、其他附着物所有权随之转让、抵押;转让、抵押地上建筑物、其他附着物所有权,其使用范围内的土地使用权随之转让、抵押。但地上建筑物、其他附着物作为动产转让的除外。""地随房走、房随地走"的权利合一原则是我国房地产权属的一贯原则。房产转让人负有将所售房屋占用范围内的土地使用权移转给受让人的义务,受让人享有要求将所购房屋占用范围内土地使用权移转给自己的权利。在土地使用权变更登记完成之前,转让人为登记的名义权利人，但受让人为实质权利人，可以请求将土地使用权变更至自己名下。

陕中营抵字022号《抵押合同》中约定了抵押物名称为“土地、房产”，中转冷库2003年向西安市国土资源和房屋管理局报送的也为《关于同意继续用土地及地面建筑物进行贷款抵押的函》。因此，虽然抵押登记只针对西未国用〔2000〕字第979号国有土地使用权，但应视为当事人约定土地使用权与地面建筑物所有权一并抵押。然而地上建筑物中职工住宅楼的所有权已经移转给购房职工所有，中转冷库并无权利处分。根据《合同法》第五十一条“无处分权的人处分他人财产，经权利人追认或者无处分权的人订立合同后取得处分权的，该合同有效”的规定，该抵押合同未经地上建筑物所有权人购房职工追认；且西未国用〔2000〕字第979号土地使用权证书中已经标明该宗土地上存有地上建筑物，并标明为中转冷库的福利区，地上建筑物中职工住宅楼所有权已经登记移转至购房职工名下，而原债权银行却未查明地上建筑物实际权属即接受抵押，也存在过错，因此抵押合同无效，依据该合同设立的抵押权也相应无效。

本案中职工住宅楼虽然没有占用西未国用〔2000〕字第979号全部13.265亩土地，但于该土地使用权上设定的抵押权无效及于该宗土地全部，西未国用〔2000〕字第979号国有土地使用权抵押无效。信达西安办关于其对上述国有土地使用权享有抵押权的上诉理由不能成立，本院不予采纳。原审判决关于造成该部分抵押无效，陕西中行和中转冷库均有过错，中转冷库在信达西安办对有效抵押部分实现抵押权后，对粮油公司仍不能清偿的部分需承担部分赔偿责任的认定正确，但其关于中转冷库就此承担三分之一赔偿责任的比例认定偏低。虽然陕西中行对造成上述国有土地使用权抵押无效的后果存在过错，但中转冷库的无权处分行为亦是导致抵押无效的主要原因，因此，本院将中转冷库上述赔偿责任比例调整为二分之一。

——《最高人民法院公报》2009年第12期

【链接：最高人民法院法官著述】

地上建筑物所有权已经移转于他人所有，再将其设定抵押就属于无权处分行为，《合同法》第五十一条规定：“无处分权的人处分他人财产，经权利人追认或者无处分权的人订立合同后取得处分权的，该合同有效。”抵押合同事后未经建筑物所有权人的追认，则不能认定为有效。本案中，979号土地上的职工住宅楼所有权已经移转给购房职工所有，中转冷库并无权利处分，而该抵押合同事后未经购房职工追认，合同无效。土地使用权抵押合同无效，双方都有过错。作为抵押权人的银行，在接受抵押时有义务审查土地使用权证书。979号土地使用权证书中已经标明该宗土地上存有地上建筑物，且标明此处为中转冷库的福利区，而地上建筑物所有权已经登记移转至购房职工名下，但原债权银行却未查明地上建筑物实际权属而接受该抵押，存在过错，并非善意第三人，抵押合同无效。又因我国不承认物权行为独立性，因此该抵押合同无效导致当事人设立的抵押权也相应无效。即使本案可以直接适用《物权法》的规定，则根据《物权法》第一百八十二条之规定，以建设用地使用权抵押的，如果未将该土地上的建筑物一并抵押，未抵押的财产视为一并抵押，也会产生同样的结果。

……土地在物理形态上延绵无垠，并非独立之物，但依社会经济观念，仍可依人为方式予以划分，而按宗登记，赋予地号，则各该地号之土地白得分别成立物权。即法律意义上的土地，是指以地籍块方式进行测量与标记的，并在土地登记簿中以“土地”进行登记的地球表面的一部分。对于土地使用权来说，同样奉行一物一权原则，特殊之处在于土地一般应以登记为准，确定是否为一物。土地为可分物，只要在登记部门进行分割，即可以分割成数物，但在分割之前，同一土地使用权证号项下该宗土地整体为一物。即使其上的数个建筑物中只有其中之一发生了所有权移转，于该土地使用权上设定的抵押权依然整体无效。979号土地上的职工住宅楼所有权已经移转给购房职工所有，中转冷库并无权利处分。中转冷库与银行签订的抵押合同就因无权处分行为而无效，从而也导致了979号土地使用权抵押无效。

——潘勇峰：《地上建筑物所有权转移后占用范围内土地使用权单独抵押的效力问题——中国信达资产管理公司西安办事处与陕西省粮油食品进出口公司西安中转冷库、陕西省粮油食品出口公司借款担保合同纠纷上诉案》，载最高人民法院民事审判第二庭编：《民商事审判指导》总第17辑，人民法院出版社2009年版，第229～235页。

（三）抵押权的善意取得

1433

抵押权善意取得的认定

关键词｜抵押权善意取得｜

【最高人民法院裁判文书】

广东发展银行股份有限公司佛山分行与东莞市恒顺融资担保有限公司、东莞市恒生实业有限公司、庾志坚借款合同纠纷再审案(最高人民法院民事判决书)

裁判要旨:虽然办理房地产转让登记文件的真实性被否定,且欠缺必须提交的文件而导致房屋转让登记行为被法院确认为无效,但该行政判决没有否定房产的买卖行为,也没有否定就该房屋办理的抵押登记行为。如果抵押人确已支付对价且为善意,仅因登记手续存在瑕疵,其补办登记手续后即依据所有权善意取得制度成为有处分权人,抵押权应为有效。如果买卖关系并不存在或者并非出于善意,则抵押人为无处分权人,抵押权人亦可善意取得抵押权,抵押权仍为有效。

最高人民法院经审理认为:(一)关于恒生公司以羊城国际商贸中心 402 号商铺向广发行佛山分行设定抵押权的效力认定问题。

恒生公司将羊城国际商贸中心 402 号商铺向广发行佛山分行设定抵押时,广发行佛山分行经向房屋登记管理部门查询,获知当时抵押物登记在恒生公司名下,房屋类别为已付清款的预购商品房,且在本案抵押前,恒生公司曾于 2001 年 12 月 3 日将该抵押物依法抵押给中信实业银行东莞支行,并办理了抵押登记。2003 年 8 月 18 日,广州市房管局为本案抵押权办理了抵押登记手续并核发了抵押登记证明书,其间并未有人提出异议。抵押设定后,广发行佛山分行依约向恒生公司发放了贷款,该项债权依法成立,应认定广发行佛山分行全面履行了约定义务。参照《物权法》第一百零六条关于善意取得他物权的规定以及《担保法解释》第四十七条关于"以依法获准尚未建造的或者正在建造中的房屋或者其他建筑物抵押的,当事人办理了抵押物登记,人民法院可以认定抵押有效"的规定,本案所涉抵押权符合《物权法》关于善意取得他物权的规定,且不违反法律法规的禁止性规定，应认定合法有效。

最高人民法院(2002)民一终字第34号民事判决终审解除省一建分公司与清远金融市场间的房地产预售契约，对于不动产的所有权登记而言，物权登记的原因行为被解除，不能因此影响设立在该房产上抵押权的效力。广州市中级人民法院(2006)穗中法行终字第87号行政判决终审认定广州市房管局的转让登记行为无效，也不能因此否定设立在该房产上他项权的效力，且行政判决也未否定广州市房管局就该抵押物办理的抵押登记行为的效力。截至本案再审时，广州市体育东路羊城国际商贸中心402号商铺的产权仍登记在恒生公司名下，并以03备字25099号做了抵押登记。

综上，广发行佛山分行对本案抵押物转让登记时存在的瑕疵没有过错，且其依约履行了发放贷款的义务，抵押登记机关亦按正当程序为该抵押物办理了抵押登记并予以公示。因此，广发行佛山分行对本案抵押物所享有的抵押权，符合相关法律规定，其法律效力应予确认。

——最高人民法院民事审判第二庭编：《商事审判指导》总第25辑，人民法院出版社2011年版，第209~210页。

【链接：最高人民法院法官著述】

关于广州市中级人民法院行政判决与本案抵押权的效力之间的关系问题。广州市中级人民法院(2006)穗中法行终字第87号行政判决认为，由于恒生公司在办理房地产转让登记过程中向广州市房管局提供的文件的真实性被否定，且欠缺必须提交的文件，因此，认定广州市房管局对讼争房屋进行转让登记的行为无效。但该行政判决没有否定恒生公司买入该房产的买卖行为，也没有否定广州市房管局就该抵押物办理的抵押登记行为。如果恒生公司确已向清远支行支付对价且为善意，仅因登记手续存在瑕疵，其补办登记手续后即依据所有权善意取得制度成为有处分权人，抵押权应为有效。如果买卖关系并不存在或者并非出于善意，则恒生公司为无处分权人，广发行佛山分行亦可善意取得抵押权，抵押权仍为有效。

——高燕竹：《抵押权善意取得及保证合同效力的认定——广东发展银行股份有限公司佛山分行与东莞市恒顺融资担保有限公司、东莞市恒生实业有限公司、庾志坚借款合同纠纷再审案》，载最高人民法院民事审判第二庭编：《商事审判指导》总第25辑，人民法院出版社2011年版，第210~213页。

1434

不动产抵押权的善意取得

关键词 | 抵押权善意取得 |

【最高人民法院答复】

辽宁省高级人民法院：

你院〔2002〕辽民三初字第12号请示收悉。经研究，答复如下：

从你院请示材料看，依据大连市中级人民法院（1999）大民初字第160号民事调解书、大连市房地产管理局大房局管字〔2000〕16号文件以及大连市中级人民法院（2002）大行再字第21号行政判决书，中大大厦9～15层的产权确系中国大连国际经济技术合作集团有限公司（以下简称大连国际）所有，大连中大集团公司（以下简称中大集团）未经大连国际的同意将中大大厦整体抵押给债权人中国农业银行大连市分行友好支行（以下简称友好支行）的行为，属于无权处分行为，依照《中华人民共和国合同法》第五十一条的规定，抵押合同涉及无权处分部分无效。但鉴于中大大厦在抵押时的全部产权登记在中大集团名下，不动产登记具有权利推定效力，因此，如无证据证明友好支行在接受抵押时对中大大厦9～15层产权的真实状况为明知或应知的，友好支行可以善意取得对中大大厦9～15层的抵押权。你院应当在查明案件事实，尤其是债权人在接受抵押时是否属于善意的基础上，妥善处理该案。

此复。

——《最高人民法院关于中国农业银行大连市分行友好支行诉大连中大集团公司、第三人中国大连国际经济技术合作集团有限公司借款合同抵押担保纠纷一案请示的答复》（2003年11月24日，〔2003〕民二他字第26号）

【最高人民法院裁判文书】

中国农业银行大连市友好支行与大连中大集团公司借款抵押担保纠纷案［最高人民法院（2004）民二终字第70号民事判决书］

最高人民法院认为：关于友好支行的过错责任问题。首先，关于抵押权人是否应对产权证作实质性审查的问题。本院认为,产权证记载的内容是否真实、准确,系由国家行政机关依法定程序审查后作出确认,该行政行为一旦作出,即具有物权公示公信的效力,非依法定程序不得撤销。无论其记载的内容是否与实际相符,相对人均有理由相信该产权证的真实性。与产权证上的权利人进行交易的第三人,其所取得的权利仍受法律保护。我国法律、行政法规并款规定抵押权人在抵押时负有对抵押物的产权证做实质性审查的义务,故不能以友好支行可能明知产权证存在权利瑕疵而未对产权证项下的产权真实性做进一步核实为由而认定其接受抵押时存在过错。尤其明确的是友好支行接受抵押时,抵押物中大大厦的产权问题并不存在争议,友好支行基于对产权证记载内容的任何而接受抵押,其主张上并无过错。同时,大连国际所提交的证人证言等数份证据均不能证明友好支行在接受抵押时明知中大大厦 9 ~ 15 层属大连国际所有,亦不能证明友好支行与中大集团恶意串通,共同以欺诈的方式去办理中大大厦产权证,故不能认定友好支行接受抵押时存在过错。本案抵押合同系各方当事人的真实意思表示,且不违反法律及行政法规的规定,应认定抵押合同有效。

——最高人民法院民事审判第二庭编:《最高人民法院商事审判指导案例·借款担保卷》,中国法制出版社 2011 年版,第 623 ~ 633 页。

【链接:最高人民法院法官著述】

《物权法》第一百零六条第一款规定的是不动产所有权的善意取得,第三款规定的是不动产用益物权和担保物权的善意取得,包括不动产抵押权的善意取得,按照“参照前两款规定”的要求,不动产抵押权善意取得的要件是:(1)债权人是善意的;(2)已经进行不动产抵押权登记。与不动产所有权善意取得相比,由于抵押权的设立不以相对人是否有对价为要件,所以,对善意取得不动产抵押权的要求少了一个“合理价格”的内容。

……

(4)关于不动产抵押权善意取得的例外。

善意取得制度旨在保护无权处分情况下善意第三人的权利,主要针对无权处分人处分他人财产的情形,但也适用于在财产共有情况下,共有人未经允许处分其他共有人财产的情形。例如,夫妻共有的房屋登记在丈夫名下,登记簿上无共有人情况记载,未经妻子同意,丈夫在房屋上设立抵押权,抵押行为无效。但房屋登记具有公信力,第三人信赖登记簿的记载并且无证据证明其为非善意的,即便抵押合同无效,第三人仍善意取得在该共有财产上的抵押权。妻子因此受到的损失有权向丈夫要求赔偿。登记不具有公信力的,不适用善意取得,如上述对抗效力的登记。另外,善意取得制度也受法律强制性规定的限制,在有法律强制性规定时,无适用善意取得的余地,如抵押物不合法、抵押物被查封,均不能适用善意取得;破产财产,包括在破产宣告前已经置于破产管理人控制下的债务人财产,不适用善意取得。债务人在此类财产上设立抵押权,纵使第三人确属善意,也不能取得抵押权。

——曹士兵:《中国担保制度与担保方法》(第三版),中国法制出版社2015 年版,第 242 页、第 244 ~245 页。

编者说明

关于不动产抵押权的善意取得问题,最高人民法院的主流观点主要体现在前述答复和相关著述上,具体来说:第一,不动产抵押权善意取得的要件有两个:一是债权人是善意的;二是已经进行了不动产抵押权登记。第二,关于不动产抵押权善意取得的法律后果,无权处分人在不动产上设立抵押权,如果构成不动产抵押权的善意取得,债权人取得不动产抵押权,权利人因此受到损失的,有权向无权处分人请求赔偿损失;如果不符合善意取得的条件,抵押合同无效,无权处分人根据其在合同无效中的过错承担相应的法律责任。第三,关于不动产抵押权善意取得的例外,一是登记不具有公信力的,不适用善意取得;二是在有法律强制性规定时,无适用善意取得的余地;三是破产财产,包括在破产宣告前已经置于破产管理人控制下的债务人财产,不适用善意取得。

1435

共同共有人未经其他共有人同意以共有财产设定的抵押无效，但第三人善意、有偿取得抵押权的，应为有效

关键词 | 共有财产 | 抵押权善意取得 |

【最高人民法院答复】

福建省高级人民法院:

你院《关于中国信达资产管理公司福州办事处与张景宗、雷珊珊、张瑱瑱、厦门正丰源保税有限公司合同纠纷一案的审理报告》收悉。经研究认为:

张景宗在购房合同的买方一栏除署上自己的名字外，还署上其未成年女儿张瑱瑱的名字，是将所购房屋的一部分权利赠与给张瑱瑱的行为。由于所购房屋尚未办理所有权证，张瑱瑱尚未取得赠与房屋的权利，故张景宗此时有权处分所购房屋。

购房合同书上的买方是张景宗和张瑱瑱的名字，而张景宗是张瑱瑱的法定监护人，张瑱瑱是未成年人，无法向其征询意见，所以保税区建行有理由相信张景宗具有对该房屋的处分权，因而与其签订了合同，并依法办理了抵押登记，这充分表明，保税区建行尽到了注意义务，是没有过错的，因而是善意的。根据《最高人民法院关于贯彻执行〈中华人民共和国民法通则〉若干问题的意见（试行）》第八十九条的规定，应当维护保税区建行的合法权益，依法确认抵押合同的效力。

综上所述，本案抵押合同合法有效。

——《最高人民法院关于中国信达资产管理公司福州办事处与张景宗、雷珊珊、张瑱瑱、厦门正丰源保税有限公司借款合同纠纷一案的复函》（2002 年 2 月 8 日，〔2001〕民一他字第 34 号）

1436

机动车所有权与抵押权冲突时，善意第三人在公安部门的车辆抵押权登记具有物权公示效力

关键词｜机动车｜抵押权｜善意第三人｜抵押权登记｜

【最高人民法院裁判文书】

马尼托瓦克（中国）租赁有限公司与中信银行股份有限公司大连分行、大连兆峰机电安装工程有限公司、关兆峰第三人撤销之诉纠纷案［最高人民法院（2015）民申字第 1247 号民事裁定书］

裁判要点：《物权法》第二十四条规定：“船舶、航空器和机动车等物权的设立、变更、转让和消灭，未经登记，不得对抗善意第三人。”也即是说，对于特定动产而言，相关物权的表彰，必须经过登记，才能对抗善意第三人。《物权法》第一百零六条，进一步明确了无权处分之善意第三人的标准：第一，在动产或者不动

产之上设立物权或者受让物权时是善意的；第二，支付了合理的对价；第三，设定或者受让的物权依照法律规定应当登记的已经登记，不需要登记的已经交付。如果受让人符合前述条件，则实际所有权人不得以其对无权处分之交易标的物拥有所有权妨碍善意第三人取得或者行使物权，而只能向无权处分人请求赔偿损失。

最高人民法院认为，《物权法》第二十三条规定："动产物权的设立和转让，自交付时发生效力，但法律另有规定的除外。"可见，对于动产的物权变动，我国法律并未像不动产一样将登记作为必要条件，而是以交付的时点作为动产物权变动的时点，以占有作为向社会不特定的第三人表彰物权的方式。为了适应社会生活的复杂多变，法律上所称之占有，除了直接占有之外，还有观念上的间接占有，即由他人对动产进行事实上的管领支配，而所有权人凭借返还请求权在其所有的动产之上成立间接占有。由于所有权人和直接占有人在物理上的分离，给不特定的第三人判断所有权人带来技术上的难题。如果直接占有人利用控制动产之便而与第三人进行以设立或者变更该动产物权为目的之交易，便面临着保护实际所有权人与社会交易安全之间的矛盾和冲突。在此问题上，立法在二者之间进行了平衡，基于交易安全对资源流转直至社会发展进步的重要意义，向交易安全作出了一定的倾斜，侧重于保护因信赖物权的外观表彰而与无权处分人进行交易的善意第三人。对于机动车等特定动产而言，《物权法》第二十四条规定："船舶、航空器和机动车等物权的设立、变更、转让和消灭，未经登记，不得对抗善意第三人。"也即是说，对于特定动产而言，相关物权的表彰，必须经过登记，才能对抗善意第三人。

本案中，如果马尼租赁公司在和兆峰机电公司的融资租赁合同中，确实约定了其对案涉车辆拥有所有权，则其作为实际所有权人诉请撤销中信银行大连分行在案涉车辆之上的抵押权能否得到支持的关键问题在于，中信银行大连分行是否属于《物权法》第一百零六条所称之善意第三人。涉及三个问题的判断：

一、关于中信银行大连分行是否已经支付合理对价的问题。从一二审人民法院在本案以及中信银行大连分行诉兆峰机电公司、关兆峰的另案查明事实看，中信银行大连分行已经按照其与兆峰机电公司、关兆峰之间的借款合同提供了1000万元人民币的借款，为担保该笔借款的偿还，兆峰机电公司向中信银行大连分行提供了案涉车辆作为抵押物。鉴于中信银行大连分行为取得抵押权已经履行了相关贷款给付义务，抵押权担保的主债权已经成立，应当视为已经支付合理对价。

二、关于案涉抵押权是否依法办理了有效登记的问题。人类社会之所以建立物权的登记制度,其基本目的有二:一是方便权利人向社会昭示物权,防止他人侵犯;二是减少交易相对人信息搜集的成本,降低交易过程中的不确定性。因此,一个有效的登记系统,其登记的权利应当接近于真实的权利状态,才能达到前述目的。机动车辆属于国家高度管制的动产,《道路交通安全法》第八条规定:"国家对机动车实行登记制度。机动车经公安机关交通管理部门登记后,方可上道路行驶。尚未登记的机动车,需要临时上道路行驶的,应当取得临时通行牌证。"该规定说明,国家对机动车实行强制登记制度。又依据该法第九条:"申请机动车登记,应当提交以下证明、凭证:(一)机动车所有人的身份证明……",说明机动车的现行登记制度,要求机动车登记的所有权人应当与物权法意义上的所有权人相一致。所以,不管公安部门的车辆登记是不是所有权登记,从该制度所设计的登记程序来看,公安部门登记的机动车所有权人,最接近于物权的真实状态。从在案查证事实看,中信银行大连分行已经在辽宁省大连市公安局交通警察支队办理了抵押登记,依法应当视为已经履行了相关登记义务。马尼租赁公司称公安部门车辆登记不是所有权登记从而认为中信银行大连分行的抵押权不成立的再审申请理由,混淆了所有权登记与抵押权登记之间的不同概念,不能成立。

三、关于中信银行大连分行是否为善意。善意取得之"善意"的内涵,是指无权处分之受让人在取得动产或不动产时,不知让与人无处分权,且受让人无重大过失的主观心态。在出租人与承租人对租赁物的所有权有明确约定的情况下,基于合同的相对性,融资租赁合同关系的当事人与无权处分的受让人之间信息不对称,一般而言,无权处分的受让人并无从知晓融资租赁合同关于租赁物权属的约定。因此,无权处分之受让人对租赁物权属状况的认识,不能以融资租赁合同的约定作为判断基础,而应以租赁物的外观权利表彰,作为推定受让人是否"明知"或者"应当知道"的基础事实。本案中,如果以占有作为外观权利表彰,案涉车辆已经交付给兆峰机电公司实际使用,将兆峰机电公司当做所有权人应是占有外观的自然判断结果。如果以登记作为判断案涉车辆所有权人的外观权利表彰,案涉车辆已经登记在兆峰机电公司名下,不管公安部门的车辆登记是不是所有权登记,由于《担保法》将公安部门规定为车辆抵押权的登记机关,中信银行方连分行只能信赖该登记,其因信赖所产生的交易利益应当得到保护。当然,推定出的事实是依据生活经验中的大数法则所得出的结果,该结果可以推翻,但应当由主张和推定事实相反事实的当事人承担举证责任。马尼租赁公司并未举证证明,中信银行大连分行明知案涉车辆所有权属于马尼租赁公司,仍然与无权处分人兆峰机电公司进行设定抵押权的交易,所以本院只能推定中信银行大连分行在案涉抵押权交易中的主观心态为善意。

关于中信银行大连分行是否存在重大过失的问题。马尼租赁公司称中信银行大连分行应当知道并使用融资平台对案涉抵押物权属进行查询，但未履行法定义务，过错明显，不应善意取得抵押权。因此，马尼租赁公司称中信银行大连分行存在过错，不能善意取得案涉车辆抵押权的理由不能成立，不予支持。

——人民法院出版社法规编辑中心编：《最高人民法院裁判观点精编（2014～2015）》，人民法院出版社2016年版，第75～78页。

（四）抵押登记与抵押权设立

1437

抵押的土地及在建工程未办理抵押登记，但在二审期间办理了抵押登记手续的，抵押权设立

关键词 | 抵押登记 | 抵押权设立 |

【最高人民法院裁判文书】

青海省信用担保集团有限责任公司与刚察县和信选煤有限公司及青海新拓矿业有限公司等追偿权纠纷申请再审案［最高人民法院（2016）最高法民终17号民事判决书］

最高人民法院认为：信保公司虽与和信选煤公司签订了《土地抵押反担保合同》《在建工程抵押反担保合同》，但该两份合同所约定抵押的土地及在建工程在本案原审期间，并未办理抵押登记手续。故原审法院根据《物权法》的规定，未支持信保公司该部分诉讼请求，并无不当。二审期间，上述两份合同约定的抵押土地及房屋办理了抵押登记手续，信保公司取得了刚他项（2015）第26号土地他项权证以及刚房他证（2015）字第098号房屋他项权证，涉案抵押权已经设立。故信保公司对于前述抵押的土地及房屋享有抵押权，可以就上述抵押物的变价款优先受偿。信保公司的上诉理由成立，本院予以支持。

——中国裁判文书网，http://wenshu.court.gov.cn。

1438

登记机关对在建工程和相应土地使用权进行抵押登记，设定了他项权利，具有公示效果，虽未领取他项权凭证，但并不影响抵押权效力

关键词 | 抵押登记 | 抵押权效力 |

【最高人民法院裁判文书】

中国农业银行乌鲁木齐市河南路支行与新疆龙岭实业有限公司、北京全国棉花交易市场棉花配送有限公司确认抵押权纠纷案[最高人民法院(2007)民二终字第61号民事判决书]

最高人民法院认为:龙岭公司与农行河南路支行于1998年至2001年间签订的14份《抵押担保借款合同》均约定以龙岭公司提供抵押担保的方式偿还债务,该合同是双方真实意思表示,应认定抵押关系成立。根据《担保法》第四十一条的规定,以土地使用权作为抵押财产的,应办理抵押物登记,抵押合同自登记之日起生效。在诉讼中,农行河南路支行提交的证据证明了双方分别于1997年11月12日、1999年9月29日及2000年9月29日向相关部门提出抵押登记申请并得到批准,履行了必要登记手续,抵押权人未获得土地使用权抵押他项权利证登记凭证,并非不能获得,而是特定历史条件下当地房地产部门的通常惯例所致,并不能因此影响他项权利登记的公示和公示效力,农行河南路支行应当在2000年9月29日抵押登记中所确认的35343.61平方米面积的范围内享有优先受偿的权利。

——最高人民法院民事审判第二庭编:《最高人民法院商事审判指导案例·借款担保卷》,中国法制出版社2011年版,第534~541页。

1439

在法律规定不明确或多个行政管理部门均有权对房地产办理抵押登记的情形下，向其中一个有权机关办理抵押登记，应认定抵押有效

关键词 | 抵押登记 | 抵押权效力 |

【最高人民法院裁判文书】

恒丰银行股份有限公司龙口支行与青岛江南房地产开发公司借款抵押合同纠纷案[最高人民法院(2006)民二提字第21号民事判决书]

裁判摘要：申请抵押登记是物权人的权利，审查和登记是国家行政管理机关从事的公示行为。在法律规定不明确或多个行政管理部门均有权对房地产办理抵押登记的情形下，当事人向其中一个有权登记机关申请并获准进行抵押登记，应依公示原则和公信原则认定抵押合法有效。

最高人民法院认为：本案住房银行龙口支行与江南公司签订的《最高额抵押借款合同》和《抵押担保借款合同》系双方当事人的真实意思表示，合法有效。住房银行龙口支行对江南公司享有3100万元借款本金的债权，以及该债权系1997年7月23日《最高额抵押借款合同》债权的延续，是双方当事人均认可的事实，故山东省高级人民法院判决江南公司按约定偿还住房银行龙口支行3100万元借款本金及其利息正确，应予维持。

根据《担保法》第四十二条第（二）项“以城市房地产或乡（镇）、村企业的厂房等建筑物抵押的，为县级以上地方人民政府规定的部门”的规定，山东省人民政府于1996年4月23日将“以企业厂房等建筑物”签订的抵押合同的登记管理职权授予该省各地工商行政管理部门，直至2002年7月3日，山东省人民政府发布通知调整登记部门。在此期间，在山东行政区域内的工商行政管理机关，系有权进行企业厂房等建筑物抵押登记的部门。住房银行龙口支行到工商行政管理部门进行抵押登记暨公示，并不妨碍他人查询抵押登记权利的行使。如果因多个部门均可进行抵押登记，给他人查询带来不便，显然不是登记申请人造成的，且本案无证据表明当事人在恶意规避登记，不应因登记部门不是房地产交易行政管理部门而无效。

江南公司的在建工程江南大厦是否属于“以企业厂房等建筑物”，法律没有明确规定。但《担保法》和山东省人民政府鲁政字〔1996〕68号批复采用的均是“企业厂房等建筑物”的概括性表述，并未全部列举工商行政管理机关可以登记的建筑物，亦未明确排除企业的在建建筑物或坐落在城市的企业的在建建筑物，且同期该省存在多个政府部门均办理房地产抵押登记的情形。所以，住房银行龙口支行以债务人的在建建筑物到工商行政管理机关进行抵押登记的行为，没有违反法律法规的禁止性规定，并在山东省人民政府鲁政字〔1996〕68号批复的有效期限内作出,故该抵押权登记有效。住房银行龙口支行基于抵押权可以处分抵押物,并对抵押物的变价享有优先于无抵押权的债权人而获得受偿的权利,这是法定的优先权。本案债权人两次到青岛市市南区工商行政管理局办理抵押手续,先后领取了两份《抵押物登记证》,且依该登记,住房银行龙口支行的抵押权自1997年7月23日设立延续至其起诉之日,故住房银行龙口支行的有关申诉理由成立,应予支持。

——万鄂湘、张军主编:《商事法律文件解读》总第43、44合辑,人民法院出版社2008年版,第169~170页。

编者说明

《不动产登记暂行条例》制定以前,在部分地区出现多个行政机关对相同的不动产进行登记管理的情形,如土地使用权登记由土地管理部门负责;房屋产权登记由城建部门负责;林木所有权登记由林业管理部门负责……分散的登记制度易使当事人对申请登记的机关产生争议,房、地分别抵押和重复抵押的现象不时出现,加重了信息沟通的困难,影响着公示效果和公信效力。鉴于分别、分散登记的弊端,不少地方逐渐通过立法将房地登记合一,从而降低了登记成本,彰显了公示效力。本案即是在上述登记制度发展进程中发生的一起纠纷,判断此类抵押登记的效力,应客观地分析争议产生的历史背景,依照法律并依据物权登记的公示、公信原则进行处理。① 最高人民法院在《关于西安市第三奶牛场与咸阳市中陆城市信用社、西安新业工贸有限责任公司抵押借款合同纠纷一案的复函》中也认为案涉土地使用权未到指定部门办理抵押登记,“虽有不规范之处,但基本具备抵押的法定要件,以认定抵押关系成立为宜”。②

1440

法律、行政法规未明确矿业权抵押登记部门,国土资源主管部门依据部门规章或者地方性法规办理的矿业权抵押备案可视为矿业权抵押登记

关键词 | 矿业权 | 抵押备案 | 抵押登记 |

---

① 姜华:《当事人向有权登记的行政机关申请登记,并经登记领取了〈抵押物登记证〉的,应依法认定抵押有效》,载万鄂湘、张军主编:《商事法律文件解读》总第43、44合辑,人民法院出版社2008年版,第171页。

② 该案所涉国有土地使用权证是1981年由当时身兼房产和地产管理的西安市房地产管理局颁发的,因此1996年进行抵押登记时也是在西安市房地产管理局下设部门房地产管理中心办理的,而事实上西安市土地局已经于1995年3月起就行使国有土地使用权抵押登记职能,并成立了相应的机构。

【最高人民法院裁判文书】

工银金融租赁有限公司与山西离柳焦煤集团有限公司融资租赁合同纠纷案[最高人民法院(2016)最高法民终605号民事判决书]

最高人民法院认为:(一)关于工银租赁公司对案涉两项采矿权是否享有抵押权及优先受偿权的问题。

矿产资源是指由地质作用形成的,具有利用价值的,呈固态、液态、气态的自然资源。根据《矿产资源法》《物权法》等法律规定,矿产资源属于国家所有。国家在保留矿产资源所有权基础上,将矿产资源的勘查、开采以有偿使用的方式出让给具有相应资质的申请人,并向申请人颁发矿产资源勘查许可证或者开采许可证,获得许可证的申请人即享有相应矿区的探矿权或者采矿权。《物权法》第一百二十三条关于“依法取得的探矿权、采矿权、取水权和使用水域、滩涂从事养殖、捕捞的权利受法律保护”的规定,明确了探矿权、采矿权作为用益物权的法律属性。但《物权法》并没有明确规定探矿权、采矿权系不动产,亦没有关于探矿权、采矿权抵押登记的明确规定,从而导致实践中对矿业权抵押问题的不同认识和差别化处理。

国土资源部《矿业权出让转让管理暂行规定》(国土资发〔2000〕309号)第三条第一款规定:“探矿权、采矿权为财产权,统称为矿业权,适用于不动产法律法规的调整原则。”《增值税暂行条例实施细则》第二十三条规定:“条例第十条第(一)项和本细则所称非增值税应税项目,是指提供非增值税应税劳务、转让无形资产、销售不动产和不动产在建工程。前款所称不动产是指不能移动或者移动后会引起性质、形状改变的财产,包括建筑物、构筑物和其他土地附着物……”财政部、国家税务总局《关于固定资产进项税额抵扣问题的通知》(财税〔2009〕113号)规定:“《增值税暂行条例实施细则》第二十三条第二款所称建筑物,是指供人们在其内生产、生活和其他活动的房屋或者场所,……所称其他土地附着物,是指矿产资源及土地上生长的植物。”参照国家相关部委的上述规定以及社会对矿产资源的一般理解,矿产资源可视为土地附着物,矿业权适用不动产法律法规予以调整。因此,在法律、行政法规没有另外规定的情况下,上述部委的规章、规范性文件可以作为认定矿产资源及矿业权属性的重要参考。

根据《物权法》第九条第一款“不动产物权的设立、变更、转让和消灭,经依法登记,发生效力;未经登记,不发生效力,但法律另有规定的除外”;第一百八十条第一款“债务人或者第三人有权处分的下列财产可以抵押:(一)建筑物和其他土地附着物;……”;第一百八十七条“以本法第一百八十条第一款第一项至第三项规定的财产或者第五项规定的正在建造的建筑物抵押的,应当办理抵押登记。抵押权自登记时设立”的规定,矿产资源作为土地附着物,探矿权、采矿权抵押应遵循登记生效主义原则,抵押权应自登记时设立。目前,矿业权抵押尚无法律明确规定的登记部门。国土资源主管部门作为矿产资源勘查许可证、采矿许可证的审批登记机关,基于国土资源部《矿业权出让转让管理暂行规定》和《关于进一步完善采矿权登记管理有关问题的通知》(国土资发〔2011〕14 号)等规范性文件的规定,为矿业权抵押办理备案手续。同时,也有省、自治区在本行政区域内制定的涉矿地方性法规中包含了矿业权抵押须办理登记或者备案的规定。鉴于不动产物权登记的主要功能和作用在于藉此获得对世的公示效力,就目前矿业权抵押备案的主要功能以及法律效果而言,备案与登记并无实质区别,抵押权人可藉此取得对抗他人的公示效力和优先受偿权。在法律、行政法规尚无明确矿业权抵押登记部门的情况下,国土资源主管部门依据部门规章或者地方性法规办理的矿业权抵押备案,可视为矿业权抵押登记,矿业权抵押权自登记或者备案时设立。就本案而言,案涉两份抵押合同约定用于抵押的采矿权,均没有在国土资源主管部门办理备案登记,一审法院据此认定两煤矿采矿权抵押权均未设立,并无不当。

工银租赁公司主张即使采矿权抵押权自备案登记时设立,案涉采矿权抵押未备案登记亦非基于工银租赁公司原因,而是因登记部门的原因致使其无法办理抵押备案登记,根据《担保法解释》第五十九条的规定,其应对案涉两项采矿权享有抵押权,并有权就其拍卖、变卖或折价所得的价款优先受偿。本院认为,工银租赁公司主张对案涉两项采矿权享有抵押权及优先受偿权不能成立。

首先,根据案涉两份抵押合同的约定,办理抵押备案登记的义务人为离柳公司,工银租赁公司并没有证据证明离柳公司前去办理过采矿权抵押备案登记。恰恰相反,工银租赁公司在本案中诉求离柳公司承担 8000 万元(后变更为 9528000 元)违约金,即是基于离柳公司未按合同约定办理采矿权抵押备案登记构成违约的事实,而且也得到了一审法院的确认和支持。二审庭审过程中,工银租赁公司申请出庭作证的证人也只是证明其受指派前往山西省国土资源厅了解案涉采矿权的权利负担情况,亦非办理采矿权抵押备案登记。工银租赁公司、离柳公司在二审庭审中尽管均陈述办理过案涉采矿权抵押的备案登记,但无法就办理的时间、地点、经办人、提交文件等作出详细具体的说明并提供相应的证据予以证明,亦与工银租赁公司在一审的陈述和主张相悖,在工银租赁公司没有相反证据足以推翻其一审陈述和主张的情况下,根据《民事诉讼证据规定》第七十四条“诉讼过程中,当事人在起诉状、答辩状、陈述及其委托代理人的代理词中承认的对己方不利的事实和认可的证据，人民法院应当予以确认，但当事人反悔并有相反证据足以推翻的除外”的规定，本院对其二审相应主张不予支持。本案现有证据难以证明离柳公司或者双方确实在抵押合同签订后前往国土资源主管部门办理过案涉采矿权抵押备案登记手续，也就难以进一步确认是否因登记部门的原因导致未能办理案涉采矿权抵押的备案登记。

其次，朱家店煤矿采矿许可证并没有交付给工银租赁公司，不具备《担保法解释》第五十九条权利凭证应交付债权人的条件。兑镇煤矿采矿许可证的原件尽管交付给了工银租赁公司保管，但工银租赁公司在 2014 年 8 月接受兑镇煤矿采矿权抵押时，已明确知悉 2014 年 1 月 27 日山西省国土资源厅发布的《关于进一步明确采矿权抵押备案有关事项的通知》，其经营范围内无贷款业务将无法办理采矿权抵押备案。在此情况下工银租赁公司与离柳公司签订抵押合同，应自行承担相应风险，不属于《担保法解释》第五十九条“因登记部门的原因致使其无法办理抵押物登记”的情形。

再次，基于本案已经查明的事实，朱家店煤矿采矿权已经抵押给民生银行太原分行并于 2013 年 11 月办理了备案登记手续；而兑镇煤矿采矿权，在工银租赁公司申请法院查封之前，已经有四家离柳公司的债权人在先申请了查封，工银租赁公司不享有对抗上述债权人的优先受偿权。

——中国裁判文书网，http://wenshu.court.gov.cn。

1441

当地政府规定由其他部门办理在建工程抵押登记或对登记部门未作明确规定，则不能必然认为房地产行政主管部门为法定办理机构

关键词｜在建工程抵押｜

【最高人民法院司法解释】

第六十条　以担保法第四十二条第(二)项规定的不动产抵押的，县级以上地方人民政府对登记部门未作规定，当事人在土地管理部门或者房产管理部门办理了抵押物登记手续，人民法院可以确认其登记的效力。

——《最高人民法院关于适用〈中华人民共和国担保法〉若干问题的解释》(2000 年 12 月 8 日，法释〔2000〕44 号)

【最高人民法院裁判文书】

中国银行股份有限公司海口龙珠支行与海南国托科技有限公司、海南美源房地产开发有限公司等金融借款合同纠纷案[最高人民法院(2015)民二终字第269号民事判决书]

最高人民法院认为:(一)关于案涉地上建筑物抵押权是否依法设立的问题。

案涉《人民币借款合同(中期)》《人民币借款合同补充协议》《抵押合同》以及《抵押合同补充协议》均系中行龙珠支行与国托公司的真实意思表示,未违反法律、行政法规的强制性规定,应认定合法有效。上述协议签订后,中行龙珠支行与国托公司到海口市国土部门办理了海口市他项(2009)第0039号土地他项权利证明书,并在该证明书内"他项权利种类及范围"中注明抵押物为土地使用权及地上建筑物。中行龙珠支行与国托公司均确认,办理案涉土地及地上建筑物抵押登记时,地上建筑物为在建工程。中行龙珠支行主张案涉地上建筑物设立抵押时,当地房地产管理部门不受理在建工程抵押登记业务,故其在国土部门办理在建工程抵押登记符合法律规定。根据物权公示原则的要求,不动产抵押经依法登记始产生法律效力。上述地上建筑物的登记行为是否符合法律规定,有赖于下述两个问题的进一步明确:一是案涉地上建筑物抵押登记的办理部门如何确定;二是上述抵押登记行为能否产生法律效力。

关于案涉地上建筑物抵押登记办理部门的确定问题。《物权法》第十条对不动产统一登记作了规定,但对不动产抵押登记机构未作明确规定,即具体由哪个机构来负责在建工程抵押登记还有待于其他法律和行政法规规定。《担保法》第四十二条规定:"办理抵押物登记的部门如下:……(二)以城市房地产或者乡(镇)、村企业的厂房等建筑物抵押的,为县级以上地方人民政府规定的部门。"《城市房地产管理法》第六十二条也规定:"房地产抵押时,应当向县级以上地方人民政府规定的部门办理抵押登记。"依据上述两部法律的规定,办理在建工程抵押登记的机构应为县级以上地方人民政府规定的部门。原建设部于2001年修改发布的《城市房地产抵押管理办法》第七条第三款规定:"直辖市、市、县人民政府房地产行政主管部门负责管理本行政区域内的房地产抵押管理工作。"原建设部于2008年7月1日施行的《房屋登记办法》第四条第二款亦规定:"本办法所称房屋登记机构,是指直辖市、市、县人民政府建设(房地产)主管部门或者其设置的负责房屋登记工作的机构。”依据上述两个部门规章的规定，办理在建工程抵押登记的机构为相关房地产行政主管部门。从立法文义看，上述两部法律规定的“县级以上地方人民政府规定的部门”应解释为由县级以上地方人民政府确定具体办理该抵押登记业务的部门，与上述两个部门规章规定的“房地产行政主管部门”并不自然等同。即如果当地政府规定办理在建工程抵押登记的部门为房地产行政主管部门，则该部门属于符合法律规定的登记办理部门；如果当地政府规定由其他部门办理在建工程抵押登记或对在建工程抵押登记办理部门未作明确规定，则不能必然得出该房地产行政主管部门为法定的办理机构。《城市房地产抵押管理办法》及《房屋登记办法》属于部门规章，《担保法》及《城市房地产管理法》作为法律的位阶高于上述两个部门规章，应当优先适用。原审法院在未查明当地县级以上人民政府是否明确规定在建工程抵押登记的办理部门为房地产行政主管部门的情况下，直接依据《城市房地产抵押管理办法》的规定认定案涉地上建筑物未办理抵押登记，违背了《担保法》及《城市房地产管理法》的规定，本院予以纠正。本案二审庭审中，中行龙珠支行与国托公司均确认案涉地上建筑物办理抵押登记时，当地县级以上人民政府未明确规定在建工程抵押登记的办理部门，海口市房地产行政主管部门未开展在建工程抵押登记业务。中行龙珠支行在二审过程中提交的数份土地他项权利证明书对上述事实也能予以佐证。故本院可以认定案涉地上建筑物办理抵押登记时，当地县级以上人民政府对在建工程抵押登记部门未作明确规定。

关于抵押登记部门不明情况下的登记效力的认定问题。依据《担保法解释》第六十条“以担保法第四十二条第（二）项规定的不动产抵押的，县级以上地方人民政府对登记部门未作规定，当事人在土地管理部门或者房产管理部门办理了抵押物登记手续，人民法院可以确认其登记的效力”的规定，在当地县级以上人民政府未明确在建工程抵押登记部门的情况下，海口市国土部门颁发的土地他项权利证明书对案涉土地及地上建筑物抵押登记予以了明确记载，可依据上述司法解释的规定认定相关登记部门对土地使用权及地上建筑物办理抵押登记的行为已经完成。即案涉地上建筑物上已设定了他项权利，具有公信力，并足以产生公示的法律效果。故本院依法确认其登记效力，即中行龙珠支行可对该地上建筑物享有优先受偿权。

——中国裁判文书网，http://wenshu. court. gov. cn。

【链接：最高人民法院法官著述】

依据文义解释,《担保法》和《城市房地产管理法》规定的“县级以上地方人民政府规定的部门”与《城市房地产抵押管理办法》及《房屋登记办法》规定的“房地产行政主管部门”显然不能等同,即前者的外延大于后者,县级以上人民政府规定的部门可能是房地产行政主管部门,也许是其他的行政职能部门。又依据目的解释,《担保法》及《城市房地产管理法》之所以作出上述规定,亦是考虑到登记机构不统一,从有利于行政管理及当事人便利的角度出发,将相关部门的职能权限赋予各级人民政府确定。实践中,也确实存在当地政府规定由非住建部门承担相关不动产登记业务的情况。原审法院未考察上述法律与政府规章之间的差别,仅依据《城市房地产抵押管理办法》认定在建工程抵押登记机构为房地产行政主管部门,存在不妥之处。

(三)准确把握法律的效力位阶

法的效力位阶,是指不同国家机关制定的规范性文件在法律渊源体系中所处的效力位置和等级。在法的位阶中处于不同的位置和等级,其效力也是不同的。《立法法》根据法的效力原理规定了法的位阶问题,明确了属于不同位阶的上位法和下位法之间的效力关系。该法第七十九条第一款规定:“法律的位阶高于行政法规、地方性法规、规章。”《担保法》和《城市房地产管理法》由全国人大常委会制定,均属于普通法律。而《城市房地产抵押管理办法》及《房屋登记办法》由原建设部制定,属于行政规章中的部门规章,在法律体系中处于最低的位阶。因此,《担保法》和《城市房地产管理法》的法律位阶明显高于《城市房地产抵押管理办法》及《房屋登记办法》,涉案在建工程抵押登记机构的确定问题自应适用《担保法》和《城市房地产管理法》的规定。

——孙祥壮、陶峰军:《在建工程抵押的效力认定》,载刘贵祥主编:《最高人民法院第一巡回法庭精选案例裁判思路解析(一)》,法律出版社2016年版,第266~268页。

1442

签订抵押合同但未办理抵押登记时债权人利益的保护

关键词 | 抵押合同 | 抵押登记 |

【最高人民法院裁判文书】

中国建设银行股份有限公司满洲里分行与满洲里中欧化工有限公司、北京伊尔库科贸有限公司信用证纠纷案[最高人民法院(2009)民二终字第112号民事判决书]

最高人民法院认为:本案二审争议焦点:《最高额抵押合同》是否生效,伊尔库公司是否应当承担担保责任。故本案案由实为信用证垫款担保纠纷。

伊尔库公司于2008年10月6日与满洲里建行签署的《最高额抵押合同》,系在《物权法》2007年10月1日施行之后,根据《物权法》第一百七十八条"担保法与本法的规定不一致的,适用本法"之规定,本案应适用《物权法》的规定,由于《担保法》第四十一条"当事人以本法第四十二条规定的财产抵押的,应当办理抵押物登记,抵押合同自登记之日起生效"的规定与《物权法》第十五条"当事人之间订立有关设立、变更、转让和消灭不动产物权的合同,除法律另有规定或者合同另有约定外,自合同成立时生效;未办理物权登记的,不影响合同效力"的规定相冲突,原审法院适用《担保法》第四十一条处理本案不当,应予纠正。

本案中的《最高额抵押合同》是双方当事人真实意思表示,且不违反国家法律和行政法规的禁止性规定,虽然满洲里建行与伊尔库公司订立合同后来对抵押物房产及土地办理抵押物登记,但根据《物权法》第十五条的规定,物权变动的原因行为独立于物权变动的结果行为,未办理抵押物登记不影响合同的效力,该抵押合同属有效合同。根据《合同法》第四十四条关于"依法成立的合同,自成立时生效"之规定,该合同于成立时生效。满洲里建行关于《最高额抵押合同》应自成立时生效的上诉理由,应予以支持。《最高额抵押合同》生效后即对合同双方产生拘束力,满洲里建行关于《最高额抵押合同》中的约定有效的上诉理由,亦应予以支持。

中欧公司关于因伊尔库公司与满洲里建行已经口头解除了抵押合同,所以才没有到房管部门办理房产抵押合同的抵押登记的答辩理由因其没有相关证据证明,不予支持。从双方在《最高额抵押合同》第三条的约定可见,办理抵押登记手续的主要义务应由抵押人伊尔库公司承担,由于伊尔库公司未办理抵押登记手续,导致抵押权未有效设立,按照合同第十条违约责任(三)的约定,并根据《合同法》第一百零七条"当事人一方不履行合同义务或者履行合同义务不符合约定的,应当承担继续履行、采取补救措施或者赔偿损失等违约责任"的规定,伊尔库公司应承担违约责任,即在按合同约定的担保范围内对担保的债务与债务人承担连带责任。

——最高人民法院民事审判第二庭编:《商事审判指导》总第25辑,人民法院出版社2011年版,第214~221页。

【链接:最高人民法院法官著述】

《物权法》第十五条将不动产物权变动的原因行为与物权变动的结果进行了区分,即在发生物权变动时,物权变动的原因与物权变动的结果是两个法律事实,它们的成立生效依据不同的法律基础,一方面,根据《物权法》第十五条的规定,建立抵押担保法律关系,当事人应当签订抵押合同,物权合同等原因行为的效力,应受《合同法》的调整;另一方面,抵押权作为一种物权形式,应当以一定方式进行公示,以保护其他利害关系人的合法权益,公示行为的效力,则受《物权法》调整。公示行为属于履行抵押合同行为的一部分。抵押权被公示是履行抵押合同的结果。从合同效力的理论看,合同是否有效,从双方意思表示一致时,即签订之日就已确定,而不能通过合同是否履行反过来决定合同的效力。所以,在本案中,伊尔库公司与满洲里建行为设立抵押权订立抵押合同,即使伊尔库公司没有进行抵押登记,其引起的后果是抵押权没有设立,但债权合同仍然有效。另外,值得注意的是,《物权法》第十五条有"除法律另有规定或者合同另有约定外"的规定,也就是说,如果法律没有明确规定,或者合同没有明确约定,都应认为设立、变更、转让和消灭不动产物权的合同自合同成立时生效,没有办理物权登记的,不影响合同的效力。但是,在某一部法律另有规定或者当事人之间订立合同约定需经办理物权登记合同才生效的情况下,未办理物权登记的,合同不生效。本案当事人签订的《最高额抵押合同》中不涉及法律另有规定的情况,当事人也未对合同生效的条件做出特别约定,所以,伊尔库公司与满洲里建行签订的《最高额抵押合同》自合同成立时生效。

——张帆:《签订抵押合同但未办理抵押登记时债权人利益保护——中国建设银行股份有限公司满洲里分行与满洲里中欧化工有限公司、北京伊尔库科贸有限公司信用证纠纷案》,载《最高人民法院商事审判指导案例解析》,人民法院出版社2015年版,第306~308页。

1443

约定以明确的房产担保设定抵押的，虽未按约定办理他项权利证书，不影响担保人承担担保责任

关键词 | 房产抵押 | 他项权证 | 担保责任 |

【最高人民法院裁判文书】

武汉人和房地产开发有限公司与王耿、中电科技(南京)电子信息发展有限公司、湖北中南投资集团股份有限公司债务纠纷案(最高人民法院民事判决书)

最高人民法院认为:双方当事人合同约定,担保人承担担保责任的范围是两处房产,其担保的范围明确,即以物设定的担保。虽然双方合同还约定,具体的抵押物范围以房地产部门登记内容为准,担保人在房地产部门发放《他项权利证书》后,负责将《他项权利证书》交付给被担保人。但未办理《他项权利证书》,没有造成担保人不能以两处房产承担担保责任的情形,而且担保人所抵押的两处房产在设立抵押担保后,未发生任何变化,其房产证在被担保人手中,两处房产在本案诉讼中,也被法院采取了保全措施。因此,本案不能依照《担保法解释》第六十七条"如果抵押物未经登记的,抵押权不得对抗受让人,因此给抵押权人造成损失的,由抵押人承担赔偿责任"的规定,认定担保人有过错,并承担违约及赔偿责任。担保人应以合同约定的两处房产承担担保责任。

——最高人民法院民事审判第一庭编:《民事审判指导与参考》总第42集,法律出版社2010年版,第208页。

1444

未完成抵押物登记，抵押权不能产生对抗第三人的效力

关键词 | 抵押登记 | 对抗第三人 |

【《最高人民法院公报》案例】

陆丰市陆丰典当行与陈卫平、陈淑铭、陆丰市康乐奶品有限公司清算小组、张其心土地抵债合同纠纷案[最高人民法院(2006)民二提字第10号民事判决书]

最高人民法院认为:典当行持有中国人民银行颁发的金融机构法人许可证,其经营范围有为非国有中、小企业和个人办理质押贷款的业务,是经批准合法成立的金融机构。尽管陈卫平向典当行借款是以康奶公司取得土地的合法手续作为抵押,但不违反有关法律的禁止性规定。虽然该土地抵押未向有关部门办理抵押登记,但仅不发生对抗第三人的法律效力,并不为此影响典当行与陈卫平、陈淑铭所签典当协议合法有效。

——《最高人民法院公报》2008年第4期

【最高人民法院裁判文书】

吉林华阳股份有限公司与东方资产管理公司长春办事处、吉林东市商场等借款合同纠纷案[最高人民法院(2008)民二终字第46号民事判决书]

最高人民法院认为:华阳公司是否应当对东市商场的借款承担责任取决于吉房昌权字第0232号房屋抵押合同是否真实有效以及是否就该财产抵押在登记机关进行了有效的抵押登记。

关于吉房昌权字第0232号房产是否办理了抵押登记。不动产抵押权是因当事人的达成抵押合意及完成法定的登记程序而设立,他项权利证书不能为权利人创设抵押权,只能证明权利人享有抵押权。东市商场与工行南京路办事处签订以0232号房产进行抵押的抵押合同并经建业集团公司认可,则双方抵押合意已达成。还需要从登记部门与登记程序两方面看是否完成了一项有效的抵押登记。

《担保法》第四十二条规定以城市房地产抵押的,其抵押登记部门应为县级以上人民政府规定的部门。《吉林市房地产交易市场管理条例》(1994年10月27日吉林市人民代表大会常务委员会通过)第三十条规定:"房地产抵押,当事人须签订抵押合同,到房地产市场管理部门办理抵押登记手续。"《吉林市房屋产权产籍管理条例》(1996年11月22日吉林市人民代表大会常务委员会公布实施)第九条第一款规定:"公民、法人或其他房屋产权的取得、转移、变更、设定他项权利及注销等，须到市、县（市）房屋产权产籍管理机构办理登记手续。"《吉林市房地产交易市场管理条例》与《吉林市房屋产权产籍管理条例》同为吉林市人民代表大会常务委员会颁布，但后者时间晚于前者，1997 年抵押登记行为发生当时吉林市规定的抵押登记部门为市、县（市）房屋产权产籍管理机构。

一项有效的登记必须完成相应的登记程序，《担保法》及其司法解释未对抵押登记的具体程序作出明确规定，办理登记应遵守各地登记部门相应的程序规则。无论是条文规定还是抵押登记实务操作，到吉林市房地产产权管理处申请他项权利证书并在房屋产籍档案中作他项权利设定记录，是吉林市房屋抵押登记程序中必不可少的步骤之一。工行南京路办事处未领有他项权利证书，房屋产籍档案中亦无他项权利设定记录，因此，1997 年以吉房昌权字第 0232 号房产设定的抵押未完成抵押登记。

登记生效是我国不动产物权变动的基本原则。本案中，2000 年 4 月和 2001 年 4 月吉林市中级人民法院两次查档结果均为该房屋处于未抵押且未查封状态，在产权登记部门的登记资料中未显示吉房昌权字第 0232 号房产抵押给工行南京路办事处的事实。也正因为产权产籍档案中没有此项记录，在建业集团公司声明房产证丢失时产权管理部门才可能发布除权公告，废弃原有的 0232 号房产证并为其补办新证，并将该房屋产权按规定程序移转至华阳公司名下。工行南京路办事处没有完成有效的抵押登记，而没有完成抵押登记的行为使其不享有抵押权。

东市商场与工行南京路办事处签订 0232 号房产抵押合同并经建业集团公司认可，则东方长春办持有的吉房昌权字第 0232 号房屋所有权证书，应认定为建业集团公司为实现该抵押而交付。依据《担保法解释》第五十九条之规定："当事人办理抵押物登记手续时，因登记部门的原因致使其无法办理抵押物登记，抵押人向债权人交付权利凭证的，可以认定债权人对该财产有优先受偿权。但是，未办理抵押物登记的，不得对抗第三人。"据此，工行南京路办事处没有完成抵押登记的行为如果确因登记部门的原因所致，则可以认为债权人东方长春办对 0232 号房产享有优先受偿权，但当建业集团公司将 0232 号房产所有权转移给第三人华阳公司后，该项优先受偿权不能对抗华阳公司。《担保法解释》第六十七条规定："抵押权存续期间，抵押人转让抵押物未通知抵押权人或者未告知受让人的，如果抵押物已经登记的，抵押权人仍可以行使抵押权；取得抵押物所有权的受让人，可以代替债务人清偿其全部债务，使抵押权消灭。受让人清偿债务后可以向抵押人追偿。如果抵押物未经登记的，抵押权不得对抗受让人，因此给抵押权人造成损失的，由抵押人承担赔偿责任。”据此，如果抵押物没有登记，即使工行南京路办事处对吉房昌权字第0232号房产享有抵押权也不能对抗受让人。华阳公司无需对东市商场借款承担责任。

——最高人民法院民事审判第二庭编：《商事审判指导》总第19辑，人民法院出版社2010年版，第199～203页。

【链接：最高人民法院法官著述】

如果是因为登记部门的原因致使本案二审争议的抵押无法办理抵押物登记，则按照《担保法解释》第五十九条来处理，在抵押人将权利凭证交付债权人的情况下，可以认定债权人对该财产享有“优先受偿权”。这种“优先受偿权”的性质是什么？多数观点认为是针对权利凭证代表的财产的抵押权。因为这种抵押权没有登记，该条强调，债权人享有的优先受偿权不能对抗第三人。而《担保法解释》第六十七条规定：“抵押权存续期间，抵押人转让抵押物未通知抵押权人或者未告知受让人的，如果抵押物已经登记的，抵押权人仍可以行使抵押权；取得抵押物所有权的受让人，可以代替债务人清偿其全部债务，使抵押权消灭。受让人清偿债务后可以向抵押人追偿。如果抵押物未经登记的，抵押权不得对抗受让人，因此给抵押权人造成损失的，由抵押人承担赔偿责任。”此处的“第三人”与“受让人”是否指所有的第三人，包括明知这一事实存在的第三人依然不能对抗？上述法条中并未对“第三人”与“受让人”区分善意与恶意，按照文义理解，这里的第三人应当包括所有第三人。

——潘勇锋：《由不动产抵押合同签订及权证交付取得的“优先受偿权”未经登记不能对抗第三人——吉林华阳股份有限公司与东方资产管理公司长春办事处、吉林东市商场等借款合同纠纷案》，载最高人民法院民事审判第二庭编：《商事审判指导》总第19辑，人民法院出版社2010年版，第203～209页。

《物权法》第一百八十八条规定：“以本法第一百八十条第一款第（四）项、第（六）项规定的财产或者第（五）项规定的正在建造的船舶、航空器抵押的，抵押权自抵押合同生效时设立；未经登记，不得对抗善意第三人。”也就是说，以生产设备、原材料、半成品、成品、交通工具，正在建造的船舶、航空器抵押的，抵押权自抵押合同生效时设立；未经登记，不得对抗第三人。在理解和适用该法条关于

抵押权“未经登记,不得对抗善意第三人”的规定时,应当注意以下两个问题:

1. 关于第三人范围的界定问题。本法条所称的“第三人”,指的是对同一标的物享有物权的人,不包括债务人的一般债权人。理由有二:第一,就法律性质而言,物权具有排他性,其效力恒优先于债务人之一般债权,这是民法上的基本规则,动产抵押权既属物权,理应优先于债务人之一般债权人,登记与否不能影响其物权优先效力。第二,就交易安全而言,一般债权人借与金钱系信赖债务人之清偿能力,故应承担不获清偿的风险,否则其为避免不测之害,自应设定担保物权。而且一般债权人与动产抵押标的物并无法律上的直接联系,不能承认其具有对抗动产抵押的效力。

2. 关于第三人善意的判断。本法条所称的第三人“善意”,指的是主观上不知情,即根本不知道动产抵押权的存在,而不能解释为“善意无过失”。否则如果要求第三人“善意无过失”,无异于要求所有参加动产交易的人,均须注意该动产是否已经有担保权的存在,则显然不利于动产的迅速流转和市场交易的安全,对第三人过于苛刻。因此,只要第三人不知有动产抵押权的存在,即为“善意”。

——最高人民法院物权法研究小组编著:《〈中华人民共和国物权法〉条文理解与适用》,人民法院出版社2007年版,第565页。

1445

借贷双方就抵押物变更达成协议，但最终并未办理抵押物变更登记的，不发生抵押物权变动的法律后果

关键词｜抵押物变更｜变更登记｜物权变动｜

【最高人民法院裁判文书】

北京天亚物业开发有限公司与中国银行股份有限公司北京昌平支行借款合同纠纷案[最高人民法院(2005)民二终字第129号民事判决书]

最高人民法院认为:对于天亚公司主张的其在还贷期间曾与中行昌平支行达成口头协议,中行昌平支行同意在其偿还部分贷款的情况下释放部分抵押物,双方也曾一起去北京市国土资源局和房屋管理局申请办理解押手续等事宜,中行昌平支行不予认可。天亚公司为证明其与中行昌平支行根据双方的口头协议

曾去办理过解押手续,向本院提交了北京市国土资源局和房屋管理局出具的编号为GT20040423372号的收件单。但该收件单仅载明申请人为天亚公司,申请事项为房屋所有权及国有土地使用权抵押登记、房地产权属抵押登记等内容,无法证明天亚公司所称双方一同办理解押手续等事实。且从当事人双方的主张看,所谓解押实际上是抵押物部分变更的内容。根据《担保法》第四十一条和第四十二条关于以土地使用权和城市房产等建筑物抵押的应当办理抵押登记物登记的有关规定,对于上述不动产担保物权的变动,必须以登记作为要件,即使中行昌平支行与天亚公司就抵押物变更事宜达成了协议,但因最终未办理抵押物变更登记,亦不产生抵押物权变动的法律后果。天亚公司的上诉主张缺乏事实和法律依据,对其上诉请求本院不予支持。

——最高人民法院民事审判第二庭编:《最高人民法院商事审判指导案例·借款担保卷》,中国法制出版社2011年版,第649~652页。

1446

因登记部门原因未办理抵押登记的抵押合同仅对合同双方有效

关键词｜抵押合同｜抵押登记｜

【最高人民法院司法解释】

第五十九条　当事人办理抵押物登记手续时,因登记部门的原因致使其无法办理抵押物登记,抵押人向债权人交付权利凭证的,可以认定债权人对该财产有优先受偿权。但是,未办理抵押物登记的,不得对抗第三人。

——《最高人民法院关于适用〈中华人民共和国担保法〉若干问题的解释》(2000年12月8日,法释〔2000〕44号)

【最高人民法院答复】

四川省高级人民法院:

你院川高法〔2005〕496号《关于对最高人民法院〈关于适用《中华人民共和国担保法》若干问题的解释〉第五十九条的理解与适用的请示》收悉。经研究,答复如下：

根据《中华人民共和国担保法》第四十一条、第四十三条第二款规定，应当办理抵押物登记而未经登记的，抵押权不成立；自愿办理抵押物登记而未办理的，抵押权不得对抗第三人。因登记部门的原因致使当事人无法办理抵押物登记是抵押未登记的特殊情形，如果抵押人向债权人交付了权利凭证，人民法院可以基于抵押当事人的真实意思认定该抵押合同对抵押权人和抵押人有效，但此种抵押对抵押当事人之外的第三人不具有法律效力。

此复。

——《最高人民法院关于担保法司法解释第五十九条中的“第三人”范围问题的答复》（2006 年 5 月 18 日，法函〔2006〕51 号）

【链接：最高人民法院法官著述】

《担保法解释》第五十九条规定：“当事人办理抵押物登记手续时，因登记部门的原因致使其无法办理抵押物登记，抵押人向债权人交付权利凭证的，可以认定债权人对该财产有优先受偿权。但是，未办理抵押物登记的，不得对抗第三人。”该条是对因登记部门的原因致使当事人无法办理抵押登记的抵押权如何认定其效力的特殊规定。该条适用的条件：一是当事人确已办理过抵押登记，如果属于从未办理抵押登记的，不能适用该条，对此当事人应当负举证责任；二是未办理抵押登记系由于登记部门的原因，因自身原因未办成抵押登记的，不能适用；三是抵押财产的权利凭证已向债权人交付，权利凭证主要是房产证、土地使用权证等，没有权利凭证的，不能适用。该条司法解释主要针对抵押登记的现实情况，《担保法》实施后，由于我国登记制度不健全，实践中存在法定登记部门不办理抵押登记业务，或者登记部门擅自规定登记期限或者不合理的收费标准等现象，妨碍了抵押担保行为的开展，因此司法解释规定，当事人如果有充分的证据证明进行了抵押登记，因登记部门的原因致使当事人无法办理抵押物登记的，应当认定抵押有效，抵押权人可以取得抵押权。但由于抵押权未办理登记，无登记公示，因此该抵押权不得对抗第三人，不具有优先受偿效力。

——曹士兵：《中国担保制度与担保方法》（第三版），中国法制出版社 2015 年版，第 227 页。

当事人签订抵押合同应受到法律保护，不能因为未经登记而宣告合同无效。

事实上，抵押合同的有效是登记的前提条件。登记只是使抵押权人享有抵押权，并据此对抗第三人。在没有登记的情况下，抵押权人不能因抵押人未经其同意而将抵押物转让给第三人而要求抵押人与第三人的买卖合同无效，并对抵押物处理后所得的价款优先受偿。因为，抵押合同未经登记，不能对抗第三人，抵押权人享有的只是一种合同债权，而不是物权，它不能以其债权对抗第三人。至诉讼时，若抵押物尚属于抵押人所有且未设定有其他抵押，可享有优先受偿权，若抵押物已非抵押人所有或已设定其他抵押，则没有优先受偿权。

需要注意的是，该条适用的前提条件是"因登记部门的原因致使其无法办理抵押物登记，抵押人向债权人交付权利凭证的"。在《担保法》实施前及实施后的相当长一段时间内，因为对于办理抵押是否一定需要登记及由什么部门进行登记的认识没有统一，因登记部门的原因未能办理抵押物登记的情况可以说是普遍的，但在《担保法》实施后经过一段适应期，因没有确定的登记部门及有关部门不愿意进行登记的情况已不常见，在适用到具体案件的时候要对不能登记的原因作准确的认定。另外，对于权利凭证的交付亦应查明，如没有交付相应的权利凭证，则不属于上述情况，处理亦不能如上述。

——最高人民法院民事审判第一庭本书编写组编著：《民事审判实务问答》，法律出版社2005年版，第19页。

编者说明

关于因登记部门原因未办理抵押登记的抵押合同是否仅对合同双方有效问题，最高人民法院的主流观点主要体现在前述司法解释、答复和相关著述上，即：在《担保法》的背景下，因登记部门的原因致使当事人无法办理抵押物登记是抵押未登记的特殊情形，如果抵押人向债权人交付了权利凭证，法院可以基于抵押当事人的真实意思认定该抵押合同对抵押权人和抵押人有效，但此种抵押对抵押当事人之外的第三人不具有法律效力。

《物权法》生效后，根据《物权法》优先于《担保法》的法律适用原则，《担保法解释》第五十九条将不再适用。因为《物权法》第九条对不动产物权的变动规定了登记要件主义，未经登记不发生效力，因此，如果是不动产抵押的，必须登记取得抵押权，交付权利凭证不能取得抵押权；如果是动产抵押，则《物权法》规定一律凭抵押合同取得抵押权，不需要登记，该条司法解释对动产抵押也失去了适用必要。再者，在最高人民法院《担保法解释》制定当时抵押登记部门存在的问题，经过登记部门多年的改进也得到实际的改善，司法解释也不再需要进一步的适用。

1447

登记部门认为案涉土地存在“依法限制土地权利”的情形而决定暂缓登记属于不符合登记条件的情形

关键词｜抵押登记｜暂缓登记｜

【最高人民法院裁判文书】

马晶与东方集团财务有限责任公司、黑龙江省龙腾房地产综合开发有限公司借款合同纠纷案[最高人民法院(2012)民四终字第12号民事判决书]

最高人民法院认为：根据本案一、二审查明的事实，相关《土地他项权利证明书》记载的抵押登记设定于2002年2月28日，系为东方财务公司与老龙腾公司另案的8000万元贷款而设立的。由于双方已经就该8000万元借款纠纷通过调解方式结案，依据《担保法》第五十二条关于“抵押权与其担保的债权同时存在，债权消灭的，抵押权也消灭”的规定，因此，该项抵押权已经消灭。虽然东方财务公司与老龙腾公司于2005年12月20日签订的《最高额抵押合同》明确约定继续用上述土地使用权进行抵押，双方也确曾到哈尔滨市土地管理部门办理过抵押登记的主合同变更手续，但哈尔滨市土地管理部门认为案涉土地存在《哈尔滨市土地登记管理办法》第十一条第四款“依法限制土地权利的”情形而决定暂缓登记，该种情形应认定属于不符合登记条件的情形，而非属于“因登记部门的原因致使其无法办理抵押物登记”的情形，且东方财务公司与老龙腾公司双方此后未再办理本案债权的抵押登记手续，故本案不符合《担保法解释》第五十九条所规定的情形。依照《担保法》第四十一条、第四十二条的规定，由于本案抵押物未进行抵押登记，故本案抵押权依法未有效设立。一审判决认定东方财务公司的债权，在老龙腾公司不能清偿时相对于没有设定抵押登记的老龙腾公司的其他债权而言，享有优先受偿权不当，依法应予纠正。

——中国裁判文书网，http://wenshu.court.gov.cn。

1448

未按合同约定办理抵押登记手续，应当按约定给付违约金

关键词｜抵押登记｜违约金｜

【最高人民法院裁判文书】

广东省汕头经济特区房地产开发总公司与青海永丰实业(集团)有限公司转让合同纠纷案[最高人民法院(2012)民二终字第41号民事判决书]

最高人民法院认为:关于青海永丰公司未按合同约定办理抵押登记手续,是否应当再行给付违约金问题。转让合同约定:"如受让方未按约办妥抵押登记手续,每逾期一日,受让方应按约定的第二期及尾期应付产权转让价款总额的2‰支付违约金;出让方如在合同双方约定时间内不移交相关产权权属证书,每逾期一日按合同总价款的0.5‰向受让方支付违约金。"上述约定系用华侨大厦部分资产作为抵押以担保债务履行的担保条款,是相对独立的条款,可以视为双方之间担保法律关系的成立。由于青海永丰公司未办理抵押登记手续,违反《担保法》第四十一条规定,致抵押担保无效。其应当承担相应的违约责任。故本案担保条款关于违约金的约定,并非对转让合同付款违约金的重复约定,该条款应予履行。汕头房地产开发公司起诉时提出上述违约金主张,原审法院对此未予审理,实属不当。汕头房地产开发公司关于青海永丰公司应当支付未履行抵押合同违约金的上诉请求符合本案事实和相关法律规定,本院予以支持。青海永丰公司在一审程序中认为违约金过高,经其请求,原审法院已对转让合同违约金予以调整,又鉴于汕头房地产开发公司在上诉中放弃了原合同约定的日2‰的违约金,请求由青海永丰公司按533万元以日0.5‰支付违约金,此系权利人对自己权利的处分,本院予以认可。

——最高人民法院民事审判第二庭编:《最高人民法院商事审判指导案例(2012)·公司与金融》,中国民主法制出版社2013年版,第432~440页。

1449

非因抵押人的原因导致未办理抵押物登记,抵押人不应承担违约责任

关键词 | 抵押登记 | 违约责任 |

【最高人民法院裁判文书】

张掖凯航置业有限公司与中国建设银行股份有限公司韶关市分行及佛山市金塘海贸易有限公司、林立礼金融借款合同及担保合同纠纷申请再审案[最高人民法院(2016)最高法民再416号民事判决书]

最高人民法院认为：本案的争议焦点是，凯航公司是否应就抵押权未能有效设立向建行韶关分行承担违约责任。

本案中，凯航公司与建行韶关分行于2014年9月28日签订《最高额抵押合同》，约定凯航公司以张国用(2013)第134394号和张国用(2013)第134395号《国有土地使用证》项下的两宗土地在6000万元限额内为金塘海公司与建行韶关分行之间《贷款合同》项下的全部债务提供抵押担保。《最高额抵押合同》是凯航公司与建行韶关分行的真实意思表示，且不违反我国法律、行政法规的规定，合法有效。一、二审判决对此认定正确。双方均应按照合同的约定履行义务。

根据查明的事实，《最高额抵押合同》系建行韶关分行提供的格式文本，其中第十一条第十项特别手写如下内容：“该宗土地待换证手续完成后五个工作日内立即办理抵押登记手续，抵押期间该宗地权属人如有发生变化，则由新的权属人继续承担担保责任。”结合二审法院查明的2014年10月14日建行韶关分行致凯航公司函的内容，可以认定建行韶关分行知道涉案两宗土地不能及时办理抵押登记手续的原因是政府土地规划调整需要先换发土地证才能办理，并非凯航公司怠于办理抵押登记手续，并且双方一致将办理土地抵押登记手续的期限变更为“待换证手续完成后五个工作日内”办理抵押登记手续。根据2016年11月18日张掖市国土局给凯航公司的复函内容，可以认定因政府土地规划调整导致案涉两宗土地无法办理抵押登记手续的障碍已经消除，当事人可以向政府部门申请换发新证并办理抵押登记手续。然而，建行韶关分行因贷款到期提起本案诉讼向债务人和担保人主张债权后，向一审法院申请采取财产保全措施，一审法院裁定查封了涉案两宗土地，建行韶关分行至此不愿再向凯航公司交还案涉两宗土地的《国有土地使用证》原件，且拒绝申请解除对该两宗土地采取的查封措施，凯航公司因而无法继续办理土地抵押登记手续。由此，不能以未依约办理土地抵押登记手续为由认定凯航公司构成违约。

建行韶关分行还指出，其在与凯航公司人员一同到张掖市国土局办理案涉土地抵押登记手续时,才被告知该土地因规划调整需要换发新证,新证换发完成前无法办理抵押登记手续,凯航公司未提示风险并采取补救措施。然而,双方人员一同到张掖市国土局办理土地抵押登记手续时,张掖市政府对土地规划的调整尚处于报批阶段,调整方案亦未公布,凯航公司也无法在当时向建行韶关分行有效提示风险,在建行韶关分行未能举证证明凯航公司早已明知政府拟对用于抵押的土地进行规划调整,且该调整足以影响抵押登记手续办理而故意向建行韶关分行隐瞒的情况下,建行韶关分行认为凯航公司对抵押权未能有效设立负有过错并应承担违约责任,缺乏事实和法律依据。此外,在涉案两宗土地抵押登记手续于政府规划调整获批、换发新证完成前无法办理的情况下,建行韶关分行可以与凯航公司协商采取诸如更换抵押物等方式解决,但本案中并不存在建行韶关分行提出采取补救措施的要求而凯航公司予以拒绝的情形。

《最高额抵押合同》第十条关于"违约责任"中约定,如果因凯航公司原因导致抵押权未有效设立,且凯航公司与债务人不是同一人,建行韶关分行有权要求凯航公司在本合同约定的担保范围内对担保的债务与债务人承担连带责任。该条款并未表达只要"非因建行韶关分行原因"导致抵押权未能有效设立,凯航公司即应承担相应的违约责任的意思。本案中,建行韶关分行没有提供充分的证据证明凯航公司怠于履行办理土地抵押登记手续的义务,或者其他因凯航公司的原因导致抵押权未有效设立。因此,本案不符合该违约责任条款的适用条件。一、二审判决以凯航公司作为涉案抵押物的提供者及土地使用权的享有者,有义务保证提供抵押的土地使用权能办理抵押登记,而本案因其提供的土地原因未能办理抵押登记手续为由,认定凯航公司应根据《最高额抵押合同》第十条的约定承担违约责任不当,应予纠正。

《物权法》第九条第一款规定:"不动产物权的设立、变更、转让和消灭,经依法登记,发生效力;未经登记,不发生效力,但法律另有规定的除外。"根据该条规定,案涉两宗土地因未办理抵押登记,抵押权未能有效设立。因此,建行韶关分行对涉案两宗土地不享有抵押权。其中有政府调整土地规划导致需换领新证后才能办理抵押登记手续的原因,也有建行韶关分行过分依赖《最高额抵押合同》第十条关于违约责任的约定,在抵押土地价值低于6000万元的情况下意图抛弃抵押权条款通过适用违约责任条款获取更优利益保护的原因。但结合上述分析,特别是《最高额抵押合同》第十一条第十项的特殊约定,不能认定凯航公司构成违约。因此,凯航公司不应承担违约责任。目前虽然具备了换发新证并继续办理土地抵押登记手续的外部条件,但在建行韶关分行提起本案诉讼并申请法院对两宗土地已经采取保全措施予以查封，且凯航公司仍愿意以该两宗土地为本案所涉债权提供担保的情况下，没有必要再要求当事人继续办理土地抵押登记手续。《担保法解释》第五十九条规定："当事人办理抵押物登记手续时，因登记部门的原因致使其无法办理抵押物登记，抵押人向债权人交付权利凭证的，可以认定债权人对该财产有优先受偿权。但是，未办理抵押物登记的，不得对抗第三人。"根据该规定，可以认定债权人建行韶关分行在6000万元的范围内对该两宗土地折价或拍卖、变卖的价款享有优先受偿权。

——中国裁判文书网，http://wenshu.court.gov.cn。

1450

仅办理预告登记未办理正式登记的，不能行使抵押权

关键词｜预告登记｜抵押权｜抵押登记｜

【《最高人民法院公报》案例】

中国光大银行股份有限公司上海青浦支行诉上海东鹤房地产有限公司、陈思绮保证合同纠纷案

裁判摘要：一、开发商为套取银行资金，与自然人串通签订虚假的预售商品房买卖合同，以该自然人的名义与银行签订商品房抵押贷款合同而获得银行贷款，当商品房买卖合同被依法确认无效后，开发商与该自然人应对银行的贷款共同承担连带清偿责任。

二、预售商品房抵押贷款中，虽然银行与借款人（购房人）对预售商品房做了抵押预告登记，但该预告登记并未使银行获得现实的抵押权，而是待房屋建成交付借款人后银行就该房屋设立抵押权的一种预先的排他性保全。如果房屋建成后的产权未登记至借款人名下，则抵押权设立登记无法完成，银行不能对该预售商品房行使抵押权。

上海市第二中级人民法院二审认为：

一、关于第一个争议焦点：上诉人光大银行对涉案房产能否行使抵押权

二审法院认为，系争房产上设定的抵押预告登记，与抵押权设立登记具有不同的法律性质和法律效力。根据《物权法》等相关法律法规的规定，预告登记

后，未经预告登记的权利人同意，处分该不动产的，不发生物权效力。预告登记后，债权消灭或者自能够进行不动产登记之日起三个月内未申请登记的，预告登记失效。即抵押权预告登记所登记的并非现实的抵押权，而是将来发生抵押权变动的请求权，该请求权具有排他效力。因此，上诉人光大银行作为系争房屋抵押权预告登记的权利人，在未办理房屋抵押权设立登记之前，其享有的是当抵押登记条件成就或约定期限届满对系争房屋办理抵押权登记的请求权，并可排他性地对抗他人针对系争房屋的处分，但并非对系争房屋享有现实抵押权，一审判决对光大银行有权行使抵押权的认定有误，应予纠正。

二、关于第二个争议焦点：上诉人东鹤公司在本案中是否承担法律责任

二审法院认为，根据《担保法解释》第十条的规定，东鹤公司提供阶段性连带保证的主合同为系争贷款合同，现主合同虽被解除，在东鹤公司与光大银行未在保证合同中另有约定的情况下，保证人东鹤公司仍应对债务人的相关民事责任承担连带清偿的保证责任。而所谓阶段性连带保证，其本意就是让房产开发商为借款人在该阶段内（贷款合同签署之日起至抵押有效设定，相关权利证明文件交付银行执管之日止）向银行履行还款义务提供保证，亦为银行获得安全的房屋抵押担保的等待过程提供保证。一旦房屋抵押设定成功，该阶段性保证的任务完成，即阶段性保证期限届满之时即是银行获得借款人的房屋抵押担保之时。本案抵押预告登记在未变更为抵押权设立登记之前，根据物权法定原则，上诉人光大银行就抵押房屋处分并优先受偿的权利在行使要件上有所欠缺，即上诉人东鹤公司提供的阶段性连带保证的期限届满条件未成就。且该期限届满条件的未成就并非光大银行造成，而是东鹤公司与被上诉人陈思绮恶意串通，以商品房买卖为名，行东鹤公司融资之实，损害了光大银行的利益，危及银行贷款安全，陈思绮与东鹤公司具有明显过错。因此，东鹤公司应对陈思绮因贷款合同所产生的所有债务承担连带清偿责任。至于东鹤公司承担连带清偿责任之后与陈思绮之间的权利义务关系，双方可能另行存在约定，东鹤公司可与陈思绮另行解决，本案中不予处理追偿权问题。

——《最高人民法院公报》2014 年第 9 期

【链接：最高人民法院法官著述】

预购商品房抵押的预告登记不产生抵押效力。理由是：预告登记是与本登记相对应的概念，预告登记是对将来发生不动产物权变动的目的请求权的

登记,本登记则是对已经发生的物权变动进行的登记。本案中的预购商品房抵押预告登记,主要是促使以设立房屋抵押权为内容的请求权得以实现,并非直接导致抵押权的设立。《担保法解释》第四十七条、《物权法》第一百八十七条中关于抵押物登记,均指本登记,非预告登记,故在预售商品上抵押预告未转换成房屋抵押登记之前,抵押权人行使房屋优先受偿权依据不足,不予支持。

——李明义、陈林:《预购商品房抵押的预告登记是否产生抵押效力》,载杜万华主编、最高人民法院民事审判第一庭编:《民事审判指导与参考》总第65辑,人民法院出版社2016年版,第154~155页。

1451

随同债权一并转移的抵押权原则上不须重新办理登记手续，除非当事人有特殊约定

关键词 | 债权转让 | 抵押登记 |

【最高人民法院裁判文书】

湖南绿兴源糖业有限公司、丁兴耀与怀化市鹤城区城市建设投资有限公司等借款合同纠纷申请再审案[最高人民法院(2015)民申字第2040号民事裁定书]

最高人民法院认为,《物权法》第一百九十二条规定:“抵押权不得与债权分离而单独转让或者作为其他债权的担保。债权转让的,担保该债权的抵押权一并转让,但法律另有规定或者当事人另有约定的除外。”本条系关于抵押权处分从属性的规定,抵押权作为从权利应随债权转让而转让。债权受让人取得的抵押权系基于法律的明确规定,并非基于新的抵押合同重新设定抵押权,故不因受让人未及时办理抵押权变更登记手续而消灭。本案中城建投公司受让农发行怀化分行对绿兴源公司享有的债权,依据法律规定有权受让与案涉债权相关的抵押权,一、二审法院据此判定抵押权继续有效,并无不当。

——中国裁判文书网,http://wenshu.court.gov.cn。

中国东方资产管理公司武汉办事处与武汉市亚洲贸易广场股份有限公司借款担保合同纠纷案[最高人民法院(2006)民二终字第31号民事判决书]

最高人民法院认为:一、抵押权是典型的担保物权,具有从属性、不可分性和物上代位性等特征。依据《担保法》第五十条的规定,让与债权时,抵押权应随同债权一并转移予受让人,除非当事人就抵押权的设定有特殊约定。抵押权证书原件是否移交,对抵押权的转移和取得均不产生影响。抵押人以此为由主张受让人尚未实际取得抵押权的,人民法院不应支持。

二、依据《不良贷款案件规定》第九条的规定,随同债权一并转移的抵押权原则上不须重新办理登记手续,除非当事人就抵押权的设定有特殊约定。抵押物是否分割,对抵押权的行使不产生影响。抵押人以此为由主张受让人行使抵押权的前提是在抵押物的分割和变更登记手续办理完毕后的,人民法院不应支持。

三、抵押权的不可分性,是指在抵押权所担保的债权未受全部清偿前,抵押权人有权就抵押物的全部行使权利。就抵押物与被担保的债权的关系而言,就是抵押物的全部担保债权的各个部分。依据《担保法解释》第七十一条第一款、第七十二条第一款的规定,在主债权被部分转让,且主债权未受全部清偿的情况下,受让人可以就其享有的债权份额对涉案抵押物的全部行使抵押权。抵押人主张受让人对抵押合同项下的抵押物不存在按债权份额享有优先受偿权的,人民法院不应支持。

四、涉案房产既是本案所涉借款的抵押物,又是另案所涉借款的抵押物。原债权人在将前述全部借款所产生的债权分别转让给本案和另案两个受让人时,并未对抵押物进行分割,故抵押物所担保的仍然是前述全部借款。抵押人主张抵押物中用于为另案的主债权担保的部分不属于抵押物的,人民法院不应支持。

——最高人民法院民事审判第二庭编:《最高人民法院商事审判指导案例·借款担保卷》,中国法制出版社2011年版,第604~616页。

【链接:最高人民法院法官著述】

《物权法》颁布前,《担保法》对抵押权的转让登记没有具体规定,因此在转让抵押权是否需要变更登记的问题上,最高人民法院针对国有银行不良资产政策转让的特殊情况采取了简易处理措施,通过司法解释规定国有政策性资产管理公司受让国有银行不良资产涉及抵押权转让的，无需变更登记，原抵押登记继续有效。但该解释仅适用于资产管理公司和国有银行这样的政策性转让债权和抵押权的情况。《物权法》颁布后，法律明文规定依法律行为发生的不动产物权变动一律登记生效，继承、裁判、征收等非依法律行为发生的物权变动无需登记，但再行处分该不动产物权仍然以登记为生效要件。根据《物权法》的规定，在《物权法》生效后，转让不动产抵押权应当采取无需办理变更登记即发生物权效力的思路，最高人民法院关于资产管理公司的司法解释应普遍适用于所有受让抵押权的情形。

——曹士兵：《中国担保制度与担保方法》（第三版），中国法制出版社2015年版，第231～232页。

（五）抵押物转让与抵押权的追及性

1452

抵押人未通知抵押权人即将已办理抵押登记的抵押物转让的，受让人的权利不得对抗抵押权，由此造成的损失由抵押人负责

关键词｜抵押物转让｜对抗抵押权｜

【最高人民法院司法解释】

第六十七条 抵押权存续期间，抵押人转让抵押物未通知抵押权人或者未告知受让人的，如果抵押物已经登记的，抵押权人仍可以行使抵押权；取得抵押物所有权的受让人，可以代替债务人清偿其全部债务，使抵押权消灭。受让人清偿债务后可以向抵押人追偿。

如果抵押物未经登记的，抵押权不得对抗受让人，因此给抵押权人造成损失的，由抵押人承担赔偿责任。

——《最高人民法院关于适用〈中华人民共和国担保法〉若干问题的解释》（2000年12月8日，法释〔2000〕44号）

【最高人民法院审判业务意见】

最高人民法院民一庭意见:《物权法》第一百九十一条第二款并非针对抵押财产转让合同的效力性强制性规定,当事人仅以转让抵押房地产未经抵押权人同意为由,请求确认转让合同无效的,不应予以支持。受让人因抵押登记未涂销无法办理物权转移登记而请求解除合同的,可予以支持;受让人要求转让人承担相应民事责任的,应考虑当事人的过错程度等进行处理。

——最高人民法院民事审判第一庭:《未经抵押权人同意转让抵押物纠纷的处理》,载最高人民法院民事审判第一庭编:《民事审判前沿》第1辑,人民法院出版社2014年版,第29~33页。

【最高人民法院裁判文书】

郑州市电通公司与中国华融资产管理公司郑州办事处等抵押借款合同纠纷上诉案[最高人民法院(2001)民二终字第106号民事判决书]

最高人民法院认为:南阳路支行与亚力公司于1995年7月28日签订的房地产抵押贷款合同,系双方当事人的真实意思表示,不违反国家法律法规规定,应认定合法有效。南阳路支行依约履行了贷款义务,亚力公司未按约定的期限偿还借款,构成违约,原审判令其承担偿还710万元借款本金、利息及罚息的责任并无不当,应予维持。但因中国人民银行对不同时期的逾期罚息计算标准有不同规定,原审判令亚力公司按日4‰向南阳路支行支付逾期罚息欠当,应予纠正。

南阳路支行与亚力公司签订房地产抵押贷款合同后,于1996年1月9日在郑州市人民政府规定的房地产登记部门郑州市房地产管理处办理了抵押登记手续,抵押登记的范围包括位于259号的4053.97平方米房屋及所占的4200平方米土地使用权,该登记合法有效,应认定南阳路支行对位于259号的房屋及土地使用权享有抵押权。在南阳路支行的抵押权存续期间,亚力公司又与电通公司签订联建协议,约定亚力公司以其位于259号的全部房地产作为投资,与电通公司联合开发房地产。电通公司依据该协议与郑州市土地管理局签订土地使用权出让合同,取得了位于259号的土地的使用权证。虽然电通公司对亚力公司将位于259号的全部房地产抵押给南阳路支行不知情,其取得该土地使用权亦履行了法定的手续,但因亚力公司在转让上述土地使用权前已向南阳路支行设定抵押,进行了抵押登记,且其转让抵押物未通知抵押权人南阳路支行,根据《担保法解释》第六十七条之规定,电通公司对位于259号的土地使用权的取得不能对抗抵押权人南阳路支行,南阳路支行仍可以行使抵押权。电通公司与亚力公司签订联建协议后,即将南阳路支行同样享有抵押权的定着于上述土地上的房屋拆除,并在该土地上开发建设了新的房产。按照亚力公司与电通公司签订的联建协议的约定,电通公司将双方联建的综合楼、商住楼各分给亚力公司7000平方米、400平方米,作为亚力公司转让其土地使用权及拆除房屋的补偿,参照《担保法解释》第八十条关于在抵押物灭失、毁损或者被征用的情况下,抵押权人可以就该抵押物的保险金、赔偿金或补偿金优先受偿的规定,南阳路支行对亚力公司依照联建协议应分得的房产具有优先受偿权。但由于亚力公司设定的抵押物的价值为1000万元,南阳路支行对上述房产的优先受偿权应以1000万元为限。虽然电通公司与亚力公司在履行联建协议中可能存在争议,亚力公司实际应分得的联建房屋的份额不确定,但联建协议所约定的亚力公司应分得联建房屋的份额是南阳路支行享有抵押权的抵押物的交换价值的体现,是抵押物的价值变形物,南阳路支行所享有的抵押权的效力及于该价值变形物,电通公司与亚力公司因联建协议所产生的争议及是否实际应取得联建协议约定的份额不能对抗南阳路支行的优先受偿权。电通公司因南阳路支行行使该优先受偿权所产生的损失只能向亚力公司追偿。因此,原审判令在亚力公司不能向南阳路支行偿还借款本息时,电通公司以其控制的亚力公司应分得的联建房屋予以清偿并无不当,应予维持。但因亚力公司设定抵押物的价值为1000万元,原审判决未将南阳路支行的优先受偿权限定在1000万元的范围内不当,应予纠正。由于本案的处理结果与电通公司有利害关系,原审追加电通公司为本案第三人亦无不当,应予维持。电通公司关于其取得位于259号的土地使用权系合法取得,没有任何过错,不应追加其为本案第三人,以及联建协议约定的亚力公司应分得的房产系不确定债权,原审判令以该房产清偿亚力公司的债务不当的上诉理由不成立,本院不予支持。在本院二审期间,南阳路支行将本案所涉债权全部转让给了华融公司,南阳路支行所享有的上述优先受偿权亦应随之转移。

——李国光主编、最高人民法院民事审判第二庭编:《民商审判指导与参考》总第1卷,人民法院出版社2002年版,第434页。

【链接：最高人民法院法官著述】

应当注意把握我国立法在抵押物转移制度上的轨迹。在抵押物转移制度上,我国立法从《民法通则》到《担保法》及其司法解释,再到《物权法》,经历了一个从严格限制到逐渐宽松的演变过程。

在《担保法》实施之前,《民通意见(试行)》第一百一十五条规定:“抵押物如由抵押人自己占有并负责保管,在抵押期间,非经债权人同意,抵押人将同一抵押物转让他人,其行为无效。”显然,该规定通过限制抵押物的转让来保障抵押权人的利益,在一定程度上妨碍了对抵押物的有效利用。

《担保法》第四十九条对此作了一定的改变:“抵押期间,抵押人转让已办理登记的抵押物的,应当通知抵押权人并告知受让人转让物已经抵押的情况;抵押人未通知抵押权人或者未告知受让人的,转让行为无效。”由此可见,《担保法》虽然对抵押人行使处分权有一定的限制,但从根本上说,是允许抵押人在抵押设定以后,将抵押物所有权让与第三人。由于在抵押关系设定以后,抵押人仍然享有对抵押物的所有权,相应地抵押人也应当享有对抵押标的物的处分权。但是在设定抵押以后,抵押人对抵押物处分要受到抵押关系的限制。此限制有三:一是有将抵押物转让的情况告知抵押权人的义务;二是将转让物上存在抵押负担的事实告知受让人的义务;三是抵押人转让抵押物所得的价款,应当向抵押权人提前清偿所担保的债权或者向与抵押权人约定的第三人提存。法律设定这种限制的目的在于保护抵押权人和物受让人的利益。

《担保法解释》对此又有所突破,其第六十七条规定:“抵押权存续期间,抵押人转让抵押物未通知抵押权人或者未告知受让人的,如果抵押物已经登记的,抵押权人仍可以行使抵押权;取得抵押物所有权的受让人,可以代替债务人清偿其全部债务,使抵押权消灭。受让人清偿债务后可以向抵押人追偿。如果抵押物未经登记的,抵押权人不得对抗受让人,因此给抵押权人造成损失的,由抵押人承担赔偿责任。”这就承认抵押权具有追及效力,同时规定受让人享有涤除权,可以代替债务人清偿其全部债务,使抵押权消灭。

《物权法》为了适应我国市场经济条件下对物的流通的需求,总结并借鉴了其他国家的立法长处,仍然对抵押物转让的限制保持比较宽松的立法态度,将价金物上代位主义和抵押权追及效力以及涤除权制度进行整合,设计出目前比较宽松和利益平衡的抵押物转移制度。

——最高人民法院物权法研究小组编著:《〈中华人民共和国物权法〉条文理解与适用》,人民法院出版社 2007 年版,第 573 ~574 页。

1453

抵押人援引《担保法》第四十九条第一款规定主张确认转让行为无效的，在确保抵押权实现的前提下，其请求应予驳回

关键词｜抵押物转让｜

【《最高人民法院公报》案例】

百花公司诉浩鑫公司买卖合同纠纷案(贵州省高级人民法院二审民事判决书)

裁判摘要:一、根据《担保法》第四十九条第一款和《担保法解释》第六十七条,在未通知抵押权人和未告知受让人的情况下,抵押人转让已办理登记的抵押物,只要抵押人在转让后向抵押权人清偿了债务,或者受让人在得知受让物上有抵押权后代抵押人清偿了债务,使物上设定的抵押权消灭,转让行为仍可以有效。

二、能够援引《担保法》第四十九条第一款规定来主张转让行为无效的,应当是合法权益受到损害的抵押权人或者受让人,不是不履行此款规定通知、告知义务的抵押人。抵押人提起诉讼主张确认转让行为无效的,在确保抵押权实现的前提下,其诉讼请求应当驳回。

贵州省高级人民法院认为:关于第一点。上诉人百花公司在二审提交的新证据,足以证明其公司名称已变更为雪清公司,且这个变更已经工商行政管理机关核准,被上诉人浩鑫公司对此也无异议,故应当将上诉人的公司名称确定为雪清公司,原百花公司的诉权依法由雪清公司承继。在一审立案时,由于雪清公司提交的证据不能证明公司更名经过工商行政管理机关核准,故一审仍将百花公司列为本案诉讼当事人,并无不当。雪清公司关于一审认定诉讼主体不当的上诉理由不能成立,予以驳回。

关于第二点。遵初 39 号判决在解决抵押权人遵义工行和抵押人百花公司

主张确认《资产折换协议书》及其补充协议无效的问题时，曾经论述："在因百花公司清偿或浩鑫公司代偿债务后，抵押权丧失，限制抵押财产转让的权利瑕疵消灭，即应认定《资产折换协议书》以及补充协议有效，故本院对前述要求确认《资产折换协议书》以及补充协议无效的主张不予采信，予以驳回。"其时，被上诉人浩鑫公司尚未代偿百花公司的债务，因此遵初39号判决中的这段论述，应当理解为是附条件地承认《资产折换协议书》以及补充协议的效力，并非直接确认《资产折换协议书》以及补充协议有效。遵初39号是一审判决，不是生效法律文书，在黔高16号这一生效的二审民事判决中，未提及《资产折换协议书》以及补充协议的效力问题。一审关于"遵初39号判决已确认《资产折换协议书》及其补充协议有效"的表述与事实不符，上诉人雪清公司的此条上诉理由应予采纳。对《资产折换协议书》以及补充协议的效力，应当在本案中确认。

关于第三点。《资产折换协议书》签订后，被上诉人浩鑫公司已根据协议，向上诉人雪清公司支付了折换款，并根据雪清公司提供的地籍资料，到遵义市红花岗区国土局申办了土地使用权预登记证。这些事实证明，签订《资产折换协议书》以及补充协议，是雪清公司与浩鑫公司的真实意思表示。《担保法》第三十三条第一款规定："本法所称抵押，是指债务人或者第三人不转移对本法第三十四条所列财产的占有，将该财产作为债权的担保。债务人不履行债务时，债权人有权依照本法规定以该财产折价或者以拍卖、变卖该财产的价款优先受偿。"据此可以认为，抵押权是以确保债务清偿为目的设立的物权，是依附于主债权而存在的从权利。主债权消灭，抵押权亦消灭。抵押权设定后，抵押人对抵押物的所有权并未丧失，而所有权中就包括了对物的处分权。抵押人并非不能向他人转让抵押物，只是应当在转让时履行通知抵押权人和告知受让人的义务。抵押人不履行通知、告知义务就转让抵押物，只要在转让后抵押人向抵押权人清偿债务，或者受让人在得知受让物上有抵押权后代抵押人清偿债务，使物上设定的抵押权消灭，转让仍可以有效。现查明，浩鑫公司已经向抵押权人遵义工行代偿了雪清公司的全部债务，从而使抵押权因债权实现而消灭，限制雪清公司向浩鑫公司转让抵押物的权利瑕疵不复存在，因此可以认定，雪清公司与浩鑫公司签订的《资产折换协议书》以及补充协议，未损害他人利益，并已实际履行完毕，应为有效。

关于第四点。一审在查明被上诉人浩鑫公司向抵押权人遵义工行代偿了上诉人雪清公司的全部债务后，认定抵押权因债权实现而消灭。雪清公司上诉认为，抵押权消灭的时间应以诉讼提起的时间为准；在其提起本案诉讼时，浩鑫公司并未代其向遵义工行履行还款义务，抵押权并未消灭，一审这一认定属认定事实错误。法律和司法解释只规定了抵押权可以因担保的债权实现而消灭，没有规定抵押权消灭以何时为准。雪清公司的这一上诉理由没有法律依据，予以驳回。

关于第五点。《担保法》第一条开宗明义地规定："为促进资金融通和商品流通，保障债权的实现，发展社会主义市场经济，制定本法。"这是《担保法》的立法目的。该法第四十九条第一款虽然规定抵押人未履行通知、告知义务的转让行为无效，但是第二款、第三款还规定"转让抵押物的价款明显低于其价值的，抵押权人可以要求抵押人提供相应的担保；抵押人不提供的，不得转让抵押物"，"抵押人转让抵押物所得的价款，应当向抵押权人提前清偿所担保的债权或者向与抵押权人约定的第三人提存。超过债权数额的部分，归抵押人所有，不足部分由债务人清偿"。纵观《担保法》第四十九条可以看出，此条并非剥夺抵押人对抵押物的转让权，而是要保障抵押权人享有的债权能够实现。

法律确立公民、法人和其他组织的权利与义务，建立和规范社会秩序，最终体现的是国家整体利益。公民、法人和其他组织在法律面前一律平等。任何公民、法人和其他组织都享有法律规定的权利，同时必须履行法律规定的义务，都应当从立法本意上去理解和遵守法律，不能断章取义地利用法律。能够援引《担保法》第四十九条第一款的规定来主张转让行为无效的，应当是合法权益受到损害的抵押权人或者受让人。是否行使这一权利，应当由抵押权人或者受让人决定。在《担保法》第四十九条中，抵押人只有通知、告知、提供相应担保、清偿担保债权等义务，没有据以起诉抵押权人或者受让人的权利。只要抵押人本着诚信原则，依法履行这些义务，他人合法权益就不会受到侵害，从而也不会发生纠纷。作为抵押人，上诉人雪清公司在转让抵押财产时不履行法定的通知、告知义务，转让抵押财产后，仍然不履行清偿债权的义务，却执意援引《担保法》第四十九条第一款来主张转让无效，以达到依法不应达到的毁约目的，其行为不是维护法律。只要抵押权能消灭，无论是在消灭前还是消灭后提起本案诉讼，雪清公司的诉讼请求均不应满足。

——《最高人民法院公报》2006 年第 3 期

1454

抵押期间转让抵押财产，受让人代为清偿债务的，虽未经抵押权人同意，抵押物转让合同仍有效

关键词｜抵押物转让｜代为清偿｜合同效力｜

【最高人民法院审判业务意见】

最高人民法院民一庭意见:《物权法》第一百九十一条第二款规定:"抵押期间,抵押人未经抵押权人同意,不得转让抵押财产,但受让人代为清偿债务消灭抵押权的除外。"就不动产物权变动而言,这里的转让,指的是不动产物权变动的结果,而不是原因。引起不动产变动的原因行为即合同的效力,不受抵押权人是否同意转让抵押物的影响。

——最高人民法院民事审判第一庭:《未经抵押权人同意是否影响转让不动产合同的效力》,载最高人民法院民事审判第一庭编:《民事审判指导与参考》总第42集,法律出版社2011年版,第152～153页。

【《最高人民法院公报》案例】

重庆索特盐化股份有限公司与重庆新万基房地产开发有限公司土地使用权转让合同纠纷案[最高人民法院(2008)民一终字第122号民事判决书]

裁判摘要:一、根据《物权法》第一百九十一条、《担保法》第四十九条的规定,抵押期间抵押人转让抵押物,应当通知抵押权人并经抵押权人同意,否则转让行为无效。但《物权法》第一百九十一条以及最高人民法院《担保法解释》第六十七条还同时规定,未经通知或者未经抵押权人同意转让抵押物的,如受让方代为清偿债务消灭抵押权的,转让有效。即受让方通过行使涤除权涤除转让标的物上的抵押权负担的,转让行为有效。上述法律、司法解释的规定,旨在实现抵押权人、抵押人和受让人之间的利益平衡,既充分保障抵押权不受侵害,又不过分妨碍财产的自由流转,充分发挥物的效益。

二、根据《物权法》第十五条的规定,当事人之间订立有关设立、变更、转让和消灭不动产物权的合同,除法律另有规定或者合同另有约定外,自合同成立时生效;未办理物权登记的,不影响合同效力。该规定确定了不动产物权变动的原

因与结果相区分的原则。物权转让行为不能成就，并不必然导致物权转让合同无效。

最高人民法院终审认为：关于《联合开发协议》及其《补充协议》的效力问题。根据《担保法》第四十九条的规定，抵押期间抵押人转让抵押物应当通知抵押权人，否则转让行为无效；《物权法》第一百九十一条亦规定抵押期间转让抵押物须经抵押权人同意。其立法目的是为了确保抵押权人的利益不受侵害。但《担保法解释》第六十七条和《物权法》第一百九十一条也规定，未经通知或者未经抵押权人同意转让抵押物的，如受让方代为清偿债务消灭抵押权的，转让有效。即受让人通过行使涤除权涤除转让标的物上的抵押权负担的，转让行为有效。上述法律和司法解释的规定体现了相关立法和司法解释的指导思想是要在抵押权人和抵押人、受让抵押标的物的第三人之间实现利益平衡，既充分保障抵押权不受侵害，又不过分妨碍财产的自由流转，充分发挥物的效益。本案双方当事人在《联合开发协议》中约定由索特公司在不影响开发进度的前提下办理解除抵押的相关手续，即以约定的方式将先行解除本案所涉土地上的抵押权负担的义务赋予了索特公司；该约定既保障了抵押权人的利益，也不妨害抵押人和受让土地的第三人的利益，与《担保法》《物权法》以及《担保法解释》保障各方当事人利益平衡的立法精神并不相悖，不违反法律规定。从合同法的角度看，转让方对转让标的负有权利瑕疵担保责任，其主动告知转让土地上的权利负担，并承诺由其在不影响开发进度的前提下先行解除抵押，该承诺构成合同中的负担行为，即承担义务的行为，符合意思自治和合同自由原则，且确保了抵押权人的利益不受侵害，与《担保法》《物权法》和《担保法解释》的立法本意和制度设计不相抵触。因此，应当确认该《联合开发协议》及《补充协议》有效，双方应按照合同诚信履行，索特公司有义务根据双方商定的开发进度清偿银行债务，从而解除该转让土地上的抵押权负担。

其次，根据《物权法》第十五条的规定，当事人之间订立有关设立、变更、转让和消灭不动产物权的合同，除法律另有规定或者合同另有约定外，自合同成立时生效；未办理物权登记的，不影响合同效力。该规定确定了不动产物权变动的原因与结果相区分的原则。物权转让行为不能成就，并不必然导致物权转让的原因即债权合同无效。双方签订的《联合开发协议》及《补充协议》作为讼争土地使用权转让的原因行为，是一种债权形成行为，并非该块土地使用权转让的物权变动行为。相关法律关于未经通知抵押权人而导致物权转让行为无效的规定，其效力不应及于物权变动行为的原因行为。因为当事人可以在合同约定中完善物权转让的条件,使其转让行为符合法律规定。本案即属此种情形。

综上,双方当事人签订的《联合开发协议》未违反法律强制性规定,应为有效合同。一审判决对此问题的认定适用法律不当,应予纠正。

——《最高人民法院公报》2009 年第 4 期

【链接:最高人民法院法官著述】

《担保法解释》第六十七条规定:"抵押权存续期间,抵押人转让抵押物未通知抵押权人或者未告知受让人的,如果抵押物已经登记的,抵押权人仍可以行使抵押权;取得抵押物使用权的受让人,可以代替债务人清偿其全部债务,使抵押权消灭。受让人清偿债务后可以向抵押人追偿。"这是承认抵押权具有追及效力,同时规定受让人享有解除权,可以代替债务人清偿其全部债务,使抵押权消灭。《物权法》第一百九十一条对解除权的行使进一步予以确认。上述法律规定了由受让人行使解除权从而使转让物上的抵押权消灭,而本案中转让双方以合同约定的方式将解除权以合同义务的方式分配由转让方承担,这种约定不违反法律强制性规定,也能充分保护抵押权人的利益,因而有效。一审判决未注意到有关法律对转让抵押物的规定的发展变化,以双方的土地使用权转让合同中约定转让抵押物违反法律规定为由认定合同无效显属不当。此外,《物权法》第十五条确定了物权变动的原因与物权变动相区分的原则,即物权变动的效力不一定影响到物权变动原因的效力。当事人之间签订的土地使用权转让合同作为涉案土地使用权变动的原因与该块土地的使用权是否能够实际完成转让,分属于债权行为和物权行为,物权行为无效并不一定导致相关的债权行为无效。因转让抵押物可能因违反法律的强制性规定而转让行为无效,但为该转让行为而签订的债权合同并不一定无效,因为调整这两种不同性质行为所依据的法律不同。

——李明义:《抵押人违反诚实信用原则不履行合同约定的解除抵押权义务,其转让行为虽未经抵押权人同意,仍应认定转让抵押物的合同有效——重庆索特盐化股份有限公司与重庆新万基房地产开发有限公司土地使用权转让纠纷上诉案》,载最高人民法院民事审判第一庭编:《民事审判指导与参考》总第 37 集,法律出版社 2009 年版,第 220~222 页。

1455

在抵押权存续期间，抵押人转让抵押物未通知抵押权人的，抵押权人仍可行使抵押权

关键词｜抵押物转让｜

【最高人民法院裁判文书】

中国信达资产管理公司银川业务部与宁夏煤炭基本建设公司借款抵押合同纠纷上诉案[最高人民法院(2002)民二终字第63号民事判决书]

最高人民法院认为:1998年7月15日,建行营业部与煤建公司签订的借款合同,同年6月3日,双方签订的抵押合同,是双方的真实意思表示,合法有效。1999年9月20日,建行营业部与信达公司签订债权转让协议,协议约定将上述债权转让给信达公司,债权转让后,信达公司向煤建公司履行了通知义务,煤建公司予以确认并签收,本院予以认定。根据《担保法解释》第四十七条"以依法获准尚未建造的或者正在建造中的房屋或者其他建筑物抵押的,当事人办理了抵押物登记,人民法院可以认定抵押有效"的规定,本案双方当事人对正在建设的煤建大厦办理了抵押登记,且对抵押合同的有效性均未表示异议,该抵押合同是双方当事人真实意思的表示,符合上述担保法司法解释的规定,故合法有效。被上诉人煤建公司作为煤建大厦(在建工程)占用范围内土地使用权的享有者,并且又是办理该在建工程项目建设手续的申报人和被批准人,应当被认定为在建工程的所有权人。煤建大厦(在建工程)在设置抵押前,未曾有办理转让煤建大厦的手续,其责任单位和用地单位仍然是被上诉人,根据房屋的所有权和该房屋占用范围内的土地使用权权利主体一致的原则,煤建大厦(在建工程)的所有权主体应和该在建工程占用范围内的土地使用权的权利主体一致,因此,煤建大厦(在建工程)在设置抵押时的所有权人是被上诉人煤建公司。本案一审期间,煤建公司与信达公司签订抵押合同的行为,亦表明煤建公司对煤建大厦是享有所有权的。关于煤建公司所称煤建大厦的建设资金来源于工会的主张,经查证,煤建大厦的建设资金组成中所谓的工会贷款50万元,其实际贷款者是服务部。根据有关工商登记文件,该服务部是煤建公司的一个非法人分支机构。根据我国《公司法》第十三条规定,不具有企业法人资格的分支机构的民事责任由公司承担。由此可见,该50万元贷款责任应属于

煤建公司,因此,可以认定煤建大厦(在建工程)的建设资金全部是由被上诉人自筹投入的,煤建大厦建设资金由工会投入的主张缺乏证据支持。煤建公司于2000年9月26日将煤建大厦的土地使用权转让给大海公司,但因本案抵押在先,转让在后,根据《担保法解释》第六十七条第一款之规定,在本案抵押存续期间,煤建公司转让抵押物未通知抵押权人信达公司,信达公司仍可以行使抵押权。综上,信达公司关于煤建公司是煤建大厦所有权人的上诉理由成立,本院予以支持。原审判决关于抵押权属不明、抵押无效的判决属认定事实不清,适用法律不当,应予以纠正。

——江必新主编、最高人民法院民事审判第二庭编:《民商事审判指导与参考》总第3辑,人民法院出版社2003年版,第429~435页。

1456

抵押物受让人的代偿行为属于义务性质，而非权利或者前置程序

关键词|抵押物受让人|代偿行为|

【最高人民法院裁判文书】

海南唯舍房地产开发有限公司与武汉因为思特投资有限公司金融借款合同纠纷申诉案[最高人民法院(2013)民申字第1593号民事裁定书]

裁判要旨:一、债权到期而未获全部清偿的情形下,抵押权人与抵押人协商变卖抵押物的,抵押物的受让人并非原债务的担保人,其依约定向抵押权人支付抵押物受让款,在性质上属于因受让抵押物而在受让款范围内替原抵押人代为承担清偿义务。

二、抵押物在担保四笔贷款时,并未明确是对哪笔贷款的担保或担保责任比例,在之后债权人分别转让四笔债权时,虽然将抵押物受让人提供担保的他项权利证明书交给其中一家受让人,但由于他项权利证明书本身具有不可分性,故不能就此认定债权人已将抵押物受让人所负剩余清偿义务全部分配给了该一家受让人。

三、抵押物受让人与其中一家债权受让人就债务履行问题虽已达成调解协议,并按协议内容履行了义务,但本案债权人受让人起诉所依据的债权与之并不

相同,法院受理本案并不违反“一事不再理”原则。二审法院判决未在实质上对抵押物受让人利益造成损害,抵押物受让人实际代为清偿债务总额并未超出其承诺范围,因此,二审判决应当予以维持。

最高人民法院认为:根据2003年3月20日和2005年1月26日,工行汇通支行、唯舍公司以及汇宇物业公司三方签订的两份《协议书》约定的内容,抵押权人工行汇通支行是在债权到期而未获全部清偿的情形下,与抵押人汇宇物业公司协商将抵押物变卖给唯舍公司,工行汇通支行享有就变卖该抵押物所得价款1257.09万元受偿的权利,唯舍公司负有因受让抵押物而向抵押权人工行汇通支行支付1257.09万元的义务。唯舍公司后又以其名下房地产设定抵押担保,意在担保其对工行汇通支行的付款义务1257.09万元,并非是对原债务担保责任的继受。因此,唯舍公司并非原债务的担保人,其向工行汇通支行支付1257.09万元,在性质上属于因受让抵押物而在1257.09万元范围内替汇宇物业公司代为承担清偿义务。

由于原抵押物在担保汇宇置业公司和汇宇镀膜公司四笔贷款时,并未明确是对哪笔贷款的担保或担保责任比例,且基于当时四笔贷款均已到期,该1257.09万元不足以清偿四笔贷款尚余的全部本金及利息,故工行汇通支行本应明确唯舍公司的代偿义务对应的是哪笔债权,然而,在唯舍公司按照约定偿还500万元后,工行汇通支行将对四笔贷款享有的债权分别转让给中国华融资产管理公司长沙办事处和长城公司长沙办事处时,没有对唯舍公司剩余的757.09万元代偿义务如何履行进行分配。虽然工行汇通支行将唯舍公司提供担保的他项权利证明书交给长城公司长沙办事处,及函告唯舍公司相应债权已转给长城公司长沙办事处,但由于他项权利证明书本身具有不可分性,不能分开转让,且工行汇通支行给唯舍公司的复函中也未明确转让的是对唯舍公司剩余的全部债权,故不能就此认定工行汇通支行已将唯舍公司所负剩余757.09万元清偿义务全部分配给了长城公司长沙办事处。因此,唯舍公司应对工行汇通支行原四笔债务承担相应清偿责任。

唯舍公司与长城公司长沙办事处就债务履行问题虽已达成调解协议,并按协议内容履行了义务,但本案因为思特公司起诉唯舍公司是基于从华融公司长沙办事处受让的工行汇通支行对汇宇镀膜公司的债权,该笔债权与长城公司长沙办事处从工行汇通支行受让的其他三笔债权并不相同,因此,本案与长城公司长沙办事处诉唯舍公司一案并非同一法律关系,两案在诉讼主体和诉讼标的上均不相同,故法院受理本案并不违反“一事不再理”原则。因为思特公司作为从华融公司长沙办事处合法受让债权的主体,有权从唯舍公司所负代偿义务中获得相应清偿。二审法院判决其所受让的1350万元债权本金及利息,可从唯舍公司剩余757.09万元清偿义务中获得183.07万元,并无不当,且未在实质上对唯舍公司利益造成损害,唯舍公司实际代为清偿债务总额并未超出其承诺的1257.09万元,因此,二审判决应当予以维持。

——最高人民法院民事审判第二庭编:《最高人民法院商事审判指导案例(2014)》,中国民主法制出版社2015年版,第623~626页。

福建省闽江房地产开发公司与福建佳盛投资发展有限公司及福州商贸大厦筹备处案外人执行异议之诉纠纷案[最高人民法院(2012)民二终字第138号民事裁定书]

裁判要旨:《担保法解释》第六十七条第一款规定:"抵押权存续期间,抵押人转让抵押物未通知抵押权人或者未告知受让人的,如果抵押物已经登记的,抵押权人仍可以行使抵押权;取得抵押物所有权的受让人,可以代替债务人清偿其全部债务,使抵押权消灭。受让人清偿债务后可以向抵押人追偿。"该条文中受让人行使代偿行为的性质属于义务而非权利或者前置程序的性质。

最高人民法院认为:依据本院(2005)民二终字第147号民事判决,佳盛公司对筹备处用于担保的抵押物——位于福州市817北路东侧的在建工程商贸大厦及划拨的国有土地使用权享有优先受偿权。依据福建省高级人民法院(2007)闽民再终字第52号民事判决,闽江公司从筹备处受让商贸大厦产权的转让合同继续履行,但双方当事人至今未办理商贸大厦产权的过户登记手续,现筹备处仍为商贸大厦的产权人。根据上述两案查明的事实,佳盛公司与筹备处之间的涉案抵押权设立在先,形成诉讼在先,判决在先,佳盛公司申请执行在先,其主张实现抵押权没有法律上的障碍,本院予以确认。闽江公司为取得商贸大厦产权,可以申请代筹备处向佳盛公司偿还欠款本息,但该义务仅为《担保法解释》第六十七条规定的选择情形,而非权利或者前置程序的性质。《担保法解释》第六十七条第一款规定:"抵押权存续期间,抵押人转让抵押物未通知抵押权人或者未告知受让人的,如果抵押物已经登记的,抵押权人仍可以行使抵押权;取得抵押物所有权的受让人,可以代替债务人清偿其全部债务,使抵押权消灭。受让人清偿债务后可以向抵押人追偿。"依此,佳盛公司既可以选择申请法院强制执行抵押物以实现其优先受偿权,也可以选择在闽江公司取得抵押物的产权之后,接受闽江公司的代偿行为,使抵押权归于消灭。在闽江公司没有取得抵押物产权且未履行代偿义务的情况下，其无权要求福建省高级人民法院停止执行（2005）闽执行字第15－20号执行裁定书项下的拍卖行为，佳盛公司对涉案抵押物享有的优先受偿权应当得到保护。

关于代偿是否存在障碍问题。自（2007）闽民再终字第52号判决书生效之日起至本案二审法院限定的时间，在长达五年的时间里，闽江公司没有作出代偿行为或者提存行为。闽江公司提出债务数额不明确的理由不足以阻碍其先行偿付明确的本金及利息。双方对于滞纳金的计算虽有争议，但也应当限定在合理幅度之内，闽江公司完全可以以提存的方式支付合理幅度之内的滞纳金款项。况且，本院（2005）民二终字第147号民事判决主文第二项，"逾期罚息"为"自2000年6月21日起至实际给付之日止按照中国人民银行同期逾期贷款利率分段计付"，该判项明确、具体，可以计算出滞纳金的确切数额。鉴于闽江公司始终没有支付行为，其以所谓的代偿权为由对抗抵押权人佳盛公司的优先受偿权无法律依据，其上诉理由不能成立。

——最高人民法院民事审判第二庭编：《最高人民法院商事审判指导案例（2012）· 合同与借贷担保》，中国民主法制出版社2013年版，第547～551页。

1457

抵押财产不论是基于抵押人的转让行为，还是基于司法执行行为等导致变动，抵押权人均享有追及权

关键词 | 抵押权人追及权 |

【最高人民法院裁判文书】

新疆三山娱乐有限公司、三山国际房地产发展有限公司与中国农业银行新疆维吾尔自治区分行营业部、北大资源集团有限公司金融借款合同纠纷案［最高人民法院（2012）民二终字第113号民事判决书］

裁判要旨：新疆北大资源公司以三山广场有关房产作为抵押财产与农行新疆分行营业部签订抵押合同时，所涉相关抵押财产所有权登记在新疆北大资源公司名下，新疆北大资源公司以此设定抵押担保并依法办理了抵押登记手续，并不违反法律规定，该抵押应为有效，农行新疆分行营业部对于所涉抵押物依据合

同约定享有相应的优先受偿权。

抵押权系为确保债务清偿为目的,债权人对债务人或者第三人所有的特定财产所享有的直接支配和排他的权利。抵押权本质上是“对物”的权利,而非“对人”的权利。因此,一旦抵押权依法设定,债权人即对抵押财产享有了排他的优先受偿的权利,只要抵押权人未表示同意放弃抵押权的,抵押财产不论是基于抵押人的自由转让行为,还是基于司法执行行为等导致变动,抵押权人均可基于有效的抵押权追及抵押财产行使权利。

最高人民法院认为:二、农行新疆分行营业部对于以新疆北大资源公司名义设定的三山广场有关房地产抵押权是否享有优先受偿权问题。新疆北大资源公司以三山广场有关房产作为抵押财产与农行新疆分行营业部签订本案所涉(新营)农银高抵字〔1999〕第54号《最高额抵押合同》和(新营室)农银抵字〔2000〕第20号《抵押合同》时,所涉相关抵押财产所有权登记在新疆北大资源公司名下,新疆北大资源公司以此设定抵押担保并依法办理了抵押登记手续,并不违反法律规定,该抵押应为有效,农行新疆分行营业部对于所涉抵押物依据合同约定享有相应的优先受偿权。关于三山娱乐公司二审庭审中提到的《最高额抵押合同》中载明的“其到期日不得超过2002年6月21日”有改动一节,本院认为,虽然《最高额抵押合同》原填写日期“4月21日”改动为“6月21日”,但在该改动之处加盖了公证章,且针对该合同的签约行为(虽非专门针对上述改动)新疆维吾尔自治区公证处出具了(99)新证字第4087号公证书。根据《最高额抵押合同》第十四条载明的“本合同一式四份,各方当事人各持一份,公证处一份,效力相同”的内容,作为《最高额抵押合同》一方当事人的三山娱乐公司(原新疆北大资源公司)应当向法庭出具其所持有的未加盖公证章的《最高额抵押合同》,以此证明农行新疆分行营业部向法庭提交的加盖公证章的《最高额抵押合同》系农行新疆分行营业部和新疆维吾尔自治区公证处恶意串通、事后加盖的公证章,或者系农行新疆分行营业部自行伪造加盖的公证章,但三山娱乐公司并未举证证明。因此,原审法院认定的此节内容并无不当,本院予以确认。二审庭审后,三山娱乐公司提交的书面上诉状中提出的《最高额抵押合同》尾部显示的合同签订日期为1999年12月17日,而《公证书》中载明的是1999年12月22日,原审法院未对合同准确签订日期这一事实作出任何说明的上诉意见,并不影响本案认定《最高额抵押合同》的效力。因此,三山娱乐公司关于原审法院在未经详细审查的情况下认定《最高额抵押合同》的效力并判决农行新疆分行营业部对抵押物享有优先受偿权是错误的上诉主张,本院不予支持。原审法院依据《担保法》第三十六条第一款关于“以依法取得的国有土地上的房屋抵押的,该房屋占用范围内的国有土地使用权同时抵押”的规定,认定农行新疆分行营业部所享有的抵押权效力及于抵押财产所占用的国有土地使用权,并不违反法律规定,本院予以维持。三山房地产公司关于所涉土地使用权证系 2003 年土地出让金交纳完毕后才办理到其名下,以及新疆北大资源公司为了贷款,拿整个三山商品住宅小区而不是三山广场的土地证复印件办理贷款抵押手续,农行新疆分行营业部在未经审查情况下违规放贷,存在过错等主张,并不影响上述认定。因此,三山房地产公司关于农行新疆分行营业部对抵押财产不应享有优先受偿权的上诉请求,本院不予支持。

抵押权系为确保债务清偿为目的,债权人对债务人或者第三人所有的特定财产所享有的直接支配和排他的权利。抵押权本质上是“对物”的权利,而非“对人”的权利。因此,一旦抵押权依法设定,债权人即对抵押财产享有了排他的优先受偿的权利,只要抵押权人未表示同意放弃抵押权的,抵押财产不论是基于抵押人的自由转让行为,还是基于司法执行行为等导致变动,抵押权人均可基于有效的抵押权追及抵押财产行使权利。因此,原审法院判决在三山娱乐公司不履行涉案债务时,农行新疆分行营业部有权依据法律规定以已经设定抵押的财产行使优先受偿权,并无不当,本院予以维持。乌鲁木齐中院依据(2002)乌中民初字第 186 号民事判决和(2003)乌中法执字第 390 -2 号民事裁定,将本案所涉抵押财产变更登记回三山房地产公司名下,以及本案二审期间,三山房地产公司提出的新疆高院(2012)新执二监字第 14 号裁定书已经裁定撤销了乌鲁木齐中院上述民事裁定,其已提出申诉,现该抵押财产所有权归属尚未确定等事实,均不影响本案上述认定。无论最终本案所涉抵押财产的权利归属于三山房地产公司还是归属于三山娱乐公司,都不影响原以新疆北大资源公司名义签订抵押合同的效力,也不因此导致农行新疆分行营业部丧失其对业已成立的有效抵押权就抵押财产享有的优先受偿的权利。鉴于此,对于三山房地产公司以所涉抵押财产目前处于权属待定为由提出的中止审理本案的申请,本院未予准许。对于三山房地产公司关于侵权设定抵押的财产因判决和执行行为恢复给原权利人后,农行新疆分行营业部不应具有抵押权的上诉理由,本院不予支持。原审法院以抵押合同有效且办理了抵押物登记手续,已经发生法律效力,变更登记不影响抵押权行使为由,认定农行新疆分行对本案所涉抵押财产享有抵押权,于法有据,本院予以维持。三山娱乐公司和三山房地产公司如果认为农行新疆分行营业部按照上述认定就抵押财产依法行使优先受偿权给其造成的损失,亦系北大资源集团公司和三山房地产公司侵权变更原三山娱乐公司为新疆北大资源公司,以及北大资源集团公司滥用对新疆北大资源公司的控制权以登记在新疆北大资源公司名下财产设定抵押所致,亦可另行主张。

——最高人民法院民事审判第二庭编:《最高人民法院商事审判指导案例(2012)·合同与借贷担保》,中国民主法制出版社2013年版,第524~546页。

1458

抵押物转让后灭失,善意受让人对抵押物灭失没有过错的,抵押权人只能要求抵押人赔偿损失

关键词 | 抵押物转让 | 抵押物灭失 |

【最高人民法院答复】

山东省高级人民法院:

你院〔2005〕鲁民监字第335号《关于惠民华润纺织有限公司因抵押合同纠纷申诉一案的法律适用问题的请示报告》收悉。经研究,答复如下:

根据你院请示报告,滨州市滨城区第四油棉厂向惠民华润纺织有限公司(以下简称惠民华润)出卖皮棉57.7吨,并向惠民华润收取了相应的价款,但未告知所出卖的皮棉为已办理登记的抵押物。你院请示报告还称,惠民华润不知也不应知涉案皮棉已抵押,而且惠民华润在抵押权人主张抵押权前已将所购皮棉消耗完毕。因此,根据担保法第五十八条等规定,设立于惠民华润所购的该批皮棉的抵押权消灭,惠民华润不再对抵押权人承担赔偿责任。

——《最高人民法院关于已登记的抵押物的善意受让人在抵押物灭失后应否对抵押权人承担赔偿责任的复函》(2006年10月25日,〔2006〕民立他字第98号)

【链接:最高人民法院法官著述】

(一)已登记的抵押物是否存在善意的买受人

判断买受人是否善意可以从以下两方面考虑:

一是买受人是否支付了相应的价款。买卖合同的本质是出卖人转移标的物的所有权、买受人支付价款,支付价款是买受人最主要的义务。同时,买受人支付的价款应当与标的物的交换价值相适应,也就是说与质量等级相同或者类似的商品在同一时期同一地区的市场价格大体一致。可以比市场价格高,但不能比市场价格偏低。

二是买受人不知也不应当知道买受的标的物已设定抵押的事实。所谓不知是指买受人客观上不知情,如出卖人没有告知抵押的事实;不应当知道是指买受人不知情在主观上没有过错。对于后一点可以从两方面把握:一方面买受人是否尽了法律上的注意义务。根据《担保法》第四十二条的规定,凡是以土地使用权、城市房地产或者乡(镇)、村企业的厂房等建筑物、林木、运输工具及企业的设备和其他动产作为抵押物的,买受人都应当主动查询是否设定了抵押,不得以出卖人未告知为由免除自己的注意义务。山东省高级法院请示中所涉抵押物为皮棉,不属于担保法规定的必须登记的范围。但根据担保法的规定,当事人仍可以根据自愿原则办理抵押物登记。但这种登记不能"推定社会公知设定抵押的事实"。另一方面从具体案件事实上判断买受人是否存在过错。例如,就山东省高级法院请示中所涉案件而言,买受人是以棉花作为生产原料和经营对象的专门企业,因而对国家的棉花产业政策应否了解、对棉花的交易方式等交易惯例应否熟悉等事实,均可以作为判断买受人对于所购皮棉是否设定抵押的重要因素。本人认为,如果根据案件的具体事实,可以推定买受人知道买受的标的物为已登记的抵押物,则可以推定买受人不是善意的。

——汪治平:《解读〈关于已登记的抵押物的善意受让人在抵押物灭失后应否对抵押权人承担赔偿责任的复函〉》,载最高人民法院《最新法律文件解读》编辑委员会编:《最新执行与司法程序文件解读》总第3辑,人民法院出版社2007年版,第31~39页。

1459

抵押土地使用权被征用的,抵押权人可以就土地补偿金优先受偿

关键词｜优先受偿权｜

【最高人民法院司法解释】

第八十条 在抵押物灭失、毁损或者被征用的情况下,抵押权人可以就该抵押物的保险金、赔偿金或者补偿金优先受偿。

抵押物灭失、毁损或者被征用的情况下,抵押权所担保的债权未届清偿期的,抵押权人可以请求人民法院对保险金、赔偿金或补偿金等采取保全措施。

——《最高人民法院关于适用〈中华人民共和国担保法〉若干问题的解释》(2000年12月8日,法释〔2000〕44号)

【最高人民法院裁判文书】

中国农业银行南宁市邕江支行与南宁市朝阳园艺场等欠款担保纠纷上诉案[最高人民法院(2002)民二终字第225号民事判决书]

最高人民法院认为:根据《担保法解释》第八十条之规定,在抵押物灭失、毁损或者被征用的情况下,抵押权人可以就该抵押物的保险金、赔偿金或者补偿金优先受偿。本案朝阳园艺场抵押土地部分已被征用,农行邕江支行可以就抵押土地征用补偿金先受偿。

——载江必新主编、最高人民法院民事审判第二庭编:《民商审判指导与参考》总第4卷,人民法院出版社2004年版,第250~263页。

1460

抵押物灭失、毁损或者被征用的情况下,抵押权所担保的债权未届清偿期的,一般不应判决债务人先行偿还未到期债务

关键词|抵押物灭失|抵押物毁损|抵押物征用|

【最高人民法院司法解释】

第八十条 在抵押物灭失、毁损或者被征用的情况下,抵押权人可以就该抵押物的保险金、赔偿金或者补偿金优先受偿。

抵押物灭失、毁损或者被征用的情况下，抵押权所担保的债权未届清偿期的，抵押权人可以请求人民法院对保险金、赔偿金或补偿金等采取保全措施。

——《最高人民法院关于适用〈中华人民共和国担保法〉若干问题的解释》(2000 年 12 月 8 日，法释〔2000〕44 号)

【链接：最高人民法院法官著述】

《人民司法》研究组认为：抵押权是为担保债务到期能够得到清偿而设定的。抵押权得以行使的条件是主债合同约定的清偿期届满债务人未履行债务或者未完全履行债务。一般情况下，在主债合同约定的清偿期届满之前，债务人可以拒绝债权人的履行请求。只有在特殊情况下，限于法律有明确规定时，债权人才可以请求债务人提前履行合同。如《合同法》第六十九条、第九十四条、第一百零八条和第二百零三条规定。如果法律没有明确规定，债权人请求债务人提前履行合同的，人民法院不应支持。《担保法解释》第八十条第二款规定，抵押物灭失、毁损或者被征用情况下，抵押权人可以请求人民法院对保险金、赔偿金或者补偿金等采取保全措施，只是抵押权之物上代位效力的结果，即抵押权人可以对抵押物的替代物行使抵押权，实际上是抵押权的保全措施而不是抵押权的实现。所以一般情况下，并不因抵押物的灭失、毁损或者被征用，债权人就可以请求债务人提前清偿债务。但如果抵押物的灭失、毁损或者被征用，导致了《合同法》第六十八条、第六十九条规定情形出现，债权人可以依法解除合同的，则可以请求债务人提前清偿债务。

——《人民司法》2004 年第 9 期

1461

因抵押权人对抵押物行使优先受偿权的拆迁补偿金已支付给抵押人，客观上已无实现可能的，当事人行使优先受偿权的不予支持

关键词 | 优先受偿权 | 拆迁补偿金 |

【最高人民法院裁判文书】

中国信达资产管理公司哈尔滨办事处与哈尔滨市城市建设投资集团有限公司、黑龙江雅美食品加工有限公司、哈尔滨大地农业有限公司借款合同纠纷案[最高人民法院(2008)民二终字第116号民事判决书]

最高人民法院经审理认为:1.信达公司哈办对拆迁补偿金是否享有优先受偿权

2003年6月23日,大地公司与中行兆麟支行签订的五份编号为2003年中银哈兆银短字82号、83号、84号、85号、86号人民币借款合同(短期)和五份编号为2003年中银哈兆人抵字82号、83号、84号、85号、86号抵押合同,以及编号为2003年中银哈兆人抵字0006号最高额抵押合同,均系当事人双方真实意思表示,其内容亦不违反法律、法规禁止性和强制性规定,应为有效合同。虽然当事人双方在上述抵押合同中特别约定了"抵押人办妥抵押登记手续"为上述抵押合同生效要件之一,而大地公司仅对其享有的土地使用权办理了抵押登记,对抵押合同设定的其他抵押财产办公楼、冷库、车间、供电设备等均未办理抵押登记。但鉴于设定为抵押物的办公楼、冷库、车间等不动产均为地上附着物,与已经办理了抵押登记的土地使用权项下的土地有着不可分性,因此,根据《城市房地产管理法》第三十一条关于"房地产转让、抵押时,房屋的所有权和该房屋占用范围内的土地使用权同时转让、抵押"、《城镇国有土地使用权出让和转让暂行条例》第三十三条关于"土地使用权抵押时,其地上建筑物、其他附着物随之抵押"、《担保法》第三十六条第二款关于"以出让方式取得的国有土地使用权抵押的,应当将抵押时该国有土地上的房屋同时抵押"之规定精神,与土地使用权一并设定为抵押物的地上附着物办公楼、冷库、车间等,因土地使用权办理了抵押登记而随之一并抵押生效。而以车辆、供电设备等动产设定为抵押物的,因未办理抵押登记,抵押不生效。抵押人大地公司应当对此承担缔约过失责任。原判关于"双方签订的五份抵押合同除土地使用权办理了抵押登记,抵押生效外,其余抵押的固定财产因未登记而未发生法律效力"的认定,属于定性不当,本院予以纠正。信达公司哈办通过受让债权,依法取得了抵押权。因大地公司享有土地使用权项下的土地被征收、地上房屋被拆迁,拆迁补偿金即成为抵押物的代位物。根据《担保法解释》第八十条第一款关于"在抵押物灭失、毁损或者被征用的情况下,抵押权人可以就该抵押物的保险金、赔偿金或者补偿金优先受偿"之规定，信达公司哈办有权对拆迁补偿金行使优先受偿权。但由于该项补偿金已经支付给抵押人，且其中绝大部分补偿金已被抵押人转移，从而失去了行使担保物权所必需的财产的特定性，抵押权人对拆迁补偿金行使优先受偿权，客观上已无实现的可能，因此，原审法院驳回信达公司哈办对拆迁补偿金行使优先受偿权的主张，并无不当，本院予以维持。

2. 大地公司与雅美公司是否属于共同经营体，雅美公司应否对大地公司的全部债务承担连带赔偿责任

根据本案已经查明的事实，虽然大地公司和雅美公司是各自独立的企业法人，但上述两家公司均承认，大地公司与雅美公司属于经营共同体，自雅美公司2004年8月30日注册成立后近三年的时间里，雅美公司始终以自己的名义代表两家公司对外经营和承担民事责任。由此可以推定，雅美公司对大地公司土地使用权设定抵押的情况是明知的。在拆迁过程中，大地公司与雅美公司不仅故意不履行通知抵押权人的义务，向城建投资公司隐瞒土地使用权被抵押的事实，而且通过协议形式将大地公司享有的哈尔滨市香坊区进乡街150号院落拆迁的协商权和拆迁补偿金的受偿权转移给雅美公司，由雅美公司领取了拆迁补偿金，雅美公司与大地公司实际已经形成了代表关系，而非代理关系。鉴于抵押物的代位物拆迁补偿金已被雅美公司领取，故抵押权人信达公司哈办基于抵押物的代位物拆迁补偿金上的请求权，有权向雅美公司主张优先受偿。雅美公司在领取了拆迁补偿金后又将其大部分转移，对信达公司抵押权和债权的无法实现，负有重大过错。因此，雅美公司应当对大地公司的全部债务承担连带赔偿责任。原判以大地公司与雅美公司属于委托合同关系，法律后果应由大地公司承担为由，驳回了信达公司哈办对雅美公司的诉讼请求，属于适用法律错误，本院予以纠正。信达公司哈办关于雅美公司应当对大地公司的全部债务承担连带赔偿责任的上诉主张，于法有据，本院予以支持。

3. 城建投资公司是否存在过错，应否对大地公司、雅美公司不能清偿债务部分承担连带赔偿责任

本案所涉拆迁属于市政改造工程项目，拆迁范围广，地处交通要道，受到当地社会的关注。自2007年5月起，城建投资公司作为本次城市改造的拆迁部门，多次在当地有影响的报刊上发布拆迁通告和拆迁公告，在拆迁现场张贴拆迁通告，履行了必要的告知义务。在向被拆迁单位大地公司核实土地权属情况中，查验了大地公司土地使用权证原件，了解到大地公司土地使用权设定了为期一年的抵押权（抵押期限为2003年7月3日至2004年6月25日）。虽然大地公

司谎称债务已经清偿,抵押权已不存在,但城建投资公司仍到市服务中心国土资源局窗口做进一步的调查核实,取得了由市国土资源局动力区分局盖章确认的土地权属情况调查表复印件。该土地权属情况调查表复印件第3项大地公司查封、抵押、未登记等情况一栏内为空白。该土地权属情况调查表复印件已经原审法院核实与原件无异,确认为有效证据。城建投资公司据此与被拆迁人签订了房屋拆迁补偿协议,并支付了拆迁补偿金。城建投资公司作为拆迁人已经履行了法定的拆迁程序,尽到了必要的注意义务,对信达公司哈办的抵押权和债权的无法实现,没有过错,不应当对大地公司的全部债务承担连带赔偿责任。信达公司哈办上诉主张城建投资公司对大地公司的全部债务承担连带赔偿责任,缺乏事实和法律依据,本院不予支持。原判认定信达公司哈办主张由城建投资公司对涉案债权承担全部赔偿责任没有法律依据,进而不支持信达公司哈办的上述主张,处理正确,本院予以维持。

——最高人民法院民事审判第二庭编:《民商事审判指导》总第18辑,人民法院出版社2009年版,第137~140页。

(六)抵押担保责任与抵押权的实现

1462

《物权法》关于抵押权行使期间规定的理解和适用

关键词|抵押权行使期间|

【最高人民法院司法解释】

第十二条 当事人约定的或者登记部门要求登记的担保期间,对担保物权的存续不具有法律约束力。

担保物权所担保的债权的诉讼时效结束后,担保权人在诉讼时效结束后的二年内行使担保物权的,人民法院应当予以支持。

——《最高人民法院关于适用〈中华人民共和国担保法〉若干问题的解释》(2000年12月8日,法释〔2000〕44号)

【最高人民法院答复】

广东省高级人民法院：

你院〔1999〕粤高法经一请字第23号《关于抵押登记机关规定的抵押期限是否有效问题的请示》收悉。经研究，答复如下：

依照《中华人民共和国担保法》第五十二条的规定，抵押权与其担保的债权同时存在，办理抵押物登记的部门规定的抵押期限对抵押权的效力不发生影响。

——《最高人民法院研究室关于抵押权不受抵押登记机关规定的抵押期限影响问题的函》[2000年9月28日，法（研）明传〔2000〕22号]

【链接：最高人民法院法官著述】

《物权法》第二百零二条虽未规定抵押权在司法保护期届满后消灭，但如果抵押人对于抵押权人要求实现抵押权不予配合，抵押权人诉诸法院又不受保护，则抵押权无法实现，从结果上看等同于抵押权实际消灭，因此从实际效果考虑将该条规定的内容纳入"抵押权消灭"一节。由于该条未规定抵押权在"主债权诉讼时效期间"届满后消灭，所以抵押人愿意配合抵押权人行使抵押权，抵押权实现后，抵押人又以抵押权司法保护期为由反悔的，法院不予支持。从法律效果考量，物权法规定的抵押权司法保护期近似于抵押权的"诉讼时效"，因为与诉讼时效的法律效果一样，该司法保护期届满后抵押权并不消灭，"抵押权人丧失的是抵押权受人民法院保护的权利即胜诉权"，而且司法保护期的期间长短取决于主债权诉讼时效，主债权诉讼时效中断、中止、延长的，司法保护期也一样中断、中止、延长。主债权经法院裁判后不再计算诉讼时效，抵押权的司法保护期也不再继续计算，抵押权将一直受法律保护。

……

《物权法》生效后，因有第二百零二条规定的抵押权司法保护期，因此《担保法解释》第十二条第二款的规定对抵押权不再适用。该款对于其他担保物权，如质权、留置权是否仍得适用，从《物权法》第二百一十九条特别规定的质权实现方式和第二百四十条规定的留置权特别消灭事由来看，亦不应再继续适用。

然《担保法解释》第十二条第一款的规定系对物权法定原则的具体化，与《物权法》不相抵触，在《物权法》生效后仍得继续适用，应无疑问。

——曹士兵：《中国担保制度与担保方法》（第三版），中国法制出版社2015年版，第301～302页。

关于《物权法》第二百零二条规定的理解。

《物权法》第二百零二条规定："抵押权人应当在主债权诉讼时效期间行使抵押权；未行使的，人民法院不予保护。"该法条是关于主债权诉讼时效与抵押权的关系的规定。

本条规定并未明确规定抵押权的存续期间，而只是规定抵押权的行使期间。应当明确的是，本法所规定的行使期限就是抵押权的存续期限，而不是抵押权受到公力保护的期限，即抵押权可以因时间的经过而消灭。理由是规定抵押权有存续期间，便于担保物的流转，并能充分发挥担保物的使用价值。如果对抵押权人行使抵押权的期限不进行限制，抵押财产的归属长期处于不确定状态，不利于保护双方当事人的合法权益，也不利于抵押财产效能的发挥。确立抵押权期限制度，促使抵押权人积极地及时行使抵押权，迅速了结债权债务关系，也有利于社会经济秩序的稳定。而且，抵押权人长期怠于行使其权利，法律对之也无特别加以保护的必要，应使抵押权消灭。

审判实践中，适用本条要注意以下三个问题：

1. 抵押权人应当在主债权诉讼时效期间行使抵押权。本条规定的抵押权行使期间，是与抵押权所担保的主债权挂钩，这个期间即为主债权的诉讼时效期间。如果主债权自受到侵害之日起，债权人一直没有行使权利，我国民法规定的普通诉讼时效为自权利人知道或者应当知道权利受到侵害之日起二年，那么，为主债权担保的抵押权的存续期间与主债权的诉讼时效期间相同。换言之，如果主债权诉讼时效一直没有届满，则抵押权一直存续而不消灭。

除了上述的普通诉讼时效期间，在主债权的诉讼时效期间因法律的特殊规定而长于或者短于二年的，即存在特殊诉讼时效期间，则抵押权的行使期间与该特殊诉讼时效期间相同。

2. 抵押权未及时行使的后果不仅是丧失人民法院的公力保护，而且应当消灭。因为如果认为抵押权丧失胜诉权，无异于承认抵押权适用诉讼时效制度，这有违民法原理。所以，该条用立法语言表述更为妥当，即"抵押权未在主债权诉讼时效期间行使的，抵押权消灭。"

3. 当事人约定或者登记部门要求登记的抵押权的存续期间不影响抵押权的存续。理由是：其一，依据物权法理论，物权法定原则要求当事人不能在《物权法》之外设定物权，也不能以《物权法》之外的方式消灭物权。由于抵押权属于担保物权，且本法并没有规定抵押权可以因当事人的约定期间或登记时强制登记的期间而消灭，因此当事人约定的或者登记部门要求登记的抵押权的存续期间，对抵押权的存续应当不具有法律约束力。其二，在担保实践中，担保期间的设立不利于债权的保护，而且加大了担保成本。如果承认担保期间，尤其是登记机关登记的担保期间，将使债权得不到有效的担保，担保成本也会显著加大，将不利于担保市场的发展，也进一步导致债权风险的增加。为此，《担保法解释》第十二条第一款规定："当事人约定的或者登记部门要求登记的担保期间，对担保物权的存续不具有法律约束力。"

——最高人民法院物权法研究小组编著：《〈中华人民共和国物权法〉条文理解与适用》，人民法院出版社2007年版，第601～603页。

编者说明

《担保法》对抵押权等担保物权没有规定存续期间，《担保法解释》在第十二条第二款作了漏洞补充，规定"担保物权所担保的债权的诉讼时效结束后，担保权人在诉讼时效结束后的两年内行使担保物权的，人民法院应当予以支持"。即债权人在担保物权所担保的主债权诉讼时效完成后两年之内行使担保物权，或向人民法院提起诉讼要求行使担保物权的，人民法院应当予以支持；反之，债权人在主债权诉讼时效完成后的两年之后要求行使担保物权的，人民法院则不予支持。①《物权法》第二百零二条则规定："抵押权人应当在主债权诉讼时效期间行使抵押权；未行使的，人民法院不予保护。"该条以人民法院的保护为落脚点，对抵押权人行使抵押权的期限作了明确规定。该条规定的是抵押权的行使期间，或者说是抵押权的司法保护期，但不是抵押权的存续期间，因为该期间届满后，"抵押权人丧失的是抵押权受人民法院保护的权利即胜诉权，而抵押权本身并没有消灭，如果抵押人自愿履行担保义务的，抵押权人仍可以行使抵押权"。② 也就是说，《物权法》规定的抵押权的行使期间，近似于抵押权的"诉讼时效"，因为与诉讼时效的法律效果一样，该司法保护期届满后抵押权并不消灭，"抵押权人丧失的是抵押权受人民法院保护的权利即胜诉权"，而且司法保护期的期间长短取决于主债权的诉讼时效，主债权诉讼时效中断、中止、延长的，司法保护期也一样中断、中止、延长。主债权经法院裁判后不再计算诉讼时效，抵押权的行使期间也不再继续计算，抵押权将一直受法律保

① 曹士兵：《中国担保诸问题的解决与展望》，中国法制出版社2001年版，第261页。

② 胡康生主编、全国人大常委会法工委编：《中华人民共和国物权法释义》，法律出版社2007年版，第441页。

护。《物权法》生效后,因有第二百零二条规定的抵押权行使期间,因此《担保法解释》第十二条第二款的规定对抵押权不再适用。① 抵押权人如果就抵押权的实现与抵押人无法达成协议,在抵押权的行使期间内即应当向法院请求实现抵押权,否则,在主债权诉讼时效届满后,抵押权人请求法院启动非诉讼执行程序的,法院不得裁定准许。

1463

抵押权行使的范围及其诉讼时效

关键词｜抵押权行使范围｜诉讼时效｜

【最高人民法院裁判文书】

中国东方资产管理公司武汉办事处与平安信托投资有限责任公司、中国平安人寿保险股份有限公司、武汉农村商业银行股份有限公司、北京王府井百货商业物业管理有限公司和陆氏实业(武汉)有限公司借款担保合同纠纷案[最高人民法院(2011)民二终字第28号民事判决书]

裁判要旨:依照《担保法解释》第十二条规定,担保权人在担保物权所担保的债权的诉讼时效结束后两年内行使权利的,法院应予以支持。该规定表明只要诉讼时效没有届满或完成,法院对抵押权人行使抵押权的诉讼请求就理应支持。

本案的抵押担保有效,东方资产公司可以对抵押的房屋行使抵押权,可以主张对抵押物的拍卖、变卖款享有优先受偿权,买受人不可以用其取得房屋的所有权来对抗抵押权。

东方资产公司基于对抵押物的支配权,仅可以主张其对抵押物上的权利,不能依据抵押物而主张王府井公司、平安信托公司、平安人寿公司、武汉农商行承担连带担保责任。

最高人民法院认为:第一,关于陆氏公司向工行湖北分行提供的担保是否有效的问题。1996年9月10日,陆氏公司与工行湖北分行在签订借款合同的同日签订了抵押合同,根据抵押合同的约定,陆氏公司以在建工程佳丽广场的

---

① 曹士兵:《中国担保制度与担保方法——根据物权法修订》,中国法制出版社2008年版,第276页。

部分楼层作为抵押，并在武汉市房地产管理局办理了武房房他市字第00523号房屋他项权证，其后，工行湖北分行根据陆氏公司的还款情况，相应减少抵押物面积，办理了抵押物变更登记。根据武汉市房地产管理局的抵押登记资料，从第00523号房屋他项权证到第0001447号期房抵押证明，再到第0001750号期房抵押证明，上述三次抵押登记是对同一抵押合同的变更登记，上述变更登记符合法律规定，因此，原审法院认定陆氏公司以第0001750号期房抵押证明记载的抵押物对借款合同项下的主债权提供的抵押担保有效是正确的，本院予以维持。

关于东方资产公司是否未在抵押期间行使抵押权而导致上述抵押权消灭。依照《担保法解释》第十二条规定，担保权人在担保物权所担保的债权的诉讼时效结束后两年内行使权利的，法院应予以支持。该规定表明只要诉讼时效没有届满或完成，法院对抵押权人行使抵押权的诉讼请求就理应支持。如一审所查明的事实，本案东方资产公司行使诉权并没有超过诉讼时效期间，原审法院认定工行湖北分行在抵押期间没有行使抵押权而致抵押权消灭属于适用法律不当，本院依法予以纠正。

关于陆氏公司对工行江汉区支行提供的担保是否有效的问题。工行武汉市中山大道办事处与陆氏公司在1997年8月1日签订借款合同后，双方另行签订了抵商(97－10－11)担保合同。借款合同到期后，双方于1999年2月10日签订借款合同，约定借款用途是借新还旧，双方在借新换旧的合同中约定将已经签订的抵商(97－10－11)的担保合同作为本合同项下的担保，这种明确约定是双方的真实意思表示，并没有违反法律和法规的禁止性规定。原审法院认为这种约定违反了担保法的禁止性规定，东方资产公司依据第00921号房屋他项权证主张抵押权没有法律依据，属于适用法律不当，本院依法予以纠正。

第二，关于东方资产公司是否可以主张对抵押物拍卖、变卖款享有优先受偿权的问题。

根据担保法的规定，不动产抵押权的生效和不动产物权的转让均以登记为生效要件和公示方法。在规范的已登记抵押权的房屋转让过程中，在抵押权未消灭时，受让人所取得的房屋所有权凭证上应有抵押权的记载。房地产管理部门应以此种方式告知受让人取得的房产上的他项权利负担。但本案的特殊性在于，一方面，房产部门没有在王府井公司、平安信托公司所取得的房产证上记载抵押权。另一方面，陆氏公司恶意隐瞒房屋已经抵押的事实。王府井公司、平安信托公司、武汉农商行以合理的价格向陆氏公司购买房屋，已支付全部价款，并占有和使用房屋至今。由于陆氏公司的恶意和基于对房地产管理部门登记的依赖,使得房屋买受人在办理过户登记手续时,无法知晓房屋已抵押的事实。王府井公司、平安信托公司已取得房屋所有权凭证,应认定其对购买的房屋享有所有权。武汉农商行虽尚未取得房屋所有权凭证,但生效判决同样具有物权变动效力,武汉农商行也已取得所购买房屋的所有权。

王府井公司、平安信托公司、武汉农商行虽然已经取得了房屋所有权,但亦无法改变房屋上早已合法设定的抵押权存在的客观事实。依照《担保法解释》第六十七条之规定:"抵押权存续期间,抵押人转让抵押物未通知抵押权人或者未告知受让人的,如果抵押物已经登记的,抵押权人仍可以行使抵押权;取得抵押物所有权的受让人,可以代替债务人清偿其全部债务,使抵押权消灭。受让人清偿债务后可以向抵押人追偿。"抵押权作为担保物权,是抵押权人因为抵押行为而对抵押物所享有的支配权,此种支配权可以对抗抵押物的所有人和第三人。本案的抵押担保有效,东方资产公司可以对抵押的房屋行使抵押权,可以主张对抵押物的拍卖、变卖款享有优先受偿权,买受人不可以用其取得房屋的所有权来对抗抵押权,买受人因抵押权人行使抵押权而遭受的损失可以向过错方主张;买受人也可以代替债务人清偿其全部债务,使抵押权消灭,买受人清偿债务后可以向抵押人陆氏公司追偿。

第三,关于王府井公司、平安信托公司、平安人寿公司、武汉农商行是否应在受让抵押物的价值范围内对陆氏公司的债务承担连带责任的问题。王府井公司、平安信托公司、平安人寿公司、武汉农商行与东方资产公司之间没有任何合同上的法律关系,他们之间的唯一连接点是陆氏公司为工行湖北分行设定的抵押物被王府井公司、平安信托公司、平安人寿公司、武汉农商行买受。东方资产公司基于抵押合同而对抵押物享有支配权。其对抵押物的支配权,仅可以主张其对抵押物上的权利,不能依据抵押物而主张对方承担连带担保责任,承担连带责任必须有合同约定或明确的法律规定。东方资产公司也提不出要求王府井公司、平安信托公司、平安人寿公司、武汉农商行承担连带责任的法律依据,故原审法院对东方资产公司的该部分诉请予以驳回是正确的,本院予以维持。

——最高人民法院民事审判第二庭编:《最高人民法院商事审判指导案例(6)·合同与借贷担保卷》,中国法制出版社2013年版,第483~498页。

1464

抵押设立时电梯虽未安装，但无证据证明电梯所有权属于另一主体的，除另有特别约定，电梯应视为抵押物的从物

关键词｜抵押物从物｜

【最高人民法院司法解释】

第六十二条 抵押物因附合、混合或者加工使抵押物的所有权为第三人所有的，抵押权的效力及于补偿金；抵押物所有人为附合物、混合物或者加工物的所有人的，抵押权的效力及于附合物、混合物或者加工物；第三人与抵押物所有人为附合物、混合物或者加工物的共有人的，抵押权的效力及于抵押人对共有物享有的份额。

第六十三条 抵押权设定前为抵押物的从物的，抵押权的效力及于抵押物的从物。但是，抵押物与其从物为两个以上的人分别所有时，抵押权的效力不及于抵押物的从物。

——《最高人民法院关于适用〈中华人民共和国担保法〉若干问题的解释》(2000 年 12 月 8 日，法释〔2000〕44 号)

【最高人民法院裁判文书】

山东金龙地产有限公司与中国华融资产管理公司福州办事处、厦门金龙科技有限公司借款合同纠纷案［最高人民法院(2005)民二终字第 73 号民事判决书］

最高人民法院认为：关于本案抵押担保的范围。抵押合同当事人双方对抵押物在建项目金龙大厦中电梯的权属存在争议。鉴于抵押合同双方在合同中对电梯部分未作出特别约定，同时，根据本院二审查明事实，可作为独立物存在的电梯，至今未作新的产权确定。虽然电梯可以作为独立的权利客体存在，但作为建筑物重要组成部分的电梯，一旦与建筑物本身脱离，其将失去独立存在的意义。因此，原审法院依据《担保法解释》第六十二条、第六十三条之规定，将在建项目中的电梯部分认定为抵押物金龙大厦的从物是正确的。虽然在抵押设定时，电梯并未安装，但至今上诉人也没有证据证明该电梯的所有权属于另外一个

主体。因此,无论在抵押设定前后,除非当事人之间有特别约定,电梯应当视为抵押房产的组成部分之一,即大厦的从物。故本案抵押物的财产范围包括电梯部分。上诉人山东金龙关于金龙大厦中的电梯部分不属于抵押范围的上诉理由没有法律依据,应当予以驳回。

——最高人民法院民事审判第二庭编:《最高人民法院商事审判指导案例·借款担保卷》,中国法制出版社 2011 年版,第 640~648 页。

1465

抵押物登记记载的抵押担保范围与抵押合同约定不一致的,以登记记载的内容为准

关键词 | 抵押担保范围 |

【最高人民法院司法解释】

第五十条 以担保法第三十四条第一款所列财产一并抵押的,抵押财产的范围应当以登记的财产为准。抵押财产的价值在抵押权实现时予以确定。

——《最高人民法院关于适用〈中华人民共和国担保法〉若干问题的解释》(2000 年 12 月 8 日,法释〔2000〕44 号)

【最高人民法院裁判文书】

大庆建行与庆莎公司、金银来公司借款抵押合同上诉案(最高人民法院二审民事判决书)

最高人民法院认为:关于抵押物房屋的范围。涉案房屋经过扩建改造后,原房屋并未灭失,其所有权依然存在,依然属于庆莎公司单方所有;在法律上,金银来公司并没有取得约定房产的所有权,因此,原房屋上设定的抵押权依然存在,只是部分房屋现状发生了变化。根据抵押权行使的不可分性之基本原理,抵押物的分割、部分灭失或者毁损,债权的分割、让与或者部分清偿,对抵押权的行使均不发生影响,只要债权没有获得全部清偿,债权人就可以对抵押物的全部行使权利。而且,本案房屋改建在先,抵押登记在后,改建的 3800 平方米数额始终包

含在被抵押的15390.6平方米中，并未予以产权变更登记。依前所述，大庆建行对本案两份《房屋他项权证》项下的12500平方米与15390.6平方米房屋享有抵押权，故该行对所抵押的全部房产（包括改建的3800平方米）行使抵押权合法正当。原审判决将两个房屋他项权证项下的房屋均认定为大庆建行的抵押权范围，允许处置庆莎公司抵押的房屋及土地使用权，以保证主债权的实现，这既符合抵押登记的内容，也符合抵押权行使的不可分性这一抵押权基本原则，是正确的。金银来公司在一审中提出的将约定的16369.09平方米判归其所有、大庆建行对这部分房屋不享有抵押权的诉讼请求也就不成立，原审判决对此予以驳回亦是正确的。本院均应予以维持。大庆建行应当按照两份《房屋他项权证》记载的房屋面积行使抵押权。两上诉人金银来公司与庆莎公司关于大庆建行对翻建的3800平方米房屋没有设定抵押、不享有抵押权的上诉理由，缺乏法律和事实依据，不能成立，本院不予支持。如果金银来公司认为其对这部分房屋的利益实际受到了损害，可另行起诉庆莎公司要求民事损害赔偿。

关于抵押担保的债权范围。涉案两份《房屋他项权利证》中载明的权利价值指的是房屋他项权即抵押权的价值，与本案《抵押合同》中约定的抵押担保范围不完全一致。按照《担保法解释》第六十一条“抵押物登记记载的内容与抵押合同约定的内容不一致的，以登记记载的内容为准”之规定，本案抵押担保的债权额应为657.6万元与3842.4万元。大庆建行对00039890号《房屋他项权证》项下12500平方米房屋657.6万元以外的价值没有优先受偿权。原审判决认为“金银来公司与庆莎公司提出的大庆建行对12500平方米的抵押不应超过原抵押权利价值657.6万元的理由不能成立”，以及该判决主文第二项对抵押的两部分房屋未作区分，笼统地判令“以折价或拍卖变卖所得价款优先偿付中国建设银行大庆市分行”，均属适用法律不当，本院予以纠正。两上诉人金银来公司与庆莎公司有关00037769号《房屋所有权证》项下12500平方米房屋的抵押权价值为657.6万元，大庆建行实现其657.6万元债权、利息及费用后，对该部分房屋的剩余价值不享有优先受偿权的上诉请求成立，本院予以支持。

——最高人民法院民事审判第二庭编：《民商事审判指导》总第7辑，人民法院出版社2005年版，第213～229页。

1466

抵押物价值超出债务总额不违反法律规定，抵押人关于高抵少贷、应解除该抵押合同的请求没有依据

关键词｜抵押物｜担保范围｜合同解除｜

【最高人民法院裁判文书】

中国农业银行股份有限公司锦州锦兴支行与锦州玥宝塑业有限公司金融借款合同纠纷案[最高人民法院(2013)民二终字第57号民事判决书]

最高人民法院认为:2.关于本案所涉128号最高额抵押合同应否解除的问题。依据128号最高额抵押合同的约定,玥宝公司自愿为其自2007年3月30日起至2008年8月3日在锦兴支行处办理约定的人民币/外币贷款及商业汇票承兑所实际形成的债务的最高余额折合人民币10333万元的债务提供抵押担保。该合同并不违反法律、行政法规的禁止性规定,玥宝公司亦无充分证据证明其系在被胁迫的情形下签订该合同,故应认定该合同有效。最高额抵押合同签订后,当事人双方办理了抵押权登记手续,抵押权已有效设立。该合同约定的抵押担保的范围包括债务人依主合同与抵押权人发生的全部债务本金、利息、罚息、复利、违约金、损害赔偿金及诉讼费、律师费、抵押物、抵押物处置费、过户费等抵押权人实现债权的一切费用。本案所涉债权本金余额合计8250万元,依担保范围的约定,玥宝公司在最高限额10333万元内承担担保责任。法律、行政法规并没有规定,抵押物的价值需与担保的债权数额相当,并没有禁止抵押物价值超出主债权数额。相反,依据我国《物权法》和《担保法》的相关规定,对于抵押物的价值大于所担保债权的余额部分,可以再次抵押,以充分实现抵押物的价值,或者在实现抵押权时,主债权人只能在其债权范围内对抵押物享有优先受偿权,对于超出主债权的价值部分,归属于抵押人。因此,即使本案抵押物价值超出了债务总额,但该行为并不违反法律的相关规定,玥宝公司关于高抵少贷、应解除该最高额抵押合同的上诉请求缺乏事实和法律依据,本院不予支持。

——最高人民法院民事审判第二庭编:《商事审判指导》总第35辑,人民法院出版社2014年版,第175~176页。

1467

抵押人承诺以担保书开具后所续进财产列入抵押的，抵押有效，抵押权人可以就此行使抵押权

关键词｜后续财产抵押｜抵押权｜

【最高人民法院裁判文书】

中国人民银行防城港市中心支行与防城港星港假日酒店等借款合同抵押担保纠纷案[最高人民法院(2002)民二提字第6号民事判决书]

最高人民法院认为:根据中国人民银行广西区分行《关于同意设立防城港金融市场的批复》,防城港金融市场是经中国人民银行广西区分行批准成立的全民所有制金融机构,是防城港人行的直属事业单位,中国人民银行广西区分行颁发了《经营金融业务许可证书》。金融市场下设三个分别核算的中介金融机构,其中资金拆借中心的经营范围包括“办理本地和跨地区同业短期资金拆借”。2000年9月5日,中国人民银行条法司在答复本院咨询的复函中明确回复:“金信中心是经中国人民银行防城港分行批准设立的、资金拆借中心的下属事业单位,不必办理工商登记。资金拆借中心、金信中心批准成立时,所在防城港区并未实施事业单位法人登记制度,不存在编制列入编委的问题。金信中心经资金拆借中心授权,可以办理短期资金拆借和短期资金周转业务。”据此,应认定金信中心具备从事资金拆借业务和短期资金周转业务的主体资格。中国人民银行总行在银传〔1993〕75号文件《关于继续纠正和清收违章拆借的几项政策规定》中也规定:“加强对未收回拆借资金的风险管理,确保资金的安全,对那些可能有风险的资金,尤其是直接拆借给非金融机构的资金,要重新核查手续的合法性,没有办理担保抵押的要补办担保抵押。”可见,在清理整顿中,对于直接拆借给非金融机构资金的行为要重新核查手续的合法性,补办担保抵押,不是一概以无效的原则处理。中国人民银行有权根据当时清理整顿金融秩序的情况作出相应的政策性规定。防城港人行的下属金信中心与东港公司1993年元月12日签订的资金拆借合同,是借贷双方当事人的真实意思表示,该合同应确认有效。金信中心1993年元月21日与东港公司签订协议书,除对借款利息的约定违反了国家金融法规规定无效,应依照国家规定的借款利率计算利息外,协议书的其他条款及担保条款应确认有效。郑建华作为合资一方的香港森发贸易公司的代

表、星港酒店的总经理以其经营管理的财产作抵押担保属职务行为,应认定有效。星港酒店委托代理人在本院再审庭审中提供两份《不可撤销抵押担保书》的原件,上面盖有“防城港星港假日酒店”和“星光海鲜酒楼”的公章,意在证明当时“星光海鲜酒楼”尚未成立,两份《不可撤销抵押担保书》是后补的。而原告防城港人行起诉时提供的两份《不可撤销抵押担保书》的原件,上面均只盖有“防城港星港假日酒店”的公章,且该两份原件经一、二审庭审质证,星港酒店均未提出异议,应当作为本案有效证据采信。星港酒店委托代理人在本院再审庭审中提供两份《不可撤销抵押担保书》的原件,与防城港人行举证的原件不一致,丧失证据效力,本院不予采信。星港酒店出具的不可撤销抵押担保书均已加盖公章,该财产抵押并不违反国家法律和行政法规,抵押担保关系成立。星港酒店辩称,四份抵押清单均为星港酒店为避免星港酒店、星光酒楼的财产被外地法院扣查于1994年5月30日补办的,大部分财产在1993年元月份尚未购置。由于两份担保书都承诺“以本担保书开具后所续进财产一并列入抵押”。后续进财产的清单都经盖章确认,因此,即使在1993年元月份尚未购置,直至1994年5月30日后续进的财产也应列入抵押财产内。郑建华自愿用其个人的全部财产对东港公司借款未还部分的本金、利息承担保证责任,应确认其保证有效。星港酒店、星光酒楼及郑建华为东港公司的借款提供财产抵押和保证,因东港公司破产,已不能归还所欠防城港人行借款本金及利息,依法应由抵押人用抵押财产清偿,由保证人郑建华用其所有财产承担保证责任。据此,广西壮族自治区高级人民法院原二审判决并无不当,再审判决认定借款合同无效,星港酒店和星光酒楼不承担担保责任不当。防城港人行申请再审的理由成立,应予支持。

——肖扬总主编、最高人民法院审判监督庭编:《中华人民共和国最高人民法院判案大系》(审判监督卷-2001~2002年卷),人民法院出版社2003年版,第207~211页。

1468

抵押财产被法院扣押后,抵押权效力及于孳息,但清偿义务人因不知被扣押而将法定孳息支付给抵押人的,仍产生清偿的效力

关键词|优先受偿权|法定孳息|

【最高人民法院裁判文书】

中国民生银行股份有限公司深圳分行与深圳市九策投资有限公司、天津市九策高科技产业园有限公司等金融借款合同纠纷案［最高人民法院(2016)最高法民终543号民事判决书］

最高人民法院认为：三、关于民生银行深圳分行对案涉九处房产自2013年2月5日至2016年2月5日期间出租所产生的租金收益是否享有优先受偿权的问题。

本案天津隆桥公司以其九处房产的租金收益向民生银行深圳分行设立应收账款质押，并办理了质押登记，原判决认定该质押有效设立并无不当，通常情况下民生银行深圳分行作为质权人可对该租金收益享有优先受偿权。但是，根据二审查明的事实，本案所涉的九处房产抵押给了另案债权人国联公司，国联公司在实现抵押权时将案涉租金收益作为抵押权标的通过法院予以强制执行。由此产生的主要法律问题是，国联公司在另案中的抵押权效力是否及于案涉租金收益？如果及于，何时及于？对该问题的回答，关系到究竟是民生银行深圳分行还是国联公司对案涉租金享有优先受偿权的问题，对此具体分析如下：

《物权法》第一百九十七条第一款规定："债务人不履行到期债务或者发生当事人约定的实现抵押权的情形，致使抵押财产被人民法院依法扣押的，自扣押之日起抵押权人有权收取该抵押财产的天然孳息或者法定孳息，但抵押权人未通知应当清偿法定孳息的义务人的除外。"租金属于法定孳息的范畴，故判断另案抵押权的效力是否及于案涉租金，亦当依据《物权法》的该款规定进行。从本案一、二审查明的事实看，另案中天津隆侨公司于2011年7月22日为国联公司的债权设立抵押权，2012年4月18日江苏高院查封案涉九处房产，2013年8月12日江苏高院通知天津远东百货暂停支付租赁合同项下租金。而本案中应收账款质权系于2013年2月6日经登记设立。显然，本案应收账款质权设立之时，抵押财产即案涉九处房产已被江苏高院另案查封，但尚未通知法定孳息即案涉租金的清偿义务人天津远东百货。在此情况下，另案抵押权的效力是否应当及于法定孳息，关键在于对《物权法》第一百九十七条第一款关于通知的法律后果如何判断。若该通知行为系抵押权的效力及于法定孳息的生效要件，则本案质权设立时国联公司的抵押权尚不及于案涉租金，本案质权当优先于另案抵押权受偿。若该通知行为系抵押权的效力及于法定孳息的对抗要件，即未通知的效果只是不得主张清偿义务人所为之清偿无效，则国联公司的抵押权自 2012 年 4 月 18 日江苏高院查封之日起已经及于案涉租金，早于本案质权设立时间，另案抵押权人当优先于本案质权人受偿。

对此，一方面，从抵押权效力及于孳息的立法目的看，抵押权系非占有性担保物权，抵押权设立后，抵押财产的占有权、使用权和收益权仍由抵押人行使，因抵押财产的使用而产生的孳息亦当由抵押人所有。但是，当债务人不履行到期债务或者发生约定的实现抵押权之情形，因抵押权人行使抵押权致使抵押财产被法院扣押，就意味着抵押权进入实现程序。如果此时抵押财产的孳息仍为抵押人收取，就会使抵押人为收取孳息而拖延处理抵押物，此时剥夺抵押人收取孳息的权利有利于抵押权的实现，这应是《物权法》第一百九十七条第一款规定抵押权效力自扣押之日起及于孳息的立法目的之所在。法院通过查封对抵押财产施加以公权力之后，抵押人收取孳息的权利即被剥夺，抵押权人是否通知法定孳息的清偿义务人，并不影响该立法目的实现。另一方面，从法律规定的通知之目的看，法定孳息系由抵押关系当事人之外的第三人负责清偿。《物权法》第一百九十七条规定的对法定孳息清偿义务人的通知与《合同法》第八十条规定的债权让与时对债务人的通知，均具有防止发生债务人为错误给付之目的。《合同法》第八十条明确规定："未经通知，该转让对债务人不发生效力。"参照该规定，对法定孳息清偿义务人之通知亦当解释为，未经通知对该法定孳息清偿义务人不发生抵押权效力及于孳息之法律效果。进而言之，抵押财产被法院扣押后，即使抵押权人怠于通知，抵押权效力已经及于孳息，但清偿义务人因不知抵押财产被扣押的情况而将法定孳息支付给抵押人的，仍产生清偿的效力，抵押权人不得主张清偿无效，即不得对抗清偿义务人。

由此可见，《物权法》第一百九十七条规定的对法定孳息清偿义务人的通知，并非抵押权效力及于法定孳息的生效要件，而系对抗要件。因此，虽然江苏高院于 2013 年 8 月 12 日才通知天津远东百货暂停支付租赁合同项下租金，但应认定国联公司的抵押权效力自 2012 年 4 月 18 日江苏高院查封之日起已及于案涉租金。因本案应收账款质权设立在后，民生银行深圳分行对案涉九处房产租金收益相对于另案抵押权人不应当优先受偿。

另应指出的是，本案应收账款质权虽然劣后于另案抵押权，但民生银行深圳分行较之于无担保之普通债权人就案涉租金仍具有优先受偿的权利。若另案抵押权人国联公司的债权受清偿后上述租金仍有剩余，则民生银行深圳分行就该剩余部分之租金可主张优先受偿。根据本院二审查明的事实，2015 年 11 月 30

日江苏高院另案裁定，终结本次执行程序。据此可知，另案抵押权人国联公司的债权尚未得到全部清偿。

在另案抵押债权尚未得到全部清偿的情况下，民生银行深圳分行对案涉租金不得行使优先受偿权。更何况，当事人并未提供证据证明在案涉租赁合同解除后，案涉九处房产之上又形成新的租赁关系。故在案涉租赁合同解除后，由于案涉质权的标的即收取租金的债权已经终止，民生银行深圳分行亦无从行使其优先受偿权。

根据上述分析可以认定，本案应收账款质权虽有效设立，但另案抵押权及于法定孳息即租金的效力优先于本案应收账款质权的效力。故，相对于另案抵押权人国联公司而言，民生银行深圳分行对案涉九处房产租金收益不具有优先受偿的权利。

——中国裁判文书网，http://wenshu.court.gov.cn。

1469

抵押房地产在借款合同到期后一直处于升值状态，银行迟延行使抵押权在增加抵押人利息损失的同时也使抵押物增值受益，抵押人仍应给付利息

关键词｜房地产抵押｜迟延行使抵押权｜

【最高人民法院裁判文书】

中国农业银行股份有限公司锦州锦兴支行与锦州玥宝塑业有限公司金融借款合同纠纷案［最高人民法院（2013）民二终字第57号民事判决书］

最高人民法院认为：在本案所涉8250万元贷款到期前，玥宝公司于2008年6月29日向锦兴支行递交了《关于玥宝公司用抵押物尽快清偿贷款本息的意见》。同年7月2日，锦兴支行向市农行报送的《关于锦州玥宝塑业有限公司8250万元贷款的风险预警报告》载明，该行会同市行业务处于6月27日（周五）对企业进行现场调查，周日紧急约见该企业法人代表，该企业将来只能处置抵押物才能偿还全部贷款，控制化解风险已迫在眉睫。在原审庭审中，锦兴支行认可该风险预警报告的真实性。通过风险预警报告载明的内容可以认定，锦兴支行

知晓玥宝公司只能通过处置抵押物偿还全部贷款的事实,玥宝公司以抵押物偿还贷款的意思表示已经到达锦兴支行。《合同法》第一百一十九条规定:“当事人一方违约后,对方应当采取适当措施防止损失的扩大;没有采取适当措施致使损失扩大的,不得就扩大的损失要求赔偿。”本案中,锦兴支行在上述款项到期之前,已经认识到玥宝公司到期不能清偿债务本息的风险,根据玥宝公司的请求,其可以在债务到期后通过及时行使抵押权避免玥宝公司利息损失扩大,但其直到 2011 年 2 月才诉请玥宝公司清偿债务和实现抵押权,故对于其未能及时行使抵押权而至违约损失扩大的部分,不能要求赔偿。但本案的特殊性在于,作为抵押物的房地产,在借款合同到期之后至今,一直处于升值状态,玥宝公司的实际损失并未增加。换言之,锦兴支行迟延行使抵押权在增加玥宝公司利息损失的同时也使玥宝公司因抵押物增值而受益。综上,根据损益相抵规则,本院通过利益衡量认为,对于 8250 万元到期后的利息,玥宝公司仍应承担给付责任。

——最高人民法院民事审判第二庭编著:《商事审判指导》总第 35 辑,人民法院出版社 2014 年版,第 175 ~ 176 页。

1470

同一抵押物有数个抵押权时，按设立的先后顺序依次受偿

关键词 | 同一抵押物有数个抵押权 |

【最高人民法院司法解释】

第七十七条 同一财产向两个以上债权人抵押的,顺序在先的抵押权与该财产的所有权归属一人时,该财产的所有权人可以以其抵押权对抗顺序在后的抵押权。

第七十八条 同一财产向两个以上债权人抵押的,顺序在后的抵押权所担保的债权先到期的,抵押权人只能就抵押物价值超出顺序在先的抵押担保债权的部分受偿。

顺序在先的抵押权所担保的债权先到期的,抵押权实现后的剩余价款应予提存,留待清偿顺序在后的抵押担保债权。

——《最高人民法院关于适用〈中华人民共和国担保法〉若干问题的解释》(2000 年 12 月 8 日,法释〔2000〕44 号)

【最高人民法院答复】

广东省高级人民法院：

你院〔1992〕粤高法经请字第 1 号《关于造成重复抵押无效的原因消除后该重复抵押行为的效力应如何确认的问题的请示》收悉。经研究，答复如下：

我院《关于贯彻执行〈中华人民共和国民法通则〉若干问题的意见（试行）》第一百一十五条对抵押的问题已有规定。按照该规定，当抵押物价值较大时，抵押人可就同一抵押物的剩余担保价值另行设立抵押权；同一抵押物有数个抵押权时，按设立的先后顺序依次受偿。你院请示的案件抵押物价值近 40 万元，第一个抵押权只有 17 万元，抵押人可以就剩余担保价值另设立抵押权，而不应按无效抵押处理。

此复。

——《最高人民法院经济庭关于同一抵押物设立数个抵押权依次受偿问题的函》（1992 年 4 月 18 日，法经〔1992〕68 号）

【链接：最高人民法院法官著述】

《担保法》第五十四条规定，同一财产向两个以上债权人抵押的，抵押合同以登记生效的，拍卖、变卖抵押物所得的价款按照抵押物登记的先后顺序清偿；顺序相同的，按照债权比例清偿。《担保法解释》第七十八条规定，同一财产向两个以上债权人抵押的，顺序在后的抵押权所担保的债权先到期的，抵押权人只能就抵押物价值超出顺序在先的抵押担保债权的部分受偿。顺序在先的抵押权所担保的债权先到期的，抵押权实现后的剩余价款应予提存，留待清偿顺序在后的抵押担保债权。根据以上规定以及立法意旨，同一顺序的抵押，应当按债权比例清偿，先到期的债权在实现抵押权时，应当将抵押物价值超出先到期债权的部分预留并提存。

——高燕竹：《保证期间和诉讼时效的认定以及同一抵押物上多个抵押权的实现——中国电子进出口总公司与中国农业银行股份有限公司昆明经济技术开发区支行、中电云南进出口公司借款合同纠纷再审案》，载《最高人民法院商事审判指导案例解析》，人民法院出版社 2015 年版，第 272 页。

1471

抵押权人不得请求非主债务人的抵押人直接清偿债务

关键词｜抵押权实现｜

【《最高人民法院公报》案例】

中国长城资产管理公司济南办事处与中国重汽集团济南卡车股份有限公司、山东小鸭集团有限责任公司借款抵押合同纠纷案[最高人民法院(2007)民二终字第25号民事判决书]

裁判摘要:抵押担保是物的担保。在抵押人不是主债务人的情况下,抵押权人可以请求拍卖、变卖抵押财产优先受偿,但不得请求抵押人直接承担债务人的债务。

最高人民法院认为:二、关于本案所涉抵押权的效力和相关抵押人的认定问题。本案所涉各份抵押合同合法有效。合同当事人对相应抵押物办理了抵押登记。故本案所涉各项抵押权均有效成立。该各项抵押权亦随主债权的转移而转移给新的债权人即长城公司。本案各项抵押权设定以后,相关物权登记均未变更。小鸭股份公司是本案抵押担保物权设定时的抵押人,因资产置换和工商登记变更,名称现为重汽济南卡车公司,也因抵押权证上的各项内容均未办理变更登记,故抵押担保法律关系中的抵押人名义上仍应为重汽济南卡车公司。故长城公司关于重汽济南卡车公司是东郊工行抵押权上的抵押人的上诉理由成立,本院予以支持。但是,抵押担保是物的担保,当抵押人不是主债务人的情况下,抵押权人对抵押人只能在抵押财产范围内实现债权。抵押权人可以请求拍卖、变卖抵押财产优先受偿,但不得请求抵押人直接承担债务人的债务。故本院对长城公司关于重汽济南卡车公司直接清偿债务的二审请求,不予支持。长城公司对相应抵押物折价或拍卖、变卖后的价款或征用补偿金在小鸭集团不能清偿相关债务范围内享有优先受偿权。

——《最高人民法院公报》2008年第3期

1472

抵押权人行使权利的依据是其对抵押财产享有的物权，而不应由抵押物的受让人在受让财产范围内直接承担偿还责任

关键词｜抵押物权｜抵押物受让人｜

【最高人民法院裁判文书】

中国华融资产管理公司哈尔滨办事处与牡丹江市无线电六厂、牡丹江欧地希焊接机有限公司、牡丹江电站辅机总厂借款合同纠纷上诉案［最高人民法院(2003)民二终字第196号民事判决书］

最高人民法院认为：1997年10月10日牡丹江工行与无线电六厂签订的协议书中明确表示，为了支持无线电六厂的合作活动，其同意将无线电六厂已设定抵押的价值人民币632万元的固定资产参与合资，但大前提是无线电六厂必须将632万元的股权质押给牡丹江工行。从双方当事人上述约定内容看，其协议解除抵押关系是建立在质押依法成立并生效的前提之下的。因该协议签订后牡丹江工行和无线电六厂始终未办理股权质押手续，根据《担保法》第七十八条关于以有限责任公司股份出质的，质押合同自股份出质记载于股东名册之日生效的规定，双方之间的质押合同关系并未生效，故牡丹江工行与无线电六厂之间原形成的抵押担保法律关系因双方约定的前提条件未成就而并未解除。故华融资产哈尔滨办事处在牡丹江工行与无线电六厂设定的抵押担保有关系依法成立并生效的前提下，依然有权对抵押物行使抵押权。原审法院认定双方通过签订协议书已实际解除了原已设定的抵押法律关系，没有事实依据，应予纠正。

根据《担保法》第三十三条的规定，抵押权人行使是指当债务人不履行债务时，债权人有权以债务人或者第三人用以抵押的财产折价或者以拍卖、变卖抵押财产的价款优先于债务人或者第三人的其他债权人受偿。又根据《担保法解释》第六十七条关于“抵押权存续期间，抵押人转让抵押物未通知抵押权人或者未告知受让人的，如果抵押物已经登记的，抵押权人仍可以行使抵押权；取得抵押物所有权的受让人，可以代替债务人清偿其全部债务，使抵押权消灭。受让人清偿债务后可以向抵押人追偿”的规定，即使抵押人转让抵押物未通知抵押权人或者未告知受让人的，抵押权人行使权利时也只是依据其对抵押财产享有的物权，要求受让人代债务人以该抵押财产折价或者以拍卖、变卖的相应价款来受偿，而不是由受让人在受让抵押财产金额及其利息范围内直接承担偿还责任。这是由物权担保的法律属性决定的。鉴于本案华融资产哈尔滨办事处诉讼请求系要求欧地希公司在其接受的已为原告设定抵押权的财产及其利息范围内向其承担偿还责任，并在二审庭审中明确表示其诉讼请求不是要求欧地希公司以无线电六厂出资的抵押财产折价或者拍卖、变卖的相应价款来代为偿还无线电六厂的债务，而是要求由欧地希公司在抵押财产值及其利息范围内向其承担偿还责任，因其诉请非为抵押权行使的内容，且现无证据证明华融资产哈尔滨办事处与欧地希公司之间存在事实上的债权债务关系，故本院对其该诉讼请求不予支持。

——最高人民法院民事审判第二庭编：《民商事审判指导》总第 10 辑，人民法院出版社 2007 年版，第 217～223 页。

1473

债权人许可债务人转让债务未经抵押人同意的，抵押人对未经其同意转让的债务不承担担保责任

关键词｜债务转移｜担保责任｜

【最高人民法院裁判文书】

通化市山城房屋开发有限公司与吉林银行股份有限公司通化分行、通化市金恺威药业有限公司、吉林通化东晨药业股份有限公司及王平借款合同纠纷案［最高人民法院(2015)民提字第 28 号民事判决书］

最高人民法院认为：担保人是基于对于债务人偿债能力的信任才作出担保，因此，《担保法解释》第七十二条规定，第三人提供抵押的，债权人许可债务人转让债务未经抵押人书面同意的，抵押人对未经其同意转让的债务，不再承担担保责任。本案中债务人东晨药业发生了企业重组。依据一审查明的事实，2005 年 8 月 2 日，威德药业与金恺威药业法人代表王平签订企业产权转让合同，其中约定欠吉林银行的 900 万元贷款及利息由王平负责偿还。不论最终该笔债务是由王平负责偿还，还是金恺威药业负责偿还，在企业重组过程中，涉案债务的责任承担主体发生了变化，构成债务转让。债务人的偿债能力发生了变化，这严重影响山城公司作出担保责任时的判断。而从 2006 年 6 月 5 日，通化市金信城市信用社向通化市中远资产评估有限责任公司作出的《关于同意东晨药业向金恺威药业投资函》的内容看，吉林银行作为债权人对于所发生的债务转让是知情并同意的，依据《担保法解释》第七十二条的规定，涉案债务的转让并未取得抵押人的书面同意，抵押人应不再承担担保责任。现吉林银行与金恺威药业均未提

供证据证明山城公司书面同意债务转让,应当认定山城公司不再承担担保责任。山城公司与通化市金信城市信用合作社《关于续期抵押登记的约定》签订于2004 年7 月 13 日,其第三条明确约定,对于抵押期一年后发生企业转让,山城公司不再承担担保责任。而本案中,涉案企业转让发生于 2005 年 7 月 13 日之后,在吉林银行与金恺威药业未提供证据证明山城公司书面同意涉案债务转让的情况下,山城公司不应再承担担保责任。吉林银行与金恺威药业认为《关于续期抵押登记的约定》系伪造,但在一审、二审时其均未对该约定的真实性提出异议。本案再审时,金恺威药业提交其代理人单方委托的吉林正达司法鉴定中心出具的鉴定结论,以"通化市金信城市信用合作社"与同时期盖印的"通化市金信城市信用合作社"不是同一枚印章所盖证明该约定系虚假文件。山城公司对此不予认可。在此情况下本院认为金恺威药业提供的证据不足以认定《关于续期抵押登记的约定》是虚假的,该约定可以作为定案证据。从该约定表述的内容看,山城公司对于超过一年后发生的企业转让,不再承担担保责任。上述约定为双方当事人的真实意思表示,且不违反法律的禁止性规定,应为合法有效。原审判决适用法律错误,应予纠正,山城公司不应对涉案 900 万元贷款及利息承担担保责任。

——中国裁判文书网,http://wenshu. court. gov. cn。

1474

抵押权人对债务人其他财产求偿的处理

关键词 | 抵押权人选择权 | 优先受偿权 |

【最高人民法院司法解释】

第七十三条 抵押物折价或者拍卖、变卖该抵押物的价款低于抵押权设定时约定价值的,应当按照抵押物实现的价值进行清偿。不足清偿的剩余部分,由债务人清偿。

——《最高人民法院关于适用〈中华人民共和国担保法〉若干问题的解释》(2000 年 12 月 8 日,法释〔2000〕44 号)

【链接：最高人民法院法官著述】

在我国现行法律背景下，应当承认抵押权人有选择权，债权如以抵押财产之外的财产清偿，抵押权消灭后，抵押财产成为债务人的责任财产，由其他债权人分享，对其他债权人也不生损害。不过，当债务人破产时，应当加以限制，在债务人破产程序中抵押权人享有优先受偿权，如果允许抵押权人以全部债权额先行参加破产分配，不够时再处理抵押物，则不利于平等保护全体破产债权人的权益。

——曹士兵：《中国担保制度与担保方法》（第三版），中国法制出版社2015年版，第299～300页。

抵押权只是意味着抵押权人对特定的抵押财产有优先受偿权，抵押权人同时也是债权人，在债务人到期不履行债务时，债权人有权要求债务人清偿债务，债务人无权以抵押权人有物上担保权利而拒绝履行债务。因此，在《物权法》和其他法律未明文规定抵押权人无选择权的情况下，可以承认抵押权人在对抵押财产行使抵押权之前，可以债权人的身份对债务人的其他财产先为清偿要求，债权人受清偿后，抵押权消灭，抵押财产成为债务人可以用来清偿其他债务的财产，这样有利于债权人债权的实现。

——最高人民法院物权法研究小组编著：《〈中华人民共和国物权法〉条文理解与适用》，人民法院出版社2007年版，第592～593页。

1475

数个债权人与同一个债务人约定对原合同设定的抵押物进行交换，并非单独进行抵押权转让，该变更协议有效

关键词｜抵押物交换｜抵押权转让｜

【最高人民法院裁判文书】

重庆市水产集团公司与重庆市江北区农村信用合作社联合社等借款抵押合同纠纷上诉案［最高人民法院（2004）民二终字第52号民事判决书］

最高人民法院认为：（3）信用联社、华夏公司、稼润公司三方签订变更抵押

物协议及进行抵押物交换的行为，是否违反了《担保法》关于抵押权不得与债权分离单独转让的禁止性规定。2000年1月8日信用联社、华夏公司、稼润公司三方签订的变更抵押物协议，是信用联社和华夏公司作为债权人与同一个债务人稼润公司协商一致后，对原合同中设定的抵押物进行交换的行为，并非单独进行抵押权转让。该协议的履行表明，三方当事人是通过分别解除原抵押之后重新设定抵押，不属于抵押权与债权分离单独转让的情形，也未超越委托书的授权范围。该变更抵押物协议，是三方当事人真实意思表示，不违反法律禁止性规定。在该变更抵押物协议签订后，当事人各自办理了解除抵押和重新抵押的手续，并经有关部门核准登记。因此，原审法院确认变更抵押物协议有效，是正确的，本院应当予以维持。上诉人关于变更抵押物协议内容违反《担保法》禁止性规定，应当确认无效的主张，于法无据，本院不予支持。

——最高人民法院民事审判第二庭编：《民商事审判指导》总第6辑，人民法院出版社2005年版，第366~383页。

1476

银行工作人员滥用职权违法放贷形成损失，不能证明抵押人参与或者知情并提供抵押担保的，抵押人不承担民事责任

关键词｜以合法形式掩盖非法目的｜抵押合同效力｜

【最高人民法院裁判文书】

中国农业银行股份有限公司岫岩满族自治县支行与兰翎、鞍山万兴隆岩田木业有限公司借款、抵押合同纠纷案[最高人民法院(2013)民二终字第51号民事判决书]

最高人民法院认为：根据本案查明的事实，岩田木业公司与农行岫岩支行在办理涉案固定资产贷款业务时存在犯罪行为，已经生效的盘锦市双台子区人民法院作出的(2010)双刑初字第183号刑事判决书和盘锦市中级人民法院作出的(2012)盘中刑二终字第18号刑事裁定书查明和认定，为获得涉案固定资产贷款，岩田木业公司制作虚假财务报告等文件申请贷款，并向农行岫岩支行工作人员江云南等人行贿财物，为此，农行岫岩支行工作人员江云南等人将虚假材料逐

级上报,致使不符合贷款条件的岩田木业公司获得涉案贷款,其分别构成骗取贷款犯罪、单位行贿罪和非法发放贷款罪及受贿罪。因该《固定资产借款合同》的形成过程中,农行岫岩支行工作人员存在上述刑事判决书和裁定书认定的犯罪行为,双方当事人明显以合法形式掩盖非法目的,侵犯了国家的金融制度,构成犯罪,依据《合同法》第五十二条第(三)项的规定关于“以合法形式掩盖非法目的”的规定,农行岫岩支行与岩田木业公司签订的《固定资产借款合同》应当认定无效,原审判决书在该院认为部分认为该合同合法有效不妥,本院予以纠正。岩田木业公司与农行岫岩支行之间的合同关系虽然应当认定无效,但其间仍实际存在民事债权债务关系,原审判决书主文并未涉及合同效力,仅对其间偿还借款本金、利息及抵押担保的内容作出判决,双方当事人对此均未提出上诉,本院对原审判决书该判项主文予以维持。

因涉案借款主合同应当认定无效,根据《担保法》第五条规定关于“担保合同是主合同的从合同,主合同无效的,担保合同无效”的规定,与涉案固定资产借款合同配套的兰翎与农行岫岩支行签订的《抵押合同》为从合同,亦应认定无效。根据《担保法解释》第八条关于“主合同无效而导致担保合同无效,担保人无过错的,担保人不承担民事责任”的规定,农行岫岩支行主张兰翎承担涉案固定资产借款损失,应当举证证明兰翎存在过错。农行岫岩支行的工作人员滥用职权违法发放贷款形成损失,其在没有证明兰翎参与了犯罪或者对该犯罪行为知情并仍然提供抵押担保的情况下,要求兰翎承担民事责任没有法律依据。兰翎系以抵押担保人身份参与涉案借款关系的,抵押担保法律关系系单务合同,在抵押担保合同关系中,依法抵押担保人只承担合同义务,不享有合同权利。农行岫岩支行以兰翎为岩田木业公司大股东、董事长兰辉的姐姐,其间存在关联关系为由主张兰翎应承担还款责任,应当提供证据证明兰翎占用了涉案资金或者与之相关的其他利益等,其仅以关联关系为由主张兰翎承担民事责任及对抵押物享有优先受偿权,依据不足,本院不予支持。原审判决以江云南的《讯问笔录》为证据认定农行岫岩支行明知岩田木业公司编造申贷材料,与已经生效的涉案刑事判决认定农行岫岩支行工作人员在工作中疏忽大意违法发放本案贷款的事实不符,农行岫岩支行的该上诉主张成立,对原审判决的相关认定,本院予以纠正。

——中国裁判文书网,http://wenshu.court.gov.cn。

（七）最高额抵押担保

1477

最高额抵押可以适用《担保法》司法解释关于保证的规定

关键词｜最高额抵押｜法律适用｜

【最高人民法院裁判文书】

中国农业银行股份有限公司博尔塔拉分行与新疆新诚基饮服培训商贸有限责任公司、阿拉山口天任贸易有限公司金融借款合同纠纷案[最高人民法院(2014)民提字第136号民事判决书]

最高人民法院认为：本案再审争议的焦点问题是新诚基公司是否应以抵押财产在800万元最高限额内对农行博州分行承担担保责任。

根据查明的事实，农行博州分行下属的阿拉山口支行与新诚基公司先后于2005年7月29日、8月初、8月8日签订了《最高额保证合同》《最高额抵押合同》和《房产抵押合同》共计三份担保合同。《最高额保证合同》中约定“在红山路8号房产办理完抵押手续后，本担保合同自行解除”。2005年8月8日，新诚基公司将红山路8号的房产在乌鲁木齐市房屋产权交易管理中心办理了抵押登记，故《最高额保证合同》约定的解除条件已经成就，《最高额保证合同》自此自动解除。《房产抵押合同》约定新诚基公司为贷款而向农行阿拉山口支行提供抵押，但事实上新诚基公司与农行阿拉山口支行之间并未发生任何贷款项目，即抵押担保的主债权并未成立，根据抵押合同的从属性原则，《房产抵押合同》亦不成立。《最高额抵押合同》系新诚基公司与农行阿拉山口支行之间的真实意思表示，合同内容不违反法律规定，故《最高额抵押合同》合法有效，是认定新诚基公司与农行阿拉山口支行之间担保法律关系的依据。

《最高额抵押合同》约定：抵押人新诚基公司自愿为天任公司自2005年7月29日起至2006年7月29日止，在农行阿拉山口支行处办理约定的各类业务形成的债务在最高额800万元以内提供担保。在抵押期间内，天任公司与农行阿拉山口支行之间共计发生了两笔借款业务，即在2005年7月29日，天任公司分别向农行阿拉山口支行借款500万元和284万元。天任公司借款的用途表述为“解付信用证”,实质上是天任公司通过借新贷用以偿付在信用证法律关系中所欠农行的融资垫款。从形式上看,为解付信用证而贷款与为偿还旧贷而借新贷略有不同,但从法律关系的性质上看,二者均属于以新债偿还旧债,且新债中的款项均不是实际支付给借款人,而是直接用以冲抵旧债,故二者在本质上并无差异,均属于借新还旧的范畴,可以适用同一法律规则。

从时间上看,天任公司与农行阿拉山口支行之间的两份借款合同订立时间早于《最高额抵押合同》,但农行博州分行自认,在签订《最高额抵押合同》时,并未向新诚基公司提供借款合同,农行阿拉山口支行亦未有证据证明曾以其他方式将其与天任公司之间借新还旧的事实告知了新诚基公司。故新诚基公司主张对案涉借款用途并不知情,本院予以认可。根据合同的相对性原则,农行阿拉山口支行与天任公司的借款关系仅发生在双方当事人之间,在合同当事人不对外披露的情况下,第三人从外部实难察知借款关系的存在,对借款的用途更难知情,故新诚基公司不知道农行阿拉山口支行与天任公司之间的借款用途,主观上难谓存在过错。

《担保法解释》第三十九条规定:“主合同当事人双方协议以新贷偿还旧贷,除保证人知道或者应当知道的外,保证人不承担民事责任。”单纯从文义上看,该条规定是对保证担保所设,但在以第三人财产设定抵押的情形下,抵押担保法律关系在主体、内容、目的、效果等方面与保证担保的特征相似,在司法解释未对借新还旧中抵押人的责任承担问题作出明确规定的情形下,《担保法解释》关于保证的相关规定可比照适用于抵押。故二审法院根据《担保法解释》关于保证章的相关规定对本案进行判决并无不当,农行博州分行关于原二审判决适用法律错误的再审主张不能成立,本院不予支持。

综上,农行阿拉山口支行与新诚基公司签订《最高额抵押合同》时,并未告知新诚基公司关于天任公司借新还旧的事实,农行博州分行亦没有证据证明新诚基公司系在知道或应当知道天任公司借新还旧的情形下自愿提供抵押,这无疑会影响新诚基公司在提供抵押时对担保风险的预期判断,加重其担保责任,进而导致不公平的结果,根据《担保法解释》第三十九条的规定,新诚基公司应免于承担担保责任。原二审判决认定事实清楚,适用法律正确,应予维持。

——中国裁判文书网,http://wenshu.court.gov.cn。

中国长城资产管理公司哈尔滨办事处与黑龙江华夏造纸有限公司、佳木斯金地造纸股份有限公司借款担保合同纠纷案[最高人民法院(2010)民二终字第72号民事判决书]

最高人民法院认为:抵押是担保的法定方式之一。在以第三人财产设定抵押的情形下,抵押担保法律关系在主体、内容、目的、效果等方面与保证担保的特征相似。借贷关系的双方关于借款用途的约定,亦是担保人判断其风险责任所考虑的重要因素。无论是对保证担保还是抵押担保,主债务双方在以固定资产投资为借款用途而设定担保后,又以借新还旧的真实用途发放并收回贷款,同样会改变担保人在提供担保时对担保风险的预期,加重其担保责任,同样会导致对担保人不公平的结果。据此,原审法院根据《担保法解释》关于保证章的相关规定对本案进行判决并无不当,本院予以维持。长城公司哈尔滨办事处关于一审判决对最高额抵押适用保证的规定属于适用法律错误的上诉主张不能成立,本院不予支持。

——最高人民法院民事审判第二庭编:《商事审判指导》总第25辑,人民法院出版社2011年版,第227~229页。

1478

《BSP业务代收代付服务协议》认定有效的，相关最高额抵押担保合同也有效

关键词｜代收代付服务协议｜最高额抵押｜合同效力｜

【最高人民法院裁判文书】

上海海蓝宝石软件有限公司与张颉、上海军利航空服务有限公司等服务合同纠纷案[最高人民法院(2014)民四终字第24号民事判决书]

最高人民法院认为:本案争议的焦点问题是,张颉与快钱公司之间签订的《最高额抵押合同》的效力如何以及张颉在本案中应否承担担保责任。

(一)关于张颉与快钱公司之间签订的《最高额抵押合同》的效力问题

根据2010年8月18日快钱公司与军利公司之间签订的《BSP业务代收代付服务协议》的约定,快钱公司为军利公司提供的"代收代付服务",是指快钱公司对

军利公司指定的收款账户即 BSP 账户审核并认可的情况下，按照军利公司的要求，在约定的 3 亿元额度范围内替军利公司先行向该指定的收款账户代付相应款项，之后再由军利公司按照快钱公司的要求在约定的还款日之前向快钱公司偿还相应款项。BSP 系开账与结算计划（Billing and Settlement Plan）的简称，是国际航空运输协会根据航空公司及其销售代理人的需要设立的清算和结算账目的销售结算系统，我国于 1995 年初经中国民用航空总局批准后设立了中国 BSP 系统并于 1997 年正式运行。军利公司作为机票销售代理人根据该系统的要求在中国工商银行设立了专用账户，用于与相关航空公司之间的机票交易结算。根据该系统要求，该专用账户内的资金入账后，军利公司不能随意支配，而是被该系统自动根据账期及账单等信息将相关款项划转给各航空公司，即所谓"只能进、不能出"。根据快钱公司的工商登记资料，快钱公司是金融类企业，其经营范围包括"代收代付服务"，且已获中国人民银行支付机构许可。从本案有关事实看，快钱公司与军利公司签订上述服务协议，目的是由快钱公司提供融资服务，但这并未超出快钱公司的合法经营范围，不属于非法借贷行为。《BSP 业务代收代付服务协议》是双方当事人的真实意思表示，不违反我国法律、行政法规的规定，应当认定有效。

张颉与快钱公司、军利公司签订的《最高额抵押合同》明确约定，为确保快钱公司和军利公司签订的编号为 KTJ11 - 2000 - 023 的《合作协议》及所有附件的履行，张颉愿意为军利公司依该协议与快钱公司形成的债务的最高余额 8500 万元的全部债权及其他相关权利提供担保，担保的债权形成时间自 2010 年 8 月 18 日至 2012 年 12 月 31 日止。张颉对一审判决关于《合作协议》与《BSP 业务代收代付服务协议》之间关系的认定并无异议，即《合作协议》是在《BSP 业务代收代付服务协议》框架下为满足办理抵押登记手续的需要，根据不同抵押人签署的最高额抵押合同分别出具的，《合作协议》中所指快钱公司与军利公司之间的合作就是《BSP 业务代收代付服务协议》项下的合作，各担保人担保的债务就是《BSP 业务代收代付服务协议》项下产生的债务。张颉与快钱公司、军利公司签订的《最高额抵押合同》系三方的真实意思表示，并不违反我国法律、行政法规的规定，亦应认定有效。一审判决对此认定正确。张颉关于快钱公司没有金融资质、《BSP 业务代收代付服务协议》应认定无效、主合同无效担保合同因而无效的上诉理由不能成立。

（二）关于张颉在本案中应否承担担保责任的问题

快钱公司向军利公司支付的款项均进入的是军利公司 BSP 专用账户，符合《BSP 业务代收代付服务协议》的约定。快钱公司为军利公司的代付行为是在一定时间内连续发生的。根据军利公司于 2011 年 3 月 18 日给快钱公司的三份《BSP 授信延迟还款申请书》，载明军利公司欠快钱公司的款项，包括于 2011 年 3 月 16 日到期的 2500 万元、10200 万元，2011 年 3 月 18 日到期的 11200 万元及相关手续费，请求延迟付款，欠款额总计 2.39 亿元。快钱公司该债权发生的时间并未超出张颉签署的《最高额抵押合同》中约定的担保债权形成时间。因此，一审判决张颉根据《最高额抵押合同》的约定承担相应的担保责任并无不当。

上诉人张颉认为快钱公司支付的款项并非用于代付机票款，由于快钱公司支付的款项进入的是 BSP 专用账户，因此张颉欲否认款项用途即应承担相应的举证责任，但张颉没有举出充分的证据证明快钱公司进入 BSP 账户的款项没有用于向航空公司支付机票款，张颉的该主张不能成立。如果有证据证明军利公司和快钱公司合意改变款项用途，根据担保法的规定，担保人张颉对加重其担保责任部分可以免除担保责任，但张颉没有举出证据证明存在该种情形。此外，张颉认为其承保的是快钱公司代付的机票款，因有军利公司销售机票收入为支撑，应当是稳妥的，风险很小，该认识有一定的合理性，然而，张颉并没有在《最高额抵押合同》中为债权人付款设置特定条件，在《最高额抵押合同》有效的前提下，快钱公司为军利公司代付了相应的款项，军利公司不能偿还，张颉即应当依约在其承保的额度内承担相应担保责任。担保的目的在于保障债权人行使债权，在债权人没有过错的情况下，债务人不能偿债的风险，应当由保证人承担。因此，上诉人张颉关于本案所涉债务并非机票款代付系列协议下产生的债务、其不应承担担保责任的上诉理由没有事实和法律依据，不应予以支持。

——中国裁判文书网，http://wenshu.court.gov.cn。

1479

银行分支机构经法人授权代行其他分支机构的债权，并未发生债权转让，不属最高额抵押担保的债权转让违反法律禁止性规定的情形

关键词｜债权转让｜最高额抵押｜

【最高人民法院裁判文书】

武汉黄鹤集团股份有限公司与中国农业银行武汉市江城支行、武汉黄鹤大洲商城有限公司、武汉华中商城借款抵押合同纠纷案［最高人民法院(2004)民二终字第202号民事判决书］

最高人民法院认为:本案借款合同的出借方分别为武汉农行下属的八大家分理处、南站办和大东门分理处,因我国各商业银行实行一级法人制度,各分支机构均不具备法人资格,故上述三个分支机构作为出借方形成的债权均为中国农业银行所享有。按照商业银行管理制度,上级行有权行使下级行的有关职能,湖北农行鄂农银营发〔2002〕4号《关于组建长江和江城两个专业清收支行的方案》明确规定由江城支行负责包括本案三笔债权在内的不良资产的清收管理工作,属法人的内部职能分工,不违反法律规定。根据《民事诉讼法》第四十九条关于"公民、法人和其他组织可以作为民事诉讼的当事人"和《民诉法意见》第四十条关于"其他组织包括法人依法设立并领取营业执照的分支机构"的规定,江城支行有权作为本案原告对上述三笔债权提起诉讼,黄鹤公司关于江城支行不具备本案诉讼主体资格的上诉理由,本院不予支持。江城支行基于法人授权代行主张其他分支机构的债权,并未发生债权转让的法律事实,三笔债权的权利人始终为中国农业银行这一民事主体,故黄鹤公司关于该三笔设有最高额抵押担保的债权转让违反法律禁止性规定的上诉理由没有法律依据,本院亦不予支持。

——最高人民法院民事审判第二庭编:《最高人民法院商事审判指导案例·借款担保卷》,中国法制出版社2011年版,第378~385页。

1480

最高额抵押的主合同债权在债权确定之前不可以转让,确定之后可以转让

关键词|最高额抵押|债权转让|

【最高人民法院裁判文书】

石家庄建工集团有限公司与中国东方资产管理公司石家庄办事处最高额抵押借款合同纠纷案[最高人民法院(2007)民二终字第240号民事判决书]

裁判要旨：在审理因《物权法》实施前的法律行为引发的最高额抵押借款合同纠纷案件时，应参照《物权法》规定的精神理解当时法律及把握处理纠纷的标准，特别在如何判断最高额抵押担保的债权是否确定化及确定化事由方面。

最高人民法院认为：本案上诉争议焦点在于原贷款银行对本案所涉债权转让至资产管理公司的行为的效力，具体说，就是原贷款银行转让本案贷款债权之时，由于本案的借款合同的发生是在具有最高额抵押合同情形下进行的，主合同债权是否已经特定、转让行为本身是否违法从而影响转让行为的效力认定。

首先，我国《担保法》第六十一条"最高额抵押的主合同债权不得转让"的规定，从其立法本意看，强调的是主合同债权在不特定的情况下不能随同其最高额抵押权的全部或者部分一起转让的一般原则，这是由最高额抵押权的本质属性决定的。最高额抵押权不同于普遍抵押权的特殊性体现在最高额抵押权对其所担保的在一个最高债权额限度之内在一定期间内连续发生的债权具有不可分割性，最高额抵押权并非仅仅为其所担保范围内某一项特定具体的债权而设立，而是为一系列不特定债权设立。此处的"主合同债权"意指在最高额抵押权担保的情况下按照约定的最高债权额限度之内以抵押物对一定期间内连续发生的不特定债权的概括性总称，而并非指在具有最高额抵押权担保的情况下单笔或者多笔债权自由流动、变化、转让、消灭，也不包括当事人在最高额抵押合同中特别约定当主合同债权不确定时发生转让连同最高额抵押权全部或部分转让的情形，也不包括最高额抵押权担保的债权按照约定或者法定事由已经特定化之后发生转让的情形。在最高额抵押合同没有达到约定的决算期或者通过其他方式对主合同债权予以确定时，在一定时间段内发生的债权总额可能始终是不确定的，是不断变化的。最高额抵押权并不因为其所担保的其中一个或者数个债权的变化、消灭、转让而发生变化、消灭、转让，除非当事人早已在最高额抵押合同中有特别约定。最高额抵押权在如何随同其所担保的主合同债权发生转让的问题上如果当事人在合同中没有约定，那么只有一个条件才能发生最高额抵押权随同主合同债权一同转让情形，即主合同债权发生特定化情形。《不良贷款案件规定》第八条"最高额抵押权所担保的不特定债权特定后，原债权银行转让主债权的，可以认定转让债权的行为有效"的规定正是体现这样的思想。因此，除非在当事人有特别约定的情况下，最高额抵押权必须待其所担保的债权特定后方可随同一起转让，否则发生的主合同债权转让则成为脱离最高额抵押权担保的普通债权。

其次，就本案而言，本案所涉两份最高额抵押合同并没有约定决算期，虽然其约定最高额抵押权的存续期为至被担保债权诉讼时效届满之日后的两年，也就是说，是本案债权转让发生之日即由新华支行将本案四笔贷款及从权利转让给信达石办时，仍在本案最高额抵押合同的存续期间；本案所涉四笔借款合同虽然其中三笔贷款的履行期限已经届满，即三笔债务已达清偿期，但另有一笔即2003年12月26日金额为2440万元的2003－16号借款合同因其借款期限为2003年12月29日至2004年12月28日而未届清偿期，但是，判断最高额抵押合同项下的借款合同债权是否已经确定的标准并非完全在于上述因素，仍需要结合其他因素综合判断。鉴于本案四笔贷款合同金额已达最高额抵押合同约定的债权的最高额限度，事实上不可能发生新的债权；且本案四笔贷款合同是借新还旧的借款合同，是为到期的八笔旧贷进行的转贷而重新签订的四份借款合同；该四笔借款合同其中三笔贷款的履行期限已经届满，即三笔债务已达清偿期；同时，根据本案两份最高额抵押合同第十条抵押权实现（一）主合同项下全部或部分债务本金或利息履行期限届满，乙方（指新华支行）未受清偿的，新华支行有权依法处分抵押物的约定，应当认为新华支行于2004年6月28日将本案所涉的四笔借款债权及担保债权转让给信达石办时，本案最高额抵押合同项下的借款合同债权实际已经确定或特定，不可能发生新的债权，即使发生新的借贷关系也与本案最高额抵押合同无关，不属其所担保的债权范围。本案最高额抵押担保债权已经特定，本案债权可以依法转让。本案债权作为不良资产进行转让符合有关法律政策，本案最高额抵押项下的债权变成具有普通抵押权的债权，并没有损害债务人的利益或加重债务人的责任。本案债权转让行为不违反法律、法规的强制性规定，应当认定有效。原审判决对此认定和处理正确，本院予以维持。建工集团上诉所称的本案债权转让无效及理由不能成立，本院不予支持。

——最高人民法院民事审判第二庭编：《民商事审判指导》总第15辑，人民法院出版社2008年版，第228～236页。

1481

市场经营主体对签订抵押合同及办理抵押登记的责任后果应有明确认知，其以意思表示不真实要求免除担保责任的不予支持

关键词 | 抵押登记 | 免责抗辩 | 最高额抵押 |

【最高人民法院裁判文书】

中国银行股份有限公司青岛香港路支行与永泰县樟鑫房地产开发有限公司、青州青都房地产开发有限公司等金融借款合同纠纷案［最高人民法院(2014)民二终字第91号民事判决书］

最高人民法院认为：中行香港路支行与捷丰达公司于2011年7月14日、11月15日分别签订的编号为2011年港司授字018号《授信额度协议》以及该协议项下的具体业务合同，是当事人的真实意思表示，不违反法律法规强制性规定，应认为合法有效，签约各方均应严格按照约定全面履行各自的合同义务。中行香港路支行在授信额度期限内，于2011年10月26日至2012年1月5日先后依约为捷丰达公司办理八笔信用证开证业务、四笔进口押汇业务和一笔国内代付业务，并实际形成垫款本金共计人民币45852245.45元和8476753.77美元。捷丰达公司未按约定向中行香港路支行偿还融资垫付本金及其利息违反了合同约定，中行香港路支行主张捷丰达公司偿还欠款本息有事实基础与法律依据，本院予以支持。

2012年1月31日，樟鑫公司经股东会决议，与中行香港路支行签订了编号为2011港司额度抵字018-3号《最高额抵押合同》，以其名下樟城镇较场路国有土地使用权为中行香港路支行与捷丰达公司之间最高本金余额为人民币15000万元的贷款债权提供抵押担保，并于同日办理了抵押登记。中行香港路支行据此要求樟鑫公司承担抵押担保责任于法有据，本院予以支持。

樟鑫公司提出其签订该合同的意思表示不真实，不应承担担保责任。本院认为，《最高额抵押合同》中对于樟鑫公司提供担保的主债权金额、责任范围等内容均做出了明确约定，樟鑫公司亦经过了股东会讨论一致同意提供抵押担保，作为市场经营主体，其应具有独立判断商业风险的能力，对于《最高额抵押合同》中的担保责任具备相应的认知水平和承受能力，现其主张当初提供担保的意思表示不真实，却并无充分的证据证明，故对其主张本院不予支持。即便樟鑫

公司轻信丰亿集团公司向其提供900万元借款的承诺而签订案涉《最高额抵押合同》，亦不影响其对于合同中相关责任条款应具备的充分理解与审慎核查，以及合同签订后的风险预期，因此，该抗辩不能成立。樟鑫公司主张中行香港路支行与捷丰达公司恶意串通，隐瞒事实真相，使其在违背真实意思表示的情况下签订了损害自身利益的《最高额抵押合同》，但并无证据予以支持，即便捷丰达公司、丰亿集团公司以向樟鑫公司提供借款为对价诱使其签订抵押合同，亦无直接证据证明中行香港路支行与之存在恶意串通的事实，因而对樟鑫公司免责的主张本院难以支持。

樟鑫公司另提出本案中许建平等相关主体涉嫌刑事犯罪，本案属刑事民事交叉案件，应中止审理。但现有证据表明公安机关未对此正式立案，更未对中行香港路支行与捷丰达公司是否涉嫌恶意串通诱使樟鑫公司作出抵押担保意思表示作出刑事认定，本案当前不存在先刑后民的问题，无需中止审理。

综上，樟鑫公司作为具有独立风险判断能力的市场经营主体，对于依法签订抵押合同及办理抵押登记的相应责任后果应有明确的认知，其提出免除担保责任的抗辩主张缺乏事实和法律依据，本院不予支持。

——中国裁判文书网，http://wenshu.court.gov.cn。

1482

多个担保人就同一债权提供最高额抵押担保，在无特别约定情形下，应以其各自提供的抵押物相互承担连带抵押责任

关键词｜最高额抵押｜连带抵押责任｜

【最高人民法院裁判文书】

河源市源城区宝源房地产发展有限公司与广发银行股份有限公司河源分行等金融借款合同纠纷申诉案［最高人民法院（2015）民提字第66号民事判决书］

最高人民法院认为：（二）关于宝源公司是否应当承担担保责任问题。宝源公司认为本案所涉四笔借款是由宏远公司为销售中心的借款提供抵押担保，原审判决认定宝源公司对销售中心在本案的四笔借款承担担保责任没有事实和法律根据。1. 同一债权上设立有多个担保人提供的担保，可增加债权人权利得到

实现的保障,向不为法律所禁止。宝源公司与广发行河源办签订《最高额抵押合同》,约定宝源公司为广发行河源办与销售中心在2001年5月17日至2002年5月17日期间所发生债务提供最高额为2500万元的抵押担保。该最高额抵押合同在抵押物登记后发生法律效力,抵押权有效设立。现主债务人销售中心不能清偿借款,宝源公司作为担保人应当依法依约承担担保责任。2. 多个担保人就同一债权提供担保,在无特别约定情形下,其担保责任的分配,需考虑最高额抵押合同是比较特殊的担保形式,其所担保的债权需在决算期届至或约定事由发生后才特定化,此前所发生的连续交易或债权,不足以确定最高额抵押权的内容。以本案而言,根据《担保法》第五十九条关于“本法所称最高额抵押,是指抵押人与抵押权人协议,在最高债权额限度内,以抵押物对一定期间内连续发生的债权作担保”的规定,本案所涉四份《银行承兑合同》虽然另有担保人宏远公司关于提供担保的约定,但该约定均明确各合同项下借款担保方式为抵押、按广发行河源办与宏远公司签订编号为2001A02《最高额抵押合同》执行,故此四份《银行承兑合同》仍为一定期间内连续发生的债权合同而非担保合同,不能作为判断担保人担保责任范围或者份额分担的依据。另由于宝源公司与广发行河源办所订立的编号为2001A01《最高额抵押合同》以及前述广发行河源办与宏远公司签订的编号为2001A02《最高额抵押合同》均约定宝源公司与宏远公司自愿为债务人即销售中心于2001年5月17日至2002年5月17日期间在广发行河源办办理约定的各类业务实际形成的债权最高余额为2500万元提供担保,但宝源公司与宏远公司并未就决算期届至、连续发生之债权特定化后所形成应担保余额应如何分担并未作出约定,根据《担保法解释》第八十三条第一款关于“最高额抵押权所担保的不特定债权,在特定后,债权已届清偿期的,最高额抵押权人可以根据普通抵押权的规定行使其抵押权”以及第七十五条第二款关于“同一债权有两个以上抵押人的,当事人对其提供的抵押财产所担保的债权份额或者顺序没有约定或者约定不明的,抵押权人可以就其中任一或者各个财产行使抵押权”的规定,宏远公司与宝源公司以其各自提供的抵押物相互承担连带抵押责任。故宝源公司关于其不应承担抵押责任的主张因无事实根据和法律依据而不能成立。再审判决认定宝源公司与宏远公司应对销售中心涉案债务承担连带责任并无不当,应予维持。

——中国裁判文书网,http://wenshu.court.gov.cn。

1483

最高额抵押因查封导致债权确定，但主债权确定后至实际清偿期间产生的利息仍应在抵押担保范围以内

关键词｜最高额抵押｜查封｜担保范围｜

【最高人民法院司法解释】

第八十一条 最高额抵押权所担保的债权范围，不包括抵押物因财产保全或者执行程序被查封后或债务人、抵押人破产后发生的债权。

——《最高人民法院关于适用〈中华人民共和国担保法〉若干问题的解释》(2000年12月8日，法释〔2000〕44号)

【最高人民法院裁判文书】

岳阳友协置业有限公司与交通银行股份有限公司佛山南海支行等借款合同纠纷申请再审案[最高人民法院(2012)民再申字第212号民事裁定书]

最高人民法院认为:2.关于查封之后因主债权产生的利息、罚息是否属于最高额抵押担保范围问题。根据《物权法》第二百零六条第(四)项，抵押财产被查封、扣押的，抵押权人的债权确定。根据《担保法解释》第八十一条，最高额抵押权所担保的债权范围，不包括抵押物因财产保全或者执行程序被查封后或者债务人、抵押人破产后发生的债权。岳阳友协据此主张本案抵押物被查封后产生的债权，尤其是发回重审后增加的3000余万元逾期利息、罚息均在抵押权确定后发生的，不能在抵押物的价值内优先受偿，本案判决岳阳友协对佛山友协2006年8月7日以后的债权仍承担担保责任属于适用法律错误。本院认为，上述规定旨在确定主债权范围，并未将主债权确定后至实际清偿期间产生的利息等排除在抵押担保范围之外，主债权确定后产生的利息等均系基于主债权产生，应属抵押担保范围，本案判决岳阳友协对于本案主债权及利息承担担保责任，适用法律并无不当，岳阳友协该项理由不能成立。

——中国裁判文书网，http://wenshu.court.gov.cn。

二、质押担保

1484

质押登记发生在主合同和质押合同签订之前，不影响质押合同效力

关键词｜质押登记｜合同效力｜

【最高人民法院裁判文书】

中国工商银行股份有限公司哈尔滨开发区支行与中国光大银行股份有限公司哈尔滨道外支行、黑龙江长兴投资有限公司借款合同纠纷上诉案[最高人民法院(2006)民二终字第97号民事判决书]

裁判要旨：虽然目前我国有关法律、行政法规等尚未对以公路等不动产收益权出质的，质押权究竟是以交付权利凭证还是以依法登记作为取得权利的要件作出明确规定，但是，不论是以交付权利凭证还是以依法办理出质登记作为公路收费权质押权取得的要件，因当事人在签订质押合同后既交付了质押权利凭证又依法办理了出质登记手续，故应认定该质押有效。

在正式签订借款合同与质押合同前，当事人即办理有关权利的质押登记，并不违反法律、行政法规的禁止性规定，质押登记发生在主合同和质押合同签订之前，不影响质押合同的效力。

最高人民法院认为：光大银行道外支行与长兴公司签订质押合同，约定以长兴公司所有的鹤萝公路鹤梧段12年收费权进行质押，不违反法律强制性规定，应为有效。光大银行道外支行与长兴公司根据国务院国函〔1999〕28号批复关于"公路建设项目法人可以用收费公路的收费权质押方式向国内银行申请质押贷款，以省级人民政府批准的收费文件作为公路收费权的权力证书，地市级以上交通主管部门作为公路收费权质押的登记部门"的规定，就上述质押合同在鹤岗市交通局进行了质押登记，该质押登记依法有效。光大银行道外支行在与长兴公司正式签订借款合同和质押合同前，即办理有关权利的质押登记，并不违反法律、行政法规禁止性规定，质押登记发生在主合同和质押合同签订之前，不影响质押合同的效力。光大银行道外支行取得的《质押登记书》中明确载明了借

款合同的合同号，该合同号与事后签订的借款合同一致，该质押登记系为该案争议借款提供质押担保，事实清楚。《质押登记书》载明的借款数额与事后签订的借款合同载明的借款合同数额不相一致，亦不影响质押登记的效力。2001 年 3 月 13 日黑龙江省交通厅黑交发〔2001〕50 号下发的《公路收费权贷款质押登记管理办法》中虽然有"收费权质押登记管理工作由黑龙江省交通厅负责，并颁发登记证，其他任何单位无权办理公路收费权质押登记；在此登记规定发布之前已办理公路收费权贷款质押的，申请单位须在 3 个月内履行程序补办此项登记手续，由省交通厅补发登记证书"的规定，但因光大银行道外支行与长兴公司之间签订的质押合同在此之前已经依据国务院的有关规定依法登记，光大银行道外支行未按黑龙江省交通厅的上述规定补办质押登记手续，并不导致原质押登记失效。根据光大银行道外支行与长兴公司签订的质押合同中有关"权利凭证双方确认封存后由长兴公司交与光大银行道外支行保管"的约定，光大银行道外支行取得了国务院国函〔1999〕28 号批复中规定的公路收费权质押权利凭证——黑龙江省交通厅批复给长兴公司的黑交发〔1999〕190 号《黑龙江省交通厅关于鹤萝公路鹤梧段收费经营权转让的批复》。虽然目前我国有关法律、行政法规等尚未对以公路等不动产收益权出质的，质押权究竟是以交付权利凭证还是以依法登记作为取得权利的要件作出明确规定，但是，不论是以交付权利凭证还是以依法办理出质登记作为公路收费权质押权取得的要件，因光大银行道外支行与长兴公司签订质押合同，既交付了质押权利凭证，又依法办理了出质登记手续，因此，光大银行道外支行对鹤萝公路鹤梧段 12 年收费权依法取得质押权，享有优先受偿的权利。

——宋晓明主编、最高人民法院民事审判第二庭编：《最高人民法院商事审判裁判规范与案例指导》第 1 卷，法律出版社 2010 年版，第 170 ~ 177 页。

1485

用虚假标的出质的质押合同无效，第三人有过错的，应当在因其过错形成的损失范围内承担责任

关键词｜质押合同无效｜过错责任｜

【最高人民法院裁判文书】

中国农业银行天津第三大街支行、天津市河东区财政局与天津开发区东方集团公司、天津市创远房地产开发有限公司、山东省经济发展总公司、天津市天利和国际发展总公司及天津市创远机电实业开发公司借款合同纠纷案[最高人民法院(2010)民二终字第57号民事判决书]

裁判要旨：担保人用虚假质押标的向贷款人出质的，质押合同无效，质权自始未设立。借款人应按照原《借款合同》履行偿还到期借款的义务，并赔偿贷款人因追索欠款所实际遭受的损失和因迟延履行还款义务所造成的损失。担保人应在借款人不能清偿债务范围内承担赔偿责任。第三人对质押合同无效有过错的，应依据《民法通则》第一百零六条第二款的规定在其过错形成的损失范围内向贷款人承担赔偿责任。

最高人民法院认为：第三大街支行与东方集团签订的《借款合同》合法有效，第三大街支行依约履行了放贷义务，东方集团应依约偿还第三大街支行的所有贷款本息。因创远房地产公司以伪造的国债凭证出质，第三大街支行与创远房地产公司签订的《权利质押合同》无效，质押权自始未成立，导致债权人第三大街支行在其债权到期后债务人东方集团不履行还款义务时，无法享有对出质权利的优先受偿权，对此，创远房地产公司应承担缔约过失责任。根据《合同法》第四十二条有关当事人在订立合同过程中故意隐瞒与订立合同有关的重要事实或者提供虚假情况，给对方造成损失的，应当承担损害赔偿责任的规定，创远房地产公司应当在东方集团不能清偿债务的范围内，对第三大街支行的损失承担赔偿责任。原审判令创远房地产公司在东方集团不能清偿部分的百分之四十范围内承担补充责任无法律依据，本院予以纠正。

——最高人民法院民事审判第二庭编：《最高人民法院商事审判指导案例（第五卷）》（上），中国法制出版社2011年版，第385～394页。

1486

质物的交付方式既不符合动产质权的公示方法，亦不符合质权制度设立之目的，不构成有效的交付

关键词｜质权设立｜质物交付｜

【最高人民法院裁判文书】

祝培武与烟台胶东美术馆、吕健质押合同纠纷案[最高人民法院(2015)民申字第1212号民事裁定书]

最高人民法院认为:本案的焦点是案涉质权是否设立。《物权法》第二百一十二条规定:"质权自出质人交付质押财产时设立。"所谓交付,即移转占有。质权作为享有优先受偿的担保物权,因可能涉及其他债权人的利益,故其设立须以转移占有作为公示方法。本案双方当事人签订《质押合同》约定,祝培武租赁吕健的房产即藏品原存放地点保管质物,美术馆向祝培武交付一把钥匙。祝培武据此认为,双方已经完成质物的交付,其对质物实际控制与占有。然而,美术馆仅向祝培武交付一把钥匙,且该钥匙并非美术馆唯一的钥匙,美术馆亦持有其他钥匙,说明质物并未脱离出质人的占有与控制。如一审法院认定,案涉财产质押期间,在祝培武不知情的情况下,质物因另案被其他法院查封,表明祝培武对质物没有完全控制与占有,质物亦未脱离出质人的直接控制。动产质权设立之目的在于保障债权人可以依据质权优先受偿,确保其权益的实现。如果质物仍留在出质人手中,或者并未脱离出质人的直接占有与控制,就不能有效地防止出质人擅自处分质物,与质权设立之目的相悖。因此,本案质物的交付方式,既不符合动产质权的公示方法,亦不符合质权制度设立之目的,不构成有效的交付。祝培武关于质物已经交付,质权因此设立的主张缺乏事实和法律依据,本院不予支持。

——中国裁判文书网,http://wenshu.court.gov.cn。

1487

质权人将质押财产交回出质人后不再享有质权

关键词 | 质押财产交回 | 质权 |

【最高人民法院审判业务意见】

最高人民法院民一庭意见:《物权法》第二百零八条第一款规定:"为担保债务的履行,债务人或者第三人将其动产出质给债权人占有的,债务人不履行到期债务或者发生当事人约定的实现质权的情形,债权人有权就该动产优先受偿。”第二百一十二条规定:“质权自出质人交付质押财产时设立。”据此,质权人将质押财产交回出质人后不再享有质权。

——最高人民法院民事审判第一庭:《质权人将质押财产交回出质人后不再享有质权》,载最高人民法院民事审判第一庭编:《民事审判指导与参考》总第44集,法律出版社2011年版,第184页。

编者说明

质权人将质押财产交回出质人的法律后果,最高人民法院曾有一个认识过程,《担保法解释》第八十七条规定:“质权人将质物返还于出质人后,以其质权对抗第三人的,人民法院不予支持。”即司法解释采取了质押财产返还不消灭质权的态度。

1488

质押人出具质押担保并成就合同目的后，即反言以自己行为违法导致合同无效为由以达到免除担保责任的目的，不予支持

关键词 | 质押担保 | 诚实信用原则 |

【最高人民法院裁判文书】

民生证券有限责任公司与广东发展银行股份有限公司郑州郑汴路支行、河南花园集团有限公司质押合同纠纷案[最高人民法院(2005)民二终字第40号民事判决书]

最高人民法院认为:双方签订的《权利质押合同》设定的质押物为3000万元,该3000万元就存在广发银行,广发银行已经实际控制了上述账户的资金,即已完成质物的移交,不存在再次交付的问题。

民生证券出具董事会决议,同意提供存款质押,并由法定代表人签署了授权书,授权李永刚签订质押合同及借款合同,并在上述合同上签盖法人印章,这些事实足以认定为民生证券法人行为,而非董事、经理的个人行为。质押担保合同应认定为有效。

民生证券作为质押人向广发银行出具了质押担保,得到广发银行信任并成

就合同目的后,即反言以自己的行为违法导致合同无效为由以达到免除担保责任的目的。此行为有悖诚信原则。

——最高人民法院民事审判第二庭编:《最高人民法院商事审判指导案例·借款担保卷》,中国法制出版社2011年版,第466~472页。

1489

金融机构未尽对质物权属进行审查的义务,应当承担相应责任

关键词 | 质物权属 |

【最高人民法院裁判文书】

招商局物流集团上海有限公司与招商银行股份有限公司上海宝山支行、上海宏飞实业有限公司、上海宝铁储运有限公司、焦玉明合同、侵权纠纷案[最高人民法院(2009)民提字第40号民事判决书]

裁判要旨:金融机构对借款人的资信,保证人的偿还能力,抵押物、质物的权属和价值以及实现抵押权、质权的可行性承担的审查义务属于法定义务,不能通过委托协议全部转移给他人。金融机构违反该义务导致借款不能收回的,应当承担相应的责任。

最高人民法院认为:根据《商业银行法》第三十五条、第三十六条规定,招行宝山支行在审贷过程中对质物的权属具有法定的审查义务。招行宝山支行认为,其对质物权属的审查以及质物的监管义务已经通过质物监管协议委托给了招商物流公司。但是,在招行宝山支行与招商物流公司签订质物监管协议之前,招行宝山支行就已经接受了宝铁公司出具的仓单附仓单明细,并办理了出质背书手续。而招行宝山支行在此过程中并没有对宏飞公司提供的仓单项下的质物是否存在尽到审查义务,没有能够发现仓单项下的钢材不存在的事实。在质物虚假的情况下,根据招行上海分行2004年4月26日批准的宏飞公司的承兑申请,招行宝山支行与宏飞公司签订银行承兑协议,并于同日将并不存在的质物交由招商物流公司办理质物移交手续并实施监管。因此,招行宝山支行对于因质物虚假造成的损失,存在一定过错,应承担相应的责任。

关于招商物流公司是否应该对招行宝山支行的损失承担赔偿责任。根据质

物监管协议中招行宝山支行、宏飞公司、招商物流公司的三方声明，出质通知送达招商物流公司视为质物移交招行宝山支行占有。可见，招行宝山支行并没有亲自参与办理质物移交手续，而是委托给监管人招商物流公司，而质物监管协议和质物清单均载明质物系宏飞公司自有，因此，作为专业监管人，招商物流公司在接受宏飞公司移交的质物时，应该对质物的权属进行审查。可是，招商物流公司在事实上并没有尽到该义务，其在办理质物移交手续时没有发现质物虚假的事实，将非宏飞公司的钢材当作质物予以接受，且在质物监管协议中声明承兑协议项下的质物已验收完毕，质物已入其监管区域妥善保管，并开具质物清单交付招行宝山支行，导致招行宝山支行在质物不存在的情况下仍然对宏飞公司开具的汇票予以承兑，从而遭受损失。此外，对质物权属的审查，是监管人实施核库、监管的前提条件，然而招商物流公司在日常监管中也没有尽到审查义务。在招行宝山支行等待放款的一个多月内，招商物流公司与宝铁公司给招行宝山支行填发的仓单明细载明货主是宏飞公司，在招行宝山支行承兑放款后，其与宝铁公司又先后三次给招行宝山支行填发了仓单明细，该仓单明细仍然载明货主是宏飞公司，致使招行宝山支行一直未能发现质物虚假问题。因此，招商物流公司在接受质物以及日常监管中均没有尽到应有的审查义务，存在过错，对招行宝山支行因此造成的损失应该承担赔偿责任。

——最高人民法院民事审判第二庭编：《最高人民法院商事审判指导案例·公司卷》，中国法制出版社 2011 年版，第 364～377 页。

1490

出质动产已经特定化并交付，债权人对质物权属已经尽到注意与审查义务的，可以善意取得质权

关键词｜质物交付｜质物特定化｜质权善意取得｜

【最高人民法院裁判文书】

联盛纸业（龙海）有限公司与中国光大银行股份有限公司漳州支行、漳州金鑫辉包装有限公司等买卖合同纠纷申请再审案［最高人民法院（2015）民申字第 1490 号民事裁定书］

最高人民法院认为：

(一)关于漳州光大银行对诉争货物的质权是否成立的问题

第一,质物是否已交付质权人。

从漳州光大银行、富亿公司以及南储公司三方签订的《仓储监管协议》的内容来看,该协议首先明确约定了自《查询及出质通知书》到达南储公司之日起,质物移交给漳州光大银行;其次,南储公司应遵从漳州光大银行的书面指示以及该协议的约定处置质物,并对不遵守约定而造成的损失对漳州光大银行负责。另外,尽管协议约定由富亿公司支付仓储监管费用,但南储公司在监管期内承担的监管责任相对独立,不以仓储费用如期贵客支付作为其承担监管责任的条件。以上事实说明,在协议签订生效之后,质物已不受富亿公司支配,而是由漳州光大银行委托南储公司占有、支配和监管。

从《仓储监管协议》的实际履行来看,质物每次进出库均有南储公司与富亿公司的登记确认,以上事实有漳州光大银行在二审中提交的《质押物进仓单》《抵/质押物库存表》等证据支持,证明南储公司受漳州光大银行委托,在约定的范围内实际履行了占有和监管质物的责任。

二审法院通过对以上事实的认定,认为本案质物已完成交付,并无不妥。另外,质物已经完成交付,漳州光大银行能够占有和控制质物,故本案并不存在质物返还给出质人富亿公司的情形。

第二,质物是否特定化。

漳州光大银行和富亿公司可以通过约定质物的重量和单价的方式保证质物的价值总量,并通过南储公司的保证质物在流动的情况下,始终不低于约定价值。在这种情况下,质物应视为已满足特定化的要求。

综上,龙海联盛公司认为质权依法不能成立的再审申请缺乏事实和法律依据,不能成立。

(二)关于漳州光大银行是否善意取得质权的问题

漳州光大银行在对诉争货物设立质权时依合同约定审查了富亿公司仓库权属证明、富亿公司与其他公司的购销合同、增值税(货权发票),以审查富亿公司对质物是否享有所有权,且富亿公司在《质押合同》《仓储监管协议》《质物清单》《质押物进仓单》等文件中均确认其对质物合法所有,对于无需登记的动产,以占有为其公示方式,尽管本案存在金鑫辉公司使用仓库的可能,但金鑫辉公司于2013 年 3 月 4 日向漳州光大银行出具的证明明确了仓库内的货物归富亿公司所有,因此漳州光大银行有理由相信富亿公司对质物享有所有权,漳州光大银行已尽到了审慎的注意义务。在龙海联盛公司未提出相反证据证明漳州光大银行存在恶意的情况下,应推定漳州光大银行善意取得质权。因此龙海联盛公司关于漳州光大银行未尽审查义务,存在主观过错,无法善意取得质权的再审理由依据不足,不能成立。

(三)关于龙海联盛公司对诉争货物的所有权问题

根据《物权法》第一百零六条的规定,在本案中,即使龙海联盛公司能够证明金鑫辉公司或者富亿公司的行为属于无权处分行为,也不影响漳州光大银行善意取得诉争货物的质权,因此龙海联盛公司认为其有权取回货物的再审理由不能成立。

——中国裁判文书网,http://wenshu. court. gov. cn。

1491

以他人所有动产设定质权，接受质押的债权人对此亦是明知的，不享有质权

关键词｜动产质权｜

【最高人民法院司法解释】

第八十四条　出质人以其不具有所有权但合法占有的动产出质的,不知出质人无处分权的质权人行使质权后,因此给动产所有人造成损失的,由出质人承担赔偿责任。

——《最高人民法院关于适用〈中华人民共和国担保法〉若干问题的解释》(2000 年 12 月 8 日,法释〔2000〕44 号)

【最高人民法院裁判文书】

中国工商银行股份有限公司扬州邗江支行与中国铁路物资西安有限公司、唐莲英、张振兴、张道德、江苏华健国际经贸有限公司金融借款合同纠纷申请再审案[最高人民法院(2015)民申字第 1332 号民事裁定书]

最高人民法院经审查认为:邗江工行的再审申请事由不能成立。首先,原审

查明:1. 2012 年 5 月 2 日,中铁西安公司与中铁物总进出口有限公司签订销售合同,约定中铁物总代理进口洪都拉斯铁矿石;2. 2012 年 8 月 17 日,中铁物总向远扬码头发出通知,将案涉 20910 吨铁矿石发货给中铁西安公司;3. 中铁西安公司于 2012 年 10 月 30 日、11 月 5 日、2013 年 4 月 8 日分别向远扬码头出具放货通知,将案涉铁矿石分别放货给永弘公司(4700 湿吨)、浙江省冶金物资有限公司(23302 湿吨);4. 永弘公司与中铁西安公司签订代理合同,约定"中铁西安公司根据永弘公司付款进度和比例转移相应金额的货权,永弘公司凭中铁西安公司正本提货单提等值的货物","在海关放行后永弘公司付清所有款项前,货权属于中铁西安公司";5. 永弘公司法定代表人潘喜飞确认该公司并未足额支付案涉货款,案涉铁矿石的所有权属于中铁西安公司;6. 远扬码头于 2013 年 3 月 13 日向扬州市邗江区人民法院出具情况说明载明,茱莉亚号船的货权人为中铁西安公司。原审判决依据上述合同约定内容以及永弘公司的确认、远扬码头关于案涉铁矿石货权流转情况说明、货权转移通知等,认定中铁西安公司是案涉 20910 吨铁矿石的所有权人,并不缺乏证据证明。

其次,依照《担保法解释》第八十四条规定,"出质人以其不具有所有权但合法占有的动产出质的,不知出质人无处分权的质权人行使质权后,因此给动产所有人造成损失的,由出质人承担赔偿责任"。如上所述,作为质物的案涉铁矿石所有权归中铁西安公司所有,华健公司作为出质人对质物不享有所有权,且从本案基本情况看,华健公司并未合法占有案涉铁矿石,华健公司和邗江工行指定的监管方中远物流更未实际占有案涉铁矿石,而邗江工行对华健公司对案涉铁矿石不享有处分权也未合法占有,是应该知道的……原审判决认定邗江工行就案涉铁矿石未依法设立质权,有上述证据佐证,并不存在邗江工行申请再审所称缺乏证据证明的问题,适用法律亦无不当。

——中国裁判文书网,http://wenshu.court.gov.cn。

1492

动产质押监管关系中监管人的义务及责任

关键词 | 动产质押监管 |

【最高人民法院裁判文书】

中国工商银行股份有限公司淄博分行与蓬达资产管理有限公司、淄博烨华贸易有限公司保管合同纠纷申请再审案[最高人民法院(2013)民申字第591号民事裁定书]

最高人民法院认为：

(一)关于《动产质押监管协议》《动产质押质物的监管方案》的定性问题

2008年10月15日，工行淄博分行作为质权人，烨华公司作为出质人，山东蓬达资产管理有限公司淄博分公司(以下简称蓬达资产公司淄博分公司)作为监管人签订《动产质押质物的监管方案》一份，约定监管人将质物存放于出质人租赁的仓库或存储区内，现场监管员及时对质物出入情况进行记录并保证质物不被非正常转移，同时约定本方案为编号“2008年淄监管字第0005号”《动产质押监管协议》的补充文件，与该《动产质押监管协议》具有同等效力。2008年10月16日，三方签订编号为“2008年淄监管字第0005号”的《动产质押监管协议》一份，约定本协议项下所称的监管是指蓬达资产公司淄博分公司代理工行淄博分行占有质物并根据本协议的约定履行保管、监控质物的责任。该监管协议还约定，工行淄博分行和烨华公司均同意将质物交由蓬达资产公司淄博分公司存储监管，蓬达资产公司淄博分公司同意接受工行淄博分行的委托并按照工行淄博分行的指示监管质物。监管期间，蓬达资产公司淄博分公司应当根据工行淄博分行和烨华公司的要求，选择适宜的保管场所，提供适宜的保管条件，妥善、谨慎保管质物，保证质物的安全，防止质物毁损或灭失。为履行保管及监管义务，蓬达资产公司淄博分公司于2008年9月15日与烨华公司签订《仓库(仓储区)租赁协议》，约定其向烨华公司租赁仓库用于保管其监管的质押煤炭。从上述内容看，蓬达资产公司淄博分公司根据约定占有并保管质物，届时返还质物，其与工行淄博分行之间的权利、义务具有保管合同的法律特征。故二审判决认定本案为保管合同纠纷，符合合同约定，且二审判决系依据当事人在合同中约定的权利义务及当事人的履约事实来确认各自的责任，监管协议如何定性并不影响本案的处理。

(二)关于质物数量(或价值)最低线的问题

工行淄博分行分别于2008年10月29日、2008年11月21日向烨华公司两次发放贷款500万元，共计1000万元。在一审庭审过程中，工行淄博分行提交了质物数量(或价值)最低线分别为2000万元和1050万元的两份《动产质押质物的监管方案》,签署日期均为2008年10月16日。工行淄博分行对此的解释是1050万元的质物最低线仅对应第一笔500万元的借款,2000万元的质物最低线则对应两笔加起来后共计1000万元的借款。蓬达资产公司淄博分公司分别于2009年3月31日、4月7日、4月14日、4月22日向工行淄博分行出具四份监管报告,其中均载明烨华公司质物总量为35182.96吨,总价值为20147216元,质物的数量、价值均控制在《动产质押监管协议》和《动产质押质物的监管方案》的规定之中,按工行淄博分行动产质押贷款监管办法规定的贷款质押率50%计算,较工行淄博分行贷款额1000万元高出7万元。此外,烨华公司与蓬达资产公司淄博分公司于2009年5月23日签订《归还质物协议书》,约定烨华公司必须在5月28日之前将运走的质物(煤炭)运回监管地,并达到《动产质押合同》约定的2000万元总价值标准。可见,蓬达资产公司对于质物数量(价值)最低线为2000万元是明知且认可的。其主张质物最低线应为1050万元,缺乏证据证明,不能成立。

(三)关于蓬达资产公司是否履行了《动产质押监管协议》《动产质押质物的监管方案》约定的义务的问题

《动产质押监管协议》第5.1条约定,监管期间,蓬达资产公司淄博分公司应当根据工行淄博分行和烨华公司的要求,结合质物的属性和特点,选择适宜的保管场所,提供适宜的保管条件,妥善、谨慎保管质物、保证质物的安全,防止质物毁损或灭失。第5.3条约定,监管期间,因各种原因导致质物发生短少、损毁、变质、灭失等可能影响工行淄博分行权益的情形,蓬达资产公司淄博分公司应当立即通知工行淄博分行,并采取适当的应急措施。第7.6条约定,滚动质押方式下,质物的实际价值等于工行淄博分行要求的最低价值时,工行淄博分行签发的《质物交接清单》为烨华公司办理提货及质物出仓、出库的唯一有效凭证,没有工行淄博分行签发的《质物交接清单》,烨华公司不得提货,蓬达资产公司淄博分公司不得给烨华公司提货。《动产质押质物的监管方案》第4条约定,监管期间,现场监管员应及时对质物出入情况进行记录并保证质物不被非正常转移;遇有非正常转移或出现危及质物安全的情况,现场监管员应及时报告分公司,必要时报警以维护质物的安全。2009年4月27日至5月中旬,烨华公司在未经工行淄博分行同意,亦未向蓬达资产公司淄博分公司出具合法出库单据的情况下擅自运走大批质物,而蓬达资产公司淄博分公司除了在2009年4月27日向烨华公司发出《限制提货通知书》外,未能采取适当的应急措施予以阻止,导致其监管的质物煤炭近乎全部灭失。此外，蓬达资产公司亦未举证证明其分公司将上述情况及时通知了工行淄博分行。故蓬达资产公司淄博分公司未能履行《动产质押监管协议》约定的妥善、谨慎保管质物，在质物可能短少、灭失情形下采取适当应急措施并及时通知工行淄博分行的义务，二审判决的该项认定并无不当。

（四）关于蓬达资产公司是否应根据《动产质押监管协议》《动产质押质物的监管方案》的约定承担损害赔偿责任的问题

《动产质押监管协议》第15.1条约定，蓬达资产公司淄博分公司因未按协议的约定办理放货等情形给工行淄博分行、烨华公司双方造成损失的，承担货物损失的赔偿责任，工行淄博分行就其实际损失享有优先受偿权。结合该条约定的文义及该协议的性质与目的，该条并不是指蓬达资产公司淄博分公司只有在给工行淄博分行、烨华公司双方同时造成损失的情况下，才承担损害赔偿责任，而应该是指因其未能履行监管义务，给工行淄博分行、烨华公司任何一方造成损失的情况下，均应承担损害赔偿责任，若同时造成双方的损失，则工行淄博分行对赔偿享有优先受偿权。蓬达资产公司关于因烨华公司未受到损害，其无须赔偿的申请再审理由，不能成立。

蓬达资产公司还主张依据《动产质押质物的监管方案》第8条的约定，烨华公司作为出质方及仓库管理方，有义务对其出质的质物安全与质量提供保障，故本案应由烨华公司承担责任，不应由蓬达资产公司承担责任。本院认为，各方当事人均应履行协议项下的义务并各自承担相应的责任。蓬达资产公司依据该条约定主张其不应承担赔偿责任，亦不能成立。

（五）关于二审判决认定的工行淄博分行的损失是否有误的问题

《动产质押监管协议》第3.1条约定，质物的转移占有是指蓬达资产公司淄博分公司按照《动产质押合同》所附《质物清单》，核查烨华公司交付的货物。经核对无误后，三方共同签署《质物交接清单》。第3.3条约定，出质时签署的质物交接清单与《质物清单》不一致的，以质物交接清单为准；质物交接清单发生变更后，以变更后的质物交接清单确定质物范围。2008年10月29日，工行淄博分行、烨华公司、蓬达资产公司淄博分公司三方签署一份《质物交接清单》，载明质物原煤、品质/等级5千大卡以上，数量3.3万吨，单价650元，金额2145万元，未记载交接后质物存放地点和交接地点。2008年11月10日，三方又签署一份《质物交接清单》，载明质物煤、品质/等级5千大卡以上，数量3.5万吨，金额2000万元，交接后质物存放地点：出质人煤场，交接地点：出质人煤场。蓬达资产公司淄博分公司分别于2009年3月31日、4月7日、4月14日、4月22日出具的四份监管报告中,也均载明烨华公司质物总价值为 20147216 元。故蓬达资产公司主张质权设立时实际煤炭的数量和价值都无法达到 2000 万元,与事实不符。在监管期间,因蓬达资产公司淄博分公司未能履行监管义务,导致原始质物几乎全部灭失,后经蓬达资产公司淄博分公司与工行淄博分行共同督促,烨华公司至 2009 年 7 月 27 日补充了质物,总价值为 8708317 元。后上述质物部分被山东省淄博市周村区人民法院执行,部分被崔桂华强行拉走。因该价值 8708317 元质物的灭失系蓬达资产公司淄博分公司不可控制的原因导致,且其已及时通知了工行淄博分行,对该部分损失的产生蓬达资产公司淄博分公司没有过错。故因蓬达资产公司淄博分公司的过错导致质物灭失的价值为 11291683 元(2000 万元 - 8708317 元)。根据另案生效判决,烨华公司尚应给付工行淄博分行借款本金、律师费、诉讼费、相应利息等共计 13680534.02 元。因蓬达资产公司淄博分公司未能履行监管义务,导致工行淄博分行无法在 11291683 元的范围内优先受偿,蓬达资产公司应当在此范围内向工行淄博分行予以赔偿。二审判决认定蓬达资产公司淄博分公司造成的损失为 11291683 元,并无不当。

(六)关于工行淄博分行是否存在过错的问题

根据《动产质押监管协议》第 3 条的约定,核查质物的义务应由蓬达资产公司淄博分公司承担,且只有经其核对无误后,三方才共同签署《质物交接清单》。《质物交接清单》发生变更的,以变更后的清单确定质物范围。三方分别于 2008 年 10 月 29 日及 2008 年 11 月 10 日签署两份《质物交接清单》,说明蓬达资产公司淄博分公司已对烨华公司交付的煤炭进行了核查并认可了《质物交接清单》的内容。现蓬达资产公司主张第二份《质物交接清单》的记载有误,工行淄博分行未对质物的数量、质量尽到审查义务,缺乏事实依据。蓬达资产公司并未举证证明工行淄博分行在发放贷款后,对贷款用途的监管存在过错,亦未举证证明工行淄博分行怠于履行《动产质押监管合同》约定的义务,对其自身损失的扩大存在过错。故蓬达资产公司关于工行淄博分行存在过错的申请再审理由亦不能成立。

——中国裁判文书网,http://wenshu. court. gov. cn。

中储发展股份有限公司大连分公司、中储发展股份有限公司与中国民生银行股份有限公司大连分行监管合同纠纷申请再审案[最高人民法院(2013)民申字第 138 号民事裁定书]

最高人民法院认为:

（一）关于二审判决认定的基本事实是否缺乏证据证明的问题

1. 质权设立时松源公司是否在案涉筒仓内存有玉米

民生银行大连分行、松源公司及中储大连分公司先后签署了两份动产质押监管合同。2008 年 8 月 28 日，三方签订了 2008 年监管字 99062008297133 号《动产质押监管合同（底线控制型）》（以下简称 133 号《动产质押监管合同》），在该合同签订之前，松源公司向民生银行大连分行提供了新北良公司出具的货权证明、入库结报单、检验单、“2008 年 8 月 19 日北良港筒仓库存明细”等货权凭证，松源公司、新北良公司及中储大连分公司均盖章确认。中储大连分公司亦于 2008 年 8 月 28 日在商品检验原始记录通知单上盖章，证明松源公司在新北良公司的案涉筒仓内存有 89591.59 吨玉米。在 133 号《动产质押监管合同》履行期间，民生银行大连分行及松源公司均未办理提货、换货等手续，中储大连分公司亦未办理放货手续，直至 2009 年 2 月 12 日，中储大连分公司仍以《查询及出质通知书（回执）》的形式向民生银行大连分行确认案涉筒仓内存有松源公司交付的 89591.59 吨玉米。

2009 年 2 月，松源公司向民生银行大连分行提供加盖了新北良公司及中储大连分公司公章的“2009 年 2 月 23 日北良港筒仓明细”，表内列明货主是松源公司，玉米结存额为 97198.80 吨，其中除松源公司原有的 89591.59 吨玉米外，还包括其于 2009 年 2 月 19 日从新北良公司受让的 7607.21 吨玉米。2009 年 2 月 23 日左右，民生银行大连分行的工作人员曾某某、刘某某，中储大连分公司的两个监管员及松源公司、新北良公司的工作人员一起去看粮，在筒仓上面打开仓盖，看见里面有玉米，说明至少有 5000 吨玉米。

2009 年 2 月 25 日，民生银行大连分行与松源公司、中储大连分公司签订 133－1 号《动产质押监管合同》，质押标的为松源公司的上述 97198.80 吨玉米。该合同第 1.5 条第（2）项约定：“民生银行与出质人（松源公司）共同在《查询及出质通知书》上加盖专用印鉴后，向保管商（中储大连分公司）发出查询，经保管商验明质物并在《查询及出质通知书（回执）》加盖专用印鉴确认后，质押关系成立。即质物以保管商加盖专用印鉴确认的《查询及出质通知书（回执）》所记载的质物为准。”第 2.1 条约定：“质物设立质押时，出质人与民生银行共同向保管商发出《查询及出质通知书（附确认回执）》，将质物及设立质押的事实通知保管商。保管商验明货物无误后予以确认，出具通知书回执并加盖专用印鉴，自民生银行收到《查询及出质通知书（附确认回执）》正本之时起，视同质物已经移交给民生银行占有，民生银行即对该通知书所记载的质物享有有效的质押权。”可见,中储大连分公司作为保管人,负有验明质物无误并出具查询回执的义务。为履行该义务,中储大连分公司在其于2009年2月25日盖章确认的《查询及出质通知书(回执)》上载明"我公司业已收到编号为99062009299715的《查询及出质通知书》,现确认:我公司于2009年2月25日(____时)已收到出质人交付的下述货物,并已知晓出质人存放于我公司拥有使用权的仓库/场地的上述货物已被出质人质押给贵行……",并载明出质人交付的货物为97198.80吨"二等上"玉米。故中储大连分公司已经确认松源公司于2009年2月25日在案涉筒仓内存有97198.80吨玉米。后中储大连分公司又分别于2009年3月10日、3月26日、4月7日、4月24日、5月19日、6月12日出具《查询及出质通知书(回执)》,确认松源公司仍在案涉筒仓内存有97198.80吨玉米,并承诺履行监管责任。现中储大连分公司主张案涉合同签订时案涉玉米不属于松源公司所有,其不应对案涉玉米灭失承担监管责任,既违反其应履行的验明货物的义务,亦与其多次签发《查询及出质通知书(回执)》、在货权证明等单据上盖章确认案涉筒仓内存有松源公司玉米的行为相悖,本院不予支持。

新北良公司及其上级单位华粮物流集团在一、二审期间出具了《情况说明》《关于松源集团库存粮食的说明》等书面材料,载明自2008年2月1日起至2010年12月3日止,松源公司在新北良公司的案涉筒仓内没有存粮,并具体列明了2009年2月23日及2月25日,案涉筒仓内所存货物为玉米或大豆,货主均非松源公司。但是上述材料的内容与本案纠纷发生前新北良公司盖章确认的货权证明、检验单、入库结报单、"2008年8月19日北良港筒仓库存明细"以及"2009年2月23日北良港筒仓库存明细"等证据所载明的内容完全相反。且中储大连分公司已另案起诉新北良公司,以新北良公司违反双方于2008年8月28日签订的《租赁与委托仓储作业协议》,拒绝中储大连分公司履行监管义务,造成质物灭失为由,要求新北良公司承担恢复存储玉米或赔偿其损失的责任。故新北良公司与本案的处理结果有直接利害关系,其出具的《情况说明》等证据的证明力不足以推翻纠纷发生前经其盖章确认的货权凭证的证明力。

此外,中储大连分公司与新北良公司签订的《租赁与委托仓储作业协议》约定,在2008年8月28日至2010年8月28日期间,中储大连分公司对案涉筒仓拥有完整的使用权,案涉筒仓原则上必须专库专用,只能储存民生银行大连分行的质物,不能与非质物混存。但根据上述《情况说明》等材料,案涉筒仓内在2009年2月25日全部为其他公司所有的与质物无关的货物,不符合《租赁与委托仓储作业协议》的约定。故上述《情况说明》等材料不足以推翻松源公司在案涉筒仓存有玉米的事实。二审判决认定民生银行大连分行、松源公司及中储大连分公司于2009年2月25日签订133－1号《动产质押监管合同》时，松源公司在新北良公司的筒仓内确有库存玉米97198.80吨，即质物属松源公司所有，并无不当。

2. 民生银行大连分行的损失

民生银行大连分行在一审期间提交的《综合授信合同》《银行承兑协议》、银行承兑汇票、银行承兑签收单、签收证明、银行承兑汇票托收凭证、松源公司贷款账户对公分户账对账单、账户余额对账单等证据相互印证，能够证明松源公司尚欠民生银行大连分行为其垫付的本金36142068.22元及利息1632526.83元的事实。中储大连分公司虽对欠款数额有异议，但未提交相反证据予以反驳。故二审判决对松源公司欠款及利息数额的认定有充分的事实依据。

（二）关于二审判决适用法律是否错误的问题

1. 本案案由的确定

《合同法》第三百六十五条规定，保管合同是保管人保管寄存人交付的保管物，并返还该物的合同。本案中，133－1号《动产质押监管合同》由质权人、出质人、保管人三方签订，中储大连分公司作为保管人，不仅承担保管质物的义务，还承担验明质物、监管质物等义务，与保管人在保管合同项下承担的义务有所区别。二审判决根据合同的性质，将本案案由确定为监管合同纠纷，并无不当。

2.《合同法》第一百零七条的适用

《合同法》第一百零七条关于“当事人一方不履行合同义务或者履行合同义务不符合约定的，应当承担继续履行、采取补救措施或者赔偿损失等违约责任”的规定，属于合同法总则的规定，对任何违约行为均能适用。而《合同法》第三百七十四条是关于保管人因保管不善造成保管物毁损、灭失的，保管人应当承担损害赔偿责任的规定。本案中，民生银行大连分行与中储大连分公司之间并非典型的保管合同法律关系，中储大连分公司承担的是未履行监管义务而导致质物灭失的损害赔偿责任。故一审判决依据133－1号《动产质押监管合同》的约定，适用《合同法》第一百零七条的规定，判令中储大连分公司及中储公司承担赔偿责任，二审判决予以维持，并无不当。

——中国裁判文书网，http://wenshu.court.gov.cn。

【链接：最高人民法院法官著述】

在动产质押监管合同的实务操作中，包含自营仓库内的质押监管、第三方仓库内的质押监管与客户仓库内的质押监管三种类型。其中自营仓库监管，一般是出质人将质物转移至监管人自营的仓库中或质物在质押监管合同签订前已在监管人仓库内存储，由监管人代理质权人占有质物，这种情况下应构成现实交付或简易交付，质权有效成立并无疑义。第二种类型一般是指质物已在第三方的仓库内存储，动产质押监管合同签订后，监管人至第三方处对质物进行监管（这种情况下监管人与第三方往往达成了场地租赁或其他协议），因为《担保法解释》第八十八条已经承认了以指示交付的方式设立质权的合法性，即自书面通知送达占有人时视为移交，根据“举轻以明重”的解释规则，第三方的监管应强于通知的效力，自能实现移转占有的目的。实践中争议最多的是第三种类型，如在本案中，质押监管合同约定质物存放地点为借款人煤场，是否构成占有改定而导致质权设立无效呢？笔者认为不会导致质权设立无效，因为：首先，占有应是对标的进行管理和控制的事实状态，交付实质上是管理权和控制权的移交，而不能将其狭义地理解为空间上的转移。出质人在质押监管业务中，虽然表面上看来质物仍由出质人占有，但实际上质物的进出库已受到严格的限制，尤其在未经监管人与质权人同意的情况下，出质人不能取走货物，故货物的管控权事实上已经发生移转。为解释这种现象，有学者使用了共同占有的概念，并认为将质物置于出质人和质权的共同管理之下，使质权人取得质物的共同占有，可设立质权。[①] 其次，相关法律之所以要求动产质权的设立应以质权人实际占有质物为要件，一是通过质权人对质物的留置，防止出质人任意处分质物，保障债权实现；二是占有改定的公示性极弱，若承认其产生质权设立的效力，将妨碍交易安全。笔者认为，质权人通过监管人对质物的监管，防止质物随意出库，已实现了留置的效力，至于公示，虽不得不承认上述监管模式下容易对第三人形成误导，但监管人代质权人占有质物，仍具备一定的公示作用，尤其是第三人很难善意取得质物。此外，监管人还可通过其他手段，如在质物上粘贴标签或在仓库上斜坡质押标记等以增强公示性。最后，实务中出质人入库监管业务之所以受到青睐并已发展到一定规模，是因为该业务模式可以有效降低质物的

① 郑冠宇：《物权法之理论与变革》，科学出版社 2009 年版，第 189 页。

运输、存储等物流成本及其他交易成本，进而减少中小企业的融资成本。[①] 司法实践中应肯定其效力，以充分发挥动产质押监管业务的优势，为破解中小企业融资难提供助力。

——孙超、景光强：《动产质押中监管人的义务及责任》，载《人民司法·案例》2014 年第 10 期。

1493

动产质押监管人因未及时通知质权人和出质人或者未采取适当应急措施的，应承担货物损失的赔偿责任

关键词 | 动产质押监管 |

【最高人民法院裁判文书】

中国外运河南公司与中国工商银行股份有限公司息县支行保管合同纠纷申请再审案[最高人民法院(2015)民申字第 230 号民事裁定书]

最高人民法院经审查认为，本案再审审查主要涉及以下几个问题：

(一)关于息县工行、外运公司之间是否构成保管合同法律关系，二审法院适用法律是否确有错误的问题

质押监管协议关于质押物的交付、风险转移及息县工行、金源公司、外运公司主要权利义务的约定内容，可反映息县工行、金源公司作为质权人、质押人，委托外运公司对质押物进行监管。外运公司作为监管人，对监管物负有妥善保管的义务。监管期间，除不可抗力事件、金源公司未依约告知外运公司质物的特殊保管要求外，质物毁损灭失或变质、短少、受污染的，外运公司应承担赔偿责任。虽然质押监管协议第一条“法律关系”等约定有外运公司为息县工行的代理人，代理息县工行监管质物的表述，但该字面表述并不影响质押监管协议的整体内容所反映的是保管合同法律关系的性质。

从实际履行情况来看，息县工行、金源公司向外运公司签发了《质物种类、价格、最低要求通知书》，外运公司亦签发《质物清单》，确认外运公司已收到质

① 谢在全：《民法物权论》(下)，中国政法大学出版社 2011 年版，第 972 ~ 973 页。

押物，并开始履行监管责任，即质押监管协议已经得到实际履行。

综上，息县工行、外运公司之间构成保管合同法律关系，二审法院适用《合同法》第三百七十四条有关保管物的毁损灭失与保管人责任的规定作出认定和处理并无不妥，外运公司关于二审法院认定事实、适用法律确有错误的再审申请理由不能成立。

（二）关于息县工行是否有权要求外运公司因质物灭失承担赔偿责任的问题

质押监管协议约定，在监管期间，外运公司应按照合同法及相关法律规定妥善、谨慎处理监管的质物，应当建立质物登记统计制度，定期对质物进行查验、核对种类、清点数目、检查包装和标识。还约定在监管期间，除不可抗力的事件、金源公司未依约告知外运公司质物的特殊保管要求的情况外，质物毁损灭失或由于外运公司未尽到保管责任导致质物变质、短少、受污染及其他违反协议的情形给息县工行、金源公司造成损失的，外运公司应赔偿损失。

质押监管协议签订后，外运公司向息县工行签发了《质物清单》，载明外运公司已于2010年2月25日接收尿素14000吨，价值2520万元，并开始履行监管责任，确认上述质物已在外运公司的占有、保管、监管之下。外运公司申请再审主张其未实际收到质押物，与该事实不符。此外，外运公司签发的《质物清单》还表示，在监管期间，外运公司确保质物尿素的最低价值/最低数量始终不低于2520万元/14000吨。

本院认为，质押监管协议对外运公司的主要义务及免责条款已作出明确约定。外运公司不能举证证明质物灭失系因不可抗力或息县工行、金源公司的过错所致，息县工行作为质押权人，在对金源公司的诉请因其破产已被人民法院裁定终结执行的情况下，有权向外运公司主张赔偿，一、二审法院受理本案并作出实体判决并不违反法律规定。外运公司关于其不应成为责任承担主体以及一、二审法院不应受理本案的再审申请理由亦不能成立。

（三）关于二审法院对本案的处理是否显失公平的问题

《商品融资合同》约定金源公司向息县工行借款1500万，借款期限6个月，贷款利率4.86%，逾期加收50%的罚息。二审法院判决外运公司赔偿息县工行质押物损失2520万元，超过了《商品融资合同》项下息县工行享有的借款本金、利息及罚息总额，确有瑕疵。但外运公司签订质押监管协议明确承诺在质押期间确保质物尿素的最低价值不低于2520万元，收到质押物后又出具《质物清单》，再次对该承诺予以确认，在质押物非因外运公司可免责事由灭失的情况下，二审法院判决外运公司就其认可的质押物价值做出赔偿，也并不损害外运公司的实际利益。也就是说，就外运公司而言，其赔偿2520万元是其应承担的民事责任，无论是向金源公司承担，还是向息县工行承担，都是如此，因为在金源公司不能向息县工行返还借款的情况下，外运公司返还质物给金源公司或者由息县工行将质物拍卖，都是必然的。可见，本案中，外运公司没有申请再审利益。当然，由于案涉质押物系质押人金源公司所有，息县工行作为质押权人只应在《商品融资合同》项下的本金、利息及罚息受偿，超过部分应返还给金源公司。故外运公司关于二审法院对本案的处理显失公平在再审申请理由不能成立，本院依照《审判监督程序解释》第三十七条的规定，维持二审判决。

——中国裁判文书网，http://wenshu. court. gov. cn。

中国外运河南公司与中国工商银行股份有限公司息县支行保管合同纠纷申请再审案[最高人民法院(2014)民申字第1490号民事裁定书]

最高人民法院认为：

一、关于本案质权是否有效设立、《监管协议》是否有效的问题

按照《监管协议》第2条的约定，质押物转移占有后，外运公司应向息县工行签收《质押物清单》。本案的事实是，外运公司于2010年3月23日向息县工行签发了《质押物清单（代质押确认回执）》，明确记载：外运公司同意为出质人存放于外运公司拥有使用权的仓库的货物进行保管，且已知晓外运公司保管的出质人的货物质押给息县工行，上述质押物确已在外运公司的占有、保管、监管之下；该《质押物清单》构成对质押物的确认。外运公司在该清单上印章签字。上述事实表明，外运公司已认可实际占有质押物原煤。按照《物权法》第二百一十二条之规定，质权自出质人交付质押财产时设立，因此本案质权已经依法设立。外运公司申请再审所提本案质押物一直由金源公司所有、占有、使用，其只是形式上占有质押物，质权并未设立的主张，与本案事实不符，不能成立。《监管协议》是各方当事人的真实意思表示，外运公司未提交证据证实该协议存在《合同法》第五十二条规定的合同无效的情形，因此外运公司主张该协议无效，缺乏事实和法律依据，亦不能成立。

二、关于外运公司与息县工行之间系何种法律关系的问题

《监管协议》第1条约定："在监管期间，息县工行为质权人，金源公司为出质人，外运公司为息县工行的代理人，代理息县工行监管质押物。"外运公司以该约定作为其与息县工行之间形成代理法律关系的依据。但是，除了上述条款

之外,《监管协议》还有若干条款约定了双方之间具体的权利义务关系。该协议第 1 条还约定,本协议项下所称的监管是指外运公司代理息县工行占有质押物并根据本协议的约定履行监管质押物的责任;第 4.1 约定,监管期间,外运公司应按照合同法及相关法律规定妥善、谨慎处理监管的质押物;第 4.6 约定,监管期间,外运公司应当建立质押物登记统计制度,定期对质押物进行查验、核对种类、清点数目、检查包装和标识,对质押物的出入库的时间、数量、去向以及质押物的现状进行记录;第 4.9 约定,监管期间,外运公司建立完善的出入库台账登记记录,登记、核实监管质押物和保证提货、换货后的质押物对应的货物最低价值符合本合同的规定;第 8.4 约定,外运公司按月支取实际发生的监管费等费用。该协议附件《质押物清单(代质押确认回执)》亦明确记载,外运公司同意为金源公司已质押给息县工行的原煤 22000 吨进行保管,并确认上述质押物已经在其占有、保管、监管之下,其将严格按照《监管协议》的规定履行占有、保管、监管责任;在其监管期间,质押物的最低价值/数量始终不得低于人民币 2640 万元或者 22000 吨。根据上述合同约定,外运公司承担的合同义务是占有并保管、监管质押物,监管期限届满时返还质押物,享有的权利则是收取保管费用,该种权利义务具有保管合同的法律特征。原审法院据此认定息县工行与外运公司之间形成保管法律关系,符合合同约定,并无不当。

河南省郑州市中级人民法院(2011)郑民四初字第 39 号民事裁定书中虽有“在双方所签《监管协议》中明确注明外运公司只是作为其代理人监管质押物”的表述,但该表述仅是对《监管协议》相关内容的陈述,并未对双方权利义务等实体性问题进行审理,因此该裁定不能作为双方既有法律关系的司法认定,不构成对本案判决的影响。综上,外运公司主张其与息县工行之间系代理法律关系而非保管法律关系的意见,不能成立。

三、关于外运公司是否履行了《监管协议》约定的监管义务以及应否承担质押物损失赔偿责任的问题

关于本案质押物灭失的原因,外运公司一直主张系金源公司强行出货导致,但其提供的证据仅是外运公司与息县工行共同起诉金源公司的起诉状等诉讼材料,而对于其当时是否按照《处置预案》第一条(当金源公司恶意违约、强行出货等因素致使不能执行三方《监管协议》时,外运公司应当控制监管现场,并尽快通知息县工行,同时通知公安机关配合控制现场。外运公司应在事件发生 1 个工作日内,以书面形式向息县工行报送事件发生情况以及质物损失状况),履行了及时通知以及报警等义务,外运公司一直未能提供证据证明。因此,外运公司

主张质押物灭失系由金源公司强行出货导致,目前并无充分证据证实,即便该事实属实,亦不能证实其已全面履行了合同约定义务。因此原审法院认定本案质押物灭失系因外运公司监管不力造成,并无不当。《监管协议》第 4.3 规定,在监管期间,因各种原因质押物发生短少、损毁、灭失等可能影响息县工行权益的情形,外运公司应当在 24 小时之内通知息县工行并采取适当的应急措施;第 13.1.4 规定,因外运公司违反协议第 4.3 的规定,未及时通知息县工行和金源公司或者未采取适当的应急措施的,外运公司应承担货物损失的赔偿责任。基于以上,原审判决依据《监管协议》第 13.1 认定外运公司承担质押物损失的赔偿责任,亦无不当。

本案质押物曾于息县工行与外运公司共同起诉金源公司案件中被河南省郑州市中级人民法院于 2010 年 10 月 27 日依法查封,2011 年 4 月 20 日该院依据息县工行与外运公司的撤诉申请裁定准许撤回起诉,而质押物灭失的时间是 2011 年初。从上述诉讼过程看,该院裁定准许息县工行、外运公司撤回起诉是在质押物灭失之后,因此息县工行是否撤诉与质押物灭失并无因果关系。对于主张权利的方式,息县工行有权选择依据《监管协议》主张质押物损失赔偿,亦有权基于保险合同主张保险理赔,是否先行主张保险理赔并非双方约定的主张权利的前提条件。因此,外运公司主张质押物损失系因息县工行未履行《监管协议》以及《处置预案》约定的补救措施导致,应由息县工行自负的意见,缺乏事实及合同依据,不能成立。

四、关于原审判决认定外运公司承担 2640 万元质押物损失赔偿责任是否适当的问题

根据原审查明的事实,息县工行和金源公司于 2010 年 3 月 23 日向外运公司出具《质押物种类、价格、最低要求通知书(代出质通知书)》,明确载明质押物原煤 22000 吨,金额 2640 万元,同日外运公司向息县工行出具的《质押物清单(代出质通知书)》中亦明确载明:外运公司确认上述质押物已在外运公司的占有、保管、监管之下,并保证在其监管期间,质押物的最低价值始终不得低于人民币 2640 万元。同时,根据《监管协议》约定,质押物的数量随着市场单价的变动而变动,但质押物的最低价值不变,最低为 2640 万元。据此,外运公司在《监管协议》履行过程中一直认可质押物最低价值为 2640 万元。因此原审法院认定涉案质押物价值为 2640 万元,有事实和合同依据,并无不当。外运公司主张原审判决认定质押物价值缺乏证据证实,不能成立。本案中,息县工行的诉讼请求是基于《监管协议》的约定要求外运公司返还质押物原煤或者赔付相应价款,原审

判决外运公司赔偿质押物损失 2640 万元本质上属于金源公司向息县工行提供的质押物灭失的替代物,息县工行可以此赔偿就其向金源公司享有的债权行使优先受偿权。债务因清偿而消灭,本案原审判决不会导致息县工行对金源公司享有的债权获得两次受偿。因此,外运公司申请再审所提息县工行应于金源公司破产终结后才能向外运公司主张权利的意见,不能成立。

——中国裁判文书网,http://wenshu.court.gov.cn。

1494

监管人违反了动产质押监管协议和处理预案约定的义务，直接导致质物灭失，应承担相应民事责任

关键词｜动产质押监管｜质物灭失｜

【最高人民法院裁判文书】

中原银行股份有限公司郑州农业路支行与河南中外运久凌储运公司、河南金豆豆业有限公司等金融借款合同纠纷申请再审案[最高人民法院(2016)最高法民申 2645 号民事裁定书]

最高人民法院认为:(二)关于久凌储运公司的责任承担问题。

案涉《动产质押监管协议》为当事人真实的意思表示,未违反法律、行政法规的强制性规定,应为合法有效,对各方当事人具有法律约束力,当事人应按照合同履行各自的义务。《动产质押监管协议》约定:监管期间,因各种原因质物发生短少、损毁、变质、灭失等可能影响中原银行郑州农业路支行权益的情形,久凌储运公司应当在 24 小时内通知中原银行郑州农业路支行,并采取适当的应急措施;在监管期间,除不可抗力的事件外,质物毁损灭失或由于久凌储运公司未尽到本协议项下责任导致质物变质、短少、受污染,给中原银行郑州农业路支行造成损失的,久凌储运公司应承担中原银行郑州农业路支行实际损失的赔偿责任。《〈商品融资质押监管协议〉项下关于金豆公司质物的处理预案》约定:当出质人金豆公司违约、强行出货等因素致使不能执行三方《商品融资质押监管协议》时,监管方久凌储运公司应控制监管现场,并尽快通知贷款行中原银行郑州农业路支行,同时通知公安机关配合控制监管现场。监管方久凌储运公司应在

事件发生1个工作日内，以书面形式向贷款行中原银行郑州农业路支行报送事件发生情况及质物损失状况。贷款行中原银行郑州农业路支行将在2个工作日内就质物的处理给予答复。等待答复期间，监管方久凌储运公司应继续实施监管并尽力保护质物。在收到贷款行中原银行郑州农业路支行质物处理答复后，监管方久凌储运公司按贷款行中原银行郑州农业路支行要求处置质物。由此，从《动产质押监管协议》和《〈商品融资质押监管协议〉项下关于金豆公司质物的处理预案》的相关约定看，当事人针对金豆公司存在违约、强行出货等情形时，久凌储运公司应负的相关义务进行了明确约定。诉讼中，久凌储运公司主张出质人金豆公司于2014年3月11日强行出货时其已通知了中原银行郑州农业路支行，且中原银行郑州农业路支行于2014年3月12日召集了出质人金豆公司及久凌储运公司进行了三方会谈并作了现场录音，久凌储运公司已履行了监管责任。但久凌储运公司对此并未提供相应的证据证明质物的出货时间，也未提供证据证明其已按约履行告知中原银行郑州农业路支行的义务。久凌储运公司因违反了《动产质押监管协议》和《〈商品融资质押监管协议〉项下关于金豆公司质物的处理预案》的约定义务，构成违约，直接导致质物灭失，依约应承担相应的民事责任。二审判决对久凌储运公司的责任认定，具有事实依据和法律依据。

——中国裁判文书网，http://wenshu. court. gov. cn。

1495

质物严重短少，监管人不能证明是由于不可抗力造成的，应在质物损失的范围内向质权人承担赔偿责任

关键词｜质押监管｜不可抗力｜赔偿责任｜

【最高人民法院裁判文书】

中国外运辽宁储运公司与中国工商银行股份有限公司铁岭分行等金融借款合同纠纷申请再审案[最高人民法院(2015)民申字第1968号民事裁定书]

最高人民法院认为：铁岭工行作为金融企业，不具备占有、储存、监管玉米的硬件设施和专业知识，所以委托储运公司作为代理人代为清点、接收、占有、监管

浩然公司提供的质物。储运公司接受铁岭工行委托后,应当全面诚实地履行自己的义务,并对接收、占有和保管质物的数量向铁岭工行负责。储运公司作为监管人,向铁岭工行出具《质物清单》,声明其已经收到浩然公司提供的质物,且质物已在储运公司占有、监管之下。铁岭工行基于对储运公司的合理信赖,有理由相信浩然公司已经实际出质,且质物已经在储运公司占有、监管之下。截止到一审诉讼时,质物已经严重短少,在储运公司不能举证证明质物短少是由于不可抗力造成的情况下,原判决判令其在质物损失的范围内向铁岭工行承担赔偿责任,符合合同约定,并无不妥。

——中国裁判文书网,http://wenshu. court. gov. cn。

中海华北物流有限公司与中国工商银行股份有限公司石嘴山支行等金融借款合同纠纷申请再审案[最高人民法院(2015)民申字第1845号民事裁定书]

最高人民法院认为:(三)关于中海公司承担损害赔偿责任的法律依据问题。根据《商品融资质押监管协议》的约定,祟川公司将质物出质给工行石嘴山支行,其与工行石嘴山支行共同同意质物交由中海公司占有。该协议第1.1条明确约定,中海公司是工行石嘴山支行的代理人,其代工行石嘴山支行监管质物。工行石嘴山支行和中海公司之间的委托监管合同关系意思表示真实,其合法有效。该协议还约定监管费等费用22万元,故中海公司提供的是有偿监管,而非无偿监管。至于协议约定监管费由祟川公司支付,以及监管费是否实际支付到位,均不影响委托监管合同的有偿性。《商品融资质押监管协议》第13.1条约定,监管期间,除不可抗力的事件、祟川公司未按照协议第4.2条告知中海公司质物的特殊保管要求的情况外,质物毁损灭失或由于中海公司未尽到保管责任导致质物变质、短少、受污染的,中海公司承担实际损失的赔偿责任。在本案协议的履行过程中,中海公司不能证明其按照协议约定履行了对质物的监管责任,其应当就质物短少给工行石嘴山支行质权造成的损失承担相应的赔偿责任。原判决认定中海公司应对本案借款本金及利息在质物清偿范围之外承担赔偿责任,但赔偿总价值不超过短少质物的价值,符合合同约定。中海公司认为其系无偿监管故不应赔偿高额损失、原判决适用法律错误的申请再审理由不能成立。

——中国裁判文书网,http://wenshu. court. gov. cn。

1496

监管人未按约定履行监管职责导致质物被案外人诈骗，不属于免责情形，应在质物损失的范围内承担赔偿责任

关键词 | 质押监管 | 质物损失 | 赔偿责任 |

【最高人民法院裁判文书】

中国林业物资总公司沈阳分公司与中国信达资产管理股份有限公司辽宁省分公司等金融借款合同纠纷申请再审案[最高人民法院(2015)民申字第2623号民事裁定书]

最高人民法院认为：(四)关于原判决适用法律是否确有错误的问题。

根据法律规定，当事人应当按照合同约定全面履行自己的义务，不按照合同约定履行义务，应当承担相应的违约责任。本案中的三方质押监管协议约定，在质物监管期间，林业沈阳分公司代工行铁岭分行占有质物，并依据合同约定履行对质物监管义务。监管期间，林业沈阳分公司应当根据工行铁岭分行和海盛公司的要求，结合质物的属性和特点，选择适宜的保管场所，提供适宜的保管条件，妥善、谨慎地保管质物，保证质物安全，防止质物毁损或灭失。三方监管协议同时还约定，在监管期间，除不可抗力外，质物毁损灭失或由于林业沈阳分公司未尽到保管责任导致质物变质、短少、受污染或者林业沈阳分公司未按协议约定办理放货的，应当承担货物损失的赔偿责任。由于林业沈阳分公司未按照合同约定履行监管职责，从而导致质物被案外人诈骗，该公司不存在不能预见、不可避免和不能克服的情况，亦不属于合同约定的免责情形，因此，原判决基于三方监管协议约定，结合质物灭失的实际情况，判决林业沈阳分公司在质物损失的范围内承担赔偿责任，并不违反合同约定，适用法律也并无不当。

——中国裁判文书网，http://wenshu.court.gov.cn。

1497

质押物被哄抢不属质押监管协议约定的免责事由，监管人所采取的一些监管措施是应尽的合同义务，不因此免除责任

关键词 | 质押监管合同 | 免责事由 | 赔偿责任 |

【最高人民法院裁判文书】

湖南全洲医药消费品供应链有限公司与中国工商银行股份有限公司长沙银迅支行等金融借款合同纠纷申请再审案[最高人民法院(2015)民申字第549号民事裁定书]

最高人民法院经审查认为:1. 工行长沙银迅支行、金轩公司、全洲公司三方签订的《商品融资质押监管协议》是工行长沙银迅支行、金轩公司签订的《商品融资合同》和《质押合同》的关联合同,全洲公司与工行长沙银迅支行的监管合同法律关系基于金轩公司与工行长沙银迅支行的借款合同法律关系产生。把工行长沙银迅支行对金轩公司借款合同的诉讼和对全洲公司监管合同的诉讼并案审理有利于查明全部事实,统一判决,节约诉讼成本。因此,全洲公司作为本案的被告并无不当。2.《商品融资质押监管协议》是工行长沙银迅支行、金轩公司、全洲公司三方签订,此不同于工行长沙银迅支行、全洲公司双方签订的质押协议,全洲公司不仅应对工行长沙银迅支行负责,亦应向金轩公司负责。根据《商品融资质押监管协议》的约定,全洲公司给工行长沙银迅支行、金轩公司造成损失的,承担实际损失的赔偿责任。原审判决全洲公司对质押物不足以清偿债务的部分承担赔偿责任,实际上是一种补充赔偿责任,此与保证人对债务人债务承担的连带清偿责任不同,原审判决有事实依据。3. 根据《商品融资质押监管协议》的约定,除不可抗力事件、金轩公司未按照协议告知全洲公司质物的特殊保管要求的情况外,全洲公司对质押物的毁损灭失承担赔偿责任。本案质押物被哄抢不属于合同约定的免责事由,全洲公司应承担赔偿责任。其所采取的一些监管措施是其应尽的合同义务,不因此导致其免除责任。

——中国裁判文书网,http://wenshu. court. gov. cn。

1498

质押监管人未能正确履行质押监管协议约定的查核质物义务，应当向质权人承担违约赔偿责任

关键词 | 质押监管 | 查核质物 | 赔偿责任 |

【最高人民法院裁判文书】

湖南全洲医药消费品供应链有限公司与中国工商银行股份有限公司湘潭湘江支行等金融借款合同纠纷申请再审案［最高人民法院（2015）民申字第1816号民事裁定书］

最高人民法院认为：

（一）关于全洲医药公司是否负有对质物进行审核的义务问题

2012年10月15日，全洲医药公司（丙方）与工行湘江支行（甲方）、港鑫公司（乙方）签订《商品融资质押监管协议》。该协议第一条“法律关系”中第1.1条约定：“本协议项下所称的监管是指丙方代甲方占有质物并根据本协议的约定履行保管、监控质物的责任”；第二条“质物”中第2.1条约定：“质物即为质押标的，是甲方和乙方所签融资合同中约定的由乙方向甲方提供质押担保并交由丙方存储监管的货物。质物的品名、规格型号、生产厂家（产地）、数量、重量、存储地点等以丙方根据本协议第四条规定向甲方出具的《动产质押专用仓单》的记载为准”；第2.5条约定：“质物在转移过程中，甲乙双方根据融资合同的约定，向丙方出具《出质通知书》（见附件），丙方按照通知书列明的内容核查乙方交付的货物及现有的库存。如经核对，乙方交予的货物或实际库存与《出质通知书》记载相符，丙方应当及时向甲方签发《动产质押专用仓单》（见附件）及《出质通知书（回执）》（见附件）；如乙方交予的货物或实际库存与《出质通知书》记载不符，丙方应及时向甲方签发《出质通知书（回执）》说明情况。”第四条“动产质押专用仓单”中第4.1条约定：“本协议项下丙方出具的《动产质押专用仓单》是依附于本协议，由丙方根据质物实际情况出具的，表明质物已由丙方实际占有和控制的凭证。”第4.2条约定：“丙方在签发《动产质押专用仓单》前应对质物的情况进行查核，并根据查核结果签发《动产质押专用仓单》。丙方保证《动产质押专用仓单》的记载与质物相符以及《动产质押专用仓单》的真实性和唯一性。”第六条“查询查验”中第6.1条约定：“甲方有权就《动产质押专用仓单》以及《动产质押专用仓单》记载事项的真实性向丙方进行查询，丙方应当及时查核并于3个工作日内给予答复。”

根据《商品融资质押监管协议》的上述约定，全洲医药公司负有代工行湘江支行占有质物并保管、监控质物的责任，且其所监管的质物情况，包括品名、规格型号、生产厂家（产地）、数量、重量、存储地点等，均以全洲医药公司向工行湘江支行出具的《动产质押专用仓单》的记载为准。全洲医药公司在收到工行湘江支行和港鑫公司出具的《出质通知书》后，应当按照通知书列明的内容核查港鑫公司交付的货物及库存，只有在货物情况与《出质通知书》记载相符时，才应向工行湘江支行签发《动产质押专用仓单》及《出质通知书(回执)》。全洲医药公司在签发《动产质押专用仓单》前应对质物的情况进行查核，并根据查核结果签发《动产质押专用仓单》，同时负有保证《动产质押专用仓单》的记载与质物相符以及《动产质押专用仓单》的真实性和唯一性的义务。据此，足以认定全洲医药公司与工行湘江支行达成合意，由全洲医药公司代工行湘江支行对质物情况进行审核，并保证质物情况与全洲医药公司签发的《动产质押专用仓单》记载内容相符。该约定并不违反法律禁止性规定，对于各方当事人具有拘束力，全洲医药公司应当依约履行审核、监管质物的合同义务。同时，全洲医药公司作为保管人，亦应依据合同法的相关规定履行对入库仓储物的验收义务。据此，本案判决认定全洲医药公司不仅有存储、保管质物以确保返还质物的义务，还负有接收、查验质物并向工行湘江支行真实反馈质物情况的义务，依据充分，并无不当。现全洲医药公司依据港鑫公司和工行湘江支行签订的《商品融资合同》和商业银行法相关规定，申请再审主张本案中其并不负有对质物进行审核的义务，应由工行湘江支行承担对质物的审核义务，与上述《商品融资质押监管协议》的约定不符，不能成立，本院不予支持。

(二)关于全洲医药公司是否应当承担责任问题

依据本案查明的事实，全洲医药公司于 2012 年 9 月 28 日签发编号为湘江(质)字第 003 号《动产质押专用仓单》，载明出质人为港鑫公司，质权人为工行湘江支行，质物品名为热轧不锈钢钢卷，重量为 785.9 吨。2012 年 10 月 15 日，工行湘江支行和港鑫公司共同向全洲医药公司发出《出质通知书》，载明出质的热轧不锈钢钢卷重量为 785.9 吨。全洲医药公司同日向港鑫公司和工行湘江支行发出《出质通知书(回执)》，载明："经核查，已交由我司监管的货物与上述出质通知书一致，我司已出具《动产质押专用仓单》，编号为湘江(质)字第 003 号。"据此，虽然《动产质押专用仓单》先于本案工行湘江支行和港鑫公司《商品融资合同》签发，但根据上述《出质通知书(回执)》，全洲医药公司确认其于 9 月 28 日签署的《动产质押专用仓单》即为履行本案《商品融资质押监管协议》所签发的仓单，其以《动产质押专用仓单》签发时主债权尚未成立为由主张不承担责任的理由不能成立。

依据《商品融资质押监管协议》的约定，全洲医药公司签发《动产质押专用仓单》即表明其已经对包括货物重量在内的质物情况进行了查核，并保证该仓单记载与质物情况相符。工行湘江支行基于对全洲医药公司正确履行查核义务的信任，向港鑫公司发放贷款，未能及时发现质物重量与约定重量严重不符的问题，造成不能以符合约定重量的质物行使质权回收贷款的损失。全洲医药公司以工行湘江支行出具《关于湘潭市港鑫物资贸易有限公司质押物的说明》为由，主张其已充分履行监管义务，不应承担赔偿责任，与本案查明的事实不符，不能证明其已正确履行对质物进行审核的义务，该理由不能成立。因全洲医药公司未能正确履行《商品融资质押监管协议》约定的查核质物义务，应当向工行湘江支行承担违约赔偿责任，本案判决判令该公司对《出质通知书(回执)》及《动产质押专用仓单》中所列明的质物重量与实际存入全洲医药公司仓库的质物重量不符的部分承担赔偿责任，并无不当。全洲医药公司该项申请再审理由不能成立，本院不予支持。

——中国裁判文书网，http://wenshu.court.gov.cn。

1499

质押监管协议不是单纯的委托合同，不能单独解除；监管人不能说明质物灭失原因属未尽监管义务，应承担相应违约责任

关键词 | 质押监管 | 质物灭失 |

【最高人民法院裁判文书】

中信银行股份有限公司西宁分行与青海朝阳物流有限公司、青海物产康宁再生合金有限公司等金融借款合同纠纷案[最高人民法院(2015)民二终第354号民事判决书]

最高人民法院认为：一、关于朝阳物流公司应否向中信银行承担违约责任的问题。《监管协议》系中信银行、康宁公司、朝阳物流公司三方签订，是各方当事人的真实意思表示，不违反法律的禁止性规定，合法有效，各方当事人均应履行协议约定的义务，否则应承担相应的违约责任。

(一)最高额质押为一定期间内发生的不特定债权提供担保，最高额质押合同项下的质权设立后，即为该期间内发生的债权提供担保，而非每笔债权发生后重新设立质权。根据《监管协议》的约定，朝阳物流公司履行的是《最高额动产质押合同》项下质物的监管责任，依该质押合同设立的质权担保的是在2014年

3月27日至2015年3月27日期间中信银行因与康宁公司签署主合同而享有的一系列的债权。2014年10月10日,中信银行与康宁公司签订38号承兑协议,中信银行享有该协议项下的债权。《监管协议》第4.3条明确约定,《质物清单》构成康宁公司、朝阳物流公司对质物移交至中信银行并由朝阳物流公司代理中信银行占有的确认。2014年3月27日,朝阳物流公司在《质物清单》上盖章确认了其对质物的占有,质权已经设立。38号承兑协议项下的债权是《最高额动产质押合同》项下已经设立的质权所担保的债权,故原审判决认定质权已经设立并无不当。《监管协议》第四条中没有关于单独对每份承兑协议单独设立质权的约定,朝阳物流公司关于依据《监管协议》第四条,38号承兑协议应重新设立质权的上诉理由缺乏依据,本院不予支持。

(二)2014年9月26日,中信银行发出《质物处置通知书》,要求朝阳物流公司核对质物详情,为质物处置做准备。根据《监管协议》的约定,朝阳物流公司以《质物清单》的形式接收了质物,但其未提供证据证明其已将质物交给中信银行。在与中信银行就质物进行交接前,朝阳物流公司对质物的监管等义务并不因开始处置质物当然解除。《监管协议》是为了履行涉案的《最高额动产质押合同》而订立的,不应单独解除,且根据《监管协议》的约定,中信银行和康宁公司均同意将质物交由朝阳物流公司"存储监管",《监管协议》不是单纯的委托合同。故朝阳物流公司认为依据《合同法》第四百一十条的规定,在其2014年10月13日发出《函告》后,《监管协议》已经解除的法律依据不足,其该上诉理由不成立。

(三)中信银行主张,2014年10月17日,涉案质物已经全部灭失。朝阳物流公司主张涉案质物尚存在,并提交了甘中科〔2015〕司鉴字第5003号《手机照片日期司法鉴定意见书》。本院认为,即使10月13日的照片能证明10月13日时本案质物尚存在,也不能证明此后质物的状态;朝阳物流公司未能证明11月12日的四张照片中的物品系本案质物,原判决认定质物已经全部灭失并无不当。作为监管人,朝阳物流公司不能说明质物灭失的原因,属其未尽到监管义务,应依据《监管协议》的约定承担相应的违约责任。

二、关于朝阳物流公司应否承担连带赔偿责任的问题。《监管协议》第四条是关于出质通知和质物确认的约定。第4.4条约定,朝阳物流公司在签发《质物清单》"前"应对质物的情况进行查核,并根据查核结果会同康宁公司签发《质物清单》。因《质物清单》的记载与质物不相符而妨碍中信银行质押权的设立、行使或给中信银行带来任何损失的,则朝阳物流公司应承担连带赔偿责任。可见,这是针对朝阳物流公司不能正确查核质物作出的特别约定，即如果因朝阳物流公司未正确查核质物，签发了错误的《质物清单》，造成中信银行损失，则应对中信银行的损失承担连带赔偿责任。《质物清单》签发后，因其他原因导致的质物与《质物清单》记载不符，进而导致中信银行损失的，并不适用该 4.4 条的约定。2014 年 9 月 6 日的《质物清单》载明的质物与约定相符，且该《质物清单》上加盖有中信银行的印章，故中信银行依据《监管协议》第 4.4 条的约定主张朝阳物流公司承担连带赔偿责任，缺乏事实依据。《监管协议》第 15.1 条约定，在监管期间，除不可抗力的事件外，质物毁损、灭失、哄抢、被盗或由于朝阳物流公司未尽到本协议项下责任导致质物变质、短少、受污染的；给中信银行造成损失的，朝阳物流公司承担中信银行的融资本金、利息、罚息及相关费用等全部损失的赔偿责任。本案质物灭失，朝阳物流公司作为监管人不能说明灭失原因，根据《监管协议》第 15.1 条的约定，朝阳物流公司应对中信银行的损失承担赔偿责任。朝阳物流公司该上诉理由成立，本院予以支持。

三、关于朝阳物流公司应承担赔偿责任的数额是多少。《监管协议》第 15.1 条约定，朝阳物流公司因质物灭失给中信银行造成损失的，承担中信银行损失的赔偿责任。根据该约定，朝阳物流公司承担中信银行的损失应具备三个条件，一是质物灭失，二是中信银行存在损失，三是中信银行的损失与质物灭失之间存在因果关系。本案质物全部灭失，依据 38 号协议康宁公司应偿还中信银行而康宁公司不能偿还的部分为中信银行的损失。即在就康宁公司的财产依法强制执行后，中信银行的债权仍不能实现的部分，由朝阳物流公司承担赔偿责任。

朝阳物流公司应对中信银行承担的赔偿责任，与中信银行和康宁公司之间的债权债务有紧密的相关性，合并审理有利于减轻当事人讼累，也可以提高诉讼效率。本院对朝阳物流公司关于合并审理违反法律规定的上诉理由不予支持。

——中国裁判文书网，http://wenshu. court. gov. cn。

1500

质押财产实际数量与监管下限差额部分质权不能设立给银行造成损失，质押人、银行与监管人有过错的，均应承担相应责任

关键词｜质押监管｜过错责任｜

【最高人民法院裁判文书】

广发银行股份有限公司哈尔滨长江路支行与中国物流有限公司、哈尔滨商德实业有限公司等金融借款合同纠纷案[最高人民法院(2016)最高法民终266号民事判决书]

最高人民法院认为:一、商德公司实际交付哈尔滨物流公司的质押钢材数量应认定为约6000吨。

虽然哈尔滨物流公司先后出具的多份《押品清单》均明确载明质押钢材数量为27143.429吨,但根据本案情况,商德公司实际交付哈尔滨物流公司的质押钢材数量应认定为约6000吨。理由如下:首先,《押品清单》载明的钢材数量不能客观反映商德公司实际交付哈尔滨物流公司的质押财产数量。本案广发银行与商德公司、哈尔滨物流公司签订《动产监管合同》的时间为2014年3月19日,哈尔滨物流公司与商德公司签订《仓库租赁合同》的时间为2014年3月20日,广发银行、商德公司、哈尔滨物流公司在2014年3月20日当天即共同出具载明质押财产数量为27143.429吨的《押品清单》(编号20140320-1号)。从签订《动产监管合同》到出具《押品清单》,中间相差仅一天时间。涉案质押财产是钢材,数量很大,实际测量需耗费大量人力、物力和时间,在短短的一天时间内不可能对27143.429吨型号各异、长短不一的钢材实际测量完毕。由此,广发银行、商德公司、哈尔滨物流公司各方在出具《押品清单》时均知道或应当知道涉案质押钢材交付时并未进行实际测量。正是基于此,在原审庭审中,广发银行也认可《押品清单》载明的质押钢材数量是根据商德公司、哈尔滨物流公司的库存明细填写,由广发银行先盖章,不是经过实测得来。因此,涉案质押钢材交付哈尔滨物流公司时并未进行实际测量,《押品清单》载明的质押财产数量不能客观反映商德公司交付哈尔滨物流公司质押钢材实际数量。

其次,涉案质押钢材在动产监管期间并未发生导致数量减少的情况。一方面,涉案质押钢材在动产监管期间并未发生异常导致数量减少的情况。本案质押财产存放在商德国际金属物流园区,该园区属于商德公司所有,哈尔滨物流公司在其中租赁了一块地方用于对涉案质押钢材进行监管。庭审中,中国物流公司和商德公司均认可,不仅哈尔滨物流公司在相应租赁监管范围内要对质押钢材进行严格监管,没有哈尔滨物流公司的许可,质押财产无法进出相应租赁监管范围。而且商德公司也对哈尔滨物流公司租赁监管范围外进出园区大门的车辆和货物进行严格管理，凭出库单放行，没有商德公司的许可，质押财产也不可能进出商德公司园区。鉴于这种双重把关控制机制，在广发银行、商德公司没有证据证明质押钢材发生过被盗等意外毁损或灭失的情况下，涉案质押钢材数量由《押品清单》载明的27143.429吨直接减少为现在的约6000吨与常理严重不符。另一方面，涉案质押钢材在动产监管期间正常出入库也未导致质押物减少。在哈尔滨物流公司监管期间，共发生13次质押钢材出入库情况，商德公司每次均出具了出入库的调拨单，并由其负责人签字。其中，质押钢材共入库179.318吨，共出库86.054吨。由此可知，在动产监管期间涉案质押钢材数量不仅没有减少，反而增加93.264吨。广发银行、商德公司与哈尔滨物流公司庭审中都确认现在质押钢材数量仅为约6000吨，因在动产监管期间并未发生导致质押钢材减少的情况，但质押钢材不可能不翼而飞，所以商德公司实际交付哈尔滨物流公司的质押钢材数量应认定为仅约6000吨，而不是《押品清单》载明的27143.429吨。原审判决仅依据《押品清单》形式上的记载认定哈尔滨物流公司实际接收质押钢材数量为27143.429吨，不符合本案实际情况，属于认定事实错误，应当予以纠正。中国物流公司主张商德公司实际交付质押钢材约6000吨的上诉理由成立，应予支持。

二、商德公司、广发银行与中国物流公司对质押钢材不足均应承担相应责任。

与有过失又称为共同过失或共同过错，指当受害人对损害的发生或扩大存在过失时，应当减轻或免除行为人的赔偿责任。根据《物权法》第二百一十二条的规定，质权自出质人交付质押财产时设立。本案商德公司实际交付质钢材约6000吨，广发银行自质押财产交付时享有对该6000吨钢材的质权。对涉案质押钢材实际数量与监管下限27143.429吨差额部分质权不能设立给广发银行造成的损失，商德公司、广发银行、中国物流公司均存在过错，均应承担相应责任。

第一，对商德公司而言，根据《担保法》第六十三条的规定，商德公司应依法将涉案质押钢材交付广发银行。广发银行与商德公司签订的《最高额动产质押合同》约定商德公司自愿以其享有合法处分权的27143.429吨钢材为涉案债权提供质押担保，商德公司应按照合同约定交付质押财产以及附随的权属证书、发票等资料。《动产监管合同》第一条约定商德公司应交付广发银行、哈尔滨物流公司27143.429吨押品，押品为商德公司合法所有的商品，商德公司须提供足以证明押品所有权及数量、质量的资料，并对所提供资料的真实性有效性负责。根据上述约定，商德公司应交付广发银行、哈尔滨物流公司质押钢材27143.429

吨,但其实际仅交付约6000吨。在商德公司明知质押钢材数量与合同约定数量严重不符,未进行实际测量的情况下,为取得广发银行贷款,虚开押品清单等资料,主观过错明显,对质押钢材实际数量与监管下限27143.429吨差额部分质权不能设立给广发银行造成的损失,应当承担相应责任。虽然商德公司是涉案质押钢材的出质人,但同时其也是债务人,理所应当对全部债务承担还款责任,故其作为《最高额动产质押合同》的当事人及《动产监管合同》的关联一方所应承担的违约责任与其作为债务人应承担责任完全竞合,在此不再赘述。

第二,对于广发银行而言,根据《物权法》第二百一十五条规定可知,质权人负有妥善保管质押财产的义务。根据《商业银行法》第三十六条规定可知,商业银行贷款借款人应当提供担保。商业银行应当对保证人的偿还能力、抵押物、质押物的权属和价值以及实现抵押权、质权的可行性进行严格审查。本案广发银行作为贷款人和质权人,具有审查保管质押财产的法定义务,应当对债务人商德公司交付的质押财产数量进行严格测量。但广发银行未履行相应义务,而是将该义务通过《动产监管合同》全部委托哈尔滨物流公司履行。在广发银行明知商德公司将质押钢材交付哈尔滨物流公司时未进行实际测量的情况下,其既不组织三方实际测量,也不督促哈尔滨物流公司按照监管合同约定进行测量,仅仅依据商德公司的库存表即在《押品清单》上填写质押财产数量并加盖公章,该行为表明其不仅怠于履行其法定质物审查义务,在明知质押钢材可能不足的情况下随意放贷,而且对自己债权的实现疏于管理并听任债权不能实现的风险放大,存在明显过错,对造成的己方损失,也应承担相应责任。

第三,对中国物流公司而言,《动产监管合同》第三条约定,首次交付押品时,由哈尔滨物流公司审核押品的外观、数量、型号及规格,并制作《押品清单》,载明押品名称、型号、规格、数量等;第八条约定,哈尔滨物流公司应按照广发银行的要求在指定的时间和地点接收押品,派驻监管员在监管现场查验、核对、清点押品,审核押品的品名、规格、数量、价值、外观等,并根据审核结果在《押品清单》和《押品变更通知书回执》上签章确认;第十九条约定,哈尔滨物流公司保证入库监管后押品的真实性,因哈尔滨物流公司原因发生以次充好、以假换真等情形,并给广发银行造成损失的,哈尔滨物流公司须承担赔偿责任。本案中,哈尔滨物流公司在接收质押财产时,未按合同约定进行测量即接收质押财产,存在明显过错。更有甚者,哈尔滨物流公司作为专业监管人,无视《动产监管合同》约定,在未经测量的情况下随意出具《押品清单》,造成质押财产实际数量与《押品清单》载明的数量严重不符,造成广发银行在质押物不足的情况下发放贷款,一定程度上助长了对金融秩序和经济秩序的扰乱。正因为此，其对质押钢材实际数量与监管下限 27143.429 吨差额部分质权不能设立给广发银行造成的损失，应承担赔偿责任。

三、中国物流公司承担责任的性质、范围及方式。

第一，本案中国物流公司承担责任的性质应为违约责任。所谓违约责任，是指合同当事人一方不履行合同义务或履行合同义务不符合约定所应承担的民事责任。《合同法》第一百零七条规定，当事人一方不履行合同义务或者履行合同义务不符合约定的，应当承担继续履行、采取补救措施或者赔偿损失等违约责任。本案中，《动产监管合同》约定，哈尔滨物流公司应按照广发银行的要求查验、核对、清点押品，制作《押品清单》，并保证入库监管押品的真实性，因哈尔滨物流公司原因发生以次充好、以假换真等情形，给广发银行造成损失的，哈尔滨物流公司须承担赔偿责任。但是，哈尔滨物流公司未按合同约定履行查验、核对、清点质押钢材义务，造成质押财产实际数量与《押品清单》载明的数量严重不符，对于质押钢材实际数量不足监管下限 27143.429 吨给广发银行造成的债权不能受偿的损失，应当承担相应责任。这种责任因违反合同约定义务而来，性质上属于违约责任。

第二，关于中国物流公司承担责任的范围问题。中国物流公司作为涉案质押钢材的监管人，既不是债务人，也不是保证人，仅应当按照《动产监管合同》的约定对质押财产负责，并且不承担市场价格波动风险，其违反合同约定造成交付质押钢材实际数量低于监管下限，应按照质押权实现时的价格，在质押钢材实际数量不足监管下限 27143.429 吨差额部分钢材价值范围内，赔偿广发银行债权不能实现部分的损失。根据商德公司、广发银行、中国物流公司的过错程度，中国物流公司应在上述范围内承担 30% 的赔偿责任为宜。

第三，关于中国物流公司承担责任的方式问题。广发银行涉案债权既存在人的担保，也存在物的担保。如该债权上存在的人的担保、物的担保或者债务人的履行行为足以清偿债权，则广发银行即不存在任何损失，只有在人的担保、物的担保及债务人均不能清偿债权的情况下，广发银行的损失才相应产生。因此，中国物流公司应承担责任为补充赔偿责任。广发银行的具体损失数额在人民法院强制执行涉案质押钢材、债务人商德公司及保证人商德金属公司等之后方可确定，中国物流公司应在人民法院对商德公司、商德金属公司、上海商德公司、刘晓东、胡晓梅、刘晓春、杨滨革、刘晓秋、刘井阳强制执行，并穷尽一切执行措施后仍不能清偿部分，在质押财产实际数量与监管下限 27143.429 吨差额部分按照质权实现时质押财产价值范围内承担补充赔偿责任。

综上，中国物流公司关于哈尔滨物流公司已经尽到监管职责，对质押钢材数量不足不应承担赔偿责任的上诉理由，没有事实和法律依据，本院不予支持；但原审判决广发银行对27143.429吨质押钢材享有质权，中国物流公司对广发银行就涉案质押钢材实现质权后仍不能清偿的部分承担全部补充赔偿责任不当，本院依法予以纠正。

——中国裁判文书网，http://wenshu.court.gov.cn。

1501

质押监管人按约定依表面审查、外观检查和单据审查的方法查核质物并无不当

关键词｜质押监管｜查核质物｜

【最高人民法院裁判文书】

中国工商银行股份有限公司乌苏支行与中国邮政速递物流股份有限公司新疆维吾尔自治区分公司委托合同纠纷申请再审案[最高人民法院(2016)最高法民申3304号民事裁定书]

最高人民法院认为：工行乌苏支行为监管案涉8500万元贷款的质物燃料油，与借款人(出质人)鑫海公司、监管人邮政物流新疆分公司签订了《商品融资质押监管协议》。该协议第2.2条约定，鑫海公司保证质物的品名、规格型号、数量、质量、包装、件数和标记等与其和工行乌苏支行的约定及向邮政物流新疆分公司申报和交付的一致，并对上述全部事实的真实性承担法律责任。第2.3条约定，鑫海公司保证向工行乌苏支行和邮政物流新疆分公司提交的与质物有关的所有单证都是真实的和有效的。第2.6条约定，在质物的转移占有过程中，工行乌苏支行和鑫海公司根据融资合同的约定，向邮政物流新疆分公司出具《质物种类、价格、最低要求通知书(代出质通知书)》，邮政物流新疆分公司按照通知书列明的内容核查鑫海公司交付的货物及现有的库存，如经核对，鑫海公司交予的货物及实际库存与《质物种类、价格、最低要求通知书(代出质通知书)》记载相符，邮政物流新疆分公司接受鑫海公司交付的货物，代表工行乌苏支行占有

货物，若三方无其他书面约定，邮政物流新疆分公司查核鑫海公司交付货物主要依据表面审查、外观检查和单据审查的方法。第 14.1 条约定，在监管期间，除不可抗力的事件外，因邮政物流新疆分公司原因未尽到监管责任而导致质物毁损灭失或质物变质、短少、受污染的，承担实际损失的赔偿责任。据此，鑫海公司对质物的品名、规格型号、数量、质量以及相关单证的真实性负责。由于三方并无其他书面约定，邮政物流新疆分公司依据表面审查、外观检查和单据审查的方法查核鑫海公司交付的质物，并无不当。

《商业银行法》第三十六条、《贷款通则》第十条均规定，贷款人应当对质物的权属、价值以及实现质权的可行性进行严格审查。本案中，工行乌苏支行并未对质物进行严格审查。根据新疆维吾尔自治区乌苏市人民法院（2015）乌刑初字第 27 号生效刑事判决认定的事实，鑫海公司从 2011 年开始以燃料油作为质物先后数次向工行乌苏支行贷款。2012 年，鑫海公司生产经营亏损，为了获取贷款，该公司联系会计事务所作出虚假的审计报告，组织财务人员提交虚假财务报表，同时安排工作人员向质押的燃料油罐体注水，将“燃料油”虚增至 24253.94 吨。后经司法鉴定，用于质押贷款的燃料油实际仅有 1650.6 吨，鑫海公司存放少量燃料油的目的是为了伪装整个油罐均为燃料油的假象。为了达到燃料油的质量标准、虚增价值，鑫海公司趁银行监督人员不备，将抽取的水油混合物样品替换成燃料油样品以获取合格的检验报告，由此核算质押的“燃料油”价值为 12286 万元。通过上述手段，鑫海公司获得了工行乌苏支行的案涉 8500 万元贷款。工行乌苏支行负责案涉贷款业务的工作人员赵树海接受公安机关询问时称，工行乌苏支行没有聘请有资格的专业机构对质物的真实性进行检验，鑫海公司当时给银行提交了中石油独山子鉴定中心出具的油品检验报告，银行是以该油品检验报告为依据放贷的，该报告中不包括油品的数量；其虽然参与了提取样品的过程，但样品是鑫海公司派人提取的，其没有参与送检，检验报告是鑫海公司派人取来送到银行的。2013 年 8 月 26 日，工行乌苏支行作出《中国工商银行抵（质）押核实书》《关于乌苏鑫海化工有限公司押品核实确认书》《评估现场调查表》等文件，载明：该行指派 2 位调查人员前往鑫海公司实地核查，确认该公司提供的押品名为燃料油，通过对该公司提供的购进燃料油发票核实，认定燃料油重量为 24253.94 吨，银行核查意见为：“押品真实存在、足值有效。”邮政物流新疆分公司在二审上诉时称，其是在上一家监管单位原铅封未动的情况下原样接收质物后再次铅封，工行乌苏支行对此没有异议。可见，案涉质物的实际价值远远低于工行乌苏支行放贷时认定的价值，并非由于邮政物流新疆分公司在监管质物期间未尽监管责任导致质物毁损灭失或变质、短少、受污染所致,而是因为质物移转占有之前、工行乌苏支行审批贷款时,未尽对质物价值的谨慎注意义务,未自行委托专业机构进行质物价值鉴定,未严格监督取样和送检过程,轻信了鑫海公司送来的检验报告。鑫海公司及其主管人员构成骗取贷款罪,已被依法判处刑罚。邮政物流新疆分公司并无违约行为,对于工行乌苏支行的贷款被鑫海公司骗取没有过错,工行乌苏支行要求邮政物流新疆分公司赔偿其未能收回的贷款本息损失,缺乏事实和法律依据,二审法院未予支持,并无不当。

——中国裁判文书网,http://wenshu. court. gov. cn。

1502

质物监管人依据质权人的“提货通知书”释放质物,符合质押监管协议约定,并不存在过错

关键词|质押监管|过错责任|

【最高人民法院裁判文书】

中国工商银行股份有限公司徐州鼓楼支行与中国外运江苏公司南京国际货运分公司及徐州金邦钢铁有限公司、王思奎、陈连云借款合同纠纷申请再审案[最高人民法院(2013)民申字第454号民事裁定书]

最高人民法院认为:本案纠纷的产生是因借款人金邦公司在《商品融资合同》借款到期,未向出借人工商银行鼓楼支行还款的情况下,质物被放货。货运公司是否尽到《商品融资质押监管协议》中约定的质物监管责任是争议的焦点问题。

工商银行鼓楼支行、金邦公司、货运公司签订的《商品融资质押监管协议》约定:工商银行鼓楼支行为质权人,金邦公司为出质人,货运公司为工商银行鼓楼支行的代理人,代理工商银行鼓楼支行监管质物;监管期间为货运公司根据本协议代理工商银行鼓楼支行占有质物并对工商银行鼓楼支行承担质物监管责任的时间区段。关于提取质物,三方约定了较为详尽的规则,货运公司的主要义务是保证其占有、监管的质物价值始终不低于《质物种类、价格、最低要求通知书》要求的最低价值。当质物的实际价值等于质物的最低价值时,工商银行鼓楼支

行签发的“提货通知书”为金邦公司办理提货及质物出仓、出库的唯一有效凭证。没有工商银行鼓楼支行签发的“提货通知书”，货运公司不得给金邦公司提货。

货运公司称其释放质物是依据工商银行鼓楼支行出具的“提货通知书”。二审法院查明，案涉“提货通知书”系由工商银行鼓楼支行加盖其公章并由其行长孙守茹签字后，由该行工作人员戚江黔亲自交给货运公司王艳峰。工商银行鼓楼支行在该提货通知书上加盖公章是按照该支行内部用印流程办理的。工商银行鼓楼支行系先加盖公章，后由该支行行长孙守茹签名。“提货通知书”中内容由货运公司工作人员填写。工商银行鼓楼支行称其签发该“提货通知书”系为配合货运公司徐州办事处检查而为，但该说法没有事实依据，也不符合其工作规程。工商银行鼓楼支行主张“提货通知书”系虚假不能成立，二审判决对事实的认定正确。

关于新证据问题。工商银行鼓楼支行申请再审中提出三份新证据。一是徐州铜山货场出具的“货场书面证明”，证明 2011 年 12 月 2 日至 13 日金邦公司的货位上没有出过货，欲间接证明涉案质物可能在此之前就已被提走；二是派出所出具的“接报案情况”；三是王思奎出具的“还款承诺书”，承认 2011 年 12 月 10 日其库存质押物尚余 1700 万吨价值 720 万元，已不足监管协议规定的最低价值 1600 万元。针对以上三份新证据，货运公司质证认为，派出所证明和货场证明落款时间均是 2012 年 9 月，而二审法院审理期间在 2012 年 10 月份还要求补充证据，以上证据均未提交，不应作为再审新证据；货运公司对王思奎的还款承诺书不予认可。本院认为，上述证据材料在二审时既已存在，工商银行鼓楼支行未能说明在一、二审举证期限内未提交上述证据的客观原因，不符合再审新证据的要求，且工商银行鼓楼支行通过这些间接证据，并不能直接证明货运公司有未尽到监管责任的事实。故，本院对工商银行鼓楼支行的该项再审理由不予支持。

“提货通知书”系《商品融资质押监管协议》中约定的监管人释放货物的重要凭证，工商银行鼓楼支行作为质物的质权人，应当知道交付货运公司“提货通知书”的后果。货运公司称其依据“提货通知书”释放质物，符合《商品融资质押监管协议》的约定，并不存在过错。工商银行鼓楼支行认为货运公司应当承担严格责任，欠缺法律依据。二审判决适用法律亦无不妥。

——中国裁判文书网，http://wenshu. court. gov. cn。

1503

审理动产质押与监管协议纠纷时应当严格审查与质物相关的基本事实

关键词｜动产质押｜质押监管｜

【最高人民法院裁判文书】

大连俸旗投资管理有限公司与中国外运辽宁储运公司、大连港湾谷物有限公司企业借贷纠纷案［最高人民法院（2015）民二终字第155号民事裁定书］

最高人民法院认为：本案关键在于确定谷物公司、俸旗公司以及储运公司之间《最高额动产质押合同》《动产质押监管协议》履行情况、合同效力、合同项下权利义务关系以及责任承担等情况。有鉴于此，谷物公司是否按照合同约定提供了质物，是按合同约定提供了全部质物还是仅提供了部分质物等基本事实，对于认定案涉动产质押以及监管协议的效力，质权是否依法设立，以及判断谷物公司、储运公司是否履行了合同义务，是否应当承担责任，承担何种性质的责任以及责任承担大小等问题，均具有至关重要的影响。

就本案已知证据以及本院调查了解的情况分析，首先，诉讼各方均表示自始至终没有实际见到过质物；其次，大连港公司陈述称其与谷物公司以及大连新港港湾国际物流有限公司从未发生过业务联系，大连港散粮码头公司亦从未存放过这两个公司的粮食；再次，在谷物公司法定代表人刘有文等人涉嫌贷款诈骗的另案刑事侦查过程中，储运公司工作人员孙某在接受公安机关询问时称，其经手过俸旗公司的14～15万吨玉米质物的监管，模式和涉嫌诈骗的刑事案件相同，即根据领导授意，在没有粮食的情况下编造监管日志和明细分类账，证明粮食存在并处于监管之中。以上情形表明，关于案涉质物是否真实存在，尚存重大疑问。此外，原审判决认定质物已完成转移占有，质权依法设立，嗣后又认定质物灭失，如该认定成立，则需查实质物灭失原因以及各方对此是否具有过错，以便厘清责任。而原审判决在未对质物灭失原因、各方是否具有过错等事实予以审查的情况下，直接认定储运公司未尽监管义务并据此判令其承担责任，亦存在事实认定不清的情形。

——人民法院出版社法规编辑中心编：《最高人民法院裁判观点精编（2014～2015）》，人民法院出版社2016年版，第81～82页。

1504

设质人未以存单原件质押的，债权银行不享有质权

关键词｜存单质押｜

【最高人民法院裁判文书】

中国农业银行通许县支行与河南省粮油食品进出口公司及河南开封通玉企业(集团)公司存单兑付纠纷案(最高人民法院二审民事判决书)

最高人民法院认为:1996年8月20日、26日,通许农行国际业务部分别与通玉公司签订的两份抵押担保借款合同,当事人意思表示真实,内容亦不违反法律规定,该两份借款合同均应认定为合法有效。但因合同签订后,通玉公司并未将上述两张存单交给质权人通许农行,通许农行不持有质押物,根据《担保法》第七十六条的规定,上述两份抵押贷款合同中有关质押的条款并未生效。因此,虽然通许农行用存单底联复印件已在通许县公证处办理了公证,并与通玉公司达成民事调解协议,但因质押条款并未生效,通许农行不享有质押权。所以,通许农行从上述两张存单上直接扣款还贷及处分其余款项的行为,因没有法律依据,而应认定为无效民事行为。通许农行应将该两张存单项下的款项返还给存单所有人粮油公司。

——李国光主编、最高人民法院民事审判第二庭编:《民商审判指导与参考》总第1卷,人民法院出版社2002年版,第173~182页。

1505

存单质押中核押的法律意义和构成要件

关键词｜存单质押｜核押｜

【最高人民法院司法解释】

第一百条 以存款单出质的,签发银行核押后又受理挂失并造成存款流失的,应当承担民事责任。

——《最高人民法院关于适用〈中华人民共和国担保法〉若干问题的解释》(2000年12月8日,法释〔2000〕44号)

第八条 对存单质押的认定和处理

存单可以质押。存单持有人以伪造、变造的虚假存单质押的,质押合同无效。接受虚假存单质押的当事人如以该存单质押为由起诉金融机构,要求兑付存款优先受偿的,人民法院应当判决驳回其诉讼请求,并告知其可另案起诉出质人。

存单持有人以金融机构开具的、未有实际存款或与实际存款不符的存单进行质押,以骗取或占用他人财产的,该质押关系无效。接受存单质押的人起诉的,该存单持有人与开具存单的金融机构为共同被告。利用存单骗取或占用他人财产的存单持有人对侵犯他人财产权承担赔偿责任,开具存单的金融机构因其过错致他人财产权受损,对所造成的损失承担连带赔偿责任。接受存单质押的人在审查存单的真实性上有重大过失的,开具存单的金融机构仅对所造成的损失承担补充赔偿责任。明知存单虚假而接受存单质押的,开具存单的金融机构不承担民事赔偿责任。

以金融机构核押的存单出质的,即便存单系伪造、变造、虚开,质押合同均为有效,金融机构应当依法向质权人兑付存单所记载的款项。

——《最高人民法院关于审理存单纠纷案件的若干规定》(1997 年 12 月 11 日,法释〔1997〕8 号)

【最高人民法院裁判文书】

中国工商银行始兴县支行与中国建设银行黔西县支行借款担保合同纠纷案[最高人民法院(2000)经终字第 197 号民事判决书]

最高人民法院终审认为:关于存单核押的认定。存单核押是指质权人将存单质押的情况告知金融机构,并就存单真实性向金融机构咨询,金融机构对存单的真实性予以确认并在存单上或以其他方式签章的行为。据此,可以认定本案中的两张存单已经完成核押过程,黔西建行已经完成对存单真实性的审查。理由如下:

其一,黔西建行在未签订质押合同前,为了确认存单的真实性,行长王永兰率人亲自前往始兴工行,约见行长李杰并告知其清新公司以始兴工行出具的两张存单为鸵鸟公司借款质押的情况,李杰承认有此事,并证实两张存单的真实性。

其二,当黔西建行提出要李杰出具书面确认的要求后,李杰又以始兴工行行长的名义代表始兴工行向黔西建行出具《保证书》,并亲笔签名。后又在两份保证书上加盖始兴工行公章。虽然该《保证书》上的抬头是给清新公司开出的,可也是对存单真实性的一种确认。

其三，虽然始兴工行认为《保证书》上的始兴工行的印章是私刻的，并且其单独申请广东韶关市人民法院鉴定《保证书》上的公章，鉴定结论是该公章与始兴工行的公章不符，并且在二审期间申请法院对《保证书》上的始兴工行的公章予以鉴定，然而，公章真假与否的问题与本案中的原始兴工行行长李杰对存单真实性的确认行为之间并无决定关系。之所以应当将李杰的出具《保证书》的行为认定为始兴工行的行为，依据在于李杰身份的特殊性，即其是始兴工行的行长即负责人，负责人的行为就是法人的行为，故始兴工行应当对该核押行为负责。

其四，虽然中国人民银行于 1996 年 12 月 23 日〔1996〕447 号《关于加强大额定期存款管理的通知》规定："定期储蓄存款单笔超过 100 万元（含 100 万元）的单位定期存款必须使用相应的特种存单；特种存单必须经商业银行授权人员签发并加盖银行印章方为有效"；中国人民银行银发〔1997〕119 号《关于暂停存单质押贷款业务和进一步加强定期存款管理的通知》规定：从 1997 年 4 月 21 日起暂停办理存单质押贷款业务（10 万元以下个人定期储蓄存单小额抵押贷款业务除外），对尚未到期的存单储蓄存款，要逐笔审查存单的真实性。不过，本案中的两张存单是在 1995 年 8 月开出的，而银发〔1997〕119 号通知明确规定该通知自文到之日起立即事实，因此该通知不具有溯及力，不能适用于本案中的两张存单。综观黔西建行要求始兴工行对存单的真实性进行确认的整个过程，可以说明，黔西建行已经尽到勤勉谨慎以及合理注意的义务，已有足够理由相信存单的真实性，已经比较充分地完成了通常认为的存单核押过程。

——李国光主编、最高人民法院民事审判第二庭编：《经济审判指导与参考》第 4 卷，法律出版社 2001 年版，第 137 ~ 138 页。

【链接：最高人民法院法官著述】

存单核押指质权人将存款单质押的情况告知金融机构，并就存款单的真实性向金融机构咨询，金融机构对存款单的真实性予以确认并在存款单上或以其他方式签章的行为。存款单核押在本质上是向辅助人（存款行）为出质通知，辅助人在收到通知后不得向存款人兑付存款，否则对质权人不生效力。为此，《担保法解释》第一百条规定："以存款单出质的，签发银行核押后又受理挂失并造成存款流失的，应当承担民事责任。"此外，存款单核押的法律意义还在于，开具存款单的金融机构对存款单进行核押，表明该金融机构对存款单的真实性予以确认，因而应推定存款单具有完全权利内容的权利凭证，可以成为合法的权利质押标的。同时,金融机构核押存款单即知悉存款单出质的事实,存款人成为"虚有权利人",质权人成为权利的实际控制人,金融机构不得向存款人支付存款单上的款项,更不能接受存款人的挂失。反之,以存款单出质如不向辅助人为出质通知,辅助人在不知存款单已被出质的情况下向出质人兑付存款(如通过挂失方式兑付存款),存款单所指向的债权消灭,质权也消灭。

然而,依照我国《担保法》《物权法》的规定,存款单质押并不需要核押程序,当事人签订质押合同并交付存款单给债权人后,质权成立,核押与否不影响存款单质权的成立。但从以上分析来看,核押是质权人保护自身权利安全的重要方法,值得肯定和推广。

——曹士兵:《中国担保制度与担保方法》(第三版),中国法制出版社2015年版,第359~360页。

关于核押的法律意义和构成要件。

核押在我国是存单质押关系中存在的一种行为,通常是债权人拿存单到开出存单的银行(以下简称开出行)询问存单的真实性,开出行在存单上注明"已核押"字样或加盖核押章。依照《担保法》的规定,存单的质押并不需要经过核押这个必经程序,当事人签订存单质押合同,并交付存单给质权人后,质权就已成立。当事人核押与否,并不影响债权人享有存单质权。但在司法实践中核押具有独特的法律意义,对存单质押关系中的当事人有重要影响。鉴于司法实践中对核押的认定和法律意义认识不一,2001年12月11日民二庭审判长会议对核押的法律意义和构成要件作了讨论和研究。现综述如下:

一、核押的法律意义

存单质押性质属于权利质押,出质人以存单所代表的债权作为出质权利出质给债权人,以担保债权的实现。依照《担保法》第六十四条、第七十六条的规定,出质人应当与债权人订立书面质押合同,并在约定的期限内将存单交付给债权人,质押合同自存单交付之日生效。《担保法》没有涉及核押行为,那么,核押所具有的法律意义究竟是什么呢?我们根据实践中核押行为的内容,结合域外法在同类问题上的规定,分析认为核押的法律意义有二:

1. 核押具有民事诉讼证据上的意义

因存单属于权利凭证,容易被伪造、变造,实践中经常有当事人因为接受了假存单质押而受到损失的。但由于存单所代表的债权是权利而非实在之物,所以当债权人持出质存单向开出行核押,开出行对存单所代表的债权予以承认的话,即便存款事实并未发生，开出行也应对其承诺的债权凭证的真实性负责。核押所具有的民事诉讼证据上的意义在于，债权人可以凭存单已核押来证明所享有的存单质权的真实性、有效性，债权人接受已核押的存单出质，属于善意无过失，开出行即便可以证明存单虚假，也因其核押行为而不能对抗质权人。故《存单纠纷规定》第八条规定："以金融机构核押的存单出质的，即便存单系伪造、变造、虚开，质押合同均为有效，金融机构应当依法向质权人兑付存单所记载的款项。"司法解释该条规定的本意在于，存单质押属于权利质押，权利的存在依赖于义务人的承诺，开出行核押存单即等同于承诺存单所记载的债务，权利即被视为存在。依《担保法》关于存单质押的规定，义务人有"兑现义务"（该法第七十七条）。

2. 核押具有通知义务人的法律意义

权利质押应当通知出质权利的义务人，这是大陆法系各国法律在权利质押方面的共通规定。比如以存单质押的，质权人应当通知存单开出行；以仓单质押的，质权人应当通知存储人。《担保法》对此未作规定，应属于立法漏洞，权利质押中的质权人常因此不能实现权利。在此我们不作详细论述。通知出质权利的义务人的法律意义在于，义务人相对于质权人而言属于第三人，其对质权人无法律义务。但权利非实物，无义务人的配合权利不能实现，法律赋予质权人有将权利质押通知义务人的义务，义务人因此也产生对质权人"负责"的义务。具体而言：(1) 义务人在受出质通知后不得再向原权利人履行，比如银行不得向存款人兑付存款，存储人不得向委托人交付货物。包括不得以挂失方式向原权利人履行。(2) 在质权人行使质权的条件成就时，义务人有向质权人履行的义务，配合质权人实现权利。在存单质押中，质权人核押存单，等同于履行了向开具存单的金融机构的通知义务，该金融机构就不得再向存款人支付存单上的款项，不允许挂失，此时质权人是真正的权利享有者，而存款人只是"虚有权利人"，不能行使提款的权利。金融机构对存单进行了核押，在债务人到期不清偿债务时，金融机构可以依质权人的申请向质权人兑付存款，配合质权人实现债权。反过来看，如果当事人没有进行核押，开具存单的金融机构因为不知存单已经被质押的事实，当存款人背着质权人到金融机构声称存单丢失而要挂失时，金融机构依照法规、规章和营业惯例是不能拒绝的。如存款因存款人恶意挂失而被支取，金融机构属于无过失，将不承担民事责任。

二、核押的构成要件

由于核押具有重要的法律意义，对民事权利影响较大，因此，当事人就应当遵循核押的法律意义来进行核押，否则不能产生核押的法律后果。这就存在一个如何认定核押，即核押的构成要件的问题。实践中就有当事人持存单私下找金融机构的工作人员在存单上盖核押章,这能否产生核押的法律后果呢?根据上述对核押法律意义的分析,我们认为,核押的构成要件应当包括两部分:一是形式要件,二是实质要件。

形式要件指对核押的形式要求,包括质权人向义务人提示核押的形式和义务人向质权人答复的形式。由于我国现有的法律法规对此没有规定,因此核押的形式要件应当属于当事人意思自治的范畴,允许当事人自行确定。比如,质权人可以口头,也可以书面向义务人提示核押,义务人可以在存单上加盖核押章,也可以出具核押书,甚至由义务人的授权人在存单上签注"核押"字样。因此,核押一般不因形式上原因作无效认定,但也存在例外。比如核押的形式违反当事人一般交易习惯,当事人有充足的证据证明核押事实不存在的,核押应当作对当事人无法律效力认定。

实质要件指对核押的内容要求。根据核押的法律意义,核押的内容应当包括对出质权利的真实性的查询和对该权利已被出质的申明两部分。义务人对出质权利的真实性予以核实,具有上述民事诉讼证据上的意义;义务人受权利已被出质的申明,则具有权利质押已通知义务人的法律意义。如果核押内容仅有对出质权利的真实性的查询,义务人核实出质权利的真实性并不带来权利质押已通知义务人的法律后果,义务人没有前述"义务人在受出质通知后不得再向原权利人履行"和"在质权人行使质权的条件成就时,义务人有向质权人履行"的义务。如果核押仅有通知内容,义务人在接到通知后无任何答复的(比如未在存单上加盖核押章,未签注"核押"字样),核押虽具有权利质押已作通知的法律意义,但并不带来民事诉讼证据上的意义。

根据以上对核押构成要件的分析,当事人进行核押应当符合核押的要求,否则不能产生或不能完全产生核押的法律意义。比如上面提到的当事人持存单私下找金融机构的工作人员在存单上盖核押章的行为,因不符合核押的实质要件,不能产生核押的效果。简言之,核押必须具备上述实质要件,并应当向义务人(银行)的授权部门的授权人提出,由授权人员进行核押。当事人也可以向义务人的法定代表人或负责人提出,依照法人制度的一般规定,法人的代表人或负责人有代表权。实践中也遇到存单上盖假核押章的情况,对这种情况,要区别对待。当事人如果是向义务人(银行)的授权部门的授权人提出核押,由授权人员盖核押章的,章的真假不影响核押的真实性,因为盖章仅为核押手续,核押程序的正当是认定核押法律意义的关键;如果是向义务人的法定代表人或负责人核押,所盖核押章是假的,应当按照《合同法》第五十条规定的"代表人责任"来认定。即,如果法定代表人或负责人确系超越权限，当事人又知道或应当知道其超越权限的，核押行为无效；如果当事人向义务人（银行）的非授权人员提出核押，无论核押章真假，核押行为都无效，其中的理由已在前面作了分析，不再赘述。

——曹士兵：《关于核押的法律意义和构成要件》，载李国光主编、最高人民法院民事审判第二庭编：《民商审判指导与参考》总第 1 卷，人民法院出版社 2002 年版，第 83～86 页。

编者说明

关于核押的法律意义和构成要件问题，最高人民法院的主流观点主要体现在前述经济庭庭推精要、案例和相关著述上，即：核押，是指质权人将存款单质押的情况告知开出该存单的金融机构，并就存款单的真实性向金融机构咨询，金融机构对存单的真实性予以确认并在存单上或以其他方式签章的行为。存款单核押在本质上是向辅助人（存款行）发出出质通知，辅助人在收到通知后不得向存款人兑付存款，否则对质权人不产生效力；核押表明金融机构对存款单的真实性予以确认，应推定存款单具有完全权利内容的权利凭证，可以成为合法的权利质押标的。

1506

接受存单质押的人在审查存单的真实性时未充分注意，未采取向出具存单的银行核押或询问等有效措施，对质押无效存在重大过失

关键词｜存单质押｜核押｜质押无效｜

【最高人民法院裁判文书】

中信银行股份有限公司济南分行与山东省华兴摩托车有限公司、山东华兴企业集团总公司及中国银行股份有限公司河池分行借款担保合同纠纷案［最高人民法院民事判决书］

最高人民法院认为：在涉案存单质押法律关系中，华兴公司以 7134180 号存单向中信济南分行提供质押担保，该存单虽各项要素齐全，印鉴真实，形式合法，但该存单系违法行为产生，华兴公司与河池中行未有实际存款关系，根据《存单纠纷规定》第八条关于“存单持有人以金融机构开具的未有实际存款或与实际存款不符的存单进行质押，以骗取或占有他人财产的，该质押关系无效”的规

定,应认定中信济南分行与华兴公司以编号为7134180存单为质押物的《权利质押》合同无效。山东省高级人民法院判决认定该存单合法有效,属于认定事实和适用法律错误,本院予以纠正。华兴公司向中信济南分行提出存单质押时,出具了盖有河池中行城南分理处公章的存单与盖有河池中行财会科公章的承诺书各一份,两枚公章主体明显不同,中信济南分行作为专业金融机构对此未予充分注意,未采取向出具存单的银行核押或询问等有效措施,对签订无效质押合同也存在重大过失。根据《存单纠纷规定》第八条关于"接受存单质押的人在审查存单的真实性上有重大过失的,开具存单的金融机构仅对所造成的损失承担补充赔偿责任"的规定,河池中行应对中信济南分行因存单合同无效而导致质权落空所产生的损失承担赔偿责任。

——最高人民法院民事审判第二庭编:《商事审判指导》总第23辑,人民法院出版社2011年版,第117页。

编者说明

实务中,接受存款单质押的人在审查存款单真实性上的重大过失,是指存款单的真实性上存在明显瑕疵,相对人因未尽到必要的注意义务而未能发现的情形。①

1507

存单明确记载不得为其他债权提供担保,专业金融机构接受上述存单质押不属善意

关键词 | 存单质押 |

【最高人民法院裁判文书】

中国农业银行股份有限公司神农架林区支行与交通银行股份有限公司佛山分行、海口北通实业贸易开发公司追偿权纠纷申请再审案[最高人民法院(2016)最高法民申626号民事裁定书]

最高人民法院认为:原审查明,0633310、0633311号两张存单于1995年4月

① 曹士兵:《中国担保制度与担保方法》(第三版),中国法制出版社2015年版,第358页。

出具,上述两张存单名称部分划去"大额可转让",并在其背面明确载明"不可提前支取,不可转让,不可抵押"。上述两张存单出具时施行的《民法通则》等法律法规对于债的担保并未明确区分抵押关系和质押关系,因而上述两张存单上记载的内容可以解读为,出具存单的交行佛山分行与存款人北通公司之间对约束该存单进行担保达成一致意见,即两张存单不得为其他债权提供担保。农行神农架支行作为专业的金融机构,接受上述载明不得用于担保的存单并主张质押权,不属于善意,也未尽到谨慎注意义务。故原判决认定农行神农架支行主张其与北通公司就0633310、0633311号存单存在质押关系的理由不成立,并无不当。且在原审过程中,广东省佛山市公安局以0633310、0633311号存单属犯罪证据为由已予以收缴,亦与存单质押权行使应以质权人占有存单为基本构成要件的要求不符。另,湖北省高级人民法院(2000)鄂经终字第256号民事判决查明,海南阳光不动产发展公司系以北通公司持有的农行神农架支行开具的2476503号存单为其向恩施建行借款提供担保,该2476503号存单系伪造存单,而农行神农架支行仍先后两次对上述2476503号存单进行核押,即其对并不存在的存款债权进行确认,故上述判决判令农行神农架支行承担相应的兑付责任。因此,农行神农架支行主张因其对2476503号存单进行核押构成担保,因而北通公司以0633310、0633311号两张存单为其提供反担保,依据不足,本院亦不予支持。

——中国裁判文书网,http://wenshu.court.gov.cn。

1508

接受虚假存单质押的债权人以该存单质押为由起诉金融机构要求兑付存款并优先受偿的，不予支持

关键词 | 虚假存单质押 | 优先受偿权 |

【最高人民法院裁判文书】

中国农业银行股份有限公司宽甸满族自治县支行与鞍山银行股份有限公司立山支行、鞍山银行股份有限公司其他借款合同纠纷审判监督案[最高人民法院(2014)民提字第58号民事判决书]

最高人民法院认为:本案查明的事实表明,在杨景文办理两笔金额各为

1000元的存款业务时，孔德智通过在空白纸上打印的方式，套取了两张空白存单。其后，在农行宽甸支行工作人员赴立山支行核保的过程中，孔德智协助杨景文阻止了农行宽甸支行工作人员面见立山支行行长。但孔德智的上述行为并非职务行为，而是其个人实施的犯罪行为。立山支行即使有对孔德智选任和监管的失误，其过错也与造成农行宽甸支行无法收回2700万元贷款的损失缺乏直接因果关系。农行宽甸支行在核保手续存在重大瑕疵的情况下违规发放贷款，才是造成其2700万元贷款无法收回损失的根本原因。农行宽甸支行工作人员于刚剑和徐春益知道大额存单核押需要面见行长，在杨景文说"不是说了不找行长吗，怎么又找行长"时，二人均已经觉察到存单有问题。但是在段贵华、隋慕侠的指示下，于刚剑和徐春益既未坚持面见行长，亦未要求立山支行的工作人员在核保清单上注明"此存单未查封、未抵押、未挂失"字样并签字盖章。农行宽甸支行在核保过程中有重大过失，导致孔德智有机会伪造核保手续。在存单的真实性未经开户行行长当面确认，经办人孔德智未在核保手续上签字盖章，农行宽甸支行并未将止付通知的第一联交给立山支行，立山支行未在核保清单上注明"此存单未查封、未抵押、未挂失"字样的情况下，农行宽甸支行的工作人员在研究是否应该发放贷款时，多名工作人员提出异议，并建议重新核保。但根据(2009)丹刑初字第32号刑事判决书的认定，隋慕侠、于刚剑明知核押手续中缺少开户银行经办人签字盖章，贷款审批手续审查人没有签字，仍发放贷款，具有违法发放贷款的故意。上述事实充分说明农行宽甸支行工作人员隋慕侠违规指示于刚剑先放贷款、后补签字盖章手续，系农行宽甸支行贷款不能收回的原因。立山支行即使有用人失察、管理不善的过错，其过错也与农行宽甸支行最终损失的发生欠缺因果关系。虽然农行宽甸支行的工作人员是在立山支行的工作时间、工作地点要求立山支行的工作人员办理核保手续，但该行工作人员在明知依据其内部规定，对大额存单进行核保时应见存单出具银行的行长，且对存单真实性产生怀疑时，却应存单持有人的要求放弃面见立山支行行长，将核保手续完全交由孔德智办理，有重大过失。农行宽甸支行未尽到应尽的注意义务，非善意相对人，其有关孔德智的行为系履行职务，符合表见代理的特征，因此立山支行应对孔德智的虚假核保行为给农行宽甸支行造成的贷款损失承担责任的主张，本院不予支持。

关于本案应如何适用法律问题。本院认为，《存单纠纷规定》第八条第二款所指存单应是由金融机构开具、无实际存款或存单记载金额与实际存款不符。案涉存单上立山支行的印章及操作员的印章均系伪造，存单的内容也非立山支行打印，案涉存单非立山支行开具，且刑事判决书并未认定农行宽甸支行的工作人员明知存单虚假，因此本案并不适用该款中"明知存单虚假而接受存单质押的，开具存单的金融机构不承担民事赔偿责任"的规定。一、二审判决适用《存单纠纷规定》第八条第二款的规定，属于适用法律有误，本院予以纠正。

根据本案查明的事实，核保手续上的印章虚假，农行宽甸支行在核保时存在过错，为非善意相对人，而孔德智的行为属非职务行为，故不能认定立山支行为存单办理了核保手续，农行宽甸支行主张处理本案应适用《存单纠纷规定》第八条第三款之规定，亦缺乏依据，本院不予支持。

综上，案涉存单系伪造，并非立山支行出具，亦未经立山支行核押，本案应适用《存单纠纷规定》第八条第一款"存单持有人以伪造、变造的虚假存单质押的，质押合同无效。接受虚假存单质押的当事人如以该存单质押为由起诉金融机构，要求兑付存款，优先受偿的，人民法院应当判决驳回其诉讼请求，并告知其可另案起诉出质人"之规定，驳回农行宽甸支行对立山支行及鞍山银行的诉讼请求。

关于农行宽甸支行的利息损失请求应否支持的问题。农行宽甸支行违反规定，在核保违规的情况下发放贷款，是其遭受无法收回贷款的损失的根本原因。其要求立山支行及鞍山银行赔偿损失的请求不能成立，其主张利息亦不应予以支持。

——中国裁判文书网，http://wenshu.court.gov.cn。

1509

以经过出具存单的金融机构核押的存单进行质押的，不得以存款关系的瑕疵对抗质权人

关键词 | 存单质押 |

【最高人民法院裁判文书】

中国农业银行北京市丰台区支行与上海银丰企业（集团）有限公司、中国电子租赁有限公司、北京万翔实业总公司担保借款合同纠纷案［最高人民法院（2002）民二终字第20号民事判决书］

最高人民法院认为：……洋晓集团用于借款质押的005732号存单无真实

存款关系，且该存单上的人名章不是加盖的真实印章，本案005732号存单应当认定为虚假存单，原审判决对此存单的性质认定是正确的。上诉人农行丰台支行关于本案存单属虚开存单的上诉理由，缺乏事实根据，本院不予支持。洋晓集团为了实现取得贷款的目的用虚假的存单出质，并以虚假的开户证明和承诺书欺骗农行丰台支行，构成了民事欺诈，原审对此认定正确。洋晓集团的欺诈行为导致农行丰台支行的损失，在农行丰台支行起诉没有请求对原合同进行变更或撤销的情况下，洋晓集团应以履行原合同的方式承担责任……洋晓集团利用盖有中电租公司的财务专用章的信托存单为其向农行丰台支行借款作质押，该存单系变造的虚假的存单，故该质押关系无效，该存单虽非中电租公司正式开具，但中电租公司不能提供证据证明洋晓集团持有该存单系非法取得，因此中电租公司应当对其已经加盖财务专用章的存单因保管不善而被洋晓集团利用致使农行丰台支行造成损失存有一定的过错，其应承担补充赔偿责任。农行丰台支行作为专业金融机构接受洋晓集团出质的存单，未进行认真有效的核押，对该质押担保合同的无效亦有过错。中电租公司关于农行丰台支行对存单虚假的事实是明知的以及农行丰台支行的工作人员伙同洋晓集团共同骗取银行的贷款，由此造成的损失应由其自负的答辩意见，缺乏确实充分事实根据，本院不予支持。

——李国光主编、最高人民法院民事审判第二庭编：《民商审判指导与参考》总第2卷，人民法院出版社2003年版，第188~195页。

【链接：最高人民法院法官著述】

伪造存单应该是指通过模仿存单的图案、形式、颜色、面值、格式等外部特征，用复印、仿制、印刷等方法制作假存单的行为，使无价值的废纸成为有价值的存单，从无到有。变造的存单是指本来的存单是真实的，但是采用各种方法如涂改、挖补、拼凑、剪接、覆盖对原来真实的存单进行各种加工，将其中的主要内容如金额、期限等加以改变，是在真的基础上改变内容，而使之不成为原来的有价存单。而所谓虚开存单，一般应当是指金融机构在没有真实存款关系或者存单上所载明内容与实际存款不符的情况下而开具的一种存单，而开具这样的存单的目的和用途往往是当事人通过该种存单实现其他目的。上述形式的各种存单都应该有同样的一个法律后果，那么就是这样的存单肯定自始无效，存单虚假而无效（除非这种无效的存单经过出具的金融机构正式的核押程序后而出质的则应该认定成为有效的外)。本案所涉存单,没有真实的存款关系,接受本案存单质押的银行进行核押所取得有关材料也是虚假的,应该认定该存单属于无效存单,也就是不应该作为真实存单。本案所涉存单如果说是伪造,不能成立,因为本案所涉存单原来的基础是真实的,确实是中电租公司的存单,上面的财务专用章也是真实的,只不过原来是一张空白的存单,上面的内容是赵翔为了实现诈骗的目的而填写的。如果说是虚开,它不是金融机构正式开具的,它是流落到外的,至于如何流落到外的也无法查证。所以上诉人关于本案存单应当认定为虚开存单并作为真实存单以及由此引起相应的责任的理由,不够充分。那么本案所涉存单最贴切地应该属于变造,在空白的真实的存单上填写也应该属于变造的情况,而不仅是对真实存单上已有内容的改变。那么无论如何本案存单是无效存单是无须争议的,是不能用来质押的。如果用来质押,自始不成立的,也是无效的。

——朱海年:《债权人受欺诈但不行使撤销权的借款合同仍应为有效——中国农业银行北京市丰台区支行与上海银丰企业(集团)有限公司、中国电子租赁有限公司、北京万翔实业总公司担保借款合同纠纷案》,载李国光主编、最高人民法院民事审判第二庭编:《民商审判指导与参考》总第2卷,人民法院出版社2003年版,第195~199页。

1510

用以质押的存单系公款私存，并不影响质押的效力

关键词 | 存单质押 |

【最高人民法院裁判文书】

河南省洛阳市商业银行丹城路支行诉中国建设银行山西省长治市支行等贷款担保上诉案[最高人民法院(2000)经终字第96号民事判决书]

最高人民法院认为:南街办事处与晋广公司1997年以来签订的10份银行承兑协议,均是双方当事人真实意思表示,且不违反国家法律与政策之规定,应认定为有效。南街办事处按照上述银行承兑协议之约定,为晋广公司办理了银行承兑汇票,且如期足额兑付了票款。而晋广公司却未能按照协议约定向南街

办事处支付票款。上述承兑票款转为逾期贷款后，晋广公司应当承担偿还借款本金、利息和罚息的责任。丹城路支行上诉称承兑协议无效的理由，缺乏证据佐证，本院不予支持。原审判决关于此节法律关系的认定正确，应予以维持。但原审判决主文中却并未判决晋广公司偿还南街办事处借款本金、利息和罚息，仅判"晋广公司支付南街办事处剩余的本金及约定的利息和罚息"，因晋广公司是主债务人，理应判决其承担本案债务，不应判其承担补充赔偿责任。鉴于晋广公司已被宣告破产，其债务应由该公司破产清算组偿还，对此应当予以改判。为保证承兑协议的履行，晋广公司将其以本单位职工王秀琴名义存在丹城路支行的定期存单三笔合计金额1808万元，交给南街办事处质押。当晋广公司无力履行承兑协议时，南街办事处有权依照三张存单主张质押权利，在出具存单的丹城路支行拒付存单项下款项时，南街办事处有权依照承兑协议、质押协议向丹城路支行主张权利。该质押协议是当事人真实意思的表示，且手续完备，并不损害其他人的利益，应为有效。丹城路支行上诉主张，王秀琴公款私存过程中，还取得585万元高额利差，应当冲抵本金。丹城路支行未能举证予以证明其主张，且至今并无其他单位和个人主张存单项下的权利，不论王秀琴是否公款私存，均不能免除丹城路支行兑付存单项下款项的责任，故本院对其主张不予支持。

——最高人民法院办公厅编：《最高人民法院公布裁判文书(2001年)》，人民法院出版社2002年版，第303～308页。

编者说明

本案出质人以存单为债务人于银行承兑协议项下的债务提供质押担保，存款行以存单项下款项系公款私存为理由拒绝向质权人付款，最高人民法院认为是否是公款私存并不影响质押的效力，判决存款行以存单项下款项向债权人清偿债务。

1511

存单质权人应对质物进行妥善保管，否则应对质物灭失而造成的损失承担相应赔偿责任

关键词｜质物保管｜赔偿责任｜

【最高人民法院裁判文书】

王克强与中国银行股份有限公司哈尔滨兆麟支行储蓄存款合同纠纷申请再审案[最高人民法院(2014)民申字第1736号民事裁定书]

最高人民法院认为:本案为返还质物纠纷。首先,中行兆麟支行出具的抵押物清单中明确记载抵押物包含了票面价值138930.97美元的存款单一张,当克拉斯公司偿还贷款本息后,当事人之间签订的抵押合同即应解除,相应的抵押(质押)物应返还给抵押人。克拉斯公司享有抵押合同项下的返还抵押(质押)物请求权。由于克拉斯公司在本案中出具证明将其权利转让给其法定代表人王克强,因此王克强是本案适格原告,原审判决以王克强并非存单所有权人为由驳回其诉讼请求适用法律有误。其次,中行兆麟支行作为证据持有人,有义务与抵押物清单经办人核实,并提交王克强或克拉斯公司在银行存款情况及与存单相关的证据,否则应根据证据规则对其做不利推定。王克强也有义务说明该笔存款存入的日期、款项形成原因及其他相关信息,原审对该部分事实未予查清。再次,二审法院允许王克强撤回部分一审诉讼请求,程序不当。起诉请求的变更只能在一审程序中作出,二审程序只能处理当事人的上诉请求。中行兆麟支行作为质权人应对质物进行妥善保管,否则应对质物灭失而造成的损失承担相应的赔偿责任。

——中国裁判文书网,http://wenshu.court.gov.cn。

1512

以国债出质的，质权自国债登记管理机构办理质押登记时设立

关键词 | 国债质押 | 质押登记 | 质权设立 |

【最高人民法院裁判文书】

中国银行股份有限公司武汉汉阳支行与长江证券股份有限公司、长江证券股份有限公司武汉友谊大道证券营业部、湖北元通汽车销售有限公司借款担保合同纠纷案[最高人民法院(2009)民二终字第146号民事判决书]

裁判要旨:本案涉及记账式国债的质押合同、托管合同的效力问题。《担保

法》对于记账式国债的质押生效条件无直接规定,但参照《担保法》第七十八条“以依法可以转让的股票出质的,出质人与质权人应当订立书面合同,并向证券登记机构办理出质登记。质押合同自登记之日起生效”的规定,本案国债质押应当以在国债登记管理机构即中国证券登记结算公司及其分支机关办理质押登记为生效条件,国债登记管理机构经审查后出具证券质押登记证明,从而达到权利质押担保的公示效力和法律证明力。

最高人民法院认为:对于质押合同、托管合同的效力问题,虽然我国《担保法》对于记账式国债的质押生效条件无直接规定,但参照《担保法》第七十八条“以依法可以转让的股票出质的,出质人与质权人应当订立书面合同,并向证券登记机构办理出质登记。质押合同自登记之日起生效”的规定,本案国债质押应当在国债登记管理机构(即中国证券登记结算公司及其分支机关,以下简称中证登公司)办理质押登记为生效条件,中证登公司经审查后出具证券质押登记证明,从而达到权利质押担保的公示效力和法律证明力。本案中,中行汉阳支行与元通公司从未在中证登公司办理任何质押登记手续,友谊大道营业部也非法定的国债质押登记管理机关。故,中行汉阳支行没有取得161409手国债的质权,不能依法享有优先受偿权。同时,刑事判决书认定,“中行汉阳支行原行长龚举成明知贷款资金将用于炒股且元通公司国债质押虚假……”也可进一步证明中行汉阳支行明知国债将被回购及已被回购,国债质押是虚假无效的。因此,本案不存在真实有效的质押关系。中行汉阳支行以权利质押合同主张享有161409手国债质权,缺乏事实依据与法律依据。就国债托管协议而言,中行汉阳支行明知自己没有取得质押物,却仍与友谊大道营业部签订国债托管协议。参考证监会的回函,证券营业部无权为客户以外的第三人办理证券托管业务。根据协议的内容,应认定双方之间形成的是监管法律关系。在本案中,无论是托管关系还是监管关系,均是为实现违法放贷、贷款诈骗这一目的而采取的系列行为。因本案借款关系已被确认为无效,故监管关系也应认定为无效。对于无效的后果,双方均有过错,均应承担相应的民事责任。原审判决认定托管关系与借款、质押关系均为无效属适用法律正确,应予维持。中行汉阳支行还上诉主张其与友谊大道营业部之间还存在161409手国债的保管合同关系,并要求长江证券及营业部承担保管合同的违约责任。本院认为,如前所述,友谊大道营业部与中行汉阳支行间不存在真实、有效的合同关系,故中行汉阳支行关于托管协议已得到实际履行、应认定托管关系或保管关系有效的上诉理由不能成立。

——最高人民法院民事审判第二庭编:《最高人民法院商事审判指导案例(第五卷)》(上),中国法制出版社2011年版,第372~384页。

【链接：最高人民法院法官著述】

我国债券市场起步虽晚，但发展较快，债券种类丰富，有国债、金融债、企业债，其中金融债种类较多，有政策性金融债、中央银行债、商业银行债、证券公司债等。债券的形式有纸质债券、记账式债券、凭证式债券，随着经济的发展，纸质债券逐渐让位于凭证式和记账式。依照《物权法》第二百二十四条的规定，债券的出质方式分为登记与交付两种：在中央债券登记结算有限责任公司托管的国债、政策性金融债、中央银行债、记账式企业债，在中央国债登记结算公司办理出质登记；在中国证券登记结算有限责任公司托管的证券债券、企业债券等，在证券登记结算公司办理出质登记；纸质、凭证式债券以交付债券凭证作为出质方式，是否背书不影响质权成立（但影响到债券质权的行使）。1999年后（含1999年）财政部发行的借款人申请办理质押贷款业务时，按照中国人民银行、财政部发布的《凭证式国债质押贷款办法》第六条的规定，应向其原认购国债银行提出申请，经对申请人的债权进行确认并审核批准后，由借贷双方签订质押贷款合同，并将凭证式国债交贷款机构保管，由贷款机构出具保管收据。此类凭证式国债仍然通过交付债券凭证设立质权。

——曹士兵：《中国担保制度与担保方法》（第三版），中国法制出版社2015年版，第365～366页。

1513

质权人明知处于回购状态的国债质押账户存在潜在风险仍接受的，应对因质押物价值减少所形成的损失自行承担责任

关键词 | 国债质押 | 国债回购 |

【最高人民法院裁判文书】

国泰君安证券股份有限公司郑州花园路证券营业部与中国光大银行郑州分行、河南省华润商贸有限公司、深圳市盛力实业发展有限公司、国泰君安证券股份有限公司借款担保合同纠纷案[最高人民法院(2008)民二终字第44号民事判决书]

裁判要旨：银行等专业的金融机构，明知处于回购状态的国债质押账户存

在着潜在风险，仍接受带有瑕疵、权利不完整的质押物，依据《担保法解释》第九十条关于“质物有隐蔽瑕疵造成质权人其他财产损害的，应由出质人承担赔偿责任。但是，质权人在质物移交时明知质物有瑕疵而予以接受的除外”之规定，金融机构应当对因质押物价值的减少所形成的损失自行承担责任。

最高人民法院认为：在该案质押开始时，质押账户内国债市值很高，资金余额很少，标准券可用余额也很少。说明质押账户的状态为：账户内绝大多数国债处于回购状态，且没有足额的购回国债资金。对此，质权人光大银行郑州分行作为专业的金融机构应当知道质押物的状态，且能够预见到接受该种具有瑕疵的质押物存在的风险，不存在花园路证券营业部欺诈光大银行郑州分行的问题。光大银行郑州分行不认真审核质押国债的真实性、有效性及可支配性，无视质押物本身存在的瑕疵，对自身开出票据可能发生的风险疏于防范。诉讼中又以其对国债处于回购状态的情况不知情为由进行抗辩，显然站不住脚。

该案相关证据已经证明，该案质权成立前，用作质押的国债已经处于回购状态。且光大银行郑州分行和深圳盛力公司签订质押合同在先，花园路证券营业部出具承诺鉴证书和接受续回购交易指令的行为发生在质权成立之后。质押合同的签订并非基于对承诺鉴证书的信赖和存在。因此，花园路证券营业部也不违反保证不得将出质账户重复质押的义务。由于当事人设定的质押物是处于回购状态下的国债，其债券市值实际上是不确定的，只能等待购回后才能依据国债实物券确定市值。深圳盛力公司在国债回购到期时没有资金把国债购回，按照交易规则，结算公司必将强行平仓。此项交易与花园路证券营业部无关。光大银行作为专业的金融机构，明知处于回购状态的国债质押账户存在着潜在风险，仍接受带有瑕疵、权利不完整的质押物，依据《担保法解释》第九十条关于“质物有隐蔽瑕疵造成质权人其他财产损害的，应由出质人承担赔偿责任。但是，质权人在质物移交时明知质物有瑕疵而予以接受的除外”之规定，光大银行郑州分行应当对因质押物价值的减少所形成的损失自行承担责任。花园路证券营业部上诉主张其对光大银行郑州分行已垫付款不能获得清偿没有过错，不应承担民事责任的理由充分，本院应当予以支持。

——最高人民法院民事审判第二庭编：《最高人民法院商事审判指导案例·借款担保卷》，中国法制出版社 2011 年版，第 423 ~ 440 页。

国泰君安证券股份有限公司郑州花园路证券营业部、国泰君安证券股份有限公司与中国光大银行郑州分行、中国第一汽车集团开封汽车经销有限责任公司、海口建来发展有限公司借款担保纠纷案［最高人民法院（2006）民二终字第82号民事判决书］

最高人民法院认为：第一，关于质押关系成立及质押物瑕疵的分析与认定。（一）本案质押账户内的国债在出质时已经处于回购状态，而不是国债现券。国债是否处于回购状态，是由账户内标准券的数额反映的。根据《上海、深圳证券交易所交易规则》对标准券的定义，标准券是指在证券交易所指定的登记结算机构托管而用于回购交易并按交易所规定的折算率计算出的回购抵押券。债券持有人可卖出债券的数量，根据其在交易所指定的登记结算机构库存债券数量，以交易所公布的标准券（综合券）折算率计算出的标准券（综合券）量为限。这说明，回购交易中，国债不是一般意义上的交易物，而是抵押（质押）物。回购具备买卖和质押两种性质，形式上是国债两次买卖，实质上是质押融资。以标准券来确定融资量，以现券作为最终的担保，两者合二为一。根据郑州分行提供的证据之《对账单》以及营业部提供的证据之《国泰君安证券股票明细对账单（合并）及郑州花园路余额汇总》，可以看出：在本案质押开始之前，国债市值很高但是资金余额不高，标准券可用余额也很少，因此，本案质押开始前国债账户的状态为：账户内国债已经大部分处于回购状态而尚未回购，且账户内没有贵客的购回国债交错。作为质权人的郑州分行，应当核实质押国债的真实性、有效性以及可支配性，以确保质押物对质权实现的担保，减少自身开出票据的风险。郑州分行作为专业金融机构，其关于对国债处于回购状态的情形“不知情、看不懂对账单”的观点不能成立，其应当知道质押物的状态并且应当预见到接受该种具有瑕的质押物存在的风险。（二）质押物本身存在瑕疵导致质押方式存在潜在的风险。根据交易规则，处于回购状态的国债，只有在回购期满时，融资方（海口建来）从融资方将质押物（国债）购回，方能保证郑州分行的质押受偿权。如果回购期满未能购回，则质押物本身存在的这一风险将可能导致优先受偿权无法实现。因此，这种质押方式与质权的优先受偿性存在冲突，使得质押方式存在潜在的风险。郑州分行明知质押物处于回购状态，质押物的价值可能出现极大波动，质押方式存在巨大风险，但是仍然愿意接受该种质押方式，且未要求质押人提供其他担保，其应当对质押物的价值减少带来的损失自行承担责任。

第二，关于营业部是否实施了违反《承诺鉴证书》约定的行为，是否存在过错的认定。营业部在每份协议签订之前均出具了真实的《对账单》，《对账单》如实反映了该出质账户的国债状况和资金余额，郑州分行既是金融机构，又是长期利用质押账户进行国债回购操作的实际控制人，其应当明了《对账单》显示的内容，也完全了解接受处于回购状态的国债市值质押可能存在的法律风险。营业部履行了信息披露义务，没有过错。营业部提供证据之《授权委托证明书》《质押合同》《补充协议》以及《承诺鉴证书》和《收据》，能够证明郑州分行并不享有唯一的国债交易权。上述文件强调的只是“仅光大银行（授权人员）拥有提款权、托管（指定交易）权和转托管（以消指定交易）权”。这说明，郑州分行独家享有的仅仅是上述三项权利，海口建来仍然有权进行上述三项之外的国债交易活动。光大银行在接受质押时，又书面放弃了其中部分质押权能，未对质押账户密码进行修改，并未禁止或者排斥海口建来在账户中进行国债交易，因此营业部允许海口建来进行续回购操作不违反《承诺鉴证书》约定。营业部二审提供的《证券股票明细对账单》证明：2005 年 6 月 17 日，质押账户被登记公司强行清算。自 2004 年 10 月 27 日本案第一份承诺协议签订之时，至质押账户被所强行清算之日，质押账户内并未发生过资金出户情况。这说明，续回购操作不是质押物价值减少的原因，无论营业部允许海口建来进行续回购操作是否违反承诺鉴证，都没有因此造成资金损失。质押账户内国债市值和资金余额减少的根本原因，是在质押开始前账户内国债已经处于回购状态。而账户实际控制人郑州分行与海口建来在续回购到期日，未能注入资金回购到期的国债，也没有继续申报续回购，构成了对潜在交易对手的违约，被交易所强行清算，此项交易与营业部无关。即使质押账户内国债市值仍为 8500 万元，郑州分行也无法直接受偿，其只能根据交易规则，在没有资金购回国债的情况下，账户先行清算，清算所得优先偿还融券方，郑州分行能够得到的余额仍是现在的 1300 余万元。因此，营业部允许海口建来进行续回购操作的行为与质押账户内国债被强行清算的结果没有必然因果关系。

——最高人民法院民事审判第二庭编：《最高人民法院商事审判指导案例 · 借款担保卷》，中国法制出版社 2011 年版，第 451～465 页。

1514

证券公司作为专业机构对相关法律和行业规定是明知的，其向债权人提供客户交易结算资金专用账户作为质押账户，应当承担责任

关键词 | 客户交易结算资金专用账户质押 |

【最高人民法院裁判文书】

广东发展银行股份有限公司郑州科技支行与民生证券有限责任公司其他合同纠纷案[最高人民法院(2013)民抗字第30号民事判决书]

裁判摘要:义务人不能以自己的行为违法为由,推翻先前自愿达成的协议用以拒绝应当承担的债务责任。司法裁判在面对合同效力认定与禁止反言暨诚信原则相悖时,应当合理处置合同效力,以维护诚信原则、维护债权人的合法利益。

最高人民法院认为:关于本案所涉的客户交易结算资金账户为质押品的问题。经审理查明,0621账户是客户交易结算资金专用账户,应当单独管理、专户专用,而且严禁客户交易资金与券商自有资金同在一账户,相关法律及行业规定清楚明确,其目的在于妥善保护客户交易结算资金的安全,保护交易客户的利益。检察机关对此提出的抗诉理由已被本院充分重视。民生证券陇海路营业部作为专业证券机构对相关法律和行业规定是明知的,却向广发行经七路支行提供0621账户作为质押账户,并声明存入自有资金5000万元,且确立了债务的清偿方式和清偿顺序,其违法、违规行为在先。而且,正是由于民生证券陇海路营业部同时提供保证及质押的行为,促使广发行经七路支行与久安公司之间完成承兑交易。在久安公司不能归还款项的情况发生后,民生证券陇海路营业部不仅拒绝履行书面承诺的保证责任,反而以自己的质押行为违法、请求人民法院确认无效来推脱应当代为还款的合同义务,有违诚信和公平原则,本院不予支持。广发行经七路支行是否清楚0621账户性质与民生证券陇海路营业部应当履行承诺的还款义务没有直接因果关系。至今亦没有在民生证券陇海路营业部开立交易账户的股民主张其客户交易结算资金受损。同时,民生证券公司亦不能举证说明,久安公司并非其交易客户却汇入该公司7500万元巨额款项以及其自愿承担保证责任的原因。民生证券陇海路营业部违法违规行为所造成的其他后果,应当由其自行承担。

——中国裁判文书网,http://wenshu.court.gov.cn。

【链接:最高人民法院法官著述】

我国《民法通则》《合同法》《担保法》均确立了诚信与公平原则。诚信是交易的基础,禁止反言是维护诚信原则的准则之一。本案质押合同虽然存在法律上的瑕疵，但是，在交易之初，陇海路营业部自愿保证偿债的意思表示已经被其主动且完整地表达给交易相对人。而作为交易惯例，银行在没有保证的情况下是不可能出借款项的。从确认合同效力与保证交易诚信与公平的考量中，合议庭选择了后者，没有确认本案质押无效。

此外，《担保法解释》第八十五条关于将金钱以特户、封金、保证金等形式特定化后，移交债权人占有作为债权的担保的规定，是为全面保障债权人在债务人或者第三人不履行债务时行使优先受偿的权利。债务人并不能因此而排斥债权人的权利。当然，广发行经七路支行作为金融机构对相关规定和工作程序是明知的，其放任证券公司用客户交易资金结算账户质押等违规行为亦应得到司法警示。

结论：案件经最高人民法院审判委员会讨论决定，一致同意合议庭对案件的分析和认定。审理中对检察机关的抗诉意见予以了充分重视，证券公司不能事后以自己的行为违法而诉请免除其在前的真实意思表示所承诺的还债责任，有违诚信原则。民生证券有限责任公司郑州陇海路证券营业部请求确认质押声明书无效、广发行应退还扣划款项的诉讼请求不能成立。河南省高级人民法院二审判决应予维持。

其他：本案是特定历史时期的产物，依照当时的规定，证券公司在银行开立客户交易结算资金账户，也称客户保证金账户，需要进行股票等交易的客户先在证券公司开立交易账户和资金账号，客户的该资金账户设置在证券公司在银行开立的客户交易结算资金账户内，时称“大池子”，再由银行对证券公司的客户保证金账户进行监管。在这种体制下，银行很难对交易客户的资金安全实施一对一的监管。2005 年 7 月 29 日《国务院办公厅转发证监会关于证券公司综合治理工作方案的通知》（国办发〔2005〕43 号）文颁布之后，彻底排除了证券公司对客户交易结算资金的管理权，实行客户直接在银行开立用于证券交易的存款账户，对应在证券公司开立的证券交易账户，客户无论买、卖划转资金还是提取现金，都通过银行进行，证券公司不再有任何机会和权利插手客户的资金管理，也就不会再出现本案的问题。

——左红：《禁止反言暨诚信原则与合同效力处置之考量——民生证券股份有限公司与广发银行股份有限公司郑州科技支行质押合同纠纷抗诉案》，载景汉朝主编、最高人民法院审判监督庭编：《审判监督指导》总第 48 辑，人民法院出版社 2014 年版，第 117 ~ 127 页。

1515

债务人以其所持第三人股权向债权人提供担保，第三人在担保函上予以确认的，不应认定第三人与债权人之间形成担保关系

关键词｜第三人股权质押｜

【最高人民法院裁判文书】

万高(北京)国际典当有限公司与天津武清开发区新中大置业发展有限责任公司、天津地铁君易投资有限公司借款担保合同纠纷案[最高人民法院(2013)民二终字第116号民事判决书]

裁判要旨：三、《借据》和《担保函》体现的有关担保的意思表示是新中大公司在地铁公司的股权及相关资产为其向万高公司的借款提供担保，与地铁公司并无关系，地铁公司与万高公司之间并未因此形成担保关系。

最高人民法院认为：关于地铁公司是否应承担担保责任的问题。根据《借据》和《担保函》记载的内容，地铁公司出具的《担保函》上虽记载了地铁公司同意为新中大公司提供担保，但紧接着明确了担保物的内容为新中大公司在地铁公司的股权及资产，该内容与《借据》中有关担保的内容相互印证。本院认为，《借据》和《担保函》体现的有关担保的意思表示是以新中大公司在地铁公司的股权及相关资产为其向万高公司的借款提供担保，与地铁公司并无关系，地铁公司与万高公司之间并未因此形成担保关系。故万高公司仅依据上述《担保函》要求地铁公司承担保证责任的诉讼请求，缺乏事实和法律依据，本院不予支持。

——最高人民法院民事审判第二庭编：《最高人民法院商事审判指导案例(2014)》，中国民主法制出版社2015年版，第777～783页。

1516

股份有限公司成立不满一年的发起人股权质押担保有效

关键词｜股权质押｜

【最高人民法院裁判文书】

平江县国有资产管理局与湖南泰和集团股份有限公司股权转让纠纷上诉案
[最高人民法院(2002)民二终字第180号民事判决书]

最高人民法院经审理认为,《担保法解释》第一百零三条规定:以股份有限公司的股份出质的,适用《公司法》有关股份转让的规定。《公司法》第一百四十七条规定:发起人持有的本公司的股份,自公司成立之日起三年内不得转让。《担保法解释》第五条规定:以法律、法规禁止流通的财产或者不可转让的财产设定担保的,担保合同无效。以法律、法规限制流通的财产设定担保的,在实现债权时,人民法院应当按照法律法规的规定进行处理。天一科技的发起人股份,依法应属于公司成立之日起三年内限制转让的财产。泰和公司和国资局在签订协议时显然已经注意到了这一问题,将股份设定质押担保,但将质权实现的时间约定在天一科技成立满三年以后的股份转让非限制期,在该期限到来时质权人才可以主张实现质权,才有可能发生股份转让行为。因此,双方关于股份质押担保的约定内容并不违反《公司法》《担保法解释》的规定。根据《担保法解释》第一百零三条的规定,以上市公司的股份出质的,质押合同自股份出质向证券登记机构办理登记之日起生效。本案质押的天一科技股份属于上市公司的股份,双方当事人并没有向证券登记机构办理出质登记,因此质押协议没有生效,不能产生质押的法律后果,但双方当事人在协议中关于用股份设定担保的意思表示是一致且合法的,该约定在双方当事人之间产生合同法律效力。原审判决认定股份质押行为违反法律规定属于无效不妥,应当予以纠正。

……

天一科技2000年4月3日召开股东大会,审议通过了1999年度利润分配方案,向全体股东每10股送红股2股,公基金每10股转增8股,并于2000年4月20日前实施完毕,泰和公司在此次分配中获得2468万股。该事件发生在双方当事人签订股份及股份红利转让协议以后,该期间的红利分配,泰和公司已经转让给国资局。由于天一科技实施上述分配方案时成立不满三年,泰和公司分配的红利股份仍在其名下,现天一科技成立已满三年,国资局请求转让上述股份,泰和公司应当予以办理过户手续。

泰和公司上诉称原审判决将债权债务转让合同签订以前与本案无关的股东权益10送2转增8归国资局,违反公平原则,因双方均为天一科技股东,在签订协议时明知所转让的股份尚未分配 1999 年红利，在协议中明确约定该期间泰和公司的股票分红、送配股等由国资局享有，且天一科技实施上述红利分配后每股净资产价值由 3.24 元降为 1.685 元，泰和公司虽拥有的股票数额增加至 4936 万股，但股票的价值与国资局承接的 7354.64 万元债务及利息数额基本相当，泰和公司上述主张本院不予支持。国资局主张泰和公司应按协议约定将其所持有的天一科技的全部股份过户给国资局的观点成立，本院予以支持。

综上分析，本院认为：双方在《协议书》《补充协议》和《股份质押补充协议》中约定股份及股份红利转让的内容意思表示真实、一致，不违反法律、法规的规定，应认定合法有效，其设定的股权质押虽意思表示真实，不违反法律规定，但因没有办理出质登记，不产生质押的法律效力。依据双方的约定，国资局履行了承接债务的义务，泰和公司应于协议约定的 2002 年 2 月 3 日向国资局转让其所拥有的 4936 万股天一科技股份。原审判决除认定质押协议无效不妥，应予以纠正外，其他部分适用法律正确。

——江必新主编、最高人民法院民事审判第二庭编：《民商审判指导与参考》总第 3 卷，人民法院出版社 2003 年版，第 214 ~ 231 页。

编者说明

《公司法》第一百四十二条规定“发起人持有的本公司股份，自公司成立之日起一年内不得转让”“公司公开发行股份前已发行的股份，自公司股票在证券交易所上市交易之日起一年内不得转让”。因此，上市公司发起人在公司成立后一年内签订、约定在一年期满后再办理股份过户手续的股权转让协议是否有效?

在本案判决中，最高人民法院认为，《担保法解释》第一百零三条规定：以股份有限公司的股份出质的，适用《公司法》有关股份转让的规定。《公司法（1999）》第一百四十七条规定：发起人持有的本公司的股份，自公司成立之日起三年内不得转让。《担保法解释》第五条规定：以法律、法规禁止流通的财产或者不可转让的财产设定担保的，担保合同无效。以法律、法规限制流通的财产设定担保的，在实现债权时，人民法院应当按照法律法规的规定进行处理。天一科技的发起人股份，依法应属于公司成立之日起三年内限制转让的财产。泰和公司和国资局在签订协议时显然已经注意到了这一问题，将股份设定质押担保，但将质权实现的时间约定在天一科技成立满三年以后的股权转让非限制期，在该期限到来时质权人才可以主张实现质权，才有可能发生股份转让行为。因此，双方关于股份质押担保的约定内容并不违反《公司法》及《担保法解释》的规定。根据《担保法解释》第一百零三条的规定，“以上市公司的股份出质的，质押合同自股份出质向证券登记机构办理登记之日起生效”；“其设定的股权质押意思表示真实，不违反法律规定……”

因此，股份公司成立不满一年的发起人股权质押担保是有效的。

1517

《公司法》对发起人股份转让的期间限制，是对股权实际转让时间的限制，而不是对达成股权转让协议时间的限制，股权质押亦只受实际行使质权时间的限制

关键词｜股份转让｜股权质押｜

【最高人民法院答复】

江苏省高级人民法院：

你院《关于上市公司发起人以其持有的法人股在法定不得转让期内设质押担保在可转让时清偿期届满的债权其质押合同效力如何确认等两个问题的请示报告》收悉。经研究，答复如下：

一、关于本案发起人股份质押合同效力的问题，基本同意你院的第二种意见。《公司法》第一百四十七条规定对发起人股份转让的期间限制，应当理解为是对股权实际转让的时间的限制，而不是对达成股权转让协议的时间的限制。本案质押的股份不得转让期截止到 2002 年 3 月 3 日，而质押权行使期至 2005 年 9 月 25 日才可开始，在质押权人有权行使质押权时，该质押的股份已经没有转让期间的限制，因此不应以该股份在设定质押时依法尚不得转让为由确认质押合同无效。

二、关于本案中三方当事人达成的以股份所产生的红利抵债的协议（简称三方抵债协议），我们认为：首先，该协议性质上属于三方当事人之间的连环债务的协议抵销关系。在协议抵销的情况下，抵销的条件、标的物、范围，均由当事人自主约定。《合同法》第一百条关于双方当事人协议抵销的规定，并不排除本案中三方当事人协议抵销的做法。其次，该协议属于预定抵销合同。根据这种合同，当事人之间将来发生可以抵销的债务时，无须另行作出抵销的意思表示，而当然发生抵销债务的效果。这种协议并不违反法律的强制性规定，应予以认可。本案中吴江工艺织造厂（以下简称织造厂）在中国服装股份有限公司（以下简称服装公司）中的预期红利收益处于不确定状态，符合这种预定抵销合同的特点。

三、关于股份质押协议与三方抵债协议的关系问题，因本案股份质押权的行使附有期限，故质押的效力只能及于质押权行使期到来（即 2005 年 9 月 25 日）

之后该股份产生的红利，质押权人中国银行吴江支行（以下简称吴江支行）不能对此前的红利行使质押权。因此，对于织造厂于2001年6月9日从服装公司分得的该期红利，吴江支行不能以股份质押合同有效而对抗服装公司依据三方抵债协议所为的抵销。

四、织造厂在服装公司的红利一旦产生，按照三方抵债协议的约定，服装公司给付织造厂的红利即时自动抵销面料厂对服装公司的债务，不需要实际支付。因此，在宜兴市人民法院向服装公司送达协助执行通知时，被执行人织造厂在服装公司的红利债权已经消灭，不再有可供执行的债权。宜兴市人民法院从服装公司划拨红利的执行是错误的，应予纠正。

——《最高人民法院执行工作办公室关于上市公司发起人股份质押合同及红利抵债协议效力问题请示案的复函》（2004年4月15日，〔2002〕执他字第22号）

1518

股权出质因未记载于股东名册，质权未设立，债权人要求质押人承担质押担保责任不予支持

关键词｜股权出质｜股东名册｜质权设立｜

【最高人民法院司法解释】

第一百零三条　以股份有限公司的股份出质的，适用《中华人民共和国公司法》有关股份转让的规定。

以上市公司的股份出质的，质押合同自股份出质向证券登记机构办理出质登记之日起生效。

以非上市公司的股份出质的，质押合同自股份出质记载于股东名册之日起生效。

——《最高人民法院关于适用〈中华人民共和国担保法〉若干问题的解释》（2000年12月8日，法释〔2000〕44号）

【最高人民法院裁判文书】

古交市跃峰洗煤有限公司、山西金业煤焦化集团有限公司、沁和投资有限公司与中国工商银行股份有限公司阳城支行、山西煤炭运销集团晋城阳城有限公司委托借款及担保合同纠纷案[最高人民法院(2010)民二终字第118号民事判决书]

裁判要旨:以股权出质的,应履行法定的质押登记程序,方能产生设立质权的法律效果。《物权法》施行以前发生的质押行为,应适用《担保法》的相关规定,以依法可以转让的股票出质的,质押合同自向有关登记机构办理出质登记之日起生效;以有限责任公司的股份出质的,质押合同自股份出质记载于股东名册之日起生效。

《物权法》施行以后发生的质押行为,应适用《物权法》的相关规定,以基金份额、证券登记结算机构登记的股权出质的,质权自证券登记解释机构办理出质登记时设立;以其他股权出质的,质权自工商行政管理部门办理出质登记时设立。如果未履行法定的登记手续,虽然质权尚未设立,但质押合同的效力不受影响,出质人未履行合同义务应承担相应的违约责任。

最高人民法院认为:按照《委托贷款意向书》的约定,阳城煤运公司通过银行向跃峰公司发放的2.8亿元委托贷款,由案外人张文杨以其持有的金海公司27%的股权提供质押担保。该项股权质押自2005年12月9日起记载于金海公司的股东名册,并且根据2007年9月13日《补充协议》的内容,阳城煤运公司、跃峰公司和张文杨均确认该项质押担保成立,张文杨在其持有的金海公司27%的股权上设立了质权当无疑义。从2007年9月13日签订的《股权转让协议书》《补充协议》及金海公司于同日作出的2007年第四次股东会决议的内容看,张文杨持有的金海公司全部股权已于当日转让给沁和公司,且股权上设有的质权负担已经解除,沁和公司同意以其受让的金海公司11%的股权为上述2.8亿元委托贷款提供质押担保。鉴于张文杨在转让其持有的金海公司股权之前已经解除了此前设立的质押,沁和公司承诺以受让的股权设立质押并不是原有质权的延续,应重新履行设立质权的相应手续。上述股权转让及设立质押的协议均订立于2007年9月13日,早于《物权法》的施行时间,应适用《担保法》第七十八条第三款的规定,即:“以有限责任公司的股份出质的,适用公司法股份转让的有关规定。质押合同自股份出质记载于股东名册之日起生效。”阳城煤运公司在本案中主张沁和公司已将其持有的金海公司11%的股权出质，但未能举证证明该项股权质押事项记载于金海公司的股东名册，其作为金海公司的股东称不具有提交金海公司股东名册的能力，与常理不符，应承担举证不能的法律后果。有限责任公司股份上设立的质权，记载于公司股东名册不仅可达对外公示的法律效果，更是质权产生的法定条件，与记载于股东会决议等公司内部文件存在本质区别，阳城煤运公司主张股东会决议可以代替股东名册的记载没有法律依据。沁和公司虽然承诺将其持有的金海公司11%的股权出质，但该项质押未记载于金海公司的股东名册，阳城煤运公司与沁和公司之间设定质押的协议未生效，质权并未设立，阳城煤运公司要求沁和公司承担质押担保责任，法律依据不足，应不予支持。

——最高人民法院民事审判第二庭编：《最高人民法院商事审判指导案例(6)·合同与借贷担保卷》，中国法制出版社2013年版，第499~509页。

编者说明

关于股权质押合同的生效与质权设立的关系问题，《物权法》作出了与《担保法》不同的规定。《物权法》第二百二十六条第一款规定，以基金份额、股权出质的，当事人应当订立书面合同。以基金份额、证券登记结算机构登记的股权出质的，质权自证券登记结算机构办理出质登记时设立；以其他股权出质的，质权自工商行政管理部门办理出质登记时设立。

1519

债务人将股权证交与债权人，债权人出具收据证明收到上述股权证的行为，尚不足以证明双方之间形成了质押法律关系

关键词｜股权质押｜股权证｜

【最高人民法院裁判文书】

海南发展银行与海南泛华高速公路股份有限公司、海南泛华实业有限公司财产损害赔偿纠纷再审案［最高人民法院(2013)民提字第144号民事判决书］

最高人民法院经审理认为：一、关于泛华高速是否海发行涉案40张股权证的权利人，是否有权基于该40张股权证向海发行主张权利问题。

泛华高速以泛华实业持有的海发行股票系泛华高速实际出资且海发行清楚泛华高速系海发行隐名股东等为由,主张本案所涉登记在泛华实业名下的4000万股股权证的权利人为泛华高速,缺乏法律依据。海发行《企业法人年检报告书》载明泛华实业是海发行的出资人,实际出资额为6000万元,并无泛华高速是海发行出资人的记载。企业法人出资人的确定应以工商登记材料和公司股东名册等的记载为准。即使上述泛华实业出资到海发行的6000万元款项确系泛华高速实际支付,在确定该笔出资项下的出资人名义时也应按照工商登记的泛华实业来确定。泛华高速在不具备向金融机构投资资格的情况下,通过委托泛华实业代其购买海发行股份的行为,不能得出泛华高速系相关股权的权利人的结论。在泛华高速与泛华实业签订的《委托协议书》不违反法律法规强制性规定的前提下,泛华高速可以依据《委托协议书》的约定,享有代购股权项下的相关财产性权益,但并非是对海发行的股东权益。对海发行而言,该部分股权的权利人仍为泛华实业。泛华高速只有在将相关股权从泛华实业依法变更到其名下后尚可行使出资人权利。因此,在本案所涉40张股权证的权利人仍记载为泛华实业的情况下,泛华高速无权以权利人身份就该40张股权证向海发行主张权利。泛华高速仅以其为所涉股权的实际出资人和海发行明知其为实际出资人为由,认为其有权对相关股权主张权利,于法无据,本院不予支持。海南高院认定泛华高速系海发行股东不当,本院依法予以纠正。

二、海发行信贷部收取泛华实业的海发行涉案40张股权证的事实是否构成了泛华高速或者泛华实业与海发行之间的质押法律关系问题。

根据《担保法》第七十八条的规定,以依法可以转让的股票出质的,出质人与质权人应当订立书面合同,并办理相应的出质登记,质押合同自出质登记之日起生效。本案不论是所涉40张股权证的权利人究竟是泛华实业还是泛华高速,也不论所涉40张股权证交付给海发行信贷部的主体是泛华实业还是泛华高速,现无任何证据证明泛华高速或者泛华实业与海发行签订有股权质押合同,仅依海发行信贷部收取了上述40张股权证的事实,无法证明双方就上述股权出质达成了一致的意思表示,更无从谈起质押合同已经登记发生法律效力之事。即使海发行确系为担保4000万元借款合同的履行而收取的40张股权证,也无法构成法律上的股权质押关系。因此,泛华高速以质押关系主张权利,本院不予支持。海南高院以《借款合同》《签收单》、发放贷款形成完整的证据锁链为由,认定海发行与泛华高速之间存在事实上的质押行为,缺乏事实和法律依据,本院依法予以纠正。

三、海发行信贷部收取泛华实业的海发行涉案40张股权证是否给泛华高速造成损失，海发行是否应当承担赔偿责任。

股权证仅仅是出资人享有出资者身份和权益的凭证，而不是财产本身。海发行占有涉案40张股权证并不当然导致相关股权价值的贬损。海发行股权的价值贬损系因经营管理不善所致，与海发行占有股权证没有直接的因果关系。现泛华高速亦无证据证明，泛华高速曾通过泛华实业向海发行主张返还相关股权证，而海发行不予返还，因此而造成泛华高速无法通过泛华实业及时转让相关股份而导致其财产损失。泛华高速主张40张股权证因海发行占有控制而丧失经济价值，缺乏事实和法律依据。因此，本院对其要求海发行因长期占有上述股权证应承担赔偿责任的主张亦不予支持。

——中国裁判文书网，http://wenshu.court.gov.cn。

海南发展银行与海南泛华高速公路股份有限公司、海南泛华实业有限公司借款合同纠纷案［最高人民法院（2009）民提字第99号民事判决书］

裁判要旨：债务人将股权证交与债权人，债权人出具收据证明收到上述股权证的行为，尚不足以证明双方之间形成了质押法律关系。在现有证据也不足以证明债权人与担保人之间存在质押关系时，担保人未提出反诉的，其关于债权人应当赔偿其股权证贬值损失和以此冲抵债务并退赔剩余部分的抗辩，法院不予支持。

最高人民法院认为：泛华股份公司抗辩中所称股权质押问题，一是泛华实业公司将其占有的海发行法人股股权证4000万股交与海发行信贷部，海发行信贷部向其出具收据证明收到上述股权证的行为，尚不足以证明双方之间形成了质押法律关系；二是即使泛华实业公司与海发行之间存在质押关系，现有证据也尚不足以证明泛华股份公司与海发行之间存在质押关系；三是即使泛华股份公司与海发行之间存在质押关系，因其在本案中并未提起反诉，所谓质押关系亦不属于本案审理范畴。泛华股份公司关于海发行应当赔偿其股权证贬值损失和以此冲抵债务并退赔剩余部分的抗辩，本院不予支持。泛华股份公司如认为其与海发行之间存在股权质押关系，海发行应当对未能及时处置质押物给其造成的损失承担赔偿责任，或者认为双方之间存在其他法律关系的，均可另行主张，本案对此不予审理。

——最高人民法院民事审判第二庭编：《最高人民法院商事审判指导案例·借款担保卷》，中国法制出版社2011年版，第31～39页。

1520

股票出质并未按照规定办理登记，亦未按照约定将股票注入相应股票交易账户，股票质权并未设定

关键词｜股票出质｜质权设立｜

【最高人民法院裁判文书】

郑春姐与陈峰、樱花(福建)包装文具有限公司民间借贷纠纷案[最高人民法院(2014)民四终字第42号民事判决书]

最高人民法院认为:《借款合同》中约定樱花公司以其拥有的可交易股票为案涉借款提供质押担保,但根据查明的事实,樱花公司名下的股票并未按照规定办理登记,亦未按照约定将股票注入郑春姐股票交易账户,福建高院根据《担保法》第七十八条、《担保法》第六十四条的规定,认定《借款合同》约定的股票质权并未设定,质押合同未生效,并根据查明的案涉事实,认定对案涉借款未能及时收回所造成的损失,郑春姐和担保人樱花公司均有过错,依照《担保法解释》第八十六条并参照《担保法解释》第七条的规定酌定樱花公司对案涉债务不能清偿部分承担二分之一的赔偿责任,均是正确的。

——中国裁判文书网,http://wenshu.court.gov.cn。

1521

股权质权未设立，但质押合同有效的，出质人仍应承担相应民事责任

关键词｜股权质权｜质权未设立｜

【最高人民法院裁判文书】

中国铁路物资广州有限公司与何细战、湖南力邦物流有限公司等买卖合同纠纷、保证合同纠纷案[最高人民法院(2014)民申字第1767号民事裁定书]

最高人民法院认为:关于何细战应否承担连带保证责任的问题。根据本案查明事实,中铁物资广州公司据以起诉的《股权质押协议》系由中铁物资广

州公司与何细战双方签订的真实协议，协议内容属双方当事人真实意思表示，在双方签字或盖章后依法成立。由于该协议不属于法律、行政法规规定应当办理批准、登记手续才生效的协议，自协议成立时即发生法律效力。协议第五条约定："本合同有效期：经双方授权代表签字、盖章之日起生效，直至本合同项下担保债权全部清偿后失效。"该约定对协议的生效和失效时间作了约定，其生效时间应理解为双方授权代表签字或盖章之日起协议生效。案涉《股权质押协议》虽无双方授权代表签字，但有中铁物资广州公司一方的印章以及何细战本人的亲笔签名，其效力更高于授权代表签名，应认定协议符合双方约定的生效条件，该协议属生效协议。何细战虽主张该协议以中铁物资广州公司与定园公司进行融资合作为生效的前提条件，因未实现合作该协议未生效，但由于协议内容对此并无约定，何细战又未能提供充分证据证明其主张，本院对此不予采纳。至于中铁物资广州公司事后补签"霍玲"签名的行为，对协议的效力不产生影响，但对其不尊重客观事实的行为应予以批评。由于目前该协议项下的担保债权尚未得到清偿，即约定的协议失效条件尚未满足，双方当事人亦未达成解除、取缔或废止该协议的意思表示，故该协议仍为有效协议。何细战主张该协议未生效，且属被取缔、废止的协议缺乏事实和法律依据。由于案涉《股权质押协议》系依法成立并生效的协议，应当得到全面履行。虽协议中约定的股权质押因未在工商行政机关进行登记而未能设立，但协议中约定的其他条款仍为有效条款，当事人应按协议约定履行义务。该协议约定：何细战在定园公司投资的51%对应股权及对应资产派生权益对中铁物资广州公司进行质押，如因何细战原因致使本质押行为无效或质押金额不足壹亿贰仟万元，何细战自愿承担连带担保责任。由于最终质押登记未能办理以至于股权质押未能设立的原因系何细战无法提供股东大会决议材料以及其所持有的定园公司股权在协议签订前已被另案查封，何细战对股权质押未能设立存在过错，其依约应当向中铁物资广州公司承担偿还到期债务的连带担保责任。何细战关于其不应承担连带清偿责任的事实及理由均不能成立，本院不予支持。

——人民法院出版社法规编辑中心编：《最高人民法院裁判观点精编（2014～2015）》，人民法院出版社2016年版，第412～413页。

郭照相与中国高新投资集团公司及张家港市新天宏铜业有限公司委托贷款合同纠纷案

最高人民法院认为：当事人对2007年12月27日《质押协议书》的真实性均

不持异议。尽管当事人嗣后并未办理质押登记，但根据《物权法》第二百二十六条规定，其法律后果为高新集团之质权并未依法设立，由此，高新集团不得以所涉股票为责任财产的债权冲突中主张优先受偿的法律地位。但经由当事人意思表示一致形成的质押合同并不因此无效，郭照相仍应按约承担相民事责任。

——杜万华主编、最高人民法院民事审判第一庭编：《民事审判指导与参考》总第63辑，人民法院出版社2016年版，第212～225页。

【链接：最高人民法院法官著述】

质权未设立并不意味着质押合同不发生法律效力。质权依法设立后，质权人得就质押财产优先受偿，由此，质权之依法设立是质权人享有优先受偿权的前提；质权人享有优先受偿利益是以依法设立的法律结果。质权未依法设立，其后果应当界定为质权人无法主张的优先受偿利益。必须明确的是，质权是否依法设立并不导致质押人、质权人全部权利义务关系的产生和消灭。质押合同的法律意义大体可以分为两个部分：一是双方当事人就质押人为质权人之债权提供担保；二是通过质权依法设立使质权人在围绕质押财产的权利争执中（外部），获得优先保护。假如质权未依法设立，质押合同对质权人与出质人仍然具有约束力。因此，郭照相以质权未依法设立主张其不再承担任何责任的上诉请求，不应得到支持。

——韦大：《全面把握当事人商事安排的目的，准确界定质权未设立时当事人的民事责任》，载杜万华主编、最高人民法院民事审判第一庭编：《民事审判指导与参考》总第63辑，人民法院出版社2016年版，第226页。

1522

股权质押担保未能设立的责任承担

关键词｜股权质押｜

【最高人民法院答复】

河北省高级人民法院：

你院《关于荆州市商业银行与广州世界大观园发展有限公司等借款担保合

同纠纷一案的请示》收悉。经研究，答复如下：

发展公司分别于1997年5月3日、1998年1月20日和8月24日为南方公司的债务提供担保，从发展公司所出具的关于担保的函件内容看，发展公司所提供的担保方式为质押担保，而不是保证。商业银行与发展公司之间为股权质押担保关系，应适用《中华人民共和国担保法》以及《最高人民法院关于适用〈中华人民共和国担保法〉若干问题的解释》关于质押担保的有关规定。

关于债权人主张担保人承担连带清偿责任而不要求赔偿损失的，人民法院可否判令担保人承担赔偿责任的问题，同意你院第二种意见。即，债权人要求担保人承担担保责任而未提出赔偿要求的，人民法院经审理认为担保人不应承担连带清偿责任而应承担赔偿责任的，可以根据担保人的过错程度，判令担保人承担相应的赔偿责任。

——《最高人民法院关于荆州市商业银行与广州世界大观园发展有限公司等借款担保合同纠纷一案的请示的答复》（2003年12月15日，〔2003〕民监他字第17号）

【链接：最高人民法院法官著述】

发展公司承诺用其所拥有的大观公司的股权为南方公司的债务提供担保后，没有将股权证书移交给质权人商业银行持有，大观公司亦未将股权出质记载于股东名册。因此，发展公司与商业银行之间股权质押合同没有生效，商业银行关于判令发展公司承担担保责任的请求不能予以支持。但是，《担保法解释》第八十六条规定："债务人或者第三人未按质押合同约定的时间移交质物，因此给质权人造成损失的，出质人应当根据其过错承担赔偿责任。"商业银行曾于1998年9月5日向南方公司发函要求将股权证转移给该行持有，但是，南方公司和发展公司一直未移交股权证，致使股权转移合同未能生效，给质权人商业银行造成损失。对此，出质人发展公司依法应承担相应的赔偿责任。

债权人基于担保合同已经生效并且有效的认识，向担保人主张权利时，在责任类型上选择了连带清偿责任，即担保责任，而没有主张赔偿损失，人民法院经审查，认定担保合同无效或未生效，并认定担保人对此有过错的，可以根据担保人的过错，依法判令其承担相应的赔偿责任。这样处理并不违反民事诉讼法不告不理原则。

——李桂顺:《关于荆州市商业银行与广州世界大观园发展有限公司等借款担保合同纠纷一案的请示的答复——本案是股权货押担保还是保证与股权质押两种形式并存》,载苏泽林主编、最高人民法院审判监督庭编:《审判监督指导》总第18辑,人民法院出版社2006年版,第69~70页。

编者说明

根据《物权法》第二百二十六条之规定,以股权出质的,当事人应当订立书面合同,证券登记结算机构登记的股权出质的,质权自证券登记结算机构办理出质登记时设立;以其他股权出质的,质权自工商行政管理部门办理出质登记时设立。本案应为股权质押未设立。但对于相关责任的处理原则,仍然可以适用。

1523

股权质押未有效设立,拒绝办理质押登记的出质人构成违约,应承担违约责任

关键词 | 股权质押 | 违约责任 |

【最高人民法院裁判文书】

北京金桥国盛投资有限公司与长城(宁夏)资产经营有限公司、北京金汇联合投资有限公司企业借贷纠纷案[最高人民法院(2015)民二终字第70号民事判决书]

最高人民法院认为:一、关于长城宁夏公司是否应承担未能办理股权质押登记的法律责任及承担何种责任形式问题。一方面,长城宁夏公司认为其已将持有金汇公司的80%的股权转让给了金桥公司,此时,金桥公司既是《借款合同》质押法律关系中的债权人(质权人)也是债务人(质押人),该部分债权债务同归于一人,其依法不再承担质押责任。对此,本院认为,本案存在两个法律关系,长城宁夏公司既是借款合同质押法律关系中的出质人,也是股权转让法律关系中的股权转让人。根据一审查明的事实,金桥公司已履行了《借款合同》及《产权交易合同》中有关出借借款及支付股权转让款的义务,但长城宁夏公司在《借款

合同》签订后未能办理质押登记,未能有效设立质押,而且一直未能为金桥公司办理相关的股权变更手续,致使金桥公司既未能取得质权,也未能取得涉案股权,因此,该部分债权债务并未同归于金桥公司,上诉人长城宁夏公司的此项主张不能成立。另一方面,长城宁夏公司认为因涉案股权已经转让给金桥公司,故即便需要继续办理股权质押,也必须金桥公司同意并通知长城宁夏公司办理,长城宁夏公司无权单方处置,故对于未办理质押手续,金桥公司应当承担过错责任。对此,如前所述,长城宁夏公司所称股权已经如约转让与金桥公司的事实并不存在,金桥公司并未成为质押法律关系中的出质人,且根据二审查明的事实,长城宁夏公司已认可金桥公司曾催促其办理股权质押,但由于其自身原因未能办理,因此,长城宁夏公司的此项主张亦缺乏事实依据。长城宁夏公司在既未如约将涉案股权为金桥公司依法设立质权又未如约转让涉案股权的情况下,其行为构成违约,金桥公司有权依照借款合同中质押法律关系的约定追究长城宁夏公司的违约责任。对于长城宁夏公司承担责任的具体形式,《物权法》第二百二十六条规定:“以基金份额、股权出质的,当事人应当订立书面合同。以基金份额、证券登记结算机构登记的股权出质的,质权自证券登记结算机构办理出质登记时设立;以其他股权出质的,质权自工商行政管理部门办理出质登记时设立。”长城宁夏公司囿于其自身原因未能如约办理相应的股权质押登记,导致涉案股权质押并未有效设立。虽然因长城宁夏公司的原因导致股权质押未有效设立,但是并不影响《借款合同》中有关质押担保条款的效力。因此,在质押担保条款有效的前提下,依据《合同法》第一百零七条关于“当事人一方不履行合同义务或者履行合同义务不符合约定的,应当承担继续履行、采取补救措施或者赔偿损失等违约责任”的规定,长城宁夏公司应当承担未能履行设立股权质押义务的违约责任。对于违约责任的具体形式,鉴于长城宁夏公司的违约行为导致其不当逃避了质押担保责任,致使金桥公司丧失在涉案股权及法定孳息范围内的质押权利,亦失去了收回涉案借款的物权保障,因此,长城宁夏公司因违约而逃避的责任以及金桥公司丧失的权益即应视为金桥公司的损失。依据《借款合同》第七条的约定,长城宁夏公司将合法持有的金汇公司的80%的股权以及法定孳息(包括质押股权应得红利)质押给金桥公司,作为金桥公司向金汇公司提供贷款的担保。在法定担保期间内,如未经金桥公司同意,金汇公司未按合同约定如期偿还本息,则金桥公司有权依法定方式,通过处理长城宁夏公司质押的股权及其法定孳息所得款项及权益优先受偿。长城宁夏公司依法应当在其持有金汇公司80%的股权价值以及法定孳息,包括质押股权应得红利范围内承担赔偿责任。一审法院判决长城宁夏公司在涉案质押股权价值范围内对金汇公司的借款本息承担赔偿责任符合法律规定,本院予以维持。至于长城宁夏公司提及的涉案股权价值不确定的问题,属于执行阶段解决的事项,并不影响本案裁判。长城宁夏公司的此项上诉请求及理由缺乏事实和法律依据,本院不予支持。

二、关于金桥公司是否已经转让了涉案股权并从案外人处获得了股权转让款问题。公司股权的转让,除需要通过签订相应的股权转让协议外,还应当依照《公司法》的相关规定完成公司股东名册、公司章程、工商登记等相关事项的变更,行使股东相关权利,但在金汇公司的股东名册、公司章程以及工商登记中记载的涉案股权的股东仍为长城宁夏公司。即便存在金桥公司对外签订股权转让协议转让涉案股权,在长城宁夏公司拒绝办理金桥公司股东变更登记、未将涉案股权实际转让给金桥公司的情况下,长城宁夏公司所称金桥公司将涉案股权转让,并不能直接导致涉案股权的变动,也并不必然影响长城宁夏公司的相关权利。对于金桥公司是否从案外人处获得了股权转让款,长城宁夏公司亦没有提供任何证据证明。更况且,金桥公司与案外人之间是否签订股权转让协议、协议履行与否以及是否解除,均属于另一法律关系,与本案无关,且长城宁夏公司上诉中并没有主张涉案股权已变更为案外人。因此,长城宁夏公司的此项上诉主张,本院不予支持。

——中国裁判文书网,http://wenshu.court.gov.cn。

1524

设定质权的股权因公司增资扩股导致出质人持股比例缩减的,质权人应以缩减后股权份额享有优先受偿的权利

关键词 | 股权质押 | 增资扩股 |

【最高人民法院裁判文书】

深圳市汇润投资有限公司与隆鑫控股有限公司欠款、担保合同纠纷案[最高人民法院(2010)民二终字第104号民事判决书]

裁判要旨:公司增资扩股后,因有新的出资注入公司,虽然原公司股东的持股比例发生变化,但其所对应的公司资产价值并不减少。因此,对于原以公司部

分股权设定质权的权利人而言,公司增资扩股后其对相应缩减股权比例享有优先受偿权,与其当初设定质权时对原出资对应的股权比例享有优先受偿权,实质权利并无变化,不存在因增资扩股损害质权人合法权利的可能。质权人应当以增资扩股后原股权对应出资额相应的缩减后股权份额享有优先受偿的权利。

最高人民法院认为:本案当事人争议的主要问题是双方签订的《合作协议》及其补充协议是否名为合作实为资金拆借,是否应为无效。从本案查明的事实看,一是汇润公司与隆鑫公司签订的《合作协议》《合作协议之补充协议》以及《合作协议之补充协议(二)》中,约定的内容均为隆鑫公司通过对汇润公司增资扩股的方式享有和支配深航公司股权的合作内容;二是在实际履行中,隆鑫公司不仅按照上述协议向汇润公司支付了相应款项,而且为了解深航公司经营状况还按照协议约定向深航公司指派了一名董事;三是虽然双方签订的上述合同中约定有隆鑫公司有权随时决定终止增资扩股合作,可随时要求汇润公司返还已支付投资款等内容,但双方在签订的《终止合作协议书》中明确载明系因汇润公司原因双方决定终止增资扩股合作,并由汇润公司向隆鑫公司支付3亿元作为终止合作关系给其造成经济损失的赔偿,而非隆鑫公司行使选择权的原因终止的双方合作关系,汇润公司和隆鑫公司合作持有深航公司股权的意思表示是明确的,并不违反法律规定。汇润公司以增资主体不适格、隆鑫公司对资金未验资和监管、合作协议签订不久就终止了合作关系,以及合同约定了隆鑫公司的选择权等理由,主张其与隆鑫公司系以合作之名行非法借贷之实,缺乏事实和法律依据,本院不予支持。双方2008年6月16日签订的《还款协议书》中虽然载有汇润公司尚欠隆鑫公司"借款本金"字样,但该《还款协议书》系双方终止合作关系后为结算清理双方权利义务而签订,并不因此改变原双方签订的《合作协议》及其补充协议的性质,汇润公司以此主张双方系资金拆借关系的上诉理由,本院亦不予支持。因此,《合作协议》及其补充协议,以及在此基础上签订的《终止合作协议书》《还款协议书》《股权质押协议》等均为有效,汇润公司关于上述合同均为无效,隆鑫公司无权要求包括利息在内的损失赔偿等上诉理由,本院不予支持,汇润公司应当按照双方约定偿还欠款并承担违约责任,隆鑫公司有权根据《股权质押协议》对汇润公司持有的深航公司原8%股权优先受偿。

关于汇润公司庭审后提出的深航公司增资扩股的有关事实,鉴于本案审理的内容为汇润公司与隆鑫公司之间欠款及股权质押法律关系是否成立和有效,作为案外人的深航公司是否增资扩股并非本案应查明事实的范畴,因此,本院对此部分事实不予审查认定。但是,公司增资扩股后,因有新的出资注入公司,虽然原公司股东的持股比例发生变化,但其所对应的公司资产价值并不减少。因此,对于原以公司部分股权设定质权的权利人而言,公司增资扩股后其对相应缩减股权比例享有优先受偿权,与其当初设定质权时对原出资对应的股权比例享有优先受偿权,实质权利并无变化,不存在因增资扩股损害质权人合法权利的可能。本案所涉汇润公司设定质权的原8%股权,如确实存在因深航公司增资扩股而缩减事实的,隆鑫公司在实现其本案质权时,应当以增资扩股后原8%股权对应出资额相应的缩减后股权份额享有优先受偿的权利。因本案对于深航公司增资扩股的事实未做审查认定,因此,判决中仅对原质押事实及效力进行认定,但此认定不影响将来质权实现时按照上述原则确定隆鑫公司的权利范畴。

——最高人民法院民事审判第二庭编:《商事审判指导》总第26辑,人民法院出版社2011年版,第220~221页。

【链接:最高人民法院法官著述】

本案审理中,汇润公司向最高人民法院提交了《关于请求贵院对隆鑫公司持有原深航公司8%质押股权在深航公司增资后予以相应调整的意见》,提出汇润公司以其原持有的深航公司8%股权向隆鑫公司提供质押担保后,深航公司于2010年3月增资扩股,将原深航公司注册资本由3亿元增加至81250万元,原股东的持股比例亦发生相应变更,汇润公司对深航公司19500万元出资额对应增资扩股后公司的出资比例由原65%缩减为24%,请求最高人民法院对隆鑫公司享有的8%质押股权亦做相应调整,即应按照原8%股权缩减后的2.953846%股权确定隆鑫公司质权的权利范畴。最高人民法院考虑到该案审理的内容为汇润公司与隆鑫公司之间欠款及股权质押法律关系是否成立和有效,作为案外人的深航公司是否增资扩股并非该案应查明事实的范畴,故对此部分事实没有在该案中予以审查认定。但是,为减少将来质权人实现质权时对此产生不必要的争端,最高人民法院明确表态,如果该案所涉汇润公司设定质权的原8%股权,确实存在因深航公司增资扩股而缩减事实的,隆鑫公司在实现其该案质权时,应当以增资扩股后原8%股权对应出资额相应的缩减后股权份额享有优先受偿的权利。这是因为,公司增资扩股后,因有新的出资注入公司,虽然原公司股东的持股比例发生了变化(相应缩减),但缩减后股权所对应的公司资产价值并不因增资扩股的事实发生而有所减少。因此,对于原以公司部分股权设定质权的权利人而言,公司增资扩股后其对相应缩减股权比例享有优先受偿权,与其当初设定质权时对原出资对应的股权比例享有优先受偿权，实质权利并无变化，不存在因增资扩股损害质权人合法权利的可能。

——刘敏：《设定质权的股权因公司增资扩股导致出质人持股比例缩减的，质权人应以缩减后股权份额享有优先受偿的权利——深圳市汇润投资有限公司与隆鑫控股有限公司欠款、担保合同纠纷案》，载最高人民法院民事审判第二庭编：《商事审判指导》总第26辑，人民法院出版社2011年版，第222～225页。

1525

担保债权已届清偿期，债权人经协商通过质押股权的折价取得质押财产，不属于法律禁止的流质契约

关键词｜股权质押｜流质契约｜

【最高人民法院裁判文书】

河南万基铝业股份有限公司、万基控股集团有限公司与河南豫新投资有限公司一般股权转让侵权纠纷审判监督案[最高人民法院(2014)民提字第92号民事判决书]

最高人民法院认为：根据豫新公司申请再审的请求及理由，本案的争议焦点为豫新公司是否应当将其持有的万基铝业3.56%股权转移给万基控股所有。由于豫新公司主张其享有万基铝业股东身份及相应权益的主要理由是2005年9月1日《股权质押合同》第六条与2006年《承诺书》的约定均系流质条款而无效，因此本案争议集中体现为以下几个问题：1.《股权质押合同》是否生效、质权是否设立；2.《股权质押合同》第六条中转移争议股权归万基控股所有的约定是否因构成流质条款而无效；3.《承诺书》是否系《股权质押合同》的补充协议，其内容是否因构成流质条款而无效。

据本案查明事实，2005年1月17日、2005年9月1日，豫新公司与万基控股先后签订了两份《股权质押合同》。两份合同均为双方当事人真实意思的表示，因两份合同主给付义务相同，应以时间在后的2005年9月1日《股权质押合同》作为认定双方意思表示及权利义务关系的基础。该合同系以万基控股为一

拖公司向交通银行借款960万元而订立的担保合同为主合同,实为豫新公司以其持有的万基铝业股权向万基控股提供质押反担保。该合同是豫新公司与万基控股的真实意思表示,不违反法律法规的禁止性规定,合法有效。但在设定质押的同时,该合同第六条第二款还约定了质押权利的实现方式,即在主债务履行期间届满、万基控股代偿债权后即将质押股权转移为万基控股所有,根据《担保法》第六十六条之规定,并参照《担保法解释》第五十七条第一款之规定,该条款约定的内容属于无效的流质条款,但该条款的无效不影响《股权质押合同》其他部分内容的效力。合同签订后,约定的股权质押已于2005年9月20日记载于万基铝业的股东名册。根据《担保法》第七十八条第三款之规定,以有限责任公司的股份出质的,质押合同自股份出质记载于股东名册之日起生效,因此《股权质押合同》中约定的质权自2005年9月20日起已经合法设立。然而,万基控股虽取得了在本案争议股权上设立的质押权利,但不能根据前述合同第六条第二款的约定直接取得本案争议股权。

在已经签订《股权质押合同》并设立质权的情形下,豫新公司于2006年8月3日又向万基控股出具了一份《承诺书》。对于该《承诺书》的性质双方存在争议,豫新公司认为其是《股权质押合同》第六条的补充条款,万基控股则认为豫新公司出具《承诺书》与万基控股代为还款的行为构成要约与承诺的关系,订立了一份新的股权折价转让合同。对于双方争议的这一问题,本院认为:第一,根据各方当事人的陈述及相关证据,一拖公司借款960万元的还款期限为2006年7月5日,因期限届满后一拖公司未予归还,2006年8月1日交通银行向万基控股催收贷款,2006年8月3日豫新公司出具《承诺书》。即《承诺书》是在一拖公司到期未向银行偿还借款、万基控股已经确定需承担担保责任的前提下出具的,而《股权质押合同》在此之前已经为万基控股承担担保责任后的追偿权设定了质押反担保,一旦万基控股代偿了一拖公司的银行借款,就可以作为质权人行使对本案争议股权的优先受偿权,因此豫新公司是否出具《承诺书》并不影响万基控股行使质权,双方无需在《股权质押合同》外另行达成补充协议。豫新公司主张《承诺书》是《股权质押合同》的附属性文件,不合交易常理,本院不予支持。第二,《承诺书》虽然引用了《股权质押合同》第六条以本案争议股权作为万基控股代一拖公司偿还借款对价的约定,但并未将该约定内容作为质权实现的方式,也未提及《股权质押合同》项下出质人义务的履行,而是另行约定豫新公司在一年内归还万基控股代偿的银行本息及10%年利率,如到期未归还,本案争议股权归万基控股所有。万基控股在依法承担担保责任的前提下,本可以依照《股权质押合同》的约定行使质权，而豫新公司作为出质人却以出具《承诺书》的方式要求变更《股权质押合同》的约定，将万基控股担保追偿权的实现方式由行使质权变更为由豫新公司以一年期10%利率的方式承担相应债务、到期不偿还则以股权抵债的折价受偿方式，该内容已经对《股权质押合同》作出了实质性变更，不能视为《股权质押合同》的补充和延续。因此，从《承诺书》出具的时间、债务履行背景及其自身内容综合考虑，《承诺书》系借款主债务履行期届满后，豫新公司向万基控股提出的有别于《股权质押合同》约定内容的新要约，主要内容是由万基控股附条件地代偿债务，万基控股在《承诺书》出具的次日即以代偿借款的行为接受要约，《承诺书》的内容构成双方达成的债务承担及折价清偿协议，并以此替代了《股权质押合同》中约定的质权实现方式。《承诺书》不是《股权质押合同》的补充协议，也未约定股权质押的相应内容，不能适用《担保法》第六十六条关于流质条款的规定，其约定内容合法有效。原二审判决以《承诺书》系在一拖公司的债务履行期间届满后出具而认定其不属于流质契约，属适用法律错误，本院予以纠正；但其关于《承诺书》系独立民事行为的结论正确，本院予以维持。豫新公司主张该《承诺书》系时任公司经理的郭晓杰个人出具，违背了公司董事会及股东意志，但豫新公司该项主张并未提交充分证据证明，且对该份文件及其所盖公章的真实性也不持异议，故对其以此为由主张《承诺书》无效本院不予支持。此外，豫新公司主张万基铝业2007年10月的股权价值远高于协议约定抵偿的债权数额，但股权的价值会随着企业经营状况存在较大波动，即使豫新公司主张的该事实存在，也不能证明出具《承诺书》时股权价值与债权数额差异巨大；且豫新公司作为原万基铝业的股东，对于公司的经营情况及股权价值应有十分清晰的认识，其主张协议内容显失公平依据不足。故原二审法院支持万基控股要求豫新公司依约履行义务、办理争议股权变更登记手续的诉讼请求，驳回豫新公司确认股东身份及主张相应股东权益的诉请，于法有据，本院予以维持。

——中国裁判文书网，http://wenshu.court.gov.cn。

1526

主合同的履行及其争议解决情况并非判断股权质押合同是否解除的唯一根据

关键词｜股权质押｜合同解除｜

【最高人民法院裁判文书】

伟俊投资基金与盈才发展有限公司、东营胜利中亚化工有限公司、普君(香港)有限公司股权质押合同纠纷案[最高人民法院(2013)民四终字第2号民事判决书]

最高人民法院认为:二、关于《解除股权质押协议》的真实性。伟俊基金认可《股权质押合同》的真实性和有效性。根据司法鉴定结果,该《股权质押合同》上林清渠的签名与《解除股权质押协议》上林清渠的签名是一致的。因此,伟俊基金不能否定《解除股权质押协议》的真实性。伟俊基金称《解除股权质押协议》系盈才公司、东营公司伪造,没有证据支持。

三、关于本案主合同及《股权质押合同》是否应继续履行。2007年8月8日盈才公司与伟俊基金、张克签订的《认购盈才发展有限公司新股的协议》是伟俊基金据以提起本案诉讼的主要依据之一,也是合同三方当事人在其签署的《〈认购盈才发展有限公司新股的协议〉之补充协议》中予以一致确认的,本案其他各方当事人亦均予认可。伟俊基金对该证据予以否认,不符合事实。伟俊基金称经公证的协议的效力大于没有公证的协议,亦没有法律依据。本院不予支持。

在《股权质押合同》履行的过程中,应伟俊基金的要求,盈才公司已经退还了伟俊基金实际投入的全部投资款5000万元港币及其利息。盈才公司与伟俊基金签订《解除股权质押协议》后,质押权已经解除。伟俊基金称《股权质押合同》应继续履行,没有事实依据。《股权质押合同》虽是《认购盈才发展有限公司新股的协议》的从合同,但主合同的履行及其争议解决情况并非判断《股权质押合同》是否解除的唯一根据。在本案证据足以证明案涉质押关系业已解除的情况下,伟俊基金关于本案应等待另案裁判后处理的上诉理由不能成立。

——中国裁判文书网,http://wenshu.court.gov.cn。

1527

信用证开证行提单权利质押设定的认定

关键词 | 提单权利质押 |

【《最高人民法院公报》案例】

中国建设银行股份有限公司广州荔湾支行与广东蓝粤能源发展有限公司、惠来粤东电力燃料有限公司等信用证开证纠纷案[最高人民法院(2015)民提字第126号民事判决书]

最高人民法院认为:二、关于建行荔湾支行对处置案涉货物所得的价款是否享有优先受偿权。

本案中,建行荔湾支行主张其享有提单权利质权。根据《物权法》第二百二十四条有关设立权利质押的规定,设立提单权利质押应当同时具备两个要件:一是双方签订了设立提单权利质押的书面合同;二是满足物权公示要件,将权利凭证即提单交付质权人。建行荔湾支行持有提单,具备了提单权利质押设立的公示要件,故考察其是否享有提单权利质权,关键要考量是否具有合同依据。建行荔湾支行主张蓝粤能源向建行荔湾支行出具的《信托收据》具有质押合同的性质,但就《信托收据》的内容来看,蓝粤能源意在将提单及提单项下货物所有权让与建行荔湾支行,以此作为履行还款义务的担保。《信托收据》所载内容虽然体现了以提单及提单项下货物担保建行荔湾支行债权的意思表示,但该意思表示是以让与提单项下货物所有权来提供担保,明显区别于动产质押或权利质押,不应作为认定设立提单权利质押的合同依据。

然而,蓝粤能源与建行荔湾支行签订的《关于开立信用证的特别约定》第九条第二款中约定,一旦蓝粤能源违约或发生《贸易融资额度合同》中约定的可能危及建行荔湾支行债权的情形之一的,建行荔湾支行有权行使下述一项或几项权利,其中第四项约定有权“行使担保权利”,第五项约定有权“要求甲方追加保证金或乙方认可的其他担保”。基于以下两点理由,可以认为第四项约定的“担保权利”与第五项所约定的“其他担保”指向不同:其一,从本案查明的事实看,第五项所指的保证金已由蓝粤能源交付,“其他担保”指当事人之间约定的粤东电力、蓝海海运、蓝文彬提供的连带责任保证以及蓝文彬以其持有的蓝粤能源的6%股权设定的质押;其二,就合同体系解释的角度而言,在合同条款有两种以上的解释时,不应当采纳使部分合同条款成为赘文的解释,而应当采纳使各个合同条款都具备一定意义的解释,因此,应认为第四项和第五项的约定具有不同的功能与法律意义。在第五项约定的“其他担保”指向明确的情况下,第四项约定的“担保权利”应是指向第五项约定的担保权利之外的担保。至于第四项约定所称的“担保权利”是一种什么性质的担保，综合合同约定以及案件事实，可以认为其指的就是提单权利质押，理由如下：其一，跟单信用证的基本机制和惯例就是开证行持有提单，开证申请人付款赎单，开证申请人不付款，开证行就不放单，可见，开证行持有提单的目的是为了担保其债权的实现。如前所述，开证行对提单项下货物并不享有所有权，如果不认定其对提单或提单项下货物享有担保物权，这将完全背离跟单信用证制度关于付款赎单的交易习惯及基本机制，亦完全背离跟单信用证双方当事人以提单等信用证项下的单据担保开证行债权实现的交易目的。其二，《关于开立信用证的特别约定》第九条第二款除约定了上述第四项、第五项内容外，还约定了第三项，即一旦蓝粤能源违约或发生《贸易融资额度合同》中约定的可能危及建行荔湾支行债权的情形之一的，建行荔湾支行有权“处分信用证项下单据及/或货物”。该约定表明，建行荔湾支行有权以自己的意思处分提单及/或提单项下货物，处分当然包括设定提单质押。由于这种处分权的事先赋予，建行荔湾支行事后作出将自己所持有的提单设定质权的意思表示完全符合第三项的约定。当然，即便建行荔湾支行事后作出以提单项下货物所有权担保其债权实现的意思表示亦符合第三项的约定，只是以货物所有权担保其债权实现，违反物权法定原则。在建行荔湾支行既主张以提单项下货物所有权担保其债权，又主张提单质权的情况下，应当支持更符合法律规定的主张，认定该项约定所谓的处分为设定提单质权。综上，建行荔湾支行持有提单，提单可以设立权利质权，有关合同既有设定担保的一般约定，又有以自己的意思处分提单的明确约定，依据《合同法》第一百二十五条有关合同解释的规定以及《物权法》第二百二十四条关于权利质押的规定，应当认定建行荔湾支行享有提单权利质权。

由于提单具有物权凭证属性，建行荔湾支行行使提单质权的方式与行使提单项下动产质权的方式相同，即对提单项下货物折价、变卖、拍卖后所得的价款享有优先受偿权。根据本院查明的事实，提单项下货物已被其他法院所查封，且有关法院已依据生效判决采取执行措施。对此，建行荔湾支行虽然提出了案外人异议，但这不影响本院继续审理本案，并认定建行荔湾支行享有提单质权。建行荔湾支行可以依据本判决向执行法院请求参加执行分配，其提单质权如果与其他债权人对提单项下货物所可能享有的留置权、动产质权等权利产生冲突的，可在执行分配程序中依法予以解决。原二审判决认定建行荔湾支行关于以提单项下货物处置价款优先受偿的主张是动产质权，并以动产未交付为由驳回其此节诉讼请求，显属适用法律错误，应予纠正。

——《最高人民法院公报》2016 年第 5 期

【链接：最高人民法院法官著述】

本案中，建行荔湾支行持有提单是否意味着已经完成了公示？合议庭对此总体持肯定态度，但也有不同观点。一种观点认为，作为买受人的蓝粤能源既未付款，亦未持有提单，因此还不是货物的所有人，何来设定权利质押的权利？在此种观点看来，真正享有所有权的是提单的持有人建行荔湾支行，因为其既向受益人支付了价款，又持有提单，因而只有它才是真正的所有人。正如前文所分析的那样，建行荔湾支行对外付款性质上属于第三人履行，其履行的是蓝粤能源与香港海洋公司买卖合同项下的义务，而非自己的债务，其效果一方面是消灭买卖合同项下蓝粤能源的付款义务，另一方面则在香港海洋公司交付单据的情况下取得货物所有权。而建行荔湾在尽管持有提单，但其占有仅属于合法的他主占有，而非自主占有。至于建行荔湾支行的权利如何保障，则取决于开证申请合同如何约定。从本案情况看，开证申请合同中有在一定情况下设定“担保权利”的约定，经解释属于权利质权，即开证申请合同中有关于设定权利质押的约定。鉴于建行荔湾支行已经依法占有动产，根据《物权法》第二十五条有关“动产物权设立和转让前，权利人已经依法占有该动产的，物权自法律行为生效时发生效力”的规定，权利质押自设定权利质押的合同生效时即开证申请合同生效时发生效力。故该种认为蓝粤能源尚未享有所有权从而无权设定权利质押的观点不能成立。

另一种观点认为，作为设定权利质权公示方法的交付，应是担保人所为的交付，其他人所为的交付，除非构成《物权法》第二十六条规定的指示交付，否则不构成合法的交付。从信用证的交易流程来看，提单是受益人而非开证申请人（即担保人）交付给开证行的，但受益人是为了获得货款而向开证行交付提单，并非受开证申请人的指示而交付，因此，并不构成设定权利质权所要求的交付。如前所述，受益人向开证行交付单证的行为系向第三人的履行，并非为了设定质权并受开证申请人的指示而交付，确实不构成指示交付。但《物权法》第二十五条规定：“动产物权设立和移转前，权利人已经依法占有动产的，物权自法律行为生效时发生效力的规定。”开证行占有相当于货物的提单，事先又与开证申请人之间签订了设定权利质权的约定，完全符合《物权法》第二十五条有关简易交付的规定，物权自法律行为生效时发生效力。可见，该说法亦不能成立。

总之，本案中，建行荔湾支行持有提单，提单可以设立权利质权，有关合同既有设定担保的一般约定,又有以自己的意思处分提单的明确约定,依据《合同法》第一百二十五条有关合同解释的规定以及《物权法》第二百二十四条关于权利质押的规定,应当认定建行荡湾支行享有提单权利质权。

——刘贵祥:《跟单信用证下持有提单的开证行享有何种权利》,载刘贵祥主编:《最高人民法院第一巡回法庭精选案例裁判思路解析(一)》,法律出版社2016年版,第32~33页。

1528

进仓单不具有权利凭证性质,对进仓单的放弃并不必然构成对仓单质权的放弃

关键词|进仓单|仓单质押|

【最高人民法院裁判文书】

广西信托投资公司清算组北海办事处与中国东方资产管理公司南宁办事处、广西达诚北海公司信用证垫付货款纠纷案[最高人民法院(2003)民四提字第2号民事判决书]

裁判摘要:仓单既是权利凭证,又是要式证券,仓单上记载的事项,须依法律的规定作成,应该具备一定标准化格式并严格填写。进仓单不同于仓单,其不具有权利凭证的法律特征,对进仓单的放弃并不必然构成对仓单质押权的放弃。

最高人民法院再审认为:达诚公司向北海中行申请《开立信用证申请书》与1995年11月21日的《进口押汇申请书》,不违反有关法律和金融法规规定,是有效的。达诚公司处理所质押的财产后,没有依押汇申请书确认的押汇期限归还北海中行垫付款,已构成违约,应承担违约责任。北海办事处为达诚公司进口钢材总价款美元384万元和美元137万元扣除保证金人民币500万元后的差额提供资金担保,除约定北海中行有权从该公司在中国人民银行账号中调拨资金,违反了中国人民银行有关任何单位不能划付金融机构在人民银行的准备金和备用金的规定而无效外,其余条款有效。1995年11月21日的进口押汇申请,由达诚公司提供提单和进仓单质押,《担保法》第七十五条第一款第(一)项规定,仓

单、提单可以质押。达诚公司将提单交付给北海中行作为对外垫付货款的质押担保，北海中行收存了提单，双方的质押合同即生效。但在达诚公司押汇期满未能还款时，北海中行未行使质权人的权利提货权。根据《担保法》第七十六条的规定，权利质押质权人必须占有出质人的权利凭证，北海中行将权利凭证交出质人自行行使权利，已实际放弃了质押权。《担保法》第二十八条规定："同一债权既有保证又有物的担保的，保证人对物的担保以外的债权承担保证责任。债权人放弃物的担保的，保证人在债权人放弃权利的范围内免除保证责任。"所以，北海办事处应在北海中行放弃提单质押权的范围内免除保证责任。

仓单既是权利凭证，又是要式证券，仓单上记载的事项，须依法律的规定作成，应该具备一定标准化格式并严格填写。仓单上记载的事项决定当事人的权利义务，当事人须依仓单上的记载主张权利义务。仓单上所载明的权利与仓单是不可分离的，持单人受领保管物，不仅要提示仓单，而且还应缴回仓单。北海中行收执的进仓单不具有仓单可以设定质押的物权凭证的法律特征，并且北海中行业没有将进仓单退回给达诚公司。所以，不能认为北海中行放弃或怠于行使质押权。

综上，北海中行将质权凭证提单退还给达诚公司，任由达诚公司提货，是一种放弃行使质押权的行为，保证人北海办事处应在北海中行放弃行使质押权的范围内免除保证责任。本案进仓单不具有仓单权利凭证的法律特征，北海中行也没有将进仓单退回给达诚公司，因此也不存在放弃或怠于行使质押权的问题。北海中行放弃行使提单质押权的数额为美元 2067932. 3 元，而北海办事处的担保范围是为达诚公司进口钢材总价款美元 384 万元和美元 137 万元扣除保证金人民币 500 万元后的差额即美元 4609485. 96 元提供资金担保，两项冲抵，北海办事处还应在美元 2541553. 66 预案范围内承担保证责任。担保书没有约定保证责任期限，也没有约定为哪个付款日期内的对外付款提供保证，保证人北海办事处应在达诚公司承担责任的期限内，在美元 2541553. 66 元保证责任范围内，对达诚公司未偿还垫付款美元 1890000 元及利息承担赔偿责任。原再审判决认定北海中行未放弃提单的质押权以及判决主文认定北海办事处承诺的保证金额美元 3239485. 96 元有误，再审收取北海中行案件受理费 104860 元不当，应予退回。原再审认定"进仓单"不具有权利凭证的法律特征，北海中行不构成对进仓单质押权的放弃正确。

——苏泽林主编、最高人民法院审判监督庭编著：《最后的裁判——最高人民法院典型疑难百案再审实录 · 担保与金融案件卷》，中国长安出版社 2007 年版，第 142 ~ 150 页。

编者说明

最高人民法院法官认为，本案判决涉及的第一个法律问题，即同一债权既有保证又有物的担保的，保证人对物的担保以外的债权承担保证责任，《担保法》已经有明确规定。本案判决涉及的第二个法律问题，即仓单质押问题需要略作说明。所谓仓单，是指保管人在收到仓储物时向存货人签发的表示收到一定数量的仓储物的有价证券。仓单质押是以仓单为标的物而成立的一种质权。从世界各国立法上看，关于仓单有三种立法例：一是两单主义（又称为复单主义），即同时填发两张仓单，一张为存入仓单，另一张为出质仓单，设定质权担保；二是一单主义，即保管人只填发存入仓单，该仓单既可用以转让，也可用于出质；三是并用主义，即依存货人的请求填发两单或一单。《合同法》第三百八十五条规定："存货人交付仓储物的，保管人应当给付仓单。"可见，我国法律所采取的是一单主义。本案中出现了"进仓单"和"仓单"，在此类情况下，进仓单显然不能等同于仓单，不能作为权利凭证。因此，北海中行仅放弃了提单的质押权而没有放弃仓单质押权，北海办事处应对提单质押担保范围以外的债务承担保证责任。根据我国法律规定，只有仓单才具有权利凭证的性质，有关当事人应当注意到进仓单和仓单的区别，这样才能在经济生活中规避法律风险。①

1529

作为质权标的的应收账款债权明确特定，虽然登记时合同编号有重复，但不影响对应收账款债权的识别，不能因此否认质押效力

关键词｜应收账款质押｜

【最高人民法院裁判文书】

陕西庆泰商贸有限公司、昆仑银行股份有限公司西安分行与宝鸡市宏瑞工贸有限责任公司等金融借款合同纠纷申请再审案［最高人民法院（2015）民申字第2387号民事裁定书］

最高人民法院认为：二、关于质押合同是否有效的问题。第一，根据《物权法》第二百二十八条的规定，以应收账款出质的，当事人应当订立书面合同，质

① 王朝辉：《进仓单是否具有权利凭证性质——广西信托投资公司清算组北海办事处与中国东方资产管理公司南宁办事处、广西达诚北海公司信用证垫付货款纠纷案》，载苏泽林主编、最高人民法院审判监督庭编著：《最后的裁判——最高人民法院典型疑难百案再审实录·担保与金融案件卷》，中国长安出版社2007年版，第149～150页。

权自信贷征信机构办理出质登记时设立。本案中,双方当事人依法订立了质押合同并办理了出质登记,质权即已依法设立。债务人宏瑞公司与合同相对人对应收账款的真实性也予以认可,即使应收账款对应的合同存在没有原件、登记编号重复等问题,也不影响质权依法有效设立。第二,关于质权主体问题。本案质权在征信机构办理了出质登记,即产生了公示效力,虽然登记的质权主体是昆仑银行有限责任公司,与实际的质权主体昆仑银行西安分行有一定出入,但后者是前者的分支机构,中国人民银行征信中心在二审阶段的回函意见,也足以说明本案质权主体的出入不影响应收账款质押登记的公示效力。第三,关于应收账款债权是否达到可识别程度的问题。本案中,宏瑞公司与合同相对人对于应收账款债权均予以认可,作为质权标的的应收账款债权明确、特定,虽然登记时合同编号有重复,但不影响对合同项下应收账款债权的识别,不能因此否认质押合同的效力。第四,关于昆仑银行西安分行与宏瑞公司是否存在恶意串通的问题。本案贷款关系真实存在,双方于签订贷款合同当日签订了质押合同,并在征信机构依法办理登记,且上述行为均发生在庆泰公司起诉宏瑞公司之前,申请人主张昆仑银行西安分行与宏瑞公司之间涉嫌恶意串通,但并未提交相应证据证明。综上,申请人关于质押合同无效,质权未设立的申请理由不能成立。

——中国裁判文书网,http://wenshu.court.gov.cn。

1530

两次质押登记对质押的应收账款产生期间的变更系对质押财产变更的约定，并不是新设质权

关键词｜应收账款质押登记｜质押财产变更｜新设质权｜

【最高人民法院裁判文书】

中国民生银行股份有限公司武汉分行与广州钢铁控股有限公司、深圳市核电工程建设有限公司等金融借款合同纠纷申请再审案[最高人民法院(2016)最高法民申3444号民事裁定书]

最高人民法院认为:本案再审审查的焦点问题为民生银行武汉分行对名信公司质押的对广钢公司的应收账款是否享有优先受偿权。

民生银行武汉分行与名信公司先后两次签订的《应收账款最高额质押合同》《应收账款质押登记协议》均是当事人真实意思表示,并不违反法律、法规的禁止性规定,且依照《物权法》第二百二十八条第一款的规定,在中国人民银行征信中心办理了应收账款质押登记及变更登记,质押合同有效,质权也已成立。两份《应收账款最高额质押合同》所担保的最高债权额均为6000万元,被担保的主债权发生期间均为2013年5月3日至2014年5月3日。两份《应收账款最高额质押合同》中对质押的应收账款范围和产生期间发生变更,但质押财产价值不变,不属于保证期间变更的情形。第二份登记应视为对第一份登记在质押财产内容上的变更,并不是新设质。上述应收账款债务人在出具的应收账款确认文件中对质押的应收账款已经明确。虽然第二次应收账款最高额质押登记的应收账款时间范围大于第一次登记的时间范围,但并未增加广钢公司的担保义务。广钢公司再审申请期间提交了2013年11月6日"中国人民银行征信中心动产权属统一登记—初始登记"暨第二次质押登记的初始登记,拟证明第一次初始登记的质权已消灭。经审查,该证据不属于《民事诉讼法》规定的新证据,且如前分析,两次质押登记对质押的应收账款产生期间的变更系对质押财产变更的约定。

根据中国人民银行《应收账款质押登记办法》第四条"本办法所称的应收账款是指权利人因提供一定的货物、服务或设施而获得的要求义务人付款的权利,包括现有的和未来的金钱债权及其产生的收益……"的规定,可以质押的应收账款范围不仅包含了现有债权,还包含了未来将会产生或者可能产生的债权。应收账款不以设质时已存的财产为界,亦可以是未来预期的收益,且不以是否已届履行期限为限。广钢公司向民生银行武汉分行出具的《应收账款债务人确认函》中确认截至2012年4月28日,名信公司的应收账款为59416095.79元,到期日为2013年11月1日,在本案应收账款时间范围内。而应收账款数额随着业务量的发生处于不确定状态,在办理质押登记时,当事人无法预见到2013年5月3日至2016年5月3日期间,广钢公司与名信公司之间是否还会有贸易合同,应收账款数额多少。即使在此期间没有任何账款产生,质押权也成立,且登记质押的债权并没有增加广钢公司的义务。

根据《应收账款质押登记办法》规定,登记内容的真实、完整和合法由质权人负责。《应收账款质押登记办法》第十九条规定了救济方式,如果出质人或其他利害关系人认为登记内容有错误的,可以要求质权人变更或注销登记;质权人不同意变更或注销登记的,出质人或利害关系人可以办理异议登记。如果广钢公司认为涉及该公司的应收账款质押登记存在错误,应按照《应收账款质押登记办法》第十九条的规定寻求救济,在未寻求救济的情况下,应视作其对质权的设立无异议。

根据《物权法》第二百二十八条第一款“以应收账款出质的,当事人应当订立书面合同。质权自信贷征信机构办理出质登记时设立”的规定,因此,只要有书面合同并办理登记,质权即成立。不能因为未将质押登记事项通知应收账款债务人,就否定质押登记的效力和质押权人享有的质权。2013 年4 月 28 日广钢公司出具的《应收账款债务人确认函》中对质押的应收账款已作明确表述,在未新设质权的情况下,无需再通知广钢公司对质押的应收账款进行书面确认。

关于广钢公司向名信公司回款的问题。根据一审、二审查明的事实,广钢公司主张向名信公司履行应收账款回款义务缺乏证据证明。从广钢公司、金邦公司共同提交的转款证据看,没有相关信息显示支付的票据与质押的应收账款有关,无法确认本案质押的应收账款已经履行。因此,民生银行武汉分行对名信公司质押的对广钢公司的应收账款享有优先受偿权。

——中国裁判文书网,http://wenshu. court. gov. cn。

中国民生银行股份有限公司武汉分行与广州金邦有色合金有限公司、深圳市核电工程建设有限公司等金融借款合同纠纷申诉、申请再审案[最高人民法院(2016)最高法民申 3454 号民事裁定书]

本裁判理由与前引裁判文书基本一致(略)。

——中国裁判文书网,http://wenshu. court. gov. cn。

1531

签订质押合同并办理登记，应收账款质权即成立，不能以未将质押登记事项通知应收账款债务人而否定质权

关键词｜应收账款质押｜通知债务人｜质权｜

【最高人民法院裁判文书】

中国民生银行股份有限公司武汉分行与广州金邦有色合金有限公司、深圳市核电工程建设有限公司等金融借款合同纠纷申请再审案[最高人民法院(2016)最高法民申 3454 号民事裁定书]

最高人民法院认为:本案再审审查的焦点问题为民生银行武汉分行对名信

公司的质押对金邦公司的应收账款是否享有优先受偿权。

民生银行武汉分行与名信公司先后两次签订的《应收账款最高额质押合同》《应收账款质押登记协议》均是当事人真实意思表示,并不违反法律、法规的禁止性规定,且依照《物权法》第二百二十八条第一款的规定,在中国人民银行征信中心办理了应收账款质押登记及变更登记,质押合同有效,质权也已成立。两份《应收账款最高额质押合同》所担保的最高债权额均为6000万元,被担保的主债权发生期间均为2013年5月3日至2014年5月3日。两份《应收账款最高额质押合同》中对质押的应收账款范围和产生期间发生变更,但质押财产价值不变,不属于保证期间的变更情形。第二份登记应视为对第一份登记在质押财产内容上的变更,并不是新设质。上述应收账款债务人在出具的应收账款确认文件中对质押的应收账款已经明确。虽然第二次应收账款最高额质押登记的应收账款时间范围大于第一次登记的时间范围,但并未增加金邦公司的担保义务。金邦公司再审申请期间提交了2013年11月6日"中国人民银行征信中心动产权属统一登记—初始登记"暨第二次质押登记的初始登记,拟证明第一次初始登记的质权已消灭。经审查,该证据不属于《民事诉讼法》规定的新证据,且如前分析,两次质押登记对质押的应收账款产生期间的变更系对质押财产变更的约定。

根据中国人民银行《应收账款质押登记办法》第四条"本办法所称的应收账款是指权利人因提供一定的货物、服务或设施而获得的要求义务人付款的权利,包括现有的和未来的金钱债权及其产生的收益……"的规定,因此可以质押的应收账款范围不仅包含了现有债权,还包含了未来将会产生或者可能产生的债权。应收账款不以设质时已存的财产为界,亦可以是未来预期的收益,且不以是否已届履行期限为限。金邦公司向民生银行武汉分行出具的《应收账款债务人确认函》中,确认截至2013年4月28日,名信公司的应收账款为18992140.66元,到期日为2013年11月1日,在本案应收账款时间范围内。而应收账款数额随着业务量的发生处于不确定状态,在办理质押登记时,当事人无法预见到2013年5月3日至2016年5月3日期间,金邦公司与名信公司之间是否还会有贸易合同,应收账款数额多少。即使在此期间没有任何账款产生,质押权也成立,且登记质押的债权并没有增加金邦公司的义务。

根据《物权法》第二百二十八条第一款"以应收账款出质的,当事人应当订立书面合同。质权自信贷征信机构办理出质登记时设立"的规定,因此,只要有书面合同并办理登记,质权即成立。不能因为未将质押登记事项通知应收账款债务人,就否定质押登记的效力和质押权人享有的质权。2013年4月28日,金邦公司出具的《应收账款债务人确认函》中对质押的应收账款已作明确表述，在未新设质权的情况下，无需再通知金邦公司对质押的应收账款进行书面确认。

关于金邦公司向名信公司回款的问题。根据一审、二审查明的事实，金邦公司主张其已向名信公司履行应收账款回款义务缺乏证据证明。从一审期间广钢公司、金邦公司共同提交的转款证据看，没有相关信息显示支付的票据与质押的应收账款有关，无法确认本案质押的应收账款已经履行。因此，民生银行武汉分行对名信公司质押的对金邦公司的应收账款享有优先受偿权。

——中国裁判文书网，http://wenshu. court. gov. cn。

1532

以出口退税账户托管方式贷款的，贷款人在借款得不到清偿时，有权以借款人的出口退税款优先受偿

关键词｜出口退税账户托管｜优先受偿权｜

【最高人民法院司法解释】

第一条 本规定适用于审理、执行涉及出口退税专用账户质押贷款的案件。

本规定所称出口退税专用账户质押贷款，是指借款人将出口退税专用账户托管给贷款银行，并承诺以该账户中的退税款作为还款保证的贷款。

第三条 出口退税专用账户质押贷款银行，对质押账户内的退税款享有优先受偿权。

——《最高人民法院关于审理出口退税托管账户质押贷款案件有关问题的规定》(2004 年 11 月 22 日，法释〔2004〕18 号)

【《最高人民法院公报》案例】

常州新区工行诉康美公司借款合同纠纷案（常州市中级人民法院二审民事判决书）

裁判摘要：根据《担保法》第七十五条第（四）项规定，以出口退税账户托管的方式贷款，构成出口退税权利质押。贷款人在借款得不到清偿时，有权在借款

人的出口退税款中优先受偿。

常州市中级人民法院认为:《合同法》第二百零七条规定:"借款人未按照约定的期限返还借款的,应当按照约定或者国家有关规定支付逾期利息。"《担保法》第六条规定:"本法所称保证,是指保证人和债权人约定,当债务人不履行债务时,保证人按照约定履行债务或者承担责任的行为。"第七十五条第(四)项规定,依法可以质押的其他权利可以质押。

被告康美公司与原告新区工行签订的借款合同合法有效。在该借款合同履行过程中,由于出现了合同约定的贷款方有权提前收回全部借款的情形,新区工行主张提前收回全部借款,康美公司没有异议。康美公司目前尚欠新区工行借款本金 6328382.72 元,应当归还,并应支付相应利息及逾期利息。

被告康美公司与原告新区工行在签订借款合同的同时,还签订了出口退税权利质押合同,约定康美公司将其享有的出口退税权利质押给新区工行,作为康美公司向新区工行借款的担保。根据质押合同,康美公司在新区工行设立了出口退税专用账户,这个账户和康美公司的应退未退税款金额 1351 万元,均得到常州市国税局的确认。故康美公司与新区工行之间的出口退税账户托管贷款,构成了出口退税权利质押,新区工行有权在康美公司的出口退税款中优先受偿。被告康盛公司向新区工行出具承诺书,自愿对康美公司的借款承担连带保证责任,该承诺不违反法律规定。新区工行的诉讼请求应予支持。

——《最高人民法院公报》2005 年第 4 期

1533

以公路等不动产收益权出质，在签订合同后既交付了权利凭证又依法办理了出质登记手续的，应认定质押有效

关键词 | 不动产收益权质押 |

【最高人民法院裁判文书】

工行开发区支行与光大银行道外支行、长兴公司借款合同纠纷案[最高人民法院(2006)民二终字第 97 号民事判决书]

裁判摘要:虽然目前我国有关法律、行政法规等尚未对以公路等不动产收益

权出质的，质押权究竟是以交付权利凭证还是以依法登记作为取得权利的要件作出明确规定，但是，不论是以交付权利凭证还是以依法办理出质登记作为公路收费权质押权取得的要件，因当事人在签订质押合同后既交付了质押权利凭证又依法办理了出质登记手续，故应认定该质押有效。

在正式签订借款合同与质押合同前，当事人即办理有关权利的质押登记，并不违反法律、行政法规的禁止性规定，质押登记发生在主合同和质押合同签订之前，不影响质押合同的效力。

最高人民法院经审理认为：光大银行道外支行与长兴公司签订质押合同，约定以长兴公司所有的鹤萝公路鹤梧段12年收费权进行质押，不违反法律强制性规定，应为有效。光大银行道外支行与长兴公司根据国务院国函〔1999〕28号批复关于“公路建设项目法人可以用收费公路的收费权质押方式向国内银行申请质押贷款，以省级人民政府批准的收费文件作为公路收费权的权力证书，地市级以上交通主管部门作为公路收费权质押的登记部门”的规定，就上述质押合同在鹤岗市交通局进行了质押登记，该质押登记依法有效。工行开发区支行二审期间向本院提交的鹤岗市交通局给其的回函中仅仅表示鹤岗市交通局对光大银行道外支行与长兴公司收费权质押登记未出示过质押先后顺序的登记材料，但并未就对光大银行道外支行与长兴公司收费权进行质押登记的事实予以否定。工行开发区支行对光大银行道外支行提交的《质押登记书》上所加盖的鹤岗市交通局的公章真实性并无异议，其提出的有关《质押登记书》系由未予封边的散页组成，未加盖骑缝章，其上记载质押权利义务事项的第三页没有鹤岗市交通局的签章等瑕疵，以及光大银行道外支行《质押登记书》中载明的“第一质押、唯一质押”是否真实等，因无法推翻鹤岗市交通局对光大银行道外支行与长兴公司收费权质押进行了登记的事实，故不影响人民法院依此《质押登记书》认定光大银行道外支行与长兴公司签订的质押合同依法进行了登记的事实。光大银行道外支行在与长兴公司正式签订借款合同和质押合同前，即办理有关权利的质押登记，并不违反法律、行政法规禁止性规定，质押登记发生在主合同和质押合同签订之前，不影响质押合同的效力。光大银行道外支行取得的《质押登记书》中明确载明了借款合同的合同号，该合同号与事后签订的借款合同一致，该质押登记系为本案争议借款提供质押担保，事实清楚。《质押登记书》载明的借款数额与事后签订的借款合同载明的借款合同数额不相一致，亦不影响质押登记的效力。工行开发区支行以借款合同、质押合同签订在质押登记之后，以及数额不相吻合等为由，主张质押登记无效，没有法律依据，本院不予支持。2001年3月13

日黑龙江省交通厅黑交发〔2001〕50号下发的《公路收费权贷款质押登记管理办法》中虽然有“收费权质押登记管理工作由黑龙江省交通厅负责，并颁发登记证，其他任何单位无权办理公路收费权质押登记；在此登记规定发布之前已办理公路收费权贷款质押的，申请单位须在3个月内履行程序补办此项登记手续，由省交通厅补发登记证书”的规定，但因光大银行道外支行与长兴公司之间签订的质押合同在此之前已经依据国务院的有关规定依法登记，光大银行道外支行未按黑龙江省交通厅的上述规定补办质押登记手续，并不导致原质押登记失效。黑龙江省交通厅的上述规定不具备否定原已依法登记的质押权的效力。工行开发区支行以此为由，主张光大银行道外支行的质押登记无效的主张，本院不予支持。根据光大银行道外支行与长兴公司签订的质押合同中有关“权利凭证双方确认封存后由长兴公司交于光大银行道外支行保管”的约定，光大银行道外支行取得了国务院国函〔1999〕28号批复中规定的公路收费权质押权利凭证——黑龙江省交通厅批复给长兴公司的黑交发〔1999〕190号《黑龙江省交通厅关于鹤萝公路鹤梧段收费经营权转让的批复》。虽然目前我国有关法律、行政法规等尚未对以公路等不动产收益权出质的，质押权究竟是以交付权利凭证还是以依法登记作为取得权利的要件作出明确规定，但是，不论是以交付权利凭证还是以依法办理出质登记作为公路收费权质押权取得的要件，因光大银行道外支行与长兴公司签订质押合同，既交付了质押权利凭证，又依法办理了出质登记手续，因此，光大银行道外支行对鹤萝公路鹤梧段12年收费权依法取得质押权，享有优先受偿的权利。原审法院关于光大银行道外支行与长兴公司签订的质押合同依法生效并取得质押权的认定，并无不当，本院予以维持。

——宋晓明主编、最高人民法院民事审判第二庭编：《最高人民法院商事审判裁判规范与案例指导》(2010年卷)，法律出版社2010年版，第170～177页。

编者说明

本案主要争议点在于权利质押的生效问题，由于收益权性质的权利质押登记到目前为止仍然存在法律空白点，因此本案对于银行等金融机构以及其他出借人要求贷款人提供收益权等质押如何办理登记仍然具有指导意义。最高人民法院在本判决中认为，虽然目前我国有关法律、行政法规等尚未对以公路等不动产收益权出质的，质押权究竟是以交付权利凭证还是以依法登记作为取得权利的要件作出明确规定，但是，不论是以交付权利凭证还是依法办理出质登记作为公路收费权质押权取得的要件，因当事人在签订质押合同后既交付了质押权利凭证又依法办理了出质登记手续，故应认定该质押有效。

1534

电视收费权可以作为质押的标的

关键词｜电视收费权质押｜

【最高人民法院裁判文书】

陕西广电网络传媒（集团）股份有限公司与中国农业银行股份有限公司汉中分行等金融借款合同纠纷申请再审案［最高人民法院（2015）民申字第1571号民事裁定书］

最高人民法院认为：一、关于原判决认定的基本事实是否缺乏证据证明的问题。根据《担保法》第七十五条第（四）项“依法可以质押的其他权利”可以质押之规定，电视收费权可以作为质押的标的，本案中以电视收费权设定质押不违反物权法定的基本原则。本案所涉电视收费权的合法主体原为镇巴县广播电视局（镇巴文广局的前身）。镇巴广电开发公司与农业银行镇巴县支行签订的两份《权利质押合同》上均盖有镇巴县广播电视局印章，表明镇巴县广播电视局对于镇巴广电开发公司以其享有的电视收费权设定质押的行为是知情且认可的，镇巴广电开发公司因此取得相应的处分权，其以镇巴县电视收费权出质的行为并非无权处分。本案争议的200万元借款，其《借款合同》第六条约定：“本合同项下借款的担保方式为收费权利质押”；相应的《权利质押合同》第三条明确约定以编号镇价押（2001）字第01号权利质押清单项下收费权利质押。而镇价押（2001）字第01号企业收费权利质押登记证记载，被担保的主债权种类、数额：农行同意贷给的数额。现有证据不足以将上述借款排除在质押登记范围之外，原二审判决认定本案所涉质押合同进行了登记并无不当。农业银行镇巴县支行与镇巴广电开发公司签订的借款合同与权利质押合同均系双方当事人真实意思表示，内容不违反法律、行政法规的强制性规定，相应的权利质押合同亦在镇巴县物价局办理了质押登记，质押有效成立。

——中国裁判文书网，http://wenshu.court.gov.cn。

1535

已为出质金钱开立保证金专门账户，且质权人取得对该专门账户的占有控制权，符合金钱特定化和移交占有的要求，金钱质权设立

关键词 | 金钱质押 | 金钱质权 |

【最高人民法院司法解释】

第二十四条　对于按照特户管理并移交开立人占有的独立保函开立保证金，人民法院可以采取冻结措施，但不得扣划。保证金账户内的款项丧失开立保证金的功能时，人民法院可以依法采取扣划措施。

开立人已履行对外支付义务的，根据该开立人的申请，人民法院应当解除对开立保证金相应部分的冻结措施。

——《最高人民法院关于审理独立保函纠纷案件若干问题的规定》(2016 年 11 月 18 日，法释〔2016〕24 号)

第八十五条　债务人或者第三人将其金钱以特户、封金、保证金等形式特定化后，移交债权人占有作为债权的担保，债务人不履行债务时，债权人可以以该金钱优先受偿。

——《最高人民法院关于适用〈中华人民共和国担保法〉若干问题的解释》(2000 年 12 月 8 日，法释〔2000〕44 号)

【最高人民法院指导性案例】

中国农业发展银行安徽省分行诉张大标、安徽长江融资担保集团有限公司执行异议之诉纠纷案(最高人民法院指导案例 54 号)

裁判要点：当事人依约为出质的金钱开立保证金专门账户，且质权人取得对该专门账户的占有控制权，符合金钱特定化和移交占有的要求，即使该账户内资金余额发生浮动，也不影响该金钱质权的设立。

法院生效裁判认为：本案二审的争议焦点为农发行安徽分行对案涉账户内的资金是否享有质权。对此应当从农发行安徽分行与长江担保公司之间是否存在质押关系以及质权是否设立两个方面进行审查。

一、农发行安徽分行与长江担保公司是否存在质押关系

《物权法》第二百一十条规定："设立质权，当事人应当采取书面形式订立质

权合同。质权合同一般包括下列条款：（一）被担保债权的种类和数额；（二）债务人履行债务的期限；（三）质押财产的名称、数量、质量、状况；（四）担保的范围；（五）质押财产交付的时间。”本案中，农发行安徽分行与长江担保公司之间虽没有单独订立带有“质押”字样的合同，但依据该协议第四条、第六条、第八条约定的条款内容，农发行安徽分行与长江担保公司之间协商一致，对以下事项达成合意：长江担保公司为担保业务所缴存的保证金设立担保保证金专户，长江担保公司按照贷款额度的一定比例缴存保证金；农发行安徽分行作为开户行对长江担保公司存入该账户的保证金取得控制权，未经同意，长江担保公司不能自由使用该账户内的资金；长江担保公司未履行保证责任，农发行安徽分行有权从该账户中扣划相应的款项。该合意明确约定了所担保债权的种类和数量、债务履行期限、质物数量和移交时间、担保范围、质权行使条件，具备《物权法》第二百一十条规定的质押合同的一般条款，故应认定农发行安徽分行与长江担保公司之间订立了书面质押合同。

二、案涉质权是否设立

《物权法》第二百一十二条规定：“质权自出质人交付质押财产时设立。”《担保法解释》第八十五条规定，债务人或者第三人将其金钱以特户、封金、保证金等形式特定化后，移交债权人占有作为债权的担保，债务人不履行债务时，债权人可以以该金钱优先受偿。依照上述法律和司法解释规定，金钱作为一种特殊的动产，可以用于质押。金钱质押作为特殊的动产质押，不同于不动产抵押和权利质押，还应当符合金钱特定化和移交债权人占有两个要件，以使金钱既不与出质人其他财产相混同，又能独立于质权人的财产。

本案中，首先，金钱以保证金形式特定化。长江担保公司于2009年4月3日在农发行安徽分行开户，且与《贷款担保业务合作协议》约定的账号一致，即双方当事人已经按照协议约定为出质金钱开立了担保保证金专户。保证金专户开立后，账户内转入的资金为长江担保公司根据每次担保贷款额度的一定比例向该账户缴存保证金；账户内转出的资金为农发行安徽分行对保证金的退还和扣划，该账户未作日常结算使用，故符合《担保法解释》第八十五条规定的金钱以特户等形式特定化的要求。其次，特定化金钱已移交债权人占有。占有是指对物进行控制和管理的事实状态。案涉保证金账户开立在农发行安徽分行，长江担保公司作为担保保证金专户内资金的所有权人，本应享有自由支取的权利，但《贷款担保业务合作协议》约定未经农发行安徽分行同意，长江担保公司不得动用担保保证金专户内的资金。同时，《贷款担保业务合作协议》约定在担保的贷款到期未获清偿时，农发行安徽分行有权直接扣划担保保证金专户内的资金，

农发行安徽分行作为债权人取得了案涉保证金账户的控制权,实际控制和管理该账户,此种控制权移交符合出质金钱移交债权人占有的要求。据此,应当认定双方当事人已就案涉保证金账户内的资金设立质权。

关于账户资金浮动是否影响金钱特定化的问题。保证金以专门账户形式特定化并不等于固定化。案涉账户在使用过程中,随着担保业务的开展,保证金账户的资金余额是浮动的。担保公司开展新的贷款担保业务时,需要按照约定存入一定比例的保证金,必然导致账户资金的增加;在担保公司担保的贷款到期未获清偿时,扣划保证金账户内的资金,必然导致账户资金的减少。虽然账户内资金根据业务发生情况处于浮动状态,但均与保证金业务相对应,除缴存的保证金外,支出的款项均用于保证金的退还和扣划,未用于非保证金业务的日常结算。即农发行安徽分行可以控制该账户,长江担保公司对该账户内的资金使用受到限制,故该账户资金浮动仍符合金钱作为质权的特定化和移交占有的要求,不影响该金钱质权的设立。

《最高人民法院关于发布第11批指导性案例的通知》(2015年11月19日,法〔2015〕320号)

【最高人民法院答复】

湖北省高级人民法院:

你院鄂高法〔2001〕127号《关于湖北横向经济贸易公司与中国冶金进出口湖北公司、中国农业银行武汉市分行汉口支行返还保证金一案的请示》收悉。经本院审判委员会研究,答复如下:

一、中国农业银行武汉市分行汉口支行强行划拨保证金,抵还其对中国冶金进出口湖北公司贷款的行为没有法律依据,构成侵权,应承担民事责任。

二、(略)

——《最高人民法院关于湖北横向经济物资贸易公司与中国冶金进出口湖北公司、中国农业银行武汉市分行汉口支行返还保证金请示案的答复》(2002年2月27日,〔2001〕民监他字第8号)

【最高人民法院审判业务意见】

第六,依法确认开立保证金的金钱质权性质,规范针对开立保证金的强制措施。《独立保函规定》根据《担保法解释》第八十五条的规定,于第二十四条规定,对于按照特户管理并移交开立人占有的独立保函开立保证金,人民法院可以采取冻结措施,但不得扣划。也即是说,开立保证金符合金钱特定化和移交占有两项条件的,具有金钱质权的性质。该条规定解决了长期以来独立保函开立保证金性质不明的难题。

——张勇健:《介绍〈最高人民法院关于审理独立保函纠纷案件若干问题的规定〉相关内容并回答记者提问》(2016 年 11 月 22 日),载最高人民法院网,http://www.court.gov.cn。

【《最高人民法院公报》案例】

大连银行股份有限公司沈阳分行与抚顺市艳丰建材有限公司、郑克旭案外人执行异议之诉案[最高人民法院(2015)民提字第 175 号民事判决书]

裁判摘要:《民诉法解释》第三百一十二条规定,对于案外人提起的执行异议之诉,人民法院经审理,案外人就执行标的享有足以排除强制执行的民事权益的,判决不得执行该执行标的。本案中,承兑汇票出票人向银行承兑汇票保证金专用账户交存保证金最为承兑汇票业务的担保,该行为性质属于设立金钱质押。当出票人未支付到期票款,银行履行垫款义务后,银行基于质权享有就该保证金优先受偿的权利。质权属于担保物权,足以排除另案债权的强制执行。

最高人民法院认为:一、大连银行沈阳分行对案涉 4000 万元是否享有质权。

《物权法》第二百一十条规定:“设立质权,当事人应当采取书面形式订立质权合同。质权合同一般包括下列条款:(一)被担保债权的种类和数额;(二)债务人履行债务的期限;(三)质押财产的名称、数量、质量、状况;(四)担保的范围;(五)质押财产给付的时间。”第二百一十二条规定:“质权自出质人交付质押财产时设立。”《担保法解释》第八十五条规定:“债务人或者第三人将其金钱以特户、封金、保证金等形式特定化后,移交债权人占有作为债权的担保,债务人不履行债务时,债权人可以以该金钱优先受偿。”根据上述法律及司法解释的规定,金钱作为一种特殊的动产,具备一定形式要件后,可以用于质押。具体到本案,大连银行沈阳分行对案涉 4000 万元是否享有质权,应当从大连银行沈阳分行与艳丰公司之间是否存在质押合同关系以及质权是否有效设立两个方面进行审查。

(一)大连银行沈阳分行与艳丰公司之间是否存在质押合同关系。大连银行沈阳分行与艳丰公司签订的《汇票承兑合同》第二条第 2.2 款约定:艳丰公司于汇票承兑前,在大连银行沈阳分行开立针对合同项下汇票的保证金专用账户(账号为1012××××××0023)并存入汇票金额100%的保证金,保证金金额为8000万元。艳丰公司同意将上述保证金及其产生的利息作为履行合同的担保,并授权大连银行沈阳分行在因合同需要时办理上述保证金的冻结、扣划等手续;第五条第5.7款约定:艳丰公司应于合同项下汇票到期日之前将汇票金额足额存入大连银行沈阳分行指定账户。若艳丰公司未能在汇票到期日前足额交付全部汇票金额,则大连银行沈阳分行有权将合同第二条第2.2款的保证金账户和艳丰公司其他存款账户中的款项直接用于支付到期汇票或偿还大连银行沈阳分行对持票人的垫款以及相应利息和手续费,同时对艳丰公司尚未支付的汇票金额按照日万分之五计收罚息。上述约定表明,大连银行沈阳分行与艳丰公司之间协商一致,达成以下合意,即艳丰公司向大连银行沈阳分行缴存100%比例保证金作为案涉承兑汇票业务的担保,如艳丰公司未按期足额交付全部汇票金额,则大连银行沈阳分行有权以该保证金直接支付到期承兑汇票或偿还大连银行沈阳分行对持票人的垫款,也即大连银行沈阳分行对案涉保证金享有优先受偿权。上述合意具备质押合同的一般要件,符合《担保法解释》第八十五条关于金钱质押的规定。原审法院仅以双方在《汇票承兑合同》中未有大连银行沈阳分行对该保证金享有优先受偿权的表述即认定双方并无以保证金设立质押的意思表示、保证金不具有金钱质押性质,有所不当,本院予以纠正。

(二)本案质权是否有效设立。根据《物权法》第二百一十二条"质权自出质人交付质押财产时设立"的规定,交付行为应被视为设立动产质权的生效条件。金钱质押作为特殊的动产质押,依照《担保法解释》第八十五条规定,生效条件包括金钱特定化和移交债权人占有两个方面。具体到本案,首先,案涉4000万元资金已经通过存入保证金专用账户的形式予以特定化。保证金特定化的实质意义在于使特定数额金钱从出质人财产中划分出来,成为一种独立的存在,使其不与出质人其他财产相混同,同时使转移占有后的金钱也能独立于质权人的财产,避免特定数额的金钱因占有即所有的特征混同于质权人和出质人的一般财产中。具体到保证金账户的特定化,就是要求该账户区别于出质人的一般结算账户,使该账户资金独立于出质人的其他财产。本案中,双方当事人按照《汇票承兑合同》的约定开立了账号为1012××××××0023的保证金专用账户,用途均与保证金有关,不同于艳丰公司在大连银行沈阳分行开立的账号为1012××××××0325的一般结算账户。艳丰公司按照《汇票承兑合同》约定的额度比例向该账户缴存了保证金,大连银行沈阳分行向艳丰公司出具了《保证金冻结通知书》，对保证金账户进行了冻结。因此，本案符合金钱以保证金形式特定化的要求。其次，大连银行沈阳分行能够对该保证金专用账户进行实际控制和管理，实现了移交占有。本案中，案涉保证金专用账户开立于大连银行沈阳分行的下属支行，艳丰公司在按照《汇票承兑合同》约定存入保证金之后，大连银行沈阳分行对该账户进行了冻结，使得艳丰公司作为保证金专户内资金的所有权人，不能自由使用账户资金，实质上丧失了对保证金账户的控制权和管理权。而大连银行沈阳分行依据《汇票承兑合同》第五条第5.7款规定，在艳丰公司未能在汇票到期日前足额交付全部汇票金额的情况下，有权将保证金账户中的款项直接用于支付到期汇票或者偿还大连银行沈阳分行对持票人的垫款，即大连银行沈阳分行有权直接扣划保证金专用账户内的资金。据此应当认定，大连银行沈阳分行实质上取得了案涉保证金专用账户的控制权，此种控制权移交符合动产交付占有的本质要求。

综合以上分析可以认定，本案金钱质押已经设立，大连银行沈阳分行对案涉4000万元保证金享有质权。大连银行沈阳分行该项再审主张和理由，有事实和法律依据，本院予以支持。原审法院认定本案保证金账户存款性质属于信誉保证，不属于金钱质押，适用法律错误，本院予以纠正。

——《最高人民法院公报》2016年第10期

【最高人民法院裁判文书】

中国建设银行股份有限公司鄂尔多斯分行与献县红星伟业建筑器材租赁站申请再审案[最高人民法院(2016)最高法民申3399号民事裁定书]

最高人民法院认为：本案的焦点问题是建行鄂尔多斯分行与正元置业公司的金钱质押关系是否成立。

《物权法》第二百一十条规定，设立质权，当事人应当采取书面形式订立质权合同。第二百一十二条规定，质权自出质人交付质押财产时设立。《担保法解释》第八十五条规定，债务人或者第三人将其金钱以特户、封金、保证金等形式特定化后，移交债权人占有作为债权的担保，债务人不履行债务时，债权人可以以该金钱优先受偿。依照上述法律和司法解释的规定，金钱作为一种特殊的动产，具备特定化和移交债权人占有的要件后，可以用于质押。

一、建行鄂尔多斯分行与正元置业公司签订了《商品房销售贷款合作协议书》和《保证金质押合同》，建行鄂尔多斯分行为正元置业公司开发建设的“伯爵公馆"商住小区项目的商品房发放个人住房贷款，正元置业公司在建行鄂尔多斯分行设立保证金专户（账号15×××59），并按主合同贷款金额10%的比例存入保证金为买房人的债务提供保证金担保，双方已经形成了用保证金账户的资金为个人住房贷款提供担保的书面合意。红星伟业租赁站以正元置业公司在开立单位银行结算账户申请书中的资金性质一栏"保证金"与其他手写内容不是同时形成为由，进而认为账户性质不属于保证金账户的主张，本院不予支持。

二、保证金账户资金的特定化，要求保证金账户资金的进出必须与担保业务有关，而非资金数额的固定化。从保证金账户交易明细看，账户资金均用于保证金的退还和贷款本息的扣划，没有用于保证金以外业务，符合特定化的要件。随着"伯爵公馆"商住小区项目的商品房个人住房贷款的发放，保证金账户资金由于正元置业公司缴纳保证金、建行鄂尔多斯分行退还或扣划保证金，出现增加或减少的浮动是正常的。红星伟业租赁站认为账户资金未固定化，不具备担保法及其司法解释所规定的账户资金特定化特征的主张，本院不予支持。

三、根据《商品房销售贷款合作协议书》和《保证金质押合同》的约定，未经建行鄂尔多斯分行同意，正元置业公司不得对保证金账户内资金进行支用、划转或做其他任何处分。若债务人不按约定还款，建行鄂尔多斯分行可直接从保证金账户中扣划相应款项。由此可见，虽然保证金账户资金所有权属于正元置业公司，但是建行鄂尔多斯分行拥有账户资金的实际控制权，符合移交债权人占有的要件。红星伟业租赁站认为账户未移交债权人占有的主张，本院不予支持。

——中国裁判文书网，http://wenshu. court. gov. cn。

大连银行股份有限公司沈阳分行与抚顺市艳丰建材有限公司、郑克旭案外人执行异议之诉申请再审案［最高人民法院（2015）民提字第174号民事判决书］

本裁判理由与前引公报案例即最高人民法院（2015）民提字第175号民事判决书基本一致（略）。

——中国裁判文书网，http://wenshu. court. gov. cn。

张天雄与霍邱县农村信用合作联社等执行异议纠纷申请再审案［最高人民法院（2014）民申字第335号民事裁定书］

最高人民法院认为：根据《担保法》的规定，质押分为动产质押和权利质押两种形式。由于金钱属于特殊的动产,因而金钱质押属于动产质押的一种形式。霍邱联社要求对0017账户中的5159000元资金享有质权,即是主张该账户中的该笔资金为动产质押。根据《担保法》第六十四条第一款的规定,出质人和质权人应当以书面形式订立质押合同。《物权法》第二百一十条规定,设立质权,当事人应当采取书面形式订立质权合同。质权合同一般包括下列条款:(一)被担保债权的种类和数额;(二)债务人履行债务的期限;(三)质押财产的名称、数量、质量、状况;(四)担保的范围;(五)质押财产交付的时间。依据上述规定,动产质押应当以当事人之间订立的书面合同为依据。本案中,霍邱联社向法庭提交了双方于2011年8月4日签订的《霍邱联社与担保机构合作协议》,以证明霍邱联社与中一担保公司之间存在质押合同关系。该份协议为霍邱联社与中一担保公司之间为建立融资担保合作关系而订立的协议,协议的内容涉及融资担保的几个方面,并非单一性质的合同。关于案涉保证金的内容主要体现在协议第四条第(六)项及第(十)项,该内容可以认定为具备质押合同的性质,具体理由如下:协议中,双方约定设立保证金账户,账号为0017,保证金数额为每次不低于2000万元,此应为双方对质押财产的名称、数量等进行的约定;对于被担保债权的种类和数额,协议中约定"担保贷款余额不得高于中一担保公司存入的保证金的5倍(含),且不得超过中一担保公司实收资本的5倍",也即担保的债权为由中一担保公司提供担保的霍邱联社发放的贷款,总数额不超过该公司存入霍邱联社保证金的5倍;同时,协议约定"保证金存款账户项下的资金是中一担保公司在霍邱联社所有担保业务的保证金,在担保责任未解除之前,未经霍邱联社同意,中一担保公司不得动用该账户存款",且约定赋予霍邱联社在债务人不能偿还贷款的一定期间后,可对该账户内的资金直接予以扣收的权利。根据此部分约定内容可以确定,该保证金账户的资金虽为中一担保公司所有,但由霍邱联社实际控制,未经霍邱联社同意,资金的所有者中一担保公司不得动用该账户内的资金。综上,案涉协议虽为框架协议,但关于质押部分的约定内容明确具体,具备书面质押合同的一般要件,应当认定为霍邱联社与中一担保公司之间有以0017账户内资金进行质押的意思表示并达成了质押协议。

《物权法》第二百一十二条规定,质权自出质人交付质押财产时设立。质押合同的成立并不必然设立质权,质权的设立需要由出质人交付质押财产。根据《担保法解释》第八十五条的规定,债务人或者第三人将其金钱以特户、封金、保证金等形式特定化后,移交债权人占有作为债权的担保,债务人不履行债务时,债权人可以以该金钱优先受偿。本案中,案涉协议约定中一担保公司将"不低于2000万元”的资金存入0017账户，作为其担保贷款的保证金，该账户内资金的动用需经霍邱联社同意。因0017账户为案涉协议签订前即已设立的账户，该账户中超过2000万元的资金在案涉协议签订前即已存入，同时，该账户的户名为中一担保公司，因此，对案涉协议签订前该笔不低于2000万元的资金能否认定为质押物，需结合该账户内的资金状况进行认定。根据原一、二审法院查明的事实，该账户共计发生十二笔业务往来，均为借方业务，其中除少数几笔为霍邱联社直接用于扣划逾期还款本息外，其他均为由中一担保公司申请后用于退还借款方，即虽从资金的流向看，该账户内的资金不仅用于霍邱联社扣划中一担保公司担保的逾期贷款，也用于中一担保公司退还其他客户的保证金，但该部分退还的保证金去向均为已向霍邱联社还清由中一担保公司担保贷款的债务人，不同于一般结算账户的使用，且其退款必须由中一担保公司提出申请，经霍邱联社审核同意后方可进行。这就意味着，中一担保公司虽持有0017账户，但其已失去对该账户内资金的随意支配权，而是由霍邱联社实际控制账户内资金的往来。二审判决据此认定，案涉0017账户内的资金已经“特定化”，并交付霍邱联社占有，符合《担保法解释》第八十五条规定的金钱质押情形，在认定事实和适用法律上均无不当。

——中国裁判文书网，http://wenshu.court.gov.cn。

1536

保证金账户未特定化的，不构成质押担保

关键词｜保证金质押｜

【最高人民法院裁判文书】

菏泽市兴农百盛农资有限公司与宋本玉案外人执行异议之诉申请再审案
［最高人民法院(2016)最高法民申2052号民事裁定书］

最高人民法院认为：本案再审审查的焦点是，百盛公司对70万元款项是否构成保证金质押，能否排除执行。首先，关于案涉账户是否特定的问题。构成质押保证金的特定账户，即特户应当是用于质押关系的专用账户。虽然百盛公司与银昱公司签订的《保证金质押合同》约定，账号为37×××75的案涉账号为

双方的保证金专户，但该账户实际上是银昱公司和中国建设银行股份有限公司菏泽分行（以下简称建行菏泽分行）签订的担保合作协议项下的保证金账户，系银昱公司开展借款担保业务而向建行菏泽分行缴纳保证金的专用账户，并非银昱公司与百盛公司之间用于设立质押保证金的专用账户。根据银昱公司与建行菏泽分行签订的担保合作协议书第七条约定，在担保期间，银昱公司对该账户款项的支取，应事先征得建行菏泽分行的同意。因此，银昱公司和百盛公司均不能实际控制案涉账户。案涉账户虽然在银昱公司名下，但该账户开立在建行菏泽分行处，根据银昱公司和建行菏泽分行的约定，案涉账户专用于银昱公司向建行菏泽分行缴纳保证金，不构成百盛公司与银昱公司之间的特户，也没有区别于其他账户的外在特征，第三人无法直接识别案涉账户系百盛公司和银昱公司之间专门用于质押关系的特户。案涉账户不符合特定化的要件，百盛公司对案涉账户并无排他性权利。

其次，关于案涉70万元款项是否特定的问题。账号为37×××75的案涉账户对百盛公司和银昱公司而言，并未形成具有质押关系的专用账户。百盛公司向银昱公司支付案涉70万元款项，系用现金支付，百盛公司并未提交证据证明该70万元进入双方约定的保证金专用账户，亦未提交证据证明该账户中有70万元资金对本案而言可以与账户中其他款项明确区分而被特定化。因此，涉案70万元款项亦不构成质押保证金。

——江必新、刘贵祥主编，最高人民法院执行局编：《执行工作指导》总第59辑，国家行政学院出版社2016年版，第93～94页。

中国银行股份有限公司东营东城支行与东营市华乘荣威汽车销售服务有限公司、张玉娥、薄非、巴松涛金融借款合同纠纷申请再审案［最高人民法院（2013）民申字第2060号民事裁定书］

最高人民法院认为：根据物权公示原则，动产物权的设立和转让，应当以交付为公示方式。以动产设置担保的质权，也需满足交付的公示要求。依照《担保法解释》第八十五条“债务人或者第三人将其金钱以特户、封金、保证金等形式特定化后，移交债权人占有作为债权的担保，债务人不履行债务时，债权人可以以该金钱优先受偿”的规定，金钱作为特殊的质押财产，必须达到特定化，并移交债权人占有。银行作为具有存款业务的金融机构，将出质人交付的金钱作为质押财产，应当依法将质押金钱放置于专门的账户，并且对任何第三人均能显示出设立质押的外观，否则难以区分该金钱是出质人交付的普通存款还是质押财产。本案中,中行东城支行与华乘荣威公司在《流动资金借款合同》第七条第一款约定,华乘荣威公司在中行东城支行开立的22340781××××账户作为借款发放账户,借款的发放和支付应通过该账户办理,该账户系专户,只能用作借款资金的发放和支付,不得用于其他款项支付。《保证金质押总协议》第四条第一项约定:“出质人应当按照法律、法规和监管规定及质权人关于开立保证金账户的业务规定在质权人处开立保证金账户。”出质人华乘荣威公司出具的《保证金质押确认书》第四条载明:“自本合同签订日起,将保证金存入我司在贵行开立的一般账户(账号:22340781××××),并将其冻结。”从以上合同内容可知,当事人约定了开立专门的保证金账户事宜,但事后并未设立。虽然《流动资金借款合同》约定22340781××××账户为专户,但约定的是作为贷款发放和支付的专户,仍然属于一般账户的性质。尽管华乘荣威公司将700万元存入该账户,但因该账户不属专门的保证金账户,不能达到质押财产特定化的要求。事实上,直至人民法院因另案采取保全措施时,该账户内700万元仍未显示出质押状态或者被采取冻结措施,中行东城支行的质权并未设立,不能对抗第三人。

——中国裁判文书网,http://wenshu. court. gov. cn。

中国农业发展银行漯河市分行营业部执行申诉案[最高人民法院(2011)执监字第110号驳回申诉通知书]

中国农业发展银行漯河市分行营业部:

你部不服河南省高级人民法院(2009)豫法执复字第11号执行裁定书,向本院申诉,请求确认你部对漯河双龙纺织有限公司(以下简称双龙公司)在你部开立的20341119900100000××××××账户内的资金享有质押优先受偿权。本院经组成合议庭审查,现已审查终结。

本院认为,在郑州市中级人民法院冻结及续冻双龙公司上述账户内资金的过程中,你部并未提出异议,在该院对已冻结账户内的资金采取扣划措施后,你院提出的异议理应由执行法院进行审查并作出裁定,如你部不服可向河南高院申请复议,故郑州中院及河南高院对你部的异议和复议进行审查均符合《民事诉讼法》及《执行程序解释》的有关规定。你部与双龙公司未签订书面质押合同,双龙公司在开立单位银行结算账户申请书中“账户性质”一栏有明显涂改痕迹,且专用存款账户不能当然具有保证金账户的功能,上述账户内的资金数额亦不确定,无法认定该账户内的资金已经属于《担保法解释》第八十五条规定的保证金,故你部关于对上述账户内资金享有优先受偿权的主张不能成立。河南省漯河市中级人民法院就你部诉双龙公司借款合同确认质权纠纷一案作出的

(2009)漯民四终字第1号民事判决书,对原被告双方具有约束力,但不能对抗双龙公司的其他债权人。郑州中院扣划双龙公司上述账户内的资金并不违反法律规定,该院及河南高院驳回你部异议及复议申请的裁定书本院予以支持,你部的申诉理由不能成立,本院予以驳回。

——江必新主编、最高人民法院执行局编:《执行工作指导》总第40辑,人民法院出版社2012年版,第80页。

【链接：最高人民法院法官著述】

金钱作为一般等价物,其所有权随占有转移,因此在金钱上设定质权,必须对金钱进行特定化,以保证交付的金钱与质权人的财产相区分。《担保法解释》列举的特户和封金即符合金钱特定化的要求,以特户中的金钱和封金作为债权担保的,属于质押担保形式,成立金钱质权。其中,特户是金融机构为出质金钱所开设的专用账户,该账户被特定化以区别于普通账户。特户一般须开在质权人处才符合交付的要求,如果开在第三人处,须有债权人与出质人的约定以明确特户的担保性质,并由出质人向第三人为书面通知,第三人收到通知后未经债权人同意不得处置特户中的金钱。保证金作为担保物交付债权人后,如果符合特户的要求,也可以成立金钱质权。如果保证金被混同于一般资金账户,未按照特户管理的,不成立质权。

——乔宇:《案外人执行异议之诉中质押保证金的认定》,载江必新、刘贵祥主编,最高人民法院执行局编:《执行工作指导》总第59辑,国家行政学院出版社2016年版,第90页。

根据《担保法解释》第八十五条规定,“债务人或者第三人将其金钱以特户、封金、保证金等形式特定化后,移交债权人占有作为债权的担保,债务人不履行债务时,债权人可以以该金钱优先受偿”。这是金钱作为特殊动产可以作为质物进行质押的法律依据,“保证金”只是金钱质押的一种表现形式。由于货币属于种类物,其本身并不能当然成为保证金,必须存放在担保合同约定的定账户内,方能实现其质物的特性。因此,所谓账户质押实质是以账户内存放的金钱进行的质押。结合一般质权设立的条件,质押法律关系的成立以及质押的设立需遵循《担保法》第六十三条、第六十四条的规定,即出质人应与债权人订立书面合同并按照合同的约定将质押的标的物实际交付质权人占有。司法实践中虽有个别案例存在动产质押的出质人仅实际交付质物但未签订书面合同的情形,但该情形需要有证据证明双方存在建立质押法律关系的真实意思表示时才能认定构成质押。同时,保证金质押的有效设立还必须满足资金特定化的要求。对于如何理解资金特定化和交付质物,现有法律或司法解释未作明确规定。我们认为,金钱的特定化是指实质的特定化,而非形式上的特定化,即必须采取特定的形式限制该金钱的流通功能。人民银行对人民币结算账户区分为基本存款账户、一般存款账户、专用存款账户、临时存款账户等四个类别,其中的专用存款账户是基于与其他结算账户在形式上存在区别,并不具有法律上的意义,也不能当然理解为"特户"或"保证金账户"。考虑到质权作为物权所具有的对世效力,如果账户质押能够产生对抗第三人的法律效力,则认为账户特定化。根据质押合同或贷款合同中的质押条款,账户内资金的使用受到限制,存款人没有独立的支配权,银行没有自由使用权,只有在约定的特殊情形发生时才能动用,且只能被银行处分,才能认为发生了质物转移占有。

——于泓、魏丹:《"保证金账户"是否特定化并构成质押担保——中国农业发展银行漯河市分行营业部执行申诉案》,载江必新主编、最高人民法院执行局编:《执行工作指导》总第 40 辑,人民法院出版社 2012 年版,第 77 ~79 页。

1537

债权人银行在承兑汇票到期前同意债务人提前支取开立汇票的保证金,应认定为主动放弃质押担保

关键词 | 保证金质押 | 金钱质押 |

【最高人民法院裁判文书】

中国农业银行乌鲁木齐市青年路支行与新疆大湾房产(集团)有限公司、乌鲁木齐高频钢管厂借款担保合同纠纷案[最高人民法院(2009)民提字第 97 号民事判决书]

最高人民法院认为:《担保法解释》第八十五条规定:"债务人或者第三人将其金钱以特户、封金、保证金等形式特定化后,移交债权人占有作为债权的担保,债务人不履行债务时,债权人可以以该金钱优先受偿",保证金、封金等可以成立金钱质押,故本案承兑汇票保证金的性质是金钱质押。农行青年路支行在承

兑汇票未到期前，同意高频钢管厂提前支取保证金，该行为应认为是其主动放弃了质押担保，根据《担保法》第二十八条第二款“债权人放弃物的担保的，保证人在债权人放弃权利的范围内免除保证责任”的规定，大湾房产公司应当在农行青年路支行放弃物的担保范围内免除保证责任。

——最高人民法院民事审判第二庭编：《最高人民法院商事审判指导案例 · 借款担保卷》，中国法制出版社 2011 年版，第 414～422 页。

1538

特许经营权的收益权可以质押，并可作为应收账款进行出质登记

关键词｜收益权质押｜出质登记｜优先受偿权｜

【最高人民法院司法解释】

第九十七条 以公路桥梁、公路隧道或者公路渡口等不动产收益权出质的，按照担保法第七十五条第（四）项的规定处理。

——《最高人民法院关于适用〈中华人民共和国担保法〉若干问题的解释》（2000 年 12 月 8 日，法释〔2000〕44 号）

【最高人民法院指导性案例】

福建海峡银行股份有限公司福州五一支行诉长乐亚新污水处理有限公司、福州市政工程有限公司金融借款合同纠纷案（最高人民法院指导案例 53 号）

裁判要点：1. 特许经营权的收益权可以质押，并可作为应收账款进行出质登记。

2. 特许经营权的收益权依其性质不宜折价、拍卖或变卖，质权人主张优先受偿权的，人民法院可以判令出质债权的债务人将收益权的应收账款优先支付质权人。

法院生效裁判认为：一、关于污水处理项目特许经营权能否出质问题

污水处理项目特许经营权是对污水处理厂进行运营和维护，并获得相应收益的权利。污水处理厂的运营和维护，属于经营者的义务，而其收益权，则属于经营者的权利。由于对污水处理厂的运营和维护，并不属于可转让的财

产权利，故讼争的污水处理项目特许经营权质押，实质上系污水处理项目收益权的质押。

关于污水处理项目等特许经营的收益权能否出质问题，应当考虑以下方面：其一，本案讼争污水处理项目《特许经营权质押担保协议》签订于2005年，尽管当时法律、行政法规及相关司法解释并未规定污水处理项目收益权可质押，但污水处理项目收益权与公路收益权性质上相类似。《担保法解释》第九十七条规定，“以公路桥梁、公路隧道或者公路渡口等不动产收益权出质的，按照担保法第七十五条第（四）项的规定处理”，明确公路收益权属于依法可质押的其他权利，与其类似的污水处理收益权亦应允许出质。其二，国务院办公2001年9月29日转发的《国务院西部开发办〈关于西部大开发若干政策措施的实施意见〉》（国办发〔2001〕73号）中提出，“对具有一定还贷能力的水利开发项目和城市环保项目（如城市污水处理和垃圾处理等），探索逐步开办以项目收益权或收费权为质押发放贷款的业务”，首次明确可试行将污水处理项目的收益权进行质押。其三，污水处理项目收益权虽系将来金钱债权，但其行使期间及收益金额均可确定，其属于确定的财产权利。其四，在《物权法》颁布实施后，因污水处理项目收益权系基于提供污水处理服务而产生的将来金钱债权，依其性质亦可纳入依法可出质的“应收账款”的范畴。因此，讼争污水处理项目收益权作为特定化的财产权利，可以允许其出质。

二、关于污水处理项目收益权质权的公示问题

对于污水处理项目收益权的质权公示问题，在《物权法》自2007年10月1日起施行后，因收益权已纳入该法第二百二十三条第六项的“应收账款”范畴，故应当在中国人民银行征信中心的应收账款质押登记公示系统进行出质登记，质权才能依法成立。由于本案的质押担保协议签订于2005年，在《物权法》施行之前，故不适用《物权法》关于应收账款的统一登记制度。因当时并未有统一的登记公示的规定，故参照当时公路收费权质押登记的规定，由其主管部门进行备案登记，有关利害关系人可通过其主管部门了解该收益权是否存在质押之情况，该权利即具备物权公示的效果。

本案中，长乐市建设局在《特许经营权质押担保协议》上盖章，且协议第七条明确约定“长乐市建设局同意为原告和福州市政公司办理质押登记出质登记手续”，故可认定讼争污水处理项目的主管部门已知晓并认可该权利质押情况，有关利害关系人亦可通过长乐市建设局查询了解讼争污水处理厂的有关权利质押的情况。因此，本案讼争的权利质押已具备公示之要件，质权已设立。

三、关于污水处理项目收益权的质权实现方式问题

我国担保法和物权法均未具体规定权利质权的具体实现方式，仅就质权的实现作出一般性的规定，即质权人在行使质权时，可与出质人协议以质押财产折价，或就拍卖、变卖质押财产所得的价款优先受偿。但污水处理项目收益权属于将来金钱债权，质权人可请求法院判令其直接向出质人的债务人收取金钱并对该金钱行使优先受偿权，故无需采取折价或拍卖、变卖之方式。况且收益权均附有一定之负担，且其经营主体具有特定性，故依其性质亦不宜拍卖、变卖。因此，原告请求将《特许经营权质押担保协议》项下的质物予以拍卖、变卖并行使优先受偿权，不予支持。

根据协议约定，原告海峡银行五一支行有权直接向长乐市建设局收取污水处理服务费，并对所收取的污水处理服务费行使优先受偿权。由于被告仍应依约对污水处理厂进行正常运营和维护，若无法正常运营，则将影响到长乐市城区污水的处理，亦将影响原告对污水处理费的收取，故原告在向长乐市建设局收取污水处理服务费时，应当合理行使权利，为被告预留经营污水处理厂的必要合理费用。

——《最高人民法院关于发布第11批指导性案例的通知》(2015年11月19日，法〔2015〕320号)

三、其他担保物权

1539

承揽人违约未能交付定作设备的，不能行使留置权

关键词 | 承揽合同 | 留置权 |

【最高人民法院裁判文书】

苏州斯莱克精密设备股份有限公司与 Alfons Haar 机械制造有限两合公司加工承揽合同纠纷再审案[最高人民法院(2013)民申字第 418 号民事裁定书]

最高人民法院认为：虽然根据当事人之间合同的约定，Alfons Haar 公司须向斯莱克公司支付 30% 预付款，因此在合同总价格增加的情况下，Alfons Haar 公司负有足额支付预付款的义务，但在合同的实际履行过程中，斯莱克公司从未向 Alfons Haar 公司要求支付增加部分的预付款，且斯莱克公司在未收到预付款的情况下已经对设备进行了加工，在双方产生争议后，斯莱克公司也未以未收到增加部分预付款作为自己拒绝履行交付的原因，故未收到增加部分的预付款并不是斯莱克公司拒绝履行交付义务的实际理由。合同约定 Alfons Haar 公司支付 60% 后续款的条件是“成功验收后、交付货物前”，因斯莱克公司加工的设备未通过 Alfons Haar 公司的验收，故无权请求 Alfons Haar 公司支付 60% 后续款，斯莱克公司以此为由主张其享有留置权的理由也不能成立。

——中国裁判文书网，http://wenshu. court. gov. cn。

1540

债权人可以留置债务人合法占有的动产

关键词 | 留置权 |

【最高人民法院司法解释】

第一百零八条 债权人合法占有债务人交付的动产时，不知债务人无处分

该动产的权利，债权人可以按照担保法第八十二条的规定行使留置权。

——《最高人民法院关于适用〈中华人民共和国担保法〉若干问题的解释》(2000 年 12 月 8 日，法释〔2000〕44 号)

【最高人民法院审判业务意见】

最高人民法院民一庭意见：即使债权人合法占有的债务人的动产并非债务人所有，而是债务人合法占有，债权人仍可以依据《物权法》第二百三十条的规定，在债务人不履行到期债务的情况下，留置该动产，并有权就该动产优先受偿。当然，这种情况下成立留置权，还需要符合《物权法》规定的留置权成立的其他条件。

——最高人民法院民事审判第一庭：《债权人可以留置债务人合法占有的动产》，载最高人民法院民事审判第一庭编：《民事审判指导与参考》总第 40 集，法律出版社 2010 年版，第 114 页。

【链接：最高人民法院法官著述】

《担保法》对留置物的所有权问题未作规定，《担保法解释》第一百零八条规定："债权人合法占有债务人交付的动产时，不知债务人无处分该动产的权利，债权人可以按照担保法第八十二条的规定行使留置权。"该条系对留置权善意取得的承认。《物权法》第二百三十条的文义强调"债权人可以留置已经合法占有的债务人的动产"，未指明"债务人的动产"是否必须是"债务人所有的动产"，立法者在《中华人民共和国物权法释义》中也未主张物权法排除留置权的善意取得。因此，在《物权法》生效后，《担保法解释》关于善意留置权的规定仍然得以适用。

——曹士兵：《中国担保制度与担保方法》(第三版)，中国法制出版社 2015 年版，第 387 页。

1541

劳动者以用人单位拖欠劳动报酬为由主张对用人单位供其使用的工具、物品等动产行使留置权的，不予支持

关键词 | 留置权 |

【《最高人民法院公报》案例】

长三角商品交易所有限公司诉卢海云返还原物纠纷案(无锡市中级人民法院二审民事判决书)

裁判摘要:留置权是平等主体之间实现债权的担保方式;除企业之间留置的以外,债权人留置的动产,应当与债权属于同一法律关系。

劳动关系主体双方在履行劳动合同过程中处于管理与被管理的不平等关系。劳动者以用人单位拖欠劳动报酬为由,主张对用人单位供其使用的工具、物品等动产行使留置权,因此类动产不是劳动合同关系的标的物,与劳动债权不属于同一法律关系,故人民法院不予支持该主张。

无锡市中级人民法院二审认为:留置权是平等主体之间实现债权的担保方式;除企业之间留置的以外,债权人留置的动产,应当与债权属于同一法律关系。劳动关系主体双方在履行劳动合同过程中处于管理与被管理的不平等关系。劳动者以用人单位拖欠劳动报酬为由,主张对用人单位供其使用的工具、物品等动产行使留置权,因此类动产不是劳动合同关系的标的物,与劳动债权不属于同一法律关系,故该主张与法律规定相悖。上诉人长三角公司的上诉理由成立,应予采纳。理由如下:

基于劳动关系产生的债权不能行使留置权。《物权法》第二百三十条规定"债务人不履行到期债务,债权人可以留置已经合法占有的债务人的动产,并有权就该动产优先受偿";第二百三十一条规定"债权人留置的动产,应当与债权属于同一法律关系,但企业之间留置的除外"。根据法律规定及法律体系的架构,留置权的行使要件之一应为存在平等主体间的债权债务关系。留置权是担保物权之一,规定在我国《民法通则》《担保法》《物权法》等民法体系中,其调整对象应是平等主体间的民事担保关系,排除因管理行为产生的债权债务对《担保法》的运用。留置权在性质上是平等主体间实现债权的一种方式,其平等性表现在债权人可通过留置债务人的动产对抗债务人,督促其履行债务,并可通过对留置物进行变价优先受偿来保护债权。而劳动关系一方为用人单位,另一方为劳动者,与一般的民事关系相比,双方在履行劳动合同过程中处于管理和被管理的不平等关系,劳动者不能基于劳动管理关系而对所占有的用人单位的财产适用留置,否则将导致劳动管理秩序的紊乱。我国的《劳动法》及《劳动合同法》已经对劳动者的合法权利设置了倾斜性保护条款,劳动者完全可以通过法定的正当途径保护自己的劳动债权,如再使用私力救济方式保护劳动债权，不仅影响劳动生产和管理秩序，还将造成债权债务保护的不公平性。另外，由于留置权具有优先受偿性，不仅优于一般债权人，还优先于享有抵押权、质押权人的其他债权人，而劳资纠纷产生于用人单位与劳动者之间，本质上系经济组织的内部纠纷，从用人单位与劳动者共担经营风险的角度而言，也不应通过行使留置权而优先于外部债权人受偿。

被上诉人卢海云所扣留的苏 B×××××轿车，不是双方劳动合同关系的标的物，不符合“同一法律关系”的构成要件。除企业间留置外，留置的动产应与债权属于同一法律关系。这实际上对留置的动产范围作了严格限定。所谓同一法律关系，是指债权人占有动产是基于与其债权发生的同一法律关系发生，动产与债权发生具有紧密联系性。劳动合同的基本法律关系为劳动者承担向用人单位提供劳动和接受用人单位管理的义务，并有权要求用人单位依约支付劳动报酬。本案中，卢海云被上诉人长三角公司安排在管理岗位，分管行政事务、财务以及人事工作，因此卢海云所扣留的苏 B×××××轿车，仅仅是长三角公司为公司高管出行提供的便利，并非是双方建立的劳动关系的标的物，长三角公司可以随时收回车辆也并不影响原有劳动关系的履行，长三角公司是基于所有权而不是基于劳动关系要求卢海云返还车辆，因此卢海云占有苏 B×××××轿车与其主张的工资、社保金等劳动债权并非基于同一法律关系。

双方劳动关系已经解除，被上诉人卢海云丧失合法占有苏 B×××××轿车的基础。作为上诉人长三角公司高管所享受的便利，卢海云合法占有苏 B×××××轿车是有时间限制和条件限制的，在双方劳动关系解除后，卢海云合法占有苏 B×××××轿车的条件已不存在，理应向长三角公司返还苏 B×××××轿车。

——《最高人民法院公报》2017 年第 1 期

1542

承揽合同中承揽人不当行使留置权应当承担相应责任

关键词 | 承揽合同 | 留置权 |

【最高人民法院审判业务意见】

最高人民法院民一庭倾向性意见：承揽合同中的留置权为法定担保物权，定作人不履行到期债务,承揽人即可以依照法律规定留置合法占有的定作物,并在满足法律规定条件的情况下,折价或者拍卖、变卖留置财产以受偿。留置权行使应符合一定条件,应参照市场价格,不能随意降低留置财产价格。造成定作人损害的,承揽人应该承担相应责任。

——最高人民法院民一庭:《承揽合同中承揽人不当行使留置权应当承担相应责任》,载杜万华主编、最高人民法院民事审判第一庭编:《民事审判指导与参考》总第66辑,人民法院出版社2016年版,第166~171页。

【最高人民法院裁判文书】

上海诚华机械有限公司与合肥熔安动力机械有限公司承揽合同纠纷申请再审案[最高人民法院(2016)最高法民申1020号民事裁定书]

最高人民法院认为:原判对于诚华公司诉请的赔偿损失认定是否正确。

首先,根据《合同法》规定,承揽合同是承揽人按照定作人要求完成工作,交付工作成果,定作人给付报酬的合同。案涉《熔安动力设备订货合同》熔安公司未能依约支付货款,构成违约,2013年9月22日,诚华公司向熔安公司发出《解除合同的函》,同年11月4日,熔安公司复函同意解除合同。双方当事人对于案涉合同已经解除并无争议,其争议焦点为案涉合同解除后,诚华公司的损失如何确定。根据《合同法》第一百一十三条关于"当事人一方不履行合同义务或者履行合同义务不符合约定,给对方造成损失的,损失赔偿额应当相当于因违约造成的损失,包括合同履行后可以获得的利益"的规定,熔安公司应当承担因其违约给诚华公司造成的损失。熔安公司赔偿诚华公司的损失为《熔安动力设备订货合同》约定定作物价格650万元扣除因解除合同诚华公司不再需要支付的费用,如运输费用等。

其次,《合同法》第二百六十四条规定,定作人未向承揽人支付报酬或者材料费等价款的,承揽人对完成的工作成果享有留置权,但当事人另有约定的除外。根据《担保法》第八十四条规定,因加工承揽合同发生的债权,债务人不履行债务的,债权人有留置权。本案中,由于熔安公司未依约支付货款,且本案合同已经解除,债权人诚华公司留置已经合法占有的留置财产并无不当。

再次,《物权法》第二百三十六条规定,留置权人与债务人应当约定留置财产后的债务履行期间;没有约定或者约定不明确的,留置权人应当给债务人两个月以上履行债务的期间,但鲜活易腐等不易保管的动产除外。债务人逾期未履行的，留置权人可以与债务人协议以留置财产折价，也可以就拍卖、变卖留置财产所得的价款优先受偿。留置财产折价或者变卖的，应当参照市场价格。留置权本质为债权人对留置财产进行处分，以优先受偿其债权的行为。

根据查明事实，2013 年 10 月 21 日，泊头市价格认证中心根据诚华公司的委托，对案涉铸铁平板及配件的成本价格认证为 5850020 元。在本案已经进入诉讼程序的情况下，2014 年 3 月 12 日，诚华公司在未与熔安公司就留置财产价格协商情况下，委托宝鼎拍卖公司以起拍价为 164 万元、成交价为 168 万元拍卖涉案焊装平板。

根据《物权法》第二百三十六条规定，留置权的实现方法包括折价、拍卖、变卖。在债权人与债务人就留置财产未能协商一致予以折价情况下，当事人无论采取拍卖还是变卖方式，均需参照市场价格，而不能随意降低该留置财产的价格。诚华公司明知成本认证价格情况下，擅自按照其所称处置“废品”方式，以 164 万元起拍价进行拍卖，并未提交足够证据足以证明其处置定作物的正当性、合理性，亦有悖诚实信用原则。故原判不以定作物拍卖价格 168 万元作为损失衡量依据的认定，并无不当。原判综合考虑定作物成本价、定作物市场报价以及诚华公司不当处置定作物过错程度等因素，酌定以熔安公司认可的定作物报价区间最低值即 520 万元为处置价格，在定作物已经处置的情形下，具有一定的合理性。诚华公司申请再审主张认定定作物价值为 520 万元而非拍卖价格 168 万元错误事实依据和法律依据不足，本院不予支持。

另外，诚华公司并未提交证据证明保管费的发生及其资金成本损失，且原判也基于运输费用并未发生、诚华公司在对定作物拍卖，也不包括成本价为 129120 元地锚器等相关配件，此部分亦可用于弥补诚华公司损失。

——中国裁判文书网，http://wenshu. court. gov. cn。

1543

定金性质不因折抵货款而改变，也不因一方在诉讼前从未提出双倍返还而改变

关键词 | 定金 |

【最高人民法院裁判文书】

天津天铁冶金集团有限公司与沙河市恒远矿业有限公司、河北恒利集团有限公司定金合同纠纷案[最高人民法院(2014)民二终字第197号民事判决书]

最高人民法院认为:一、关于案涉5000万元的性质问题。天铁集团上诉主张,《合作协议》的标的额应按照供货总量的市场价值计算,而非合同约定的定金数额,5000万元定金并不超过合同标的额的20%。恒远公司答辩认为,双方在几份协议中均约定定金在货款中扣除,且天铁集团在诉讼之前从未向恒远公司提出双倍返还定金的主张,故天铁集团支付给恒远公司的5000万元系预付款性质;合同标的额是5000万元,5000万元定金已超过了《担保法》第九十一条关于定金数额不得超过主合同标的额的20%的限制。本院认为,天铁集团向恒远公司支付的5000万元应认定为定金。首先,三方当事人在《合作协议》《担保协议书》及三份《补充协议》中均明确约定天铁集团向恒远公司支付的5000万元为定金,而非预付款。其次,三方在有关协议约定及实际供货结算中将定金折抵货款,符合《合同法》第一百一十五条、《担保法》第八十九条的规定,并不因定金折抵货款而改变双方约定的定金的性质,定金的性质也不因天铁集团在诉讼之前从未向恒远公司提出双倍返还而改变。最后,按照《合作协议》的约定,恒远公司向天铁集团应供应铁精矿粉至少为890万吨,《合作协议》的标的额是890万吨铁精矿粉的价值。恒远公司向天铁集团实际供应铁精矿粉288979.25吨,双方已结算货款达239899007.71元。由此可见,《合作协议》约定的890万吨铁精矿粉买卖的标的额远大于2.5亿元,双方约定的5000万元定金并不超过《合作协议》标的额的20%,不违背《担保法》第九十一条的规定。

二、关于恒远公司是否存在"行政强制停产"的免责事由及是否应当免除恒远公司双倍返还定金责任的问题。天铁集团认为,恒远公司不属河北省政府责令停产整顿的范围,不符合《合作协议》约定的"行政强制停产"的免责事由,且"行政强制停产"事由也只能免除恒远公司供货不足而应承担的每吨50元的违约金责任,而不能免除双倍返还定金的责任。恒远公司认为,恒远公司所在地的王窑矿区被河北省政府强制停产整顿,属于《合作协议》约定的"行政强制停产"的免责范围,应免除恒远公司双倍返还定金的责任。本院认为,恒远公司具有"行政强制停产"的免责事由,应当免除恒远公司双倍返还定金的责任。首先,《合作协议》第三条约定"甲方作为乙方铁精矿粉的生产加工基地,每年向乙方供应所产全部铁精矿粉”，结合在《合作协议》签订之前几年间双方铁精矿粉买卖的实际情况，《合作协议》约定的买卖标的物特指恒远公司所在地王窑矿区生产的铁精矿粉。其次，《合作协议》第九条第四款中约定“如遇地震、洪水、行政强制停产和突发性井下水灾等不可抗力的原因，免除第九条第一款、第二款的责任”，这是双方对于铁精矿粉买卖能否及时供货、足额供货的交易风险约定。王窑矿区被河北省政府强制停产整顿，导致恒远公司难以再对天铁集团继续供应铁精矿粉，符合《合作协议》约定的“行政强制停产”的免责事由，应免除恒远公司的违约责任，包括免除双倍返还定金的责任。最后，在2005年7月、2009年4月、2011年5月签订的《补充协议》及天铁集团2013年发给恒远公司的《补充协议》《企业询证函》中，天铁集团也没有要求恒远公司双倍返还定金的意思，而是仍希望在恒远公司所在地的矿山企业恢复生产后继续进行铁精矿粉买卖合作并从货款中按约定比例逐渐扣回定金，恒远公司也愿意继续履行《合作协议》和《补充协议》。综上，由于恒远公司在本案中因客观原因未能继续向天铁集团供应铁精矿粉，其供货不足并无主观过错，故本案不应适用《合同法》第一百一十五条规定的定金罚则对恒远公司进行惩罚。

——中国裁判文书网，http://wenshu.court.gov.cn。

1544

在不能证明合同不能订立是当事人一方原因的情况下，一方收取的订约定金应当返还

关键词 | 订约定金 |

【最高人民法院司法解释】

第一百一十五条 当事人约定以交付定金作为订立主合同担保的，给付定金的一方拒绝订立主合同的，无权要求返还定金；收受定金的一方拒绝订立合同的，应当双倍返还定金。

——《最高人民法院关于适用〈中华人民共和国担保法〉若干问题的解释》(2000年12月8日，法释〔2000〕44号)

【《最高人民法院公报》案例】

戴雪飞与江苏省苏州工业园区华新国际城市发展有限公司商品房订购协议定金纠纷案(苏州市中级人民法院二审民事判决书)

苏州市中级人民法院认为:在双方当事人均不能以证据证明自己陈述真实的情形下,应当认定4月25日未能订立商品房预售合同的原因是双方当事人磋商不成,并非哪一方当事人对订购协议无故反悔。

综上,由于磋商未成是导致双方当事人未能在4月25日订立商品房预售合同的真正原因,上诉人戴雪飞按订购协议交付给被上诉人华新公司的5万元定金,依法应当由华新公司返还,故戴雪飞关于华新公司返还5万元定金的上诉请求予以支持,但对华新公司恶意违约应当双倍返还定金的上诉请求不予支持。华新公司关于戴雪飞压价使本约不能订立已构成违约的抗辩主张,因无证据,不予支持。

——《最高人民法院公报》2006年第8期

1545

定金罚则的根本目的是以惩罚为手段来确保合同目的的实现,定金数额进行调整缺乏法律依据

关键词|定金罚则|定金数额调整|

【最高人民法院裁判文书】

王新辉、刘安与刘天牧、刘冰琳股权转让纠纷案[最高人民法院(2015)民二终字第423号民事判决书]

最高人民法院认为:至于王新辉、刘安上诉主张原审判决驳回其诉讼请求有失公平的问题,考虑定金的法律性质以及双方合同的约定,本案不存在显失公平的情形。首先,《合同法》第一百一十五条规定:当事人可以依照《担保法》约定一方向对方给付定金作为债权的担保;债务人履行债务后,定金应当抵作价款或者收回;给付定金的一方不履行约定的债务的,无权要求返还定金,收受定金的一方不履行约定的债务的,应当双倍返还定金。由此可见,定金作为一种担保方式,其所担保的对象就是合同双方当事人的履约合意,并以适用定金罚则为手段

实现担保之目的,因此其本质特征是惩罚性。定金与违约金不同,违约金的性质以补偿性为主、惩罚性为辅,违约方为其违约行为付出的代价应与给对方造成的实际损失大致相当,在违约金约定过高的情况下允许违约一方提出调减的请求。而在适用定金罚则时,从目前法律规定看,违约方承受的丧失定金的责任仅取决于违约行为本身,并未考虑是否给对方造成损失,因此法律亦未规定可对定金数额进行调整。但对违约行为进行惩罚并非定金制度的根本目的,以惩罚为手段来实现合同目的才是制度的价值取向。基于此,《担保法》第九十一条规定:定金的数额由当事人约定,但不得超过主合同标的额的百分之二十。该条规定通过对当事人约定的定金数额进行限制,将定金的惩罚性限制在一定范围内,就是为了保证双方的公平。具体到本案,主合同标的系 1.4 亿元,双方约定 2000 万元的定金并不超过上述法律规定的限额。该种约定仅存在于当事人双方之间,是当事人自由意志的体现,是双方对风险和不公平的容忍,不触犯公共利益和第三人利益,因此不应作过多干预。其次,在《补充协议》第三条已经对第一期股权转让款支付时间以及违约责任有明确约定、刘天牧、刘冰琳又对前述合同义务给予一定宽限期并进行催告的情况下,王新辉、刘安仍未按约履行合同义务,导致股权转让协议未能签订,此种情况下刘天牧、刘冰琳一方不退还定金具有合同依据。第三,即便考量定金数额与违约造成的实际损失是否大体平衡的问题,原判决亦不存在损害实质公平的情形。双方当事人约定的股权转让交易是在 2011 年,股权转让对价为 1.4 亿元,该对价与双方交易当时的目标公司资产状况、双方的权利义务是相匹配的;而刘天牧、刘冰琳将股权转让他人系在王新辉、刘安未按约履行《补充协议》导致股权转让协议未签订的情况下对自己权利的处置,不构成违约,且转让时间已是 2014 年 2 月,此时目标公司资产与 2011 年相比较必定已发生变化,相应的股权转让对价有所提高也应是股权价值正常上升的结果,因此不能仅因刘天牧、刘冰琳 2014 年转让股权的价格高于 2011 年与王新辉、刘安约定的价格即得出双方约定的定金数额大大高于实际损失造成实质性不公平的结论。至于王新辉已经支付的违约金 20 万元,《补充协议》第一条做了明确约定,在王新辉构成违约且已实际支付的情况下,王新辉又主张退还缺乏事实和法律依据。基于上述,王新辉、刘安上诉所提刘天牧、刘冰琳应当双倍返还定金和违约金的主张,与本案合同约定及法律规定均不符,亦与其作为商事主体从事商事行为所应具备的正常预见及判断能力不符,本院不予支持。

——中国裁判文书网,http://wenshu.court.gov.cn。

1546

对《物权法》《担保法》未明文规定的非典型担保的司法态度

关键词｜非典型担保｜

【最高人民法院司法政策】

收费权质押问题。

《担保法解释》第九十七条规定可以设定质押的收费权为公路收费权，包括公路桥梁、公路隧道、公路渡口的收费权等。国家发展计划委员会、中国人民银行《关于印发农村电网建设与改造工程电费收益权质押贷款管理办法的通知》(计基础〔2000〕198 号)批准农村电网改造工程电费收益权可以设定质押。鉴于不动产和自然资源、能源上的金钱收益权的收益比较确定，操作也切实可行，因此，为了扩大公益事业融资渠道，促进公益事业发展，保障银行资产安全，人民法院应当认可农村电网建设与改造工程电费收益权的权利质押形式。

出口退税的权利质押问题。

当前以出口退税设定质押的方式，在商业银行担保贷款业务中日渐普遍。出口退税虽然是一种未来的可预期利益，但是出口退税的金额基本上是确定的，其作为银行债权的质押，应当是一种比较可靠的担保方式。为了鼓励企业进行出口贸易，降低商业银行经营风险，开辟新的融资渠道，在原则上不宜轻易否定出口退税质押方式的效力，但其具体的操作办法和规定应有待中国人民银行和国家税务总局等相关部门联合制定。

——李国光:《认清形势，提高认识，努力实践公正与效率世纪主题，开拓民商事审判工作新局面——全国法院民商事审判工作会议材料》(2001 年 11 月 13 日)，载李国光主编、最高人民法院民事审判第二庭编:《民商审判指导与参考》总第 1 卷，人民法院出版社 2002 年版，第 19 ~ 20 页。

【最高人民法院审判业务意见】

以买卖合同担保债权实现的让与担保行为的效力认定。

让与担保合同如无《合同法》第五十二条规定的情形，应肯定其合同效力。让与担保流质条款的效力，仍应受流质条款无效约束，但该流质条款无效并不影响合同的整体效力。为克服让与担保的固有缺陷,本着诚信原则和公平原则,应当科以让与担保债权人强制清算义务,不经清算直接取得担保物所有权的诉讼请求不宜得到司法支持。在让与担保债权的实现方式上,只要债权人履行了清算变价程序,且不违背禁止流质法律规定,可依当事人意思自治。在当事人对让与担保债权的实现方式未予约定或约定不明确的情形下,可解释为担保权人须采取变价清偿的债权实现方式。让与担保人承担担保责任后,对债务人享有追偿权。

——郑勇:《以买卖合同担保债权实现的让与担保行为的效力认定》,载最高人民法院民事审判第二庭编:《最高人民法院商事裁判观点》总第1辑,法律出版社2015年版,第91页。

【链接:最高人民法院法官著述】

《物权法》最终并未规定让与担保等非典型担保形态,并不意味着现实生活中并无非典型担保。事实上,从最高人民法院民二庭新类型担保调研小组的调研情况看,实践中非典型担保非常活跃,有商铺租赁权质押,出租车经营权质押,银行理财产品质押,人身保险的保单质押,排污权质押,保理,存货动态质押,保证金质押,房地产、车辆、债权回购担保,独立保证,附让与担保内容的资产转让返租协议,保兑仓业务与厂商银业务,所有权转让式的信用支持安排,其他收费权质押等各种形式。其中的"附让与担保内容的资产转让返租协议"就属于让与担保,此类业务多存在于小额贷款公司、个人放贷者等,商业银行基本上不开展。其主要操作模式是:当事人双方通过签订资产转让返租协议,将借贷关系转换成买卖关系,放贷人(即债权人)受让资产(通常为厂房设备)但不转移占有,债务人定期支付"租金"清偿债务。在债务人按约偿债后,债权人将该动产或不动产返还债务人,使得债务人的所有权得以恢复;债务人到期不能偿债时,债权人取得该资产或不动产的所有权。在该类担保中,债权人以受让资产的"所有权"对抗其他债权人对该资产可能享有的按比例分配的权利,从而最大限度地保护自身的债权。尽管包括让与担保在内的非典型担保在实践生活中非常活跃,但对其性质与效力却缺乏足够的认识,在立法还缺乏明确规定的情况下,有必要通过判例的方式予以明确。

——刘贵祥:《跟单信用证下持有提单的开证行享有何种权利》,载刘贵祥主编:《最高人民法院第一巡回法庭精选案例裁判思路解析(一)》,法律出版社2016年版,第53~60页。

正确认识非典型应结合债权法和物权法,并兼顾国际惯例,采取区别对待的态度。具体如下:

1. 从适用债权法的核心——合同法的角度出发,当某一非典型担保方式不违反法律、法规的强制性规定时,应当承认当事人之间缔结的非典型担保合同的效力。这不仅符合合同法关于合同效力的规定,也符合合同法的任意法本质,并有利于非典型担保方式在实践中的发展,以满足实践的需要。同时,承认非典型担保合同的效力,也为非典型担保最终上升为法律规定的典型担保创造了实践基础。

2. 准确适用国际惯例。不少非典型担保在国内,甚至在国际上已经成为典型担保,因此当事人在涉外经济交往中选择适用别国法律,或者选择适用国际惯例时,在不违反我国法律法规强制性规定的情况下,应当予以尊重,正确选择准据法。如涉外保函、进口押汇等。对于这些担保方式不能以国内法生搬硬套,扭曲当事人的真实意思表示。

3. 正确适用物权法定原则。承认非典型担保的合同效力,满足了其为债权性担保的条件,但根据"物权法定"原则,并不因此承认其具有物权担保效力,并不意味着此种担保必然产生物权的优先效力、对抗效力,甚至追及效力。除法律、法规或司法解释明确承认外(如《担保法解释》第九十七条关于不动产收益权担保的规定),非典型担保一般应作为债权担保方式,不具有物权效力,比如形形色色的收费权担保。对于占有标的物(包括权利凭证)但又不能创设物权的非典型担保,由于权利人根据合同约定对标的物构成合法占有,虽然不享有物权,但其可凭借合法占有而自力救济,任何人和司法机关不得强迫权利人放弃占有的标的物。比如,对根据合同约定占有提货单、房产证的权利人,司法机关不得判令其交出这些权利凭证,当事人可以凭借对权利凭证的合法占有保障自身权利实现。所以,此种非典型担保中权利人通过合法占有,凭借自力救济,可以实际享有近似于物权担保的优先效力。

——曹士兵:《中国担保制度与担保方法》(第三版),中国法制出版社2015年版,第26~27页。

对当事人违反物权法定之约定,应当首先将其确定为不发生物权效力,在运用法理将其作有效转换失败的情况下,才可依法律、行政法规之效力性强制性规定认定民事行为无效。所谓的不发生物权效力,实为不发生当事人意欲实现的物权设立、变更、转让和消灭的效力(内部),以及不发生排他的效力(外部)。当事人违反物权法定原则所作的约定虽然不产生物权效力，但如果符合其他法律行为生效要件，应当认定其产生相应法律效果，比如在让与质型让与担保中，虽不发生所有权转移的物权效力，但可以认定当事人之间产生质押法律效果；再比如，债权人与抵押人（非债务人）约定，就某项不动产不论是否办理抵押登记均设定抵押权，此时虽然物权法意义上的具有优先受偿效力的抵押权不能成立，但在内部关系中，应当认定债权人享有依据合同约定主张就该项不动产变价受偿的权利。由是以观，将当事人之间所有法律关系一概认定为不发生法律效果既无依据，也无必要。

——辛正郁：《物权法实施过程中应当注意的若干重要问题》，载最高人民法院民事审判第一庭编：《民事审判指导与参考》总第59辑，人民法院出版社2015年版，第80页。

商事实践中，基于中小企业提供抵押或质押的有形财产不足的现实，出现了突破物权法所规定的担保财产的范围，将具有一定经济价值的其他财产性权益作为标的来设立物权担保，或者采用了物权法和担保法没有规定的新类型担保方式。前者如商铺租赁权质押、出租车经营权质押、排污权质押、银行理财产品质押、人身保险的保单质押、景区门票收入质押、医疗机构收费权质押、公路收费权质押、电费或水费的收费权质押、租金收益质押、票据池或应收账款池等同质的物或权利的结合的质押等，后者如保理、债权回购担保、保兑仓业务、厂商银业务[①]等。由于上述新的担保类型在我国的物权法和担保法中均未作出明确规定，因此其法律效力问题存有较多争议。前者涉及能否归入物权法所规定的质押权或者抵押权的范围，从而产生对抗效力和优先效力的问题。遵循物权法定原则，物权的类型、客体和内容及效力均应由法律规定，因此，如其不能归入《物权法》第一百八十条、第二百二十三条有关抵押财产、质押权利的范围的规定辐射之内，其并不具备物权效力。但从合同法的角度看，只要不违反法律、行政法规的禁止性规定，其在合同当事人之间的合同效力应予认可。对保理等立法未予作出专门规定的新类型担保方式，也可根据合同约定以及现行法关于债权转让问题的法律

---

① 厂商银业务是指生产厂家（卖方）、经销商（买方）和银行签订《厂商银三方合作协议》进行合作，由银行为经销商向生产厂家购买货物提供授信支持，生产厂家按《购销合同》约定的货物数量、品种、规格向银行指定的物流监管公司发货，同时经销商将所购买的货物质押于银行，银行根据经销商提前还款或补存提货保证金（或货物）的状况通知物流监管公司释放相应金额质押货物的一种金融服务。

规定,确定当事人之间的权利义务关系,而并不当然导致合同无效。概言之,对新类型担保问题,虽未得到立法的明确认可,但按照效益优先、动态安全、尊重实践之商事审判理念要求,如其并未违反法律、行政法规的强制性规定,在不侵害第三人权益的前提下,对此类担保合同的合同效力本身,仍应认定其合法有效。这也是对金融创新保持适当宽容,促进金融业健康稳定发展的客观之需。

——李志刚:《商事审判理念三论:本源、本体与实践》,载最高人民法院民事审判第二庭编:《商事审判指导》总第37辑,人民法院出版社2014年版,第86~87页。

目前,我国审判实务认可的非典型担保包括:金钱担保(押金、保证金等)、账户质押(进出口退税托管账户质押、委托理财经纪账户质押)、收费权质押(公路桥梁、公路隧道或者公路渡口等不动产收益权质押、农村电网改造工程收费权质押)、让与担保(房屋按揭、进口押汇、回租赁、封闭式国债回购等)以及所有权保留等。根据物权法之区分原则,在当事人通过合同创设新型担保物权时,除司法解释有明确规定,在合同效力认定方面,应依契约自由原则,只要不存在《合同法》第五十二条规定之情形,不宜轻易否定非典型担保合同的效力,以此促进非典型担保的顺利发展,以满足担保实践之需要。在物权变动效力方面,应依物权法定和物权公示原则,不宜承认非典型担保的物权效力。

——王闯:《冲突与创新——以物权法与担保法及其解释的比较为中心而展开》,载最高人民法院民事审判第二庭编:《民商事审判指导》总第12辑,人民法院出版社2008年版,第78页。

证券交易账户代表着投资者对证券公司的债权——保管物返还请求权。若将证券账户质押当作权利质押的一种,则该种质押的有效性将不再受到质疑。而且,该质押在我国现行法上也非无法可依,只是法律规定不明确从而需要进行法律解释的问题。

……秉承最高人民法院一贯的司法态度,应当承认证券经纪账户质押乃权利质押的一种,并依现行法对其法律构成加以解析。

(1)成立要件:依民法原理,债权是在“保障债权人自由处分其权利”和“保障债务人不因债权转让而受不利之损害”之间求取平衡,债权出质关涉债权转让,故一般债权出质以订立书面合同并通知出质人的债务人为构成要件;若债权有书面凭证,亦应将债权凭证转移给质权人占有。在证券经纪账户委托保管关系中，持有证券经纪账户的客户是债权人，证券公司是负有保管资金和证券义务的债务人。因此，客户将其证券经纪账户向证券公司出质或者客户通过证券公司监管的方式向他人出质本身实际上就是通知债务人的过程。

（2）公示方式：为保证交易安全，担保物权的设定必须进行公示。根据《担保法》第八十一条的规定，权利质权的公示以出质登记或者转移质押标的物的占有为基本形式。据此，设定证券经纪账户质押亦应转移占有。关于转移占有的方法，除现实交付占有的方式外，返还请求权的让与方式也得到肯定，例如《担保法解释》第八十八条规定："出质人以间接占有的财产出质的，质押合同自书面通知送达占有人时视为移交。"在证券经纪账户质押关系中，出质人对于其证券账户内的资金和股票的所有权无疑是间接占有，须通过证券公司方能行使其所有权。因此，通知的时间即是转移质押标的占有的时间。

此外，审判实践中亦有仅双方签订质押合同而未通知券商的个案出现，在此情况下，应认定质押合同虽然成立，但尚未生效。

——高民尚：《关于审理证券、期货、国债市场中委托理财案件的若干法律问题》，载最高人民法院民事审判第二庭编：《民商事审判指导》总第9辑，人民法院出版社2006年版，第23～53页。

1547

非典型担保关系中也应当适用法律关于禁止流质契约的规定

关键词｜非典型担保｜流质契约｜

【最高人民法院裁判文书】

广西嘉美房地产开发有限责任公司与杨伟鹏商品房买卖合同纠纷案［最高人民法院（2013）民提字第135号民事判决书］

裁判要旨：书面合同并非确认双方当事人之间存在债权债务关系必不可少的要件。只要认定双方有借款的合意，出借人实际向借款人支付了款项，即可认定债权债务关系成立。双方当事人同时签订的《商品房买卖合同》则是为了担保债务的履行。在债务人拒不还债的情况下，债权人有关直接取得房屋所有权的主张，因违反物权法关于禁止流质的规定而不能获得支持。

最高人民法院认为:认定当事人之间是否存在债权债务关系,书面合同并非不可缺少的要件。只要确认双方当事人就借贷问题达成了合意且出借方已经实际将款项交付给借款方,即可认定债权债务关系成立。杨伟鹏向嘉美公司支付340万元并收取利息的行为,足以认定双方之间成立了债权债务关系。嘉美公司从杨伟鹏处取得340万元的真实意思是融资还债,其与杨伟鹏签订《商品房买卖合同》的目的,则是为了担保债务的履行。鉴于双方未办理抵押登记,其约定也不符合《担保法》规定的担保方式,故双方签订《商品房买卖合同》并办理商品房备案登记的行为应认定为非典型的担保方式。即在嘉美公司不能按时归还340万元的情况下,杨伟鹏可以通过拍卖或者变卖案涉房屋的方式确保其能够实现债权。如果嘉美公司按时归还340万元,则杨伟鹏是不能就案涉的53间商铺主张权利。嘉美公司对交易的控制体现在借款合同和其没有将《销售不动产统一发票》原件交付给杨伟鹏,而缺少了发票,杨伟鹏是无法实际取得商铺并办理产权登记手续的。《物权法》第一百八十六条规定,抵押权人在债务履行期限届满前,不得与抵押人约定债务人不履行到期债务时抵押财产归债权人所有。该规定主要是基于平衡双方当事人利益的考虑,防止居于优势地位的债权人牟取不当暴利,损害债务人特别是其他债权人的利益。尽管本案中双方当事人签订《商品房买卖合同》并办理商品房备案登记的行为并不导致抵押权的成立,但足以在双方当事人之间成立一种非典型的担保关系。既然属于担保,就应遵循物权法有关禁止流质的原则,也就是说在债权人实现担保债权时,对设定的担保财产,应当以拍卖或者变卖的方式受偿。

——最高人民法院民事审判第一庭编:《民事审判指导与参考》总第58辑,人民法院出版社2014年版,第192~205页。

编者说明

本案在对于一种新型的非典型担保方式的司法认定问题上具有较高的法律适用示范价值:这种以商品房买卖合同为借贷合同进行担保的新型担保方式,是一种正在形成的习惯法上的非典型担保方式。我国司法实践在探索中亦应尊重当事人的意思自治,在保护善意第三人利益、防范罹于流质等前提下肯定新型非典型担保的合法性和正当性。①

---

① 梁曙明、刘牧晗:《意思与表示不一致时,对法律关系性质的司法认定——广西嘉美房地产开发有限责任公司与杨伟鹏商品房买卖合同纠纷申请再审案》,载景汉朝主编,最高人民法院立案一庭、立案二庭编:《立案工作指导》总第39辑,人民法院出版社2014年版,第67页。

1548

以《担保法》规定方式之外的形式设定的有担保性质的法律责任的认定及其承担

关键词|非典型担保|

【最高人民法院裁判文书】

昆山宏图实业有限公司与金谷源控股股份有限公司借款合同纠纷案[最高人民法院(2013)民二终字第9号民事判决书]

裁判要旨:本案所涉有担保性质的融资交易方式为:融资方向出资方赊购货物,并以代出资方到指定的房地产项目支付购房款的形式作为货款担保;融资方以借款的形式向房地产公司支付购房款,所代购房产只办理商品房预售登记而暂不办理产权证书;若融资方按未约定支付货款,则所购房产过户到出资方名下;反之,则不办理房产过户登记。在上述融资交易中,出资方与房地产公司形成买卖法律关系,融资方与房地产公司形成借款法律关系,且合作时往往关系紧密。但一旦融资方出现违约,房地产公司因有交房义务往往处于不利地位。以担保法规定方式之外的形式设定的有担保性质的法律责任,可认定当事人所签订合同的效力并按其约定确定各方的权利和义务,在当事人未作约定的情况下不应适用担保法有关保证人抗辩权、追偿权的规则。

——最高人民法院民事审判第二庭编:《最高人民法院商事审判指导案例(2014)》,中国民主法制出版社2015年版,第605~618页。

1549

履约保证金的性质与作用可以由当事人在合同中约定

关键词|履约保证金|

【最高人民法院裁判文书】

湖北汇通工贸集团有限公司与长江润发集团有限公司、无锡汇通钢铁工贸有限公司买卖合同纠纷再审案[最高人民法院(2013)民提字第133号民事判决书]

最高人民法院认为:关于月度保证金的性质问题,双方当事人存有争议。汇通公司认为该保证金的性质为定金,润发公司则认为其属于预付款。本院认为,双方当事人在《年度钢材购销合同》中约定,润发公司向汇通公司支付对应月份合同货款总值20%的现金,作为该合同的月度履约保证金,该保证金可用于该月份合同最后一笔货款结算时冲抵润发公司的应付货款。本案中,润发公司向汇通公司支付月度履约保证金共计2076万元,在润发公司提取了相应数量的钢材后,汇通公司相应地扣减了部分月度履约保证金,剩余未履行部分的月度履约保证金共计1832.887223万元。从双方当事人实际履行合同及货款结算过程看,在正常履行合同的情况下,本案的月度履约保证金具有预付款的性质。同时,依照《年度钢材购销合同》第11条第(3)项、第(4)项的约定,月度履约保证金还具有担保合同履行的违约金性质,如合同中任何一方违反供货或提货、付款义务时,均应以双方确定的月度履约保证金的标准向对方承担违约责任。虽然双方当事人在合同中未将"月度履约保证金"表述为"定金",但在相关违约情形时基所体现的惩罚性和损失补偿性与定金规则相类似。由于该约定系双方真实意思的表现,亦不违反法律、行政法规的禁止性规定,且其数额设定得当,故本院对其法律效力予以确认。

——中国裁判文书网,http://wenshu.court.gov.cn。

1550

在没有特别约定的情况下,债务人为担保金钱债务而支付的保证金应依交易习惯抵扣其付款义务

关键词 | 保证金 | 付款义务 |

【最高人民法院裁判文书】

金港能源集团有限公司、山西金港能源有限公司与北京骏腾置业投资有限公司、郭胤股权转让合同纠纷案[最高人民法院(2010)民二终字第10号民事判决书]

最高人民法院认为:原审判决认定2007年6月21日、6月22日、7月20日、8月10日、8月11日金港集团公司、山西金港公司(以下简称出让方)与骏腾公司、郭胤(以下简称受让方)签订的股权转让协议、补充协议一、补充协议二、补充协议三、补充协议四均合法有效正确,本院予以维持。根据上述系列协议的

约定，受让方应于2007年9月10日之前向出让方支付股权转让款7亿元，受让方已经按约定于2007年8月10日前支付了股权转让款3亿元，并于2007年10月10日支付了5000万元，在尚有3.5亿元股权转让款未支付的情况下，受让方又于2007年12月25日按出让方的指示向其指定账户汇款2.5亿元，虽然在各方往来文件及出让方出具的收据上均载明该2.5亿元为保证金，但因各方当事人在系列股权转让协议中并未约定受让人担保履行付款义务的保证金条款，出让方指示支付该2.5亿元的文件中亦未明确载明该2.5亿元系不包括在协议约定付款义务之内的其他付款义务，且该2.5亿元汇入出让方指定账户后立即被用于清偿了出让方关联公司所欠银行贷款，基于上述事实，考虑到在3.5亿元余款未付的情况下付款义务人额外支付2.5亿元作为3.5亿元付款的担保并不符合通常的交易习惯，故本案中受让方按出让方要求为担保金钱债务履行而向债权人支付的并已被出让方实际使用的保证金应相应抵减受让方支付股权转让款的付款义务。因此，本案中受让方实际履行的付款义务应认定为6亿元。原审判决未将前述2.5亿元计入受让方已履行的付款义务不当，本院予以纠正。因受让方实际支付的6亿元占其已届履行期限总付款义务7亿元的绝大部分，其中部分款项虽有迟延交付情形，但该迟延付款行为并不导致出让方不能实现收取股权转让对价款的合同目的，故出让方以受让方未按期付款为由请求解除合同，法律依据不足，对其主张本院不予支持，其基于合同解除而主张受让方按未付转让价款20%支付解约违约金，因无解除合同的基础原因本院亦不予支持。原审判决判令解除本案系列股权转让协议不当，本院予以纠正。

——最高人民法院民事审判第二庭编：《最高人民法院商事审判指导案例（第五卷）》（下），中国法制出版社2011年版，第491～506页。

编者说明

实践中金钱担保的种类很多，各自发挥着不同的担保功能，对于定金担保以外的其他的金钱担保，应当根据当事人的约定内容和行业的交易习惯来认定和处理引发的纠纷。

1551

保兑仓业务合作协议不违反法律相关规定的，应认定有效

关键词 | 保兑仓合作协议 |

【最高人民法院审判业务意见】

第一，要依法认定保兑仓交易模式下相关合同的效力。

一方面，保兑仓交易模式中当事人间可能形成买卖、融资、担保、仓储、票据、资金监管类金融服务等多种法律关系。对这些交易关系，法院要严格依据《合同法》第五十二条的规定，从鼓励金融创新、促进商事交易、保障交易安全的角度，确认相关合同效力，不轻易认定合同无效。交易模式中某一环节合同无效，不宜当然否定其他环节交易的法律效力。

另一方面，保兑仓模式参与主体广、交易环节多、资金渠道长，很容易被作为虚假交易的一种手段规避金融监管，除非引发诉讼，日常监管很难发现。法院在具体案件审理中则比较容易发现此类情况。如果有充分的证据证明保兑仓交易并不真实，应视情形分别按照《合同法》第五十二条第（三）项或第（五）项的规定对相关合同效力予以否定。

第二，要正确适用《合同法》和《物权法》确定各方当事人权利、义务和责任。

保兑仓虽然存在一般的交易模式，但在不同保兑仓业务中，当事人通过交易安排设计的各方权利义务可能不尽一致，此时应当遵循合同相对性，按照不同的法律关系和约定分别确定各方当事人的权利义务。当然，现实中各种约定的表述不尽相同，在审判中对理解有分歧的问题要按照《合同法》第一百二十五条第一款规定的解释方法来明确。

保兑仓交易模式的核心是融资担保，各方为保障银行贷款安全会作出退款承诺、回购担保、抵押质押等有担保功能的交易安排，在审理中要正确适用《合同法》《物权法》等相关法律规定，依法认定相关担保约定的效力，确定各方当事人权利、义务和责任。

第三，要理顺审理程序，为认定保兑仓交易中当事人权利义务提供程序保障。

保兑仓交易下，不同法律关系中当事人发生的纠纷一般可以分别审理。但是，如果债权人同时向债务人、担保人、仓储方主张承担相应责任的，应一并进行审理，以便正确区分各自的权利义务，依法认定各自的责任顺位，避免出现重复受偿；如果当事人分别向同一法院起诉的，按照《民诉法解释》第二百二十一条的规定可以合并审理；如果案件的处理结果同保兑仓交易中的其他当事人有法律上利害关系，应根据《民事诉讼法》第五十六条的规定通知其作为第三人参加诉讼；如果保兑仓交易中的其他当事人参加诉讼有利于案件事实的查明，可依据《民事诉讼法》第七十二条及《民诉法解释》第一百一十七条的规定通知其出庭作证。

——杨临萍:《关于当前商事审判工作中的若干具体问题》(2015 年 12 月 24 日),载杜万华主编:《商事法律文件解读》总第 134 辑,人民法院出版社 2016 年版,第 27 ~28 页。

【《最高人民法院公报》案例】

河北胜达永强新型建材有限公司与中信银行股份有限公司天津分公司、河北宝硕股份有限公司银行承兑汇票协议纠纷案[最高人民法院(2007)民二终字第 35 号民事判决书]

最高人民法院认为:关于合作协议是否是胜达永强公司真实意思表示的问题。《合同法》第三十二条的规定:“当事人采用合同书形式订立合同的,自双方当事人签字或者盖章时合同成立。”这里的签字盖章的效力是表明合同内容为签字或盖章当事人的意思表示,并据以享有合同权利、履行合同义务,尤其具有使合同相对人确信交易对方,从而确定合同当事人的作用。本案中,合作协议及有关银行承兑汇票的文件均加盖有胜达永强公司的公章或者法定代表人名章,应当认定均为胜达永强公司真实意思的表示。胜达永强公司上诉称,公章、财务章和法定代表人名章是被宝硕公司欺骗借出的,因此产生的相关民事行为当属无效,对此,本院认为,胜达永强公司出借相关印章是基于宝硕公司的承诺,不论宝硕公司是否存在欺骗的行为,出借印章的关系存在于胜达永强公司与宝硕公司之间,宝硕公司的承诺也只在该两公司之间发生效力,出于保护交易安全的需要,除非证明合同相对人中信银行存在恶意,胜达永强公司以印章是被骗出借的理由不能对抗中信银行向其主张合同项下的权利。关于合作协议第十一条约定的乙方董事会决议等是该协议不可分割的组成部分的问题。本院认为,从该约定的文义解释看,如果存在乙方的董事会决议,该决议作为合作协议的组成部分,并起到一定的印证作用,但没有提交董事会决议,只是缺少了合同的一个附件,并不影响合同的成立与效力。关于合作协议项下提货单的签收问题,胜达永强公司称提货单并未交与该公司签收与事实不符,编号为 sdbs051101 提货通知书签收栏内,加盖了胜达永强公司的印章,视作该公司已经收到提货单。银行承兑汇票项下 30% 保证金 914. 4 万元究竟为何人交纳是合同的履行问题,交纳该笔保证金的支票加盖有胜达永强公司的财务专用章和法定代表人名章,应视为由胜达永强公司交纳，况且法律从来不禁止第三人代为履行合同义务，即使该笔保证金为宝硕公司交纳，亦不影响合同的有效和继续履行。至于胜达永强公司是否因合作协议而获益的问题，从该协议书看该公司可以通过保兑仓业务确定宝硕公司在一定期间内的供货，本身是有对价的，至于事实上其遭致严重损失，一是由于其出借印章的行为所导致，二是宝硕公司经营失败、进入破产程序所带来的风险。上诉人胜达永强公司的上诉理由都不足以否定合作协议的效力。

关于中信银行与宝硕公司是否存在恶意串通的问题。首先，宝硕公司向胜达永强公司的承诺，不会因出借印章而致胜达永强公司遭受损失，如果宝硕公司并未经营失败，该公司应当依其承诺向胜达永强公司偿还相应的欠款，并且在签署合作协议后的三日，即 2005 年 10 月 30 日，宝硕公司再次向胜达永强公司作出《关于以“保兑仓”形式融资的承诺》，即使其出借印章的事实成立且不知道印章的使用目的，此时，该公司也已明知，且未提出任何异议，应视作其接受此项安排。其次，即使认定宝硕公司有欺诈的事实，但无证据证明中信银行知道或应当知道宝硕公司借用胜达永强公司的印章订立合同，更没有证据表明对于借用印章的行为中信银行与宝硕公司有意思的联络。再次，关于是否违反金融法规的问题，贷款具有融资的作用，银行承兑汇票亦具有融资的效果，不能以二者在此方面的共同点，即认定有规避金融法规的目的。因此，胜达永强公司主张中信银行与宝硕公司恶意串通，规避金融法规，损害国家和第三人利益，合作协议应认定为无效的民事法律行为的理由亦不成立。

——《最高人民法院公报》2008 年第 1 期

【最高人民法院商事审判参考性案例】

二、兴业银行股份有限公司济南分行诉山东钢铁股份有限公司、山东钢铁股份有限公司济南分公司、福建省旺隆贸易有限公司保兑仓业务合作合同纠纷案

（一）基本案情

2012 年 2 月 24 日，兴业银行济南分行、旺隆公司与济钢公司签订《保兑仓业务三方合作协议》，约定：为保障兴业银行济南分行与旺隆公司在 2012 年 2 月 24 日至 2013 年 2 月 23 日期间发生的各类授信业务项下协议的履行，旺隆公司、济钢公司双方同意以银行承兑汇票作为双方贸易合同的付款方式，并由兴业银行济南分行作为汇票的承兑银行，济钢公司作为汇票的收款人。兴业银行济南分行同意贷款给旺隆公司，用以支付旺隆公司在上述贸易合同项下的货款。提货采用旺隆公司从济钢公司自行提货的模式。银行承兑汇票开出后，旺隆公司即可向济钢公司提取与初始保证金100%等值的货物。此后旺隆公司每次向济钢公司提货时，济钢公司均应凭兴业银行济南分行签发的《提货通知书》办理。济钢公司收到《提货通知书》的当日立即向兴业银行济南分行签发《发货通知书》，并按《提货通知书》规定向旺隆公司办理发货事宜。济钢公司违反上述规定给旺隆公司办理提货手续的，应当向兴业银行济南分行承担连带还款责任。

2012年2月27日，济钢公司更名为山钢公司，2012年2月28日，设立山钢济南公司。山钢公司同意由山钢济南公司继续履行《保兑仓业务三方合作协议》中济钢公司的相关责任和义务，另两方对此也予以认可。

2012年8月14日，兴业银行济南分行（承兑人）与旺隆公司（承兑申请人）签订《商业汇票银行承兑合同》。约定兴业银行济南分行为旺隆公司办理银行承兑汇票8150万元，期限为2012年8月14日至2013年2月14日。2012年8月15日，兴业银行济南分行将出票人为旺隆公司、收款人为山钢济南公司的17份共计8150万元的银行承兑汇票交付山钢济南公司，按照《保兑仓业务三方合作协议》约定履行了义务。此后，山钢济南公司在未收到兴业银行济南分行的提货通知的情况下，未按《保兑仓业务三方合作协议》约定将剩余5705万元承兑汇票退回兴业银行济南分行，自行将等值货物交付旺隆公司。

兴业银行济南分行与旺隆公司签订《商业汇票银行承兑合同》于2013年2月14日到期，旺隆公司未按合同约定履行还款义务。截至2013年3月25日，旺隆公司共欠兴业银行济南分行银行承兑汇票垫付款本金56707177.04元及利息1081765.24元。

兴业银行济南分行诉至法院请求判令旺隆公司偿还银行承兑汇票项下款项5705万元，并承担利息1081765.24元；山钢公司、山钢济南公司对上述债务承担连带清偿责任。

（二）裁判结果

山东省高级人民法院二审认为：兴业银行济南分行与济钢公司、旺隆公司签订的《保兑仓业务三方合作协议》，系为了保障旺隆公司在2012年2月24日至2013年2月23日期间与兴业银行济南分行发生的各类授信业务的履行而签订。根据该协议约定，旺隆公司与济钢公司之间设立贸易合同关系，旺隆公司以向兴业银行济南分行申请开立银行承兑汇票的融资方式，将收款人为济钢公司的银行承兑汇票，由兴业银行济南分行直接支付到济钢公司，旺隆公司在银行承兑汇票到期前将票款足额支付到兴业银行济南分行，兴业银行济南分行根据旺隆公司支付票款的数额和进度向济钢公司发出提货通知书，济钢公司依据兴业银行济南分行发出的提货通知书向旺隆公司发货；如济钢公司未接到兴业银行济南分行的提货通知书就向旺隆公司发货，应对旺隆公司的债务承担连带还款责任。后因济钢公司更名为山钢公司，原济钢公司的资产、负债、权益、业务及其他权利与义务由山钢济南公司承继。山钢济南公司未按照约定履行《保兑仓业务三方合作协议》，构成违约，兴业银行济南分行要求山钢济南公司承担连带还款责任符合合同约定和法律规定，故山钢公司应与山钢济南公司共同对旺隆公司的债务承担连带还款责任。兴业银行济南分行依合同约定为旺隆公司垫付了银行承兑汇票款，履行了合同义务。旺隆公司未按合同约定在银行承兑汇票到期前向兴业银行济南分行足额交存票款，应承担还款责任，并按合同约定支付利息。遂判决旺隆公司偿还兴业银行济南分行银行承兑汇票垫付款本金56707177.04元及利息1081765.24元；山钢公司、山钢济南公司就旺隆公司的偿还义务承担连带清偿责任。

（三）典型意义

该案是山东省内首例保兑仓纠纷案件，该案的判决起到很好的示范效应。"保兑仓"是指以银行信用为载体，以银行承兑汇票为结算工具，由银行控制货权，卖方受托保管货物并对承兑汇票保证金以外金额部分由卖方以货物回购作为担保措施，由银行向卖方和买方提供的以银行承兑汇票的一种金融服务。保兑仓作为一种新类型融资方式，对卖方而言，保障了收款；对买方而言，降低了融资成本；对银行而言，保障了资金安全。该案的判决，充分体现了人民法院在支持新类型融资方式、规范融资市场发展方面的职能作用。

——《最高人民法院发布的五起典型案例》（2014年6月24日），载胡云腾主编、最高人民法院案例指导工作办公室编著：《中国案例指导》总第1辑，法律出版社2015年版，第260~261页。

1552

在计算保兑仓合同保证人实际应承担的保证责任时，应以承兑金额与银行出具提货单累计金额之间的差额再减去未出具提货单的备付金数额

关键词｜保兑仓合同｜保证责任｜

【最高人民法院裁判文书】

中信银行股份有限公司大连分行与张家口中地装备探矿工程机械有限公司、大连中聚能源有限公司等合同纠纷申请再审案[最高人民法院(2015)民提字第16号民事判决书]

最高人民法院认为：三、关于《保兑仓协议》约定的张家口公司承担保证责任的对象。本院认为，在保兑仓交易模式中，如张家口公司承担保证责任以中信银行出具提货单为条件，会造成当事人权利义务显失公平。张家口公司作为供货方接受7522、7525汇票收取货款后，相应的合同权利已经实现，同时，其还占有货物。其在权利已经完全实现的情况下不承担任何义务，显失公平。故张家口公司承担保证责任不以中信银行出具提货单为条件。

张家口公司主张，其并非应对银行承兑金额与乙方备付金额之间的差额承担保证责任，而是对银行出具的提货单累计金额与承兑金额之间的差额承担保证责任。本院认为，《保兑仓协议》约定张家口公司就提货单累计金额与承兑金额之间的差额承担保证责任，该差额是张家口公司承担保证责任的最大范围，但其实际承担保证责任的大小，必然受大连中聚缴付备付金数额的影响。大连中聚已经缴付备付金，但是未出具提货单部分的数额当然应予扣除，因为这部分并不构成中信银行的损失，扣除这一部分，是减轻张家口公司的保证责任。即在计算张家口公司实际应承担的保证责任时，应以承兑金额与银行出具提货单累计金额之间的差额再减去未出具提货单的备付金数额。张家口公司保证责任的对象并未发生变化，其承担的还是提货单累计金额与承兑金额之间的差额保证责任，只是因扣减未出具提货单的备付金额，导致其实际承担责任数额减少。

中信银行承兑7522、7525汇票是履行《保兑仓协议》，中信银行承兑并将汇票交付张家口公司后，即已完成了《保兑仓协议》约定的主要合同义务。汇票到期后，中信银行必须依法向持票人付款。原审已经查明了中信银行于2013年1月4日向7522、7525汇票的持票人大雪集团付款的事实。因大连中聚缴付的保证金不足，差额部分形成中信银行的损失。中信银行要求张家口公司承担相应的保证责任，符合《保兑仓协议》的约定，应予支持。

——中国裁判文书网，http://wenshu.court.gov.cn。

1553

以物抵债协议不宜认定为流质契约

关键词｜以物抵债｜流质契约｜

【最高人民法院裁判文书】

山西羽硕房地产开发有限公司与山西智海房地产开发有限公司、山西五峰建设发展有限公司案[最高人民法院(2009)民申字第1600号民事裁定书]

裁判要旨:债务清偿期限届满前,债务人与债权人时某特定物进行协商作价,达成如到期不能清偿债务,则以相当价值的该标的物抵销债务的以物抵债协议,不属流质契约,但合法有效。

最高人民法院经审查认为:羽硕公司于2004年7月10日向智海公司出具还款承诺,承诺书第四条载明:"若不能按上述约定支付款项时,以羽硕房地产名下的羽硕写字楼,作价3000元/平方米折抵给贵公司。"该条款属于以房屋折价抵偿债务条款,并无抵押担保的意思表示,不属于抵押担保条款。不违反法律的禁止性规定,应认定有效。原判决认定还款承诺有效是正确的。至于羽硕公司提出智海公司乘人之危迫使其写下承诺、承诺显失公平的问题,其在本案中并未提供证据证实,且乘人之危或显失公平的民事行为属于可撤销的民事行为,并非无效民事行为,羽硕公司并未依法行使撤销权。原审法院判令羽硕公司履行承诺以房折抵欠款并无不当。

——《人民司法·案例》2014年第2期

【链接:最高人民法院法官著述】

三、以物抵债协议与流质契约的区别

清偿期届满后的以物抵债协议与流质契约很好区分。清偿期限届满前的以物抵债协议与流质契约表面看有共同之处,甚至有学者和法官认为清偿期届满前的以物抵债协议就是流质契约,但笔者认为两者本质上存在不同。第一,是否存在担保合同。流质契约是担保合同中的条款;以物抵债协议不具有担保性质,是对债的履行的变更。流质契约中的物为抵押或者质押物;以物抵债协议中的代替物是债的履行标的。第二,物的价值与债权数额的关系。两者区分的关键在于合同是否排除了债权实现时对物的折价、清算程序。《担保法》第三十五条中规定:“抵押权人所担保的债权不得超过其抵押物的价值”,明确了担保物的价值必须大于或者等于债权的价值,即便抵押物的价值畸高于债权数额,法律也不禁止。而以物抵债协议中物的价值约等于债权数额,该等值性可以市场价格为参考,也可以当事人在签订以物抵债协议之时真实意思表示为准。第三,合同目的方面。传统民法上认为债权人签订流质契约目的是利用优势地位获得大于债权的利益;而以物抵债协议是平等民事主体之间的合意,建立在意思表示自由、真实的基础上。

——刘琨:《以物抵债协议不宜认定为流质契约》,载《人民司法·案例》2014 年第 2 期。

麦读
MyRead

THE COLLECTION OF
THE SUPREME PEOPLE'S COURT'S
JUDICIAL RULES

新编版

最高人民法院司法观点集成

商事卷

V

总主编 | 刘德权　本卷主编 | 俞宏雷

中国法制出版社

本卷总目

CONTENTS

本册细目

CONTENTS

第十三章　涉外商事、海事海商

第十四章　域外仲裁裁决与外国判决的承认与执行

本册关键词索引

INDEX

D

E

F

G

H

J

T

Z

第十三章 | CHAPTER 13

涉外商事、海事海商

一、一般要求

1554

涉外商事审判要主动服务大局，提高服务“走出去”战略的自觉性

关键词｜涉外商事审判｜

【最高人民法院司法政策】

依法服务和保障互利共赢开放战略实施。深入研究开放型经济发展进程中各类涉外案件的新特点，加强对涉及“一带一路”、自由贸易区、自贸试验区、国际知识产权案件的研判，认真分析各类案件新情况，总结类案审判规律，统一裁判标准，维护法治化、国际化、便利化的营商环境。加强对TPP、TTIP等条约导致的新类型国际经济法律关系的研究，及时提出司法应对策略。重视涉外仲裁在开放发展中的重要意义，依法支持和监督国际商事仲裁。要准确理解和适用国际条约与惯例，加强外国法的查明和适用，严格适用纽约公约承认与执行国际商事仲裁裁决，为更高层次的开放发展提供国际化的法治保障，为国际商法发展和国际治理作出中国应有的贡献。

——周强：《深入贯彻五大发展理念，加强民事商事审判工作，为实施“十三五”规划提供有力司法服务和保障——在第八次全国法院民事商事审判工作会议上的讲话》(2015年12月23日)，载景汉朝主编、最高人民法院立案庭编：《立案工作指导》总第45辑，人民法院出版社2016年版，第37～38页。

司法管辖是把牢“蓝色国土”、促进“拓展蓝色经济空间”的重要法治保障。要强化国家主权意识，依法对我国管辖海域内的各类海洋开发利用活动行使海事司法管辖权，积极宣示国家海洋司法主权，维护“蓝色国土”安全。要密切关注现代海洋经济发展，准确把握全面实施“十三五”规划、全面建成小康社会的司法需求，加强对新情况新问题的研究，完善司法应对。要充分发挥海事审判职能作用，发挥海事法院专属性、专业性及管辖区域特殊

性的独特优势，依法化解各类海事海商纠纷，妥善审理好海洋环境污染案件和与海相通的可航水域环境污染案件，平等保护中外各方当事人合法权益，促进形成法治化、国际化、便利化的营商环境。要加强对重大敏感案件的审理，及时总结标志性案件的审判经验，强化对涉及海洋权益保护相关案件审理的指导，使海事司法成为维护我国主权、安全、发展利益的重要领域，展现中国司法形象。

——周强：《在全国海事审判工作会议和“最高人民法院国际海事司法研究基地”暨“国家法官学院青岛海事分院”揭牌仪式上的讲话》(2015 年 12 月 16 日)，载贺荣主编、最高人民法院民事审判第四庭编：《涉外商事海事审判指导》总第 31 辑，人民法院出版社 2016 年版，第 11 页。

14. 善用法治思维主动研判大局。寻找构建创新型经济新体制、建设海洋强国与涉外商事海事审判的连接点，围绕“走出去”企业法律风险防范、我国海洋权益保护、国际海事司法中心建设、海洋生态文明司法保障、自贸区法治保障、“一带一路”法治保障、“两岸四地”经贸合作司法保障机制、边境贸易与区域经济合作司法保障、涉外民商事司法环境优化等新问题、新情况开展前瞻性、预判性调研，及时形成调研成果，通过制定司法解释、个案指导、向有关部门出具司法建议或立法建议、配合有关部门工作等多种方式，主动服务国家改革开放战略和建设海洋强国战略。

15. 密切关注相关改革措施对涉外商事海事审判工作的影响。当前，我国正处在全面深化改革的关键时期，要密切关注相关领域的改革对涉外商事海事审判产生的影响，适时调整裁判思路，适时出台或修改司法解释、指导性意见，保障相关改革的顺利进行。如密切关注国家行政审批制度改革尤其是外商投资审批制度改革对外商投资企业股权转让、并购纠纷处理思路的影响；外汇管理体制改革、金融业开放对跨境融资、对外担保以及国际金融衍生交易行为等法律行为效力认定思路的影响；深入研究因对赌条款、协议控制、多层级离岸公司控制权等国际资本运作产生的相关纠纷；及时研究制定海洋生态环境损害赔偿认定规则等。

——《最高人民法院关于全面推进涉外商事海事审判精品战略，为构建开放型经济体制和建设海洋强国提供有力司法保障的意见》(2015 年 7 月 14 日，法〔2015〕205 号)

4. 公正高效审理涉“一带一路”建设相关案件，营造公平公正的营商投资环境。要密切关注新亚欧大陆桥经济走廊建设等国际经济合作，依法及时审理相关的基础设施建设、经贸往来、产业投资、能源资源合作、金融服务、生态环境、知识产权、货物运输、劳务合作等涉外民商事案件，依法积极保障“走出去”“引进来”战略实施。要密切关注重点港口、航运枢纽等海上战略通道建设，依法及时妥善审理相关的港口建设、航运金融、海上货物运输、海洋生态保护等海事海商案件，依法促进海洋强国战略。要正确理解和把握自贸区建设有关“准入前国民待遇”和“负面清单”的相关规定和政策，处理好当事人意思自治与行政审批的关系，及时修订和调整相关司法政策，严格限制认定合同无效的范围，促进对外开放。要严格贯彻对中外当事人平等保护原则，坚持各类市场主体的诉讼地位平等、法律适用平等、法律责任平等。

——《最高人民法院关于人民法院为“一带一路”建设提供司法服务和保障的若干意见》(2015年6月16日，法发〔2015〕9号)

一是要从为大局服务的高度充分认识人民法院在服务“走出去”战略中的服务作用。“走出去”战略是党中央从我国经济发展全局出发作出的一项重大战略决策，是全面提高开放型经济水平的重要内容，是加快转变经济发展方式的重要环节，对于拓展国民经济发展空间、深化对外开放水平、全面参与经济全球化也具有重要意义。涉外商事审判工作要树立大局意识，以更广阔的视野，统筹兼顾国内国际两个大局，通过发挥司法的职能作用，为我国企业参与国际经济合作和竞争创造新优势。

二是要从提升我国司法国际公信力的高度认识人民法院在服务“走出去”战略中的促进作用。长期以来，我国涉外商事审判工作尊重当事人意思自治，依法平等保护中外当事人的合法权益，树立了良好的司法国际形象。涉外商事审判服务“走出去”战略，要在保持、发挥涉外商事审判工作窗口作用的基础上，完善司法工作机制，进一步提升我国司法的国际公信力。

三是要从维护国家主权和经济安全的高度认识人民法院在服务“走出去”战略中的维护作用。随着全球经济一体化的不断发展，国际经贸领域的贸易保护主义、倾销与反倾销等争端日趋复杂，一些国家针对我国“走出去”企业频频出台反倾销措施，严重阻碍了企业“走出去”的步伐；个别国家的法院，无视国家主权平等原则，擅自受理对我国政府提起的诉讼，严重侵害了我国国家主权；个别外国仲裁裁决，明显偏袒外方当事人，歧视我国“走出去”企业，严重侵害我国企业的合法权益。涉外商事审判法官要充分利用其司法经验和专业知识，积极向有关部门建言献策，主动向企业提示风险，以维护我国国家主权和经济安全。

——江必新：《加强理论研究，提升我国涉外商事审判的国际公信力——在中国审判理论研究会涉外专业委员会第三次会议上的讲话》，载江必新、贺荣主编，最高人民法院民事审判第四庭编：《涉外商事海事审判指导》总第27辑，人民法院出版社2014年版，第2~3页。

1555

增强我国司法的国际公信力，涉外商事审判要特别注意处理好的关系

关键词｜涉外商事审判｜

【最高人民法院司法政策】

5. 依法行使司法管辖权，为中外市场主体提供及时、有效的司法救济。要充分尊重“一带一路”建设中外市场主体协议选择司法管辖的权利，通过与沿线各国友好协商及深入开展司法合作，减少涉外司法管辖的国际冲突，妥善解决国际间平行诉讼问题。要遵循国际条约和国际惯例，科学合理地确定涉沿线国家案件的联结因素，依法行使司法管辖权，既要维护我国司法管辖权，同时也要尊重沿线各国的司法管辖权，充分保障“一带一路”建设中外市场主体的诉讼权利。要严格落实《最高人民法院关于人民法院登记立案若干问题的规定》，对依法应当受理的涉“一带一路”建设相关案件，一律接收诉状，当场登记立案，依法尽快作出裁判，及时解决纠纷。要进一步完善境外当事人身份查明、境外证据审查、境外证人作证等制度，最大限度方便中外当事人诉讼。

——《最高人民法院关于人民法院为“一带一路”建设提供司法服务和保障的若干意见》（2015年6月16日，法发〔2015〕9号）

三是坚持平等保护原则。平等保护原则不仅体现为对中外当事人、港澳台当事人、海外侨胞一视同仁，平等保障各方当事人的程序权利和实体权利，还体现为

保障各方当事人公平参与市场竞争,保障各种所有制经济依法平等使用生产要素。要充分尊重当事人的合同约定和公司自治权利,秉持信守契约精神,避免在审判过程中轻率以司法判断取代商业判断;要优先适用商法规范,注意公司法、外商投资企业法、票据法、海商法等商事法律的特殊规定;要尊重商事交易惯例,强化商事交易登记的公示公信效力,以司法裁判引导、支持和鼓励市场诚信行为,维护公平竞争的市场秩序;要杜绝在个案中以维护国家利益为名行地方保护主义之实,防止为追求局部利益、短期利益而损害国家长远利益、整体利益及司法公信。

——贺荣:《深入学习贯彻党的十八届四中全会精神,全面推进涉外商事海事审判工作,为开放型经济新体制和海洋强国战略提供坚实司法保障——在第四次全国涉外商事海事审判工作会议上的讲话》(2014 年 11 月 18 日),载贺荣主编、最高人民法院民事审判第四庭编:《涉外商事海事审判指导》总第 29 辑,人民法院出版社 2015 年版,第 28 页。

一是特别注意处理好维护我国当事人利益与维护境外当事人利益间的关系。人民法院要严格坚持"以事实为依据、以法律为准绳"的原则,始终站在公平公正的立场,平等保护中外当事人的合法权益。我国当事人确实违法的,也要坚决依法予以制裁,不能偏袒纵容,因为违法行为是对整个市场规则的破坏,支持违法行为就是支持不诚信行为。退一步说,我们偏袒我国当事人,受到不公正待遇的外国当事人会在国际上干扰阻挠"走出去"企业,国外法院也可能会采取同等方式歧视我国的"走出去"企业,给企业本身造成更大损失的同时,还影响了"走出去"战略的加快实施,得不偿失。总之,维护"走出去"企业的利益要做到"维之有根、护之有据、保之有理"。否则,过分地强调保护我国当事人的权益,一旦偏离法律的底线,将会极大地贬损我国司法的国际公信力,最终受损的还是"走出去"企业的合法权益。

二是要特别注意处理好当前利益、眼前利益、局部利益与长远利益、根本利益、国家利益的关系。服务"走出去"战略是国家利益、是根本利益、是长远利益,而个别企业、某一地方的利益则是局部利益、是当前利益、是眼前利益。我们必须要着眼维护国家的整体利益、维护地方的长远利益,杜绝以服务"走出去"战略之名行地方保护主义之实、行侵害外国当事人合法权益之实、行损害国家司法形象之实等不良现象的发生。

三是要特别注意处理好合法性与正当性的关系。长期以来,我们服务大局讲得多,依法办事讲得少;合法性讲得多,正当性讲得少;实体正义讲得多,程序正义讲得少。因此，有必要兼顾法律效果和社会效果、正当性与合法性、实体正义与程序正义的关系。审理案件要力求做到认定事实清楚、适用法律正确、审判程序合法、处理结果公正、法律文书规范的基本要求，确保裁判经得起法律、社会和历史的检验。要强调程序合法，送达、管辖、庭审、执行等各个环节都要做到裁之依法、判之有理。要兼顾实体公正，慎重运用司法裁量权，法律解释、漏洞补充既要严格依法解释，还要注重正当性，做到裁之合理、量之有度。在承认与执行外国判决、裁决时要兼顾平等性与对等性的要求，既注重维护我国司法的国际公信力，又注重维护我国司法的权威性，做到执之有根、拒之有据。

——江必新：《加强理论研究，提升我国涉外商事审判的国际公信力——在中国审判理论研究会涉外专业委员会第三次会议上的讲话》，载江必新、贺荣主编，最高人民法院民事审判第四庭编：《涉外商事海事审判指导》总第27辑，人民法院出版社2014年版，第4～5页。

1556

依法保障自贸试验区建设的制度创新

关键词 | 自贸试验区 |

【最高人民法院司法政策】

一、提高认识，切实增强为自贸试验区建设提供司法保障的责任感和使命感

1. 深刻认识自贸试验区建设的重大意义。自贸试验区是我国改革开放的试验田，是我国构建开放型经济新体制的重要窗口。自贸试验区的建设，对完善我国经济体制机制是有力的推动，在法律实施方面有重大影响。各级人民法院应当积极做好司法应对，从全面推进依法治国的高度树立大局意识，严格依法办事，公正、高效审理各类涉自贸试验区的案件，平等保护中外当事人合法权利，为自贸试验区的建设提供优质高效的司法保障。

2. 依法保障自贸试验区建设的制度创新。自贸试验区的建设肩负着为我国全面深化改革和扩大开放探索新途径、积累新经验的历史使命，也是对凡属重大改革都要于法有据的中央决策的积极尝试。各级人民法院应探索为自贸试验区提供司法保障的改革举措，同时，要确保这些改革举措的探索在法律框架内进

行。在准确适用法律的基础上，注重及时调整裁判尺度，积极支持政府职能转变，尊重合同当事人的意思自治，维护交易安全。

积极参与自贸试验区的治理体系和治理能力现代化建设。在自贸试验区进行的政府职能转变、投资领域开放、贸易发展方式转变、金融领域开放创新、完善法治保障等各项工作中，各级人民法院要结合自身的司法实践，积极配合各项改革措施的实施，主动完善工作机制，创新工作方法，为营造公正、公开、透明的法治环境和法治化、国际化、便利化的营商环境作出积极贡献。

——《最高人民法院关于为自由贸易试验区建设提供司法保障的意见》(2016 年 12 月 30 日，法发〔2016〕34 号)

1557

外国企业在我国境内设立的分支机构及代表机构的诉讼地位

关键词｜外国企业分支机构｜外国企业代表机构｜

【最高人民法院司法政策】

外国企业在我国境内依法设立并领取营业执照的分支机构，具有民事诉讼主体资格，可以作为当事人参加诉讼。因分支机构不能独立承担民事责任，其作为被告时，人民法院可以根据原告的申请追加设立该分支机构的外国企业为共同被告。

外国企业在我国境内设立的代表机构不具有诉讼主体资格的，涉及代表机构的纠纷案件应由外国企业作为当事人参加诉讼。

——《最高人民法院关于印发〈第二次全国涉外商事海事审判工作会议纪要〉的通知》(2005 年 12 月 26 日，法发〔2005〕26 号)

1558

正确适用国际国内法律，妥善保护出口企业的权益

关键词｜出口企业权益保护｜出口退税｜

【最高人民法院司法政策】

一是在FOB贸易条件下,作为出口方的实际托运人和契约托运人均要求承运人签发提单的,法院应当裁决承运人向实际托运人签发提单,但是承运人已应契约托运人的要求签发提单且实际托运人在提单签发前没有特别明示的,承运人对实际托运人不负签发提单的责任。二是为应对买方拒绝提货或者以拒绝提货相要挟要求出口方降价销售货物,应支持出口方行使中途停运权,及时安排货物返运。三是承运人签发提单后在目的地不凭正本提单向收货人交付货物,出口方既可以以买卖合同选择起诉国外收货人,也可以依照运输合同起诉承运人。出口方选择起诉承运人的,法院应依法及时判决承运人向持有提单的出口方赔偿不凭正本提单交付货物所造成的损失。

——万鄂湘:《坚持"为大局服务,为人民司法"努力实现海事审判工作科学发展——在全国海事法院院长工作座谈会上的讲话》(2009年6月25日),载万鄂湘主编、最高人民法院民事审判第四庭编:《涉外商事海事审判指导》总第19辑,人民法院出版社2010年版,第8页。

【《最高人民法院公报》案例】

北京博创英诺威科技有限公司与保利民爆科技集团股份有限公司合同纠纷案[最高人民法院(2013)民提字第73号民事判决书]

裁判摘要:出口退税是我国为鼓励出口而采取的措施。本案并不存在没有真实货物出口而假冒出口的情形,出口方有权获得出口退税款。本案所涉外贸代理合同约定了出口退税款由外贸代理人支付给委托人的条款。该条款是当事人关于出口退税款再分配的约定,系当事人基于真实意思的有权处分,该合同不应因此被认定为为达到骗取国家出口退税款这一非法目的而签订的合同,不应因此被认定无效。外贸代理人获得的出口退税款应当依约支付给委托人。

最高人民法院认为:本案争议的焦点:一是本案所涉《合作协议》的效力如何认定?二是民爆公司所得出口退税款应如何处理?

一、关于本案所涉《合作协议》的效力。博创公司与民爆公司之间签订的《合作协议》明确约定,合作出口钻机设备,由民爆公司负责签署和执行外贸合同和国内收购合同,但外贸合同与国内收购合同将直接约束博创公司与外商、博创公司与国内供货商,民爆公司收取外贸合同总金额0.6%的管理费。从《合作协议》的内容看,该协议为典型的外贸代理合同。经修订于2004年7月1日施行的《对外贸易法》,取消了对外贸易许可制度,扩大了"对外外贸经营者"的范围,该法第八条规定,对外贸易经营者"是指依法办理工商登记或者其他执业手续,依照本法和其他有关法律、行政法规的规定从事对外贸易经营活动的法人、其他组织或者个人";第十二条规定,"对外贸易经营者可以接受他人的委托,在经营范围内代为办理对外贸易业务"。《合作协议》是双方当事人的真实意思表示,内容并不违反我国法律、行政法规的强制性规定,因此应当认定有效。

二审判决认定《合作协议》无效的理由主要有两点:一是《合作协议》关于国有资产利益输出的合同目的非法;二是《合作协议》具有为不得申报办理出口退税的业务获取出口退税款的非法目的。关于利益输出损害国有资产的合法权益问题,《合作协议》的内容是博创公司组织货源、收购出口产品并与外商确定出售事宜,但是以民爆公司的名义对内签订收购合同、对外签订出口合同,这样的贸易形式并不违反我国法律、行政法规的规定,不属于合同法规定的以合法形式掩盖非法目的的情形。双方通过《合作协议》约定在相应出口贸易中的权利义务以及利益分配,是当事人的真实意愿,二审判决认为大部分利益归于博创公司从而认定利益失衡并进一步认定损害了国有资产利益,缺乏事实和法律依据。关于出口退税的问题。本案所涉出口业务项下外贸合同实际履行且已履行完毕,有真实的货物出口,退税主体是与外商签订出口贸易合同的民爆公司,民爆公司获得出口退税符合我国法律、行政法规的规定。《合作协议》约定民爆公司在收到外贸合同项下的出口退税款后,在五个银行工作日内将全部退税款支付给博创公司,是当事人之间就民爆公司依法获得的出口退税款再行分配的约定,是当事人的真实意思,且民爆公司有权处分该笔款项。出口退税是我国为鼓励出口而采取的措施,本案并不存在没有真实货物出口而假冒出口的情形,并非骗取国家出口退税款的情形。二审法院在二审过程中征求了国家税务总局的意见,但国家税务总局仅是就国家税务总局、商务部《关于进一步规范外贸出口经营秩序切实加强出口货物退(免)税管理的通知》第二条第二项的规定如何理解提出意见,没有就本案系争的《合作协议》合同效力作出认定,国家税务总局、商务部《关于进一步规范外贸出口经营秩序切实加强出口货物退(免)税管理的通知》并非行政法规,如果民爆公司与博创公司的行为违反了其中的规定,是否以及如何进行行政处罚,是主管部门的行政职责,并非本案审理的范围。因此,《合作协议》并非为达到骗取国家出口退税款这一非法目的而签订的合同。

综上，本案所涉《合作协议》并不存在《合同法》第五十二条规定的任一情形，二审法院认定《合作协议》无效，没有事实和法律依据，应予纠正。博创公司关于《合作协议》有效的申请再审理由成立，应予支持。

二、关于本案所涉出口退税款的处理。基于《合作协议》有效，双方当事人均应依约履行合同义务。《合作协议》第五条明确约定民爆公司在收到外贸合同项下的出口退税款后，在五个银行工作日内将全部退税款支付给博创公司，民爆公司即应将出口退税款人民币38458237.51元支付给博创公司。二审判决关于"已获取的出口退税应依相关行政法规处理"不当，应予纠正。民爆公司关于本案出口业务系其自营的主张，因其未提供充分的证据予以证明，故不予支持。鉴于博创公司没有提出上诉，认可一审判决结果，即从出口退税款人民币38458237.51元中扣减人民币180万元作为民爆公司的劳务报酬，民爆公司应向博创公司支付人民币36658237.51万元，对此，本院予以确认。

此外，民爆公司应当根据《合作协议》第四条的约定，将内外贸合同履行后所得差价款扣除相关成本费用及其应得的管理费后，支付给博创公司。对此，博创公司明确表示认可一审判决确认的数额，即人民币9852037.93元，不再坚持人民币10113120.06元的主张，本院予以确认。民爆公司认为《合作协议》并未实际履行，其与博创公司实际履行的是《服务合同》，二审判决根据《服务合同》确定民爆公司影响博创公司的付款是合理的。从《服务合同》及其后的《补充协议》内容及本案内外贸合同履行的实际情况看，博创公司关于双方签订《服务合同》及其后的《补充协议》的缘由更具说服力，即双方签订《服务合同》是为了使博创公司提前获得预付款保函项下款项以用于履行《合作协议》项下的义务。《服务合同》并未得到实际履行，故《服务合同》中的人民币975万元款项不应被作为确定民爆公司向博创公司付款的依据。二审判决根据《服务合同》确定民爆公司对博创公司的应付款项欠妥，应予纠正。

——《最高人民法院公报》2015年第3期

【链接：最高人民法院法官著述】

出口退税，是国家为增强出口商品的竞争能力，由税务部门将商品中所含的间接税退还给出口商，从而使出口商以不含税价格进入国际市场参与国际竞争，鼓励出口货物的一项税收措施。国家税务总局、商务部联合发布的国税发

〔2006〕24 号文，从文件性质上看属部门规章，并非行政法规，特别是该文件的主要目的是为了打击以“四自三不见”方式从事假出口贸易骗取出口退税的行为，而本案中有真实的货物出口，并非假冒出口、骗取出口退税款的情形，因此理应得到出口退税。外贸代理合同中的受托人根据合同约定，将其名下获得的出口退税款转付给委托人，是双方当事人之间的自愿处分行为，因此，不应根据国税发〔2006〕24 号文的规定认定《合作协议》中关于出口退税款由民爆公司支付给博创公司的内容是以合法形式掩盖非法目的的行为。民爆公司应当依约向博创公司支付出口退税款。事实上，税务部门在最高人民法院再审本案时，仍没有对本案所涉出口退税款予以追回。退一步分析，如果税务机关追回了出口退税款，则民爆公司可以以不当得利为由向博创公司追索该部分款项。二审法院以“合法形式掩盖非法目的”为由认定《合作协议》无效，缺乏事实依据。

——高晓力：《外贸代理合同中关于出口退税款约定的效力——北京博创英诺威科技有限公司与保利民爆科技集团股份有限公司外贸代理合同纠纷再审案评析》，载江必新、贺荣主编，最高人民法院民事审判第四庭编：《涉外商事海事审判指导》总第 27 辑，人民法院出版社 2014 年版，第 127 ~ 129 页。

1559

涉外商事审判中外国法的查明

关键词 | 涉外商事审判 | 外国法查明 |

【最高人民法院司法解释】

第十七条 人民法院通过由当事人提供、已对中华人民共和国生效的国际条约规定的途径、中外法律专家提供等合理途径仍不能获得外国法律的，可以认定为不能查明外国法律。

根据涉外民事关系法律适用法第十条第一款的规定，当事人应当提供外国法律，其在人民法院指定的合理期限内无正当理由未提供该外国法律的，可以认定为不能查明外国法律。

第十八条 人民法院应当听取各方当事人对应当适用的外国法律的内容及其理解与适用的意见，当事人对该外国法律的内容及其理解与适用均无异议的，人民法院可以予以确认；当事人有异议的，由人民法院审查认定。

——《最高人民法院关于适用〈中华人民共和国涉外民事关系法律适用法〉若干问题的解释（一）》（2012 年 12 月 28 日，法释〔2012〕24 号）

【最高人民法院司法政策】

11. 建立合理的外国法查明机制。人民法院审理的涉自贸试验区的涉外民商事案件，当事人约定适用外国法律，在人民法院指定的合理期限内无正当理由未提供该外国法律或者该国法律没有规定的，适用中华人民共和国法律；人民法院了解查明途径的，可以告知当事人。当事人不能提供、按照我国参加的国际条约规定的途径亦不能查明的外国法律，可在一审开庭审理之前由当事人共同指定专家提供。根据冲突法规范应当适用外国法的，人民法院应当依职权查明外国法。

——《最高人民法院关于为自由贸易试验区建设提供司法保障的意见》（2016 年 12 月 30 日，法发〔2016〕34 号）

7. 依法准确适用国际条约和惯例，准确查明和适用外国法律，增强裁判的国际公信力。要不断提高适用国际条约和惯例的司法能力，在依法应当适用国际条约和惯例的案件中，准确适用国际条约和惯例。要深入研究沿线各国与我国缔结或共同参加的贸易、投资、金融、海运等国际条约，严格依照《维也纳条约法公约》的规定，根据条约用语通常所具有的含义按其上下文并参照条约的目的及宗旨进行善意解释，增强案件审判中国际条约和惯例适用的统一性、稳定性和可预见性。要依照《涉外民事关系法律适用法》等冲突规范的规定，全面综合考虑法律关系的主体、客体、内容、法律事实等涉外因素，充分尊重当事人选择准据法的权利，积极查明和准确适用外国法，消除沿线各国中外当事人国际商事往来中的法律疑虑。要注意沿线不同国家当事人文化、法律背景的差异，适用公正、自由、平等、诚信、理性、秩序以及合同严守、禁止反言等国际公认的法律价值理念和法律原则，通俗、简洁、全面、严谨地论证说理，增强裁判的说服力。

——《最高人民法院关于人民法院为"一带一路"建设提供司法服务和保障的若干意见》（2015 年 6 月 16 日，法发〔2015〕9 号）

二是准确适用国际条约和准据法。广大涉外商事海事审判人员要加强对国际条约的学习，做到准确理解、熟练运用、规范解释。对于条约语义不明、不同语言版本存在分歧的，要根据《维也纳条约法公约》的规定，结合条约文本用语和上下文语境，参考条约的目的和宗旨，善意解释，确定其含义。要严格依照《涉外民事关系法律适用法》等冲突规范的规定，确定案件的准据法，对于应当适用外国法的，依照法律规定予以查明，要防止一味追求审判便利而不积极查明或不适用外国法的现象。

——贺荣：《深入学习贯彻党的十八届四中全会精神，全面推进涉外商事海事审判工作，为开放型经济新体制和海洋强国战略提供坚实司法保障——在第四次全国涉外商事海事审判工作会议上的讲话》（2014 年 11 月 18 日），载贺荣主编、最高人民法院民事审判第四庭编：《涉外商事海事审判指导》总第 29 辑，人民法院出版社 2015 年版，第 28 页。

【最高人民法院审判业务意见】

为解决外国法律查明和适用的问题，最高法院已经采取了许多举措，包括依托中国政法大学建立了外国法查明中心，依托西南政法大学建立了东盟法律查明中心，依托深圳前海建立了港澳台和外国法律查明中心，当前还正在抓紧研究外国法查明的具体细则。但当前，查明与适用外国法的情况仍不乐观。

在查明和适用外国法律时，要注意把握以下原则：当事人约定适用外国法，在人民法院指定的合理期限内无正当理由未提供该外国法律的，适用中国法；办案法院了解查明途径的可以告知当事人，从而有利于当事人提供相关法律；根据冲突法应当适用外国法的，人民法院应当依职权查明外国法。未根据《涉外民事法律关系适用法解释》第十七条规定的合理途径予以查明的，不得简单地以未能查明为由适用中国法。

——最高人民法院民四庭庭长张勇健：《在全国涉外商事海事审判庭长座谈会上的讲话》（2016 年 4 月 7 日），载贺荣主编、最高人民法院民事审判第四庭编：《涉外商事海事审判指导》总第 32 辑，人民法院出版社 2017 年版，第 19 页。

涉外民商事审判过程中，根据我国冲突规范的规定，有些案件应当适用外国法。根据我国《涉外民事关系法律适用法》第十条的规定，外国法查明原则上是执法机关的义务。因此,各级人民法院在具体案件中将会直接面临查明外国法的问题。我国法院的法官如何确定外国法的相关内容并正确适用是个难题,亦因此外国法查明一直是制约涉外民商事审判效率的"瓶颈"问题。各级法院的法官在审判实践中基本能够按照最高人民法院关于适用民法通则的司法解释中关于外国法查明途径的相关规定,积极查明外国法,但仍有一些法院在个别案件中随意以不能查明外国法为由不予适用外国法。对此,需要引起高度重视,特别是在区际私法冲突下,在应当适用香港法或者澳门法时,更不能轻易以不能查明为由不予适用香港法或者澳门法。最高人民法院民四庭正在摸索建立更为便利的外国法查明平台。

——罗东川:《在第四次全国涉外商事海事审判工作会议上的总结讲话》(2014 年 11 月 19 日),载贺荣主编、最高人民法院民事审判第四庭编:《涉外商事海事审判指导》总第 29 辑,人民法院出版社 2015 年版,第 40 ~ 41 页。

【链接:最高人民法院法官著述】

建立合理的外国法查明机制是涉自贸试验区民商事审判工作提出的迫切要求。自贸试验区倡导国际化的营商环境,人民法院依法尊重当事人对准据法包括外国法的选择。当事人约定适用外国法的,应在人民法院指定的期限内提供外国法律。《最高人民法院关于为自由贸易试验区建设提供司法保障的意见》第 11 条还明确了如何发挥外国法专家在外国法查明中的作用,强调了在根据冲突法规范应当适用外国法的情形下,人民法院应当依职权查明外国法。

自贸试验区建设是一项创举,改革措施层出不穷。为此,《最高人民法院关于为自由贸易试验区建设提供司法保障的意见》最后一条要求各级人民法院加强实时调研,及时发现问题,探索解决问题的办法与措施,并及时向最高人民法院报告情况,提出建议。

——张勇健、刘敬东、奚向阳、杨兴业:《〈关于为自由贸易试验区建设提供司法保障的意见〉的理解与适用》,载《人民法院报》2017 年 1 月 18 日。

1560

涉外民商事合同纠纷案件法律适用中公共政策条款的适用

关键词｜涉外合同｜法律适用｜公共政策｜

【最高人民法院司法解释】

第九条 当事人在合同中援引尚未对中华人民共和国生效的国际条约的，人民法院可以根据该国际条约的内容确定当事人之间的权利义务，但违反中华人民共和国社会公共利益或中华人民共和国法律、行政法规强制性规定的除外。

第十条 有下列情形之一，涉及中华人民共和国社会公共利益、当事人不能通过约定排除适用、无需通过冲突规范指引而直接适用于涉外民事关系的法律、行政法规的规定，人民法院应当认定为涉外民事关系法律适用法第四条规定的强制性规定：

（一）涉及劳动者权益保护的；

（二）涉及食品或公共卫生安全的；

（三）涉及环境安全的；

（四）涉及外汇管制等金融安全的；

（五）涉及反垄断、反倾销的；

（六）应当认定为强制性规定的其他情形。

——《最高人民法院关于适用〈中华人民共和国涉外民事关系法律适用法〉若干问题的解释（一）》（2012 年 12 月 28 日，法释〔2012〕24 号）

【链接：最高人民法院法官著述】

《涉外民事关系法律适用法》第五条的规定更为完善，表现在以下三个方面：一是强调了外国法适用的结果，而非外国法本身，将会损害我国社会公共利益的，才得以拒绝适用该外国法；二是删除了适用“国际惯例”违反我国社会公共利益的情形，因为国际惯例就其性质而言，不可能会违反我国的社会公共利益；三是明确了在以违反我国社会公共利益为由拒绝适用该外国法的情况下的法律适用问题，即适用我国法律。

……截至目前，我国法院没有根据公共政策条款拒绝适用外国法的案例发生。司法实践中，涉港、澳案件比照涉外案件处理。而到目前为止，内地法院仅在一类案件中曾经以违反我国内地的社会公共利益为由拒绝适用域外法——香港法或者澳门法，即对外外汇担保合同纠纷案件。广东省高级人民法院及其所辖部分中级人民法院以及最高人民法院，都曾经受理这类案件。这类案件涉及内地的担保人与香港或者澳门的债权人订立担保合同，为债务人所欠债权人外币债务提供担保，而担保合同中约定适用香港法或者澳门法。广东部分中级人民法院作出的裁决，系以适用香港法或者澳门法将违反内地的社会公共利益为由，根据《民法通则》第一百五十条的规定，不予适用香港法或者澳门法，转而适用内地法作出了裁决。具体理由是：内地法律规定，对外外汇担保须经外汇管理部门审批，否则合同无效。如果适用香港法或者澳门法，未经审批的对外外汇担保合同会被认定有效，由此势必架空内地外汇管制制度，因而构成违反内地社会公共利益的行为。

由此可以看出，我国法院对公共政策条款的确持慎用态度。公共政策条款本身具有模糊性、不确定性，其内涵是因时因地而异，且不断发展变化的，核心是保护本国的根本性利益。因此，一般认为，只有属于本国法律的基本原则、主权和安全、社会的善良风俗等方面的内容，或者能够上升成为上述内容的情形，才属于公共政策条款调整的范畴。

司法实践中，在根据我国冲突规范的指引应当适用外国法或域外法的情况下，应当注意审查是否存在将会违反我国社会公共利益的情形，如有，得拒绝适用该外国法，应当适用我国法律审理案件。

——高晓力：《涉外民商事合同纠纷案件法律适用若干问题研究》，载江必新、贺荣主编，最高人民法院民事审判第四庭编：《涉外商事海事审判指导》总第27辑，人民法院出版社2014年版，第225～226页。

二、国际货物买卖

1561

关于《联合国国际货物销售合同公约》的适用

关键词｜联合国国际货物销售合同公约｜准据法适用｜

【最高人民法院审判业务意见】

买卖合同纠纷案件的裁判标准基本趋于定型化，但是在标的物风险负担、出卖人瑕疵担保义务、检验期间、违约金与定金及赔偿损失之间的关系等问题上，各级法院仍存在认识上的差异。《联合国国际货物销售合同公约》(以下简称《销售公约》)集各国合同法、国际贸易法律以及商业惯例之大成，以其精巧的制度设计，合理分担权利和责任，保障商业交易的公平和效率。对公约判例进行汇总研究，并与我国相关国内立法进行比较研究，对审判实践大有裨益。

根据《最高人民法院转发对外经济贸易部〈关于执行联合国国际货物销售合同公约应注意的几个问题〉的通知》，公约加入国当事人之间达成的货物买卖合同如不另做法律选择，则合同规定事项将自动适用公约的有关规定，发生纠纷或诉讼亦依据公约处理。在适用《销售公约》处理国际货物买卖合同纠纷的实践中，最常见的问题是卖方提供的货物质量是否符合合同约定。公约第三十五条第二款对于买卖合同缺乏关于货物质量具体规定或规定不明确时，对出卖人的瑕疵担保义务提出了四项具体要求，即除当事人另有协议外，货物应当：(1)适用于同一规格货物通常使用的目的；(2)订立合同时买方曾明示或默示通知卖方的任何特定目的，除非情况表明买方并不依赖卖方的技能和判断力，或者这种依赖对他是不合理的；(3)质量与卖方向买方提供的货物样品或样式相同；(4)以通用方式进行装箱或包装，如无通用方式，按照足以保全和保护货物的方式装箱或包装。相较我国《合同法》第六十二条第(一)项“质量要求不明确的，按照国家标准、行业标准履行，没有国家标准、行业标准的，按照通常标准或者符合合同目的的特定标准履行”的规定，公约更强调卖方对所出售的货物应满足当事人对货物基本的期待和要求。在相关案例中，最高人民法院认为，如果当事人没有证据证明货物不能满足其使用目的的原因是由于货物质量存在瑕疵而造成的，在安装调试过程中并未提出异议,应视为卖方提供的货物质量符合合同约定。

再如,《销售公约》在第三十八条和第三十九条分别规定买方的检验义务和异议通知义务、第四十二条规定卖方对货物涉及知识产权的权利瑕疵担保义务、第四十六条规定替代履行的具体条件、第五十条规定减价的计算方法等,判断违约的标准更趋明确化,违约救济的方式更趋多样化。

——刘贵祥:《在全国涉外商事审判庭长座谈会上的总结讲话》,载万鄂湘主编、最高人民法院民事审判第四庭编:《涉外商事海事审判指导》总第22辑,人民法院出版社2013年版,第23页。

【《最高人民法院公报》案例】

中化国际(新加坡)有限公司与蒂森克虏伯冶金产品有限责任公司国际货物买卖合同纠纷案[最高人民法院(2013)民四终字第35号民事判决书]

裁判摘要:一、关于准据法的适用问题。该国际货物买卖合同纠纷的双方当事人营业地分别位于新加坡和德国。当事人在合同中约定适用美国法律。新加坡、德国、美国均为《销售公约》缔约国,当事人未排除公约的适用,因此本案的审理应首先适用《销售公约》。对于审理案件中涉及的问题公约没有规定的,例如合同效力问题、所有权转移问题,应当适用当事人选择的美国法律。

最高人民法院认为:一、本案法律适用以及合同效力问题。

本案为国际货物买卖合同纠纷,双方当事人均为外国公司,案件具有涉外因素。最高人民法院《涉外民事关系法律适用法解释(一)》第二条规定:“涉外民事关系法律适用法实施以前发生的涉外民事关系,人民法院应当根据该涉外民事关系发生时的有关法律规定确定应当适用的法律;当时法律没有规定的,可以参照涉外民事关系法律适用法的规定确定。”案涉《采购合同》签订于2008年4月11日,在《涉外民事关系法律适用法》实施之前,当事人签订《采购合同》时的《民法通则》第一百四十五条规定:“涉外合同的当事人可以选择处理合同争议所适用的法律,法律另有规定的除外。涉外合同的当事人没有选择的,适用与合同有最密切联系的国家的法律。”本案双方当事人在合同中约定应当根据美国纽约州当时有效的法律订立、管辖和解释,该约定不违反法律规定,应认定有效。由于本案当事人营业地所在国新加坡和德国均为《销售公约》缔约国,美国亦为《销售公约》缔约国,且在一审审理期间双方当事人一致选择适用《销售公约》作为确定其权利义务的依据,并未排除《销售公约》的适用,江苏高院适用《销售公约》审理本案是正确的。

而对于审理案件中涉及的问题《销售公约》没有规定的，应当适用当事人选择的美国纽约州法律。《〈联合国国际货物销售合同公约〉判例法摘要汇编》并非公约的组成部分，其不能作为审理本案的法律依据。但在如何准确理解公约相关条款的含义方面，其可以作为适当的参考资料。

人民法院审理合同纠纷案件，无论当事人是否对合同效力存在异议，均应首先对该问题作出认定。《销售公约》第四条规定："本公约只适用于销售合同的订立和卖方和买方因此种合同而产生的权利和义务。特别是，本公约除非另有明文规定，与以下事项无关：(a)合同的效力，或其任何条款的效力，或任何惯例的效力；(b)合同对所售货物所有权可能产生的影响。"由于公约并未对合同效力问题作出规定，故本案应适用当事人在合同中选择的美国纽约州法律对此问题作出认定。德国克虏伯公司在本院二审期间提交了《美国统一商法典》和相关判例，认为案涉合同应认定有效。中化新加坡公司虽对德国克虏伯公司代理人关于美国法律的说明不予认可，但对于德国克虏伯公司提交的相关美国法律并未提出异议，且亦认为案涉合同应认定有效。对德国克虏伯公司提交的美国法律，本院予以确认。根据双方当事人提交并确认的美国法律，案涉《采购合同》并不存在应认定无效的情形，《采购合同》有效。

——《最高人民法院公报》2015 年第 8 期

【最高人民法院裁判文书】

C&J 金属板材股份有限公司与温州晨兴机械有限公司国际货物买卖合同纠纷再审案[最高人民法院(2014)民申字第 266 号民事裁定书]

最高人民法院认为：本案系国际货物买卖合同纠纷，C&J 公司和晨兴公司的营业地分别位于美利坚合众国和中华人民共和国，而中、美两国均是《销售公约》的缔约国，当事人在案涉合同中未排除该公约的适用，故一、二审法院适用《销售公约》审理本案纠纷是正确的。C&J 公司关于一、二审法院适用该公约审理本案有误的再审申请理由不能成立。

——中国裁判文书网，http://wenshu. court. gov. cn。

埃及 ELBORSH 公司与耿群英、石家庄赛德贸易有限公司国际货物买卖合同纠纷案[最高人民法院(2012)民申字第 1402 号民事裁定书]

最高人民法院认为：关于本案法律适用问题。由于本案货物的交易是以形式发票的方式完成，买卖双方并未在发票中或以其他方式约定选择适用的法律，同时鉴于我国和埃及均是《销售公约》的缔约国，本案应当适用该公约确定买卖双方的权利义务。二审法院认为本案双方当事人事先未约定争议适用的法律，故根据最密切联系原则确定中国法律为本案准据法，确有不当。

——中国裁判文书网，http://wenshu. court. gov. cn。

1562

卖方交付货物存在缺陷，但买方在不存在不合理麻烦的情况下能使用或转售货物，甚至打些折扣，质量不符不应视为根本违约

关键词｜货物缺陷｜根本违约｜

【《最高人民法院公报》案例】

中化国际（新加坡）有限公司与蒂森克虏伯冶金产品有限责任公司国际货物买卖合同纠纷案［最高人民法院（2013）民四终字第35号民事判决书］

裁判摘要：二、适用《销售公约》对根本性违约的认定问题。在国际货物买卖合同中，卖方交付的货物虽然存在缺陷，但只要买方在不存在不合理的麻烦的情况下，能使用货物或转售货物，甚至打些折扣，质量不符不应视为构成《销售公约》规定的根本违约的情形。

最高人民法院认为：

二、江苏高院是否判非所请的问题

中化新加坡公司一审起诉的一项诉讼请求是其认为德国克虏伯公司根本违约，请求解除双方订立的《采购合同》。《销售公约》并未类似于我国相关法律规定，对合同解除和无效加以区别并作出规定，其规定一方当事人构成根本违约的情况下，另一方当事人有权宣告合同无效。此处规定的宣告无效实质等同于我国法律中的解除合同。江苏高院根据中化新加坡公司的诉请及其依据的事实和理由，结合《销售公约》的相关规定，认为其请求法院判令解除合同应理解为请求法院依据《销售公约》的规定宣告合同无效，符合中化新加坡公司的真实意思表示，对此中化新加坡公司亦表示认可，并无异议。江苏高院并不存在判非所请的情形。德国克虏伯公司关于江苏高院超过当事人诉讼请求，判非所请的上诉理由不能成立。

三、中化新加坡公司与中化控股公司是否委托代理关系的问题

中化新加坡公司主张其与中化控股公司之间系委托关系,其对与中化控股公司签订买卖合同是为办理报关需要进行了合理解释,并提交了委托销售合同.且中化控股公司2008年10月15日代中化新加坡公司就涉案石油焦的HGI指数向德国克虏伯公司提出交涉,此后中化新加坡公司还多次与德国克虏伯公司就涉案石油焦的HGI指数进行交涉,德国克虏伯公司并未提出中化新加坡公司已将案涉石油焦转售给中化控股公司,无权再对案涉石油焦的HGI指数提出异议。在本案一审过程中,中化新加坡公司为减轻损失而处理涉案石油焦也是委托中化控股公司代为销售。江苏高院据此认定中化新加坡公司与中化控股公司之间系委托销售关系,对于德国克虏伯公司关于中化新加坡公司与中化控股公司之间系买卖关系,中化新加坡公司已将涉案石油焦以原合同价格出售给中化控股公司因而不存在损失的主张不予支持并无不当。德国克虏伯公司关于江苏高院错误认定中化新加坡公司与中化控股公司是委托代理关系的上诉理由不能成立。

四、德国克虏伯公司是否构成根本违约的问题

双方当事人在《采购合同》中约定的石油焦HGI指数典型值在36~46之间,而德国克虏伯公司实际交付的石油焦HGI指数为32,低于双方约定的HGI指数典型值的最低值,不符合合同约定。江苏高院认定德国克虏伯公司构成违约是正确的。

本案争议的焦点问题在于德国克虏伯公司的上述违约行为是否构成根本违约。首先,从双方当事人在合同中对石油焦需符合的化学和物理特性规格约定的内容看,合同对石油焦的受潮率、硫含量、灰含量、挥发物含量、尺寸、热值、硬度(HGI值)等七个方面作出了约定。而从目前事实看,对于德国克虏伯公司交付的石油焦,中化新加坡公司仅认为HGI指数一项不符合同约定,而对于其他六项指标,中化新加坡公司并未提出异议。结合当事人提交的证人证言以及证人出庭的陈述,HGI指数表示石油焦的研磨指数,指数越低,石油焦的硬度越大,研磨难度越大。但正如江苏高院在一审判决中指出的即使是中化新加坡公司一方提交的上海大学材料科学与工程学院出具的说明,亦不否认HGI指数为32的石油焦可以使用,只是认为其用途有限。故可以认定虽然案涉石油焦HGI指数与合同约定不符,但该批石油焦仍然具有使用价值。其次,本案一审审理期间,中化新加坡公司为减少损失,经过积极的努力将案涉石油焦予以转售,且其在就将相关问题至德国克虏伯公司的函件中明确表示该批石油焦转售的价格"未低于市场合理价格"。这一事实说明案涉石油焦是可以以合理价格予以销售的。再次,综合考量其他国家裁判对《销售公约》中关于根本违约条款的理

解，买方在不存在不合理的麻烦的情况下，能使用货物或转售货物，甚至打些折扣，质量不符依然不过是非根本违约。故本院认为德国克虏伯公司交付 HGI 指数为 32 的石油焦的行为，并不构成根本违约。江苏高院认定德国克虏伯公司构成根本违约并判决宣告《采购合同》无效，适用法律错误，本院应予纠正。德国克虏伯公司对其是否构成根本违约这一问题的上诉理由成立，本院予以支持。

鉴于德国克虏伯公司的行为不构成根本违约，中化新加坡公司无权据此宣告合同无效，则德国克虏伯公司上诉提出的中化新加坡公司是否以根本违约为由在合理时间内作出宣告合同无效通知的问题，已无进一步审查的必要，本院对此问题不再评判。

五、当事人责任承担问题

虽然德国克虏伯公司交付与合同约定的 HGI 值不符的石油焦并不构成根本违约，但如前所述，由于所交货物与合同约定不符，江苏高院认定其违约是正确的。根据《采购合同》的约定，如果中化新加坡公司发现石油焦的品质或数量与在装货港确定的品质或数量不符，有权在石油焦到达目的港之日起 60 日内向德国克虏伯公司提出索赔。本案货物 2008 年 9 月 8 日到达南京港，2008 年 10 月 15 日，中化控股公司发函给德国克虏伯公司，提出其交付的石油焦 HGI 指数与合同约定的范围严重不符，下家用户无法使用，拒绝接货，事态严重，请德国克虏伯公司尽快拿出处理意见。德国克虏伯公司在一审庭审答辩时，认可中化控股公司的该行为代表中化新加坡公司。2008 年 11 月 4 日，中化新加坡公司再次发函给德国克虏伯公司，称德国克虏伯公司交付的石油焦 HGI 指数严重偏离合同约定的范围，构成实质性违约，并要求德国克虏伯公司妥善处理。上述事实说明中化新加坡公司在合同约定的期限内已就货物质量提出异议，主张相关权利。故德国克虏伯公司关于中化新加坡公司未在合理期限内提出质量异议，已丧失主张质量不符的权利的上诉理由不能成立，本院不予支持。

德国克虏伯公司交付的石油焦 HGI 指数不符合合同约定，客观上造成中化新加坡公司不能及时转售。虽然中化新加坡公司经过努力予以转售，但受市场价格变动影响，产生损失。故对于货款差价损失 2684302.9 美元及利息和堆存费 164071.31 美元，德国克虏伯公司应承担相应的赔偿责任。上述损失的产生，亦有市场风险的原因，故中化新加坡公司亦应自行承担相应的损失。税费、包干费均是合同履行中应由中化新加坡公司承担的费用，在其宣告合同无效的请求不能得到支持的情况下，税费和包干费均应由中化新加坡公司自行承担。

——《最高人民法院公报》2015 年第 8 期

三、外商投资企业纠纷

1563

工商登记的法定代表人对外具有公示效力，股东与公司之间因法定代表人任免产生的内部争议，应以有效股东会决议为准

关键词｜工商登记｜法定代表人｜公示效力｜

【最高人民法院审判业务意见】

本案涉及公司诉讼意志代表权争议,该争议是公司自治机制失灵、内部矛盾激化在诉讼中的体现,围绕争议所展开的是公司内外各相关主体对各自实体权益的争夺。争议实质是如何认定公司真实意思的问题,首要解决的是谁是代表公司意志的诉讼代表人。我国现行公司法及其司法解释以及外资企业法及其司法解释对此没有作出明确规定,司法实践中认识不一。公司因拟制人格而产生的意志的表达由两部分组成,即意思的形成和意思的表示。公司股东会或其授权的董事会是公司意志的形成机关,法定代表人则是公司意志的表示机关。本案涉及的是外商独资企业即一人公司的公司意志代表权问题,公司股东行使了公司股东会的职权。当意思形成和意思表示一致时,以法定代表人为公司意志代表人;但当意思形成和意思表示不一致时,则涉及我国法定代表人制度的问题。随着近几年我国公司立法改革,公司法定代表人制度已经向公司自治模式转变,改变了以往立法将公司董事长固定为公司法定代表人的做法,赋予了公司在法定代表人的选任上有一定的自主权。故当公司意思形成和意思表示不一致时,以意思形成机关即股东会(股东)或者其授权的董事会的决议来确定公司意志代表人。公司意志应以股东会(股东)决议为准,法定代表人的变更属于公司意志的变更,股东会(股东)决议新产生的法定代表人是公司诉讼意志代表人。首先,公司法定代表人变更属于公司内部人事关系的变化,应遵从公司内部自治原则,只要公司内部形成了有效的变更决议,就应在公司内部产生法律效力,新选任的法定代表人可以代表公司的意志。其次,公司作为商事主体,要受到商事登记制度的规范,但对法定代表人变更事项进行登记,目的是向社会公示公司代表权的基本状态,属于宣示性登记而非设权性登记,因此股东会(股东)决议变更法定代表人的,

即使工商登记未变更，不影响公司内部变更新法定代表人意志的确定。

——《最高人民法院民四庭2014年涉外商事海事审判综述》，载贺荣主编、最高人民法院民事审判第四庭编：《涉外商事海事审判指导》总第30辑，人民法院出版社2016年版，第233～234页。

【《最高人民法院公报》案例】

中华环保科技集团有限公司与大拇指环保科技集团(福建)有限公司股东出资纠纷上诉案[最高人民法院(2014)民四终字第20号民事裁定书]

裁判摘要：按照《涉外民事关系法律适用法》第十四条第一款的规定，我国外商投资企业与其外国投资者之间的出资义务等事项，应当适用中华人民共和国法律；外国投资者的司法管理人和清盘人的民事权利能力及民事行为能力等事项，应当适用该外国投资者登记地的法律。

《公司法》第十三条规定，公司法定代表人变更应当办理变更登记。对法定代表人变更事项进行登记，其意义在于向社会公示公司意志代表权的基本状态。工商登记的法定代表人对外具有公示效力，如果涉及公司以外的第三人因公司代表权而产生的外部争议，应以工商登记为准。而对于公司与股东之间因法定代表人任免产生的内部争议，则应以有效的股东会任免决议为准，并在公司内部产生法定代表人变更的法律效果。

最高人民法院认为：本案为涉外股东出资纠纷。根据《涉外民事关系法律适用法》第十四条第一款"法人及其分支机构的民事权利能力、民事行为能力、组织机构、股东权利义务等事项，适用登记地法律"的规定，环保科技公司的司法管理人和清盘人的民事权利能力及民事行为能力等事项，应当适用环保科技公司的登记地即新加坡法律；大拇指公司提起本案诉讼的意思表示是否真实以及股东出资义务等事项，应当适用中国法律。

根据本案双方当事人的上诉及答辩意见并经双方当事人共同确认，本案二审审理的争议焦点为：一、双方当事人的诉讼代表权以及代理人的代理资格是否有效；二、本案是否应当中止审理；三、大拇指公司提起本案诉讼的意思表示是否真实，即工商登记的法定代表人与股东任命的法定代表人谁能代表大拇指公司的意志；四、本案是否违反"一事不再理"原则；五、环保科技公司是否应当履行出资义务。

一、关于本案双方当事人的诉讼代表权以及代理人的代理资格是否有效的问题

《民事诉讼法》第四十八条第二款规定，"法人由其法定代表人进行诉讼"。环保科技公司系新加坡法人，其已经按照新加坡法律先后进入司法管理以及清

盘程序，环保科技公司的司法管理人以及清盘人是否有权代表公司参加本案诉讼，应当按照新加坡法律的有关规定进行认定。根据新加坡公司法 227G(2) 以及 272(2)(a) 的规定，环保科技公司的司法管理人以及清盘人均有权代表公司进行相关诉讼，亦有权委托代理人参加诉讼。因此，大拇指公司就环保科技公司诉讼代表权及其代理人资格提出的异议不能成立。

大拇指公司系中国法人，其提供了中国工商行政管理机关登记的法定代表人的身份证明，并提供了加盖大拇指公司公章的授权委托书，符合中国《民事诉讼法》的有关规定，大拇指公司的代理人有权参加本案诉讼。环保科技公司就大拇指公司的代理人资格提出的异议亦不能成立。

二、关于本案是否应当中止审理的问题

环保科技公司在本案一审受理后另行提起了数个关联诉讼，虽然部分案件涉及大拇指公司法定代表人是否适格的问题，但本案的争议焦点之一就是工商登记的法定代表人与股东任命的法定代表人谁能代表大拇指公司意志的问题。鉴于环保科技公司在本案中已经就该问题提出了实质性抗辩，本案审理范围当然包括大拇指公司法定代表人是否适格的问题，本案应当对该问题作出认定，无须以其他案件的审理结果为依据。因此，本案不存在中国《民事诉讼法》规定的中止审理的情形，环保科技公司关于本案应中止审理的上诉理由不能成立，对其该项主张不予支持。

三、关于大拇指公司提起本案诉讼的意思表示是否真实的问题

大拇指公司是环保科技公司在中国境内设立的外商独资企业，按照 2005 年修订的《公司法》和《外资企业法》及其实施细则的有关规定，大拇指公司属于一人公司，其内部组织机构包括董事和法定代表人的任免权均由其唯一股东环保科技公司享有。

环保科技公司进入司法管理程序后，司法管理人作出了变更大拇指公司董事及法定代表人的任免决议。根据新加坡公司法 227G 的相关规定，在司法管理期间，公司董事基于公司法及公司章程而获得的权力及职责均由司法管理人行使及履行。因此，本案中应当对环保科技公司的司法管理人作出的上述决议予以认可。

根据《公司法(2005)》第四十七条第(二)项的规定，公司董事会作为股东会的执行机关，有义务执行股东会或公司唯一股东的决议。大拇指公司董事会应当根据其唯一股东环保科技公司的决议，办理董事及法定代表人的变更登记。由于大拇指公司董事会未执行股东决议，造成了工商登记的法定代表人与股东任命的法定代表人不一致的情形，进而引发了争议。

《公司法》第十三条规定，公司法定代表人变更应当办理变更登记。本院认为，法律规定对法定代表人变更事项进行登记，其意义在于向社会公示公司意志代

表权的基本状态。工商登记的法定代表人对外具有公示效力,如果涉及公司以外的第三人因公司代表权而产生的外部争议,应以工商登记为准。而对于公司与股东之间因法定代表人任免产生的内部争议,则应以有效的股东会任免决议为准,并在公司内部产生法定代表人变更的法律效果。因此,环保科技公司作为大拇指公司的唯一股东,其作出的任命大拇指公司法定代表人的决议对大拇指公司具有拘束力。

本案起诉时,环保科技公司已经对大拇指公司的法定代表人进行了更换,其新任命的大拇指公司法定代表人明确表示反对大拇指公司提起本案诉讼。因此,本案起诉不能代表大拇指公司的真实意思,应予驳回。环保科技公司关于本案诉讼的提起并非大拇指公司真实意思的上诉理由成立。

——《最高人民法院公报》2014 年第 8 期

【最高人民法院裁判文书】

案例 1. 公正高效司法　平等保护中外投资者合法权益——新加坡中华环保科技集团有限公司与大拇指环保科技集团(福建)有限公司股东出资纠纷案

三、典型意义

该案对于平等保护中外投资者合法权益、保障股东选择管理者的权利、优化外商投资法治环境具有重要意义,被评为最高人民法院建院 65 周年重大案例之一。该案明确了外国公司的司法管理人及清盘人在中国境内民事权利能力和行为能力的认定规则,清晰界定了公司代表权争议的区分规则,增强了外商投资中国的信心。同时,该案是最高人民法院首次邀请外国驻华使节和境外媒体旁听庭审并当庭作出宣判的案件,彰显了我国公正高效的司法形象。

——《人民法院为"一带一路"建设提供司法服务和保障的典型案例》(2015 年 7 月 7 日),载最高人民法院网,http://www.court.gov.cn。

编者说明

最高人民法院海事海商综述是最高人民法院民四庭对当年度的审判工作的梳理和总结,在 2012 年 7 月召开的"全国海事审判工作会议"上,最高人民法院提出,"最高人民法院将通过编写《海事审判综述》等方式对审判工作中涉及的适用法律审判程序等方面重要的问题予以明确,统一裁判尺度"。① 在"综述"中,最高人民法院明确了若干法律问题,我们将其中的一些司法观点予以摘录,作为"最高人民法院审判业务意见"之一。

---

① 万鄂湘主编、最高人民法院民事审判第四庭编:《涉外商事海事审判指导》总第 25 辑,人民法院出版社 2013 年版,第 20 页。

1564

发起人为设立公司以自己的名义对外签约，除设立后公司同意或者已实际成为合同主体，否则公司不承担合同责任

关键词｜发起人｜设立公司｜合同责任｜

【最高人民法院司法解释】

第二条 发起人为设立公司以自己名义对外签订合同,合同相对人请求该发起人承担合同责任的,人民法院应予支持。

公司成立后对前款规定的合同予以确认,或者已经实际享有合同权利或者履行合同义务,合同相对人请求公司承担合同责任的,人民法院应予支持。

——《最高人民法院关于适用〈中华人民共和国公司法〉若干问题的规定(二)》(2010年12月6日最高人民法院审判委员会第1504次会议通过,根据2014年2月17日最高人民法院审判委员会第1607次会议《关于修改关于适用〈中华人民共和国公司法〉若干问题的规定的决定》修正)

【最高人民法院裁判文书】

深圳市维业装饰集团股份有限公司山东分公司、深圳市维业装饰集团股份有限公司与泰安市路通路桥投资有限公司、泰安市恒生酒店管理有限公司等建设工程设计合同纠纷案[最高人民法院(2013)民提字第212号民事判决书]

最高人民法院认为:尽管香港恒生公司委托设计时并未表明合同债务将由成立后的恒生酒店公司承担责任,但对于发起人以自己名义为设立公司对外签订合同的行为,《公司法解释(三)》有相应的规定。《公司法解释(三)》第二条规定:"发起人为设立公司以自己名义对外签订合同,合同相对人请求该发起人承担合同责任的,人民法院应予支持。公司成立后对前款规定的合同予以确认,或者已经实际享有合同权利或者履行合同义务,合同相对人请求公司承担合同责任的,人民法院应予支持。"恒生酒店公司于2008年2月28日取得企业法人营业执照,已合法成立,故本案应当适用该规定确定香港恒生公司行为的法律后果。根据上述规定,发起人为设立公司以自己名义对外签订合同的,只有在设立后的公司通过明示方式或以实际享有合同权利或承担合同义务的默示方式同意

成为合同当事人时，才会产生设立后的公司代替发起人成为合同当事人的法律后果。此时，合同相对人享有选择以订约的发起人或设立后的公司作为合同当事人的请求权。上述规定体现了严格的合同相对性原则，合同必须经设立后的公司同意方可约束该公司，其目的在于防止发起人在公司设立过程中滥用权力损害公司和其他发起人的利益。同理，如发起人以自己名义为设立公司对外签订合同，公司因故未成立的，只有全体发起人共同明示或默示认可合同，才由全体发起人承担连带责任。因此，本案的核心问题是恒生酒店公司是否明示或默示同意受案涉建设工程设计合同的约束。仅在确定恒生酒店公司同意受合同约束的前提下，才需要分析路通公司作为恒生酒店公司的股东因出资不足对债权人的赔偿责任问题。

本案中，恒生酒店公司成立后没有开展经营活动，其既未明示确认由其支付设计费，也未实际使用设计成果或履行合同义务，香港恒生公司委派至恒生酒店公司的董事收取设计成果不足以构成恒生酒店公司对建设工程设计合同的默示同意。从路通公司和香港恒生公司签订的一系列协议看，尽管协议约定由香港恒生公司完成海天大厦的设计，但其同时约定前期费用各自承担，在香港恒生公司资金到账后由香港恒生公司选定落实施工单位报董事会审核，按实际费用待双方认可后报销。换言之，建设工程设计合同只有在香港恒生公司注册资金到位后才会履行双方发起人的认可审核合同手续，从而决定是否由恒生酒店公司承担合同债务，在合同经审核前，则应由香港恒生公司承担合同责任。由于香港恒生公司未向恒生酒店公司出资，其对外签署的建设工程设计合同始终未得到双方发起人的共同认可。香港恒生公司履行合同的行为也印证了这一点，其在对账单上确认由其支付设计费，后又以设计费债务已转让给路通公司为由主张由路通公司承担付款责任，其未曾主张由恒生酒店公司承担合同责任。综上，本案无充分证据证明恒生酒店公司同意受合同约束，香港恒生公司的行为后果不能归于恒生酒店公司承担，依据《公司法解释（三）》第二条的规定，应当由香港恒生公司承担合同责任，维业山东分公司和维业公司无权请求合同以外的当事人恒生酒店公司和路通公司承担合同责任。在恒生酒店公司无须承担合同责任的前提下，亦不存在路通公司出资不到位的赔偿责任问题。此外，《公司法解释（三）》第四条第一款规定仅调整公司因故未成立，且费用和债务系以设立中公司名义产生并且数额合理的情形，该款并不调整公司已经成立但注册资本未到位的情形。

——中国裁判文书网，http://wenshu.court.gov.cn。

【链接：最高人民法院法官著述】

发起人为设立公司以自己名义对外订立的合同，原则上应当坚持合同的相对性和名义主义原则，即合同只在特定的当事人之间发生法律效力，合同相对人应向发起人主张合同权利，而不能向合同关系以外的公司主张合同权利。但是，公司成立后如果确认了该合同或者公司已实际成为合同主体（即享有合同权利或者履行合同义务），而且合同相对人也起诉要求公司承担责任，这表明公司愿意成为合同主体且合同相对人也愿意接受公司作为合同主体，此时由公司承担合同责任符合合同法中代理的一般原理，故可以由公司承担合同责任。

——最高人民法院民事审判第二庭编著：《最高人民法院关于公司法解释（三）、清算纪要理解与适用（注释版）》，人民法院出版社2014年版，第43～44页。

1565

正确处理外商投资企业纠纷应当理顺外资审批和合同效力的关系

关键词｜外商投资企业｜外资审批｜合同效力｜

【最高人民法院司法解释】

第一条 当事人在外商投资企业设立、变更等过程中订立的合同，依法律、行政法规的规定应当经外商投资企业审批机关批准后才生效的，自批准之日起生效；未经批准的，人民法院应当认定该合同未生效。当事人请求确认该合同无效的，人民法院不予支持。

前款所述合同因未经批准而被认定未生效的，不影响合同中当事人履行报批义务条款及因该报批义务而设定的相关条款的效力。

第二条 当事人就外商投资企业相关事项达成的补充协议对已获批准的合同不构成重大或实质性变更的，人民法院不应以未经外商投资企业审批机关批准为由认定该补充协议未生效。

前款规定的重大或实质性变更包括注册资本、公司类型、经营范围、营业期限、股东认缴的出资额、出资方式的变更以及公司合并、公司分立、股权转让等。

——《最高人民法院关于审理外商投资企业纠纷案件若干问题的规定(一)》(2010 年 8 月 5 日,法释〔2010〕9 号)

第八条 依照法律、行政法规的规定经批准或者登记才能生效的合同成立后,有义务办理申请批准或者申请登记等手续的一方当事人未按照法律规定或者合同约定办理申请批准或者未申请登记的,属于合同法第四十二条第(三)项规定的"其他违背诚实信用原则的行为",人民法院可以根据案件的具体情况和相对人的请求,判决相对人自己办理有关手续;对方当事人对由此产生的费用和给相对人造成的实际损失,应当承担损害赔偿责任。

——《最高人民法院关于适用〈中华人民共和国合同法〉若干问题的解释(二)》(2009 年 4 月 24 日,法释〔2009〕5 号)

【最高人民法院司法政策】

人民法院在审理外商投资企业纠纷案件时,既要维护国家有关外资的审批制度,又要最大限度地实现私法自治,使当事人的财产权利获得应有的保护;既要理解行政审批对合同效力的影响,正确区分未生效合同与无效合同,又要最大限度地倡导诚实信用,使当事人的合理信赖获得应有的保护;既要促进外商投资企业的规范化运作,严格依法确认股权的归属,又要最大限度地保护实际出资人的合法权益。

——万鄂湘:《坚持"三个至上"指导思想,努力将涉外商事海事审判工作推向一个新的发展阶段——在第三次全国涉外商事海事审判工作会议上的讲话》(2010 年 2 月 1 日),载万鄂湘主编、最高人民法院民事审判第四庭编:《涉外商事海事审判指导》总第 20 辑,人民法院出版社 2010 年版,第 22 ~ 23 页。

【最高人民法院审判业务意见】

二、要充分尊重当事人的意思自治,依法确认合同效力

当事人在合同中对自由贸易试验区内的外资企业、中外合资经营企业、中外合作经营企业、台湾同胞投资企业关于设立、分立、合并、经营期限、转让、终止等事项的约定是否已经履行报批、登记手续,不影响合同效力。如果当事人登记备

案的合同与实际履行的合同内容不一致,行政机关未提出异议的,可以按照实际履行的原则确定其真实意思表示。对未在国内注册的外国民事主体与国内民事主体签订合同的,不应仅以该主体未在国内注册为由认定合同无效。

——最高人民法院民四庭庭长张勇健:《加强自贸区司法保障,打造法治化营商环境——在第三届中国自由贸易试验区司法论坛上的主旨发言》(2016年4月28日),载贺荣主编、最高人民法院民事审判第四庭编:《涉外商事海事审判指导》总第32辑,人民法院出版社2017年版,第27页。

2010年8月16日施行的《外商投资纠纷解释(一)》是近年来最高人民法院颁布的一项重要司法解释,实施一年来各方面反响都不错,但是在适用中也存在一些理解性错误,借此机会再说明几点:

其一,因未经审批而被认定为不生效的合同,关于报批义务的约定及相关条款应是有效的,具有可履行性。即便合同中未明确约定报批义务,依据法律规定,或合同的默示条款,亦可认定当事人具有该义务。一方当事人请求履行报批义务的,应予支持;义务人不履行报批义务,应承担的是一种违约责任,而非缔约过失责任,因此合同中关于相应的责任条款的约定亦是有效的。比如,关于不履行报批义务双倍返回定金、赔偿一定损失的约定同样具有可履行性。当然,如果合同约定的系不履行合同的主要义务的违约条款则另当别论。在这一点上,该司法解释是对《合同法解释(二)》第八条规定的进一步发展,并不存在法理上的冲突。

……

其三,对经行政审批的协议的补充协议的效力,原则上要考量补充协议的内容是否系对已审批协议的实质性变更,亦即是否属于行政部门必须审批的事项,属于应认定未生效,不属于则不影响合同效力。比如,补充协议针对价格条款、付款方式、付款条件等作了另行约定,不应认定不生效。实践中,存在经审批的合同当事人意思表示不真实或虚伪意思表示的情形,当然应认定无效。而补充协议虽属真实意思表示,但未经审批,可依当事人的请求判令义务人履行报批义务。实践中还存在黑白合同问题,关键是要看经审批的合同是否系真实意思表示,是否规避法律规定,如果未报批的所谓黑合同仅是当事人的商业安排而无涉社会公共利益、国家利益等因素,不应一律持否定态度。

——刘贵祥:《在全国涉外商事审判庭长座谈会上的总结讲话》,载万鄂湘主编、最高人民法院民事审判第四庭编:《涉外商事海事审判指导》总第22辑,人民法院出版社2013年版,第18页。

处理外商投资企业纠纷应当注意把握好以下几个关键点:第一,依照法律、行政法规的规定应当经外商投资企业审批机关批准后才生效的合同,没有报批的,应当认定合同未生效,而不是合同当然无效。第二,未生效合同的后果要区分于无效合同。无效合同是法律对合同效力给予完全否定性的评价,救济方式为恢复原状、赔偿损失,将交易强制推回原点。未生效合同则是由于当事人的行为尚未满足法定生效条件,法律并没有对合同效力作出否定性评价。合同一旦成立,即具有形式拘束力,救济方式为督促当事人履行法定生效条件,促使合同由未生效状态向生效状态转变,鼓励和促成交易的继续。要注意两种合同的处理方向是相反的。第三,合同约定的报批义务以及因报批义务而设定的违约条款,系当事人意思自治范畴,不属于外资审批范围,报批义务条款自依法成立时即生效,不受是否审批的影响。在合同没有明确约定报批义务的情况下,应认定报批义务属于根据合同的性质和目的应当履行的合同附随义务。因此不履行报批义务,不是承担缔约过失责任,而是承担具体的违约责任或违反合同附随义务的责任。第四,处理外商投资企业股权转让合同纠纷时,如转让合同已依法成立,转让方不履行报批义务的,受让方可以选择解除合同、赔偿损失,也可以选择请求强制履行报批义务。如转让方不履行判决确定的报批义务,允许受让方另行起诉,请求解除合同,并由转让方承担损失赔偿责任。旨在达到两个功效:一是能够给当事人以填补损失的机会;二是对不履行判决的行为产生威慑作用。第五,关于隐名投资纠纷,由于外商投资企业的行政审批涉及较多的实质性审批事项,尤其是对外商投资的行业准入以及特定行业外商持股比例等事项的审批直接关系到我国的经济安全,因此司法机关不宜越过行政审批,直接确认隐名投资者在外商投资企业中的股东身份或股权比例。但对于隐名投资者和显名股东之间的委托投资协议,如不具有《合同法》第五十二条规定的无效情形,人民法院应当认定委托投资协议有效,并按协议约定进行处理。

——刘贵祥:《在第三次全国涉外商事海事审判工作会议上的总结讲话》(2010 年 2 月 2 日),载万鄂湘主编、最高人民法院民事审判第四庭编:《涉外商事海事审判指导》总第 20 辑,人民法院出版社 2010 年版,第 34 页。

编者说明

关于外资审批和合同效力的关系问题,全国法院的裁判曾有一个认识不断完善的过程,对于依照法律、行政法规规定应当经外商投资企业审批机关批准后才生效的,自批准之日起生效;未经批准的,从认定合同无效到认定该合同未生效。

而国家关于外资审批制度的规定，也同样经历了较大的改革。2013 年 8 月 30 日全国人民代表大会常务委员会《关于授权国务院在中国（上海）自由贸易试验区暂时调整有关法律规定的行政审批的决定》，以及 2014 年 12 月 28 日全国人民代表大会常务委员会《关于授权国务院在中国（广东）自由贸易试验区、中国（天津）自由贸易试验区、中国（福建）自由贸易试验区以及中国（上海）自由贸易试验区扩展区域暂时调整有关法律规定的行政审批的决定》，明确在自由贸易试验区内，对国家规定实施准入特别管理措施之外的外商投资，暂时调整《外资企业法》《中外合资经营企业法》和《中外合作经营企业法》规定的有关行政审批（目录附后）。上述行政审批的调整在三年内试行，对实践证明可行的，应当修改完善有关法律；对实践证明不宜调整的，恢复施行有关法律规定。

根据上述自由贸易区的改革实践经验，2016 年 9 月 3 日，全国人民代表大会常务委员会《关于修改〈中华人民共和国外资企业法〉等四部法律的决定》，对举办外资企业、中外合资经营企业、中外合作经营企业、我国台湾地区同胞投资企业不涉及国家规定实施准入特别管理措施的，对该四部法律规定的有关审批事项，适用备案管理。并明确，国家规定的准入特别管理措施由国务院发布或者批准发布。

根据以上修改决定，对于外资企业而言，其设立、分立、合并或者其他重要事项变更，经营期限以及期满需要延长的；对于中外合资经营企业而言，合营协议、合同、章程，延长合营期限，终止合同；对于中外合作经营企业而言，其协议、合同、章程等文件，对合作企业合同作重大变更，中外合作者的一方转让其在合作企业合同中的全部或者部分权利、义务，合作企业成立后改为委托中外合作者以外的他人经营管理，延长合作期限的；对于台湾同胞投资企业而言，其设立申请等事项，只要不涉及国家规定实施准入特别管理措施的，均由审批改为备案管理。

2016 年 10 月 8 日，商务部发布《外商投资企业设立及变更备案管理暂行办法》，并在发布公告中明确，经国务院批准，外商投资准入特别管理措施范围按《外商投资产业指导目录（2015 年修订）》中限制类和禁止类，以及鼓励类中有股权要求、高管要求的有关规定执行。涉及外资并购设立企业及变更的，按现行有关规定执行，即适用《关于外国投资者并购境内企业的规定》（商务部令 2009 年第 6 号），其中涉及上市公司的，适用《外国投资者对上市公司战略投资管理办法》（商务部、证监会、税务总局、工商总局、外汇局令 2005 年第 28 号）。对于外国投资者投资其他领域或采取其他方式投资的，一律实行备案管理。

根据国家关于相关法律制度的修改，相应的司法政策也应当有所调整。当然，对于《外商投资纠纷解释（一）》的相关规定，在最高人民法院未作修改之前，在其具体适用过程中，要有与过去不同的理解，如"依法律、行政法规的规定应当经外商投资企业审批机关批准后才生效的"，其中"法律、行政法规的规定"要作狭义地理解与适用，即这些法律、行政法规的规定应当是"涉及国家规定实施准入特别管理措施的"，否则不能作为认定合同不生效的依据，因为有关审批规定已经修改为备案规定。没有办理备案手续的，不能因此得出合同不生效的结论。另外，在对相关案件进行裁判时，还要审查国家规定的准入特别管理措施，该措施根据法律规定是由国务院发布或者批准发布的。

本章收集的相关最高人民法院裁判文书，因早于相关法律规定的修改，读者应当予以注意其适用条件。

1566

经政府批复确认股东地位后，不应再以未办理批准和变更登记手续为由否定其股东地位

关键词｜政府批复｜变更登记｜股东地位｜

【最高人民法院裁判文书】

赵晶晶、绿谷投资有限公司等财产损害赔偿纠纷申请再审案[最高人民法院(2016)最高法民申1492号民事裁定书]

最高人民法院认为：(一)关于香港绿谷公司的股东地位。根据一、二审判决查明及认定的事实，上海市长宁区人民政府于2006年11月20作出了391号批复，确认加拿大绿谷公司通过虚构事实取得上海绿谷公司的股权，批复"从1995年10月11日起，将加拿大绿谷公司在上海绿谷公司持有的55%股权恢复为香港绿谷公司持有"。由于上海绿谷公司经营期限至2004年3月19日止，在上海市长宁区人民政府作出上述批复之后，香港绿谷公司不可能依据该批复办理相关的股权变更登记手续。再审申请人未提供证据否定391批复的真实性、合法性及有效性，在391号批复未被撤销的情况下，原审判决依据该批复认定香港绿谷公司系上海绿谷公司55%股权的实际持有人并无不当。再审申请人刻意回避391号批复合法有效存在及上海绿谷公司在2004年3月19日之后不再经营且营业执照已被工商行政机关吊销等事实，以加拿大绿谷公司为工商登记股东、香港绿谷公司未办理批准和变更登记手续为由否定香港绿谷公司的股东地位缺乏事实和法律依据，以加拿大绿谷公司与香港绿谷公司之间不存在代持股法律关系为由否定香港绿谷公司的实际股东身份，系曲解了原审判决有关"实际持有人"的认定。再审申请人明知加拿大绿谷公司持有上海绿谷公司55%的股权来自香港绿谷公司，却又以香港绿谷公司未出资为由试图从根本上否定香港绿谷公司的股东地位，不仅与客观事实不符，而且难以自圆其说。因此，再审申请人有关

香港绿谷公司非上海绿谷公司55%股东的再审理由依法不成立。

——中国裁判文书网,http://wenshu.court.gov.cn。

1567

合营公司应当受设立过程中经全体股东同意签订的协议约束

关键词|合营公司|公司设立|设立协议|

【最高人民法院裁判文书】

黄玉桂与中山市中信誉泰实业发展有限公司、张仕涛、张次嫦、中信誉泰实业有限公司合资经营合同纠纷再审案[最高人民法院(2013)民申字第174号民事裁定书]

最高人民法院认为:(一)关于《付款承诺》的效力。虽然签订《付款承诺》时,中信誉泰公司尚未设立,事后亦未明确表示追认,但是《付款承诺》是由组建中信誉泰公司的合营双方之全体股东签订的,体现了合营双方的意志,在中信誉泰公司成立后,《付款承诺》应当有效约束中信誉泰公司。

——中国裁判文书网,http://wenshu.court.gov.cn。

1568

章程和合作合同书关于应缴出资数额的约定不一致时,应全面审核认定证据,运用逻辑推理并结合日常生活经验进行确定

关键词|出资数额|

【最高人民法院裁判文书】

西汇公司与银资公司及西部控股公司、西部控股奥什分公司企业借贷合同纠纷案[最高人民法院(2014)民四终字第19号民事判决书]

裁判要旨:工商登记机关登记的公司章程记载的双方出资额和经公证的出

资协议约定的双方应出资额不一致。一审法院认为,公司章程签订在后,构成对出资协议的变更,银资公司因垫付出资与西汇公司构成借款关系,西汇公司应返还借款。二审综合相关证据,认定出资协议约定的出资额是当事人真实意思表示,银资公司垫付出资是对出资协议的履行行为,改判驳回银资公司要求西汇公司返还借款的诉讼请求。

最高人民法院认为:本案上诉争议焦点是以西汇公司名义投入到中源公司的2984.5万元是银资公司提供给西汇公司的借款还是银资公司对中源公司的投资款。

本案中,西汇公司向中源公司缴纳的2984.5万元系由银资公司垫付。银资公司根据中源公司章程,主张其与西汇公司之间形成了企业借贷关系。西汇公司则依据《合作合同书》,主张为了企业工商登记的操作便利,银资公司将其在《合作合同书》项下的7000万元出资款分解为两部分:4015.5万元由银资公司缴纳;2984.5万元由银资公司汇入西汇公司后,以西汇公司名义缴纳,故双方之间并不存在企业借贷关系。双方各执一词的原因在于中源公司章程和《合作合同书》关于银资公司对中源公司应缴出资数额的约定不一致,故本案应在全面客观审核认定证据的基础上,运用逻辑推理以及结合日常生活经验,确定当事人的真实意思表示。

首先,关于《合作合同书》的性质。尽管《合作合同书》首部的名称是“喀什西汇涉外运输边贸有限责任公司”,但签署栏是由西汇公司加盖的公章,因此西汇公司系《合作合同书》的当事人。西汇公司与其控制的西部控股和西部控股奥什分公司共同作为甲方,银资公司作为乙方,在该合同中约定了两部分内容:一是银资公司以3000万元收购西部控股、西部控股奥什分公司50%的股权;二是甲乙双方在喀什市新设注册资本为8031万元的中源公司,银资公司以7000万元现金出资,持有50%股份;西部控股、西部控股奥什分公司以净资产1031万元实物出资,持有50%股份。因此,《合作合同书》包含了设立中源公司的内容,性质属于发起人设立协议。尽管在设立过程中,《合作合同书》甲方的权利义务由其中的甲方1西汇公司承担,但甲方2西部控股、甲方3西部控股奥什分公司予以确认。从银资公司在中源公司经营过程中刊登的报纸声明看,其亦确认中源公司依据《合作合同书》成立,并认为该《合作合同书》经过公证,对中源公司的双方股东具有约束力。银资公司以《合作合同书》当事人与中源公司股东不符以及部分条款不具可操作性为由,主张该合同与本案不具关联性的理由不能成立。

其次,关于《合作合同书》是否为中源公司章程所变更。尽管从签署时间看,中源公司章程确实晚于《合作合同书》,但银资公司在中源公司成立后发出的报纸声明和函件,均强调《合作合同书》合法有效,其在中源公司章程签署后取得了《合作合同书》的公证书,对公证书的效力亦不持异议。另根据二审查明的事实,徐某是银资公司委派至中源公司的董事及中源公司章程的签署人,同时又是本案所涉交易的联系人和参与人,其向公安机关供述称:其妻子李竹以宏伟集团名义贷款1亿元,通过银资公司走账,其中3000万元用于购买谭家在西部控股的50%股份;7000万元与谭家共同成立中源公司,银资公司占50%股份。该供述与《合作合同书》的内容相吻合,而与中源公司章程的内容相左。综合上述证据,应当认定《合作合同书》关于银资公司投资中源公司7000万元占50%股份的约定,没有被章程所变更,仍然是银资公司与西汇公司的真实合意。原审法院以签署时间先后推定《合作合同书》为中源公司章程所变更,缺乏事实和法律依据,本院予以纠正。

再次,关于《合作合同书》和中源公司章程对银资公司出资额约定变化的原因。西汇公司说明的理由为:西汇公司在工商登记咨询时了解到《合作合同书》约定银资公司的出资比例与持股比例不对等,将造成中源公司工商注册登记的困难,故在章程中作出了出资比例与股份比例相对等的约定。银资公司则认为《合作合同书》不具可履行性而没有实际履行,但其没有合理说明双方为何在短短一个月内将原约定的银资公司7000万出资款占50%股份,降低为4015.5万元即可占50%股份。两相比较,西汇公司的陈述较银资公司更符合商业实际情况,更具可信性。

综上所述,本院认为,以西汇公司名义投资中源公司的2984.5万元虽然形式上由银资公司垫款而得,但银资公司该垫款的性质系依照《合作合同书》履行7000万元出资款义务中的一部分款项。银资公司提供的现有证据尚不足以证明其与西汇公司之间存在借款关系,因此应承担举证不足的不利法律后果。西汇公司的上诉理由成立,本院予以采纳。原审判决遗漏查明重要事实,适用法律错误,实体处理不当,应予改判。

——中国裁判文书网,http://wenshu.court.gov.cn。

1569

就股权转让签订两份协议,一份用于实际履行,一份仅用于报批,相关协议效力的认定

关键词|股权转让协议|实际履行|

【最高人民法院司法解释】

第三条 人民法院在审理案件中，发现经外商投资企业审批机关批准的外商投资企业合同具有法律、行政法规规定的无效情形的，应当认定合同无效；该合同具有法律、行政法规规定的可撤销情形，当事人请求撤销的，人民法院应予支持。

——《最高人民法院关于审理外商投资企业纠纷案件若干问题的规定（一）》(2010年8月5日，法释〔2010〕9号)

【最高人民法院审判业务意见】

第三，关于阴阳合同的合同价格。

当前实践中，由于三资企业的股权或出资转让存在审批的要求，当事人出于避税等各种考虑，出现了经审批的合同与实际履行的合同约定价格不一致的情况，即所谓“阴阳合同”或“黑白合同”。

对此，我们的基本观点是：经审批的合同与实际履行的合同约定的价格不一致时，如行政机关明确表示不影响合同效力或未明确表示异议，当事人主张按照实际履行的合同支付约定较高价格的，应予支持。合同已经履行完毕，当事人主张解除合同或确认合同无效的，应不予支持。能够认定当事人以虚伪意思表示规避税收或者其他法律义务的，人民法院应向有关行政机关提出司法建议，由有关行政机关予以处罚，亦可考虑探索对此种违法行为直接行使司法处罚权。

——最高人民法院民四庭庭长张勇健：《在全国涉外商事海事审判庭长座谈会上的讲话》(2016年4月7日)，载贺荣主编、最高人民法院民事审判第四庭编：《涉外商事海事审判指导》总第32辑，人民法院出版社2017年版，第18页。

本案股权转让系外国投资者并购境内企业，农产品公司以发行可换股票据方式支付部分转让价款，实质上是外国投资者以股权作为支付手段并购境内公司，即“股权并购”。商务部等部门联合发布的《关于外国投资者并购境内企业的规定》对“股权并购”的文件申报与程序有更严格的要求。当事人串通签订用于报批的协议，目的是规避必要的较为严格的行政审批要求，破坏了国家对外商投资、对外投资的监管秩序和外汇管理秩序，属于双方恶意串通，损害国家利益，也属于以合法形式掩盖规避更严格审批要求的非法目的，应依照《合同法》第五十二条第(二)项、第(三)项的规定，认定该协议无效。

——《最高人民法院民四庭2014年涉外商事海事审判综述》，载贺荣主编、最高人民法院民事审判第四庭编：《涉外商事海事审判指导》总第30辑，人民法院出版社2016年版，第238页。

当事人签订两份合同，一份用于办理审批或过户，另一份当事人留存用于实际履行，对于两份合同的效力以及以哪份合同作为判断当事人权利义务内容的依据，存在较大争议。我们认为，阴阳合同属于民法上的"通谋虚伪意思表示"，如能认定阳合同的条款不是当事人真实意思表示，该条款无效或不成立。但这不意味着代表当事人真实意思表示的阴合同必然有效，因为合同是否有效还取决于法律的生效要件。当事人运用阴阳合同多少有逃避法律监管的目的，此时要看逃避的规定是否为效力性强制性规定。例如阴合同为支付赌博款而设，因违反刑法以及公序良俗也是无效的。但如果房地产买卖中当事人为逃避税收而签订"阴阳合同"，阴合同的价格条款应认定有效，逃税问题应由行政部门做相应处罚。在外商投资企业股权转让合同问题上，根据《外商投资纠纷解释(一)》第二条规定，非重大或实质性变更不以未经批准而认定无效，参照这一精神，外商投资企业股权转让发生价格条款的阴阳合同冲突时，如外商投资企业股权转让事项本身已得到批准，则转让合同的生效要件已经满足，此时如能确定阴合同的价格条款是当事人真实意思表示的，应当以阴合同为确定转让价款的依据。

——《最高人民法院民四庭2014年涉外商事海事审判综述》，载贺荣主编、最高人民法院民事审判第四庭编：《涉外商事海事审判指导》总第30辑，人民法院出版社2016年版，第237～238页。

【最高人民法院裁判文书】

中国农产品交易有限公司与天九公司、王秀群等股权转让纠纷申请再审案[最高人民法院(2015)民申字第1868号民事裁定书]

最高人民法院经审查认为：农产品公司与王秀群、天九公司于2007年5月2日签订《11.56亿股权买卖协议》和《0.89亿股权转让协议》，该两份协议转让的标的均为白沙洲公司90%股权，而对股权转让价款、支付方式、法律适用及争议解决方式的约定却不相一致。《11.56亿股权买卖协议》约定股权转让价款共计为11.56亿元，其中以可换股票据方式支付港币3.6亿元，适用香港法，接受香港法院的非专属司法管辖；《0.89亿股权转让协议》则约定以现金方式支付人民币8981.793万元，适用中国法，争议通过人民法院诉讼解决。农产品公司通过香港联交所信息披露网站详细披露了《11.56亿股权买卖协议》所涉及股权转让交易，未披露《0.89亿股权转让协议》，而在向商务部报批时则只提交了《0.89亿股权转让协议》。当事人在同一天就相同的标的签订两份合同价款、支付方式、准据法和管辖法院均不相同的协议不符合商业常理，且从或者用《11.56亿股权买卖协议》隐瞒《0.89亿股权转让协议》，或者用《0.89亿股权转让协议》隐瞒《11.56亿股权买卖协议》，并按《11.56亿股权买卖协议》实际履行的行为看，很显然，《0.89亿股权转让协议》无疑是基于向审批机关报批之目的所订立的。本案股权转让属于境外投资者并购境内企业，依法应当适用中华人民共和国法律，而根据《关于外国投资者并购境内企业的规定》（以下简称《规定》）第二条规定，"外商投资者购买境内非外商投资企业股东的股权或认购境内公司增资，使该境内公司变更设立为外商投资企业"，即为"股权并购"，该《规定》对"外国投资者以股权作为支付手段并购境内公司"专章作出规定，对并购条件、申报文件与程序等作出更为严格的规定。原审判决基于上述情况，认定"农产品公司以发行可换股票据方式支付部分转让价款，实质上是外国投资者以股权作为支付手段并购境内公司，即'股权并购'"，"当事人串通签订《0.89亿股权转让协议》，目的是规避必要的较为严格的行政审批要求，破坏了国家对外商投资、对外投资的监管秩序和外汇管理秩序，属于双方恶意串通，损害国家利益；也属于以合法形式掩盖规避更严格审批要求的非法目的，应依照《合同法》第五十二条第（二）项、第（三）项的规定，认定该协议无效"，并不存在缺乏证据证明、认定事实和适用法律错误的问题。农产品公司申请再审所提交的"新的证据"亦不能证明原审判决认定基本事实或者裁判结果错误，该公司此项再审申请事由也不能成立。

——中国裁判文书网，http://wenshu.court.gov.cn。

王秀群、天九公司与农产品公司及白沙洲公司股权转让合同纠纷案［最高人民法院（2014）民四终字第33号民事判决书］

裁判要旨：当事人就股权转让签订了两份协议，其中一份用于实际履行，另一份仅用于向审批机关报批。一方要求确认用于报批的协议无效。依照《合同法》第五十二条第（二）项、第（三）项的规定，认定该协议无效。

最高人民法院认为：本案争议焦点为《0.89亿股权转让协议》的效力问题。为此，需确定王秀群是否为该协议当事人及该协议是否具有法定的无效情形。

一、王秀群是否为《0.89亿股权转让协议》当事人

上诉人称王秀群未在该协议上签字，对该协议的签署也不知情。根据司法鉴定结论，该协议上"王秀群"的签名确非其本人所签。但根据查明的事实，可以认定王秀群对该协议的签署不仅知情，还认可了该协议。王秀群在2007年5月2日至12月10日白沙洲公司股东变更登记前仍然是白沙洲公司的股东，与天九公司共同负责经营管理白沙洲公司，委任白沙洲公司董事会成员和高管。王秀群和天九公司没有证据证明在此期间的白沙洲公司董事和高管是农产品公司委任的。从法律上讲，不是股东的农产品公司也无权委任董事和高管。王秀群和天九公司亦承认，农产品公司在2010年11月强占白沙洲公司。这也说明王秀群和天九公司在此前共同负责白沙洲公司的经营管理。因此，一审判决认定上诉人在2007年5月后继续经营管理白沙洲公司，并无不当。在王秀群和天九公司是白沙洲公司股东并共同负责经营管理白沙洲公司期间，白沙洲公司工作人员参与了《0.89亿股权转让协议》的制作和报批。王秀群作为股东和负责经营管理者，理应知道该协议。王秀群委派的董事和管理人员，实质上是代表其行使对白沙洲公司的经营管理权。正如一审判决所指出的，即使王秀群本人未签署协议，其委派经营管理白沙洲公司的工作人员的职务行为所产生的法律后果，亦应由王秀群承担。另外，王秀群也未否认在与该协议配套报批的股东会决议、员工安置计划等报批文件上签字，或者申请对其在上述文件上的签字进行鉴定。据此也可以认定王秀群不仅知情，还认可了该协议。因此，该协议不只是农产品公司和天九公司之间的协议，王秀群也是协议当事人。

二、《0.89亿股权转让协议》是否具有法定的无效情形

一审判决在论证《0.89亿股权转让协议》的法律效力前，详细分析了《11.56亿股权买卖协议》和《0.89亿股权转让协议》的相互关系，认定《0.89亿股权转让协议》用于向审批机关报批，《11.56亿股权买卖协议》用于股权转让双方实际履行，二者非主从合同关系。一审判决对此进行了详细分析和充分说理，符合本案事实，本院赞同其分析和结论。此外，农产品公司通过香港联交所信息披露网站详细披露了《11.56亿股权买卖协议》所涉股权转让交易，未披露《0.89亿股权转让协议》，而在报批时则只提交了《0.89亿股权转让协议》。农产品公司或者用《11.56亿股权买卖协议》隐瞒《0.89亿股权转让协议》，或者用《0.89亿股权转让协议》隐瞒《11.56亿股权买卖协议》，结果

都是为了表明三方之间只存在一份股权出让和受让协议。协议的各方当事人自始至终都未表示过《0.89亿股权转让协议》是对《11.56亿股权买卖协议》的补充。在实际履行中，也无任何一方将《0.89亿股权转让协议》中的价款作为港币11.56亿元之外的额外交易对价。因此，农产品公司称二者并存、都是真实的理由不成立。

由于协议在王秀群、天九公司和农产品公司三方之间成立，也就不存在天九公司和农产品公司恶意串通损害王秀群利益的情形。本案股权转让系外国投资者并购境内企业，农产品公司以发行可换股票据方式支付部分转让价款，实质上是外国投资者以股权作为支付手段并购境内公司，即“股权并购”。商务部等部门联合发布的《关于外国投资者并购境内企业的规定》(2006)对“股权并购”的文件申报与程序有更严格的要求。当事人串通签订《0.89亿股权转让协议》，目的是规避必要的较为严格的行政审批要求，破坏了国家对外商投资、对外投资的监管秩序和外汇管理秩序，属于双方恶意串通，损害国家利益；也属于以合法形式掩盖规避更严格审批要求的非法目的，应依照《合同法》第五十二条第(二)项、第(三)项的规定，认定该协议无效。需要指出的是，认定该协议中法律适用条款(即当事人约定协议适用中国法的条款)无效，不影响中华人民共和国法律的强制适用，因为本案股权转让属于境外投资者并购境内企业，有关协议依法应当适用中华人民共和国法律。

在判断协议效力时，一审判决认为，当事人在《0.89亿股权转让协议》中关于股权交易价款等约定，仅为报批之用而作出，不能作为确定双方当事人权利义务的依据，而关于出让和受让股权的合意则对双方仍具拘束力，并适用了《民法通则》第六十条、《合同法》第五十六条关于合同部分无效不影响其他部分效力的，其他部分仍然有效的规定。从一审判决的论述和引用的法律条文来看，实际上已经认定了股权转让合意条款之外的其他条款均无效。但是，一审判决又认为，王秀群和天九公司通过请求宣告《0.89亿股权转让协议》无效来否定整个股权交易行为，有违诚实信用原则；协议中关于价款等约定虽系仅为报批之用而订立，但不能因此否定整个股权转让交易的效力。一审判决的上述判定曲解了上诉人的一审诉讼请求。事实上，本案上诉人的一审诉讼请求是宣告《0.89亿股权转让协议》无效，并未要求否定整个股权转让交易的效力。基于上述错误理解，一审判决驳回了王秀群和天九公司要求“整体宣告”《0.89亿股权转让协议》无效的诉讼请求，显然是错误的。

——中国裁判文书网，http://wenshu.court.gov.cn。

【链接：最高人民法院法官著述】

一般来说，当事人同时制定黑白合同但仅将白合同报批的，往往意在规避监管，且在很大程度上能够构成恶意串通或以合法形式掩盖非法目的，因此合同无效。当然，实践中制定黑白合同的情形极为复杂，也不排除一方受欺诈、胁迫而订立黑白合同或者其他情形。但不论何种情形，根据《合同法》并结合《外商投资纠纷解释(一)》第三条的规定，白合同无效的，人民法院可以直接认定，无须先撤销审批；白合同存在可撤销事由的，人民法院不能径行宣告合同无效，而只能在当事人提出撤销请求时，始得撤销。但此处撤销的仍是合同本身，而非审批。换言之，审批本身是否撤销也不影响合同的效力。

还要看到，黑白合同的确定仅涉及当事人的内部关系，至于对善意第三人来说，则要保护其合理信赖。而能使第三人产生信赖的应是登记而非审批。在外资审批场合，审批作为特别的合同生效条件，第三人对其并无信赖。就此而言，黑合同、白合同均不能作为确定合理信赖的依据。

——万鄂湘主编、最高人民法院民事审判第四庭编著：《最高人民法院关于审理外商投资企业纠纷案件若干问题的规定(一)条文理解与适用》，中国法制出版社 2011 年版，第 38～40 页。

1570

补充协议不涉及必须报批的事项，对合营企业协议不构成实质性变更的，不应仅因未经审批而认定无效

关键词 | 实质性变更 | 审批 | 合同效力 |

【《最高人民法院公报》案例】

香港锦程投资有限公司与山西省心血管疾病医院及山西寰能科贸有限公司中外合资经营企业合同纠纷案[最高人民法院(2010)民四终字第 3 号民事判决书]

裁判摘要：当事人在履行合营企业协议或合同的过程中达成的补充协议，虽然属于对原合同的修改，但其效力应当结合案情全面加以分析。如果补充协议

内容不涉及必须报经审批机关审批的事项，对于已获批准的合营企业协议不构成实质性变更的，一方当事人仅以补充协议未经审批机关审批为由主张协议内容无效的，人民法院不予支持。

最高人民法院认为：关于2007年2月25日《备忘录》的效力。在签订《合资合同》及《合资章程》之后，锦程公司、心血管医院和第三人寰能公司于2007年2月25日签订了一份有关九方公司的《备忘录》，对《合资合同》中合资各方出资的时间及额度进行了调整，即心血管医院在同年6月前完成相关土地手续，锦程公司根据项目的实际运作情况办理设备的进口报关以及根据土地办理情况适时注入资金，寰能公司根据项目进展和合资公司运作的实际需要分阶段注入资金确保公司的前期运作。考虑到经审批的《合资合同》已对各方出资作了明确约定，合资三方在《备忘录》中还特别约定“均同意根据甲方（心血管医院）土地手续办理的实际情况调整合资公司各方出资的时间及额度，按照上述原则实施，各方均等同于履行了出资义务”。但因该《备忘录》未报经有关审批机关批准，故锦程公司与心血管医院对其效力各执一词。本院认为：《备忘录》确实变更了《合资合同》约定的出资时间及额度，但三方签订《备忘录》的背景系因心血管医院以土地使用权作价入资需要办理规划、财政、土地等报批手续，其目的并非刻意规避或者改变审批机关的审批事项而是更合理地调整各方出资时间、额度及先后顺序，《备忘录》约定的事项并非必须报经审批机关审批之事项，无须再行报批。《备忘录》系合资三方在平等、自愿、协商一致的基础上达成的，其对各方出资所做的调整是必要和合理的，其内容反映了合资各方的真实意思表示，依法应当认定其合法有效，对合资各方均具有约束力。心血管医院在本案诉讼之前从未对《备忘录》及其效力提出过异议，在诉讼之后主张《备忘录》实质上修改了《合资合同》和《合资章程》有关出资期限的规定且因未经审批机关审批应认定未生效，与事实及相关法律规定不符，本院不予支持。

——《最高人民法院公报》2010年第12期

编者说明

《中外合资经营企业法实施条例》第十四条规定：“合营企业协议、合同和章程经审批机构批准后生效，其修改时同。”但是，根据全国人大常委会2016年9月3日《关于修改〈中华人民共和国外资企业法〉等四部法律的决定》，对举办外资企业、中外合资经营企业、中外合作经营企业、我国台湾地区同胞投资企业不涉及国家规定实施准入特别管理措施的，对该四部法律规定的有关审批事项，适用备案管理。因此对于实行备案管理的，相关协议合同的修改均不需要再经审批生效。而对于涉及国家规定实施准入特别管理措施的合同，如果补充协议内容不涉及必须报经审批机关审批的事项，对于已获批准的合营企业协议不构成实质性变更的，一方当事人仅以补充协议未经审批机关审批为由主张协议内容无效的，人民法院不予支持。

1571

外商投资企业合同因未经批准未生效的，不影响履行报批义务条款及为此设定的相关条款的效力

关键词 | 报批义务 | 条款效力 | 合同效力 |

【最高人民法院司法解释】

第一条 当事人在外商投资企业设立、变更等过程中订立的合同，依法律、行政法规的规定应当经外商投资企业审批机关批准后才生效的，自批准之日起生效；未经批准的，人民法院应当认定该合同未生效。当事人请求确认该合同无效的，人民法院不予支持。

前款所述合同因未经批准而被认定未生效的，不影响合同中当事人履行报批义务条款及因该报批义务而设定的相关条款的效力。

——《最高人民法院关于审理外商投资企业纠纷案件若干问题的规定（一）》（2010 年 8 月 5 日，法释〔2010〕9 号）

【最高人民法院裁判文书】

东莞市三元盈晖投资发展有限公司、东莞市三元实业投资有限公司与讯汇金融集团有限公司中外合作经营企业合同纠纷再审案［最高人民法院（2013）民申字第 473 号民事裁定书］

最高人民法院认为：一、关于《合作协议》的效力。

盈晖公司与讯汇公司签订的《合作协议》系中外合作经营企业合同，根据我国法律规定，应当报经国家有关部门审查批准，自批准之日生效。由于《合作协议》未报经批准，属于未生效合同，双方对此均无异议，二审法院对此已予以认定。《合同法》第八条规定，依法成立的合同，对当事人具有法律约束力。本案

《合作协议》已依法成立,对盈晖公司和讯汇公司均具有拘束力,双方应本着诚实信用原则,积极促成合同生效及目的实现。根据《外商投资纠纷解释(一)》第一条第二款规定,合同因未经批准而被认定未生效的,不影响合同中当事人履行报批义务条款及因该报批义务而设定的相关条款的效力。

——中国裁判文书网,http://wenshu. court. gov. cn。

编者说明

根据全国人大常委会2016年9月3日《关于修改〈中华人民共和国外资企业法〉等四部法律的决定》的精神,本条观点规则的适用前提应当限定于外商投资企业合同因未经批准未生效的,即属于涉及国家规定实施准入特别管理措施的未经批准的合同。

1572

外商投资企业股权转让合同因一方未履行报批义务而未生效的，负有报批义务的一方应当向对方赔偿损失

关键词｜外商投资企业股权转让｜报批义务｜

【最高人民法院裁判文书】

广州城启集团有限公司与广州市商业商储公司、广州百货企业集团有限公司股权转让纠纷案[最高人民法院(2014)民二终字第212号民事判决书]

最高人民法院认为:二、当事人的过错问题。

根据《外商投资纠纷解释(一)》第一条的规定,当事人在外商投资企业设立、变更等过程中订立的合同,依法律、行政法规的规定应当经外商投资企业审批机关批准后才生效的,自批准之日起生效;未经批准的,人民法院应当认定该合同未生效。当事人请求确认该合同无效的,人民法院不予支持。前款所述合同因未经批准而被认定未生效的,不影响合同中当事人履行报批义务条款及因该报批义务而设定的相关条款的效力。根据《买卖合同解释》第三条的规定,当事人一方以出卖人在缔约时对标的物没有所有权或者处分权为由主张合同无效的,人民法院不予支持。出卖人因未取得所有权或者处分权致使标的物所有权不能转移,买受人要求出卖人承担违约责任或者要求解除合同并主张损害赔偿的,人民法院应予支持。

城启公司与广百公司、商储公司签订了本案《预定转让合同》等一系列合同

后，城启公司作为受让方，按照合同约定支付了4500万元转让款，完成了主要的合同义务。广百公司、商储公司作为转让方收取了城启公司巨额转让款，既未征得中外合作企业华商贸公司的合作外方华顺达公司的同意，也未按规定报经广东省广州市国有资产管路部门和对外经济贸易委员会的批准，未能完成合同约定的主要义务以致合同最终被撤销，应当对本案纠纷承担主要的过错责任。另根据本案合同约定，广百公司、商储公司对于向有关部门进行报批负有合同义务，两公司关于城启公司对于明知合同未经报批以及未能积极请求报批负有过错的上诉主张没有事实和法律依据。原审判决关于本案主要民事责任的判定划分并无不当，本院应予维持。

本案赔付标准的合理性问题根据《合同法》第五十八条规定，合同无效或者被撤销后，因该合同取得的财产，应当予以返还；不能返还或者没有必要返还的，应当折价补偿。有过错的一方应当赔偿对方因此所受到的损失，双方都有过错的，应当各自承担相应的责任。广东高院据此判决广百公司、商储公司按照中国人民银行同期同类贷款利率的四倍向城启公司支付4500万元的资金占用费用。本案二审的主要争议焦点之一是原审判决确定的上述赔付标准是否合理。城启公司主张上述赔付标准过低，广百公司、商储公司主张上述赔付标准过高且超出了城启公司的诉讼主张。

自广百公司、商储公司收取4500万元转让款的2004年至退还该转让款的2011年，是包括广东省广州市在内的国内房地产市场价格明显上涨的期间。本案所涉26%的股权相对应的"东湖广场"物业权益溢价上涨是事实，但本案所涉合同已被撤销，城启公司关于广百公司、商储公司应赔付股权收益损失295095600元的上诉主张，系按照本案合同有效且正常履行的情况下计算所得，与本案合同被撤销的事实不符，本院不予支持。

广百公司、商储公司在本案所涉合同标的物价值大幅上涨的情况下，不履行报批义务，长期占用城启公司巨额资金，使城启公司丧失了投资同时期同类市场的机会，客观上造成了城启公司的损失。城启公司的诉讼主张既包括要求广百公司、商储公司支付占用资金期间利息，也包括要求赔偿实际损失，原审判决"根据合同双方主体的收益、损失、过错程度及公平原则"判令广百公司、商储公司按照中国人民银行同期同类贷款利率四倍的标准赔付城启公司实际损失并无不当。广百公司、商储公司片面理解城启公司的诉讼请求和原审判决，两公司关于原审判决超出城启公司诉讼请求范围、其不应按照中国人民银行同期同类贷款利率四倍的标准赔付城启公司的上诉主张不能成立，本院不予支持。

广百公司、商储公司收取城启公司4500万元后如何具体使用，不影响两公司向城启公司承担相应过错赔偿的民事责任。2011 年 9 月 2 日，广百公司、商储公司与城启公司就先期退还 4500 万元资金事项达成初步协议，约定“在该协议签订之日，广百公司将其监管的 4500 万元价款返还至城启公司指定账户”，各方于当日予以履行。各方在此之前未就退款事宜达成一致，广百公司、商储公司亦未实际退款，故广百公司、商储公司关于自 2010 年 9 月 21 日发函要求城启公司提供收款账户之日起不再承担资金占用责任的上诉主张不能成立，本院不予支持。

——中国裁判文书网，http://wenshu.court.gov.cn。

编者说明

根据全国人大常委会 2016 年 9 月 3 日《关于修改〈中华人民共和国外资企业法〉等四部法律的决定》，外商投资企业的设立如果不属于涉及国家规定实施准入特别管理措施的，其股权转让协议也不再因未经审批而不生效。

1573

外商投资企业合同审批是法定生效条件的，则不适用《合同法》第四十五条的规定

关键词 | 审批 | 合同未生效 | 合同效力 |

【最高人民法院司法解释】

第一条第一款　当事人在外商投资企业设立、变更等过程中订立的合同，依法律、行政法规的规定应当经外商投资企业审批机关批准后才生效的，自批准之日起生效；未经批准的，人民法院应当认定该合同未生效。当事人请求确认该合同无效的，人民法院不予支持。

——《最高人民法院关于审理外商投资企业纠纷案件若干问题的规定（一）》（2010 年 8 月 5 日，法释〔2010〕9 号）

【链接：最高人民法院法官著述】

所谓法定条件性，指的是从合同效力的角度看，审批是法律法规明确规定的

生效要件。合同审批规范属于行政法上的管理性规范,行政机关通过审批既实现了对社会的管理,又实现了自己的管理职能。从这一意义上说,审批直接的目的或功能是公法管理。但在合同审批中,审批机关介入的是当事人间的私法交易,因而审批也间接地影响了合同效力,相比于公法效力,审批的合同效力是间接效力,是公法效力"折射"于私法的效力。法律行为可以将来某一事实作为法律行为产生或消灭的条件或附款,从该事实是否确定的角度,分为附条件与附期限;从该事实源于约定还是法定的角度看,又有约定条件(或期限)或法定条件(或期限)之别。合同审批是合同的法定生效条件。准确理解法定条件性,应明确外商投资企业合同审批是合同生效的法定条件而非约定条件。通常所谓的附条件合同大多指的是约定条件,学者在论及附条件合同时,对法定条件也多有忽视。但在合同审批中,合同是否须报经批准源于法律法规的明确规定而非当事人的约定,因此,审批系合同的法定条件而非约定条件。法定条件与约定条件的区别在于,如系约定条件,则条件的成就与否一般来说具有可控性,故根据诚实信用原则,《合同法》第四十五条作了如下规定:"当事人为自己的利益不正当地阻止条件成就的,视为条件已成就;不正当地促成条件成就的,视为条件不成就。"但在法定条件中,条件成就与否不取决于当事人的意思,尤其是审批涉及审批机关的管制,尽管需要当事人的报批,但批准与否由审批机关决定,并不依赖于当事人的意思表示,因此,不能适用《合同法》第四十五条的规定。

——万鄂湘主编、最高人民法院民事审判第四庭编著:《最高人民法院关于审理外商投资企业纠纷案件若干问题的规定(一)条文理解与适用》,中国法制出版社 2011 年版,第 44 ~45 页。

编者说明

根据全国人大常委会 2016 年 9 月 3 日《关于修改〈中华人民共和国外资企业法〉等四部法律的决定》,涉及国家规定实施准入特别管理措施的外商投资企业合同,其审批才是法定生效条件。

1574

外商投资公司设立中出资义务履行的认定

关键词 | 公司设立 | 出资义务 |

【最高人民法院司法解释】

第四条 外商投资企业合同约定一方当事人以需要办理权属变更登记的标的物出资或者提供合作条件，标的物已交付外商投资企业实际使用，且负有办理权属变更登记义务的一方当事人在人民法院指定的合理期限内完成了登记的，人民法院应当认定该方当事人履行了出资或者提供合作条件的义务。外商投资企业或其股东以该方当事人未履行出资义务为由主张该方当事人不享有股东权益的，人民法院不予支持。

外商投资企业或其股东举证证明该方当事人因迟延办理权属变更登记给外商投资企业造成损失并请求赔偿的，人民法院应予支持。

——《最高人民法院关于审理外商投资企业纠纷案件若干问题的规定（一）》（2010 年 8 月 5 日，法释〔2010〕9 号）

【最高人民法院司法政策】

在中外合资经营企业合同、中外合作经营企业合同有效的前提下，中外合资经营企业、中外合作经营企业的投资者应当根据合同约定的方式、数额、期限等全面履行各自的出资义务或者提供合作条件的义务，否则应当承担相应的违约责任。对于中外合资经营企业合同、中外合作经营企业合同中约定以土地使用权、厂房、机器设备等需要办理过户手续的方式出资或者提供合作条件的，应当区分已交付合资、合作企业使用但未办理过户手续的情形和未交付使用且未办理过户手续的情形，判令负有履行该义务的一方当事人承担相应的违约责任。

——《最高人民法院关于印发〈第二次全国涉外商事海事审判工作会议纪要〉的通知》（2005 年 12 月 26 日，法发〔2005〕26 号）

1575

在认定股东是否履行出资义务时应当区分股东履行出资义务的行为和因履行出资义务而对外支付对价的行为

关键词 | 股东出资 |

【最高人民法院裁判文书】

惠州市乐生实业发展总公司南澳公司与亿中制衣厂有限公司及南澳亿湖厂房开发有限公司、汕头市澄海区第二建筑工程公司股东出资纠纷申请再审案[最高人民法院(2016)最高法民再357号民事判决书]

最高人民法院认为:(一)关于乐生南澳公司是否履行了出资义务的问题。

《公司法解释(三)》第二十条规定:"当事人之间对是否已履行出资义务发生争议,原告提供对股东履行出资义务产生合理怀疑证据的,被告股东应当就其已履行出资义务承担举证责任。"本案中,亿中公司认为乐生南澳公司未履行出资义务,并举出了亿湖公司实际支付土地使用权对价的证据,在此情况下,乐生南澳公司应就其已履行出资义务承担举证责任,否则即应当承担不利的法律后果。乐生南澳公司在本案中提交的证明已经履行出资义务的证据包括:1992年10月24日南澳县宣传部与惠州城市管理公司签订的《合同书》、1992年12月15日南澳县宣传部与乐生公司签订的《合同书》、1993年3月28日《亿湖公司董事会决议》、1993年11月10日惠州城市管理公司出具的《证明》、1993年11月11日南澳县宣传部与陈木湖签订的《补充合同书》、1993年12月17日南澳县国有资产管理办公室出具的《证明》、1993年12月27日南澳县对外经济工作委员会《关于中外合资企业"南澳亿湖厂房开发有限公司"合同、章程的批复》、1994年1月11日亿湖公司取得的《土地使用权证》、1994年3月26日《外商投资企业批准证书》、1996年6月28日南澳县审计师事务所出具的《验资报告》、2012年4月16日和2013年6月5日惠州城市管理公司出具的《确认书》和《情况说明》等。

根据查明的事实,乐生南澳公司、亿中公司与澄海二建公司于1993年12月25日签订的《合资成立"南澳亿湖厂房开发有限公司"合同》约定,乐生南澳公司的出资义务是提供9.3亩土地使用权,折价1333万港元,占43%,并应于合资公司领取营业执照之日起一个月内交付。三方于同日签署的《南澳亿湖厂房开发有限公司章程》对乐生南澳公司的出资义务亦有相同规定。1993年12月27日,南澳县对外经济工作委员会对上述合资合同、章程予以批准。可见,乐生南澳公司的出资义务是以土地使用权作为出资方式,而非以资金作为出资方式。

根据查明的事实,1994年1月11日,合资企业亿湖公司取得了南澳县海滨路原文博馆3769平方米的土地使用权,国有土地使用证号为南府国用字(1994)

第 05230800101 号，即本案所涉 5.65 亩土地使用权。1994 年 4 月 11 日，亿湖公司领取企业法人营业执照。虽然亿湖公司取得本案所涉 5.65 亩土地的《土地使用权证》时间早于亿湖公司取得营业执照的时间，但该 5.65 亩土地就是南澳县宣传部先后于 1992 年 10 月 24 日、1992 年 12 月 15 日、1993 年 11 月 11 日分别与惠州城市管理公司、乐生公司、陈木湖签订的合同中涉及的土地。惠州城市管理公司、乐生公司与乐生南澳公司均是陈木湖实际控制的公司，亿湖公司设立之初亦是由陈木湖负责日常经营管理。再审庭审中，亿中公司、亿湖公司均认可陈木湖通过“运作”将 5.65 亩土地使用权办理在亿湖公司名下的事实。1993 年 12 月 17 日，南澳县国有资产管理办公室曾出具证明，同意乐生南澳公司以 9.3 亩土地使用权参与合资经营亿湖公司。1996 年 6 月 28 日，合资企业亿湖公司委托南澳县审计师事务所出具的南审所外验字（96）第 14 号《验资报告》载明，截至 1995 年 12 月 31 日，乐生南澳公司“已交付海滨路北侧 5.65 亩土地使用权，根据合同规定（乐生南澳公司应提供 9.3 亩土地使用权，折价 1333 万港元）折 8098333 港元，同时，经董事会讨论决定 5.65 亩土地使用权折合人民币 8098333 元，占应认缴注册资本 1333 万港元的 60.74%”。在本案诉讼发生之前，合资各方对此均未曾提出异议。在当时的情况下，乐生南澳公司的法定代表人陈木湖的一系列民事行为并不规范，为之后合资企业实际控制人变更后引发股东之间的纠纷埋下了伏笔，但如果以此为由认为乐生南澳公司并未履行任何出资义务，则陈木湖长期担任合资公司总经理并主持合资公司日常经营管理工作有悖常理。因此，应当认定乐生南澳公司履行了部分出资义务。由于乐生南澳公司的出资义务是提供 9.3 亩土地使用权，而其仅提供了 5.65 亩土地使用权，因此，乐生南澳公司并未完全履行出资义务。

由于 5.65 亩土地使用权系从南澳县宣传部取得，根据相关协议的约定，应当向南澳县宣传部支付相应的对价，包括 4800 平方米新建楼房、120 万元搬迁费、68 万元补偿费等。根据查明的事实，该对价是由亿湖公司实际履行，包括向南澳县宣传部交付 3300 平方米新建楼房、向惠州城市管理公司支付 185 万元、向南澳县宣传部支付 180 万元（此款项系根据 2012 年 4 月 28 日南澳县宣传部与亿湖公司签订的合同将未能交付的 1500 平方米新建房产折合而成）、欠缴的征地费用 50 万元及欠付的搬迁费 36 万元等。也就是说，本应由乐生南澳公司向南澳县宣传部支付的对价，实际系由亿湖公司代为履行，由此形成亿湖公司对乐生南澳公司相应的债权。对此，乐生南澳公司应予偿还，亿湖公司可另寻途径解决。

亿中公司、亿湖公司认为，亿湖公司通过支付 185 万元对价，直接从惠州城市管理公司受让取得5.65亩土地使用权,该观点不能成立,因为根据当时有效的1987年12月30日国务院批准、1988年1月1日原对外经济贸易部、国家工商行政管理局联合发布的《中外合资经营企业合营各方出资的若干规定》第五条的规定,"合营各方未能在第四条规定的期限内缴付出资的,视同合营企业自动解散,合营企业批准证书自动失效"。根据该规定,如乐生南澳公司未履行出资义务,亿湖公司将自动解散,不可能继续经营并从第三方受让取得土地使用权。此外,不能将亿湖公司代为支付对价的行为等同于亿湖公司履行股东出资义务的行为,因为亿湖公司恰恰是股东之间合资成立的目标公司,并非合资公司的股东。一、二审法院混淆了股东履行出资义务的行为和因履行出资义务而对外支付对价的行为,仅以亿湖公司获得5.65亩土地使用权的对价实际系由亿湖公司支付为由,认定乐生南澳公司未履行出资义务,认定事实错误,应予纠正。

——中国裁判文书网,http://wenshu.court.gov.cn。

1576

中外合资经营合同当事人约定以土地使用权出资的作价，应由相关政府机构作出规定，不能由合营双方自行约定

关键词 | 土地使用权出资 |

【最高人民法院裁判文书】

融发投资(香港)有限公司与黑龙江省电影发行放映公司合资经营合同纠纷上诉案[最高人民法院(2001)民四终字第8号民事判决书]

最高人民法院认为:按照合资合同的约定,电影公司是以土地使用权作价作为其应缴注册资本,合资合同约定了该土地使用权作价500万元人民币。融发公司在本案诉讼期间主张该土地使用权根据黑龙江省国通资产评值咨询公司的评值应为2235600元人民币,因此主张电影公司未达到合资合同规定的出资额。对于合资中方以场地使用权作为出资的,《中外合资经营企业法实施条例》作了明确规定,该实施条例第四十五条规定:"合营企业所需场地的使用权,已为中国合营者拥有的,则中国合营者可将其作为合营企业的出资,其作价金额应当与取得同类场地使用权所应缴纳的使用费相同。"第四十六条规定:"场地使用费标准应

当根据该场地的用途、地理环境条件、征地拆迁安置费用和合营企业对基础设施的要求等因素，由所在地的省、自治区、直辖市人民政府规定，并向对外经济贸易合作部和国家土地主管部门备案。”按照上述规定以及《中外合资经营企业法》第五条第四款的规定即“以实物、工业产权、场地使用权投资的，其价格（场地除外）由合营各方评议商定”，对于场地使用权的作价不能由合营双方自行商定，而应根据相关条件由相关政府机构作出规定如何作价。实践中，对于中方以场地使用权出资的，往往都是由合营双方在合资合同中直接作出约定，再经由相关人民政府和外经贸部门批准（即外经贸部门批准合资合同及章程、人民政府颁发外商投资企业批准证书的行为）。因此，即使实践中合营双方未能严格按照合资经营企业法及其实施条例的规定进行，但这样的做法与合资经营企业法及其实施条例的规定并不相悖，因为合营双方对于场地使用权的作价行为已经得到了相关机构的批准。事实上，1994 年 3 月 9 日的《验资报告》已经确认电影公司已经按照合资合同的规定完成了出资义务。因此，上诉人融发公司关于电影公司的投资未依合营合同规定足额到位、已构成违约的主张没有事实依据，本院不予采纳。

——最高人民法院办公厅编：《最高人民法院公布裁判文书（2003 年）》，人民法院出版社 2004 年版，第 251 ~ 263 页。

编者说明

本裁判意见对中外合资经营企业以土地使用权出资的效力进行了认定，即根据《中外合资经营企业法》第五条第四款以及《中外合资经营企业法实施细则》第四十五条、第四十六条的规定，合营双方以土地使用权作价出资的应当经相关行政部门审批，不能自行约定。但是在实践中，当事人往往在约定以后再向有关行政机关申请报批，而有关机关审批后也颁发了批准证书，为了保障企业经营活动的正常开展，维护合营双方的合法权益，在审判实践中，只要经审查认定双方当事人的做法没有违背法律法规的规定，并已经经过相关机关批准的，就应当认定合同的约定有效。①

1577

合资中方以国有资产出资的必须经过评估

关键词 | 国有资产出资 |

① 刘德权主编：《最高人民法院裁判意见精选》（下），人民法院出版社 2011 年版，第 816 页。

【最高人民法院裁判文书】

天津市昂斯特时装公司清算组与锦骏投资有限公司等中外合资经营企业合同纠纷案[最高人民法院(2011)民申字第290号民事裁定书]

最高人民法院认为:本案的关键问题是以国有资产出资设立中外合资经营企业时如何作价的问题。

国务院1991年11月16日发布的《国有资产评估管理办法》第三条第(三)项规定,以国有资产与境外企业或个人开办中外合资经营企业的,应当进行资产评估。原国家国有资产管理局1992年7月18日发布的《国有资产评估管理办法实施细则》第四十三条规定,对中方投入的资产必须按规定进行评估,以确认的评估价值作为投资作价的基础。根据上述规定,中方以国有资产进行合资的,对资产进行评估确实是强制性的。然而,是否必须以评估价值作为中方的出资额,并以此确定中方的股份份额,法律、行政法规并没有作出明确规定,而原国家国有资产管理局的上述行政规章也仅仅是规定"以确认的评估价值作为投资作价的基础"。

以本案而言,涉案国有资产已经经过了评估,相关部门亦对此进行了确认。资产评估在前,签订、报批合同在后,无论是合资双方还是批准机构均知晓作价值低于评估值,但合资企业的批准机构仍然批准了合资合同和合资企业章程,说明认可了合资双方在评估值基础上的作价行为。在1993年我国鼓励吸引外资时期,在服装总公司下属的五个老国有企业经营管理不善、生存举步维艰的特殊情形下,双方当事人在对国有资产进行评估的基础上协商作价,不违反公平原则,亦不违反法律、行政法规的规定。因此,二审判决认定合资合同有效,并根据天津市服装一厂的退出折算得出昂斯特公司的实际投资额为2600.66万元是正确的。昂斯特公司清算组关于应以资产评估值作为其实际投资额的主张缺乏事实和法律依据,本院不予支持。

——中国裁判文书网,http://wenshu.court.gov.cn。

1578

合营企业起诉股东承担出资违约责任的，合资经营合同仲裁条款不能约束合营企业

关键词 | 出资违约责任 | 仲裁条款 |

【最高人民法院答复】

青岛华翔精密技术有限公司由青岛保税区华强国际贸易有限公司、日本国有限会社北条理化学研究所及日本国竹内铁工株式会社三方共同出资设立。合营企业成立后，华强公司将其在合营企业占有的35%股权全部转让给了青岛华强达工贸有限公司。由于华强达公司未履行出资义务，合营企业华翔公司直接向华强达公司提起了诉讼，要求其按照合资经营合同的约定履行出资义务或者赔偿损失。最高人民法院认为：在合营企业成立之后，合资一方未按合资经营合同履行出资义务的行为，既损害了合资他方的权益，也损害了合资经营企业的权益。在合资他方未依约对违约方提请仲裁或者诉讼的情况下，合营企业有权以自己的名义提起诉讼，要求未履行出资义务的一方股东承担民事责任。因合营企业不是合资经营合同的签约主体，未参与订立仲裁条款，因此合资经营合同中的仲裁条款不能约束合营企业。对于本案纠纷，合营企业华翔公司未依照合资经营合同的约定提请中国国际经济贸易仲裁委员会仲裁，而是直接向合营企业所在地的青岛市中级人民法院提起诉讼并不违反相关法律规定。同样，由于华强达公司是受让华强公司在合营企业中的股份之后作为股东进入合营企业的，各方当事人在进行股权转让时未明确约定是否受合资经营合同中仲裁条款的约束，因此，合资经营合同中的仲裁条款对受让方华强达公司没有法律约束力。华强达公司以合资经营合同中含有有效的仲裁条款，本案应提交仲裁的主张没有法律依据，其管辖权异议依法不能成立，应予驳回。

——《最高人民法院关于合营企业起诉股东承担不履行出资义务的违约责任是否得当及合资经营合同仲裁条款是否约束合营企业的请示的复函》(2004年12月20日，〔2004〕民四他字第41号)

1579

减资既不符合《公司法》规定，也不符合外商投资企业减资的特别规定，瑕疵出资股东仍应承担未全额出资的责任

关键词｜减资｜出资责任｜

【最高人民法院裁判文书】

江西远洋运输公司与DAC中国特别机遇(巴巴多斯)有限公司、福建宁化腾龙水泥有限公司、福建省宁化蛟龙水泥有限公司债权纠纷案[最高人民法院(2012)民提字第25号民事判决书]

最高人民法院认为:关于远洋公司等股东的责任问题。《公司法》第三条规定:有限责任公司的股东以其认缴的出资额为限对公司承担责任。根据《最高人民法院关于金融机构为企业出具不实或者虚假验资报告资金证明如何承担民事责任问题的通知》第一条,企业出资人未足额出资,该企业财产不足以清偿债务的,由出资人在出资不实范围内承担责任。上述责任未被明确为连带责任,而连带责任重于普通责任,需以法律规定或当事人约定为依据,故出资人未足额出资的,对外不承担连带责任。《公司法解释(三)》第十三条第二款规定:“公司债权人请求……未全面履行出资义务的股东在未出资本息范围内对公司债务不能清偿的部分承担补充赔偿责任的,人民法院应予支持。”可见,出资人未足额出资的,其承担的责任为补充赔偿责任,而非连带责任。蛟龙公司在1995年成立时的合资方包括宁化县水泥厂、远洋公司、加利西亚公司,宁化县水泥厂有227万元出资未到位。宁化县水泥厂一直没有补足出资。2002年5月,蛟龙公司董事会决议,宁化县水泥厂投资额差额部分227万元延期到位,由宁化县水泥厂股权拍卖后新股东履行该义务。2002年8月,腾龙公司受让宁化县水泥厂在蛟龙公司的全部股份,并承诺在原合资章程未修订前腾龙公司必须履行原宁化县水泥厂在合资章程中规定的权利和义务。由于宁化县水泥厂一直没有全额出资,受让宁化县水泥厂股份的腾龙公司负有补足出资金额的义务,而腾龙公司也没有履行该义务。因此,当蛟龙公司不能清偿DAC公司债务时,腾龙公司应在未到位出资227万元的本息范围内承担补充赔偿责任。上述司法解释同一条的第三款进一步明确规定:“股东在公司设立时……未全面履行出资义务,依照本条……第二款提起诉讼的原告,请求公司的发起人与被告股东承担连带责任的,人民法院应予支持;公司的发起人承担责任后,可以向被告股东追偿。”因此,远洋公司作为蛟龙公司的发起人之一应当与腾龙公司承担连带责任,即连带承担前述补充赔偿责任。二审判决腾龙公司和远洋公司在未到位出资227万元范围内与蛟龙公司承担连带责任是错误的。

腾龙公司和远洋公司主张经过减资程序后,不再存在腾龙公司出资未到位问题。DAC公司则主张减资程序不符合有关规定，减资对本案的债权人不发生效力。因此，减资程序是否合法直接影响到股东的责任。原公司法第一百八十六条规定："公司需要减少注册资本时，必须编制资产负债表及财产清单。公司应当自作出减少注册资本决议之日起十日内通知债权人，并于三十日内在报纸上至少公告三次。债权人自接到通知书之日起三十日内，未接到通知书的自第一次公告之日起九十日内，有权要求公司清偿债务或者提供相应的担保。"根据上述规定，对已知的债权人，应采用通知这种合理、有效的方式告知，公告不能免除直接通知的义务。本案减资既未通知原债权人宁化建行，也未通知转让后的任何债权人，违反了公司法的上述规定，使本案的债权人失去了依照上述法律规定要求蛟龙公司清偿债务或提供担保的权利。原公司法第十八条规定："外商投资的有限责任公司适用本法，有关中外合资经营企业、中外合作经营企业、外资企业的法律另有规定的，适用其规定。"《对外贸易经济合作部、国家工商行政管理局关于外商投资企业调整投资总额和注册资本有关规定及程序的通知》（〔1995〕外经贸法发第366号）规定：企业如需调整投资总额和注册资本，应向审批机关提交董事会一致通过的决议和董事长签署的申请书……原审批机关应当在收到上述文件之日起30日内，以书面形式做出是否同意的初步答复；企业应当自原审批机关就同意企业调整投资总额和注册资本做出初步答复之日起10日内，通知债权人，并于30日内在省级以上报纸上至少公告3次，债权人自接到通知之日起30日内、未接到通知书的债权人自第一次公告之日起90日内，有权要求企业清偿债务或者提供相应的担保。而本案减资是先公告后报批，且只在省级以下报纸上公告，故二审判决认定减资不符合上述规定也是正确的。可见本案减资既不符合公司法的规定，也不符合外商投资企业减资的特别规定。蛟龙公司经过减资后，不仅使腾龙公司未到位的出资不需补足，而且公司的注册资本在出资未到位的基础上进一步减少，极可能损害债权人利益。二审判决认定减资程序对中国东方资产管理公司福州办事处（减资公告刊登时的债权人）而言不符合法律规定，蛟龙公司的减资决议对于中国东方资产管理公司福州办事处而言并不能产生注册资本发生变更的法律后果，并无不当。故腾龙公司和远洋公司仍应承担未全额出资的责任。

此外，本案存在的出资不实和不当减资等情形不足以否定蛟龙公司的独立法人资格，也不足以构成股东"滥用"股东权利，二审适用公司法相关规定判决腾龙公司和远洋公司对蛟龙公司债务承担连带责任也是错误的。

——中国裁判文书网，http://wenshu. court. gov. cn。

1580

主张限制出资不足股东的权利不具备相应条件的，不予支持

关键词 | 出资 | 股东权利 |

【最高人民法院裁判文书】

惠州市乐生实业发展总公司南澳公司与亿中制衣厂有限公司及南澳亿湖厂房开发有限公司、汕头市澄海区第二建筑工程公司股东出资纠纷申请再审案[最高人民法院(2016)最高法民再357号民事判决书]

最高人民法院认为：(二)关于乐生南澳公司应否被限制股东权利的问题。《公司法解释(三)》第十六条规定："股东未履行或者未全面履行出资义务或者抽逃出资，公司根据公司章程或者股东会决议对其利润分配请求权、新股优先认购权、剩余财产分配请求权等股东权利作出相应的合理限制，该股东请求认定该限制无效的，人民法院不予支持。"根据该规定，限制股东利润分配请求权、新股优先认购权、剩余财产分配请求权等股东权利，应当同时具备以下条件：一是股东未履行或者未全面履行出资义务，或者有抽逃出资的行为；二是应当根据公司章程或者股东会决议作出限制。首先，如前所述，乐生南澳公司并非未履行出资义务，而是未全面履行出资义务。其次，亿湖公司的章程中并未明确规定未全面履行出资义务的股东将被限制股东权利。第三，由于我国外商投资企业法的立法早于公司法立法，《中外合资经营企业法》及其实施条例关于合资企业的治理结构中没有股东会的规定，股东会的相应职责实际是由董事会行使。根据亿湖公司章程第二十五条的规定，出席董事会会议的法定人数不得少于全体董事的三分之二，不够三分之二人数时，其通过的决议无效。亿湖公司共有5名董事，而亿湖公司于2012年3月30日召开的关于限制乐生南澳公司股东权利的董事会仅有3名董事参加，显然不满足合资企业章程规定的条件，故当次董事会决议无效。已经生效的广东省高级人民法院(2013)粤高法民四终字第49号民事判决亦认为，2012年3月30日亿湖公司董事会决议因未达到亿湖公司章程规定的通过比例而无效。因此，亿中公司、亿湖公司根据亿湖公司董事会决议，请求限制乐生南澳公司相应的股东权利，不能得到支持。一、二审判决认定乐生南澳公司不享有亿湖公司的利润分配请求权、新股优先认购权、剩余财产分配请求权等股东权利，缺乏事实和法律依据，应予纠正。

——中国裁判文书网，http://wenshu.court.gov.cn。

1581
具备条件的，法院可在判决中直接确定外商投资企业批准证书记载股东以外的人的股东身份和股权份额

关键词｜股东身份｜股权份额｜隐名股东｜

【最高人民法院司法解释】

第十四条　当事人之间约定一方实际投资、另一方作为外商投资企业名义股东，实际投资者请求确认其在外商投资企业中的股东身份或者请求变更外商投资企业股东的，人民法院不予支持。同时具备以下条件的除外：

（一）实际投资者已经实际投资；

（二）名义股东以外的其他股东认可实际投资者的股东身份；

（三）人民法院或当事人在诉讼期间就将实际投资者变更为股东征得了外商投资企业审批机关的同意。

——《最高人民法院关于审理外商投资企业纠纷案件若干问题的规定（一）》（2010年8月5日，法释〔2010〕9号）

【最高人民法院审判业务意见】

第六，关于外商投资企业股权转让纠纷案件的审理。

《外商投资解释（一）》实施以来，较好地解决了未经批准的外商投资企业股权合同的效力、隐名投资权益的保护、优先购买权行使等问题。但同时也存在涉及外商投资企业股权变更的判项与外商投资企业有关行政规章的规定需进一步协调的问题。商务部门亦反映，近年来因协助执行法院外商投资企业纠纷案件判决，相关行政复议和诉讼案件时有发生，给商务主管部门依法行政带来困扰。最高法院、商务部和工商总局正在就加强涉及外商投资企业投资者股权变更的生效法律文书执行事宜，协商制定联合通知。

商务主管部门对于外商投资企业的股权变更，需要实质审查投资者资格以及产业政策是否符合外商投资法律法规的要求，人民法院不能替代审批机关进行实质审查。因此，人民法院在有关判项中不应直接判令确认外商投资企业股东身份及股权，或判令变更外商投资企业股权，而应判令义务人协助办理外商投资企业股权变更的

外资审批以及相应的工商登记手续。为保障判项的可执行性,判项中还应进一步明确逾期不办理外商审批的相关报批手续的,权利人有权自行申请办理报批。

但是,《外商投资解释(一)》第十四条对于隐名投资的问题作出了特殊的规定,即法院可以直接确认股东身份,但前提是诉讼期间外商投资企业审批机关同意将实际投资者变更为股东。然而,实践中,仍然存在操作层面的许多问题,在联合通知出台之前,如果隐名投资情形完全符合司法解释第十四条规定的情形,可以判决直接确权。联合通知出台后则应按新规定处理。

——最高人民法院民四庭庭长张勇健:《在全国涉外商事海事审判庭长座谈会上的讲话》(2016 年 4 月 7 日),载贺荣主编、最高人民法院民事审判第四庭编:《涉外商事海事审判指导》总第 32 辑,人民法院出版社 2017 年版,第 19 ~20 页。

【最高人民法院裁判文书】

上海华侨商务总汇有限公司与忻佩芬股东权纠纷案[最高人民法院(2008)民申字第 229 号民事裁定书]

最高人民法院认为:根据中外合资经营企业提供的材料,该企业已经过股东大会、董事会通过决议认可了原告的股东身份,并承诺为其办理相关手续。这种承诺合法有效,当事人应当按照约定自觉履行其承诺。由于我国法律规定外商投资企业的股权转让、股东变更实行审批制,且先办理变更审批申请再办理变更登记,因此,原告所提的办理变更手续应包括变更审批以及登记手续,但无论是变更审批还是变更登记手续,从保护实际投资人的合法权益出发,均应由中外合资经营企业及时向有关主管机关提出申请。同时,负责变更审批及变更登记的相关主管机关均已经参加了关于中外合资经营企业股东变更的专题会议,并同意将原告等委托投资人变更为直接投资人,中外合资经营企业就更须信守承诺。二审判决据此判令中外合资经营企业按照自己的承诺办理变更登记手续并无不当。

——万鄂湘主编、最高人民法院民事审判第四庭编:《涉外商事海事审判指导》总第 18 辑,人民法院出版社 2009 年版,第 259 ~275 页。

编者说明

对于实际投资者诉至人民法院,要求确认其在外商投资企业的股东地位,人民法院在民事判决中能否支持其诉讼请求?最高人民法院在长期司法实践中坚持如下观点:实际投资者与外商投资企业名义股东之间的法律关系不应及于外商投资企业的股权关系，外商投资企业批准证书记载股东以外的人提起民事诉讼，要求确认其在外商投资企业中的股东身份或股权份额的，人民法院不应予以支持。2005 年最高人民法院《第二次全国涉外商事海事审判工作会议纪要》第八十七条和 2007 年最高人民法院《涉港澳商事审判工作座谈会纪要》第二十二条均采纳此种观点。《外商投资纠纷解释(一)》第十四条肯定了此观点，确定了这样的思路：当事人之间约定一方实际投资，另一方作为外商投资企业名义股东，实际投资者请求确认其在外商投资企业中的股东身份或者请求变更外商投资企业股东的，人民法院不予支持。这属于原则性规定，是人民法院在今后的司法实践中对待隐名投资的基本态度。

然而，前引裁判中的情形则是一种例外情形：在部分地区，人民法院在审理个别案件的过程中，就外商投资企业的股权变更问题取得了审批机关的支持，审批机关明确表示，人民法院如果在民事判决中直接对外商投资企业的股权作出变更的，审批机关将随之变更审批。为此，《外商投资纠纷解释(一)》第十四条做了例外规定：如果具备一定的条件，人民法院可以在民事判决中直接确定外商投资企业批准证书记载的股东以外的人在该外商投资企业中的股东身份和股权份额。这些条件应当同时包括：(1)实际投资者已经实际投资；(2)名义股东以外的其他股东认可实际投资者的股东身份；(3)人民法院或当事人在诉讼期间就将实际投资者变更为股东征得了外商投资企业审批机关的同意。三个条件必须同时满足，缺一不可。①

1582

当事人以其为外商独资企业的隐名股东为由提起诉讼请求确认其股东地位的，系股东资格确认之诉

关键词 | 隐名股东 | 股东资格确认 |

【最高人民法院审判业务意见】

其二，对隐名投资者的保护越来越受到关注，目前司法解释确认隐名投资者的股东地位，在设定的条件上确显苛刻。要在诉讼中征得行政主管部门的同意有一定难度，且操作起来不够顺畅。但这系在现行法律框架下，不得已而为之。我们正在与商务部就隐名投资确认股东地位问题、股权转让诉讼情形下的报批问题进行调研协调，拟联合下发通知，以畅通相关渠道，确保司法解释有关功能的充

---

① 万鄂湘主编、最高人民法院民事审判第四庭编著：《最高人民法院关于审理外商投资企业纠纷案件若干问题的规定(一)条文理解与适用》，中国法制出版社 2011 年版，第 159 页。

分发挥。

——刘贵祥:《在全国涉外商事审判庭长座谈会上的总结讲话》,载万鄂湘主编、最高人民法院民事审判第四庭编:《涉外商事海事审判指导》总第22辑,人民法院出版社2013年版,第18页。

【最高人民法院裁判文书】

马德林股东资格确认纠纷案[最高人民法院(2013)民四终字第36号民事裁定书]

最高人民法院认为:马德林以其为外商独资企业的隐名股东为由向一审法院提起诉讼,请求确认其股东地位。该诉讼系股东资格确认之诉,属民事诉讼的范畴。本案中,马德林的起诉有明确的被告,有具体的诉讼请求,并说明了事实和理由,符合《民事诉讼法》第一百一十九条规定的民事案件受理条件,人民法院应予受理。至于马德林能否成为外商独资企业的股东以及是否履行了相关行政审批手续等,均属人民法院受理案件后需实体审理的内容。

——中国裁判文书网,http://wenshu.court.gov.cn。

1583

外商投资企业隐名投资协议不违反禁止性规定的应当认定有效,实际投资者有权请求名义股东履行合同义务

关键词 | 名义股东 | 隐名股东 | 委托持股 |

【最高人民法院司法解释】

第十五条 合同约定一方实际投资、另一方作为外商投资企业名义股东,不具有法律、行政法规规定的无效情形的,人民法院应认定该合同有效。一方当事人仅以未经外商投资企业审批机关批准为由主张该合同无效或者未生效的,人民法院不予支持。

实际投资者请求外商投资企业名义股东依据双方约定履行相应义务的,人民法院应予支持。

双方未约定利益分配，实际投资者请求外商投资企业名义股东向其交付从外商投资企业获得的收益的，人民法院应予支持。外商投资企业名义股东向实际投资者请求支付必要报酬的，人民法院应酌情予以支持。

——《最高人民法院关于审理外商投资企业纠纷案件若干问题的规定(一)》(2010 年 8 月 5 日，法释〔2010〕9 号)

【最高人民法院裁判文书】

博智资本基金公司与鸿元控股集团有限公司、上海欣鸿投资管理有限公司等合同纠纷申请再审案[最高人民法院(2015)民申字第 136 号民事裁定书]

最高人民法院认为：(二)关于案涉股权归属的问题。我国现行的金融法规对于境外公司向境内保险机构投资做了明确的限制性规定。依据二审查明的事实，依据 2004 年 6 月 15 日起施行的《保险公司管理规定》第四十五条和 2010 年 6 月 10 日起施行的《保险公司股权管理办法》第二条的规定，中国保险监督管理委员会(以下简称保监会)根据监管的需要对于外资股东的持股比例作了限制性的规定，即对于境内非上市保险公司，全部境外股东的投资比例不能超过保险公司股份总额的 25%，否则即应适用外资保险公司管理的规定。作为实际投资人的外商投资企业请求确认股东资格应以合法的投资行为为前提。本案中，博智公司委托鸿元公司的前身上海亚创控股有限公司投资新华人寿保险股份有限公司，正是由于外资股东投资境内保险公司受到上述投资比例的限制。虽然鸿元公司是受博智公司的委托投资新华人寿，但鸿元公司并未以博智公司的名义投资，也未将案涉股权登记在博智公司的名下，而是以自己的名义投资并将案涉股权登记在鸿元公司的名下，且该投资行为不仅已经获得保监会的批准，鸿元公司还以其名义参与了新华人寿的管理，履行了股东的义务并行使了股东的权利，因此二审判决认定案涉股权归鸿元公司享有，符合法律规定。

同时，股权归属关系与委托投资关系是两个层面的法律关系。前者因合法的投资行为而形成，后者则因当事人之间的合同行为形成，保监会的上述规章仅仅是对外资股东持股比例所做的限制，而非对当事人之间的委托合同关系进行限制。因此，实际出资人不能以存在合法的委托投资关系为由主张股东地位，受托人也不能以存在持股比例限制为由否定委托投资协议的效力。本案中，博智公司与鸿元公司签订的《委托投资及托管协议》《协议书》，不仅包括双方当事人关于委托投资的约定，还包括当事人之间关于股权归属以及股权托管的约定。根据双方当事人的约定,鸿元公司的前身亚创公司系代博智公司持有股权而非自己享有股权。虽然上述协议均系双方当事人真实意思表示,但由于股权归属关系应根据合法的投资行为依法律确定,不能由当事人自由约定。因此,尽管当事人约定双方之间的关系是股权代持关系,也不能据此认定双方之间的关系属股权代持关系,而应认定双方之间系委托投资合同关系。因此,博智公司关于其与鸿元公司系股权代持关系、二审判决在程序上存在明显的超范围审理、二审判决对本案基本法律关系的认定缺乏法律依据的申请再审事由不能成立。

——中国裁判文书网,http://wenshu.court.gov.cn。

李奕基与福建东方艺术建筑设计工程有限公司合同纠纷审判监督案[最高人民法院(2014)民提字第217号民事判决书]

最高人民法院认为:关于委托持股合同的效力,有关司法解释已经有明确规定。《公司法解释(三)》第二十四条第一款规定:"有限责任公司的实际出资人与名义出资人订立合同,约定由实际出资人出资并享有投资权益,以名义出资人为名义股东,实际出资人与名义股东对该合同效力发生争议的,如无合同法第五十二条规定的情形,人民法院应当认定该合同有效。"《外商投资纠纷解释(一)》第十五条第一款规定:"合同约定一方实际投资、另一方作为外商投资企业名义股东,不具有法律、行政法规规定的无效情形的,人民法院应认定该合同有效。一方当事人仅以未经外商投资企业审批机关批准为由主张该合同无效或者未生效的,人民法院不予支持。"依照上述规定,本案双方当事人之间的委托持股合同、委托持股关系有效。

——中国裁判文书网,http://wenshu.court.gov.cn。

博智资本基金公司与鸿元控股集团有限公司其他合同纠纷案[最高人民法院(2013)民四终字第20号民事判决书]

最高人民法院认为:根据《外商投资纠纷解释(一)》第十五条关于"实际投资者请求外商投资企业名义股东依据双方约定履行相应义务的,人民法院应予支持。双方未约定利益分配,实际投资者请求外商投资企业名义股东向其交付从外商投资企业获得的收益的,人民法院应予支持"的规定,虽然本案所涉股权在转让给德仁公司之前应归鸿元公司享有,但鸿元公司对博智公司负有合同上的义务,即鸿元公司应根据双方所订委托投资协议的约定将因投资所获得的收益返还给博智公司。

——中国裁判文书网,http://wenshu. court. gov. cn。

【链接:最高人民法院法官著述】

我国现有的外资立法尽管侧重于规定采取外资企业形态的外资,但这并不意味着我国对外资实行企业形态强制。从私法自治的角度看,自然人包括外国人享有设定企业的自由,投资自由自然不应受企业形态的限制。二者,鼓励外商投资是我国外资立法的目的,如果说组织形态的直接投资是引进外资的初期形态的话,随着我国对外开放的进一步深入,应鼓励非以组织形态出现的间接外资,只有这样,才能适应社会经济的发展。再者,如果认定委托投资协议合同无效,则当事人间的权利义务关系便没有任何保障,从而很容易助长不诚信行为的发生。因此,当事人之间有关实际投资的约定如无不存在违反或规避我国法律法规的禁止性规范或外资政策的,应认定其有效。当然,如果委托投资协议规避我国法律、行政法规规定,或违反社会公共利益,则应认定委托投资协议无效。比如,我国产业政策限制或禁止外资进入的行业,外资以委托投资协议隐名投资,如果认定该协议有效,将使我国的限制或禁止政策形同虚设,故认定无效乃唯一合理选择。

——刘贵祥:《外商投资企业纠纷若干前沿问题之探讨》,载万鄂湘主编、最高人民法院民事审判第四庭编:《涉外商事海事审判指导》总第20辑,人民法院出版社2010年版,第118页。

1584

隐名股东与名义股东之间委托投资权益问题与目标公司是否进行盈余审计无关，而与是否有利益分配约定以及无此约定时目标公司是否进行盈余分配有关

关键词 | 隐名股东 | 名义股东 | 委托投资 | 盈余分配 |

【最高人民法院解释】

第十五条　合同约定一方实际投资、另一方作为外商投资企业名义股东,不

具有法律、行政法规规定的无效情形的，人民法院应认定该合同有效。一方当事人仅以未经外商投资企业审批机关批准为由主张该合同无效或者未生效的，人民法院不予支持。

实际投资者请求外商投资企业名义股东依据双方约定履行相应义务的，人民法院应予支持。

双方未约定利益分配，实际投资者请求外商投资企业名义股东向其交付从外商投资企业获得的收益的，人民法院应予支持。外商投资企业名义股东向实际投资者请求支付必要报酬的，人民法院应酌情予以支持。

——《最高人民法院关于审理外商投资企业纠纷案件若干问题的规定(一)》(2010年8月5日，法释〔2010〕9号)

【最高人民法院裁判文书】

陈国苗与胜田(福清)发展有限公司、胜田(福清)房地产开发有限公司合同纠纷案[最高人民法院(2015)民四终字第41号民事判决书]

最高人民法院认为：本案为涉港商事纠纷，各方当事人对适用内地法律解决本案争议无异议，本院予以确认。

关于本案案由。根据陈国苗的起诉事由和诉讼请求，陈国苗是根据2005年6月27日《协议书》的约定内容，依照《外商投资解释(一)》第十五条第二、三款的规定，请求胜田福清公司支付委托持股对应的收益，胜田福清房地产公司承担连带责任。可见，陈国苗是以胜田福清房地产公司隐名股东即实际投资人的身份，并依据其与名义股东之间的约定向名义股东主张其协议书项下的权利的，陈国苗并没有直接向目标公司即胜田福清房地产公司请求公司盈余分配。因此，本案属于因隐名投资协议而产生的返还投资收益纠纷，属于合同纠纷。原审法院将本案案由确定为公司盈余分配纠纷，不能准确反映当事人之间争议法律关系的性质，本院予以纠正。

根据本案各方当事人的上诉及答辩内容，本案争议焦点为陈国苗是否是胜田福清房地产公司的实际投资人，其能否根据《协议书》向胜田福清公司主张代持胜田福清房地产公司股份对应的可分配利润，胜田福清房地产公司对此是否应承担连带责任。

根据陈国苗的诉讼请求以及诉因的具体内容，陈国苗是认为其是胜田福清房地产公司的实际投资人而向其认为的名义股东胜田福清公司主张隐名投资权益的,其法律依据是《外商投资解释(一)》第十五条第二款和第三款的规定。根据我国三资企业法关于外商投资企业设立及变更的审批制度,外商投资企业股权的取得以及变动均应当经过审批机构批准,在隐名投资情况下,实际出资人在不能被确认为外商投资企业股东时,其合法权益可以通过《外商投资解释(一)》第十五条的规定进行保护。按照《外商投资解释(一)》第十五条第一款的规定,合同约定一方实际投资、另一方作为外商投资企业名义股东,不具有法律、行政法规规定的无效情形的,人民法院应认定该合同有效。因此,在隐名投资情形时,实际投资人可以其与名义股东之间的约定向名义股东主张权利。但在本案中,在陈国苗主张其是胜田福清房地产公司的实际投资人时,胜田福清公司和胜田福清房地产公司均提出了异议,认为《协议书》的当事人主体及签字人并非胜田福清房地产公司股东或授权签字人,故无权代表胜田福清公司,而且陈国苗亦没有证据证明其是胜田福清房地产公司的实际投资人。

根据各方当事人确认的事实,《协议书》签订于 2005 年 6 月 27 日,载明的协议主体有四方,分别为“甲方香港金银山有限公司、乙方福清胜田房地产开发有限公司、丙方福胜房地产开发有限公司、丁方陈国苗”,《协议书》未加盖公司印章,甲、乙、丙三方一栏均由薛尔国、林宜振签字,陈国苗在丁方一栏签字,陈国顺、陈融则在见证人处签字。(一)关于协议主体问题。就签约主体而言,胜田福清公司并不包含在四方主体中。因此,其不是《协议书》的主体。(二)关于签字人的问题。陈国苗认为,在《协议书》上签字的林宜振、薛尔国系胜田福清公司、胜田福清房地产公司的实际控制人,故《协议书》的签署代表了胜田福清公司、胜田福清房地产公司的真实意思表示。胜田福清公司并非《协议书》的当事人,而林宜振并未在两个公司任职,薛尔国仅是当时胜田福清房地产公司的法定代表人,但并非胜田福清公司的代表人,陈国苗并没有证据证明林宜振、薛尔国得到了胜田福清公司的授权,事实上,胜田福清公司否认《协议书》的内容。陈国苗认为《协议书》签订时,胜田福清公司的实际控制人薛立榕亦在场,只是在签字前因有事走了而委托其父亲薛尔国签字,为此,陈国苗申请证人陈国顺出庭作证。胜田福清公司、薛立榕对此予以否认。从《协议书》的内容看,并无记载确认薛立榕授权其父代表胜田福清公司签字的内容,证人证言亦与《协议书》载明薛尔国是代表“甲方香港金银山有限公司、乙方福清胜田房地产开发有限公司、丙方福胜房地产开发有限公司”的内容不符,故仅陈国顺的证人证言并不能证明授权的真实性。因此,陈国苗关于其与胜田福清公司之间明确约定了其对胜田福清房地产公司的持股比例和收益分配的上诉主张缺乏事实依据,本院不予支持。

关于陈国苗是否是胜田福清房地产公司的实际投资人问题。本案审理过程中,陈国苗未提供其为胜田福清房地产公司实际投资人的投资凭证。从陈国苗提交的《确认书》内容看,陈国苗是沙丰公司的控制人,沙丰公司将其持有的胜田公司35%股份转让给金银山公司后,在没有其他协议安排的情况下,陈国苗不再享有间接持股胜田福清房地产公司的权益。然而,陈国苗即使是胜田福清房地产的实际投资人,亦应按照其与胜田福清公司的约定获得其隐名投资收益。《外商投资解释(一)》第十五条是针对隐名股东与名义股东就隐名投资问题订立了书面协议而作出的规定,实际投资人应当根据合同约定或者未约定利益分配时名义股东已从目标公司获得利益的情形主张相应的权益。而胜田福清公司并非《协议书》的当事人,陈国苗以《协议书》的内容请求胜田福清公司给付投资收益缺乏事实和法律依据,本院亦不予支持。

关于胜田福清房地产公司盈余审计的问题。按照《外商投资解释(一)》第十五条的规定,在隐名投资情形下,实际投资人的投资权益应通过其与名义股东之间的约定实现,如果当事人之间就利益分配已经进行了约定,那么目标公司是否进行了盈余审计在所不问,名义股东应当按照合同约定履行支付义务;如果没有约定利益分配,则只有当名义股东已经从目标公司处获得收益的,实际投资人才能请求名义股东进行给付。因此,隐名股东与名义股东之间解决委托投资权益问题,与目标公司是否进行了盈余审计无关,只与隐名股东与名义股东之间是否有利益分配约定以及无利益分配约定时目标公司是否进行了盈余分配有关。因此,在陈国苗既无法证明其为胜田福清房地产公司的实际投资人,又不能证明《协议书》为胜田福清公司真实意思表示的情况下,其请求对胜田福清房地产公司盈余进行重新审计的上诉主张,本院不予支持。

关于胜田福清房地产公司的责任问题。胜田福清房地产公司并没有就公司盈余向非公司股东进行分配的义务,陈国苗亦没有证据证明胜田福清房地产公司与胜田福清公司存在公司人格混同的情形,故即使胜田福清公司需向陈国苗承担民事责任,胜田福清房地产公司亦不应对此承担连带责任。

——中国裁判文书网,http://wenshu.court.gov.cn。

1585

隐名投资协议并非中外合资或者合作经营合同，无须报经审批机关批准

关键词｜隐名投资协议｜审批｜

【最高人民法院裁判文书】

吴会东与罗柏林等股东出资纠纷申请再审案[最高人民法院(2015)民申字第2572号民事裁定书]

最高人民法院认为:(一)关于二审判决适用法律是否确有错误的问题。本案中,嘉盈公司为内资企业。吴会东、陈刘毅、吴会颜与罗柏林于2005年5月7日签订《股东协议书》,就四方共同为嘉盈公司增资作出了约定,同时确认李亚兰在嘉盈公司中代罗柏林持股。李亚兰与罗柏林签订的李亚兰同意代罗柏林持股的《确认书》上,亦有吴会东、陈刘毅、吴会颜签名确认。以上事实表明,各方当事人均认可罗柏林系嘉盈公司的隐名股东。罗柏林与嘉盈公司的其他股东吴会东、陈刘毅、吴会颜就嘉盈公司的增资事宜签订《股东协议书》,并不因此将嘉盈公司的企业性质变更为外商投资企业。《股东协议书》并非中外合资或者合作经营企业合同,无须报经外商投资企业审批机关批准。该协议是各方当事人的真实意思表示,并不违反我国法律、行政法规的规定,应当认定有效。一、二审判决对此认定正确。吴会东关于应根据我国外商投资企业法律、行政法规以及相关司法解释的规定认定《股东协议书》未生效、二审判决适用法律确有错误的申请再审理由不能成立。

——中国裁判文书网,http://wenshu.court.gov.cn。

1586

当事人分别作为实际投资者和名义股东进行经营，不违反法律、行政法规的强制性规定

关键词｜实际投资者｜名义股东｜

【最高人民法院裁判文书】

张世铿与魏文及新加坡兆璟财团私人有限公司合同纠纷案[最高人民法院(2012)民申字第1328号民事裁定书]

最高人民法院认为:《股权转让合同》约定魏文以受让方(魏文本人)的名义进入北京兆璟公司,但是魏文已向新加坡兆璟公司支付了股权转让款1500万元人民币,实际以新加坡兆璟公司名义享有该公司转让的股权,并进入北京兆璟公司经营。魏文与新加坡兆璟公司的行为,已变更《股权转让合同》关于魏文以受让方名义进入北京兆璟公司的约定。一、二审法院虽然认定《股权转让合同》约定魏文进入北京兆璟公司经营的名义有误,但基于魏文以新加坡兆璟公司名义持有北京兆璟公司18%的股份的事实,并结合双方后来签订的《终止合作协议书》,认定魏文与新加坡兆璟公司之间形成投资合作合同关系,并无不当。魏文与新加坡兆璟公司分别作为实际投资者和名义股东进行经营,不违反法律、行政法规的强制性规定,不涉及外商投资企业股权登记的变更,也不影响北京兆璟公司其他股东等第三人的利益,一、二审法院认定上述投资合作合同有效,亦并无不当。

——中国裁判文书网,http://wenshu.court.gov.cn。

1587

作为涉港合资公司港方的实际出资人,有权就港方股东取得的合资公司的财产权益向其主张权利

关键词|实际出资人|名义股东|

【最高人民法院裁判文书】

刘詠仪、董家声与贺鸿毓其他与公司有关纠纷案[最高人民法院(2012)民申字第1204号民事裁定书]

最高人民法院认为:本案原告贺鸿毓主张其系三联眼镜公司的港方实际出资人,要求刘詠仪、董家声返还三联眼镜公司的清算款,故本案系刘詠仪、董家声是否应当向贺鸿毓返还相应的公司财产权益的纠纷,原审法院认定本案案由为其他与

公司有关的纠纷并无明显不当。在本院审查过程中，申请人刘詠仪、董家声向本院确认本案应当适用中华人民共和国内地法律，贺鸿毓亦无异议，本院予以确认。

针对申请人的再审申请，本案的争议焦点为：(1)中原贸易公司与贺鸿毓之间的法律关系；(2)刘詠仪、董家声是否应当向贺鸿毓返还三联眼镜公司清算款。

关于中原贸易公司与贺鸿毓之间的法律关系。原审查明，三联眼镜公司的股东为上海三联(集团)有限公司(以下简称三联集团公司)和中原贸易公司，后中原贸易公司将其股权转让给了环球贸易公司。贺鸿毓主张其系中原贸易公司在三联眼镜公司股权的实际出资人，并向原审法院提交了包括支付机器设备外汇的核销单据、1996年2月6日和1996年11月24日贺鸿毓与董家声签订的关于转让中原贸易公司股权的两份协议等相关证据。原审还查明，从三联眼镜公司设立至清算，董家声一直没有提供中原贸易公司的商业登记资料，代表中原贸易公司的始终都是董家声。中原贸易公司和环球贸易公司签订涉案股权转让协议时，合伙企业中原贸易公司已经结业，而环球贸易公司尚未设立，董家声依然以中原贸易公司的名义对外转让股权。董家声在与贺鸿毓签订的第一份协议中也明确表明，董家声和贺鸿毓为三联眼镜公司港方股东的投资人。董家声并没有充分举证证明合伙企业中原贸易公司的实际出资行为。贺鸿毓已经按照与董家声签订的协议实际履行了相应的义务，董家声认为该协议没有完全履行缺乏充分的事实依据。按照该协议的约定，结合贺鸿毓提供的其他书证和证人证言等证据材料，原审法院认定中原贸易公司为挂名股东，贺鸿毓为三联眼镜公司港方股东的实际出资人并无明显不当。

关于刘詠仪、董家声是否应当向贺鸿毓返还三联眼镜公司清算款。原审查明，1999年1月23日，三联集团公司与环球贸易公司签订《三联眼镜公司合同条款修改》。1999年2月5日，中原贸易公司与环球贸易公司签订《协议书》，约定中原贸易公司将其拥有的三联眼镜公司45%股权转让给环球贸易公司。1999年6月7日，上海市黄浦区对外经济委员会批准同意变更投资者。环球贸易公司系1999年5月才设立，合伙企业中原贸易公司于1997年12月31日已经结业，董家声与刘詠仪系夫妻，且董家声与刘詠仪也不能提交充分证据证明环球贸易公司为受让股权支付了合理的对价，无法认定环球贸易公司受让股份系善意。故原审判决认定环球贸易公司为挂名股东并无明显不当。贺鸿毓作为三联眼镜公司港方股东的实际出资人，有权就港方股东取得的三联眼镜公司的财产权益向挂名股东主张权利。刘詠仪系环球贸易公司结业后权利义务的承继者，原审判决由刘詠仪向贺鸿毓返还涉案款项并无明显不当。

——中国裁判文书网，http://wenshu. court. gov. cn。

1588

外商投资企业隐名投资协议无效时责任的承担

关键词｜隐名投资协议｜合同无效｜

【最高人民法院司法解释】

第十八条　实际投资者与外商投资企业名义股东之间的合同被认定无效，名义股东持有的股权价值高于实际投资额，实际投资者请求名义股东向其返还投资款并根据其实际投资情况以及名义股东参与外商投资企业经营管理的情况对股权收益在双方之间进行合理分配的，人民法院应予支持。

外商投资企业名义股东明确表示放弃股权或者拒绝继续持有股权的，人民法院可以判令以拍卖、变卖名义股东持有的外商投资企业股权所得向实际投资者返还投资款，其余款项根据实际投资者的实际投资情况、名义股东参与外商投资企业经营管理的情况在双方之间进行合理分配。

第十九条　实际投资者与外商投资企业名义股东之间的合同被认定无效，名义股东持有的股权价值低于实际投资额，实际投资者请求名义股东向其返还现有股权的等值价款的，人民法院应予支持；外商投资企业名义股东明确表示放弃股权或者拒绝继续持有股权的，人民法院可以判令以拍卖、变卖名义股东持有的外商投资企业股权所得向实际投资者返还投资款。

实际投资者请求名义股东赔偿损失的，人民法院应当根据名义股东对合同无效是否存在过错及过错大小认定其是否承担赔偿责任及具体赔偿数额。

第二十条　实际投资者与外商投资企业名义股东之间的合同因恶意串通，损害国家、集体或者第三人利益，被认定无效的，人民法院应当将因此取得的财产收归国家所有或者返还集体、第三人。

——《最高人民法院关于审理外商投资企业纠纷案件若干问题的规定（一）》（2010 年 8 月 5 日，法释〔2010〕9 号）

【链接：最高人民法院法官著述】

委托投资协议被认定无效，其法律后果较之一般合同无效要复杂得多。按照《民法通则》第六十一条、《合同法》第五十八条、第五十九条之规定，合同无效的后果包括返还财产、赔偿损失、违法所得收归国有或返回给集体、第三人。就返回财产而言，可以返还原物的，基于物权返还请求权返回原物；不能返回原物的，基于不当得利请求权返回不当得利，而且该返回不以当事人存在过错为条件。那么，基于此原理，是否必然得出隐名股东可以要求显名股东返还投资的结论呢？投资已转化为外资企业的财产，显然不可能基于物权请求权返回。何况，投资存在风险，即便合同无效情形该风险亦不能由受托人全部承担，如果受托人名下股权已无价值可言，除非在受托人存在过错情况下，基于损害赔偿原理赔偿损失，简单地判定受托人返回投资是不公平的。那么，是否可以将显名股东名下之股权作为不当得利返还给委托人呢？委托协议无效情形委托人作为隐名股东都与法律规定或社会公共利益相悖，取得股东资格更是在法律上不具有可能性。何况，股权变更存在行政审批的法律障碍，在程序上亦不具可操作性。有观点认为，不当得利返还本来就是以现存利益为限，无论股权价值如何，对其折价或变卖、拍卖所得归于委托人。笔者认为，如此处理过于武断。在股权价值低于委托人投资价值的情况下，因双方当事人对合同无效均有过错，受托人应对损失承担一半的责任。而在股权价值高于投资的情形，在满足补偿委托人投资后，剩余部分，基于权利义务相一致的原理，应由委托人与受托人分享。在进行分割时，可考量委托人的投资因素、受托人的经营管理因素等。如果维持受托人系合法股东之现状，则由受托人对委托人给予等值之补偿。有观点认为，根据《民法通则》第六十一条、《合同法》第五十九条之规定，应将股权超出投资部分收归国有。对此笔者不敢苟同。上述条款关于收归国有的规定，仅限于当事人恶意串通，损害国家、集体或他人利益的情形，除非证明当事人有恶意串通损害国家利益之目的，一般的违法合同不应适用该条款。

——刘贵祥：《外商投资企业纠纷若干前沿问题之探讨》，载万鄂湘主编、最高人民法院民事审判第四庭编：《涉外商事海事审判指导》总第20辑，人民法院出版社2010年版，第120～122页。

1589

以间接持股方式投资并控制公司权益的，系公司实际控制人，而非隐名投资者

关键词｜间接持股｜实际控制人｜隐名投资｜

【最高人民法院裁判文书】

徐建华、吴如芳与武汉君悦房地产开发有限公司、汪建强等股权转让纠纷案[最高人民法院(2014)民四终字第11号民事判决书]

最高人民法院认为:关于第一争议焦点。徐建华、吴如芳原系置乐集团的股东。置乐集团在我国内地设立了全资子公司置乐公司,并在讼争股权转让协议签订前已经从海工处取得了国有土地使用权。因此,徐建华、吴如芳是以间接持股的方式投资并控制置乐公司权益,系置乐公司的实际控制人,而非置乐公司的隐名投资者。这种间接持股的方式,不是委托投资,不属于最高人民法院《外商投资纠纷解释(一)》第十四条规定的"当事人之间约定一方实际投资、另一方作为外商投资企业名义股东"的委托他人代持股情形,更不存在隐名投资者显名成为股东的问题。徐建华、吴如芳请求确认其系置乐公司实际投资人,从而显名成为置乐公司股东的上诉理由不能成立。本案亦无须进一步查明徐建华、吴如芳在置乐公司土地购买及开发过程中投入资金的情况。原审法院未准许徐建华、吴如芳的调查取证申请,并无不当。

——中国裁判文书网,http://wenshu.court.gov.cn。

1590

行政机关无权单方决定调整中外合资企业中方股权的归属

关键词 | 股权归属 |

【最高人民法院裁判文书】

香港辉展有限公司诉天津市轻工实业总公司合资合同纠纷案[最高人民法院(2001)民四提字第5号民事裁定书]

最高人民法院认为:原电冰箱公司与辉展公司签订的协议书、《中外合资经营企业合同》及补充协议,系双方真实意思表示,内容合法,应认定有效。本案系合营双方在履行协议中,电冰箱公司的股权发生转移,引起股东变更的法律后果而产生的纠纷。认定电冰箱公司股权转移是否具有法律效力，应适用《中外合资经营企业法》及《中外合资经营企业法实施条例》，不适用国有资产管理局印发的《国有资产产权界定和产权纠纷处理暂行办法》。根据《中外合资经营企业法》第四条第四款规定，合营者的注册资本如果转让必须经合营各方同意。《中外合资经营企业法实施条例》第二十四条规定，合营企业注册资本的增加、转让或以其他方式处置，应由董事会会议通过，并报原审批机构批准，向原登记管理机构办理变更登记手续。二轻局依据自己的津二轻规（计）字〔96〕136 号文件，以行政手段调整合资企业中方电冰箱公司股权给二轻局所属的轻工公司，因对合营企业各方之间产生股东变更的法律后果，未遵循合营企业股权转移的法律程序和法律规定，未经合营外方辉展公司同意和董事会决定，未经原审批机构的批准并办理变更登记手续，违反了《中外合资经营企业法》及《中外合资经营企业法实施条例》的上述规定，同时也违反了双方所签合资合同的相关约定，故不发生电冰箱公司股权变动的法律效力。电冰箱公司的上级行政主管部门二轻局单方作出的股东变更决定没有法律效力。轻工公司没有依据法律规定取得电冰箱公司在合资企业及所属项目中的权利，无权作为原告就合资企业事项中的纠纷提起诉讼，辉展公司请求驳回轻工公司起诉的理由成立，本院予以支持。轻工公司所述抗辩理由不能成立，本院不予支持。原一、二审认定轻工公司有权继受电冰箱公司的权益，属适用法律错误，应予纠正。二审法院判决终止履行协议后，又将未完工程尚未取得的利润判决给轻工公司，亦属不当。

——最高人民法院办公厅编：《最高人民法院公布裁判文书（2002 年）》，人民法院出版社 2003 年版，第 526～532 页。

编者说明

2016 年 9 月 3 日全国人民代表大会常务委员会《关于修改〈中华人民共和国外资企业法〉等四部法律的决定》，对于不涉及国家规定实施准入特别管理措施的，相关审批制度已经修改为备案管理，未经合营各方同意，行政机关更加无权单方决定调整中外合资企业中方股权的归属。

1591

法律法规并未明确禁止我国自然人投资参股外商投资企业，相关股权转让合同应当认定有效

关键词｜外商投资企业｜股权转让｜自然人｜

【最高人民法院裁判文书】

郑义响、福州市广福有色金属制品有限公司等与陈子凌一般股权转让侵权纠纷申请再审案[最高人民法院(2014)民申字第802号民事裁定书]

最高人民法院认为:二、关于《股份转让协议》《补充协议》是否属于无效协议的问题。

根据《合同法》第五十二条规定,合同无效应当符合法定情形。从郑义响、广福公司申请再审提出的主张合同无效的事实和理由看,属于上述条款规定的"违反法律、行政法规的强制性规定"的情形。郑义响、广福公司提出,陈子凌作为自然人不能成为中外合资经营企业广福公司的中方合营者,诉争合同因违反《中外合资经营企业法》第一条而无效。但从《中外合资经营企业法》第一条规定看,该法并未明确禁止自然人投资参股外商投资企业,本案中郑义响亦是以自然人身份从广福公司原股东经总公司、国资公司处受让了股权,并已完成股权变更登记,现其又以陈子凌系自然人不能成为合资企业中方股东为由主张《股份转让协议》《补充协议》无效,缺乏事实和法律依据,不能成立。

——中国裁判文书网,http://wenshu.court.gov.cn。

1592

即使签字及印章不真实，但股权转让方以其行为积极认可转让事实的，应认定股权转让合同有效

关键词｜股权转让｜

【最高人民法院司法解释】

第二十一条 外商投资企业一方股东或者外商投资企业以提供虚假材料等欺诈或者其他不正当手段向外商投资企业审批机关申请变更外商投资企业批准证书所载股东,导致外商投资企业他方股东丧失股东身份或原有股权份额,他方股东请求确认股东身份或原有股权份额的,人民法院应予支持。第三人已经善意取得该股权的除外。

他方股东请求侵权股东或者外商投资企业赔偿损失的,人民法院应予支持。

——《最高人民法院关于审理外商投资企业纠纷案件若干问题的规定(一)》(2010 年 8 月 5 日,法释〔2010〕9 号)

【最高人民法院裁判文书】

东方贸易株式会社与韩锦途、苏州锦新刺绣工艺品有限公司股权转让纠纷申请再审案[最高人民法院(2016)最高法民申 1474 号民事裁定书]

最高人民法院认为:关于原判决是否存在适用法律确有错误的问题。原审中,东方株式会社主张本案股权转让所涉的《协议书》《合同终止协议书》《董事会决议》上郭越悦的签名及私章、东方株式会社的公章系伪造,故股权转让并非其真实意思表示。本案各方当事人对郭越悦发送给韩锦途儿子韩洪涛的电子邮件的真实性均无异议,原判决对该证据的证明力予以采信,并无不当。该电子邮件的内容表明,郭越悦作为东方株式会社的法定代表人,于 2008 年就知道东方株式会社所持有的锦新公司股权已作了变更登记,而在此后的五年时间内其一直未对涉案股权转让提出异议,并继续与股权变更登记后的锦新公司共同投资经营苏州锦途实业有限公司。可见,郭越悦并非保持沉默,而是以其行为积极地认可转让事实。故原判决认定即使案涉文件上的签字及印章不真实,东方株式会社也已经以其实际行为追认了股权转让协议,并无不当。由于本案所涉股权转让系东方株式会社的真实意思表示,故不应适用《外商投资解释(一)》第二十一条的规定,原判决不具有适用法律确有错误的情形。

——中国裁判文书网,http://wenshu. court. gov. cn。

1593

协议实质是将合作开发项目利益份额转让，并非股权转让，转让方诉请受让方支付股权转让款没有依据

关键词｜股权转让｜利益份额转让｜

【最高人民法院裁判文书】

泰山贸易公司与明发集团(香港)有限公司合同纠纷案[最高人民法院(2013)民四终字第6号民事判决书]

最高人民法院认为:本案中,泰山贸易公司与香港明发公司之间签订《股权转让协议》,实质是将泰山贸易公司在与香港明发公司及其下属公司之间合作开发房地产项目中所占的利益份额进行转让,并非股权转让。本案系涉港合同纠纷案件。双方当事人对适用内地法律解决本案争议均无异议,本院予以确认。

《股权转让协议》是双方当事人之间的真实意思表示,并不违反我国法律规定,应认定有效。根据《股权转让协议》的约定,香港明发公司向泰山贸易公司支付转让款的方式应按照双方结算明细表确定。二审庭审过程中,双方当事人均认可2004年3月20日《双方协定》作为结算明细表。根据《双方协定》的结算安排,厦门明发公司确认泰山贸易公司在包括本案所涉项目在内的六个合作开发房地产项目中占有一定的利益份额,由厦门明发公司予以收购,并以厦门明发公司"明发海景苑"的房产置换泰山贸易公司的上述利益份额,资产置换完毕后,泰山贸易公司还应向厦门明发公司支付差额款项。泰山贸易公司已经以其关联公司厦门鑫泰山咨询服务有限公司的名义,从厦门明发公司处实际取得了"明发海景苑"房产所有权。虽然《双方协定》系由厦门明发公司与泰山贸易公司签署,但香港明发公司与厦门明发公司系关联公司,均由黄焕明实际控制。本案与本院受理的(2013)民四终字第8号案系关联案件,在本案与(2013)民四终字第8号案二审庭审过程中,厦门明发公司对根据《双方协定》以"明发海景苑"房产置换包括本案《股权转让协议》项下"联丰家具城厂房"21581.52平方米在内的泰山贸易公司的利益份额不持异议。在这种情况下,可以认定泰山贸易公司享有的本案所涉《股权转让协议》项下项目利益份额已经通过资产置换取得了相应对价。泰山贸易公司与香港明发公司之间的《股权转让协议》已经实际履行完毕,泰山贸易公司诉请香港明发公司支付股权转让款,没有事实和法律依

据，本院不予支持。原审判决驳回泰山贸易公司的诉讼请求并无不当。关于本案是否超过诉讼时效的问题，不再述及。

——中国裁判文书网，http://wenshu.court.gov.cn。

泰山贸易公司与厦门明发集团有限公司合同纠纷案[最高人民法院(2013)民四终字第8号民事判决书]

本裁判理由与前引裁判文书基本一致(略)。

——中国裁判文书网，http://wenshu.court.gov.cn。

1594

《付款确定》是关于支付股权转让款的承诺，并非股权转让协议，无须经相关机关批准

关键词 | 付款承诺 | 股权转让 |

【最高人民法院裁判文书】

明发集团有限公司与泰山贸易公司及明发集团(香港)有限公司债权纠纷案[最高人民法院(2012)民四终字第5号民事判决书]

最高人民法院认为：泰山公司主要依据《付款确定》提起诉讼要求明发集团公司承担支付股权转让款及利息的责任，一审法院根据泰山公司的诉讼请求及其提出的事实和理由，确定本案纠纷为债权纠纷是正确的。泰山公司及明发香港公司均在香港特别行政区注册成立，本案为涉港民事纠纷，一审法院根据当事人的选择适用我国内地法律作为审理本案纠纷的准据法亦是正确的。

明发集团公司出具的《付款确定》为泰山公司所接受，依法成立。《付款确定》是明发集团公司关于支付股权转让款的承诺，并非股权转让协议书，故无须经过相关机关批准。该《付款确定》系当事人真实意思表示，不违反法律规定，应认定有效。

根据查明的事实，明发集团(国际)有限公司《2009年年度报告》显示，明发集团(国际)有限公司于2009年11月13日在香港联合交易所有限公司主

板上市，明发集团公司、明发香港公司、厦门明发集团有限公司均是其持有100%实际权益的下属公司。黄焕明于2007年11月27日获委任为明发集团(国际)有限公司的董事会主席兼执行董事。该年报还显示，该集团于2008年6月4日收购泉州明发大酒店有限公司33%的股权后，持有泉州明发大酒店有限公司100%实际权益。明发集团公司是明发香港公司的独资控股公司。黄焕明代表明发香港公司于2008年1月18日与泰山公司签订《股权转让协议书》，其又于2008年5月22日代表明发集团公司就泉州明发大酒店股权转让付款事宜作出承诺，此后，相关主管机关对案涉股权转让事宜作出批复。从上述事实看，作为明发集团公司法定代表人及明发香港公司代表的黄焕明对案涉股权转让的事实是清楚的。同时，结合明发集团公司在就本案管辖权异议向本院提起上诉时陈述称“泰山公司据以主张权利的《付款确定》系明发集团公司基于本案诉争股权转让协议而产生，是股权转让合同履行的环节之一，即第三人代为履行”以及其在本案中所作的案涉股权转让款已经支付完毕的抗辩，一审法院认定“安排由明发香港公司受让股权、而由明发集团公司支付股权转让款，是黄焕明实际控制的两关联公司之间的内部安排”并无不当。现案涉股权已经过户至明发香港公司，明发集团公司应该按照承诺的真实意思支付款项。明发集团公司在《付款确定》中承诺支付的款项数额虽然高于《股权转让协议书》中确定的数额，但系其真实意思表示，不违反法律规定。一审法院根据当事人的承诺按比例折价确定本案所涉股权转让款为2955.2239万元并无不当。明发集团公司未能提供充分证据证明其已经支付案涉股权转让款，一审法院判决其支付股权转让款及利息是正确的。明发集团公司若认为其与泰山公司之间存在其他款项纠纷，可以另行提起诉讼解决。

——江必新主编、最高人民法院民事审判第四庭编：《涉外商事海事审判指导》总第26辑，人民法院出版社2014年版，第212~219页。

1595

外商投资企业股权转让报批手续依法律、行政法规规定属于先决事项的，应予先行处理

关键词 | 股权转让 | 报批义务 |

【最高人民法院司法解释】

第九条 外商投资企业股权转让合同成立后，受让方未支付股权转让款，转让方和外商投资企业亦未履行报批义务，转让方请求受让方支付股权转让款的，人民法院应当中止审理，指令转让方在一定期限内办理报批手续。该股权转让合同获得外商投资企业审批机关批准的，对转让方关于支付转让款的诉讼请求，人民法院应予支持。

——《最高人民法院关于审理外商投资企业纠纷案件若干问题的规定(一)》(2010年8月5日，法释〔2010〕9号)

【《最高人民法院公报》案例】

谢民视诉张瑞昌、金刚公司股权纠纷案(上海市第二中级人民法院民事判决书)

上海市第二中级人民法院认为：《中外合作经营企业法》第十条规定："中外合作者的一方转让其在合作企业合同中的全部或者部分权利、义务的，必须经他方同意，并报审查批准机关批准。"原告谢民视虽与被告张瑞昌达成了股权转让合同，并且该股权转让行为已经得到被告金刚公司董事会的同意，但依法还应报经审查批准机关批准。由于金刚公司未按"3·13决议"申报股权变更手续，致股权至今不能转让，股权转让合同未能发生当事人预期的法律效果。

《民事诉讼法(1991)》第一百三十九条规定："人民法院审理案件，其中一部分事实已经清楚，可以就该部分先行判决。"原告谢民视的原诉讼请求是判令被告张瑞昌支付股权转让款，而股权转让款的支付必须以股权转让行为得到审查批准机关的批准为前提。鉴于谢民视与张瑞昌之间订立股权转让合同的事实已查清，谢民视也已提出关于判令张瑞昌和被告金刚公司办理股权转让手续的诉讼请求，依法可对谢民视增加的这一诉讼请求先行判决。至于谢民视关于支付股权转让款的诉讼请求，待先行判决生效后视审查批准机关的审批结果再行处理。据此，上海市第二中级人民法院于2001年10月24日判决：

被告张瑞昌、被告金刚公司应于本判决生效之日起10日内，就原告谢民视与张瑞昌之间的股权转让事宜，至审批机关办理相关股权变更手续。

先行判决后，双方当事人均未上诉，一审判决生效。被告张瑞昌和被告金刚公司在判决生效后,到审批机关申报了股权变更。审批机关也已经按照申报,将金刚公司的投资者变更为张瑞昌和案外人立新公司。

先行判决执行完毕后,上海市第二中级人民法院再次公开开庭,对双方当事人之间的股权转让款支付事宜进行审理。

——《最高人民法院公报》2003 年第 1 期

【链接:最高人民法院法官著述】

在民事诉讼中,当某一争议问题的裁判必须以另一问题的先行确定为前提条件时,须先行确定的问题被称为先决问题,或先决事项。① 我国民事诉讼立法未建立中间裁判制度,采取将先决问题推迟至最终判决时一并处理,并作为判决理由在裁判文书中进行司法确认的模式。……鉴于司法解释不适宜创设中间裁判制度,我们在《外商投资纠纷解释(一)》第八条对约定受让方履行义务在先的情形,设立了转让方催告制度,而在本条对履行顺序不明确的情形,依据转让方报批义务具有独立性和先决性的这一特点,明确应由人民法院指令转让方在一定期限内办理报批手续,对股权转让合同的生效问题这一先决事项作出处理,以期在实践中能比较好地解决报批义务和股权转让款支付的履行顺序问题。

……

关于先决事项处理的几个程序问题:

第一,人民法院指令转让方办理报批手续,可以主动作出,即人民法院经过证据交换听证或庭审阶段,能够确定报批手续的履行已构成诉讼争议的实体性先决事项,可以主动指令转让方办理报批手续,并不以转让方或受让方提出申请为前提要件。本条规定:“人民法院应当中止审理,指令转让方在一定期限内办理报批手续”,表明人民法院作出指令系依职权作出。期限的具体日期可由人民法院根据实际情况确定,但不宜超过 15 个工作日,因为该期限仅是转让方办理报批手续的期限,而不是外商投资企业办理审批手续的期限。如期限过长,造成案件诉讼进程缓慢,易给当事人增加讼累。

第二,人民法院指令转让方办理报批手续,采取通知方式更为合适。指令转让方办理报批手续,目的在于在履行顺序约定不明的情况下,视为报批义务应履

---

① 韩世远:《合同法总论》,法律出版社 2008 年版,第 133 页。

行在先，但同时给转让方以合同效力补正的机会，如转让方仍拒绝履行，则其应承担受让方提出的先履行抗辩或受让方反诉请求其承担违约责任的不利法律后果。因此，在转让方办理报批手续的情形下，合同生效与否是一项需确定的先决事项，但报批手续本身不存争议，亦无须强制执行，转让方经法院释明后有自行处分权和决定权，不需要以实体判决确定之。在该点上应注意区别于责令受让方协助办理报批的情形。在转让方请求受让方承担协助报批义务的情形下，受让方是否存在协助义务属于实体争议，须人民法院以实体判决的方式作出，并且判决对受让方具有强制执行力，应允许受让方上诉。

第三，人民法院在指令的同时，应当裁定中止审理。《民事诉讼法(2007)》第一百三十六条规定："有下列情形之一的，中止诉讼：(一)一方当事人死亡，需要等待继承人表明是否参加诉讼的；(二)一方当事人丧失诉讼行为能力，尚未确定法定代理人的；(三)作为一方当事人的法人或者其他组织终止，尚未确定权利义务承受人的；(四)一方当事人因不可抗拒的事由，不能参加诉讼的；(五)本案必须以另一案的审理结果为依据，而另一案尚未审结的；(六)其他应当中止诉讼的情形。中止诉讼的原因消除后，恢复诉讼。"外商投资企业审批机关对股权转让合同的审批属于《民事诉讼法(2007)》第一百三十六条第一款第(六)项的中止事由，人民法院应在指令转让方办理报批手续的同时，裁定中止审理，待外商投资企业审批机关公布审批结果后，再恢复诉讼。如股权转让合同最后获得外商投资企业审批机关批准，则股权转让合同生效，人民法院应当根据合同的约定，对转让方关于支付转让款的诉讼请求进行审理，如受让方无其他抗辩事由，人民法院应予支持。

——万鄂湘主编、最高人民法院民事审判第四庭编著：《最高人民法院关于审理外商投资企业纠纷案件若干问题的规定(一)条文理解与适用》，中国法制出版社 2011 年版，第 107～110 页。

编者说明

原《中外合作经营企业法》第十条规定："中外合作者的一方转让其在合作企业合同中的全部或者部分权利、义务的，必须经他方同意，并报审查批准机关批准。"2016 年 9 月 3 日，全国人民代表大会常务委员会《关于修改〈中华人民共和国外资企业法〉等四部法律的决定》已经对此条作出修改，即对举办合作企业不涉及国家规定实施准入特别管理措施的，原《中外合作经营企业法》第十条规定的审批事项，适用备案管理，未经审批不影响合同效力。此精神也应当适用于其他外商投资企业，因上述修改决定同时对外资企业重大事项变更、中外合资企业企业合营协议及合同，如果不涉及国家规定实施准入特别管理措施的，也适用备案管理。

1596

行政审批过程中的程序性问题与合营企业股权转让协议的效力无关，不属股权转让合同纠纷审查范围

关键词｜股权转让｜审批｜

【最高人民法院裁判文书】

靳进与山东泰宝防伪技术产品有限公司股权转让合同纠纷案[最高人民法院(2013)民申字第1053号民事裁定书]

最高人民法院认为:关于行政审批机关对股权变更的审批是否违反法定程序的问题。靳进的诉讼请求是请求确认《股权转让协议》无效或解除。行政审批过程中的程序性问题与《股权转让协议》的效力问题无关,不属本案审查范围。靳进可以依法向有关审批机关反映。一审法院认定淄博中保康公司经营期限延长的行政批准行为是否合法并不影响对《股权转让协议》效力的确认是正确的。

——中国裁判文书网,http://wenshu.court.gov.cn。

1597

股权转让协议及其补充协议因未经审批而未生效，协议中的违约金条款亦不发生法律效力

关键词｜股权转让｜审批｜违约金｜

【最高人民法院裁判文书】

王泉成与福建海玉投资有限公司一般股权转让侵权纠纷案[最高人民法院(2013)民提字第240号民事判决书]

最高人民法院认为:王泉成与海玉公司签订的《股权转让协议书》及其补充协议因未经审批而未生效,当事人对此均有过错。海玉公司关于要求王泉成承担320万元股权转让款的利息损失的主张,本院不予支持。王泉成和海玉公司

签订的《股权转让协议书》未生效，该协议中关于当事人因违反有效约定产生的违约金条款亦不发生法律效力，故王泉成关于海玉公司应当承担约定违约金责任的主张，亦不能支持。海玉公司关于其不应承担约定违约金责任的再审理由成立，本院予以支持。福建高院二审判决判令海玉公司应向王泉成承担约定违约金521万元责任有误，本院予以纠正。

——中国裁判文书网，http://wenshu.court.gov.cn。

编者说明

根据2016年9月3日全国人民代表大会常务委员会《关于修改〈中华人民共和国外资企业法〉等四部法律的决定》的精神，如果不涉及国家规定实施准入特别管理措施的，外资企业股权转让也适用备案管理，不再因未经审批而认定其未生效。

1598

法院可以根据股权转让合同当事人的请求判决义务人履行报批义务

关键词 | 股权转让 | 报批义务 | 判决履行 |

【最高人民法院司法解释】

第六条 外商投资企业股权转让合同成立后，转让方和外商投资企业不履行报批义务，受让方以转让方为被告、以外商投资企业为第三人提起诉讼，请求转让方与外商投资企业在一定期限内共同履行报批义务的，人民法院应予支持。受让方同时请求在转让方和外商投资企业于生效判决确定的期限内不履行报批义务时自行报批的，人民法院应予支持。

转让方和外商投资企业拒不根据人民法院生效判决确定的期限履行报批义务，受让方另行起诉，请求解除合同并赔偿损失的，人民法院应予支持。赔偿损失的范围可以包括股权的差价损失、股权收益及其他合理损失。

——《最高人民法院关于审理外商投资企业纠纷案件若干问题的规定（一）》（2010年8月5日，法释〔2010〕9号）

【《最高人民法院公报》案例】

广州市仙源房地产股份有限公司与广东中大中鑫投资策划有限公司、广州远兴房产有限公司、中国投资集团国际理财有限公司股权转让纠纷案[最高人民法院(2009)民申字第1068号民事裁定书]

裁判摘要:三、最高人民法院《合同法解释(二)》第八条规定,有义务办理申请批准手续的一方当事人未按照法律规定或者合同约定办理申请批准手续的,人民法院可以判决相对人自行办理有关手续,对方当事人对由此产生的费用和给相对人造成的实际损失,应当承担损害赔偿责任。据此,人民法院也可以根据当事人的请求判决义务人履行报请审批机关批准的义务。

最高人民法院认为:最高人民法院《合同法解释(二)》第八条规定:经批准才能生效的合同成立后,有义务办理申请批准手续的一方当事人未按照法律规定或者合同约定办理申请批准的,属于《合同法》第四十二条第(三)项规定的"其他违背诚实信用原则的行为",人民法院可以判决相对人自己办理有关手续;对方当事人对由此产生的费用和给相对人造成的实际损失,应当承担损害赔偿责任。既然"相对人"可以自己办理有关手续,而"对方当事人"应对由此产生损失给予赔偿,那么,"相对人"自然也可以要求"对方当事人"办理申请批准手续。二审判决中鑫公司履行报请审查批准机关批准的义务是正确的。

——《最高人民法院公报》2010年第8期

【最高人民法院裁判文书】

怀集县中南水电开发有限公司、蒋四旺与赖福永及李松清合资经营合同纠纷再审案[最高人民法院(2012)民监字第397号民事裁定书]

最高人民法院认为:赖福永系香港居民,蒋四旺以中南水电公司的名义与赖福永签订的《怀集洽水桂岭水电站明确股权责任证书》(以下简称"股权责任证书"),只有依法办理批准手续后才能生效。一、二审判决以双方并未办理审批手续为由认定该"股权责任证书"未生效,并据此驳回赖福永请求确认其拥有桂岭水电站55%股权的诉讼请求并无不当。"股权责任证书"虽未生效，但当事人负有促成其生效的义务，赖福永已经按照“股权责任证书”的约定履行了出资义务，有权要求中南水电公司、蒋四旺依法办理桂岭电站合资经营的报批和工商登记手续，一、二审判决判令中南水电公司、蒋四旺协助赖福永办理桂岭水电站法人登记及其股权变更的审批登记手续并无不当。如果其确实履行了报批手续但未获批准，则双方可以协商解决或另寻法律途径实现其权益。

——中国裁判文书网，http://wenshu.court.gov.cn。

编者说明

根据我国法律、法规的规定，外商投资企业的设立、变更过程中签订的协议、合同多需要报经原审批机关批准。以往的司法实践中对未经批准的协议、合同是以无效或者以未生效为由简单地驳加原告的诉讼请求。《合同法解释(二)》第八条规定赋予了此类合同中约定的报批义务的可履行性，依《外商投资纠纷解释(一)》，将当事人成立合资企业的报批义务从传统的缔约过失责任和附随义务中解脱出来，不将其作为合同是否生效、失效的判断标准，而是界定为外商投资企业合同项下的合同义务。即没有报批的合同并非无效的合同，而是效力待定合同，或者是将撤销权赋予守约方的合同，主要目的是为了遏制违约方的恶意抗辩，违约方一般都负有报批义务的一方，却将自己的义务压力减轻到最低或者迟迟不履行此项义务，反过来却以合同没有批准或者没有报批为由进行恶意抗辩。《外商投资纠纷解释(一)》明确规定了未经行政审批的合同效力的认定规则，规定需经行政审批的合同，具有报批义务的当事人不履行报批义务，相对人请求其履行报批义务或自行报批的，人民法院应予支持。

需要注意的是，根据2016年9月3日全国人民代表大会常务委员会《关于修改〈中华人民共和国外资企业法〉等四部法律的决定》的精神，如果不涉及国家规定实施准入特别管理措施的，外资企业股权转让也适用备案管理，不再因未经审批而认定其未生效。

1599

股权转让的受让方已经接管外商投资企业，办理股权转让审批手续的义务应由受让方承担

关键词｜股权转让｜审批｜

【最高人民法院裁判文书】

西安沃斯特机械设备制造有限公司与西安航空发动机集团天鼎有限公司、启帆机电有限公司等股权转让纠纷申请再审案[最高人民法院(2016)最高法民申3524号民事裁定书]

最高人民法院认为:本案审查焦点为天鼎公司、启帆公司、鸿鼎公司应否连带赔偿沃斯特公司的资金损失及利息。

(一)关于办理外资企业股权转让报批手续的义务主体问题。《外商投资解释(一)》第五条规定,外商投资企业股权转让合同成立后,转让方和外商投资企业不履行报批义务,经受让方催告后在合理的期限内仍未履行,受让方请求解除合同并由转让方返还其已支付的转让款、赔偿因未履行报批义务而造成的实际损失的,人民法院应予支持。《外商投资企业投资者股权变更的若干规定》第九条规定,外资企业股权转让报批手续由外资企业提交办理。即一般而言,外商投资企业股权转让合同报批义务主体为转让方与外商投资企业,但就本案而言,原判认定办理外资企业股权转让报批义务主体为沃斯特公司并无不当。

首先,根据《股权转让协议》第十条约定"本协议生效后3日内,由甲乙方委托乙方指定人开始办理有关股权转让登记手续",该协议中乙方即指沃斯特公司,办理股权转让登记手续的主体亦为沃斯特公司。天鼎公司、启帆公司、鸿鼎公司于2012年5月16日向沃斯特公司发出了《催办函》,要求沃斯特公司指派专人办理工商变更文件,沃斯特公司未办理,也未支付约定的股权转让款。沃斯特公司如主张其催告过天鼎公司、启帆公司、鸿鼎公司办理股权转让的相关手续,应提供证据加以证明,但沃斯特公司并未提供。

其次,根据查明事实,2011年8月31日,核电公司与沃斯特公司形成《出纳交接单》,证明核电公司已将财务移交给沃斯特公司;核电公司的《合同审批单》《天鼎核电公司公章使用审批单》上领导栏处有沃斯特公司总经理高作鹏多处签字;2011年9月13日,沃斯特公司向天鼎公司出具《函告》,明确说明沃斯特公司于2011年9月1日正式接管核电公司生产、经营的管理工作,上述事实足以证明沃斯特公司于2011年9月1日已经成为核电公司的实际控制人并开展经营。因此,在核电公司已被沃斯特公司实际接管的情况下,办理外资企业股权转让审批手续的义务主体应是沃斯特公司。

再次，关于天鼎公司、启帆公司、鸿鼎公司是否存在缔约过失行为的问题。《合同法》第四十二条规定："当事人在订立合同过程中有下列情形之一，给对方造成损失的，应当承担损害赔偿责任：(一)假借订立合同，恶意进行磋商；(二)故意隐瞒与订立合同有关的重要事实或者提供虚假情况；(三)有其他违背诚实信用原则的行为。"《合同法解释(二)》第八条规定："依照法律、行政法规的规定经批准或者登记才能生效的合同成立后，有义务办理申请批准或者申请登记等手续的一方当事人未按照法律规定或者合同约定办理申请批准或者未申请登记的，属于合同法第四十二条第(三)项规定的'其他违背诚实信用原则的行为'。"如前所述，办理外资企业股权转让报批手续的义务主体应是沃斯特公司。天鼎公司、启帆公司、鸿鼎公司没有办理外资企业股权转让报批手续的法定或约定义务，原判认定天鼎公司、启帆公司、鸿鼎公司不存在缔约过失行为并无不当。

另外，关于天鼎公司、启帆公司、鸿鼎公司是否应赔偿沃斯特公司所称损失的问题。本案中，沃斯特公司未支付股权转让款，其主张的损失是向核电公司转入的资金及利息。沃斯特公司接管核电公司后，即对外开展经营活动，未办理股权转让登记手续没有影响核电公司的正常运转。沃斯特公司也未提供证据证明股权未变更至其名下与损失之间存在法律上的因果关系，且股权未变更的主要原因是沃斯特公司怠于履行合同义务。天鼎公司、启帆公司、鸿鼎公司之间转让股权，是在沃斯特公司发出《解除西安航空发动机集团天鼎核电设备有限公司股权转让协议的通知》后。本案二审期间，天鼎公司、启帆公司、鸿鼎公司表示可以将股权转让给沃斯特公司，但沃斯特公司表示不愿接收。原判认定天鼎公司、启帆公司、鸿鼎公司在本案中不存在缔约过失或怠于履行合同义务的行为，对沃斯特公司主张的损失，不应承担赔偿责任并无不当。

——中国裁判文书网，http://wenshu. court. gov. cn。

1600

新股东就承继原股东在公司的股权的问题征得审批机关同意，应确认其享有股权

关键词｜股东资格承继｜

【最高人民法院裁判文书】

香港金时企业有限公司与湛江市海湾房地产开发有限公司、湛江海湖房地产有限公司股东资格确认纠纷案[最高人民法院(2011)民提字第303号民事判决书]

最高人民法院认为,本案争议焦点在于:金时公司请求确认其在海湖公司50%的股权能否得到人民法院的支持。

根据查明的事实,作为中外合资经营企业海湖公司港方股东的金域公司是于1991年根据香港商业登记条例登记的由陈康雄拥有的商号,商业登记号码为15017870－000－10,主要营业地址为香港新界荔景山道贤丽苑贤德楼B座18楼2室。2005年2月2日,金时公司与陈康雄签订了一份《协议书》,约定陈康雄将金域公司的有关商誉及名称权、业务及一切财产,以100元港币售予金时公司,由金时公司承接及延续陈康雄所经营的业务。根据该《协议书》,金时公司完全购买了金域公司。尽管金时公司还与金域公司于同日签订了一份《股权转让协议》,但本案中金时公司意欲取得海湖公司的股权并非通过股权转让的方式,而是基于金时公司已经在香港完全购买了海湖公司港方股东金域公司的事实要求承继金域公司在海湖公司50%的股权。

《协议书》是在香港注册的公司和香港居民之间签订的,合同签订地、合同履行地均在香港,因此,香港是与该合同有最密切联系的地点。在该合同中没有明确约定应当适用的法律的情况下,根据最密切联系原则,即应当适用香港法律对合同进行解释。对此,金时公司向本院提交了香港律师唐楚彦出具的法律意见书,海湾公司则提交了香港律师陈维良的法律意见书,他们分别对金域公司的性质、《协议书》是否代表了金时公司完成了对金域公司收购等问题提出了各自的法律意见。根据香港法律,《协议书》是当事人的真实意思,负有对价,并且不存在影响合同有效性的情形,应为有效。双方当事人在《协议书》中体现的真实意思就是由金时公司购买陈康雄所拥有的金域公司,包括名称、业务和一切财产,即由金时公司承继并延续陈康雄所经营的金域公司的业务。金域公司于2005年7月9日结业。在此情况下,作为海湖公司股东的金域公司的法律地位应当由金时公司承继。

根据我国外商投资企业法的相关规定,外商投资企业的股权变动应当报经审批机关批准。湛江市对外贸易经济合作局于2007年9月3日出具的湛外经管函〔2007〕14 号《关于湛江海湖房地产有限公司投资者变更有关问题的函》中明确指出：鉴于金时公司已于 2005 年 2 月 2 日收购了金域公司（香港商业登记号为 15017870－000－10），且金域公司已于 2005 年 7 月 9 日在香港注销商业登记，上述事项业经中华人民共和国司法部委托公证人公证，根据外经贸部、国家工商局《外商投资企业投资者股权变更的若干规定》第二条第（五）项，经审查，同意金时公司承接金域公司在海湖公司的股权，海湖公司的原乙方投资者更名为金时公司。原对外贸易经济合作部、国家工商行政管理局联合发布的〔1997〕外经贸法发第 267 号《外商投资企业投资者股权变更的若干规定》第二条规定："本规定所称的外商投资企业投资者股权变更，是指依照中国法律在中国境内设立的中外合资经营企业、中外合作经营企业、外资企业的投资者或其在企业的出资（包括提供合作条件）份额发生变化。包括但不限于下列主要原因导致外商投资企业投资者股权变更：……（五）企业投资者破产、解散、被撤销、被吊销或死亡，其继承人、债权人或其他受益人依法取得该投资者股权。"湛外经管函〔2007〕14 号函后文还指出：请金时公司与海湖公司的甲方投资者——海湾公司就将来的合作问题进行协商，依法对海湖公司原合同、章程进行修改，调整董事会成员，另报湛江市对外贸易经济合作局批准。据此，只有在履行了合营合同、章程等修改手续并再行报批的情况下，审批机关才会核发正式的批准证书。虽然该函并非审批机关核发的正式的批准文件，但函的内容已经表明了审批机关审查后的态度，即同意金时公司承继金域公司在海湖公司的股权。

金时公司已经完全购买了金域公司且金域公司已经结业，金时公司就承继金域公司在海湖公司中 50% 股权的问题征得了审批机关的同意，在这种情况下，参照《外商投资纠纷解释（一）》中关于外商投资企业股权确权问题确立的精神，人民法院应当通过本案判决确认金时公司承继并享有原金域公司在海湖公司中 50% 的股权；海湾公司、海湖公司应当协助金时公司办理变更审批、登记等手续。

尽管金时公司与金域公司曾经于 2005 年 2 月 2 日签署了《股权转让协议》，但金时公司在本案中主张海湖公司的股东地位并非基于股权转让，而是基于金域公司完全由金时公司购买、在金域公司结业的情况下由金时公司承继金域公司在合营企业中的股东地位的情形，因此，并不存在合营他方股东优先购买权的保护问题。二审判决认为本案属于股权转让并以贸仲（2008）中国贸仲京裁字第 0121 号仲裁裁决已经处理了该股权转让纠纷为由判决驳回金时公司的诉讼请求是错误的,应予纠正。对于贸仲作出(2008)中国贸仲京裁字第0121号仲裁裁决,在海湾公司向湛江中院申请执行的情况下,金时公司有权依据本案判决提出不予执行的抗辩。

——中国裁判文书网,http://wenshu.court.gov.cn。

编者说明

根据2016年9月3日全国人民代表大会常务委员会《关于修改〈中华人民共和国外资企业法〉等四部法律的决定》的精神,如果不涉及国家规定实施准入特别管理措施的,外资企业股权的承继也适用备案管理,不再因未经审批而认定其未生效。

1601

当事人就转让股权达成的预约协议无须报经审批机构批准

关键词 | 股权转让 | 预约协议 | 审批 |

【最高人民法院裁判文书】

中国宝安集团股份有限公司与深圳恒安房地产开发有限公司等股权转让纠纷案[最高人民法院(2015)民提字第21号民事判决书]

最高人民法院认为:根据《股权转让协议》约定的内容,涉及股权转让的共有三家目标公司,即两家中外合资经营企业宝企公司、酒店公司,一家内资企业物业公司,转让方为本案四再审申请人,受让方为被申请人嘉泰集团以及嘉泰集团所属的香港公司。从协议约定的内容可以看出,首先,本案各方当事人就股权转让事项签订的是一揽子协议,包括了三个目标公司股权的变动;其次,涉案协议约定的受让方并不明确,合资企业外方股权的受让方需要由嘉泰集团在香港另行设立;再次,各方当事人对于需要另行签订具体明确的股权转让协议是应当知晓的,涉案协议中亦包含了这样的内容,上海市商务委员会(涉案中外合资经营企业的审批机构)在协议双方咨询过程中亦作出过明确的答复。因此,涉案协议是本案当事人之间就三家目标公司股权转让问题达成的框架协议,各个企业股权具体转让的问题需要各方当事人按照框架协议的约定进行操作,包括嘉泰公司需要在香港设立公司以受让目标公司的外方股权以及签订具体的转让合同等等。究其实质，涉案协议属于各方当事人就转让相关企业股权达成的预先约定，这样的预约协议并不需要报经外商投资企业审批机构的批准，二审判决认定涉案协议未经审批而应认定未生效属于法律适用错误。

涉案协议第八条第一项对于该协议生效约定了三个条件，对于前两个条件已经成就各方当事人无异议，而对于第三个条件即“宝安集团股东大会审议通过出售三家公司股权及监管部门批准本次转让”中监管部门是否批准了本次转让，各方当事人有争议，嘉泰集团认为该监管部门应为外商投资企业的审批机构，而四再审申请人认为应是股权转让的监管部门即深圳证券交易所。从合同文意看，认定监管部门为深圳证券交易所而非外商投资企业的审批机构更合理，外商投资企业股权转让需要审批是法律规定的，无须当事人约定，况且涉案协议股权转让涉及三家企业，其中的内资企业的股权转让并不需要由审批机构批准，宝安集团股东大会对涉案股权转让的决议已经深圳证券交易所审核后予以公告，可以认定监管部门已经对本案股权转让进行了批准。

综上，涉案协议并不需要外商投资企业审批机构的批准，其约定的生效条件已经成就，嘉泰集团未按照协议约定支付剩余股权转让款构成违约，协议转让方即本案四再审申请人扣除 2000 万元作为违约金符合协议约定，嘉泰集团的诉讼请求应予驳回。

——中国裁判文书网，http://wenshu.court.gov.cn。

编者说明

根据 2016 年 9 月 3 日全国人民代表大会常务委员会《关于修改〈中华人民共和国外资企业法〉等四部法律的决定》，即使涉及国家规定实施准入特别管理措施，外资企业股权转让的预约协议也不需要批经批准。

1602

“股权转让协议”并非正式的股权转让合同，据此请求判令公司向审批机关办理报批等手续没有依据

关键词｜非正式合同｜股权转让｜审批｜

【最高人民法院裁判文书】

郑振欣与恒发世纪有限公司、龙岩恒发电业有限公司、陈进强、朗远有限公司、龙岩市国有资产投资经营有限公司合同纠纷案[最高人民法院(2013)民四终字第30号民事判决书]

最高人民法院认为:本案的争议焦点是:陈进强与郑振欣签署的《股权转让协议》是否成立、效力如何?郑振欣关于判令香港恒发公司、龙岩恒发公司向主管机关办理报批、变更登记手续的诉讼请求能否得到支持?

关于《股权转让协议》性质和效力的问题。本案中,郑振欣与陈进强于2006年1月4日共同签署了《股权转让协议》,约定陈进强将其持有的龙岩恒发公司的全数股权转让给郑振欣,交易价格为龙岩恒发公司固定资产账面净值核算作价11000万元(此为100%股权价),郑振欣应在2006年2月28日前支付现金2000万元到陈进强指定账户,从2006年1月1日起龙岩恒发公司的所有经营收益归郑振欣所有,郑振欣同时承担龙岩恒发公司经营风险等。从上述内容看,陈进强意欲转让龙岩恒发公司的股权,郑振欣意欲受让龙岩恒发公司的股权。由于陈进强并非龙岩恒发公司的股东,陈进强仅仅是龙岩恒发公司的股东之一香港恒发公司的股东之一,其无权与郑振欣直接签署转让龙岩恒发公司股权的协议。因此,应当认为,虽然该《股权转让协议》具备一般合同要素,构成一份合同,且该合同成立,但其并不构成转让龙岩恒发公司股权的协议。

《股权转让协议》虽然并非正式的转让龙岩恒发公司股权协议,但却是郑振欣与陈进强之间的真实意思表示。由于《股权转让协议》并非直接导致外商投资企业股权变更的合同,因此即使未经审批机关批准,也不因此影响该合同的效力。此外,由于陈进强是占香港恒发公司70%股份的股东、香港恒发公司是占龙岩恒发公司90%股份的股东,陈进强是龙岩恒发公司的法定代表人,郑振欣有理由相信如果陈进强信守承诺积极配合,能够最终实现龙岩恒发公司100%股权转让给郑振欣的意愿。因此,该《股权转让协议》并非自始不能履行的合同。该《股权转让协议》并不违反我国法律、行政法规的规定,应当认定有效。原审法院认定《股权转让协议》并非正式的股权转让合同正确,但其认定该协议系意向书并非合同且不能成立欠妥,应予纠正。

由于该《股权转让协议》并非正式的转让龙岩恒发公司股权的合同,因此,郑振欣根据《股权转让协议》请求判令香港恒发公司、龙岩恒发公司共同向外商投资企业审批机关办理报批手续、向登记机关办理变更登记手续，没有依据，不能得到人民法院的支持。原审法院没有支持郑振欣该诉讼请求并无不当。然而，《股权转让协议》是一份有效的合同，对双方均具有拘束力，双方当事人均应依约履行各自的合同义务，否则即应当承担相应的违约责任。综观本案，郑振欣与陈进强签订合同后，陈进强通过龙岩恒发公司董事会聘任郑振欣担任龙岩恒发公司的总经理，郑振欣实际对龙岩恒发公司进行了将近两年的经营管理，龙岩恒发公司的经营状况得到了改善。郑振欣积极履约，陈进强亦应积极推进龙岩恒发公司股权转让事宜。如果陈进强坚持不继续推动将龙岩恒发公司股权转让给郑振欣的进程，且对其不积极作为不承担任何法律责任，则合同对其拘束力无法得到体现。虽然郑振欣关于办理股权转让报批、登记手续的诉讼请求不能得到人民法院的支持，但其通过该请求已经表达了希望陈进强继续履行合同的意愿。如果合同确实无法继续履行，郑振欣可以通过另案起诉，请求解除合同、赔偿损失，从而获得相应的司法救济。

——中国裁判文书网，http://wenshu.court.gov.cn。

1603

外商投资企业投资外方的实际出资人之间转让投资权利，不需要报内地外商投资审批机关批准

关键词 | 实际投资人 | 转让投资权利 | 审批 |

【最高人民法院裁判文书】

柯继照与陈有金、黄星铧、新金星贸易有限公司、中山金昇制衣有限公司和中山海照制衣有限公司股权转让纠纷再审案[最高人民法院(2015)民提字第40号民事判决书]

最高人民法院认为：本案转让的目标公司是在广东省中山市注册的两家外资独资企业——金昇公司和海照公司。金昇公司登记的投资外商是永星贸易行，该贸易行的业主为柯继照、柯继成等。海照公司登记的投资外商是银屏公司，银屏公司的股东是柯继照。有关各方承认，金昇公司和海照公司的实际投资

人是柯继照、陈有金和黄星铧。虽然有关各方在8.13协议中约定了柯继照将其持有的金昇公司、海照公司的股权转让给陈有金、黄星铧或拟由陈有金、黄星铧共同设立的新金星公司,但在法律上,柯继照、陈有金和黄星铧不是金昇公司和海照公司的直接投资人,股权转让不能在他们之间直接进行。8.13协议也未直接变更外商投资企业的投资外方,该协议实际上是投资外方的实际出资人之间转让投资权利,不需要报内地外商投资审批机关批准,也无法报批。依照《合同法》第四十四条第一款关于"依法成立的合同,自成立时生效"的规定,该协议成立即生效。由于8.13协议不是金昇公司、海照公司的投资人永星贸易行、银屏公司与受让方永星贸易行签订的,不能直接产生外商投资企业股权转让的效果,这才由设立两家外商投资企业的永星贸易行、银屏公司与受让人新金星公司签订了10.15协议。10.15协议已经过审批,说明审批机关同意股权转让,股份也已过户。股权转让符合法律规定。一、二审法院以8.13协议未经审批而未生效为由驳回柯继照的诉讼请求,系适用法律错误。

——中国裁判文书网,http://wenshu.court.gov.cn。

1604

所属地行政区划变更造成股权转让合同解除,双方都无过错,应依据公平原则确定损失承担

关键词 | 股权转让 | 合同解除 | 过错 | 公平原则 |

【最高人民法院裁判文书】

嘉凯城集团股份有限公司与宝亚有限公司股权转让纠纷案[最高人民法院(2015)民四终字第50号民事判决书]

最高人民法院认为:

(一)关于案涉《协议》及《补充协议》是否应予解除的问题

本案中,宝亚公司与嘉凯城公司签订的《协议》及《补充协议》是当事人之间真实的意思表示,且不违反我国法律、行政法规的强制性规定,合法有效。双方当事人对此并无异议。《协议》第四条第5款约定:"本协议生效后,自项目部分地块详细性规划正式报批之日起一年内,如华航公司仍未取得项目部分地块建

设规划许可初审意见或设计要点的，嘉凯城公司有权解除本协议，宝亚公司应在嘉凯城公司提出书面解除协议通知之日起10日内返还嘉凯城公司已支付的所有款项，并应按照嘉凯城公司已付款项以年利率10%（自正式报批日起算）计算资金使用费补偿给嘉凯城公司。”当事人之间约定该条款，目的是为了保证华航项目地块具有可开发性，嘉凯城公司从宝亚公司受让华航公司股权后可以尽快获得相应审批手续，从而进行项目开发。该条款是赋予嘉凯城公司的权利。华航公司在股权变更登记后，分别于2011年10月26日以琼华航司〔2011〕29号《关于请求海口市规划局确认华航商住项目（暂名）相关建筑指标的报告》、2011年12月1日以琼华航司〔2011〕34号《关于请求海口市规划局同意华航商住项目（暂名）修规变更的报告》、2011年12月22日以琼华航司〔2011〕38号《关于恳请美兰区住建局同意华航商住项目（暂名）修规变更的请示》、2013年1月31日以琼华航司〔2013〕3号《关于请求海口市规划局明确华航商住项目（暂名）报批问题的报告》四次就华航项目报批、报建工作向相关政府规划部门申报，应当认为，嘉凯城公司经营华航公司期间积极申报项目地块规划审批手续，积极表达了进行华航项目后续开发的意愿。2011年10月26日，华航公司第一次向海口市规划局提交琼华航司〔2011〕29号报告，在该报告中明确表示“我司对原修规方案进行了全面调整（详见方案图册）”“请贵局受理项目报建方案”“同意受理我司项目报批文件”，并在报告的附件中提交了1994年琼山县政府同意项目修规批复、修规图册、项目一期设计方案图册等材料。从该报告的内容及附加的材料来看，华航公司有向海口市规划局在1994年修规基础上进行修规报批的意思表示。2011年12月22日，华航公司以琼华航司〔2011〕38号请示，向美兰区规划局请示并提交1994年修规批复、海口市规划局复函等材料，表示在1994年修规基础上进行变更方案设计，请求确认。该两次提交的报告及材料，规划部门均予以受理并给予答复，并未对提交材料的形式和内容提出异议。2012年3月20日，海口市规划局在向海口市政府提交的《关于华航建设项目开发建设问题的请示》中表示，“鉴于琼山县政府1994年批复过该项目修规（附件2），依据该修规，我局于2010年12月核发了该项目一期的《建设工程规划许可证》（附件3）。考虑到该项目为早期批建，且部分已建，从延续历史、解决遗留问题的角度考虑，我局拟按原批准的修规完成剩余项目的报建工作，如绕城高速二期占用该公司用地，规划指标不予补偿”。由此可见，规划部门实际已经认可华航公司的请示属于项目的报建。因华航项目存在原琼山县政府1994年批复的项目修规，应与正常报批程序加以区分，在修规的报批形式和内容上应以规划部门的意见为准。

故宝亚公司关于华航公司的报告形式上和内容上都不符合修规报批的要求的理由不能成立。

由于海口市规划局就华航项目向海口市政府请示,海口市政府在2012年5月14日《专题会议纪要》中明确表示,"不应以原琼山县政府批准的控规作为依据"。2013年4月22日,海口市规划局根据该会议纪要精神回复华航公司,明确表示"现暂不能提供该宗地的规划设计条件"。华航公司多次报批,始终不能得到批准,无法推进项目开发,主要原因是华航项目地块所属区域的行政区划变更以及海口市政府的政策导致1994年控规、修规不再适用,但华航公司于2011年10月26日报批时,1994年批复的修规尚未明确不能适用。华航公司在琼华航司〔2013〕3号文中表示需要海口市规划局提供规划条件作为编制修规的先决要素,也是由于2012年5月14日海口市政府会议纪要中,明确表示不应以原琼山县政府批准的控规作为依据,华航公司才向规划部门提出新报告。因此,不能以此否认华航公司于2011年10月26日以1994年修规为基础的报批行为。从嘉凯城公司与宝亚公司签订《协议》及《补充协议》的内容看,嘉凯城公司受让华航公司股权的主要目的是为了取得华航项目地块的开发权,由于目前项目地块不应以原琼山县政府批准的控规为依据,新控规未编制,华航公司无法取得项目地块规划许可初审意见,项目无法继续开发。从2010年6月签订《协议》和《补充协议》至今历经多年,如果将《协议》第四条第5款中约定的"项目部分地块详细性规划正式报批"做过于严格的解释,认为华航公司从未进行合格报批,显然不符合当事人之间订立合同的目的。因此,宝亚公司关于华航项目地块目前没有控规,不存在编制修规的前提,华航公司的行为不是《协议》第四条第5款所要求的项目地块详细性规划的正式报批的理由不能成立。

综上,一审判决认定自华航公司于2011年10月26日第一次向海口市规划局报批至海口市规划局于2013年4月22日作出复函答复华航公司,已经超过了《协议》约定的"自项目部分地块详细性规划的正式报批之日起一年"的时间,并无不当。宝亚公司关于一审判决认定嘉凯城公司于2011年10月26日向海口市规划局发出的函件是修规的正式报批属认定事实错误的上诉理由不能成立,不予支持。

至2014年1月27日嘉凯城公司向宝亚公司发出《解除合同通知书》时,华航公司"仍未取得项目部分地块建设规划许可初审意见或设计要点",时间已超过一年,符合《协议》第四条第5款约定的解除合同的条件。《合同法》第九十三条第二款规定："当事人可以约定一方解除合同的条件。解除合同的条件成就时，解除权人可以解除合同。"因此，嘉凯城公司有权依据《协议》第四条第5款的规定行使合同解除权。《合同法》第九十六条第一款规定："当事人一方依据本法第九十三条第二款……的规定主张解除合同的，应当通知对方。合同自通知到达对方时解除。对方有异议的，可以请求人民法院……确认解除合同的效力。"因此，一审判决认定2014年1月29日宝亚公司收到嘉凯城公司的《解除合同通知书》时，双方签订的《协议》及《补充协议》即告解除是正确的。宝亚公司关于嘉凯城公司不享有合同解除权的上诉理由不能成立，不予支持。

（二）关于《协议》及《补充协议》解除的法律后果问题

《合同法》第九十七条规定："合同解除后，尚未履行的，终止履行；已经履行的，根据履行情况和合同性质，当事人可以要求恢复原状、采取其他补救措施、并有权要求赔偿损失。"如前所述，嘉凯城公司与宝亚公司签订的《协议》及《补充协议》已告解除。因此，宝亚公司应将已收取的股权转让款1.4亿元返还嘉凯城公司；嘉凯城公司应将华航公司70%的股权返还宝亚公司，并协助办理股权变更手续；嘉凯城公司还应当将华航公司相关财务凭证、账册资料以及政府往来函等相关文件返还宝亚公司。对此，一审判决正确。

关于资金占用费如何计算的问题。《协议》第四条第5款虽然约定"宝亚公司应在嘉凯城公司提出书面解除协议通知之日起10日内返还嘉凯城公司已支付的所有款项，并应按照嘉凯城公司已付款项以年利率10%（自正式报批日起算）计算资金使用费补偿给嘉凯城公司"，但鉴于本案合同解除的主要原因是华航项目地块所属地行政区划变更造成的海口市总体规划的变化，项目无法开发，合同已无继续履行的必要，这种情形也并非双方当事人所愿，双方对此并无过错，在此情形下，一审法院依据公平原则，在判令宝亚公司向嘉凯城公司返还1.4亿元股权转让款的同时，判令宝亚公司从股权转让款实际支付之日起至款项付清之日止，按中国人民银行发布的同期一年期一般流动资金贷款基准利率计算的利息，并无不当。

——中国裁判文书网，http://wenshu.court.gov.cn。

1605

股权转让协议因双方过错而不能继续履行的，应当根据过错承担相应民事责任

关键词｜股权转让｜继续履行｜过错责任｜

【最高人民法院裁判文书】

湖南海之心投资有限公司与谢灿强、愿景集团控股有限公司股权转让纠纷申请再审案[最高人民法院(2014)民申字第1931号民事裁定书]

最高人民法院认为:二、关于双方过错程度及赔偿责任的认定问题。

海之心公司虽然怠于履行报批义务,致《股权转让协议》未能按时生效,但其行为尚未致协议不能继续履行。相反,谢灿强亦未依张家界商务局的要求,积极与海之心公司协商、补正《股权转让协议》存在的瑕疵,使其符合审批条件,而采取了解除协议、返还定金的单方行为,从而使协议丧失了继续履行的可能性。虽然双方对《股权转让协议》未能完成报批手续均存在过错,但从报批义务的履行与协议被解除的原因分析,谢灿强不同意补正《股权转让协议》的报批瑕疵、单方解除协议,直接导致该协议失去报批生效的可能性,相对海之心公司怠于履行报批义务的过错程度更大。因此,二审判决认定谢灿强对协议不能继续履行的过错程度相对更大,与双方履行报批义务的实际情况相符合。《合同法》第一百二十条规定:“当事人双方都违反合同的,应当各自承担相应的责任。”根据该条规定,二审判决根据双方的过错程度,酌定谢灿强按照定金的10%向海之心公司承担赔偿责任,亦无不当。谢灿强申请再审称二审判决认定其对协议不能履行存有过错,属适用法律错误,本院不予支持。

——中国裁判文书网,http://wenshu.court.gov.cn。

1606

仲裁裁决解除股权转让协议，但当事人并未依裁决向审批机关申请将独资公司变更恢复为合资公司的，仍应按独资公司认定投资人权利义务

关键词｜股权转让｜合资公司｜独资公司｜

【最高人民法院裁判文书】

湛江欧亚标准板材有限公司与广东信威绿色家居产业集团有限公司股东出资纠纷再审案[最高人民法院(2013)民申字第78号民事裁定书]

最高人民法院认为:涉案土地登记的使用权人为信威公司而并非欧亚板材公司,欧亚板材公司亦未提交其他充分的证据证明其为案涉土地的法定使用权人,故一、二审法院依法对欧亚板材公司要求确认其为涉案150亩土地使用权人的诉讼请求不予支持并无不当。

欧亚板材公司原为合资企业,后因其原股东信威公司与香港标准欧亚集团有限公司(以下简称欧亚集团公司)签订《股权转让协议》使得欧亚板材公司变更为独资企业,企业章程、出资方式等亦发生变更,审查批准机关对相关的《股权转让协议》及变更后的外商独资企业章程、出资方式等均批复同意,欧亚板材公司进行了工商变更登记,且根据二审法院查明确认的事实,欧亚集团公司也已经补足了欧亚板材公司的注册资金,即欧亚板材公司的注册资金已经到位。另,仲裁庭虽然裁决解除了《股权转让协议》,但相关当事人并未依据裁决书向审查批准机关申请将欧亚板材公司变更恢复为合资企业,欧亚板材公司的工商登记亦未变更,仍登记为欧亚集团公司为唯一股东的外商独资企业,故二审法院对于欧亚板材公司要求信威公司履行出资义务,将涉案150亩土地过户至其名下的请求不予支持并无不当。

——中国裁判文书网,http://wenshu.court.gov.cn。

1607

外商投资企业股权价值经过受让方经营管理产生了增值，受让方可享有增值的部分利益

关键词｜外商投资企业股权｜股权增值利益｜

【最高人民法院司法解释】

第十条　外商投资企业股权转让合同成立后,受让方已实际参与外商投资企业的经营管理并获取收益,但合同未获外商投资企业审批机关批准,转让方请

求受让方退出外商投资企业的经营管理并将受让方因实际参与经营管理而获得的收益在扣除相关成本费用后支付给转让方的,人民法院应予支持。

——《最高人民法院关于审理外商投资企业纠纷案件若干问题的规定(一)》(2010年8月5日,法释〔2010〕9号)

【链接:最高人民法院法官著述】

实践中还有比较特殊的情况,即外商投资企业股权价值经过受让方经营管理产生了增值,受让方是否可享有增值的部分利益,对此我国法律也没有明确规定。我们认为,如果由于受让方特殊经营的贡献使企业价值明显超过平均收益,可依据公平原则酌情考虑让受让方分配部分增值,另,如受让方在经营管理的同时还投入了自有资金,使企业在混合资金的状态下实现增值,各自资金比例亦可作为增值分配的参考因素。

——万鄂湘主编、最高人民法院民事审判第四庭编著:《最高人民法院关于审理外商投资企业纠纷案件若干问题的规定(一)条文理解与适用》,中国法制出版社2011年版,第120页。

根据《民法通则》的公平原则,对于超过客观价值的那部分利益的归属,应按照创造该部分利益的贡献大小来进行分配,而不应简单的将其划归受益人或者受损人。将这一原则适用到实际投资者和外商投资企业名义股东之间,则得到如下结论:对于超过实际投资额及其受益的客观价值的那部分利益,如果实际投资者的实际投资额的贡献大,则他就应获得较大份额,而如果是名义股东参与管理的贡献更大,则他应获得较大份额。也就是说,对于超过实际出资额的股权价值,在扣除可能带来的平均收益之后,应将其他超过部分在实际投资者与名义股东之间进行分配,而分配的基础,就是实际投资款与名义股东的经营管理在股权收益中作出的贡献大小。根据这一见解,《外商投资纠纷解释(一)》第十条确定了两项衡量受让方返还不当利益的标准:一是受让方因实际参与外商投资企业的经营管理而获取的收益,于转让方而言则是其丧失收取该收益而造成的损失,属于不当利益的范畴,以受让方在经营管理期间分配获得的红利为典型。

——万鄂湘主编、最高人民法院民事审判第四庭编著:《最高人民法院关于审理外商投资企业纠纷案件若干问题的规定(一)条文理解与适用》,中国法制出版社2011年版,第226页。

1608

股权转让人非公司股东，但以公司实际控制人身份签约，股权转让合同并不因此而无效

关键词｜股权转让｜实际控制人｜合同效力｜

【最高人民法院裁判文书】

福州绿力健康产品有限公司、蒋汉平与青海正远贸易有限公司、青海正远矿业有限公司股权转让纠纷案[最高人民法院(2014)民四终字第51号民事判决书]

最高人民法院认为：

(一)关于《收购协议》的效力

首先,关于《收购协议》的真实性问题。蒋汉平上诉称《收购协议》是伪造的,但《收购协议》经一审法院委托司法鉴定,鉴定结论为蒋汉平的签字及指印是真实的。蒋汉平称曾在空白纸张上签字并摁手印后交予倪新光,其对该项主张并未提供相应证据加以证明。且蒋汉平作为具有完全民事行为能力以及营商经验的人士对自己行为的法律后果理应有充分的认知,其应当对签字摁印的行为承担相应的民事责任。蒋汉平主张此前与北方矿业达成的三家矿业公司股权收购价高达13.2亿港币及7000万元,可以推知短时间内转让价降为1.5亿元的《收购协议》是伪造的。本院认为,北方矿业收购的是三家矿业公司的全部股权,最后交易并未成功,而本案《收购协议》是在北方矿业与蒋汉平终止交易的背景下签订的,且仅涉及三家矿业公司各50%股权的出让,两者情形并不相同,北方矿业收购价偏高并不足以推定《收购协议》是虚假的。综上,本案没有充分证据推翻《收购协议》的真实性,应认定该协议是蒋汉平和绿力公司的真实意思表示。

其次,关于《收购协议》的效力问题。《收购协议》约定:蒋汉平实际拥有祁连山铜业、正远矿业和国源矿业的全部股权,其同意并承诺将上述三家矿业公司各50%股权以1.5亿元转让给绿力公司,其中祁连山铜业股权转让价为3000万元,国源矿业股权转让价500万元,正远矿业股权转让价1.15亿元。上述约定的核心内容是绿力公司欲取得三家矿业公司各50%股权,蒋汉平以三家矿业公司实际控制人身份签约,承诺将安排三家矿业公司各50%股权过户到绿力公司名下,并收取相应股权转让款。可见,该协议并不是合同意向书,而是有具体权利义务内容的一份协议。

本案有争议的问题在于,正远矿业的全资股东是正远贸易,蒋汉平并不是正

远矿业的登记股东,《收购协议》是否因蒋汉平无权处分正远贸易的财产而归于无效。围绕此问题,各方当事人就蒋汉平对正远矿业的实际控制权事实展开争执并各自举证。一审法院认定蒋汉平虽于 2009 年 3 月与北方矿业交易时实际控制三家矿业公司,但至《收购协议》签署时由于蒋汉平债权人的介入导致蒋汉平丧失了对正远贸易、正远矿业的控制权,故其签约行为构成无权处分,根据《合同法》第五十一条的规定,《收购协议》无效。

本院认为,蒋汉平在签订《收购协议》时是否实际控制正远贸易、正远矿业的事实,不构成《收购协议》无效事由。理由为:第一,缔约时出让人不具有标的物处分权的事实,并不意味着出让人将来不能取得处分权,亦不妨碍出让人在履约过程中取得处分权并交付标的物。蒋汉平在《收购协议》中载明其实际控制三家矿业公司,目的即在于表明其有能力今后取得三家矿业公司的股权而进行交付,绿力公司对此予以合理信赖并无过失。第二,《合同法》第五十一条"无处分权的人处分他人财产,经权利人追认或者无处分权的人订立合同后取得处分权的,该合同有效"的规定,意在保护财产的真实权利人不会因无处分权人的无权处分行为而受到侵害。该条不能被合同一方当事人用作恶意抗辩合同无效,借以逃避合同责任的工具。在财产转让合同中,如果将出让人是否具有处分权作为合同效力要件,会产生合同效力状态变动不居并受制于出让人意愿的情形。出让人在因财产权利瑕疵无法履行承诺的义务时,可以无权处分为由不承担合同责任;信赖合同有效而进行交易的相对人之履行利益却得不到相应的保护,此不但会妨碍交易的安全稳定,也不符合民法的基本原则,并容易诱发诚信问题。第三,最高人民法院《买卖合同解释》第三条规定:"当事人一方以出卖人在缔约时对标的物没有所有权或者处分权为由主张合同无效的,人民法院不予支持。出卖人因未取得所有权或者处分权致使标的物所有权不能转移,买受人要求出卖人承担违约责任或者要求解除合同并主张损害赔偿的,人民法院应予支持。"上述规定表明司法实践中对《合同法》第五十一条的适用范围做了限缩解释,仅适用于处分行为即标的物所有权的转移变更。换而言之,出让人对标的物没有处分权的,其订立的合同仍然有效,但标的物所有权是否发生转移,则处于效力待定状态。《买卖合同解释》第四十五条第一款进一步规定:"法律或者行政法规对债权转让、股权转让等权利转让合同有规定的,依照其规定;没有规定的,人民法院可以根据《合同法》第一百二十四条和第一百七十四条的规定,参照适用买卖合同的有关规定。"因此,本案中蒋汉平缔约时是否持有或控制三家矿业公司股权的事实,不影响《收购协议》的效力。本案所涉《收购协议》是蒋汉平和绿力公司的真实意思表示,不违反我国法律和行政法规的强制性规定,具备了合同的全部生效要件,是合法有效的,对蒋汉平和绿力公司具有法律约束力。蒋汉平作为出让人有义务在履约阶段取得三家矿业公司的股权,包括办理三家矿业公司可能涉及的其他股东优先购买权放弃等手续,最后依约办理股权变更登记。一审法院认定《收购协议》无效,适用法律不当,本院予以纠正。绿力公司请求确认《收购协议》有效的上诉理由成立,本院予以支持。由于蒋汉平签约时的实际控制权与《收购协议》效力没有关联,本院无须进一步查明《股权托管协议》和《情况说明》的真实性。

再次,关于《收购协议》能否约束正远矿业和正远贸易的问题。本案中,蒋汉平是以个人名义签订的《收购协议》,而不是以包括正远贸易在内的三家矿业公司股东的法定代表人或代理人身份签订的协议,因此本案不涉及表见代表或表见代理的问题。《合同法》第八条规定:“依法成立的合同,对当事人具有法律约束力。”正远贸易、正远矿业均没有被列为《收购协议》的当事人,根据合同相对性原则,合同不能约束合同以外的当事人,故绿力公司仅与合同相对人蒋汉平之间存在合同债权债务关系。一审法院认定《收购协议》对正远贸易、正远矿业没有约束力正确,本院予以维持。绿力公司请求正远贸易履行《收购协议》项下的义务及承担违约责任,没有合同依据,对该上诉请求本院予以驳回。

——贺荣主编、最高人民法院民事审判第四庭编:《涉外商事海事审判指导》总第 30 辑,人民法院出版社 2016 年版,第 152 ~ 170 页。

1609

无处分权人事后未取得相应股权，股权转让合同无法实际履行应予解除，受让人请求变更股权的不予支持

关键词｜无权处分｜股权转让｜合同解除｜

【最高人民法院裁判文书】

福州绿力健康产品有限公司、蒋汉平与青海正远贸易有限公司、青海正远矿业有限公司股权转让纠纷案［最高人民法院(2014)民四终字第 51 号民事判决书］

最高人民法院认为:

《收购协议》包含了三个各自独立的矿业公司的股权转让法律关系。除另

案争议的运通公司付款外，现已确认的绿力公司付款为7000万元和2000万港币，即祁连山铜业和国源矿业的股权转让款3500万元已全部付清，而该两家矿业公司的股权也依约过户至绿力公司名下，故本院认定该两家矿业公司股权转让的权利义务已经履行完毕。

关于正远矿业的股权转让法律关系。蒋汉平作为出让人，原本应当依据《收购协议》的约定及时取得正远矿业的股权，为股权变更至绿力公司名下做好必要准备。即使蒋汉平因个人债务导致其在取得正远矿业股权时受到债权人的制约，也应当即时清结个人债务以消除履行《收购协议》的障碍。然而综观本案履行过程，正远矿业的全资股东正远贸易于2010年7月前已变更为唐仕涵持股51%，孟雷持股49%，表明蒋汉平在解决与债权人之间的纠纷后，已安排正远贸易股权过户给第三方，本案并无证据证明第三方系恶意受让，故该第三方的权益应得到保护。虽然《股权收购协议》对股权变更和转让款支付没有约定履行顺序和期限，但蒋汉平在《收购协议》之外与第三方进行交易并导致《收购协议》无法继续履行的行为，已经构成在履行期限届满之前以行为表明不履行主要债务，属重大违约。绿力公司请求蒋汉平过户正远矿业股权，系要求其继续履行非金钱债务，鉴于正远贸易的股东及正远贸易均不同意出让正远矿业股权，蒋汉平事实上无法再通过获取正远矿业股权而完成股权变更登记的合同义务，根据《合同法》第一百一十条"当事人一方不履行非金钱债务或者履行非金钱债务不符合约定的，对方可以要求履行，但有下列情形之一的除外：(一)法律上或者事实不能履行"的规定，本院对绿力公司要求蒋汉平过户股权的上诉请求不予支持。考虑到正远矿业股权转让关系已无法实际履行的事实，该股权转让法律关系应予解除，绿力公司和蒋汉平可以根据《合同法》第九十七条的规定另循法律途径清结相关债权债务。绿力公司请求蒋汉平承担违约损失，性质为迟延变更正远矿业股权登记的逾期违约损失。由于绿力公司变更股权的诉请不能得到支持，且绿力公司亦未付清正远矿业的股权转让款，故对该项违约损失请求，本院不予支持。综上，绿力公司请求变更正远矿业股权登记以及蒋汉平请求返还祁连山铜业和国源矿业股权的上诉理由均不能成立，本院予以驳回。

——贺荣主编、最高人民法院民事审判第四庭编：《涉外商事海事审判指导》总第30辑，人民法院出版社2016年版，第152～170页。

1610

股权转让被确认为无权处分，且受让人不能证明其是善意的，不能取得相应股权

关键词 | 股权转让 | 无权处分 | 善意取得 |

【最高人民法院裁判文书】

泛马纺织(天津)有限公司、中信(香港)有限公司与泛马有限公司其他合同纠纷案[最高人民法院(2014)民四终字第3号民事判决书]

最高人民法院认为:在《股权转让协议》中,泛马有限公司和中信公司约定“本协议如有争议,适用中华人民共和国法律,由中国法院管辖”,本案各方当事人亦表示,对于《股权转让协议》效力的审查适用中华人民共和国法律。因此,一审法院适用中华人民共和国法律审理本案是正确的。上诉人称一审法院适用法律错误,本院不予支持。

一审法院开庭审理过程中,各方当事人认为对于泛马有限公司章程的审查适用新加坡法律,但都没有向一审法院提供相关的新加坡法律。实际上,新加坡《公司法》第160条的规定与泛马有限公司《公司章程》第116条的规定是相同的,即:董事不能处理公司全部或基本上是全部的业务或财产,除非得到股东会批准。由于《董事会决议》的财产处置行为未经泛马有限公司股东大会批准,故其同样违反新加坡法律,属于无权处分行为。根据新加坡证券交易所的公告记载,郑继江、陆海歌、于伟英的辞职生效日期为2009年7月29日。上诉人称泛马有限公司董事郑继江、陆海歌、于伟英的辞职时间是2009年7月31日,与事实不符。郑继来、于伟英在代表泛马有限公司于2009年7月30日签订《股权转让协议》之时,于伟英已经不是泛马有限公司董事,郑继来从郑继江处获得的授权则按照《公司章程》的规定因郑继江的辞职而自动终止。郑继来、于伟英签署《股权转让协议》的行为属于无权代理。二人在《股权转让协议》上加盖印章的行为未经授权,且仅有一名董事即郑继来的签名,亦违反了《公司章程》中关于印章使用的规定。

对《股权转让协议》的效力,应适用中华人民共和国法律进行审查。因泛马有限公司董事的无权处分行为和郑继来、于伟英的无权代理行为没有得到过泛马有限公司的追认,故本案所涉股权转让行为是否有效,根据《合同法》第五十

条和《物权法》第一百零六条第一款的规定,取决于中信公司取得泛马机械公司股权的行为是否构成善意以及是否支付了合理的对价。

作为从事商业活动的民事主体,中信公司应当知道泛马有限公司的董事只是公司的经营管理人,不是所有权人,董事处理公司资产要有股东会或公司章程的授权。泛马有限公司是新加坡的上市公司,中信公司有条件和能力了解泛马有限公司董事行为的真实性,但中信公司没有对郑继来、于伟英以泛马有限公司名义签署《股权转让协议》以及该股权转让是否泛马有限公司的真实意思表示进行过了解。该公司甚至不能说明其对泛马机械公司债权的来源。其自称的债权数额尚不及泛马机械公司所有者权益的百分之四十,以之受让泛马有限公司所持有的泛马机械公司全部股权,该公司未能证明其合理性。中信公司称其投入大量资金,发放了泛马机械公司拖欠的员工工资,没有证据证明。一审法院根据以上情形,认定中信公司受让股权的行为不构成善意取得,并无不当。中信公司在本案中没有提出过有关交易对价的诉讼请求,其亦未能证明交易对价真实存在,以此主张一审判决结果错误,本院不予支持。

上诉人以报纸消息和新加坡上诉法院裁决复印件为据,认为本案争议已由新加坡法院作出了裁决,主张《股权转让协议》有效。但从证据角度看,该裁决即使真实存在,也仅与泛马有限公司和其前任董事郑继来个人之间的董事义务及董事薪酬有关,并不涉及本案的股权转让效力问题,该案与本案的股权转让纠纷是不同的法律关系,因而中信公司的主张不能成立。

——中国裁判文书网,http://wenshu.court.gov.cn。

中信(香港)有限公司、泛马机械(天津)有限公司与泛马有限公司其他合同纠纷案[最高人民法院(2014)民四终字第4号民事判决书]

本裁判理由与前引裁判文书基本一致(略)。

——中国裁判文书网,http://wenshu.court.gov.cn。

1611

股权转让合同处分了其他股东的部分股权，虽未经实际权利人追认，仍应认定合同有效

关键词|股权转让|无权处分|权利人追认|合同效力|

【最高人民法院司法解释】

第三条第一款　当事人一方以出卖人在缔约时对标的物没有所有权或者处分权为由主张合同无效的，人民法院不予支持。

——《最高人民法院关于审理买卖合同纠纷案件适用法律问题的解释》(2012 年 5 月 10 日，法释〔2012〕8 号)

【最高人民法院裁判文书】

香港源宏集团实业发展有限公司与鄂托克旗常洪口中山煤业有限公司股权转让纠纷案[最高人民法院(2015)民四终字第 44 号民事判决书]

最高人民法院认为：关于两份《股权转让合同》的效力。本案涉及 2011 年 11 月 7 日和同年 11 月 18 日两份《股权转让合同》，该两份《股权转让合同》虽然均以中山公司的名义与源宏公司签订，但其中 2011 年 11 月 18 日《股权转让合同》的落款处却加盖了神泰公司的印章，由于中山公司在之后出具的《还款承诺书》中自认其为 2011 年 11 月 18 日《股权转让合同》的一方当事人，原审判决认定该两份《股权转让合同》的一方当事人均为中山公司有事实依据，未违背中山公司与源宏公司的真实意思表示。鉴于中山公司在签订本案两份《股权转让合同》时有十一名自然人股东，但各自然人股东均未对股权转让行为予以追认，原审判决认定中山公司的行为属于无权处分行为并无不当。本案二审期间，中山公司与源宏公司均称刘旭明系中山公司的股东之一，其明知股权转让事宜不仅未提出异议，而且还代表中山公司签订《股权转让合同》，故两份《股权转让合同》中涉及刘旭明的股权转让合法有效；两份《股权转让合同》中属于其他股东的部分股权，其转让未经实际权利人追认，但《股权转让合同》的内容未违反法律法规的规定，其虽属无权处分他人财产，且未得到权利人追认，然而根据《买卖合同解释》第三条第一款之规定，仍应当认定其有效。原审判决认定该两份《股权转让合同》无效不当，依法应予纠正。

关于《还款承诺书》及《还款承诺及保证书》的效力。中山公司上诉认为，《股权转让合同》无效后，合同中的违约责任条款也无效，依据该违约责任条款出具的《还款承诺书》《还款承诺及保证书》亦应认定无效。但如前所述，案涉《股权转让合同》应认定为有效，况且，本案《还款承诺书》《还款承诺及保证书》

系中山公司在其不能履行《股权转让合同》项下约定的义务之后，就定金款项的返还及损失赔偿问题所做出的承诺，并无证据证明中山公司在做出承诺时存在重大误解或者被胁迫，中山公司在2012年5月25日的《还款承诺书》中还明确表示其承诺"经双方共同协商一致"，故两份承诺书系中山公司的真实意思表示，其内容不违反法律法规的规定，源宏公司对此予以认可，依法应认定其合法有效。两份承诺书虽然援引了《股权转让合同》中的违约责任条款，但其赔偿额并未按照《股权转让合同》中约定的违约赔偿标准进行确定，系中山公司与源宏公司共同商定且中山公司自愿承诺的结果。因此，原审判决认定该两份承诺书系中山公司、源宏公司就《股权转让合同》的善后处理达成的合意有事实依据，据此判令中山公司按照其承诺履行不违反法律规定。

——中国裁判文书网，http://wenshu.court.gov.cn。

1612

外商投资企业股东以未征得其同意为由请求撤销股权转让合同的，应予支持

关键词｜股权转让｜可撤销合同｜

【最高人民法院司法解释】

第十一条　外商投资企业一方股东将股权全部或部分转让给股东之外的第三人，应当经其他股东一致同意，其他股东以未征得其同意为由请求撤销股权转让合同的，人民法院应予支持。具有以下情形之一的除外：

（一）有证据证明其他股东已经同意；

（二）转让方已就股权转让事项书面通知，其他股东自接到书面通知之日满三十日未予答复；

（三）其他股东不同意转让，又不购买该转让的股权。

——《最高人民法院关于审理外商投资企业纠纷案件若干问题的规定（一）》（2010年8月5日，法释〔2010〕9号）

【最高人民法院裁判文书】

中国银行股份有限公司重庆九龙坡支行与宁源国际有限公司、中国东方资产管理公司重庆办事处、重庆国际大饭店、重庆建兴房地产开发建筑有限公司、浙江融达企业管理有限公司股权转让纠纷案[最高人民法院(2013)民申字第36号民事裁定书]

裁判要旨:外商投资企业一方股东将股权全部或部分转让给股东之外的第三人,应当经其他股东一致同意,其他股东以未征得其同意为由请求撤销股权转让合同的,人民法院应予支持。

最高人民法院认为:依据《外商投资纠纷解释(一)》第十一条"外商投资企业一方股东将股权全部或部分转让给股东之外的第三人,应当经其他股东一致同意,其他股东以未征得其同意为由请求撤销股权转让合同的,人民法院应予支持……"的规定,外商投资企业一方股东未征得其他股东一致同意将其股权全部或部分转让给股东之外的第三人,该转让合同应属可撤销合同。原审认定事实清楚,适用法律确有不当,但根据本案的实际情况,相关合同按照可撤销合同进行处理与按照无效合同进行处理,实体结果是一致的。申请再审人的其他申请再审理由均不成立,原审判决结果应当予以维持。

——中国裁判文书网,http://wenshu.court.gov.cn。

1613

外商投资公司股东利润分配请求权诉讼的受理

关键词|利润分配请求权|

【最高人民法院司法政策】

90.外商投资企业的股东以该外商投资企业为被告向人民法院提起诉讼,请求分配利润的,人民法院应予受理。

——《最高人民法院关于印发〈第二次全国涉外商事海事审判工作会议纪要〉的通知》(2005年12月26日,法发〔2005〕26号)

1614

股东以其他股东利用控股地位侵占合资公司财产等为由提起诉讼的，不受合资合同仲裁条款的约束

关键词｜控股股东｜侵权纠纷｜仲裁条款｜

【最高人民法院答复】

安徽省高级人民法院：

你院〔2004〕皖民三初字第1号《关于对原告百事达（美国）企业有限公司与被告安徽饭店、何宗奎、章富成以及第三人安徽金辰酒店管理有限公司、中美合资安徽饭店有限公司清算委员会民事侵权赔偿纠纷一案管辖权异议的请示报告》收悉。经研究，答复如下：

百事达（美国）企业有限公司（以下简称"百事达公司"）与安徽饭店于1993年7月30日订立的《中美合资安徽饭店有限公司合同》第51条约定："凡因执行本合同所发生的或与本合同有关的一切争议，双方应通过友好协商解决，如果协商不能解决，应提交北京中国国际贸易促进委员会对外贸易仲裁委员会仲裁。仲裁裁决是终局的，对双方都有约束力。"根据你院请示报告认定的事实，百事达公司现以安徽饭店利用其控股地位、独自侵占合资公司等为由提起诉讼，该纠纷应当理解为属于合资合同第51条约定的"与本合同有关的一切争议"。因此，对该纠纷双方应提请仲裁机关解决，人民法院对此无管辖权，故安徽饭店对本纠纷案的管辖权异议依法应认定成立。至于百事达公司以何宗奎、章富成为被告，以安徽金辰酒店管理有限公司、中美合资安徽饭店有限公司清算委员会为第三人提出的侵权诉讼，因有关被告和第三人不是合资合同的当事人，合资合同中的仲裁条款对其不具有法律约束力，又无证据表明有关各方曾达成了有效仲裁协议，因此，人民法院有权管辖。何宗奎、章富成和第三人提出的管辖异议依法不能成立，应予驳回。

此复。

——《最高人民法院关于对原告百事达（美国）企业有限公司与被告安徽饭店、何宗奎、章富成以及第三人安徽金辰酒店管理有限公司、中美合资安徽饭店有限公司清算委员会民事侵权赔偿纠纷一案管辖权异议的请示复函》（2005年6月16日，〔2005〕民四他字第9号）

1615

合资公司一方股东认为公司的某项管理行为侵害其合法权益的，应向合资公司而非其他股东主张权利

关键词｜股东权益｜

【《最高人民法院公报》案例】

沛时投资公司诉天津市金属工具公司中外合资合同纠纷上诉案[最高人民法院(2002)民四终字第3号民事判决书]

最高人民法院认为:《合资合同》第三十一条规定合资公司采用董事会领导下的总经理负责制。根据双方当事人提供的合资公司董事会记录,合资公司董事会在公司开业之初即已成立,董事会的九名董事分别由工具公司委派四名、投资公司委派五名组成,董事长由投资公司委派担任,副董事长由工具公司委派担任。董事会履行了正常职责,包括聘任徐连起为合资公司总经理,讨论同意公司的会计制度,决定公司的经营方针和决策等等。《合资合同》第三十三条规定“除了得到董事会同意,总经理、副总经理不得兼任其他经济组织的总经理或副总经理,不得参与其他经济组织对本合营公司的商业竞争”。本案中,徐连起是工具公司委派到合资公司担任总经理的,第一次合资公司董事会记录载明合资公司董事会聘任徐连起为公司总经理。工具公司属于全行业与投资公司合资,根据国家工商局登记司企外字〔1987〕第60号复函规定,“鉴于中方企业全额投资中外合资经营企业后,中方企业仍需作为独立法人履行合同、章程,分享利润,承担风险,故仍然应保留独立法人地位”。我国公司法及中外合资经营企业法实施条例中规定总经理或者副总经理不得兼任其他经济组织的总经理或者副总经理,不得参与其他经济组织对本企业的商业竞争,这里的其他经济组织显然不包括全额投资中外合资经营企业中的中方企业,只保留中方企业的独立法人地位不可能形成同业竞争,投资公司也没有提供证据证明工具公司参与了同业竞争。同时,在实行董事会领导下的总经理负责制的情况下,合资公司使用什么样的财务机构,对合资公司财务如何监督管理等等,都属于合资公司内部管理问题,与合资的股东一方的行为无关。即便投资公司认为合资公司的某项管理行为侵害了其合法权益,也只能向合资公司而不是合资公司的一方股东主张权利。因此,上诉人投资公司提出合资

公司总经理长期兼任工具公司的法人代表违反了国家法律规定,合资公司使用工具公司的同一套财务机构,工具公司剥夺了其对合营公司的经营管理权等上诉理由,没有事实和法律依据,本院不予支持。

——《最高人民法院公报》2003 年第 4 期

1616

当股东能够通过直接起诉的途径获得救济时,则不应提起股东代表诉讼

关键词 | 股东直接诉讼 | 股东代表诉讼 |

【最高人民法院审判业务意见】

根据公司法规定,股东未履行或者未全面履行出资义务,公司或者其他股东可以请求其向公司依法全面履行出资义务。在一方股东未履行出资义务的情况下,另一方股东本身即享有诉权,不能通过股东代表诉讼起诉,否则将造成股东之间诉讼权利的不平等。福生公司、张小宝公司无权提起本案股东代表诉讼,其起诉应予驳回。

本案纠纷应适用的我国《公司法(2005)》第一百五十二条规定了股东代表诉讼的情形和条件,该条第三款规定,他人侵犯公司合法权益,给公司造成损失的,本条第一款规定的股东可以依照前两款的规定向人民法院提起诉讼,对于"他人"应当作狭义解释,即只有在不能通过其他途径获得救济的情况下,才能适用股东代表诉讼获得救济。股东代表诉讼制度的设置基础在于股东本没有诉权而公司又怠于行使诉权或者因情况紧急可能损害公司利益时,赋予股东代表公司提起诉讼的权利。当股东能够通过自身起诉的途径获得救济时,则不应提起代表诉讼,否则将有悖股东代表诉讼制度的设置意图。赋予一方股东在出资问题上的股东代表诉讼权利没有法律依据。

——《最高人民法院民四庭 2014 年涉外商事海事审判综述》,载贺荣主编、最高人民法院民事审判第四庭编:《涉外商事海事审判指导》总第 30 辑,人民法院出版社 2016 年版,第 235 页。

【最高人民法院裁判文书】

(株)圃木园控股与上海福生豆制食品有限公司、上海市张小宝绿色食品发展有限公司股东出资纠纷案[最高人民法院(2014)民提字第170号民事裁定书]

最高人民法院认为:本案系出资纠纷。对于股东未按期缴纳出资的问题,我国公司法规定了股东有义务向公司足额缴纳,公司解散的,欠缴出资作为公司清算财产,并不免除股东的出资义务。最高人民法院《公司法解释(三)》第十三条第一款规定:“股东未履行或者未全面履行出资义务,公司或者其他股东请求其向公司依法全面履行出资义务的,人民法院应予支持。”因此,(株)圃木园控股主张合资合同已被香港仲裁裁决解除,其履行最后一期出资义务已无实质意义的申请再审理由不能成立。

福生公司、张小宝公司是以自己名义提起本案股东代表诉讼的。本案纠纷应适用的我国《公司法》(2005年)第一百五十二条规定了股东代表诉讼的情形和条件,即有限责任公司的股东,可以书面请求监事会或者不设监事会的有限责任公司的监事向人民法院提起诉讼;还可以书面请求董事会或者不设董事会的有限责任公司的执行董事向人民法院提起诉讼;监事会、不设监事会的有限责任公司的监事,或者董事会、执行董事收到前款规定的股东书面请求后拒绝提起诉讼,或者自收到请求之日起三十日内未提起诉讼,或者情况紧急、不立即提起诉讼将会使公司利益受到难以弥补的损害的,股东有权为了公司的利益以自己的名义直接向人民法院提起诉讼。第三款规定“他人侵犯公司合法权益,给公司造成损失的,本条第一款规定的股东可以依照前两款的规定向人民法院提起诉讼”。本案股东代表诉讼属于该条第三款规定的情形,但对于“他人”应当作狭义解释,即只有在不能通过其他途径获得救济的情况下,才能适用股东代表诉讼获得救济。股东代表诉讼制度的设置基础在于股东本没有诉权而公司又怠于行使诉权或者因情况紧急可能损害公司利益时,赋予股东代表公司提起诉讼的权利。当股东能够通过自身起诉的途径获得救济时,则不应提起代表诉讼,否则将有悖股东代表诉讼制度的设置意图。根据最高人民法院《公司法解释(三)》第十三条第一款的规定,福生公司、张小宝公司作为股东本身即享有诉权,而通过股东代表诉讼起诉的后果,则剥夺了另一方股东(株)圃木园控股反诉福生公司、张小宝公司履行出资义务的诉讼权利,因为其无法针对合资公司提起反诉,由此造成股东之间诉讼权利的不平等。因此,福生公司、张小宝公司无权提起本案股东代表诉讼,其起诉应予驳回。

——中国裁判文书网,http://wenshu.court.gov.cn。

(株)圃木园控股与上海福生豆制食品有限公司、上海张小宝绿色食品发展有限公司、上海圃园福生绿色食品有限公司股东出资纠纷案[最高人民法院(2014)民申字第384号民事裁定书]

最高人民法院认为:(株)圃木园控股的再审申请符合《民事诉讼法(2007)》第二百条第(六)项规定的情形。本院依照《民事诉讼法(2007)》第二百零四条、第二百零六条之规定,裁定如下:

一、本案由本院提审。

——中国裁判文书网,http://wenshu.court.gov.cn。

1617

公司特别清算委员会不是仲裁条款当事人,诉争事项也非股东之间的权益争议,股东代表诉讼不受合同仲裁条款约束

关键词 | 股东代表诉讼 | 特别清算委员会 | 仲裁条款 |

【最高人民法院裁判文书】

香港帕拉沃工业有限公司与北京昆泰房地产开发集团有限公司与公司有关的纠纷案[最高人民法院(2013)民四终字第46号民事裁定书]

最高人民法院认为:关于本案与所涉仲裁案裁决处理的是否同一争议的问题。

首先,本案中富裕达公司特别清算委员会不是仲裁条款的当事人,诉争事项也非股东之间的权益争议,股东代表诉讼不应受合同仲裁条款的约束。

其次,仲裁案没有完全涵盖本案争议,本案诉讼需要审查和确认的事实在案涉仲裁中并没有完全涉及和明确。帕拉沃公司在仲裁案中反请求昆泰集团应向帕拉沃公司返还多付的出资款,而帕拉沃公司在本案诉讼中则提出昆泰集团应向富裕达公司清算委员会补缴投资款、返还从富裕达公司所取走的、高于联合大厦建设成本的资金等等请求。故,帕拉沃公司上述诉讼请求并未在仲裁中提起,纠纷也未得到解决。昆泰集团认为上述诉讼请求虽然没有在仲裁中提起,但帕拉沃公司要求把投资款补缴给合作公司即现在的清算委员会,其实质还是要求昆泰集团向帕拉

沃公司把出资款返还款项，而且仲裁委员会并没有支持帕拉沃公司的主张。帕拉沃公司的诉讼请求是否定仲裁，是对当事人签订的协议中的包干条款的否定。本院认为，如果昆泰集团将投资款补缴给清算委员会，根据我国法律的相关规定，清算委员会应将该款项作为合作公司的财产一并清理，包括支付清算费用、支付职工工资、保险、国家税款、其他债务等。因此，即使昆泰集团向合作公司补缴出资款事由成立，该款项也并不一定全部返还给帕拉沃公司。昆泰集团认为帕拉沃公司上述主张是变相重复仲裁的同一请求的抗辩理由不能成立。本院还认为，仲裁庭认为在本案合作合同签订时昆泰集团已经完成项目的规划、拆迁等前期工作，并投入了资金、进行了联合大厦的工程建设，从而最终裁决终止双方的合作关系，并裁决帕拉沃公司支付出资款，但对于昆泰集团是否应该出资、按照什么标准出资，联合大厦的实际建设成本、合作公司总投资额超过联合大厦建设成本的款项应归合作公司所有还是归昆泰集团所有等问题，仲裁案中均未明确。

再次，本案诉讼与仲裁事实审查虽有重合，但法律关系不同。仲裁解决的是股东双方（帕拉沃公司与昆泰集团）之间，因合作经营合同关系而产生的纠纷，目的是确认帕拉沃公司是否存在瑕疵出资从而对股东应承担相应的民事责任。而诉讼需要解决的是一方股东（帕拉沃公司）是否有权代表合作公司向另一方股东（昆泰集团）主张权利，目的是确认昆泰集团是否违反出资义务及存在侵权行为从而应向合作公司承担相应的民事责任。仲裁案认定的是昆泰集团不需要向帕拉沃返还相关款项，至于昆泰集团是否应当支付出资款仲裁案并没有涉及。因此，两个案件并不属于同一案件

——中国裁判文书网，http://wenshu. court. gov. cn。

1618

外商投资公司股东提起代表诉讼应当经过前置程序

关键词 | 股东代表诉讼 | 前置程序 |

【最高人民法院裁判文书】

鲍扬波与重庆市沙坪坝区人民政府、重庆晨光实业发展（集团）有限责任公司占有保护纠纷案［最高人民法院（2012）民四终字第21号民事裁定书］

最高人民法院认为：本案争议焦点在于鲍扬波提起的诉讼是否符合股东代表

诉讼条件。台华公司出现了被吊销营业执照或经营期限届满等法定事实,依法确应成立清算组进行清算。且根据《公司法(2005)》第一百五十二条的规定,股东提起代表诉应满足一定的程序要件,股东应书面请求监事会(或监事)、董事会(或执行董事)向人民法院提起诉讼,上述机关(或人员)在收到股东书面请求后拒绝提起诉讼,或者自收到请求之日起三十日内未提起诉讼的,股东方可提起代表诉讼。就本案而言,鲍扬波如欲提起股东代表诉讼,亦需以书面请求董事会向人民法院提起诉讼为前提。目前没有证据证明其已履行了该项法定程序,一审裁定以鲍扬波提起的诉讼不符合股东代表诉讼条件为由驳回其起诉并无不当。台华公司于1999年4月就已被作为晨光公司的资产被沙区政府托管,迄今已历时十三年有余,鲍扬波均未提供证据证明本案存在"情况紧急、不立即提起诉讼将会使公司利益受到难以弥补的损害"的情形。鲍扬波以《公司法(2005)》第一百五十二条第二款规定的股东提起代表诉讼的例外情形为由,认为无须履行前述法定程序即可直接向人民法院提起股东代表诉讼的上诉理由,缺乏事实依据,本院不予支持。

——中国裁判文书网,http://wenshu.court.gov.cn。

1619

外商投资公司股东在提起股东代表诉讼后死亡的,法院应当通知其继承人参加诉讼

关键词|股东代表诉讼|继承人|

【最高人民法院裁判文书】

大连市交通局高速公路工程建设项目管理办公室与小林淳子及吉林省诚泽裕丰集团有限公司、中化辽宁公司、大连嘉亨饲料有限公司侵权纠纷案[最高人民法院(2013)民四终字第18号民事判决书]

最高人民法院认为:岩间丈男作为嘉亨公司的股东,其在认为嘉亨公司的合法权益受到侵害的情况下,曾请求嘉亨公司的董事长、董事等采取诉讼手段维护公司的合法权益。嘉亨公司并未及时提起诉讼。岩间丈男作为原告提起股东代表诉讼,符合相关法律规定,人民法院应予受理。因案件的处理结果与嘉亨公司具有法律上的利害关系,其申请作为第三人参加诉讼,人民法院依照《民事诉讼法》第五十六条的规定予以准许,并无不当。项目办关于岩间丈男不具备诉讼主体资格的上诉理由不能成立,本院不予支持。

本院二审时查明一审原告岩间丈男已经于2011年3月17日死亡。最高人民法院《民诉法意见》第四十四条规定："在诉讼中，一方当事人死亡，有继承人的，裁定中止诉讼。人民法院应及时通知继承人作为当事人承担诉讼，被继承人已经进行的诉讼行为对承担诉讼的继承人有效。"经本院释明，小林淳子声明以岩间丈男继承人的身份参加本案诉讼。《涉外民事关系法律适用法》第三十一条规定："法定继承，适用被继承人死亡时经常居所地法律，但不动产法定继承，适用不动产所在地法律。"故本案应适用日本国法律对小林淳子是否为岩间丈男的继承人作出认定。日本国民法典第八百八十七条第（一）项规定："被继承人的子女为继承人。"小林淳子提交证据证明岩间丈男与其系父女关系，故对其继承人资格本院予以确认。岩间丈男之子岩间启出具说明对于岩间丈男生前投资的嘉亨公司的股份及其相关的权利，和嘉亨公司的诉讼，其决定放弃。故本案中岩间丈男死亡后，应由其继承人小林淳子继续参加诉讼。

根据大政办发〔2005〕81号《大连市人民政府办公厅关于成立大连市高速公路工程建设领导小组和总指挥部的通知》，大连市政府成立大连市高速公路工程建设领导小组和总指挥部，总指挥部下设项目管理办公室，履行项目法人职责，具体负责各项目的工程建设组织实施及相关工作。同时，根据查明的事实，项目办与中化辽宁公司签订《征地动迁协议》，发出《关于限期拆迁的紧急通知》，并与中化辽宁公司、嘉亨公司共同委托评估机构对嘉亨公司的企业价值进行评估。且在一审庭审时，项目办明确确认是其施工方对嘉亨公司进行的拆迁。一审法院依据上述事实及项目办的自认，认定案涉拆迁工作由项目办负责，项目办对嘉亨公司租用的场地进行了拆迁，证据充分。项目办在未与嘉亨公司达成相关补偿协议的情况下，未经法定程序即单方强行拆除了嘉亨公司的厂房、设备等。一审法院认为项目办侵犯了嘉亨公司的财产权，依法应当承担侵权赔偿责任是正确的。项目办关于一审法院认定其是侵权人没有证据的上诉理由不能成立，本院不予支持。

——中国裁判文书网，http://wenshu.court.gov.cn。

1620

股东代表诉讼的被告是以不当行为侵害公司利益而公司机关又怠于起诉的侵权人

关键词｜股东代表诉讼｜

【最高人民法院裁判文书】

香港帕拉沃工业有限公司与北京昆泰房地产开发集团有限公司与公司有关的纠纷案[最高人民法院(2013)民四终字第46号民事裁定书]

最高人民法院认为:本案的争议焦点是关于帕拉沃公司是否依法享有诉权的问题。根据《民事诉讼法》一百一十九条规定,原告是与本案有直接利害关系的公民、法人和其他组织。本案中,帕拉沃公司系富裕达公司的股东。帕拉沃公司认为富裕达公司的另一股东昆泰集团对合作公司富裕达公司实施了未足额投资及挪用公司资金等侵权行为,从而侵害了合作公司的权益,源于此,帕拉沃公司提起本案股东代表诉讼。根据《公司法(2005)》第一百五十二条的规定,他人侵犯公司合法权益,给公司造成损失的,有限责任公司的股东可以请求公司权力机关向人民法院提起诉讼,而公司权力机关拒绝或者怠于通过诉讼手段追究有关侵权人责任时,具有法定资格的股东有权以自己的名义代表公司对侵权人提起诉讼,追究其法律责任。这个法律规定的"他人"应该包括公司股东和公司之外的任意第三人,即凡是对公司实施了不当行为而致公司利益受损的人都可能成为股东代表诉讼的被告。因此,昆泰集团为本案的适格被告。

——中国裁判文书网,http://wenshu. court. gov. cn。

1621

公司应当作为股东代表诉讼中无独立请求权的第三人参加诉讼,不应作为被告

关键词|股东代表诉讼|无独立请求权第三人|

【最高人民法院裁判文书】

秦皇岛秦发实业集团有限公司、香港新中国集团有限公司与广州市晋新房地产开发有限公司、中国华水水电开发总公司、广州市建筑置业有限公司、中国东方资产管理公司广州办事处借款合同纠纷案[最高人民法院(2012)民四终字第4号民事裁定书]

最高人民法院认为:关于新中国公司的诉讼地位问题。新中国公司是债务

人晋新公司的小股东，其提起本案诉讼是基于晋新公司经其请求怠于提起确认涉案债权转让合同无效之诉，故其以有独立请求权第三人身份参加本案诉讼。本院认为，当新中国公司认为涉案债权的转让双方侵害了晋新公司的利益，而晋新公司又怠于行使诉权时，新中国公司可以提起股东代表诉讼。然而，新中国公司并非本案合格的有独立请求权第三人。在股东代表诉讼中，新中国公司的诉讼利益归于晋新公司，故晋新公司仅仅是无独立请求权第三人，不可能成为新中国公司提起的诉讼案件的被告。而本案是由秦发公司以晋新公司为被告提起的借款合同纠纷诉讼，新中国公司要成为本案有独立请求权第三人，必须以本案的原被告即秦发公司和晋新公司为共同被告，并对秦发公司与晋新公司之间的诉讼标的提出独立的请求。显然，新中国公司的诉讼请求针对的是华水公司与秦发公司之间的债权转让合同，其诉讼标的是债权转让合同的效力。因此，新中国公司不能成为秦发公司提起的借款合同纠纷案件的有独立请求权第三人参加本案诉讼。原审裁定驳回新中国公司的起诉是正确的。新中国公司的上诉亦无理，本院亦不予支持。

——中国裁判文书网，http://wenshu.court.gov.cn。

1622

公司解散并已成立清算组，股东认为他人侵犯公司权益造成公司损失的，应当向清算组提出请求，在清算组怠于起诉时，有权提起股东代表诉讼

关键词｜公司解散｜股东代表诉讼｜前置程序｜

【最高人民法院裁判文书】

香港帕拉沃工业有限公司与北京昆泰房地产开发集团有限公司与公司有关的纠纷案［最高人民法院(2013)民四终字第46号民事裁决书］

最高人民法院认为：股东代表诉讼的诉权源于公司的权利，股东提起代表诉讼是代表公司主张公司的实体权益，帕拉沃公司于2007年9月26日致函特别清算委员会请求清算委员会以合作公司的名义向人民法院提起民事诉讼，要求昆泰集团向合作公司赔偿损失。特别清算委员会于2007年10月15日回复帕

拉沃公司称：因该清算委员会就帕拉沃公司的请求无法形成一致意见，因此不能按其要求提起民事诉讼，并建议帕拉沃公司按照公司法的规定自行处理相关事宜。因此，本案已经满足提起股东代表诉讼的前置条件。本案中，在清算委员会明示不对昆泰集团提起诉讼后，帕拉沃公司有权对昆泰集团提起股东代表诉讼。

——中国裁判文书网，http://wenshu.court.gov.cn。

1623

公司解散但未成立清算组的，股东如认为他人侵犯公司权益造成公司损失的，应向原法定代表人提出请求，在原法定代表人怠于起诉时，有权提起股东代表诉讼

关键词｜公司解散｜股东代表诉讼｜

【最高人民法院裁判文书】

大连金星房屋开发公司金石滩分公司、青岛愚者房地产开发有限公司、大连环球外商俱乐部有限公司与中国金石滩发展有限公司其他损害公司权益纠纷申请再审案［最高人民法院（2014）民申字第679号民事裁定书］

最高人民法院认为：本案申请再审所涉的焦点问题是，金石滩公司以自己名义代表大连宝通公司提出的股东代表诉讼是否符合起诉受理条件。

关于大连宝通公司的外方股东问题。大连市人民政府于1998年颁发的《外商投资企业批准证书》载明大连宝通公司的外方股东为宝通环球投资有限公司，出资额480万美元，即占80%股份。大连宝通公司的合资合同、章程等文件均记载宝通环球投资有限公司的英文名为Wonderful Investment Worldwide Limited，因此大连宝通公司外方股东为宝通环球投资有限公司（Wonderful Investment Worldwide Limited）是明确的，无须另行提供出资方面的证据佐证股东身份。

关于金石滩公司与宝通环球投资有限公司系同一家公司的名称变更还是属于两家不同的公司的问题。金石滩公司的公司登记证书载明其更名前的公司名称为"Wonderful Investment Worldwide Limited"，但设立登记地为维尔京群岛；而大连宝通公司《外商投资企业批准证书》、合资合同、章程等文件均记载宝通

环球投资有限公司的注册登记地为香港。在维尔京群岛设立的离岸公司具有离岸经营的特点,即公司营业住所地与设立登记地是不一致的。如金石滩公司能够提供证据证明其在香港营业,且在香港并不存在设立登记名为“宝通环球投资有限公司”的公司,则可以排除属于名称巧合相同但系两家不同公司法人的可能性,进而可以确认金石滩公司是由宝通环球投资有限公司更名而来的事实。但由于金石滩公司提供的现有证据尚不充分,一、二审裁定认为不足以据此认定金石滩公司和宝通环球投资有限公司系同一家公司,并无不当,此并不影响今后金石滩公司在提交证据足以证明其由宝通环球投资有限公司更名而来的情形下重新起诉的权利。一、二审裁定也不存在违反法定程序的情形。故金石滩公司申请再审的理由不能成立,本院不予支持。

退一步说,即便金石滩公司由宝通环球投资有限公司更名而来,其确系大连宝通公司的股东,法院仍然需要审核金石滩公司的起诉是否符合股东代表诉讼的条件。《公司法(2005)》第一百五十二条规定:“董事、高级管理人员有本法第一百五十条规定的情形的,有限责任公司的股东、股份有限公司连续一百八十日以上单独或者合计持有公司百分之一以上股份的股东,可以书面请求监事会或者不设监事会的有限责任公司的监事向人民法院提起诉讼;监事有本法第一百五十条规定的情形的,前述股东可以书面请求董事会或者不设董事会的有限责任公司的执行董事向人民法院提起诉讼。监事会、不设监事会的有限责任公司的监事,或者董事会、执行董事收到前款规定的股东书面请求后拒绝提起诉讼,或者自收到请求之日起三十日内未提起诉讼,或者情况紧急、不立即提起诉讼将会使公司利益受到难以弥补的损害的,前款规定的股东有权为了公司的利益以自己的名义直接向人民法院提起诉讼。他人侵犯公司合法权益,给公司造成损失的,本条第一款规定的股东可以依照前两款的规定向人民法院提起诉讼。”本案的特殊之处在于大连宝通公司于2002年5月16日被吊销了企业法人营业执照,根据《公司法(2005)》第一百八十一条第(四)项的规定,公司因被吊销营业执照而处于解散状态,此时公司董事会和监事会无法再正常行使职权。《公司法》对于公司解散后,股东是否可以提起代表诉讼以及是否应当履行前置程序,没有作出具体规定,故应当理解为公司解散后股东仍有权提起代表诉讼并应履行前置程序。《公司法解释(二)》第十条规定:“公司依法清算结束并办理注销登记前,有关公司的民事诉讼,应当以公司的名义进行。公司成立清算组的,由清算组负责人代表公司参加诉讼;尚未成立清算组的,由原法定代表人代表公司参加诉讼。”据此,在公司解散但未成立清算组的情形下,股东如认为他人侵犯公司合法权益造成公司损失的，应当直接向原法定代表人提出请求，在原法定代表人怠于起诉时，方有权提起股东代表诉讼。本案中，大连宝通公司的法定代表人是由外方股东委派的，外方股东履行法律规定的前置程序并无客观上的障碍。因此，即使金石滩公司具备大连宝通公司的外方股东身份，其未履行前置程序即以股东名义提起代表诉讼，也不符合股东代表诉讼的受理条件。

——中国裁判文书网，http://wenshu.court.gov.cn。

1624

商业机会并非当然地专属于公司，股东以另一股东剥夺公司商业机会为由提起代表诉讼，不予支持

关键词｜股东代表诉讼｜

【《最高人民法院公报》案例】

林承恩与李江山等损害公司利益纠纷案[最高人民法院(2012)民四终字第15号民事判决书]

裁判摘要：本案系香港股东代表香港公司向另一香港股东及他人提起的损害公司利益之诉。原告提起诉讼的基点是认为另一香港股东利用实际控制香港公司及该公司在内地设立的全资子公司等机会，伙同他人采取非正当手段，剥夺了本属于香港公司的商业机会，从而损害了香港公司及其作为股东的合法权益。但原告所称的商业机会并非当然地专属于香港公司，实际上能够满足投资要求及法定程序的任何公司均可获取该商业机会。原告在内地子公司经营效益欠佳时明确要求撤回其全部投资，其与另一香港股东也达成了撤资协议。鉴于另一香港股东及他人未采取任何欺骗、隐瞒或者其他非正当手段，且商业机会的最终获取系另一股东及他人共同投资及努力的结果，终审判决最终驳回了原告的诉讼请求。

最高人民法院经审理认为：关于李江山、涂雅雅、华通公司的行为是否构成单独或者共同侵权，从而剥夺了香港新纶公司的商业机会，进而损害了香港新纶公司的合法权益。这一问题，首先取决于案涉700亩土地使用权是否应当认定专属于香港新纶公司的商业机会。根据香港新纶公司与南昌县小蓝工业园管理委员会于2003年3月11日签订的合同书，该700亩土地使用权当初确实是要

给予香港新纶公司的。但是，香港新纶公司要获得这一商业机会并不是无条件的。相反，上述合同书明确约定了香港新纶公司必须满足的相关条件，这些条件包括：投资江西新纶公司注册资金3亿港币，投资总额达8亿港币；在县城南路隔堤象湖新区投资“香港华通花园”房地产项目，开发建设投资为人民币3亿元；注册一家注册资本为1亿港币的外资房地产企业等。双方在合同书中还约定了香港新纶公司或其投资的房地产企业需在合同签订一个月内向小蓝工业园管理委员会支付定金人民币200万元；土地出让挂牌时，支付4800万元人民币挂牌保证金等。因此，该700亩土地使用权并非当然属于香港新纶公司的商业机会，香港新纶公司要获得该商业机会必须满足其与南昌县小蓝工业园管理委员会所订合同中的相关条件。本案中，没有证据证明香港新纶公司（或者通过林承恩的行为）满足了上述约定条件。此外，香港新纶公司与南昌县小蓝工业园管理委员会在上述合同书中还明确约定该700亩土地使用权通过挂牌出让方式获得，而本案南昌县国土资源局、南昌县土地储备交易中心发布的（2006）第5号国有土地使用权出让公告明确要求竞买人必须具备房地产开发资质且要缴纳人民币6000万元保证金等多项条件，因此，香港新纶公司要获得该商业机会尚需要满足挂牌交易条件。但本案中，香港新纶公司显然不具备在内地从事房地产开发的资质，其也没有按照约定在内地设立房地产开发企业并按公告要求缴纳人民币6000万元保证金。实际上，根据上述公告的要求，任何满足公告要求条件的房地产企业，均可作为竞买人购买该700亩土地使用权，故竞买人并非仅限于香港新纶公司。综上，无论是从香港新纶公司与南昌县小蓝工业园管理委员会约定的合同条件看，还是从南昌县国土资源局作为国有土地管理部门确定的挂牌出让方式、资质及交易条件看，案涉700亩土地使用权并非当然地专属于香港新纶公司的商业机会。其次，要审查香港新纶公司或者林承恩为获取该商业机会是否做出了实质性的努力。根据本案一、二审查明的事实，林承恩、李江山分别占有香港新纶公司50%的股份，该公司成立之目的即是在江西成立江西新纶公司及设立房地产企业运营房地产项目。但林承恩、李江山在设立江西新纶公司之后，双方的合作并不融洽，甚至为香港新纶公司投入江西新纶公司的投资款去向问题产生了严重分歧和矛盾。由于无法达成一致，林承恩于2005年1月15日向李江山发传真明确表示放弃在江西的项目并要求李江山退还其投入香港新纶公司的335万港币投资款。正常情形下，香港新纶公司、江西新纶公司均在经营之中，林承恩作为香港新纶公司的股东之一，理应积极配合上述两个公司进行投资和经营，而非在未经清算的情况下要求保本撤资。但既然林承恩坚持撤资,作为另一股东的李江山对于内地投资项目只能面临两种选择,即要么放弃内地投资项目,对中方违约;要么设法自己单独或者与其他投资者共同合作继续经营内地投资项目。显然,李江山在本案中选择了后者。二审期间,李江山称自从林承恩于2005年1月15日以书面通知方式要求退出香港新纶公司、不再履行对香港新纶公司的出资义务以及不再对江西的投资项目承担任何经济和法律责任之后,林承恩在长达五年的时间里对香港新纶公司及江西新纶公司不闻不问、不管不顾,也从未承担过任何法律义务和责任。对于李江山的上述主张,林承恩没有举证予以否定。林承恩也未能举证证明其通过自身的努力为香港新纶公司获取700亩土地使用权做出过任何实质性的工作。事实上,在林承恩明确要求保本撤资的情况下,香港新纶公司已不可能如约履行投资及在江西设立房地产企业等义务,更无可能为获得本属于其的700亩土地使用权这一商业机会而做出任何实质性的努力。因此,应当认定林承恩在本案中没有积极履行股东、董事义务,香港新纶公司也未能积极履行投资、设立房地产企业等义务。本案最终满足700亩土地使用权的合同约定条件及挂牌交易条件,是李江山、涂雅雅、华通公司及一审第三人共同合作和努力的结果,不仅与林承恩没有关联,而且与香港新纶公司无关。尽管李江山等在报送相关材料过程中借用了香港新纶公司的名义,但显然不能将李江山、涂雅雅、华通公司以及一审第三人为满足700亩土地使用权的约定交易条件和挂牌交易条件所进行的一系列行为,简单地等同于香港新纶公司的行为,更不应认定林承恩有权享有这些行为所带来的任何利益。再次,要审查李江山、涂雅雅、华通公司在本案中是否采取了剥夺或者谋取行为。本案中,要构成剥夺或者谋取香港新纶公司的商业机会,李江山、涂雅雅或者华通公司应当单独或者共同采取欺骗、隐瞒或者威胁等不正当手段,使林承恩或者香港新纶公司在不知情的情况下放弃该商业机会,或者在知情的情况下不得不放弃该商业机会。但综观本案事实,林承恩对香港新纶公司可能获得700亩土地使用权的商业机会是明知的,李江山、涂雅雅、华通公司没有隐瞒这一商业机会,也没有采取欺骗手段骗取林承恩放弃该商业机会。林承恩是在获知该商业机会之后不仅没有采取积极行为为香港新纶公司获取该商业机会创造条件,反而要求李江山退还其已投入香港新纶公司并通过香港新纶公司转投江西新纶公司注册资金的投资款,林承恩的保本撤资行为必然使香港新纶公司面临对中方违约的境地,李江山为避免违约并继续经营内地投资项目,也必然要寻找其他投资者或者合作者。因此,李江山、涂雅雅、华通公司在本案中的行为,不但不应被认定为侵权行为,反而应当定性为为避免香港新纶公司违约而采取的合法补救行为,更是各方为维护其自身权益而采取的正当经营或者交易行为。林承恩无权在自己拒绝继续投资、放弃投资项目且拒绝承担任何经济和法律责任的情况下,要求李江山停止继续经营内地投资项目。林承恩没有提供充分证据证明李江山、涂雅雅、华通公司单独或者共同采取了欺骗、隐瞒或者威胁等不正当手段剥夺或者谋取了本属于香港新纶公司的商业机会,故其有关李江山、涂雅雅、华通公司构成共同侵权、损害香港新纶公司合法权益的诉讼请求依法不能成立,本院不予支持。

——《最高人民法院公报》2014 年第 11 期

1625

外商投资企业股权质押的合同无须审批即可生效

关键词｜股权质押｜审批｜

【最高人民法院司法解释】

第十三条 外商投资企业股东与债权人订立的股权质押合同,除法律、行政法规另有规定或者合同另有约定外,自成立时生效。未办理质权登记的,不影响股权质押合同的效力。

当事人仅以股权质押合同未经外商投资企业审批机关批准为由主张合同无效或未生效的,人民法院不予支持。

股权质押合同依照物权法的相关规定办理了出质登记的,股权质权自登记时设立。

——《最高人民法院关于审理外商投资企业纠纷案件若干问题的规定(一)》(2010 年 8 月 5 日,法释〔2010〕9 号)

【链接:最高人民法院法官著述】

《物权法》第十五条规定:“当事人之间订立有关设立、变更、转让和消灭不动产物权的合同,除法律另有规定或者合同另有约定外,自合同成立时生效;未办理物权登记的,不影响合同效力。”尽管该条是有关不动产变动的规定,但一般认为该条确立了我国物权变动的区分原则,即未办理物权登记并不影响债权合同的效力。问题是外商投资企业经营者设定股权质押的合同是否属于此处的“法律另有规定”的情形,仍须审批才能生效?对此,应作否定回答,理由如下:一者,从法律适用的角度看,根据《合同法》第五十二条的规定,合同只有在违反法律法规强制性规范的情况下才归于无效,《外商投资企业投资者股权变更的若干规定》作为商务部制定的规章,并不属于“法律法规”的范畴,因此,对其的违反不应影响合同的效力。二者,即便允许设立股权质押的合同无须报批即可生效,也不会侵害审批部门的审批权。一方面,设定股权质押的合同本身并未导致股权的变动,也不影响外商投资企业的经营管理,因此,不能将其与股权转让等其他导致股权变更的情形相提并论。

——刘贵祥:《外商投资企业纠纷若干前沿问题之探讨》,载万鄂湘主编、最高人民法院民事审判第四庭编:《涉外商事海事审判指导》总第20辑,人民法院出版社2010年版,第130~131页。

编者说明

根据2016年9月3日全国人民代表大会常务委员会《关于修改〈中华人民共和国外资企业法〉等四部法律的决定》的精神,涉及国家规定实施准入特别管理措施的,股权质押的合同虽然无须报批,但股权质押的实现仍须报批;而不涉及国家规定实施准入特别管理措施的,其质押与实现均无须报批。

1626

外资企业在经营期限内转让土地使用权应当经过批准,未经批准合同不生效;转让方在报批过程中负有协助义务

关键词 | 土地使用权转让 | 报批协助义务 |

【最高人民法院裁判文书】

东荣食品(海丰)有限公司与海丰百富才服装有限公司建设用地使用权转让合同纠纷审判监督案[最高人民法院(2015)民提字第129号民事判决书]

最高人民法院认为:(一)关于《转让协议书》的效力问题。合同签订时有效

的《外资企业法实施细则》(2001 年修订)第八十二条规定:“香港、澳门、台湾地区的公司、企业和其他经济组织或者个人以及在国外居住的中国公民在大陆设立全部资本为其所有的企业,参照本实施细则办理。”本案中,东荣公司系港商独资企业,应参照该实施细则办理。《外资企业法实施细则》第三十五条规定:“土地证书为外资企业使用土地的法律凭证。外资企业在经营期限内未经批准,其土地使用权不得转让。”该条并未区分划拨土地和出让土地,因此,应当认为无论是通过划拨方式取得的土地使用权还是通过出让方式取得的土地使用权,其转让均应报经土地主管部门批准。参照该规定,本案所涉土地要实现转让,须报经土地主管部门批准。此外,《外资企业法实施细则》第二十三条还规定,外资企业将其财产或者权益对外转让,须经审批机关批准并向工商行政管理机关备案。参照该条规定,东荣公司将其财产权益——土地使用权转让,应当报经外商投资企业审批机关批准。本案中,当事人并未履行该两项报批义务。《外商投资纠纷解释(一)》第一条第一款规定:“当事人在外商投资企业设立、变更等过程中订立的合同,依法律、行政法规的规定应当经外商投资企业审批机关批准后才生效的,自批准之日起生效;未经批准的,人民法院应当认定该合同未生效。当事人请求确认该合同无效的,人民法院不予支持。”第二十二条同时规定:“人民法院审理香港特别行政区、澳门特别行政区、台湾地区的投资者、定居在国外的中国公民在内地投资设立企业产生的相关纠纷案件,参照适用本规定。”本案所涉合同属于港商独资企业经营过程中的重大事项变更性质的合同,参照《外商投资纠纷解释(一)》第一条第一款的规定,因未报经外商投资企业审批机关批准,应当认定《转让协议书》未生效。广东省高级人民法院〔2007〕粤高法民一复字第 9 号《关于外商独资企业土地使用权转让合同效力问题的批复》并非司法解释,不能作为裁判依据。因此,二审判决根据《外资企业法实施细则》第三十五条、《合同法》第五十二条第(五)项的规定以及广东省高级人民法院的上述批复,认定《转让协议书》无效,适用法律错误。东荣公司关于合同无效的观点不能成立。百富才公司关于上述行政法规仅适用于划拨土地,对本案出让土地不适用的理由亦不能成立。

(二)关于东荣公司是否应当配合百富才公司办理土地及房产的转让手续问题。《外商投资纠纷解释(一)》第一条第二款规定:“前款所述合同因未经批准而被认定未生效的,不影响合同中当事人履行报批义务条款及因该报批义务而设定的相关条款的效力。”参照该规定,本案所涉《转让协议书》未生效,但其中关于履行报批义务的条款应为有效。东荣公司作为港商独资企业对外转让财产,其自身负有义务向外商投资企业审批机关办理报批手续。尽管《转让协议书》中约定“土地及建筑物的转让手续由百富才公司负责办理,税费、手续费等由百富才公司负担”,但东荣公司仍负有协助义务,因为如果东荣公司不予协助,百富才公司将无法向外商投资企业审批机关办理报批手续。同时,东荣公司作为土地使用权人,若其不协助百富才公司向土地主管机关办理报批手续,单凭受让方百富才公司客观上亦无法完成《转让协议书》约定的转让手续。如果东荣公司通过恣意不协助办理报批手续可以阻止合同生效,不仅不利于维护交易安全,亦不符合公平原则和诚实信用原则。因此,东荣公司作为转让方,应当负有协助义务。本案中,东荣公司并未协助百富才公司办理报批手续。因此,百富才公司反诉请求判令东荣公司协助其到有关部门办理土地使用权转让报批手续的诉讼请求应当得到支持。需要说明的是,认定东荣公司就《转让协议书》负有协助报批义务,判令东荣公司协助百富才公司到外商投资企业主管机关、土地主管机关办理土地使用权转让报批手续,并不是说法院已经认定百富才公司是本案所涉土地及房产的所有权人,因为即使百富才公司在东荣公司的协助下履行相关报批义务,是否批准仍是法律赋予相关行政机关的实质性审批权,司法机关不能代替行政机关审批。如果经报批,审批机关不予批准,《转让协议书》因此应归于无效。认定《转让协议书》未生效的意义就是为了督促当事人尽快办理报批手续,促成合同生效,而不是通过简单的不作为致使合同无效。在《转让协议书》未报经批准尚未生效的情况下,百富才公司要求东荣公司继续履行《转让协议书》约定义务、配合其办理过户手续的主张自然不能得到支持。百富才公司关于办理土地使用权、房产过户手续的诉讼请求应当待办理报批手续后,根据是否得到审批机关批准的结果进一步处理,如果合同不能得到批准,《转让协议书》确定无效,自然不能办理过户手续;如果合同获得审批机关批准,合同有效,应继续履行,且过户手续办理完毕后,百富才公司应依约将剩余转让款支付给东荣公司。

——中国裁判文书网,http://wenshu.court.gov.cn。

1627

外商投资企业的股权可以强制执行

关键词 | 股权强制执行 |

【最高人民法院司法解释】

第十八条 实际投资者与外商投资企业名义股东之间的合同被认定无效，名义股东持有的股权价值高于实际投资额，实际投资者请求名义股东向其返还投资款并根据其实际投资情况以及名义股东参与外商投资企业经营管理的情况对股权收益在双方之间进行合理分配的，人民法院应予支持。

外商投资企业名义股东明确表示放弃股权或者拒绝继续持有股权的，人民法院可以判令以拍卖、变卖名义股东持有的外商投资企业股权所得向实际投资者返还投资款，其余款项根据实际投资者的实际投资情况、名义股东参与外商投资企业经营管理的情况在双方之间进行合理分配。

第十九条 实际投资者与外商投资企业名义股东之间的合同被认定无效，名义股东持有的股权价值低于实际投资额，实际投资者请求名义股东向其返还现有股权的等值价款的，人民法院应予支持；外商投资企业名义股东明确表示放弃股权或者拒绝继续持有股权的，人民法院可以判令以拍卖、变卖名义股东持有的外商投资企业股权所得向实际投资者返还投资款。

实际投资者请求名义股东赔偿损失的，人民法院应当根据名义股东对合同无效是否存在过错及过错大小认定其是否承担赔偿责任及具体赔偿数额。

——《最高人民法院关于审理外商投资企业纠纷案件若干问题的规定（一）》（2010年8月5日，法释〔2010〕9号）

【链接：最高人民法院法官著述】

股权本身作为财产权，具有可执行性，乃属不言而喻。就此而言，外商投资企业的股权也不应有所例外。股权转让同样涉及审批问题，但并不能因此就得出不允许股权转让的结论。同理，由股权执行会导致股权变更并不能得出外商投资企业股权不具有可执行性的结论。况且，外商投资企业的股权包括内资股权与外资股权，内资股权的变动本身不存在外资政策的考量问题，因此，不在审批范围之列；外方股东如与内地公民或法人发生纠纷，其在外商投资企业的外资股权往往会成为其唯一在境内的财产，如不允许对其进行强制执行，难以维护债权人的合法权益，也不利于建立诚信的法律秩序。另一方面，即便强制执行外资股权导致外资比例低于法定要求，也不构成违法，因为此时并不存在法律责任问题。法律有关外资比例的规定是出于鼓励外资多投资的考虑,外资达不到法定比例,顶多是由外资企业变为内资企业,并不存在其他责任问题。企业性质的变更尽管需要履行变更审批手续,但其本身并不在禁止之列。因此,不能以此为由否认外资股权的可执行性。

事实上,真正的问题并不在外资股权是否具有可执行性,而是如何在执行过程中协调司法权和行政权。但不论如何,均不应因在司法权和行政权协调上存在的技术性问题而否定外资股权的可执行性,从而侵害债权人的合法权益。在具体执行过程中,应区别不同的情况:如债权人系其他股东的,因其并不涉及优先购买权问题,法院可直接执行,审批机关应协助完成变更审批手续。此时可能涉及企业性质的变更,但这属于变更审批问题,与执行本身无关。如债权人系第三人的,此时涉及其他股东的优先购买权问题,应适用《公司法》的规定。

——刘贵祥:《外商投资企业纠纷若干前沿问题之探讨》,载万鄂湘主编、最高人民法院民事审判第四庭编:《涉外商事海事审判指导》总第20辑,人民法院出版社2010年版,第131~132页。

编者说明

根据2016年9月3日全国人民代表大会常务委员会《关于修改〈中华人民共和国外资企业法〉等四部法律的决定》的精神,涉及国家规定实施准入特别管理措施的,股权的强制执行需要协调办理审批手续;而不涉及国家规定实施准入特别管理措施的,则无须审批。

1628

国家允许参与境外上市公司股权激励计划的境内个人行使股票期权,且并未规定必须在劳动关系存续期间行使,离职协议不能导致股票期权协议终止

关键词 | 股票期权 | 劳动关系 | 合同履行 |

【最高人民法院裁判文书】

搜房控股有限公司与孙宝云合同纠纷再审案[最高人民法院(2013)民申字第739号民事裁定书]

最高人民法院认为:本案是涉外合同纠纷。孙宝云与搜房公司基于《股票

期权协议》而产生的合同关系发生于《涉外民事关系法律适用法》实施之前,应当适用行为发生时的法律确定合同准据法。当事人在该协议中没有约定处理争议所适用的法律,而协议签订地、被授予股票期权人孙宝云住所地及其为获得股票期权提供劳动服务的地点均位于中华人民共和国境内,一、二审法院根据《民法通则》第一百四十五条第二款的规定,认定与协议具有最密切联系的国家的法律为中华人民共和国法律,从而适用中华人民共和国法律解决本案争议,并无不当。本案纠纷涉及的是合同履行争议,不是物权纠纷中的有价证券权利争议,不应适用物权冲突规范的规定。搜房公司认为应参照《涉外民事关系法律适用法》第三十九条的规定确定法律适用的申请再审理由不能成立。

关于孙宝云的股票期权是否失效的问题。《股票期权协议》是双方当事人真实意思表示,内容不违反我国法律、行政法规的强制性规定,合法有效。搜房公司共授予孙宝云 55000 股的股票期权,孙宝云在期权有效期内享有依据协议选择购买搜房公司上述股票的权利。搜房北京公司与孙宝云于 2009 年 7 月 1 日解除劳动关系,依据《股票期权协议》第二部分总则第 3 条的约定,孙宝云的股票期权于 2009 年 7 月 31 日失效。但孙宝云早在 2009 年 6 月 23 日就以电子邮件的方式向莫天全提出了行使股票期权即购买股票的要求,并于 7 月 9 日和 15 日分别以电话及快递方式再次提出行使股票期权的要求。而莫天全在签署《股票期权协议》时表明其身份为搜房公司的董事会主席,在本案中亦以搜房公司代表人身份出现,故其有权代表搜房公司作出意思表示。对于孙宝云在股票期权有效期内提出的购买股票请求,依据《股票期权协议》,搜房公司应当向孙宝云出售股票。

搜房公司申请再审认为,依据第二部分总则第 3 条的约定,“股票期权中尚不能行使的部分将失效”,孙宝云的股票期权因 2009 年 7 月 31 日前不能行使而失效。本院认为,《股票期权协议》没有约定以搜房公司上市作为股票期权行使的前提条件,我国法律和行政法规亦未禁止我国境内居民取得境外特殊目的公司的股权。根据国家外汇管理局汇发〔2005〕75 号《关于境内居民通过境外特殊目的公司融资及返程投资外汇管理有关问题的通知》第一条和第七条的规定,特殊目的公司在股权转让后 30 日内,由设立或间接控制该公司的境内居民向外汇管理局申请办理外汇登记变更或备案手续。即搜房公司应在办理完股权转让手续后再办理相应的外汇登记手续。搜房公司以该规范性文件主张孙宝云不能成为搜房公司股东的理由不成立。且搜房公司在一审答辩中明确表示,因孙宝云离职时搜房公司无法确定上市地点,为保证上市时股权结构的稳定,对授予的股票期权均不允许行权，这与莫天全在回复邮件中表述“还没有任何员工进行过股票期权转换，这主要是公司的问题……待公司有明确解决方案时一并解决”是一致的。可见，搜房公司是出于自身利益考虑，不愿为孙宝云办理股票期权行使事宜，而不是因客观障碍导致股票期权不能行使。综上，搜房公司认为孙宝云股票期权失效的申请再审理由不能成立。

关于《离职协议书》是否终止《股票期权协议》的问题。《离职协议书》虽然加盖了搜房北京公司的公章和搜房公司人力资源部的印章，但该协议书的内容为搜房北京公司就协商解除劳动合同事宜向孙宝云支付经济补偿金，并未提及孙宝云的股票期权问题，不足以推定搜房公司和孙宝云合意终止股票期权关系。《合同法》第七十八条规定：“当事人对合同变更的内容约定不明确的，推定为未变更。”《离职协议书》没有明确变更或终止《股票期权协议》，孙宝云和搜房公司之间的权利义务仍受《股票期权协议》的约束。搜房公司认为《离职协议书》导致《股票期权协议》终止的申请再审理由不能成立。

关于《股票期权协议》的可履行性问题。搜房公司迟延履行《股票期权协议》约定的义务，构成违约，一、二审法院判决其承担继续履行协议的违约责任，符合《合同法》第一百零七条的规定。国家外汇管理局汇发〔2012〕7号《关于境内个人参与境外上市公司股权激励计划外汇管理有关问题的通知》允许参与境外上市公司股权激励计划的境内个人行使股票期权，且并未规定必须在劳动关系存续期间行使股票期权，搜房公司关于《股票期权协议》不具有可强制履行性的申请再审理由不能成立。所涉的外汇登记、劳务关系证明出具等手续，搜房公司应在执行判决的过程中安排其关联公司搜房北京公司协助孙宝云办理。如因搜房公司没有预留股票导致《股票期权协议》最终无法实际履行的，孙宝云有权另循法律途径向搜房公司请求违约损害赔偿。

——中国裁判文书网，http://wenshu.court.gov.cn。

1629

中外合作企业的中方向外方出具担保书保证其收益不低于引进资金，视为先期收回投资的约定，应为有效

关键词｜担保｜先期收回投资｜

【最高人民法院裁判文书】

香港安托(中国)有限公司与成都蜀都大厦股份有限公司中外合作合同纠纷上诉案[最高人民法院(1999)经终字第176号民事判决书]

最高人民法院认为:原审判决以主体合格、内容合法、意思表示真实为由认定88-1合同、89-2、89-3、92-4号补充合同、终止合作协议有效是正确的,对此本院予以维持。蜀都公司向安托公司出具的担保书是在88-1号合同之后签订的,其担保的内容是保证安托公司在七年合作期间的收益不低于其引进的一千万港元,保证的方式是通过调整双方的分成比例来实现的,应当视其为先期收回投资的约定,该约定符合《中外合作经营企业法》第二十二条的规定,[①]因此,不宜认定该担保无效。但是这一担保的方式为以后的88-2、89-3、92-4号补充合同关于收回投资方式的约定所取代,使该担保书丧失了约束力。虽然原审判决认定该担保无效欠妥,但是安托公司在该项担保内容已被此后双方的约定取代的情况下,仍主张以该担保有效要求蜀都公司承担相应责任的请求,本院亦不予支持。

——最高人民法院办公厅编:《最高人民法院公布裁判文书(2000年)》,人民法院出版社2001年版,第232~244页。

1630

中外合作企业可以约定由一方承包经营

关键词 | 承包经营 |

【最高人民法院裁判文书】

海南南大高新股份有限公司与海口市服务公司合作承包经营合同纠纷上诉案[最高人民法院(2000)民终字第110号民事判决书]

最高人民法院认为:由于荣峰公司不自动履行最高人民法院的生效判决,海

---

① 2000年《中外合作经营企业法》修正为第二十一条规定:“中外合作者依照合作企业合同的约定,分配收益或者产品,承担风险和亏损。中外合作者在合作企业合同中约定合作期满合作企业的全部固定资产归中国合作者所有的,可以在合作企业合同中约定外国合作者在合作期限内先行回收投资的办法。”

南省高级人民法院在强制执行过程中考虑到荣峰公司没有其他财产可供执行，决定拍卖荣峰公司对东湖大酒店享有的承包经营权，符合法律规定。南大高新公司通过公开拍卖继受取得荣峰公司对东湖大酒店的经营权之后，与服务公司签订了《和解协议》和《关于改变东湖大酒店合作关系协议书》，并报有关部门批准，其与服务公司之间形成的新的合作关系合法有效，南大高新公司据此享有和承担原荣峰公司在中外合作经营合同中的权利和义务。从服务公司与荣峰公司签订的合约、补充协议、补充合同书以及补充余款附件约定的内容和履行情况来看，双方之间的中外合作关系实际上是以承包形式体现合作，合作是本质，承包是其经营管理的一种形式。一审法院认为服务公司与荣峰公司之间存在合作与承包的双重关系，服务公司与南大高新公司之间只存在承包合同关系，与客观事实不符，应予纠正。

——最高人民法院办公厅编：《最高人民法院公布裁判文书(2001)》，人民法院出版社 2002 年版，第 291～302 页。

编者说明

根据 2016 年 9 月 3 日全国人民代表大会常务委员会《关于修改〈中华人民共和国外资企业法〉等四部法律的决定》的精神，中外合作企业可以约定由一方承包经营，且无须报批。

1631

当事人之间的中外合作合同名为合作、实为承包租赁的，无须经审批生效

关键词｜承包租赁｜审批｜合同无效｜

【最高人民法院裁判文书】

港途有限公司与惠州市汽车运输集团有限公司、惠州市满意房产置业有限公司确认合同无效纠纷申请再审案［最高人民法院(2016)最高法民申 1246 号民事裁定书］

最高人民法院认为：港途公司曾于 1993 年 1 月 16 日与汽运公司签订《中外合作合同》，约定合作经营惠阳港途大酒店有限公司。但在随后的履行过程中，

该合同实际被双方于1997年1月1日签订的《惠阳车站大楼承包合同》及其他协议或补充协议所取代，而上述合同的内容均为港途公司承包和租赁汽运公司的物业，并无合作经营惠阳港途大酒店有限公司的约定。这一事实也与（2014）中国贸仲京裁字第0438号裁决书关于“港途酒店的经营状况完全背离了双方当事人签订《中外合作合同》的初衷，被申请人（即港途公司）没有按照《中外合作合同》的约定开展经营，致使该合同约定的经营目的至今无法实现”的认定相一致，因此二审判决关于“汽运公司与港途公司之间的《中外合作合同》是名为合作、实为承包和租赁，且《中外合作合同》实际上亦已被双方签订的《惠阳车站大楼承包合同》所取代”的认定有事实依据。在此情况下，港途公司主张案涉承包合同及补充合同是对《中外合作合同》主要内容作出重大变更的主张不能成立，自然也就不存在可援引《中外合作经营企业法》第七条关于“中外合作者在合作期限内协商同意对合作企业合同作重大变更的，应当报审查批准机关批准；变更内容涉及法定工商登记项目、税务登记项目的，应当向工商行政管理机关、税务机关办理变更登记手续”规定的事实基础。另由于港途公司与汽运公司实际履行的是承包汽运公司房产而非合作经营惠阳港途大酒店有限公司，因此港途公司关于可引用前法第十条关于“中外合作者的一方转让其在合作企业合同中的全部或者部分权利、义务的，必须经他方同意，并报审查批准机关批准”的主张也缺乏事实根据。即便上述条款可以适用于本案，但根据《外商投资纠纷解释（一）》第一条第一款关于“当事人在外商投资企业设立、变更等过程中订立的合同，依法律、行政法规的规定应当经外商投资企业审批机关批准后才生效的，自批准之日起生效；未经批准的，人民法院应当认定该合同未生效。当事人请求确认该合同无效的，人民法院不予支持”的规定，由于《中外合作经营企业法》第七条和第十条中并无关于变更或转让中外合作企业合同义务的经审批机关批准后方生效的规定，因此港途公司引用此条款主张后续承包合同及补充合同无效的，二审法院不应予支持。港途公司虽主张（2014）中国贸仲京裁字第0438号裁决书为无效裁决且认定事实不清，但其已自认该裁决书已生效且其关于撤销该裁决的申请已被人民法院裁定驳回，且在本案诉讼中并未针对该裁决所认定的事实提出相反证据予以推翻，故其此项主张依法不能成立。

——中国裁判文书网，http://wenshu.court.gov.cn。

1632

中外合作企业董事会决议是公司内部事务，不能以此对抗不知情的抵押权人

关键词｜董事会｜对抗抵押权人｜

【最高人民法院裁判文书】

中国工商银行福州市晋安支行与福州伊贝思饮品公司及伊贝思制药公司抵押借款合同纠纷案[最高人民法院(1998)经终字第308号民事判决书]

最高人民法院认为:郑琼璇系伊贝思饮品公司的法定代表人,其在以伊贝思饮品公司的名义与工行晋安支行签订抵押借款合同及办理抵押登记手续时,持有载明伊贝思饮品公司系伊贝思工业大厦所有者的产权证书及伊贝思饮品公司三名董事签字的同意设定抵押的董事会决议,使工行普安支行有理由相信郑琼璇有权代表伊贝思饮品公司对伊贝思工业大厦设定抵押。虽然在抵押借款合同上加盖的伊贝思饮品公司的印鉴与其在工商行政管理部门预留的印鉴不一致,但郑琼璇作为法定代表人在该合同上代表伊贝思饮品公司签字,所产生的法律后果应由伊贝思饮品公司承担。《中外合作经营企业法实施细则》第二十八条、二十九条关于中外合作经营企业董事会会议应当有三分之二以上董事出席方能举行及中外合作经营企业的资产抵押由出席董事会会议的董事一致通过方可作出决议的规定,是关于中外合作经营企业内部机构职责权限划分的规定,不能以公司董事会依据上述规定对设定抵押作出决议、法定代表人超越职权擅自设定抵押为由对抗不知情的抵押权人工行晋安支行。伊贝思饮品公司与工行晋安支行签订抵押借款合同后,双方依法在房地产管理部门办理了抵押登记手续,应认定抵押合法有效。工行晋安支行关于请求改判抵押合法有效的上诉主张有理,本院予以支持。原审判决以仅有伊贝思饮品公司三名外方董事签名的董事会决议不具有法律效力为由,认定抵押借款合同无效,系适用法律不当,应予纠正。伊贝思饮品公司关于郑琼璇设置房产权抵押的行为系个人行为,与伊贝思饮品公司无关的上诉主张不能成立,本院不予支持。

——李国光主编、最高人民法院经济审判庭编:《经济审判指导与参考》第3卷,法律出版社2003年版,第514~522页。

1633

债务人将主要财产以明显不合理低价转让给关联公司，关联公司明知债务人欠债且未实际支付对价的，属恶意串通损害债权人利益，转让合同无效

关键词｜关联公司｜恶意串通｜合同无效｜

【最高人民法院指导性案例】

瑞士嘉吉国际公司诉福建金石制油有限公司等确认合同无效纠纷案(最高人民法院指导案例33号)

裁判要点:(1)债务人将主要财产以明显不合理低价转让给其关联公司,关联公司在明知债务人欠债的情况下,未实际支付对价的,可以认定债务人与其关联公司恶意串通、损害债权人利益,与此相关的财产转让合同应当认定为无效。

(2)《合同法》第五十九条规定适用于第三人为财产所有权人的情形,在债权人对债务人享有普通债权的情况下,应当根据《合同法》第五十八条的规定,判令因无效合同取得的财产返还给原财产所有人,而不能根据第五十九条规定直接判令债务人的关联公司因“恶意串通,损害第三人利益”的合同而取得的债务人的财产返还给债权人。

最高人民法院认为:因嘉吉公司注册登记地在瑞士,本案系涉外案件,各方当事人对适用中华人民共和国法律审理本案没有异议。本案源于债权人嘉吉公司认为债务人福建金石公司与关联企业田源公司、田源公司与汇丰源公司之间关于土地使用权以及地上建筑物、设备等资产的买卖合同,因属于《合同法》第五十二条第(二)项“恶意串通,损害国家、集体或者第三人利益”的情形而应当被认定无效,并要求返还原物。本案争议的焦点问题是:福建金石公司、田源公司(后更名为中纺福建公司)、汇丰源公司相互之间订立的合同是否构成恶意串通、损害嘉吉公司利益的合同?本案所涉合同被认定无效后的法律后果如何?

一、关于福建金石公司、田源公司、汇丰源公司相互之间订立的合同是否构成“恶意串通,损害第三人利益”的合同

首先,福建金石公司、田源公司在签订和履行《国有土地使用权及资产买卖合同》的过程中,其实际控制人之间系亲属关系,且柳锋、王晓琪夫妇分别作为两公司的法定代表人在合同上签署。因此,可以认定在签署以及履行转让福建

金石公司国有土地使用权、房屋、设备的合同过程中，田源公司对福建金石公司的状况是非常清楚的，对包括福建金石公司在内的金石集团因“红豆事件”被仲裁裁决确认对嘉吉公司形成1337万美元债务的事实是清楚的。

其次，《国有土地使用权及资产买卖合同》订立于2006年5月8日，其中约定田源公司购买福建金石公司资产的价款为2569万元，国有土地使用权作价464万元、房屋及设备作价2105万元，并未根据相关会计师事务所的评估报告作价。一审法院根据福建金石公司2006年5月31日资产负债表，以其中载明固定资产原价44042705.75元、扣除折旧后固定资产净值为32354833.70元，而《国有土地使用权及资产买卖合同》中对房屋及设备作价仅2105万元，认定《国有土地使用权及资产买卖合同》中约定的购买福建金石公司资产价格为不合理低价是正确的。在明知债务人福建金石公司欠债权人嘉吉公司巨额债务的情况下，田源公司以明显不合理低价购买福建金石公司的主要资产，足以证明其与福建金石公司在签订《国有土地使用权及资产买卖合同》时具有主观恶意，属恶意串通，且该合同的履行足以损害债权人嘉吉公司的利益。

再次，《国有土地使用权及资产买卖合同》签订后，田源公司虽然向福建金石公司在同一银行的账户转账2500万元，但该转账并未注明款项用途，且福建金石公司于当日将2500万元分两笔汇入其关联企业大连金石制油有限公司账户；又根据福建金石公司和田源公司当年的财务报表，并未体现该笔2500万元的入账或支出，而是体现出田源公司尚欠福建金石公司“其他应付款”121224155.87元。一审法院据此认定田源公司并未根据《国有土地使用权及资产买卖合同》向福建金石公司实际支付价款是合理的。

最后，从公司注册登记资料看，汇丰源公司成立时股东构成似与福建金石公司无关，但在汇丰源公司股权变化的过程中可以看出，汇丰源公司在与田源公司签订《买卖合同》时对转让的资产来源以及福建金石公司对嘉吉公司的债务是明知的。《买卖合同》约定的价款为2669万元，与田源公司从福建金石公司购入该资产的约定价格相差不大。汇丰源公司除已向田源公司支付569万元外，其余款项未付。一审法院据此认定汇丰源公司与田源公司签订《买卖合同》时恶意串通并足以损害债权人嘉吉公司的利益，并无不当。

综上，福建金石公司与田源公司签订的《国有土地使用权及资产买卖合同》、田源公司与汇丰源公司签订的《买卖合同》，属于恶意串通、损害嘉吉公司利益的合同。根据《合同法》第五十二条第（二）项的规定，均应当认定无效。

二、关于本案所涉合同被认定无效后的法律后果

对于无效合同的处理，人民法院一般应当根据《合同法》第五十八条"合同无效或者被撤销后，因该合同取得的财产，应当予以返还；不能返还或者没有必要返还的，应当折价补偿。有过错的一方应当赔偿对方因此所受到的损失，双方都有过错的，应当各自承担相应的责任"的规定，判令取得财产的一方返还财产。本案涉及的两份合同均被认定无效，两份合同涉及的财产相同，其中国有土地使用权已经从福建金石公司经田源公司变更至汇丰源公司名下，在没有证据证明本案所涉房屋已经由田源公司过户至汇丰源公司名下、所涉设备已经由田源公司交付汇丰源公司的情况下，一审法院直接判令取得国有土地使用权的汇丰源公司、取得房屋和设备的田源公司分别就各自取得的财产返还给福建金石公司并无不妥。

《合同法》第五十九条规定："当事人恶意串通，损害国家、集体或者第三人利益的，因此取得的财产收归国家所有或者返还集体、第三人。"该条规定应当适用于能够确定第三人为财产所有权人的情况。本案中，嘉吉公司对福建金石公司享有普通债权，本案所涉财产系福建金石公司的财产，并非嘉吉公司的财产，因此只能判令将系争财产返还给福建金石公司，而不能直接判令返还给嘉吉公司。

——《最高人民法院关于发布第八批指导性案例的通知》（2014 年 12 月 18 日，法〔2014〕327 号）

1634

股东以公司名义所为采购行为明显违反合作合同和公司章程规定，应承担滥用股东权利而产生的相应责任

关键词｜公司章程｜滥用股东权利｜损害公司利益｜

【最高人民法院裁判文书】

仲圣控股有限公司与北京鲁能陶然房地产开发有限公司及孔黛碧股东损害公司利益赔偿纠纷申请再审案[最高人民法院(2015)最高法民申 3585 号民事裁定书]

最高人民法院认为：一、关于原判决认定的基本事实是否缺乏证据证明。

对于中外合作经营企业陶然房地产公司从境外采购电梯应当履行何种程序,原合作合同和原公司章程均有规定。原合作合同规定:审查和批准设备、材料等定购合同,必须由董事会包括合作双方董事在内的三分之二以上的董事通过方可作出决议;凡属重大固定资产投资项目,应报董事会批准后执行;合作公司所需在中国大陆境外购买的物资,经宜兴公司同意后,委托仲圣公司择优选购。原公司章程也规定:审查及批准设备、材料等定购合同,必须由董事会包括合营双方董事在内的三分之二以上的董事讨论通过方可作出决议。合作合同规定的境外采购程序,除了要求董事会讨论通过外,还应经合作他方同意。原合作合同与公司章程的规定并不矛盾,均规定:审查及批准设备、材料等定购合同,必须由董事会包括合作双方董事在内的三分之二以上的董事讨论通过方可做出决议。仲圣公司称本案从境外采购电梯无需董事会讨论通过,是对原合作合同和公司章程的曲解。

作为陶然房地产公司从境外采购电梯事宜的执行者,仲圣公司有义务证明其相关行为符合原合作合同和公司章程规定的采购制度。如果仲圣公司能够证明采购电梯经过董事会讨论通过,相关董事会决议由陶然房地产公司保管,那么,陶然房地产公司有义务出示该董事会决议。但是,仲圣公司从未主张过电梯采购事项经董事会决议通过,也没有证据证明此事,更没有举证证明有关董事会决议由陶然房地产公司保管。因此,一审判决认定仲圣公司不能提交证据证明采购电梯事项已经董事会讨论通过,二审判决认定仲圣公司以陶然房地产公司名义与他人签订代理进口电梯合同不符合原合同及章程规定的程序,并无不当。

根据原合作合同的约定,仲圣公司有权利和义务接受陶然房地产公司的委托,代其从境外采购电梯。因此,代为采购电梯的受托主体是仲圣公司,而不是陶然房地产公司的管理人员。因采购电梯行为明显违反原合作合同和公司章程的规定,仲圣公司作为陶然房地产公司的股东,应承担滥用股东权利而产生的相应责任。

——中国裁判文书网,http://wenshu.court.gov.cn。

1635

法定代表人超越权限范围代表公司,如相对人知道或者应当知道其越权的,该代表行为无效

关键词 | 法定代表人 | 超越权限 | 行为无效 |

【最高人民法院裁判文书】

凯利置业有限公司与聚融(海门)商务城有限公司企业借贷纠纷案[最高人民法院(2015)民四终字第31号民事判决书]

最高人民法院认为:关于《借款确认函》的效力问题。凯利公司上诉认为,聚融公司已经出具《借款确认函》,故双方借款关系有效成立,即使印章不真实,王米作为聚融公司法定代表人的签字也能够代表聚融公司的意思表示。本院认为,《借款确认函》不能代表聚融公司的真实意思表示,对聚融公司无法律约束力,具体理由如下:

关于王米签字的效力问题。公司由公司权力机关形成意思,法定代表人对外表达意思,法定代表人的代表权受到法律、章程、公司权力机关内部决议的限制。《合同法》第五十条规定:"法人或者其他组织的法定代表人、负责人超越权限订立的合同,除相对人知道或者应当知道其超越权限的以外,该代表行为有效",明确规定法定代表人超越权限范围代表公司行事时,如相对人知道或者应当知道法定代表人越权的,该代表行为无效。从聚融公司的内部治理结构看,聚融公司的全资股东是吉斯达公司,而吉斯达公司由吴积光控制的吴泰集团和王米控制的光大公司各占50%股权,因此在光大公司出让其持有的吉斯达公司股权前,聚融公司由吴积光和王米共同控制。在2004年11月王米代表光大公司、吴积光代表亘泰公司签署的《吉斯达公司股权及权益转受让协议》,光大公司保证王米在担任聚融公司法定代表人期间,没有未经聚融公司董事会同意对外以聚融公司名义为聚融公司举债或招致任何责任的情形。该协议表明,王米任聚融公司法定代表人期间,未经聚融公司董事会同意,不得以聚融公司名义借款。王米在《离职函》中亦确认其在担任聚融公司法定代表人期间,没有以聚融公司名义签订或同意承担任何债务或责任,已向其他董事披露的除外,这进一步印证了王米并没有独立作出以聚融公司名义对外借款的权限。凯利公司上诉认为,王米出具的《离职函》仅排除聚融公司在没有对价的情况下承担责任的可能性,但上述内容并没有在《离职函》中予以体现,亦不符合通常理解,本院对此不予采信。王米签署的《借款确认函》,形成于验资报告之后,与王米签署的《吉斯达公司股权及权益转受让协议》《离职函》的内容直接相冲突,而在本案审理过程中凯利公司也不能补充提交证据证明王米以聚融公司名义签署《借款确认函》

的行为得到了聚融公司董事会的同意或已向其他董事披露，因此本案应认定王米签署《借款确认函》的代表行为，超越聚融公司内部给其的授权，不能代表聚融公司的真实意思表示。另一方面，王米在《借款确认函》中代表聚融公司向其控制的凯利公司确认债务，属于双方代表行为，构成利益冲突的自我交易，其行为的实质是增加聚融公司的债务，使聚融公司收到的出资款被变相抽回，损害了聚融公司的利益。《公司法(1999)》第十八条规定："外商投资的有限责任公司适用本法，有关中外合资经营企业、中外合作经营企业、外资企业的法律另有规定的，适用其规定。"第五十九条规定："董事、监事、经理应当遵守公司章程，忠实履行职务，维护公司利益，不得利用在公司的地位和职权为自己谋取私利。"王米利用担任聚融公司法定代表人的地位签署的《借款确认函》，构成违反法律限制性规定的越权代表行为。凯利公司作为王米控制的公司，应当知道公司法关于董事忠实义务的规定以及聚融公司内部对法定代表人代表权的限制，其不属于《合同法》第五十条规定的有正当理由信赖王米代表权外观的善意相对人，因此王米的越权代表行为无效。一审判决认定王米签署《借款确认函》的民事行为无效的结论是正确的，本院予以维持，但其适用《民法通则》第五十八条第一款第(四)项关于恶意串通的规定，在法律适用方面欠准确，本院予以纠正。

——中国裁判文书网，http://wenshu.court.gov.cn。

1636

章程规定文件加盖公司印章并经由董事会不时任命的一人或数人签字即视为适当签署的，公司董事会并非代表公司对外签约的唯一主体

关键词 | 公司章程 | 公司印章 | 董事会 |

【最高人民法院裁判文书】

王桂生与香港中成集团有限公司、浙江中成实业有限公司、陈瑞仁及盈兆控股有限公司股权转让合同纠纷案[最高人民法院(2016)最高法民终136号民事判决书]

最高人民法院认为：香港盈兆公司的章程第20条规定，一项文件加盖了公

司印章并经由董事会不时任命的一人或数人签字即视为经过适当签署,一审法院据此认定香港盈兆公司董事会并非代表公司对外签约的唯一主体、公司董事亦可在其认为合适的价格和条件下对外签约,并无不当。根据查明的事实,香港盈兆公司在经营浙江盈兆公司期间,陈瑞仁始终以香港盈兆公司的代表人或浙江盈兆公司的法定代表人名义处理公司事务,案涉股权转让协议由陈瑞仁签订,并加盖了香港盈兆公司的公章,陈瑞仁还向香港中成公司提供了案涉股东会决议、董事会决议。一审法院认定陈瑞仁处分公司财产或权利并不违反公司章程,并无不当。

——中国裁判文书网,http://wenshu.court.gov.cn。

1637

公司经营管理发生严重困难、股东利益受到重大损失是公司解散的结果性条件,其表象特征是公司出现僵局

关键词 | 公司解散 | 公司僵局 |

【最高人民法院裁判文书】

湖南百果园农业科技服务有限公司与百果园(湖南)乡村俱乐部有限公司公司解散纠纷申请再审案[最高人民法院(2016)最高法民申829号民事裁定书]

最高人民法院认为:关于本案是否存在公司解散的实质要件。首先,公司经营管理发生严重困难、股东利益受到重大损失是公司解散的结果性条件,其表象特征是股东会或董事会矛盾激化而处于僵持状况,公司出现僵局。从表象而言,公司自2003年成立以来未召开过董事会或股东会,公司的治理结构形同虚设,更为严重的是,公司的重大决策已经不能按照章程的规定作出,尤其是2007年公司减资过程中,百果园公司和嘉威公司并不知情,百果园俱乐部甚至利用伪造两个中方股东所派董事的签名作出减资决议并报经批准,损害了公司股东的合法权益,亦损害了中外合作企业的“人合”基础。从公司的经营过程以及本案诉讼过程看,公司的各方股东之间缺乏基本信任,已经完全不能按照合同的约定和

章程的规定进行合作,公司治理结构已经处于瘫痪的典型情形。另外,按照百果园俱乐部确认的事实,公司经营方式已经完全背离了设立目的,并且合作各方对于公司发展方向意见亦完全冲突,该种情形亦实质损害了公司股东利益。其次,公司自成立后未分配过利润,绝大部分年份经营亏损,而2013年后公司减损并非基于经营所得,而是百果园公司的股东果茶场为避免土地再次对外租赁而支付的接管土地费用。事实上,公司经营的主要资产在未经董事会决议的情况下承包他人使用,导致果茶场支付案外人巨额补偿款,该笔损失直接影响了百果园公司的利益。第三,通过其他途径已不能解决百果园俱乐部的经营管理困难。公司股东因矛盾冲突,已无法通过协商、转让股权等内部救济手续解决公司经营管理困难。二审法院多次组织各方当事人进行调解,希望当事人能通过股权转让等途径打破公司僵局,实现纠纷股东的分离,以保持公司商事主体的存续,但未能达成合意。因此,百果园俱乐部符合《公司法解释(二)》第一条第一款规定的情形,二审法院依据《公司法》第一百八十二条的规定判令解散公司并无不当。

——中国裁判文书网,http://wenshu.court.gov.cn。

1638

中外合作企业股东出资不到位,不能据此否认其提起解散公司诉讼的主体资格

关键词 | 股东出资 | 公司解散 |

【最高人民法院裁判文书】

湖南百果园农业科技服务有限公司与百果园(湖南)乡村俱乐部有限公司公司解散纠纷申请再审案[最高人民法院(2016)最高法民申829号民事裁定书]

最高人民法院认为:关于百果园公司是否具备公司解散诉讼的原告主体资格问题。百果园公司与莫李荷公司、嘉威公司共同设立中外合作企业百果园俱乐部经过了外商投资企业审批机构的批准,百果园公司提供合作条件占公司10%股份。按照《中外合作经营企业法》第八条规定,中外合作者的投资或者提

供的合作条件可以是现金、实物、土地使用权、工业产权、非专利技术和其他财产权利。百果园公司以百果园的资源环境、水电、道路和顾客停车便利作为合作条件,符合上述规定的其他财产权利情形,亦获得了外商投资企业审批机构的批准。况且,股东出资是否到位,是股东与股东之间或者股东与公司之间的出资法律关系,股东出资未到位并不能据此否认其股东资格。因此,百果园公司具备《公司法》第一百八十二条规定的提起解散公司诉讼的主体资格,百果园俱乐部关于百果园公司不具有公司10%股份、不具备请求解散公司的主体资格的主张缺乏事实和法律依据,本院不予支持。

——中国裁判文书网,http://wenshu.court.gov.cn。

1639

股东提起解散公司诉讼应当以公司为被告

关键词 | 解散公司诉讼 |

【最高人民法院司法解释】

第四条第一款 股东提起解散公司诉讼应当以公司为被告。

——《最高人民法院关于适用〈中华人民共和国公司法〉若干问题的规定(二)》(2008年5月5日最高人民法院审判委员会第1447次会议通过,根据2014年2月17日最高人民法院审判委员会第1607次会议《关于修改关于适用〈中华人民共和国公司法〉若干问题的规定的决定》修正)

【最高人民法院裁判文书】

巨化集团公司、浙江巨化集团进出口有限公司与浙江巨化锦洋化工有限责任公司公司解散纠纷申请再审案[最高人民法院(2015)民提字第89号民事裁定书]

最高人民法院认为:依照《公司法》第一百八十二条规定,公司经营管理发生严重困难,继续存续会使股东利益受到重大损失,通过其他途径不能解决的,持有公司全部股东表决权百分之十以上的股东,可以请求人民法院解散公司。

本案中巨化集团以公司僵局为由以公司为被告诉至法院要求司法解散公司,与其股东之间纠纷导致合营合同终止而解散公司并不相同,后者属于合同纠纷,可适用约定或法定的仲裁管辖,而前者属于公司组织法上的诉讼,且合资公司并非仲裁协议的当事人,不受仲裁协议的约束。《公司法解释(二)》第四条第一款规定,股东提起解散公司诉讼应当以公司为被告。2000 年 9 月 28 日,巨化集团、巨化进出口公司与锦洋株式会社共同设立巨化锦洋公司,其中巨化集团占 25% 股份,巨化进出口公司占 5% 股份,该两公司作为巨化锦洋公司的股东,依法可以提起本案诉讼。《公司法》第二百一十七条规定,外商投资的有限责任公司和股份有限公司适用本法;有关外商投资的法律另有规定的,适用其规定。中华人民共和国商务部在《关于依法做好外商投资企业解散和清算工作的指导意见》(商法字〔2008〕31 号)中规定,外商投资企业部分股东按照《公司法》第一百八十二条规定请求解散公司的,应直接向有管辖权的人民法院提出。本案中,巨化锦洋公司在经营困难、陷入僵局的情况下,巨化集团、巨化进出口公司以股东身份行使司法解散公司的请求权,符合上述法律规定。原审裁定驳回巨化集团、巨化进出口公司的起诉不当。

——中国裁判文书网,http://wenshu. court. gov. cn。

1640

中外合作企业财产未清算前，投资款不应返还

关键词｜清算｜投资款｜

【最高人民法院裁判文书】

香港南华策略地产发展有限公司与青岛建青实业有限公司、青岛东建房地产开发有限公司房地产使用合同纠纷上诉案[最高人民法院(1999)民终字第 19 号民事判决书]

最高人民法院经审理认为:建青公司受让取得的是“爵士山庄”75 亩土地的使用权,南华公司与建青公司从商业利益考虑,先就 15 亩土地签订合作开发合同,该合同已经有关部门审查批准,不违反法律,应为有效合同。在合同履行过程中,双方组建的东建公司虽然取得了《外商投资企业批准证书》,办理了 15 亩

土地的《企业法人营业执照》，并先后取得《商品房预售许可证》《建设工程规划许可证》《临时建筑工程施工许可证》《山东省工程建设项目报建证》等，南华公司作为负责该工程建设方，可以在该地块上进行开发建设，但建青公司未将土地使用权办理到合作公司名下，仍属违反合同约定的行为。南华公司未按合同约定进行投资，构成违约。本案合同有效，南华公司向东建公司投资，是履行合同的行为，鉴于该合同已经另案被解除，在东建公司财产没有清算之前，南华公司请求返还投资款及代垫费用没有法律依据。

——肖扬总主编、最高人民法院民事审判第一庭编：《中华人民共和国最高人民法院判案大系》（民事卷－1999年卷），人民法院出版社2003年版，第57～59页。

【链接：最高人民法院法官著述】

本案合同有效，南华公司向东建公司投资，是履行合同的行为，鉴于该合同已经另案被解除，在东建公司财产没有清算之前，参照《中外合作经营企业法》第二十三条“合作企业期满或者提前终止时，应当依照法定程序对资产和债权、债务进行清算。中外合作者应当依照合作企业合同的约定确定合作企业财产的归属”之规定，南华公司请求返还投资款及代垫费用没有法律依据。据山东省高级人民法院另案终审判决认定，“爵士山庄”在建工程经评估，总价值为2307298.96元，而本案南华公司请求返还的出资款及代垫费用为近千万元，对于如此之大亏损，只有清算后，根据亏损情况，由双方按合同约定的比例共同负担才为公平合理。

——肖扬总主编、最高人民法院民事审判第一庭编：《中华人民共和国最高人民法院判案大系》（民事卷－1999年卷），人民法院出版社2003年版，第57～59页。

编者说明

合作企业期满或者提前终止时，应当按照法定程序对资产和债权、债务进行清算，根据清算结果，合作各方按合作合同的约定确定各自的权利义务，清算前合作方不得以任何理由要求返还向合作企业的投资款项，否则将会损害合作企业的债权人的合法利益，也不利于公平合理地解决合作各方之间的利益分配。

1641

接受了未经清算的中外合作企业中方股东所有资产及人员的新公司应当对中方股东的债务承担偿还责任

关键词 | 债务承担 |

【《最高人民法院公报》案例】

郭忠连诉青岛市卫生局、青岛市东部医院借款合同纠纷案(山东省青岛市中级人民法院二审民事判决书)

青岛市中级人民法院认为:美园酒店虽然是根据核劳服与美国第一饮料食品公司所签中外合作合同设立的,但核劳服在合同中约定的出资,却是核疗养院所有的房地产。合同履行时,是核疗养院出面将其所有的房地产进行了投资。美园酒店创建过程中所需的手续,也是核疗养院以自己的名义出具的。核疗养院在其向青岛市规划局等部门出具的有关函件中,自称美园酒店是其与美国第一饮料食品公司投资设立。鉴于以上事实和核劳服与核疗养院之间存在的从属关系,可以确定,美园酒店的实际中方投资者是核疗养院。核疗养院作为美园酒店真正的中方股东,投资不到位,在美园酒店被吊销营业执照后,又未及时对该酒店的债权债务进行清算,其行为损害了美园酒店合法债权人的利益,理应承担民事责任。现核疗养院已不存在,上诉人东部医院是在原核疗养院基础上设立的。原核疗养院的所有资产(包括应当作为美园酒店投资的房地产)以及在编人员,均已由东部医院接收。因此,东部医院对原核疗养院的债务应当承担偿还责任。

——《最高人民法院公报》2003 年第 5 期

1642

外商投资企业特别清算程序中法院应受理当事人以侵权为由返还财物的请求

关键词 | 特别清算程序 | 侵权诉讼 |

【最高人民法院答复】

河南省高级人民法院：

你院“关于外商投资企业特别清算程序中法院应否受理当事人以侵权为由要求返还财产或物品诉讼请求问题的请示报告”收悉。经研究，答复如下：

《中外合资经营企业法实施条例》《外商投资企业清算办法》，均未限制外商投资企业在清算过程中，清算组织可以以自己的名义提起侵权诉讼。本院法释〔1998〕1 号批复虽然明确人民法院组织清算没有法律依据，但本案人民法院受理清算委员会以游溪霖为被告提起的侵权诉讼，并非属于人民法院介入外商投资企业的清算活动，更非由人民法院组织清算。本案中清算委员会的起诉，从性质上讲是请求人民法院保护其在清算过程中所应享有的民事权利，并非请求人民法院介入清算。人民法院受理的该案件，性质上为侵权纠纷，其具体所要解决的仅仅是原、被告之间的返还财产等纠纷，而并非决定清算如何进行。因此，只要清算委员会的起诉符合《民事诉讼法》规定的起诉条件，人民法院即应受理。同意你院请示报告中的第二种意见即你院倾向性意见。

此复。

——《最高人民法院关于外商投资企业特别清算程序中法院应否受理当事人以侵权为由要求返还财产或物品诉讼请求问题的请示的复函》(2003 年 9 月 30 日，〔2003〕民四他字第 13 号)

1643

《外商投资清算办法》废止前，特别清算已经开始的，程序可继续进行，清算委员会依法作出的清算报告具有法律效力

关键词｜特别清算｜清算报告｜

【最高人民法院答复】

广东省高级人民法院：

你院粤高法〔2010〕102 号《关于广州金丰房地产有限公司清算纠纷系列案

若干问题的请示》收悉。经研究,答复如下:

一、根据《商务部办公厅关于依法做好外商投资企业解散和清算工作的指导意见》(商法字〔2008〕31 号)第五条的规定,《外商投资清算办法》废止前,特别清算已经开始的,特别清算程序可继续进行,清算委员会依法作出的清算报告具有法律效力。另,根据《国务院法制办公室对〈商务部关于请对中外合资经营企业合营各方出资及外商投资企业清算相关行政法规条文具体应用问题予以解释的函〉的复函》(国法函〔2005〕10 号)第四条的规定,如果清算委员会未能如期提交清算报告,原审批机关应当依照《外商投资清算办法》第四十七条第一款规定予以处理。因此,原广州市对外经济贸易委员会于 2000 年 3 月批准并组织清算委员会对金丰公司进行特别清算程序合法,广州金城房地产股份有限公司以清算过程存在违法拖延清算行为为由,请求人民法院另行指定清算组对金丰公司进行清算缺乏依据,人民法院不应予以支持。同意你院对该问题的倾向性意见。

二、广州市对外贸易经济合作局(原广州市对外经济贸易委员会)于 2008 年 9 月 16 日决定解散金丰公司清算委员会,澳大利亚庄臣有限公司已就此提起行政诉讼,请求人民法院依法撤销该决定。在此情况下,原行政特别清算如何继续,应视行政诉讼的结果而定。

三、你院请示报告提到的后三个问题,实际上属于同一个问题,即人民法院或仲裁机关是否有权受理涉及清算报告效力的纠纷案件。根据《外商投资清算办法》第四十二条的规定,清算委员会制订的清算方案和制作的清算报告须经企业审批机关确认。因此,在企业审批机关确认清算报告的效力之前,人民法院不应直接受理涉及清算报告效力的纠纷案件。由仲裁机关受理涉及外商投资企业清算报告效力的纠纷案件,亦缺乏法律依据。

——《最高人民法院关于广州金丰房地产有限公司清算纠纷系列案若干问题的请示的复函》(2010 年 12 月 2 日,〔2010〕民四他字第 58 号)

1644

《公司法解释(二)》第二条针对的是股东在以公司僵局为由提起解散公司诉讼的同时又申请对公司进行强制清算的情形

关键词 | 公司僵局 | 公司解散 | 强制清算 |

【最高人民法院裁判文书】

同业药业有限公司与广州王老吉药业股份有限公司申请公司清算申请再审案[最高人民法院(2015)民申字第2518号民事裁定书]

(2015)粤高法民二清(预)终字第1号民事裁定认定,王老吉公司系外商投资股份有限公司,其经营期限于2015年1月25日届满,同兴公司作为王老吉公司的股东以公司经营期限届满为由,申请对王老吉公司进行强制清算。

最高人民法院认为:《公司法解释(二)》第二条规定的"股东提起解散公司诉讼,同时又申请人民法院对公司进行清算的,人民法院对其提出的清算申请不予受理",针对的是公司股东在以《公司法》第一百八十二条规定的公司僵局为由提起解散公司诉讼的同时,又申请对公司进行强制清算申请的情形。该规定并未排除对按照该法第一百八十条第(一)项(公司章程规定的营业期限届满等)而独立提出的强制清算申请在符合第一百八十三条规定条件下的受理。本案同兴公司是在王老吉公司经营期限于2015年1月25日届满后,依据《公司法》第一百八十条第(一)项提出的强制清算申请,一、二审法院未对此种清算申请与提起解散公司诉讼的同时提出的强制清算申请加以区分,而援引《公司法解释(二)》第二条的规定裁定不予受理,属于适用法律不当。

——中国裁判文书网,http://wenshu.court.gov.cn。

1645

是否实际出资在清算中主要是影响剩余财产分配权，并不因此丧失股东地位和申请清算的权利

关键词 | 实际出资 | 剩余财产分配权 | 申请清算 |

【最高人民法院裁判文书】

香港邦泰国际(集团)有限公司与邯郸金叶餐饮娱乐有限公司强制清算案[最高人民法院(2011)民提字第269号民事裁定书]

最高人民法院认为:要确定人民法院是否应当受理邦泰公司强制清算申请,

必须解决两个问题：一、邯郸烟草公司是否有权提出异议，金叶公司是否就邦泰公司对金叶公司享有股权提出了异议；二、生效法律文书是否已经确认邦泰公司为金叶公司股东。

《强制清算纪要》第十条指出：公司股东、实际控制人等利害关系人可以申请参加人民法院召开的听证会。股东和实际控制人虽然不是案件的当事人，但可以对强制清算申请发表自己的意见，包括提出异议。本案再审时，金叶公司的股东邯郸烟草公司也以金叶公司实际控制人的名义发表意见，邦泰公司对邯郸烟草公司的身份没有异议，并对邯郸烟草公司的意见进行了反驳。因此，一、二审法院审查邯郸烟草公司提出的异议，并无不当。另外，不论金叶公司是否在一、二审时提出过异议，金叶公司作为被申请人在本院再审时已经提出了异议，由于法律没有规定提出异议的期间，故对其异议也应予以审理。

但是，金叶公司和邯郸烟草公司提出的异议事项已经为生效法律文书确认。已经发生法律效力的仲裁裁决和(2001)邯经初字第20号民事判决均确认金叶公司和邯郸烟草公司合资成立了金叶公司，均确认合资合同和公司章程得到批准机关批准、金叶公司领取了营业执照。作为金叶公司领取营业执照重要依据的河北省人民政府颁发的《台港澳侨投资企业批准证书》，也载明金叶公司的投资者为邯郸烟草公司和邦泰公司。仲裁裁决的第二项更加明确：邦泰公司和邯郸烟草公司依据《投资方式确认协议书》对合营公司所作的实际投入，在合营公司的清算过程中确定，并依法返还(包括折价支付)给实际出资方。可见，邦泰公司是金叶公司股东的事实已经为两份生效法律文书所确认。尽管上述生效法律文书均未确定邦泰公司的实际出资金额，没有认定邦泰公司为“实际出资股东”，但是，是否实际出资在清算中主要是影响其剩余财产分配权，邦泰公司不因此丧失股东地位和申请清算的权利。《强制清算纪要》第十三条指出：“被申请人就申请人对其是否享有债权或者股权……提出异议的，人民法院对申请人提出的强制清算申请应不予受理……但对上述异议事项已有生效法律文书予以确认……的除外。”因此，应当根据《公司法解释(二)》第七条第三款关于“公司股东申请人民法院指定清算组对公司进行清算的，人民法院应予受理”的规定，受理邦泰公司的强制清算申请。

——中国裁判文书网，http://wenshu.court.gov.cn。

1646

合资公司合同、章程或相关管理制度均未对公章由谁保管作出明确规定的，应交由法定代表人收执保管

关键词｜公章保管｜法定代表人｜

【最高人民法院裁判文书】

何智刚、陈颖与人马耀基公司证照返还纠纷再审案[最高人民法院(2012)民申字第1205号民事裁定书]

最高人民法院认为：本案是公司证照返还纠纷，马耀基以年富公司法定代表人的身份，要求何智刚、陈颖向其返还年富公司公章。马耀基是澳大利亚公民，何智刚是香港居民，本案属于与公司有关的涉外民事纠纷。《涉外民事关系法律适用法》第十四条第一款规定："法人及其分支机构的民事权利能力、民事行为能力、组织机构、股东权利义务等事项，适用登记地法律。"年富公司在中华人民共和国上海市登记成立，一、二审法院适用我国法律处理本案争议，法律适用正确。

公司公章归公司所有，由相关工作人员根据公司授权保管使用，法定代表人是代表法人行使职权的负责人。根据原审查明的事实，马耀基是年富公司法定代表人，年富公司的合资合同、章程或相关管理制度均未对公章由谁保管作出明确规定，在此情况下，一、二审法院判令将公章交由法定代表人马耀基收执保管并无不当。

何智刚、陈颖申请再审的两个理由均针对一、二审判决关于其已不在年富公司任职的事实认定，而何智刚、陈颖是否仍然担任年富公司总经理、财务总监，对一、二审判决结果没有实质影响，不能推翻原判决的处理结果。二人关于本案存在认定基本事实缺乏证据证明、有新的证据足以推翻原判决的主张没有法律依据，不予支持。

——中国裁判文书网，http://wenshu.court.gov.cn。

1647

涉港澳商事案件中"三资企业"股权纠纷及清算的法律适用

关键词｜涉港澳商事案件｜三资企业｜法律适用｜

【最高人民法院司法政策】

四、关于“三资企业”股权纠纷、清算

22. 在内地依法设立的“三资企业”的股东及其股权份额应当根据外商投资企业批准证书记载的股东名称及股权份额确定。

23. 外商投资企业批准证书记载的股东以外的自然人、法人或者其他组织向人民法院提起民事诉讼，请求确认委托投资合同的效力及其在该“三资企业”中的股东地位和股权份额的，人民法院可以对当事人间是否存在委托投资合同、委托投资合同的效力等问题经过审理后作出判决，但应驳回其请求确认股东地位和股权份额的诉讼请求。

24. 在内地设立的“三资企业”的原股东向人民法院提起民事诉讼，请求确认股权转让合同无效并恢复其在该“三资企业”中的股东地位和股权份额的，人民法院审理后可以依法对股权转让合同的效力作出判决，但应驳回其请求恢复股东地位和股权份额的诉讼请求。

——《最高人民法院全国法院涉港澳商事审判工作座谈会纪要》(2008年1月21日，法发〔2008〕8号)

(四)关于港澳“三资企业”股权纠纷及清算

全国法院应当依法保护香港、澳门特别行政区的自然人、法人或者其他组织在内地设立的“三资企业”享有的合法权益。对于港澳“三资企业”发生的股权纠纷，人民法院应当根据审批机关的批准证书记载的股东、股权份额确定股东身份和股权比例。批准证书记载的股东以外的自然人、法人或者其他组织请求确认委托投资合同的效力及其在企业中的股东地位和股权份额的，人民法院可以对当事人间是否存在委托投资法律关系及其效力等问题作出判决，但对于其确认股东地位和股权份额的诉讼请求，依法应予驳回。

对于在内地设立的港澳“三资企业”的股权转让纠纷，人民法院应当在查清转让事实、报批事实等基础上参照我国有关外商投资企业股权转让的法律规定作出裁判。股权转让方与股权受让方订立并部分或者全部履行了股权转让合同，但未报审批机关审批的，可以认定股权转让合同未生效，除非相关当事人在一审法庭辩论终结前补办了审批手续；对于一方当事人冒用港澳“三资企业”股东的名义订立股权转让合同,不论该合同是否获得了审批机关的批准,可以认定无效。但对于原股东提出的恢复其股东地位和股权份额的诉讼请求,人民法院应予驳回。

——万鄂湘:《在全国涉港澳商事审判工作座谈会上的讲话》(2007 年 11 月 22 日),载万鄂湘主编、最高人民法院民事审判第四庭编:《涉外商事海事审判指导》总第 15 辑,人民法院出版社 2008 年版,第 118 页。

【最高人民法院裁判文书】

陈永嘉与黄铭洲委托投资纠纷案[最高人民法院(2010)民提字第 114 号民事判决书]

最高人民法院认为:本案中,双方当事人之间法律关系的性质与合伙法律关系明显不同,一、二审判决认定本案纤小合伙协议纠纷缺乏事实和法律依据,本院予以纠正。黄铭洲在一审起诉时请求陈永嘉返还其投资款,陈永嘉以自己为唯一股东注册亚太公司且以亚太公司亏损为由拒绝返还黄铭洲的投资款,双方因而发生纠纷,故本案应认定为委托投资纠纷。

二、关于 2006 年 1 月 4 日《协议》的效力及法律后果。从该《协议》约定的内容可以看出,亚太公司实际是黄铭洲与陈永嘉共同投资设立的,但黄铭洲并未登记为亚太公司的记名股东。《台湾同胞投资保护法》第十二条规定,“台湾同胞投资者可以委托亲友作为其投资的代理人”。黄铭洲在本案中的投资行为和方式符合法律的上述规定。该《协议》系当事人的真实意思表示,其内容不违反法律、行政法规的禁止性规定,也不需要办理审批手续,应当认定有效。亚太公司已经通过行政主管机关的审批依法设立,黄铭洲未经有关审批机构批准实际登记为亚太公司的股东,并不影响其委托投资行为的法律效力,二审判决认定该《协议》为有效合同并无不当,本院予以维持。

——万鄂湘主编、最高人民法院民事审判第四庭编著:《最高人民法院关于审理外商投资企业纠纷案件若干问题的规定(一)条文理解与适用》,中国法制出版社 2011 年版,第 302 ~ 310 页。

邓国灯与邓国光、安溪国光农业开发有限公司出资纠纷案[最高人民法院(2008)民申字第 319 号再审裁定书]

最高人民法院裁定认为:本案为涉台商事合同纠纷,由于大陆与台湾分属不同法域，本案涉及区际私法的问题，参照涉外案件的有关原则。关于本案的法律适用，各方当事人虽未在《股东协议书》中约定处理应适用的法律，但双方当事人在本案审理过程中均选择适用大陆法律，因此，应适用大陆法律处理本案争议。

邓国灯提起本案诉讼的合同依据，是《股东协议书》。从该协议书的内容及当事人在原一、二审法院的陈述来看，《股东协议书》的签订者约定共同投资设立国光公司，以邓国光为负责人，其他投资人作为“隐名股东”，即以邓国光为名义上的股东创办国光公司。邓国光按照协议约定，以个人名义向有关主管部门呈报独资创办国光公司的请示，有关主管部门予以批准，国光公司依法设立。显然，邓国光履行了《股东协议书》约定的创办国光公司的义务。因此，《股东协议书》的实质是一份委托投资协议，邓国光与邓国灯等其他投资人之间形成了委托投资关系。该《股东协议书》系各方当事人的真实意思表示，内容不违反法律、行政法规的规定。因该协议不是申办外资公司的协议，而仅是确立各方委托投资关系的协议，因而无须亦不应当履行审批手续，该协议自成立时起即发生法律效力。一审法院认为，邓国灯等作为国光公司的隐名股东，未经外贸部门审批和工商登记，双方签订的出资合同应认定为未生效，没有法律依据。

行政主管机关参照《外资企业法实施细则》对独资企业国光公司的设立进行了审批，依照审批文件，邓国光系国光公司的股东，其他委托投资人未取得股东身份，其只能依据《股东协议书》向受托人邓国光主张投资权益。在公司经营过程中，邓国灯等委托投资人确实参与了国光公司的经营决策和管理活动，但这是基于委托投资关系而为之，不能依此认定邓国灯等委托投资人系以法律意义上的股东身份而为之，亦不能依此认定邓国灯等委托人实际取得了法律意义上的股东身份。因此，二审法院关于邓国灯等人以股东的身份参与了国光公司的经营决策和管理活动的结论亦欠妥，应予纠正。

在《股东协议书》合法有效，邓国光与邓国灯等形成委托投资关系且已经实际履行的情况下，邓国灯如欲取回其投资，只能以具备协议约定的或法定的解除协议的事由为前提。在本案中，邓国灯没有提出过解除合同的诉讼请求，亦未提出相应的解除投资协议的事实依据。各投资人的投资款已依约投入到独资公司国光公司，公司运营中存在亏损之风险，对此邓国灯等应当预见到。如果由邓国光承担悉数返还投资款的责任，在没有合同依据的情况下，亦实属不当。因此，对其由邓国光返还投资款的请求，二审法院不予支持是正确的。

——万鄂湘主编、最高人民法院民事审判第四庭编著:《最高人民法院关于审理外商投资企业纠纷案件若干问题的规定(一)条文理解与适用》,中国法制出版社2011年版,第311～316页。

【链接：最高人民法院法官著述】

《人民司法》研究组认为:香港特别行政区的公司依照中国内地的法律可以在内地设立独资公司,香港特别行政区的公司为母公司,其在内地设立的独资公司为子公司。子公司依照中国内地法律取得法人资格,为中国内地法人,应当遵守中国内地的法律。母公司依香港特别行政区法律设立,遵守香港特别行政区的法律,香港特别行政区法律的效力仅及于香港的公司,不及于香港公司在内地投资设立的公司。虽然母公司可以控制子公司,但并不因此使子公司的经营活动受香港特别行政区法律的约束,子公司在中国内地的经营活动只受中国内地法律约束。《合同法》第一百零七条规定:“当事人一方不履行合同义务或者履行合同义务不符合约定的,应当承担继续履行、采取补救措施或者赔偿损失等违约责任。”《反不正当竞争法》第十条第一款第(三)项规定,经营者“违反约定或者违反权利人有关保守商业秘密的要求,披露、使用或者允许他人使用其掌握的商业秘密”,属于侵犯商业秘密的行为,应当承担法律责任。因此,如果母公司通过对其子公司的关系向香港个别机构提供其子公司的客户资料,则使该子公司的行为构成违约和侵权,子公司就面临被其客户控告并承担法律责任的风险。香港特别行政区法律不能直接在内地产生效力。

——《人民司法》2003年第7期

编者说明

2016年9月3日全国人民代表大会常务委员会《关于修改〈中华人民共和国外资企业法〉等四部法律的决定》的精神,也可以适用于港澳“三资企业”相关纠纷的处理。其中,原《台湾同胞投资保护法》第八条第一款规定:“设立台湾同胞投资企业,应当向国务院规定的部门或者国务院规定的地方人民政府提出申请,接到申请的审批机关应当自接到全部申请文件之日起四十五日内决定批准或者不批准。”《关于修改〈中华人民共和国外资企业法〉等四部法律的决定》明确,举办台湾同胞投资企业不涉及国家规定实施准入特别管理措施的,对原《台湾同胞投资保护法》第八条第一款规定的审批事项,适用备案管理。

1648

涉台合资企业股权转让合同中表见代理的认定

关键词 | 涉台合资企业 | 股权转让 | 表见代理 |

【最高人民法院司法解释】

第二十二条 人民法院审理香港特别行政区、澳门特别行政区、台湾地区的投资者、定居在国外的中国公民在内地投资设立企业产生的相关纠纷案件,参照适用本规定。

——《最高人民法院关于审理外商投资企业纠纷案件若干问题的规定(一)》(2010年8月5日,法释〔2010〕9号)

【最高人民法院裁判文书】

台湾理建营造股份有限公司与周宜宏确认股权转让协议无效纠纷案[最高人民法院(2012)民申字第1212号民事裁定书]

最高人民法院认为:关于本案《股权转让协议》是否有效的问题。首先,根据原审查明的事实,虽然《股权转让协议》和《董事会决议》中的印章与理建公司在台北市商业管理处登记备案留存的印章有所不同,但是理建公司与中国航空技术进出口公司厦门工贸中心合作兴建"鸿翔大厦"项目时多次使用该印章,在鸿翔公司设立后,理建公司委派周宜宏为董事长时,也使用过该枚印章。对于李政雄在大陆长期使用该印章代表理建公司进行上述民事行为,理建公司并没有提出异议,原审法院认定该印章系理建公司在大陆地区实际使用的印章,应当被认定足以代表理建公司的真实意思表示,并无不当。理建公司并无证据证明本案《股权转让协议》上加盖的印章系周宜宏利用职务之便伪造而成,其据此主张《股权转让协议》无效,本院不予支持。其次,李政雄作为理建公司的股东、董事、总经理,曾代表理建公司在大陆合作兴建"鸿翔大厦",被委派担任过"台湾理建营造股份有限公司驻厦门代表处"的副首席代表,且仅凭个人签名即可代表理建公司向外资主管部门申请设立鸿翔公司,还以理建公司董事长的名义出具《任命书》任命周宜宏为鸿翔公司董事长。李政雄于2003年4月出具的《确认书》,对《股权转让协议》和《董事会决议》中由他人代签的签名予以确认。据此,原审法院根据《合同法》第四十九条的规定,认定李政雄的行为构成表见代理,周宜宏完全有理由相信李政雄有权代表理建公司转让鸿翔公司股权,并无不当,本院予以确认。

根据原审查明,理建公司于2002年7月1日出具《确认书》,确认鸿翔公司系李政雄以理建公司的名义与他人合伙投资设立,理建公司并未实际投资,该《确认书》加盖了理建公司在台北正式备案的印章及公司法定代表人廖大雄印章。而李政雄本人在其2003年4月出具的《确认书》中,确认其和周宜宏为鸿翔公司的实际出资人,李政雄投资60%,周宜宏投资40%。虽然理建公司主张李政雄不是理建公司董事长,在未经理建公司授权情况下,其无权代表理建公司转让鸿翔公司股权,但是由于李政雄系理建公司的董事及股东,其与理建公司之间是否具有授权、李政雄是否为鸿翔公司实际投资人系理建公司内部争议,可以通过另案诉讼予以解决,并不影响本案构成表见代理的认定,以及周宜宏与理建公司之间《股权转让协议》效力的认定。

本案《股权转让协议》已经厦门市外商投资工作委员会厦外资审〔2000〕510号《关于同意厦门鸿翔房地产开发有限公司增资及变更投资者等事项的批复》予以确认,厦门市工商行政管理局亦根据鸿翔公司的申请以及《股权转让协议》《董事会决议》等资料办理工商变更登记手续。原审查明,李政雄于1999年12月14日出具的《承诺书》中确认其与周宜宏存在债务关系,并承诺如到期未予归还,将以鸿翔公司的股权及获利予以保证。因此,理建公司在无证据证明周宜宏与李政雄存在恶意串通侵害理建公司合法权益的情况下,主张《股权转让协议》不具有法律效力,缺乏事实依据,不能予以支持。

——中国裁判文书网,http://wenshu.court.gov.cn。

1649

外国企业破产、分立、合并的法律适用

关键词｜外国法人民事行为能力｜

【最高人民法院裁判文书】

吴忠贤与青岛二和纤维有限公司借款合同纠纷案[最高人民法院(2011)民四终字第14号民事裁定书]

最高人民法院认为:外国法人的分立、合并和破产,属于外国法人的民事行为能力范畴,根据最高人民法院《民通意见(试行)》第一百八十四条“外国法人

以其注册登记地国家的法律为其本国法,法人的民事行为能力依其本国法确定”的规定,本案中,韩国合纤的注册登记地在韩国,因此韩国合纤分立、合并、破产所引起的财产归属等问题应依据韩国法律予以认定。

——中国裁判文书网,http://wenshu.court.gov.cn。

1650

外国法人破产管理人的诉讼主体资格

关键词 | 破产管理人 |

【最高人民法院审判业务意见】

涉外民商事诉讼中,有的外国法人已经被外国法院裁判进入破产程序或者重整程序,或者因公司僵局被法院裁判接管,或者因其他特别程序,外国法院指定或者委任了破产管理人或者接管人,如何确认管理人、接管人的诉讼代表资格,存在争议。

对此,我们倾向于认为,人民法院无须首先承认有关外国法院判决或者裁定,再确定诉讼主体的代表资格。应当根据我国《涉外民事关系法律适用法》第十四条的规定,适用该法人登记地国的法律,径行确认外国法院指定或者委任的破产管理人、接管人是否具有代表资格。

——最高人民法院民四庭庭长张勇健:《在全国涉外商事海事审判庭长座谈会上的讲话》(2016 年 4 月 7 日),载贺荣主编、最高人民法院民事审判第四庭编:《涉外商事海事审判指导》总第 32 辑,人民法院出版社 2017 年版,第 20~21 页。

【最高人民法院裁判文书】

新兴产业株式会社破产财产管理人宫下正彦与北京龙头房地产开发有限公司房屋买卖合同纠纷案[最高人民法院(2016)最高法民终 312 号民事判决书]

最高人民法院认为:(一)关于宫下正彦能否提起本案诉讼。根据一、二审查明的事实,新兴产业株式会社已被日本相关法院宣告破产,且宫下正彦为新兴产业株式会社的破产财产管理人。根据《涉外民事法律关系适用法》第十四条的规定，法人及其分支机构的民事权利、民事行为能力、组织机构、股东权利义务等事项，适用登记地法律。因此，宫下正彦作为新兴产业株式会社的破产财产管理人，其是否有权提起诉讼应当依据日本国法律予以认定。本案中，宫下正彦已举证证明《日本国破产法》第三十四条第一款规定："破产人在破产程序开始时拥有的所有财产（不论是否在日本国内）均为破产财产"；第七十八条第一款规定："作出破产程序开始的决定时，属于破产财产之财产的管理及处分权利专属于法院选任的破产财产管理人"；第二款规定："破产财产管理人进行下列行为必须经法院许可：……10. 提起诉讼……"；第八十条规定："有关破产财产的诉讼以破产财产管理人为原告或者被告"。对于上述日本国的破产法律规定，龙头房地产公司并未提交相反证据予以否定，本院对此予以确认。鉴于宫下正彦提起本案诉讼获得了日本国相关法院的许可，其起诉亦符合《民事诉讼法》第一百一十九条规定的条件，一审法院受理本案并无不当。龙头房地产公司有关宫下正彦不具有原告主体资格的主张没有法律依据，本院不予支持。

——中国裁判文书网，http://wenshu.court.gov.cn。

1651

法人及其分支机构的民事权利能力、行为能力、组织机构、股东权利义务等事项，适用登记地法律

关键词 | 股东知情权 | 法律适用 |

【最高人民法院裁判文书】

山风（巴巴多斯）有限公司（Mountain Breeze）与北京中天宏业房地产咨询有限责任公司股东知情权纠纷申请再审案[最高人民法院（2014）民申字第2136号民事裁定书]

最高人民法院认为：山风公司作为中天公司的股东，对其与中天公司因股东知情权而产生的民事纠纷，享有诉权，有权向人民法院请求通过民事诉讼解决该纠纷。《涉外民事关系法律适用法》第十四条第一款规定："法人及其分支机构的民事权利能力、民事行为能力、组织机构、股东权利义务等事项，适用登记地法

律。”山风公司系巴巴多斯登记成立的公司，其民事权利能力和行为能力，应当适用巴巴多斯法律。巴巴多斯公司登记机关登记的山风公司董事为崔荣守、金秀荣，其决议授权崔荣守代表山风公司起诉，故本案起诉符合受理条件。

关于本案起诉是否为山风公司真实意思表示的问题，双方当事人对山风公司董事变更为崔荣守、金秀荣的合法性存在争议，此属于本案实体审理的争点，应与诉讼请求一并审理，并由人民法院作出最终裁决。董事变更在公司内部不以公司登记机关的登记为生效要件，二审法院认为应根据山风公司章程及内部有效决议认定董事变更的效力，并无不当。本案中，山风公司提供了公司章程以及唯一股东香港佰益出具的股东决议等证据，而中天公司提供的境外未决诉讼证据并不具有否定股东决议的效力。二审法院仅以相同争议在巴巴多斯法院诉讼过程中，就不认可香港佰益股东决议的效力，进而裁定驳回山风公司的起诉，举证责任分配不当，适用法律错误。需要指出的是，在涉外民商事诉讼中，境外法院受理同一争议，仅是管辖权确定阶段人民法院酌情裁量是否不方便管辖的一项因素，案件进入实体审理阶段后，人民法院不得再以不方便管辖为由驳回当事人的起诉。

——中国裁判文书网，http://wenshu. court. gov. cn。

1652

外资通过与内资企业的股东签订合同的方式控制民办学校，并非直接参与学校办学与管理，不应认定无效

关键词 | 民办学校 | 合同效力 |

【最高人民法院裁判文书】

长沙亚兴置业发展有限公司与北京师大安博教育科技有限责任公司合同纠纷案[最高人民法院(2015)民二终字第117号民事判决书]

最高人民法院认为：二、《合作框架协议》是亚兴公司与安博公司的真实意思表示。亚兴公司与安博公司订立《合作框架协议》，以转让目标学校的举办权的方式取得相应对价。为履行《合作框架协议》，双方又签订了《权益转让协议》《房屋及场地使用合同》《关于收益分配及资产保障的补充协议》；双方关联公司

签订了《股权购买协议》。双方订立合同的过程及履约行为显示，并不存在欺诈、胁迫及其他意思表示不真实的情形，原审认定《合作框架协议》系双方的真实意思表示并无不当。

三、《合作框架协议》并未违反法律、行政法规的强制性规定。亚兴公司主张《合作框架协议》因违反《中外合作办学条例》第六条及《外商投资产业指导目录》《商务部实施外国投资者并购境内企业安全审查制度的规定》第九条的强制性规定无效。但《外商投资产业指导目录》及《商务部实施外国投资者并购境内企业安全审查制度的规定》系部门规章，而非法律和行政法规。根据《合同法》第五十二条第（五）项有关"违反法律、行政法规的强制性规定"应当认定无效的规定及《合同法解释（一）》第四条"合同法实施以后，应当以全国人大及其常委会制定的法律和国务院制定的行政法规为依据，不得以地方性法规、行政规章为依据"的规定，《外商投资产业指导目录》及《商务部实施外国投资者并购境内企业安全审查制度的规定》不能作为认定合同效力的依据。

就本案所涉及的内资企业取得义务教育机构的举办权，但其股东权利根据合同约定受外资企业控制是否违反《中外合作办学条例》第六条"中外合作办学者可以举办各级各类教育机构，但是，不得举办实施义务教育和实施军事、警察、政治等特殊性教育的机构"的规定的问题，本院征求了中华人民共和国教育部政策法规司的意见。该司答复称：根据该条例，中外合作办学的主要特征包括：外方应为教育机构，外方可以直接参与学校办学与管理，教育教学内容可以部分采用国外课程等。外资通过与内资企业的股东签订合同的方式控制民办学校，并非直接参与学校办学与管理，相关活动不属于《中外合作办学条例》的调整范围。

因安博公司系内资企业，结合教育部政策法规司的上述答复意见及本案的具体情形，应当认定案涉《合作框架协议》不适用《中外合作办学条例》第六条的规定。故对亚兴公司有关《合作框架协议》因违反法律、行政法规的强制性规定而无效的主张。

四、《合作框架协议》订立后，双方是否按约履行，以及亚兴公司按约取得的投资权益是否会收到损失，与案涉《合作框架协议》的效力问题无关。故亚兴公司有关安博公司未按约支付对价、其履行行为可能造成亚兴公司损失的主张与其诉讼请求无关，不属于本案审理范围。

五、本案诉争的是亚兴公司与安博公司之间的《合作框架协议》的法律效力，而非安博公司与安博在线公司之间《独家合作协议》《认购期权协议》及《委托书》的效力，故安博公司与安博在线公司之间的合同效力不属于本案审理范围。

六、案涉《合作框架协议》订立后，目标学校的举办者由亚兴公司变更为安博公司，该项变更业已经过教育行政主管部门长沙市雨花区教育局的行政许可，目标学校的法定代表人变更亦经长沙市雨花区民政局审核批准。安博公司取得目标学校的举办权后，无证据证明教育行政主管机关认定安博公司及目标学校存在违法办学行为以及其他影响教育安全和社会公共利益的行为，主管外商投资行为的行政机关也未就安博公司与亚兴公司之间的交易行为及安博公司的办学行为作出行为违法的认定，故就本案而言，亚兴公司主张《合作框架协议》危害教育安全及社会公共利益，无事实和法律依据。

人民法院审理因《合作框架协议》争议所引发的商事纠纷系确定亚兴公司与安博公司之间的民事权利义务关系，本身并非对义务教育领域的投资行为行使监管之责。认定《合作框架协议》的效力应当以法律及行政法规为依据。在不具备法律及行政法规规定的无效情形，行政主管机关亦未作出安博公司办学行为违法认定的情况下，对亚兴公司有关案涉《合作框架协议》无效的主张，本院不予支持。

对外资通过并购股权参与举办或者实际控制举办者实施义务教育民办学校的行为，可能存在危害教育安全及社会公共利益的问题，系教育行政主管部门的职责范围。对可能存在的外资变相进入义务教育领域，并通过控制学校举办者介入学校管理的行为，应当予以规范，并通过行政执法对违法行为予以惩戒。就此，本院已向中华人民共和国教育部发出司法建议，建议该部在行政审批及行政监管过程中，对此予以依法规范，以维护社会公共利益和教育安全。

——中国裁判文书网，http://wenshu. court. gov. cn。

四、信用证与涉外保函纠纷

1653

信用证纠纷案件的法律适用

关键词｜信用证纠纷｜法律适用｜

【最高人民法院司法解释】

第二条 人民法院审理信用证纠纷案件时，当事人约定适用相关国际惯例或者其他规定的，从其约定；当事人没有约定的，适用国际商会《跟单信用证统一惯例》或者其他相关国际惯例。

——《最高人民法院关于审理信用证纠纷案件若干问题的规定》(2005年11月14日，法释〔2005〕13号)

【链接：最高人民法院法官著述】

信用证纠纷案件，是指发生在开证银行开出信用证以后，直至最后受益人(或者受益人的指定人)向开证银行(或者开证银行的指定人)要求并取得信用证款项为止的整个过程中的纠纷。此类纠纷案件的法律适用，一般由当事人在信用证上直接约定适用国际商会《跟单信用证统一惯例》。该国际惯例早已被各国银行界、工商界和法律界普遍承认并适用。

……目前在信用证领域除了《跟单信用证统一惯例》外，还有相当一部分国家接受了《国际备用证惯例ISP98》，该惯例统一了对备用信用证的操作，它在适用于备用信用证的同时也适用于商业信用证，如果当事人在信用证约定适用该惯例，也同样会适用。对于当事人没有约定的，人民法院在审理案件时也会根据案件的实际情况适用相关的国际惯例。

人民法院在审理信用证纠纷案件中，经常会碰到单证的审查标准问题。由于《跟单信用证统一惯例》本身并不详细规定具体的标准，因此在审判实践中，人民法院根据《跟单信用证统一惯例》的原则，采纳了“严格相符原则”，即只要单据与信用证条款、单据与单据之间在表面上相符,开证银行就应当履行在信用证规定的期限内付款的义务。对于单证审查标准的把握是比较困难的,关键在于对单据与信用证、单据与单据之间"不符点"的理解与认定。如果对于"不符点"的把握过于严格,将会导致被拒绝付款的信用证增加,从而影响我国银行在国际上的信誉。相反,如果对于"不符点"的把握过于宽松,又可能违背信用证的基本原则,影响金融和贸易秩序。因此在审判实践中应当根据《信用证解释》第六条的规定,同时参考国际商会"关于审核跟单信用证项下单据的国际标准银行实务"、国际商会银行委员会关于《跟单信用证统一惯例》质疑的意见等,必要时还可以听取有关银行专家的意见。

在信用证纠纷案件的审判实践中,还会碰到对信用证欺诈的认定问题。对此,《跟单信用证统一惯例》并未作出规定。在具体审理案件时应当根据我国《民法通则》和相关民法理论确定的民事欺诈构成的法律原则,以及《信用证解释》第八条对信用证欺诈构成要件的规定进行认定。至于认定构成欺诈后,是否导致终止支付信用证项下款项的问题,还应当根据《信用证解释》第十条的规定,必须在没有善意第三人主张权利的前提下,才可以判决终止支付款项。

除了以上实体法的适用以外,在审理信用证纠纷案件时还会碰到具体的程序法适用问题。从总的程序法适用原则来讲,各国都是适用法院地的法律。我国人民法院受理信用证纠纷案件后,根据我国《民事诉讼法》的具体规定进行审理。但是,基于信用证纠纷案件的特殊性,《信用证解释》第十一、十二、十三、十四条作了具体规定,在审判实践中应当严格遵守。特别需要注意的是:第一,不得任意冻结信用证项下的款项,只有符合《信用证解释》中的具体条件时,才能采取冻结措施;第二,人民法院在作出中止支付信用证项下款项的裁定时,应当列明申请人、被申请人和第三人,比如当开证申请人以受益人欺诈为由提请冻结信用证项下款项时,应当将开证银行列为第三人;第三,如果有第三人出现,比如可转让信用证的受让人、议付银行时,应当将其追加为第三人参加诉讼;第四,人民法院作出的中止支付的裁定,当事人有异议的,可以在裁定书送达之日起 10 日内向上一级人民法院申请复议,上一级人民法院必须在收到复议申请之日起 10 日内对当事人提出的异议作出裁定。

信用证纠纷案件经常发生在受益人与开证银行之间、议付银行与开证银行之间、保兑银行与开证银行之间、信用证受让人与开证银行之间等,人民法院在此类案件的审理过程中,应当根据不同的相对人以及不同的诉讼请求内容,适用

《跟单信用证统一惯例》的具体条款，以准确确定当事人的权利义务关系、判定义务人的民事责任。

——王玧：《关于信用证纠纷案件的法律适用》，载万鄂湘主编、最高人民法院民事审判第四庭编：《涉外商事海事审判指导》总第12辑，人民法院出版社2006年版，第141～144页。

1654

与信用证相关的纠纷案件的法律适用

关键词｜信用证相关案件｜法律适用｜

【最高人民法院司法解释】

第三条　开证申请人与开证行之间因申请开立信用证而产生的欠款纠纷、委托人和受托人之间因委托开立信用证产生的纠纷、担保人为申请开立信用证或者委托开立信用证提供担保而产生的纠纷以及信用证项下融资产生的纠纷，适用本规定。

第四条　因申请开立信用证而产生的欠款纠纷、委托开立信用证纠纷和因此产生的担保纠纷以及信用证项下融资产生的纠纷应当适用中华人民共和国相关法律。涉外合同当事人对法律适用另有约定的除外。

——《最高人民法院关于审理信用证纠纷案件若干问题的规定》(2005年11月14日，法释〔2005〕13号)

【链接：最高人民法院法官著述】

与信用证相关的纠纷案件，主要是指开证申请人与开证银行之间因申请开立信用证而产生的欠款纠纷、委托人和受托人之间因委托开立信用证而产生的纠纷、担保人为申请开立信用证或者委托开立信用证提供担保而产生的纠纷以及信用证项下其他因融资关系而产生的纠纷等。此类纠纷之所以称为“与信用证相关的纠纷”，是因为其并不是因信用证本身在履行过程中产生的纠纷，而是在信用证流转过程以外，甚至在信用证付款已经完成后，与开立信用证有关的当事人之间的纠纷。对此,在法律适用上完全受国内法律的调整,应当适用我国《民法通则》《合同法》《担保法》等有关的民商事法律以及相应的司法解释来认定合同的效力、违约责任、担保责任等。

人民法院在审理此类案件的过程中,经常碰到当事人引用《跟单信用证统一惯例》进行抗辩。比如开证银行按照与开证申请人在信用证上约定的条件对外付款后,开证申请人未能还款,因此开证银行向开证申请人主张已经付出的款项时,开证申请人以《跟单信用证统一惯例》的具体规定对开证银行进行抗辩。对于此种情形,除非开证申请人与开证银行在开证申请书上有特殊、明确的约定,不应予以支持。

——王玧:《关于信用证纠纷案件的法律适用》,载万鄂湘主编、最高人民法院民事审判第四庭编:《涉外商事海事审判指导》总第 12 辑,人民法院出版社 2006 年版,第 141 ~ 144 页。

1655

信用证独立抽象性原则的适用

关键词 | 信用证 | 独立抽象性原则 |

【最高人民法院司法解释】

第五条 开证行在作出付款、承兑或者履行信用证项下其他义务的承诺后,只要单据与信用证条款、单据与单据之间在表面上相符,开证行应当履行在信用证规定的期限内付款的义务。当事人以开证申请人与受益人之间的基础交易提出抗辩的,人民法院不予支持。具有本规定第八条的情形除外。

——《最高人民法院关于审理信用证纠纷案件若干问题的规定》(2005 年 11 月 14 日,法释〔2005〕13 号)

【最高人民法院司法政策】

1. 严格坚持信用证独立性原则。信用证是独立于基础交易的单据交易,只要受益人所提交的单据表面上符合信用证的要求,开证行就负有在规定的期限内付款的义务。信用证交易与基础交易属于两个不同的法律关系，一般情况下不得因为基础交易发生纠纷而裁定止付开证行所开立信用证项下的款项。

——《最高人民法院关于严禁随意止付信用证项下款项的通知》（2003年7月16日，法〔2003〕103号）

【《最高人民法院公报》案例】

瑞士纽科货物有限责任公司与中国建设银行吉林省珲春市支行拒付信用证项下货款纠纷上诉案［最高人民法院（1998）经终字第336号民事判决书］

裁判摘要：一、信用证交易是具有独立性的法律关系，受益人接受了开证行开立的信用证后，开证行就承担了独立的第一性的付款义务，与开证申请人无涉。

最高人民法院认为：本案系受益人与开证行之间的信用证项下货款拒付纠纷。双方当事人同意本案的信用证适用UCP500，该约定有效，故本案应以该惯例为依据调整当事人的权利义务关系。信用证交易是具有独立性的法律关系，上诉人纽科公司接受了被上诉人珲春建行开立的信用证后，珲春建行就承担了独立的第一性的付款义务，与开证申请人无涉。纽科公司称珲春建行与珲春国贸合谋，利用信用证进行欺诈，骗取信用证项下货物，没有任何事实依据，也于法理不符……纽科公司的货物被珲春国贸提走而未收回货款，与珲春建行无关，亦不属本案审理的范围，纽科公司应通过其他途径解决。纽科公司的上诉理由不能成立，不予支持。原审判决认定事实清楚，适用法律正确，应予维持。

——《最高人民法院公报》1999年第2期

中国银行新疆分行诉新兴公司信用证交易纠纷案（新疆维吾尔自治区高级人民法院民事判决书）

新疆维吾尔自治区高级人民法院认为：二、按照UCP500规定的信用证结算程序，受益人在接到通知行通知或者转递的信用证后，应当严格按照国际货物买卖合同审查信用证上有无受益人不同意或不能接受的条款。如有，则应该迅速通知开证申请人（买方）修改信用证。我国没有参加信用证所提及的《国际公路货物运输合同公约》，所以我国的承运人无法开出“CMR”运输单据。被告新兴公司既然准备用国内公司承运,信用证上的这一条款就无法履行。这是日后保兑行以单证不符为由拒付的起因。新兴公司接到通知后,从未对信用证的这一条款提出修改异议,致使单证不符。新兴公司是有过错的,应当承担主要责任。

UCP500 第 3 条 a. 规定:"信用证是独立于其所基于的销售合同或其他合同以外的交易。即使信用证中含有对此类合同的任何援引,银行也与该合同毫不相关,或不受其约束。"被告新兴公司虽然与原告新疆分行有过委托该分行具体指导及代制有关单据的口头约定,但是新疆分行在作为通知行期间,其职责只是证明信用证的真实性,并无审查原合同、帮助受益人修改或者履行信用证条款的义务。新兴公司辩称由于新疆分行没有履行业务范畴内的职责而遭到拒付,其理由不能成立。

——《最高人民法院公报》1998 年第 1 期

【最高人民法院裁判文书】

兰州三毛实业股份有限公司与中国工商银行股份有限公司兰州市汇通支行委托开立信用证协议纠纷案[最高人民法院(2006)民二终字第 64 号民事判决书]

最高人民法院认为:三毛股份向工行汇通支行申请开立信用证、作出付款保证、同意承兑等一系列行为,均以单位名义进行,依据《关于在审理经济纠纷案件中涉及经济犯罪嫌疑若干问题的规定》第三条"单位直接负责的主管人员和其他直接责任人员,以该单位的名义对外签订经济合同,将取得的财物部分或全部占为己有构成犯罪的,除依法追究行为人的刑事责任外,该单位对行为人因签订、履行该经济合同造成的后果,依法应当承担民事责任"的规定,虽然三毛股份原董事长张晨等人涉嫌信用证诈骗而被立案侦查,但不能因此否认张晨作为三毛股份原法定代表人,其在本案信用证项下相关行为即为三毛股份的行为,也不能因此免除三毛股份对其工作人员的行为后果应承担的民事责任。上诉人三毛股份根据《关于在审理经济纠纷案件中涉及经济犯罪嫌疑若干问题的规定》第十一条"人民法院作为经济纠纷受理的案件,经审理认为不属经济纠纷案件而有经济犯罪嫌疑的,应当裁定驳回起诉,将有关材料移送公安机关或检察机关"的规定而主张将本案移送公安机关侦查处理,混淆了本案所涉双方当事人之间信用证纠纷法律关系与三毛股份、佛肯集团原负责人刑事犯罪法律关系,其认为本案应先刑后民、移送公安机关处理的理由不能成立。工行汇通支行有理由相信，三毛股份签订申请开立信用证的协议，意思表示真实，工行汇通支行因此善意履约，其行为应受法律保护。上诉人三毛股份主张工行汇通支行明知三毛股份与佛肯集团无真实交易背景存在而仍恶意开立信用证，但是其提交的证据不足以证明证明其主张。协议签订后，工行汇通支行按照三毛股份申请的金额如期开出9笔信用证。信用证是独立于基础交易的单据交易，银行依信用证所承担的付款等义务，不受申请人由于其与开证行或者受益人之间的关系而提出来的索赔或者抗辩的约束。且根据上诉人开证申请中的承诺“一旦此笔信用证项下有关当事人已对外承兑、确认支付或已经付款，申请人保证不以贸易欺诈或其他事由为依据拒绝履行信用证项下付款责任”，三毛股份未按信用证开证申请协议约定的日期、金额在信用证到期后向工行汇通支行支付信用证项下的款项，违反其开证申请中的承诺，已构成违约，应向工行汇通支行支付信用证项下款项。

——最高人民法院民事审判第二庭编：《最高人民法院商事审判指导案例·金融卷》，中国法制出版社2011年版，第53～59页。

1656

信用证严格相符原则的适用

关键词｜信用证｜严格相符原则｜

【最高人民法院司法解释】

第六条　人民法院在审理信用证纠纷案件中涉及单证审查的，应当根据当事人约定适用的相关国际惯例或者其他规定进行；当事人没有约定的，应当按照国际商会《跟单信用证统一惯例》以及国际商会确定的相关标准，认定单据与信用证条款、单据与单据之间是否在表面上相符。

信用证项下单据与信用证条款之间、单据与单据之间在表面上不完全一致，但并不导致相互之间产生歧义的，不应认定为不符点。

——《最高人民法院关于审理信用证纠纷案件若干问题的规定》（2005年11月14日，法释〔2005〕13号）

【最高人民法院审判业务意见】

56. 如何把握信用证的审单问题?

答:人民法院在审理信用证纠纷案件中,经常会涉及信用证项下单据的审查。对于单据的审查标准,各国并不统一。根据 UCP500 确定的精神以及总结近年来人民法院审理信用证纠纷案件的情况,基本上坚持"严格相符"的原则。但是,坚持"严格相符"原则,并不意味着要求单证、单单之间一字不差,而是要根据案件的具体情况,考查信用证表面上的不一致是否导致单据之间和单证之间产生歧义。由于现实情况千差万别,应当具体案件具体分析。必要时人民法院可以参考国际商会及有关专家的意见。

57. 开证申请人接受不符点是否约束开证行?

根据 UCP500 的规定,开证行负有独立审单的义务,开证行应当自行作出单证、单单之间是否相符的决定,并且自行决定接受或拒绝不符点。这是由信用证付款的特殊性决定的,因为开证行一旦表示接受不符点,则承担了全部的风险并成为第一付款人。也就是说,即使以后开证申请人不付款,开证行也必须向受益人或议付行付款。

开证行确认不符点后,可以自行决定是否联系开证申请人接受不符点。通常情况下,银行发现不符点后,经常会主动联系开证申请人,征求其意见,如果开证申请人表示接受不符点并且付款,开证行就会接受不符点;或者开证申请人的资信情况良好,开证行出于对其的信任,当开证申请人表示愿意接受不符点而未实际付款的情况下,开证行也可能就此接受不符点。但是,即使开证申请人表示接受不符点,开证行也完全有权向受益人或议付行表示不接受不符点。也就是说,开证申请人接受不符点并不对开证行具有约束力。

58. 开证行与开证申请人约定接受不符点,但开证行又向受益人表示不接受不符点,开证行是否向受益人承担付款责任?

答:实践中,开证申请人在向开证行递交的"开证申请书"中明确约定,如果信用证项下出现不符点,最终由开证申请人决定是否予以接受,对此开证行并未表示异议。开证行开出信用证以后,受益人提交单据要求付款,开证行在审单中发现了不符点,即予拒付。为此,受益人以开证申请人与开证行有约定为由起诉开证行,要求开证行付款。根据 UCP500 的规定,受益人在任何情况下,不得利用银行之间或申请人与开证行之间的契约关系。只要不符点确实存在,开证行就有权拒付。

因此，对于受益人的这一诉讼请求，人民法院不应予以支持。当然，在此情况下，开证申请人可以以开证行违反双方约定为由起诉，要求开证行承担违约责任。

——《涉外商事、海事审判实务问题解答（一）》，载万鄂湘主编、最高人民法院民事审判第四庭编：《涉外商事海事审判指导》总第8辑，人民法院出版社2004年版，第45～83页。

【《最高人民法院公报》案例】

瑞士纽科货物有限责任公司与中国建设银行吉林省珲春市支行拒付信用证项下货款纠纷上诉案［最高人民法院（1998）经终字第336号民事判决书］

裁判摘要：二、在信用证关系中，开证行负有严格的审单义务，其以确定单证是否表面相符作为付款条件，且只有在单单相符、单证相符的情况下才能支付信用证项下的货款。单证存在诸多重大的不符点时，开证行因此拒付信用证项下货款是正当的。

最高人民法院认为：根据UCP500的规定，开证行有从其收到单据翌日起7个银行工作日的审单时间，但本案中的开证行珲春建行自始未收到信用证项下的单据，在得悉法兰克福分行通过电传提示单证不符点的情况下，珲春建行不延误地发出了电传，并未违反UCP500的规定。纽科公司认为珲春建行超出审单期限的上诉理由，不能成立。在信用证关系中，开证行负有严格的审单义务，其以确定单证是否表面相符作为付款条件，且只有在单单相符、单证相符的情况下才能支付信用证项下的货款。本案中纽科公司提交的单证存在诸多重大的不符点，珲春建行因此拒付信用证项下货款是正当的。

——《最高人民法院公报》1999年第2期

【最高人民法院裁判文书】

潮连物资（香港）有限公司与中国农业银行湖南省分行信用证交易纠纷上诉案［最高人民法院（1999）经终字第432号民事判决书］

最高人民法院认为：中国农业银行湖南省分行接受湖南华隆进出口公司的委托，开出了受益人为潮连物资（香港）有限公司的信用证，潮连物资（香港）有限公司接受了信用证，上述行为是各方当事人真实意思表示，不违反法律规定，应为有效，因此而产生的法律文件，对各方当事人均具有约束力。该信用证单据条款中约定有“由申请人发出之货物收据申请人之签字必须与开证银行持有之签字式样相符”等内容,开证申请人留存给开证行中国农业银行湖南省分行的货物收据签字样本通知书上盖有两个湖南华隆进出口公司公章,在每个公章的授权签名处分别签有“易峰”和“武斌”的签名。潮连物资(香港)有限公司作为信用证受益人提供给开证行中国农业银行湖南省分行的货物收据上的仅盖有一个湖南华隆进出口公司公章并仅有“易峰”一人的签名。该单据在表面上与开证申请人的申请和银行留存的样本明显不符。根据信用证交易的特点及《跟单信用证统一惯例》的规定,银行只要发现单据表面上不符,则可以拒绝接受。中国农业银行湖南省分行审单发现不符点后,在通知了开证申请人,开证申请人拒绝接受不符点的情况下,拒绝承兑付款,符合《跟单信用证统一惯例》的有关规定,并无过错,不应承担责任,原审法院的判决是正确的。潮连物资(香港)有限公司所称留存在银行的签字样本通知书上两个授权章与其上之各自署名是两个独立的签名样本,其提交了其中一个与样本通知书上相同的授权签字章和授权人之签名,即应认定与开证行持有的签字样本一致的上诉理由于法无据,本院不予支持,应予驳回。

——最高人民法院办公厅编:《最高人民法院公布裁判文书(2001 年)》,人民法院出版社 2002 年版,第 50 ~ 55 页。

【链接:最高人民法院法官著述】

从各国的司法实践看,对“严格相符”的具体掌握经过了一个发展、变化的过程。镜像标准曾经是英美法院所主要援用的审单标准,其要求提交的单据与信用证要求之间要像照镜子一样地不差分毫,否则即认为存在不符点,银行可以因此拒付信用证项下款项。该标准由于过于严格而造成不良的社会影响,因为现实生活中,信用证交单过程中普遍存在这样或那样的不一致之处,镜像般相符是难以做到的,司法实践坚持的镜像标准必然导致交易中信用证或者单据的不断修改,从而无形中增加了交易成本,使得信用证较其他支付手段的优势不再。因此,该过于严格的标准被逐渐在司法实践中“软化”……

国际商会在总结实践经验基础上制定的作为《跟单信用证统一惯例》补充的《关于审核跟单信用证项下单据的国际标准银行实务》(以下简称 ISBP)第 24 条规定:“信用证项下提交的单据在表面上不得相互矛盾。该原则并不要求数据内容完全同一,而仅仅要求单据不得相互矛盾。”第 28 条规定:“如果拼写及/或打印错误并不影响单词或其所在句子的含义，则不构成单据不符（并举例说明）……"第36条、37条、38条、44条也是对一些具体情形不应被认为构成不符点的详细规定，提供了比《跟单信用证统一惯例》更具可操作性的指引。

……最高人民法院《信用证解释》第六条是对信用证严格相符原则的认可，也同时阐明了并非"镜像标准"的立场，该观点正是在吸取各国审判实践经验、充分尊重国际惯例和国际标准银行实务，并不断总结我国法院审判经验的基础上确立起来的。

——高晓力：《信用证严格相符原则》，载万鄂湘主编、最高人民法院民事审判第四庭编：《涉外商事海事审判指导》总第12辑，人民法院出版社2006年版，第149～152页。

1657

单证不符原因在受益人的，受益人对信用证被拒付承担主要责任，通知行未尽合理谨慎审单职责存在过失的，应承担相应责任

关键词 | 单证不符 | 通知行 | 审单职责 | 过失责任 |

【《最高人民法院公报》案例】

中国银行新疆分行诉新兴公司信用证交易纠纷案（新疆维吾尔自治区高级人民法院民事判决书）

新疆维吾尔自治区高级人民法院认为：二、按照UCP500规定的信用证结算程序，受益人在接到通知行通知或者转递的信用证后，应当严格按照国际货物买卖合同审查信用证上有无受益人不同意或不能接受的条款。如有，则应该迅速通知开证申请人（买方）修改信用证。我国没有参加信用证所提及的《国际公路货物运输合同公约》，所以我国的承运人无法开出"CMR"运输单据。被告新兴公司既然准备用国内公司承运，信用证上的这一条款就无法履行。这是日后保兑行以单证不符为由拒付的起因。新兴公司接到通知后，从未对信用证的这一条款提出修改异议，致使单证不符。新兴公司是有过错的，应当承担主要责任。

UCP500 第 3 条 a. 规定:“信用证是独立于其所基于的销售合同或其他合同以外的交易。即使信用证中含有对此类合同的任何援引,银行也与该合同毫不相关,或不受其约束。”被告新兴公司虽然与原告新疆分行有过委托该分行具体指导及代制有关单据的口头约定,但是新疆分行在作为通知行期间,其职责只是证明信用证的真实性,并无审查原合同、帮助受益人修改或者履行信用证条款的义务。新兴公司辩称由于新疆分行没有履行业务范畴内的职责而遭到拒付,其理由不能成立。

三、信用证的受益人向银行提出议付申请后,接受议付申请的银行开始进行审查单据的工作。UCP500 第 13 条 a. 规定:“银行必须合理谨慎地审核信用证的所有单据,以确定其是否表面上与信用证条款相符。”原告新疆分行接受委托具体指导这笔国际出口贸易业务,在审查新兴公司交来的单据时也注意到信用证要求“CMR”运输单据,但是仅用电话向承运人查询,未向具有专门知识的人核实,就轻信单证相符而将单据发往保兑行确认,遭到拒付。新疆分行在审查单据阶段,没有尽到合理谨慎地审单的职责,是有过失的,应当承担相应的责任。

……

五、被告新兴公司由于自己的过错,不能按照信用证条款的要求履行出口贸易中自己承担的义务,以致不能通过信用证结算得到出口贸易的对价。新兴公司应当依照《民法通则》第一百零八条的规定,承担给原告新疆分行返还垫付的资金,以及赔偿这部分资金在占用期间的利息损失的民事责任。

原告新疆分行没有合理谨慎地审单,应当承担被拒付后这笔垫付资金所产生的利息损失。经测算,这部分损失占新疆分行垫付资金期间全部利息损失的 20%。新疆分行对被拒付后自己与国外银行交涉期间的差旅费用应当自行承担。

——《最高人民法院公报》1998 年第 1 期

1658

信用证存在不符点只构成拒付信用证的理由,不构成买方拒收货物和最终拒付货款的理由

关键词 | 信用证不符点 | 付款义务 |

【《最高人民法院公报》案例】

沃斯特—阿尔卑斯(美国)贸易公司诉江苏省江阴市对外贸易公司购销合同纠纷上诉案(最高人民法院民事判决书)

最高人民法院认为:江阴外贸与美国贸易公司于1995年6月23日签订的国际货物买卖合同没有违反法律规定,双方意思表示真实一致,为有效合同。在履行该合同的过程中,美国贸易公司始终按照江阴外贸的传真要求递交有关单据和船情资料等文件,并无过错。美国贸易公司与广星公司没有任何法律上和事实上的联系。货物到港江阴外贸是明知的,并参与卸货。根据双方合同约定以及我国海关法和对外贸易代理制的暂行规定,江阴外贸是国际货物买卖合同中的唯一义务人,有义务报关提货。即使按江阴外贸与广星公司的委托代理合同约定,办理海关放行手续的义务也在江阴外贸。虽然广星公司出面委托张家港外轮代理公司报关,但是广星公司报关所需单据等文件均由江阴外贸提供,因此广星公司的报关行为应视为江阴外贸的授权,而且根据海关法的规定,进口货物的收货人是法定的通关申报人。张家港海关正是基于法律规定以张关调〔1995〕87号函致函江阴外贸要求其提前处理货物并承担一切责任,江阴外贸如对海关扣物持有异议,可以提起行政诉讼,而不能以广星公司委托报关为由拒绝承担责任。即使信用证确实存在不符点,也只构成拒付信用证款的理由,并不构成买方拒收货物和最终拒付货款的理由。本案合同买方江阴外贸已经提取了货物,但至今未付货款,其拒付货款的请求理由不予支持。原审认定事实和适用法律均无不当。美国贸易公司关于利息损失的请求,应予支持。江阴外贸的上诉理由没有事实和法律依据,本院不予支持。

——《最高人民法院公报》1998年第4期

1659

银行发现信用证不符点并征询买方意见，买方主动放弃不符点同意承兑的，不得以单证不符向保兑行拒付信用证款项

关键词 | 信用证 | 单证不符 | 放弃不符点 |

【最高人民法院裁判文书】

太原电子厂与中国银行山西省分行、山西省国际贸易广告公司开立信用证及抵押担保合同纠纷申请再审案[最高人民法院(2002)民监字第15号驳回再审申请通知书]

最高人民法院认为:依照UCP500的规定,对于跟单信用证,银行只审查单证表面是否相符,对于单据的真实性或法律效力,以及有关合约当事人是否诚信,货物是否存在,有无清偿能力不负责任。UCP500还允许银行在发现单证不符点后,征询买方意见,如买方主动不符点,同意承兑,则买方不得再以单证不符向银行抗辩。开证行因此承兑后,不得以单证不符向保兑行拒付信用证项下款项。该行为符合信用证操作的国际惯例,买方不得再以信用证欺诈向该行抗辩。

——沈德咏主编、最高人民法院审判监督庭编:《审判监督指导与研究》总第10卷,人民法院出版社2003年版,第189-196页。

1660

开证申请人接受提货保函并不意味放弃要求开证行交付信用证项下正本提单的权利

关键词 | 开证申请人 | 提货保函 | 正本提单 |

【最高人民法院裁判文书】

中国冶金进出口湖北公司与中国农业银行武汉市分行汉口支行信用证赎单欠款纠纷案[最高人民法院(1999)经终字第27号民事判决书]

最高人民法院认为:中冶湖北公司申请委托农行汉口支行开立以金霞有限公司为受益人的信用证,农行汉口支行开出不可撤销跟单信用证,双方之间成立了委托开立信用证关系。对这一民事关系双方当事人意思表示真实,不违反法律规定,应为有效。依开证申请书的内容,开证行农行汉口支行负有及时开证、接受单据、承兑付款、向开证申请人交单的义务;开证申请人中冶湖北公司负有支付保证金、手续费等费用、按时办理承兑、付款、在拒绝接受不符点时及时退单以及付款赎单等义务。本案争议的焦点就是在付款赎单的环节，由于农行汉口支行工作失误导致信用证项下的单证遗失，中冶湖北公司能否拒绝付款。开证行农行汉口支行遗失信用证项下的单证是不争的事实，在信用证有效期内受益人已履行了交单义务，而农行汉口支行于 1995 年 10 月 23 日收到单证后，没有通知中冶湖北公司，导致中冶湖北公司于 11 月 2 日表示不接受信用证项下的全套单据、拒绝承兑。并且由于单证的遗失，使开证行在接到议付行承兑通知的七个工作日内无法就单证是否存在不符点向议付行抗辩。在二审审理过程中，农行汉口支行称其于 11 月 3 日发现信用证项下的单证遗失后及时电话告知中冶湖北公司，并以 11 月 13 日中冶湖北公司业务员李兵草拟的联营协议为依据。该电话通知没有书面证据，上诉人予以否认。李兵草拟的联营协议是传真复印件，农行汉口支行没有举出原件，况且该协议也未经任何一方签字，不具有证据的效力。农行汉口支行出具的提货保函中注明相关单据还没到达，该保函不是由于单据遗失而被用于提货的。农行汉口支行认为中冶湖北公司在 11 月 15 日请求开出保函提货时就已经知道单证遗失，证据不充分。所以中冶湖北公司接受提货保函并不意味其放弃了要求农行汉口支行交付信用证项下正本单证的权利。这是由于利用保函提货往往是在正本单证未到，买方不愿意错过商机，而采取的一种变通做法，其目的是为及时履行与扬州市金属材料公司的合同；此外，提货保函也不能完全替代信用证项下的单证，信用证项下的单证除货物提单外，还有其他货物数量、质量、装船等证明，有关文件将被用来作为流转货物的证明文件或解决基础交易纠纷的证明文件，是开证申请人需要得到的。因此从商业习惯和本案当事人的意思表示来看都不能表明开证申请人中冶湖北公司放弃信用证项下正本单证的请求权。

依据 11 月 14 日中冶湖北公司致农行汉口支行的传真件，至 1996 年 3 月底前到农行汉口支行付全额的 70%，对外付汇前全部款项到齐，也就是在 11 月 17 日农行汉口支行开出的提货保函对中冶湖北公司的交付并不以付款为前提，因此农行汉口支行应当及时将提货保函交予中冶湖北公司，而不应要求其付款赎保函。中冶湖北公司并不负有付款赎保函的义务。

信用证项下的进口货物是中冶湖北公司作为外贸代理人为扬州市金属材料公司进口的，由于最终用户要求不超过 11 月底银行提供全套正本单证，至 11 月底农行仍不能提供正本单据，导致中冶湖北公司履行开证协议的义务成为不必要，无法实现合同的目的，而此一后果恰恰是由于农行汉口支行单据遗失造成的。因此中冶湖北公司有权拒付信用证项下的款项。

1996 年 1 月 23 日李兵在《进口到单通知书》通知书上签署的意见是以单证存在为前提，并没有放弃正本单据接受货物的意思，况且此时货物已由农行汉口支行委托的广东省肇庆市端州工业贸易公司从港口提取，该意见不具有解决开证行与开证申请人二之间关系的效力，仅是为开证行对外承兑付汇完善手续。

关于本案损失的原因和承担的问题：农行汉口支行遗失单证，而在十几天的时间内没有察觉，之后又未将提货保函交予中冶湖北公司，使中冶湖北公司不能及时履行其与扬州市金属材料公司的外贸代理合同，丧失商机，因货物价格下跌的损失不能由中冶湖北公司承担。农行汉口支行在提取货物之后长达一年半的时间内未对货物进行处理，价格变化、货物质量下降和仓储费用的增加，亦应由其自负。

——最高人民法院办公厅编：《最高人民法院公布裁判文书(2001 年)》，人民法院出版社 2002 年版，第 37 ~ 49 页。

1661

信用证欺诈例外原则的适用

关键词 | 信用证欺诈 |

【最高人民法院司法解释】

第八条 凡有下列情形之一的，应当认定存在信用证欺诈：

(一)受益人伪造单据或者提交记载内容虚假的单据；

(二)受益人恶意不交付货物或者交付的货物无价值；

(三)受益人和开证申请人或者其他第三方串通提交假单据，而没有真实的基础交易；

(四)其他进行信用证欺诈的情形。

第十条 人民法院认定存在信用证欺诈的，应当裁定中止支付或者判决终止支付信用证项下款项，但有下列情形之一的除外：

(一)开证行的指定人、授权人已按照开证行的指令善意地进行了付款；

(二)开证行或者其指定人、授权人已对信用证项下票据善意地作出了承兑；

(三)保兑行善意地履行了付款义务；

（四）议付行善意地进行了议付。

——《最高人民法院关于审理信用证纠纷案件若干问题的规定》（2005年11月14日，法释〔2005〕13号）

【最高人民法院司法政策】

三、《信用证解释》第十条规定的目的在于保护善意第三人，根据该条第二项的规定，在存在信用证欺诈的情况下，即使开证行或者其指定人、授权人已经对信用证项下票据善意地作出了承兑，而如果没有善意第三人存在，亦不属于信用证欺诈例外的例外情形，人民法院在符合其他相关条件的情况下仍然可以裁定中止支付信用证项下款项。

——《最高人民法院关于当前人民法院审理信用证纠纷案件应当注意问题的通知》（2009年7月24日，法明传〔2009〕499号）

2. 严格坚持信用证欺诈例外原则适用的条件。只有在有充分的证据证明信用证项下存在欺诈，且银行在合理的时间内尚未对外付款的情况下，人民法院才可以根据开证申请人的请求，并在其提供担保的情况下裁定止付信用证项下款项。但如果信用证已经承兑并转让或者信用证已经议付，仍不得裁定止付。

——《最高人民法院关于严禁随意止付信用证项下款项的通知》（2003年7月16日，法〔2003〕103号）

【最高人民法院审判业务意见】

59. 什么情况构成信用证欺诈？

答：对于信用证欺诈的构成要件，目前国际上并没有统一的标准，UCP500也未对这一问题作出明确规定，而是留待各国立法或司法部门根据具体案件的情况作出处理。各国在实践中均强调信用证的独立性原则，即信用证交易独立于基础交易。同时，各国也普遍认为当存在信用证欺诈时，也可以将信用证交易与基础交易合并考虑。一定条件下，开证行可以以信用证欺诈为由拒付信用证项下款项。

由于信用证交易是单据交易，因此信用证欺诈往往与单据有关，比如受益人或者其他第三方伪造单据、提供虚假单据导致合同目的落空；开证申请人和受益人或其他第三方串通提交假单据，而没有真实的基础交易等情况。还有一类情况与基础交易有关，比如受益人未交付货物或者交付的货物基本没有价值，包括交付垃圾或废物、交付的货物本身虽然有一定价值但是对于开证申请人来说根本无法使用等情况。一般认为上述情形构成信用证欺诈。但特别需要注意的是，不能将货物存在严重质量问题的情况视为信用证欺诈。

60. 虽然构成了信用证欺诈，但仍然不能中止或终止支付信用证项下款项的情况有哪些？

答：由于信用证交易是一个比较复杂的履行过程，中间会形成诸多不同的法律关系，因此会出现即使构成了信用证欺诈，但仍然不能中止或终止支付信用证款项的情况。比如开证行或开证行指定人承兑的汇票的正当持票人善意地支付了对价；开证行的指定人或授权人不了解欺诈并按照开证行的指令履行了付款义务；保兑行善意履行了付款义务；议付行未参与欺诈并善意地进行了议付；可转让信用证项下的第二受益人不了解欺诈的情况下善意地支付了对价等。

64. 当事人以基础交易欺诈为由起诉的，可否将其与信用证法律关系合并审理？

答：当事人以基础交易存在欺诈为由起诉的，人民法院根据案情，可以将基础交易纠纷与信用证法律关系合并审理。当事人可以将与案件有关的开证行、议付行或其他信用证权利受让人作为利害关系人列为第三人；当事人未列第三人的，人民法院根据案情，可以追加第三人；当事人主动申请作为第三人参加诉讼的，也应当准许。人民法院经过实体审理确认欺诈成立的，应当以判决的方式，终止支付信用证项下的款项。

——《涉外商事、海事审判实务问题解答（一）》，载万鄂湘主编、最高人民法院民事审判第四庭编：《涉外商事海事审判指导》总第7辑，人民法院出版社2004年版，第45～83页。

【《最高人民法院公报》案例】

韩国新湖商社与四川省欧亚经贸总公司等信用证欺诈纠纷管辖权异议案［最高人民法院（2000）经终字第155号民事裁定书］

裁判摘要："信用证欺诈例外原则"是在基础交易存在实质性欺诈的情况下，可以构成信用证关系与基础交易相独立的例外。由于适用"欺诈例外原则"

是以基础交易的欺诈为前提，而导致信用证项下款项止付这样的后果，也必须将基础交易纠纷与信用证法律关系结合起来进行审理，所以原审法院对买卖合同和信用证纠纷均具有管辖权。

——《最高人民法院公报》2001 年第 3 期

【最高人民法院裁判文书】

北海宇能科技发展有限公司、中国银行股份有限公司北海分行、中国银行股份有限公司广西壮族自治区分行与花旗银行信用证纠纷申请再审案［最高人民法院（2014）民申字第 823 号民事裁定书］

最高人民法院认为：根据已经查明的事实，北海宇能申请开立的案涉信用证所对应的基础合同是北海宇能和美国宇能 2010 年 6 月 15 日签订的订货合同，案涉信用证所载明的商品数量、总价和所应提交的单据均与该合同的内容相同。美国宇能接受了该信用证并提交了信用证项下要求的全部单据。中国国际经济贸易仲裁委员会作出的已经生效的（2011）中国贸仲京裁字第 0367 号裁决书亦认定案涉信用证对应的基础合同是 2010 年 6 月 15 日合同。一、二审判决认定 2010 年 6 月 15 日合同是案涉信用证项下的基础合同有充分的事实依据，花旗银行关于案涉基础合同应为 2010 年 5 月 6 日合同的再审申请理由，与事实不符，不能成立。

美国宇能在将案涉基础合同约定的货物装船并取得正本提单、装箱单等信用证要求的全部单据后，并未实际将货物发出，北海宇能未能收到货物。一、二审判决根据《信用证解释》第八条的规定，认定美国宇能的上述行为构成了信用证欺诈，有充分的事实依据。至于美国宇能在案涉信用证载明的最迟装船日期之后又重新发货进行补救的行为并不影响对其此前行为构成信用证欺诈的认定。花旗银行称美国宇能不存在恶意不交付货物的行为、不构成信用证欺诈的再审申请理由不能成立。

案涉信用证为延期付款信用证。根据 UCP600 第二条对信用证类型和承付的规定及相关实践，承兑是针对承兑信用证项下汇票的承兑。而本案开证行开立的延期付款信用证所要求的单据并不包含汇票。花旗银行亦未提交证据证明案涉信用证项下要求的单据包含汇票以及开征行已经对汇票进行承兑。故其关于中国银行广西分行对案涉信用证进行了承兑的主张缺乏事实依据。中国银行广西分行在发给花旗银行的 SWIFT 电文中虽然使用了“ACCEPT”一词，但因该信用证项下要求的单据并不包含汇票,故该电文中"ACCEPT"的含义应当理解为是接受单据并承诺到期付款,而不是对汇票的承兑。一、二审法院对开证行的行为不构成承兑的认定,有相关事实和法律依据,并无不当。花旗银行关于中国银行广西分行在案涉到单通知和 SWIFT 电文中对案涉信用证进行了承兑的主张,缺乏事实和法律依据,不能成立。

美国宇能构成信用证欺诈,开证行中国银行广西分行得以此拒绝支付信用证项下的款项。美国宇能认为其系应受保护的善意并支付了对价的第三人,中国银行广西分行不能拒绝付款。因此,本案还应对是否存在信用证欺诈例外的例外情形进行审查。根据已经查明的事实,案涉信用证的付款人为开证行本身,该信用证既非保兑信用证,亦非可议付信用证。中国银行广西分行在向花旗银行发出的 SWIFT 电文中仅承诺接受单据并到期付款,并未对花旗银行作出其他任何授权和指定。花旗银行未得到开证行的任何授权和指定,不是案涉信用证的议付行或保兑行,开证行亦不存在承兑行为,因此,本案不存在《信用证解释》第十条规定的信用证欺诈例外的例外的四种情形,案涉信用证应当终止支付。一、二审判决对此所作的认定是正确的。花旗银行依据其与受益人美国宇能之间的协议,从美国宇能处受让取得的权利并不能优于美国宇能本身,在美国宇能实施了信用证欺诈行为的情况下,开证行得以此为由拒绝美国宇能及其权利的受让人花旗银行的付款请求。花旗银行关于其系应受法律保护的善意第三人的主张缺乏法律依据,一、二审判决未支持其主张并无不当。一、二审法院认定美国宇能构成信用证欺诈并判令开证行中国银行广西分行终止支付案涉信用证项下的款项,有相关事实和法律依据。花旗银行关于一、二审判决存在错误应予再审的理由均不能成立。

——中国裁判文书网,http://wenshu.court.gov.cn。

黑龙江哈尔滨华龙交通建设有限公司与中国光大银行黑龙江分行等追偿垫付款纠纷上诉案[最高人民法院(1999)经终字第 208 号民事判决书]

最高人民法院认为:投资银行是依据其与华龙公司之间的申请开立信用证协议、与国际工程公司之间的担保关系以及向境外议付行支付信用证项下款项的事实而向原审法院提起诉讼的。

本案所涉开证申请之附加条款明确约定,该信用证适用 UCP500,上述约定符合双方当事人的真实意愿,亦符合我国《民法通则》关于涉外民事关系法律适用的有关规定。因此,本案所涉信用证法律关系应适用 UCP500 的有关规定,并以此来确定投资银行对外承兑以及付款行为是否符合上述国际惯例、是否有权向开证申请人即华龙公司主张信用证项下其已垫付的款项。

UCP500 第 3 条 a 款规定："信用证与可能作为其依据的销售合同或其他合同，是相互独立的交易。即使信用证中有对该合同的任何援引，银行也与该合同完全无关，且不受其约束。因此，一家银行作出付款、承兑并支付汇票或议付及或履行信用证项下其他义务的承诺，不受制于申请人与开证行或与受益人之间在已有关系下产生的索偿或抗辩。"第 4 条规定："在信用证业务中，各有关当事人所处理的只是单据，而不是单据所涉及的货物、服务及/或其他行为。"上述规定确立了信用证的独立抽象性原则，即信用证虽然以基础买卖合同为依据而开立，但是一经开立就不再受基础买卖合同的制约。依据这一原则，只要受益人提交了符合信用证规定的单据，开证行就必须付款，即使这些单据所代表的货物与基础买卖合同规定不符，或基础买卖合同中有不同于信用证条款的规定。本案中，投资银行在收到议付行汉城分行提交的信用证要求的全套单据经审核单证相符、并经开证申请人华龙公司同意后，即进行了承兑。根据 UCP500 第 14 条 a 款 I 项即"对已付款、已承担延期付款责任、已承兑汇票或已议付的指定银行予以偿付"的规定，投资银行对汉城分行负有偿付义务，在投资银行兑付了议付行后，就其所付出的款项获得从开证申请人即华龙公司处得到偿付的权利。信用证本身是否经过修改、受益人是否违反信用证规定的质量条款并不影响开证行即投资银行在单证相符的情况下支付信用证项不款项并要求华龙公司偿付的权利。因此，投资银行的上述行为完全符合 UCP500 的有关规定，华龙公司关于"投资银行应受信用证条款约束并应承担擅自支付货款的责任"的上诉主张无理，本院不予支持。

华龙公司在本案诉讼过程中，一直以信用证受益人在基础买卖合同中存在欺诈作为其拒绝付款的抗辩理由，该理由亦是其主要的上诉内容。在信用证独立抽象性原则下，银行所关心的是单据而非货物，只要单据表面上符合信用证规定，开证行就应于付款，而不受基础交易的制约。对于受益人的欺诈能否受到独立抽象性原则的保护，UCP500 未作规定。但是，"欺诈例外"作为一项原则，被大多数国家在实践中所采纳，即在肯定了独立抽象性原则的前提下，又承认这一原则的适用不能无视国际商业交易的实际情况，在特定情况下应允许有例外，受益人欺诈是最主要的情形。然而，上诉人华龙公司在本案诉讼过程中，始终未对受益人存在欺诈行为举出确实的证据，其所谓的欺诈事实实际上是进口设备存在某些质量问题，该问题只是基础买卖合同履行过程中的质量纠纷，不应影响当事人约定的信用证结算方式。因此,华龙公司关于本案信用证受益人存在欺诈行为的上诉理由,本院予以驳回。

华龙公司在提起本案诉讼前,曾以质量纠纷为由以本案信用证受益人为被申请人向哈尔滨中院申请诉讼保全以冻结本案所涉信用证项下款项,哈尔滨中院作出了相应的民事裁定,导致信用证项下款项被冻结而不能对外支付。以后,哈尔滨中院又撤销了上述裁定。华龙公司上诉认为哈尔滨中院的诉讼保全裁定具有法律效力,投资银行应据此且应依据 UCP500 第 17 条的规定对外拒付信用证项下款项,擅自支付的后果应由投资银行自行承担。上述上诉理由同样没有事实和法律依据。首先,UCP500 第 17 条规定的是在发生不可抗力的情况下开证行可以拒付的情形,而本案根本不存在此种情形;其次,信用证是开证行对受益人的一项单独承诺,如果单据表并未显示存在欺诈,也没有其他明确的证据证明欺诈存在,可以认为法律并未赋予开证申请人限制银行付款的权利。本案的实际情况是,华龙公司申请开立的是远期信用证,信用证已被汉城分行议付,而且开证行已对议付行承兑了信用证项下汇票。此时,投资银行在信用证项下的责任已变为票据上的无条件付款责任。根据我院 1989 年 6 月 12 日法(经)发〔1989〕12 号《全国沿海地区涉外、涉港澳经济审判工作座谈会纪要》的有关规定,人民法院不应裁定冻结本案信用证项下之款项。因此,原审判决关于"华龙公司的保全申请违反法律规定、不符合国际惯例,由此造成迟延付款的利息、损失由其负担"的认定是正确的。投资银行在哈尔滨中院撤销了冻结裁定后.即向议付行支付了信用证项下款项,该行为无任何过错,亦符合信用证结算的国际惯例,其有权要求开证申请人华龙公司偿付相关款项,包括信用证项下款项以及因迟延支付而产生的相关费用。

——最高人民法院办公厅编:《最高人民法院公布裁判文书(2002 年)》,人民法院出版社 2003 年版,第 193 ~ 204 页。

【链接:最高人民法院法官著述】

司法实践中,认定是否构成信用证欺诈,不仅要从行为本身考察,更重要的是考察行为人是否具有主观恶意,确保慎重启动信用证欺诈例外制度。在审理案件的过程中,应当坚持"谁主张,谁举证"的原则,需要审理案件的法官根据当事人举出的证据材料,对于行为是否构成信用证欺诈综合作出判断,达到内心确信的程度。

《信用证解释》第十条是对“信用证欺诈例外的例外”情形的规定，在存在该条规定的任一情形时，即使存在信用证欺诈，人民法院也不能再适用信用证欺诈例外制度，不能再通过司法手段干预信用证项下的付款。我们认为，从法理上看，判断是否存在信用证欺诈例外的例外情形，主要依据信用证项下各方当事人之间的法律关系以及是否存在善意第三人来确定。《信用证解释》第十条是以保护善意第三人的利益为出发点的，这正是“信用证欺诈例外的例外”得以形成并在各国司法实践中被普遍认可进而形成一种“制度”的法理基础。因此，只要考察是否存在善意第三人，就能够正确理解和适用《信用证解释》第十条的规定。实践中，在存在信用证欺诈的情况下，开证行或其指定人、授权人对信用证项下票据善意地作出了承兑，如果没有善意第三人存在，人民法院仍然可以裁定中止支付或者判决终止支付信用证项下款项。

——高晓力：《关于当前国际金融危机下人民法院审理信用证纠纷案件面临问题及其对策的调研报告》，载万鄂湘主编、最高人民法院民事审判第四庭编：《涉外商事海事审判指导》总第18辑，人民法院出版社2009年版，第175~177页。

编者说明

最高人民法院先后裁判的三个典型案例——纽科案（即瑞士纽科货物有限责任与中国建设银行吉林省珲春市支行拒付信用证项下货款纠纷上诉案）、潮连案（即潮连物资（香港）有限公司与中国农业银行湖南省分行信用证交易纠纷上诉案）和新湖案（即韩国新湖商社与四川省欧亚经贸总公司等信用证欺诈纠纷管辖权异议案）涉及信用证作为国际支付手段的三个基石，即三个基本原则：独立性原则、单证表面严格相符原则和单据交易原则、独立性原则的欺诈例外。不仅如此，还涉及信用证法律和实务中其他重要争议问题：例如软条款问题，信用证欺诈的程序问题，信用证欺诈的救济问题，信用证欺诈案件的管辖权问题，信用证欺诈认定的实质性标准问题，信用证和信用证性项下的票据问题。

最高人民法院在新湖案中再次确认信用证的独立性原则。同时第一次在正式公开的判决中明确独立性原则有一个例外，那就是欺诈例外。本判决再一次表明，最高人民法院自纽科案判决公布以来，在信用证独立性原则上的立场是坚定的和前后一致的。信用证交易和基础合同交易相互独立，开证行不能以基础合同项下的抗辩针对受益人，反过来，开证申请人也不能利用基础合同项下受益人的履约甚至违约的抗辩来要求开证行不予兑付受益人的合格交单，除非发生受益人欺诈。

1662

无真实基础交易，单据亦非基于真实基础交易形成，将信用证异化为纯粹的融资工具，构成信用证欺诈

关键词 | 信用证欺诈 | 基础交易 |

【最高人民法院裁判文书】

澳大利亚和新西兰银行(中国)有限公司上海分行与宁波宁兴控股股份有限公司信用证欺诈纠纷申请再审案[最高人民法院(2013)民申字第372号民事裁定书]

最高人民法院认为:本案争议焦点是是否存在信用证欺诈以及澳新银行上海分行的议付行为是否善意。

一、关于本案是否存在信用证欺诈

综观本案及相关29个案件查明的事实,本案所涉信用证缺乏真实的基础交易背景,信用证被单纯作为了融资工具,而非付款工具。史明等人为获得融资,首先根据澳新银行上海分行职员的建议,设立了永联公司、联创公司、好运公司等离岸公司作为卖方,再由史明等人控制的国内公司盛通公司等作为买方,或者由盛通公司等通过外贸代理协议委托宁兴公司等外贸代理公司作为买方,利用史明等人存储在仓库中的2800吨电解铜,虚构基础交易,并以该虚构的基础交易为依托,由盛通公司等或者其委托的宁兴公司等外贸代理公司作为开证申请人,向十几家国内开证行分别申请开立远期、自由议付的信用证。此后,史明等人操纵其控制的关联公司向澳新银行上海分行提交信用证项下要求的包括世天威公司仓单在内的各项单据,澳新银行上海分行根据其与各离岸公司之间签署的沉默保兑协议,买入信用证项下的单据,并通过各离岸公司账户支付贴现款项。史明等人利用澳新银行上海分行向开证行交单、开证行承兑后向开证申请人释放单据的机会,直接取得世天威公司仓单或者以伪造的国储七处的仓单从外贸代理公司处换取世天威公司仓单,并将世天威公司仓单以重复使用或者拆分、合并等方式,循环完成后续一系列信用证交易项下的交单行为。史明等人因此从澳新银行上海分行获得巨额融资。上述2800吨电解铜所对应的仓单在短期内被作为上百单信用证项下的单据循环使用,仅在2008年1月至10月间信用证交易所对应的电解铜累计高达4万余吨,可见,本案所涉信用证不是被用作履行真实货物买卖合同项下付款义务的工具,而是被纯粹用作融资的手段。此

外，由于包括本案所涉信用证在内的系列信用证交易均非基于真实的基础交易，信用证项下的单据亦非基于真实基础交易形成的真实单据。除仓单不能全部对应货物外，信用证项下要求的其他单据如商业发票、装箱单、原产地证书、品质证书等，均存在伪造的情形。

信用证作为国际贸易中发展起来的一种支付手段，其虽具有融资功能，但其根本性质依然是支付工具，如果将信用证异化为纯粹的融资工具，则背离了信用证制度的根本宗旨。最高人民法院《信用证解释》第八条规定了实践中应当被认定为信用证欺诈的具体情形。鉴于史明等人利用其控制的各离岸公司、国内公司以2800吨电解铜为依托循环放大交易，全部信用证交易均缺乏真实的基础交易背景，故不论产生欺诈的原因为何，不论谁导致了欺诈行为的发生，均应当认定包括本案所涉信用证在内的系列信用证交易项下存在欺诈，不应再受信用证独立抽象性原则的保护。一、二审法院根据《信用证解释》第八条的规定，认定本案构成信用证欺诈是正确的。澳新银行上海分行关于本案欺诈发生在信用证之外的提货环节、每一笔信用证项下不存在单据虚假且不存在信用证欺诈的申请再审理由不能成立。

——贺荣主编、最高人民法院民事审判第四庭编：《涉外商事海事审判指导》总第29辑，人民法院出版社2015年版，第139～150页。

澳大利亚和新西兰银行（中国）有限公司上海分行与恒丰银行股份有限公司杭州分行及香港联创资源有限公司、宁波市锦湖进出口有限公司、中国银行股份有限公司浙江省分行信用证欺诈纠纷案[最高人民法院（2013）民申字第1231号民事裁定书]；澳大利亚和新西兰银行（中国）有限公司上海分行与宁波海田国际贸易有限公司、好运国际企业集团有限公司、宁波保税区盛通国际贸易有限公司、中国农业银行股份有限公司宁波市分行信用证欺诈纠纷案[最高人民法院（2013）民申字第1386号民事裁定书]；澳大利亚和新西兰银行（中国）有限公司上海分行与上海久茂对外贸易有限公司、香港联创资源有限公司信用证欺诈纠纷案[最高人民法院（2013）民申字第1396号民事裁定书]

上述案件的裁判理由与前引裁判文书基本一致（略）。

——中国裁判文书网，http://wenshu.court.gov.cn。

1663

倒签提单并不必然构成信用证欺诈，也并不必然导致银行可以拒付信用证项下的款项，应当分情形处理

关键词｜倒签提单｜信用证欺诈｜拒付款项｜

【最高人民法院答复】

江苏省高级人民法院：

你院《关于连云港口福食品有限公司与韩国中小企业银行信用证纠纷一案的请示报告》收悉。经研究，答复如下：

同意你院的倾向性意见，即第一种处理意见。

倒签提单并不必然构成信用证欺诈，也并不必然导致银行可以以此为由拒付信用证项下的款项，应当分别情形处理。如果倒签提单的行为是出于受益人进行欺诈的主观恶意，即使倒签提单的行为是承运人所为，倒签提单作为一种欺诈手段，应当被认为构成信用证欺诈，银行可以据以拒付信用证项下的款项；如果倒签提单并非出于受益人的主观恶意，开证申请人的利益也并未因倒签提单的行为遭受实际损害，则不应认为构成信用证欺诈，银行不能以倒签提单为由拒付信用证项下的款项。综合本案的情况，不应认定口福公司构成欺诈，韩国银行无权以倒签提单为由拒付信用证项下的款项。

另外，你院在审理本案过程中，应注意查明本案所涉货物的实际处理情况，再作出正确判决，以避免引发新的纠纷。

此复。

——《最高人民法院关于连云港口福食品有限公司与韩国中小企业银行信用证纠纷一案的请示的复函》(2003年12月11日，〔2003〕民四他字第33号)

【《最高人民法院公报》案例】

口福食品公司诉韩国企业银行、中行核电站支行信用证纠纷案(江苏省高级人民法院二审民事判决书)

裁判摘要：信用证欺诈，是指信用证受益人在根本无货或者质量低劣无法交货的情况下，单独或与他人恶意串通，伪造符合信用证要求的一种或几种单据，从开证行骗取信用证项下货款，从而使开证申请人遭受经济损失的行为。开证

行如无证据证明信用证项下单据是受益人单独或与他人恶意串通伪造的，目的是从开证行骗取信用证项下款项，且该伪造行为已经给开证申请人造成了实质性损害，不能援引信用证欺诈例外原则拒付信用证项下款项。

江苏省高级人民法院认为：关于第一点。本案是信用证交易纠纷。在一审中，各方当事人均以UCP500作为诉辩依据，一审也适用UCP500作出判决。然而UCP500只能解决当事人在信用证交易中的地位和权利义务，不涉及信用证欺诈及其法律救济问题，因而不能解决上诉人韩国企业银行提出的信用证欺诈问题。对这个问题，韩国企业银行认为韩国法律是准据法，而被上诉人口福食品公司和原审被告中行核电站支行则主张以中国法律为准据法。信用证欺诈是侵权行为。《民法通则》第一百四十六条第一款规定："侵权行为的损害赔偿，适用侵权行为地法律。"既然韩国企业银行主张口福食品公司伪造了单据和倒签了提单，而本案信用证项下的单据与提单均在中国签发，中国是侵权行为地，故应当适用中国法律解决信用证欺诈及其法律救济问题。

关于第二点。信用证欺诈，是指信用证受益人在根本无货或者质量低劣无法交货的情况下，单独或与他人恶意串通，伪造符合信用证要求的一种或几种单据，从开证行骗取信用证项下货款，从而使开证申请人遭受经济损失的行为。而在本案中，被上诉人口福食品公司是在向承运人交付了货物的情况下，制作或者获取了信用证要求的商业发票、汇票、装箱单和提单等单据，上诉人韩国企业银行没有证据证明口福食品公司所供货物质量低劣，因此不存在口福食品公司以质量低劣货物骗取信用证项下款项的问题。鉴于韩国企业银行在其开具的信用证中，已经将受益人口福食品公司的英文名称错写为"LIANYUNGAND KUCHIFUKU FOODS CO. LTD"，为了使议付单据与信用证一致，口福食品公司才在信用证议付单据上，将该公司英文名称填写为与信用证一致的错误名称，同时加盖了有同样英文名称的印章。虽然口福食品公司加盖在信用证议付单据上的印章有将错就错的英文名称，但同时也有该公司正确的中文名称。二审庭审中，韩国企业银行已经对口福食品公司的信用证受益人身份不存异议，说明口福食品公司在信用证议付单据中使用"LIANYUNGAND"一词，客观上没有引起歧义。因此，口福食品公司在信用证议付单据上错误填写该公司的英文名称，以及加盖含有同样英文名称的印章，是事出有因，不构成信用证欺诈。韩国企业银行关于口福食品公司私刻印章、伪造单据、构成信用证欺诈的上诉理由，不能成立。

关于第三点。现有证据证明，涉案货物是于2002年5月31日8时至6月1

日 4 时装船,承运方于 6 月 1 日签发提单,而在承运方出具给被上诉人口福食品公司的提单上,填写的装船时间是 2002 年 5 月 31 日,确为倒签。即便如此,也不能认定口福食品公司实施了信用证欺诈行为。这是因为:(1)在信用证规定的装船日期前,口福食品公司已经组织了货物,并将货物送至承运人指定的场站,办理好货物出关等必要手续,得到承运方关于在 5 月 31 日装船的承诺,客观上没有必要倒签提单;(2)上诉人韩国企业银行不能以证据证明口福食品公司参与实施了倒签提单的行为,主观上有倒签提单的故意;倒签提单是承运方为履行其对口福食品公司的承诺而实施的欺骗行为,与口福食品公司无关;(3)韩国企业银行虽然提出由于倒签提单,致使货物迟延到港,给开证申请人造成了实质性损害,但没有提交相应的证据。对开证申请人来说,本案的倒签提单没有给其造成实际损害。因此,本案虽然有倒签提单的事实,但不存在信用证受益人以此实施欺诈的主观恶意。对提单倒签,口福食品公司没有过错,不能认定构成信用证欺诈,韩国企业银行也不能以此为由拒付信用证项下货款。

《民法通则》第一百零六条第二款规定:"公民、法人由于过错侵害国家的、集体的财产,侵害他人财产、人身的应当承担民事责任。"综上所述,上诉人韩国企业银行关于被上诉人口福食品公司伪造单据、倒签提单、所供货物存在质量问题,应适用信用证欺诈例外原则判决其不承担付款责任的上诉理由,不能成立。对议付单据与信用证上的受益人英文名称不符、提单上的装船日期倒签等问题,口福食品公司主观上没有进行欺诈的过错,不能由其承担信用证欺诈的民事责任。一审判决韩国企业银行承担信用证项下的付款义务,并无不当,应当维持。

——《最高人民法院公报》2006 年第 1 期

编者说明

"倒签提单"被普遍认为是一种欺诈行为。但是对于倒签提单是否构成"信用证欺诈"并导致银行可以拒付,理论界与实务界均存在争议。应当认为,倒签提单并不必然构成信用证欺诈,也并不必然导致银行可以据以拒付信用证项下的款项,应当分情形处理:如果倒提单的行为是出于受益人主观进行欺诈的恶意,即使倒签提单的行为是承运人所为,倒签提单作为一种欺诈手段,应当被认为构成信用证欺诈,并使银行可以据以拒付信用证项下的款项,这样也是符合民法上的公平原则的。①

---

① 高晓力:《倒签提单是否必然构成信用证欺诈以及是否适用信用证欺诈例外原则使开证持得以拒付——韩国中小企业银行与连云港口福食品有限公司信用证交易纠纷案》,载吴庆宝等主编:《信用证诉讼原理与判例》,人民法院出版社 2005 年版,第 504 页。

1664

通知行已经尽其合理谨慎审核的职责，在审查信用证阶段不应承担责任

关键词｜通知行｜

【《最高人民法院公报》案例】

中国银行新疆分行诉新兴公司信用证交易纠纷案(新疆维吾尔自治区高级人民法院民事判决书)

新疆维吾尔自治区高级人民法院认为:一、UCP500 第 7 条 a. 规定:“信用证可经另一家银行(通知行)通知受益人,而通知行无须承担责任。但如该行决定了通知该信用证,则应合理谨慎地审核所通知信用证的表面真实性。”原告新疆分行在作为通知行期间,接到国外银行寄来的信用证,经检查印押无误才通知受益人,保证了信用证的表面真实性,已经尽了通知行应尽的合理谨慎地审核的职责。在审查信用证阶段,新疆分行无须承担任何责任。

——《最高人民法院公报》1998 年第 1 期

1665

通知行因疏忽将开证人名称错误通知，致受益人错误信赖开证人信用良好而接受信用证并受损失，通知行应依过错承担相应赔偿责任

关键词｜信用证转让｜开证人名称｜错误通知｜赔偿责任｜

【最高人民法院裁判文书】

栖霞市绿源果蔬有限公司与中国银行股份有限公司北京市分行信用证转让纠纷案[最高人民法院(2013)民申字第 1296 号民事裁定书]

最高人民法院认为:绿源公司申请再审所涉及的焦点问题是中行北京分行是否应当承担绿源公司所主张的出口退税损失和贷款利息损失。

本案所涉信用证约定适用的 UCP500 号对中介银行就其错误通知行为应当承担何种责任没有作出具体规定,原审判决适用我国法律并无不当。根据《民

法通则》第一百零六条第二款的规定，行为人过错侵害他人财产权益的，应当承担民事责任。即行为人就过错行为承担民事责任的前提是过错行为与损害之间必须具有相当的因果关系。本案中，开证人劳埃德贸易储蓄委员会违反信用证项下所承诺的依据相符交单予以付款的义务，是受益人绿源公司未能全额收取信用证款项的直接原因。中行北京分行作为转让行和通知行，因疏忽过失将开证人名称错误通知为乌克兰第聂伯信贷银行，存在过错。中行北京分行的过错行为，导致绿源公司错误信赖开证人是一家信用良好的银行而接受信用证并遭受损失，中行北京分行应当根据过错程度承担相应的赔偿责任。

——中国裁判文书网，http://wenshu. court. gov. cn。

1666

基础合同或其他法律关系项下的损失，不属信用证当事人应当预见范围，与信用证当事人的过错行为无相当因果关系，不应在信用证关系中赔偿

关键词 | 信用证基础合同 | 相当因果关系 | 信用证转让 |

【最高人民法院裁判文书】

栖霞市绿源果蔬有限公司与中国银行股份有限公司北京市分行信用证转让纠纷案[最高人民法院(2013)民申字第1296号民事裁定书]

裁判要旨：信用证当事人违反义务所应承担的责任范围应当仅限于信用证项下的直接损失，发生在基础合同关系或其他法律关系项下的损失，不属于信用证当事人应当预见的范围，与信用证当事人违反义务的过错行为之间不具有相当因果关系，不应在信用证关系中得到赔偿。

最高人民法院认为：绿源公司申请再审所涉及的焦点问题是中行北京分行是否应当承担绿源公司所主张的出口退税损失和贷款利息损失。

信用证是独立于基础合同的单据交易，信用证关系中的各有关当事人处理的仅是单据，而不是与单据有关的货物、服务或其他行为。因此，信用证当事人违反义务所应承担的责任范围应当仅限于信用证项下的直接损失。发生在基础合同关系或其他法律关系项下的损失，不属于信用证当事人应当预见的范围，与

信用证当事人违反义务的过错行为之间不具有相当因果关系，不应在信用证关系中得到赔偿。绿源公司在案涉信用证项下的直接损失为开证人依据信用证应当支付的款项以及延期付款利息。绿源公司再审申请主张的贷款利息损失和出口退税损失，是基础合同如能履行可以避免的支出以及可以获得的利益，均不属于信用证项下的直接损失。上述损失与中行北京分行的过错行为之间既不具有因果关系的相当性，也是中行北京分行履行通知义务时所无法预见的，不应由中行北京分行承担赔偿责任。绿源公司的申请再审理由不能成立，本院不予支持。绿源公司在基础合同中所受的损失可以另循法律途径解决。

——中国裁判文书网，http://wenshu.court.gov.cn。

1667

信用证止付纠纷的法律适用

关键词 | 信用证止付 | 法律适用 |

【最高人民法院司法解释】

第十一条 当事人在起诉前申请中止支付信用证项下款项符合下列条件的，人民法院应予受理：

（一）受理申请的人民法院对该信用证纠纷案件享有管辖权；

（二）申请人提供的证据材料证明存在本规定第八条的情形；

（三）如不采取中止支付信用证项下款项的措施，将会使申请人的合法权益受到难以弥补的损害；

（四）申请人提供了可靠、充分的担保；

（五）不存在本规定第十条的情形。

当事人在诉讼中申请中止支付信用证项下款项的，应当符合前款第（二）、（三）、（四）、（五）项规定的条件。

——《最高人民法院关于审理信用证纠纷案件若干问题的规定》（2005年11月14日，法释〔2005〕13号）

【最高人民法院司法政策】

各省、自治区、直辖市高级人民法院，各受理涉外商事案件的中级人民法院及各海事法院：

今年以来，国际钢材市场价格大幅下跌。受其影响，我国国内部分钢材产品价格也呈下降趋势。进口成本与内销差价的急剧缩小直接影响了钢材进口商的商业利益。一些进口商遂要求银行寻找单据理由对外拒付，或者寻找一些非常牵强的所谓“欺诈”理由申请法院止付信用证项下款项。一些法院随意裁定止付所涉信用证项下的款项，已经对外造成了不良影响。为了维护我国法院和我国银行的国际形象，现通知如下：

1. 严格坚持信用证独立性原则。信用证是独立于基础交易的单据交易，只要受益人所提交的单据表面上符合信用证的要求，开证行就负有在规定的期限内付款的义务。信用证交易与基础交易属于两个不同的法律关系，一般情况下不得因为基础交易发生纠纷而裁定止付开证行所开立信用证项下的款项。

2. 严格坚持信用证欺诈例外原则适用的条件。只有在有充分的证据证明信用证项下存在欺诈，且银行在合理的时间内尚未对外付款的情况下，人民法院才可以根据开证申请人的请求，并在其提供担保的情况下裁定止付信用证项下款项。但如果信用证已经承兑并转让或者信用证已经议付，仍不得裁定止付。

各级人民法院应当对止付信用证项下款项高度重视，严禁在不符合条件的情况下随意裁定止付有关信用证项下款项，已经作出错误止付裁定的，相关人民法院应当立即予以纠正。

特此通知。

——《最高人民法院关于严禁随意止付信用证项下款项的通知》(2003年7月16日，法〔2003〕103号)

【最高人民法院审判业务意见】

近年来信用证纠纷案件数量有下降的趋势。从审判实践看，各级法院执行司法解释的情况较好，一是能严格坚持信用证独立性原则，认定信用证关系独立于基础交易关系，不因为基础交易发生纠纷而裁定止付信用证项下的款项；二是能够界定信用证欺诈例外原则的适用范围，信用证欺诈情形的举证责任由信用证止付申请人承担，严格规范信用证止付的条件和程序。但是，近期一些法院在审理信用证纠纷时，对信用证司法解释的理解还存在一定分歧。

一是关于人民法院裁定中止支付信用证项下款项是否应以认定信用证欺诈成立为条件。根据《信用证解释》的相关规定，当事人可以在诉讼前和诉讼中向人民法院申请裁定中止支付信用证项下的款项，究其根本，这是一种财产保全措施，该司法解释第十一、十二、十三条等条文正是根据我国《民事诉讼法》中关于财产保全的规定作出的规定。司法解释第十一条规定人民法院应当在同时满足五项条件的情况下才能作出止付裁定，其中之一就是有证据证明存在信用证欺诈，这些条件设定得较为严格，主要是由于信用证项下存在欺诈的情况下通过司法干预信用证项下的付款本身就是一种例外情形，应予严格掌握，不能滥用，否则将损害信用证制度本身。然而，在诉讼前和诉讼过程中，在财产保全阶段就要求当事人提供足够充分的证据证明并由人民法院认定构成信用证欺诈是不现实的，只有经过人民法院对案件的实体审理才能最终认定信用证欺诈是否成立，并根据该认定结果最终确定是否应当判决终止支付信用证项下的款项。这也是说，人民法院裁定中止支付信用证项下款项的条件之一虽然是要有证据证明存在信用证欺诈，但这种证据要求是初步的、适当的，而不是充分的。

二是关于实践中如何把握认定信用证项下构成善意议付的标准。根据上述信用证司法解释的规定，在信用证项下款项已经被善意议付的情况下，即使存在信用证欺诈的情形，人民法院也不能再裁定中止支付或者判决终止支会信用证项下的款项，即信用证欺诈例外的例外。这里“善意”议付的认定标准即是要判断议付行是否构成“善意第三人”，与我国民法上判断善意第三人的标准是一致的。具体而言，是指议付行对没有基础交易、仿造单据等欺诈行为知道或应当知道。

——刘贵祥：《在全国涉外商事审判庭长座谈会上的总结讲话》，载万鄂湘主编、最高人民法院民事审判第四庭编：《涉外商事海事审判指导》总第22辑，人民法院出版社2012年版，第22页。

人民法院对信用证止付申请，必须严格按照最高人民法院《信用证解释》以及《最高人民法院关于当前人民法院审理信用证纠纷案件应当注意问题的通知》的规定执行。一是要严格坚持信用证独立性原则。信用证关系独立于基础交易关系，不得因为基础交易发生纠纷而裁定止付信用证项下的款项。二是严格把握信用证欺诈例外原则的适用范围。信用证止付申请人，应就《信用证解释》第八条列举的信用证欺诈情形，承担举证责任。各级法院应当严格按照《信用证解释》列明的条件和程序，符合条件的才能裁定止付信用证项下的款项。

——刘贵祥：《在第三次全国涉外商事海事审判工作会议上的总结讲话》(2010 年 2 月 2 日)，载万鄂湘主编、最高人民法院民事审判第四庭编：《涉外商事海事审判指导》总第 20 辑，人民法院出版社 2010 年版，第 34 ~ 35 页。

【链接：最高人民法院法官著述】

止付令的性质不可一概而论。法院在诉讼前与诉讼过程中发布的止付令，性质上属于一种诉前保全或诉讼保全措施，是程序法上的救济措施。根据我国《民事诉讼法(2007)》第九十三条、第九十四条的规定，在诉讼发生前或诉讼过程中，人民法院根据利害关系人或诉讼当事人的请求，可以对有关的财产采取保全措施。这两种保全措施的共同特点在于：利害关系人或当事人只要声称情况紧急，不立即进行保全就会使其合法权益受到难以弥补的损失，在提供担保情况下，就会得到此类救济；同时，这两类保全措施都具有暂时性的特点，在诉前保全中，利害关系人不在提出保全请求后 15 天内提起诉讼的；以及在诉讼保全中，法院的终局判决与保全措施不一致的，相应的保全措施都会马上解除。止付令还有另一种形态，即作为法院终局判决的止付令。这一类止付令是法院根据相关实体法，主要是民法与相关特别法，为解决信用证欺诈而采取的实体法上的救济措施。在欺诈所涉的止付令中，前者具有更普遍的意义。由于获取程序法上的止付令是一件相当容易的事，因此，法院在作出此类止付令时，必须要慎之又慎，尽量减少或避免产生负面影响。

——刘贵祥：《独立保函制度的现实与展望》，载万鄂湘主编、最高人民法院民事审判第四庭编：《涉外商事海事审判指导》总第 18 辑，人民法院出版社 2009 年版，第 166 ~ 167 页。

1668

国外议付行对出口信用证已经善意付款的，国内开证行即负有对外付款义务，不因我国法院发出的止付令而免除

关键词 | 止付令 | 议付行 | 善意付款 |

【最高人民法院司法解释】

第十条 人民法院认定存在信用证欺诈的，应当裁定中止支付或者判决终止支付信用证项下款项，但有下列情形之一的除外：

（一）开证行的指定人、授权人已按照开证行的指令善意地进行了付款；

（二）开证行或者其指定人、授权人已对信用证项下票据善意地作出了承兑；

（三）保兑行善意地履行了付款义务；

（四）议付行善意地进行了议付。

——《最高人民法院关于审理信用证纠纷案件若干问题的规定》（2005年11月14日，法释〔2005〕13号）

【最高人民法院裁判文书】

福建省轻工业品进出口集团公司诉中国农业银行福建省分行营业部、中国农业银行福建省分行马尾支行返还开证保证金纠纷案［最高人民法院（2000）经终字第261号民事判决书］

最高人民法院认为：轻工公司请求营业部返还的款项系营业部开出的131LC98001号、13lLC98004号两份信用证项下的开证保证金，对此各方当事人均无异议。信用证开证保证金属于有进出口经营权的企业向银行申请对国外（境外）方开立信用证而备付的具有担保支付性质的资金。开证银行在其免除对外付款义务之前，该笔资金不能被挪作他用，开证银行有权占有该笔资金而不予返还开证申请人。本案中轻工公司申请营业部开立的131LC98001号、13lLC98004号两份信用证项下款项虽然已经由福建省厦门市海事法院判决对外不予支付，但是由于营业部已经对该两份信用证项下远期汇票予以承兑，承诺到期支付该两份信用证项下款项，现法国里昂信贷银行以其已经议付该两份信用证项下款项并要求中国农业银行付款为由，以中国农业银行为被告向巴黎商业法院提起诉讼。中国农业银行一旦败诉，则仍然要承担该两份信用证项下的付款责任。因此，从目前事实看，中国农业银行在本案两份信用证项下的付款责任并未完全免除，轻工公司要求营业部返还该两份信用证项下保证金的诉讼请求不能成立，本院不予支持。原审判决认定事实基本清楚，但确定责任不当，应予纠正。

——最高人民法院办公厅编：《最高人民法院公布裁判文书（2002年）》，人民法院出版社2003年版，第144～149页。

1669

议付行为获得沉默保兑协议项下的贴现费用，利用信用证独立抽象性原则的保护对信用证欺诈采取放任态度，其议付行为不属于善意

关键词｜议付行｜信用证欺诈｜善意议付｜

【最高人民法院裁判文书】

澳大利亚和新西兰银行(中国)有限公司上海分行与宁波宁兴控股股份有限公司信用证欺诈纠纷申请再审案[最高人民法院(2013)民申字第372号民事裁定书]

最高人民法院认为:二、关于澳新银行上海分行议付是否善意。

本案所涉信用证为自由议付信用证,信用证均载明适用最新版本的《跟单信用证统一惯例》,即UCP600。UCP600第二条规定:“议付指指定银行在相符交单下,在其应获偿付的银行工作日当天或之前向受益人预付或者同意预付款项,从而购买汇票(其付款人为指定银行以外的其他银行)及/或单据的行为。”第十二条a款规定:“除非指定银行为保兑行,对于承付或议付的授权并不赋予指定银行承付或议付的义务,除非该指定银行明确表示同意并且告知受益人。”本案中,澳新银行上海分行审核了受益人提交的单据,并在其认为符合信用证的要求后向受益人贴现了信用证项下的款项,澳新银行上海分行的行为符合UCP600的上述规定,在性质上构成议付。澳新银行上海分行与各受益人之间签署的所谓沉默保兑协议,是该两方之间的另行金融安排,不影响本案信用证项下它们之间形成议付法律关系的性质。此外,尽管是澳新银行香港分行将信用证项下款项实际汇至各受益人的账户,但从性质上看,系其代澳新银行上海分行付款的行为,该行为不能改变澳新银行上海分行在本案中作为议付行的法律地位。一、二审法院认定澳新银行上海分行系议付行正确。

然而,从本案及相关29个案件的全部事实看,澳新银行上海分行的议付行为并非善意。包括本案所涉信用证在内的共计30单信用证项下均发生了纠纷,而这些信用证项下的议付行均为澳新银行上海分行,因而不应孤立、片面地看待每一单信用证,而是应当结合包括本案所涉信用证在内的全部信用证交易所产生的背景、交易的具体情况等综合考察澳新银行上海分行议付行为的性质。首先,史明等人所采用的以“自买自卖”并开立信用证的方式进行融资的方案是澳

新银行上海分行的职员为其设计的。其次，澳新银行上海分行在为史明等人在境外注册离岸公司及开设离岸账户的过程中，违反有关银行客户识别方面的法律法规的规定，没有履行客户开户资料面签的手续，放任史明等人冒用严爱国等人的名义为一系列空壳性质的离岸公司开立账户。再次，澳新银行上海分行作为各离岸公司的开户行，理应知晓其客户背景，其同时又与各离岸公司签订了沉默保兑协议，并持续对大量信用证进行议付，其在通知、接受单据时明知委托开证人的联系人同时也是受益人的国内联系人。综合上述情形，可以认定澳新银行上海分行对基础交易中实际的买方和卖方均为史明等人控制的关联公司是明知的。我国法律虽然并不禁止关联公司之间的国际货物买卖行为，但本案所涉交易并非关联公司之间正常的贸易往来，而是以融资为目的的虚构的“自买自卖”，信用证项下重要的单据——仓单在短期内频繁重复流转，明显异常于正常贸易中的交货流程，对于专业银行而言，理应对该异常现象引起足够注意。在受益人短时间内重复提交信用证项下重要的单据——仓单的情况下，其完全能够察觉并应慎重从事，但澳新银行上海分行却为了获得沉默保兑协议项下的贴现费用，利用信用证独立抽象性原则的保护对此采取放任态度，从而导致信用证欺诈严重后果的发生，史明等人也由此实现了通过虚构基础交易申请开立信用证从而获得巨额融资的非法目的。澳新银行上海分行对受益人国内联系人提交来的信用证项下的单据进行了审核，并在确认单证相符的情况下向受益人支付了信用证项下的款项，其审单行为虽然符合 UCP600 的规定，但由于本案缺乏真实的基础交易背景，加之有证据证明其职员为史明等人设计了这一融资方案等事实，因此，虽然没有证据证明澳新银行上海分行直接参与了信用证欺诈，但这并不影响对澳新银行上海分行的议付行为并非善意的认定。一、二审法院对此的认定正确。本案中，澳新银行上海分行关于其议付善意的申请再审理由不能成立。

本案中，开证行已经通过 SWIFT 系统向澳新银行上海分行明确表示承兑，尽管不符合我国票据法上对于票据承兑应当在票据上明确“承兑”字样的要求，但我国司法实践中一直认可信用证交易中的国际习惯做法，即认为通过 SWIFT 电文表示的承兑构成信用证项下有效的付款承诺。也就是说，本案中开证行已经向澳新银行上海分行承诺付款。如果澳新银行上海分行是善意的议付行，即为善意第三人，则其可以根据最高人民法院《信用证解释》第十条确立的“信用证欺诈的例外”制度获得保护，即便存在信用证欺诈的情况，其亦应当得到开证行的付款。然而，本案中澳新银行上海分行的行为不能被认定为善意，不属于“信用证欺诈的例外”制度保护的范围。本案并不存在最高人民法院《信用证解释》第十条规定的任一情形。因此,一、二审法院判令终止支付信用证项下的款项并无不当。澳新银行上海分行因此遭受的损失,可以另寻法律途径救济。

——贺荣主编、最高人民法院民事审判第四庭编:《涉外商事海事审判指导》总第29辑,人民法院出版社2015年版,第139~150页。

1670

远期信用证项下开证行提前放单不构成怠于行使担保物权的行为,不应视为放弃物的担保

关键词 | 远期信用证 | 提前放单 | 担保物权 |

【最高人民法院裁判文书】

中国建设银行辽宁省分行营业部诉沈阳沈港对外贸易公司、中油龙昌(集团)股份有限公司信用证垫款纠纷案[最高人民法院(2001)民四终字第22号民事判决书]

最高人民法院认为:关于上诉人中油龙昌(集团)股份有限公司认为中国建设银行沈阳市分行的行为系怠于行使其担保物权的问题。本案所涉为远期信用证,付款日为见票后175日,开证行承兑后,即负有信用证项下的绝对付款义务。在远期信用证下,开证行在付款到期日前交付有关信用证项下的单据,符合国际惯例,亦体现了信用证的融资功能。只有在付款期届满、开证申请人未能支付信用证项下的款项时,才构成开证申请人不能付款的事实。开证行交单时尚不能判断开证申请人是否能到期付款,而开证申请人到期不能付款时,因开证行已于此前将信用证项下的单据交出,故其留置信用证项下单据的权利已实现不能。本案中在信用证以外,当事人未提供任何物的担保。因此,本案不存在中国建设银行沈阳市分行怠于行使其担保物权的情节。上诉人关于中国建设银行沈阳市分行的行为系怠于行使担保物权、应视为放弃物的担保、其应根据担保法的有关规定在债权人放弃权利的范围内免除保证责任的观点,没有事实和法律依据,不能成立。

——黄毅主编、周玉华编著:《最新银行法经典疑难案例判解》,法律出版社2009年版,第524~529页。

【链接：最高人民法院法官著述】

信用证作为一种各国所普遍使用的国际贸易的支付方式，其操作规程和制度源于国际习惯做法，这也是为什么国际惯例在世界各国信用证法律制度中占绝对地位的原因。根据国际惯例，在即期信用证下，付款之后才能赎单；而在远期信用证下，信用证项下单据会在付款期限届满前很长一段时间内到达开证行，而开证行经审查认为应当对外付款的情况下不会一直持有信用证项下的单据直至付款期届满、开证申请人付清信用证项下款项后再放单，而是提前放单，给开证申请人提供一段融资期，这也是信用证特别是远期信用证融资功能的具体表现之一。开证行知行持有单据是没有实际意义的，因为银行关心的不是货物，而是信用证项下单据是否符合信用证的要求以及开证申请人能否到期付款。提前放单，可以使开证申请人提前处理货物，回笼资金，更有利于到期向开证行支付信用证项下的款项。因此，在远期信用证下，银行提前放单并不构成放弃物的担保，这与我国担保法上"债权人放弃物的担保"不同，两者不是同一个问题，因此，也不能就此认为国际惯例与我国担保法的规定有矛盾。另外，从法律角度，信用证项下单据的所有权人是谁？目前仍是学者与实务界存有争议的一个问题，尚没有定论。属于银行？但银行享有货物的所有权不是信用证制度追求的目标；属于开证申请人？似乎又与传统国际货物买卖中所有权转移理论不一致。而我国担保法上有效的"物的担保"是以债务人或提供担保的人对该物享有所有权为前提的，在信用证项下单据所有权的问题尚没有解决的情况下，认为开证行持有信用证项下单据构成我国担保法上的"物的担保"并进而认为开证行提前放单构成放弃"物的担保"是没有说服力的。再者，远期信用证下，付款期限未到，尚难以认定开证申请人到期不能支付信用证项下的款项，因此邮局不能认定开证行怠于行使其"物的担保"的权利。退而言之，如果我国法院认定在远期信用证项下银行提前放单属于放弃物的担保从而应免除保证人的保证责任，则不难预测，我国银行从此不再敢于使用远期信用证这一结算方式，也从此信用证制度在不再具有生命力，后果是不堪设想的。

——高晓力：《远期信用证下开证行提前放单的行为是否构成放弃物的担保》，载吴庆宝等主编：《信用证诉讼原理与判例》，人民法院出版社2005年版，第519～531页。

1671

无真实贸易背景，却以进口货物为名向银行申请开立信用证，损害国家利益的，申请开证关系无效

关键词｜信用证｜开证关系｜

【《最高人民法院公报》案例】

江北中行与樊东农行等信用证垫款纠纷案[最高人民法院(2003)民四终字第21号民事判决书]

最高人民法院认为：外贸公司未就本案提起上诉，江北中行亦未对开证法律关系项下垫款的相应事实提出异议，因此，原审判决认定的外贸公司应偿付江北中行信用证项下垫款本息的结果本院予以确认。然而，原审判决对于开证法律关系的效力未作正面认定而实际认定为有效是错误的。

根据《审计报告》的审计内容以及《情况报告》的内容，本案所涉四单信用证是在无贸易背景的情况下开立的，是外贸公司虚构进口事实、骗开信用证套取国家外汇的行为，根据《民法通则》第五十八条第一款第(三)项即"一方以欺诈、胁迫的手段或者乘人之危，使对方在违背真实意思的情况下所为的民事行为无效"的规定，本案开证法律关系应认定无效。原审判决适用《民法通则》第八十四条第二款以及第一百一十一条的规定处理开证法律关系属适用法律错误。

——《最高人民法院公报》2006年第3期

中行北京分行诉利达海洋馆信用证垫款纠纷案[最高人民法院(2003)民四终字第15号民事判决书]

裁判摘要：一、当事人之间并无真实的贸易背景，却以进口货物为名，向银行申请开立信用证，导致银行大量资金外流，损害国家利益的，应认定申请开证关系无效，担保人为此所作的担保亦应无效。

最高人民法院认为：本案系因中行北京分行为利达海洋馆开立信用证并支付信用证款项后，利达海洋馆及其担保人北国投公司未能偿还中行北京分行对外支付的信用证项下的款项，而形成的信用证垫付款及担保纠纷案。经审理查明，利达海洋馆申请开立信用证的真实意思并非为了进口货物，而是为了融资，套取国家外汇。根据法律规定，当事人的民事法律行为应当意思表示真实。本案中，中行北京

分行与利达海洋馆签订合同的意思表示并不真实一致，其结果是以合法形式掩盖非法目的，并导致银行大笔资金外流，损害国家利益。故原审关于中行北京分行与利达海洋馆之间委托开证合同无效的认定正确，本院予以维持。

……

本案北国投公司根据信用证开证申请人利达海洋馆的要求，出具的不可撤销的付款保函，其担保的是利达海洋馆的付款责任，对于担保合同而言，主合同是利达海洋馆与中行北京分行之间的开证法律关系。中行北京分行关于《保函》的主合同是信用证本身的理由，没有事实和法律依据，本院不予支持。原审判决认定北国投公司为委托开证出具的不可撤销付款保函因主合同无效而导致无效，是正确的，本院予以维持。

从本案一、二审事实看，中行北京分行开证时间过于集中，即在短期内，连续为利达海洋馆开出几十份信用证，本案涉及 24 份，且数额巨大。按照银行的规定，开立信用证超过 100 万美元的，必须经过中国银行总行批准，中行北京分行为了规避这一规定，使信用证顺利开出，将每笔信用证控制在 100 万美元以下。就本案事实可以认定中行北京分行应当知道利达海洋馆所开立的信用证并不具有真实的基础交易背景，据此，中行北京分行在本案中是具有过错的，应当承担相应的过错责任。中行北京分行关于一审判决结果显失公平的主张，没有事实和法律依据，本院不予支持。

——《最高人民法院公报》2005 年第 5 期

【最高人民法院裁判文书】

南宁仟倍成片土地开发有限公司与中国光大银行南宁星湖支行、桂林桂源房地产开发有限公司信用证垫款纠纷上诉案［最高人民法院（2000）经终字第134 号民事判决书］

最高人民法院认为：本案因投行广西分行为健源乐公司开立信用证并付款后，健源乐公司未能还清投行广西分行的款项，而形成信用证垫付款纠纷。经审理查明，健源乐公司申请开立信用证的真实意思并非为了进口货物，而是为了融资用于其他项目。对此，国家外汇管理局广西分局认定是一种利用信用证进行假进口真融资的套购国家外汇行为，并因此对健源乐公司处以警告并罚款。根据法律规定，当事人的民事法律行为必须意思表示真实。本案中，健源乐公司的行为显然是以合法形式掩盖非法目的，并且已经受到行政处罚。健源乐公司与投行广西分行签订的“开立信用证协议书”和“最高额抵押合同”,均应认定无效。健源乐公司按“开立信用证协议书”取得了九笔信用证项下的款项,应当返还给投行广西分行。原审判决认定“开立信用证协议书”和“最高额抵押合同”合法有效,是完全错误的,应当予以纠正。原审判决适用《民法通则》第八十八条第一款,判令仟倍公司承担违约责任,亦有错误,应当予以纠正。

关于本案中投行广西分行通过九笔信用证实际对外付款的数额,经二审质证,仟倍公司确认了原审认定的18448216.14美元,扣除已经偿还的8680000美元,仟倍公司尚欠光大星湖支行9768216.14美元。仟倍公司上诉提出原审认定的数额有误以及漏算720万美元,并无事实依据,本院不予支持。原审认定仟倍公司欠款的数额正确,可以维持。

关于桂源公司在本案中的责任问题,原审判令桂源公司以其抵押土地的价款在1500万元人民币的范围内承担清偿责任。桂源公司对原审判决并未提出上诉,表明桂源公司愿意承担原审判定的责任。仟倍公司没有权利主张应当由桂源公司行使的上诉权。根据《最高人民法院关于民事经济审判方式改革问题的若干规定》第三十五条,“第二审案件的审理应当围绕当事人上诉请求的范围进行,当事人没有提出请求的,不予审查”。原审判令桂源公司承担清偿责任,并不违反法律禁止性规定,也没有侵害社会公共利益或者他人利益。仟倍公司上诉主张桂源公司的权利,没有法律依据,本院不予支持。

综上,原审判决认定健源乐公司与投行广西分行签订的“开立信用证协议”和“最高额抵押合同”有效并判决仟倍公司承担违约责任是错误的,本院予以纠正。但原审判决认定仟倍公司欠款的数额正确,可以维持。仟倍公司的上诉请求没有事实和法律依据,应予驳回。

——万鄂湘主编、最高人民法院民事审判第四庭编:《中国涉外商事海事审判指导与研究》总第4卷,人民法院出版社2003年版,第273~282页。

1672

当事人虽明确选择有关国际惯例作为委托开证关系的依据,但该惯例在适用上是排除委托开证关系的,应适用国内法规定处理

关键词 | 委托开证 | 国际惯例 | 法律适用 |

【《最高人民法院公报》案例】

中行北京分行诉利达海洋馆信用证垫款纠纷案［最高人民法院(2003)民四终字第15号民事判决书］

裁判摘要：二、当事人之间虽明确选择了有关国际惯例作为双方委托信用证开证关系的依据，但该惯例在适用上是排除开证行与开证申请人之间的委托开证法律关系的，应适用国内法的有关规定，予以处理。

最高人民法院认为：本案中行北京分行根据利达海洋馆的开证申请对外开出信用证，虽然中行北京分行与利达海洋馆之间没有达成一项明确的开证协议，但双方之间存在委托开立信用证申请书。而开证申请书明确约定了信用证申请人利达海洋馆与开证行中行北京分行的权利义务，成为规范利达海洋馆与中行北京分行法律行为的基础法律文件。当利达海洋馆没有按照开证申请书的约定偿付信用证项下的款项时，中行北京分行便依据开证申请书，请求利达海洋馆付款。因此，从开证申请书的内容和开证行的行为可以认定在中行北京分行与利达海洋馆之间已经形成委托开证法律关系。根据信用证独立原则，信用证一经开出，委托开证法律关系即与信用证相互独立，开证申请人不能以信用证以外的理由要求开证行撤回已开立的信用证，银行在处理信用证业务时也不受委托开证合同的约束。本案中行北京分行无视其与利达海洋馆之间已经存在的委托开证法律关系，将委托开证法律关系与信用证本身相混淆，该行关于中行北京分行与利达海洋馆之间不存在委托开证合同，委托开证合同不是一个独立的法律行为，本案属于信用证纠纷，不是委托开证合同纠纷的上诉理由不能成立，本院不予支持。

本案当事人明确选择适用UCP500，从UCP500第一、二条以及第三条的规定可以看出，该惯例的适用排除了开证行与开证申请人之间的委托开证法律关系，开证行与开证申请人之间的委托开证关系不受其调整，本案中行北京分行与利达海洋馆之间的申请开证法律关系应当适用国内法的有关规定。因此，中行北京分行关于本案应适用UCP500的上诉理由亦不能成立。原审法院适用《合同法》的规定处理本案正确，本院予以维持。

——《最高人民法院公报》2005年第5期

1673

开证行依据开证申请人的申请接受存在不符点的单据，保证人不能以此主张不承担保证责任

关键词 | 单证不符 | 接受不符点 | 保证责任 |

【最高人民法院司法解释】

第十六条 保证人以开证行或者开证申请人接受不符点未征得其同意为由请求免除保证责任的，人民法院不予支持。保证合同另有约定的除外。

——《最高人民法院关于审理信用证纠纷案件若干问题的规定》(2005年11月14日，法释〔2005〕13号)

【最高人民法院裁判文书】

华夏银行股份有限公司福州闽江支行与上海强劲产业发展投资控股有限公司、林水雄等民间借贷纠纷案[最高人民法院(2015)民二终字第43号民事判决书]

最高人民法院认为：作为信用证的开证行，华夏闽江支行有独立审查信用证记载的增值税发票和务成公司收货证明之权利和义务，有权自行决定上述单据与信用证条款是否在表面上相符。本案中，华夏闽江支行发现增值税发票未注明信用证号和购销合同编号时通知了务成公司不符点，务成公司在其向华夏闽江支行出具的《接受信用证不符点的说明》中同意接受不符点并愿意承担一切风险。在此情形下，华夏闽江支行决定付款，并无不当。华夏闽江支行在本案中是否提交务成公司《货物收据》原件，亦不影响其行使对外付款权利。因信用证法律关系不同于信用证下的基础交易法律关系，基础交易法律关系中的抗辩不能当然作为信用证法律关系下的抗辩，所以强劲公司等上诉人以涉诉钢材未在上海长桥钢材市场储存为由对信用证权利义务提出抗辩，法律依据不足，对其抗辩本院不予支持。强劲公司等上诉人以涉诉信用证下钢材交易虚假为由而主张的本案应移交公安机关侦查，亦与本案无关，对其主张本院不予支持。因并无法律法规禁止信用证为其开立之前的货物交付进行付款保障，所以强劲公司等上诉人以涉诉信用证系为开立之前的货物交付进行付款保障为由主张免除民事责

任,缺乏法律依据,对其主张本院不予支持。

——中国裁判文书网,http://wenshu.court.gov.cn。

中国天诚(集团)总公司与中国银行天津市分行、中天诚(天津)五金矿产有限公司信用证垫付款及担保纠纷案[最高人民法院(2000)经终字第280号民事判决书]

最高人民法院认为:天津分行开立的信用证中记载的开证申请人虽为天诚公司和双龙公司,但中天诚公司并未在开证申请书上盖章,故本案所涉信用证的有效开证申请人应为双龙公司。天津分行收到信用证项下的有关单据后,向双龙公司发出“信用证来单通知函”,就不符点征询其意见。双龙公司在规定的期限内未提出异议,又向天津分行提出叙做进口押汇申请,表明双龙公司接受了该信用证项下单证不符点,同意天津分行对外付款。本案信用证系使用SWIFT格式开具,故当然地适用UCP500的有关规定。UCP500第14条C款规定:“如开证行确定单据表面与信用证条款不符,它可以自行确定联系申请人对不符点予以接受。”因此,在本案信用证项下存在不符点的情况下,天津分行就不符点征询双龙公司的意见,在双龙公司未提出异议的情况下,天津分行对外付款的行为并不构成不当兑付,天津分行的做法符合国际惯例的规定。天津分行对外支付信用证项下款项后,有权向双龙公司追索,双龙公司负有偿还天津分行信用证项下垫付款的义务。原审判决双龙公司偿还天津分行信用证项下垫付款正确。

天诚集团承诺为双龙公司信用证项下的债务承担保证责任,故在双龙公司不能偿还开证行信用证项下款项时,应由天诚集团承担连带还款责任。就信用证项下不符点的问题,根据《跟单信用证统一惯例》的规定,只有开证行和开证申请人有权接受或拒绝接受不符点。除非在担保协议中明确约定开证行和开证申请人不符点必须经过担保人同意,否则担保人不能不符点提出异议。本案的担保函中并未作出明确约定,因此天诚集团无权就不符点问题要求征询其意见并经其同意,其亦无权以此进行抗辩并进而要求免除其保证责任。故本案上诉人天诚集团关于审单过程中“即使开证行和开证申请人准备放弃不符点,也需要征求担保人书面同意”的观点没有事实和法律依据,其以此作为不予承担保证责任的理由不成立。本案中,双龙公司就信用证项下的债务向天津分行提出“叙做进口押汇协议申请”天津分行签署了意见表示同意,应视为双方达成进口押汇协议。根据1997年3月6日中国银行发布的《中国银行国际结算业务基本规定》,进口押汇是银行应客户的要求在进口结算业务中给予客户资金融通的一种业务活动。根据该条规定,“客户如申请办理进口押汇业务,必须签具信托收据”;“信托收据实际上是客户将自己货物的所有权转移给银行的确认书,持有该收据即意味着银行对该货物享有所有权。客户仅为银行的受托人代银行处理该批货物”。这是中国银行关于进口押汇的操作规范,不具有法律强制性,所以银行与客户之间是否签具信托收据不当然地影响进口押汇协议的效力。

本案天津分行与双龙公司之间信用证项下的债权债务关系确因进口押汇协议的成立而发生变更,但主要是还款期限的变更,即将双龙公司对天津分行信用证项下的即期付款义务变更为进口押汇协议成立后一年偿还信用证项下的欠款。通常情况下,天诚集团于 1998 年 10 月 5 日,即本案信用证项下付款期(本案信用证为即期信用证)一年多以后,亦即在双龙公司与天津分行叙做进口押汇期满以后,又同天津分行就有关信用证担保期事宜进行会谈,并再次出具了“不可撤销还款担保函”,声明其对双龙公司所欠 200000038197 号信用证项下 2969402.44 美元承担连带还款责任至 1999 年 12 月 31 日止。该担保函系当中人的真实意思表示,合法、有效。该担保函进一步表明,天诚集团对信用证项下债务延期偿还的事实是清楚的,并在此基础上同意继续为该延期债务提供担保。因而,天诚集团应信用证其再次出具的担保函的承诺对向天津分行承担保证责任,即对双龙公司不能偿还的信用证项下的款项向天津分行承担连带偿还责任。天诚集团关于其于 1998 年 10 月 5 日出具的担保函仅是为原来的担保函进行展期的主张,没有事实依据,故不能以此为由要求解除其保证责任。

——黄毅主编、周玉华编著:《最新银行法经典疑难案例判解》,法律出版社 2009 年版,第 518 ~ 524 页。

中保财产保险有限公司青岛市分公司诉中国银行山东省分行、青岛惠穗工艺礼品有限公司追索信用证垫付款案[最高人民法院(1998)经终字第 291 号民事判决书]

最高人民法院认为:信用证一经开立,在开证行和开证申请人之间就形成了委托开立信用证的法律关系,开证行依照国际商会 UCP500 的规定,应尽其严格审单义务,在发现不符点时,提示开证申请人,这时,开证行仅仅是开证申请人代理人的地位,一旦开证申请人接受不符点,开证行就应当接受单据,并对信用证予以承兑。此时,开证行向开证申请人交单后,事实上就以其信用向开证申请人提供融资。保证人保证的内容就是信用证项下开证申请人应当向开证行偿付垫款。开证行按照开证申请人的要求接受不符点并不产生法律关系或法律事实的变化,而是因为信用证条款是依据买卖合同的规定制定的,接受不符点实际上是开证申请人和交单人对交易条件的变更。只有这种变更得以实现,才存在开证行向开证申请人提供融资的可能性,保证人保证的债务也才得以产生。因此,当单证存在不符点时,开证行依据开证申请人的请求接受不符点单据,不构成《担保法》第二十四条规定的情形。况且,《担保法解释》第三十条规定:“保证期间,债权人与债务人对主合同数量、价款、币种、利率等内容作了变动,未经保证人同意的,如果减轻债务人的债务的,保证人仍应当对变更后的合同承担保证责任;如果加重债务人的债务的,保证人对加重的部分不承担保证责任。”从本案的情况看,开证行对单证不符点的审查及依开证申请人请求接受不符点单据,并未加重保证人的责任,因为只有在开证行中行山东分行对外承兑后,中保公司的保证责任才随之产生。此后并不存在导致保证人免责的变更事由。因此,中保公司以惠德公司与中行山东分行接受不符点系变更主合同的行为,从而不承担保证责任的理由不能成立。

——肖扬总主编、最高人民法院民事审判第二庭编:《中华人民共和国最高人民法院判案大系》(民商事卷－1998年卷),人民法院出版社2003年版,第690～695页。

【链接:最高人民法院法官著述】

1. 关于保证人能否以信用证项下存在不符点作为免除其保证责任的抗辩的问题。保证人认为保证人享有信用证项下存在不符点时应当经保证人同意的抗辩,即在信用证项下存在不符点的情况下,如果未经保证人同意而接受不符点,则保证人可以免除保证责任的观点是错误的。理由是:保证人的保证是向开证行承诺在开证申请人不能及时向开证行支付信用证项下款项时,保证人向开证行承担连带付款责任。这其中当然有风险。根据国际惯例,独立地审单是开证行的权利和义务,信用证项下单据存在不任点时,开证行可以自行决定是否联系开证申请人接受不符点,开证申请人接受不符点的,开证行可以对外付款,但是,开证行最终是否接受不符点并不当然地受开证申请人意志的约束。是否接受不符点及其法律后果是信用证法律关系下的当事人可以援引的抗辩理由。而保证人不是信用证法律关系的任何一方当事人,故保证人在信用证项下不符点是否应当接受的问题上没有发言权,其不能以开证申请人和开证行接受信用证项下的不符点未经其同意为由认为变更了其提供保证的条件而主张免除其保证责任,除非其在保证合同中明确约定开证行或者开证申请人接受不符点必须经过保证人同意,否则其将免除保证责任。本案中没有这样的特殊约定,故保证人不能以此作为免除保证责任的抗辩理由。

——高晓力:《即期信用证下开证行与开证申请人叙做进口押汇后,保证人是否仍然应当承担保证责任——中国天诚(集团)总公司与中国银行天津市分行、中天诚(天津)五金矿产有限公司信用证垫付款及担保纠纷案》,载吴庆宝等主编:《信用证诉讼原理与判例》,人民法院出版社 2005 年版,第 505 ~ 518 页。

1674

当事人依据信用证副本记载选择适用《跟单信用证统一惯例》新版本不属于对主合同的变更行为

关键词 | 信用证副本 | 合同变更 |

【最高人民法院裁判文书】

中国农业银行青岛市市南区第二支行与开德(青岛)有限公司等开立信用证合同纠纷申请再审案[最高人民法院(2002)民四提字第 8 号民事判决书]

最高人民法院再审认为:青岛农行营业部、原凯利公司办事处与开德公司、张斌、制药公司、恒泰公司签订的《开立进口信用证协议》第一条约定,开证行同意按照申请人编号为 380LC97021BD 的《开立不可撤销跟单信用证申请书》的要求和承诺,开立以先添公司为受益人、金额为 208 万美元的远期 90 天信用证,信用证具体内容详见申请书及信用证副本;协议第八条约定,本协议的全部附件,包括申请书、信用证副本等是本协议不可分割的组成部分,与本协议具有同等法律效力。据此可以认定,开证申请书、信用证及其副本、开立信用证协议及其他任何附件,系确定开证行青岛农行营业部与开证申请人凯利公司及担保人开德公司、张斌、制药公司、恒泰公司权利义务内容的合同依据。本案开证申请人凯利公司提交的开证申请书载明信用证适用国际商会《跟单信用证统一惯例》400 号出版物,而开证行青岛农行营业部实际对外开立的信用证载明适用

UCP500，两者在适用国际商会《跟单信用证统一惯例》版本方面存在不一致。根据开证行青岛农行营业部的解释，导致这种不一致的原因是因为当时旧格式的开证申请书尚未使用完毕，开证行向所有的开证申请人均提供旧格式的开证申请书，而实际对外开出的则是载明适用 UCP500 的信用证。综合本案实际情况，本院认为这种理由是成立的。由于各方当事人没有约定在开证申请书与信用证出现矛盾或者不一致时何者优先，应视为两者具有同等效力。如果出现任何矛盾或者不一致，应以后者为准。本案开证申请书在先，信用证及其副本在后，因此，应当以信用证及其副本所载明的国际商会《跟单信用证统一惯例》的版本即 UCP500 作为信用证所应适用的惯例。因此，开德公司、张斌主张青岛农行营业部擅自变更主合同没有事实和法律依据。原再审判决以主合同双方当事人未经保证人书面同意擅自变更主合同并依照《担保法》第二十四条判定各担保人不再承担担保责任，认定事实和适用法律均有错误，判决结果失当，依法应予撤销。

——苏泽林主编、最高人民法院立案庭编：《立案工作指导》总第 11 辑，人民法院出版社 2006 年版，第 177 ~ 185 页。

1675

代开信用证合同的受托人无权主张按货物处理和货款流向向代开信用证关系以外的当事人追索货款

关键词 | 代开信用证赔偿 |

【最高人民法院裁判文书】

大连粮食进出口接运总公司、广东中旅企业集团与洮南市粮油经贸公司、吉林省土产畜产进出口集团有限公司、香港柏通贸易有限公司信用证纠纷上诉案［最高人民法院（1999）经终字第 460 号民事判决书］

最高人民法院认为：一、广东中旅公司与洮南公司、吉土公司、大连粮运总公司的“代开信用证赔偿”之诉。

关于洮南公司的责任。广东中旅公司原审起诉的合同依据是该司与洮南公司签订的“进口大豆委托开信用证协议”，诉讼请求是要求判令洮南公司立即偿付团委托其代开信用证而造成的经济损失和利息、吉土公司和大连粮运总公司对洮南公司应当偿付的款项承担连带经济责任。经一、二审查明,广东中旅公司与洮南公司之间除了签订"进口大豆委托开信用证协议"外,还签订了一份"补充协议"。该两份协议并不违反法律、法规的禁止性规定,双方当事人意思表示真实一致,应为有效。协议签订后,广东中旅公司按照约定履行了合同义务,经向广东发展银行申请对外开出了信用证并实际向外方付款。广东中旅公司实际对外支付的信用证款项为11797500美元。而洮南公司仅向其支付4380万元人民币,余款和利息以及双方约定的其他费用至今未能支付。姚南公司应当承担民事责任。原审法院对于上述合同效力未作认定;对于双方在合同中约定洮南公司应当支付给广东中旅公司"按开证保证金额2.2%及每吨10元人民币手续费",以及双方在补充协议中约定的洮南公司应向广东中旅公司补偿的100万元人民币未作认定;对于洮南公司未付款项的本金和利息计算亦有错误;本院一并予以纠正。广东中旅公司请求对于洮南公司尚欠款项重新予以确认的上诉主张,本院予以支持。

关于吉土公司的责任。广东中旅公司与吉土公司之间不存在合同关系。吉土公司是依据该司与洮南公司的外贸代理协议对外签订买卖合同。吉土公司并不负责委托和申请开立信用证,也不负责对外付款。虽然广东中旅公司申请开立信用证是为吉土公司和香港柏通公司的买卖合同,但其开立信用证的依据仍然是该司与洮南公司的代开信用证协议,对广东中旅公司负有还款责任的义务人只能是洮南公司。广东中旅公司要求吉土公司对其与洮南公司的代开信用证关系承担连带责任没有事实和法律依据,本院不予支持。广东中旅公司对吉土公司的诉讼请求应予驳回。吉土公司因外贸代理协议所产生的责任,因洮南公司已经提起诉讼,将由人民法院另行处理。

关于大连粮运总公司的责任。广东中旅公司与大连粮运总公司之间亦不存在合同关系。广东中旅公司申请开立信用证和对外付款的依据是该司与洮南公司的代开信用证协议和补充协议。而大连粮运总公司与洮南公司之间,在法律上存在另外一个独立的代理关系,双方签订了第一份代理协议后,又有各自出具的"索赔函""确认书"以及签订的第二份代理协议和结算协议来确定双方的权利义务。大连粮运总公司与洮南公司基于代理关系所约定的权利义务和广东中旅公司与洮南公司之间代开信用证关系所约定的权利义务是完全不同的。广东中旅公司没有理由将其与洮南公司代开信用证协议中约定应由洮南公司承担的义务要求大连粮运总公司承担连带责任。广东中旅公司上诉认为:"大连粮运总公司直接向我司支付了货款3000万元,另有1380万元货款经一审查明是由洮南公司代大连粮运总公司支付给我司。从上述货款支付的情况分析,显然大连粮运总公司是确认了洮南公司的委托代理行为。因此上诉人认为,大连粮运总公司应承担连带偿还货款、利息、违约金、信用证开证、议付等各项费用的责任。”广东中旅公司的这一主张和原审法院对此的认定均没有事实依据。经一、二审查明,广东中旅公司已收到的4380万元,是洮南公司依据双方签订的代开信用证协议支付给其的部分信用证项下的款项。其中大连粮运总公司所付的3000万元,是根据该司与洮南公司的代理协议、并按照洮南公司的指令付给广东中旅公司的。无论从事实上还是从法律上均不能得出结论认为,大连粮运总公司就此取代了洮南公司在代开信用证关系中的义务并应承担连带责任。

此外,广东中旅公司在上诉中提出按照货物处理和货款流向保护其利益,即认为大连粮运总公司与洮南公司联合销售了货物并取得了部分货款,因此大连粮运总公司应当承担信用证项下的连带还款责任。本案的实际情况如前所述,广东中旅公司提起的代开信用证之诉,只是有关五方当事人之间四个法律关系之中的一起纠纷。另外三个法律关系独立于本案。大连粮运总公司与洮南公司联合销售货物和对货款作出处理,是根据该两方之间一系列的协议进行的,至于根据这些协议各自应当承担什么样的权利义务,双方之间并无纠纷。广东中旅公司在大连粮运总公司与洮南公司的法律关系中不能代表其中的任何一方向另一方主张权利。关于对本案货物的处理,按照广东中旅公司与洮南公司于1996年6月21日签订的“补充协议”约定,洮南公司在同年6月25日前仍不能执行原代开信用证协议,广东中旅公司视作洮南公司放弃对该批大豆的拥有权,广东中旅公司有权对该批大豆进行处理。然而,当该批大豆于同年7月16日到达大连港后,即被大连动植物检疫局发现该批大豆含有国家规定禁止入境的植物危险性杂草籽“假高粱”,必须经过过筛和高温焚烧处理才能出关。因此,客观上各方对接收该批大豆均心存疑虑。在此情况下,广东中旅公司于同年7月24日交出了提单。广东中旅公司的这一交单行为,表明其放弃了对该批大豆的拥有和处理权。因此,广东中旅公司只能根据该司与洮南公司的代开信用证协议,向沈南公司主张已代其付出的信用证款项。广东中旅公司没有任何事实和法律依据,可以要求按货物处理和货款流向向代开信用证关系以外的有关当事人追索货款。广东中旅公司对大连粮运总公司的诉讼请求应予驳回。

——万鄂湘主编、最高人民法院民事审判第四庭编:《中国涉外商事海事审判指导与研究》总第3卷,人民法院出版社2002年版,第89~112页。

1676

在开证行拒付信用证款的情况下，议付行可以向受益人行使追索权

关键词｜开证行｜议付行｜追索权｜

【最高人民法院裁判文书】

东亚银行(中国)有限公司大连分行与大连汇丰达国际贸易有限公司信用证纠纷申请再审案[最高人民法院(2014)民申字第680号民事裁定书]

最高人民法院经审查认为:本案争议的焦点是,东亚银行在开证行拒付信用证项下款项的情况下,是否对汇丰达公司享有追索权。

一、关于本案法律关系的性质及法律适用问题

本案争议源于东亚银行根据汇丰达公司的申请向汇丰达公司议付了本案所涉M1208106NS00018号信用证项下的款项,但东亚银行在向开证行请求付款时,被开证行以信用证项下存在不符点以及信用证欺诈、被韩国法院发出止付令等为由拒付,因而向受益人汇丰达公司行使追索权。本案系信用证议付环节产生的纠纷,因而系信用证议付纠纷。本案所涉信用证载明适用的规则为UCP600,一、二审法院适用UCP600审理本案是正确的。对于UCP600规定之外的问题,一、二审法院根据当事人的一致意见适用我国法律亦无不当。

根据UCP600的规定,议付是指指定银行在相符交单下,在其应获偿付的银行工作日当天或之前向受益人预付或者同意预付款项,从而购买汇票(其付款人为指定银行以外的其他银行)及/或单据的行为。本案所涉信用证载明为自由议付。受益人汇丰达公司向东亚银行提交的申请书名称为《出口押汇申请书》,但从其内容看,汇丰达公司的真实意思是请求东亚银行购买M1208106NS00018号信用证项下的单据。东亚银行亦实际购买了该信用证项下的单据,且其向汇丰达公司出具的《结算通知书》中载明扣除的费用是“信用证议付手续费”。东亚银行的行为完全符合UCP600关于议付的规定,因此,东亚银行在本案所涉信用证法律关系项下是议付行。即使汇丰达公司向东亚银行提交的申请名称为《出口押汇申请书》,亦不影响本案中对东亚银行议付行的定性。对此,一、二审法院认定正确。

二、关于东亚银行是否享有向汇丰达公司的追索权问题

UCP600就议付行是否对受益人享有追索权的问题并未作出规定。UCP600

第十六条是关于“不符单据、放弃及通知”的规定，其中G项的内容不应被理解为是就议付行对受益人享有追索权问题的规定。即便如此，根据汇丰达公司在其向东亚银行出具的《出口押汇申请书》中的承诺，如开证行拒付，汇丰达公司保证向东亚银行全额偿还本案所涉信用证项下的融资金额，并承担由此产生的所有利息和费用，由于该约定是当事人之间真实的意思表示，并不违反我国法律、行政法规的规定，在开证行拒付的情况下，东亚银行即可以向汇丰达公司行使追索权。一、二审法院根据《合同法》的相关规定认定东亚银行对汇丰达公司享有追索权是正确的。汇丰达公司关于UCP600规定了议付行向受益人的追索权，但由于超出UCP600第十六条规定的时间导致东亚银行丧失追索权以及不符点对东亚银行追索权造成影响等观点，均缺乏法律依据，不能成立。

——中国裁判文书网，http://wenshu.court.gov.cn。

1677

银行对同一笔款项选择同时建立信用证和借款两个法律关系的处理

关键词｜信用证｜借款｜

【最高人民法院裁判文书】

佛山市顺德区容桂容山实业发展总公司与中国农业银行佛山顺德容桂支行、广州市东迅房地产发展有限公司、佛山市顺德区永诚建筑工程有限公司、佛山市顺德区港德鞋业有限公司、中国农业银行佛山市分行、佛山市顺德区迅发电线有限公司借款合同纠纷案［最高人民法院（2010）民提字第119号民事判决书］

裁判要旨：银行发放的贷款用于兑付其开立信用证款项，应认定合同履行完毕，贷款关系消灭。

一笔款项，为规避风险，银行选择建立了信用证和借款两个法律关系，开立信用证后又发放贷款，用于向境外议付行兑付到期信用证项下的款项。为规避风险，银行选择有清偿能力的贷款关系当事人起诉。经审理还原事实真相，银行贷款实际用途为偿还自己对外债务，贷款关系已经消灭，银行只能依据信用证法律关系主张权利。

最高人民法院认为:本案的焦点问题是1998年容山总公司从容桂农行取得的5500万元的借款是否用于代替佛山农行偿还其作为开证行所开立信用证偿付境外议付行的款项。

2000年容桂农行发放给容山总公司5500万元贷款的目的是用于归还1998年容桂农行发放给容山总公司的5500万元旧贷款,对该以新还旧的事实各方当事人均无异议。容桂农行与容山总公司所签订的借款合同中载明容山总公司借5500万元是用于解决流动资金不足,但该笔款项的真实用途并非如此。佛山农行于1999年9月15日向农行广东省分行提交的《佛山农行关于容星公司与容山总公司申请贷款的报告》(佛农银〔1999〕294号)中载明:“发放给容星公司和容山总公司的两笔贷款是用于垫付港德集团到期的信用证款项,发放此两笔贷款可维护我行的国际信誉,同时,也可保全我行信贷资产,降低风险。”在该报告获得农行广东省分行批复后,佛山农行于1999年11月24日批复顺德农行,统一发放该两笔贷款。2000年12月20日。为了使上述贷款能够延长期限,容山总公司向容桂农行提交了《项目贷款申请书》,该申请书载明:“1998年向贵行申请人民币借款5500万元作为信用证到期归还之垫款”,上述农行内部审批文件所反映的审批流程及内容可以证明,1998年容桂农行发放讼争贷款时,佛山农行和顺德农行、容桂农行之间存在上下级关系,佛山农行、顺德农行、容桂农行、容山总公司均应知道讼争5500万元贷款的真实目的是用于解决佛山农行所开立信用证的垫款问题。

佛山农行于2005年12月2日向广东高院提交的《说明》称:“为了维护农业银行在国际上的声誉,分散风险,舒缓压力,经上级行批准,我行考虑到监管的便利性,按照属地原则将包括港德鞋业在内的部分公司的国际业务划转给了顺德、南海等下属行。顺德支行接管我行的信用证贷款后,利用当地企业众多、业务发展外向型强的优势,对部分信用证采取向企业贷款,再由企业换汇代为兑付信用证的方式解决信用证兑付危机,以港德鞋业的信用证借款为例,当时,该企业信用证的待兑付金额高达1000多万美元。据悉,为妥善处理我行划转的信用证债务,顺德支行先后以顺德市容山实业发展总公司和顺德市容山总燃气用具有限公司的名义发放人民币贷款,转给香港一公司,由该公司在香港为我行兑付境外银行的信用证款项。到目前为止,顺德支行接管的信用证贷款早已兑付完毕。”该《说明》的内容和前述农行内部审批文件所反映的情况能够相互印证,证明容桂农行发放该笔贷款给容山总公司,是为佛山农行兑付境外银行议付的信用证款项。佛山农行在出具该份说明后,又于2006年11月3日向广东高院第二次出具《农行佛山分行关于撤销〈说明〉的函》，表示由于出具《说明》的人员不了解具体情况，导致《说明》内容不准确，不严谨，并称佛山农行和顺德农行同隶属农行广东省分行，两者不存在上下级关系，故对此说明予以撤销。根据本案法院调取的证据即农行广东省分行与佛山农行、顺德农行的内部文件查实，1998 年容桂农行的前身容奇营业所在发放讼争贷款时，系顺德农行的办事机构，佛山农行和顺德农行、容桂农行之间于本案贷款发生之时存在上下级隶属关系，该情节与佛山农行在 2005 年 12 月 2 日向广东高院出具的《说明》中阐述的情况相吻合。广东高院在二审判决中以后来佛山农行与容桂农行分别领取营业执照和金融许可证、各自独立经营为由，否定港德公司开证申请行为与容桂农行存在关联关系，属于认定不当，本院予以纠正。

为了证明资金流向这一客观事实，容山总公司还提供了 Shun Fat Trading Company 财务负责人秦伟贤出具的声明书/客户通知书、电汇申请书及汇款通知书等证据。从上述证据看，香港 Shun Fat Trading Company 是该笔款项在香港的转付人，资金的具体流向为 5500 万元由容桂农行发放给容山总公司，再由容山总公司转给东迅公司，东迅公司再转给 Shun Fat Trading Company，由其换汇后最终支付给信用证议付行加拿大丰业银行（香港）和瑞士银行香港分行。该资金流向和佛山农行在其《说明》中所陈述的资金流向能够相互印证，也与容山总公司、东迅公司的主张能够相互印证。容桂农行则认为上述汇款通知书上载明“通知书所列汇款以收款银行收妥及通知作实”，而容山总公司始终没有提供任何收款银行回执，故仅凭汇款通知书等不能证明讼争信用证议付行已经收到该款项。该主张缺乏事实依据。首先，佛山农行在《说明》中已明确承认顺德农行接管的信用证贷款早已兑付完毕。其次，佛山农行虽于 2006 年 11 月 24 日在向广东高院出具的农银佛函〔2006〕82 号函中又主张“港德公司曾在我行开立信用证，总金额 400 余万美元，除部分已兑付外，其余已经转为逾期贷款”，但是在本案诉讼过程中一直没有提供这方面的证据。再次，在广东高院其后向佛山农行所做的调查中，佛山农行又表示讼争 17 份信用证均未发生实际受益人请求付款的事实，也不存在佛山农行向议付行付款的事实，但根据容山总公司所提交的佛山农行交付给港德公司的《进口信用证到单/付款/承兑通知书》，可以推定讼争信用证境外议付行已经向佛山农行提示付款。依据信用证支付流程，议付行是在向受益人议付了之后才向开证行要求赎单付款。根据本院再审当事人提交的新证据及查明的事实，境外议付行分别于 1998 年 12 月 30 日、31 日及 1999 年 1 月 5 日等在收到境外机构代佛山农行代付的信用证款项后，向农行广东省分行发出载明“收到票据资金、解除付款义务”等字样的电文，表明佛山农行作为开证行的付款义务已经完成。佛山农行在收到上述数据电文后从未表示过异议，认可上述款项系其自身作为开证行向付款行付款义务的履行，默示申请再审人受其委托付款并因此解除其对境外议付行的付款责任，故佛山农行关于17份信用证均未发生实际受益人请求付款及佛山农行向议付行付款的陈述显然与事实不符。本院再审中容桂农行向本院提交的《农行广东省分行关于(2010)民提字第119号再审案件相关新证据的说明》，对境外议付行向农行广东省分行发出的上述数据电文，农行广东省分行仅对电传专用章的真实性提出异议，并对相关数据电文的内容存在疑点提出意见，但容桂农行并未提出充足的证据推翻该证据的真实性，故本院对其主张不予采信。上述资金流向，进一步证明佛山农行于2005年12月2日向广东高院出具的《说明》中关于讼争贷款，用于兑付佛山农行境外银行信用证款项的说明属实，应予认定。

容桂农行为了证明其和容山总公司及东迅公司之间存在真实的借款担保关系，提供了借款申请书、借款合同、最高额抵押合同以及贷款发放和归还部分利息的凭证等证据。同时，容桂农行根据在二审及再审中提交的证据，认为本案借款人、担保人、开证申请人之间存在关联关系，港德公司与迅发公司不具备还款能力，容山总公司关于代垫信用证款项主张的目的在于企图以此摆脱对容桂农行的债务。经查，根据容桂农行于2010年11月8日在广东省佛山市顺德区市场安全监督局获取的企业机读档案登记资料，迅发公司系港德公司股东，占该公司25%股份。另据容桂农行出具的关联企业示意图显示，香港迅发集团与东迅公司、香港迅发公司与港德公司均存在一定的投资关联和人员关联，但容桂农行的上述主张，缺乏相应的公司登记机构出具的相关证据予以证明，故其关于上述企业之间存在关联关系的观点，本院难以采信。

——最高人民法院民事审判第二庭编:《最高人民法院商事审判指导案例(7)·公司与金融卷》，中国法制出版社2013年版，第396~419页。

1678

开证行在开证时知道申请人基于代理进口协议申请开证，亦不影响开证行基于信用证垫付款事实向申请人主张债权

关键词｜信用证垫付｜开证行｜代理进口协议｜

【最高人民法院裁判文书】

招商银行股份有限公司济南分行与青岛益佳经贸实业进出口有限公司、山东天宏新能源化工有限公司等金融借款合同纠纷案[最高人民法院(2015)民二终字第64号民事判决书]

最高人民法院认为:益佳公司与天宏公司的代理关系是否影响济南分行与益佳公司因信用证垫款而产生的债权债务关系。

本案已查明,济南分行根据益佳公司的开证申请,开立了跟单信用证,在付款日到期后济南分行支付了信用证项下款项。据此,作为开证行的济南分行与作为开证申请人的益佳公司之间因济南分行垫付信用证项下款项的事实形成债权债务关系。济南分行向益佳公司主张债权亦是基于上述事实。因此本案对双方纠纷的审理应限于信用证法律关系中的双方权利义务以及责任承担问题。本案还查明,益佳公司与天宏公司因签订《委托代理进口协议书》而形成委托代理法律关系,益佳公司抗辩以及上诉均以此为由主张其系代理天宏公司开立信用证,济南分行明知该代理关系,因此济南分行垫付信用证项下款项产生的债权债务关系应当直接约束济南分行与天宏公司。从上述事实看,益佳公司与济南分行之间的债权债务法律关系与益佳公司与天宏公司之间的委托代理法律关系之间的确存在连接点,即济南分行对外垫付的信用证项下款项的实际使用人是天宏公司,但信用证法律关系具有独立性,信用证与该信用证据以产生或作为该信用证基础的其他合同、协议和安排相互分离和独立,益佳公司与天宏公司形成的委托代理法律关系属于独立于信用证法律关系的基础关系,不属于本案信用证项下债权债务纠纷的审理范围。因此,即便济南分行在开证时知道益佳公司与天宏公司的代理关系,亦不影响济南分行基于信用证垫付款事实向益佳公司主张债权。故此,原审法院认定济南分行向益佳公司主张信用证垫付款有明确的合同依据,并无不当,应予维持。益佳公司该项上诉主张,于法无据,本院不予支持。

——中国裁判文书网,http://wenshu.court.gov.cn。

1679

开证行下属分支机构与申请人签订的《账户使用声明》不能约束开证行，不应视为开证行免除申请人的还款责任

关键词｜开证行｜开证行下属分支机构｜账户使用声明｜

【最高人民法院裁判文书】

招商银行股份有限公司济南分行与青岛益佳经贸实业进出口有限公司、山东天宏新能源化工有限公司等金融借款合同纠纷案[最高人民法院(2015)民二终字第64号民事判决书]

最高人民法院认为:关于《账户使用声明》,系由益佳公司、天宏公司与济南分行下属天桥支行共同盖章形成,主要内容除了对益佳公司在天桥支行开立账户的使用情况作出声明外,还有"该账户项下开立的信用证所产生的融资等一切费用及相关法律责任,由天宏公司独自承担。益佳公司不承担由此产生的一切法律责任"的内容。益佳公司主张天桥支行是本案信用证业务的经办行,有权对账户使用情况出具意见,该《账户使用声明》应当约束济南分行,视为济南分行对益佳公司责任的免除。但根据本案查明的事实,益佳公司的上述主张不能成立。首先,从《账户使用声明》的形成过程来看,不能得出各方当事人对济南分行免除益佳公司信用证垫款还款责任达成一致意思表示的结论。本案已查明,《账户使用声明》样本由益佳公司提供给天宏公司,内容涉及账户使用情况说明以及益佳公司免责等两个方面,同时还明确要求由开证行进行确认。从该事实看,益佳公司确有要求济南分行就信用证项下还款责任予以免除的意思表示,但天宏公司在向天桥支行沟通过程中,仅以"确认该账户仍需使用"为由要求天桥支行盖章确认。天桥支行虽系案涉信用证业务的经办行,但并非开证行,亦非与益佳公司签订《授信协议》的合同相对方,天桥支行对《账户使用声明》盖章确认并不符合益佳公司在邮件中的要求。在《账户使用声明》之后,益佳公司再向济南分行出具《开立信用证承诺书》,同意承担本案信用证垫付款本息的还款责任,说明《账户使用声明》并未达到合同当事人对免除益佳公司还款责任达成一致的法律后果。其次,从益佳公司与济南分行签订《授信协议》的同时天宏公司、徐志刚向济南分行出具《最高额不可撤销担保书》,在《账户使用声明》形成之后大新公司、恒宇公司仍为益佳公司向济南分行出具《最高额不可撤销担

保书》的事实来看，济南分行不仅在益佳公司申请开立信用证之前，特别是在《账户使用声明》形成之后仍为信用证项下垫付款项设定担保，由上述保证人对益佳公司在《授信协议》项下所欠济南分行的所有债务承担连带保证责任，说明济南分行并无免除益佳公司还款责任的意思表示和行为。再次，从济南分行与天桥支行的关系来看，二者并非益佳公司主张的表见代理关系。《合同法》第四十九条对表见代理做了如下规定：行为人没有代理权、超越代理权或者代理权终止后以被代理人名义订立合同，相对人有理由相信行为人有代理权的，该代理行为有效，因此表见代理的构成要件之一是代理人以被代理人名义实施民事法律行为。而本案中，《账户使用声明》系天桥支行盖章确认，而非以济南分行的名义，因此本案不存在表见代理的适用事由。根据原审查明的事实，天桥支行系济南分行的下属银行，在本案信用证业务办理过程中，进行了开证之前的资信调查以及开证之后的扣划相应款项等具体工作，属于具体业务经办部门。而《授信协议》系益佳公司与济南分行签订，《授信额度使用申请书》《开立信用证承诺书》系益佳公司向济南分行出具，合同相对方均系济南分行而非天桥支行，益佳公司作为专门从事外贸代理业务的商事主体，应明知其要求免除信用证项下还款责任的相对方应是济南分行，尤其是在本案信用证项下垫款多达27732867.91美元、是否免除涉及双方当事人重大权利义务调整的情况下，《账户使用声明》更应明确取得合同相对方济南分行的明确认可，而非仅是天桥支行盖章确认即可对济南分行产生约束力。故此，原审法院认定《账户使用声明》对济南分行不具有约束力，并无不当，应予维持。益佳公司上诉所称《账户使用声明》对济南分行具有约束力、其不应承担还款责任的主张，缺乏事实和法律依据，本院难以支持。

——中国裁判文书网，http://wenshu.court.gov.cn。

1680

受让人因受让银行债权成为开证申请人新的债权人，申请人应当偿付款项本金和利息

关键词 | 受让债权 | 开证申请人 | 偿付款项 |

【最高人民法院裁判文书】

天津一汽进出口有限公司与天津中信昊天资产管理有限公司信用证垫款纠纷案[最高人民法院(2008)民二终字第2号民事判决书]

裁判要旨:在本案信用证法律关系中,开证行根据开证申请人的申请开立信用证,按照《跟单信用证统一惯例》的相关规定,履行了对外付款的义务,申请人不仅申请叙做进口押汇还出具了债务确认书,故在开证申请人和开证行之间形成了债权债务关系。该法律关系应当受《民法通则》《合同法》等相关法律调整。申请人应当偿付款项的本金和利息。

本案系信用证垫款纠纷性质,受让人因受让银行债权成为开证申请人新的债权人。在新债权人基于信用证项下垫款形成的债权债务关系,仅向债务人主张债权的情况下,因开证行和外贸代理合同的委托人均不是本案必要的共同诉讼参加人,因此人民法院没有必要追加开证行和外贸合同的委托人为共同被告。

最高人民法院认为:鉴于该案债权人昊天公司是基于信用证项下垫款所形成的债权债务关系而向债务人天津一汽公司主张债权,故原审法院将该案案由确定为信用证项下垫款纠纷,定性准确。中行天津分行根据开证申请人天津一汽公司的开证申请,为其开立了信用证。按照信用证交易规则,中行天津分行履行了对外垫付信用证项下款项的义务。信用证项下垫款发生后,天津一汽公司不仅办理了进口付汇核销手续,而且还申请叙做进口押汇,出具债务确认书等。基于此,原审法院确认中行天津分行对外垫款的事实成立,判定天津一汽公司应当偿还信用证项下垫款的本金和利息,处理正确。

尽管天津一汽公司上诉主张该案讼争款项已经由银珠公司归还给中行天津分行,并提交了中行天津分行特种转账借方传票,以此证明还款的事实。但最高人民法院认为,上述特种转账借方传票系银行内部划款凭证,不是债务人的还款凭证,不属于直接证据,在天津一汽公司不能提供相关证据予以佐证的情况下,因其仅系一份孤证,不能证明银珠公司已经偿还信用证项下垫款的事实。对上述特种转账借方传票的合法来源,天津一汽公司也不能作出合理的解释。天津一汽公司关于银珠公司已经归还了该案信用证项下垫款,其不应再承担还款责任的上诉主张,因证据不足,本院予以驳回。

——最高人民法院民事审判第二庭编:《最高人民法院商事审判指导案例·金融卷》,中国法制出版社2011年版,第104~115页。

1681

国内信用证载明系依据《国内信用证结算办法》开立,因该信用证产生的纠纷不适用《信用证解释》

关键词 | 国内信用证 | 法律适用 |

【最高人民法院答复】

山东省高级人民法院:

你院〔2008〕鲁民四终字第113号《关于中国银行股份有限公司莱芜分行与山东岱银纺织集团股份有限公司信用证纠纷一案的请示》收悉。经研究,答复如下:

本案系国内信用证纠纷案件。本案所涉信用证载明系依据中国人民银行《国内信用证结算办法》开立,因此,本案应当适用中国人民银行《国内信用证结算办法》。

中国人民银行于1997年7月16日发布的《国内信用证结算办法》适用于国内企业之间商品交易的信用证结算,其中第二十八条规定:"开证行审核单据发现不符的,应在收到单据的次日起五个营业日内将全部不符点用电讯方式通知交单人,该通知必须说明单据已代为保管听候处理。同时商洽开证申请人,开证申请人同意付款的,开证行应即办理付款,开证申请人不同意付款的,开证行应将单据退交议付行或将信用证正本、信用证修改书正本及单据退交受益人。"根据该条规定,在信用证项下存在不符点的情况下,开证行应当商洽开证申请人,如果开证申请人同意付款,开证行即应当付款。具体到本案,开证行中国银行股份有限公司莱芜分行认为受益人山东岱银纺织集团股份有限公司提交的KZ51S07126号信用证项下单据存在不符点,然而开证申请人山东王子纺织股份有限公司同意付款,在这种情况下,即使存在不符点,中国银行股份有限公司莱芜分行也应当向山东岱银纺织集团股份有限公司付款。

——《最高人民法院关于中国银行股份有限公司莱芜分行与山东岱银纺织集团股份有限公司信用证纠纷一案的请示的复函》(2009年3月20日,〔2009〕民四他字第9号)

【链接:最高人民法院法官著述】

为了将信用证支付方式引入我国的国内贸易,中国人民银行颁布了《国内信用证结算办法》,自1997年8月1日起施行。根据该规定,“国内信用证”是国内企业之间商品交易的信用证结算,是指开证行依照申请人的申请开出的,凭符合信用证条款的单据支付的付款承诺。由于各种原因,很长一段时期,很少有企业在国内贸易中使用信用证结算。而近一段时期,特别是国际金融危机爆发以来,国内信用证已经越来越多地被使用,一些地方的法院已经受理并对这类纠纷案件作出裁判。我们需要进一步研究《信用证解释》是否可以适用以及在可以适用的情况下如何适用的问题。山东省高级人民法院已经就国内信用证纠纷案件的部分法律适用问题向最高人民法院提出书面请示,最高人民法院已经予以函复。该案涉及开证行开立国内信用证,信用证载明系依据中国人民银行《国内信用证结算办法》开立。开证行认为受益人提交的信用证项下单据存在不符点,然而开证申请人同意付款,在这种情况下,开证行是否应当向受益人付款成为焦点问题。山东省高级人民法院就该案应当适用《信用证解释》的规定还是应当适用中国人民银行于1997年7月16日发布的《国内信用证结算办法》的规定产生争论,适用《国内信用证结算办法》的判决结果将不同于适用《信用证解释》第七条的判决结果,遂报请最高人民法院答复。最高人民法院复函认为:该案所涉信用证载明系依据《国内信用证结算办法》开立,因此,该案应当适用《国内信用证结算办法》,并根据《国内信用证结算办法》第二十八条的规定指出,在信用证项下存在不符点的情况下,开证行应当商洽开证申请人,如果开证申请人同意付款,开证行即应当付款。

——高晓力:《关于当前国际金融危机下人民法院审理信用证纠纷案件面临问题及其对策的调研报告》,载万鄂湘主编、最高人民法院民事审判第四庭编:《涉外商事海事审判指导》总第18辑,人民法院出版社2009年版,第178~179页。

1682

出口押汇是向出口商提供并保留追索权的一种融通资金,不属于信用证议付行为

关键词|出口押汇|信用证议付|

【《最高人民法院公报》案例】

中国银行新疆分行诉新兴公司信用证交易纠纷案（新疆维吾尔自治区高级人民法院民事判决书）

新疆维吾尔自治区高级人民法院认为：四、UCP500 第 10 条 b.（2）规定："议付是指由被授权的银行对汇票及/或单据付出对价。只审查单据而不支付对价并不构成议付。"原告新疆分行接到被告新兴公司的议付申请和所附的单据，在审单后，虽然向新兴公司支付了人民币 6965952 元，但是这并不是银行对单据付出的对价，而是以单据为质押给新兴公司提供的出口押汇。这种行为不是 UCP500 规定的议付行为。中国银行在《国际结算业务基本规定》中对出口押汇的解释是：出口押汇是银行凭出口商提供的信用证项下完备正确的货运单据作抵押，在收到开证行支付的货款之前，向出口商提供、并保留追索权的一种融通资金。新兴公司在收到押汇后给新疆分行的书面承诺中，也承认这笔押汇是新疆分行的代垫资金。因此，此笔押汇的所有权属于新疆分行，而被质押单据的所有权仍然属于新兴公司，双方之间只形成了民法上债的法律关系，不是票据关系，应当适用《民法通则》第一百零八条的规定调整。

——《最高人民法院公报》1998 年第 1 期

1683

信用证法律关系项下属议付的，即使受益人提交的申请名称为《出口押汇申请书》，亦不影响对银行议付的定性

关键词 | 信用证议付 | 出口押汇 | 银行议付 |

【最高人民法院裁判文书】

东亚银行（中国）有限公司大连分行与大连汇丰达国际贸易有限公司信用证纠纷申请再审案［最高人民法院（2014）民申字第 680 号民事裁定书］

最高人民法院认为：根据 UCP600 的规定，议付是指指定银行在相符交单下，在其应获偿付的银行工作日当天或之前向受益人预付或者同意预付款项，从

而购买汇票(其付款人为指定银行以外的其他银行)及/或单据的行为。本案所涉信用证载明为自由议付。受益人汇丰达公司向东亚银行提交的申请书名称为《出口押汇申请书》,但从其内容看,汇丰达公司的真实意思是请求东亚银行购买 M1208106NS00018 号信用证项下的单据。东亚银行亦实际购买了该信用证项下的单据,且其向汇丰达公司出具的《结算通知书》中载明扣除的费用是“信用证议付手续费”。东亚银行的行为完全符合 UCP600 关于议付的规定,因此,东亚银行在本案所涉信用证法律关系项下是议付行。即使汇丰达公司向东亚银行提交的申请名称为《出口押汇申请书》,亦不影响本案中对东亚银行议付行的定性。对此,一、二审法院认定正确。

——中国裁判文书网,http://wenshu.court.gov.cn。

1684

进口押汇行为的性质认定

关键词 | 进口押汇 |

【最高人民法院裁判文书】

中国银行新疆维吾尔自治区分行与新疆国标经贸有限公司、新疆金邦钢铁有限公司、新疆金邦房地产开发有限公司、新疆世达国际贸易有限公司、阿拉山口世达物资有限公司、新疆心脑血管病医院(有限公司)、新疆天基钢铁有限公司、孙新云、鲁新民、鲁新安、鲁建新票据纠纷案[最高人民法院(2005)民二终字第 32 号民事判决书]

最高人民法院认为:金邦公司在与中行新疆分行签订的两份进口押汇合同约定的权利义务关系为:因金邦公司不履行《开立信用证合同》中要求的如期付款义务,中行新疆分行在保留或取得信用证项下单据和货物所有权的前提下,代金邦公司对外付款;金邦公司作为中行新疆分行的受托人,代中行新疆分行保管有关单据,办理该单据项下货物的存仓、保管、运输、加工、销售及保险事项,代为保管货物出售后的货款或将货款存入中行新疆分行指定账户。其中,双方有关因金邦公司不履行如期付款义务,中行新疆分行保留或取得信用证项下单据和货物所有权的约定,不属于《担保法》所规定的物的担保方式。因此,中行新疆分行在保留信用证项下单据和货物所有权的前提下委托金邦公司销售货物,也不构成《担保法》第二十八条规定的对物的担保的放弃。原审判决认定进口押汇行为实质上是一种以货物抵押为特征的融资方式以及认定中行新疆分行将货物单证交还金邦公司系对权利的放弃，均属定性不当，本院予以纠正。

——最高人民法院民事审判第二庭编：《最高人民法院商事审判指导案例 · 金融卷》，中国法制出版社 2011 年版，第 165 ~ 176 页。

1685

进口押汇的进口方取得货物后未按期向开证行支付信用证款项的，开证行有权要求保证人承担保证责任

关键词 | 进口押汇 | 信用证保证责任 |

【最高人民法院裁判文书】

山东京博石油化工有限公司与中信银行股份有限公司青岛分行、青岛华青进出口有限公司担保追偿纠纷案[最高人民法院(2009)民二终字第 130 号民事判决书]

裁判要旨：进口方借助银行信用（即保证到期对外付款），以向出口方开立保证付款文件（大多为信用证）的方式，使进出口贸易得以顺利进行。这不仅确保了交易安全，且减少资金占用时间，降低了交易成本。进口押汇是开证行向进口方提供的一种资金融通方式。为了降低开证融资风险，开证行通常要求进口方提供担保（本案系第三人提供连带保证）。在进口方取得货物后，如其未按期向开证行支付信用证项下的款项，则开证行有权要求连带保证人承担保证责任。

最高人民法院认为：本案二审争议的焦点问题是：在京博公司承担保证责任前，由其担保的主债务是否已经消灭，其应否承担保证责任。

中信青岛分行是否向华青公司发放了新的贷款，并用于对外支付信用证项下 1550 万美元款项，属于事实问题。原审已查明，《借款凭证客户回单》系中信青岛分行向华青公司发出的垫款通知，其记载的“存款户账号”内并无转入所记载款项的记录，同时，中信青岛分行出具了其向美国银行短期融资 1500 万美元，并用于履行对外支付义务的证据。据此，原审采信了中信青岛分行关于《借款凭证客户回单》系垫款通知的答辩意见。二审期间，本案债务人华青公司在提

交给本院的《情况说明》中，承认其在一审时把起着“垫款通知”作用的《借款凭证客户回单》误认为是入账通知，误认为中信青岛分行为其到期信用证所做的垫付即是进口押汇。因此，本院认为，本案中关于《借款凭证客户回单》系中信青岛分行海外融资后向华青公司发出的垫款通知的事实认定，证据充分，本院予以确认。上诉人京博公司关于《借款凭证客户回单》是中信青岛分行发放新贷款的凭证，并以《基本信用报告》的记载证明中信青岛分行与华青公司之间发生了新的借款关系的上诉理由，因证明力不足，不予采信。

中信青岛分行以自己的名义进行海外融资，并代华青公司向新加坡阳光石油公司(开户行为法国巴黎银行新加坡分行)支付了信用证项下的进口货物款项，形成了中信青岛分行的负债，但这与华青公司的债务清偿没有关系。华青公司应承担的本案债务仍然存在，其并不因中信青岛分行的融资垫付行为而消灭。京博公司关于在其承担保证责任之前华青公司对中信青岛分行所负本案债务已经消灭的上诉理由，没有事实和法律依据。依据本案三方当事人签订的《最高额保证合同》第2条约定，本案中信青岛分行因向华青公司授信开立信用证所享有的1550万美元债权，属于京博公司承担连带清偿责任的债权。华青公司未能履行偿还义务，京博公司应承担保证责任。故京博公司关于其不应承担保证责任、中信青岛分行应返还其所付款项的上诉请求，于法无据，本院不予支持。

——最高人民法院民事审判第二庭编:《商事审判指导》总第21辑，人民法院出版社2010年版，第182~183页。

1686

综合授信额度合同约定只有凭仓单提货销售再以销售所得归还进口押汇合同本息，合同目的才能实现，银行释放仓单是其合同义务

关键词｜综合授信额度合同｜释放仓单｜进口押汇｜

【最高人民法院裁判文书】

广发银行股份有限公司杭州湖墅支行与浙江中化集团有限公司进口押汇纠纷案[最高人民法院(2012)民申字第436号民事裁定书]

最高人民法院认为:2008年4月24日，中化公司与广发银行湖墅支行签订

编号为 E2008 –2035 号的《综合授信额度合同》，约定广发银行湖墅支行给予中化公司授信额度敞口最高限额人民币 8600 万元（或等值外币）。2008 年 9 月 3 日，广发银行湖墅支行又与中化公司、浙江康纳尔石油化工有限公司、新昌县广源化工有限公司、新昌县天源实业有限公司、俞树盛签订了一份编号为 E2008 –3019 号的《综合授信额度合同》，约定：广发银行湖墅支行给予中化公司授信额度敞口最高额人民币 5200 万元，同时约定“本合同生效后，广发银行湖墅支行与中化公司签订的编号 E2008 –2035 号的《综合授信额度合同》约定的授信额度中化公司不再提取”。2008 年 9 月 9 日，中化公司向广发银行湖墅支行提交三份进口押汇申请书，广发银行湖墅支行于当日向中化公司发放了三笔押汇借款共计人民币 51164282.09 元，中化公司对外支付了信用证项下涉案进口毛棕榈油的货款。广发银行湖墅支行于 2008 年 9 月 9 日向中化公司发放的 51164282.09 元系提取 E2008 –3019 号《综合授信额度合同》项下授信额度而发放的押汇借款，有中化公司向广发银行湖墅支行提交的三份进口押汇申请书在案佐证，而 51164282.09 元的数额也恰好与 E2008 –3019 号《综合授信额度合同》5200 万授信额度敞口最高额相匹配。因此，双方由始至终履行的都是 E2008 –3019 号《综合授信额度合同》，且双方明确约定“编号 E2008 –2035 号的《综合授信额度合同》约定的授信额度中化公司不再提取”，上述合同约定和履行情况足以证明 E2008 –2035 号的《综合授信额度合同》已被 E2008 –3019 号《综合授信额度合同》所取代。E2008 –3019 号《综合授信额度合同》明确了涉案双方在进口押汇借款法律关系中的权利义务，属于进口押汇合同。中化公司虽以质押合同关系起诉，但其也主张广发银行湖墅支行在履行进口押汇合同中存在违约行为，且引起本案纠纷也在于进口押汇合同的履行，故二审法院将本案定性为进口押汇合同纠纷并无不当。

E2008 –2035 号《综合授信额度合同》已被 E2008 –3019 号《综合授信额度合同》所取代，因此中化公司与广发银行湖墅支行于 2008 年 6 月 16 日为担保 E2008 –2035 号《综合授信额度合同》的履行而签订的《权利质押合同》亦被 E2008 –3019 号《综合授信额度合同》所取代，广发银行湖墅支行已丧失继续持有仓单的质权基础。E2008 –3019 号《综合授信额度合同》第十五条第五项约定“乙方（中化公司）销售货物的回款应及时偿还进口押汇的本息”。可见，只有由中化公司凭仓单提货销售，再以销售所得归还进口押汇合同本息，合同目的才能得以实现。故广发银行湖墅支行释放仓单是其应履行的合同义务。现广发银行湖墅支行在中化公司多次催讨后，直至 2009 年 7 月 13 日才将仓单归还中化公司，显属违约，应依法承担违约责任。原审法院综合考虑广发银行湖墅支行违约扣单以及违背附随义务两方面的因素，酌定其承担55%的赔偿责任并无不当。

——中国裁判文书网，http://wenshu.court.gov.cn。

1687

海事担保的认定与纠纷管辖的确定

关键词 | 海事担保 | 管辖 |

【最高人民法院审判业务意见】

《海事诉讼特别程序法》第六条第二款第（六）项规定了“海事担保纠纷”的管辖，[①]该法第六章专门规定了“海事担保”问题。从法条文义和立法本意看，该法两处规定的“海事担保”的内涵与外延明显不同：前者系一般（海事）债权担保；后者是对海事请求权的担保，即为满足特定程序需要的担保，其更为贴切的称谓应为“海事诉讼担保”。《海事诉讼特别程序法》第六条第二款第（六）项规定的“海事担保”，属于我国《担保法》意义上的担保，是指担保人和债权人约定，当债务人不履行海事债务时，担保人按照约定履行债务或者承担责任的行为。在海上运输和船舶买卖、建造、修理以及其他海上经济活动中，债权人需要以担保方式保障其债权实现的，可以依法设定担保。海事担保包括无担保物的担保如保函，但保函不一定属于海事担保，因为《担保法》上的“保证”属于主合同之外的第三人作出的担保。海上货物运输中保函的性质，应当根据出具人系托运人或者运输合同以外的第三人而有所不同：托运人要求承运人签发清洁提单而出具的保函，属于该运输合同下托运人的特别承诺，仍应归属运输合同法律关系的范畴，[②]不属于《担保法》规定的“保证”，不是《海事诉讼特别程序法》第六条

① 《海事诉讼特别程序法》第六条第二款第（六）项规定：“因海事担保纠纷提起的诉讼，由担保物所在地、被告住所地海事法院管辖；因船舶抵押纠纷提起的诉讼，还可以由船籍港所在地海事法院管辖。”该法第六章“海事担保”中第七十三条规定：“海事担保包括本法规定的海事请求保全、海事强制令、海事证据保全等程序中所涉及的担保。担保的方式为提供现金或者保证、设置抵押或者质押。”

② 按照债的同一性原理，债务人本人向债权人承诺在特定条件下的履行义务，只能视为在既有法律关系中增加了部分权利义务（内容），不能视为另行成立新的法律关系。

第二款第(六)项规定的“海事担保”;运输合同以外的第三人为托运人要求承运人签发清洁提单而出具的保函,属于《担保法》规定的“保证”,是《海事诉讼特别程序法》第六条第二款第(六)项规定的“海事担保”。上述两种保函的法律适用及其相关纠纷的管辖依据也相应不同。最高人民法院民事审判第四庭在(2011)民提字第313号案中对远大物产集团有限公司、宁波中盟钢铁有限公司与福州天恒船务有限公司、远大国际(香港)有限公司海上货物运输合同管辖权异议纠纷再审审理,作出了相关认定。

——最高人民法院民事审判第四庭:《最高人民法院海事海商审判综述(2010年至2011年)》,载《武大国际法评论》第15卷第2期,武汉大学出版社2012年版。

【最高人民法院裁判文书】

远大物产集团有限公司、宁波中盟钢铁有限公司与福州天恒船务有限公司、远大国际(香港)有限公司海上货物运输合同管辖权异议纠纷案[最高人民法院(2011)民提字第313号民事裁定书]

最高人民法院经审理认为:本案管辖权纠纷主要涉及当事人之间法律关系的认定及其法律适用。涉案“OFNB01－05”号提单下的托运人为中盟钢铁公司,承运人为天恒船务公司,双方之间存在以该提单为证明的运输合同关系。中盟钢铁公司就“OFNB01－05”号提单的签发而出具的保函,属于托运人(债务人)自己为保证运输合同的履行而作出的承诺,不属于《担保法》第六条规定的由第三人出具的保证。该保函的内容仍属于双方运输合同关系的范畴。天恒船务公司与中盟钢铁公司之间的纠纷属于海上货物运输合同纠纷。依照《民事诉讼法》第二十八条及《海事诉讼特别程序法》第四条、第六条第二款第(二)项的规定,因海上货物运输合同纠纷提起的诉讼,由运输始发地、目的地、被告住所地、转运港所在地海事法院管辖。本案货物运输的始发地、被告中盟钢铁公司的住所地均在宁波,上述法定的四个管辖连接点均不在厦门海事法院辖区内,厦门海事法院对天恒船务公司与中盟钢铁公司之间的纠纷没有管辖权,该纠纷可由宁波海事法院管辖。

涉案“OFNB02－06－08”号提单下的托运人为科勒发展有限公司,承运人为天恒船务公司。远大物产公司、远大国际公司为该提单的签发而出具的保函,系其作为运输合同之外的第三人为托运人(债务人)科勒发展有限公司而出具的担保，属于《担保法》第六条规定的保证，天恒船务公司与远大物产公司、远大国际公司之间存在保证合同关系，远大物产公司、远大国际公司出具的保函属于《海事诉讼特别程序法》第六条第二款第（六）项规定的海事担保。天恒船务公司与远大物产、远大国际公司之间的纠纷为海事担保纠纷。依照《海事诉讼特别程序法》第六条第二款第（六）项的规定，因海事担保纠纷提起的诉讼，由担保物所在地、被告住所地海事法院管辖。天恒船务公司与远大物产、远大国际公司之间的海事担保纠纷，应当由被告远大物产公司住所地的宁波海事法院管辖，厦门海事法院对该纠纷不具有管辖权。

按照远大物产公司、远大国际公司、中盟钢铁公司出具的保函的文义，保函下的责任人服从英国高等法院的管辖，是以天恒船务公司提出相应要求为前提。事实上，天恒船务公司向中华人民共和国的海事法院起诉，而没有要求将本案纠纷提交英国高等法院管辖，保函约定由英国高等法院管辖的条件并未成就。远大物产公司认为本案应当由英国高等法院管辖，没有事实和法律依据，本院不予支持。远大物产公司提供的租船确认书虽载明（香港）仲裁条款，但该租船确认书并非天恒船务公司起诉的依据，远大物产公司认为本案应当根据该仲裁条款提交仲裁，本院亦不予支持。

——中国裁判文书网，http://wenshu. court. gov. cn。

1688

独立保函的认定

关键词｜独立保函｜

【最高人民法院司法解释】

第三条　保函具有下列情形之一，当事人主张保函性质为独立保函的，人民法院应予支持，但保函未载明据以付款的单据和最高金额的除外：

（一）保函载明见索即付；

（二）保函载明适用国际商会《见索即付保函统一规则》等独立保函交易示范规则；

（三）根据保函文本内容，开立人的付款义务独立于基础交易关系及保函申请法律关系，其仅承担相符交单的付款责任。

当事人以独立保函记载了对应的基础交易为由，主张该保函性质为一般保证或连带保证的，人民法院不予支持。

当事人主张独立保函适用担保法关于一般保证或连带保证规定的，人民法院不予支持。

——《最高人民法院关于审理独立保函纠纷案件若干问题的规定》(2016 年 11 月 18 日，法释〔2016〕24 号)

【最高人民法院裁判文书】

乌兹特拉斯加斯股份有限公司与上海贝尔股份有限公司、中国进出口银行上海分行独立保函纠纷管辖权异议申请再审案[最高人民法院(2014)民申字第 64 号民事裁定书]

最高人民法院认为：首先，关于本案所涉两份保函的性质。该两份保函是保函申请人贝尔公司委托担保人进出口银行向受益人乌兹特拉斯加斯公司开立的。保函载明适用国际商会第 458 号出版物《见索即付保函统一规则》，根据《见索即付保函统一规则》第 2 条 b 款的规定，见索即付保函与可能作为其基础的合同或者投标条件是相互独立的交易，即使保函中有对此类合同或者投标条件的援引，担保人也与该合同或者投标条件无关，且不受其约束。担保人的义务是在收到表面上与保函条款相一致的书面付款要求及保函所规定的其他单据后支付保函所规定的金额。据此，涉案两份保函的性质为独立保函，对此各方当事人并没有异议。

——贺荣主编、最高人民法院民事审判第四庭编：《涉外商事海事审判指导》总第 28 辑，人民法院出版社 2014 年版，第 80 ~ 84 页。

1689

独立保函的法律适用及付款条件

关键词 | 独立保函 | 法律适用 | 付款条件 |

【最高人民法院司法解释】

第六条 受益人提交的单据与独立保函条款之间、单据与单据之间表面相符,受益人请求开立人依据独立保函承担付款责任的,人民法院应予支持。

开立人以基础交易关系或独立保函申请关系对付款义务提出抗辩的,人民法院不予支持,但有本规定第十二条情形的除外。

第二十二条 涉外独立保函未载明适用法律,开立人和受益人在一审法庭辩论终结前亦未就适用法律达成一致的,开立人和受益人之间因涉外独立保函而产生的纠纷适用开立人经常居所地法律;独立保函由金融机构依法登记设立的分支机构开立的,适用分支机构登记地法律。

涉外独立保函欺诈纠纷,当事人就适用法律不能达成一致的,适用被请求止付的独立保函的开立人经常居所地法律;独立保函由金融机构依法登记设立的分支机构开立的,适用分支机构登记地法律;当事人有共同经常居所地的,适用共同经常居所地法律。

涉外独立保函止付保全程序,适用中华人民共和国法律。

——《最高人民法院关于审理独立保函纠纷案件若干问题的规定》(2016年11月18日,法释〔2016〕24号)

【最高人民法院答复】

浙江省高级人民法院:

你院〔2012〕浙商外他字第1号《关于原告(反诉被告)中国机械设备工程股份有限公司与被告(反诉原告)中国建设银行股份有限公司杭州宝石支行、第三人浙江省火电建设公司保证合同纠纷一案的请示》收悉。经研究,答复如下:

一、关于本案所涉保函独立性的约定是否有效的问题。虽然就本案所涉保函本身而言其并无涉外因素,然而,该保函服务于国际商事交易,可以认定其中关于保函具有独立性的约定有效。

二、关于本案能否参照《信用证解释》进行审理的问题。本案系保函纠纷案件,并非信用证纠纷案件,不能参照适用《信用证解释》。

三、本院正在起草有关独立保函法律适用问题的指导意见,你院可待该指导意见发布后,以该指导意见审理本案。是否等待该指导意见发布,请你院自行决定。

——《最高人民法院关于原告(反诉被告)中国机械设备工程股份有限公司与被告(反诉原告)中国建设银行股份有限公司杭州宝石支行、第三人浙江省火电建设公司保证合同纠纷一案的请示的复函》(2012 年 11 月 29 日,〔2012〕民四他字第 22 号)

【最高人民法院裁判文书】

意大利商业银行诉江苏溧阳莎菲特非织造布有限公司、意大利费尔特高公司购销合同不能交货纠纷案[最高人民法院(1998)经终字第 289 号民事判决书]

最高人民法院认为:莎菲特公司与意大利公司合同约定由莎菲特公司向意大利公司购买无纺布生产线成套设备一套,该合同约定该套设备的安装调试地在江苏溧阳,因此江苏省高级人民法院作为该购销合同的履行地对此案有管辖权。本案中意大利银行出具的保函为见索即付保函,一般来说,此类保函可以与购销合同相独立,债权人可凭保函对保证人单独提起诉讼,但我国法律并无禁止将基础合同关系和保函合并审理的规定。本案购销合同约定保函是购销合同的第十个附件,莎菲特公司在起诉意大利公司的同时起诉意大利银行承担保证责任,原审法院对此合并审理并无不妥。且意大利银行未在一审答辩期内对本案管辖权提出异议,按照我国《民事诉讼法》的规定,原审法院对该保函有权管辖。意大利银行上诉称原审法院无权管辖无事实和法律依据。

对于本案购销合同纠纷,意大利公司对原审判决无异议,故本院对该项内容不再审理,维持原审判决该项内容。对于意大利银行应当承担的责任,应首先确认该保函的法律适用问题。国际商会《见索即付保函统一规则》作为国际惯例,应当在本案参照适用。根据《见索即付保函统一规则》的有关规定,见索即付保函只要满足表面条件,保证人即应付款。本案中莎菲特公司在有效期内向意大利银行提交了与保函书面条款一致的文件,意大利银行并未提出任何异议且在原审中表示应当付款,所以意大利银行承担保函责任的条件已满足,意大利银行必须付款,意大利银行违反国际惯例拒付,应当承担违约责任。

本案中,意大利银行本应首先无条件按保函规定的数额支付款项,但原审判决首先由意大利公司退回莎菲特公司付出的款项,意大利公司不能退回时,则由意大利银行承担该款项的返还的一般保证责任,与见索即付保函所应承担的无条件付款责任不符,但莎菲特公司对此未提起上诉,应当视为接受,本院予以维持。

——肖扬总主编、最高人民法院民事审判第二庭编:《中华人民共和国最高人民法院判案大系》(民商事卷-1998年卷),人民法院出版社2003年版,第682~685页。

编者说明

最高人民法院《独立保函规定》第二十二条对保函纠纷案件审理的法律适用作出了明确规定。

1690

见索即付保函索赔权转让的认定

关键词 | 见索即付保函 | 索赔权转让 |

【最高人民法院司法解释】

第十条 独立保函未同时载明可转让和据以确定新受益人的单据,开立人主张受益人付款请求权的转让对其不发生效力的,人民法院应予支持。独立保函对受益人付款请求权的转让有特别约定的,从其约定。

——《最高人民法院关于审理独立保函纠纷案件若干问题的规定》(2016年11月18日,法释〔2016〕24号)

【最高人民法院裁判文书】

上海振华重工(集团)股份有限公司、中国银行股份有限公司上海市分行、希巴尔克系统公司与印度海外银行香港分行保函欺诈纠纷案[最高人民法院(2014)民申字第1379号民事裁定书]

最高人民法院经审查认为:本案的争议焦点在于印度海外银行是否有权以其自己的名义要求中行上海分行支付保函项下款项以及其请求付款的行为是否构成保函欺诈性索赔或权利滥用。

本案所涉见索即付保函明确约定适用URDG458规则,因此,有关索赔权转让问题应当适用该规则的相关规定进行审查。URDG458 规则第四条规定，除非保函或者其修改中有明确约定，保函项下受益人要求付款的权利不得转让，但是本条规定并不影响受益人将保函项下其有权获得之款项转让给他人的权利。因此，保函项下索赔权的转让具有极为严格的条件，即应当由保函相关当事人在保函或者其修改中明确约定。本案中，希巴尔克公司与印度海外银行于 2007 年 11 月 5 日订立了《转让协议》，将涉案保函项下的所有权权利、救济、优先权、权力和利益完全转让给印度海外银行，但该转让协议同时也约定了“允许受让人以出让人名义（如果有此必要）就转让权益选择任何地点对银行和/或保证人提起诉讼或者仲裁”，这表明协议双方均同意在特定情形下受让人需以出让人的名义进行索赔。据此，仅就转让协议的明确约定而言，不能认定希巴尔克公司将保函项下的索赔权完全转让给了印度海外银行，进而使印度海外银行成为新的受益人。另一方面，在印度海外银行与中行上海分行之间的来往电文中，双方均使用了“inone′sfavor”这一措辞，但并未使用 URDG458 规则项下受益人的专门词汇“benificiary”。鉴于双方对“inone′sfavor”含义的理解截然不同，故在内容上不能认定双方就希巴尔克公司将索赔权转让给印度海外银行且后者替代前者成为新的受益人达成了一致。相反，印度海外银行于 2007 年 11 月 9 日致函中行上海分行时明确使用了“由申请人直接和/或通过印度海外银行要求”（demanded by the applicant directly and/orthroughus）的措辞，而中行上海分行于同年 11 月 14 日的回函中也使用了“由希巴尔克公司要求”（demanded by Seabulk Systems Inc.）的措辞。考虑到中行上海分行在发给印度海外银行有关延迟保函有效期的函件中明确要求其“通知受益人”，而印度海外银行并未对此提出任何异议，故应认定涉案保函的相关当事人并未就索赔权转让事宜达成一致的意思表示。二审判决认定印度海外银行并非案涉保函的受益人，其不享有行使保函付款请求权的主体资格，有事实和法律依据。鉴于印度海外银行的索赔是否构成保函欺诈性索赔或权利滥用，其前提取决于印度海外银行有权以自己的名义行使付款请求权，故二审判决认为该争议问题在本案中已无须认定并无不当。印度海外银行认为二审判决在此情形下仍应对是否构成欺诈性索赔进行认定无理，本院不予支持。本案索赔源于印度海外银行以自己的名义向中行上海分行提出，有别于希巴尔克公司通过印度海外银行提出。鉴于索赔无法同时以自己的名义和他人的名义进行，加之印度海外银行不具备索赔的主体资格，故其有关“索赔通知同时满足两种情形下的索赔形式要求”的主张不能成立，本院亦不予支持。

——中国裁判文书网，http://wenshu.court.gov.cn。

上海振华重工(集团)股份有限公司、中国银行股份有限公司上海市分行、希巴尔克系统公司与印度海外银行香港分行保函欺诈纠纷申请再审案[最高人民法院(2014)民申字第1376号、第1377号、第1384号民事裁定书]

本裁判理由与前引裁判文书基本一致(略)。

——中国裁判文书网,http://wenshu.court.gov.cn。

1691

审理独立保函欺诈纠纷案件可以审查认定基础交易的相关事实

关键词 | 保函欺诈纠纷 | 基础交易事实 |

【最高人民法院司法解释】

第十二条 具有下列情形之一的,人民法院应当认定构成独立保函欺诈:

(一)受益人与保函申请人或其他人串通,虚构基础交易的;

(二)受益人提交的第三方单据系伪造或内容虚假的;

(三)法院判决或仲裁裁决认定基础交易债务人没有付款或赔偿责任的;

(四)受益人确认基础交易债务已得到完全履行或者确认独立保函载明的付款到期事件并未发生的;

(五)受益人明知其没有付款请求权仍滥用该权利的其他情形。

第十八条 人民法院审理独立保函欺诈纠纷案件或处理止付申请,可以就当事人主张的本规定第十二条的具体情形,审查认定基础交易的相关事实。

——《最高人民法院关于审理独立保函纠纷案件若干问题的规定》(2016年11月18日,法释〔2016〕24号)

【最高人民法院审判业务意见】

保函的独立性决定了其独立于基础合同,并不受基础合同项下双方存在争议的影响,欺诈是独立保函独立性的唯一例外,在对交单人是否存在欺诈性索款的情形进行审查时,有可能涉及基础合同的履行情况,但对审查的限度应恰当把握,应围绕是否存在欺诈性索款的情形进行,不应全面审查基础合同的履行情况。

——《最高人民法院民四庭2014年涉外商事海事审判综述》，载贺荣主编、最高人民法院民事审判第四庭编：《涉外商事海事审判指导》总第30辑，人民法院出版社2016年版，第231页。

【最高人民法院裁判文书】

格里布瓦尔公司与中材装备公司（原天津水泥设计院）、工商银行天津分行保函欺诈纠纷案［最高人民法院（2014）民申字第954号民事裁定书］

最高人民法院认为：格里布瓦尔公司提出的申请再审的理由不能成立。

首先，有证据证明，2008年5月29日之前，双方在合同履行方面确实仍处于履约测试阶段。2008年5月29日是再审申请人委托巴基斯坦国家银行向工商银行天津分行请求支付保函款项的日期，此后，格里布瓦尔公司没有请求付款，而是请求将银行保函的索兑日期延长。需要进行测试的车间共有八个，格里布瓦尔公司出具的第一份性能考核验收证书的时间是2008年8月26日，其他六份性能考核验收证书均在此后陆续出具，直至2009年4月23日。只有热处理系统的测试没有成功。对此格里布瓦尔公司和中材装备公司在本案审理过程中已予确认。这充分说明，从2007年8月30日订立《调试合同》到2008年5月29日之前，合同双方仍在进行履约测试。

其次，有证据证明，设备测试的履行情况尚无定论。对热处理系统测试未成功的原因，双方各执一词。天津水泥设计院称是由于煤的质量问题导致，格里布瓦尔公司称系因供货问题导致，双方一直在协商之中。关于供货，格里布瓦尔公司和中材装备公司没有就货物短装或破损按照合同约定形成过联合报告。双方约定，在合同履行过程中及瑕疵担保期内，对于短装或缺陷部件有采取补救措施的义务，只有中材装备公司未供货并拒绝采取补救措施，致使设备不能安装或运营时，中材装备公司方构成违约。由于设备已经安装完毕并进行履约测试，故二审判决认定中材装备公司在供货问题上不存在违约行为是正确的。再审申请人虽对二审判决认定的事实提出异议，但并没有举证证明双方在履约测试问题上有何定论。

再次，格里布瓦尔公司在索款声明中陈述，中材装备公司存在违约行为。但本案事实表明，中材装备公司在索兑保函项下没有违约行为。对于履约测试，合同当事人未约定一次性测试成功。格里布瓦尔公司的索款时间是2008年5月

29 日，当时履约测试正在进行当中。在此之后，格里布瓦尔公司还针对测试陆续出具了六份性能考核验收证书，故原审判决认为履约测试义务的履行情况并非本案审查内容，有事实依据。

——中国裁判文书网，http://wenshu. court. gov. cn。

1692

在基础合同中保函条款约定的性质、支付条件等存在争议的情形下，受益人按银行出具保函时的条件提出索付，不构成保函欺诈

关键词｜基础合同｜保函欺诈｜先赔付、后争议规则｜

【最高人民法院司法解释】

第十二条 具有下列情形之一的，人民法院应当认定构成独立保函欺诈：

（一）受益人与保函申请人或其他人串通，虚构基础交易的；

（二）受益人提交的第三方单据系伪造或内容虚假的；

（三）法院判决或仲裁裁决认定基础交易债务人没有付款或赔偿责任的；

（四）受益人确认基础交易债务已得到完全履行或者确认独立保函载明的付款到期事件并未发生的；

（五）受益人明知其没有付款请求权仍滥用该权利的其他情形。

——《最高人民法院关于审理独立保函纠纷案件若干问题的规定》（2016 年 11 月 18 日，法释〔2016〕24 号）

【最高人民法院审判业务意见】

第四，严格界定欺诈情形及证明标准，审慎确定独立性原则的例外。由于开立人对独立保函项下的单据仅作表面审查，而单据较多来源于受益人自身，因此独立保函制度存在受益人欺诈的风险。为此，各国司法实践均认可欺诈构成独立保函独立性原则的例外，不允许受益人从欺诈中获利，但对欺诈的构成要件和证明标准没有形成统一的标准。如何界定欺诈情形，是《最高人民法院关于审理独立保函纠纷案件若干问题的规定》（以下简称《独立保函规定》）制定的难

点，一方面要切实尊重当事人“先付款后争议”的合同安排，维护独立保函作为金融信用流通的重要功能；另一方面又要防范和抑制独立保函欺诈情形的产生。《独立保函规定》以诚实信用为理论基础，充分吸收和参考了国际条约、国外立法以及司法实践案例的经验，于第十二条规定了欺诈例外，并于第二十条规定判决认定存在欺诈情形必须达到排除合理怀疑的证明标准，彰显了人民法院审慎干预独立保函独立性的价值取向。《独立保函规定》第十二条进一步将欺诈类型化为无真实交易、单据欺诈和明显滥用付款请求权三类情形。鉴于明显滥用付款请求权的情形和基础交易违约争议可能产生混淆，实践中不易准确把握，第十二条第三项和第四项分别规定必须依据基础交易的司法判决或仲裁裁决、受益人自身确认的证据作出认定，防止在独立保函欺诈纠纷中实体审理违约争议。同时考虑到独立保函欺诈在实践中的复杂多样性，第十二条第五项对受益人明显滥用付款请求权的其他情形规定了概括性的兜底条款。

——张勇健：《介绍〈最高人民法院关于审理独立保函纠纷案件若干问题的规定〉相关内容并回答记者提问》（2016 年 11 月 22 日），载最高人民法院网，http://www. court. gov. cn。

【最高人民法院商事审判参考性案例】

案例 7：严格把握保函欺诈标准　维护国际金融秩序——江苏太湖锅炉股份有限公司与卡拉卡托工程有限公司、中国银行股份有限公司无锡分行保函欺诈纠纷案

一、基本案情

太湖公司与卡拉卡托公司协议完成一项发电机组建设工程，双方合同明确约定如修改合同必须采用合同修正案形式，会议纪要、传真等不能产生合同变更的效力。如果太湖公司违约，卡拉卡托公司可以索付见索即付保函。后卡拉卡托公司以太湖公司违约要求保函出具方中国银行股份有限公司无锡分行兑付保函。太湖公司提起诉讼，称双方已经通过会议纪要修改了合同，卡拉卡托公司索付保函行为不符合合同约定，构成欺诈，请求止付保函。江苏省无锡市中级人民法院一审判决驳回太湖公司诉讼请求，太湖公司提起上诉。

二、裁判结果

江苏省高级人民法院审理认为，法院审查基础合同仅限于受益人是否存在明知基础交易债务人不存在违约事实或其他付款到期事实，仍然滥用索赔权恶意索赔的情形。未按合同约定的形式和程序作出修改合同的会议纪要不产生变更合同的效力。在基础合同中保函条款约定的性质、支付条件等存在争议的情形下，受益人按银行出具保函时的条件提出索付，不构成保函欺诈，应按"先赔付、后争议"规则兑付保函。江苏省高级人民法院于2014年5月27日作出终审判决，维持一审判决。

三、典型意义

人民法院在该案判决中，充分尊重当事人约定适用的国际交易惯例，按照国际商会关于见索即付保函"先赔付、后争议"的处理规则予以裁判，严格把握保函欺诈标准，保障受益人依据保函迅速得到偿付的合法权利，维护了国际金融秩序。该案为美国2014年9月《跟单信用证杂志》重点介绍。同时，该案也反映出中国企业在"走出去"过程中，必须充分了解国际金融结算及担保工具的特点，不严格按照合同履行将产生巨大的法律风险。

——《人民法院为"一带一路"建设提供司法服务和保障的典型案例》(2015年7月7日)，载最高人民法院网，http://www.court.gov.cn。

1693

《见索即付保函统一规则》只有经当事人明示同意才能作为合同条款的组成部分

关键词 | 见索即付保函统一规则 | 合同条款 |

【最高人民法院司法解释】

第五条 独立保函载明适用《见索即付保函统一规则》等独立保函交易示范规则，或开立人和受益人在一审法庭辩论终结前一致援引的，人民法院应当认定交易示范规则的内容构成独立保函条款的组成部分。

不具有前款情形，当事人主张独立保函适用相关交易示范规则的，人民法院不予支持。

——《最高人民法院关于审理独立保函纠纷案件若干问题的规定》(2016年11月18日，法释〔2016〕24号)

【最高人民法院裁判文书】

招行科华支行与华川进出口公司、华川格鲁吉亚公司保函纠纷案[最高人民法院(2014)民申字第2078号民事裁定书]

裁判要旨:《工程预付款保函》是招行科华支行提供的履约担保,其中载明适用我国法律,因此中华人民共和国法律是处理本案的准据法。我国法律对于独立保函未作出明确规定,原审法院根据担保法进行审理并无不当。《见索即付保函统一规则》只有经当事人明示同意,才能作为合同条款的组成部分,故在本案中不适用。

最高人民法院认为:在华川进出口公司作为发包人和承包人华西建设公司签订的《协议书》中,约定由承包人向发包人提供履约担保。此后,应华西建设公司的要求,招行科华支行向华川进出口公司出具了《工程预付款保函》。从该保函的内容上看,招行科华支行的责任包括保证承包人将为工程目的使用预付款及承担预付款金额限额内的保证责任两个方面。因此,《工程预付款保函》是招行科华支行为华西建设公司提供的履约担保,该担保并非仅针对预付款的使用,招行科华支行该项理由不能成立。

案涉保函载明适用我国法律,因此中华人民共和国法律是处理本案的准据法。再审申请人招行科华支行认为应当适用《联合国独立保证与备用信用证公约》的理由不能成立。本案合同当事人未约定适用国际商会758号出版物《见索即付保函统一规则》来处理合同争议,在原审法院审理过程中,招行科华支行也认为不能适用《见索即付保函统一规则》,原审法院亦未援引该规则作为裁判依据。因此,招行科华支行依据该规则而提出的相关理由均无法律依据,本院不予采纳。原审法院依据《担保法》的规定对本案进行审理并无不当。招行科华支行应当在符合保函约定的情况下承担担保责任。

华川进出口公司与华西建设公司于2011年12月21日签订的《协议书》约定,预付款应当在合同签订后一周内支付。虽然预付款实际上于2012年1月12日支付,但招行科华支行《工程预付款保函》的出具日期是2011年12月29日,其内容表明,招行科华支行当时知晓华川进出口公司“将按合同要求向承包人提供金额为人民币壹仟伍佰万元整的预付款”,即该行是在明知预付款尚未支付的情况下出具了该保函。对于预付款的支付日期,保函没有进行限定。招行科华支行以华川进出口公司未能在合同签订日后一周内支付预付款作为拒付的理由，缺乏事实依据。

华川格鲁吉亚公司出具的违约证明、我国驻格鲁吉亚大使馆经济商务参赞处出具的《关于格鲁吉亚司法大楼项目最新进展事》，均证明案涉工程存在承包方人力不足、很难按时完工，导致项目业主直接参与工程施工的情形，案涉工程实际上也未按《协议书》约定的日期完工。原审法院认定华川进出口公司提交的违约证明符合保函约定的支付条件，有事实依据。华川格鲁吉亚公司和华川进出口公司是相互独立的法人单位，不存在自我作证的问题。招行科华支行称华川进出口公司的索赔构成欺诈，证据不足。案涉保函没有约定违约证明应当使用的语言文字，相关证明使用英文不违反保函约定的支付条件。招行科华支行所称的《协议书》合同条款第38.3条约定的是"发包人配合范围"，故其主张管理、施工能力、施工进度等问题按照合同约定均属应由华川进出口公司承担的责任，没有事实依据。

——中国裁判文书网，http://wenshu.court.gov.cn。

编者说明

关于《见索即付保函统一规则》在独立保函纠纷案件的适用，最高人民法院已经发布《独立保函规定》予以明确，此后应适用该司法解释的规定。

1694

当事人均认为反担保函已生效，实际上取消了原先规定的生效条件，反担保函因而生效

关键词｜反担保函｜生效条件｜

【最高人民法院裁判文书】

美特公司与建行闸北支行、建行上海分行及天脉公司担保追偿权纠纷案［最高人民法院（2013）民申字第71号民事裁定书］

裁判要旨：反担保函双方可以变更反担保函规定的生效条件。反担保函申请人明知预付款迟延到账，不符合原先约定的反担保函生效条件，仍然接受了预付款，在长达一年多时间里未提出异议，视为同意反担保函已生效，在使用预付款一年多后提出反担保函未生效有悖于诚实信用原则。

最高人民法院认为：反担保函法律关系主体双方是开立银行和受益人，反担

保函双方可以变更反担保函规定的生效条件。因反担保函双方均认为反担保函已生效,实际上取消了反担保函原先规定的生效条件,反担保函因而生效。本案争议实质上不限于反担保函是否生效,而需要进一步确定反担保函的开立银行是否有权向申请人追偿已支付的反担保函项下的款项。反担保函申请人明知预付款迟延到账,不符合原先约定的反担保函生效条件,仍然接受了预付款,在长达一年多时间里未提出异议,视为同意反担保函已生效。反担保函开立银行和申请人之间的权利义务关系由双方签订的《出具保函协议》确定,双方在《出具保函协议》中明确约定:银行对反担保函具有独立判断权,对外赔付无须事先征得申请人同意,申请人承诺不提任何异议。因此,银行有权依据《出具保函协议》向申请人追偿。另外,迟延四天到账也未给申请人造成实质性的负面影响。因此,一审、二审判决申请人向反担保函开立银行偿付垫付的资金及相关利息和费用等,是正确的。

——贺荣主编、最高人民法院民事审判第四庭编:《涉外商事海事审判指导》总第30辑,人民法院出版社2016年版,第232页。

1695

就返还预付款而订立的保函，其有效成立要件的认定

关键词 | 返还预付款 | 保函 |

【最高人民法院裁判文书】

玛尔斯合作有限公司、阿德尔伯特 · F · 雅默瑞与海尔集团电器产业有限公司保证合同纠纷案[最高人民法院(2012)民申字第1548号民事裁定书]

最高人民法院认为:本案系涉外保证合同纠纷,根据当事人的选择,应适用英国法律作为解决争议的准据法。玛尔斯公司与雅默瑞申请再审的理由主要是本案的保函未有效成立、玛尔斯公司承担返还预付款义务的条件尚不成就以及本案存在事实不清、程序违法的问题。

依据英国法律,保函的有效成立除应具备一般合同的成立要件外,还须满足书面形式、三方协议以及有效约因等要件,双方当事人对此并无异议。本案中,海尔电器在一审时提交了玛尔斯公司和雅默瑞签字的保函,该保函虽然只有玛尔斯公

司和雅默瑞的签字而无海尔电器的签字，但该函系由玛尔斯公司和雅默瑞出具给海尔电器并由海尔电器作为证明其享有保函所载权利的证据提交给一审法院，应认为海尔电器接受该保函，因此符合三方协议的要求。玛尔斯公司和雅默瑞对保函的真实性未提出质疑，而仅以该函只有玛尔斯公司和雅默瑞的签字而无海尔电器的签字为由主张本案保证合同不成立，不应支持。此外，约因的本质是要求合同的一方当事人必须支付相应的对价才能取得对方的承诺。本案中，海尔电器支付的虽然是预付款，但预付款的支付必然以其丧失一定的履行抗辩权为代价，故不能认为海尔电器取得保函未支付对价，亦不能认为玛尔斯公司未从中获得利益。事实上，在商事交往中，当事人就预付款的返还订立保函的情形不在少数，其目的即在于确保支付预付款一方重新获得相应的履行抗辩权。因此，玛尔斯公司以海尔电器支付的 200 万欧元系预付款为由提出的未从中获得利益且海尔电器亦未遭受损失，进而认为本案保证合同不存在有效约因的主张，不能成立。

玛尔斯公司承担返还预付款义务的条件是否成就，应依据当事人在保函中的约定予以确定。本案中，虽然当事人在保函中约定海尔电器应在 2004 年 1 月 31 日前向玛尔斯公司足额支付 300 万欧元“预付佣金”，但此为海尔电器应履行的义务，而非玛尔斯公司承担预付款返还义务的条件。在海尔电器未按约定足额支付预付款时，玛尔斯公司自可向海尔电器主张违约责任，且其承担返还预付款义务的范围应仅限于海尔电器已支付的预付款。本案为海尔电器依据保函请求玛尔斯公司返还已付预付款并由雅默瑞承担保证责任的诉讼，玛尔斯公司与雅默瑞对于海尔电器已向玛尔斯公司支付预付款 200 万欧元且已发生玛尔斯公司承担返还预付款义务的情形均无异议，其仅以海尔电器未足额支付预付款为由主张玛尔斯公司承担返还预付款的义务尚未成就，不能成立。

——中国裁判文书网，http://wenshu.court.gov.cn。

编者说明

《独立保函规定》进一步明确，独立保函虽然具有担保债权实现的功能，但不属于我国《担保法》规定的法定担保方式，故不适用我国《担保法》关于保证的规定。《独立保函规定》通过第一条和第三条的规定，明确界定了独立保函与我国《担保法》规定的保证两者之间的区分标准，有效澄清了司法误区。

1696

国内交易中独立保函的效力认定

关键词｜独立保函｜

【最高人民法院司法解释】

第二十三条 当事人约定在国内交易中适用独立保函，一方当事人以独立保函不具有涉外因素为由，主张保函独立性的约定无效的，人民法院不予支持。

——《最高人民法院关于审理独立保函纠纷案件若干问题的规定》(2016 年 11 月 18 日，法释〔2016〕24 号)

【最高人民法院审判业务意见】

第二，统一国际国内独立保函交易的效力规则，坚持平等保护当事人权益。因独立保函的提示付款单据简单、付款责任严厉，司法实践中一直对国内交易中独立保函的效力问题缺乏定论。而近年来为国内交易开具独立保函已经成为我国金融机构的一项重要业务，如司法解释对国内独立保函不作规定，将造成法律与实践的脱节。我们认为，法律地位平等原则是我国民法通则规定的基本原则，也是市场经济的本质特征和内在要求。为此，《独立保函规定》坚持贯彻平等保护原则，首次明确统一了国际和国内独立保函的效力认定规则。《独立保函规定》第二十三条规定，当事人约定在国内交易中适用独立保函的，人民法院不能以独立保函不具有涉外因素为由，否定保函独立性约定的效力。《独立保函规定》第五条明确国际民间性商事组织制定的《见索即付保函统一规则》等交易规则的性质为合同示范条款，国际或国内独立保函的当事人均可以根据自身情况，通过在独立保函文本中记载或诉讼程序中一致同意的方式加以适用，自主决定其民事权利和义务。

——张勇健：《介绍〈最高人民法院关于审理独立保函纠纷案件若干问题的规定〉相关内容并回答记者提问》(2016 年 11 月 22 日)，载最高人民法院网，http://www. court. gov. cn。

编者说明

《独立保函规定》第二十三条规定，当事人约定在国内交易中适用独立保函，一方当事人以独立保函不具有涉外因素为由,主张保函独立性的约定无效的,人民法院不予支持。因此,司法解释承认了国内交易中可以使用独立保函。但是,根据《独立保函规定》,独立保函,是指银行或非银行金融机构作为开立人,以书面形式向受益人出具的,同意在受益人请求付款并提交符合保函要求的单据时,向其支付特定款项或在保函最高金额内付款的承诺。独立保函的开立主体是银行或者非银行金融机构,并且是有形式要求的,并非所有的独立担保都构成独立保函。

1697

独立保函的止付应当坚持独立性原则

关键词｜独立保函止付｜独立性原则｜

【最高人民法院司法解释】

第十三条 独立保函的申请人、开立人或指示人发现有本规定第十二条情形的,可以在提起诉讼或申请仲裁前,向开立人住所地或其他对独立保函欺诈纠纷案件具有管辖权的人民法院申请中止支付独立保函项下的款项,也可以在诉讼或仲裁过程中提出申请。

第十四条 人民法院裁定中止支付独立保函项下的款项,必须同时具备下列条件:

(一)止付申请人提交的证据材料证明本规定第十二条情形的存在具有高度可能性;

(二)情况紧急,不立即采取止付措施,将给止付申请人的合法权益造成难以弥补的损害;

(三)止付申请人提供了足以弥补被申请人因止付可能遭受损失的担保。

止付申请人以受益人在基础交易中违约为由请求止付的,人民法院不予支持。

开立人在依指示开立的独立保函项下已经善意付款的,对保障该开立人追偿权的独立保函,人民法院不得裁定止付。

——《最高人民法院关于审理独立保函纠纷案件若干问题的规定》(2016年11月18日,法释〔2016〕24号)

【最高人民法院审判业务意见】

各级人民法院应当高度重视独立保函纠纷案件的审理，严格坚持独立保函的独立性原则，切实规范独立保函的止付程序。独立保函是附单据条件的付款承诺，遵循独立性原则，独立保函法律关系独立于开立申请关系和基础合同关系。只要受益人提交的单据表面符合独立保函的要求，开立银行就必须独立承担付款义务，受益人请求付款时无须证明债务人是否违反基础合同的约定。除有欺诈情形外，人民法院不得止付独立保函项下的款项。独立保函的止付程序，不同于一般的保全程序，人民法院不仅要审查申请人提供的担保，而且必须审查申请人提交的证据是否能够初步证明受益人存在欺诈或明知其没有付款请求权，仍滥用独立保函的单据付款机制请求付款。裁定止付的，必须在裁定中说明具体的止付理由。

——最高人民法院民四庭庭长张勇健：《在全国涉外商事海事审判庭长座谈会上的讲话》（2016 年 4 月 7 日），载贺荣主编、最高人民法院民事审判第四庭编：《涉外商事海事审判指导》总第 32 辑，人民法院出版社 2017 年版，第 20 页。

五、海事海商纠纷

(一)一般要求

1698

积极行使海事司法管辖权，维护国家海洋权益与航运利益

关键词｜海事案件｜海域｜

【最高人民法院司法解释】

第一条 本规定所称我国管辖海域,是指中华人民共和国内水、领海、毗连区、专属经济区、大陆架,以及中华人民共和国管辖的其他海域。

——《最高人民法院关于审理发生在我国管辖海域相关案件若干问题的规定(一)》(2016年8月1日,法释〔2016〕16号)

【最高人民法院司法政策】

依法服务保障海洋强国战略实施。依法审理各类海事海商纠纷,平等保护中外当事人合法权益。围绕调整海事诉讼管辖、海事法院受案范围等问题加强研究论证,完善司法解释、司法政策,更好地发挥海事法院专业优势,维护国际海洋权益和“蓝色国土”安全。加快推进海事审判制度改革,大力加强海事司法能力建议,努力将我国建设成为具有较高国际影响力的国际海事司法中心。

——周强:《深入贯彻五大发展理念,加强民事商事审判工作,为实施“十三五”规划提供有力司法服务和保障——在第八次全国法院民事商事审判工作会议上的讲话》(2015年12月23日),载景汉朝主编、最高人民法院立案庭编:《立案工作指导》总第45辑,人民法院出版社2016年版,第38页。

一是要充分发挥海事审判职能作用,积极服务国家开放战略和海洋强国战略。海事法院是专门审理海运贸易、海洋开发利用相关案件的审判机构,处在对外开放的前沿,在促进外贸经济发展、保障改革开放顺利进行等方面发挥

着重要作用。面对亚太地区在世界战略格局中的地位日益凸显的新形势，海事法院要坚持服务大局，紧紧围绕国家开放战略、海洋强国战略等一系列重大战略部署，充分发挥海事审判职能作用，依法维护我国国家主权和海洋权益。要坚持狠抓审判执行工作这个第一要务，注重发挥海事法院专属性、专业性及管辖区域特殊性的独特优势，依法妥善化解各类海事海商纠纷，平等保护中外各方当事人合法权益，努力营造有利于改革开放的良好法治环境。要密切关注现代海洋经济和海洋环境保护发展态势，加强对海洋环境和通海水域环境的保护，依法审理好海洋环境污染案件和与海相通的可航水域环境污染案件，维护海洋生态文明。

——周强：《在发挥海事司法职能，服务保障国家海洋战略暨中国海事审判三十年座谈会上的讲话》(2014 年 9 月 2 日)，载贺荣主编、最高人民法院民事审判第四庭编：《涉外商事海事审判指导》总第 29 辑，人民法院出版社 2015 年版，第 5 ~ 6 页。

要充分发挥职能作用，促进海洋经济和海洋生态文明。密切关注生态损害赔偿的国际法律实践、现代海洋经济和海洋环境保护发展态势，结合我国实际，完善我国海洋生态损害赔偿规则，依法审理好海洋环境污染案件和与海相通的可航水域环境污染案件，维护海洋生态文明。

——贺荣：《深入学习贯彻党的十八届四中全会精神，全面推进涉外商事海事审判工作，为开放型经济新体制和海洋强国战略提供坚实司法保障——在第四次全国涉外商事海事审判工作会议上的讲话》(2014 年 11 月 18 日)，载贺荣主编、最高人民法院民事审判第四庭编：《涉外商事海事审判指导》总第 29 辑，人民法院出版社 2015 年版，第 26 页。

一要坚决维护海洋主权，自觉服务国家海洋开发战略和海洋生态文明建设。21 世纪是海洋世纪，党和政府历来非常重视海洋战略，党的十八大及十八届三中全会以来，海洋维护重点提升到海洋战略安全、海洋经济发展、海洋生态文明三个层面来实施。全国海事审判工作要强化主权意识，依照国际法和国内法，对我国管辖海域内的各类海洋开发利用活动积极行使海事司法管辖权，积极宣示国家海洋主权；密切关注现代海洋经济的发展，改革完善现行管辖制度，适时调整管辖范围，继续推动将海事行政案件正式纳入海事法院专门管辖范围，更好地服务海洋经济发展；加强对陆源污染海域案件和海洋石油勘探开发、船舶排污、海洋工程等各类开发利用活动污染海域案件的审理,依法维护海洋生态安全;紧紧围绕十八届三中全会提出加快生态文明制度建设的目标要求,在认真总结审理船舶油污损害赔偿纠纷经验的基础上,进一步完善细化各类海洋污染损害赔偿的法律适用规则,联合国家相关部门抓紧研究确定海洋生态损害和修复费用的赔偿规则,率先在整个生态环境损害赔偿和生态修复制度建设方面迈出实质性步伐,为生态文明制度建设作出积极贡献。

——贺荣:《深入贯彻落实党的十八届三中全会精神,努力将海事审判工作推向一个新的发展阶段——在第二十二届全国海事审判研讨会上的讲话》,载江必新、贺荣主编,最高人民法院民事审判第四庭编:《涉外商事海事审判指导》总第27辑,人民法院出版社2014年版,第10~11页。

当今世界各国陆地权益争夺基本尘埃落定,势力范围大致划尽,海权争夺成为国家管辖范围争夺的最后空间,时有国际势力混淆海洋法公约的定义和既定历史事实,对领海、毗连区、专属经济区、公海等概念随意解读,挑起敏感事端。积极行使海事司法管辖权是彰显我国海洋主权的重要体现,我国在设立海事法院时就应明确了各海事法院管辖的海域。如最高人民法院于1990年决定设立海口海事法院时明确规定:海口海事法院管辖海南省所属港口和水域以及西沙、中沙、南沙、黄岩岛等岛屿和水域内发生的一审海事、海商案件。各海事法院对我国管辖海域内的海事案件和管辖海域之外的中国籍船舶,要根据《联合国海洋法公约》和我国国内法的规定,积极行使沿海国、港口国、船旗国司法管辖权,依法公正审理海洋开发利用、海上事故纠纷,维护我国海洋权益和航运利益。2012年初,澳大利亚驻华使馆照会我国外交部称,中国籍商船“荣誉山”轮涉嫌于2011年1月19日在位于澳专属经济区内的大堡礁海洋公园排污,澳方希望了解中方是否有意对此案行使管辖权。依照《联合国海洋法公约》第228条的规定,对于外国船只在沿海国领海外的非重大损害的污染,船旗国有优于沿海国进行处罚的司法管辖权。对于如何充分行使海事司法主权,我们应予以高度重视、深入研究。

——万鄂湘:《深入推进海事审判精品战略,不断提高海事审判服务大局的水平——在全国海事审判工作会议上的讲话》(2012年7月17日),载万鄂湘主编、最高人民法院民事审判第四庭编:《涉外商事海事审判指导》总第25辑,人民法院出版社2013年版,第7页。

【最高人民法院商事审判参考性案例】

三、丹麦供油有限公司与“星耀”(XING YAO)轮船舶所有人诉前海事请求保全扣押船舶案

一、基本案情

申请人丹麦供油有限公司(A/S Dan-Bunkering Ltd.)于2012年12月12日在香港海域为被申请人所属的巴拿马籍“星耀”(Xing Yao)轮提供485.1820公吨Fol80Cst及158.5280公吨Gas-Oil的船用油，费用为461238.21美元。被申请人仅支付人民币1000000元(折合美元为158730美元)，仍欠302508美元。后该轮驶入广东汕头水域，被申请人已联系好买家正准备向新的船东交船，情况较为紧急。为防止债权落空，申请人于2013年1月22日紧急向广州海事法院提出诉前海事请求保全申请，申请诉前扣押“星耀”轮，并责令被申请人提供302508美元或等值人民币的担保。“星耀”轮船长225米，船宽32米，型深17.81，载重吨62343，因吨位大无法靠泊码头，在汕头港离岸约25海里水域抛锚，随时可能驶离。

二、裁判结果

广州海事法院收到申请后，立即组成合议庭对申请进行审查，要求申请人提供被扣船舶的具体地点；另外制作扣押船舶裁定书及扣船令。根据法律规定，海事请求权人应向船舶所在地的海事法院提出诉前海事请求保全申请，本案海事请求权人提供了“星耀”轮已驶离香港海域进入广东汕头海域抛锚的证据，应由广州海事法院依法行使海事司法管辖权扣船。申请人选择诉前扣押该轮，且情况较为紧急，符合诉前海事请求保全的法定条件。经审查，广州海事法院认为，申请人的申请符合法律规定，应予准许。依照《海事诉讼特别程序法》第二十一条第十二项、第二十三条第一款第一、二项、第二十八条第一款的规定，裁定准许申请人的诉前海事请求保全申请；扣押被申请人所属的停泊于汕头港的“星耀”轮；责令被申请人提供302508美元或等值人民币的担保。2013年1月24日，法官乘坐交通艇往返近七个小时，冒着海上风浪，在离岸25海里水域登轮扣押了六万吨级的“星耀”轮；扣押船舶后，法官又积极促成申请人与被申请人进行协商，在法院主持下进行了诉前调解，1月29日，申请人即从被申请人处得到全额赔款。

三、典型意义

本案是一宗涉及丹麦王国、巴拿马等不同国家当事人及中国香港法域的纠

纷,涉案船舶进入中国广东海域后,中国内地法院通过及时有效地行使司法管辖权诉前扣押船舶,并开展诉前调解工作,仅用5天时间便高效地解决了当事人之间的纠纷,真正做到了"案结事了"。2013年3月26日,广州海事法院收到申请人致函,对中国法院及时高效扣船解决纠纷表示感谢。

本案创下了广州海事法院汕头法庭的三项纪录:"扣押外轮吨位最大""乘艇扣船离岸最远"和"解决纠纷时间最短"。及时有效的扣船工作,对于首次到中国法院进行诉讼活动的外国当事人而言,是至关重要的维权途径,是切实感受中国司法公信力的窗口。这一案件的圆满解决体现了中国海事司法"实施精品战略,打造一流品牌"工作的重大意义,增强了国外当事人对中国海事司法的信任度,有利于树立中国法院的司法公信力和法官良好的司法形象。

——《最高人民法院公布人民法院保障民生第二批典型案例》,载《最高人民法院公报》2015年第3期。

1699

《海商法》第四章不属于《涉外民事关系法律适用法》第四条规定的"强制性规定"

关键词 | 法律适用 | 强制性规定 |

【最高人民法院审判业务意见】

有的法院对于如何理解《涉外民事关系法律适用法》第四条有关强制性规定提出了疑问。有种观点认为《海商法》第四章属于《涉外民事关系法律适用法》第四条规定的"强制性规定",并认为在审理海上货物运输合同纠纷时,应当直接适用《海商法》而排除外国法的适用,这种理解是不准确的。该条中的"强制性规定",一般是指我国法律中明确规定某类涉外民事法律关系应直接适用我国某法律规定,不允许当事人选择,当事人不能通过约定排除适用,法院在审理案件过程中也不必通过冲突规范的指引而予以直接适用的法律。国内法中以"不得""必须"体现的禁止性、强行性规范,并非必然是上述"强制性规定"。这里的"强制性规定",主要是体现国家利益和公共利益、公共卫生、金融与经济安全、国家安全的法律条款。《海商法》第四章并不属于该条规定中所指的"强制性规定"。当事人可以在合同中约定海上货物运输合同适用的某一国际公约或者某国法律等准据法。

我们检索《海商法》的全部条文，初步认为整个《海商法》中并没有《涉外民事关系法律适用法》第四条规定的“强制性规定”。今后，如果各级法院在适用《海商法》时，认为《海商法》中有该“强制性规定”的，请逐级报告请示最高人民法院研究认定。

——刘贵祥：《在全国海事审判工作会议上的总结讲话》，载万鄂湘主编、最高人民法院民事审判第四庭编：《涉外商事海事审判指导》总第25辑，人民法院出版社2013年版，第23～24页。

1700

《海商法》第十四章应优先于《涉外民事关系法律适用法》的适用

关键词 | 法律适用 |

【最高人民法院审判业务意见】

《涉外民事关系法律适用法》第二条规定了特别规定优于一般规定适用的原则。《海商法》第十四章关于涉外关系法律适用的规定，相对于《涉外民事关系法律适用法》而言，属于特别规定，应当优先适用。比如《海商法》第二百七十三条规定了船舶碰撞的损害赔偿，应当适用侵权行为地法；船舶在公海上发生碰撞的损害赔偿，适用受理案件的法院所在地法律。

——刘贵祥：《在全国海事审判工作会议上的总结讲话》，载万鄂湘主编、最高人民法院民事审判第四庭编：《涉外商事海事审判指导》总第25辑，人民法院出版社2013年版，第23页。

1701

《合同法》第四百零二条在海事审判和涉外商事审判中的适用范围

关键词 | 法律适用 |

【最高人民法院审判业务意见】

我国原有的民商立法及民法学说仅承认直接代理,并不认同间接代理。《合同法》以我国外贸间接代理为实践基础,借鉴《国际货物销售代理公约》的相关规定,正式承认了间接代理制度,主要体现为《合同法》第四百零二条。问题在于,间接代理制度是否可以普遍适用于外贸代理以外的其他民商事活动?换言之,第四百零二条的适用范围如何?

在(2008)民申字第1177号新陆桥(连云港)码头有限公司(以下简称"新陆桥公司")与山西省冶金物资总公司(以下简称"山西冶金")、连云港华丰国际货运有限公司(以下简称"华丰货运")港口作业合同欠款纠纷案中,山西冶金书面委托华丰货运为港口代理。为履行代理义务,华丰货运以自己的名义与案外人连云港港口集团有限公司(以下简称"港口集团公司")签订《港口货物作业合同》并与新陆桥公司签订了补充协议,约定由新陆桥公司对涉案货物进行卸船、堆存和装车等。后华丰货运与港口集团公司共同书面确认《港口货物作业合同》中的权利义务由新陆桥公司继受和承担。涉案货物在港发运结束后,新陆桥公司于2006年11月7日向上海海事法院提起诉讼,请求判令山西冶金支付港口作业费5050693.64元和滞纳金475万元。

上海海事法院一审认为:华丰货运在签约时已向合同相对人告知华丰货运系代理山西冶金签订合同,依照《合同法》第四百零二条的规定,《港口货物作业合同》及补充协议直接约束新陆桥公司和山西冶金。山西冶金应对华丰货运拖欠新陆桥公司港口作业费的民事行为承担相应的法律后果。一审判决:山西冶金向新陆桥公司支付港口作业费5050693.64元。

山西冶金不服一审判决,提起上诉认为:《合同法》第四百零二条本应解决进出口贸易合同纠纷,不应适用本案纠纷,其与新陆桥公司不存在合同关系。新陆桥公司因不服一审判决不支持其滞纳金请求亦提出上诉。

上海市高级人民法院经审理认为双方上诉均缺乏依据,遂终审判决:驳回上诉,维持原判。新陆桥公司不服二审判决,向最高人民法院申请再审。最高人民法院经审查,最终裁定驳回新陆桥公司的再审申请。

本案反映出的问题主要是:根据《合同法》第四百零二条规定的字面理解,原审法院认定华丰货运与新陆桥公司订立的合同直接约束山西冶金和新陆桥公司并无不当。但是对于《合同法》第四百零二条的理解,司法实践中是有争议的。在全国人大法工委编写的《合同法释义》中明确该条的立法本意是参考《国际货物销售代理公约》制定，主要发生在进出口贸易合同中。合议庭承办法官与全国人大法工委的相关同志沟通时，也认为四百零二条仅限于外贸代理案件中适用。如果根据该立法本意，原审认定值得商榷，新陆桥公司只能向合同相对方华丰货运主张港口作业费请求。然而，从该条款文字表示看不出本条的适用仅限于进出口贸易合同，故不宜认定原审适用法律不当。在目前的司法实践中，无论是海事审判还是涉外商事审判，对该条的理解与适用均存在疑问，需要统一考虑，必要时请全国人大法工委作出解释。

——万鄂湘、陆效龙、余晓汉：《最高人民法院 2009 年海事海商综述》，载《环球法律评论》2010 年第 5 期。

（二）海事侵权、海事特别程序

1702

间接证据只有相互印证并构成完整证据链时，才能认定船舶碰撞事实的存在

关键词 | 船舶碰撞 | 事实认定 | 间接证据 |

【最高人民法院裁判文书】

案例 5：巴拿马易发航运公司、香港威林航业有限公司与钟孝源、珠海市政府打击走私办公室船舶碰撞损害赔偿纠纷案

一、基本案情

1992 年 11 月 25 日 03 时左右，由珠海市政府打击走私办公室（以下简称珠海打私办）征用参加海上缉私的钟孝源所有的“汕尾 12138”渔船被撞沉没，船上 21 人全部落水。肇事船舶没有对落水人员进行救助，继续向东航行。落水人员中 15 人被救起，其余 5 人死亡，1 人宣告死亡。为此，钟孝源、珠海打私办向广州海事法院提起诉讼，主张巴拿马易发航运公司（以下简称易发公司）所有的“易发”轮为撞沉“汕尾 12138”船的肇事船，并请求判令其赔偿全

部损失。

二、裁判结果

广州海事法院一审认为,“易发”轮与“汕尾12138”船发生碰撞,导致“汕尾12138”船沉没,应对碰撞造成的人身伤亡及财产损失承担全部责任。一审判决易发公司赔偿钟孝源人民币2390400元、港币20000元及两款项利息;易发公司赔偿珠海打私办人民币226420元、港币34276元及两款项利息。广东省高级人民法院二审判决驳回易发公司的上诉,维持原判。易发公司和香港威林航业有限公司向最高人民法院申请再审。最高人民法院再审认为,钟孝源、珠海打私办主张“易发”轮是撞沉“汕尾12138”船的肇事船,应承担相应的举证责任。由于“易发”轮船首没有碰撞痕迹和损伤,“易发”轮左舷提取的附着油漆与“汕尾12138”船的油漆不完全相同,“易发”轮经过出事海域时没有大幅度向左转向和减速,钟孝源、珠海打私办主张的碰撞位置与沉船及落水人员被救起位置的相对态势不符合当时当地的潮流,在碰撞事故发生时还有一艘从香港出来的集装箱船经过出事海域向东航行等客观事实的存在,认定“易发”轮是肇事船的证据不足。最高人民法院于1999年5月18日判决撤销该案一、二审判决,驳回钟孝源、珠海打私办的诉讼请求。

三、典型意义

本案是最高人民法院公开审理的第一起船舶碰撞纠纷案件。在海事审判中,缺乏认定碰撞事实的直接证据是审理船舶碰撞损害赔偿纠纷的难点。本案中所有指向“易发”轮是肇事船的证据均为间接证据,对此本案再审判决依照证据运用的规则,运用逻辑推理和经验法则,结合民事诉讼“高度盖然性”的证明标准,对所有证据综合判断,确立了间接证据只有相互印证并构成完整证据链时,才能认定碰撞事实存在的基本原则。这一原则对于如何运用间接证据认定船舶碰撞事实的审判实践具有指导意义。本案的再审庭审过程也极具亮点。为保证专家鉴定的客观性,技术鉴定报告由专家当庭宣读,当事人当庭予以质证。这一质证程序的运用对本案最终得到公正判决起到了积极的决定性作用。此外,本案再审时对经台湾地区法院确认的证据文件予以采信,在当时对于解决大陆与台湾地区法院之间证据采纳问题具有借鉴价值。

——《最高人民法院发布海事审判典型案例》,载《最高人民法院公报》2015年第9期。

1703

合意违反《避碰规则》情况下认定碰撞责任的主要依据仍然是《避碰规则》

关键词 | 船舶碰撞 | 责任认定 | 避碰规则 |

【最高人民法院指导性案例】

江苏炜伦航运股份有限公司诉米拉达玫瑰公司船舶碰撞损害赔偿纠纷案（最高人民法院指导案例31号）

裁判要点：航行过程中，当事船舶协商不以《1972年国际海上避碰规则》（以下简称《避碰规则》）确立的规则交会，发生碰撞事故后，双方约定的内容以及当事船舶在发生碰撞事故时违反约定的情形，不应作为人民法院判定双方责任的主要依据，仍应当以前述规则为准据，在综合分析紧迫局面形成原因、当事船舶双方过错程度及处置措施恰当与否的基础上，对事故责任作出认定。

法院生效裁判认为：在两轮达成一致意见前，两轮交叉相遇时，本应“红灯交会”。“玫瑰”轮为了自己进北槽航道出口方便，首先提出“绿灯交会”的提议。该提议违背了《避碰规则》规定的其应承担的让路义务。但是，“炜伦06”轮同意了该违背规则的提议。此时，双方绿灯交会的意向应是指在整个避让过程中，双方都应始终向对方显示本船的绿灯舷侧。在这种特殊情况下，没有了《避碰规则》意义上的“让路船”和“直航船”。因此，当两轮发生碰撞危险时，两轮应具有同等的避免碰撞的责任，两轮均应按照《避碰规则》的相关规定，特别谨慎驾驶。但事实上，在达成绿灯交会的一致意向后，双方都认为对方会给自己让路，未能对所处水域的情况进行有效观察并对当时的局面和碰撞危险作出充分估计，直至紧迫危险形成后才采取行动，最终无法避免碰撞。综上，两轮均有瞭望疏忽、未使用安全航速、未能尽到特别谨慎驾驶的义务并尽早采取避免碰撞的行为，都违反了《避碰规则》中有关瞭望、安全航速和避免碰撞的行动等规定，对碰撞事故的发生责任相当，应各承担50%的责任。

被告系“玫瑰”轮的船舶所有人，根据《最高人民法院关于审理船舶碰撞纠纷案件若干问题的规定》的规定，应就“玫瑰”轮在涉案碰撞事故中对原告造成的损失承担赔偿责任。法院根据双方提供的证据,核定了原告具体损失金额,按照被告应负的责任份额,依法作出如上判决。

——《最高人民法院关于发布第七批指导性案例的通知》(2014年6月26日,法发〔2014〕161号)

【链接:最高人民法院法官著述】

(一)《避碰规则》的理解与适用

海上交通与陆地交通一样,需要通过制定统一的规则来规范通行,以避免事故的发生。为了制定切实可行的海上避碰规则,国际海运界进行了不懈的努力。从早期英国的"海军黑皮书",到英法两国协商制定的海上避碰规则,到《1910年国际海上避碰规则》的通过和修订,再到1972年《避碰规则》,直至国际海事组织进行的2007年修正案于2009年12月1日正式生效,经历了漫长的发展过程,国际海上航行规则已经逐渐确立、完善,并被国际海运界广泛接受和适用。

《避碰规则》的适用范围非常广泛,适用于在公海和连接公海可供海船航行的一切水域中的一切船舶。为了尊重各国政府对内陆水域的主权,《避碰规则》规定该规则并不妨碍各国有关主管机关为港口、内陆水道等特定特殊规则,但同时还规定特殊规则应尽可能与该规则相符合,以便于遵守和管理,避免让船舶在不同水域航行时产生困惑与误解。《避碰规则》的内容非常详尽全面,包括了驾驶和航行规则、号灯和号型、声响和灯光信号等章节。一方面,这些来源于海运实践,特别是碰撞事故总结教训的条款,对指导船舶驾驶人员采取正确的航行规则和有效的避让行动,协调船舶间的冲突,预防和避免船舶相撞时碰撞事故的发生,具有积极的作用。另一方面,《避碰规则》通过制定航行规则规定了当事船舶的权利和义务,虽然条款不具体涉及船舶碰撞产生的法律责任,但对于判明碰撞船舶双方的责任,提供了翔实充分的依据。兼具技术规范和法律规范双重性质的《避碰规则》,毫无疑问是海商法中海上碰撞法的核心部分,在国际上具有广泛的约束力。

我国政府于1980年1月5日向联合国政府间海事协商组织秘书长交存了认可文件,成为《避碰规则》的缔约国,但作出如下保留:属于中华人民共和国的非机动船舶不受海上避碰规则的约束。1981年,我国交通部下发《关于执行1972年国际海上避碰规则公约若干问题的通知》规定，一切船舶在海上和海港航行或停泊时，其操作和显示信号应执行《避碰规则》。自此，《避碰规则》已经适用于我国一切海域的一切船舶。在我国的海事司法实践中，虽然依照《民法通则》第一百四十二条的规定，在涉外民事关系的法律适用中，我国或参加的国际条约除声明保留条款外应当优先适用，但是由于航运实践中《避碰规则》在我国海域的广泛适用并未区分是否具有涉外因素，《避碰规则》所确立的航行规则已经与其他海上碰撞法律法规一起，成为法院查明案件事实，分清当事船舶责任，公正处理海上船舶碰撞纠纷的重要依据。

（二）当事船舶的合意对碰撞事故责任认定的影响

海上航行中，所有航行船舶都应当按照《避碰规则》的统一规定遵守驾驶和航行规则，正确使用号灯信号等，这样才能有效预防和避免船舶碰撞事故的发生，保证航运的安全。但是，在航运实践中，违反《避碰规则》进行航行的情况仍时有发生。如果因一方船舶自己违反《避碰规则》造成与他船的碰撞事故，应当由该肇事船舶承担损害赔偿责任。如果航行过程中，双方船舶通过VHF等无线通讯手段自行协商，合意违反《避碰规则》的规定，重新达成一致的通行意见，付诸实施后发生碰撞事故，应当如何划分碰撞船舶的过错责任比例，在海事司法实践中存在不同的认识……我们认为，一方面，遵守《避碰规则》是保障海上航行安全的前提和必要条件。航行船舶违反《避碰规则》的规定，不仅对合意船舶，而且对附近航行的其他船舶都造成潜在的威胁和隐患，严重影响海上航行的公共安全。背离《避碰规则》的合意可能造成极其严重的后果，这种行为不应当得到肯定和鼓励。另一方面，因海上航行环境因素的复杂性，双方合意违反《避碰规则》后，是否会发生航行事故，具有极大的不确定性。是否因一方或双方违约而导致航行事故的发生，并不能使当事船舶合意违反《避碰规则》的行为合理化，更不能成为一方减轻自己责任的正当理由。因此，为了保障海上航行的安全有序，任何类型的协商和约定都不能免除当事船舶遵守航行规则的责任和义务。一旦发生事故，双方是否违反合意约定不能成为判定当事船舶碰撞事故责任的主要依据。一方船舶也不能以另一方船舶没有遵守合意约定为由，要求对方承担主要碰撞责任，减轻己方的责任……

（三）合意违反《避碰规则》情况下认定碰撞责任的依据

由于当事船舶在发生碰撞事故时违反约定的情形，不应作为法院判定双方责任的主要依据，那么应当如何划分当事船舶的碰撞责任，就成为审理此类案件必须解决的重要问题。

本案例中，在“炜伦06”轮和“玫瑰”轮达成一致意见前，两轮处于交叉相遇局面。《避碰规则》第十五条对于两船交叉相遇局面下避免碰撞危险的航行规则已经做出了明确的规定。但是，两轮并未按照《避碰规则》中有关“让红不让绿”①的规定航行，而是合意约定绿灯交会，即双方同意在整个避让过程中，始终向对方显示本船的绿灯舷侧。这一约定完全改变了《避碰规则》规定的让路船应给直航船让路的基本航行规则，也完全变更了两船和航行态势，人为造成了新的航行状态。在此情况下，已经没有了《避碰规则》中规定的让路船和直航船。在两船按照绿灯交会航行时，由于《避碰规则》中并没有与绿灯交会相对应的具体行动规则，当两轮发生碰撞危险时，两轮应具有同等的避免碰撞的责任。两轮均应特别谨慎驾驶，严格遵守《避碰规则》第二章第一节有关船舶行动规则的规定，充分发挥良好船艺，都有仅凭自己单独的避让行为达到避免碰撞的责任和义务。由于两轮在航行中均违背了良好船艺的基本原则，导致了本次事故的发生，故法院判决两轮各自承担50%的责任。

由此可见，当事船舶合意背离《避碰规则》，并按照合意进行航行时，其原有的航行态势已经发生变化。当事船舶以合意的方式重新分配了各自的责任和义务，直航船舶按照《避碰规则》本应占有的优势地位也已不复存在。由于这种约定严重影响了海上航行的公共秩序，危及了海上航行的公共安全，不能成为判定当事船舶责任的主要依据。当事船舶近距离相遇发生碰撞危险时，两轮应当具有同等的避免碰撞的责任。如果没有积极履行《避碰规则》规定的避碰义务，就会导致碰撞事故的发生。因此，当事船舶在合意违反《避碰规则》的情况下发生碰撞事故，当事船舶是否按照合意进行航行并不影响碰撞责任的判定，是否符合《避碰规则》确定的航行规则才是判定碰撞事故责任的重要依据。

——李兵、胡方：《指导案例31号〈江苏炜伦航运股份有限公司诉米拉达玫瑰公司船舶碰撞损害赔偿纠纷案〉的理解与参照》，载江必新主编：《最高人民法院司法解释与指导性案例理解与适用》第4卷，人民法院出版社2016年版，第633～637页。

① 舷灯是指船舶右舷的绿灯和左舷的红灯，各在112.5度的水平弧内显示不间断的灯光。当两船交叉相遇时，一船看到他船红色舷灯，则本船为让路船，应给他船让路；一船看到他船绿色舷灯，则本船为直航船。航运实践中把这种航行规则通常称为“让红不让绿”。

编者说明

需要注意的是，在审理船舶碰撞事故引起的纠纷中，应当根据个案的具体情况，以《避碰规则》的规定为准则，在综合分析紧迫局面形成的原因、当事船舶双方的过错程度以及处置措施是否恰当的基础上，对事故责任作出准确的判定。

1704

准确适用《避碰规则》确定涉案船舶应当遵守的航行规则，分析导致形成紧迫局面的原因

关键词 | 避碰规则 | 航行规则 | 船舶碰撞 |

【最高人民法院裁判文书】

东方海外货柜航运（英国）有限公司与北海鸿海船务有限责任公司、东方海外货柜航运有限公司、天鹅国家商业租赁有限公司船舶碰撞损害赔偿纠纷案［最高人民法院（2012）民提字第142号民事判决书］

裁判要旨：审理船舶碰撞损害赔偿纠纷案件时应当准确理解和适用《避碰规则》的具体规定，确定涉案船舶应当遵守的航行规则，区分直航船和让路船的避碰义务，分析导致形成紧迫局面的原因，并依据《海商法》有关船舶碰撞的规定准确认定涉案船舶应当承担的过失比例和损害赔偿责任。

最高人民法院认为：

一、关于碰撞事故责任比例

原审查明，2008年10月21日，“东方海外欧洲”轮顺东博寮水道出口航道航行，经担杆水道出港航道驶往新加坡。“兴海668”轮顺担杆水道进口自东向西航行。两船将在两分航航道交叉的警戒区即东博寮水道的端部附近会遇。根据《避碰规则》第十条第（六）项的规定，船舶在分道通航制区域端部附近行驶时，应特别谨慎。但是，两船在此区域航行时均处于高速航行状态，在0537时初见之后，两船没有保持安全的航速，并积极地、及早地进行和注意运用良好的船艺避免碰撞，违反了《避碰规则》第六条和第八条第（一）项的规定。两船在采取转向措施时没有鸣放号笛或使用灯号，致使对方船舶无法清楚本船的转向意图，违反了《避碰规则》第三十四条有关操纵和警告信号的规定。原审判决认定两

船对碰撞事故的发生均有过失并无不当。

“东方海外欧洲”轮与“兴海668”轮于事故发生当日0537时初见，双方形成交叉相遇的局面。《避碰规则》第十五条规定，当两艘机动船交叉相遇致有构成碰撞危险时，有他船在本船右舷的船舶应给他船让路，如当时环境许可，还应避免横越他船的前方。第十六条规定，须给他船让路的船舶，应尽可能及早采取大幅度的行动，宽裕地让清他船。第十七条第（四）项规定，本条并不解除让路船的义务。据此，在交叉相遇的局面下，相对直航船而言，让路船具有更大的避碰义务。让路船没有及早履行让路义务，导致紧迫局面形成的，应当对碰撞事故承担主要责任。本案中，因“东方海外欧洲”轮在“兴海668”轮右舷，故“东方海外欧洲”轮为直航船，“兴海668”轮为让路船。“兴海668”轮应当尽早采取行动，给“东方海外欧洲”轮让路。但是，在两船于0537时初见后6分钟里，“兴海668轮”一直没有采取任何行动，直至碰撞事故发生前2分钟才开始向右转向，违反了《避碰规则》第八条、第十五条和第十六条的规定，导致两船形成紧迫局面，应当承担碰撞事故的主要责任。

依照《避碰规则》第十七条第（一）项（1）的规定，“东方海外欧洲”轮作为直航船应保持航向和航速。依照《避碰规则》第十七条第（一）项（2）的规定，当让路船“兴海668”轮没有采取适当行动履行让路义务时，“东方海外欧洲”轮可以独自采取操纵行动，以避免碰撞。依照《避碰规则》第十七条第（三）项的规定，在交叉相遇局面下，直航船采取避碰行为时，如当时环境许可，不应对在本船左舷的船采取向左转向。本案中，“兴海668”轮没有及时让路，导致两船形成紧迫局面后，“东方海外欧洲”轮于0544时采取避碰行动时突然向左大幅转向，违反了《避碰规则》第十七条第（三）项的规定，也是导致碰撞事故发生的重要原因。事故发生区域位于两分航航道交叉的警戒区内，根据《避碰规则》第十条第（一）项的规定，本条适用于本组织所采纳的分道通航制，但并不解除任何船舶遵守任何其他各条的规定。因此，有关分道通航制的规定并不能解除交叉相遇局面中让路船的让路义务。北海船务公司主张案涉事故系“东方海外欧洲”轮违反航行规则逆向行驶而造成，缺乏充分的事实和法律依据。原审判决认定“东方海外欧洲”轮向左转向是造成两船紧迫局面的主要原因，“兴海668”轮未能履行让路责任是次要原因，事实和法律依据不充分。综合考虑两船的过失程度，本院认定“兴海668”轮应对碰撞事故承担60%的责任，“东方海外欧洲”轮应承担40%的责任。

北海船务公司主张“东方海外欧洲”轮系肇事逃逸，应当对碰撞事故承担全部赔偿责任。本案系按照审判监督程序再审的案件，依照《民事诉讼法》第一百八十六条的规定，应当按照第二审程序审理。依照《民事诉讼法》第一百五十一条、《审判监督程序解释》第三十三条的规定，本院应当对东方海外英国公司再审请求的有关事实和适用法律进行审理。北海船务公司并未向本院申请再审，而且其主张“东方海外欧洲”轮肇事逃逸，也没有提交充分的证据证明，原审判决认定“东方海外欧洲”轮不存在肇事逃逸行为并无不当。

二、关于损失数额

东方海外英国公司主张应当根据主管机关的调查询问笔录重新认定“兴海 668”轮的购买和改装价格。该调查询问笔录系对林恩、林建兴和林天明个人的询问，属于证人证言，并未经过北海船务公司的确认，被调查人员没有出庭作证接受当事人的质询，也没有其他证据予以佐证。北海船务公司在原审时提交了船舶买卖合同、船舶交接书、收款收据、修船合同、结算单和收据等书面证据，证明船舶的价值。依据《民事诉讼证据规定》第七十七条的规定，北海船务公司提交的证据的证明力明显大于调查询问笔录。因此，东方海外英国公司主张重新认定“兴海 668”轮价值不超过人民币 290 万元，缺乏事实依据，本院不予支持。原审判决关于“兴海 668”轮价值损失的认定正确。北海船务公司并未向本院申请再审，而且其主张原审判决对于“东方海外欧洲”轮的损失认定不当，也没有提交充分的证据证明，本院对其主张不予支持。原审判决认定北海船务公司因本案碰撞事故遭受的损失为人民币 4888596 元，东方海外英国公司因本案碰撞事故遭受的损失为人民币 2870973. 70 元，并无不当，本院予以确认。

根据《海商法》第一百六十九条第一款的规定，船舶发生碰撞，碰撞船舶互有过失的，各船按照过失程度的比例负赔偿责任。对于北海船务公司人民币 4888596 元的损失，东方海外英国公司应当按照 40% 的责任比例承担人民币 1955438. 40 元。对于东方海外英国公司人民币 2870973. 70 元的损失，北海船务公司应当按照 60% 的责任比例承担人民币 1722584. 22 元。上述两笔费用进行抵扣后，东方海外英国公司仍应当向北海船务公司支付人民币 232854. 18 元。

综上，本院认为，原审判决认定“东方海外欧洲”轮的光船租船人东方海外英国公司对船舶碰撞承担赔偿责任，天鹅公司和东方海外英国公司不承担赔偿责任正确，但是认定“东方海外欧洲”轮对涉案船舶碰撞事故承担 60% 的主要责任，缺乏事实和法律依据。东方海外英国公司主张其应当承担次要责任的依据充分,应予支持。

——最高人民法院审判管理办公室编:《最高人民法院优秀裁判文书》第2辑,法律出版社2014年版,第306~321页;江必新主编、最高人民法院民事审判第四庭编:《涉外商事海事审判指导》总第26辑,人民法院出版社2014年版,第220~236页。

1705

船舶碰撞责任比例与碰撞损失的具体认定

关键词 | 船舶碰撞 | 责任比例 | 碰撞损失 |

【《最高人民法院公报》案例】

瑞克麦斯热那亚航运公司、瑞克麦斯轮船公司与CS海运株式会社船舶碰撞损害赔偿纠纷案(上海市高级人民法院二审民事判决书)

上海海事法院一审认为:一、关于本次船舶碰撞的责任比例。

两原告热那亚公司和瑞克麦斯公司认为,两船在碰撞前都全速前进,均未采取合理避碰措施,至少应各半承担责任。被告CS海运株式会社认为,根据"重阳"轮生还船员的陈述以及中华人民共和国海事部门对事故的调查等材料,两原告应承担本次事故75%的责任。

法院认为,本次碰撞事故发生在宽阔的海域,从两船碰撞危险形成到碰撞发生时的航行水域属于能见度不良水域,对双方过失的分析应适用《避碰规则》第二章第一节和第三节的有关规定,双方在避碰行动中负有同等的责任和义务。

根据两轮值班船员的陈述,碰撞时间约为3月8日0303时。"热那亚"轮在碰撞前航速20节,航向317°;"重阳"轮在碰撞前航速11.5节,航向100°。在两轮相距9海里时"热那亚"轮已经发现"重阳"轮,由此可以推算出此时距离碰撞发生还有20分钟。当两轮的距离为8海里时,"热那亚"轮的二副认为有碰撞危险,仅通过甚高频呼叫对方,在当时有雾能见度为1.5海里且对方船没有应答的情况下,没有采取减速、改向避让、施放雾号等措施。"热那亚"轮的行为违反了《避碰规则》第六条关于"安全航速"的规定;第八条关于"为避免碰撞所采取的任何行动,如当时环境许可,应是积极地、及早地进行和注意运用良好的船艺"的规定;第十九条第2、3、4款有关"每一船舶应考虑到当时能见度不良的环境和情况,用适合当时环境和情况的安全航速行驶”的规定和第三十五条有关“能见度不良时使用声号”的规定。此外,“热那亚”轮值班船员也没有按照船长夜行命令在遇雾情况下通知船长上驾驶台,以及该轮至碰撞前两分钟、两船距离为1海里时,才将自动舵改为手操舵,并向左转直至左满舵,违反了《避碰规则》第十九条第4、5款有关“一船仅凭雷达测到他船时,应判定是否正在形成紧迫局面和存在碰撞的危险,如有危险,应及早地采取避让行动,并尽可能避免对正横前的船舶采取向左转向”的规定。因此,“热那亚”轮船员在两轮相距9海里处发现了“重阳”轮,未采取任何避让措施,仅在碰撞前2分钟、两船距离为1海里时采取左转直至左满舵,该避让措施明显违反了《避碰规则》有关“避免对正横前的船舶采取向左转向”的规定。虽然《避碰规则》有“为避免紧迫危险可背离本规则的各条规定”,即“背离规则”存在,但“热那亚”轮采取的左转措施不仅没有达到避碰的目的,相反导致了本次碰撞事故的发生。因此,法院认为该轮应对本次事故承担60%的责任。

根据“重阳”轮获救值班水手和“热那亚”轮船员的陈述,“重阳”轮事发前航向100°,航速11.5节,自动舵,天气有雾,能见距离约为1海里,未鸣放相应的雾号。在两船相距1.5海里时,“重阳”轮与“热那亚”轮取得了联系,随后采取了右舵10,右满舵,两分钟后发生碰撞。由此可见,“重阳”轮在雾航中始终全速航行,不符合《避碰规则》要求的“每一船舶在任何时候均应用安全航速行驶”的规定,违反了《避碰规则》第六条、第三十五条的规定;该轮直至碰撞前3分钟左右两船相距1.5海里时才采取避让措施,且没有证据显示“重阳”轮采取了减速的行动,不符合《避碰规则》要求的“应尽早采取行动”和“必要时把船停住”的规定,违反了《避碰规则》第八条和第十九条第5款的规定。综上,“重阳”轮未能及时发现来船,在雾航中始终全速航行,未能尽早采取避让措施,应对本次事故承担40%的责任。

上海市高级人民法院二审认为:关于责任比例。本次碰撞发生在能见度不良水域,碰撞双方均负有未能谨慎驾驶、采用安全航速并及早采取避让措施等过失,但“热那亚”轮在碰撞发生前2分钟、两船相距1海里时采取了左转直至左满舵的避让措施,该措施明显违反了《避碰规则》有关“避免对正横前的船舶采取向左转向”的规定,导致了本次碰撞事故的发生。基于此,原判认定“热那亚”轮对本次碰撞事故负有主要过错、应承担60%的事故责任有事实和法律依据。上诉人热那亚公司和瑞克麦斯公司主张两船过失相等或“重阳”轮应承担更多责任以及上诉人CS海运株式会社主张“热那亚”轮应承担本次事故75%的责任均缺乏事实依据,法院不予支持。

——《最高人民法院公报》2012年第11期

【最高人民法院裁判文书】

于钦坤与李宗举船舶碰撞纠纷再审申请案[最高人民法院(2013)民申字第415号民事裁定书]

最高人民法院认为:本案系船舶碰撞纠纷。根据于钦坤的再审申请,本案再审审查的重点是船舶碰撞责任比例与碰撞损失的认定。

李宗举驾驶"鲁海渔6725"轮捕鱼作业时,因认为"鲁乳渔4751"轮损坏其网具而追赶"鲁乳渔4751"轮,双方形成追越局面,"鲁海渔6725"轮作为追越船应当给被追越船"鲁乳渔4751"轮让路。但是,关于船舶碰撞的原因,双方当事人各执一词。于钦坤在《海事事故调查表》中陈述"鲁海渔6725"轮直接碰撞"鲁乳渔4751"轮左舷中部机舱位置;而李宗举在《海事事故调查表》中陈述:当"鲁海渔6725"轮追赶至"鲁乳渔4751"轮左后方时,"鲁乳渔4751"轮突然向左转向,"鲁海渔6725"轮避让不及,致使两船发生碰撞。于钦坤在一审中申请"鲁乳渔4751"轮船员李双艳到庭作证,证人李双艳称:"鲁海渔6725"轮在碰撞前从"鲁乳渔4751"轮左侧追赶,快追上"鲁乳渔4751"轮时,"鲁乳渔4751"轮开始转弯,"鲁海渔6725"轮碰撞"鲁乳渔4751"轮左舷。该证言印证了"鲁乳渔4751"轮在碰撞前左转的事实。本案船舶碰撞是"鲁海渔6725"轮违反让路义务和"鲁乳渔4751"轮突然错误左转向所致。二审法院认定两船过失程度及责任比例相当,判决两船对碰撞事故各付50%的赔偿责任,并无不当。

青岛双诚船舶技术咨询公司在《山东省高级人民法院司法技术专业机构和拍卖机构名册(2010年度)》中属于"船舶技术咨询"类机构,二审法院根据李宗举的申请,委托该公司评估"鲁海渔6725"轮的碰撞损失,该公司作出的《"鲁海渔6725"轮损失评估报告》属于一般咨询意见。二审法院并没有完全采信该报告,而仅将该报告作为认定损失的参考依据,具体根据李宗举在一审中提供的船舶修理单据、网具收据、施救费收据、渔汛期损失证明等证据,参考青岛双诚船舶技术咨询公司调查提供的"鲁海渔6725"轮同类船舶一般出海作业携带网具情况、网具单价、同类船舶收入水平等咨询意见,认定《"鲁海渔6725"轮损失评估报告》所述部分损失,即"鲁海渔6725"轮第一次修理费、网具损失、施救费、渔汛损失和鉴定费(合计157938元)。对此,于钦坤并没有提供足以反驳的相反证据。二审法院的上述认定,事实依据基本充分,并无不当。于钦坤认为二审法院采信《"鲁海渔6725"轮损失评估报告》错误,缺乏事实和法律依据,本院不予支持。

——中国裁判文书网,http://wenshu.court.gov.cn。

1706

船舶因拖航和锚泊过程中受外力作用致多个浮力舱破损进水而沉没，不属于船舶碰撞和触碰

关键词｜船舶碰撞｜船舶触碰｜

【最高人民法院司法解释】

"船舶碰撞"是指在海上或者与海相通的可航水域，两艘或者两艘以上的船舶之间发生接触或者没有直接接触，造成财产损害的事故。

"船舶触碰"是指船舶与设施或者障碍物发生接触并造成财产损害的事故。

——《最高人民法院关于审理船舶碰撞和触碰案件财产损害赔偿的规定》(1995年8月18日，法发〔1995〕17号)

【最高人民法院裁判文书】

于洪成、王飞与福州港航务工程处定期租船合同纠纷案[最高人民法院(2015)民申字第1923号民事裁定书]

最高人民法院审查认为：关于洪瑞公司应承担的损失数额。《最高人民法院关于审理船舶碰撞和触碰案件财产损害赔偿的规定》(以下简称《船舶碰撞触碰赔偿规定》)第十六条规定：本规定中的"船舶碰撞"是指在海上或者与海相通的可航水域，两艘或者两艘以上的船舶之间发生接触或者没有直接接触，造成财产损害的事故。"船舶触碰"是指船舶与设施或者障碍物发生接触并造成财产损害的事故。本案事故虽未经海事部门调查，但根据长江海事司法鉴定所的鉴定结论，涉案船舶因拖航和锚泊过程中受到外力作用导致多个浮力舱破损进水而沉没，不属于《船舶碰撞触碰赔偿规定》适用的船舶碰撞和船舶触碰，二审判决适用碰撞和触碰规定确有不当。本案双方当事人均未能证明"闽吸168"船沉没时的市价。案涉《租船合同》约定，洪瑞公司按现有"闽吸168"轮估价1250万元进行投保。2004年8月，福云会计师事务所对福州航道局资产进行评估，对"闽吸168"轮的评估价为10249865.28元。"闽吸168"轮在出租给洪瑞公司的前一年度向中国人民财产保险股份有限公司汕头市分公司投保，保险价值和保险金额均为1200万元。一、二审判决根据福州航道局提交的福云会计师事务所2004年8月出具的《报告书》，以

该报告确定的“闽吸168”轮的评估价10249865.28元为基准价,扣除2004年到2011年的折旧,计算出涉案船舶的损失价值,其结果并无不当。

——中国裁判文书网,http://wenshu.court.gov.cn。

1707

碰撞船舶在光船租赁期间并经依法登记的,碰撞产生的赔偿责任由光船承租人承担

关键词 | 船舶碰撞 | 光船租赁 | 承租人 | 赔偿责任 |

【最高人民法院裁判文书】

海楼航运有限公司、尤玛海运公司与长江南京航道工程局、广东粤电航运有限公司船舶碰撞损害赔偿纠纷再审案[最高人民法院(2012)民申字第23号民事裁定书]

最高人民法院认为:关于船舶所有人海楼公司是否应当承担赔偿责任。本案中,海楼公司为船舶所有人,海楼公司和尤玛公司提交了经过公证认证的光船租赁合同证明尤玛公司为光船承租人。最高人民法院《船舶碰撞触碰赔偿规定》第四条规定:船舶碰撞产生的赔偿责任由船舶所有人承担,碰撞船舶在光船租赁期间并经依法登记的,由光船承租人承担。即当光船租赁关系存在并且产生对抗第三人的效力时,可以免除船舶所有人的赔偿责任,而由光船承租人承担赔偿责任。涉案“槿草”轮为巴拿马籍船舶,船舶所有人海楼公司和光船承租人尤玛公司均为外国公司,但申请人提交的巴拿马律师关于巴拿马船舶登记问题的法律意见以及相关法律规定(节选),并不能证明光船租赁可以对抗第三人,进而免除船舶所有人在船舶碰撞纠纷中承担的损害赔偿责任。申请人认为海楼公司不应承担赔偿责任的主张缺乏法律依据。

关于碰撞责任比例。本案涉及三条船舶两次碰撞,各方当事人对应作为一次事故,还是两次事故分别处理存在争议。根据原审法院查明的事实,虽然第二次碰撞的发生与第一次碰撞有一定关联,但是如果“航浚11”轮和“槿草”轮采取措施得当,第一次碰撞的发生并不必然导致第二次碰撞的发生。原审判决将第

二次碰撞与第一次碰撞分别作为两次事故处理并无明显不当。广东海事局对涉案事故进行调查并作出《“粤电2”轮、“航浚11”轮、“槿草”轮碰撞事故调查报告》,对两次碰撞事故的主次责任进行了划分。该调查报告并不是原审判决认定责任的唯一证据。原审判决根据相关证据材料,综合考虑各船在操纵和避碰中的过失程度,对各船在两次碰撞事故中的责任比例进行划分并无不当。申请人对责任比例虽有异议,但并没有提供充分证据支持其主张。申请人主张按照一次事故重新划分碰撞责任缺乏充分的事实和法律依据。

——中国裁判文书网,http://wenshu. court. gov. cn。

1708

船舶碰撞损害赔偿案件审理中对海事部门出具的内河交通事故调查结论书的效力认定

关键词｜船舶碰撞｜内河交通事故调查结论书｜

【最高人民法院司法解释】

第十一条 船舶碰撞事故发生后,主管机关依法进行调查取得并经过事故当事人和有关人员确认的碰撞事实调查材料,可以作为人民法院认定案件事实的证据,但有相反证据足以推翻的除外。

——《最高人民法院关于审理船舶碰撞纠纷案件若干问题的规定》(2008年5月19日,法释〔2008〕7号)

【最高人民法院裁判文书】

王建中与李仁斌船舶碰撞损害赔偿纠纷再审申请案[最高人民法院(2013)民申字第171号民事裁定书]

最高人民法院认为:本案系船舶碰撞损害赔偿纠纷。根据王建中的再审申请,本案审查重点是一、二审法院采纳松江海事处的《内河交通事故调查结论书》,认定王建中所有的“浙湖州货1966”轮与李仁斌驾驶的浮吊辅助船发生碰撞,是否具有充分依据。

涉案事故发生后,松江海事处依职权进行调查,通过调取事故附近相关监控录像、对当事船舶以及其他途经船舶船员的询问、现场勘查等方法,经综合分析作出《内河交通事故调查结论书》,认定"浙湖州货1966"轮与浮吊辅助船发生碰撞。王建中认为松江海事处调查程序违法,且存在徇私枉法嫌疑,没有充分的事实依据。本案亦没有相反证据足以推翻上述调查结论。一、二审法院结合向松江海事处调取的事故调查材料,依法审查《内河交通事故调查结论书》,最终采纳该调查结论,依据充分,主要为:1."浙湖州货1966"轮于2009年12月23日0658时许途经事故现场,且该轮当班驾驶员胡文平确认监控录像中中舱有四个大墩子的那艘空船系"浙湖州货1966"轮;2.松江海事处在认定碰撞船舶之前,调查确定碰撞浮吊辅助船的船舶具有尖头、空船、船体烟灰色、前驾驶、500吨左右、船上女船员穿黑色外套等特征,"浙湖州货1966"轮与之相符;3.松江海事处勘查"浙湖州货1966"轮发现船艏右侧有一个约30厘米×30厘米相对新鲜擦划痕迹,与该轮驾驶员胡文平陈述该轮当时发出异样声音的部位"右侧中舱前部位"基本一致;4."浙湖州货1966"轮驾驶员胡文平陈述该轮当时"慢车、倒车,一会儿后又继续往前开"的现场情况,与途经船舶"浙钱江货00518"轮船员王德军关于"看见该船(与'浙钱江货00518'轮差不多大小的空船)船头部位有一个白色的东西翘了一下就看不到了,之后该空船就倒车,几乎停了"的描述基本吻合;5."浙湖州货1966"轮当时空载,松江海事处调查事发时航道潮高2.66米,根据航道与水文情况,可以排除该轮当时发生搁浅的可能;6.松江海事处勘查事故后的浮吊辅助船,发现该船栏杆被高过它的船向前推移而断裂,该浮吊辅助船随之倾斜进水沉没,由此排除了该浮吊辅助船自沉的可能;7.松江海事处查看现场监控录像发现另有两艘空船在事发前已经驶过事故水域,进行了相应的排查。据此,一、二审法院采纳松江海事处的《内河交通事故调查结论书》,认定"浙湖州货1966"轮与浮吊辅助船发生碰撞,并无不当。

——中国裁判文书网,http://wenshu.court.gov.cn。

1709

渔船"船证不符"情形下的权利保护

关键词|船证不符|

【最高人民法院审判业务意见】

第六，关于渔船“船证不符”情形下的权利保护。

为了保护近海渔业资源，促进海洋渔业的可持续发展，我国对近海捕捞渔船的更新和主机马力实施“双控”制度。但是很多渔民在经济利益的驱动下，在原船出售后保留船舶证书和捕捞许可证，然后购买新船，导致新购渔船的主机型号、功率与证书记载均不相符，俗称“套牌船”。这种“套牌船”在运营过程中，因他人侵权行为受损，该船工的权利人能否请求侵权人承担侵权责任，司法实践中存在不同的认识。我们认为，只要该船的权利人能够提供证据证明其对该船享有民事权益，人民法院就应当对侵权人是否承担侵权责任进行审理，不能以“船证不符”为由驳回原告的诉讼请求。对于“船证不符”情形下的相关行政管理问题，人民法院可向船舶登记机关提出相应司法建议。

——最高人民法院民四庭庭长张勇健：《在全国涉外商事海事审判庭长座谈会上的讲话》（2016 年 4 月 7 日），载贺荣主编、最高人民法院民事审判第四庭编：《涉外商事海事审判指导》总第 32 辑，人民法院出版社 2017 年版，第 23～24 页。

1710

船舶触碰造成码头设施损害的赔偿

关键词 | 船舶碰撞 | 码头设施 | 损害赔偿 |

【最高人民法院司法解释】

五、船舶触碰造成设施损害的赔偿包括：

设施的全损或者部分损坏修复费用；

设施修复前不能正常使用所产生的合理的收益损失。

——《最高人民法院关于审理船舶碰撞和触碰案件财产损害赔偿的规定》（1995 年 8 月 18 日，法发〔1995〕17 号）

【《最高人民法院公报》案例】

中国石化销售有限公司上海石油分公司罗泾油库与广东仁科海运有限公司船舶触碰损害责任纠纷案[最高人民法院(2014)民提字第191号民事判决书]

裁判摘要:《最高人民法院关于审理海事赔偿责任限制相关纠纷案件的若干规定》(以下简称《海事赔偿责任限制解释》)第十七条的规定仅涉及沉没、遇难、搁浅或被弃船舶和船上货物清除打捞费用的请求以及船舶之间碰撞所引起的相关追偿,不涵盖码头残骸等其他沉物清除打捞费用的请求及船舶触碰码头和其他设施所引起的相关追偿。在船舶触碰码头责任事故中就码头限期清障的费用向船舶追偿,要求船舶所有人承担触碰损害赔偿责任,应适用《海商法》第二百零七条第一款第(一)项的规定,认定为限制性海事赔偿请求。

最高人民法院认为:(一)关于船舶触碰损失的认定。

罗泾油库码头因"仁科1"轮单方过失触碰致损,仁科公司应承担全部赔偿责任。对于船舶触碰事故损失,双方当事人在一审中共同选定鉴定评估机构进行鉴定评估,并确认以中九公司与中九研究院的鉴定评估结论作为确定受损码头修复费用的最终依据,以双希公司的鉴定评估结论作为确定受损输油臂修复费用的最终依据,一、二审判决据此认定有关修复费用损失并无不当。涉案码头于1995年建造基本成型,在一审判决作出前尚未投入营运,码头属于罗泾油库所有、经营管理,罗泾油库在诉讼中没有提供该码头竣工验收的文件,但涉案码头的修复方案主要是根据码头受损前的状况进行恢复原状,并没有明确提出以修建一个合格码头的标准进行修复重建,码头受损前无论是否竣工验收,仁科公司均负有恢复原状的义务,仁科公司以一、二审判决按照重建一个合格码头的费用认定修复费用为由否定其该项赔偿义务,没有事实依据,本院不予支持。涉案码头没有投入营运,一、二审判决认定损失时没有扣除折旧费用并无不当。涉案码头被"仁科1"轮触碰后,码头北端上面所建综合楼一同损毁,该综合楼原本具有其特定用途,可安置值班人员,并为码头提供夜间照明。鉴于涉案码头需要一定时间修复,罗泾油库在修复期间购置集装箱活动房用作临时值班房,产生费用211567.09元,是必要的临时替代费用,罗泾油库同时请求该码头临时值班房购置费用与码头修复费用,并不构成重复索赔。罗泾油库根据上海海事局限期打捞清除的行政决定立即委托打捞作业人清除码头残骸,由此产生的清障费用属于为保障航道畅通所必然发生的费用,本案没有证据表明罗泾油库在清除码头残骸方面有违反合理减损义务的行为。涉案码头触碰事故发生后，为防止发生次生事故而在现场水域设立专用浮标并派船守护事故现场，由此产生事故现场及航道看护费用和设标费用，均是为保障水域航行安全所采取必要措施的费用。清障费用、事故现场及航道看护费用和设标费用均是罗泾油库因码头被触碰所遭受的损失，仁科公司应予以赔偿。仁科公司认为其不应赔偿上述费用损失，没有事实和法律依据，本院不予支持。

——《最高人民法院公报》2016 年第 3 期

【最高人民法院裁判文书】

江苏省中油泰富石油集团有限公司与新鹏程航运有限公司船舶触碰损害责任纠纷再审复查与审判监督案［最高人民法院（2014）民申字第 1777 号民事裁定书］

最高人民法院认为：（一）关于中油泰富公司损失的计算问题。中油泰富公司认为二审判决仅根据 001 号和 002 号《1#泊位修复工程交工验收证书》载明的码头修复费用，确定中油泰富公司码头修复费用为 24135600 元，明显缺乏事实依据。经审查，一审判决根据江苏华通工程管理有限公司和张家港华景会计师事务所出具的两份报告认定 1#泊位修复费用为 27657259.7 元。二审中，二审法院根据经过业主单位、施工单位、设计单位和监理单位共同确认的 001 号和 002 号《1#泊位修复工程交工验收证书》，认定两份证书载明的 1#泊位修复费用共计为 24135600 元，并无不当。中油泰富公司对此提出异议，但并未提供充分证据支持其主张。

——中国裁判文书网，http://wenshu.court.gov.cn。

1711

船舶触碰码头损害赔偿纠纷中受损一方故意拖延时间，由此产生的营运损失与事故不具有因果关系，事故责任人对此不负赔偿责任

关键词 | 船舶触碰 | 码头损害 | 因果关系 |

【最高人民法院司法解释】

五、船舶触碰造成设施损害的赔偿包括：

设施的全损或者部分损坏修复费用；

设施修复前不能正常使用所产生的合理的收益损失。

——《最高人民法院关于审理船舶碰撞和触碰案件财产损害赔偿的规定》(1995 年 8 月 18 日，法发〔1995〕17 号)

【最高人民法院裁判文书】

KSF6 国际公司、现代商船有限公司与上海国际港务(集团)股份有限公司、上海沪东集装箱码头有限公司船舶触碰码头损害赔偿纠纷再审案[最高人民法院(2012)民申字第 1401 号民事裁定书]

最高人民法院认为：根据一、二审法院认定的事实，申请人应对触碰事故造成码头和桥吊的直接损失承担全部责任。同时，《船舶碰撞触碰赔偿规定》第五项规定，船舶触碰造成设施损害的赔偿包括设施修复前不能正常使用所产生的合理的收益损失。据此，申请再审人对于码头和桥吊修复之前的损失亦应承担赔偿责任。但是对于该营运损失的赔偿范围亦应当遵循因果关系原则予以确定。

案涉触碰事故发生后，侵权人和受损害方对于桥吊的检验、修复方案、厂商的选择等后续问题进行磋商符合商事活动中对于事故处理的正当性程序。在协商过程中合理消耗的时间以及由此造成的营运损失与事故的发生具有因果关系，申请再审人对此期间发生的营运损失应负有赔偿责任。但是如果存在受损害一方违反诚信原则，故意拖延协商时间，由此产生的营运损失与事故的发生不具有因果关系，事故责任人对此不负有赔偿责任，应由受损害方自行承担。二审法院综合本案各方面情况，判定被申请人和振华港机因确定修复方案和价格进行反复磋商而产生的营运时间损失由申请再审人和被申请人各半负担，符合上述原则，判定结果并无不当。

……

二、关于桥吊修理时间的认定问题

申请再审人主张，依据振华港机 2007 年 8 月 27 日提出的《关于沪东集装箱码头有限公司8112号受损桥吊修复项目的报价》(以下简称《报价函》)中写明的修复工期是4个月,该《报价函》已经法院指定的机构出具的《上海沪东集装箱码头有限公司8112号岸桥修复方案评审报告》(以下简称《评审报告》)确认。从证据效力而言,《评审报告》属于鉴定结论,其效力要高于一般的书证。一审法院对《报价函》未予采信却依据《桥吊修复合同》认定6个月修复工期,显属错误。

本院认为,依据一审判决,《报价函》及《桥吊修复合同》的证据效力均经一审法院确认。《报价函》系振华港机于2007年8月单方面提出的修复方案,在2008年12月签订合同时,应允许振华港机根据自身经营状况对修理时间进行调整,且调整后的时间也并未过分迟延。《桥吊修复合同》是被申请人与振华港机真实的意思表示,并无证据证明双方就修复工期问题故意拖延以损害申请再审人的利益。一、二审法院以《桥吊修复合同》为依据确定修理时间为6个月并无不当。

三、关于受损桥吊是否发生实际营运损失的问题

申请再审人主张,触碰事故发生后,受损桥吊和泊位并没有实际营运损失。首先,受损桥吊的工作可由其他12台桥吊调配承担,不会影响集装箱装卸作业,不会对被申请人造成任何实际损失。其次,2008年航运市场萧条,港口作业量大受影响,被申请人更不会因为一台额外配置的桥吊缺失而影响营运收入。

本院认为,在装卸工作总量不变的情形下,应由13台桥吊共同完成的工作必然会因一台桥吊受损而受到影响,以致影响码头装卸作业整体效能的发挥。因此,被申请人因桥吊受损遭受的收益损失是不可避免的。申请再审人主张被申请人因可以调剂使用12台桥吊完成装卸工作从而并未遭受损失的主张没有依据。另外,根据2008年和2009年的《中国港口年鉴》,上海港2007年集装箱吞吐量为2615万TEU,2008年达到2801万TEU,并未因金融风暴受到影响,申请再审人关于2008年港口作业量受到影响的主张并无证据支持。综上,申请再审人关于受损桥吊并未实际发生营运损失的理由不能成立。

——中国裁判文书网,http://wenshu.court.gov.cn。

1712

司法鉴定意见书运用“收入减去变动成本”或“利润加上固定成本”的方法计算涉案船坞的营运损失，符合公平原则

关键词 | 船坞损失 | 司法鉴定 | 公平原则 |

【最高人民法院裁判文书】

白栎海运有限公司与中海工业有限公司立新船厂船舶碰撞损害赔偿纠纷案
[最高人民法院(2013)民申字第416号民事裁定书]

最高人民法院认为,本案争议焦点是:(1)《司法鉴定意见书》是否违反法律程序;(2)《司法鉴定意见书》的结论是否能作为认定涉案船坞营运损失的依据。

关于本案司法鉴定程序是否合法的问题。根据原一、二审法院审理情况,一审中双方当事人均要求法院对涉案船坞营运损失进行司法审计,为此一审法院通过上海市高级人民法院电脑配对系统,确定委托立信会计师事务所有限公司作为鉴定机构进行司法审计。根据原审查明的事实,立信会计师事务所具有上海市司法局颁发的《司法鉴定许可证》,参与本案司法鉴定的麦福伦和杨金钟均持有《司法鉴定人执业证》。因此本案司法鉴定的委托程序、司法鉴定机构和人员的资质均符合法律规定。根据原审认定的事实,立信会计师事务所调取鉴定材料时,均是在原审法官监督许可下进行,所调取材料也是法院指定范围的资料。虽然《司法鉴定意见书》所依据的会计凭证、合同等鉴定材料没有经过一审法院质证,但是二审法院进行了补充质证。由于最高人民法院《人民法院司法鉴定工作暂行规定》第十八条规定是指对实物的取样,不包括文证审查,且白栎海运在二审补充质证时没有对鉴定材料的真实性提出异议,故立信会计师事务所调取鉴定材料时白栎海运没有到场、一审法院没有对鉴定材料进行质证,对本案司法鉴定结论的真实性及合法性没有造成实际影响。原审法院委托立信会计师事务所进行司法鉴定的程序合法,应予以认可。白栎海运关于鉴定程序违法的主张,事实和法律依据不足,不能予以支持。

关于《司法鉴定意见书》的结论是否能作为认定涉案船坞营运损失依据的问题。《船舶碰撞触碰赔偿规定》第十二条规定:"设施使用的收益损失,以实际减少的净收益,即按停止使用前3个月的平均净盈利计算;部分使用并有收益的,应当扣减。"虽然该规定没有对净盈利作具体解释,但是《司法鉴定意见书》以预期可得利益的损失和实际减少的净收益为原则,运用"收入减去变动成本"或"利润加上固定成本"的方法计算涉案船坞的营运损失,考虑了立新船厂生产经营中固定成本损失与触碰事故也具有关联性的因素,符合损害赔偿的公平原则,原审法院予以认可,并将《司法鉴定意见书》的鉴定结论作为定案依据,并无明显不当。另,立信会计师事务所《关于〈司法鉴定意见书〉补充说明》中已经就是否扩大涉案船坞收入和计算4条跨时段修船完工百分比的问题作出说明，该说明具体翔实，符合客观实际，在白栎海运没有举证证明坞修与非坞修价格存在明显差异的情况下，原审法院对上述说明予以采信，并无不当。因此白栎海运关于《司法鉴定意见书》结论错误的主张，法律依据不充分，不能予以支持。

——中国裁判文书网，http://wenshu.court.gov.cn。

1713

对船长施救措施有无过失的认定应当以碰撞发生后当时的环境和条件为分析基础

关键词 | 船长施救 | 过失认定 |

【《最高人民法院公报》案例】

瑞克麦斯热那亚航运公司、瑞克麦斯轮船公司与CS海运株式会社船舶碰撞损害赔偿纠纷案（上海市高级人民法院二审民事判决书）

裁判摘要：对船长施救措施有无过失的认定，应当以碰撞发生后当时的环境和条件为基础进行分析，船长的任何自救行为，只要不是故意或明知将扩大损失的行为，都应被视为正常的、合理的。

上海海事法院一审认为：涉案爆炸是由于碰撞后导致“热那亚”轮1号货舱大量进水，与积载在该货舱集装箱内的镁脱硫剂的主要构成物质镁发生反应释放氢气所造成的。没有碰撞，装载镁脱硫剂的集装箱不会浸泡在海水中，海水也不可能大量渗透进集装箱与镁脱硫剂发生反应产生氢气引起爆炸。因此，碰撞与爆炸没有因果关系的观点不成立。“热那亚”轮船长在碰撞导致1号货舱大量进水的情况下，关闭了1号货舱所有的舱口和通风口。对船长施救措施有无过失的认定，法院认为应当以碰撞发生后当时的环境和条件为基础进行分析，船长的任何自救行为，只要不是故意或明知将扩大损失的行为，都应被视为正常的、合理的。

上海市高级人民法院二审认为，关于碰撞与“热那亚”轮爆炸之间的因果关系。“热那亚”轮的爆炸，是由于碰撞发生后，“热那亚”轮1号货舱大量进水，与积载在该货舱集装箱内的镁脱硫剂的主要构成物质镁发生化学反应,释放氢气所造成的。“热那亚”轮的爆炸是碰撞事故发生后,外加货舱进水与船载货物发生化学反应释放氢气导致。在这一因果关系锁链中,船舶碰撞是动因,货舱进水与货物发生化学反应是条件,两者结合才导致爆炸发生。没有碰撞,货舱进水与船载货物发生化学反应这一条件也不可能产生作用,并导致爆炸后果的发生,因此,“热那亚”轮的爆炸与涉案碰撞之间具有法律上的因果关系。上诉人 CS 海运株式会社认为“热那亚”轮的爆炸与涉案碰撞之间不具有因果关系的上诉理由,缺乏依据,不予采信。至于“热那亚”轮在碰撞导致 1 号货舱大量进水的情况下,船长关闭了 1 号货舱所有的舱口和通风口,该行为是否加剧了爆炸发生的可能以及是否具有过失,法院赞同原审法院的观点,即“对船长施救措施有无过失的认定,应当以碰撞发生后当时的环境和条件为基础进行分析,船长的任何自救行为,只要不是故意或明知将扩大损失的行为,都应被视为正常的、合理的”。

——《最高人民法院公报》2012 年第 11 期

1714

事实上的救助、防污和清污合同关系的认定

关键词|救助、防污、清污合同|事实认定|海上救助、打捞合同|

【最高人民法院裁判文书】

莆田市海神船务有限公司与中国平安财产保险股份有限公司海南分公司海上救助、打捞合同纠纷申请再审案[最高人民法院(2014)民申字第 450 号民事裁定书]

最高人民法院经审查认为:关于海神公司与粤海公司之间是否形成事实上的救助、防污和清污合同关系。根据原审查明的事实,涉案船舶碰撞事故发生后,“宏鑫 6”轮破损处位于水面下,虽然船长立即实施了堵漏措施,但机舱因漏水严重,舱内水深已达 3 米,船长向莆田市海上搜救中心申请排机舱污水。经搜救中心安排,海神公司派遣船舶接收污油水、布设围油栏后,船舶破损处露出水面。粤海公司对海神公司出具的《莆田海神船务有限公司溢油应急情况汇报》《围油栏布设确认单》和《宏鑫 6 船舶污油回收情况说明》等材料均盖章予以确

认，证明海神公司实施了上述行为。莆田市海上搜救中心办公室出具的《函》，也证明海神公司参与了“宏鑫 6”轮的救助、防污和清污的应急处置。据此，二审判决认定海神公司与粤海公司之间形成事实上的救助合同关系并无不当。海南平安公司对莆田市海上搜救中心出具的《函》的内容持有异议，但并未提供充分的相反证据。最终是否发生油污事故并不影响对海神公司实施救助、防污行为的认定。海南平安公司主张海神公司与粤海公司不存在救助、防污和清污合同关系，缺乏充分的事实依据。

关于本案是否存在法律适用错误。首先，根据原审查明的事实，涉案船舶因碰撞事故导致船体破损，机舱严重漏水，二审判决认定涉案船舶处于危险状态并无明显不当。海神公司接收污油水并安放围油栏，最终船舶破损处露出水面，并未产生油污损害。粤海公司对上述行为也予以认可。二审判决认定海神公司实施了救助、防污和清污行为，并适用《海商法》第一百八十条有关救助报酬的规定并无不当。其次，虽然海南平安公司是“宏鑫 6”轮的油污责任保险人，涉案船舶最终并未发生油污，但是，涉案碰撞事故发生后，海南平安公司向包括海神公司等主体出具了《担保函》，明确载明保证向有关权利方支付应急接收油污水清理费用、应急救助费用等款项，承担的总赔偿额以人民币 300 万元为限。二审判决判定海南平安公司承担责任，系依据其出具的《担保函》而形成的保证合同关系，并不是其作为油污责任保险人而形成的保险合同关系。是否发生油污事故，以及海南平安公司是否承担油污保险责任，并不影响海南平安公司基于《担保函》而应承担的连带保证责任。海南平安公司认为其不应承担赔偿责任的主张缺乏依据。再次，海神公司对“宏鑫 6”轮实施了救助、防污行为，其有权向“宏鑫 6”轮主张相关费用。莆田海事局出具的《水上交通事故认定书》载明，涉案碰撞事故由“鑫益 077”轮负全部责任。“宏鑫 6”轮支付相关费用后，可以依据《海洋环境保护法》第九十条的规定向责任人主张赔偿责任。海南平安公司认为海神公司应当向“鑫益 077”轮主张费用系对法律的错误理解。

关于救助、防污费用数额的认定是否正确。由于双方当事人对涉案费用争议较大，一审法院就碰撞事故产生的防油污费用委托了公估公司进行评估，公估公司出具了《公估报告》。二审判决明确认定，根据本案证据以及实际情形，公估人员具备相应资质，该《公估报告》可以作为本案定案依据。海南平安公司对《公估报告》持有异议，但并无充分证据推翻该报告的结论，其认为二审判决认定费用数额错误，缺乏充分的事实证据。

——中国裁判文书网，http://wenshu.court.gov.cn。

1715

在《救助公约》和《海商法》规定的"无效果无报酬"救助合同之外，还可以依当事人的约定形成雇佣救助合同并约定救助报酬

关键词｜无效果无报酬救助合同｜雇佣救助合同｜海滩救助合同｜

【《最高人民法院公报》案例】

交通运输部南海救助局与阿昌格罗斯投资公司、香港安达欧森有限公司上海代表处海难救助合同纠纷申请再审案[最高人民法院(2016)最高法民再61号民事判决书]

裁判摘要:海难救助合同的双方当事人明确约定,无论救助是否成功,投资公司均应支付报酬,且以救助船舶每马力小时和人工投入等作为计算报酬的标准。此种救助合同并非《1989年国际救助公约》(以下简称《救助公约》)和《海商法》规定的"无效果无报酬"的救助合同,而属雇佣救助合同。在《救助公约》和《海商法》均允许当事人对救助报酬的确定另行约定,而又对雇佣救助合同没有具体规定的情况下,应适用《合同法》的相关规定确定当事人的权利义务。

最高人民法院认为:

(二)关于如何理解《救助公约》和《海商法》所规定的救助合同

海难救助是一项传统的国际海事法律制度,《救助公约》和《海商法》对此作了专门规定。《海商法》第九章关于海难救助的规定,借鉴吸收了《救助公约》的主要内容。《救助公约》第十二条、《海商法》第一百七十九条规定了"无效果无报酬"的救助报酬支付原则,《救助公约》第十三条、《海商法》第一百八十条及第一百八十三条在该原则基础上进一步规定了报酬的评定标准与具体承担。上述条款是对当事人基于"无效果无报酬"原则确定救助报酬的海难救助合同的具体规定。与此同时,《救助公约》和《海商法》均允许当事人对救助报酬的确定另行约定。因此,在《救助公约》和《海商法》规定的"无效果无报酬"救助合同之外,还可以依当事人的约定形成雇佣救助合同。

(三)关于本案所涉合同的性质及法律适用

根据本案查明的事实,投资公司与南海救助局经过充分磋商,明确约定无论救助是否成功,投资公司均应支付报酬,且"加百利"轮脱浅作业过程中如发生任何意外,南海救助局无须负责。依据该约定,南海救助局救助报酬的获得与否

和救助是否有实际效果并无直接联系，而救助报酬的计算，是以救助船舶每马力小时，以及人工投入等事先约定的固定费率和费用作为依据，与获救财产的价值并无关联。因此，本案所涉救助合同不属于《救助公约》和《海商法》所规定的"无效果无报酬"救助合同，而属雇佣救助合同。

关于雇佣救助合同下的报酬支付条件及标准，《救助公约》和《海商法》并未作具体规定。一、二审法院依据《海商法》第一百八十条规定的相关因素对当事人在雇佣救助合同中约定的固定费率予以调整，属适用法律错误。本案应依据《合同法》的相关规定，对当事人的权利义务予以规范和确定。

(四)关于南海救助局诉请的救助报酬数额如何确定

对于南海救助局诉请的救助报酬数额，投资公司主张，其应依照《海商法》第一百八十三条的规定，按照船舶获救价值占全部获救价值的比例承担救助报酬。本院认为，《海商法》第一百八十三条应适用于"无效果无报酬"的救助合同，而案涉合同属雇佣救助合同，南海救助局以其与投资公司订立的合同为依据，要求投资公司全额支付约定的救助报酬并无不当。

投资公司还提出，本案救助方案由此前的拖带作业、探摸作业变更为过驳减载，符合情势变更的有关情形，此前约定的救助报酬费率应予调整。本院认为，《合同法解释(二)》第二十六条规定："合同成立以后客观情况发生了当事人在订立合同时无法预见的、非不可抗力造成的不属于商业风险的重大变化，继续履行合同对于一方当事人明显不公平或者不能实现合同目的，当事人请求人民法院变更或者解除合同的，人民法院应当根据公平原则，并结合案件的实际情况确定是否变更或者解除。"本案救助方案的调整并非基于客观情况的重大变化，而是包括当事人在内的相关方协商讨论的结果，且合同的继续履行对于投资公司并非明显不公平或者不能实现合同目的，救助方案的调整并不属于法律意义上的情势变更。投资公司以此主张降低约定的费率和费用，缺乏事实和法律依据，本院不予支持。

南海救助局根据其与投资公司的约定，投入了相应的船舶和人员用于涉案救助服务，投资公司应根据约定的费率，以及南海救助局投入的船舶和人员、耗费的时间等支付报酬。一审判决按照当事人的约定，确定投资公司应当向南海救助局支付"南海救 201"轮以及潜水队员的费用正确；同时，一审判决根据实际施救情况，将"南海救 116"轮和"南海救 101"轮的救助费率由每马力小时 3.2 元酌予调整至每马力小时 2.9 元，南海救助局对此未提起上诉，亦未就此问题提出再审请求，本院予以认可。

综上，二审法院以一审判决确定的救助报酬数额为基数，依照《海商法》的规定,判令投资公司按照船舶获救价值占全部获救财产价值的比例支付救助报酬,适用法律和处理结果错误,应予纠正。一审判决适用法律错误,但鉴于一审判决对相关费率的调整是以当事人的合同约定为基础,南海救助局对此并未行使相关诉讼权利提出异议,一审判决结果可予维持。

——《最高人民法院公报》2016 年第 11 期

【最高人民法院裁判文书】

交通运输部南海救助局诉阿昌格罗斯投资公司(Archangelos Investments E. N. E.)等海难救助合同纠纷案

【典型意义】

在国际国内对《1989 年国际救助公约》适用的某些关键性问题长期存在争议的情形下,最高人民法院通过对本案的审理,首次对该公约的宗旨和相关条款的理解适用阐明观点,并进而对我国《海商法》有关规定的准确适用作出了解释,为国际海事司法界处理同类案件提供了可资借鉴的案例,对于不断增强中国海事审判在国际社会的话语权和影响力,提高中国海事司法的国际地位,具有重要意义。本案判决投资公司依照救助合同约定向南海救助局支付救助报酬的结果对大力倡导和鼓励海上救助,防范海洋污染,保护海上人命、财产和生态环境安全也具有重要意义和深远影响。本案由最高人民法院副院长贺荣担任审判长并当庭作出宣判,整个庭审全程网上直播,受到国内外相关人士的广泛关注,展现了中国法院公开透明的司法形象,显示了中国法院的司法自信。

——《2016 年十大典型海事案例》(2017 年 4 月 28 日),载最高人民法院网,http://www. court. gov. cn。

6. "加百利(Archangelos Gabriel)"油轮南海救助案

入选理由:此案的审理体现了深化司法公开的要求。此次庭审邀请全国人大代表、最高人民法院特邀监督员与特约咨询员旁听庭审,充分满足新闻媒体旁听需求,全程网上直播庭审,展示了中国法院公开透明、公正司法的良好形象和中国法治建设成就。落实了司法责任制的要求。由最高人民法院副院长、大法官担任审判长亲自审理案件并当庭作出宣判,落实了司法责任制改革要求,真正"让审理者裁判,由裁判者负责",同时也为"院庭长回归审判台"作出表率。体现了以庭审为中心的要求。案件审理中,合议庭充分尊重当事人的诉讼权利,缜密组织法庭调查。审判长准确归纳案件争议焦点，正确引导当事人进行辩论，充分体现了推进以审判为中心的诉讼制度改革成果。体现了统一法律适用的要求。在国际国内对《1989 年国际救助公约》适用的某些关键性问题长期存在争议的情形下，最高人民法院通过该案的审理首次明确了该国际公约及相关国内法条款的具体适用，对于规范全国法院正确审理同类案件、维护公平合理的海上经济秩序、倡导和鼓励海上救助，保护海上人命、财产和生态环境安全，具有重要的指导作用。本案判决也为国际司法界处理同类案件提供了可资借鉴的案例，对于不断增强中国对国际规则的话语权，努力提高中国司法的国际地位，为“一带一路”战略和海洋强国战略实施提供坚实的司法服务保障，履行中国作为一个负责任大国的应有担当，均具有重要意义。

——《2016 年推动法治进程十大案件》(2017 年 4 月 20 日)，载最高人民法院网，http://www.court.gov.cn。

1716

关于《1992 年国际油污损害民事责任公约》的适用

关键词 | 法律适用 |

【最高人民法院司法解释】

第五条第一款 油轮装载的持久性油类造成油污损害的，应依照《防治船舶污染海洋环境管理条例》、《1992 年国际油污损害民事责任公约》的规定确定赔偿限额。

第二十一条 对油轮装载持久性油类造成的油污损害，船舶所有人，或者船舶油污责任保险人、财务保证人主张责任限制的，应当设立油污损害赔偿责任限制基金。

油污损害赔偿责任限制基金以现金方式设立的，基金数额为《防治船舶污染海洋环境管理条例》、《1992 年国际油污损害民事责任公约》规定的赔偿限额。以担保方式设立基金的，担保数额为基金数额及其在基金设立期间的利息。

——《最高人民法院关于审理船舶油污损害赔偿纠纷案件若干问题的规定》(2011 年 5 月 4 日，法释〔2011〕14 号)

【最高人民法院司法政策】

我国加入的《油污公约(1992)》适用于具有涉外因素的缔约国船舶油污损害赔偿纠纷,包括航行于国际航线的我国船舶在我国海域造成的油污损害赔偿纠纷。非航行于国际航线的我国船舶在我国海域造成的油污损害赔偿纠纷不适用该公约的规定。

——《最高人民法院关于印发〈第二次全国涉外商事海事审判工作会议纪要〉的通知》(2005年12月26日,法发〔2005〕26号)

【最高人民法院答复】

山东省高级人民法院:

你院《关于非航行国际航线的我国船舶在我国海域造成油污损害的民事赔偿责任适用法律问题的请示》收悉。经研究,答复如下:

本案申请人锦州中信船务有限公司系中国法人,其所属的"恒冠36"轮系在我国登记的非航行国际航线的船舶,其在威海海域与中国籍"辽长渔6005"轮碰撞导致漏油发生污染,故本案不具有涉外因素,不适用我国加入的《油污公约(1992)》。

同意你院的倾向性意见,即本案应适用《海商法》《海洋环境保护法》以及相关行政法规的规定确定当事人的责任,油污责任人可以依据《海商法》第十一章的规定享有海事赔偿责任限制。

此复。

——《最高人民法院关于非航行国际航线的我国船舶在我国海域造成油污损害的民事赔偿责任适用法律问题的请示的答复》(2008年7月3日,〔2008〕民四他字第20号)

【最高人民法院审判业务意见】

2005年12月26日,最高人民法院发布的《第二次全国涉外商事海事审判工作会议纪要》第141条规定:我国加入的《1992年国际油污损害民事责任公约》(以下简称《油污公约(1992)》)适用于具有涉外因素的缔约国船舶油污损害赔偿纠纷,包括航行于国际航线的我国船舶在我国海域造成的油污损害赔偿纠纷。非航行于国际航线的我国船舶在我国海域造成的油污损害赔偿纠纷不适用该公约的规定。

之后，最高人民法院于2008年7月3日在给山东省高级人民法院《关于非航行国际航线的我国船舶在我国海域造成油污损害的民事赔偿责任适用法律问题的请示的答复》重申了上述意见。上述司法态度目前仍然没有改变。

但是，我们注意到最高人民法院于2011年5月颁布《关于审理船舶油污损害赔偿纠纷案件若干问题的规定》（以下简称《油污损害赔偿规定》）后，有观点认为根据该司法解释第三十一条的规定，国际公约也可以适用于航行国内航线的船舶。

在此，我有必要作出以下澄清：

第一，《油污损害赔偿规定》第三十一条规定的依据是我国国内法，而不是公约。该司法解释第三十一条的依据，是《海商法》第二百一十二条第二款和国务院《防治船舶污染海洋环境管理条例》第五十二条的规定。国务院在该条例中规定载运持久性烃类矿物油的船舶统一适用公约规定的赔偿责任限额，对国内沿海运输船舶而言，则属于《海商法》第二百一十条第二款的授权范围，应当执行。

第二，国内沿海运输船舶的油污赔偿责任限额确定的法律依据是国内法，而不是公约。国内沿海运输船舶仅在油污赔偿责任限额上按照国内法的规定执行公约规定的限额，适用公约规定限额的依据是国内法而不是公约，故不能理解为赔偿限额适用公约，更不能解释为国内沿海运输船舶油污损害赔偿的其他方面也适用公约。

第三，国内沿海运输船舶的油污损害赔偿适用国内法及司法解释，而不适用公约。国内沿海运输船舶在赔偿责任限额上与公约并轨，不可避免地导致相关责任限制程序、基金分配和受偿、损害赔偿范围等也相应须适用同一规则，为此，上述司法解释结合国际公约和国内法，在必要的范围内作出统一规定，国内沿海运输船舶油污损害赔偿在责任限制程序、基金分配和受偿、损害赔偿范围方面的裁判依据就是该司法解释的相关规定，在该司法解释未涉及的其他方面（如归责原则、诉讼时效等）应援引国内法的相关规定裁判。

——刘贵祥：《在全国海事审判工作会议上的总结讲话》，载万鄂湘主编、最高人民法院民事审判第四庭编：《涉外商事海事审判指导》总第25辑，人民法院出版社2013年版，第28～29页。

1717

关于船舶油污损害赔偿范围的确定

关键词｜船舶油污损害赔偿｜

【最高人民法院司法解释】

第九条 船舶油污损害赔偿范围包括:(一)为防止或者减轻船舶油污损害采取预防措施所发生的费用,以及预防措施造成的进一步灭失或者损害;(二)船舶油污事故造成该船舶之外的财产损害以及由此引起的收入损失;(三)因油污造成环境损害所引起的收入损失;(四)对受污染的环境已采取或将要采取合理恢复措施的费用。

——《最高人民法院关于审理船舶油污损害赔偿纠纷案件若干问题的规定》(2011 年 5 月 4 日,法释〔2011〕14 号)

【最高人民法院司法政策】

150. 油污损害赔偿范围包括:(1)船舶油污造成的公民、法人或其他组织的财产损失;(2)为防止或减轻污染支出的清污费用损失。清污费用的计算,应当结合污染范围、污染程度、溢油数量、清污人员和设备的费用以及有关证据合理认定;(3)因船舶油污造成的渔业资源和海洋资源损失,此种损失应限于已实际采取或将要采取的合理恢复措施的费用。

151. 在船舶油污损害赔偿纠纷中,权利人就清污费用的请求与其他污染损害赔偿的请求按照法院所确定的债权数额比例受偿。

——《最高人民法院关于印发〈第二次全国涉外商事海事审判工作会议纪要〉的通知》(2005 年 12 月 26 日,法发〔2005〕26 号)

【最高人民法院审判业务意见】

156. 油污损害的赔偿范围如何确定?

答:根据我国加入的 1969 年《国际油污损害民事责任公约》的规定,污染损害是指由于船舶溢出或排放油类,在船舶本身以外因污染而产生的灭失或损害、污染事件发生后为防止或减轻污染损害而由任何人所采取的任何合理措施的费用以及由于采取预防措施而造成的进一步灭失或损害。

——《涉外商事、海事审判实务问题解答(一)》,万鄂湘主编、最高人民法院民事审判第四庭编:《涉外商事海事审判指导》总第 7 辑,人民法院出版社 2004 年版,第 45 ~ 83 页。

1718

申请设立海事赔偿责任限制基金的，法院仅就申请人主体资格、事故所涉债权性质和申请数额进行程序性审查

关键词｜海事赔偿责任限制｜程序性审查｜

【最高人民法院司法解释】

第八十三条 利害关系人依据海事诉讼特别程序法第一百零六条的规定对申请人设立海事赔偿责任限制基金提出异议的，海事法院应当对设立基金申请人的主体资格、事故所涉及的债权性质和申请设立基金的数额进行审查。

——《最高人民法院关于适用〈中华人民共和国海事诉讼特别程序法〉若干问题的解释》(2003年2月1日，法释〔2003〕3号)

【最高人民法院指导性案例】

中海发展股份有限公司货轮公司申请设立海事赔偿责任限制基金案(最高人民法院指导案例16号)

裁判要点：对于申请设立海事赔偿责任限制基金的，法院仅就申请人主体资格、事故所涉及的债权性质和申请设立基金的数额进行程序性审查。有关申请人实体上应否享有海事赔偿责任限制，以及事故所涉债权除限制性债权外是否同时存在其他非限制性债权等问题，不影响法院依法作出准予设立海事赔偿责任限制基金的裁定。

法院生效裁判认为：根据《海事诉讼特别程序法解释》第八十三条的规定，申请设立海事赔偿责任限制基金，应当对申请人的主体资格、事故所涉及的债权性质和申请设立基金的数额进行审查。

货轮公司是“宁安11”轮的船舶登记所有人，属于《海商法》第二百零四条和《海事诉讼特别程序法》第一百零一条第一款规定的可以申请设立海事赔偿责任限制基金的主体。异议人提出的申请人所属船舶应当对事故负全责，其无权享受责任限制的意见，因涉及对申请人是否享有赔偿责任限制实体权利的判定，而该问题应在案件的实体审理中解决，故对第一异议人的该异议不作处理。

鉴于涉案船舶触碰事故所造成的码头和机器损坏，属于与船舶营运直接相关的财产损失，依据《海商法》第二百零七条的规定，责任人可以限制赔偿责任。

因此,第二异议人提出的清理残骸费用属于非限制性债权,申请人无权享有该项赔偿责任限制的意见,不影响法院准予申请人就所涉限制性债权事项提出的设立海事赔偿责任限制基金申请。

——《最高人民法院关于发布第四批指导性案例的通知》(2013 年 2 月 23 日,法〔2013〕24 号)

【最高人民法院审判业务意见】

《海事诉讼特别程序法》第九章"设立海事赔偿责任限制基金程序"与《海商法》第十一章"海事赔偿责任限制"并不完全配套,主要在于设立基金程序仅涉及特定事项的初步(程序性)审查,不涉及责任人是否丧失责任限制权利等实体问题。为此,《海事诉讼特别程序法解释》第八十三条明确规定设立基金程序中法院仅审查三项内容,而将责任人是否存在故意或者明知可能造成损失而轻率作为或者不作为的审查排除在外。最高人民法院民事审判第四庭在〔2010〕民四他字第 57 号案中,针对山东省高级人民法院就其审理的中交一航局第二工程有限公司(以下简称一航局二公司)申请设立海事赔偿责任限制基金一案中的有关问题的请示,明确责任人是否存在丧失责任限制权利的情形属于实体审理范围,不影响其申请设立海事赔偿责任限制基金,即责任人的故意或者过失不影响债权性质(限制性抑或非限制性)的定性。

一航局二公司向青岛海事法院申请设立海事赔偿责任限制基金,称:2009 年 6 月至 7 月,其所承租的"建隆 157"轮在疏浚作业期间,由于倾倒疏浚物导致当地养殖物和海洋环境损害。作为船舶承租人,依照法律规定,申请设立海事赔偿责任限制基金。青岛海事法院受理后,向有关的利害关系人发出通知,并于 2009 年 12 月 1 日发布公告。

2009 年 12 月 1 日、30 日,异议人吴学敏、陈福奎、倪庆东、王伟、姜均庆、山东核电有限公司向青岛海事法院提出异议,称:(1)一航局二公司的行为是违反法律强制性规定的故意行为,其倾倒疏浚物非与船舶营运相关,不属于法律规定的限制性债权,因此,应驳回其设立海事赔偿责任限制基金的申请;(2)一航局二公司承租的"建隆 157"轮对异议人的养殖区进行了多次侵害,假设有权限制赔偿责任,其应当为每次侵害行为均设立一个责任限制基金。

青岛海事法院一审认为,一航局二公司为倾倒疏浚物,多次装载疏浚物运至倾倒海域,并实施了作为的倾倒行为,致使倾倒事故多次发生;一航局二公司明知向涉案海域倾倒疏浚物为法律禁止,会有或有可能会有损害后果而仍然为之,涉案事故是一航局二公司故意造成的。实体法规定的限制性债权不包括责任人因故意造成的损失。故裁定驳回一航局二公司设立海事赔偿责任限制基金的申请。

一航局二公司不服一审裁定,提起上诉。山东省高级人民法院审委会经研究,对此案存在不同意见,报请最高人民法院。

最高人民法院认为:依据原审法院提交的请示报告,一航局二公司承租的"建隆157"轮在疏浚作业期间由于倾倒疏浚物导致养殖物和海洋环境损害,应当属于《海商法》第二百零七条规定的限制性债权的性质,其申请设立海事赔偿责任限制基金符合《海商法》以及《海事诉讼特别程序法》的规定,应予准许。至于一航局二公司在倾倒中是否存在故意或者明知可能造成损失而轻率地作为或者不作为,属于实体审理问题,不影响责任人依照法律规定设立基金。故一航局二公司设立海事赔偿责任限制基金的申请应予支持。

——最高人民法院民事审判第四庭:《最高人民法院海事海商审判综述(2010年至2011年)》,载《武大国际法评论》第15卷第2期,武汉大学出版社2012年版。

【链接:最高人民法院法官著述】

(二)设立海事赔偿责任限制基金申请的审查范围

1. 申请设立基金的主体

依据《海事诉讼特别程序法》第一百零一条和《海商法》第二百零四条、第二百零六条的规定,发生海事事故后,船舶所有人、船舶承租人、船舶经营人、救助人、对海事赔偿请求承担责任的保险人,可以申请设立责任限制基金。《海事赔偿责任限制解释》第十二条还规定,《海商法》第二百零四条规定的船舶经营人是指登记的船舶经营人,或者接受船舶所有人委托实际使用和控制船舶并应当承担船舶责任的人,但不包括无船承运业务经营者。本案例中,申请人系事故船舶的所有人,可以设立责任限制基金。

2. 海事事故所涉及的债权性质

海商法理论上,一般将责任人可以针对提出责任限制抗辩的海事请求称为限制性债权,责任人对此类债权可以主张限制自己的赔偿责任,也可以就此申请设立责任限制基金;将责任人不可以针对提出责任限制抗辩的海事请求称为非限制性债权,责任人对此类债权不能主张限制自己的赔偿责任,也不能就此申请设立责任限制基金。实践中,因某一海事事故所产生的海事请求往往是错综复杂的,可能既存在限制性债权,又存在非限制性债权。此种情况下,法院应当如何对《海事诉讼特别程序法解释》第八十三条规定的"海事事故所涉及的债权性质"进行审查?我们认为,法院依据该条规定审查的应当是海事事故所涉及的整体的债权性质,即责任人申请设立基金所针对的海事请求是否属于《海商法》第二百零七条规定的限制性债权,而非审查某一海事请求人特定债权的性质。只要海事事故引发的海事请求中存在限制性债权,哪怕只有一个,法院就应当准予责任人就该事故设立责任限制基金。某一海事请求人以其特定债权属于非限制性债权、责任人无权对此限制赔偿责任为由,对设立基金申请提出的异议,不影响法院准予设立责任限制基金。当然,如果法院审查后发现,责任人设立基金所针对的海事请求全部属于《海商法》第二百零八条规定的债权或其他非限制性债权,则应当驳回责任人设立基金的申请。本案例中,异议人提出的事故所涉债权中有部分是非限制性债权的异议,法院未予采纳。

3. 申请设立基金的数额

《海商法》第二百一十条第一款规定了 300 总吨以上船舶的海事赔偿责任限额,第二款将不满 300 总吨的船舶、从事中国港口之间运输的船舶以及从事沿海作业的船舶的赔偿限额授权由国务院交通主管部门制定。据此,原交通部制定、国务院批准发布了《关于不满 300 总吨船舶及沿海运输、沿海作业船舶海事赔偿限额的规定》(1993 年 11 月 7 日国务院批准、1993 年 11 月 15 日交通部令第 5 号发,以下简称《船舶赔偿限额规定》)。该规定第四条规定,从事中国港口之间货物运输或者沿海作业的船舶,不满 300 总吨的,其海事赔偿限额依照该规定第三条规定的赔偿限额的 50% 计算;300 总吨以上的,其海事赔偿限额依照《海商法》第二百一十条第一款规定的赔偿限额的 50% 计算。依据该条规定,从事国内港口间货物运输船舶的赔偿限额,只有从事国际货物运输船舶赔偿限额的一半。这一规定体现了立法对国内航运业给予的特别支持和保护,也是《海商法》第二百一十条第二款和《船舶赔偿限额规定》的价值取向所在。对于需要承担赔偿责任的责任人,以及因海事事故遭受损失的债权人而言,这个差别具有巨大的现实利益影响。责任人当然希望适用减半的赔偿限额,以大幅度降低自身的赔偿责任。债权人在依据《海商法》第二百一十条第一款或《船舶赔偿限额规定》第三条规定的责任限额仍可能无法得到全额赔偿的情况下,当然更不希望适用还要在此基础上减半的赔偿限额。近年来的司法实践表明,在申请人主体资格、事故所涉债权性质两方面的异议一般难以成立的情况下，适用哪一个限额标准往往成为申请设立海事赔偿责任限制基金案件中最主要的争议。本案例中即是如此。依据《海事诉讼特别程序法》第一百零八条的规定，海事赔偿责任限制基金的数额，为海事赔偿责任限额和自事故发生之日起至基金设立之日止的利息；以担保方式设立基金的，担保数额为基金数额及其在基金设立期间的利息。

——最高人民法院案例指导工作办公室：《指导案例16号〈中海发展股份有限公司货轮公司申请设立海事赔偿责任限制基金案〉的理解与参照》，载江必新主编：《最高人民法院司法解释与指导性案例理解与适用》第2卷，人民法院出版社2014年版，第444～449页。

编者说明

长期以来，对于设立海事赔偿责任限制基金申请的审查范围，理论上始终存在争议；审判实践中，对《海商法》第二百一十条第二款规定的“从事中华人民共和国港口之间的运输的船舶”，也存在不同的理解。该案例重申了法院对于设立海事赔偿责任限制基金申请只从三个方面进行程序性审查的原则对类似案件的审理具有示范意义，有利于保证申请设立海事赔偿责任限制基金案件的审判效率，对保护沿海运输行业的合法权益具有重要意义。①

有观点认为，鉴于基金设立与责任限制成立的要件部分重叠，且两者间具有一定内在联系，故在责任人与债权人一致同意的前提下，可以在申请设立基金案件中就责任人能否享受责任限制一并进行审查。最高人民法院相关审判意见认为，申请设立基金与享受责任限制虽有内在联系，但毕竟分属程序和实体问题，审查后的裁判形式也不同，一为裁定，一为判决。因此，即便当事人一致同意或提出要求，仍不应当在设立基金阶段就责任限制实体权利进行审查。②

1719

《海商法》第二百一十条第二款规定的“从事中华人民共和国港口之间的运输的船舶”，应理解为发生海事事故航次正在从事中华人民共和国港口之间运输的船舶

关键词｜港口运输｜

① 《最高人民法院公报》2015年第9期。

② 最高人民法院案例指导工作办公室：《指导案例16号〈中海发展股份有限公司货轮公司申请设立海事赔偿责任限制基金案〉的理解与参照》，载江必新主编：《最高人民法院司法解释与指导性案例理解与适用》第2卷，人民法院出版社2014年版，第444～449页。

【最高人民法院司法解释】

第十二条 海商法第二百零四条规定的船舶经营人是指登记的船舶经营人,或者接受船舶所有人委托实际使用和控制船舶并应当承担船舶责任的人,但不包括无船承运业务经营者。

——《最高人民法院关于审理海事赔偿责任限制相关纠纷案件的若干规定》(2010年8月27日,法释〔2010〕11号)

【最高人民法院指导性案例】

中海发展股份有限公司货轮公司申请设立海事赔偿责任限制基金案(最高人民法院指导案例16号)

裁判要点:《海商法》第二百一十条第二款规定的"从事中华人民共和国港口之间的运输的船舶",应理解为发生海事事故航次正在从事中华人民共和国港口之间运输的船舶。

法院生效裁判认为:关于"宁安11"轮是否属于《海商法》第二百一十条第二款规定的"从事中华人民共和国港口之间的运输的船舶",进而应按照何种标准计算赔偿限额的问题。鉴于"宁安11"轮营业运输证载明的核定经营范围为"国内沿海及长江中下游各港间普通货物运输",涉案事故发生时其所从事的也正是从秦皇岛港至上海港航次的运营。因此,该船舶应认定为"从事中华人民共和国港口之间的运输的船舶",而不宜以船舶适航证书上记载的船舶可航区域或者船舶有能力航行的区域来确定。为此,异议人提出的"宁安11"轮所准予航行的区域为近海,是一艘可以从事国际远洋运输船舶的意见不予采纳。申请人据此申请适用《海商法》第二百一十条第二款和《船舶赔偿限额规定》第四条规定的标准计算涉案限制基金的数额并无不当。异议人有关适用《海商法》第二百一十条第一款第(二)项规定计算涉案基金数额的主张及理由,依据不足,不予采纳。

鉴于事故发生之日国际货币基金组织未公布特别提款权与人民币之间的换算比率,申请人根据次日公布的比率1∶11.345计算,异议人并无异议,涉案船舶的总吨位为26358吨,因此,涉案海事赔偿责任限额为[(26358 - 500)×167 +

167000］×50% =2242643 特别提款权，折合人民币 25442784.84 元，基金数额应为人民币 25442784.84 元和该款自事故发生之日起至基金设立之日止按中国人民银行同期活期存款利率计算的利息。

——《最高人民法院关于发布第四批指导性案例的通知》（2013 年 1 月 31 日，法〔2013〕24 号）

【链接：最高人民法院法官著述】

（三）“从事中华人民共和国港口之间的运输的船舶”的确定标准

1. 航行能力——船舶适航证书

船舶适航证书是由法定船检机构颁发的用以证明船舶适合于海上航行以及核定航行区域的必备船舶证书之一。适航证书是经过技术检验后对船舶的航行能力及可航区域所作出的描述。中国船级社 2006 年发布的《国内航行海船入级规则》将船舶航区划分为：（1）远海，超出近海航区的海域；（2）近海，距岸不超过 200 海里；（3）沿海，距岸不超过 20 海里；（4）遮蔽，沿海航区内，海岸与岛屿或岛屿与岛屿围成的海域且之间距离不超过 10 海里。从这些划分来看，区别特征在于距离海岸的远近程度以及由此带来的航行风险。

2. 营运资质——船舶营业运输证

船舶营业运输证是国家交通运输主管部门对船舶可以从事的营运范围颁发的行政许可证书，类似于企业的营业执照。船舶营运资质则类似于营业执照上记载的企业经营范围。它与船舶航行能力的关系是，具备相应的航行能力是获得营业许可的必要条件，但不是充分条件。营运资质的获得仍可能需要符合诸如资金、管理、组织机构等其他条件。有可能某条船舶本身具备远洋航行的能力，但只获得从事国内沿海运输的许可和经营资质，不能经营国际运输；也有可能某条船舶具备远洋航行的能力，但只有经营国际航线的许可和资质，不能经营国内沿海运输业务。

3. 船舶特定航次的航行路线

就船舶的某一特定航次而言，与其航行能力未必完全吻合。其不一定按照航行能力和可航区域的“上限”运行，有能力进行远洋运输的可能实际在沿海航行。特殊情况下，船舶甚至也有可能从事与其营运范围不相符合的运输业务。

上述三种标准，航行能力、营运资质体现的分别是船舶本身、行政许可方面的应然状态,而特定航次则是航行时的实然状态。解决究竟依据何种标准的分歧,核心在于对“从事运输的船舶”中“从事”的理解,是“有能力”从事、“有资格”从事,还是“实际”从事。审判实践中对此存在不同的理解,有观点认为,应当以船舶本身的航行能力和可航区域作为确定船舶性质的标准,船舶既然有从事国际运输的能力,就不应当将其界定为从事中国港口之间运输的船舶。我们认为,这种理解是片面和错误的,“从事运输的船舶”中的“从事”,应当理解为在船舶营运范围内的实际从事或者说正在从事。理由如下:

第一,从文义解释的角度,“从事”的含义为“投身到(事业中去);(按某种办法)处理”。[①] “从事中华人民共和国港口之间的运输的船舶”中的“从事”显然只能是此项含义,故其所直接指向的应当是船舶的营运行为,而非隐含在营运行为背后的船舶航行能力。《海商法》第二百一十条第二款有关“从事中华人民共和国港口之间的运输的船舶”规定的本意,应当是从营运资质的角度出发,针对的对象是所有经营范围为国内港口之间运输的船舶。

第二,“有能力”从事所反映的是船舶的航行能力和可航区域,而《海商法》第二百一十条只有中国港口之间运输和非中国港口之间运输的区分,与船舶的航行能力和可航区域之间不具有对应和衔接关系。本案事故船舶可航区域虽然为近海,确实“有能力”从事一定范围内的国际运输,但并不能以其有从事国际运输的航行能力,就认定其不是从事国内港口之间运输的船舶。

第三,船舶营运资质所反映的“有资格”从事,与船舶是否实际从事国内港口之间的运输,同样不具有完全的对应性。若船舶同时具有国际运输和国内港口之间运输的营运许可,则无法单纯以其营运资质来确定其是否属于从事国内港口之间运输的船舶。另外,一般情况下,船舶不会超出行政机关核定的营运范围从事运输业务。但若船舶超越经营范围,实际从事了国际运输,则应当适用《海商法》第二百一十条第一款或《船舶赔偿限额规定》第三条规定的责任限额。

第四,以事故发生时的实际航次作为确定标准符合立法精神。如前所述,《海商法》对国内、国际运输的海事赔偿责任限制采取区别对待,其价值取向就是要保护和扶持国内航运业的发展。以船舶营运范围内的事发航次作为确定赔偿限额的标准,符合立法的本意和价值取向。相反,如果以船舶的航行能力作为确定标准,一定程度上会产生阻碍我国航运技术进步和国内沿海航行安

① 中国社会科学院语言研究所词典编辑室编:《现代汉语词典(修订本)》,商务印书馆 1996 年版。

全的负面影响。因为可航区域较大的船舶显然在技术规范和安全性方面较可航区域较小的船舶更为先进,从事国内港口之间运输发生安全事故的概率相对较低。若以船舶航行能力来确定赔偿限额,客观上势必导致投入较高技术和安全成本的船舶,反而承担更大赔偿责任的不合理现象。船舶所有人、经营人自然也失去了提高船舶技术性能和安全水准的积极性,国内沿海航线上整体的船舶性能将有所劣化,这显然既不是立法者所愿意看到的结果,也有悖司法应当发挥的良好导向作用。

综上,《海商法》第二百一十条第二款规定的"从事中华人民共和国港口之间的运输的船舶",应当理解为事发航次正在从事中国港口之间的运输的船舶。本案例中,事故船舶在事发航次正在从事的恰是与其经营范围相符的国内港口之间的运输,故应当适用《船舶赔偿限额规定》计算其赔偿限额。

——最高人民法院案例指导工作办公室:《指导案例16号〈中海发展股份有限公司货轮公司申请设立海事赔偿责任限制基金案〉的理解与参照》,载江必新主编:《最高人民法院司法解释与指导性案例理解与适用》第2卷,人民法院出版社2014年版,第444~449页。

1720

海事赔偿责任限制纠纷处理的基本原则

关键词｜海事赔偿责任限制｜

【最高人民法院审判业务意见】

第一,从维护海事裁判尺度的统一性出发,自觉贯彻海事赔偿责任限制相关纠纷案件的集中管辖原则。当事人在诉讼中申请设立海事赔偿责任限制基金的,应当向受理相关海事纠纷案件的海事法院提出。海事赔偿责任限制基金设立后,设立基金的海事法院对海事请求人就与海事事故相关纠纷向责任人提起的诉讼具有管辖权。第二,明确海事赔偿责任限制的抗辩权属性。申请限制海事赔偿责任,应当以海事请求人在诉讼中向责任人提出的海事请求为前提。责任人未提出海事赔偿责任限制抗辩的,海事法院不应对责任人的海事赔偿责任限制问题进行释明及主动适用《海商法》关于海事赔偿责任限制的规定进行裁判。责任人在一审期间未提出海事赔偿责任限制抗辩，在二审、再审期间提出的，不予支持。第三，关于沉船沉物打捞清除费用的非限制性与限制性。《海商法》第二百零七条规定的可以限制赔偿责任的海事赔偿请求不包括因沉没、遇难、搁浅或者被弃船舶的起浮、清除、拆毁或者使之无害提起的索赔，或者因船上货物的清除、拆毁或者使之无害提起的索赔。由于船舶碰撞致使责任人遭受上述索赔，责任人就因此产生的损失向对方船舶追偿时，被请求人主张依据《海商法》第二百零七条的规定限制赔偿责任的，应予支持。

——刘贵祥：《在第三次全国涉外商事海事审判工作会议上的总结讲话》(2010 年 2 月 2 日)，载万鄂湘主编、最高人民法院民事审判第四庭编：《涉外商事海事审判指导》总第 20 辑，人民法院出版社 2010 年版，第 37～38 页。

1721

运输合同承运人不是船舶经营人，不具有申请限制赔偿责任的主体资格

关键词 | 船舶经营人 | 申请限制赔偿责任 |

【最高人民法院答复】

山东省高级人民法院：

你院鲁高法函〔2002〕49 号《关于招远市玲珑电池有限公司与烟台集洋集装箱货运有限责任公司海事赔偿责任限制申请一案请示》收悉。经研究，答复如下：

根据我国《海商法》和《海事诉讼特别程序法》规定，申请建立海事赔偿责任限制基金可以在诉讼中或诉讼前提出；海事赔偿责任限制属于当事人的抗辩权，申请限制海事赔偿责任，应当以海事请求人在诉讼中向责任人提出的海事请求为前提，不能构成独立的诉讼请求。

烟台集洋集装箱货运有限公司(以下简称集洋公司)虽是涉案运输合同承运人，但不是船舶经营人，不具有申请限制赔偿责任的主体资格。

同意你院关于案件处理的倾向性意见。对集洋公司的申请，应当裁定驳回

起诉。

此复。

——《最高人民法院关于招远市玲珑电池有限公司与烟台集洋集装箱货运有限责任公司海事赔偿责任限制申请一案请示的复函》(2003 年 6 月 9 日,〔2002〕民四他字第 38 号)

1722

船舶碰撞系船员驾驶船舶时的过失所致，可以申请赔偿责任限制

关键词｜船舶碰撞｜海事赔偿责任限制｜过失｜

【最高人民法院司法解释】

第十八条　海商法第二百零九条规定的“责任人”是指海事事故的责任人本人。

——《最高人民法院关于审理海事赔偿责任限制相关纠纷案件的若干规定》(2010 年 8 月 27 日,法释〔2010〕11 号)

【《最高人民法院公报》案例】

中国石化销售有限公司上海石油分公司罗泾油库与广东仁科海运有限公司船舶触碰损害责任纠纷案[最高人民法院(2014)民提字第 191 号民事判决书]

最高人民法院认为:(二)关于仁科公司是否存在依法丧失海事赔偿责任限制权利的情形。

涉案事故系仁科公司委托的船务代理人安排非法引航、引航人员与船长船员驾驶船舶过失、船长安全管理船舶过失所致。本案没有证据证明涉案事故损失是由于仁科公司的故意或者明知可能造成损失而轻率地作为或者不作为造成的,一审判决认定仁科公司不应丧失海事赔偿责任限制的权利,并无不当。罗泾油库在一审判决后没有对此提出上诉,其在再审答辩中认为仁科公司不应享受海事赔偿责任限制的权利,没有提出足以推翻一审判决相关认定的证据和事由,本院不予支持。

——《最高人民法院公报》2016 年第 3 期

【最高人民法院裁判文书】

江苏省中油泰富石油集团有限公司与新鹏程航运有限公司船舶触碰损害责任纠纷再审复查与审判监督案[最高人民法院(2014)民申字第1777号民事裁定书]

最高人民法院认为:关于新鹏程公司能否享有海事赔偿责任限制及责任限制范围的问题。

首先,关于新鹏程公司能否限制赔偿责任。《海商法》第二百零九条规定:“经证明,引起赔偿请求的损失是由于责任人的故意或者明知可能造成损失而轻率地作为或者不作为造成的,责任人无权依照本章规定限制赔偿责任。”根据《海事赔偿责任限制解释》第十八条的规定,前述规定中的“责任人”是指海事事故的责任人本人。根据张家港海事局《内河交通事故调查结论书》的认定,涉案事故系因船舶驾引人员对吹拢风对船舶的影响估计不足,未有效使用协助拖轮进行靠泊、应急操作不当未能控制好船位造成。中油泰富公司并未举证证明船员驾驶船舶的过失系新鹏程公司的故意或者明知可能造成损失而轻率地作为或者不作为。故其依据《海商法》第二百零九条的规定,主张新鹏程公司不能限制赔偿责任缺乏事实依据和法律依据。

其次,就中油泰富公司主张的受损码头1#泊位的打捞、清除、拆毁费用及利息的索赔是否属于限制性海事请求的问题。《海商法》第二百零七条第一款规定了可以限制赔偿责任的海事赔偿请求,其中第一项为:在船上发生的或者与船舶营运、救助作业直接相关的人身伤亡或者财产的灭失、损坏,包括对港口工程、港池、航道和助航设施造成的损坏,以及由此引起的相应损失的赔偿请求。本案船舶触碰码头引起的打捞、清除、拆毁费用等损失,应当属于上述规定中对港口工程造成的损坏以及由此引起的相应损失的赔偿请求。中油泰富公司主张适用责任限制规定第十七条第一款的规定,缺乏充分的事实依据和法律依据。

——中国裁判文书网,http://wenshu.court.gov.cn。

1723

当被救助人将自己对外支付的救助款项作为己方损失要求碰撞对方赔偿时,可以享受海事赔偿责任限制

关键词 | 救助款项 | 海事赔偿责任限制 |

【《最高人民法院公报》案例】

瑞克麦斯热那亚航运公司、瑞克麦斯轮船公司与 CS 海运株式会社船舶碰撞损害赔偿纠纷案(上海市高级人民法院二审民事判决书)

裁判摘要:《海商法》第二百零八条规定,对救助款项的请求不适用海事赔偿责任限制。但当被救助人将自己对外支付的救助款项作为己方损失要求碰撞对方赔偿时,该款项的性质已转化为碰撞事故所致的损害,碰撞对方就该款项可以享受海事赔偿责任限制。

上海海事法院一审认为:

三、关于被告 CS 海运株式会社主张依法享受海事赔偿责任限制是否应予准许

本案为一起双方均负有责任的船舶碰撞损害赔偿纠纷。“热那亚”轮的损失达 2000 余万美元,“重阳”轮只有 3785 总吨,CS 海运株式会社主张依据中国海商法有权享受海事赔偿责任限制,赔偿限额应为 715595 特别提款权,对此两原告没有提出异议。

法院认为,《海商法》第二百零四条规定船舶所有人包括船舶承租人和船舶经营人可依法享受海事赔偿责任限制,被告 CS 海运株式会社作为“重阳”轮的光租承租人,符合《海商法》享受海事赔偿责任限制的主体资格,两原告对此亦无异议,因此 CS 海运株式会社依法有权享受海事赔偿责任限制。根据《海商法》第二百一十条的规定。“重阳”轮非人身伤亡的赔偿限额为 715595 特别提款权,人身伤亡的赔偿限额为 1844405 特别提款权。两原告热那亚公司和瑞克麦斯公司主张的船舶修理费用、船舶设施购置费用、清污费用、期租损失等海事赔偿请求属于《海商法》第二百零七条有关在船上发生的与船舶营运直接相关的人身伤亡或者财产损坏的赔偿请求,或与船舶营运或者救助作业直接相关的侵犯非合同权利的行为造成其他损失的赔偿请求,即属于限制性债权。根据该条的规定,无论提出的方式有何不同,被告 CS 海运株式会社均可以限制赔偿责任。此外,两原告还向 CS 海运株式会社主张救助费用 4522428 美元的损失,法院认为,虽然此笔费用是本次碰撞事故而引发的,但被救助船舶是“热那亚”轮,救助方与被救助方两原告存在救助合同关系,受合同相对性约束,救助方只能向两原告请求救助款项。对 CS 海运株式会社而言,CS 海运株式会社不是被救助方,CS 海运株式会社对该救助费用承担部分赔偿责任是基于本案船舶碰撞的侵

权法律关系而非救助合同关系，因此，对 CS 海运株式会社而言该款不是救助款项。所以两原告追偿的此笔救助费用损失应属于《海商法》第二百零七条第三项规定的“与船舶营运或者救助作业直接相关的，侵犯非合同权利的行为造成其他损失的赔偿请求”，CS 海运株式会社对此可以主张限制赔偿责任。

——《最高人民法院公报》2012 年第 11 期

1724

在适用《海商法》的“先抵销、后限制”规则时，若双方同时存在非人身伤亡和人身伤亡，两类不同性质的赔偿请求应当分别抵销、分别限制

关键词 | 先抵销、后限制 | 分别抵销、分别限制 |

【《最高人民法院公报》案例】

瑞克麦斯热那亚航运公司、瑞克麦斯轮船公司与 CS 海运株式会社船舶碰撞损害赔偿纠纷案（上海市高级人民法院二审民事判决书）

裁判摘要：在适用《海商法》第二百一十五条关于“先抵销、后限制”的规则时，若双方同时存在非人身伤亡的赔偿请求和人身伤亡的赔偿请求，两类不同性质的赔偿请求应当分别抵销、分别限制。

上海市高级人民法院二审认为：本案的争议焦点是：碰撞责任的比例如何划分；“热那亚”轮的爆炸与碰撞是否具有因果关系；在责任限制中，双方的财产损失和人身伤亡损失如何抵销。

关于在责任限制中，双方的财产损失和人身伤亡损失如何抵销的问题，是双方的财产类与人身类分类抵销，再进行合并；还是各方的财产和人身损失加在一起，再进行总量的抵销。根据《海商法》第二百一十条之规定，海事赔偿责任限制中的人身伤亡的赔偿请求与非人身伤亡的赔偿请求是两类性质不同的海事赔偿请求，两类海事赔偿请求的单位责任限额也是不一样的，人身伤亡的赔偿请求的单位责任限额要大大高于非人身伤亡的赔偿请求，几乎是非人身伤亡赔偿请求的单位责任限额的一倍，而且该法还对人身伤亡的赔偿请求与非人身伤亡的赔偿请求在已受限制的海事赔偿责任中，分别规定了不同的受偿顺序，人身伤亡的赔

偿请求优于非人身伤亡的赔偿请求受偿。基于此,法院认为,原判关于“两类赔偿请求只能分别抵销,分别适用不同的海事赔偿责任限额”的认识,更符合海商法的立法本意,原判对于本案中涉及的人身伤亡赔偿请求与非人身伤亡赔偿请求采取分类抵销,再适用不同种类的海事赔偿责任限额的做法,法院予以认可。上诉人热那亚公司和瑞克麦斯公司关于本案人身伤亡的赔偿请求与非人身伤亡的赔偿请求应各自先合并,再限制赔偿责任的主张,缺乏法律依据,法院不予采纳。

——《最高人民法院公报》2012 年第 11 期

1725

海事赔偿责任限制“一次事故，一个限额，多次事故，多个限额”原则的运用

关键词 | 海事赔偿责任限制 |

【最高人民法院裁判文书】

郭金武、刘海忠等七人与阿斯特克有限公司申请设立海事赔偿责任限制基金纠纷案[最高人民法院(2015)民提字第 151 号民事裁定书]

最高人民法院认为:本案系申请设立海事赔偿责任限制基金纠纷。根据郭金武、刘海忠等人的再审申请及阿斯特克有限公司的答辩意见,本案争议的焦点为,涉案船舶分别进入不同养殖户的养殖区造成损害事故,阿斯特克有限公司申请设立一个海事赔偿责任限制基金的主张能否成立。

《海商法》第二百一十二条确立海事赔偿责任限制实行事故原则,即“一次事故,一个限额,多次事故,多个限额”。判断一次还是多次事故的关键是分析两次事故之间是否因同一原因所致。如果因同一原因发生多个事故,但原因链没有中断,则应认定为一个事故。如果原因链中断,有新的原因介入,则新的原因与新的事故构成新的因果关系,形成新的独立事故。就本案而言,涉案“艾依”轮所使用的英版海图明确标注了养殖区范围,但船员却将航线设定到养殖区,本身存在重大过错。涉案船舶在预知所经临的海域可能存在大面积养殖区的情形下,应加强瞭望义务,保证航行安全,避免冲撞养殖区造成损失。根据涉案船舶航行轨迹,涉案船舶实际驶入了郭金武经营的养殖区。鉴于损害事故发

生于中午时分,并无夜间的视觉障碍,如船员谨慎履行瞭望和驾驶义务,应能注意到海面上悬挂养殖物浮球的存在。在昌黎县海洋局出具证据证明郭金武遭受实际损害的情形下,可以推定船员未履行谨慎瞭望义务,导致第一次侵权行为发生。阿斯特克有限公司主张船员在郭金武的养殖区并没有发现实际养殖物,故没有意识到闯入养殖区造成养殖物损害,因其未提供充分的证据予以证明,本院不予采纳。依据航行轨迹,船舶随后进入刘海忠的养殖区,由于郭金武与刘海忠的养殖区毗邻,相距约 500 米,基于船舶运动的惯性及船舶驾驶规律,涉案船舶在当时情形下无法采取合理措施避让刘海忠的养殖区,致使第二次侵权行为发生。从原因上分析,两次损害行为均因船舶驶入郭金武养殖区之前,船员疏于瞭望的过失所致,属同一原因,且原因链并未中断,故应将两次侵权行为认定为一次事故。船舶驶离刘海忠的养殖区进入开阔海域,航行约 9000 米,时长约半小时后进入李卫国等人的养殖区再次造成损害事故。在进入李卫国等人的养殖区之前,船员应有较为充裕的时间调整驾驶疏忽的心理状态,且在预知航行前方还有养殖区存在的情形下,更应加强瞭望义务,避免再次造成损害。涉案船舶显然未尽到谨慎驾驶的义务,致使第二次损害事故的发生。本院认为,两次事故之间无论从时间关系还是从主观状态均无关联性,第二次事故的发生并非第一次事故自然延续所致,两次事故之间并无因果关系。阿斯特克有限公司主张在整个事故发生过程中船员错误驶入的心理状态没有变化,原因链没有中断的理由不能成立。虽然两次事故的发生均因"同一性质的原因",即船员疏忽驾驶所致,但并非基于"同一原因",引起两次事故。依据"一次事故,一次限额"的原则,涉案船舶应分别针对两次事故设立不同的责任限制基金。

另,李卫国等人提出阿斯特克有限公司明知海图标注了养殖区,涉案船舶仍然轻率穿越养殖区并造成损害事故,故阿斯特克有限公司无权申请设立海事赔偿责任限制基金。本院认为,根据《海事诉讼特别程序法解释》第八十三条规定,利害关系人对申请人设立海事赔偿责任限制基金提出异议的,海事法院应当对申请人的主体资格、事故所涉及的债权性质和申请设立基金的数额进行审查。李卫国等人所提异议涉及阿斯特克有限公司是否有权限制其赔偿责任的实体问题,并不属于对设立基金申请进行审查的内容,故李卫国等人的再审申请理由不能成立。

——贺荣主编、最高人民法院民事审判第四庭编:《涉外商事海事审判指导》总第 30 辑,人民法院出版社 2016 年版,第 142 ~ 151 页。

1726

沉船所有人向碰撞事故对方当事人追偿打捞清除费用的请求属于限制性债权，对方当事人有权主张海事赔偿责任限制

关键词｜沉船所有人｜追偿打捞清除费用｜海事赔偿责任限制｜

【最高人民法院司法解释】

第十七条　海商法第二百零七条规定的可以限制赔偿责任的海事赔偿请求不包括因沉没、遇难、搁浅或者被弃船舶的起浮、清除、拆毁或者使之无害提起的索赔，或者因船上货物的清除、拆毁或者使之无害提起的索赔。

由于船舶碰撞致使责任人遭受前款规定的索赔，责任人就因此产生的损失向对方船舶追偿时，被请求人主张依据海商法第二百零七条的规定限制赔偿责任的，人民法院应予支持。

——《最高人民法院关于审理海事赔偿责任限制相关纠纷案件的若干规定》（2010 年 8 月 27 日，法释〔2010〕11 号）

【《最高人民法院公报》案例】

中国石化销售有限公司上海石油分公司罗泾油库与广东仁科海运有限公司船舶触碰损害责任纠纷案［最高人民法院（2014）民提字第 191 号民事判决书］

最高人民法院认为：（三）关于仁科公司是否有权对受损码头清障费用、事故现场及航道看护费用、设标费用的请求主张限制赔偿责任。

《海商法》第二百零七条对承运人可以限制赔偿责任的海事赔偿请求作出了规定，其中第一款第一项规定为："在船上发生的或者与船舶营运、救助作业直接相关的人身伤亡或者财产的灭失、损坏，包括对港口工程、港池、航道和助航设施造成的损坏，以及由此引起的相应损失的赔偿请求。""仁科 1"轮触碰罗泾油库码头，产生码头修复费用、输油臂修复费用、倒塌综合楼内财物损失、码头临时值班房购置费用及利息、事故现场及航道看护费用、设标费用等损失，这些损失的赔偿请求属于上述法律规定的限制性海事赔偿请求。根据《海商法》第二百零七条第一款规定的立法本意，最高人民法院《海事赔偿责任限制解释》第十七条第一款规定："《海商法》第二百零七条规定的可以限制赔偿责任的海事赔

偿请求不包括因沉没、遇难、搁浅或者被弃船舶的起浮、清除、拆毁或者使之无害提起的索赔，或者因船上货物的清除、拆毁或者使之无害提起的索赔。”同时，该条第二款规定：“由于船舶碰撞致使责任人遭受前款规定的索赔，责任人就因此产生的损失向对方船舶追偿时，被请求人主张依据《海商法》第二百零七条的规定限制赔偿责任的，应予支持。”该条的规定仅涉及沉没、遇难、搁浅或被弃船舶和船上货物清除打捞费用的请求以及船舶之间碰撞所引起的相关追偿。在船舶触碰码头责任事故中就码头限期清障的费用向船舶追偿，要求船舶所有人承担触碰损害赔偿责任，应适用《海商法》第二百零七条第一款第一项的规定，认定为限制性海事赔偿请求。一、二审判决认定受损码头清障费用、事故现场及航道看护费用、设标费用为非限制性海事赔偿请求，不符合法律规定。仁科公司对此申请再审有理，应予支持。

仁科公司有权对罗泾油库提出的全部码头触碰损害赔偿请求主张海事赔偿责任限制。罗泾油库的全部损害赔偿请求（含仁科公司已经支付的事故现场及航道看护费用200万元），应在仁科公司设立的海事赔偿责任限制基金20167537.36元及其设立期间的利息（按中国人民银行确定的金融机构同期一年期贷款基准利率计算）范围内受偿。罗泾油库系唯一申请债权登记的债权人，仁科公司已经赔偿事故现场及航道看护费用200万元，故仁科公司在本案中的损害赔偿责任应相应扣减，罗泾油库经本判决认定的损害赔偿请求，应在上述基金扣减200万元后的余额18167537.36元及基金设立期间的利息范围内受偿。

——《最高人民法院公报》2016年第3期

【最高人民法院裁判文书】

南京顺锦航运有限责任公司与浙江龙宇船务有限公司船舶碰撞损害责任纠纷申请再审案［最高人民法院（2014）民申字第2132号民事裁定书］

最高人民法院认为：本案为船舶碰撞损害责任纠纷确权诉讼。根据南京顺锦的再审申请，本案争议焦点为：涉案沉船打捞费用是否属于非限制性债权，浙江龙宇不能因此限制赔偿责任。

首先，关于打捞清除沉船的责任主体问题。根据《海上交通安全法》第四十条规定，沉船所有人为强制打捞法律关系的责任主体，对沉船负有打捞责任。《海事赔偿责任限制解释》第十七条第二款进一步明确，该款规定的责任人是指负有沉船打捞义务的人，并非造成碰撞事故的责任人。因此，即使沉船所有人在碰撞事故中不负有任何责任，其仍为打捞法律关系的责任人，对打捞费用负有清偿责任。因此，一、二审法院认定南京顺锦为打捞费支付主体并无不当。

其次，根据《海事赔偿责任限制解释》第十七条第一款规定，沉船打捞费用不属于《海商法》第二百零七条规定的限制性债权，故沉船所有人对打捞公司请求的打捞费用不得限制赔偿责任。该规定第二款规定，沉船所有人向碰撞事故的对方当事人追偿打捞清除费用的，该索赔请求属于限制性债权，对方当事人有权主张海事赔偿责任限制。因司法实践中界定“带有强制性质的打捞清除决定”较为困难，故该条款并未区分强制打捞和商业打捞，而是统一规定为，责任人就打捞费用向对方船舶追偿的，对方船舶可以限制赔偿责任。据此，本案中南京顺锦向浙江龙宇追偿的强制打捞费用属于限制性债权，浙江龙宇对该项请求可依法限制其赔偿责任。案涉三方签订的协议书明确约定，如打捞救助费用属于限制性债权，应从浙江龙宇设立的海事赔偿责任限制基金统一受偿，其垫付的275 万元打捞费应当全部返还。一、二审法院据此判令南京顺锦依约返还浙江龙宇垫付的费用并无不当。

——中国裁判文书网，http://wenshu. court. gov. cn。

编者说明

《海商法》第二百零七条第一款第一项规定，对港口工程、港池、航道和助航设施造成的损坏，以及由此引起的相应损失的赔偿请求，责任人均可以依照限制赔偿责任。《海商法》立法时充分吸收了《1976 年海事赔偿责任限制公约》的规定，但在第二百零七条规定限制性海事请求时，没有将公约允许保留的两项请求规定为限制海事请求，即将公约规定的有关沉没、遇难、搁浅或被弃船舶(包括船上的任何物件)的起浮、清除、毁坏或使之变为无害的索赔；有关船上货物的清除、毁坏或使之变为无害的索赔排除在限制性债权的范围之外。为了进一步澄清司法实践中对此问题的误解，《海事赔偿责任限制解释》第十七条第一款规定：《海商法》第二百零七条规定的可以限制赔偿责任的海事赔偿请求不包括因沉没、遇难、搁浅或者被弃船舶的起浮、清除、拆毁或者使之无害提起的索赔，或者因船上货物的清除、拆毁或者使之无害提起的索赔。该条规定对非限制性海事赔偿请求的范围作出了明确规定。最高人民法院认为，船舶触碰码头引起码头打捞、清除、拆毁费用等损失，应当属于《海商法》第二百零七条第一款第一项规定的限制性海事请求中“对港口工程造成的损坏以及由此引起的相应损失的赔偿请求”。上述赔偿请求不属于《海商法》立法时未吸收的公约规定的两项海事请求和《海事赔偿责任限制解释》第十七条第一款规定的范围。《海商法》立法时未吸收的公约规定的两项海事请求和《海事赔偿责任限制解释》第十七条第一款规定的范围仅仅限于"沉没、遇难、搁浅或者被弃船舶"和"船上货物"这两类物体的清除、打捞等费用,而不涉及码头和其他港口工程。在没有新的法律规定和司法解释的情况下,应按照现有法律规定的文意解释。故最高人民法院再审判决认为码头残骸清除打捞费用应属于限制性债权并不违反相关法律及司法解释的规定。①

1727

享受海事赔偿责任限制的责任人,其赔偿责任包括依法计算的责任限额加上自责任产生之日起的利息

关键词 | 海事赔偿责任限制 | 责任限额 | 利息 |

【最高人民法院司法解释】

第二十一条 海商法第二百一十三条规定的利息,自海事事故发生之日起至基金设立之日止,按中国人民银行确定的金融机构同期一年期贷款基准利率计算。

以担保方式设立海事赔偿责任限制基金的,基金设立期间的利息按中国人民银行确定的金融机构同期一年期贷款基准利率计算。

——《最高人民法院关于审理海事赔偿责任限制相关纠纷案件的若干规定》(2010年8月27日,法释〔2010〕11号)

【最高人民法院裁判文书】

中国平安财产保险股份有限公司温岭支公司与中交第二航务工程局有限公司、广西天龙海运有限公司船舶触碰损害责任纠纷申请再审案[最高人民法院(2015)民提字第14号民事判决书]

最高人民法院认为:(四)保险赔偿额是否超出保险合同约定的范围。

平安保险温岭支公司主张,一、二审判决没有扣除免赔额,赔偿款中包含直接损失之外的利息损失,不符合保险合同的约定。本院认为,涉案《沿海内河船

---

① 《最高人民法院民四庭2014年涉外商事海事审判综述》,载贺荣主编、最高人民法院民事审判第四庭编:《涉外商事海事审判指导》总第30辑,人民法院出版社2016年版,第240~241页。

舶保险单》特别约定事项载明:“每次事故绝对免赔额 10 万元或损失金额 10%，两者以高者为准”,保险条款第十一条同时约定“保险人对每次赔款均按保单中的约定扣除免赔额(全损、碰撞、触碰责任除外)”,全损、碰撞、触碰责任不适用保单约定免赔条款的意思表示明确。前述格式条款与特别约定并不冲突,因此也不存在所谓特别约定优于一般条款的情形。涉案事故即为船舶触碰产生的损害赔偿责任,属于前述保险条款第十一条约定的免赔除外事项之一。一、二审判决不支持平安保险温岭支公司 10% 免赔的抗辩主张,符合合同约定。

关于平安保险温岭支公司所称判决赔偿利息损失超出了保险合同约定的问题。尽管天龙公司在本案中没有设立海事赔偿责任限制基金,但从《海商法》第二百一十三条规定的精神来看,享受海事赔偿责任限制的责任人,其赔偿责任包括依法计算的责任限额加上自责任产生之日起的利息。一审判决赔偿金额中的利息就是海事赔偿责任限额自事故发生之日起的利息,而非全部损失的利息。该利息是天龙公司对中交二航局应负的赔偿责任,而责任保险正是以被保险人对第三者依法应负的赔偿责任为保险标的的保险。平安保险温岭支公司关于上述利息超出保险合同约定范围的主张,不能成立。

——中国裁判文书网,http://wenshu. court. gov. cn。

1728

判断海事赔偿责任限制权利是否丧失，应综合考量责任人是否对损害结果的发生具有故意，或者明知可能造成损失而轻率作为或不作为

关键词｜海事赔偿责任限制｜损害结果｜故意｜

【《最高人民法院公报》案例】

毛雪波诉陈伟、嵊泗县江山海运有限公司船舶碰撞损害赔偿责任纠纷案(上海市高级人民法院二审民事判决书)

裁判要点:判断海事赔偿责任限制权利是否丧失,应综合考量船舶所有人等责任人本人是否对损害结果的发生具有故意,或者明知可能造成损失而轻率地作为或者不作为。但诸多严重违法航行行为(如无证航行、超航区航行、不办理

签证航行、肇事后擅自驶离现场等)的集合和长期、屡次或反复实施,可能足以推定船舶所有人等责任人本身具有重大主管过错。因此,对于严重违法航行的,应当综合行为的内容,性质及违法的严重程度等因素,综合认定责任人是否丧失海事赔偿责任限制权利。

上海市高级人民法院二审认为:2. 海事部门在调查结论书中认定,“浙嵊97506”轮当班人员无证驾驶,疏忽瞭望,未使用安全航速,未遵守能见度不良情况下相关规定,且事发后未采取有效搜救措施,也未向主管机关报告,擅自驶离现场,应当对本起事故负主要责任;“台联海18”轮船舶无任何证书,当班人员无证驾驶,未开启AIS信号,未使用安全航速,未遵守能见度不良情况下相关规定,未采取有效措施进行避让,应对本起事故负次要责任。一审法院据此综合认定“浙嵊97506”轮一方承担本次碰撞事故70%的侵权责任,“台联海18”轮一方承担本次碰撞事故30%的侵权责任,具有事实依据,符合法律规定。3. 现有证据显示,“浙嵊97506”轮存在超航区航行、配员不足、无证驾驶等违法行为,上述行为是事故发生的直接原因。陈伟作为船舶所有人对上述违法行为并未予以阻止,而是采取了放任的态度。“浙嵊97506”轮当班人员在事故发生后未向主管机关报告,并驾驶船舶擅自离开现场,导致“台联海18”轮的重大人员伤亡。陈伟作为船舶所有人应当对其雇员的行为承担相应的责任。陈伟的上述行为属于明知可能造成损失而轻率的作为或者不作为,根据海商法的规定,上诉人陈伟在本案中不能适用海事赔偿责任限制。4.“台联海18”轮打捞后进行评估确定的修理费用为涉案事故导致的直接损失。根据事故责任比例,陈伟应承担直接损失70%的赔偿责任。而由于打捞费用未支付,导致船舶被打捞公司长期留置,因留置导致的高于修理费用的损失属于扩大损失。陈伟在打捞合同中表示同意出借150万元用于支付打捞费用,但其并未实际支付。陈伟在打捞合同中虽将150万元表述为借款,但陈伟系打捞费的最终承担方之一,且该“借款”合同系特定的碰撞事故责任主体之间签订,用于特定的事故善后事宜(打捞)的处理,故其性质有别于普通的民间借贷,该“借款”合同系双方真实意思的表示,一经签订,即具法律效力,相对方对约定的内容,可产生合理期待。陈伟违背合同,未出借150万元用以支付打捞费,系船舶被打捞公司留置的主要原因。陈伟应根据其承担的打捞费的比例对因留置导致的扩大损失承担赔偿责任。打捞费总金额为212万元,陈伟与被上诉人毛雪波均未支付,对于扩大损失,双方均有责任,应根据双方的出资比例分摊责任。陈伟同意出借的打捞费金额为150万元,其应承担扩大损失中70%的责任。毛雪波应支付打捞费中的62万元,应承担扩大损失中30%的责任。一审法院认定陈伟应承担“台联海18”轮总损失金额中的70%的赔偿责任,并无不当。关于“浙嵊97506”轮的损失金额,陈伟提供了南通市价格认证中心出具的鉴定报告,用以证明船舶的修复价格和修理天数等。一审法院据此确认碰撞导致的船舶修理费,及修理期间的船舶相关损失,并无不当。

——《最高人民法院公报》2016年第12期

【最高人民法院裁判文书】

陈伟与毛雪波及嵊泗县江山海运有限公司船舶碰撞损害责任纠纷案[最高人民法院(2016)最高法民申1487号民事裁定书]

最高人民法院认为:根据南通海事局对涉案碰撞事故调查结论书的认定,碰撞两船“浙嵊97506”轮与“台联海18”轮均存在当班人员无证驾驶、不能履行安全航行职责的问题;两船均存在未遵守能见度不良情况下安全航速、鸣放雾号等相关规定的问题。但“浙嵊97506”轮在事故发生后未及时采取有效搜救行动、也未向主管机关报告、擅自驶离现场是导致人员重大伤亡的重要原因;“浙嵊97506”轮还存在疏忽瞭望、未采取有效措施避让的问题;“台联海18”轮还存在舱室间不能保持有效水密的问题。综合分析事故原因,南通海事局认定“浙嵊97506”轮应负主要责任,“台联海18”轮应负次要责任。一、二审法院据此认定“浙嵊97506”轮与“台联海18”轮双方分别承担70%、30%的侵权责任,并无不当。一审判决已经查明“台联海18”轮的缺陷和安全隐患,并认定其应承担违法航行的后果,陈伟在再审申请中认为一审法院未考虑“台联海18”轮的缺陷和安全隐患对于事故的影响,与事实不符。对于南通海事局调查认定“浙嵊97506”轮在事发后擅自驶离,陈伟并没有提出相反证据予以推翻,其在再审申请中主张该轮基于事发水域当时能见度极低只能暂停搜寻并航行至安全水域抛锚,缺乏事实依据。

《海商法》第二百零九条规定:“经证明,引起赔偿请求的损失是由于责任人的故意或者明知可能造成损失而轻率地作为或者不作为造成的,责任人无权依照本章规定限制赔偿责任。”根据一、二审判决查明的事实,陈伟作为船舶所有人本人所具有的过错主要是:第一、其明知“浙嵊97506”轮存在超航区航行、配员不足、无证驾驶(船上11人仅2人持有有效适任证书,船长和大副等当班人员无证驾驶);第二、涉案事故发生后,履行“浙嵊97506”轮船长职责的孔国平曾通过电话向陈伟报告事故情况，陈伟却未明确要求孔国平依法留守现场、开展搜救“台联海 18”轮，而是放任孔国平自行处理即擅自离开现场。事故造成“台联海 18”轮沉没，船上 8 人全部落水，其中 6 人死亡，2 人失踪。陈伟主张其本人在事发当时要求“浙嵊 97506”轮及时搜救，缺乏事实依据。一、二审法院认定陈伟放任“浙嵊 97506”轮船长不及时施救，属于明知可能造成损失而轻率地作为或者不作为，不支持陈伟援引海事赔偿责任限制抗辩，并无不当。

一审中，经毛雪波和陈伟同意，一审法院通过二审法院司法委托中介管理系统确定集联公司评估“台联海 18”轮的船舶价值和碰撞两船的船期损失等。集联公司具有司法鉴定（评估）资质，于 2015 年 3 月 11 日派评估人员在一审法院审判人员陪同下赴现场勘察碰撞两船，于 2015 年 6 月 2 日独立出具评估报告书，载明“台联海 18”轮碰撞日市场价值 5614500 元，2015 年 3 月 11 日的价值为 815546 元。陈伟作为侵权责任人，负有将被撞沉的“台联海 18”轮恢复原状的责任，却违反其在救助打捞协议上同意出借 150 万元用于支付打捞费的承诺而未支付该款项，造成“台联海 18”轮被打捞人打捞出水后又长期留置，陈伟对由此可能发生的船舶价值损失应负相应责任。据此，一审法院认定“台联海 18”轮价值损失为 4798954 元（5614500 元 − 815546 元）合理。陈伟在一审中提供一份“台联海 18”轮受损修复价格的鉴定结论书，拟证明该轮系部分损坏及该轮的修复价格，毛雪波不认可该证据材料的证明力，一审法院以该证据材料出具于 2013 年 9 月 12 日，已无法反映和证明本案审理时该轮的损坏情况及修复的可能性与合理性，对该证据材料的证明力不予认定，并无不当。陈伟对一、二审判决认定的“台联海 18”轮价值损失提出异议，缺乏事实依据。陈伟在一审中提供南通市价格认证中心出具的“浙嵊 97506”轮受损修复价格的《鉴定结论书》，表明该轮的修复价格为 76630 元，修理天数为 6 天。因毛雪波、江山公司均认可其真实性，一审法院认定其证据效力。该轮虽经依法检验登记且年审合格，但事发前及事故航次超航区运营，一审法院不支持陈伟基于违规经营的收入情况主张 6 天修理期间的船期损失并无不当。一审法院根据“浙嵊 97506”轮最低安全配员标准 5 人，酌定 6 天修理期间维持费用共计 11100 元合理。陈伟在一审中主张船上发电柴油款和小船租用费等其他损失，但未提供有效证据证明损失的真实存在及其合理性，一审法院不予认定并无不当。

——中国裁判文书网，http://wenshu.court.gov.cn。

【最高人民法院商事审判参考性案例】

镇江市自来水公司诉韩国开发银行投资有限公司(KDBCAPITALCO.,LTD)水污染损害赔偿纠纷案

【基本案情】

2012年2月2日13时,投资公司所有的“FCGLORIA”轮靠泊江苏镇江某化工码头后开始卸货。2月3日19时,自来水公司检测出自来水厂出水中挥发酚浓度超过标准值9.4倍。随后,自来水公司采取了相关的应急措施。8月31日,镇江海事局作出《调查报告》称,“FCGLORIA”轮因违反操作规程、设备存在缺陷等原因导致在卸货作业过程中有约44吨苯酚通过该轮的水下排放管路直接排出了舷外而造成长江水体污染。自来水公司据此诉请法院判令投资公司赔偿因污染生产水源所导致的经济损失及利息。

【裁判结果】

武汉海事法院一审认为,本次事故的发生系因“FCGLORIA”轮明知可能造成损失而轻率地不作为所造成,投资公司在本次污染事故中丧失限制赔偿责任,遂判决投资公司赔偿自来水公司人民币5329884元及利息。湖北省高级人民法院二审认为,自来水公司未举证证明投资公司存在丧失海事赔偿责任限制的情形,故投资公司关于其享受海事赔偿责任限制的上诉理由成立。二审判决确认一审判决认定的投资公司赔偿自来水公司的金额及利息,改判该项赔款从投资公司设立的海事赔偿责任限制基金中受偿。

【典型意义】

我国《海商法》借鉴国际公约,规定了海事赔偿责任限制制度,即在发生重大海损事故时,责任人可以依法将其赔偿责任限定在一定范围内。本案所涉苯酚泄漏事故发生后,因影响当地居民的生产生活而引发公众的强烈反应,社会关注度极高。本案判决在认定投资公司应当对事故造成的损失承担赔偿责任的同时,准确适用《海商法》和《海事赔偿责任限制解释》,对船舶所有人的行为后果与其雇佣人员或代理人的行为后果予以区分,认定投资公司作为船舶所有人不因其雇佣的船长、船员的故意或轻率行为而丧失赔偿责任限制的权利。本案对准确理解适用相关国际公约和我国《海商法》有关海事赔偿责任限制的规定,具有典型指导意义。案件的判决结果在切实保障长江经济带绿色发展以及人民群众生存和发展的权利的同时,平等地保护了中外当事人的合法权益,树立了中国海事司法在国际的良好公信力。

——《2016 年十大典型海事案例》(2017 年 4 月 28 日),载最高人民法院网,http://www.court.gov.cn。

毛某某与陈某、嵊泗县江山海运有限公司船舶碰撞损害责任纠纷案

【典型意义】

海事赔偿责任限制制度是海商法中独具特色且历史渊源悠久的法律制度之一,是指将作为海损事故责任人的船舶所有人、经营人等的赔偿责任限制在一定范围内的赔偿制度,是基于航运业的特殊风险而给予船舶所有人等航运从业者的适当保护,有别于一般民事损害赔偿原则。世界各主要海运国家均规定了海事赔偿责任限制制度,并通过《1976 年海事赔偿责任限制公约》等国际公约的制定不断致力于该制度的国际统一。我国海商法坚持与通行国际公约对接的立法精神,充分借鉴吸收国际公约规定,形成了具有中国特色的海事赔偿责任限制制度。长期以来,国际上对海事赔偿责任限制权的丧失多持严格的标准和审慎的态度,打破海事赔偿责任限制的案例较少。本案准确适用《海商法》第二百零九条的规定,确立了责任人丧失海事赔偿责任限制权的裁判标准,即对于长期超航区航行、不办理签证航行、船员无相关证书的,足以推定船舶所有人对损害结果的发生具有故意,或者明知可能造成损失而轻率地作为或者不作为的过错,故导致其作为责任人丧失了限制海事赔偿责任的权利。本判决在体现海事赔偿责任限制制度特殊性的同时,进一步解读了公约规定和国内立法的本意,为类案的正确审理和海事赔偿责任限制制度的准确适用提供了借鉴和启发,亦有助于督促相关航运主体规范航行行为,营造安全有序的航运环境。

——《2016 年十大典型海事案例》(2017 年 4 月 28 日),载最高人民法院网,http://www.court.gov.cn。

1729

利害关系人在申请海事赔偿责任限制基金案件中申请债权登记的期限

关键词 | 利害关系人 | 海事赔偿责任限制 | 债权登记期限 |

【最高人民法院答复】

湖北省高级人民法院：

你院鄂高法〔2010〕106号《关于在申请海事赔偿责任限制基金案件中如何认定利害关系人申请债权登记期限的请示》收悉。经研究，答复如下：

根据《海事诉讼特别程序法》第一百一十二条规定："海事法院受理设立海事赔偿责任限制基金的公告发布后，债权人应当在公告期间就与特定场合发生的海事事故有关的债权申请登记。公告期间届满不登记的，视为放弃债权。"本条中的债权人，包括设立海事赔偿责任限制基金程序中的已知利害关系人和未知利害关系人，以及债权登记和受偿程序中的已知债权人和未知债权人。根据《海事诉讼特别程序法》第一百零六条规定，利害关系人应当在收到异议通知之日起七日内以书面形式向海事法院提出异议申请，一审法院裁定驳回的，可以提起上诉。因此，作为海事债权登记与受偿程序中的债权人，应当根据法律规定并按照一审法院的公告或者通知要求申请债权登记，提起确权诉讼。

经审查，新韩公司、海王星公司属于本案利害关系人，在债权登记与受偿程序中作为债权人依法享有申请债权登记和提起确权诉讼的权利。2009年5月19日，武汉海事法院裁定驳回新韩公司、海王星公司异议申请之后，新韩公司、海王星公司向你院提起上诉。2009年9月8日，你院维持武汉海事法院一审裁定，驳回其上诉。2009年9月25日，在你院作出驳回异议终审裁定后，新韩公司、海王星公司向武汉海事法院申请债权登记，提起确权诉讼。新韩公司、海王星公司申请债权登记，提起确权诉讼并没有超出法律规定的期限。

新韩公司、海王星公司在你院作出驳回异议裁定之后申请债权登记，提起确权诉讼，并按照武汉海事法院通知要求交纳相关费用，其申请债权登记的期限符合法律规定，应予准许。

——《最高人民法院关于在申请海事赔偿责任限制基金案件中如何认定利害关系人申请债权登记期限的请示的复函》（2010年7月26日，〔2010〕民四他字第36号）

1730

责任人有权享受海事赔偿责任限制，且此权利不因责任人未设立责任限制基金或者提供相应担保而丧失

关键词｜海事赔偿责任限制｜

【最高人民法院答复】

浙江省高级人民法院：

你院〔1995〕浙法经字92号，关于宁波市外海航运公司申请海事赔偿责任限制设立基金有关问题的请示收悉。经研究，答复如下：

责任人申请海事赔偿责任限制，未提供资金设立海事赔偿责任限制基金，可以采取提供充分担保的形式。宁波市外海航运公司是在诉讼过程中申请享受海事赔偿责任限制权利的，法院可以撤销令其设立海事赔偿责任限制基金的裁定。但在本案实体审理中，如果没有充分证据证明“引起赔偿请求的损失是由于责任人的故意或者明知可能造成损失而轻率地作为或者不作为造成的”，责任人有权享受海事赔偿责任限制，且这种权利不因责任人未设立责任限制基金或者提供相应的担保而丧失。

——《最高人民法院关于宁波市外海航运公司申请海事赔偿责任限制设立基金有关问题的复函》(1995年12月7日，法函〔1995〕160号)

1731

船舶油污损害赔偿纠纷中申请设立油污损害赔偿责任限制基金的处理

关键词｜船舶油污损害赔偿｜海事赔偿责任限制｜

【最高人民法院司法解释】

第五条　油轮装载的持久性油类造成油污损害的，应依照《防治船舶污染海洋环境管理条例》、《1992年国际油污损害民事责任公约》的规定确定赔偿限额。

油轮装载的非持久性燃油或者非油轮装载的燃油造成油污损害的，应依照海商法关于海事赔偿责任限制的规定确定赔偿限额。

第六条 经证明油污损害是由于船舶所有人的故意或者明知可能造成此种损害而轻率地作为或者不作为造成的，船舶所有人主张限制赔偿责任，人民法院不予支持。

第二十一条 对油轮装载持久性油类造成的油污损害，船舶所有人，或者船舶油污责任保险人、财务保证人主张责任限制的，应当设立油污损害赔偿责任限制基金。

油污损害赔偿责任限制基金以现金方式设立的，基金数额为《防治船舶污染海洋环境管理条例》、《1992 年国际油污损害民事责任公约》规定的赔偿限额。以担保方式设立基金的，担保数额为基金数额及其在基金设立期间的利息。

——《最高人民法院关于审理船舶油污损害赔偿纠纷案件若干问题的规定》(2011 年 5 月 4 日，法释〔2011〕14 号)

【最高人民法院司法政策】

141. 我国加入的《油污公约(1992)》适用于具有涉外因素的缔约国船舶油污损害赔偿纠纷，包括航行于国际航线的我国船舶在我国海域造成的油污损害赔偿纠纷。非航行于国际航线的我国船舶在我国海域造成的油污损害赔偿纠纷不适用该公约的规定。

142. 对于不受《油污公约(1992)》调整的船舶油污损害赔偿纠纷，适用《海商法》《海洋环境保护法》以及相关行政法规的规定确定当事人的责任；油污责任人亦可以依据《海商法》第十一章的规定享有海事赔偿责任限制。

143. 对于受《油污公约(1992)》调整的船舶油污损害赔偿纠纷，船舶所有人及其责任保险人或者提供财务保证的其他人为取得公约规定的责任限制的权利，向海事法院申请设立油污损害赔偿责任限制基金的，适用《海事诉讼特别程序法》第九章的规定。

——《最高人民法院关于印发〈第二次全国涉外商事海事审判工作会议纪要〉的通知》(2005 年 12 月 26 日，法发〔2005〕26 号)

1732

《海事诉讼特别程序法》第二十三条规定对定期租船人或者航次租船人经营或租用的船舶不得扣押的溯及力

关键词 | 船舶扣押 |

【最高人民法院答复】

上海市高级人民法院：

你院〔1996〕沪高经终字第515号《关于船东所有的船舶能否因期租人对第三方负有责任而被扣押等问题的请示》收悉。经研究，同意你院倾向性意见。现答复如下：

一、根据《最高人民法院关于海事法院诉讼前扣押船舶的规定》第三条第(1)款、第(3)款的规定，海事法院可以扣押对海事请求负有责任的船舶经营人、承租人所有的、经营的或租用的其他船舶。故三善海运株式会社可以申请扣押亚马大益卡埃琳达斯公司期租给亚马大益卡埃劳埃德公司的“阿曼达·格劳列”轮。因该轮关系到所有权归属问题，所以不能变卖。

二、亚马大益卡埃劳埃德公司对“阿曼达·格劳列”轮的扣押负有责任，给船舶所有人亚马大益卡埃琳达斯公司造成的损失应负赔偿责任。其在与亚马达益卡埃琳达斯公司的期租船合同责任期间，提出解除合同的行为应属无效。该行为不影响财产保全的效力。

三、根据2000年7月1日起实施的《海事诉讼特别程序法》第二十三条的规定，对定期租船人或者航次租船人经营的或租用的船舶不得扣押。该案是发生在《海事诉讼特别程序法》颁布实施以前，所以应适用《最高人民法院关于海事法院诉讼前扣押船舶的规定》。

此复。

——《最高人民法院关于船东所有的船舶能否因期租人对第三方负有责任而被扣押等问题的复函》(2001年1月3日，〔1998〕交他字1号)

1733

外国法人不履行生效判决确定的赔偿义务，法院可对其在中国境内的船舶依法实施扣押

关键词 | 外国法人 | 赔偿义务 | 船舶扣押 |

【最高人民法院商事审判参考性案例】

案例 1：陈震、陈春申请强制执行“中威案”判决扣押船舶案

本案要旨：外国法人不履行生效判决确定的赔偿义务，法院可对其在中国境内的船舶依法实施扣押。

一、基本案情

1936 年，中威轮船公司将其所有的“顺丰”轮、“新太平”轮租与大同海运株式会社使用。租用期间，两轮被日本海军“扣留”，后交由大同海运株式会社继续运营至两轮沉没。中威轮船公司尔后通过政治、外交、司法等途径向日本政府索赔两轮损失，均未果。1988 年 12 月，原告中威轮船公司、陈震、陈春就该案向上海海事法院提起诉讼，要求被告日本海运株式会社（即大同海运株式会社后身）支付租金并赔偿损失。诉讼期间，日本海运株式会社变更为商船三井株式会社。

2007 年 12 月 7 日，上海海事法院判决被告商船三井株式会社向原告陈震、陈春支付并赔偿船舶租金及孳息、船舶运营损失及孳息、船舶损失及孳息合计 2916477260.80 日元。原、被告均不服提起上诉。2010 年 8 月 6 日，上海市高级人民法院作出终审判决，驳回上诉，维持原判。判决生效后，商船三井株式会社迟迟不肯主动履行生效判决确定的赔偿义务。

二、裁判结果

2014 年 4 月 19 日，上海海事法院在本案强制执行程序中，对停泊于我国浙江省嵊泗马迹山港的被执行人商船三井株式会社所有的“宝韵”（BAOSTEEL EMOTION）轮依法实施扣押，4 天后，商船三井株式会社即按照上海海事法院《限期履行通知书》的要求，支付了判决本金 2916477260.80 日元；一、二审案件受理费、申请执行费；同时就迟延履行债务利息提供了现金担保。4 月 24 日，上海海事法院依法解除了对“宝韵”轮的扣押。

三、典型意义

本案通过扣押船舶，促使日本商船三井株式会社履行我国法院生效判决，为历时 26 年的“中威案”画上了圆满的句号，极大地维护了我国法律与司法的权

威,在国际航运界、海事司法界引起强烈反响,成为国内外媒体报道的焦点,树立了我国良好的法治形象。

——《全国海事法院船舶扣押与拍卖十大典型案例》,载贺荣主编、最高人民法院民事审判第四庭编:《涉外商事海事审判指导》总第30辑,人民法院出版社2016年版,第20~21页。

1734

外国当事人在其纠纷由外国仲裁机构进行仲裁过程中,因涉案财产在我国领域内的,可以向财产所在地海事法院申请扣押船舶

关键词 | 外国当事人 | 仲裁 | 扣押船舶 |

【最高人民法院商事审判参考性案例】

案例10:马绍尔群岛伊克利普斯财产股份公司申请扣押“L-710”轮案

本案要旨:外国当事人与中国当事人在合同中约定发生争议提交外国仲裁机构裁决的,海事请求保全不受仲裁协议的约束。外国当事人在其纠纷由外国仲裁机构进行仲裁过程中,因涉案的财产在中华人民共和国领域内的,可以向我国财产所在地的海事法院申请扣押船舶的海事请求保全。

一、基本案情

2006年12月1日,申请人马绍尔群岛共和国伊克利普斯财产股份公司与被申请人中国福建圣龙船舶制造有限公司、温州润洋进出口贸易有限公司签订《船舶建造合同》,约定由两被申请人在福建福安为申请人设计建造一艘57000载重吨的单壳散货船(建造船号为“SL-710”),价格3800万美元,分五期预付,每期760万美元,双方约定争议提交英国伦敦仲裁解决。申请人在支付第一期购船款760万美元后,以两被申请人违约为由取消合同。2009年7月,两被申请人向英国伦敦仲裁庭申请仲裁,请求裁决申请人无权取消合同、无权要求返还预付款。申请人则提出反请求,请求裁决其已依约解除合同,有权请求返还760万美元预付款及利息;或裁决两被申请人构成毁约性违约,赔偿经评估得出的损失额。2010年9月,申请人得知两被申请人准备出售在建中的“SL-710”船,遂向厦门海事法院申请扣押该船,责令两被申请人

提供908万美元可靠担保。

二、裁判结果

厦门海事法院经审查认为：申请人的申请符合我国扣押船舶的法定条件，依照《海事诉讼特别诉讼法》第十二条、第十四条、第二十一条第（十三）项、第二十三条第一款第（一）项，以及《海事诉讼特别程序法解释》第二十一条第二款的规定，裁定扣押了停泊于福建省福安市的“SL－710”船，责令两被申请人提供价值908万美元的可靠担保。船舶扣押期间，英国伦敦仲裁庭裁决申请人有权依据普通法解除合同并请求损害赔偿。随后两被申请人与申请人达成和解并履行赔偿义务，厦门海事法院依法解除对“SL－710”船的扣押。

三、典型意义

本案是外国当事人在其纠纷由外国仲裁机构进行仲裁过程中，向我国法院申请扣押船舶的海事请求保全案件。仲裁程序从申请仲裁到承认执行往往历时数年，期间容易因当事人转移资产而使胜诉裁决不能执行。我国作为联合国《承认及执行外国仲裁裁决公约》的缔约国，负有依法在我国承认、执行外国仲裁裁决的国际义务。应外国仲裁当事人的申请，对位于我国的船舶采取扣押保全措施，有助于保障外国仲裁裁决的顺利执行。

《海事诉讼特别程序法》第十四条规定，“海事请求保全不受当事人之间关于该海事请求的诉讼管辖协议或者仲裁协议的约束。”《海事诉讼特别程序法解释》第二十一条第二款进一步明确，“外国法院已受理相关海事案件或者有关纠纷已经提交仲裁，但涉案财产在中华人民共和国领域内，当事人向财产所在地的海事法院提出海事请求保全申请的，海事法院应当受理。”本案中，厦门海事法院依法裁定准许伊克利普斯财产股份公司的扣押船舶申请，及时制止两被申请人对船舶的处分，促使相关外国仲裁裁决确定的权利义务得以顺利实现。展现了我国海事法院严格适用法律，平等保护中外当事人合法权益的理念和胸怀，赢得国际认可与赞誉，希腊籍船东为此专程赶到厦门海事法院表示感谢和敬意。

——《全国海事法院船舶扣押与拍卖十大典型案例》，载贺荣主编、最高人民法院民事审判第四庭编：《涉外商事海事审判指导》总第30辑，人民法院出版社2016年版，第31～33页。

1735

申请人因“为船舶营运、管理、维护、维修提供物资或者服务”提出海事请求的，可以申请扣押船舶

关键词 | 海事请求 | 扣押船舶 |

【最高人民法院商事审判参考性案例】

案例6:丹麦供油有限公司申请扣押“星耀”轮案

本案要旨:海事请求的申请人因“为船舶营运、管理、维护、维修提供物资或者服务”提出海事请求的,可以申请扣押船舶。根据法律规定,海事请求权人应向船舶所在地的海事法院提出诉前海事请求保全申请。因此当申请扣押的船舶进入中国海域后,中国内地法院享有司法管辖权,可以扣押船舶,进行诉前调解。

一、基本案情

申请人丹麦供油有限公司(A/S Dan-Bunkering Ltd.)于2012年12月12日在香港海域为被申请人所属的巴拿马籍“星耀”(Xing Yao)轮提供485.1820公吨Fol80Cst及158.5280公吨Gas-Oil的船用油,费用为461238.21美元。被申请人仅支付人民币1000000元(折合美元为158730美元),仍欠302508美元。后该轮驶入广东汕头水域,被申请人已联系好买家正准备向新的船东交船。为防止债权落空,申请人于2013年1月22日紧急向广州海事法院提出诉前海事请求保全申请,申请扣押“星耀”轮,并责令被申请人提供302508美元或等值人民币的担保。“星耀”轮因吨位大无法靠泊码头,在汕头港离岸约25海里水域抛锚,随时可能驶离。

二、裁判结果

广州海事法院收到申请后,立即组成合议庭进行审查,要求申请人提供被扣船舶的具体地点;另外制作扣押船舶裁定书及扣船令。根据法律规定,海事请求权人应向船舶所在地的海事法院提出诉前海事请求保全申请,本案海事请求权人提供了“星耀”轮已驶离香港海域进入广东汕头海域抛锚的证据,应由广州海事法院依法行使海事司法管辖权扣船。经审查,广州海事法院认为,申请人的申请符合法律规定,应予准许。依照《海事诉讼特别程序法》第二十一条第(十二)项,第二十三条第一款第(一)、(二)项,第二十八条第一款的规定,裁定准许申请人的诉前海事请求保全申请;扣押被申请人所属的停泊于汕头港的“星耀”

轮;责令被申请人提供302508美元或等值人民币的担保。2013年1月24日,法官乘坐交通艇往返近七个小时,冒着海上风浪,在离岸25海里水域登轮扣押了六万吨级的“星耀”轮;扣押船舶后,法官又积极促成申请人与被申请人进行协商。在法院主持下进行了诉前调解,1月29日,申请人即从被申请人处得到全额赔款。

三、典型意义

本案是一宗涉及丹麦、巴拿马等不同国家当事人及中国香港法域的纠纷,涉案船舶进入中国广东海域后,中国内地海事法院通过及时有效地行使司法管辖权,诉前扣押船舶,并开展诉前调解工作,仅用5天时间便高效地解决了当事人之间的纠纷,真正做到了“案结事了”。2013年3月26日,广州海事法院收到申请人致函,对中国法院及时高效扣船解决纠纷表示感谢。该感谢函称:“贵院法官有效的扣船工作,使我司的合法权益得到了最快的保障,是帮助我司实现债权的关键”,“按照国际上一般诉讼程序,这一过程将会十分漫长”。国外当事人选择在中国法院进行诉讼活动,通过及时扣船并成功调解,使其合法权益得到了最快的保障和实现,增强了国外当事人对中国海事司法的信任度,树立了中国法院的司法公信力和中国法官的良好司法形象。

——《全国海事法院船舶扣押与拍卖十大典型案例》,载贺荣主编、最高人民法院民事审判第四庭编:《涉外商事海事审判指导》总第30辑,人民法院出版社2016年版,第26~27页。

1736

因国际海事欺诈或海盗袭击导致船舶失踪的,发现疑似船舶后,当事人可以申请扣押租用和先予执行

关键词 | 船舶扣押 |

【最高人民法院商事审判参考性案例】

案例9:巴拿马天裕轮船有限公司申请扣押“姗妮1号”案

本案要旨:因国际海事欺诈或海盗袭击导致船舶失踪的,发现疑似船舶后,当事人申请扣押租用和先予执行的,法院可依法作出裁判。

一、基本案情

申请人巴拿马天裕轮船有限公司(TENYU SHIPPING S. A. PANAMA)所属"天裕"(TENYU)轮于1998年9月装载3006吨铝锭从印度尼西亚库拉天琼港启航前往韩国仁川港,1998年9月27日,船、货及船员全部失踪。1998年12月17日,一艘悬挂洪都拉斯旗名为"姗妮1号(SANEI-1)"的货轮,配备16名印度尼西亚船员,装载3000吨棕榈油,驶进中国张家港。经国际海事组织调查,怀疑其为失踪的"天裕"轮。天裕公司于1998年12月23日向武汉海事法院递交诉前财产保全申请书,请求扣押停泊在中国张家港的"姗妮1号"轮。

二、判决结果

武汉海事法院依照《民事诉讼法》第九十三条、第二百五十一条第二款的规定,裁定准许申请人天裕轮船有限公司的诉前财产保全请求;扣押被申请人所属"姗妮1号"轮;责令被申请人提供1亿日元(83.3万美元)的担保。武汉海事法院将扣押船舶裁定书送达该轮船长后,"姗妮1号"轮船舶证书上记载的船东一直没有任何反应。1999年1月11日,天裕公司向武汉海事法院提起船舶所有权确认之诉,并随后向武汉海事法院提交了先予执行申请书,请求将"天裕"轮先予返还。1999年4月6日天裕公司向武汉海事法院提交了由中保财产保险有限公司武汉市分公司国际业务部出具的先予执行担保。1999年4月15日,武汉海事法院作出(1999)武海法通执字第25号民事裁定书,将扣押在中国张家港的"姗妮1号"轮即"天裕"轮返还给天裕公司。1999年11月22日,武汉海事法院作出判决,确认"姗妮1号"轮即为天裕公司所有的"天裕"轮。

三、典型意义

本案是一起因国际海事欺诈或海盗袭击导致船舶失踪引起的扣押船舶案件。天裕公司是日本船东在巴拿马注册的一家单船公司,"天裕"轮的船壳保险人是日本共荣火灾海上保险株式会社,货物保险人是英国劳合社,失踪船员来自韩国和中国。"天裕"轮在马六甲海峡失踪,被改头换面成"姗妮1号"轮来到中国,其上船员是印度尼西亚人。本案案卷文字涉及日文、韩文、英文和中文等多种文字。

通过本案中的船舶扣押与审判,有效打击了国际海上欺诈及国际犯罪集团的嚣张气焰,树立了中国法院公正、高效的良好司法形象。天裕公司及其日本母公司向武汉海事法院赠送了"断疑案、伸正义、维护司法公正"的锦旗。世界著名保险协会劳合社时任主席马克思·泰勒先生,代表保险人致函武汉海事法院称:贵院站在公正的立场,给予了我们迅速和不偏不倚的支持。我们相信凭着对正义的高度责任感,贵院已经为中国法制建设进程,特别是为中国致力于成为亚太地区海事审判中心的目标，作出了显著的贡献！

——《全国海事法院船舶扣押与拍卖十大典型案例》，载贺荣主编、最高人民法院民事审判第四庭编：《涉外商事海事审判指导》总第30辑，人民法院出版社2016年版，第30～31页。

1737

准许已经实施保全的船舶继续营运的，一般仅限于航行于国内航线上的船舶完成本航次

关键词｜船舶保全｜

【最高人民法院审判业务意见】

2. 关于“活扣”的问题。根据《海事诉讼特别程序法》第二十七条的规定，海事法院裁定对船舶实施保全后，经海事请求人同意，可以采取限制船舶处分或者抵押等方式允许该船舶继续营运，即我们经常说的“活扣”。“活扣”的方式可以使船舶继续营运，使得船舶在扣押程序中依然能发挥其使用价值，从而维护海事请求人和被请求人双方的共同利益，我们经常称之为“放水养鱼”。但是“活扣”应当严格掌握，否则可能会造成海事请求人的进一步损失。我们在海诉法司法解释中已经明确规定：海事法院根据《海事诉讼特别程序法》第二十七条的规定准许已经实施保全的船舶继续营运的，一般仅限于航行于国内航线上的船舶完成本航次。我们发现，有的海事法院没有很好地把握上述法律和司法解释的规定，出现了“活扣”过宽的情况，有的没有“经海事请求人同意”，即裁定“活扣”。在海事请求人的损失无法弥补的情况下，甚至提出国家赔偿。请各海事法院务必严格执行相关的法律和司法解释规定，依法保护各方当事人的合法权益。

——刘贵祥：《在全国海事审判工作会议上的总结讲话》，载万鄂湘主编、最高人民法院民事审判第四庭编：《涉外商事海事审判指导》总第25辑，人民法院出版社2013年版，第30～31页。

1738

船舶扣押期间届满后，被申请人未能提供担保且船舶不宜继续扣押的，申请人可以申请拍卖船舶

关键词 | 船舶扣押 | 船舶拍卖 |

【最高人民法院商事审判参考性案例】

案例7:德国航运贷款银行申请扣押拍卖“阿明”轮案

本案要旨:海事请求权人因船舶抵押权产生纠纷向船舶所在地海事法院提出申请扣押船舶。法律规定,船舶扣押期间届满后,由于被申请人未能提供担保,而且船舶不宜继续扣押的,申请人可以向扣押船舶的海事法院申请拍卖船舶。

一、基本案情

申请人德国航运贷款银行(DVB Bank SE)与马耳他共和国艾斯姆阿明航运有限公司(ISIM Amin Limited)等签订贷款协议,后者以“阿明”轮(MV Amin,后更名为MV Amin2即“阿明2”轮)作为担保,双方签订了《抵押协议》等法律文件并办理了第一顺位船舶抵押权登记。2013年10月29日,德国航运贷款银行以艾斯姆阿明航运有限公司违反合同诸多约定,拖欠债务本息27777581.76欧元为由,向厦门海事法院申请诉前海事请求保全,扣押停泊于漳州港的伊朗籍“阿明2”(MV Amin2)轮,并责令被申请人提供金额为27777581.76欧元的担保。

二、裁判结果

厦门海事法院经审查认为:德国航运贷款银行的申请符合法律规定,于2013年11月4日裁定予以准许,该行随后向厦门海事法院提起诉讼。由于被申请人未能提供担保,德国航运贷款银行申请拍卖船舶,并于2014年5月5日得到准许。

2014年10月28日上午,来自挪威、巴拿马、马绍尔群岛共和国、利比里亚等国家及中国香港等地区的竞买人参加了拍卖,经过157轮叫价后,载重近16万吨的超级油轮“阿明2”轮以人民币3.24亿元的价格成交,超出起拍价近8000万元。

三、典型意义

本案船舶价值巨大,双方当事人均为外国企业,竞买人也多为外国企业。中国法院在扣押与拍卖船舶过程中,严格依照法律规定。依照维也纳领事公约,及时通知船籍国驻华使领馆。积极协调外轮代理、边检部门,提前制定工作流程,充分满足中外竞买人实地察看船舶的要求。严格依法裁定、果断执行,认真负

责、细致周到的专业水准，敬业精神和工作作风，充分树立了我国法院的司法公信力，彰显了我国海事司法的良好形象。

——《全国海事法院船舶扣押与拍卖十大典型案例》，载贺荣主编、最高人民法院民事审判第四庭编：《涉外商事海事审判指导》总第30辑，人民法院出版社2016年版，第28页。

1739

光船承租人不提供担保的，申请人在提起诉讼或仲裁之后，可以申请拍卖船舶

关键词｜光船承租人｜船舶拍卖｜

【最高人民法院司法解释】

第三条 船舶因光船承租人对海事请求负有责任而被扣押的，海事请求人依据海事诉讼特别程序法第二十九条的规定，申请拍卖船舶用于清偿光船承租人经营该船舶产生的相关债务的，海事法院应予准许。

——《最高人民法院关于扣押与拍卖船舶适用法律若干问题的规定》（2015年2月28日，法释〔2015〕6号）

【最高人民法院审判业务意见】

为规范船舶扣押与拍卖，最高人民法院先后颁布了《关于海事法院诉讼前扣押船舶的规定》和《关于海事法院拍卖被扣押船舶清偿债务的规定》这两个司法解释。在《海事诉讼特别程序法》实施后，最高人民法院废止了《关于海事法院诉讼前扣押船舶的规定》，《关于海事法院拍卖被扣押船舶清偿债务的规定》亦在清理过程中。有关船舶扣押、拍卖的问题，应当以《海事诉讼特别程序法》及其司法解释为准。

光船租赁的船舶被扣押后能否拍卖。《关于海事法院拍卖被扣押船舶清偿债务的规定》规定：被拍卖船舶的所有人必须是被告，且应对该项海事请求确实负有责任。而《海事诉讼特别程序法》没有此项要求，其确立的原则是：对可以

扣押的船舶(包括光船租赁的船舶)在符合该法第二十九条规定的条件时都可以拍卖。依据《海事诉讼特别程序法》第二十九条的规定,船舶扣押期间届满,被请求人不提供担保,而且船舶不宜继续扣押的,海事请求人可以在提起诉讼或者申请仲裁后,向扣押船舶的海事法院申请拍卖船舶。据此,光船承租人不提供担保的,申请人在提起诉讼或仲裁之后,可以申请拍卖船舶。

——刘贵祥:《在全国海事审判工作会议上的总结讲话》,载万鄂湘主编、最高人民法院民事审判第四庭编:《涉外商事海事审判指导》总第25辑,人民法院出版社2013年版,第30~31页。

1740

原告申请强制执行,法院可对船舶进行网络竞拍

关键词 | 船舶拍卖 | 网络竞拍 |

【最高人民法院商事审判参考性案例】

案例4:上海海事法院扣押拍卖"富通09"轮案

本案要旨:被告未能在调解书中确认的期限内支付调解款,原告申请强制执行,法院可对船舶进行网络竞拍。

一、基本案情

"富通09"轮系登记在被执行人朱某名下的干货轮,总吨3880吨,载重量8300吨。远东国际租赁有限公司为与芜湖市富通轮船运输有限责任公司、朱某船舶营运借款合同纠纷,于2014年8月13日向上海海事法院申请在上海港扣押朱某所有的"富通09"轮。上海海事法院裁定予以准许,并实施了扣押。同月26日,远东国际租赁有限公司与上海银行股份有限公司浦东分行共同向该院就此纠纷提起诉讼。次月5日,原、被告在法院的主持下达成调解协议,各被告同意向原告支付相应借款本金、利息等,若未能按期支付,原告可向上海海事法院申请拍卖"富通09"轮,并在拍卖款中优先受偿。后因被告未能在调解书中确认的期限内支付调解款,原告申请强制执行。

二、裁判结果

上海海事法院收到强制执行申请后,立即对可执行财产进行排摸调查,并最

终决定拍卖已扣押的“富通 09”轮。鉴于在以往的船舶拍卖中,因航运市场经济复苏缓慢的原因,一艘船舶常需要经多次流拍——降价——再拍的过程才得以最终成效,法院决定尝试以网上拍卖的方式拍卖该轮。2014 年 10 月 20 日,上海海事法院依据《海事诉讼特别程序法》的相关规定,成立了“富通 09”轮拍卖委员会。经反复论证网上拍卖的可行性后,根据《上海法院涉国有资产司法委托拍卖操作规则》的相关规定,上海海事法院与上海联交所协商开展网络竞拍船舶工作。11 月 28 日 15 时 17 分,经过 32 轮的激烈竞价,“富通 09”轮在上海联合产权交易所官方网站的交易平台以 604 万元的价格成功拍卖。

三、典型意义

船舶拍卖是海事债权实现的一个重要途径。在传统模式中,竞买人需要到拍卖现场参加竞拍,费用支出与时间成本降低了潜在竞买人参加竞买的积极性。网上拍卖充分运用现代互联网信息技术,极大地节约了竞买人的交易成本和交易时间,提高了船舶拍卖的竞争程度,更利于发现标的资产价格,保护债权人利益。上海海事法院在本案中依托上海联交所的成熟交易平台,确保了拍卖程序的安全性。是一次创新海事执行方式、提高便民服务水平的有益探索。

——《全国海事法院船舶扣押与拍卖十大典型案例》,载贺荣主编、最高人民法院民事审判第四庭编:《涉外商事海事审判指导》总第 30 辑,人民法院出版社 2016 年版,第 24 ~ 25 页。

1741

船员向法院申请扣押船舶并就船员劳务纠纷对船东提起诉讼，要求就船员劳务报酬优先清偿的处理

关键词｜船员劳务报酬｜船舶扣押｜优先清偿｜

【最高人民法院商事审判参考性案例】

王某等 15 人与三友国际航运有限公司(THREE FRIENDS INTERNATIONAL SHIPPING S. A)船员劳务合同纠纷案

【基本案情】

“红杉晟龙”(SEQUOIADRAGON)轮系三友公司所属的巴拿马籍散货船。

因航运市场低迷，该轮停泊在浙江台州玉环大麦屿港锚地休整。2016 年 8 月 22 日，王某等 15 名在船船员因三友公司长期拖欠其工资，向宁波海事法院申请扣押船舶，并在法定期限内就涉案船员劳务合同纠纷对三友公司提起诉讼，要求三友公司支付船员工资、伙食费、遣返费等共计人民币 200 万余元，并请求确认上述工资款对“红杉晟龙”轮享有船舶优先权。

【裁判结果】

宁波海事法院经审理认为：王某等 15 名船员的诉前海事请求保全申请符合法律规定，遂裁定扣押“红杉晟龙”轮。对于王某等 15 名船员随后提起的船员劳务纠纷，经过庭前调解并确认全部船员收悉被拖欠的工资款后，裁定按自动撤诉处理。

【典型意义】

船员是航运业最主要的生产要素之一，在国际航运业持续低迷的当下，涉外船员劳务合同纠纷呈现出涉案人数多，拖欠数额大，船员与船企矛盾激烈等特点。我国是航运大国，也是海员大国，已经成为世界上拥有海员数目最多的国家之一，约占世界海员总数的三分之一，海员的权益保障问题迫切需要海事司法的支持。本案中，海事法院准确把握航运市场形势，主动摸清国外被告经营情况，运用调解这一中国经验在解决复杂纠纷方面的独特优势，通过扣押船舶，促成当事各方达成和解，使涉案船员足额拿到拖欠费用，保护了船员的合法权益，也使涉案船舶得以尽快解除扣押并恢复营运，避免了矛盾的激化，取得了良好的法律效果与社会效果。案件及时高效的审理，有力提升了中国海事司法的公信力，较好地实现了船东船员的互利共赢。2016 年 11 月 12 日起，《2006 海事劳工公约》已正式对我国生效。本案对今后准确适用国际公约，妥善解决船员劳务纠纷，为航运经济稳定发展提供司法保障，也具有较高的参考价值。

——《2016 年十大典型海事案例》(2017 年 4 月 28 日)，载最高人民法院网，http://www.court.gov.cn。

案例 3：奥列格等外籍船员申请扣押“密斯姆”轮案

本案要旨：船员向法院提起扣押船舶申请，并就船员劳务纠纷对船东提起诉讼后，被告未在法定期限内履行判决书中确定的义务，法院可对扣押的船舶进行拍卖，对船员的劳务报酬优先清偿。

一、基本案情

“密斯姆”(Maxima)轮是密斯姆航运公司所有的散货轮，注册地在荷属安德列斯威廉斯塔德港。2012 年 6 月，该轮在我国沿海海域航行途中不慎与他轮发生碰撞，事故造成他轮严重受损，同时因碰撞发生溢油事故，对附近海域造成污染。事故发生后，“密斯姆”轮被送往崇明码头维修。自此，奥列格等 11 名在船的乌克兰籍船员工资一直未予发放，之后 6 名船员自掏腰包先行回国，其余 5 名船员仍滞留在船，负责看守船舶。2013 年 7 月，“密斯姆”轮在船的 5 名乌克兰船员因船东长期拖欠其工资于 2013 年 7 月 17 日向上海海事法院提出扣押船舶的海事请求保全申请，并就船员劳务合同纠纷对船东密斯姆航运公司提起诉讼。其他船员随后也提起诉讼。

二、裁判结果

上海海事法院收到申请后，于当日即作出扣船裁定。考虑到外籍船员盼望早日回家的急切心情，法院协调落实船员上淡水、物料、生活保障用品的供应后，积极与船员劳务公司、船东代理以及外籍船员律师联系，委托国内船员劳务公司派员看管船舶，使外籍船员得以回国。

开庭审理后，上海海事法院迅速作出判决，支持了船员们的全部诉请。判决生效后，因被告未在法定期限内履行判决书中确定的义务，奥格列等于 2014 年 1 月向上海海事法院申请强制执行。上海海事法院依法启动船舶拍卖程序。最终“密斯姆”轮以人民币 3990 万元被德国一家航运公司竞得，船员的劳务报酬在拍卖款中依法获得优先清偿。

三、典型意义

在该系列案件处理过程中，上海海事法院以船员为本，数次登轮召开现场会议、关心船员生活及船舶安全，把牢船舶检验、评估、安全监管等各个环节，确保船检及评估报告客观反映船舶实际情况和价值，克服航运市场低迷等不利因素的影响，顺利推进司法拍卖程序。在拍卖成功后，从船舶拍卖价款中优先拨出人民币 154.30 万元作为 11 名乌克兰籍船员的劳动报酬。上海海事法院依照我国法律，遵循国际惯例，依法行使司法权，平等保护国内外当事人的合法权益，让外籍船员感受到中国司法的温暖。受到乌克兰驻上海领事馆的肯定和感谢，树立了上海国际航运中心的良好形象。

——《全国海事法院船舶扣押与拍卖十大典型案例》，载贺荣主编、最高人民法院民事审判第四庭编：《涉外商事海事审判指导》总第 30 辑，人民法院出版社 2016 年版，第 22～23 页。

1742

境外船舶光租入境因拍卖转为国内船舶，进口环节国家税收应予优先拨付

关键词｜船舶扣押｜船舶拍卖｜光租船舶｜

【最高人民法院商事审判参考性案例】

案例8:五矿国际货运有限责任公司申请扣押“海芝”轮案

本案要旨:海事请求权人可以申请扣押并拍卖承租人光租的当事船舶;境外船舶光租入境因拍卖转为国内船舶,进口环节国家税收应予优先拨付。

一、基本案情

2000年9月6日,五矿国际货运有限责任公司(以下简称五矿公司)与海南龙珠船务有限公司(以下简称龙珠公司)签订光船租赁协议,承租龙珠公司光租经营的“海芝”轮,租期为1年+1年+1年,由五矿公司选择。2000年11月,双方达成还船协议,五矿公司将“海芝”轮交还龙珠公司,但龙珠公司拖欠五矿公司光租保证金及其他款项3483887.37元。2002年1月18日,五矿公司向宁波海事法院提出诉前海事请求保全申请,要求扣押龙珠公司光租经营的停泊在温州港的“海芝”轮,责令龙珠公司提供400万元的担保。

二、裁判结果

2002年1月21日,宁波海事法院作出裁定,准许五矿公司的诉前海事请求保全,并在温州小门岛液化气码头扣押了“海芝”轮。经查,“海芝”轮登记为圣文森特和格林纳汀斯的力涛航运有限公司(OCEAN LINK SHIPPING LIMITED)所有,1999年8月5日光租给龙珠公司经营,并在海口港监办理了船舶光租登记,属海关监管船舶。“海芝”轮扣押后,五矿公司、船舶抵押权人中国船舶工业贸易公司、船舶管理人珠海市宏舟船务有限公司分别向宁波海事法院提起诉讼;全体船员因得不到劳动报酬,商定由船长作为代表起诉讨要工资;海口海关申请债权,要求在船舶拍卖过程中,扣缴相关税款。五矿公司与龙珠公司光租租赁合同纠纷一案判决生效后,宁波海事法院根据五矿公司的申请,裁定拍卖“海芝”轮,以2338万元(含税款)成交。在优先拨付诉讼费用、国家税收、船舶保管、拍卖等费用后,余款由各债权人依法受偿分配。

三、典型意义

一是以具体案例明确海事请求权人可以申请扣押并拍卖承租人光租的当事

船舶,较好地衔接了光租船舶的扣押和拍卖程序,有力地保障了海事请求权人的合法权益。二是明确境外船舶光租入境因拍卖转为国内船舶,进口环节国家税收应予优先拨付。“海芝”轮光租入境,属于海关监管船舶,因法院司法拍卖转为国内船舶时,依法缴纳相关国家税收(包括海关关税、代征增值税和光租税共计4762785.75元),且该笔费用应视为《海商法》第二十四条规定的“为海事请求人的共同利益而支付的其他费用”优先拨付。本案在妥善分配处理多项债权的情况下,依法保护了国家税收收入,维护海关监管制度。

——《全国海事法院船舶扣押与拍卖十大典型案例》,载贺荣主编、最高人民法院民事审判第四庭编:《涉外商事海事审判指导》总第30辑,人民法院出版社2016年版,第29~30页。

1743

因船东宣告破产无暇顾及涉案纠纷导致外籍船员困顿无助，法院可采取措施对扣押期间外籍船员等相关事宜进行妥善处理

关键词｜船舶扣押｜船东破产｜船员处理｜

【最高人民法院商事审判参考性案例】

案例2:舟山市海利远洋渔业有限公司申请“雪曼斯”轮案

本案要旨:法院扣押船舶后,因船东宣告破产无暇顾及涉案纠纷,导致外籍船员困顿无助,法院可采取措施对扣押期间外籍船员等相关事宜进行妥善处理。

一、基本案情

“雪曼斯”(SNOWMASS)轮系俄罗斯籍远洋运输船,原登记所有人为东风航运代理有限公司(EASTWIND SHIPPING AGENCIES SA),登记光船承租人为斯马特航运代理有限公司(SMART SHIPPING AGENCY LTD)。2009年11月,该轮自阿根廷外大西洋西南海域承运一批冷冻鱿鱼到达舟山港,货物变质受损。货主上海和顺渔业有限公司、舟山市海利远洋渔业有限公司、舟山新吉利远洋渔业有限公司以该轮冷冻设备故障导致其托运的冷冻鱿鱼严重受损为由,于2009年12月29日向宁波海事法院申请扣押停泊于舟山港马峙锚地的“雪曼

斯”轮,要求船方提供300万元担保。

二、裁判结果

宁波海事法院审查后依法裁定扣押“雪曼斯”轮,责令“雪曼斯”轮船东向法院提供300万元或其他可靠担保。该轮船东已被宣告破产,由破产管理人接管,因忙于破产事务无暇顾及涉案纠纷,外籍船员困顿无助,一名外籍船员扣押期间因病死亡。对此,宁波海事法院采取了以下应对措施:第一,安排好船员扣押期间食宿,协调看船公司负责看管;第二,垫付船员遣返费,在做好船舶交接后,立刻安排船员回国;第三,通知原告追加提供充足担保;第四,依法拍卖船舶,将连同船员医疗费、遗体火化等费用在内的遣返费用在船舶拍卖款中优先拨付。

三、典型意义

在船东弃船的情形下,如何妥善处理外籍船员特别是船员遗体回国等相关事宜,我国法律没有明确规定。宁波海事法院发扬国际人道主义精神,在外籍船员困顿无助时安排好船员扣押期间的食宿,及时垫付遣返费用,并协调船舶代理公司安排船员顺利回国。将政府部门垫付的外籍船员医疗费、殡仪馆存放费及遗体火化费等纳入到船员遣返费用,兼顾中外各方利益,促使这一涉外事件快速妥善解决,彰显了我国法院司法为民的人文情怀,树立了良好国际形象。

——《全国海事法院船舶扣押与拍卖十大典型案例》,载贺荣主编、最高人民法院民事审判第四庭编:《涉外商事海事审判指导》总第30辑,人民法院出版社2016年版,第21~22页。

1744

拍卖结果对船东、抵押权人和普通债权人均无一受益的,法院可积极促成各方达成和解,使船舶得以解除扣押恢复营运

关键词 | 船舶扣押 | 和解 |

【最高人民法院商事审判参考性案例】

案例5:“三湖蓝宝石”轮系列扣押案

本案要旨:多个境外债权人,向我国海事法院申请对他国所属船舶采取扣押

措施，由于船东无力提供担保，依照我国海事诉讼特别程序法，船舶将被拍卖，在拍卖结果无论是对船东、抵押权人还是普通债权人来说均无一受益的情况下，法院可积极促成当事人各方达成和解，使涉案船舶得以解除扣押，恢复营运。

一、基本案情

2011年6月9日，申请人阿联酋阿曼国际贸易公司（OMEN TRADING INTERNATIONAL LIMITED）因与被申请人韩国三湖海运株式会社（SAMHO SHIPPING CO.，LTD）债务纠纷向武汉海事法院申请扣押被申请人所属的“三湖蓝宝石”（SAMHO SAPPHIRE）轮。此后，又有六家境外债权人，申请对该轮采取扣押措施，债权人涉及七个国家和地区，债权总额达600余万美元。此外还有该轮抵押权人韩国釜山银行的抵押债权超过4000万美元。

二、裁判结果

武汉海事法院于2011年6月11日在南通对“三湖蓝宝石”轮实施扣押。船东三湖海运株式会社由于有两条船连续遭到索马里海盗劫持，公司经营遭受重创，已被韩国法院列入破产保护。由于船东无力提供担保，依照我国海事诉讼特别程序法，船舶依法将被拍卖。部分船员在船舶被扣押后，情绪极不稳定，要求弃船回国。韩国驻武汉领事馆向湖北省外事办发出照会，对被扣船舶和船员的安全表示关注。

由于当时国际航运市场并不景气，该轮的拍卖价格估计只有1000多万美元，远不够抵押权人一家受偿。同时，拍卖船舶还要支付检验、评估、拍卖费用，船东将会承担巨大的损失。因此拍卖结果无论是对船东、抵押权人还是普通债权人来说均无一受益。

武海海事法院积极地与各方当事人进行联系沟通，释明中国法律，分析拍卖的成本和结果，经过耐心细致而艰苦的调解工作，终于促成各方当事人达成和解协议，同意由“三湖蓝宝石”轮抵押权人釜山银行拿出45万美元按普通债权人的债权比例进行支付，各普通债权人同意解除对“三湖蓝宝石”轮的扣押。2011年9月23日，武汉海事法院解除对该轮的扣押，“三湖蓝宝石”轮安全驶离南通，开往釜山。

三、典型意义

“三湖蓝宝石”轮系列扣押案，涉及多个国家的多方当事人，协调难度大。加之该轮为化学品船，船长、船员均为外籍人员且来自多个国家，扣押期间的船舶安全与船员安抚工作都是巨大挑战。武汉海事法院充分发挥调解这一中国经验在解决复杂纠纷方面的独特优势，促成当事各方达成和解，使涉案船舶得以解除扣押,恢复营运。取得了良好的法律效果与社会效果,得到涉案各方当事人的好评。案件审结后,韩国驻武汉领事馆领事专程到法院致以谢意,对中国法院公正高效保护韩国企业合法权益的司法行为予以高度赞赏。申请人阿曼国际贸易公司向武汉海事法院南通法庭赠送牌匾一块,上书“优质高效调解”。

——《全国海事法院船舶扣押与拍卖十大典型案例》,载贺荣主编、最高人民法院民事审判第四庭编:《涉外商事海事审判指导》总第30辑,人民法院出版社2016年版,第25~26页。

1745

船东弃船引发的船舶扣押与船舶拍卖案件的处理

关键词 | 船东弃船 | 船舶扣押 | 船舶拍卖 |

【最高人民法院商事审判参考性案例】

三、塞拉利昂籍“LEDOR”轮遭阿尔巴尼亚船东基恩毕船务有限公司弃船所引发系列纠纷案

(一)基本案情

承运我国某大型国企2万吨进口铁矿石的塞拉利昂籍船舶“LEDOR”轮于2011年10月从印度陈奈港开往我国江苏南通港途中搁浅在福建莆田。海事部门认为该轮存在断裂、沉没、危及人命安全及污染海洋环境的风险,要求船东提交船舶脱险方案、过驳货物及船上存油过驳的措施,收货人则要求船东就地卸货,均未果。当地政府从保护环境和保证安全出发,多次协调动员该轮靠泊卸货,亦因各种实际问题得不到解决而未果。该轮船体老旧、压载舱及部分货舱破损、证书过期,阿尔巴尼亚船东基恩毕公司无力使船舶续航,遂将船舶连同十几名外籍船员及货物遗弃在福建莆田。2012年7月,收货人向厦门海事法院申请海事强制令和海事请求保全,请求扣押船舶和强制卸货。厦门海事法院在执行民事裁定时,船上1名阿尔巴尼亚籍船长和17名叙利亚籍船员称其被拖欠的巨额工资得到解决之前,他们不会让船舶和货物脱离其控制。经过多方沟通,18名外籍船员同意走法律途径起诉要求船东支付工资。随后,收货人起诉基恩毕公司要求赔偿货物损失等,因“LEDOR”轮搁浅而受损的养殖户以及该轮搁浅期间为该船提供了防污服务和物料油料供应、代理服务的各家公司等相继起诉，要求支付相关费用，由此引发了一系列类型各异的重大复杂疑难案件。

（二）裁判结果

厦门海事法院在受理上述案件后，通过多种途径与船东取得联系，但船东因债台高筑，无心也无力出面解决纠纷。厦门海事法院一方面及时依法裁定拍卖船舶并发布公告、通知相关债权人进行债权登记。在航运市场极不景气、两次公开拍卖流拍的情况下，想方设法联系有意向的潜在买受人，最终以超乎船东预估的高价变卖了船舶；另一方面及时依法定程序公开审理"LEDOR"轮引发的系列纠纷案件，在被告缺席且未提供任何证据的情况下，通过走访莆田口岸的港务、检疫、海关、边检、海事、引航等多个部门，对该轮滞留莆田期间产生的债权债务情况等进行全面细致的了解，认真仔细甄别审核各类证据，最后作出一审判决，平等保护中外当事人的合法权益。经公告送达后，系列一审判决已于 2013 年 5 月发生法律效力。随后，厦门海事法院及时组织召开债权人会议，将船舶拍卖款按照法律规定予以分配。考虑到叙利亚正遭受欧美各国经济制裁，为确保船员的工资能及时准确发放到位，厦门海事法院通过电子邮件与船员取得联系，将工资汇至其指定的第三国账户。

（三）典型意义

厦门海事法院在执行扣船令和海事强制令过程中了解到船员被船东遗弃在船上基本生活没有保障、身心健康受损的情况后，指定国有船代为"LEDOR"轮提供船舶代理服务，为船员提供了充分的人道主义帮助，多途径筹措资金为船舶和船员安排供给，还为叙利亚船员安排穆斯林斋月期间的伙食，在船员身体出现状况时，联系莆田市政府组织医护人员为船员提供医疗服务，同时与外汇管理部门协调，特事特办，将收货人垫付的人民币工资兑换成美元发放给船员。这些工作不仅有效地促使外籍船员配合法院执行海事强制令和扣船命令，而且展示了中国法院的公正高效的工作作风和文明人道的国际主义情怀。最后，厦门海事法院又与公安部门联系，根据这批外籍船员的特殊情况办理相应签证和出境手续，使其得以分期分批返回祖国。叙利亚船员向厦门海事法院赠送了英文书写的"人民法官为人民"锦旗，叙利亚驻华使馆向厦门海事法院致信表示感谢。厦门海事法院则从中积累了在外籍船东弃船的情况下如何审理这一系列重大疑难复杂典型案件的宝贵经验。

——《最高人民法院公布七起保障民生典型案例》，载《最高人民法院公报》2014 年第 10 期。

1746

渔民就养殖损害主张赔偿时，应当证明其在事故发生时已经依法取得海域使用权证和养殖许可证

关键词｜养殖损害赔偿｜海域使用权证｜养殖许可证｜

【最高人民法院审判业务意见】

根据《海域使用管理法》和《渔业法》的相关规定，单位和个人使用海域进行养殖的，必须依法取得海域使用证和养殖许可证。在处理养殖损害赔偿纠纷时，有些渔民在事故发生时并没有依法取得海域使用权证和养殖许可证，只是在诉讼时提交了行政主管机关出具的证明来证明其为合法养殖。我们认为，渔民就养殖损害主张赔偿时，应当提交证据证明其在事故发生时已经依法取得海域使用权证和养殖许可证，行政机关事后出具的证明不能成为其主张合法养殖的依据，其主张收入损失的，不予支持，但是请求赔偿清洗、修复、更换养殖或者捕捞设施的合理财产损失的，应予支持。

——刘贵祥：《在全国海事审判工作会议上的总结讲话》，载万鄂湘主编、最高人民法院民事审判第四庭编：《涉外商事海事审判指导》总第25辑，人民法院出版社2013年版，第27页。

【最高人民法院裁判文书】

东营市海发船务有限责任公司、崔向前、邱会平海上养殖损害责任纠纷申请再审案［最高人民法院（2015）民申字第3414号民事裁定书］

最高人民法院认为：

（一）崔向前、邱会平在涉案海域进行养殖是否合法

《海域使用管理法》第十九条规定："……海域使用申请人自领取海域使用权证书之日起，取得海域使用权。"《渔业法》第十一条规定："……单位和个人使用国家规划确定用于养殖业的全民所有的水域、滩涂的，使用者应当向县级以上地方人民政府渔业行政主管部门提出申请，由本级人民政府核发养殖证，许可其使用该水域、滩涂从事养殖生产。"崔向前、邱会平未取得海域使用证、养殖证，其在涉案海域进行养殖的行为不受法律保护。一、二审认定崔向前、邱会平养殖

行为不合法，并无不当。

……

（三）海发公司应当赔偿崔向前、邱会平的损失数额

虽然离事故发生日越近的勘验结论越能反映事实，但是2011年8月25日的勘验由河口渔业局组织，海发公司并未参加，也没有证据证明海发公司被通知参加此次勘验。且河口渔业局作为涉案养殖区域的发包方与崔向前、邱会平存在利害关系，因此2011年8月25日的勘验结论不能作为认定事实的依据，三杰公司据此作出的第二份鉴定报告不应采信。而三杰公司作出的第一份鉴定报告虽然被撤回，但该鉴定报告采用的勘验结论，即2011年11月21日的勘验，是在海发公司、崔向前、邱会平及三杰公司共同参与下作出的。在没有其他证据的情况下，此次勘验所认定数据更具客观性，二审判决采用该数据并无不当。崔向前与邱会平在涉案海区无证进行养殖，其收益不受法律保护。但其投入到受损区域的扇贝苗种及养殖物资属个人财产，该部分损失应由侵权人赔偿。海发公司的船舶在航行过程中未尽到注意义务驶入养殖区，对损失的发生应承担主要赔偿责任。崔向前、邱会平无证养殖，且无证据证明已向海事主管机关申请发布航行通告，自身存在一定过错。二审法院根据海发公司及崔向前、邱会平对损失发生的过错程度，酌定海发公司承担70%的责任，应赔偿崔向前、邱会平损失637913.5元并无不当。

——中国裁判文书网，http://wenshu.court.gov.cn。

吴秉林、施玉升与中海港务（莱州）有限公司海上、通海水域养殖损害责任纠纷申请再审案［最高人民法院（2015）民申字第3331号民事裁定书］

最高人民法院认为：根据《渔业法》第十一条和《海域使用管理法》第三条第二款的规定，单位和个人使用海域进行养殖的，必须依法取得海域使用权和养殖许可证。吴秉林就涉案海域的养殖损害主张赔偿，应当提交证据证明其在事故发生时已经依法取得海域使用权和养殖许可证。原审法院查明，吴秉林等主张涉案养殖区遭受污染的时间为2011年，吴秉林等先后持有的《海域使用权证书》的有效期分别为2008年12月30日至2010年7月1日、2013年1月11日至2015年3月31日。上述证书并不能证明吴秉林在2011年对涉案海域的使用具有法律规定的合法手续。莱州市海洋与渔业局收取吴秉林等海底底播费的行为并不能成为吴秉林等合法养殖的依据。莱州市海洋与渔业局虽然于2012年4月出具吴秉林正在办理续期的《证明》，但并未对办理续期期间发放《海域

使用权证书》,原审法院认定吴秉林等在其主张养殖损害期间并未依法取得海域使用权,并无明显不当。个人合法养殖,应当同时取得海域使用权和养殖许可。鉴于吴秉林在其主张的损害期间并未依法取得海域使用权,其是否取得养殖许可并不影响对吴秉林养殖不合法的认定,故二审法院对吴秉林等关于《水域滩涂养殖使用证》的调查申请不予准许,并无明显不当。

——中国裁判文书网,http://wenshu. court. gov. cn。

【最高人民法院商事审判参考性案例】

案例7:何远堂、许鉴本、何远就与广西合浦西场永鑫糖业有限公司海域渔业污染损害赔偿纠纷案

一、基本案情

何远堂等人合伙经营的文蛤养殖场312亩位于合浦县西场镇鲎港江出海口高沙海域,其申领的国家海域使用许可证已经过期,且无养殖证。2003年10月,广西合浦西场永鑫糖业有限公司(以下简称永鑫糖业公司)开始制糖生产,11月中旬何远堂等人的文蛤大量死亡。11月25日,北海环境监测中心监测结果:永鑫糖业公司35吨锅炉冲灰水排放口所排放的污水严重超标。2004年1月8日,广西壮族自治区渔业环境监测中心作出《渔业污染事故调查鉴定报告书》,认为根据广西水产研究所水产生物技术实验室检测结果,基本排除了文蛤因病致死的可能;案涉螺场COD高达11.4mg/L,表明该海域受到了外来污染物的污染。3月30日,广西水产畜牧局渔政处高级工程师李启南等9名专家出具《合浦县西场镇文蛤养殖受污染损失评估专家意见》,评估污染造成文蛤损失2118000公斤。5月10日,广西壮族自治区水产局渔政处出具《广西合浦县西场镇养殖文蛤受污染事件结论》:2003年11月期间,合浦县西场镇文蛤养殖场文蛤死亡原因系永鑫糖业公司排放严重超过国家规定排放标准的污水所致,造成文蛤死亡损失2118000公斤,直接经济损失不低于9319200元。何远堂等人据此向北海海事法院提起诉讼。

二、裁判结果

北海海事法院一审认为,何远堂等人养殖文蛤死亡的损害事实与永鑫糖业公司超标排污的行为之间具有必然的因果关系,永鑫糖业公司应当承担损失赔偿责任。何远堂等人的养殖行为属于非法养殖,对其养殖文蛤的收入损失不予保护,但对其购买文蛤苗的财产损失应予适当保护。因何远堂等人擅自将文蛤苗投放养殖，其行为具有过错，应自负主要责任，对文蛤苗损失承担60%的责任，永鑫糖业公司承担40%的责任。一审判决永鑫糖业公司赔偿何远堂等人文蛤苗种损失300484元，驳回其他诉讼请求。广西壮族自治区高级人民法院于2005年12月20日判决驳回永鑫糖业公司的上诉，维持原判。

三、典型意义

本案系海事法院受理的因陆源污染造成的养殖损害赔偿纠纷。该案的典型意义在于明确了在没有养殖许可证和海域使用权证情况下取得的养殖收益不能受到法律保护的基本原则。侵权之债产生的基础在于侵权人不法行为侵害了受法律保护的合法利益，只有在这一前提下，侵害人才就其侵权行为所造成的损害承担责任。本案中，何远堂等人既无海域使用权证书，也无养殖许可证，其养殖行为属违法养殖，因养殖产生的收益等不应受法律保护。但何远堂等人对其筹资购买的文蛤苗种具有合法的财产权益，该合法权益不应因其养殖行为的违法性而丧失，应予以一定程度的法律保护。这一原则的确立既体现了无证养殖的法律后果，也体现了非法侵害他人财产权的法律责任，充分诠释了既要鼓励合法利用海洋资源发展生产，也要大力加强环境保护和资源管理的法律宗旨。

——《最高人民法院发布海事审判典型案例》，载《最高人民法院公报》2015年第9期。

1747

渔民主张养殖损害赔偿案件的责任承担

关键词｜养殖损害赔偿｜

【最高人民法院审判业务意见】

第七，关于养殖损害赔偿的责任承担。

养殖损害赔偿纠纷多涉及自然人，具有事实认定困难、证据采信标准不统一以及赔偿数额难以认定等特点。各地法院在审理此类纠纷时应当注意合理分配举证责任、加强对证据的审核认定、规范鉴定程序。

因船舶碰撞或者触碰、环境污染造成海上及通海可航水域养殖设施、养殖物受到损害的,被侵权人可以请求侵权人赔偿其由此造成的养殖设施损失、养殖物损失以及相应的收入损失,但养殖未经相关行政主管部门许可的,对收入损失请求不予支持。养殖设施损失和收入损失的标准可以依照或者参照油污司法解释中的相关规定。

对于养殖物损失,被侵权人应当举证证明受损养殖物的数量及损失发生时养殖物的市场价格。被侵权人仅举证证明其投入的养殖鱼苗等成本的,人民法院可以根据其成本通过合理计算认定损失。

被侵权人擅自在港区、航道进行养殖,或未依法采取安全设施,对养殖损害的发生有过错的,可以减轻或者免除侵权人的赔偿责任。

——最高人民法院民四庭庭长张勇健:《在全国涉外商事海事审判庭长座谈会上的讲话》(2016 年 4 月 7 日),载贺荣主编、最高人民法院民事审判第四庭编:《涉外商事海事审判指导》总第 32 辑,人民法院出版社 2017 年版,第 24 页。

【最高人民法院商事审判参考性案例】

栾某某等 21 人与康菲石油中国有限公司(Conoco Phillips China Inc.)、中国海洋石油总公司海上污染损害责任纠纷案

【基本案情】

位于渤海海域中南部的蓬莱 19－3 油田于 2011 年 6 月发生溢油事故,导致该油田周边及其西北部面积约 6200 平方公里的海域海水污染,由国家海洋局等 7 家行政机关组成的事故联合调查组认定,康菲公司作为作业者承担该事故的全部责任。国家海洋局北海环境监测中心于 2011 年出具《近岸调查报告》,记载了相关海域的污染情况。经农业部与中海油公司、康菲公司协商确定,康菲公司出资人民币 10 亿元的赔偿补偿款,其中人民币 7.315 亿元用于赔偿补偿相关受污染区域渔民的养殖损失。乐亭县人民政府确定了赔偿补偿标准,当地大多数养殖权利人按该标准接受行政调解并领取了赔偿补偿款。河北乐亭水产养殖协会于 2011 年 10 月 6 日委托博亚公司就河北省乐亭县大清河盐场 29 余家养殖户因水污染所造成的预期产量及产值给予技术分析并出具《技术咨询报告》。栾某某等 21 个受污染区域渔民不接受行政调解,以该报告作为鉴定结论,向天津海事法院起诉,请求康菲公司与中海油公司连带赔偿其养殖损失和鉴定费用、诉讼费。

【裁判结果】

天津海事法院一审认为：根据本案证据，可以认定溢油事故构成对栾某某等21人养殖海域的污染损害，康菲公司应就此进行赔偿，中海油公司在事故发生时不是油田的作业者，也不控制污染源，不应承担赔偿责任。栾某某等21人应当对损失程度和数额承担举证责任。因博亚公司未取得农业部渔政渔港监督管理局核发的《渔业污染事故调查鉴定资格证书》，不具备鉴定资质，对其出具的《技术咨询报告》的证明力不予认定。栾某某等21人对于养殖损失程度和数额的举证没有达到充分、确定的程度。鉴于审理过程中对栾某某等21人损失进行评估、鉴定的条件已不具备，应结合本案相关证据及案件事实对污染程度及损失数额进行综合认定。结合相关证据及案件事实，参照乐亭县人民政府确定的赔偿补偿标准，天津海事法院判决康菲公司赔偿栾某某等21人损失人民币1683464.4元。栾某某等21人不服，提起上诉。天津市高级人民法院二审判决驳回上诉，维持原判。

【典型意义】

蓬莱19－3油田在中外合作开发过程中因作业者原因发生溢油事故，在环渤海三省一市区域引起具有涉外因素的群体性索赔纠纷，具有相当的国际国内影响，该案的成功处理，具有多方面的意义。第一，本案审判对污染者依法追责，有利于增强全社会的海洋环保责任意识。本案判决表明，任何民事主体从事生产经营，均应当依法合规；无论是中国公司还是外国公司，在法律面前一律平等，因违规作业造成事故导致环境污染和他人损害的，都必须承担赔偿损失等法律责任。第二，本案裁判围绕争议焦点充分展示举证质证认证过程取得广泛社会认同，再次表明公开促公信的重要意义。一、二审法院根据法律和司法解释明确被侵权人应当举证证明有关污染行为、污染损害以及污染物与损害之间的关联性，然后逐一认定当事人证据的证明力，最终认定被侵权人提供的损失鉴定报告不具有证明力，论证说理清晰充分。尽管该案是一件重大敏感案件，天津海事法院开庭审理进行了全程网上直播，裁判分析推理过程的充分展示，取得了社会的理解和支持。第三，法院努力探索认定损失的替代方法，充分体现对公平正义的实质追求，也进一步提出了深化构建环保制度机制的新课题。在栾某某等21人不能提供有效证据证明其污染损失的情况下，一、二审法院参照乐亭县政府确定的赔偿补偿标准，酌定损失赔偿数额并相应作出判决，由此避免了渔民因举证不能而完全败诉的局面，这种处理方式在环境司法技术上具有探索价值和启示意义。

——《2016年十大典型海事案例》（2017年4月28日），载最高人民法院网，http://www.court.gov.cn。

9. 栾某某等21名养殖户与康菲石油中国有限公司、中国海洋石油总公司海上污染损害责任纠纷案

一、案件意义:保护海洋生态环境,促进绿色发展

京津冀位于环渤海地区,区位优越、海洋经济发达、工业基础雄厚、拥有功能完善的港口群,辐射腹地,战略意义重大。但在城市化及临海工业迅猛发展的同时,京津冀地区海洋生态环境也拉响了"警报"。本案即是在京津冀沿海地区发生的一起重大海洋环境污染案件。污染地位于河北、被告之一位于北京,审理地位于天津,案件连接点涉及京津冀三地,属于典型的涉京津冀案件。在案件审理中,天津海事法院和天津市高级人民法院严格按照法定程序,平等保护了各方当事人的诉讼权利,充分发挥了人民法院依法保障环境权益的职能作用。本案判决表明,无论是中国公司还是外国公司,只要污染环境的,都应承担责任,体现了人民法院坚决依法维护环境权益的决心,也将《最高人民法院关于为京津冀协同发展提供司法服务和保障的意见》中推动京津冀生态文明建设、保护海洋生态环境等要求落到了实处。

——《最高人民法院公布10起人民法院为京津冀协同发展提供司法服务和保障参考性案例》(2017年4月21日),载最高人民法院网,http://www.court.gov.cn。

1748

海上养殖损害赔偿中过失相抵、损益相抵原则的适用

关键词|海上养殖损害|过失相抵|损益相抵|

【最高人民法院商事审判参考性案例】

10. 李某某等八原告诉伊朗伊斯兰共和国航运公司海上养殖损害赔偿纠纷案

一、案件意义:平等保护中外当事人权益,促进开放发展

为京津冀协同发展提供司法保障,要充分发挥海事法院专业性及跨区域管辖的独特优势,通过依法履行审判职责,促进京津冀地区对外开放、自贸区建设,推动海运、物流、仓储等行业发展,保护海洋生态环境,保障互利共赢开放战略和海洋强国战略实施,切实维护国家主权、安全和发展利益。本案属于海上养殖损

害责任纠纷，关于养殖渔民的损害赔偿，天津海事法院在审判中平等保护了中外当事人合法权益，依法解决了三个相互关联的法律问题：责任比例，适用过失相抵原则；赔偿项目，需要根据渔民养殖的具体情况，适用损益相抵原则；赔偿标准，依据法定标准和当事人过错情况确定具体金额。

二、基本案情

2011 年 8 月 18 日，被告伊朗航运公司船舶“PANTEA”轮抛锚于京唐港锚地。“PANTEA”轮于同年 9 月 1 日 0224 时起锚驶出京唐港锚地外绕行，并于同日 0842 时抛锚于 39°11′05.6″N/119°14′15.3″E。“PANTEA”轮于同年 9 月 5 日抛锚于 39°12′188″N/119°14′255″E，于同年 9 月 10 日 1651 时离开该海域。同年 9 月 15 日，“PANTEA”闯入乐亭县扇贝养殖区期间，分别将乐亭县李某某等人扇贝养殖绠绳刮断，造成绠绳上的扇贝养殖笼全部损坏，扇贝死亡，浮球、绠绳等养殖器材损坏或者丢失。李某某等人诉至法院，请求法院依法判令被告赔偿原告养殖损失 4227300 元、反担保费 35000 元、扣船申请费 5000 元。

另：李某某等八原告持有乐亭县水产局滩涂管理站颁发的中华人民共和国水域滩涂养殖使用证，但八原告都没有海域使用权证书。原告未就其主张的养殖区域向海事部门申请发布海上航行警告和航行通知，也没有在其主张的养殖区域设立警示标志等安全防护措施。

法院认为：本案属于海上养殖损害责任纠纷，被告船舶的 AIS 航行记录和乐亭县水产局滩涂管理站的调查报告，可以证明被告船舶“PANTEA”轮驶入八原告主张的养殖区，造成八原告的养殖损失，被告海事侵权行为成立，应承担养殖损害赔偿的责任。在涉案事故中，原告亦存在过错：其一，原告未就其主张的养殖区域向海事部门申请发布海上航行警告和航行通知；其二，原告没有在其主张的养殖区域设立警示标志等明显的安全防护措施。综合原、被告的过错程度，对于涉案事故，原告应当承担 10% 的责任，被告应当承担 90% 的责任。对于原告损失，被告应当承担 90% 的赔偿责任。根据《海域使用管理法》和《渔业法》的相关规定，单位或个人使用海域进行养殖的，须依法取得海域使用权证书和养殖证。本案八原告在法庭辩论终结前，仍未提交合法有效的海域使用权证书，无法证明原告在其主张的养殖区内的养殖行为是合法养殖。换言之，原告养殖行为属于无证养殖行为。因此，本院对于原告主张的养殖收入损失不予支持，被告仅承担原告养殖成本的赔偿责任。双方当事人均未提交原告养殖成本的证据材料，本院参考发表于《河北渔业》（2011 年第 5 期）的《2010 年河北省海湾扇贝养殖业调查报告》，并结合针对本案实地考察的情况，计算原告的养殖成本，共计人民币 1071932.4 元。原告诉请的扣船费人民币 5000 元,与被告船舶驶入原告主张的养殖区的行为具有关联性,本院予以支持;原告诉请的反担保费用,与被告行为不具有关联性,本院不予支持。据此判决:被告伊朗伊斯兰共和国航运公司于本判决生效之日起十日内向原告李树强、张玉峰、张玉田、杨建国、史忠志、李文明、李殿忠和宋跃给付养殖成本损失 1071932.4 元和扣船费人民币 5000 元,驳回八原告的其他诉讼请求。宣判后,双方当事人均未上诉。

——《最高人民法院公布 10 起人民法院为京津冀协同发展提供司法服务和保障参考性案例》(2017 年 4 月 21 日),载最高人民法院网,http://www.court.gov.cn。

1749

通过承包海域滩涂成为最终承包人,对涉案海域滩涂的使用权应当受到法律保护

关键词 | 海域滩涂使用权 |

【最高人民法院裁判文书】

蔡健与永嘉集团有限公司、大连永兴公路工程有限公司等海上、通海水域污染损害责任纠纷申请再审案[最高人民法院(2016)最高法民申 296 号民事裁定书]

最高人民法院认为:关于蔡健对涉案海域及养殖物是否具有民事权益。根据原审查明的事实,胜利养殖厂具有涉案海域的使用权,胜利养殖厂将涉案海域的滩涂发包给韩殿生,且双方签订了《滩涂承包合同书》,韩殿生又与蔡健签订《滩涂转包协议书》,将其所承包的滩涂转包给蔡健。胜利养殖厂作为涉案海域的使用权人,有权将该海域发包给韩殿生使用,胜利养殖场与韩殿生在《滩涂承包合同书》中并无禁止转包的约定,韩殿生作为承包方也有权在其承包期间内将该海域滩涂转包给蔡健使用,因此在胜利养殖厂和韩殿生及蔡健之间的《滩涂承包合同书》和《滩涂转包协议书》不违反法律法规强制性规定的情况下,蔡健从韩殿生处承包涉案海域滩涂并成为最终承包人,其对涉案海域滩涂的使用权也应当受到法律保护。原审判决认定蔡健对涉案海域及养殖物享有民事权益,并无不当。

——中国裁判文书网,http://wenshu.court.gov.cn。

（三）海商合同纠纷

1750

加强海事审判，支持自贸试验区航运服务业发展

关键词 | 海事审判 | 自贸试验区 | 航运服务业 |

【最高人民法院司法政策】

加强海事审判。规范航运市场建设，支持自贸试验区航运服务业开放、提升国际航运服务能级和增强国际航运服务功能。关注与船舶登记制度改革及其他与航运有关的新类型案件，研究新型海事法律关系的法律适用和专门管辖问题。及时通过典型案件的审理确认有关规则，引导行业行为，促进行业发展。

——《最高人民法院关于为自由贸易试验区建设提供司法保障的意见》（2016 年 12 月 30 日，法发〔2016〕34 号）

【链接：最高人民法院法官著述】

海事审判对保障自贸试验区建设有特别的意义。几个自贸试验区的《总体方案》均提出了“提升国际航运服务能级”“增强国际航运服务功能”的建设目标，规定允许从事国际船舶代理业务的外方持股比例放宽至 51%，充分利用现有中资“方便旗”船税收优惠政策，允许中资公司拥有或控股拥有的非五星旗船，试点开展外贸集装箱在国内沿海港口和自贸试验区内港口之间的沿海捎带业务。有关沿海捎带业务的规定已经突破了海商法第四条关于只能由“五星旗船”经营沿海运输的规定。在海事司法实践中，国际海上货物运输适用海商法，而国内沿海运输（中华人民共和国港口之间）则是适用合同法、国务院《国内水路运输管理条例》并参照交通部《国内水路运输管理规定》《国内水路货物运输规则》。在自贸区成立之前，由于国内沿海运输未对外籍船舶开放，采取这种双轨制并不会产生法律适用的冲突，“中资外籍船舶沿海捎带”的实质性启动，其航线性质如何界定，将直接影响到法律适用的选择。对于上述发展和变化，《最高人民法院关于为自由贸易试验区建设提供司法保障的意见》提出要关注与船舶登记制度改革及其他与航运有

关的新类型案件,研究新型海事法律关系的法律适用和专门管辖问题。及时通过典型案件的审理确认有关规则,引导行业行为,促进行业发展。

——张勇健、刘敬东、奚向阳、杨兴业:《〈关于为自由贸易试验区建设提供司法保障的意见〉的理解与适用》,载《人民法院报》2017 年 1 月 18 日。

1751

光船租赁合同履行中是否违反保密约定的认定

关键词|光船租赁合同|保密约定|

【最高人民法院裁判文书】

浙江天海海洋经济科技开发有限公司与上海锦畅疏浚工程有限公司光船租赁合同纠纷案[最高人民法院(2014)民申字第142号民事裁定书]

最高人民法院认为:关于上海锦畅是否违反保密约定的问题。本案《托管协议》约定上海锦畅必须为该协议条款保守秘密,在任何场合均视为浙江天海人员,同时该协议还约定如果浙江天海不按期支付管理费,上海锦畅则有权解除协议。本案中,根据原审查明的事实,“泰锋”轮并非浙江天海自有船舶,该轮所有权登记在案外人名下,由上海锦畅承租后再光船租赁给浙江天海投入涉案疏浚工程使用,因此“泰锋”轮船舶状况是公开事实,黄骅港公司应当知道上海锦畅参与疏浚工程情况。上海锦畅因浙江天海未按期支付租金和管理费向疏浚工程发包方黄骅港公司申请暂停作业和撤船请求,合情合理,并未违反保密约定。浙江天海主张上海锦畅违反保密义务,事实依据不足。

——中国裁判文书网,http://wenshu.court.gov.cn。

1752

实际承运人并非航次租船合同当事人,承租人就航次租船合同向实际承运人提出赔偿请求缺乏法律依据

关键词|航次租船合同|实际承运人|

【最高人民法院审判业务意见】

对按照航次租船合同运输的货物签发的提单，提单持有人同时也是航次租船合同承租人的，其可以选择依据航次租船合同向出租人主张权利，也可以选择依据提单关系向承运人和实际承运人主张权利。提单持有人选择航次租船合同之诉的，航次租船合同的出租人和承租人的权利义务适用《海商法》第四章有关海上货物运输承运人和托运人权利义务的规定。实际承运人并非航次租船合同法律关系的当事方，航次租船合同的承租人就航次租船合同向实际承运人提出赔偿请求的，人民法院不予支持。提单持有人选择提单关系之诉的，承运人与该提单持有人之间的权利义务依然适用航次租船合同中的约定。

——最高人民法院民四庭庭长张勇健：《在全国涉外商事海事审判庭长座谈会上的讲话》（2016 年 4 月 7 日），载贺荣主编、最高人民法院民事审判第四庭编：《涉外商事海事审判指导》总第 32 辑，人民法院出版社 2017 年版，第 23 页。

《海商法》第四章“海上货物运输合同”第一节“一般规定”中规定了承运人与实际承运人的定义，在第二节至第六节主要规定提单运输下当事人的权利义务关系，第七节是“航次租船合同的特别规定”。从《海商法》第四章的架构看，似乎实际承运人的定义可以适用至航次租船合同运输方式中，但该章第七节规定航次租船合同仅限于出租人与承租人；从制度来源看，实际承运人制度是借鉴《汉堡规则》，来源于提单运输法律制度。关于航次租船合同运输方式下是否存在实际承运人责任，在理论和实践中存在较大分歧。最高人民法院民事审判第四庭在（2011）民提字第 18 号案中通过对连云港明日国际海运有限公司与和第戈林威克林有限公司、上海明日国际船务有限公司航次租船合同纠纷一案的审理，认为：实际承运人并非航次租船合同法律关系的当事方，承租人就航次租船合同向实际承运人提出赔偿请求缺乏法律依据。

——最高人民法院民事审判第四庭：《最高人民法院海事海商审判综述（2010 年至 2011 年）》，载《武大国际法评论》第 15 卷第 2 期，武汉大学出版社 2012 年版。

【《最高人民法院公报》案例】

艾斯欧洲集团有限公司与连云港明日国际海运有限公司、上海明日国际船务有限公司航次租船合同纠纷案[最高人民法院(2011)民提字第16号民事判决书]

裁判摘要:航次租船合同的当事人为出租人和承租人。在航次租船合同有明确约定的情形下,出租人应当按照航次租船合同的约定履行义务,并履行《海商法》第四十七条、第四十九条规定的义务。在航次租船合同没有约定或者没有不同约定时,出租人和承租人的权利义务适用《海商法》第四章有关海上货物运输合同承运人和托运人权利义务的规定。承租人就航次租船合同提出索赔请求,根据合同相对性原则,应当由航次租船合同的出租人承担相应的责任。实际承运人并非航次租船合同法律关系的当事方,承租人就航次租船合同向实际承运人提出赔偿请求缺乏法律依据。

最高人民法院认为:本案主要争议包括连云港明日的法律地位、诉讼时效、货损的原因以及本案货损是否具有免责事由。

一、连云港明日在本案租船合同纠纷中的法律地位。

原审判决认定,玛吕莎公司、玛吕莎钢铁公司与上海明日之间成立航次租船合同关系,连云港明日系涉案船舶的光船租赁人,故连云港明日为实际承运人。连云港明日认为,航次租船合同法律关系中不存在实际承运人,原审判决认定其法律地位错误。艾斯公司主张连云港明日作为"桐城"轮的光船租赁人,实际运营该船舶,是实际承运人。本院认为,原审判决认定连云港明日的法律地位不当。

本案为航次租船合同纠纷。涉案航次租船合同由玛吕莎公司、玛吕莎钢铁公司委托的玛吕莎公司北京办事处与上海明日通过电子邮件签订。根据《海商法》的规定,航次租船合同的当事人应当为出租人和承租人,故上海明日作为出租人应当就其与玛吕莎公司、玛吕莎钢铁公司之间的航次租船合同承担相应的责任。艾斯公司作为货物保险人在发生货损后,向被保险人玛吕莎公司、玛吕莎钢铁公司支付了保险赔款,依法取得代位请求赔偿权利。根据《海商法》的规定,艾斯公司向航次租船合同的出租人上海明日主张权利,应予支持。

连云港明日系涉案运输船舶"桐城"轮的光船承租人,实际承运涉案货物,但并非涉案航次租船合同的当事方。在艾斯公司就航次租船合同提起的诉讼中，连云港明日不应作为承担航次租船合同出租人责任的一方。艾斯公司主张连云港明日为航次租船合同的共同出租人，缺乏事实和法律依据。

艾斯公司主张连云港明日为航次租船合同下的实际承运人，应当与上海明日承担连带赔偿责任。本院认为，艾斯公司的主张并无法律依据。《海商法》将航次租船合同作为特别的海上货物运输合同予以规定。该法第九十四条规定："本法第四十七条和第四十九条的规定，适用于航次租船合同的出租人。本章（海上货物运输合同）其他有关合同当事人之间的权利、义务的规定，仅在航次租船合同没有约定或者没有不同约定时，适用于航次租船合同的出租人和承租人。"因此，航次租船合同当事人的权利义务主要来源于合同的约定。在航次租船合同有明确约定的情形下，出租人应当按照航次租船合同的约定履行义务，并履行《海商法》第四十七条、第四十九条规定的义务。在航次租船合同没有约定或者没有不同约定时，出租人和承租人之间的权利义务适用《海商法》第四章的规定，但并非第四章所有的规定均适用于航次租船合同的当事人，所应适用的仅为海上货物运输合同当事人即承运人和托运人之间的权利义务规定，并不包括实际承运人的规定。实际承运人是接受承运人委托，从事货物运输或者部分运输的人，包括接受转委托从事此项运输的其他人。在提单证明的海上货物运输法律关系中，法律规定承运人的责任扩大适用于非合同当事方的实际承运人，但实际承运人是接受海上货物运输承运人的委托，不是接受航次租船合同出租人的委托，实际承运人及其法定责任限定在提单的法律关系中。在提单证明的海上货物运输合同项下，合法的提单持有人可以向承运人和/或实际承运人主张提单上所载明的权利。实际承运人并非航次租船合同法律关系的当事方，本案艾斯公司就航次租船合同提出索赔请求，按照合同相对性原则，应由航次租船合同的出租人上海明日承担相应的责任。艾斯公司主张连云港明日为航次租船合同法律关系中的实际承运人，并无法律依据。

——《最高人民法院公报》2011 年第 8 期

【最高人民法院裁判文书】

连云港明日国际海运有限公司与简威亨有限公司航次租船合同纠纷案［最高人民法院（2011）民提字第 20 号民事判决书］

裁判要旨：在航次租船合同有明确约定的情形下，出租人应当按照航次租船合同的约定履行义务，并履行《海商法》第四十七条、第四十九条规定的义务。在航次租船合同没有约定或者没有不同约定时，出租人和承租人之间的权利义务适用《海商法》第四章的规定，但并非第四章所有的规定均适用于航次租船合同的当事人，所应适用的仅为海上货物运输合同当事人即承运人和托运人之间的权利义务规定，并不包括实际承运人的规定。实际承运人是接受承运人委托，从事货物运输或者部分运输的人，包括接受转委托从事此项运输的其他人。在提单证明的海上货物运输法律关系中，法律规定承运人的责任扩大适用于非合同当事方的实际承运人，但实际承运人是接受海上货物运输承运人的委托，不是接受航次租船合同出租人的委托，实际承运人及其法定责任限定在提单的法律关系中。在提单证明的海上货物运输合同项下，合法的提单持有人可以向承运人和/或实际承运人主张提单上所载明的权利。实际承运人并非航次租船合同法律关系的当事方，本案简威亨公司就航次租船合同提出索赔请求，按照合同相对性原则，应由航次租船合同的出租人上海明日承担相应的责任。简威亨公司主张连云港明日为航次租船合同法律关系中的实际承运人，并无法律依据。

最高人民法院认为：连云港明日并未提交新的证据足以推翻原审判决认定的事实，原审判决认定事实清楚，本院予以确认。

简威亨公司系在中华人民共和国领域外注册的企业法人，本案系涉外法律关系，各方当事人对适用中华人民共和国法律处理本案均无异议，原审判决适用中华人民共和国法律正确。本案系简威亨公司诉上海明日、连云港明日航次租船合同纠纷，应当适用《海商法》的规定确定当事人的权利义务。

根据当事人争议的焦点，本院认为，本案主要争议包括连云港明日的法律地位、诉讼时效、货损的原因以及本案货损是否具有免责事由。

一、连云港明日在本案租船合同纠纷中的法律地位。

原审判决认定，玛吕莎公司、玛吕莎钢铁公司与上海明日之间成立航次租船合同关系，连云港明日系涉案船舶的光船租赁人，故连云港明日为实际承运人。连云港明日认为，航次租船合同法律关系中不存在实际承运人，原审判决认定其法律地位错误。简威亨公司主张连云港明日作为“桐城”轮的光船租赁人，实际运营该船舶，是实际承运人。本院认为，原审判决认定连云港明日的法律地位不当。

本案为航次租船合同纠纷。涉案航次租船合同由玛吕莎公司、玛吕莎钢铁公司委托的玛吕莎公司北京办事处与上海明日通过电子邮件签订。根据《海商法》的规定，航次租船合同的当事人应当为出租人和承租人，故上海明日作为出租人应当就其与玛吕莎公司、玛吕莎钢铁公司之间的航次租船合同承担相应的责任。简威亨公司作为货物保险人在发生货损后,向被保险人玛吕莎公司、玛吕莎钢铁公司支付了保险赔款,依法取得代位请求赔偿权利。根据《海商法》的规定,简威亨公司向航次租船合同的出租人上海明日主张权利,应予支持。

连云港明日系涉案运输船舶“桐城”轮的光船承租人,实际承运涉案货物,但并非涉案航次租船合同的当事方。在简威亨公司就航次租船合同提起的诉讼中,连云港明日不应作为承担航次租船合同出租人责任的一方。简威亨公司主张连云港明日为航次租船合同的共同出租人,缺乏事实和法律依据。

简威亨公司主张连云港明日为航次租船合同下的实际承运人,应当与上海明日承担连带赔偿责任。本院认为,简威亨公司的主张并无法律依据。《海商法》将航次租船合同作为特别的海上货物运输合同予以规定。该法第九十四条规定:“本法第四十七条和第四十九条的规定,适用于航次租船合同的出租人。本章(海上货物运输合同)其他有关合同当事人之间的权利、义务的规定,仅在航次租船合同没有约定或者没有不同约定时,适用于航次租船合同的出租人和承租人。”因此,航次租船合同当事人的权利义务主要来源于合同的约定。在航次租船合同有明确约定的情形下,出租人应当按照航次租船合同的约定履行义务,并履行《海商法》第四十七条、第四十九条规定的义务。在航次租船合同没有约定或者没有不同约定时,出租人和承租人之间的权利义务适用《海商法》第四章的规定,但并非第四章所有的规定均适用于航次租船合同的当事人,所应适用的仅为海上货物运输合同当事人即承运人和托运人之间的权利义务规定,并不包括实际承运人的规定。实际承运人是接受承运人委托,从事货物运输或者部分运输的人,包括接受转委托从事此项运输的其他人。在提单证明的海上货物运输法律关系中,法律规定承运人的责任扩大适用于非合同当事方的实际承运人,但实际承运人是接受海上货物运输承运人的委托,不是接受航次租船合同出租人的委托,实际承运人及其法定责任限定在提单的法律关系中。在提单证明的海上货物运输合同项下,合法的提单持有人可以向承运人和/或实际承运人主张提单上所载明的权利。实际承运人并非航次租船合同法律关系的当事方,本案简威亨公司就航次租船合同提出索赔请求,按照合同相对性原则,应由航次租船合同的出租人上海明日承担相应的责任。简威亨公司主张连云港明日为航次租船合同法律关系中的实际承运人,并无法律依据。

——中国裁判文书网,http://wenshu.court.gov.cn。

连云港明日国际海运有限公司与爱克莎比利时有限公司、上海明日国际船务有限公司航次租船合同纠纷再审案[最高人民法院(2011)民提字第15号民事判决书]

最高人民法院认为:一、连云港明日在本案租船合同纠纷中的法律地位。

原审判决认定,玛吕莎公司、玛吕莎钢铁公司与上海明日之间成立航次租船合同关系,连云港明日系涉案船舶的光船租赁人,故连云港明日为实际承运人。连云港明日认为,航次租船合同法律关系中不存在实际承运人,原审判决认定其法律地位错误。爱克莎公司主张连云港明日作为"桐城"轮的光船租赁人,实际运营该船舶,是实际承运人。本院认为,原审判决认定连云港明日的法律地位不当。

本案为航次租船合同纠纷。涉案航次租船合同由玛吕莎公司、玛吕莎钢铁公司委托的玛吕莎公司北京办事处与上海明日通过电子邮件签订。根据《海商法》的规定,航次租船合同的当事人应当为出租人和承租人,故上海明日作为出租人应当就其与玛吕莎公司、玛吕莎钢铁公司之间的航次租船合同承担相应的责任。爱克莎公司作为货物保险人在发生货损后,向被保险人玛吕莎公司、玛吕莎钢铁公司支付了保险赔款,依法取得代位请求赔偿权利。根据《海商法》的规定,爱克莎公司向航次租船合同的出租人上海明日主张权利,应予支持。

连云港明日系涉案运输船舶"桐城"轮的光船承租人,实际承运涉案货物,但并非涉案航次租船合同的当事方。在爱克莎公司就航次租船合同提起的诉讼中,连云港明日不应作为承担航次租船合同出租人责任的一方。爱克莎公司主张连云港明日为航次租船合同的共同出租人,缺乏事实和法律依据。

爱克莎公司主张连云港明日为航次租船合同下的实际承运人,应当与上海明日承担连带赔偿责任。本院认为,爱克莎公司的主张并无法律依据。《海商法》将航次租船合同作为特别的海上货物运输合同予以规定。该法第九十四条规定:"本法第四十七条和第四十九条的规定,适用于航次租船合同的出租人。本章(海上货物运输合同)其他有关合同当事人之间的权利、义务的规定,仅在航次租船合同没有约定或者没有不同约定时,适用于航次租船合同的出租人和承租人。"因此,航次租船合同当事人的权利义务主要来源于合同的约定。在航次租船合同有明确约定的情形下,出租人应当按照航次租船合同的约定履行义务,并履行《海商法》第四十七条、第四十九条规定的义务。在航次租船合同没有约定或者没有不同约定时,出租人和承租人之间的权利义务适用《海商法》第四章的规定，但并非第四章所有的规定均适用于航次租船合同的当事人，所应适用的仅为海上货物运输合同当事人即承运人和托运人之间的权利义务规定，并不包括实际承运人的规定。实际承运人是接受承运人委托，从事货物运输或者部分运输的人，包括接受转委托从事此项运输的其他人。在提单证明的海上货物运输法律关系中，法律规定承运人的责任扩大适用于非合同当事方的实际承运人，但实际承运人是接受海上货物运输承运人的委托，不是接受航次租船合同出租人的委托，实际承运人及其法定责任限定在提单的法律关系中。在提单证明的海上货物运输合同项下，合法的提单持有人可以向承运人和/或实际承运人主张提单上所载明的权利。实际承运人并非航次租船合同法律关系的当事方，本案爱克莎公司就航次租船合同提出索赔请求，按照合同相对性原则，应由航次租船合同的出租人上海明日承担相应的责任。爱克莎公司主张连云港明日为航次租船合同法律关系中的实际承运人，并无法律依据。

——中国裁判文书网，http://wenshu.court.gov.cn。

1753

《租约确认书》未约定承租人必须预付卸货费，预付卸货费不能成为船舶靠泊和货物卸载的前提条件

关键词｜预付卸货费｜船舶靠泊｜航次租船合同｜

【最高人民法院裁判文书】

连云港中源船务有限公司与安钢集团国际贸易有限责任公司、安钢集团永通球墨铸铁管有限责任公司航次租船合同纠纷申请再审案［最高人民法院(2016)民申字第2112号民事裁定书］

最高人民法院认为：本案为航次租船合同纠纷，根据中源公司的再审申请，本案审查的主要问题为，预付卸货费是否为船舶靠泊和货物卸载的前提条件，未预付卸货费是否属于租船合同约定的货物手续未备妥的情形。中源公司在本案中主张安钢贸易公司和安钢永通公司支付延滞费，依据为《租约确认书》第23条，即“如果货物或者货物手续在船舶到达装/卸货港时尚未备妥，承租人需支付船东10000美元/天的延滞费”，理由主要为涉案船舶到达目的

港尼日利亚阿帕帕港以后，因收货人未预付卸货费，船舶未能靠泊，导致26.8天的延滞。但是，《租约确认书》并未约定承租人必须预付卸货费，以及"货物或者货物手续"包括预付卸货费用。而且，中源公司在原审中除了提交安钢贸易公司、安钢永通公司、中源公司、案外人KSP公司之间以及德运船务集团有限公司与目的港代理之间的往来电子邮件以外，没有提供其他直接有效的证据证明预付卸货费是船舶靠泊的前提条件，而上述邮件内容不足以证明预付卸货费是尼日利亚阿帕帕港口当局安排船舶靠泊并允许卸载货物的必备条件。中源公司主张承租人因未备妥货物手续而应承担租船合同约定的延滞费，但未能尽到举证责任，应承担举证不能的不利后果。原审判决认定中源公司主张延滞费缺乏事实和法律依据，对该公司的诉讼请求未予支持，认定事实和适用法律并无明显不当。

——中国裁判文书网，http://wenshu.court.gov.cn。

1754

航次租船合同中滞期费的计算

关键词 | 航次租船合同 | 滞期费 |

【最高人民法院裁判文书】

天津国电海运有限公司与宁波经济技术开发区龙盛航运有限公司航次租船合同纠纷申请再审案［最高人民法院（2014）民申字第1228号民事裁定书］

最高人民法院认为：（三）关于滞期费是否应予调整及滞期时间的计算问题。航次租船合同约定的滞期费是指非由于出租人应负责的原因，承租人未能在约定的装卸时间内完成装卸作业，造成船舶延误而向出租人支付的款项。滞期费作为当事人约定的特殊费用，其支付不以出租人提供附加的劳务为条件，亦不以出租人遭受损害为前提，而且即使出租人实际遭受的损失超过约定的滞期费金额时，出租人亦不能向承租人索赔差额。滞期费作为一种特殊的责任承担形式，其并不具备约定违约金的特征。国电公司依据《合同法》第一百一十四条及《合同法解释（二）》第二十九条的规定，认为涉案滞期费过高而请求降低，没有法律依据。

关于滞期时间的计算。案涉合同约定，滞期时间的计算以航海日志或船方签认的代理时间为准。一审法院依据航海日志，结合双方的质证意见对涉案滞期航次逐一计算，确定滞期时间为182.4306天。鉴于航海日志确实存在记录不准确的情况，一审法院根据国电公司提交的秦皇岛之海船务代理有限公司、宁波海事局官方微博信息、新浪认证的宁波vts官方微博等证据，综合考虑部分航次存在恶劣天气及停航的情形，酌情扣除滞期时间10天，并无明显不当。申请再审期间，国电公司亦未能提供充分证据支持其扣减滞期时间的主张，故国电公司此项再审申请理由亦不能成立。

——中国裁判文书网，http://wenshu.court.gov.cn。

香港华锦海运有限公司与广州辉锐进出口有限公司航次租船合同纠纷案［最高人民法院（2012）民申字第28号民事裁定书］

最高人民法院认为：滞期费是指在船舶装卸作业超出租船合同约定的时间时，由承租人向出租人支付的约定款项，滞期费的计算应扣除合同约定的装卸货时间。涉案航次租船合同对装运时间的起算、装货率的计算都有明确约定，一审法院对滞期时间的计算符合合同约定，二审法院予以维持法律依据充分。华锦公司申请再审时按照从船舶到港递交准备就绪通知书之时起，至解除合同之时止的全部时间计算滞期费，没有合同依据与法律依据。

——中国裁判文书网，http://wenshu.court.gov.cn。

1755

定期租船合同下保持船舶适航是出租人责任，因积载不当造成船舶不适航而引起损失，出租人应按其过错承担相应责任

关键词｜定期租船合同｜出租人责任｜

【最高人民法院审判业务意见】

在定期租船合同中，船舶的营运与调度通常由承租人安排，有关航海方面的指示则由出租人通过船长控制。船长、船员虽然直接受雇于出租人，但在航运业务中实际上同时具备了承租人和出租人的代理人或者雇员的身份，故不能简单地将船长、船员的行为后果归于一方。货物积载可能不仅涉及单批货物本身的

安全,还可能影响船舶稳性即整个船舶的航行安全。原则上,当积载涉及船舶航行安全时,出租人应对积载不当的后果负责。关于是否准许定期租船合同的出租人与承租人约定积载义务由承租人承担,最高人民法院民事审判第四庭在(2010)民申字第768号案中远航运股份有限公司(以下简称中远公司)与中国人民财产保险股份有限公司上海市分公司(以下简称上海人保分公司)定期租船合同保险代位求偿纠纷再审审查,明确了以下两点意见:(1)定期租船合同下出租人和承租人的权利义务应依照合同自由原则根据合同条款的含义确定;(2)定期租船合同下保持船舶适航依然属于出租人不可转移的责任,因积载不当造成船舶不适航而引起损失,出租人应按其过错承担相应的责任。

“银桥”(Silver Bridge)轮的所有人(出租人)银桥公司与承租人中远公司签订定期租船合同,约定:尽管船长由出租人任命,但在有关船舶使用和代理方面应服从承租人的指示和命令;承租人在船长的监督下,自负风险和费用,负责全部货物的操作,包括但不限于装载、积载、平舱、绑扎、加固、垫舱、解绑、卸载和理货。“银桥”轮在印度NEW MANGALORE港装载26500吨散装铁矿石航次的预配载图及实际配载图系大副编制并由船长审核批准,货物的装载和积载等相关工作均由船员负责安排完成。该轮到港准备靠泊卸货时,发现第3、4号舱存在不同程度的损坏。检验报告认定涉案事故主要系货物配载、计算不当所致。船舶保险人上海人保分公司按照保险合同向银桥公司赔付了因船舶受损而产生的各项费用损失,取得了代位求偿权,起诉请求中远公司赔偿相关损失。

宁波海事法院一审认为,按照合同条款约定,出租人并不承担货物操作带来的风险,该风险应由承租人承担,船长在对涉案航次的预配载图及实际配载图进行审核批准时盖有出租人公司的章,并不代表出租人应对货物积载不当承担责任。而合同约定“船长的监督”是关于使船舶适航的责任,本案中关于船舶舱板的承重能力涉及船舶的安全,应属船长监督的责任范畴,本案中出租人的船员在编制积载图时未能尽到监督义务,应对涉案事故承担部分责任。对于双方责任的分配,酌情确定由中远公司承担80%的责任。

中远公司不服一审判决,提起上诉。浙江省高级人民法院二审基本同意一审判决意见,遂判决:驳回上诉,维持原判。

中远公司不服二审判决向最高人民法院提出再审申请。

最高人民法院经审查认为:定期租船合同从本质上是出租人和承租人共同经营,出租人负责船舶的驾驶和航行安全,而承租人主要负责以“揽货”等与船舶经营相关的事项。由承租人负责积载反映了商业操作的实际情况,法律不应过多地限制这一航运实践做法。鉴于“积载”与航行安全具有密切的联系，当积载影响到船舶稳性或操纵性继而影响船舶航行安全时，出租人仍应对“积载”不当产生的后果承担责任。按照涉案定期租船合同的约定，出租人负有船舶航行安全的义务，但此项义务显然不同于运输合同项下承运人所应承担的适航义务，其仅限于保证船舶的驾驶、操纵等航行方面的安全，并不涉及“积载”义务。就本案而言，不当“积载”仅涉及船体的损害并未实际影响到船舶的航行安全，由此产生的风险和责任依照约定应由承租人中远公司承担。综上，裁定驳回中远公司的再审申请。

——最高人民法院民事审判第四庭：《最高人民法院海事海商审判综述(2010 年至 2011 年)》，载《武大国际法评论》第 15 卷第 2 期，武汉大学出版社 2012 年版。

【最高人民法院裁判文书】

重庆长江轮船公司与宜昌三通航运有限公司、重庆海汇航运有限公司定期租船合同纠纷案[最高人民法院(2013)民提字第 84 号民事判决书]

最高人民法院认为：(三)涉案货损责任的承担问题。

重庆海事局《关于“三通集 1”轮集装箱落水事故调查的报告》得出的调查结论是“此次事故是因为船舶驾驶人员未采用安全航速、选择会船水域不当，对所载集装箱未进行有效系固而造成的单方水上交通事故”。根据《租船合同》的约定，涉案船舶由三通公司雇佣的船长、船员驾驶管理，对集装箱进行有效系固也是三通公司的合同义务之一。根据上述报告关于事故原因的认定，三通公司应对涉案货损承担赔偿责任。

《民事诉讼证据规定》第七十七条第一项规定：“国家机关、社会团体依职权制作的公文书证的证明力一般大于其他书证。”海事行政主管机关做出的调查报告及其结论意见，可以作为海事法院在案件审理中的诉讼证据，除非有充分事实证据和理由足以推翻海事调查报告及其结论意见。

根据涉案《租船合同》的约定，轮船公司须严格按三通公司所提供的船舶规范及海事部门吃水控制要求进行配载，船长应合理积载。涉案航次轮船公司共配载 201 个标准集装箱，货重和箱重共计 1991.22 吨，均未超出“三通集 1”轮船舶规范，即：下水载货为 A 级航区 3200 吨，B/C/J2 级航区 3018 吨，箱位 216 标准集装箱。长江海事司法鉴定所认定涉案航次配载不合理的两个理由中，第一个理由依据的是涉案航次的积载图,而合同约定"船长应合理积载"积载图也是由船方编制的;第二个理由未进行稳性核算、加压载水,也与轮船公司配载货物无关。鉴定人在一审出庭接受质询时,也不认为轮船公司配载的涉案货物必然造成安全隐患,认为"关键要有足够的压载水量"。核算船舶稳性,加载压舱水显然也不属于轮船公司的合同义务。中国船级社重庆分社受重庆海事局的委托,对"三通集1"轮涉案航次进行稳性复核,计算结果满足内河船舶法定检验技术规则的相关要求。可见轮船公司涉案航次的配载行为并非导致涉案事故的原因,长江海事司法鉴定所的鉴定报告不能推翻重庆海事局作出的海事调查报告及其结论意见。二审判决以轮船公司配载不当为由,减轻三通公司20%的赔偿责任,事实依据不足,应予纠正。

一审判决根据船长证词以及买卖合同的约定,认定涉案航次船舶仍由三通公司实施管理。海汇公司与三通公司另案达成的调解协议也约定,由三通公司负责涉案货损事故的处理,由此产生的权利义务由三通公司享有或负担。三通公司关于涉案航次船舶已经交付海汇公司的主张,缺之充分的事实依据,本院不予支持。

轮船公司在向其合同相对人作出赔偿后,依据其与三通公司之间的《租船合同》,向三通公司追偿,并非接受权利转让。三通公司关于实际货主未通知其将索赔权利转让给轮船公司,轮船公司无权向其索赔的主张没有法律依据,本院不予支持。

——中国裁判文书网,http://wenshu.court.gov.cn。

1756

定期租船合同期满后承租人超期还船的租金计算

关键词|定期租船合同|超期还船|租金|

【最高人民法院裁判文书】

于洪成、王飞与福州港航务工程处定期租船合同纠纷案[最高人民法院(2015)民申字第1923号民事裁定书]

最高人民法院审查认为:关于租船期限届满后的租金。案涉《租船合同》第五条明确约定,租期结束后,洪瑞公司应将船舶交还福州航道局,交还船地点为福州航道局码头。故洪瑞公司负有按时将涉案船舶送交福州航道局码头的义务。而实际上洪瑞公司经福州航道局催促直至2011年5月31日才开始拖航,已超过福州航道局限定的最后期限。根据《海商法》第一百四十三条的规定,承租人超期还船,应当按照合同约定的租金率支付租金,市场的租金率是高于合同约定的租金率的,承租人应当按照市场租金率支付租金。一、二审法院根据福州航道局2011年4月8日函的内容,参照《租船合同》租金标准计算的租金损失,认定洪瑞公司承担无故拖延期间的租金损失并无不当,洪瑞公司关于租金的申请理由不能成立。

——中国裁判文书网,http://wenshu.court.gov.cn。

1757

船舶在定期租船合同承租人交还过程中沉没，承租人未能依约交还船舶，应承担违约责任

关键词｜定期租船合同｜交还船舶｜违约责任｜

【最高人民法院裁判文书】

于洪成、王飞与福州港航务工程处定期租船合同纠纷案[最高人民法院(2015)民申字第1923号民事裁定书]

最高人民法院审查认为:(二)关于洪瑞公司应否承担船舶沉没的损失以及损失数额问题。

案涉《租船合同》第五条第3项约定,洪瑞公司承诺总租船期结束,交乙方(福州航道局)租用设备性能正常、船容船貌良好,能具生产状态的168船,交还船地点为福州航道局码头,若因各种原因造成租用设备大面积损坏、灭失或租期满后不能返还设备,则根据损失程度进行评估赔偿。据此,在福州航道局码头交还性能正常、船容船貌良好且具有生产状态的"闽吸168"船是洪瑞公司的合同义务。案涉船舶在洪瑞公司交还船的过程中沉没,洪瑞公司未能依约交还船舶,应承担相应的违约责任。洪瑞公司主张涉案船舶沉没原因系由于船舶自身原因导致,即涉案船舶严重老旧,疏于保养,船体严重锈蚀存在多处孔洞,导致浮力舱进水最终沉没。根据一、二审法院查明的事实,福州航道局于2009年9月将案涉船舶出租时,该船证书齐全,且使用性能良好。洪瑞公司承租该轮用于盘锦海

域的工程施工一年时间内，该轮使用情况正常，未见其提出船舶老化、多处有侵蚀洞孔的问题。2010年9月租期结束后，船检中心于2011年2月出具的《海上货船适航证书》明确记载，“闽吸168”轮安全设备、船舶结构、机械及电气设备和无线电通信设备符合相应的规范、规程，处于适航状态，准予航行沿海航区（航线），有效期至2011年4月30日止。可见，“闽吸168”轮当时各方面性能仍良好，处于适航状态。此外，《租船合同》第四条还约定洪瑞公司“负责船舶设备施工过程中的日常管理、安全、技术等全部责任”，福州航道局“不负责设备使用中的一切费用和责任”。故应认定在交还船舶之前，洪瑞公司负有案涉船舶管理责任，即使存在如其所述的船舶船体严重锈蚀等情形，洪瑞公司也有义务在拖航之前排除相应的安全隐患，其未尽审慎义务，应当对船舶在拖航中沉没承担相应的责任。于洪成、王飞还称长成公司的鉴定结论应当适用于本案。但长成公司的《鉴定报告》仅是凭现场对船舶残骸的观察即作出结论。长成公司并不具有司法部门颁发的司法鉴定资质，《鉴定报告》中的三名鉴定人员王文平、夏大官、曲立东无相关的资质证书。相反，长江海事司法鉴定所具有司法鉴定资质，并根据现场调查、询问和勘验了解沉船的损坏情况及鉴定资料的相关内容，通过对“闽吸168”船不同浮力舱在分别或者同时进水状况下的船舶浮态计算，应用综合分析方法进行鉴定，其鉴定方法更为科学和客观。故一、二审法院采信长江海事司法鉴定所所作的关于船舶沉没原因的结论并无不当。

——中国裁判文书网，http://wenshu.court.gov.cn。

1758

期租合同约定的解约权实质性条件已成就，承租人选择终止租船合同不违反合同约定及法律规定

关键词 | 定期租船合同 |

【最高人民法院裁判文书】

上海中船重工万邦航运有限公司与上海中化思多而特船务有限公司定期租船合同纠纷再审案[最高人民法院(2012)民申字第130号民事裁定书]

最高人民法院认为：本案系定期租船合同纠纷。万邦航运与中化船务之间

定期租船合同合法有效，双方之间的权利义务应当按照合同内容确定。根据万邦航运的申请理由，本案审查的主要问题是中化船务行使解约权提前还船是否构成违约。

根据本案双方当事人之间的定期租船合同第80条，中化船务提前还船的前提条件是“如承租人或出租人从任何码头收到书面通知，禁止船舶挂靠该码头，出租人和承租人应共同努力，以获得该码头对船舶的重新接受，如出租人不能在收到此种书面通知后60日内重新获得码头的接受，承租人具有终止合同的选择权而不对出租人承担任何进一步的责任，但应当提前30日发出书面还船通知，并且应适用关于还船通知的约定”。即中化船务行使解约权的约定条件为中化船务或万邦航运中任何一方接到书面码头禁令，且该禁靠状态持续60日未解除。

关于“书面码头禁令”是否存在。根据现有证据，上海孚宝港务有限公司（以下简称孚宝港务）确实于2009年3月5日向中化船务发送了电子邮件，要求“万麟1号”轮“必须通过中化船务的安全确认，海事局的正式许可，货主的正式检验并被孚宝港务码头接受”，才可停靠孚宝港务码头。鲍官生在此后的解释中亦坚持此意见，刘世飞亦在法院调查中证实了此为孚宝港务的意见。可见，该电子邮件构成了附解除条件的书面码头“禁令”。

关于万邦航运所提出的鲍官生、刘世飞两人的证人证言未经法庭质证不应采用其主张。鲍官生所发邮件是以孚宝港务的名义，属于单位文件，是书证的一种。刘世飞所作陈述记录在法院调查笔录中，亦是书证的一种。申请再审人主张鲍官生、刘世飞两人的证人证言未经法庭质证，不应采信，缺乏充分的法律依据。

关于禁靠状态是否持续满60日。根据一、二审判决认定的事实，“万麟1号”轮在3月6日至5月6日之间未在孚宝港务码头停靠，万邦航运未提供充分证据证明此与孚宝港务的禁令无关。且“万麟1号”轮未通过2009年5月天津海事局海洋防污检查亦证明了该船未得到“海事局的正式许可”，孚宝港务于2009年3月5日所发码头禁令中的整改要求未得到满足。在中化船务2009年5月7日行使解约权前，该禁靠状态已经届满60日。万邦航运所称的2009年2月9日靠泊孚宝码头的事实发生于该禁令发出之前，不影响之后的禁靠事实。

关于中化船务未完整、及时地将码头禁令及其内容通知万邦航运，且最终使“万麟1号”重新被码头接受是否影响解约权的行使。本院认为，租船合同中“共同努力”的约定只体现了双方促成合同顺利履行及确保一旦解约船舶仍应妥善交还的主观意愿，并不是解约权成立的实质要件。中化船务此类履约瑕疵并不影响其在实质条件成就时解除合同的权利。

综上，中化船务与万邦航运之间期租合同约定的解约权的实质性条件已成就，中化船务选择终止租船合同并不违法合同约定及法律规定。万邦航运关于中化船务的行为违反合同约定和法律规定，应当承担违约责任的主张不能成立。一、二审判决驳回万邦航运的诉讼请求并无不当。

——中国裁判文书网，http://wenshu. court. gov. cn。

1759

光船租赁权登记的对抗效力仅是权属之间的对抗

关键词｜光船租赁权登记｜对抗效力｜

【最高人民法院审判业务意见】

《船舶登记条例》第六条规定："船舶抵押权、光船租赁权的设定、转移和消灭，应当向船舶登记机关登记；未经登记的，不得对抗第三人。"关于这种对抗的效力，是权属对抗，还是事实对抗？最高人民法院民事审判第四庭通过(2010)民申字第1376号川运有限公司(以下简称川运公司)与江苏瑞浩祥国际物流有限公司(以下简称瑞浩祥公司)船舶碰撞损害赔偿纠纷一案的再审审查，明确光船租赁权的登记的对抗效力，是一种权利对抗，解决有关权属之争，而不是一种事实对抗，即准许当事人以相反事实予以推翻登记公示的事实(权属除外)。

2008年5月17日约12:04时，巴拿马籍"MEDI TRADITION"轮与中国籍"德山"轮航行至山东威海海域发生碰撞，导致"德山"轮当场沉没。威海海事局经调查认定"MEDI TRADITION"轮、"德山"轮分别对碰撞事故负主要、次要责任。"MEDI TRADITION"轮与"德山"轮分别为川运公司、瑞浩祥公司所有。"德山"轮船舶所有权登记证书及光船租赁登记证明书均记载：该轮由集海公司光船租赁，租期自2007年11月28日至2008年11月27日1年，租金为每月20万元。瑞浩祥公司向一审青岛海事法院起诉请求川运公司赔偿"德山"轮碰撞损失。

青岛海事法院一审认为：川运公司应承担60%的碰撞过失责任，相应判决：

川运公司赔偿瑞浩祥公司损失 21305191.80 元。

川运公司不服一审判决,向山东省高级人民法院提起上诉。

集海公司在二审中出具《情况说明》称:为办理“德山”轮船舶营运证书,瑞浩祥公司曾要求将“德山”轮的船舶经营人变更为集海公司;2006 年 7 月至 12 月,集海公司不定期地将“德山”轮用于外贸集装箱内支线运输;自 2007 年 1 月 1 日起,集海公司不再经营“德山”轮,“德山”轮由瑞浩祥公司自行经营使用,但涉案碰撞事故发生时“德山”轮船舶证书上的经营人仍未变更。

山东省高级人民法院二审认为:光船租赁中的船舶产生的碰撞赔偿责任由光船承租人承担,并不意味着碰撞中遭受的损失只能由光船承租人主张。瑞浩祥公司与集海公司就“德山”轮订立了光船租赁合同,并办理了光船租赁登记,但双方已实际不再履行。虽然光船租赁登记尚未注销,但在集海公司不再实际经营使用“德山”轮之后,瑞浩祥公司作为“德山”轮的所有人,将“德山”轮以期租方式租赁给他人使用,该船舶期租合同并不必然是不真实或无效的。二审法院判决:驳回上诉,维持原判。

川运公司不服二审判决向最高人民法院申请再审,称:“德山”轮光船租赁合同登记具有对抗第三人的效力,集海公司是该轮的光船承租人,瑞浩祥公司无权就“德山”轮的经济损失向川运公司索赔。请求撤销一、二审判决,对船体损害以外的损失改判以光船租赁合同为基础进行计算。

最高人民法院再审审查认为:根据《船舶登记条例》第六条的规定,光船租赁权未经登记的,不得对抗第三人。“德山”轮船舶所有权登记证书及光船租赁登记证明书载明该轮自 2007 年 11 月 28 日至 2008 年 11 月 27 日由集海公司光船租赁,但集海公司并不主张光船租赁权,反而申明其自 2007 年 1 月 1 日起未实际租赁。本案不涉及光船租赁权人与其他权利人之间的争议,川运公司在本案中援引上述规定否认集海公司终止光船租赁的事实不当。瑞浩祥公司与宁波利信物流有限公司鲅鱼圈分公司签订的期租合同和集海公司出具的《情况说明》相互印证,川运公司提出异议,认为《情况说明》内容虚假,但没有提供足以反驳的相反证据,二审法院据此认定“德山”轮在发生涉案碰撞事故之前实际由瑞浩祥公司经营并对外期租,并无不当。船舶碰撞事故导致“德山”轮期租合同不能履行,瑞浩祥公司实际遭受期租租金损失等船体损害以外的损失,有权向川运公司主张。最高人民法院遂裁定驳回川运公司的再审申请。

本案主要涉及如何理解和把握光船租赁权登记的对抗效力问题。光船租赁权登记的意义在于:登记使光船租赁权因公示行为获得确定的物权效力;若未登记,则光船租赁权依然隶属于债权的范畴,除受《合同法》第二百二十九条关于"买卖不破租赁"原则的保护外,不具有更多的对抗效力。《船舶登记条例》第六规定光船租赁权登记公示和对抗效力,其法理基础是光船租赁权的物权效力与物权公示,仅仅调整或者影响光船承租人与第三人之间在船舶权属上的利益状态。只有在第三人的权利与光船承租人的光船租赁权发生冲突的情况下,就光船租赁权能否对抗第三人发生争议时,方有该条适用的空间。就其对抗效力而言,仅仅是权属之间的对抗,而不是事实之间的对抗,也就是说,对抗仅限于权利之间,并不能当然扩及权利背后的相关事实,即并不意味着不得以相反事实予以推翻登记公示的事实(权属除外),特别是登记权利人放弃权利时。

——最高人民法院民事审判第四庭:《最高人民法院海事海商审判综述(2010 年至 2011 年)》,载《武大国际法评论》第 15 卷第 2 期,武汉大学出版社 2012 年版。

1760

船舶抵押权纠纷应适用船旗国法律

关键词 | 船舶抵押权 | 法律适用 |

【最高人民法院商事审判参考性案例】

案例 3:JP 摩根大通银行与海流航运公司船舶抵押权纠纷案

一、基本案情

1997 年 6 月 19 日,JP 摩根大通银行(以下简称摩根大通)与包括海流航运公司(以下简称海流公司)在内的五借款人订立了贷款合同,约定由摩根大通向五借款人提供贷款 3500 万美元。1997 年 6 月 27 日,摩根大通与海流公司签订担保契据,约定以海流公司所有的"航海者"轮向摩根大通抵押,为 3500 万美元贷款设立第一优先抵押权,并在伦敦巴哈马籍船舶注册官处办理了抵押登记手续。1999 年 7 月 7 日,摩根大通与海运国际公司签订了一份 200 万美元的透支贷款协议,海流公司同意对该透支贷款承担连带清偿责任。2000 年 7 月 18 日,双方又签订第二份担保契据,以"航海者"轮再次为 200 万美元透支贷款设立抵押并进行了登记。2002 年 3 月 14 日，摩根大通以海流公司拖欠其抵押贷款本息 7323377.26 美元为由，向广州海事法院申请扣押“航海者”轮。3 月 15 日，该院裁定扣押了该轮。3 月 22 日，摩根大通在广州海事法院提起诉讼。后经摩根大通申请，“航海者”轮被依法拍卖，由摩根大通以 594 万美元买得。

二、裁判结果

广州海事法院审理认为：本案所涉贷款合同均为当事人真实意思表示，不违反中华人民共和国公共利益和强制性规定，合法有效。本案抵押船舶的船旗国为巴哈马，依据《海商法》第二百七十一条的规定，本案船舶抵押权纠纷应适用船旗国法律，即《巴哈马商船法》。涉案“航海者”轮项下两项船舶抵押登记不违反《巴哈马商船法》中船舶抵押权的规定，该两项抵押登记有效。广州海事法院于 2002 年 7 月 25 日判决海流公司偿付摩根大通贷款、透支款及其利息与相关费用，摩根大通基于该债权在广州海事法院拍卖“航海者”轮以前对该轮享有船舶抵押权，在该轮拍卖后有权从该轮拍卖款项中优先受偿。

三、典型意义

本案是一起典型的涉外船舶抵押权纠纷案，涉案“航海者”轮是大型油轮，本案原、被告均为外国当事人，且案件事实发生在境外，但原告摩根大通主动选择在我国扣押船舶、进行诉讼。海事法院适用《巴哈马商船法》作出判决，受到媒体和国际航运界的广泛好评。本案判决对外国法的查明与适用、涉外民事关系的法律适用等均具有较强的指导意义。（一）对查明外国法的指导意义。法官在查明外国法的过程中应发挥积极的引导作用。在当事人查明外国法存在较大困难时，法官应当积极发挥自身优势，利用各种合法途径查明外国法。需当事人查明外国法的，应要求其提供该外国法的相关解释和适用资料。查明外国法须经过公证认证程序，并在法庭上接受质证认证。（二）对适用外国法的指导意义。明确案件所涉法律关系的性质是正确适用外国法的前提，本案针对贷款合同和抵押担保两种法律关系，谨慎地审核外国法的内容，平衡国内公共利益保护与尊重当事人意思自治两大价值，采取了区分适用不同法律的方法，对今后审理类似案件具有重要的借鉴意义。（三）对审理涉外民商事案件的指导意义。本案审理所遵循的“涉外因素——管辖权——法律适用”三步走的裁判思路，已成为我国涉外民商事审判的基本裁判方法，对类似涉外民商事案件的审理与裁判都有着广泛的指导意义。

——《最高人民法院发布海事审判典型案例》，载《最高人民法院公报》2015 年第 9 期。

1761

船舶抵押合同为从合同时债权人同时起诉主债务人和抵押人，由海事法院管辖

关键词｜船舶抵押合同｜管辖｜

【最高人民法院答复】

山东省高级人民法院：

你院鲁高法函〔2002〕51号《关于船舶抵押合同为从合同时，债权人同时起诉主债务人和抵押人，地方人民法院应否受理的请示》收悉。经研究，同意你院倾向性意见。现答复如下：

船舶抵押合同纠纷案件应由海事法院专门管辖。船舶抵押合同为从合同时，债权人同时起诉主债务人和抵押人的船舶抵押合同纠纷案件，一律由海事法院管辖；债权人直接起诉船舶抵押人的船舶抵押合同纠纷案件，亦应由海事法院管辖；地方法院受理的上述案件，应当移送有关海事法院。

此复。

——《最高人民法院关于船舶抵押合同为从合同时债权人同时起诉主债务人和抵押人地方人民法院应否受理请示的复函》(2003年1月6日，〔2002〕民四他字第37号)

1762

船舶所有人未经抵押权人同意将船舶转让给他人的处理

关键词｜船舶所有人｜转让抵押船舶｜

【最高人民法院审判业务意见】

关于抵押人转让抵押物的条件及法律后果，《物权法》与《担保法》及担保法司法解释的规定确有不同。《海商法》第十七条关于抵押人未经抵押权人同意不得转让抵押船舶的规定作为特别法，应当优先适用。此条规定应当理解为对

抵押人船舶处分权的限制。《买卖合同解释》第三条第一款规定："当事人一方以出卖人在缔约时对标的物没有所有权或者处分权为由主张合同无效的，人民法院不予支持。"参照此规定，对于此类转让合同，应认定合同有效，但不影响依法登记的抵押权人行使抵押权。因抵押权人行使抵押权导致买受人无法取得船舶所有权的，出卖人应当对买受人承担不能转让船舶的违约责任。

——刘贵祥：《在全国海事审判工作会议上的总结讲话》，载万鄂湘主编、最高人民法院民事审判第四庭编：《涉外商事海事审判指导》总第25辑，人民法院出版社2013年版，第30页。

【最高人民法院商事审判参考性案例】

德国航运贷款银行（DVBBankSE）诉艾斯姆阿明航运有限公司（ISIMAminLimited）、舍库萨格凯斯航运有限公司（ShokoohSaharKishShippingCo.）船舶权属纠纷案

【基本案情】

2007年，德国航运贷款银行与马耳他阿明航运公司签订贷款协议，向阿明航运公司提供贷款融资购买船舶"阿明2（MVAmin2）"轮。阿明航运公司以"阿明2"轮作为担保，与航运贷款银行签订抵押协议并办理了第一顺位船舶抵押权登记。其后，阿明航运公司未经航运贷款银行同意将船舶转让给伊朗的舍库萨格凯斯航运公司。2013年11月4日，航运贷款银行向厦门海事法院申请扣押停泊于漳州港的"阿明2"轮。厦门海事法院经审查后，裁定准许该诉前财产保全请求，扣押"阿明2"轮，并责令阿明航运公司提供担保。2013年12月3日，航运贷款银行就案涉纠纷向阿明航运公司、舍库萨格凯斯航运公司提起诉讼，请求法院判决确认其就约3000万欧元贷款本息对"阿明2"轮具有抵押权，要求被告赔偿损失并承担诉讼和律师费用。

【裁判结果】

在诉讼过程中，因阿明航运公司不能提供担保，厦门海事法院根据航运贷款银行的申请，依法公开拍卖"阿明2"轮，并最终以人民币3.24亿元高价成交。船舶成功拍卖后，经法院主持，各方当事人达成和解，由厦门海事法院出具民事调解书，并停止、撤回了在其他国家、地区展开的相关司法程序。

【典型意义】

本案各方当事人均为外国公司，且案件事实发生在境外，但原告德国公司主动选择在我国扣押船舶、进行诉讼，充分体现了中国海事司法的国际公信力。海事法院充分尊重外方当事人协议选择司法管辖的权利，审慎处理平行诉讼问题，并通过精细严谨的程序安排与实体审理，掌握了案涉纠纷的主导权，通过调解促成了包括本案在内所有相关纠纷的全部解决。在诉讼过程中，海事法院严格依法对案涉巨轮予以拍卖，最终使载重近16万吨的超级油轮“阿明2”轮以人民币3.24亿元的价格成交，超出起拍价近人民币8000万元，为纠纷的最终解决奠定了坚实基础。本案以“一带一路”航线和我国原油进口为背景，同时又涉及联合国对伊朗制裁等重大敏感问题，牵连境内外数宗诉讼，标的巨大，涉外性与涉海性突出。涉案外轮的成功拍卖及案涉纠纷的圆满解决，有力维护和规范了航运秩序，是海事法院打造法治化、国际化、便利化的营商环境的生动例证。

——《2016年十大典型海事案例》(2017年4月28日)，载最高人民法院网，http://www.court.gov.cn。

1763

修船合同的委托方未履行合同时，修船人基于修船合同可以留置所占有的船舶

关键词 | 修船合同 | 船舶留置权 |

【最高人民法院答复】

天津市高级人民法院：

你院津高法〔2001〕13号《关于能否对连带责任保证人所有的船舶行使留置权的请示》收悉。本院经研究认为：

船舶留置权是设定于船舶之上的法定担保物权。根据《海商法》第二十五条第二款的规定，当修船合同的委托方未履行合同时，修船人基于修船合同为保证修船费用得以实现，可以留置所占有的船舶，而不论该船舶是否为修船合同的委托方所有。但修船人不得基于连带责任保证对连带责任保证人所有的船舶行使留置权。

天津新港船厂修船分厂作为修船人，依据其与英国伦敦尤恩开尔公司订立的修船合同，对俄罗斯籍“东方之岸”轮进行修理后未取得合同约定的修船费用，有权留置该轮。“东方之岸”轮的所有人东方航运公司虽不是本案修船合同

的当事人,但不影响该留置权的成立。

据此,同意你院关于天津新港船厂修船分厂对“东方之岸”轮的留置行为合法有效,并可以基于留置权先于抵押权人受偿的处理意见。

——《最高人民法院关于能否对连带责任保证人所有的船舶行使留置权的请示的复函》(2001 年 8 月 17 日,〔2001〕民四他字第 5 号)

1764

修船人不得基于连带责任保证对连带责任保证人所有的船舶行使留置权

关键词｜连带责任保证｜船舶留置权｜

【最高人民法院答复】

天津市高级人民法院:

你院津高法〔2001〕13 号《关于能否对连带责任保证人所有的船舶行使留置权的请示》收悉。本院经研究认为:

船舶留置权是设定于船舶之上的法定担保物权。根据《海商法》第二十五条第二款的规定,当修船合同的委托方未履行合同时,修船人基于修船合同为保证修船费用得以实现,可以留置所占有的船舶,而不论该船舶是否为修船合同的委托方所有。但修船人不得基于连带责任保证对连带责任保证人所有的船舶行使留置权。

——《最高人民法院关于能否对连带责任保证人所有的船舶行使留置权的请示的复函》(2001 年 8 月 17 日,〔2001〕民四他字第 5 号)

1765

是否存在海上货物运输合同关系的认定

关键词｜海上货物运输合同｜

【最高人民法院裁判文书】

上海罗宾升国际货运有限公司与上海华一纺进出口有限公司海上、通海水域货物运输合同纠纷申请再审案[最高人民法院(2015)民申字第2816号民事裁定书]

最高人民法院认为本案审查重点是:(一)华一纺公司是否为涉案货物运输的实际托运人;(二)罗宾升公司是否应当对华一纺公司承担赔偿责任。

关于华一纺公司是否为涉案货物运输实际托运人的问题。根据原审查明的事实,华一纺公司为涉案FOB贸易的卖方,并按照安柏然公司转发的罗宾升公司发出的进仓通知单的要求,将涉案货物送至罗宾升公司指定的上海楷庆国际货物运输代理有限公司仓库,上海楷庆国际货物运输代理有限公司出具货物进仓单。罗宾升公司委托案外人负责报关的涉案货物出口报关单亦明确载明,经营/发货单位为华一纺公司,成交方式为FOB。罗宾升公司于2013年7月18日通过电子邮件向华一纺公司发送了发票确认件,收取手续费、文件费、保管费等货代费用。上述事实有涉案货物订单、装箱单、商业发票和报关单及双方往来邮件予以佐证。原审判决认定罗宾升公司与华一纺公司之间构成海上货物运输合同关系,华一纺公司为涉案货物运输的实际托运人,且罗宾升公司对华一纺公司作为实际托运人的法律地位是明知的,并无不当。涉案货物最终以拼箱运输的方式出运,并不影响华一纺公司作为交付货物的实际托运人的法律地位。罗宾升公司以涉案货物运输为整箱运输为由,否定华一纺公司作为实际托运人的法律地位,缺乏事实和法律依据。

——中国裁判文书网,http://wenshu.court.gov.cn。

连云港祥顺矿产资源有限公司与尤格兰航运有限公司海上、通海水域货物运输合同纠纷申请再审案[最高人民法院(2015)民申字第624号民事裁定书]

最高人民法院认为:本案系海上货物运输合同纠纷。审查重点是:祥顺公司与尤格兰公司之间是否存在海上货物运输合同关系,尤格兰公司是否应当向祥顺公司承担赔偿责任。

首先,祥顺公司对涉案货物在装运港被卸下,并未实际运输的事实并无异议。根据原审查明的事实,弘信公司为履行与金刚公司签订的航次租船合同,委托华航运贸易集团(以下简称华航运)作为装运港代理并通知了船长。涉案货物装船后,华航运根据船长的授权签发了提单，载明托运人为泛华公司，收货人凭指示，通知人为金刚公司。后因上述货物被认定含水量超过适运水分点，尤格兰公司出于运输安全考虑将货物卸载，并将上述情况告知托运人泛华公司及金刚公司等相关方，泛华公司亦将华航运签发的提单退还了华航运。上述事实有弘信公司指定华航运为装港代理的邮件、船长的签单授权和撤销签单授权、尤格兰公司要求装港代理卸货并收回提单的通知、航海日志、金刚公司就货物卸载提出异议以及托运人泛华公司确认卸货和退还提单事实的邮件等一系列证据予以佐证，原审判决认定华航运代表船长签发提单、货物被卸载后收回提单的事实，并无不当。

其次，涉案期租租约均约定，在租家的选择下，租家或其代理也可以代表船长签发提单。涉案货物装船后，涉案船舶的船长已经授权弘信公司的装港代理华航运代表船长签发了提单，该提单应当视为承运人就涉案货物运输签发的提单，也是提单持有人据以向承运人要求交付货物的凭证。但是，祥顺公司系依据弘信公司签发的提单向尤格兰公司提起诉讼，该提单载明由弘信公司代表船长签发。基于同一票货物运输只能签发一套有效提单的基本原则，结合租约的约定，在载运船舶船长已经授权弘信公司指定的装港代理签发了提单的情况下，弘信公司无权就同一票货物再代表船长另行签发提单。弘信公司另行代表船长签发的提单，并不能与华航运提单同时成为海上货物运输合同的证明，除非弘信公司另行签单的行为具有符合法律规定或者合同约定的依据，否则该提单对尤格兰公司不具有法律约束力。根据原审查明的事实，华航运提单签发后，涉案货物被卸载，华航运提单被收回，泛华公司、金刚公司和弘信公司均知道或者应当知道上述事实。华航运提单并未进行流转，涉案货物并未实际运输，该提单证明的海上货物运输合同亦未实际履行。在并无证据证明弘信提单合法性的情况下，祥顺公司依据弘信公司代表船长签发的提单主张与尤格兰公司成立海上货物运输合同关系，缺乏事实和法律依据。

第三，根据原审查明的事实，涉案货物为镍矿，在装船后经检验机构与尤格兰公司及相关方对涉案货物流动水分点进行联合检验，含水量超过适运水分点。上述事实有经过公证认证的专家报告和水分检测报告予以佐证。原审判决认定，尤格兰公司为了妥善、谨慎地装载、运输货物，根据《固体散装货物安全操作规则》的规定和检验报告的结果判断货物不适合安全运输，出于船货共同安全的考虑，将涉案货物在装货港卸载，并收回已签发的提单，具有事实依据，并无明显不当。祥顺公司与尤格兰公司之间并不存在海上货物运输合同关系，祥顺公司主张尤格兰公司对未履行货物运输合同造成的损失承担赔偿责任，缺乏事实和法律依据。原审判决驳回祥顺公司的诉讼请求,并无不当。

——中国裁判文书网,http://wenshu.court.gov.cn。

中远集装箱运输有限公司与宜昌世联食品有限公司、青岛易通致远国际物流有限公司、青岛海利安国际物流有限公司海上货物运输合同纠纷案[最高人民法院(2011)民申字第760号民事裁定书]

最高人民法院认为:本案是海上货物运输合同纠纷。再审审查的争议焦点是:1. 中集公司在涉案海上货物运输合同法律关系中是承运人还是实际承运人;2. 中集公司是否凭托运人指示交付货物。

本案海上货物运输的托运环节经过了多层货运代理,在世联公司与中集公司之间有海利安公司、易通公司、运达公司、青岛中货等四家代理企业,其中青岛中货是中集公司的代理人,其他三家公司均为货运代理人。易通公司委托订舱时表明托运人是世联公司,中集公司制作的提单样本中也将世联公司记载为托运人。尽管中集公司没有实际签发提单,但上述订舱和接收货物的事实以及其制作的提单样本表明,世联公司与中集公司形成运输合同关系,中集公司为涉案货物运输承运人,世联公司是托运人,易通公司是世联公司的货运代理人。中集公司接受了世联公司通过代理人进行的订舱,实际运输了货物,世联公司与中集公司之间的海上货物运输合同已经成立。虽然在货物已经装船、中集公司拒绝倒签提单的情况下,世联公司请求易通公司以承运人身份倒签提单,但二者的真实意思表示不是办理货物承、托运手续,而是要求易通公司签发内容不真实的提单,以满足结汇单证的需要。因此,易通公司签发的提单由于缺少运输合同成立的事实基础,不能作为涉案运输合同的证明。尽管此后收货人与通知方几次更改,但托运人始终没有变更,中集公司也主张其是根据加盖世联公司印章的电放申请交付货物的。原审判决认定世联公司与中集公司之间成立海上货物运输合同法律关系,中集公司是涉案货物运输承运人,事实和法律依据充分。

由于中集公司没有就涉案运输签发正本提单,因此采取电放的方式交付货物,即由承运人根据托运人签发的电放申请,在目的港将货物交付给电放申请中指定的收货人。根据查明的案件事实,2008年8月22日,L公司已经办理完毕提货手续,8月27日货物即被开箱检验,而在此之前中集公司并未取得托运人签发的电放申请。中集公司主张其根据托运人的指示交付货物,但一直没有提交所收到的电放指示,运达公司的电放申请来自易通公司,并没有得到易通公司和世联公司的认可。中集公司申请再审时提交的新证据是公安机关对孙小梅进行询问的笔录，该证据也不属于公安机关的调查结论，不能以此推翻原审判决关于中集公司未得到托运人指示即交付货物的事实认定，此再审主张本院不予支持。

中集公司为涉案运输的承运人，青岛中货是中集公司的代理人，世联公司是托运人，易通公司、运达公司是世联公司的代理人。中集公司没有签发正本提单并不影响其根据已经成立的运输合同并按照托运人的指示交付货物。易通公司签发的提单不能证明运输合同成立的事实，以及证明货物由易通公司接收或者装船，此提单不属于据以交付货物的单证。按照当事人的约定，货物运抵目的港后以指示的方式交付，中集公司在没有证据证明其根据托运人世联公司的指示交付货物的情况下，原审判决其承担责任并无不当。

——中国裁判文书网，http://wenshu. court. gov. cn。

1766

提单主体与海上货物运输合同主体不一致时，如无书面合同，可根据履行义务的实际情况确定海上货物运输合同的托运人

关键词｜海上货物运输合同｜托运人｜

【《最高人民法院公报》案例】

浙江纺织公司诉台湾立荣公司海上货物运输合同无单放货纠纷案（上海市高级人民法院二审民事判决书）

裁判摘要：一、《海商法》第四十二条第（三）项规定的托运人，既可以是海上货物运输合同的缔约人，也可以是交货人。提单只是海上货物运输合同存在的证明，而且不是唯一的证明。当提单主体与海上货物运输合同主体不一致时，在没有书面合同的情况下，人民法院可以根据履行义务的实际情况来确定海上货物运输合同中的托运人。

上海市高级人民法院认为：提单只是海上货物运输合同的证明，而且不是唯一的证明，提单不能等同于海上货物运输合同。《海商法》第四十二条第（三）项第 1 目规定，托运人是指本人或者委托他人以本人名义或者委托他人为本人与承运人订立海上货物运输合同的人。第七十三条规定，提单缺少托运人名称等

项内容,不影响提单的性质。由此可见,法律没有要求托运人必须亲自与承运人订立海上货物运输合同,托运人完全可以委托他人与承运人订立合同;法律允许托运人要求承运人在签发提单时不记载托运人,或者将他人记载为名义上的托运人,托运人这样做不影响提单的性质。因为这是托运人行使自己的权利,由此产生的后果由托运人承担。该要求没有加重承运人的责任,承运人仍只负责运输并向托运人指定的收货人交货,因此没必要拒绝。提单记载的主体,可能只是形式上的海上货物运输合同当事人,实践中提单主体与海上货物运输合同主体不一致的情形是存在的。在没有书面合同的情况下,可以根据当事人履行义务的实际情况来确定海上货物运输合同的当事人,不能完全取决于提单的记载。

在本案中,虽然中间有几家公司层层代理,但是向上诉人长荣储运公司交付货物、支付运费并提出缮制提单具体要求的,却只有被上诉人浙江纺织公司,其他公司从事的均是代理工作。长荣储运公司完全按照浙江纺织公司的要求,在签发提单时将三家国外公司记载为名义托运人,向浙江纺织公司委托的货代公司交付了提单,并从货代公司处收取了浙江纺织公司交付的运费。这个事实足以证明,是浙江纺织公司与长荣储运公司建立了事实上的海上货物运输合同关系。原判认定浙江纺织公司是海上货物运输合同的缔约人、涉案提单项下货物的托运人,并无不当。长荣储运公司关于双方之间不存在海上货物运输合同关系的上诉理由,没有事实根据和法律依据,不予采纳。

——《最高人民法院公报》2005 年第 12 期

1767

运单法律关系中承运人的确定及货物短少的责任承担

关键词|运单关系|水路货物运输合同|

【最高人民法院审判业务意见】

沿海、内河货物运输中普遍存在多层货运的现象,因其间涉及多个运输合同或者航次租船合同,又涉及运输船舶实际签发的运单,其纠纷引起的法律问题比较复杂。本案托运货物的货主在已经与出租人签订航次租船合同的情况下,没有选择依据该租船合同起诉出租人，而是跨过多个连环合同，直接凭借运单以运输合同关系起诉最终实际运输的船东。对于能否以运单提起运输合同之诉，一直存在分歧。由于沿海、内河运输所适用的《合同法》中并无实际承运人的概念，而交通部颁布的《国内水路货物运输规则》（已废止）的效力级别又不够，相应的法律依据比较薄弱。但是，考虑到为尽量减少当事人的讼累，从确认运单合同效力有利于促进效率出发，也为了避免由于中间环节多为皮包公司而导致货主的权利无法得到保障，最终对案件的处理结果认可了货主凭运单向实际运输船舶索赔的权利，但实际运输船舶依然可以依据其与上家签订的运输合同或者航次租船合同确定的权利义务进行抗辩。

——《最高人民法院民四庭 2014 年涉外商事海事审判综述》，载贺荣主编、最高人民法院民事审判第四庭编：《涉外商事海事审判指导》总第 30 辑，人民法院出版社 2016 年版，第 241 ~ 242 页。

【最高人民法院裁判文书】

唐山海港汇鼎货运代理有限公司与安徽瑞生航运有限公司水路货物运输合同纠纷申请再审案［最高人民法院（2014）民申字第 1969 号民事裁定书］

裁判要旨：涉案运单由瑞生公司向汇鼎公司签发，运单载明托运人为汇鼎公司，且运单右上角载明："承运人与托运人、收货人之间的权利、义务和责任界限适用《国内水路货物运输规则》（2016 年 5 月已废止）及运价、规费的有关规定。"据此，可以认定涉案运单系汇鼎公司与瑞生公司双方成立实际水路货物运输关系的证明，汇鼎公司可以据此起诉瑞生公司。

最高人民法院认为：本案为水路货物运输货物短少赔偿纠纷。根据瑞生公司的再审申请，本案再审审查的重点是瑞生公司与汇鼎公司之间的法律关系以及货物短少的责任承担问题。

就涉案同一货物运输，汇鼎公司与捷福公司、捷福公司与洋浦公司、洋浦公司与瑞生公司依次签订三份航次租船合同。在承运船舶"瑞生 158"轮装货后，瑞生公司向汇鼎公司签发涉案运单，运单载明托运人为汇鼎公司，且运单右上角载明："承运人与托运人、收货人之间的权利、义务和责任界限适用《国内水路货物运输规则》（已废止）及运价、规费的有关规定。"据此，可以认定涉案运单系汇鼎公司与瑞生公司双方成立实际水路货物运输关系的证明，二审判决认定汇鼎公司可以据此起诉瑞生公司并无不当。

瑞生公司与洋浦公司之间的航次租船合同约定货物交接方式为："原装、原卸、货物封舱交接，如没有封舱条件的以货物装载现状交接。"瑞生公司也承认涉案货物运输没有封舱，故本案货物应当按照现状交接。涉案运单在"承运人确定（实际）"栏目中填写高线2318件、4790.98吨。该《运单》上加盖了印章"安徽瑞生航运有限公司瑞生158号业务专用章"，这表明瑞生公司在实际履行运输合同过程中实际确认了装货数量。洋浦公司于2013年3月11日给安徽瑞生公司的函载明："由于未绑扎造成的损失与船方没有任何关系，由货方负责"；"为办离港签证手续时要船方出具甩货证明，请船方予以配合，此证明船方不担负责任"。但是，该函不涉及除"绑扎""甩货"之外原因造成货物短少的责任问题。瑞生公司没有举证证明涉案货物短少28件，系"绑扎""甩货"原因所致；涉案运单约定适用的《国内水路货物运输规则》（已废止）第六十五条系关于散装液体货物按舱封交接的规定，不适用于本案件杂货运输，瑞生公司主张对货物短少不负赔偿责任，缺乏事实和法律依据。二审判决认定瑞生公司向汇鼎公司赔偿货物短少损失并无不当。

——中国裁判文书网，http://wenshu.court.gov.cn。

1768

多式联运经营人的赔偿责任和限额，适用调整该区段运输方式的有关法律规定，案涉事故发生于海运区段的，应适用《海商法》

关键词 | 海上货物运输合同 | 多式联运 | 赔偿责任 | 法律适用 |

【最高人民法院裁判文书】

泛亚班拿国际运输代理（中国）有限公司与中国人民财产保险股份有限公司无锡市分公司海上、通海水域货物运输合同纠纷申请再审案［最高人民法院（2014）民申字第1188号民事裁定书］

最高人民法院认为：本案系海上货物运输合同纠纷。根据人保无锡提出的再审申请理由，本案主要审查的问题包括事实认定和法律适用两部分，即涉案事故是否发生在海运区段，一、二审判决认定泛亚班拿享受单位责任限制是否有充分的法律依据。

关于案件事实的认定,即涉案事故是否发生于海运区段。根据一、二审法院认定的事实,巴西泛亚班拿委托米斯那重型运输有限公司从巴西博世的工厂提取三台涉案设备,开始库里提巴至巴拉那圭港口的陆路运输,编号为 255 – 82 的设备在进入巴拉那圭港口区域后、装上船舶前被摔坏。本院认为,案涉设备置于集装箱中,属于集装箱货物。根据《海商法》第四十六条的规定,承运人对集装箱装运的货物的责任期间,是指从装货港接收货物时起至卸货港交付货物时止,货物处于承运人掌管之下的全部期间。根据一、二审法院认定的《联合货损勘验报告》的中文翻译,“在码头堆场集装箱搬运至 montesarmiento 轮船时因发生事故造成里面机械和部分栓绳遭受损坏……”泛亚班拿提交的海运订舱信息与《联合货损勘验报告》中有关货损发生系将涉案集装箱搬运至 montesarmiento 轮船时遭受损坏的记载相吻合,上述证据已经可以证明涉案货物已经结束陆路运输,在装货港已由承运人接收,海运区段的运输已经启动,涉案货损发生于海运区段。人保无锡主张海运区段尚未开始,缺乏事实依据和法律依据。其主张二审法院认定的《订舱单复印件》涉嫌伪造、二审判决故意歪曲理解《联合货损勘验报告》翻译件对勘验事实的表述、二审法院故意遗漏本案关键证据,没有查明重要事实,但人保无锡并未提供充分证据支持其主张。

关于法律适用。《海商法》第一百零五条规定,货物的灭失或者损坏发生于多式联运的某一运输区段的,多式联运经营人的赔偿责任和责任限额,适用调整该区段运输方式的有关法律规定。案涉事故发生于海运区段,应当适用《海商法》相关规定确定当事人的责任。一、二审判决认定涉案货损发生在泛亚班拿责任期间内的海运区段,且非因泛亚班拿的故意或者明知可能造成损失而轻率地作为或者不作为造成,泛亚班拿有权依据《海商法》第五十六条的规定主张单位赔偿责任限制,符合《海商法》的规定,适用法律并无不当。

——中国裁判文书网,http://wenshu.court.gov.cn。

1769

多式联运经营人的赔偿责任和限额，适用调整该区段运输方式的有关法律规定，案涉事故发生于陆路运输区段的，应适用《合同法》

关键词 | 多式联运 | 法律适用 | 赔偿责任 |

【最高人民法院裁判文书】

北京和风国际物流有限公司与宜兴市明月建陶有限公司多式联运合同纠纷再审案[最高人民法院(2011)民申字第417号民事裁定书]

最高人民法院认为:3.关于和风公司应当如何承担违约责任。本案中,和风公司是在陆路运输区段中止运输,二审判决依照《海商法》第一百零五条的规定,认定和风公司的赔偿责任和赔偿限额应当适用《合同法》的相关规定并无不当。根据《合同法》第一百零七条的规定,当事人一方不履行义务或者履行义务不符合约定的,应当承担继续履行,采取补救措施或者赔偿损失等违约责任。鉴于明月公司在一审期间已经将要求判令和风公司继续履行的诉讼请求变更为要求和风公司赔偿损失的诉讼请求,且涉案货物已被和风公司出售,涉案运输合同已经不可能继续履行,和风公司应当赔偿因其违约所造成的全部损失。根据《合同法》第三百一十二条的规定,"货物的毁损、灭失的赔偿额,当事人有约定的,按照其约定;没有约定或者约定不明确,依照本法第六十一条的规定仍不能确定的,按照交付或者应当交付时货物到达地的市场价格计算"。涉案货物虽然没有实际毁损、灭失,但是被和风公司长期滞留在运输途中,始终未交付收货人,且现已经被出售,故和风公司应当赔偿明月公司因此遭受的损失。和风公司认为明月公司的损失仅为另外委托承运人继续完成从约翰内斯堡到Likasi所应支付的运费的主张,缺乏法律依据,本院不予支持。和风公司应当按照货物的交付地价格赔偿明月公司的全部损失,二审法院判令和风公司赔偿明月公司涉案货物的货款、运费、保险费并无不当。和风公司认为货物的交付地价格为涉案货物在约翰内斯堡出售所得的价款,但约翰内斯堡并非涉案运输合同约定的交付地,故对于和风公司的该项主张,本院不予支持。

——中国裁判文书网,http://wenshu.court.gov.cn。

1770

船长签发提单正本后未交付托运人,托运人有权就承运人不向其交付提单造成的损失主张赔偿

关键词|船长签发提单|代表承运人|损失赔偿|

【最高人民法院裁判文书】

久鸿贸易会社与兴联（香港）海运有限公司海上货物运输合同纠纷申请再审案[最高人民法院（2016）最高法民再17号民事判决书]

最高人民法院认为：

（一）关于如何认定兴联公司的法律地位，兴联公司是否有向久鸿会社签发并交付提单的义务

首先，根据本案查明的事实，涉案货物由久鸿会社出售给香港铁盟，贸易价格条件为CFR。久鸿会社于2012年5月20日在朝鲜大安港向兴联公司光租的“吉盛”轮实际交付了涉案货物，该轮船长签发了编号为D－1的简式提单，并加盖了载有兴联公司英文名称的“吉盛”轮船章，提单记载的托运人为久鸿会社。兴联公司对久鸿会社系涉案货物运输的托运人并无异议。《海商法》第七十二条第一款规定，货物由承运人接收或者装船后，应托运人的要求，承运人应当签发提单。久鸿会社作为涉案货物运输的托运人，有权向接收货物的承运人要求签发并取得提单。但“吉盛”轮船长签发涉案提单正本后，并未交付久鸿会社，而是于2012年5月24日船舶抵达目的港青岛港后，交给了青岛广亚的工作人员。久鸿会社作为托运人有权就承运人不向其交付提单造成的损失提出赔偿请求。

其次，《海商法》第七十二条第二款规定，提单由载货船舶的船长签发的，视为代表承运人签发。本案双方当事人对涉案提单记载的内容均无异议，该提单为与租约合并使用的简式提单，但是提单并未记载任何租约的并入，不能证明该提单项下存在租约。在没有租约存在的情况下，提单为运输合同的证明，提单由船长签发的，视为代表承运人签发，交付货物的托运人有权依据提单记载识别承运人并向其主张权利。该提单由“吉盛”轮船长签发，并加盖了载有兴联公司英文名称的“吉盛”轮船章。一、二审法院根据“吉盛”轮光租登记备案，认为承运人应当首先推定为“吉盛”轮的光船承租人兴联公司，并无不当。

第三，兴联公司抗辩，因涉案运输存在租约，其并不是涉案运输的承运人，对此兴联公司应当承担举证责任。兴联公司虽然提交了其与江苏兴联签订的《船舶管理合同》、江苏兴联与青岛广亚签订的《期租合同》以及青岛广亚与太源船务签订的《航次租船合同》，但因《航次租船合同》系复印件，其真实性无法确认。故兴联公司的举证只能证明涉案船舶被其期租给青岛广亚的事实。江苏兴联与青岛广亚签订的期租合同中有关提单签发的约定，仅在期租合同当事人之间有

效，并不能对合同之外的第三人产生效力，亦不能成为兴联公司免除其对外责任的依据。青岛金源向太源船务支付费用的行为，并不能证明太源船务与久鸿会社存在运输合同关系。兴联公司并无证据证明青岛广亚或者太源船务与涉案提单记载的托运人久鸿会社具有运输合同关系。兴联公司仅以其与青岛广亚签订期租合同的事实证明其并非涉案货物运输的承运人，依据不足。在没有证据证明久鸿会社与他人存在运输合同的情况下，根据提单由船长签发并加盖载有兴联公司英文名称的"吉盛"轮船章的事实，应当认定久鸿会社与兴联公司构成海上货物运输合同关系。兴联公司作为承运人，负有向托运人久鸿会社签发提单的义务。涉案提单签发后并未交付托运人久鸿会社，而是在目的港由船长交付青岛广亚，兴联公司并不能举证证明青岛广亚为涉案运输的承运人，故船长将签发的提单交付青岛广亚缺乏充分的理据。久鸿会社作为托运人有权向兴联公司要求取得提单。二审判决仅以涉案船舶已经被期租为由，认定兴联公司并非涉案货物运输的承运人，缺乏充分的事实和法律依据，应当予以纠正。

（二）久鸿会社主张的各项损失是否应当由兴联公司承担

兴联公司作为涉案货物运输承运人，负有向托运人久鸿会社及时签发提单的义务。"吉盛"轮船长签发提单后，并未交付托运人久鸿会社，而是交付了青岛广亚，构成违约，应当承担相应的损失赔偿责任。久鸿会社作为本案原告，诉讼请求为要求兴联公司承担因未交付提单而造成的堆存费、海关滞报金、违约金损失、市场跌价损失以及利息损失。

关于堆存费。久鸿会社主张，由于兴联公司未能交付提单，导致涉案货物在目的港不能及时提取而产生堆存费 312393.20 元。久鸿会社提交了青岛金源与港口经营人签订的《进口货物港口作业合同书》，以证明涉案货物堆存费的计算标准。但久鸿会社并未提交该费用已经实际支付的单据，不能证明该损失的实际发生，故对久鸿会社的该项诉讼请求不予支持。

关于海关滞报金。涉案货物于 2012 年 5 月 23 日到达青岛港，5 月 24 日涉案提单被青岛广亚工作人员取走。直至本案诉讼过程中，涉案货物才通过非常规方式得以办理通关和提取手续。因久鸿会社未能从承运人处取得提单交付贸易合同买方，导致货物抵达目的港后不能及时报关，产生了海关滞报金。久鸿会社提交的青岛金源向海关缴纳进口货物滞报金 501426 元的发票，以及青岛金源出具的其系代久鸿会社垫付该笔费用的情况说明，可以证明该笔费用已经实际发生，且青岛金源与久鸿会社已经协商一致，由久鸿会社负担该笔费用。该笔费用的发生与承运人未及时交付提单的行为存在因果关系，应当由承运人兴联公司承担。

关于违约金损失。久鸿会社与香港铁盟签订的《煤炭购销合同》约定，贸易价格为 CFR 南浦/大安港，交货期为 2012 年 3 月 15 日至 5 月 30 日。CFR 是指成本加运费(……指定目的港)，卖方承担的交货义务是在约定的日期或者期限内在装运港将货物交至船上。涉案购销合同卖方久鸿会社于 2012 年 5 月 20 日在朝鲜大安港将货物交付运输船舶，该日期并未超出购销合同约定的交货期，并不构成违约，久鸿会社仅凭香港铁盟的索赔说明，要求承运人兴联公司承担购销合同约定的不能按照规定时间交付货物的违约责任，缺乏依据。故对久鸿会社的该项诉讼请求不予支持。

关于市场跌价损失。承运人兴联公司负有向托运人久鸿会社交付提单的义务，违反该交单义务应当对因此给久鸿会社造成的损失承担赔偿责任。根据久鸿会社与香港铁盟签订的《煤炭购销合同》的约定，卖方应当向买方提供的资料包括提单原本。虽然该合同并未对交付提单的期限做出具体约定，但由于承运人未将提单交付久鸿会社，导致久鸿会社在货物抵达目的港后长达一年，都无法向收货人交付提单用于提取货物，显然已经超出了应当交付提单的合理期限，违反了购销合同约定的交付提单的义务。久鸿会社主张其因此遭受了香港铁盟提出的市场跌价损失，但久鸿会社提交的香港铁盟的《索赔说明及扣款通知》和青岛金源出具的《情况说明》并不能充分证明该笔损失的实际发生。其提交的网站资料的真实性无法确定，仅凭相关购销合同和商业发票只能证明货物降价销售，但无法充分证明货物降价销售与不能及时提取货物之间的因果关系。故对久鸿会社的该项诉讼请求不予支持。

关于利息损失。久鸿会社主张因承运人兴联公司扣单导致其未及时收到涉案货款的利息损失和其因诉讼保全缴纳的保证金的利息损失。在庭审过程中，久鸿会社确认货物已经完成交付，但其迄今为止并未收到涉案货款。久鸿会社主张货款的利息损失依据不足。久鸿会社为申请扣船向法院缴纳的担保费用系依照法律规定应当缴纳的诉讼费用，其主张该费用的利息损失并无法律依据。故对久鸿会社的该项诉讼请求不予支持。

综上，二审判决认定兴联公司并非涉案运输合同承运人，缺乏事实和法律依据，应予纠正。一审判决认定兴联公司作为涉案货物运输的承运人，未向托运人久鸿会社交付提单，构成违约，判令兴联公司对久鸿会社因此遭受的海关滞报金损失承担赔偿责任并无不当。

——中国裁判文书网，http://wenshu.court.gov.cn。

1771

托运人与提单上记载的收货人之间是否存在贸易合同关系，并不免除承运人按照提单记载交付货物的义务

关键词｜承运人｜提单记载｜交付货物｜

【最高人民法院裁判文书】

宁波宁兴贸易集团有限公司与天虎(亚洲)股份有限公司、青岛天虎国际货运代理有限公司宁波分公司海上、通海水域货物运输合同纠纷申请再审案[最高人民法院(2016)最高法民申3392号民事裁定书]

最高人民法院认为:关于天虎亚洲公司是否应当向宁兴公司承担错误交付货物赔偿责任的问题。首先,根据原审查明的事实,涉案货物运输的提单上记载的收货人为RAMA公司,宁兴公司在货物出运后出具的电放保函中亦明确记载货物应交付收货人RAMA公司。因此,天虎亚洲公司作为承运人,在涉案运输合同项下的义务就是按照宁兴公司的指令,将货物正确交付指定的收货人RAMA公司。天虎亚洲公司在目的港向指定收货人交付货物时,负有核对收货人身份的义务,而不能按照通知方的指示随意变更收货人。天虎亚洲公司并未将涉案货物交付给RAMA公司,其以根据洪小龙的指示交付货物为由,主张其放货并无过错,缺乏事实和法律依据。天虎亚洲公司交付货物违反了提单的记载和宁兴公司的指示,系错误交付,构成违约。其次,海上货物运输合同与国际货物贸易合同系不同的法律关系。承运人在运输合同中应当履行的正确交付义务是按照提单记载进行的交付。托运人与提单上记载的收货人之间是否存在贸易合同关系,并不免除承运人按照提单的记载交付货物的义务。天虎亚洲公司以宁兴公司与RAMA公司之间不存在贸易合同关系为由,主张其不应当承担责任,缺乏依据。第三,根据原审查明的事实,宁兴公司向法院提交了订单、商业发票、装箱单等证据的复印件,证明其与RAMA公司之间的贸易合同关系,上述证据与提单和报关单的记载相吻合。天虎亚洲公司认为上述证据系伪造,但天虎亚洲公司提交的有关证词等证据,因无法排除与本案的利害关系,原审法院未予认定其效力,故天虎亚洲公司的主张缺乏充分的证据,原审判决认定宁兴公司提交证据的效力,并无明显不当。鉴于宁兴公司举证证明了其存在货款损失以及

天虎亚洲公司实施了错误放货的行为,而天虎亚洲公司并不能证明宁兴公司的货款损失与天虎亚洲公司错误放货行为之间没有因果关系,原审判决天虎亚洲公司赔偿宁兴公司的货款损失,并无明显不当。

——中国裁判文书网,http://wenshu. court. gov. cn。

1772

承运人有向记名提单上记名收货人交付货物的义务，货物抵目的港交付前，托运人未通知承运人停止向提单记名收货人交付货物，后果应由托运人承担

关键词｜记名提单｜收货人｜托运人｜

【《最高人民法院公报》案例】

美国总统轮船公司与菲达电器厂、菲利公司、长城公司无单放货纠纷再审案［最高人民法院(1998)交提字第3号民事判决书］

裁判摘要:一、合同当事人可以选择合同适用的法律,法律另有规定的除外。合同当事人没有选择的,适用与合同有最密切联系的国家的法律。

二、承运人有将货物交付给托运人在记名提单上记名的收货人的义务。

三、货物抵目的港交付前,托运人没有通知承运人停止向提单记名的收货人交付货物,由此产生的后果应当由托运人承担。

最高人民法院认为:双方当事人争议的焦点,是本案应适用的准据法和承运人应否向未持有记名提单的记名收货人交付货物。

对本案是国际海上货物运输合同无单放货纠纷,双方当事人没有异议,应予认定。《海商法》第二百六十九条规定:“合同当事人可以选择合同适用的法律,法律另有规定的除外。合同当事人没有选择的,适用与合同有最密切联系的国家的法律。”本案提单是双方当事人自愿选择使用的,提单首要条款中明确约定适用美国1936年《海上货物运输法》或海牙规则。对法律适用的这一选择,是双方当事人的真实意思表示,且不违反中华人民共和国的公共利益,是合法有效的,应当尊重。但是,由于海牙规则第1条规定,该规则仅适用于与具有物权凭证效力的运输单证相关的运输合同。本案提单是不可转让的

记名提单,不具有物权凭证的效力。并且,海牙规则中对承运人如何交付记名提单项下的货物未作规定。因此解决本案的海上货物运输合同纠纷,不能适用海牙规则,只能适用美国 1936 年《海上货物运输法》。美国 1936 年《海上货物运输法》第 3 条第 4 款规定,该法中的任何规定都不得被解释为废除或限制适用美国《联邦提单法》。事实上,在适用美国 1936 年《海上货物运输法》确认涉及提单的法律关系时,只有同时适用与该法相关的美国《联邦提单法》,才能准确一致地判定当事人在提单证明的海上货物运输合同中的权利义务。因此,本案应当适用美国 1936 年《海上货物运输法》和美国《联邦提单法》。原审被上诉人菲达厂在抗辩中主张对本案适用中国法律,不符合当事人在合同中的约定,不予支持。原审法院认定本案属侵权纠纷,并以侵权结果发生地在中国为由,对本案适用中国法律,不符合本案事实,是适用法律错误,应予纠正。

本案提单载明的托运人虽然是原审被上诉人长城公司、菲利公司,但长城公司和菲利公司仅是原审被上诉人菲达厂的出口代理人,各方当事人都承认菲达厂是涉案货物的实际托运人。菲达厂作为托运人,合法持有上诉人美轮公司签发的提单,因此提单所证明的菲达厂与美轮公司之间的国际海上货物运输合同,合法有效。

记名提单与非记名提单不同。记名提单是不可转让的运输单证,不具有物权凭证效力;而非记名提单可以转让,具有物权凭证的效力。根据美国 1936 年《海上货物运输法》和美国《联邦提单法》第 2 条、第 9 条(b)款的规定,承运人有理由将货物交付给托运人在记名提单上记名的收货人。承运人向记名提单的记名收货人交付货物时,不负有要求记名收货人出示或提交记名提单的义务。原审上诉人美轮公司作为承运人,根据记名提单的约定,将货物交给记名收货人艺明公司,或者按照艺明公司的要求将货物交付给艺明公司指定的陆路承运人,这个交货行为符合上述美国法律的规定,是适当地履行了海上货物运输合同中交付货物的责任,并无过错。美轮公司的申诉有理,应予支持。

原审被上诉人菲达厂在货物运抵目的港交付前,没有通知作为承运人的原审上诉人美轮公司停止向提单记名的收货人交付货物,由此产生的后果应当由菲达厂自己承担。菲达厂未能收回货款的损失,是其与艺明公司贸易中的风险,与美轮公司无关。原审判决认定美轮公司未正确履行凭正本提单交付货物的义务不当,判令美轮公司对菲达厂的货款损失承担赔偿责任错误,应予纠正。

原审被上诉人菲达厂在答辩中提出，原审上诉人美轮公司是预借提单，但没有提交相关的证据支持这一主张，并且涉案提单是否为预借提单，也与菲达厂的原诉讼请求无关，本院不予审理。

——《最高人民法院公报》2002 年第 5 期

1773

提单具有债权与所有权凭证的双重属性，提单持有人是否取得提单项下货物的所有权还应依据合同约定

关键词 | 提单 | 所有权凭证 | 所有权人 |

【《最高人民法院公报》案例】

中国建设银行股份有限公司广州荔湾支行与广东蓝粤能源发展有限公司、惠来粤东电力燃料有限公司等信用证开证纠纷案[最高人民法院(2015)民提字第126号民事判决书]

裁判摘要：提单具有债权凭证和所有权凭证的双重属性，提单持有人是否因受领提单的交付而取得物权以及取得何种类型的物权，取决于合同的约定。本案中，开证行根据其与开证申请人之间的合同约定持有提单，结合当事人的真实意思表示以及信用证交易的特点，应认定开证行对信用证项下单据中的提单以及提单项下的货物享有质权，开证行行使提单质权的方式与行使提单项下动产质权的方式相同，即对提单项下货物折价、变卖、拍卖后所得价款享有优先受偿权。

最高人民法院认为：一、关于建行荔湾支行是否对案涉提单项下货物享有所有权。

建行荔湾支行主张，提单是所有权凭证，其是提单的合法持有人，故对案涉货物享有所有权。针对建行荔湾支行的主张，需要解决两个问题：一是提单是否为所有权凭证；二是如果提单是所有权凭证，是否持有提单就对提单项下货物享有所有权。

关于提单是否为所有权凭证问题。《海商法》第七十一条规定，提单是指用以证明海上货物运输合同和货物已经由承运人接收或者装船，以及承运人保证

据以交付货物的单证。按照这一规定,提单既是证明运输合同成立的证据,也是承运人保证交付货物的单证。又根据《海商法》第七十八条第一款有关承运人同收货人、提单持有人之间的权利义务关系依据提单确定的规定,提单持有人享有提单载明的债权请求权,亦即提单是提单持有人请求承运人交付货物的债权请求权凭证,从这一意义上而言,提单是债权凭证。与此同时,在海上货物运输合同中,货物所有权人将货物交付给承运人并由承运人实际占有后,并未丧失所有权。既然货物所有权人对货物仍然享有所有权,其当然可以基于对货物的所有权请求承运人返还货物,此为基于所有权产生的原物返还请求权,属于物权请求权的范畴。提单是据以向承运人提取货物的唯一凭证,自然可以表征基于货物所有权所产生的原物返还请求权。从这一意义上说,提单亦系所有权凭证。由此可见,提单具有债权凭证与所有权凭证的双重属性。《最高人民法院关于审理无正本提单交付货物案件适用法律若干问题的规定》(以下简称《无单交货案件规定》)第三条第一款规定:"承运人因无正本提单交付货物造成正本提单持有人损失的,正本提单持有人可以要求承运人承担违约责任,或者承担侵权责任。"提单持有人之所以可以要求承运人承担违约责任,是基于提单的债权凭证属性,其系享有提单所载权利的债权人;而提单持有人之所以可以要求承运人承担侵权责任,是基于提单的所有权凭证属性,其系提单项下货物的所有权人或基于所有权所设定的他物权人。显然,该司法解释亦认可了提单具有所有权凭证和债权凭证的双重属性。

关于是否持有提单就对提单项下货物享有所有权问题。根据《海商法》第七十九条之规定,提单分为记名提单、指示提单和不记名提单。记名提单不得转让,而指示提单可以背书转让,不记名提单无须背书即可转让。不可转让的记名提单,只有提单上所记载的人享有交付货物的债权请求权及物权请求权。而可转让的指示提单和无记名提单流转给他人持有时,提单持有人是否当然就享有提单所表征的债权请求权及物权请求权,或者说谁持有提单谁是否当然就对提单项下货物享有所有权,不能一概而论,应区别情况作具体分析。提单本身既表征债权请求权又表征物权请求权,甚至系所有权凭证,这只是说明提单所具有的功能与属性。对承运人而言,一般情况下,提单是承运人决定放货与否的唯一凭证和依据,见单就可以放货,且见单就应该放货。至于提单持有人有无法律上的原因或依据,以及基于何种法律上的原因或依据而持有提单,均无须审查、无须过问。但是,对于提单持有人而言,其依法正当地向承运人行使提单权利,应具有法律上的原因或依据,亦即以一定的法律关系存在为前提。同样是交付提单,既可能是基于委托保管提单关系,亦可能是基于货物买卖关系,还可能是基于设立提单权利质押或提单项下货物动产质押关系,等等。基于不同的法律关系,提单持有人享有不同的权利。如果仅仅是基于委托保管提单的法律关系,提单持有人固然可凭单要求承运人交付货物,但如其主张对货物享有所有权或他物权,则显然不具有合法性和正当性;在基于货物买卖关系的情况下,交付提单,就是转让提单所表征的债权请求权及物权请求权,构成《物权法》第二十六条所规定的指示交付,产生提单项下货物所有权转移的法律效果;在基于设立提单权利质押关系的情况下,交付提单,产生提单权利质押设立的法律效果。也就是说,虽然提单的交付可以与提单项下货物的交付一样产生提单项下货物物权变动的法律效果,但提单持有人是否就因受领提单的交付而取得物权以及取得何种类型的物权,均取决于其所依据的合同如何约定。其中的道理与动产交付一样,动产占有人受领动产的交付,究竟是享有所有权、动产质权,还是基于合同关系的占有,均取决于当事人之间的合同如何约定。

本案中,建行荔湾支行持有提单乃不争之事实,但其是否就享有提单项下货物所有权,正如前述分析的那样,取决于其与蓝粤能源之间的有关合同如何约定。如果建行荔湾支行合法持有提单系根据买受货物或转移货物所有权的约定,则其是所有权人;如果系根据设定动产质权或权利质权的约定,则其是质权人。建行荔湾支行与蓝粤能源于2011年12月5日签订的《贸易融资额度合同》及《关于开立信用证的特别约定》,均没有关于在蓝粤能源不能付款赎单情况下建行荔湾支行对提单项下货物享有所有权的任何约定。2012年11月2日蓝粤能源向建行荔湾支行出具的《信托收据》载明,一旦建行荔湾支行向蓝粤能源交付或者同意蓝粤能源使用信用证项下的货物或该货物的权利凭证、单据等文件,自该收据出具之日起建行荔湾支行取得信用证项下所涉单据和货物的所有权。根据《信托收据》的上述记载,建行荔湾支行虽持有提单,但并非当然对提单项下货物享有所有权,只有在建行荔湾支行将提单或提单项下货物交由蓝粤能源处置的情况下,蓝粤能源才让与其提单项下货物的所有权。事实上,建行荔湾支行并未将案涉提单或提单项下货物交由蓝粤能源处置,《信托收据》当然亦不能作为其取得提单项下货物所有权的合同依据。因此,建行荔湾支行关于"提单是所有权凭证,其合法持有提单,就享有提单项下货物所有权"的主张,缺乏事实与法律依据,本院不予支持。建行荔湾支行还称,其主张提单项下货物所有权的最终目的是以货物的处置价款优先清偿信用证垫款产生的债权,不足的差额部分再由蓝粤能源继续清偿。由此可见,其意在以蓝粤能源让与提单项下货物所有权的形式担保债权的实现。但是:其一,有关合同没有建行荔湾支行所称的"以其享有所有权的货物处置价款优先清偿信用证垫款,不足的差额部分再由蓝粤能源继续清偿"的具体明确约定,该主张缺乏合同依据;其二,即便有相应的合同约定,我国现行法律没有关于以让与动产所有权担保债权这一担保物权类型的规定,根据物权法关于物权法定原则的规定,不能产生物权效力,何来优先受偿?在没有合同依据又没有法律依据的情况下,如果既认定建行荔湾支行对提单项下货物享有所有权,又认定蓝粤能源承担信用证项下全部款项的偿付义务,将导致双重受偿的后果。原一审判决以建行荔湾支行的主张将导致双重受偿为由驳回其此节诉讼请求虽理由阐述不够充分,但不无道理。原二审判决根据《海商法》第七十一条的规定,认为"提单的交付仅意味着提货请求权的转移,在未将提货请求权转移的事实通知实际占有人时,并不构成提单项下货物的交付"。但是,根据《物权法》第二十六条的规定,指示交付并不以通知实际占有动产的第三人作为完成交付的必要条件。即便是提单仅具有债权凭证属性,参照《合同法》第八十条第一款关于"债权人转让权利的,应当通知债务人,未经通知,该转让对债务人不发生效力"的规定,提单交付之时,即可发生债权请求权转让的效力,进而完成提单项下货物的指示交付。只是未经通知,其债权请求权的转让对提单项下货物实际占有人不能发生对抗效力而已,不能由此得出"不构成提单项下货物交付"的结论。何况,本案所涉提单系可以转让的指示提单,只有提单持有人凭单享有请求权是货物实际占有人即承运人所应预知的,亦无须通知。因此,原二审判决上述理由适用法律错误,应予纠正,但此项处理结果并无不当,应予维持。

此外,蓝粤能源、蓝海海运、蓝文彬根据《信托收据》所载内容,主张建行荔湾支行未向蓝粤能源交付提单系违约在先,蓝粤能源不应承担违约责任,蓝海海运、蓝文彬亦不应承担担保责任。然而,依据信用证合同及其附件的约定,蓝粤能源对信用证项下的款项负有到期付款义务,建行荔湾支行也只有在蓝粤能源付款后才能放单,并无先行放单的义务。即便是依据《信托收据》所载,建行荔湾支行应先行将提单或提单项下货物交付给蓝粤能源,建行荔湾支行未交付提单或提单项下货物,也只是不产生以让与货物所有权形式担保建行荔湾支行债权的相应效果,不能因此免除蓝粤能源在信用证项下的付款责任及蓝海海运、蓝文彬的担保责任。何况,蓝粤能源受能源市场因素影响,经营状况明显恶化,可能丧失履约能力,且其他债权人对蓝粤能源包括提单项下货物在内的财产已经采取保全措施,一旦将提单交付给蓝粤能源,将可能丧失对提单或提单项下货物享有的担保物权。在此情况下,建行荔湾支行基于不安抗辩权拒绝放单,不构成违约,当然亦不能作为免除或减轻蓝粤能源信用证项下的付款责任及蓝海海运、蓝文彬担保责任的理由,故本院对蓝粤能源、蓝海海运、蓝文彬的上述主张不予支持。

——《最高人民法院公报》2016 年第 5 期

【链接：最高人民法院法官著述】

提单兼具债权凭证与物权凭证的双重属性,是物权凭证中的所有权凭证。

（一）提单是债权凭证

我国《海商法》采用了“汉堡规则”给提单下定义的方法,在第四章“海上货物运输合同”第四节“运输单证”第七十一条专门规定了提单的定义:“提单,是指用以证明海上货物运输合同和货物已经由承运人接收或者装船,以及承运人保证据以交付货物的单证。提单中载明的向记名人交付货物,或者按照指示人的指示交付货物,或者向提单持有人交付货物的条款,构成承运人据以交付货物的保证。”该条确定了提单的债权凭证属性,明确了提单具有三项职能:一是运输合同的证明,二是货物收据,三是承运人保证据以交付货物的单据。

……

（二）提单兼具物权凭证属性

提单具有债权凭证的属性,争议不大,问题是提单是否兼具物权凭证属性?基于以下考虑,合议庭认为提单同时还是物权凭证。

1.《无单交货案件规定》明确了提单的物权凭证属性

《海商法》第七十一条仅揭示了提单的债权凭证属性,对于其是否具有物权凭证属性,海商法本身缺乏明确规定,但《无单交货案件规定》第三条第一款规定:“承运人因无正本提单交付货物造成正本提单持有人损失的,正本提单持有人可以要求承运人承担违约责任,或者承担侵权责任。”提单作为运输合同的证明,在无单放货的情况下,正本提单持有人当然可以根据运输合同要求承运人承担违约责任,问题是,提单持有人凭什么要求承运人承担侵权责任?原因是提单是物权凭证,提单持有人享有的是物权而非债权,因此其可以要求承运人承担侵权责任。反过来说,如果提单表征的仅是债权,则在提单持有人与承运人之间,仅存在违约不存在侵权问题,当然也就谈不上违约责任和侵权责任的竞合问题了。或许有人说,根据《合同法》第一百二十二条有关"因当事人一方的违约行为,侵害对方人身、财产权益的,受损害方有权选择依照本法要求其承担违约责任或者依照其他法律要求其承担侵权责任"的规定,也可以得出此时存在责任竞合的结论。我们认为,从体系解释的角度看,该条所谓的"财产权益",指的是债权之外的诸如物权、知识产权等绝对性权利,并不包括合同债权本身,否则,侵害合同债权也构成侵权,就会得出违约责任是一种特殊的侵权责任、合同法属于侵权法的特别法这样一种违背现行法律体系的结论。所以,受到侵权法保护的提单在性质上只能是物权性权利。

此外,《无单交货案件规定》第十一条还规定:"正本提单持有人可以要求无正本提单交付货物的承运人与无正本提单提取货物的人承担连带赔偿责任。"该规定进一步揭示了提单的物权凭证属性。因为如果提单仅是债权凭证,根据《合同法》第一百二十一条之规定:"当事人一方因第三人的原因造成违约的,应当向对方承担违约责任。当事人一方和第三人之间的纠纷,依照法律规定或者按照约定解决。"提单持有人只能向运输合同的当事人承运人主张权利,无权向提取货物的人主张权利。

——刘贵祥:《跟单信用证下持有提单的开证行享有何种权利》,载刘贵祥主编:《最高人民法院第一巡回法庭精选案例裁判思路解析(一)》,法律出版社2016年版,第11~16页。

编者说明

本案再审判决作为最高人民法院的终审判决,明确了提单可为所有权凭证,但提单持有人并不当然是提单项下货物的所有权人,并明确了持有提单的信用证开证行在何种情况下享有提单质权,统一了该疑难法律问题的裁判规则。

提单交付之时,即完成了提单项下货物的指示交付,未经通知,只是对实际占有人不能发生对抗效力,而不能由此得出"不构成提单项下货物交付"的结论。

1774

集装箱被拆箱并不能证明承运人实施了无单放货的行为

关键词 | 集装箱 | 无单放货 |

【最高人民法院审判业务意见】

海上货物运输合同无单放货纠纷在海事纠纷案件中占了很大比例。随着《无单交货案件规定》的施行，很多长期存在的争议和问题已经得到解决。但是，我们发现有些法院在处理此类纠纷时，仍然存在举证责任分配不当、证据认定标准不一的问题，有必要再予以明确。

根据谁主张谁举证的基本原则，提单持有人依据《无单交货案件规定》第三条的规定，向承运人主张无单放货损失赔偿的，应当提供证据证明其为合法的正本提单持有人、承运人未凭正本提单交付货物以及其因此遭受的损失。

提单持有人应当提供初步证据证明承运人未凭正本提单交付货物，仅凭持有正本提单并不能视为其已完成举证义务。提单持有人提供证据证明装载涉案货物的集装箱已经重新投入使用或流转，或者提单记载应当整箱交付的已经被拆箱，均或以认定为初步证明了承运人无单放货的事实。针对提单持有人提供的初步证据，承运人抗辩货物并未被交付的，应当举证证明货物仍然处于其控制之下，否则应当承担举证不能的不利后果，对无单放货造成的损失承担赔偿责任。对于承运人提交的证明货物依然处于其控制之下的证据，法院应当严格审查，准确判断其证明力。

——最高人民法院民四庭庭长张勇健：《在全国涉外商事海事审判庭长座谈会上的讲话》（2016 年 4 月 7 日），载贺荣主编、最高人民法院民事审判第四庭编：《涉外商事海事审判指导》总第 32 辑，人民法院出版社 2017 年版，第 22～23 页。

1. 对于无单放货的举证责任。托运人或者提单持有人向承运人主张无单放货损失赔偿的，应当提供初步证据，证明承运人未凭正本提单交付货物。如果承运人不能证明货物仍然在其掌管之下，仅以"支付回运运费后就可以将货物运回"为由抗辩，一般不能据此认定承运人没有实施无正本提单交付货物的行为，从而作出对托运人或者提单持有人不利的判断。

——刘贵祥：《在全国海事审判工作会议上的总结讲话》，载万鄂湘主编、最高人民法院民事审判第四庭编：《涉外商事海事审判指导》总第 25 辑，人民法院出版社 2013 年版，第 24～25 页。

【最高人民法院裁判文书】

安徽欧力电器有限公司与旅运国际货运代理(深圳)有限公司、旅航物流有限公司海上货物运输合同纠纷案[最高人民法院(2011)民申字第177号民事裁定书]

最高人民法院认为:关于旅运货代与旅航物流之间的法律关系问题。本案提单虽然是旅运货代签发给欧力公司的,但是由于旅航物流与旅运货代订有授权签发提单的委任书,旅航物流具有我国交通部门认可的无船承运人资格,旅运货代签发的提单正是旅航物流在我国交通部备案的格式提单,该提单记载的承运人是旅航物流,故原审法院认定旅运货代签发提单系经旅航物流授权,其代理行为产生的后果由提单记载的承运人旅航物流承担,符合事实,证据充分,并无不当。欧力公司关于旅运货代与旅航物流不存在代理关系的申诉理由不能成立。欧力公司称旅运货代与欧力公司联系的所有信函中均使用旅航物流的英文名称,且旅运货代从未披露过其代理人身份。由于旅航物流具有合法无船承运人资格,且其与旅运货代具有代签提单的协议,故旅运货代作为代理人使用被代理人名称签发被代理人的提单并无不妥,不存在违法代理的情况。欧力公司作为提单持有人在接受提单时就应当注意到提单记载的承运人是旅航物流而不是旅运货代,虽然提单中有旅运货代孙启堂的签章,但其也仅仅是作为旅航物流的代表在提单上签字,这也正说明旅运货代是旅航物流的代理,而非承运人。因此欧力公司以旅运货代未告知代理身份、以自己名义签发提单为由主张旅运货代应当与旅航物流作为共同承运人,缺乏事实和法律依据,不能予以支持。

关于本案是否存在无单放货的事实。由于本案提单约定的货物交付方式是集装箱堆场整箱交付(CY-CY),因此根据欧力公司提供的经过公证的集装箱跟踪信息文件,可以确认本案三个集装箱在目的港确实被拆箱,作为承运人的旅航物流确实存在违反整箱交付方式的行为。但是法国公证机构的《笔录报告》和DHLFREIGHT证明均证明本案货物仍存放于旅航物流代理人DHLFREIGHT仓库中,仍处在承运人控制中,货物并没有交付,故集装箱被拆箱的事实不能证明旅航物流和旅运货代实施了无单放货的行为。另根据原审法院查明的事实,欧力公司不能结汇的原因是本案货物在目的港长达数月无人提货。欧力公司因此与旅运货代和旅航物流多次协商回运事宜,而双方关于回运事宜的往来邮件证明因欧力公司不愿提供正本提单和承担相应回运费用而导致协商不成,故不能回运的责任在于欧力公司,而非旅运货代和旅航物流,因此欧力公司关于旅航物流和旅运货代应当承担未安排回运的过错和违约责任的主张,没有事实依据,不能予以支持。据此,旅航物流违反整箱交付方式的行为与欧力公司主张的货款损失没有因果关系。原审法院关于本案不构成无单放货,旅航物流对欧力公司有关货款损失的主张不承担赔偿责任的认定,并无不当,应予维持。

由于欧力公司没有提交相关证据,故其关于本案货物在目的港已经清关被旅航物流放行、《笔录报告》不能证明仓库中的货物就是本案货物的主张,缺乏证据证明,不予支持。欧力公司认为原审法院未作实质审理。但经审查,原审法院审理程序合法,无违法审理情况,欧力公司这一主张没有事实依据,不予以支持。

——中国裁判文书网,http://wenshu. court. gov. cn。

1775

记名提单记载的收货人未付款赎单，托运人仍持有全套正本提单，货物已被案外人提走，构成无单放货

关键词｜记名提单｜无单放货｜

【最高人民法院裁判文书】

山西杏花村国际贸易公司与港捷国际货运有限公司海上货物运输合同无单放货赔偿纠纷案[最高人民法院(2013)民提字第5号民事判决书]

最高人民法院认为:(二)港捷公司是否无单放货以及杏花村公司是否收到货款。

根据《海商法》第七十一条的规定,提单是承运人保证据以交付货物的单证。货物在目的港完成通关之前存放于海关监管仓库,是各国外贸监管的常见做法,并不影响承运人交付货物。根据《海商法》第八十六条的规定,在收货人迟延提取货物的情况下,船长可以将货物卸在仓库或者其他适当场所,由此产生的费用和风险由收货人承担。其中的风险是指仓储过程中由于意外因素导致货物毁损、灭失的风险,不包括承运人无单放货造成的损失。货物卸入目的港仓库不能免除承运人凭提单交付货物的义务。涉案证据表明,由于记名提单中记载的收货人没有付款赎单,杏花村公司作为托运人仍然持有全套正本提单。在此情况下,货物已被案外人提走,港捷公司作为承运人不能证明自己收回了正本提

单，一、二审判决认定其无单放货，证据充分。杏花村公司提交了出口收汇核销单、商业发票等证据，证明货物价值167000美元，用于托收货款的提单已被银行退回，能够证明其通过银行托收未果，没有收到货款，遭受了损失。港捷公司主张杏花村公司已经收回全部货款，但未就此举证予以证明，其关于二审判决认定无单放货及损失事实错误的主张缺乏事实依据，本院不予支持。

（三）港捷公司能否以“政府或主管部门的行为”为由免责。

港捷公司主张涉案货物是巴西海关根据当地法律交付的，但其并未提交证据，证明货物确实由巴西海关进行了处置。其提交的《商务部国别贸易投资环境报告2011》尽管含有巴西港口制度的介绍，但既非法律文本，也非巴西法律专家出具的相关法律意见，不能单独作为查明巴西法律的依据。其依据《海商法》第五十一条“政府或者主管部门的行为”免责的主张，没有事实依据，本院不予支持。

——贺荣主编、最高人民法院民事审判第四庭编：《涉外商事海事审判指导》总第30辑，人民法院出版社2016年版，第180~185页。

1776

无单放货诉讼时效的起算点“应当交付货物之日”应理解为承运人在正常航次中将货物运抵目的港并具备交付条件，提单持有人可以提到货物的合理日期

关键词｜无单放货｜诉讼时效｜

【最高人民法院司法解释】

第十四条　正本提单持有人以承运人无正本提单交付货物为由提起的诉讼，适用海商法第二百五十七条的规定，时效期间为一年，自承运人应当交付货物之日起计算。

正本提单持有人以承运人与无正本提单提取货物的人共同实施无正本提单交付货物行为为由提起的侵权诉讼，诉讼时效适用本条前款规定。

——《最高人民法院关于审理无正本提单交付货物案件适用法律若干问题的规定》（2009年2月26日，法释〔2009〕1号）

【最高人民法院裁判文书】

山西杏花村国际贸易公司与港捷国际货运有限公司海上货物运输合同无单放货赔偿纠纷案［最高人民法院（2013）民提字第5号民事判决书］

裁判要点：无单放货时效的起算点“应当交付货物之日”应该理解为承运人在正常航次中，将货物运抵目的港，具备交付条件，提单持有人可以提到货物的合理日期。与《民法通则》上规定诉讼时效期间从“知道或者应当知道权利被侵害时”起算不同的是，这是一个客观的时间，应以船舶航程这种客观条件作为诉讼时效的起算点，而不应以行为人的是否知晓权利受到侵害、是否可以主张权利等主观条件来确定何时构成“应当”。

最高人民法院认为：（四）杏花村公司的起诉是否超过诉讼时效。

本案系海上货物运输合同纠纷，根据《海商法》第二百五十七条的规定，就海上货物运输向承运人要求赔偿的请求权，时效期间为一年，自承运人交付或者应当交付货物之日起计算。其中“应当交付货物之日”的规定适用于货物没有实际交付给提单持有人的情况，是指承运人在正常航次中，将货物运抵目的港，具备交付条件，提单持有人可以提到货物的合理日期。现有证据证明，涉案货物自2007年6月9日起，即被存放在目的港海关监管仓库，说明2007年6月9日承运人已经具备交付货物的条件。根据上述事实和法律规定，本案诉讼时效应自2007年6月9日起开始计算。

如前所述，“应当交付货物之日”是按照运输合同正常履行情况推定出来的期日，其中的正常情况既包括船舶运输环节的正常，也应包括交付环节的正常，即提单持有人正常提货，承运人正常交付的情况。提单持有人未在合理期限内提货，不影响诉讼时效的起算。否则提单持有人迟迟不提货，该时效就无法起算，这不符合法律规定时效制度的目的。我国驻圣保罗总领事馆经济商务室的函件，只能说明在目的港收货人提到货物的时间可能由于海关、税务的原因花费较长时间，但承运人向收货人交付货物不同于收货人完成通关提到货物，不能将收货人完成通关提到货物的时间认定为承运人应当交付货物的时间。一、二审判决认定本案诉讼时效应自2008年1月17日起算，没有法律依据，应予纠正。

杏花村公司提交的电话录音及电子邮件显示，2008年10月，杏花村公司与港捷公司进行联系要求赔偿。电话内容与电子邮件以及杏花村公司派代表索赔的事实能够相互印证，可以证明双方曾经通过电话联系索赔事宜的事实。港捷公司关于电话录音及电子邮件缺乏证据效力的主张没有事实及法律依据,本院不予支持。

根据《海商法》第二百六十七条第一款的规定,时效因请求人提起诉讼、提交仲裁或者被请求人同意履行义务而中断。涉案纠纷发生后,杏花村公司于2008年10月派工作人员前往港捷公司商谈赔偿事宜,又通过电话要求港捷公司赔偿损失。但经本院询问双方当事人并听取相关录音资料,港捷公司职员在电话中并未作出同意履行义务的意思表示,而是要求通过一定程序解决纠纷。一、二审判决认定港捷公司曾经同意履行义务,证据不足,应予纠正。

综上,本案诉讼时效应自2007年6月9日起计算,杏花村公司提交的证据不能证明时效发生中断,其在2008年12月26日提起本案诉讼,超出了《海商法》第二百五十七条规定的一年时效期间。一、二审判决关于本案时效期间起算点以及时效中断的认定法律适用错误,应予纠正。

——贺荣主编、最高人民法院民事审判第四庭编:《涉外商事海事审判指导》总第30辑,人民法院出版社2016年版,第180~185页。

【链接:最高人民法院法官著述】

"应当交付货物之日"应该理解为承运人在正常航次中,将货物运抵目的港,具备交付条件,提单持有人可以提到货物的合理日期。与《民法通则》上规定诉讼时效期间从"知道或者应当知道权利被侵害时"起算不同的是,这是一个客观的时间,应以船舶航程这种客观条件作为诉讼时效的起算点,而不应以行为人的是否知晓权利受到侵害、是否主张或可以主张权利等主观条件来确定何时构成"应当"。海商法作出这样规定的原因一方面是因为几个世纪以来各贸易航运大国以海商立国的经济政策导致的以承运人为本位的立法原则,使得海牙规则及维斯比规则的制订很大程度上代表了海权国的意志,因而在时效的规定上倾向于保护船东方的利益,明确规定时效期过后承运人被免除任何责任,不能例外。其目的就是为了使船东尽早摆脱诉讼的纠缠,维护高效安全的航运秩序。我国《海商法》的时效规定借鉴了《海牙-维斯比规则》,因而在立法本意的理解上应参照该规则。这符合国际公约和航海惯例,只有共同遵守这些惯例,才能构成相对趋同且被认为是合理的秩序和发展。反之如果是以有关当事人收到银行退单后主张提货或者可能主张提货之日作为时效的起算点,那么时常会发生在交货或应当交货的一两年之后时效才开始起算的情况,这与《海商法》的立法原意相悖。另一方面,《海商法》并没有完全脱离《民法通则》精神。一般来说，当提单流转到银行、担保人或者其他第三人手中时，作为一个谨慎的提单持有人应该密切关注该提单项下货物的流程，即使承运人未发出提货通知，我们也有理由相信提单持有人不会对于自己提单项下且处于海上运输过程中的货物权利会置之不理、不闻不问。在提单从银行退回到托运人手里之前，托运人仍可以通过与贸易买方和承运人的联系中取得货物信息，况且托运人在托运货物之前肯定对运输所需时间有所了解，应当知晓交货的大致日期。因此，从“应当交付货物之日”起计算时效不仅对提单持有人并没有特别的不公平，反而更有利于促使其关注和行使提单项下的货物权利，有利于对海上纠纷的及时处理。

此外，由于海上运输的特殊性，不能简单地将“到港日”等同于“应当交付之日”。因为船舶抵港后可能是提前到达卸货港，或者尚未发出提货通知，或者自己连卸货准备都没有做好，等等。况且，国际集装箱货物运输中集装箱错装、漏装、错卸等情况时有发生，不能一抵港就起算诉讼时效，这样对提单持有人不公。本案中，涉案货物自2007年6月9日起，即被存放在目的港海关监管仓库，说明2007年6月9日承运人已经具备交付货物的条件，诉讼时效应自2007年6月9日起开始计算。

——黄西武：《无单放货纠纷一年时效的起算点——山西杏花村国际贸易公司与港捷国际货运有限公司海上货物运输合同无单放货赔偿纠纷案》，载贺荣主编、最高人民法院民事审判第四庭编：《涉外商事海事审判指导》总第30辑，人民法院出版社2016年版，第185～187页。

1777

参与无单放货的实际承运人应当对提单持有人承担责任，其与承运人的船租约定不能对抗提单持有人

关键词｜无单放货｜实际承运人｜提单持有人｜

【最高人民法院裁判文书】

鞍钢集团国际经济贸易公司与巴拿马富春航业股份有限公司海上货物运输无单放货纠纷再审案[最高人民法院(2005)民四再字第2号民事判决书]

裁判摘要：根据我国《海商法》规定，提单构成承运人据以交付货物的保证，

承运人和担保了交货义务的实际承运人均应凭正本提单放货。参与了无单放货的实际承运人应当对提单持有人承担责任，其与承运人的船租约定不能成为对抗提单持有人的免责理由。

最高人民法院认为，本案双方争议的焦点是：1. 富春公司作为实际承运人是否实施了放货的行为；2. 其仅凭香港提单副本和保函放货是否构成无单放货；3. 富春公司的免责抗辩理由是否成立。

经庭审明："盛扬"轮的确实施了放货行为。收货经办人印尼 BAKRIE 管道公司出具的货物收据抬头为：致"盛扬"轮 101 航次，即担负本案货物运输任务的特定航次；印尼雅加达 BUMI DAYA 私人银行 SAID 支行为收货人出具的保函抬头为：关于"盛扬"轮的银行保函。凭该两份收货时的证据，足可以认定，本案的放货确系富春公司的"盛扬"轮实际完成。富春公司关于其仅实施了卸货而没有实施放货给收货人的行为的辩称，与本案的放货事实不符。

依照《海商法》第七十一条、第七十二条的规定，正本提单应当签发给交运货物的托运人。大连提单系鞍钢公司实际交运货物后凭"盛扬"轮大副签发的收货单而换取，符合《海商法》的规定，为合法有效的具有物权凭证的提单。且根据"盛扬"轮大副签署的收货单据以及"盛扬"轮船长的授权书，"盛扬"轮应当知道由大连外代所特定签发的大连提单的存在。而香港提单系仅千金一公司出具的保函而换得，尤其是当香港提单项下载明的托运人仍为鞍钢公司时，莫帕提公司应无权签发香港提单给并非事实上以托运人身份出现的千金一公司，香港提单应当认定为非法无效。本案诉讼以来，富春公司一直表示，"盛扬"轮放货之前对香港提单的签发确不知情。"盛扬"轮对大连提单的签发不能否认其知情况的事实，对香港提单的签发又一再坚持不知情，却又凭收货人的银行保函和香港提单的副本放货，事后也仅让收货人凭香港提单换回了收货保函，富春公司的行为显然构成无单放货。

富春公司关于其作为实际承运人不应承担承运人的所有责任和义务、特别是交货义务的辩称，与《海商法》的相关规定并不相符。《海商法》第六十一条的规定："本章对承运人责任的规定，适用于实际承运人。"实际承运人在其所担负的运输责任内，应当承担与承运人同等的法律责任。该条所指的"本章"，是指《海商法》第四章关于"海上货物运输合同"的全部规定。该章之中第七十一条关于提单构成承运人据以交付货物的保证的规定，即承运人应凭正本提单放货的法律义务，也适用于担负了交货义务的实际承运人。富春公司明知凭正本提单交货是自己的强制性义务，仍坚持无正本提单放货，依法不能享有提单中关于免责和责任限制的权利。富春公司主张,造成鞍钢公司货损的直接原因是国际贸易欺诈而不是海上货物运输下的无单放货,该项抗辩不能成立。鞍钢公司持有全套完整的大连提单,拥有大连提单项下货物的完整所有权,导致鞍钢公司货物损失的直接原因,是"盛场"轮的无单放货行为。富春公司主张其凭收货保函及香港提单副本放货以及事后让收货人凭正本香港提单换回收货保函,皆系按照其与莫帕提公司之间的船租合约,接受莫帕提公司的指令或安排行事,对富春公司的该项抗辩不予支持。船租合约系富春公司与莫帕提公司之间所签,仅对该两者有合同约束力,富春公司不能以履行其与莫帕提公司的合约为由,损害第三人鞍钢公司的利益。富春公司又主张,无论大连提单还是香港提单皆非其所签发,故其不应承担无单放货责任。随着现代海运业务的发展,船运代理业务十分发达,提单究竟由谁签发,皆不能免除承运人或担负了实际放货任务的实际承运人应凭正本提单放货的法律义务,故该项抗辩亦不应支持。

——苏泽林主编、最高人民法院审判监督庭编:《审判监督指导》总第19辑,人民法院出版社2007年版,第132~142页。

1778

因无单放货使托运人不能收回货款，承运人应当向托运人承担赔偿责任

关键词｜无单放货｜赔偿责任｜

【最高人民法院审判业务意见】

2. 对于无单放货请求赔偿数额的认定。托运人或者提单持有人向承运人主张无单放货损失赔偿,如果有证据证明托运人或者提单持有人已经收到部分货款,在确定损失赔偿额时,应当按照货物装船时的价值加运费和保险费计算,并相应扣除其已收回的部分货款。如果有证据证明托运人或者提单持有人已经收到全部货款,其要求承运人赔偿货物损失的诉讼请求,不应予以支持。

——刘贵祥:《在全国海事审判工作会议上的总结讲话》,载万鄂湘主编、最高人民法院民事审判第四庭编:《涉外商事海事审判指导》总第25辑,人民法院出版社2013年版,第24~25页。

【《最高人民法院公报》案例】

浙江纺织公司诉台湾立荣公司海上货物运输合同无单放货纠纷案(上海市高级人民法院二审民事判决书)

裁判摘要:二、因无单放货使托运人不能收回货款,承运人应当向托运人承担赔偿责任。托运人在启运港持未经贸易流转的正本提单起诉承运人的,不存在海上货物运输合同关系中可以凭提单向承运人主张提货权利的第三人,不需要解决提单持有人有无提货权的问题。

上海市高级人民法院认为:被上诉人浙江纺织公司以托运人身份,在启运港持正本提单,起诉作为承运人的上诉人长荣储运公司违约无单放货给其造成不能收回货款的损失,主张损害赔偿。作为海上货物运输合同中的当事人,承运人长荣储运公司无单放货,托运人浙江纺织公司当然有权请求承运人赔偿因无单放货给其造成的货款不能收回损失。如果否认托运人享有这一权利,等于让依约履行义务的托运人对承运人的违约后果负责,显然不符合公平原则,有悖于法律规定,不利于维护社会经济秩序。在涉案提单由托运人在启运港持有,未经贸易流转的情况下,不存在海上货物运输合同关系中可以凭提单向承运人主张提货权利的第三人,因此不需要解决提单持有人有无提货权的问题。长荣储运公司关于浙江纺织公司非提单持有人、没有提货权等上诉理由,对浙江纺织公司的持单没有实际意义,也与本案的处理无直接联系,不予采纳。

在本案中,上诉人长荣储运公司无单放货,致使被上诉人浙江纺织公司不仅不能收回货款,而且还因不具备办理出口退税的条件遭受退税款损失。这些损失,是长荣储运公司实施无单放货违约行为时应当预见也可以预见的。原审判令长荣储运公司赔偿这些损失,符合《合同法》第113条的规定。

——《最高人民法院公报》2005年第12期

1779

持有正本提单的货运代理人负有向提单记载的托运人转交正本提单的义务,其未交付提单且未按指示直接放货,对托运人的损失应承担赔偿责任

关键词 | 货运代理人 | 交付提单 | 损失赔偿 |

【最高人民法院司法解释】

第十条　委托人以货运代理企业处理海上货运代理事务给委托人造成损失为由，主张由货运代理企业承担相应赔偿责任的，人民法院应予支持，但货运代理企业证明其没有过错的除外。

——《最高人民法院关于审理海上货运代理纠纷案件若干问题的规定》(2012 年 2 月 27 日，法释〔2012〕3 号)

【最高人民法院裁判文书】

厦门南盛糖果食品厂有限公司与万通运达(厦门)国际货运代理有限公司、以星综合航运(中国)有限公司厦门分公司海上货运代理纠纷再审案[最高人民法院(2016)最高法民再 59 号民事判决书]

最高人民法院认为：关于万通运达公司是否应当承担赔偿责任。根据查明的事实，万通运达公司于 2012 年 9 月 11 日出具《承诺书》载明：我司现有贵司的法国的提单 2 份(提单号：ZIMUXIA9131812 和 ZIMUXIA9131476)，在未得到贵司的书面通知下不得将货物放给法国客户。经询问，万通运达公司对其曾经持有涉案两份提单的原因、提单的流转以及货物的情况均无法作出说明。万通运达公司作为持有正本提单的货运代理人，负有向交付货物并被提单记载为托运人的南盛公司转交正本提单的义务。但万通运达公司并未将正本提单交付南盛公司，也未按照《承诺书》的记载就是否放货征求南盛公司的意见，导致南盛公司丧失对货物的控制，涉案货物去向不明。根据《最高人民法院关于审理海上货运代理纠纷案件若干问题的规定》(以下简称《海上货运代理规定》)第十条的规定，万通运达公司对因此造成的南盛公司的损失，应当承担赔偿责任。南盛公司依据运输合同向承运人索赔的主张是否超过诉讼时效，并不能影响南盛公司依据货运代理合同向万通运达公司主张权利。万通运达公司以南盛公司已经错过向承运人主张责任的诉讼时效，取得提单已经没有意义为由进行抗辩，显然缺乏理据。

关于南盛公司是否存在损失。万通运达公司主张，南盛公司已经收到涉案货款，并未因丧失对货物控制而遭受损失。万通运达公司对此应当承担举证责任，否则应当承担举证不能的不利后果。虽然《进口合同》中约定的付款方式为签订合同之后支付30%的定金,收到样品后支付30%货款,剩余40%的款项于货物全备好即将出港时支付,但是该约定仅仅系《进口合同》双方当事人对如何履行合同项下货款支付义务的约定,并不能证明该约定已经得以实际履行,亦不能证明南盛公司已经足额收到全部货款,更不能免除万通运达公司向南盛公司交付提单或按南盛公司指示放货的义务。二审判决以南盛公司不能举证证明合同约定的付款方式发生变更为由,认定南盛公司并不存在损失,系举证责任分配不当,应予纠正。南盛公司向本院提交的法国进口方支付凭证进一步补强证明了其关于已收货款仅为56831.07美元(含印刷制版费),尚未收到全部货款的主张。万通运达公司以南盛公司已经办理了涉案货物的外汇核销和出口退税为由,主张南盛公司已经收到涉案货款,但是并未提交任何证据证明上述事实。南盛公司关于未收到涉案货款的主张应予支持。

关于损失的数额。首先,虽然《进口合同》中并未对该合同项下所有货物的分批运输和分别付款做出约定,但根据南盛公司向本院提交的证据,涉案《进口合同》项下的货物实际分4票集装箱货柜进行运输。除本案所涉2票货物外,另外2票货物出运时间为2012年5月13日和5月23日。至2012年6月6日,南盛公司收到的货款为56831.07美元(含印刷制版费)。南盛公司自认已经收到《进口合同》项下另外2票货物的全部货款,该自认与其向本院提交的出口报关单、提单、付款凭证等证据亦相互印证。并无证据证明南盛公司已经收到涉案2票货物的货款。故万通运达公司关于涉案2票货物仅有30%未付款的抗辩意见,缺乏事实依据,本院不予采信。其次,南盛公司主张涉案2票货物的货款损失,应当提交相应的证据证明损失数额。其提交的《进口合同》记载涉案2票货物金额为25838.86欧元,出口报关单发票载明的货物金额为42484美元。本院认为,《进口合同》系南盛公司自行提交,万通运达公司对其真实性亦予以认可,应当按照该合同记载的金额确定涉案货物的损失数额。出口报关单系南盛公司出口货物时单方申报填写,其载明的货物金额和采用的结算货币币种与《进口合同》的约定并不一致,南盛公司又不能证明记载不一致的合理原因,故出口报关单发票并不能准确反映货物的真实价值,南盛公司主张按照出口报关单记载金额确定损失数额,依据不足。万通运达公司关于应当以《进口合同》记载金额确定货款损失的意见,应当予以采信。一审判决关于万通运达公司应当向南盛公司承担赔偿责任的认定正确,但是由于对《进口合同》真实性的认定发生变化,货款损失的认定数额亦应予调整。本案2票货物的货款损失应当为25838.86欧元。因南盛公司系中国企业,其提起本案诉讼时要求以2012年6月外汇汇率折算人民币支付损失赔偿,本院予以认可。本案所涉货款损失 25838.86 欧元,按照 2012 年 6 月欧元对人民币平均汇率 7.9,折合人民币 204126.99 元。南盛公司关于万通运达公司怠于支付上述款项,造成利息损失的主张,亦应予以支持,万通运达公司应当承担上述款项自 2013 年 2 月 15 日货物被提走之日起至实际支付之日止按照中国人民银行人民币同期贷款利率计算的利息。

——中国裁判文书网,http://wenshu.court.gov.cn。

1780

在审理海上货物运输合同无单放货类案件中需识别各种法律关系，确定责任人

关键词｜海上货物运输合同｜无单放货｜

【最高人民法院审判业务意见】

最高人民法院《无单交货案件规定》明确了审理该类案件的原则。鉴于海上货物运输环节众多,委托和转委托关系复杂,实践中还需要结合案情依法识别各种法律关系,确定责任人。

在(2009)民监字第 76 号江苏泰州唐仁针棉织品有限公司(以下简称"唐仁公司")与上海新文捷国际货运有限公司(以下简称"新文捷公司")海上货物运输合同无单放货损害赔偿纠纷案中,唐仁公司按照 FOB 贸易买家申请开立信用证的指示将涉案两个集装箱出口货物交给新文捷公司。新文捷公司接收货物后,即安排订舱、报关等事宜并收取了订舱费、报关费等费用。在货物装船出运后,唐仁公司取得全套正本提单。提单抬头和目的港代理人均为案外人韩国海空有限公司(以下简称"海空公司"),提单记载的托运人是唐仁公司,起运港上海,目的港韩国釜山,签章处显示海空公司是承运人。货物到达目的港后被无单发行。新文捷公司曾与海空公司签订互为代理协议,约定分别为对方在当地港口的代理。

上海海事法院一审认为:提单是海上货物运输合同的证明,涉案提单的抬头人和签单处均记载承运人为海空公司而不是新文捷公司。根据新文捷公司与海空公司的代理协议,新文捷公司是海空公司在起运港的代理人,其接受货物、向

实际承运人履行订舱手续、收取订舱费等符合代理协议的约定和代理人的行为特征，其行为均代表海空公司。唐仁公司不能因为根据信用证的指示与新文捷公司具体联系货物出运事宜就认为新文捷公司是与其订立运输合同的承运人。提单的抬头和签章记载已清楚表明海空公司是承运人，唐仁公司在取得该提单时并未提出异议。虽然涉案提单未在交通部备案，但并不影响提单本身的效力，且提单是否备案与无单放货行为之间并无因果关系。唐仁公司不能要求新文捷公司承担承运人的违约责任。

一审判决生效后，唐仁公司向上海市高级人民法院申请再审，认为一审法院未审查海空公司无船承运业务经营资格和"互为代理协议"的效力，案件基本事实不清。上海市高级人民法院经审查认为海空公司非本案诉讼主体，其是否具有无船承运业务的经营资格不属于本案审查范围，一审判决并无不当，遂裁定驳回唐仁公司的再审申请。

唐仁公司不服上述裁定，向最高人民法院申请再审。最高人民法院经审查认为：涉案提单由海空公司作为承运人直接签发，而非由新文捷公司代为签发，"互为代理协议"是否有效不影响案件处理结果。海空公司是否具有无船承运业务经营资格，提单是否备案，不影响涉案提单及其所证明的运输合同的效力。上海市高级人民法院裁定驳回唐仁公司再审申请，处理结果并无不当。唐仁公司在原审中主张其与新文捷公司之间存在海上货物运输合同关系，要求新文捷公司承担违约责任；在再审申请中，又主张其与海空公司之间的海上货物运输合同无效，要求新文捷公司承担侵权损害赔偿责任，已经变更了其在原审时主张的法律关系与诉讼请求，不属于再审审理范围。最高人民法院最终裁定驳回唐仁公司的再审申请。

——万鄂湘、陆效龙、余晓汉：《最高人民法院 2009 年海事海商综述》，载《环球法律评论》2010 年第 5 期。

1781

承运人应当按照提单样稿确定的内容签发提单而未签发情况下的放货责任

关键词 | 承运人 | 签发提单 | 提单样稿 |

【最高人民法院裁判文书】

太平船务有限公司与龙海市格林水产食品有限公司、中国外运福建有限公司漳州分公司、太平船务（中国）有限公司、太平船务（中国）有限公司厦门分公司海上货物运输合同纠纷再审案［最高人民法院（2012）民申字第1100号民事裁定书］

最高人民法院认为：本案为涉外的海上货物运输合同纠纷。本案中，格林公司委托外运漳州公司办理出口货物的海上运输和相关事宜，格林公司为涉案货物运输的托运人。外运漳州公司通过关联公司向太平厦门公司订舱，格林公司将货物交付运输，并交纳了海运费等相关费用。太平公司向格林公司出具了提单样稿，记载承运人为太平公司。格林公司与太平公司之间的海上货物运输合同关系成立，各方当事人对此并未提出异议。本案系海上货物运输合同纠纷，应当适用《海商法》的有关规定确定运输合同当事人的权利义务。本案的争议焦点为太平公司是否应当承担违约赔偿责任。

根据《海商法》的有关规定，货物由承运人接收或者装船后，应托运人的要求，承运人应当签发提单。原审查明，太平公司接收货物后出具了提单样稿，该样稿的编号和报关单记载的提单编号均为PABV00135305。提单样稿右上角还记载：提取货物或提货单应提交一份经背书的已签字正本提单……各方当事人均已确认格林公司收到了该提单样稿。格林公司向外运漳州公司书面指示“等通知电放”，但并无证据显示外运漳州公司将该指示告知太平公司，即太平公司并未收到格林公司就提单样稿提出的修改意见。《海商法》第四十三条规定，承运人或者托运人可以要求书面确认海上货物运输合同的成立。格林公司接收了太平公司就涉案货物运输编制的提单样稿，该提单样稿记载了托运人、收货人、承运船舶航次、起运港和目的港等内容，系涉案海上货物运输合同的组成部分。因格林公司的修改意见并未送达太平公司，对太平公司而言，应当视为格林公司对提单样稿并无异议。太平公司应当按照提单样稿确定的内容签发提单，并按照提单样稿的约定履行运输合同承运人的义务。太平公司认为格林公司未明示确认提单样稿，该提单样稿的内容就不成立的主张缺乏充分的事实和法律依据。因太平公司没有按照提单样稿签发提单，无法按照提单样稿的约定在目的港凭单交付货物。太平公司没有谨慎履行交货义务，造成格林公司的损失，太平公司应当承担赔偿责任。太平公司认为其与格林公司并未约定交货方式，应当按照《合同法》第三百零八条、三百零九条的规定直接将货物交付收货人的主张不成立，本院不予支持。

——中国裁判文书网，http://wenshu.court.gov.cn。

1782

未取得无船承运业务经营资格的经营者与托运人订立的海上货物运输合同或签发的提单有效

关键词｜无船承运业务｜海上货物运输合同｜签发提单｜

【最高人民法院司法解释】

第四条　货运代理企业在处理海上货运代理事务过程中以自己的名义签发提单、海运单或者其他运输单证，委托人据此主张货运代理企业承担承运人责任的，人民法院应予支持。

货运代理企业以承运人代理人名义签发提单、海运单或者其他运输单证，但不能证明取得承运人授权，委托人据此主张货运代理企业承担承运人责任的，人民法院应予支持。

——《最高人民法院关于审理海上货运代理纠纷案件若干问题的规定》(2012年2月27日，法释〔2012〕3号)

【最高人民法院答复】

天津市高级人民法院：

你院《关于未取得无船承运业务经营资格的经营者与托运人订立的海上货物运输合同或签发的提单是否有效的请示》收悉。

根据《国际海运条例》的规定，经营无船承运业务，应当向国务院交通主管部门办理提单登记，并交纳保证金。本案中深圳龙峰国际货运代理公司在未取得无船承运业务经营资格的情况下签发了未在交通部门登记的提单，违反了《国际海运条例》的规定，受理案件的法院应当向有关交通主管部门发出司法建议，建议交通主管部门予以处罚。但深圳龙峰国际货运代理公司收到货物后应托运人的要求签发提单的行为，不属于《合同法》第五十二条第(五)项规定的违反法律、行政法规的强制性规定的行为，该提单应认定为有效。

——《最高人民法院关于未取得无船承运业务经营资格的经营者与托运人订立的海上货物运输合同或签发的提单是否有效的请示的复函》(2007 年 11 月 28 日，〔2007〕民四他字第 19 号)

【链接：最高人民法院法官著述】

2007 年 11 月，最高人民法院民四庭以〔2007〕民四他字第 19 号复函对天津市高级人民法院就此问题的请示明确答复，货运代理企业未取得无船承运经营资格签发提单的行为属于违反行政法规的违法行为，应受到相应的行政处罚，但不影响其签发的提单的效力。至此，货运代理企业以自己名义签发提单的效力问题已得以解决。目前实践中亟待解决的问题是，货运代理企业在履行海上货运代理合同过程中签发了提单，此时应当如何认定货运代理企业的法律地位。《海上货运代理规定》第四条针对实践中最为常见的两种纠纷类型作出明文规定。

第一种情况是，货运代理企业虽然接受委托人的委托并以代理人的名义从事相关事务，但该货运代理企业最终却以承运人的身份签发运输单证，这等于货运代理企业与委托人之间缔结了以海上货物运输单证为证明的运输合同。在纠纷发生时，委托人主张货运代理企业承担承运人责任的，货运代理企业应当按照《海商法》第四章的规定承担承运人的法律责任。第二种情况是，货运代理企业虽然不以承运人的身份签发运输单证，而是以承运人代理人的名义签发运输单证，但其不能证明取得相关承运人的授权，即不能证明其代签行为的合法性，实际上是“以货运代理人之名行承运人之实”，意在逃避其承运人责任。依照《民法通则》关于代理的规定，代理人以被代理人名义从事代理行为以获得被代理人的授权为前提。没有代理权、超越代理权或者代理权终止后的行为，只有经过被代理人追认，被代理人才承担民事责任。未经追认的行为，由行为人承担民事责任。至于行为人承担的是合同责任还是无效合同的责任，《民法通则》的规定并未明确。为保障国际贸易的正常运行，维护提单的法律地位，货运代理企业签发的提单不应认定无效。委托人依据海上运输合同关系请求货运代理企业承担责任的，货运代理企业应当承担承运人责任。

——王彦君、傅晓强：《〈关于审理海上货运代理纠纷案件若干问题的规定〉的理解与适用》，载万鄂湘主编、最高人民法院民事审判第四庭编：《涉外商事海事审判指导》总第24辑，人民法院出版社2013年版，第47～48页。

无船承运人提单的效力问题。确认无船承运人提单的效力，应从形式和内容两方面进行审查，在形式方面，要审查提单是否经过合法登记，确认无船承运人是否拥有使用提单的资质；在内容方面，涉及提单条款及运送标的物是否违反强制性法律法规，其中包括《海商法》《合同法》《刑法》《海关法》等有关法律的规定。(1)经过登记的提单的效力。无船承运人提单经过合法登记，在法律上与海洋提单具有同等的效力。其效力应按照《海商法》的规定来确认，经依法认定有效的提单，具有运输合同证明、物权凭证和货物收据这三项功能。(2)未经登记的无船承运人提单的效力。目前使用未经登记的提单较为普遍，扰乱了无船承运市场秩序，损害了守法的无船承运人的利益，对此类提单的效力认定，司法实践中有三种情况：一是认定提单有效，对于由此给货方造成的损失，依照《民法通则》关于侵权的规定处理；二是认定提单有效，认为不进行提单登记应由行政主管部门进行处罚；三是采取回避的态度，对提单是否合法不作认定，实际上是按有效处理。最高人民法院法官倾向于采取合同有效论的观点，关键是提单未经登记，违反《国际海运条例》的行为是否属于违反强制性规定。首先，理论上并非违反法律法规规定都可以导致合同无效，除非法律法规有明确规定某种行为导致合同无效，一般违法行为并不影响合同效力。在法学界，通常把合同违法分为效力型和管理型，前者构成对合同效力的影响，后者是违反行政管理的行为，不影响合同效力。其次，提单是国际上可以流通转让的单证，如果未经登记的提单流转到国外，国外的受让人付款赎单，法院认定该提单无效，那么就会侵害善意第三人的利益，影响提单交易的安全。制止非法使用提单关键是要交通主管部门加大监管力度，对擅自使用提单的人依法进行处罚。

——张进先：《无船承运人制度及相关案件的审理》，载万鄂湘主编、最高人民法院民事审判第四庭编：《涉外商事海事审判指导》总第10辑，人民法院出版社2005年版，第222～239页。

1783
港口经营人根据提货单上的海关同意放行章将货物交付给提货单的持有人属正常放货，不存在过错

关键词 | 无单放货 | 赔偿责任 |

【《最高人民法院公报》案例】

连云港外代公司诉连云港港务局、港明实业公司、港明贸易公司无单放货侵权赔偿纠纷案(上海市高级人民法院二审民事判决书)

裁判摘要:一、港口经营人根据与作业委托人的合同,对进口货物负有部分监管职责。为了履行这一职责,港口经营人在交付货物时,应当对提货单进行审查,审查内容仅限于审查提货单上有无海关同意放行章。对提货单的持有人是否为单上记名的收货人或其代理人,港口经营人没有审查义务。

二、提货单一经开出,就等于承认持单人有提货权利。港口经营人根据提货单上的海关同意放行章,将货物交付给提货单的持有人,是正常放货行为,不存在过错。

三、明知只有凭正本提单才能提取货物,却以虚假理由从承运人或者承运人的代理人处商借提货单,然后用该提货单办理提货手续,是以非法手段侵占他人财产的行为。依照《海商法》第七十一条、《民法通则》第一百一十七条规定,行为人应当对由此给他人造成的经济损失承担侵权赔偿责任。

上海市高级人民法院认为:上诉人连云港外代公司主张,港口经营人必须审查提货单持有人是否为单上记名的收货人或其代理人,但连云港外代公司未能提供相应的法律依据证明自己的这一主张成立。法律没有规定港口经营人应当审核提货人的具体身份,实务操作中也无相关实例。在无特别约定的情况下,对提货人是否为提货单记名的收货人,港口经营人不负有查明义务。根据行政法规的规定,进口货物除由海关监管外,港口经营人只能凭海关的放行通知向收货人交付货物,对进口货物也有部分监管职责。港口经营人在交付货物时对提货单进行的审查,就是为了履行这一监管职责。本案所涉提货单的收货人名称虽然是添加的,但其上有连云港外代公司的提货专用章,更有海关的同意放行章。对被上诉人连云港港务局而言,海关已核准放行的提货单,是其交付货物的最终依据;只要见到提货单上的海关同意放行章,其对提货单进行审查的工作就已完成。连云港外代公司关于连云港港务局应当对提货人身份进行审核的上诉理由,不能成立。

上诉人连云港外代公司主张,为防止货物在没有正本提单的情形下被提取,

其向被上诉人连云港港务局发出过传真,但连云港港务局对该传真置之不理,以致酿成无单放货,连云港港务局未尽到特别注意义务,主观上存在过错。连云港港务局不承认收到连云港外代公司发送的传真,认为即便其收到过该传真,也不能用来对抗盖有海关同意放行章的提货单效力。对连云港外代公司的传真是否发送到连云港港务局,连云港外代公司提交了该传真已成功发送的证明,完成了自己的举证义务;连云港港务局虽然不承认收到过该传真,但不能以证据证明存在着未收到的客观原因,或者证明收到的传真与连云港外代公司主张的传真内容不同,故应当认定该传真已由连云港港务局接收。连云港外代公司的传真内容为“恳请贵司在未接到我司的书面指示下,请不予放货给收货人”,其中“书面指示”一词指代不明,任何书面指令(包括本案的提货单),都可以被看作是连云港外代公司的“书面指示”。鉴于在传真中,连云港外代公司并未明确指示其签发的涉案提货单不能用于提货,故连云港港务局依据该提货单放行货物,不违背传真所能表达的意思,并无过错。连云港外代公司欲以其发出的传真来加重连云港港务局的审核义务,理由不能成立。

本案是无单放货侵权损害赔偿纠纷。对上诉人连云港外代公司而言,作为承运人的代理人,其向谁签发提货单,签发怎样的提货单,均应由其自己决定。因未正确识别收货人而产生的相应风险,也应由其自行承担。被上诉人连云港港务局在向提货单持有人交付货物的过程中不存在过错,其对连云港外代公司的损失不应承担责任。连云港外代公司的上诉理由均不成立,对其上诉请求不予支持。原审被告港明贸易公司、港明实业公司明知只有凭正本提单才能提取货物,却以虚假的理由商借提货单,然后实际办理了提货手续,共同侵害了连云港外代公司管理涉案货物应享有的财产权利。连云港外代公司在向涉案货物正本提单持有人支付赔偿款后,选择港明贸易公司和港明实业公司追究赔偿责任,依法有据。原判处理结果正确,可予维持。

——《最高人民法院公报》2006 年第 7 期

1784

提单持有人向收货人实际取得货物后不能再向承运人主张提单项下货物物权

关键词|提单持有人|承运人|货物物权|

【最高人民法院答复】

福建省高级人民法院：

你院〔1999〕闽经终字第165号关于福建省东海经贸股份有限公司诉韩国双龙船务公司、中国福州外轮代理公司提单纠纷一案的请求收悉。经研究，答复如下：

一、本案提单持有人福建省东海经贸股份有限公司与承运人韩国双龙船务公司形成了提单运输法律关系，应按海上货物运输合同纠纷处理。

二、承运人韩国双龙船务公司负有凭正本提单交付货物的义务。其接受托运人的保函并将货物交付给非提单持有人（贸易合同的买方），侵犯了提单持有人的担保物权，违反我国法律规定和国际航运惯例，本应承担无单放货违约赔偿责任。但是，提单担保物权人福建省东海经贸股份有限公司通过与提货人、托运人签订补充协议重新取得了提单项下货物的占有权，并从中收取了部分款项，致使提单失去了担保物权凭证的效力。故福建省东海贸易股份有限公司丧失了因无单放货向承运人索赔提单项下货款的权利。

——《最高人民法院关于提单持有人向收货人实际取得货物后能否再向承运人主张提单项下货物物权的复函》（2000年8月11日，〔2000〕交他字第1号）

1785

承运人未凭正本提单将货物卸入收货人仓库的，构成实际交付

关键词｜承运人｜正本提单｜实际交付｜

【最高人民法院审判业务意见】

一般情况下，承运人将货物卸目的港仓库后，如果目的港的船务代理人未经承运人指示在没有收到正本提单的情况下擅自向收货人交付货物，承运人赔偿持有提单的托运人后，有权向船务代理人追偿。但承运人直接将货物卸入收货人租用的仓库，则已经构成实际交付，之后船务代理人根据收货人的指示发运货物与承运人对托运人承担赔偿义务无关，承运人无权向船务代理人追偿。最高

人民法院民事审判第四庭在(2011)民申字第946号案中对韩进海运株式会社与中国北海外轮代理有限公司、中国南光进出口总公司、北海市华垦商业有限公司无正本提单放货追偿纠纷的再审审查,诠释了承运人未凭正本提单直接将货物卸入收货人仓库的法律风险——构成实际交付。

——最高人民法院民事审判第四庭:《最高人民法院海事海商审判综述(2012年至2011年)》,载《武大国际法评论》第15卷第2期,武汉大学出版社2012年版。

【最高人民法院裁判文书】

韩进海运株式会社与中国北海外轮代理有限公司、中国南光进出口总公司、北海市华垦商业有限公司无正本提单放货追偿纠纷案[最高人民法院(2011)民申字第946号民事裁定书]

最高人民法院认为:本案为无正本提单放货追偿纠纷。根据韩进会社申请再审的主张和查明的事实,本案再审审查的焦点是北海外代、北京南光公司、华垦公司的行为是否与涉案无正本提单放货具有因果关系。韩进会社为韩国法人,其以北海外代、北京南光公司、华垦公司共同侵权为由请求损害赔偿,本案属涉外侵权损害赔偿纠纷,无正本提单放货发生在中国北海港,一、二审法院依照《民法通则》第一百四十六条关于侵权行为的损害赔偿适用侵权行为地法律的规定,适用中华人民共和国的法律审理本案纠纷,是正确的。

韩进会社根据其与桂新公司之间的航次租船合同而签发五套指示提单,其中本案所涉二套提单最终为港澳公司持有。在航次租船合同与提单并存且提单为第三人持有的情况下,韩进会社作为承运人应当在交付货物时收回其中各一份正本提单。韩进会社在未收到正本提单的情况下仅根据租船人桂新公司的指令将货物从船上直接卸入实际收货人钦纺公司租用的德港油库。因该油库的经营人德港公司并非接受韩进会社的委托,而是接受实际收货人的委托保管货物,货物卸入德港油库后已由韩进会社交给实际收货人掌控;而且韩进会社将货物卸入德港油库也符合其当时的真实意思,并非错误交付,其当时也没有对货物交付提出保留,韩进会社将货物卸入德港油库后失去了对货物的掌控,实际上已构成货物交付,即韩进会社此时已经实施了无单放货行为。

本案没有有效证据证明北京南光公司取得虚假提单的来源,北京南光公司向北海外代提供虚假提单委托报关,获得海关批准放行涉案货物,北京南光公司应对报关提单的虚假负责。但是，涉案货物的报关在韩进会社实施无正本提单放货行为之后，货物的报关放行与韩进会社向提单持有人港澳公司承担无正本提单放货的赔偿责任并无关联，即北京南光公司的过错与韩进会社的损失没有因果关系。本案没有有效证据证明韩进会社委托北海外代对涉案货物的交付提出保留并予以掌控，也没有证据证明北海外代参与了无正本提单放货的行为并具有过错。华垦公司作为钦纺公司的代理人委托货物仓储并发运货物，系正常履行代理职责，既无过错，也与韩进会社的损失无关。韩进会社承担无正本提单放货赔偿责任后向北海外代、中国南光公司、华垦公司提出追偿请求，没有事实和法律依据，一、二审法院判决予以驳回，符合法律规定，本院予以维持。

——中国裁判文书网，http://wenshu.court.gov.cn。

1786

提货单的交付仅意味着当事人的提货请求权进行了转移，该交付行为并不构成《物权法》第二十六条所规定的指示交付

关键词 | 提单持有人 | 提单转让 | 指示交付 |

【《最高人民法院公报》案例】

肯考帝亚农产品贸易（上海）有限公司与广东富虹油品有限公司、第三人中国建设银行股份有限公司湛江市分行所有权确认纠纷案［最高人民法院（2010）民四终字第20号民事判决书］

裁判摘要：根据《海商法》第七十九条第（三）项的规定，不记名指示提单可以经空白背书转让，但当提单持有人以其中一套正本提单换取提货单后，当事人已不可能将全套正本提单进行转让，故此后的所谓提单转让行为对当事人不产生拘束力。

《物权法》第二十三条规定，动产物权的设立和转让，自交付时发生效力。交付是否完成是动产所有权转移与否的标准，动产由第三人占有时，则应根据《物权法》第二十六条的规定进行指示交付。《担保法解释》第八十八条规定，出质人以间接占有的财产出质的，以质押合同书面通知占有人时视为移交。根据

该条规定精神，提货单的交付，仅意味着当事人的提货请求权进行了转移，在当事人未将提货请求转移事实通知实际占有人时，提货单的交付并不构成《物权法》第二十六条所规定的指示交付。

最高人民法院认为：各方当事人确认本案争议焦点为肯考帝亚公司是否享有争议大豆的所有权。

根据肯考帝亚公司二审庭审时的陈述，其认为原审判决在富虹公司于2008年9月18日以正本提单提取提货单的事实认定上有误，其他事实则是客观的。对于该部分事实，肯考帝亚公司认为富虹公司于2008年9月5日将涉案提单向其进行了交付（空白背书），其后，两个公司之间就提货形成了委托代理关系。为此，肯考帝亚公司提供了袁伟锋的证人证言、元亨公司出具的《情况说明》。肯考帝亚公司认为，该两份证据证明了涉案提单已经背书转让给了肯考帝亚公司，而富虹公司是接受其委托进行的以提单换取提货单。

根据湛江中院（2009）湛中法民三初字第3号民事判决（已生效）确认的事实以及涉案提货单留底联的内容，可以认定以下事实：2008年9月9日之前，富虹公司向湛江外代出示康劲轮项下货物的正本海运提单，要求换取提货单。同日，富虹公司领取了提货单报关联，并于同日委托粤西货代报关。同年9月18日，富虹公司收到提货单一套（五联）。

肯考帝亚公司在涉案提单何时由富虹公司交付给其的前后陈述以及其提交的相关证据内容并不一致：原审法院2009年5月21日的谈话笔录中，肯考帝亚公司称涉案提单是于《质押合同》签订时由富虹公司交付给其，再由其在富虹公司协助下交给承运人；《情况说明》和袁伟锋证人证言则又称提单是由元亨公司和富虹公司一起交给承运人；原审法院2009年9月25日庭审时，肯考帝亚公司则又称元亨公司于2008年9月5日代其收取提单。本院认为，肯考帝亚公司的陈述以及《情况说明》、袁伟锋的证人证言不足采信。根据查明的事实，虽然富虹公司是于2008年9月18日才收到提货单，但富虹公司已于2008年9月9日即已向湛江外代出示提单并换取了提货单报关联。本案涉及的提单是不记名指示提单，按照《海商法》的有关规定，该提单固然可以经空白背书转让，但无论是《质押合同》，还是《确认书》《货物置换协议》，均是在2008年9月9日之后签订，此时，富虹公司已经不可能将全套正本提单转让给肯考帝亚公司。而肯考帝亚公司亦没有直接证据证明其于2008年9月5日即合法占有提单。因此，肯考帝亚公司关于其于2008年9月5日收到富虹公司交付的涉案提单的主张缺乏事实依据，本院不予支持。

关于肯考帝亚公司与富虹公司之间是否存在委托代理关系的问题。目前，肯考帝亚公司并没有直接证据证明其与富虹公司之间存在委托代理关系，而元亨公司出具的《情况说明》以及袁伟锋的证人证言与提货单记载富虹公司为提货单位的内容不符，上述证据不足以证明委托代理关系的存在。事实上，从报关以及换单事实看，涉案大豆的货主是富虹公司，亦是由富虹公司直接向湛江外代以提单换取了提货单。因此，肯考帝亚公司关于其与富虹公司之间存在委托代理关系的主张缺乏事实依据，本院不予支持。

根据前述分析，涉案提单并未由富虹公司转让给肯考帝亚公司，而是由富虹公司持有并换取了提货单，这从提货单上记载富虹公司为提货单位亦可以得到印证。故肯考帝亚公司关于其已通过取得提单合法占有涉案货物的主张缺乏事实依据。根据我国《物权法》第二十三条的规定，动产物权的设立和转让，自交付时发生效力。交付是否完成是动产所有权转移与否的标准。本案系争货物存放于湛江港，属于第三人占有情形，在本案不存在直接交付的情况下，只能采用指示交付的方式。因此，富虹公司是否完成了指示交付是认定争议货物所有权是否已经完成转移的关键。首先，肯考帝亚公司与富虹公司并没有证据证明提货单何时交付，肯考帝亚公司持有提货单向湛江港公司请求提取货物时，涉案大豆已经处于查封状态。其次，《担保法解释》第八十八条规定，出质人以间接占有的财产出质的，以质押合同书面通知占有人时视为移交。根据该条规定精神，本案提货单的交付，仅意味着富虹公司的提货请求权转移给了肯考帝亚公司，在富虹公司未将提货请求转移事实通知实际占有人时，提货单的交付并不构成我国《物权法》第二十六条所规定的指示交付。因此，富虹公司未完成向肯考帝亚公司交付涉案大豆的行为，涉案大豆的所有权未发生变动。肯考帝亚公司关于其为涉案大豆所有权人以及涉案大豆提存款归其所有的上诉请求缺乏事实和法律依据，本院不予支持。

——《最高人民法院公报》2012 年第 1 期

编者说明

根据《海商法》的规定，提单具有三项法律功能：一是运输合同的证明；二是证明承运人已经接受承运的货物并将承运的货物装船；三是承运人交付货物的凭证。根据法律与司法解释的规定，需要弱化提单在运输合同履行中货物交付环节的物权功能，而应强调提单在运输合同履行上承运人应当凭正本提单交付货物的单证功能。①

---

① 刘寿杰：《解读〈关于审理无正本提单交付货物案件适用法律若干问题的规定〉》，载《解读最高人民法院司法解释之商事卷》，人民法院出版社 2011 年版，第 619 页。

1787

向承运人实际交付货物、接受承运人签发的提单并履行贸易合同项下向银行交单义务的人，即使未被提单记载，仍具有托运人资格

关键词｜托运人｜提单记载｜

【最高人民法院商事审判参考性案例】

案例4:浙江省纺织品进出口集团公司与长荣国际储运股份有限公司海上货物运输合同纠纷案

一、基本案情

2000年7月31日、8月7日,浙江省纺织品进出口集团公司(以下简称浙纺公司)作为卖方与案外人签订校服售货确认书。浙纺公司通过华海国际货运有限公司、鸿海国际船务货运公司、上海外联发国际货运有限公司和上海三星国际货运有限公司的依次代理,分批向承运人长荣国际储运股份有限公司(以下简称长荣公司)订舱出运,并取得长荣公司代理人签发的21套正本海运提单。21套提单载明的托运人分别为三家国外公司。浙纺公司按规定支付了海运费,长荣公司也确认收到。货物出运后,浙纺公司通过银行托收货款,因无人赎单,全套贸易单证包括提单被银行退回。长荣公司确认在正本提单未收回的情况下将货物交付收货人。为此,浙纺公司以长荣公司无正本提单放货为由,向上海海事法院提起诉讼,请求判令长荣公司赔偿其货款等损失。

二、裁判结果

上海海事法院审理认为:浙纺公司依次通过各货运代理环节,向承运人长荣公司订舱,支付运费并交付货物出运;长荣公司接受了货物,收取了运费,并按照浙纺公司的要求出具了提单。尽管浙纺公司根据贸易合同的约定未将其名称在提单上载明,但浙纺公司和长荣公司履行海上货物运输的事实证明,浙纺公司是海上货物运输合同的缔约人和唯一交货人,浙纺公司作为涉案货物托运人的主体资格应当依法得以认定。长荣公司仅以提单托运人的记载内容认为浙纺公司已经转移了货物所有权,缺乏充分的事实和法律依据。浙纺公司系涉案提单签发以后的第一合法持有人,该提单未经贸易环节流转,且来自银行退单,其持单形式合法,有权据以向相对人主张提单项下的权利。综上,浙纺公司具有涉案货物托运人的资格,有权向长荣公司主张提单项下的权利。长荣公司作为承运人应当对托运人浙纺公司承担无单放货的赔偿责任。一审判决长荣公司赔偿浙纺公司货款损失2602562美元

及利息和退税款损失人民币3111486.35元及利息。上海市高级人民法院于2003年9月4日作出二审判决，驳回长荣公司的上诉，维持原判。

三、典型意义

本案是一起涉台的海上货物运输合同无单放货纠纷案件，争议焦点是未被提单记载为托运人的交货人是否具有托运人主体资格，并享有向承运人主张权利的诉权。这是长期以来一直困扰我国出口贸易中FOB卖方的权益保护问题，也是我国海事司法实践中一直不能取得一致的法律分歧点。法院通过对本案事实的审理，认定向承运人实际交付货物、接受承运人签发的提单并履行贸易合同项下向银行交单义务的人，因无人赎单并经银行退单后，作为提单的原始持有人，即使未被提单记载为托运人，亦未经提单相关指示背书，仍然具有托运人的主体资格。这一原则的确立统一了审判实践中对法律规定的不同理解，依法保护了我国大量存在的出口贸易中FOB卖方的利益和交易安全。2009年最高人民法院《无单交货案件规定》将这一原则以司法解释的形式予以明确规定。此外，本案判决是首例经台湾地区三级法院裁定认可的大陆法院作出的海事案件判决，对于海峡两岸相互认可和执行民商事裁判的司法实践也具有积极的意义。

——《最高人民法院发布海事审判典型案例》，载《最高人民法院公报》2015年第9期。

1788

FOB贸易条件的卖方即使认定为实际托运人，但其未要求承运人签发提单，仅凭货代货物收据要求承运人中止货物交付缺乏依据

关键词｜FOB贸易条件｜实际托运人｜货代货物收据｜中止交货｜

【最高人民法院裁判文书】

骏荣内衣有限公司与宏鹰国际货运（深圳）有限公司与美国总统轮船（中国）有限公司深圳分公司海上、通海水域货物运输合同纠纷申请再审案［最高人民法院（2016）民申字第1605号民事裁定书］

最高人民法院认为：（一）根据原审认定的事实，本案中并无证据证明骏荣公司与美总深圳公司签订了海上货物运输合同，仅凭货代货物收据不能证明骏荣公司与宏鹰深圳公司订立了海上货物运输合同。骏荣公司并非与承运人订立

运输合同的托运人,其主张适用《合同法》第三百零八条的规定行使中途停运权,缺乏依据。

(二)根据《海商法》第四十二条第三项(2)、第七十二条的规定,货物由承运人接收或者装船后,将货物交付承运人的实际托运人亦具有要求承运人签发提单的权利,并可以通过持有提单实现对货物的控制权。根据原审查明的事实,骏荣公司为涉案货物所有权人,涉案贸易价格条件为FOB,骏荣公司交付货物并实际支付了美国船单系统费、码头费、文件费、手续费和更改费等费用。即使认定骏荣公司为涉案货物运输的实际托运人。其作为FOB贸易条件的卖方将货物交给宏鹰深圳公司后,并没有要求签发提单,且未对宏鹰深圳公司出具的货代货物收据提出异议,骏荣公司在不持有提单的情况下,仅凭货代货物收据要求宏鹰深圳公司中止货物的交付,缺乏相应的法律依据。

(三)虽然美总公司出具的订舱单上记载的托运人为宏鹰深圳公司,但是骏荣公司并无证据证明宏鹰深圳公司系接受其委托向美总公司订舱,其要求宏鹰深圳公司按照其指示向美总公司请求扣留货物,亦缺乏依据。二审判决认定宏鹰深圳公司并不负有为骏荣公司扣留涉案货物的义务,驳回骏荣公司的诉讼请求,并无不当。

——中国裁判文书网,http://wenshu.court.gov.cn。

1789

承运人对迟延受领货物的看管义务

关键词 | 承运人 | 迟延受领货物 | 看管义务 |

【最高人民法院审判业务意见】

货物安全运至目的港承运人承租的仓库,因贸易纠纷货物在到港后长期无人提取,其后买方未凭正本提单提货,承运人是否对此负有赔偿责任?我国《海商法》第八十六条规定:"在卸货港无人提取货物或者收货人迟延、拒绝提取货物的,船长可以将货物卸在仓库或者其他适当场所,由此产生的费用和风险由收货人承担。"如何理解该条规定的"风险"?最高人民法院民事审判第四庭在(2011)民申字第728号案中对宁波市慈溪进出口股份有限公司(以下简称慈溪进出口公司)与上海翘运货运代理有限公司(以下简称上海翘运)、上海翘运货运代理有限公司宁波分公司(以下简称上海翘运宁波分公司)海上货物运输合同无单放货纠纷进行再审审查,认为:除法律另有规定外,承运人负有凭正本提单交货的法定义务;只要货物在承运人控制之下,承运人的此项义务并不因收货人迟延提货而免除;承运人应按照目的港法律规定提存货物,履行依法交付货物的义务方可免除责任;《海商法》第八十六条规定的"风险"不应包括承运人违反看管义务等其自身原因。

2008年8月,慈溪进出口公司委托上海翘运宁波分公司出运一批不同类型的汽车轴承及轮毂,分装在三个集装箱内。根据报关单记载,货物CIF总价为338206.96美元,装运港宁波,目的港巴西桑托斯。货物于2008年8月28日装船出运,上海翘运宁波分公司将载明承运人为"HELKA EXPRESS INTERNATIONAL LIMITED"的提单交付给慈溪进出口公司。上海翘运的无船承运业务经营资格登记证载明其英文名为HELKA EXPRESS INTERNATIONAL LIMITED,与翘运国际的英文名称HELKA EXPRESS INTERNATIONAL LIMITED一致。涉案的三个集装箱货物于2008年9月30日卸入目的港保税仓库,货物无人提取。收货人巴西ZTL进出口商务有限公司未付清货款,慈溪进出口公司于2009年5月15日向上海翘运要求运回涉案货物。2009年7月18日,货物被收货人巴西ZTL进出口商务有限公司提取。慈溪进出口公司向宁波海事法院起诉,请求判令上海翘运和上海翘运宁波分公司赔偿货物损失341580.96美元及其利息。

宁波海事法院一审认为:上海翘运的无船承运业务资格证上登记的英文名即为HELKA EXPRESS INTERNATIONAL LIMITED,本案并无任何证据证明上海翘运或其宁波分公司曾向慈溪进出口公司披露涉案提单为翘运国际的提单以及提单上记载的承运人HELKA EXPRESS INTERNATIONAL LIMITED指的是翘运国际,且上海翘运宁波分公司直接向慈溪进出口公司收取运费并开具发票,因此,慈溪进出口公司有理由相信承运人即为上海翘运。上海翘运应向慈溪进出口公司承担承运人责任。上海翘运并未证明依照卸货港的法律,承运人必须将承运到港的货物交付给当地海关或其他行政当局,因此不能免除上海翘运凭提单交货的民事责任。综上,该院判决:上海翘运赔偿慈溪进出口公司货物损失2309548元及利息。

上海翘运不服一审判决提起上诉。浙江省高级人民法院二审认为:涉案货物运抵目的港9个多月后,慈溪进出口公司仍持有货物提单,说明货物未被提取的原因不在上海翘运。根据《海商法》第八十六条的规定,货物风险应由收货人自负。该院判决:撤销一审判决;驳回慈溪进出口公司的诉讼请求。

慈溪进出口公司不服二审判决,向最高人民法院申请再审。

最高人民法院经审查认为:《海商法》第八十六条规定的“风险”应指货物卸到仓库或其他适当场所后发生火灾、台风、海水浸入仓库等非承运人方面的原因;如果损失系因承运人自身原因所致,则不应属该条规定的“风险”。承运人依法负有凭正本提单交付货物的义务,收货人亦应当及时受领货物;对于迟延受领的情形,为公平保护船货双方利益,法律规定承运人可采取提存等措施以免除其法定的交货责任,但在此之前其看管义务并不能免除。据此,最高人民法院裁定提审该案。在再审期间,上海翘运与慈溪进出口公司在最高人民法院的主持下达成调解协议:由上海翘运在调解书生效 10 日内一次性支付慈溪进出口公司 100 万元,最终了结本案争议。

——最高人民法院民事审判第四庭:《最高人民法院海事海商审判综述(2010 年至 2011 年)》,载《武大国际法评论》第 15 卷第 2 期,武汉大学出版社 2012 年版。

1790

承运人和货运代理人身份的识别

关键词 | 承运人 | 货运代理人 |

【最高人民法院司法解释】

第三条 人民法院应根据书面合同约定的权利义务的性质,并综合考虑货运代理企业取得报酬的名义和方式、开具发票的种类和收费项目、当事人之间的交易习惯以及合同实际履行的其他情况,认定海上货运代理合同关系是否成立。

第四条 货运代理企业在处理海上货运代理事务过程中以自己的名义签发提单、海运单或者其他运输单证,委托人据此主张货运代理企业承担承运人责任的,人民法院应予支持。

货运代理企业以承运人代理人名义签发提单、海运单或者其他运输单证,但不能证明取得承运人授权,委托人据此主张货运代理企业承担承运人责任的,人民法院应予支持。

——《最高人民法院关于审理海上货运代理纠纷案件若干问题的规定》(2012 年 2 月 27 日,法释〔2012〕3 号)

【最高人民法院审判业务意见】

航运实务中，货物订舱托运及其相关进出口手续往往是众多当事人通过层层委托完成的，而各当事人之间在通常情况下并没有直接签订一份名称与内容确定的书面合同文本，而是通过传真单据和以口头或者实际行为接受等一系列的行为来相继体现，各类当事人之间是否存在委托事实或者基于委托而建立的货运代理合同关系抑或运输合同关系等其他合同关系，需要根据当事人举证证明的交易行为来识别。最高人民法院民事审判第四庭在(2010)民申字第727号案中对桂林爱索家具用品股份有限公司(以下简称爱索公司)与深圳德威国际货运代理有限公司(以下简称德威公司)海上货物运输合同纠纷再审审查，分析了承运人识别问题。

爱索公司就集装箱货物办理了从中国盐田至美国长滩的托运手续。德威公司将两套正本提单交给爱索公司。提单记载：托运人为爱索公司，收货人为国泰银行，运费到付，提单签发人为雅志国际货运有限公司，提单抬头与提货代理为雅志物流公司。德威公司向爱索公司收取了本地出口附加费、货物代理提单自动舱单系统费、文件费、手续费、船东提单自动舱单系统费等运杂费用，并向爱索公司开具了国际货物运输代理业专用发票，记载费用项目为运费和运输代理费。装载两票涉案货物的五个集装箱均已卸空并离开涉案货物运输抵达的目的地。爱索公司诉请判令德威公司赔偿因无单放货造成的损失。

广州海事法院一审认为：本案为货运代理合同纠纷。爱索公司未提供相应托运单或者其他证据证明其与德威公司签订了海上货物运输合同。涉案两票货物的提单记载的运费支付方式为运费到付，提单签发人是雅志货运公司。德威公司不是提单记载的承运人，亦未向爱索公司收取运费，德威公司向爱索公司交付提单行为并不等同于签发提单。爱索公司与德威公司之间为货运代理合同关系，本案为货运代理合同纠纷。根据《民法通则》第六十三条第二款的规定，涉案货物运至提单记载的卸货港，德威公司已经完成了作为货运代理人的义务。凭正本提单放货是承运人的义务，德威公司作为货运代理人，不负有在目的港交付货物的义务。爱索公司亦未提供证据证明德威公司在从事货运代理业务中存在违约行为，请求德威公司赔偿货物损失、退税损失和利息损失，没有事实和法律依据。该院判决：驳回爱索公司的诉讼请求。

爱索公司不服一审判决，提出上诉。

广东省高级人民法院二审认为：爱索公司作为涉案提单载明的托运人和全

套正本提单的持有人,有权要求承运人向其交付货物或在不能交付货物时对所造成的损失承担赔偿责任。本案属于海上货物运输合同纠纷。本案没有证据表明爱索公司与德威公司曾就涉案货物订立了海上货物运输合同。德威公司办理涉案货运代理业务的事实表明其为爱索公司的货运代理人,双方之间存在事实上的货运代理合同关系。本案不属于《合同法》第四百零三条第二款所规定的情形。因此,爱索公司关于德威公司应就无正本提单交付涉案货物所造成的损失承担赔偿责任的主张缺乏法律依据。该院判决:驳回上诉,维持原判。

爱索公司不服终审判决,向最高人民法院申请再审。

最高人民法院经审查认为:二审判决认定本案为海上货物运输合同纠纷正确。爱索公司主张德威公司承担承运人的赔偿责任,但并无证据证明其与德威公司之间签订了海上货物运输合同。案涉提单上均未见有关德威公司的记载。提单记载内容亦不能证明德威公司系案涉货物运输的承运人。德威公司向爱索公司转交提单以及收取费用的行为并不能充分证明德威公司与爱索公司之间存在海上货物运输合同关系。爱索公司要求德威公司承担货运代理人或者承运人代理人赔偿责任的主张没有法律依据。遂裁定驳回爱索公司的再审申请。

——最高人民法院民事审判第四庭:《最高人民法院海事海商审判综述(2010 年至 2011 年)》,载《武大国际法评论》第 15 卷第 2 期,武汉大学出版社 2012 年版。

【最高人民法院裁判文书】

上海思普润国际物流有限公司与上海中远物流有限公司海上、通海水域货运代理合同纠纷申请再审案[最高人民法院(2015)民申字第 1317 号民事裁定书]

最高人民法院认为:关于中远物流与思普润公司之间是否是海上货运代理合同关系的问题。根据原审查明的事实,2013 年 5 月 1 日中远物流与思普润公司签订的《海运出口货运代理协议》中明确约定思普润公司委托中远物流办理其在上海港集装箱海运出口货运代理业务。中远物流依据上述代理协议为思普润公司托运的涉案货物进行了订舱服务。从涉案货物运输的实际履行情况看,中远物流既没有签发涉案货物运输的提单,也没有实际从事运输,与思普润公司并未形成运输合同关系,因此原审判决认定双方当事人之间为货运代理合同关系正确,并无不当。思普润公司关于其从未委托中远物流提供任何货运代理业务，双方系海上货物运输合同关系，应适用《海商法》有关规定的主张，缺乏事实和法律依据，不能予以支持。

——中国裁判文书网，http://wenshu. court. gov. cn。

裕升国际货运代理（上海）有限公司宁波分公司与浙江奋飞橡塑制品有限公司海上、通海水域货运代理合同纠纷申请再审案［最高人民法院（2015）民申字第826号民事裁定书］

最高人民法院认为：本案为海上货运代理合同纠纷，再审申请人裕升公司申请再审的事由主要是其与奋飞公司之间不存在海上货运代理合同关系，故其不应承担赔偿责任，以及本案应追加当事人。

关于本案双方当事人之间是否成立海上货运代理合同关系的问题。根据一、二审查明的事实，裕升公司曾向奋飞公司发送费用确认单并开具发票，包括拖卡费、箱单费、报关费、订舱费等等共计人民币24420元，奋飞公司随后将该费用转账支付给了裕升公司。虽然奋飞公司未提供书面的货运代理委托书，但经本案双方当事人确认真实性的经公证的QQ聊天记录则从侧面记录了相关工作人员在业务中的交流内容，该内容显示奋飞公司向裕升公司委托了报关等事宜，结合裕升公司实施了海上货物运输相关的报关、缮制单证、陆路运输等货运代理事务，并收取相应费用的行为，可以认定本案当事人之间依法形成海上货运代理合同关系。裕升公司是否接受了案外人马蒂公司的委托成为其货运代理人，并不影响其同时接受奋飞公司的委托成为奋飞公司的货运代理人。因此，裕升公司关于本案海上货运代理合同关系不成立的主张缺乏事实依据，本院不予支持。

关于交单义务问题。裕升公司确认涉案货物是奋飞公司从其工厂直接交付给裕升公司，根据最高人民法院《海上货运代理规定》第八条第三款即“实际托运人是指本人或者委托他人以本人名义或者委托他人为本人将货物交给与海上货物运输合同有关的承运人的人”的规定，奋飞公司应为涉案货物的实际托运人。该条第一款规定：“货运代理企业接受契约托运人的委托办理订舱事务，同时接受实际托运人的委托向承运人交付货物，实际托运人请求货运代理企业交付其取得的提单、海运单或者其他运输单证的，人民法院应予支持。”因此，即使裕升公司接受了马蒂公司的委托代为订舱，其在取得承运人签发的正本提单后也应将该提单交予实际托运人奋飞公司。按照上述司法解释的规定，货运代理人在接受买方委托订舱并同时接受卖方委托向承运人交付货物的情况下，货运代理人有义务履行买方委托的货运代理事项，并将从承运人处取得的单证交付给卖方，这是作为代理人应尽的义务，也是提单系代表货物所有权单证的性质所决定，除非卖方在委托时约定或事后同意裕升公司可以将提单交付其他人。裕升公司关于其向马蒂公司交付提单的行为不存在过错的主张缺乏事实和法律依据，本院不予支持。

关于裕升公司的责任问题。裕升公司未征得奋飞公司同意即擅自将涉案正本提单交付给马蒂公司，构成违约，其行为致使奋飞公司遭受损失。最高人民法院《海上货运代理规定》第十条规定："委托人以货运代理企业处理海上货运代理事务给委托人造成损失为由，主张由货运代理企业承担相应赔偿责任的，人民法院应予支持，但货运代理企业证明其没有过错的除外。"奋飞公司因失去对涉案货物的控制而无法收回货款的损失，裕升公司应承担相应的损害赔偿责任。裕升公司关于不承担损失的主张缺乏法律依据，本院亦不予支持。

——中国裁判文书网，http://wenshu.court.gov.cn。

裕升国际货运代理(上海)有限公司宁波分公司与浙江奋飞橡塑制品有限公司海上、通海水域货运代理合同纠纷申请再审案[最高人民法院(2015)民申字第1337号民事裁定书]

本裁判理由与前引裁判文书基本一致(略)。

——中国裁判文书网，http://wenshu.court.gov.cn。

锦程国际物流服务有限公司宁波分公司与华裕电器集团有限公司海上、通海水域货运代理合同纠纷申请再审案[最高人民法院(2015)民提字第19号民事判决书]

最高人民法院认为：(一)锦程公司是否曾接受华裕公司委托向承运人交付货物并与其成立货运代理合同关系。

涉案货物贸易合同约定的价格条件是FOB宁波，华裕公司是贸易合同中的卖方，海上货物运输合同中的实际托运人；Homestar是贸易合同买方，海上货物运输合同的契约托运人。锦程公司与Homestar订立货运代理合同，作为Homestar的货运代理人办理了订舱事宜。但不能仅因锦程公司办理了涉案运输的订舱业务，就认为其与实际托运人华裕公司之间也同时成立了货运代理合同。华裕公司主张其与锦程公司之间成立货运代理合同关系，锦程公司是其货运代理人，应举证证明二者之间签订了货运代理合同书或其委托锦程公司实际从事了货运代理业务。

《海上货运代理规定》第三条规定："人民法院应根据书面合同约定的权利义务的性质，并综合考虑货运代理企业取得报酬的名义和方式、开具发票的种类和收费项目、当事人之间的交易习惯以及合同实际履行的其他情况，认定海上货运代理合同关系是否成立。"一、二审法院查明，华裕公司自行委托佰度公司办理内陆运输和货物出口报关等货代业务，佰度公司向承运人提取空箱后，从华裕公司处装货交给海运承运人中海集运公司出运。双方当事人对此均无异议。没有证据显示，华裕公司曾委托或通过佰度公司转委托锦程公司办理货运代理事务、向承运人交付货物。

一审庭审中，锦程公司自认开具了以佰度公司为抬头的发票，但主张只是按照 Homestar 的指示把运输费用中人民币部分的发票抬头写为佰度公司，这一主张与锦程公司一审提交的美元部分费用的发票原件，以及华裕公司一审庭审后提交的费用确认单相互印证，华裕公司也没有进一步提交证据证明其曾通过佰度公司向锦程公司实际支付了代理费用。综上，现有证据不能证明华裕公司委托或通过佰度公司转委托锦程公司，从事了货运代理业务。一、二审判决认定双方当事人之间成立货运代理合同关系，证据不足。华裕公司提供的证据不足以证明其主张的事实，依照《民诉法解释》第九十条第二款之规定，应承担不利的后果。

（二）锦程公司是否应对华裕公司承担赔偿责任。

《海上货运代理规定》第八条第一款规定，"货运代理企业接受契约托运人的委托办理订舱事务，同时接受实际托运人的委托向承运人交付货物，实际托运人请求货运代理企业交付其取得的提单、海运单或者其他运输单证的，人民法院应予支持"。该条适用于货运代理企业既接受契约托运人的委托订舱，又接受实际托运人的委托向承运人交付货物的情形。根据已经查明的事实，华裕公司是涉案运输的实际托运人，但其在涉案运输中委托佰度公司直接向承运人交付货物，现有证据不能证明华裕公司曾委托锦程公司代为向承运人交付货物，因此本案不存在适用《海上货运代理规定》第八条第一款规定的情形。故锦程公司将提单交给委托其订舱的 Homestar，并无不当。一、二审法院认定锦程公司错误交付提单、判决锦程公司承担赔偿责任，适用法律错误，应予以纠正。

——中国裁判文书网，http://wenshu.court.gov.cn。

【链接：最高人民法院法官著述】

依海商法理论界、实务界的通说，界定货运代理企业的法律地位主要有四条标准：(1)当事人之间的具体约定；(2)运输单证的签发；(3)报酬的取得方式；(4)双方当事人之间的交易习惯。《海上货运代理规定》第三条基本采纳了以上认定标准，但有所侧重。合同中关于权利义务的约定是确定当事人之间法律关系首先要考虑的因素。因为法律关系在本质上就是权利义务关系，因此当事人主要权利义务的约定是判定合同性质的关键，应成为认定当事人法律地位的主要依据。在货运代理企业与委托人签订书面合同的情形下，人民法院应首先根据合同约定的内容来认定双方之间形成何种法律关系，进而确定货运代理企业承运人抑或代理人的法律地位。但在实际业务操作中，订立书面合同的情形相对较少，大多数货运代理业务是通过往来传真和电话完成，所涉内容文字简单，语意不清，这也是导致法律关系难以认定的主要原因。在没有合同约定或者约定不明确的情况下，人民法院应当依照当事人的实际履行行为综合各种因素确定当事人之间的法律关系。实践中货运代理企业报酬的取得方式、开具发票的类型以及双方的交易习惯是人民法院认定法律关系应当考虑的因素。但如前所述，由于两种业务操作的相近性，以上这些因素均不能单独成为认定当事人法律地位的标准，应当综合考虑方能作出准确的判断。

——王彦君、傅晓强：《〈关于审理海上货运代理纠纷案件若干问题的规定〉的理解与适用》，载万鄂湘主编、最高人民法院民事审判第四庭编：《涉外商事海事审判指导》总第 24 辑，人民法院出版社 2013 年版，第 46 页。

编者说明

在此特别需要对报酬的取得方式这一因素作出说明。在货代实务中，货运代理企业常采用“大包干”(向委托人收取一笔总的数额，实务中常以“运费”的面目出现)、“小包干”(海运费代收代付，另向委托人收取包括杂费和代理费在内的一笔总的数额)等多种报酬取得方式。对于是否将赚取运费差价的收费方式作为认定货运代理企业法律地位的直接依据，实践中分歧很大。一般而言，赚取向货主收取的运费与支付给实际承运人运费之间的差价是无船承运人的利润取得方式和通行做法。但目前的货代实务中，货运代理人也赚取其向委托人收取的费用与支付给承运人等有关方费用之间的差价，而不是采用完全代收代付另加一定报酬的收费方式，这已成为货代行业的收费习惯和通行做法，符合商业效率的需要。《合同法》《实施细则》仅规定受托人有权收取报酬(代理费)，但未明确规定受托人收取报酬的具体方式。因此，不能仅以货运代理人收取差价的收费方式认定其具有承运人的法律地位。而是应当与其他因素综合予以考虑。①

1791

关于FOB贸易条件下的货运代理人履行交单义务的认定

关键词｜FOB贸易条件｜货运代理人｜交单义务｜

【最高人民法院司法解释】

第八条 货运代理企业接受契约托运人的委托办理订舱事务，同时接受实际托运人的委托向承运人交付货物，实际托运人请求货运代理企业交付其取得的提单、海运单或者其他运输单证的，人民法院应予支持。

契约托运人是指本人或者委托他人以本人名义或者委托他人为本人与承运人订立海上货物运输合同的人。

实际托运人是指本人或者委托他人以本人名义或者委托他人为本人将货物交给与海上货物运输合同有关的承运人的人。

——《最高人民法院关于审理海上货运代理纠纷案件若干问题的规定》（2012年2月27日，法释〔2012〕3号）

【最高人民法院审判业务意见】

问：您刚才提到FOB条件下，货运代理企业应当向哪一方当事人交付提单等运输单证问题，可否做进一步的解释？

答：《海上货运代理规定》的这一规定实际涉及海商法关于海上货物运输合同的一个基本问题。依照国际贸易中的FOB价格条件，国外的买方负责租船订舱，国内的卖方按照买方的要求将货物交至买方指定的船上。在实际业务中，国外买方通常委托国内货运代理企业代为订舱。为操作的便利，国内卖方通常会委托货运代理企业向承运人交付货物。货运代理企业完成上述受托事务后应从

---

① 王彦君、傅晓强：《〈关于审理海上货运代理纠纷案件若干问题的规定〉的理解与适用》，载万鄂湘主编、最高人民法院民事审判第四庭编：《涉外商事海事审判指导》总第24辑，人民法院出版社2013年版，第46～47页。

承运人处取得代表货物权利的提单。依照提单法律制度，提单具有物权凭证的性质，占有提单即控制了货物，因此提单的交付对于贸易双方至关重要。目前，我国货物出口多采用 FOB 价格条件，出口方能否取得提单直接关涉到我国众多出口企业的经济利益。

要求承运人签发提单是法律赋予托运人的一项权利。依据《海商法》第四十二条第三项之规定，托运人可以分为契约托运人和实际托运人。契约托运人是与承运人订立运输合同的人，实际托运人是指将货物实际交付给承运人的人。在 FOB 贸易条件下，买方为契约托运人，卖方为实际托运人。《海商法》第七十二条规定，“应托运人的要求，承运人应当签发提单”，在同时面对契约托运人和实际托运人时，承运人应向哪一个托运人签发提单，法律规定的并不明确，这也是《海商法》的不足之处。经研究，我们认为，依据《海商法》第七十二条的规定，国内卖方作为实际托运人亦有权请求承运人签发提单。这一结论虽然突破了合同相对性原则，即承运人应当将提单交付给与其订立海上货物运输合同的契约托运人，而非与其不具有运输合同关系的实际托运人。但该结论并不违反《海商法》的规定，实际托运人的地位正是海商法基于海商业务的特殊性而特别设定的。更为重要的是，如此规定并未损害国外买方的利益，却能有效地保护国内卖方的合法权益，为我国的对外出口提供有力的保障。

基于上述分析，实际托运人与契约托运人同样具有请求海运承运人交付提单等运输单证的权利，在货运代理企业分别接受契约托运人和实际托运人委托时，应将运输单证交付给哪一方呢？我们认为 FOB 贸易条件实际是单证的买卖，买方按照约定支付价款与卖方交付单证构成对待给付义务，也就是说卖方取得运输单证是其请求买方支付货款的前提条件，否则贸易合同将无法履行。据此，可以认为买卖双方已经约定应由卖方取得运输单证以保证贸易合同的履行。因此，实际托运人有优先于契约托运人向货运代理企业主张交付单证的权利。实践中，有些实际托运人可能怠于向货运代理企业请求交付单证，此时货运代理企业应履行报告义务，及时询问实际托运人如何处理单证，取得实际托运人的书面授权，从而保护自己的合法权益，避免介入买卖双方的贸易纠纷之中。

——《最高人民法院民四庭负责人就〈关于审理海上货运代理纠纷案件若干问题的规定〉答记者问》，载万鄂湘主编、最高人民法院民事审判第四庭编：《涉外商事海事审判指导》总第 24 辑，人民法院出版社 2013 年版，第 40～41 页。

《海商法》第四十二条第（三）项规定了两类托运人即契约托运人与交货托运人，但该法并没有具体厘清两类托运人之间、两类托运人与承运人或者实际承运人之间的权利义务关系，特别是承运人应当将提单签发给契约托运人还是实际（交货）托运人。我国海事司法实践，根据立法本意，已经明确在契约托运人与实际托运人均要求签发提单的情况下，承运人应当将提单签发给交货托运人。但是，货运代理人接受FOB买卖双方委托分别办理订舱、装箱等业务，又如何交付承运人签发的提单？最高人民法院民事审判第四庭在（2010）民申字第167号案中对深圳市宝加捷国际货代有限公司（以下简称深圳宝加捷公司）与温州高科汽车电器有限公司（以下简称高科公司）国际货运代理合同违约赔偿纠纷案的再审审查，进一步明确了货运代理人的交单义务。

高科公司以FOB价格条件出口一批汽车配件，国外贸易买家委托深圳宝加捷公司办理订舱业务，深圳宝加捷公司与高科公司联系获悉装箱地址和联系人等情况后，将涉案货物的订舱和拖装箱、报关货运代理业务转委托给上海宝加捷公司。上海宝加捷公司又将该笔业务转委托给宏泰公司，并通知高科公司将报关单证直接邮寄给宏泰公司。宏泰公司实际办理了装箱、拖箱、报关货运代理业务，并由其向宁波外代新华国际货运有限公司订舱。涉案货物装船后，涉案运输船舶的代理人签发了海运提单，载明：托运人为高科公司，运费预付等。宏泰公司向上海宝加捷公司开具发票并收取了拖箱、报关、订舱、海运费等，上海宝加捷公司也向深圳宝加捷公司收取了相应费用，但深圳宝加捷公司一直未向高科公司开具发票并收取上述费用。宏泰公司按照上海宝加捷公司的指令将正本提单寄给了深圳宝加捷公司广州分公司，深圳宝加捷公司在接单后直接邮寄给了俄罗斯收件人。涉案货物起运后，高科公司向深圳宝加捷公司索要正本提单未果。之后，高科公司获悉涉案集装箱在目的港卸空且货物被他人提取，而高科公司未能收取货款。

宁波海事法院一审认为，涉案货物系深圳宝加捷公司接受国外买家指令订舱，但其与高科公司发生货运代理业务过程中，又转委托他人实际从事了涉案货物订舱和拖装箱、报关等货运代理业务，超出了国外买家指令订舱的货运代理业务范围。据此，应认定高科公司与深圳宝加捷公司之间存在拖装箱、报关货运代理合同关系。高科公司作为货物所有人，在将货物交由他人占有时，有权为保留对货物的有效控制权，从实际提取货物的相对人处取得正本提单。深圳宝加捷公司作为涉案货物拖装箱、报关货运代理人，接受高科公司托运的货物后，作为货运代理人应当优先向交付货物、且提单载明为托运人的高科公司转交正本提单，除非交付货物的托运人有相反指示。深圳宝加捷公司在收到宏泰公司寄交的涉案正本提单后,未经高科公司同意而擅自立即向国外买家转交提单,致使高科公司向深圳宝加捷公司索要正本提单时无法提供,系导致高科公司丧失时涉案货物的有效控制权且至今未能收回货款的直接原因。故该院判决:深圳宝加捷公司赔偿高科公司涉案货款损失及利息。

深圳宝加捷公司不服一审判决,提起上诉。浙江省高级人民法院二审基本上肯定了一审判决的意见,判决:驳回上诉,维持原判。

深圳宝加捷公司不服终审判决,向最高人民法院申请再审。

最高人民法院经审查认为:原审法院认定高科公司与深圳宝加捷公司之间存在拖装箱、报关等货运代理合同关系并无不当。涉案提单系深圳宝加捷公司作为货运代理人而转委托他人代高科公司向承运人履行了交付货物的义务而取得的,故深圳宝加捷公司应当将正本提单交付高科公司。深圳宝加捷公司未向高科公司交付正本提单,应当承担由此引起的法律后果。故最高人民法院裁定驳回深圳宝加捷公司的再审申请。

——最高人民法院民事审判第四庭:《最高人民法院海事海商审判综述(2010 年至 2011 年)》,载《武大国际法评论》第 15 卷第 2 期,武汉大学出版社 2012 年版。

【最高人民法院裁判文书】

宁波元亨物流有限公司与浙江盛发纺织印染有限公司海上、通海水域货运代理合同纠纷申请再审案[最高人民法院(2015)民申字第 2851 号民事裁定书]

最高人民法院认为:关于元亨公司履行货运代理合同是否存在过错问题。本案是实际托运人与货运代理企业之间,因提单交付引发的纠纷,应适用《海上货运代理规定》以及《合同法》有关委托合同的规定。《海上货运代理规定》第八条规定实际托运人有权请求货运代理企业向其交付提单,但不能由此得出实际托运人未主动请求,货运代理企业就无须交付或可以将提单交给他人的结论。《合同法》第四百零一条规定了受托人的报告义务,第四百零四条规定了受托人交付财产义务。因此,受托人办理受托事项取得了成果,应主动报告委托人并将该成果交付给委托人,该义务并不以委托人请求为前提。在涉案当事人业务员之间的 QQ 记录中,从 2013 年 1 月开始,就出现了盛发公司向元亨公司询问提单,或指示其向买方交付提单的内容,元亨公司关于盛发公司乃至整个宁波地区的 FOB 卖方都存在不通过提单控制货权,自愿接受买方不付款商业风险的主张,证据不足。元亨公司在取得承运人签发的提单后，没有及时向实际托运人报告，擅自转交 RAMCOS. BFABRICCO. LTD，一、二审法院认定其履行与盛发公司之间的货运代理合同存在过错，并无不当。

——中国裁判文书网，http://wenshu. court. gov. cn。

1792

货运代理企业不得以行使同时履行抗辩权为由拒绝交付提单等运输单证，否则构成违约并应承担相应赔偿责任

关键词 | 货运代理 | 同时履行抗辩权 | 交付提单 |

【最高人民法院司法解释】

第七条 海上货运代理合同约定货运代理企业交付处理海上货运代理事务取得的单证以委托人支付相关费用为条件，货运代理企业以委托人未支付相关费用为由拒绝交付单证的，人民法院应予支持。

合同未约定或约定不明确，货运代理企业以委托人未支付相关费用为由拒绝交付单证的，人民法院应予支持，但提单、海运单或者其他运输单证除外。

——《最高人民法院关于审理海上货运代理纠纷案件若干问题的规定》（2012 年 2 月 27 日，法释〔2012〕3 号）

【最高人民法院审判业务意见】

我们认为，货运代理企业处理事务的行为属于商事活动，其与委托人签订的海上货运代理合同属于有偿的委托合同。委托人支付相关费用与货运代理企业处理受托事务分别是双方当事人的主要义务，构成对待给付。货运代理企业安排货物出运并取得相关的单证，实际上已经完成了委托事务。而且在实际业务操作中，货运代理企业为完成委托事务常常预先垫付海运费等相关费用，依照合同法的规定委托人应当预付处理委托事务的费用，在受托人垫付的情况下，委托人负有费用返还之义务，与货运代理企业向委托人转交取得财产的义务构成对

待给付义务。在委托人拒绝支付垫付费用的情况下,货运代理企业当然可以行使同时履行抗辩权,拒绝交付相应的单证。同时,从货代业务实践考虑,货运代理业务涉及的货物通常是在承运人的掌控之下,而货运代理企业只有通过持有单证才能有效地维护自身的利益。赋予货运代理企业拒绝交单的权利,能够更好地保护货运代理企业,促进行业的持续发展。基于以上理由,司法解释确认了货运代理企业可以行使同时履行抗辩权,拒绝交付有关单证,并具体设置了两款。第一款依据的是《合同法》"有约定从约定"的基本规则,即海上货运代理合同中对于货运代理企业交付单证和委托人支付费用互为给付条件做了明确规定,该约定对双方当事人具有约束力,委托人未履行费用支付义务而请求货运代理企业交付单证的,货运代理企业有权予以拒绝。第二款是针对合同没有明确约定或约定不明的情形。在满足同时履行抗辩权的条件下,货运代理企业在委托人履行其义务之前有权拒绝交付单证。需要强调的是,在办理货运代理事务过程中会涉及核销单、报关单以及提单等运输单证。鉴于运输单证往往涉及国际贸易的结算,赋予货运代理企业拒绝交付提单等运输单证的权利将直接影响国际贸易的顺利进行,而且货运代理企业扣留核销单、报关单的行为基本上可以保护其合法权益,故司法解释明确规定,货运代理企业不得以行使同时履行抗辩权为由拒绝交付提单等运输单证,否则将构成违约并应承担相应的赔偿责任。

——《最高人民法院民四庭负责人就〈关于审理海上货运代理纠纷案件若干问题的规定〉答记者问》,载万鄂湘主编、最高人民法院民事审判第四庭编:《涉外商事海事审判指导》总第24辑,人民法院出版社2013年版,第39~40页。

【链接:最高人民法院法官著述】

需要强调的是,在办理货运代理事务过程中会涉及核销单、报关单以及提单等运输单证。鉴于运输单证往往涉及国际贸易的结算,赋予货运代理企业拒绝交付提单等运输单证的权利将直接影响国际贸易的顺利进行,而且货运代理企业扣留核销单、报关单的行为基本上可以保护其合法权益,故《海上货运代理规定》第七条第二款但书部分明确排除了提单等运输单证,即货运代理企业不得以行使同时履行抗辩权为由拒绝交付提单等运输单证,否则将构成违约并应承担相应的赔偿责任。与第一款形成对照的是,第二款排除了对提单等运输单证的扣留，而依照第一款，如提单等运输单证属于合同约定的可扣留单证的范围，货运代理企业在委托人未支付费用的情况下有权拒绝交付提单。

——王彦君、傅晓强：《〈关于审理海上货运代理纠纷案件若干问题的规定〉的理解与适用》，载万鄂湘主编、最高人民法院民事审判第四庭编：《涉外商事海事审判指导》总第24辑，人民法院出版社2013年版，第50页。

1793

托运人和承运人约定运费到付的，如无人提货或收货人拒绝提货，承运人有权向托运人主张运费

关键词｜运费到付｜

【最高人民法院答复】

上海市高级人民法院：

你院〔2007〕沪高民四（海）终字第75号《关于青岛思锐国际物流有限公司与无锡富通摩托车有限公司海上货物运输合同欠付运费纠纷一案的请示》收悉。

经研究认为：

1. 根据《海商法》第六十九条的规定，托运人应当按照约定向承运人支付运费。托运人与承运人可以约定运费由收货人支付；但是，此项约定应当在运输单证中载明。本案提单中记载的"运费到付"应视为承托双方对收货人支付运费的约定。

2. 托运人与承运人约定由收货人支付运费，属于当事人约定由第三人向债权人履行债务的情形。当目的港无人提货或者收货人拒绝提货时，应当视为第三人不履行债务。根据《合同法》第六十五条的规定，收货人未支付运费的，托运人应当履行支付的义务，承运人向托运人主张运费的请求应予支持。

3. 根据《海商法》第八十七条的规定，应当向承运人支付的运费没有付清，又没有提供适当担保的，承运人可以在合理的限度内留置其货物，但并无法律规定承运人向托运人主张运费权利前必须先行行使留置权。

同意你院审委会倾向性意见，青岛思锐国际物流有限公司要求无锡富通摩

托车有限公司支付运费的诉讼请求应予支持。

——《最高人民法院关于青岛思锐国际物流有限公司与无锡富通摩托车有限公司海上货物运输合同欠付运费纠纷一案的请示的答复》(2008 年 5 月 9 日,〔2008〕民四他字第 5 号)

【最高人民法院审判业务意见】

3. 对于目的港无人提货时的责任承担问题。在目的港无人提货的情况下,有关无人提取货物而产生的费用和风险原则上由托运人承担,承运人可以向托运人索赔运费、堆存费或者滞箱费。货物运抵目的港后,如果提单仍由托运人持有,或者提单由托运人以外的第三人持有但提单载明"运费到付"的,承运人可以通过留置货物来索赔运费。但是,留置货物只是承运人主张债权的方式之一,承运人不留置货物的,并不影响其向托运人或者持有提单的收货人主张运费。

——刘贵祥:《在全国海事审判工作会议上的总结讲话》,载万鄂湘主编、最高人民法院民事审判第四庭编:《涉外商事海事审判指导》总第 25 辑,人民法院出版社 2013 年版,第 24 ~ 25 页。

1794

有不同的计量方式从而产生误差的,是否存在货物短少应当结合案情以及各证据之间证明力的大小进行综合判断

关键词 | 交货义务 | 货物短少 |

【《最高人民法院公报》案例】

财保北京支公司诉铜河公司、寰宇公司海上货物运输合同代位求偿纠纷案(浙江省高级人民法院二审民事判决书)

裁判摘要:一、承运人在履行海上货物运输合同的交货义务时,应当按照清洁提单关于货物的记载进行交货。即使承运人以装港空距报告证明其实际接收的货物或装船的货物与清洁提单记载不符,收货人仍有权依据《海商法》第七十七条的规定,按照提单记载内容向承运人提取货物。

二、原油贸易合同和运输单证中没有约定装、卸港的交接计量方法，实际交接时采用了流量计计量、岸罐计量和油舱空距计量等多种不同的计量方式。在此情形下，收货人以卸货港岸罐计量证书的记载与提单记载不符主张货物短少，但其提供的岸罐计量数据发生在承运人的责任期间之外，也不能提供其他有效证据证明原油短少发生在承运人责任期间，承运人以装卸港船舱空距报告和干舱报告与提单相符进行抗辩的，原油实际交付的数量可以依据船舱空距报告和干舱报告确认。收货人提供的计量岸罐重量证书，除非经承运人同意，否则不具有证明原油交货数量的效力。

浙江省高级人民法院认为：本案中，在原油贸易合同和运输单证没有约定装、卸港货物交接计量方法的情形下，由于实际采取了流量计计量、油罐计量和油舱计量三种不同的计量方式，判断何种方式更为准确，应当依据案件的具体事实进行分析。《海商法》第四十六条第一款规定："承运人对集装箱装运的货物的责任期间，是指从装货港接收货物时起至卸货港交付货物时止，货物处于承运人掌管之下的全部期间。承运人对非集装箱装运的货物的责任期间，是指从货物装上船时起至卸下船时止，货物处于承运人掌管之下的全部期间。在承运人的责任期间，货物发生灭失或者损坏，除本节另有规定外，承运人应当负赔偿责任。"因此，承运人对非集装箱装运的货物的责任期间是货物处于承运人掌管之下的全部期间。而本案中，从货物卸下船舶之后，到通过输油管线输往岸罐这一期间，货物并非完全处于承运人掌管之下。因此，以货物输入岸罐之后的数量作为本案卸货数量，并以此来约束承运人不尽合理。至于是否存在上诉人财保北京支公司所称"挂壁"等其他影响船舱计量准确性的因素，上诉人对此并未提供充分的证据，亦未证明承运人具有未按照收货人指令或行业经验计量的情形。且装卸港空距报告均对货物的数量作了明确记载，所记载的货物数量也十分接近。因此，经 CCIQ 确认的该两份空距报告以及干舱报告可以作为本案中确定货物数量的依据。

在存在不同的计量方式从而产生误差的情况之下，要确定是否存在货物短少，应当结合本案的案情以及各证据之间证明力的大小进行综合判断。由于在装货港对涉案货物采用了油舱计量，卸货港也采用了相同的计量方式，因此可以以油舱计量作为定案的计量方式。同时为了与承运人的责任期间相适应，应将提单记载的货物数量与卸货港的空距报告、干舱报告记载的卸货数量进行比较，从而确认是否发生短货事实。鉴于两者相比较之货差为 141.583 吨，尚在国际原油贸易惯例允许的 0.5% 的合理短少率范围之内，上诉人财保北京支公司所称货物短少的主张没有事实依据，承运人依法不应承担赔偿责任。

——《最高人民法院公报》2007 年第 7 期

1795

对散装液体货物运输中货物短重责任的认定

关键词｜散装液体运输｜货物短重｜

【最高人民法院答复】

天津市高级人民法院：

你院经高法〔2005〕170 号《关于南京石油运输有限公司与华泰财产保险股份有限公司石家庄分公司海上货运运输保险代位求偿一案有关适用法律问题的请示》收悉。经研究，答复如下：

1. 关于承运人对散装液体货物运输责任期间的认定。我国《海商法》第四十六条规定，承运人对于非集装箱装运的货物责任期间是从货物装上船时起至卸下船时止，货物处于承运人掌管之下的全部期间。由于散装液体货物在形态上不同于其他散装货物，因此，承运人对于散装液体货物运输的责任期间，应自装货港船舶输油管线与岸罐输油管线连接的法兰盘末端时起至卸货港船舶输油管线与岸罐输油管线国家利益的法兰盘末端时止，货物处于承运人掌管之下的全部期间。

2. 关于对散装液体货物交货数量证据效力的认定。在收货人未能提供有效证据证明货物短少发生在承运人责任期间的情况下，承运人提供的船舶干舱证书、空距报告，具有证明散装液体货物交货数量的效力。收货人提供的岸罐重量检验证书，除非经承运人同意，否则不具有证明散装液体货物交货数量的效力。

——《最高人民法院关于南京石油运输有限公司与华泰财产保险股份有限公司石家庄分公司海上货物运输保险代位求偿一案有关适用法律问题的请示的复函》(2006 年 5 月 11 日，〔2005〕民四他字第 1－1 号)

【链接：最高人民法院法官著述】

关于散装液体货物运输货物短重责任的判定问题，应当主要从承运人运输责任期间以及散装液体货物数量证据效力等几个因素加以认定。首先,对散装液体货物运输责任期间的认定是承运人货物短重责任判定的基础。我国《海商法》第四十六条对非集装箱装运货物的责任期间作出了规定,是从货物装上船时起至卸下船时止,货物处于承运人掌管之下的全部期间。在目前的司法实践中,通常将承运人与收货人的责任分界点表述为船舶管线与岸罐管线的连接点处,但是这种理解并不正确。在海运实务中,连接船舶输送液体管线与岸罐输送液体管线的是法兰盘,法兰盘是在承运人的保管之下,并随船备有,散装液体货物即是经过法兰盘由船舶管线流入岸罐管线。鉴于此,承运人与收货人的责任分界点应在船舶管线与岸罐管线的连接法兰盘末端。因此,承运人承运散装液体货物运输的责任期间,应自装货港船舶输送液体货物管线与岸罐输送液体货物管线连接的法兰盘末端时起卸货港船舶输送液体货物管线与岸罐输送液体货物管线连接的法兰盘末端时止,货物处于承运人掌管之下的全部期间。散装液体货物的短重是否发生在承运人的责任期间,这是判定承运人是否承担责任首先需要考虑的因素。如果承运人有证据证明货物短重不是发生在承运人责任期间内,承运人则不应承担货物短少责任。其次,对散装液体货物交货数量证据效力的认定是承运人货物短重责任判定的关键。在目前的海运实务中,多数情况下液体货物卸货时,均未采用流量计计量,造成当事人对交货数量的争议。争议的结果就是收货人或者保险人作为收货人的代位求偿人向承运人提出货物短重索赔,索赔的依据是检验人检验确定的岸罐重量检验证书(岸罐计量),而承运人抗辩依据是卸货之前的空距报告(船舱计量)和卸货后的空仓证书。由此,就交货数量在诉讼中便形成了两个不同的证据,且这两个证据均为商检报告。如何认定承运人的船舱空距报告、空仓证书和收货人的岸罐重量检验证书的证据效力,成为审理此类案件中的关键问题。在海上货物运输实务中,对于散装液体货物运输(以油类运输为例),在装货前,有关检验机构人员上船与船上大副一起对货舱进行检验并测量记录有关数据(货舱残留量和船舶浮态数据),签发干舱证书 OBQ(ON ROARD QOANTITY,即上一航次残留货物数量)测量记录。装货完毕,承运人(或发货人)需要取得公证鉴定人关于油舱空距、油温、含水量和船舶浮态等的鉴定数据(即空距报告),并根据相关表册(主要指船舱容表)计算装入的货油数量,证明货物装船数量。在卸货港卸货前,收货人也会委托有关检验机构上船测量油舱空距、油温、含水量和船舶浮态等的鉴定数据(空距报告),以此证明到达卸货港的货物数量,该鉴定数据与装港空距报告上的数据相比较,作为货物是否短量的初步证据。在我国,货物进口的法定检验是由中国出入境检验检疫局负责进行，当油轮到达卸货港后，出入境检验检疫局与油轮大副一起负责测量油舱内货物的液面至标定舱口的距离并测定液体货物的温度，同时测定船舶吃水差和横倾度（即船舶浮态），证明油舱空距、油温和含水量等实际情况，结合由法定机构出具的船舱容表，出具鉴定证书（即空距报告）。在卸货结束后，中国出入境检验检疫局验舱，出具干舱证书或卸货后残留数量。在卸货港，当油类货物经过船舶输油管线与岸罐输油管线连接的法兰盘末端，承运人具有抵港后检验部门出具的鉴定证书（空距报告）和干舱证书以及船方的事实记录和货物保管记录（加温记录）为据，即可证明液体货物已全部卸下，其已经向收货人如数交付货物。收货人如不能进一步举证证明货物短量是发生在承运人责任期间，其便不能以检验部门出具的岸罐重量检验证书向承运人主张货物短量损失。

——赵红：《对散装液体货物运输中货物短重责任的认定》，载万鄂湘主编、最高人民法院民事审判第四庭编：《涉外商事海事审判指导》总第14辑，人民法院出版社2007年版，第192～196页。

1796

货物含水率不明的，主张货物价款应根据实际含水率进行相应调整减少缺乏事实依据

关键词 | 货物含水率 | 货物价款 |

【最高人民法院裁判文书】

青岛德海航运有限公司与寿光市联盟磷复肥有限公司、芜湖市天工货运代理有限责任公司沿海航次租船合同货损赔偿纠纷案［最高人民法院（2012）民申字第541号民事裁定书］

最高人民法院认为：本案系沿海航次租船合同货损赔偿纠纷。根据青岛德海公司的再审申请，本案再审审查的焦点主要是青岛德海公司是否应当免除货损赔偿责任和货物损失数额的认定。

根据上海海事局调查询问货物卖方销售经理吴兴平、装货港负责人胡德正的笔录，两人关于涉案货物含水率的证言仅是推测性的，并没有对涉案装船货物的水分进行检测，其证言不能证明涉案货物装船时的含水率。上海海事局的水上交通

事故责任认定书亦未认定承运船舶"德荣"轮所载硫精矿粉的含水率。一、二审法院认定青岛德海公司未能举证证明涉案货物装船时的含水率,并无不当。青岛德海公司主张其曾在货物装船前要求寿光联盟公司提供货物含水率证明,仅有其船员的证言,没有提供其他有效证据予以印证,一、二审法院未予认定,并无不当。涉案货物硫精矿粉并非一定具有运输危险,参照交通部《海运精选矿粉及含水矿产品安全管理暂行规定》,海运精选矿粉含水率达到或者超过8%时具有较高运输危险,承运人可不予运输。涉案货物装船前,"德荣"轮的大副简易测试货物含水率,发现含水率很低(约为1.5%),同意装船,应视为放弃先要求托运人提供货物含水率证明然后再决定是否装运的权利。青岛德海公司事后没有举证证明涉案货物的含水率,故不能证明货物的危险性,也不能证明寿光联盟公司不提供货物含水率证明与货物随船舶沉没灭失之间具有因果关系。青岛德海公司认为其对涉案货物损失不应承担任何赔偿责任,二审法院没有正确适用有关危险货物运输以及承运人免责的法律规定认定承运人免责,缺乏事实和法律依据,本院不予支持。

按照寿光联盟公司向货物卖方支付的价款,涉案货物4500吨,单价为每吨694元,总价为3123000元。该价款并不包含货物运费。青岛德海公司主张寿光联盟公司请求的货物损失3123000元包含货物运费,没有事实依据,本院不予支持。在货物含水率不明的情况下,青岛德海公司主张货物价款应根据实际含水率进行相应调整减少,缺乏事实依据,本院亦不予支持。一、二审法院根据买卖合同约定的货物单价乘以装船货物的重量,认定货物损失,并无不当。

——中国裁判文书网,http://wenshu.court.gov.cn。

1797

大宗散装货物因在运输过程中的自然耗损等导致短少，如承运人已经尽到谨慎管货义务，可以免除赔偿责任

关键词｜大宗散装货物运输｜谨慎义务｜赔偿责任｜

【最高人民法院审判业务意见】

第五,关于承运人对大宗散装货物短重的责任承担。

随着我国建设国际航运中心步伐的加快,散装货物运输量不断增加。大宗

散装货物进出口运输中因货物短少而引起的纠纷，在海上货物运输合同货损货差纠纷中占到很大的比重。准确认定承运人对其责任期间货物短少的赔偿责任，要在严格依法的同时，充分考虑航运实践，尊重行业惯例。油类、大豆、铁矿粉等大宗散装货物因在运输过程中的自然损耗、在装卸过程中的散落残漏以及在装卸两港水尺计重等的计量允差，都可能会导致运输货物的重量与提单记载的重量不符，出现短少。只要承运人已经尽到谨慎管货的义务，对于因合理的损耗允差造成的货物短少，承运人可以免责。有关合理损耗允差的标准，可以参照有关行业惯例予以确定。对于是否属于合理损耗允差以及相关标准，承运人应当承担举证责任。

——最高人民法院民四庭庭长张勇健：《在全国涉外商事海事审判庭长座谈会上的讲话》（2016 年 4 月 7 日），载贺荣主编、最高人民法院民事审判第四庭编：《涉外商事海事审判指导》总第 32 辑，人民法院出版社 2017 年版，第 23 页。

【最高人民法院裁判文书】

鸿一粮油资源股份有限公司与上海时代航运有限公司海上、通海水域货物运输合同纠纷申请再审案［最高人民法院（2016）最高法民申 1109 号民事裁定书］

最高人民法院认为：本案系海上货物运输合同纠纷。（一）关于时代公司就本案承运货物短少能否免除赔偿责任。本案所涉货物为大豆，类似大宗散装货物因在运输过程中的自然耗损、在装卸过程中的散落残漏以及装卸两港计量误差，都可能导致卸货港货物重量与提单记载的重量不符而出现短少。如果承运人已经尽到谨慎管货的义务，可以免除其对于因合理允差造成的货物短少而产生的赔偿责任。根据《进出口商品重量鉴定规程－水尺计重》的规定，水尺计重误差允许在 5‰之内。根据一、二审法院查明事实，涉案货物在卸货港水尺测量结果比提单记载的重量短少 232.385 公吨，短重率为 3.5‰，属于允许计量误差范围之内，二审法院免除时代公司的赔偿责任并无不当。鸿一公司提出的承运人享受大宗散货 5‰内短重免责违反了关于船舶载重线国际公约的理由，缺乏事实及法律依据。

——中国裁判文书网，http://wenshu.court.gov.cn。

1798

两份提单项下货物种类不同，同时存在短重和溢货现象的，收货人就短少提单仍然可以要求承运人赔偿

关键词 | 货物短少 | 赔偿责任 |

【最高人民法院裁判文书】

中国平安财产保险股份有限公司上海市虹口支公司与上海至精国际船舶管理有限公司、CLC 租船第六有限公司船舶租用合同纠纷、海上、通海水域货物运输合同纠纷申请再审案[最高人民法院(2016)最高法民再 18 号民事判决书]

最高人民法院认为：

(二)涉案 01 号提单项下货物是否存在短少的事实

经审理查明，涉案船舶承运了两票货物，承运人分别签发了 01 号提单和 02 号提单。两份提单记载的货物品名和重量均不同，在起运港系分舱装载运输。01 号提单项下货物装载于 1、3、5、7、9 舱，02 号提单项下货物装载于 2、4、6、8 舱，但并未进行分舱水尺计重，而只是进行了整船水尺计重，总重量为 160221 湿吨。两份提单记载的重量分别为 01 号提单 95618 湿吨，02 号提单 64603 湿吨。涉案船舶抵达目的港后，亦进行了分舱卸载和分别堆放。连云港出入境检验检疫局按照不同提单分别进行了水尺计重，出具的 CIQ 重量检验证书记载，01 号提单项下货物品名为 SINTERFEEDOREGUAIBA，水尺计重重量为 91293 吨，比该提单上记载的货物重量 95618 吨短少 4325 吨。因此，涉案 01 号提单项下的货物在运抵目的港时的重量已经与提单记载不符，存在短重，与收货人提货后的分配无关。至精公司在二审提交的有关出库记录和港口作业委托单等证据均系收货人实际提取货物时的重量情况，与涉案 CIQ 证书重量并不矛盾，也并不能推翻 CIQ 证书记载的卸货时的重量情况。至精公司主张涉案货物短少系中基公司提货后分配不当所致，缺乏事实依据。涉案船舶承运的是两票提单货物，品名和数量均不相同。本案所涉纠纷仅为 01 号提单项下货物运输合同纠纷。二审判决以涉案两票货物在装运港未分舱计重，提单记载货物重量系根据托运人申报且涉案船舶卸载货物总重量与两份提单记载总重量基本相符为由，认定涉案运输不存在短货情形，显然与事实不符。一审法院认定 01 号提单项下货物短少 4325 吨正确。一审法院扣除 0.5% 的计量允差，认定涉案货物实际短少 3846.91 吨，并据此

计算短少货物价值为592828.07美元,折合人民币3948234.95元。平安虹口支公司申请再审时对此计算方式并未提出异议,本院予以确认。

(三)至精公司和CLC公司是否应当承担赔偿责任

根据《海商法》第七十一条的规定,提单中载明的交付货物的条款,构成承运人据以交付货物的保证。因此,涉案货物运输承运人至精公司应当按照提单记载的货物品名和重量向提单持有人交付货物。涉案01号提单项下的货物为烧结矿(SINTERFEEDOREGUAIBA),在目的港交付时的重量与提单记载的重量不相符,存在短重。至精公司对此应当承担赔偿责任。涉案提单为简式提单,虽然注明"与租约共同使用"和"运费按租约规定支付",但是提单正面并未载明并入的租约名称和条款。至精公司并未举证证明租约有效并入提单的事实,亦未举证证明涉案货物重量在起运港无法予以核对。其以两份提单系履行同一份航次租约,托运人装货不当,提单记载重量系托运人提供,提单上标注了"SAIDTOWEIGH(重量据称)"条款为由,主张免除其赔偿责任,缺乏事实和法律依据。

涉案01号提单项下货物的实际重量与提单记载重量不相符,存在短少;02号提单项下货物的实际重量与提单记载重量亦不相符,存在溢货。两份提单的提单持有人均为中基公司。在这种情况下,能否以整船交付货物总重量与两份提单记载总重量相符为由免除承运人至精公司对01号提单项下货物短重的赔偿责任,是本案的关键问题。本院认为,首先,两票货物虽然系同一托运人淡水河谷公司托运的大宗散货,但是涉案两票货物并非同一种货物,01号提单货物为烧结矿,02号提单货物为球团矿,货物重量也不一样。至精公司主张两票货物实质是同一种货物,02号提单货物可以替代01号提单货物,但并未提交充分证据证明,其主张亦与提单记载、专家证言不一致,应不予支持。两票货物在起运港系分舱装载运输,承运人至精公司亦签发了两份可以分别进行流转的空白指示提单。故两份提单系两个独立的运输合同的证明,承运人至精公司应当分别按照两份提单记载的品名和重量向提单持有人承担交付义务,提单持有人亦有权依据不同的提单分别向承运人主张权利。承运人至精公司在起运港只是进行了整船水尺计重,并未进行分舱水尺计重,未对两份提单记载的重量分别进行核对,由此产生的风险后果应当由其自行承担。其次,虽然两份提单持有人均为中基公司,但中基公司是分别受两个不同公司的委托作为代理人进口涉案货物,两份提单记载的货物品名和数量涉及不同货主的利益。即使最终的收货人为同一人,由于两份提单项下货物的种类不同,在短重和溢货的现象同时存在的情况下，收货人就短少提单依然可以行使要求承运人赔偿的权利。对不同种类、规格和价格的货物通过溢短对冲的方式，仅以货物的总价值认定收货人是否存在实际损失，剥夺了收货人就其中一份提单项下的货物短少主张赔偿的权利，亦不符合合同独立性的原则。二审判决以中基公司持有的两份提单系关联提单，认定不能要求承运人对两份提单记载的重量分别承担责任，缺乏相应的事实和法律依据，应予纠正。

——中国裁判文书网，http://wenshu.court.gov.cn。

1799

国际航运惯例《固体散装货物安全操作规则》的适用

关键词 | 国际航运惯例 |

【最高人民法院答复】

海南省高级人民法院：

你院〔2009〕琼民三终字第18号《儋州永航不锈钢有限公司与大连泰嘉船务有限公司航次租船合同纠纷一案的请示报告》收悉。经研究，答复如下：

案涉红土镍矿属于联合国国际海事组织制定的《固体散装货物安全操作规则》（以下简称《BC规则》）所规定适用的货物，《BC规则》在国际海上固体散装货物运输中被普遍遵循，属于国际航运惯例。本案双方当事人在其签订的《镍矿运输合同》中未约定所适用的法律及规则，依照《海商法》第二百六十八条第二款关于“中华人民共和国法律和中华人民共和国缔结或者参加的国际条约没有规定的，可以适用国际惯例”的规定，本案可以适用《BC规则》。

你院请示的其他问题，属于事实认定问题，请你院根据所查明的事实，依法予以认定。

——《最高人民法院关于儋州永航不锈钢有限公司与大连泰嘉船务有限公司航次租船合同纠纷一案的请示的复函》（2010年3月24日，〔2010〕民四他字第4号）

1800

集装箱损害状况及原因相对明显，可以通过一般观察认知并合理推断，无须运用专门知识进行鉴定

关键词｜集装箱损害｜海上货运代理合同｜

【最高人民法院裁判文书】

上海胜狮国际物流有限公司与上海悦翔国际物流有限公司海上、通海水域货运代理合同纠纷申请再审案[最高人民法院(2016)最高法民再58号民事判决书]

最高人民法院认为：本案为海上货运代理合同纠纷，涉及从中国上海至美国哈钦森的运输，具有涉外因素。一、二审法院根据双方当事人的一致选择适用中华人民共和国法律处理本案纠纷正确。根据胜狮公司的再审申请和悦翔公司的答辩，本案再审审理重点是涉案集装箱损害原因、责任承担与损失金额的认定。

涉案16个集装箱货物由悦翔公司装箱后在运往美国目的地途中发现损害。胜狮公司首先通过电子邮件附送箱损照片向悦翔公司反馈箱损情况与原因。相关照片显示：用于固定每个电缆(轴盘)的底部两侧木块已松动、碎裂、移位或脱落；有的钢丝已磨损断裂。悦翔公司曾经回复胜狮公司称：可能钢丝绳太紧了，所垫木块也有问题，以后会改进加固方式。这初步说明当事人双方当时已经认识到集装箱内部可能存在系固不当问题。结合涉案双方当事人实际交易的做法，双方当事人曾经一致同意以照片方式确认装箱方式，而且由于照片拍摄中各物体之间的参考对比相对一致，一般肉眼可以观察判断不同集装箱中系固木块的大小。故通过肉眼观察相关照片对比，涉案货物用于防止侧向滚动的加固木块体积明显小于此前所用木块，该观察情况可以作为认定涉案箱损原因的依据。胜狮公司在再审中补充提供涉案16个集装箱的检验报告载明，大部分集装箱在运输途中存在两个问题，即系固钢缆破损和衬垫木块损坏或者失去作用。本案没有证据证明涉案集装箱损害有其他原因，可以合理推断钢缆系固和木块衬垫没有起到保障货物运输稳定性和安全性的作用，一审判决认定涉案集装箱损害原因在于装箱作业中存在垫木较小和捆扎不当问题，基本适当。二审判决认定胜狮公司关于绑扎所用木块偏小以及木块大小与

箱损事故之间因果关系的主张没有充分证据证明，与双方当事人实际交易做法和日常实际不符。鉴于涉案集装箱损害状况及原因相对明显，可以通过一般观察认知并合理推断，无需运用专门知识进行鉴定，悦翔公司主张箱损原因必须有专业鉴定结论才能予以认定，没有事实和法律依据，本院不予支持。胜狮公司对此申请再审有理，本院予以支持。

根据本案查明的事实，悦翔公司没有尽到确保货物加固稳定性和安全性的合同义务。根据涉案集装箱内使用木块比以前小，悦翔公司又没有提供相反证据证明其尽到合理谨慎，应认定其具有过错，悦翔公司应负责赔偿由此造成的损失。同时，胜狮公司在装箱后对悦翔公司发送的装箱情况照片没有提出异议，表明其基本上认可悦翔公司的装箱加固方式，其本身也存在一定过错。一审判决认定双方各承担50%的责任基本适当。二审判决认定悦翔公司对胜狮公司的损失不负赔偿责任不当，应予纠正。

胜狮公司在一审中提供的证据系其多次以“运费”名义向无船承运人泛远货代的目的港代理3PL公司汇付款项的单据，证明其损失数额。鉴于胜狮公司与3PL公司之间并无运费债务关系，且3PL公司作为承运人泛远货代目的港代理处理涉案集装箱发现损害后的运输事宜，收取相关费用符合航运实际。一审判决认定胜狮公司向3PL公司汇付的216792美元以及由此发生的汇付费用人民币2221.06元为胜狮公司为涉案集装箱损害而发生的费用并无不当。一审判决已经认定胜狮公司收到3PL公司退款30349.92美元。胜狮公司自认应扣减污箱费、洗箱费1425美元，系其对自身权利的处分。在再审中，胜狮公司自认其于2013年12月31日收到3PL公司退款10639.85美元。由此，胜狮公司的损失应当重新认定为174377.23美元(216792美元－30349.92美元－10639.85美元－1425美元)和人民币2221.06元，悦翔公司应承担50%的损失相应调整为87188.62美元和人民币1110.53元。

——中国裁判文书网，http://wenshu.court.gov.cn。

1801

货款损失与承运人的放货行为是否具有因果关系的判断

关键词｜货款损失｜放货行为｜因果关系｜

【最高人民法院裁判文书】

中国汽车工业进出口有限公司与青岛中顺国际物流有限公司海上、通海水域货物运输合同纠纷案[最高人民法院(2015)民申字第1660号民事裁定书]

最高人民法院认为:契约托运人与承运人分别系海上货物运输合同的订约方,双方意思表示一致,并就当事人的权利义务作出约定,故应以此作为确定运输合同主要内容的依据。据此,应依据PETERZHAO或其代表的公司的指示,确定PAP公司为涉案运输合同的收货人。中顺公司作为承运人有义务在托运人提出请求时根据运输合同约定的内容缮制单证。本案中并无证据证明契约托运人PETERZHAO请求签发提单,而中汽公司作为实际托运人在货物出运后有权请求承运人签发相关运输单证。根据一审查明的事实,本案中汽公司虽未要求中顺公司签发正本提单,但依照货物出运流程,中顺公司应向中汽公司出具提单样本,并依据中汽公司出具的电放保函在目的港交付货物。在其后业务操作中,中顺公司实际向中汽公司出具提单样本,载明收货人为IAP公司,中汽公司亦出具五份电放保函,虽然后三批货物未出具电放保函,但依据双方当事人的约定及履行行为可以认定,中汽公司与中顺公司已就凭电放保函及提单样本将货物交付给IAP公司达成协议,故中汽公司有权请求中顺公司向IAP公司交付货物。因中顺公司未将其与PETERZHAO达成的海上货物运输合同约定的收货人PAP公司如实记载于提单样本中,而是依照PETERZHAO的指示随意更改为IAP公司,违反承运人如实签发运输单证的义务,致使运输合同约定的收货人与提单样本载明的收货人不一致。中顺公司为此应承担相应的法律后果,即其负有分别按照PETERZHAO和中汽公司的指示履行交付货物的义务,并向未能收取货物的一方承担交货不能的责任。根据合同相对性原则,中顺公司亦不能以已向PAP公司交付货物为由对抗中汽公司提出的向IAP公司交付货物的请求。综上,中顺公司虽可依据PETERZHAO的指示向PAP公司交付货物,但其未能向IAP公司履行交付货物的义务,违反了电放协议的约定,对中汽公司构成违约。

(二)中汽公司所主张的货款损失与中顺公司的放货行为是否具有因果关系。

本案中顺公司未按照电放协议交付货物,对中汽公司构成违约。如货物被PAP公司占有,电放协议载明的收货人IAP公司因未收到货物而拒付货款,中汽公司依法有权请求中顺公司承担错误交付货物的赔偿责任。本案特殊之处在于,依据一、二审查明的事实,IAP公司并非涉案货物买卖合同的当事人,涉案合同系 PETERZHAO 以 IAP 公司的名义订立，但并未取得该公司授权。依据《合同法》第四十八条的规定，“行为人没有代理权、超越代理权或者代理权终止后，以被代理人名义订立的合同，未经被代理人追认，对被代理人不发生效力，由行为人承担责任”，应由行为人 PETERZHAO 承担相应的责任，中汽公司与 IAP 公司签订的所谓买卖合同因缺乏 IAP 公司的意思表示，并未有效成立。故，本案不存在 IAP 公司与 PAP 公司同时请求承运人交付货物的情形。就涉案买卖合同而言，中汽公司系先通过其业务员李耀进与 PAP 公司总经理 PETERZHAO 协商签订合同，因 PAP 公司资信未通过中国出口信用保险公司的审核，PETERZHAO 遂以 IAP 公司名义与中汽公司订立买卖合同。目前无证据证明中汽公司对 PETERZHAO 取得 IAP 公司的授权予以核查，而涉案货物交易的所有信息均系通过 PETERZHAO 及其配偶 LUCYLUAN 传递，中汽公司始终未与 IAP 公司直接联系出口事宜。货物发运后，PAP 公司实际接受所有货物但仅支付第一批货物货款。2011 年 4 月 15 日，李耀进向 PETERZHAO 发出催要货款的电子邮件，请求支付货款，2011 年 10 月 24 日，中汽公司向 PETERZHAO 发函，要求 PAP 公司将货物送到中汽公司指定的地点。庭审中，PETERZHAO 出庭作证并要求退货，中汽公司当庭以货物系 PETERZHAO 定做为由，不接受退货。综合考虑案涉货物的交易过程，中汽公司订约目的在于通过 PETERZHAO 实现涉案货物的出口并取得货款，其对于买卖合同相对方究竟为 IAP 公司或 PAP 公司并无特定的指向，而其向 PAP 公司主张货款以及拒绝退货的事实更进一步表明 PETERZHAO 或其代表的 PAP 公司为其交易对象，二审判决据此确认 PAP 公司系贸易相对方并无不当。综上，中顺公司虽然未按照电放协议向 IAP 公司交付货物构成违约，但货物交付 PAP 公司并不违反中汽公司的本意，且中汽公司诉请的货款损失系因其拒绝接受 PETERZHAO 退货请求所致，而中顺公司的放货行为仅导致其丧失对涉案货物的间接占有，与其所主张的货款损失之间并无因果关系。二审判决据此驳回中汽公司关于赔偿货款损失的诉请并无不当。

——中国裁判文书网，http://wenshu. court. gov. cn。

中国汽车工业进出口有限公司与青岛中顺国际物流有限公司海上、通海水域货物运输合同纠纷案［最高人民法院（2015）民申字第 1656、1658、1659、1661、1662 号民事裁定书］

裁判理由与前引裁判文书基本一致（略）。

——中国裁判文书网，http://wenshu. court. gov. cn。

1802

就特定货物运输而言，大副收据中关于货物表面存在一定瑕疵的记载并不能准确反映货物的质量

关键词 | 大副收据 | 货物表面瑕疵 |

【最高人民法院裁判文书】

东京海上日动火灾保险(中国)有限公司与格里戈星航海运公司、格里戈船务公司海上、通海水域货物运输合同纠纷再审复查与审判监督案[最高人民法院(2014)民申字第445号民事裁定书]

最高人民法院认为:关于星航公司是否应当承担本案货损赔偿责任的问题。

首先,根据原审查明事实,本案系冷轧钢卷运输,本案承运人签发的是含有RETLA条款(锈蚀条款)的提单。该RETLA条款载明:“对于钢铁或金属制品,提单中所用的表面状况良好不意味着所收到的货物没有明显可见的锈蚀或水汽。如果托运人要求,签署提单时可不将大副收据上的批注转到提单上。”该条款违反了《海商法》第七十五条、七十六条的规定,扩大了承运人的免责范围,根据《海商法》第四十四条的规定,该条款无效。由于RETLA条款系事先印制于提单,且其内容并非针对本案货物的运输,亦不应当被视为是对本案货物表面状况不良的批注,承运人不能以此免除在提单上如实批注货物表面状况的义务。原审判决认定承运人不能据以主张免责,并无不当。星航公司关于RETLA条款应为有效条款,在提单上存在RETLA条款的情况下,承运人可以不另行对货物表面状况进行批注的主张,缺乏法律依据。

其次,根据《海商法》第七十六条和第七十七条的规定,承运人应当在提单上对货物表面状况等情况进行如实批注,未在提单上批注货物表面状况的,视为货物表面状况良好。在冷轧钢卷运输实践中,由于货物包装状况并不能准确反映货物的内在品质,因此尽管大副收据系承运人签发提单的重要依据,但就特定货物运输而言,大副收据中关于货物表面存在一定瑕疵的记载并不能准确反映货物的质量。外包装存在瑕疵是否影响到内在的货物品质的保护,很大程度上取决于承运人的判断。承运人根据自身判断而未在提单上进行批注时,如货物表面状况的瑕疵足以影响内在的货物品质,承运人应当对其没有如实批注给收货人造成的损失承担赔偿责任。本案中,根据涉案五份提单的大副收据及作为大副收据附件的上海至

恒检验技术服务有限公司出具的装船前检验报告、由日动保险公司的理赔公司委托约翰·约瑟夫·诺里在卸货港进行检验出具的检验报告和补充报告、上海市科技咨询服务中心出具的技术咨询报告书等证据,综合原审查明的事实,承运人星航公司并无充分证据证明大副收据中关于货物表面状况的记载与货物发生水湿生锈没有关联,也无证据印证星航公司对于大副收据的记载不足以影响内在货物品质的判断的准确性。因此星航公司就应当按照清洁提单的记载向收货人交付货物。本案货物抵达目的港发现有货损,星航公司应当对货损承担赔偿责任。

——中国裁判文书网,http://wenshu.court.gov.cn。

美国迈克斯蒂尔国际有限公司与中波轮船股份公司、中波明月海事有限公司、上海中波国际船务代理有限公司海上财产损害责任纠纷申请再审案[最高人民法院(2013)民申字第35号民事裁定书]

最高人民法院经审查认为:本案系海上财产损害责任纠纷。根据迈克斯公司的再审申请及中波海事、中波轮船、中波船代的陈述意见,各方当事人争议的焦点问题为,中波轮船未依据大副收据对涉案货物外包装状况进行批注是否构成欺诈,并据此承担侵权责任。

根据一、二审查明的事实,涉案货物在装货港经中波轮船委托的检验机构检验,外包装存在灰尘污点、包装机包扎的金属条部分生锈,包装有撕扯的情况。货物运抵目的港后,根据迈克斯公司委托的川顿公司检验,涉案货物"顶层的卷钢有轻微的分散的滴状锈渍,大约2%~3%的绑扎带不在或松掉,常见的瑕疵可见,但认为属于海外运输货物会正常遭遇的情况,应当将绝大部分外包装的损坏认定为表面性的;有4卷货物存在一定程度的包装破损,且超过了海外货物运输正常遭受的破损程度;建议迈克斯公司将全部货物直接送交最终收货人"。货物从港口运至纽约等地仓库后,弗兰克公司对货物进行检验,认定"上述提单下运输的钢卷所声称的锈损情况是由于包装材料内部的水汽凝结造成的,并非是外界环境造成的水湿,也非货主及船方所能控制"。比较涉案货物在装货港、卸货港和内陆仓库的检验情况,可以确认涉案冷轧钢发生的锈损系因货物本身的内包装材料所致,与大副收据中记载的货物表面状况并无关联。航运实践中,承运人通常根据大副收据中关于货物表面状况的记载在提单中进行批注,反映货物交接时的外观状态,明确船货双方的责任。同时,提单批注对于以单据买卖为主要特征的国际贸易而言,具有至关重要的意义,决定买受人是否应依约支付价款。由于货物包装状况并不能准确反映货物的内在品质,因此尽管大副收据系承运人签发提单的重要依据,但就特定货物运输而言,大副收据中关于货物表面存在一定瑕疵的记载并不能准确反映货物的质量。涉案货物为冷轧钢卷,包装为铁皮、钢带等材料,不可避免存在污渍、划痕及锈迹等瑕疵,外包装存在的瑕疵是否影响到内在的货物品质的保护很大程度上取决于承运人的判断。本案中,中波轮船基于其专业知识,合理谨慎地判断大副收据记载的货物表面情况不足以影响货物品质,有权决定不依据大副收据作出批注。而事实上,大副收据中关于货物表面状况的记载确与货物发生锈蚀没有关联,印证了中波轮船判断的准确性。据此,中波轮船未依据大副收据在提单上作出批注并无过错,亦不能仅凭其收取保函的行为推定其具有与托运人合谋欺诈的故意。本案中,因欠缺侵权责任构成之主观要件,迈克斯公司关于中波轮船等未如实批注构成欺诈应承担侵权责任的再审申请理由不能成立。

——中国裁判文书网,http://wenshu.court.gov.cn。

1803

承运人对其责任期间发生的货损依照《海商法》第五十五条的规定承担赔偿责任，其中货物的实际价值不包括市价损失

关键词 | 海上货物运输合同 | 赔偿责任 | 市价损失 |

【《最高人民法院公报》案例】

哈池曼海运公司与上海申福化工有限公司、日本德宝海运株式会社海上货物运输合同货损纠纷案[最高人民法院(2013)民提字第6号民事判决书]

裁判摘要:海上货物运输合同的承运人对其责任期间发生的货损依照《海商法》第五十五条的规定承担赔偿责任。

《海商法》第五十五条规定的货物实际损失不包括市价损失。

最高人民法院认为:(三)关于涉案苯酚色度升高是否构成货损。对于工业用合成苯酚,虽然国家标准对于苯酚色度没有强制标准,但规定色度在必要时由供需双方约定。本案中,申福公司与住友商事株式会社(香港)有限公司签订的买卖合同约定,苯酚色度最高不超过10哈森。货物装船时,托运人、承运人对涉案苯酚进行了封样,该封样随船运输,构成收货人对运输苯酚质量检验的依据。现有证据证明,货物运抵目的港后,装载于三个船舱内的涉案货物,两个船舱的

货物发生色度变化。在申福公司拒绝收货的情况下，承运人为减少船舶损失，向申福公司出具其愿意承担因货物混装造成的损失的声明。因此，尽管其中一个船舱的货物并未发生色度变化，但三个船舱的苯酚混装卸至岸罐后，经检验确定货物的色度值为12哈森，明显超出货物装船前和装船后5哈森的色度值。据此可以认定涉案苯酚色度在承运人管货期间发生变化，涉案苯酚发生了实际损失。德宝公司、哈池曼公司作为涉案货物运输的承运人、实际承运人应当承担相应的连带赔偿责任。哈池曼公司主张承运人无义务按货物封样交货、涉案苯酚仍然符合国标优等品标准、申福公司未证明色度略高对苯酚的品质会造成损坏等抗辩理由，缺乏事实依据和法律依据，不予采信。

（四）关于货物损失数额的确定。《海商法》第五十五条规定："货物损坏的赔偿额，按照货物受损前后实际价值的差额或者货物的修复费用计算。货物的实际价值，按照货物装船时的价值加保险费加运费计算。"该条款规定了两种货损赔偿额的计算方法。鉴于本案不涉及修复费用，二审法院未依据法律规定的"修复费用"计算申福公司的损失数额并无不当。申福公司的损失应当按照"货物受损前后实际价值的差额计算"，"货物的实际价值，应当按照货物装船时的价值加保险费及运费计算"，即以货物受损前后的到岸价之差为准。因海运时间较长，货物价值易受市场波动影响，《海商法》第五十五条规定的货物实际价值的计算方法排除了市价损失，符合合同违约赔偿之因果关系原则和合理预见原则。

2008年9月至11月间，正值国内苯酚市场价格发生较大幅度的变化。二审判决以申福公司在国内市场最高询价每吨人民币5000元作为受损后货物实际价值，用货物受损前的价值（申福公司对外付款金额）减去申福公司卖出的996吨苯酚的金额（每吨以人民币5000元计算），进而确定货物损失为人民币5589474.59元，以此价格计算出的涉案苯酚的损失范围既包括因色度值发生变化造成的贬值损失，也包括因市场价格下跌造成的行市损失。涉案苯酚的市价损失不属于《海商法》规定的货物灭失或损坏的范畴，承运人对此并无赔偿责任。

本案因苯酚色度值变化导致的货物贬损率的计算应当以目的港货物完好的市场价值减去受损货物的销售价值，再除以货物完好的市场价值。2008年11月24日，苯酚华东地区即时行情为人民币5800元至5900元，平均价为人民币5850元。双方当事人同意以该日价格确定申福公司实际出售苯酚之日的完好价值。二审判决认为申福公司与明洋公司是关联公司，它们之间的买卖价格不能作为损失计算依据，但与当时完好苯酚的平均价比较，每吨人民币4720元的价格并无明显不当。依此计算出货物的贬损率为$(5850-4720)/5850=19.32\%$。申福公司就涉案货物对外付款为人民币10569474.59元,支付保险费人民币11560.85元,申福公司的货物损失应当为(10569474.59+11560.85)×19.32%=2044256.05元(人民币)。申福公司因货损向上海东方天祥检验服务有限公司支付检验费人民币4250元,向通标标准技术服务有限公司青岛分公司支付检验费人民币4000元,向上海悦之保险公估有限公司支付检验费人民币3331.25元,共计11581.25元,应当由哈池曼公司和德宝公司赔偿。以上赔偿款共计人民币2055837.30元。

另,申福公司实际销售数量为996吨,但本案提单下货物数量为1001.53吨,二审法院以996吨作为涉案货物受损后的总吨,以5000元/吨×996吨作为货物受损后的实际价值确有不当,但该认定不影响本院对事实的认定和判决结果。

——《最高人民法院公报》2016年第2期

【最高人民法院裁判文书】

案例3:完善海上货损赔偿规则　有效规范国际航运秩序——哈池曼海运公司与上海申福化工有限公司、日本德宝海运株式会社海上货物运输合同货损赔偿纠纷案

三、典型意义

本案是一起具有涉外因素的海上货物运输合同货损赔偿纠纷,当事人对适用我国《海商法》处理本案纠纷没有异议。根据我国《海商法》第五十五条的规定,承运人对责任期间货物损坏的赔偿额,有两种计算方法,按照货物受损前后实际价值的差额或者货物的修复费用计算。一审判决以货物修复费用计算货损赔偿额,但根据查明的事实,本案受损货物并未实际修复。二审采用实际价值差额法,但未扣除因货物市价下跌造成的损失。再审判决采用货物贬损率的计算方式,认定涉案货物的赔偿额,排除了市场价格波动对货损赔偿额的影响,符合《海商法》的规定,也为海事司法实践所采纳。本案完善了货损赔偿额的计算规则,有效规范了国际航运秩序,对今后司法实践具有重要的指导意义。

——《人民法院为"一带一路"建设提供司法服务和保障的典型案例》,载最高人民法院网,http://www.court.gov.cn。

【链接:最高人民法院法官著述】

本案是一起具有涉外因素的海上货物运输合同货损赔偿纠纷,当事人对适用我国海商法处理本案纠纷并无异议,但三级法院使用了三种不同的计算方法确定货损赔偿额,因此本案对正确理解与适用《海商法》第五十五条具有一定的指导意义。

《海商法》第五十五条规定:“货物损坏的赔偿额,按照货物受损前后实际价值的差额或者货物的修复费用计算。货物的实际价值,按照货物装船时的价值加保险费加运费计算。”该条规定了两种货损赔偿额的计算方法,我们可以把它概括为修复费用法与贬值法。实际个案中具体应该选择哪种计算方法,则需要根据具体案情来判断,选择最能反映当事人实际损失的计算方法。本案收货人并未对受损货物进行修复,而是对外出售。因此一审法院选择修复费用法认定赔偿额,没有事实依据。二审法院改用贬值法计算损失赔偿额,更为恰当。

关于贬值法,《海商法》第五十五条的表述是“货物受损前后实际价值的差额”,实际价值的差额应理解为直接因货物损坏导致的价值贬损,不包括市场波动导致的贬值,即所谓的市价损失。二审法院按照进口价减去销售时的市场价计算损失赔偿额,没有扣除市场价格波动因素,未能准确理解《海商法》第五十五条中“实际价值”的内涵。司法实践中,当事人只能提供受损前的CIF价与受损后的销售价,司法实践中,人们往往被如何排除差价中的市场因素所困扰。最高法院在本案中,采用计算贬损率的方式排除市价损失,确定损失赔偿额,为正确处理此类案件提供了一条思路。以目的港完好货物的市场价值减去受损货物的销售价值,除以完好货物的市场价值,得出货物贬损率,再通过贬损率来计算货物因运输损害造成的价值损失额。该方法排除了市场价格波动对货损赔偿额的影响,符合海商法关于实际价值差额的规定。

——马玲:《承运人依照海商法第五十五条的规定承担货损赔偿责任——哈池曼海运公司与上海申福化工有限公司、日本德宝海运株式会社海上货物运输合同货损赔偿纠纷案》,载贺荣主编、最高人民法院民事审判第四庭编:《涉外商事海事审判指导》总第30辑,人民法院出版社2016年版,第179页。

1804

《海商法》对承运人可以主张单位责任限制的责任期间的规定,必须同时满足从装货港接收货物时起至卸货港交付货物时止和承运人掌控货物两个条件

关键词 | 承运人 | 单位责任限制期间 |

【最高人民法院裁判文书】

A.P.穆勒-马与中国人民财产保险股份有限公司沈阳市分公司等海上、通海水域货物运输合同纠纷申请再审案[最高人民法院(2015)民提字第225号民事判决书]

最高人民法院认为:关于穆勒公司是否应当对涉案货损承担赔偿责任的问题。根据原审查明的事实,涉案6个集装箱货物的原提单编号为800960964,其中一个集装箱发生损坏。2008年9月17日,穆勒公司的代理人马士基中国公司重新签发了两份提单,编号800960964的提单包括5个完好的集装箱,收货人提取了未受损的货物;编号526601277的提单包括受损的1个集装箱,该提单全套正本均由新东北公司持有,该受损货物至今滞留在货运站。各方当事人对穆勒公司已经收回原签发的编号800960964提单(6个集装箱),以及货损发生在离开目的港港区、运往货运站的陆路运输途中并无异议,但是对穆勒公司收回原提单的意义,以及货损区段是否属于承运人责任期间存在争议。穆勒公司主张其收回原提单表明其已经按照提单载明的CY-CY,在目的港堆场完成货物交付,货损区段并不属于承运人的责任期间。保险公司主张穆勒公司收回原提单只是为了进行分单,货物并未完成交付,货损区段属于承运人的责任期间。

最高人民法院认为,首先,《海商法》第四十六条规定,承运人对集装箱装运货物的责任期间,是指从装货港接收货物时起至卸货港交付货物时止,货物处于承运人掌管之下的全部期间。在承运人责任期间,货物发生灭失或者损坏,除本节另有规定外,承运人应当负赔偿责任。本案提单记载的集装箱货物交接方式为CY-CY,承运人应当按照提单记载在目的港堆场向收货人交付货物。但是,如果货物交付的实际履行情况与提单记载不相符,承运人并未在提单记载的地点完成交付,而是继续掌控货物,那么承运人的责任期间相应也应当延伸至其完成交付之时。承运人是否对货损承担责任,应当根据货物是否完成交付的实际履行情况进行认定,而不能仅凭提单的记载进行认定。货运代理人康宁公司出具的《证明》并不能证明穆勒公司交付货物的实际履行情况,亦不能排除穆勒公司通过实际履行变更提单约定的情形。穆勒公司以货损发生区段超出了提单记载的运输区段为由,主张涉案货损并不属于承运人的责任期间,承运人不应承担赔偿责任,缺乏依据。其次,虽然穆勒公司收回了原编号800960964提单,但并无证据证明其在货损事故发生之前就已经收回该提单,即在货损发生之前已经完成货物交付。穆勒公司在货损事故发生后重新签发了两份提单，原编号800960964 提单已经被穆勒公司分拆为编号 800960964 和 526601277 的两份提单，原编号 800960964 提单已经不具备任何效力，不能成为交付货物的凭证，穆勒公司收回该提单仅仅是为了拆单，并不能证明已经完成货物交付。穆勒公司主张涉案货物在货损前已经被收货人清关并提取，重新签发提单仅用于回运维修，但并未提交任何证据证明，缺乏合理的事实依据。在没有其他证据佐证的情况下，穆勒公司以其收回原编号 800960964 提单主张货物在发生货损前已经完成交付，与事实并不相符。穆勒公司并无充分证据证明其在货损发生之前已经完成货物的交付，即承运人并未按照提单记载的交接方式在目的港堆场交付货物，而是将交付货物的地点进行了延伸，涉案货物发生货损时，依然由穆勒公司掌控，穆勒公司对其掌控期间发生的货损应当承担赔偿责任。

关于穆勒公司对涉案货损是否可以依据《海商法》第五十六条的规定主张责任限制的问题。根据《海商法》第五十六条的规定，集装箱货物运输的承运人对其责任期间内发生的货物灭失或者损坏可以主张单位责任限制。《海商法》第四十六条则对承运人可以主张单位责任限制的责任期间做出了规定，即必须同时满足从装货港接收货物时起至卸货港交付货物时止和承运人掌控货物两个条件。运输合同当事人可以通过运输合同约定或者实际履行的方式扩大承运人掌控货物的责任期间，但是对于超出《海商法》第四十六条规定的法定责任期间的运输，承运人不能援引《海商法》第五十六条的规定主张责任限制。本案中，涉案提单约定运输区段为 CY - CY，但是承运人穆勒公司在实际履行过程中，并未在目的港堆场完成交付，而是将交付地点进行了延伸。涉案货物系在离开港区之外运往货运站进行汽车运输的途中发生货损，虽然仍属于承运人掌控货物期间，但是已经超出了《海商法》第四十六条规定的“港至港”的运输区段，承运人穆勒公司不能依据《海商法》第五十六条的规定主张单位责任限制。《海商法》第四章第五十六条规定的单位责任限制和第十一章规定的海事赔偿责任限制，系完全不同的海事法律制度，适用主体、计算方法和丧失条件等均有所区别。穆勒公司主张依据《海商法》第五十六条享受单位责任限制，二审法院依据《海商法》第十一章海事赔偿责任限制中第二百零四条、第二百零七条的规定，以涉案货损不是发生在船上，也与船舶营运和救助作业无关为由，认定穆勒公司不能享受海事赔偿责任限制，适用法律明显错误，应当予以纠正，但是判决穆勒公司对保险公司主张的货损承担全部赔偿责任的结果并无不当。

——中国裁判文书网，http://wenshu. court. gov. cn。

编者说明

《海商法》在汲取海牙—维斯比规则和汉堡规则相关条文规定的基础上，确立了承运人对货物损失赔偿的单位责任限额，但对是否应该具体审查每个单位货物的实际损失数额是否超过了法定的赔偿限额，超过者按法定限额赔偿，未超过者按照货物的实际损失额赔偿；还是无须考虑每个单位货物的实际损失数额，仅需按损失货物的单位数乘以法定单位责任限额的结果作为承运人的赔偿限额的问题，没有明确。如果仅就《海商法》第五十六条的内容和文字上看，上述两种理解都可以说是正确的。此时，应该从制定该条文的基础即立法原意上来对该条文进行理解与适用。从《海商法》第五十六条的立法过程来看，该条文是在海牙—维斯比规则和汉堡规则相关条款的基础上制定而来。从上述三个国际公约，特别是海牙—维斯比的条文中可以明显地看出，承运人对货物损失进行赔偿的单位责任限额制度的基础理念，是"超过限额者免责"，而非"统一按限额赔偿"，即基于每个单位货物的实际损失额与责任限额的比较结果进行判断，只有单位货物的损失额超过了责任限额的，才可以按责任限额赔偿，并对超出责任限额部分免责，至于单位货物损失额尚未达到责任限额者，自然按其实际损失额进行赔偿，而不是一并按责任限额进行赔偿。①

1805

《海商法》规定的海上货物运输向承运人要求赔偿请求权诉讼时效中断的认定

关键词 | 海上货物运输 | 赔偿请求权 | 诉讼时效中断 |

【最高人民法院答复】

辽宁省高级人民法院：

你院〔2002〕辽民四终字第 11 号《关于大连港务局与大连中远国际货运有限公司海上货物运输货损赔偿追偿纠纷一案的请示报告》收悉。经研究。答复如下：

《海商法》第二百五十七条第一款规定："就海上货物运输向承运人要求赔偿的请求权，时效期间为一年，自承运人交付或者应当交付货物之日起计算；在

① 平阳、丹柯：《阳光财产保险股份有限公司上海市分公司诉马士基（中国）航运有限公司等海上货物运输合同纠纷案》，载最高人民法院中国应用法学研究所编：《人民法院案例选》总第 92 辑，人民法院出版社 2015 年版，第 371 ~ 372 页。

时效期间内或者时效期间届满后，被认定为负有责任的人向第三人提起追偿请求的，时效期间为九十日，自追偿请求人解决原赔偿请求之日起或者收到受理对其本人提起诉讼的法院的起诉状副本之日起计算。”根据《海商法》和我国《民事诉讼法》的有关规定，原赔偿请求若是通过法院诉讼解决的，则追偿请求人向第三人追偿时效的起算点应当自追偿请求人收到法院认定其承担赔偿责任的生效判决之日起计算。

此复。

——《最高人民法院关于大连港务局与大连中远国际货运有限公司海上货物运输货损赔偿追偿纠纷一案的请示的复函》(2003 年 11 月 12 日，〔2002〕民四他字第 21 号)

【最高人民法院审判业务意见】

《海商法》第十三章关于“时效”吸收了有关国际公约的规定，与《民法通则》不尽相同，形成了一套特殊的时效制度。那么，《民法通则》及其司法解释关于时效中断的规定是否应当补充适用于《海商法》规定的时效？(2009)民申字第84 号 A. P. 穆勒—马士基有限公司(以下简称“穆勒公司”)与浙江华都纺织有限公司(以下简称“华都公司”)、马士基(中国)航运有限公司(以下简称“马士基公司”)海上货物运输合同纠纷案就涉及这一问题。

在该案中，马士基公司作为承运人穆勒公司的代理人，为华都公司出口的 2 个集装箱全棉染色提花布货物各签发了两套提单，该两套提单均载明华都公司为托运人，装运港为宁波，目的港为科托努。2002 年 12 月 19 日，承运船舶到达科托努波多诺夫港。2003 年 3 月 26 日，承运人通知目的港电放货物，两套计 6 份正本提单由马士基公司宁波分公司从华都公司处收回。涉案两个集装箱于 2003 年 3 月 31 日运至穆勒公司堆场破封开箱后发现均为空箱，开箱的铅封号与提单记载的铅封号不一致。2004 年 3 月，华都公司以马士基公司为被告向天津海事法院起诉，于 2005 年 2 月 16 日申请追加穆勒公司为共同被告。

天津海事法院一审认为：穆勒公司作为承运人，应当对集装箱内货物的灭失负赔偿责任；马士基公司作为承运人穆勒公司的代理人不负有赔偿责任；华都公司于诉讼时效期间内向穆勒公司的代理人提起诉讼，可认定诉讼时效中断，故其于 2005 年 2 月 16 日申请追加穆勒公司为被告未超过诉讼时效期间。一审判决：穆勒公司赔偿华都公司货物损失 203. 520 美元及其利息；驳回华都公司对马士基公司的诉讼请求。

穆勒公司不服一审判决,提起上诉。天津市高级人民法院二审认为:货物于2003年3月26日在目的港实际交付,华都公司作为权利人,请求时效应当从该实际交付之日起算的一年之内。由于在该时效内的2004年3月22日,华都公司在一审法院提起了针对承运人代理人马士基公司的诉讼,符合《海商法》第二百六十七条规定的时效中断的法定事由;同时根据《民通意见(试行)》第一百七十三条第二款"权利人向债务保证人、债务人的代理人或者财产代管人主张权利的,可以认定诉讼时效中断"的规定,构成针对承运人穆勒公司的诉讼时效中断。时效期间重新计算后,至华都公司在一审法院申请追加穆勒公司为被告时未超过一年诉讼时效。二审判决:驳回上诉,维持原判。

穆勒公司不服二审判决,提出再审申请。天津市高级人民法院审查后通知驳回穆勒公司的再审申请。穆勒公司不服天津市高级人民法院二审判决以及驳回再审申请通知书,向最高人民法院申请再审。

最高人民法院经审理认为:根据《海商法》第二百五十七条的规定,本案就海上货物运输向承运人要求赔偿的一年时效期间,应从承运人交付货物之日即2003年3月26日起算。2004年3月22日系华都公司起诉状上记载的提交时间,2004年3月26日系华都公司向一审法院发出特快专递的时间,2004年3月29日系一审法院收到起诉状的时间。根据《民事诉讼法》第七十五条的规定,华都公司向一审法院提起诉讼的时间应当认定为2004年3月26日,没有超过一年的诉讼时效期间。二审判决认定华都公司起诉时间为2004年3月22日确有不当,但认定并未超过诉讼时效期间的结论并无不当。华都公司于2004年3月26日向承运人穆勒公司的代理人马士基公司提起诉讼,2005年2月16日追加穆勒公司作为被告。《海商法》第二百六十七条规定,时效因请求人提起诉讼、提交仲裁或者被请求人同意履行义务而中断,但对于向承运人代理人提起的诉讼是否构成时效中断这一问题并未作出规定;在此情况下,应当适用《民法通则》的有关规定。原审法院适用《民通意见(试行)》第一百七十三条第二款的规定认定时效中断并无不当。最高人民法院最终裁定驳回穆勒公司的再审申请。

——万鄂湘、陆效龙、余晓汉:《最高人民法院2009年海事海商综述》,载《环球法律评论》2010年第5期。

【链接：最高人民法院法官著述】

《海商法》第二百五十七条规定了海上货物运输诉讼时效的期间。但是关于该诉讼时效的起算点的规定就存在问题。《海商法》第二百五十七条规定：就海上货物运输向承运人要求赔偿的请求权，时效期间为1年，自承运人交付或者应当交付货物之日起计算；在时效期间内或者时效期间届满后，被认定为负有责任的人向第三人提起追偿请求的，时效期间为90日，自追偿请求人解决原赔偿请求之日起或者收到受理对其本人提起诉讼的法院的起诉状副本之日起算。对此规定，经常产生两种观点。一种观点认为：只要当事人向法院提起的是追偿的诉讼请求，那么其诉讼时效期间即为90日。90日的起算时间分两种情况：第一种是原赔偿当事人通过非诉途径解决赔偿的，起算时间应为当事人自行解决之日或仲裁书生效之日；第二种是原赔偿当事人通过诉讼程序解决赔偿的，起算时间应为收到受理对追偿人提起诉讼的法院的起诉状副本之日。另一种观点认为《海商法》第二百五十七条第二款的规定在理解上有歧义，“自追偿请求人解决原赔偿请求之日起”中的“解决”包括以法院生效判决方式的“解决”。《海商法》第二百五十七条第二款中的“受理对其本人提起诉讼的法院的起诉状副本之日起算”的规定在实务中无法操作，因为当事人在接到原案起诉状副本的90日内原案可能尚未审结，这就使得追偿诉讼的请求人即原诉的被告是否对原诉的原告赔偿责任、赔偿多少等均处于不确定状态，此时追偿诉讼的请求人提起追偿请求尚不具备起诉的条件和依据，法院亦不能受理其追偿请求。此问题完全属于《海商法》规定存在的缺陷。因为根据本条款的文义，可以理解为：(1)自追偿请求人解决原赔偿请求之日起；(2)追偿请求人收到对其本人提起诉讼的法院的起诉状副本之日起算。对第一种起算方式，应该说没有问题。无论原赔偿请求是通过和解解决、仲裁解决还是通过其他方式解决，其中也不排除当事人通过诉讼解决原赔偿请求。但是由于本条又规定了第二种方式，就极易引起一种认识：第一种方式是非诉情况下的规定，第二种方式才是通过诉讼解决原赔偿请求的起算追偿时效的起算点。应当说，第二种方式在实践中是无法实施的。因为在追偿请求人收到对其本人提起的诉讼的法院的起诉状副本之时，其是否应当赔付给原请求人，其对被追偿人是否具有请求权因为原案尚未审理而处于未定状态的，此时追偿请求人无法向其认为有责任的人提起追偿诉讼，其请求也不符合《民事诉讼法》规定的立案条件。因此,此条的规定是无法实施的。应该说此答复意见是对《海商法》第二百五十七条规定的修改。

——王淑梅:《海事司法实践迫切要求尽快修改〈海商法〉》,载万鄂湘主编、最高人民法院民事审判第四庭编:《涉外商事海事审判指导》总第12辑,人民法院出版社2006年版,第262~263页。

1806

集装箱超期使用费索赔主体、赔偿数额及诉讼时效的确定

关键词 | 集装箱超期使用费 | 诉讼时效 |

【最高人民法院审判业务意见】

集装箱超期使用费属于集装箱租用合同或者运输合同一方当事人迟延履行归还集装箱的义务所造成的违约损失,一般为提供集装箱的一方当事人因丧失正常使用集装箱的预期可得利益损失和向第三人主张租用涉案集装箱的成本损失。

集装箱超期使用费的索赔主体一般是集装箱的提供者,包括专业集装箱租赁公司和向托运人提供集装箱作为运输工具的承运人。收货人提取货物后不合理滞留集装箱,承运人可以根据运输合同关系或者集装箱租赁合同关系向该收货人主张集装箱超期使用费。

在判定此类纠纷的赔偿数额时,承运人网上发布的有关集装箱超期使用费标准,不能当然视为集装箱提供者与使用人之间的约定,除非双方明确约定采用该标准;如果集装箱的提供者与使用人之间没有明确约定集装箱超期使用费标准,集装箱提供者主张集装箱超期使用费的,应当举证证明集装箱使用费的同期市场价(有关市场主体普遍采用的价格);如果集装箱的提供者举证证明其网上发布的有关集装箱超期使用费标准与同期市场价大致相当,也可以采纳其网上发布的集装箱超期使用费标准。

集装箱超期使用费的诉讼时效应根据所涉不同法律关系而定:集装箱使用人与专业集装箱公司订立集装箱租赁合同的,应根据租赁合同法律关系确定诉讼时效;承运人在履行货物运输合同过程中将集装箱作为运输工具提供给货方

使用的,应根据货物运输合同法律关系确定诉讼时效。

——刘贵祥:《在全国海事审判工作会议上的总结讲话》,载万鄂湘主编、最高人民法院民事审判第四庭编:《涉外商事海事审判指导》总第25辑,人民法院出版社2013年版,第29~30页。

1807

承运人应当按照运输合同的约定向合同相对方托运人主张集装箱超期使用费

关键词 | 集装箱超期使用费 | 承运人 | 托运人 |

【最高人民法院裁判文书】

中远集装箱运输有限公司与上海腓尼基国际物流有限公司、深圳腓尼基国际物流有限公司青岛分公司等海上、通海水域货物运输合同纠纷申请再审案[最高人民法院(2016)最高法民申2157号民事裁定书]

最高人民法院认为:本案为海上货物运输合同集装箱超期使用费纠纷,审查重点是上海腓尼基是否应当承担涉案集装箱超期使用费。

首先,涉案运输事实和提单COPY件可以证明该提单COPY件项下托运人与中远公司之间运输合同关系的存在,上海腓尼基向中远公司换取提货单的事实也可以证明其系提取该运输合同项下货物的收货人。但是,根据原审查明的事实,涉案货物运输存在两个运输合同关系:中远公司为实际承运人的海上货物运输合同关系以及MTSLOGISTICS为无船承运人的提单运输合同关系。MTSLOGISTICS就涉案货物运输签发了正本提单,用于贸易流转。在中远公司为实际承运人的海上货物运输合同关系中,中远公司并未签发正本提单,而只是出具了提单COPY件,记载托运人为T. E. A. MTRADE公司,收货人为腓尼基国际物流有限公司。上海腓尼基虽然办理了换取提货单的手续,但并无证据证明其与中远公司存在运输合同关系,也并不因换取提货单而负有正本提单关系项下收货人的合同义务。在此情况下,上海腓尼基仅仅是该提单COPY件证明的运输合同关系中,托运人指定在目的港提取货物的人。就该运输合同项下因未及时返还集装箱而造成的违约损失,承运人中远公司应当按照运输合同的约定向合同相对方托运人主张权利，上海腓尼基并不负有向中远公司支付集装箱超期使用费的合同义务。其次，《海商法》第八十六条规定所指的费用，系指在卸货港无人提取货物或者收货人迟延、拒绝提取货物时，船长将货物卸在仓库或者其他适当场所而产生的相关费用。该规定并不能成为由上海腓尼基承担集装箱超期使用费的法律依据。故二审判决上海腓尼基不承担涉案集装箱超期使用费的判决结果并无明显不当。

——中国裁判文书网，http://wenshu. court. gov. cn。

1808

无论收货人是否实际提取货物，集装箱超期使用费已经产生，并应当开始计算诉讼时效期间

关键词 | 集装箱超期使用费 | 诉讼时效 |

【最高人民法院裁判文书】

上海蝉联携运物流有限公司深圳分公司、上海蝉联携运物流有限公司与 A. P. 穆勒－马士其有限公司海上、通海水域货物运输合同纠纷申请再审案[最高人民法院(2015)民提字第119号民事判决书]

最高人民法院认为：本案系海上货物运输合同集装箱超期使用费纠纷。争议焦点是：马士基公司于2012年2月27日向一审法院提起诉讼，是否已经超过诉讼时效。

马士基公司接受蝉联深圳分公司的委托，将货物从深圳盐田运至印度孟买新港。蝉联深圳分公司与马士基公司之间成立海上货物运输合同关系，马士基公司为承运人，蝉联深圳分公司为托运人。双方当事人均应当按照合同约定和法律规定行使权利和履行义务。马士基公司提供集装箱装载货物并将涉案货物安全运抵目的港，已经履行了承运人的义务。收货人负有及时提取货物并向承运人返还集装箱的义务。但涉案货物运抵目的港后，因蝉联深圳分公司指定的收货人没有提取货物，导致涉案集装箱被长期占用而无法投入正常周转，构成违约。马士基公司根据海上货物运输合同关系就迟延履行归还集装箱的义务所造成的违约损失向托运人蝉联深圳分公司提出集装箱超期使用费的赔偿请求，具

有事实和法律依据。根据《最高人民法院关于承运人就海上货物运输向托运人、收货人或提单持有人要求赔偿的请求权时效期间的批复》的规定，本案的诉讼时效期间为一年，自权利人知道或者应当知道权利被侵害之日起计算。故本案马士基公司要求赔偿集装箱超期使用费的请求权，应从马士基公司知道或者应当知道其权利被侵害之日起算诉讼时效。

承运人马士基公司与托运人蝉联深圳分公司并未单独约定涉案集装箱的超期使用费标准，马士基公司在本案再审时主张按照其网站上公布的集装箱超期使用费标准，从2010年3月1日开始收取集装箱超期使用费，蝉联深圳分公司和蝉联公司没有提出异议。涉案货物于2010年2月23日抵达印度孟买新港，装载货物的集装箱免费使用期限于2月28日届满。因货物在目的港无人提取，涉案集装箱在免费使用期限届满后没有及时归还承运人马士基公司，从3月1日开始应当向马士基公司支付集装箱超期使用费，马士基公司请求给付集装箱超期使用费的权利已经产生，即马士基公司从2010年3月1日起就知道或者应当知道其权利被侵害。马士基公司在2010年3月30日的传真中亦确认集装箱超期使用费已经产生。虽然蝉联深圳分公司在涉案货物抵达孟买新港之后仍然不断指示变更目的港，但最终并未实际变更，并不影响承运人马士基公司主张集装箱超期使用费的权利。马士基公司就义务人迟延履行集装箱返还义务造成的违约损失主张赔偿的权利，并不是从侵害行为终止之日才产生，赔偿数额是否最终确定也并不影响马士基公司诉权的行使。马士基公司以其权利持续受到侵害为由，认为应当以侵权行为终了之日起算诉讼时效缺乏依据。二审判决以涉案货物被拍卖，集装箱被超期使用的损害才得以终止，集装箱超期使用费的数额才得以固定为由，认为马士基公司行使请求权的时效期间应当从海关发出“关于被拍卖货物的交付”文书之日起算，显然与法律规定的“自权利人知道或者应当知道权利被侵害之日起计算”不符。本案中，马士基公司知道或者应当知道权利被侵害之日为2010年3月1日，蝉联深圳分公司于2010年3月30日通过电子邮件承诺托运人将承担集装箱超期使用费。蝉联深圳分公司的该项意思表示构成《海商法》第二百六十七条规定的时效因被请求人同意履行义务而中断的情形。故本案时效应当从2010年3月30日起算，马士基公司于2012年2月27日提起诉讼已经超过一年的诉讼时效。

按照马士基公司网站公布的集装箱超期使用费收费标准，从集装箱在目的地卸货（或进入内陆集装箱堆场）次日起第一天至第五天免费，之后开始收取集装箱超期使用费。由此可见，涉案集装箱超期使用费并不是从收货人实际提取货物开始计算，无论收货人是否实际提取货物，集装箱超期使用费都已经产生。承运人有权要求义务人支付集装箱超期使用费，义务人是否能够支付，并不影响承运人主张该费用的权利。蝉联深圳分公司对马士基公司主张的自2010年3月1日开始收取集装箱超期使用费并无异议，双方于2010年3月30日的往来传真也证明双方均知道集装箱超期使用费已经产生。马士基公司以没有确定提取货物的时间，不能确认蝉联深圳分公司是否能够履行支付义务，诉讼时效起算点无法确认为由，主张以海关通知交付拍卖货物的时间起算诉讼时效，缺乏事实和法律依据，本院不予支持。承运人收取集装箱超期使用费的目的是督促用箱人及时返还集装箱，加速集装箱的流转。因用箱人没有及时返还集装箱造成的损失，承运人应当在法律规定的时效内提起诉讼，否则将丧失对该项请求的胜诉权。马士基公司主张按照超期使用费不同的产生时间分别计算诉讼时效，缺乏事实和法律依据，本院亦不予支持。

——贺荣主编、最高人民法院民事审判第四庭编：《涉外商事海事审判指导》总第31辑，人民法院出版社2016年版，第159～173页。

1809

火灾发生在海上货物运输合同承运人责任期间内，且并非由于承运人的过失造成，承运人得以免责

关键词 | 火灾 | 海上货物运输合同 | 承运人免责 |

【《最高人民法院公报》案例】

中国人民财产保险股份有限公司浙江省分公司诉上海瀚航集运有限公司海上货物运输合同货物灭失代位求偿纠纷案(上海市高级人民法院二审民事判决书)

裁判摘要：一、根据《海商法》第五十一条的规定，海上货物运输合同的承运人对于在其责任期间内发生火灾事故造成货物灭失或者损坏的，不负赔偿责任。这里的“承运人”是指本人或者委托他人以本人名义与托运人订立海上货物运输合同的人。

二、根据《海商法》第四十六条的规定，承运人对集装箱装运的货物的责任期间，是指从装货港接收货物时起至卸货港交付货物时止，货物处于承运人掌管

之下的全部期间。本案火灾发生在承运人责任期间之内,并且火灾的发生并非由于承运人本人的过失所造成。因此,承运人得以免责。

上海市高级人民法院认为:首先,根据《海商法》第四十二条第(一)项的规定,海上货物运输合同的承运人,是指本人或者委托他人以本人名义与托运人订立海上货物运输合同的人。本案中,涉案货物的托运人为惠隆公司,被上诉人瀚航公司以自己的名义与托运人惠隆公司订立了海上货物运输合同,故应认定瀚航公司为本案海上货物运输合同的承运人。《海商法》第五十一条规定涉及的"承运人"与《海商法》第四十二条第(一)项规定的承运人是同一概念。上诉人财保浙江分公司关于瀚航公司为无船承运人,《海商法》第五十一条关于承运人对因火灾事故造成的货物损失免责的规定是针对船东即实际承运人作出的规定,瀚航公司对于本案货物因火灾事故造成的损失不能享受免责待遇的上诉理由,没有法律依据,不能成立。

其次,根据《海商法》第五十一条第一款第(二)项的规定,对于在海上货物运输合同的承运人责任期间内因火灾事故发生的货物灭失或损坏,除非火灾事故是由于承运人本人的过失造成的,否则承运人不负赔偿责任。根据该条第二款的规定,承运人对于其责任期间内因火灾事故发生的货物灭失或损坏免除赔偿责任的,不负举证责任,上诉人财保浙江分公司亦未提交证据证明涉案火灾事故系因被上诉人瀚航公司的过失造成,故根据本案事实不能认定瀚航公司对于涉案火灾事故具有过失。财保浙江分公司认为《海商法》第五十一条关于因火灾造成货物损失承运人免责的规定应指在海上运输过程中发生于船舶上的火灾事故,涉案火灾事故系发生于目的港印度加尔各答港口码头仓库内,故本案不应适用《海商法》第五十一条的规定。对此,二审法院认为,《海商法》第五十一条关于因火灾造成货物损失承运人免责的规定,系针对发生于承运人责任期间内的火灾事故作出的,这里的"火灾事故"不仅指在海上运输过程中发生在船舶上的火灾事故,也包括在承运人责任期间内发生在陆上的火灾事故,即只要导致货物灭失或者损坏的火灾事故发生在承运人责任期间之内,不论该火灾事故发生海上还是陆上,承运人均得免责。本案海上货物运输为集装箱运输,根据《海商法》第四十六条之规定,承运人对集装箱装运货物的责任期间,是指从装货港接收货物时起至卸货港交付货物时止,货物处于承运人掌管之下的全部期间。根据本案事实,可以认定涉案火灾事故发生在承运人瀚航公司的责任期间之内,对此财保浙江分公司亦不持异议。因此,瀚航公司作为承运人,对在其责任期间因火灾而灭失的涉案货物,有权根据《海商法》第五十一条的规定免责。

——《最高人民法院公报》2007 年第 10 期

1810

托运人未向承运人如实告知危险货物，危险货物引发火灾致承运人损失应由托运人赔偿

关键词 | 托运人 | 危险货物 | 如实告知义务 | 损失赔偿 |

【最高人民法院裁判文书】

赫伯罗特股份公司与锦太洋(连云港)新材料有限公司、新华海天北方国际货运代理(天津)有限公司等海上、通海水域货物运输合同纠纷申请再审案[最高人民法院(2016)最高法民申1271号民事裁定书]

最高人民法院认为:本案为海上货物运输合同纠纷,审查的主要问题为原审判决判令锦太洋连云港公司和新华海天青岛分公司对赫伯罗特公司承担赔偿责任,是否存在认定事实和适用法律错误的情形。

首先,对于托运人赔偿责任的归责原则,《海商法》第七十条是对托运人过失责任的一般规定,第六十八条是对危险货物运输的特别规定。因锦太洋连云港公司出运的涉案化学发泡剂 CELLCOMAH—919P 和 CELLCOMA80 属于危险货物,原审判决适用《海商法》第六十八条第一款关于危险货物运输的规定认定托运人责任,适用法律并无不当。

其次,关于锦太洋连云港公司和新华海天青岛分公司应否承担赔偿责任。第一,根据《海商法》第六十八条第一款规定,“托运人托运危险货物,应当依照有关海上危险货物运输的规定,妥善包装,作出危险品标志和标签,并将其正式名称和性质以及应当采取的预防危害措施书面通知承运人”,“托运人对承运人因运输此类货物所受到的损害,应当负赔偿责任”。本案原审查明,锦太洋连云港公司向出入境检验检疫局等相关机构申报的《危险货物安全适运申报单》《出入境检验检疫出境危险货物运输包装使用鉴定结果单》《包装危险货物技术说明书》,均未对CELLCOMA80 及其性质进行申报,其在向赫伯罗特公司提交的《危险品申请》中仅在备注中对 CELLCOMA80 的联合国危险货物编号进行披露,未履行上述“将其

正式名称和性质以及应当采取的预防危害措施书面通知承运人”的法定义务。原审判决认定上述情形属于《海商法》第六十八条所规定的未如实申报的情形,并无明显不当。第二,从本案火灾现场的情况及照片看,全部受损集装箱的受损程度由涉案集装箱为中心向外层逐步减轻,可知涉案集装箱燃烧最为剧烈;涉案集装箱出现超压,可知该箱内曾发生剧烈反应。《火情初步报告》也载明“物证显示起火点最有可能位于涉案集装箱内”。原审判决根据上述情况综合分析认定火灾源于涉案集装箱内部具有高度盖然性,集装箱内部火灾系因涉案货物所引起,并无明显不当。锦太洋连云港公司所提交的《专家意见书》是在并未到达火灾现场的情况下,仅针对《火情初步报告》作出的火灾发生原因可能性的分析意见,并不能证明火灾发生原因;锦太洋连云港公司所提交的《绵阳化工发泡剂分析报告书》和《化学品危险性专项检测报告》,因无法确定报告所用检材与涉案货物一致,对其关联性和证明目的均无法确认。上述证据均不能推翻原审判决对火灾原因的高度盖然性分析结论。故赫伯罗特公司的损失系因运输涉案危险货物而遭受的损害。第三,从原审查明的事实看,涉案集装箱位于甲板船艏位置,集装箱悬空安放且周围并未发现热源,箱体上部和两侧均积载了其他集装箱,已满足遮蔽防止热辐射的效果,赫伯罗特公司积载涉案集装箱并不存在违反《国际海运危险货物规则》要求的情形,已尽到适当的管货义务。锦太洋连云港公司认为赫伯罗特公司作为承运人对火灾事故的发生很有可能存在重大过失,但未能提供确凿证据予以证明。鉴于上述情况,原审判决认定“本案因锦太洋连云港公司及新华海天青岛分公司均未向赫伯罗特公司如实告知危险货物,火灾检验报告等相关证据证实该危险货物引发火灾,故涉案货物与火灾的发生具有直接关联。鉴于赫伯罗特公司已按托运人所申报的危险品 CELLCOMAH—919P 的积载等要求进行管货,其不存在管货过失”,判令锦太洋连云港公司与新华海天青岛分公司对赫伯罗特公司所遭受的损失承担连带赔偿责任,并不缺乏事实和法律依据。

——中国裁判文书网,http://wenshu. court. gov. cn。

1811

承运船舶存在经谨慎处理仍未发现的潜在缺陷，且该缺陷引起船舶断裂导致船舶沉没、货物灭失,承运人不负赔偿责任

关键词｜船舶潜在缺陷｜货物灭失｜承运人赔偿责任｜

【最高人民法院商事审判参考性案例】

绍兴县金斯顿针纺织有限公司诉商船三井株式会社(MitsuiO. S. K. Lines, Ltd.)海上货物运输合同纠纷案

【基本案情】

2013年6月,金斯顿公司委托三井株式会社将一批货物自宁波出运至沙特。三井株式会社作为承运人签发提单。6月17日,承运船舶"MOLCOMFORT"轮航行至印度洋海域时,船体中部横向断裂成两截沉没。船上货物全部灭失。金斯顿公司持正本提单起诉要求承运人三井株式会社承担货损赔偿责任。

【裁判结果】

本案经宁波海事法院一审,浙江省高级人民法院二审。两级法院均认为:承运船舶存在经谨慎处理仍未发现的潜在缺陷,且该缺陷引起船舶断裂导致船舶沉没、货物灭失。根据《海商法》第五十一条第十一项的规定,承运人依法不负赔偿责任。遂判决驳回金斯顿公司的诉讼请求。

【典型意义】

"MOLCOMFORT"号事故系迄今以来人民法院审理海事案件所涉最大的集装箱船事故,受到了国际国内航运界广泛关注。本案的主要争议焦点在于承运人能否免除赔偿责任。承运人的免责制度是基于国际海上航运业的特殊风险而给予船舶所有人等航运从业者的特殊保护。我国《海商法》坚持与通行国际公约对接的立法精神,借鉴吸收《海牙规则》《汉堡规则》等国际公约的规定,形成了具有中国特色的海上货物运输合同规范。该法第五十一条规定了十二项承运人免责事由,其中包括"经谨慎处理仍未发现的船舶潜在缺陷"。因涉案船舶沉没无法打捞,船上数据已随船舶一起沉没,本案一、二审法院根据日本船级社等机构对事故船姊妹船的调查报告和专家证人意见,结合船舶按时检验和保养、未发现设计缺陷、船舶处于适航状态等事实,认定涉案船舶沉没原因系设计上的潜在缺陷所致,承运人三井株式会社可以依据法律规定不负赔偿责任。至于托运人金斯顿公司的权利,则可以通过保险等途径予以保障。本判决系我国首次适用《海商法》第五十一条第十一项的规定判决承运人免责的案件,引起了国际航运和海事司法界的关注,对于今后同类案件的审判实践具有一定的指导意义。

——《2016年十大典型海事案例》(2017年4月28日),载最高人民法院网,http://www.court.gov.cn。

1812 海事行政主管机关对海事事故责任作出的不可抗力的认定，不能作为法院办案的依据

关键词｜海事事故责任认定｜不可抗力｜

【最高人民法院审判业务意见】

海事行政主管机关对海事事故责任的分析结论在没有相反证据的情况下一般可以作为认定案件事实的依据，但其关于不可抗力的认定能否作为法院定案的依据？（2008）民申字第632号上海中通物流股份有限公司（以下简称“中通物流”）与华安财产保险股份有限公司湖南分公司（以下简称“华安公司”）等国际海上货物多式联运合同货损纠纷案的审理明确了该问题。

该案中，长沙长丰汽车制造有限责任公司（以下简称“长丰公司”）委托中通物流将50个集装箱的汽车部件从日本名古屋经上海运至湖南长沙长丰公司的工厂。2005年6月14日，“湘长沙机0450”轮在上海装载完涉案货物后沿长江上驶，当日《航行日志》记载：天气均预报雷雨阵风8～9级；次日该轮在航行中突遇“浙定58063”轮横于船头，发生碰撞，涉案部分货物受损。南京海事局作出《水上交通事故责任认定书》，认定导致本次事故发生的直接原因是船舶航行中遭遇突如其来的冰雹和雷雨大风袭击，本次事故属不可抗力。华安公司赔付长丰公司货损6526704.19元后提起本案代位求偿之诉。

武汉海事法院一审认为：南京海事局对涉案事故所作的责任认定书系行政机关对事故责任的分析结果，不能当然地作为法院定案的依据。《合同法》第117条第2款规定，不可抗力是指不能预见、不能避免并不能克服的客观情况。涉案事故是否构成不可抗力，评判标准应是其是否符合法律规定的不可抗力的构成要件。大风对涉案事故而言已经预见，承运船舶在明知情况下冒险航行，导致事故的发生，涉案恶劣天气不能满足不可抗力的构成要件，承运人不能免责。一审判决：中通物流赔偿华安公司货物损失6526704.19元及其利息。

中通物流不服一审判决，向湖北省高级人民法院提起上诉。湖北省高级人民法院二审同意一审分析处理意见，二审判决：维持原判，驳回上诉。

中通物流不服一、二审判决，向最高人民法院申请再审。最高人民法院经审查认为：本案船舶碰撞事故的发生是否因不可抗力所致，应当由法院根据案件事

实，依据相关法律规定作出认定。行政机关对事故责任的分析结果在没有相反证据的情况下可以作为认定本案事实的证据。承运船舶在事故发生前已经收到天气预报。事故发生时实际风力超过预报的8～9级，达到11级。在这种天气情况下，中通物流并无证据证明"湘长沙机0450"船在发现来船前，已经依照1991年《内河避碰规则》（2003年9月2日已修改）的规定做到极其谨慎的驾驶，但仍不能避免碰撞事故的发生。中通物流主张不可抗力免责的依据不充分。最高人民法院最终裁定驳回中通物流的再审申请。

——万鄂湘、陆效龙、余晓汉：《最高人民法院2009年海事海商综述》，载《环球法律评论》2010年第5期。

1813

船员劳务合同、劳动合同纠纷以及海上人身损害赔偿纠纷的处理原则

关键词｜船员劳务合同｜船员劳动合同｜海上人身损害赔偿｜

【最高人民法院审判业务意见】

近年来，这类案件在海事海商案件中所占的比重较大。这些纠纷多数涉及自然人切身利益，与群众的利益密切相关，切实关系到社会的和谐与稳定，做好这类纠纷的审判工作非常重要。

1. 关于案件受理范围。《海商法》第二十二条第一款第（一）项在规定船员劳动报酬请求的船舶优先权时仅规定了船员"劳动合同"。《海事诉讼特别程序法》第六条第二款第（五）项在规定相关案件管辖时仅规定海船的船员"劳务合同"。而最高人民法院于2003年1月6日颁布的《海事诉讼特别程序法解释》第八条规定：因船员劳务合同纠纷直接向海事法院提起的诉讼，海事法院应当受理。早期的海事立法及相关规定并没有对劳动合同与劳务合同作明确区分，甚至作为同一概念来理解，基本均是针对船员在船工作期间因履行劳动合同或者劳务合同而发生的纠纷。立法本意应当对船员劳动合同纠纷与船员劳务合同纠纷作同一对待。

据此，在相关案件的受理上，应统一两点认识与做法。第一，船员劳动合同

纠纷和船员劳务合同纠纷均可由海事法院直接受理，而不必经过仲裁前置程序；第二，海事法院管辖的船员劳动合同纠纷和船员劳务合同纠纷，仅限于船员上船工作引起的纠纷；对于船员非因上船工作而产生的劳动或者劳务合同纠纷以及非船员与船舶所有人或用工单位因劳动或者劳务合同发生的纠纷，均属于一般劳动纠纷案件，不属于海事法院管辖范围。

对于属于海事法院受理案件范围内的船员劳动合同纠纷，船员可以直接向海事法院提起诉讼，也可以申请仲裁解决。当事人不服仲裁裁决提起诉讼的，海事法院具有管辖权。

对于不属于海事法院管辖范围的劳动纠纷案件，当事人申请撤销仲裁裁决的，海事法院也不应受理。

2. 关于个人劳务关系的责任承担。对于个人之间形成的劳务关系，《侵权责任法》第三十五条规定，提供劳务一方因劳务自己受到伤害的，根据双方各自过错承担相应的责任，法律已经明确采取了过错责任原则。对于个人劳务关系中一方因劳务遭受损害的，应依照《侵权责任法》确定的过错原则确定责任，而不应再适用《人身损害赔偿解释》第十一条规定的雇主无过错责任原则。

3. 关于海上人身伤亡损害赔偿案件的法律适用。审理发生在海上的人身伤亡纠纷案件，属于《海商法》调整范围的，应当首先适用《海商法》的有关规定；《海商法》没有规定的，应首先适用《侵权责任法》的规定，其次适用人身损害赔偿司法解释的规定。

4. 关于海上人身损害赔偿案件的赔偿标准。根据人身损害赔偿司法解释的相关规定，海上人身损害赔偿案件中死亡赔偿金等一般按"受诉法院所在地上一年度城镇或者农村居民人均可支配收入或者人均纯收入"为基数计算。因为海事法院具有"长臂"管辖的特点，部分海事法院在多个省市设有派出法庭，对于司法解释中所指的"受诉法院所在地"是指法院本部还是派出法庭，不同法官有不同的理解。我们认为，受诉法院所在地应指海事法院本部所在地。主要理由是两点：一是海事法院派出法庭是海事法院的组成部分，并不具有基层法院的地位，并不属于司法解释所指的受诉法院。二是我们以海事法院本部所在地确定赔偿标准，实际上采取了"就高不就低"的标准，有利于体现海事司法的人文关怀。

——刘贵祥：《在全国海事审判工作会议上的总结讲话》，载万鄂湘主编、最高人民法院民事审判第四庭编：《涉外商事海事审判指导》总第25辑，人民法院出版社2013年版，第26～27页。

【最高人民法院裁判文书】

金远公司与远洋公司、龙山船厂、王美金、张兴旺、陈荷香、王奕辉海上人身损害赔偿纠纷案[最高人民法院(2014)民申字第763号民事裁定书]

裁判要旨:《劳动合同法》关于劳务派遣的规定不适用于境内用人单位、劳动者与境外用工单位形成的劳务派遣关系。

最高人民法院认为:本案系海上人身损害赔偿纠纷。根据金远公司的再审申请理由,王美金、张兴旺、陈荷香、王奕辉及远洋公司的陈述意见,本案争议焦点为:金远公司的法律地位及其应承担的法律责任。

金远公司申请再审时主张,其与远洋公司、王良军之间形成劳务派遣法律关系,其作为用工单位依照《劳动合同法》第九十二条规定应与用人单位远洋公司连带承担工伤事故赔偿责任,并非作为用人单位之外的第三人与龙山船厂承担人身损害赔偿的侵权责任。根据《劳动合同法》第二条规定,该法适用于中华人民共和国境内的企业与劳动者形成的劳动关系。由此,劳动合同法所调整的劳务派遣关系应为境内用人单位、用工单位和劳动者三方之间的关系。金远公司系为注册地在圣文森特和格林纳丁斯的外国法人,其与远洋公司和王良军之间的法律关系不属于劳动合同法所调整的劳务派遣关系,故金远公司主张适用《劳动合同法》第九十二条的规定确定其法律地位缺乏法律依据。据此,金远公司提出其作为用工单位应与远洋公司承担工伤连带赔偿责任的再审申请理由不能成立。

本案中因金远公司与龙山船厂的共同过错致使涉案船舶沉没并导致王良军死亡,王良军之相关亲属提起海上人身损害赔偿之诉,请求金远公司与龙山船厂共同承担侵权责任于法有据,二审法院据此判令二者承担连带赔偿责任并无不当。

——中国裁判文书网,http://wenshu.court.gov.cn。

1814

船员私自承揽运输擅自开航的民事责任不应由轮船公司承担

关键词|船员联责|

【最高人民法院答复】

湖北省高级人民法院：

你院〔1995〕告申呈字第 1 号《关于国营四川涪陵轮船公司应否承担民事责任的请示》收悉。经研究，答复如下：

我国船舶航运主管部门对内河船舶船员的职责已有明确规定。在有关规定和运输企业的实务操作中，都没有给予船员（包括船长）对外承揽运输业务签订合同的职权。航行于我国境内各港口之间的船舶，除需服从所属航运企业内部职能部门的调度外，依据我国有关安全航行的法规的规定，还需经港务监督（或港航监督）部门的批准，办理进出港口签证手续。违反上述规定，船员私自承揽运输、擅自开航是超越职权范围的个人行为。“川陵四号”拖轮大副郑世荣图谋私利，私自承揽运输并对公司隐瞒事实，在公司调度室明确表示不同意出航的情况下，擅自开航，应对其超越职权范围的个人行为承担民事责任。轮船公司不应对船员的个人行为承担民事责任。

——《最高人民法院关于船员私自承揽运输擅自开航的民事责任应否由轮船公司承担问题的答复》（1995 年 4 月 21 日，法函〔1995〕43 号）

1815

国际海上集装箱班轮运输不属于公共运输，承运人不需承担强制缔约义务

关键词｜国际海上集装箱班轮运输｜强制缔约义务｜

【最高人民法院审判业务意见】

我国《合同法》第二百八十九条规定了从事公共运输的承运人的强制缔约义务，而没有定义“公共运输”“公共承运人”。长期以来，海商法理论上普遍认为班轮运输承运人是“公共承运人”，因而时常有人想当然地认为，班轮运输的承运人按照《合同法》的规定负有强制缔约义务。该种认识能否在司法实践中得以证成，在法律推理上必须解决两个问题：(1)我国《合同法》第二百八十九条的立法来源；

(2)海商法理论上“公共承运人”(common carrier)概念的来源和含义。追根溯源,海商法理论上的“公共承运人”是从英美法中舶来。正本清源,必须回答我国《合同法》第二百八十九条规定的“从事公共运输”(public transportation)的承运人是否等同于英美法中的“公共承运人”(common carrier)?最高人民法院在(2010)民提字第213号案中对马士基(中国)航运有限公司(以下简称马士基公司)及其厦门分公司与厦门瀛海实业发展有限公司(以下简称瀛海公司)国际海上货运代理经营权损害赔偿纠纷案的再审审理,给出了否定答案。

在《合同法》颁布之前,我国法律中并无“公共运输”或者“公共承运人”之类的概念。结合理论上的普遍认识,可以清楚地看到公共运输的两个显著特征即公益性和垄断性;强制缔约义务和价格受管制是法律法规基于其公益性和垄断性而相应作出的规定,可以作为认定公共运输的次级标准或者参考标准。我国《合同法》关于公共运输强制缔约义务的立法本意,是立足我国社会实际,针对具有社会公益性、垄断性、承担社会公用事业职能的运输(如地铁、公共汽车、出租车等)所作出的强制性规定,而绝不是照搬或者借鉴英美法“公共承运人”概念而来。考察公共承运人在欧美发端的历史,在运输发展历史中的“公共承运人”,是指在社会分工中以运输他人货物或者旅客为业的承运人;而英美法中的“公共运输”(public transportation)是指按同等条件向社会公众提供的旅客或货物运输服务。[①] 即使在英美法中,“公共承运人”也并不等同于“从事公共运输的承运人”。在海商法理论上,将班轮运输的承运人作为一种公共承运人,完全是基于英美法中的“公共承运人”概念而来。我国《合同法》英文版第二百八十九条规定的“公共运输”,翻译为public transportation,两者并不等同。在英美法中“公共承运人”基本上是商业性质或者纯营利性的专业承运人;而我国《合同法》第二百八十九条规定的“从事公共运输的承运人”是具有较强社会公共服务职能的

① 参见薛波主编:《元照英美法词典》,法律出版社2003年版。第260页载明:common carrier(公共承运人),与合同承运人(contract carrier)或私营承运人(private carrier)相对,指为一般公众在特定地点之间有偿运送货物或旅客的人。按照惯例,公共承运人对所运送货物的损失承担绝对责任(absolute liability),除非该损失是由于托运人的行为或过错、敌国的行为或货物本身的缺陷造成的。从事旅客运输的公共承运人(common carrier of passengers)仅承担过失责任。第313页载明:contract carrier(合同承运人;契约承运人;私人承运人)指仅与其认为合适的托运人订约并提供运送服务,而并非不加区别地为所有人提供服务的承运人。第1093页载明:private carrier(特约承运人)是不以运输为业,不公开招揽业务,只在其认为合适时有偿或无偿地将旅客或货物从一地运送到另一地的承运人。第1115页载明:Public carrier(公共承运人)是向公众提供运输服务的承运人。第1118页载明:Public transportation(公共运输)是按同等条件向社会公众提供的旅客或货物运输服务。

非纯营利性承运人。即使在英美法理论中，论述“公共承运人”时，也并不强调其强制缔约义务。由此，我们完全可以断定：我国《合同法》第二百八十九条规定的“从事公共运输的承运人”并不是英美法或者我国海商法理论上所讲的“公共承运人”。该案的审理澄清了理论和实务中长期存在的误区，明确：班轮运输的承运人，是英美法或者我国海商法理论上所讲的“公共承运人”，但不是我国《合同法》第二百八十九条规定的“从事公共运输的承运人”，两者在本源上不相关，在含义上不等同，故不能套用。

——最高人民法院民事审判第四庭：《最高人民法院海事海商审判综述(2010 年至 2011 年)》，载《武大国际法评论》第 15 卷第 2 期，武汉大学出版社 2012 年版。

【《最高人民法院公报》案例】

马士基(中国)航运有限公司及其厦门分公司与厦门瀛海实业发展有限公司、中国厦门外轮代理有限公司国际海上货运代理经营权损害赔偿纠纷再审案[最高人民法院(2010)民提字第 213 号民事判决书]

裁判摘要：公共运输履行着为社会公众提供运输服务的社会职能，具有公益性、垄断性等特征。为维护社会公众利益，《合同法》第二百八十九条规定：“从事公共运输的承运人不得拒绝旅客、托运人通常、合理的运输要求。”国际海上集装箱班轮运输是服务于国际贸易的商事经营活动，不属于公用事业，不具有公益性，也不具有垄断性，故不属于公共运输。托运人或者其货运代理人请求从事国际海上集装箱班轮运输的承运人承担强制缔约义务，没有法律依据，应予驳回。

最高人民法院认为：本案属于国际海上货运代理经营权损害赔偿纠纷。综合马士基公司、厦门分公司与瀛海公司的诉辩意见，本案争议焦点为马士基公司拒绝向瀛海公司提供集装箱及其铅封是否违反合同约定和法律规定。

瀛海公司与厦门外代先后于 2003 年 10 月 31 日、2005 年 3 月 15 日两次签订《集装箱运输合作协议》，其中 2003 年 10 月 31 日签订的协议，因双方无异议而自动延长一年至 2004 年 12 月 31 日终止；双方于 2005 年 3 月 15 日签订的新协议约定厦门外代原则上准许瀛海公司提取集装箱，同时特别约定“在箱主或租箱人明确表示不同意将设备交给瀛海公司使用的情况除外”，这意味双方一致同意在箱主不同意将集装箱交给瀛海公司使用时厦门外代可以不向瀛海公司提供集装箱。依照《合同法》第四百零二条的规定，受托人以自己的名义，在委托人的授权范围内与第三人订立的合同,第三人在订立合同时知道受托人与委托人之间的代理关系的,该合同直接约束委托人和第三人。瀛海公司明知厦门外代作为马士基公司的集装箱代理人与其签订上述两份协议,上述两份协议直接约束瀛海公司和马士基公司。马士基公司于 2005 年 3 月 3 日通知厦门外代停止向瀛海公司提供集装箱及其铅封时,马士基公司与瀛海公司已不受原协议的约束。自 2005 年 3 月 15 日起,按照新协议的约定,马士基公司可以不向瀛海公司提供集装箱。班轮船期公告系班轮公司向社会公布航线、班次、船名、船期、挂靠港等信息的商业广告,为要约邀请。在通常集装箱海运业务中,承运人接受托运人或其货运代理人订舱托运的要约后,承托双方成立海上货物运输合同关系,随后承运人准许托运人向其或其集装箱代理人提取空集装箱装货,即承托双方开始履行运输特定一个或者若干个集装箱货物的合同。承运人准许托运人提取集装箱,作为履行运输合同的行为,可以印证承托双方已订立了运输合同。但承运人不准许托运人提取集装箱,并不表明双方开始履行运输合同,不能以此说明双方已事先成立了运输合同关系,主张运输合同关系成立的一方当事人应当对合同订立的事实承担举证责任。马士基公司从 2005 年 3 月 3 日起不准许瀛海公司提取集装箱,双方当事人之间既没有达成运输集装箱的合意,也无实际运输的事实。瀛海公司主张其与马士基公司之间从 2005 年 3 月 3 日起仍然存在海上货物运输合同关系,而且无须举证证明,没有事实和法律依据,本院不予支持。马士基公司拒绝向瀛海公司提供集装箱及其铅封并没有违反双方合同的约定,无须承担违约责任。

《合同法》第二百八十九条规定:“从事公共运输的承运人不得拒绝旅客、托运人通常、合理的运输要求。”公共运输是指为社会提供公用事业性服务并具有垄断地位的运输。基于公共运输履行着为社会公众提供运输服务的社会职能,具有公益性、垄断性等特征,为维护社会公众利益,我国法律法规除对公共运输规定较严格的市场准入条件和价格管制等监管措施外,还对从事公共运输的承运人规定了强制缔约义务。国际海上集装箱班轮运输是服务于国际贸易的商事经营活动,不属于公用事业,不具有公益性特征。目前,无论在世界某一区域还是整个世界范围内,国际班轮运输具有较强的竞争性,并不具有垄断性。托运人或其货运代理人在运输服务上也具有较大的选择余地,可以选择不同的班轮公司或不同的船舶承运,也可以选择不同的航线、不同的运输方式实现同一运输目的。依照《国际海运条例》第十六条第一款、第二十条的规定,国际船舶运输经营者经营进出中国港口的国际班轮运输业务,应当依照该条例的规定取得国际班轮运输经营资格；国际班轮运价应当向国务院交通主管部门报备，备案运价包括公布运价和协议运价两种。据此，国际班轮运输业务经营者可以在其运价本载明的运价之外，与货主另行商定运价，也可以在遵守报备制度的前提下随行就市。尽管经营国际班轮运输应当遵守法定的市场准入条件，但国际班轮运价不具有公共运输价格受严格管制的特征。因此，马士基公司从事的国际班轮运输，不属于《合同法》第二百八十九条规定的公共运输，瀛海公司主张马士基公司负有强制缔约义务，没有法律依据，本院不予支持。

根据《合同法》第四条的规定，当事人依法享有自愿订立合同的权利，任何单位和个人不得非法干预。当事人依法享有的订立合同的自由，包括有权决定是否与他人订立合同的自由，也包括选择合同当事人的自由、决定合同内容的自由等。马士基公司拒绝与瀛海公司交易，属于马士基公司享有的订立合同的自由。无论马士基公司是否已经实质性取消集装箱铅封费用，马士基公司当时提高其在厦门口岸的集装箱铅封费，是其向社会普遍提高运输费用，并不是针对瀛海公司等特定单位或个人的特别限制。本案没有证据表明马士基公司拒绝交易含有要求瀛海公司接受其过高限制条件的目的，故不足以认定马士基公司拒绝与瀛海公司交易构成《国际海运条例》第二十七条第（三）项规定的滥用优势地位以歧视性价格或者其他限制性条件给交易对方造成损害的行为。我国加入的《联合国班轮公会行动守则公约》是调整班轮公会与航运公司之间、公会会员航运公司之间、公会或其会员航运公司与托运人组织或托运人代表或托运人之间、不同公会之间在班轮航运服务方面利益关系的公约，不直接调整班轮公会会员航运公司与托运人之间的海上货物运输合同关系，也不涉及非班轮公会会员的航运公司与托运人之间的权利义务关系。《联合国班轮公会行动守则公约》关于公会的各种办法不应对任何国家的船东、托运人或对外贸易有任何歧视的原则，是针对班轮公会，而不是针对班轮公司。马士基公司是班轮公司，而不是班轮公会。瀛海公司主张马士基公司拒绝与其交易，违反了《联合国班轮公会行动守则公约》的规定，没有事实和法律依据，本院不予支持。

——《最高人民法院公报》2011 年第 10 期

编者说明

本案争议焦点为国际班轮运输是否属于《合同法》第二百八十九条规定的“公共运输”。最高人民法院对该案的再审判决，具有以下三个层面的指导、参考价值：一是填补了立法空白。对《合同法》第二百八十九条规定“公共运输”作出了具体阐释，明确了公共运输的基本特征，强调了《合同法》规定公共运输承运人强制缔约义务的本意是克服其垄断性问题。二是澄清了理论和实务长期存在的认识误区。本案再审判决进一步明确，班轮运输的承运人是英美法或者我国海商法理论上所讲的"公共承运人"(Common Carrier)，但不是我国《合同法》第二百八十九条规定的"从事公共运输的承运人"。三是有效规范了国际航运市场。国际航运业是我国重要的支柱产业，我国港口集装箱总量多年位居世界第一，中国有10个港口排入全球二十大集装箱港口。最高人民法院对该案的再审判决为国际航运市场的竞争与发展明确了一项带有普遍意义的规则，具有重要实践意义。①

1816

保持全编在岗状态的船舶进厂修理发生火灾的，船方应承担举证责任

关键词 | 船舶修理 | 火灾 | 举证责任 |

【《最高人民法院公报》案例】

荷属安的列斯·东方航运有限公司与中国·澄西船舶修造厂船舶修理合同纠纷案[最高人民法院(2007)民四监字第27号民事裁定书]

裁判摘要：船舶虽然在修理厂进行修理，但并非全船属于修理厂的修理范围，船员始终保持全编在岗状态。在此情况下发生火灾，船方主张修理厂对火灾损失承担违约责任的，应当对起火点位于船舶修理合同范围之内、修理厂存在不履行合同或者不按约定履行合同的违约行为、火灾损失的存在以及修理厂的违约行为与火灾损失的发生之间存在因果关系等问题承担举证责任。船方不能就上述问题举证的，人民法院对其诉讼请求不予支持。

最高人民法院认为："东方项目"轮虽然在澄西船厂修理，但并非全船属于澄西船厂的修理范围，船员一直保持全编在岗状态。作为船舶修理合同纠纷，东方航运就火灾损失向澄西船厂主张违约责任时，首先应举证证明起火点位于船舶修理合同范围之内，其次应证明澄西船厂存在不履行合同或者履行合同义务不符合约定的违约行为，再次应证明火灾损失的存在以及澄西船厂的违约行为与火灾的发生之间存在因果关系。但东方航运既未提交船舶修理合同，也未提交其他证据证

① 《最高人民法院公报》2015年第9期。

明火灾发生在澄西船厂的作业区内，无法证明起火点在合同约定的修理范围内，因而也无法证明澄西船厂的行为违反了合同约定，东方航运主张适用《合同法》第一百零七条的依据不充分。东方航运提交的三份火灾事故鉴定报告对火灾事故原因的认定均不确定，使用的是“可能”“很可能”等词，且根据《消防法》并参照中华人民共和国公安部《火灾事故调查规定》的相关规定，对火灾事故进行调查的权力机关是公安消防机构，而出具上述鉴定报告的检验机构均非公安消防机构，故上述鉴定报告无法证明澄西船厂的行为与火灾的发生之间存在因果关系。此外，根据《消防法》第三十二条第一款的规定，任何人发现火灾时，都应当立即报警，报警并非是澄西船厂单方的义务，在火灾发生时，所有发现火灾的人，包括外方当事人均有义务报警，东方航运以澄西船厂未报警为由，认为应由澄西船厂承担举证不能的法律后果，没有充分的法律依据。关于法律适用问题，《民法通则》第一百二十三条是对侵权民事责任的规定，应适用于侵权纠纷，而非合同纠纷；《民事诉讼证据规定》第四条已明确规定适用于侵权诉讼。此外，东方航运未举证证明具体的船舶修理项目，无充分证据证明此次船舶修理属于高度危险作业，故东方航运要求适用上述法律及司法解释的理由不成立。原审判决认定澄西船厂在本次火灾事故中不应承担赔偿责任，适用法律并无明显不当，判决结果正确。

——《最高人民法院公报》2008 年第 12 期

1817

海事工程发包人违反协助义务的救济

关键词｜海事工程发包人｜协助义务｜

【最高人民法院审判业务意见】

码头建造等海事工程合同纠纷属于建设工程合同纠纷，应当适用《合同法》第十六章关于建设工程合同的规定，该法第十六章没有规定工程承包人是否有权基于发包人不履行协助义务而解除合同，但《合同法》在第十六章中的第二百八十七条规定：“本章没有规定的，适用承揽合同的有关规定。”《合同法》第十五章“承揽合同”中的第二百五十九条规定，定作人不履行协助义务致使承揽工程不能完成的，承揽人可以催告定作人在合理期限内履行义务，并可以顺延履行期限；定作人逾期不履行的，承揽人可以解除合同。据此，《最高人民法院关于审理建设工程施工合同纠纷案件适用法律问题的解释》（以下简称《建设工程合同解释》）第九条的规定，发包人不履行合同约定的协助义务，致使承包人无法施工，且在催告的合理期限内仍未履行相应义务的，承包人有权解除合同。最高人民法院民事审判第四庭在（2011）民申字第398号案中对中交一航局第二工程有限公司（简称一航局二公司）与福建鑫海冶金散装码头有限公司（简称鑫海公司）码头建造合同纠纷进行再审审查，认为该案应当适用上述司法解释的规定认定承包人的解约权。

一航局二公司与鑫海公司于2007年7月12日在福州签订《福州港松下港区18#、19#泊位水工工程建筑施工合同》，约定：鑫海公司为工程发包人，一航局二公司作为承包方承包合同约定的工程项目建设，工程总价款为人民币79890000元，施工日期自2007年8月8日至2008年9月30日；发包人负责开通公共通道与施工场地的道路，并保证施工期间畅通。2008年5月7日，发生疏港公路施工人员与村民的群体冲突事件，道路被堵。7月7日，一航局二公司向鑫海公司发函要求鑫海公司在7月14日前开通公共通道与施工场地间的道路，否则将在7月15日解除双方的合同。8月1日，一航局二公司向鑫海公司发函要求解除合同、支付工程款及赔偿损失。2008年8月4日，厦门海事法院根据一航局二公司申请作出〔2008〕厦海法证字第2号海事证据保全裁定，对案涉工程工地现状及施工必备通道的通行状况进行拍照、录像，并于8月5日进行了现场勘察，现场勘察情况为：施工通道上有一些大石头、深坑和深沟，施工车辆无法通行。

厦门海事法院一审认为，保持道路畅通并不属于鑫海公司的主要债务。对于次要债务的迟延履行，根据《合同法》第九十四条第（四）项规定，应以迟延履行致使不能实现合同目的为条件。鑫海公司的迟延履行未达到该条件。自发生村民阻挠施工的群体纠纷事件，疏港公路被堵后，鑫海公司多次向各有关部门反映问题，积极协调解决问题，履行了合同约定的"协助解决对承包人施工有干扰的外部条件"的义务，不存在不履行合同约定的协助义务情形，也没有证据证明群体纠纷事件是因鑫海公司所致。一航局二公司无权根据《建设工程合同解释》第九条第（三）项规定解除合同。一航局二公司基于解除合同而要求返还履约保证金及赔偿原告损失的请求，也应一并予以驳回。故该院判决驳回一航局二公司的诉讼请求。

一航局二公司不服一审判决提起上诉。福建省高级人民法院二审基本同意一审判决的理由，遂判决驳回一航局二公司的上诉，维持原判。

一航局二公司不服二审判决，向最高人民法院申请再审。

最高人民法院再审审查认为：发包人鑫海公司负有保障疏港公路开通的协助义务。经承包人一航局二公司发函催告，鑫海公司仍然未履行疏通公路的协助义务。鑫海公司不履行这一协助义务导致工程无法施工。一航局二公司申请解除合同，符合《合同法》第二百五十九条、第二百八十七条的规定和《建设工程合同解释》第九条的规定。原审判决认定一航局二公司无权解除合同，适用法律错误。据此，最高人民法院裁定提审本案。再审期间，双方当事人达成和解协议，一航局二公司在鑫海公司履行该和解协议后，向最高人民法院申请撤回再审申请。

——最高人民法院民事审判第四庭：《最高人民法院海事海商审判综述（2010 年至 2011 年）》，载《武大国际法评论》第 15 卷第 2 期，武汉大学出版社 2012 年版。

1818

仲裁裁决书可以作为认定海事工程总造价的依据

关键词 | 仲裁裁决书 | 疏浚合同 |

【最高人民法院裁判文书】

丹东边境经济合作区水上工程有限公司与中交广州航道局有限公司、大连港集团有限公司疏浚合同纠纷上诉案［最高人民法院（2011）民四终字第 26 号民事判决书］

最高人民法院认为：本案是疏浚合同纠纷。根据丹东公司的上诉请求，本案争议焦点为：1. 一审判决依据大连仲裁委员会（2007）大仲裁字第 364 号裁决书的认定作为本案工程总造价的依据是否充分。

丹东公司认为，在其已就本案向一审法院提起民事诉讼后，大连仲裁委员会又受理了大连港公司依据与本案相同事实和理由提起的仲裁申请并作出仲裁，属于程序违法。该裁决不能作为认定本案事实的依据。广州航道局认为，大连仲裁委员会的裁决已经发生法律效力，一审法院予以认可符合法律规定。大连港公司认为，一审法院以大连仲裁委员会的裁决书作为认定本案工程总价款的依据既有事实基础，也符合相关的法律规定。本院认为，大连港公司作为案涉工程的发包人，与承包人广州航道局签订的《建设工程施工合同》中明确约定，在合同履行过程中发生争议的，由双方当事人协商解决，协商不成的提交大连仲裁委员会仲裁。案涉工程验收后，由于大连港公司与广州航道局就工程价款发生争议，双方就此提交仲裁委员会仲裁，并不违反法律规定。

仲裁程序中，仲裁委员会委托光华造价事务所对涉案工程的造价进行鉴定，并依据鉴定报告作出裁决。一审法院依据大连仲裁委员会作出的(2007)大仲裁字第364号裁决书，认定案涉工程总价款。现丹东公司认为该鉴定报告不符合事实，不能作为认定本案事实的证据。本院认为，根据《民事诉讼法》第二百一十三条第二款的规定，被申请人提出证据证明仲裁裁决认定事实的主要证据不足的，经人民法院组成合议庭审查核实，裁定不予执行。该仲裁裁决作出后，广州航道局以光华造价事务所鉴定报告未计算搅松系数，有悖公平合理原则为由，向大连市中级人民法院申请撤裁。经大连市中级人民法院审查，认为光华造价事务所鉴定工程造价是以"搅松系数是疏浚工程设计手册中用于计算挖泥船配驳数量的，不适用计算吹填工程纳泥塘容量"为由，不支持广州航道局提出的"计入搅松系数计算纳泥塘疏浚土方量"的意见依据充分，广州航道局申请撤销仲裁裁决没有法律依据，裁定驳回广州航道局撤销仲裁裁决的申请。本院认为，该仲裁裁决应当具有法律效力。

根据《民事诉讼证据规定》第九条的规定，对于已为仲裁机构的生效裁决所确认的事实当事人无需举证。但当事人有相反证据足以推翻的除外。本案丹东公司欲推翻仲裁裁决认定的涉案工程总价款，必须提供充分证据予以证明。首先，关于涉案工程量是否应当计算搅松系数。经查，光华造价事务所鉴定报告认为，搅松系数是疏浚工程设计手册中用于计算挖泥船配驳数量的，不适用于计算吹填工程纳泥塘容量，目前有关方面还没有发布这方面公认的定额标准。丹东公司认为该鉴定报告未考虑吹填土搅松的客观事实不当。本院认为，丹东公司与广州航道局之间签订的工程合同中并未约定如何计算工程量，仅约定了工程的投标中标价为51880968.00元。光华造价事务所对涉案工程量的计算未采用搅松系数，丹东公司并未提供充分证据证明本案工程应当计算搅松系数。其次，涉案工程已经大连仲裁委员会委托光华造价事务所作出鉴定报告，最终确认该工程实际工作造价为71407991.40元。丹东公司认为该鉴定报告没有考虑设计变更对工程造价的影响，施工过程中进行多次设计变更增加工程量，鉴定报告的计算及方法存在严重问题，在计算增深工程造价时没有执行国家定额中关于泥层厚度调整系数和计算方式等。经查，光华造价事务所鉴定结论中，对涉案工程区分吹填工程和外抛工程分别鉴定造价，其中吹填工程部分按照合同约定的每立方米15.25元计价，调头圆增深部分的外抛工程，按照每立方米43.40元计价。本院庭审中，丹东公司表示对本案工程款“不希望重新评估”，丹东公司所提供的证据不足以推翻仲裁裁决确定的事实，一审法院依据仲裁裁决确定的事实作出判决并无不当。

——江必新、贺荣主编，最高人民法院民事审判第四庭编：《涉外商事海事审判指导》总第27辑，人民法院出版社2014年版，第83~101页。

1819

船舶建造合同定作人违约时，承揽人未催告其在合理期限内支付欠款而直接将船舶转卖给他人的行为违反了合同约定的交付义务

关键词｜船舶建造合同｜继续履行｜船舶转卖｜

【最高人民法院裁判文书】

福州浩航船务有限公司与浙江七里港船业有限公司及陈华平船舶建造合同纠纷案[最高人民法院(2013)民提字第71号民事判决书]

最高人民法院认为：

一、关于浩航公司解除合同的法律依据

浩航公司与七里港公司签订的涉案船舶建造合同合法有效，双方当事人均应当依约履行。按照合同约定，浩航公司应当在2008年8月30日之前向七里港公司支付3770万元。但直至2008年12月5日，浩航公司仅向七里港公司支付了2780万元。合同约定，七里港公司所需材料必须经浩航公司认可后方可购买使用，否则因材料不合格不能使用而造成的损失由七里港公司自行负责。在浩航公司并未举证证明七里港公司履约过程中就材料选购存在违约行为的情况下，浩航公司以七里港公司购买使用造船材料未经浩航公司认可为由，主张具有暂停支付船舶价款的权利，缺乏充分的事实依据。原审判决认定浩航公司逾期支付船舶建造款，构成违约，并无不当。

浩航公司与七里港公司在合同中约定船舶造价4770万元，浩航公司已经支付大部分船舶价款2780万元，余款1000万元应在交付船舶后3日内付清，浩航公司实际拖欠到期应付船舶价款990万元。按照合同约定，浩航公司逾期付款，七里港公司有权推迟交船，但合同未约定七里港公司可以据此直接转卖船舶；七里港公司

首先应当催告浩航公司在合理期限内支付欠款,以继续履行合同。七里港公司没有提供充分证据证明其催告浩航公司付款,其将原本为浩航公司建造的船舶转卖给新东航公司,违反了涉案船舶建造合同约定的交船义务。七里港公司主张其转卖船舶属于合法的减损行为,缺乏事实和法律依据,原再审判决不予支持,并无不当。

从 2009 年 9 月 6 日起至 10 月 26 日止,七里港公司将浩航公司订造的新船转卖给新东航公司,船名定为“新东胜”,新东航公司取得船舶所有权登记。七里港公司的行为已经表明其不履行涉案船舶建造合同约定的主要义务——向浩航公司交付船舶。浩航公司根据《合同法》第九十四条第(二)项关于在履行期限届满之前当事人一方以自己的行为表明不履行主要债务的,对方当事人可以解除合同之规定,请求解除合同,理据正当充分。浩航公司于 2009 年 12 月 22 日向宁波海事法院起诉请求解除合同,该院于 2009 年 12 月 23 日向七里港公司送达起诉状副本,即起到通知解除合同的效果。宁波海事法院一审判决涉案合同自 2009 年 12 月 23 日起解除的处理结果并无不当,本院予以维持。

在新东航公司于 2010 年 3 月 23 日出具承诺书表示其同意协助七里港公司继续履行合同时,浩航公司已经根据《合同法》第九十四条第(二)项的规定行使了解除合同的权利。尽管新东航公司出具了上述承诺书,但七里港公司并没有因此而取得对涉案船舶的所有权或者处分权,故仍不足以认定其具备向浩航公司履行交船义务的条件。即使七里港公司事后可以从新东航公司处取回涉案船舶再交付给浩航公司,该船舶于 2009 年 12 月 7 日由新东航公司投入营运,至宁波海事法院于 2010 年 11 月 16 日作出一审判决时已使用近一年,这与浩航公司订造新船的合同目的明显不符。七里港公司事后补充提供新东航公司的上述承诺书,并不足以影响浩航公司依据《合同法》第九十四条第(二)项的规定解除合同。一审、二审、原再审判决将浩航公司解除合同的依据认定为《合同法》第二百六十八条关于定作人可以随时解除承揽合同的规定错误,应予纠正。

二、关于七里港公司转卖船舶损失的承担

浩航公司在原再审中举证证明新东航公司于 2011 年 4 月 29 日将涉案船舶以 3635 万元转让他人,由此主张涉案船舶在一审中的评估市场价 2950 万元有误。因所涉两次船舶买卖相差一年多,市场条件不同,故上述事实不足以证明涉案船舶在一审中的评估市场价 2950 万元不合理。本案没有证据证明七里港公司因转卖船舶导致其成本等费用的增减。一审、二审、原再审判决认定七里港公司转卖涉案船舶的跌价损失,系原合同约定的价格 4770 万元与七里港公司转卖船舶时的市场价 2950 万元之差 1820 万元,事实依据充分,本院予以维持。

在浩航公司没有解除合同之前，如果七里港公司不擅自将船舶转让给新东航公司，而继续向浩航公司履行交付义务，七里港公司仍可以取得合同约定的价款 4770 万元，并不会因延期交船而遭受船舶跌价损失。七里港公司转卖船舶，发生在浩航公司解除合同之前，七里港公司转卖船舶的跌价损失，与浩航公司解除合同无关，主要系七里港公司违约不当转卖船舶所致，应由其自行承担主要责任；鉴于七里港公司转卖船舶与浩航公司较长时间逾期付款有一定的事实关联，浩航公司也应承担相应责任。根据《合同法》第一百二十条关于当事人双方都违反合同的，应当各自承担相应的责任之规定，七里港公司转卖船舶的跌价损失 1820 万元，应由七里港公司承担 60% 的损失 1092 万元，浩航公司承担 40% 的损失 728 万元。一审、二审、原再审判决认定七里港公司转卖船舶的跌价损失全部由浩航公司承担，不符合上述法律规定，处理结果欠妥，应予纠正。

宁波海事法院在一审判决合同解除的同时，判决七里港公司返还浩航公司已付合同价款 2780 万元，符合法律规定，本院予以维持。按照合同约定，浩航公司逾期付款，七里港公司有权相应延期交船，浩航公司请求七里港公司承担逾期交船的违约责任，没有事实和法律依据，本院不予支持。七里港公司应返还的价款 2780 万元与浩航公司应当赔偿的损失 728 万元冲抵后，七里港公司还应当向浩航公司支付船舶价款 2052 万元。宁波海事法院一审判决七里港公司返还船舶价款，同时一并判决返还价款的孳息，即按中国人民银行同期企业短期贷款基准利率计算的利息，双方当事人在本次再审中均没有对此提出异议，本院予以维持。

——中国裁判文书网，http://wenshu. court. gov. cn。

1820

船舶建造合同解除后违约损害赔偿额的计算

关键词｜船舶建造合同｜合同解除｜损害赔偿｜

【最高人民法院裁判文书】

武汉国裕物流产业集团有限公司、扬州国裕船舶制造有限公司与福建国航远洋运输(集团)股份有限公司、武汉江裕海运发展有限公司船舶建造合同纠纷

再审案[最高人民法院(2012)民再申字第306号民事裁定书]

最高人民法院认为:本案是船舶建造合同纠纷,讼争合同合法有效,当事人之间的权利义务应根据合同约定以及有关法律规定来确定。

(二)是否应按照转售合同差价计算损失赔偿额?

讼争合同第十一条第3项对合同解除后的法律后果进行了约定,主要包括以下三方面内容:一是武汉国裕公司、扬州国裕公司有权建成或不建成本船,或可出售本船。二是若出售已完成的本船,出售收益首先用于支付合理的销售费用和由于国航公司违约给两国裕公司造成的实际亏损;若出售未完工的本船,所得收益用于支付因国航公司违约给两国裕公司造成的实际损失。三是若售船收益不足以支付前述应付款项的总额,国航公司应按两国裕公司的要求立即补足差额。武汉国裕公司、扬州国裕公司主张其已完成建造合同项下的本船,并已转售,要求赔偿转售价格与讼争合同约定价款之间的差价损失2.38亿元。人民法院是否应支持其诉讼主张,关键要解决两个问题:一是讼争合同第十一条第3项所约定的补足差额是否是指转售价款与合同约定价款之间的差额;二是武汉国裕公司、扬州国裕公司所称其已建成本船并已出售的事实主张是否成立。

就第一个问题而言,双方当事人存在争议。武汉国裕公司、扬州国裕公司主张,合同约定了按照转售合同差价作为损失赔偿额的计算方法,而国航公司则认为该主张是对合同第十一条的曲解。《合同法》第一百二十五条第一款规定:"当事人对合同条款的理解有争议的,应当按照合同所使用的词句、合同的有关条款、合同的目的、交易习惯以及诚实信用原则,确定该条款的真实意思。"首先,从讼争合同文字表述来看,并没有明确约定当武汉国裕公司、扬州国裕公司转售本船时,转售价款与合同约定价款之差价即为其实际损失,只是约定"若出售已完成的本船,两国裕公司所得出售收益应首先用于支付合理的销售费用和由于国航公司违约给其造成的实际亏损"。联系合同上下文,所谓"前述应付款项的总额"应是指第十一条第3项ii)中所称的"合理的销售费用和由于国航公司违约给两国裕公司造成的实际亏损"。问题是,这里所称的实际亏损是指解除合同时的实际亏损,还是指船舶建成后的实际亏损,语焉不详,不能由此表述得出实际亏损就是船舶建成后的转售价款与合同约定价款差额的结论。其次,虽然按照合同约定,武汉国裕公司、扬州国裕公司有权在合同解除后继续建造船舶,但即便把实际亏损理解为船舶建成后的实际亏损,建造成本的变化也是影响实际亏损的重要因素。转售合同与讼争合同的价款构成都包括建造成本与利润两部分，在合同解除前后船舶市场急剧下跌，势必引起船舶主机、钢材等建造成本的下跌。在合同解除前备齐建造材料与合同解除后再准备建造材料，建造成本会有很大差别，成本降低时亏损也会相应减少。转售合同与讼争合同价款的简单相减，没有考虑建造成本变化因素对"实际亏损"的影响，当然亦不符合合同约定的本来意思。因此，也不能从武汉国裕公司、扬州国裕公司有权继续建造与出售本船的约定，必然得出转售合同差价即为其实际损失的结论。再次，即便武汉国裕公司、扬州国裕公司在合同解除前已经备齐所有造船材料，其在已经采取减损措施将已建成船舶分段转用其他船舶的情况下，不顾市场行情的急剧下跌，进一步支出人工成本，也属于扩大损失的行为。按照《合同法》第一百一十九条第一款关于减损义务的规定以及合同第十一条第2项关于为减少损失采取必要措施的约定，对继续建造中扩大的损失，也不应要求赔偿。综上所述，武汉国裕公司、扬州国裕公司关于应按照转售合同差价计算损失赔偿额的主张，合同依据不足。

就第二个问题而言，武汉国裕公司、扬州国裕公司主张其依据合同第十一条的约定，将"本船"建成并转售给仪征高新产业园，要求国航公司赔偿该转售差价，应举证证明其在合同解除后实际继续建造并出售了"本船"。在本案一审、二审及原再审期间，武汉国裕公司、扬州国裕公司仅提交了其与仪征高新产业园的船舶建造合同，没有提交继续建造本船的证据。相反，扬州国裕公司在一审中自认其为减少损失，将已经造好的分段挪用到了其他船舶；在福建省高级人民法院再审期间，其又主张船舶分段在2008年12月12日以后移用到其他船舶上；在本院2013年3月26日组织的听证过程中，扬州国裕公司又自称其与仪征高新产业园的合同带有扶持性质，并未实际履行。因此，武汉国裕公司、扬州国裕公司不能提供相应的证据，证明其已将本案合同项下的特定船舶建成，并转售给了仪征高新产业园，故再审判决没有支持其关于按照其与仪征高新产业园的合同价款与讼争合同价款的差额作为其实际损失的主张，并无不当。此外，武汉国裕公司、扬州国裕公司在本院2013年3月26日举行的听证中提出，讼争"本船"实际转售给案外人山东海运股份有限公司，并提交了船舶买卖合同书、船舶交接证明书等证据材料。但是：其一，出售给山东海运股份有限公司的"山东海盛"轮主机产自我国青岛，而讼争船舶建造合同约定主机应为日本制造，吊机等设备也有不同；其二，讼争合同约定的建造周期是一年，而"山东海盛"轮在讼争合同约定期限的四年后才建成；其三，讼争合同约定在扬州国裕公司四号船台建造，而一审法院证据保全时四号船台并无该船，扬州国裕公司声称不能明确其在哪座船台建造了"山东海盛"轮,故难以据此确认该轮系在四号船台建造;其四,在原一审、二审、再审及本院此次再审审查期间,两国裕公司关于船舶建造与转售的表述前后不一致,甚至相互矛盾。因此,也不能认定"山东海盛"轮是按照讼争船舶建造合同的约定,在合同解除后继续建造完成的特定船舶。

综上所述,根据合同内容不能得出当事人之间存在按照转售合同差价计算损失赔偿额的约定,武汉国裕公司、扬州国裕公司也不能提供证据证明其已将合同项下的特定船舶建成并转售,故再审判决没有支持其主张,按照转售仪征高新产业园的合同价款与讼争合同价款的差额计算损失赔偿额,并无不当。

(三)再审判决认定武汉国裕公司、扬州国裕公司可得利益损失是否违反法律规定?

在本案中,武汉国裕公司、扬州国裕公司一直坚持按照转售差价计算损失。在一审法院就此问题释明后,也未提供其他证据证明其实际支出的费用损失以及可得利益损失,也不申请损失评估鉴定。再审判决在没有任何裁量依据的情况下,没有计算武汉国裕公司、扬州国裕公司实际支出费用损失,并无不当。武汉国裕公司、扬州国裕公司作为非违约方,本应就其遭受的可得利益损失承担举证责任,一审法院在武汉国裕公司、扬州国裕公司没有尽到举证义务,缺少裁量依据的情况下,为妥善处理本案纠纷,依职权调取并参考扬州国裕公司解除合同上一年度即2008 年的损益表,根据该损益表反映的经营利润率 3. 45686% ,以及扬州国裕公司只开展船舶建造销售业务等具体情况,以该公司上年度正常利润率为依据,确定讼争船舶建造净收益率为 5% ,进而确定武汉国裕公司、扬州国裕公司基于讼争合同的可得利益损失为 1990 万元,充分考量了武汉国裕公司、扬州国裕公司的预期合同利益。再审判决予以维持,并无不当。两国裕公司关于再审判决认定可得利益损失违反合同约定和法律规定的主张,没有事实及法律依据,不予支持。

——中国裁判文书网,http://wenshu. court. gov. cn。

1821

船网工具控制指标属于行政审批事项清单所列事项,当事人就此指标借用达成的协议,违反《行政许可法》规定,应认定无效

关键词 | 船网工具控制指标 | 行政审批 | 行政许可 |

【最高人民法院裁判文书】

谭学峰与刘伟等船舶建造合同纠纷案[最高人民法院(2015)民申字第903号民事裁定书]

最高人民法院认为:本案为船舶建造合同纠纷。根据谭学峰的再审申请,本案再审审查主要涉及如下法律问题:(1)涉案准造证协议是否因违反法律强制性规定而认定无效;(2)二审法院未就涉案准造证协议是否有效进行审理,径行判决认定该协议无效是否剥夺当事人的诉讼权利。

关于涉案准造证协议是否无效的问题。依据《渔业法》第二十三条规定,“国家对捕捞业实行捕捞许可证制度。到中华人民共和国与有关国家缔结的协定确定的共同管理的渔区或者公海从事捕捞作业的捕捞许可证,由国务院渔业行政主管部门批准发放。海洋大型拖网、围网作业的捕捞许可证,由省、自治区、直辖市人民政府渔业行政主管部门批准发放。其他作业的捕捞许可证,由县级以上地方人民政府渔业行政主管部门批准发放;但是,批准发放海洋作业的捕捞许可证不得超过国家下达的船网工具控制指标,具体办法由省、自治区、直辖市人民政府规定。捕捞许可证不得买卖、出租和以其他形式转让,不得涂改、伪造、变造。到他国管辖海域从事捕捞作业的,应当经国务院渔业行政主管部门批准,并遵守中华人民共和国缔结的或者参加的有关条约、协定和有关国家的法律”。依据《渔业法实施细则》第十七条规定,“有下列情形之一的,不得发放捕捞许可证:(一)使用破坏渔业资源、被明令禁止使用的渔具或者捕捞方法的;(二)未按国家规定办理批准手续,制造、更新改造、购置或者进口捕捞渔船的;(三)未按国家规定领取渔业船舶证书、航行签证簿、职务船员证书、船舶户口簿、渔民证等证件的”。依据《渔业捕捞许可管理规定》(2013年12月31日农业部令2013年第5号修订)第三条规定,“国家对捕捞业实行船网工具控制指标管理,实行捕捞许可证制度和捕捞限额制度”。第八条规定,“农业部报国务院批准后,向有关省、自治区、直辖市下达海洋捕捞业船网工具控制指标。地方各级渔业行政主管部门控制本行政区域内捕捞渔船的数量、功率,不得超过国家下达的船网工具控制指标,具体办法由省、自治区、直辖市人民政府规定,送农业部备案。内陆水域捕捞业的船网工具控制指标和管理办法,由省、自治区、直辖市人民政府规定”。第九条规定,“制造、更新改造、购置、进口海洋捕捞渔船,必须经本规定第十一条和第十二条规定的审批权主管机关批准，由主管机关在国家下达的船网工具控制指标内核定船网工具指标”。依据上述规定，国家出于保护渔业资源的角度，对海洋渔业捕捞实施许可制度，通过对船网工具控制指标的管理，对捕捞渔船的制造、购置、进口进行监管，从而有效控制渔船的规模和数量。依据农业部向社会公开发布的信息，船网工具控制指标属于农业部行政审批事项清单所列事项，属于行政许可事项。案涉当事人就船网工具控制指标借用达成协议，违反了《行政许可法》第九条的规定，依法应认定无效。二审判决适用法律正确，判决结果并无不当，谭学峰的再审申请理由不能成立。

——中国裁判文书网，http://wenshu.court.gov.cn。

1822

单纯合同履行利益原则上应根据《合同法》保护，不应支持当事人寻求侵权责任救济

关键词 | 合同履行利益 | 合同法保护 | 侵权救济 |

【最高人民法院裁判文书】

瓦锡兰芬兰有限公司、西特福船运公司与荣成市西霞口船业有限公司等船舶设备买卖侵权纠纷申请再审案［最高人民法院（2016）最高法民再16号民事判决书］

最高人民法院认为：（四）关于侵权责任与损失的认定。

西霞口船业与瓦锡兰公司在涉案主机供货合同中具体约定了主机等设备的技术规范、设备部件保修（修理和更换）、违约责任与赔偿范围、纠纷解决方式、处理纠纷的准据法等。瓦锡兰公司在履行合同过程中向西霞口船业提供含有二手翻新旧曲轴和其他部分旧部件的主机，但未发现主机存在不良技术性能，由此引起的纠纷涉及瓦锡兰公司是否可以按合同约定提供含有部分旧部件的主机、是否应当更换整个主机还是仅应更换旧曲轴等部分旧部件以及是否必须更换旧曲轴、如何承担责任等问题，均属于双方合同约定的范围。合同双方当事人应当遵守合同约定，全面履行合同，根据合同约定处理合同争议，西霞口船业不能只要求供应商按照合同约定提供主机，而不按照合同约定处理主机或者其零部件

瑕疵的保修问题，涉案主机修理或者更换也需要根据合同约定来处理。西霞口船业请求瓦锡兰公司“按合同约定提供同样的主发动机、推进系统一台套”，这明显是基于合同约定提出的请求。西霞口船业请求赔偿主机更换费用、船舶贬值与维持费用等损失，也分别是基于其请求按合同约定提供同样主发动机而进一步主张的费用、基于其所称瓦锡兰公司提供旧主机的瑕疵给付而产生的额外费用和可得利益损失，均属于违约损失（合同履行利益）的范畴，在性质上属于合同债权。尽管瓦锡兰公司在履行合同过程中存在故意提供旧主机之嫌，西霞口船业诉请的给付属合同履行利益的性质并不由此改变。本案没有证据表明瓦锡兰公司提供旧主机使西霞口船业遭受合同履行本身及可得利益等合同债权之外的损害。

《侵权责任法》第二条规定：“侵害民事权益，应当依照本法承担侵权责任。本法所称民事权益，包括生命权、健康权、姓名权、名誉权、荣誉权、肖像权、隐私权、婚姻自主权、监护权、所有权、用益物权、担保物权、著作权、专利权、商标专用权、发现权、股权、继承权等人身、财产权益。”《侵权责任法》并没有将合同债权列入该法保护范围，亦即侵权责任法不调整违约行为。除非合同一方当事人的行为违反合同约定，又同时侵害侵权责任法所保护的民事权益，构成违约责任与侵权责任竞合，合同对方当事人无权针对一方的违约行为提起侵权责任之诉。合同相对人之间单纯的合同债权属于合同法调整范围，而不属于侵权责任法调整范围。对于单纯合同履行利益，原则上应坚持根据合同法保护，而不应支持当事人寻求侵权责任救济。西霞口船业就其合同履行利益损失请求合同相对方瓦锡兰公司承担侵权责任，一、二审法院予以支持，没有法律依据，应予以纠正。鉴于西霞口船业提出的侵权损害赔偿请求没有法律依据，本院对其主张的各项损失不再予以分析认定。

——中国裁判文书网，http://wenshu. court. gov. cn。

瓦锡兰芬兰有限公司（WartsilaFinlandOy）、西特福船运公司（Spliethoff`sBevrachtingskantoorB. V.）与荣成市西霞口船业有限公司、颖勤发动机（上海）有限公司船舶设备买卖侵权纠纷案

【典型意义】

本案是一起船舶设备买卖侵权纠纷案，涉及中国、荷兰、芬兰等“一带一路”沿线国家。本案围绕“一带一路”建设大局依法公正审理，为人民法院发挥服务保障职能发挥示范指导作用。第一，本案通过严格贯彻平等保护原则，确保中国海事司法的国际公信力。最高人民法院在本案的审理中,依法采纳采信证据,认定事实,准确阐释法律,遵循“三段论”推理方式逐一说理论证,发现原审判决认定的基本事实缺乏证据证明、适用法律错误,果断予以纠正,不因当事人国籍而有所偏倚。第二,根据证据推理论证,充分体现了证据裁判原则。再审判决依法分配举证责任,严格依照证据裁判规则,充分考虑船舶建造委托方普遍指定船舶主机之国际海事海商交易实践,认定本案有关证据仅能证明西特福公司坚持选用瓦锡兰公司生产的发动机、案涉发动机为二手翻新主机以及瓦锡兰公司知情或者应当知情三个相对孤立的事实,并不能形成证明瓦锡兰公司与西特福公司存在恶意串通的证据锁链。第三,准确阐释侵权责任法原则上不调整合同债权这一法律原则,起到规范裁判尺度的作用。合同债权作为一种重要的民事权利,《侵权责任法》第二条并没有将其明确列入该法保护范围,表明侵权责任法不调整违约责任。合同法的基本价值是私法自治,允许合同当事人在不违反法律强制规定的前提下自由约定责任承担、权利救济等权利义务关系。侵权责任法是保护合同债权以外的民事权益的强行法,如果将侵权责任法随意拓展适用于合同债权,准许合同当事人以侵权责任之诉规避合同的有效约定而使合同形同虚设,势必损害私法自治的实现,混淆侵权责任法与合同法的规范体系,削弱当事人对权利义务的可预期性。再审判决明确单纯合同履行利益原则上应坚持根据合同法保护,而不应支持当事人寻求侵权责任救济,具有法律和法理依据。

——《2016 年十大典型海事案例》(2017 年 4 月 28 日),载最高人民法院网,http://www.court.gov.cn。

(四)海上保险合同纠纷

1823

预约保险合同不具备《海商法》规定的海上保险合同的全部内容,不能直接产生保险合同义务

关键词 | 预约保险 | 海上保险合同 |

【最高人民法院答复】

辽宁省高级人民法院：

你院〔2001〕辽经一终字第13号请示报告收悉，经研究，答复如下：

本案中预约保险合同是当事人就长期货物运输保险达成的一种协议。投保人长春大成玉米开发有限公司（以下简称大成公司）依据该协议向中国人民保险公司吉林省分公司投保，保险公司在协议约定的期限内不得拒绝投保人大成公司的投保，投保人大成公司也要在协议约定的期限内将其出运的货物全部在保险公司投保，这应是预约保险合同的对等义务，但预约保险合同不具备我国《海商法》第二百一十七条规定的海上保险合同的全部内容，故其不能直接产生保险合同义务，大成公司不能据此向保险公司主张保险权益。

本案中，大成公司向保险公司投保时，已经知道四份保险单项下货物全部随船沉没，货损事故已经发生。同意你院审判委员会多数人意见，根据我国《海商法》第二百二十四条的规定，保险公司不应承担保险赔偿责任。

此复。

——《最高人民法院关于长春大成玉米开发公司与中国人民保险公司吉林省分公司海上保险合同纠纷一案的请示的复函》（2001年11月7日，〔2001〕民四他字第25号）

1824

未领取进口许可证并不影响海上货物运输保险合同的效力

关键词｜海上货物运输保险合同｜进口许可证｜合同效力｜

【最高人民法院审判业务意见】

《保险法》第十二条第二款及第六款原则性规定：财产保险的被保险人在保险事故发生时，对保险标的应当具有保险利益；保险利益是指投保人或者被保险人对保险标的具有的法律上承认的利益。对于应依法申领进口许可证后方可进口的货物，当事人没有领取进口许可证是否影响其保险利益，进而影响保险合同的效力，曾是一个长期争论的问题。在（2009）民提字第1号智得国际贸易有限公司(以下简称智得公司)与中国人民财产保险股份有限公司广州市分公司(以下简称广州人保)、潮安文祠殷发五金制品厂有限公司(以下简称潮安公司)海运货物保险合同纠纷案中,这一问题得到了明确回答。

在该案中,智得公司以单价每吨 278 美元(CNF FO CQD 中国汕头)向潮安公司出售从俄罗斯进口的钢材,潮安公司为该批货物向广州人保投保了平安险。涉案货物的两套提单均载明:货物(净重共 8988.69 吨)于 1996 年 12 月 30 日清洁装船,承运船舶"SUN RICH N3",装港 NAHODKA(俄罗斯港口),卸港中国汕头,托运人 NTRACOM GM BH,收货人"凭中国银行潮州分行指示"。该两套提单经 NTRACOM GM BH、潮安公司、智得公司空白背书。潮安公司曾申请中国银行潮州分行为货物价款开出以智得公司为受益人的信用证,但国外银行未提交信用证下的单据,中国银行潮州分行没有付款,也没有对提单进行背书。"SUN R ICH N 3"轮在开往汕头港途中货舱进水,于 1997 年 1 月 8 日沉没。潮安公司没有支付货款,于 1997 年 4 月 25 日向智得公司出具权益转让证书,将涉案保险单项下一切权利和义务转让给智得公司。智得公司、潮安公司向广州人保索赔未果,向广州海事法院起诉。诉讼中,潮安公司、智得公司没有提供涉案钢材的进口许可证。

广州海事法院一审认为,潮安公司作为货物买方承担货物运输中的风险,对投保的货物具有保险利益,潮安公司与广州人保签订的保险合同合法有效。涉案货物的提单已经托运人背书,虽然提单的转让未经记名指示人潮州银行背书,但并不能否定潮安公司已经持有提单并对提单项下的货物具有保险利益的事实。本案保险标的的损失就是潮安公司的损失;至于货款是否支付,属于贸易合同而非保险合同的范畴,保险合同下被保险人的损失不能以贸易合同项下的货款是否支付来衡量。沉船导致货物全损,属平安险的责任范围,广州人保应当承担赔偿责任。一审判决:广州人保向智得公司赔偿 2498855.82 美元及其利息。

广州人保不服一审判决提起上诉,广东省高级人民法院经审理认为:本案所涉保险标的是进口钢材,属核定公司经营的商品,是国家限制进口的货物,根据《对外贸易法》第九条和第十九条的规定,应由核定经营的公司进口或申领进口许可证后方可进口。潮安公司并非是核定经营钢材进出口的公司,没有领取进口许可证,所进口的钢材是不合法的,潮安公司对此不可能享有法律上承认的利益,并无保险利益可言,其与广州人保所签订的保险合同依法应认定无效。潮安公司没有支付货款,没有实际损失,其无权索赔。二审判决:撤销一审判决;驳回智得公司、潮安公司的诉讼请求。

智得公司不服二审判决向最高人民法院申请再审，最高人民法院提审后经审理认为：尽管潮安公司无进口许可证进口钢材违反了《对外贸易法》的规定，但保险合同与买卖合同属于两个不同的法律关系，受不同的法律调整；潮安公司违反法律规定进口货物，并不必然导致其签订的货物运输保险合同无效；原审判决混淆了保险法律关系和外贸管理法律关系，认定涉案保险合同无效，属于适用法律错误；潮安公司无进口许可证并不影响保险合同的效力。

——万鄂湘、陆效龙、余晓汉：《最高人民法院 2009 年海事海商综述》，载《环球法律评论》2010 年第 5 期。

1825

当事人实际承担了海上货物运输途中的风险与损失，与货物具有法律上利害关系，对货物具有保险利益

关键词 | 海上货物运输 | 保险利益 |

【最高人民法院答复】

山东省高级人民法院：

你院〔2012〕鲁民四终字第 7 号《关于济宁九龙国际贸易有限公司与永安财产保险股份有限公司济宁中心支公司海上保险合同纠纷一案的请示》收悉。

经研究，同意你院审判委员会认为济宁九龙国际贸易有限公司（以下简称九龙公司）具有保险利益的少数意见。理由如下：依照《保险法》（2002 年）第十二条第三款的规定，保险利益是指投保人对保险标的具有的法律上承认的利益。只要投保人对保险标的具有法律上的经济利害关系，即可认定其具有保险利益。虽然九龙公司与国外买方口头约定货物出口的价款条件为 FOB，但涉案货物买卖双方并没有严格按照 FOB 价格条件履行，主要表现为：货物运输险实际由卖方九龙公司投保；货物在运输途中发生损失后，九龙公司接受国外买方从货款中扣除货物损失，即实际承担了货物运输途中的损失。涉案货物买卖双方的实际履行表明其已经变更了 FOB 价格条件下由买方投保运输险和货物在装运港越过船舷后风险转移给买方的做法。九龙公司实际承担了货物运输途中的风险与损失，与获物具有法律上经济利害关系，因此应当认

定其对货物具有保险利益。

至于保险人永安财产保险股份有限公司济宁中心支公司最终是否应当承担保险赔付责任,请你院在查明事实后依法认定。

此复。

——《最高人民法院关于济宁九龙国际贸易有限公司与永安财产保险股份有限公司济宁中心支公司海上保险合同纠纷一案的请示的复函》(2012年11月9日,〔2012〕民四他字第44号)

编者说明

山东省高级人民法院于2013年3月14日作出(2012)鲁民四终字第7号民事判决,认为:依照《保险法》的规定,保险利益是指投保人对保险标的具有的法律上承认的利益。只要投保人对保险标的具有法律上的经济利害关系,即可认定其具有保险利益。虽然国内卖方与国外买方口头约定货物出口的价款条件为FOB,但涉案货物买卖双方并没有严格按照FOB价格条件履行,主要表现为:货物运输险实际由卖方投保;货物在运输途中发生损失后,国内卖方接受国外买方从货款中扣除货物损失,即实际承担了货物运输途中的损失。涉案货物买卖双方的实际履行表明其已经变更了FOB价格条件下由买方投保运输险和货物在装运港越过船舷后风险转移给买方的做法。国内卖方实际承担了货物运输途中的风险与损失,与货物具有法律上经济利害关系,因此应当认定其对货物具有保险利益。①

1826

对于保险条款的理解发生争议的,应当按照通常理解予以解释

关键词|保险条款|合同解释|

【最高人民法院裁判文书】

王三巨与中国人民财产保险股份有限公司肇庆市分公司海上、通海水域保险合同纠纷申请再审案[最高人民法院(2015)民申字第129号民事裁定书]

最高人民法院认为:本案系通海水域保险合同纠纷。根据王三巨的再审申

① 余晓汉:《最高人民法院民四庭2012年涉外商事海事审判综述》,载江必新、贺荣主编,最高人民法院民事审判第四庭编:《涉外商事海事审判指导》总第27辑,人民法院出版社2014年版,第181页。

请理由，本案争议焦点为：因船舶触碰而受损的海尾水文站观测房、引桥及观测设备是否属于涉案保险条款约定的“码头”。

依据《保险法》第三十条的规定，对于保险条款的理解发生争议的，应当按照通常理解予以解释。在日常生活或实际工作中所使用的权威性字典辞海以及专业工具书关于某一特定单字或词组的解释可作为通常理解之参考。商务印书馆出版的《新华字典》将码头一词解释为港口中供船舶系靠、装卸货物和上下旅客的水上建筑物。人民交通出版社出版的专业工具书《海商法大辞典》则将码头定义为供船舶停靠、装卸货物或上下旅客、船舶补给、检疫的水上建筑物，包括同其配套的仓库、堆场、候船厅、装卸设备、道路、铁路等。据此，码头按通常理解系指水上建筑设施的集合体，其主要功能在于供船载旅客上下船舶或船载货物的装卸。广义上讲，码头建筑物及配套设施均属于码头的范围。本案中船舶触碰的标的物系海尾水文站的观测房、引桥及观测设备，属于《水文条例》规定的水文监测设施。其主要功能在于收集水文监测资料，对江河、湖泊等水文情况实施监测，显然并非用于船载旅客的上下及货物的装卸，不具备码头的基本功能。因此无论依据所谓广义码头或狭义码头的概念，王三巨关于涉案观测房、引桥及观测设备属于码头的主张均不能成立。此外，按照水文条例的规定，水文监测设施包括水文站房、水文缆道、测船、测船码头、监测场地、监测井、监测标志、专用道路、仪器设备、水文通信设施以及附属设施。测船、测船码头作为水文监测设施，与观测房均属于水文测站的组成部分，并不存在王三巨所称的水文测验码头。依据一、二审查明的事实，受损的水工建筑物系作为水文测站组成部分的观测房、引桥及观测设备，并不包括测船码头设施。一、二审据此认定受损标的物并非保险条款约定的码头，判定人保肇庆分公司对涉案触碰事故不承担保险赔偿责任并无不当。

——中国裁判文书网，http://wenshu. court. gov. cn。

1827

保险事故是否属“一切险”承保范围，应审查保险条款关于“一切险”的具体规定，确定其属于列明式还是概括式条款

关键词｜一切险｜承保范围｜

【最高人民法院审判业务意见】

关于“一切险”条款的理解，在海事审判实践中长期存在两项争议：一是“一切险”的承保风险是否为列明风险；二是当保险合同双方当事人一旦对条款理解不一致时，是否应当一概作出对保险人不利的解释。在（2009）民申字第572号奉化市顶盛船务有限公司（以下简称“顶盛公司”）与中国人民财产保险股份有限公司宁波分公司（以下简称“人保宁波公司”）保险合同纠纷案中，这一问题得到了明确回答。

该案中，顶盛公司就其所属的船舶“顶盛11”轮向人保宁波公司投保，投保单中特别约定“碰撞、触碰责任以条款为准”。人保宁波公司签发了沿海内河船舶保险单，保险险别为沿海内河船舶一切险附加船东对船员责任险。保险条款“一切险”将“碰撞、触碰责任”规定为：本公司承保的保险船舶在可航水域碰撞其他船舶或触碰码头、港口设施、航标，致使上述物体发生的直接损失和费用，包括被碰撞船舶上所载货物的直接损失，依法应当由被保险人承担的赔偿责任。保险条款“除外责任”规定：桥的损失和费用属于除外责任。2005年12月2日，“顶盛11”轮在行驶过程中为避让一小船，触碰了苏通大桥临时墩，造成临时墩严重损失。顶盛公司赔偿临时墩的损失后，向人保宁波公司索赔遭拒，遂向武汉海事法院提起诉讼。

武汉海事法院一审认为：双方对船舶触碰范围的列举是否穷尽理解不同，属于对保险条款如何解释的问题，应当作出不利于提供格式条款一方的解释，即本案事故造成的损失及责任属于一切险承保范围。人保宁波公司主张本案事故造成的损失属于除外责任，且其已对除外责任条款进行了明确说明。但本案除外责任条款仅包括桥的损失和费用，未明确界定大桥临时墩损失的性质，且人保宁波公司无法证明其对除外责任条款进行了明确说明。因此，该条款在本案中不产生效力。一审判决：人保宁波公司赔付顶盛公司损失561万元及利息。

人保宁波公司不服一审判决，提起上诉。湖北省高级人民法院二审认为：保险条款以列举方式规定了保险人的赔偿责任。本案保险船舶触碰的是桥墩，不属于保险责任范围。本案当事人争议的焦点是涉案事故是否属于保险人赔偿范围，而不是涉案事故是否属保险人责任免除条款的内容，故人保宁波公司在本案争议的问题中没有“明确说明”的义务。故二审判决：撤销一审判决；驳回顶盛公司的诉讼请求。

顶盛公司不服二审判决,向最高人民法院申请再审。最高人民法院经审查认为:本案所涉“沿海、内河船舶保险条款”对触碰责任的范围作了列明式的规定,保险人对触碰责任的承保范围仅限于“触碰码头、港口设施、航标”,致使上述物体发生的直接损失和费用。故本案“一切险”的承保风险应当为列明风险,未在保险条款中列明的风险不属于人保宁波公司的承保范围。顶盛公司签署的投保单中特别约定“碰撞、触碰责任以条款为准”,说明顶盛公司已知悉有关保险条款,人保宁波公司对保险条款已尽到一般性说明义务。本案事故不属于保险责任范围,人保宁波公司无须承担赔付责任。最高人民法院裁定驳回顶盛公司的再审申请。

本案主要涉及对保险条款中“一切险”的理解问题。审查保险事故是否属于“一切险”的承保范围,首先应当审查保险条款关于“一切险”的具体规定,以确定其属于列明式条款还是概括式条款。如果属于列明式条款,则未在保险条款中列明的风险不属于保险责任范围,不必再审查保险事故是否属于除外责任;只有当保险事故属于保险责任范围时,才有必要审查除外责任条款是否有效,以及保险事故是否属于除外责任条款规定的情形。

——万鄂湘、陆效龙、余晓汉:《最高人民法院 2009 年海事海商综述》,载《环球法律评论》2010 年第 5 期。

1828

保险合同约定保险责任期间至船舶停靠卸货泊位时即终止的条款按照一般理解不存在歧义，不属于格式条款

关键词｜保险合同｜格式条款｜

【最高人民法院裁判文书】

中国人民财产保险股份有限公司上海市分公司与自然环保集团(私人)有限公司等海上保险合同纠纷案[最高人民法院(2015)民申字第 3479 号民事裁定书]

最高人民法院认为:关于保险责任期间问题。根据协会 A 条款 8.1.1 项,本案保险责任期间终止于“在保险合同载明的目的地从运输车辆或其他运输工具全部卸到最后仓库或存储处所”。涉案保险合同标的物在合同约定的目的港并未卸货,始终没有被“卸到最后仓库或存储处所”。即被保险人在保险条款约

定的保险责任期间终止前,遭受了保险条款约定的承保风险。二审判决认定本案损失发生在保险责任期间内,并无不当。

——中国裁判文书网,http://wenshu.court.gov.cn。

南京恒兴船务有限公司与中国人民财产保险股份有限公司沧州市运河支公司浮阳营业部海上、通海水域保险合同纠纷申请再审案[最高人民法院(2015)民申字第137号民事裁定书]

最高人民法院认为:本案争议焦点是,二审判决认定涉案货损发生在保险责任期间终止之后,是否具有合同及法律依据。

双方当事人就涉案保险合同先后签订了《国内货物运输预约保险协议书》和《补充协议》,《补充协议》应视为对《国内货物运输预约保险协议书》的变更与补充。当二者约定不一致时,应以《补充协议》的约定为准。《国内货物运输预约保险协议书》约定适用的《国内水路货物运输综合险条款》第十一条规定了"责任起讫",但《补充协议》又在其中第三条对"责任起讫"重新作出了约定。当《补充协议》责任起讫条款与《国内货物运输预约保险协议书》不一致时,二审判决依据《补充协议》中的责任起讫条款认定涉案货物保险责任期间,事实及法律依据充分。

涉案《补充协议》第三条是关于保险责任起讫时间的约定,其中的括号部分是对起讫时间作出的进一步说明,不属于《保险法》第十七条第二款中规定的免除保险人责任的条款。恒兴船务公司主张应依据《保险法》第十七条认定该条款无效,没有事实与法律依据。

《补充协议》第三条对保险责任期间的起讫作出了明确约定:"保险责任从载货船舶驶离起运港时起至到达目的港卸货泊位停靠为止",结合当事人在随后括号中的进一步说明"装船和卸船过程中造成的货损不属于保险责任",涉案保险合同约定的保险责任期间至船舶停靠卸货泊位时即终止。该条款既不属于格式条款,按照一般理解也不存在歧义,恒兴船务公司关于应对《补充协议》第三条作出有利于恒兴船务公司解释的主张,没有事实及法律依据。

恒兴船务公司申请再审时还主张二审判决适用《海商法》第四十八条,确定卸载属于恒兴船务公司的义务,适用法律错误。涉案货物运输从辽宁大连港运至广东揭阳红东码头,为我国沿海港口间的运输,不属于《海商法》第四章的调整范围。二审判决依据《海商法》第四十八条论证承运人义务,确有不当。但本案为保险合同纠纷而非运输合同纠纷,二审判决引用前述第四十八条只是为解释保险责任起讫条款提供旁证，此项瑕疵不影响本案保险合同纠纷的处理结果。

——中国裁判文书网，http://wenshu.court.gov.cn。

1829

保险合同中有关“一切险”的格式条款的解释

关键词｜一切险｜格式条款｜

【最高人民法院答复】

山东省高级人民法院：

你院鲁高法函〔2002〕24号《关于中国人民保险公司青岛市分公司与巴拿马浮山航运有限公司船舶保险合同纠纷一案的请示》收悉。经研究，答复如下：

关于巴拿马浮山航运有限公司所属的“浮山”轮与“继承者”轮在青岛主航道发生的无接触碰撞是否属于船舶碰撞的问题，根据最高人民法院法发〔1995〕17号《船舶碰撞触碰赔偿规定》第十六条的规定，船舶碰撞包括两艘或者两艘以上船舶之间发生接触或者无接触的碰撞。“浮山轮”投保了“一切险”，船舶保险条款属于格式条款，该条款第一条订明的碰撞责任包括因被保险船舶与其他船舶碰撞而引起被保险人应负的法律赔偿责任，订立船舶保险合同时保险人并未向被保险人明示船舶碰撞排除无接触碰撞。根据诚信原则和《合同法》第四十一条的规定，对格式条款有两种以上解释的，应当作出不利于提供格式条款一方的解释。因此，本案船舶保险条款所指碰撞应当包括无接触碰撞。

此复。

——《最高人民法院关于中国人民保险公司青岛市分公司与巴拿马浮山航运有限公司船舶保险合同纠纷一案的复函》（2002年12月25日，〔2002〕民四他字第12号）

【最高人民法院审判业务意见】

在(2009)民申字第572号奉化市顶盛船务有限公司(以下简称“顶盛公司”)

与中国人民财产保险股份有限公司宁波分公司(以下简称“人保宁波公司”)保险合同纠纷案中,最高人民法院认为,本案另一个争议焦点是如何理解格式条款“有两种以上解释”的问题。本案当事人对保险条款是否已经穷尽船舶触碰范围有不同的理解。一审法院认为,保险合同系格式合同,此种情形属于对格式条款“有两种以上解释”,应当作出不利于提供格式条款一方的解释,即涉案保险条款未穷尽船舶触碰的范围。这一理解并不正确。《合同法》第四十一条规定,对格式条款的理解发生争议的,应当按照通常理解予以解释;对格式条款有两种以上解释的,应当作出不利于提供格式条款一方的解释。因此,认定格式条款“有两种以上解释”,应当是按照一般人通常的理解,存在两种以上可能的解释,而不是双方当事人存在不同理解就可认定为存在两种以上的解释。本案保险条款明确列明承保范围内的船舶触碰对象为“码头、港口设施、航标”,并未作概括性规定,故按照通常理解,触碰对象只限于上述三种,不存在两种以上的解释。

对格式条款的解释,立法上有一个不断完善的过程,司法实践应予以足够重视。2002 年修订的《保险法》第三十一条规定:对于保险合同的条款,保险人与投保人、被保险人或者受益人有争议时,人民法院或者仲裁机关应当作有利于被保险人和受益人的解释。从该条文字表面看,只要保险人和被保险人对保险条款的理解存在争议,就要作出对保险人不利的解释。但这种认识与《合同法》第四十一条的规定并不一致,在实践中也未得到广泛认同。2009 年修订的《保险法》第三十条已作了相应的修改:采用保险人提供的格式条款订立的保险合同,保险人与投保人、被保险人或者受益人对合同条款有争议的,应当按照通常理解予以解释;对合同条款有两种以上解释的,人民法院或者仲裁机构应当作出有利于被保险人和受益人的解释。本案的审理是对该立法动向的生动诠释。

——万鄂湘、陆效龙、余晓汉:《最高人民法院 2009 年海事海商综述》,载《环球法律评论》2010 年第 5 期。

1830

海上货物运输保险合同中的“一切险”,除平安险和水渍险的各项责任外,还包括被保险货物在运输途中由于外来原因所致的全部或部分损失

关键词 | 海上货物运输保险合同 | 一切险 |

【最高人民法院指导性案例】

海南丰海粮油工业有限公司诉中国人民财产保险股份有限公司海南省分公司海上货物运输保险合同纠纷案(最高人民法院指导案例52号)

裁判要点:海上货物运输保险合同中的"一切险",除包括平安险和水渍险的各项责任外,还包括被保险货物在运输途中由于外来原因所致的全部或部分损失。在被保险人不存在故意或者过失的情况下,由于相关保险合同中除外责任条款所列明情形之外的其他原因,造成被保险货物损失的,可以认定属于导致被保险货物损失的"外来原因",保险人应当承担运输途中由该外来原因所致的一切损失。

最高人民法院认为:根据涉案"海洋运输货物保险条款"的规定,一切险除了包括平安险、水渍险的各项责任外,还负责被保险货物在运输过程中由于各种外来原因所造成的损失。同时保险条款中还明确列明了五种除外责任,即:①被保险人的故意行为或过失所造成的损失;②属于发货人责任所引起的损失;③在保险责任开始前,被保险货物已存在的品质不良或数量短差所造成的损失;④被保险货物的自然损耗、本质缺陷、特性以及市价跌落、运输迟延所引起的损失;⑤本公司海洋运输货物战争险条款和货物运输罢工险条款规定的责任范围和除外责任。从上述保险条款的规定看,海洋运输货物保险条款中的一切险条款具有如下特点:

1. 一切险并非列明风险,而是非列明风险。在海洋运输货物保险条款中,平安险、水渍险为列明的风险,而一切险则为平安险、水渍险再加上未列明的运输途中由于外来原因造成的保险标的的损失。

2. 保险标的的损失必须是外来原因造成的。被保险人在向保险人要求保险赔偿时,必须证明保险标的的损失是因为运输途中外来原因引起的。外来原因可以是自然原因,亦可以是人为的意外事故。但是一切险承保的风险具有不确定性,要求是不能确定的、意外的、无法列举的承保风险。对于那些预期的、确定的、正常的危险,则不属于外来原因的责任范围。

3. 外来原因应当限于运输途中发生的,排除了运输发生以前和运输结束后发生的事故。只要被保险人证明损失并非因其自身原因,而是由于运输途中的意外事故造成的,保险人就应当承担保险赔偿责任。

根据保险法的规定,保险合同中规定有关于保险人责任免除条款的,保险人在订立合同时应当向投保人明确说明,未明确说明的,该条款仍然不能产生效力。据此,保险条款中列明的除外责任虽然不在保险人赔偿之列,但是应当以签订保险合同时,保险人已将除外责任条款明确告知被保险人为前提。否则,该除外责任条款不能约束被保险人。

关于中国人民银行的复函意见。在保监委成立之前,中国人民银行系保险行业的行政主管机关。1997 年 5 月 1 日,中国人民银行致中国人民保险公司《关于〈海洋运输货物保险"一切险"条款解释的请示〉的复函》中,认为一切险承保的范围是平安险、水渍险及被保险货物在运输途中由于外来原因所致的全部或部分损失。并且进一步提出:外来原因仅指偷窃、提货不着、淡水雨淋等。1998 年 11 月 27 日,中国人民银行在对《中保财产保险有限公司关于海洋运输货物保险条款解释》的复函中,再次明确一切险的责任范围包括平安险、水渍险及被保险货物在运输途中由于外来原因所致的全部或部分损失。其中外来原因所致的全部或部分损失是指 11 种一般附加险。鉴于中国人民银行的上述复函不是法律法规,亦不属于行政规章。根据《立法法》的规定,国务院各部、委员会、中国人民银行、国家审计署以及具有行政管理职能的直属机构,可以根据法律和国务院的行政法规、决定、命令,在本部门的权限范围内,制定规章;部门规章规定的事项应当属于执行法律或者国务院的行政法规、决定、命令的事项。因此,保险条款亦不在职能部门有权制定的规章范围之内,故中国人民银行对保险条款的解释不能作为约束被保险人的依据。另外,中国人民银行关于一切险的复函属于对保险合同条款的解释。而对于平等主体之间签订的保险合同,依法只有人民法院和仲裁机构才有权作出约束当事人的解释。为此,上述复函不能约束被保险人。要使该复函所做解释成为约束被保险人的合同条款,只能是将其作为保险合同的内容附在保险单中。之所以产生中国人民保险公司向主管机关请示一切险的责任范围,主管机关对此作出答复,恰恰说明对于一切险的理解存在争议。而依据《保险法》第三十一条的规定,对于保险合同的条款,保险人与投保人、被保险人或者受益人有争议时,人民法院或者仲裁机关应当作有利于被保险人和受益人的解释。作为行业主管机关作出对本行业有利的解释,不能适用于非本行业的合同当事人。

——《最高人民法院关于发布第十批指导性案例的通知》(2015 年 4 月 15 日,法〔2015〕85 号)

【最高人民法院答复】

湖北省高级人民法院：

你院鄂高法〔2007〕115号《关于大众保险股份有限公司苏州中心支公司、大众保险股份有限公司与苏州浙申实业有限公司海上货物运输保险合同案适用法律问题的请示》收悉。

经研究认为：根据你院查明的事实，大众保险股份有限公司蒙族中心支公司与苏州浙申实业有限公司之间的海上货物运输保险合同合法有效，双方的权利义务应当受保险单及所附保险条款的约束。依照本案"海洋运输货物保险条款"的规定，一切险平安险和水渍险的各项责任外，还包括被保险货物在运输途中由于外来原因所致的全部或部分损失。保险条款中还列明了保险人不负赔偿责任的五项除外责任条款。因此，"一切险"的承保风险应当为非列明风险，如保险标的的损失系运输途中的外来原因所致，且无证据证明该损失属于保险条款规定的除外责任之列，则应当认定保险事故属于一切险的责任范围。同意你院倾向性意见的处理意见。

——《最高人民法院关于大众保险股份有限公司苏州中心支公司、大众保险股份有限公司与苏州浙申实业有限公司海上货物运输保险合同案适用法律问题的请示的复函》（2007年7月24日，〔2007〕民四他字第8号）

【《最高人民法院公报》案例】

海南丰海粮油工业有限公司与中国人民财产保险股份有限公司海南省分公司海运货物保险合同纠纷上诉案［最高人民法院（2003）民四提字第5号民事判决书］

裁判摘要：保险单是典型的格式合同。保险人作为提供格式合同的一方，应当遵循公平原则确定合同的权利和义务，并采取合理方式提请对方注意免除保险人责任的条款，否则该免责条款无效。

在海上运输货物保险合同中，"海洋运输货物保险条款"规定的一切险，除包括平安险和水渍险的各项责任外，还包括被保险货物在运输途中由于外来原因所致的全部或部分损失。在不存在被保险人故意或者过失的情况下，除非被保险货物的损失属于保险合同规定的保险人的除外责任，保险人应当承担运输途中外来原因所致的一切损失。

最高人民法院认为:本案为国际海上运输货物保险合同纠纷,被保险人、保险货物的目的港等均在中华人民共和国境内,原审以中华人民共和国法律作为解决本案纠纷的准据法正确,双方当事人亦无异议。

丰海公司与海南人保之间订立的保险合同合法有效,双方的权利义务应受保险单及所附保险条款的约束。本案保险标的已经发生实际全损,对此发货人丰益公司没有过错,亦无证据证明被保险人丰海公司存在故意或过失。保险标的的损失是由于"哈卡"轮船东 BBS 公司与期租船人之间的租金纠纷,将船载货物运走销售和走私行为造成的。本案争议的焦点在于如何理解涉案保险条款中一切险的责任范围。

依本案"海洋运输货物保险条款"的规定,一切险"除包括上列平安险和水渍险的各项责任外,本保险还负责被保险货物在运输途中由于外来原因所致的全部或部分损失"。保险条款中还列明了五项保险人的除外责任条款,即:①被保险人的故意行为或过失所造成的损失;②属于发货人责任所引起的损失;③在保险责任开始前,被保险货物已存在的品质不良或数量短差所造成的损失;④被保险货物的自然损耗、本质缺陷、特性以及市价跌落、运输迟延所引起的损失;⑤本公司海洋运输货物战争险条款和货物运输罢工险条款规定的责任范围和除外责任。从本案保险条款的规定看,除前述五项除外责任的规定外,保险人应当承担包括平安险、水渍险以及被保险货物在运输过程中由于各种外来原因所造成的损失。

何谓运输过程中的"外来原因",属于对保险条款的解释。保险合同作为格式合同的一种,提供格式条款的一方应当遵循公平原则确定当事人之间的权利义务,并采取合理的方式提请对方注意免除或者限制其责任的条款,按照对方的要求,对该条款予以说明。本案中的保险条款除外责任中并不包括因承运人的非法行为将整船货物盗卖或者走私造成的保险标的的损失,海南人保亦不能证明其在签订保险合同时向丰海公司说明因承运人的非法行为将整船货物盗卖或者走私造成的损失不属于保险责任范围。因此,海南人保应当按照合同约定承担赔偿责任。原审以海南人保与丰海公司有长期的保险业务关系,在本案纠纷发生前,双方曾多次签订保险合同、海南人保还作过一切险范围内的赔付为由,认定丰海公司对本案保险合同的主要内容、免责条款及一切险的责任范围是清楚的,因此海南人保可以不承担本案的赔偿责任。这一认定在事实和法律上均无依据,应予纠正。

海南人保在原审中提供了中国人民银行给中国人民保险(集团)公司的复

函，对“一切险”条款作出解释，以证明本案事故不属于保险责任范围。本院认为，根据我国《保险法》的规定，保险人应当在订立保险合同时向投保人说明保险合同条款的内容。中国人民银行作为当时保险行业的主管机关，在涉案保险事故发生之后对保险合同条款作出的解释，不应适用于本案。且从中国人民银行的复函看，亦不能得出本案事故不属一切险责任范围的结论。

——《最高人民法院公报》2006 年第 5 期

编者说明

我国海上运输货物保险中一切险条款最早来源于英国伦敦保险协会条款。1963 年我国人民保险公司设定自己的保险条款时，基本援用了英国伦敦保险协会关于一切险的名称（ALL RISKS），后修改为综合险（英文未改变）。1981 年中国人民保险公司修订的海洋运输货物保险条款中又将综合险改回一切险，并规定一切险“除包括上列平安险和水渍险的各项责任外，本保险还负责被保险货物在运输途中由于外来原因所致的全部或部分损失”。而关于平安险、水渍险，已在保险条款中列明。所以对一切险的理解，主要问题在于何谓运输途中的外来原因。此问题应当属于对保险条款的理解，且在海上保险法理论界存在不同的观点。

最高人民法院以本案保险标的的损失不属于保险条款中规定的除外责任之列，应为收货人即被保险人丰海公司无法控制的外来原因所致为由，认定本案保险事故属一切险的责任范围，判决被保险人获得保险赔偿。应该说，最高人民法院的判决，对于海洋运输货物保险条款中一切险的理解作出最终的论断。最高人民法院对此案作出的最终判决对此类案件的审理具有指导意义。① 其后，最高人民法院也将此案作为指导性案例公布。

1831

无单放货造成的损失不属于保险理赔的责任范围

关键词 | 无单放货 | 保险范围 |

【最高人民法院司法解释】

第十一条 海上货物运输中因承运人无正本提单交付货物造成的损失不属

---

① 王淑梅、胡方：《海南丰海粮油工业有限公司与中国人民财产保险股份有限公司海南省分公司海上货物保险合同纠纷案——从“HAGAAR”轮的审判谈对海上运输货物保险中一切险条款的认识》，载万鄂湘主编、最高人民法院民事审判第四庭编：《涉外商事海事审判指导》总第 9 辑，人民法院出版社 2005 年版，第 114 ~ 117 页。

于保险人的保险责任范围。保险合同当事人另有约定的,依约定。

——《最高人民法院关于审理海上保险纠纷案件若干问题的规定》(2006年11月23日,法释〔2006〕10号)

【最高人民法院答复】

上海市高级人民法院:

你院〔2000〕沪高经终字第280号关于《中国抽纱上海进出口公司与中国太平洋保险公司上海分公司海上货物运输保险合同纠纷一案的请示》收悉。经研究,答复如下:

关于无单放货是否属于保险理赔的责任范围问题。我们认为,根据保险条款,保险条款一切险中的"提货不着"险并不是指所有的提货不着。无单放货是承运人违反凭单交货义务的行为,是其自愿承担的一种商业风险,而非货物在海运途中因外来原因所致的风险,不是保险合同约定由保险人应承保的风险;故无单放货不属于保险理赔的责任范围。

关于在承运人和保险人均有赔偿责任的情况下,保险人取得代位求偿权后,向承运人代位求偿的诉讼时效如何计算的问题。我们认为,保险人取得的代位求偿权是被保险人移转的债权,保险人取代被保险人的法律地位后,对承运人享有的权利范围不得超过被保险人;凡承运人得以对抗被保险人而享有的抗辩权同样可以对抗保险人,该抗辩权包括因诉讼时效超过而拒绝赔付的抗辩权。保险人只能在被保险人有权享有的时效期间提起诉讼,即保险人取代被保险人向承运人代位求偿的诉讼时效亦为1年,应自承运人交付或应当交付货物之日起计算。

此复。

——《最高人民法院关于中国上海抽纱进出口公司与中国太平洋保险公司上海分公司海上货物运输保险合同纠纷请示的复函》(2001年1月3日,〔2000〕交他字第8号)

1832

有效检验证书并非船舶适航的唯一要求,不能完全证明涉案船舶处于适航状态

关键词 | 检验证书 | 适航状态 | 船舶保险合同 |

【最高人民法院裁判文书】

秦皇岛市合顺船务有限公司与中国人民财产保险股份有限公司秦皇岛市分公司海上、通海水域保险合同纠纷申请再审案[最高人民法院(2016)最高法民申1395号民事裁定书]

最高人民法院认为：本案为船舶保险合同纠纷，根据合顺公司的再审申请，审查的主要问题为：原审认定涉案船舶不适航、船舶不适航与事故发生存在因果关系，是否存在认定事实缺乏证据证明、适用法律错误的问题。

《海商法》第四十七条规定："承运人在船舶开航前和开航当时，应当谨慎处理，使船舶处于适航状态，妥善配备船员、装备船舶和配备供应品，并使货舱、冷藏舱、冷气舱和其他载货处所适于并能安全收受、载运和保管货物。"据此，在船舶开航前和开航当时使船舶处于适航状态，是承运人应尽的法定义务。在本案中，涉案触礁事故发生时，合顺公司所有的"金润988"轮使用的ECS157电子海图系统是9.0.1版本而非最新的9.3.1版本，合顺公司未尽到及时更新的责任，该船舶也没有配备本航次航行所需的纸海图。根据《国内航行船舶船载电子海图系统和自动识别系统设备管理规定》第十九条、第二十一条的规定，"为确保电子海图数据的准确性和完整性，沿海航行船舶船载电子海图系统设备应使用官方发行的符合国际海道测量组织S－57格式要求的电子海图并应及时更新"，"配备船载电子海图系统设备的船舶应保持适当的纸海图作为备份，并及时更新。以确保在船载电子海图系统设备故障时能够安全返回港口"。合顺公司作为承运人对船舶完成预定航次没有做到必要的装备，保障船舶配备达到适航状态，在电子海图对事发水域状况标注与实际不符的情况下，未能做到根据纸海图设定正确航线、确保航行安全，最终导致涉案触礁事故的发生。原审判决认定合顺公司的船舶在涉案航次处于不适航的状态，船舶不适航与涉案事故的发生具有直接的因果关系，并不缺乏事实和法律依据。

合顺公司提供的《海上货船适航证书》《船舶国籍证书》《海上船舶检验证书簿》《海上货船适航证书》《船舶最低安全配员证书》等只能证明船舶检验符合相关要求。有效的检验证书并不是船舶适航的唯一要求，不能完全证明涉案船舶处于适航状态；合顺公司主张涉案船舶同时使用具有"新礁"标注的鑫海马电子海图系统，但在船检部门和保险公估人登船检验结果中，对该项事实均未予确认，合顺公司亦未能对此提供证据予以证明；合顺公司主张船长伪造"船舶计划航线”,更新后的电子海图上“一米暗礁”的标注系船长手动添加,但对此亦未能举证证明;合顺公司主张汕头海事局《船旗国监督检查报告》、天津久联保险公估有限公司出具的公估报告不能作为定案依据,但所提出的理由不足以否定该两份报告的真实性;《中国航务指南:南海海区》《中国沿海航行里程表》上均没有对“新礁”具体位置的标注,不能代替纸海图的作用,参照该资料并不能准确判断“新礁”的位置,从而规划出安全的航线,避免触礁事故。合顺公司关于涉案船舶适航的理由均不能成立。

——中国裁判文书网,http://wenshu.court.gov.cn。

1833

承运船舶在运输途中遭遇台风，但台风登陆前已有预报的，不构成不可抗力

关键词 | 台风 | 不可抗力 |

【最高人民法院裁判文书】

台州市太平海运有限公司与中国平安财产保险股份有限公司张家港支公司水路货物运输合同纠纷案[最高人民法院(2011)民申字第448号民事裁定书]

最高人民法院认为:尽管承运船舶在运输途中遭遇台风,但台风登陆前已有预报,太平公司应做好相应的准备。因篷布捆扎不牢被吹开导致海水进入船舱,同时船员没有及时检查船舱进水情况并立即排水,而是在台风于2007年8月19日登陆后,直至8月29日在船舶靠码头卸货时才发现船舱进水、钢材锈蚀,然后排水。就本案货损而言,太平公司有明显的管货过失;台风不属于《民法通则》第一百五十三条规定的“不能预见、不能避免并不能克服的客观情况”,即不构成不可抗力。原审法院依照《合同法》第三百一十一条的规定,判决太平公司承担货损赔偿责任,事实和法律依据充分,本院予以维持。太平公司以货物锈蚀系不可抗力所致为由主张免责,没有事实和法律依据,本院不予支持。

——中国裁判文书网,http://wenshu.court.gov.cn。

1834

船务公司应当可以预见可能遇到较大风浪及其影响，可采取及时停靠附近港口等措施，且不能证明事故发生海域当时的风浪超过其船舶抗风能力的，不构成不可抗力

关键词｜不可抗力｜

【最高人民法院裁判文书】

营口金舵手船务有限公司与中国人民财产保险股份有限公司汕头市分公司水路货物运输合同纠纷案[最高人民法院(2012)民申字第1027号民事裁定书]

最高人民法院认为:(二)关于货损责任的承担。根据《合同法》第三百一十一条的规定,承运人对运输过程中货物的毁损、灭失承担赔偿责任,但承运人证明货物的毁损、灭失是因不可抗力、货物本身的自然属性或者合理损耗以及托运人、收货人的过错造成的,不承担损害赔偿责任。根据已查明的事实,“新天和”轮于2010年4月13日7时30分从福建平潭出发前往广东揭阳时,气象预报有6~7级东北风;15时30分左右,“新天和”轮在泉州港附近遇7~8级风浪;18时30分,气象预报东北风7~8级、阵风9级;21时左右,发现船上甲板盖帆布被风浪掀开、撕破,海浪流入货舱。营口船务公司应当可以预见船舶航行可能遇到较大风浪及其影响,采取及时停靠泉州港等附近港口避风、加强货舱盖的防护等措施,避免损失发生。“新天和”轮的船长、船员在发现货舱盖帆布被撕开、吹挂在左侧情况下,仍没有及时采取检查加固等防范措施。营口船务公司对于货损事故的发生存在过错。营口船务公司没有提供证据证明事故发生海域当时的风浪超过“新天和”轮的抗风能力。相反,营口船务公司在二审中主张“新天和”轮抗风能力在11级以上;而货损事故发生前的风力为9级,在其所称的抗风能力范围内。营口船务公司主张货损系不可抗力所致,缺乏事实依据,本院不予支持。在营口船务公司不能证明存在法定免责事由情况下,一、二审法院认定其承担货损赔偿责任,并无不当。

——中国裁判文书网,http://wenshu.court.gov.cn。

1835

被保险人在投保时至保险合同成立前未向保险人告知其所知或者在通常业务过程中应知的、足以影响保险人作出是否承保以及如何确定保险费决定的重要情况，保险人可主张合同无效

关键词｜保险合同｜最大诚信原则｜

【《最高人民法院公报》案例】

江苏外企公司诉上海丰泰保险公司海上货物运输保险合同纠纷案(上海海事法院二审民事判决书)

裁判摘要:被保险人在投保时至保险合同成立前,未向保险人告知其所知或者在通常业务过程中应知的、足以影响保险人作出是否承保以及如何确定保险费决定的一切重要情况,违反了最大诚信原则,保险人可以因此宣告保险合同无效。

上海海事法院认为:关于上海丰泰保险公司能否宣布保险合同无效。《英国1906年海上保险法》第十七条规定:"保险依赖于最大诚信。海上保险合同建立在最大诚信基础之上,如果合同任何一方不遵守最大诚信,另一方即可宣告合同无效。"第十八条第一、二款规定:"……在签订合同前,被保险人必须向保险人告知其所知的一切重要情况。被保险人视为知道在通常业务过程中所应知晓的每一情况。如果被保险人未履行该项告知义务,保险人即可宣布合同无效。影响谨慎的保险人确定保险费或影响其决定是否接受承保的每一情况,被认为是重要情况。"第二十条规定:"……合同磋商期间以及合同签订前,被保险人或其代理人向保险人的每一重要陈述,必须真实。如不真实,保险人即可宣告合同无效。影响谨慎的保险人确定保险费或影响其决定是否接受承保的每一陈述,被认为是重要陈述。陈述可以是事实,也可是一种期望或信念……陈述在合同签订前可以撤销或更正……"根据上述规定,保险合同的订立应遵循最大诚信原则。被保险人在发出要约、接受新的要约、作出承诺的整个过程中,都应依据最大诚信原则,向保险人如实告知其知道或者在通常业务中应当知道的、可能影响保险人作出是否承保与是否增加保险费决定的任何重要情况。"被保险人知道",是指其实际知情;"被保险人在通常业务中应当知道",既包括保险人已经询问到的情况,更包括在通常业务中应当由被保险人查询掌握的其他情况。"如实告知",是指全部告知和正确告知;凡对某一重要情况的全部或部分内容未告知或错误告知,

均属未尽到如实告知义务。被保险人履行如实告知义务的期限，应当自提出投保请求时开始，在双方协商过程中持续，直到保险合同成立时为止。在双方协商期间被保险人才了解到的重要情况，以及从不重要变为重要的情况，被保险人都有义务告知保险人。涉案货运船舶于1999年9月12日开航，同年10月11日据说因大量进水而被船员放弃，10月14日在距南非德班港750海里处遇强烈暴风雨沉没。作为货物买方，原告江苏外企公司在船舶开航一个月后，没有通过各种有效途径对货物现状进行必要了解，以至将已面临海损的货物投保，未尽到一个善意被保险人应当承担的恪尽职责合理查询并如实告知的义务。现有证据证明，1999年10月14日20点38分，江苏外企公司收到S公司发来的货损传真。此时，江苏外企公司虽然已向被告上海丰泰保险公司投保，但保险合同尚未成立。作为被保险人，江苏外企公司并未遵守最大诚信原则，在保险合同成立前将自己知道的这一足以影响保险合同成立的重要情况告知保险人。江苏外企公司以其投保时不知道发生货损为由，否认自己有如实告知这一情况的义务，理由不能成立。参照英国判例"如果投保人隐瞒了在订约前其船舶已经搁浅并出现漏缝的事实，所订保险合同无效。被保险人未主动提示此种情况，构成对实质性问题的隐瞒"，本案情况与该判例十分相似。江苏外企公司违反《英国1906年海上保险法》第十七条规定，上海丰泰保险公司有权宣布保险合同无效。

此外，舱面载货的风险明显大于舱内，它直接影响保险人作出承保和确定保险费率的决定。原告江苏外企公司早在1999年9月24日就收到了装货单副本，已知部分货物装载于船舶舱面。作为被保险人，江苏外企公司在投保当时及之后，未将这一足以影响保险合同成立及双方权利义务变化的重要事实告知保险人，显然也未尽到如实告知义务。江苏外企公司以木材在舱面装载是航运惯例、保险人应当知道为由，辩称自己没有此项告知义务，理由不能成立。

——《最高人民法院公报》2005年第11期

1836

被保险人未告知或者错误告知的重要情况对保险事故的发生有影响的，保险人不应当负赔偿责任

关键词｜被保险人｜错误告知｜赔偿责任｜

【最高人民法院审判业务意见】

易流态化固体散装货物的安全运输,在国际运输规则和国内海运行政管理中一直备受重视。有关规范性文件主要有三个:(1)交通部《海运精选矿粉及含水矿产品安全管理暂行规定》([88]交海字275号,于2011年11月9日废止)规定:一般可按含水率不超过8%的标准执行,超过此标准的,可不予承运。(2)国际海事组织《国际海运固体散装货物规则》(ISM BC CODE,于2011年1月1日起生效,强制执行)规定:托运人应提供准确的适运水分限量和含水量数值。(3)交通运输部《水路运输易流态化固体散装货物安全管理规定》(于2011年11月9日颁布,自颁布之日施行)规定:凡使用船舶载运易流态化固体散装货物,其含水率不得超过适运水分极限;托运人应当在货物交付船舶运输前,委托具有国家资质的检测机构对送检易流态化固体散装货物样品进行适运水分极限、颗粒分布、积载因数检测并出具易流态化固体散装货物检测报告;适运水分极限,是指易流态化固体散装货物安全运输最大含水率,通常按其流动水分点的80%~90%确定;流动水分点是指易流态化固体散装货物发生流动时的最小含水率。

易流态化固体散装货物的安全运输问题,近年来持续在海上货物运输合同纠纷和海上保险合同纠纷中体现出来。

……

通过该案的审理,初步明确了以下三个问题:第一,易流态化固体散装货物含水率过高属于《海商法》第二百二十二条第一款规定的被保险人应当主动如实告知的"重要情况";第二,类似散装货物含水率不属于《海商法》第二百二十二条第一款规定的"保险人知道或者通常业务中应当知道的情况",即不属于询问告知的情况(主动告知之例外);第三,《海商法》第二百二十三条第二款规定保险人拒赔情形"未告知或者错误告知的重要情况对保险事故的发生有影响"中"有影响"的理解,目前采纳了学理上的通说,即"仅指有一定的因果牵连即可"。《海商法》规定如实告知义务的立法主旨,首先在于保护保险人,故赋予被保险人无限告知义务;其次要防止保险人将被保险人所负的告知义务作为"技巧性抗辩"来规避责任。综合平衡两方面的因素,一是被保险人应当如实告知的重要情况,是指对一个合理谨慎的保险人,在考虑是否接受承保或者保险费率高低时有决定性影响的情况。二是《海商法》第二百二十三条第二款规定的"有影响”，仅指具有一定的因果牵连。

——余晓汉：《最高人民法院民四庭2012年涉外商事海事审判综述》，载江必新、贺荣主编，最高人民法院民事审判第四庭编：《涉外商事海事审判指导》总第27辑，人民法院出版社2014年版，第178～179、180页。

【最高人民法院裁判文书】

韶关市曲江佳兴矿产品加工厂与永安财产保险股份有限公司潍坊中心支公司海上保险合同纠纷案［最高人民法院（2012）民申字第1502号民事裁定书］

最高人民法院认为：本案为海上保险合同纠纷。根据佳兴矿产品加工厂的再审申请，本案再审审查的重点是：（一）佳兴矿产品加工厂在签订保险合同时，是否如实告知永安保险潍坊公司涉案货物的含水率；（二）永安保险潍坊公司是否应负保险赔偿责任。

（一）关于佳兴矿产品加工厂是否如实告知涉案货物含水率

二审法院查明，佳兴矿产品加工厂在购买涉案铅锌矿时，该批货物的含水率为9%至17%，双方当事人对此并无异议。在海上货物运输保险业务中，保险人确定保险货物价值的依据可以是投保人的申报、货物发票等材料，并非一定需要货物买卖结算单、过磅单及出厂水分报表。佳兴矿产品加工厂以永安保险潍坊公司已经确定保险货物的价款，主张其投保时提供了载明货物含水率的结算单、过磅单及出厂水分报表等材料，事实依据不足。涉案保险合同是双方当事人自由协商订立的，保险费是当事人协商的重要内容之一；本案没有证据证明永安保险潍坊公司对涉案货物收取较高保险费，是出于对货物含水率过高因素的考虑。佳兴矿产品加工厂认为永安保险潍坊公司提高保险费率可以印证佳兴矿产品加工厂投保时告知了货物含水率，事实依据不足。二审法院认定佳兴矿产品加工厂没有充分证据证明其告知永安保险潍坊公司涉案货物的含水率，并无不当。

（二）关于永安保险潍坊公司的保险赔偿责任

交通部《海运精选矿粉及含水矿产品安全管理暂行规定》系当时有效的部门规章，具体规定了货方（托运人）、船方（承运人）、港方（港务监督部门与港口经营人）防止海运精选矿粉及含水矿产品超过可运含水率的运输安全保障义务与职责，在法律没有具体规定的情况下，二审法院予以参照适用，并无不当。参照交通部《关于发布〈海运精选矿粉及含水矿产品安全管理暂行规定〉的通知》

(〔88〕交海字 275 号),铅锌矿含水率达到或超过 8%时,会在海运途中形成自由液面,导致船舶倾侧、翻沉,具有较高的危险性。涉案铅锌矿过高的含水率,属于《海商法》第二百二十二条第一款规定的被保险人"知道的或者在通常业务中应当知道的有关影响保险人据以确定保险费率或者确定是否同意承保的重要情况",佳兴矿产品加工厂应当依照该条款的规定在订立保险合同前如实告知永安保险潍坊公司涉案货物的含水率。由于铅锌矿并不必然具有危险性,一般在含水率超过 8%时具有较高的海运风险,在佳兴矿产品加工厂没有告知货物含水率超过 8%的情况下,永安保险潍坊公司不知道或者不应当知道货物的危险性。佳兴矿产品加工厂主张涉案货物含水率是否超标属于《海商法》第二百二十二条第二款规定的"保险人知道或者在通常业务中应当知道的情况",其没有告知货物含水率的义务,缺乏事实和法律依据,本院不予支持。

根据青岛海事法院(2008)青海法烟海商初字第 96 号民事判决(已生效)认定的相关事实,连云港海事局于 2008 年 10 月 29 日出具《"金冠 586"轮自沉事故调查处理通知书》,没有分析认定不在船船员的虚假陈述和船舶不适航的问题,但连云港海事局在该通知书中关于船舶翻沉事故原因之一是货物在运输中形成自由液面的认定,与涉案货物含水率超过可运含水率的事实和交通部《关于发布〈海运精选矿粉及含水矿产品安全管理暂行规定〉的通知》的相关规定相符。虽然(2008)青海法烟海商初字第 96 号民事判决以船员在海事调查中虚假陈述为由未采纳上述《"金冠 586"轮自沉事故调查处理通知书》,但也没有对事故原因重新作出全面认定,没有完全排除涉案货物含水率过高对沉船事故的影响。(2008)青海法烟海商初字第 96 号民事判决认定的相关事实,并不能否定本案二审判决关于涉案货物含水率过高对保险事故发生有影响的认定。依照《海商法》第二百二十三条第二款的规定,被保险人未告知或者错误告知的重要情况对保险事故的发生有影响的,保险人不应当负赔偿责任。而且,佳兴矿产品加工厂托运涉案含水率过高的货物,违反了交通部《海运精选矿粉及含水矿产品安全管理暂行规定》第九条关于海运精选矿粉和矿产品的含水率不得超过可运含水率的规定,根据涉案保险合同中《国内水路、陆路货物运输保险条款》第七条、第九条关于被保险人义务的约定,如果被保险人没有严格遵守国家及交通运输部门关于安全运输的各项规定,保险人有权拒绝赔偿。二审法院认定永安保险潍坊公司对涉案货损不应承担保险赔偿责任,判决驳回佳兴矿产品加工厂的诉讼请求,并无不当。

永安保险潍坊公司在一审中仅提出拒赔的抗辩主张,而没有请求解除合同,二审法院也没有判决解除涉案保险合同。佳兴矿产品加工厂主张二审法院错误判决解除涉案保险合同，与事实不符，本院不予支持。

——中国裁判文书网，http://wenshu.court.gov.cn。

1837

海上保险合同的保险人对涉案事故进行检验、核定的行为不能认定为同意履行保险赔偿义务，不构成诉讼时效中断的事由

关键词 | 海上保险合同 | 诉讼时效中断 |

【最高人民法院裁判文书】

澳中金属有限公司与中国人民财产保险股份有限公司天津市津南支公司海上保险合同纠纷申请再审案[最高人民法院(2013)民申字第2358号民事裁定书]

最高人民法院认为：根据澳中公司的申请理由，本案主要审查：澳中公司就涉案货损请求保险赔偿是否超过诉讼时效。

《海商法》第二百六十四条规定："根据海上保险合同向保险人要求保险赔偿的请求权，时效期间为二年，自保险事故发生之日起计算。"本案中，涉案货物于2009年6月1日运抵目的港，澳中公司在卸货时发现货物有不同程度的毁损，因此2009年6月1日应视为保险事故发生之日。本案诉讼时效期间应从2009年6月2日起算，至2011年6月1日届满。如澳中公司不能证明本案存在诉讼时效中止、中断的情形，澳中公司于2011年12月7日提起诉讼，已经超过二年的诉讼时效期间。

澳中公司主张人保津南支公司对涉案保险事故开展核定理赔工作，系《海商法》第二百六十七条规定的"同意履行义务"之情形，依法构成诉讼时效中断。本院认为，根据《海商法》第二百六十七条的规定，时效因请求人提起诉讼、提交仲裁或者被请求人同意履行义务而中断。《海商法》关于时效中断的规定不同于《民法通则》"诉讼时效因提起诉讼、当事人一方提出要求或者同意履行义务而中断"的规定。澳中公司于2009年8月7日向人保津南支公司提出理赔要求后，人保津南支公司对涉案事故进行了检验、核定工作，但上述行为不能认定人保津南支公司同意履行保险赔偿义务，仅系人保津南支公司决定是否进行保险赔付的前提和依据。本案并无证据证明人保津南支公司同意履行保险赔偿义

务。澳中公司主张本案时效因人保津南支公司同意履行义务而中断,缺乏充分的事实依据和法律依据,不予支持。

《海商法》第二百六十四条规定了有关海上保险合同的时效期间及起算点,该法第二百六十七条规定了时效中断的条件。澳中公司主张涉案海上保险合同的时效应自人保津南支公司发出《拒赔通知书》起算,缺乏法律依据。一、二审法院对《海商法》第二百六十七条规定的"被请求人同意履行义务"理解为人保津南支公司基于保险合同关系同意履行保险赔付义务,并无不当。澳中公司关于一、二审法院将《海商法》第二百六十七条规定的"同意履行义务"缩小解释为保险人"基于保险合同关系同意进行保险赔付义务",系错误适用法律的主张,本院不予支持。

——中国裁判文书网,http://wenshu.court.gov.cn。

1838

海上货物运输保险合同中货物损失的计算

关键词｜海上货物运输保险合同｜货物损失｜

【最高人民法院裁判文书】

南京银河龙翼船有限公司与中国人民财产保险股份有限公司北京市分公司海上、通海水域保险合同纠纷案[最高人民法院(2015)民申字第1918号民事裁定书]

最高人民法院认为:本案系海上保险合同纠纷。根据银河龙翼船公司的再审申请,本案审查重点是涉案货物是否构成全损以及保险赔偿数额的确定。

首先,涉案货物运输保险单载明的"保险货物项目"为"展品"(Exhibition Goods),"包装及数量"为"281Packages、24643.72KGS、289.496CBM","承保险别"载明"具体货物清单以装箱单清单为准"。涉案货物的《进出境物品申报用装箱清单及发票》中的记载包括地效飞行器、汽油发动机、双燃料发动机等多个物品,涉案货物的《海关出口货物报关单》载明的商品名称规格型号包括地效飞行器散件等多个物品。涉案货物实际装载于2个高箱和1个开顶箱。3个集装箱货物于2009年12月7日运抵目的地后进行开箱,在掏箱组装过程中发现涉案货损。结合上述事实,涉案保险合同的保险标的应为《进出境物品申报用装箱清单及发票》中载明的所有物品。原审判决认定涉案保险标的系地效翼船散件,并无明显不当。即使本案保险标的为地效翼船整体，银河龙翼船公司也需要举证证明涉案货损导致地效翼船的全损，其以保险标的为地效翼船为由主张涉案货损为全损，缺乏充分的事实依据。

其次，根据原审查明的事实，2010 年 1 月 18 日，涉案货物回运至上海港。同年 2 月 11 日，人保北京分公司委托公估公司在银河龙翼船公司位于南京的仓库对涉案货物进行了检验，并出具了《检验报告》。事故发生后，保险公司及时委托公估人进行勘验评估，并不违反法律规定和保险合同的约定。银河龙翼船公司并未在事故发生后及时进行勘验，其提交的南京市邦本复合材料有限公司和江苏中航金鹰翼船制造有限公司出具的函件均是在 2013 年 10 月进行勘验后作出的答复，当时距离事故发生已将近 4 年，函件中所描述的"主龙骨结构断裂、密封舱破损、电器系统已损坏"等情形与事故发生后公估公司立即进行检验而做出的《检验报告》的描述显然完全不相符。故上述两份函件并不能客观真实地反映事故发生时的货损情况，不能作为证明涉案货物全损的有效证据。银河龙翼船公司对《检验报告》中有关货损和修复价格的内容虽持有异议，但并未提交充分有效的相反证据予以反驳。虽然该《检验报告》中有关货损不是发生在保险责任期间的结论，经一、二审法院结合银河龙翼船公司提交的其他证据进行审查后没有被采信，但是在没有其他相反证据的情况下，并不影响检验报告中有关货损情况和修复价格内容的证据效力。银河龙翼船公司作为原告，向保险公司主张全损的保险赔偿，负有举证证明全损事实和货损数额的责任，否则应承担举证不能的不利后果。由于银河龙翼船公司没有提交充分证据证明涉案事故构成全损以及损失的数额，原审法院以《检验报告》作为认定保险赔偿数额的依据，并无不当。银河龙翼船公司关于《检验报告》认定货损情况的结论显失公正的主张，缺乏事实依据。

——中国裁判文书网，http://wenshu.court.gov.cn。

上海申福化工有限公司与中国人民财产保险股份有限公司上海市分公司海上保险合同纠纷再审案［最高人民法院（2011）民申字第 1516 号民事裁定书］

最高人民法院认为：（1）原审判决按货物贬损率计算涉案保险赔偿范围依据是否充分。

申福公司认为原审判决按货物贬损率计算货物损失错误。本院认为，首先，根据原审判决查明的事实，涉案苯酚的损失范围既包括因色度值发生变化造成的贬值损失，也包括因市场价格下跌造成的行市损失。依据本案"海洋运输货物保险条款"中"一切险"的约定，"除包括上列平安险和水渍险的各项责任外，本保险还负责被保险货物在运输途中由于外来原因所致的全部或部分损失”。同时保险条款中还列明了五项保险人的除外责任条款,其中包括被保险货物市价跌落所引起的损失。根据《海商法》第二百四十三条的规定,由于行市变化造成的货物损失,保险人不负赔偿责任。因此,本案中保险人负责赔偿的货物损失仅仅是苯酚因色度值变化造成的贬值损失,不应包括因市场价格下跌造成的行市变化损失。原审判决据此认定保险人对由于苯酚市场价格跌落导致的损失不负赔偿责任并无不当。申福公司主张应当按照货物保险金额减去受损货物销售价格计算得出涉案货物损失数额,该计算方法既包括了涉案货物色度值变化损失,也包括了行市变化损失,申福公司的主张缺乏充分的事实依据和法律依据。其次,在计算货物因色度值变化导致的贬值损失时,原审判决采用了货物贬损率计算方法。该计算方法以目的港货物完好的市场价值减去受损货物的销售价值,再除以货物完好的市场价值,得出仅因色度值变化导致的货物贬损率,没有包括因行市变化导致的损失。原审判决采用这种计算方式并无明显不当。第三,根据原审判决认定的事实,申福公司在一审庭审中确认,其在进口涉案货物时并未与任何国内潜在买家签订贸易合同。因涉案货物于2008年11月20日和12月2日被出售,故原审判决确定11月和12月份华东市场价格的中间值为货物完好价值并无明显不当。

(2)关于申福公司主张的律师费、处理受损货物而支付的进口关税和进口增值税是否应当由被申请人承担。

关于申福公司主张的律师费、进口关税及增值税。本院认为,根据《海商法》第二百四十条的规定,被保险人为防止或者减少根据合同可以得到赔偿的损失而支出的必要的合理费用,为确定保险事故的性质、程度而支出的检验、估价的合理费用,以及为执行保险人的特别通知而支出的费用,应当由保险人在保险标的损失赔偿之外另行支付。申福公司主张的上述费用不属于《海商法》规定的为防止或者减少可以得到赔偿的损失而支出的必要的合理费用,亦不属于保险事故导致的损失,申福公司认为上述费用属于施救费用的主张缺乏法律依据。原审判决对上述费用不予支持并无不当。

(3)原审判决按活期存款利率计算保险赔偿金的利息损失是否正确。

申福公司认为原审判决对保险赔偿金的利息按照活期利率计算错误。本院认为,申福公司主张的利息损失系因上海财保迟延赔付产生的孳息损失,原审判决予以支持,并无不当。申福公司主张上海财保未及时赔付的行为构成逾期付款,应当适用最高人民法院《关于逾期付款违约金应当按照何种标准计算问题的批复》计算逾期付款违约金,因本案不涉及违约金,申福公司的该项主张依据不充分。申福公司主张按照中国人民银行贷款利率计算利息,因未提供相关的贷款依据,故原审判决按中国人民银行同期活期存款利率计算利息损失并无明显不当。

——中国裁判文书网,http://wenshu. court. gov. cn。

上海申福化工有限公司与中国人民财产保险股份有限公司上海市分公司海上保险合同纠纷再审案[最高人民法院(2011)民申字第1519号民事裁定书]

本裁判理由与前引裁判文书基本一致(略)。

——中国裁判文书网,http://wenshu. court. gov. cn。

1839

海事局事故调查结论书未被推翻的，可以作为船舶保险合同纠纷的定案依据

关键词 | 船舶保险合同 | 事故调查结论书 |

【最高人民法院裁判文书】

太平财产保险有限公司福建分公司与南京强泉运输贸易有限公司船舶保险合同纠纷案[最高人民法院(2012)民申字第712号民事裁定书]

最高人民法院认为:关于海事局《事故调查结论书》是否可以作为定案依据问题。首先,本案中太平福建公司提交了广西气象科技服务中心、北海气象台、北海水警司令部航海保证科等气象专业部门出具的气象资料,用以证明本案船舶发生沉没时并无8级大风。但是由于上述资料所体现的内容与其他气象部门出具的证明存在冲突,且没有实测气象数据予以佐证,因此不具有推翻《事故调查结论书》的证明力。二审判决对上述资料未予采信,并无不当。其次,太平福建公司以大副笔录确认舱盖板水密状况良好及船员和现场经办人员均没有提及船舱进水为由,主张《事故调查结论书》认定船舱进水错误。但是经查阅大副笔录,涉案船舶大副虽然在描述船舶技术状况时谈到舱盖板水密状况较好,而在总结事故原因时却最终认为舱盖与舱口围之间没有橡胶密封导致船舶上浪以后货舱进水,故该大副笔录并未否定船舱进水的情况。另,其他船员没有提及船舱进

水,并不能得出船舱没有进水的结论。由于《事故调查结论书》是海事局在综合船员描述及勘查船舶状况等证据基础上作出的,故船员陈述并不是该结论书的唯一依据,太平福建公司关于船舱没有进水的主张仅为一种推测,没有充分的证据予以佐证,也不足以否定《事故调查结论书》的结论。第三,太平福建公司以上海天衡保险公估有限公司《公估报告》和华南海事司法鉴定中心《鉴定报告》认定为由,主张涉案船舶超载。但是由于该《公估报告》《司法鉴定意见书》系太平福建公司单方委托,不足以推翻海事局作出的《事故调查结论书》,且"顺强1"轮持有海事部门签发的准予开航的签证,因此二审判决认定"顺强1"轮开航时没有超载,并无明显不当。据此,在没有相反证据证明《事故调查结论书》结论错误的情况下,二审判决确认《事故调查结论书》的结论意见作为定案依据,并无不当。鉴于《事故调查结论书》认定"顺强1"轮因遭遇8级大风大浪而导致船舶严重倾斜进水沉没,二审判决根据海上保险"近因原则"认定8级大风是造成船舶沉没全损的主要原因,并依据本案《沿海、内河船舶保险条款》的规定,判定太平福建公司作为保险人应当承担赔偿责任,符合事实和法律规定。太平福建公司认为《事故调查结论书》有关船舶沉没原因是建立在错误事实的基础之上的主张,缺乏充分的事实证据,不予支持。

——中国裁判文书网,http://wenshu.court.gov.cn。

1840

海上保险合同纠纷中第三者直接起诉责任保险人的处理

关键词 | 海上保险合同 | 第三者 | 责任保险人 |

【最高人民法院审判业务意见】

在审理海事案件时,既要充分注意特别规定优于一般规定适用的原则,也要全面考虑特别规定与一般规定的衔接,全面理解法律规定的本意,准确适用法律。

1. 法律适用。对于第三人能否直诉责任保险人,《海事诉讼特别程序法》第九十七条作出了规定,但是该规定仅限于因船舶造成油污损害引起的赔偿请求;对于其他非因油污损害引起的海上保险合同纠纷,在《海商法》和《海事诉讼特别程序法》没有规定的情形下，应当依据《保险法》第六十五条的规定，认定第三人是否可以直接起诉责任保险人。

2. 诉讼时效。根据《海商法》第二百六十四条的规定，海上保险合同赔偿请求权的时效应当自保险事故发生之日起算。实践中第三者依据海上保险合同直接向责任保险人请求赔偿时，应当如何认定《海商法》规定的“保险事故发生之日”，存在不同的理解。有观点认为，应当将引发纠纷的海上事故发生之日确定为起算点。我们认为，在《海商法》对责任并无特别规定的情形下，依照《保险法》第六十五条的规定，责任保险是指“以被保险人对第三者依法应负的赔偿责任为保险标的的保险”。因此，将被保险人责任确定之日作为此类纠纷时效的起算之日，才符合法律规定和法理，也有利于保护被保险人和第三者的合法权益。

——最高人民法院民四庭庭长张勇健：《在全国涉外商事海事审判庭长座谈会上的讲话》（2016 年 4 月 7 日），载贺荣主编、最高人民法院民事审判第四庭编：《涉外商事海事审判指导》总第 32 辑，人民法院出版社 2017 年版，第 22 页。

【最高人民法院裁判文书】

东方海外货柜航运（英国）有限公司与中国人民财产保险股份有限公司北海市分公司海上、通海水域保险合同纠纷申请再审案［最高人民法院（2016）最高法民申 2057 号民事裁定书］

最高人民法院认为：本案系海上保险合同纠纷。根据东方货柜公司的再审申请，本案主要审查原审判决认定东方货柜公司无权直接向人保北海公司主张保险赔偿金，认定事实和适用法律是否错误。

《保险法》第六十五条第二款规定：“责任保险的被保险人给第三者造成损害，被保险人对第三者应负的赔偿责任确定的，根据被保险人的请求，保险人应当直接向该第三者赔偿保险金。被保险人怠于请求的，第三者有权就其应获赔偿部分直接向保险人请求赔偿保险金。”根据该规定，当被保险人对第三者的赔偿责任确定后，被保险人怠于请求保险人直接向第三者赔偿保险金的情况下，第三者有权直接向保险人请求保险赔偿金，但仅限于“其应获赔偿部分”。根据原审查明的事实，就“东方海外欧洲”轮与“兴海 668”轮发生的船舶碰撞损害赔偿纠纷一案，本院于 2012 年 12 月 14 日作出 142 号判决，认定北海鸿海公司所属“兴海 668”轮应对案涉碰撞事故承担 60% 的责任，东方货柜公司所属“东方海外欧洲”轮应承担40%的责任；对于北海鸿海公司的损失，东方货柜公司应按40%的责任比例承担1955438.40元；对于东方货柜公司损失，北海鸿海公司应按60%的责任比例承担1722584.22元，上述两笔费用抵扣后，东方货柜公司仍应向北海鸿海公司支付232854.18元，遂判决撤销广东省高级人民法院就该案所作出的86、87号判决，改判东方货柜公司赔偿北海鸿海公司232854.18元。通过上述判决，北海鸿海公司实际上已经向东方货柜公司履行了全部赔偿责任，北海鸿海公司对东方货柜公司已无赔偿义务。人保北海公司作为保险人，在被保险人北海鸿海公司已经向第三者东方货柜公司全部履行赔偿责任的情况下，无需向第三者支付保险赔偿金。东方货柜公司在本案中主张人保北海公司向其支付保险赔偿金，不符合《保险法》第六十五条第二款规定。原审判决认定，“北海鸿海公司在案涉船舶碰撞事故中已通过抵扣方式向东方货柜公司完全履行了赔偿责任，对东方货柜公司不存在应赔付而未足额赔付的款项，故东方货柜公司作为第三者无权依据《保险法》第六十五条之规定主张案涉船舶碰撞责任险的保险人人保北海公司直接向其支付保险金”，判决驳回东方货柜公司的诉讼请求，认定事实和适用法律均无明显不当。

东方货柜公司主张应在本案中予以考虑的1807352.30元，系86、87号判决所确定的东方货柜公司应向北海鸿海公司支付的赔偿款，该判决已经被本院142号判决所撤销。东方货柜公司提起本案诉讼向人保北海公司主张的1579857.10元赔偿金，实质为86、87号判决项下赔偿款1807352.30元与本院改判后的赔偿款232,854.18元之间的差额，东方货柜公司曾经以不当得利纠纷提起诉讼，请求判令北海鸿海公司返还1579857.12元及利息210121元，后以北海鸿海公司没有可供执行的财产为由撤诉。东方货柜公司因履行86、87号判决而向北海鸿海公司多支付的赔偿金，应当通过执行回转程序得到救济，该公司请求在本案中予以抵销，由人保北海公司承担此笔款项，缺乏法律依据。

——中国裁判文书网，http://wenshu.court.gov.cn。

1841

因第三人造成保险事故，海上保险合同的保险人向被保险人支付保险赔偿后，可以代位行使被保险人对第三人请求赔偿的权利

关键词 | 海上保险合同 | 保险人代位求偿权 |

【最高人民法院裁判文书】

A. P. 穆勒－马与中国人民财产保险股份有限公司沈阳市分公司等海上、通海水域货物运输合同纠纷申请再审案[最高人民法院(2015)民提字第225号民事判决书]

最高人民法院认为:关于保险公司的诉权问题。根据原审查明的事实,新东北公司系涉案货物运输的托运人,也是编号526601277的海运或多式联运提单的持有人,无论货物是否已经交付收货人,新东北公司都有权就涉案货物运输向承运人提起诉讼。其诉讼请求能否得到支持,并不影响其提起诉讼的权利。《海事诉讼特别程序法》第九十三条规定,因第三人造成保险事故,保险人向被保险人支付保险赔偿后,在保险赔偿范围内可以代位行使被保险人对第三人请求赔偿的权利。第九十五条规定,保险人行使代位请求赔偿权利时,被保险人已经向造成保险事故的第三人提起诉讼的,保险人可以向受理该案的法院提出变更当事人的请求,代位行使被保险人对第三人请求赔偿的权利。本案中,保险公司已经根据保险合同向新东北公司支付了保险赔款,依法取得代位求偿权。2011年5月,保险公司向大连海事法院申请将原告变更为保险公司。原审判决认定保险公司享有本案诉权并无不当。穆勒公司以涉案货物已经交付收货人,新东北公司没有索赔权为由主张保险公司没有诉权,缺乏法律依据,不予支持。

——中国裁判文书网,http://wenshu.court.gov.cn。

永安财产保险股份有限公司镇江中心支公司与江苏海洋航务打捞有限公司港口作业合同纠纷申请再审案[最高人民法院(2014)民申字第947号民事裁定书]

最高人民法院经审查认为:(三)关于保险公司是否取得代位请求赔偿权利的问题。打捞公司认为保险公司既不能证明涉案事故属于保险赔偿的范围,也不能证明涉案设备损失事故的发生系打捞公司吊装行为引起,故并未取得代位请求赔偿权利。《保险法》第六十条规定,被保险人向第三人要求赔偿的权利,自保险人支付赔偿之日起相应转移给保险人。依据该条规定,保险代位权的取得以保险人支付赔偿金为条件,至于第三人是否对于保险事故的发生承担赔偿责任与保险代位权的取得并无关联。依据已查明的事实,保险公司依据(2012)武海法商字第68号民事判决已向舜天公司就涉案事故遭受的损失支付保险赔偿金,故依法取得代位求偿权。关于保险公司是否有权依据吊装合同请求赔偿的问题。舜天公司与舜天船厂作为船舶建造险共同被保险人对保险标的具有共同利益，对于第三人造成保险标的的损害享有共同的请求权。在舜天船厂明确其保险合同项下的权益由舜天公司行使的情形下，保险公司依法赔付舜天公司取得的保险代位权应包括舜天公司和舜天船厂对打捞公司的请求权，在此情形下保险公司有权选择依据舜天船厂与打捞公司的合同关系提起诉讼。打捞公司提出的此节再审申请理由亦不能成立。

——中国裁判文书网，http://wenshu.court.gov.cn。

1842

保险代位求偿权纠纷案件中仅就造成保险事故的第三人与被保险人之间的法律关系进行审理

关键词 | 代位求偿权 |

【最高人民法院裁判文书】

营口金舵手船务有限公司与中国人民财产保险股份有限公司汕头市分公司水路货物运输合同纠纷案[最高人民法院(2012)民申字第1027号民事裁定书]

最高人民法院认为：关于人保汕头分公司的代位请求赔偿权利。根据《最高人民法院关于审理海上保险纠纷案件若干问题的规定》（以下简称《海上保险纠纷规定》）第十四条的规定，受理保险人行使代位请求赔偿权利纠纷案件的人民法院应当仅就造成保险事故的第三人与被保险人之间的法律关系进行审理。至于涉案货物水湿受损是否属于人保汕头分公司的保险责任范围以及人保汕头分公司是否应当进行保险赔偿，均不属于本案审理范围。只要货物保险人人保汕头分公司对货损作出保险赔偿，就相应在赔偿范围内取得代位请求赔偿权利。人保汕头分公司作为涉案货物的保险人已经向被保险人汕头物资公司支付货物损失保险赔款44万元。人保汕头分公司自支付保险赔偿之日起依法取得汕头物资公司向承运人营口船务公司要求赔偿的权利。营口船务公司以涉案货损不属于人保汕头分公司的保险责任范围以及人保汕头分公司不应当进行保险赔偿为由申请再审，没有事实和法律依据，本院不予支持。

——中国裁判文书网，http://wenshu.court.gov.cn。

1843

关于海上保险合同保险人代位请求赔偿权的法律适用

关键词｜海上保险合同｜保险人代位求偿权｜法律适用｜

【最高人民法院司法解释】

第一条 审理海上保险合同纠纷案件，适用海商法的规定；海商法没有规定的，适用保险法的有关规定；海商法、保险法均没有规定的，适用合同法等其他相关法律的规定。

——《最高人民法院关于审理海上保险纠纷案件若干问题的规定》（2006 年 11 月 23 日，法释〔2006〕10 号）

【最高人民法院审判业务意见】

审理海上保险合同纠纷应首先适用《海商法》第十二章有关海上保险合同的规定和《海上保险纠纷规定》；《海商法》和相关司法解释没有规定的，适用《保险法》等其他相关的法律规定。根据相关法院提出的意见，目前对此类纠纷主要存在以下问题：

1. 对《海上保险纠纷规定》第十四条的理解。该条规定，受理保险人行使代位请求赔偿权利纠纷案件的人民法院应当仅就造成保险事故的第三人与被保险人之间的法律关系进行审理。本条规定的本意是，在审理保险人行使代位请求赔偿权利的案件时，只要保险人依照海事诉讼特别程序法的相关规定提交了支付保险赔偿的凭证，人民法院应当仅就造成保险事故的第三人与被保险人之间的法律关系进行审理，不应当审理保险人与被保险人之间保险合同的效力以及保险人是否应当作出保险赔付的问题。但是需要注意的是不能机械地理解该条规定的字面意思。保险人主张代位请求赔偿权利时，应当提交证据证明其已经支付了涉案保险赔偿取得代位请求赔偿权利，人民法院对此应予审查。如果其不能提交有效证据证明其支付的赔偿为涉案保险赔偿，其代位求偿的诉讼请求不应得到支持。如果法院在不予认定保险人提交的保险凭证和保险合同的情况下，仅对运输合同法律关系进行审理，而不考虑保险人是否已经取得代位求偿权，是存在问题的。

2. 关于变更当事人的程序。根据《海事诉讼特别程序法解释》第六十六条的规定，保险人作出保险赔偿后行使代位请求赔偿权利，在被保险人就有关损害对第三人提起的赔偿诉讼中请求变更当事人或者请求作为共同原告参加诉讼的，海事法院应当予以审查并作出是否准予的裁定；当事人对裁定不服的，可以提起上诉。因此，如果保险人在二审期间提供保险赔付的证据，请求变更当事人或者请求作为共同诉讼当事人参加诉讼的，为了充分保证当事人的诉讼权利，二审法院应当将案件发回一审法院重审。

——刘贵祥：《在全国海事审判工作会议上的总结讲话》，载万鄂湘主编、最高人民法院民事审判第四庭编：《涉外商事海事审判指导》总第25辑，人民法院出版社2013年版，第25页。

1844

收货人拒付货款的权利是否属于保险合同承保风险和保险事故，不属于海上货物运输保险人代位求偿权纠纷的审理范围

关键词｜拒付贷款｜海上货物运输｜保险人代位求偿权｜

【最高人民法院司法解释】

第十四条 受理保险人行使代位请求赔偿权利纠纷案件的人民法院应当仅就造成保险事故的第三人与被保险人之间的法律关系进行审理。

——《最高人民法院关于审理海上保险纠纷案件若干问题的规定》（2006年11月23日，法释〔2006〕10号）

【最高人民法院裁判文书】

东京海上日动火灾保险(中国)有限公司与格里戈星航海运公司、格里戈船务公司海上、通海水域货物运输合同纠纷再审复查与审判监督案[最高人民法院(2014)民申字第445号民事裁定书]

最高人民法院认为：关于收货人拒付货款的权利是否属于海上货物运输保险人的保险代位求偿权范围的问题。日动保险公司是本案货物运输的保险人，其依据保险合同向本案收货人进行赔偿之后，依法取得代位求偿权，享有本案货物收货人在海上货物运输合同项下的权利。依据《海上保险纠纷规定》第十四条的规定，受理保险人行使代位请求赔偿权利纠纷案件的人民法院

应当仅就造成保险事故的第三人与被保险人之间的法律关系进行审理。收货人拒付货款的权利是否属于保险合同承保风险和保险事故，并不属于本案货物运输合同纠纷审理的范围，也不影响保险人依据运输合同向承运人索赔。星航公司关于拒付货款的权利是买卖合同下买方的权利，应由本案货物收货人行使，日动保险公司公司作为保险人不能行使该权利的主张，缺乏法律依据。

——中国裁判文书网，http://wenshu.court.gov.cn。

1845

保险公司具体经办保险业务的分支机构在作出保险赔付后，可以行使保险代位求偿权

关键词｜保险公司分支机构｜代位求偿权｜

【最高人民法院裁判文书】

台州市太平海运有限公司与中国平安财产保险股份有限公司张家港支公司水路货物运输合同纠纷案[最高人民法院(2011)民申字第448号民事裁定书]

最高人民法院认为：本案是水路货物运输合同纠纷。根据太平公司申请再审的主张和查明的事实，本案再审审查主要涉及平保公司张家港支公司的诉讼主体资格、损失认定及责任承担。

沙钢集团就本案货物运输向平保公司张家港支公司投保，平保公司张家港支公司使用平保公司的保单专用章，以平保公司的名义签发了保险单，双方成立了保险合同关系，平保公司为保险人，沙钢集团为被保险人。沙钢集团于2007年8月11日投保时货物所有权并没有发生转移，其仍是货物的所有权人，对货物具有保险利益，其与平保公司订立的保险合同合法有效。随着货物于2007年8月14日装船，货物所有权向金色公司转移，沙钢集团以直接交付保险单的形式向金色公司转让保险合同，沙钢集团对此已特别作出明确说明。沙钢集团在保险事故发生后向平保公司苏州分公司出具出险通知书要求“按照有关规定赔付”，但没有要求向谁赔付，不能由此推定沙钢集团没有转让保险合同，而只能认定沙钢集团协助金色公司告知保险事故。尽管沙钢集团向金色公司转让保险合同没有采用背书的形式，平保公司张家港支公司同意向

金色公司作出保险赔付的事实，说明平保公司也认可沙钢集团将保险合同转让给金色公司。金色公司受让保险合同后，成为被保险人。金色公司在货物装船后已经取得货物所有权，承担运输途中的风险，在货损事故发生时对货物具有保险利益。平保公司张家港支公司就货物损失向金色公司作出保险赔偿，符合法律规定。平保公司张家港支公司系平保公司具体经办本案保险业务的分支机构，在作出保险赔付后，可以作为《民事诉讼法(2007)》第四十九条第一款规定的"其他组织"提起诉讼，行使平保公司的保险代位求偿权。太平公司主张平保公司张家港支公司不具有起诉太平公司的诉讼主体资格，没有事实和法律依据，本院不予支持。

承运船舶卸货发现货损后，深圳民太安保险公估有限公司广东分公司与太平公司的职员一致确认严重锈蚀的钢材为556件、部分锈蚀的钢材为284件。深圳民太安保险公估有限公司广东分公司在核定损失时，虽然采用与收货人协商的办法，公估对严重生锈钢材、部分生锈钢材分别按350元/吨、100元/吨进行补偿，由此确定的每吨钢材损失低于完好货物的价格3693.2元/吨的10%。该公估并没有过高地降低货物价值。太平公司认为深圳民太安保险公估有限公司广东分公司公估的货物损失过高，但没有提供相反证据。原审判决依据深圳民太安保险公估有限公司广东分公司的公估报告书认定本案货损为478055.15元，并无不当。太平公司认为原审判决认定钢材锈蚀损失478055.15元错误，没有事实依据，本院不予支持。

尽管承运船舶在运输途中遭遇台风，但台风登陆前已有预报，太平公司应做好相应的准备。因篷布捆扎不牢被吹开导致海水进入船舱，同时船员没有及时检查船舱进水情况并立即排水，而是在台风于2007年8月19日登陆后，直至8月29日在船舶靠码头卸货时才发现船舱进水、钢材锈蚀，然后排水。就本案货损而言，太平公司有明显的管货过失；台风不属于《民法通则》第一百五十三条规定的"不能预见、不能避免并不能克服的客观情况"，即不构成不可抗力。原审法院依照《合同法》第三百一十一条的规定，判决太平公司承担货损赔偿责任，事实和法律依据充分，本院予以维持。太平公司以货物锈蚀系不可抗力所致为由主张免责，没有事实和法律依据，本院不予支持。

——中国裁判文书网，http://wenshu.court.gov.cn。

1846

海上货物运输保险代位求偿纠纷中损失数额的认定

关键词｜海上货物运输｜代位求偿权｜损失数额｜

【最高人民法院审判业务意见】

在保险代位求偿中,保险事故所造成的实际损失与保险人赔付金额并不完全一致,在实践中容易混淆。(2009)民提字第38号中交第四航务工程局有限公司(以下简称“四航局”)与中国人民财产保险股份有限公司广东省分公司(以下简称“人保广东公司”)等海上货物运输合同保险代位求偿纠纷案的判决对此作出了明确区分,准确认定了被保险人的实际损失。

在该案中,中远航运股份有限公司(以下简称“中远公司”)所属的“沙河口”轮于2003年3月30日至4月3日为四航局内设安游项目部从三亚港装运3个大沉箱和4个小沉箱至榆林港。4月4日,“沙河口”轮在榆林港压水作业过程中艉部座底。海南海事局作出的事故原因调查报告认为:小沉箱倾倒沉没是造成“沙河口”轮艉部下沉座底的直接原因;船方忽视沉箱海上安全起浮的特殊要求,未按安全操作规程的要求进行作业,是造成小沉箱倾倒沉没的主要原因;船货双方的现场指挥和作业人员缺少足够和必要的协调配合是造成事故的重要原因;本案是一起主要由于船员过失所造成的重大责任事故。“沙河口”轮的保险人人保广东公司向中远公司支付保险赔偿金220万美元后,以四航局在事故中存在严重过失为由,起诉请求四航局按60%的责任比例赔偿损失11049300元及其利息。

海口海事法院一审认为,承运人中远公司在运输过程中因船员过失,违规操作,以致发生船货俱损的重大责任事故。人保广东公司虽然主张本案事故主要是因托运人四航局的过失造成,并请求其赔偿船舶损失,但既不能提供有效的证据证明托运人有违约行为,亦不能提供有效的证据否定海事调查报告的结论。因此,人保广东公司的主张和请求缺乏事实和法律依据,一审判决驳回人保广东公司的诉讼请求。

人保广东公司不服一审判决,提起上诉。海南省高级人民法院在二审中委托专门机构鉴定事故原因,依据鉴定书等证据补充查明了相关事实。二审认定:“沙河口”轮艉部座底沉没主要是安游项目部捆绑两个小沉箱的方法不当所致,船货双方缺少足够的和必要的配合等,也是造成事故的一个重要原因;四航局应承担本案事故的60%的责任,中远公司应承担本案事故40%的责任;人保广东公司赔偿中远公司220万美元,依赔付时人民币与美元的中间价计折合人民币18183000元;四航局应赔偿人保广东公司60%的损失即10909800元。二审判决:撤销一审判决;四航局赔偿人保广东公司10909800元及利息。

四航局不服二审判决,向最高人民法院申请再审。最高人民法院经审理认为:二审判决四航局承担本案事故60%的责任,中远公司承担本案事故40%的责任,并无不当。人保广东公司从中远公司取得的代位求偿权的范围,仅限于“沙河口”轮发生的保险责任范围内的损失。“沙河口”轮投保险别为一切险,其保险责任范围内的损失应包括船舶的实际损失及救助费。该保险金额为300万美元(依赔付时美元与人民币的中间价1∶8.25计算,折人民币24795000元),事故发生后中远公司将其残值出售,获10618068.78元,故本案船舶的实际损失应为保险金额减去出售船舶所得,为14176932.22元。“沙河口”轮所发生的保险责任范围内的损失为该项船舶实际损失及救助费362万元,共计17796931.22元,而非220万美元(折人民币18183000元)。四航局应赔偿人保广东公司60%的损失即10678158.732元。二审判决对该项事实的认定错误,最高人民法院判决予以相应纠正。

法院在审理保险代位求偿纠纷时,往往涉及两个金额,一是保险公司理赔的金额,二是被保险人的实际损失。在绝大多数情况下,理赔金额等于或者低于实际损失,法院支持保险公司主张的理赔金额一般不会发生问题。但这并不绝对,本案就是反例。严格来说,在保险代位求偿纠纷案件中,法院支持的请求应当是被保险人的实际损失,而不是保险公司的理赔金额。根据《海上保险纠纷规定》第十四条的规定,受理保险人行使代位请求赔偿权利纠纷案件的人民法院应当仅就造成保险事故的第三人与被保险人之间的法律关系进行审理。因此,法院在认定时应当以事故实际造成的损失为依据,而不是以保险公司的赔付金额为依据。

——万鄂湘、陆效龙、余晓汉:《最高人民法院2009年海事海商综述》,载《环球法律评论》2010年第5期。

【最高人民法院裁判文书】

中国人民财产保险股份有限公司广西壮族自治区分公司与远南航运公司海上、通海水域货物运输合同纠纷申请再审案[最高人民法院(2016)最高法民申252号民事裁定书]

最高人民法院认为:本案系海上货物运输合同纠纷。双方当事人对人保广西分公司取得涉案货物运输合同代位求偿权以及涉案货物存在霉变的事实并未提出异议。根据远南公司的再审申请，本案审查重点是原审判决认定涉案540.9吨货物全损是否正确。

首先，涉案货物系大豆，属于必须由出入境检验检疫机构实施检验的进口商品。涉案货物卸货港为京唐港，河北检疫局作为国家质量监督检验检疫总局设立的出入境检验检疫机构，有权对涉案进口货物进行勘查检验。根据《民事诉讼证据规定》第七十七条第（一）项的规定，国家机关依职权制作的公文书证的证明力一般大于其他书证。河北检疫局对涉案受损货物出具了《残损证书》和《检验检疫处理通知书》，远南公司对此不予认可，但并未提交充分证据推翻河北检疫局出具的证书的效力。远南公司在一审期间提交了环球公司出具的《检验报告》，因环球公司不具有对进出口商品进行检验鉴定的资质，一、二审法院对该报告的效力不予认可。在没有其他相反证据推翻河北检疫局出具的公文书证的情况下，原审法院以该公文书证认定相关货损事实，并无不当。

其次，根据原审法院查明的事实，涉案货物于2013年7月11日靠泊京唐港码头并开始卸货，7月16日卸货完毕。河北检疫局于7月16日出具《残损证书》记载："2013年7月11日接受申请后，我局鉴定人员于2013年7月11日14:30在京唐港15#码头登'APOLLO'轮初步勘察货物情况。至2013年7月16日卸货完毕，该轮在卸货期间，我局每日安排鉴定人员登轮勘查货物情况……我局鉴定人员进行了现场拍照和取样……卸货期间，对卸下的霉变残损货物依据SN/T0188.3－2010（进出口商品重量鉴定规程衡器鉴重）进行衡重，残损货物合计净重共540.90吨。"上述记载可以证明，河北检疫局自货物到港的7月11日起开始对涉案货物进行勘察、拍照和取样，并通过衡重的方式确定了受损货物的吨数。远南公司关于河北检疫局未实际进行取样、化验就出具《残损证书》，认定货损数量的依据仅仅是一份仓库入库过磅单的主张显然与《残损证书》记载的事实不符。河北检疫局根据每日登轮勘查货物的情况，于7月16日及时出具《残损证书》并不违反相关规定。

第三，必须实施检验的进口商品经检验，涉及人身财产安全、健康、环境保护项目不合格的，出入境检验检疫机构有权责令当事人销毁，或者告知海关办理退运手续。本案中，河北检疫局于2013年7月17日出具了《检验检疫处理通知书》载明："根据中华人民共和国有关法律法规，经对'APOLLO'轮黄大豆（64000吨）检验检疫，因其中发生部分霉变，须做销毁540.90吨霉变大豆处理，特此通知。"因此，涉案货物所有人对涉案货物进行深埋处理系根据检验检疫机构的销毁要求采取的处理方式。远南公司以河北检疫局京唐港办事处在收货人出具的《关于540吨残损大豆处理方式的申请》上签批“同意”并加盖公章为由,认为深埋货物系收货人主动申请,而非河北检疫局主动指令,显然与事实不符。一审法院从河北检疫局京唐港办事处调取的《关于540吨残损大豆处理方式的申请》、监管记录及相关照片,能够充分证明涉案受损货物已经在河北检疫局京唐港办事处的监管下通过深埋方式处理。远南公司以收货人没有通知其参与货物销毁过程为由,认为该批货物并未被深埋处理,缺乏事实依据。远南公司向本院提交的《情况说明》系证人证言,并不能证明货物最终的实际处理方式,在没有其他相关证据予以佐证的情况下,不能证明远南公司关于涉案货物并未被销毁的主张。涉案货物已经按照河北检疫局出具的《检验检疫处理通知书》进行销毁处理,原审法院据此认定540.9吨货物全损,并无不当。

——中国裁判文书网,http://wenshu.court.gov.cn。

1847

保险船舶发生保险事故后造成第三者船舶沉没引起的清理航道费用不属于直接损失

关键词 | 清理航道费 |

【最高人民法院答复】

上海市高级人民法院:

你院〔2000〕沪高经终字第367号《关于保险船舶发生保险事故后造成第三者船舶沉没而引起的清理航道费用是否属直接损失的请示》收悉。经研究同意你院审判委员会的倾向性意见,即根据中国人民银行《沿海、内河船舶保险条款》和《沿海、内河船舶保险条款解释》的有关规定,保险船舶发生保险事故造成第三者船舶沉没而引起的清理航道费用不属于直接损失,亦不属于保险责任。

此复。

——《最高人民法院关于保险船舶发生保险事故后造成第三者船舶沉没而引起的清理航道费用是否属于直接损失的复函》(2001年2月28日,〔2000〕交他字第12号)

编者说明

关于海上保险纠纷，在法律适用时要注意应以《海上保险纠纷规定》为准。

1848

被保险人主张保险人对间接碰撞事故承担保险赔偿责任的，符合《保险法》和《海商法》的规定

关键词｜间接碰撞事故｜赔偿责任｜

【《最高人民法院公报》案例】

巴拿马浮山航运公司诉中国人民保险公司青岛市分公司船舶保险合同纠纷案(山东省高级人民法院二审民事判决书)

裁判摘要:船舶保险合同中对船舶碰撞是否包括间接碰撞未作解释,也未将间接碰撞列入保险人免责条款,被保险人主张保险人对间接碰撞事故承担保险赔偿责任的,应认定符合《保险法》和《海商法》的规定。

山东省高级人民法院认为:本案双方当事人在一、二审诉讼中均引用我国法律进行诉辩,故解决本案纠纷应适用中华人民共和国法律。目前双方当事人争执的焦点有:(1)本案保险合同所涉的“船舶碰撞”是否包括间接碰撞?(2)浮山航运公司对“继承者”轮船东的赔付是否侵害了青岛人保公司的合法利益?(3)浮山航运公司主张的律师费、咨询费是否应由青岛人保公司赔偿?

关于第一点。《1910 年碰撞公约》第十三条规定:“本公约的规定扩及于一艘船舶对另一艘船舶造成损害的赔偿案件,而不论这种损害是由于执行或不执行某项操纵,或是由于不遵守规章所造成。即使未曾发生碰撞,也是如此。”《保险法》第十七条规定:“保险合同中规定有关于保险人责任免除条款的,保险人在订立保险合同时应当向投保人明确说明,未明确说明的,该条款不产生效力。”上诉人青岛人保公司主张对间接碰撞不负赔偿责任,可是这一点,不仅在《船舶保险条款》的除外责任中未规定,就是订立保险合同时,也未向被上诉人浮山航运公司明确说明,因此不产生效力。一审认定本案保险合同所涉的“船舶碰撞”应当包括间接碰撞,符合我国法律和司法解释的规定,也与国际公约吻合,因而是正确的。

关于第二点。在"继承者"轮船东向新加坡法院起诉、"浮山"轮被新加坡法院扣押后,被上诉人浮山航运公司及时通知了上诉人青岛人保公司,要求青岛人保公司为其提供担保。青岛人保公司以间接碰撞不在保险责任范围内为由,拒绝提供担保。在此情况下,浮山航运公司与"继承者"轮船东达成和解赔付协议。达成和解协议前,浮山航运公司又征求青岛人保公司的意见,但青岛人保公司仍然置之不理。和解协议是在诉讼中形成的,青岛人保公司指责浮山航运公司主动对外赔付,与事实不符;指责该协议损害了其合法利益,未能举证证明。浮山航运公司在诉讼过程中与"继承者"轮船东达成和解协议,是其作为碰撞案件的被告享有的诉讼权利。此举一方面是减少了浮山航运公司自己的损失,另一方面也可以说是维护了保险人的利益。青岛人保公司在碰撞案件中不积极作为,不影响浮山航运公司向其主张权利。青岛人保公司应该赔偿浮山航运公司按和解协议支付给"继承者"轮船东的 35 万美元,但应扣除保险合同约定的 2500 美元免赔额。

关于第三点。上诉人浮山航运公司作为船舶间接碰撞案件的被告,在新加坡法院参加诉讼。其为诉讼支付的律师费新加坡币 144322.77 元,应认定为法律费用。根据本案所涉保险合同适用的《船舶保险条款》第 1 条第 2 款第(3)项规定,此项费用属于保险人的承保范围。但浮山航运公司支付的咨询费新加坡币 33417.04 元,不是必要的法律费用,不应由保险人负担。原审把律师费、咨询费均认定成司法费用,将其排除在保险人赔偿范围之外,是错误的。

综上所述,上诉人青岛人保公司关于本案所涉保险合同的保险范围不包括间接碰撞、其不应承担保险赔偿责任的上诉主张,不符合法律规定和当事人约定,不予采纳。上诉人浮山航运公司关于律师费、咨询费应由保险人赔偿的上诉主张,部分成立,应当支持。原审认定事实基本清楚,适用法律正确,但认定律师费不是法律费用欠妥,依法应予纠正。

——《最高人民法院公报》2004 年第 6 期

1849

海上保险合同中向保险人请求保险赔偿的诉讼时效期间的起算

关键词 | 海上保险合同 | 诉讼时效 |

【最高人民法院答复】

天津市高级人民法院:

你院〔2012〕津高民四他字第0001号《关于汽船互保协会(百慕大)与中国人民财产保险股份有限公司厦门分公司海上保险合同纠纷一案时效法律适用问题的请示》收悉。经研究,答复如下:

1.本案系汽船互保协会(百慕大)依据船舶保险合同向保险人中国人民财产保险股份有限公司厦门分公司主编共同海损分摊费用赔偿请求,属于海上保险合同纠纷,应当适用《海商法》第二百六十四条的规定本案的诉讼时效。

2.《海商法》第二百六十四条规定,根据海上保险合同向保险人要求保险赔偿的请求权,时效期间为二年,自保险事故发生之日起计算。第二百六十六条规定,在时效期间的最后六个月内,因不可抗力或者其他障碍不能行使请求权的,时效中止。自中止时效的原因消除之日起,时效期间继续计算。《诉讼时效解释》第二十条第(四)项规定,其他导致权利人不能主张权利的客观情形,应当认定为民法通则第一百三十九条规定的"其他障碍",诉讼时效中止。该司法解释也同样适用于《海商法》第二百六十四条关于"其他障碍"的规定。本案涉及海上保险合同共同海损分摊,被保险人在事故发生后,已经向中国国际贸易委员会海损理算处申请进行共同海损理算。但是在诉讼时效期间的最后六个月内,因理算报告尚未作出,被保险人无示向保险人主张权利,属于被保险人主观意志不能控制的客观情形,可以认定构成诉讼时效中止。中止时效的原因消除之日,即理算报告作出之日起,时效期间继续计算。因此,本案诉讼时效期间应当自理算报告作出之日起六个月届满。请你院依照相关法律规定准确确定本案诉讼时效期间。

此复。

——《最高人民法院关于汽船互保协会(百慕大)与中国人民财产保险股份有限公司厦门分公司海上保险合同纠纷一案时效法律适用问题的请示的复函》(2012年8月1日,〔2012〕民四他字第17号)

1850

海上保险合同保险人行使代位求偿权的诉讼时效期间的计算

关键词 | 海上保险合同 | 代位求偿权 | 诉讼时效 |

【最高人民法院司法解释】

上海市高级人民法院：

你院《关于海事诉讼中保险人代位求偿的诉讼时效期间起算日相关法律问题的请示》(沪高法〔2014〕89 号)收悉。经研究,批复如下:

依照《海商法》及最高人民法院《海上保险纠纷规定》关于保险人行使代位请求赔偿权利的相关规定,结合海事审判实践,海上保险合同的保险人行使代位请求赔偿权利的诉讼时效期间起算日,应按照《海商法》第十三章规定的相关请求权之诉讼时效起算时间确定。

此复。

——《最高人民法院关于海上保险合同的保险人行使代位请求赔偿权利的诉讼时效期间起算日的批复》(2014 年 12 月 25 日,法释〔2014〕15 号)

1851

海上货物运输保险合同货物全损以及货物受损是否属于保险合同约定的承保风险责任范围的认定

关键词 | 海上货物运输保险 | 货物全损 | 承保范围 |

【最高人民法院裁判文书】

中设(南通)机械设备进出口公司进口分公司与中国平安保险(集团)股份有限公司海上货物运输保险合同纠纷再审案[最高人民法院(2012)民申字第 34 号民事裁定书]

最高人民法院认为:本案系海上运输货物保险合同纠纷。中设南通将其进口的货物向平安保险公司投保货物运输险,保险合同合法有效,双方之间的权利义务应当按照保险合同的约定确定。根据申请再审人的申请理由,本案审查的主要问题是涉案货物受损是否属于保险合同约定的承保风险的责任范围。

根据涉案保险单的约定,涉案运输货物承保条件适用1981年中国人民保险公司海洋运输货物保险条款,承保险别为平安险,附加船舶老龄险。关于平安险,双方已经在保单背面就其风险范围做了详细列明,包括:(1)被保险货物在运输途中由于恶劣气候、雷电、海啸、地震、洪水等自然灾害造成整批货物的损失……而在中设南通向承运人请求赔偿的(2000)鄂经终字第105号民事判决中,已经认定本案货损原因为旧金轮上未配备惰性气体输入设备,货舱不适货。该判决中认定的事实,可以作为认定本案事实的依据。虽然中设南通称运输过程中的恶劣气候亦为货损原因之一,但其未能提供证据证明风力5、6,海浪状况5、6是该条航线上所不常见、不可预测、不可抗拒的恶劣气候。且即使该恶劣气候导致了货物的含水量增加,中设南通亦未能证明在含水量12.87%时,货物才会炭化褐变,而在含水量11.98%(货物在起运港时含水量)的情况下,涉案货物的固有缺陷并不会导致炭化褐变。故中设南通未能证明涉案货物受损原因属于平安险的承保范围。关于附加船舶老龄险。涉案保险单对“附加船舶老龄险”的责任范围未做任何说明。根据我国海上运输货物保险惯例,并不存在该附加险种,一般仅为保险人同意承保由老龄船承运货物的货运险的前提条件。即使“附加船舶老龄险”为本案双方当事人约定的一项新险种,如中设南通所承认,该险种应承保“因船舶使用年限过长,船体和设备老化等原因造成的货物损失”,而本案的货损原因系因涉案船舶未配备惰性气体输入设备造成。此种情况为货舱必要设施的“缺乏”而非“老化”,不应属于“附加船舶老龄险”的承保范围。综上,中设南通未能举证证明涉案货损原因系平安险或“附加船舶老龄险”的责任范围。

根据《海商法》第二百四十五条的规定,“保险标的发生保险事故后灭失,或者受到严重损坏完全失去原有形体、效用,或者不能再归被保险人所拥有的,为实际全损”。涉案货物经湖北饲料质检站认定,已失去了应有的外观和内在品质,全部不能作为饲料原料使用。该批豆粕的性质以及商业用途已经完全改变,该批货物已经“受到严重损坏完全失去原有形体、效用”,应为实际全损。中设南通关于涉案货物构成全损的主张符合《海商法》的规定,应予支持。但由于中设南通未能举证证明涉案货损系平安险承保范围,涉案货损亦不属于“附加船舶老龄险”的责任范围,中设南通要求平安保险公司承担保险赔偿责任的主张缺乏充分的事实依据和法律依据。

——中国裁判文书网,http://wenshu.court.gov.cn。

1852

当事人未约定将《沿海内河船舶保险条款解释》内容作为保险合同条款的一部分，该解释性文件不是保险合同组成部分，对合同当事人没有约束力

关键词 | 保险合同条款 |

【最高人民法院裁判文书】

中国人寿财产保险股份有限公司浙江省分公司与浙江奥圣航务工程有限公司、中国人寿财产保险股份有限公司海上保险合同纠纷案［最高人民法院(2011)民申字第357号民事裁定书］

最高人民法院认为:奥圣公司与人寿财险浙江公司之间成立的沿海内河船舶保险合同合法有效,双方均应依约履行。双方约定的《沿海内河船舶保险条款》的一切险承保因八级以上大风、碰撞、搁浅等原因以及该原因引起的船舶倾覆、沉没等所造成的被保险船舶全损或者部分损失。尽管中国人民银行于1996年12月27日颁布的《沿海内河船舶保险条款解释》(于2010年9月29日废止)对“搁浅”作出了解释,明确规定“有意将船舶抢滩座浅受损不属于搁浅责任范围”,但订立保险合同时双方当事人并没有约定将该解释性文件的内容作为保险合同条款的一部分。该解释性文件不是涉案保险合同的组成部分,对合同双方当事人没有约束力。因“奥圣65”轮机舱阀盖结合处漏水,轮机长更换垫片时阀芯弹出,海水涌入机舱,出现险情。在随后的拖带救助中,该轮因拖轮拖缆崩断而搁浅。整个事故的最初起因(机舱漏水)与搁浅的直接原因(拖缆崩断),均具有意外性,搁浅事故属于意外事故。天津海事局出具的“奥圣65”轮搁浅事故调查报告系一审法院应人寿财险浙江公司、人寿财险公司的申请向天津海事局调取的,但该报告未加盖天津海事局的印章,一审法院进行质证后虽未表明认证结论及其理由,但从一审法院查明的事实看,一审法院基本认定了该调查报告所述事实。该调查报告认为“轮机长对海底阀漏水可能危及船舶安全有足够认识,但是其所采取措施的不谨慎、不严密导致了事故的产生,是事故产生的直接原因”。这是船舶搁浅事故发生的原因之一,实际证明了搁浅事故的发生。涉案保险合同约定保险人将搁浅作为独立原因承保,并没有对搁浅的含义及其发生的原因作出任何限定。上述事故原因不能在涉案保险合同纠纷中作为独立事故对待而取代或者否定搁浅事故。一、二审法

院将涉案搁浅事故认定为保险合同约定的承保风险,符合保险合同的约定,是正确的。在保险合同约定的“搁浅”实际发生后,人寿财险浙江公司认为事故不属于其承保范围,没有事实和法律依据,本院不予支持。

——中国裁判文书网,http://wenshu. court. gov. cn。

1853

中国船东互保协会与会员之间签订的保险合同不属于商业保险，不适用《保险法》，应适用《合同法》等法律的规定

关键词｜船东互保协会｜保险合同｜

【最高人民法院答复】

湖北省高级人民法院:

你院〔2003〕鄂民四终字第6号《关于中国船东互保协会与南京宏油船务有限公司海上保险合同纠纷上诉一案有关适用法律问题的请示》收悉。经研究,答复如下:

中国船东互保协会不属于我国《保险法》规定的商业保险公司。中国船东互保协会与会员之间签订的保险合同不属于商业保险,不适用我国《保险法》规定,应当适用我国《合同法》等有关法律的规定。

中国船东互保协会2000保险条款第七条通则第一款第(六)项约定的保证义务,是承保范围的前提条件,不属于免责条款。上述约定符合我国《合同法》规定,属于协会会员必须遵守的我国法律规定的关于船舶和船员安全管理方面的强制性义务,应当认定其效力。

南京宏油船务有限公司违反了我国《海上交通安全法》《船舶最低安全配员规则》《油船安全生产管理规则》等有关规定,对“隆伯6”轮触礁沉没事故造成的损失应当承担责任。中国船东互保协会已经垫付了本应由南京宏油船务有限公司支付的清污打捞费用,南京宏油船务有限公司应当向中国船东互保协会返还该笔费用及相应利息。

——《最高人民法院关于中国船东互保协会与南京宏油船务有限公司海上保险合同纠纷上诉一案有关适用法律问题的请示的复函》(2004年5月26日,〔2003〕民四他字第34号)

第十四章 | CHAPTER 14

域外仲裁裁决与外国判决的承认与执行

一、域外仲裁裁决承认与执行

1854

对于外国仲裁裁决，法律没有规定当事人必须一并申请承认和执行，当事人可以仅申请承认，也可以选择申请承认和执行

关键词｜申请承认｜申请执行｜一并申请承认和执行｜

【最高人民法院答复】

陕西省高级人民法院：

你院〔2013〕陕民三他字第1号《关于对国外仲裁机构的裁决申请承认和申请执行是否应一并提出问题的请示》收悉。经研究，答复如下：

1. 对于外国仲裁裁决，法律没有规定当事人必须一并申请承认和执行，当事人可以选择仅申请人民法院承认，也可以选择申请人民法院承认和执行。当事人先申请人民法院承认外国仲裁裁决，人民法院经审查裁定予以承认的，当事人还可以申请人民法院执行该仲裁裁决。

2. 根据《最高人民法院关于人民法院处理与涉外仲裁及外国仲裁事项有关问题的通知》（法发〔1995〕18号）的精神，泰王国泰普克沥青（大众）有限公司申请执行涉案外国仲裁裁决，西安市中级人民法院在拟裁定不予受理前，应当逐级上报最高人民法院，待最高人民法院答复后作出相应裁定。

3. 西安市中级人民法院于2009年12月7日裁定承认涉案外国仲裁裁决，泰普克公司于2010年1月27日申请执行该仲裁裁决，西安市中级人民法院审查是否执行该仲裁裁决，应当适用当时施行的《民事诉讼法（2007）》。依照《民事诉讼法（2007）》第二百一十五条第一款的规定，申请执行的期间为二年；申请执行时效的中止、中断，适用法律有关诉讼时效中止、中断的规定。西安市中级人民法院裁定承认仲裁裁决后，泰普克公司申请执行该仲裁裁决的期限从该裁定生效之日起重新计算。泰普克公司申请执行该仲裁裁决，并未超过《民事诉讼法（2007）》规定的二年申请执行期限。西安市中级人民法院以泰普克公司申请执行超过《民事诉讼法（2007）》规定的申请执行期限为由，裁定不予受理，适

用法律不当，应予纠正。

——《最高人民法院关于对国外仲裁机构的裁决申请承认和申请执行是否应一并提出问题的请示的复函》(2013 年 7 月 30 日，〔2013〕民四他字第 43 号）

1855

“非内国裁决”是相对“声请承认及执行地所在国”而言

关键词｜非内国裁决｜

【最高人民法院答复】

上海市高级人民法院：

你院〔1999〕沪高执他字第 5 号函《关于麦考·奈浦敦有限公司申请承认和执行仲裁裁决一案的请示》收悉。经研究，答复如下：

四、关于本案是否适用《纽约公约》的问题。《纽约公约》第一条第一款规定的适用范围有两种情形：一是“仲裁裁决，因自然人或法人间之争议而产生且在声请承认及执行地所在国以外之国家领土内做成者，其承认及执行适用本公约”。你院请示所述案符合此种情形，应当适用《纽约公约》；另一种情形是“本公约对于仲裁裁决经声请承认及执行地所在国认为非内国裁决者，亦适用之”。这里所指的“非内国裁决”是相对“声请承认及执行地所在国”而言的。你院请示所述案并非我国国内裁决，当然应适用《纽约公约》。你院提出的“本案所涉裁决系‘非国内裁决’，尚不能明确是否适用于《纽约公约》”的问题，系对公约有关条款的误解。

综上，本案不存在可以拒绝承认和执行所涉仲裁裁决的理由。上海市中级人民法院应当裁定承认和执行本案所涉瑞士苏黎士商会仲裁庭的仲裁裁决。

——《最高人民法院关于麦考·奈普敦有限公司申请承认和执行仲裁裁决一案请示的复函》(2001 年 4 月 23 日，法民二〔2001〕第 32 号）

编者说明

根据《纽约公约》第一条第一款,"外国仲裁裁决"包括两类:一类是在申请承认和执行国领土外作出的裁决(也有仅将这一类裁决界定为"外国仲裁裁决"的),另一类是虽在承认和执行国领土内作出的,但该国法律不视其为本国裁决的裁决,又称"非内国裁决"。也就是说,《纽约公约》对外国仲裁裁决的确定须取地域标准和非内国标准这双重标准;除此之外,当事人的国籍、居住地或住所地都与裁决是否为外国裁决无关。一般来讲,在一国领土内作出的裁决即为该国国内裁决,在该国不存在承认的问题,其执行亦应依该国法律进行。但有些裁决虽然是在一国领土内作出,却适用另一国的程序法,或存在其他因素而不被仲裁地国视为国内裁决。此类裁决不能根据仲裁地国国内法执行,若也不能作为外国仲裁裁决申请承认和执行,则将面临执行无门的局面。《纽约公约》本着促进仲裁裁决执行的精神,规定了非内国标准,将此类裁决纳入外国仲裁裁决范畴,允许其在仲裁地国根据《纽约公约》申请承认和执行。值得注意的是,非内国标准并不为所有缔约国所接受。例如,我国在加入公约时就明确声明,我国"只在互惠的基础上对在另一缔约国领土内作出的仲裁裁决的承认和执行适用该公约"。

1856

仲裁裁决是否存在《纽约公约》第五条第一款拒绝承认和执行情形,必须依当事人的请求进行审查,未请求的不予审查

关键词 | 拒绝承认和执行 |

【最高人民法院答复】

湖北省高级人民法院:

你院鄂高法〔2015〕518号《关于申请人保罗·赖因哈特公司与被申请人湖北清河纺织股份有限公司申请承认和执行外国仲裁裁决一案的请示》收悉。经研究,答复如下:

本案系申请承认和执行外国仲裁裁决案件,根据《民事诉讼法》第二百八十三条的规定,应当依照我国缔结或者参加的国际条约办理。案涉仲裁裁决在《纽约公约》缔约国英国领土内作出,故本案审查应当适用《纽约公约》的规定。

根据《纽约公约》第五条第一款"裁决惟有于受裁决援用之一造向声请承认及执行地之主管机关提具证据证明有下列情形之一时,始得依该造之请求,拒予

承认及执行”以及第五条第二款“倘声请承认及执行地所在国之主管机关认定有下列情形之一，亦得拒不承认及执行仲裁裁决”的规定，人民法院对仲裁裁决是否存在《纽约公约》第五条第一款拒绝承认和执行情形，必须依当事人的请求进行审查，当事人未请求的，人民法院不予审查；对仲裁裁决是否存在《纽约公约》第五条第二款规定的违反可仲裁性和公共政策情形，人民法院可以依职权主动审查。本案中，被申请人湖北清河纺织股份有限公司未就《纽约公约》第五条第一款的情形提出不予承认和执行仲裁裁决的主张，你院依职权审查并拟依照《纽约公约》第五条第一款的规定不予承认和执行裁决，缺乏相应的法律依据。案涉仲裁裁决亦不存在《纽约公约》第五条第二款规定的情形，故人民法院应予裁定承认和执行。

此复。

——《最高人民法院关于申请人保罗·赖因哈特公司与被申请人湖北清河纺织股份有限公司申请承认和执行外国仲裁裁决一案请示的答复》（2016年5月26日，〔2016〕最高法民他11号）

1857

法院在审查外国仲裁裁决承认和执行案件时，有权依据相关证据对是否签订仲裁协议及协议是否有效等进行审查并作出认定

关键词｜仲裁协议｜

【最高人民法院答复】

山东省高级人民法院：

你院〔2015〕鲁民四他字第1号《关于ECOM AGROINDUSTRIAL ASIA PTE LTD申请承认和执行国际棉花协会仲裁裁决案的请示》收悉。经研究，答复如下：

本案系当事人申请承认及执行外国仲裁裁决的案件，案涉仲裁裁决由国际棉花协会在英国境内作出，我国与英国均为《纽约公约》的缔约国，根据《民事诉讼法》第二百八十三条的规定案涉仲裁裁决的承认和执行应当依照《纽约公约》的相关规定进行审查。

人民法院在审查外国仲裁裁决承认和执行案件时，有权依据相关证据对当事人之间是否签订仲裁协议及仲裁协议是否有效等进行审查并作出认定。根据你院请示所示，本案目前争议的核心问题在于当事人之间是否签订了仲裁协议，该问题属于事实认定问题。本院法〔1999〕13号《最高人民法院关于审判工作请示问题的通知》第二条规定，报送请示案件的事实、证据问题由高级人民法院负责。因此对于案涉当事人是否签订了仲裁协议的事实问题，应由受理案件的人民法院进行审理后自行作出认定。如可以确认案涉当事人之间未签订仲裁协议这一事实，则根据《纽约公约》的有关规定，应拒绝承认和执行案涉仲裁裁决。

——《最高人民法院关于对山东省高级人民法院就 ECOM AGROINDUSTRIAL ASIA PTE LTD 申请承认和执行国际棉花协会仲裁裁决案的请示的复函》(2015年9月24日，〔2015〕民四他字第29号)

1858

当事人之间合同及仲裁条款真实性及效力的认定

关键词｜仲裁条款｜

【最高人民法院答复】

天津市高级人民法院：

你院〔2011〕津高民四他字第4号《关于韦斯顿瓦公司申请承认与执行英国仲裁裁决案的请示》收悉。经研究，答复如下：

一、关于仲裁条款的效力。你院请示报告中认定，韦斯顿瓦公司提交的2008年8月1日签订的《航次租船包运合同》仅有韦斯顿瓦公司一方的签章，并没有北京中钢天铁钢铁贸易有限公司（以下简称中钢天铁公司）的签字或者盖章。但是，中钢天铁公司清算组于2009年3月13日向韦斯顿瓦公司发送通知时，对该合同的签订以及已经按照合同约定履行2008年航次的事实已经予以认可，并且指定陈波为仲裁员。现中钢天铁公司虽然对该合同的真实性提出异议，但并没有提交充分的相反证据，应当认定该《航次租船包运合同》的真实性，合同中的仲裁条款对双方当事人均具有约束力。你院认为本案没有充分证据证明双方当事人之间有仲裁合意并达成书面仲裁条款，缺乏充分的事实依据。

——《最高人民法院关于韦斯顿瓦公司申请承认与执行英国仲裁裁决案的请示的复函》(2012年5月21日,〔2012〕民四他字第12号)

新疆维吾尔自治区高级人民法院：

你院〔2006〕新执监字第97号《关于不予执行香港欧亚科技公司与新疆啤酒花股份有限公司仲裁裁决一案的请示》收悉。经研究，答复如下：

据你院请示所附材料，申请人香港欧亚科技公司与被申请人新疆啤酒花股份有限公司为买卖啤酒花生产线进行磋商并一同检验设备后，因新疆啤酒花股份有限公司无进出口权，委托新疆农垦进出口公司代理进口。1996年10月19日，新疆农垦进出口公司与香港欧亚科技公司在乌鲁木齐市签订了96XK—1015HK合同(包括两个附件A和B)，新疆啤酒花股份有限公司的副总经理在该合同的正本上签名确认。合同约定：本合同适用中国法律，如双方不能协商解决争议，则通过仲裁解决，仲裁地点将在香港。1997年12月1日，新疆啤酒花股份有限公司与香港欧亚科技公司签订了《关于对1996年10月19日乌鲁木齐签订的96XK—1015HK合同和附件B的修改协议》，双方在此修改协议中约定：修改协议是原合同的组成部分。之后，新疆啤酒花股份有限公司与香港欧亚科技公司发生争议，香港欧亚科技公司将争议提交仲裁。2001年6月24日，香港国际仲裁中心作出最终裁决。香港欧亚科技公司向乌鲁木齐市中级人民法院申请执行该裁决后，新疆啤酒花股份有限公司以双方之间没有仲裁协议为由提出应不予执行上述仲裁裁决。

本院经审查认为，新疆啤酒花股份有限公司与香港欧亚科技公司在修改协议中明确约定了该修改协议是原合同的组成部分，而原合同中有仲裁条款。因此，原合同中的仲裁条款对新疆啤酒花股份有限公司和香港欧亚科技公司双方具有约束力，不应以新疆啤酒花股份有限公司和香港欧亚科技公司之间不存在仲裁协议为由拒绝执行香港国际仲裁中心于2001年6月24日就新疆啤酒花股份有限公司与香港欧亚科技公司间买卖纠纷作出的仲裁裁决。此外，依照《仲裁法解释》第十六条和《最高人民法院关于内地与香港特别行政区相互执行仲裁裁决的安排》(以下简称《内地与香港仲裁裁决安排》)第七条第一款第一项，当事人未对仲裁协议的准据法作出约定但约定了仲裁地点的，适用仲裁地法律即香港特别行政区法律确定上述仲裁条款的效力。被申请人未主张上述仲裁条款依照香港特别行政区法律应确定为无效,也未提出仲裁裁决有《内地与香港特仲裁裁决安排》第七条第一款规定的其他情形,如又不具有第二款、第三款规定的情形,则上述裁决应予执行。

——《最高人民法院关于不予执行香港欧亚科技公司与新疆啤酒花股份有限公司仲裁裁决一案的请示的复函》(2007 年 11 月 28 日,〔2006〕民四他字第 48 号)

1859

涉案合同主体变更协议及补充协议均明确约定并入仲裁协议，属以书面形式达成有效仲裁协议

关键词|合同主体变更|仲裁协议|

【最高人民法院商事审判参考性案例】

大宇造船海洋株式会社(DaewooShipbuilding&MarineEngineeringCo.,Ltd.)申请承认外国仲裁裁决案

【基本案情】

大宇造船作为建造方与 JELEPHANTCORPORATION 作为买方签订船舶建造合同,约定该合同项下的纠纷按照《1996 年英国仲裁法》提交英国伦敦仲裁解决。后大宇造船与 JELEPHANTCORPORATION、西象公司(CELEPHANTINC)签订合同主体变更协议,将买方变更为西象公司。大宇造船与西象公司、西达克凌公司(CDUCKLINGCORPORATION)又签订补充协议,由西达克凌公司承担部分付款义务。两协议均约定任何因协议所产生的纠纷应依照前述船舶建造合同仲裁条款进行仲裁。其后因未收到造船款,大宇造船在伦敦对西象公司和西达克凌公司提起仲裁。大宇造船指定的独任仲裁员作出仲裁裁决,支持大宇造船的请求。大宇造船向青岛海事法院申请承认该仲裁裁决。

【裁判结果】

青岛海事法院认为,大宇造船提交的我国有资质的翻译公司及翻译员翻译的中文译文符合《纽约公约》规定的形式要求;涉案合同主体变更协议及补充协议,均明确约定并入仲裁协议,适用英国法在伦敦仲裁,属于以书面形式达成了

有效的仲裁协议；独任仲裁员的委任程序以及仲裁送达程序符合《1996 年英国仲裁法》的规定；承认或执行该项仲裁裁决，不与中国的公共秩序或中国法律相抵触。综上，该英国伦敦仲裁裁决不存在《纽约公约》规定拒绝承认的情形，应予承认。

【典型意义】

对于申请承认和执行外国海事仲裁裁决案件的审查，应根据我国法律的规定，依照我国缔结或参加的国际条约或者按照互惠原则进行。《纽约公约》是国际仲裁领域最重要的一项国际公约，为外国仲裁裁决的承认与执行设定了国际标准，并得到大多数国家的认同。作为该公约的缔约国，我国法院一直高度重视《纽约公约》在中国的适用，充分尊重当事人的意思自治，为外国仲裁裁决的承认和执行提供高效、便利的司法环境，为纠纷的多元解决创造良好的法治环境。本案审查准确把握《纽约公约》的宗旨与精神，正确解释与适用公约的条文，裁定对外国海事仲裁裁决予以承认，体现了支持国际海事仲裁和适度监督的司法理念，是对《纽约公约》解释和适用的积极尝试和有益探索。此外，本案适用仲裁地法律，即《1996 年英国仲裁法》，认定仲裁协议的效力、仲裁庭组成合法性等问题，对涉外商事、海事案件审理中外国法律的查明和适用问题也具有一定的指导意义。

——《2016 年十大典型海事案例》(2017 年 4 月 28 日)，载最高人民法院网，http://www.court.gov.cn。

1860

不能认定当事人双方存在仲裁协议的，相关仲裁裁决应不予承认和执行

关键词 | 仲裁协议 |

【最高人民法院答复】

浙江省高级人民法院：

你院〔2014〕浙商外确字第 1 号《关于申请人艾仑宝棉花公司与被申请人宁波雅戈尔国际贸易运输有限公司申请承认和执行外国仲裁裁决一案的请示》收悉。经研究，答复如下：

本案为申请承认及执行国际棉花协会在英国作出的仲裁裁决案件，由于我国和英国均为《纽约公约》成员国，故对本案的审查应当适用该公约的相关规定。

根据你院请示所述情况，申请人艾仑宝棉花公司（以下简称艾仑宝公司）申请称与宁波雅戈尔国际贸易运输有限公司（以下简称雅戈尔公司）于2008年8月15日签订编号为347450、347460的两份棉花购销协议，并于2008年9月9日签订编号为348990的一份棉花购销协议，棉花购销协议约定雅戈尔公司作为买方向艾仑宝公司购买棉花合计2000公吨，并约定任何与棉花购销协议有关的争议，应根据国际棉花协会章程，在英国利物浦进行仲裁，适用英国法。棉花协议签订后，因雅戈尔公司未实际履行，未根据协议约定开立信用证，致双方发生纠纷，艾仑宝公司于2009年12月14日向国际棉花协会提起仲裁。但雅戈尔公司对该三份棉花购销协议的真实性提出异议，提出协议上印章不是雅戈尔公司印章，该公司也没有委托所谓的高级代表吴倚恩对协议进行确认。而根据艾仑宝公司陈述，该三份棉花购销协议最初是通过口头方式订立，并与雅戈尔公司的一名高级代表进行了确认，后立即送交了书面确认书。所谓书面确认书，艾仑宝公司主张就是其提交的三份棉花购销协议，系通过传真签订，但艾仑宝公司既不能明确是通过哪个传真号码签订，也不能证明该传真号码与雅戈尔公司之间的关联性；艾仑宝公司陈述三份棉花购销协议经过雅戈尔公司高级代表吴倚恩确认，但既未提出任何证据证明该事实，也无证据表明吴倚恩有权代表雅戈尔公司，吴倚恩也未在该三份棉花购销协议上签字。对于印章真实性问题，仲裁庭委托的出具专业意见的律师在其出具的法律意见书中提到，这一问题应由仲裁庭进行审查，并且其出具的法律意见也是建立在假设雅戈尔公司的印章真实的情况下作出。仲裁庭在裁决书中表明三份棉花协议中雅戈尔公司的印章与雅戈尔公司提交仲裁庭的二份文件上加盖的印章非常近似，并据此认为雅戈尔公司提交的这二份文件成为对其不利的证据。仲裁庭认为依据对英国法的理解与认知，仲裁协议有效，但未阐明具体理由与法律依据。

当事人就通过仲裁解决争议达成合意是仲裁条款或者仲裁协议独立生效的前提，也是仲裁机构受理仲裁案件的前提。而本案中艾仑宝公司既无法证明三份棉花协议中雅戈尔公司的印章的真实性，也无法证明吴倚恩有权代表雅戈尔公司，因此没有有效证据证明雅戈尔公司与艾仑宝公司之间就案涉棉花购销协议产生的纠纷交付仲裁达成合意。国际棉花协会受理本案缺乏事实和法律依据。

综上，同意你院关于不予承认国际棉花协会于2011年9月9日就编号为347450、347460、348990的棉花购销协议纠纷作出的仲裁裁决的请示意见。

——《最高人民法院关于申请人艾仑宝棉花公司与被申请人宁波雅戈尔国际贸易运输有限公司申请承认和执行外国仲裁裁决一案的请示的复函》（2014年7月31日，〔2014〕民四他字第32号）

江苏省高级人民法院：

你院〔2009〕苏民三仲审字第1号《关于Concordia Trading B. V. 申请承认和执行英国油、油籽和油脂协会（FOSFA）第3948号仲裁裁决一案的请示》收悉。经研究，答复如下：

本案为申请承认及执行外国仲裁裁决案件，由于本案仲裁裁决系英国仲裁机构FOSFA在英国境内作出，而我国和英国均为《纽约公约》的成员国，根据《民事诉讼法》第二百六十七条以及《纽约公约》第一条的规定，对本案仲裁裁决承认及执行的审查，应适用《纽约公约》的相关规定。

根据你院请示报告认定的事实，Concordia Trading B. V.（以下简称和谐公司）印制的三份合同均含有提交FOSFA仲裁的争议解决条款，但该三份合同通过经纪人Soipley S. A. 的代理人Agri Commodities International Ltd. 驻上海代表处转交给南通港德油脂有限公司后，南通港德油脂有限公司并未签字或者盖章予以确认，也没有将上述三份合同回传，故不能认定和谐公司与南通港德油脂有限公司就仲裁条款达成了书面协议。在其后发生的双方函件往来中，南通港德油脂有限公司出具的保证函虽然涉及了和谐公司三份合同文本的编号，但该保证函载明的货物数量、价格以及期货保证金条款与和谐公司三份合同文本的内容并不相同，不足以推定双方对和谐公司的三份合同文本中含有的仲裁条款形成了一致的意思表示。

《纽约公约》第二条第一款规定仲裁条款必须以书面协定达成。第二条第二款规定"书面协定"是指当事人所签订或在互换函电中所载明的契约仲裁条款或仲裁协定。可见，《纽约公约》并不接受默示的仲裁协议。本案没有充分证据证明和谐公司和南通港德油脂有限公司之间有仲裁合意并以签署或者函件互换的方式达成了书面形式的仲裁条款，不符合《纽约公约》第二条第一款、第二款关于仲裁协议书面形式要件的规定，人民法院应不予承认和执行该仲裁裁决。

同意你院处理意见。

——《最高人民法院关于申请承认和执行（FOSFA）第3948号仲裁裁决一案的请示的复函》（2009年8月3日，〔2009〕民四他字第22号）

广东省高级人民法院：

你院〔2005〕粤高法民四他字第14号《关于对韩进船务有限公司申请承认和执行英国仲裁裁决的请示》收悉。经研究，答复如下：

本案所涉提单虽然在正面载明了"与租船合同一并使用"，且在背面条款中载明了"提单正面所注明的租船合同中的所有条件、条款、权利和除外事项，包括法律适用和仲裁条款，都并入本提单"，但韩进船务有限公司不能证明其提交的包运合同就是提单所载明的租船合同，而且该包运合同的当事人并非韩进船务有限公司，因此应认定该包运合同没有并入提单，包运合同文本中的仲裁条款也没有并入提单，韩进船务有限公司与广东富虹油品有限公司之间不存在书面仲裁协议或者仲裁条款，韩进船务有限公司提出承认和执行仲裁裁决的请求，不符合《纽约公约》第二条的相关规定。

同意你院的倾向性意见，即拒绝承认与执行英国仲裁员罗伯特·嘉仕福特(Robert Gaisford)于2004年12月6日在英国作出的仲裁裁决。

——《最高人民法院关于对韩进船务有限公司申请承认和执行英国仲裁裁决一案请示的复函》(2006年6月2日，〔2005〕民四他字第53号)

江苏省高级人民法院：

你院2001年11月9日《关于新加坡益得满亚洲私人有限公司申请承认与执行外国仲裁裁决一案的请示》收悉。经本院审判委员会研究，答复如下：

仲裁条款或者仲裁协议独立生效的前提，是有关当事人就通过仲裁解决争议达成合意。本案中，根据新加坡益得满亚洲私人有限公司与无锡华新可可食品有限公司之间的来往传真，双方当事人之间未就购买可可豆事宜产生的争议达成通过仲裁解决的合意。英国伦敦可可协会以新加坡益得满亚洲私人有限公司单方拟定的仲裁条款仲裁有关纠纷缺乏事实和法律依据。依照《民事诉讼法(1991)》第二百六十九条及我国参加的《纽约公约》的有关规定，我国人民法院应拒绝承认与执行本案仲裁裁决。

——《最高人民法院关于新加坡益得满亚洲私人有限公司申请承认与执行外国仲裁裁决一案的请示的复函》(2003年6月12日，〔2001〕民四他字第43号)

1861

我国法律未授权当事人将不具有涉外因素的争议交由境外仲裁机构或者在我国境外临时仲裁，否则相关约定条款无效

关键词｜仲裁条款｜

【最高人民法院答复】

北京市高级人民法院：

你院京高法〔2013〕388号《关于北京朝来新生体育休闲有限公司申请承认大韩商事仲裁院作出的第12113－0011号、第12112－0012号仲裁裁决案件的请示》收悉。经研究，答复如下：

北京朝来新生体育休闲有限公司（以下简称朝来公司）申请承认的仲裁裁决由大韩商事仲裁院在韩国境内作出，我国和韩国均为《纽约公约》的成员国，应当根据《民事诉讼法（2007）》第二百八十三条以及《纽约公约》的相关规定进行审查。

本案争议焦点是北京所望之信投资咨询有限公司与朝来公司签署的《合同书》中的仲裁条款是否有效。根据你院请示所述的事实，订立《合同书》的双方当事人均为中国法人，《合同书》内容是双方就朝来公司在中国境内的高尔夫球场进行股份转让及合作，所涉标的物在中国境内，合同亦在中国境内订立和履行。因此，《合同书》没有涉外民事关系的构成要素，不属于涉外合同。该合同以及所包含的仲裁条款之适用法律，无论当事人是否做出明示约定，均应确定为中国法律。根据《民事诉讼法（2007）》第二百七十一条以及《合同法》第一百二十八条第二款的规定，我国法律未授权当事人将不具有涉外因素的争议交由境外仲裁机构或者在我国境外临时仲裁，故本案当事人约定将争议提交大韩商事仲裁院仲裁的条款属无效协议，且该仲裁协议之效力瑕疵不能因当事人在仲裁程序中未提出异议而得到补正，仲裁庭对本案争议不享有管辖权。根据《纽约公约》第五条第一款（甲）项的规定，被申请人提供证据证明仲裁条款依当事人作为协定准据之法律系属无效者，得拒予承认及执行仲裁裁决，故本案所涉仲裁裁决应不予承认，但你院同时认为适用《纽约公约》第五条第二款（乙）项规定的公共政策事由不当，应予纠正。

综上，同意你院不予承认涉案仲裁裁决的请示意见，并请你院在本案审结后将民事裁定书抄送我院。

——《最高人民法院关于北京朝来新生体育休闲有限公司申请承认大韩商事仲裁院作出的第12113－0011号、第12112－0012号仲裁裁决案件请示的复函》（2013年12月18日，〔2013〕民四他字第64号）

1862

自贸试验区内的外商独资企业与外商在区外设立的中国法人之间的跨区商事交易在约定境外仲裁上可以适度放开

关键词｜自贸试验区｜跨区商事交易｜境外仲裁｜

【最高人民法院答复】

上海市高级人民法院：

你院〔2013〕沪高民认（外仲）字第1号《关于申请人西门子国际贸易（上海）有限公司与被申请人上海黄金置地有限公司承认和执行外国仲裁裁决一案的请示》收悉。经研究，答复如下：

根据请示反映的事实，本案申请人西门子国际贸易（上海）有限公司与被申请人上海黄金置地有限公司均为中国法人，双方签订的《货物供应合同》虽不具有典型的涉外因素，但本案属于涉自贸区案件，双方当事人均为外资独资子公司，上海黄金置地有限公司作为仲裁案件的申请人提起仲裁程序后，西门子国际贸易（上海）有限公司在提出管辖权异议并被仲裁庭驳回后又提出了反请求，双方均实际参与了全部仲裁程序，上海黄金置地有限公司也在仲裁裁决做出后部分履行了仲裁确定的义务，为贯彻《最高人民法院关于人民法院为"一带一路"建设提供司法保障的若干意见》中提出的"促进国际商事海事仲裁在'一带一路'建设中发挥重要作用"的要求，本着支持自贸区法治建设可先行先试的精神，综合考虑本案实际情况，同时，结合禁止反言、诚实信用和公平合理等公认的法律原则，可以认定本案仲裁协议符合《涉外民事关系法律适用法解释（一）》第一条第五项"可以认定为涉外民事关系的其他情形"。

此外，并无证据证明承认与执行该仲裁裁决将违反我国公共政策。故本案仲裁裁决不存在我国参加的《纽约公约》第五条规定之情形，应予承认与执行。

——《最高人民法院关于西门子国际贸易（上海）有限公司申请承认与执行外国仲裁裁决一案的请示的复函》（2015年10月10日，〔2015〕民四他字第5号）

1863

自贸试验区内注册的外商独资企业之间约定商事争议提交域外仲裁的，不应仅以争议不具有涉外因素为由认定仲裁协议无效

关键词 | 自贸试验区 | 仲裁协议 |

【最高人民法院司法政策】

9. 正确认定仲裁协议效力，规范仲裁案件的司法审查。在自贸试验区内注册的外商独资企业相互之间约定商事争议提交域外仲裁的，不应仅以其争议不具有涉外因素为由认定相关仲裁协议无效。

一方或者双方均为在自贸试验区内注册的外商投资企业，约定将商事争议提交域外仲裁，发生纠纷后，当事人将争议提交域外仲裁，相关裁决做出后，其又以仲裁协议无效为由主张拒绝承认、认可或执行的，人民法院不予支持；另一方当事人在仲裁程序中未对仲裁协议效力提出异议，相关裁决作出后，又以有关争议不具有涉外因素为由主张仲裁协议无效，并以此主张拒绝承认、认可或执行的，人民法院不予支持。

在自贸试验区内注册的企业相互之间约定在内地特定地点、按照特定仲裁规则、由特定人员对有关争议进行仲裁的，可以认定该仲裁协议有效。人民法院认为该仲裁协议无效的，应报请上一级法院进行审查。上级法院同意下级法院意见的，应将其审查意见层报最高人民法院，待最高人民法院答复后作出裁定。

——《最高人民法院关于为自由贸易试验区建设提供司法保障的意见》（2016年12月30日，法发〔2016〕34号）

【链接：最高人民法院法官著述】

为了给自贸试验区企业提供更大的选择争端解决方式的空间，《最高人民法院关于为自由贸易试验区建设提供司法保障的意见》加大了对仲裁的支持力度。第9条以尽力认定仲裁协议有效为抓手，扩大仲裁对案件的管辖范围。国务院印发的《进一步深化中国(上海)自由贸易试验区改革开放方案》第11条规定：进一步对接国际商事争议解决规则，优化自贸试验区仲裁规则，支持国际知名商事争议解决机构入驻，提高商事纠纷仲裁国际化程度；探索建立全国性的自贸试验区仲裁法律服务联盟和亚太仲裁机构交流合作机制，加快打造面向全球的亚太仲裁中心。《最高人民法院关于为自由贸易试验区建设提供司法保障的意见》第9条也是对上述国务院文件的具体回应。其主要内容如下：

1. 允许自贸试验区内的外商独资企业在相互之间的合同中选择域外仲裁。典型的案例是西门子国际贸易(上海)有限公司申请承认和执行新加坡仲裁裁决案。西门子国际贸易(上海)有限公司与上海黄金置地有限公司均为在上海自贸试验区内注册成立的外商独资企业。双方约定将合同争议提交新加坡国际仲裁中心进行仲裁解决。在确定是否承认和执行该裁决时，关键问题是双方之间的合同关系是否具有涉外因素。如果是涉外合同关系，当事人可以选择在域外仲裁。反之，中国法院不承认有关仲裁协议的效力。上海市第一中级人民法院认为，当事人双方均为在中国注册的公司法人，合同约定的交货地、作为合同标的物的设备目前所在地均在我国境内，该合同表面上看并不具有典型的涉外因素。然而，综观本案合同所涉的主体、履行特征等方面的实际情况，该合同与普通国内合同明显不同，该合同关系可以认定为涉外民事法律关系。该院认为，双方注册地均在上海自贸试验区区域内，且其性质均为外商独资企业，由于此类公司的资本来源、最终利益归属、公司的经营决策一般均与其境外投资者关联密切，故此类主体与普通内资公司相比具有较为明显的涉外因素。在自贸试验区推进投资贸易便利的改革背景下，上述涉外因素更应给予必要重视。

2. 贯彻"禁止反言"的法律原则。仲裁申请人申请仲裁后，如果仲裁裁决结果对发起仲裁一方不利，该方当事人或许又会以仲裁协议无效为由否定仲裁管辖权，进而达到不承认和执行仲裁裁决的目的。这种行为是不诚信的，违反了"禁止反言"原则，不应予以支持。其他企业与自贸试验区内企业订立域外仲裁条款并在仲裁进行时无异议的，裁决作出后，又以所涉争议无涉外因素导致仲裁协议无效申请人民法院撤销的，人民法院同样不予支持。上述规定都是为了支持当事人按照自愿选择的方式解决争端，客观上会产生支持仲裁事业发展的效应。

3. 根据先行先试的原则和精神，允许自贸试验区内的企业之间订立仲裁协议，以临时仲裁的方式解决纠纷。临时仲裁是国际上普遍使用的一种商事纠纷解决手段。我国法院依照《纽约公约》、双边协定以及有关司法解释承认和执行域外的临时仲裁裁决。而我国仲裁法是20余年前制定的，只规定了机构仲裁，未规定临时仲裁这种形式。随着经济社会的发展，人们对临时仲裁这种灵活高效的方式越来越感兴趣，特别是在国际化程度高的自贸区，不少企业提出了这方面的需求。为此，《最高人民法院关于为自由贸易试验区建设提供司法保障的意见》对临时仲裁采取了宽容的态度。根据自贸试验区先行先试的原则和精神，人民法院应当充分尊重自贸试验区内注册企业的意思自治，如果它们之间根据真实意思表示约定了特定形式的仲裁方式，应当予以认可。与此同时，我们将这种特定形式的仲裁严格限制在自贸试验区注册企业之间，仲裁地点为内地，且通过法院审级监督的形式予以规范，待经过自贸试验区先行先试后，及时总结实践经验，并上升为可复制推广的做法，推动相关法律的修订。

——张勇健、刘敬东、奚向阳、杨兴业：《〈关于为自由贸易试验区建设提供司法保障的意见〉的理解与适用》，载《人民法院报》2017年1月18日。

1864

依据不再具有法律效力的仲裁条款受理仲裁案件，仲裁裁决应拒绝承认和执行

关键词｜仲裁条款｜

【最高人民法院答复】

广东省高级人民法院：

你院〔2012〕粤高法仲复字第3号《关于宝腾汽车（中国）有限公司与金星重工制造有限公司申请承认及执行外国仲裁裁决一案的请示》收悉。经研究，答

复如下：

该案所涉事实及法律问题实质与你院曾经向本院请示的〔2010〕粤高法民四他字第9号案相同，本案亦应按照本院〔2011〕民四他字第35号复函确定的原则进行审理。即第一，鉴于本案为请示案件，对于《备忘录》是否是当事人真实签订的这一事实问题本院不予审查，该事实应由受理案件的人民法院经过审理后作出认定，并同时注意保持人民法院生效裁判的一致性。第二，若《备忘录》系双方当事人真实签订，依照《合同法》第五十七条关于争议解决条款独立性的规定以及《外商投资纠纷解释（一）》第二条的规定，《备忘录》中诉讼管辖条款的效力不因未经审批机关批准而受影响。由于当事人通过签订《备忘录》中的诉讼管辖条款修改了原合资合同中的仲裁条款，原仲裁条款不再具有法律效力。新加坡国际仲裁中心依据不再具有法律效力的仲裁条款受理仲裁案件，构成《纽约公约》第五条第一款第（甲）项规定的情形，对于本案所涉仲裁裁决人民法院应拒绝承认和执行。

——《最高人民法院关于宝腾汽车（中国）有限公司与金星重工制造有限公司申请承认及执行外国仲裁裁决一案的请示的复函》（2013年6月27日，〔2013〕民四他字第28号）

1865

协议未约定确认仲裁协议效力的准据法，如无证据证明根据裁决地所在国法律仲裁协议是无效的，裁决应予承认与执行

关键词 | 仲裁协议 | 准据法 |

【最高人民法院答复】

山东省高级人民法院：

你院〔2015〕鲁民四他字第3号《关于申请人丰岛株式会社与被申请人昌邑琨福纺织有限公司申请承认与执行外国仲裁裁决一案的请示》收悉。经研究，答复如下：

本案系当事人申请承认及执行外国仲裁裁决的案件，案涉仲裁裁决由国际棉花协会有限公司在英国境内作出，我国和英国均为《纽约公约》的缔约国，根

据《民事诉讼法》第二百八十三条的规定案涉仲裁裁决的承认及执行应当依照《纽约公约》的相关规定进行审查。

根据你院请示,本案争议的核心问题为案涉仲裁裁决是否存在《纽约公约》第五条第一款(甲)项所规定的庆予拒绝承认及执行之情形。《纽约公约》第五条第一款(甲)项规定,仲裁协议的当事人依对其适用之法律有某种无行为能力情形者,或该项协定依当事人作为协定准据之法律系属无效,或未指明以何法律为准时,依裁决地所在国法律系属无效者,则应拒绝承认及执行仲裁裁决。根据你院请示所述的事实,双方当事人在原棉买卖合同中订有"ICA RULES AND ARBITRATIONS"的条款,未约定确认仲裁协议效力的准据法,而被申请人没有提供证据证明根据裁决地所在国即英国的法律仲裁协议是无效的等根据《纽约公约》第五条第一款(甲)项规定不予承认及执行的情形。你院请示报告中少数意见以仲裁机构约定不明为由,依据我国法律认定案涉仲裁协议无效缺乏法律依据。

综上,同意你院关于国际棉花协会有限公司作出的案涉仲裁裁决不存在《纽约公约》第五条第一款(甲)项规定的情形的多数意见。

——《最高人民法院关于对山东省高级人民法院就丰岛株式会社与被山东省昌邑琨福纺织有限公司申请承认与执行外国仲裁裁决一案的请示的复函》(2015 年 9 月 24 日,〔2015〕民四他字第 31 号)

【链接:最高人民法院法官著述】

人民法院适用《纽约公约》审查承认和执行外国仲裁裁决时,被申请人以仲裁协议效力提出抗辩的,人民法院应根据《纽约公约》第五条第一款(甲)项的规定确定仲裁协议效力的准据法。在此过程中,主张该仲裁协议无效的被申请人负有相应的举证责任。

——朱科:《承认及执行外国仲裁裁决案件中仲裁协议效力的认定》,载贺荣主编、最高人民法院民事审判第四庭编:《涉外商事海事审判指导》总第 32 辑,人民法院出版社 2017 年版,第 177 页。

1866

仲裁裁决超出仲裁协议约定的范围，侵犯了中国的司法主权和法院司法管辖权，应拒绝承认和执行

关键词｜仲裁裁决｜超范围仲裁｜

【最高人民法院答复】

山东省高级人民法院：

你院〔2007〕鲁民四他字第12号《关于不予承认和执行国际商会仲裁院仲裁裁决的请示》收悉。经研究，答复如下：

本案仲裁裁决系国际商会仲裁院作出，应根据我国加入的1958年《纽约公约》进行审查。

Hemofarm DD、MAG国际贸易公司、苏拉么媒体有限公司与济南永宁制药股份有限公司在《济南——海慕法姆制药有限公司合资合同》中约定的仲裁条款仅约束合资合同当事人就合资事项发生的争议，不能约束济南永宁制药股份有限公司与合资公司济南——海慕法姆制药有限公司之间的租赁合同纠纷。国际商会仲裁院在仲裁Hemofarm DD、MAG国际贸易公司、苏拉么媒体有限公司与济南永宁制药股份有限公司合资合同纠纷案件中，对济南永宁制药股份有限公司与合资公司济南——海慕法姆制药有限公司之间的租赁合同纠纷进行了审理和裁决，超出了合资合同约定的仲裁协议的范围。在中国有关法院就济南永宁制药股份有限公司与合资公司济南——海慕法姆制药有限公司之间的租赁合同纠纷裁定对合资公司的财产进行保全并作出判决的情况下，国际商会仲裁院再对济南永宁制药股份有限公司与合资公司济南——海慕法姆制药有限公司之间的租赁合同纠纷进行审理并裁决，侵犯了中国的司法主权和中国法院的司法管辖权。依据《纽约公约》第五条第一款（丙）项和第二款（乙）项之规定，应拒绝承认和执行国际商会仲裁院第13464/MS/JB/JEM号仲裁裁决。

同意你院的请示意见。

此复。

——《最高人民法院关于不予承认和执行国际商会仲裁院仲裁裁决的请示的复函》（2008年6月2日，〔2008〕民四他字第11号）

1867

仲裁事项超出仲裁协议范围，但如果仲裁庭有权裁决部分与超裁的部分是可分的，则有权裁决的部分应予承认和执行

关键词｜超范围仲裁｜

【最高人民法院答复】

山东省高级人民法院：

你院〔2015〕鲁民四他字第6号《关于申请人西特福船运公司与被申请人中国电子进出口山东公司、被申请人荣成市西霞口船业有限公司申请承认与执行外国仲裁裁决一案的请示报告》收悉。经研究，答复如下：

本案系申请承认英国伦敦仲裁庭作出的仲裁裁决的案件，我国和英国都是《纽约公约》的成员国，涉案仲裁裁决应否予以承认，应当根据该公约的规定进行审查。根据你院请示报告所述情况，本案审查重点是涉案英国伦敦仲裁庭“HULL XXK06－039”号仲裁裁决是否存在违反我国公共政策、超出仲裁协议范围以及其他程序性问题。

一、关于涉案仲裁裁决是否存在违反我国公共政策的问题，涉案仲裁裁决系伦敦仲裁庭于2012年2月9日就西特福船运公司与中国电子进出品山东公司、荣成市西霞口船业有限公司之间船舶建造合同纠纷作出的裁决；荣成市西霞口船业有限公司就同一船舶建造中所购主机品质问题对瓦锡兰芬兰有限公司、西特福船运公司、瓦锡兰发动机（上海）有限公司提起的船舶设备买卖侵权纠纷诉讼，青岛海事法院于2013年4月9日作出一审（2011）青海法海商初字第361号民事判决书，你院于2014年4月2日作出二审（2013）鲁民四终字第88号民事判决书，现该案由本院于2015年12月14日作出（2014）民申字第1723号民事裁定书提起再审。该仲裁与诉讼两案争议的当事人、标的、法律关系、具体请求均不同，而且船舶主机交付及其争议发生于涉案船舶逾期（建造合同约定交船日期为2009年1月31日后的210天）仍未交付的事实之后，船舶建造合同解除与主机问题无关，两案在争议事由上没有牵连，也没有充分证据证明承认涉案仲裁裁决会与我国司法主权相冲突或者违反我国公共政策。

二、关于涉案仲裁裁决是否存在超出仲裁协议范围解决技术性争议的问题，

根据涉案船舶建造合同的约定，卖方与买方应当共同指定第三方专家出具意见的程序，适用于“交船以及接受船舶之前的与技术有关的争议解决，以及交船后的保修期间的任何与技术有关的争议解决”，即适用于合同（正常）继续履行情况下交船及交船后保修阶段的技术争议解决；而涉案仲裁解决建造迟延、迟延原因以及是否解除合同等问题，最终裁决认定因卖方逾期不能交船而解除船舶建造合同，所解决的争议是船舶建造合同能否继续履行的问题，而不是涉及应由上述第三方专家出具意见解决的技术性争议，故不应由此认定涉案仲裁裁决超出仲裁协议范围。

三、关于涉案仲裁裁决是否存在超出仲裁协议范围处理责任承担的问题，涉案仲裁裁决 A 部分第(5)项为“若卖方未能向买方返还该等款项，买方将有权要求中国银行山东分行支付”。虽然中国银行山东分行为涉案船舶建造合同下买方预付款的返还提供还款保函，但该银行不是涉案船舶建造合同的一方当事人，也没有与合同当事人共同签订书面仲裁协议，不是涉案仲裁裁决的申请人或者被申请人。保函的权利义务关系不应作为涉案仲裁的裁决事项，伦敦仲裁庭作出的 A 部分第(5)项裁决超出仲裁协议的范围，故该项裁决不应予以承认，但并不影响对其他可分事项裁决的承认。

四、关于涉案仲裁裁决是否存在其他程序问题，本案被申请人中国电子进出口山东公司、荣成市西霞口船业有限公司还提出伦敦仲裁庭超期裁决等其他抗辩事由，青岛海事法院和你院合议庭一致认为被申请人的其他抗辩均不成立，我院经审查同意青岛海事法院和你院合议庭的相关分析意见。

五、关于申请人西特福船运公司撤回申请承认的事项，涉案仲裁裁决 A 部分第(6)项为“在收到买方终止合同的通知后，卖方应毫不拖延地向买方返还全部款项 16392000 美元加上由此产生的利息”。西特福船运公司以其已经收到保函担保人中国银行支付的有关款项 16392000 美元及利息，向青岛海事法院书面表示撤回对涉案仲裁裁决 A 部分第(6)项的承认申请，应准许其处分诉讼权利而相应对该项裁决不予审查。

综上，对于英国伦敦仲裁庭“HULL XXK06 - 039”号仲裁裁决，除其 A 部分第(5)项因超出仲裁协议范围而不予承认和 A 部分第(6)项因申请人撤回申请而不予审查外，其他裁决事项应予承认。故基本同意你院合议庭多数意见与一致意见，不同意青岛海事法院关于涉案仲裁裁决存在违反我国公共政策、超出仲裁协议范围解决技术性争议等问题的意见。请你院在本案审结后将民事裁定书抄送我院。

此复。

——《最高人民法院关于西特福船运公司申请承认英国伦敦仲裁庭作出的“HULL XXK06－039”号仲裁裁决案件请示的答复》（2015年12月25日，〔2015〕民四他字第48号）

湖北省高级人民法院：

你院鄂高法〔2015〕405号《关于申请人FSG汽车工业控股公司与被申请人武汉泛洲机械制造有限公司申请承认和执行奥地利联邦经济会仲裁中心SCH－5239号仲裁裁决一案的请示》收悉。经研究，答复如下：

本案系申请承认和执行奥地利联邦经济会仲裁中心在奥地利境内作出的仲裁裁决案件，由于我国和奥地利均为《纽约公约》成员国，根据《民事诉讼法》第二百八十三条的规定，对本案的审查应当适用该公约的相关规定。

关于你院请示的涉案仲裁裁决第5项和第9项是否存在裁决事项走出仲裁协议范围的问题。根据你院报送的材料，合资合同第27.3条仲裁条款约定的仲裁范围包括因合资合同引起的或与该合同相关而出现的任何纠纷。合资合同第29.1条和第29.2条规定了股东相互配合善意履行合资合同的义务，包括尽最大努力促使员工履行合资合同的相关条款。裁决第5项内容为武汉泛洲机械制造有限公司（以下简称泛洲公司）敦促其委派到合资企业的代表遵守合资合同和章程的规定，处理的是因第29.1条和第29.2条而产生的争议，履行义务的主体是泛洲公司，而非合资公司。但从该裁决项要求促使完成的具体事项看，其中（Ⅰ）至（Ⅲ）目解决泛洲公司阻碍FSG公司行使股东知情权的问题，属于合资合同纠纷；（Ⅳ）目解决的则是合资公司经营过程中FSG汽车工业控股公司和合资公司之间的应收账款结算争议，并不属于合资合同纠纷，且合资公司不是仲裁协议的当事人，故该裁决内容符合《纽约公约》第五条第一款（丙）项规定的超出仲裁协议范围的情形，应认定第5项（Ⅳ）目构成超裁。鉴于该超裁部分与第5项（Ⅰ）至（Ⅲ）目具有可分性，根据《纽约公约》相关规定，应对该超裁部分不予承认和执行。

裁决第9项的内容为泛洲公司通过其委派至合资公司的代表完成申请解散的必要程序及提名清算组成员。根据《中外合资经营企业法实施条例》第九十条的规定，合资合同因一方根本违约而终止的，由履行合同的一方提出解散申请，报审批机构批准。商务部办公厅《关于依法做好外商投资企业解散和清算工作的指导意见》第二条规定,审批机关收到解散申请书和生效法律文书等相关材料后,作出批准企业解散的批件,企业在批准解散之日起15日内成立清算组,依法开始清算。因此,合资合同违约终止下的合资公司解散,不涉及股东协助履行报批义务的问题,该类解散及清算争议不属于合资合同仲裁协议约定的范围,同意你院关于裁决第9项构成超裁的意见。

综上,依照《民事诉讼法》第二百八十三条和《纽约公约》第五条第一款(丙)项的规定,应不予承认和执行案涉仲裁裁决第5项(Ⅳ)目及第9项,对其他裁决项应予承认和执行。

此复。

——《最高人民法院关于湖北省高级人民法院就申请人FSG汽车工业控股公司与被申请人武汉泛洲机械制造有限公司申请承认和执行奥地利联邦经济会仲裁中心SCH-5239号仲裁裁决一案请示的答复》(2015年12月24日,〔2015〕民四他字第46号)

安徽省高级人民法院:

你院〔2002〕皖民二他终字第10号《关于对美国GMI公司申请承认英国伦敦金属交易所仲裁裁决一案的审查意见》收悉,经研究,答复如下:

你院请示报告对于争议的焦点问题归纳准确,对于当事人争议的GMI公司提出申请的期限问题、芜湖冶炼厂称已丧失履行能力裁决不应执行问题、芜湖冶炼厂是否得到指派仲裁员及仲裁程序通知的问题等,请示报告中均依据充分的事实和法律作出了清晰的分析,本院同意你院对上述问题的分析意见。

本案仲裁庭根据美国GMI公司与芜湖冶炼厂签订的买卖合同中的仲裁条款受理案件,就仲裁范围而言,仲裁庭只能对GMI公司与芜湖冶炼厂之间的买卖合同纠纷作出裁决,但其却根据GMI公司的申请,将与GMI公司之间没有仲裁协议的芜湖恒鑫铜业集团有限公司列为仲裁被申请人,对所谓的GMI公司与芜湖冶炼厂及芜湖恒鑫铜业集团有限公司三方之间的纠纷作出了裁决,仲裁庭对GMI公司与芜湖恒鑫铜业集团有限公司之间所谓的买卖合同纠纷所作裁决,显然已经超出了本案仲裁协议的范围。

根据《纽约公约》第五条第一款(丙)项的规定,仲裁事项超出仲裁协议范围的,应不予执行,但如果仲裁庭有权裁决部分与超裁的部分是可分的,则有权裁决的部分是应该承认和执行的。本案中仲裁庭有权裁决部分和超裁部分是明确可以区分的。虽然仲裁庭在裁决书中多次使用“被申请人”的称谓,均未指明是芜湖冶炼厂还是芜湖恒鑫铜业集团有限公司，而从裁决书首部将芜湖冶炼厂和芜湖恒鑫铜业集团有限公司均列为被申请人看，裁决书在没有特别指明的情况下，其被申请人的含义应该既包括芜湖冶炼厂，也包括芜湖恒鑫铜业集团有限公司，但使用这种称谓，并不表明有权裁决部分和超裁部分是不可分的，从最终裁决结果看，有明确裁决芜湖冶炼厂单独承担责任的部分，就该部分裁决而言，仲裁庭有权裁决，而且与超裁部分是可分的，亦不存在其他不应予以承认和执行的情形，因此对于涉及芜湖冶炼厂单独承担责任部分的裁决应予承认和执行。而其他使用“被申请人”这个称谓表明应该承担责任部分的裁决，由于对于芜湖冶炼厂及芜湖恒鑫铜业集团有限公司承担的责任没有明确区分，因此，人民法院对于仲裁庭有权裁决部分和超裁部分亦无法区分，故对于无法区分部分的裁决不应予以承认和执行。

——《最高人民法院关于美国 GMI 公司 Gerald Metals lnc 申请承认英国伦敦金属交易所仲裁裁决一案请示的复函》(2003 年 11 月 12 日，〔2003〕民四他字第 12 号)

1868

在费用裁决中直接对申请人在中国法院诉讼程序中产生的损失作出裁决，超出了费用裁决的范围，不予承认和执行

关键词 | 费用裁决 |

【最高人民法院答复】

湖北省高级人民法院：

你院鄂高法〔2015〕283 号《关于申请人翠丽提散货航运有限公司与被申请人江苏汇鸿国际集团土产进出口股份有限公司、扬州华美船业有限公司申请承认和执行伦敦仲裁裁决一案的请示》收悉。经研究，答复如下：

一、本案费用裁决中，仲裁庭对申请人因伦敦仲裁程序而支付的费用和仲裁庭收取的费用及相关利息而作出的裁决，不存在《纽约公约》第五条规定的不予承认和执行的情形，应当予以承认和执行。

二、由于本案费用裁决主要是对伦敦仲裁程序产生的相关仲裁费用如何核

算和分担作出的裁决,因本案被申请人违反合同仲裁条款约定在中国法院提起诉讼可能导致申请人产生的损失,不包括在伦敦仲裁程序产生的仲裁费用中,其性质属于违约损害赔偿。仲裁庭在本案费用裁决中直接对申请人在中国法院诉讼程序中产生的损失作出裁决,超出了费用裁决的范围。根据《纽约公约》第五条第一款第(3)项的规定,本案费用裁决中关于33815.42英镑的损害赔偿及利息部分不应予以承认和执行。

综上,同意你院关于对本案费用裁决中申请人因中国法院诉讼程序而产生的损害赔偿及利息部分不予承认和执行,对费用裁决其余部分予以承认和执行的意见。

——《最高人民法院关于申请人翠丽提散货航运有限公司与被申请人江苏汇鸿国际集团土产进出口股份有限公司、扬州华美船业有限公司申请承认和执行伦敦仲裁裁决一案请示的复函》(2015年11月27日,〔2015〕民四他字第34号)

1869

申请人申请承认和执行,被申请人对仲裁庭的管辖权提出异议的,法院应就仲裁协议是否成立的事实进行审查并作出判定

关键词|仲裁协议|

【最高人民法院答复】

广东省高级人民法院:

你院〔2011〕粤高法民四他字第15号《关于申请人瑞尔玛食品有限公司与被申请人湛江冠亚食品有限公司申请承认和执行外国仲裁裁决一案的请示》收悉。经研究,答复如下:

本案所涉仲裁裁决系美国食品工业协会在美国境内作出,我国和美国均为《纽约公约》的成员国,应当根据《纽约公约》的相关规定对涉案仲裁裁决进行审查。

1.关于涉案仲裁协议是否成立的问题。美国食品工业协会虽已确认案涉当事人之间存在仲裁协议,并据此行使管辖权和作出裁决,但申请人按照《纽约公约》申请承认和执行时,被申请人对仲裁庭的管辖权提出异议的,人民法院应当就仲裁协议是否成立的事实进行审查并作出判定。如果湛江冠亚食品有限公司

能够提供证据证明其与瑞尔玛食品有限公司不存在合同关系和仲裁协议的事实，人民法院应依据《纽约公约》第五条第一款第(a)项的规定，拒绝承认和执行涉案仲裁裁决。

——《最高人民法院关于申请人瑞尔玛食品有限公司与被申请人湛江冠亚食品有限公司申请承认和执行外国仲裁裁决请示案的复函》(2013 年 8 月 27 日，〔2013〕民四他字第 40 号)

1870

以邮寄方式向当事人送达仲裁文件，是否符合《纽约公约》“适当通知”规定的认定

关键词｜邮寄送达｜适当通知｜

【最高人民法院答复】

辽宁省高级人民法院：

你院〔2014〕辽民三他字 00001 号《关于不予承认及执行德国汉堡交易所商品协会仲裁法庭 2/11 号仲裁裁决的请示报告》收悉。经研究，答复如下：

本案系当事人向我国法院申请承认和执行外国仲裁裁决案件，根据《民事诉讼法》第一百八十三条的规定，人民法院应当适用 1958 年《纽约公约》的相关规定进行审查。

根据你院请示报告所载事实及案卷材料，仲裁庭曾以挂号信的方式通过德国邮政股份公司向仲裁被申请人丹东君澳食品有限公司邮寄仲裁员的任命、诉状、传讯等文件，德国邮政股份公司出具的证明载明，邮件已经“投递至合法接收人”，只是“未从目的国的邮政机构获得回执或其他收货确认函”。丹东君澳食品有限公司仅是声称其未收到寄送的材料，但其并未举出证据证明仲裁庭的通知程序未满足《纽约公约》第五条第一款第 2 项中“适当通知”的要求，即仲裁庭没有就指派仲裁员和仲裁程序等事项通知被申请人或者通知的方式违反了仲裁规则或仲裁地的法律的相关规定，并因而导致被申请人“未能申辩”。因此，本案所涉仲裁裁决并不存在《纽约公约》第五条第一款第 2 项规定的情形。在不存在《纽约公约》第五条规定的其他情形的情况下，本案所涉仲裁裁决应当得

到承认和执行。

——《最高人民法院关于辽宁省高级人民法院就不予承认及执行德国汉堡交易所商品协会仲裁法庭2/11号仲裁裁决请示一案的答复》(2014年6月30日,〔2014〕民四他字第31号)

1871

仲裁机构通过邮寄方式向仲裁被申请人的住所地送达，符合当事人约定的仲裁规则的，不属违反《纽约公约》第五条第一款规定的拒绝事由

关键词 | 邮寄送达 | 拒绝事由 |

【最高人民法院答复】

河南省高级人民法院:

你院《关于"昂佛化品"合资有限责任公司申请承认并执行白俄罗斯工商会国际仲裁院仲裁裁决一案的请示》收悉。经研究,答复如下:

关于本案所涉仲裁裁决是否存在《纽约公约》第五条第一款第(乙)项的不予承认及执行事由,即仲裁被申请人是否未被给予指定仲裁员或者进行仲裁程序的适当通知的问题。仲裁程序中的送达,应当依照当事人约定或约定适用的仲裁规则确定是否构成适当通知,不应适用《海牙送达公约》或《中华人民共和国和白俄罗斯共和国关于民事和刑事司法协助的条约》(以下简称《中白司法协助条约》)的规定。根据《白俄罗斯工商会国际仲裁院规程》第20章的规定,申请书、答辩书、通知书、裁决书等仲裁院关于案件所作的决定,应以回执挂号信邮寄或者凭收据向收件人送交。邮寄到收件人常住地、企业住所或邮寄地址,则被视为已接收,除非双方另有约定。因此,白俄罗斯工商会国际仲裁院通过邮寄方式向仲裁被申请人住所地送达,不违反当事人约定及仲裁规则的规定。

关于邮寄方面的证据,"昂佛化品"合资有限责任公司提供了从仲裁案卷中复印的快递公司邮件底单及回执,并加盖白俄罗斯工商会国际仲裁院公章及附

具该院主席的签名。因该两份证据是在我国境外形成的，根据《民事诉讼证据规定》第十一条的规定，可以由受理法院确定合理的期限，由申请人办理公证认证或通过司法协助途径办理相应的证明手续，以证明上述证据与仲裁案卷中的留存件相符。

综上，《纽约公约》第五条第一款规定的拒绝承认和执行事由的举证责任在被申请人，现有证据尚不足以证明被申请人未给被予适当通知，被申请人主张的该项拒绝理由不能成立。如涉案仲裁裁决不存在其他不予承认和执行的情形，应裁定予以承认和执行。

——《最高人民法院关于"昂佛化品"合资有限责任公司申请承认并执行白俄罗斯工商会国际仲裁院仲裁裁决一案的请求的复函》(2012年11月2日，〔2012〕民四他字第42号)

天津市高级人民法院：

你院〔2005〕津高民四他字第5号《关于是否裁定不予承认和执行英国伦敦"ABRA轮2004年12月28日租约"仲裁裁决的请示》收悉。经研究，答复如下：

案涉申请人世界海运管理公司与被申请人天津市凯强商贸有限公司签订的租船合同约定："本合同产生的或与本合同有关的所有争议当任何一方索赔总金额(除利息和费用外)不超过50000美元时，应根据伦敦海事仲裁员协会规则提交伦敦仲裁；其他所有争议，除非当事人立即同意一个独任仲裁员，应提交在英国执业的波罗的交易所成员的两个仲裁员最终仲裁裁决，每方当事人指定一个仲裁员，再由仲裁员执行首席仲裁员。本合同由英国法调整并根据英国法解释。"该法第六十七条规定：当事人可以通过仲裁协议对送达的方式进行约定；没有约定的，通知或其他文件可以任何有效的方式送达个人。在仲裁过程中，涉案申请人根据《1996年英国仲裁法》的规定，通过案外人采用电子邮件方式向被申请人送达，该送达方式并非我国所禁止，在申请人能够证明被申请人已收悉送达通知的情况下，该送达应为有效送达。但申请人未能提供被申请人确认收到电子邮件或者能够证明被申请人收到电子邮件的其他证据，证明被申请人得到指定仲裁员和仲裁程序的适当通知。根据《纽约公约》第五条第一款第2项的规定，应对该仲裁裁决不予承认和执行。在本案中，送达方式是电子邮件，电子化互联网式的传输手段只是一种技术载体，实际上仍然需要通过对往来邮件文本内容的判断来确定是否构成公约所坚持的

“书面标准”。

在仲裁过程中,涉案申请人根据《1996年英国仲裁法》的规定,通过案外人采用电子邮件方式向被申请人送达,该送达方式并非我国所禁止,在申请人能够证明被申请人已收悉送达通知的情况下,该送达应为有效送达。但申请人未能提供被申请人确认收到电子邮件或者能够证明被申请人收到电子邮件的其他证据,证明被申请人得到指定仲裁员和仲裁程序的适当通知。根据《纽约公约》第五条第一款第2项的规定,天津海事法院应对该仲裁裁决不予承认和执行。同意你院的处理意见。

——《最高人民法院关于是否裁定不予承认和执行英国伦敦“ABRA轮2004年12月28日租约”仲裁裁决的请示的复函》(2007年1月10日,〔2006〕民四他字第34号)

【链接:最高人民法院法官著述】

三是明确仲裁程序中的送达,依照当事人约定以及约定适用的仲裁规则,确定是否构成适当通知。在“昂佛化品”合资有限公司申请承认与执行白俄罗斯工商会国际仲裁院裁决案中,我们认为白俄罗斯工商会国际仲裁院通过邮寄方式向仲裁被申请人的住所地送达,符合当事人约定的仲裁规则的规定,不存在违反《纽约公约》第五条第一款规定的拒绝事由。该案明确了“适当通知”的认定标准,纠正了下级法院认为仲裁程序应按《海牙送达公约》或《中华人民共和国和白俄罗斯共和国关于民事和刑事司法协助的条约》通知当事人的错误观点。

——罗东川:《回顾与展望 Enforcement of International Commercial Arbitration Agreement and Arbitral Award in Mainland China:Looking back and the Way Ahead——在2015年香港国际仲裁中心司法论坛的主旨演讲》,载贺荣主编、最高人民法院民事审判第四庭编:《涉外商事海事审判指导》总第30辑,人民法院出版社2016年版,第14页。

“昂佛化品”合资有限责任公司申请承认并执行白俄罗斯工商会国际仲裁院仲裁裁决一案反映部分法院将仲裁程序中的送达与诉讼程序中的司法文书送达相混淆。司法文书送达是法定的,由各国民事诉讼法以及相关国际条约予以明确规定;仲裁程序中的送达,则根据当事人约定及所适用的仲裁规则确定。当事人选择适用某仲裁规则,就视为同意仲裁规则规定的仲裁程序中的送达方式。国际条约和各国民事诉讼法不对仲裁程序中的送达作出强制性规定,目的在于保护当事人与仲裁机构在仲裁程序中的送达方式上的意思自治。[①] 我国所加入或签订的关于司法文书送达方面的条约,包括《海牙送达公约》和双边司法协助条约,不应适用于仲裁程序中的送达。

——沈红雨:《最高人民法院民四庭 2012 年涉外商事仲裁司法审查案件综述》,载江必新、贺荣主编,最高人民法院民事审判第四庭编:《涉外商事海事审判指导》总第 27 辑,人民法院出版社 2014 年版,第 198 页。

1872

仲裁机构送达通知的地址属于仲裁规则中所指的惯常居所、营业所或通讯处，或是其最后所知的居所或营业所，则即使该邮件未被签收，亦应视为已经有效送达

关键词 | 送达通知 | 有效送达 |

【最高人民法院答复】

北京市高级人民法院:

你院京高法〔2011〕157 号《关于申请承认和执行美国争议解决中心 26 - 435 - 08 号仲裁裁决一案的请示》收悉。经研究,答复如下:

本案为申请承认及执行美国仲裁机构作出的仲裁裁决案件,由于我国和美国均为《纽约公约》成员国,故对本案的审查应适用该公约的相关规定。

根据你院请示报告所述,美国争议解决中心于 2008 年 9 月 9 日向北京特普食品有限公司邮寄了指派仲裁员的通知,邮寄地址为“北京朝阳区望京广顺大街嘉润花园 D - 901”,但该邮件被退回,理由为“迁居”。此后,美国争议解决中心虽向特普食品公司送达了其他文件,但未再向特普食品公司送达有关指派仲裁员的通知。从你院请示的两种意见看,本案焦点问题在于被申请人特普食品公司是否收到了指派仲裁员的通知,本案是否存在《纽约公约》第五条第一款

① 齐湘泉:《论国际商事仲裁中的适当通知》,载《仲裁研究》第 21 辑,第 66 页。

(乙)项规定的情形即"受裁决援用之一造未接获关于指派仲裁员或仲裁程序之适当通知,或因他故,致未能申辩者"。

由于双方当事人在仲裁协议中约定根据联合国国际贸易法委员会(NU-CITRAL)仲裁规则(以下简称贸法会仲裁规则)进行仲裁,美国争议解决中心在向特普食品公司发出的通知中也作出了适用贸法会仲裁规则进行仲裁的意思表示。因此本案中关于指派仲裁员的通知是否有效送达应适用贸法会仲裁规则的相关规定进行审查。贸法会仲裁规则第二条第一款规定:"为了实施本规则,一切通知(包括通知书、通告或建议),如经确实送达收件人或已送达其惯常居所、营业所或通讯处,则被认为已经送交,或如经适当调查未能发现上述各处所,则可送交最后所知的收件人居所或营业所。按本条规定送交的通知应认为送交日即已收到。"

你院请示报告未对"北京朝阳区望京广顺大街嘉润花园 D－901"是否是特普食品公司的惯常居所、营业所或通讯处,或是其最后所知的居所或营业所这一事实作出认定,你院应对该事实进一步查清。根据贸法会仲裁规则第二条第一款的规定,如果美国争议解决中心向特普食品公司送达仲裁员指派通知的地址"北京朝阳区望京广顺大街嘉润花园 D－901"属于仲裁规则中所指的该公司的惯常居所、营业所或通讯处,或是其最后所知的居所或营业所,则即使该邮件未被签收,亦应视为已经有效送达。人民法院不应根据《纽约公约》第五条第一款(乙)项的规定拒绝承认和执行该仲裁裁决。反之,如果该地址不属于特普食品公司的惯常居所、营业所或通讯处,或是其最后所知的居所或营业所,且该邮件实际被退回,则应认定美国争议解决中心未向特普食品公司有效送达指派仲裁员的通知,人民法院应根据《纽约公约》第五条第一款(乙)项的规定拒绝承认和执行该仲裁裁决。

——《最高人民法院关于承认和执行美国争议解决中心 26－435－08 号仲裁裁决一案的请示的复函》(2011 年 6 月 30 日,〔2011〕民四他字第 21 号)

1873

在合同中载明的传真号码为当事人在最后确定的通讯方式,仲裁机构按该传真号码所发送的通知,应视为业已收到

关键词 | 最后通讯方式 | 仲裁员通知 |

【最高人民法院答复】

浙江省高级人民法院：

你院〔2009〕浙执他字第2号《关于中基宁波对外贸易股份有限公司申请不予执行香港国际仲裁中心仲裁裁决一案的审核报告》收悉，经研究，答复如下：

本案因 Addax Bv 向宁波市中级人民法院申请执行香港国际仲裁中心作出的仲裁裁决，中基宁波对外贸易股份有限公司（以下简称中基宁波公司）提出抗辩申请不予执行而提起。因此，本案应根据《内地与香港仲裁裁决安排》第七条的规定进行审查。中基宁波公司申请不予执行的主要理由是：未接到指派仲裁员的适当通知。

按照你院报告所述案件事实，2006年7月18日，香港国际仲裁中心以传真和双挂号信的方式，按中基宁波公司在《混合芳烃分期供货合同》中载明的传真号码和地址，向其发送了指派仲裁员的通知，并要求其"于8月1日前提出意见"。对此，中基宁波公司提出：上述传真号码在香港国际仲裁中心发出传真时已不使用，而上述双挂号信则"在8月17日才收到，无法在8月1日前提出意见。"对于中基宁波公司以上主张，首先，根据《联合国国际贸易法委员会仲裁规则》第二条"通知和时间计算"有关规定，中基宁波公司在合同中载明的传真号码，为其在本案中最后确定的通讯方式，香港国际仲裁中心按该传真号码所发送的指派仲裁员通知，应视为中基宁波公司业已收到；其次，中基宁波公司提出双挂号信"在8月17日才收到"，但其并未提交充分证据予以证明。因此，中基宁波公司申请不予执行的理由不能成立。

综上，本案不存在《内地与香港仲裁裁决安排》第七条所规定不予执行仲裁裁决的情形。香港国际仲裁中心作出的仲裁裁决应予执行。

——《最高人民法院关于中基宁波对外贸易股份有限公司申请不予执行香港国际仲裁中心仲裁裁决一案的审核报告的复函》（2009年12月9日，〔2009〕民四他字第42号）

1874

挂号信寄送地址与被申请人地址相符，虽然挂号邮寄单上未注明邮寄的物件名称，但可以综合情况认定被申请人收到相关仲裁文件

关键词｜仲裁文件送达｜

【最高人民法院答复】

广东省高级人民法院：

你院〔2011〕粤高法民四他字第15号《关于申请人瑞尔玛食品有限公司与被申请人湛江冠亚食品有限公司申请承认和执行外国仲裁裁决一案的请示》收悉。经研究，答复如下：

本案所涉仲裁裁决系美国食品工业协会在美国境内作出，我国和美国均为《纽约公约》的成员国，应当根据《纽约公约》的相关规定对涉案仲裁裁决进行审查。

2. 关于仲裁通知和仲裁裁决是否有效送达的问题。依据现有证据，美国食品工业协会分别于2007年9月17日和2007年11月19日向被申请人寄出挂号信，挂号信上所写的寄送地址与被申请人的地址相符，虽然挂号邮寄单上未注明邮寄的物件名称，未显示美国食品工业协会邮寄的是仲裁通知、仲裁裁决等仲裁文件，但湛江市中级人民法院综合该案情况认定被申请人收到相关的仲裁文件并无不当。据此，人民法院不得以被申请人未收到仲裁通知为由适用《纽约公约》第五条第一款第(b)项规定，拒绝承认和执行涉案仲裁裁决。

——《最高人民法院关于申请人瑞尔玛食品有限公司与被申请人湛江冠亚食品有限公司申请承认和执行外国仲裁裁决请示案的复函》(2013年8月27日，〔2013〕民四他字第40号)

1875

公司注销之后，仲裁员以传真、电子邮件、快件以及专人派送等方式向公司、股东、清算组成员和清算组法律顾问发送相关仲裁文件，不违反相关法律规定

关键词｜公司注销｜仲裁文件送达｜

【最高人民法院答复】

天津市高级人民法院：

你院〔2011〕津高民四他字第4号《关于韦斯顿瓦公司申请承认与执行英国仲裁裁决案的请示》收悉。经研究，答复如下：

三、关于仲裁文件的送达方式和仲裁程序。案涉《航次租船包运合同》第49条通知条款对合同履行过程中相互通知应使用的方式、语言和通讯地址进行了约定。中钢天铁公司注销之前，双方当事人一直按照该约定相互联系。你院以该条款并未注明适用仲裁程序为由，认为双方并未对应使用的联系方式作出约定，缺乏充分的事实依据。2009年4月21日，中钢天铁公司注销之后，韦斯顿瓦公司及仲裁员以传真、电子邮件、快件以及专人派送等方式向中钢天铁公司、公司股东、清算组成员和清算组法律顾问发送相关仲裁文件，并不违反相关法律规定。你院以仲裁文件送达方式不合法，不能视为有效送达，仲裁程序违法为由，认为对涉案仲裁裁决应当不予承认和执行，缺乏充分的事实和法律依据。

——《最高人民法院关于韦斯顿瓦公司申请承认与执行英国仲裁裁决案的请示的复函》（2012年5月21日，〔2012〕民四他字第12号）

1876

仲裁庭在送达开庭通知书和仲裁裁决书时未附中文译本的做法并不违反仲裁规则的规定

关键词 | 仲裁文件送达 | 中文译本 |

【最高人民法院答复】

黑龙江省高级人民法院：

你院〔2005〕黑高商外他字第1号《关于（株）TS海码路申请承认并执行大韩商事仲裁院仲裁裁决一案的请示报告》收悉。经研究，答复如下：

大韩商事仲裁院就（株）TS海码路与大庆派派思食品有限公司之间的开发协议和连锁协议纠纷，于2004年10月22日做出了第04113－0004号仲裁裁决。大庆派派思食品有限公司在(株)TS海码路向哈尔滨市中级人民法院申请承认和执行该仲裁裁决后,以仲裁庭未按照《中华人民共和国和大韩民国关于民事和商事司法协助的条约》第4条和第8条的规定向其送达开庭通知书和仲裁裁决书为由主张拒绝承认和执行该仲裁裁决。由于双方当事人在开发协议和连锁协议中明确约定"仲裁适用《大韩商事仲裁院仲裁规则》",而本案仲裁庭按照该仲裁规则的规定通过邮寄方式向大庆派派思食品有限公司送达了开庭通知书和仲裁裁决书,也有证据证明大庆派派思食品有限公司收到了上述开庭通知书和仲裁裁决书。虽然仲裁庭在送达开庭通知书和仲裁裁决书时未附中文译本,但通过邮寄方式送达以及未附中文译本的做法并不违反韩国仲裁法和《大韩商事仲裁院仲裁规则》的规定。《中华人民共和国和大韩民国关于民事和商事司法协助的条约》中有关"司法协助的联系途径"和"文字"的规定,仅适用于两国司法机关进行司法协助的情形,不适用于仲裁机构或者仲裁庭在仲裁程序中的送达。大庆派派思食品有限公司没有举证证明本案仲裁裁决存在我国参加的《纽约公约》第五条第一款规定的情形,本案仲裁裁决依法应予承认和执行。

——《最高人民法院关于是否承认和执行大韩商事仲裁院仲裁裁决的请示的复函》(2006年3月3日,〔2005〕民四他字第46号)

1877

被申请人没有证据证明其对延期开庭并不知悉,仲裁程序符合仲裁规则

关键词|延期开庭|仲裁规则|

【最高人民法院答复】

广东省高级人民法院:

你院〔2008〕粤高法民四他字第11号《关于美国对外贸易有限公司申请承认和执行(美国)国际仲裁解决中心商业仲裁法庭裁决一案的请示》已收悉。经研究,答复如下:

本案为申请承认及执行外国仲裁裁决案件,由于涉案仲裁裁决系由(美国)国际仲裁解决中心商业仲裁法庭作出,而我国和美国均为《纽约公约》的成员

国，根据《民事诉讼法（2007）》第二百六十七条以及《纽约公约》第一条的规定，对涉案仲裁裁决承认及执行的审查，应适用《纽约公约》的相关规定。

根据你院请示报告认定的事实，仲裁庭是根据仲裁申请人的申请将原由各方当事人确定的开庭时间进行了延期，并通过传真方式通知了各方当事人。对此，仲裁被申请人反对延期并要求按原定时间开庭。仲裁被申请人没有证据证明其对延期开庭并不知悉，仲裁程序符合各方当事人同意适用的仲裁规则。

仲裁庭作出涉案裁决后，即通过国际挂号信将裁决书寄至仲裁被申请人提供的地址，但被退回。后仲裁庭又于2006年5月16日根据仲裁申请人提供的地址（亦为仲裁被申请人之一深圳莱英达科技有限公司的注册地址）进行重新邮寄。该送达方式亦符合应被适用的仲裁规则的规定。

涉案仲裁裁决不存在《纽约公约》第五条规定的任何情形，人民法院应予承认及执行。同意你院的审查意见。

——《最高人民法院关于美国对外贸易有限公司申请承认和执行（美国）国家仲裁解决中心商业贸易仲裁法庭裁决一案的请示的复函》（2009年9月2日，〔2009〕民四他字第30号）

1878

仲裁通知程序不适当，剥夺了当事人提出申辩的权利和机会的，应拒绝承认与执行

关键词｜仲裁通知｜

【最高人民法院答复】

浙江省高级人民法院：

你院〔2009〕浙商外他字第1号《关于不予承认蒙古国家仲裁法庭73/23－06号仲裁裁决的报告》收悉。经研究，答复如下：

本案为申请承认及执行外国仲裁裁决案件，由于涉案仲裁裁决系蒙古仲裁机构作出，而我国和蒙古均为《纽约公约》的成员国，根据《民事诉讼法（2007）》第二百六十七条以及《纽约公约》第一条的规定，对涉案仲裁裁决承认及执行的审查，应适用《纽约公约》的相关规定。

一、关于涉案仲裁条款的效力问题。根据《纽约公约》第五条第一款(甲)项的规定,只有当"协定依当事人作为协定准据法之法律系属无效,或未指明以何法律为准时,依裁决地所在国法律系属无效者",才得以拒绝承认及执行。以我国法律认定仲裁条款无效从而拒绝承认涉案裁决,不符合上述规定。

二、关于仲裁程序的通知的送达问题。根据请示报告查明的事实,编号为1677283941的快件并不涉及仲裁程序的通知,而包括"决议程序及仲裁听证会日期"的编号为1681469484的快件并未送达浙江展诚建设集团股份有限公司(以下简称展诚公司),导致展诚公司未能出庭陈述意见。故本案符合《纽约公约》第五条第一款(乙)项得以拒绝承认及执行的规定情形。

三、关于当事人之间是否存在真实的仲裁协议的问题。如果展诚公司能够提供证据证明涉案合同文本上"浙江耀江建设集团股份有限公司"(展诚公司的前身)的印章不真实,则亦可以依据《纽约公约》第二条第二款的规定认定当事人之间不存在"书面协定",人民法院得以拒绝承认及执行。

同意你院的处理意见。

此复。

——《最高人民法院关于不予承认蒙古国家仲裁法庭73/23-06号仲裁裁决的报告的复函》(2009年12月8日,〔2009〕民四他字第46号)

天津市高级人民法院:

你院〔2006〕津高民四他字第0006号《裁定不予承认和执行社团法人日本商事仲裁协会东京05—03号仲裁裁决的报告》收悉。经研究,答复如下:

本案系日本信越化学工业株式会社(以下简称信越会社)向我国法院申请承认日本商事仲裁协会作出的仲裁裁决,中日两国均为《纽约公约》的缔约国,因此,应当依据《纽约公约》的有关规定进行审查。

从你院请示报告中反映的情况看,本案仲裁裁决在有关通知程序方面与《日本商事仲裁协会商事仲裁规则》(以下简称《日本仲裁规则》)的规定不符,存在《纽约公约》第五条第一款(乙)、(丁)项规定的情形。

首先,根据上述《日本仲裁规则》第五十三条的规定:"1. 仲裁庭认为仲裁程序已进行得完全充分,可以进行裁决并决定终结审理程序时,仲裁庭应在作出该决定之日起5周内作出仲裁裁决;如果因为案情复杂或其他原因,仲裁庭认为有必要时,可以适当延长该期限,但不得超过8周。2. 仲裁庭根据前段规定决定审理终结后,应当通知当事人作出仲裁裁决的期限。"

本案仲裁庭在审理终结后，没有履行《日本仲裁规则》规定的“通知当事人作出裁决的期限”的义务，未通知天津鑫茂科技股份有限公司（原天津天大天财股份有限公司，以下简称鑫茂公司）其作出仲裁裁决的期限。《日本仲裁规则》将仲裁庭通知当事方作出仲裁裁决的期限规定为仲裁庭必须履行的职责，仲裁庭没有自行决定是否通知的选择权，仲裁庭未通知鑫茂公司其作出裁决的期限的行为违反了《日本仲裁规则》的强制性规定。当事人双方在协议中选择了仲裁作为处理争议的方式，并明确约定了适用《日本仲裁规则》，因此，《日本仲裁规则》中的有关内容已经成为当事人协议的一部分。本案仲裁庭对以上《日本仲裁规则》内容的违反，符合《纽约公约》第五条第一款（丁）项规定的“仲裁机关之组成或仲裁程序与各造间之协议不符”的情形。

其次，《日本仲裁规则》第 20 条规定：“1. 申请人可以就同一仲裁协议向协会提出申请变更申请书并变更其申请内容。如果是在仲裁庭组成后提出修改，应当向仲裁庭提出变更申请书的请求，并得到仲裁庭的许可。2. 仲裁庭在作出前款的许可前应事先听取对方当事人的意见。”

信越公司主张：其于 2005 年 8 月 31 日向仲裁庭提出《申请事项变更申请书》后，仲裁协会事务局已经于 2005 年 10 月 21 日以国际快递的方式将《征求意见书》邮寄给鑫茂公司。但鑫茂公司否认其收到仲裁庭寄送的相关《征求意见书》，信越公司亦未能提交仲裁庭确实履行上述通知行为的证据，同时，没有任何证据表明仲裁庭于 2005 年 10 月 21 日向鑫茂公司邮寄过上述涉及信越公司变更申请的文件。鑫茂公司也未能就信越公司变更申请的行为提出意见。

在信越公司对申请事项提出变更的情况下，鑫茂公司有权利对变更后的申请内容提出意见，而该变更事项通知应当属于仲裁程序中的重要内容，仲裁庭未能将该变更申请通知鑫茂公司，实际上剥夺了鑫茂公司提出申辩的权利和机会，构成《纽约公约》第五条第一款（乙）项规定的“受裁决援用之一造未接获关于指派仲裁员或仲裁程序之适当通知，或因他故，致未能申辩者”的情形。同时，该情形并与当事人选择的《日本仲裁规则》不符。

综上，同意你院的处理意见，本案仲裁裁决存在《纽约公约》第五条第一款（乙）、（丁）项规定的情形，不应予以承认。

此复。

——《最高人民法院关于裁定不予承认和执行社团法人日本商事仲裁协会东京 05—03 号仲裁裁决的报告的答复》（2008 年 9 月 10 日，〔2008〕民四他字第 18 号）

江苏省高级人民法院：

你院〔2007〕苏民三他字第0002号《关于不予承认日本商事仲裁协会东京04—05号仲裁裁决的报告》收悉。经本院审判委员会讨论，答复如下：

本案系信越会社向我国法院申请承认日本商事仲裁协会作出的仲裁裁决，中日两国均为《纽约公约》）的缔约国，因此，应当依据《纽约公约》的有关规定进行审查。

从你院请示报告中反映的情况看，本案仲裁裁决在作出的期限及相关通知程序方面与《日本仲裁规则》和《日本仲裁法》的相关规定不符，存在《纽约公约》第五条第一款（乙）、（丁）项规定的情形。

首先，本案仲裁裁决在作出裁决的期限方面与《日本仲裁规则》不符。根据上述《日本仲裁规则》第53.1条的规定，“仲裁庭认为仲裁程序已进行得完全充分，可以进行裁决并决定终结审理程序时，仲裁庭应在作出该决定之日起5周内作出仲裁裁决；如果因为案情复杂或其他原因，仲裁庭认为有必要时，可以适当延长该期限，但不得超过8周”。2005年7月7日，仲裁庭决定接受信越会社变更仲裁请求的申请，并结束审理。2005年8月31日，仲裁庭宣布延后20天即2005年9月20日作出仲裁裁决，而实际作出仲裁裁决的日期为2006年2月23日，在决定结束审理之后，仲裁庭没有依照《日本仲裁规则》的规定按期作出仲裁裁决。当事双方在合同中约定：由本协议产生和与本协议相关的所有纠纷在双方无法协商解决的情况下，根据《日本仲裁规则》在日本东京进行仲裁。当事双方在合同中选择仲裁作为处理争议的方式，并明确约定了适用《日本仲裁规则》，因此，该《日本仲裁规则》中的有关内容已经成为当事人协议的一部分。上述仲裁庭违反《日本仲裁规则》以及《日本仲裁法》的行为构成了《纽约公约》第五条第一款（丁）项规定的“仲裁机关之组成或仲裁程序与各造间之协议不符，或无协议而与仲裁地所在国法律不符”的情形。

其次，《日本仲裁规则》第53.2条规定：“仲裁庭在前款审理终结时，应把将要作出裁决的期限通知当事人”，仲裁庭在宣布2005年9月20日作出仲裁裁决后，直至实际作出裁决的2006年2月23日，没有按照《日本仲裁规则》的规定再次决定延期并通知当事人，构成了《纽约公约》第五条第一款（乙）项规定的“受裁决援用之一造未接获关于指派仲裁员或仲裁程序之适当通知，或因他故，致未能申辩者”的情形。

综上，同意你院的处理意见，本案仲裁裁决存在《纽约公约》第五条第一款

（乙）、（丁）项规定的情形，不应予以承认。

——《最高人民法院关于〈不予承认日本商事仲裁协会东京04—05号仲裁裁决的报告〉的复函》（2008年3月3日，〔2007〕民四他字第26号）

辽宁省高级人民法院：

你院〔2005〕辽执一监字第3号《关于大连海事法院报送的〈中国外运沈阳集团公司申请不予执行香港仲裁裁决〉一案的审查报告》收悉。

经研究认为：根据你院请示报告认定的事实，申请执行人香港东丰船务有限公司并未提供相关书面证据证明被执行人中国外运沈阳集团公司接到另行指定仲裁员的适当通知，也无证据证明仲裁庭向被执行人发出仲裁开庭的书面通知。根据《内地与香港仲裁裁决安排》第七条第一款（二）项的规定，对香港东丰船务有限公司提交的香港海事仲裁裁决应裁定不予执行。

——《最高人民法院关于香港东丰船务有限公司申请执行香港海事仲裁裁决请示的复函》（2006年6月2日，〔2006〕民四他字第12号）

1879

仲裁条款的准据法未约定的，应适用仲裁地法

关键词｜仲裁条款｜准据法｜

【最高人民法院答复】

湖北省高级人民法院：

你院〔2008〕鄂民四他字第1号《关于对中海发展股份有限公司货轮公司申请承认伦敦仲裁裁决一案的请示报告》收悉。经研究，答复如下：

中海发展股份有限公司货轮公司与安徽省技术进出口股份有限公司签订的租船协议已明确约定"在香港仲裁，适用英国法"，故该条应确认为本案的仲裁条款。

上述仲裁条款应理解为仲裁地在香港，适用英国法作为解决租船合同实体争议的准据法，而关于仲裁条款的准据法并未约定，故本案仲裁条款的准据法应适用仲裁地香港的《仲裁条例》及其指向适用的《联合国国际贸易法委员会国际

商事仲裁示范法》(*UNCIRALMODEL LAW ON INTERNATIONAL COMMERCIALARBITRATION*,以下简称《示范法》)。本案双方当事人在租船协议中以书面形式约定将争议提交仲裁,符合《仲裁条例》及《示范法》的规定,其仲裁条款合法有效。

根据香港《仲裁条例》第34C条第(5)款的规定,在当事人对仲裁员的人数未达成协议时,当事人首先应向香港国际仲裁中心(以下简称仲裁中心)申请决定仲裁员的人数为1名或3名。如果仲裁中心决定为独任仲裁,而当事人未能就仲裁员达成一致时,则应适用《示范法》第11条第(3)款(B)项规定的程序确定独任仲裁员,即应由一方当事人申请由仲裁中心指定该名仲裁员。涉案仲裁裁决仲裁员的任命违背了《仲裁条例》和《示范法》规定的上述程序,根据《纽约公约》第五条第一款(丁)项的规定,涉案仲裁裁决应不予承认和执行。

同意你院的倾向性意见,即对英国仲裁员威廉·柏加(WiUiam Packard)于2006年3月9日在英国作出的仲裁裁决不予承认和执行。

——《最高人民法院关于对中海发展股份有限公司货轮公司与安徽技术进出口股份有限公司租船协议纠纷申请承认及执行仲裁裁决一案请示报告的答复》(2008年8月6日,〔2008〕民四他字第17号)

1880

仲裁庭的组成或仲裁程序与当事人约定适用的仲裁规则不符的,应不予承认与执行

关键词 | 仲裁程序 | 仲裁规则 |

【最高人民法院答复】

山东省高级人民法院:

你院〔2015〕鲁民四他字第2号《关于申请人丰岛股份公司与被申请人高密鲁源纺织有限公司申请承认与执行外国仲裁裁决一案请示》收悉。经研究,答复如下:

本案系当事人申请承认及执行外国仲裁裁决的案件,案涉仲裁裁决由国际棉花协会有限公司在英国境内作出,我国和英国均为《纽约公约》的缔约国,根

据《民事诉讼法》第二百八十三条的规定案涉仲裁裁决的承认及执行应当依照《纽约公约》的相关规定进行审查。

你院请示的核心问题系本案仲裁裁决是否存在仲裁庭组成违法，从而根据《纽约公约》第五条第一款（丁）项规定应当拒绝承认和执行的情形。《纽约公约》第五条第一款（丁）项规定的情形为“仲裁机关之组成或仲裁程序与各造之协议不符，或无协议而与仲裁地所在国法律不符者。”由于本案当事人签订仲裁协议，约定适用国际棉花协会有限公司的仲裁规则，故本案应对仲裁庭的组成与当事人约定适用的仲裁规则是否相符进行审查。本案涉及的具体问题是仲裁庭两名仲裁员在接受委托之初具备技术仲裁员的资格，并被仲裁庭任命为仲裁员，其在仲裁裁决作出时不具备技术仲裁员资格，是否构成仲裁庭组合的情形。根据你院请示所述，“国际棉花协会有限公司规则对于任命之初具备仲裁员资格，仲裁过程中丧失仲裁员资格的情形如何处理未予规定”。据此可以认为本案仲裁庭组成并不存在与仲裁规则明确规定不符的情形。另，根据本院法释（1998）21 号《关于未被续聘的仲裁员在原参加审理的案件裁决书上签名人民法院应当执行该仲裁裁决书的批复》所确立的原则，你院多数意见关于涉案两名仲裁员在仲裁庭组成时具备仲裁员资格，即使在仲裁裁决作出时已不具备技术仲裁员资格，该资格的丧失也只是约束仲裁机构以后审理的案件，不能影响此前已合法成立的仲裁庭的审理工作的意见是正确的。反之，你院的少数意见不是根据相关的仲裁规则，而是根据国际棉花协会有限公司中国联络员杜风的证词，认为只有技术仲裁员才可以就本案组成仲裁庭进行审理，进而认为本案仲裁庭组成不符合规定，裁决不应承认和执行，该少数意见缺乏法律依据。

综上，同意你院多数意见关于高密鲁源纺织有限公司认为涉案的两名仲裁员在仲裁裁决作出时不具备技术仲裁员资格，仲裁程序违法，仲裁裁决不应予以承认和执行的抗辩理由不能成立的请示的意见。

——《最高人民法院关于对山东省高级人民法院就申请人丰岛股份公司与被申请人高密鲁源纺织有限公司申请承认与执行外国仲裁案请示的复函》（2015 年 9 月 24 日，〔2015〕民四他字第 30 号）

浙江省高级人民法院：

你院〔2012〕浙商外确字第 1 号《关于申请人 ALSTOM Technology Ltd. 与被申请人浙大网新科技股份有限公司申请承认和执行外国仲裁裁决一案的请示》收悉。经研究，答复如下：

本案系申请承认和执行新加坡国际仲裁中心作出的仲裁裁决的案件,我国和新加坡都是《纽约公约》的成员国,涉案仲裁裁决应否予以承认和执行,应当按照《纽约公约》的规定来审查。

根据你院请示报告所述情况,申请人 ALSTOM Technology Ltd.(以下简称阿尔斯通公司)与被申请人浙大网新科技股份有限公司(以下简称网新公司)在签订的《许可协议》第 18 条第(c)款中约定,因该协议而发生的纠纷由新加坡国际仲裁中心根据国际商会仲裁规则进行仲裁。从你院请示材料所述事实看,案涉仲裁庭首席仲裁员是由一名边裁提名,另一名边裁不予反对产生的,新加坡国际仲裁中心系根据《新加坡国际仲裁中心仲裁规则》组成的仲裁庭,不符合国际商会仲裁规则有关选任首席仲裁员的规定。对此,网新公司表示反对新加坡国际仲裁中心的决定,并称此种做法并未反映双方当事人的真实意愿,声称保留就本事项可向仲裁庭行使的所有权利,表明其并未放弃异议权。由此可见,新加坡国际仲裁中心根据《新加坡国际仲裁中心仲裁规则》组成仲裁庭,仲裁庭的组成与当事人在仲裁协议中约定适用的仲裁规则不符。根据《纽约公约》第五条第一款(丁)项之规定,同意你院拒绝承认与执行案涉裁决的请示意见。鉴于依据该理由足以拒绝承认与执行案涉仲裁裁决,你院请示报告中提到的案涉仲裁裁决还存在着诸如首席仲裁员违反仲裁员独立性要求、阿尔斯通公司指定的仲裁员违反相关回避规定、仲裁程序与当事人约定适用的仲裁规则不符等理由,可不再提及。

——《最高人民法院关于申请人 ALSTOM Technology Ltd. 与被申请人浙大网新科技股份有限公司申请承认和执行外国仲裁裁决一案请示的复函》(2012 年 11 月 30 日,〔2012〕民四他字第 54 号)

福建省高级人民法院:

你院〔2007〕闽民他字第 36 号《关于马绍尔群岛第一投资公司申请承认和执行英国伦敦临时仲裁庭仲裁裁决一案的请示》收悉。经研究,同意你院审委会对该案处理意见的结论。

本案是马绍尔群岛第一投资公司申请承认和执行英国伦敦临时仲裁庭仲裁裁决案。我国为《纽约公约》的参加国,应当依照纽约公约的规定审查该裁决是否应当予以承认和执行。

本案仲裁庭虽由 3 名仲裁员组成,但是仲裁员王生长并未参与仲裁的全过程,没有参与最终仲裁裁决的全部审议。因此,仲裁庭的组成或仲裁程序与当事人之间仲裁协议的约定不符,也与仲裁地英国的法律相违背。根据《纽约公约》

第五条第一款第(4)项的规定，该仲裁裁决不应予以承认和执行。

——《最高人民法院关于马绍尔群岛第一投资公司申请承认和执行英国伦敦临时仲裁庭仲裁裁决案的复函》(2008 年 2 月 27 日，〔2007〕民四他字第 35 号)

【最高人民法院商事审判参考性案例】

案例 10：马绍尔群岛第一投资公司申请承认和执行英国伦敦临时仲裁庭仲裁裁决案

一、基本案情

2003 年 9 月 15 日，被申请人福建省马尾造船股份有限公司和被申请人福建省船舶工业集团公司作为联合卖方，与希腊雷斯缔斯集团在马绍尔群岛共和国注册的第一投资公司(以下简称 FIC)签订了关于船舶建造的《选择权协议》，约定：两被申请人不可撤销地同意与 FIC 或其指定人签订最多 8 艘船的《选择船建造合同》。因协议产生的或与之有关的任何争议应在伦敦提交仲裁；仲裁程序、包括仲裁裁决的执行应依据《1996 年英国仲裁法》或其任何当前生效的修订或重订规定以及伦敦海事仲裁员协会当时的生效规则(以下简称 LMAA 规则)；双方各指定一名仲裁员，并由指定的该两名仲裁员挑选第三名仲裁员。此后，FIC 在《选择权协议》约定的声明期限内宣布 8 艘选择船生效，要求被申请人与其指定的 8 家单船公司签订 8 艘船的《选择船建造合同》，并寄送其提供的合同文本要求签署，但两被申请人未在期限内签署。FIC 及 8 家被指定公司于 2004 年 6 月 4 日在英国伦敦提起仲裁，要求两被申请人连带赔偿其 4540 万美元的商业损失及利息，并指定哈利斯为仲裁员。被申请人指定王生长为仲裁员。哈利斯和王生长共同指定马丁 · 亨特为第三名仲裁员。经过两次听证，2006 年 1 月 21 日，首席仲裁员马丁 · 亨特作出该案仲裁裁决的第一稿，并分发给王生长和哈利斯审阅。

2006 年 2 月 16 日，王生长提交了其保留意见的草稿。2006 年 3 月 20 日因涉嫌犯罪王生长被天津市人民检察院第一分院刑事拘留，并于 2006 年 3 月 31 日被该院批准逮捕。王生长自其被刑事拘留后，即与马丁 · 亨特和哈利斯未再发生任何联系，其未能看到马丁 · 亨特 2006 年 3 月 25 日发给他的裁决第二稿和 3 月 31 日的定稿，其对该案的参与截止于上述对裁决第一稿发出的“意见草稿”。马丁 · 亨特及哈利斯根据 LMAA 规则第八条第(e)项规定“在任命了第三名仲裁员之后，决定、裁定和仲裁裁决应由全体或多数仲裁员作出”，于 2006

年6月19日在裁决上签署日期并以仲裁庭多数仲裁员意见的方式公布了仲裁裁决,裁决被申请人应向 FIC 支付赔偿金 2640 万美元及此款利息和复息。FIC 于 2006 年 12 月 5 日向厦门海事法院提出申请,请求依据《纽约公约》承认该仲裁裁决在中华人民共和国境内具有法律效力并予以执行。

二、裁判结果

厦门海事法院认为:LMAA 规则第八条第(e)项适用于仲裁案件的前提是仲裁庭的每一名仲裁员都全程参与了仲裁程序,否则多数仲裁员就无权作出仲裁裁决。据此认定,仲裁庭的仲裁程序与当事人约定的仲裁协议不符,也与仲裁地英国的法律相违背。依照《民事诉讼法》第二百六十七条和《纽约公约》第五条第一款第(四)项的规定,厦门海事法院于 2008 年 5 月 11 日裁定对该仲裁裁决不予承认和执行。

三、典型意义

本案是我国法院对缺员仲裁不予承认与执行的案件,在国际仲裁界有一定影响。本案的焦点是仲裁审理后期出现了一名仲裁员不能继续履行职责的情况,仲裁庭其他成员继续推进仲裁并作出裁决,应当如何认定这种缺员仲裁裁决的效力。本案仲裁协议中明确约定仲裁庭由三人组成,《英国仲裁法》及 LMAA 规则均没有缺员仲裁庭审理的规定,而仲裁庭却在一名仲裁员没有全程参与仲裁程序的情况下,适用 LMAA 规则第八条第 e 项关于多数裁决的规定作出裁决,属于《纽约公约》规定的仲裁庭的仲裁程序与当事人约定的仲裁协议不符的情形,法院据此裁定不予承认与执行该仲裁裁决。《纽约公约》被誉为国际商事仲裁的基石,为外国仲裁裁决的承认与执行设定了国际标准,并得到大多数国家的认同。截至 2014 年 3 月底,该公约缔约国已达 149 个。作为公约的缔约国,我国关于外国仲裁裁决的承认和执行制度已经基本与国际通行实践接轨。本案中,我国法院准确把握公约的宗旨与精神,正确解释与适用公约的条文,平等保护了中外当事人的合法权利。

——《最高人民法院发布海事审判典型案例》,载《最高人民法院公报》2015 年第 9 期。

【链接:最高人民法院法官著述】

申请人 ALSTOM Technology Ltd. 与被申请人浙大网新科技股份有限公司申请承认和执行外国仲裁裁决一案中,仲裁条款约定由一家常设仲裁机构适用另一家常设仲裁机构制定的仲裁规则，国际上称为“混合仲裁条款”。[①] 我国司法实践尊重当事人的仲裁意思表示，认可该类仲裁条款效力，但同时坚持仲裁庭的组成和仲裁程序的进行必须根据当事人合意约定的仲裁规则进行，不得再适用该机构自身的仲裁规则，否则将构成仲裁程序与当事人约定不符的拒绝承认和执行事由。

——沈红雨：《最高人民法院民四庭 2012 年涉外商事仲裁司法审查案件综述》，载江必新、贺荣主编，最高人民法院民事审判第四庭编：《涉外商事海事审判指导》总第 27 辑，人民法院出版社 2014 年版，第 198～199 页。

1881

仲裁庭空缺填补规则的适用

关键词 | 仲裁庭 |

【最高人民法院答复】

天津市高级人民法院：

你院〔2011〕津高民四他字第 4 号《关于韦斯顿瓦公司申请承认与执行英国仲裁裁决案的请示》收悉。经研究，答复如下：

二、关于仲裁庭的组成。涉案《航次租船包运合同》第 39 条约定：双方合意指定的独任仲裁员将解决争议；或如一方不能回复对方的仲裁通知指定选择的仲裁员，该仲裁员将作为争议的独任仲裁员。如双方不能在送达仲裁通知后的 14 天内同意独任仲裁员的指定，争议将由两名仲裁员解决，各方指定一名仲裁员，若两名仲裁员在任何问题上不能成达一致，其将指定第三名仲裁员。本案中，申请人韦斯顿瓦公司发出指定 Michael Baker-Harber 为仲裁员的通知后，中钢天铁公司并未同意由其作为独任仲裁员，而是另行指定陈波为另一名仲裁员。故涉案仲裁条款中约定的独任仲裁的条件并未成就，涉案纠纷的仲裁庭已经由

① 有评论认为，国际商会仲裁规则与其他仲裁机构具有较强的不兼容性，客观上还会导致当事人今后出于费用考虑选择其他仲裁机构适用国际商会仲裁院规则，不宜确认该类仲裁条款的效力，参见 http://kluwerarbitrationblog.com/blog/2009/06/10/hybrid-iccsiac-arbitration-clause-upheld-in-singapore/，于 2013 年 6 月 30 日访问。

两名仲裁员组成。后因陈波辞去仲裁员职务，本案涉及的问题为仲裁庭的空缺应当如何填补。根据《英国1996年仲裁法》第27条第2款、第3款，第16条第(7)款、第18条第(2)款的规定，申请人应当通知被申请人之后申请法院作出仲裁庭组成的决定。但是，本案中申请人韦斯顿瓦公司并未向法院提出申请，而是由其指定的仲裁员进行了独任仲裁。该仲裁庭的组成不符合仲裁条款的约定和《英国1996年仲裁法》的规定。根据《纽约公约》第五条第一款d项的规定，属于“仲裁庭的组成或仲裁程序同当事人之间的协议不符，或者当事人之间没有这种协议，同进行仲裁的国家法律不符”的情形，对该仲裁裁决应当不予承认的情形。

——《最高人民法院关于韦斯顿瓦公司申请承认与执行英国仲裁裁决案的请示的复函》(2012年5月21日，〔2012〕民四他字第12号)

广东省高级人民法院：

你院〔2006〕粤高法民四他字第10号《关于邦基农贸新加坡私人有限公司申请承认和执行英国仲裁裁决一案的请示》收悉。经研究，答复如下：

本案一方当事人申请承认与执行国际油、油籽和油脂协会仲裁员在英国伦敦作出的仲裁裁决，该裁决为外国仲裁裁决。我国和英国均是《纽约公约》的缔约国，根据《民事诉讼法(1991)》第二百六十九条的规定，本案仲裁裁决是否可以得到承认与执行，应当按照《纽约公约》的规定进行审查。关于本案所涉仲裁协议和仲裁程序的审查，应当适用双方当事人明确约定的国际油、油籽和油脂协会2001年1月1日修订并生效的《上诉和仲裁规则》以及英国1996年《仲裁法》。

《上诉和仲裁规则》第一条(f)款规定，“本协会将通知没有选定仲裁员或者替代仲裁员的一方当事人，本协会将为其指定一名仲裁员，除非该方当事人在本协会向其发出通知后的14日内为自己选定了仲裁员”。而本案仲裁庭在原为被申请人广东丰源粮油集团有限公司指定的仲裁员S. Bigwood先生自动回避后并没有向被申请人广东丰源粮油集团有限公司发出选定替代仲裁员的通知，而是径直为其重新指定了仲裁员。仲裁庭重新指定仲裁员的行为违反了当事人约定的仲裁规则的上述规定，应认定属于《纽约公约》第五条第一款(丁)项规定的“仲裁机关之组成或仲裁程序与各造间协议不符”的情形。据此，人民法院应当拒绝承认和执行本案仲裁裁决。

——《最高人民法院关于邦基农贸新加坡私人有限公司申请承认和执行英国仲裁裁决一案的请示的复函》(2007年6月25日，〔2006〕民四他字第41号)

1882

对合同当事人行为能力的认定，应依照属人主义原则适用法律

关键词｜当事人行为能力｜法律适用｜

【最高人民法院答复】

重庆市高级人民法院：

你院2000年12月12日〔2000〕渝高法执示字第26号《关于对英国嘉能可有限公司申请承认及执行英国伦敦金属交易所仲裁裁决一案有关问题的请示》收悉。经研究认为：根据联合国《纽约公约》第五条第一款（甲）项规定，对合同当事人行为能力的认定，应依照属人主义原则适用我国法律。重庆机械设备进出口公司职员孙健与英国嘉能可有限公司签订合同，孙健在“代表”公司签订本案合同时未经授权且公司也未在该合同上加盖印章，缺乏代理关系成立的形式要件，事后重庆机械设备进出口公司对孙健的上述行为明确表示否认。同时孙健的签约行为也不符合两公司之间以往的习惯做法，不能认定为表见代理。根据《民法通则》第六十六条第一款和我院《关于适用〈中华人民共和国涉外经济合同法〉若干问题的解答》第三条第一款第四项之规定，孙健不具代理权，其“代表”公司签订的合同应当认定为无效合同，其民事责任不应由重庆机械设备进出口公司承担。同理，孙健“代表”公司签订的仲裁条款亦属无效，其法律后果亦不能及于重庆机械设备进出口公司。本案所涉仲裁裁决，依法应当拒绝承认及执行。

此复。

——《最高人民法院关于英国嘉能可有限公司申请承认和执行英国伦敦金属交易所仲裁裁决一案请示的复函》（2001年4月19日，〔2001〕民四他字第2号）

1883

审理外国仲裁裁决的承认与执行案件，要慎重适用公共政策条款

关键词｜公共政策条款｜

【最高人民法院司法政策】

二是要在公正高效审理案件上下功夫。要树立大局意识,对具有重大国际影响,甚至可能引发外交争端的敏感案件,要注意听取外事部门、商务部门的意见,慎重办理,做到事实清楚、依据充分、程序合法、符合国际社会通行做法;要树立平等保护意识,在维护国家司法主权、维护我国当事人合法权益的同时,平等保护外国、中国港澳台地区当事人的合法权益,推进国际经济共同繁荣;要严格根据《纽约公约》的规定,审慎审理外国仲裁裁决的承认与执行案件,慎重适用公共政策条款,展示我国法院公正公平的形象;要根据双边条约的规定以及对等原则,完善外国判决的承认与执行制度。

——江必新:《加强理论研究,提升我国涉外商事审判的国际公信力——在中国审判理论天空会涉外专业委员会第三次会议上的讲话》,载江必新、贺荣主编,最高人民法院民事审判第四庭编:《涉外商事海事审判指导》总第 27 辑,人民法院出版社 2014 年版,第 4 页。

【最高人民法院答复】

广东省高级人民法院:

你院〔2009〕粤高法民四他字第 10 号《关于路易达孚商品亚洲有限公司与广东富虹油品有限公司申请承认和执行外国仲裁裁决一案的请示》收悉,经研究,答复如下:

本案所涉国际油、种子和脂肪协会作出的第 3980 号仲裁裁决系在英国伦敦作出,该裁决为外国仲裁裁决。我国和英国均是《纽约公约》的缔约国,根据《民事诉讼法(2007)》第二百六十七条之规定,本案仲裁裁决是否予以承认与执行,应当依照《纽约公约》的规定进行审查。

根据你院请示报告认定的事实,本案申请人路易达孚商品亚洲有限公司无法提供证据证明其收到裁决书的具体日期,你院以本案所涉裁决的生效日期 2007 年 8 月 29 日作为申请承认与执行起算日并无不妥。湛江市中级人民法院(以下简称湛江中院)于 2008 年 2 月 13 日收到路易达孚公司申请执行材料,并确认其立即通知了路易达孚公司重新提交办理申请承认的立案手续,路易达孚公司立刻口头予以了申请。按照当时适用的《民事诉讼法(2007)》第二百一十九条的规定，路易达孚公司在法定期限之内向湛江中院提出了申请。

本案所涉货物尽管混有有毒的种衣剂大豆，但在卸货前已经进行了挑选处理，无证据证明该批货物造成了严重的卫生安全以及有损公众健康的事实。本案仲裁员认为中国的法律法规的规定与实践中的适用存在明显差距，但该错误认识并不会导致承认与执行该仲裁裁决违反我国公共政策。因此，本案适用公共政策为由拒绝承认与执行该仲裁裁决缺乏足够依据。

另外，本案独立仲裁人的行为是否影响仲裁裁决的公正性，不属于《纽约公约》规定的审查范围。

综上，对本案仲裁裁决应当予以承认与执行。

——《最高人民法院关于路易达孚商品亚洲有限公司申请承认和执行国际油、种子和脂肪协会作出的第3980号仲裁裁决请示一案的复函》(2010年10月10日，〔2010〕民四他字第48号)

1884

《纽约公约》规定的违反公共政策，应当理解为将导致违反我国法律基本原则、侵犯我国国家主权、危害社会公共安全、违反善良风俗等足以危及我国根本社会公共利益的情形

关键词 | 公共政策 |

【最高人民法院答复】

广东省高级人民法院：

你院〔2012〕粤高法仲复字第7号《关于申请人 Castel Electronics Pty Ltd. 申请承认和执行外国仲裁裁决一案的请示》收悉。经研究，答复如下：

根据请示所述事实，涉案仲裁裁决系于2010年12月23日和2011年1月27日作出，而我国法院关于仲裁条款无效的裁定系于2011年12月20日作出，仲裁裁决的作出时间显然早于我国法院裁定的生效时间。况且TCL公司在仲裁程序中亦未提出仲裁条款无效的异议，反而向仲裁庭提出了反请求，仲裁庭据此确定仲裁条款效力与管辖权，这是符合仲裁地法律和仲裁规则的，并不存在侵犯我国司法主权的情形。关于《纽约公约》第五条第二款第(乙)项规定的违反公共政策情形，应当理解为承认和执行外国仲裁裁决将导致违反我国法律基本

原则、侵犯我国国家主权、危害社会公共安全、违反善良风俗等足以危及我国根本社会公共利益的情形。在本案中，外国仲裁裁决和我国法院生效裁定对同一仲裁条款效力的认定虽然存在冲突，但尚不足以构成违反我国公共政策的情形。你院关于应当依据《纽约公约》第五条第二款第（乙）项拒绝承认和执行涉案仲裁裁决的根据不充分。

综上，如果涉案仲裁裁决不存在《纽约公约》第5条规定的其他拒绝承认和执行的情形，人民法院应当裁定予以承认和执行。

——《最高人民法院关于申请人 Castel Electronics Pty Ltd. 申请承认和执行外国仲裁裁决一案请示的复函》（2013年10月10日，〔2013〕民四他字第46号）

天津市高级人民法院：

你院〔2011〕津高民四他字第4号《关于韦斯顿瓦公司申请承认与执行英国仲裁裁决案的请示》收悉。经研究，答复如下：

四、关于公共秩序原则。根据《纽约公约》第五条第二款b项的规定，我国法院认为仲裁裁决与我国公共秩序相抵触的，可以拒绝承认和执行。但是，对该条规定的公共秩序应作严格解释和适用。只有在承认和执行外国商事仲裁裁决将导致违反我国法律基本原则、侵犯我国国家主权、危及国家及社会公共安全、违反善良风俗等危及我国社会公共利益情形的，才能援引公共政策事由予以拒绝承认和执行。你院以仲裁结果显失公平，违反我国社会公共利益为由对涉案仲裁裁决不予承认和执行不当。

综上，同意你院以仲裁庭组成违反进行仲裁的国家的法律为由对涉案仲裁裁决不予承认和执行的结论。

——《最高人民法院关于韦斯顿瓦公司申请承认与执行英国仲裁裁决案的请示的复函》（2012年5月21日，〔2012〕民四他字第12号）

1885

对于行政法规和部门规章中强制性规定的违反，并不当然构成对我国公共政策的违反

关键词 | 行政法规 | 部门规章 | 公共政策 |

【最高人民法院答复】

浙江省高级人民法院：

你院〔2010〕浙商外他字第3号《关于申请人天瑞酒店投资有限公司与被申请人杭州易居酒店管理有限公司申请承认仲裁裁决一案的请示报告》收悉。经研究，答复如下：

本案所涉仲裁裁决系伦敦国际仲裁院在英国境内作出，我国和英国均为《纽约公约》的成员国，应当根据《民事诉讼法（2007）》第二百六十七条以及《纽约公约》的相关规定进行审查。

天瑞酒店投资有限公司与杭州易居酒店管理有限公司于2004年10月28日签订的《单位系统协议》，性质为商业特许经营合同。根据我国当时实行的商业特许经营管理制度，外国公司在我国境内从事商业特许经营业务必须通过设立外商投资企业的方式进行，且需经过行政主管机关的审批。但是2007年5月1日施行的国务院《商业特许经营管理条例》仅规定商业特许经营合同事后应向行政主管机关备案，而无审批要求。上述备案制度属于行政法规之强制性规范中的管理性规定，不影响当事人之间民事合同的效力。仲裁裁决对本案所涉《单位系统协议》的处理，不违反我国强制性法律规定，更不构成违反我国公共政策的情形。因此，本案不存在《纽约公约》第五条第二款（乙）项规定的情形。速伯艾特（北京）国际酒店管理有限公司与杭州易居酒店管理有限公司因《单位服务协议》产生的纠纷，系不同当事人之间的另一法律关系，该纠纷处理结果与本案所涉仲裁裁决是否一致，不属于《纽约公约》第五条规定的审查事由。

综上，本案所涉仲裁裁决不存在《纽约公约》第五条规定的情形，人民法院应当裁定承认本案所涉仲裁裁决。

——《最高人民法院关于申请人天瑞酒店投资有限公司与被申请人杭州易居酒店管理有限公司申请承认仲裁裁决一案的请示报告的复函》（2010年5月18日，〔2010〕民四他字第18号）

海南省高级人民法院：

你院〔2001〕琼经复字第1号《关于对海口中院“瑞典斯德哥尔摩商会仲裁院第060/1999号仲裁裁决书不予承认和执行案”审查意见的请示报告》收悉。经本院审判委员会研究，答复如下：

海南省纺织工业总公司作为国有企业,在未经国家外汇管理部门批准并办理外债登记手续的情况下,对日本三井物产株式会社直接承担债务,违反了我国有关外债审批及登记的法律规定和国家的外汇管理政策。但是,对于行政法规和部门规章中强制性规定的违反,并不当然构成对我国公共政策的违反。你院请示报告中所述的应当拒绝承认和执行本案仲裁裁决的理由依法均不成立,本案仲裁裁决不应以违反公共政策为由拒绝承认和执行。

——《最高人民法院关于对海口中院不予承认和执行瑞典斯德哥尔摩商会仲裁院仲裁裁决请示的复函》(2005 年 7 月 13 日,〔2001〕民四他字第 12 号)

1886

违反我国法律的强制性规定不能完全等同于违反我国的公共政策

关键词｜强制性规定｜公共政策｜

【最高人民法院答复】

北京市高级人民法院:

你院 2003 年 1 月 15 日京高法〔2003〕7 号《关于对 ED&F 曼氏(香港)有限公司申请承认与执行伦敦糖业协会第 158 号仲裁裁决一案的请示》收悉。经本院审判委员会讨论决定,答复如下:

中国糖业酒类集团公司与 ED&F 曼氏(香港)有限公司于 1994 年 12 月 14 日签订的 8008 合同明确约定,因该合同引起的一切争议均需提交伦敦糖业协会依照该协会规则进行仲裁。双方当事人就履行 8008 合同发生争议后,伦敦糖业协会依照双方当事人的上述约定受理有关争议具有法律依据。经审查,伦敦糖业协会在仲裁本案过程中不存在 1958 年《纽约公约》第五条第一款规定的任何情形。双方当事人因履行期货交易合同产生的纠纷,在性质上属于因契约性商事法律关系产生的纠纷,依照我国法律规定可以约定提请仲裁。依照我国有关法律法规的规定,境内企业未经批准不得擅自从事境外期货交易。中国糖业酒类集团公司未经批准擅自从事境外期货交易的行为,依照中国法律无疑应认定为无效。但违反我国法律的强制性规定不能完全等同于违反我国的公共政策。

因此,本案亦不存在1958年《纽约公约》第五条第二款规定的不可仲裁及承认与执行该判决将违反我国公共政策的情形。依照《民事诉讼法》第二百六十九条及1958年《纽约公约》第五条之规定,应当承认和执行本案仲裁裁决。

——《最高人民法院关于ED&F曼氏(香港)有限公司申请承认和执行伦敦糖业协会仲裁裁决案的复函》(2003年7月1日,〔2003〕民四他字第3号)

1887

不应以仲裁实体结果是否公平合理作为认定是否违反我国公共政策的标准

关键词｜公共政策｜

【最高人民法院答复】

上海市高级人民法院:

你院〔2008〕沪高民四(商)他字第2号《关于GRD Minproc有限公司申请承认并执行瑞典斯德哥尔摩商会仲裁院仲裁裁决一案的请示》收悉。经研究,答复如下:

本案系当事人向我国法院申请承认和执行外国仲裁机构作出的仲裁裁决案件,另一方当事人提出了不予执行的抗辩。因此,人民法院应当根据《民事诉讼法(2007)》第二百六十七条以及《纽约公约》的相关规定进行审查。

关于本案所涉仲裁裁决的承认和执行是否将违反我国公共政策的问题。飞轮公司从境外购买的设备经过有关主管部门审批同意,并非我国禁止进口的设备。该设备在安装、调试、运转的过程中造成环境污染,其原因可能是多方面的。在飞轮公司根据合同中有效的仲裁条款就设备质量问题提请仲裁的情况下,仲裁庭对设备质量作出了评判,这是仲裁庭的权力,也是当事人通过仲裁解决纠纷所应当承受的结果。不能以仲裁实体结果是否公平合理作为认定承认和执行仲裁裁决是否违反我国公共政策的标准。承认和执行本案所涉仲裁裁决并不构成对我国社会根本利益、法律基本原则或者善良风俗的违反,因此,本案不存在《纽约公约》第五条第二款第二项规定的情形。

本案所涉仲裁裁决也不存在《纽约公约》第五条规定的其他情形。因此,人民法院应当裁定承认和执行本案所涉仲裁裁决。

此复。

——《最高人民法院关于GRD Minproc有限公司申请承认并执行瑞典斯德哥尔摩商会仲裁院仲裁裁决一案的请示的复函》(2009年3月13日,〔2008〕民四他字第48号)

1888

继承纠纷不能仲裁，裁决应不予承认及执行

关键词｜继承纠纷｜仲裁裁决｜

【最高人民法院答复】

山东省高级人民法院:

你院〔2009〕鲁民四他字第2号《关于不予承认及执行蒙古国家仲裁庭仲裁裁决的请示》收悉。经研究,答复如下:

本案纠纷是因仲裁申请人吴春英作为其亡夫的法定继承人,依据涉案合同中的仲裁条款向蒙古国仲裁庭主张其合同权利而产生的。若涉案仲裁裁决不涉及继承事项,则是可予承认与执行的。但涉案仲裁裁决的主要内容是确认吴春英的法定继承人地位以及因该地位而应获得的投资财产权,裁决未就公司的继续经营及撤销等商事纠纷作出处理。因此,涉案仲裁裁决主要是就继承事项作出的裁决。《纽约公约》第五条第二款(甲)项规定,申请承认及执行他国之主管机关认定依据该国法律争议事项系不能以仲裁解决者,得拒不承认及执行仲裁裁决。《仲裁法》第三条规定继承纠纷不能仲裁。因此,对于涉案仲裁裁决人民法院不予承认及执行。同意你院的请示意见。

——《最高人民法院关于不予承认及执行蒙古国家仲裁庭仲裁裁决的请示的复函》(2009年9月2日,〔2009〕民四他字第33号)

1889

仲裁裁决构成重复受理，应拒绝承认

关键词｜仲裁裁决｜重复受理｜

【最高人民法院答复】

江苏省高级人民法院：

你院〔2010〕苏知民仲审字第0002号《关于不予承认日本商事仲裁协会东京07—11号仲裁裁决一案的请示》收悉。经研究，答复如下：

本案系信越会社向我国法院申请承认日本商事仲裁协会作出的东京07—11号仲裁裁决（以下简称07—11号裁决）案件。中日两国均为《纽约公约》的缔约国，故是否承认涉案仲裁裁决应依据《纽约公约》的有关规定进行审查。

一、根据你院报送材料，日本商事仲裁协会仲裁庭在07—11号裁决前曾作出04—05仲裁裁决，该裁决驳回了信越会社关于确认2004年1月至2008年12月31日期间的《长期销售及采购协议》可履行的仲裁请求，其理由为自2005年7月后双方当事人之间已丧失信任关系、允许信越会社继续请求2005年8月之后的损失不公平。信越会社在本次仲裁中的请求是2005年8月至2008年3月的违约损失，其隐含了该时间段协议的可履行请求。因此，本次仲裁事项与前次仲裁程序中信越会社关于协议可履行的请求属同一仲裁事项，构成重复受理。仲裁终局力原则在本案当事人之间的仲裁协议（条款）中作出了明确约定，07—11号裁决的作出违反了该原则，构成仲裁程序与当事人协议不符，应适用《纽约公约》第五条第一款（丁）项之规定予以拒绝承认。

二、关于公共政策问题，应仅限于承认仲裁裁决的结果将违反我国的基本法律制度、损害我国根本社会利益情形。本案存在其他得拒绝承认情形，不宜再适用公共政策原则拒绝承认涉案仲裁裁决。

综上，07—11号裁决存在《纽约公约》第五条第一款（丁）项规定的情形，不予以承认。

——《最高人民法院关于不予承认日本商事仲裁协会东京07—11号仲裁裁决一案的请示的复函》（2010年6月29日，〔2010〕民四他字第32号）

1890

裁决书没有关于履行期限的内容，应给当事人合理的履行期限，不应从仲裁裁决作出之日起计算申请承认及执行的期限

关键词｜履行期限｜申请承认及执行期限｜

【最高人民法院答复】

广东省高级人民法院：

你院〔2006〕粤高法民四他字第9号《关于申请人瑞士邦基有限公司申请承认和执行英国仲裁裁决一案的请示》收悉。经研究，答复如下：

1. 本案是申请承认和执行外国仲裁裁决纠纷案件。由于本案仲裁裁决在英国作出，中国和英国均为《纽约公约》的缔约国，根据《民事诉讼法（1991）》第二百六十九条的规定，本案仲裁裁决是否予以承认和执行，应当依照《纽约公约》的规定进行审查。根据你院提供的案情，本案仲裁协议有效，仲裁程序合法，裁决应当予以承认。

2. 按照最高人民法院《关于执行我国加入的〈纽约公约〉的通知》第五条的规定，申请人申请执行外国仲裁裁决的，应当在我国法律规定的申请执行期限内提出。根据《民事诉讼法（1991）》第二百一十九条的规定，申请执行的期限，双方是法人或者其他组织的为六个月，从法律文书规定履行期间的最后一日起计算。本案裁决书并无履行期限的内容，应当给予当事人一个合理的期限。根据《纽约公约》第四条的规定，申请人取得仲裁裁决正本或者正式副本是向法院申请承认执行仲裁裁决的必要条件。故可以从申请人收到裁决书正本或者正式副本之日起计算申请人申请执行的期限。请你院查清有关事实后，依法作出裁定。

——《最高人民法院关于申请人瑞士邦基有限公司申请承认和执行英国仲裁裁决一案的请示的复函》（2007年5月9日，〔2006〕民四他字第47号）

上海市高级人民法院：

你院〔1999〕沪高执他字第5号函《关于麦考·奈浦敦有限公司申请承认和执行仲裁裁决一案的请示》收悉。经研究，答复如下：

一、关于申请人提出的承认及执行申请是否符合立案受理条件的问题。根据我院1987年《关于执行我国加入的承认和执行外国仲裁裁决公约的通知》第五条的规定，申请承认及执行的期限为6个月，该期限应从法律文书规定的履行期限的最后1日起计算。具体到本案，因裁决书没有关于履行期限的内容，但应给当事人一个合理的履行期限，故从仲裁裁决送达当事人第二日起计算较为合理，而不应从仲裁裁决作出之日起计算申请承认及执行的期限。另外，尽管申请人在有效期内提供的申请材料不完全符合有关规定，但经人民法院通知补充后基本上是符合要求的，人民法院应当立案受理并已受理，故不能以“申请人未在法定期限内提出有效的申请”为由拒绝承认和执行本案所涉仲裁裁决。

——《最高人民法院关于麦考·奈普敦有限公司申请承认和执行仲裁裁决一案请示的复函》（2001 年 4 月 23 日，法民二〔2001〕第 32 号）

1891

申请承认及执行的期间超过法律规定，应不予承认和执行

关键词｜承认和执行｜申请期间｜

【最高人民法院答复】

北京市高级人民法院：

你院京高法〔2006〕328 号《关于彼得·舒德申请承认及执行美国仲裁委员会裁决一案的请示》收悉。经研究，答复如下：

本案系当事人申请承认及执行美国仲裁机构作出的仲裁裁决的案件，根据最高人民法院《关于执行我国加入的〈纽约公约〉的通知》第五条规定确立的原则及《民事诉讼法》的相关规定并结合本案事实，申请人彼得·舒德应在 2003 年 7 月 5 日前向人民法院提出申请，但其向北京市第一中级人民法院提出申请的时间为 2003 年 10 月 30 日，已经超过了法定期限。对此申请人彼得·舒德提出了三点抗辩理由：(1) 本案管辖权异议经法院审查后再审查执行期限，不符合相关的法律规定，被申请人爱德华·雷门就管辖权提出异议，视为其接受执行期限问题；(2) 根据相关法律规定，领事认证是申请执行的法定条件，中华人民共和国驻纽约总领事馆做出认证的时间是 2002 年 11 月 5 日，应从 2002 年 11 月 5 日起算申请执行期限；(3) 2003 年 3 月北京正值非典期间，按照最高人民法院《关于在防治传染非典型肺炎期间依法做好人民法院相关审判、执行工作的通知》第五条第（一）款的规定，当事人因防治非典耽误申请执行期限的，人民法院按照《民事诉讼法（1991）》第七十六条的规定处理。

本院认为：第一，被申请人爱德华·雷门就管辖权问题提出异议，并不能表

明其认可申请人彼得·舒德可以在法定申请期限之外对裁决提出承认和执行的申请，在爱德华·雷门提出的管辖权异议被驳回后，其仍然有权就彼得·舒德申请执行的期限问题向人民法院提出异议，人民法院对其异议应予审查。第二，《民事诉讼法(1991)》第二百一十九条明确规定："申请执行的期限，双方或者一方当事人是公民的为一年，双方是法人或者其他组织的为六个月。前款规定的期限，从法律文书规定履行期间的最后一日起计算；法律文书规定分期履行的，从规定的每次履行期间的最后一日起计算。"依照上述规定，彼得·舒德关于应从领事认证的时间起算申请执行期限的意见是缺乏法律依据的。第三，2003 年 3 月份开始，北京确实爆发了严重的非典疫情，客观上对各行各业的正常工作以及人民群众的生活造成了影响。我国虽然并未对非典疫情消除的准确时间作出规定，但世界卫生组织 2003 年 6 月 24 日在日内瓦和北京同时宣布：解除对北京的旅行警告，同时将北京从非典疫区名单中除名，即所谓的"双解除"，据此可以认定从世界卫生组织宣布对北京实行"双解除"之日起，影响申请人彼得·舒德提出承认及执行仲裁裁决申请的障碍已经消除。依照法律规定彼得·舒德提出申请的最终期限为 2003 年 7 月 5 日，而世界卫生组织宣布对北京实行"双解除"之日其申请期限尚未届满，"非典"疫情并未耽误其申请执行期限。退一步讲，如果依照申请人彼得·舒德主张的美国政府疾病控制中心解除对北京旅游警告的日期即 2003 年 7 月 11 日作为影响其申请承认和执行的障碍(非典疫情)消除的时间，则此时其申请承认和执行裁决的法定期限已过。最高人民法院《关于在防治传染性非典型肺炎期间依法做好人民法院相关审判、执行工作的通知》第五条第(一)款规定："当事人因防治'非典'耽误申请执行期限的，人民法院按照《民事诉讼法》第七十六条的规定处理。"《民事诉讼法(1991)》第七十六条规定："当事人因不可抗拒的事由或者其他正当理由耽误期限的，在障碍消除后的十日内，可以申请顺延期限，是否准许，由人民法院决定。"依照上述规定，彼得·舒德应该在障碍(非典疫情)消除后 10 日内即 2003 年 7 月 21 日前向人民法院申请顺延期限。根据目前查明的事实，彼得·舒德并未向人民法院提出申请顺延期限，而是迟至 2003 年 10 月 30 日才向人民法院提出承认及执行仲裁裁决的申请，因此即使将美国政府疾病控制中心解除对北京旅游警告的日期，即 2003 年 7 月 11 日作为影响申请人彼得·舒德申请承认和执行的障碍(非典疫情)消除的时间，但由于其并未在法定期限内向人民法院申请顺延期限，故其关于非典疫情延误其申请承认及执行期限的理由亦不能成立。

综上，彼得·舒德向人民法院提出的承认及执行仲裁裁决的申请超过了法定期限，其所述三点抗辩理由均不能成立，对于其申请应予驳回，同意你院的请示意见。

此复。

——《最高人民法院关于彼得 · 舒德申请承认及执行美国仲裁委员会裁决一案的请示的复函》(2007 年 1 月 22 日，〔2006〕民四他字第 35 号)

天津市高级人民法院：

你院津高法〔2004〕123 号《关于裁定不予承认和执行英国伦敦仲裁庭作出的塞浦路斯瓦赛斯航运有限公司与中国粮油饲料有限公司、中国人民财产保险股份有限公司河北省分公司、中国人保控股公司仲裁裁决一案的请示》收悉。经研究答复如下：

本案伦敦仲裁庭的三份仲裁裁决分别于 2001 年 3 月 14 日、2001 年 6 月 20 日、2002 年 2 月 13 日作出，天津海事法院收到申请人塞浦路斯瓦赛斯航运有限公司申请承认和执行仲裁裁决申请材料的日期是 2004 年 1 月 17 日。虽然三份仲裁裁决均未明确履行期限，且送达时间不明，但本案两被申请人中国粮油饲料有限公司、中国人民财产保险股份有限公司河北省分公司向英国高等法院提出起诉的时间，表明三份仲裁裁决书已于 2002 年 3 月 28 日前送达给两被申请人。本案中英国高等法院对仲裁裁决异议案件的审理与裁决不构成申请人申请承认和执行仲裁裁决期限中断或延长的理由。

根据我国《民事诉讼法(1991)》第二百一十九条关于申请执行期限的规定，本案申请人塞浦路斯瓦赛斯航运有限公司申请承认和执行伦敦仲裁裁决，已超过六个月申请执行期限，应不予承认和执行。

——《最高人民法院关于裁定不予承认和执行英国伦敦仲裁庭作出的塞浦路斯瓦赛斯航运有限公司与中国粮油饲料有限公司、中国人民财产保险股份有限公司河北省分公司、中国人保控股公司仲裁裁决一案的请示的复函》(2004 年 9 月 30 日，〔2004〕民四他字第 32 号)

1892

被申请人并未在我国注册登记，可以认定主体不明或不存在，无法根据《纽约公约》的规定承认和执行仲裁裁决

关键词 | 被申请人 | 注册登记 | 主体不明 |

【最高人民法院答复】

北京市高级人民法院：

你院京高法〔2008〕348 号《关于赛百味国际有限公司申请承认和执行国际争端解决中心国际仲裁庭作出的 50 114 T 00171 07 号仲裁裁决一案的请示》收悉。经研究，答复如下：

本案所涉仲裁裁决系外国仲裁裁决。根据《民事诉讼法(2007)》第 267 条的规定，本案应当适用 1958 年订立于纽约的《纽约公约》的有关规定进行审查。然而，根据北京市第二中级人民法院查明的事实，本案所涉被申请人北京萨伯威餐饮有限公司并未在我国工商行政管理机关注册登记，因此，我国法院无法根据《纽约公约》的规定承认和执行本案所涉仲裁裁决。由于被申请人并不存在，因此，本案应当裁定驳回申请人赛百味国际有限公司的申请。

此复。

——《最高人民法院关于赛百味国际有限公司申请承认和执行国际争端解决中心国际仲裁庭作出的 50 114 T 00171 07 号仲裁裁决一案的请示的复函》(2009 年 2 月 26 日，〔2008〕民四他字第 47 号)

北京市高级人民法院：

你院京高法〔2005〕138 号《关于对伏尔加—第聂伯航运公司申请执行俄罗斯联邦乌里扬诺夫斯克州仲裁法院裁决处理结果的请示》收悉。经研究，答复如下：

该八份裁决均为俄罗斯法院的裁决。对你院请示的第一个问题，我们认为：本案系被申请人 Garment Fashion Corporation (中国) [服装时装总公司(中国)] 未到庭而缺席作出裁决的案件。根据 1993 年 11 月 14 日生效的《中华人民共和国和俄罗斯联邦关于民事和刑事司法协助的条约》第十七条第二款第(二)项之规定，应当证明未出庭的当事人一方已经合法传唤。而俄罗斯联邦乌里扬诺夫斯克州仲裁法院仅证明开庭审理的日期和地点已通过应有的途径通知了被申请人，但未同时指明“应有的途径”具体是什么途径。此种证明是不充分的。此外，该法院亦未证明申请人申请执行的八份裁决已经合法送达给了被申请人。鉴于上述情况，可以认定申请人提出司法协助请求的手续不齐全，但不宜以上述条约第二十条第(五)项之规定拒绝承认与执行。

对你院请示的第二个问题，由于被申请人在国家工商行政管理局和北京市工商行政管理局均未注册，而申请人提供的被申请人的法定地址系客房，不存在长期包租情况，亦从未被被申请人包租过，因此，可以认定被申请人主体不明或者不存在。上述条约第十八条第一款规定，法院裁决的承认与执行，由被请求的缔约一方依照本国法律规定的程序进行，故本案所涉八份裁决应依照我国《民事诉讼法》规定的程序和条件进行审查。根据我国《民事诉讼法(1991)》第一百零八条第(二)项、第二百零七条第二款之规定，本案没有明确的被申请人，亦无证据证明被申请人在我国境内存在任何财产，因此，本案不符合法律规定的受理条件，依法应予退回并明确告知退回理由。至于被申请人在北京以外地区注册成立可能引起的问题，我们认为：如果有事实证明被申请人在我国境内其他地区注册成立或者在其他地区存在财产，说明申请人向北京有关法院申请承认与执行有关裁决不当。在此情形下，申请人可以依法向有管辖权的人民法院申请承认与执行，有关人民法院应依法进行审查，不存在裁定相互矛盾的问题。

对你院请示的第三个问题，我们认为，翻译费用不同于诉讼费用。人民法院在申请人依法缴纳诉讼费用之后，要求其支付人民法院因履行通知职能而发生的翻译费用没有法律依据，该笔费用应由受理案件的人民法院自行承担。

此复。

——《最高人民法院关于对伏尔加一第聂伯航运公司申请执行俄罗斯联邦乌里扬诺夫斯克州仲裁法院裁决处理结果的请示的复函》(2005年9月25日，〔2005〕民四他字第33号)

1893

内地法院认可香港特别行政区高等法院作出的清盘命令没有法律依据

关键词｜清盘命令｜

【最高人民法院答复】

北京市高级人民法院：

你院京高法〔2011〕第156号《关于北泰汽车工业控股有限公司申请认可香港特别行政区法院命令案的请示》收悉。经研究，答复如下：

本案系当事人申请认可香港特别行政区高等法院作出的清盘命令案件。根据《最高人民法院关于内地与香港特别行政区法院相互认可和执行当事人协议管辖的民商事案件判决的安排》第一条的规定,涉案清盘命令不属于该安排规定的可以相互认可和执行的判决范围,故本案不能适用该安排的规定。《民事诉讼法(2007)》第二百六十五条和《企业破产法》第五条是对外国法院所作判决的承认和执行的规定,亦不能适用于本案。你院关于适用上述法律规定对涉案清盘命令予以认可的理由不能成立。

综上,目前内地法院认可香港特别行政区高等法院作出的清盘命令没有法律依据,故对涉案清盘命令应不予认可。

——《最高人民法院关于北泰汽车工业控股有限公司申请认可香港特别行政区法院命令案的请示的复函》(2011 年 9 月 28 日,〔2011〕民四他字第 19 号)

1894

对承认及执行外国仲裁裁决的裁定不服而申请再审，没有法律依据

关键词 | 承认及执行裁定 |

【最高人民法院答复】

辽宁省高级人民法院:

你院〔2012〕辽民三申字第 3、4 号《关于再审申请人大连蔚蓝天健物流有限公司、大连东展集团有限公司与被申请人 TMT 散货公司申请承认与执行外国仲裁裁决两案的请示》收悉。经研究,答复如下:

当事人对人民法院承认及执行外国仲裁裁决的裁定不服而申请再审,没有法律依据,人民法院不予受理。

——《最高人民法院关于再审申请人大连蔚蓝天健物流有限公司、大连东展集团有限公司与被申请人 TMT 散货公司申请承认与执行外国仲裁裁决两案请示的复函》(2013 年 12 月 11 日,〔2013〕民四他字第 71 号)

二、外国判决承认与执行

1895

域外法院民商事判决的承认和执行本质上属于司法协助事项，不属于审判工作，应当统一归口管理

关键词｜域外法院判决｜承认和执行｜归口管理｜

【最高人民法院审判业务意见】

由于判决代表司法主权，判决的效力只能及于本国司法领域，不能产生域外效力。一国判决要在域外产生效力，必须首先得到寻求执行地国家法院的承认，才能得到执行。一般而言，各国法院将根据国际条约或者互惠原则对外国法院民商事判决进行司法审查。我国民事诉讼法对此也作出了明确规定。从目前我国的司法实践看，除离婚判决外，外国民商事判决的承认和执行途径尚不通畅。当前，在外国民商事判决的承认和执行领域，一方面欠缺全球性国际条约，海牙国际私法会议经过多年努力尚未有实质性成果，最高人民法院民四庭正在积极配合我国外交部参与海牙国际私法会议重启外国法院民商事解决承认和执行公约谈判项目；另一方面对我国而言，也欠缺区域性国际条约，不能像欧盟国家那样有《布鲁塞尔公约》和《洛迦诺公约》可以遵循。我们只能根据我国与30多个国家之间签署的双边民商事司法协助协定对相关外国法院民商事判决的承认和执行问题进行司法审查。此外，关于互惠原则的适用，在没有条约基础的情况下，将显得格外重要。对互惠原则如何理解，值得我们在司法实践中深入探讨，1995年最高人民法院关于日本公民向我国法院申请承认和执行日本法院民商事判决案件的复函中对互惠原则的解释，在今天看来是有一定的局限性的，我们是否可以尝试不再坚持“事实互惠”的观点。域外法院民商事判决的承认和执行问题，本质上属于司法协助事项，不属于审判工作，法院司法审查的具体标准就体现在对我国生效的相关国际条约中，条约中并未区分不同案由的判决，而是统一作出了规定，因而司法实践中没有必要区分离婚判决、商事判决等判决的案由，分由不同的业

务庭处理，应当统一归口管理。最高人民法院民四庭今年已经立项司法解释，着手对外国民商事判决的承认和执行案件涉及的有关程序性问题作出统一、明确的规定。

——罗东川：《在第四次全国涉外商事海事审判工作会议上的总结讲话》（2014年11月19日），载贺荣主编、最高人民法院民事审判第四庭编：《涉外商事海事审判指导》总第29辑，人民法院出版社2015年版，第42页。

1896

相互承认与执行法院判决、裁定中司法互惠的适用

关键词｜承认与执行法院判决、裁定｜司法互惠｜

【最高人民法院司法解释】

第五百四十四条　当事人向中华人民共和国有管辖权的中级人民法院申请承认和执行外国法院作出的发生法律效力的判决、裁定的，如果该法院所在国与中华人民共和国没有缔结或者共同参加国际条约，也没有互惠关系的，裁定驳回申请，但当事人向人民法院申请承认外国法院作出的发生法律效力的离婚判决的除外。

承认和执行申请被裁定驳回的，当事人可以向人民法院起诉。

——《最高人民法院关于适用〈中华人民共和国民事诉讼法〉的解释》（2015年1月30日，法释〔2015〕5号）

【最高人民法院答复】

广东省高级人民法院：

你院〔2006〕粤高法民四他字第11号《关于申请人弗拉西动力发动机有限公司申请承认和执行澳大利亚法院判决一案的请示》收悉。经研究认为，我国与澳大利亚联邦之间没有缔结或者参与相互承认和执行法院民事判决、裁定的国际条约，亦未建立相应的互惠关系。弗拉西动力发动机有限公司的申请没有法律依据，应予驳回。依照《民诉法意见》第三百一十八条的规定，当事人可以

向有管辖权的人民法院另行起诉。

——《最高人民法院关于申请人弗拉西动力发动机有限公司申请承认和执行澳大利亚法院判决一案的请示的复函》(2007 年 3 月 1 日,〔2006〕民四他字第 45 号)

【最高人民法院审判业务意见】

第二,关于司法互惠。

《民诉法解释》第五百四十四条规定,没有互惠关系的,人民法院裁定驳回关于承认和执行外国法院的判决、裁定的申请。过去我们对互惠把握比较严格,承认和执行外国法院判决、裁定的事例十分罕见,客观上不利于保护中外当事人的合法权益,已经不适应构建开放型经济新体制的新要求。新的对外改革开放发展的形势要求我们作出改变。

当前,世界经济相互融合,越来越多的国家开始逐步放弃互惠要求,或者将互惠要求限制在一些特定的领域。而我国重要贸易伙伴美国、加拿大、英国、日本等均未与我国缔结或者共同参加关于相互承认与执行法院判决的国际条约,亦不存在互惠关系。为进一步平等保护中外当事人合法权益,及时维护我国走出去企业的利益,我们认为,在我国与相关国家之间没有双边或共同缔结的国际条约的情况下,可以考虑首先启动互惠。在审查时,需要考虑以下四个因素:1. 该判决是终局的;2. 作出裁判的法院有管辖权;3. 当事人经合法传唤;4. 承认和执行该国判决、裁定不违反我国公共利益。

有两个方面的问题需要注意。一是为全面掌握相关国家的事实互惠和互惠意向,各级法院知悉有关生效判决已为外国法院承认与执行的,应及时层报最高法院,以便我们及时掌握并向全国法院作出通报。二是在承认与执行外国法院裁判时,如当事人已经举证证明或者受案法院知悉有关国家的法院曾承认或执行我国法院裁判时,应根据互惠原则,依法予以承认与执行。在无法确定是否存在互惠关系的情况下,可以层报最高法院,通过外交途径,告知对方我国司法机关正先行给予互惠,请对方予以表态,如对方有互惠意向,我方可先行启动互惠。

——最高人民法院民四庭庭长张勇健:《在全国涉外商事海事审判庭长座谈会上的讲话》(2016 年 4 月 7 日),载贺荣主编、最高人民法院民事审判第四庭编:《涉外商事海事审判指导》总第 32 辑,人民法院出版社 2017 年版,第 17 ~ 18 页。

1897

我国不承认外国司法机关通过邮寄途径直接向我国境内当事人送达司法文书，通过邮寄方式向我国被执行人送达判决，不具有法律效力

关键词｜外国司法机关｜邮寄司法文书｜

【最高人民法院答复】

浙江省高级人民法院：

你院〔2013〕浙商外确字第7号《关于申请人Uzprommashimpeks国家股份公司请求承认与执行乌兹别克斯坦共和国塔什干市经济法庭判决一案的请示报告》收悉。经研究，答复如下：

根据《民事诉讼法(2007)》第二百八十二条的规定，本案所涉的乌兹别克斯坦共和国塔什干市经济法庭作出的民事判决应否予以承认和执行，应当按照《中华人民共和国和乌兹别克斯坦共和国关于民事和刑事司法协助的条约》(以下简称《中乌司法协助条约》)的规定进行审查。争议的法律问题是乌兹别克斯坦法院向位于我国领域内的当事人温州市金狮游艺器材制造有限公司(以下简称金狮公司)邮寄送达开庭传票是否构成《中乌司法协助条约》规定的不予承认和执行判决的情形。

《中乌司法协助条约》第二十一条规定："有下列情形之一的法院裁决，不予承认与执行：……(三)根据作出裁决的缔约一方的法律，未出庭的当事一方未经合法传唤，……(五)承认与执行裁决有损于被请求方的主权、安全与公共秩序。"根据上述规定，未出庭的当事人是否经过合法传唤，是根据作出判决的缔约国的法律确定的。本案判决已经明确记载乌兹别克斯坦法院已合法传唤金狮公司，而金狮公司未到庭，故其依据乌兹别克斯坦共和国民事诉讼法的规定作出缺席判决，即乌兹别克斯坦法院确认邮寄送达的合法性。本案中，金狮公司并未提供反驳证据证明乌兹别克斯坦法院的传唤程序违反该国法律规定，故本案不足以认定存在《中乌司法协助条约》第二十一条第(三)项规定的不予承认和执行情形。

送达司法文书属于履行司法权的行为，根据《民事诉讼法》第二百七十七条的规定，外国法院向位于我国领域内的当事人送达司法文书，有司法协助条约关系的，应当依照条约规定的途径进行；没有条约关系的，通过外交途径进行；我国法律明确反对外国法院向位于我国领域内的当事人以邮寄等方式直接送达司法

文书。根据《中乌司法协助条约》第三条以及第十三条的规定，送达文书的请求应以请求书的形式提出，通过各自的中央机关进行联系。因此，乌兹别克斯坦法院向金狮公司邮寄送达开庭传票的方式不符合《中乌司法协助条约》规定的途径，有损我国的司法主权，根据《中乌司法协助条约》第二十一条第（五）项的规定，对本案判决应不予承认和执行。

——《最高人民法院关于 Uzprommashimpeks 国家股份公司请求承认与执行乌兹别克斯坦共和国塔什干市经济法庭判决一案请示的复函》（2014年3月6日，〔2014〕民四他字第9号）

新疆维吾尔自治区高级人民法院：

你院《关于对乌兹别克斯坦共和国 CHORYANASLXIZMAT 有限责任公司申请承认和执行乌兹别克斯坦共和国费尔干纳州经济法院作出的 N015－08－06/9474 号民事判决一案的请示报告》收悉。经研究，答复如下：

乌兹别克斯坦共和国费尔干纳州经济法院作出的案涉民事判决应否予以承认和执行，应按照《中乌司法协助条约》的规定来审查。就本案而言，主要在于审查乌国费尔干纳州经济法院是否已按照《中乌司法协助条约》规定的方式向我国境内当事人霍尔果斯海洪贸易有限责任公司（以下简称海洪公司）送达了开庭传票和判决书。

《中乌司法协助条约》第三条第一款规定："除本条约另有规定外，缔约双方相互请求和提供民事和刑事司法协助，应通过各自的中央机关进行联系。"《中乌司法协助条约》第十三条规定，"送达文书和调查取证的请求应以请求书的形式提出"。根据前述规定，乌国法院向我国境内当事人送达开庭传票和判决书，应由乌国的中央机关以请求书的形式向我国的中央机关提出请求，由我国的中央机关进行送达。根据你院请示报告所述，乌国费尔干纳州经济法院一是通过我国驻乌国大使馆经商参处转新疆外经贸厅转交海洪公司送达开庭传票，二是通过传真方式送达开庭传票及判决书，这两种方式均不符合《中乌司法协助条约》规定，有损我国的司法主权。根据《中乌司法协助条约》第二十一条第（五）项之规定，应不予承认和执行乌国费尔干纳州经济法院所作的民事判决。

——《最高人民法院关于对乌兹别克斯坦共和国 CHORVANASLXIZMAT 有限责任公司申请承认和执行乌兹别克斯坦共和国费尔干纳州经济法院作出的 N015－08－06/9474 号民事判决一案的请示的复函》（2011年8月16日，〔2011〕民四他字第18号）

北京市高级人民法院：

你院京高法〔2010〕452号《关于申请承认（及执行）德意志联邦共和国奥芬堡州法院第20460/07判决一案的请示》收悉。经研究，答复如下：

我们和德意志联邦共和国均为《关于向国外送达民事或商事司法文书和司法外文书公约》的成员国，且两国之间没有签订双边民商事司法协助协定，故有关送达事宜适用该公约。《全国人大常委会关于批准加入〈关于向国外送达民事或商事司法文书和司法外文书公约〉的决定》第三条规定："反对采用公约第十条所规定的方式在中华人民共和国境内进行送达。"公约第十条规定的方式之一为"通过邮寄途径直接向身在国外的人员送达司法文书"。按照上述决定，我国不认可德国奥芬堡州法院向北京富克拉家具销售有限公司邮寄第20460/07判决书的送达方式，故该判决尚未对北京富克拉家具销售有限公司发生法律效力。按照《民事诉讼法（2007）》第二百六十五条的规定，当事人向人民法院申请承认和执行的外国法院作出的判决应当是发生法律效力的判决。因第20460/07判决尚未对北京富克拉家具销售有限公司发生法律效力，故申请承认和执行该判决的条件尚不具备。建议北京市第二中级人民法院向申请人胡克拉床垫和软垫家具厂有限公司释明以上法律规定，并告知待完成我国法律认可的送达程序后再向人民法院申请承认和执行。如申请人仍坚持其申请，则裁定驳回其申请。

——《最高人民法院关于申请承认（及执行）德意志联邦共和国奥芬堡州法院第20460/07判决一案的请示的复函》（2010年12月23日，〔2010〕民四他字第81号）

北京市高级人民法院：

你院京高法〔2003〕第15号请示报告收悉。经研究，答复如下：

本案涉及对白俄罗斯共和国法院所作判决的承认及执行问题，应根据我国与白俄罗斯签订的《中白司法协助条约》的有关规定进行审查。根据你院请示报告所述事实，白俄罗斯最高经济法庭是通过邮寄方式向我国被执行人中国机床总公司送达判决书，而我国在加入《关于向国外送达民事或商事司法文书和司法外文书公约》时明确表明不承认外国司法机关通过邮寄途径直接向我国境内当事人送达司法文书，且我国与白俄罗斯共和国签订的《中白司法协助条约》中，也没有表明白俄罗斯的司法机关可以通过邮寄方式直接向我国境内当事人送达司法文书，而是规定应该经双方的中央机关联系，通过相互提供司法协助的方式进行。因此，白俄罗斯最高经济法庭通过邮寄方式向我国被执行人送达判决的行为,不具有法律效力,可以认定本案所涉判决并未合法送达给我国相应的当事人。

承认和执行判决的一个必要的前提条件就是判决已经合法送达给相关当事人,由于白俄罗斯最高经济法庭所作判决未通过合法途径送达我国当事人中国机床总公司,依照我国与白俄罗斯共和国签订的《中白司法协助条约》第二十一条第(五)项的规定,应不予承认和执行本案所涉判决。

——《最高人民法院关于明斯克自动线生产联合公司申请承认及执行白俄罗斯共和国最高经济法庭判决一案有关问题的请示的复函》(2003 年 3 月 10 日,〔2003〕民四他字第 4 号)